第十八届全国交通企业管理现代化创新成果集

（上册）

中国交通企业管理协会
交通行业优秀企业管理成果评审委员会 编
国联资源网

人民交通出版社股份有限公司
北京

内 容 提 要

本书汇集了荣获第十八届全国交通企业管理现代化创新成果的309项交通企业管理创新实践,涵盖了战略转型与新业态新模式培育、"智能+"与数字化发展、复工复产与稳定劳动关系、国有企业改革与混合所有制发展、集团管控与组织变革、精益管理与标准化建设、质量提升与品牌建设、设备智能运维、财务管理与风险控制、"一带一路"建设与国际化经营、人力资源管理与激励机制、绿色发展与社会责任管理、技术改造与自主创新、协同管理与共享发展、提质增效与转型升级、安全管理创新体系等方面内容。这些成果源于企业实践,可操作性强,既是企业经营管理人员学习、实践和了解其他企业管理创新成功经验的重要参考,也是从事企业经营管理教学、研究等方面人员不可多得的典型案例。

图书在版编目(CIP)数据

第十八届全国交通企业管理现代化创新成果集 : 上中下册 / 中国交通企业管理协会, 交通行业优秀企业管理成果评审委员会, 国联资源网编. — 北京 : 人民交通出版社股份有限公司, 2022.7

ISBN 978-7-114-18044-6

Ⅰ.①第… Ⅱ.①中…②交…③国… Ⅲ.①交通运输企业—企业管理—现代化管理—创新管理—成果—汇编—中国 Ⅳ.①F512.6

中国版本图书馆CIP数据核字(2022)第107221号

Di-Shiba Jie Quanguo Jiaotong Qiye Guanli Xiandaihua Chuangxin Chengguoji (Shangce)

书　　名: 第十八届全国交通企业管理现代化创新成果集(上册)
著 作 者: 中国交通企业管理协会
交通行业优秀企业管理成果评审委员会
国联资源网
责任编辑: 张征宇　齐黄柏盈
责任校对: 席少楠　宋佳时　魏佳宁　卢　弦　刘　璇　刘　芹
责任印制: 刘高彤
出版发行: 人民交通出版社股份有限公司
地　　址: (100011)北京市朝阳区安定门外外馆斜街3号
网　　址: http://www.ccpcl.com.cn
销售电话: (010)59757973
总 经 销: 人民交通出版社股份有限公司发行部
经　　销: 各地新华书店
印　　刷: 北京交通印务有限公司
开　　本: 889×1194　1/16
印　　张: 190.75
字　　数: 5571千
版　　次: 2022年7月　第1版
印　　次: 2022年7月　第1次印刷
书　　号: ISBN 978-7-114-18044-6
定　　价: 398.00元(含上、中、下册)
(有印刷、装订质量问题的图书由本公司负责调换)

第十八届全国交通企业管理现代化创新成果集

中车唐山机车车辆有限公司
中交第二公路勘察设计研究院有限公司
中交第二航务工程局有限公司
中交上海航道局有限公司
中交路桥华北工程有限公司
邢台路桥建设集团有限公司
河北省交通规划设计院
唐山港集团股份有限公司
国能黄骅港务有限责任公司
山东高速股份有限公司临沂运管中心
山西路桥智慧交通信息科技有限公司
中华人民共和国上海海事局
上海地铁维护保障有限公司
浙江交工集团股份有限公司
浙江沪杭甬高速公路股份有限公司
杭州交投建管建设集团有限公司
江苏通行宝智慧交通科技股份有限公司
江苏金马云物流科技有限公司
徐州久通公路建材有限公司
株洲国创轨道科技有限公司
广深珠高速公路有限公司
广东省公路建设有限公司南环段分公司
珠海国际货柜码头(高栏)有限公司
深圳鹏程电动集团有限公司
广西交通实业有限公司
广西路建工程集团有限公司
广西北投公路建设投资集团有限公司
广西北部湾投资集团有限公司钦北高速公路改扩建工程建设指挥部
云南机场集团有限责任公司
贵州桥梁建设集团有限责任公司
新疆交通建设集团股份有限公司

本 册 目 录

一等成果

一 等 成 果

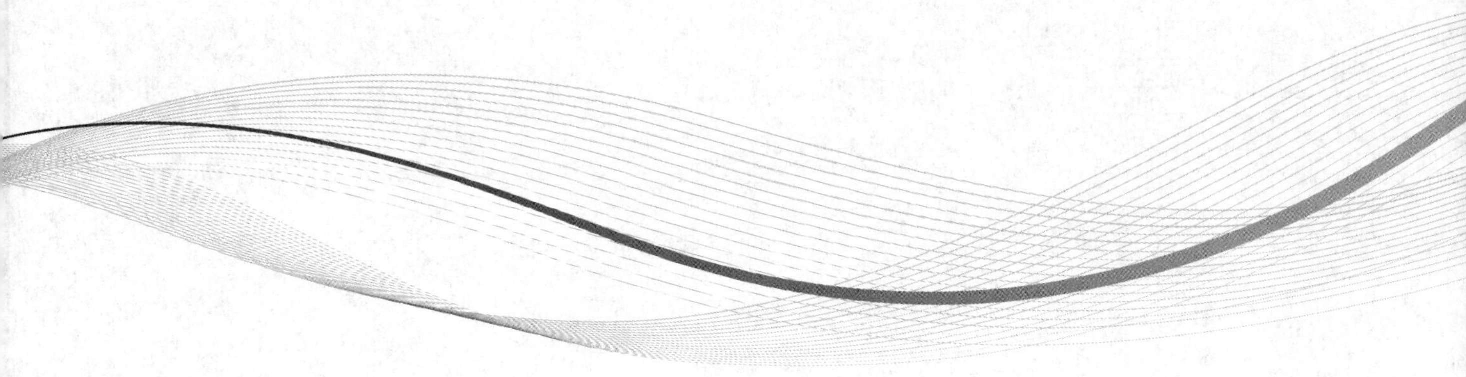

混合所有制企业治理体系的构建与实施

山东高速股份有限公司

成果主要创造人:吕思忠　王树兴

成果参与创造人:王　楠　戚俊丽　高　岩　周　超　孙凌峰

山东高速股份有限公司(简称“山东高速公司”)成立于1999年,由山东高速集团有限公司(简称“山东高速集团”)控股;2002年3月在上海证券交易所上市,注册资本48.11亿元。山东高速公司主要从事对交通基础设施的投资运营及高速公路产业链上下游相关行业等领域的股权投资。至2020年,山东高速公司运营管理路桥总里程2502公里,其中所辖自有路桥资产里程1241公里,包括G20青银高速公路济南至青岛段、G3京台高速公路德州至泰安段、G2京沪高速公路济南至莱芜段、G42湖北武荆高速公路、G55济晋高速公路等11条高速公路,以及利津黄河大桥、济南黄河二桥2座桥梁;受托管理的路桥资产里程1261公里,包括山东省S38枣临高速公路、S11烟海高速公路、河南省S32永登高速公路许昌至亳州段等16条高速公路。山东高速公司先后入选上证180指数、沪深300指数、上证公司治理指数和红利指数,荣获上海证券交易所优秀董事会提名奖、主板上市公司价值百强、中国卓越IR最佳信披奖、第十一届中国上市公司投资者关系天马奖;荣获全国质量奖;荣获4次“全国实施卓越绩效模式先进企业”;先后荣获“青年文明号”“巾帼文明岗”“文明示范窗口”等荣誉称号。现有总部职能部室14个,交通板块的权属单位20家、权属子公司6家,资本运营板块的区域发展公司4家、权属子公司5家、主要参股公司13家。

山东高速公司将坚持以人为本,聚焦路桥主业,抢抓新旧动能转换发展机遇,努力让社会公众享受到高品质的出行服务,打造全国一流的路桥运营服务商,勇当交通领域新旧动能转换主力军,为社会创造价值,为股东增加效益,为员工带来福祉,实现公司高质量发展,为交通强省、交通强国建设贡献力量。

一、成果实施背景

(一)深化国有企业改革的需要

当前,应对日益激烈的国际竞争和挑战,推动我国经济保持中高速增长、迈向中高端水平,需要通过深化国有企业混合所有制改革,推动完善现代企业制度,健全企业法人治理结构;提高国有资本配置和运行效率,优化国有经济布局,增强国有经济活力、控制力、影响力和抗风险能力,主动适应和引领经济发展新常态;促进国有企业转换经营机制,放大国有资本功能,实现国有资产保值增值,实现各种所有制资本取长补短、相互促进、共同发展,夯实社会主义基本经济制度的微观基础。

(二)深化省属国有企业改革的需要

当前,省属国有企业决策效率不高、内部管理不规范、监督约束机制不健全等问题依然存在。发展混合所有制经济,实现国有资本与各类社会资本的有效融合、相互促进,将进一步放大国有资本功能,增强国有经济活力、控制力、影响力和抗风险能力,更好地维护以公有制为主体、多种所有制经济共同发展的基本经济制度。发展混合所有制经济,有利于国有企业在决策、运营、管理等方面进行深层次的改革和调整,建立科学规范的决策运营机制,逐步形成资本管理与价值创造相结合的经营理念,促进国有资本的合理有序进退,切实提升国有企业活力和竞争力。

(三)全面完成省国资委、山东高速集团混改任务的需要

2018年8月,山东高速集团转发《山东省国资委关于进一步深化省属企业混合所有制改革工作方案》,明确指出,利用三年左右的时间,省属企业混合所有制改革实现全面重大突破,公司治理更加完善、激励措施更加健全、主营业务更加突出、运行效率不断提高;国有经济的活力、控制力、影响力、抗风险能力明显增强。2018年11月,省国资委、省财政厅印发《山东省属企业混合所有制改革操作指引》,为混合所有制改革推进提供具体路径和方法。山东高速公司作为国有控股上市公司,将根据公司发展定位、行业特点和发展前景、潜在战略投资者特点等因素综合考虑,一企一策制定混改方案,确保按期完成混改任务。

(四)解决权属单位经营机制不灵活、市场竞争力不强的需要

权属单位成立多年来,依托山东高速公司品牌、资金、社会资源等优势,深耕市场,取得一定成绩。但经营机制、管理体制不够灵活,市场竞争能力不强,未能实现跨越式发展。对其实施混合所有制改革,引入战略投资者,建立"协调运转、有效制衡"公司治理体系,将山东高速公司的品牌、资金、社会资源优势与战略投资者的灵活经营机制、先进管理经验、专业化资本运作等优势相结合,充分发挥双方优势,实现资本增量、技术增量、管理增量、品牌增量、人才增量,提升混合所有制企业的市场竞争能力。

二、成果内涵

混合所有制企业治理体系构建的核心是能够在相关框架内依法依规妥善处置投资者、决策者、经营者、监督者等各方的利益诉求。要按照"定位清晰、权责对等、协调运转、有效制衡"的原则,依据《中华人民共和国公司法》等相关法律规定,紧紧围绕"协调运转、有效制衡"的原则,科学设计国有资本和非国有资本的占股比例,恰当地安排出资人、股东会、董事会、监事会、经营层等公司治理结构各个层级的权力职责边界,明确股东会最高决策权,董事会经营决策权,监事会对董事会、经营层的监督权,经营层的执行权,"三会一层"等治理机构的各组成部分按照职责分工,在各自职权范围内各司其职,各负其责,相互协调,相互配合,相互制约,实现不同层级机构之间、不同利益主体之间的制衡(图1)。

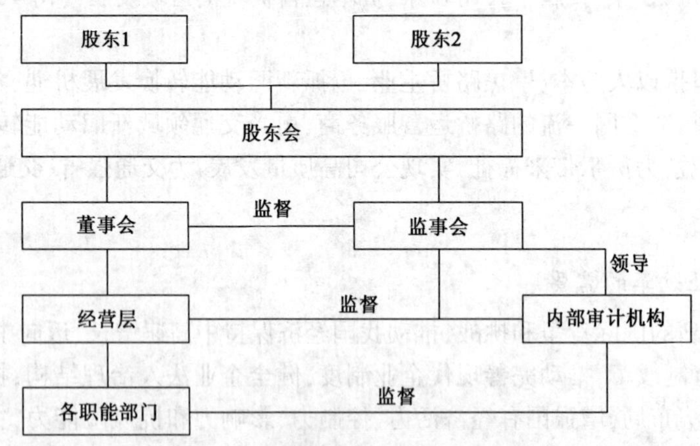

图1　混合所有制企业治理体系图

同时,建立激励约束机制、选聘与退出机制、公司绩效评价机制和监管机制等,各机制之间相互作用,使混合所有制企业的公司治理结构得以不断完善,并进一步提升其效率,实现混合所有制企业持续、稳定、健康发展。

三、主要做法

(一)混合所有制企业治理体系构建思路

国有资本、集体资本、非公有资本等交叉持股、相互融合的混合所有制经济,是基本经济制度的重要实现形式。混合所有制企业要充分发挥市场机制作用,把引资本与转机制结合起来,把产权多元化与完

善企业法人治理结构结合起来，探索国有企业混合所有制改革的有效途径。

本着"定位清晰、权责对等、协调运转、有效制衡"的原则，根据相关法律和公示章程规定，首先，明确公司发展定位，根据山东高速公司战略发展规划，确定各权属企业的定位。其次，根据公司定位，合理设置股权架构，该绝对控股的企业，要绝对控股；不宜绝对控股的相对控股；不宜控股的，退至参股地位。第三，加强股东会、董事会、监事会、经营层等建设，使"三会一层"权责对等，协调运转，有效制衡，形成的组织架构、权力配置、制衡体系以及对企业所有活动进行控制与管理的制度安排。第四，建立激励约束机制，调动混合所有制企业"三会一层"及全体员工等各个层面积极性，同时对其经营过程中的行为进行有效约束。

（二）建立组织保障措施

一是加强组织领导，完善顶层设计。山东高速公司作为混合所有制企业控股股东，高度重视，成立混改领导小组，从顶层设计出发，确定了"定位清晰、权责对等、协调运转、有效制衡"的原则，制定公司治理体系构建总体策略、实施方案和工作计划，明确时间表、实施路径。

二是加强各级联动，确保工作效率。实现多方联动协同参与，结合工作分工和擅长领域，全面服务治理体系的构建，确保部门间、业务板块间的有效配合，在规定时间内能够完成相关工作。

三是加强工作调度，提出激励机制。将治理体系构建作为推进混合所有制改革的重中之重，细化分解到月，定期组织专题调度会，每周一调度，每月一小结，及时分析解决存在的问题，确保各项工作按计划顺利推进。建立公司激励管理办法，将治理体系建设纳入奖励范围，对表现突出的部门和个人给予一定的物质奖励。

（三）明确权属企业战略定位

企业战略定位就是从企业特色入手，通过合理配置企业资源将活动有机地组合起来，建立优良的企业形象并巩固企业的优势地位，为企业在市场竞争中赢得优势与发展。山东高速公司面临一系列外部机会与压力，因此，立足长远对权属企业进行战略规划，确定权属企业发展方向至关重要。

山东高速公司权属企业定位就是根据高速股份战略发展规划，结合各权属企业所处行业、所处区域、所从事主营业务以及所掌握的资源，确立各权属企业竞争优势、发展优势，进而确定权属企业未来发展方向。

1. 投融资平台

投资发展公司是山东高速公司的投融资平台，主要从事对高速公路主业及产业链、新旧动能转换相关产业、金融股权、节能环保等行业的投资和运营，主要承担代替股份公司履行出资人义务，作为隔离层，可适当隔离投资风险、债务风险，可有效避免投资意外情况对山东高速公司的影响。

2. 区域投资平台

河南发展公司是一家以路桥主业运营为基础，布局河南及周边省份，开展主业并购及相关产业投资的区域性平台公司，主要负责许禹、济晋高速公路运营管理。

湖南发展公司主要从事高速公路、主业价值链、持有型物业、金融股权、财务投资 5 个方向投资，以湖南为中心，以长江经济带为主轴，辐射华中、华东区域，致力发展成为山东高速集团华中总部、长江经济带区域发展公司。2020 年投资持有型物业。

深圳投资公司主要聚焦新一代信息技术等创新性、前瞻性行业以及城市更新等传统行业，开展股债联动、上市公司股权质押融资等业务。

章丘发展公司主要投资建设市政基础设施、物流仓储、建设经营普通公路服务区等交通主业，是山东高速公司在济南东部地区的区域性投资平台。

3. 基金管理平台

畅赢投资公司是山东高速公司基金管理平台。

4. 特许经营平台

实业公司主要从事物业管理,处于竞争行业,但主要依托科研楼、七星吉祥大厦办公楼等内部资源。

环保科技公司通过与潍坊市寒亭区政府签订 TOT 协议,取得寒亭污水处理厂特许经营权,属于特许经营类企业。

5. 房地产领域投资平台

济南建设公司为落实山东高速集团与济南市政府推进济南西部新城战略合作而设立的房地产领域投资平台。

烟台合盛公司是山东高速公司运作烟台市福山区夹河岛片区房地产项目的运作平台。

(四)合理安排混合所有制企业的股权架构

股权架构是决定公司治理方式的根本因素,决定公司控制权的配置和治理机构的组成,也是混合所有制企业得以存在的制度保障。混合所有制企业只有把产权多元化与完善企业法人治理结构结合起来,科学合理地选择股权结构,建立出资人之间的多元制衡结构,才能形成权力机构、决策和监督机构以及经营管理层之间协调运转的治理架构,降低过度依靠控股股东决策带来的风险,避免中小投资者成为纯粹的财务投资者,吸引非国有资本参加混合所有制改革。山东高速公司根据山东高速集团部署要求,结合山东高速公司权属企业发展定位,确立了绝对控股、相对控股、退至参股地位 3 种类型股权架构,释放一定比例公司股权,吸引战略投资者,通过完善的企业治理体系构建,将山东高速公司的品牌、资金、社会资源等优势与战略投资者的灵活经营机制、先进管理经验、专业化资本运作等优势充分发挥,提升混合所有制企业的市场竞争能力。

1. 国有股权绝对控股

作为山东高速公司投融资平台的投资发展公司,作为区域性投资平台的河南发展公司、湖南发展公司、深圳投资公司、章丘发展公司等企业,山东高速公司保持绝对控股地位,混合所有制改革后高速股份持股控制在 51% ~60% 之间,释放 40% ~49% 的股权。这种股权架构国有股权一家独大,国有股东控制董事会且可以参与混合所有制企业经营管理,新引进战略投资者在重大事项上具有否决权,具有一定制衡能力。这种股权架构制衡能力较弱,战略投资者一般要求在年度预算方案、决算方案、利润分配方案等事项上,能够行使一票否决权。

2. 国有股权相对控股

作为山东高速公司基金运作平台,主要从事债权投资、股权投资的畅赢投资公司等企业,山东高速公司保持相对控股,混合所有制改革后山东高速公司持股在 40% ~50%,释放 50% ~60% 的股权,引进 2 ~3 家有较强的股东背景和品牌实力、产业资源、多元化业务布局,在资金、技术、管理、市场及人才资源方面可以为畅赢投资公司提供支持,能产生协同效应的战略投资者。这种股权架构由于 2 ~3 家战略投资者持股比例 50% 以上,既能保证山东高速公司相对控股地位,战略投资者能容易联合起来行使否决权,制衡能力较强,避免国有股东一家独大带来的风险。希望通过这种股权架构,促进公司业务结构升级,激活用人、管理等机制,增强公司核心竞争力与创新能力,有利于形成协调运转、有效制衡的现代企业制度,使股东获得最大投资收益。

3. 国有股权退至参股地位

对于省委、省政府及山东高速集团明确要求退出的房地产领域的投资平台,一时又难以完全退出的企业,山东高速公司将退至参股地位,如济南建设公司、璞园置业公司等企业,山东高速公司持股保持与战投方同为第一大股东,既保持对混合所有制改革后企业影响力,又能引进房地产行业专业化运作团队,提高专业化运作水平,提升盈利能力。

(五)科学设计股东会、董事会、监事会、经理层权责

混合所有制企业是指不同成分的出资人按股份制资本组织方式共同出资组建企业从事生产经营活

动,形成的一种以多元产权为特征的公司制企业组织形式,它反映了性质不同的出资人之间按出资比例分担利益和风险的经济关系。各出资人之间按资本比例关系形成共同的企业法人财产权,进而产生相应的企业治理方式,公司治理制度特别是治理权在股东会、董事会和经理层之间的配置必须适应企业产权多元化的要求。

1.股东会

股东会由全体股东组成,是企业的最高权力机构,是企业经营管理和股东利益的最高决策机关,要选举或任免董事会和监事会成员,决定公司经营管理的重大事项和股东的利益分配等,为企业股东参与企业治理提供有效途径。股东会不具体和直接介入企业生产经营管理。各股东根据出资比例行使表决权。

山东高速公司权属企业实施混合所有制改革过程中,一般引进最少1家、最多2家战略投资者。因此,混合所有制权属企业股东为2~3家。战略投资者有的为规模较大的混合所有制企业,有的为行业领先的民营上市公司。对有独特管理经验、市场优势或对企业长远发展有较强战略支撑作用的战略投资者,充分发挥战略投资者的作用,能够完善治理机构、创新经营机制、提升运营效率。

为保障战略投资者作为小股东的权益,在公司章程中有特殊约定,明确战略投资者在公司经营计划、投资计划、财务预算方案、财务决算方案、利润分配方案、弥补亏损方案等重要事项,一企一策,在股东会表决时给予战略投资者其中几项的否决权。

股东会最大限度保障公司作为经济组织在运行中维护和增进出资人总体利益,尽最大可能满足不同类别投资者的利益诉求。董事和管理层是股东利益的代理人,必须忠实地按股东委托行事。

2.董事会

董事会是依照有关法律、行政法规和政策规定,按公司或企业章程设立并由全体董事组成的业务执行机构,负责公司业务经营活动的指挥与管理,对公司股东会负责并报告工作。

混合所有制企业股东由国有股东和非国有股东组成。无论国有股东还是非国有股东,都要恪守公司治理框架下出资人的权利边界,尊重并维护董事会在公司治理体系中的核心作用,保持企业法人独立性和经营管理的专业性。出资人通过参加股东会、董事会发挥决策、影响和监督作用,依法对筹资投资、资产处置、兼并重组、利润分配和选聘管理者等重要事项表达意见并行使表决权。出资人提出建议和要求,应依法定程序通过股东会和董事会表达,确保董事会作为全体股东受托人的权威性和有效性。出资人、股东会、董事会、监事会、经营层依照法律和公司章程形成的委托授权关系,各自的权力和责任都受到规则的保护和约束。这种相互制衡的管理体制,既保障所有者的权益,又赋予经营层充分的经营自主权,才能形成“定位清晰、权责对等、协调运转、有效制衡”的公司治理架构。

在董事会成员构成上,混合所有制企业董事成员由山东高速公司与战略投资者根据章程约定进行提名,提交股东会进行审议,由股东会选举产生董事。由全部董事组成董事会,董事会按照章程约定履行职责。

在董事会议事机制上,一般事项需过半数董事会成员同意,特殊事项需三分之二以上董事同意。为保障战略投资者作为小股东的权益,在公司章程中约定,明确战略投资者在公司经营计划、投资计划、财务预算方案、财务决算方案、利润分配方案、弥补亏损方案等重要事项,一企一策,在董事会表决时给予战略投资者具有否决权。

3.监事会

监事会是企业的监督机构,向股东会负责,对企业财务以及董事和其他高级管理人员履行职责的合法合规性进行监督,维护企业和企业股东的合法权益。监事会在《中华人民共和国公司法》、公司章程和规范规定的范围内行使审核权、检查权、监督权、告诫权、提议权、提案权、诉讼权、知情权、调查权等。

根据混合所有制企业具体情况,探索建立监事会领导下的公司内部审计管理模式。一是内部审计机构直接接受监事会的领导。内部审计机构是监事会下属的常设工作机构,不从属于董事会和总经理领导,不受制于公司的决策层和经营层,可以充分行使监督董事会和经营层的职责。二是监事会选聘内部审计负责人。内部审计负责人由监事会聘任,行使监督董事会和总经理的职责。三是审计经费实行预算管理。审计所需经费应该实行预算管理,每年根据制订的审计计划拟订经费预算,该预算由监事会上报公司股东会,经其讨论通过后予以实施,由监事会按批准后的预算使用。四是审查公司的重大事项。切实履行《中华人民共和国公司法》赋予监事会监督董事会和总经理的职责,审查公司的重大事项,审查董事会讨论通过的决议、董事会提交股东大会或股东会审议的议案等,出具独立的审查意见,为股东会做出决策提供参考。五是选聘外部审计的会计师事务所。由监事会选聘会计师事务所,内部审计机构负责与其进行沟通和协调,确保为公司股东会提供准确、合理的财务状况和经营业绩。

监事会领导下内部审计模式可以转变内部审计目标定位,从传统的财务审计向管理审计、效益审计转变,实现事前、事中、事后的全程审计,把审计的重点放在内控制度和经济效益上,对企业的经营管理和经济效益做出评价,提出富有建设性的建议,为公司取得最佳经济效益出谋划策,为公司创造价值。

4. 经理层

董事会是出资人委托管理自己资产的代理人,代表股东负责授权范围内公司日常工作中重大决策的审议和决定,代表股东会监督经理层的经营管理工作,其首要职责是确保出资人及时准确掌握公司业绩、风险及发展前景的可靠信息。经理层负责落实和执行董事会决策,以保障企业生产经营正常进行。混合所有制企业必须不折不扣地落实董事会聘任高级经理人员的权力,进而强化董事会和监事会对经理层的监督和制约。

混合所有制企业由多个出资人按持股比例共同拥有所有权,为激励约束经理层更好地执行董事会决策,避免大股东过度干预企业日常管理,每一个出资人对企业的管控都应该通过行使出资权进行。董事会选聘职业经理人,职业经理人代表出资人行使管理权。混合所有制企业经理层选聘应加快"去行政化"改革步伐,改变由出资人直接提名经理层高级管理人员的做法,落实董事会聘任经理层人员的权力,探索完善职业经理人制度,通过市场化方式选聘职业经理人。职业经理人根据董事会授权负责企业日常经营管理,并接受董事会指导和监督。

董事会对其聘任的职业经理人应该实行任期制契约化管理,严格目标绩效考核,管控好职业经理人的行为目标,内在地强化其与公司、股东长期利益的有机统一,使其能够分享企业长期发展成果,提高其为企业工作的勤勉忠诚程度。

一是落实职业经理人制度。混合所有制企业通过市场化招聘方式确定职业经理人,与职业经理人签订劳动合同、聘任合同、经营业绩责任书等,按照契约约定对职业经理人实施年度和任期经营业绩考核。年度经营业绩考核以年度为周期进行,在次年年初进行;任期经营业绩考核结合任期届满当年年度经营业绩考核一并进行。依据年度和任期经营业绩考核结果等确定薪酬、决定聘任或者解聘。

二是推行经理层契约化管理。混合所有制企业依法聘任或解聘经理层成员,签订岗位聘任协议、年度和任期经营业绩责任书。混合所有制企业董事会负责对经理层实施年度和任期经营业绩考核。相关考核要求与职业经理人考核一致。

(六)建立健全激励约束机制

1. 建立能上能下的市场化选聘机制

按照"市场化选聘、契约化管理、差异化薪酬、市场化退出"原则,一是市场化选人用人,吸纳一批确有真功夫、市场充分认可,具有国际视野、改革精神、市场意识、管理经验的高端优秀人才,实现管理水平和经营业绩的双提升。并通过市场化选聘产生的"鲶鱼效应",真正能够激发起人才队伍的活力。二是引进和培养"双轮驱动"。除了通过市场化选聘做好人才引进工作外,始终坚持引进和培养"双轮驱动"。通过组织内部员工开展对标活动,以国内外优秀企业、行业领先企业为标杆,帮助干部职工拓宽视野、更新理念,提升创新能力和国际化素养,培养造就高素质的创新型企业家队伍。同时,按照"横向分类,纵向分层"教育培训,实现领导人员履职能力、经营管理水平和综合素质等全面提升。三是解决企业领导人员能上不能下、能进不能出的问题。在领导人员综合考核中,评价等次为“不称职”或连续两个年度未达到“称职”,且被认定为不胜任现岗位的;领导人员经营业绩考核中,除因不可抗力因素外,连续两年完不成目标任务的,应及时予以调整。

2. 完善能增能减的薪酬与长效激励机制

一是薪酬市场化。根据各混合所有制企业从事的行业特点,对于市场化招聘的高级管理人员、员工,与市场接轨,可根据人才市场及公司情况采取协商的方式合理确定符合现行市场的薪酬标准,并严格规范薪酬标准。对行政任命的高级管理人员,根据“两低于、两挂钩”原则,确定薪酬标准。二是加强绩效考核。企业领导人员收入与职工收入、企业效益、发展目标联动,行业之间和企业内部形成更加合理的分配激励关系。企业效益好,企业员工收入就高,反之就低。三是积极探索长效激励机制。在政策允许范围内,对于混合所有制企业的高级管理人员,给予一定期权激励。

3. 规范职务消费和业务消费等约束机制

一是建立规章制度。根据山东高速集团总部行政综合管理制度,对差旅费、会议费、邮电通信费、业务招待费、公务用车使用费等,按照职务确定标准,并督促、监督其严格执行标准,超出标准部分自费。二是实行总额控制。山东高速公司对各混合所有制企业的差旅费、会议费、维修费、办公费、印刷费、邮电通信费、业务招待费、公务用车使用费等各项经费的总额实行控制。三是建立行政办公经费使用监督机制。山东高速公司对各权属混合所有制企业进行审计;加强管理和监督,完善内部控制体系和内部监督机制,混合所有制企业的财务、审计、纪检监察等部门对公司使用情况进行监督。

四、成果实施效果

世界每时每刻都在发生变化,中国也每时每刻都在发生变化,混合所有制企业的发展每时每刻都在发生变化,我们关于混合所有制企业治理体系的理论创新也没有止境。我们必须在理论上跟上时代,不断认识规律,不断推进理论创新、实践创新、制度创新、文化创新以及其他各方面创新。2019 年,山东高速公司共有河南发展公司、实业发展公司、畅赢投资公司、济南建设公司、环保科技公司 5 家权属单位通过引进战略投资者方式实施混合所有制改革,引进了国内外知名的企业作为战略投资者。在混合所有制改革推进过程中,通过不断探索混合所有制企业治理体系的理论与实践创新,山东高速公司所属混合所有制企业“三会一层”组织架构更加健全,“三会一层”运行更加规范,战略投资者作用得到充分发挥,混合所有制企业的经营业绩得到稳步提升。

(一)混合所有制企业“三会一层”组织架构更加健全、运行更加规范

河南发展公司等 5 家 2019 年底完成混合所有制改革的权属企业,都已与战略投资者共同协商建立了股东会、董事会、监事会(不设监事会的,设置监事),董事会、监事会、经营层都按照协议约定完成人员配备,按时召开股东会、董事会、监事会,按照分工履行职责。公司治理体系运作更加规范。

以实业发展公司为例,董事会由 5 名董事组成,山东高速公司委派 3 名,银丰物业公司委派 2 名,通过股东会选举产生。董事长由山东高速公司提名,副董事长 1 名由银丰物业公司提名,董事长和副董事长通过董事过半数选举产生。监事会由 3 名监事组成,山东高速公司提名 1 名,银丰物业公司提名 1 名,由股东会选举产生;职工代表监事 1 名,由职工民主选举产生。经营层设总经理 1 名、副总经理 3 名、纪检委员 1 名、工会主席 1 名,银丰物业公司派出副总经理 1 名和财务部负责人 1 名。2019 年召开股东会 1 次、董事会 1 次、监事会 1 次,2020 年召开股东会 1 次、临时股东会 1 次、董事会 1 次。

(二)混合所有制企业的经营业绩得到较大提升

山东高速公司权属混合所有制企业完成混合所有制改革后,通过构建“协调运转、有效制衡”的公司治理体系,将战略投资者管理、人才、资源、专业等优势与山东高速公司品牌、资金、社会资源等优势结合,实现融合发展、创新发展,各单位经营业绩都有不同程度提升。

以实业发展公司为例,实业发展公司 2019 年底完成混合所有制改革,引进与实业发展公司具有较

高业务协同性的济南本地知名民营企业银丰物业公司作为战略投资者,通过协商构建了“协调运转、有效制衡”的公司治理体系,引进银丰物业公司较为成熟的物业管理模式和物业管理人才,发挥战略投资者的专业管理、专业人才等优势,实业发展公司物业管理水平、服务区运营水平有了很大提高,经营业务实现大幅提升。截至2020年6月底,资产总额同比增长30%,负债总额同比下降5%,所有者权益同比增长80%,营业收入同比增长40%,利润总额同比增长450%,净利润同比增长565%。

(三)为国有企业混合所有制改革后治理体系建设提供有益借鉴

山东高速公司5家权属企业2019年已完成混合所有制改革,坚持“定位清晰、权责对等、协调运转、有效制衡”的原则,充分发挥小股东在股东会、董事会、监事会、经营层建设中的重要作用,依法依规充分保障小股东在公司决策、运营、管理中的作用,进一步完善了混合所有制企业治理体系,为其他国有企业实施混合所有制改革推进过程中企业治理体系建设提供有益借鉴。

交通企业"管控型"财务共享中心建设

山东高速股份有限公司

成果主要创造人:周　亮　陈　芳

成果参与创造人:曲　璐　张晓琦　候晓丽　王成友　南文超

山东高速股份有限公司(简称"山东高速公司")为高速公路运营企业,主要从事对交通基础设施的投资运营及高速公路产业链上下游相关行业等领域的投资,公司路产分布地区跨度大,涉及省内16个地市及河南、湖南、湖北3个省外地区。至2020年,山东高速公司有运管中心18个,路桥运营权属子公司6家,资本运营权属子公司7家,省外区域公司4家,参股公司12家,运营管理路桥总里程2502公里,是国内最大的高路公路运营管理企业。山东高速公司规模大、效益可观,截至2019年底,有总资产804亿元,净资产344亿元;2019年,实现营业收入74亿元,净利润31亿元。

为适应国家科技创新发展战略,实现强主业经营的财务共享服务支撑,山东高速公司财务共享中心结合特大型国企战略管控要求,打造流程统一、标准一致、人工智能相结合的"管控型"财务共享模式,形成"战略决策支持、核算共享服务、业务财务支持、智慧财务建设"的四分财务格局,提高财务核算效率,优化业务流程,降低财务成本,强化财务风险管控和数据的集中监控分析,实现财务管理专业化、财务核算集中化、财务业务一体化管理。

一、成果实施背景

(一)财务共享中心"管控型"模式推广背景

随着科技革命和交通产业变革,云计算、5G网络、人工智能、IoT等新兴技术涌现,财务共享模式应运而生。随着财务共享模式的产生发展,财政部、国务院国资委及山东省国资委提出财务共享中心建设任务要求。为顺应时代发展趋势、响应国家政策,山东高速集团有限公司(简称"山东高速集团")积极推进财务共享中心建设,制定"管控型"财务管理目标。山东高速公司作为山东高速集团三家上市公司之一,先行先试,树灯塔,造声势,立标杆,按照山东高速集团财务共享中心规划指引,遵循"一步规划,分步实施"原则,推进财务共享中心建设,加强自身管理能力,提升财务管理水平,实现山东高速集团做强做优做大国有资本目标。

(二)财务共享中心"管控型"模式应用价值

对于交通企业而言,企业性质特殊,同类业务距离较远,在日常管理过程中存在很大困难,例如各业务单元报销流程及管理模式不一致,难以以统一的标准进行管理;内部往来款项较多,管理成本高、难度大;实际支付行为和系统支付管理脱节;部门之间信息壁垒高筑等问题日渐突出。为解决日益突出的问题,财务共享中心开始探索"管控型"管理模式,上线使用了共享报账平台、预算管理系统、移动审批系统、电子影像系统、资金结算平台、财务分析系统、发票池等模块。协助企业解决存在的问题,实现财务转型,加速交通企业财务向数字化、智能化转型升级,同时实现财务业务的集中管理,保证部门之间信息共享,方便沟通,提高工作效率,节省系统和人工成本。

财务共享中心的应用价值在于加强企业管控力度,强化预算执行与控制,落实"权力进笼子",减少人治的负面影响,健全依法治企、依规管人的现代企业治理机制。降本增效,提高自动化水平,优化岗位结构,降低人力成本。集成数据连接系统,实现财务与资金系统的无缝连接,增加可视化财务分析系统,为公司实现数据互联、信息协同提供保障,为提高公司管理水平提供技术支持。促进财务管理工作的转型升级,推进了财务工作由财务核算会计向财务管理会计方向的转变,提升企业整体财务水平。发挥交通企业主力军带头发展的作用,为其他交通企业的财务共享中心建设提供目标与方向。

二、财务共享中心"管控型"模式探索历程

在山东高速集团和山东高速公司领导全力推动下,山东高速公司于2017年10月开始构建财务共享中心,选取了基础条件较好的18个运管中心的21家独立核算主体作为试点,将314个业务核算单元全部纳入共享体系。先后历经3个阶段,即财务集中办公管控阶段、"1+X"财务垂直管控阶段和业财融合、打造财务"数智中心"阶段。

(一)财务集中办公管控阶段

2017年10月,山东高速公司开始机构改革,实施扁平化管理,撤销省内路桥分公司财务科室。原省内9家分公司地域跨度大、财务人员分散,制度管理、业务流程差异大,因实施扁平化管理导致基层业务单元数量剧增。山东高速公司财务部设计出集中核算、集中报销的财务运行模式,将财务人员压缩后全部集中办公,设计统一化、标准化流程,保证了改革后公司业务的正常运转,形成财务共享中心的雏形。

(二)"1+X"财务垂直管控阶段

随着改革的发展,山东高速公司开始按照财务共享中心模式调整组织架构,将财务人员由集中办公模式调整为小部分人员集中、大部分人员分散的工作模式,形成共享人员集中、业务财务下沉的"1+X"垂直管理模式,18人完成业务财务转型,转型比例达到78%。

业务财务人员下沉到基层单位,主要负责各权属单位的费用报销、账务核算、报表管理,以及预算、资金、资产、税务的属地管理工作。财务共享中心重新划分为成本费用组、总账报表组、资产组、资金组、收入组、系统维护组,负责山东高速公司直属路桥单位的财务管理工作。搭建财务共享操作平台,采用业务前端服务与预算执行控制相结合的模式,权属单位以财务数据为纽带,时时掌握自己收支发生情况;财务共享中心以业务为抓手,使财务更好地融合到业务之中,不断提升财务服务水平,财务共享中心的构架正式形成。

(三)业财融合、打造财务"数智中心"阶段

山东高速公司全力推进财务共享中心建设,打造财务"数智中心",上线财务分析系统,使财务数据分析更加清晰,主要数据实现图形化、可视化(图1),将枯燥的数字形象地展现,便于管理层及时、清晰获取数据,动态掌握公司运营情况,协助管理层决策。通过近1年的财务共享中心转型工作,山东高速公司业财融合、数据分析进一步深化,至2020年,已上线发票池、共享平台模块,完成"报账提单—发票检验—平台处理—资金支付"流程一体化,上线"智多星"可视化分析展示台,严格把控各单位预算执行情况,强化单位绩效管理。

图1 财务共享中心财务数据图形化、可视化

三、具体做法

山东高速公司财务共享中心秉承“服务主责主业,打造数智中心”的理念,增加运营管理报账平台、资金管理系统等模块,进一步完善业务操作平台,将重复、简单的工作(如支付结算、收入记账、发票信息提取、收付款对账等)全部智能化、机器人化,完成电子会计档案系统的建设,精简业务财务的基础工作,提高工作效率。加强与各业态、财会、税费、资产、资金的大数据整合力度。将车流量数据、通行费收入等运营数据对接到财务共享中心,发挥出数据资产的价值功效。将“智能流程自动化系统”补充纳入财务共享中心核心系统平台,通过流程自动化、智能化减少人工对数据处理的干预,有利于数据集中,提高数据质量。进一步提高工作效率,加强内部控制,防范运营风险。至2020年,已初步形成与公司业务特点相融合的财务共享模式,实现了费用报销、会计核算、资金支付一体化管理,形成了资金管理和资产管理集中化、业财数据和业务流程标准化、财务共享制度和管理模式规范化的体系。在实现山东高速公司全共享的同时,将财务共享服务在山东高速集团内路桥运营单位进行推广,最终达到集团提出的“管控型”财务共享中心的目标。

(一)财务共享模式职能定位

财务共享中心在统一核算公路运营业务的基础上,逐步拓展自身职能,进一步形成具有核心运营能力的业财“信息中枢”,对内对外提供快速、合规、稳定的业财大数据支持,实现公司大数据共享、互通,优化资源全局配置。

财务共享中心目前设置4个中心,即会计处理中心、内控监督中心、人才培养中心、数据管理中心。

1. 会计处理中心

会计核算是财务部门的基础性工作,财务共享中心将会计核算中共性的、重复的、标准化的、可由人工智能代替的工作从日常工作中提炼出来,上线自动化流程,通过统一的制度、流程,利用AI技术代替人工处理,将分散的财务工作集中化管理,简化了工作流程,提高了工作效率。

2. 内控监督中心

通过企业财务共享中心的建立,实现企业财务管理项目的全面预算,不定期对权属单位的预算编制及执行过程进行监督检查,确保全面预算管理制度的有效执行,为企业的经济发展提供保证支持。财务共享中心同时负责稽核全公司财务账务,确保会计信息质量合理合规。

3. 人才培养中心

财务共享中心的模式已经脱离传统的记账与资金支付方式,所以在处理规则、流程操作方面都需要准备相应的人才培训方案。财务共享中心作为企业会计处理中心,所需人才规模大、专业性强,而专业人才的来源分为两个方面,一是引进,二是培养。新型的产业需要新型的人才,山东高速公司财务共享中心针对具体问题,在引进高素质人才的同时制定相对完善的工作流程与人才培养战略,建立完善业务轮岗制度,形成专业知识培训机制,培养高素质财务人员,将企业员工培养为专业的财务人员,满足公司发展输出需求。

4. 数据管理中心

财务共享中心并不是“人海战术”,而是“数智中心”。随着大数据时代到来,“互联网+”、大数据与财务结合越来越紧密,财务共享中心通过上线“SSC共享服务、动态预算执行、税务云发票池、财务机器人、电子会计档案”等模块,将财务业务从基层单位提单,经业务财务初步审批,到上层领导预算审批,最后到财务共享中心复核、支付、凭证生成一体化管理完美地结合到一起,实现业财融合。集中核算公司所有财务数据,建造公司财务大数据库,根据公司决策和管理需求,依托大数据基础,建立分析模型,实现数据服务于管理、数据支持战略决策,为企业决策提供全方位、多视角的信息,帮助企业及时调整经营战略,提高企业经营效率与经营质量。

(二)财务共享制度建设与规范化流程

因高速公路行业业务跨越地市较多,各业务单元体较多,管理比较复杂,财务共享中心成立之前,各单元体有自己的报销流程与制度,不利于统一管理与绩效考核。财务共享中心成立以后,进一步梳理财务流程与财务制度,统一会计政策、会计流程、会计科目和数据标准,实现财务流程标准化,把相关制度、规定、要求嵌入系统中,转化为控制参数与反馈、预警机制,从而达到强化控制、提高效率、预防风险和信息共享的目的。

财务共享中心自成立以来,共制定了包括通行费收入、成本费用、专项工程、职工薪酬在内的7个统一业务流程,形成了预算、实际支出与收支项目对照表、报账单填写要求、费用附件规范要求、会计档案整理标准等14项规范化制度。在业务处理过程中,力求做到12小时支付、24小时回复。财务流程与制度的建设,有效地提升了财务工作效率,提高了会计信息质量,同时强化了企业内部法人风险控制。

(三)财务共享操作平台搭建

财务共享中心,通常包括财务应付、应收、成本费用、固定资产等的处理,这种模式在提高效率、控制成本、加强内控、信息共享以及资源管理等方面,都会带来明显的效果。山东高速公司为充分发挥规模优势和效应,方便统一核算,对财务流程和数据标准进行了统一设置,并在此基础上设置了4个操作平台,即业务前台、共享中台、财务后台与全员移动支付审批端。操作平台能够全方位地涵盖网上报账、业务操作、运营管理、运营支撑、资金结算五大方面。

1.业务前台

业务前台是财务共享中心工作的基石,由报账平台、影像管理平台、税务云、OCR识别4个模块共同支撑。基层单位扫描员利用报账平台上传单据,通过影像管理系统上传报销单据,报销单据以费用报销、往来款管理、固定资产、薪酬为主。其中,费用报销范围涵盖差旅费、办公费、会议费、通信费等日常费用;往来款管理包括与收入相关的应收、预收款管理,与成本费用相关的应付、预付款管理,以及其他应收款和其他应付款的管理;固定资产为企业日常购置资产;薪酬为企业人工成本。按照财务共享中心制定的统一的规范,将原始单据录入报账系统,然后连接税务云系统,利用OCR识别技术,自动校验发票真伪。针对基层填报人员大都为财务零基础人员的现状,财务共享中心制定并下发《财务共享中心单据收支项目对照表》(表1),实现企业内部“全员报账”。业务前台工作是财务共享中心重要的基础性工作,打好基础是报销流程顺利完成的前提。

财务共享中心单据收支项目对照表　表1

单据类别	业　务	收支项目编码	收支项目
现金缴款单	通行费收入	01010101	车辆通行费收入
	非现金收入	01010109	收入——非现金
收款单	收费站、办公楼房屋出租收入	010203	固定资产出租收入
	处置固定资产收入	010601	非流动资产处置
收入确认单	收入的确认、预估	01010101	车辆通行费收入
		01010109	收入——非现金
收入上解单	收入上解	010701	上解通行费收入
		010703	上解ETC收入
借款单	各单位借找零、日常备用金	04940101	备用金——部门
	日常业务中付款前无法取得发票,需要预借资金的,如办公用品车辆燃油费、电费等	04940102	部门借款
	个人借出差、培训等备用金	04940103	个人借款

续上表

单据类别	业务	收支项目编码	收支项目
还款单	现金归还借款单	04940101	备用金——部门
		04940102	部门借款
		04940103	个人借款
外部单位付款单	支付集团外单位质保金、已开具发票未全额支付的工程款等	04940201	集团外单位应付账款
	支付集团外单位投标保证金、涉路施工保证金等	04940202	集团外单位其他应付款
内部单位付款单	支付集团内单位质保金、已开具发票未全额支付的工程款等	04940203	集团内单位应付账款
	支付集团内单位投标保证金、涉路施工保证金等	04940204	集团内单位其他应付款
应付单(开具发票只挂账不付款)	信息专项工程	02010102	机电专项费用
		02010103	信息专项工程
综合办公报账单	六项费用支出、安全经费及低值易耗品报销	040327	管理其他车辆使用费
		040326	管理停车费
党工人力费报账单	培训费	040333	管理培训费
	劳动保护费	040328	管理劳动保护费
差旅费报账单	办公差旅费及异地工作差旅费	040311	管理差旅费
		040312	管理会议费
		040309	管理办公费
维修报账单	收费系统设备	02010301	收费系统设备
	供电系统设备	02010303	供电系统设备
水电暖报账单	支付电费	02010701	电费
	支付水费	02010703	水费(水电)
		049832	水资源税
资产采购付款单	固定资产及无形资产报销存在质保金,在单据【质保金】字段中,填写金额	0499	固定资产大类
		040340	管理低值易耗品摊销
		02010918	一般维修费(公路)
税金计提单	税金计提	049818	应交——印花税
		049821	应交——车船使用税
		049820	应交——土地使用税
		049822	应交——个人所得税
利息收入	外部银行支出户及内部户利息收入(收入户见收款单)	04040101	外部银行
		04040102	内部银行
财务费用支出	外部银行支出户及内部户手续费支出(收入户见收款单)	04040101	外部银行
		04040102	内部银行

2.共享中台

财务共享中心作业平台为共享中台,由报账系统、影像管理系统、税务云发票池、RPA 财务机器人、资金管理系统组成。高速公路运营行业日常业务包含两个方面,一是通行费收入的入账,二是日常费用、资产、应付单据等费用类审核付款,系统贯穿高速公路行业收支两大领域。

通行费收入是高速公路行业主要收入来源,日常单据量占据总单据量的二分之一,传统的做账模式是基层单位由专人根据现金缴款单提交单据,财务人员审核做账;财务共享中心成立以后,将资金管理系统与银行系统联通,实现财务人员自动抓取银行流水做账,同时开发了 RPA 自动收款机器人,财务人员不仅能够使用机器人自动抓取银行流水推送收款凭证,同时也可以通过资金管理系统提取收款机器人无法自动抓取的收入流水。相比较人工提交单据,收款凭证的自动推送不仅保障了收入入账的时效性,也提高了准确率,方便了收入的核对,节省做账时间及人工成本,收款机器人自动生成凭证比例达 80% 以上,一键点击制单,提高工作效率(图2)。

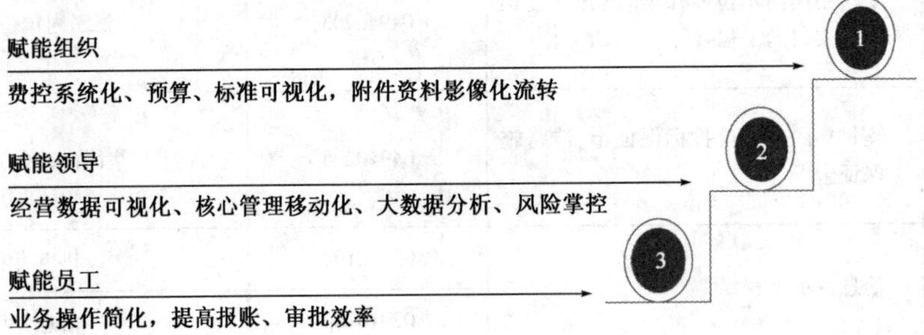

图2　财务共享中心作业平台的作用

对于费用类单据,基层单位扫描员将原始单据录入系统之后,经财务初审岗初步审核以及权属单位领导预算审批之后进入财务共享中心"作业池",在"作业池"中,单据不属于任何组织或个人,财务共享中心作业组成员根据自身组别从"作业池"中提取出对应单据,审核单据信息,审核后单据自动跳转入资金管理系统,付款信息将自动连接到银行,发送付款指令,付款成功之后自动生成相应凭证。在整个报销流程中,资金管理系统可以联动到报账系统的客商信息,提取基层单位扫描员录入的收款人信息,无须额外提交付款申请,自动完成银行指令的发送,形成报账、审核、付款、凭证生成一体化管理(图3)。

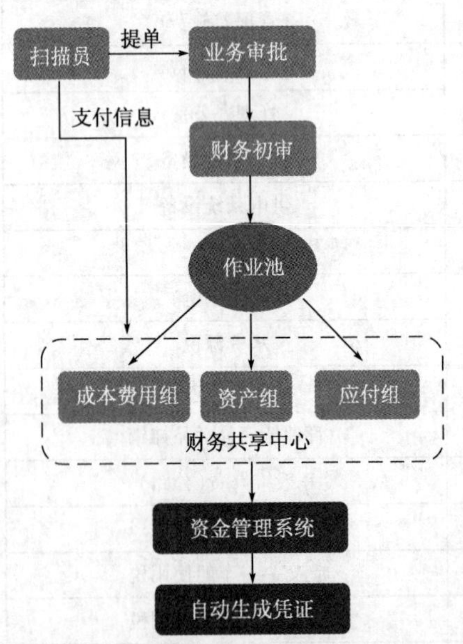

图3　财务共享中心作业平台操作流程

3.财务后台

财务共享中心财务后台由两部分构成,即电子档案管理平台与"智多星"可视化分析系统。

电子档案管理平台保存原始凭证、记账凭证等会计凭证,总账、明细账、日记账等会计账簿,年度、半年度等财务会计报告,银行存款余额调节表、银行对账单等其他具有保存价值的会计资料。建立电子会计档案索引关系,记录存储位置,准确查询,提高查询使用效率,减少耗材成本、人工成本。建立电子会计档案备份制度,防范自然灾害、意外事故、人为破坏的影响。

"智多星"可视化分析系统由 4 个模块组成,分别为经营管理驾驶舱、财务驾驶舱、公路运营驾驶舱、财务共享驾驶舱。其中经营管理驾驶舱反映集团企业及分子公司的财务状况,各管辖的高速公路经营情况及财务共享中心作业绩效;财务驾驶舱反映合并母公司和子公司的考核指标趋势和执行情况以及权属单位的收入、支出及成本情况(图4);公路运营驾驶舱从公路运营系统开放的 REST 接口调用数据,反映高速公路实时路况信息,并反映一段时间内的通行费收入及车流量状况。财务共享驾驶舱能够比较直观地呈现权属单位单据提交量与工作效率，展现业务人员单据提交质量、业务财务及主管审批效率，体现各单位人员工作积极性，同时体现财务共享中心作业人员的作业情况。

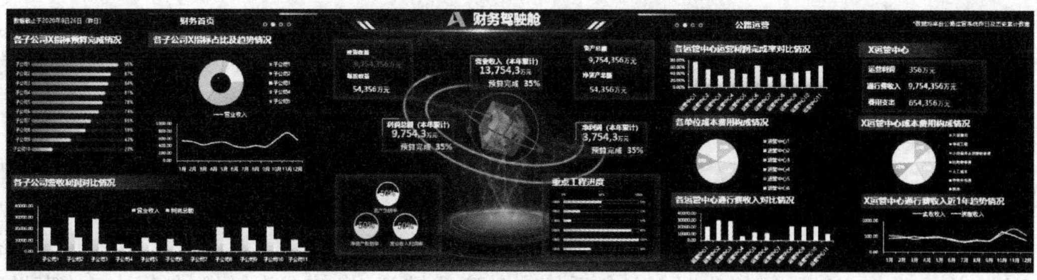

图4 财务驾驶舱示意图

4. 全员移动端——友报账移动 App

财务共享中心报销流程中包含预算控制审批与业务部门领导审批。为提高工作效率，保证会计信息及时性，优化报销流程，开发智能移动终端——友报账移动 App，集成企业微信，为领导审批、报账查询等提供便捷化移动应用服务，跨越时间、地域的影响，实时审核单据，为公司各级领导提供便利，为业务部门及权属单位提供更优质及时的共享服务、财务信息服务、系统安全运维服务，方便及时提升各级审批单据状态，避免遗漏单据。

(四)财务共享资金集中管理

山东高速公司依托“资金池”对资金实行集中管理，采用成熟的商业银行结算系统及资金管理软件组成资金管理系统，将整个企业资金集中起来，由山东高速公司统一支配现金流，进行投融资等活动，加强资金流动性，提高资金使用效率。

财务共享中心利用资金管理系统对公司资金进行统一管理及调配，在各接口合作银行开立一级授权使用账户用于归集资金，将各成员单位的资金纳入“资金池”，实施集中统一管理，包括资金归集、资金结算、资金预算、内部信贷、对外融资等，提高资金周转效率，保障资金运营网络系统安全高效运转，降低财务风险，保证资金结算的安全、快捷、方便、准确。同时对成员单位在银行独立开设的资金账户实行审核和备案管理，并对该类资金账户进行管理和监控。负责办理公司及成员单位同银行和外部单位的资金往来和资金结算业务，监督考核各成员单位执行备用金制度、资金预算管理制度情况，对成员单位的对外支付进行监管；及时发现资金流转中出现的异常状况，向公司领导报告并及时采取有效措施加以解决。根据公司决策和计划财务部指令，对内部资金进行统一管理、统一调度、统一配置和统一使用。

各成员单位对自己的资金拥有所有权和支配权，这种权利不因资金存放地点的变化而改变，也不受任何单位的影响。各成员单位仍是独立经营核算单位，不因结算中心的运营而影响其收入结算和资金使用的独立性。结算系统和各单位之间的存贷款，均按照有偿占用的原则支付存贷款利息和费用。

(五)人工智能与数字化创新

随着人工智能的发展，自动化技术迈上了新台阶。放眼未来，自动化与人工智能势必重塑财务智能，自动化技术改善了流程，提高运营效率，与此同时，人工智能代替人脑执行任务，日益成为日常基础工作的重要组成部分，向系统数据要质量，严把信息安全关，借助技术进步，优化业务流程，提高企业工作效率，改变企业运营模式。对此，山东高速公司财务共享中心购置专业智能化设备，包括 RPA 财务收款机器人、RPA 自动结算机器人、RPA 财务对账机器人、自动化发票查验终端、“智多星”可视化分析展示台等智能设备，加强预算通报管理、会计新准则核算、大资产大数据管理、资金集中管理等分散系统共享对接。各系统不再各自为战，十几年来“信息孤岛”状态一去不复返，真正实现了业务、财务、税务、资金等多类数据互联互通、信息共享。

1. RPA 财务收款机器人

高速公路通行费收入通过资金系统的流水查询系统自动下载收入流水,RPA 财务收款机器人将自动获取流水,并根据流水的关键摘要信息,实现非结构化的智能分析与判断,判断该笔收入归属哪家单位,匹配成功之后,将自动生成收款单,并自动提取到财务共享中心作业平台进行自动化审批,完全替代了人工的收款分拣和录入工作。按照操作员人工正常录入的效率,一张收款单的分拣和录入时间是 3 分钟,RPA 财务收款机器人的分拣和入账时间是 6 秒。在通行费收款入账这个场景下,RPA 财务收款机器人将工作效率提升了 30 倍。

2. RPA 自动结算机器人

共享报账平台和资金系统的集成过程中,启用 RPA 自动结算机器人。银行支付成功的数据将被机器人检索到,并适时将支付成功的数据在财务系统自动完成结算,代替人为触发结算引起的审批和支付两道工序,有效解决了业务、财务、资金互相割裂分离的问题。

3. RPA 财务对账机器人

企业为收付款对账引入 RPA 财务对账机器人,机器人在规则下提取来自企业财务和银行流水的数据,通过比对规则进行比对,将比对正确的异常数据形成新的文件,并通知操作员。操作员根据比对差异可以快速定位问题,并做到及时处理,原来 30 分钟才能解决的问题,现在 2 分钟左右就可以比对完毕,效率大幅提升,释放大量财务人力。

4. 自动化发票查验终端

在报账流程过程中,企业将发票查验功能嵌入影像系统中,增加发票池和发票的查重验伪。通过系统集成对接财务系统、合同管理、税务信息系统,或通过 OCR 识别等智能采集模式,自动获取税务系统发票信息和推送销售开票信息,包括发票的查重验证、真伪验证、合规验证、发票管理、纳税申报等功能。

5. "智多星"可视化分析系统

山东高速公司财务共享中心全力推进财务分析系统建设,使财务数据分析更加清晰,主要数据实现图形化、可视化,将枯燥的数字形象地展现,便于管理层及时、清晰获取数据,动态掌握公司运营情况,协助管理层决策。企业上线"智多星"可视化分析系统,由经营管理驾驶舱、财务驾驶舱、公路运营驾驶舱、财务共享驾驶舱组成。通过智能分析平台,利用大数据实现更全面的数据分析,有效支撑企业管理、公司决策,同时提升了内控管理与风险防范,促进了业财融合。

(六)财务共享全覆盖培训与管理

财务共享平台搭建初期,因信息化原因,有大量系统操作,自财务共享中心运行以来,针对基层报账人员大都为财务零基础人员的情况下,进行了 5 次集中培训、21 次基层现场培训、多次视频培训,培训范围涵盖了收费员、票据员、路政巡查员等全体基层人员,累计培训 1400 人次。将业务规划进行讲解,介绍业务流程,并配备相应的操作手册与会计流程提单对照表,业务财务遍布权属各单位,成功实现"全员报账",同时对集中办公的财务人员进行标准化培训,制定统一流程,短时间内全面提升业务能力,为日常业务提供各项咨询和服务,建立了长期沟通机制,有效提高了会计信息质量。财务共享中心着重培养中高端复合型人才、财务初级审核人员、财务复核人员等,积极推进记账会计向管理会计转型。

(七)财务共享日常运营管理

日常运营主要包括系统维护、预算管理与控制、会计信息质量管理、服务规范、服务绩效考核、智能设备管理等。

1. 系统维护

财务系统是财务共享中心正常运行的后台保障。为此,财务共享中心设有专门系统维护组,负责财务系统的管理,维护财务系统的正常运行;负责财务系统的基础设置、权限管理、审批流程设置等系统管理工作;负责财务系统的日常维护和突发事件的处理。

2. 预算管理与控制

负责资金预算资料的收集、整理,编制年、月的资金收支预算计划;负责掌握各单位各项目资金收支预算执行情况;负责资金预算的变更、调整、追加等工作;负责编制月度资金收支情况分析;负责核定、修订权属单位的备用金额度。共享平台实现资金预算超额预警提示和无预算预警提示,有效管控资金支付风险。

3. 会计信息质量管理

负责会计信息质量的稽核,报表的出具,会计流程规范化监督管理,财务管理规章制度、内控制度的合理性管理,大额资金支付流程的完整性、合规性管理。

4. 服务规范、服务绩效考核

负责规范各项业务流程、各类工作机制;负责财务共享中心人员的工作质量与绩效管理工作;负责权属单位工作质量、工作进度考核;负责日常会计信息质量稽核。

5. 智能设备管理

负责报账平台、影像管理平台、税务云、OCR识别、资金结算管理系统的日常维护,负责“智多星”可视化分析展示平台即经营管理驾驶舱、财务驾驶舱、公路运营驾驶舱、财务共享驾驶舱的日常维护与管理。

四、实施效果

(一)支撑公司战略,强化集团管控

山东高速公司财务共享中心“三集”(集账、集钱和集权)初步实现,先集后分为落实国企“放管服”夯实基础;强化计划预算执行与控制不再靠“看脸色行事”,交给信息系统,由制度说了算,有效落实“权力进笼子”,最大限度减少人治的负面效应,逐步健全践行依法治企、依规管人的现代企业治理机制;实现以资金流为主线的内部控制流程化管理,财务内控在信息系统中固化,规则内置,管控前移。为山东高速公司打造全国一流的路桥运营服务商,勇当交通领域新旧动能转换主力军的愿景目标提供强力支撑。

(二)从创立向创质、创效演进

山东高速公司财务共享中心从创立向创质、创效持续演进,追求财务共享的高质量和高效率服务。会计核算、费用报销、资金结算等业务处理的质量和效率提升明显。会计凭证的自动化率超过95%,账簿自动化率100%,单体报表编制自动化率99%。财务与资金系统深度集成,财务资金、票税档一体化水平超过70%,具体表现为:核算结算一体化、发票自动查重与验真、一键归档等。

(三)财务管理成功转型

1. 财务组织新定位,四分财务见雏形

2017年10月山东高速公司开始财务集中核算、筹建财务共享以来,已形成“战略财务+共享财务+业务财务+智能财务”四位一体新模式。战略财务发挥聚合、指导和管控职能;共享财务集中处理财务会计业务,初步发挥规模效应;业务财务(管理会计)不仅被赋予了更多监督职能,已开始发挥赋能业务、辅助经营、支持管理的作用;智能财务(RPA机器人)驱动流程自动化,进一步释放财务人力。

2. 人员结构优化突出

在试点的18家权属单位设立了业财岗,有18人专职从事管理会计工作;财务共享中心13人接管21家独立核算主体财务会计工作;战略财务归属于山东高速公司计划财务部,9人保持不变。自2017年10月财务集中核算后,先后优化转岗20多人,财务人员结构更加合理,业务增加,人员减少。在权属

单位新增了5条高速公路业务、运营里程增加了405公里的情况下,财务人员总体数量减少10人,实现降本增效的目的。

(四)实现数据资产化

以报销为基础的费用流程、以收入为核心的收款流程、以工程为核心的报销流程端到端的业务均已经数据化。费用、收入、应付、资金等业务数据全部财务化、财务数据信息化、财务信息知识化,已经基本实现。在费用组、收入组、应付组和资金组等初步形成共享作业的操作手册,支持财务信息知识化,积淀经验,复制推广,实现知识传承。在财务共享中心,山东高速公司数据资产化逐步形成。

(五)信息化建设上台阶

通过财务共享服务平台建设,推动山东高速公司财务及相关信息系统持续完善,数据治理体系初步形成。在现有财务系统基础上,新建电子发票与税务管理系统、电子会计档案系统、财务数字化分析系统(管理驾驶舱),实现资金系统与财务系统的集成应用,消除系统孤岛,整合提取运营系统中的业务数据,增加管理驾驶舱数据可视化的信息来源,实现财务数据的可见、可查、可用与可视,财务信息实时高效,为山东高速公司实现数据互联、信息协同打下坚实的基础,为构建山东高速公司大数据分析创造条件。

(六)建立"人才工厂"基地,实现人才培养与输出

企业将最优秀的人才调配到财务共享中心建设运营工作中,同时也以财务共享中心建设为契机,引导和推动财务人员自身转型,着力培养懂业务、精核算、善分析、会管理的复合型财务人才,使财务共享中心成为高层次财务人才的培养中心。突出财务共享中心试点主线,构建专业化共享人才团队,将财务共享中心推广至全体单位。着重培养中高端复合型人才、总会计师、财务经理、财务主管骨干人员等,业务财务遍布权属各单位。

(七)社会形象显著提升

山东高速公司以财务共享中心为基点,实现财务核算型向财务管理型转变取得了很好的规模效应,在全国交通类企业中,走在财务发展的前沿。山东高速公司财务共享中心的实践表明:以移动终端、大数据、云计算为核心的财务共享服务,在优化财务集团的配置和使用,提高财务服务的质量和运营效率,提高集团风险管控能力,增加企业市场竞争力等价值体现上发挥重要作用。财务共享作为创新理念将得到更加广泛的推广和应用,最大限度地发挥协助企业集团发展的平台作用,成功打造全国交通行业亮点工程。

智慧法务管理平台

深圳国际控股有限公司

成果主要创造人:纪志龙　易爱国

成果参与创造人:赵永强　周　杰　姚珊珊　何林光

深圳国际控股有限公司(简称"深国际")为一家于百慕大成立、在香港联合交易所有限公司主板上市的公司,深圳市人民政府国有资产监督管理委员会通过深圳市投资控股有限公司间接持有约43.39%的权益。深国际是一家以物流、收费公路为主业的企业。

深国际以粤港澳大湾区、长三角和环渤海地区为主要战略区域,通过投资并购、重组与整合,重点介入城市综合物流港及收费公路等物流基础设施的投资、建设与经营,在此基础上向客户提供高端物流增值服务,业务领域拓展至物流产业相关土地综合开发、环保产业投资与运营等多个细分市场,为股东创造更大的价值。

一、实施背景

2018 年 11 月 2 日,国务院国有资产监督管理委员会印发了《中央企业合规管理指引(试行)》,该指引从合规管理职责、重点合规管理领域和三类重点人员三个层面进行要求,包括从公司完整的合规体系构建出发,通过融入合规管理的核心元素,加强企业合规管理,提升企业合规管理水平。其中,该指引提出需要健全完善合同管理制度,定期排查重大合同、重要合同签订,同时要利用大数据等科技手段对经营管理行为进行实时监控和风险分析等。

为进一步规范合同审查流程、提高合同审查效率、防范合同法律风险,实现合同管理的标准化、智能化、数字化,在对标行业内法务管理方面较为先进的企业后,公司认为有必要建立一套符合自身发展的法务管理信息系统。在纪委书记监督和指导下,公司风险管理部和信息工程部协同建设了深国际法务合同智慧管理系统,共同建设推广智慧法务管理平台,这套系统可统一合同管理、诉讼案件管理等方面内容,有效控制合同风险,提供及时、准确、全面的合同信息及执行情况,为各级管理者的决策提供强有力的信息支持。创新性地将大数据、人工智能融入法务合同管理,提升合同管理的效率和智能化水平。此次成功实践,是深国际迈向智能化、数字化创新应用的一项突破,是促进"六位一体"大监督平台数字化转型的重要举措。

智慧法务管理平台上线以来,处理合同超过 900 份,涉及金额超过 28 亿元。在 2020 年央企法治智能化研讨会上,该项成功实践备受国务院国资委政策法规局的关注,站在了国资国企法务数字化创新管理的前列,同时系统已荣获由中国信息产业商会授予的"2020 年度企业法务数字化建设卓越实践奖"(国家级奖项)。

二、成果内涵和主要做法

一是,随着公司经营规模逐渐扩大,在经营业务的过程中,往往会涉及大量的合同起草、审批、签订、归档等一系列管理环节。目前,公司总部及一些附属公司的合同管理、案件管理等工作,没有一套专门的管理系统,有些单位甚至是全手工进行,在一定程度上影响了法务管理工作的效率和质量。

二是,近年来公司因合同纠纷引发的案件日渐增多,部分案件涉及金额较大,容易产生较大的法律风险,甚至有些案件已经给公司造成了损失。追本溯源,部分是由于对合同管理工作不够重视,因合同管理不善所引起的。

在对标了行业内法务管理方面较为先进的企业后,公司认为有必要建立一套符合自身发展的法务管理信息系统,统一合同管理、诉讼案件管理等方面内容,有效控制合同风险,提供及时、准确、全面的合同信息及执行情况,为各级管理者的决策提供强有力的信息支持。

(一)规范合同管理

法务管理系统通过多模块的设计,为公司总部及附属公司提供了联系紧密的纵向监督平台。公司总部各部门或附属公司配置对应的系统管理人员,从合同起草阶段即建立起风险防控的起点防线。系统为合同提供了规范的合同版本,诸如买卖合同、租赁合同等比较基础性的合同,让使用者能更为方便地对合同起草完成入门。合同审批阶段与公司 OA 系统的结合,让原本复杂的审批流程更为科学与合理,系统性地将合同审批与审批事项完美划分到不同位置。法务系统设置合同履行模块,系统提醒使用者能及时关注合同履行的各个阶段,避免因错误或遗漏履行导致的违约风险。合同的归档功能也符合合规的规定,而且电子化归档也契合当前社会倡导的无纸化模式,减少了存储的空间,同时也方便多用途管理,并具有快速搜索功能。法务系统建立的合同台账数据更为清晰准确,在标准的大数据系统下,对合同的种类、合同金额、合同主体等做了更为科学的板块分类,同时,有了合同台账的电子化整理,也减少了人为统计的失误,让公司监督附属公司的合同的准确率大大提高,更有力地及时控制风险,减少不必要的资产损失。另外就是用印管理模块,在加强合同起草、审批流程的前提下,用印管理就变得更为重要的,它决定了合同最终的走向,因此合同用印需要对前面的几个流程进行核实,加强风险风控,避免用印的合同与实际审批的合同版本不一致,一旦出现这种错误将会产生不可估量的巨大风险,应予以特别注意。

(二)大数据分析

法务管理系统除了为合同的起草等流程保驾护航外,还特别增加了为防控风险设置的大数据功能。大数据是当前社会不可缺少的环节。企业的设立及变更登记、企业的涉诉、企业的上市公司公告、企业的合作新闻等,都是合同签订前须重点探索及研究的内容。法务管理系统试图从源头对风险进行把控,通过嵌入天眼查等第三方查询功能,可从系统录入的初始阶段就进行风险排查,合同管理者可以在系统上对合同相对方进行录入。系统在相对方的录入阶段,增加多模块管理,比如企业基础信息等。企业执照有效期也是风险审核的重要指标,一般在审核企业信息时可能不会注意企业执照的有效期,因为除了营业执照正副本上的日期外,还需要结合企业公开信息的查询、企业的公司章程进行审核,在保证企业在有效期运营的情况下,避免因企业失去主体资格导致一连串的经济损失。另外,结合法务系统的大数据功能,可以查询企业的涉诉信息,特别是在我国目前诉讼信息暂未完成一体化互通的情况下,法务系统的大数据查询功能能在最有限的时间内对企业的涉诉情况进行分析对比,对重大的涉诉情况进行筛选查询,将有助于及时了解企业的隐藏风险状况。当然法务系统还有最大的亮点,通过第三方大数据查询企业涉诉情况的同时,还能通过系统查询到对应的合同的法律规定及相关案例,庞大的法律数据库,特别是当前《中华人民共和国民法典》已生效的前提下,新增的大量司法解释的快速收集及查询将有效缩短合同管理者的查询时间,同时法律数据库的功能也有助于企业快速对当前法律法规进行归集与整理,综合来说,法务系统增加的法律数据库模块在实用性上非常突出。结合前面的多层次的涉诉、企业信息、法律法规及案例等的数据抓取及查询,能让企业更快识别企业相对方可能存在的风险,为企业的合同洽谈、签订等提供了风险保障。

(三)进一步拓宽审批的无纸化功能

通过上线法务管理系统,让公司总部与附属公司的信息互通更为便捷,同时对企业的有效管理指出了清晰且明确的方向。各附属公司对合同进行统一上传,在严格规范合同审批流程的前提下,让审批更为科学地进入无纸化流程。这种科学的管理方式,让信息化流程得到更好的简化,但风险却未因此升高。随着无纸化功能的推广和使用,也更为符合绿色环保的理念,节省了人力、材料及时间等综合成本。同时也有利于合同的归口管理,合同归档及合同查询也更为方便,需要紧急查询时,能更为快捷地查询到需要的合同版本,做好对比与分析,让风险得到进一步的控制。

(四)科学的模块化管理

法务管理系统通过建立多模块,将集体的 OA 流程形成专业化的分工,从合同的构建过程,到合同的管理、合同审批、合同用印、合同查询等多个模块结合,还嵌入第三方查询系统用于风险防范。此外,法务管理系统还为合同相对方模块增加了专门的登记入口,让公司及附属公司的一切相对方经汇总后形成一个大型的数据库,这个手工形成的数据库,让公司的大数据功能得到更为有效的发挥。通过多种模块的整合,让法务管理系统变得更为科学与合理,不管是在自用还是推广上都将成为一个值得推荐的创新。有了这种多模块的构建,也为后续深国际的其他系统搭建了基础。再者,法务管理系统能同时把多个第三方查询功能结合在一起,也为管理者使用时提供了便利,集中化的办公模式得到充分体现。有了这一切的模块管理,法务管理系统已经不是一个单纯的合同审批系统,它带给深国际的无形效应将是巨大的,也使深国际对各附属公司的风险管控更为合规,这也是中央合规指引的其中一项重要要求及指标。

三、实施效果

智慧法务管理系统的搭建,使业务工作更加规范化、智能化、知识化(图1)。

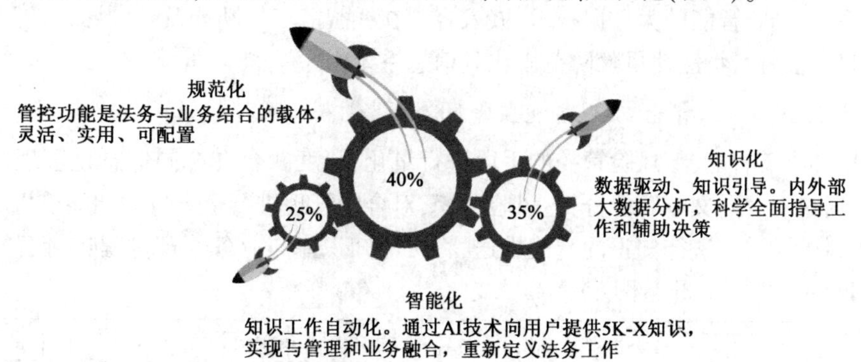
规范化
管控功能是法务与业务结合的载体,
灵活、实用、可配置
40%
25%
35%
知识化
数据驱动、知识引导。内外部
大数据分析,科学全面指导工
作和辅助决策
智能化
知识工作自动化。通过AI技术向用户提供5K-X知识,
实现与管理和业务融合,重新定义法务工作

图1 智慧法务管理系统实施效果

(一)建立数字化流程,促进合同管理规范化

通过建立统一标准的数字化流程,实现合同起草、审批、编号、签订、合同履行、监控、评价、归档、查询、统计全过程智慧化管理,对合同流程的梳理及规范更为科学与合理。通过全过程闭环管理,促进合同管理流程更加标准化、制度化和规范化,有助于提高合同管理的自动化程度和审批效率。

(二)实现数据实时采集,加强合同纵向贯穿监管

为加强法务合同纵向风险管理,贯穿监管面对集团公司的统一管理要求,实现项目的整体设计,通过建立智能化法务合同系统实现项目的整体风险防控(图2)。通过法务合同智慧管理实现全集团合同、纠纷、供应商等数据的实时收集、查询阅览、台账导出等功能,提高合同及法务管理工作的效率和质量;实现集团合同电子数据收集、查询阅览、统一台账建立等工作,实现合同管理“数字化”。同时,公司

总部可通过法务合同信息的即时抓取、实时动态监控,实现公司各部门及各附属公司的合同及法务纵向贯穿管理,提高合同管理工作的效率和质量。

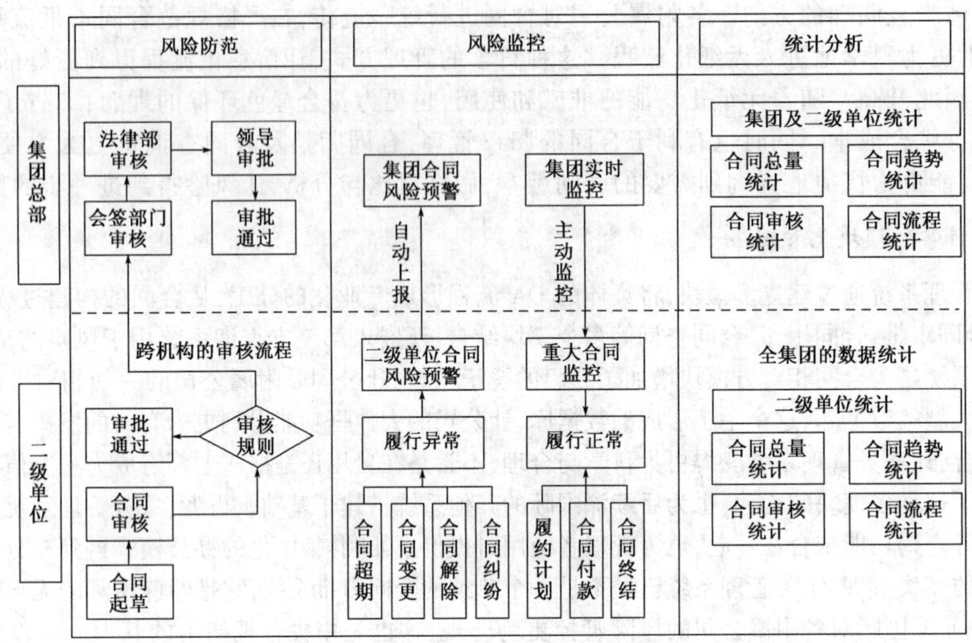

图2 法务管理系统实现合同纵向贯穿监管

(三)创新应用法典数据库,智慧分析预警法律风险

引入33万个相关法律法规知识库、超过1万个裁判文书和天眼查、企信通等法人信用库,综合建立强大的数据库系统,结合智能的大数据技术,嵌入合同在线智能审核功能及合同履行期间的自动预警功能,充分利用信息化手段,将法律风险防范固化到信息系统中。

(四)应用大数据和人工智能,实现智能监督风险预警

应用大数据和人工智能,将风险管控的手段进行量化,深度融合在合同信息化管理共计56个流程的各个环节中,通过对合同文本智能分析、风险预警,对合同管理进行全方位的智能监督,降低法务合同风险,及时提供风险预警和法律知识的智能推送,将法律知识库与业务管理过程进行智能融合,使得合同管理更加高效、更加智能(图3、图4)。

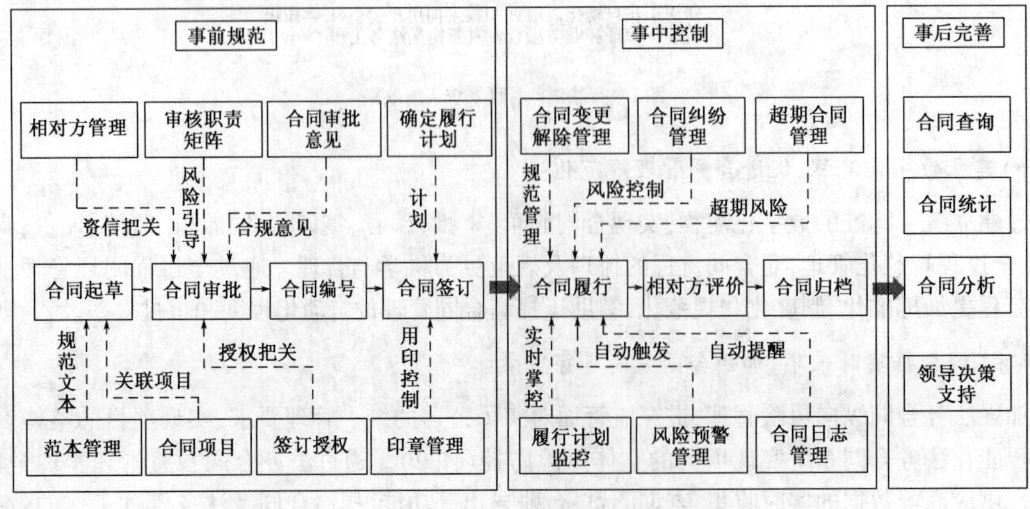

图3 法务管理系统全流程管理

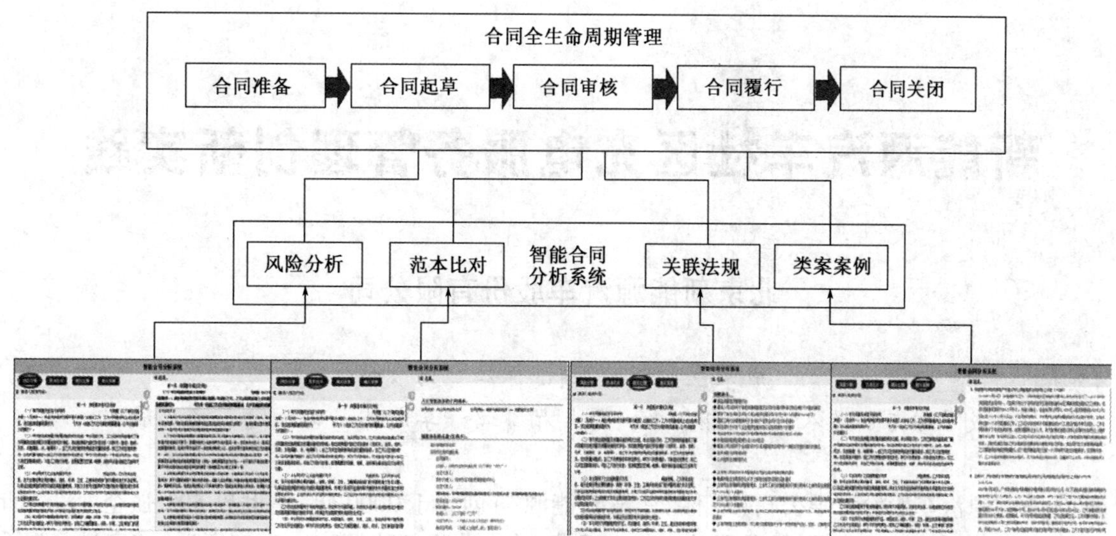

图4　合同全生命周期管理

新能源汽车社区充电服务管理创新实践

北京新能源汽车股份有限公司

成果主要创造人:陈保江　杨　超

成果参与创造人:王庆翻　李　磊　柏　璐　李新伟　田雨时　杨　斌

北京新能源汽车股份有限公司(简称"北汽新能源")创立于2009年,是世界500强企业——北京汽车集团有限公司控股子公司,是我国首家独立运营、首个获得新能源汽车生产资质、首家进行混合所有制改革、首批试点国有企业员工持股改革的新能源汽车企业。2018年,北汽新能源正式登陆A股市场,成为"中国新能源汽车第一股"(股票名称:北汽蓝谷)。

截至2020年7月20日,北汽新能源累计销量为50.67万辆,其中2017年销量超过特斯拉,成为全球纯电动汽车市场第一名,EC国民车系列车型摘得全球最畅销纯电动车桂冠;2019年销售整车15.1万辆,已连续7年蝉联全国第一。至2020年,北汽新能源已拥有BJEV/ARCFOX两大产品品牌,EC/EV/EX/EU/ES/EH六大系列数十款产品,在行业内率先实现了"大、中、小""高、中、低""3、4、5"(续航里程300~500公里)的全面覆盖,产品品质及智能化水平不断提升,连续3年被中国质量协会评为新能源汽车消费者满意度第一名。2017年,公司产品获得了国内的第一张莱茵认证、第一张欧盟出口资质认证。2019年6月26日,世界品牌实验室(World Brand Lab)发布2019年《中国500最具价值品牌》排名,北汽新能源以372.65亿元的品牌价值名列第174位,连续3年成为唯一入榜的新能源汽车品牌。

"十三五"期间,北汽新能源秉持"开放共享"战略,坚持"一个卫蓝梦、两个世界级"品牌愿景和"新·无止境"品牌主张,以建成世界级新能源汽车科技创新中心和世界级新能源汽车企业为目标,致力将北汽新能源建设成为国内第一、全球前三的纯电动汽车品牌,成为一家世界级绿色智能科技服务平台,为长期推动我国新能源汽车产业发展、打造新能源汽车国家名片、实现"中国制造2025"等一系列战略目标贡献力量。

一、成果实施背景

(一)推动国家新能源政策落地需要

随着全球经济的快速增长,能源与环境问题日益严峻,我国经济快速增长与保护资源环境的矛盾日益尖锐。新能源汽车是国家七大战略性新兴产业之一,快速推动新能源汽车产业化进程,不仅能创新经济发展模式和改善环境污染,还能带动智能电网建设和汽车产业升级。新能源汽车产业链分为研发、制造和应用三个环节,应用的重点支撑就是充电基础设施建设。为推动全国充电基础设施建设,提升充电环境,国务院、四部委及各省(区、市)均发布了相关规划和配套政策,同时要求新能源汽车企业为用户按照"一车一桩"标准进行充电设施配套建设,力争在2020年前建设专用和自用充电桩430万台。作为新能源汽车行业的领军企业,北汽新能源掌握着大量用户资源,积极响应国家号召,切实解决充电基础设施在社区应用场景下的建设和管理难题,以推动国家新能源政策全面落地。

(二)实施企业"开放共享"战略需要

2018年初,北汽新能源发布"开放共享"战略,战略核心是将全产业链进行融合、建立卫蓝生态,实现优质资源共享,打造生态综合竞争力。"开放共享"战略内容涵盖新能源汽车技术、充换电配套设施、擎天柱计划、共享汽车、大数据服务、智慧生态城市建设等多个领域。2019 年,北汽新能源在北京、广州、厦门、昆明等地开展换电模式运营服务,总计投入换电站 200 余座,累计服务换电车辆 1.8 万余辆,累计换电次数达 400 余万次,后续将适时尝试探索私人用户换电的应用模式。在新能源汽车行业发展初期,北汽新能源是首家提出免费为客户建设自用充电基础设施的企业,但新能源汽车企业在充电设施技术积累和安装服务方面存在一定短板,如果按传统方式建立覆盖全国的安装服务网络,势必需要投入大量人力和物力资源。为践行企业"开放共享"战略,北汽新能源通过资源整合,与充电设施行业多家重量级企业建立战略合作伙伴关系,迅速建成一支覆盖全国的建桩服务队伍,并实现了 7×24 小时的远程技术支持和 2 小时上门服务,也带动了一批充电设施企业的发展。

(三)解决新能源汽车用户充电难需要

2020 年 1 月,中国汽车工业协会最新官方公布数据显示,新能源汽车累计销量已超过 390 万辆。据中国电动汽车充电基础设施促进联盟官方最新数据显示,全国累计建设公共充电桩数量为 531118 台,全国累计建设自用交流充电桩数量为 711908 台,自用充电桩数量已超过公共桩,成为用户日常充电的首选。但是,能够建设自用充电设施的用户比例尚不足 70%,由于自用充电设施的建设场地主要集中在住宅小区或办公场所,建设落地存在诸多困难,包括物业的不配合、业委会的不理解、电力改造困难、车位不固定等,"充电难"是新能源汽车用户面临的核心痛点。对于新能源汽车企业而言,面向用户提供"产品+服务"的一揽子充电解决方案,打造完善的充电服务体系,不断优化充电服务体验是企业的核心竞争力之一。

二、成果内涵和主要做法

在推动国家新能源政策落地,尽快实施企业"开放共享"战略,解决新能源汽车用户充电难等实际问题的背景下,认真贯彻国务院办公厅印发的《关于加快电动汽车充电基础设施建设的指导意见》。参照外省份新能源汽车自用和共用充电桩建设安装的成功经验,结合北汽新能源全国累计建设自用交流充电桩的数据量大、使用自用充电桩充电是新能源汽车用户最重要的充电方式之一的具体情况,通过打造社区建桩服务规范性和品牌形象、提高社区建桩管理时效性和满意度、突破社区桩落地人为阻力和资源壁垒等一系列做法,使北汽新能源的经济效益和社会效益彰显,管理效益提升,生态效益明显。

(一)成果创新

1. 作业指导标准化

社区自用充电设施服务管理标准化是一套涵盖了充电产品质量标准、安装施工过程管理标准和服务质量标准的综合标准体系。标准覆盖了自用充电设施建设管理的全生命周期,实现对自用充电设施产品质量、安装施工过程、服务质量的全方位管控,确保建桩服务的规范性,并树立品牌形象。

2. 平台管理信息化

通过经营理念转变,顺应由传统工业化时代的产品导向往互联网时代的用户需求导向转变的趋势。基于建桩服务全流程搭建的信息化管理平台,实现了对整个建桩服务过程深层次、多维度的可视化、精细化管理,做到可记录性和可追溯性,促进管理流程创新,提升业务开展的及时性。同时,通过对建桩服务管理指标进行自动化分析和评定,推动建桩服务创新,提高建桩管理的时效性和满意度。

3. 业务合作生态化

社区自用充电设施建设是一项复杂的小微工程,业务环节繁复、资源需求多样,建桩服务过程中随时会遇到多种资源壁垒和人为阻力。北汽新能源积极探索生态合作之路,从资源整合、技术创新、生态建设等多方面开展创新探索,通过构建政府、电力、物业、业委会、产权方、车企等多方受益联合共赢的生态化合作模式,成功推动客户自用充电设施建设的落地推广,计划将该全新模式向全国范围推行。

社区充电服务管理框架如图 1 所示。

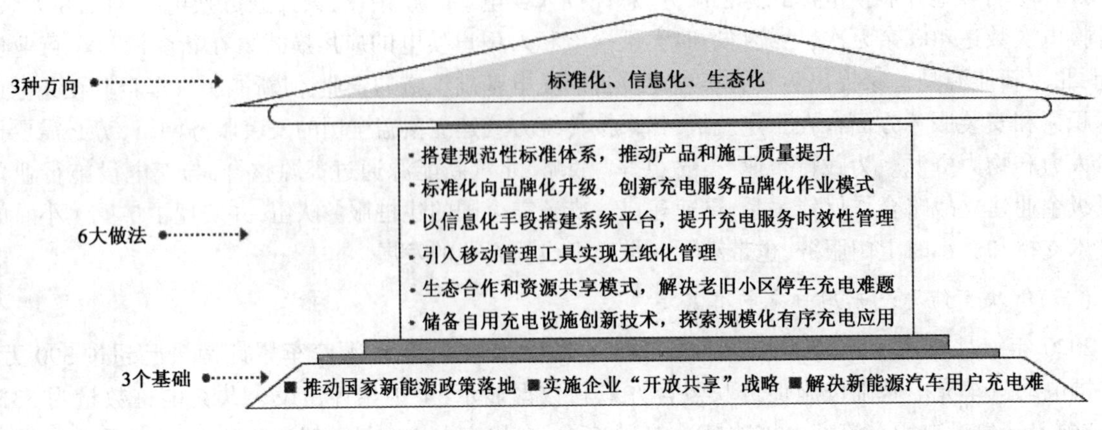

图1　社区充电服务管理架构

（二）主要措施

1. 搭建规范性标准体系，推动产品和施工质量提升

为了保障建桩服务的规范性，提升用户对北汽新能源建桩服务的满意度，社区自用充电设施建设管理先苦练内功，从组织结构入手，严控准入资格、狠抓能力提升。通过对社区自用充电设施业务进行剖析研究，确立标准化作业的指导方法，建立符合业务远景目标的组织结构。通过多年的经验积累和不断总结，确定服务于自用充电设施建设管理的组织结构分为三层，整体结构做到分工明确，衔接顺畅（图2）。业务规划组立足充电业务的顶层设计，负责充电业务整体规划，对政府政策法规、行业发展动态、产业相关标准进行跟踪和解读，对业务发展宏观目标进行管理。业务管控组依据宏观目标制定具体的业务目标，依据业务目标制定相关执行标准和考核评定方法，负责业务的执行管理，如充电服务商的资格审核、引入退出管理、绩效评定管理、人员资格管理等。业务执行组负责标准化业务的落地执行，对标准化执行情况进行监督和管理，负责具体业务执行情况的考核和评定管理，对安装服务质量实施评价，对一线人员安装服务资格进行审核和认证，对人员安装服务能力进行培训提升，对品牌化业务执行进行监督和管理。

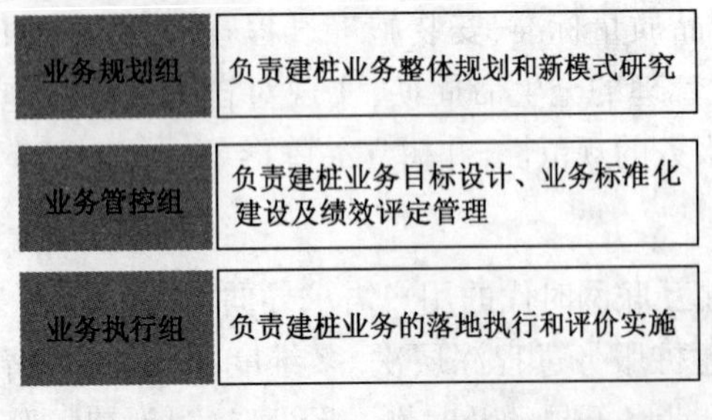

图2　自用充电设施建设管理组织结构及职责

建立自用充电设施建设业务资格管理是社区充电服务管理的必要手段之一，建桩服务由车企和充电服务商共同完成，充电服务商负责提供自用充电桩产品和现场安装服务，车企实施全过程管理和售后服务对接管理。自用充电设施建设场地主要为购车用户住宅小区的自有或租赁车位，或购车用户所在工作单位的车位，安装地点比较分散，安装环境多样。为了保证自用充电设施安装服务的专业化水平，北汽新能源对充电服务商企业资质进行管理审核，对充电服务商安装服务人员进行资格管理和认证，并提供周期性的能力提升培训。对于初次入围的充电服务商企业，要求具备机电设备安装工程专业，承包相应资质或送变电工程专业承包相应资质，以及电力设施许可证承装类、承修类相应资质，还包括特定地区要求具备的其他资质。对通过资质审核的充电服务商企业的安装施工人员进行上岗资格审核，并要求具有所从事专业的特种作业操作证。通过资格审核的安装施工人员还必须参加由北汽新能源组织的自用充电设施安装技能培训并参加相应考试，考试通过方可获得安装服务资格，准予上岗。北汽新能源定期对企业资质和人员资格有效性进行审核，并提供常态化技能提升培训。通过资格准入管理、资质审核、人员技能认证

和能力提升等全套认证方法的建立，使得整个充电服务商资格管理形成了有效闭环（图3），为自用充电设施建设管理奠定了坚实的基础。

为保证社区自用充电桩的适配性和合规性，需建立符合社区充电产品特点的质量保证体系，主要包括产品和施工两大方面。产品质量保证体系包括产品认证和抽样检测两部分，产品认证的关键性文件是产品技术要求，技术要求将明确产品的规格、功能、技术参数等，以及产品需具备的第三方型式实验检测报告要求（检测报告出具机构需具备CMA和CNAS资质）、行业标识认证要求（中国电动汽车充电基础设施促进联盟充电设施标识）、行业或地方需具备的认证要求（如NB/T 33008.2）等，关键零部件还需提供单独的型式实验检测报告；检测认证流程明确检测项目、检测要求、兼容性测试要求等关键步骤，通过产品认证检测和兼容性测试的充电桩产品将由检测部门出具测试合格报告，检测部门对通过测试的拟交付用户的充电桩产品进行不定期的抽样检测，对抽样不合格产品将采取重新送样检测等手段进行质量管理，形成产品质量保证闭环体系（图4）。

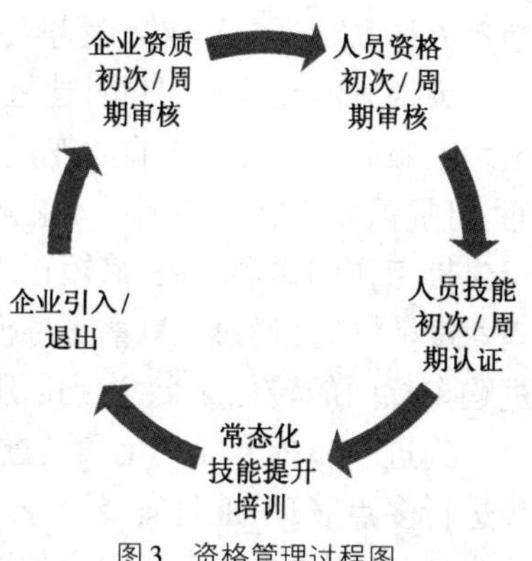

图3 资格管理过程图

自用充电设施建设施工场景多样，如普通路面、沥青路面、绿化草坪、楼宇墙壁、高空桥架等，工程分部分项复杂，涉及建筑电气、路面工程等。为了保证整体施工质量的标准化，北汽新能源启动建立“2+2”施工质量管控工程，将施工质量管控细分为四个部分（图5），前两个部分作为基础保证手段，后两个部分作为质量提升措施。由施工标准制定、施工材料管控、施工质量抽检、第三方检测认证等环节组成。施工标准方面，北汽新能源制定了《北汽新能源客户自用充电设施施工及验收规范》企业标准，参与行业标准《电动汽车充电桩安装服务规范》（T/CSAE 102—2019）的编制，填补了自用充电设施施工标准的空白。施工材料方面，北汽新能源采取品牌定点、样品留样、抽样送检的方式控制关键材料的质量风险，避免不符合标准的施工材料用于工程建设中。施工质量抽检则采用随机抽检方式，抽检比例不低于建设比例的1%。

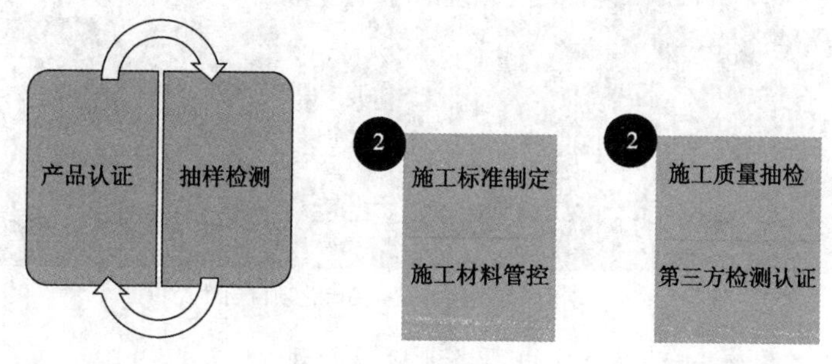

图4 产品保证体系过程图　　图5 “2+2”施工质量管控过程图

为了保证检测的权威性，北汽新能源率先采取聘请第三方检测认证机构对客户自用充电桩建设质量进行检测认证。2017年，北汽新能源与中国质量认证中心（CQC）共同启动“自用充电设施质量共建项目”，由CQC专家组对北汽新能源建设的自用充电设施进行施工质量评定，检测结果符合预期要求，双方还推动制定了《电动汽车充电设备安装服务技术要求及评价办法》行业标准，填补了行业自用充电设施施工质量认证的空白，为自用充电设施施工质量管控探索出了一种新模式。2020年，北汽新能源与中国电动汽车充电基础设施促进联盟共同启动自用充电基础设施安装服务质量评定项目，双方计划通过此项目探索建立一套自用充电设施安装服务质量行业指导规范，形成自用充电设施安装质量认证标识体系，为未来自用充电设施安装质量行业监管和企业管控提供指导。

2. 标准化向品牌化升级，创新充电服务品牌化作业模式

从标准服务向品牌服务提升，需要不断尝试和创新。北汽新能源提出“充电无忧”服务模式，包括充电服务形象的品牌化和过程的标准化两大方面。服务形象品牌化包括全部服务人员（安装客服、勘

察专员、施工人员、售后人员等)办公工具的标识统一(名片、报价单、售后服务单等),以及防护用具、工作服装和车辆VI的标识统一,还包括沟通话术和服务礼仪的统一等。服务过程标准化包括客服人员、勘察人员、施工人员、售后服务人员等不同岗位人员的服务标准化。

为提升潜在购车用户对建桩服务品牌感知度,独创免费向潜在购车用户提供建桩环境预勘察服务。预勘察服务一方面让潜在购车用户提前了解自己能否具备建设充电桩条件,打消车辆充电顾虑,另一方面,可提前收集客户的现场安装环境信息,为后续自用充电桩安装服务工作的开展提供信息支撑,有利于建桩工作的顺利开展,缩短正式安装阶段的施工周期,将潜在购车用户等待时间缩至最短,保证用户满意度。同时,通过预勘察服务模式,增强潜在用户购车信心,强化北汽新能源的充电服务品牌形象,促进购车意向的转化成交,达到以服务促销售的目标。

为进一步提升品牌化和满意度进程,北汽新能源首创充电服务多重回访机制,对购车用户的服务过程进行多点管理,通过安装服务过程中回访和售后满意度回访,对服务过程中的关键项目完成情况进行收集,了解客户在服务过程中的意见和建议,及时解决服务过程中的客户诉求,及时纠正服务过程中的形象偏差,提升满意度指标。

服务过程贯穿自用充电设施使用的全生命周期(从第一次与用户的安装勘察预约至售后服务的达成),建立了《北汽新能源客户自用充电设施安装服务规范》企业标准。通过对服务模式品牌化及服务流程标准化的创新,北汽新能源基本实现了自用充电设施安装服务的品牌化雏形,同时,与德国莱茵公司合作(图6),首创电源点防拆警示标识,减少因私自拆接造成的安全隐患。通过权威机构的实力推动,未来将进一步优化,不断推进建桩服务品牌化升级。

图6　与德国莱茵建桩服务品牌化项目启动

3. 以信息化手段搭建系统平台,提升充电服务时效性管理

随着越来越多的用户选择新能源汽车作为出行工具,自用充电设施安装需求量逐年倍增,对自用充电设施安装服务过程管理的精细化、自动化、便捷化等提出了更多挑战。北汽新能源首创基于全流程管控的建桩信息管理系统(经历了2015年1.0版、2016年2.0版、2018年3.0版),该系统设计理念先进,业务管控流程清晰,功能贴合实际,可实现安装服务全生命周期管理。通过对整个安装服务过程剖析分解,对工单生成、工单派发、工单接收、工单执行(施工勘察、现场安装、安装评价)等环节开展分段管理和考核。建桩信息管理系统上线初期采用手动派单,随着建桩工单的迅速增加,工单派发变为一个重复且缺乏科学性的工作,通过引入自动化管理手段,建立充电服务商评价模型,实现充电服务商的自动评级,通过大数据分析,进行科学化、自动化工单分配,提高资源优化配置,保证建桩时效。同时,设立工单超时预警机制,即对建桩工单的每一个流转过程都设立执行时效要求,系统自动判断并对即将超时的环节进行预警。在建桩工单执行阶段增加"跟踪记录"模块,强制要求充电服务商对流转中的工单按固定周期进行服务信息更新,通过对过程信息的监控和流程推动,保证建桩工单流转的时效性。

为了更好支撑全生命周期管理,建桩信息管理系统单独设计工单结算管理模块,将安装服务过程管理和费用结算管理分开，北汽新能源首次提出工单结算管理概念，由计价和审核两部分组成。计价功能是为了解决不同车型的多级计价策略实施，通过建立“分级计价”模式，实现不同区域不同车型的差异化充电服务商务政策灵活制定和实施。结算审核是对建桩过程信息数据进行合规性把关，是建桩管理的最后一道竣工审核。通过关键节点管控和审核，既提高了建桩管理的规范性和准确性，又实现了结算统计的便捷性，降低人工管控成本和财务成本，实现降本增效的目的。

4. 通过引入移动管理工具，实现充电服务无纸化管理

为强化充电服务商在内部人员和服务过程管理方面的有效支撑，建桩信息管理系统在设计阶段从系统角色管理和功能权限管理等方面进行了创新。充电服务商可通过专有的管理员账号根据业务需要，自行增减业务角色并分配角色相应的系统操作权限，以实现业务和人员的灵活管理。同时，充电服务商可以通过建桩信息管理系统进行人员信息管理，对所承担的建桩工单进行在线任务分配、完工信息提报和合规性初步审核检查。建桩系统功能创新为充电服务商人员管控、业务管理和质量监督提供了更加便捷的手段，减少充电服务商在信息化管理方面的投入，并有效提高了管理效率。

同时，依托手机移动应用环境的成熟和普及，推行便捷服务理念，实现施工过程信息的实时采集，建桩信息管理系统3.0首创基于苹果版和安卓版的“安桩”App应用，施工人员可将现场服务的过程照片通过移动App实时上传到建桩信息管理系统后台，由建桩信息管理系统进行自动化处理并在手机端生成竣工单，客户可通过手机App进行满意度评价并验收签名。通过将数据采集和满意度评价环节打包整合，既实现了便捷化、无纸化管理的初衷，又开辟了一种客户满意度调查收集的新手段，全程信息化的管理和数据呈现，一定程度上也提高了用户体验和满意度。

5. 通过生态合作和资源共享新模式，解决老旧小区停车充电难题

社区自用充电设施建设同时受限于物业资源和行业认知，不同省份对自用充电设施的实施细则不一，电力报装政策也不尽相同，特别是非新能源汽车重点推广城市建桩难的问题更加突出。截至2019年初的最新数据显示，由于“居住地物业不配合或报装接电难度大”而未能配建充电桩的比例占所有未配建因素的22.5%。为了解决社区物业的认知阻力和资源壁垒，北汽新能源探索推动产业合作。

基于属地优势，通过与北京市城管委、北京市住建委、北京市物业管理协会等政府及行业主管部门进行多次沟通协调，相关方支持由北汽新能源牵头成立北京区域卫蓝社区产业联盟。于2018年7月18日召开了联盟成立及启动会议，联盟成员共同设立联盟目标：“以共同推动社区电动汽车充电基础设施建设，着力解决居民居住地充电需求，营造安全充电环境，促进新能源汽车行业健康发展，为首都蓝天贡献一份力量。”并发起三项倡议，主要内容包括：建立信息互通机制，共同探讨解决社区充电基础设施建设典型问题，推动居民自用桩建设落地；加大舆论宣传引导，提升居民自用桩充电安全意识，探索充电桩运维服务新模式，营造安全和谐的充电环境；创新充电服务运营，探索车企、充电服务商、物业服务企业、车位产权方、业主委员会等多方参与的社区公共桩运营模式，促进多方共赢，打造卫蓝社区。

为了保障联盟倡议的实施落地，联盟成员共同制定了多项自用充电设施建设保证措施。首先，为了保证自用充电设施的建设安全和使用安全，联盟发起了物业管理人员的充电安全知识培训，组织专业人员讲解社区充电设施日常管理和维护方法。其次，为了营造和谐的充电氛围，做好充电基础知识传播，依托社区巡展演艺活动进行充电安全知识的搭载传播。再次，加强政府充电政策宣贯，增强基层管理人员对自用充电设施的认知，减少自用充电设施建设的人为阻力。最后，努力营造安全的社区充电环境，积极收集社区自用充电设施管理难点，探索可行的管理模式，争取政府政策扶持和资金奖励。

卫蓝社区产业联盟的建立（图7），是切实解决自用充电设施建设最后一公里的一次大胆创新，这势必对行业发展产生深远影响，通过北京联盟的试点成功，后续可向全国复制推广。

图7　卫蓝社区产业联盟成立

北汽新能源通过对私人购车用户的建桩数据分析,用户建桩比尚不足70%,还有近30%的私人购车用户不具备建桩条件,其中有23%的用户是老旧小区用户。以北京为例,1994年之前建设的小区完全没有考虑到机动车停车问题,1994年,北京市住房配建标准出台,要求每10户配建一个小汽车车位。老旧小区的建桩难点主要集中在电力容量偏低且改造困难、无车位规划或者车位极少,即“停车难、用电难”。针对这些用户,北汽新能源联合产业链充电运营伙伴如特来电、依威能源等公共桩运营商,通过与小区物业以收益分成的模式在小区内部规划公共充电车位,或者在购车用户比较密集的小区周边公共场所建设公共充电站,北汽新能源为车主用户赠送一定金额的充电费用,购车用户可以在北汽新能源合作的充电运营伙伴的充电站享受充电服务优惠。这样既解决了部分老旧小区购车用户充电难的问题,提升了购车用户的充电体验,又解决老旧小区充电设施安全管理难题,是一种多方共赢的创新模式。图8所示为社区新能源汽车专用充电位。

图8　社区新能源汽车专用充电位

社区停车资源一直处在供不应求的局面,如何利用有效资源解决社区停车充电一体化难题,成为新能源汽车社区充电服务管理的又一探索方向。在北京市科学技术委员会和北京市新能源汽车发展促进中心的指导支持下,位于北京东三环CBD的鹏龙大厦立体充电停车库示范运营项目应运而生,成为全国首座智能充电式升降横移立体停车库。智能控制、高利用率、节能环保、安全便捷,鹏龙大厦立体停车库将充电设施与立体车库进行有机结合,为社区电动汽车充电提供了可靠的解决方案。鹏龙大厦立体充电停车库由北汽新能源与特来电共同研发建设,突破了立体停车库配建充电设施一体化、功能化设计、充电安全、消防安全、充电设施可靠性等一系列技术难点,拥有10余项技术专利。立体充电停车库

(图9)研发成功后,多个省份的物业企业、电力企业、充电设施企业、停车企业、投资企业前来参观考察,北汽新能源与各企业单位共同探讨社区立体充电停车库模式的推广路径,探索推动社区立体充电停车库运营,该模式前景可期。

图9 智能充电式立体车库示范运营

6. 储备自用充电设施创新技术,探索规模化有序充电应用

社区充电也是一项综合用电工程,如何实现智能有序充电是需要车企和电力企业共同面对的衍生难题。由统计数据分析发现,电动汽车用户充电需求呈现以下趋势:一是80%以上的电动汽车充电电量来自自用充电设施,即社区私人充电设施,充电负荷与居民用电负荷重叠率高达80%以上,夜间低谷电力资源利用不充分。二是自用充电设施日利用率仅为5.9%,设施空闲周期较长,造成资源浪费。

北汽新能源自2016年开始进行自用充电设施的研发,并开始试验无感充电和预约充电在自用充电设施的应用,并于2017年与授权充电服务商共同探索自用充电设施共享服务,以期增强自用充电设施的综合利用率。2019年开始研究有序充电的兼容策略,通过在新研发的自用充电设施预留有序充电硬件连接接口或预留网络互联功能等措施,提前储备有序充电技术。

有序充电技术是提升新能源汽车社区充电服务能力的一种新型充电手段,通过与电力企业能源互联网技术的智慧能源控制平台的有效融合,探索"绿色电能"应用场景,加大在北京等重点地区的有序充电技术的研究及试点应用推广,储备新能源汽车规模化充电的应对技术和经验。通过车企、电力企业等多个产业的强强联合,必将推动整个新能源行业的快速发展,从而推动国家新能源战略实现。

三、实施效果

(一)管理效益

通过社区充电服务的创新实践,北汽新能源建立了一套标准化的服务管理体系,制定充电服务企业标准6项,参编国家或行业标准2项。开展安装服务人员认证培训10次,认证安装服务小队长180人,基本创建了一支专业的社区充电服务队伍,为标准化服务向品牌化服务迈进奠定了基础。

通过上线信息化管理平台,用户可通过微信公众号或手机App实时查询建桩进度和服务支持信息,了解安装服务推进过程节点,并可随时反馈安装服务过程中或充电使用中的问题或建议,客户关于建桩进度和问题的400电话问询量减少了90%以上,大大减轻了经销商销售人员和充电服务商服务人员的工作负荷,有效降低了沟通成本。

通过对大量建桩过程数据的综合分析,对建桩工单派发策略进行持续优化,促使工单推进速度明显加快,安装周期由10个工作日缩短至5个工作日(图10)。

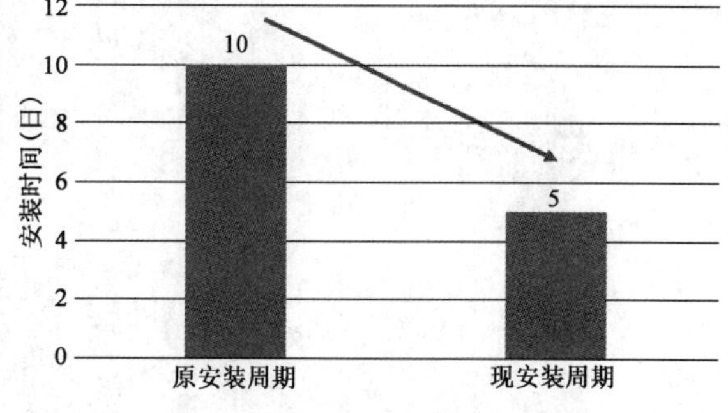

图10 平均安装服务周期下降趋势

(二)经济效益

通过对建桩体系的持续优化,充电服务商的管理效率有效提升,人员服务能力大幅提高,安装服务返工率大幅减少,建桩效率有效提高,管理成本得到有效控制,单桩建设成本(含充电桩体)降低200元左右,以未来两年建桩10万台预计,可直接实现2000万元左右的财务降本。

(三)生态效益

通过社区充电服务管理创新,北汽新能源累计在全国建设自用充电设施超10万台,按每客户日行驶里程50公里计算,客户利用家庭自用充电桩为行驶车辆进行充电,相对燃油车每年可累计减少碳排放15.3万吨,相当于植树8.34万棵,节约治霾直接成本3.13亿元,为社会环境改善作出积极贡献。

(四)社会效益

通过与物业企业、停车企业、充电服务商、电力企业、认证企业、检测企业等建立生态产业联盟,共同推动社区充电服务进程,加快新能源车推广进展,带动行业、产业升级,增加就业率,促进新能源汽车行业的快速、有序发展。

"潮汐式"生产组织方式的实践

北京新能源汽车股份有限公司

成果主要创造人:李建安 邓忠远

成果参与创造人:李朝辉 程 超 王 浩 成 武

北京新能源汽车股份有限公司(简称"北汽新能源")由北京汽车集团有限公司(简称"北汽集团")发起并控股,自2009年成立以来,连续7年蝉联国内纯电动汽车销量冠军,并于2018年成功上市,成为A股市场"中国新能源汽车第一股"。

2015年4月18日,北汽新能源与常州市政府签署了常州高端产业基地项目合作协议(后更名为北汽新能源汽车常州有限公司,简称"常州基地"),布局长三角,发挥人才和地域优势。项目总投资100亿元,年规划产能30万辆,一次规划,分三次实施。常州基地作为北汽新能源旗下全资子公司,在常州武进国家高新技术产业开发区开启了创业之路。

作为创业型企业,常州基地克服了所有初创期企业都会面临的困难,按照北汽集团高瞻远瞩的战略规划,聚焦宏大的发展目标。自2015年10月31日总装车间破土动工后,仅用十个月、三百天的时间便完成了工厂建设,谱写了技改工程建设的赞歌。建成后的常州基地,占地面积23万平方米,包含焊装、涂装、总装三大工艺,设备先进,工艺领先,是北汽集团纯电动汽车制造的全新平台。秉持"小而精、小而美"的企业定位,常州基地规划实施打基础、上水平、国际化"三步走"发展战略,矢志成为高端产品的制造地、高端技术的转化地、高端人才的聚集地和高端品牌的诞生地。

一、实施背景

(一)传统生产组织方式与市场需求的矛盾

随着电子计算机、网络技术、新能源汽车等行业飞速发展,科学技术实现了跨越式的进步。汽车产业自2016年以来在国内产销均突破2800万辆,成为国民经济的重要支柱,越来越多的汽车正走进千家万户。而新能源汽车已成为国家七大战略性新兴产业之一,正处于整个汽车行业的风口,未来市场充满机遇。

汽车行业是人才、资金、技术密集的领域,而在整个产品价值链上,整车厂联动产业上下游,其生产组织方式直接决定了产品的质量、成本和交期。而传统的生产组织方式就像一套拼图,每个位置都要填上才能让整块拼图完整。"一个萝卜一个坑",让每个人承担极少的工作内容,通过不断的重复来保证产品质量的稳定性。

据统计,截至2019年,国内拥有153家传统燃油车的主机厂,此外拥有50家"新势力"新能源汽车的主机厂。行业竞争日趋激烈,新势力造车企业纷纷入局,而整个行业的销量自2018年开始出现了下滑。传统车企面临着产能不饱和、非均衡化生产的挑战,如果仍然沿用传统的生产组织方式,将带来巨大的经营压力。

在严峻的形势下,常州基地需要面对市场需求的不确定性,造成生产计划的频繁变动。为此,生产制造环节必须严格控制制造成本,减少浪费,确保达成企业经营目标。而为了实现用最经济的成本,准时、高质量地将产品交付给客户,常州基地提出了如同"潮汐"一般的新型生产组织方式。

(二)提升企业生产运营效率,建立核心竞争力

常州基地定位为"小而精、小而美",一期规划建设的年产能为双班5万辆,至2020年,企业人数为

300余人,主要生产两款车型,一是LITE产品,作为国内首款铝合金车身结构车型,具备C2M个性化定制功能;二是EC5产品,为一款同级别里性价比较高的紧凑型SUV车型。

为了完成全年生产经营目标,常州基地需要充分利用现有资源,拉动内外部生产协同效率,以"高质量、低成本、快交付"为经营方针,建立企业核心竞争力,在竞争激烈的行业背景下生存、突围。

二、成果内涵和主要做法

(一)成果内涵

当前,中国自主品牌汽车产业还是处在成长期,它的市场潜力还没有完全被挖掘出来。新能源产业作为一个知识和技术密集型的产业,其迅猛发展的关键是有一大批从事汽车技术创新的人才。常州基地结合传统车企和新能源车企、传统国企和合资企业的做法,以长期发展战略需要为出发点,以多元化、柔性化生产为途径,建立起"高质量、低成本、快交付"的经营方针,促进公司运营水平的提升。

通过本项目的开展,明晰职责分工及管控要求,激发并调动生产潜能,促进各部门顺利完成上级单位下达的经营目标。综合运转率从年初的75%提升至90%,单日停线时间降低28分钟,整车制造时间缩短12.1小时。通过产销优先、固化"N+3"排产计划,动态协调解决长周期零部件的备货周期问题,实现生产效率和线下交付效率双提升,而LITE车型从SOP(小批量生产)第一个月的交付周期45天已经缩短至35天内。

本项目的主要内涵包括:

①多元化生产方式是降低生产成本,提高经济效益的重要途径。多元化生产,是通过有效组织和调度人力资源,提升生产过程中的"软"实力,即劳动生产率,消除在生产组织过程中的浪费,满足订单的交付要求。

②多元化生产方式是全面提升制造能力,缩小产能和需求差异的有效手段。按照传统的生产组织方式,常州基地的制造产能和订单需求存在很大差异,且需求波动很大。这些差距显然是由于人力资源有限、生产能力不足造成的,而多元化生产方式的推行将有助于全面提升工厂的制造能力。

(二)主要做法

1.以"高质量、低成本、快交付"为指导思想下的生产

特伦斯·迪尔(Terrence E. Deal)在《企业文化　企业生活中的礼仪与仪式》中提出企业的核心竞争力是企业文化,它在企业管理中也是非常重要的。一个企业的企业文化赋予了它生命和活力,让它有充足的动力向前发展。一个企业的成功离不开这个企业的企业文化,在企业文化的建设中要始终秉持一个极其重要的指导方针:就是尊重人性的需求并顺应人性的需求。为了保持常州基地的经营管理优势,常州基地始终坚持"高质量、低成本、快交付"的经营方针,以质量提升为最基础原则,以效率提高和成本优化为前提,充分调度和利用公司现有的资源,想尽一切办法满足订单交付需求,提高企业效益和市场竞争力。

(1)识别当前背景下的挑战

自2017年开始,根据生产规划需求,常州基地整体硬件设备已达到10JPH(每小时可以完成10台白车身生产)生产能力,可满足全年5万台的产能。但基于北汽新能源下发全年生产计划,产能利用率不足20%。

基于此,常州基地适时控制人员编制,有力地控制了生产成本。但由于新能源行业仍处于发展初期,市场需求波动大,造成了制造环节生产计划的不均衡,加上2017年9月全新产品LITE车型SOP,给整个生产组织带来了巨大的挑战。

常州基地现状:

一是在计划方面:2017年年初生产计划下达20000台目标,实际最终计划调整为4145台,计划调整幅度达79%。

二是在人员方面：截至 2017 年 7 月底，一线生产工人 145 人，对比正常生产组织需求 249 人，满足率仅 58%。

三是在设备方面：常州基地拥有当时国内最先进整车装配流水线，但设备开动率不足 50%。

四是在供应链方面：LITE 车型需要开发较多新供应商，供应链系统处于磨合期，产量计划的变动对供应链的协同产生较多不利因素。

五是在新品方面：全新产品 LITE 车型于 2017 年 9 月在工厂完成 SOP，并批量投产。

六是在环境方面：常州基地处于“上水平”发展战略第一年，现场管理要求高，实施难度大。

常州基地面临的挑战：

一是常州基地各月的生产计划分布不均衡，相关生产准备工作调整频繁，成本控制压力大。

二是制造系统的人员数量不足，传统的生产组织方式在安排过程中难度大。

三是 LITE 作为全新技术、个性化定制的产品，装配工艺复杂，质量一致性把控难。

四是供应商的供货能力参差不齐，保供风险高。

综上，生产运营效能提升项目的主要挑战为人员数量不足及技能缺乏，需要生产制造团队去思考在控制人员、降低制造成本的同时，如何保质保量地交付产品。

(2)明确多元化生产方式的实现路径

综合考虑在全年产量不饱和、排产不均衡、技能人员数量无法支持正常单班生产的情况下，通过对各个月产量的分析和测算，常州基地创新性地提出了焊装、涂装、总装车间“潮汐式”和“互进式”生产方式，充分利用有限的资源，实现了单班最大 10JPH 的生产能力。2017 年 9 月，根据公司统一调配，技管人员经过培训考核后，派至生产一线顶岗实战。

生产系统团队充分调动了基地所有可用资源，合理地安排了各个车间、区域的生产计划，顺利达成每月的生产任务。在此期间，常州基地生产系统团队打破常规的均衡化生产方式，采取集中式、分段式生产，有效促成公司的能耗降低。通过“潮汐式”和“互进式”生产方式，达到公司所要求的多能化、少人化。

2. 以跨车间、跨部门为途径的“潮汐式”生产组织方式

根据汽车消费市场的每年四季度消费旺季的规律，常州基地全年生产计划安排，产量任务的峰值集中在 9—12 月；而人员少、产量大，再加上新车型投产，工厂面临巨大的挑战。在努力确保公司单日产能，且不降低生产效率的前提下，如何实现人员的最大化利用成为最具挑战的课题。

常州基地焊装车间主要生产 LITE 车身，设计生产节拍为 5JPH，总装车间生产 LITE(C11)和 EC 系列(C33)，设计生产节拍为 10JPH。结合 9—10 月的分车型的生产计划(图 1)，在此期间焊装产量不饱和，总装产量任务重，根据公司经营层研究和决策，在确保工艺质量的前提下，焊装和总装的人员相互支援，分别在焊装、总装进行集中式的生产。

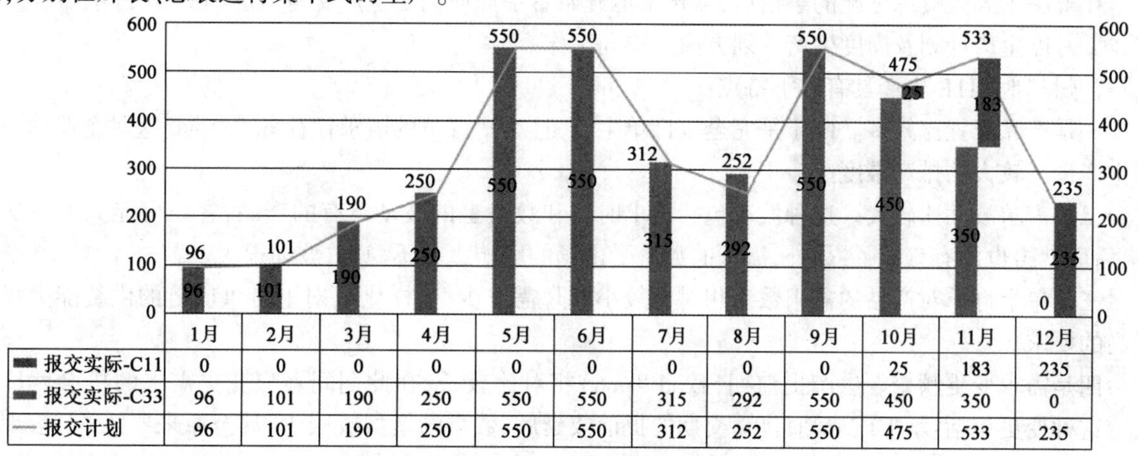

	1月	2月	3月	4月	5月	6月	7月	8月	9月	10月	11月	12月
报交实际-C11	0	0	0	0	0	0	0	0	0	25	183	235
报交实际-C33	96	101	190	250	550	550	315	292	550	450	350	0
报交计划	96	101	190	250	550	550	312	252	550	475	533	235

图 1　C11 和 C33 报交计划与实际生产量统计

潮汐,原指海水在天体引潮力作用下所产生的周期性运动,早为潮,晚为汐。基于这种自然规律,常州基地提出了"潮汐式"生产组织方式。

根据生产计划安排,上午总装车间人员前往焊装车间集中生产,满足5JPH人员编制需求和生产需要,利用中午午餐休息时间,人员进行切换,焊装人员前往总装集中生产,满足10JPH人员编制需求和生产需要。"潮汐式"生产组织方式如图2所示。

图2 "潮汐式"生产模式

通过这种方式,两个车间均可以满足连贯、高效生产。

(1)现场人员及工艺纪律管理

"潮汐式"生产组织方式是通过两个车间相互支持、跨岗作业来共同完成生产任务的模式。现场人员如何管理,工艺纪律如何保证,车辆的装配质量如何控制,是生产系统亟须思考的事情。

考虑到焊装、总装两个车间的人员跨车间作业,工作的差异性较大,各车间按照核心工位、关键工位、一般工位、辅助工位进行四个等级的划分,梳理出整个车间的工位清单。生产管理部根据各车间提供的工位清单和人员缺口需求,调拨焊装、总装人员资源,一般来说,各车间提供辅助工位和一般工位给予其他车间人员,并在新人上岗之前参与该工位两周的培训工作,以熟悉现场的工艺纪律和满足装配质量需求。

另外关于跨岗期间的工艺纪律,生产系统明确了属地化管理责任,各生产车间为人员管理的主责部门,为工艺纪律的主管部门,负责生产现场工艺纪律管理及考核标准的批准,并协调保证相关资源,各班组负责日常工艺纪律执行的监督检查及考核。

各生产班组为实施生产现场工艺纪律的执行部门,负责监督生产现场工艺纪律的有效执行,并对违规现象落实考核。各班组实施生产现场工艺纪律问题点的有效整改,并对现场作业相关工艺文件的有效性直接负责。

(2)落实各车间之间的生产计划平衡工作

在解决了人力资源分配的事情后,常州基地开始着手如何满足生产交付需求和C2M订单需求。

①月度生产计划及周度生产计划方面的协同工作。

常州基地LITE生产具有以下特点:

一是产品配置比较多。由于是完全按订单生产,且客户订单的需求往往各不相同,这对企业面向订单生产带来较大的排产难度。

二是需求波动比较大。这种波动包括需求时间和数量上的波动。有的产品,客户可能只下一次订单,后面就再也没有订单了;另外,需求的数量受市场的影响也很不稳定,波动很大。

三是单个订单对产品的需求数量相对比较小,即"需求少、多样化",对上游供应链的供货能力提出很高的要求。

四是需求变更频繁。生产提前期(Lead Time)相对比较长,在此期间客户变更需求的机会就比较大。这种变更包括:增加或取消订单,交期的提前或延后,数量的增加或减少,甚至原来要A配置,现在改要B配置等。

五是生产过程比较复杂,生产中多会用到长采购提前期的关键物料和复杂的生产工艺。

面向订单生产的计划是非常重要的,手工计划的难度逐渐增大。由于计划不完善导致的频繁的缺料断线风险,正在"吞噬"工厂的生产效能。若是各个部门,包括供应链,相互步调不一,那将造成生产车间的工作节奏"前松后紧":前半周或前半月没有活干,后半周或后半月加班加点还是干不完。

面对这种情况,生产管理部在排产月度计划时充分考虑物料满足清空、车间产能情况、营销订单优先级等情况进行排班和安排班次生产量。然后再组织公司各部门召开月度产销平衡会,讨论确定生产计划。

同时,生产管理科每周三依据月度生产计划,结合现有班次、人员及产能等信息,收集物料等相关信息,物流管理科梳理、反馈车身库存及发运到货信息,零部件计划科反馈零部件库存及发运在途数量,制造技术部反馈新品试制、试装计划,生产管理科接收各项反馈信息后,经过分析、预判,锁定下发周度生产计划。

②生产过程中的协同工作。

生产过程组织和控制是为了提高生产效率,缩短生产周期,提高效能。对生产过程的各个组成部分从时间和空间上进行合理安排,使它们能够形成相互衔接、密切配合的设计与组织工作系统。生产过程组织的目标是要使产品在生产过程中的行程最短,时间最省,占用和耗费最少,效率最高,从而才能取得最大的生产成果和经济效益。

为适应"潮汐式"生产组织方式的需要,强化公司基础管理工作,提升管理水平,重点作出以下几点要求:

一是强化生产组织协调能力,建立生产异常响应机制,针对生产异常问题,进行统一闭环管理。

二是优化生产组织方式,提高生产效率及质量把控能力,并进行人员合理化配置。

三是降本增效,启用"时间银行"工时管理,根据生产班次,合理安排员工调休及上班,及时消化正/负工时,降低了生产运营成本,避免人员的浪费。

为了达到均衡化生产,使得整个生产过程顺畅,常州基地同时实施以下几个方面的工作:

一是强化车间人员组织的稳定性,最大化地减少因人员变动带来的波动。

二是提升车间设备的稳定性,工厂设备管理人员针对日常维护清单,重点排查易出故障的设备,并做好备用方案。

三是督促零部件计划及时准确地下发物料订单,并做好到货的连续性且需按照计划的优先顺序,有序到货,先进先出。

四是持续推进工艺及断点的管理,现场工艺能够有效地指导现场生产装配,零部件的断点信息及时传达至各个相关部门。

五是在编制生产计划时,综合考虑人机料法环等各方面因素,合理安排工作日及每日产量。生产执行时严格遵循生产计划,每日召开生产早会,保证每日每月的生产任务按计划达成。

③结合 C2M 交付实施的"潮汐式"生产方式。

北汽新能源推出的全新平台打造的国内首款铝合金框架车身纯电动汽车——LITE,其中一大亮点是该车型完全支持 45 天内交付 C2M 订单。

C2M 即顾客对工厂(Customer-to-Manufactory),是自动化、智能化、网络化、定制化和节能化的现代工业,它通过互联网将不同的生产线连接在一起,按照客户的产品订单要求,设定供应商和生产工序,最终生产出个性化产品(图 2)。

C2M 订单对"潮汐式"生产方式的挑战:

通过实施 C2M,将考验工厂在每一项细节上实实在在的执行力。根据市场销售终端提供的数据显示,LITE 产品可为客户提供个性化定制功能,包括:12 种车身颜色、3 种轮毂、2 种内饰颜色、8 种座椅和 9 项配置等,组合产生的车型配置将超过 48000 种。丰富多样的配置,严格的生产交付周期,使得整个制造环节在保证高质量、低成本的同时,需要想办法同时去实现快交付的目标,给整个生产供应链带来了巨大挑战。

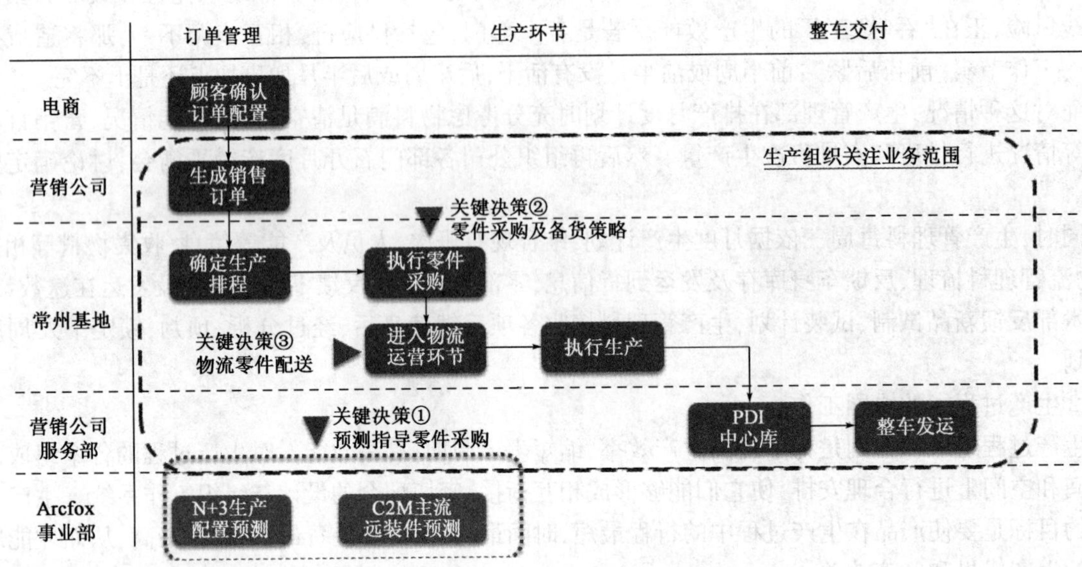

图2 C2M订单全流程图

先从C2M的生产组织开始描述:

营销公司接收电商平台传输过来的客户订单,对订单信息进行核实和确认后,下发给工厂。工厂根据配置及交付日期要求,制订排产计划。

为集成内部系统协同,提升整体业务、供应链的敏捷性和效率,具体包括:

一是协同物料管理、制造管理和销售,建立内部供应链管理及协同标准。

二是集成电商、销售、制造、物流、BOM等系统,开发整车管理编码器系统,实现客户自主配置选装件。

三是开展效率提升工作,实现产品个性化配置包在生产线的精准装配指示,提升制造效率。

整体系统布置以销售订单为触发点,集成了DMS\SAP\MES\SRM等系统,满足生产计划、采购计划、质量关键数据追溯需求。

C2M供应链环节的实施:

一是整体销售计划按照"N+3"滚动预测进行推动,保障长周期零部件备货,比如电池、座椅等零部件的准备。

二是针对外观件,按照12种颜色,区分侧重比要求供应商提前备库存,以达到实时响应。

三是设定外发分装排序零件的提前期,保证物料到达生产线能够保证装配生产。

四是推动JIS(Just In Sequence),如前后保、仪表、门板、轮胎、座椅、车顶等。

五是要求供应商根据销售订单预测,制定库存策略和送货频率周期,保证能够及时应对客户多种选择。

六是IT需要根据客户订单实际信息,通过排序过点的扫描点按照生产顺序传递给供应商排序仓库与线边。

七是供应商排序仓库选址在基地附近5公里范围内,确保收到过点信息后2小时内,将正确零件按照正确顺序送到生产车间。

根据C2M的订单下发过程和供应链过程(图3、图4),C2M的订单交付组织有着严格的时间控制和指标要求。由于"潮汐式"生产组织方式,整体保持单位时间内工作效率不变,但是跨车间作业的方式导致了整体的车身流转时间翻了一倍,如果不采取有效的生产管理变更,将无法满足C2M订单交付需求。

如何打造柔性的、准时的交付C2M订单?

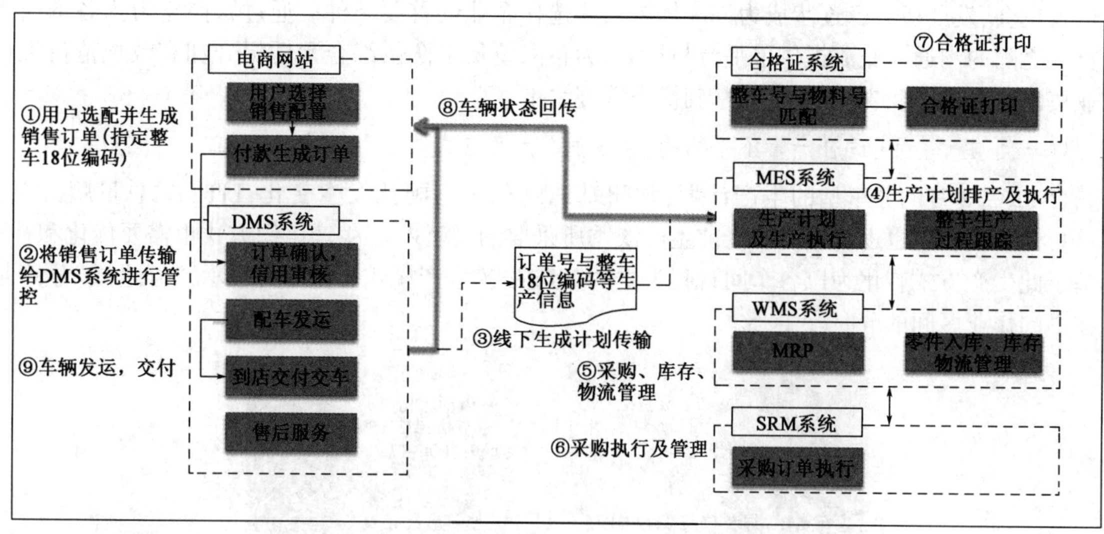

图3 C2M订单下发与供应生产全流程

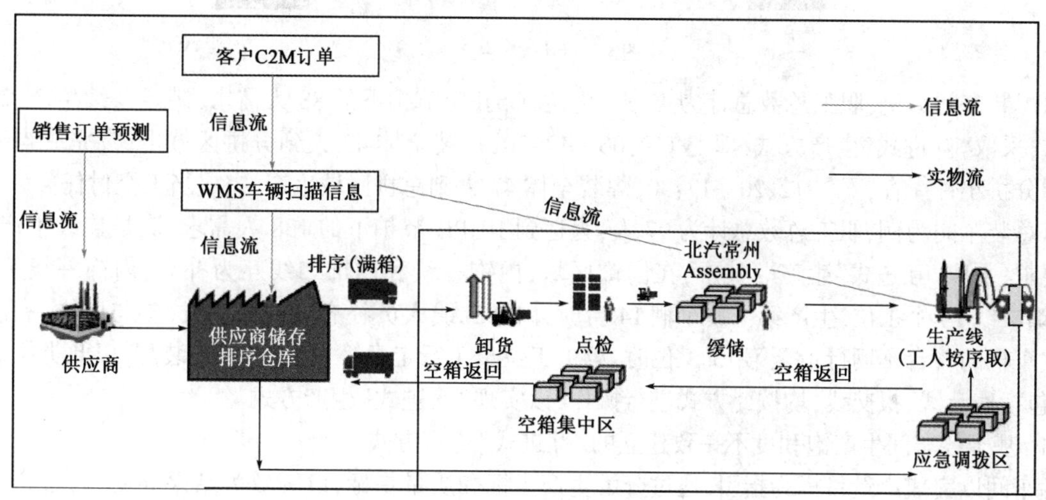

图4 供应商排序流程

首先从订单组织上,拆分一体化生产订单,将LITE的焊装订单和总装订单拆分,即焊装不再以订单驱动生产,采用库存制生产,整体生产节奏和库存由生产管理科调度和控制。

其次,在总装的生产控制上,在接收到C2M订单后,由生产管理科牵头组织采购评估物料准备情况,优先保障C2M订单的上线,车身需求从焊装车身库存中调配,第一时间保障了C2M订单上线。

通过以上方式,减少了焊装零部件采购和焊装的等待时间,工厂在实施“潮汐式”生产组织方式的同时,可以满足C2M订单的交付需求。

(3)不断完善跨岗操作的基础体系

新能源汽车行业是一个快速变化的新兴行业,很多“新势力造车”企业成立时间较短、业务发展速度通常较快,员工队伍普遍年轻。学历层次较高、自主与独立意识较强、容易接受新生事物、追求时尚等,是这个行业大多数从业人员的特点。常州基地通过生产模式的改进,让各车间和人力培训部门全面组织开展各专业各岗位员工进行跨岗学习,通过各岗位相互学习和培训,提升每位员工的操作技能水平,向“一岗精,多岗通”迈进,采取“一岗多能”的人才发展策略。

为更好地达到学习和培训效果,班组管理人员对跨岗学习的范围、时间和计划进行了周密的安排,切实将此项工作作为提升员工能力素质、促进员工发展、实现专业水平上新台阶的重要任务来落实,真正提高各岗位员工的操作技能,培养出“一岗多能”的人才,从而保障基础管理水平的提升。

成长机会、发展机会已逐步成为许多优秀人才选择企业的首要条件。通过跨岗学习为各部门不同岗位员工之间的沟通与交流提供了平台与机会,为各岗位员工队伍综合素质提升和有效规范员工标准化作业奠定了基础,切实提升了专业基础操作管理水平。

3. 以车间自营为主、适合产量不平衡的"互进式"生产方式

结合11—12月的分车型的生产计划,常州基地的分车型配比发生变化,LITE的总量爬升至230台/月,总体月度产量也逐步提升。之前生产淡季所采取的"潮汐式"生产组织方式也需要优化和补充。

基于此生产方式转化为以各车间自营为主的"互进式"生产模式。由图5所示,"互进式"生产指各车间在不同作业区间的分时段生产。

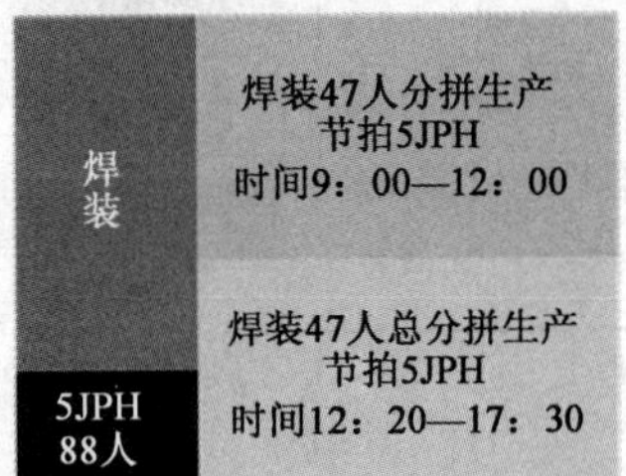

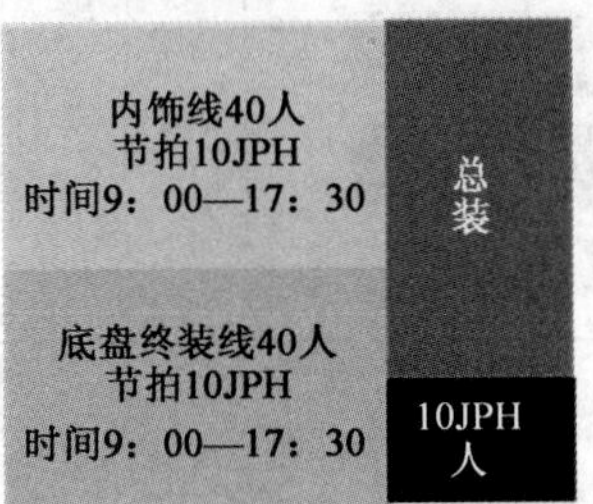

图5 "互进式"生产模式

以焊装车间为例,职工总数总计为47人,为达到5JPH节拍下的88人需求,满足连续生产、高效生产要求,采取"互进式"生产方式,即上午9:00—12:20,焊装全体47人到分拼区域生产,完成当天产量需求的分拼小件库存,下午12:20—17:30,焊装全体47人到总拼区域生产,完成当天交付任务。

以总装车间为例,职工总数总计为97人,为达到10JPH节拍下的138人需求,满足连续生产、高效生产要求,采取"互进式"生产。其中,在内饰区域,内饰一线和内饰二线互为补充,内饰一线14个工位,内饰二线14个工位,生产第一波车辆14台时,内饰二线人员补充至内饰一线,参与内饰一线生产,第一波车辆的首台车辆行走至第15工位时,第1工位员工行走至第15工作参与装配,以此类推。其余区域,包括底盘线、报交线,均按此方式进行操作,以实现"互进式"生产方式。

(1)基于各车间生产饱和度不一致建立的"互进式"生产方式

各车间以完成产量目标为指引,通过分解生产指标和质量指标,以绩效为结果导向,通过合理的控制生产节奏,不断优化现场生产组织。在利用有限的人力资源的情况下,通过"互进式"生产方式完成产量任务。

(2)强调车间自主运营的柔性化生产

相较于"潮汐式"生产组织方式,"互进式"生产方式实施时,各车间在人力资源的调配上拥有一定的自主性,若遇到人员请假或者无法参与作业时,可以根据班组情况适时地调配装配水平一致的员工参与作业,提高了生产组织和问题响应的效率。

另外,因车间直接参与和主导"互进式"生产,车间可以根据各区域的生产进度,灵活地调整"互进式"切换节奏,在保证生产交付的同时,降低了各工序间的库存,且真正实现了部分区域的"零库存",所有在制品库存时间严格控制在24小时之内交付。

(3)提升车辆装配的工艺质量

由于各车间采用了更偏向于自营方式的"互进式"生产方式,所有的人员接受本区域统一指令和统一的培训标准,不同于"潮汐式"生产组织方式,总装的人员只需要经过简单培训,即可对等级为一般工位的岗位进行独立装配,整体装配水平更加趋向于一致,有效保障了产品质量的一致性。

4. 以全员参与为基础的技管人员顶岗实战

在"互进式"生产作业期间,因生产资源集中在后半月,造成了部分工作日的单日产量高、交付压力大。为了满足产量需求,降低用工成本,经公司领导决策,采取了技管人员全员参与的顶岗实战的方式,

进一步提升全体员工服务现场的意识。

(1)落实公司文化舆论导向

按照亚当斯的公平理论,当员工取得了一定的成绩并获得了报酬后,他不仅关心报酬的绝对量,而且还关心报酬的相对量,因此他要进行种种的比较来确定自己的报酬是否公平合理,而比较的结果将直接影响今后的工作积极性,甚至是去留。这种公平性分为两种:内部公平性和外部公平性。通过全员参与的顶岗实战,在内部公平性上取得了有效的提升。常州基地将此活动纳入重点管控目标,积极展开宣传和报道工作,让全员的团队凝聚力和相互配合度大大提升。

(2)激励牵引全员自发参与顶岗

常州基地明确了参加顶岗人员培训比例,每年参加顶岗培训人员不少于各部门业务人员总数的15%。参训者按要求参加培训,相关课时计入乘用车职能级培训课程课时。确定顶岗的人员岗前培训由所在顶岗部门负责实施。

每月对先进的人物或事项进行报道宣传,通过 OA 系统在内部全员发布,为全员顶岗实战营造了氛围。

(3)促进全公司服务现场意识

此活动的开展促进了全员更好地形成服务现场的意识,让每一名员工真正接触和了解产品,更好地体会生产现场需求,深入感受生产环境和工作负荷,强化了"三现"意识,使大家明白后续的现场服务工作的思路和重点所在。

三、实施效果

(一)管理效果

面对生产不稳定,小批量、多品种、差异化的生产状态,常州基地通过实施"潮汐式"生产组织方式,强调多元化的理念,推动部门间相互协助,灵活切换工作内容,让员工感受到"这些工作能够为他们提供机会,使自己的技术和能力得到提升,能够为他们提供各种各样的任务,有一定的自由度",从而提升员工自主能动性,真正激发员工的潜能。

组织效能提升。自多元化的生产组织方式实践和运行以来,成功打破了部门墙,激发、调动了生产潜能,并能够以一种更加有效的生产制造管理体系,圆满达成公司年度主要经营指标任务,并且各项管理指标呈现出良好的发展趋势。

人员效能提升。在企业的生存与发展过程中,人才是企业最宝贵的资源之一。部分企业由于自身给员工的发展空间和发展机会不够、绩效考核机制不够合理、缺乏良好的企业文化等因素,造成了人才的流失。常州基地改变生产模式的过程中,给予了基层员工更多的机会,操作人员的技能得到明显提升。在人力资源培训建设模块增加了"超级多能工"要求,让员工不局限于单一岗位工作内容,而同时具备多岗位工作能力。此外,将部分优秀人员列入"超级多能工"培养序列,极大地提升了员工的自主能动性。

TPM(全员生产维护)系统建设。在传统的生产过程中,员工对 TPM 建设抱有一定的抵触心态。不能理解 5S 管理、AM 自主维护的内部深层次含义。在生产模式切换后可以跨车间进行对比实施,相互对标,同时可以指定专人进行监督,打破原有"自扫门前雪"的状态。

(二)经济效果

生产效率有效改善。"潮汐式"生产组织方式,通过优化组织架构,整合生产资源,有效提升了生产效率,降低了人工成本。综合运转率从年初的75%提升至90%,单日停线时间降低28分钟,整车制造时间减少12.1小时,JPH 从年初的2JPH 提升至10JPH,单日最高产量爬升至80台/天,达到了设计产能节拍,顺利完成年度交付任务。

订单交付效率提升。通过产销优先、固化"N+3"滚动计划,不断解决长周期零部件的准备周期问题,推进整体生产效率提升,线下交付时间从1.8天/台缩短至1.5天/台。LITE 车型从 SOP 第一个月的交付周期45天缩短至35天以内。

人工降本。通过“潮汐式”生产组织方式,缩减了整个生产线对人力资源的需求。同时在进入销售淡季和旺季时,可以灵活配置人力资源,避免突然增产造成人员缺口无法满足的情况,或是产量下降后人员富余的情况。同时,在整个生产效率提升后,通过对生产工艺及工时平衡的同步优化,全年累计降本达832余万元。

能源降本。通过“潮汐式”生产组织方式,生产效率提升后整个生产制造周期缩短,生产设备的能耗使用随之而降低,而单车能耗费用缩减67%。

(三)社会效果

随着知识经济时代的到来,全球竞争变得更加激烈,国内汽车企业的发展面临比其他行业更大的机遇与更严峻的挑战。自然资源和资本的优势不再是企业成功的唯一关键。新能源汽车利用最先进的技术,打破传统燃油车的工艺和生产模式。而作为生产力中的重要组成部分,人力资源对经济的发展起着越来越大的作用。如何有效用人,如何有效地组织新的生产模式提升工艺,成为决定企业生存和发展的关键因素。

中国是全世界汽车生产大国和消费大国,随着经济的快速发展,对能源的使用与需求越发紧张,对进口石油的依存度已达到了近60%,而其中进口石油中有70%用于燃油车辆。

随着2018年中美贸易战的升级,大力推进新能源汽车的发展已经迫在眉睫。为了有效解决面临的能源危机,并进一步改善环境,发展新能源汽车将成为中国汽车产业的战略布局。基于新能源汽车生产销售现状,只有探究新的生产模式,才能持续降低制造成本,建立核心竞争优势,打破当前行业发展遇到的瓶颈。

常州基地结合传统车企的做法,在此基础上大胆创建了“潮汐式”生产组织方式。通过实践探索,取得了显著成效。当汽车行业每年进入销售淡季和旺季时,传统车企将面临人员富余或人员不足的情况,而常州基地通过实施“潮汐式”生产组织方式,灵活进行切换,有效地提升工时平衡和工艺过程,保障了产品质量和交付要求。而这种模式,也有向行业内其他车企进行推广实施的价值。

施工企业基于人力资源成本管控的经济活动分析的构建与实施

中交二公局第四工程有限公司

成果主要创造人:李海亮 杨 雄

成果参与创造人:潘灿强 饶得龙 郑 兴 樊 昊 蒋 磊 肖阔宪 冯亚南 解 楗 徐成飞 王小健

中交二公局第四工程有限公司成立于1982年,是世界500强中国交通建设股份有限公司全资控股的三级公司,直接隶属于具有公路工程施工总承包特级资质的中交第二公路工程局有限公司。

中交二公局第四工程有限公司注册资本10.01亿元,拥有公路工程施工总承包特级资质、市政公用工程施工总承包壹级资质和公路行业设计甲级资质,同时还拥有桥梁、隧道、公路路面、公路路基等专业承包资质共计9项。截至2020年9月,公司有员工1483人,其中大专以上学历职工占职工总人数70%以上,中级以上职称531人。公司现有资产总额55.09亿元,净资产16.82亿元,拥有各类设备1228台(套),年施工能力超过65亿元。公司是国家级高新技术企业及河南省重点培育施工企业,2015—2019年度连续5年获得全国公路施工企业信用评价最高等级AA级,2019年位列洛阳市100强企业榜单第17位。

中交二公局第四工程有限公司(简称"四公司")工程市场遍布国内17个省(自治区、直辖市)和国外巴基斯坦、肯尼亚、格鲁吉亚等国家。近十年累计承建各类高等级公路、铁路、桥梁、市政、隧道超过4900公里,所承建工程的技术、工艺、质量均处全国同行业先进水平,多项工程荣获国家、省(部)级大奖。四公司始终坚持创新驱动,有计划开展60余项科技攻关和技术创新,自主研发的施工项目信息管理系统(CPMIS)、公路工程仿真系统、办公服务系统(OA)等信息化管理软件实现了路桥施工动态管理数字化、图形化及网络化,完成了工程产品从结果控制到过程控制的根本转变,为国内施工企业项目管理首创,并被记入2005年度中国企业新纪录。"十二五"以来,四公司共荣获各类科技创新成果100余项、中国企业新纪录1项,授权国家发明专利11项、国家实用新型专利94项、软件著作权13项,并获全国交通行业管理创新成果奖11项、全国工程优秀项目管理成果奖7项。四公司先后荣获全国优秀施工企业、全国科技创新先进企业、全国交通企业管理现代化创新成果示范单位、中央企业先进集体、全国公路建设行业诚信百佳企业、河南省建筑业骨干企业、河南省信用建设示范单位等省部级以上荣誉138项。

一、实施背景

经济活动分析是施工企业成本核算的重要环节,而传统施工行业正面临人力资源成本持续攀升的不利局面。作为建筑施工行业,需要我们深入思考和提出应对措施。

传统的建筑施工企业在某种意义上属于典型的劳动密集型企业,这种产业属性决定了其劳动力投入在整个经营性投入中占据着较高的比重。伴随着劳动力价格的持续攀升、人口红利的逐渐消失以及国家劳动用工政策的不断完善,劳动密集型企业人工成本投入将会越来越高,无序的人力资源投入不仅影响到企业正常的生产经营,而且严重吞噬着企业的经济效益。建筑施工企业必须充分认识到,人力资源是公司最宝贵的资源,也是最昂贵的资源,要通过切实有效的人力资源经济活动分析,对比各项指标,查找短板不足,优化项目资源配置和生产组织,以期提高人力成本投入产出率,力争将人力资源作为一种重要的生产要素为企业带来最大的经济效益,从传统的人事管理向人力资源管理转变,从人力资源管理向人力资本投入增值转变。

在此情况下,2018年,四公司结合企业当前面临的发展形势和管理现状,深刻地剖析了制约公司进一步发展所面临的管理痛点。具体到人力资源管理业务板块,主要有两大痛点:一是施工项目人员配置数量严重超策划人数,项目工资总额超预算;二是人员业绩考核、考评机制没有有效落实。这两大"痛点"是目前整个建筑施工行业普遍存在的问题和管理难题,也是公司提质增效、转型升级过程中遇到的两个坎,直接关系到整个公司的利润创造和价值创造。为此,四公司以此为契机,针对目前制约公司发展中的管理痛点,提出将人力资源经济活动分析纳入人力资源管理的日常工作,按月开展人力资源经济活动分析,深层次发现项目人力资源成本投入产出存在的问题,并寻找解决问题的方式、方法,从中摸索发现人力资源经济活动分析的意义,从而形成一套适合四公司且行之有效的人力资源经济活动分析优化方案。

二、成果内涵和主要做法

(一)人力资源经济活动分析相关理论概述

1. 企业人力资源经济活动分析

根据人力资源管理工作的需要,借助经济学、劳动经济学的有关理论,利用统计模型、会计模型等,对企业人力资源的成本、价值、投入和产出进行基本的核算,为企业的经营活动提供人力资源数据支撑,为企业高层管理者提供人力资源开发与管理的决策分析依据。

2. 人力成本

人力资源成本是一个组织为了实现自己的组织目标,创造最佳经济和社会效益,而获得、开发、使用、保障必要的人力资源以及人力资源离职所支出的各项费用之和。根据人力资源及其本身管理的特点,人力资源成本可以分为获得成本、开发成本、使用成本、保障成本和离职成本五大类。公司对人力资源经济活动分析侧重于人力成本中的使用成本,即薪资总额(包含岗位绩效收入、各类津补贴、奖金等)。

3. 人事费用率

人事费用率是衡量人力成本效益的重要指标,是指人力成本总量与销售(营业)收入的比率。人事费用率表示在一定时期内企业生产和销售的总价值中用于支付人力成本的比例,也是企业人力成本核算、管控的一项重要指标。

4. 人事费用投入产出率

每投入一个单位的人事费用(人力成本),产生多少个单位的销售收入。人事费用投入产出率 = 销售收入 ÷ 人事费用总额。四公司在人力资源经济活动分析中,采用进度产值除以工资总额的方式计算考量。

5. 劳动生产率

平均每一个从业人员在单位时间内的产品生产量。四公司用人均产值指标来计算考量。

6. 人力成本利润贡献率

该指标反映企业(项目)投入的人力成本与利润之间的经济效益关系,人力成本利润贡献率 = 利润 ÷ 人力成本总额,比值越大,人力成本对生产经营的贡献度越高。

7. 人均薪资与人均劳动生产率的比例

人均薪资与人均劳动生产率的比例关系反映该成本的收益,计算公式为:人均劳动生产力 ÷ 人均薪资×100%。比值越大,人力资源投资回报率越高,即以合理的人力成本投入获取产出的最大化。

(二)具体做法

人力资源经济活动分析分为五个环节,分别为:前期分析、月度分析、年度分析、全经营周期分析、建立人力资源数据库。

1. 前期分析

前期分析,即项目前期策划分析环节,形成项目前期人力资源专项策划方案;主要包括:项目人力资源成本管控的总体目标,人力资源成本管控的思路及重点举措,各阶段的人力资源投入计划编排。前期分析中涉及的人员编制、进场计划及工资总额预算控制数,原则上不允许调整。因业务对工期进行调整或者外部原因造成工程阶段性停工,如对以上指标调整,需按照四公司规定的策划编更程序执行。

由四公司人力资源部结合以往过程中收集、归纳的不同类型项目的数据,总结出的科学合理的经验值,同时根据项目施工工期及生产计划编排、施工单元划分等,制订出项目部门设置、人员编制、人员进退场计划、工资总额预算、工资占进度产值/营业收入的比重控制目标与力争目标,形成项目前期人力资源专项策划方案,公司审核批准后实施。

前期分析是公司对项目人力资源管控的纲领性文件,项目的年度分析、过程分析是对前期分析的分解、执行。项目根据工程进展,科学合理分解年度分析报告涉及的各项指标。同时前期分析更是本项目人事费用率、劳动生产率等指标的总体把控,用于指导项目科学、合理投入人力资源,确保人力成本支出可控,确保人力资源投入收益最大化。

2. 月度分析

月度分析,即公司过程管控分析环节,形成每月一期的《月度人力资源经济活动分析报告》,月度分析包含三个环节:项目自主分析环节,公司对比分析环节,项目学习对比分析环节。

月度分析的第一阶段是项目自主分析环节,项目每月一期的《人力资源经济活动分析报告》,由分管人力资源工作的项目领导主持,项目人力资源部门主导,项目生产、合同、财务等部门配合,于次月的10日之前形成本项目的月度分析报告,并报公司人力资源部。通过项目本月各项考核指标与上月考核指标以及本月考核指标与目标考核指标的对比分析,明确人力资源效率低于上月或目标,是由主观原因还是客观原因造成的,需要通过哪些方法来解决人力资源效率低下的情况;同时,人力资源效率高于上月与目标时,我们本月采取了哪些有力措施使得人力资源效率提高了,将好的做法分享,形成以单个项目为载体的项目经济活动分析。

月度分析的第二阶段是公司对比分析环节,主要是由项目按月上报经济活动分析数据,提交人力资源部复核。为此设置了分析套表,分为线下数据填报和线上系统数据填报。线下每月项目按规定填报后套表说明及填报要求如下:

①《项目人力成本投入产出分析表(当期)》,本分析表旨在对项目开工至当期,进度、计量、营业收入、累积进度计量差完成情况,项目完工比与工资发放占工资总额预算的比例对比,项目当期人力资源效率等进行明确与展示。本表格侧重于当期及开工至今累计指标对比。

②《项目人力成本投入产出分析表(对比)》,本分析表旨在分析当期与上期的进度、计量、营业收入、累积进度计量差的对比,以及用工人数、工资占比及人力资源效率的对比等。本表格侧重于当期与上期的数据对比。

③《项目人力资源成本构成表》,本表格旨在分析当期的人员结构、数量、分类工资成本(含社保公积金等)以及当期的人均工资。海外项目将中方工班长和属地化员工纳入分析报告。

④《项目月度绩效比例考核表》,本表格旨在对影响员工绩效收入的指标及考核得分进行分析,加大项目对指标的关注度,分析制约员工绩效收入提升的关键指标,致力于指标的完成和员工收入的提高。

⑤《项目主要岗位月度绩效工资对比分析表》,旨在对比当期与上期项目综合绩效比例,以及因绩

效比例不同对不同岗位收入影响的绝对值,强化项目指标意识。

⑥《项目各专业类别人员薪资分类统计表》,本表格旨在分析项目不同专业类别的人员的人数与工资,逐步提炼出同类型、同组织模式的项目,各类人员薪资成本的合理支出,提炼相关经验用于指导项目各类人员的标准化配置。其中,《项目物资设备类人员工资专项统计表》旨在对设备人员单列统计,《直营架子队人员工资专项统计表》旨在对架子队人员单列统计,总结架子队人工成本占比。该两项专项统计,在对项目年度工资总额决算及工资占比考核时,对设备资源配置方式不同(自有设备和外租设备)、设置架子队的项目,合理评估工资占比。

⑦《项目各岗位人员数量构成统计表》,旨在对比不同项目间,各层级人员的配置数,并与策划人数对比,用于指导项目用工计划的调整,指导项目合理进行工资定岗。在工资预算相对固定的情况下,定岗定编工作是人力成本最直接的影响因素,本表格是项目实际人力成本核算的重要依据,要致力于提高人力资源投入产出比。

⑧《项目员工月度绩效考核及收入统计表》,本表格旨在统计不同用工类别、岗位类别、岗位层级人员的各类收入情况,记录绩效考核评级,以便公司做好全员的收入统计和绩效考核结果的汇总,对项目整体员工个人绩效考核执行情况进行评估。同时,该表格作为月度分析的数据来源表,其他表格相关数据可通过各类筛选,从本表格提取、汇总数据,是用工类别、岗位类别、岗位层级划分及各类薪资数据的基础表格。

由公司人力资源部成本分析专员,负责汇总统计数据建立数据库,通过归类分析法(分片区分析)将各片区项目的人力资源成本数据单独进行统计分析、量化对比,一方面片区内部横向比较,有利于片区负责人加强对本片区项目的指导和督导;另一方面便于逐渐探索出分地域、分项目类型的合理的人力资源成本数据,如劳动生产率、百含系数(人工成本总额占产值的百分比)、人事费用投入产出率等,便于指导项目配置人力资源、工资分配,实现人工成本管控。通报当期经济活动分析存在的问题(对项目进度产值完成率、累计进度计量差、营业收入完成率3项指标完成差,劳动生产率低下,人力成本投入产出率低的项目予以预警、警示,并要求此类项目书面陈述原因及解决方案,以期提高人力成本投入产出率)、亮点(对人力资源效率高及人力资源效率大幅提高的项目的好的做法进行汇总分享,有利于各项目间相互学习,达到好点子共享)、下一步安排部署。

月度分析的第三阶段是项目学习对比分析环节,该阶段是公司形成当月的经济活动分析报告后,反馈给各项目,要求项目通过横向、纵向比较,一方面查找分析本项目人力资源效率低下的原因,并针对各项指标完成效率低的情况制定相应的解决方案;另一方面,各项目间相互学习,吸收别的项目好的做法,以求提高人力资源效率。

3.年度分析

年度分析,即公司年度考核分析环节,形成《年度人力资源经济活动分析报告》。主要分为两个方面:

一方面是每年的12月25日之前,各项目在当年所有人员工资奖金发放完毕后,对年度各项数据审核无误后,结合月度分析,形成书面的项目年度人力资源经济活动分析报告上报公司。报告内容包括:本年度人力资源整体情况、与上年度的各项指标对比分析情况(填报《项目年度人力成本投入产出分析表(对比)》)、本年度人力资源成本分析的具体情况(填报《项目年度人力成本投入产出分析表》)、存在问题及整改措施四个部分。同时还应填报《项目员工年收入测算表》《项目年度工资总额分类测算表》及《项目年度工资总额预算申报表》,用于指导项目编制年度工资总额预算。

另一方面由人力成本分析专员负责汇总各项目报表,汇总数据分析,整理出公司层面人力资源经济活动分析年度报告。公司年度分析报告除了包括项目经济活动分析的四个方面外,还包括以下两个方面:一是根据项目完工比,对实际发生的工资预算进行对比,确保工资总额发放比例与项目工程进度相匹配,以科学合理指导项目次年人员使用计划和编制年度工资总额预算计划;二是公司年度分析报告除对各项目分析数据对比外,重点对年度工资总额预算执行情况进行决算考核,并按照《项目人力成本管控办法(试行)》,对项目予以奖励或处罚。对于人力成本投入产出率偏低的项目,按规定核减次年的工资预算,以期项目优化岗位设置、人员编制及定岗定薪,加强项目生产组织,确保进度可控,提升各项人力资源成本相关管控指标、考核指标,实现人力成本投资收益最大化。

年度分析报告不仅是对本年度公司各项目指标的汇总通报,更是要通过年度分析,对比各项指标,查找短板不足,优化项目资源配置和生产组织,同时也是要结合公司项目实际情况,全盘衡量,去调整下一年项目人力资源分配情况,使公司每一位员工都能人尽其才,避免造成人力成本浪费。

4. 全经营周期分析

全经营周期分析,即项目竣(完)工后分析,全周期分析结合项目前期策划(前期分析)、过程管控(月度分析)、年度考核(年度分析)等指标,对项目各个阶段的人员投入、工资发放、人事费用率、劳动生产率、人事费用投入产出率等指标进行分析,对项目人力成本投入产出进行全面的经济分析,对项目人力资源成本投入产出予以决算。

全经营周期分析的目的,是为了对项目经营全过程中人员编制、定岗定薪、绩效考核、工资预算等进行全面的考核分析,做好人力成本投入核算工作,对项目工资占比、劳动生产率、人事费用投入产出率等指标进行对比,考量人力成本产出效益,确保人力资源投资回报率科学化、人力成本经济效益率合理化、人力成本投出产出率最大化。

全经营周期分析内容主要包含:各阶段人力成本投入分析;各阶段的人力资源成本产出分析;人员进退场计划与前期分析数据对比;年度工资总额预算节超对比;人事费用率,按工资总额占进度产值的比重;人事费用投入产出率;劳动生产率;人力成本利润贡献率;人均薪资与人均劳动生产率的比例等。

为确保全经营周期分析数据全面准确,项目获得上级及甲方的奖励经公司批准予以发放的奖金、项目领导考核奖励、项目兑现奖励等计入人工成本;项目的员工实际发生的培训费用、按工资总额提取用于工会会员的工会经费等,纳入全经营周期分析报告。

在项目完工后,由公司人力成本分析专员,编制项目全经营周期人力资源经济活动分析报告,提交审计监督部予以人力成本专项稽核、决算;待项目审计结束确认无误后,需要完成两点对比:一是与前期分析进行对比,查找前期分析与全经营周期分析之间的差异点,分析造成差异的原因;二是与同类型项目全经营周期分析对比,探索出更加合理的人力资源成本指导数据,便于指导后续同类型项目合理投入人力资源成本、合理下达项目工资总额,形成标准化的项目岗位设置及人员编制指导方案,确保今后的项目经营团队更加精干高效,另一方面也逐步总结人力资源投入与经营产出的边际效益临界点,为公司提供相关经营决策的重要数据。

5. 建立人力资源数据库

联合信息化管理部,借助信息化手段,搭建了公司人力资源经济活动分析信息化平台(PM 系统),作为公司人力资源数据库。

系统设置了标准化的系统流程,系统数据一方面由项目人事专员按月导入项目人工成本数据,由公司人事专员复核,另一方面人事专员还负责导入生产经营数据,并负责日常数据维护。数据每月导入后,就形成人力资源经济活动分析的基础数据库。通过基础数据实现数据实时更新,实时共享,同时可以根据不同的需要去查询、筛选不同形式的数据信息,可以查询单一项目成本,也可查询不同项目之间的成本对比情况;可以是单一的数据,也可以数形结合的图表。同时,可为实时掌握公司一手数据提供真实数据保障,为各项报表数据提供基础数据支撑,为企业的经营活动提供人力资源数据支撑,为企业高层管理者提供人力资源开发与管理的决策分析依据。

三、实施效果

(一)人力资源经济活动分析已取得成效

人力资源经济活动分析是一个长期的过程,四公司人力资源经济活动分析自 2018 年 7 月开展实施以来,至2020年9月,已完成月度经济经济活动分析20余期、年度报告2期,人力资源经济活动分析报告通过精准的数据统计、科学的数据分析,使公司整体的经营情况与人力资源成本数据真实地呈现,并将二者的关系通过百含系数客观地反映出来,一方面体现出了人力资源投入与经营业绩合理性,指导项目寻找边际效益的临界点,指导项目合理投入人力资源数量;另一方面,建立了项目人力资源成本预警机制,通过横向纵向对比,使各项目对本项目员工劳动生产率和人力资源效率有一个直观的了解,倒逼项目采取措施提高人力资源效率。各项目通过横向纵向间的相互对比,查摆不足,寻找差距,学习同类型项目好的管理经验,并在每期分析中查询当期是由何种原因造成工程进展慢,是否存在人员配置较多的现象等,亟待项目查摆原因,并采取强有力的措施确保施工进度。同时,人力资源经济活动分析为公司有效建立了人力资源成本分析数据库,通过按月填报的人力资源薪酬基础数据,借助PM系统,实现数据实时更新,实时共享,为实时掌握公司一手数据提供真实数据保障,为各项报表数据提供基础数据支撑,为企业的经营活动提供人力资源数据支撑,为企业高层管理者提供人力资源开发与管理的决策分析依据。

公司根据年度产值计划并结合百含系数(工资总额占产值比重),正式下达了项目年度工资总额预算。工资总额预算下达后,各项目及时优化人力资源配置,裁汰冗员,进一步压缩人工成本支出。通过公司2018年度、2019年度各项人力资源经济活动分析数据,对连续两个年度的数据予以对比分析,对公司各项人力资源管理举措成效予以评估。从人力资源数量、工资总额、各项经营指标三个层面对比分析,见表1~表3。

人力资源数量对比(单位:人) 表1

用工类别	正式工	局派遣	协管及公司派遣	聘用	合计
2018年	1511	122	152	1716	3501
2019年	1465	128	442	849	2884
增减情况	-46	6	290	-867	-617

工资总额对比(单位:万元)

用工类别	正式工	局派遣	协管及公司派遣	聘用	合计
2018年	20863.46	1457.05	1592.09	19426.72	43349.29
2019年	20462.47	1382.66	3452.45	9709.28	35006.86
增减情况	-400.99	-74.39	1860.36	-9717.44	-8342.43

各项经营指标对比

三大指标完成情况	进度产值(万元)	计量产值(万元)	营业收入(万元)	工资占进度产值比重	工资占营业收入比重
2018年	633417	656760	676425	6.84%	6.41%
2019年	554709	524635	553289	6.31%	6.33%
增减情况	-78708	-132125	-123136	-0.53%	-0.08%

通过表1~表3可以看出:自四公司开展人力资源经济活动分析以来,企业的人力资源管控成本相比之前有了明显下降。无论是从人员数量方面还是从工资总额支出方面都有明显减少,当然结合人力资源成本分析指标来说,2019年度与2018年度相比企业的人工成本占进度产值、营收比重也都在相应减少。

(二)当前公司人力资源经济活动分析存在的主要问题及对策

1.当前公司人力资源经济活动分析存在的主要问题

(1)开展时间短,同类型项目少,数据分析具有偶然性且分析报告定性多、定量少

现阶段项目在进行人力资源经济活动分析过程中,更多的只是进行简单的定性分析数据,并且在公司整体人力资源经济活动分析完成后,项目收到公司反馈的人力资源经济活动分析报告时,也只是简单

看结果,看数据差异大小,没有结合项目实际剖析,进行定量分析也只是表面化,没有分析人工成本超预算对项目整体经济的影响情况,以及影响的一些控制因素。同时,开展时间短,同类型项目间的差异原因样本数据不够大,缺乏可对比性。

(2)人力资源成本分析及时性不强

公司层面开展人力资源经济活动分析是与项目层面人力资源经济活动分析相辅相成的,公司层面的人力资源经济活动分析需要项目数据作为依托,然而在实际开展经济活动分析过程中,由于各种原因,部分项目数据提供不及时,造成公司整体人力资源经济活动分析及时性不强或数据对比不完全。

(3)没有将人力资源成本分析与薪酬体系相结合

项目未能将人力资源成本分析与薪酬体系正向结合。部分项目存在"以薪定岗"情况与局及公司提出的"以岗定薪"背道而驰,且在收到公司对比分析后的人力成本分析后,只是片面地对比员工收入高低,未分析造成同类型项目工资绩效水平低的原因,不从根本入手解决,却在纠结于和公司沟通绩效工资。更有项目片面地认为薪酬改革后所有的岗位工资都应该增加,认为进度产值、计量产值、营业收入与绩效工资挂钩,当此三项指标完成不理想的状况下,员工绩效工资降低,项目压力大,难留人才;与此同时,项目在对员工进行绩效考核时,存在一定程度的打人情分、"大锅饭"老好人、审核把关不严、打分随意性较大、与月度工作计划脱节等现象,项目整体缺乏对员工的激励机制,绩效考核不到位,仅靠提高工资等级对员工实施激励。

(4)人力资源成本管控意识不强

部分项目人力资源成本管控意识不强,致使工资总额增长的幅度与企业的营业收入增长幅度不匹配,冗员过多或人员进场缺乏计划性,项目人员能力参差不齐,没有达到精干高效预期,没有想办法激励项目员工的内生动力,导致项目员工存在"干与不干一个样、干多干少一个样"的心理,从而造成人力资源效率低下。项目上又只能简单地通过增加人员达到完成产值的目的,抱有"有人总比没人好"想法的粗放式管理,造成项目陷入"招人—效率低下—再招人—效率更低下"的恶性循环,致使人员投入不断增加,投入产出比不断下降,造成无效的人力成本支出愈演愈烈。

2. 相关对策

(1)完善人力资源经济活动制度,持续开展项目人力资源经济活动分析,以求以量变达质变

进一步完善人力资源经济活动分析各项制度,通过制度的刚性使之成为常态化工作;持续开展人力资源经济活动分析工作,进一步提升人力资源效率,全面剖析项目人力资源水平,寻找人力资源投入与产出拐点,形成量化的对比数据,直观地反映人力资源投入与产出的关系,利用百含系数反映人工成本是否合理;利用劳动生产率(人均产值)反映人员投入是否存在冗员、人力资源效能是否得到最大程度发挥、员工主观能动性是否最大程度激发;利用人事费用投入产出率衡量人工成本支出是否最大程度得到回报,定岗定薪是否合理。

(2)借助信息化平台督促落实经济活动分析的准确度与时效性

针对当前项目数据录入准确度不够与时效参差不齐的状况,下一步需要借助信息化手段(PM 系统),由项目人事专员负责导入线上薪酬基础数据,公司人力资源人力成本分析专员负责导入进度产值、计量产值、营业收入三大指标并审核项目薪酬基础数据,系统会自动提取、汇总、分析数据。并且将此项工作纳入公司年度综合大检查人力资源管理模块的考核指标之一,督促落实项目及时开展项目层面人力资源经济活动分析工作。

(3)人力资源经济活动分析与公司薪酬考核体系结合

人力资源经济活动分析不仅仅是单纯的数据分析,而是要与薪酬考核体系结合,要让公司全员树立薪酬制度向价值创造者倾斜、向综合管理水平高的项目倾斜的理念。通过对比同类型项目间的绩效差异及同项目不同人之间的绩效差异,改变"干好干坏一个样、干多干少一个样"的理念,要让职工明白项目不是靠某一个人就能干好的,需要大家共同努力,完成每一项考核指标,实现真正的绩效考核,多劳者多得,实现薪酬向价值创造者倾斜。同时还设立"人力资源成本最优奖",激发项目员工的工作热情,调

动员工的工作积极性,激发项目管理活力,构建项目工资总额预算管理的激励约束机制,对项目工资总额预算节超实施相应的奖惩。

(4)利用人力资源成本分析对工资总额预算进行控制,强化人力资源成本责任意识

公司将加大人力资源成本管控力度,将采取公司组织、项目参与的方式,持续开展人力资源成本经济活动分析,要求项目通过对比指标寻找差距,加强与生产管理部门、经营考核部门、财务部门等沟通,就经济活动分析报告中发现人工成本异常的项目找出原因,并就针对人工成本异常采取整改措施,将整改结果上报公司,公司将负责汇总各项目人工成本异常原因及解决措施,形成人力资源经济活动分析报告下发至各项目经理,监督项目组织召开专题会议学习各项目整改措施,以达到"好点子"共享的目的,解决各项目工资总额居高不下的问题,减少人力资源成本投入,强化人力资源成本责任意识,确保工资总额预算控制在科学合理的范围之内。

新基建背景下高速公路运营与信息技术的融合建设探索

深圳高速公路股份有限公司

成果主要创造人:胡 伟 廖湘文

成果参与创造人:陈守逸 龚涛涛 黄毕南 丁 罕 邹桥洁 顾海明
黄伟斌 聂新跃 强 奔 郭 晟

深圳高速公路股份有限公司(简称"深高速")于1996年12月30日在深圳注册成立,主要从事收费公路业务及大环保业务的投资、建设及经营管理。目前,大环保业务领域主要包括固废危废处理及清洁能源。此外,深高速还为政府和其他企业提供优质的建造管理和公路营运管理服务,并凭借相关管理经验和资源,依托主业开展项目开发与管理、运营养护、智能交通系统、工程咨询、广告服务、城市综合服务和产业金融等服务业务。

截至2020年上半年,深高速经营和投资的公路项目共16个,分布于广东、湖南、湖北、江苏等地区,所投资或经营的高等级公路里程数按权益比例折算约546公里,其中65.7公里尚在建设中;积极参与多个区域性城市基建开发项目,并投资环保、清洁能源和金融类项目超过10个。近年来,深高速以市场化、专业化、产业化为导向,持续对内部的组织架构和职能进行调整和整合,已逐步搭建起城市基础设施、环保、运营、建设、广告、新能源业务平台,包括:以拓展基础设施建设市场及联动土地综合开发业务为主的投资公司;以输出公路运营、养护管理服务及智能交通业务为主的运营发展公司;以拓展固废危废等环保产业相关业务为主的环境公司;以输出工程建设管理服务为主的建设发展公司;以广告资源租赁和开发业务为主的广告公司;以拓展风电等新能源业务为主的新能源公司。集团将通过上述业务平台,充分发挥自身在基础设施投融资、建设、运营及集成管理方面的竞争优势,积极向双主业产业链上、下游延伸,发展运营维护、智能交通、环保系统、工程咨询、广告服务、城市综合服务、产业金融等服务型业务,努力拓展集团经营发展空间。

一、实施背景

2018年12月中央经济工作会议首次提出"新基建"这一概念,智慧高速公路作为传统高速公路与新一代信息技术深度融合的重要基础设施,既是国家推进新型基础设施建设的关键领域,也是未来高速公路建设及运营管理的发展方向。基于此背景,深高速结合高速公路运营板块的需求,推进运营综合管控平台的建设,开展新基建建设的探索,充分利用三维激光点云、BIM、大数据、物联网等信息技术,实现高速公路运营管理与信息技术的初步融合,提升高速公路运营板块的管理效率。

高速公路运营管理是一项复杂的系统工程,包含道路、机电、路政、营运管理等工作,对各类管理工作信息及时传递与处理以及各个业务间的联动有着较高要求,作为深高速的两大主业之一,深高速一直致力于通过信息化手段提升管理能力,在道路和机电两大业务板块开展了信息化的建设。随着技术的不断发展和深高速管理模式的快速转型升级,已完成建设的系统难以满足当前的管理需求,深高速运营板块大部分业务处理和信息数据管理还处于传统的纸质或电子化表单形式传递,各专业间的管理工作无法进行有效协同,暂时无法达到精细化管理深度,各单位、各部门、各专业之间缺少联动,不能支持集中管理的管理模式。因此,深高速根据制定的信息化战略规划实施指引,对深高速高速公路运营板块信息化建设的现状进行了调研、访谈和评估,结合运营板块的业务现状,梳理运营板块信息化管理需求,明确系统的建设内容及思路,并逐步推进深高速运营综合管控平台的建设工作,初步实现对深高速战略管控的辅助决策与支持,以及对业务经营和生产控制层面关键业务流程在信息系统中的固化,创新深高速高速公路运营管理模式,提升深高速高速公路运营管理水平和营运服务能力,树立深高速运营管理服务品牌新形象。

二、成果内涵和主要做法

面对高速公路运营板块无法实现精细化管理和集中管控、各专业系统相互独立、“信息孤岛”现象以及各业务板块大部分业务处理和信息数据管理还处于传统的纸质或电子化表单形式传递等问题,深高速开展运营综合管控平台项目规划建设,重点考虑运营板块的整体业务,建立以内部横向协作、上下纵向管理为驱动的公司、各地区路段公司及养护单位多级责任主体的统一信息管控平台,以支撑道路、机电、路政、营运业务间的协同,实现深高速对高速公路运营养护的管控与辅助决策,进一步提高高速公路运营养护的管理水平。通过建设道路养护管理模块,实现科学精准的道路养护,确保道路正常运行,提高养护效率,降低养护成本,并结合路政管理模块完善养护处置的病害来源;建设机电养护管理模块,规范机电设备管理,降低维修和养护成本,提高突发事件应急处置能力;通过营运管控业务的整体联动,为政府部门和社会公众提供更好的资讯服务,为社会提供安全高效的出行环境,从而更好地树立公司品牌形象。同时,充分运用大数据、BIM、物联网、二维码等信息技术,不断提高运营养护管理效率,降低管理与作业成本,提升企业效益。通过运营综合管控平台的实施落地,主要实现以下总体目标:①建立深高速统一公司运营管理数据标准、作业标准和流程标准,实现总部对深高速全路段的集中管控;②搭建适合集团公司、平台公司和养护单位的多组织、多路段的管理平台,实现多路段运营养护的集中管理与监控以及集团公司、平台公司内部横向业务协同和上下纵向管控的综合管理;③构建公司级运营养护管理体系和知识库的有效积累平台,通过信息技术应用,建立预防性养护模型,为公司的运营养护提供决策支持。

运营综合管控平台作为深高速高速公路运营板块的核心应用,是支撑单一粗放管理模式向集中精细化管控模式转型的关键手段,深高速非常重视该项目的建设,根据公司的相关管理制度严格推进项目的实施落地,主要做法如下:

(一)明确集团管控的总体规划

为了更好支撑高速公路运营板块的管理,提升工作效率,深高速在2015年启动了道路养护板块信息化的建设工作,结合深高速道路养护板块的需求完成了道路养护系统的建设工作,并于2016年在运营公司上线使用。道路养护系统在规划设计时系统技术架构只适用于单一组织机构,随着深高速逐步向集团型企业的转型升级,管理模式变化较大,原有的系统架构已无法满足深高速对高速公路运营集中管控的需求,同时受养护业务组织架构、工作流程以及项目管理人员变动频繁等因素的影响,道路养护系统未按服务合同预计的时间上线试运行,整体项目暂时停滞。2018年,深高速根据信息化战略实施指引,重新启动高速公路运营板块的信息化建设工作,通过对已完成道路养护系统的综合评估,明确其实现的功能基本满足道路养护的管理需求,利用系统使用审计的手段,推动系统的上线使用,并完成该系统的初步验收工作,同时为了更好地适应深高速快速发展的需要,满足深高速高速公路道路、机电、路政、营运的管理以及集团化管控的需求,在已完成的道路养护系统基础上,对系统进行优化及功能扩展,开展运营综合管控平台项目建设工作,通过对运营板块信息化需求和建设内容的分析以及对深高速整体运营养护业务模式的理解,完成了面向集团管控、各路段公司精细化管理、外部作业单位具体业务执行的多层级组织管理的总体功能规划,充分实现数据自下往上的逐级汇总、管理自上往下的逐级管控功能,满足深高速高速公路运营板块集中管控的管理需求。

在集团层面主要实现管理驾驶舱、报表报告、统计分析等功能模块,为集团领导提供各路段公司、各业务板块的数据统揽;在各路段公司层面,主要实现首页地图、基础数据、巡查管理、日常养护、专项工程、检测监测、规划计划、合同管理、应急处置、资料管理、统计查询、机电管理、路政管理、营运管理等功能,为业务管理赋能;外部单位主要包括养护单位、机电维护单位、检测单位等,平台提供巡查作业、养护施工、机电维护、检测作业等功能,提升外部作业效率。

(二)组建项目管理团队

为保证项目能够按照计划稳步推进,及时协调解决项目推进过程中的问题,明确相关人员责任,提高工作效率,确保项目质量和有效降低风险,设立深高速运营综合管控平台建设项目管理委员会和项目管理工作组两级组织。项目管理委员会由深高速分管运营及分管信息化的领导担任主任,成员分别由运营管理部、信息科技部、运营公司、相关平台公司的领导组成,负责下达项目总体目标和控制项目总体进度、总体范围、总体质量、总体风险等重大决策,监控项目关键节点以及项目研发与实施过程中重大问题的总体协调及相关资源调配;项目管理工作组由运营管理部、信息科技部、运营公司、相关平台公司、实施单位组成。负责落实项目建设的各项具体工作,包括项目前期需求调研梳理、系统规划设计、实施部署及上线验收过程管理,项目管理工作组设甲方和乙方项目经理,同时分设甲方业务小组、甲方技术小组、乙方实施组。

(三)制定合理的项目实施方案

深高速运营综合管控平台是一个系统复杂的工程,涉及高速公路道路、机电、路政、营运全专业板块,业务范围广,沟通协调难度大。如果在项目前期没有制定科学合理的实施方案,则增加项目失败的风险,因此,项目管理工作组结合运营综合管控平台项目特点,制定合理的项目实施步骤和范围。本项目按照整体规划、分步实施以及急需业务需求先行的原则开展项目建设,项目实施范围为清连公司、运营公司和益常公司,分两阶段完成:第一阶段以清连公司为试点,完成基础平台和总体功能的建设工作,满足清连公司业务管理需求,然后再应用至运营公司,实现运营公司旧系统上开展的业务平滑迁移至新平台;第二阶段为,待系统应用成熟后再推广至益常公司,实现深高速高速公路运营板块的集中综合管控,同时考虑到道路养护板块的业务管理需求相对迫切,因此率先完成运营综合管控平台道路养护部分功能模块的建设。根据上述实施总体原则的指引,项目管理团队制订详细的项目实施计划,同时结合业务需求先行的原则,平台优先完成了道路养护部分的建设,实现了道路养护从巡查业务到病害发现再到维修验收的闭环管理,并于 2020 年初在深高速运营公司和清连公司两个路段公司上线使用。截至 2020 年 9 月,平台累计开展道路巡查业务 798 次,发现病害 3963 例,根据病害生成的指示单和验收单总计 1569 份,初步形成了深高速高速公路运营道路养护部分的统一管理和集中管控。

(四)统一数据标准和管理标准

深高速在制定信息化管控体系时,明确了深高速信息化工作按统一规划、统一标准、统一设计、统一管理“四统一”原则实行。精细化的集中管控强调的是规范化管理,要做到这一点,离不开标准化建设,只有各路段公司的各项规章制度和管理标准统一了,深高速才能通过运营综合管控平台实现高速公路运营板块的集中管控。

深高速在运营综合管控平台项目实施过程中,收集各路段公司运营管理相关的各项规章制度和管理标准,通过对各路段公司的管理文件及标准进行分析处理,梳理形成集团层统一数据标准和管理标准,并下发各路段公司要求后续管理工作参照统一标准执行,同时根据梳理的统一标准开展系统的实施工作,为实现深高速高速公路运营板块的集中管理打下坚实的基础。

(五)实现资产数字化运营管理

在开展运营综合管控平台建设过程中,深高速充分利用信息化新技术,引入资产数字化运营的创新管理理念,通过三维激光扫描、BIM、物联网等技术应用,实现公司高速公路资产数字化、可视化、智能化的道路养护、设备运维及资产管理,从原来单一的物理资产管理向物理资产与数字资产一一映射管理改变,实现深高速高速公路运营与信息技术的融合建设以及公路资产的数字化运营管理,提升整体效益,

主要完成以下工作:

1. 纸质图纸档案电子化

现有存量图纸档案多为纸质文件,查询使用不便,且由于年限久远保存状况不好,为了更好地让历史数据发挥作用,首先将存量的历史纸质图纸档案电子化,并按路线、内容等分别存储,为后续的利用提供基础。

2. 360 度全景采集

由于管养资产分布范围广,为了直观看到路线现场的情况,在日常巡查、病害维修、应急事件中更快地了解现场,需要使用360度全景数据。虽然目前部分路段有基于互联网免费地图的360度全景服务,但其数据时效性差,基本都是几年前的全景数据,利用价值低。因此,根据深高速业务管理需求对全部路线重新进行360度全景采集,并按半年至一年的频率,后期进行定期的数据更新,以确保全景数据真实有效,为养护时期快速了解现场周边情况提供有效的数据支持。

3. 道路激光点云采集与建模

三维激光扫描技术又被称为实景复制技术,它通过激光扫描测量方法快速获取被测对象表面的三维点云数据(包括三维坐标数据、点云强度信息等),具有高效率、高精度的独特优势。通过车载设备对全部路线采集可视范围内的桥梁、隧道、边坡及收费站点云数据,快速获取高质量的三维点云、准确的里程位置等信息,以此为基础,可将全部路线三维数字化,为精确、科学和单元化的资产运营管控提供底层数据支持。

4. 桥隧构造物图纸翻模

由于车载激光点云采集只能对可视范围内的道路设施资产进行扫描与建模,对于桥隧构造物,以竣工图纸为参照,通过BIM技术应用开展三维可视化模型的重新构建,将桥隧构造物按照构件级别进行翻模作业,结合已有的道路模型,形成全部路线、全部设施的三维模型底层数据支持。

5. 设施构件化与属性数据整理

通过以上方式处理以及技术应用,将现有的设施资产数字化,按照深高速养护管理的要求拆分到最小的单元以及进行设施构件化的处理,根据不同设施的特点,将设施拆分到构件后,将已电子化的图纸同构件部分进行关联,并同时对构件的属性进行维护。设施的构件在整个平台中作为调用单元,为各个业务模块提供基础支持。

通过完成上述工作,实现病害管理信息在首页地图上的精准定位与展示,调阅病害位置周边的全景信息,快速了解周边道路环境情况,为养护策略的制定提供支持;同时将病害数据与数字模型的构件关联,实现基于构件级的养护管理。考虑到项目成本的问题,在项目的前期采用局部重点大桥试点应用的方式进行建设,现清连高速公路的杜步二桥已初步实现了资产数字化管理。

(六)完成预防性养护管理的建设目标

运营综合管控平台的搭建,将成为深高速运营养护管理体系和知识库的有效积累平台,随着高速公路运营管理业务在平台上的持续开展,业务数据和信息将不断积累和沉淀,通过信息技术应用,建立预防性养护模型,实现高速公路预防性养护,延长高速公路使用寿命,降低养护成本,有效提升高速公路运营养护管理水平。

三、实施效果

(一)经济效益

1. 避免病害重复维修,节约成本

在高速公路运营养护过程中,病害是通过多条路径上报的,存在重复上报和维修的风险。通过信息系统管理,同时结合GPS定位、上传现场图片等技术手段,规范病害管理,避免重复维修,节约成本。根据深高速线下道路养护数据初步估算，道路上发生每条病害的维修成本为2.12万元，据系统统计查询模块统计数据，从2020年1月1日至2020年9月18日，道路养护部分提交的病害数据为3963条，则需要的维修成本为8401.56万元，假定线下填报病害重复率为3%，通过业务线上处理，避免重复填报现场，根据现有数据估算每年大约可以节约成本252万元。

2. 科学预防性养护，节约养护成本

经过数据的逐渐积累，通过大数据、物联网等信息技术应用，建立养护决策模型，精准地了解高速公路运营状态，做到科学预防性养护，降低养护成本，提高公司经济效益。根据有关研究，科学预防性养护较传统固定时期进行养护可以节约大约10%的养护资金，根据公司以往统计数据，每年的道路养护成本大约为1.1亿元，通过科学预防性养护，每年可以节约的养护资金约为1100万元。

3. 信息技术应用，节约建设成本

通过三维激光扫描技术和BIM技术相结合应用的方式，可以实现线性路面和局部重点区域快速建模，避免三维激光扫描技术建模精细度不足和全线BIM技术建模工作量大的缺陷，降低成本，提升效率。根据有关研究及以往经验，采用三维激光扫描技术建模的效率是传统建模方法的6倍。据评估，公司全部高速公路采用传统方法进行数字化建模的工作量为1460人天，如果采用三维激光扫描技术进行建模，则工作量为243人天，假定平均人天单价为0.3万元，则可节约72.9万元的建设成本。

4. 降低管理成本，提升效益

通过运营综合管控平台，业务流程与数据信息可依托平台进行快速流转，有效地减少冗余工作量，优化工作流程，业务管理与沟通成本降低，提升了公司经济效益。

（二）管理效益

1. 信息共享与业务协同，提高管理效率

通过运营综合管控平台的建设，将高速公路运营管理过程中的工作任务依据标准作业流程进行科学分配，提升运营管理工作规范化程度，可以最大限度地实现数据统计分析的自动化、透明性和共享，降低运营养护管理人员的劳动强度；将跨部门、跨流程的工作任务依据科学管理体系进行归纳和重组，降低跨部门之间的工作协调时间，提升效率。

2. 数字化和智能化运营管理，提升管理水平

通过三维激光扫描、BIM、物联网等技术应用，将三维可视化数字高速公路与实体高速公路进行一一映射管理，相辅相成，为运营管理者提供更加全面的养护手段；同时，将运营养护管理日常的工作业务流程和业务数据科学、规范地固化到系统中，通过大数据技术的应用，对积累历史数据进行有效分析，为科学制订养护计划提供决策支持，实现科学化、精细化、智能化的运营养护管理，从而有效地提升运营管理水平。

（三）社会效益

1. 保障高效运行，提升通行效率

通过建设运营综合管控平台，可以有效地提升高速公路运营管理水平，确保高速公路安全高效地通行，降低道路故障发生的风险，为社会公众提供高效、安全的出行环境。

2. 提升劳动效率，带动服务提质升级

在创新管理模式引领下，大大提升了业务运作效率以及公司人员的劳动效率，带动服务提质升级，为社会公众提供更全面、更广泛的出行体验。

现代物流园区全产业链创新管理模式

深圳市深国际华南物流有限公司

成果主要创造人:陶金瑞 黄 强

成果参与创造人:何 能 胡 璠 周大为 蔡 欣 王 权

深圳市深国际华南物流有限公司(简称"华南物流")成立于2000年12月6日,注册资本3.5亿元,主要负责华南物流园的投资、建设和运营。华南物流由深圳国际控股有限公司(简称"深国际")全资控股。深国际是百慕大注册并在香港联交所主板上市[00152. HK]的红筹公司,是深圳唯一一家以物流为主业的国有控股企业。

华南物流园位于深圳市龙华区民治街道,处于深圳北站商贸核心圈层辐射范围内,占地面积57.8万平方米,距离皇岗口岸9公里、盐田口岸25公里、蛇口港20公里、宝安国际机场30公里,区域位置优越,是贯穿深圳东西两翼的国家级重要公路运输货运枢纽。总投资超20亿元,主营业务包括保税物流、智能仓储、普通仓储、跨境电商、进口葡萄酒供应链、第三方物流、一站式通关服务等。华南物流园区于2003年正式投入运营,至2020年9月,累计进出口货值突破3000亿美元。2014—2016年连续三年名列全国国有企业出口企业百强榜前十,2018年、2019年连续两年荣登中国出口企业200强榜单。拥有国家高新技术企业、国家示范物流园区、全国优秀物流园区、国家AAAA级物流企业、广东省供应链管理示范企业、深圳市重点物流企业、海关高级认证企业、龙华区百强企业等多项荣誉资质,且连续22年被列为深圳市重大项目。

一、实施背景

2020年是深国际"十三五"战略规划的收官之年,也是高质量谋划"十四五"战略规划和综合改革试验三年行动的起点之年。回顾过去五年,深国际以"城市综合物流港"为核心,以"产融网"结合为手段,整合内外部资源,以物流、收费公路为主业支撑,不断积累长效优质资产,构建体系完善、特色鲜明、能力突出、效益优良、风险可控的专业化产业集团,打造深圳市国有物流产业综合平台,在规划期内把握住发展的历史机遇,实现了跨越式发展。

华南物流管理创新实施计划从珠三角、深圳城市环境分析,以及深国际发展战略、华南物流经营基础发展角度等三个层面,以深国际集团战略及华南物流转型升级为核心发展思路,分析了华南物流传统物流业务转型升级、商业板块发展和新项目建设、轻资产管理服务体系建设的环境基础,提出华南物流的管理创新实施计划。

(一)管理创新总目标

紧密围绕深国际集团战略目标,立足现有物流业务基础,以物流园区一期创新发展、二期开发建设为突破口,通过大力拓展创新业务,加强信息技术支撑,构造智能化物流业务运营体系,打造智慧智能物流园区,实现传统物流业务的全面转型升级,使华南物流成为全国物流园样板示范项目,成为深国际未来发展各类服务体系的先行探索平台。具体实施路径围绕"三足鼎立、四大策略"展开。

三足鼎立:即保证传统物流业务稳定升级;大力发展新的业务板块,致力于战略性增长;通过轻资产运营板块实现全面突破,实现园区三大战略业务单元三足鼎立的发展局面。

四大策略：以物流园区新项目开发建设实现战略性成长，以传统业务升级为突破路径，以信息化建设牵动轻资产运营管理扩张，以智慧园区建设推动园区管理水平提升支持园区发展战略目标实现。

(二)发展模式定位

传统物流业务重点模式是由重资产为主向轻重并举转型，由传统物流基础设施提供者向高端设施与服务提供者升级，最终实现向平台运营商和集成服务商转型。新建项目则坚持由重资产单纯出租模式，向出租与运营并举的方式发展，向商贸与物流融合的方式发展，向商业驱动并带动物流转型的方式发展。

(三)发展业务定位

以物流、商贸、轻资产运营管理输出为主业，支撑规划期内做强做大企业业务，实现物流园区转型升级。

1. 做强传统物流业务

鉴于华南物流传统物流业务发展遭遇较大瓶颈，因此加强传统业务升级，在规划期内形成新的核心竞争力。业务体系将包括两个方面：首先是传统两仓业务升级成为国际供应链综合物流业务。就是从传统的集装箱集散、报关、业务操作，拓展到联合采购、信用证、物流金融、报关报检、智能化仓储操作、展示交易等国际供应链综合服务，推动园区具有口岸功能，成为龙华区唯一的陆路口岸。其次是传统普通仓库业务升级成为智能仓、展示交易中心。就是从普通的出租仓库升级成为智能化电商、大型城市商业配送仓储中心，同时加快加大普通仓储改建成为展示交易区的步伐，满足深圳市及龙华区城市区域消费升级要求。

2. 新建项目商贸板块

引领园区转型升级，实现战略性成长：华南物流商业项目 8 号仓奥特莱斯、龙华名车广场、红酒展示交易基地、跨境电商交易展示中心等板块已经成为华南物流的重要业务组成部分，保证其持续稳定的经营同时积极开拓新商业模式，尤其是要加强二期开发新商业模式的研究，在"十四五"规划中实现二期项目建设完成并产生效益；同时加强一期转型，促进部分项目落地建设；通过整体项目建设带动传统仓储业务升级转型，不但可以推动华南物流转型升级，也可为深国际集团物流港战略商业新模式探索提供经验和借鉴。

3. 强化轻资产管理

运营管理体系构建，形成业务的第三支点：围绕现代物流业，积极发展轻资产管理运营体系，打造基于轻资产的国际物流供应链服务体系，如红酒、平行进口汽车等国际供应链服务体系建设等。通过这些能力的提升，强化华南物流的两仓功能，实现两仓业务质的提升，推动华南物流园向口岸功能转型。

4. 新商业模式管理体系

围绕新商业业务板块，积极发展新商业模式管理体系和运营能力，为物流园区战略升级转型提供基础保障和新增驱动力，为园区实现三年 2.8 亿、五年 3.6 亿的战略目标保驾护航。

5. 智慧园区平台管理

围绕物流园区管理，积极开展智慧园区平台管理，积极探讨并推动未来智慧物业管理的体系输出，尤其是在深国际集团内部城市综合物流港网络节点的管理输出。

(四)战略实施

一是，以存量业务资源为依托，加快战略转型升级。华南物流园区周边环境近年来发生了极大的变化，区位条件极佳，传统物流业面临较大的经营压力和环境压力，急迫面临转型的问题。因此，坚持以存量业务为依托，围绕传统物流业业务转型升级，新项目建设拓展两大主线，形成核心业务发展战略是华南物流坚持的基本战略原则。

二是,高度重视网络信息服务平台建设。现代物流项目管理离不开信息技术手段,尤其是国际供应链管理、智能仓储等项目依赖于信息技术的全面应用。在现有信息系统的建设应用成果基础上,建立有效的综合性网络信息服务平台,并以此为突破口建立完善、有效的运营管理体系,是发展现代物流、完善业务体系和园区服务体系的基本手段。

三是,坚持高起点,致力于战略性成长。根据华南物流实际情况,在传统物流面临瓶颈的情况下,坚持进入物流及商贸高端市场,坚持高起点,稳步发展,致力于战略性成长的发展原则。

四是,紧密围绕并服务于深国际物流发展战略。深国际物流发展战略的要点是围绕城市综合物流港做大做强,产融网融合,用互联网思维实现物流园商业模式创新,提升积累长效优质资产。华南物流园是深国际集团规模最大、业态最全、运营最为规范、最有价值的大型物流园,是深国际城市综合物流港的带头兵,承担着深国际城市综合物流港的战略创新使命。坚持紧密围绕深国际集团发展战略,服务于深国际发展战略,是华南物流发展坚持的一项基本原则。

二、成果内涵和主要做法

(一)多种物流业务,实现全产业链运作

1. 打造仓、装、运、配、贷全链条式产业运作

华南物流园区一期占地面积51.6万平方米,建筑面积33万平方米,已全部开发完成。园区18.6万平方米物流仓储面积,均为高标仓,分为单层仓库、双层盘道仓库、三层电梯仓库以及智能仓。其中:保税业务包括出口海运散货拼箱、进口拆箱分拨(LCL)、Buyer Consolidation、全球DC仓、VMI+JIT保税工厂项目 、多国集拼业务(MCC)、跨境电商、国际供应链业务等,可提供库内全套增值服务、运输服务、单证服务、报关报检服务、装卸服务等。普通仓入驻德邦、顺电、京东、EMS、圆通等多家知名大型物流企业,提供物流基础设施保障和城市配送需求。

同时,基于丰富资源和完善配套,拓展了国际红酒供应链、平行进口汽车物流、国际国内配送、分拨装卸、供应链金融等物流延展性业务,形成了仓、装、运、配、贷全链条式产业运作。独立的保税运营中心提供运作、报关申报、信息对接等一站式服务,通关无纸化申报信息平台实现通关申请前端一次性录入,全程电子化流转;两仓WMS综合管理信息平台保障了库内“多业务”精细化操作与全方位管理;普通仓提供独立仓库、委托存仓及配套服务。

2. 专业、高效的装卸团队,为顾客提供便利

华南物流聘请专业、高效且经验丰富的装卸团队,配有先进的作业设备,作业人员全部接受过专业培训,装卸货物快捷、安全,并提供24小时作业,能为广大客户承担专业的货物装卸、打包、打托、缠膜等服务。

3. 提供各类增值服务,打造供应链一条龙服务

提供供应链代采购、供应链金融(代开信用证)、保税仓储、报关报检、代缴税费、中文标签备案、卫生证书、增值服务等一条龙服务。已经有澳大利亚的奔富酒庄和智利、法国的酒庄进驻,客户可以直接在红酒展厅品鉴红酒,到保税仓库提货,确保进口红酒的正品品质。利用华南物流园的商业设施和保税仓储功能,内外贸融合,打通保税物流与商贸板块之间的流通渠道。

4. 海关驻园办公,客户享受通关便利

观澜海关驻园办公,WMS系统与海关联网,享受通关便利措施;公司设有无纸化通关信息平台及与海关联网的报关数据录入系统,现已实现报关全程无纸化作业,且90%的无纸化报关作业在半小时内即可完成,旨在为客户提供全方位智能化、自动信息化的便捷通关服务;专业高效的报关团队累计申报进出口货物逾150万票,差错率长期控制在0.2%以下。

(二)多种业态模式,实现跨界融合

1. 顺应转型升级总体规划方向,引进商贸及现代物流新兴产业业态,实现跨界融合

自2014年以来,园区先后建成8号仓交易展示中心、名车广场、跨境电商展示交易中心、汽车公园、智能电商云仓、深圳红酒基地等项目,开创了商品贸易、平行车进口展销、供应链金融、进口红酒供应链采购、外贸综合服务、汽车物流、跨境电商展示交易、智能化仓配一体化等多项新兴产业业态。拥有商业项目面积12.5万平方米,已形成商贸产业带,在龙华区具有一定的示范效应;平行车进口展示交易区7300平方米,内设前海湾平行进口汽车龙华体验中心;园区跨境电商展示交易中心是深圳市保税展示暨跨境交易中心北部区重点项目;深圳红酒基地提供从红酒品鉴到销售的一条龙服务,已有澳大利亚、智利、法国等多国的多家品牌酒庄进驻;国际国内配送中心,实现"深港两地+前店后仓"、仓配一体、项目物流、零担集运、快递分拨等多形态物流业务模式。

华南物流已成功在原有传统保税监管物流基础设施平台上,构筑了一个集商贸、物流、展示交易、城市配送、供应链金融服务于一体的综合性产业园,具有"跨界融合、业态多元、产业闭环、轻重结合"的特点,是一种有别于传统物流园"专线+仓储"单一运营模式的极具创新性的现代物流商业模式。2017年底,公司就商贸及现代物流产业新融合申报深圳市国资委自主创新(商业模式创新)奖励,荣获三等奖。

2. 开展创新型物流供应链业务,实现公司与客户在现有业务基础上合作深度和广度的进一步延伸和扩展

物流供应链主要为客户提供仓储、库内增值、关务,以及配套的货物运输、货款结算等一站式服务,有利于充分挖掘现有客户业务资源,实现服务链条及营业规模持续扩大。主要业务形态包括:①代理采购业务。代理采购业务是客户与华南物流在开展仓储、关务等合作的基础上,进行物流供应链合作而形成的一种延伸合作业务。华南物流为客户提供仓储、库内增值、关务等在物流链条中的各项服务,并受客户委托,为其安排货物运输,并向其指定供应商支付采购货款。在客户支付物流链条中的所有款项及采购货款后,与客户进行货物的最终交割。为控制业务风险,在业务操作前,须向客户收取一定比例的保证金,对所操作货物的市场流通能力进行深入调研,并对货物价值进行有效评估,保证货物的处置能力。在物流操作过程中,保证货物、物流始终处在有效监管下。通过货物、物流、资金的实际控制,有效降低了整体物流供应链的业务风险。华南物流依托现有的园区资源优势,结合行业经验,在风险可控的基础上,将持续拓展代理采购业务,同时,在以葡萄酒代理采购为案例的基础上,尝试接触其他产品的代理采购业务,逐步形成规模效应。在代理采购业务合作模式下,因华南物流为客户提供物流供应链整体服务,视客户所经营产品的种类而定,单笔订单项下为华南物流产生的营业收入及利润十分可观。并且在此全方位业务合作模式下,华南物流业务可突破现有固定资产资源限制,以软实力参与市场竞争,实现传统业务形态的有效转型。②合作出口业务。合作出口业务是客户与华南物流在已有出口监管仓业务合作的基础上,进行出口物流供应链合作而形成的一种延伸合作业务。华南物流为客户提供监管仓仓储、库内增值、关务等在物流链条中的各项服务,并受客户委托,向其海外指定货物买家进行货物出口,同时提供货物运输、退税等物流供应链服务。华南物流在向海外买家收取出口货款后,向国内客户支付货款及退税款。华南物流对合作出口业务客户及产品进行严格的评估,严格把控业务风险。③第三方运输业务。第三方运输业务是客户与华南物流在已有仓储业务合作的基础上,进行运输业务合作而形成的一种延伸合作业务。华南物流受客户委托,利用平台及资源优势,为客户整合运输资源,并在完成运输服务后,向客户进行服务款项的收取。此业务可独立运作,也可作为其他创新业务服务链条中的节点,与客户展开链条整合业务合作。

通过拓展该业务,一是增加客户对华南物流的合作黏性。开展创新型物流供应链业务后,华南物流除了为客户提供现有仓储、关务等基础设施性服务外,合作关系将得到进一步加深,主要体现在客户在物流链条中的货物运输、货款结算等需求均由华南物流提供相应服务,在整体物流供应链上实现与客户

的全方位合作。二是华南物流营业收入的快速增长,同时实现较好收益。开展创新型物流供应链业务后,与客户合作关系较现有业务有明显变化。客户通过华南物流全方位提供的仓储、关务、库内增值、货物运输、货款结算等服务,业务项下的营收收入均为华南物流所有,华南物流营业收入实现快速增长。同时,华南物流为客户提供相关物流供应链资源整合后,客户需向华南物流支付一定比例的服务费用,华南物流获得较好收益。2019 年,红酒供应链业务营业收入近 8000 万元,较 2017 年刚启动时营收增长近 60%。截至 2020 年 9 月,经由园区进口转销的进口葡萄酒量约占深圳市葡萄酒进口总量的 5%。

3. 老牌堆场业务全面终止,新能源业务助力绿色发展

华南物流集装箱堆场业务于 2003 年开始正式运营,占地面积 2.5 万平方米,主要为船公司及拖车公司提供集装箱堆存、修理冷藏箱预冷等业务。收入结构主要分为吊装、堆存及箱修等。曾与东方海外、现代商船、赫伯罗特等近 24 家船公司合作。集装箱堆场业务高峰期曾达到每天作业量 900 吊次,年利润达 1000 万元。随着海关政策的变化,以及全球经济形势的影响,该项业务自 2010 年起业务量逐年萎缩。至 2018 年,空箱实际作业量都与预算量有较大的差距,且整体作业量远低于 2017 年同月份的作业量;2019 年一季度,空箱实际作业量都与预算量有较大的差距,且都低于 2018 年同月份的作业量。经济危机以后全球航运出现大面积萧条,船公司作业比重减少,导致存放外堆场的空箱大幅度下降,2008 年共有 24 家船公司在华南物流开展业务,2019 年仅存 4 家。

为提高公司经济效益以及增加新的业务收入形态,引进新型高收入低成本支出项目,弥补该业务在业务收入中的不足,公司实现了空箱堆场业务转型,同时契合绿色环保理念,引进了充电桩项目。至 2020 年 9 月,一期已建成 92 个充电桩,包括 70 个单枪和 22 个充电设备,可支持 2 小时快充等不同业务需求,为园区物流合作客户广泛使用新能源车辆提供强有力支撑,后续该项目将视情况拓展二期开发,预计可实现 700 个充电桩投入使用,满足周边新能源车充电使用,为深圳推广绿色货运和新能源车提供助力。新项目的引进,为构筑多元化物流业务版图,打造综合性生态型的高端现代服务业聚集区,实现传统物流基础功能及现代物流高附加值产业业态一体化添砖加瓦。

(三)科技赋能,实现高效率运作

1. 保税运营中心提供一站式通关服务

2018 年,华南物流建设保税运营中心和单证服务大厅,将园区分散的办单点整理集中,设置统一办单窗口,制定标准化作业流程,实现运作、报关、信息、单证服务于一体,为客户提供一站式服务,操作效率提升了一倍。同时,形成模块化、标准化、规范化的管理模式后,风险防控进一步得到强化。通关与库内两套系统,保障高效通关和精细化库内管理。通关申报无纸化信息平台实现了前端客户通关申请一次性数据录入,全过程电子化流转。至此,保税物流业务正式进入海关"嵌入式"全时监管新模式,为下一步实现库内"多业务"精细化操作与全方位管理做好准备;两仓监管区域视频监控系统已新建 333 路数字高清视频监控,有效防控管理风险。

2. 信息技术不断创新,提升企业核心业务竞争力

通过多项信息化建设,实现保税物流核心业务综合竞争力上台阶:一是海关业务信息系统转换升级,顺利实现海关"金二"账册上线转换,国际贸易"单一窗口"申报平台系统对接,保障两仓业务平稳有序。二是上线保税物流通关无纸化平台,将通关申报客户提交纸质资料电子化,在海关"先报关后入仓"新的模式下通关效率显著提升,降低了运营成本。截至 2020 年 9 月,平台实现注册企业 1891 家,经营单位备案 9557 家,完成报关订单 52587 份,成果显著。三是两仓 WMS 系统与海关联网对接,在行业内率先通过海关对保税仓和监管仓的两仓业务的系统联网全面验收,后期将不断提升仓库"多业务"精细化操作全方位管理水平,整合现有通关服务平台,实现保税物流业务信息化平台体系。四是打造两仓全数字高清视频监控平台,补足海关监管基础设施要求,打造便捷、高效、规范的一站式保税物流业务服务新格局。

3. 实施首个监管仓智能化升级改造,实现仓库快速扩容,有效降低运营成本

华南物流智能仓改造项目以华南物流监管仓为应用场景,开展保税智慧仓建设,实现仓库资源增容。改造后库容增加200%,进出效率提升50%以上。项目整体投资约2700万元,投资回收期约四年半。该项目落成后将全面提升仓库容积率和作业效率,降低客户成本,并释放更多仓库资源。本次自动化仓库改造的核心思路是采用多层穿梭车货架增加存储位,提升仓库利用率、存储量。通过自动化上架、拣货,提升作业效率、准确率,减少仓库作业人员,降低成本。初步建议采用子母穿梭车方案或者四向穿梭车方案,4~6层重力式货架技术方案,各仓库分区互不连通的布局方案予以改造。改造完成后,可以实现最大布局库位数超过10000~13000个,实现库容增加200%~300%,进出效率超过200板/小时的目标,意味着现有仓库能力将提升2~3倍,可以大幅度满足客户需要。

(四)内部机制不断优化,管理水平不断提升

1. 组织机构逐步优化,完善管理体系

一是进行组织机构调整,完善管理体系。二是加快合作伙伴引进,实现关键业务资源、人才团队引进。三是组建专业团队,实现专业业务快速发展。

2. 人力资源管理体系不管优化

一是采取优胜劣汰的原则,保证员工队伍的高效简洁。二是根据业务要求,缩减职能管理部门的人员编制,将人员充实到业务第一线,加强业务部门的力量,保证公司业务战略目标的实现。三是完善绩效考核,优化激励机制。四是选择合作伙伴,实现人才资源共享。五是完善培训体系,提升人才储备。针对华南物流现状,通过完善培训机制,构建个性化的培训体系,为不同专业领域的员工制定不同的培训重点,为员工提供思想意识、工作技能、管理知识等全方位的培训,不断提高员工综合素质和能力,为公司业务的转型升级提供人才保证。

3. 企业管理不断加强

一是根据公司不同业务战略定位,分类设定管理目标与管理方法。二是完善安全生产体系,加强风险防范意识,提高团队识别能力。三是加强采购管理,严控非生产性开支,奖励有效节约,实现降本增效。

4. 企业文化及品牌管理成绩显著

一是通过标准化、规范化和信息化等手段,加强公司的品牌宣传和维护工作,形成具有鲜明特色和较强影响力的深国际华南物流品牌。二是积极推动公司在工作中关注并主动承担社会责任,积极寻找并树立符合深国际文化特色的标杆单位和个人榜样,提炼总结文化要素及精神。三是持续深入开展各项文化活动,加强企业文化宣传及推广工作,在此基础上深化落实《深国际企业文化手册》,夯实深国际企业文化。

5. 运营流程不断优化

根据公司业务发展需要,合理地制定运营规程和基本制度以及各类管理事务作业流程、操作规范,以形成统一、规范和相对稳定的管理体系,保证企业基础管理水平的稳定提高。公司持续深入贯彻集团公司《风险管理规定》,以消除不确定性对公司潜在的威胁。

6. 安全生产管理毫不松懈

一方面完善公司有关安全生产方面的制度建设,建立健全公司安全生产信息报告制度,积极预防和减少公司安全生产事故的发生;另一方面强化公司安全生产日常监督和管理机制建设,持续不断地推进各部门进行危险源辨识和风险评价,不断完善隐患排查整治的全流程管理,不断提升安全管理体系的效率。2018年,通过一级安全标准建设,为进一步做好安全管理工作提供了制度保障。

三、实施效果

随着园区产业业态的多元化发展,品牌影响力和社会效益也得到了有效提升,实现了从传统保税监管物流园向商贸物流跨界融合的综合型产业园转变,确保了华南物流的持续健康发展。

一是,开创传统物流园转型升级新型业态模式,土地使用价值较同行企业有所提升。华南物流基于传统物流业务基础配套设施,开创了新的业态运营模式,改变了原本单一靠仓储租赁的收入模式,大大提升了土地的使用价值。

二是,商业项目投入运营,大大提升了周边的商业氛围和人流聚集,促进周边交通、城市配套的加速改造和升级。随着园区商业项目的投入运营,带来了相应的人流聚集,促进了周边商业氛围的加速形成,具备了一定的影响力和示范效应。同时,通过公司的积极沟通,龙华区各相关部门给予了大力支持,促使周边城市配套、公共交通有了较大的改善。

三是,打造商业产业带,带动片区居民消费,为促进片区经济发展贡献力量。至 2020 年,已在园区外围形成了涵盖品牌商品销售、品牌汽车展示交易、进口红酒品鉴销售、跨境电商展示交易等商贸产业带,满足了周边居民的消费需求,形成了良好的商业运营氛围,为促进片区经济发展作出贡献,也成为片区招商引资的一张名片。

四是,行业品牌效应大大提升,知名企业纷纷入驻。在智慧化管理理念的引领下,公司加大了信息技术和智能化设备的投入,大大提升了业务运作效率,吸引德邦、顺电、京东、EMS、圆通等多家知名大型物流企业入驻园区,提供物流基础设施保障和城市配送需求。现有物流、货代公司近百家,形成了强大的规模效应,也大大提升了公司在行业的品牌影响力和示范性,得到了国家、省、市各级政府单位的关注和认可。被授予“全国优秀物流园区”“广东省供应链管理试点企业”“十佳物流园区”“深圳市重点物流企业”等荣誉称号,每年接待各级考察团 100 多家。

五是,多业态并举,多项目入驻,为解决就业提供平台。近五年,公司多个产业业态的引进和项目落地,提供了上千个工作岗位,为带动就业作出了积极的贡献。未来随着德邦物流深圳中心仓和二期项目的投入运营,将新增加就业岗位近 1500 个。

六是,主动承担社会责任,履行国企职责。作为国有企业,主动承担社会责任,积极履行自身义务,为人民群众提供近 3000 个就业岗位;2020 年疫情期间,园区共有 200 余名员工坚持在岗服务,累计为城市提供蔬菜水果等生活物资配送服务 186 万吨;为城市提供医疗物资配送服务 163 万吨。同时,公司积极履行国企职责,响应国资委免租降费号召,为园区 84 家企业减免了 3 个月租金,减免金额共计约 5000 万元。

四、历年荣誉与资质

国家高新技术企业:2017 年 10 月 31 日由深圳市科技创新委员会、深圳市财政委员会、深圳市国家税务局、深圳市地方税务局联合批准。

国家示范物流园区:2018 年 7 月由国家发展改革委颁发。

全国优秀物流园区:2016—2019 年连续四年被中国物流与采购联合会授予“优秀物流园区”称号。

甩挂运输试点企业:由交通运输部、国家发展改革委颁发。

AAAA 级物流企业:中国物流与采购联合会 2018 年颁发。

广东省供应链管理试点企业:由广东省经济和信息化委员会于 2017 年颁发。

十佳物流园区:与盐田港物流园、机场物流园一起,荣获深圳物流业“2016 年十佳物流园区奖”称号,排名第三。

深圳市五一劳动奖状:2017 年 4 月由深圳总工会颁发。

深圳市重点物流企业:由深圳市交通委员会颁发。

先进企业:由深圳市委和市政府颁发。

海关高级认证企业:由深圳海关颁发。

龙华区纳税百强企业:由龙华区政府颁发。

龙华区服务业百强企业:由龙华区政府颁发。

龙华区外贸百强企业:由龙华区政府颁发。

五、结语

多年来,华南物流立足经营实际,稳经营、拓项目、提管理、促发展,加大业务拓展与资源挖潜力度,实现了营收、利润双突破。在管理上,不断提升信息化、智能化管理水平,不断创新业务模式,引进高附加产值项目,打造全产业链创新管理模式。

以提升工程品质为核心的大型机械设备企业创新施工工艺管理实践

陕西中大力鼎科技有限公司

成果主要创造人:姚怀新　綦开隆

成果参与创造人:李　伟　郑铁民　张德先　刘文辉　尤　畅　张　彪
李伟博　阴行超

陕西中大力鼎科技有限公司(简称“中大科技”)是陕西中大机械集团有限责任公司下属全资子公司,成立于2002年,是专门从事路面抗离析摊铺与路基防沉降压实设备技术研发、高端制造和现代服务相结合的高新技术企业。

中大科技以设备创新解决筑路施工难题为己任,施行“双推”创新驱动战略,向内推动筑路设备科技创新,向外推动施工工法变革,走出了科技创新企业发展的新模式,并取得了丰硕成果。拥有具有自主知识产权的发明专利19项、实用新型专利186项,创新研制的具有国际领先水平的中大特种高端成套设备,形成了6个系列的特种高端产品:Power DT系列二次搅拌抗离析摊铺机,Power YZZT39智能调向振动压路机,Power YL27/37变质量强力揉搓轮胎压路机,Power YZC13/17七振幅变质量双钢轮振动压路机,WBC1000智能型稳定土多级拌和设备,WZC1000侧向物料转运车,解决了“摊铺离析”和“路基压实”难题。

Power DT2000抗离析、超大型、多用途、“变形金刚”结构摊铺机,被认定为达到国际领先水平;同时被第十四届中国工业论坛组委会认定为“2017年度中国工业首台(套)重大技术装备示范项目”。

Power DT2360被国家重大技术装备办公室确定为国家重大技术装备。

Power YZZT39智能调向振动压路机,被认定为达到国际先进水平;同时被第十四届中国工业论坛组委会认定为“2017年度中国工业首台(套)重大技术装备示范项目”。

Power YL27/37变质量强力揉搓轮胎压路机,被认定为达到国内领先水平。

Power YZC13/17七振幅变质量双钢轮振动压路机,被认定为达到国内领先水平。

WZC1000侧向物料转运车为“双机组同步大厚度快速连铺连压一次整体成型工法”研制的创新产品。在济青高速公路改扩建工程中,其施工效率和施工质量对整体进度起到了重要作用,获得了指挥部和各个项目部的高度评价,并为未来大厚度连铺连压整体成型起到了很好的示范效应。目前,该车已在3个以上项目中相继推广,必将推动新的工法变革。

创新设备形成的12项颠覆传统施工工艺的创新工法之一“宽幅抗离析大厚度摊铺水泥稳定碎石技术施工工法”的课题攻关成果被住建部列为国家级工法;设备集成创新形成的12项中大科技创新工法,使抗离析、无纵缝整幅摊铺、超宽、动态大幅变宽、超厚、超薄、级配、水稳、沥青多用途摊铺变为现实,改写了传统设备单一功能、并机分层摊铺的历史。使高填方路基强力压实、“四改八”拓宽路基强力压实、大厚度水稳基层均匀平整压实等质量得到保障,避免了工后沉降。以又好、又快、又省的施工效果赢得了“利国、利民、利企”的广泛赞誉。

中大科技是交通运输部主持的“无机结合料稳定类基层压实标准与整体成型关键技术研究”项目的依托单位，其成果列入中华人民共和国行业推荐性标准《公路路面基层施工技术细则》(JTG/T F20—2015)。

参建重点工程项目：港珠澳大桥岛隧工程大幅动态变宽、无纵缝、超宽度整幅摊铺；济青高速公路改扩建工程双机组同步大厚度快速连铺连压一次整体成型水稳施工；济青高速公路改扩建工程“一字坡、无纵缝”沥青整幅摊铺；首都机场中跑道 SMA 高黏度沥青摊铺；内蒙古鄂尔多斯国际山地赛车场急弯陡坡赛道沥青摊铺；高原缺氧的西藏拉林高速公路 32 厘米水稳大厚度、沥青大宽度无缝整体成型摊铺；大风高温下的新疆吐小高速公路 36 厘米水稳超厚度、沥青大宽度无缝整体成型摊铺；福建泉州湾跨海大桥公路 19.5 米沥青无缝整幅摊铺；广西南北高速公路 19.5 米沥青无缝整幅摊铺等。

一、实施背景

近年来，国内外学者和业内工程技术人员分析路面早期损坏的现象，越来越清晰地认识到，摊铺离析和路基压实不足是造成路面早期损坏的两大关键因素。随着技术的进步，尽管传统摊铺和压实设备进行了多方面技术提升，然而工作原理并无本质改变。本研究成果就是以设备研究为切入点，以设备创新推动施工工法变革，进而促进工程品质提升。通过对抗离析摊铺设备及其工法研究，重点分析传统摊铺设备存在的不足，提出了满埋螺旋、二次强制挤推搅拌原理解决摊铺离析难题，解决了摊铺过程中存在的横向、竖向、纵向、片状、温度、密实均匀度和并机接缝等离析难题，延长路面使用寿命一倍以上，结束了依赖传统并机分层摊铺的历史，实现了大宽度、大厚度、无纵缝整体成型，提高平整度、行车安全性和舒适性。通过对大量工程实践进行分析总结，形成创新的摊铺施工工法，该成果对公路设计、施工、设备管理者具有一定的指导意义。

(一)政策需求

根据《国家公路网规划(2013 年—2030 年)》，到 2030 年还有 2.6 万公里国家高速公路待建，还有 10 万公里普通国省干线公路需要改造升级。高速公路网有约 4000 公里“断头路”，普通国道还有 2800 公里“瓶颈路”，路网中二级及以上公路占比只有 12%，二级路将升级为一级路。也就是说，《国家公路网规划》提出公路建设总规模约 40 万公里，既符合我国当前的公路交通发展实际，又为长远发展需要提出了科学性的全局规划。

“十三五”期间，国家提出建设长寿命耐久性路面，路面使用寿命将达到 50 年，路面结构设计、材料选型、超载限制、施工质量管理都在积极推进，同时对施工设备提出了巨大的要求，要发挥材料的极致性能必须要有先进设备和创新施工工艺的保证。以提升工程品质为核心的大型机械设备企业创新施工工艺管理实践正符合国家公路建设的发展需求。

(二)生态需求

半刚性基层沥青路面是我国高等级路面的主要结构形式，约占我国建成通车高速公路的 75%，其设计使用期一般为 15 年。在实际施工过程中，水稳基层一般分为两层进行并机摊铺、碾压。并机分层施工造成的问题主要有：整体性差、存在纵向接缝、工期长、基层易产生早期损伤、工程造价增加、上下基层裂缝相互反射等。与传统的并机分层铺筑相比，宽幅大厚度路面施工技术具有保持路面的整体性、避免并机接缝、简化路面施工工序、节省施工工期和建设费用等优点。目前，对于宽幅大厚度水稳基层的横向离析控制、压实度控制、平整度控制等方面缺乏系统的研究，这些都制约了该技术的推广应用。随着国民经济的发展，高速公路也随之改变，从原来的四车道变为六车道，甚至八车道，以及把原来的四车道改为八车道。这一改变将成为高速公路在未来二十几年或是更长时间公路建设的主要形式。超大宽度整体成型摊铺作业，具有整体性强、承载力高、刚性大、水稳定性好的优点，一次性摊铺碾压成形，将形成一个整体的板块结构。相对于半幅分层摊铺来说，其抗拉伸、抗冲击强度显著提高，并可以有效地避免或推迟早期路面的下沉、凹陷、龟裂脱落、坑洞等病害的产生，对于提高公路路面质量、延长公路寿命有重大的意义。

(三)市场需求

新中国成立特别是改革开放以来,国民经济蓬勃发展。“现代社会与交通密切相关,国家要强盛,交通须先行。”交通运输部规划研究院院长陈胜营认为,建设交通强国,就要加快推进质量变革、效率变革和动力变革,不断提高交通运输产品和服务供给质量,全面提升综合交通体系整体效率,加快建立科技创新引领新格局,形成完善的交通现代治理体系,在全球新一轮竞争中赢得主动。截至2020年底,全国公路通车总里程达519.81万公里,其中高速公路通车里程16.10万公里,稳居世界第一;从2020年各省份公开发布的公路建设规划中进行统计,在建高速公路4.94万公里,未来拟新建5.71万公里。

增量新建高速公路每万公里需要抗离析摊铺机1000台、压路机3000台;存量维护翻修道路,每万公里需要摊铺机1000台、压路机3000台保有量。2020年起的未来5~8年,仅国内高速公路新建、改扩宽及其在用存量维护翻修需要抗离析摊铺机16500台和压路机49500台。

根据行业专家预测,全球高速公路新建、改扩建及其维护翻修需要抗离析摊铺机和压路机的数量,预计分别为数万台和数十万台。

二、成果内涵和主要做法

高速公路施工,从路面结构设计、材料设计与选用、施工质量管理、施工工艺、车辆超载限制等方面采取大量措施,以提高公路使用寿命,但仍产生坑洞、车辙、剥离等早期损坏现象,特别是在重载交通的作用下,普遍达不到设计使用寿命:通车2~3年就出现坑洞、补丁,3~4年就需要大面积修补,4~5年就开始大修。这种大修既影响了交通又造成了巨大的经济损失,已经引起了政府和行业的高度重视,成为中国高速公路建设亟待解决的难题。这些早期病害产生的主要原因之一,就是路面摊铺中采用传统摊铺设备及工艺进行施工,因设备能力限制,存在横向、竖向、纵向、片状、温度、并机接缝以及摊铺密实度等离析问题。

抗离析摊铺机是由传统摊铺机创新而来的,有理论支撑、结构支撑、实践验证。传统摊铺机因能力限制需要并机分层摊铺,采用传统的摊铺工艺施工又存在横向、竖向、纵向、片状、温度、密实均匀度等离析问题。只有把离析解决了,才能进行大宽度、大厚度摊铺。

(一)施工流程控制

①拌和站向成品料仓供料:必须增加防离析橡胶挡板,减少因抛物线运动将大粒料甩到成品料仓的远端。但堆尖滚落问题只能改善,无法避免。

②成品料仓向料车供料:成品料仓距离料车卸料距离不能过大,一般控制在出料口距离料车车顶1米左右为好。

③料车运输:首先,保温料车是个趋势,增加保温隔层,顶部为自动篷布或自动封盖装置。严格控制出料到摊铺的时间间隔,具体时间按设计要求把控。出料与摊铺能力要匹配。

④料车卸料:首先,摊铺机料斗必须增大,料车要能快速卸料,提高作业效率,要能一次举升到位,减少卸料的物料滚动,要很容易将料车的料卸干净,要能缓冲料车冲击,且料斗前边不能撒料,料斗要储料量大,要能保证料车更替时不停机连续摊铺,最好料斗也有保温措施。

⑤刮板输料:刮板必须生产效率够高,且必须采用变量泵,采用比例控制,保证连续平稳供料。

⑥螺旋输料:螺旋系统动力要足够大,且必须采用变量泵,采用比例控制,保证平稳输料。螺旋前导料板下部的落料离析和螺旋端部卸料口处的落料离析需要改善,必须进行有效遮挡,将螺栓输出扭矩的增加作为重要攻关方向。螺旋料位要平稳连续,因越到端部用料量越小,所以也必须在螺旋轴上做攻关,箱体下部和支撑处的离析也作为攻关,料槽要适应摊铺材料、摊铺工况,螺旋轴离地高度和料槽大小也作为攻关,整体作为一个攻关方向。动力增加,传统螺旋链轮箱体无法满足输料需求,箱体又不能做得无限大,所以动力传输攻关难度最大。

⑦宽度变化:摊铺过程中宽度变化,桥梁隧道出入口、匝道口、中央隔离带开口、排水管道、紧急停车港湾、应急避险车道、收费站等,用一台加宽段备用机费用太高,设备利用率低,用人工补料又会产生离

析,另外摊铺机无法行驶得非常直,两侧料位不均衡造成阻力不一致会导致方向跑偏,目前国内已经有做主熨平伸缩,但是宽幅摊铺强度问题无法满足需要。摊铺宽度变化问题必须作为一个攻关方向。

(二)抗离析摊铺机课题攻关

1. 抗离析的核心原理(图1)

混合料在封闭式螺旋料仓内满埋螺旋强制挤压搅拌。

①料仓要封闭,螺旋搅拌器在封闭空间强制挤压搅拌,改善前道工序离析,自身不产生离析。拌和站搅拌为一次搅拌,螺旋系统的搅拌为二次搅拌。

②搅拌器的搅拌空间必须充满物料,已拌物料与未拌物料形成上下对流,物料的运动为下部横向运动与上下部对流运动的复合运动。

③输料断面大,螺旋只要低速转动即可满足输料量需要,因此只形成低速搅拌作用,不会产生高速筛分的离析作用。

④螺旋在封闭空间的挤压搅拌提高了预密实度,使大厚度摊铺成为可能。

⑤二次搅拌原理,改善了离析,摊铺能力大大加强,使大宽幅摊铺成为可能。

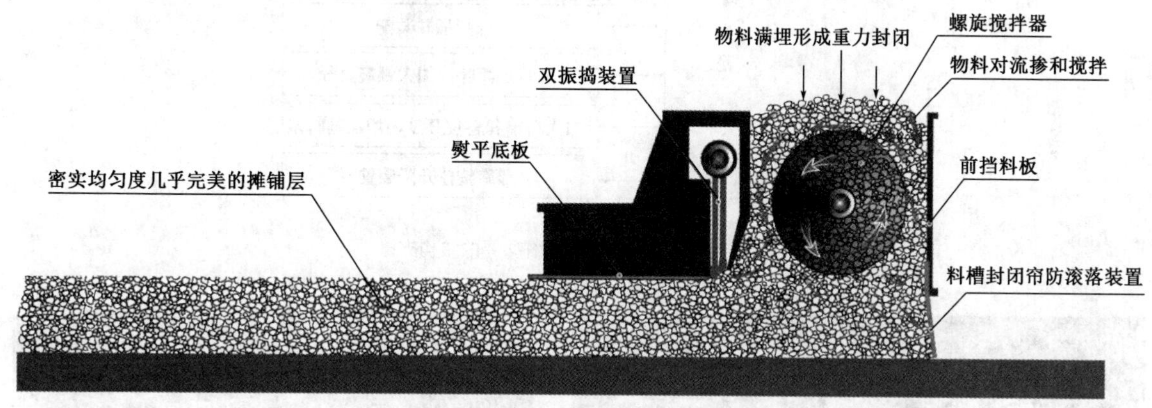

图1 抗离析摊铺机的核心原理示意图

2. 抗离析核心原理的结构支撑

截至2021年底,采用抗离析核心原理生产的摊铺机国内仅有一家,结构上满足了抗离析的理论要求,并通过了时间和实践对比验证。在同一种材料、同一路段,与传统摊铺设备施工对比,采用抗离析摊铺机铺筑的路面使用寿命延长了一倍以上。

抗离析摊铺机解决路面摊铺难题的方法如下,见图2。

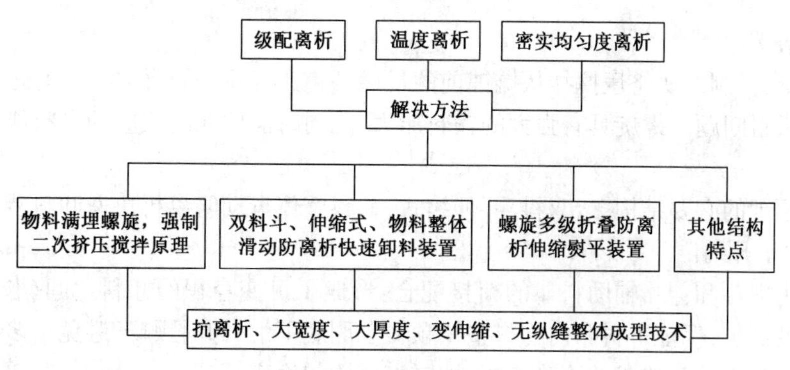

图2 抗离析摊铺机结构支撑图

3. 抗离析核心原理的必要结构

1)必要的结构支撑

要实现物料满埋螺旋强制二次挤压搅拌,必须实现发动机功率、液压系统大排量、传统系统大扭矩。

必须要有大功率的发动机,液压系统必须具备全寿命周期的可靠性,必须攻克螺旋系统存在的离析环节,必须要有大扭矩输出的螺旋齿轮传动箱,因螺旋链轮箱在有限空间内链条强度无法保证,必须要有结构保证螺旋的料位控制平稳。抗离析摊铺机螺旋所系统必要的结构支撑见图3,实现物料满埋螺旋的料位状态见图4。

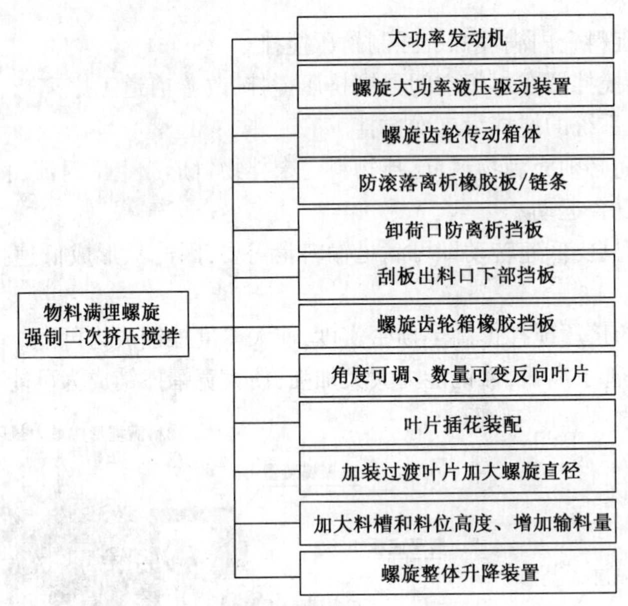

图3　抗离析摊铺机螺旋系统必要的结构支撑

图4　满埋螺旋料位状态

2)快速卸料装置

物料满埋螺旋,强制二次挤压搅拌从摊铺前的最后一道工序上改善了离析,使输料问题得以解决,接下来需要解决供料问题。螺旋具有强大的输料能力,也同时需要匹配相应的供料能力,最终实现大宽度、大厚度摊铺。

抗离析核心原理的必要结构二:双料斗、伸缩式、物料整体滑动防离析快速卸料装置(图5)。

(1)料车一次举升到位

超大容量的主料斗和伸缩辅助料斗的衔接配合,形成了可变容积的卸料空间(长度和高度),料车一次举升倾翻角度到位,保证了料车内物料整体顺料车厢底下滑,卸料顺畅,避免了多次举升大料滚落、举升不及时导致供料不足等造成的滚落离析、摊铺密实均匀度离析。

(2)增大料斗容积

主料斗容积为10立方米,伸缩辅助料斗容积为2立方米,变容积的双料斗装置,使料斗储料充足,实现了物料转运车的部分功能,保证满埋螺旋的供料需求,解决了快速、连续、顺畅卸料的难题,提高了摊铺密实均匀度、平整度和工作效率。

a)伸缩辅助料斗完全伸出状态

b)主料斗开合

c)伸缩辅助料斗的倾翻收料

图5 双料斗、伸缩式、物料整体滑动防离析快速卸料装置

(3)热容量大

大容量的料斗,热容量大,并增加保温隔层,缓解了温度离析。

(4)缓冲料车冲击

如今,料车载重越来越高,满载的料车对摊铺机的撞击,会引起平整度的变化。安装使用液压伸缩推辊,可减缓料车冲击,提高平整度,如图6所示。

图6 液压伸缩推辊缓冲料车冲击

(5)改变卸料空间

伸缩辅助料斗的前推,改变了卸料位置,解决了料车尾料卸料不畅的难题,缩短了料车卸料时间,保证了施工连续作业。料车尾料卸料快捷干净,避免了尾料倒在待铺路面上,产生"结核"的质量隐患,产生摊铺阻力变化而造成行进方向跑偏(摊铺摇摆),熨平板两侧预密实度不均,影响压实后的平整度。

(6)增加接料斗

伸缩料斗的前推,增大了接料空间,避免物料从料斗前部散落,减少辅助作业,降低劳动强度。

(7)减少余料抛洒

伸缩辅助料斗的倾翻收料功能,防止料车交替间歇时刮板刮空,保证连续摊铺;同时收缩倾翻将料斗前部物料清空,保证料车举升时下部不垫料。

3)伸缩熨平板

螺旋系统解决了离析难题,双料斗、伸缩式、物料整体滑动防离析快速卸料装置解决了供料问题,生产效率大大提高,可以实现大宽度、大厚度作业,接下来就要满足路面的跨度变化问题。伸缩熨平是解决宽度变化最简单有效的办法,但受主熨平伸缩强度的限制,也无法实现大宽度作业,所以端伸缩熨平板成为唯一的解决办法。

端伸缩熨平板安装于整个熨平系统的端部,通过熨平板拼装到一定宽度后再进行连接。为了满足桥梁、隧道、路面的多种宽度变化需求,减少一台加宽段备用机,实现摊铺过程中不停机连续作业,大范围的伸缩也成为必然趋势。目前,端伸缩熨平板可达到的最大伸缩范围是单边 2.5 米,总伸缩量可达 5 米。伸缩熨平可以通过油缸来改变宽度,但螺旋布料装置无法改变,又不能没有螺旋,频繁的拆装更是不现实。目前,端伸缩熨平的最新研究成果是,熨平装置可伸缩,布料装置可多级折叠,保证了伸缩变化过程中可以实现螺旋的充分二次搅拌(图 7),离析问题得到控制。

图 7　可多级折叠的伸缩熨平装置

三、抗离析摊铺创新施工方法

抗离析摊铺技术的发展依赖于抗离析摊铺设备及对应压实设备的发展,随着技术的成熟,推动了施工工法的重大变革。《公路路面基层施工技术细则》(JTG/T F2—2015)5.4.2 指出,具有足够的摊铺能力和压实功率时,可增加碾压厚度,具体的摊铺厚度应根据实验结果确定。

目前,抗离析多功能摊铺机一台设备要顶传统 3 ~ 5 台设备,既可以摊铺沥青,也可以摊铺水稳。过去的双向四车道都需要 2 台设备并机摊铺,双向六车道需要 3 台设备并机摊铺,现在已经实现了从级配垫层到沥青面层的无纵缝整幅摊铺,沥青层的整幅摊铺宽度达到了 23 米。配置的伸缩熨平总伸缩量达到了 5 米宽,可替代一台加宽段备用机,实现了不停机连续作业。最难摊铺的 ATB30 材料也实现了抗离析摊铺。

本部分主要简要介绍依托抗离析摊铺设备所形成的创新施工方法。

(一)超大宽度沥青层无纵缝整体成型摊铺方法

随着国民经济的发展,公路逐渐拓宽以适应经济社会的需要。目前双向六车道的常见摊铺宽度为 15.5 ~ 17 米,双向八车道的常见摊铺宽度为 18.75 ~ 19.5 米。抗离析摊铺机大宽幅作业,无纵缝整幅摊铺,一机替代多机,省人工、省耗油、避免浪费、减少污染。解决了并机摊铺不可避免的离析难题，平整度好，表面不积水，预密实度好，防止水动力、水损坏，提高行车舒适性、安全性，延长路面的使用寿命。

1. 超大宽度无纵缝整体成型解决传统施工质量通病

(1)离析通病

①并机摊铺端部的横向离析。

②并机摊铺的卸料口大料滚落的竖向离析。

③并机摊铺 30～60 厘米搭接带二次塞料、二次振捣形成的密实均匀度离析。

④并机梯形摊铺，温度散失差异造成的温度离析。

(2)搭接带通病

双机并铺，搭接重叠带，二次塞料、二次振捣形成的密实度高(图 8)，底部温度低、流动性差，难以压实，压路机强制压平后，会造成搭接表面压溃、两侧不实、平整度差、渗水等问题。

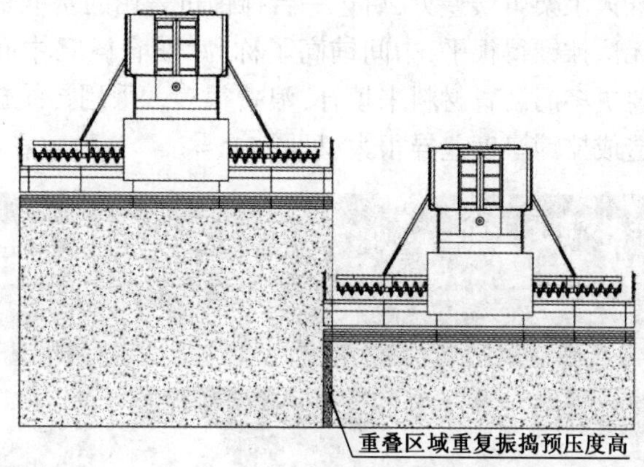

图 8　并机接缝重复振捣预压实度高

(3)平整度通病

①双机并铺可通过双机掺和解决道路变宽摊铺，并能通过桥隧，但中缝离析。

②单机摊铺，两侧找平仪器直接跟踪测量两侧钢丝基准，平整度由钢丝基准和找平仪器精度保证，无其他干扰。

③并机摊铺，中间接缝处无法预制固定式钢丝基准，只能靠人工拉线来预先铺设一个随机移动的临时过渡基准梁，需要不断地人工拉线测量和铺设基准梁，既浪费人力，又无法保证平整度，如图 9 所示。

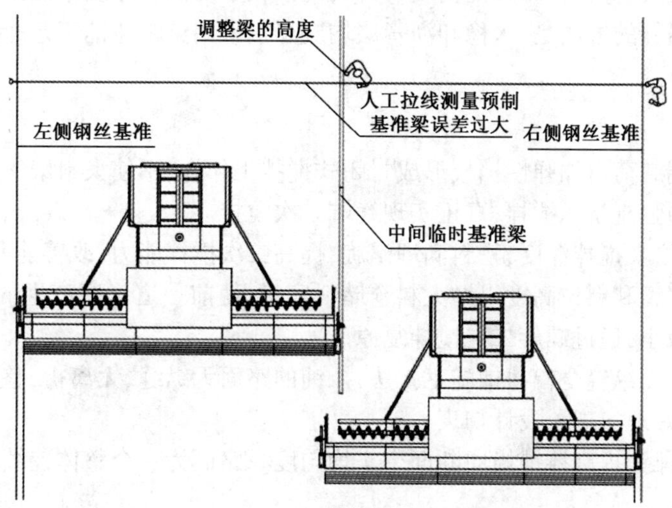

图 9　并机摊铺平整度误差大

2. 超大宽度无纵缝整体成型提高平整度、节省材料

假设摊铺厚度理想设计值为 h,施工无法避免出现误差 δ。$h+\delta$ 合格,$h-\delta$ 也合格。如果摊铺精度可控制误差为0,则可按 $h-\delta$ 的厚度摊铺,即所谓走下线,如图10所示。

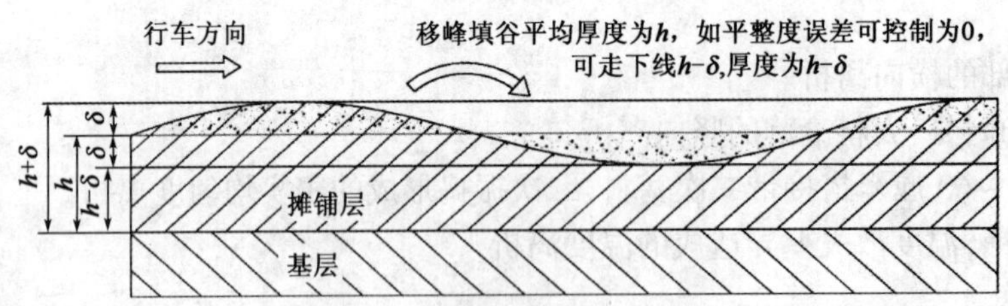

图10　控制平整度节省材料示意图

底层水稳层平整度好,则可避免用沥青料填补底层水稳层的不平整缺陷;底层水稳层采用双机并铺,因前一台摊铺机中部基准人工架梁误差大,后边一台摊铺机采用的基准是前一台设备已经摊铺好的路面,那么在整个横向上就无法摊铺得很平,中间铺高了称为"驴脊梁",中间铺低了则称为"驴塌腰",如果上面一层要摊平,则需要更多的沥青材料来填补,浪费很多。采用传统施工法摊铺的下层,再采用抗离析摊铺机整幅摊铺,会造成摊铺厚度差异很大,见图11。

图11　摊铺厚度差异大浪费沥青材料

如前分析,沥青摊铺机应具备高摊铺精度。可用均值较小的沥青厚度来满足设计要求,达到节省材料的目的。满足上述条件的方法是:水稳和沥青层均应尽量采用整幅摊铺工艺,且使用摊铺精度高的设备,抗离析为必要前提。

3. 施工方法特点

①前挡料板和两端卸荷口加弹性挡板形成封闭式搅拌工作仓,不使大料滚落产生竖向离析,也可以使螺旋在封闭式料仓中强制挤压搅拌,真正实现终端二次搅拌。

②增加螺旋直径、增大搅拌深度,物料满埋螺旋,提高二次搅拌能力,改善前一道工艺离析。

③增大料槽前后宽度和料位高度以增大料仓储料容量,使前一道工序产生的离析材料比例与料仓原有的合格材料相比减小,通过螺旋二次搅拌复原。

④采用单机抗离析无纵缝全幅摊铺施工工法,摊铺的路面无纵缝、无离析,整个路面连续完整,规避了传统工艺的缺陷,更好地实现了设计初衷。

⑤抗离析、无纵缝摊铺提高摊铺横向断面密实均匀度。路面为一个整体连续路面,施工工法更接近于设计需求。

⑥抗离析、无纵缝摊铺消除了接缝的存在,避免了接缝级配离析和温度离析。

⑦通过整体熨平板的调整,路拱、横坡可以稳定实现设计指标。

⑧单机摊铺平整度由单套找平仪控制,找平基准不再进行多次转换,消除了多机性能差异,摊铺过的路面均匀平整,密实度一致,施工质量提高。

⑨减少工人劳动强度,使前场施工由繁入简,减少对施工质量的干扰。

⑩一机替代多机,燃油、劳动人数减少,降低施工成本,获得更高的社会效益和经济效益。

4. 设备要求

必须采用具有抗离析摊铺能力的设备,其他设备要与其配套。

(1)拌和设备

由于路幅宽度大幅增加,为保证连续摊铺,应选用较高生产率的拌和设备,建议选用4000型以上拌和站。

双向八车道施工时用料量大,建议选用2台同规格拌和设备拌和混合料。

(2)摊铺设备

两车道(双向四车道)单机抗离析整幅摊铺:选用16米以上抗离析摊铺机。

三车道(双向六车道)单机抗离析整幅摊铺:选用18米以上抗离析摊铺机。

四车道(双向八车道)单机抗离析整幅摊铺:选用20米以上抗离析摊铺机。

选用低型号的摊铺机经济性好,选用高型号的摊铺机则施工稳定性、可靠性、施工质量保证度更好。

(3)压实设备

两车道(双向四车道)配套压实设备:双钢轮压路机3~4台,轮胎压路机2台。

三车道(双向六车道)配套压实设备:双钢轮压路机4~5台,轮胎压路机3~4台。

四车道(双向八车道)配套压实设备:双钢轮压路机6~8台,轮胎压路机4~6台。

根据摊铺材料和天气条件宜选用大吨位压路机保证压实度。

5. 施工前的准备

将设备拖到指定地点后,需要提前向施工员了解本标段路面情况,根据路面最大宽度、最窄宽度、宽度变化、有无隧道、桥面宽度等确定联机宽度。

了解沥青拌和站出料情况和产量,现场初步计算协商摊铺速度,保证匀速运行。

对运输车辆的要求,提前和项目部现场多沟通,料车应是载料在40吨以上的车辆。

施工前检测下平层验收合格。

因摊铺宽度较宽,方向线在边缘处太远影响视线时,应将方向线平行内移,方向指示线距中6米左右为宜。

6. 熨平板的组装

熨平板的连接方法同一般情况,在个别场合因它的特殊性又有些区别,在此对注意事项予以提示。

①超宽度摊铺时,宽度大、熨平板受力大,与主机相连的左右两块熨平连接前沿使用9颗10.9级以上的高强度螺栓连接。

②螺旋轴中心离地高度400毫米为佳,既要保证螺旋满埋后料槽内物料不过高而增大行走阻力,又要保证螺旋挡料板高度不太低而影响超宽度设备的通过性。

③叶片的安装,超宽度摊铺要保证螺旋输料能力,同时还需要保证螺旋料位由内而外的平稳。叶片由内而外的安装顺序如下:反向叶片1组,D420叶片1片,D480叶片装至一级支撑,二级螺旋全部安装D420叶片,三级螺旋装3片D420叶片后全部安装D360叶片,四级螺旋可插花安装D360叶片,最末端根据需要可选用D320或D280叶片,一、二级支撑全装420(180°)过渡叶片,其余支撑安装360(180°)过渡叶片。

④必须安装钢丝防背拱装置。三车道以上同时安装熨平板防反拱桁架装置。

⑤三车道及以上必须加装液压辅助后支撑装置。

⑥三车道及以上需要增加一级平衡梁拐臂,增大平衡梁宽度,使找平数据采集点距离路边缘距离保持在1/3~1/4路面宽度。

⑦三车道及以上摊铺时,要求使用4个煤气罐分段加热。

⑧摊铺沥青上面层时,必须将振捣振幅调整为3。

⑨螺旋料位器不要安装在螺旋挡料板上,应安装在固定熨平上或伸缩熨平上。

⑩螺旋料槽宽度应适中,以640毫米为宜。

⑪熨平挡料板与振捣刀头间隙调整为1~3毫米,若挡料板有变形,则最小间隙应不小于1毫米。

7. 摊铺前调试

①拱度调整,在无变形金刚结构时,拱度值按照连接宽度乘以0.00305计算,在有变形金刚结构时,拱度值按照固定板宽度乘以0.0025计算。

②检查主熨平上下宽度是否一致,防止大臂变形导致找平在工作中卡滞。

③桁架调整,面向主机正后方,正八字斜杆拉紧,倒八字斜杆撑紧(新式桁架斜杆撑紧即可),熨平加热后再次调整,使熨平向前拱25毫米,正常摊铺时,熨平板后沿为一条直线。

④调整防反拱多孔板高度,同时预紧钢丝绳,保证摊铺时钢丝绳前牵引点比后牵引点高1~3厘米。

⑤整幅摊铺的熨平板总长度大幅增加,燃气加热须采用液化气罐同时分段加热,保证加热效率和效果。采用大容量的气罐加热效率高、更换周期长。加热温度100℃以上开始摊铺。

⑥摊铺前应对工作面进行检查,模拟摊铺状况,检查设备的通过性及履带的附着力情况。

⑦初次摊铺前设置好仰角标尺。理论上机械仰角在零位时,前标尺指示的数值即为虚铺厚度值。实践中,将熨平板垫至虚铺厚度后,可通过检查熨平板底板的前后离地差值来验证实际工作仰角,通常情况下熨平底板前沿比后沿距地面高出5毫米,不同材料的仰角值不同。

⑧检查机器各项功能正常。螺旋料位器、刮板料位器、找平仪器模拟工作状态进行初调。

8. 摊铺关键工序控制

①螺旋布料应连续均匀,起步时螺旋料槽布料高度不宜过满,防止履带打滑。摊铺中要求超级满埋,保证末端料位高度保持2/3以上,两侧料位对称,阻力平衡,料位调整时要有预见性地缓慢调整。摊铺速度变化时,要及时调整料位,保证料位恒定。

②起步速度≤1米/分,摊铺第一车料时不宜调整摊铺速度。

③左右螺旋料槽料位应保持高度一致,使左右阻力平衡(料位稳定后,在不受其他干扰时,方向在零位而不跑偏)。

④振捣频率≤10赫兹,以摊铺时熨平板平稳为原则,保证熨平不抖动不跳动。

⑤方向控制在指示线左右不超过1厘米范围。

⑥摊铺速度调整时,应同时调整振捣频率保持振距不变,同时调整刮板料位器保持原料位高度。当调整料位时,应特别注意,刮板料位与螺旋料位保证左右对称同时调整,料位一致,阻力平衡。严禁刮板刮空。

⑦摊铺后及时检测摊铺高程(厚度)进行修正。

⑧熨平热平衡后(起步20米后),应对路面拱度进行检查,并予以调整,达到2毫米范围内。

⑨缩短料车交替供料时间,料车制动踏板不能踩踏太用力。

9. 碾压工艺

(1)超大宽18.75米AC材料压实。

初压——采用双钢轮3台同进同退。

复压——采用轮胎压路机3台紧跟双钢轮后,同进同退。

终压——采用双钢轮3台紧跟胶轮后,同进同退。

收光——采用双钢轮1台。

压路机在碾压过程中要保持好队形。

(2)SMA 材料压实。

第一梯队采用双钢轮 4 台同进同退。

第二梯队采用双钢轮 4 台紧跟前双钢轮后,同进同退。

最后采用双钢轮 2 台收面和替补,第一、第二梯队下来压路机加水。

10. 质量控制

质量控制按《公路沥青路面施工技术规范》(JTG F40—2017)执行。

11. 安全与环境保护

注意成品的保护,遗留在路面的杂物应及时清理;避免将柴油、液压油、机油等污染物洒在摊铺过的路面;杂物应统一处置,严禁污染环境。

转场、上下板车时应注意人员和设备的安全。不拆机转场时,注意交通安全。

(二)创新工法施工案例

福建泉州湾跨海大桥桥面沥青摊铺,如图 12 所示,采用 20 米抗离析摊铺机,并机超大宽度 19.5 米整幅摊铺,摊铺宽度、均匀度、平整度创下世界奇迹,获得业主、监理、施工单位的赞誉。

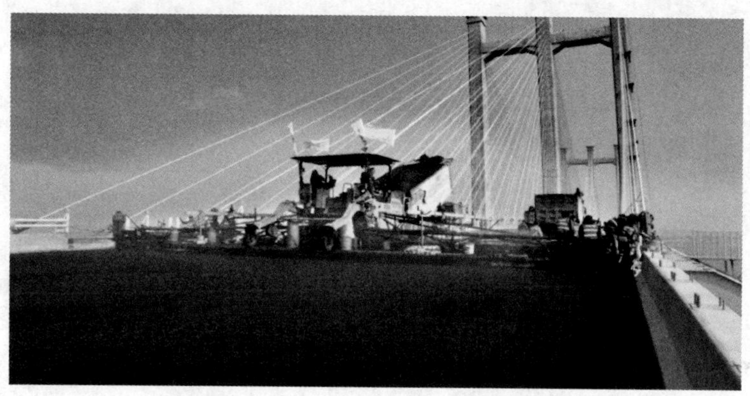

图 12　泉州湾跨海大桥 19.5 米整幅摊铺

四、实施效果

(一)经济效益

近些年来,尽管研究人员从公路设计、施工工艺、营运管理等多方面进行了研究与实践,然而路面的早期损坏现象仍十分严重。沥青路面主要表现为:路基强度不足,造成结构性破坏,如开裂、下沉;路面水损坏,造成坑槽、结构松散、离析;超重车作用下的车辙、开裂、泛油;特殊路段的局部损害等。路面修复工作难度大、造价高,影响交通畅通。公路建设与养护技术行业研发中心通过吸收引进国外先进技术成果,开展自主创新研发,构建公路建设与养护保障体系,加速先进、适用成果的产业化、工程化推广应用,将提高交通运输日常运行安全性,显著降低各类道路因素导致的事故造成的直接经济损失。加大公路建设及养护技术研发和常态化监管,可显著优化公路规划建设方案,节约大量建设投入和运营维护成本费用。

(二)社会效益

中大科技开发的各类核心技术将向全行业辐射,提升我国交通运输行业政府部门、高等院校、事业单位、企业,尤其是公路建设施工单位等各类组织在公路建设、养护上的能力和水平,在为交通运输发展带来巨大经济效益的同时,也有着显著的社会效益。

促进交通运输行业的节能减排。水泥与沥青都是重污染产业,也是国家环保治理产业。本研发方向对日益恶化的生态环境有一定保护作用。

有利于保障道路运输安全,提高公路建设及养护能力,进一步减少因道路损毁导致的交通事故,提高平整度即是提高人们行车的舒适性、安全性,提高了人民的生活水平和幸福感。

中大科技是交通运输部认定的公路建设与养护智能装备行业研发中心,可成为实现多学科交叉融合、凝聚创新团队和培养适应交通发展新形势需要的高层次技术人才的科研平台,起到整合行业资源、强化企业技术创新主体地位、培养大批高素质创新型人才的重要作用,可提高路面寿命,节约大量社会资源。

提升交通运输公路建设及养护领域技术研发的整体实力和国际竞争能力,进一步加快公路建设及养护发展的水平,更好地服务于国民经济的发展、服务于公众安全快捷的出行。从历史统计来看,我国2013 年高速公路养护经费支出为500 亿元,管理支出约为500 亿元,大修每公里约需要 300 万 ~1000 万元,采用抗离析整体成型技术铺筑的公路,如果养护周期延长一倍以上,节约的社会成本将无疑是巨大的。

轨道交通企业跨国经营下集团化质量管理模式的构建和实施

中车长春轨道客车股份有限公司

成果主要创造人：王　锋　周文平

成果参与创造人：李　丹　李祥东　刘芳铭　宋　楠　金剑峰　李　核
王　晶　教忠建　孙君甫　付金玲

中车长春轨道客车股份有限公司（简称"中车长客股份公司"）前身长春客车厂始建于 1954 年，是国家"一五"期间重点建设项目之一，是我国知名的轨道客车研发、制造、检修及出口基地，是中国地铁、动车组的摇篮。公司现有员工 19000 余人，总部有新、老两个整车制造厂区，总占地面积约 400 万平方米。公司拥有 28 家子公司（全资及控股 18 家），其中境外子公司 8 家（全资及控股 5 家）。

中车长客股份公司目前主要有研发试验、轨道客车新造、检修及运维服务三大主营业务。研发试验业务主要是依托国家工程技术中心和国家工程实验室，为供应商、客户、友商、合作伙伴提供各种试验、分析和测试服务。轨道客车新造业务包括动车组、城市轨道车辆、普通铁路客车三个主产品，目前具备年产 180～200 列动车组、4000 辆城铁车、600 辆普通铁路客车的能力。检修及运维服务业务方面，具备年检修 300 列动车组及 1000 辆普通铁路客车的能力。

中车长客股份公司作为中国轨道交通装备研发、制造和服务龙头企业，围绕轮轨和磁浮两大技术发展方向，持续开展机械、电气、控制、特殊工程等领域技术研究。公司拥有国家轨道客车系统集成工程技术研究中心、高速列车系统集成国家工程实验室、国家级企业技术中心、博士后科研工作站、院士工作站、国家技能大师工作室"六位一体"的技术创新平台。公司被评为首批"国家创新型企业""国家高新技术企业""国家科技兴贸基地""国家技术创新示范企业"，产品荣获"国家名优产品"称号。

中车长客股份公司坚持依法治企、基础取胜的指导方针，通过国际标准导入、治理体系优化、全价值链精益提升等活动提升了企业发展的内在品质。在管理体系上实现了与国际标准接轨，在国内同行业中率先通过了 ISO 22163 国际铁路行业管理体系、ISO 9001 质量体系、ISO 14001 环境管理体系、OHSMS 职业安全健康管理体系、DIN6700 质量体系、两化融合体系等认证；搭建了 SAP、PDM、MES、SRM、QMS 等全价值链的运营管理软件平台。在治理体系优化上，把业务、流程、体系建设作为基础工作的重点，实行组织机构及管理流程再造，实现了公司业务工作的全面贯通；建立了以直线职能式为基础、以项目管理作为事项运作的矩阵式组织架构。把精益管理作为提升基础工作水平的有效手段，着力推动管理要素融合，实现资源投入效益最大化。

近年来，随着我国轨道交通行业的快速发展，中车长客股份公司实现了技术升级和产品更新换代，经营业绩连年跨上新台阶，中车长客的品牌效应和社会影响力也不断提升，公司每年营业收入均在 300 亿元以上。2015 年，习近平总书记和李克强总理分别来公司参观考察，并发表重要讲话，对公司以及中国轨道交通装备制造业的发展提出了殷切期望，勉励打造中国高端制造业的亮丽"金名片"。

一、实施背景

(一)是适应国际形势变化的必然选择

当今世界正经历百年未有之大变局,新冠肺炎疫情全球大流行使这个大变局加速变化,保护主义、单边主义抬头,世界经济低迷,全球产业链供应链因非经济因素而面临冲击,国际经济、科技、文化、安全、政治等格局都在发生深刻调整,世界进入动荡变革期。今后一个时期,我们将面对更多逆风逆水的外部环境,必须做好应对一系列新的风险挑战的准备。因此,轨道交通企业必须用体系应对危机,用质量铸就品牌,创新管理模式,强化质量管控,带动企业在管理和产品质量上实现双提升,全面提升企业的竞争力。

(二)是对国家战略要求的积极响应

轨道交通作为国家大力倡导并推介的项目,在"一带一路"倡议中占有重要位置,轨道交通装备制造业更是担负着"主力军"和"形象大使"的角色,党和政府对中国中车股份有限公司打造中国轨道交通装备"永不褪色"的金名片充满着殷切的期待。我国全面落实《中国制造2025》,坚持"质量为先"的基本方针,推动轨道交通装备制造等十大重点领域突破发展,要求企业强化质量主体责任,加强质量技术攻关、自主品牌培育,走以质取胜的发展道路,产品技术、安全标准全面达到国际先进水平。建立跨国经营下集团化质量管理模式,是实现"走出去"战略目标、实现高质量发展的必然选择。

(三)是企业生存和发展的迫切需要

国内外环境的深刻变化既带来一系列新机遇,也带来一系列新挑战,危机并存、危中有机、危可转机。轨道交通企业要辩证认识和把握国内外大势,统筹中华民族伟大复兴战略全局和世界百年未有之大变局,深刻认识我国社会主要矛盾发展变化带来的新特征新要求,深刻认识错综复杂的国际环境带来的新矛盾新挑战,增强机遇意识和风险意识,准确识变、科学应变、主动求变,勇于开顶风船,善于转危为机,努力实现更高质量、更有效率、更加公平、更可持续、更为安全的发展。客户对产品的需求已从低端转向高端,对产品的可靠性、先进性、功能性、环境适应性、本地化及技术转让等要求越来越严格。这必然需要轨道交通行业企业积极实施跨国经营下集团化质量管控模式,促进企业高质量发展,不断提升产品品质和企业的竞争力,才能保证企业的生存和发展。

二、成果内涵

构建轨道交通企业跨国经营下集团化质量管理模式的就是策划、建立一整套科学、专业、规范、实用的轨道交通企业集团化跨国经营的质量管控模式,通过集团化质量管理的总体规划,确定原则,建立跨国经营下集团化质量管理机制,建立跨国经营下集团一体化质量管理模式,实现集团化质量管理优化的管控,围绕产品全寿命周期,提高效率,降低成本,进一步打造中车长客股份公司高端装备品牌影响力,提升企业国际国内市场知名度。

三、主要做法

(一)跨国经营下集团化质量管理的总体规划

1. 确定质量战略规划的总体思路

以公司战略为引领,以质量文化为导向,以质量技术为支撑,建立跨国经营下集团化质量战略管控体系,集团总部质量部门负责整体质量战略规划的制定、实施、控制和修订。建立健全并优化完善质量策划、产品实物质量管控、供应商质量管理、质量信息化建设、质量正负激励、质量人员队伍建设、质量文化建设等集团公司一体化质量管控制度体系。子公司根据集团公司质量战略规划的要求制定实施子公司级发展规划,并按照集团质量战略规划管控制度体系规范开展工作。

2. 明确质量战略规划原则

战略引领:围绕成为世界级企业的愿景,洞悉发展机遇,制定、满足并引领客户需求、引导行业发展、指导企业方向的战略规划;培育战略选择和新业务的孵化能力,并通过合理的流程和组织规划,使新业务实现价值创造。围绕战略目标,创新商业模式、主动争取并合理配置资源,培育高效协同的战略分解、实施和保障能力。

成就客户:坚持客户导向,持续建立和培育成就客户的文化和理念,关注并快速响应客户需求,致力于为客户的需求寻找更好的解决方案,持续为客户创造长期价值提供支持。

价值创造:公司的一切业务活动必须以为企业创造价值、实现增值为核心;公司实现价值创造的方式,应当以满足客户需求为导向,通过技术的深度掌控、品牌的不断提升、管理的持续改善来实现。

高效协同:有效的统筹和配置企业及社会的各项资源,并最大限度地发挥各要素能动性,通过"加、减、乘、除"高效匹配,发挥要素的整体合力;建设以满足客户需求为宗旨的流程型组织,打破子公司间的壁垒,实现实物流、信息流、资金流畅通。

持续改善:夯实管理、技术等各层面的基础工作,是支撑公司战略目标实现的基石,是持续改进的起点;营造创新氛围、构筑创新机制,促进创新成果转化为商业价值;不断寻求改进机会,持续优化流程和方法,提升企业实力。

3. 建立质量战略规划长效管理机制

为了确保质量战略规划的前瞻性、全局性、科学性、可行性,保证质量战略有效分解、落实,实现质量战略制订、执行、评估、调整的闭环管理。围绕集团公司战略目标,探索构建全球化、集团化、智能化的质量战略管理体系,助力公司以质量体系的规范运作来应对需求的变化和不确定性。质量战略规划长效管理机制如下:

①质量战略规划目标的确定:质量战略规划目标应具备科学性、合理性以及可操作性。

②公司质量发展目标设定:在充分的调查研究和科学预测的基础上拟定发展目标,并在广泛征求意见和深入分析论证的基础上确定发展目标和战略规划,保证发展目标和战略规划的可行性。

③质量战略规划的编制:质量战略规划的编制符合质量战略目标。

④质量战略规划的审核和批准:质量战略规划应当经过严格的审核,并按照规定的权限和程序对质量战略规划方案进行批准。

⑤构建质量战略规划管理组织体系:构建包括质量战略规划决策机构、质量战略规划管理部门、质量战略规划实施单位和质量战略规划咨询机构的管理组织体系。

⑥分解落实质量战略规划:促进质量战略规划与具体业务的有机结合,提高质量战略规划执行的有效性。

⑦建立健全质量战略规划执行保障体系:质量战略规划的分解实施需要数据上的统计监督和相应的绩效考察。

⑧质量战略规划执行、实施管理:根据质量战略规划分解制定年度质量工作计划,定期对质量战略实施状况进行分析和监控;质量战略规划的制定和调整均需按规定的权限和程序经审批后发布实施。

⑨对质量战略规划的宣传:营造舆论氛围,统一员工的观念和行为,促进质量战略规划有效实施。

⑩合理而适时的事中评价:对质量战略规划的实施有效性进行动态把控。

⑪准确科学的事后评价:对质量战略规划实施效果进行概括性评价。

⑫质量战略规划的调整:在满足一定条件时可以进行调整,必要时区分业务板块调整战略规划,确保质量战略规划的调整严格按照流程、权限进行。

4. 子公司质量战略规划管理

子公司质量战略规划管理坚持集团统一领导的原则,全面管理各子公司,母公司对子公司的质量战略规划是为子公司打开市场制定的核心规划,是公司管理层统一思想、目标一致的互动行为。子公司根据集团公司质量战略规划的要求制定、实施子公司级发展规划(短期、中期、长期规划),通过质量战略引领,减少环境变化对企业及子公司的影响,迎接未来挑战,发挥战略在企业及子公司经营中的引领作用。子公司必须同母公司发展战略保持步调一致,子公司按照集团质量战略规划管控制度体系规范开展工作,高度协同。在特定的经营区域、业务领域内发挥区域、行业优势,在落实公司发展战略规划的过程中,与母公司通力合作,提高资源获得能力,实现经营规模扩大,实现子公司质量发展规划,进而为股份公司整体发展贡献力量。

(二)建立跨国经营下集团化质量管理机制

1. 集团化质量管理机构设置

建立集团化质量管理的三级机构,公司质量管理委员会是公司质量管理的最高决策机构,由公司高管、公司各相关部门主管领导组成,负责研究制定公司质量战略规划,决策各项质量工作。质量保证部是公司质量管理的日常管理机构,牵头负责公司质量系统和各分子公司质量管理总体工作、各相关部门和分子公司本单位(子公司)质量管理工作的策划和落实。通过三级质量管理机构的设置,确保质量管理责任清晰,各项质量工作得到充分落实。

2. 建立集团化质量流程制度体系

从质量战略需求出发,按照"脚踏实地、步步为营"的原则,以"需求和承诺"为工作基础、以追求"效率、效益、效能"为目标,坚持"适用性"和"实用性"原则搭建矩阵式管理模式。以公司"系统优化六步法"为基础,组织绘制质量系统业务蓝图,形成《系统管理手册》,以"系统"落实"职能",明确"定位",优化"结构",理顺"关系"。基于需求的支撑力建设,实现能力的统筹和资源的集约管理。通过结构化设计,实现管理模块化、标准化,实现可替换、可升级。用"卓越业务流程"的理念和方法推动公司流程再造工作,确立一套完善的质量工作流程和管理制度,保证组织的正常运转和有效运行,为达成质量战略目标提供可靠保证。

3. 建立集团化质量管理机制

为了满足公司国际化经营和集团化管控的需要,规范对子公司的质量管理,确保子公司质量工作高效有序运作,组织制定了集团级的子公司质量管理工作制度,明确了母子公司的职责和接口关系,要求子公司在母公司质量方针和质量目标的框架下,搭建质量管理框架,明确内部质量职责,建立与母公司相适应的质量管理体系,进行产品质量管控。针对理解组织运行环境、理解相关方的需求和期望、建立质量管理体系、质量管理人员的设置、工序质量管理、采购产品质量管理、计量理化检验管理、重大质量问题通报、指标管理、专项质量活动、月度质量信息报告等工作提出了明确的要求。根据绩效目标达成情况和年度质量管理体系审核情况,对子公司进行年度排名,确保子公司质量管理体系良好运行。

4. 强化资源集中统一管理和分享

母公司集中统一管理资源,母公司对重要项目策划统筹安排, 合理安排各项目的周期、进度、资源使用计划等。加强母公司与子公司间技术的共享,加强信息的共享。通过建立集团内部的人才培养机制, 在实现集约化管理的同时, 促进集团内部知识、经验、技能的转移与共享,既提高了集团全方位服务业主的水平, 也提高了集团整体市场开拓能力。

(三)建立跨国经营下集团一体化质量管理模式

1. 搭建跨国经营下集团一体化质量管理模式总体思路

结合公司自身情况,通过多年来对质量管理经验的整理归纳,总结各阶段成熟的质量管理模式和方法论,如采购质量管理"十步阶梯法"、项目质量管理"门、碑、点"管理等,并建立机制持续完善这些管理模式,使之持续满足公司跨国经营发展需要,形成具有科学性、有效性、一致性、可持续发展的集团化的质量管理模式。根据“公司完善全球布局,创立跨国经营框架”的管理要求,将融合后的质量管理体系推广并复制到国内外子公司。

2. 建立跨国经营下集团一体化质量管理体系

(1)建立多体系融合的质量管理体系

结合跨国经营要求和企业自身实际,按照 ISO 9001、ISO/TS 22163、EN 15085、DIN 6701、ISO 17025、ISO 10012 等质量管理标准,建立集团一体化质量管理体系。具体融合原则如下:

①集中统一、覆盖全面。搭建统一综合管理体系架构,覆盖企业的全部经营管理活动,满足各专业体系的管理要求。

②注重管控、增强实效。通过融合解决体系并存带来的问题,进一步优化业务流程,提高制度质量,提升管理效率,进一步完善企业管理手段、提高管理水平。

③动态管理、持续改进。通过融合,建立健全体系的运行和管理机制,在运行中坚持改进优化,实现体系的持续完善。

④立足实际、稳步实施。体系融合在具体做法上切实结合公司自身情况,通过项目建设、试运行、正式运行阶段,整体设计,整体推进。

(2)新建子公司质量管理体系的搭建

建立高层次、全方面、全要素可复制的子公司筹建机制,从单体式管理模式向集团化管控模式转变,整体提升子公司管理水平和执行力,保障子公司整体经营管理有效运转。可复制的子公司筹建方式主要包括开展子公司立项调研、确立子公司定位和规划、组建专家团队入驻帮扶。实现母子公司优势互补、互利共赢、积极推进、共同发展。主要过程如下:

①组织专业团队对子公司的成立进行立项调研。调研的范围包括本国及地方、他国的宏观经济形势,轨道交通市场结构,轨道交通装备制造、维修企业及配套企业情况,投资环境及有关事项,技术输出范围及可行性,本地的知识产权保护政策,宗教信仰、文化习惯和风险及应对措施等。组织专家团队对可行性进行分析评审,从各角度、因素、要点进行充分的论证。

②确定子公司定位(独立运营、生产基地、维修基地),制定明确的发展规划(短期、中期、长期规划)。

③组建专家团队入驻帮扶。母公司组建多功能专家团队入驻子公司,根据子公司的战略定位和规划,从子公司的实际情况出发,将具有相近业务模式、相似管理环境的经验方法融入子公司运营中,帮助其尽快建立有效的管理体系,开展体系试运行,指导其通过质量管理体系认证。

3. 建立跨国经营下集团一体化运营质量监督体系

(1)建立跨国经营下集团一体化运营质量监督机制

为了保证运营质量监督情况受控,公司建立了跨国经营下集团一体化运营质量监督机制,母公司对各子公司质量工作的总体情况进行监督,主要通过以下几种方式。第一,明确子公司党政一把手是质量工作的第一责任人,母公司每年组织召开子公司质量工作会议,对子公司质量工作状态进行总结,明确下一年质量工作要求,各子公司负责人在会上要对子公司质量工作开展情况进行述职汇报。第二,将年度质量指标分解细化,组织子公司签订质量责任书,落实质量责任,定期对指标达成情况进行检查和督导,确保质量指标完成。第三,子公司每月总结质量体系的建设情况、质量指标的完成情况、项目产品的质量控制情况等工作,以总结的形式向母公司做书面报告。第四,母公司对整个项目执行过程进行监控,子公司发现问题及时向母公司汇报。第五,母公司定期或不定期组织对子公司质量管理体系、项目执行情况、产品管控情况进行有针对性的审核,确保体系运行有效、产品质量受控。第六,子公司根据体系标准组织建立内部运行监督审核,包括内部审核、管理评审、过程评审、专项审核等,确保体系标准在子公司内部运行的充分性、适宜性和有效性。

(2)建立项目质量监督管理机制

为了保证项目顺利实施、项目整体执行情况受控、合同质量目标实现,公司建立了覆盖项目执行全过程的质量监督管理机制,针对总体质量要求、质量职责分工、资源配置、质量体系、设计控制、采购质量控制、顾客提供产品控制、产品标识和可追溯性控制、试验检验、检验测量试管设备的控制、不合格控制、纠正和预防措施、搬运储存包装防护和交付、质量审核等各个环节详细明确了质量监督管理要求。同时要求子公司在项目质量管理方面与母公司管理模式保持一致,要建立完善的、与母公司相适应的产品质量管控平台,独立开展产品质量的策划、执行、监督、检验、试验、验证和服务等工作,确保产品质量满足用户要求。

(3)建立关键节点、重要过程的质量监督机制

为了降低运营过程中的风险,保证质量,公司建立了关键节点、重要过程的质量监督机制。第一,建立门、碑、点质量控制模式,在项目管理、研发设计、生产制造等过程中实施门、碑、点管控:通过质量门评审,确定是否具备工作实施启动条件;通过里程碑评审,确定工作成果是否达到要求;通过控制点的确认,确保关键节点质量状态受控。第二,建立监督审核机制,通过子公司质量体系审核、项目质量审计等措施对子公司质量体系运行和项目重要节点的实施控制情况进行监督。

4.建立跨国经营下集团一体化质量改进体系

(1)基于顾客满意的服务改进

通过开展顾客满意度测评,及时把握顾客满意或不满意的原因,分析预测顾客隐含的、潜在的需求,把握竞争者满足顾客期望和需求的程度,了解竞争者在提高顾客满意度等方面的经验和做法,寻找并采取有效措施和对策,建立起以顾客满意度为目标的新的经营战略、企业文化、员工队伍和创新机制,有力地推动企业对产品质量的持续改进和创新,大大增强在全球经济环境下的适应能力和应变能力,不断提高顾客满意度,在各方面增强企业的竞争力。

(2)基于不符合的产品实现过程改进

坚持"问题导向、定量评价、过程监控、数据可视"原则,完善不符合管理过程,开展覆盖全生命周期的不符合管理,通过不符合提出、审批、方案制定、执行、验证、关闭的信息化管理,提升精准质量管理能力,构建基于风险预防全过程管控,推动公司经营体系高效运行,统一各过程质量管理目标,不断促进产品实现过程、产品质量和工作质量的持续改进。

(3)基于数据分析的质量体系改进

以"数字化、网络化、智能化"为主线,大力推进"互联网+技术创新""互联网+管理创新"和"互联网+商业模式创新",搭建了SAP、PDM、MES、SRM、QMS等全价值链的运营管理软件平台,与各子公司开展信息共享和业务协同,通过数据统计分析,监控现状,识别偏差,预测风险,从过去被动发现问题转为主动发现问题,及时发现问题,做出科学、合理的决策,为管理决策、技术改进、管理改进提供支持,从而提升服务质量,促进质量体系持续改进。

四、实施效果

(一)开创全球协同发展的质量管理新格局

通过轨道交通企业跨国经营下集团化质量管理模式的构建和实施,建立了跨国经营下集团化质量管理机制、跨国经营下集团一体化质量管理模式并将模式推广并复制到国内外28家子公司,公司及所属各子公司高度协同一致,实现资源投入效益最大化。

(二)有力拓展了国际市场

通过轨道交通企业跨国经营下集团化质量管理模式的构建和实施,公司产品质量和服务质量不断提升,国内外市场经营业绩连年向好,产品出口到美国、澳大利亚、巴西、泰国、沙特阿拉伯、新加坡、新西

兰、阿根廷、埃塞俄比亚、中国香港等20多个国家和地区,出口车数量累计超过9000辆,签约额超过120亿美元。

(三)品牌影响力显著提升

通过轨道交通企业跨国经营下集团化质量管理模式的构建和实施,优质的服务和可靠的产品得到了客户的认可。公司连续三届获得中国质量奖提名奖,先后两次获得香港地铁质量铜奖。公司研制的美国波士顿地铁,针对美国波士顿百年地铁线路工况和超出常规的美国标准要求提供了中国解决方案,输出了“中国智慧”,被中宣部、国资委评选为“国企海外形象建设优秀案例”。

基于“内升、共享、协同”的高速列车创新标准化质量管控体系构建

中车青岛四方机车车辆股份有限公司

成果主要创造人:马利军　张志毅

成果参与创造人:肖雪峰　李刚卿　韩晓辉　王　勇　曹金山　叶结和　李帅贞　李亚南　马　寅　武永寿

中车青岛四方机车车辆股份有限公司(简称“中车四方股份公司”)是中国中车股份有限公司的核心企业,中国高速列车产业化基地,国内地铁、轻轨车辆重要制造厂家和国家轨道交通装备产品重要出口基地;是国家高新技术企业,拥有国家高速动车组总成工程技术研究中心、高速列车系统集成国家工程实验室、国家级技术中心和博士后科研工作站四个国家级研发试验机构,并在德国、英国和泰国建立海外研发中心;具有轨道交通装备自主开发、规模制造、优质服务的完整体系。

中车四方股份公司在高速动车组、城际及市域动车组的研发制造方面处于行业领先地位,自主研制的 CRH380A 型高速动车组创造了486.1公里/小时的世界铁路运营试验最高速;研制的“复兴号”动车组(CR400AF)实现时速350公里运营,标志着我国成为世界上高铁商业运营速度最高的国家;参与的青藏铁路工程项目、京沪高铁工程项目获国家科学技术进步特等奖;目前已形成不同速度等级、适应不同运营需求的高速动车组和城际动车组系列化产品。中车四方股份公司轨道交通装备产品在满足国内市场需求的同时,已出口世界20多个国家和地区。

作为轨道交通装备制造业的一员,中车四方股份公司将继续秉承“质量优先、创新引领、客户导向”的经营理念,努力打造以轨道交通客运装备为核心的卓越企业。

一、实施背景

(一)满足激烈的国际市场竞争和保障产品质量的需要

世界上80%的高速列车由西门子、日本川崎、阿尔斯通、庞巴迪四巨头制造。中车四方股份公司引进的日本川崎高铁制造技术具有产品总质量轻、综合能耗低、车辆造型美观、连接技术可靠和稳定的特点,但焊接难度大、要求严苛,依靠传统工艺设计管控方法、工艺人员经验分析、人工监督焊接过程、人工评价焊接质量,已无法满足激烈的国际市场竞争和保障产品质量,亟待通过运用科学的管理方法、现代化的管理手段,构建有效的焊接质量管控体系,对焊接实施全流程管控,通过全流程管控有效提升高速列车制造过程的焊接质量,以充分应对激烈的国际市场竞争环境,为产品质量提供保障。

(二)应对复杂多变载荷工况冲击、不断提升产品质量的需要

高速列车需适应高温、严寒、风沙、冰雪、海洋、隧道等复杂的运营环境,承受高速、动载、交变的冲击载荷工况,要达到安全可靠性、高速舒适性及运行平稳性的基本要求;列车结构设计特殊、材料应用形式呈现多样性、车辆制造工况复杂,车辆材料需满足高强度、高精度、轻量化、耐蚀性、气密性及抗疲劳的工程要求以及面向应用场景的材料服役性能要求,这些都增加了质量管理的难度,在焊接质量管控、性能指标、轻量化水平要求日益严苛的条件下,需持续不断地推动新型焊接技术的工程应用及服役安全评估

的技术进步,以促进产品质量不断提升。

(三)贯彻精益管理理念、满足国际标准要求、实施精细化管理的需要

高速列车两大核心部件是车体和转向架,制造过程中80%以上工序采用焊接工艺方法,涉及供应商近300家,核心部件及零部件的焊接质量直接影响着车辆产品质量和运营安全。焊接覆盖高速列车的设计、工艺、质量、生产30余项管控环节,涵盖人、机、料、法、环、测等80余项管控要素,焊接质量的影响因素复杂、多变。依据欧标EN 15085及美标CWF,现有的管控模式难以满足国际化的标准要求,要全面归零、全面复盘,开展全流程、全要素、全链条、系统化、精细化的焊接质量管控体系构建工作,以保障高速列车产品焊接质量的总体要求。

二、成果内涵和主要做法

(一)成果内涵

为满足日益复杂的冲击载荷工况要求,提高高速列车产品质量,创建世界一流轨道交通装备制造企业,中车四方股份公司基于国际焊接标准体系要求和数字化技术,聚焦“三个层面”(基础层、实施层、战略层),充分运用精益理念与方法,坚持PDCA的总体原则,按照规范引领、自主创新、流程优化、标准固化、系统贯通、过程监控、科学评价的流程,基于“四个支撑”(工作机制支撑、专业人才支撑、标准体系支撑、信息化支撑),打造“两个支柱”(规范化焊接管理、信息化流程管控)、“四个核心”(焊接信息化管理系统、模拟仿真系统、焊接质量监控系统、焊缝精量检测系统),构建了高速列车全链条焊接质量管控体系,以解决工艺设计管控水平较低、工艺分析依靠人员经验、焊接过程管控依赖人工、焊接评价体系不够健全的管理难题,系统拉动研发、工艺、制造、采购、供应链、质量等各环节工作的管理提升,发挥“内升、共享、协同”效应,实现主机厂、供应商全链条焊接质量管控一体化协同(图1),为系统提升产品质量与竞争实力奠定基础。

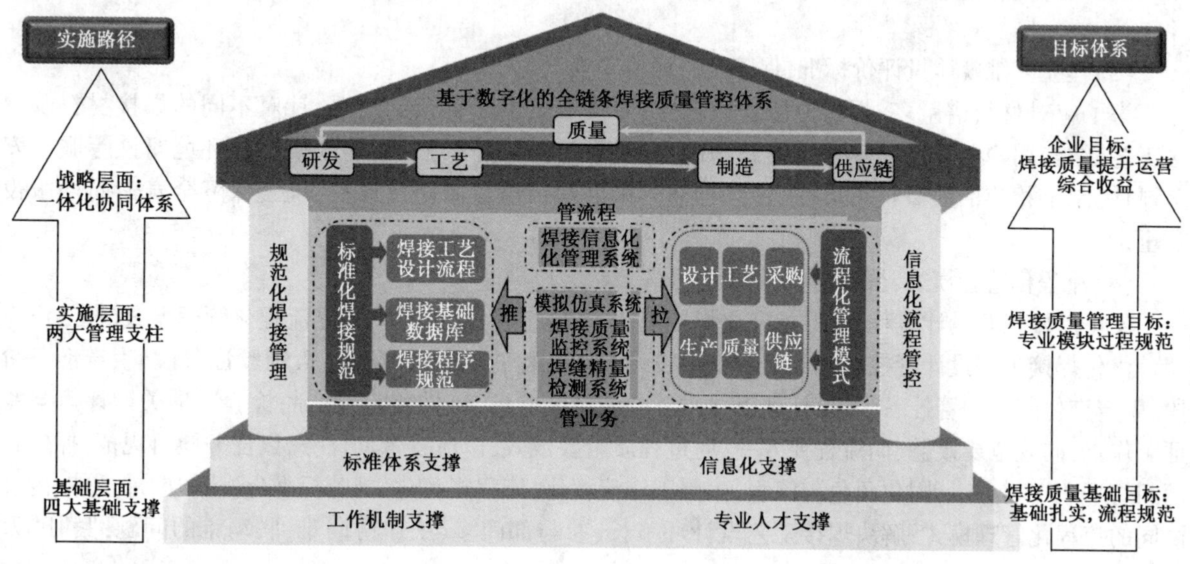

图1 焊接质量管控体系模型

(二)主要做法

结合高速列车焊接全制造过程以及车辆服役的全寿命周期,重点围绕“四个支撑”“两个支柱”“四个核心”体系开展构建工作。

1. 聚焦基础、实施和战略三个层面,策划、推进体系构建

通过绘制体系建设蓝图,聚焦基础层面要求,明确具体工作机制、成立专业人才推进团队、建立体系标准文件目录、筹划流程化信息化的系统蓝图。围绕实施层面要求,将国际标准要求、公司业务流程要

求、组织架构对岗位的授权要求、岗位职责与流程角色的关联要求、基础支撑承接公司战略规划要求,逐一分解至项目各业务的工作计划,按照项目管理的路径,严抓里程碑节点,严控具体推进事项,形成焊接质量管控体系所囊括的规范、流程、标准、方法和模式。结合战略层面要求,为满足公司战略、公司发展规划及年度目标,以流程、表单及决策,形成覆盖全业务系统及各系统全生命周期的框架,保障"四个支撑"落地的同时,实现战略的落地。

2. 建立标准化焊接规范与流程化管控模式,"内升共享"同步提升

践行初心使命,展现国企担当,通过建立标准化焊接规范和流程化管控模式,构建焊接基础数据库、多维度的评价标准,全面对标验证,促进公司内、外(供应商)焊接质量同步提升。

(1)分析欧美体系差异,形成体系实施规范

结合欧美市场的发展需要,分析欧美体系要求差异,编制并形成38套焊接质量管控体系程序文件、技术规范及工作规范,实现三级焊接质量管控,并对外输出给供应商,发挥共享效能,构建起标准化的焊接管控体系实施规范。第一级明确焊接管理的总体规范及要求,实现焊接体系建设与日常工作相融合,规范焊接体系工作;第二级管控强化焊接工艺验证,明确各技术规范的流程、要求及注意项点;第三级管控规范面向工艺人员的焊接工艺设计、基础试验的工作规范,形成工作准则,规范工艺人员日常工作。

(2)构建焊接基础数据库,实现全链条提质增效

梳理和分析当前高速列车复杂的运行及冲击载荷工况,摒弃原有一车一设计、一接头一试验、一车一验证的传统做法,梳理焊接工艺文件数据,形成焊接基础数据库,焊接基础数据库主要包括母材、焊接材料、焊接设备、焊接试验结果、焊接标准及焊接基础知识等焊接领域最基本的数据,焊接工艺数据库和焊接生产密切相关,这些数据可以实施全链条供应商共享,有效减少全链条焊接试验和验证的成本,保障全链条各部件供应商高效、快捷、正确地选用焊接参数,以标准化的焊接基础数据提升焊接能力和性能。

(3)建立多维度质量评价标准,保障全寿命服役安全

为了应对材料谱系多、焊接方法日益多样、服役工况不断复杂的情况,针对不同的焊接材料及焊接工艺,结合用户要求及车辆全寿命管理的要求,通过开展静载强度、动载疲劳及环境腐蚀等服役安全评估,制定相应的质量评价方法,持续构建多维度焊接质量应用及评价方法,保障全寿命周期服役安全。

(4)流程化管理模式,聚核落实"万无一失"

聚焦焊接工艺设计流程,对标标准化焊接规范,实施工艺流程再造,建立流程化管理模式(图2)。

优化焊接工艺设计管控流程和焊接工艺设计工作流程,强化设计阶段、策划验证阶段、生产准备阶段、生产交付阶段的管控,抓实设计评审、焊接评审、产品验证、首件鉴定及产品检验5项关键评审与验证工作点,向规范要效益、向流程要效率,向过程质量要成效,以流程带动任务,以任务履行规范,抓住各部门管理职责与分工,固化角色与流程,按照工作流程化、流程规范化、规范标准化,建立向外延伸、内外协同的流程化管理模式,解决焊接工艺设计环节长、参与部门多、工作协同难、联动难的问题,紧盯"万无一失"抓落实。

3. 技术管理双驱动,数字技术助推管控能力再提速

要实现高速列车标准化焊接质量管控体系的落地,"四个支撑"和"两个支柱"可以有效提升管理能力和水平,但管理过程依靠传统的人工管控、文件管控、规范管控和流程管控,距离准确、高效、可靠、实时、精准的要求还存在很大的差距,只有通过技术管理的双驱动,应用数字化技术,建立符合自身发展需要的信息化系统,才能有效地对管控和支撑能力进行提速。因此,逐步构建了"一流三业"的信息化平台群,即管流程——焊接信息化管理系统,管业务——焊接仿真系统、焊接质量监控系统、焊缝精量检测系统-,通过数字化技术驱动管控能力再提速。

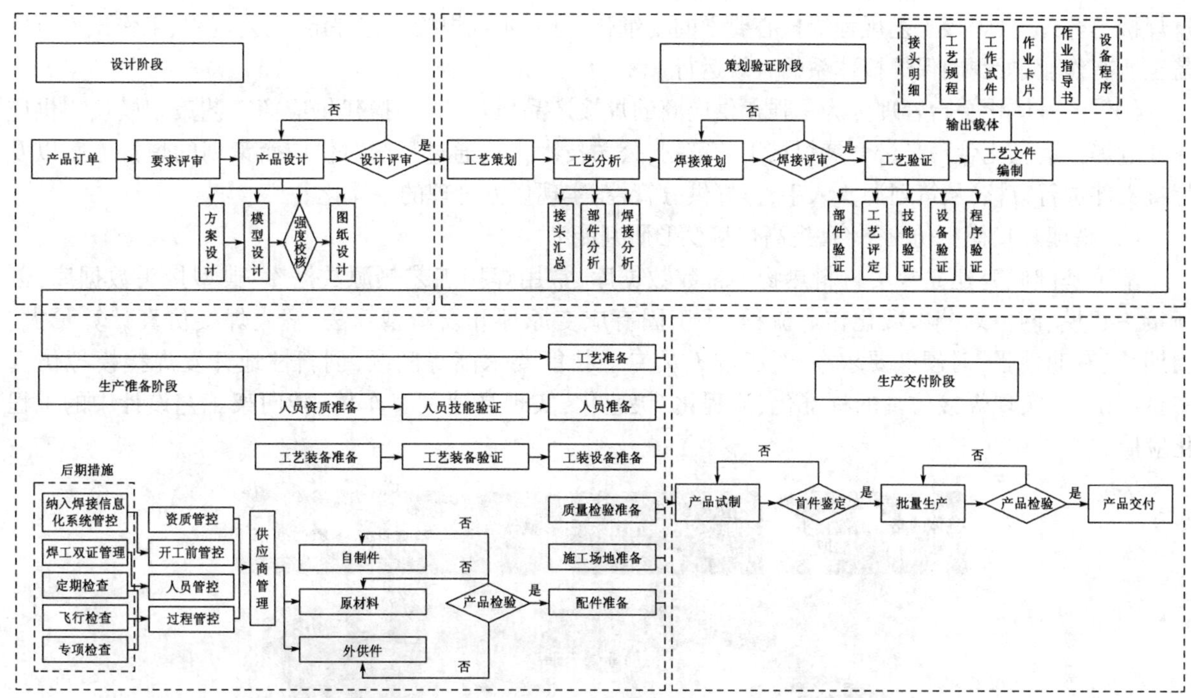

图2　焊接工艺设计流程

(1)开发焊接信息化管理系统,提升流程管控能力

①自主开发焊接信息化管理平台(图3)。将前期构建的焊接质量管控体系实施规范、焊接基础数据库以及流程化的管理模式进行数字化升级,优化传统的对具体产品项目焊接工艺设计流程管理、定义角色、任务分配、计划制定、进度跟踪,解决项目管理靠会议、进度管控、依靠反馈的被动管理模式,实现焊接工艺设计的信息化流程管控,将标准的作业流程、标准的流程审批、标准的作业表单、焊接接头明细、WPS 文件模板、WPQR 精准匹配、WPS 精准匹配、焊接要素精细化管控等功能,统一纳入平台管理,有效减少了工艺设计人员的劳动强度,提高工艺设计效率。

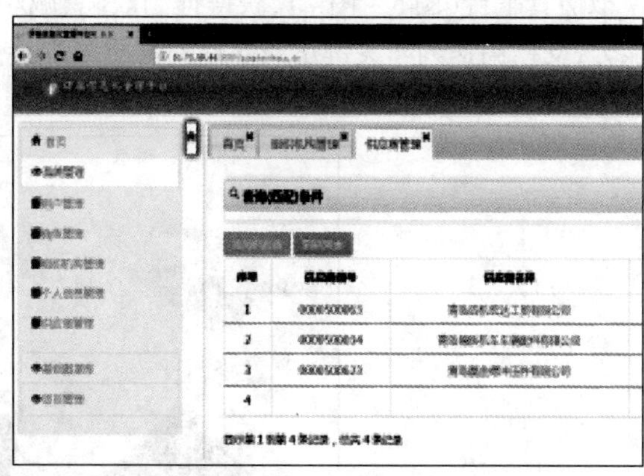

图3　焊接信息化管理平台

②智能化焊接接头分析。通过对焊接工艺评定(如 EN ISO 15614、15613)等焊接标准的分析,依靠焊接信息化平台实现焊接接头的智能分析匹配,提高焊接工艺设计效率以及准确度,WPS 文件编制细节准确率由 80% 提高至 100%,编制周期由 15 天缩短至 7 天,现有工艺人员支撑项目能力提升 1 倍,大大提高工艺设计效率。

③焊接要素精细化管控。基于接头的焊接工艺设计模式,通过产品项目接头的全覆盖统计分析,实现焊接工艺评定、焊接工艺规程等核心要素的精细化管控,实现焊接工艺评定、工艺规程、工作试件可覆盖至所有作业单元,确保焊接体系的有效运行。

④供方一体化平台管理。为了强化供应商的焊接产品质量管控,搭建供应商工艺策划模块。供应商通过焊接信息化管理平台开展焊接工艺策划,公司技术人员通过系统对供应商策划的焊接方案以及焊接文件进行审核,从策划源头入手,抓好供方管控,实现供方管理的一体化。

(2)搭建焊接模拟仿真平台,提高焊接变形研判能力

基于基础研究建立常用材料热物理常数数据库、常用焊接工艺热源数据库、典型接头数据库,创新接头建模、网格划分参数化作业流程;基于固有应变原理开发新型算法,解决焊接仿真计算量大、周期长、专业性强、对硬件要求高、对工程人员专业技能要求高等问题,创新性地开发焊接模拟仿真平台(图4),实现焊接仿真的标准化、流程化、快速化,实现高速列车车体、转向架工艺设计中的工程化应用。

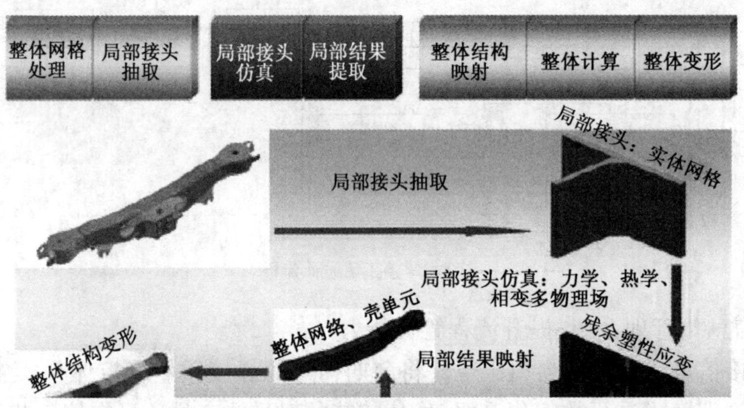

图4 焊接模拟仿真平台

基于数值模拟仿真技术搭建涵盖缺陷抑制、变形预测及应力分析的焊接质量预测平台,建立弧焊、点焊、激光焊、激光-电弧复合焊等车辆在用方法热场、力场、流场多场耦合的三维数学模型,揭示焊接工艺参数与组织、应力及变形之间的规律关系,形成面向关键部件、典型材料快速预测缺陷、变形及应力的模拟仿真平台(图5~图7),获得抑制缺陷、减小变形、降低应力的预防、控制措施,提高焊接变形研判能力,支撑高速列车关键承载部件的高质量焊接。

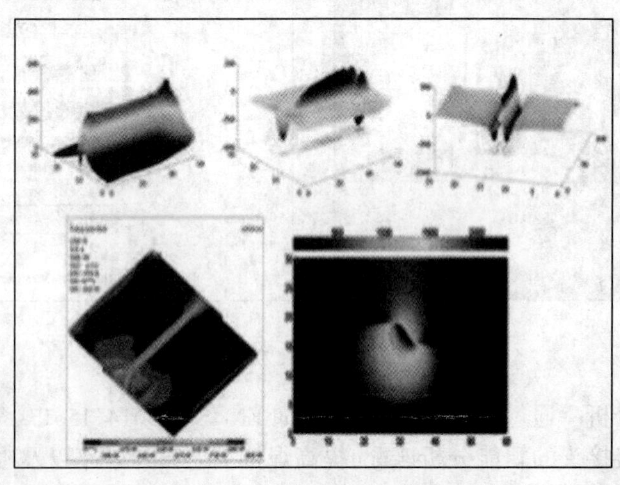

图5 熔池温度场仿真

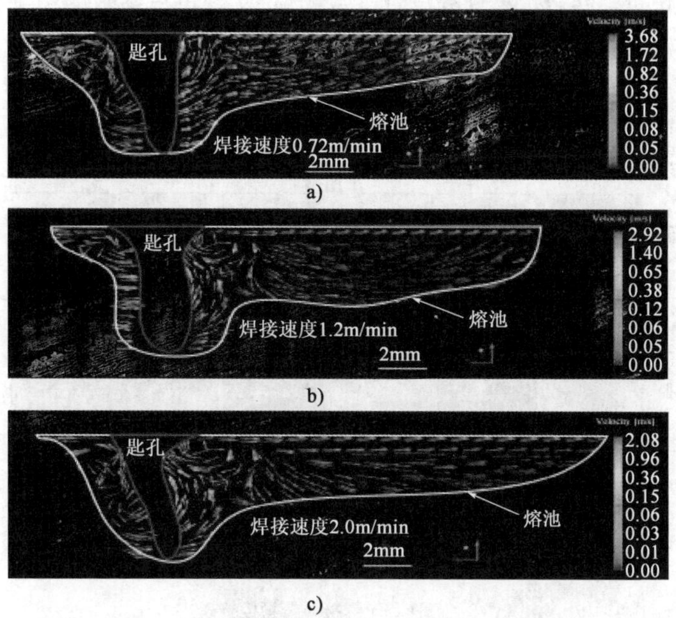

图6　熔池流场模拟

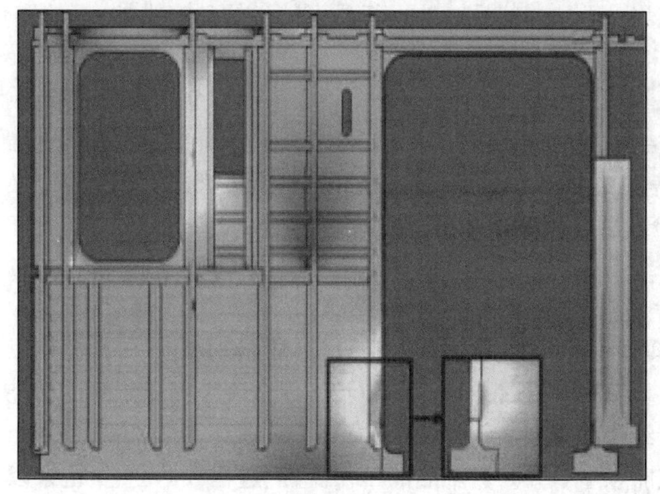

图7　焊接变形预测

(3)实施人机交互预警,提高焊接质量监控能力

依托工业互联网、数字孪生技术,基于欧标、美标焊接质量体系要求,强化焊接工艺管理与智能装备的深度融合,建立焊接结构设计、工艺方法、质量控制、生产制造全流程管控模式,设置阈值与预警机制,围绕结构分析、工艺准备、人员管理、过程监控、在线检测与质量追溯,构建高速列车焊接质量管控新模式,有效提高焊接质量监控能力。

①解析焊接要素管控项点,实现过程数据信息化管理。结合作业单元,分析焊接要素的管控项点,提取焊接要素管控的信息化数据,将工序过程流程化,并且将焊接要素管控要求融入流程中,实现产品项目、作业流程以及人、机、料、法、环等要素的主动管控,避免管控漏项,细化管控的颗粒度、提升管控的效率。

②焊接设备互联互通,实现焊接参数实时监控。结合数字化工厂建设,对焊接设备进行数字化升级,提取焊接过程的重要参数(如电流、电压等),将数据存放在焊接过程信息化管控系统中,实现每条

焊缝参数的实时监控、记录。结合工艺规程设置参数阈值,实现过程参数的精细化控制,解决焊接过程参数依赖人工监测、无法在线监控的难题,形成焊接参数实时监控能力(图8)。

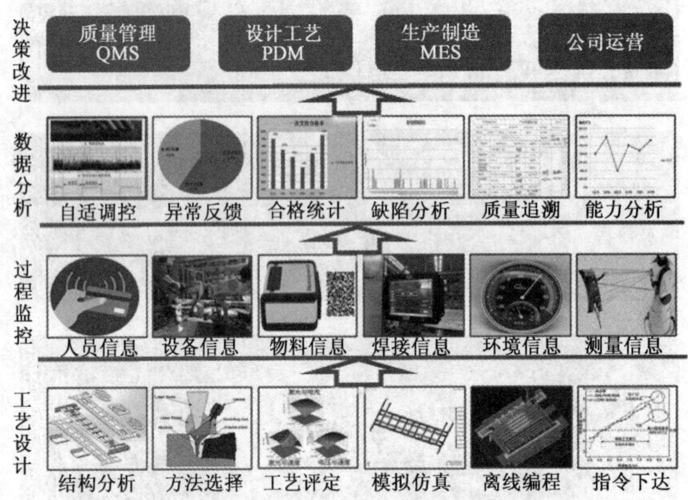

图8　高速列车焊接质量管控新模式

③信息系统互联互通,实现焊接要素信息化管控。围绕焊接要素管控,构建数据交互蓝图,连通PDM设计系统、焊接过程信息化管控系统、人力资源系统和设备管理系统,实现人、机、料、法、环全要素的信息化管理,利用信息化平台自动、及时地进行要素信息的动态维护,有效避免因人工管理失位导致的人员资质不符、设备未按要求点检等问题。

④质量信息实时采集,实现质量数据采集分析。取消现场纸质质量记录,质量信息采集、记录、流转全部纳入信息化系统;结合产品重要度对焊接缺陷进行细化、分级,细化管控流程、要求;同时对质量数据进行分析,实现焊接信息的全寿命管理。完成焊接作业后,依据工艺流程定义,确定为自检或专检,如专检系统App通知专检人员进行NDT检查,如果合格则填写质量记录、质量信息在QMS系统归档;如果不合格则依据缺陷分级,确定是直接返修,还是通知工程师确认后返修,定义返修次数限制,超过定义次数直接报废,质量信息全部记录、归档在QMS系统。

⑤作业过程透明,实现作业时间统计分析。对产品的制造过程进行划分,以最小作业单元为基础进行作业时间的写实,通过信息化手段记录作业时间,实现全流程信息化管控,解决作业工时难以统计、工位作业信息不准确及产线能力不平衡等问题。

⑥产线重要数据实时预警管控。对产品的工作流程、过程数据、质量记录以及故障内容等信息进行提取分析,实现产线的可视化、实时化管理,生产指挥中心可实时监控产线状态(图9)、生产计划、台位状态、交检情况、人员出勤、产线异常、探伤划线等信息。

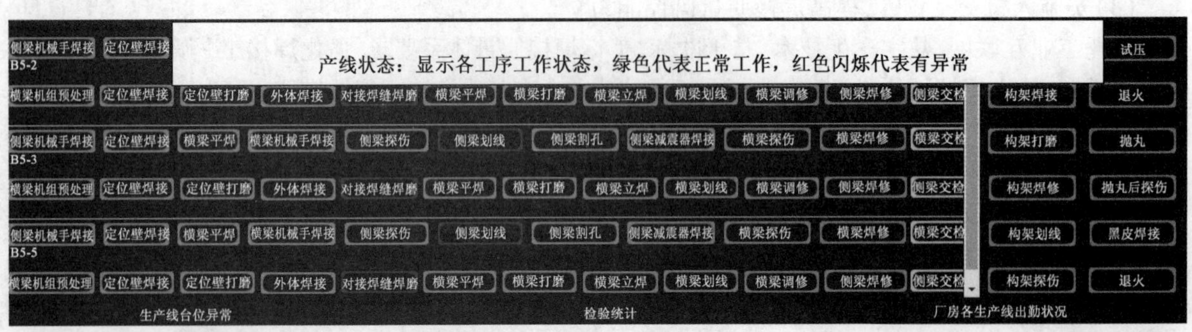

图9　产线状态显示

(4)构建质量评价体系,提高焊缝服役性能及缺陷评价能力

①研制面向焊缝服役性能及缺陷评价的装置及方法。研制点焊三维激光扫描成像检测装置,实现

熔核尺寸高精度扫描检测及图像化输出(图10);开发电阻点焊超声螺旋C扫描检测技术,实现多层板点焊结构的超声成像分析和高分辨力测量;基于兰姆波透射法设计高频双聚焦阵列探头,研发可快速评价激光焊缝未熔合缺陷的超声波B扫描检测装置和精确检测激光焊缝熔宽的高频超声C扫描检测装置;基于拉伸断裂机理揭示激光焊搭接焊缝熔宽较熔深与焊缝强度有更强线性关系的规律,提出通过焊缝熔宽评价焊缝质量的无损检测方法(图11);创新激光-电弧复合焊缝超声爬波无损检测技术,缺陷检测精度可达0.1mm,实现激光—电弧复合焊缝根部未熔、气孔、裂纹等质量缺陷的快速有效识别(图12);基于三维扫描和激光跟踪技术,实现司机室等复杂曲面焊接结构的高精度三维快速检测(图13)。

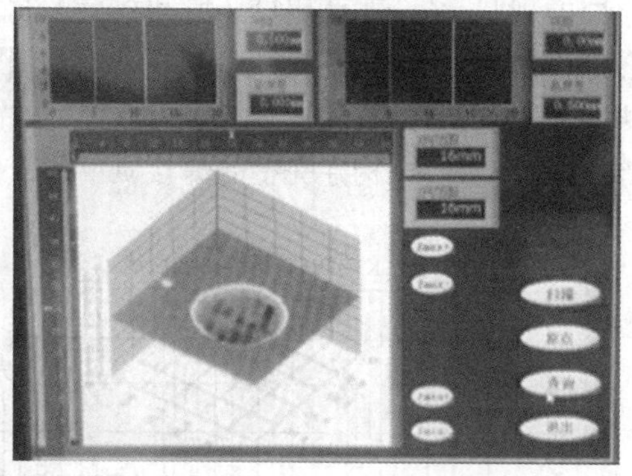

图10　点焊形核质量检测

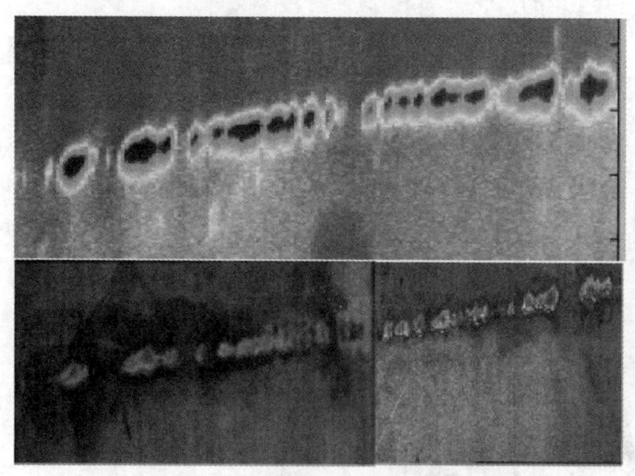

图11　激光焊缝熔宽质量检测

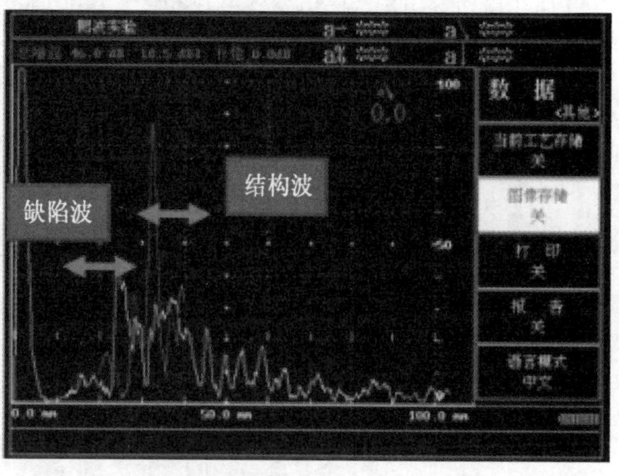

图12　激光电弧复合焊质量检测

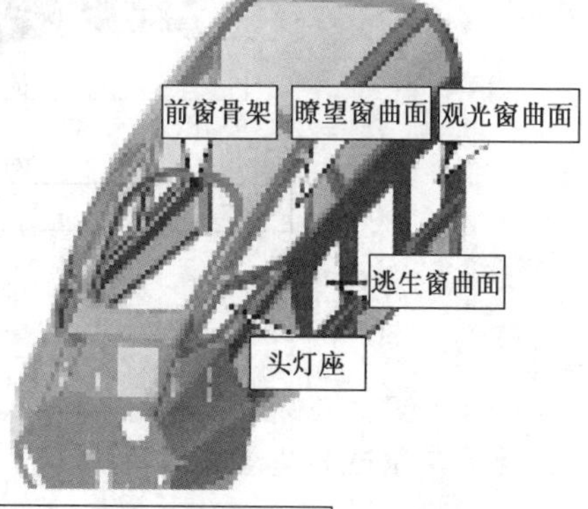

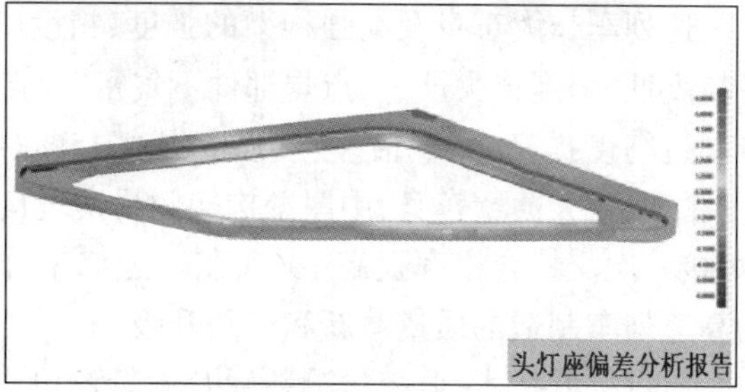

图13　复杂曲面三维检测

②形成完整的焊接质量评价方法。针对高速列车长大薄壁车身和高强轻量构架焊接质量评价体系空白的现状，结合车辆服役环境和载荷工况，通过关键承载部件、二十余种载荷工况、近万个接头、百余套部件的测试分析、工况试验及装车验证(图14～图16)，面向零件制备、精密组装、连续焊接、无损检测等核心制造环节，完成磁控密封点焊、激光焊、激光-电弧复合焊接的静载强度、动载疲劳及环境腐蚀等服役安全评估，构建完整的焊接质量评价体系。

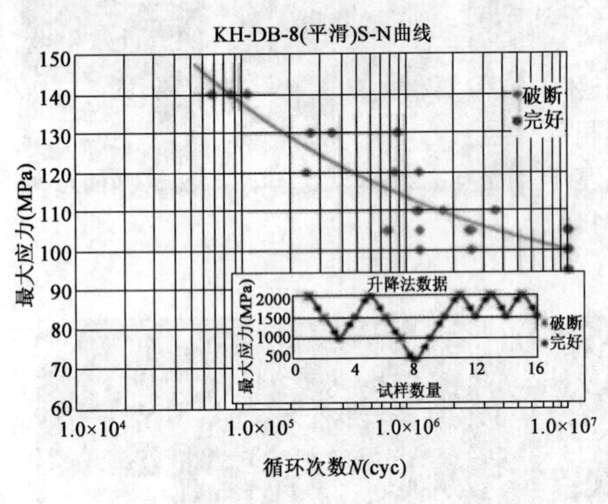

图14　接头疲劳强度测试

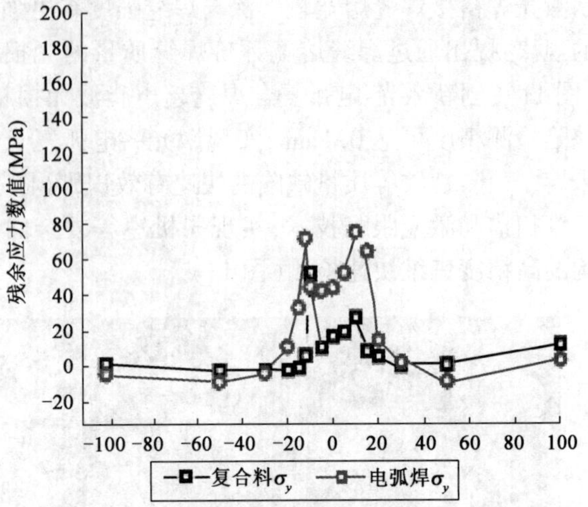

图15　构件残余应力测试

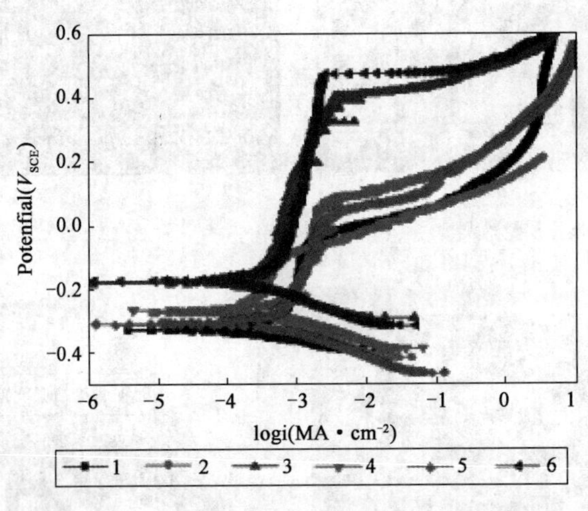

图16　构件耐蚀性能测试

三、实施效果

(一)推动高速列车制造的质量技术革命和产品升级

通过管理创新，系统提升高速列车长大车身及高强构架的强度、精度、轻量化、耐蚀性、气密性及抗疲劳能力，解决传统弧焊部件精度低、强度损失严重，点焊部件不气密、焊点压痕明显等制约车辆品质提升的局限，实现高速列车车身制造精度提高3～5倍、连接强度提高15%～20%的工程目标，消除焊后调修，减少焊后打磨，消减泥子涂装；长大薄壁车身、中厚壁构架侧梁实现良好、稳定焊接的同时，制造精度、生产效率大幅提升，产品焊接一次交检合格率提高30%，制造返修率降低40%，焊接变形的控制能力和制造精度提高1倍，推动高速列车制造的质量革新和产品升级。

项目创建的平台管控模式、质量提升技术、监控检测装置及质量评价方法在复兴号高铁列车、城际动车、香港及芝加哥地铁等共计5000余辆轨道客车的制造中得到批量应用，实现在时速600公里高速磁浮及时速140公里下一代地铁列车中的开创性应用，实现车辆的高质量焊接，提高生产效率，降低制造成本，创新一系列的质量方法和管理成果，解放了焊接工程师大量的精力投入新技术研发，支撑轨道交通高端装备的精密、精细制造，形成产业化能力，填补行业空白，达到国际领先水平、在轨道交通领域起到重要的引领、示范作用。

(二)促进轨道交通装备制造效率与管理效能双提升

1.缩短工艺研发试制周期、提升工艺设计质量

设计工艺的协同作业，使焊接工艺设计可以提前介入，与结构设计并行开展，使焊接工艺设计周期至少缩短20天。

基于标准确定的匹配原则对WPQR、WPS进行智能匹配，输出焊接工艺准备项目，避免焊接工艺评定错评、漏评情况的发生，焊接工艺设计准确率提升至100%，焊接工艺规程编制从15天缩短至7天，文件编制效率提升约53%，产品一次交检合格率提高30%。

2.强化仿真与评价闭环管理，提升焊接质量管控水平

通过焊接模拟仿真平台的应用，为产品的缺陷抑制、变形预测及应力分析等提供了很好的手段，缩短了焊接试制的周期，降低了验证成本，获得了抑制缺陷、减小变形、降低应力的预防及控制措施。通过加强模拟仿真与试验结果的对比分析，提升了仿真的准确性及可靠性，建立了“仿真→试验→再仿真→再试验”的闭环管理模式，支撑了高速列车关键承载部件的焊接质量管控水平。

3.推动产业链上下游协同，提升一体化管控能力

充分发挥“内升、共享、协同”效应，对外输出标准化焊接规范、流程化管控模式以及焊接信息化管理系统。目前，已向全国60多家车辆配件供应商以及子公司实施共享与协同应用，取得良好的工程化效果，有效实现了焊接接头等基础性试验验证数据及不同工况下的焊接参数的共享，降低了供应商试验验证周期与成本，推动焊接管理水平的提升，实现了产业链上下游协同，满足了公司一体化管控的要求。

(三)管理与技术双轮驱动，提升企业行业影响力

项目授权专利40余项，获中国专利银奖1项；申请软件著作权7项；发表论文50余篇；制定国际标准1项、国家及行业标准7项，创新成果达到国际领先。培养詹天佑奖、茅以升科学技术奖获得者2名，中车首席技术专家2名，中车资深管理专家1名，中车管理专家1名。公司品牌影响力、技术驱动力、行业影响力得到明显提升，有效助力公司获得美国芝加哥、阿根廷、新加坡、智利等海外订单。

(四)全面实现项目产业化应用，经济效益显著

项目成果在复兴号高铁列车、城际动车、香港及芝加哥地铁等共计5000余辆轨道客车的制造中得到批量应用，实现在时速600公里高速磁浮及时速140公里下一代地铁列车中的开创性应用，近三年新增产值138.336亿元，新增利润13.8336亿元，新增税收5.53344亿元。

焊接接头数据库的使用，使焊接接头的重复使用率达到99%以上，减少焊接工艺评定数量，每年节约试验费用300余万元(按每年60个新项目，每个项目减少10项评定，每项评定0.5万元核算)。

随着高速列车高端装备的质量技术革新及产业化推进，中车四方股份公司车辆品质进一步提高，产品竞争力进一步增强，先后获得雅万高铁、阿根廷、埃及、智利电动客车等海外车辆订单，得到国内外车辆用户高度认可。公司规模持续扩大，经营业绩连创新高，销售收入稳步上升。中车四方股份公司销售收入和净利润连续三年居国内行业首位，品牌影响力进一步扩大，取得了巨大的经济效益。

高速公路运营单位基于重点客户需求的定制化服务平台建设

山东高速股份有限公司临沂运管中心

成果主要创造人:米 刚 田 丰

成果参与创造人:李 鹏 刘秀军 刘文超 李 峰 李培亮

山东高速股份有限公司(简称"山东高速公司")成立于1999年,由山东高速集团有限公司控股;2002年3月,在上海证券交易所上市,注册资本48.11亿元。公司主要从事对交通基础设施的投资运营以及高速公路产业链上下游相关行业等领域的股权投资。目前,公司运营管理路桥总里程2502公里,受托管理山东高速集团有限公司所属的路桥资产里程1261公里,是国内同行业运营里程最长的路桥上市公司。收费站是山东高速公司对外展示品牌形象的关键窗口,主要通过为过往驾乘人员提供"畅安舒美"的通行服务而收取通行费用,以实现自身盈利并为顾客和其他相关方创造价值。近年来,公司所辖收费站坚持"立身以德为本、管理以人为本、工作以诚为本、发展以质为本"的企业核心价值观,牢固树立"舒美工作、尽职尽责"工作理念,形成了"精、准、细、严"的工作格局。

一、成果实施背景

(一)践行国家战略,实现交通强国的需要

交通是兴国之要、强国之基。建设交通强国,是满足人民日益增长的美好生活需要的必然要求,是全面建设社会主义现代化国家的内在要求。高速公路作为中国交通行业的一员,应该为交通强国贡献自身的一分力量。山东高速公司积极响应国家号召,提出了"坚持以人为本,突出交通主业,努力让人民群众走最好最舒适的路,享受到高品质的出行服务,为社会创造价值,为企业增加效益,为员工带来福祉"的发展理念。

(二)应对交通行业日趋激烈的市场竞争的需要

近年来,伴随着社会的进步,高铁、航空等交通运输方式的快速发展使高速公路行业面临巨大压力。一是在快捷舒适方面,高铁及航空占有很大的优势,尤其是高铁的发展,不仅能够节约时间,而且以顾客为中心,提供高品质的服务。二是交通行业已进入以顾客为王、速度为王、服务为王的信息化时代,高速公路快速通行的核心竞争力已被高铁等交通方式赶超,不改变就意味着被淘汰。面对市场竞争和行业发展的新形势、新环境,要实现持续健康发展,高速公路必须依靠提升服务质量、增强顾客忠诚度来进一步提升竞争优势。

(三)提升公司品牌效应的需要

近年来,随着高速公路建设进度的加快和国民经济的快速增长,顾客行为越来越成熟、理性和多元,顾客细分在加速;顾客对高速公路的关注点不断升级,对服务的关注越来越强烈,对更高品质和更好体验的需求日益凸显。过去"大锅饭"式的服务已经结束,旧的高速公路服务格局已被颠覆,新的个性化服务需求已经出现,对高速服务能力也提出了更高的要求。山东高速公司要想获得更好的发展,就要树立品牌,深化品牌认知。而收费站作为展示山东高速公司品牌的前沿阵地,只有不断改进创新,提升服

务质量，用个性化的服务满足顾客多元化需求及高品质要求，才能赢得顾客和市场，树立品牌。

二、成果内涵和主要做法

运管中心以国家供给侧结构性改革为契机，深入贯彻落实各项决策部署，以人才强企战略和行业领先战略为引领，聚焦“客户”和“服务”两大关键点，通过识别重点客户，收集重点客户需求，分类制定差异化服务策略，开展内部员工服务规范培训，统筹推进重点客户“集优用”一体化平台建设。通过对平台服务流程实施全过程质量管控，对员工服务实施“考核＋激励”双驱动，助推服务质量提档升级，实现单一服务模式向多元化服务模式转变，满足重点客户差异化需求，实现提高客户满意度及忠诚度的目的。

（一）聚焦客户和服务两大关键点，明确服务定制化管理的总体思路

聚焦客户和服务两大关键点，以重点客户需求为核心，成立由站长任组长，收费班长为成员的重点客户服务管理小组，明确服务定制化管理的思路。总体思路为：针对重点客户的差异化需求，为其“量身定做”服务；针对不同重点客户的需求转化为多元化的服务要求，颠覆“一刀切式服务模式”；针对重点客户需求结构调整拉动服务质量提升，提高服务感染能力和品牌竞争力，从而实现收费站“为社会创造价值，为企业增加效益”的发展目标。

1. 满足重点客户差异化需求

在当前客户导向的经济时代，以客户为中心成为众多企业的重要经营准则，要做到真正满足客户差异化的需求，在以客户为中心的基础上建立定制化的服务，是绝佳手段。收费站针对不同重点客户的不同需求，在服务流程开发和推广上，对目标市场与重点客户需求进行细分，深刻了解重点客户信息，建立资源库，提供定制化服务，满足不同重点客户的差异化需求，提升重点客户满意度。

2. 从单一化服务模式向多元化服务模式转变

为了更多地占领市场和开拓新市场，适应客户不断增加的个性化需求，避免服务单一化的风险，多元化的服务模式已成为引领服务行业的风向标。收费站依托智慧高速建设，创新服务模式，从单一服务向多元化服务延伸。构建重点客户需求驱动型“集优用”一体化运行机制，将不同类型的重点客户需求转化为多元化的服务要求。建立“互联网＋服务”的新模式，通过重点客户服务信息管理系统，依托微信公众号等互联网平台，实时向重点客户提供高速路况、收费站车流量情况、周边景点及加油站等多元化信息推送服务，真正做到“为客户服务，为需求定制”，不断提升营销增效水平。

3. 助推服务质量提档升级

深入研究国内外高速公路新、老服务模式，时刻了解服务市场形势变化，深入谋划高速公路服务战略，明确服务市场定位，研究营销策略，提升服务质量。收费站侧重点由原来抓收费业务向优化服务流程、改善服务质量和满足客户需求转变，形成关注需求、研究需求、对接需求的服务质量提升意识。依托重点客户需求结构调整带动服务结构调整，拉动服务质量提升，倒逼管理模式升级，全面提升收费站综合竞争实力。强化激励考核的导向作用，让优秀服务人才、优秀管理人才扎根作业现场为一线服务，深化服务管理流程对标，迅速提升员工服务意识和职业素养，提高服务质量控制能力和服务流程改进创新能力，全力推进服务水平提档升级。

（二）识别重点客户，明确服务营销途径

1. 量化界定，准确识别重点客户

传统意义上的收费站重点客户是指具有一定的行业影响力，信誉及资金状况良好，对公司渠道建设、服务质量提升、品牌价值提升具有战略意义的客户。运管中心在大数据收集、分析基础上，通过通行频次、信誉度、客户分级评定三个层次明确重点客户量化评定标准：一是通行频次上满足月均通行收费站频次达到一定次数以上，且持续稳定，年度内无连续一个月或累计两个月无通行记录的情况；二是在信誉度方面，信用良好，无偷逃费、寻觅滋事等损害收费站利益的违规违法行为；三是客户分级评定为四

级以上(企业影响力、对高速公路的贡献度、帮助支持情况三个方面综合分值大于80分)的客户。通过收费业务稽查系统、图像稽核系统及大数据收集系统综合分析,构建重点客户信息收集系统,形成收费站重点客户清单,经重点客户服务管理小组审核、站领导批准确定,按“能上、能下”原则进行动态调整。

2. 明确开展以重点客户为导向的服务营销途径

一是持续优化重点客户结构。制定《重点客户分级和评价管理办法》,对重点客户结构进行科学分类,动态管理,推进重点客户维护、开发、培育工作,确保建立忠诚稳定的重点客户群,实现重点客户结构的持续优化。

二是建立重点客户维护和服务体系。制定《重点客户维护及服务管理办法》,开发稳定、忠诚度高、黏性强的重点客户,为其提供优质的服务。健全完善客户服务管理平台运行机制,以服务重点客户为抓手,推进重点客户责任制,建立多层级定期走访客户、研究重点客户服务市场的长效机制,与重点客户培养长期稳定的合作共赢关系。深化“为客户服务,为需求定制”的理念,建立全流程服务于重点客户需求的支持保障体系。

三是优化和扩大服务营销渠道。充分利用山东高速公司良好的品牌优势和实力,对接地方核心市场渠道开发新客户,主要锁定机关事业单位、客运、物流、运输等领域的目标客户群体。依托道路信息服务平台,主动对接重点客户,及时准确传递道路运行状况,为重点客户节省时间,提高服务满意度,打开服务营销渠道。开展“高速公路服务项目宣讲进企业进机关活动”,积极开发周边客运、运输企业等行业的新客户,加大培育力度,不断扩大重点客户比例。

(三)深入挖掘重点客户需求,分类定制服务策略

1. 建立重点客户需求收集机制

建立由多渠道调查收集、建设重点客户需求服务信息平台等环节组成的重点客户需求收集机制。

多渠道调查收集:一是传统收集方式,通过顾客满意度调查、联席会议、现场交流、大数据收集、意见箱、96659反馈、上门走访等传统方式,调查重点客户的需求;二是新开发收集方式,在传统调查收集重点客户需求的基础上,创新收集渠道,增设资源置换、手机服务App等收集方式,深入挖掘重点客户需求。充分利用收费站员工社会资源,通过各方收集教育资料、法律知识等方面的资源,分类建立资料库,借助收费站微信公众号平台推送,吸引重点客户,通过资源置换,收集重点客户需求信息。建立集需求、意见反馈、服务满意为一体的重点客户手机服务App,直接对接重点客户需求,收集重点客户对服务流程的意见和建议。

借助重点客户服务信息系统,建立集收录重点客户需求信息、归类不同类型客户需求、分析形成重点客户需求报告于一体的重点客户需求服务信息平台。一是将多渠道调查收集的重点客户需求录入平台的信息数据库。二是分类不同重点客户类型的需求。三是分析重点客户需求,把控需求市场形势,制定发展趋势图,改进调查收集方式,形成分析报告。

2. 开展重点客户需求分类

根据重点客户需求报告,利用KANO模型将重点客户的需求分成三个层次(基本型需求、期望型需求、魅力型需求)。依托重点客户服务信息平台,建立重点客户需求分类台账,主要针对重点客户的需求,在保证高质量服务、高效率通行的原则下,分类定制服务流程优化方案,满足客户个性化、定制化需求,见图1。

3. 制定个性化、高效化、专属化服务策略

为进一步提升服务质量及重点客户满意度,收费站结合重点客户需求,制定个性化、高效化、专属化的服务策略。

(1)推进个性化服务模式,实现收费站与重点客户的共赢

个性化服务以其鲜明的针对性、灵活性和超常性成为收费站服务发展的趋势。深入推进前期介入

的模式,对客户深层次需求及服务发展趋势进行前瞻性识别。

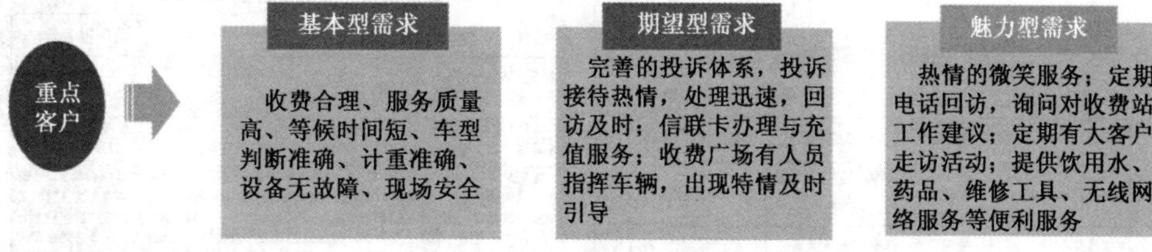

图1 识别重点客户的需求

一是建立“互联网+服务”的重点客户服务运行平台。以提升重点客户需求为核心,打造个性化服务,为重点客户提供“互联网+”出行信息推送、咨询、救助、执法一体的便民服务模式。

二是构建“面诊”式文明服务用语体系。在原有文明服务用语语库的基础上,引入“察言观色"理论,经过系统化总结、提炼,建立“面诊”式文明服务用语体系,用个性化的温馨服务增加与顾客的黏度。

三是因人施策,针对不同类型的重点客户,提供不一样的增值服务。如,向驾乘人员提供安全提示手册、企业文化手帕等暖心馈赠活动等。

四是与重点客户联合优化服务流程,进一步提升服务质量,更好地满足客户需求。

五是管控重点客户特殊需求,在服务流程优化阶段,加强识别,确定服务流程输出满足特殊需求。

(2)高效化特情处理服务,提高重点客户服务满意度

在特情处理方面,收费站明确顾客特情处理流程,构建顾客特情处理8D处理改善模式(图2),对各类投诉、意见,进行案例分析,查找原因,形成8D处理改善分析报告,进一步增强服务意识,提升重点客户服务满意度。

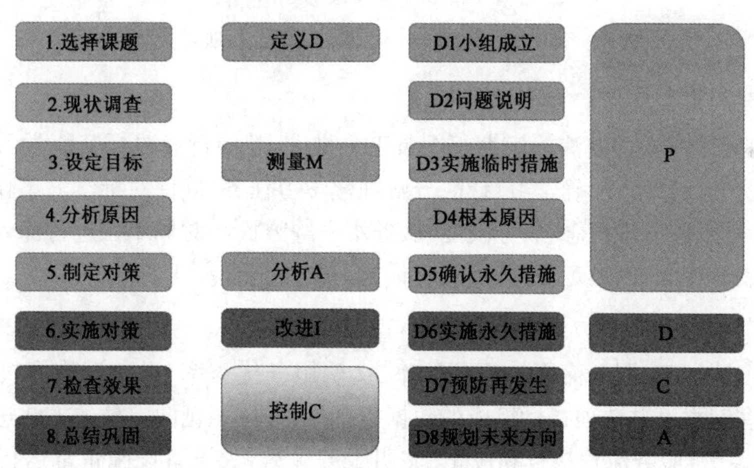

图2 特情处理8D改善模式

通过8D改善机制的应用,提炼出了“事前预防、事中处理、事后补救”的三步走特情处理工作法。事前加强制度建设、业务培训、案例分析、警示教育、心理疏导和基础保障;事中坚持快速处置、不升级矛盾、灵活掌握制度、注意处理技巧;事后主动联系、全力以赴,帮助重点客户解决存在的问题,赢得重点客户信赖,拉近重点客户距离,增强重点客户满意度,提高重点客户黏性。特情处理记录单和8D特情处理三步走工作报告见图3。

(3)享受专属化服务,增加重点客户黏性

建立领导带队走访制,针对重点客户,领导带队定期走访;建立顾问服务制,明确重点客户顾问,客户顾问全程做好关系维系服务,客户服务团队全面支撑全力督导;建立资源优先分配制,资源优先分配,优惠、专道、特情处置等重点倾斜,客户服务管理平台设置专栏开启定制化的服务项目;建立重点客户通行服务情况月报、规范重点客户服务标准,提高服务质量,进一步提升顾客满意度。

（收费）投诉、举报电话记录单

单号：201804040915

被投诉、举报单位	兰陵北站	投诉、举报时间	2018.04.04 09:15
投诉、举报人姓名	孙先生	投诉、举报人联系方式	[illegible]
投诉受理人	孟丹	受理部门负责人	刘丽娜
投诉处理人	王辉	处理部门负责人	李培亮
投诉、举报内容：王先生来电投诉他3月31日从兰陵北下高速时收费员不负责任，ETC重复扣款，收费员承诺三天返还也没有做到。已站上的工作人员也给他回过电话，孙先生提出投诉，要求回复。			
受理情况：转收费稽查			
处理情况：我站接到投诉后，迅速核查情况。经与当事收费人员核实及ETC客服沟通，重复扣复当时我站值班人员及票据室就与ETC客服中心沟通，将事情全部经过详细说明，ETC客服中心回复查询核实后，马上退款。接到投诉后，我站再次联系潍坊ETC客服中心，回复信息还未查询到。我站值班人员积极处理，先行自己垫付将重复扣款全额退还驾乘人员，待后续查询确认后再行处理。驾乘人员对处理结果非常满意，给予好评！该情况我站严格按照退款程序处理，无过失。			
结论：无理投诉			

重点客户投诉处理的8D报告

收文号	201804040915	投诉日期	2018.04.04	驾乘人员姓名	孙先生
投诉受理人及负责人	孟丹、刘丽娜		投诉处理人及负责人	王辉、李培亮	
1.驾乘人员投诉详情：孙先生来电投诉，3月31日在兰陵北收费站ETC车道下路时，由于设备原因，重复扣款，当时，收费员承诺3天后返还重复扣除金额，但是没有做到。					
2.调查详情：收费站接到投诉后，立即与当事收费员及临沂ETC客服中心核实情况，并备份处理录像。经核实，车辆ETC重复扣款的情况属实。事情发生后，当事收费员上报票据室及值班领导，并积极与临沂ETC客服中心电话沟通，得到回复为查询核实后，马上退款。接到投诉后，值班领导再次联系临沂ETC客服中心核实退款情况，回复为仍未查询到该车扣款情况，稍等再次查询后，电话回复。站值班领导主动沟通，积极处理，先行垫付重复扣款金额返还给驾乘人员，待后续ETC客服中心查询确认后，再对接金额返还问题。最终驾乘人员对收费站投诉的处理态度给予高度评价，对处理结果非常满意。该情况已于4月5日与ETC客服中心对接，严格按照退款程序处理，无过失。					
3.小组成员	姓名		职务	联系电话	
	李培亮		站长	13963287582	
	刘丽娜		监控	13561187764	
	王辉		管理员	13563261856	
	马亮		管理员	13869421555	
	王海峰		中队长	13656372886	
4.遏制措施			责任人	完成时限	验证情况
事前预防	加强制度建设，完善修订ETC特情处理应急预案，梳理流程；加强预案演练，以演练促进问题发现，以问题为导向指导演练效果提升；加强ETC特情处理业务培训，以案例分析为教材，举一反三，取长补短，提高员工技能水平。		李培亮、马亮	4.12	严格按照特情处理流程，高标准、高质量的完成了驾乘人员的投诉处理工作，得到投诉司机的高度评价，挽回客户，提高客户满意度及忠诚度。验证人：李培亮、
事中处理	灵活运用规章制度，前岗收费人员要全面掌握各项规章制度，随机应变；坚持快速处理，不升级矛盾为原则，始终围绕顾客为中心，做好驾乘人员的沟通解释工作。		王辉、王海峰	4.7	
事后补救	认真分析ETC特情处理过程，找出处理不足，立即与ETC客服中心沟通，核实退款情况；在仍未退款的情况，收费站主动联系驾乘人员，对特情处理工作中存在的问题及不足道歉，并立即制定应急整改措施，以最短的时		马亮	4.5	

图3　特情处理记录单和8D特情处理三步走工作报告

（四）多角度、全方位，定位收费站服务能力，构建服务规范培训评价体系

1. 同行业对标交流服务管理

制定《收费站对标学习管理办法》，定期组织员工分批次，赴同行业对标交流学习，找准当前服务定位。一是按不同岗位进行分组，明确学习目标，分解细化学习任务，确保对标学习工作有的放矢；二是以参观、座谈等方式针对服务管理理念、服务技能、服务水平等方面与对标单位进行深入的探讨学习，找不足，明差距；三是绘制对比图，制作定位图，形成对标学习分析报告。

2. 建立"七个靶向圈"服务能力测评机制

建立由收费速度达标率、服务流程执行到位率、文明服务优秀率、设备设施停机率、特情处理及时率、有责投诉率、顾客满意度共7项指标组成的数据指标库，并按照靶向定位的方式进行分类，分别设立7个靶向圈（收费速度靶、服务流程执行到位靶、文明服务优秀靶、设备设施正常运行靶、特情处理及时靶、有责投诉靶、顾客满意靶），将收费站员工按照中队进行分组，站长、管理员每人带领一组，依托收费速度大比武、服务质量监控系统、设备设施停机系统、顾客电子调查问卷推送、特情处理记录、有责投诉记录等平台，每月统计各班组定向射靶情况，找准员工薄弱项，形成服务能力测评结果，明确自身定位。

3. 找准薄弱项，培训促提升

以员工的薄弱项为抓手，紧紧围绕单个人开展培训，因人制宜制定培训方案，并且会同人力部门、综合部门对员工的能力进行识别。根据员工的能力情况、培训需求进行评估，从个人发展出发，制定员工能力提升策略，确定培训模块，识别出各岗位人员需要参加的培训模块，确保培训的科学性、合理性、高效性。构建分级培训责任体系，根据岗位能力需求安排人员参加各层级培训，确保员工能力得到提升，满足工作和员工职业发展需要。通过问卷调查、撰写总结等形式评价人员对课程的满意度和培训内容的掌握程度；通过技能鉴定、领导评价等方式评价培训的有效性；通过跟踪验证，评价培训对组织绩效的提升效果，并将评估结果应用于次年度培训计划的编制。

(五)加强内部协同,构建重点客户需求驱动型"集优用"一体化运行平台

依靠一线收费作业现场,依托重点客户服务信息平台,组建重点客户需求收集整理、服务流程优化和实践应用运行的"集优用"一体化服务团队(简称"一体化服务团队"),以重点客户的需求为导向,以各收费中队为载体,为重点客户提供服务,最大限度地满足重点客户需求,实现收费站与重点客户共赢。

1. 岗位职责分工

明确各中队为服务单元,负责为重点客户提供定制化、精准化、专业化、一体化的服务,实现从"客户"到"客户"的服务流程管控。对内代表客户向服务流程提出要求,对外代表服务流程满足客户需求。站长依托重点客户一体化服务团队进行整体管控,同时负责各中队与一体化服务团队和重点客户信息服务平台的统筹协调。

2. 组建一体化服务团队

一体化服务团队成员来自各中队,根据重点客户不同需求类型分类建立数个类别的一体化服务团队,每个类别的一体化服务团队按"1 名管理员 +1 名业务骨干 +3 名收费员"模式组建。

管理员是整个团队的核心,是为客户提供一站式服务解决方案的全流程闭环管理责任者。业务骨干是团队的执行者,依托重点客户服务信息平台,系统分析重点客户需求,对服务流程进行优化,收费员是团队的应用运行者,将业务骨干优化完成的服务流程应用到收费业务操作中,调查重点客户对服务流程及质量的满意度,并反馈至客户服务信息平台。

3. 服务流程优化运行机制

收费站服务流程在遵循山东高速公司流程标准规范要求的基础上,结合重点客户需求进行补充修订。服务流程优化设计分三步实现:第一步针对识别出的重点客户需求进行分类;第二步以重点客户需求为中心,通过 5M1E 分析法(人、机、料、法、环、测),将需求转换为服务要求,形成具体指标及参数;第三步根据具体指标及参数,对接公司流程标准规范,梳理、修订、优化,形成新版收费站服务流程。梳理完成新版收费站流程 32 项,真正起到了提质提速增效的目的。

如绿通验货流程,通过切割 W 护栏,改进绿通验货通道,绿通验货由原来 5 分钟加快到 3 分钟。ETC 通道前车占用后车信息车辆引出流程,通过优化服务流程,将车辆引出用时由原来 10 分钟缩短至 2 分钟(图 4)。

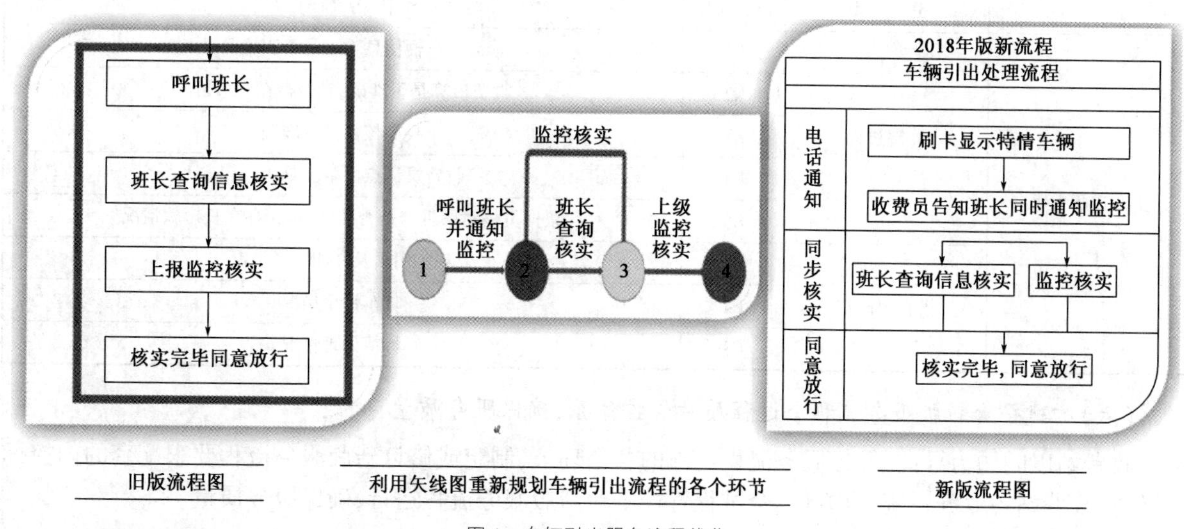

图4 车辆引出服务流程优化

4. 新版服务流程全面实践应用

新版服务流程严格遵循"符要求、低成本、简操作、高质量、高效率"的原则,采用"桌上实践验可行,一线推广控质量"的方式进行实践应用。一是由一体化服务团队组织部分重点客户代表,开展新版服

务流程桌面推演,验证其可行性及合理性。二是利用服务蓝图对新版服务流程的各个环节进行分解(图5),找出服务过程中影响服务质量的关键活动和潜在控制点,应用防差错法进行控制(表1)。三是小范围实践运行,收费站借助第三方评估机构、神秘顾客等质量控制方法,检验新版服务流程运行质量及重点客户服务反馈情况,并输入重点客户服务信息系统,形成实践运行情况报告。四是优化推广,根据运行情况报告,显示实践运行质量≥85 分、重点客户反馈满意度≥90%,开展一线全方位推广应用;显示实践运行质量 <85 分、重点客户反馈满意度 <90%,再次进行服务流程优化,直至符合标准为止。

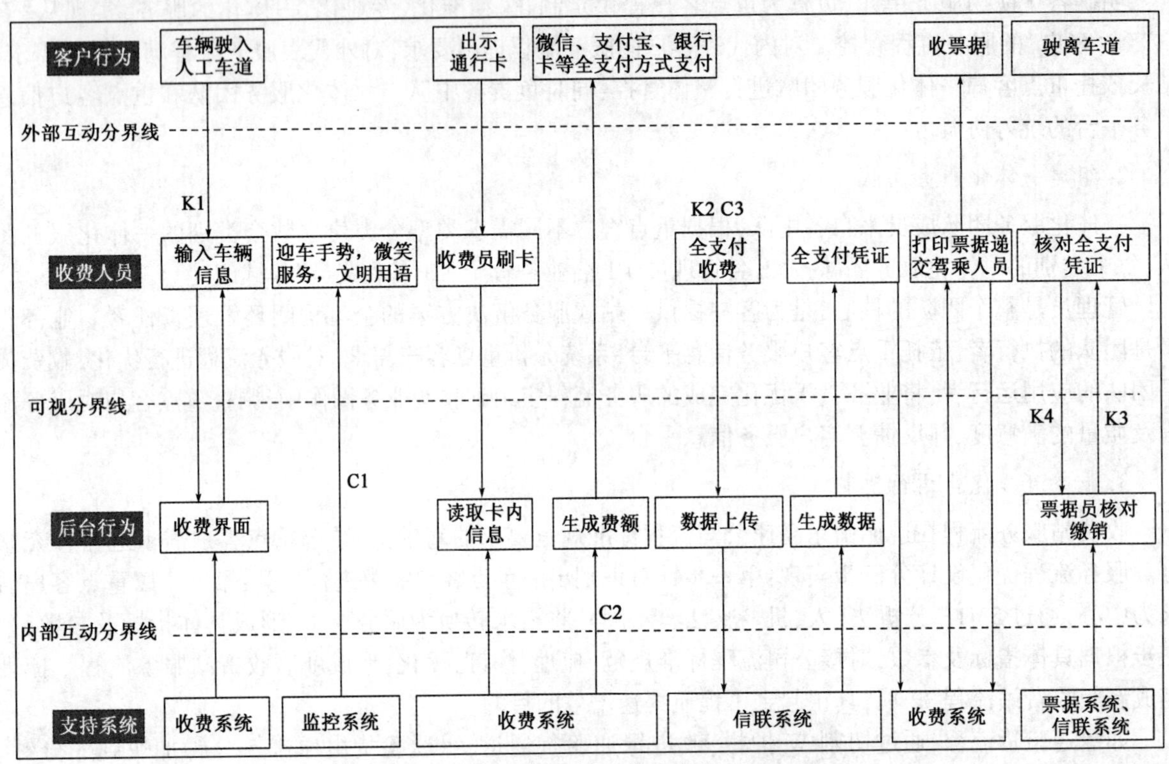

图5　收费业务服务蓝图(部分)

表1

潜在控制点和关键活动识别一览

服　务	分　类	识别项目	内 容 描 述
人工车道收费服务	关键过程	K1	车辆信息输入是否正确
		K2	收费核算是否准确;是否存在假币情况
		K3	找零核算是否准确
		K4	收费员清点票款卡是否准确
		K5	票据员核对票款卡是否准确;是否存在长短款情况
	潜在风险点	C1	规范用语及文明服务情况
		C2	货车计重情况
		C3	特情处理情况

(六)构建平台新版服务流程全过程质量管控体系,确保服务质量

收费站以问题为导向,管控服务流程实施的各个环节,制定或修订新版服务流程要求配套的内控标准,依托收费站各业务系统,全方位、全过程管控平台新版服务流程运行,确保服务质量。

1. 采取问题跟踪管理、现场纠正和快速处理方式解决平台新版服务流程运行过程中发生的问题

以问题追踪管理的方式对平台新版服务流程运行的各个环节暴露出的问题进行整改,按重点客户需求归类统计运行中问题,建立问题汇总表,以方便快速分析和解决运行过程中的缺陷。管理员对各岗位都安排业务骨干进行现场跟踪,通过全流程跟踪,及时掌握新版服务流程运行情况,并快速采取响应措施。

2. 制定、修订服务流程各项配套标准

为实现新版服务流程运行稳定可控，确保顺利全面执行，在新版服务流程小范围应用运行结束的同时，一体化服务团队结合重点客户的需求，制定新版服务流程要求配套的内控标准，如收费业务操作标准、监控业务操作标准、投诉处理反馈标准等，并确保制修订的新版服务流程标准可执行。

3. 全流程服务质量过程监控

一是依托收费稽查系统、收费业务管理系统、监控系统等信息化手段，对收费业务等6项关键过程进行监控，制定了完善的新版服务过程监控流程，确定监控点，明确了各方的职责要求，使员工全面掌握工作节奏，以便适时采取相应措施准备。全流程服务质量监控流程见图6。

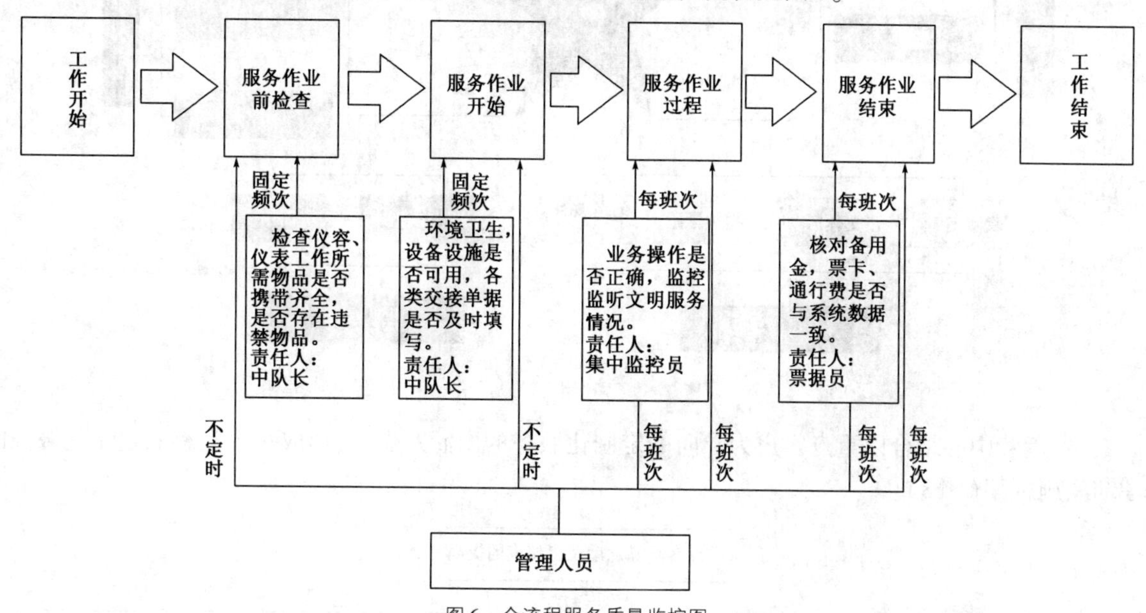

图6 全流程服务质量监控图

二是按照新版服务流程内控标准及监控点，由一体化服务团队制定收费业务、文明服务、安全管理、人员管理、设备管理、站务管理六个关键过程的服务标准考核要点，经管理员、中队长审核，站长签发，通过收费业务管理系统发布到一线收费系统，由各岗位贯彻执行。后台监控系统实时显示员工对新版服务流程执行情况，并判断是否达到服务质量控制要求，实现重点客户需求、新版服务流程执行、标准考核要点的无缝衔接。

(七)建立“考核＋激励”双驱动运行体系，确保定制化服务有效落地

从员工的被动考核方面和主动促进的激励方面发力，达到提高服务质量、提升工作效率的目的。

一是从员工工作能力和履职尽责这两个最为重要的维度出发，建立员工绩效考核管理系统，包含员工收费额、业务能力、文明服务、人员考勤、个人素质五个方面，据实际情况对上述五个方面进行细化分解，制定了清晰、明确的绩效考核管理办法、规定。每月进行排名，按照比例分出A、B、C、D四个级别，与工资和年度奖金挂钩。

二是紧扣发展战略，从影响员工成长、发展规划、职位晋升等的方面入手，设计出薪资、保障、事业、文化和公司的“五角”组合激励模块(图7)，满足员工五层次激励需求，形成“市场化薪酬体系、多元化激励机制、网络化保险、人文化福利、阶梯式事业发展”的激励体系，切实兑现“使职工生活更加舒适”的承诺，实现感情留人、待遇留人、事业留人。

三是充分发挥传统意义上的考核大棒“打”的作用和激励胡萝卜“甜头”的作用，两者互相兼容，从而提升员工工作积极性和主动性。同时，结合绩效考核成绩，收费站选拔优秀管理人才及服务明星，安排到一线作业现场，监督服务流程执行情况，提升员工综合服务能力，提高服务流程改进创新，确保定制化服务有效落地。

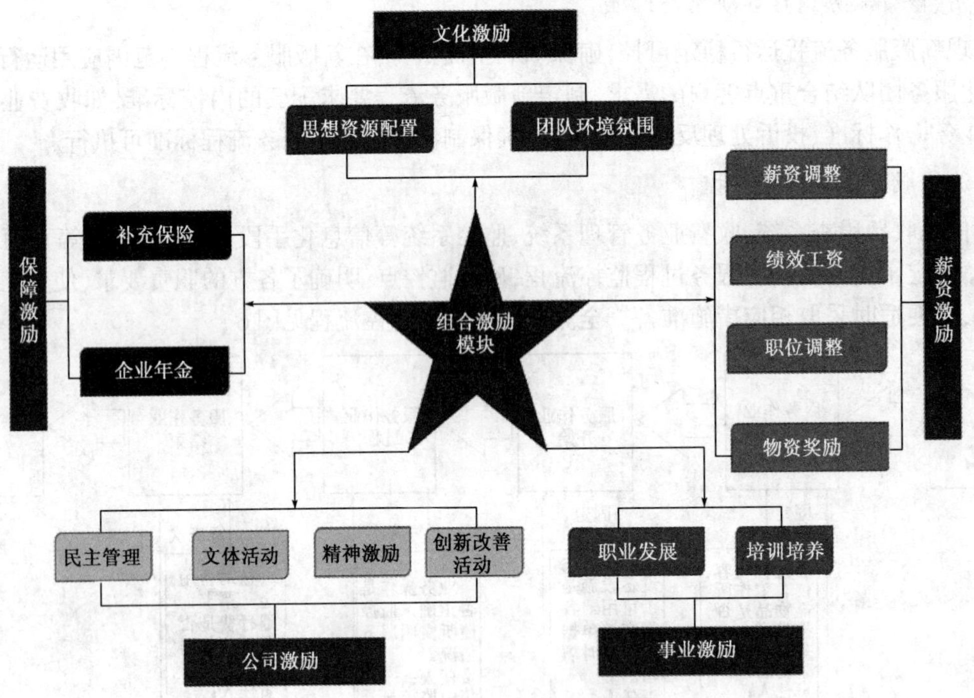

图7 "五角"组合激励模块

最终,运管中心结合以重点客户为导向的定制化服务的内涵及做法,形成一个完整的定制化服务的构建与实施框架(图8)。

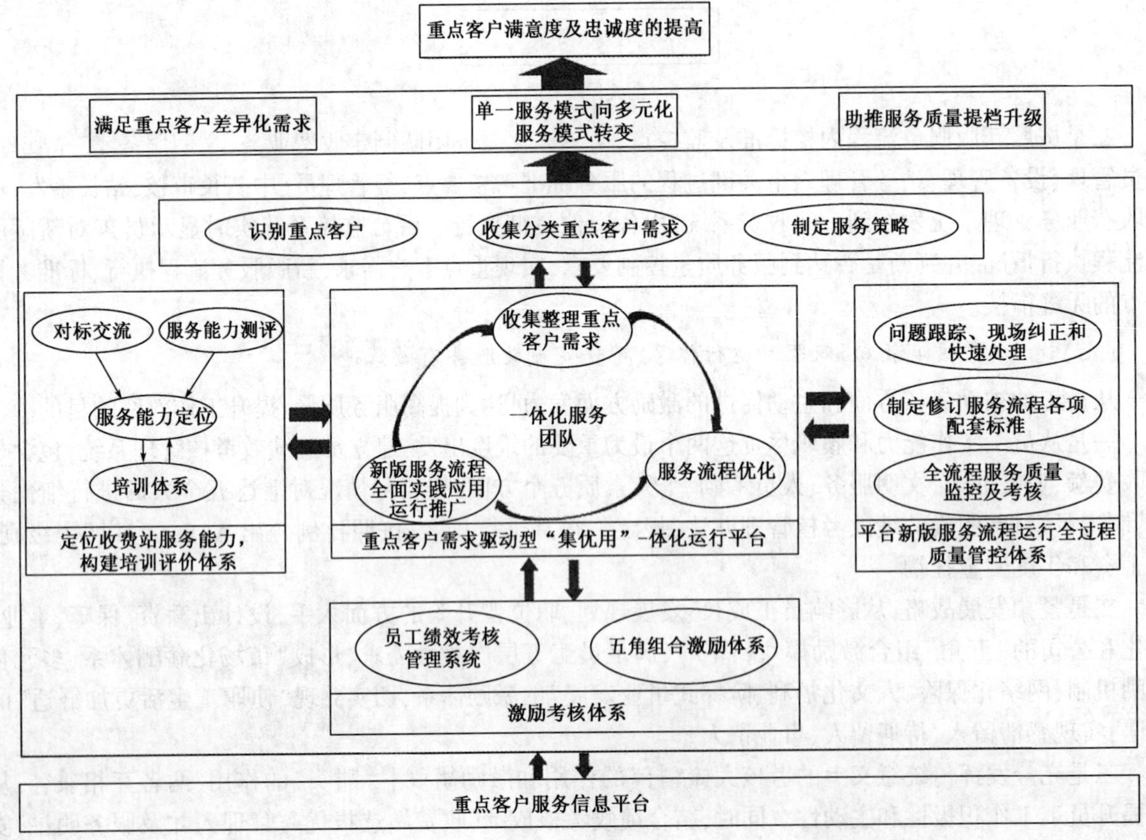

图8 定制化服务的构建与实施框架

三、建设效果

（一）形成稳定重点客户群，改善重点客户结构

通过成果的实施，以重点客户的需求倒逼服务流程优化，形成稳定的重点客户群，收费站以良好的服务口碑赢得了客户的信赖，重点客户群结构得到改善，数量增长明显。同时，重点客户群由原来客运站、物流、政府单位等行业，增加了旅游、餐饮、医院、银行等5类行业共计25家，重点客户贡献度结构改变，新增重点客户贡献度达到50%（图9），并达到最佳友好协作关系。

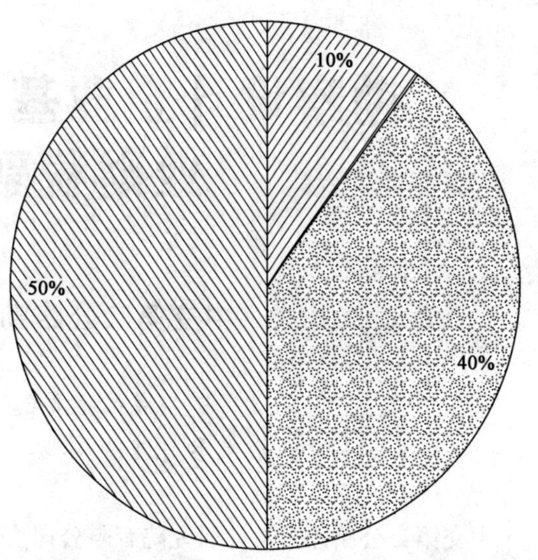

图9 收费站客户贡献度对比图

（二）创造了显著的经济效益

以重点客户为核心的服务定制化服务模式的构建与实施，促进了收费站管理水平提档升级和服务流程创新优化能力的提升。2019年重点客户通行量366.4万辆，较2018年同期大幅度增长；2019年重点客户通行费收入占总通行费的90%，创造了显著的经济效益（表2）。尤其是对重点客户开展定制化服务管理后，通行量及通行费大幅度增长。如，2017年末将医院列入重点客户时，通行收费站创造的通行费为150万元，2018年将医院纳入重点客户进行定制化服务管理，通行费收入为300万元，较2017年增加一倍。

2017—2019年重点客户通行量及通行费占比 表2

年　份	重点客户通行量(万辆)	占总通行量比例(%)	重点客户通行费(万元)	占总通行费比例(%)
2017年	239.5	83.23%	3338.5	82%
2018年	285.8	85.51%	5227.5	86%
2019年	366.4	93.52%	7897.6	90%

（三）提升重点客户的满意度

建立收费站重点客户需求导向型的营销模式，提高了市场响应速度和定制化服务水平，同时以提升重点客户服务水平为核心，打造“互联网+服务”的运行模式，实时交互需求的方式得到重点客户的一致好评，有效提高了重点客户的满意度。2019年重点客户满意度为98.32%，较2018年提升3%。

勘察设计企业基于价值创造的智能化业财税融合体系建设

中交第二公路勘察设计研究院有限公司

成果主要创造人:吴山青　周　露

成果参与创造人:秦　莉　陈红智　高　松　熊　露

中交第二公路勘察设计研究院有限公司(简称"中交二公院")始建于1964年,是《财富》杂志2020年世界500强排名第78位的中国交通建设股份有限公司(简称"中交集团")的全资子公司。

中交二公院主要从事公路、市政、轨道、环境生态勘察设计及工程总包工作,具有工程勘察、工程设计、咨询、监理、测绘、招标代理、水土保持、地质灾害防治(勘察、设计、监理、施工)等国家甲级资质,具有高速公路、各种复杂结构桥梁、隧道、交通工程、市政工程、轨道工程、建筑工程的勘察设计、项目管理、工程总承包以及项目规划、设计、投资、建设、运营管理的能力,具有编制行业技术标准、规范、手册、指南的技术实力,多次承担国家和交通运输部重点攻关课题及交通运输部行业标准规范编制工作,100余项科研成果获国家和省部级科技进步奖,其中荣膺国家科学技术进步奖8项。通过科技研发和工程创新,建立了一整套以现代数字信息技术为核心的公路勘察设计新体系,是我国公路勘察设计行业综合实力最强的企业之一。连年入榜"中国工程设计企业60强"和"武汉市百强企业",2008年被认定为"国家高新技术企业"。

中交二公院有在册职工近2000人,下属设有26家分/子公司,注册资金8.7亿元,总资产55亿元。2019年度,公司实现营业额34亿元,利润总额6.38亿元。

一、实施背景

(一)集团战略引领财务战略,引导"业财税"智能化融合发展

中交集团"十三五"总体发展规划提出要全面推进财务信息化建设,加强财务管控,强化管理会计应用,引导企业实现管理升级,增强价值创造力,提高决策能力和管理效率。

2017年,中交二公院提出要强化信息化支撑平台,推动"市场"和"管理"两个协同,其中,管理协同强调管理部门与生产单位间的协同;2018年,中交二公院进一步提出要推动管理会计建设,实现业财税融合发展。业财税智能化融合发展已势不可挡,是中交二公院财务战略发展的必然要求,也是中交二公院提出打造与"世界一流工程咨询顾问有限公司"相匹配的财务管理发展的必然过程。

(二)财务战略实施情况

近年来,根据发展战略规划,中交二公院建立了区域事业部运营模式,将国内经营区域划分为华中、华南、华东、西南和北方5个片区,并围绕公路、城建、轨道、环境生态、项目管理和国际工程六大业务类型多元化发展,规模不断扩大,2019年末资产总额达55亿元,较2015年末增长57%。

在财务管理方面,中交二公院在夯实财务基础的同时,逐步探索推进业财税融合工作,比如在总部搭建网上报销平台,迈出财务数字化转型第一步;在业务系统中开发发票管理模块,建立项目发票开具与收款台账;为加强项目成本管理,从项目的粗放式管理向精细化、科学化模式推进,推出项目成本预算

系统、分包成本预算管理的信息化共享平台；实行基于收款滚动预算的分包付款联动式预算管理，运用联动式预算和信息化工具，科学管控分包付款，保障公司经营性现金流，实现业务链与资金链的融合创新。

中交二公院在推进业财税融合发展工作上的探索，提高了公司财务管理水平，但是离公司财务发展战略目标仍有差距，尤其是随着公司多元化和规模化发展，管理层对财务部门提供数据分析和决策支持等价值创造的能力要求越来越高，传统的财务组织架构和管理模式逐渐凸显不足。这主要体现在以下四个方面：财务组织架构不能有效支撑财务发展战略；业务与财务系统不能有效衔接，“业财”融合出现瓶颈；税务系统与业财系统相对独立，增加公司税务管理成本；会计核算信息化程度较低，制约财务人员发挥价值创造力。

在这种背景下，中交二公院从组织架构变革、“业财税”有效融合及财务智能化方向出发，建立了一套勘察设计企业基于价值创造的智能化业财税融合体系。

二、成果内涵

中交二公院不断推进财务信息化建设，践行“价值创造”和“管理、经营双协同”发展战略，通过重构财务组织架构，建设具有勘察设计企业鲜明特色的共享平台，对“业务、财务、税务”进行授权式可控融合，实现数据“循环联动与标准共享”，财务工作向业务端延伸，寓监督于服务，运用管理会计实现价值创造，支撑公司战略。

重构设计财务共享中心和财务管理中心，职能分离释放人员从事高附加值工作，向业务财务及战略财务转型。

建设适用于项目体量小、数量多、类型复杂等具有勘察设计企业特点的标准流程化财务共享平台，运用“低影响、高效率”的处理方案，将六大业务功能数据与财务系统进行可控式集成和授权式融通，保证数据共享安全可控，实现有效反馈与适时推送，定制并形成11项计算机软件著作权。

设计税务管理方案，嵌入业务和财务系统，大量业务与财务数据信息高频流动与获取应用，形成价值数据链条与表单，及时提供决策依据。强化管理会计应用，全局把控和降低企业风险，推进财务智能化建设，运用财务云+、移动审批、财务机器人等新技术，加速赋能财务战略转型，推进工作高质量发展。业财税融合体系建设为实现“世界一流工程咨询顾问有限公司”目标奠定坚实基础。

三、主要做法

（一）整体思路

将分散于业务系统、财务系统、税务系统的数据信息与业务流程进行标准化处理，剥离冗余环节，打破“信息孤岛”，以业务端口为出发点，纵深向财务、税务、资金等管理需要为前提，适应勘察设计企业组织架构与专业类别特点，进行授权式可控融合，实现数据“循环联动与标准共享”，将“财务工作业务化，业务工作财务标准化”，寓监督于服务，运用管理会计实现价值创造，形成有效数据链条，支撑公司战略。

（二）管理目标

①岗位专业化分工，满足企业规模不断扩展的需求。

②财务资源良好整合，提高工作质量、工作效率。

③会计核算一体化、标准化、流程化，提高会计基础工作规范化水平，增强风险管控能力。

④数字化转型推动高效率的服务创新，打造整合业务流、管理流、财务流的集成化信息系统，并在良好的数据基础、管理基础、组织基础和人才基础上，加速“业财税”融合。

（三）实施过程

1. 重构财务组织架构

2017年，中交二公院财务部组织架构（图1）为：公司本部设置财务经理1人、稽核审核1人、出纳2

人、税务主管1人、总账与决算岗1人、收入核算与决算2人、薪酬与资产管理2人,另外,各分/子公司委派财务会计约20人,负责各分/子公司及项目部的会计核算和财务管理工作。

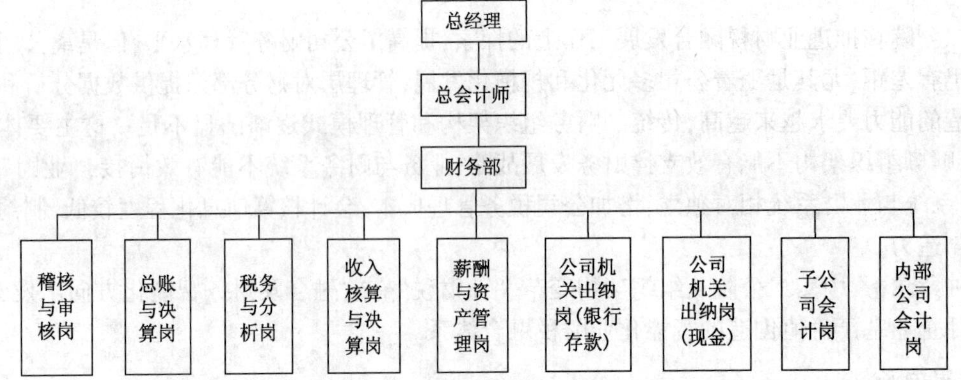

图1 中交二公院财务部组织架构

但该组织架构不能有效支撑财务发展战略,具体表现为以下几点。

(1)财务职能界限模糊

会计核算与财务管理的职能分工界限比较模糊,财务人员在实际工作过程中需要不断转换工作内容,既要进行会计核算,又要分析企业经营状况,不利于财务人员工作技能的专业化,增加了其向价值创造性财务转型的难度。

(2)财务人员专业水平和执业标准不统一

财务人员的专业水平参差不齐,不同核算单位的同一类业务存在多个操作标准,企业中应用的分散财务管理模式在财务管理过程中可能会出现监管漏洞和不可控的财务风险。

(3)财务人员业务量难以量化

部分单位财务人员同时担任多项工作职能,既要参与具体业务,又要参与公司管理,还要负责财务核算,导致企业难以对其工作量和工作效率进行量化考核,也难以评估财务人员的配置合理性。

为满足财务与业务融合的发展要求,中交二公院打破原来财务部内部工作组织架构,成立财务共享中心和管理会计中心,将会计核算与财务管理职能相分离,通过规范化、体系化的财务组织与流程重组,强化战略引领,优化管理机制,同时也进一步激发了组织活力。

组织架构重构设置如图2所示。

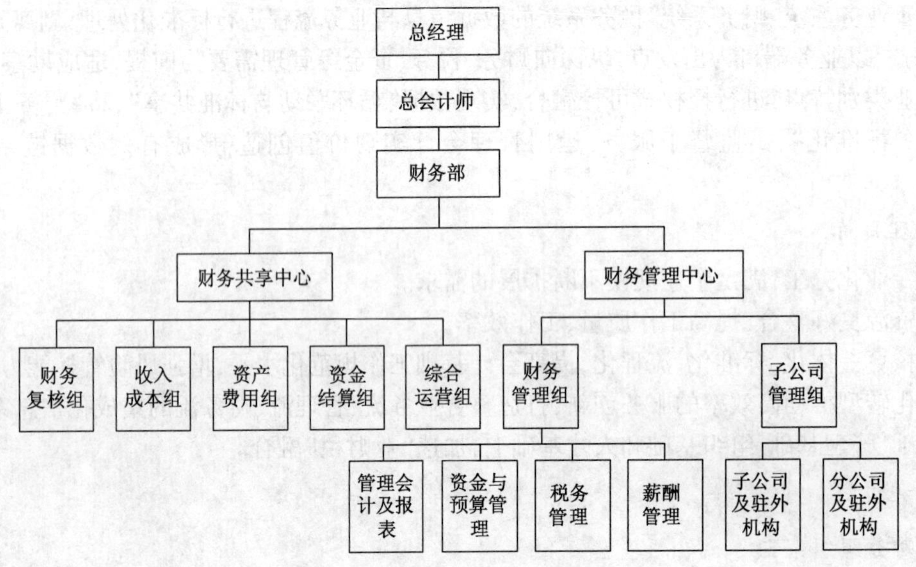

图2 中交二公院财务部重构后组织架构

结合中交二公院组织结构特点，财务管理中心设置分/子公司及直属项目财务组，让财务人员充分介入业务中，参与重大经营合同谈判和项目管理，到基层项目上去、到生产经营一线上去，更好地运用财务税收专业知识，协助领导与业务部门人员运作和管理好项目，进一步充分完善财务制度的边边角角，同时利用财务信息工具，做到"业财税"信息共享，实现"业财税"融合发展目标。

财务组织架构重构后，为明确财务部内部组织职责，规范业务流程及操作，降低财务风险，中交二公院根据重构后的财务组织架构，及时制定《财务部组织架构职能及操作手册》，明确了各岗位职责、操作流程、操作细则和风险控制措施。

2. 打造"业财"融合发展的财务共享中心平台

中交集团"十三五"规划中，提出以信息技术为支撑，借助互联网平台，统筹国内外财务资源，进一步提升财务集中管控力度，全面实施财务共享服务，大力推进财务标准化建设，强化管理会计应用。作为中交集团勘察设计板块的核心单位，中交二公院财务共享服务中心的建立是中交集团勘察设计板块财务共享服务中心建设的大胆尝试，为中交集团管控提供更全面的支撑。

(1)梳理各项业务流程

为了保证业务系统操作规则的规范性，中交二公院对现有业务进行梳理讨论，按照标准化、流程化、一体化的思路对相似业务进行汇总归类、统一标准，形成了10大类业务流程、102个子业务流程，具体见表1。

业务流程梳理情况表

表1

主流程编号	主流程名称	子流程数量(个)
FSSC-P01	借款及报销核算流程	4
FSSC-P02	资金结算核算流程	12
FSSC-P03	资产核算流程	13
FSSC-P04	物资核算流程	7
FSSC-P05	薪酬核算流程	5
FSSC-P06	税金核算流程	5
FSSC-P07	债权债务流程	5
FSSC-P08	收入成本流程	10
FSSC-P09	其他业务核算流程	35
FSSC-P10	实物单据流程	6
主流程合计		10
子流程合计		102

通过开展业务流程梳理，中交二公院对财务管理控制流程中与各项主要业务管理流程的接口及控制风险点把握更加清晰，为财务、业务一体化管理找到了突破口，进一步明确了业务管理职责，统一业务流程风险控制，明确各层级、各部门管理权限，理清工作界面，为进一步完善公司管理制度，推进财务、业务一体化工作铺平了道路。

在梳理完公司各项业务流程的同时，财务共享中心也确立了报账主流程，即由报账人填写报账单发起报账，由扫描岗进行票据初审后进行影像扫描，各业务领导可调阅影像查看，并实现层层审批，待领导审批结束后，报账单据进入财务共享中心，经稽核、复核、结算支付后生成会计凭证，待全部流程完成后扫描岗可进行归档处理，详细流程如图3所示。

(2)财务核算标准化、流程化

为保证核算项目和核算单位的唯一性，中交二公院对机关及下属分/子公司的合同及往来单位进行了重构与去重处理，涉及13000多条项目信息和9000多条往来单位信息。在往来单位的处理上，选取了全国组织机构统一社会信用代码数据服务中心标准名称，并以统一社会信用代码作为往来单位唯一识别字段。为保证会计核算的统一性,中交二公院对公司科目及其辅助项目进行了标准化处理,同时针对各项业务流程编制了会计核算手册,在此基础上设立了31个凭证模板和2900多条科目映射。为保证银企直联的正常运行,公司对2664个开户银行名称进行了标准化处理,以保证资金支付的准确性。为保证报账流程的标准化,中交二公院收集了各核算账套的全部审批流程共计218个,按业务范围、人员职务等类型进行分析整理后按照统一格式部署至各单位的工作流平台。

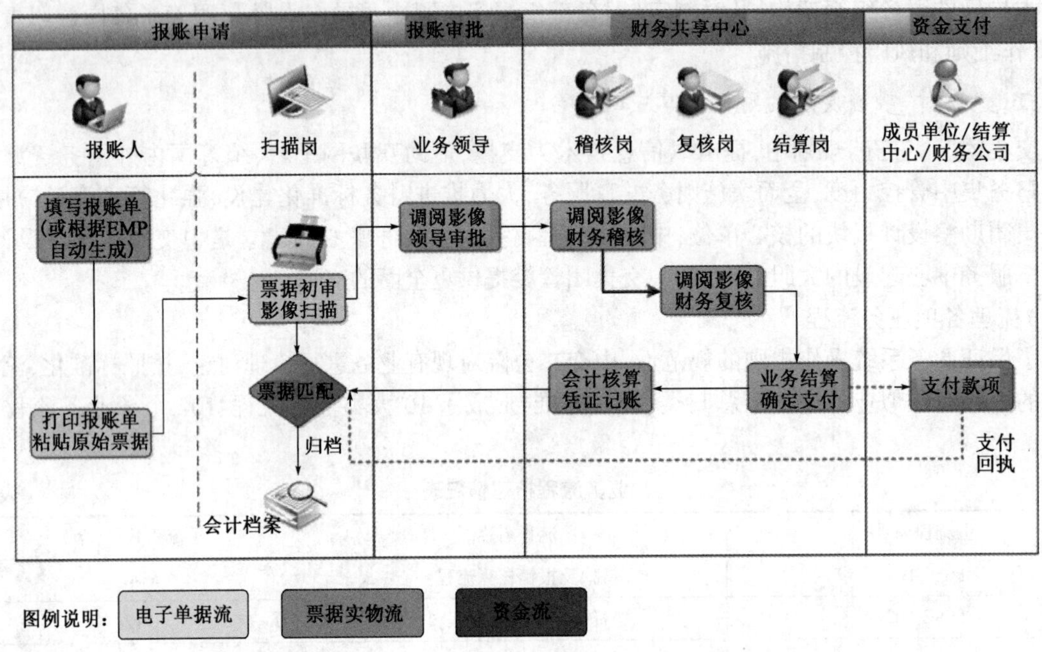

图3　网上报账业务流程图

(3)定制开发业务数据批量导入

中交二公院承接的传统勘察设计类项目,相对于基建施工企业承接的建筑工程类项目而言,具有体量小、数量多、类型复杂的特点。截至2019年3月底,中交二公院正在执行的项目多达14786个,其中主合同9627个、分包合同5159个,合同金额从几千元至几亿元不等。同时,根据专业不同,公司还将主营业务划分为六大板块和九大类型。基于设计院组织架构管理模式以及勘察设计项目涉及的不同专业类别与阶段的特性,中交二公院根据专业类别设置独立账套,同时对工程项目采用项目辅助核算方式予以信息列示。

从核算模式可以看出,项目辅助信息的准确度直接影响公司项目管理的规范化和精细化水平。在实务中,收入成本的确认、间接费用的分摊、人工薪酬的分配,以及研发费用的分配结转等财务核算,都涉及成百上千的项目辅助核算,需要大量重复人工操作,效率低,也增加了出错频率。会计核算信息化程度较低,使财务人员将大量精力耗费在基础数据维护上,造成财务人员无法精准发力,制约财务人员发挥价值创造力。

作为中交集团内第一批探索财务共享的勘察设计企业,中交二公院在建设财务共享中心的过程中,没有局限于其他单位共享中心的标准化模板,而是在充分结合勘察设计企业自身特点的基础上,定制开发了薪酬模块、收入成本模块和通用业务单模块等,实现了间接费用分摊、薪酬分配、收入成本确认、坏账计提、研发费用分摊等业务数据批量导入的功能,极大程度上适应了勘察设计企业项目体量小、数量多、类型复杂、项目成本归集难度大的特点。

(4)财务系统与业务系统授权式可控对接

财务共享中心建设不仅仅在于追求会计核算的"大一统",业务、财务相互融合发展才是提质增效的着眼点。从运行的效果看,原业务和财务系统间的协作存在以下不足:

业财系统相互独立,形成"信息孤岛"。业务系统与财务系统之间各自独立,没有数据接口,共用数据不能有效传递,系统之间信息断裂,不能有效衔接。业务系统和核算系统中同类型数据分系统分别维护,导致无法完全对应,两个系统中的往来单位信息、工程项目信息、应收应付账款余额常出现不一致的情况,需要耗费大量时间核对和修正。

单据流转速度较慢,增加管理成本。以完成一项付款业务为例,业务系统审批完成后,相关的业务人员打印系统数据进行纸质传输,然后在财务系统中由财务人员对账务进行处理,打印财务凭证并将业务人员打印的数据作为附件附在纸质凭证上;最后,再将财务管理系统中处理完毕的数据手工录入至资金管理系统实现对外支付。手工传递单据和手工录入数据速度较慢、容易出错,还可能被篡改数据,存在舞弊风险,增加了管理成本,工作效率大打折扣。

基于以上不足,中交二公院在构建数据处理方案时,主动站在业务人员视角设计了大量的系统集成功能,还实现了在原业务系统移动端进行财务审批,一方面可最大限度地降低业务人员的学习成本,使其能快速适应财务共享模式,避免对生产经营活动产生较大影响;另一方面,系统集成下智能化的数据处理方式,不仅高效,且无形中将数据的规范化管理前置,标准化水平大幅提高。

中交二公院财务系统采用浪潮 GS7.0 版本,采用中间库传输的方式在财务系统和业务系统之间进行数据传输,这种方式能够保证两个数据库不互相干扰,因而较为安全。在业务系统与财务系统的对接中,中交二公院将业务系统中的单位、部门、人员信息,工程项目、招投标项目信息,资产管理、收款确认和分包款支付管理、保证金管理、单点登录等业务实现了授权可控数据对接和采集。基础数据通过"同步"功能智能传送,确保了数据源的唯一性,从根本上解决了传统模式下手工添加容易出错的问题,通过优化信息传递方式实现信息实时共享。

①单点登录与移动审批。

中交二公院在设计平台登录方式时选择了员工直接通过业务系统单点登录的方式。即将财务系统嵌入业务系统,员工通过业务系统的控件链接进入财务系统,实现从中交二公院的业务系统直接登录财务系统。为保证登录的安全性,系统采用了 URL 作为唯一标识码。通过业务系统,业务人员除了可进行单点登录,还可以在业务系统查看财务系统待办任务,并进行审批等操作。为进一步提高审批和单据处理效率,开发财务系统移动审批端口并与业务移动端融合,相关人员可通过业务系统手机端查看票据影像并进行移动审批,也可通过点击已办任务查阅已审批的业务单据信息。将浪潮系统的登录、审批、查阅等功能与业务系统集成,使财务与业务系统融合,提升整体的处理效率,提高信息透明度。

②组织、部门、人员。

为保证财务系统各核算组织、部门和人员信息与人力资源系统保持一致,中交二公院通过人力资源系统与财务系统的集成实现了数据同步。

中交二公院人力资源部门根据公司相关文件,在人力资源系统模块中设置"新增单位"模块。财务部在业务系统中对申请的新增单位的核算模式进行确认,系统根据确认后的核算模式同步至财务系统,形成核算单位。通过集成对接,当人力资源系统中的部门、人员发生变化时,财务系统能够同步新增或修改核算部门,并对人力资源系统中人员的新增、调动、职务变动情况进行更新完善,保证其完整性和一致性。

③往来单位。

当业务系统中需要新增往来单位时,业务人员根据往来单位性质在业主名录或供方名录中做新增申请,并填写单位名称、社会信用代码、开户银行、开户名称、开户账号、联系人、联系地址等信息。业务系统新增往来单位通过审批后,会自动同步至财务系统。为保证财务系统往来单位的唯一性,业务系统以社会信用代码作为唯一识别码,部分没有社会信用代码的单位,业务系统会自动生成唯一代码。往来单位信息同步至财务系统后,可用于财务核算、发票开具、款项支付、询证等业务。

④工程项目。

通过业务系统将合同信息同步至财务系统,实现"核算项目同步"功能。以业务系统各项目内码为唯一识别码,将合同信息包括项目名称、业主或承包商、合同金额、业务板块、项目类型等内容进行标准化规范同步。根据业务系统中合同类型的不同,将项目分别归类至“工程项目-设计”“工程项目-施工”“科研项目”“招投标项目”“在建项目”等不同的工程辅助类别,并借此区分核算科目。项目信息同步为业财融合提供数据标准,为财务向经营单元及项目等及时有效地提供财务数据建立基础。项目信息的同步提升了信息传递速度,提高了信息传递质量。

⑤收款确认。

银行收款信息每日以表格形式导入至 EMP 业务系统,业务人员根据业务系统收款待确认任务池中的收款信息,匹配工程项目、保证金借支、发票(收据)后,提交相关领导审批再推送至财务系统。推送信息包括收款单位、收款账号、收款项目、银行流水号、收款备注等内容。财务系统收到收款信息后,形成资金收款单,并根据收款单中的相关信息,自动确认为工程项目收款或保证金回款。

收款确认集成加快了收款信息的传递速度,让经营人员及时了解项目收款信息、实时跟踪债权情况、帮助提升经营收款滚动预算的质量和效果;帮助财务人员对资金进行科学管控、合理安排,减少财务风险。

⑥分包付款。

业务系统根据各事业部当月收款和分包付款预算情况确认支付条件,在业务系统合同管理模块中提交分包付款申请,并分别按预算内或预算外审批流程进行付款审批。分包付款在业务系统中完成审批后,系统将分包款支付信息推送至财务系统形成资金付款单,推送信息包括付款单位、收款单位、收款账号、收款账号名称、收款开户行、业务类型、款项性质、付款金额、核算项目等内容。财务共享中心根据资金付款单,无须再次填写付款信息,通过银企直连可直接进行对外付款。财务共享中心支付完成后,财务系统将付款日期、付款金额等信息反馈给业务系统,确认付款完成。分包款支付集成能帮助中交二公院更好地执行分包付款联动预算,借以加强对分包款的事前及事中资金预算控制能力,实时管控合同执行风险,保障中交二公院经营性现金流,同时加快单据传递的速度和准确性,尽量减少人为因素导致的单据传递滞后现象,业务办理速度大幅提高。

⑦保证金管理。

保证金管理包含保证金的付款及回款集成管理。业务部门在业务系统中填写保证金支付申请单,经相关领导审批后推送至财务系统形成资金付款单。财务共享中心根据资金付款单中的相关信息付款,并根据资金付款单中的收款单位、经办人、投标项目、金额等信息生成财务凭证,同时将已付款完成信息反馈至业务系统。公司银行账户收到保证金回款后,资金系统将银行收款信息提交至业务系统收款模块中,各事业部等业务管理部门根据信息进行勾选匹配,确认保证金回款。保证金管理集成改变了原有债权、债务完全依靠人工传递、流转速度慢、流程不固化的缺点,使得中交二公院各类保证金的收、付情况得到实时展现。

⑧资产管理。

实现在资产管理系统和财务系统间同步共享固定资产和无形资产的增加、减少、调拨、处置、折旧等信息。资产管理员在资产管理系统中提交申请,经审批后,系统将相关信息同步至财务系统固定,财务系统根据资产编号增加或减少资产。同理,在资产管理系统中发起资产调拨流程,审批后资产管理系统将确认信息提交至财务系统生成资产调拨报告单。资产管理系统中的单位及部门均来源于人力资源系统,并经确认,以保证与财务系统一致。财务系统定期对资产进行折旧和摊销,并将折旧和摊销信息反馈至资产管理系统,以保证系统间数据一致。资产管理集成使得资产的入账时间、入账价值、资产净值、所属单位部门等信息在资产管理部门、使用部门和财务部门间保持一致,减少因为资料传递引起的差异。资产数据的标准化流动,使公司资产管理脉络清晰、科学规范。

中交二公院通过财务共享中心实现了财务系统与 EMP 管理系统、人力资源系统、资产管理系统、税务管理系统等业务系统标准化数据接口的集成,实现“业财”深度融合,即在业务的源头获取最原始的业务数据,同时与财务系统交互生成财务数据,实现企业财务流程的闭环管理,从而管控企业业务和财务风险。

3. 设计税务管理方案,打通"业财税"融合发展通道

中交二公院原有税务系统包括EMP发票管理系统、进项认证系统、金税开票系统、电子发票共享台账等内容,这4个模块相对独立,同时也与财务系统割裂开来,无形中增加了公司的税务管理成本。如业务人员申请开具发票,则需要先登录业务系统进行发票申请,并关联业务数据,财务人员根据审批通过后的申请信息,登录开票系统,将业务数据复制粘贴到发票开具界面,发票开具成功后,财务人员再将发票信息填写至业务系统中。此外,人工登记的电子发票共享台账、"经验判断+人工查询"式的发票查验方式和进项税勾选认证方式,随着电子发票的普及、公司业务量的增加而面临日益增多的人工工作量以及由此带来的税务风险。为打通"业财税"融合发展通道,控制税务风险,中交二公院研发设计税务管理方案并形成信息化,嵌入业务和财务系统。

(1)实现发票开具自动化

公司经营人员根据收款需求在业务系统中提出开票申请,审批完成后,税务管理系统中可自动生成"待开发票"事项,开票申请时填写的"购买方""应税劳务和服务名称""金额和税额""备注"等信息可自动推送,发票管理员据此开具纸质发票,无须再单独登录税控开票软件。开票完成后,税务管理系统将已开发票号码反推至业务系统完成登记。

(2)实现发票自动查重和验真

引入OCR图像识别技术,让计算机会"看"。当系统识别报账单据影像含有增值税发票时,可自动提取发票信息,一方面自动与税务机关发票底账系统数据进行比对查验真伪,另一方面与系统提取过的数据进行比对查重,从根本上解决电子发票重复报销和虚假发票报销问题,有助于规范经营业务,降低涉税风险。

(3)实现发票"全台账"管理

上线税务管理系统前,中交二公院仅针对销项发票在业务系统中通过发票申请相关功能形成台账;上线税务管理系统后,查验成功的发票会自动保存下来形成台账,一是方便财务人员对增值税专用发票进行一键式批量认证,提高工作效率,二是帮助财务人员在协查失联发票时能及时追根溯源、从容应对。

(4)"全局税控"帮助预警税收风险

税务管理系统上线后,由于安装了全局税控服务器,总部可实时监控下属14家纳税主体包括发票开具、进项认证、分税种、行业和地区的纳税情况在内的多个关键税收指标,通过分析指标走势,帮助公司及时掌握税务管理现状、发现风险并采取防范措施,进一步强化税务精细化管理。

4. 推进财务智能化建设,运用新技术财务转型升级

(1)移动影像缩短数据处理时长

财务共享后,员工报销时必须将纸质单据交初审人员通过扫描仪上传单据影像。2019年12月,中交二公院将财务共享中心影像系统进行了升级。升级后,增加了移动影像功能,实现员工在报销提交"差旅及培训报销单""费用报销单"和"借款单"三类单据时,除选择将纸质单据提交初审人员处理外,还可使用"手机上传"和"本地上传"的方式上传单据影像,财务共享中心可直接根据报账人自行上传的影像办理结算。

移动影像报销有效解决了原有模式下扫描形式单一、对扫描设备依赖性强的问题,同时解决了长期出差人员报账难的问题,缩短了部分单据报销处理时长,减少发票跨期频率。

(2)财务机器人提升标准化处理效率

财务机器人(RPA,Robotic Process Automation)是一个模拟财务人员,与其他人员进行人机交互的软件机器人解决系统,是介于业务流程自动化平台和自动语言处理的一种中间形态。部署财务机器人,目的是帮助财务共享中心完成重复性高、业务规则标准化程度高的工作。基于此原则,财务共享中心共梳理出10个业务流程拟交由财务机器人处理,具体工作内容见表2。

财务机器人工作内容　表2

序　号	流程名称	工作内容
1	结算办理	自动选择结算账户
2	退单提醒	出现退单情况,发送通知给制单人员
3	单据稽核	自动稽核资产类单据和单位调拨单
4	内部资金往来对账	核对内部单位资金往来一致性
5	凭证审核	自动审核凭证
6	凭证生成	自动制证并反馈结果
7	报表生成	自动生成单家三张主表
8	内部债权债务对账	核对内部债权债务一致性
9	外部银行对账	实现银行对账,编制余额调节表
10	财务分析	自动生成财务运营情况概览,提供管理参考

四、实施效果

(一)"专业分工",增强人员价值创造力

中交二公院将会计核算和财务管理适度分离,财务人员进行专业化分工,财务管理的职能反而得到了增强。专注于财务管理的人员,有机结合公司发展现状,时刻关注当前热点、疑点,潜心研究分析监控各项财务数据和指标,致力于公司宏观战略管理和微观细节提升服务,发挥价值创造能力。目前,财务管理人员正逐步向业务财务、战略财务转型,建立了研发经费管理系统、分/子公司财务分析模板、部门经费管理、施工项目成本预算控制等管理方案,并积极参与财务制度定期研讨会、课题研究等项目。

(二)"财务共享",强化财务管控力

在中交二公院传统的分散财务管理模式下,从总部机关到各生产单位具体相对独立的财务管理和会计业务功能,各机构之间的执行标准不一致,财务人员的素质水平也很不一致,公司总部的风险难以预测和控制。实施财务共享模式后,一是所有单据都将经过财务共享中心,所有规则、标准和命令都由财务共享中心统一制定实施,在固有的信息系统下,数据和流程被篡改的可能性减小;二是信息流和数据流的快速传递与反馈,如平均1.5天的单据处理时长和按月自动形成的财务分析报告,都为管理层应对风险争取了宝贵的时间;三是财务通过实施有效的控制监督,能改进风险管理薄弱环节,更好地实施风险防范和监控措施。

(三)"系统集成",实现业财税深度融合

1. 转"重复维护"为"数据同步",统一基础数据标准

传统模式下,由于业务系统与财务系统的割裂,导致同一经济事项多次重复维护,数据更新的不同步也导致同类型数据无法完全对应。

现有模式下,业务人员在业务系统新增或更新业务信息后,系统会自动同步至核算系统。通过"数据同步"的形式,至2020年,业务系统向财务系统推送了项目11646个、往来单位2005个、员工2952人次、资金付款信息7793条、资金收款信息4012条。这种同步模式减少了大量的数据重复维护工作,直接取代了收入成本岗人员的日常事务。

管理方案实施前后信息维护对比如图4所示。

2. 从"人工传递"到"实时推送",加速业务精准办理

传统模式下,业务人员在业务系统获取单据后,人工传递至财务人员,经财务审核后传递至出纳办理结算,结算完成后,财务人员登录业务系统手工确认。

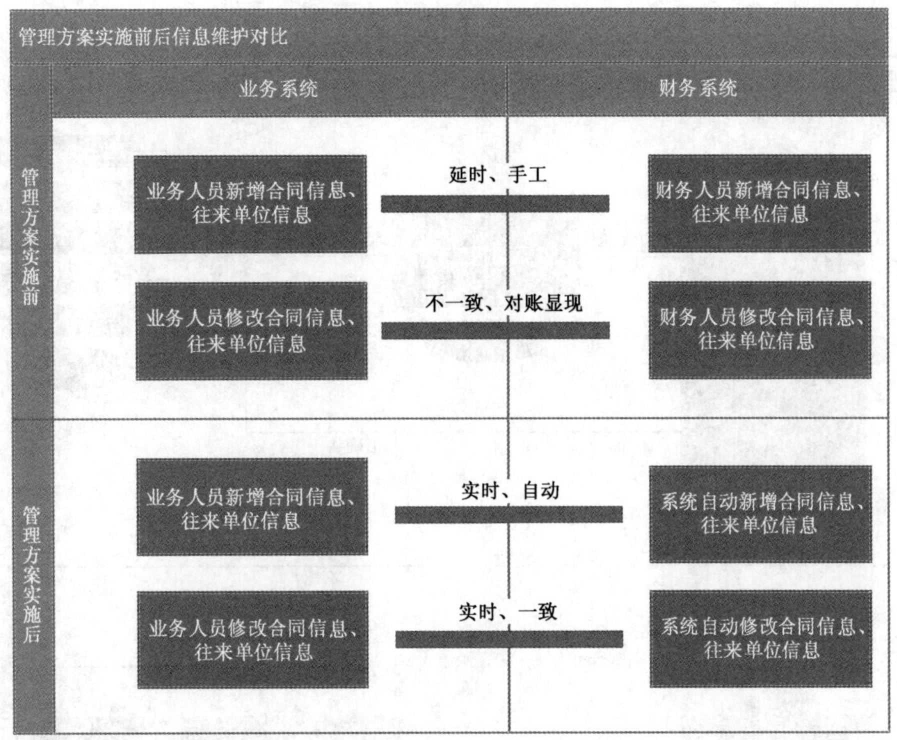

图4　管理方案实施前后信息维护对比图

现有模式下,业务人员在业务系统获取单据后,系统自动推送至共享平台,因中交二公院已实现所有成员单位基本户银企直联全覆盖,财务人员可根据结算信息直接对外付款,无须使用不同U盾登录不同银行客户端分别支付;支付成功后,系统反推信息至业务系统自动确认付款完成。业务单据的平均传递时长从5天降至1天,效率提高了80%,同时,传递过程中因财务原因导致付款失败的情况也不复存在,出错率降至0。管理方案实施前后分包支付业务情况对比如图5所示。

传递方式的智能化,加快了单据传递的速度和准确性,尽量减少了人为因素导致的单据传递滞后现象,业务办理速度大幅提高。

3.“流程精简”且“移动审批”,优化财务服务功能

数据共享统一了数据标准,可以取消流程中原有的为控制风险而设置的多余环节。比如,原来同一经济事项在不同系统间的重复审批流程,现经一次审批即可在不同领域生效流转,自然取消多余审批环节。再比如,结算完成后,财务系统反推至业务系统确认付款,自然取消财务人员人工确认。

通过开展移动办公、移动影像和流程精简等优化服务,业务单据经提交、审批到稽核、结算,平均处理时长由原来的10天减少到3天,缩短了70%,大大提高了单据的处理效率。

(四)“智慧财务”,赋能财务管理转型升级

①影像移动化,助力生产经营高效运转。值得一提的是,面对此次突如其来的新冠肺炎疫情,在疫情防控期间,得益于移动影像功能,让升级以电子影像系统为基础的财务共享中心得以正常、流畅运转,有力支撑着公司经营生产活动顺利开展。2020年上半年,助力中交二公院成功对外投标563个项目,其中已中标72个,中标总额21.26亿元,同比增长146%。

②财务机器人“上岗”后,其“定时启动”和“不限时工作”的特性,进一步提高财务共享中心运营效率。统计结果显示,已上线流程中,财务机器人已累计自动办理结算19080笔,自动发送退单提醒通知81条,自动稽核资产类单据和单位调拨单538笔,自动审核凭证10841张,自动生成凭证15252张,自动完成30个独立核算单位5、6、7月3个月的资金内部往来初步对账,完成了原来3个人在不出任何差错的前提下6个月的工作量。

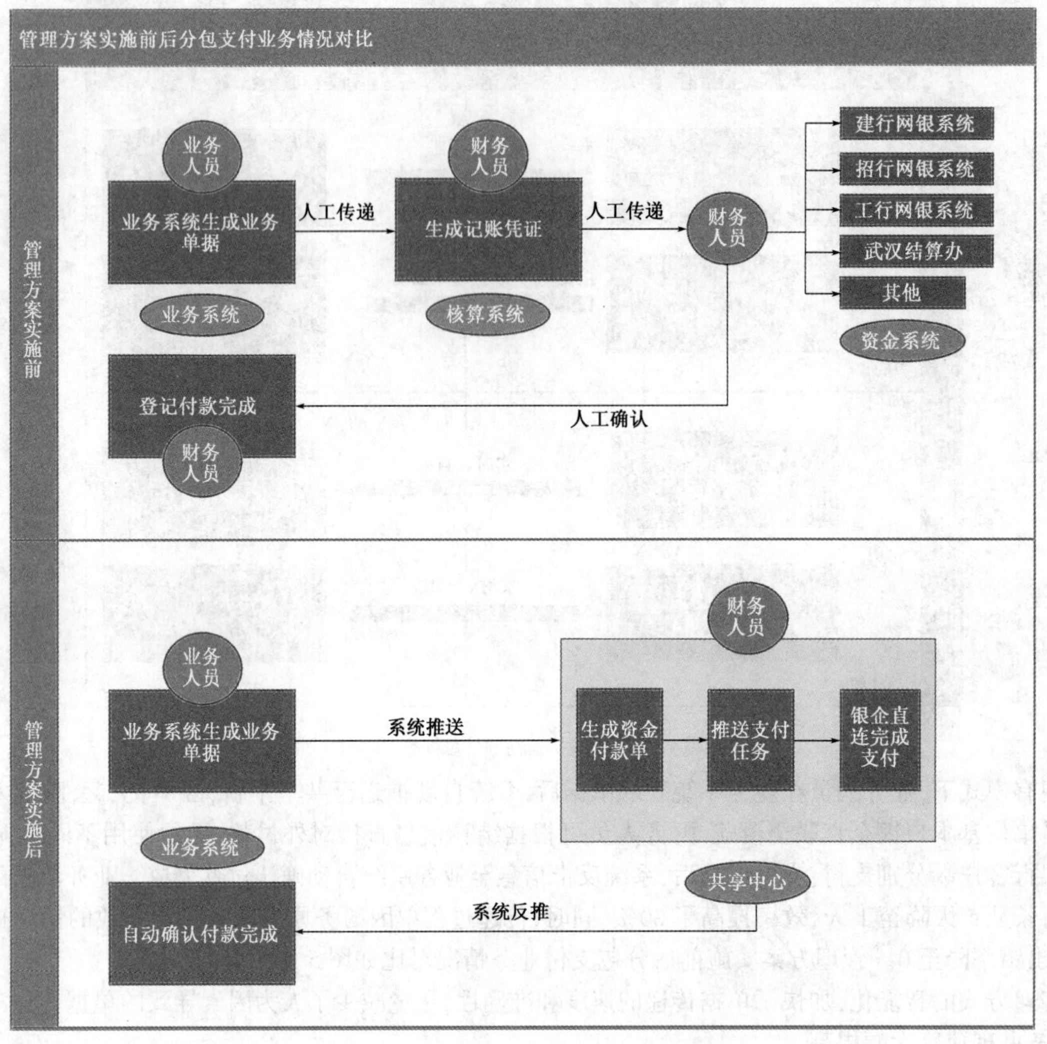

图5 管理方案实施前后分包支付业务情况对比图

③税务管理系统运用OCR识别技术，自动提取单据中增值税发票的关键信息，与国家税务总局发票底账系统比对查验真伪，与已识别过的发票数据比对查重，从系统层面解决电子发票重复报销和虚假发票报销问题。同时，形成报销发票台账，可根据发票号快速精确定位报账单据。该技术减少了每年约1万张进项税发票的人工认证，减少了约3万张电子发票的登记工作。

(五)"特色鲜明"，提供行业借鉴模板

中交二公院立足大型勘察设计企业，充分结合勘察设计企业自身特点，定制开发集成方案和高效的数据处理工具并创新运用管理会计工具。中国财政科学院原副院长王朝才在考察公司智能化业财融合体系后认为："中交二公院以其鲜明的行业特色管理创新可以为同类型的勘察设计企业提供有益借鉴。"该创新成果还得到了社会广泛认可：参与"2018思翔年度创新实践案例"评比，获"2018年度行业创新企业"荣誉；入选"新中国成立70周年国企管理创新年度成果报告"，荣获2019年全国国企财务管理创新成果一等奖；嵌入业财税智能化体系建设中的"基于收款滚动预算的分包付款联动式预算管理"项目入选"首批财政部管理会计案例库"，并在2019年建筑财税大会中获得"最佳案例"称号。

基于高质量发展的大型国有建筑企业集团管控与组织变革实践

中交第二航务工程局有限公司

成果主要创造人：由瑞凯

成果参与创造人：吴　迅　胡从征　许峥嵘　刘　炼　肖立树　王坤雷

孔　秀　曲　敏　胡　蓉

中交第二航务工程局有限公司（简称"中交二航局"），总部位于湖北武汉，是中央企业——中国交通建设股份有限公司（简称"中交集团"）的全资子公司，主要以港航、路桥、市政工程为主业，积极拓展房屋建筑、水利水电、水务环保、建筑装配化制造、工程养护等业务，遍及31个省、自治区、直辖市，以及"一带一路"沿线30个国家和地区。

中交二航局现有19家子公司、13家分公司、74家投资参控股项目公司，各类专业技术和管理人员1.2万人，拥有港航工程、公路工程、市政公用工程3个施工总承包特级资质，水运工程、公路工程、市政公用工程3个工程设计行业甲级资质，铁路工程、建筑工程、水利水电施工总承包一级资质，桥梁工程、环保工程、隧道工程、地基基础工程专业承包一级资质等80余项资质，以及一批具有国际、国内领先水平的施工装备。

经过70年的发展，中交二航局已成长为一家集策划咨询、勘察设计、投融资、工程建设、资产（资本）运营于一体的大型建筑企业。2019年，中交二航局位列"湖北省百强企业"第10名、"武汉市百强企业"第8名。

一、实施背景

（一）推动大型国有建筑企业集团管控与组织变革，是适应内外部环境变化的需要

从国际看，全球治理体系和国际秩序变革加速，新一轮科技革命和产业革命的影响日渐显现，互相碰撞的大国竞争格局正在形成，全球面临的不稳定性、不确定性因素增加。"一带一路"倡议的国际认同度与日俱增，沿线国家巨大的交通基础设施需求缺口为建筑企业带来了新的发展机遇和挑战。同时，与国际先进建筑企业对标，中国建筑企业在组织模式、合规管理、发展质效等方面还存在一定差距，企业集团管控与组织变革是缩小这一差距的重要途径。

从国内看，党的十九大报告指出："我国经济已由高速增长阶段转向高质量发展阶段，正处在转变发展方式、优化经济结构、转换增长动力的攻关期，建设现代化经济体系是跨越关口的迫切要求和我国发展的战略目标。"我国经济转向高质量发展的阶段，对企业特别是国有企业高质量发展也提出了新的要求，企业治理体系与治理能力必须现代化，企业集团管控与组织变革势在必行。

从行业看，基建行业从增量竞争步入存量竞争时代，呈现全领域转型、全方位竞争、全要素升级的态势，行业发展增速放缓，房地产市场平稳运行的基础尚不牢固，装备制造正在向智能制造、绿色制造、服务型制造发展，生态环保、海洋经济、文旅康养等新兴领域竞争加剧，城镇化正加快由速度型向质量型转变，迫切需要建筑企业集团管控与组织变革。

从企业看，中交二航局面临传统业务优势衰减、市场竞争压力激增、商业模式和生产方式亟待创新

等多重挑战,对企业战略发展能力、管理决策能力、快速应对外部环境变化能力等提出了更高的要求;与此同时,组织与经营模式脱节、组织定位不清、组织管理体系不健全、管控体系难以实施到位等问题不同程度存在,中交二航局必须进行集团管控与组织变革,以促进企业各项能力提升。

(二)推动大型建筑企业集团管控与组织变革,是企业高质量发展的需要

从发展战略来看,使命决定战略,战略决定组织,组织支撑战略。2018 年,中交二航局对"十三五"战略进行了中期评估与调整,明确提出打造"策划咨询、勘察设计、投融资、工程建设、资产(资本)运营"高品质建筑业一体化服务商,力争在中交集团"全面建设具有国际竞争力的世界一流企业"的进程中位居前列,成为核心竞争力强、特色鲜明的主力子公司。发展战略的转变要求中交二航局组织管控必须向多元化、平台化、集约化的方向转变,为中交二航局战略落地提供有力支撑。

从业务转型来看,随着我国市场化进程的不断加快,国家积极推动企业向工程总承包模式转型,项目投资方式、项目管理方式正发生深刻变化。工程总承包模式实现了建设项目由过去分阶段管理向全过程集成管理的实施范式转变,降低了交易成本,使得建设工程项目管理更加符合承包市场专业化分工和业主规避风险的客观要求。在工程总承包模式之下,总包方需要构建扁平化组织,精简职能部门,根据工程进度动态化调整人员分工,将专家资源、分包资源通过平台集中管理,同时实现决策方式分级化,打破职能部门之间的壁垒,实现基于同一目标的跨职能协同。中交二航局原有的以工程施工为主的组织架构和管控模式无法完全适应、满足和服务新业务发展需求,迫切需要组织变革,以支撑企业业务转型,主动适应行业大势。

从管理升级来看,随着中交二航局发展规模和管理跨度的不断加大,在管理资源不变的条件下,内部沟通效率相对降低,市场反应不够灵敏,企业层面的统筹管理能力略显不足;打造集约化统筹、全过程管控、一体化协同、高质量发展的管理方式有待确立。这些都迫切需要通过调整优化组织体系以满足企业发展需要。

从发展动能来看,组织变革是推动质量变革、效率变革和动力变革的重要支撑。中交二航局的发展面临着产业链两端和价值链高端短板,专业化支撑能力不足,项目标准化、信息化、精细化程度不高,团队建设、班组建设薄弱等问题。同时,利润增长低于规模增长水平,毛利率偏低,资产周转率、净资产收益率等和标杆企业差距明显,以及新的利润增长点有待进一步挖掘等问题,都迫切需要企业加快推行组织变革。

二、成果内涵和主要做法

中交二航局坚持党的领导,加强党的建设,优化完善法人治理体系和治理结构,进一步明确党委(常委)会、董事会、总经理办公会议事规则,推动党的领导、党的建设与现代公司治理体系深度融合,从企业顶层治理层面推进公司法人治理变革。基于"放管服"原则,按业务领域、职能领域细分,精准确定集团管控模式,并据此明确三级组织功能定位,制定授权放权清单,推进企业集团管控模式变革。围绕高质量发展的要求、高品质建筑业一体化服务商的发展定位、率先建成世界一流企业的发展目标,优化调整所属单位专业化、区域化业务发展布局,推行扁平化管理,压缩企业管理层级,推行流程化组织建设,构建管理与服务共享中台,全方位推动企业组织架构变革。推进管理提升与数字化转型,强化管理制度化、制度流程化、流程信息化,从而实现企业组织运行机制变革。强化文化标准化建设,大力开展作风整顿及管理督导,积极打造"五优六型"总部,推进企业组织文化变革。通过集团管控和组织变革的不断努力,中交二航局组织效率有效提升,发展质效大幅改善,创新发展能力明显增强,综合实力显著提高。

(一)优化企业法人治理体系,推动企业治理现代化

1. 党建入章,优化调整公司章程

坚持党的领导、加强党的建设,是国有企业的"根"和"魂",是我国国有企业的独特优势。2017 年,中交二航局严格落实《国务院办公厅关于进一步完善国有企业法人治理结构的指导意见》要求,积极推

动党建入章程。中交二航局及所属子公司董事长、党委书记原则上由一人担任,符合条件的党委成员可以通过法定程序进入董事会、监事会、经理层,董事会、监事会、经理层成员中符合条件的党员可以依照有关规定和程序进入党委。通过党建入章,强化了党组织在企业治理中的法定地位,从领导体制上确保了党的领导与现代企业治理体系的深度融合。

2. 健全体制,优化法人治理结构

中国特色现代国有企业制度,"特"就特在把党的领导融入企业治理各环节,加强党对国有企业的领导是重大政治原则,必须一以贯之。中交二航局依据党章、党规及公司章程健全党委、纪委等治理机构,明确党委、纪委治理机构职责、权限、义务,形成了相互分工、相互制衡的治理机制,确立了党委把方向、管大局、保落实,董事会做出经营决策,纪委、监事会监督董事会、经理层及人员的企业法人治理格局(图1)。切实把党的领导和企业法人治理结构有机结合起来,把党建制度优势内嵌到企业法人治理结构中,显著提升了企业治理效能。

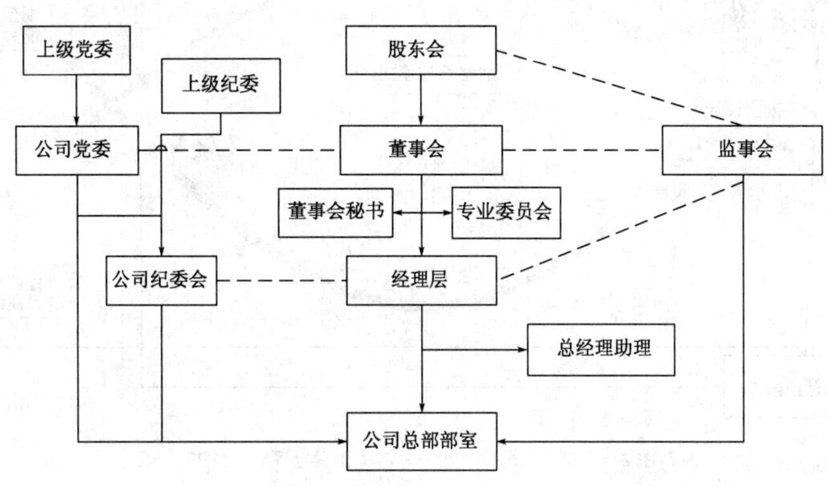

图1 企业法人治理结构图

3. 完善机制,规范保障企业健康稳定可持续发展

建立健全党委(常委)会议事规则,是党委实行集体领导、民主集中决策与个人分工负责相结合制度的内在要求,是强化科学决策、提高议事效率的制度保证。中交二航局进一步健全党委参与重大问题决策的机制,规范党委(常委)会议事内容和决策程序,不断提高党委议事质量和效率。严格按照《中华人民共和国公司法》等有关法律法规要求以及公司章程规定,制定党委会、董事会、监事会、总经理办公会等议事规则和相关工作细则,明确了各治理主体议事范围、议事清单、议事程序和执行机制,形成了合理的职责分工和制衡机制,保障了企业规范运作,确保了企业安全、稳定、健康地发展。

(二)优化调整集团管控模式,实现精准管控与合理授权

1. 按细分领域优化调整集团管控模式

集团管控模式是指企业集团总部在管理下属企业中的定位,具体体现为通过管控部门设置、管控流程设计及集团文化传播来影响下属经营单位的战略、财务、经营运作等方面的内容。主要包括 3 种类型:财务管控型,这种管控模式是相对宽松的一种管控模式,即集团对下属子公司的管理控制主要通过财务手段来实现,集团主要关注财务目标的实现,并根据业务发展状况增持股份或适时退出;战略管控型,即集团的核心功能为资产管理和战略设计与协调功能,集团与下属子公司的关系主要通过战略设计、协调、监控和服务而建立;运营管控型,这一模式是最集权的一种管控模式,集团对子公司在战略、计划分解、组织管理、业务操作、预算、资金、人力资源、技术等诸多方面进行全面的统一管理,集团能越过法人治理结构直接掌控子公司。

中交二航局通过定性和定量方式,从业务的重要性和成熟度维度对所属业务进行分析,对于重要性

高的业务控制力要强,而对于重要性低的业务控制力度要弱;对于成熟度高的业务,公司总部管理参与程度要低,对于成熟度低的业务,公司总部管理参与度要高。不仅如此,中交二航局还从职能维度,按统筹、集约、高效、创新、共享五大基本理念模拟细分管控模式,增加管控模式的精准导向性、可操作性。

总体上,中交二航局对子(分)公司采用偏运营管控型模式。在业务细分领域,按业务的重要性、成熟度细分管控模式,在策划咨询、投融资、资产(资本)运营领域,采用运营管控模式;在勘察设计、工程建设(含运营维护)及供应链等相对成熟领域,采用战略管控模式,详见图2。在职能细分领域,在党建管理、企业文化、战略管理、公司治理、投资管理、科技研发、人力资源、财务资金、设施设备等领域,采用相对集权的运营管控模式,在市场开发、项目运营等领域采用相对平衡的战略管控模式。

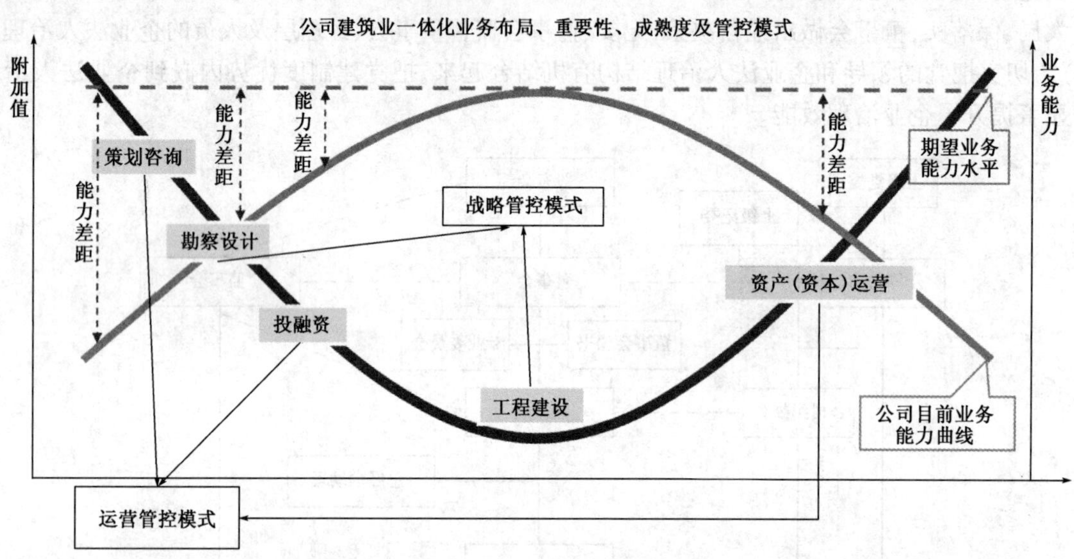

图2 中交二航局业务细分领域集团管控模式示意图

中交二航局根据企业内外部环境变化,定期或不定期运用管控模式五维评估法(表1)对管控模式审视,评估有效性、一致性,并且动态调整。

五维评估法的评估维度和标准 表1

评估维度	评估标准
战略发展	下属单位经营业务在企业战略中的地位越高,越倾向于采用集权的管理模式;下属单位处于发展早期,越倾向于采用集权的管理模式,越成熟则越倾向于采用分权的管理模式
公司治理	下属单位党委会、纪委会、股东会、董事会、监事会、高管层在企业的作用和地位越强,越倾向于采用分权的管理模式
结构流程	下属单位组织模式、管理结构、决策方式越明晰,越倾向于采用分权的管理模式;下属单位业务流程的输入输出、职能流程的 PDCA 循环越清晰,越倾向于采用分权的管理模式
资源集约	下属单位经营业务与总部资源的相关度越高,越倾向于采用集权的管理模式
能力	下属单位人员结构、技术能力、管理能力、考核与激励、信息系统、风险管理等能力越差,越倾向于采用集权的管理模式

2. 基于"放管服"原则优化三级组织职能定位

集团管控模式确定后,就要对企业各层组织进行精准职能定位。组织职能定位是指对特定机构需要完成的任务、工作和责任以及所拥有的职权的界定。组织是战略落地的第一要素,对组织进行明确的职能定位,可以最大限度地实现资源优化配置,有效防止因职能重叠而发生的工作"推诿扯皮"等现象,提高工作效率和工作质量,激发组织活力。

按照确定的集团管控模式,中交二航局进一步明晰三级组织功能定位(图3):总部定位为战略管控中心、资源配置中心、风险控制中心、投融资决策中心、运营监控与绩效评价中心、价值服务中心和企业标准输出中心;子(分)公司定位为项目运营中心、业务经营中心、业务管理中心和利润中心;项目公司及项目部定位为项目履约中心、项目利润中心、项目风控中心、项目辐射中心。对于核心业务线上的子(分)公司,中交二航局总部管控的重点在于事前引领、事中监控、事后考核与分析,发挥总部引领、管控、协调、服务、评价、奖惩职能。

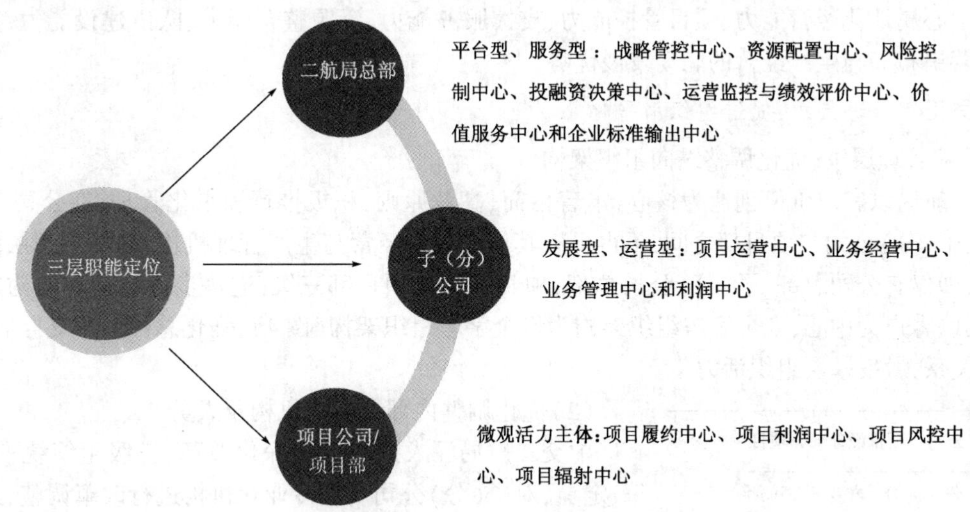

图3 中交二航局三级组织职能定位

3.基于责权利对等原则建立权责清单、授权放权清单

集团管控模式、各层组织职能定位确定后,中交二航局按照外部监管环境、内部治理规范程度等维度,基于责权利对等原则,对所属子(分)公司进行量化评价,根据评价结果将子(分)公司划分为"充分授权、部分授权、优化管理"三类编制权责清单、授权放权清单,着力解决总部错位、越位、管得过多过细等问题。精心组织各部门全面、系统梳理公司规章制度、审批管理手册和分类授权清单,要求对"事先备案""事先沟通一致"等类型的描述进行明确,除干部工作备案事项外,涉及"备案"的均为事后备案;对确须总部审批同意的,应明确为"审批"。授权放权后,总部职能部门从烦琐的审批事项中抽身出来,有更多的精力去做战略管理方面的工作,而被授权的企业自己决策、自己担责,依赖心理减弱,决策链条缩短,决策效率大幅提升,自主经营活力得到进一步激发。

(三)优化调整组织架构体系,提升企业治理效率

组织是支撑企业发展、运营、管理的物质载体,是战略落地的基础。中交二航局聚焦价值创造,优化调整组织架构体系,深化组织形态变革,持续提升组织适应性和生命力。

1.围绕企业战略,优化专业化、区域化发展布局

(1)科学合理分工,全面提升企业专业化发展水平

加快专业化发展,是加快企业转型升级、实现可持续发展的必然选择。中交二航局聚焦打造世界一流企业目标,全面提升企业专业化发展水平。按照业务战略,有序推动生产经营专业化,将企业业务分为专业业务(包含大型水工、大型桥梁、轨道交通、设计咨询等)和常规业务(普通公路、市政、一般房建等)。结合所属子(分)公司发展实际和资源优势,坚持专业化思维,对子(分)公司进行专业化定位和业务分工,着力打造结构合理、特色鲜明的专业化公司,培育专业化能力,形成专业化方法,塑造专业化品牌。

(2)以市场为导向,深化企业区域化发展

区域化经营是企业经营管理体系的重要组成部分,其核心理念在于消除内部资源重复配置和内耗,

强化资源调配力度,促进区域资源的统一配置、合理流动,增进区域效益,降低运营成本,实现区域可持续发展。中交二航局坚持以市场为导向,聚焦区域深耕和生产经营资源有机整合,深化区域结构优化,先后成立九大区域性经营公司,在重点地级市设置经营网点。区域性经营公司作为公司市场开发的派出机构,负责统筹区域市场经营,对接中交集团区域总部与地方政府平台,协调区域内市场信用维护与管理,重点负责区域内重大、特大项目和投资项目的经营工作。根据境外各区域内的经营份额、营销资源、在建项目分布情况,对境外机构进行分级管理,分为一级区域中心、二级区域中心、办事处三类,不断提升境外中心属地化经营能力、项目管控能力、支撑服务能力、资源整合能力、队伍建设能力,充分发挥区域市场营销布局与生产经营的联动发展优势。

2. 纵向压缩管理层级,促进组织扁平化

(1)压缩管理层级,优化调整纵向组织架构

中交二航局以客户价值创造为核心,本着精简、高效原则,积极推行扁平化管理,在公司与子(分)公司之间、子(分)公司与项目部之间,不得再有其他层级的经营与生产管理机构,确保管理层级控制在三级以内,即仅有公司总部、子(分)公司总部、项目公司或项目部三级,进一步优化管理架构与管理流程。同时,以客户为中心,变金字塔组织架构为倒金字塔组织架构(图4),强化总部服务支撑职能,明晰内部客户关系,激发基层组织活力。

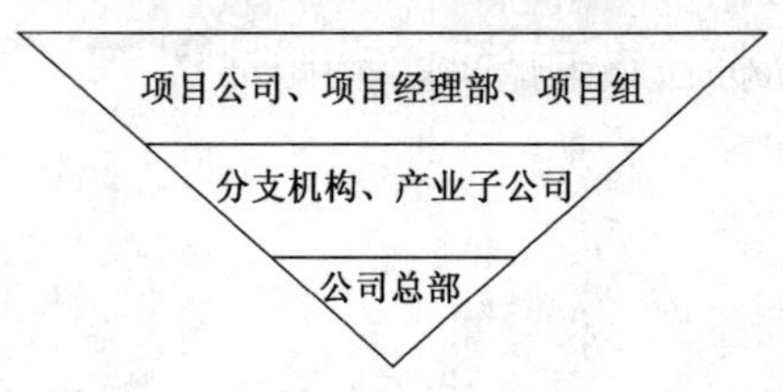

图4 中交二航局组织架构示意图

(2)优化调整内部专业化机构及人员

中交二航局深入推进全面深化改革,三级组织统一定岗、定编、定员,对子(分)公司所属专业化机构进行改革调整,进一步明确内部专业化机构的发展定位与功能定位,规范其内部机构及人员设置,推进专业化机构组织体系和人员编制标准化建设,瘦身健体,着力解决所属单位机构臃肿、人员涣散,质效不高、竞争不强,权责不清、内耗突出,管理分散、各自为战等问题。通过专项改革,强化市场化机制建设,提升资源统一配置、集约利用、协同共享能力,在减轻企业资产包袱的同时,不仅提高了各类资源的使用效率与效益,也提高了专业化机构对项目的服务质量与服务效率。

3. 推进流程化组织建设,构建管理与服务共享中台

建筑业的今天,业主高要求、个性化定制、竞争加剧成为常态。越来越明显的是,为一种环境而设计的组织方式不能在另一种环境里顺畅运行。能够确保企业取得长久成功的关键不是产品,而是创造产品的流程。反观企业现状,中交二航局是由传统上的垂直职能筒仓组成的,是烟囱状的,这种基于分工理论的条块僵化的流程和分工结构无法应对动态变化的外部环境,无法应对市场变革,进而导致可怕的规模不经济。为此,中交二航局必须推进流程化组织变革工作。

2018—2019年间,中交二航局聘请IBM作为咨询顾问,对企业进行了适应性组织建设评价,基于端到端流程理论,明确了流程化组织建设目标。从实际出发,详细分析企业业务主价值链,用小步快跑、循序渐进的方式,重点对公司、子(分)公司两级总部部门设置进行了优化调整,整合横向相近业务及管理职能,减少横向沟通障碍,推动总部职能向引领、服务与支撑型转变,减少总部机构重叠和职能交叉,构建管理与服务共享中台,提高管理、服务与支撑效率。

(四)健全标准化管理体系,推动数字化转型

1. 推动管理制度化,完善组织运行机制

在法人治理体系、集团管控模式、组织架构体系优化调整后,进一步优化完善制度体系,推动管理制度标准化建设,完善组织运行机制。建立规章制度管理办法和规章制度评估机制,实施规章制度分层分级分类管理,推进制度管理标准化建设,着力将制度建设与深化改革、体制机制创新、企业治理体系和治理能力现代化一体推动、一体落实,在改革中建章立制,在建章立制中深化改革。

2. 推动制度流程化,确保制度执行落地

流程化管理将所有的业务、管理活动都视为一个流程,注重流程的连续性,以全流程的观念来取代个别部门或个别活动的观念,强调全流程的绩效表现取代个别部门或个别活动的绩效。

中交二航局组建流程管理专职机构,全面梳理基于价值链的一体化服务能力的核心业务流程,建立标准、规范的流程架构。引进流程管理平台,系统开发设计各项流程,并以流程为主线,融合组织、制度、标准、内控、数据等管理要素,克服企业管理"多张皮"现象。开展岗位和职责梳理,各岗位必须对应工作流程中各项活动的执行角色,确定部门人员配置表和岗位工作标准,为员工考核和人才评价提供依据。

3. 推动流程信息化,促进企业数字化转型

中交二航局在完成企业业务流程系统梳理的情况下,确立了"智慧项目""智慧企业""智慧生态"三步走的数字化转型路径,确立了回归业务本质、围绕价值创造的指导思想,明晰了以流程为载体,简化管理、敏捷运营,提升管理质量及效率的目标,确定了"可见""可预见""可推荐"的数字化应用方向。中交二航局适时推进基础云平台(PaaS)、流程管理平台、地理信息系统 + 建筑信息模型(GIS + BIM)图形引擎、企业标准管理、知识管理系统、大型临建设施管理系统、基于 BIM 的插件类产品等新产品的研发,在此基础上,进一步梳理各业务之间的内生关系,努力形成一体化服务能力。可以说,建设数字二航,提升管理发展质效,已经成为中交二航局的共识。

(五)推动组织文化变革,确保企业高质量发展

1. 推动文化标准化,凝聚发展合力

中交二航局把文化标准作为组织文化变革的重要内容,推进理念识别(MI)、行为识别(BI)和视觉识别(VI)标准的统一推广。"行文化"是企业文化的底色,中交二航局将"行文化"底层内容加以固化,并融入企业发展、生产、经营各环节,不断提升企业文化的引领力和凝聚力,激发企业文化活力,使标准化模式下的企业文化成为增加员工获得感和幸福感的重要途径。持续推进企业文化"五大工程"建设,推动企业文化入管理、入制度、入标准、入人心、入行为,以文化标准化凝聚发展合力,促进组织文化变革。

2. 强化作风建设,提升服务支撑力

中交二航局以央企"总部机关化"专项整治为契机,从严从实加强公司及子(分)公司两级总部作风建设,着力杜绝总部"官僚"思想,彻底扭转总部"衙门"作风,着力塑造"素质优秀、效率优先、服务优质、作风优良、成绩优异"与"战略引领型、价值创造型、精益运营型、平台支撑型、创新发展型、服务监督型"的"五优六型"总部,提升服务基层的责任意识和工作效能,积极实现为基层服务解难题的目标。中交二航局制定了《两级总部首问负责制实施办法》。所谓"首问负责",即两级总部部门及其工作人员首位接待或受理、牵头负责或主办、对接联系或分管有关事项的,应当对事项的办理过程及结果进行及时跟踪。在横向上,两级总部部门之间建立交流互通机制,主动打破"部门墙",切实减轻基层负担,统筹做好支撑服务,集约配置资源,高效协同管理,提高服务效能,确保"事事有人办、件件有回音、服务效果好"。在纵向上,建立总部部门负责人与基层的对接机制,适时了解基层实情、协调解决问题,确保"基层工作有人管、基层呼声有人应"。这些举措,进一步强化了中交二航局两级总部对基层的服务与支撑能力,促进组织文化变革。

3. 强化管理督导,提升组织执行力

近两年来,为推动企业高质量发展,中交二航局持续开展深化改革,探索、构建了"大监督"体系,整合监督资源,形成监督合力,在纵向上构建"两级三层"监督机构,实行"三统一"(即统一工作部署、统一资源调配、统一工作标准);横向上构建专责与专业监督相结合的联动机制,形成"三个互为"(即互为补充、互为基础、互为支撑),充分发挥各监督主体的职能优势,初步建立了在党委领导下、以纪委为统筹

的"统一领导、协调联动、优势互补、资源共享、全面覆盖"的立体化监督体系。中交二航局充分发挥专责监督优势,将常规督导与政治巡察、综合监督、效能监督、派出监督等有机结合,统筹开展管理督导,重点强化对落实上级党组织各项决策部署、深化改革成果宣贯执行、执行财经纪律和规章制度、落实中央八项规定精神、部门和岗位履职尽责、"总部机关化"问题专项整治、年度重点工作落实等方面的管理督导,持续提升各级组织的执行力,推动各项工作落地。

三、实施效果

(一)组织运作效率明显提升

通过基于高质量发展的集团管控与组织变革方法与措施的实施,中交二航局的组织运作效率明显提升。例如,主要合同评审业务在公司、子(分)公司、项目部三级单位的全流程评审周期,平均从原来的1~2个月降低到现在的7~15天;两级单位的全流程评审现在7天左右可以完成,与原来的1个月左右相比,耗时大幅下降。又如,会计部通过推进会计核算标准化体系建设,使会计单据平均稽核天数从2.28天下降到0.64天,凭证平均制单天数从2.93天下降到1.54天,效率分别提升72%和47%。

(二)发展质效显著提高

中交二航局通过基于高质量发展的集团管控与组织变革方法与措施的实施,持续优化组织体系,着力激发各级组织的生产经营和可持续发展能力,专业化发展格局有序确立,区域化布局渐趋完善,属地化建设日益深入,生产经营质效有效提升。2019年,公司全年共中标163项,新签合同额936亿元,同比增长15.1%,为中交集团下达考核目标的105%;实现营业收入658亿元,同比增长11.9%,为年度计划的106.1%;利润总额同比增长3.3%,全面完成中交集团考核指标。2019年,在营业收入增长25.22%的情况下,两项费用较上年度减少7617万元,降低2.42%;两项费用占营业收入比重为4.53%,较上年同期降低1.2%。2019年,间接费用较上年度减少1.07亿元,降低5.37%;间接费用占营业收入比重2.74%,较上年同期降低0.83%。

(三)创新驱动凸显活力

中交二航局通过基于高质量发展的集团管控与组织变革方法与措施的实施,着力激发各级组织的创新活力。2019年,中交二航局第四次获得"国家高新技术企业"证书,交通基础设施智能制造研发中心荣获2019年度交通运输行业"十大创新平台"称号。"近浅海新型构筑物设计、施工与安全保障关键技术"喜获国家科学技术进步奖二等奖,这是中交二航局获得的第六项国家科学技术进步奖。

2019年,中交二航局科研投入4697万元,占利润比3%,科研投入指标在湖北百强企业中排名前五,各项参考指标均创历史最好排名。申报并获批中交集团和武汉市研发项目10项,中标横向项目4项,共获研发费用1240万元。全年获省部级科学技术奖36项、工法40项,获省部级和横向项目14项,授权专利276项,连续3年在中交集团二级单位科技进步考核中排名工程局第一名。如"桩顶支撑步履式移动打桩平台"获中国专利奖优秀奖;"分片掘进式装配地下综合管廊建造技术"获中交集团技术发明一等奖和中国节能协会专利奖唯一特等奖。

(四)综合实力持续彰显

中交二航局通过基于高质量发展的集团管控与组织变革方法与措施的实施,综合实力持续彰显。2019年,湖北企业100强名单发布,中交二航局排名从2009年的第21名逐年上升至第10名,首次进入湖北省百强企业前10名行列,跃居武汉市十强企业第8名,荣获"湖北省优秀企业金鹤奖"与"湖北省十大建设文化创新品牌",文化和品牌影响力显著增强。

2019年,住建部发布了第九批建设工程企业资质核准名单,中交二航局获市政公用工程施工总承包特级资质,同时收获市政行业甲级设计资质,顺利晋级公路、港航、市政"三特三甲"施工、设计资质企业,是中交集团首家"三特三甲"企业,为打造设计、施工一体化发展能力,持续提升综合实力夯实了基础。

基于智能一体化系统的高速公路清障施救体系

浙江沪杭甬高速公路股份有限公司

成果主要创造人:王炳炯　韩剑辉

成果参与创造人:邓　亮　洪　伟　兰勇烽　周立人　谢　新　马连喜　白向东

浙江沪杭甬高速公路股份有限公司(简称"浙江沪杭甬")是浙江省交投集团旗下核心成员企业和重要上市平台,于1997年3月成立,同年5月在香港联交所挂牌上市。浙江沪杭甬是省委省政府为开辟浙江交通与国际资本市场接轨的融资渠道、加快全省高速公路路网建设而设立的,是浙江省第一家境外上市的国有企业,也是浙江省交投集团旗下资产规模最大、盈利能力最强的子公司。

公司业务主要包括高速公路和金融证券两大板块以及部分酒店业务,拥有20家子(孙)公司,有员工9200余人。高速公路业务:经营管理省内外15条高速公路,总里程达1252公里,其中权益性路段802公里,包括沪杭甬高速公路、上三高速公路、甬金高速公路金华段、杭徽高速公路、申嘉湖杭高速公路、舟山跨海大桥高速公路、徽杭高速公路,均是浙江省乃至全国高速公路网中重要的主干线。

近年来,浙江沪杭甬围绕浙江省交投集团"争做世界一流企业"的总体目标,配套制订了"两个第一"行动计划,着力于做大做优主业、做实做强产业、做厚做久企业,积极构建"1+1+X"的业务布局:高速公路主业方面,持续打造全国高速公路运营服务第一品牌;金融证券业务方面,指导支持浙商证券稳步进入全国证券公司第一梯队;同时积极开展市场化、国际化项目投资并购,培育发展关联交通基础设施产业及物业酒店业务,为公司带来新的利润增长点。

一、实施背景

高速公路清障施救保畅队伍是高速公路快速处置车辆故障、交通事故等道路突发事件的重要力量之一。浙江沪杭甬要求在清障施救全过程中,做到快速、安全、高效地进行处置,从而减少二次事故发生的可能性,保障人民群众生命财产安全。

在传统模式下,浙江沪杭甬清障施救作业流程是由驾乘人员、巡查员或高速公路交警通过电话向12122报警平台进行报警,平台在接收到报警信息后向浙江沪杭甬监控分中心下达施救指令,再由监控分中心通过电话或对讲机形式调派清障一线人员进行施救作业,施救作业结构流程见图1。

通过多年的运营,浙江沪杭甬发现传统模式下的清障施救作业流程存在以下几个方面的问题。

(一)报警渠道单一,救援信息报送慢

传统的报警渠道来源于驾乘人员、(分)监控中心、路政或交警在遇到需要高速公路拯救时通过拨打电话的形式联系呼叫中心,发起拯救请求。浙江沪杭甬在以往清障施救作业过程中发现,车辆在发生事故或故障的情况下,驾乘人员往往因为不熟悉高速公路清障施救流程或不明确自身所处高速公路位置及桩号,导致不能第一时间拨打12122报警电话进行求助。而高速公路业主、交警等巡查力量虽然24小时不间断进行巡查,但并不能及时发现高速公路内的所有事故及故障车辆,这也导致那些未及时报警的事故车辆不能得到及时的救援,极易造成高速公路拥堵、二次事故等连锁反应。

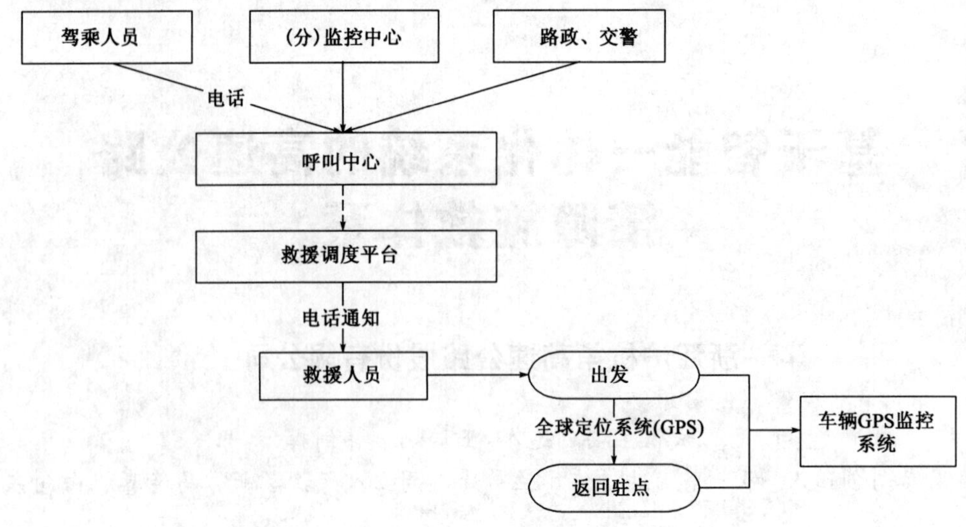

图1　原施救模式结构流程图

(二)指挥调度复杂,人员学习成本高

浙江沪杭甬辖区各管理处高速公路指挥调度中心,管辖范围几百公里,各类施救单位、车辆、施救人员、外协单位多达上百个,中控人员在指挥调度时,往往需要通过丰富的经验,以电话、对讲机等方式多次与事发地附近的施救力量沟通,确定施救人员、车辆的当前位置及施救车辆的车型等基本信息,再进行指挥调度。这需要耗费大量的时间和精力,也需要专业的指挥调度人员。传统新进入岗位的指挥调度人员往往需要培训至少3个月,才能具备基本的指挥调度能力。

(三)数据沟通孤立,信息共享能力弱

由于传统的指挥调度人员和施救点位之间"信息孤岛"现象严重,对信息的数据化生成无法提供支撑,导致"一路三方"❶及协同部门间的信息共享能力弱,信息不透明、不实时,导致指挥调度人员只能调度固定点位的施救力量,但实际上很多情况下固定点位的施救力量并不是最优最近车辆,也无法发挥联勤联动的优势。

(四)联动能力有限,纵跨区域调度难

传统调度各施救力量之间位置不透明,跨区域调度的人员也存在一定的抵触心理。运行作业外场人员属于动态作业过程,由于缺乏高效科学的监管手段和统一的信息化平台支撑,在业务执行中难以监管。甚至出现"三不"情况,即"看不见、听不到、管不了"的情况,导致各部门在业务协同时效率低下。

(五)清障标准差异,人员执行程度差

浙江沪杭甬在清障施救上有着一套较为成熟的标准化操作流程,虽然有相关管理制度和业务标准支撑,但在一线清障人员操作执行过程中,由于各协同部门、执行个体分散在各个驻点,对制度和标准的理解差异不同,在执行过程中也没有规范的信息化平台流转及审核校核,最终导致清障施救过程的规范性和标准化程度大打折扣。

(六)数据采集分散,后台稽查统计杂

在以往的施救过程中,由于数据分散性强、差异性大、准确性低和过程信息未及时数据化等问题,清障施救过程无法有效形成全业务流程的数据链。清障施救业务执行的过程无法回溯、稽查,各级管理人员无法针对数据进行精准分析和科学决策,最终导致清障业务支撑能力弱,无法在细节上进行提升。

针对以上问题,基于党的十九大报告中提出的建设交通强国发展战略及浙江省交投集团大力推进

---

❶ "一路三方":指高速交警、路政和运营企业。

"数字交投"建设的相关政策和发展愿景,浙江沪杭甬作为承担着提供清障施救公共服务的高速公路业主,推出了"打造第一品牌"的行动计划。

2017年,浙江沪杭甬在既有清障施救模式的基础上,积极探索改进方案,并于2018年初开始高速公路清障施救智能一体化项目建设。至2019年,该项目已在公司辖内2100公里高速公路上全面投入使用,并取得了出色的成果。本项目的长期目标是填补省内清障施救管理模式标准化的空白,在全省范围内建立一个标准统一、架构合理、功能完善、运行高效的高速公路清障施救智能一体化平台。

二、成果内涵和主要做法

(一)简介

智能一体化系统全面覆盖了清障施救全业务过程,参与的人员包括道路使用者、监控分中心监控员、清障施救队员、道路运行管理人员。与清障施救传统模式相比,智能一体化系统具有以下明显优势:**一是救援渠道多样化**。除了原有电话呼叫中心发起救援请求外,系统通过新增App和Web的两个系统级智能终端在接报警过程中渠道化救援请求,实现了业务线上数字化流转。**二是派单指令智能化**。接到报警后,系统对救援任务进行智能化分析,科学生成动态救援资源和精准救援任务派单调度,实现了智能化救援处置。**三是清障流程标准化**。清障过程中,系统推动清障施救作业流程的规范化、标准化,对施救过程中的实时位置、路径通行情况、现场环境、作业情况进行实时监控和数据留痕,真正实现救援全过程的数字化、透明化操作。**四是监督管理透明化**。智能一体化系统监控并记录清障施救所有的过程。通过实时录像监控,实现全过程监督,从而规范操作流程,避免恶意投诉。**五是决策依据数据化**。智能一体化系统通过对清障日常管理过程中所采集的数据进行分析,为管理人员在施救效率、资源消耗及布点合理性等方面提供科学化决策数据支撑。

智能一体化系统业务运行示意图见图2。

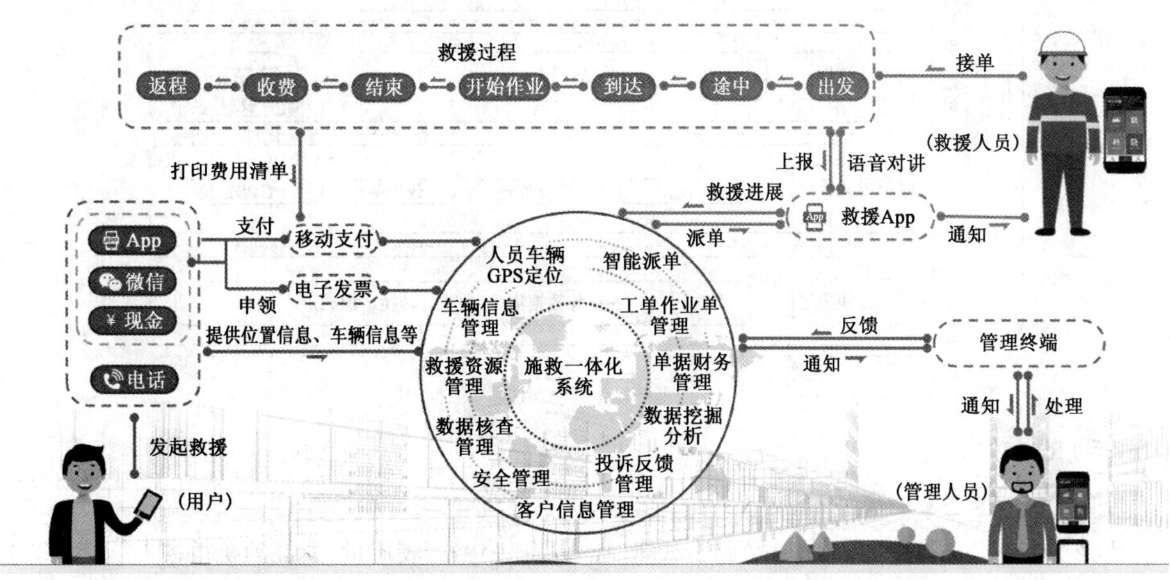

图2 智能一体化系统业务运行示意图

(二)系统框架构建

本系统采用浏览器/服务器(B/S)的架构设计,从日常清障施救管理的实际需求出发,以现有基础架构和业务管理发展方向为依托,以软件设计相关标准及实践为设计依据,遵循开放性、健壮性、安全性等设计原则,合理设计架构。智能一体化系统框架及其逻辑见表1和图3。

智能一体化系统框架

表1

序号	框架名称	概述
1	业务系统数据库层	数据层由结构化数据和非结构化数据两部分组成。结构化数据主要包括GIS基础数据、交通信息服务基础数据、交通信息融合决策数据。非结构化数据主要由图形数据XML、Word、Excel、图像及流媒体数据等构成
2	数据集成层	各行业监管系统的基础数据融合集成,包含基础数据的抽取、转换、加载等
3	应用支撑层	应用支撑层是平台的核心部分,完成平台应用系统的各项功能,由基本服务、数据功能、系统管理等组成,是通过调用系统支撑软件来实现
4	认证层	系统用户分为两类,包括普通业务用户和系统管理用户
5	用户层	普通用户通过使用安卓系统的移动终端设备进行业务操作,系统管理员用户于后台管理系统为普通用户设置角色及对应权限
6	系统安全保障体系	平台运行在云服务器上,依托内网向系统相关人员提供信息与服务,保证系统的安全、高效、可靠运行,保证信息的机密性、完整性、可用性
7	系统标准与规范	整体系统架构从相关部门的实际需求出发,以现有基础架构环境和业务管理发展方向为依托,以软件设计相关标准、实践为设计依据,遵循开放性、安全性等原则进行合理设计

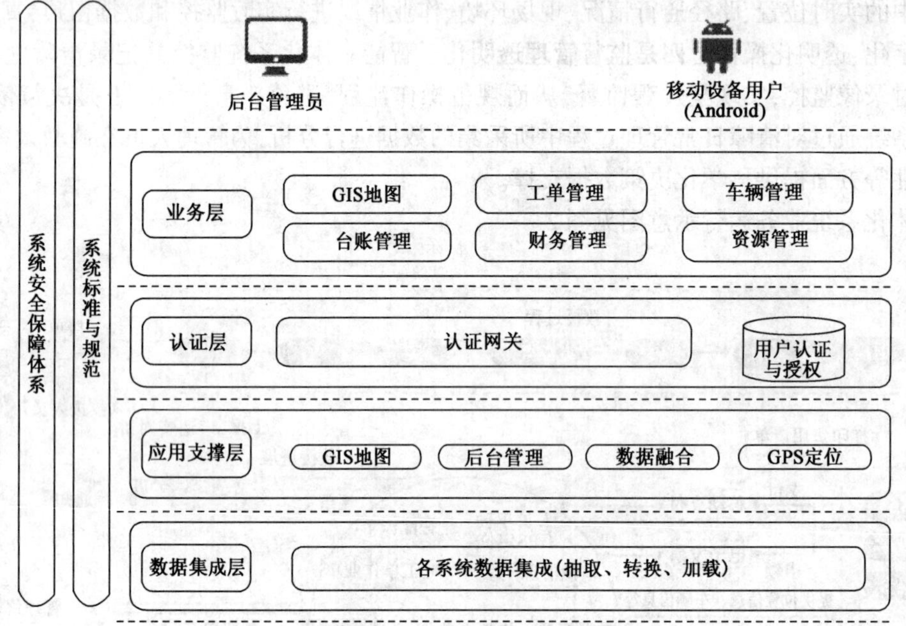

图3 智能一体化系统系统逻辑结构

(三)实现功能

1. 救援渠道多样化

为减少高速公路拥堵、降低高速公路事故量、提高高速公路行驶质量,浙江沪杭甬推出智能一体化系统,在传统电话联系基础上,增加了人工视频巡检、智慧系统检测、智慧高速App和二维码多渠道化的救援请求功能。

(1)人工视频巡检

浙江沪杭甬高速公路辖区已实现2公里一个摄像机全路段覆盖,按照制度要求,各路段监控中心每2小时全路段摄像机人工巡检路况,尽可能及时发现高速公路上发生的突发事件。

(2)智慧系统检测

2019年底,浙江沪杭甬智慧高速公路绍兴试验路段建成,该路段交通秩序、驾乘体验和收费环境得到了明显改善。通过增设视频事件检测器和毫米波雷达等设备设施,试验路段基本实现了交通事件主动发现功能,有效避免了突发事故电话上报的滞后性问题,可有效减少不必要的道路损失和人员伤亡。

(3)智慧高速 App

浙江沪杭甬推出智慧高速 App 软件,包含内部管理 App(含微信)端及公众端 App(救援请求用户)两大模块。监控指挥调度人员在 App 端实时共享和反馈道路救援信息,方便内部应急管理;客户下载 App 软件端后,可实时掌握施救车辆救援进度,从而缓解等待过程的焦虑情绪。

(4)终端三合一救援工作台

浙江沪杭甬目前选用的 Q920 型号终端机,具备智能手机电话拨打、浙江救援 App(图 4)、电信警用频道数字对讲、可视化对讲等功能,亦可实现到达施救现场及施救结束期间的自动现场录音录像功能。警用通道集成的数字对讲,替代了原有依托交警模拟对讲平台,实现各单位间群体对讲机分组对讲功能。工作台还解决了以往模式对讲部分路段信号弱、隧道内无信号的情况。此外,终端的三防功能,让作业人员对施救作业过程中的磕碰及雨雪天气无后顾之忧。

(5)二维码

传统驾乘人员电话报警时,经常无法提供准确的事故发生位置或错报信息,降低了高速公路施救单位清障施救效率。为方便驾乘人员快速有效进行高速公路救援呼救,减少驾乘人员救援等待时间,浙江沪杭甬在湖州段边侧护栏试点张贴了二维码。驾乘人员在发生车辆故障或道路交通事故后,可通过手机扫描路侧护栏二维化快速进行报警救援,提高自身的安全系数。

图 4 浙江救援 App

多渠道的施救救援平台,使信息交互效率大幅提升。以往系统录入完成后,一般电话通知单次耗时为 20～30 秒,按单车出动电话"三报"流程,耗时 1～1.5 分钟,多车出动重复累加,现在派单及现场信息反馈系统一键完成,效率提升明显。系统试运行期间借助系统与终端的数据化传递,基本消除了以往语言沟通所造成的偏差及失误,信息准确性提高。信息交互数据化后实现平台数据共享,系统运行期间较大程度上减少了业务单位间的语音询问作业量,实现信息传递的提质增效。实时呈现各类资源人员数据,减少了以往询问后人工记录的环节。救援现场图片及影像资料齐全,现场情况一目了然,这也是对路面监控的一个有力补充。

2. 清障调度智能化

目前,浙江沪杭甬监控员在接收到报警信息后,系统生成事件信息,自动匹配就近清障施救车辆和人员,推送至前台页面显示,监控员通过系统调度界面由近至远选择最优清障力量,以确保施救人员最短时间到达现场进行处置。有效减少了原有电话交互过程的烦琐及对讲电话沟通过程中存在的偏差,打破了传统凭经验派遣施救力量的方式,解决了监控员日常边工作边靠脑力记忆救援车辆位置的烦恼,也减少了通过 GPS 查询车辆所耗的时间,为监控员提供了一个快捷、高效的施救力量调度指挥平台。

(1)综合 GIS 地图显示

智能一体化系统涵盖了浙江沪杭甬辖区内所有高速公路警车、高速公路巡查车、高速公路救援车等联勤联动力量。利用车载信息采集及手持终端数据作为设备及人员配套参数,将所有车辆信息根据车辆所处不同状态通过不同颜色及动画效果给予区分,以简洁、动态的形式投放到 GIS 地图层,同时协同录入关联事件信息、静态数据采集(地理、设备信息、设备采集数据)、气象数据、高德实时数据,更直观地展示道路运行状况。同时,优化派单模式,实现地图层同步派单功能。

(2)就近力量智能搜索

智能一体化系统通过整合各部门资源,以智慧化、信息化的手段,建立算法模型实现就近清障车辆智能搜索。救援工单生成后,系统会根据地理定位(事故车辆所处桩号)、清障车辆 GPS 定位以及手持终端信息采集,对就近救援力量进行搜索。搜索完成后,将所有就近施救力量按距离进行排序,并将排序后的清障人员所处状态及车辆配套信息在系统中显示,供监控员进行选择调度(图5)。监控员可选择就近清障力量,一键派发施救任务。

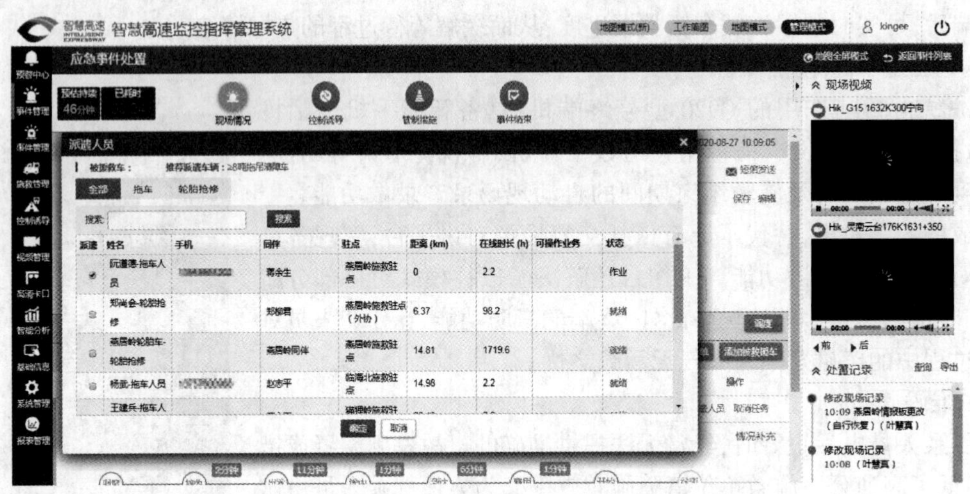

图5　指挥调度系统

(3)区域化协同调度指挥

系统整合各单位优势施救资源,实时更新公司所有清障车辆动态信息,实现施救力量跨区域调度。当高速公路内发生突发事件导致本地区施救力量出现不足或需要特种施救设备时,系统根据"最快处置待施救人员和车辆"原则,调整施救力量部署,智能推荐其他地区空闲施救力量前往现场进行处置,从而打破了原有各单位、各区域之间的壁垒,确保清障施救车辆能够以最快、最优方式到达现场进行处置。

2020 年 6 月 25 日,浙江沪杭甬辖区甬台温高速公路猫狸岭隧道发生一起半挂车车辆起火事故,事故导致隧道内照明设施损坏,对抢险造成一定困难。通过智能一体化系统,浙江沪杭甬监控指挥中心在相近单位临时调度了一辆应急照明车赶赴事故现场,为事故快速处置作保障。

3. 清障流程标准化

(1)清障施救标准化与现实操作存在差异

"清障施救 20 分钟到场率、30 分钟完成清障施救作业率达 96% 以上;清障施救现场警示桩设置上游过渡区 90 米,交通锥间隔 10 米;纵向缓冲区间 60 米,交通锥间隔 15 米。"浙江沪杭甬在清障施救上有着一套较为成熟的标准化操作流程,虽然有相关管理制度和业务标准支撑,但在一线清障人员操作执行过程中,由于各协同部门、执行个体分散在各个驻点,对制度和标准的理解差异不同,在执行过程中也没有规范的信息化平台流转及审核校核,最终导致清障施救过程的规范性和标准化程度大打折扣。

(2)在清障施救标准化中的应用

2019 年,浙江沪杭甬下发了《高速公路清障施救标准化手册》,对清障施救服务体系、资源配置、人员管理等方面进行了标准化的统一。与此同时,浙江沪杭甬同步实施智能一体化系统,一体化系统平台将清障施救、高速交警、道路巡查、养护抢修等多方资源整合在一起,最终通过调度平台统一调度指挥,推进清障施救标准化落地,同时也大幅提升了施救效率。

(3)清障施救标准化救援流程

清障救援人员通过管理 App 接到派单任务后,通过统一分配的设备和标准的作业流程规范开展救援工作，并且对从接单、出发、到达、救援到结束的全过程进行科学考核。

清障救援人员按施救时间顺序，将接受任务、开始出发，出发里程上报、途中、到达现场、预警照片、预估作业时间、开始救援、结束救援、返程等作业过程详细信息及时反馈到调度后台，并将施救过程中的实时位置、路径通行情况、现场环境、作业情况进行实时监控和数据留痕，真正实现了救援全过程的数字化、透明化操作。具体流程见表2。

清障施救标准化救援流程 表2

序号	流程步骤	具体内容
1	接受任务	调度下派工单后，队员在 App 可接受该任务并记录接受任务时间
2	开始出发	队员出发前往事故点可操作此节点，并记录出发时间
3	出发里程上报	在操作开始出发节点的同时可对车辆出发里程进行上报
4	途中	队员途中可上报途中路况情况，是否堵车等信息，可多次上报
5	到达现场	到达事故现场按此节点，记录实际到达现场时间
6	预警作业	到达现场后，对事故现场预警以及对事故/故障车辆进行拍照并上报
7	预估作业时间	到达现场后，队员评估现场作业时间，预计多久能恢复道路畅通通行
8	开始救援	实际对车辆开始作业时，记录开始作业时间
9	结束救援	完成对车辆的救援工作时，记录完成时间
10	返程	完成车辆救援工作，拖到高速公路出口时，记录车辆返程时间

(4)安全管理效率得到提升

智能一体化系统未上线前，涉路作业现场安全作业监管具有一定难度，无法做到全覆盖监管。单次施救查询需要动用人员赶赴现场，浪费人力物力，以往借助道路监控、执法仪查询、车载 GPS 结合的模式，单次查询不会少于半小时，575 单需要近 290 个小时工作量，安全管理基本不可能实现全覆盖无死角。系统上线后，管理人员仅需要通过预警图片查看，就能实现安全预警监管全覆盖，575 单救援任务基本在 1 小时内完成，安全管理效率提升显著。

(5)保障清障施救标准化落地

为使平台数据的真实性得到保障，使清障施救标准化管理更为精准，一体化系统平台将施救各节点时间设置为系统自动生成，并具备强制拍照等防伪造功能。管理人员可根据系统平台中记录的各时间节点和照片等数据，对当班清障施救人员操作的合规性进行检查，并可以此为依据，对相关人员进行奖惩，不断提升清障施救的标准化程度。在平台试运行期间，浙江沪杭甬通过系统平台第一时间发现各类工作异常情况 15 起，并及时给予了整改处理，这在以往的管理模式下是无法及时发现或很难后期查证的。

4. 监督管理透明化

(1)清障全过程视频监控

全过程视频监控是指通过智能一体化系统监控记录清障施救所有的过程。在施救过程中，当施救队员在手持终端机启动施救流程后，终端机会自动开启摄像头对整个施救过程进行视频录像，同时视频记录会同步上传至后台云服务器中。清障施救作业实现全过程记录，一方面是为了更好地保障清障施救队员自身合法权益，避免许多恶意投诉；另一方面也约束清障施救人员的现场操作行为，同时为管理人员对清障施救合规性考核提供有效依据。比如某次辖区管理处接到一个未按标准乱收费的有责投诉，管理人员通过系统调取录像后发现，在整个清障施救过程中，清障施救人员一直正确使用手持终端进行录像，同时视频也证明了该施救人员没有不按标准收费的行为，整个施救过程合规、合法。公布视频录像后，驾乘人员主动放弃了投诉。这维护了公司形象，取得了新闻媒体和社会各界的普遍支持。

(2)调度信息进程更透明

监控员通过智能一体化系统向施救人员下达施救指令后，智能一体化系统通过手持终端实时接收救援人员的动态信息,包括救援人员的实时位置、路径通行情况、救援作业开展情况等。同时,智能一体化系统还在 App 端为驾乘用户提供了清障人员及车辆的信息查询、清障车辆到场时间测算等功能。通过一体化平台对清障施救调度全过程的实施监控,确保了每个清障流程都可以实时查询,真正意义上实现清障全过程的透明化操作。

(3)外协单位管控同质化

2020 年起,浙江沪杭甬将智能一体化系统纳入外协单位同质化管理的一项重要内容,并提出了"同准入、同管理、同服务、同硬件"的"四同"管理理念。经过 10 个月的"同质化"管理,所有外协清障施救人员的安全防护装备和业务能力水平都与浙江沪杭甬自营清障施救队伍全面接轨,人员形象和素质得到了很大的提升。从第三方评估和内部稽查情况看,外协及外包单位使用智能一体化系统同质化管理后,规定时间到场率保持在 97% 以上,客户满意度保持在 99% 以上。

除此之外,浙江沪杭甬在清障施救检查过程中发现,部分外协单位存在谎报车型、虚报拖车等不规范行为。在应用智能一体化系统后,由于对全过程进行记录,加上严格的考核制度,这些问题得到了有效控制。

5. 决策依据数据化

(1)平台数据自动采集

过去,由于数据分散、差异性、准确性和过程信息未及时数据化等问题,清障施救过程无法有效形成全业务流程的数据链。清障施救业务执行的过程无法回溯、稽查,各级管理人员无法针对数据进行精准分析和科学决策,最终导致清障业务支撑能力弱,无法在细节上进行提升。浙江沪杭甬实施智能一体化系统后,在清障施救全过程中,系统后台通过自动采集车载 GPS、手持终端,自动生成巡查(救援)里程、峰时车速、平均车速等数据,并与单据关联保存。

此外,统一的系统管理平台,规范了各类数据标准,通过后台 GIS 地图、工单作业单管理系统、台账报表系统、车辆信息管理系统、单据财务管理系统、救援资源信息管理系统、系统管理系统等七大业务子系统,对救援过程中相关资源和业务数据进行了集中管理,实现业务过程全闭环。为保障智慧高速平台运行数据统一管理及使用,提供了有力支撑。

(2)救援事件信息快捷查询

智能一体化系统工单化的配置模式,为后期事件查询提供了便利。以往事件查询由于信息链及存储记录的分散性,查询起来难度大,需要多方沟通,而且无法保障数据真实性。该模式实现各类道路运行业务全流程所有关键动作、行为数字化及网络化传递存储,消除不可控或难控的行为。试运行期间,事件单次查询在 5 分钟内能完成,影像资料根据其录制长度而定,该工作是以往基本不可能完成的。

(3)清障大数据的深化应用

基于规范的作业标准和全过程数据化,可浏览每次作业全过程,对其进行事后稽查回溯,并通过数据分析,对每个作业节点规范程度、施救效率、资源消耗及布点合理性等业务管理点进行科学化决策提供数据支撑。

通过分析清障施救接收时间、出发时间、到场率等数据,可在清障施救布点、救援人员分配上为高速公路运营企业提供决策依据。同时,可参考各施救节点所花费的时间,在管理手段上进行提升;通过分析清障施救预警作业相关照片和施救车辆车速等数据,可对施救现场作业是否规范、人员防护是否到位、是否符合公司相关制度要求等进行评估考核。同时针对事故/故障车辆的情况,对监控人员指挥调度合理性进行评价;通过分析清障施救作业时间数据,同时针对性收集一线员工在工作中提出的合理化建议,在设备施救、工作流程上进行改进,并加大宣传教育培训力度,从而提升清障施救整体效率。

利用清障施救一体化系统等数据平台对主线流量变化、清障施救数量、清障驻点配置、业务成本分析、两率指标完成情况等业务数据进行后台大数据分析,浙江沪杭甬建立了小流量路段、盲区路段施救效率和效益分析模型,为各路段清障施救作业制定了差异化考核指标。差异化考核指标的建立使原有清障施救两率统计"一刀切"变成了现在的"扬长避短"精准施策。通过科学合理的差异化管控指标,不但进一步明确了各路段所需要达到的两率时间,也缩减了原来因盲目追求两率而在小流量路段和盲区路段内过多的费用投入。

(4)新政策下一体化系统的应用

《浙江省公路条例》于2020年9月1日起正式实施,其中第五十条第二款规定:"对停留在主线上的故障车辆、事故车辆,高速公路经营管理者应当及时免费拖曳、牵引至最近出口外的临时停放处,驾乘人员应当予以配合。高速公路经营管理者承担拖曳、牵引费用的事项,应当在高速公路特许经营协议中予以明确。"针对这一重大政策变革,浙江沪杭甬充分利用智能一体化系统,利用系统中"补录工单"的功能,对自营和外协清障施救车辆数量和车型进行登记,并最终依托大数据平台进行相应的物质补贴。

此外,根据统计、分析和跟踪平台统计的清障数据,对于部分被拖车辆在同一路段内多次要求进行清障,并存在有故意浪费清障施救资源、恶意破坏行车秩序的行为时,浙江沪杭甬将会同相关部门适时建立黑名单制度,积极联系高速交警、高速路政等部门协调处置。

三、实施效果

2019年,浙江沪杭甬提出了以清障施救准入统一化为门槛、同质化为基础、标准化为导向、一体化为手段、施救差异化为标准,"五驾马车"齐头并进共同促进品牌化的战略格局目标愿景。智能一体化系统通过救援渠道多样化、派单指令智能化、清障流程标准化、监督管理透明化、决策依据数据化五大手段,对清障施救业务进行智能化管控,有效提高了浙江沪杭甬清障施救的整体形象,得到了行业主管部门和社会各界的好评。

据数据统计,2019年以来,浙江沪杭甬清障施救20分钟到场率从87.38%提升至93.91%,30分钟事故处置率从94.88%提升至97.14%,客户满意度达99%以上,未发生清障施救有责投诉和有责清障施救道路交通事故。同时,浙江交投集团和浙江沪杭甬借助第三方评估公司的力量,每季度对清障施救服务进行暗访,清障施救评估分值从均值87.5分提升到均值97.25分,实现了质的飞跃。目前,智能一体化系统已在浙江省交投集团2699公里高速公路上使用,占浙江省高速公路里程60%以上,并计划在全省地方道路和高速公路区域推广。

总之,通过实施智能一体化系统,浙江沪杭甬在高速公路清障施救业务上取得了较大突破:一是全施救业务数据,数字化集成系统内流转,提升信息交互的效率,信息交互统一性增强;二是根据被救援车、救援车辆位置和作业状态,结合道路通畅情况,系统辅助中控员智能派单,包括推荐最优车辆和最佳救援路径,简单式操作更适合一线员工实现平台的智能化;三是施救作业过程中,可以实时接收救援人员的位置信息、道路通行情况、救援作业开展情况以及实时照片等,真正实现救援及服务全过程的透明化;四是统一的调度管理平台,通过后台七大业务子系统,对救援过程中相关资源和业务数据集中管理,实现业务过程全闭环;五是施救过程中的所有数据归集并深化应用,在实现日常营运报表的基础上,通过数据挖掘分析,为后续员工日常考核、驻点布设和人员分派等管理决策提供数据支撑。

基于事件主动发现与管控的智慧高速公路管理与服务体系构建

浙江沪杭甬高速公路股份有限公司

成果主要创造人:王炳炯　金　峰

成果参与创造人:陈建新　郭笑天　沈佳平　胡　飞　陆　侃　戴　忍　胡国利

浙江沪杭甬高速公路股份有限公司(简称"浙江沪杭甬")是浙江省交投集团旗下核心成员企业和重要上市平台,于1997年3月成立,同年5月在香港联交所挂牌上市。浙江沪杭甬是省委省政府为开辟浙江交通与国际资本市场接轨的融资渠道、加快全省高速公路路网建设而设立的,是浙江省第一家在境外上市的国有企业,也是浙江省交投集团旗下资产规模最大、盈利能力最强的子公司。截至2019年底,公司合并资产总额1045.77亿元,净资产达319.82亿元,归属母公司净资产达215.94亿元。

公司业务主要包括高速公路和金融证券两大板块以及部分酒店业务,拥有20家子(孙)公司,有员工9200余人。高速公路业务包括:经营管理省内外15条高速公路,总里程1252公里,其中权益性路段802公里,包括沪杭甬高速公路、上三高速公路、甬金高速公路金华段、杭徽高速公路、申嘉湖杭高速公路、舟山跨海大桥高速公路、徽杭高速公路,均是浙江省乃至全国高速公路路网中重要的主干线。

近年来,浙江沪杭甬围绕浙江省交投集团"争做世界一流企业"的总体目标,配套制订了"两个第一"行动计划,着力于做大做优主业、做实做强产业、做厚做久企业,积极构建"1+1+X"的业务布局:高速公路主业方面,持续打造全国高速公路运营服务第一品牌;金融证券业务方面,指导支持浙商证券稳步进入全国证券公司第一梯队;同时积极开展市场化、国际化项目投资并购,培育发展关联交通基础设施产业及物业酒店业务,为公司带来新的利润增长点。

一、实施背景

沪杭甬高速公路浙江段由沪杭高速公路浙江段和杭甬高速公路两部分组成,全长248公里,其中,沪杭高速公路国家高速公路网编号为G60,从枫泾镇东起,沿沪杭铁路走向,经嘉善、嘉兴、桐乡、余杭等地至杭州郊彭埠,全长103公里;杭甬高速公路连接杭州市至宁波市,其中红垦至高桥路段为国家高速公路网G92(杭州湾环线高速公路)的组成部分,彭埠至红垦、高桥至宁波东属于浙江省级高速公路,编号分别为S2和S5;杭甬高速公路全长145公里,于1996年全线通车,建成初期为双向四车道,已于2007年12月全线扩建完成双向八车道。

沪杭甬高速公路沿线与杭州湾大桥北接线高速公路、乍嘉苏高速公路、嘉绍大桥北接线高速公路、杭州绕城高速公路、杭金衢高速公路、杭州萧山机场高速公路、钱江通道南接线高速公路、上三高速公路、嘉绍大桥南接线高速公路、宁波绕城高速公路、甬台温高速公路等多条高速公路相交。全线流量最大路段——红垦—沽渚段高峰日均流量可达12万辆次。

沪杭甬高速公路浙江段是浙江开建的第一条高速公路,下辖嘉兴、杭州、绍兴、宁波4个管理处,由浙江沪杭甬直接经营管理。

随着浙江省高速公路通车里程的逐步增加,以高速公路为骨架的公路网络逐渐形成,高速公路的运营管理面临更多的问题和挑战。如何为人民群众提供安全、便捷的出行服务,是当前以及今后高速公路管理部门面临的一项主要工作任务。沪杭甬高速公路面临部分土建改造问题、业务系统问题和运营管理痛点，急需改变重建设、轻管理和服务的状况，全面提升高速公路网的运营管理和服务水平。

2018 年 7 月，时任浙江省委副书记、省长袁家军在全省大湾区建设推进会讲话中提出要构建环杭州湾大通道，加快推进“杭绍甬智慧高速公路—杭州湾跨海大桥—沪杭智慧高速公路”建设，并把沪杭甬高速公路智慧化提升改造工程列为 2018 年省长工程之一，以提升公众出行体验和服务精准化水平，加强感知能力建设，丰富信息发布手段和渠道。

为打造“智能、快速、绿色、安全”的智慧高速公路，2018 年 12 月，浙江省交通规划设计研究院有限公司编制了《沪杭甬高速公路智慧化提升改造项目实施方案》，计划在沪杭甬高速公路 248 公里运营道路上开展基础设施数字化、车路感知协同化、数据处理智能化、出行服务精准化、客货运输绿色化、关键技术产业化等改造，对原有存量系统升级完善，构建数据运行平台，突出道路的信息、智能、智慧引领，进一步提升用户的获得感、舒适感和安全感。重点打造 10 公里试验路段，通过大数据平台和智慧算法的融合实现事件主动发现与管控，通过提升管理效率，提升用户服务水平。

二、痛点问题及建设需求

（一）痛点问题

沪杭甬高速公路在提升改造前存在以下几方面的短板和痛点：

①路段全面感知能力有待提高，包括交通参数实时感知、视频感知、气象感知等，外场设备运行状态监测能力也需要优化提升。

②公众出行服务方面智能化水平较低，需要对内部业务系统数据进行全面挖掘及展现，以及与外部互联网众包数据进行融合，实现跨界数据的无缝衔接应用。

③数据整合融合及挖掘水平亟待加强，主动发现率仅 1.3%，事故发现滞后。

④节假日和特定假日高速公路免通行费时，车流量激增经常造成拥堵，主要集中在绍兴段及与杭州绕城连接的沈士、红垦、乔司等处。

⑤智慧技术如智慧管理应用水平有待进一步提高，路段缺少管控和提示设备，容易引发二次事故。

⑥试验路段还存在无硬路肩的非标准八车道，紧急停车非常危险。

（二）建设需求

根据以上所述沪杭甬高速公路的短板和痛点，沪杭甬高速公路智慧化提升改造需求如下：

①高速公路运营管理者需要应用新一代信息通信技术实现智慧诱导，破解互通枢纽的拥堵问题，提升高速公路服务水平。

②需要通过大数据平台及智慧算法实现事件主动发现，更高效地实现监控管理。

③高速公路运营管理者需要拥有多方式车道级管控手段和途径，合理管控车辆在对应车道行驶，减小不同车道间的车速差，提升路网整体运营效率，保证车辆行驶的安全性，减少二次事故发生。

④高速公路运营管理者需要不断地提升、完善道路状况感知系统，满足驾驶员的交通行为需求，使驾乘人员安全、快捷、舒适地到达目的地。

⑤通过增加前端感知设备，提升道路监测能力，加强监控人员对于道路信息的获取能力。

三、创新成果及内容

（一）创新成果

浙江沪杭甬联合浙江省交通规划设计研究院有限公司编制沪杭甬高速公路智慧化提升改造项目解决方案，重点打造 10 公里试验路段，通过大数据平台和智慧算法的融合应用，主要实现了两大应用。一是事件主动发现系统。每 250 米分别布设 1 套毫米波雷达和 1 套视频数据结构化检测设备，实现交通事件、车流量与车速全天候、无盲区的精准分析。事件主动发现从根本上改变了监控模式，化被动为主动，通过机器代人，降低人力成本，提升管理效率，也为保畅赢得了更多的主动权。二是主动管控系统。

在试验路段每 2 公里布设 1 套主动管控门架,每套门架配备 4 块情报板实现分车道的精准管控,一旦发生事故或者异常情况,可以通过主动管控门架系统提醒后方驾乘注意避让,从而减少事故,提升广大驾乘人员的出行效率,达到服务驾乘安全绿色出行的目的。

(二)综合大数据云平台

1. 功能现状

打造浙江省首个高速公路大数据云平台,汇集全路网所有的卡口、ETC 门架交易、车检器、收费站数据等各类数据,实现公路交通运行状态可视、可测、可控、可预测,为"一路三方"协同联动提供数据支撑,推进道路运行的均衡和快速,为公众提供及时、准确的信息服务。突出表现在试验路段,通过视频结构化和对毫米波雷达产生的海量数据进行分析融合,实现事件主动发现功能应用落地。

沪杭甬高速公路综合大数据平台综合了沪杭甬 490 个 ETC 门架数据、699 个外场卡口和车检器等设备数据、全网 230 个收费站以及所有收费车道交易数据,是沪杭甬高速公路基础通信网络的交汇节点,同时也是各类数据资源的管理中心、汇集中心、处理中心、存储中心和交换中心。截至 2020 年 5 月 28 日,沪杭甬高速公路综合大数据平台共有非结构化数据 41960GB,数量达到 142 亿条,其中包括监控系统数据 3.4 亿条、收费系统数据 3.81 亿条、门架卡口数据 0.77 亿条、交警卡口数据 0.73 亿条、主线卡口数据 0.33 亿条、毫米波雷达数据 77.63 亿条、门架交易数据 980 万条、视频结构化数据 520 万条、"两客一危"数据 0.65 亿条。

综合大数据云平台基于分布式架构建设,提供云主机、云存储、云数据库和负载均衡,以及专有网络等软件;借助大规模、可扩展的并行计算框架,为浙江沪杭甬提供海量数据的高效存储、离线计算、流计算和算法分析服务;支持 PB 级别的业务场景,实现海量数据的存储及高性能的计算分析,应用于海量数据分析与统计、数据挖掘、机器学习等领域。图 1 即为综合大数据云平台总体框架。

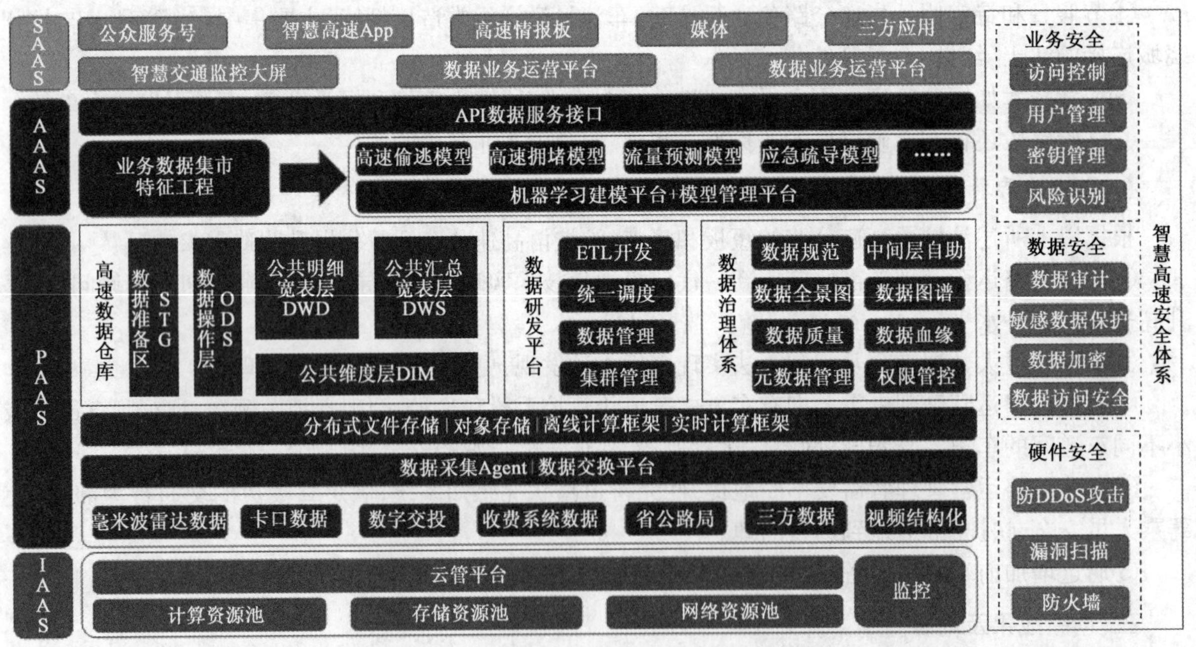

图 1　综合大数据云平台总体框架

综合大数据云平台满足浙江沪杭甬大数据处理、分析、挖掘、运营、管理和应用等需求,按照互联网产品与服务运营的特点和要求,为浙江沪杭甬运营提供数据支撑以及数据规范、数据接入、数据清洗、数据预处理、数据建模服务,提升数据完整性、准确性、唯一性。平台可利用大数据分析功能及人工智能(AI)技术为智慧公路新技术试点提供决策手段及依据。一期工程建设路段运行综合监管和智慧服务数据处理平台,提升拓展公众出行服务场景。

大数据平台集群建设,用于数据的存储和计算,具备 PB 级别以上的数据分析处理能力;部署大数据开发平台,实现离线计算、实时计算和数据交换;部署机器学习平台,实现数据算法平台的构建;部署系统运维平台。

部署虚拟化应用服务器,用于采集、通信等应用服务系统的部署。平台除保存沪杭甬项目新增数据外,还需要接入各类存量系统数据,包括浙江沪杭甬所辖路段的已有应用系统需要交互或进行大数据分析的数据(如电子档案、大桥管理系统等),第三方数据根据互换互利原则接入。

2. 总体功能

沪杭甬高速公路综合大数据平台采用自建模式,实现了行业内部业务系统的数据整合、数据接入、数据清理、数据预处理、数据建模等功能,并实现了跨机构平台数据共享,有效提升通行效率、运营效率、管理效率、处置效率、公众获得感,降低事故的发生率。

3. 智慧算法

全网交通态势的实时计算算法通过沪杭甬高速公路各类感知设备以及第三方导航的实时交通信息进行分析,实现对全省高速公路全路网断面(百米桩)的实时车流、车速及拥堵指数的分析;实现对全程实时车流数据的仿真;实现路网拥堵状态的实时秒级更新;实现数据输出接口服务与独立运行接通假面。通过本算法可以实现全线 3 分钟内事件主动发现。

4. 算法功能

沪杭甬全网交通态势感知基于《公路网运行监测与服务暂行技术要求》及浙江省交投集团《高速公路出行信息服务优化提升研究报告》,并参照国内外通用拥堵衡量标准,定义了沪杭甬高速公路拥堵指数(图 2)。

拥挤度	设计速度(km/h)		
	120	100	80
	速度(km/h)	速度(km/h)	速度(km/h)
畅　通	≥100	≥90	≥70
基本畅通	[60,100]	[70,90]	[60,70]
轻度拥堵	[50,80]	[50,70]	[40,60]
中度拥堵	[30,50]	[30,50]	[20,40]
严重拥堵	[0,30]	[0,30]	[0,20]

拥堵指数	道路状态	图示颜色	对应路况	出行时间
0~2	畅通	绿色	基本没有道路拥堵	可以按道路限速标准行驶
2~4	基本畅通	浅绿色	有少量道路拥堵	比畅通时多耗时0.2~0.5倍
4~6	轻度拥堵	浅黄色	部分卡口和站点拥堵	比畅通时多耗时0.5~1.2倍
6~8	中度拥堵	黄色	主要卡口和站点拥堵	比畅通时多耗时1.2~2.5倍
8~10	严重拥堵	红色	路段大部分断面拥堵	比畅通时多耗时2.5倍以上

图 2　沪杭甬高速公路拥堵指数

沪杭甬交通态势感知最终需要输出的指标包含车流、路段平均车速、拥堵指数、拥堵长度。实时结果路段需要在 1 分钟以内得到更新。

沪杭甬高速公路拥堵指数基于实际基础指标(如车流量、车速等)的准确情况,根据车流密度的情况选择不同的方案,避免在道路车流量异常的路段,拥堵指数受到少量极端数据影响导致对道路拥堵状态误判,并有较高的准确率。通过本算法可以实现全线 3 分钟内事件主动发现。

算法结果的验证采用视频数据和第三方导航数据结合方式进行,分别从拥堵点和非拥堵点持续抽样进行验证。

道路发生拥堵时,实时大屏对应路段用红色标识,如图 3 所示,王店路段、德胜路段发生严重拥堵,图中实况视频结果显示此时车流密度较大,车流处于缓行状态。

通过现场调研测试及长期对系统的持续验证,发现在现场测试中实时态势准确率为 100%,在期测试中总体实时态势准确率在 95% 以上。

(三)全方位多维度道路运行路侧感知设施建设

1. 功能现状

根据交通流量统计,红垦至绍兴段交通流量为全线流量最大的路段,尤其是节假日和特定假日高速公路免通行费时,车流量激增容易造成拥堵,主要集中在绍兴段、与杭州绕城连接的沈士、红垦、乔司等处;该路段互通枢纽较多,间距较小,部分路段无硬路肩,经常发生各种交通事故。为提高交通事件响应速度,提高管理效率和道路通行能力,在杭甬高速公路柯桥至绍兴段约10公里(K205~K215)布设交通流感知设施,主要内容为:每500米设置1套立柱杆件,含2个视频结构化摄像机和2个毫米波雷达。杭甬高速公路柯桥至绍兴段共有摄像机84个、毫米波雷达84个。

图3　沪杭甬高速公路拥堵指数测试

新增视频结构化摄像机用来测试视频数据结构化系统对交通事件检测的及时性和准确性,新增毫米波雷达用来测试系统在高速公路应用的可行性和经济性。

2. 总体功能

交通流感知设施涵盖了250米一处的视频结构化摄像机(84套)和毫米波雷达(84套),实现了对杭甬高速公路柯桥至绍兴段的全方位多维度感知,实现对重点路段交通事件实时监测覆盖率100%,大流量路段车道级交通流感知。表1为沪杭甬高速公路道路运行路侧感知设施功效指标体系。

沪杭甬高速公路道路运行路侧感知设施功效指标体系　表1

二级指标	三级指标	评估结果
运营管理	重点路段交通事件实时监测覆盖率	100%
	全线视频监测覆盖率	100%

浙江沪杭甬在所管辖路段上的全面感知能力有了较为明显的提升,感知设施丰富多样,包括交通流检测设备、设备管理设施、交通事件检测设备、单兵设备、视频巡逻车、无人机等移动信息采集设备等。交通参数实时感知能力达到《智慧高速公路建设指南(暂行)》的要求,布设间距满足0.5~1公里的布设要求,实现高速公路实时状况信息获取,为伴随式信息服务、实时交通管理服务等的应用提供有力支撑。

(四)高速公路主动管控系统

1. 功能现状

高速公路主动管控系统包括可变限速控制(VSL)、车道控制系统(LUMS)、临时路肩开放(HSR)、时空可变信息情报板等。

一期工程在齐贤枢纽—沽渚枢纽段的非标准八车道路段增设门架及车道指示器,门架间距大约为2公里,门架之间设置一组车道信号灯。在非标准八车道起点前以及结束处分别设置一块交通标志牌,对可变车道的开始和结束分别提醒。合计设置路侧标志牌4块,车道信号灯9套,时空可变信息情报板18组。

时空可变信息情报板(图4)可对管控路段的驾驶员进行预警、限速,还可显示车道开闭或前方状况示意图,实现高速公路公里级的主动管控。两个门架之间设有车道信号灯,可对可变车道进行管控。如图5所示为主动管控后台控制系统。

图4 可变信息标志

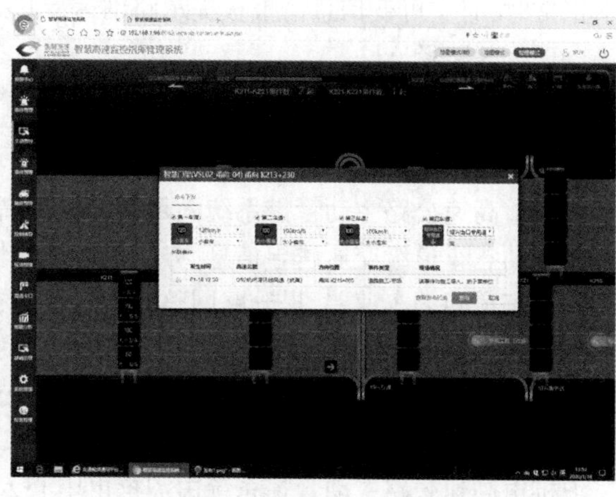

图5 主动管控后台控制系统

因项目沿线路网较为复杂，衔接的高速公路较多，为丰富和完善路网信息发布手段，一期工程在沪杭高速公路乍嘉苏枢纽、沈士枢纽东侧分别安装1块3米×8米的时空可变信息情报板，用于对上海往杭州方向过境车辆远程诱导，提示沪杭甬、杭浦、申嘉湖杭、乍嘉苏、嘉绍大桥、钱江通道、杭州绕城等路段通行情况；在杭甬高速公路齐贤枢纽、机场枢纽东侧分别安装1块3米×8米的时空可变信息情报板，用于对宁波往杭州方向过境车辆远程诱导，提示沪杭甬、钱江通道、杭州绕城、杭金衢等路段通行情况，共设置4块。图6所示即为高速公路上的时空可变信息情报板。

图6 时空可变信息情报板

高速公路主动管控系统包括以下功能：

(1)可变限速控制

在道路上设置门架式的可变限速标志，根据时间-空间关系，指示汽车驾驶人采取不同的车速，实现车速的均匀变化，避免尾端冲撞事故。

(2)车道控制系统

如某一车道前方由于事故或养护而受阻时，车道上面的可变限速标志改为红色的“×”，表示该车道关闭。

(3)第四车道开关

通过判断路段拥堵状态，通过可变限速标志选择第四车道开启或者关闭，通过允许所有车辆或特定种类车辆驶入路肩，再配合可变限速控制(VSL)协调措施控制车速，以疏散拥堵或事故路段的滞留车辆，从而提高高速公路的通行效率。

(4)时空可变信息情报板

用于高速公路主线上的信息发布和交通诱导，实现监控分中心对主线通行车辆的管控。道路通行基本正常时,时空可变信息情报板提示路网运行状态;局部路段出现拥堵时,时空可变信息情报板提示车辆合理行驶路径。

2. 功能

(1)总体功能

沪杭甬高速公路主动管控系统满足了沪杭甬高速公路智慧化提升改造的部分需求,为驾乘人员提供了连续动态车道级交通诱导信息,方式途径多样性较高,能较合理地实现管控车辆在对应车道行驶,减少不同车道间的车速差,提升路网整体运营效率,保证车辆行驶的安全性。

沪杭甬高速公路齐贤枢纽—沽渚枢纽段,主动管控系统通过路侧标志牌(4 块)、车道信号灯(9 套)、时空可变信息情报板(18 组),以及智慧高速公路手机 App、FM 广播、普通车载终端等方式实现车道级的控制。

沪杭甬高速公路主动管控系统由沪杭甬中心云控平台统一规划,并规范了统一数据交互方式。车道管控通过云控平台向路侧外场设备、公众信息服务平台、第三方出行服务平台等统一推送提醒,满足统一性要求。

(2)交通控制功能

沪杭甬高速公路主动管控系统具备了车道级交通检测诱导、施工管理及应急响应等功能,并提供车道车型允许/限制、车道开放/关闭、前方是否畅通、是否发生事故等信息,满足交通管控需求。

沪杭甬高速公路主动管控系统通过车道控制标志、手机 App/小程序、微信公众号、车载终端等多种方式实现,各类信息服务发布方式如下:高速公路车道控制标志在每个车道(含硬路肩)上进行设置,以文字、图形等多种方式提供每个车道允许通行的车型、限速、车道开放等信息,车道控制标志采用大于或等于 2 米 ×2 米的 LED 屏,保证了在车速 100 公里/小时的情况下,驾驶员在 150 米外能看清标志信息,清晰明确,有效向驾驶员传递信息。

沪杭甬高速公路主动管控系统结合路段所在位置、交通量状况、运营模式,制定了多套车道级交通控制策略,满足正常运营工况、交通堵塞工况、突发事件工况、施工养护工况、恶劣气象环境工况等情况的需要。

四、效益评估

沪杭甬高速公路智慧化提升改造建设项目,是浙江省大力发展智能化、数字化交通产业,推进智慧高速公路网建设的重点工程,是 2018 年省长工程之一。一期工程的顺利推进,推动了浙江省智慧高速公路的创新发展,发挥了先行工程的作用,以提升公众出行体验和精准服务为重点,通过加强感知能力建设、丰富信息发布手段和渠道,为高速公路智慧化改造升级做出示范,不仅为人民群众、高速公路管理单位带来了直接经济效益,更为浙江省带来了显著的社会经济效益,为响应交通强国建设要求、促进经济繁荣昌盛提供了坚强支撑。

在直接效益方面,降低道路行车事故率 11.0%、提升局部拥堵路段通行能力 24.0%、提高试验路段的夜间道路平均车速 9.64%,缩短救援时间 15.7%。

在间接效益方面,智慧高速公路带动了浙江省智能交通等相关信息化产业发展;减少了资金负担,激发了社会活力;显著提高了公路网络通行能力,提升服务质量,有利于树立高速公路"快捷、方便、安全"的服务形象;显著提高了公路的运营管理水平,实现对高速公路更透彻全面、实时准确的信息把控,有利于政府部门科学决策;降低了车辆损耗,减少了交通事故。

在社会效益方面,提升了人民幸福感和获得感,显著提高了出行的舒适性、便捷性、安全性,提高了人们的出行质量,更好地满足人民群众"行"的需求;提高了行业的社会形象,有效促进了行业向智慧化、智能化转型,切实推动了交通运输行业高质量协调发展;助力交通强国建设,推动了高速公路向智能化、智慧化方向发展,是实现交通强国的重要支撑;具有明显的节能减排效益,有助于建设资源节约型和环境友好型社会;提高了运输效率,降低了综合物流成本。

(一)直接效益

1.提高道路车速

一期工程在红垦枢纽—沽渚枢纽路段双向88公里实施了交通标志标线醒目工程,提高了夜间环境下视认距离。选取实施前后各车道夜间平均车速进行比较,根据各车道车流量及平均车速按照公式(1)综合考虑计算。

$$\overline{V}=\sum_{第一车道}^{第三车道}V_i\times\partial \tag{1}$$

式中:∂——该车道流量在整个断面流量的占比;

i——车道;

V_i——车道平均车速。

参考表2,计算得出实施前试验路段夜间平均车速为82.45公里/小时,实施后平均车速为90.40公里/小时,平均车速提升9.64%。

红垦枢纽—沽渚枢纽路段夜间(18:00—23:00)平均车速表 表2

事 件	一车道平均车速(公里/小时)			二车道平均车速(公里/小时)			三车道平均车速(公里/小时)		
时间	实施前	实施后	提升率	实施前	实施后	提升率	实施前	实施后	提升率
18:00	92.02	98.02	6.52%	80.02	90.02	12.50%	65.02	70.02	7.69%
19:00	91.02	97.02	6.59%	81.02	90.02	11.11%	65.02	70.02	7.69%
20:00	90.02	100.02	11.11%	80.02	92.02	15.00%	65.02	71.02	9.23%
21:00	94.02	101.02	7.45%	81.02	95.02	17.28%	66.02	72.02	9.09%
22:00	96.02	103.02	7.29%	81.02	91.02	12.34%	66.02	73.02	10.60%
23:00	98.02	105.02	7.14%	81.02	89.02	9.87%	69.02	74.02	7.24%
平均值	93.52	100.69	7.68%	80.69	91.19	13.02%	66.02	71.69	8.59%
车流量总计	8233			6782			4815		
平均车速提升率				9.64%					

2.提升局部拥堵路段通行能力

齐贤枢纽—沽渚枢纽路段为非标准八车道,全线未设硬路肩,仅保留0.5米路缘带和每隔500米设置的紧急停车带。在齐贤枢纽—沽渚枢纽路段的非标准八车道路段设置主动管控系统,提升拥堵路段的通行能力。

齐贤枢纽—沽渚枢纽路段在车流量较小的时候管控为双向六车道,在车流量较大的时候开放为双向八车道,通过在拥堵路段进行车道级主动管控,实现双向六车道与八车道之间的相互转换,根据历史同期该路段月交通流量的对比,计算提高拥堵路段通行能力。选取2019年1月—2020年6月齐贤枢纽—沽渚枢纽路段的月车流量进行计算,考虑到非标准八车道主动管控系统于2020年4月完工,主要选取2020年4月、5月、6月的月交通流量与2019年同期进行对比,以及实施后与实施前进行对比,对比结果见表3。

2019年1月—2020年6月齐贤枢纽—沽渚枢纽路段月车流量(单位:车次) 表3

时 间	齐贤—沽渚(甬向)路段	沽渚—齐贤(杭向)路段	总计车流量
2019年1月	2694800	2372310	5067110
2019年2月	1495421	2042284	3537705
2019年3月	2123573	2196706	4320279

续上表

时　　间	齐贤—沽渚(甬向)路段	沽渚—齐贤(杭向)路段	总计车流量
2019 年 4 月	2116738	2210191	4326929
2019 年 5 月	2169565	2136445	4306010
2019 年 6 月	2368116	2324312	4692428
2019 年 7 月	2588118	2569263	5157381
2019 年 8 月	2724826	2622216	5347042
2019 年 9 月	2605257	2502746	5108003
2019 年 10 月	2094553	2052892	4147445
2019 年 11 月	2459716	2408235	4867951
2019 年 12 月	2526864	2483085	5009949
2020 年 1 月	2725030	2360241	5085271
2020 年 2 月	754012	974303	1728315
2020 年 3 月	3643974	3138397	6782371
2020 年 4 月	3487655	3093608	6581263
2020 年 5 月	2959162	2997112	5956274
2020 年 6 月	2712403	2756300	5468703

同期对比:2020 年 4 月、5 月、6 月平均月断面车流量为 6002080 车次,2019 年 4 月、5 月、6 月平均月断面车流量为 4441789 车次,实施后同比提升 35%。

全年对比:去除 2020 年 2 月因疫情影响导致的流量异常,2019 年 1 月—2020 年 3 月,平均月断面车流量为 4839705 车次,与实施后 2020 年 4 月、5 月、6 月对比,可得实施后平均月断面车流量提升 24.0%。

将局部拥堵路段通行能力通过通行车流量进行评价并综合考虑,可认为提升局部拥堵路段通行能力 24.0%。

3. 降低交通事故率

沪杭甬高速公路在智慧化提升改造一期工程中实施了交通标志标线醒目工程,增加了主线公众出行服务,实现了沪杭甬高速公路主动管控系统,提供了连续动态车道级交通诱导信息,合理实现管控车辆在对应车道行驶,减少每个车道的车速差,提升路网整体运营效率,保证车辆行驶的安全性。

表 4 为齐贤枢纽—沽渚枢纽路段交通事故主要因素统计表。

齐贤枢纽—沽渚枢纽交通事故主要因素统计　　表 4

时间	各类事故因素及发生次数							
	同向剐擦(次)	尾随相撞(次)	撞固定物(次)	侧面、正面相撞(次)	撞静止车辆(次)	其他(次)	总计(次)	事故/断面流量(10^{-5})
2019 年 11 月	59	142	25	7	7	48	288	5.92
2019 年 12 月	59	110	20	5	10	39	243	4.85
2020 年 1 月	90	587	18	7	3	36	741	14.57
2020 年 2 月	7	8	10	3	1	7	36	2.08
2020 年 3 月	46	119	25	6	7	30	233	3.44
2020 年 4 月	62	220	28	9	10	39	368	5.59
2020 年 5 月	53	162	32	24	8	46	325	5.46

在大部分一期工程于 2020 年 1 月实施完成后，对比工程前后的交通事故率。去除 2020 年 1 月事故偏差值较大以及 2 月疫情特殊情况，2019 年 11—12 月期间事故/断面流量平均为 5.38×10^{-5}，2020 年 3—5 月期间事故/断面流量平均为 4.79×10^{-5}。对比可得，工程实施后道路行车事故降低了 11.0%。

（二）间接效益

1. 促进智慧化产业发展

以交通强国、智慧高速公路网建设为契机，构建高速公路智慧化感知服务系统和自动驾驶系统，带动相关智慧化产业发展。沪杭甬高速公路作为《浙江省综合交通产业发展意见》的示范路段之一，带动以下间接效益：

促进智能网联汽车研发创新平台落地发展。加快杭州、宁波智能网联汽车测试基地建设，出台浙江省道路测试管理规范，支持开展安全辅助驾驶、车路协同等技术应用的封闭和开放测试。推动浙江省内战略性新兴产业专项、产业转型升级专项、科研计划等现有政策向智能网联汽车产业聚焦，加快打造具有全国影响力的研发制造基地。

促进综合交通大数据产业发展。围绕数字经济"一号工程"建设，做实省综合交通大数据中心，推进交通大数据资源深度开发和挖掘。加快建立综合交通智慧云平台，制定全省统一的交通数据共享交换及应用规范。支持交通大数据众创空间发展，打造"互联网＋"交通运输创新创业平台。

2. 提高公路运营管理水平

信息中心在已有监控、收费、通信系统的管理基础上，升级优化现有功能，并增加综合大数据云平台、智慧算法等，增加对路政、养护等运行信息管理，通过对运营数据的挖掘，为高速公路的运营管理、养护等提供决策依据，以便于科学、合理决策，提升综合运营管理水平。

（三）社会效益

1. 提升人民幸福感、获得感

一期工程的实施，带来了智慧高速公路的理念，帮助出行者节约了出行时间，节省了能源消耗，避免了交通拥堵，降低了车辆损耗，提高了人们的生活质量，更好地满足人民群众的出行需求，改善了民生，提高了人们出行的幸福感和获得感，显著提高了出行的舒适性、便捷性、安全性，降低了出行成本。

2. 提高行业社会形象，助力交通强国建设

建设交通强国是以习近平同志为核心的党中央立足国情、着眼全局、面向未来作出的重大战略决策，是建设现代化经济体系的先行领域，是全面建设社会主义现代化国家的重要支撑，是新时代做好交通工作的总抓手。

"绿色发展节约集约、低碳环保"是《交通强国建设纲要》提出的重要发展方向。沪杭甬高速公路智慧化提升改造工程的实施，有利于节约能源消耗，降低污染物排放。根据测算，一期工程实施后，沪杭甬高速公路每天至少可减少燃料消耗 57691.16 亿升，减少 CO_2 排放 856.17 吨，节能减排效果显著，助力交通强国建设。

"运输服务便捷舒适、经济高效"是交通强国建设的重要发展方向。一期工程的实施，显著提高了高速公路的通行能力，缓解了交通拥堵，降低了燃油消耗和车辆损耗，提升了高速公路的服务水平，保障了客、货运输的便捷舒适、经济高效，加快了交通强国建设步伐。

沪杭甬高速公路智慧化提升改造工程建设了综合交通大数据云平台，实现了对交通大数据的应用，实现对车流的精准描述，为公众提供更好的出行服务和车辆路径导航服务，为高速公路的运营提供决策、管理支撑，从而全面提升路网运营管理的信息化水平，为"智慧交通"的建设奠定基础，为交通强国建设目标的实现提供支撑。

基于绿色公路创建的高速公路建设管理方案

——以千黄高速公路为例

杭州交投建管建设集团有限公司

成果主要创造人:樊金甲 吕 江

成果参与创造人:祝梅良 赵 晖 方文峰 吕媛媛 金 鑫 吴敬龙
马光辉 钱律元 卞旺奎 厉健晖

杭州交投建管建设集团有限公司(简称"杭交投建管集团"),是杭州交通投资集团有限公司的全资子公司,前身为杭州市交通设施建设处(杭州市交通综合开发公司),当前主要扎根交通运输行业,倾力打造集项目投资、建设管理、工程施工、设计咨询、监理检测、养护加固"六位一体"的"区域性综合交通基础设施品牌服务商"。截至2019年,杭交投建管集团共有总资产超33.99亿元,净资产超9.9亿元,下有全资子公司4家、控股公司4家、参股公司1家。

杭交投建管集团成立37年来,坚持"建精品工程,创一流管理"的理念,全面抓好大型项目建设,先后建成国家、省市重点交通建设项目20余项,完成投资超200亿元,修建高速公路里程占全市近1/2,打造了京杭运河与钱塘江沟通、绕城高速公路、杭新景高速公路、之江大桥等一大批精品工程。杭交投建管集团先后获得部级公路交通系统重点建设劳动立功竞赛先进单位、全国交通运输行业文明单位、省市级重点建设先进集体、文明单位以及市级劳动模范集体等荣誉称号。在杭州市"快速路网建设""交通两难治理"及交通基础设施完善中扮演了十分重要的角色。

一、实施背景

(一)国家发展战略决策需求

党的十八大提出"全面落实经济建设、政治建设、文化建设、社会建设、生态文明建设五位一体总体布局,促进现代化建设各方面相协调",并要求大力推进生态文明建设,把生态文明建设放在突出地位。十八大报告指出,建设生态文明,必须树立尊重自然、顺应自然、保护自然的生态文明理念;必须坚持节约优先、保护优先、自然恢复为主的方针。

节约资源、保护自然生态系统和环境是绿色交通和生态文明建设的两个重要方面。杭交投建管集团在绿色公路建设中予以高度重视,千黄高速公路项目在建设管理过程中始终坚持贯彻国家发展战略要求。

(二)交通运输行业发展需求

2014年全国交通运输工作会议提出建设"四个交通",即综合交通、智慧交通、绿色交通、平安交通。绿色交通的核心是以资源环境承载力为基础,以节约资源、提高能效、控制排放、保护环境为目标,加快推进绿色循环低碳交通基础设施建设、节能环保运输装备应用、集约高效运输组织体系建设,推动交通运输转入集约内涵式的发展模式。绿色交通是交通运输行业加强生态文明建设和实现绿色发展的战略举措,而绿色公路建设是推进绿色交通的重要方向之一,对于实现绿色交通可持续发展具有引领作用。

(三)省内绿色公路建设需求

浙江省作为经济发达省份,已提前遭遇资源紧缺、环境约束等难题。对浙江而言,走绿色发展之路不是选答题,而是一道事关百姓福祉、关系长远发展的必答题。作为交通运输部3个"绿色交通省"创建试点省份之一,全省交通运输行业紧紧围绕"打造绿色交通、建设美丽浙江"开展创建工作。

2016年《浙江省绿色交通"十三五"发展规划》提出,要以节约资源、提高能效、控制排放、保护环境为目标,以试点示范和专项行动为主要抓手,将生态文明建设融入全省交通运输发展的各领域和全过程,促进交通运输绿色可持续发展,加速形成浙江省交通运输绿色发展的"新常态"。

2017年,瓯江北口大桥和千黄高速公路入选交通运输部第二批绿色公路建设典型示范工程。浙江省交通运输厅积极督促建设单位结合项目沿线环境和工程特点制定绿色公路建设实施方案,全面贯彻落实交通运输部绿色公路建设指导意见建设要求,以行动促转型、以行动促落实,推进工程无痕化、智能化建设,促进浙江省绿色公路快速发展。

二、实施内涵

(一)千黄高速公路建设意义

千黄高速公路(千岛湖—黄山)建设项目严格按照国家、交通运输行业和浙江省相关建设要求,深入贯彻"绿色公路"和"旅游公路"的设计理念,遵循"不破坏就是最大保护"理念,充分利用走廊带山水、环境、人文、景观资源,通过路线走廊带的设计创作,打造一条"路融于绿、人行于景"的可持续发展的绿色公路。一方面,落实交通运输部绿色公路建设指导意见建设理念和要求,另一方面,落实交通运输与旅游融合发展提升服务水平的要求,形成杭州—千岛湖—黄山旅游环线的旅游公路,促进旅游可持续发展,最终将本项目创建成浙江省"最美公路"。这对于提升浙江省交通运输行业的绿色公路建设、打造旅游公路运营和服务水平与形象具有重要的意义。

(二)千黄高速公路工程概况

千黄高速公路起于淳安县威坪镇塔岭(浙皖界),经威坪、宋村、汪宅,止于淳安县坪山,路线终点接杭新景高速公路千岛湖支线,全长51.422公里。设计速度为80公里/小时,路基宽度为25.5米,桥涵设计汽车荷载等级为公路—Ⅰ级。

沿线共设置威坪、宋村、汪宅、千岛湖、坪山5处互通式立交,设置主线收费站1处、匝道收费站5处、停车区1处、通信监控分中心1处、隧道管理站3处、养护工区1处。

全线共设置桥梁14444.91米/43座,包括特大桥1477.04米/1座、大桥12259.2米/32座、中桥708.67米/10座;隧道25917.25米/27座,桥隧里程占全线里程的78.5%,全线隧道里程占比近50%。

三、实施方法

(一)实施思路

结合千黄高速公路工程特点以及国家、交通运输行业、浙江省的新发展理念、"绿色公路""绿色浙江""五水共治"等相关政策要求,以创建"绿色公路"为重点、以打造"旅游公路"为亮点,形成重点突出、亮点显著的"1+1"创建总思路(图1),即1个绿色公路、1个旅游公路。

绿色公路围绕交通运输行业绿色交通发展战略和《关于实施绿色公路建设的指导意见》的要求,重点从"生态环保、资源节约、节能高效、服务提升"四个方面进行攻关示范,以保护生态环境、控制资源占用、降低污染排放、减少能源消耗、拓展千黄高速公路服务功能、提升服务水平为主要目标,注重建设、运营、管理、服务全过程,从创新公路管理体系、水环境保护、路域生态保护、资源循环与集约利用、两型隧道创建等5个专题进行创建。

旅游公路围绕交通运输部"旅游融合发展""提升旅游交通服务品质"和浙江省"绿色浙江"的建设要求,重点从旅游景观资源保护、旅游服务保障2个专题进行创建。

以"绿色公路"和"旅游公路"的系统性"1+1"示范工程技术体系为支撑,建设尊重自然、顺应自然、保护自然的绿色公路和最美旅游公路,最终将千黄高速公路创建成为与自然环境融为一体的交通运输部绿色公路建设示范工程,打造成为浙江省最美旅游公路典型示范工程。

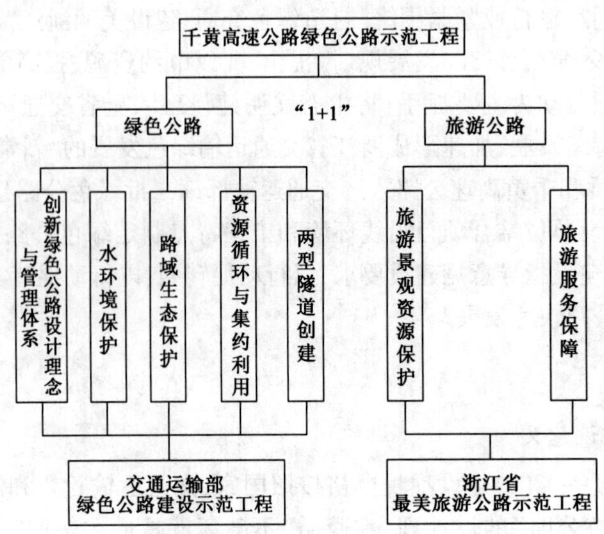

图1 "1+1"创建总思路

(二)技术路线

围绕1个创新管理体系、全线水资源环境保护、3个重点示范区域、5个典型示范点，开展绿色公路和旅游公路创建实施内容示范。

1.1个创新管理体系

1个创新管理体系为千黄高速公路创建绿色公路和旅游公路提供体制和机制保障。主要包括：绿色选线；施工质量标准化管理；土建与路面施工一体化管理。

2.全线水资源环境保护

全线水资源环境保护包括：运营期水环境安全保障；旅游交通指引设施；施工期永临结合；"两路两侧"环境综合整治；表土资源循环利用；原生植被保护与综合利用。

3.3个重点示范区域

3个重点示范区域包括隧道区域、停车区域和临湖区域，分区域开展适合不同区域工程特点的绿色公路和旅游公路创建工作。

针对隧道区域开展的实施内容示范技术主要包括：隧道弃渣综合循环利用技术；安全舒适型隧道照明光环境管控技术；隧道群运营安全保障技术；隧道洞壁明亮化装饰技术。

针对停车区域开展的实施内容示范技术主要包括：停车区雨污水处置与循环利用技术；停车区观景台设计技术；停车区景观彩色防滑路面技术；停车区自驾游服务设施提供技术；停车区与收费站土地复合利用技术。

针对临湖区域开展的实施内容示范技术主要包括：施工期水污染防治与循环利用技术；基于融合度的公路景观设计技术研究。

4.5个典型示范点

5个典型示范点包括：近自然植被护坡技术；景观一体化钢背木护栏设置技术；生态声屏障降噪技术；绿篱隔离栅技术；橡胶沥青路面材料利用技术。

围绕以上创建总思路和目标制定的项目实施技术路线如图2所示。

(三)保障措施

(1)制度保障措施

为保障绿色公路建设工作的顺利实施，省厅适时研究制定并出台工程设计绿色公路建设专项设计与评估制度、项目交工验收绿色公路建设实施成效评价制度、浙江省绿色公路建设综合评价办法，对全省重大公路建设项目全面实施绿色公路建设绩效评价。

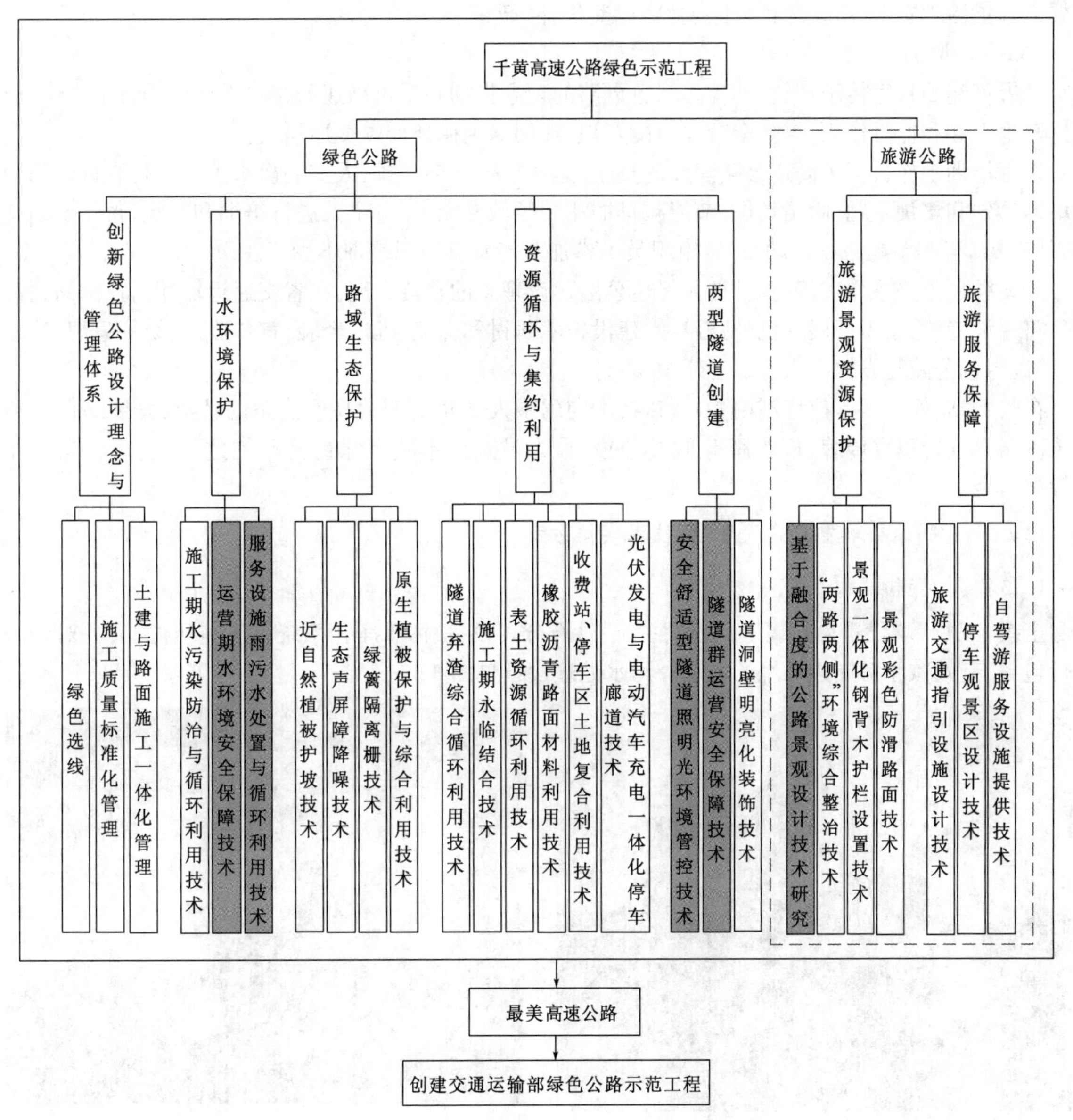

图2　创建绿色公路总体技术路线

(2)技术保障措施

动员各方面力量,加强组织遴选,成立浙江省绿色公路建设试点示范工程专家咨询组,对绿色公路的勘察设计、建设施工、运营管理等全过程进行技术指导和咨询。组织开展绿色公路建设关键技术研发与成果推广应用,为绿色公路建设提供技术支撑。

(3)建立绿色公路工作动态追踪与评估机制

加强对方案执行情况的督促和检查。结合项目进展,每半年公布一次创建项目能源资源消耗情况、项目进展情况、各用能单位情况,并在每半年的工作联席会议上进行通报,并进行阶段性评估。

(4)建立健全创建工作的激励机制

研究制定绿色公路创建相关奖励办法,将各标段绿色工作目标完成情况纳入企业考核内容,结合实际能耗情况和车辆排放情况,对绿色公路建设中作出贡献的集体、个人给予物质奖励和表彰,对工作进展不理想的工程实施主体进行限期整改。

(5)资金筹措

补充调整工程建设预算定额,增加绿色公路建设相关的预算科目,为绿色公路建设提供资金保障。

多渠道筹集治理资金,落实绿色公路建设“以奖代补”政策。

(6)宣传培训

开展创建项目宣传培训,有助于将绿色公路的理念贯彻到千黄高速公路建设运营的各个方面,充分发挥舆论引导和监督作用,增强全行业节能意识,提倡绿色循环低碳交通消费方式。

教育培训工作贯穿于高速公路建设的整个过程,根据工期安排、人员层次水平等分别制订详细的教育培训计划和培训主题,聘请环保、节能减排的相关领域专家、先进个人进行培训和交流,每年定期开展“节能宣传周”等节能减排活动,每年组织员工参加节能减排知识培训不少于3次。

开展绿色公路系列宣传活动,加大绿色公路建设理念的宣传力度,在省交通运输厅门户网站开辟绿色公路建设专栏,组织开展绿色公路设计、建设技术研讨和交流,推广经验,宣传成果,统一思想,达成共识,促进绿色公路建设深入人心。

在收费站、停车区等位置利用3D、VR技术向驾乘人员介绍千黄高速公路的特点,开展绿色公路的宣传。路上宣传以宣传牌、广告牌等形式,向驾乘人员宣传本项目绿色公路创建信息、理念和环保技术等。

(四)千黄高速公路重点建设管理、技术实施方案

1.预制厂、拌和站污水处理技术

全线“三场”均设置粉料罐顶部收尘系统、砂石分离设备、污水净化系统及废渣压滤机,并对传送带进行包封,有效减小对周边环境的影响。污水处理设备见图3。

图3 污水处理设备

针对本项目拌和站产生的污废水,由于水泥水解产生的硅酸三钙、硅酸二钙、氢氧化钙等均呈碱性,这些物质溶解在水中造成pH值升高;悬浮物(SS)浓度升高,均大大超出允许排放的标准。因此必须对

拌和站废水进行处理,使排放达标,减轻对环境的影响。处理流程为:污水截水沟收集→平流初沉→酸碱中和→混凝反应→斜管沉淀→自清洗过滤→回用。

污水处理工艺简介:

①平流初沉是一种物理沉淀作用,在初沉池中完成。平流初沉对施工废水的水质、水量进行调节,可以发挥废水处理设备正常功能。此外,废水中比重大、颗粒大的泥沙也能在初沉池中沉淀。

②酸碱中和在反应池中进行,在隧洞施工废水中加入盐酸进行中和,使废水的 pH 值达到排放标准。经初沉的废水泵送至反应池,在管道上采用计量泵加入浓度 10% 盐酸,在反应池中机械搅拌,混合均匀,充分反应,采用试纸检测 pH 值是否达到排放要求,如不满足,调节盐酸计量泵流量,直至满足要求。

③混凝作用在反应池中进行,初沉后的废水在投加盐酸中和后,同样在管道上采用计量泵加入混凝剂聚合氯化铝(PAC)和助凝剂聚丙烯酰胺(PAM),机械搅拌,混合均匀。

④混凝反应池处理后的原水流入斜管沉淀池,经过斜管底部的配水区进入斜管。在斜管中,水流从下向上流动,依靠斜管的高效沉淀性能,使得水中的大颗粒絮凝体分离出来,然后沿斜管滑落至池底部,采用排泥泵排至污泥浓缩池。斜管沉淀具有处理效率高、停留时间短、占地面积小等特点。

⑤经斜管沉淀处理后的水排入过滤水池,进一步进行过滤。过滤采用智能型全自动过滤器,装配有功能较强的智能控制系统和电力驱动的自清洗装置。待处理水泵送进入过滤器滤筒内部,然后自内而外地通过滤桶,杂质被拦截在过滤筒内壁,过滤后的达标水从出水口流出排放。当滤筒内壁的杂质越积越多,在滤筒内表面形成滤饼,并使滤筒内外逐渐形成压差,当压差达到控制器预设值时,将启动自清洗程序,清洗废水回流至初沉池。

污水处理系统示意图及现场实景如图 4、图 5 所示。

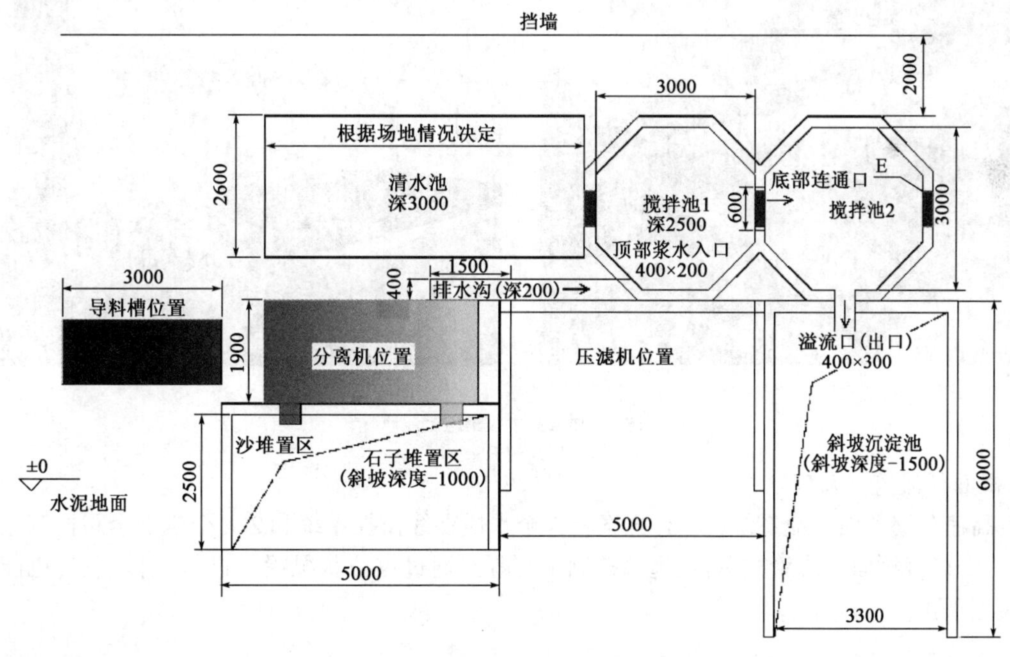

图 4 污水处理系统示意图(尺寸单位:毫米)

2. 桥面径流收集、监测系统

(1)自动化桥面径流收集处理系统

本项目地处水环境敏感地带,路基路面汇水不能直接排放进入千岛湖库区,本项目投入 1000 余万元,对桥面径流的消纳与净化功能进行专项设计,避免对湖区环境造成污染。

图 6 所示为桥面雨水收集处理流程图,图 7 所示为桥面雨水收集与沉淀池实景。

图5　污水处理系统现场实景

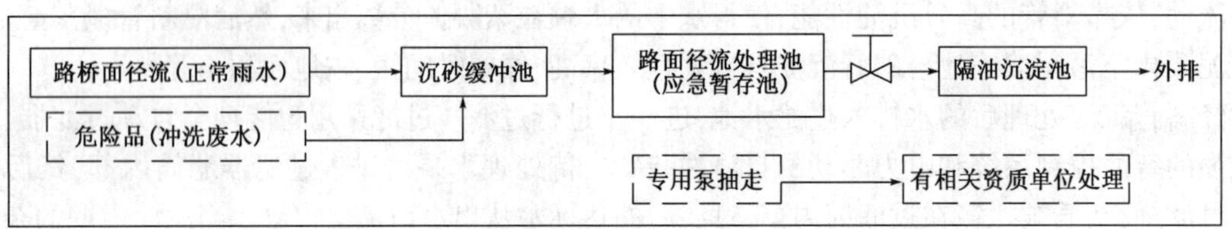

图6　桥面雨水收集处理流程图

图7　桥面雨水收集与沉淀池

(2)桥面径流监测系统

千黄高速公路桥面径流系统(图8)方案将3个水质在线监控系统和206个水安全阀控制系统相结合,组成一个综合桥面径流管控平台,远端控制中心既能通过点位状况提示进行远程监控,也能实现前端现场人工干预。

3.深水桩施工技术

依托工程背景:千黄高速公路位于杭州千岛湖地区,该地区属于典型的浙江西部山地丘陵区,地势由西向东倾斜,形成四周中低山逐渐向中部丘陵区过渡的地貌形态。本项目为双向四车道高速公路,采用公路—Ⅰ级设计荷载标准,设计基本风速:$V_{10}=22.2\text{m/s}$。全线常规桥梁上部结构均采用标准跨径预制装配式T形梁桥,单幅桥梁宽度为12.25米,每跨横向布置5片T形梁,上部结构T形梁标准横断面如图9所示;下部结构根据沿线实际地质、地形和水文条件,主要采用实体板式和格构式两种墩型,桩基础采用钻孔灌注桩。

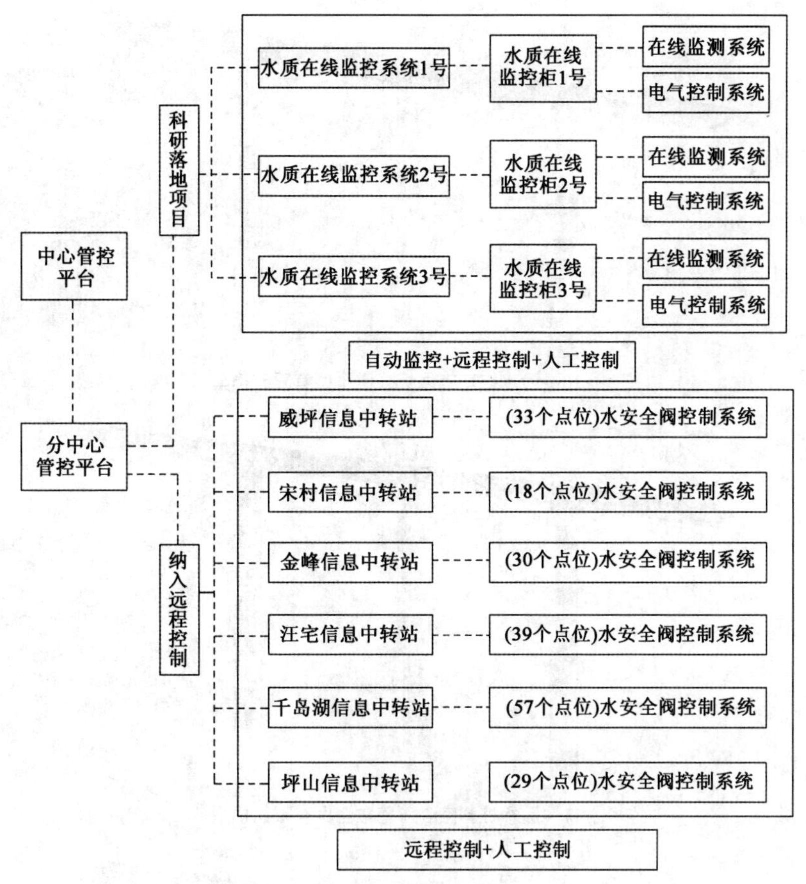

图8 桥面径流监测系统

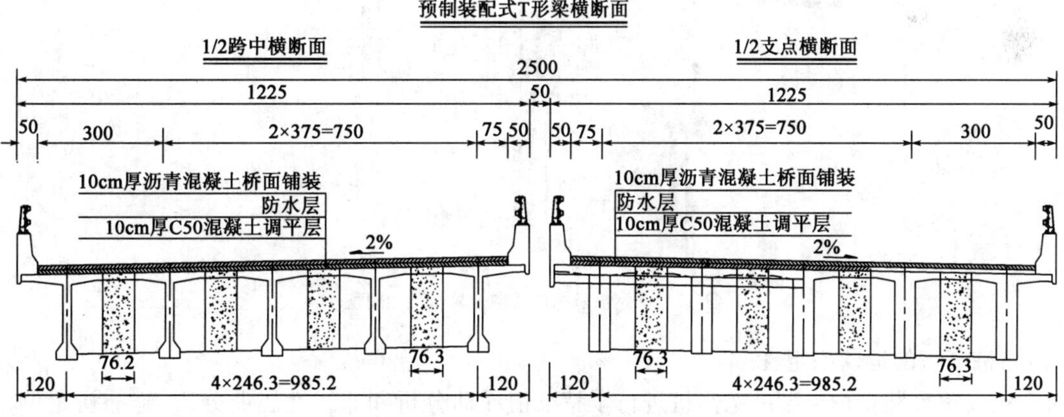

图9 预制装配式T形梁标准横断面(尺寸单位:厘米)

全线桥梁中主要存在浅水桩基和深水桩基两种典型高墩结构,墩身最大设计高度达40米,深水区桩基最大自由长度约为30米。为了探讨该类山区深水环境中高墩结构的优化设计方法,设计了实体板式、空心薄壁和格构式3种墩型,并选取两种墩身高度(30米、40米)和两种桩基长度(10米、30米),采用大型通用有限元分析软件Midas建立了4×40米高墩连续T形梁全桥计算模型(图10~图12),进行高墩结构形式比选分析研究。

针对千黄高速公路淳安段深水区高桩高墩的桥梁下部结构特点,采用资料调研、理论研究、三维有限元分析与实体工程相结合等方式,通过建立湖区深水桥梁高桩高墩的运营状态结构分析方法,对深水区高桩结构进行参数影响分析研究,掌握高桩高墩的受力特点,提出湖区深水桥梁高桩高墩结构的水平限位方法,确保高桩高墩桥梁结构安全,并指导类似山区水库高墩桥梁的合理选型。

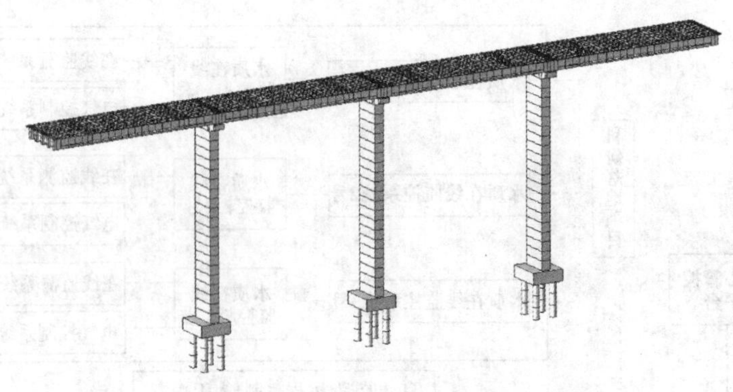

图 10　浅水桩基实体板式墩全桥有限元模型

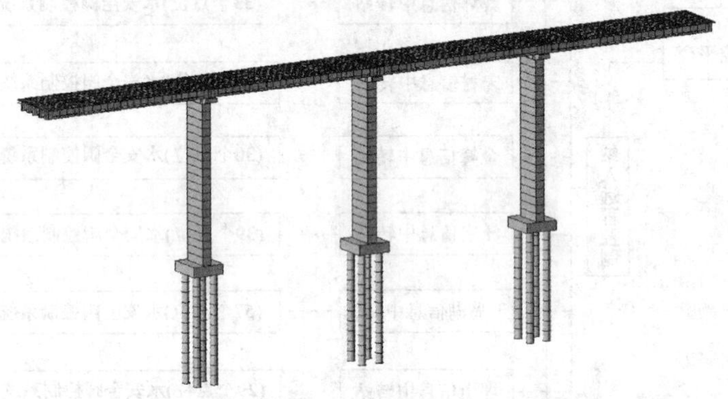

图 11　深水桩基空心薄壁墩全桥有限元模型

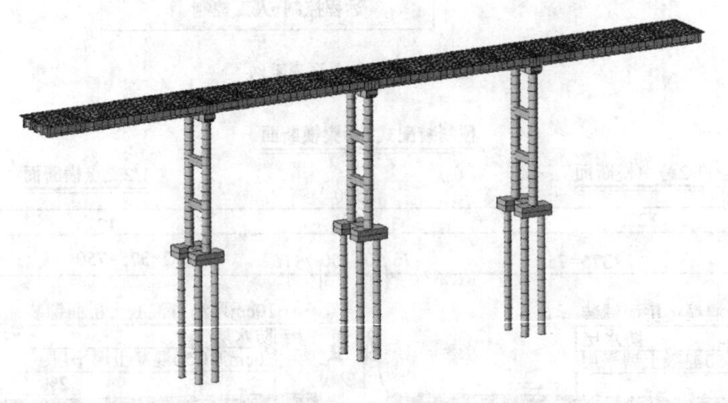

图 12　深水桩基格构式墩全桥有限元模型

(1)高桩高墩的运营稳定性

对千黄高速公路 3 种类型高墩高桩进行了特征值屈曲分析和非线性屈曲分析,施加初始位移缺陷得出的非线性屈曲荷载数值均小于弹性屈曲荷载,且随着初始位移缺陷的增大,对应的屈曲荷载减小,在荷载反复作用下高墩高桩桥梁墩顶偏位非常不利于结构的稳定性。正常运营条件下,高桩高墩结构的稳定安全性能得到保证。连续桥梁的柱式高桩高墩稳定性好于简支桥梁的高桩高墩,板式高墩相对来说受压稳定性最好,建议对于多跨的简支变连续深水高桩高墩桥梁采用板式桥墩。

(2)运营状态高桩高墩应力分析

3 种类型高桩高墩桥梁支座垫石处受力比较集中,垫石的四角和变阶处应力最大。垫石破坏,与支座存在贴合不紧密甚至出现脱空现象,非常不利于高桩高墩的运营稳定性。工字形承台内部夹角处,此处在桥梁运营期间反复荷载作用下容易破坏,产生裂缝。对于桥梁的后期运营,应当进行一定的水下检测作业。对于三柱式高墩桥梁设计,建议承台采用矩形承台,或是对夹角处进行倒角处理。

(3)湖区高墩桥梁墩顶偏位分析

正常运营条件下,3种类型高桩高墩的墩顶偏位均小于规范限值。桥面连续的简支梁桥高墩墩顶偏位要稍大,板式高墩的位移要小很多。三柱式高墩的纵向刚度相对而言提高并不明显,高桩高墩的纵向刚度是影响墩顶位移的一大主要因素。在一定水平力的作用下,高桩墩顶的偏位主要取决于桩的水平承载力,桩的水平变形系数取决于桩身计算宽度、桩身抗弯刚度及土的水平抗力系数沿深度变化的比例系数。

(4)山区深水环境高墩结构形式比选分析

墩型、墩高和桩长等设计参数对高墩连续T形梁上部结构受力性能的影响很小。

高墩结构的水平抗推刚度对墩身内力和墩顶水平位移的影响较为显著。实体板式墩的抗推刚度最大,有利于限制高墩结构的墩顶水平位移,但其纵向迎风面积相对于格构式墩明显偏大,这对于高墩结构自身的抗风性能而言十分不利。因此,工程设计中应综合考虑荷载类型与大小,根据实际情况选择合理墩型。

4. 二维码信息系统处理技术

本项目将二维码信息化技术(图13)逐步应用到施工现场各施工点,放置实体结构物二维码信息标志牌和各施工点二维码施工标识牌,通过手机扫描二维码,就能实时了解结构物从施工准备到施工完成的全部信息,同时施工作业人员可以通过扫码查看各结构部位的作业指导书,实时了解施工工艺流程及技术指标。

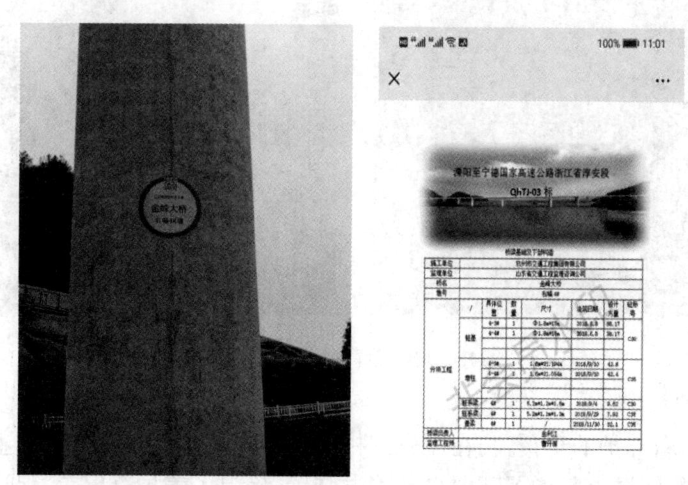

图13 二维码信息系统(施工技术)

此外,管理人员和作业人员的信息被录入二维码系统中,内容包含姓名、职位、职称、电话、是否受过三级安全教育,以及一些重要的信息,生成二维码制作成图片贴在安全帽上(图14),保证覆盖现场所有管理人员和作业人员,并将其作为实名制管理的重要组成部分。相对于以前我们无法获取相关项目人员具体职位(工种)信息的情况,现在通过应用二维码技术,我们在施工现场只需要拿出手机用微信"扫一扫"功能,扫描各管理人员、作业人员安全帽上的二维码,就能快速、直接、准确地了解人员信息,保证项目人员信息动态管理的网格化、规范化,做到安全可追。

5. 养护系统技术

(1)高边坡绿化喷淋养护系统

山地中高速公路建设施工常常会造成一定的裸露坡面,不仅破坏了生态环境景观,还容易形成地质灾害隐患,影响主体工程的安全。为加固边坡稳定性,建设过程中增加边坡绿化喷淋养护系统。以金峰停车区为例,其标段边坡绿化较为集中,且高边坡为8级边坡,坡面垂直高度为81.52米,边坡防护形式为柔性防护加厚层基材。由于此处高边坡坡面为岩质坡面,且坡度较陡,蓄水能力差。为保证绿化效果,须对喷播的厚层基材进行洒水养护。

溧阳至宁德国家高速公路浙江省淳安段工程QHTJ

03标段

姓名	梅晓
性别	男
年龄	43
身份证号	[illegible]
工作单位	金峰3号隧道
工种	电焊工
进场时间	43167.0

图14 二维码信息系统(施工人员信息)

相较于传统的人工洒水养护,喷淋养护系统(图15)只需启动抽水泵就可以对整个边坡进行喷淋养护,省时省力。而且通过控制水流量可以避免水资源的浪费,不会在路面形成积水,也不会受限于扬程等问题无法对高边坡进行喷洒养护。

图15 高边坡绿化喷淋养护系统

(2)高墩、桥面养护系统

项目部为确保矩形墩养护的全覆盖,在原先圆柱墩墩身自动洒水养护的基础上,通过改进养护布置形式,在矩形墩墩身养护问题上新增了环向自动喷淋装置,确保了养护全覆盖,保证了混凝土质量,同时通过地面集中供水减少工人上下墩身供水的安全风险。此外,为了确保桥面系施工中湿接缝和横梁养护的全覆盖,特地布置了湿接缝喷淋养护设施及横梁养护移动台车,大大提高养护效率及质量。图16为高墩、桥面喷淋养护设施。

图16 高墩、桥面喷淋养护设施

6. 隧道照明光环境控制系统

为提高行车舒适度、安全性,本建设项目基于隧道内外亮度、色温的差异性,采用具有良好光亮度和光色温均可调的隧道 LED 照明控制系统,根据实时监测的隧道洞外光环境亮度和色温变化指标,动态调节隧道内 LED 照明光环境亮度和色温,在保证入口段警示性的同时,降低驾驶员驾车进出隧道时不同光环境的视觉冲击影响。

7. 施工期的水保技术

千黄高速公路淳安段全线位于千岛湖风景区外围保护界限,施工期的水资源保护要求非常高,尤其是施工过程中产生的一系列固体颗粒物、钻渣、泥浆等的排放,均会对周围水体的水环境造成一定的影响。为确保沿线水体安全,项目工程在施工期开展水环境保护技术集成创新与应用示范,以提升千黄高速公路沿线水环境安全保障能力和技术水平。公路施工排放的污废水分为生产废水和生活污水两大类。基于施工污废水严禁排入千岛湖的环保要求,结合沿线土地资源匮乏而导致的临时征地较为困难这一项目实际,千黄高速公路拟示范的施工期水污染防治与循环利用技术体系示意图如图 17 所示。

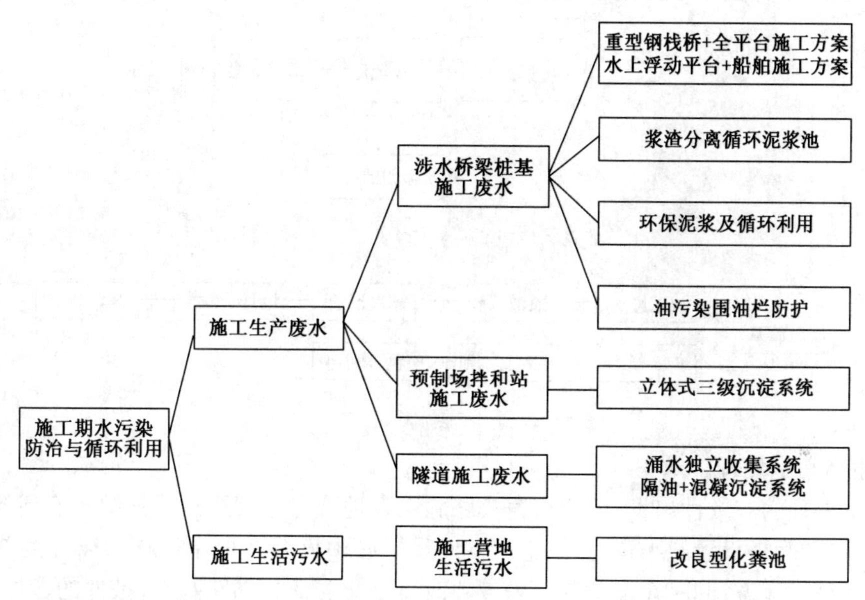

图 17 施工期水污染防治与循环利用技术体系示意图

(1)施工生产废水处理技术

公路施工期生产废水排放量相对较大、污染程度相对较严重的环节主要为涉水桥梁桩基施工、预制场拌和站施工及隧道施工。

①涉水桥梁桩基施工。

桩基施工平台采用重型钢栈桥 + 全平台施工方案或水上浮动平台 + 船舶施工方案,以减少对湖床底泥的扰动影响;钻孔泥浆采用环保泥浆替代传统的化学泥浆,并在施工平台上设置浆渣分离循环泥浆池,实现浆渣快速分离与泥浆全循环使用,避免浆渣混合液溢流对千岛湖水质的污染;为避免桩基施工机械燃油跑冒滴漏而污染千岛湖水质,在桩基施工平台四周布设围油栏防止油污扩散(图 18)。

②预制场拌和站施工。

预制场拌和站的场区施工废水与雨水经排水沟汇集后全部输送到沉淀池,进行三级沉淀,其工艺流程见图 19。此外,沉淀池拟采取立体式结构,以减少沉淀池新增临时占地面积。

③隧道施工。

隧道涌水通过设截水管经由衬砌背后引出并导入蓄水池,避免和洞内施工污水汇合外排;隧道施工中产生的其他废水采用混凝沉淀法,首先将废水用隔油池隔油后沉砂,再利用絮凝剂对出水进行沉淀处理,再调节 pH 值后回用于除尘洒水,其工艺流程见图 20。

图18　涉水桥梁施工水体保护

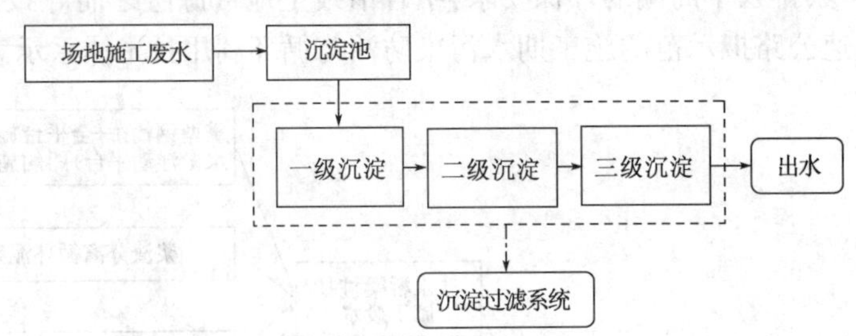

图19　预制场拌和站施工生产废水处理工艺流程图

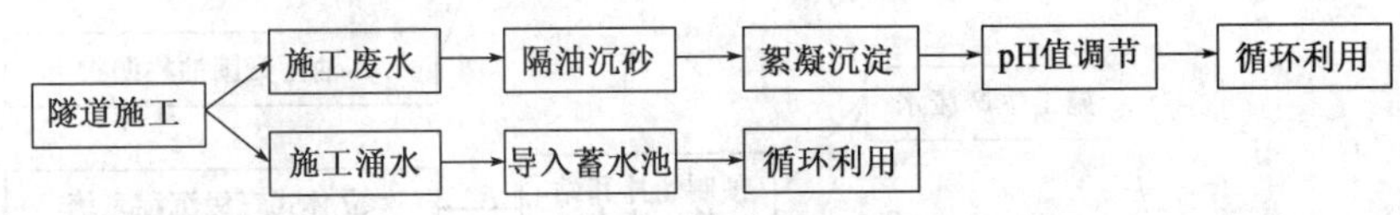

图20　隧道施工废水处理工艺流程图

(2)施工生活污水处理技术

从生活污水处理的有效性出发,千黄高速公路施工营地应尽量租用沿线村镇现有建筑物,利用现有污水处理设施处理;确需设置施工营地的,施工营地设置必须设置在离岸200米以外的陆地范围,并尽可能靠近有农灌渠的地方,同时在施工营地内设置改良型化粪池,经处理后有条件的营地可回用于周边农灌,无条件的由环卫部门定期清运处理。改良型化粪池处理工艺流程见图21。

图21　施工营地生活污水处理工艺流程图

8.永临结合技术

(1)项目施工便道永临结合

施工便道在建设之初就加强与地方的沟通对接,将施工便道与地方永久道路统筹规划,尽量为沿线当地群众生产生活提供便利。将部分地方道路纳入施工便道范围进行合理利用,其中,全线临时施工便道共42条,总长达23445米,施工过程中按照标准宽度及要求施工,并及时进行混凝土硬化,定期洒水,减少扬尘,工程结束后,统一进行修复并提供给当地村民或景区使用,不断提高社会效益(图22)。

(2)项目用电设备永临结合

通过现场调查与专题设计等手段,要求临时施工用电与运营期间桥梁、隧道相关设施设备永久供电相结合,目前机电、收费站用电设计均已考虑施工用变压器的情况,做到一次投资、循环利用,同时满足施工和运营期的用电需求(图23)。在全线工程施工电力线架设方面,与当地乡镇、电力部门做了大量的沟通工作,工程施工结束后,供电系统不仅用于满足高速公路运营永久用电的需要,且可为村镇供电。

图22 永临结合施工便道

图23 永临结合用电设备

(五)打造千黄高速公路"品质工程"建设品牌

千黄高速公路淳安段是市级公路水运"品质工程"建设活动中设计标准化和精细化的示范项目,也是浙江省唯一列入交通运输部第二批绿色公路建设典型示范工程的项目。杭交投建管集团坚持敢于超越的理念,提出不仅要将绿色公路新理念贯彻到建设的每一个细节,还要把千黄高速公路建成"资源节约、环境友好、运行舒适、服务完善"的优秀品质工程,努力打造成为"品质工程"样板路,力争荣获交通行业优质工程奖。

1.项目管理精细化,为"品质工程"建设增添动力

品质工程来源于细节管理,杭交投建管集团在建设管理过程中注重每一个过程的施工细节,从来不忽视任何一个细小的质量与安全问题。在精细化管理方面采取多项措施:一是实行首件制。规定梁板、桩基、墩柱、盖梁、路基填筑等分部分项工程全部实行首件制,经监理办、建管处验收合格后方可进行后续施工或批量生产。对每道工序的安全措施、防护措施也实行首件制,经验收合格后,择优在全线推广使用。二是召开正反面现场会。召开工程质量安全标准化观摩会和反面现场会,抓好安全生产的教育培训和标准化工作,通过正反面典型促精品项目建设。例如某些施工单位在其"三场"建设、新型环保设备(泥浆分离器、集料水洗设备、砂石分离机)使用、路基施工、安全防护、梁板预制生产等方面存在好的做法、好的经验,公司则会举行现场观摩会,共同学习探讨经验。通过曝光反面典型、树立正面样板的形式,引导项目走标准化建设的路子,建设品质工程。三是各施工单位相应成立质量管理(QC)小组,详细规范每道工序精细化施工的工艺流程、施工控制要点等每个具体细节,同时还大力引进互联网技术辅助工程细节管理,关键构件采用二维码识别,使得现场监管的规范性、实验数据的同步性得到升级。四是严把原材料关。对水泥、外加剂等材料采用准入制,每月对砂石材料按规定频率进行抽检,绝不允许不合格、未经批准的材料进入工地;要求碎石采用水洗,严格控制碎石含泥量。五是开展各类主题培训

学习、知识竞赛、现场互查互学等活动,确保质量、安全工作均处于可控状态。如开展安全应急演练,全面保障全线安全生产,制作《安全手册》,划出“红线”与“底线”,实行清单式管理。设立安全体验馆,告别“纸上谈兵”,让安全以最直观的形式植根于员工心中。

2. 致力“美丽班组”,推进“品质工程”持续发展

“美丽班组”创建是品质工程建设的进一步延伸,杭交投建管集团积极组织开展“美丽班组”创建活动,统筹安排、强化组织,制定了“美丽班组”总体方案,成立相应组织机构,编制科学的评比及考核标准,并要求各施工单位按照总体方案编制各自切实可行的实施方案。并结合“两美”浙江立功竞赛活动,开展形式多样的活动,充分激发班组之间良性竞争,营造良好施工氛围。同时,定期进行“美丽班组”总体评比,为调动项目部参与创建活动的积极性,建管处根据每季度(阶段)的综合考核情况,将评比结果直接与各类综合检查、信用评价等考核挂钩,以此激励项目经理抓品质工程建设、抓现场规范施工、抓质量安全,形成“比、学、赶、超”的施工氛围,确保“美丽班组”建设、立功竞赛活动等工作取得实效。

3. 科学创新,助力“品质工程”创建

“千里之堤,溃于蚁穴;九层之台,起于垒土。”品质工程的打造除了高标准、严要求的多项硬性指标之外,应本着责任意识和担当作为,严格把握,力求创新,有所突破。一是开展“五小”微创新活动。设立奖励措施,鼓励各施工单位自觉改进技术,提升质量。二是运用“互联网+”技术。建立隧道监控量测信息化管理系统与门禁系统、路基高边坡监控系统、混凝土拌和楼监控系统、预应力智能张拉监控、预应力压浆智能监控系统;全面采用自动化实时计量系统,建立视频会议系统,挖方路段安装高清摄像头。“互联网+”技术成为千黄高速公路项目“品质工程”建设的“千里眼”“顺风耳”。

四、实施成果

千黄高速公路通过创建示范项目,共同打造绿色公路和旅游公路,在保证质量安全等基本要求的前提下,通过科学管理和技术进步,最大限度地节约资源和减少对环境的负面影响,以综合效益最优化为目标,实现节材、节水、节能、节地和环境保护(“四节一环保”)的要求,实现经济效益、社会效益和环境效益的高度统一。此外,项目引入“环保管家”,同时开展全过程环境监测与管控、标准化施工以及土建与路面施工一体化等管理措施,创新公路管理体系,提升了千黄高速公路绿色建造和营运管理水平,扩大了其在全国创建绿色公路领域的认知度。

通过本项目成果的研究与示范,提升了千黄高速公路乃至浙江省湖区绿色公路和旅游公路的创建水平。

1. 经济效益

项目建设过程中,通过开展隧道弃渣综合循环利用、表土资源循环利用、施工期永临结合以及对收费站、停车区的土地复合利用,实现资源循环与集约利用,一方面显著节约公路建设用地和石料等成本,直接节约建设工程投资额;另一方面也减少了施工废土、废渣的排放,产生了良好的资源节约环保效益。

通过开展隧道智能单相供电技术,有效减少无功损耗,节省线路成本和用电成本。同时,隧道洞壁明亮化装饰技术的运用,亦显著降低隧道照明能耗,减低隧道运营成本,提升千黄高速公路隧道路段行车安全性和舒适性,实现“两型”隧道运营环境典型示范工程的创建,具有显著的经济效益。

2. 生态效益

千黄高速公路施工期采用水污染防治与循环利用技术,运营期采用水环境安全保障技术,同时对服务设施采用雨污水处置与循环利用技术,最大限度地保护水环境;通过近自然植被护坡、生态声屏障降噪、绿篱隔离栅以及原生植被保护与综合利用等技术,对全线路域生态环境进行保护。通过拓展科技成果转化途径,着力保护水环境和路域环境,显著提高千黄高速公路沿线生态环保、动植物以及水植物的安全保障能力。

千黄高速公路途经旅游区,通过开展基于融合度的公路景观设计研究、运用"两路两侧"环境综合整治技术、景观一体化钢背木护栏设置技术、景观彩色防滑路面技术和隧道洞口景观设计技术,提高了景观规划设计的科学性,保护了沿线旅游观景资源,将公路建设对沿线生态系统的影响降至最低,改善行车环境质量的同时也有效保护和展现了独特的地域自然环境和人文环境特征。

3. 社会效益

千黄高速公路开展实施绿色公路建设是落实创新、协调、绿色、开放、共享新发展理念,推进"四个交通"发展的生动实践和有力抓手,是实现千黄高速公路建设可持续科学发展的新跨越。此外,千黄高速公路是浙皖两省、杭黄两市沟通联系的重要通道,其建成将极大促进千岛湖当地旅游产业的发展,增强浙江海洋经济向浙江西部和内陆省份的辐射作用,对形成"杭州西湖—千岛湖—黄山"3 个 AAAAA 级国家风景名胜区旅游环线、打造国际黄金旅游线路、落实长江经济带发展战略、完善国家和区域高速公路网、促进沿线产业区块的形成和社会经济发展等均具有十分重要和深远的意义。

科学防控、精准施策,助推企业复工复产百分百

新疆交通建设集团股份有限公司

成果主要创造人:沈金生　王　成

成果参与创造人:余红印　陈明新　李　波　薛祥斌　马莲霞　周超睿
牛国强　王亚军　吴建明　刘建刚

新疆交通建设集团股份有限公司(简称"新疆交建集团")是新疆维吾尔自治区国资委直接监管的重点骨干企业,成立于1999年,2009年底交新疆维吾尔自治区国资委直接监管,于2018年11月28日在深圳证券交易所成功上市交易,企业资产总额为146.07亿元,注册资本金6.45亿元。企业主要从事公路、桥梁、水利、铁路、隧道、市政等基础设施的勘察、设计、建设、运营,交通基础设施建设材料的加工制造、仓储物流,以及交通基础设施投资、公路相关产业的开发等。2017年获得公路工程施工总承包特级,现有公路行业设计甲级资质,市政工程总承包一级,桥梁、路面、路基一级,水利水电工程、铁路工程三级及公路试验检测综合乙级资质和国际对外承包工程经营资格证书。同时,新疆交建集团也在由传统行业向综合型企业发展,现已涉及桥梁隧道、地铁市政、科技养护、交通工程、智能交通、工程造价、机械租赁、设计咨询、铁路工程、水利水电工程等多个领域,并围绕"工程建设、投资运营、现代物流"三大主业进行产业链的纵向延伸,上游向项目投融资、科研、设计、咨询等业务拓展,下游向科技养护、设施制造、材料加工、仓储物流等领域延伸,构建起了三大主业与关联产业协同发展的格局,是新疆维吾尔自治区交通基础设施建设领域领军企业和自治区百家"优强企业"。

在"一带一路"倡议下,新疆交建集团与丝绸之路沿线国家开展项目合作,利用地理优势先后与乌克兰等欧洲国家,喀麦隆、南苏丹等非洲国家,哈萨克斯坦、塔吉克斯坦等中亚国家、南亚国家,蒙古国及俄罗斯进行行业交流,并成立海外事业部,现已在多个国家开展交通基础设施建设,产品质量得到业主好评,诚信履约的形象被市场和业主认可。

新疆交建集团一直注重企业科研实力的提升,经过多年的发展,集团企业技术中心被认定为"国家级企业技术中心","自治区级博士后工作站"升级为"国家级博士后科研工作站",同时依托企业科研实力搭建了"交通运输行业西部地区特殊环境下公路养护技术协同创新平台"(交通运输部授牌协同创新平台)与"干旱荒漠区交融建设与养护技术国家地方联合工程研究中心"(国家级工程中心)等国家级平台。新疆交建集团近年来实施了各级各类科研课题百余项,获得国家级工法、自治区级工法50余项,获得授权实用新型专利、发明专利90余项,软件著作权60余项,获得省部级科学技术进步奖20余项;编制发布标准11项(其中国家标准3项、行业标准1项、地方标准5项、团体标准2项),在编各级标准7项;获得各级各类荣誉22项,其中中国公路学会一等奖1项、三等奖2项,省级科技进步一等奖2项、二等奖2项、三等奖1项,省部级优质工程十余项,其他平台各类奖项14项,科研工作硕果累累。

多年来,企业先后荣获"中国AAA级诚信企业""全国交通行业质量管理小组活动优秀企业""中国公路学会科学技术奖""自治区模范劳动关系和谐企业""自治区开发建设奖状""自治区精神文明先进单位""自治区交通运输工作先进集体""自治区公路建设筑路质量先锋杯""全国市政金杯示范工程"

等奖项，已发展成为新疆路桥施工行业的领军骨干力量。

近年来，新疆交建集团先后参与了乌奎高速公路、吐乌大高速公路、机场高速公路、赛果高速公路等的建设，同时也承担了疆内国道、省道诸多建设任务，以及克拉玛依外环路、伊犁过境路、乌鲁木齐市及周边等市政工程（地铁、高架）建设，共计大小工程上百项，施工总里程为3000余公里，累计完成工业总产值200多亿元。工程合格率为100%，优良率达85%以上，未发生过重大安全事故，多个项目还被评为自治区优良工程，在国内同行业中也享有一定的知名度。新疆交建集团还在河北、陕西、山西、甘肃、四川、湖南、广西、西藏等地承揽了多项公路工程项目，并在中亚、非洲等地区承建了多项国际设计施工总承包工程。长期以来，新疆交建集团在工程建设中以自身实践贯彻落实“绿水青山就是金山银山”的环保理念，积极投身于推动交通运输转型升级，以可持续发展、绿色、低碳、经济、生态环保技术作为“提质增效”的根本，实现发展与环境保护的共同进步。

一、实施背景

（一）所处环境

新冠肺炎疫情发生以来，自治区党委多次强调要加强领导、转变作风、落实责任、细化措施，国资委党委屡次提出国资国企要齐心协力，攻坚克难。新疆交建集团作为区属国资企业，集团党委切实提高政治站位，全体党员干部职工把疫情防控作为当前重大的政治任务，对自治区党委、国资委党委疫情期间的各项会议精神第一时间传达、第一时间落实、第一时间部署，做到事不过夜。各子分公司党组织在疫情防控攻坚战中，统一思想、提高认识，将疫情防控作为现阶段最重要的工作来抓，党员干部职工严把防疫关，始终把广大职工群众的生命健康安全摆在首要位置。自治区发布《关于切实做好减负稳岗扩就业工作的意见》（简称《意见》），要求统筹做好疫情防控和经济社会发展工作，坚持就业优先政策，突出抓好稳就业这一“六稳”的首要任务，全面强化稳就业举措，确保全区就业大局稳定。《意见》要求，帮助企业减负保就业，减免企业社会保险费，主动做好缓缴工作，积极落实补办工作；坚持多措并举稳就业，加大援企稳岗力度，加强职业技能培训，妥善处理劳动关系，协调解决劳动工时，做好职工权益保障等工作。《意见》指出，要全力抓好工作落实。各地要切实履行稳就业主体责任，抓紧抓实抓细稳就业工作；同时加强资金保障和分析研判，及时分析解决工作中出现的新情况新问题。

陈全国在调研中强调，要增强“四个意识”、坚定“四个自信”、做到“两个维护”，坚决贯彻落实以习近平同志为核心的党中央决策部署，进一步准确分析把握疫情和经济社会发展形势，咬定全年目标任务不动摇，全面做好“六稳”工作，更加有效应对疫情影响，全面恢复正常生产生活秩序，决胜全面建成小康社会、决战脱贫攻坚。要加快推进复工复产，加强分类指导，细化政策配套，推动产业链各环节协同复工复产，维护供应链稳定和产业链安全，切实提高复工复产的整体效益和水平；做细做好服务行业复工复产，积极培育升级消费新业态，着力促进消费回补和潜力释放；严格落实防控措施，严防疫情在复工复产过程中扩散；加大重大项目和重点工程建设推进力度，努力扩大有效投资；强化惠企政策落实，提供优质高效服务，努力降低疫情影响，帮助企业渡过难关、实现可持续发展。社会稳定要常抓不懈，坚定不移聚焦社会稳定和长治久安总目标，打好组合拳，标本兼治、综合施策，加强社会面管控，毫不放松抓好维护稳定各项工作，保持社会大局持续和谐稳定，为疫情防控和经济社会发展创造良好条件。

（二）管理创新的必要性与现实意义

自治区党委召开常委（扩大）会议，研究部署全区重点项目建设工作，要求贯彻新发展理念加快项目建设，为全区经济高质量发展添动力增后劲。新疆交建集团深入学习贯彻党中央、自治区党委和自治区国资委党委部署要求，坚定不移贯彻新发展理念，加快建设进度，提质增效，切实发挥国有企业顶梁柱和主力军作用，听从号令、勇挑重担，只争朝夕、主动作为，层层落实责任，逐级传导压力，推进企业全面实现复工复产“两个百分百”，奋力夺取疫情防控和经济发展双胜利。

疫情发生以来，新疆交建集团党委认真履行疫情防控主体责任。集团党委班子在思想上深刻认识到当前疫情防控形势的严峻性、复杂性和疫情防控工作的重要性、紧迫性，坚决把思想和行动统一到自治区党委、自治区国资委防疫工作要求上来,以“战时状态”,坚决服从属地化防疫工作统一管理,全力配合属地社区开展好各项防控工作。

面对新冠肺炎疫情防控和企业发展的双重考验,新疆交建集团深入学习贯彻习近平总书记重要指示批示精神,认真贯彻落实党中央、国务院以及自治区党委的有关安排部署,坚持疫情防控和复工复产两手抓、两不误,勇于担当,主动作为,瞄准全年目标任务,开启复工复产“加速度”。积极推动整体复工复产,促进产业链、供应链、物流链整体协同发展,推动重点产业和重点企业加快稳产稳扩、达产达效;全力支持企业发展,问需于企、转变作风、精准服务,全面落实各项支持政策,助推企业快速发展、健康发展。

受新冠肺炎疫情影响,劳动关系领域面临新情况、新问题。部分行业企业面临较大的生产经营压力,劳动者面临待岗、失业、收入减少等风险,劳动关系不稳定性增加,劳动关系矛盾逐步凸显。疫情防控处于常态化,各级协调劳动关系三方认真学习贯彻习近平总书记关于疫情防控工作的一系列重要指示精神,坚决贯彻落实党中央决策部署,高度重视当前特殊时期劳动关系运行中出现的突出问题,加强劳动关系风险监测和研判,引导集团与职工共担责任、共渡难关。

新疆交建集团积极响应政府号召,履行国企担当、践行社会责任,吸纳百余名贫困家庭人员实现职业技能培训再就业,通过集中开展岗前培训和技能培训,进一步提高转移就业人员的职业技能和自身素质,使他们有技能、有事干、有钱挣,奔向致富路,实现稳定脱贫。

新疆交建集团锁定全年目标任务不动摇,抢抓机遇、争分夺秒、苦干实干、迎难而上,战“疫”生产两手抓、两不误,坚决把疫情造成的损失补回来、把疫情耽误的时间抢回来,全力以赴推进企业高质量发展。

二、成果内涵和主要做法

(一)成果内涵

为认真贯彻落实自治区党委关于疫情防控和复工复产工作重要部署,新疆交建集团扎实做好各项防疫准备工作,在了解进城务工人员返疆存在的困难后,联系航空公司开通复工包机,精心组织部署,制定疫情防控和复工复产实施方案,做好防疫物品储备,设置项目隔离专区,做好测温、接触人员排查等防疫工作,确保第一批劳务工人安全、及时返疆,推进和田地区重点工程项目的全面复工复产,改善当地道路通行条件,加快农牧民脱贫致富步伐,有力促进和田地区社会稳定、经济发展。

严格落实复工复产后的各项防控措施,尤其保障复工后全体干部职工的健康和安全,把疫情防控的组织建强,把重点人员监督好、管理好,把防控流程完善好、抓到位,把后勤保障落实好、服务好,严防疫情在复工复产过程中扩散蔓延。与此同时,保持定力、咬紧目标,通过科学有序组织复工,坚定不移推动各项工作部署,确保“目标不动摇、标准不降低、工作不松劲”。坚持做到一手抓防控疫情、一手抓复工复产,两手抓、两不误、两促进。在抗击疫情前线,严格落实疫情防控各项措施,打赢疫情防控阻击战。面对严峻的疫情形势,全项目部积极行动,履职担当,迎难而上,以“缓不得”的紧迫感、“慢不得”的危机感、“坐不得”的责任感,“靶向”解决复工复产难题,多措并举保人员安全返岗,促进项目有序复工,千方百计把耽搁的时间“抢”回来。

在做到疫情防控的同时,新疆交建集团党委以高度的政治责任感和紧迫感,认真贯彻自治区党委、国资委党委关于脱贫攻坚一系列指示精神,坚持将人力、物力、财力向脱贫攻坚聚焦,统筹推进产业扶贫和贫困地区职业技能培训就业工作,立足“帮扶一人、就业一人、脱贫一户、带动一片”的目标,扎实推动职业技能培训就业工作取得新成效。新疆交建集团在开展职业技能培训就业工作的同时,结合企业优势,紧紧围绕产业扶贫、消费扶贫等工作思路,持续深入研究帮扶措施,加大帮扶力度,积极履行国企担当、践行社会责任,用实际行动推动实现新疆维吾尔自治区工作总目标,助力打赢脱贫攻坚战。

（二）主要做法

1. 精准施策,夯实复工复产基础

为加快项目建设进度,各成员单位在绷紧疫情防控这根弦不放松的同时,根据年度施工任务倒排工期、挂图作战,加大人员投入,加快速度、加大力度、加紧进度,把疫情给企业发展、项目建设造成的影响降到最低。

（1）不留死角,织密防疫安全网

为确保防疫工作“无死角”、全覆盖,新疆交建集团及时制定《疫情防控和复工复产实施方案》《项目施工现场新冠肺炎疫情防控方案》等,在层层压实责任的基础上,从返岗、入场、施工等各环节着手,科学研判、精准施策,紧盯重点部位、关键环节,做好体温检测、组织筛查、健康登记、个人防护、食堂消毒、住宿管理、施工场所消毒通风等工作,筑牢防疫“安全堤坝”。为务实、高效、科学、有序做好项目施工现场防疫工作,各项目根据实际制订开复工计划,严格按照“一项目、一方案、一措施”的要求,认真做好返岗计划及疫情防控方案,将防控责任落实到班组、岗位和个人,切实做好项目疫情防控、防疫物资和生产物资储备、生活保障等工作。

开工前,各项目建立健全防控工作机构,配置专兼职疫情防控人员,设立隔离间,储备足量的口罩、医用酒精、消毒液等防疫物资,合理安排人员进场,科学调整施工方案,有序组织复工复产,坚持防疫生产两手抓、两不误,确保不发生职工及劳务工人感染事件,夺取疫情防控和实现年度目标“双胜利”。

（2）精准施策,多措并举解难题

复工过程中,面对返岗人员出行困难、劳务工人短缺、物资采购困难等问题,摸清情况,提前部署,积极采取应对措施。面对“返岗难”的问题,集团各项目负责人及时与返岗职工、劳务工人取得联系,根据人员集中程度,与航空公司、客运公司进行对接,通过制定“点对点、门对门、一站式”专车直达、包机等服务,开通复工直通车,实施爱心专车派送,帮助员工尽早返岗。

面对物资采购困难的问题,各项目一方面积极与所在地政府和疫情防控指挥部联系,加强与当地分包商的沟通,发挥属地优势,采购重要防疫物资;另一方面,主动对接材料供应商,关注他们的复工复产情况,力争尽早采购到施工所需物资,避免对施工进度产生影响。并通过各种方式共享合作伙伴,为防疫物资和施工物资的储备提供保障。

（3）复工复产两手抓

一方面积极与地方建设主管部门、防疫部门和业主沟通联系,提前做好复工复产相关手续报批;另一方面在做好疫情防控工作的同时,加快劳务工人返岗、施工材料和设备进场,为全面复工复产节约时间。

为实现项目早开工、早建设、早见效,确保实现年度目标任务,红塔一标项目通过包车“点对点”接回项目管理人员和劳务人员。已进场人员在做好防疫工作的同时,开展全线复测、组织机械对施工便道进行维修、恢复全线安全标志标牌等前期准备工作。

人员进场后,项目执行统一管理、统一配餐、统一作息、统一消毒,分散用餐、分散施工、分类管控、分头负责的“四统四分”原则,实施严格的建档立卡制度,抓好疫情防控工作,确保项目进度。

项目成立疫情防控工作小组,建立覆盖全员的疫情防控应急体系,编制相关方案,完善防疫制度。安排专人每日对施工现场、办公区、生活区等区域进行全面消毒,人员进场实名登记,为所有人员建立健康档案并每日更新,多措并举,筑牢安全防线,高效推进复工复产。

2.“稳”岗位倾力保障复工复产

（1）灵活安排工作时间,保障职工工资待遇权益

疫情防控期间,为减少人员聚集,要鼓励符合规定的复工企业实施灵活用工措施,对需要紧急加班的员工,在保障劳动者身体健康和劳动安全的前提下,适当延长工作时间应对紧急生产任务,依法不受延长工作时间的限制。对因依法被隔离导致不能提供正常劳动的职工,集团按正常劳动支付其工资;对

在春节假期延长假期间因疫情防控不能休假的职工,集团先安排补休,对不能安排补休的,依法支付加班工资。受疫情影响职工不能按期到岗或企业不能开工生产的,集团主动与职工沟通,不能按时到岗的,安排职工通过电话、网络等灵活的工作方式在家上班完成工作任务;对不具备远程办公条件的企业,与职工协商优先使用带薪年休假、企业自设福利假等各类假。集团积极动员职工与企业同舟共济,在兼顾企业和劳动者双方合法权益的基础上,尽可能减少疫情带来的损失。

(2)加强组织领导,确保工作落实到位

新疆交建集团及时成立复工复产专项领导小组,制定下发了《关于做好2020年复工复产的通知》,建立一把手负总责、分管领导抓落实、相关部门统筹协调、组织成员负责具体实施的工作机制。集团人力资源部作为复工复产专项工作办公室,做好统筹协调。领导小组办公室多次前往各地区项目部开展调研及检查,不定期召开会议,现场摸底,制定有效措施,全面做好务工人员安置就业各项工作。根据集团项目开展进度和实际情况,依托疆内在建项目,因地制宜,实现人员安置。

(3)加强统筹协调,合理安置转移就业

新疆交建集团根据项目开工情况和施工进度,结合所安置人员实际情况,积极创造更多就业岗位,岗位工资坚持同工同岗同酬的原则。目前,所安置就业人员在项目上从事基础性普工岗位,平均工资为每人每天80元至100元不等,扣除保险费用外,确保应发平均工资不低于2500元/月,切实做好贫困家庭职业技能培训就业工作,真正让富余劳动力就业有“助”,转移有“路”。

(4)加强教育培训,提升务工人员整体素质

在做好职业技能培训就业工作工作的基础上,新疆交建集团针对务工人员整体素质不高的情况,制定了切实可行的培训方案,从爱国主义教育、国家法律法规、公司规章制度、劳动纪律、基础汉语、行业技能和岗前培训等方面开展培训,实现转移就业人员培训率100%。培训以课堂教学+视频教学+室外军训为主要方式,按照“围绕基础设施建设行业,培训工程建设专业化农民,发展农村经济和解决就业”的思路,全面推行标准化技术培训,为大力发展基础设施建设提供强有力的智力支撑和人才保障。安置人员到岗后,集团各项目根据实际情况,每周组织安全培训、技能培训及汉语学习,通过培训,使就业人员初步掌握工作技能,促进就业稳定性。

(5)主动关心爱护,做好生活保障。

在做好人员接收安置和培训管理工作的同时,积极为转移人员提供生活保障。在落实好疫情防控工作的前提下,劳动力转移就业人员到达乌鲁木齐后,集团领导专门到乌鲁木齐站接站,主动同就业人员交流,同时安排大客车接送,积极做好转移就业人员“最后一公里”;转移就业人员到达集团后,集团积极做好统一派发生活必需品、统一安排食宿等保障工作,从生活细微处着手,加大关心关爱力度,使大家感受到家的温暖,确保务工人员安下心、定下身、扎下根务工。

3.党员干部冲锋在前

(1)主动值守,勇担抗疫重任

疫情期间,集团疆内各项目党员挺身而出冲在前,勇于争先、敢打头阵,带头发挥先锋模范作用。自觉肩负起项目驻地及施工现场的疫情防护消杀工作,积极配合有关部门做好疫情防控,特别是做好到乌人员人群追踪排查和个人防疫检查等工作。积极组织项目全体成员参加核酸检测,为项目职工健康安全做好保障。主动为疫情期间一线职工做好思想教育,引导职工群众树立必胜信心,科学预防和应对疫情。

(2)冲锋在前,助力项目建设

新疆交建集团作为交通基础设施建设单位,点多面广,项目较为分散。集团各项目自新冠肺炎疫情发生以来,第一时间启动疫情防控应急预案,做好各项防疫举措,切实阻断疫情传播有效途径,坚决消除风险隐患。在做好防疫工作的同时,合理安排项目工作有序推进。在此过程中,各基层党组织承担起疫情防控主体责任,积极发挥战斗堡垒作用,统筹项目防疫力量,夯实疫情防控根基,助力项目生产建设稳步推进。疫情期间,项目党员干部冲锋在前,带领员工发扬艰苦奋斗精神,在疫情急、任务重、人员少的

情况下,团结一致,奋力拼搏。

4. 科学精准防控

(1)完善防控机制,细化防控措施

疫情发生以来,新疆交建集团党委坚持科学精准防控。班子成员进一步提高政治站位,增强做好疫情防控工作的使命感和责任感,做到工作重点再突出、工作责任再压实,切实采取更严格、更有效、更深入的措施进行全面防控,形成上下联动、齐心战疫的工作态势,以实际行动坚决打赢疫情防控阻击战。

集团总部人员实行全封闭式管理,严禁聚集性活动。集团所属乌鲁木齐市各项目、厂房在集团党委的统一安排下,坚决服从属地防疫部门管理开展各项防疫工作,落实封闭式管理,严格管控人员活动,切实把人管住、管好。乌鲁木齐市以外低风险地区持续完善"外防输入、内防扩散"机制,根据属地防控要求,在抓好防疫工作前提下,推进生产经营活动有序开展。

按照自治区国资委党委疫情防控工作要求,完善防控机制,细化防控措施,把防控责任分解落实到每一级、每个环节、每个人,确保不留盲区。集团所属各单位每日按时向集团报送防疫日报信息,实时监测集团所属各单位防疫工作开展情况。细化疫情防控方案,做好集团总部区域化疫情防控工作,分区分层制定防疫措施,落实防控责任,加强办公楼、宿舍、食堂人员分区域全封闭式管理。集团所属各单位压实防疫主体责任,确保本单位疫情防控不出问题。做好库存防疫物资和生活物资盘点、消毒灭菌工作。集团在物资采购过程中进一步加强了安全卫生防范措施,加大了消毒力度,同时把好食堂食品和原材料控制关,严格落实食品采购进货查验,确保来源正规,切实保障广大干部职工身体健康和生命安全。

(2)加强监督检查

疫情发生以来,新疆交建集团党委加强监督检查。集团党委班子主要领导干部坚持做到守土有责、守土担责、守土尽责。集团公司和所属各单位纪检监察部门根据自治区党委和自治区国资委疫情防控监督工作部署要求,突出重点部门、关键环节,加大监督检查力度。对贯彻落实自治区党委工作要求敷衍塞责、弄虚作假、阳奉阴违等问题坚决从严查处;对不担当、不作为、乱作为、消极应付等形式主义、官僚主义问题严肃查处、推动整改;对在疫情防控工作中失职、渎职等违纪违法问题,坚决依纪依法调查处理。

集团所属各子分公司、项目部按照集团党委统一安排部署,扎实落实疫情防控各项措施。切实做到责任落实到位、制度规范到位、严格核查到位、监测摸排到位、物资保障到位、宣传引导到位。坚持做到不信谣、不传谣、不造谣,坚持接受企业内外各项防疫检查,坚持加强协作,完善信息沟通,形成防疫联防联控态势。坚持做到依法依规、合理应对、属地管理、有序有效。坚持做好应急值守,信息畅通。坚持把疫情防控责任落实到每个人、每个岗位、每个环节。

(三)支撑保障

1. 加强组织领导,健全工作机制

集团第一时间启动一级响应机制,迅速成立以"双组长"为主的疫情防控工作领导小组,将集团领导班子、所属各成员单位、部门负责人纳入工作领导小组,明确职责分工,压实工作责任。领导小组下设办公室,由集团行政事务部、物业事业部、党建文化部、安全环保部及相关部门工作人员组成,负责集团公司疫情防控日常工作。在集团疫情防控工作组统一部署下,各成员单位迅速成立以主要负责同志为组长的疫情防控领导小组,建立了指挥有力的领导体系和运转高效的工作机制。结合企业实际,制定并不断完善《疫情防控和复工复产实施方案》《新型冠状病毒肺炎防控工作应急预案》,指导下属一级子公司、指挥部、直属项目部、事业部、项目公司制定和完善疫情防控实施方案和应急保障措施,进一步提高了集团预防及控制突发传染病事件的应对能力和水平。第一时间落实自治区党委、自治区国资委和属地政府疫情防控决策部署,坚持做到疫情防控工作第一时间部署、重要文件第一时间流转、上级精神第一时间传达、防控疫情第一时间落实,确保打好打赢疫情防控阻击战。

2. 强化联防联控,落实综合防控措施

为有效防止疫情传播,集团疫情防控领导小组坚持主体责任落实到位。集团所属成员单位主要负责人牵头成立专项工作领导小组,在属地政府指导下,充分发挥联防联控机制作用,加强统筹协调,全面准确掌握疫情,及时部署防控工作。编制《新疆交建集团新型冠状病毒感染的肺炎防控知识手册》,严格落实人员进出登记、测温、消毒,食堂执行分餐制等防疫措施。全面开展清洁和消毒工作,每日对值班室、办公区、家属区、食堂、办公大楼等重点区域进行消毒,确保不留死角、不留隐患。推行使用复工信息平台,对返岗人员的个人信息、健康状况、活动轨迹、返岗方式等进行审核,严禁人员"带病上岗"。严格落实联防联控措施,加强疫情应急值守,组建信息报送联络员队伍,建立信息"日报制"和"零报告制度"。

3. 加强宣传引导,坚定抗疫信心决心

认真学习贯彻习近平总书记关于宣传思想文化工作的系列重要讲话、重要指示精神,做好党中央、自治区党委、集团党委重大决策部署的宣传解读,广泛宣传集团抗疫一线涌现出的感人事迹,努力营造强信心、暖人心、聚民心的环境氛围。其次,进一步提高新闻宣传工作的质量和水平,提高媒体融合力度,积极运用信息化成果,讲好"交建故事",传播好"交建声音",为疫情防控工作营造积极氛围。

4. 强化监督检查,落实工作责任

集团党委将作风整顿与疫情防控、复工复产工作同部署、同落实,结合属地管控规定要求,及时制定下发有关文件,明确工作要求,成立专项督查工作组,采取电话抽问、抽检资料或实地检查等多种方式,对各单位领导班子、机关各部门疫情防控、复工复产工作的履职尽责情况,对项目疫情防控物资储备、防控预案、人员管理、现场消杀以及复工复产红线规定的执行情况进行监督检查,确保疫情防控各项措施落实落细落地。

三、实施效果

新疆交建集团在精准精细落实好外防输入各项防控措施的同时,紧盯全年目标,细化分解任务,加快推动自治区一批重点项目全面复工复产。至2020年3月,集团所属各项目已严格按照业主方及当地政府要求全面复工,实现复工率100%。各项目在2020年3月下旬仍积极组织人员、机械、材料有序进场,确保在做好疫情防控工作的前提下,全面推进全年目标任务圆满完成。

面对返岗难问题,公司及时与返岗职工、劳务工人联系,根据人员集中程度,与航空公司、客运公司进行对接,通过制定"点对点、门对门、一站式"专车直达、包机等服务,开通复工直通车,实施爱心专车派送,帮助员工尽早返岗。面对劳务工人短缺问题,集团积极响应自治区党委号召,充分发挥国有企业敢担当精神,吸纳200名和田地区贫困家庭转移就业人员从事项目建设工作,通过集中开展岗前培训和技能培训,进一步提高转移就业人员的职业技能和自身素质,使他们有技能、有事干、有钱挣,奔向致富路,实现稳定脱贫。面对物资采购困难问题,集团一方面积极与所在地政府和疫情防控指挥部联系,加强与合作单位的沟通,发挥属地优势,采购重要防疫物资;另一方面,主动对接材料供应商,关注他们的复工复产情况,力争尽早采购到施工所需物资,避免影响施工进度。同时通过各种方式共享合作伙伴,为防疫物资和施工物资的储备提供保障。

抗击疫情以来,新疆交建集团坚持依法科学防控、分类精准施策,一手抓防控、一手抓复工,坚持两手抓、两手硬,双落实、双推进,在做好施工现场封闭管理全覆盖、返岗在岗人员监测全覆盖、驻地办公场所消杀作业全覆盖等防疫措施的前提下,努力克服返岗人员出行困难、劳务工人短缺、物资采购困难等问题,安全有力有序推进集团公司国内在建项目全部复工,复工率实现100%。在集团各级党组织的坚强领导下,在全体党员干部的模范带动下,紧抓安全生产不放松,不断健全完善安全生产管理机制,强化全员安全责任意识和隐患治理排查机制,确保安全生产形势稳定,为打好疫情防控阻击战和加快推进全面复工复产提供坚实的安全生产保障。集团所属各单位、项目疫情防控和生产经营两不误,在推动企业高质量发展的同时,保证了集团所有员工和务工人员上万人无一人感染。

高寒地区隧道洞口段混凝土防冻保温管理体系

四川公路桥梁建设集团有限公司

成果主要创造人:熊国斌　王中林

成果参与创造人:侯小军　罗燕平　袁　凯　肖整勇　王　生　曾　斌
张　开　刘　洋　何　聪　鲁　刚

四川公路桥梁建设集团有限公司(简称"四川路桥")是四川省铁路产业投资集团公司下属核心子公司、中国500强企业和国际承包商250强企业。四川路桥始建于新中国成立初期,基础队伍源自解放军第18军筑路工程队及西南公路局桥工处,曾建成了举世瞩目的川藏公路,在大三线建设期间和改革开放初期为我国交通建设作出突出贡献。1998年组建集团公司,成为省属国有重要骨干企业,1999年发起设立股份公司,并于2003年成为四川交通系统首家上市公司;2009年作为核心子公司参与组建四川省铁路产业投资集团,肩负起构建西部综合交通枢纽的历史使命;2012年通过重大资产重组实现整体上市,逐步发展成为西部领先、基础设施领域国内一流的综合性跨国型企业集团。

四川路桥注册资金56.8亿元,四川路桥及下属公司拥有两个公路工程施工总承包特级资质,公路行业甲级设计资质,公路、市政、房建、港航等10个总承包一级资质,主要从事公路、铁路、桥梁、隧道、房建、市政、港航等领域的投资、设计、建设和运营,同时拓展清洁能源、矿藏资源、新型材料、现代服务、金融证券等多元产业,下辖90余家全资、控股分子公司及参股公司。

四川路桥坚持"立足四川、服务全国、跻身世界、开拓发展",作为推动"蜀道难"变"蜀道通"的中坚力量和省属企业"走出去"发展的典范,市场已遍及国内绝大多数省份及非洲、中东、东南亚、欧洲、大洋洲的20余个国家和地区。70年来,累计在国内外修建各类公路2万多公里,其中高等级公路上万公里,大型桥梁近2000座;承建了成绵乐、西成、成贵、川南城际、成自宜、汉巴南等高铁施工项目,形成了深水大跨径桥梁、高速公路路面、复杂地质特长隧道等方面的核心竞争力,屡获国家科技进步奖、鲁班奖、詹天佑奖、古斯塔夫·林德撒尔奖、菲迪克(FIDIC)奖等国内外重大科技质量奖项,代表工程主要包括:建成时为世界第一大跨径的钢筋混凝土拱桥——万州长江大桥;主跨1650米,建成时为世界第二、中国第一的悬索桥——舟山西堠门跨海大桥;建成时为世界第三、国内第二长的公路隧道——米仓山隧道;中资企业首次在欧洲发达国家承建的大跨径桥梁——主跨1145米的挪威哈罗格兰德跨海大桥。

四川路桥秉承"产业报国、发展交通、造福人民"的发展理念,弘扬"攻坚克难、甘于奉献、勇于胜利"的新时代路桥精神,在汶川地震抗震救灾、雅安芦山地震抗震救灾、九寨沟地震抗震救灾等急难险重任务中勇挑重担,在扶贫攻坚、捐资助学、社会公益等方面不遗余力,受到党和国家领导人、社会各界和人民群众的高度赞誉,荣获"全国五一劳动奖章""全国抗震救灾英雄集体""全国文明单位""全国先进基层党组织"等荣誉称号。

新的时期,四川路桥将不断强化全产业链运作能力和跨国经营能力,着力推动高质量发展,建设现代化产业体系,培育具有国际竞争力的一流企业,为助推四川"两个跨越"、服务交通强国、带动中国建造走向世界作出新贡献,续写"百年路桥"新的辉煌篇章。

四川路桥承建的延崇高速公路河北段金家庄特长螺旋隧道，于2019年建设完成。

一、实施背景

由四川路桥承建的金家庄特长隧道属于延崇高速公路的控制性工程，工程规模大，建设难度高。项目位于赤城县西南方向的冀北山区，属于变质岩中山区，溪沟发育，地形起伏较大，坡度较陡。隧道区域地表高程为1406～1738米，相对高差332米。隧道入口端洞口坡度约为16～24度，出口端洞口坡度为26～31度。项目所在区域冬季时间较长，积雪厚度深，隧道洞口段冬季平均温度为－13.3℃，出口处最低气温－28.2℃，最大积雪深度为9厘米。由于施工条件及环境不利，冬季混凝土施工是工程质量控制中的重要隐患。

为保证隧道冬季施工的安全与质量，有效指导延崇高速公路隧道工程建设、施工，加快完善延崇高速公路建设安全保障体系，全面提高隧道施工质量管理水平，决定对隧道冬季施工进行强化管理。

二、成果内涵

综合考虑金家庄特长螺旋隧道冬季施工质量及人员安全控制措施，总结归纳出一般高寒地区隧道洞口段混凝土施工质量、安全控制体系，从原材料进场检测、施工中过程控制及施工后的保温养护等方面深入开展研究，建立了一套贯穿冬季施工的高寒地区隧道洞口段混凝土防冻保温管理体系，有效解决了金家庄特长螺旋隧道施工过程中面临的冬季施工时间长、洞口段冬季平均温度低、材料运输距离远及混凝土养护条件差等相关问题，并为其他高寒地区隧道施工提供了可参考、可复制的施工技术标准和管理体系，促进和推动了冬季施工质量控制在基础设施建设施工过程领域的应用。

三、主要做法

(一)适用范围

①当工地昼夜平均气温连续5天低于＋5℃或最低气温低于－3℃时，混凝土施工即按冬期混凝土施工要求进行。

②隧道内施工普通混凝土受冻临界强度不小于设计混凝土强度等级值的30%；有抗渗要求的混凝土受冻临界强度不小于设计混凝土强度等级值的50%。

③冬季施工时，试验室负责健全测温、工程试验等原始记录。

(二)构建项目组织机构

1.组织措施

①对需进行冬季施工的工程项目，在入冬前编制冬季施工方案。冬季施工方案应包括以下内容：施工程序，施工方法，现场布置，设备、材料、能源、工具的保温措施；安全防火措施；测温制度等。方案必须按规定上报批复后方可执行。方案确定后，组织有关人员学习，并向班组进行交底。

②进入冬季施工前，对掺外加剂人员、测温保温人员、水加热管理人员专门组织技术业务培训，学习工作范围内的有关知识，明确职责。

③密切关注当地气象，及时接收天气预报，防止寒流突然袭击。

④安排专人做好测温工作。

2.图纸准备

凡进行冬季施工的工程项目，必须复核施工图纸，查对其是否能适应冬季施工要求、能否在冷状态下安全过冬。

3.成立冬季施工质量管理小组

为确保冬季施工正常进行，在项目部成立冬季施工质量管理领导小组(图1)。组长为项目经理，副组长为项目总工程师、项目副经理，组员为项目书记、副总工、工程部长、物资设备部部长、试验室主任、安保部部长、办公室主任、质检工程师、协作队伍负责人。

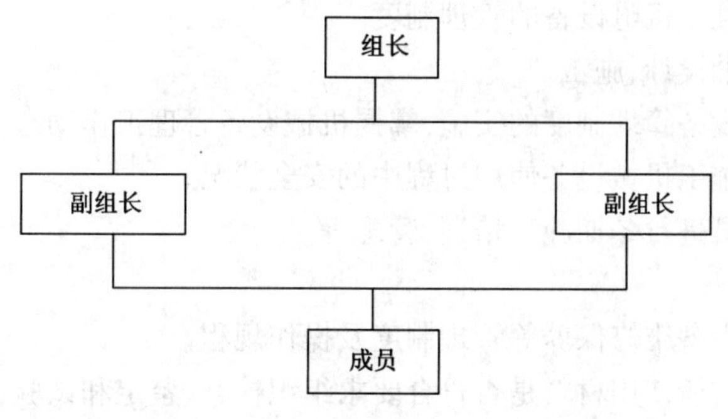

图1 领导小组机构图

冬期施工领导小组职责为：

(1)项目经理

①全面主持工作,确保冬期施工全面展开。

②负责所承建工程的施工进度、安全、质量、工期、成本、文明施工,对工程质量终身负责。

③负责冬期施工体系的有效运行及体系运行过程中的内外协调。

(2)项目总工程师

①负责本项目冬期施工的技术管理、工程质量及地质预测预报的领导工作。

②负责主持制定冬期施工方案,明确其技术保证,完成施工过程的控制。

③督促工程部做好技术文件和技术资料的制定、实施、记录工作。

(3)项目副经理

①协助项目经理工作,负责项目冬期施工生产管理、贯彻落实体系运行要求,对冬期施工中存在的问题负直接领导责任。

②负责项目冬期施工生产管理的组织、协调,优化工序衔接,提高生产效率。

③负责项目冬期施工生产进度控制,严格执行施工纪律,保证完成各项生产指标。

④负责组织召开生产、安全、质量、环境管理以及生产交班会等会议。

⑤负责组织项目部冬期施工的安全质量大检查,并对检查中发现的问题进行决策、处理。

(4)项目书记

负责冬季施工后勤管理工作,确保冬期施工全面展开。

(5)安全环保部部长

①负责监督指导项目冬期施工管理体系的建立,参与冬期施工专项方案的审核,参与项目事故应急救援预案的编制和审核。

②负责监督并参与项目冬期施工各类安全检查;自身定期进行监督检查。

③负责指导项目部及工区安全质量管理部门的业务工作。

(6)工程部长

①负责施工方案的制定,并对工区进行施工交底。

②施工中负责指导、督促工区落实方案。

③负责方案中具体技术资料的整理和统计。

④施工中对方案进行修正和优化,进行技术指导工作。

(7)项目物资设备部部长

①组织制定项目机电管理实施细则,确保机械设备和物资满足冬期施工要求。

②负责建立健全机电设备安全操作、保养等规章制度,并落实执行。

③负责机电设备及有关人员配备和管理。

④负责制定项目冬期施工机电设备的管理制度。

⑤负责施工用电线路的设计、施工。

⑥负责项目冬期施工设备管理制度的实施,掌握机械设备管理工作动态。

⑦负责监控项目冬期施工机械设备使用过程中的安全状况。

⑧负责对设备管理人员进行冬期施工培训、管理等。

(8)试验室主任

①负责制定试验仪器设备维修保养等管理制度及操作规程。

②负责对冬期施工项目所使用材料是否符合要求组织检查、鉴定和试验,并提出报告。

③负责组织冬期施工各类原材料试验、过程试验、各种混合料配合比检查,并提出试验报告。

(9)施工队

①负责方案的具体落实。

②严格执行施工方案,合理地组织施工。

③负责方案中人员、设备、材料等的筹备和组织。

4. 冬季施工培训

为了使生产从常温顺利转入冬季施工,在冬季施工到来时,项目做好冬季施工培训工作。通过培训使全体施工管理人员了解本年的冬季施工任务、特点及应该注意的问题。

培训的主要内容如下。

①进入冬季施工前,对测温保温人员和锅炉管理人员专门组织技术业务培训,学习工作范围内的有关知识,明确职责,经过考核方可上岗。

②工程部结合实际情况制定具有可操作性的冬季施工防寒保温措施,提前向物资部提出防寒材料、设备、劳保用品计划。

③工程部组织本项目全体施工管理人员和各班组学习冬季施工防寒知识及冬季施工安全、质量注意事项,进行冬季施工培训。

5. 施工人员准备

各项目根据项目实际情况,配置施工人员,建议至少配置锅炉工 4 人、普通工人 2 人(负责锅炉加温)、测温人员 2 人。

6. 施工机械设备

各项目根据本项目实际情况,配置施工机械设备,建议至少配置 300 千瓦发电机 2 台,5T 常压电锅炉 2 个,加热管线 500 米,温湿度计 16 个,红外测温枪 5 个,彩条布 15 包,罐车保温套 6 个,洞口防寒棚布门帘 600 平方米。

(三)冬季施工测温管理制度

1. 冬季施工的测温范围

各项目按照实际情况,对进场原材料进行温度检测,包括水泥、水、砂子、石子等原材料的温度,混凝土出机温度、入模温度,混凝土入模后初始温度和养护温度等。隧道测温包括洞口、二衬及掌子面的温度。

2. 测温准备

测量施工环境温度应采用自动温度计录仪,测原材料温度应采用玻璃液体温度计,测量混凝土温度应采用红外线测温枪。各种温度计在使用前均应进行校验。

3. 现场测温控制

现场测温频率见表 1。

现场测温频率　表1

测温项目	测温条件	测温次数	测温时间
混凝土养护温度	混凝土强度达到40%之前	每昼夜12次	每2小时一次(根据浇筑混凝土时间)
	混凝土强度达到40%之后	每昼夜4次	每6小时一次
环境温度		每昼夜4次	每6小时一次
工作环境温度,水泥、水、砂、石温度,混凝土出罐温度,混凝土入模温度		每昼夜3次,每工作班2次	7:00、15:00、21:00各一次;上、下午开盘各一次

现场测温结束标准:混凝土达到临界强度,且拆模后混凝土表面温度≥10摄氏度。

4. 测温管理

①施工现场工长在技术人员的指导下,负责工程的测温、保温、掺外加剂等工作,每天应查看测温记录,发现异常及时采取措施并上报负责人。

②项目技术人员应每日查询测温、保温、供热的情况和存在的问题,及时向主管领导汇报并协助现场施工管理人员解决冬季施工疑难问题。

③施工测温人员在每层或每段停止测温时提交一次测温记录,发现问题应及时向现场管理人员和技术人员汇报,以便立即采取措施。

④每天24小时都应有测温人员上岗,并实行严格的交接班制度。测温人员应及时填写测温记录表并妥善保管。

⑤测温记录应及时归档备查。

(四)施工时基础设施保障工作管理制度

1. 施工用水及生活用水加热及保温措施

水管采用外包电热丝达到恒温要求,并安装温度控制器。拌和站水箱采用电热棒进行加热,水管外缘采用保温棉进行包裹,确保水管正常输水。水箱四周及顶部采用棉被包裹和覆盖进行保温。

2. 入冬前在料仓储备充足的砂石料

拌和用砂的加热及保温措施为在砂存料料仓内采用彩钢板搭建有加热设施的保温封闭储料棚。储料棚三面用彩钢板围挡,正面挂帘防护,防止雨雪侵入料堆,并具有一定的保温功能。每次在混凝土生产前3小时,计算出砂的理论用量,根据理论用量将砂从料仓内导入保温封闭储料棚内进行加热处理。

3. 混凝土拌和保温措施

为了提高混凝土出机温度,加热拌和用水及集料;水泥不能直接进行加热;加热拌和用水时,水温控制在60~80℃,集料的最高温度不得超过40℃;在开盘前加热并检查水温和集料,加热应均匀。

4. 混凝土运输保温措施

为确保混凝土的浇筑入模温度不低于5摄氏度,混凝土运输罐车采用加厚棉被覆盖的方式进行保温。

5. 洞内施工保温措施

入冬前隧道明洞拱墙衬砌全部完成,洞内保温采用洞口挂设加厚门帘的方式。在施工过程中随时监测洞内的环境及温度情况并记录。车辆、人员进洞、出洞时由专人负责开启和关闭,确保洞内的正常施工温度。

6. 机械设备的防寒措施

①做好机械防寒、防冻工作,按照机械管理规定的要求,严格换季保养。

②注意各种设备的防冻、防寒。设备可分为固定设备和移动设备。固定设备均置于库房内;移动设备在不使用的时候停入洞内,并将水箱内的水放干净,油箱上盖棉布;使用前,向水箱加入温水和防冻剂,使用低标号油,先启动并预热一段时间后再使用。

③换季时对设备进行检修,检查其使用状态。

④施工车辆必须采用 -35 号柴油以抗冻。车辆暂时不用时,每 2 小时点火一次,以保证油路和水路畅通。如长期不使用,排掉循环水箱内的冷却水,再次启动前应先检查油路和水箱的工作情况。必须使用低温启动液。

7. 施工便道的除雪防滑措施

为确保雨雪天气能够正常施工,施工便道必须设置横向排水坡度。冰雪天气时,使用装载机及时清除道路上的积雪,防止因道路雨雪淤积过多影响施工车辆的安全通行。如下雪较大时,在道路上洒融雪剂化雪,确保道路上干净,保证道路畅通。

配备专业维护道路装载机 2 辆、挖掘机 2 辆、自卸车 4 辆。装载机主要用于铲除便道较厚积雪和拖材料运输车。挖掘机和自卸车用于道路维修、清理运输积雪,以及大型材料车无法运至拌和站厂区时的材料倒运工作。

(五)施工工艺流程及操作要点

1. 施工工艺流程

施工的工艺流程如图 2 所示。

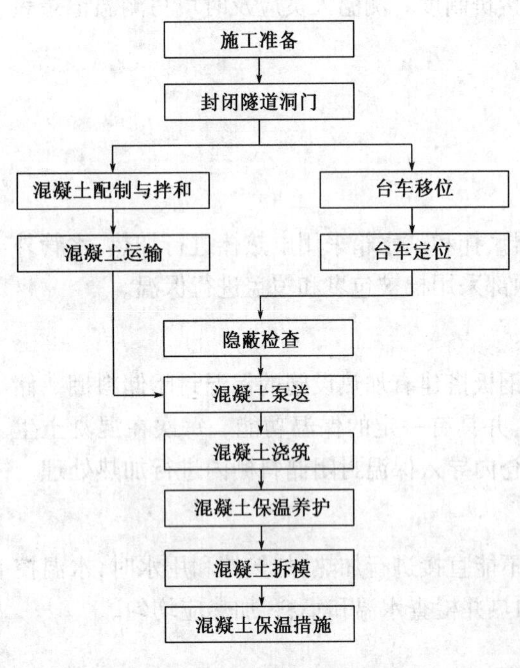

图 2 施工工艺流程图

2. 操作要点

(1)封闭隧道洞门

冬季施工时需要封闭隧道洞门,以保证隧道施工作业处的平均温度保持在 10℃以上,一天中的最低气温不低于 5℃,对混凝土进行正常温度养护。

隧道保温洞门施作的方法如下:在洞口处以木杆搭设双排木架(间距 60 厘米);用编织袋(废水泥袋)内装锯末(或木屑)砌码于双排木架中间成墙,顶部与岩面密贴(拱顶留有 60 厘米 ×1 米排烟孔),中间留有宽 5 米、高 3.5 米的机械车辆通行门;中间车辆通行门为左、右两扇电动保温门,用角钢焊门架,架上挂厚篷布,并由专人值班,保温墙必须牢固并设有支撑,防止洞内爆破冲击波毁坏保温门;隧道内每天测温 2 次,若平均温度低于 10℃,设两道防寒门或设锅炉取暖增温,并安排专人负责防火及防止煤气中毒;在冬季施工中,还应考虑隧道开挖通风与车辆运渣过程中洞门的及时开放和关闭,以保证隧道内的温度。

(2)高寒地区隧道洞口段混凝土配制与拌和

水泥优先选用硅酸盐水泥和普通硅酸水泥,应注意其中掺和材料对混凝土抗冻、抗渗等性能的影响,水泥标号不应低于 42.5,水灰比不应大于 0.5。混凝土所用集料必须清洁,不得含有冰雪等冻结物及易冻裂的矿物质。在掺用含有钾、钠离子防冻剂的混凝土中,集料中不得混有活性材料,以免发生碱集料反应。在冬季浇筑的混凝土工程,应根据施工方法,合理选用各种外加剂,注意含氯盐外加剂对钢筋的锈蚀作用;宜使用无氯盐防冻剂,非承重结构的混凝土使用的氯盐外加剂中应有氯盐阻锈剂。氯盐掺量不得超过水泥重量的1%，素混凝土中氯盐掺量不得大于水泥重量的3%。

拌和水一般用可饮用的自来水及洁净的天然水。为了减轻冻害，应将配合比中的用水量降低至最低限度。可通过控制坍落度、加入减水剂、优先选用高效减水剂等方式实现。

为保证搅拌机出料口混凝土温度满足要求，冬季施工开始前应及时在搅拌机外围搭设保温棚，保温棚用钢管搭设，四周及顶部用彩条布围挡，棚内用暖风机供暖，每2小时测温一次，保证棚内温度不低于10℃。棚内设置热水灌、外加剂存储容器等。搅拌机拌制混凝土前及停止拌制后，用热水冲洗搅拌机的拌盘或鼓筒。清洗的污水进入沉淀池沉淀并循环利用；池内沉淀物应定期清理并运至环保部门指定地点填埋。

水及集料按热工计算和实际试拌，确定满足混凝土浇筑需要的加热温度。水的加热温度不宜高于80℃。当不加热集料时，水可加热至80℃以上，此时要先投入集料和已加热的水搅拌均匀，再加水泥，以免水泥与热水直接接触；当加热水不能满足要求时，可将集料均匀加热，其加热温度不应高于60℃。片石混凝土掺用的片石可预热。水泥不得直接加热，可以在使用前转运入暖棚内预热。

混凝土拌和时间较常温施工延长50%左右。对于掺有外加剂的混凝土，拌制时间应取常温拌制时间的1.5倍。混凝土卸出拌和机时的最高允许温度为40℃，低温早强混凝土的拌和温度不高于30℃。集料不得带有冰雪和冻块以及易冻裂的物质。严格控制混凝土的配和比和坍落度，由集料带入的水分以及外加剂溶液中的水分均应从拌和水中扣除。

拌制掺用外加剂的混凝土时，如果外加剂为粉剂时，可按要求掺量直接撒在水泥上面与水泥同时投入；如果外加剂为液体时，使用前按要求配置成规定溶液，然后根据使用要求，用规定浓度溶液再配置成施工溶液；各溶液分别放置于有明显标志的容器内，不得混淆。

(3)高寒地区隧道洞口段混凝土的运输

混凝土的运输过程应快装快卸，不得中途转运或受阻，运送中用绵篷布覆盖以保温防寒。当拌制的混凝土出现坍落度减小或速凝现象时，应重新调整拌和料堤的加热温度。

冬季施工中运输混凝土拌和物时，尽量减少混凝土拌和物热量损失，可以采取如下措施：①正确选择拌和机摆放位置，尽量缩短运输距离，选择最佳运输路线，缩短运输时间；②正确选择运输容器的形式、大小和保温材料；长距离运输采用混凝土输送车，容量根据混凝土施工用量和浇筑时间选择；距离较小时可采用敞开式运输车，但必须加盖隔热材料；③尽量减少装卸次数并合理组织装入、运输和卸出混凝土。

混凝土搅拌运输车运送已搅拌好的混凝土时，运输过程中宜以2~4转每分钟的转速搅拌；当搅拌运输到达施工现场时，应高速旋转20~30秒后再将混凝土拌和物运送至罐外进行浇筑。

(4)高寒地区隧道洞口段混凝土浇筑

混凝土浇筑前，清除干净模板和钢筋上的冰雪和污垢，当环境气温低于-10℃时，采用暖棚法将直径大于25毫米的钢筋加热至正温。

混凝土的灌注温度在任何情况下均应不低于5℃，细薄截面混凝土结构的灌注温度不宜低于10℃。

浇筑新旧混凝土施工缝时，必须凿除干净施工缝处的水泥砂浆、松动石子或松弱混凝土，并用水冲洗干净，不得有积水。冬期施工接缝混凝土时，在浇筑新混凝土前加热结合面，使结合面温度达5℃以上，浇筑完成后，及时加热养护使混凝土结合面保持正温，直至混凝土达到规定的抗冻强度。当旧混凝土面和外露钢筋暴露在冷空气中时，对新、旧混凝土施工缝1.5米范围内的混凝土和长度在1.0米范围内的外露钢筋采取防寒保温措施。

采用机械捣固并分层连续浇筑混凝土，分层厚度不小于20厘米，整个浇筑过程应不超过150分钟。

(5)高寒地区隧道洞口段混凝土养护

混凝土养护采用电炉加热养护，并进行混凝土养护热工计算，做好测温记录。在采用抗冻剂的情况下，达到3.5兆帕强度后，每6小时测温1次。对混凝土试块多做两组与结构同条件的养护，按7日、14日试压以确保拆模时间。注意天气温度变化，充分利用两次寒流间的相对暖期进行浇筑作业。

要高度重视混凝土的冬季施工养护工作,纠正“冬季施工混凝土已掺加外加剂,可以不用养护”的错误认识。

混凝土结构的现场养护条件应按照《混凝土结构工程施工质量验收规范》(GB 50204—2002)采取覆盖保温措施并符合《建筑工程冬季施工规程》(JGJ 104—97)的要求,以保证混凝土及时达到临界强度正常水化,同时也保证达到拆模强度的合适时间。

在浇筑混凝土表面应覆盖保温材料,防止混凝土热量过快散失。保温材料下覆盖一层塑料布以防止混凝土失水。迎风面应采取覆盖或涂刷养护剂的保护措施。对边、棱角部位的保温厚度应增大到面部的2~3倍。

不得随意拆除保温材料,以确保混凝土不受冻。混凝土养护期间应防风、防失水,当气温有明显变化时,特别是初冬和冬末。应注意混凝土反复冻融对混凝土的伤害,及时保温。

浇筑混凝土后,应加强结构薄弱和易冻部位的保温防冻措施,并在有代表性部位或易冻部位布置测温点。测温头埋入深度应为100~150毫米,也可为混凝土厚度的1/2。

当混凝土温度降到规定温度时,混凝土强度必须达到受冻临界强度。即:当用硅酸盐水泥或普通硅酸盐水泥配制混凝土且其抗压强度达到设计强度的40%前,混凝土均不得受冻;当混凝土抗压强度未达到5兆帕前也不得受冻。浸水冻融条件下的混凝土开始受冻时,其强度不得小于设计强度的75%。

采用综合蓄热法养护时,从混凝土入模开始到混凝土达到受冻临界强度之前应每隔2小时测温一次,达到临界强度以后每隔6小时测量一次,同时测定环境温度。

混凝土的养护是保证施工质量的重要措施,应派专人负责。

(6)高寒地区隧道洞口段混凝土拆模

模板和保温层在混凝土达到要求强度并冷却到5℃后方可拆除。拆模时混凝土的表面温度与环境温度差大于20℃时,拆模后的混凝土表面应及时覆盖,使其缓慢冷却,防止出现温差裂缝。保温材料的拆除应以同条件试块为依据,强度合适后方可进行。混凝土未达到受冻临界强度前,不得拆除保温或加热设备。

当混凝土稳定满足正常温度下拆模强度的要求且满足抗冻要求的规定时,方可拆模。

混凝土拆模时,混凝土与环境的温差不得大于15℃,当温差在10℃以上但低于15℃时,拆除模板后立即在混凝土表面采取覆盖措施,如覆盖草袋及彩胶布。

(六)质量控制管理

为了深入贯彻“百年大计,质量第一”的建设方针,坚持“快速、有序、优质、高效”的原则,搞好本工程建设,按照国家工程质量有关规定、“企业自控、社会监理、政府监督、用户评价”的工程质量管理新机制以及本工程招标文件的要求,各项目部建立健全“纵向到底、横向到边”的施工保证体系,确保本项目工程质量。

①施工中严格执行ISO 9001国际质量体系标准,按编制的质量管理手册做好各项工程的质量工作。

②增强质量意识,加强质量教育。

③加强技术培训和技术指导工作。

④建立健全质检机构,项目部设专职质检工程师,队设专职质检员,配齐质量检测仪器设备,负责质量监督检查和各项检验工作。

⑤加强常规性的质量检查,建立质量检查程序,坚持质量检查四项制度:开工前检查、施工中检查、隐蔽工程检查、定期检查、执行质量“三检制”:自检、互检、专检。

⑥根据项目的实际情况建立质量管理奖罚制度。

(七)施工安全及环境保护制度

①施工现场专职安全员必须经过专业培训并取得证书,持证上岗。

②加强全员安全意识教育,学习冬季施工预防措施,提高安全责任意识。

③加强季节性劳动保护工作。雪后及时清扫积雪,大风雪后及时检查脚手架,防止高空坠落事故发生,并应保证消防道路畅通。

④遇到特大雪天时,应停止施工,加强安全巡查力度,发现问题及时处理。

⑤冬季施工时除必须佩戴安全帽、安全绳以外,必须戴手套,以防抓铁件时冻伤。

⑥冬季防冻包括施工人员、混凝土、施工机械的防冻。机械的防冻措施为:当机械休息时使用彩条布或帆布覆盖。机械循环用水采用防冻液;机械停用时必须停放到车棚内,重新使用时必须先预热再施工。

⑦冬季环境文明施工体系分为四个阶段:规划、实施、检验、改进。详见图3。

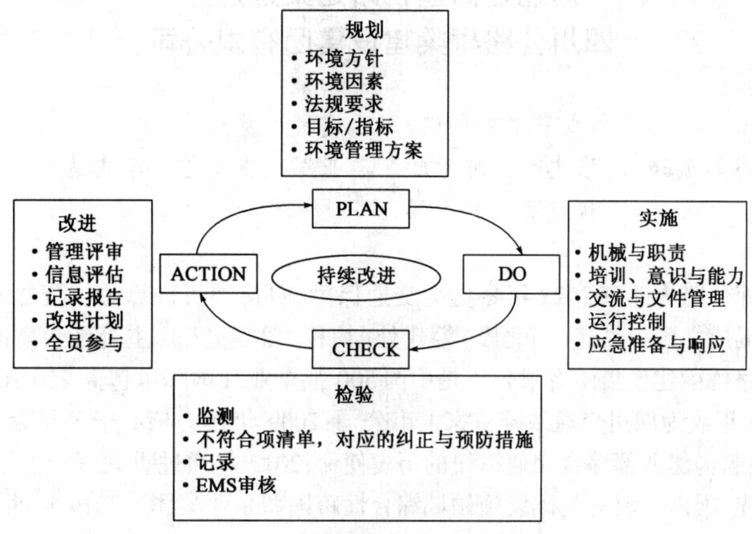

图3 环境文明施工体系循环图

四、成果实效

(一)经济效益

高寒地区隧道进出口段混凝土采用该工法辅助施工后,有效保证了混凝土质量,同时克服了高寒环境下施工的限制性,极大地提升了施工效率,能极大地节省施工时间,同时避免了因高寒环境造成的不必要损失,能为项目带来极大的经济效益。

采用本管理体系之后,提升了施工质量,保证了施工人员的安全。

(二)社会效益分析

1. 促进科学技术进步

本项目的研究成果为高寒地区隧道建设提供了冬季施工管理方面的指导,在隧道施工过程中,通过采取多项措施,有效提升高寒地区隧道施工安全指标及质量指标,研究成果能满足施工需求,缩短施工周期,降低施工难度,为高寒地区隧道建设提供技术支撑,同时兼顾"安全""绿色"及"创新",解决现有隧道施工的质量、安全问题,从而提升行业整体技术水平。

2. 加快区域经济发展

①习近平总书记强调,交通基础设施建设具有很强的先导作用。经济社会建设要高速发展,贫困地区要脱贫致富,改善交通很重要[1]。近年来,我国高速公路建设发展进程已向山区转移。本项目中的高寒地区隧道洞口段混凝土防冻保温管理体系可以为高寒地区隧道施工管理提供重要借鉴。

②本工法适用于高寒地区隧道洞口段修建,对其他高寒地区隧道洞口段混凝土的施工亦有借鉴意义。

[1] 源自《人民日报》2019年10月7日报道《"中国桥梁"成为闪亮名片》。

复工复产疫情防控管理体系

河北省高速公路延崇筹建处

四川公路桥梁建设集团有限公司

成果主要创造人:于建游　罗燕平

成果参与创造人:张志刚　陈彦欣　李亚军　肖整勇　李志达　康　毅　程建业　刘　洋

延庆至崇礼高速公路为北京2022年冬奥会交通保障项目,项目概算总投资228亿元。2017年河北省高速公路管理局成立延崇高速(河北段)筹建处(简称"筹建处"),主管延崇高速(河北段)的建设管理工作。四川公路桥梁建设集团有限公司是中国500强企业和国际承包商250强企业,1999年发起设立股份公司;2003年成为四川交通系统首家上市公司;2009年作为核心子公司参与组建四川省铁路产业投资集团,肩负起构建西部综合交通枢纽的历史使命;2012年通过重大资产重组实现整体上市,逐步发展成为西部领先、国内一流的基础设施领域综合性跨国型企业集团。2019年四川公路桥梁建设集团有限公司承建延崇高速公路河北段翠云山特长隧道,已于2021年8月实现通车。

一、实施背景

2019年底,新冠肺炎疫情暴发。延崇高速公路是连接北京2022年冬奥会延庆赛区和张家口崇礼赛区的公路主通道,建设工期紧,分秒必争,不允许停工,必须在疫情期间进行复工复产,且因为是冬奥会交通保障项目,关注度高,复工复产安全管理不允许有闪失。因此,针对新冠肺炎疫情防控,2020年复工复产采取了必要的安全措施。

二、成果内涵

延崇高速公路是交通运输部和河北省重点项目,也是北京2022年冬奥会主要交通通道,工期紧、任务重。面对突如其来的疫情,延崇高速公路项目高度重视,第一时间作出反应,通过人员管理、食品安全管理、施工现场管理、疫情防控等措施,保证了疫情期间项目正常施工,为隧道的如期贯通争取了宝贵的时间。

三、主要做法

新冠肺炎疫情发生以后,筹建处高度重视,积极落实上级有关疫情防控的各项要求,第一时间成立了疫情防控专班领导小组,及时制定应急处置方案,落实各项防疫措施。

(一)疫情防控监督管理体系建设

1. 成立疫情防控工作专班,建立上下联动的管理体系

一是提高站位、强化责任;认真传达贯彻党中央、国务院等对疫情防控工作的重要指示精神。

二是成立专班,齐抓共管。第一时间成立了以处长为组长的疫情防控工作专班领导小组,要求各参建单位由主要负责人牵头成立疫情防控工作领导小组,形成上下联动、专人负责、联防联控、齐抓共管的局面。

三是领导干部提前结束春节休假,坚守岗位,部署、落实疫情防控工作。

2. 建立联防联控机制，制定方案，细化防控措施

筹建处制定《新型冠状病毒感染肺炎疫情防控工作应急处置方案》《节后复工疫情防控工作方案》等专项工作方案（图1）和《新型冠状病毒感染的肺炎防控知识手册》，对全线防疫工作进行统一指挥领导。并要求参建单位制定《复工疫情防控工作方案》《新型冠状病毒感染肺炎疫情防控应急处置方案》《企业内部疫情防控工作指南》，建立联防联控机制。

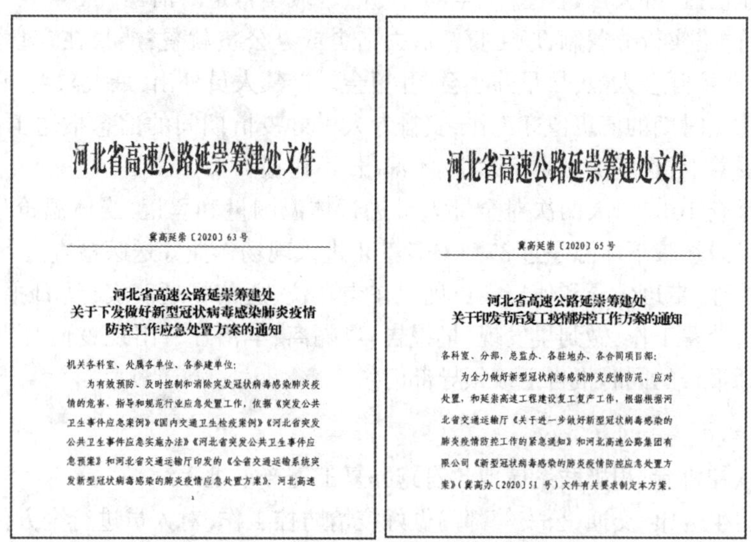

河北省高速公路延崇筹建处文件

冀高延崇〔2020〕63号

河北省高速公路延崇筹建处
关于下发做好新型冠状病毒感染肺炎疫情
防控工作应急处置方案的通知

机关各科室、处属各单位、各参建单位：

为有效预防、及时控制和消除突发冠状病毒感染肺炎疫情的危害，指导和规范行业应急处置工作，依据《突发公共卫生事件应急案例》《国内交通卫生检疫案例》《河北省突发公共卫生事件应急实施办法》《河北省突发公共卫生事件应急预案》和河北省交通运输厅印发的《全省交通运输系统突发新型冠状病毒感染的肺炎疫情应急处置方案》、河北高速

1

河北省高速公路延崇筹建处文件

冀高延崇〔2020〕65号

河北省高速公路延崇筹建处
关于印发节后复工疫情防控工作方案的通知

各科室、分部，总监办、各驻地办、各合同项目部：

为全力做好新型冠状病毒感染肺炎疫情防范、应对处置，和延崇高速工程建设复工复产工作，根据根据河北省交通运输厅《关于进一步做好新型冠状病毒感染的肺炎疫情防控工作的紧急通知》和河北高速公路集团有限公司《新型冠状病毒感染的肺炎疫情防控应急处置方案》（冀高办〔2020〕51号）文件有关要求制定本方案。

图1 疫情防控专项应急预案疫情防控工作方案

3. 加强督导检查确保措施落地

成立疫情防控督导组，督导检查处属单位、参建单位文件学习落实、站区清洁消毒记录、一线职工防疫用品佩戴、职工一人一档登记记录、外来人员检查登记、各类信息表格报送等防控措施落实情况，确保内业资料完整全面、外业措施落实到位。

4. 强化应急信息管理，严肃值班值守

严格执行24小时双人值班制度，成立疫情信息报送专班，信息报送由专班专人负责，严格执行日报告、零报告制度，做到不瞒报、不迟报、不漏报。

（二）周密部署疫情防控措施

及时传达落实"关于新型冠状病毒感染的肺炎疫情防控工作"紧急调度会议精神和上级有关疫情防控工作部署。组织召开疫情防控会议，周密部署各项防控工作，及时发现、弥补防疫工作漏洞，利用微信平台对《新型冠状病毒感染肺炎疫情防控工作应急处置方案》和《节后复工疫情防控工作方案》进行工作部署。

建立一人一档疫情防控记录表，设置标志明显、符合要求的隔离室，所有人员每日检测体温两次，发现发热人员立即隔离、及时送其就诊。以机关科室、参建单位为基本防控单元，进行封闭式管理，每日全方位消毒，严格执行出入登记制度，加强外来车辆、人员管控，落实人员出入体温检测等措施，发现异常立即报告。筹建处和各参建单位克服困难和不便，乘坐私家车或采用点对点包车的形式返岗。把留守人员和复工返岗人员纳入系统统一管理，落实复工复产的行踪调查、出入登记、隔离观察、体温检测、消毒等各项防控措施要求。职工分批、分时间段、分桌就餐，避免人员聚集，减少交叉感染机会。

（三）明确疫情防控安全管理要求

一是成立以项目负责人为组长的疫情防控组织机构，设立防疫专人、专岗全面落实各项疫情防控措施。在单位出入口专人专岗全面落实各项疫情防控措施，实行实名制管理，严格进、出实名制登记，采集进出人员的真实姓名、身份证号、联系方式等信息。

二是设置单独的隔离观察室,用于需要临时进行观察的人员。对项目内所有复工人员14天以内往来史、接触史进行详细排查,并有详细记录。对于复工返程人员进行不少于14天的隔离观察。

三是配备必要、足量的体温枪、口罩、测温计、消毒液等防疫物品。

四是对复工返程人员实行实名制管理,一人一档。做好职工的思想工作,对14天内去过湖北、与湖北武汉地区人员有接触史的职工,要求其暂不返回工作岗位。

五是项目现场生活区、办公区、食堂、卫生间等重点区域实行定时消毒。

六是疫情期间,严格实行分餐制,职工打饭后去宿舍或办公室就餐,严禁在食堂集中就餐。有条件的要实行单独办公,严控开会人数,尽量开小会、开短会。严禁人员外出,最大限度减少人员聚集。

七是严格落实重点时期的值班值守工作,安排专人做好疫情期间的信息报送工作,畅通报送渠道,遇到突发事件及时妥善上报,坚决做到不瞒报、不漏报、不迟报。

八是成立疫情排查小组,每天两次对全部人员进行体温测量和登记,当体温枪显示温度超过37℃时,采用腋下体温计测量,腋下体温超过37.3℃者禁止进入现场作业并送医检查。

九是加强值班管理,带班领导和值班人员确保在岗在位、通信畅通。实行"日报告"和"零报告"制度。完善传染病报告处置工作,做到早发现、早报告、早隔离、早治疗。出现疫情时应迅速实施隔离,拨打疫情防控部门电话报告的同时报告上级领导部门。

(四)突出工作重点

一是建立联防联控机制,积极联系属地政府跑办复工复产审批手续。

二是配合当地卫生健康、交通、公安等部门做好疫情防控工作,对人员进行全方位筛查管控,坚决防止疫情输入。

三是严格管控返岗人员及所用交通工具,对所有返岗职工严格排查,对使用的交通工具进行消毒,加强个人防护,不得带病上岗。

四是突出内部安全防护,远离隔离人群和隔离区域。如有人员发热等异常情况,立即就地进行隔离观察,送医查明发热原因,采取相应防控措施。

(五)加强自我学习,增强安全意识

印发《新型冠状病毒感染的肺炎防控知识手册》(图2),以"学习强国"平台、微信工作群、QQ群、微视频、抖音、快手等途径和漫画、打油诗等通俗易懂的形式向广大职工宣传疫情防治知识,提升职工自我防护意识和能力。通过印发疫情防控倡议书、签订疫情防控承诺书,树立"本人不出疫情,就是最好的尽责、就是对社会最大的负责"意识,提高全体职工主动防疫觉悟。引导职工做好个人、家庭、集体日常防护,戴口罩、勤洗手、勤通风、勤消毒、多喝水、多锻炼,增强自己的抵抗力。设立心理咨询室,使大家减少对新冠疫情的恐慌。

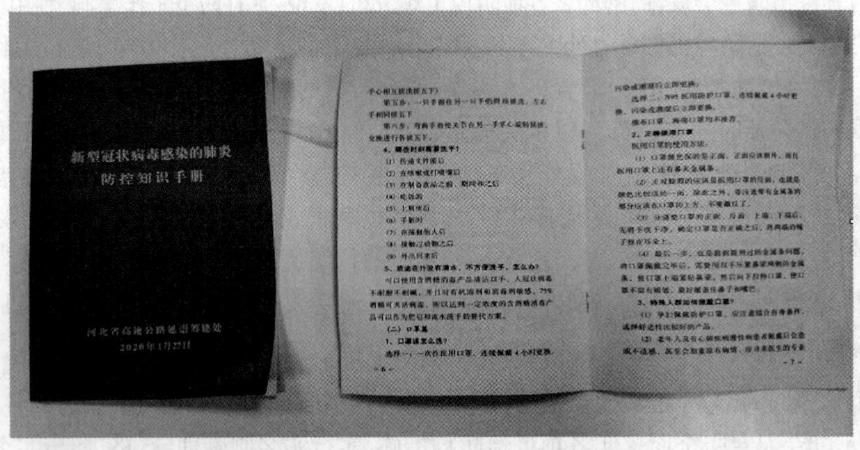

图2 《新型冠状病毒感染的肺炎防控知识手册》

（六）注重舆论引导，宣传先进事迹

编制疫情防控工作简报（图3）。做好舆论引导，鼓舞全体职工强信心、暖人心、聚民心，不信谣、不传谣、不造谣，守好职工安全之家，尽好守护职工健康之职，共同维护公共秩序，促进全处职工正确理解、积极配合、科学参与疫情防控；通过微信群、网站等大力宣传防疫工作部署，以新闻消息、诗歌、散文、故事、视频等多种形式，积极发现、宣传、表彰、弘扬疫情防控期间的先进事迹，分享经验成果，讲好防疫故事，展现上下一心、同舟共济的精神风貌，凝聚众志成城抗击疫情的强大力量。

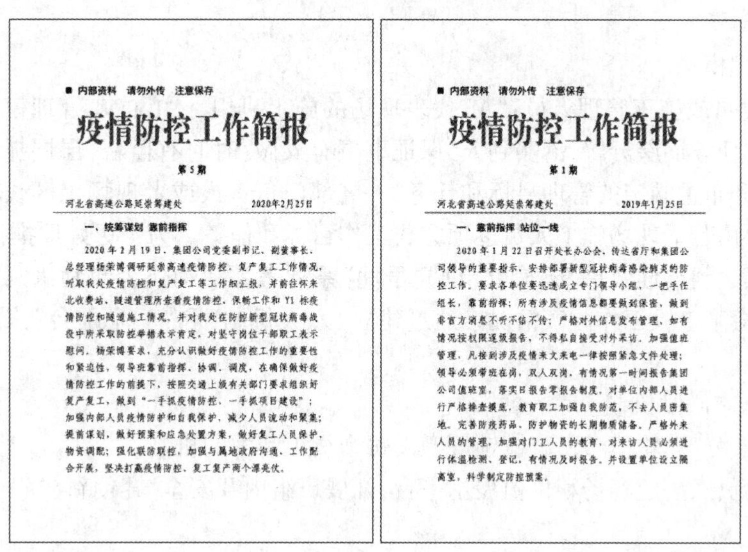

■ 内部资料　请勿外传　注意保存

疫情防控工作简报

第5期

河北省高速公路延崇筹建处　2020年2月25日

一、统筹谋划 靠前指挥

2020年2月19日，集团公司党委副书记、副董事长、总经理杨荣博调研延崇高速疫情防控、复产复工工作情况，听取我处疫情防控和复产复工等工作细汇报，并前往怀来北收费站、隧道管理所查看疫情防控、保畅工作和Y1标疫情防控和隧道施工情况，并对我处在防控新型冠状病毒战役中所采取防控举措表示肯定，对坚守岗位干部职工表示慰问。杨荣博要求，充分认识做好疫情防控工作的重要性和紧迫性，领导班靠前指挥、协调、调度，在确保做好疫情防控工作的前提下，按照交通上级有关部门要求组织好复产复工，做到"一手抓疫情防控、一手抓项目建设"；加强内部人员疫情防护和自我保护，减少人员流动和聚集；提前谋划，做好预案和应急处置方案，做好复工人员保护、物资调配；强化联防联控，加强与属地政府沟通、工作配合开展，坚决打赢疫情防控、复工复产两个漂亮仗。

■ 内部资料　请勿外传　注意保存

疫情防控工作简报

第1期

河北省高速公路延崇筹建处　2019年1月25日

一、靠前指挥 站位一线

2020年1月22日召开处长办公会，传达省厅和集团公司领导的重要指示，安排部署新型冠状病毒感染肺炎的防控工作。要求各单位要迅速成立专门领导小组，一把手任组长，靠前指挥；所有涉及疫情信息都要做到保密，做到非官方消息不听不信不传；严格对外信息发布管理，如有情况按权限逐级报告，不得私自接受对外采访。加强值班管理，凡接到涉及疫情来文来电一律按照紧急文件处理；领导必须带班在岗，双人双岗，有情况第一时间报告集团公司值班室，落实日报告零报告制度。对单位内部人员进行严格排查摸底，教育职工加强自我防范，不去人员密集地。完善防疫药品、防护物资的长期物质储备。严格外来人员的管理，加强对门卫人员的教育，对来访人员必须进行体温检测、登记，有情况及时报告，并设置单位设立隔离室，科学制定防控预案。

图3　疫情防控工作简报

（七）复工安全管控情况

1. 项目施工综合管理

①疫情发生后，单位主要负责人和主要安全管理人员第一批到位，对疫情防控工作进行部署，成立疫情防控专班领导小组，制定《新型冠状病毒感染的肺炎疫情防控应对工作方案》和《突发新型冠状病毒感染的肺炎疫情应急处置方案》，确保有序复工。对各施工、生活区进行巡查，发现隐患立即整改，做到防疫安全隐患随时发现、随时消除。

②对所有机械设备进行启用前检修，操作人员接受岗前培训和安全教育培训。

③健全标志、标牌，在施工现场、便道出入口设置安全标示、标牌，提醒作业人员及过往车辆注意安全。

④每道工序开工前，对作业人员进行安全技术交底，提高作业人员的安全技术水平。

⑤对新进场人员或转入新岗位人员，统一利用手机App、互联网平台等线上培训方式，认真开展复工复产前全员安全生产教育培训。

⑥对在岗人员每天进行班前安全教育，提高施工人员的安全意识和疫情防控意识。

2. 施工人员返岗过程管理

疫情期间全面复工复产首先要考虑的是人员返岗问题，为了防止病毒输入，要求各项目对近期返岗人员做如下管理：

一是对每一位返岗人员如实登记姓名、性别、联系电话、籍贯、健康状况等，另外每人需上报1～2名家属联系方式。所有返岗人员需本人自愿且得到全家人同意和支持，然后由项目疫情防控领导小组通过电话逐一向本人和家属核对确认，再建立一人一档，确保每位到岗人员和目前在岗人员身体健康、思想稳定，都能安心工作。

二是各部门限1～2名年龄小于30岁的业务骨干人员返岗，既减少人员管理压力，又确保各项工作稳步推进。

三是返岗人员须签订疫情防控承诺书并提供本人所在地医院出具的体检合格报告。

四是将返岗人员个人信息上报至项目所在地区公安局进行大数据筛查和审核,对审查不合格的人员坚决不允许其返岗;对审查合格的人员合理安排其返岗事宜。

五是所有返岗人员采用自驾车或乘坐客运包车等方式一站式返岗,要求返岗人员在中途不得随意下车或住宿,到达项目后集中隔离 14 天且核酸检测正常后方可上岗。

3. 推行创新管理模式和机制措施

(1)"1 + N"管理模式

"1"代表一名党员或施工管理人员;"N"代表现场的施工班组。"1 + N"管理模式就是按照时间节点倒排工期,将工作任务逐层分解,落实到人,保证事事有人做,时时有监督,层层抓落实,落实有结果;一名班子成员监督和布置既定的管理目标和任务,一名部门负责人或者现场工区长将任务分解并安排到具体人员执行,再由若干现场施工人员逐项完成工作目标和任务。为了更好地推行和发挥"1 + N"管理模式的作用,使其达到最佳效果,还辅以"创先争优"系列考评活动作为激励机制,通过周例会、阶段总结会和临时碰头会来查验工作落实情况。通过建立"六大机制"和"一个平台"来实现疫情期间生产工作的安全稳定。

(2)建立六大人本激励机制

实施竞赛、荣誉、分享、轮值、评议、链锁等激发每个员工活力的机制。

①竞赛机制:给员工搭建赛场和价值展示平台,开展班组内赛安全、赛创新、赛节约、赛技术、赛学习等活动。

②荣誉机制:通过每日评出班组的安全之星、质量之星、学习之星、创新之星,以班内累计最高产生周、月、季、年的安全、质量、学习、创新之星,即时鼓励、即时嘉许,授予荣誉称号。用荣誉激励行为、创造价值、塑造品格、产出绩效。

③分享机制:在施工班前会、班后会上让职工讲案例、讲技术、讲经验、讲亮点、讲感受,促使大家分享学习成果和共同进步。

④轮值机制:班组每个成员都按日轮流担任轮值班组长,辅助班长负责全班工作,合格者当日享受班长工资待遇,不合格者给予一定的处罚。

⑤评议机制:由轮值班组长、班长共同评议产生,员工按照每班所得工分和评议得分产生每日一星,让员工点评当班人和事,给予表扬和批评,以达到客观公正地评价团队成员的贡献,实现评议别人、激励自身。

⑥链锁机制:一人违章或发生事故,身边工作人员共同承担责任,整个班组受损失,实现安全自保、互保链锁。

(3)建立例会平台

例会平台指的是班前会和班后会平台。

①班前会:由轮值班组长主持,讲工作计划、安全事项,学习措施,分配工作,提振士气,关注职工情绪。

②班后会:由轮值班组长主持,总结、评优、分析、表扬、批评。在这个平台上,轮值班组长充分展示了个人的组织才能和业务素质,得到了学习和锻炼,实现了充分的价值展现。

疫情期间,项目管理人员按责任划分班组进行防控管理,不仅需要对所负责民工建立个人健康档案和做好生活保障,还要每天帮助他们进行心理疏导,确保职工身心健康,成为项目建设的主心骨。

4. 疫情期间施工驻地防疫安全管理措施

本项目施工企业数量和从业人员多、感染风险高、管理难度大。为了加强施工现场管控,确保不出现防疫失控现象,疫情防控领导小组经过现场勘察并反复讨论后决定采取以下措施。

(1)人员管理

①人员分卡管理。结合项目施工人员多、杂,难以管控的特点,项目部联合当地政府建立“人员分级,一人一卡”清单管理制度,对施工人员及项目管理人员实现分级管控。

——持有红卡代表处于隔离期内,持卡人员不得无故离开隔离区域到其他的地方,每天由专人进行体温检测及不定时考勤等疫情防控检查,将不按规定私自外出人员上报当地疫情防控指挥中心,由当地政府相关部门进行强制约束隔离,隔离结束后项目部不再接受其进场作业。

——持有黄卡代表度过隔离阶段的复工的当地人员。度过隔离阶段的复工人员将红卡替换为黄卡,可以在工作场所内自由行动,不允许私自外出,如特殊情况必须外出时须上报项目管理人员,待得到批准后持相应通行证外出,返回须进入隔离点进行集中隔离。

——持有蓝卡代表度过隔离阶段的非当地复工人员。度过隔离期的非当地人员由红卡替换为蓝卡,持有蓝卡的复工人员可以在工作场所内自由行动,不得外出。

——持有绿卡代表允许外出的复工人员,度过隔离期的项目管理人员及驾驶员由红卡替换为绿卡。持有绿卡的人员可在做好防疫措施的情况下外出,替持其他颜色卡人员采购生活物资或因工作需要必须外出,其他情况下不得外出。为避免持他人绿卡外出的情况发生,绿卡上粘贴提供证件照,外出时由相关负责人核对证件照与身份证,确认一致方可放行。

②新进场人员管理。各参建单位根据单位实际情况,建立符合自身需要的集中隔离点,每个隔离点设置标志明显的隔离室,对返岗或现场出现疑似新型冠状病毒感染症状的患者进行隔离,第一时间报告,第一时间隔离,第一时间向医疗机构报送、转移、就诊。

③施工人员出入管理。要求各施工单位封闭每个路口,原则上只保留一个工区进出点,该进出点必须设置道闸,并派专人值班看守,值班人员配备防疫服、护目镜、口罩、体温检测仪、消毒液以及消毒喷雾等防疫物资。非本项目人员一律不得入内,对进入施工现场的本单位人员进行体温检测和消毒。同时要求在各工区施工现场以及项目部设置防疫检测点(图4),对进入施工现场的人员进行二次检测,同时要求进入现场的人员出示“绿色健康码”。坚决不允许出示黄色或红色健康码的人员进入施工现场,同时立即上报地方政府疫情防控部门。

图4　疫情防控检测点

(2)环境消毒及人员体温检测管理

疫情防控领导小组对项目疫情防控进行区域化管理,安排专人对区域内所有人员进行体温检测和登记;要求坚持每天对厨房、食堂消毒四次,对办公区、宿舍点等地点每天消毒两次;以工区、班组为单位对所有人员进行基本信息统计,建立一人一档。派出专人到项目现场进行安全巡查,主要检查现场人员的口罩佩戴情况、消杀工作落实情况(图5、图6)。

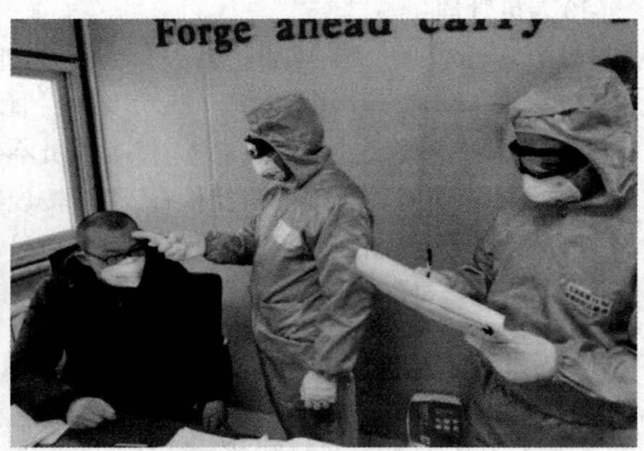

图5　车辆消毒流动测温

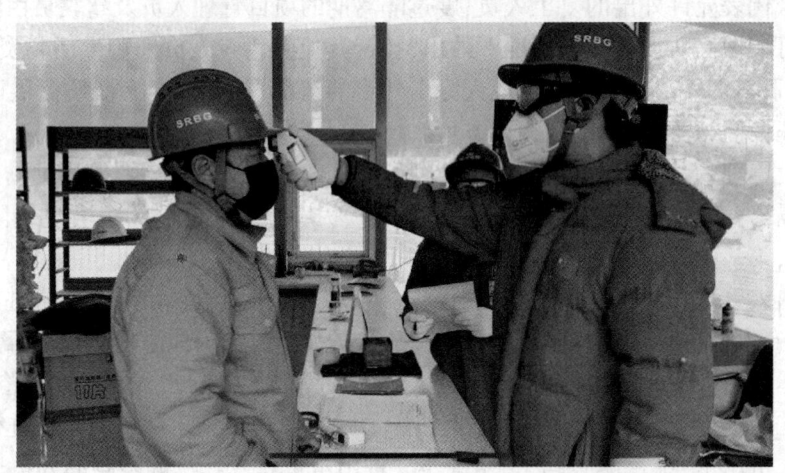

图6　洞口值班室定点测温

(3)食物来源及就餐管理

食品由专人配送,实行分餐制(图7),项目所有食品采购由施工单位统一安排,不允许私自外出采购。项目后勤管理对每天所需食品进行核算,采取一周购买一次的方式进行采购,确保食物和水源安全卫生。食堂备足所有人一周的干粮。挑选2名年龄30岁左右退役军人专门负责对外协调食品采购等工作,并让其单独居住在离施工驻地500米的集装箱房内,既能及时了解周边疫情,还能防止配送人员和其他人员直接接触。2020年6月,北京新发地批发市场发生疫情,食品可能携带有新冠病毒,为切断疫情传播途径,组织全体餐厅、厨房工作人员做核酸检测,防止因食品携带病毒导致疫情反弹,并要求各单位做好食品来源登记,以便遇到异常情况时准确进行控制。

为保证人员安全健康,所有人员实行分餐分时制,并鼓励员工打好饭菜回自己宿舍吃,避免聚集就餐,防止交叉感染。

(4)封闭式施工班组管理

疫情期间,对所有施工队各工序人员进行组合优化配置,组成九人一组的施工班组,无特殊原因不调换人员,避免交叉感染;所有人员在安心廊道接受一站式消毒杀菌、体温检测,沿着安心廊道分批分时段进入施工现场,廊道进、出口分离,通过项目监测系统同步换班时间,实现进场人员与离场人员的无缝衔接,即在下一组人员即将到达时,正在施工人员立即从出口廊道出去,虽同步但互不影响,在做好疫情防控、避免交叉感染的前提下,充分缩短工序衔接时间。

(5)创新宣传管理

为减少人员聚集性感染的风险,同时增强疫情防控的宣传力度,采用线下和网络媒介同步进行疫情防控宣传。一是利用各工区洞口和拌和站的LED显示屏24小时不间断地播放疫情防控措施(图8);

二是通过微信小程序线上开展疫情每日有奖问答,将疫情防控常识融入有趣的有奖知识问答中,提高职工的积极性,确保防疫知识宣贯到位;采用"钉钉"办公软件等召开安全生产、疫情防控视频会议,减少人员接触,提高员工安全意识。

图7 人员分餐制

图8 工区疫情防控宣传

(6)物资保障

①防疫物资保障。充足的口罩、消毒液等防疫物资是做好疫情防控的关键,在疫情暴发后,各地物资紧缺,筹建处多方出击,与集团公司、供应商、冬奥组委等联系,通过多种渠道筹措防护口罩、手套、温度计、防护服、消毒液等物资,保障一线职工在疫情严峻的形势下安心投入生产。

②施工材料保障。疫情期间,随着施工进度的不断推进,原材料逐渐消耗,需要及时补充。但由于疫情严重,各个地方、各高速公路路口都限制外来车辆和人员进入,运输材料的车辆和人员无法把施工原材料运输到工地。项目多次与当地政府和供应商联系,合理组织施工材料转运,采取一站式材料运输绿色通道,中途不停歇,到检查站外由项目专人对车辆实行全面消毒,并驾驶材料运输车辆进入施工现场,且该人员将一直居住在隔离室,避免与项目施工人员接触,防止交叉传染,其生活保障物资由项目后勤保障组提供。

(7)众志成城,共筑疫情防线

①心系职工,解决工人后顾之忧。为让工人对家人的安全无后顾之忧,项目部组织人员给加班人员家属邮寄了口罩、消毒液等防护用品和板蓝根、感冒灵等常用药品,春节慰问品在年前发放并签收登记完成,让工人无后顾之忧,成为项目部抗击疫情的主心骨。通过实际行动切实营造"项目就是家,同事

就是兄弟姐妹”的文化氛围,充分展现人文关怀。

②扶危济困,履行社会担当。带领项目党员突击队与青年突击队去往当地村民家里,为留守老人送去疫情防控紧缺物资,并为老人演示防护用品的正确穿戴方式。

(八)疫情防控常态化

至2020年7月,我国在疫情防控上取得了较大成果,但国际上新冠疫情仍在泛滥,为做好常态化疫情防控工作,筹建处于2020年7月下发《继续做好疫情防控常态化工作的通知》(图9),要求如下。

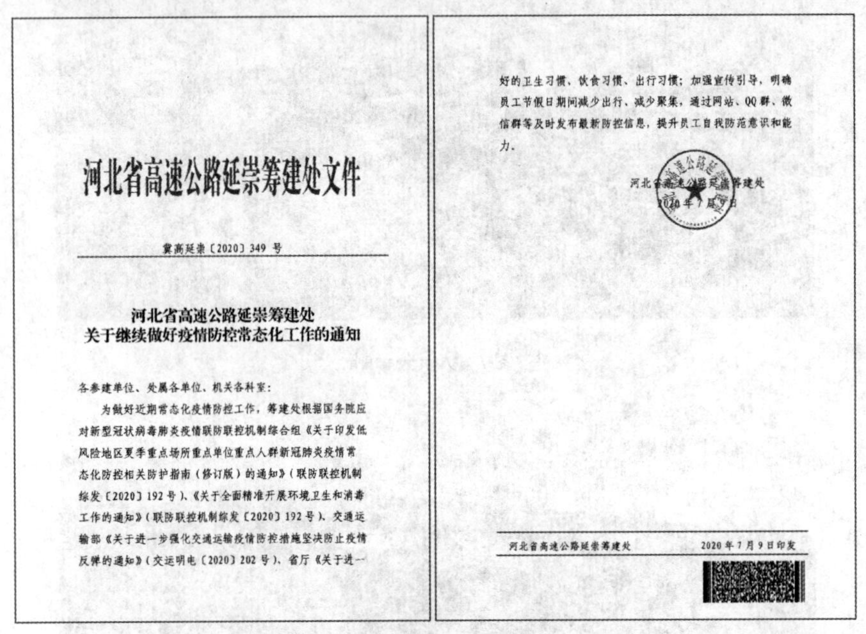

河北省高速公路延崇筹建处文件

冀高延崇〔2020〕349号

河北省高速公路延崇筹建处
关于继续做好疫情防控常态化工作的通知

各参建单位、处属各单位、机关各科室:

为做好近期常态化疫情防控工作,筹建处根据国务院应对新型冠状病毒肺炎疫情联防联控机制综合组《关于印发低风险地区夏季重点场所重点单位重点人群新冠肺炎疫情常态化防控相关防护指南(修订版)的通知》(联防联控机制综发〔2020〕192号)、《关于全面精准开展环境卫生和消毒工作的通知》(联防联控机制综发〔2020〕192号)、交通运输部《关于进一步强化交通运输疫情防控措施坚决防止疫情反弹的通知》(交运明电〔2020〕202号)、省厅《关于进一

好的卫生习惯、饮食习惯、出行习惯;加强宣传引导,明确员工节假日期间减少出行、减少聚集,通过网站、QQ群、微信群等及时发布最新防控信息,提升员工自我防范意识和能力。

河北省高速公路延崇筹建处
2020年7月9日

河北省高速公路延崇筹建处　2020年7月9日印发

图9　《继续做好疫情防控常态化工作的通知》

一是要进一步提高政治站位,坚决克服厌战情绪、侥幸心理、松紧心态,杜绝麻痹大意,要严防死守,坚决筑牢防线,阻断疫情传播渠道。

二是加强食堂防控和食品来源管理,落实生、熟食分开,严把食品采购关、制作关、储存关。

三是加强在建项目管控,要求各建设项目现场、场站、驻地继续实行封闭管理,对在场人员实行红、黄、绿分级管控,避免交叉作业、混编施工不同班组人员减少接触。

四是继续强化人员管理,坚持人员出入扫描健康码、测温措施;对于低风险外来人员坚持登记、扫码和体温检测,对于中高风险外来人员严禁进入施工现场。

五是做好重点场所防控,继续加强办公区、会议室、宿舍、食堂、卫生间等场所的室内通风、环境清洁消毒等日常管理;取消堂食,最大限度减少人员聚集;召开会议时,要控制参会人数,座位安排要保持1米以上间距,并在会前半小时对会议室进行消杀、通风。

六是全面加强人员车辆检查,严格做好门禁登记、测温、消毒等工作。坚持上班期间戴口罩、勤洗手、不聚集、保持社交距离等常态化防控措施。

七是加强工作环境卫生管理,全面加强施工区域、项目部办公区、宿舍区、食堂等地点的消杀、通风工作。要求食堂餐前餐后进行整体消毒,每天至少4次;宿舍每天至少消毒两次;办公室、会议室根据使用情况及时消毒,并做好记录。及时做好施工现场和生活区、办公区的垃圾储运、污水处理等工作,设置废弃口罩专用收集装置。确保卫生间等公共场所洗手设施运行正常,并配备速干手消毒液、洗手液、擦手纸等用品。加强垃圾桶等垃圾盛装容器的清洁,定期消毒处理。

八是继续做好物资储备,结合自身实际和防疫物资使用情况,提前准备,保障物资需求。

九是继续做好体温检测和一人一档,按照疫情防控要求,对所有人员进行每日两次体温检测并认真填写一人一档资料,对体温检测中出现发热、咳嗽等症状的人员做到“早发现、早隔离、早报告、早治疗”。

四、实施效果

(一)管理水平

复工复产疫情防控管理体系已在延崇高速公路河北段推广,该体系从思想意识、组织领导、教育培训、宣传报道、防控措施、应急处理等方面全面指导各参建单位做好疫情防控工作,使各参建单位在疫情防控工作中不再盲目,能够有条不紊地开展工作。

(二)经济效益

延崇高速公路是交通运输部和河北省重点项目、冬奥会主要交通通道,工期紧、任务重。通过复工复产疫情防控管理体系的实施,各参建单位顺利复工复产,为延崇高速公路的顺利通车争取了宝贵时间,项目的顺利复工对带动周边经济发展发挥了重要作用。

(三)社会效益分析

在建设工程中,通过复工复产疫情防控管理体系的实施,有效提升了各级人员的管理能力,特别是通过科学的防控,使延崇高速公路各参建单位能够平稳、顺利地复工复产,同时也为应对其他公共卫生事件厘清了思路。

基于全过程控制的高速公路品质工程管理体系

河北省高速公路延崇筹建处

成果主要创造人:于建游 马印怀

成果参与创造人:张志刚 张春海 刘志忠 陈彦欣 张国祥 韩秀杰
刘家俊 刘伟超 杨 艳 刘 幕

延(庆)崇(礼)高速公路为北京2022年冬奥会交通保障项目,项目概算总投资228亿元。2017年河北省高速集团成立延崇高速(河北段)筹建处,主管延崇高速公路(河北段)的建设、管理、养护工作,地处张家口市怀来县,人员200余人。

一、实施背景

为保障奥运通行安全畅通,加快京津冀一体化,服务后奥运经济发展,带动河北扶贫开发、支撑旅游业迅速崛起,完善出行服务和旅游服务功能,2016年5月10日,交通运输部将延崇高速公路建设作为冬奥会保障工作的重中之重,以实现1小时内转场为目标,要求创新理念、提升品质、加强监管,把冬奥会交通运输保障项目打造成品质示范工程。2016年12月,交通运输部下发《关于打造公路水路品质工程的指导意见》,拟在公路水运行业开展品质工程的打造及建设工作。2017年6月,河北交通运输厅下发《河北省交通运输厅关于公布第一批公路水运品质示范工程的通知》,将延崇高速公路列为河北省第一批公路水运品质示范工程。

延崇高速公路河北段(简称"延崇高速公路")位于张家口市东部,途经怀来县、赤城县和崇礼区三个区县,由主线、延伸工程和赤城支线三条路段组成,项目全部采用双向四车道高速公路建设标准,全长113.915公里,其中主线长约81.7公里、延伸工程长约17.077公里、赤城支线长约15.147公里。主线路基宽度采用26米,设计速度为100公里/小时;延伸工程路基宽度与主线相同,设计速度为80公里/小时;赤城支线路基宽度采用24.5米,设计速度为80公里/小时。主线工程于2017年6月底开工建设,2019年底建成通车。延伸线、支线工程于2019年7月开工建设,计划2021年6月底建成通车。

为实现延崇高速公路品质示范工程的建设目标,引领工程建设项目质量、安全、环保理念的发展,有效提升工程建设项目管理水平,提升工程耐久性、可持续性、安全性和节能环保,提出基于全过程控制的高速公路品质工程管理体系。

二、成果内涵

全面贯彻落实党的十九大精神,以习近平新时代中国特色社会主义思想为指导,牢固树立创新、协调、绿色、开放、共享的新发展理念,聚焦"四个交通"发展目标,按照交通运输部打造"品质工程"有关要求,以现代化工程管理为抓手,提升工程建设质量安全水平为目的,激励项目管理和实施过程中的创新实践,打造内在质量和外在品位有机统一的品质示范工程,引领国内品质高速公路建设理念新高度。

以建造"优质耐久、安全舒适、经济环保、社会认可"的"引领国内、国际一流"高速公路为目标,坚持"标准为先、预防为主、质量为本、信誉为重"的质量安全方针,努力在建设理念、管理举措、技术进步方面实现创新突破,在工程质量、安全、可持续发展方面取得新成效,实现“工程设计水平、工程管理水平、工程科技创新能力、工程质量水平、工程安全保障水平、绿色环保水平、打造品质工程的软实力”七方面全面提升,打造内在质量和外在品位有机统一的样板工程,形成一批可复制推广的经验,实现延崇高速公路缺陷期零缺陷,一次性交工验收合格率达到100%,竣工验收工程质量关键项目合格率不低于98%(机电工程为100%)。

三、主要做法

(一)建立品质工程创建组织体系,落实目标责任

1. 成立品质工程领导机构

为将延崇高速公路打造成省部级品质工程示范项目,筹建处高度重视,及时召开创建品质工程动员大会,全线全面开展创建品质工程活动。成立了由处长挂帅,副处长、总监等督导的品质工程创建领导小组、指导小组、职能小组,并专设部门(督导办)具体负责。参建单位按照筹建处部署,勘察设计单位由筹建处总工办督导,主管院长牵头,研发中心负责,业务科室参加,组成设计创建团队。施工现场以驻地办监理辖区划分创建团队,由项目工程师、总监办专监督导,驻地监理工程师牵头,项目经理参加,组成工作小组。各施工单位由驻地监理督导,项目经理牵头、总工负责、各部门参加,组成创建团队。各层级形成组织有力、目标明确、责任到人的创建团队,负责品质工程建设督导、设计、实施、示范、复制、推广等具体工作。

2. 聘请专业技术咨询团队

筹建处聘请石家庄铁道大学为品质工程专业咨询单位。在路基、路面、隧道、基础设施集群监测、景观美学设计等多项工作中聘请相关专家咨询团队,开展专业咨询。河北省交通规划设计院派设计代表进驻筹建处,随时进行设计方面的咨询及变更工作。

3. 制定总体与具体目标

本项目品质工程项目强调“执行有标准,操作有程序,过程有控制,结果有考核”,推行“以过程品质保结果品质”的实施方法,紧紧围绕建设后的品质目标,在施工中提前规划、做好预防、加强控制、采取强有力的保障措施消除质量问题及质量通病,确保品质目标的实现。

(1)质量目标

勘察设计目标:实施系统设计、安全设计、生态设计、美学设计、人性化设计,实现设计过程零失误,使用功能零变更。

临建工程目标:实现因地制宜、安全舒适、功能满足、节能环保、布局合理、经济美观、集中管理,形成可复制推广的标准。

路基工程目标:

①路基土石方:路床顶面沉降比率(沉降量与填筑高度之比)小于3‰;台背回填抽检合格率100%,实现桥头零跳车;填方路段路床弯沉代表值不大于120(0.01毫米),挖石方路段路床弯沉代表值不大于60(0.01毫米);边坡零坍塌,路基零失稳。②防护及排水工程:防护及防排水工程抽检合格率不低于98%,各类排水设施满足功能要求,结构安全可靠,所用材料强度不低于规范和设计要求;支挡结构抽检合格率不低于98%。③涵洞工程:涵台制作抽检合格率100%;涵洞浇筑、涵洞锥坡合格率100%,涵洞总体抽检合格率100%。

路面工程目标:基层、底基层无机结合料稳定试件7天无侧限抗压强度抽检合格率100%,路面压实度抽检合格率100%;路面各结构层厚度抽检合格率100%,面层厚度单点合格率不低于98%;路面平整度标准差不大于0.6,抽检合格率不低于98%;路面横向力摩擦因数合格率不低于95%;路面面层渗水系数不大于200毫升/分,抽检合格率不低于98%;沥青面层低温开裂指数不大于3;边沟盖板预

制、安装合格率不低于98%;路缘石铺设合格率不低于98%;路肩抽检合格率不低于98%;实现通车营运2年内路面无坑槽,10年内路面无小修。

桥梁工程目标:桩基一类桩的比例不低于99%;桥梁钢筋保护层厚度抽检合格率不低于95%;主要构件混凝土强度标准差不大于1.5兆帕;桩、承台、墩、台身、台帽、盖梁合格率100%;预应力注浆饱满度不低于96%;预制和现浇梁板合格率100%;梁板安装抽检合格率100%;装配式预应力桥梁结构无裂缝,现浇钢筋混凝土桥梁结构不产生结构性裂缝;护栏抽检合格率100%;通车运营5年内,桥梁伸缩缝损坏率低于2%。涉及结构安全和使用功能的构件合格率100%。钢筋混凝土桥梁主体结构40年免维护。钢梁制作、涂装、安装抽检合格率不低于98%,钢材构件焊缝合格率100%。

隧道工程目标:隧道仰拱厚度、强度合格率100%,初支钢拱架间距合格率不低于98%,喷射混凝土厚度、强度合格率100%;二次衬砌厚度单点抽检合格率不低于98%,钢筋保护层合格率不低于80%,无重大初期支护、二次衬砌脱空缺陷;防水层、止水带、排水结构等防排水合格率100%,无渗漏水现象。

交安工程目标:交通标志、路面标线、道路护栏、轮廓标、防眩设施、隔离栅和防落网等交安设施一次性交工验收合格率100%。

房建工程目标:一般工程抽检合格率不低于95%;主体工程合格率100%。

(2)安全目标

杜绝发生质量事故或较大及以上安全生产责任事故,安全生产责任死亡事故为"零",施工标段开展安全生产标准化达标100%,现场安全生产符合行业标准要求,平安工地考核评价得分均值大于90分,创建"平安工地"示范工程。

(3)节能环保目标

落实绿色公路建设理念,节约高效、融合自然、保护与修复并重,杜绝环境事故发生。

落实"零弃方,少借方",弃渣利用率100%;声屏障合格率100%;养护管理区和服务区绿化面积比30%,绿地内植被覆盖率85%;取、弃土场零裸露;沿线可绿化路段绿化率100%,植被恢复率100%,绿化数量、株径、冠幅、株距验收合格率100%;通车2年后,成活植株保有率不低于95%。

(二)建立品质工程创建监管体系,细化评价标准

1.制定管理办法及评价细则

为全面落实品质工程创建工作,筹建处制定了《创建品质示范工程实施方案》《创建品质示范工程管理办法》《创建品质工程竞赛活动方案》《创建品质示范工程考核办法》,细化编制了《创建品质工程评分标准》。

设计单位编制《创建品质工程示范项目设计策划书》,总监办编制《创建品质工程示范项目实施细则》,驻地办编制《创建品质工程示范项目监理细则》,施工单位编制《创建品质工程示范项目实施指导书》。

各参建单位积极推行QHSE、HSE管理体系,成立相应组织机构,合理设置岗位,并将具体责任落实到个人。各施工单位建立劳务分包制度,成立相应劳务分包管理领导小组,制定劳务分包合同管理办法,建立健全信用评价管理体系,定期开展对分包队伍关键人员及劳务作业人员的考核。

各施工单位实行三检制,执行工序自检、互检、专检,建立三检实施台账。完善施工班组管理制度,加强班组能力建设,推行班组人员实名制管理,建立人员信息登记台账,实名制达到100%。推行班组首次作业合格确认制和清退制度,班组作业标准化。实行班前教育和工作总结制度。每个班组施工之前,都会由班组长对施工人员进行班前教育,宣贯质量、安全注意事项,保证施工质量安全。在施工前进行技术交底,项目技术负责人向技术人员交底,技术人员向班组交底,班组长向工人交底。

2.全面加强质量及安全管控

全面提升工程质量,健全工程质量责任体系,建立质量行为可追溯、质量终身制;树立质量风险意

识,推行首件工程制,加强过程控制、明确关键指标和控制措施,推进自我纠错机制。筹建处出台了《工程质量管理办法》《工程质量责任制实施办法》《关于填报关键隐蔽工程质量责任卡和影像资料留存要求的通知》《首件工程认可制实施细则》《工程质量关键点控制管理办法》《质量通病管理办法》《关于采取有效措施加强原材料管理的通知》等,加强工程质量管理,规范质量行为,提升工程质量水平。

提升安全保障,落实"一岗双责"制度,筹建处与参建单位负责人签订了《河北省高速公路延崇筹建处年度安全生产目标管理责任书》《延崇高速河北段年度平安建设(综治工作)责任状》等安全责任状,强化了安全管理,制定了《安全生产风险管理实施办法》。

施工单位建立原材料质量管理制度、供应商管理办法及清退机制,加强供应商的管理。实施成品及半成品验收标识,建立责任追究制。

实施第三方试验检测管理。对于经第三方试验检测不满足本规范要求的材料、构件、成品(或半成品)、工程实体的质量或技术指标,承包人无条件进行返工处置。

3. 出台考核措施及奖惩办法

(1)考核措施

筹建处对所有参建单位进行创建品质工程考核。考核方式分为:过程考核、阶段考核、专项考评。

(2)奖惩办法

结合品质工程过程考核、阶段考核、专项考评成绩,对评定为"优"的示范工程、典范工程及在创建品质工程活动中表现突出的单位和个人给予嘉奖。

对于未按照筹建处下发文件要求开展创建品质工程工作的,追究有关负责人责任。

过考核不达标的单位,进行全线通报批评,约谈相关负责人。

(三)推行品质工程创建试点工作,紧抓首件工程

以 ZD1 及 ZT1 ~ 3 为试点,开展品质工程试点推进会,进行创建品质工程试点工作。筹建处督导 ZD1 所辖标段内监理单位、施工单位编制完成监理细则、实施指导书。

通过品质工程试点交流、评审,进行阶段性总结,完善创建品质工程相关制度。在试点工作经验基础上,以首件工程为抓手,在全线创建示范工程。

筹建处下发《首件工程认可制实施细则》,要求所有主要工程项目的分项工程均实行首件工程认可制,并规定了相关具体实施内容。通过首件工程的全过程精心策划,按照分项工程划分,全线参建单位分类开展品质示范工程的打造。

(四)强化品质工程创建过程控制,实现品质提升

1. 勘察设计

系统设计:系统地将品质提升设计、全寿命周期设计、安全设计、生态环保、工程美学、人性化设计等融入每项工程的设计方案当中。探索使用 BIM 技术进行辅助设计,充分发挥 BIM 技术的优势。

动态设计:制定动态设计方案,根据施工现场实际情况及时动态调整完善优化设计方案。通过动态设计确保路基填筑质量和运营期的安全稳定;确保桩基或桥台位置、尺寸合理;保证隧道施工安全、围岩稳定、施工质量和支护结构的经济性。

专项设计:U、V 形沟专项设计,充分利用地势,一沟一设计;边坡防护专项设计,突出其带给人们的视觉欣赏性,一坡一设计;充分体现地域文化、人文自然、奥运主题,强化特色景观设计。

生态设计:保护自然生态,减少隧道洞口植被破坏;优化生态防护设计,填方边坡采用草灌进行生态防护,挖方边坡采用工程防护和植被防护相结合的方法。

安全设计:充分考虑冬奥会专线、高寒除冰除雪、特长特殊隧道和长大纵坡的要求,全面提升交通安全设施等级设计。

节能环保设计:在沿线收费站、服务区等区域广泛采用智慧公厕、智慧停车、海绵广场、光伏发电、被动房设计等先进技术。

2. 场站建设

(1)驻地建设标准化

延崇高速公路推行水泥混凝土拌和站、钢筋加工场、预制场、驻地及试验室等临时设施"多集中"建设,充分节约临时用地资源。图1即为驻地及场站集中建设的典型案例。

图1 中铁大桥局GQ1标驻地及场站集中建设

(2)拌和站建设标准化

全线拌和站(图2)建设标准严格按照标准化要求布置和建设,采用封闭式管理,设置视频监控系统,重点监控站内外生产安全,拌和用料情况。

图2 拌和站建设

(3)钢筋加工场建设标准化

钢筋加工场(图3)及料仓均采用钢架棚进行全封闭,棚内地面进行混凝土硬化处理。钢筋及钢构均采用钢筋棚内集中加工,降低了材料损耗。

图3 钢筋加工场

(4)预制场建设标准化

预制场按照标准化要求建设,每个制梁区均设钢筋加工区、制梁区、存梁区,采用独立的智能蒸养、自动喷淋养生(图4)、水循环系统,预制场蒸养、喷淋管道采用预埋式。

图4 梁场自动喷淋养生系统

3. 路基工程

通过大力推进品质工程建设,延崇高速公路路基交验实现了"填方路段路床弯沉代表值为90.5(0.01毫米),挖方路段路床弯沉代表值为40.7(0.01毫米)"的目标。

(1)针对质量问题,进行专项治理

台背回填碎石土在分层碾压的基础上增加液压夯强力夯实,要求一米一夯,采用小型压路机对墙背边角压实,具体如图5所示。

图5 台背使用液压夯补强、小型压路机压实死角

针对K47 +600 ~ K49 +600段落存在大量U、V形冲沟,冲沟迎水侧做好防排水,保证路基基地稳固。ZT5标结合现场实际地形,在U、V形沟内涵洞洞口上游冲沟增加铺砌防护(图6),采取浆砌片石砌筑,浆砌片石下设置20厘米砂砾垫层,砂砾垫层底设置两布一膜防水土工布。

图6 U、V形冲沟铺砌防护

路肩土滑模摊铺应用:使用路肩土滑模摊铺技术(图7),解决人工摊铺速度慢、成形效果差的问题,路肩土施工速度提升150%,厚度合格率100%,压实度合格率100%。

图7　滑模摊铺机进行摊铺作业

(2)采用新型技术,强化过程管理

路基防护工程B型护脚混凝土施工中采用10米定型钢模板,其安装速度快、结构整体性好,有效避免胀模和跑模现象发生,解决了平整度差的质量通病。

涵洞工程施工中,采用涵身台帽一体的定型钢模,很好地消除了利用小钢模施工中上、下道工序产生的冷接缝。

4.桥梁工程

(1)钢结构桥梁

积极推进钢结构桥梁的应用,主线工程采用钢结构桥梁长度共计8975米,主线钢结构桥梁占比约为52%,总用钢量约9.2万吨。其构件制造工厂化,拼装检测智能化,钢梁工厂制造选择成套的钢梁加工设备。

(2)钢筋混凝土桥梁

全面推行作业班组网格化管理,严格控制工程质量,着力推行"工点工厂化"理念。应用"泥浆护壁液",有效解决了桩基础施工泥浆护壁的难题。破除桩头施工采用"七步法"。盖梁钢筋骨架、预制梁钢筋骨架实行胎架绑扎、整体吊装。梁板采用智能张拉、智能压浆系统,排除人为因素干扰。桥面铺装使用智能混凝土摊铺机(图8)。蒸养保温棚采用伸缩式(图9),替代普通的分节段吊装式。

图8　智能混凝土摊铺机

图9 蒸养保温棚采用伸缩式

5. 隧道工程

(1)采用新型设备技术,推进隧道施工标准化

隧道使用竹片固定炸药及红线辅助爆破技术、周边眼聚能爆破技术、水压红线爆破技术(图10),极大地缩短了工序时间,确保安全快速经济施工。

图10 采用水压红线爆破技术

初期支护施工过程中,采用湿喷工艺(图11),混凝土可达到设计要求强度,并且回弹量小,减少污染。

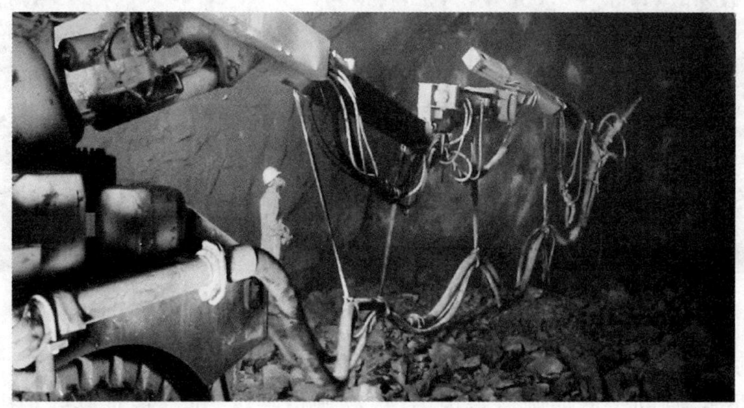

图11 湿喷机施工中

二衬混凝土采用螺旋输送分层逐窗入模浇筑技术(图12),以保证二衬混凝土逐窗布料,减小现场工人拆卸泵管的工作难度,提高工作效率。

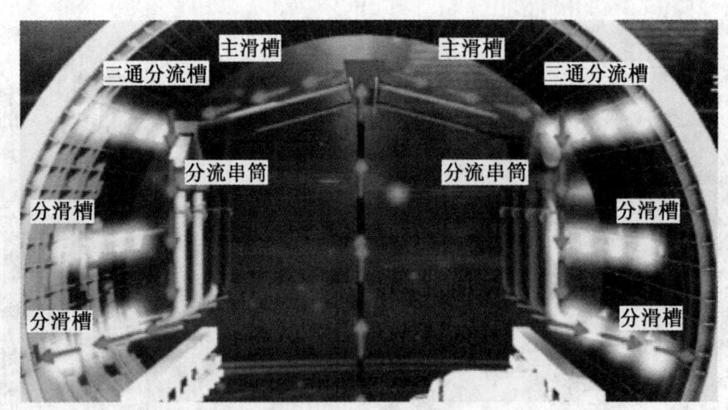

图12　螺旋输送分层逐窗入模浇筑示意图

使用智能防护开挖台车、三臂凿岩台车(图13)、移动式仰拱栈桥(图14)、自行式液压衬砌台车、防水板自动铺挂台车、自行式二衬模板台车、全自动智能喷淋蒸汽养护台车、自行式电缆槽模板台车等机械化设备,降低了工人的劳动强度,缩短了施工循环时间,提高了工作效率,节约了施工成本。

图13　三臂凿岩台车施工中

图14　移动式仰拱栈桥

(2)增设隧道景观照明,保障通行安全

增设洞口景观照明,有助于增加洞口表现力,提高洞口亮度,丰富视觉感受(图15)。贴合奥运主题,增加洞内景观(图16),有助于缓解视觉疲劳,保障行车安全。

全面使用LED节能灯具。其中特长隧道照明采用变色温、单灯可调的LED隧道专用灯具;中、短隧道照明采用定色温、单灯可调的LED隧道专用灯具。

图 15　洞口照明

图 16　洞内照明

(3)采用保温技术,防止冻胀破坏

为了保证在冬季施工的隧道二衬混凝土不被冻坏,在隧道温度无法保证段落进行二衬浇筑时,二衬台车表面安装电伴热带(图 17),使模板温度均匀加热,并可以根据气温情况调节伴热带温度,确保了在冬季低温环境下施工的二衬不被冻坏。

图 17　二衬台车模板使用电伴热带

在洞内利用空气能加热水供应暖气,空气能热水器主要向空气要热能,具有太阳能热水器节能、环保、安全的优点,又解决了太阳能热水器依靠阳光采热和安装不便的问题。

(4)运用网络技术,实现数字管理

综合开发利用智能化的视频监控、GPS 跟踪系统和关键数据实时传输质量监控系统进行钢筋、水泥等大宗原材料质量控制,对拌和站配比和强度压力数据进行智能跟踪监控,及时纠偏。

利用 OA 电子办公、项目管理自动化系统实现办公网络化,提高办公效率,提升工程建设软实力。

创新安全管理思路,在施工中应用"安全操作规程二维码",将安全管理知识以二维码的形式向参建人员展示(图 18),方便掌握从业人员安全注意事项和机械设备安全操作规程的相关知识。

图 18　施工人员扫描"安全操作规程二维码"

依托技术质量支撑平台(图19),现场技术人员在发现安全质量问题后用手机将现场情况记录下来,在手机端进行操作,并关联到各工点负责人,使得问题能够在较短的时间里更加有效地被解决。

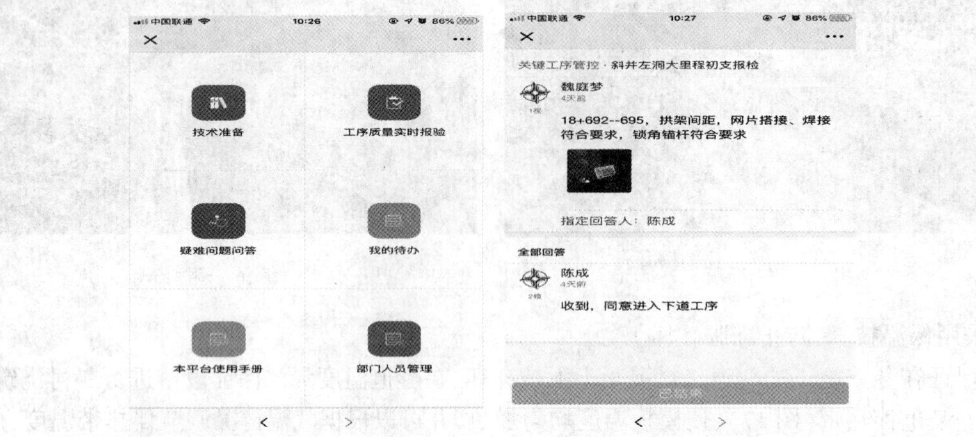

图19　技术质量支撑平台

(5)多重保障措施,杜绝工程事故

为确保冬季施工运输通畅,防止雪天道路积雪影响混凝土运输,在棋盘梁特长隧道出口的施工便道上方搭建封闭廊道(图20),保证雨雪天气便道畅通,为混凝土浇筑、材料运输和交通安全提供强有力保证。

图20　施工便道搭建封闭廊道

金家庄螺旋隧道应用拱顶沉降、收敛系统(图21),该系统的中央控制模块对安装在隧道结构上的传感器和测距仪下达实时监测指令(图22、图23),对监测数据进行实时分析评估,从中提取结构形变信息,以便能实时预测各类可能发生的灾难性事件。

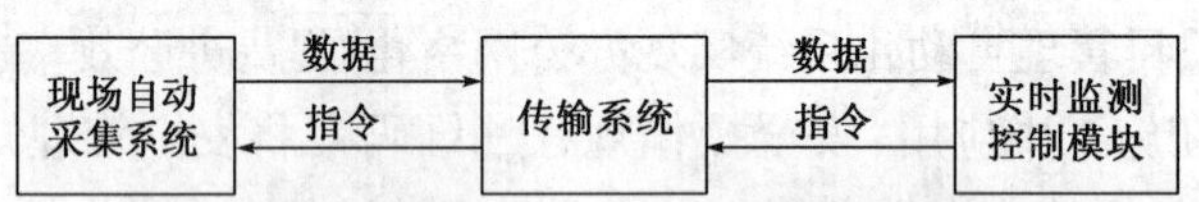

图21　拱顶沉降、收敛系统运行结构图

图22　沉降监测

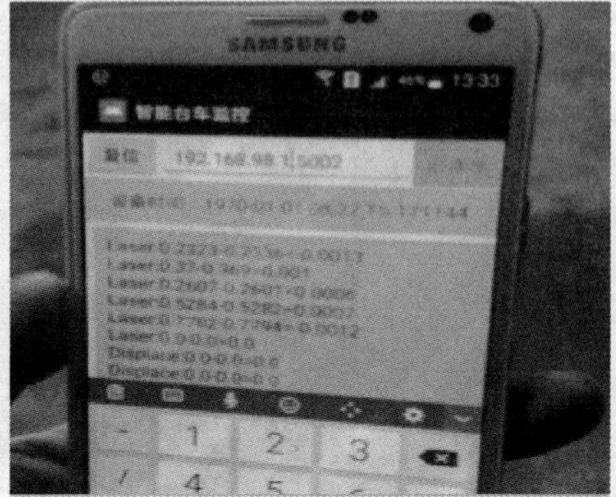

图23　手机实时监控

使用无记名人脸识别系统(图24)方便进出人员的登记,人脸识别技术配合门禁系统,能准确地把握隧道作业人员进出情况。通过工人的面部肌肉状态、血压、心跳等生理指标对工人的情绪状态进行打分,判断是否适合施工。

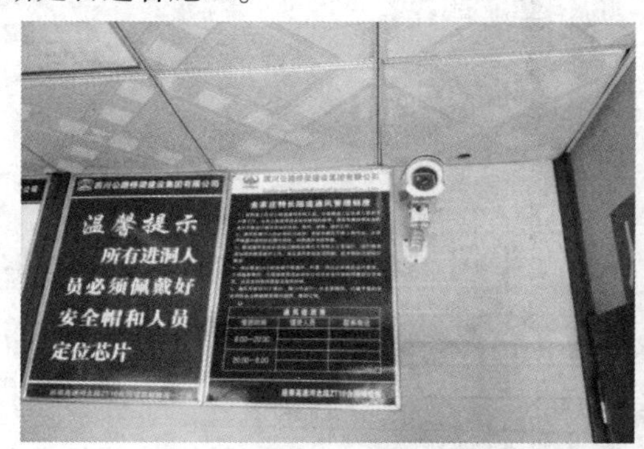

图24 无记名人脸识别系统

6. 路面工程

利用质谱仪检测基质沥青的分子量,将供应样品的分子量与标准样品进行比较以评价沥青的真实性,保证了沥青原材料及改性沥青的质量(图25)。

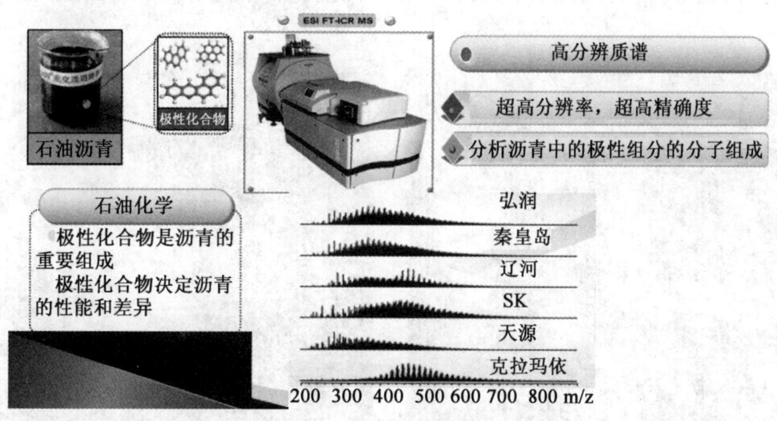

图25 沥青指纹识别

利用红外光谱检测SBS改性剂含量,控制SBS改性沥青的质量。SBS含量测试技术如图26所示。

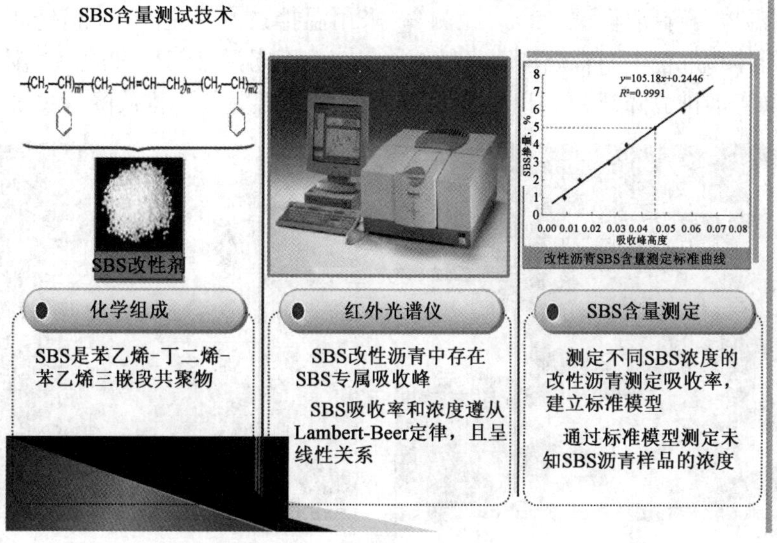

图26 SBS含量测试技术

采用沥青混合料生产过程动态质量监控系统(图 27),实时监控混合料生产过程的动态级配、油石比及粉胶比,依据施工规范合理设定动态预警范围,对超差进行分级预警。

图 27　动态质量监控系统

对摊铺、碾压作业速度、温度、遍数和摊铺公里数等进行实时监测(图 28),及时反馈、便于调整控制质量。

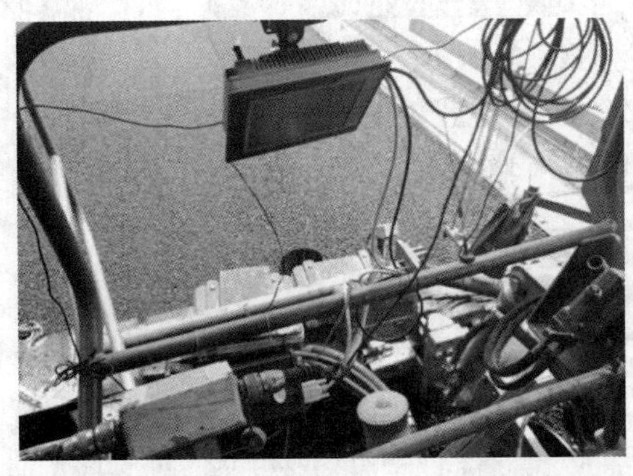

图 28　摊铺碾压过程动态质量

特长隧道采用温拌沥青路面(图 29)。经测算,采用温拌技术后生产 1 吨混合料可降低能源消耗 20% ~30%,混合料拌和过程中沥青烟排放降低 50% 以上,不同污染气体和温室气体排放降低 20% ~67%,摊铺过程中沥青烟排放降低 85% 以上,不同污染气体和温室气体排放降低 30% ~60%。

图 29　温拌沥青铺设

金家庄螺旋隧道采用尾气吸收分解路面(图30),保护生态环境,减轻尾气危害。

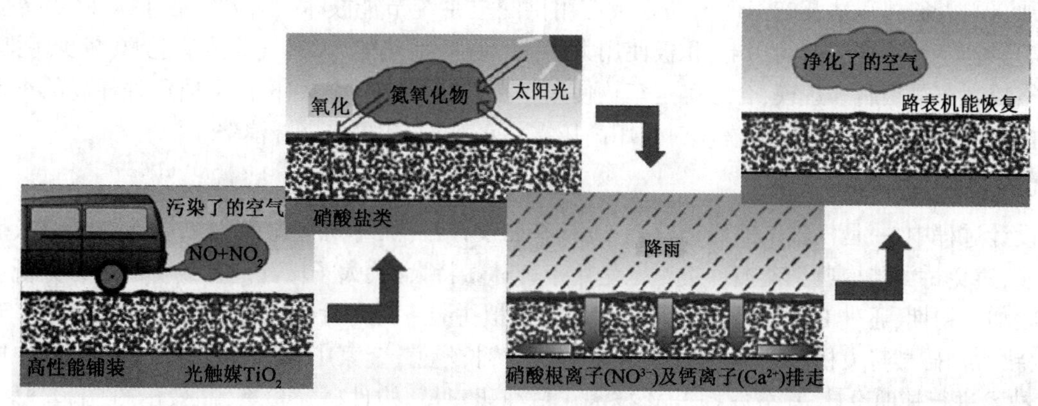

图30 尾气吸收分解路面

金家庄特长隧道出口至ZT10标终点路段采用抑凝冰沥青路面(图31),在普通沥青混合料中加入具有融雪抗凝冰作用的复合材料,保证沥青混合料满足正常路用性能要求的条件下,赋予其自融雪、抗凝冰的功能。

7. 生态防护措施

(1)泥浆、扬尘等处理措施

钻孔桩产生的泥浆,首先在现场设置二级循环泥浆池(沉淀池、储浆池),并及时进行沉渣的清运至泥浆处理场,运输车辆为全封闭罐车。施工掉落的砂浆、混凝土等用以填平便道坑洼。

对隧道现场设立雾炮机,以减少隧道内粉尘。对裸露地面用细目网进行覆盖;施工现场运输车辆料仓全部进行苫盖;各施工单位配置洒水车,定时对施工现场及便道进行洒水,防止粉尘飞扬。

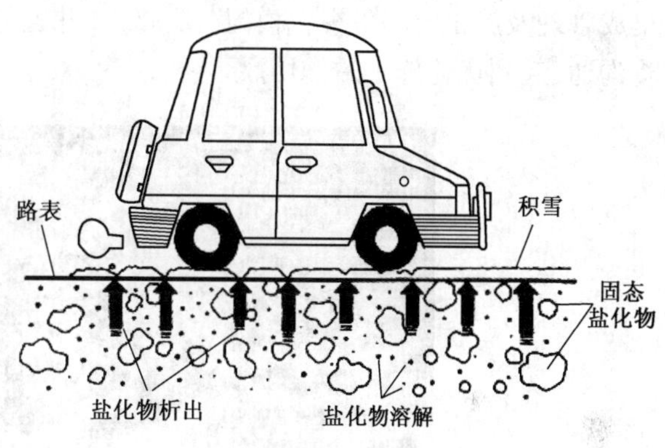

图31 抑凝冰沥青路面

(2)资源集约节约利用

临时设施集中建设。推行驻地、试验室、拌和站、钢筋加工场、预制场等临时设施“多集中”建设,充分节约临时用地资源。其中ZT10标和GQ1标将拌和站、钢筋加工场、预制场、驻地及试验室等临时设施集中建设,建筑面积有效利用率达到95%。

永临结合。加强与地方政府和群众对接,部分设施实现永临结合,如3标、5至9标、12标驻地及部分临建设施与公用和民用相结合,ZT1至ZT4标、ZT10至ZT12标隧道施工用电线路、变压器等与将来运营期隧道永久通风照明用电共同使用,ZT2至ZT12标部分施工便道与地方道路共用等,大量减少重复建设和临时用地占用,服务地方经济。

弃渣再生利用。延崇高速公路隧道全长27374m/8座,出渣约780万立方米,截至2020年,出渣量约为390万立方米,已有约280万立方米用于路基填筑、观景平台、临建设施、地方公路及乡村道路、砌体防护和碎石加工(再生利用)等项目,剩余存放于山沟荒地,进行规划造地,变废为宝,造福于民。力争利用率达到100%,消除弃渣堆积带来的安全隐患。

尾矿料利用。考虑沿线尾矿储量丰富的特点,在ZT4至ZT10标段的借方填筑路段大量采用尾矿料填筑,至2020年,尾矿料填筑总方量约为480万立方米,节省借土场占地700多亩。

腐殖土利用。对原有植被及腐殖土进行集中收集堆放及利用。主线原则上每2公里堆放一处,互通区内腐殖土集中堆放于互通圈内,现已完成清表土存放量约41万立方米,计划使用弃渣复耕、绿化覆植土,实现清表土100%再次利用。

(3)节能减排措施

驻地、预制场、拌和站及施工现场等区域应用供配电系统节能技术、LED节能灯具、照明智能控制系统、风光式太阳能路灯,节约用电;积极使用太阳能、风能、地热能、天然气等清洁能源,减少污染。

严格控制车辆编制和规模,合理确定车辆使用年限,及时报废、淘汰环保不达标、油耗高的车辆。车辆尾气排放达到国家环保标准。洗车时使用高压雾化水龙头,减少水资源浪费。

8. BIM技术应用

在设计过程中,一是模拟钢筋碰撞检查,复核平面设计纰漏,尽可能避免施工设计变更。二是构件干涉校核,避免桥梁结构典型碰撞冲突。三是用于杏林堡特大桥、太子城互通主线桥的受力分析、验算。四是钢梁加工初期,通过BIM技术将每片钢梁进行模拟拼装。对每片钢梁制作单独的下料图。五是在杏林堡特大桥、砖楼特大桥、太子城互通主线桥、松山特长隧道、金家庄螺旋隧道等控制性工程中探索使用BIM技术进行辅助设计,充分发挥BIM技术在精细化建模、构件碰撞检查、高效出图、施工模拟与控制等方面的优势。六是通过BIM平台多维度视角的判断,对交安、机电、房建的设计方案进行比选,对材质、颜色、位置等进行优化。

在施工过程中,模拟施工流程,合理定制施工组织设计方案。实现精细、有序施工管理。将构筑物3D模型与现场施工进度、施工质检资料进行链接,实现施工进度、人力、材料、成本、质量、安全等的动态集成管理及施工过程可视化模拟(图32)。并且通过模拟,将施工中存在的问题及可优化的部分与设计院沟通,起到优化施工的作用。

图32 BIM建模

三维可视化技术交底(图33)。应用前期搭建的BIM模型,借助3Dmax、AE等软件,按照施工工法制作施工动画,再把动画上传到微信公众号上,以供技术交底时查看。

(五)开展高速公路品质提升活动,全员参与创建

1. 组织宣传

筹建处组织创建品质工程推进会、座谈会、试点阶段总结会等,使各单位能够互相学习,共同进步,推进品质工程创建进程。

筹建处组织各单位进行现场观摩,听取技术人员现场讲解。各单位互相交流,学习先进工艺、技术、装备、产品,提升工程质量及安全水平。

2. 党建文化

各参建单位坚持"两学一做"学习常态化,开展"三会一课",党支部坚持定期组织党员学习上级传达的相关文件精神。通过坚持学习,增强党员学习的自觉性,提高党员的理论知识水平,及时了解党的方针政策,为品质工程创建打下良好的思想基础。加强与群众的密切联系,在品质工程创建活动中,结合支部的实际情况,组织群众开展组织生活。

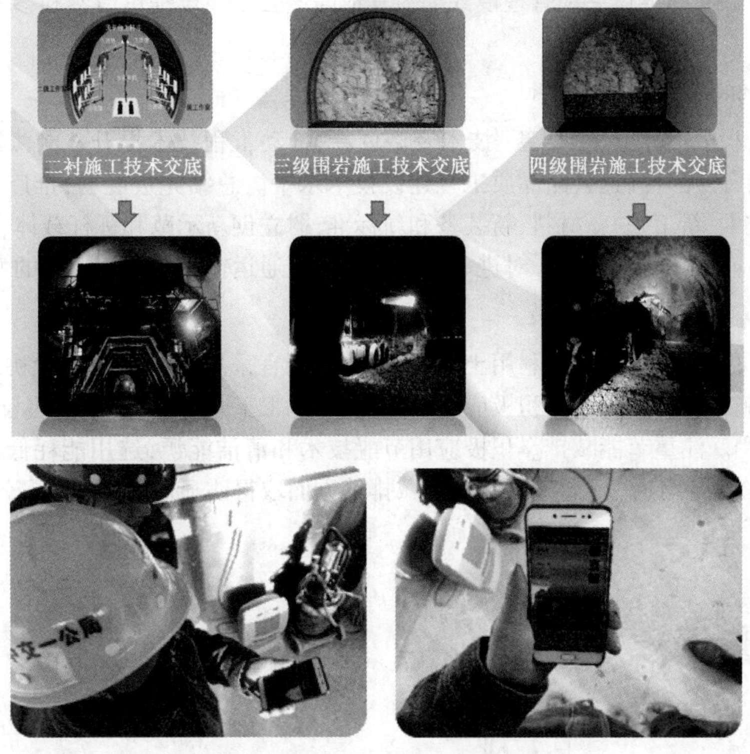

图33 三维可视化技术交底

3. 开展“平安工地”建设

开展“平安工地”建设活动。定期组织参建单位开展“平安工地”考核评价，通过平安工地建设工作，使参建单位安全生产管理水平有效提高。

4. 安全培训

通过消防培训、消防演练使得职工对消防有更深的理解与认识。

开展隧道塌方应急演练、防洪汛期应急演练，模拟高空逃生，提升现场应急处置能力，完善应急处理措施。

利用“安全讲评台”“安全体验馆”对一线施工人员开展安全教育，传达要求、提示安全注意事项，做到警钟长鸣。

5. 提升工人素质

在工地设立农民工夜校，丰富进城务工人员生活，加强思想教育。

举办劳动竞赛、知识竞赛、技能比武等活动，提高一线工人素质。

举行“最美班组、最美工匠”评比，形成持续有效的尊重劳动、提升技能的机制。

特殊工种持证上岗，严格执行“上岗必考、合格方用”制度。

四、实施效果

（一）创新管理体制，提升质量安全

延崇高速公路深化工程建设管理模式改革，突出责任落实和诚信塑造，深化人本化、专业化、标准化、信息化和精细化。着力提高施工单位专业化施工能力，鼓励应用 QHSE 管理体系。质量管理以保障工程耐久性为基础，促使工程实体质量、外观质量和服务质量均衡发展；安全管理以追求工程本质安全和风险可控为目标，促进工程结构安全、施工安全和使用安全协调发展。

对品质工程创建工作进行全面总结，注重管理理念的总结和提升，形成可复制可推广的经验，探索

形成品质工程长效机制、标准体系和管理模式。为其他高速公路建设提供借鉴和参考,起到较好的示范引领作用。

(二)深化科技创新,推动技术提升

深化科技创新,积极推广应用“四新”技术及微创新,推动工程技术提升。淘汰制约质量安全水平提升的落后工艺、装备,提升高速公路品质工程建设技术水平。总结先进经验,推广先进技术理论和方法,探索与完善新技术、新工艺、新材料、新装备和新标准,树立创新示范和标杆载体,发挥优秀创新成果在交通行业的推广、应用和辐射作用。对进一步推动我国交通运输基础设施建设的发展具有重要意义。

(三)坚持绿色环保,实现持续发展

工程建设坚持可持续发展。节约利用土地资源,因地制宜采取有效措施减少耕地占用。高效利用临时工程及临时设施,注重就地取材,积极应用节水、节材施工工艺,实现资源节约与高效利用。推进废旧材料再生循环利用。注重节能减排。积极应用节能技术和清洁能源,选用能耗低、工效高、工艺先进的施工机械设备。在生态环保、资源节约和节能减排等方面取得明显成效,取得了较大的经济效益和社会效益。

基于5G技术的集装箱智慧码头创新应用项目

唐山港集团股份有限公司

成果主要创造人:宣国宝　张小强

成果参与创造人:张小锐　孙景刚　杨立光　于传合　荆彦明　杨江华

王会娟　侯志方　魏晓华　梁　成

唐山港集团股份有限公司(简称"唐山港集团")是主导唐山港京唐港区建设发展的国有大型上市港口企业。京唐港区于1989年8月开工建设,1992年7月国内通航,1993年7月国际通航,是唐山市最早开发建设的国家一类对外开放口岸,是国家《水运"十三五"发展规划》重要港口,集绿色港口、智慧港口、多式联运港口三个交通运输部示范工程于一身。

京唐港区规划面积90平方公里,建设六个港池、五大功能区(集装箱作业区、液体散货作业区、干散货作业区、杂货作业区、综合物流区),已建成1.5万~25万吨级泊位44座,航道等级20万吨级。运输货种包括煤炭、矿石、钢铁、集装箱、水泥、粮食、机械设备、汽车、木材、液化品等10多大类、100多个品种,是环渤海地区重要的综合交通枢纽和现代物流基地。

2009年,京唐港区成为全国最年轻的亿吨大港。唐山港集团2010年7月在上海主板上市,开河北港口上市之先河。截至2019年末,前五名股东持股情况如表1所示。

唐山港集团前五名股东持股情况　　表1

序　号	股东名称	持股比例
1	唐山港口实业集团有限公司	44.88%
2	河北建投交通投资有限责任公司	8.11%
3	北京京泰投资管理中心	3.91%
4	中晟(深圳)金融服务集团有限公司	2.62%
5	中央汇金资产管理有限责任公司	1.58%

2019年,全港完成吞吐量30117万吨,保持稳定增长,集装箱运量完成230.4万TEU,位居河北三港四区第一位,已跻身全国集装箱20强、世界百强。2018年实现营业收入33.41亿元,净利润16.46亿元;2019年实现营业收入35.70亿元,同比增长6.85%,净利润17.28亿元,同比增长4.98%,净利润在全国19家A股上市港口企业中排名第5位。

一、项目实施背景

(一)5G代表着移动技术的演进和革命

5G技术,是一个广带化、泛在化、智能化、融合化、绿色节能的大通信网络,相比4G具有高速率、短时延、大连接等技术特性。5G在大幅提升移动互联网业务能力的基础上,进一步拓展到物联网领域,服务对象从人与人通信拓展到人与物、物与物之间高速、安全、自由通信,将开启万物互联的新时代。5G重点支持增强移动宽带、超高可靠低时延通信和海量机器类通信三大类应用场景,将满足20 Gbit/s的接入速率、毫秒级时延的业务体验、千亿设备的连接能力、超高流量密度和连接数密度及百倍网络能效提升等性能指标要求。

(二)国内发展5G技术已具备良好沃土,未来具有广阔发展前景

2013年2月,工信部、国家发展改革委、科技部联合成立IMT-2020(5G)推进组,在推进组的积极推动之下,2017年11月出台了中国5G中频频率规划方案。2018年底基本完成了5G技术研发试验的3个阶段测试验证工作,包括关键技术、技术方案以及系统组网等,5G系统设备已具备商用条件,终端产品也日益丰富。为了推动我国5G产业规模快速增长,当前业界正在开展5G商用试验,探索融合应用,为5G规模商用打下技术和产业基础。中国移动、中国联通和中国电信分别在多个城市进行5G规模商用试点,2018年9月,北京正式对外开放国内第一个5G自动驾驶示范区;11月21日,重庆首个5G连续覆盖试验区建设完成,5G远程驾驶、5G无人机、虚拟现实等多项5G应用同时亮相。2019年6月6日,工信部正式向中国电信、中国移动、中国联通、中国广电发放5G商用牌照,标志着我国正式进入5G商用元年。

未来,我国将调动产学研用多方力量形成合力,共同推进5G网络商用部署和业务应用推陈出新;加快5G网络建设,持续推动5G技术标准化工作,不断完善5G相关标准;进一步加强5G与云计算、大数据、人工智能等技术的融合创新,全面深化5G国际共识,推动国际合作;推动5G与垂直行业深度融合,探索新需求、新技术、新模式,构建开放共赢的5G全球产业生态。

(三)5G技术为智慧港口提供底层技术保障

智慧港口基本特征体现主要包括港口基础设施与装备的现代化、新一代信息技术与港口业务的深度融合化、港口生产运营的智能自动化、港口运营组织的协同一体化、港口运输服务的敏捷柔性化、港口管理决策的客观智慧化。

智慧港口的设施配置主要涉及交通运输基础设施网络和信息化基础设施网络以及港口运输装备三部分,没有基础设施的网络化、数字化,没有港口运输装备的标准化、智能化,就无法实现港口运输要素的全面感知,无法实现云计算、大数据、物联网、移动互联网等新一代信息技术与港口运输核心业务的深度融合,也无法实现港口运输组织和运输管理的创新。

(四)5G技术为港口信息安全提供有力支撑

5G使用的技术和构建的标准相比2/3/4G更安全。5G采用用户面的完整性保护、端到端的保护、用户永久ID加密、256位密码算法,在安全性、韧性、隐私性、可靠性、可用性等方面都具有更高的保障。

二、项目内涵

本项目技术方案是利用5G技术对集装箱自动化码头设施进行二次升级。唐山港集装箱自动化码头采用的水平工艺布局和无人驾驶集卡模式为国内首创,其建设成本低、不改变原有码头工程结构特点,具备低成本下快速扩张优势,为其他港口自动化码头新建、改进提供了唐山港方案。在此建设过程中,唐山港与中国移动合作搭建5G测试网络,利用其低时延、大带宽、高可靠特性在无人集卡现场视频回传、控制指令交互方面前期联合测试成功,真正具备了封闭区间车辆彻底无人化自主运行条件。本项目中将5G技术优势一方面持续拓展到岸桥、轨道吊等其他设备远程监控、调度环节,另一方面研发现场设备、车辆物物互联,相互交互位置、状态信息,从而实现在集中智能设备控制ECS系统下部分环节自主运行。

本项目建设方案为在23~27号泊位建设3个5G基站,搭建5G+MEC全联结无线网络,除满足集装箱自动化设施运行要求外,利用边缘化架构做到数据不出园区,与公众网络分离,确保工业控制系统、港口运行生产安全。在5G基础设施支持下,对现有集装箱自动化设施进行扩容升级。该系统包含工业电视系统、本地监控管理系统(LCMS)、远程监控系统(RCMS)、集卡引导定位系统(CPS)、船形扫描系统(SPSS)、箱号及车号识别系统(OCR)、吊具定位系统(SDS)、远程操作系统(ROS),以及智能设备

调度系统(ECS)。其基本原理是码头生产系统(TOS)安排最高效的作业顺序、发布合理的任务,ECS进行任务分解,通过上述主要子系统完成指令接收、设备控制、执行反馈。其他建设内容为4辆水平无人集卡和14台轨道吊远程操控系统安装集成。无人集卡延迟降低到10毫秒以内,具备了远程安全紧急介入功能,真正具备了封闭区间车辆彻底无人化自主运行条件。轨道吊远程操控基本原理及主要子系统功能与岸桥类似,更新了远程操控系统(ROS),可实现现场无人化远程控制,且可根据作业任务实现多台设备在一个控制台切换,大幅降低操作员数量。

三、主要做法

本项目将按照工业互联网2.0标准架构,利用5G技术优势,综合利用智能感知、人工决策技术,促进港口设施“物联协同、智能决策”,构建起全要素、全过程的新型智慧港口运行体系。

其主要依据的工业互联网体系原理见图1。

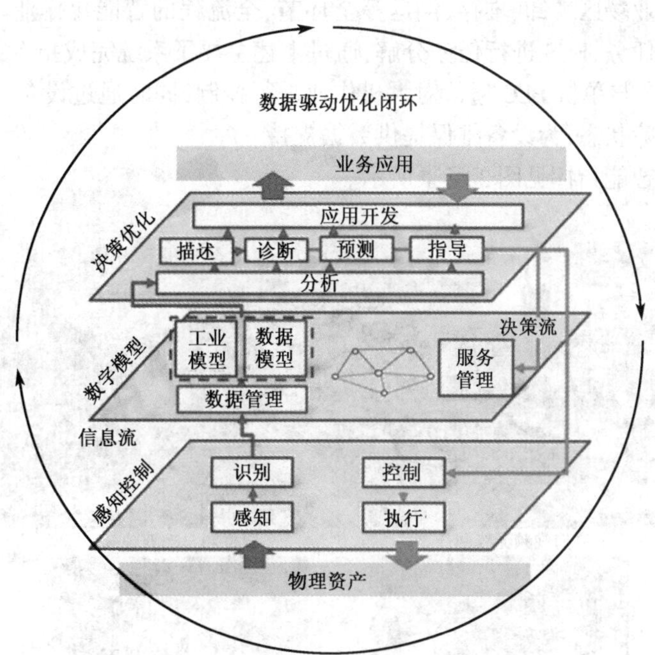

图1 工业互联网体系原理

在港口转换应用架构见图2。

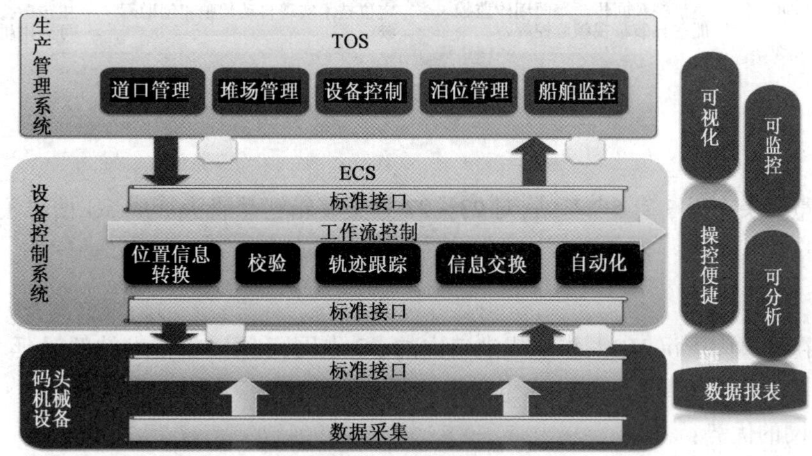

图2 转换应用架构

构建智慧POS(智慧港区操作系统)、智慧TOS(智慧码头操作系统)、智能ECS(智能设备控制系统)、智能化设备IM层级清晰、运行高效的智慧生产平台,通过内外业务对接协同、全程数据自主采集,在面对源头众多的复杂需求下,实现人员、设备、车辆、环境的高效协同,构建基于成本、效率、安全等多目标下的"计划—执行—反馈—优化—提升"的智能闭环控制系统。

在5G技术支持下,通过现场各类数据、图像、视频、信号的实时化采集、无间隔传送、云端快速处理,支持设备、车辆相互感知、识别、交互,具备作业流程顺畅衔接、安全遇险自主避让功能。

(一)主要建设内容

基于5G技术的集装箱智慧码头创新应用项目主要包含14台自动化轨道吊、4辆无人集卡车、3套5G基站等基础设施,远程操作系统(RCOS)、轨道吊管理系统(ARMG-MS)、集卡引导系统(CPS)、车辆智能调度系统、图形化人机交互界面(GUI)等管理系统,光学识别系统(OCR)、无线射频识别(RFID)等单机子系统。

该项目充分利用5G网络高速率、低时延、高可靠性、广覆盖等特性,通过对接TOS系统实现各种指令的实时交互并实现作业场区装卸、堆存、倒运等全环节、全流程的智能化作业。TOS指定安排最高效的作业顺序发布合理的任务,ECS进行任务分解,通过上述主要子系统完成指令接收、设备控制、执行反馈。ACCS接受ECS指令与单机PLC通信对大机作业进行控制,同时通过设备运行状态数据采集及时判断设备工作性能和故障状态,为设备维保提供数据支持。

项目在作业现场的智能指挥见图3场景所示。

图3　智能指挥

1.5G基站布局

在集装箱智慧码头布设3套5G基站,对23~27号集装箱智慧码头形成5G信号覆盖,以支撑创新应用项目高效运行。

2.5G组网方案

唐山港集团在港口内下沉MEC,搭建成港口内的5G专网,利用5G技术的低时延、高带宽、高可靠等特性结为港口提供最佳的智慧码头的通讯方案。图4为唐山港集团5G专网示意图。

MEC下沉组网的优势:

①唐山港业务通过MEC分流到本地服务器,监控数据不出园区,保证数据安全。

②MEC下沉具备边缘计算功能,路径段,结合其他低时延技术,端到端时延可低至10毫秒以内,且可实现业务切片功能。

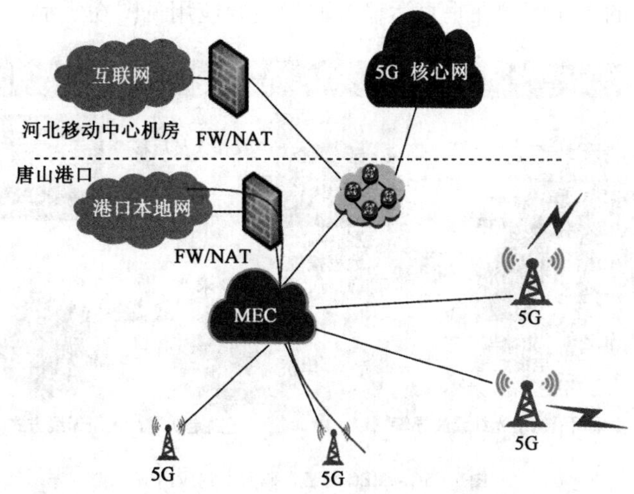

图4 5G专网示意图

5G智慧港口涉及视频监控、远程控制、无人驾驶等多种业务，每种业务对网络的带宽、时延要求各不相同。5G网络切片技术通过统一的硬件基础虚拟出多个端到端的网络，每个网络具备不同的网络功能，适配不同类型的服务需求。所以，5G网络可以很好地满足港口内各种业务的网络需求。5G切片方案组网图见图5。

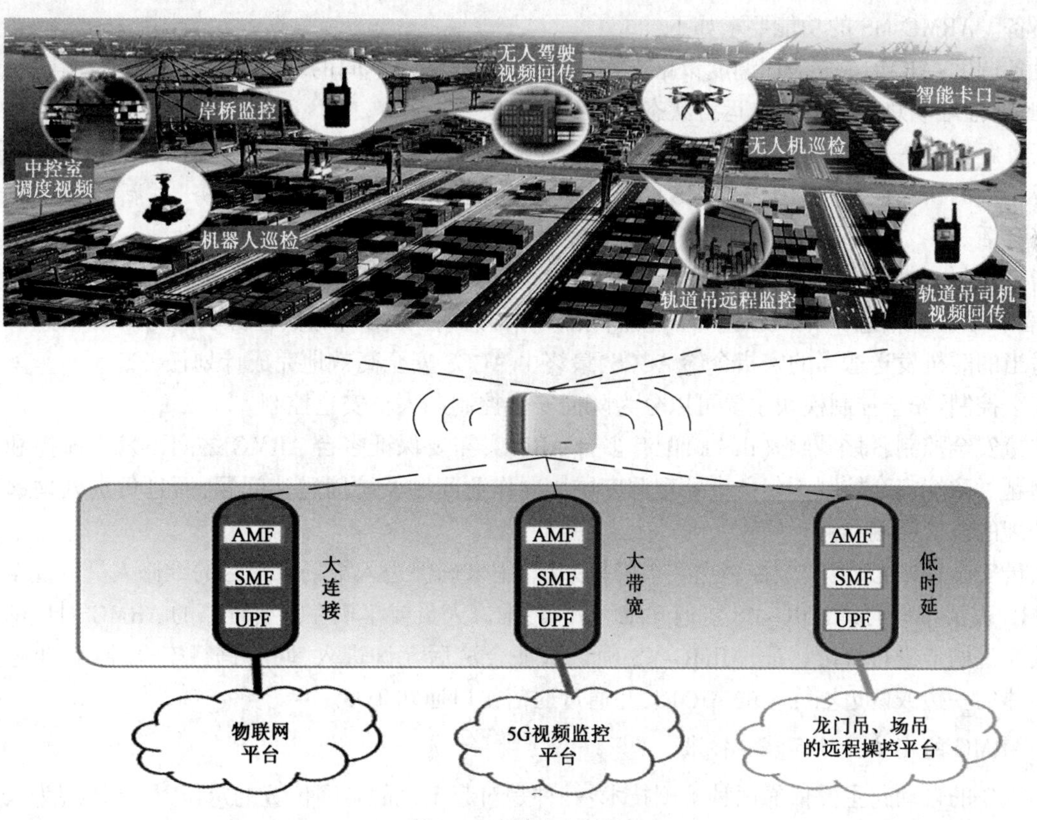

图5 5G切片方案组网

(二)5G技术在码头垂直运输设备自动化系统应用

5G投用后，可实现货物吊装环节机上机下相关信息的实时交互，运行参数、能源消耗、作业数据可实现实时传输。

基于5G+MEC网络的企业专网在垂直运输方面的主要应用见图6所示。

图6　5G+MEC网络在码头上的应用

1. 轨道吊管理系统(ARMG-MS)

轨道吊管理系统(ARMG-MS)，它管理整个堆场所有ARMG设备，把TOS相关调度任务解析为ACCS系统可识别的宏指令，调度ARMG进行各类集装箱操作，使同一个堆垛内的多台ARMG能够协同作业。

ARMG-MS系统依据合适的任务调度策略保证TOS任务高效执行，依据合适的规则分配设备保证任务可靠执行、负载均衡，实时动态安全控制机制保证设备运行安全流畅、高效。要求ARMG-MS实现双机热备。ARMG-MS的功能要求如下：

设备调度：ARMG-MS采用调度策略来实现设备调度，针对不同的堆场作业模式采用不同的调度策略，以此保证堆场总是处于最佳运行状态。

任务解析：将一条堆场任务按照任务类型(集卡进箱任务、集卡出箱任务、理箱任务、中断任务等)解析成相应的指令控制流。ARMG-MS的任务解析模块从任务队列中获取任务，并新开一条指令控制工作流会话。

指令控制：宏指令就是更改过的详细任务，包含宏指令ID、起点信息、终点信息、任务类型、设备信息(设备移动位置信息)、集装箱排布信息、单箱任务信息、任务ID信息、任务状态等多种信息。指令控制在适当的时机发送适当的宏指令给ACCS，最终由ACCS安全高效地完成计划任务。

安全控制：安全控制模块主要可以分为防撞安全控制和人员安全控制。

防撞安全控制：每个堆垛(Block)配有多台ARMG，需要保证多台ARMG之间不发生碰撞和死锁等安全问题。防撞安全控制不仅负责处理调度层协同作业问题及防撞避让问题，而且负责处理起重机设备层处理的防撞检测和停止问题。

人员安全控制：人员安全控制主要指门禁系统，用来确保进入堆场维修区的维修人员的安全。当某台ARMG需要维修时，ARMG-MS将通知维修人员，维修人员或车辆在需要维修的ARMG对应的设备登机口处通过刷卡进行身份认证，ARMG-MS确认认证合法后允许进入，同时进行安全控制，如停止维修通道相邻的一边或两边堆垛上的ARMG，并通过通信接口通知TOS。

2. ARMG的定位及目标检测技术

ARMG的自动化主要依靠两种检测技术：一种是对起重机的空间位置的定位，具体体现为大车的定位、小车的定位、起升的定位、吊具的微动定位；另一种是对作业区域内目标物体的智能检测；并根据这两种检测技术获得的数据信息，控制起重机起升、小车、大车、吊具微动等相关执行机构的姿态调整，或者通知集卡等目标物进行相关位置姿态调整。

以下是相关定位、检测技术的描述：

大车的定位：根据自动化堆场的箱区定义规则，在ARMG的两侧大车轨道旁预埋间断布置的

FLAG,并完成 FLAG 的安装工作;在 ARMG 的两侧大车机构上各安装1个绝对位置编码器,用于对大车的绝对位置进行检测,使自动化对大车的控制精度达到 ±20 毫米。

小车的定位:小车的位置检测应采用线性编码器,在沿着小车轨道方向的大梁上安装一组连续的磁尺,在小车架的适当位置安装用于连续读取小车磁尺位置信号的接收天线,通过接收天线反馈的数据来确定小车的当前位置,使自动化对小车的控制精度达到 ±0.1 毫米。

起升的定位:在起升卷筒末端安装有绝对值编码器、凸轮限位和超速限制器,用于起升高度检测、安全保护及对起升位置进行校验;使自动化对起升的控制精度达到 ±10 毫米。

吊具的微动定位:为了弥补吊具在大车和小车方向的定位误差,在吊具上设置了2个水平方向的微动推杆,微动推杆上装有位置编码器用于测量推杆的相对位移,该微动推杆可对吊具进行上述两个方向 ±250 毫米补偿定位调整。也可实现吊具在水平面内 +/-5°回转。

3. 吊具检测系统(Spreader Detection System,SDS)

吊具检测系统(SDS)是基于光学原理及图像处理技术的系统,主要应用于自动化港口轨道吊作业以及岸桥作业中。

SDS 系统在自动化作业时,通过检测安装在吊具上的红外结构光源位置,计算出吊具空间位置和姿态信息,并将这些信息发送给控制系统,依照 SDS 监测结果,设备控制系统可以控制岸桥、场桥或其他吊具设备更加快速、准确、有效地工作,从而极大提高设备的工作效率和安全性。

SDS 功能描述:检测吊具在小车方向的平移,检测吊具在大车方向的平移,检测吊具的旋转姿态。

系统硬件:该系统主要由摄像头、摄像头控制箱、红外光源组成。

摄像头的作用在于感知红外光源的位置,并将实时采集到的红外光源的图像通过千兆网传递给控制器,从而为计算光源的空间位置提供数据。

摄像头控制箱安装在小车平台上,用于安装摄像头。

红外光源包括单点红外光源以及电源控制箱。其中,单点红外光源产生红外光用于摄像头识别,电源控制箱负责给单点红外光源供电。

红外光源安装在吊具上,摄像头控制箱(内装有摄像头)安装在小车平台上。其中,红外光源尽量安装在吊具的中间位置;摄像头控制箱需要尽量保证安装在中间灯的正上方,以确保3个红外光源都在摄像头视野范围内。

系统特点:检测精度2厘米以内;数据处理实时性高至60帧/秒;结构简单、维护方便;接口采用 RS232/485/422;能够适应恶劣环境;

自动标定功能:自动标定装置是用于目标检测、吊具姿态检测两套系统校准用的装置。装置由一套支架以及相关软件组成。支架由1个3.5米的支架以及两个0.1米的支架组成,每个支架上固定有1个有源标识和1个无源标识,有源标识通过专用电源供电,供电电压24伏。每个有源标识和无源标识两两之间的距离是已知的,支架一般安装在堆场固定的位置,在进行标定之前,需要确保支架结构没有变形。

最终着箱检测:最终着箱系统是用于检测集装箱起重机在叠箱后,箱与箱之间是否对齐。通过此系统可是快速准确的得知叠箱偏差是否在偏差范围内。如果超出偏差范围(一般4厘米),单点激光器将会检测到当前集装箱下方集装箱的高度(2.5~3.2米之间),此时说明箱与箱之间没有对齐,则需要重放。如果上下两层集装箱对齐了,则激光器检测不到下放集装箱高度,检测高度设在2.5~3.2米范围内。

4. 目标检测系统(Target Detection System,TDS)

在 ARMG 小车架下安装目标物体的智能检测装置,用以对集装箱或集卡相对于小车的目标位置检测,该装置结合 ARMG 上的 PLC 控制器形成目标检测系统;将检测处理后的目标位置信息回传控制系统,通过起重机的控制系统控制、调整起升、大车、小车、吊具微动等执行机构的动作;从而实现起重机针对目标位置的姿态调整,为最后的装卸箱做准备。

目标检测系统的主要功能为:可对箱区堆箱情况进行偏差检测,并结合吊具对中系统的信息,可控制吊具实现精确定位,以便可靠堆箱。

堆箱要求:堆箱要求精度为上下两层集装箱偏差控制在 ±30 毫米,单列集装箱偏差控制在 ±80 毫米。

目标检测系统利用 3D 激光技术实现对目标物体位置信息识别,检测的目标物体包含集装箱、集卡等。系统主要用于自动化堆场内集装箱定位识别,保证了轨道吊对集装箱自动作业的精准性和安全性,大大提高了作业效率。

系统功能描述:集装箱位置检测,集装箱箱高检测,堆场相邻列间隙检测,箱子类型尺寸检测,集卡位置检测,空位确认。

系统特点:系统检测精度 2 厘米以内,非接触 3D 定位,采用 CanOpen 通信。

5. 作业区域的轮廓检测

通过设在起重机上的检测传感器,测量当前作业箱区中每列集装箱堆高的高度,可获得工作箱区的轮廓;该轮廓信息可提供给控制系统设计出合理的起重机作业路径,以确保作业路径的安全、效率优化和经济。

安装位置:激光器安装在小车架的右前侧和左后方,进行堆箱轮廓扫描。激光器的扫描镜面朝下、与地面平行,接线端子侧朝内,扫描线平行于小车方向。

激光器的安装位置便于维护,防护等级要满足室外要求。

(1)小车防撞保护

在小车前进方向上,如果空吊具底部(吊具无箱)或者集装箱底部(吊具有箱)的位置低于障碍物时,TSS 会计算小车坐标系上的障碍物和起升或者集装箱之间的距离,并实时调整小车运行的最大速度,保证在距离障碍物 3 米(可配置)时小车的运行速度自动减速到全速的 10%(可配置)。只有当操作员将吊具或者集装箱提高至高于障碍物时,小车速度才会恢复。

(2)智能软着箱

当起升向下运动时,TSS 检测吊具及其负载物体的底部与目标操作对象(通常是集装箱)的高度距离。取起升中心 +1.5 ~ -1.5 米的范围作为起升保护范围。TSS 计算吊具及其负载物体的底部与目标操作对象(通常是集装箱)的安全距离,并计算小车的限制速度传送给 PLC,PLC 再控制小车减速。

6. 集卡引导系统(CPS)

ARMG 需在集卡装卸区配备集卡引导系统,通过集卡位置信息,通过交通灯和 LED 数字显示提示与正确停靠位置在大车方向上的距离的偏差值,引导集卡司机向前、向后移动集卡,快速、准确地停靠到正确停靠位置;该引导系统的信息提示将合并在作业任务信息提示交通灯和 LED 数字显示。平面 X、Y 轴误差率 <5 厘米。满足内外集装箱卡车双车道定位的要求。

(1)CPS 功能描述

①自动检测工作车道上集卡驶入信号。

②根据司机设置的相关参数对驶入的集卡进行自动引导。

③自动检测集卡上双 20 尺箱水平方向的间隙。

④集卡位置显示牌可实时显示集卡作业车道号、作业工况和实时引导信息,具有任务结束集卡离开提示功能(任务结束后,绿灯闪烁提示集卡离开)。

⑤CPS 工作状态指示灯可实时显示 CPS 系统当前的工作状态。

(2)集卡位置显示牌功能

集卡位置显示牌通过实时显示引导信息引导集卡停到正确位置,另增加 1 块显示牌具有显示集卡作业信息是否正确,如果错误给出引导的功能。

(3)左/右引导定位单元功能

左/右引导定位单元主要用来实时检测和测量集卡或拖车的位置,实时进行数据处理并控制集卡位置显示牌显示引导信息。

(4)司机室远程控制界面功能

司机室远程控制界面主要功能是提示轨道吊司机目前CPS的工作状态(引导到位/空闲/引导等),以及提示司机CPS的各个设备(包括3D转动机构/集卡引导灯)运行是否正常,设备出现异常,将提示司机设备的故障代码;另外还有一个诊断的功能,CPS运行不正常时,通过诊断,CPS将自动检查各设备。

7. RFID系统本机集成

在堆场的进口位置立杆安装识别集卡RFID卡的位置信息检测装置,对单侧方向集卡进行监测,用于提醒轨道吊提前准备,提高整个码头的效率。在RFID路口安装LED显示屏显示集卡号等信息,用于提醒集卡行驶进正确的贝位。

8. 箱号识别系统

ARMG上配备箱号识别系统,用于识别内外集卡上集装箱(不同类型)箱号信息,识别率不低于95%。

功能:PLC信号分析、集装箱号图像抓拍、集装箱号识别、装卸类型识别、集装箱类型记录、作业时间记录、集装箱装卸、异常作业处理、结果上传、系统自动维护等。

轨道吊安装方案:在作业车道正上方安装2个高速高清球机,球机用支架向外伸出到作业车道上方,抓拍前后箱面箱号图像,简称前后箱面球机。在车道侧的下横梁侧面部署2个高速高清球机,抓拍侧箱面箱号,简称侧箱面球机。轨道吊箱号共采用4个高速高清球机。所有设备通过网络与工控机相连,工控机安装在轨道吊机机房内,通过网络与中心机房进行数据交互。

9. 堆场机械防碰撞等安全防护技术

(1)ARMG在堆场作业时的防碰撞技术

ARMG大车、起升、小车在堆场内运行时,箱区内的集装箱与吊具下的集装箱间存在物理空间位置间的交叉,故根据不同情况采用不同方法进行防碰撞处理;当大车、小车进行长距离运行时,起升高度将上升到障碍区的最高点,大车、小车才能进入运行;当装卸集装箱时,ARMG根据堆场的障碍信息决定起升、小车、大车、吊具等动作运行轨迹。

(2)ARMG与集卡间的防碰撞技术

ARMG的小车在进入集卡交换区时,吊具(空吊具)底部或集装箱的底部(吊具带箱)必须运行在安全高度(暂定离地高度6.1米,待试车时确定)以上运行,当小车运行到目标位时,只有远程中央控制室监控人员确认安全后,方可进行装卸集装箱动作,确保集卡及集卡司机的安全。

(3)集卡防吊起模块(外集卡)

当ARMG在集卡装卸区域吊起集装箱后,集卡防吊起模块可对集装箱及集装箱卡车状态进行检测,如果集装箱卡车被连带吊起,集卡防吊起模块可通知ARMG停止起升动作。

(4)相邻两台ARMG之间的防碰撞技术

同一堆区内相邻两台ARMG在相互靠近时,将根据不同的操作模式采用不同的防碰撞方法。

在正常作业期间,起重机处于自动作业模式或远程中控操作作业模式;起重机间的防碰撞主要通过两台起重机间的数据通信,告知对方各自的大车位置,当相互间的大车位置小于相邻起重机间的安全距离时,起重机通过各自的PLC系统各自控制大车减速、停车。

在维修状态,起重机处于手动操作模式;起重机间的防碰撞主要通过安装在该起重机上面对相邻起重机的起重机间防撞探头进行检测,当相互间的大车位置小于相邻起重机间的安全距离时,起重机通过本机的PLC系统控制大车减速、停车。

(5)ARMG 大车运行路径前方的障碍物防撞技术

在大车轨道方向,ARMG 对于大车运行路径前方一定高度和大小的障碍物(主要是车辆)可采用雷达检测的方式进行检测防撞;当相互间的大车位置小于起重机的安全距离时,起重机通过本机的 PLC 系统控制大车减速、停车。

(6)过通道防护

ARMG 大车过堆场集卡通道,为了确保轨道吊安全通过,由乙方提供声光报警、红绿灯、自动栏杆等防护措施。

(三)5G 技术在水平运输远程控制上的应用

自动化集装箱码头可以实现"智能装卸""无人码头""零排放",是互联网、物联网和自动化技术的结合产物,是新科技应用在新型港口的体现。基于 5G 技术的集装箱智慧码头创新应用项目主要包含自动化轨道吊、无人集卡车、中央控制室等硬件设施和设备智能控制系统、车辆调度系统等软件设施,在自动化码头的建设中,全自动轨道吊、中央控制室及智能水平运输设备都是重要组成部分,码头的装卸设备全部使用电力及智能驱动。

1. 项目开展进度

水平倒运环节使用无人集卡车,是新型的水平倒运智能设备。目前,唐山港集团已经与北京经纬恒润科技有限公司、一汽解放汽车有限公司开展落地合作,4 辆无人集卡已完成调试并投入作业测试,无人集卡与 AGV、A-SHC 相比具有较大的优势,是自动化集装箱码头水平倒运设备的最佳选择,见图 7。

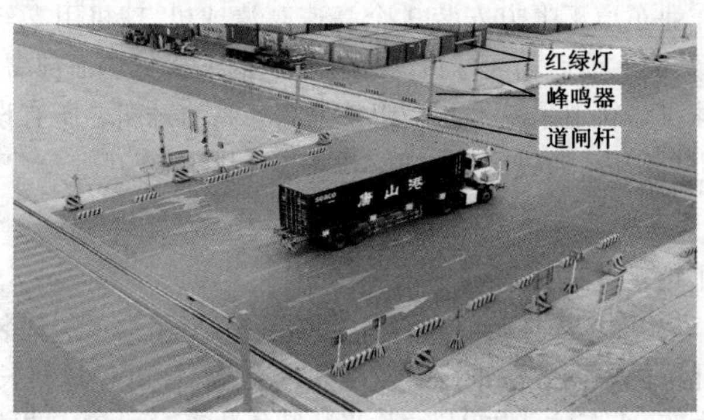

图7 自动化集装箱码头

2. 无人集卡系统架构

图 8 为无人集卡系统架构图,主要包含码头装卸箱调度系统、ICV 调度监控系统等,其中 ICV 调度监控后台为核心,它从码头 TOS 系统中接收作业计划,形成车辆调度指令传送至无人集卡车,车辆按作业指令自动选择路径,与岸桥、场桥自动交互,实现全流程无人化自主运行。

3. 无人集卡功能设施配置

图 9 展示了无人集卡车辆的技术构成。它包括 ACC、AEB、LKA、LCA、TJA 等子系统。在车体上安装了大量传感、识别采集传输装置,并与车辆运控系统集成,实现了复杂环境下的自适应安全运行。其主要技术特色体现为:规划最优导航路径,根据地图和行驶轨迹预测路口避让,智能识别躲避行人、车辆障碍物。

4. 无人集卡综合性价比

无人集卡(Q-Truck)因其投资成本低、运行效率高、自适应学习强等优点逐渐成为自动化集装箱码头水平倒运设备的最佳选择,主要体现为:

①Q-Truck 主要以北斗千寻厘米级实时精准定位为核心技术,无须提前布设磁钉等附属设施,初期投资成本较低,安全有保障,并且可以通过数据采集、信息分析、智能预判等功能实现自适应学习,运行时间越长功能和性能越完善。

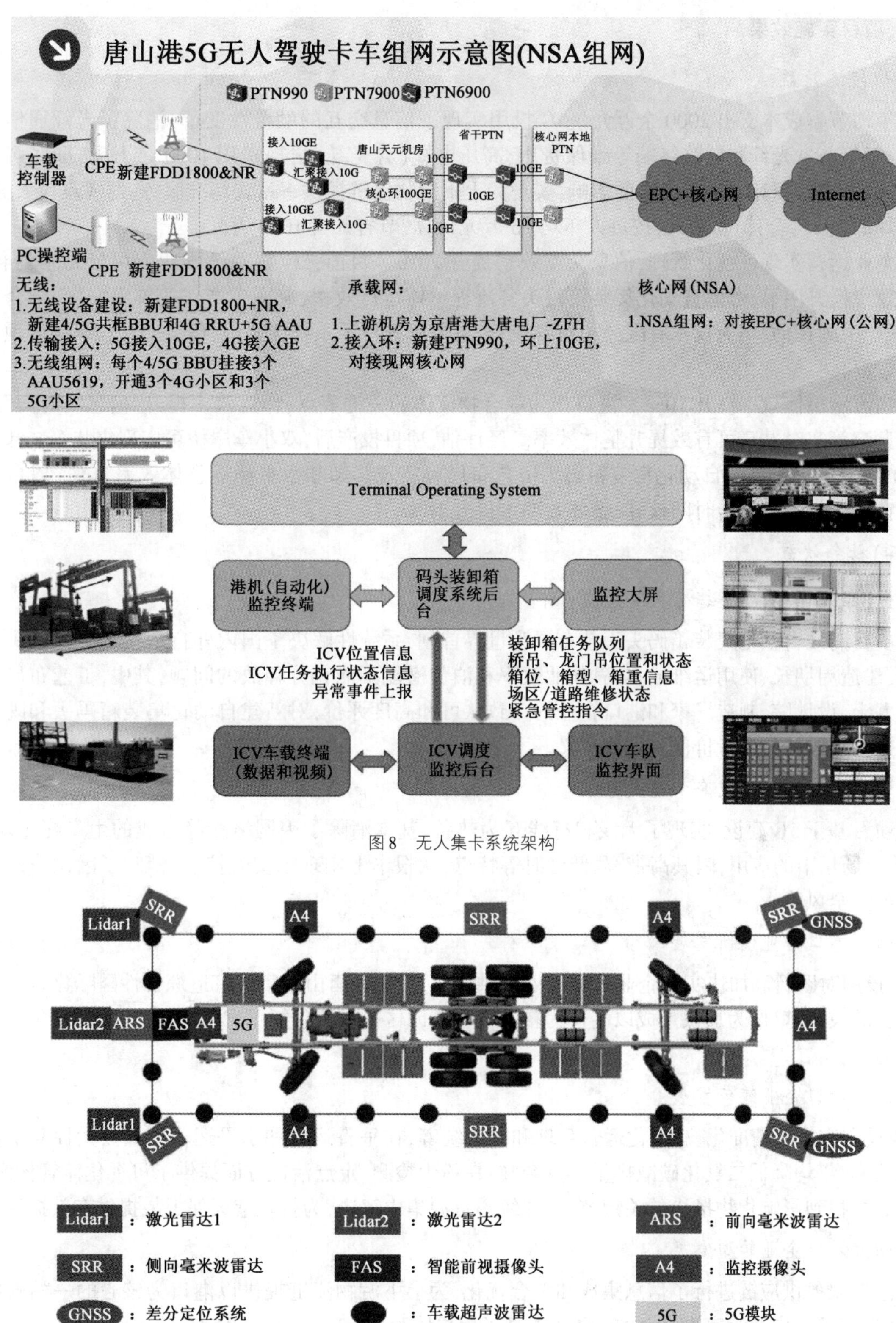

图8 无人集卡系统架构

图9 无人集卡系统设施配置

②电动无人集卡(Q-Truck)采购价格为AGV、A-SHC采购价格的1/3,初期投资较少,推广应用和示范价值较大,为后续自动化集装箱码头建设和运营提供了低成本下的技术保障。

③机械结构简单,故障率相对较低,对维修人员的技术要求不高,维护保养及运营成本低。

四、项目实施效果

(一)经济效益

①年均节省成本支出2000余万元。5G投用实现了信息交互的颠覆性变革,消除了光纤通信的诸多弊端,每年节省光纤和链路终端等维保费用、高压电缆(含光纤)更换费用1000余万元,彻底解决了因光纤、链路终端损坏对生产造成的影响,实现为上下游物流链提供一站式精准服务;巡视点检人员、作业人员降低40%,合计60余人,按每人年均16万元计算,节省开支1000万元。

②企业运营实现可视化管理,信息交互效率提升20%。目前,5G技术已成功应用至无人集卡,信息交互效率提升明显,考虑自动化集装箱码头各流程整体运行效率,兼顾生产作业统筹安排,结合项目实施,联合中国移动、华为技术有限公司对各流程、各节点进行了系统性评估,信息交互效率整体预计提升20%。

③物流链整体效率提升10%。港口作为综合物流体的关键节点,作业效率提升、信息实时交互、物流和信息流等实时共享可有效提升整体效率。经评估,项目投产后,双小车岸桥可实现集装箱装卸效率提升50%,5G技术、高效自动化集装箱码头工艺布局可实现装卸和水平倒运整体效率30%,以单船作业效率在整个物流链周转时间核算,整体效率可提升10%。

(二)社会效益

1. 提升了集装箱码头综合服务能力

本项目高效自动化集装箱码头工艺布局为世界首创,系统性解决了国内外自动化集装箱码头初期投资大、建造周期长、使用运维成本高、作业效率和泊位潜能不能充分释放的问题,其中,工艺布局得到了行业人士、设计院、制造厂家和港口企业的一致认可和高度评价,对新建自动化集装箱码头和既有码头改造提供了较高的参考价值和借鉴意义。

2. 形成了可复制的成套研究成果

该项目基于5G建设,实现了无线和有线互为热备,基本消除了因网络故障造成的生产终止现象;5G在作业场景中的应用,因其高带宽、低延时等特点,从根本上实现了实时控制,消除了因操作延迟造成的各类安全风险。

3. 助力港口企业创新发展

5G投用对践行和加快实现企业战略规划提供有效支撑,为唐山港集团打造综合性国际化贸易大港奠定坚实的技术基础,为加快形成以港口为核心的物流园区提供有效抓手,为加速高质量转型发展提供不竭动力。

4. 助力港口企业绿色发展

5G投用实现了精准化、扁平化运营管理和生产统筹,在垂直运输和水平运输方面极大提高了设备的机械效率,年均降低二氧化碳减排量1万余吨;在粉尘检测、定点治理方面提供了可视化监管界面,通过监控分析找到影响货物扬尘的关键节点,并统筹资源集中解决,为打赢蓝天保卫战提供有效抓手。

5. 助力港口企业转型发展

对港口服务供应链进行了信息集成和整合优化,为上下游物流链提供以港口为核心的一站式精准服务,客户需求响应及时率提高20%,显著提高了用户体验。

6. 创新示范作用明显

5G与专线互为热备,并最终实现取代专线,该项工作为目前国内空白,实现后可为其余港口或者相关行业提供方案参考;河北省首家5G工业试点应用,为河北省钢铁、制造业、仓储业等园区式企业提供5G商业化推广应用模式。

以战略为牵引的经营管理体系构建与实施

中车唐山机车车辆有限公司

成果主要创造人:周军年 郭良金

成果参与创造人:巨 星 李文军 张 赛 吴亚文 王兴琦 刘志国
韩庆坤 冯孝忠 左银龙 高倩倩

中车唐山机车车辆有限公司(简称"中车唐山公司")隶属于中国中车股份有限公司,始建于1881年,坐落于河北省唐山市丰润区。主要经营高速动车组、普通碳钢车、城市轨道车辆、磁悬浮车辆的研发、设计、制造、修理及服务业务。

中车唐山公司是国家首批创新型企业,拥有国家级企业技术中心、国家级检测校准实验室、国内领先的数值模拟和仿真试验平台,组建了博士后科研工作站、院士流动工作站等,系统掌握了世界一流的高速动车组、城轨地铁关键核心技术,建成具有自主知识产权、时速350公里以上、国际竞争力强的中国高速列车技术体系和产品研发制造平台,具备高速动车组系统集成、铝合金车体、不锈钢车体、转向架、网络控制系统等关键技术的自主创新能力。中车唐山公司曾在2008年荣获国家级企业管理现代化创新成果一等奖。

一、成果实施背景

(一)搭建经营管理体系,是顺应宏观经济形势和行业发展方向的必然要求

党的十七届五中全会后,为促进装备制造业的发展和提升自主创新能力,工业和信息化部、国家发展和改革委员会先后出台了《机械基础零部件产业振兴实施方案》《加强区域产业创新基础能力建设工作指导意见》《关于加快培育和发展战略性新兴产业的决定》等文件,各级地方政府也把加强与大型企业集团的合作作为拉动地方经济增长特别是提升装备制造业水平的重要举措,在土地、税收、市场协调等方面给予政策支持。

"十三五"期间,铁路投资总额达到3万亿,与2005—2010年期间的投资额相比增长幅度将近50%。高铁建设迎来高峰,仅标准动车组列车的需求就达到500列;普通碳钢车市场保持稳定;城轨市场在较长时期内保持旺盛的需求;国际轨道交通市场持续发展,这些都为中车唐山公司提供了新的机遇。

可以说近一段时期是国内外轨道交通行业快速发展期,也是中车唐山公司历史上重要的发展"黄金期"。但同时,随着我国轨道交通市场的成熟与完善,国际轨道交通市场贸易风险和壁垒的加大,国内外的市场竞争也日趋激烈。搭建经营管理体系,提升企业管理能力,顺应宏观经济形势和行业发展方向,趋利避害、扬长补短,成为中车唐山公司发展的必然选择。

(二)建立健全经营管理体系,是促进战略有效落地、全面实现战略目标的基本保障

长期以来,中车唐山公司没有形成较为完整和体系化的经营管理的体制机制,整体管理仍处于较粗放的状态,涉及经营管理体系的各个关键要素(机构、制度、绩效等)基本处于分散管理状态,各个关键

要素之间没有形成有机的联系，这就使公司从战略需求的传导到战略落地的过程中存在脱节问题，战略目标难以落地，与战略发展需求比有明显的差距。此外，经营管理体系各个关键要素在实际运行中"几张皮"的弊病日积月累，多年来推行精益产生的优秀做法没有形成管理标准，业务数据和管理数据标准化程度低、质量不高、涵盖不全，信息化与业务之间的合力效应不明显，很难实现真正的经营管理。

现在，经营管理能力已经成为现代化企业特别是大中型企业必不可少的核心能力。充分运用经营管理理论和实践经验，搭建和完善经营管理体系，才能适应内外部环境变化，优化企业内部资源，这是中车唐山公司发展过程中的必然选择。

二、成果内涵和主要做法

经营管理体系是一个系统工程，是企业运作体制机制的顶层设计。中车唐山公司的经营管理体系以战略为牵引，通过深入剖析战略需求明确经营管理体系优化方向，并以此为基础开展组织管控优化和机构变革，以多标一体的管理体系为主体框架(业务运行的标准)，以精益为抓手(业务优化的思想、方法和工具)，以信息化为平台(业务固化和有效运转的平台)，通过管理体系、精益、信息化之间的不断融合推动公司各项业务高效运行，同时完善了绩效管理体系，最终通过经营管理体系的不断系统优化推动公司沿着标准化、数字化、智能化的路径实现健康发展。主要做法如图1所示。

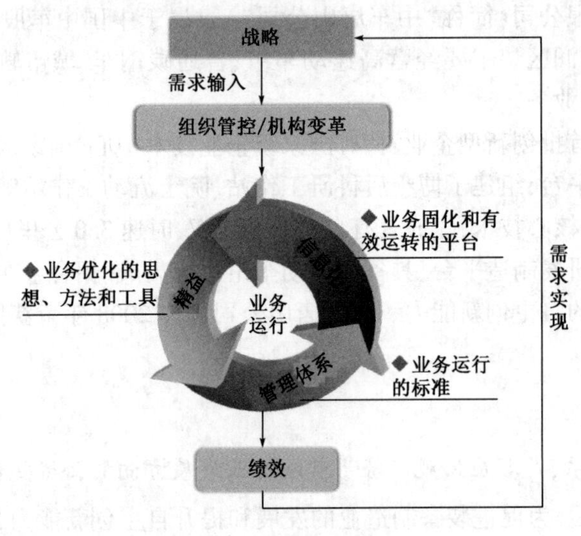

图1　经营管理体系模型

(一)基于战略需求明确经营管理体系优化方向

战略是对企业在一定时期的全局的、长远的发展方向、目标、任务和政策，以及资源调配做出的决策和管理艺术，战略目标是企业经营工作的源头，也是企业发展的根本目标。公司构建经营管理体系是为战略服务的，需要明确公司战略提出了哪些需求，即战略对经营管理体系提出了哪些要求。

中车唐山公司在充分分析当前外部环境和内部发展条件的基础上，提出了公司"十三五"战略。总体思路是：中车唐山公司"十三五"要继续秉承"创新发展、求真务实、开放包容、诚信共赢"的文化理念，深入践行客户导向思维，做强既有业务，全力扩展国际、城轨、工程总包和多元化业务，促进良性业务架构形成；加快核心、关键技术突破，完善产品平台，培育全生命周期技术和服务能力；全面推进精益管理，提升多品种、小批量快速交付能力，打造高质量、低成本运营优势；通过全公司的真抓实干，实现公司可持续发展，成为国际一流的绿色智能人文一体化交通解决方案提供商。

通过对公司"十三五"战略的需求进行分析，确定了经营管理体系优化方向。

1. 业务多样化、促进良性业务架构

自公司收入过百亿后，新造动车组板块占60%～70%，铁总招标产品占90%以上，公司业务架构风险很大。"十三五"战略明确提出"要做强既有业务，全力扩展国际、城轨、工程总包和多元化业务"。这实际上就是提出了促进良性业务架构的需求,在扩大既有业务的同时,拓展新业务、服务业务和国际业务,实现业务的良性多元化。

2. 管控国际化、建立跨国际区域管理能力

中车唐山公司在国内已形成一个总部两个基地多个售后服务站的跨区域布局,在国外完成了意大利公司并购,并筹备了北美、欧洲、南美、中亚、西亚等基地的建设,已经具备形成国际化母子集团的基础。公司"十三五"战略明确提出"国际化是企业发展的重中之重",因此国际化进程的加快将成为必然趋势,推动企业由国内本土企业管理向国际化企业管控转变,带来更多的跨区域管理需求。

3. 生产精益化、提升多品种小批量快速交付能力

未来客户的需求趋于多品种、小批量、定制化,基于客户思维导向,公司"十三五"战略明确提出"要全面推进精益管理,提升小批量、多品种、快速交付能力,打造高质量、低成本运营优势",这就要求公司制造资源共享,高效协同,不断提升精益管理水平,提高效率、降低成本、缩短交期,满足客户需求。

4. 技术服务一体化、健全全生命周期技术和服务能力

未来客户的需求从单一产品转向产品+全生命周期服务,这对公司技术、管理水平提出更高要求。公司"十三五"战略明确提出"加快核心、关键技术突破,完善产品平台,培育全生命周期技术和服务能力","企业要实现从生产驱动型向技术驱动型、制造型向制造+服务型两个转变",这就需要公司打通研发、试验、制造、运维、检修五个技术环节,构建公司全生命周期技术和服务体系,并将其打造成公司核心竞争力,满足客户需求。

5. 管理标准化、打造多标一体能力

公司在发展壮大的过程中,结合发展实际需求,通过了IRIS(国际铁路行业标准)、GJB(国家军用行业标准)、质量、职业健康安全、环境、能源等第三方认证的管理体系标准,管理体系纵横交错,没有形成合力,难以支撑企业未来的快速发展。公司"十三五"战略明确提出"持续优化以IRIS为核心的管理体系",这就需要系统梳理企业的管理体系,以IRIS为基础融入各种管理体系的要求,形成一体化的管理体系。

6. 运营数字化、建设智能化企业

公司"十三五"战略明确提出"以管理体系(即制度、流程、标准)为主体框架、以信息化为平台,以精益为抓手,推动管理体系、精益、信息化三者的系统融合,沿着标准化、数字化、智能化的路径,不断提高企业的运营管理水平和智能化水平",因此,在管理上公司要解决管理体系、精益、信息化三个体系之间的管理流程、要素、接口、数据的标准统一和深度融合,打造出中车唐山公司特色的经营管理系统。

综合以上分析可知,尽管中车唐山公司的战略需求复杂且多样,但方向是明确的。公司对经营管理体系进行调整优化,自顶向下推动战略目标的实现已经成为必然选择。

(二)以战略需求为依据开展组织机构和组织管控优化

1. 组织机构和组织管控优化的依据

"机构跟随战略"管理理论是钱德勒提出的,"战略最先对环境作出反应,战略决定组织机构,而后组织机构才对环境变化作出反应,并且是在战略的推动下作出反应。"

企业的外部环境和内部环境的变化,首先是在战略上做出反应,以此谋求经济效益的增长,这种战略调整和变化会引起组织机构和组织管控上必要的创新和工作重点转变,所以必须进行组织机构和组织管控模式的优化,对各部门之间的关系以及管理职责和权限方面做出相应的调整。如果组织机构和组织管控模式不做出相应的调整,战略也不会起到大的作用。

因此,企业战略决定着组织机构和组织管控模式的变化,企业组织机构是实施企业战略的一项重要工具,是战略实施和传导的有机体,是实现战略的责权利配置,组织机构和管控运行机制与企业战略相匹配,才能确保战略实施落地。企业需要根据战略需求设计和优化组织机构,组织机构和组织管控要为

战略目标服务,为企业长期发展奠定良好基础。

2. 组织机构和组织管控优化的总体思路

中车唐山公司组织机构和组织管控优化的总体思路是:打造支持国际化经营的母子公司管控雏形,以战略为引导,以运营平台为支撑,集中管控"战略、品牌、文化、财务、人力+市场、研发、集中采购、制造模式、核心制造资源",授权其他制造资源独立运转。公司组织机构由直线职能制向事业部制转变,重点打造"拓展、技术、制造、运营"四个平台,建设小批量、多品种、跨区域的全生命周期技术、制造和服务模式,提升多项目执行的协调能力和快速交付能力,实现资源共享,按照标准化、数字化、智能化的路径推进智能化企业建设。

3. 打造聚焦战略核心职能的运营平台

运营是管理中枢,运营平台的科学设置和动态优化是确保战略实现的中坚环节。公司以企管信息部为牵头部门,以人力资源部、经营财务部和质量管理部为核心管控部门,连同审计、文化等部门搭建了运营平台。运营平台以完善战略规划、运营计划、管理流程、指标体系为管理主线,全面推行精益管理,夯实基础管理,压缩管理层次,提高公司运营管理细度,按照标准化、数字化、智能化的路径推进智能化企业建设。

为满足管理标准化的战略需求,实现管理体系的多标一体,给企管信息部增加了管理认证体系的制度归口管理职能,负责对公司所有管理认证体系的制度进行统一的策划、内部审核、管理评审工作。公司抽调专家成立经营管理优化项目组,同时对企管信息部管理优化组进行职责调整,将非制度流程工作全部调出,极大增强了管理优化组的专业性,实现与经营管理优化项目组的无缝衔接。

为提升多品种小批量快速交付能力,公司壮大了精益管理机构,将精益办公室拆分为精益生产办公室和精益管理办公室,分别重点推进以生产一线为主的精益生产工作和以推进部室改善为主的精益管理工作。

4. 建立实现良性业务架构的拓展平台

为实现良性业务架构的战略需求,公司重点建设了拓展平台,将市场部门和运维部纳入拓展平台,在此基础上成立了国铁、城市基础设施、海外、服务四个拓展事业部,重点强化国际、城轨、工程总包和多元化业务。为提升全生命周期管理能力,将公司项目管理部进行了拆分,按照项目类别划入主管事业部,实行订单从市场到售后的全周期项目管理。

5. 建立全生命周期的高端化技术平台

公司技术平台包括科技管理部、技术研究中心、产品研发中心、制造技术中心等技术部门。科技管理部是技术平台的核心管控部门,重点以大技术体系建设为依托,整合技术平台全部力量开展全生命周期技术能力建设工作,打通研发、试验、制造、运维、检修五个技术环节,建立全生命周期技术能力,同时积累全生命周期数据,对采购、制造、运维和检修等全生命周期环节进行强力支撑,不断优化产品质量、成本和周期控制。

为不断提升五个技术环节中的研发、制造环节,不断优化产品设计工艺质量和周期,实现专业化人才的快速积累,产品研发中心和制造技术中心改变以往按照产品(动车、城轨车、客车等)设置二级部门的方式,优化为按照专业(车体、组装、调试等)设置二级部门。

为实现全生命周期技术体系建设,缩短检修、运维技术与行业先进企业的差距,在产品研发中心和制造技术中心设置运修部,重点提升五个技术环节中运维、检修环节的水平。

公司在技术平台下单独成立了转向架技术中心,作为"工程中心的试验田",将转向架涉及的全部研发、工艺工作进行了整合,既实现了研发工艺一体化,也实现两级工艺压缩一级工艺,为公司未来打造整个技术体系的工程中心打下坚实基础。

6. 建立具有多品种小批量快速交付能力的制造平台

为实现多品种小批量快速交付的战略需求,公司将主管生产、采购、物流、能源、安全等与制造密切相关的职能部室，以及本地生产单位纳入制造平台。制造平台以产品实现和内部交付为主要任务，围绕物的流转，实现集成资源计划和供应链的打造，以精益为方法和手段，推行工位制节拍化生产模式，打造标准化生产线，通过生产资源的整合实现资源盘活，提高效率，打造多品种、小批量快速交付能力，形成制造资源共享平台。

制造平台承接前端各拓展事业部的订单要求，面对多品种小批量客户需求多变的客观事实，最重要的是强化多项目集成资源计划职能，此项职能已成为生产制造部的核心职能。多项目集成资源计划贯穿公司内部生产线和供应商外部生产线的集成化计划，内容涵盖进度、物料、设备等制造系统涉及的所有资源要素，是制造平台开展工作的主轴线。生产制造部对集成资源计划进行整体管控，其他相关部门根据集成资源计划分别制定各专业计划，反馈计划执行情况，开展横向协同，并为集成资源计划提供标准期量基础数据。

7. 建立富有效率的扁平化基层组织

公司在“十二五”期间就推进了精益生产的实施，到了“十三五”，随着精益生产的推行和 SAP、MES 等信息化系统的成熟，管理部室的管理水平不断提高，管理颗粒度不断细化，基层生产单位已经具备了机构扁平化变革的条件，公司以成熟基层生产单位为试点（所谓“成熟”具体体现在生产计划排产到工位、物料配送到工位，可实现信息化报工），压缩管理层次，按照生产厂管理生产线、生产线管理生产工位的管理逻辑，实现管理扁平化，提高效率。

8. 建立实现有效跨区域管理的母子公司组织

公司将子公司按照主营业务分为制造子公司、技术子公司、贸易子公司、新业务子公司。为更好地实现跨区域管理，各子公司按照类别由各平台管控，制造子公司隶属公司制造平台，技术子公司隶属公司技术平台，贸易子公司和新业务子公司隶属公司拓展平台。

对制造子公司，母公司集中管控“战略、品牌、文化、财务、人力”和“市场、研发、关键采购”，以强化计划、指标管控和成套标准输出能力为重点，保障子公司健康发展。制造子公司轻资产轻资源，运用母公司输出的成套标准快速复制。制造子公司的机构设置可以基本一致，可设置综管处、经营处、生产处、保障处等部门，通过强化子公司各部门的管理能力，实现各部室对工位的直管。

对非制造子公司，随着一体化、多元化项目的逐渐落地，以及海外的快速布局，公司在短时间内成立了一定数量的新业务子公司、技术子公司和贸易子公司。企业形成了这三类子公司的机构设置标准，在新公司成立后，以机构设置标准和自身特点为依据，快速搭建组织机构。以城轨交通一体化新业务子公司为例，除了企管、人事、财务、技术等部门，还设置基建部、车辆部、运营部、维保部等部门，以满足一体化项目的运作。

（三）打造管理体系、精益、信息化高度融合的经营管理体系

管理体系、精益、信息化之间的有效融合是中车唐山公司经营管理体系的最大特点。实现三个体系的有效融合，根本是推动标准化建设，即三个体系之间实现管理流程、要素、接口、数据的标准统一。

1. 基于多标一体的管理体系标准化建设

基于多标一体的管理体系标准化建设，就是以 IRIS 体系（国际铁路行业标准）为核心，通过整合质量、环境、安全、能源、内控、卓越绩效等公司所有管理体系，运用过程方法，将公司的主要经营活动划分为核心过程、支持过程、管理过程三大过程，并对相关的输入、输出、资源、主导部门、相关部门、过程步骤、过程绩效、过程风险、关联过程、关联文件等进行逐项分析和确定，同时将管理文件按照一级管理文件、二级管理文件、三级管理文件、四级管理文件以及管理标准的文件架构与每个过程建立一一对应关系，系统地说明公司经营管理包含的活动、涉及的过程、过程间的相互关系以及控制方法。

（1）管理体系标准一体化

通过梳理适用于质量、环境、安全、能源、内控、卓越绩效等的 9 个管理体系、548 个标准条款，形成公司内部一体化的管理体系标准要求。同时与公司现有管理文件进行对照，形成了“标准-文件对照

表”(图 2),并对现有管理文件存在的管理重叠、管理不足和管理缺失问题进行了分析。

公司各管理体系标准条款—要求（通用/特殊）对照表

9001：2015	IRISrev02	CRCCrev1.2	GJB:2009	14001:2015	28001：2011	23331:2012	19022:2003	19580:2012	要求	过程	程序文件	管理办法
标准条款号、名称												
.2质量方针 .2质量目标及其实施的策划 .2.1质量目标 .2.2实现质量目标措施的策划	5.3质量方针 5.3.1经营计划 5.4.1质量目标	5.3质量方针 5.4.1质量目标	5.3质量方针 5.4.1质量目标	5.2环境方针 6.2环境目标及其实现的策划 6.2.1环境目标 6.2.2实现环境目标措施的策划	4.2职业健康安全方针 4.3.3目标和方案	4.3能源方针 4.4.6能源目标、能源指标与能源管理实施方案	6.3质量目标	4.2战略 4.2.1总则 4.2.2战略制定 4.2.2.1提要 4.2.2.2战略制定过程 4.2.2.3战略和战略目标 4.2.3战略部署 4.2.3.1提要 4.2.3.2实施计划的制定与部署 4.2.3.3绩效预测 4.4.3财务资源	文档 战略、方针、目标	战略管理 方针、目标管理	《战略管理程序》 《环境与职业健康安全目标、指标和管理方案管理程序》 《能源基准、目标、指标、实施方案控制程序》 《质量目标管理办法》 注：建议合并，《方针、目标管理程序》	注：拟编制《经营计划管理办法》 《合作协议管理办法》
.3组织的作用、职责和权限	5.5职责、权限和沟通 5.5.1职责和权限	5.5职责、权限和沟通 5.5.1职责和权限	5.5职责、权限和沟通 5.5.1职责和权限	5.3组织的岗位、职责和权限	4.4.1资源、作用、职责、责任和权限		6.1.1人员的职责		岗位、职责、权限		《经营管理手册》 《中车唐山机车车辆有限公司组织机构设置及职责分工》	
策划 .1风险和机遇的应对措施	8.5.3预防措施	8.5.3预防措施	8.5.3预防措施	6策划 6.1应对风险和机遇的措施 6.1.1总则 6.1.2环境因素 6.1.3合规义务 6.1.4措施的策划	4.3策划 4.3.1危险源辨识、风险评价和控制措施的确定	4.4.3能源评审			文档 管理体系策划	风险管理	《风险管理程序》 注：建议修订，加入各管理体系关于风险的要求以及应对风险措施的管理要求。	《产品质量安全风险管理实施办法》 《能源评审程序》 《环境因素（危险源）辨识、风险评价和控制措施程序》
支持 .1资源 .1.1总则	6资源管理 6.1资源的提供	6资源管理 6.1资源的提供	6资源管理 6.1资源的提供	7支持 7.1资源	4.4.1资源、作用、职责、责任和权限		6资源管理	4.4资源 4.4.1总则	[illegible]			

图 2　标准-文件对照表

(2)过程的识别、分析与建立

对 9 个管理体系的全部过程进行分析和归类,形成过程关系图,建立“标准-过程对照表”(图 3)。同时运用过程方法,从两个维度对过程进行划分:一是按照管理层次将公司的主要经营活动划分为一级过程和二级过程,一级过程的代号用字母加数字表示,如 C1,二级过程的代号即在所属一级过程代号后再加数字,如 C1.1、C1.2 等;二是按照业务类别划分为核心过程(COP)、支持过程(SP)、管理过程(MP)三大过程,如图 4 所示。此外,公司对每一个过程相关的输入、输出、资源、主导部门、相关部门、过程步骤、过程绩效、过程风险、关联过程、关联文件等进行逐项分析和确定,如图 5 所示。

9001: 2015	IRISrev02	CRCCrev1.2	GJB:2009	14001:2015	28001: 2011	23331:2012	19022:2003	19580:2012	标准要求	过程
4.4质量管理体系及其过程 4.4.1总则 4.4.2过程方法 6.3变更的策划	4质量管理体系 4.1总要求 5.4策划 5.4.2质量管理体系策划	4质量管理体系 4.1总要求 5.4策划 5.4.2质量管理体系策划	4质量管理体系 4.1总要求 5.4策划 5.4.2质量管理体系策划	4.4环境管理体系	4职业健康安全管理体系要求 4.1总要求 4.3策划 4.3.2法律法规和其他要求	4.能源管理体系要求 4.1总要求 4.4策划 4.4.1总则 4.4.2法律法规及其他要求 4.4.4能源基准 4.4.5能源绩效参数	4总要求		管理体系	M2.1 管理体系策划
5领导作用 5.1.1针对质量管理体系的领导作用与承诺 5.1.2针对顾客需求和期望的领导作用和承诺 5.3组织的作用、职责和权限	5管理职责 5.1管理承诺 5.5职责、权限和沟通 5.5.1职责和权限 5.5.2管理者代表 5.2以顾客为关注焦点 5.5.4顾客关系管理	5管理职责 5.1管理承诺 5.2以顾客为关注焦点 5.5职责、权限和沟通 5.5.1职责和权限 5.5.2管理者代表	5管理职责 5.1管理承诺 5.2以顾客为关注焦点 5.5职责、权限和沟通 5.5.1职责和权限 5.5.2管理者代表	5领导作用 5.1领导作用与承诺 5.3组织的岗位、职责和权限	4.4.1资源、作用、职责、责任和权限	4.2管理职责 4.2.1最高管理者 4.2.2管理者代表	5管理职责 5.1计量职能 5.2以顾客为关注焦点 6.1.1人员的职责	4.1领导 4.1.1总则 4.1.2高层领导的作用 4.1.3组织治理 4.1.4社会责任 4.1.4.1提要 4.1.4.2公共责任 4.1.4.3道德行为 4.1.4.4公益支持	公司治理	M7.1 社会责任 M1.3 公司治理

图 3　标准-过程对照表

(3)搭建管理文件架构

公司的管理文件架构如图 6 所示,由一级管理文件、二级管理文件、三级管理文件、四级管理文件以及管理标准构成。其中,一级管理文件、二级管理文件(二级管理文件对应二级过程)、三级管理文件为公司级文件;四级管理文件为单位级文件,将公司的管理要求自上而下,落实到工位、岗位;管理标准不分级。

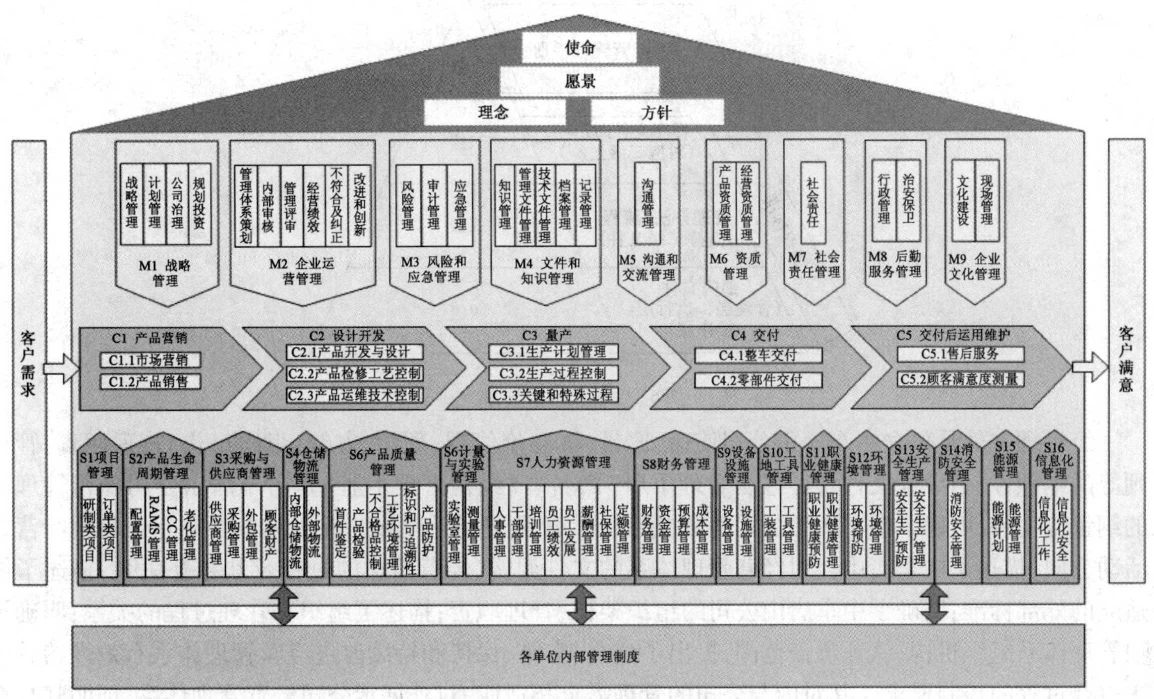

图4 过程体系示例图

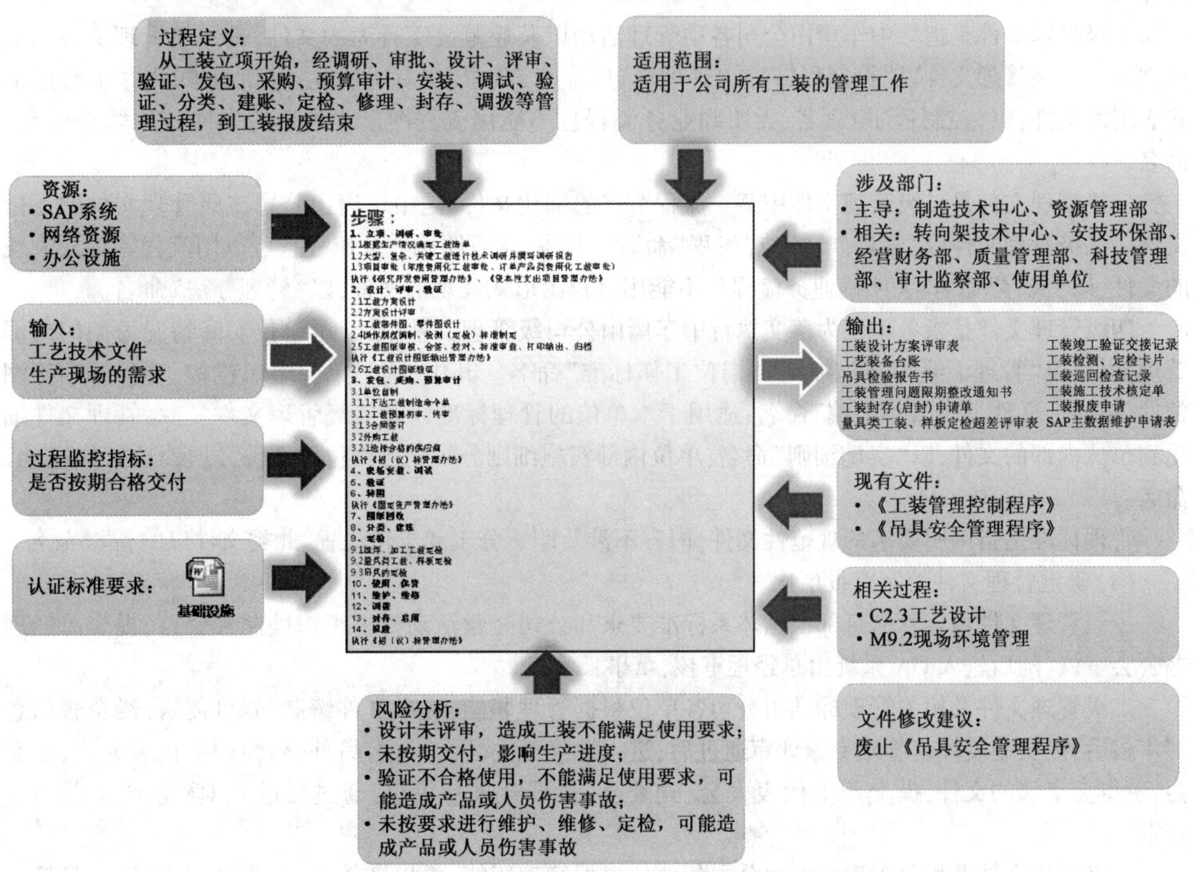

图5 过程示例图

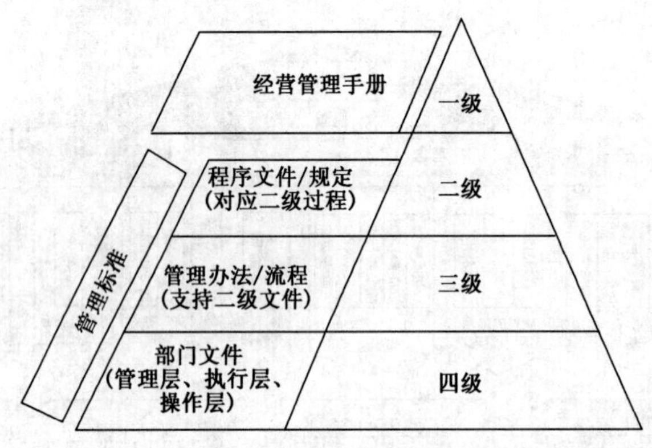

图6　管理文件架构图

一级管理文件是包含中车唐山公司使命、愿景、核心价值观、理念、方针、组织机构、管理职责、管理原则等的纲领性、指导性文件,以"经营管理手册"命名。《经营管理手册》是中车唐山公司经营管理体系的纲领性文件,明确了中车唐山公司使命、愿景、价值观、理念和方针,指导中车唐山公司各项经营管理活动方向;描述了中车唐山公司经营管理体系的文件架构、经营活动的过程及其相互关系;描述了体系适应的外部标准;明确了中车唐山公司的组织架构、管理职责;描述了组织和管理过程的关系;明确了专项管理体系组织机构、认证覆盖范围;提出了建立、实施、保持和持续改进经营管理体系有效性的总体要求以及过程的控制要求。其对内与公司的管理需求相适应,对外展示公司经营管理体系,证明其与客户要求的管理体系相符合;同时,兼顾并支持 IRIS、GJB、CRCC、安全、环境、能源、测量等多个管理体系认证的要求。

二级管理文件是指导中车唐山公司各项管理活动以及规范员工行为的文件,是一级管理文件的支持文件。二级管理文件以"控制程序"或"管理规定"命名,其中,含有明确业务流程且可以用流程图形式表现的文件,以"控制程序"命名;无明确业务流程且不能用流程图形式表现的文件,以"管理规定"命名。

三级管理文件是二级管理文件中某一流程节点的细化文件,是中车唐山公司二级管理文件的支持文件。三级管理文件以"管理办法"或"流程"命名。其中,含有明确业务流程且可以用流程图形式表现的文件,以"流程"命名;无明确业务流程且不能用流程图形式表现的文件,以"管理办法"命名。

四级管理文件是指各单位为落实执行中车唐山公司级管理文件,结合本单位实际情况编制的内部管理文件,以"管理汇编""实施细则""岗位工作标准"命名。其中,阐明单位组织机构、管理原则等纲领性、指导性文件,以"管理汇编"命名;适用于本单位的管理标准以及二级管理文件、三级管理文件细化到单位内部的文件,以"实施细则"命名;单位内部实施细则分解到各岗位的文件,以"岗位工作标准"命名。

管理标准是指阐明要求的规范性文件,内容不涉及职责分工和工作流程,此类文件以"标准"命名。

(4)确定管理文件编制审批层次

一级管理文件由企管信息部根据体系标准要求和公司经营活动要求组织编制和修订,提交总经理办公会审议,随后进入 OA 系统由总经理审核,董事长签发。

二级管理文件及相关管理标准由公司各单位根据管理职能,提出文件编制、修订需求,经企管信息部审核后,提交制度评审管理专家评审通过后,进入总经理办公会审议,另外,须经职工代表大会、党委会、董事会审议的文件,提交职工代表大会、党委会、董事会进行审议,通过后进入 OA 系统由总经理签发。

三级管理文件及相关管理标准由公司各单位根据管理职能,提出文件编制、修订需求,经企管信息部审核后,提交制度评审管理专家评审通过后,进入 OA 系统由主管副总经理签发。

四级管理文件及相关管理标准由公司各单位组织编制,其中管理汇编经本单位领导审核后,提交公司主管副总经理批准。职能部室的实施细则经单位领导审核后,提交公司主管副总经理批准;生产单位的实施细则由相关部室审核后,提交公司主管副总经理批准。

(5)建设管理标准化专家队伍

公司为保障多标一体工作的高效推进,发布了《制度评审管理专家聘用、评价管理办法》,经过组织、申报、选拔工作,正式组建了制度评审管理专家团队。

制度评审管理专家由中层及以上管理人员、中车管理专家、管理骨干人员、外部咨询管理体系专家四类人员组成,其中中层及以上管理人员和中车管理专家直接纳入制度评审管理专家库,不需参加评审选拔程序。

公司将制度评审管理专家分为A类专家、B类专家和C类专家,要求具有不同程度的评审判断能力、问题分析能力、文字表达能力、组织协调能力和创新能力。A类专家主持公司一、二级管理文件及相关标准的评审工作,参与评审公司各级管理文件;B类专家主持三级管理文件及相关标准的评审工作,参与评审公司各级管理文件;C类专家参与评审公司各级管理文件。

(6)建设制度文件信息平台

为方便员工查阅管理文件,公司开发了制度文件管理平台(图7)。除公司级管理文件和单位级管理文件以外,平台还涵盖了党工团管理文件和公司外来管理文件。

管理文件的查询采用两种模式,分别是树形查询和导视图查询。树形查询位于平台左侧,公司级管理文件树为核心文件树,以核心过程、支持过程、管理过程为主节点,依次配置了所属的一级过程、二级过程、二级文件、三级文件。导视图查询则展示了所有的一级过程和二级过程的全貌,点击任一过程,都可进入链接的子节点。

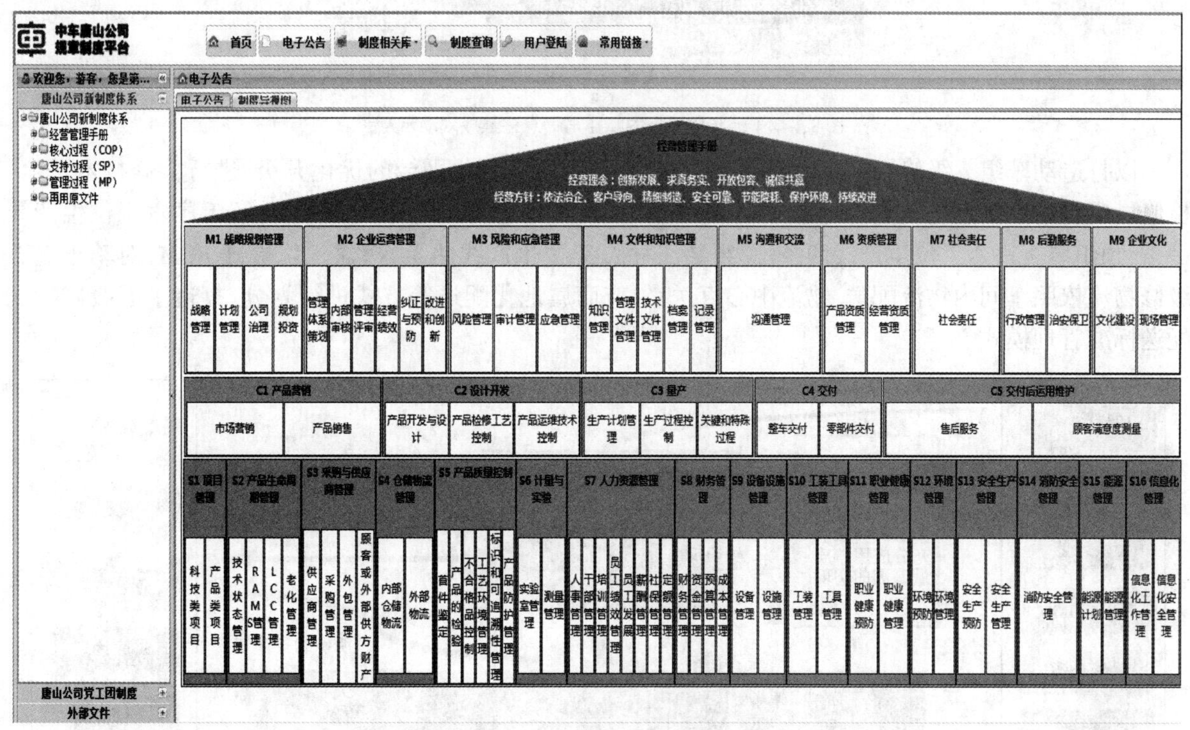

图7 制度文件管理平台

2. 标准化战略下的精益管理

经过多年的精益推动,中车唐山公司的精益管理以“工位制节拍化”作为唯一生产管控模式,实践了两种形态——“物流人不流(产品按节拍流动)”和“人流物不流(人员按节拍流动)”,实施了三段管理——“产前准备管理(模拟生产线建设)”“试生产管理(碳钢组装、城轨组装试生产线建设)”和“批量生产管理”,实现了标准生产建设、标准供应建设、标准技术建设和精益基础建设。在以上工作的基础上,中车唐山公司基于标准化战略,对精益、信息化、管理体系实施了集成联动。

(1)精益与管理体系的集成联动

公司从工作规范体系和评价规范体系两个维度入手,生产单位和要素管理部室共同推进,重点诊断了影响生产线工位运行的制约因素,重点识别了生产线工位的管理要素、任务要素及输入输出、接口、工作节拍时间等,从管理制度和管理流程层面与执层面寻求解决方案,编制了涵盖人员、成本、周期、质量等精益标准的管理文件,构建了可平移、可复制、可输出的精益管理标准体系。

(2)精益与信息化的集成联动

中车唐山公司精益与信息化的集成联动,一方面是充分利用公司现有信息化平台推动精益工作的开展,另一方面是按照精益理念对信息化平台进行系统升级或者开发新平台。最终通过精益与信息化的集成联动实现生产节拍化、管理网格化、成本工位化、配送节拍化、仓储集约化、供应准时化、零件标准化、产品模块化、开发平台化(图8)。

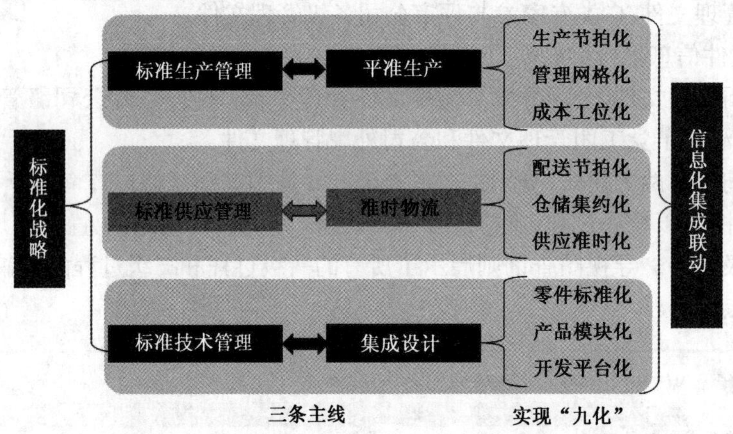

图8 基于标准化战略的精益与信息化集成联动示意图

以打造动车组五级修标准化生产平台为例,公司利用信息化平台的优化升级,进行检修技术平台、检修供应和精益信息化现场的打造(图9)。对五级修工位进行工艺分割,打造拆解工序六工位生产线一条、预组装工序六工位生产线两条、总组装工序八工位生产线两条,搭建工位检修BOM;对动车组五级修物流依照车间内物流配送、物流中心直送、供应商属地化配送等方式进行划分,打造了五级修物流配送标准管理模式。

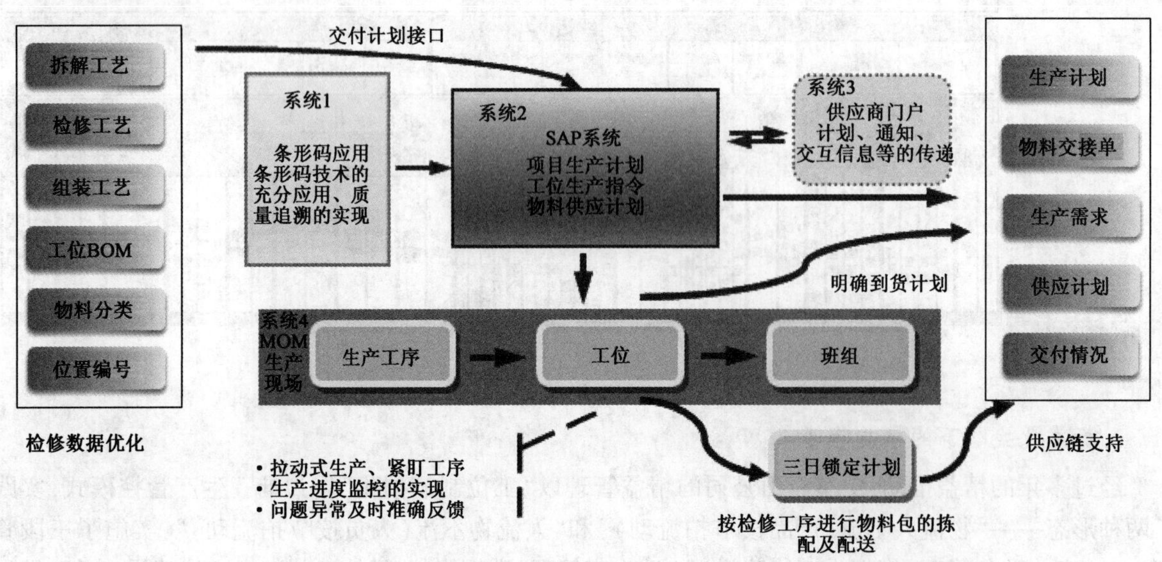

图9 动车组五级修精益与信息化集成联动示意图

3. 以融合为重点的信息化建设

近年来,中车唐山公司信息化建设的重点是拓展新平台不断填补功能空白,注重已有信息化平台与公司实际业务的融合(图10)。

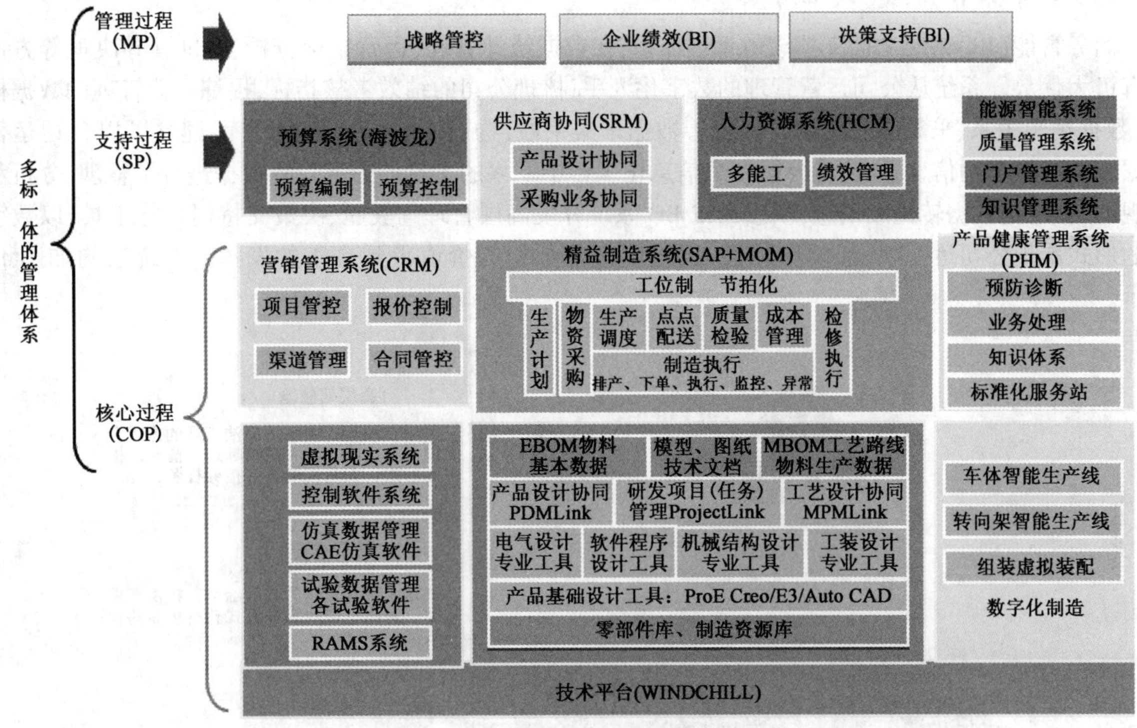

图10 信息化与管理体系融合示意图

公司信息化平台已经实现了对多标一体管理体系的全面支撑,以WINDCHILL、MOM、CRM等平台支撑核心过程(COP),以HCM、海波龙、SRM等平台支撑支持过程(SP),以商务智能(BI)平台支撑管理过程(MP),各平台中信息工作流与实际制度流程中的相关规定是一致的,各平台中的各项数据真实反映了业务实际运行情况,解决了多年来信息流与业务流“两张皮”的问题。

为实现信息化与精益的集成联动,公司下大力气对制造运营管理系统(MOM)进行了开发和不断完善,MOM系统以工位为基本单位,将标准作业指导书、工艺规程、生产节拍、检查项点、配置项点等要素数据录入,基于各工位显示各生产要素的情况,实现了异常问题管理等功能。此系统与公司实际精益工作的要求完全吻合,解决了精益要求和实际工作过程中存在的“两层皮”问题。

(四)基于指标优化和信息化平台的绩效管理体系

公司对绩效管理体系的优化,除了对战略需求涉及的重点业务进行倾斜以外,主要借鉴了多标一体和多系统融合经验,完善了指标体系,搭建了过程指标体系,并将各种指标纳入BI系统平台进行重点监控,指导公司经营决策,实现运营管理数字化。

1. 优化绩效指标设置

在绩效指标体系的构建上,公司以集团公司要求和公司战略要求为核心,融合了精益标准、管理体系标准及其他重要标准,形成了多标一体的绩效指标体系,包含经营类、技术类、项目类、生产类、质量类、安全环保类、人事类和重点工作类八大类指标。

2. 建立过程指标体系

公司在开展基于多标一体的管理体系标准化建设时,对过程相关的输入、输出、资源、主导部门、相关部门、过程步骤、过程绩效、过程风险、关联过程、关联文件等进行逐项分析和确定,这为过程指标体系的建立打下了坚实基础。公司对每个过程都设置了过程监控指标,并将过程监控指标作为公司绩效管理体系的重要组成,极大程度上规避了“只看结果不看过程”所带来的一系列弊病。

此外,为完善过程监控,公司编制了指标过程管控制度,要求被考核单位监控本单位过程指标,对指标完成情况进行系统性分析,分析偏差原因并制定整改措施。

3. 商务智能(BI)系统平台建设

商务智能(BI)系统全面支撑绩效管理体系,在数据统计管理、运营指标分析、辅助领导决策等方面具有极大优势。系统从公司运营管理的数字化入手,梳理公司的绩效考核指标,提炼运营管理的数据模型(数据逻辑关系、采集、转化、集成),完善数据采集手段,构建企业级的数据仓库,建立了以公司运营数据分析为核心的信息系统,将公司各个信息化平台中积累的大量的业务过程数据进行了整理、分析和直观的展示,把数据转化成信息,基于 SAP BO 系统开发高层管理驾驶舱、决策支持门户等工具,以数字化的形式展现公司运营状况,便于相关人员理解,使数据的价值得到真正的发挥。系统架构如图 11 所示。

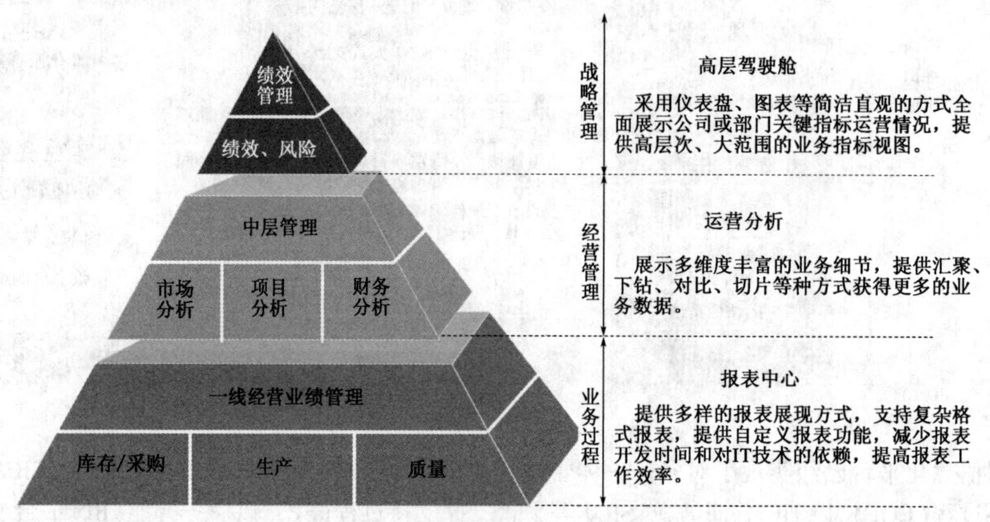

图 11　商务智能(BI)系统架构图

三、实施效果

(一)建立了公司特色的经营管理体系

中车唐山公司的经营管理体系从分散到聚合,逐步完善。公司以战略为牵引,以多标一体的管理体系为主体框架,以精益为抓手,以信息化为平台,通过管理体系、精益、信息化之间不断的系统融合推动公司各项业务高效运行,加上完善的绩效管理体系,形成了具有中车唐山公司特色的经营管理体系。

管理体系、精益、信息化之间的有效融合是中车唐山公司经营管理体系的最大特点。通过推动标准化建设,实现了三个体系之间管理流程、要素、接口、数据的标准统一。

(二)保障了战略目标的实现

1. 企业效益大幅提高

中车唐山公司净利润持续保持行业先进水平。在国内铁路市场上,公司时速 300 公里以上动车组市场占有率达到 20%,碳钢车市场占有率达到 42%,特种车市场占有率达到 95%;城轨地铁市场成功打开了天津、海西和石家庄市场;在国际市场上实现了北美的突破;新业务开拓全面开花,建成绿色智能人文一体化产业技术研究院,与西门子、威立雅、铁三院等 20 多家知名公司、科研院所签订了战略合作协议,已经中标武夷山、台州等地的一体化项目。

2. 管理水平大幅提升

中车唐山公司的经营管理体系使企业管理水平实现了脱胎换骨式的转变。公司搭建了平台化的组织机构,建设了多标一体的管理体系,实现了管理体系、精益、信息化之间的有效融合。“十三五”期间,中车唐山公司经营指标完成率一直名列集团公司前列,在市场需求严重不足的情况下,完成了中车集团公司下达的目标,在每年的年度综合业绩考评中均获评A级企业,并获得突出贡献奖或特别贡献奖。

3. 战略需求得到满足

公司的业务架构已经趋于良性,国际、城轨业务收入的比例正在逐渐加大;已经初步具备跨区域管理能力,国内外子公司、参股公司管理规范、发展势头良好;多品种、小批量快速交付能力较以前已经有了很大提升;已经初步具备全生命周期技术和服务能力;多标一体的管理体系建设取得圆满成功;运营数字化已经通过商务智能(BI)系统得以实现;智能化企业建设顺着标准化、数字化、智能化的道路快步前进。

上海海事局三维电子巡航系统

中华人民共和国上海海事局

成果主要创造人:肖跃华

成果参与创造人:汪志军　陆锡雷　曹　鹰　江　亮　赵　峰　汪旻琦

水上交通安全监管和搜救应急工作直接关系到人民生命财产的安全,关系到改革、发展、稳定的大局,维护水上交通安全、保障航运经济平稳发展是交通部门的重要责任。上海海事局作为保障上海市沿海、沿长江水域和航海港区水域水上交通安全的重要执法力量,对上海市经济发展发挥着重要的护航作用。随着"一带一路"倡议和海洋强国、长江经济带发展等国家战略的深入实施以及上海国际航运中心建设的不断推进,上海沿海海洋开发利用、海上贸易航行、海上休闲旅游等活动日益频繁,再叠加极端天气的影响,都不同程度地增加了海上的风险隐患,因此上海经济发展建设对上海海事局监管与服务能力提出了更高的要求。

海事巡航工作是海事动态监管的基础,随着上海港的不断建设和发展,传统巡逻艇巡航已经不能满足航运发展的新要求。根据《交通运输部海事局关于推进实施海事电子巡航工作的指导意见》的要求,为丰富船舶监管的方式,提高船舶监管的效率,上海海事局于2010年开始进行现场水上安全监管系统打造,2016年构建成完整的基于二维地理信息和AIS构建的电子巡航系统,通过该系统开展船舶交通安全管理和搜救应急工作,在上海港水上安全监管中发挥了重要作用。然而,二维地理信息在安全管理上缺乏高度上的空间信息,在桥梁、潮位等安全监管和信息表达上受限。基于三维空间地理信息的三维电子巡航系统就解决了这个问题,三维城市地理空间结合三维海图信息,打造出三维电子巡航系统,接入AIS船舶位置实时数据和船舶三维模拟,搭建起全辖区、全天候上海港水域通航实时虚拟现实场景,满足立体全视角下的巡航、监管和搜救应急应用。

上海港辖区水域内实施海事监管和服务的主管机关为上海海事局。上海海事局机关处室设置20个内设机构、5个处室办事机构,分为内设处室、处室办事机构、分支机构等。分支局包括吴淞、黄浦、杨浦、闵行、金山、浦东、宝山、崇明、洋山港9个分支机构,分别负责履行所辖区域内的相关职责。

辖区主要包括长江片区水域、黄浦江水域、洋山港水域3个主要水域。

长江上片区水域:包括长江上海段和长江口水域,这一片区是全世界船舶密度最高、航道航路最复杂、管理难度最大的水域之一。长江上海段自上游向下游入海口呈现着"三级分汊、四口入海"的特性,徐六泾处是第一级分汊,分为北支、南支;长兴岛处是第二级分汊,南支在此被分为北港、南港,圆圆沙处是第三级分汊,南港在此被分为北槽和南槽。即实际上形成了北支、北港、北槽、南槽共同入海的局面。长江上海段和长江口水域还分布有青草沙水库、陈行水库、东风西沙水库等上海市民主要生活用水的水源地,还有崇明东滩中华鲟自然保护区、九段沙鸟类自然保护区等,防治船舶污染水域的要求严。长江口水域还铺设有多条国际海底光缆,是我国国际海底光缆登录最集中的区域之一,安全保护要求高。总的来讲,长江上海段及长江口水域在生态环境、社会影响、通航效率等方面具有极高的敏感性。

黄浦江水域:包括自闵行发电厂至吴淞口101号灯浮之间水域以及蕴藻浜至日晖港之间支流第一座桥外水域和定海港全港水域,航道全长约67公里(36.3海里),是一条江面宽度不一、航道水深不等、弯头众多的狭窄水道，最宽江面达800米左右、最窄仅约300米左右，有9个主要弯道，其中陆家嘴弯道弯度最大，达115°，41个小港或河汊口，沿江码头林立，船舶在黄浦江航行操纵难度较大。随着上海市有关黄浦江两岸岸线功能转变的推进，特别是2018年年底杨浦大桥至徐浦大桥之间两岸45公里岸线贯通，黄浦江水域游览船、游艇等涉客类船舶航次在增加，浦江游览核心区水域在拓展。然而黄浦江上游浮吊整治后，砂石料运输船舶流量也在增长，进一步增加了黄浦江水上交通安全管理的难度。

洋山港片区水域：包括洋山深水港及杭州湾北岸金山水域，属海区，海域面积较为开阔，但由于该海域也属舟山群岛传统渔场海域，当前航行的船舶囊括了最为先进的国际集装箱干线班轮到最为简陋的“三无”渔船等各种类型，管理难度较高。总体而言，上海局辖区航道航路多、过境船舶多、区域差异大、社会敏感度高，且潮汐影响大、恶劣天气影响大、通航密度大、小型船舶占比大、船舶交叉会遇概率大的特点。

上海局辖区通江达海、江海共存，守长江东西大通道之咽喉、据沿海南北习惯航线之中心；既有内河船通达，又有海船进出。辖区通航环境复杂，航道航路多，船舶流量大、密度高、种类多，水上交通安全的敏感度高，安全要求高。

1. 潮流复杂

上海局辖区水域潮汐特性明显，呈现非正规半日潮的特点，每24小时50分钟内出现两次涨潮两次落潮，潮时每天平均比前一天延迟48分钟。里面水域呈往复流，外面水域呈旋转流。船舶逐潮性明显，每次涨落潮、转流前后各2个小时内船舶流量最大、密度最高。

2. 风复杂

辖区水域的风一年四季变化明显，风向随季节而变，春季、夏季多东南风、秋季多东北风、冬季多西北风。长江口水域大风天数多，持续时间长，风速大。每年10月至次年4月为寒潮大风活动季节。每次冷空气南下，通常会出现一次北或西北风向的大风，对沿海南北大通道和进出长江的船舶影响明显。每年寒潮侵袭次数差异较大，最多年份达到了8次，平均每年4.2次。寒潮过境时常常会伴随着6级以上偏北大风，持续天数多在3天以内，最长达到了6天，往往还伴有雨雪。寒潮过后，气温急遽下降，夜间常常会有霜冻，对船舶航行、停泊、作业安全带来不同程度的影响。每年的首次寒潮大风出现时，往往是长江口水域船舶险情、事故多发之日。

3. 航道航路复杂

辖区航道航路众多，既有人工建设维护的航道，也有自然水深的航路，还有数十条国际国内船舶习惯航线。包括长江上海段有12.5米深水航道及其延伸段、南槽航道、外高桥航道、宝山航道、宝山北航道、宝山南航道、南槽航道等大型船舶航道，南支航道及其延伸段、外高桥沿岸航道、宝山支航道、圆圆沙北侧通道、新桥通道、北港水道、北支水道等小型船舶航道；长江口有南北习惯航路；上海洋山深水港区及其附近有洋山主航道、洋山支航道、金山航道、临港主航道、临港支航道、漕泾东航道、漕泾西航道等；黄浦江有黄浦江航道。大小型船舶航道航路交叉重叠。

4. 码头类型复杂

辖区码头众多、类型复杂、等级大小不一。既有外高桥10万吨级、上海洋山深水港15吨级等主流大型集装箱码头和宝钢30万吨级、罗泾25万吨级的大型矿石码头，也有内支线码头和黄浦江内500吨级至1万吨级不等小型散杂货码头；既有新近建成试运行、高度自动化的上海洋山四期集装箱码头，也有上海通商开埠以来、年代久远但仍在运行的黄浦江内干散杂货码头；既有代表着最高管理要求的LNG码头和航空煤油码头、成品油码头、连片成区的金山危险化学品码头，也有黄砂、石子、煤炭、建筑垃圾等大宗散货码头；既有长兴岛海工装备基地、临港装备产业区和物流园区、北支启东临江船舶工业带等，也有中海浦东、白云山等浮船坞。

辖区水域主要法律、法规依据为《中华人民共和国海上交通安全法》《中华人民共和国海洋环境保护法》《中华人民共和国船舶与海上设施检验条例》《中华人民共和国航标条例》《上海海事局船舶污染清除作业管理办法》《上海海事局船舶污染清除协议管理制度实施细则》等。

至2020年,上海辖区水域已经建成了电子巡航及视频监控系统,基本能够覆盖辖区主要通航水域,对覆盖范围内的船舶交通管理发挥了积极的作用。

一、实施背景

(一)面临的外部环境

1.政策环境

(1)海洋强国战略

海洋强国是指在开发海洋、利用海洋、保护海洋、管控海洋方面拥有强大综合实力的国家。

建设海洋强国,是中国特色社会主义事业的重要组成部分。习近平同志在党的十九大报告中指出:坚持陆海统筹,加快建设海洋强国。在十八届中央政治局第八次集体学习时,习近平总书记指出:21世纪,人类进入了大规模开发利用海洋的时期。海洋在国家经济发展格局和对外开放中的作用更加重要,在维护国家主权、安全、发展利益中的地位更加突出,在国家生态文明建设中的角色更加显著,在国际政治、经济、军事、科技竞争中的战略地位也明显上升。我国是一个陆海兼备的发展中大国,建设海洋强国是全面建设社会主义现代化国家的重要组成部分。

(2)国家"互联网+"战略

2015年7月,国务院印发《关于积极推进"互联网+"行动的指导意见》,指出,积极发挥我国互联网已经形成的比较优势,把握机遇,增强信心,加快推进"互联网+"发展,有利于重塑创新体系、激发创新活力、培育新兴业态和创新公共服务模式,对打造大众创业、万众创新和增加公共产品、公共服务"双引擎",主动适应和引领经济发展新常态,形成经济发展新动能,实现中国经济提质增效升级具有重要意义。

(3)上海市国际航运中心战略

2018年,上海市发布《上海市国际航运中心建设三年行动计划(2018—2020)》,紧紧围绕国家战略,以《关于推进上海加快发展现代服务业和先进制造业建设国际金融中心和国际航运中心的意见》(国发〔2009〕19号)为指引,充分体现"一带一路"倡议和长江经济带发展、交通强国、海洋强国战略布局要求,将国家战略实施与上海国际航运中心建设紧密结合。充分体现制度创新性,依托上海自贸试验区改革创新平台,营造航运发展环境,集聚航运要素,提升上海国际航运中心辐射服务能力。立足航运中心转型升级,重点突出绿色航运、智慧发展和服务品质提升。并注重区域协作合作,在立足上海的同时,充分体现与长三角、长江经济带以及"一带一路"沿线国家的相互协作和共同发展。目标是到2020年,上海要基本建成航运资源高度集聚、航运服务功能健全、航运市场环境优良、现代物流服务高效,具有全球航运资源配置能力的国际航运中心。

(4)简政放权

简政放权是全面深化改革的"先手棋"和转变政府职能的"当头炮",是本届政府开门"第一件大事"。2014年国务院第一次常务会议主题是"简政放权"。一年多来,国务院取消下放的行政审批等事项已逾500项,而本届政府成立之初的承诺是,任期内至少要取消、下放现有1700多项行政审批事项的三分之一。简政放权要求中央各部委和各级地方政府建立权力清单制度,锁定了改革和管理的底数,放权对象既包括下一级政府,也包括社会、市场,改革的视角更加全面。及时修改法律法规,确保简政放权与相关法律、法规、规章相衔接,并对已出台的政策措施落实情况开展全面督查,改革的布局更为周密。不仅是力度和速度前所未有,改革的含金量也越来越高。

简政放权,精简的是束缚着市场主体的"无形枷锁"和错装在政府身上的"有形之手",放活的则是企业的活力、发展的动力和全社会的创造力。

2. 社会环境

(1)管理要求越来越高

按照习近平同志的城市精细化治理的精神要求,上海市正在以绣花一样的精神,积极推进城市管理工作,打造全球标杆城市。上海海事作为立足于上海的中央驻沪单位,根植于这里的土地,服务于这里的经济民生,这也就要求我们的治理水平和治理能力也要跟得上上海市城市治理标准,跟得上中央的全球标杆的要求,跟得上人民群众的期待。

(2)服务职能越发凸显

2015 年,李克强同志在全国推进简政放权放管结合职能转变工作电视电话会议上提出了"放管服"改革。改革是否到位,一个重要标准是看它能否为群众生活及办事增便利。"放管服"改革,对内要改革传统的行政管理体制,提升政府治理体系的现代化水平,对外要提升行政便利化水平,要大胆用足用好高科技手段来助推改革,不仅能节省企业群众办事的时间和成本,也可减轻各级政府部门的压力,以有限的人力更好地专注于创新管理和高效服务。随着行政许可事项的取消,水上执法监管工作由事前审核转向事中事后监管,理念就是便利群众办事,服务便捷出行,服务经济民生,减少执法监管环节对于群众正常经济活动的干扰。

(3)信息化飞速发展对传统监管模式的挑战

中国社会信息化发展日新月异,云计算、大数据、物联网、移动互联网、移动支付、5G 等技术渗透到生活的每一个角落,原来需要带钱包、卡、身份证等出门,现在一个手机就可以搞定。这就对海事管理提出了新的挑战,我们在执法监管和服务中,如何跟得上社会发展,让民众通过手机就能办理海事事项,就能够得到我们的服务,就能够进行信息交互和行政处罚。政务办理需要的烦琐的申请材料和执法时需要的庞杂的法律文书,如何可以"让数据多跑路,让民众少跑腿",是构建海事新监管模式的关键。

(二)内部条件

1. 执法模式改革顺利完成

根据交通运输部和部海事局提出的"到 2015 年,基本建成全方位覆盖、全天候监控、快速反应的现代化水上交通安全监管系统"的要求,通过整合资源,再造流程,以深化网格化管理模式,强化一线海事监管力量,扩大监管覆盖面,形成以 VTS 监管、水上巡查为主、空中巡航为辅的全方位、立体化、全天候的巡查执法模式,突出水上监管服务的专业性、高效性和连续性,加强配合与监督,提升海事监管能力,提高海事服务水平,提高行政执法效能,促进海事事业又好又快发展,更好地融入上海国际航运中心的建设。

2. 二级云中心已经搭建完成

至 2020 年,上海海事局二级数据中心已经完成虚拟化改造和资源扩容,现有 2 个海事内网计算资源池、1 个 DMZ 区计算资源池、3 个存储资源池、1 个备份资源池,满足日常系统运行和短期内新系统上线部署需求,满足数据安全要求。经过等级保护项目建设,网络安全隔离和主动安全防护设备已经配备齐全、配置完整,满足等级保护标准要求,海事内网应用通过防火墙设备进行访问控制,互联网应用部署在 DMZ 区,对应的数据库部署在内网区,通过边界防火墙设置访问控制,接入互联网用户访问,保证网络和数据安全。至 2020 年,部署虚拟服务器 200 多台,支撑了上海海事局所有的应用系统计算和存储。

3. 信息化监管不断深入人心

社会信息化大潮的风起云涌,推动着各个行业的变革,政府治理和执法监管也面临着信息化挑战,生活中的信息化便利手段,如何体现在行政执法和政务服务中,每一个海事执法人员都在不断地思考、尝试、探索。信息化项目的不断迭代,逐步改变了汗水型和盲动型的巡航模式,让数据跑起来,让数据说话,巡航执法力量下沉到问题船舶和问题水域,实现精准执法和精确治理,海事执法人员在实际执法过程中,体验到了信息化对执法监管工作成效的大幅提升,海事的执法威慑力大幅提升,通航秩序持续改善。海事系统信息化执法监管理念深入人心。

4.“一网通办”“一网统管”初具规模

根据交通运输部海事局统一规划和信息化建设“一体化”精神,推行“互联网+政务”和“互联网+监管”建设双管齐下,构建海事政务“一网通办”和海事监管“一网统管”,整合信息系统数据资源,优化业务流程,基本完成电子政务一网通办建设,正在基于电子巡航系统、选船系统、行政处罚等业务系统,整合构建“一网统管”系统,提供辅助决策和综合监管能力,满足上海港水域交通安全“一屏观天下”“一网管全域”的监管目标。

5.信息创新活力不断涌现

不断完善创新机制保障,信息化创新越来越成为助力海事精准监管执法和执法流程优化的重要途径,信息化创新成果在年度考核和评先评优中的占比越来越重,可以说,谁更好地掌握信息化工具,谁就能更高效地开展工作,谁能够更好地使用信息化工具,谁就能够不断优化改造我们的海事执法监管工作流程。不断加大力度开展创新人才发掘,开展多种形式比武竞赛活动,青年人才创新大赛、VTS比武、电子巡航技能比武等竞赛活动中,创新人才不断涌现,创新思路层出不穷,创新理念深入人心,创新氛围日益浓厚。

二、成果内涵和主要做法

三维巡航系统主要通过全息接入和虚拟现实技术,实现三维仿真场景里的巡航和监管,通过建设三维数据展示功能,用以实现海事3D场景的浏览、飞行、坐标定位、基础查询、标绘等基本功能,同时可以使用右上角的导航图标控制。

(一)成果内涵

本项目根据上海海事局业务监管的实际需求,主要对以下三方面进行项目建设:

①利用时空大数据技术将基础地理信息、船舶数据、气象数据等各类海事监管所需的业务数据和AIS动态实时数据进行整合,并研究建立水上交通智能监管方法,科学判断异常事件,发出报警信息。

②利用城市级高精度三维地理信息数据以及新建的船舶部件、海上景物等场景,基于复杂三维场景高性能渲染技术,开发上海海事三维电子巡航系统,实现三维模拟巡航。

③研究基于视频实景地图技术,建设视频实景监控系统,辅助业务管理人员对未开启AIS的船舶进行监管。

本项目是GIS技术在海事业务管理的一次成功应用,具有以下4项主要特色:

①在国内率先将船舶实时业务数据在二维地图、三维场景、实景视频中进行动态展示,实现了业务数据的多元化展示与分析方法,可以对海上的众多船舶进行快速查询,通过查询结果快速显示出当前查询船舶的主要信息,如船舶的名称编号、管理部门、船舶类型等相关信息,大大提高了船舶信息统计和整理的作业效率。也可以对目标船舶和特定地物点进行精确的坐标查询,方便海事管理部门对某些特殊船舶和地物点坐标信息的掌握和了解,以此能够更方便地有助于海事管理部门对相关船舶信息的定位。

②利用GIS空间分析功能,结合警戒区、护航区等信息,实现水上交通管理智能化监管,科学判断出当前船舶位置是否处于非法区域,并且可以通过短信、声光等方式通知业务管理人员。

③利用海量船舶信息的三维动态模拟展示技术,解决传统AIS系统只能展示当前船舶位置与朝向而无法直观动态地模拟船舶当前航行路线与速度的问题,实现对接船舶的AIS信号,对同一时间在线的船舶(1000条左右)实时读取船舶位置信息和相关信息,实时在三维场景中加载对应大小与类型的船舶模型,并在三维场景中动态平滑地模拟出所有船舶航行线路。

④利用基于视频实景地图技术、视频与标示信息融合叠加技术,实现了所有开启AIS定位信号船舶的自动化标注。对于当前没有开启AIS信号的船舶,由于在实景视频监控系统中没有对应的船舶标注信息,能非常直观地辅助监管人员对非法运行的船舶进行识别,辅助业务管理人员进行船舶的监管。

本项目实施严格按照 ISO 9001、ISO 14001、OHSAS 18001 三体系要求对项目进行质量、环境、职业健康与安全管理，并遵循兼容性、规范性、开放性、扩展性、安全性五大原则建设，过程管理规范，质量优良。

（二）主要功能

三维巡航系统主要通过全息接入和虚拟现实技术，实现三维仿真场景里的巡航和监管，通过建设三维数据展示功能，用以实现海事 3D 场景的浏览、飞行、坐标定位、基础查询、标绘等基本功能，同时可以使用右上角的导航图标控制，三维巡航系统主要应用于黄浦江水域，具体功能如下：

1. 场景视点

构建三维海事相关模型，真实地还原海事风貌，实现地上地物要素的模拟三维显示，提供美观、便捷的海事三维展示引导服务，可以根据我们的具体需求情况或者特殊的视角上，在三维场景中及时建立相关视点，方便用户了解海事某些三维建设情况，视点功能可以通过三维平台上的场景视角进行视点保存，也可以通过双击已经建立好的视点进行快速定位。

2. 场景浏览

可以实现对海上三维景观的飞行浏览，通过对海上景物和船舶的浏览、环绕等对整体三维场景进行关注，达到与实际情况非常逼真的效果，能够及时地发现海上出现的有关事故情况，如船舶的碰撞、溢油、火灾、走错等情况，并且快速地给出处理方法，营救路线等，帮助海事管理部门提供了相关海事问题的解决方法，同时很大程度上帮助海上的巡视、航海、航线规划和船舶总体停泊位置的查询等工作，方便海事相关工作的顺利进行。

3. 场景路径飞行

通过选取对应的海事三维浏览路径，来模拟运动物体（飞机、摄像机等）的运动路径定制，预先设置好常用的浏览飞行路径，如从某个位置到另外一个位置进行飞行浏览，可以及时地掌握当前海事三维情况，减少了传统海事整体场景的检查所带来的诸多不便因素，节约了大量的时间，实现高效率的场景查看和整体场景监管。

系统可以实现飞行视角自定义高度和路线巡航，模拟巡逻艇视角江上巡航，定义任意船舶，可采用跟随方式随船漫游。

4. 漫游

可以通过漫游功能来实现场景的漫游，浏览者通过相关连续性操作就可以对三维场景进行自定义漫游浏览，实现三维场景的海上船舶连续浏览和检查，并根据相应需求来调节浏览方位，系统也能够实现第一人称和第三人称间的相互切换。进而达到多视角浏览的目的。

5. 量算

借助量算功能来解决海上船舶与船舶之间危险距离的问题、船舶靠岸安全距离，以及海上行事航线的距离等问题，本系统量算功能主要包括水平距离量算、垂直距离量算、空间距离量算。

6. 船舶查询功能

属性查询：可以对海上的众多船舶和事物进行快速查询，通过查询结果可以快速显示出当前查询船舶的主要信息，如船舶的名称编号、所有者、管理部门、船舶类型等相关信息，对显示的三维对象进行查询，能够让海事管理者对各类船舶更方便地检查和查询，以便于后期的船舶信息统计，大大提高了船舶信息统计和整理的作业效率。

空间位置查询：该功能可以实现对某片海域内的所有船舶数量和信息进行整体查询，可以根据海事管理者的意愿对目标海域进行特定的查询，以此来实现海事信息的区域性查询，并且可以从该整片区域所查询的结果中进行单独目标信息的筛选和定位。

坐标查询：可以对目标船舶和特定地物点进行精确的坐标查询，方便海事管理部门对某些特殊船舶和地物点坐标信息的掌握和了解,有助于海事管理部门对相关船舶信息的定位。

7. AIS 船舶位置信息接入和实时展示

能够实现 AIS 船舶位置信息的接入,如提供的实时天气、潮汐、流速、水深等助航信息和实时展示,为了避免船舶之间发生碰撞,会对同一时间在线的多条船进行每船 3 秒 ~6 分钟时间不等地发送船位,实时的检测助航设备状态并可跟踪漂移的浮动助航设备,来实现安全助航的效果,并且可以实现通过获取船舶信息,在系统点击目标船后显示。通过对每个船舶的信息查询,可以查找该船舶相关的信息,也可以通过实时显示船舶的相关信息情况来记录船舶的行驶航线和海上航行情况。

8. 三维系统视频嵌入、调用以及投射

三维系统可实现视频监控画面的嵌入和调用以及视频监控画面的三维场景投射等功能。

视频监控嵌入指将当前安装的视频监控点嵌入到三维显示系统,在三维巡航时,就可从三维平台看到画面范围内的所有的视频监控点。

在三维平台看到的视频监控点,选择后可一键调用该视频监控点的视频监控图像。

视频监控点的视频图像,调用后可投射至三维平台,显示方式同样为三维显示,显示界面可在当前界面直接显示,或者另弹窗显示。

9. 与现有二维 AIS 系统进行对接

本系统也将与现有 C/S 结构的二维 AIS 系统进行对接,实现二、三维切换功能。

从二维地图切换到三维地图:

(1)船舶位置切换

开发相应的功能接口提供给现有二维 AIS 系统,并由原有二维 AIS 系统中点击相应的船后,调用三维系统中提供的功能接口,实现在三维地图中可快速定位该船舶的位置,并可对该船的信息进行浏览、查看。

(2)场景切换

开发相应的功能接口提供给现有二维 AIS 系统,使其在有二维 AIS 系统中点击切换三维场景功能后,调用三维系统中提供的功能接口,实现在三维地图中快速同步定位到二维地图所在区域。

从三维地图切换到二维地图:

(1)船舶位置切换

在三维地图中可点击相应的船舶,然后调用二维 AIS 系统中提供的功能接口,实现在二维地图中快速定位三维场景中选中的船舶。

(2)场景切换

根据提供的二维地图位置切换接口,在三维地图中点击二维地图切换功能后,调用二维系统中提供的功能实现在二维地图中快速同步定位到三维地图所在区域。

10. 三维地理信息平台前置服务

根据上海市地理信息公共服务平台中提供的现有三维模型数据服务,提取范围覆盖上海市外环内精细化三维城市模型,其中包括 DEM 数据、现状三维模型数据、影像数据,其中现状三维模型包括建筑物、高架、道路、市政设施、广告牌、植被、树木等。并将上述数据发布到上述前置服务器中,为海事局相关部门提供所需基础三维地理信息数据服务。

11. 多系统联动

应用增强现实视频技术,实现电子巡航系统 CCTV、GIS、AIS、三维平台联动展示。并能应用视频分析技术,通过 CCTV、AIS、VTS 系统的联动实现对船舶的连续追踪,并通过信息比对,能智判断船舶是否开启 AIS。

系统应实现二维 GIS 中视频监控的地理位置标注和调用,实现二维 GIS 中目标船舶的视频接力跟踪,实现二维 GIS 中指定经纬度点的视频调用查看,同时,在三维巡航情况下,可实现三维 GIS 与二维 GIS 的定位联动,在二维 GIS 中发现的目标能直接投射至三维平台供调用。

三、实施效果

(一)经济效益

大幅降低执法巡航车船燃料消耗开支。仅 2 小时就可以完成一次完整的黄浦江辖区智能巡航,大大提高了船艇巡航效率。以 40 米级海巡执法艇为例,主机功率为 2944 千瓦,对应主机的标定全负荷油耗为 210 克/千瓦时,每天节约 2 个小时的辖区巡航,测算年度节约油耗如下:

(210 克/千瓦时 ×2944 千瓦 ×80% ×730 小时 ×60% ÷1000 ÷1000) =216 吨

单船年度节约燃料油费用约为 130 万元。

(二)社会效益

1. 规范水上通航秩序,提高水上通航效率

三维电子巡航结合二维电子巡航和视频监控系统,在通航秩序整治中,特别是超速和返航道等违章的发现和纠违中发挥了重要作用。2018 年度,通过电子警察发现排除安全隐患 432 起,安全提醒 26000 余次,通过整治,违章船舶数量大幅下降,黄浦江水域通航船舶事故量大大降低,辖区安全水平不断提升,辖区游览船和客渡船安全得到保障。

2. 保障水上交通安全,服务群众安全便捷出行

上海海事局监管指挥工程的建设可以提高海上搜救应急工作效率和应急事故救援的成功率,降低了海上安全事故的发生。应急预案的电子化及应急方案的科学制定,解决了过去在处置突发事件的指挥时依靠手工作业、依靠个别专家的个人智慧和经验,容易发生指挥失误和遗漏的问题,大大推进了水上应急指挥工作的标准化、规范化,进一步提高了水上应急指挥的效率。在三维电子巡航中,划定水上斑马线,对客渡船、游览船以及大型邮轮航路和活动水域进行重点监控和电子护航,及时发现和威胁客运安全运行船舶,进行安全提醒和处置。设置客渡船习惯航路,偏离航线报警,提醒值班员及时干预,减少搁浅等风险隐患的发生。

(三)生态效益

1. 减少轮艇巡航,低碳环保

2018 年度,通过电子巡航替代船舶巡航方式,减少单船船舶巡航里程约为 2 万多海里,减少燃油消耗 216 吨,减排二氧化碳 673 吨。

2. 提高污染整治力度,守护碧海蓝天

加强船舶排放控制区执法,打响蓝天保卫战。运用燃油排烟监测技术,实现燃油排放的远程测量,实现排放控制监管和执法,在上海市特大城市大气污染防治中,发挥了重要作用。

四、未来展望

截至 2020 年,三维电子巡航已经实现了黄浦江辖区的全域巡航,但是上海洋山港水域和长江口水域岸线和水域模型缺少,下一步随着上海市数字城市的不断推进,全市范围的三维数据将建立完善,实现上海海事局全辖区的三维电子巡航。

继续丰富信息接入,接入气象、水文信息,丰富实时天气模拟,接入更多船舶业务数据,建立更加丰富的船舶模型库,覆盖辖区常见的船舶类型。利用差分定位实现精确定位,定位信息接入三维,通过虚拟现实远程监控船舶靠离泊。

轨道交通装备新型研发机构创新模式的构建

株洲国创轨道科技有限公司

成果主要创造人:李　林　陈　皓

成果参与创造人:洪　筹　秦　哲　张晶福　周晓彤　周婧妤　陈佳鸯
李　栎　肖黎亚

株洲国创轨道科技有限公司(简称"国创科技")始建于2018年2月,注册资本4.8亿元,资产总额2.2亿元,员工89人,是由中车株机牵头,联合中车株洲所、中车株洲电机、中车株洲投资控股4家中车在湘核心企业,株洲国投、株洲高科等株洲市国有平台公司,清华大学等科研院校,联诚控股、九方装备等民营企业,以及深圳麦格米特、南京高精齿轮传动、金蝶软件(中国)等上市公司,共计12家企业联合组建的国有控股公司。

国务院在《中国制造2025》中,明确提出围绕先进轨道交通装备等十大领域实施制造业创新中心建设工程、工业强基工程、智能制造工程、绿色制造工程、高端装备创新工程五大工程,推进制造强国建设。为快速弥补技术创新与产业发展之间的断层,促进实验室技术向实际产品转移转化,进一步抢占未来发展的制高点,轨道交通行业龙头、核心配套企业、高等院校、研发机构、政府平台、上市公司等产业链上下游各方立足优势产业领域,以国创科技运营载体,联合先进轨道交通装备创新联盟,按照"企业+联盟"的协同创新生态模式联合组建了先进轨道交通装备创新中心(简称"创新中心")。2019年1月,创新中心经国家制造强国建设领导小组办公室认定,成为全国第十家、湖南省及非省会城市第一家、轨道交通装备行业唯一一家国家级创新中心。

创新中心采取"运营公司+产业联盟"的发展模式,按照优势互补、协同创新、开放共享的原则,集聚科学家、企业家、金融家和工匠家等四支队伍,探索了轨道交通装备新型研发机构运作模式。汇聚全国先进轨道交通装备领域的优势资源,形成一支引领行业发展、代表国家参与世界竞争的队伍;以核心团队的技术开发与人才培养为基础,进行行业整合,打造创新链及支撑产业链;构建技术协同创新体系,以前沿技术作为引领,实现关键核心技术与共性技术的突破;在基础研发及市场之间,构建集成创新、技术转移、技术扩散及首次商业化平台,打造产、学、研、用、政、金、商协同的新型可持续发展模式。

一、成果创建背景

(一)落实建设交通强国战略,实现行业在新形势下持续创新发展的需要

当前,世界经济格局迎来了重要转折点,贸易保护主义升温,大国博弈加剧,经济摩擦政治化抬头,世界经济充满不确定性,摩擦相继发生,"中兴事件""华为事件"相继发生,引发社会大众对"卡脖子"技术的深刻思考和关注,制造业的竞争已不单是企业个体之间的竞争,更是整个行业乃至整个国家制造水平的竞争。轨道交通装备产业作为国家的"金名片",在全球同行业竞争领先地位的创新压力下也面临着"不进则退"的发展危机。

纵览全球竞争大格局,德国、法国、日本等传统高铁强国,都纷纷制订下一代高速列车研发计划,在新制式轨道交通、磁浮交通、超高速管道列车等领域竞相争夺;美国、韩国、加拿大等国也不甘示弱,开始

进行大量高速车的理论研究和试验工作,试图在这场科技竞赛中抢占一席之地。面对轨道交通领域日益激烈的国际竞争,需要不断地创新以保持并跑、实现领跑。单纯依赖传统单一要素创新驱动的时代已显然满足不了当前激烈的竞争态势,迫切需要构建整合优势产能实现协同创新发展的新模式,面向行业,形成"万众创新"的新局面。

(二)打破技术孤岛缺陷,实现产业创新资源"串珠成链"的需要

与西门子、阿尔斯通、庞巴迪、通用电气等国际一流轨道交通装备跨国公司相比,中国轨道交通装备企业仍然存在一定差距和"短板":系统解决方案能力不足、关键共性技术仍然薄弱、行业标准建设能力不强、行业协同创新载体缺失等。同时,轨道交通装备在"走出去"过程中也面临着发达国家遏制、内力支撑不足、知识产权壁垒等诸多挑战。究其缘由,源自国内轨道交通行业创新发展存在比较严重的"技术孤岛"现象,创新资源要素在产业链各环节上的多头部署和分散投入,现有众多创新载体在"技术产生、扩散、首次商业化、产业化"的链条上衔接不畅,就像一颗颗散落的珍珠。

突出体现在以下方面:一是我国轨道交通装备产业规模虽然大,但创新资源分散在相关企业、科研单位、高等院校等部门,产学研合作效果不明显,未能形成有效的协同创新合力;二是本土同类轨道交通企业之间未形成有序、细化、科学的创新链、产业链;三是我国轨道交通装备产业链上下游领域协同创新能力不足,在上游的材料供应商、中游设备制造商和下游行业应用等相关领域未形成有效协同;四是在轨道交通装备产业产品标准、质量体系等一系列相关领域缺乏统一的研究合作。

(三)突破实验室到产业化的瓶颈,弥补技术创新与产业发展断层的需要

目前的科研机制在前瞻性及关键性共性技术的创新方面存在软肋,企业研发机构受限于传统商业模式的盈利要求,难以长期投入对行业发展起到支撑作用的前瞻性技术、基础性技术研发,其结果是慢性的创新能力不足与长期的原始创新能力缺位;以高等院校为代表的科研院所则困于其机制体制,存在对市场需求不敏感、对应用环境不了解的现象,处在研发资源相对有限和研发成果转化机会缺乏、远离生产实际的矛盾之中。

轨道交通装备新型研发机构创新模式的构建,正是以产业为本体、以市场为导向、以企业为主体,通过技术创新、模式创新、组织创新、业态创新、体制机制创新等,打造从创新生态到产业生态的中枢与制高点,弥补技术创新与产业发展断层,打造"样品—产品—商品"的快速转换平台,跨越实验室到产业化之间的"死亡之谷"。

二、成果内涵和主要做法

轨道交通装备新型研发机构创新模式的构建内涵:以创新驱动战略为导向,以协同创新管理理论、技术创新理论为指导,以信息化技术为支撑,通过以战略为引领,构建"企业+联盟"协同创新体制架构;以技术为驱动,突破产业创新的关键和共性技术的瓶颈;以新机制为保障,打造协同创新的运营机制体系;以现代财务为支撑,探索"平台公司+项目公司"的投融资及资金管控模式;以人才培养为根基,发挥创新人才的创新活力,达到产业链产学研协同创新的生态体系的基本构建,实现聚合高精人才、推动行业关键共性技术突破、促进企业可持续高质量发展的目的。主要做法如下。

(一)以战略为引领,构建"企业+联盟"协同创新体制架构

1. 构建"企业+联盟"协同创新体制,坚持创新高质量发展战略

《制造业创新中心建设工程实施指南(2016—2020年)》总体部署和要求中明确:要把创新中心打造成创新生态系统的网络组织、创新资源的整合枢纽、创新服务的公共平台、创新人才的培育基地。不同于美国制造业创新网络由单个企业作为创新载体、线性链式的创新流程以及技术创新的单一创新模式,不同于英国产业技术创新中心多主体协同并行、技术创新和商业模式创新并行的方针,结合轨道交通装备行业,我们对此的理解是:它的物理概念包括承载其发展的园区,实施主体包括创新中心运营公司及其股东单位和产业联盟。

创新中心以习近平新时代中国特色社会主义思想为指导,结合新发展形势,由股东单位企业、高校院所、产业链上下游联盟企业等创新主体和市场主体自愿组合、自主结合,以龙头企业为主体,以产业联盟为依托,面向产业创新发展的重大需求,提供从前沿共性技术研发到转移扩散再到首次商业化应用的"企业+联盟"跨界型、协同型新型创新载体。重点围绕创新发展、高质量发展的核心任务,有效发挥市场主导作用和政府引导作用,坚持资源整合与人才发展相结合、自主创新与开放合作相结合、企业主体与共建共享相结合的基本原则,汇聚创新资源,突出协同配合,加强开放合作,建立共享机制,发挥溢出效应,打造贯穿创新链、产业链、价值链的制造业创新生态系统,推动我国轨道交通装备向绿色、智能、安全、高效、便捷方向发展。

2. 构建混合所有制公司的组织架构,形成协同创新的组织结构体系

创新中心依托国创科技作为企业主体,通过资本的形式整合"产、学、研、用、政、金、商"等创新主体,形成的利益共同体协同创新架构如图1所示。一是采用混合所有制,既有国有资本、又有民营资本以及投资基金,设立核心技术管理人才持股等激励方式,保障了企业发展活力;二是股权分散,12家股东,没有一股独大,确保了利益的共享和分配(表1);三是高效决策和有效监督,董事会确保了决策高效,监事会保障了有效监督,顾全中小股东的利益;四是股权不固化,注册资本4.8亿元,根据经营发展变化,适时吸纳股东和战略投资者,构建了有进有出的股权结构。

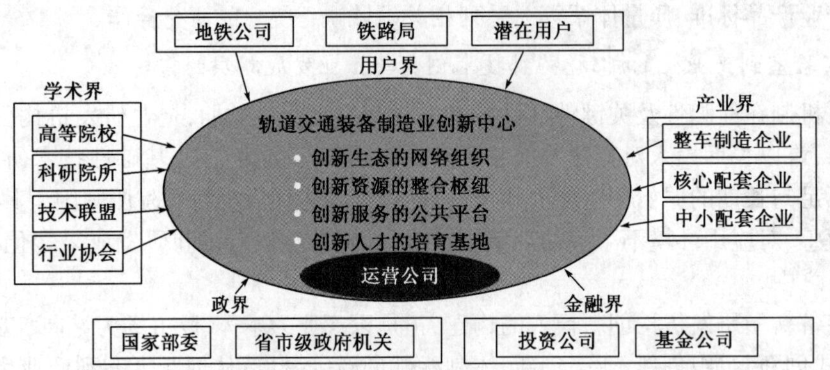

图1 协同创新架构

创新中心股权结构

表1

序号	股东成员	股权比例(%)	产业链布局
1	中车株洲电力机车有限公司	15	主机企业
2	中车株洲电力机车研究所有限公司	12	研究机构
3	株洲高科集团有限公司	12	产业投资
4	株洲市国有资产投资控股集团有限公司	10	产业投资
5	中车株洲电机有限公司	9	核心配套
6	株洲联诚集团控股股份有限公司	9	核心配套
7	清华大学天津高端装备研究院洛阳基地	8	高校机构
8	中车株洲投资控股有限公司	5	孵化平台
9	金蝶软件中国有限公司	5	信息化平台
10	株洲九方装备股份有限公司	5	核心配套
11	深圳麦格米特电气股份有限公司	5	核心配套
12	南京高精传动设备制造集团有限公司	5	核心配套

3. 组建产业集群促进机构，形成协同创新共同体

目前国内轨道交通装备创新主体主要以中车集团为核心，其占据了行业90%以上的资源，同时以通号集团、铁科院、欧特美、克诺尔、今创集团等为代表的配套企业，以清华大学、中南大学、西南交通大学、北京交通大学等为代表的高校，以及数以百计的创新联盟、行业协会等共同组成创新共同体，但往往"联而不盟"。

2019年，国创科技联合行业优势企业组建株洲国联轨道交通产业服务中心，成功申报国家级先进制造业集群(轨道交通装备)，通过株洲国联轨道交通产业服务中心与联盟秘书处合署办公，管理运营中国先进轨道交通装备创新联盟的日常工作。通过"政府赋权、企业赋能、协会赋势"，一方面，全方位整合资源，切实当好集群领航员、服务员、联络员和战斗员，另一方面依托协会/联盟，扩大集群朋友圈和优化产业生态圈。先后整合了城市轨道交通产业技术创新战略联盟、中国智能无人系统产学研联盟、轨道交通装备产业工业互联网联盟三个分联盟，形成以轨道交通装备行业为基础，覆盖产业链上下游的综合性创新联盟，汇聚了包括中车四方、中车长客、唐山客车、华为公司、清华大学等企业、科研院所等各类创新主体超过300家，为中车株机、株洲时代电气、上海地铁、广州地铁、联诚集团等300余家产业链上下游企业提供技术服务、检测服务和公共服务，组成了联合研发、利益共享的集群命运共同体。

(二)以技术为驱动，突破产业创新的关键共性技术瓶颈

1. 确定技术创新路线，厘清七大关键共性技术研究方向

创新中心围绕新能源技术、新材料技术、新工艺技术、新技术平台的"四新"方向和核心基础零部件、关键基础材料、先进基础工艺、产业技术基础的"四基"方向，开展技术研究，实现先进轨道交通装备制造业关键前沿技术和共性技术的研发，由刘友梅、丁荣军、田红旗、陈晓红等多位院士领衔的专家委员会(表2)，充分发挥股东优势和创新联盟资源协同，制定了安全可靠、先进成熟、节能环保、互联互通的"绿色智能"谱系化的总体发展规划，确定重点突破七大关键共性技术路线图(图2)，即:绿色节能技术、高效能牵引传动技术、智能化关键技术、互联互通技术、运维服务关键技术、系统匹配技术和体系化安全保障技术。根据技术路线规划要求，按照"总体规划、分步实施"的方式重点实施重大技术专项。

专家委员会 表2

职务	院士	组织机构	研究方向
主任	中国工程院院士 刘友梅	中车株机	铁路电力牵引技术装备领域
副主任	中国工程院院士 丁荣军	中车株洲所	轨道交通牵引控制、牵引变流和网络控制技术
	中国工程院院士 吴澄	清华大学	自动控制技术
	中国科学院院士 雒建斌	清华大学	薄膜润滑；纳米技术在计算机磁盘系统应用研究；表面与界面纳米技术与理论
	中国工程院院士 田红旗	中南大学	铁路空气动力学和列车撞击动力学
	中国工程院院士 陈晓红	湖南商学院	金属矿产资源开发利用、资源型企业节能减排、重金属污染区域生态环境综合治理、资源
	中国工程院院士 陈湘生	深圳地铁	地下工程、岩土工程、地层冻结和地铁工程
	中国工程院院士 翟婉明	国防科技大学	高性能计算机系统软件与通用操作系统

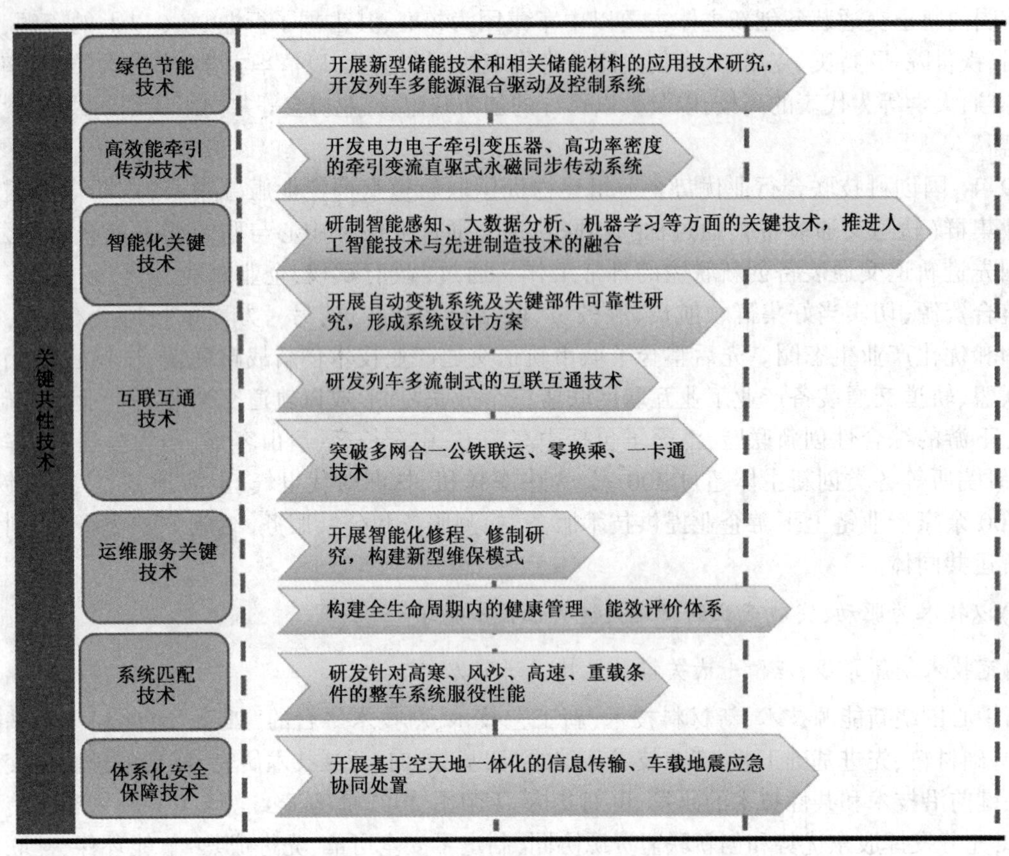

图2 关键共性技术路线图

2. 确立科研项目，通过科研项目搭建研发平台

创新中心聚焦于先进轨道交通装备领域关键共性技术的研发，根据技术路线，整合核心单位的科研资源，有序推进科研项目，通过科研项目带动技术孵化。重点科研项目如表3所示。目前形成"一中心三研究所"的研发平台架构：技术研发中心具体承担技术中长期规划及趋势研究，负责技术与质量管理日常工作；研究所立足轨道交通行业，解决遏制行业技术发展的关键共性问题，研发关键共性技术。工业智能研究所下设智能感知器件与系统实验室和智能运维实验室，自主研发了一项基于3D打印的微机电系统封装技术，属国内首创，开展电磁阀、气缸类产品、接触器数字化样机系统、新型断路器等轨道交通核心关键部件新产品研发，成功申报2019年湖南省重点研发计划"轨道交通无线无源声表面波温度感知芯片及系统"，自主开发了地铁、动车组智能诊断运维系统，成功申报2019年国家重点研发计划"轨道交通装备运行质量检验监测科技服务技术研发与应用项目"，建设了面向行业的工业互联网平台"智轨云平台"，为国内5条地铁线提供智能运维和大数据支持，监控的生产线设备超过1万台，平台成功申报工业和信息化部2019年工业互联网创新发展工程"特定场景工业互联网平台测试床建设"；激光先进制造研究所专注于激光增材制造、激光焊接、激光清洗三大方向，自主研发了轨道交通装备大功率自动激光清洗设备和高功率长焦深的激光清洗设备，完成了受电弓导向杆、风机叶轮、进风道、制动气路板等典型行业零部件的工艺研发，突破了轨道交通装备激光符合焊接工艺技术研发，成功申报"长株潭标志性示范工程"，并获批设立"株洲市工程技术研究中心"。新能源系统研究所下设新能源系统技术实验室，开展了碳纤维复合受电弓、氢燃料电池系统、轨道交通先进降噪材料与结构产品等基础研究和产品开发，成功申报2019年湖南省重点研发计划"列车高比吸能轻质镁合金大型构件制备技术及基础研究"。

重点科研项目 表3

序 号	项 目 名 称
1	轨道交通无线无源声表面波温度感知芯片及系统研发
2	基于运行状态预测的城轨车辆转向架可视化协同维修平台研究
3	受电弓关键零部件增材制造技术研究
4	轨道交通装备检修的高效激光清洗技术与装备研发
5	碳纤维复合材料受电弓设计开发
6	轨道交通新型宽带共振吸声结构研发
7	自主可控开关器件研发
8	自主可控自动驾驶自复位液磁断路研发
9	自主可控空调逻辑控制系统研发
10	轨道交通新能源动力系统研发

3. 推进研发过程精益管理,构建“研发-工艺-孵化”一体化体系

一是持续优化改进PDM(产品数据管理)系统。依托智轨云工业互联网平台,实现产业链上下游精益管控,平移股东单位PDM(产品数据管理)系统项目,实现职能组和产品项目工作组两种管理模式同步开展设计;以产品结构BOM(物料清单)为中心组建产品设计数据库,实现工艺文件与产品零部件关联;持续优化软件接口,完成PDM与CAD(计算机辅助设计)、CAPP(计算机辅助工艺过程设计)、ERP(企业资源计划)软件系统无缝集成,形成适合企业产品开发的工艺与设计并行设计模式,实现相关技术文档电子化自动流转,推动研发、工艺和制造一体化。

二是加大三维工程化建设投入。针对研发、工艺、孵化部门统一开展三维工程化建设,开展以UG NX6(下一代数字化产品开发系统)为主的三维产品设计和三维工艺工装设计。逐步开展产品、装备、工艺工装以及重要零部件的仿真建模,形成标准件模型数据库,优化技术创新平台。目前基于逻辑控制的智能空调控制系统已经完成全套图纸库,通过研发-工艺-孵化体系,目前已完成样机试制,设计变更率降低到2‰。

(三)以新机制为保障,打造适合协同创新的运营体系

1. 优化运营组织结构,为创新提供组织机构保障

为了适应国家级创新中心建设需要,创新中心按照“平台+业务单元+子公司”的模式合理优化组织结构(图3)。一方面在公司总部设置相关职能平台,设立了六大职能中心,如共性技术研发中心承担关键共性技术的研发;成果转移扩散中心承担科技成果转化等;公共服务中心承担产业咨询、政府智库、产业集群管理等;孵化中心承担成熟科研项目和外部合作项目的孵化等;人才培训中心承担国创教育品牌培训、学术交流等;国际交流中心承担国际会展合作、国际学术合作等。另一方面根据业务需要平行设置项目子公司,如收购股东单位株机公司《电力机车与城轨车辆》杂志,设立杂志社子公司,作为论坛、展会、咨询等业务的落地实施机构;与上海轨道交通检测技术有限公司注册成立湖南国基检测认证有限公司,致力于轨道交通装备产品的检测认证服务,目前已经通过国家认监委评审,将成为国内第4家具有城轨检测认证资质的企业。同时为科学高效管理联盟,创新中心设立联络处这一常务机构,实现了“运营公司+创新联盟”的有效衔接。

2. 构建六大运营机制,为创新提供系统机制保障

组织机构的设计搭建了协同创新骨架,要激活各个组织,实现高效运营,必须依靠体制机制构建创新的血液循环系统。创新中心因地制宜地构建了市场化运营机制、协同与共享机制、知识产权运用机制、技术研发攻关机制、人才激励机制、责任考核机制的六大运营机制。在市场化运营方面,初期以股东出资以及政府财政扶持资金作为启动资金,中期依托创新平台资源提供相关服务,远期通过科技成果转

化,孵化高新技术企业,实现自我造血和可持续发展;在协同与共享机制方面,通过协同开展技术研发、成果转化、行业服务、人才培养和国际合作,实现"产、学、研、用、政、金、商"资源的协同配置和利益共赢;在知识产权运用机制方面,成功申报湖南省知识产权综合服务分中心,为企业提供专利代办、知识产权维权等知识产权"一站式"综合服务;在技术研发攻关机制方面,重点通过研发机构建设、创新团队引进、高技术产业化、科技成果集成应用等方式,促进新技术、新工艺、新产品创新研发力度;在人才激励机制方面,积极组织申报省市人才政策,探索核心人才和经营层持股等激励制度,建立"技术+管理"人才晋升双通道。

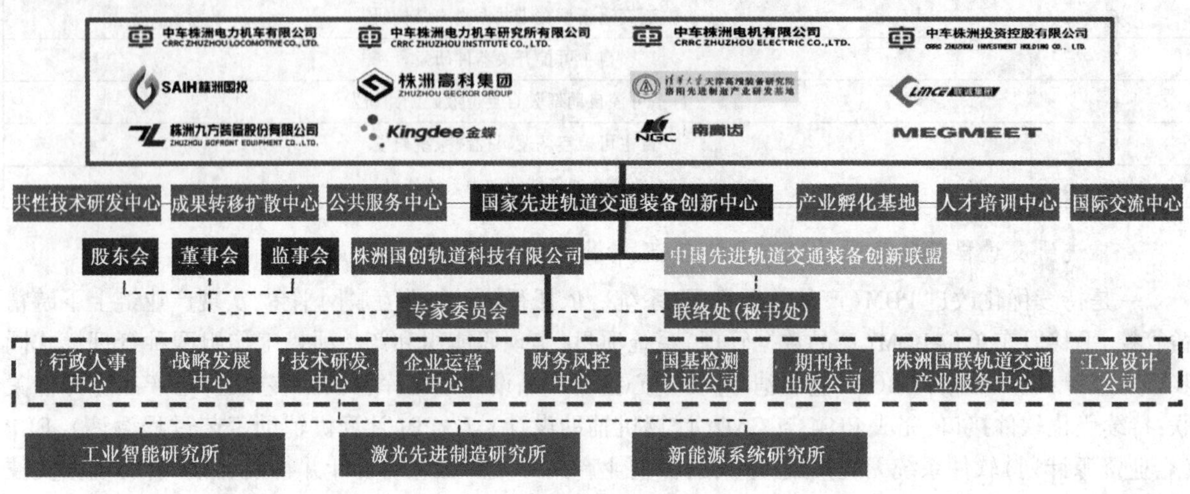

图3 协同创新组织架构图

3. 强化目标任务和绩效考核,为创新提供激励机制保障

为确保对标国家级创新中心建设目标,创新中心绩效管理体系的构建基于战略的目标任务制全员绩效管理,根据公司总目标,分发给各部门,全面启动"强核"工程。以建设目标为导向,坚持从关键绩效指标(KPI)、重点工作指标(GS)、责任指标以及执规指标四个维度对组织绩效体系进行了重构,构建了全方位、立体式、多层次的考评模式,确保各项工作任务的完成。

一是设定评价标准,对KPI实行归口管理,由相应的部门对分管的各个指标制定标准,并跟踪和监控指标实施。二是强化计划、考核对KPI的引领作用,定期召开绩效发布会、月度指标计划通报会,查找短板,及时跟进指标,促进生产经营工作既定的目标顺利进行。三是建立经营责任追踪制度,逐级控制KPI中的成本指标。通过采用KPI绩效考核形式,利用关键指标间的关联关系将员工的行为引向企业的目标方向,推动企业整体绩效指标工作的完成,同时减轻基层和管理人员工作量,从而提高了工作效率,推动各业务单元在职责履行的基础上,积极作为,敢于承担,激发推动工作的活力。

(四)以现代财务为支撑,探索"平台公司+项目公司"投融资及资金管控模式

1. 基于全面预算管理理念,建立现代化财务管控机制

一是建立健全制度体系,实行财务管理流程的标准化。创新中心将"全面预算管理理念"与公司具体财务实践相结合,以实现业财融合为目标,明确财务部门与业务部门的职责分工和业务处理流程,制定了简明、操作性强的财务制度体系,实现有法可依、有章可循。二是紧跟业务模式创新步伐,建立多维度核算的科研项目财务管控体系。创新中心作为国家战略引领的产物,承担着国家关键领域共性技术研发的重任,公司科研资金一般来自外部扶持资金与自筹资金,而资金的来源与科研项目往往存在多对多的关系,这给项目费用的归集以及项目资金管理带来了较大的挑战。针对上述问题,建立了一套以项目代号、资金代号、部门代号为主的多维度核算体系,不仅实现了专款专用的财务核算要求,也有效管控了在研发活动中产生的相关风险。三是强化事前、事中管理,建立基于全面预算管理的财务管控模式。财务人员在项目开展初期就介入项目,参与风险识别、预算编制等相关工作。在项目执行过程中,利用

预算与执行情况的对比控制，建立全程预警管理模式，做到无预算不开支。在项目验收阶段编制《项目决算报告》，对整个项目的工作进行全盘梳理与总结，实现财务管控上的PDCA（计划、实施、检查、行动）循环。

2. 试水“孵化+创投”模式，发挥金融杠杆作用

创新中心作为定位平台公司，作为自负盈亏的新型研发独立实体，在自负盈亏的同时，需要开展大量共性关键技术研发项目，这些项目往往具备研发周期长、前期投入大、成果转化慢的特点，因而风险较高。为充分发挥资本效益，创新中心按照“平台公司+项目公司”的模式，在平台公司层面通过科研项目进行基础研究，针对研发推进良好的科研项目，通过“孵化+创投”的形式，投资组建项目公司，独立运营。为打造轨道交通公共服务平台，打造面向行业的轨道交通装备检测认证机构，创新中心依托中车株机检测试验资源，引入上海轨道交通检测技术有限公司，创新中心占股比45%，上海轨道交通检测技术有限公司占股比50%，同时引入社会选聘核心技术人员和经营层人员，依托核心员工组建株洲同创轨道交通检测技术合伙企业，入股并占股比5%。通过孵化先进轨道交通装备产业企业、种子项目融资等方式，将创新成果快速引入生产系统和市场，加快创新成果大规模商用进程。

3. 探索轻资产资本结构，实现资本高效利用

根据建设原则，创新中心做行业共性技术，不做具体产品技术；做技术转移扩散和首次商业化，不做产品生产，以“轻资产+高效益”为目标，打造行业创新网络。一方面通过租用股东单位、联盟单位厂房、设备等创新资源，实现资源共享；另一方面，针对技术路线和市场需求，与外部企业、高校、科研院所等建立战略合作关系。目前，创新中心与湖南大学汽车车身先进设计制造国家重点实验室、武汉理工大学光纤传感技术研究中心、华东交通大学轨道交通技术创新中心等10家科研院所签订仪器设备共享协议，实现主要科研仪器设备共享。依托中车株机、中车株洲所、中南大学等国家级重点实验室以及近20家国家级企业技术中心等创新平台，共同组建先进轨道交通装备研发中心，构建满足产业内生发展需求的技术供给体系。通过与大功率交流传动电力机车系统集成国家重点实验室签订仪器设备共享协议，实现主要科研仪器设备共享，为检测试验公司提供关键设备21台（套）、通用设备7台（套）的硬件保障。

（五）以人才培养为根基，发挥创新人才的创新活力

1.“专职+兼职”内外结合，拓展创新平台的智力支撑

创新中心采用“专职+兼职”的形式，汇聚智力资源。在专职人才方面，一是充分利用各级政府的人才政策，面向海内外招聘高端人才，补充创新中心领军人才和核心骨干人才；二是基于各项目的需要，面向高校，招聘有潜质的优秀大学生，实现人才队伍梯度化，扩大创新中心人才队伍力量。在兼职人才方面，采用“不求所有，但求所用”的原则，一方面根据项目需要，聘请高校有关人才到创新中心兼职工作，按照项目合同支付薪酬；另一方面，根据项目研发需要，由各股东企业推荐合适的人才到创新中心的项目团队中兼职工作，薪酬由原单位代发，年底由创新中心与原单位结算。项目结束后，推荐人员返回原单位，或者通过创新中心的录用考核、经本人和原单位同意而留在创新中心，与创新中心签订正式劳动合同，转变为正式职工，既保障了人员的流动性，也有助于创新中心择优选取人才。通过外部招聘，面向高校、社会招聘全职高层级技术人员近百人；通过企业共享，采取项目制方式进入项目团队共计68人；依托股东和联盟资源，通过人才共享的形式整合高校才智资源，目前已引入5名院士、24名教授、28名博士等高端人才。

2. 建立纵向晋升和横向发展相结合的人才发展通道

一是将任职资格与职位晋升挂钩，建立纵向晋升发展通道。将国家职业资格认证与公司内部资格认证系统结合，通过建立员工任职资格标准体系、任职资格认证机制、任职资格认证结果规范运用，系统构建面向全员的任职资格体系。所有从业人员纵向晋升必须在两种以上业务中获得高级资格认证，有

效确保了人才的综合素质和业务水平。

二是建立员工职业横向发展通道。采用“可进可出”的方法,建立“轮岗交流”机制,通过技术层级、管理层级评定,满足不同阶段、不同水平的人才流动需求,逐步实现职位、能力和职业发展的三位一体管理,帮助员工实现自我价值。同时,大力倡导“工匠精神”,鼓励员工立足本职工作,向专业顶尖迈进,建立充足的“内脑”资源储备。

3. 为“创客”搭建“保姆式”平台服务,滋生创新创业沃土

创新中心致力于为“创客”们提供“保姆式”的创新平台支撑,打造高端创客的宜居家园。一是充分搭建对接外部优质资源的舞台,通过整合清华大学、武汉理工等高校校友会、联盟中小型企业创新资源等举办轨道交通“三创”大赛,让好的项目找到好的孵化土壤,让行业的创新基金找到好的市场化项目,让“创客”和创意充分接受市场和资本审视的眼光。二是通过举办国创杯“我是演说家”、创新中心“思享会”等活动,让创新人才走出实验室、将创意表达出来,真正做到行业无限界、技术无边界,实现创新资源的开放协同和跨界融合。三是形成 1 中心 + N 个研究所的创新生态链条,搭建产业孵化中心平台,为优秀的创新人才、好的创新项目组建创新孵化团队、提供创新启动资金,成立“国创 2025”创新实验室,让“创客”和创意“留下来、住下来、真正做起来”。

三、实施效果

(一)系统整合行业资源,促进了千亿产业集群建设

通过整合产业链上下游企业、科研单位、高等院所,行业协会等创新资源,形成跨界融合、协同创新的局面。

一是打造创新交流阵地。通过联盟的辐射作用汇聚行业资源,打造创新交流阵地,与国内外 20 余家知名企业、高等院校、行业组织等形成互利共赢的战略合作关系,先后承办 10 余次行业峰会及论坛活动,组织 30 余名专家院士为行业创新发展出谋划策;致力于当好政府与企业的智库,编制了《湖南省轨道交通装备产业发展研究》白皮书,为行业创新发展引领趋势。

二是搭建人才集聚高地。组建了由 8 名院士领衔,20 余位行业专家、近百名中青年骨干组成的专家委员会,建设了一支以首席科学家为龙头、以领军人才为核心、以骨干人才为主体的专兼职结合、形式多样的高水平人才队伍;成功设立陈晓红、周祖德两个院士工作站、企业博士后流动工作站、清华大学株洲硕博实践基地,形成了“创新平台 + 创新基地 + 技术中心 + 技术创新 + 战略联盟 + 院士工作站 + 博士流动站”的全链条、多层次的科技创新服务系统体系。

三是推动千亿产业集聚。通过实施轨道交通装备产业强链、补链、延链重点计划,整合了产业链 24 家国家级技术创新平台、78 家省级技术创新平台、形成了产品研发、生产制造、售后服务、物流配送一体化的完整成熟的产业链,依托中国动力谷自主创新园和轨道交通创新创业园两园区,集聚以整车制造企业为核心的 300 多家轨道交通相关配套企业,产业规模突破 1000 亿元,成为国内最大的轨道交通装备产业发展集群。

(二)推进了技术创新与管理创新的融合,打造从创新生态到产业生态的贯通制高点

轨道交通装备新型研发机构创新模式的构建以产业为本体、市场为导向、企业为主体,通过实施技术创新和管理创新双轮驱动模式,打造从创新生态到产业生态的中枢与制高点,打造“样品-产品-商品”的快速转换平台,成功解决了企业研发机构受限于传统商业模式的盈利要求,难以长期投入对行业发展起到支撑作用的前瞻性技术、基础性技术研发,以及高等院校受困于对市场需求不敏感、对应用环境不了解,研发成果远离生产实际应用的矛盾。

一是搭建国家级标准和知识产权运营平台。联合湖南新净信知识产权公司,建立了两个标准和知识产品运营平台——国家轨道交通装备知识产权运营中心、株洲-中国轨道交通专利信息中心,形成了跨地域、跨领域、跨学科、跨专业的知识产权信息共享、储备、利益分享、转移及扩散创新机制,实现轨道

交通行业与其他行业新技术的跨界融合和双向转移扩散。

二是建设行业唯一的国家级工业互联网示范平台。深入研究国家互联网+、人工智能、大数据等方面的政策，与金蝶、华为等深度合作开发国内首个面向轨道交通装备行业的工业互联网平台，助推国内轨道交通产业集群向数字化、智能化、绿色化方向转型升级，目前该平台已入选省级工业互联网平台，正积极申报国家级工业互联网示范平台。

三是打造国际一流整车检测、认证平台。联合 SRCC 试验检测公司共建第三方行业检验检测和标准认证平台，打造以车辆为核心，覆盖从零部件、系统到整车等领域，具备国际一流水平的检测、评估、认证机构，对标国际先进行业标准，助推轨道交通装备“走出去”。

四是构建面向市场与制造的精益研发体系。围绕关键共性技术方向，通过委托研发、自主研发、合作研发等打造面向市场与制造的协同攻关平台。研发的新型开关接触器成功打破国外垄断；全球首列智轨列车、储能式有轨电车、双层动车组、动力集中型动车组、永磁电机及控制系统等 10 余项原创技术实现产业化，动车组、调车机车等产品获得欧盟认证，打入欧美发达国家市场。

（三）企业经济效益显著，社会效益凸显

企业经济效益显著。国创科技自 2018 年成立以来，实现营业收入 1875 万元，上缴税收 313 万元，成功实现“当年完成注册、当年实现营收、当年实现盈利”的目标；2019 年全年实现总收入 2438 万元，净利润 244 万元，实现自我造血与持续经营。与国内领先的轨道交通电气系统部件供应商江苏泓光签订了首批 1200 台（套）新型开关器件销售订单，年产值达 1000 万元，实现上缴税收 100 万元，正着手开发高速断路器、智能接触器等产业化项目，扩大产业化规模和产品类型；成功中标广州 18 号线、22 号线智能运维系统、轨旁在线检测信息平台等项目共计 795 万元，为轨道交通行业提供智能运维解决方案；完成轨道交通手持式无损伤激光清洗设备研制并签订 426 万元的订单，针对铝合金车体侧墙激光清洗已与中车集团下属单位达成了初步合作意向，提供关键结构部件维保绿色解决方案。

企业的社会效益也逐渐突显。在 2019 年中国管理科学大会上，公司被评为“中国管理创新先进单位”，经营层核心人员撰写的《轨道交通装备产业“企业＋联盟”协同创新生态商业模式的构建》获评“中国管理科学大会优秀论文一等奖”，成功申报科技部创新方法工作专项“先进轨道交通装备领域创新方法研究与应用”，助力管理创新和技术创新双轮驱动的实现，夯实理论基础；技术骨干荣获 2019 年湖南省“湖湘青年英才”称号，促进了高端人才集聚；智轨云工业互联网平台项目助力湖南“企业上云”工程建设，成功入选 2019 年湖南省互联网平台建设计划，为政府决策提供工业企业实时运行数据，进一步推动湖南产业万亿集群发展；项目建设持续推进，创新中心成功获批省级双创示范基地、省知识产权综合服务分中心、省中小微企业核心服务机构、市级院士工作站、市创业孵化示范基地，促进关键共性技术攻关和科技成果转化；打造国创教育品牌，助力于人才培训交流中心的构建，依托股东单位和联盟，汇聚行业高端人才专家，举办 30 余场以“技术大讲堂”为主题的一系列培训，带来了经济效益，技术项目的推进为公司突破市场瓶颈、保持稳定增长，发挥了积极作用。

基于智能运维的设备健康度管理

上海地铁维护保障有限公司通号分公司

成果主要创造人：张凌翔　张　郁

成果参与创造人：施　聪　王生华　朱　莉　陆鑫源　戴翌清　张志倜

王历珣　樊　盈　魏宗浩　段亚美

上海地铁维护保障有限公司通号分公司(简称"通号分公司")是上海申通地铁集团有限公司下属上海地铁维护保障有限公司的专业分公司之一，主要负责上海轨道交通信号、通信(传输、程控、广播、无线、视频监控、民用通信、记点、PIS/TOS、公安技防、上层网、客服)、信息(信息安全、信息网络、信息化系统)、综合监控等专业系统设备的安全运营保障、检修维护、故障处置、大修改造以及部分新线信号项目的建设工作。

通号分公司管辖范围涉及上海轨道交通全网络600余公里、14条运营线路、881列列车、371座车站、1320个机房、25个基地段场(含试车线)，以及9个控制中心、2个网络运营协调与应急指挥中心(COCC)、8个公安分控中心和C3大楼等处所。

通号分公司具有丰富的轨道交通通号设备管理经验，以打造"精益、高效、专业的轨道交通一流通号运维企业"为发展目标，在实践中不断创新和探索，形成了一整套适应上海地铁网络化运营需求的设备维护维修体系、安全运营保障体系、质量精细化管理体系以及人才培养管理长效机制。围绕"智慧通号，为申城地铁保驾护航"的使命，安全至上、开放合作、创新进取、追求卓越，向集团公司"国内领先、国际一流"的发展战略目标稳步迈进。

一、实施背景

(一)面向轨道交通超大规模线网运营背景，设备运维管理手段亟须变革

随着上海城市轨道交通建设的快速发展，上海地铁由初期的线路运营阶段逐步演进到目前的网络化运营阶段，根据最新规划，到2020年路网运营总里程将达到814公里，工作日客流预计达到1400万乘次，届时上海地铁将迈入超大规模网络化运营阶段，城市轨道交通已经成为城市正常运行的交通保障关键支柱。超大规模网络化运营不仅体现在规模体量"量"的增加，更带来了网络结构功能与装备系统能力方面"质"的飞跃，要求设备设施必须保持长期的可用度，对关键设施设备的运维管理提出了更高的要求，以保证超大规模线网常态化高强度运营。传统的城市轨道维护体系仍大多处于故障修、计划修阶段，维护管理手段落后，各专业维护系统配置分散，导致维护系统使用率低下，设备维护效率下降，无法支撑超大规模线网的高强度运营需求，无法有效实现列控系统全寿命周期健康管理及运维，需要对当前的维护技术和管理手段进行变革提升。

(二)面向列控设备复杂性、重要性，运营风险管理水平亟须改善

列控系统是城市轨道交通的大脑，指挥控制列车保持安全间隔和速度，是线网安全有序高效运行的核心保证。一旦发生故障，将会严重影响行车安全和运营秩序，可能导致极其严重后果。目前，无人驾驶是城市轨道交通的发展趋势，全球75%新建线路和40%改造线路采用无人驾驶，由于不设专职司机，对列控系统的安全、稳定运行提出了更高的要求。系统包含的车载、轨旁、车站、线路中心、中央调度等

设备数量急剧增长，接口繁多，检修窗口时间日益减少，对维修效率的要求日益提高，传统运维模式难以持续，亟待研究提出新的运维管理方法，支撑包含无人驾驶地铁等多种制式的大规模线网列控系统实现高度安全、持续可靠、运维成本可控。

(三)面向智慧地铁建设发展，高效、低成本管理需求亟须满足

当前城市轨道交通传统维护管理模式存在以下弊病：设备运行状态及参数以人工定期测量为主，数据时效性、准确性、覆盖面远远不够，部分线路具备简单的在线监测功能，初步采集了相关设备状态及参数，但在线感知覆盖面较弱；维护管理模式以人工调阅浏览测量及在线感知数据为主，分析的准确性、时效性、完整性远远不够，特别是面向超大规模的线网设备，设备数据量巨大，设备数据间关联性强，人工分析模式无法持续；维护管理模式中设备运行规律总结、维护决策以人工经验为主，缺乏有效的数据支持；运营和运维壁垒严重，以人工交流、电话、报告沟通为主，人工沟通的时效性弱、准确性差，这阻碍了运营对动态事件、动态设备状态的快速响应及调整；维护管理模式中以计划性维护为主，人工投入巨大，产生的维护作用有限。

随着物联网、大数据、人工智能、云计算、移动互联网等新一代信息技术的蓬勃发展，运用列控专用IOT大范围获取关键设施状态信息，设计多型智能设备高效率完成人工巡检工作，通过人工智能算法高精准完成故障诊断预警，依托健康指数精细化制定维修决策，借助大数据平台集成化联动运营运维多专业，已具备了通过智能维护保障轨道交通安全、降低工作强度和人力依赖的基础，能够实现智慧化、自动化的列控系统全寿命周期健康管理。在智慧地铁发展过程中，通过设备设施的智能运维，可以有效管理企业的质量、成本、安全、健康、环保等要素，从而通过降低设备的维护费用和提高管理水平实现提升企业经营效益目标。

二、成果内涵

为满足超大规模网络运营对设备维护质量的严格要求，通号分公司通过智能运维探索，逐步从传统思维转向互联网思维，从经验思维转向数据思维，以数字化驱动质量提升，优化维护管理方法，围绕“效益”“效能”“管理”“安全”四个运营要求，引入设备健康度管理理念。

构建基于智能运维的设备健康度管理体系，推动技术体系的不断升级、管理体系人事物态的持续优化，为保障上海轨道交通设备远程运维及健康运营提供智能化运维支撑，为轨道交通网络化运营安全提供全数字化信息支持、主动防御手段、安全综合管理支持。

形成设备全寿命周期健康管理方案，面向感知、诊断、预警、决策和协同全流程，基于大数据驱动，实现主动化运维决策、智能化终端执行、可视化维修指导、敏捷化应急联动、集成化资产管理等功能，实现城市轨道交通通号设备服役健康的全寿命周期智能高效管控。

实现新型设备健康度管理模式下组织架构、业务流程、资源管理创新与提升。实现运维工作从“单一”到“融合”、“传统”到“智能”、“有效”到“高效”的转变。

三、主要做法

(一)综合需求牵引，提出设备健康度管理新思路，推进运维能力持续创新

通号分公司现有设备管理体系为事后驱动型，底层数据采集不完整且相对单一，对人员技术能力要求较高，风险预防难度高，对人员经验的依赖性强。面向超大城市轨道交通复杂线网的运营背景，通号分公司从保障通信信号专业关键设施设备在全寿命周期内维持高安全性、高可靠性和高可用度出发，突破技术瓶颈，打造多源可信融合感知、多引擎融合预警等自主核心技术；构建关键设施设备全寿命周期健康管理技术体系；面向国内外轨道交通领域的竞争，以“技术创新”带动“应用创新”实现“管理创新”，促进轨道交通行业的维护管理模式变革及产业结构优化升级，提升我国轨道交通运维领域的能力持续创新。设备健康度管理提升总路线如图1所示。

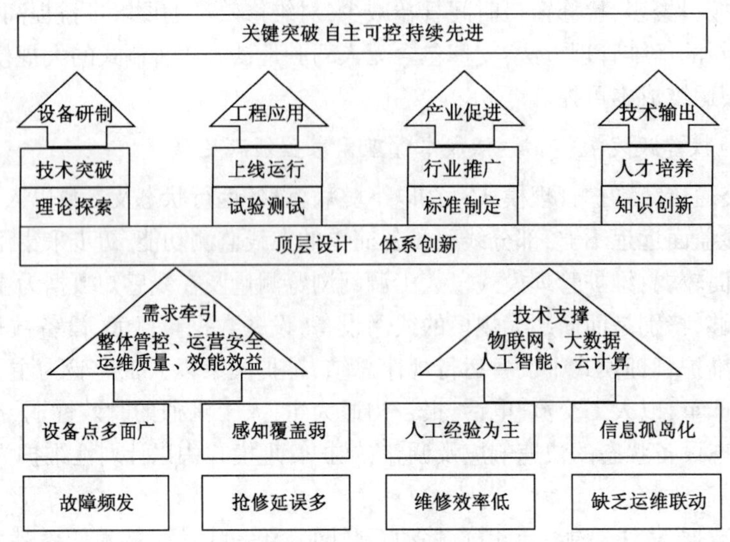

图1 设备健康度管理提升总路线

(二)突破运维管理瓶颈,构建设备健康度管理体系,实现战略规划布局

通号分公司设备运维体系主要包括监测体系、业务体系、技术体系、指标体系,传统管理模式下,各线路在线监测水平参差不齐,数据采集不完整;维修流程属于事后故障修体系,计划修周期长人力投入大;通号各专业维护智能化水平较低,运维维护决策依据不完整;通号专业运维团队负荷较重,高效型管理体系亟待完善。现有的运维体系已经无法满足上海地铁快速发展的需要,在维保能力、智能化、运营管理等方面均遭遇发展瓶颈(图2)。

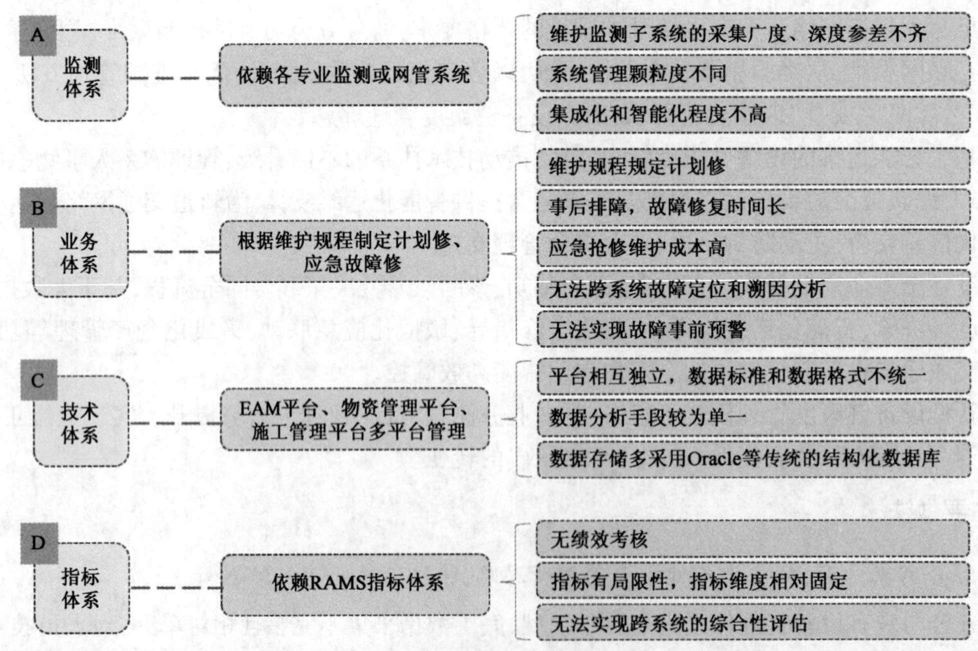

图2 传统管理模式下运维瓶颈

通过对城市轨道交通的当前运维瓶颈、需求及未来发展趋势分析,结合各相关行业及技术的发展,通号分公司将城市轨道交通健康管理体系规划成四个层级,从人工、自动逐步向智能、智慧发展,从技术体系的不断升级、管理体系人事物态的持续优化,逐步实现对关键设施设备的全覆盖,形成健康度管理系统解决方案。基于四级等级体系,在每级中可按照智能维护实现程度进一步细分,城市轨道交通通号设备健康管理1.0至4.0的整体规划如图3所示。智能化维护等级从技术体系和管理体系两方面定义

整体的等级要求,技术体系偏重运维系统的智能化程度、管理体系基于技术体系形成匹配的管理机制变革,适应当前等级下的管理要求。

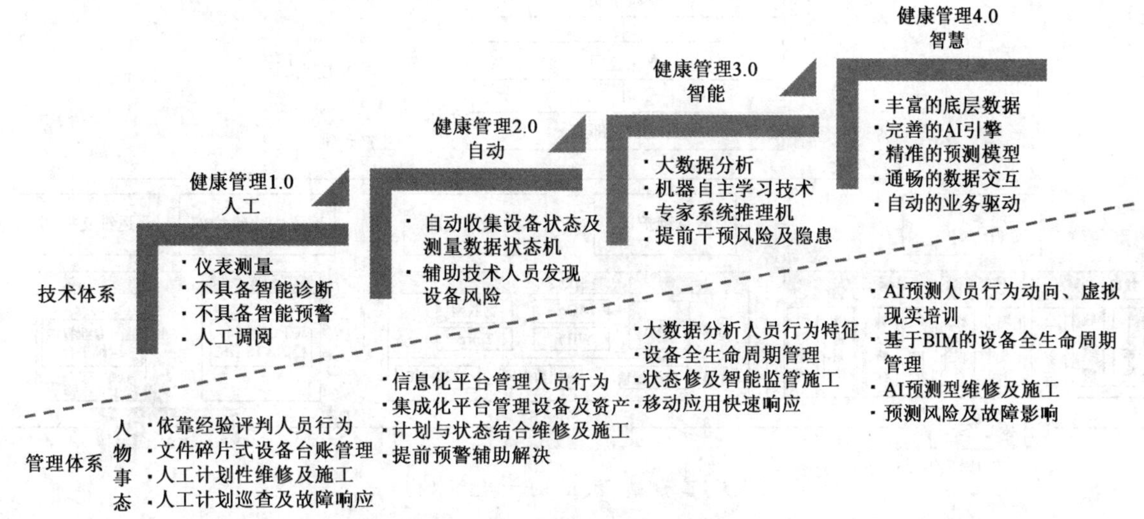

图3　设备健康度管理体系规划

(三)基于"端、管、云",建立创新型组织架构,实现全业务集约化管理

通号分公司传统运维条件下,各专业维护系统分散配置,数据不能互联互通,同时各线路维护和管理独立分开,不能实现跨系统的综合性分析,不利于全面掌握相关设备状态,影响在途运行状态整体监测和设备的日常维修维护。由于没有统一的运维规范平台及与之相匹配的组织架构,导致系统维护各自为战,使用率低下,设备维护效率下降,集成化和智能化程度不高。

按照工业 4.0 模型,通号分公司结合轨道交通运维实际需求,提出了"端、管、云"的模型,实现"端、管、云"三级架构进行有效整合,"端、管、云"运维分级如图 4 所示,其中终端覆盖了信号设备、通信服务、信息数据和支撑,管道融合无线和有线两大网络,云平台实现数据融合及资源配置,推进网络智能化、运营智慧化建设目标。

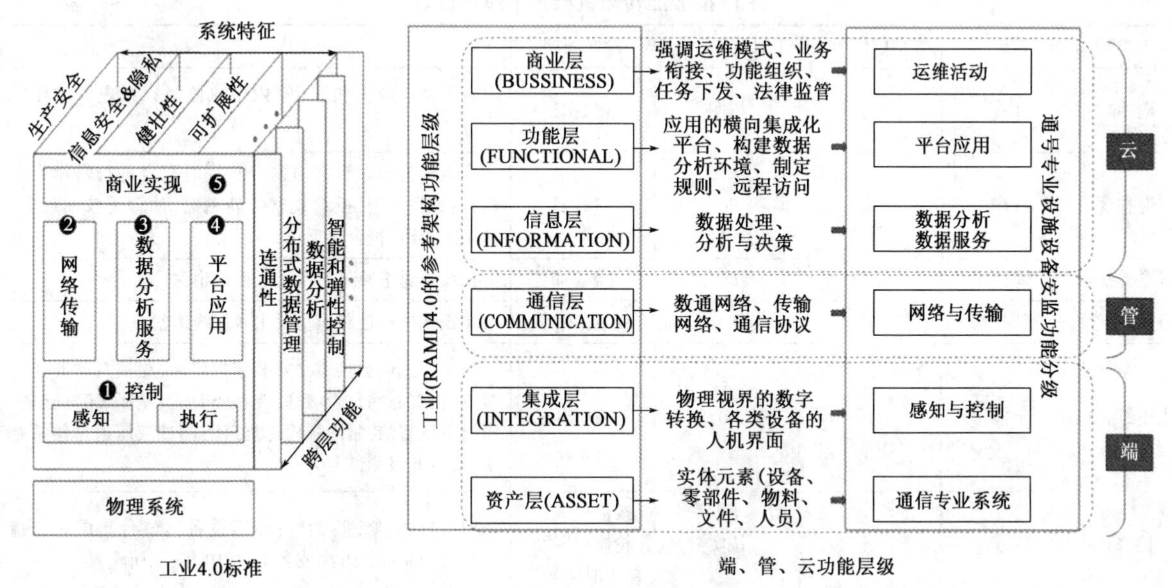

图4　"端、管、云"运维分级

为实现端、管、云三级业务全生命周期的管控,通号分公司明确了运维队伍的四级组织架构,满足了智能运维七大职能要求,推进上海地铁通号系统的网络集中化、运维智能化和管理高效化。运维队伍的

分级组织架构见图5。

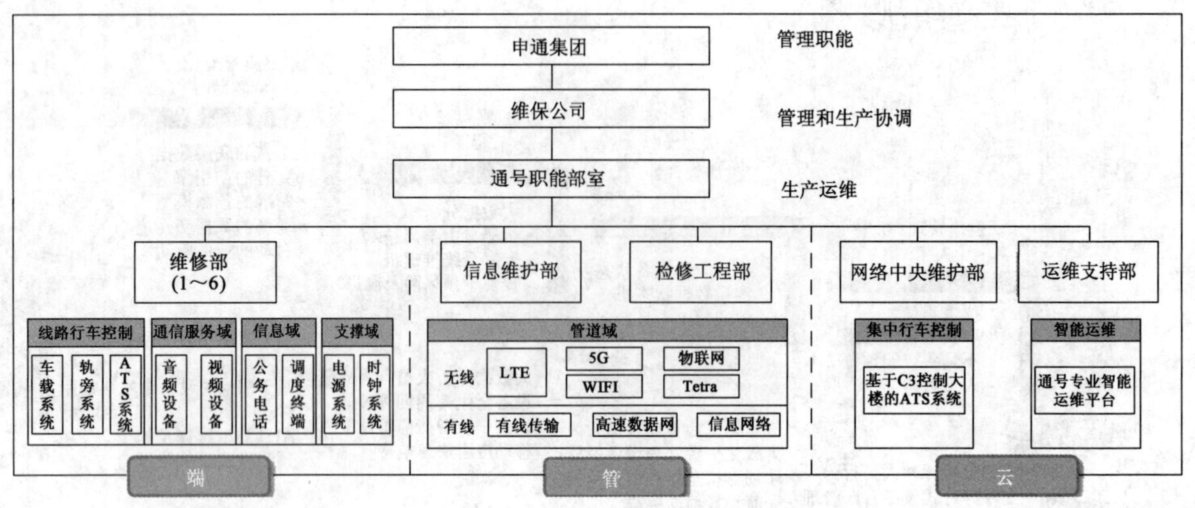

图5 基于"端、管、云"的运维组织架构

(四)强化技术支撑,搭建智能运维平台,实现运维管理智能化

轨道交通行业既有运维管理模式对人工经验的依赖性较强,包括人工计划测量/维护、人工调阅分析数据、故障经验判断等,效率低、劳动强度大,同时依靠人的主观能动,不确定因素多。以道岔转辙设备为例,目前道岔转辙机缺口、油压油位、转换阻力等主要技术指标和运用状态的掌握完全依赖于维护人员现场巡检和人工测试,根据现有的修程修制对每个设备进行巡检、日常养护、集中维护、检修、调测、鉴定等,如表1所示的ZYJ7型液压转辙机维护工作项目表,截至2018年底上海全网正线转辙机896组,转辙机开箱检查及养护维护工作量巨大。同时,以往转辙机维保过程中,工作参数多为维修时段通过人工方式获取,而非维修时段,人员无法上道,无法采集转辙机工作参数,不能及时发现设备工况变化。面对既有运维管理手段的不足,通号分公司加快推进信息化、智能化建设,实现关键技术创新,开发搭建智能运维平台。

ZYJ7型液压转辙机维护工作项目表 表1

维护类别	等级	单位	工时定额(分)	检修周期	内容
巡检	日检	站	按实	5次/日	查看动作电流曲线(室内微机监测)、继电器动作状态等
巡检	日检	站	20	1次/日	在运营公司做日常道岔养护同时配合进行转辙设备检查:查看外观,扳动观察尖轨密贴,油管无渗油现象、转换无异声,符合定反位缺口标准
日常养护	周检	组	60	1次/周	正线折返进路道岔及出入库线道岔
日常养护	双周检	组	60	1次/2周	非正线折返进路道岔及出入库线道岔
集中维护	年检	组	90	1次/年	测试、分解、更换道岔安装装置绝缘;更换自动开闭器接点;检查滤网是否堵塞,更换不良者;基础、箱盒除锈、密封不良整治;紧固螺栓、点红漆,测试液压道岔整机绝缘;进行Ⅱ级测试
检修	轮修	组	按实	按信号人所轮修周期及工时定额	回所分解、修理、调整;转辙设备测试台测试综合指标;1次/68～70万次或者1次/10年,回所轮修
调测	调测	组	按实	按需	更换整机或线把;实施上道机械调整、单项联锁测试
鉴定	鉴定	组	按实	1次/年	鉴定应根据安装、限界、外观等设备质量,参数指标、运行数据等运用质量,功能操作等工作质量进行

1. 智能化平台建设

智能运维平台业务功能可划分为监测中心、应急中心、分析中心、健康中心四大模块，实现在线监测及智能分析、应急指挥、数据挖掘、规律分析和全寿命周期运维管理功能。通号分公司以全面实现生产管理过程及作业过程标准化、信息化、流程化为主要目的，通过智能运维平台（图6）应用深化现场的人员管理、生产组织复合管理、运维质量过程管理等。

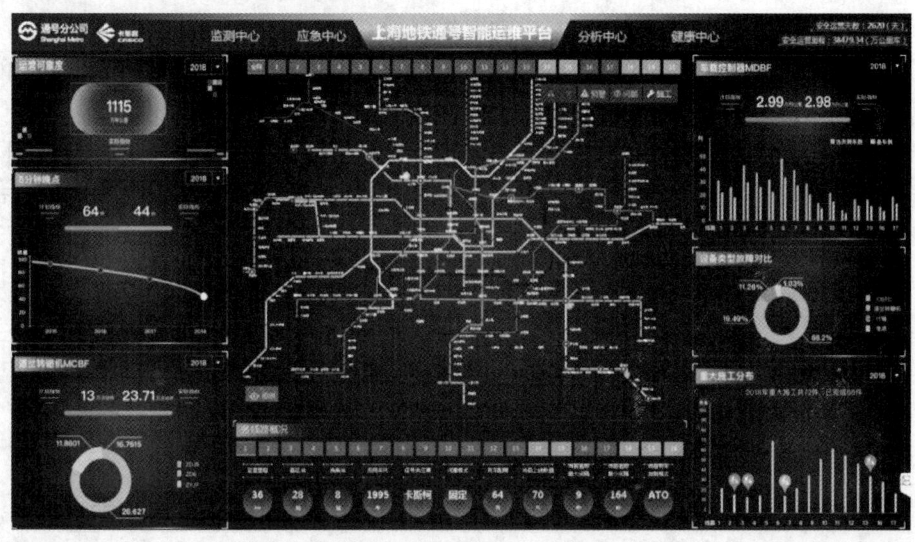

图6　通号智能运维平台界面

①由计划性防范和员工经验为主的维修管理体系转变为智能化故障诊断及预警管理。通过机器计算识别特定应用场景下的故障案例，代替人工专家靠经验获取知识模型的过程，提高故障推演的效率和扩展性。应用全图形化展示方式实时监测系统设备状态及告警数据，实时发现设备故障并自动定位故障点、判断故障原因、提供排障操作步骤指导、确认故障影响范围，压缩故障延时，避免故障对运营产生影响；同时，通过预警预测管理，及时发现设备隐患并提供维护建议指导排除隐患。通过在线、实时、精准、高频的设备状态感知及监测，极大降低人员经验及现场环境依赖。

②由人工巡检和测量为主的维护管理体系转变为自动化、集成化在线监测管理，大幅降低维护人员巡检工作量。对于重要人工巡检内容，对接点巡检平台维护人员在现场录入的设备数据与智能运维平台监测数据综合对比，获取点巡检员工行为分析，减少人为失误因素。建立基于设备健康状态的主动维护条件，将人力从投入巨大的计划维护中解放出来，推动现场的生产实现跨专业岗位复合等优化，实现在超大规模线网和高强度运营下的智能维保体系。

③由传统应急作业管理体系转变为信息化、智能化调度指挥管理体系。传统运维调度多以人工电话、报告为主，快速响应效率低，通过信息化、电子化的方式，实现维修资源的合理分配，实现快速有效的抢修维护过程。

④由分散设立的物资管理平台转变为对高价值物资的物流、财流、信息流集成一体化的管理。智能运维平台实现在用设备和应急备品管理，支持实现设备上道、扫码、调拨管理、备品更换至设备下道的完整管理流程。通过专业知识图谱研究关键设施设备全寿命周期监测数据，为制定符合设备实际情况的维修策略提供保障。同时，基于设备全寿命周期质量监测与评估，智能化预测设备检修周期与设备寿命，有效地提升质量管控水平。

2. 关键技术创新

随着大数据、物联网、云计算、人工智能、移动互联网等先进技术的逐步成熟，在设备状态感知、海量数据挖掘、异构数据集成、业务系统接口、数据量化评估等方面为智能运维提供了有效的技术支撑。具体技术创新如图7所示。

①多源融合感知。实现面向信号系统核心设备的声、光、电、信息流等安全感知,突破非侵入、高隔离、大动态、强实时的信号系统参数可信采集技术瓶颈,完善在线感知覆盖面,构建可自识别关键场景、自切换采样模式的综合智能感知系统。

②多引擎融合诊断预警。通过引入轨道交通专业知识图谱,结合机器学习,解决复杂查询、关联分析、根因追踪等场景需求。通过大数据分析,实现不依赖人工分析的故障定位、智能诊断、故障追溯、趋势判断及自动预警等。

③运营运维多专业协同一体化。构建基于大数据和云计算等技术、集成多专业的信号系统健康管理平台,使得多维数据智能分析、深度挖掘成为可能。根据运营场景需求生成跨专业调度预案,即时驱动控制和运营调整,提升运营运维时效性、准确性。

④主动维修决策。基于设备全寿命周期质量监控和评估,智能预测、推荐设备检修周期和使用寿命;动态智能提出设备维护维修计划,改变传统维护以人工经验、计划修为主的被动维护模式,实现设备高度可靠及维保工作的提质增效。

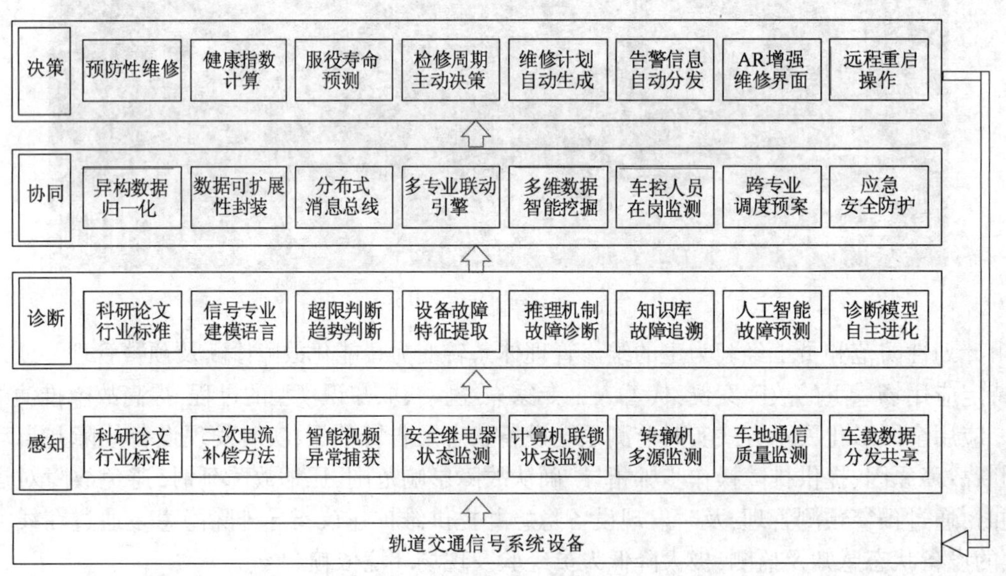

图7　关键技术创新

(五)围绕"运、检、修、管",改进业务流程,提高运维风险管控水平

通号分公司运维管理对象涉及面广、管理事务繁杂、数据类型多、保障性质强、时间跨度大。在运维过程中需要考虑整合多种维修方式,从设备全生命周期管理来看,不同阶段、不同部门的工作都需要规范化和流程化;从整体目标上,主要为了整体安全性和维护保障能力的两个提升,实现资产管理-设备管理-生产管理的融合,进而实现通号分公司运维业务梳理和能力提升。

基于戴明 PDCA 循环模型,围绕设施设备管理核心任务,结合轨道交通通号专业运维实际需求,通号分公司提出了"运、检、修、管"的业务模型(图 8)。推进运、检、修、管四位一体的联动,进行设施设备全流程健康度管控,提高设施设备维护效率,实现管理高效化。具体运、检、修、管业务划分如图 9 所示。

基于"运、检、修、管",实现业务流程的全面转型升级,包括线路级运维到一体化运维升级、人工巡检到自动化巡检升级、计划维修到智能维修升级、分散管理到集中化管理升级等。通过核心业务流程改进(图 10),可以大幅度降低计划修的比例,逐步增加状态修和预防修的占比,可以将部分维护工作从"事后"紧急抢修,向"事中"状态变化处理以及"事前"预知维修的模式转换,从而有效降低维护工作的响应要求和处理难度,提高运维风险管控水平。

轨道交通设备设施运维流程的提升与重构主要包括在线监测闭环、维保业务闭环、维保体系(即时 + 计划)业务闭环 3 种流程闭环。

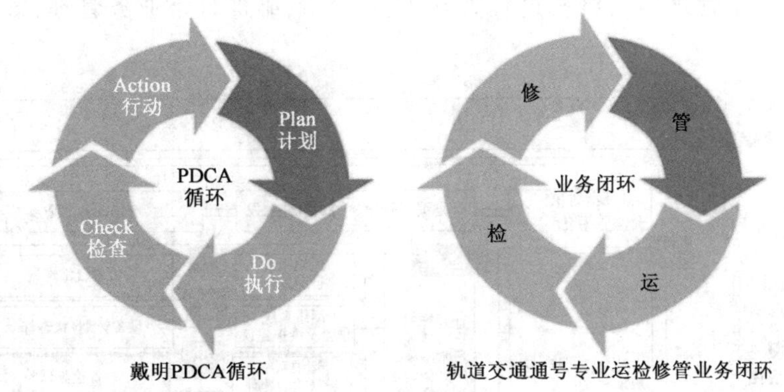

图8 “运、检、修、管”业务闭环

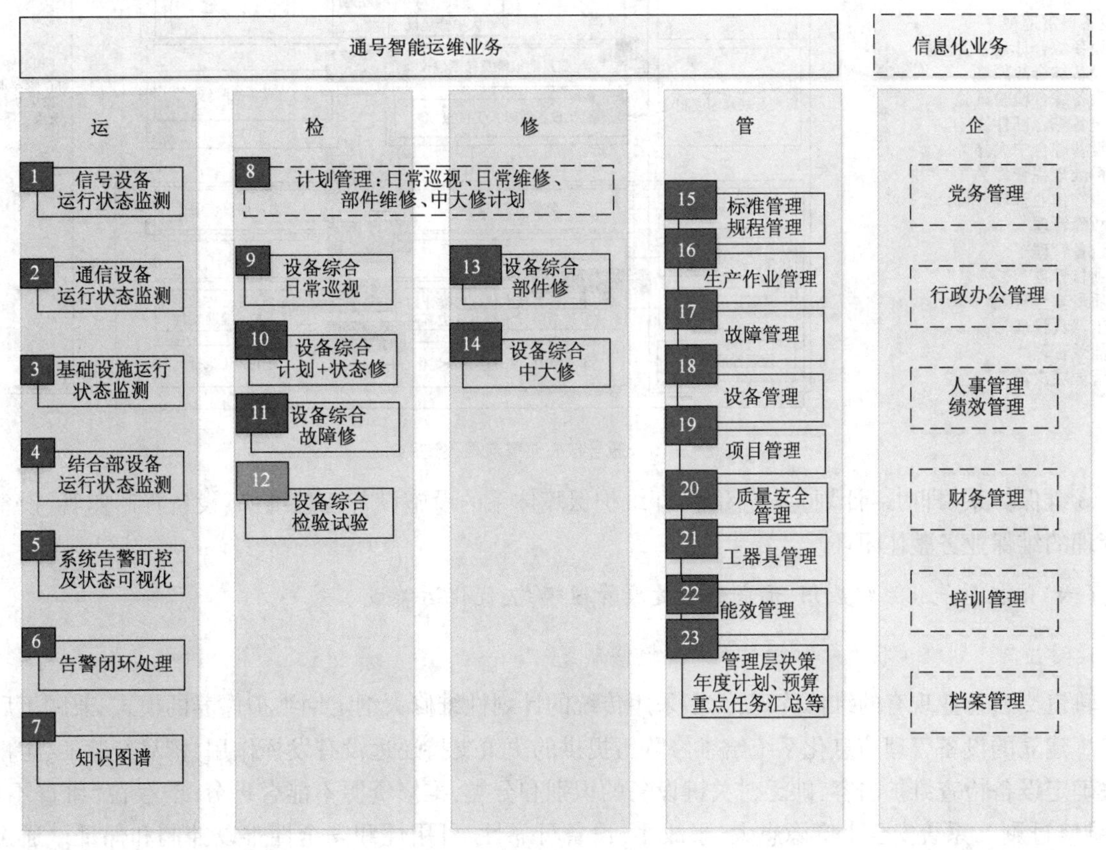

图9 通号分公司运、检、修、管业务划分

①在线监测闭环：即设施设备安全检测，检测和评定设施设备的基本状态、故障、隐患等，主要承载系统为“关键设施设备智慧维保系统”，主要包含：设施设备状态检测及其相互关系知识图谱；设施设备状态异常事件池；设施设备异常溯源分析；设施设备故障和隐患原因分析；设施设备异常/故障处置及其流程闭环。

②维保业务闭环：即维护保障事务性处置，没有统一的既有系统，新阶段信息化平台功能分散，主要承载系统为设施设备基础数据管理（EAM）、物资供应系统（MSCP）、报修、抢修系统、运营期施工管理系统、电子化点巡检系统，本系统建成后将融合、更新EAM、报修/抢修系统，与MSCP、运营期施工管理、电子化点巡检等系统统一数据、打通流程，形成统一的维护保障监测、执行保障体系。主要功能如下：设施设备资产监管，即设施设备台账管理；设施设备维护管理，报修汇总和提醒、抢修发起、状态监视、异常发现、数据分析、信息发布等；计划管理，维修/巡检计划管理；工单管理和执行，维修/巡检工单管理和执行

过程管控(如运营期施工管理等);维修过程管理/绩效分析;维保日常业务管理,排班、日志、演练、培训、用工计价等。

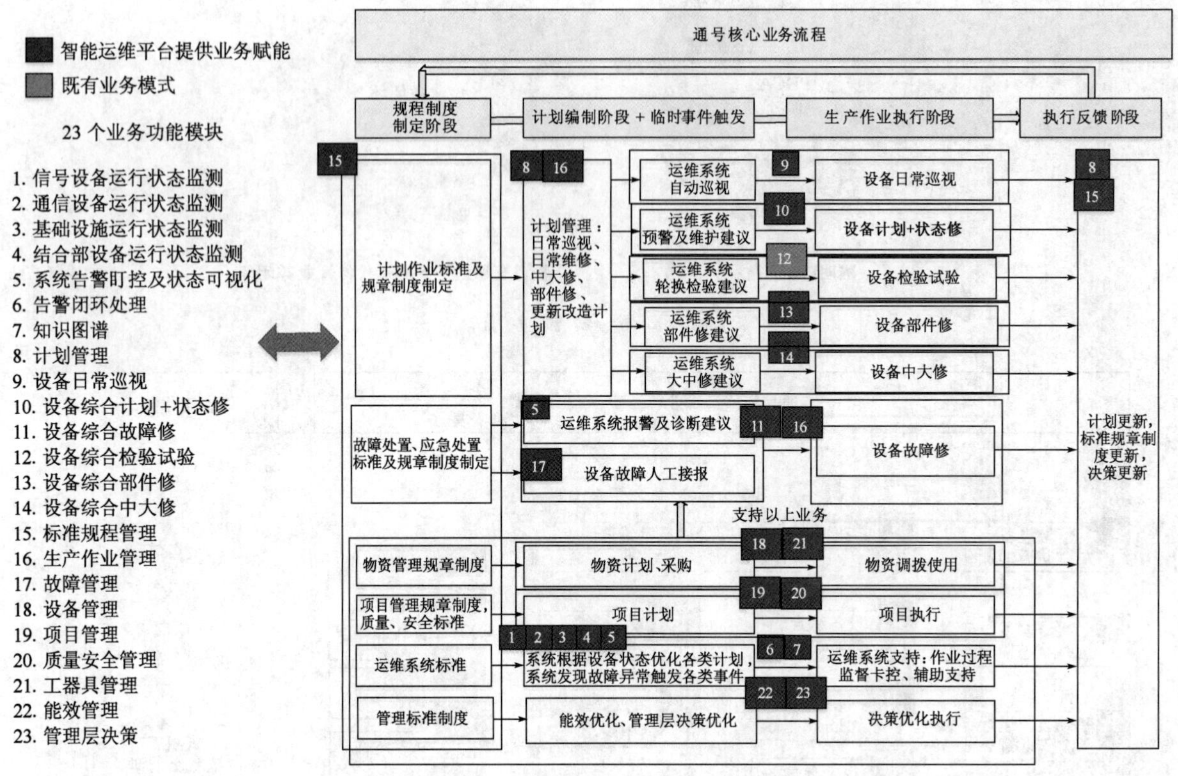

图 10　通号核心业务流程改造

③维保体系(即时 + 计划)业务闭环:即维护保障体系的设施设备智慧维保、设备资产监管、设备维护管理的维保业务整体闭环。

(六)依托智能化系统应用,形成新型健康管理模式,优化运维成本

1. 建立"计划修 + 状态修 + 故障修"的检修制度

轨道交通行业现有的维修管理,大多采用传统的计划性维修大纲定期维护保养的模式,兼顾事后故障修。建立的设备管理信息化系统给维修队伍提供的决策支持还远没有发挥作用,依靠经验的、定性的方法确定设备检查维护内容,缺乏对关键设备的识别和分类,维修资源不能合理分配,存在"维修不足"和"维修过剩",系统安全生产隐患大、事故多,设备可靠性、可用性和安全性难以控制和保证。通过质量成本分析理论,由图 11 所示的设备预防和维修费用曲线可以看出,如果通号系统的维护管理还停留在传统的定期计划性维护和事后故障维修的方式,系统维护成本相对较高,维护人员的工作强度也较大。计划修落实为修程、修制,故障修落实为临修和抢修;计划修以较高的维修成本遏制运营风险;故障修以较高的运营风险降低维修成本,但是故障修面临关联性故障劣化的问题,如不及时处理可能导致系统性风险的产生;状态修以 RCM 理论、实时状态检测和过程管控为基础,平衡计划修和故障修的维修成本、风险成本两个维度,一方面优化修程、修制,另一方面为故障修量化指标。

依托智能运维平台应用,通号分公司基于设备健康状态,逐步形成"经验型计划修 + 感知型状态修 + 专家型故障修"的检修制度(图 12);依托 EAM、RAMS 分析指标基础大数据,分析设施设备运行质量,结合设施设备评估,实行设备整治、消缺更新改造实施,达到设备运行质量可靠性提升,实现设备的全寿命周期精细化管理,逐步形成经验型计划修模式。依托系统运行状态在线感知能力,逐步形成感知型状态修。依托精准维修理念、在线监测状态数据,逐步形成专家型故障修模式。

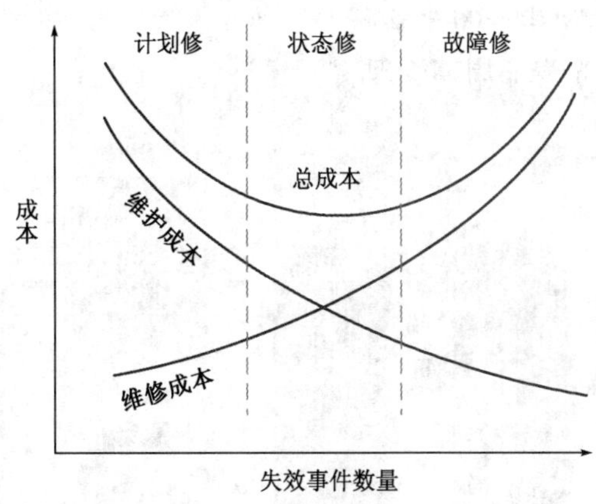

图 11 预防和维修费用曲线

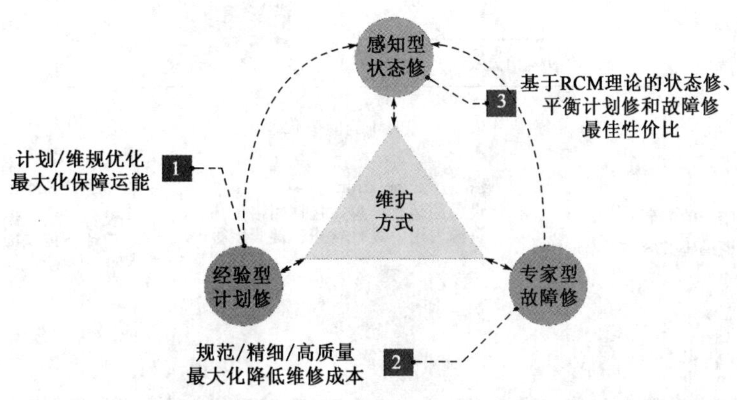

图 12 “计划修 + 状态修 + 故障修”的检修制度

2. 建立基于 PHM 的健康管理模式

新型城市轨道交通设备健康管理基于 PHM(Prognostic and Health Management,故障预测与健康管理),以系统当前状态为起点,以系统历史运行状态(运行记录、故障信息、维修记录等)为依据,根据已知的功能结构、系统参数、工作条件等对系统健康状态进行判断预测,从而合理地制定维修计划与管理策略(图 13)。通过建立健康维护过程的闭环跟踪,为设备运维提供一个完整的发现问题、处理问题、解决问题、反馈问题的维护作业处理机制,针对不同的故障维修、计划维护、问题跟踪作业分别进行工作流程追踪,将维护任务的执行人、维护部门、备品备件库、供货商、负责人等纳入维护过程,覆盖设备维护全过程。

该模式很大程度上克服了传统维护管理模式的缺点:

①通过对全线网通号业务实现全面及专业化的智能感知与集成监测,包括道岔转辙机、电源、CBTC 列控、计轴、环控等子系统,实现设备一体化协同运维与健康管理。

②通过在线设备监测、故障智能诊断、应急调度指挥,提高系统可靠性、可用性、安全性,实现行车风险保障运营安全管控。

③通过故障预测分析、可视化故障再现、增量化故障案例库管理、知识库管理等智能管控设备状态,降低故障率,提升综合性维护管理能力及运营质量。

④通过智能化健康评价、维护辅助决策、设备全寿命周期管控、维护方式的革新等,优化维修策略,降低系统全寿命维护成本,合理调配时空资源,提升效能效益。

(七)把控全寿命周期,构建 CMOSE 五环资产管理体系,实现“一管到底”

基于智能运维平台,通号分公司建立能够反映设备全寿命周期(启用、检修、故障、更新改造及报废等)状态变化的动态履历信息库。同时构建基于大数据技术的运营设备 CMOSE 五环履历体系

(图14),将运营设备的"编码C""生产M""运行O""维护S""下线E"各部分信息有机串联起来,实现资产履历数据"一管到底"式的全寿命周期管理。

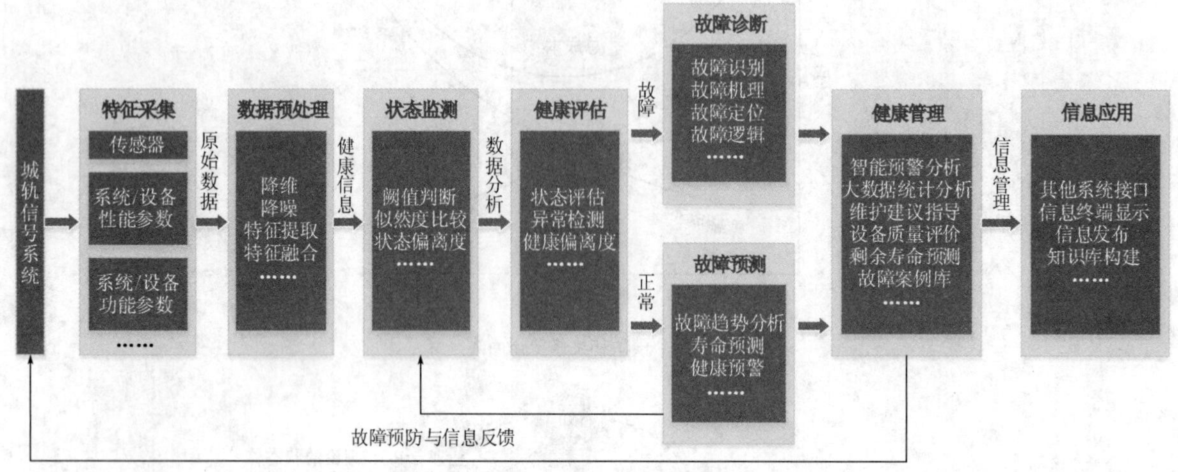

图13 基于PHM的健康管理模式

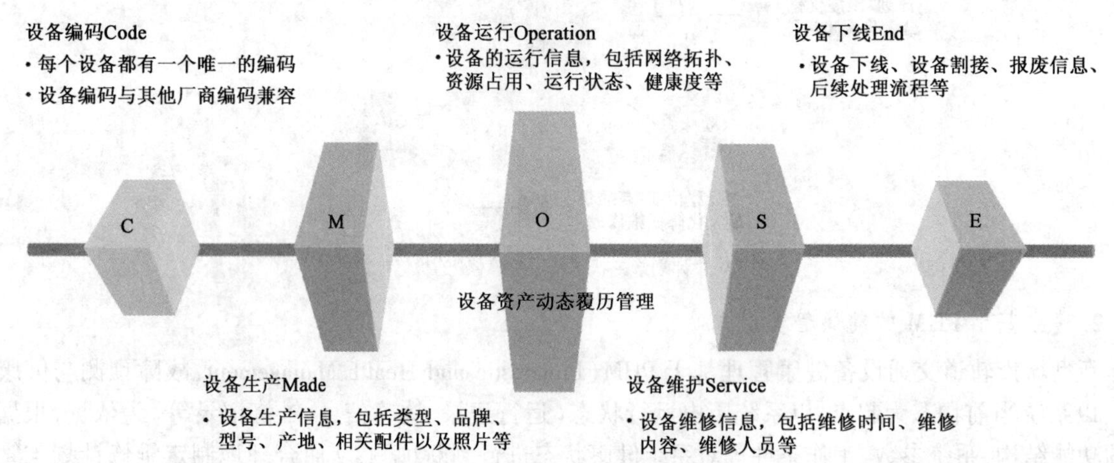

图14 CMOSE五环设备资产履历管理

设备编码Code:每个设备都有一个唯一的编码,设备编码与其他厂商编码兼容。设备编码包括线路、初始位置、位置描述、一级、二级、三级、四级、五级、六级、序号码、设备编码、设备名称及扩展码等数据字段。

设备生产Made:设备生产信息,包括设备类型、设备品牌、设备型号、设备数量等通用信息,以及各个设备的专项生产信息。

设备运行Operation:设备的运行信息,包括网络拓扑、资源占用、运行状态、在用停用情况、设备运行健康度、设备实时位置等通用信息,以及各个设备的专项运行信息。

设备维护Service:设备维护信息包括设备故障时间、设备故障现象、设备维修时间、设备修复时间、设备维修内容、设备维修人员等通用信息,以及各个设备的专项维修信息。

设备下线End:下线信息包括设备报废时间、设备报废原因、设备报废人员、设备割接、后续处理流程等通用信息,以及各个设备的专项下线信息。

CMOSE五环履历管理体系通过对运营设备生命周期的全过程管理,保障设备平稳、安全、优质、高效运行,从而保障企业的经营和生产活动顺利展开。

(八)融合"人、事、物、态",完善健康管理综合指标体系,实现资源整合优化

指标体系的建立是进行预测或评价研究的前提和基础,它是将抽象的研究对象按照其本质属性和

特征的某一方面的标识,分解成可量化元素(即指标),并对指标体系中每一构成元素赋予相应权重的过程。

基于上海轨道交通通号设备管理战略,运用设施设备可靠性、可用性、可维修性、安全性指标,并综合考虑设施设备国家相关政策、设施设备经济性、以及人力资源实际情况,建立一套与上海地铁运营设施设备综合质量管理体系密切融合,并可为公司发展战略的制定提供科学保障的健康管理综合指标体系。

按照应用场景、宏观管控、多级下钻等要求,并结合人、事、物、态的管理指向,把客观上存在联系的、说明设施设备基本状态和异常现象的若干个关键指标进行融合,以便有机地构成通号多专业、多维度的指标体系。指标体系主要涉及安全性指标、经济性指标、风险性指标、考核指标及人力资源等。具体的指标体系主要包括:绩效考评信息体系、RAMS 指标体系、实时和统计指标体系、整定值、履历体系、设备关联性溯源、故障关联性溯源等(图 15)。

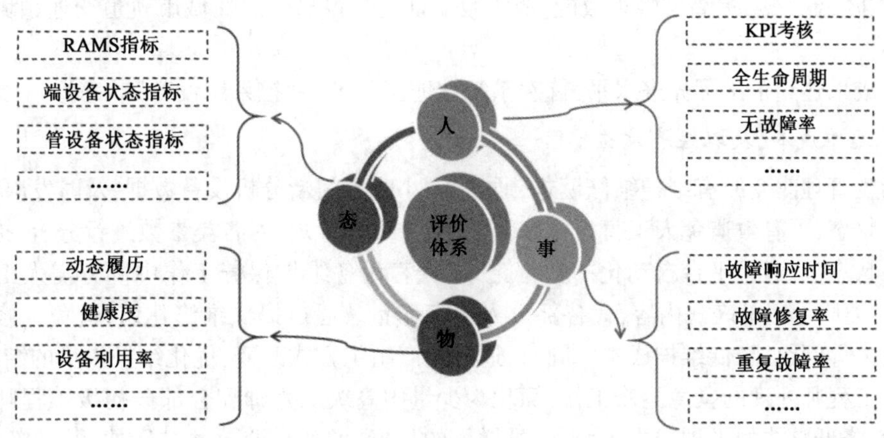

图 15 融合“人、事、物、态”的健康管理综合指标体系

健康管理综合指标体系需要紧抓人员、技术、备件和数据四大资源,在全生命周期数据资源管理的基础上,依托智能运维平台,有效支持多技能、专业化人员成长和备件精细化经济管理两个闭环。

四、实施效果

(一)模式全面升级,提升管理水平

基于智能运维,实现设备健康度管理模式全面升级,有效解决了路网安全信息孤立分散、缺乏基于系统安全态势分析的预警及隐患识别能力的问题,实现关键设施设备的可视化实时监控、故障快速诊断定位,提升维护效率,改变原有维护维修模式,从故障修、定时修向状态修转变,提高维护效率,提升维护质量,从而减少故障发生。依托高度的集成化、自动化、智能化优势,在保障运营安全、提升运维效率、降低财务成本等方面产生了显著效益。

①运营质量显著提升,信号系统关键设备感知覆盖率达到 100%,实现 7×24 小时不间断检测,系统诊断和预警准确性超过 95%,运营可靠性提升至 1130 万车公里/次,列车延误率下降 1/3,有效降低 5 分钟晚点率。部分设备平均无故障时长提升 3 倍,其中道岔转辙机平均无故障次数 MCBF 提升 2.3 倍,车载设备平均无故障距离 MDBF 提升 2.14 倍。

②维修效率显著提升,突破了传统靠人发现、靠人分析的计划修模式,缩短故障处理时间。平均故障接手时间缩短 80%,维修响应时间缩短 30%,故障平均修复时间从 30 分钟降至 10 分钟。

通过对支持超大规模线网常态化高强度运营的全寿命周期设备健康度管理的实施,可大幅降低维护人员工作量,及时发现列控系统关键设备故障隐患,并基于大数据技术,在突发故障时快速定位故障并提供维护建议,实现远程分析、远程应急指挥和远程维护作业,促进维护模式真正实现“状态修”和“预防修”。同时,通过构建体系完整、功能齐全、权责清晰、技术先进、成本可控的设备健康度管理体

系,进一步加快上海城市轨道交通维保产业向专业化、集约化、市场化的方向发展。

通号分公司智能运维平台于2017年在上海轨道交通龙阳路基地建成投用。2019年3月23日,上海市土木工程学会组织"超大城市轨道交通线网列控系统全寿命周期健康管理关键技术研究与应用"成果鉴定会,中国工程院院士陈湘生、中国科学院院士何积丰等专家鉴定认为:

①项目通过对超大城市轨道交通线网列控系统健康运营关键技术的分析研究,应用物联网技术集成创新,研发了"列控系统全寿命周期健康管理系统",实现了列控系统智能感知、智能诊断、全寿命周期健康评估、维护辅助决策、应急调度指挥等功能。

②自主研发了"面向列控系统的多元融合智能感知技术""多引擎驱动的智能分析技术""运维多专业协同技术""运营运维一体化协同技术""自主维修决策成套技术"等新技术,创建了跨专业大数据应用平台。

③该成果在上海城市轨道交通网络应用后,进一步提升了列控系统可靠性,维修响应时间缩短30%,运维成本降低13%,提高了管理效能,经济效益社会效益显著。在城市轨道交通领域具有广泛推广意义。

项目研究成果达到了国际先进水平,首次系统性地实现了"列控系统设备"状态修。

(二)降低运维成本,获取经济效益

设备健康度管理改变原有维护维修模式,通过24小时不间断分析设备数据,及时发出预警,提前消除隐患于萌芽状态,可有效避免人工盲目检修,合理安排维修计划,对各类参数进行分析,指导维护人员及时掌握设备状态,可通过平台自动化的数据记录,代替设备维护保养工作中部分需人工纸质记录的"信测""信维"类质量记录表式内容,代替部分人工工作量。通过提供维修建议,避免维修过剩带来的不必要经济损失等问题,降低维护成本。同时,通过生产组织方式改变,优化维护人员的结构,将原本需要多名中高级工程师处理的紧急抢修工作,简化为少量中高级工程师配合部分初级工程师即可胜任的工作,从而有效降低整体的维护成本,达到减员增效的目标,增加企业效益。另外,通过资源整合,合理化、集约化管理配置,减少物资消耗、维修成本、备品配件采购成本。

通过基于智能运维的设备健康度管理,运维成本显著下降,信号设备平均维护周期从5天延至15天,节省65.49%的工时,节省人工成本约8.9%,运维成本降低13%。

(三)保障服务可靠,实现社会效益

在超大规模线网环境下,通过实时、准确、高效的健康管理手段确保通号系统安全运行、可靠工作、快速维护,实现关键设施设备的集成监测、智能诊断及健康评估,以此促进维护模式及维护手段的创新及提效。上海轨道交通线网规模居世界第一,据规划至2020年运营总里程将达到814公里,工作日客流预计达到1400万乘次。本项目帮助上海地铁信号系统在全寿命周期保持高可用度,保障每天千万级以上人次安全出行。成果有效保障"进博会"等重大专项交通服务,在上海超大城市环境下,确保轨道交通超大规模线网常态化高强度运营,提升安全性、便捷性、高效性。

(四)广泛推广应用,促进生态效益

项目示范了物联网、人工智能在交通运输行业的大规模融合应用,破解国内外超大城市轨道交通线网普遍面临的高安全性、高运营强度、高可用度等可持续发展难题。成果对国内外轨道交通维保体系的建设有特别显著的示范作用,助力我国先进轨道交通在世界范围实现技术引领,产生巨大的社会效益。产品和标准可推广应用到高铁、轨道交通、电力、电信等行业。远期可推动构建长三角区域"地铁+有轨电车+市域铁路+高铁"的轨道交通关键设施设备健康管理平台,实现设备远程运维互联、协同管理。

大型国有企业自建供应链金融服务平台的研发与应用

中交上海航道局有限公司

成果主要创造人:彭陆强

成果参与创造人:何金中 潘贤亮 徐 刚 柴冠军 陈 杨 杨 志 钮 昆 郭瑞东 郭 敏

中交上海航道局有限公司(简称"中交上航局")的前身为浚浦工程总局,1905年12月26日创立于上海。115年来,中交上航局从黄浦江航道疏浚起步,通过几代航道人辛勤耕耘,逐步走向大江、大河、大海,不断发展壮大,现已成为国有大型综合型工程公司。

中交上航局注册资金为76亿元,总资产为377亿元,年营业额为140亿元,拥有从业人员6602人,各类疏浚工程船舶66艘,其中大型耙吸挖泥船20艘,大型绞吸挖泥船14艘。

中交上航局拥有港口与航道工程施工总承包特级、水利水电一级、市政公用一级、建筑一级、公路二级、河湖整治一级、地基处理一级、设计水运行业甲级、工程勘察综合甲级、测绘甲级等资质。

中交上航局多次荣获国家科学技术进步奖一等奖、詹天佑奖、大禹奖、鲁班奖、国家优质工程奖等国家级奖项,为我国水运事业、民生建设以及生态环保作出了重要贡献。

"十三五"时期,中交上航局以"改革创新、转型升级"为引领,以"港航、市政、建筑、水利、公路"五大业务和"房建、医养"两个产业为业务发展方向,厚植"人才、装备、技术、资金、管理"五大优势,致力于成为政府与社会经济发展的责任分担者,区域经济发展的深度参与者,社会公共服务的优质提供者。围绕建设美丽中国,成功实现了转型业务新突破,为成就"百年上航,卓越领航"的新梦想奠定了坚实基础。

一、实施背景

(一)行业整体发展的需求

基建行业是典型的资金密集型行业。由于我国目前基建行业产能过剩,市场竞争日趋激烈,市场竞争的加剧以及施工行业经营的独特性,致使施工企业为了抢占市场,拓展生存空间,往往在项目招投标谈判中对工程垫资或进度款支付提出较低的要求;受行业经营独特性影响,施工过程中所形成的劳务支出与收款存在着时间差;同时,受工程量大、占用资金多、工程计量复杂等因素影响,工程资金结算和支付周期通常较长。这些问题共同造成了施工企业应收账款逐年增加的现状。

过高的应收账款会影响企业营运资金的周转,增加企业的资金风险,加大坏账的可能性,影响公司业绩;同时,随着经济转型及银行信贷规模的收紧,导致工程建设资金的筹措面临巨大的困难,许多工程建设单位面临资金链断裂的危险,通过各种方式寻找资金成为建设单位的当务之急。然而,中交上航局供应链上80%以上是中小微企业,由于其财务资信较弱,导致融资难、融资贵、融资繁的问题更加严重。

如能满足高频、短期的融资需求,将对实体经济的发展产生较大的促进作用,符合国家倡导的"普惠金融,引资金活水,润实体经济"的宏观政策。

(二)中交上航局高质量发展的需求

1. 中交上航局融资端的需求

一方面,由于经济形势下行和传统疏浚行业受限,中交上航局转型发展中遇到了毛利率下降、回款率低、资金压力大等一系列问题。2018—2019年两年间,中交上航局营业毛利下降1.3亿元,毛利率下跌1个百分点,2019年"两金"总规模达180.6亿元,资产占比达49%,当年经营性回款率仅为93%,较上年同期的126%下跌33个百分点,降幅超过30%。另一方面,中交上航局承接的PPP项目逐步进入建设期,预计2020年资本金投入额达10亿元,而市场新推出的现汇项目付款比例普遍偏低,两方面原因叠加,中交上航局资金压力变大。

2. 中交上航局指标端的需求

一方面,由于施工企业资金支付存在时间差异,通常集中在年底或春节前等关键节点,增加资金压力的同时也增加了经营性现金流的指标压力。另一方面,中交上航局带息负债长期处于较低水平,目前由于多重原因,对融资需求增大,但受限于带息负债指标压降的考核需要,对债务类融资工具的使用有所受限。

3. 中交上航局管理端的需求

当前,中交上航局对供应商的管理体系尚不完善,对供应商的资信和财务能力评估手段不足,缺乏分析的数据来源,对供应商的真实能力缺乏判断依据,对成本控制缺乏有效手段。

(三)国家政策支持

"十三五"期间,国家曾多次出台相关文件,鼓励金融创新,希望通过供应链金融等新的金融模式,打通资金通道,提升产融结合效率。

2016年1月27日,国务院常务会议提出:用好和创新金融工具,大力发展应收账款融资。

2017年10月13日,国务院提出:积极稳妥发展供应链金融,推动建立供应链综合服务平台,拓展金融服务、研发设计等功能,提供采购执行、物流服务、融资结算等一体化服务。鼓励商业银行、供应链核心企业等建立供应链金融服务平台,为供应链上下游中小微企业提供高效便捷的融资渠道。

2018年4月18日,商务部、工信部、人民银行、银保监会等八部门联合发布《关于开展供应链创新与应用试点的通知》,推动供应链核心企业与商业银行、相关企业等开展合作,创新供应链金融服务模式,有条件的企业可加强与商业银行、平台企业等合作,创新供应链金融业务模式,优化供应链资金流,积极稳妥、依法依规开展供应链金融业务。

2019年2月14日,中央办公厅、国务院办公厅《关于加强金融服务民营企业的若干意见》,鼓励金融机构增加民营企业、小微企业信贷投放;加大对民营企业票据融资支持力度,简化贴现业务流程,提高贴现融资效率,及时办理再贴现;商业银行要依托产业链核心企业信用、真实交易背景和物流、信息流、资金流闭环,为上下游企业提供无须抵押担保的订单融资、应收应付账款融资;国有控股大型商业银行要主动作为,加强普惠金融事业部建设,落实普惠金融领域专门信贷政策。

2020年4月10日,商务部、中国人民银行等八部门联合下发《关于进一步做好供应链创新与应用试点工作的通知》,文件提到要充分利用供应链金融服务实体企业,银行业金融机构要加强与供应链核心企业合作,支持核心企业通过信贷、债券等方式融资,用于向中小微企业支付现金,减轻中小微企业流动性压力和降低融资成本。

供应链金融的实施符合国家金融政策的导向。

二、成果内涵

中交上航局坚定不移推进管理水平提升,力争通过大型国有企业自建供应链金融服务平台的研发与应用,充分盘活供应链上核心企业的银行授信,在缓解核心企业资金和指标压力的同时,有效解决供应链上中小微供应商的融资难、融资贵、融资繁等问题，切实保证平台使用和核心数据安全，提高融资效率，提升与金融机构的议价权，借助数据分析优势助推企业管理升级，提升整个供应链的市场竞争力，构建和谐共赢的供应链生态圈。

三、主要做法

（一）主动破局，提出金融管理新思路

针对当前行业和公司遇到的资金和管理难题，中交上航局于2018年经过研究决定探索供应链金融管理新路径，力争通过供应链金融工具的合理运用，有效解决公司和供应链上中小微企业的资金需求，打通管理瓶颈，提升管理质量。充分调研当前国内现有供应链金融的几种形式后，发现均存在一定的局限性（表1），中交上航局决定结合实际需求，自建供应链金融服务平台。

供应链金融形式对比表 表1

平台模式	典型代表	优缺点
社会公共平台	中企云链	优点：辐射面广，服务企业多，对接金融机构多，金融产品丰富，开放性强等 缺点：使用成本高，缺乏与金融机构的议价权，核心技术受限，存在核心数据外泄风险，大数据分析受限，对企业的适用性弱等
金融机构自建平台	建信融通	优点：拥有良好的金融资源 缺点：使用成本较高，融资渠道单一，企业缺少议价权，缺乏核心企业的供应链上下游实力，核心技术受限，存在核心数据外泄风险，大数据分析受限，对企业适用性较弱等
大型企业集团自建平台	—	优点：使用成本低，可以因地制宜与金融机构深度合作，提高企业议价权，拥有自主研发产权，保证企业核心数据安全，可以通过与供应商平台的对接实现供应商全流程管理，可以通过大数据开展穿透分析，可以根据企业需求进行更新升级，适用性更强等 缺点：研发能力要求高，研发周期长

（二）完善组织，推动供应链金融服务平台研发

中交上航局高度重视平台研发工作，成立了以总会计师为组长，财务金融部牵头，信息中心、研发子公司支持的16人研发工作组（图1）。2019年1—8月，经过8个月调查、学习、研究和开发，成功研发供应链金融服务平台，先后经过三次安全测试后，于2019年8月28日正式上线。平台上线后，研发工作组仍长期稳定运行并不断壮大，对平台功能进行持续优化和完善。

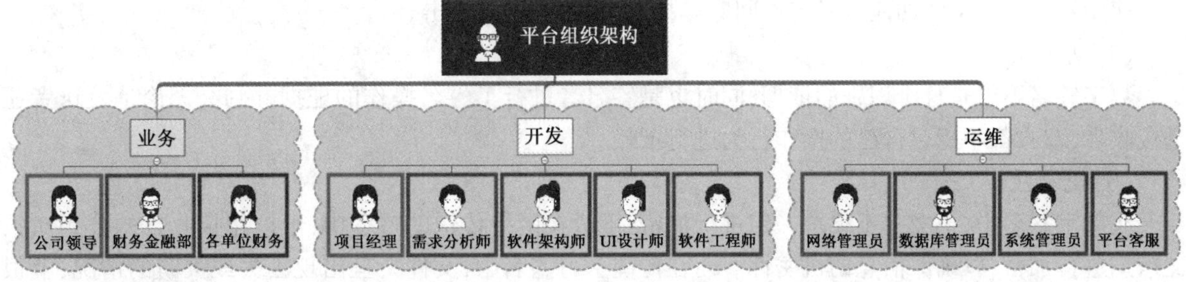

图1 研发工作组组织架构图

（三）安全先行，确保平台平稳运行和数据保密

1. 采用CFCA证书认证

平台通过引入CFCA（中国金融认证中心）统一认证平台和数字证书体系，一方面解决在线用户实名认证的关键问题，另一方面借助成熟的电子签名、加密技术解决了平台的交易风险和技术风险，同时符合签名法相关规定的电子签名及电子合同还能有效地规避平台的法律风险。CFCA流程如图2所示。

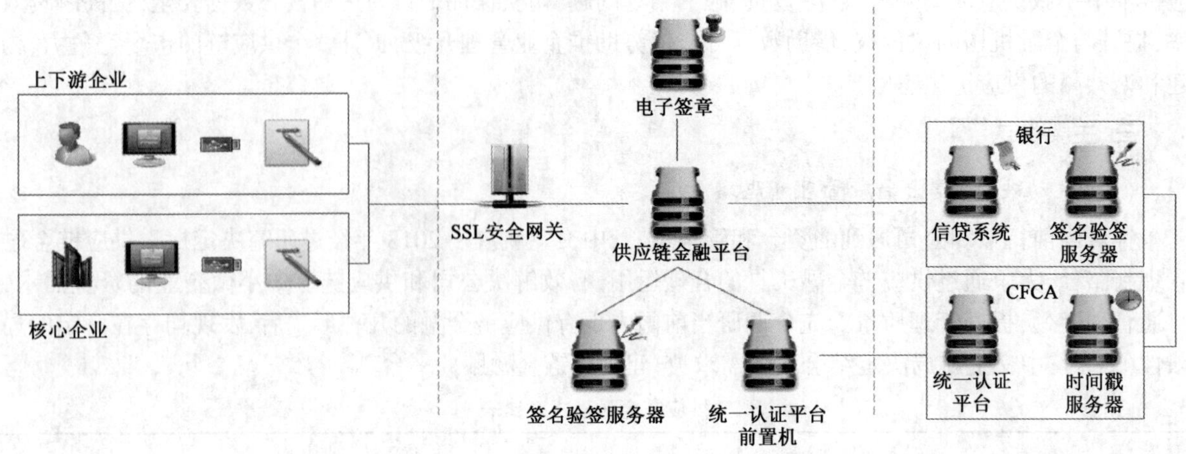

图2　CFCA 流程图

2. 企业准入把关

首次进入平台的企业需要注册,并逐一完成经办人实名认证、企业工商信息认证、对公账户 Ukey 绑定、对公账户打款认证,通过平台人工审核后才能完成准入,保证入驻企业真实性。

3. 关键业务操作进行数字签名

平台对关键节点的业务操作需要进行数字签名,这一操作具备以下几个优点:

(1)防伪造(冒充)

只有签名者为私钥的唯一拥有者,除此之外其他人都不能伪造消息签名。所以,只要对私钥进行妥善保存,攻击者想要通过其他的途径获得消息签名是不可行的。

(2)身份识别

数字签名是相对于网络而言的,与传统手写签名不同,其接收方必须要对发送方的身份进行识别,而用户的公开密钥便是用户身份的标志。

(3)完整性

确保消息的完整性就是防止消息在传送的过程中被非法篡改。

(4)防重放

使用对签名报文添加流水号与时间戳等技术,能防止重放攻击。

(5)防抵赖

数字签名不仅是身份识别的依据,同时也是签名者进行了签名操作的证据,因此,无论是发送者还是接收者,双方都不能对自己的操作行为进行抵赖。

(6)机密性

在数字签名中,报文并不要求一定进行加密,不过在网络传送的过程中,可以用接收方的公钥对报文信息进行加密,以确保信息的机密性。而在传统手写签名中,文件一旦出现丢失或失窃的情况,就很难避免文件信息的外泄。

4. 运维过程权限分离

平台的运营离不开管理和服务的支持,运维过程在满足便捷性要求的同时,如何防止一人多岗、权限过度集中产生的隐患,建立相互协作又互相监督的管理机制,也是此类软件系统要重点考虑的课题。采用三员分离的权限隔离机制,可以有效降低发生操作风险的概率。如此一来,IT 管理员专门负责系统基础数据的配置;安全保密员负责基础数据配置以及关键业务操作的审核;系统审计员对所有人的操作有追溯的权限以及监督的责任。同一人不可以身兼多职,以此保证责、权分明,又能良好地协作。

5. 业务逻辑定期自检

针对关键业务信息,进行业务逻辑定期自检,如遇问题自动告警,确保问题得到及时处理。如针对云票的流转信息进行自检,验算云票金额准确性;针对供应商的融资申请进行自检,验证融资金额的有效使用范围;针对银行授信额度使用情况进行自检,确保开票额度有效可控;还款前,监控供应商收款账号状态,确保正常还款;针对银行返润数据进行对账自检,确保平台与银行记录数据准确一致。

6. 容灾备份

平台的运作依赖于数据中心系统的稳定,然而人为误操作、软件错误、病毒入侵等"软性灾害"以及硬件故障、自然灾害等"硬性灾害"也偶有发生,数据中心随时可能在一个充满风险和威胁的环境下运行,如果不能对这些风险采取有效防范和治理,一旦核心数据丢失,将会使系统陷入瘫痪,造成不可估量的损失。因此,鉴于供应链金融服务平台业务数据的重要性,为计算机信息系统提供的一个能应付各种灾难的环境。当计算机系统遭受火灾、水灾、地震等不可抗拒的自然灾难以及计算机犯罪、计算机病毒、掉电、网络/通信失败、硬件/软件错误和人为操作错误等人为灾难时,容灾系统(图3)将保证数据的安全性。

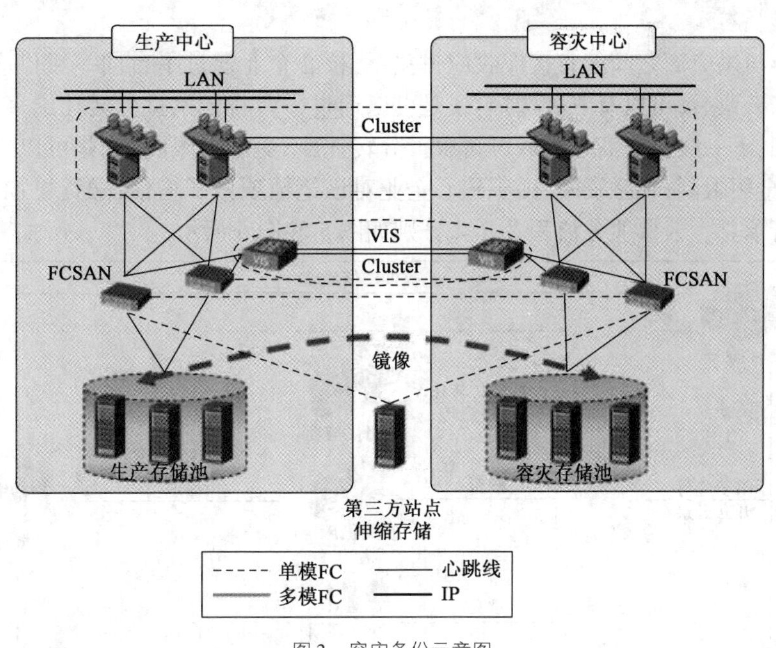

图3 容灾备份示意图

7. 数据隔离

为保证不同企业之间的数据安全和独立,平台建立了数据隔离系统(图4),不相关企业间不能互相查看其他公司业务数据。同时,为满足集团化企业的管理需要,建立了数据的职能树架构,满足上级企业对下级企业数据的管理查看需要。

8. 风险控制

为防范法律风险,确保平台使用者之间的法律合规性,供应商注册平台时需要签署注册协议、上传《数字证书使用承诺函》;核心企业开票时,签署《付款承诺函》;供应商签收云票时,签收《委托代付款确认函》或《付款确认函》;供应商融资时,与银行签署《应收账款转让协议》;云票开立、发生流转、融资时,均通过短信、站内信等方式通知相关方。

(四)主动对接,平台持续扩容

中交上航局主动与各大金融机构交流,持续推动平台与金融机构对接。2019年8月至2020年9月,平台已成功完成与建设银行、招商银行、交通银行、中信银行、光大银行、宁波银行的对接,与民生银行、中国银行、上海银行等其他金融机构的平台对接也正紧密有序地开展中。

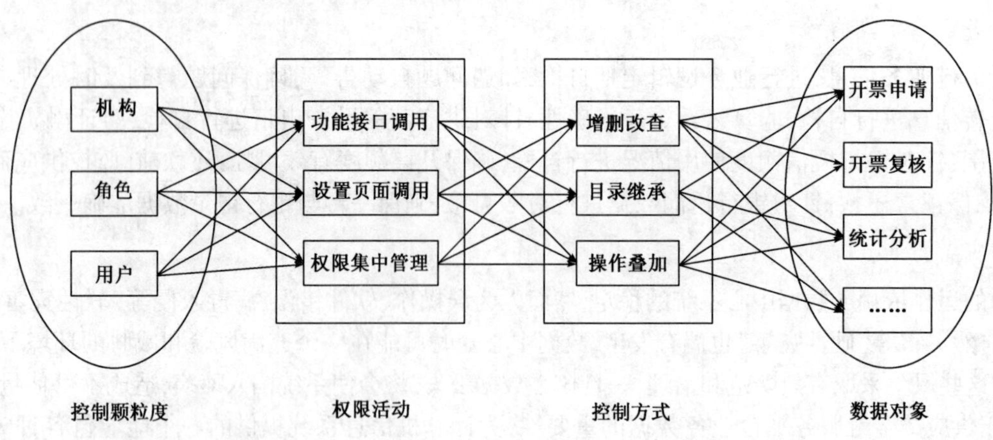

图4　数据隔离示意图

(五)注重高效,融资效率显著提高

1. 云票可无限拆分

基于核心企业与供应商之间的直接应收应付关系,核心企业通过平台向一级供应商开具云票。一级供应商拿到这张云票后,可以有三种选择:一是可以通过平台将云票拆分转让给多个下一级供应商,不受单笔金额限制,下一级供应商拿到后可再次拆分转让,不受层级限制;二是可以根据需要向银行进行拆分融资,不受金额限制,在融资时,由于核心企业对该笔债项做了增信,融资更加便捷;三是可以持有到期后再向银行承兑。云票业务流程及样张分别如图5和图6所示。

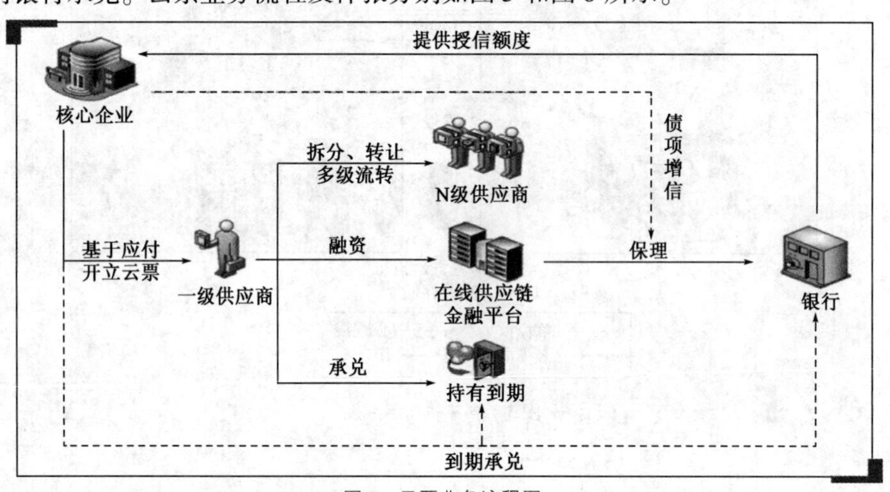

图5　云票业务流程图

2. 融资高效

通过平台,实现融资材料全程电子化流转,解决了通常金融企业融资需要现场资料审核的难题,云票的相关业务全部在平台完成,可实现T+0放款,为供应链上企业的融资提供便利。

(六)强化分析,发挥大数据优势助力管理升级

1. 可满足多维度的统计需要

平台可以从核心企业角度、供应商角度、开票总量、单户开票量等多维度进行统计,满足了不同的管理需要,通过数据分析,有效支撑企业经营管理需要,提高企业管理效率。多维度统计示例如图7所示。

2. 运用数据痕迹追踪,遴选优质供应商

通过对平台数据跟踪分析,可以迅速了解每家供应商对云票的使用情况,进而了解供应商的实力,从中遴选优质供应商作为长期合作伙伴,通过对票据流向数据的分析,可以穿透供应商链条,追踪不同层级供应商,进而缩短供应商链条,提升核心企业供应商管理水平。

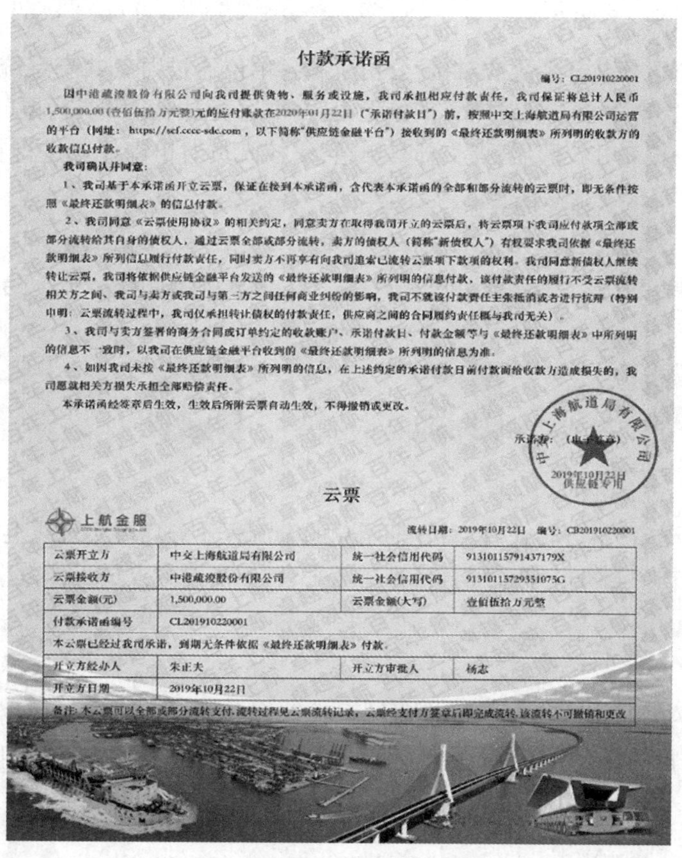

付款承诺函

编号：CL201910220001

因中港疏浚股份有限公司向我司提供货物、服务或设施，我司承担相应付款责任，我司保证将总计人民币1,500,000.00（壹佰伍拾万元整）元的应付账款在2020年01月22日（"承诺付款日"）前，按照中交上海航道局有限公司运营的平台（网址：https://scf.cccc-sdc.com，以下简称"供应链金融平台"）接收到的《最终还款明细表》所列明的收款方的收款信息付款。

我司确认并同意：

1、我司基于本承诺函开立云票，保证在接到本承诺函，含代表本承诺函的全部和部分流转的云票时，即无条件按照《最终还款明细表》的信息付款。

2、我司同意《云票使用协议》的相关约定，同意卖方在取得我司开立的云票后，将云票项下我司应付款项全部或部分流转给其自身的债权人，通过云票全部或部分流转，卖方的债权人（简称"新债权人"）有权要求我司依据《最终还款明细表》所列信息履行付款责任，同时卖方不再享有向我司追索已流转云票项下款项的权利。我司同意新债权人继续转让云票，我司将依据供应链金融平台发送的《最终还款明细表》所列明的信息付款，该付款责任的履行不受云票流转相关方之间、我司与卖方或我司与第三方之间任何商业纠纷的影响，我司不就该付款责任主张抵消或者进行抗辩（特别申明：云票流转过程中，我司仅承担转让债权的付款责任，供应商之间的合同履约责任概与我司无关）。

3、我司与卖方签署的商务合同或订单约定的收款账户、承诺付款日、付款金额等与《最终还款明细表》中所列明的信息不一致时，以我司在供应链金融平台收到的《最终还款明细表》所列明的信息为准。

4、如因我司未按《最终还款明细表》所列明的信息，在上述约定的承诺付款日前付款而给收款方造成损失的，我司愿就相关方损失承担全部赔偿责任。

本承诺函经签章后生效，生效后所附云票自动生效，不得撤销或更改。

承诺人：[illegible]

中交上海航道局有限公司
2019年10月22日
供应链专用

云票

上航金服

流转日期：2019年10月22日　编号：CB201910220001

云票开立方	中交上海航道局有限公司	统一社会信用代码	91310115791437179X
云票接收方	中港疏浚股份有限公司	统一社会信用代码	91310115729351075G
云票金额(元)	1,500,000.00	云票金额(大写)	壹佰伍拾万元整
付款承诺函编号	CL201910220001		
本云票已经过我司承诺，到期无条件依据《最终还款明细表》付款。			
开立方经办人	朱正夫	开立方审批人	杨志
开立方日期	2019年10月22日		
备注：本云票可以全部或部分流转支付，流转过程见云票流转记录，云票经支付方签章后即完成流转，该流转不可撤销和更改			

图6　云票样张

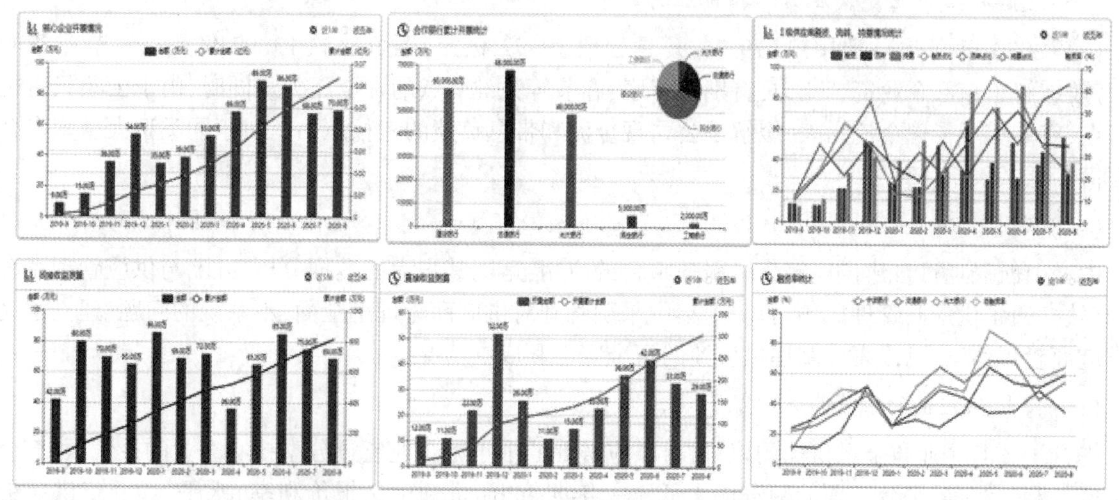

图7　平台多维度统计图

3. 通过融资成本分析，了解公司资金承受力

金融行业往往存在随行就市问题，通过平台不同时间段的融资成本情况分析，可以有效了解公司不同阶段的资金承受力水平，为企业商务谈判中的资金条件提供依据。

（七）适用性强，可根据业务变化及时调整

由于平台为中交上航局自建，具有成熟的研发和管理团队，拥有核心知识产权，针对公司业务的适用程度更高，如果公司在发展过程中遇到新的需求或变化，平台可以灵活快速地进行优化改进。

(八)规范流程,提升财务工作效率

公司平台已实现与财务共享系统的对接,公司所属各单位通过财务共享系统提交支付申请并选择云票付款方式,经财务共享中心人员对内容审核无误后,推送至本平台开具云票(流程见图8)。平台开票人员对推送数据进行核对并校验后,提交开具申请,复核人员对申请业务进行复核后票据方能生效。两级操作人员权限分离,Ukey独立保管。

图8 云票开具流程图

云票的开具、保理融资、拆分转让、持有到期承兑的全流程业务均可实现线上操作;与财务共享系统对接,实现所有业务单据由财务共享系统直接推送至平台,提高财务人员工作效率和业务流程的标准化程度。

(九)健全制度,厘清权责关系

在云票业务开展的同时,公司制定了《供应链金融管理办法》办法,明确了财务金融部、信息中心、研发子公司、各分子公司的职责分工,对业务流程、安全性等内容进行规范,有效防范内控风险,保障了资金安全。

四、实施效果

(一)缓解核心企业资金压力和指标压力

截至2020年,平台注册用户619家,开具云票19.72亿元,融资放款13.92亿元。云票业务的开展,有效缓解了核心企业资金压力,特别是年底、春节等关键节点的资金压力。同时,由于云票只占授信的特点,有效实现了现金流出表,缓解了公司现金流和带息负债的考核压力。对于同类型大型国有企业具有借鉴意义。

(二)提升核心企业管理水平

中交上航局通过自建供应链金融服务平台的应用,运用其强大的数据分析功能,与供应管理系统对接,有效打通了供应商管理瓶颈,解决了集中采购管理对供应商管理不全面、不系统的问题,建立了完善的供应商管理体系,可以真实掌握供应商的资金实力和成本情况。

(三)降低供应链的融资成本

提升了核心企业与金融机构的议价权,供应链上的中小微企业通过分享核心企业的授信,可充分享受融资红利。当前,平台云票的融资成本低于一年期LPR(贷款市场报价利率)水平,远低于供应链上中小微企业自己融资的成本,受到供应链上企业的一致认可。

(四)提升供应链核心竞争力

未来企业的竞争归根究底是管理的竞争、供应链的竞争,中交上航局通过搭建供应链金融服务平台,有效提升了供应链的黏合度,提升了产业核心竞争力,构建起健康、融合的金融生态圈。

"平安交通"安全管理平台

山西路桥智慧交通信息科技有限公司

成果主要创造人:白永胜 赵海元

成果参与创造人:陶 锋 郭 鑫 程晶晶 郭 帅 姚锐霞 陈 明 邵 梁 李 斌 贺来国 张军田

山西路桥建设集团有限公司(简称"山西路桥集团"),是山西省人民政府出资设立的国有独资公司,注册资本70亿元人民币,资产总额831亿元人民币,员工总数1.9万名。主要从事交通基础设施的投资、建设、施工和房地产开发,以及与之密切相关的上下游业务。在山西省委、省政府、省国资委、交控集团的坚强领导下,山西路桥集团紧抓国家交通基础设施供给侧结构性改革的历史机遇,坚持新发展理念和高质量发展要求,高效推进"投资·建设·施工·融资"一体化经营、协同化发展,走出了一条现代交通企业做强做优的新路子。

山西路桥智慧交通信息科技有限公司(简称"智慧交通公司")于2018年12月14日正式成立,注册资金5000万元,是山西路桥集团的全资子公司。以公路BIM建模、无人机航测及数据处理、BIM平台建设、BIM应用培训、BIM咨询策划为主营业务,将BIM技术向设计、建设、施工、运维等公路全生命周期管理推广应用,建设具有自主核心知识产权,达到国内先进水平的BIM平台,培养高素质的BIM+复合型管理人才队伍,从服务山西路桥集团及山西交控集团的相关产业链开始,逐步拓展全国公路行业BIM应用市场。

智慧交通公司成立一年来已取得软件著作权8项,实用性型专利1项,正在申报中的实用新型专利7项,为做好知识产权管理与保护工作,公司组织申报了"知识产权管理体系认证",于2019年12月通过认证。

2019年7月,智慧交通公司与太原东二环高速公路项目联合参加中国图学学会与人力资源和社会保障部培训中心组织的"龙图杯"第八届BIM大赛,获得施工组三等奖。

2019年11月,智慧交通公司协助国道322线浙江景宁段项目参加浙江省交通运输厅组织的浙江省BIM大赛,获得施工组铜奖。

本研发依托太原二环高速公路凌井店至龙白段(东二环)项目,该项目是山西省高速公路网"三纵十二横十二环"规划中太原二环高速公路的重要组成部分。项目途经太原阳曲县、晋中寿阳县、榆次区2市3县27个自然村,全长33.199公里,概算总投资39.098亿元,建设工期3年,2020年建成通车。公司持续深化品质工程、绿色公路示范关键工作,大力推进数字公路(BIM)的实践应用,全力打造东二环品质工程,打响山西路桥特色品牌。

山西路桥集团"平安交通"安全管理平台以《中共中央 国务院关于推进安全生产领域改革发展的意见》提出的新要求为纲领,以交通运输部"全国安全生产专项整治三年行动"为引领,以安全创新典型案例为指导,以"管理创新、科技兴安、数据共享、安全发展"为目标,全面构建安全生产管理"五大体系",研发应用"平安交通"安全管理信息化平台,通过平台应用实现数据来源可查、信息去向可追、责任问题可究、安全规律可循,提升安全管理实效,推进平安交通建设。

山西路桥集团"平安交通"安全管理平台是集安全生产责任、风险管控、安全生产保障、隐患排查治理、应急救援处置"五大体系"为一体的安全生产大数据平台,并结合安全监督视频报告、智能安全监测硬件终端融合,实现“一张图”全面掌握安全生产动态,可通过 PC 端、App 端全过程安全管理数据汇总,整个平台多视角、全方位展现安全生产态势。

一、实施背景

(一)项目的背景和必要性

随着我国经济的快速发展,在建公路工程施工安全生产形势也日趋严峻。交通运输部围绕交通强国建设,规划实施了《平安交通三年攻坚行动方案(2018—2020 年)》,政府对建筑工程管理的信息化工作极为重视和支持,陆续出台了促进建筑工程管理信息化发展的一系列政策。但很多地方并没有认真贯彻执行,而是将信息化建设停留在口号和标语上,还处在起步和探索阶段。企业施工安全管理信息化是一个关键的内容,但专业从事安全生产信息化建设和相关软件研发的公司和单位却寥寥无几。

另外,由于在建公路项目线长点多,工种复杂,构造物形式多样,特种作业多等特点,落实安全主体责任、安全检查、隐患排查整改、安全风险管控等活动主要在施工现场进行,容易造成没有必要进行安全管理信息化建设的错误认识,致使缺乏进行信息化建设的主动性,极大地阻碍了公路在建工程管理信息化的发展。随着我国公路在建项目安全生产情况的复杂化,传统的安全生产管理模式已经不能满足新形势下的发展需要。建立安全信息化管理平台,掌握安全生产动态,提高安全生产管理水平,全面推进安全生产信息化建设工作势在必行。

(二)研究目的

使用传统方法管理大量的安全生产信息已无法适应当前的公路在建项目。而计算机的运算速度快、存储量大、数据精度高,能够高速处理大量的数据,通过 Internet/Intranet 网络及时提供准确的管理信息。安全管理信息化建设是保证安全管理现代化建设的重要环节,其中最基本的就是对安全信息资源实现现代化管理。大力推行安全生产信息化技术,政府和企业逐渐使用科学的安全管理信息系统开展各种安全管理和监督工作,已经成为必然趋势。

(三)相关政策

中共中央、国务院 2016 年发布的《关于推进安全生产领域改革发展的意见》中指出推动工业机器人、智能装备在危险工序和环节广泛应用。提升现代信息技术与安全生产融合度,统一标准规范,加快安全生产信息化建设,构建安全生产与职业健康信息化全国“一张网”。加强安全生产理论和政策研究,运用大数据技术开展安全生产规律性、关联性特征分析,提高安全生产决策科学化水平。

交通运输部于 2018 年下发《平安交通三年攻坚行动方案(2018—2020 年)》,要求实施科技兴安工程,研究制定科技兴安的意见,强化顶层设计,完善运行机制,积极推进试点落实。充分运用移动互联、人工智能等现代信息技术增强行业安全发展创新能力,健全政府、企业、科研院所、社会各界多方参与、协同开展安全生产技术研发的机制,加强重大关键技术研究和装备研发,推广应用先进可靠的安全生产新技术、新工艺、新设备和新材料。

交通运输部 2018 年编制的《“平安交通”安全创新典型案例集》,进一步积极推广新科技的研发和应用,强调将行业重点领域安全生产的信息化创新与应用,与企业生产经营各个环节日趋融合,发挥关键管控效果。在未来交通建设领域安全管理工作中,高度重视安全创新工作,营造敢创新、学先进、破难题、强安全的“科技兴安”氛围,宣传推广行业好的经验、做法、成果,提升企业落实安全生产主体责任能力,提升行业安全生产水平。

二、成果内涵和主要做法

(一)项目前期科研及工作基础

1. 国内外研究现状分析

我国在建公路工程的数量越来越多,建设规模也在不断地扩大,但在建公路工程的安全信息化管理水平还处在起步阶段,与国外相比,安全信息化管理水平相对较低,管理方式传统,缺乏现代化管理意识,没有做到系统化、流程化管理。而且,对安全管理信息系统的开发应用也没有足够重视,对于如何使用现代计算机技术和信息技术对安全信息资源进行有效管理,实现安全管理事务的有序化、系统化和自动化,应用各种现代安全管理手段,以达到保障生产和非生产过程安全的目的,也没有深入研究。从安全管理效果来看,安全管理水平较低,存在多种不确定因素,难以保证安全发展,形势不容乐观。

2.社会评价

公路安全施工是摆在相关施工企业和管理部门面前的头等大事。为了改变安全管理理念,不断借鉴学习、探索创新,结合公路工程安全责任重大的特点和施工实际,进行安全管理方式的创新,在传统的安全管理模式的基础上,引入现代化、信息化管理手段,对安全管理技术和模式进行创新,实现公路施工安全管理的信息化并提高管理效率,减少管理成本,是新时期在建公路安全管理者必须面临的重要课题。

(二)项目实施内容、完成情况

1.项目实施内容

构建“一张图”+“标准化模板”+“智能终端应用”,将安全管理经验与信息化手段深度融合,全面展现安全管理工作情况。

“一张图”即“五大体系”平台界面,集安全责任、风险管控、安全生产保障、隐患排查治理、应急救援处置于一体的安全生产大数据平台,全面展现安全管理工作情况。

“标准化模板”即建立安全责任清单、风险辨控清单、隐患辨识清单、安全设施标准设计图等管理资料的标准化模板库,指导建设项目在安全管理过程中规范化操作、标准化实施,全面提升安全管理水平,达到减负增效目标。

“智能终端应用”即利用手机、平板电脑、人员定位卡、物联网采集设备、监控监测设备等智能化产品,使得信息获取更加快捷,管理控制更加方便。

2.项目实施完成情况

2019年3月—4月:开展“平安交通”安全管理系统建设的调研工作,组建研发团队,进行业务功能的需求分析和详细设计方案。

2019年4月—7月:基于“平安交通”安全创新典型案例集及安全生产“五大体系”创新成果,研发了项目版“平安交通”安全管理系统。

2019年7月—9月:项目版“平安交通”安全管理系统在太原东二环项目上线测试。

2019年9月—12月:项目版“平安交通”安全管理系统先后在隰吉项目、207项目、209项目、322项目、太行一号、偏关一期、房地产公司、京雄SG3等48个项目标段推广应用。

2020年1月—4月:开始研发企业版(集团版)“平安交通”安全管理平台,4月先行上线集团桥梁、隧道、高边坡等重点工程视频报告功能模块。

2020年4月—8月:完善企业版(集团版)“平安交通”安全管理系统的各功能模块,进行系统功能稳定性、安全性测试。在集团范围全面上线应用,优化、升级系统。

3.项目主要功能介绍

平安交通安全管理平台,总体按照安全生产责任体系、安全风险管控体系、隐患排查治理体系、安全生产保障体系、应急救援处置体系“五大体系”构建,体系化建设、信息化管理。平台界面展现安全生产责任、安全风险管控、安全生产保障、隐患排查治理、应急救援处置体系的安全数据,通过“一张图”,全方位、多视角展现安全生产态势。

(1)安全责任体系

主要包括"$N+1$管理"、人员实名登记、岗位安全责任和安全活动(培训教育、技术交底、安全会议)。

"$N+1$管理"(图1),构建了从集团到项目公司及集团到分子公司的安全责任体系,落实各级管理权责。分子公司,从施工企业到施工项目落实主体责任;项目公司,从建设、监理、施工单位,实行分级负责;单位内部构建横向到边、纵向到底的责任体系,形成全员抓落实的工作机制。施工标段项目经理、副经理、各部室、工区、现场安全员、施工作业队、班组、一线作业人员,层层压实责任。

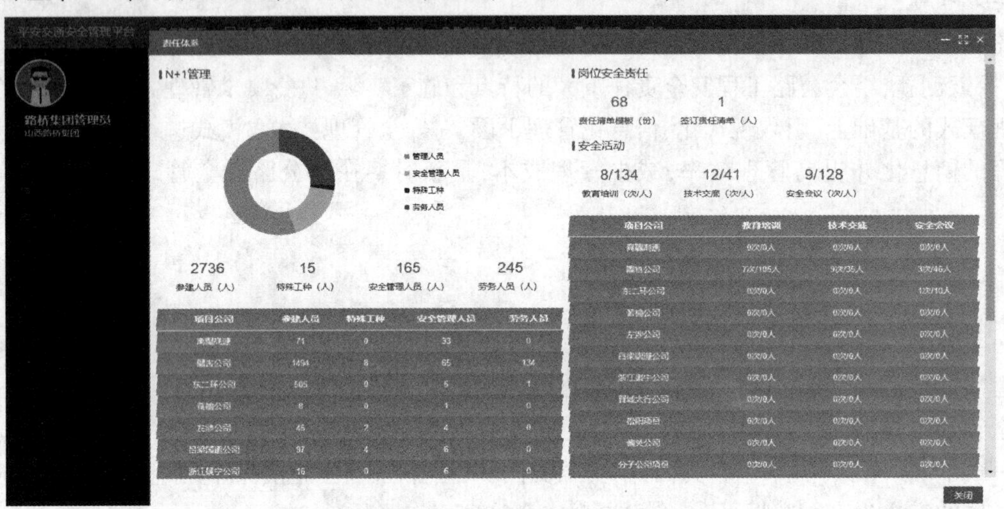

图1　"$N+1$管理"

对每一个参建人员都建立安全档案,包括人员的基本信息、持证情况(特种人员必须持证上岗)、一人一档(包括三级教育、工种技术交底、岗位危险告知书、安全承诺书、安全责任清单)。进场后落实三级教育、签订安全承诺、签订安全责任清单等。施工过程中开展教育培训、技术交底,班组会议,将安全教育抓到实处,落实痕迹管理。岗位安全责任方面,建立了安全责任清单、安全承诺书、三级教育、技术交底、岗位危险告知书等公共模板库。责任清单方面,编制了生产企业、建设单位、监理单位、施工标段等全套责任清单,主要依据安全相关法律法规以及定编定岗权责进行编制,便于各单位参考使用,通过签订责任清单,让每个岗位知责履责、照单尽责。

通过"安全活动",可查看集团安全会议,学习会议精神;查看项目公司会议内容,了解项目安全工作安排部署;查看教育培训、技术交底、专项活动开展情况;选择分子公司,可查看分子公司专项活动、技术交底、教育培训、安全会议的开展情况,保存可追溯的档案资料。

(2)风险管控体系

主要包括风险辨识与评估、风险管理控制、设备管控(图2)。

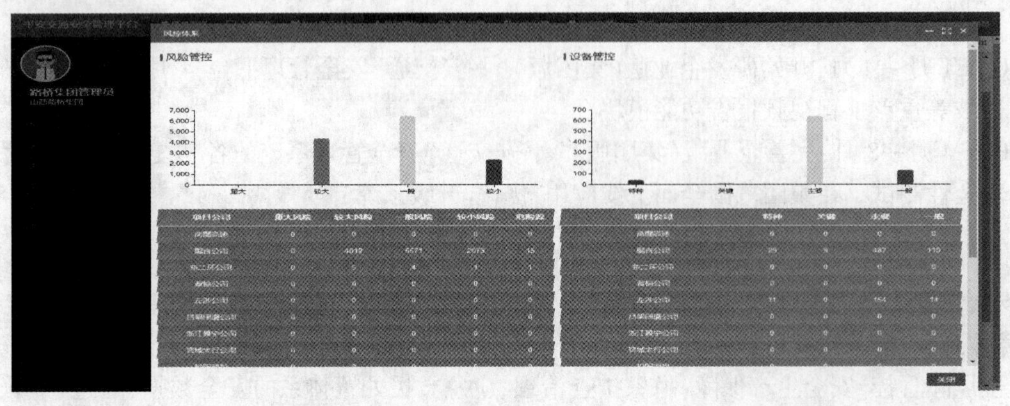

图2　风险管控

"风险变数与评估"功能：根据《公路工程施工安全风险辩控手册》，建立涵盖各类工程的风险辨识库。项目公司可依据该风险辨识库进行风险辨识与评估。

"风险管理控制"功能：对风险等级高的危险区域建立危险源管理清单，根据风险因素制定检查标准，开展危险源巡查；可通过 App 端记录巡查结果，GIS 地图显示巡查位置和危险源位置，直观掌握巡查是否到位；在危险源 200 米范围内，手机端会推送消息提醒检查风险隐患，查看隐患整改情况，推进风险实效化管控。

"设备管控"功能：建立了集团到项目公司、集团到分子公司的设备树状图，显示在建工程设备数量；可查看公司的施工项目设备进场情况，以及项目各类设备进场登记记录；每台设备一机一档，包括设备基本信息以及合格证、登记证等附件，可查看设备进场检查记录，维修保养记录，对设备进行全面管控；操作人员一人一档，可查看持证情况以及培训交底情况。

(3)安全生产保障体系

主要包括安全设施报验、安全投入。

"安全设施报验"：功能(图 3)：显示各项目安全报验情况，支持查看报验详情，包括报验内容、报验照片、审查意见、安全设施清单、安全生产条件各方核查情况；可查看具体项目公司安全设施报验情况，通过验收核查制推进标准化施工。

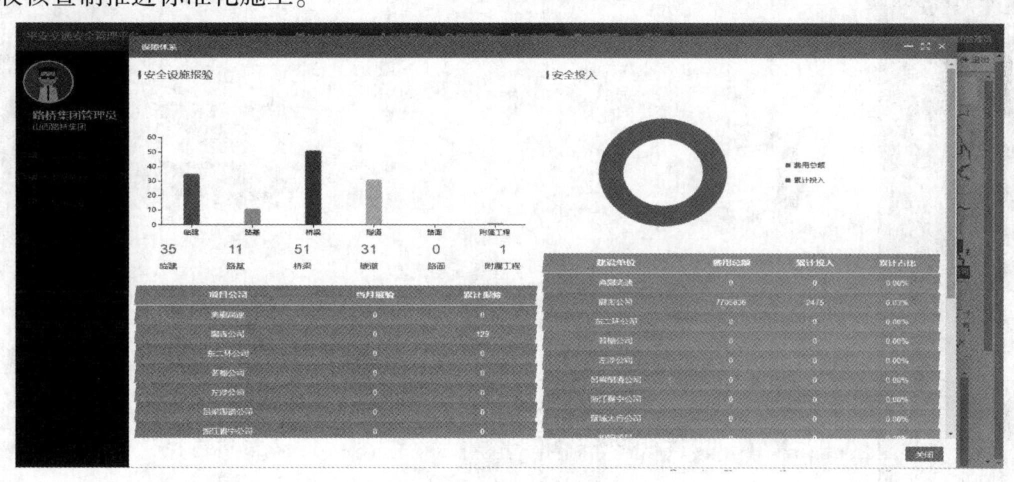

图 3　安全设施报验功能

"安全投入"功能：可查看各项目费用总额及累计投入情况。

(4)隐患排查治理体系

主要包括隐患排查、隐患统计分析、安全检查、考核评价。

"隐患排查"功能(图 4)：显示集团开展检查情况，可查看项目公司安全检查情况，查看检查详情(包括隐患内容、隐患照片、整改照片、整改销号闭合流程)。

"隐患统计分析"功能：对隐患产生的工程部位进行分析，对隐患多的工程项目有针对性加强管控；对可能导致的后果进行统计分析，对隐患较集中的问题组织进行专项治理。

"安全检查"功能：可查看各单位开展检查情况。

"考核评价"功能：依据《安全检查评价规程》(DB14)，系统进行打分、排名。

(5)应急救援处置体系

应急救援处置体系(图 5)主要包括应急预案备案、应急资源储备、应急值班。

"应急预案"功能：显示应急预案信息，可查看项目公司编制的综合应急预案、专项应急预案、现场处置方案；可查看演练视频，查看应急演练开展情况。

"应急资源"功能：显示应急物资库建立情况，可查看应急物资储备情况；在 GIS 地图上，选择应急物资，显示各标段应急物资和社会资源分布位置、物资库负责人及电话，查看应急物资库储备详情，查看应急物资储备影像资料。

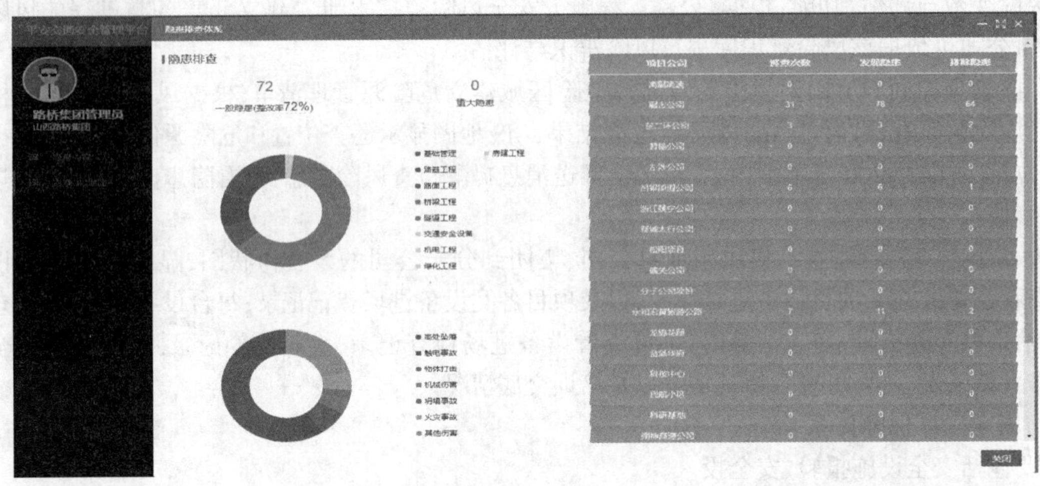

图4　隐患排查

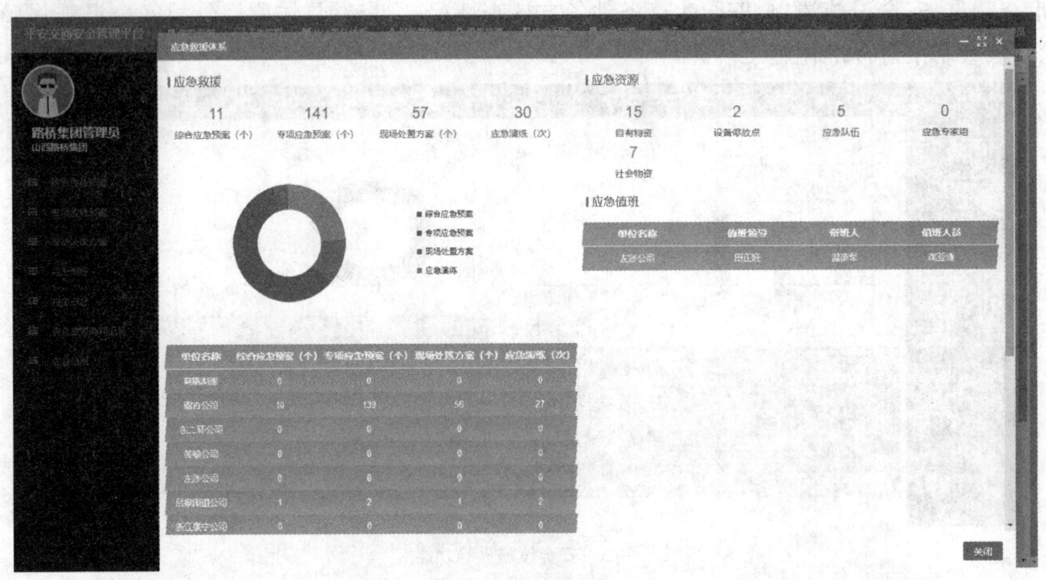

图5　应急救援处置体系

"应急值班"功能:在线实时查看各单位当日领导带班和 24 小时值班情况。

(6)安全质量监督

落实重点工程视频报告制度,让安全监督管理落实到施工一线,可分类查看桥梁视频报告、隧道视频报告情况;查看视频报告详情,包括工程信息、报告责任人、报告内容,视频报告工程进展情况及安全管理情况(图6);落实"看得见、管得住"的监管模式。

"报告统计"功能:可查看现场负责人、项目经理视频报告任务落实情况,督促管理者进入"一线工作"。

(7)信息看板

展示安全工作最新动态、重要文件公告、安全警示教育视频资料,作为宣传教育、安全学习的窗口(图7)。

(8)综合管控模块

将重点工程智能终端进行融合、集成,显示环保监测数据;实时视频监控,可查看洞内、洞口视频监控;重点工程视频报告,可查看当日视频报告情况;人员定位信息,可查看人员分布位置,查看人员详情,包括人员姓名、部门、工种、与洞口距离等信息;右上角显示洞内人数,可查看隧道进洞人员详情,按类统计进洞人员信息。

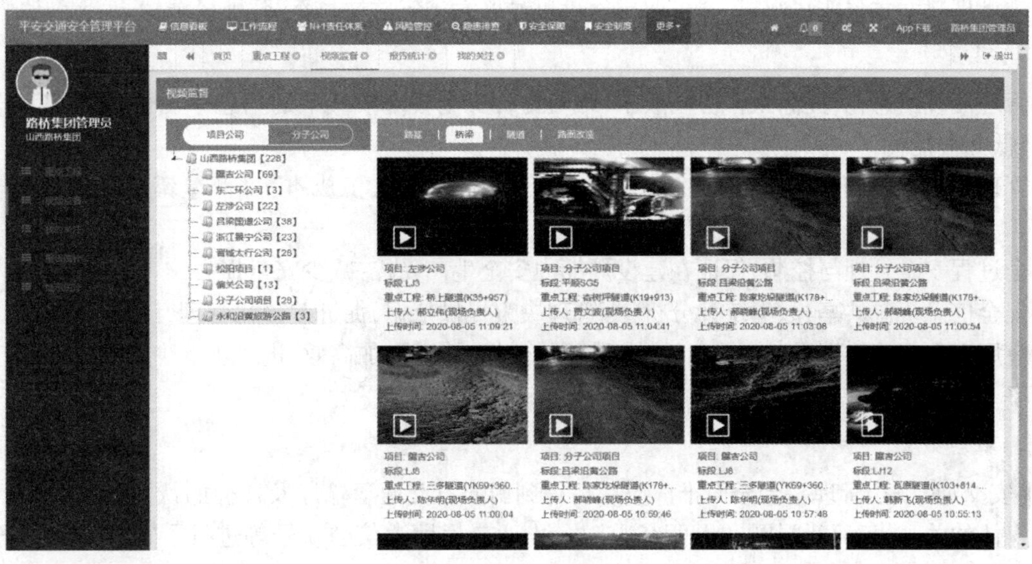

图6 安全质量监督

图7 信息看板

智能终端融合实现"一张图"全面掌握安全生产动态。通过平台管理,将无序、粗放的管理变得系统、精细,让不懂安全的人会管安全,通过系统应用实现安全管理可控、安全规律可循、安全问题可追、安全责任可究。

三、实施效果

(一)项目实现预期目标

①落实项目安全生产主体责任,强化安全风险管控和隐患排查治理能力,提升建设项目、施工企业安全生产管理水平。

②促进项目安全动态管理,提高安全工作标准化、规范化,优化工作流程路径,提高安全管理的工作效率和执行力。

③帮助项目实现全员安全工作系统化、信息化,通过人、机、管、法、环等要素过程管理的可视化、痕迹化,使每项工作都能落到实处。

④推进项目安全智能化建设,通过应用先进可靠的安全生产新技术、智能终端设备,提高监管实效。

(二)经济效益

①管理流程信息化,提高工作协同效率,改变传统安全管理模式下的信息手工传递、人工流转处理方式,降低办公能耗。

②管理系统化,降低安全管理难度,提高人工效率、减少人工成本,降低差错率带来的安全风险损失。

③全过程安全管理与控制,保证在建设周期内安全生产受控,减少安全损失。

④安全信息资源共享,数据统计分析,为管理决策提供依据,促进差异化管理,提高工作实效。

⑤应用安全智能终端设备,使得信息获取更加快捷,管理更加高效,进一步减少管理成本,提高实时管控效率。

(三)社会效益

“平安交通”安全管理平台全面推广应用后得到山西省交通运输厅及社会的认可和关注,吸引了多家省市媒体的关注,黄河新闻网、《山西交通》报、山西交通厅微信公众号等进行了宣传报道,为安全管理平台的进一步推广应用发挥了重要作用。目前,该平台成功应用于山西路桥集团在建的公路、房建和市政工程,同时借助已启用的“危大工程视频监督系统”,形成 1 + 1 > 2 的安全管理合力,深入推动企业安全发展,为全省平安交通建设加码助力。

通过“平安交通”安全管理系统应用,推进安全管理与控制的网络化和数字化,实现建设周期安全工作的协同管理、协同监控和决策支持,有效提升安全管理水平和安全生产经营水平,真正将安全工作落到实处,开启安全协同管控、创新发展的新篇章,为山西省转型发展率先蹚出新路作出贡献。

散货港口粉尘治理与资源节约提质增效成套技术

国能黄骅港务有限责任公司

成果主要创造人:刘　林　宋桂江

成果参与创造人:鲍建员　刘　强　怀　全　汪大春　穆霄刚　李　娜
唐丽娜　马　君　王　龙　马光辉

神华黄骅港务有限责任公司(今国能黄骅港务有限责任公司,简称“国能黄骅港务公司”)成立于1998年3月23日,是由中国神华能源股份有限公司和河北建投交通投资有限责任公司共同出资组建的港口企业,其中中国神华出资70%,河北建投交通出资30%。国能黄骅港务公司主要负责国家能源集团煤炭的下水外运工作,是集团一体化产业链的核心区,是陕西、内蒙古煤炭外运陆运距离最短的港口,也是国家西煤东运、北煤南运的主通道之一。

开发二十年来,在集团的正确领导和地方政府的大力支持下,国能黄骅港务公司顺利完成了煤一期、二期、三期、四期工程建设,全港煤炭设计吞吐能力为1.78亿吨/年,最大煤炭堆存能力约460万吨,是一座以煤为主、兼顾散杂货和油品的现代化综合性能源港口。截至2019年底,黄骅港共拥有煤炭泊位17个、杂货泊位2个、油品泊位1个,总资产约139亿元。

开港运营以来,国能黄骅港务公司充分利用集团公司矿路港航电油一体化的独特优势,保持了高位平台上的高效率、高效益运营。截至2019年底,黄骅港累计完成煤炭下水量19.2亿吨,杂货及油品吞吐量超6905万吨,上缴各类税费近63亿元。为保障国家能源供应、服务地方经济发展作出了积极贡献。

一、基于自主创新的煤炭港口绿色技术实施背景

党的十八大以来,习近平同志把创新发展摆在国家发展全局的中心位置,高度重视科技创新,围绕实施创新驱动发展战略,加快推进以科技创新为核心的全面创新,提出了一系列新思想、新理论、新要求。贯彻落实习近平总书记系列讲话精神,对于适应和引领我国经济发展新常态,发挥科技创新在全面创新中的引领作用,加快形成以创新为主要引领和支撑的经济体系和发展模式,实现“两个一百年”奋斗目标,实现中华民族伟大复兴的中国梦,具有十分重要的意义。

随着中美贸易争端不断加剧,国外对我国的技术封锁将会愈来愈严重,利用国外技术进行创新的思路如果不能改变,在激烈的全球综合国力竞争中,我们与西方发达国家的差距不仅会越拉越大,而且会被长期锁定在工业分工格局的低端。因此,加强自主创新能力建设的重要性和紧迫性日益突出。

2018年5月2日,习近平总书记在北京大学考察时强调,重大科技创新成果是国之重器、国之利器,必须牢牢掌握在自己手上,必须依靠自力更生、自主创新。

2018年10月22日,习近平总书记在珠海调研时强调,制造业是实体经济的一个关键,制造业的核心就是创新,就是掌握关键核心技术,必须靠自力更生奋斗,靠自主创新争取,希望所有企业都朝着这个方向去奋斗。我们要有自主创新的骨气和志气,加快增强自主创新能力和实力。

黄骅港地处渤海西岸,河北省东部,北倚天津,南与海兴接壤,海拔高度2.8~3.0米。属于温带季

风气候,常年风较大,易造成扬尘污染。随着国家经济飞速发展,黄骅港迎来了发展的春天,规模不断扩大,但发展的同时面临一定的环境污染,面临着巨大的环保压力。排海口封堵后含煤污水无处排放、翻车作业和堆取料作业造成的扬尘污染是煤炭港口面临的两个主要环保问题。

为了落实创新绿色环保的发展理念,解决煤炭港口的堆场扬尘污染和含煤污水排海两大环境问题,基于自主创新的煤炭港口绿色技术应运而生,通过建立本质长效抑尘系统、堆场单机智能抑尘系统、煤粉尘回收利用、皮带清洗系统、生态水循环系统、生态环境智能管控平台,系统解决了散货港口粉尘治理和水资源循环利用等环保问题,产生了显著的经济效益和社会效益。

该技术在干散货码头粉尘控制、水资源循环利用等港口节能减排和绿色交通建设领域具有非常好的推广前景及潜力。

该技术目前已经在黄骅港得到了全面推广,成功应用于全港13台翻车机、100余条皮带机沿线及全港的煤粉尘回收利用作业中,完成煤炭装卸量超过2亿吨。散货作业粉尘控制效果显著,解决了多年来困扰煤炭港口粉尘治理的难题,开创了北方煤港粉尘治理新的技术标准。

目前国内干散货港口纷纷到黄骅港"取经学习",对以"分层洒水"为核心的本质长效控尘技术表现出了浓厚兴趣。随着国内环境保护力度逐年、逐级提升,排污许可制度、环境保护税等政策落地实施带来更高的环保管理要求,各散货港口应用本技术控制粉尘、实现提质增效的需求将愈加迫切。该成果达到一定推广比例后,将显著提升港口资源节约利用水平,明显降低港口散货作业粉尘排放量,也为制定科学行业标准、全面提升干散货物流港口环境水平奠定了坚实的基础。该技术的普遍应用,将为促进大气污染治理、建设美丽中国作出贡献。

二、成果内涵

国能黄骅港务公司牢固树立"创新、协调、绿色、开放、共享"的发展理念,深入贯彻执行集团公司"一个目标、三型五化、七个一流"总体发展战略,以建设世界一流智慧绿色港口为目标,以引领煤炭港口创新发展为己任,依托科技创新体制机制,着力提升企业自主创新能力建设。精心组织研发团队,利用物联网、大数据等现代化信息技术手段,推动港口生态环保建设的产业升级,提高企业核心竞争力。

国能黄骅港务公司依靠科技创新,打造一体化煤炭港口绿色生态模式,开创性地提出了本质长效抑尘系统,在全国首创生态环境智能管控平台,率先实现生态环境数字化、智能化、精准化的管控模式,成为国内首家设立在煤炭港口的AAA级旅游景区。在新华社和交通运输部水运科学研究所联合发布的《2019中国港口高质量发展报告(海港篇)》中绿色安全评价排名第一,在行业内获得了较高的声誉。2015年以来,公司共获得生态环保方面专利26项,其中发明专利8项。

国能黄骅港务公司建立了以公司领导为决策层、以科技管理部门为管理层、以基层单位为研发层、以社会科技力量为补充的科技创新体系;成立了技术管理委员会,负责指导公司重大科技创新项目、新技术的推广应用和自主创新课题立项;设立技术中心,有4名专职人员负责科技创新项目管理、知识产权管理、组织新技术研发与推广、技术难题攻坚等工作,各相关部门设立1名兼职科技创新管理员,参与科技创新培训、本部门专利技术管理、科研项目管理和技术信息收集等工作。公司以集团科技创新发展规划为指引,结合生产建设实际需要,围绕科技环保、智慧港口等重点研发方向,深入分析煤炭港口领域的前沿技术和发展趋势、编制公司科技创新发展规划,确定年度重点研发项目,制定详细的科技创新项目计划并通过总经理常务会批准下达。集团级、公司级科技项目立项、实施、验收由技术中心统一管理,部门级科技项目由部门自行管理技术中心提供技术支持。通过这种科技项目的分层分级管理,既保障公司重点研发项目能够在公司统一领导下整体规划、有序推进,同时也为生产一线部门的自主创新提供组织保障,营造出全员创新的热烈氛围,激发全员创新创造的活力。

国能黄骅港务公司矢志不移走自主创新之路,大力推进绿色港口建设。2017年,公司抽调多名技术骨干,成立了"生态环保"课题组,打响了向绿色港口转型升级的第一枪。经过近一年的调查研究,2018年完成了预期研究目标,顺利结题,项目成果在各生产一线部门推广实施。公司始终贯彻创新驱动发展理念,采取自主研发、引进技术、同行业学习等多种举措,立足生产现场实际,发挥技术骨干力量,集中技术优势,制定绿色港口研究路线图,采取“分头突破、集成整合、先易后难”的研究思路。在公司统一部署和各部门协同配合下,取得了一系列煤炭港口绿色技术成果。

三、基于自主创新的煤炭港口绿色技术主要做法

(一)煤炭港口本质长效抑尘系统

1. 工艺思路

鉴于传统洒水除尘的缺点,从煤炭港口起尘源头出发,设计了一套与翻车机底部振动给料机相结合的分层洒水系统。在翻车机底层振动器给料漏斗和溜槽上面设计安装喷嘴、电磁阀等洒水降尘设备,实现分层洒水、均匀混合。在振动给料的过程中让煤炭与水均匀混合,精确控制洒水量,保证煤炭通过皮带机、转接塔、堆料机等传送过程中,粉尘接近零排放。煤炭港口卸车流程如图1所示。

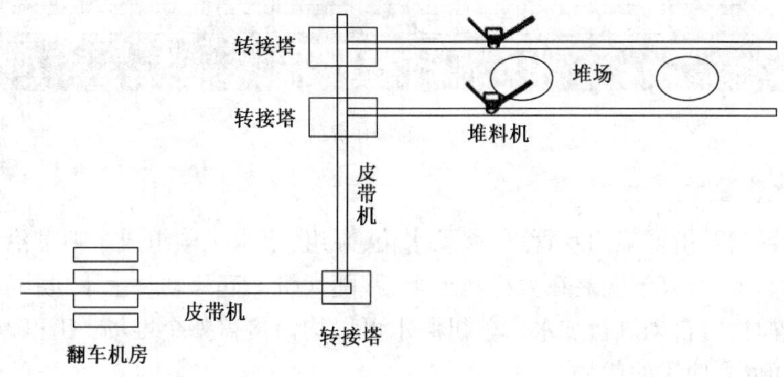

图1 煤炭港口卸车流程

2. 精确洒水

针对煤炭港口不同煤种的物料进行洒水抑尘,同时为在实现煤炭充分洒水的基础上更好地节省水资源和成本,系统安装有电动控制阀、流量计,该控制阀与控制系统相连,针对不同的煤炭,控制系统可以控制控制阀的开度,实现喷头洒水量的精确控制。

在翻车机底层出料口安装了含水率在线检测设备,系统可根据检测结果对洒水量进行自动调节和监测,既可避免由于过多洒水造成煤炭黏度过大影响生产,也可杜绝由于洒水量不足产生的扬尘污染问题。

3. 先进的数据采集及管控系统

翻车机底部分层洒水系统集计算机网络技术、自动控制技术和信息管理技术于一体。本系统共分为四个部分:洒水装置及数据采集、PLC 控制系统、网络传输系统、终端显示及存储系统。

国能黄骅港务公司建立了先进的管控一体化系统,由计算机、数据库、以太网络、PLC 控制系统等组成,将港口生产过程数据信息与管理相结合,实现了实时控制。洒水系统可与公司管控一体化系统相结合,通过管控系统可以实时查询每列车次的洒水情况及所卸垛位信息,通过含水率检测设备在管控系统内实现了对煤炭含水率的实时监测,便于整体的把握和管理。在终端控制电脑上建立了友好的人机交互界面,可以监控系统运行,包括瞬时流量、累计流量、电动阀开度等参数,并可进行远程操作,如图2所示。

(二)堆场单机智能抑尘系统

防风网和固定喷枪洒水是目前国内煤炭堆场最常用的抑尘手段,但是在大风天气下,喷枪洒水难以覆盖整个堆场,不可避免地出现起尘污染的情况,冬季喷枪洒水还容易造成冻煤,给装卸作业带来很大的困难。国能黄骅港务公司在采取这两种措施的同时设计了单机洒水装置和堆场粉尘监测装置。

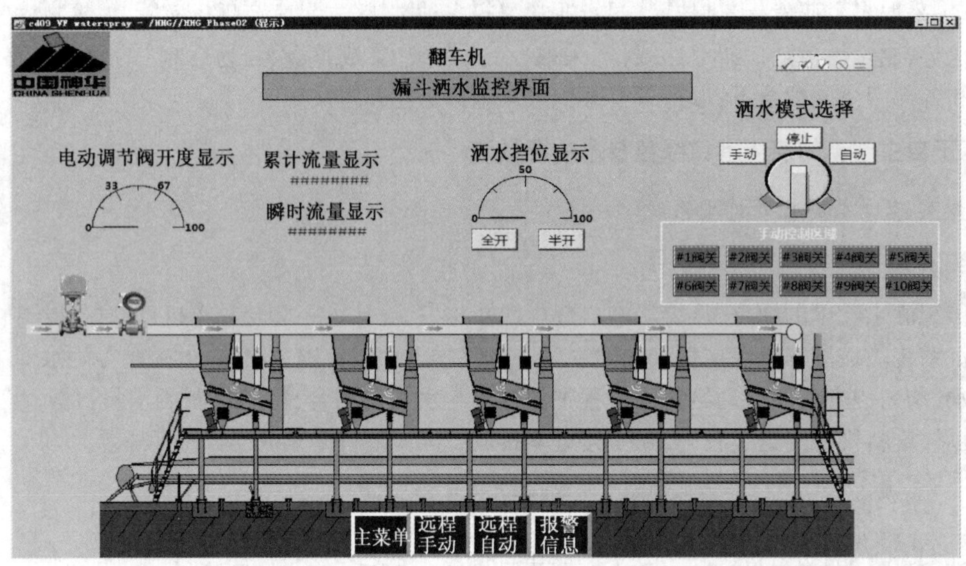

图2　远程操作界面

1. 堆场单机洒水装置

如图3所示,装置主要由臂架洒水管路、移动水箱、泵组、上水机构组成。喷嘴沿着大机臂架均匀分布,可覆盖堆场宽度。水箱、泵组安装在大机轨道上,跟随大机一起移动。上水机构安装在轨道两侧,当水箱移动至相应位置时,可自动进行加水。单机洒水可以均匀覆盖整个堆场,相比喷枪洒水具有洒水均匀、无死角、恶劣天气也可使用的优势。

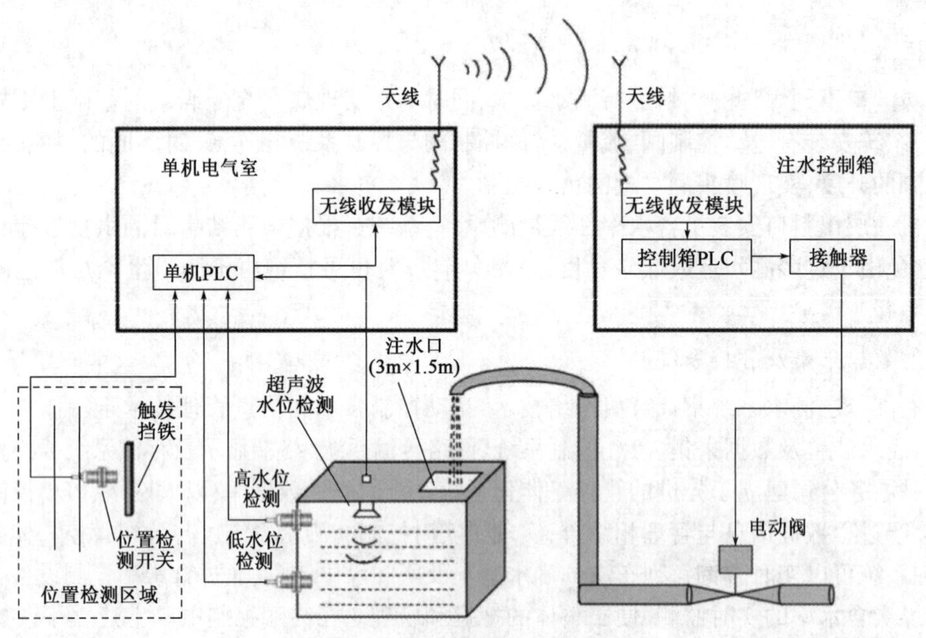

图3　堆场单机洒水装置示意图

2. 堆场粉尘监测装置

在堆场内设置有粉尘监测装置,全天候监测堆场起尘量。配合天气、温度、风速、煤炭含水率、空气湿度等数据,合理安排堆场洒水量,确保煤炭在堆存过程中不起尘。

(三)煤粉尘回收利用技术

建立了煤粉尘处理车间,将煤粉压制成煤块,然后储存、装船。

煤粉尘处理车间主要由堆存池、清水池、压滤机、搅拌机、渣浆泵、皮带机组成。将港区机械化清扫收集的煤尘集中运送至粉尘处理池,煤、水混合物料通过渣浆泵输送至压滤机多次压滤,压制成的煤块通过皮带机输送至转运车辆进行销售。具体工艺流程如图4所示。

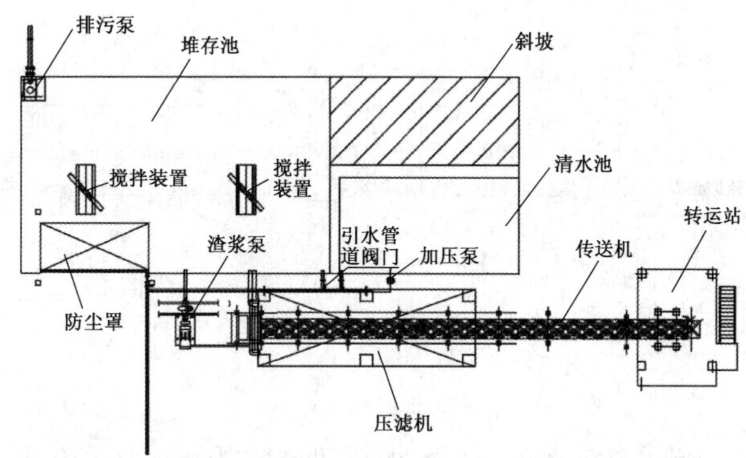

图4 煤粉尘处理车间工艺流程

该方案可将港区收集的煤炭粉尘集中处理,避免了堆存在堆场中的粉尘在大风天气下造成环境污染。煤尘在装船作业过程中极易起尘造成污染,而利用该技术方案可将煤尘压制成含水率较高的煤块,在装船过程中可避免煤尘造成的污染。

(四)皮带清洗系统

皮带机回程带煤洒落是皮带机沿线及周围环境污染的重要原因,解决这个问题的重点是皮带机回程皮带的清扫。黄骅港在多年煤炭港口一线生产经验的基础上,经过试验研究,提出了一种回程皮带煤尘污染治理技术方案,彻底解决了皮带机附着煤尘难以清扫的问题。

针对皮带清理难题,设计了一种新型洗带装置(图5)。该装置由喷水管、清扫器、热风机、喷气管、加热棒、排污泵等设备组成,具有洗带、清扫、排污、保温的功能。装置采用模块化设计,可根据现场使用需求灵活调整配置需求,以达到适应不同复杂工况的目标。

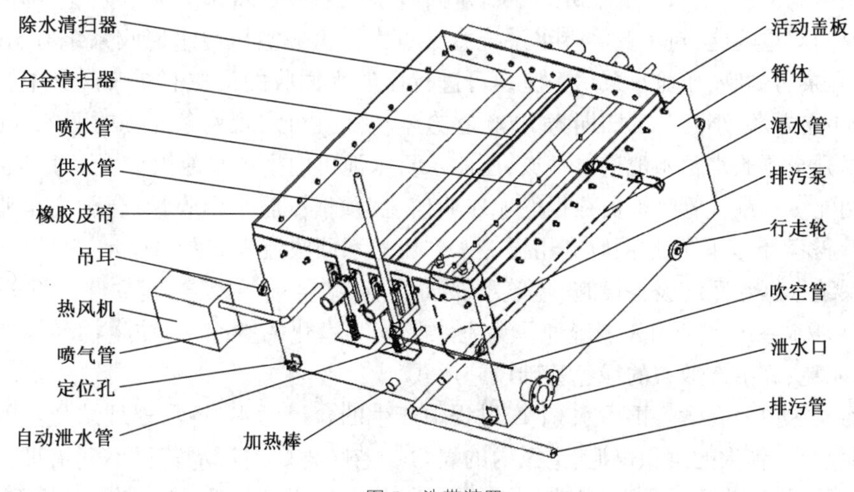

图5 洗带装置

(五)生态水循环系统

黄骅港的水系统工艺流程(图6)可分为3个部分:进水、调水、用水。黄骅港水系统通过复杂庞大的管网将各路进水源、水池、污水处理站、湖库取水泵站、用水站点等互通互联,全面打通各水体之间的关节,实现生产泵房之间,生产泵房与湖库,湖库与污水处理站、压舱水等站点之间的相互调水,对压舱水、含煤污水和雨水等低价值水源进行有效收集、处理和利用。设立专职水调度人员,及时调整调水策略,实时管控黄骅港进用水,合理利用水资源治理黄骅港煤炭扬尘环保问题,实现含煤污水零排放和零污染。

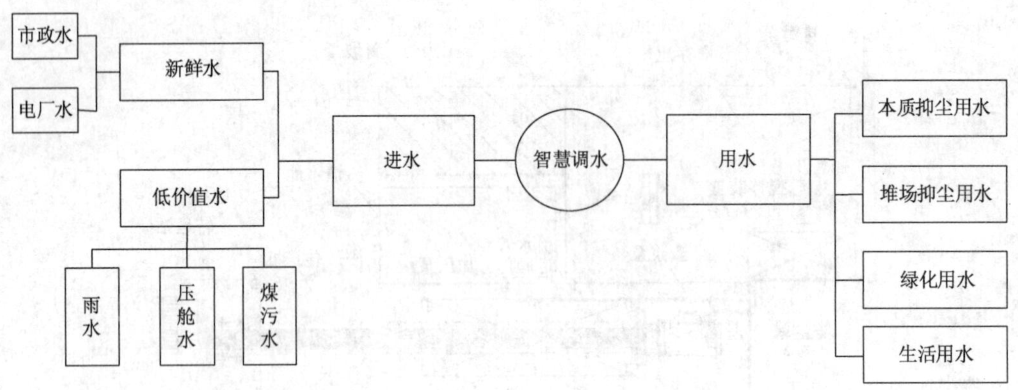

图6　水系统工艺流程图

黄骅港水系统有五大进水源:市政水、电厂水为外购新鲜水,压舱水、煤污水、雨水为回收利用低价值水源。电厂淡化水和市政水作为新鲜水源,直接向各生产泵房、生活泵房及湖库供水;压舱水可回收至生产水泵房作为生产用水,也可回收至湖库储存;煤污水流入污水处理站经处理回收用于生产用水,也可提升至湿地存放、沉淀;雨水流入湖库存放、沉淀用于生产。

黄骅港用水主要有生产用水、绿化用水、生活用水,其中生产用水为主要用水,用水量约占总用水的70%~80%。黄骅港在生产的每一个重要环节均构筑了防线,基本实现了煤炭装卸全过程无尘化,整个厂区粉尘都得到有效的控制。

黄骅港生态水循环系统由压舱水回收系统、污水系统、生态水系统、设备设施四部分组成。通过建立大量的水系统设备设施,形成了拥有6座生产水泵房、5座生活水泵房、1座压舱水泵房、8座污水处理站、5处人工湖及湿地以及多处雨水提升泵站、污水提升泵站等共计42个站点的庞大水系统网络,实现各水源、泵站的互联互通。

压舱水是为了保持船舶平衡而专门注入的水。压舱水回收系统作为黄骅港水系统的一部分,肩负着回收来港船舶压舱水、提供水源的任务。压舱水回收系统拓展了水系统淡水来源,降低了用水成本,具备节能和环保的双重功能,对于黄骅港水系统意义重大。黄骅港压舱水回收系统有16000立方米的蓄水池一座、提升泵房2座、压舱水泵房1座。可进行压舱水回收的泊位有7个。其中一、二期的最大收水能力为1060立方米/小时,三、四期为1000立方米/小时,可实现两条船同时收水作业。压舱水提升站将压舱水提升至压舱水蓄水池进行存放,压舱水蓄水池可向生产水池供水用于生产,也可向湖库供水进行水资源调配。水系统管理人员根据船舶作业信息,预估压舱水回收量;合理安排调水策略,对压舱水蓄水池进行腾容,最大限度地回收利用压舱水。压舱水回收流程如图7所示。

黄骅港水系统根据水系统设备设施、建筑群布局特点,结合气候因素,建立互通互联的"两湖三湿地",形成生态循环水系统。利用人工湿地作为雨水调蓄和净化的空间,保护生物多样性,改善煤炭港口微气候,是低能耗、高生态效益的绿色基础设施形式。

黄骅港煤污来源主要有含煤雨污水、生产过程中产生的含煤污水、污水处理站产生的重度煤污水、皮带产生的煤泥污水、管沟的沉积煤泥、港区内的煤尘。港区含煤雨污水若得不到治理,含煤雨污水积蓄在堆场码头区域,将影响生产安全;若直接排入海洋,将对海洋环境造成污染;含煤雨污水自然蒸发,煤污沉积将对地面及绿化环境造成污染。基于此,黄骅港水系统建立了含煤污水处理系统,流程如图8所示。

降雨时,暴雨排洪泵站将港区含煤雨污水收集至人工湿地进行存放、沉淀,正常用水时合理调至煤污水处理站进行处理并用于生产。含煤雨污水处理流程如图9所示。

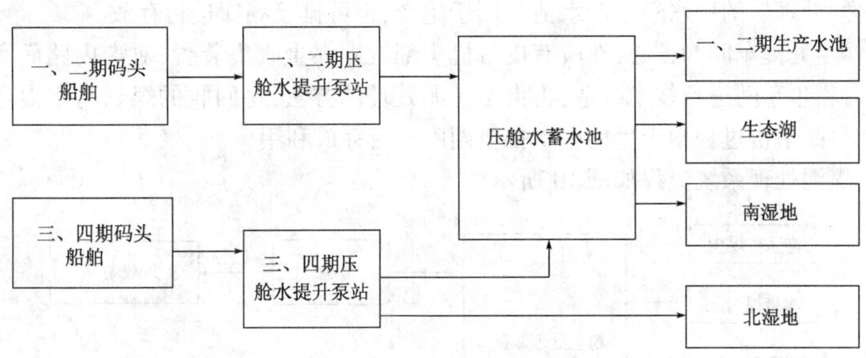

图7 压舱水回收流程图

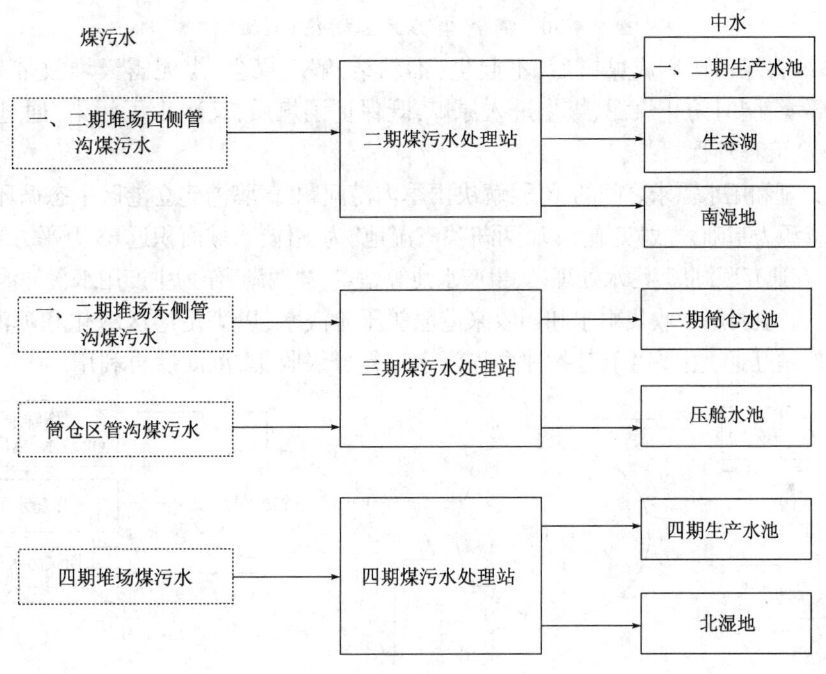

图8 煤污水处理流程图

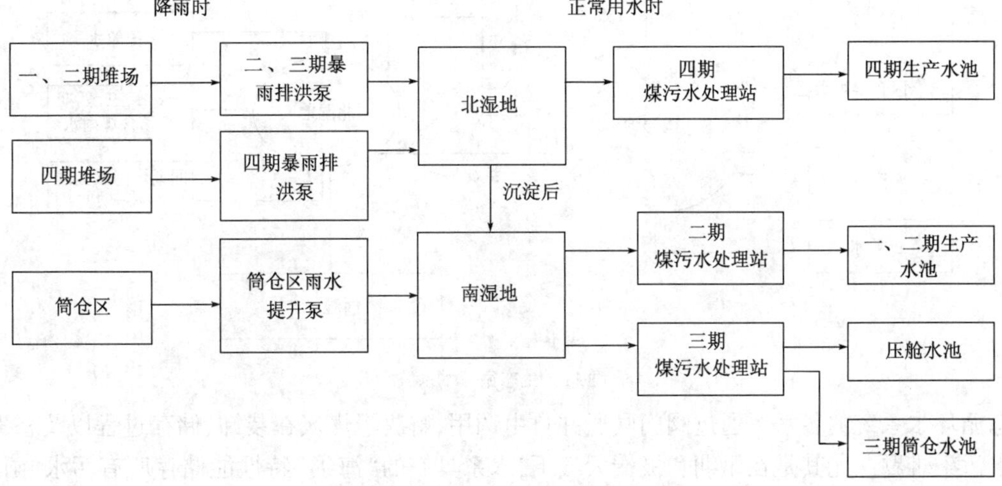

图9 含煤雨污水处理流程图

污水系统将煤污水回收利用,既解决了环保问题,又节约用水成本,堆场煤污水经管沟留置煤污水处理站进行处理,处理后的中水经生产水池可用于生产,也可排至湖库进行存放。

黄骅港以粉尘处理车间为核心,在所有皮带机头部设立煤尘收集装置,对港内路面实施硬化,机械化清扫、吸尘,对粉尘车间进行技术改造,再借鉴污泥处理的方法,将回收的煤粉与水混合后,压制成煤饼运至清车底煤垛,治饼过程中产生的中水排至湖库进行存放利用。

煤炭粉尘、煤泥处理系统流程如图10所示。

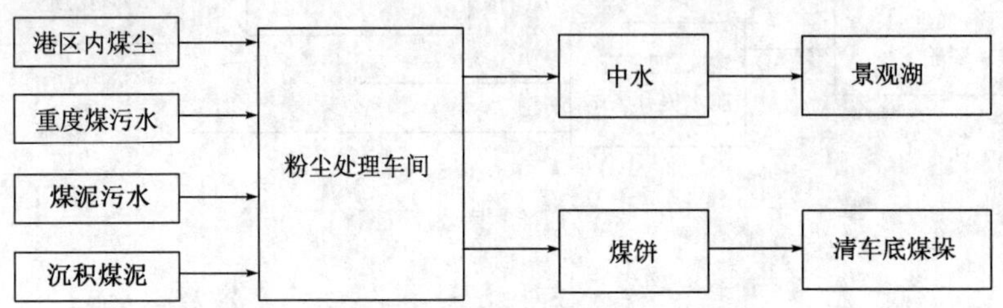

图10　煤炭粉尘、煤泥处理系统流程图

粉尘处理系统将煤污压制成煤饼后,不起尘、不黏结,解决煤尘、煤泥露天堆放带来的二次污染问题,保护了生态环境,同时防止煤泥、煤尘进入原煤,既保证了煤质,又减少了污染,通过煤污源头治理,保证了煤炭运输全流程环保可控。

为解决污水处理和用水需求之间的矛盾、解决雨季内涝问题,黄骅港建立港区生态循环水系统(图11)。以港区闲置场地资源为基础,规划实施了以"两湖""三湿地"为主体,水域面积近63万平方米的生态水系统。对管网进行改造,互通互联湖库、污水处理站、生产水池等站点。"两湖"作为生产用水缓冲池,与压舱水池、进水管、生产水池互通,主要用于收集雨水和回收来港船舶压舱淡水,以满足港区绿化和喷淋除尘需要;"三湿地"与污水处理站互通,主要用于对各种含煤污水进行分级收集、沉淀后再利用。

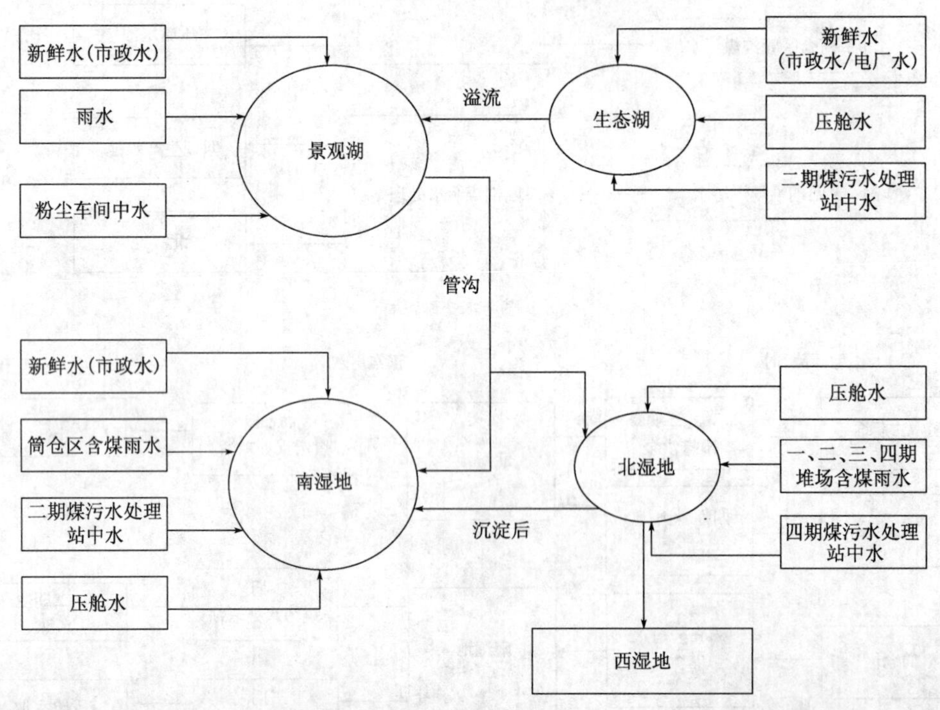

图11　生态循环水系统

生态循环水系统的各水系通过阀门联通并自由调用,解决了煤炭在装卸、储存过程以及恶劣天气产生的废水污染难题。尤其是在汛期和极端天气下,水系具有的"海绵"特性能储存所有污水、雨水,不仅实现了含煤污水的零排放和零污染,还为港区洒水除尘提供充足水源,一举两得。

建立水系统集控系统,实现各水系统站点的远程集中自动化控制,将黄骅港生产区内水系统各站点的泵站控制、堆场洒水、堆场排水、污水处理、压舱水回收等系统进行PLC系统升级、自动化监控平台升级及视频监控系统扩容,使每个系统形成独立运行的节点,并将各个节点之间通过工业以太网交换机组成联网结构,实现操作人员集中控制室远程监控作业。

实施水系统数据管理模式,提升管理效率。水系统业务管理部门建立水数据管理体系,根据管理组织结构现状,加入数据管理相应负责人,完善水系统数据管理中需要的设备、人力及相关制度文件等资源,增加水系统全部数据的数据管理模块,同时提出在水系统数据管理中需要的数据采集手段和数据统计分析方法;通过信息化手段,建立水系统数据管理平台,实现各站点水位、水量等数据的每日自动采集、统计分析,根据管理要求生成日、月报表,便于管理人员实时掌握水系统运行情况;管理人员对历史数据进行分析、总结规律,预测用水数据,及时调整调水策略。

(六)生态环境管控平台

根据黄骅港智慧环保总体规划(图12),建立生态环境管控中心,搭建生态环境管控平台(图13),以人工智能和大数据分析为依托,将港区水资源调度、环境在线监测等功能集为一体,水资源调度以环境管控为目标,环境管控以水资源调度为手段,相辅相成。研究并建立智慧调水、智能洒水的数据模型,及时、全面、连续地获取模型各项历史数据和实时数据,借助先进的大数据建模手段和科学的分析方法,对黄骅港的水源及用水需水进行全面分析,对粉尘污染进行量化和预警,为黄骅港的环境监测、环境治理、环保管理提供分析与决策的理论支撑和数据支撑;将模型的研究成果落地,建设黄骅港水系统智能控制系统,实现黄骅港"一张图"、智能洒水、智慧调水及水务管理。

图12 黄骅港智慧环保总体规划

通过在生产作业区域及厂界安装17套粉尘在线监测设备,在码头安装5套溢油在线监测设备,在各泵站安装17套水质在线监测设备,建立环境监测系统,实现气、水、油连续、自动、实时监测和视频监控,实现了生态环境网格化、数字化的全面感知和精准管控。环境监测系统利用大数据技术,实现海量环境数据的采集、存储和实时计算,提高环境数据分析能力,监测功能包括在线监测、人工监测、气象监测、国控站监测。平台应用架构如图14所示,平台业务架构如图15所示。

通过对接生产管控一体化系统、堆垛模型系统、洒水控制系统,实现了基于喷枪定位、堆垛垛型、堆存量、气象、环境、作业条件的多因素、多模式、自配置的智能洒水控制,实现堆场喷枪洒水的自动控制和精准抑尘,做到了环境管控的智能化。智能洒水系统如图16所示。

生态环境管控中心
生态环境智慧大屏展示
生态环境智能管控平台
水集控系统
生态环境实景监控系统
监测设备/监控设备/化验设备/智能仪表
业务标准化/数据标准化
网络安全防护

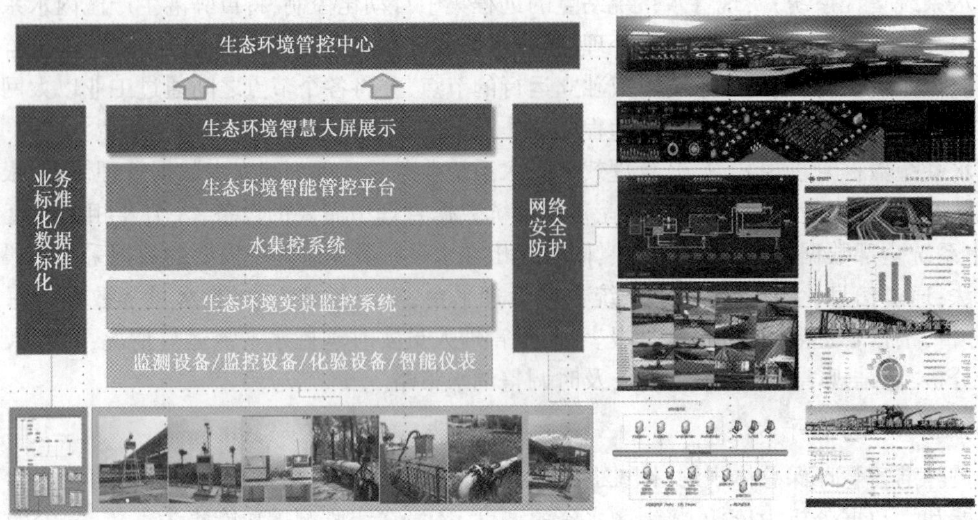

图 13 生态环境智能管控平台总体架构

黄骅港生态环境智能管控平台
智慧环保标准体系
决策分析
环境分析
水务分析
运行监控
环境/水务评价
生产环境对比分析
生态环境管理
计划管理
监测管理
调度管理
预警管理
洒水管理
指令管理
隐患管理
设备管理
危废管理
水务管理
基础管理
移动应用
大数据平台(Big data platform)
数据采集
数据存储
数据治理
人工智能
洒水模型
调水模型
预测分析
管控安全防护
水集控系统
泵站远程自动控制
洒水智能控制
水网远程自动控制
生态环境实景监控系统
水网监控
环境监控
泵站监控
工控安全防护
视频设备、监测设备(气象、环境、水质、溢油)、智能仪表(绿化、压力、流量、水位)
集成系统边界安全防护
外部系统集成
生产移动应用系统
生产门户系统
管控一体化系统
堆垛模型系统
洒水控制系统
水集控系统

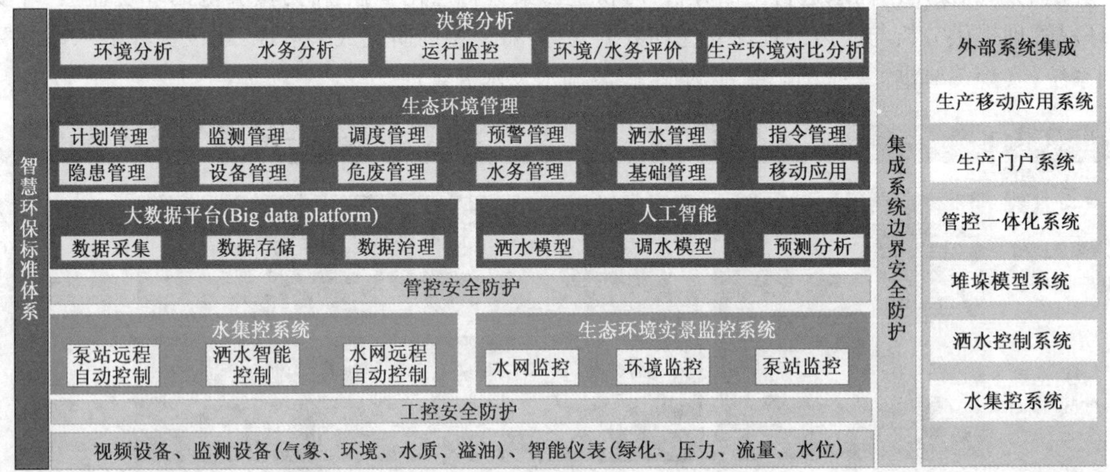

图 14 生态环境智能管控平台应用架构

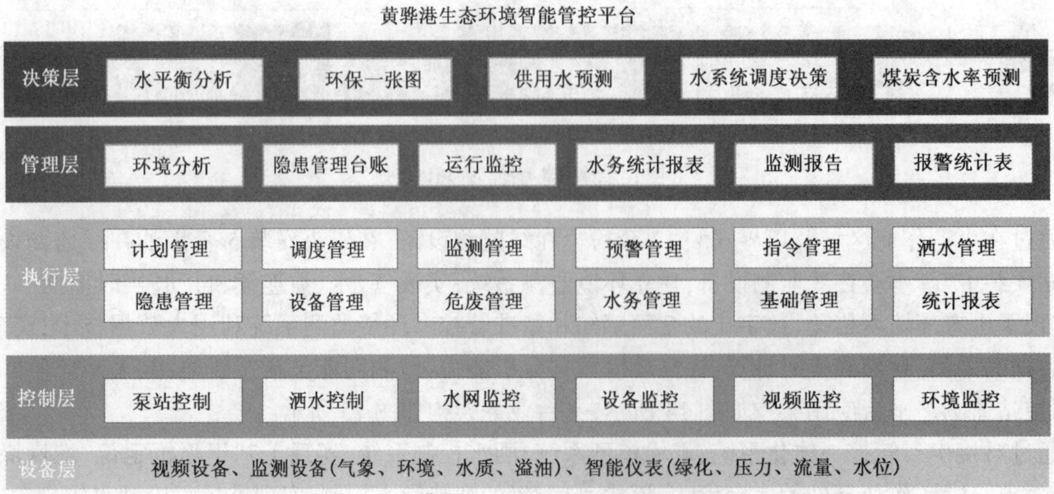

黄骅港生态环境智能管控平台
决策层
水平衡分析
环保一张图
供用水预测
水系统调度决策
煤炭含水率预测
管理层
环境分析
隐患管理台账
运行监控
水务统计报表
监测报告
报警统计表
执行层
计划管理
调度管理
监测管理
预警管理
指令管理
洒水管理
隐患管理
设备管理
危废管理
水务管理
基础管理
统计报表
控制层
泵站控制
洒水控制
水网监控
设备监控
视频监控
环境监控
设备层
视频设备、监测设备(气象、环境、水质、溢油)、智能仪表(绿化、压力、流量、水位)

图 15 生态环境智能管控平台业务架构

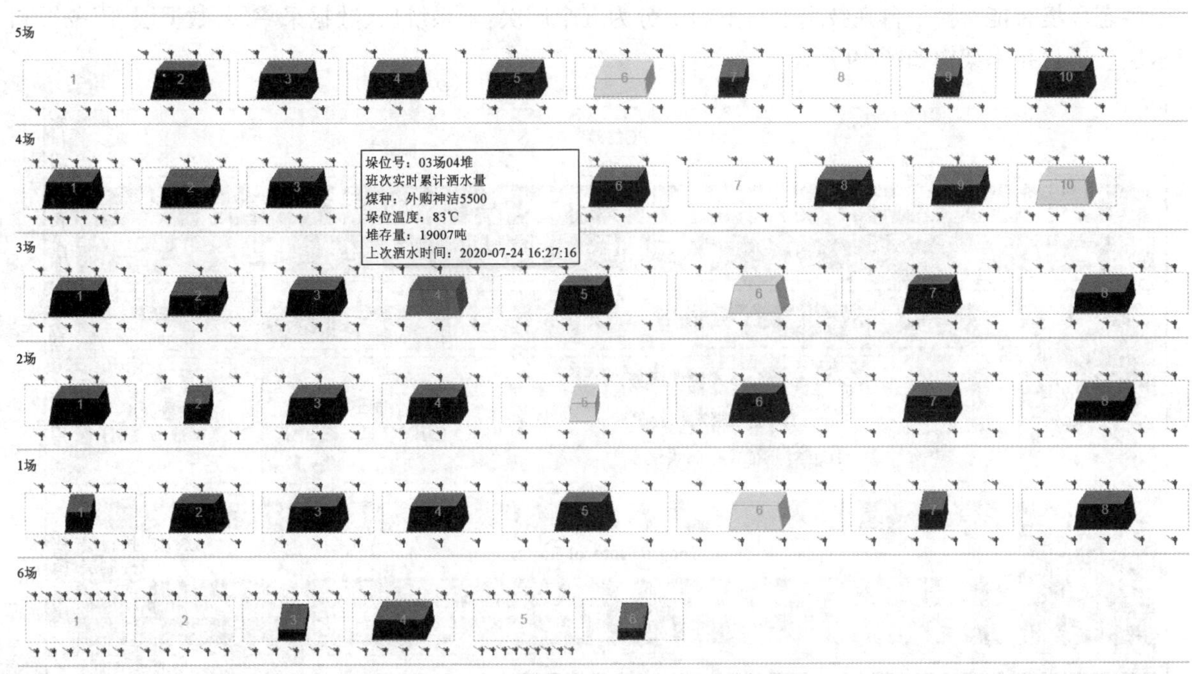

图16 智能洒水状态图

建立环境移动应用展示系统，实现生产、气象、调水与环境的关联分析和统一调度及手机端展示（图17）。

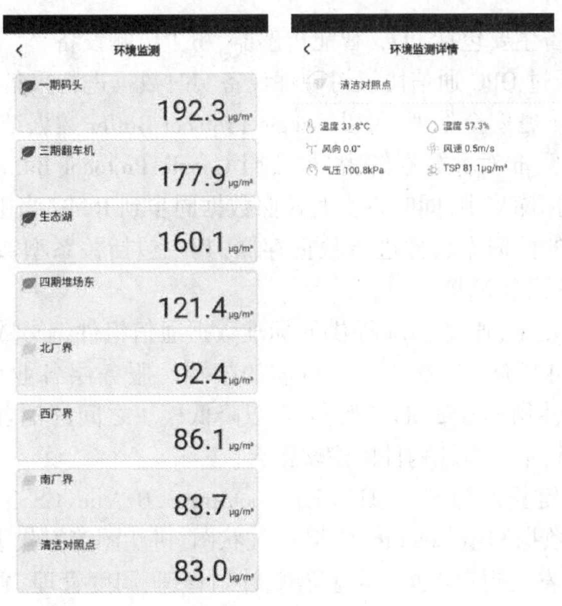

图17 手机端展示

建立生态环境监控大屏展示系统，实现了环境监测、水网监控、泵站监测、水务分析，实现了生态环境的智能化、精细化管理。大屏展示系统技术架构如图18所示。

图18 生态环境智能管控平台技术架构

生态环境智能管控平台在技术上自下而上分为五个层次:子系统层、数据采集层、数据层、服务层和表示层。平台技术架构如图19所示。

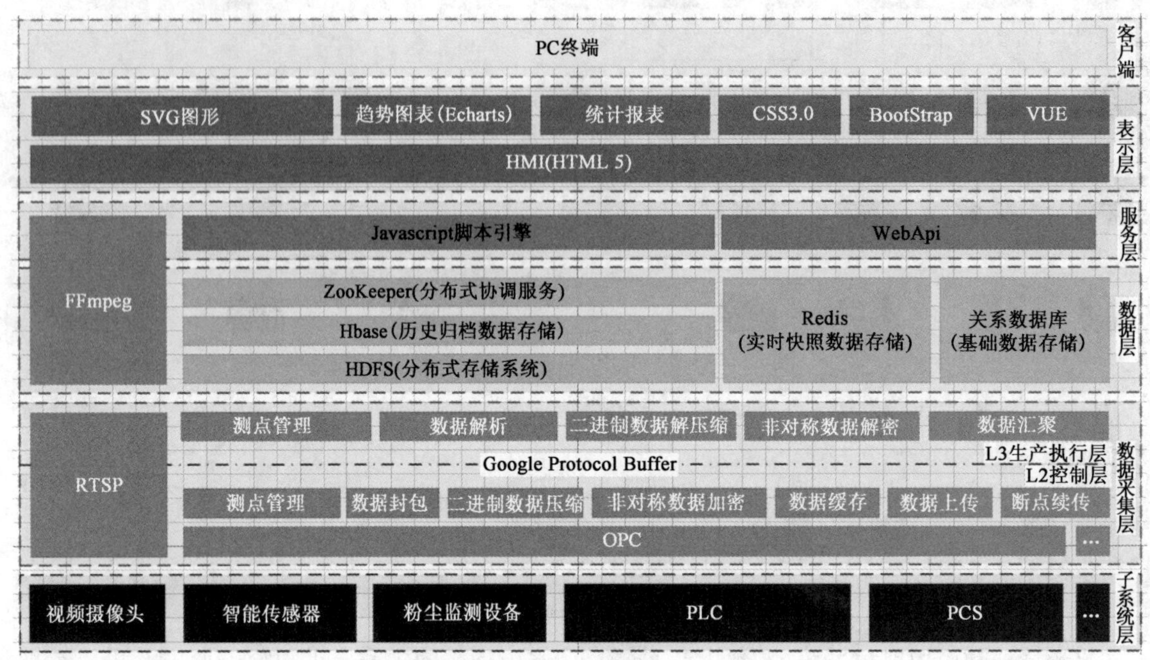

图19 生态环境智能管控平台技术架构

子系统层:数据采集设备主要包括PLC、智能传感器、粉尘监测设备。

数据采集层:在L2层通过OPC通信协议对硬件设备实时数据进行采集,并对采集到的实时数据进行二进制压缩、非对称数据加密安全处理,再以Google Protocol Buffer数据结构将数据转发到L3层。在L3层对数据进行二进制解压、非对称数据解密,再按照Google Protocol Buffer格式进行数据解析、数据汇聚,最终存储到HBase数据库当中,同时将实时快照数据同步到Redis当中,便于实时数据快速存取。

数据层:采用业界流行的数据库软件进行数据存储,其中包括关系型数据库Oracle、HBase、Redis,满足业务数据分布式和三份冗余需求。

服务层:采用Web Api技术,通过Java提供的标准数据通信组件编写数据访问代码,遵循RESTful设计风格,生成一个简单、可扩展、有效、安全、可靠的架构。服务层各业务功能的实现基于经典的Spring MVC设计模式,通过使用Spring MVC架构,可以降低模块之间的耦合,提供应用的可扩展性,每个构件只关心构件内的逻辑,不与其他构件的逻辑混合。

表示层:主要用到的关键技术为SVG、HTML5、BootStrap3.0、Vue、CSS3.0、Echarts。港区内所有生产、环境、设备、设施等指标数据利用Echarts雷达图、柱状图、饼状图等方式进行展示。视频监控信息通过RTSP协议实现视频流转发。门户首页、环境监测、计划管理、调度管理、洒水控制、预警预报、统计分析、业务管理、系统管理等模块的HMI展示通过HTML5 + Vue + BootStrap3.0前端开发框架实现,并遵循ES6标准,可以更好地兼容不同类型的客户端浏览器。

四、成果创新性及先进性

(一)技术创新点

1.本质长效抑尘系统

洒水系统与振动给料机相结合,在振动给料的过程中让水与煤炭均匀混合,一次洒水有效解决了全流程的煤炭扬尘问题。通过流量计、电动阀来调节洒水量,通过煤炭含水率在线检测设备检测洒水后的煤炭含水率,根据检测结果对洒水量进行调节。

2. 煤粉尘回收利用

将港区清扫收集的煤粉尘集中处理，将回收的煤粉与水混合后，通过专用压滤设备压成煤块进行装船，避免了二次污染，粉尘处理车间设计粉尘回收利用能力为50吨/天。

3. 皮带清洗系统

通过在皮带机上加装洗带装置、清扫器、煤尘收集箱，有效解决了回程皮带起尘污染及洒落煤的问题。

4. 堆场抑尘系统

设计了一套安装在堆料机上的洒水抑尘系统，系统由水箱、支撑结构、臂架洒水系统和自动上水装置等部分组成，本系统能够实现水箱自动加水、自动行走均匀洒水覆盖煤场，能够解决大风天气以及冬季的洒水抑尘问题。

5. 生态水循环系统

建设了港区生态水系统，实现煤污水零外排，全部回收利用。利用港区空地，创造性地建立起了以生态保护和自给自足为目的生态水循环系统，使含煤污水有处可去，解决港区内涝问题，实现含煤污水对外零排放；互通互联的生态循环水系统作为大型缓冲池，大量回收雨水、压舱水等低价值水源，合理安排调水策略，用低价值水代替新鲜水，节约水资源，实现港区工业用水的自给自足；该系统的大量使用将空地变成了湿地、将垃圾场变成了公园，美化港区环境，黄骅港顺利通过国家AAA级景区验收，在煤港中率先建成工业旅游景区。

6. 生态环境智能管控平台

以互联网、大数据为基础搭建国内首个煤港生态环境管控平台，将港区水资源调度、环境在线监测、堆场智能洒水抑尘等功能集为一体，实现环境感知、分析、预测、治理的全过程自动化。投入运行后，实现了对水资源的智能管控和高效利用，促进了港区用水成本的进一步降低。

(二)技术先进性

同类型港口的环保抑尘主要措施涉及的技术有数十种，基本可以归纳为湿法、干法、干湿结合和其他机械物理方法四种形式。常见的干式除尘有静电除尘器和布袋除尘器等，其实际使用效果一般；湿法一般采用洒水的方式增加煤炭表面的含水率、增大颗粒的粒径来降低起尘；常见的机械物理方法有皮带机的封闭、防风网、降低作业高差等来降低煤炭的表面风速，从而起到防尘、除尘的作用。按粉尘治理的先后顺序分类可以分为防尘措施和除尘措施。基于自主创新的煤炭港口绿色技术应用以前，煤炭港口粉尘治理一般采用多种治理措施相结合的方法，分别在翻车机房、皮带沿线、皮带转接塔、堆场等处设置大量防尘、除尘设施。由于不能让水与煤炭均匀混合，各处需要大量的防尘、除尘设施，过程复杂、成本高，而且效果也不尽如人意。

基于自主创新的煤炭港口绿色技术所采用的抑尘方法本质上是湿法，技术思路具有显著优势：通过一次洒水使煤炭与水均匀混合，可以有效地解决整个流程中的煤炭扬尘问题，在全世界属于首次；相比传统抑止煤尘方法，具有低成本和效率高的优点。

该技术所建立的煤粉尘处理车间在行业内属于首个，实现了煤粉尘的科学、环保回收利用。皮带机运行起尘污染问题一直是困扰散装物料码头清洁生产的难题，先前国内并无妥善处理方案，该技术在国内首次提出了一套完整解决此问题的技术方案。该技术所建立的堆场抑尘系统，综合考虑了天气、煤炭状况等各项因素，与传统系统相比，更加高效、节约。

黄骅港在行业首次实现港区水资源的循环利用，杜绝了污水外排，并且取得了显著的经济效益。

(三)技术适用性

本技术适用于煤炭矿石等专用散货港口对粉尘和含煤(矿)污水的综合治理。

五、实施效果

(一)对资源能源利用的影响

1. 资源利用方面

(1)水资源节约与循环利用

为全面改善环境状况,提升港区的生态发展水平,国能黄骅港务公司遵循绿色和创新的发展理念,在打造花园式港口的过程中,贯彻循环经济理念,以水循环为中心,建设了港区生态循环圈,实现了废水(弃水)、煤渣和粉尘的回收利用。

黄骅港日常产生的污水主要包括生活污水和生产含煤污水。目前运营的3座煤污水处理站的煤污水处理能力共计13500吨/天,4座生活污水处理站的污水处理能力达450吨/天,实现水净化循环利用。港区严格按照雨污分流理念设计,设有单独的污水管线和雨水管线,含煤污水主要来自机房、码头、廊道冲洗水以及煤堆场降雨径流产生的雨污水。这两部分含煤污水由堆场四周的带盖板排水沟收集,汇集至含煤污水处理站,经含煤污水处理站处理后的中水满足国家规范标准,全部回用作生产用水。

黄骅港设计建造了由景观湖、人工湖、南北西湿地等5个项目组成的整体水系统,水域面积近100万平方米;其中,三处生态湿地的建设面积约55.5万平方米,包含绿地面积11.8万平方米,水系面积43.7万平方米;两个人工湖,水域面积20余万平方米,蓄水能力超25万立方米,整体水系统的建设主要用来实现压舱淡水回收和雨水收集,满足港区绿化和喷淋除尘需要。污水通过管路运送到污水处理站进行有效收集和分级沉淀,杜绝溢流含煤污水直接外排入海,处理达标后的水用于绿化及洒水降尘,解决了含煤污水治理问题。同时,通过对含煤废水的有效收集和分级沉淀,为港区道路降尘、洒水除尘等提供充足水源,实现水资源循环利用。黄骅港水系统循环情况见图20。

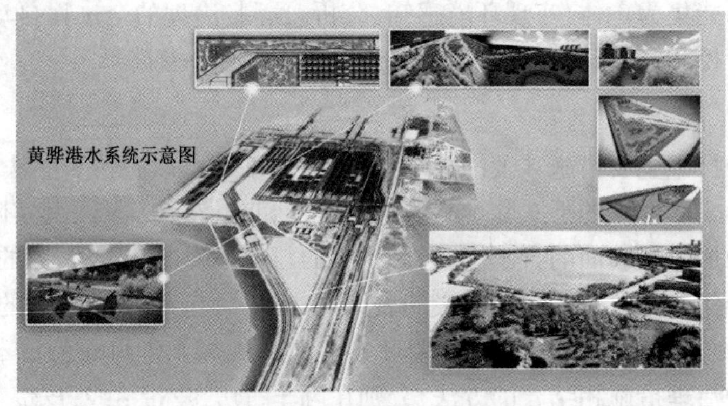

图20 黄骅港水系统循环示意图

黄骅港每年的水资源节约与循环利用情况见表1。

黄骅港水资源节约(循环利用)统计 表1

序号	回收利用废(弃)水来源	节约新鲜水消耗量(万吨/年)	节约资金估算(万元/年)
1	生产含煤污水处理回用	75	375
2	含煤雨水处理后回用	75	375
3	生活污水处理中水回用	15	75
4	到港船舶压舱水回用	100	500
5	清洁雨水收集利用	60	420
6	火电厂海水淡化水利用	50	100
	合计	375	1845

注:节约资金估算基于2019年价格,按新鲜水(市政用水)7元/吨、电厂海水淡化水5元/吨、压舱水回用2元/吨、污水处理回用2元/吨的成本价核算。

由上表可知，本技术实施后，通过水处理、回收与循环利用，黄骅港全港每年可节约新鲜水用量约375万吨，扣除水处理回用、购买淡化水等成本后，每年可节约资金约1845万元。对应黄骅港的年煤炭作业吞吐量，单位产品资源消耗节约量估算为0.04吨水/吨煤，单位产品节约资金为0.2元/吨煤。

(2)煤炭资源回收利用

黄骅港通过水循环系统节约水资源的同时，将污水净化过程中产生的煤泥、堆场码头管沟中的煤泥、吸尘车洗扫的煤尘等废弃煤炭资源进行有效的收集，运至粉尘处理车间压榨成煤饼，再次送回煤垛，既防止了煤尘、煤泥露天堆放带来的二次污染问题，又减少了煤炭货损。

粉尘处理车间是港口装卸和堆存过程中产生的煤尘、煤泥的处理中心，借鉴了污泥处理的方法，将收集的煤尘、煤泥倾倒至存储池，启动搅拌机让水与煤污均匀混合，通过渣浆泵将混合后的煤浆水打入压滤机，通过压滤机压成煤饼，制饼过程中过滤出来的水排至湖库，存放利用，煤饼经过倒运过磅后运至堆场煤垛回收利用。粉尘处理车间设计回收能力50吨/天。通过粉尘处理车间将港区产生的煤尘、煤泥等压制成煤饼，防止煤泥、煤尘进入原煤，既保证了煤质，又避免了煤尘、煤泥在堆场存放造成的二次污染。煤污压制成煤饼后，不起尘、不黏结，保证了煤炭运输全流程环境的可控。粉尘处理车间的投运标志着黄骅港建立了完善的煤污治理体系，从抑制煤尘、煤泥污染到煤污的回收利用，将“黑色”的煤污改造成一条“绿色”的产业链。

黄骅港实施本技术以来，每年的煤炭资源节约循环利用情况见表2。

黄骅港煤炭资源节约(循环利用)统计 表2

序号	煤泥、煤尘来源	重度煤泥水(万吨/年)	煤泥水中煤含量系数	治出煤饼量(万吨/年)
1	污水处理站处理后重度煤泥	9.0	15%	1.35
2	皮带机沿线产生的煤泥	0.825	50%	0.41
3	污水管沟沉积煤泥收集	—	—	0.35
4	港区煤炭作业扬尘收集清扫	—	—	0.07
合计		—	—	2.18

注：节约资金按清车底煤单价200元/吨，煤饼治出成本41元/吨估算。

由上表可知，神华黄骅港通过煤炭资源回收利用，全港全年可以减少货损约2.18万吨，节约资金约340万元。

2. 能源利用方面

黄骅港全年生产生活用水量约为600万吨，储运煤炭单位产品的水消耗量为0.06吨水/吨煤，其中新鲜水消耗量为0.02吨水/吨煤，单位产品储运可节约用水0.04吨水/吨煤。黄骅港煤炭储运的吨煤新鲜水消耗和水资源节约情况在国内同行业节能减排领域位居领先水平。

(二)环境污染物的产生与排放

1. 水环境影响

黄骅港的含煤雨水、生产煤污水等水体通过生态水系、储水池等进行合理存储和调度，从根本上杜绝了污水排海、污染海洋情况的发生。煤污水通过污水处理站处理后全部回用于生产，实现水资源的循环利用，节约了资源。

通过实施本技术，利用污水处理后中水回用、除尘用水循环利用以及压舱水收集利用等方式，实现了港口生产、生活污水的零排放，有效避免了港口煤炭储运生产对地面水体、地下水体以及海洋环境的影响。

2. 大气环境影响

黄骅港遵循绿色和创新的发展理念，在实践过程中围绕环境保护，不断进行科技创新，通过建设大型筒仓、开发煤炭本质长效抑尘系统装置、构建五道粉尘防线、打造循环生态系统、基于“全天候无人智能堆取料系统开发与应用"课题研究获得卓有成效的技术手段,成功解决了长期困扰煤炭港口行业的三大难题——粉尘治理、含煤污水治理和堆场无人化管理,最终形成的本技术在环保、技术工艺、信息化、自动化和生产效率等方面均走在了同行业前列。

本技术显著提高了散货港口粉尘控制水平,减少了粉尘排放总量,同时节约了水资源主要体现在以下几个方面:

①在煤炭进港之初的环节(翻车环节)就实现了分层洒水、均匀混合,从而确保煤炭通过皮带机、转接机房、堆料机等传送过程中,粉尘接近零排放,极大减轻了后续各个环节的洒水除尘压力,有显著的成本优势和实用效果。

②在密闭空间内分层洒水,洒水无落差,抑尘用水利用率接近100%,实现同样煤炭含水率的情况下可以显著减少抑尘水用量,节约了水资源。

③洒水位置在翻车机车间底部,位于地下18米处,冬季该位置实际温度在5℃以上,避免了抑尘用水结冰现象,避免北方煤炭港口因结冰造成洒水除尘困难的问题。

④洒水位置在煤炭储运流程中的两次煤炭采样之前,保证了煤炭用户利益不因洒水受到损失。

⑤结合煤炭水分在线检测装置的洒水智能调节装置,使系统能够自动调整洒水量,进一步改善了本技术的控制效果。

⑥将港区清扫收集的煤粉尘集中处理,通过专用压滤设备压成煤块进行装船,避免了二次污染。

⑦通过皮带机头部加装洒水装置、专用清扫器、煤尘收集箱,有效解决了皮带机头部起尘及洒落煤的问题。

⑧通过进港翻卸作业本质抑尘系统固化煤尘后,继续在堆场中进行不断的喷淋、洒水,持续增强对煤尘的抑制作用;通过防风网对可能的外逸煤尘进行隔离,防风网旁道路设置机械化清扫设备不间断作业;在道路外设置绿化隔离带和生态水系统。黄骅港通过各种措施对煤尘层层设防,打造了一套全方位、立体化的粉尘防线。

通过实施本技术,黄骅港港区的环境空气质量得到明显改善,图21直观反映了本技术实施前、后的粉尘污染对比情况。

a)治理前

b)治理后

图21　本技术实施前、后煤炭作业起尘情况对比

根据黄骅港环境空气监测数据,2020年1~7月份黄骅港港区的平均粉尘浓度为118微克/立方米,较采用本技术之前的港区粉尘浓度显著降低,港口散货作业对港区环境空气质量中的TSP贡献值也明显降低。本技术的实施,促使港口干散货作业粉尘控制技术的显著提质增效,实现了港口所在地环境空气质量的明显改善。

3. 固体废物

本技术在应用环节没有固体废物排放。通过实施本技术,通过以粉尘处理车间为纽带的煤污治理系统，将生产作业中产生的煤尘、煤泥收集运输至粉尘处理车间压制成煤饼，防止煤尘、煤泥露天堆放带来的二次污染问题，通过100%回收利用的方式，合理处理了煤尘、煤泥等固体废物。

（三）对生态的影响

本技术可显著减少散货港口煤炭作业洒水抑尘等生产用水的新鲜水用量。以黄骅港为例，在全年煤炭储运量达1亿吨的工况下，通过实施本技术，可节约新鲜水消耗量375万吨/年，单位产品储运可节约用水0.04吨水/吨煤。

（四）经济效益

1. 实施本技术的投资

本技术在黄骅港应用的投资总额为12389万元。其中，本质长效抑尘系统335万元，堆场单机智能抑尘系统1000万元，粉尘回收利用技术550万元，皮带清洗系统855万元，生态水循环系统7219万元，生态环境智能管控平台2400万元。

2. 实施本技术后产生的经济效益

本技术的收益是包括环境效益、社会效益和经济效益在内的综合性效益，对港口所在地区经济社会的高质量、绿色发展有着显著的正面影响。实施本技术产生的直接经济效益估算如下：

①水资源节约利用产生的直接经济效益。实施本技术后，港口生态水系统工程通过污水处理回用利用、收集回用压舱水等途径，实现节约新鲜水用量375万吨/年，在全面改善港区环境的同时可节约成本近1845万元/年。

②煤泥、煤尘回收利用产生的直接经济效益。黄骅港自主研发建设了粉尘处理车间，通过渣浆泵将含煤污水压制成煤块再次销售，通过煤炭资源回收利用，全港全年可以减少货损约2.18万吨，节约资金约340万元（见表2）。

③提质增效后节约人力资源产生的直接经济效益。本技术在黄骅港成功应用后，港区作业现场煤尘明显减少，卸车线每条皮带机可减少一名清煤工，神华黄骅港共13条翻车机线，每条翻车机线可减少3名清煤工，共计减少39名清煤工。清煤工每人单日成本200元，每年按365天核算，预计年节省成本285万元/年。

以上各项直接经济效益，合计为2470万元/年。

3. 收益分析

实施本技术的投资为12389万元，通过水循环利用、煤粉尘回收等获得的直接经济效益为2470万元/年，估算本技术的年投资收益率为20%（根据技术的总投资额核算），预计5年可以收回投资。考虑到环保税实施后，因粉尘排放量减少，环保税纳税数额减少，本技术的投资收益率实际大幅度高于20%。

本技术有效地治理了黄骅港煤炭粉尘污染问题，对地区的环境改善起到了积极作用，并推动了行业内清洁生产技术的发展。近年来，京津冀地区环保问题日益严重、环保督查力度不断加大，本技术的顺利实施保证了公司生产运营的正常开展，具有不可估量的间接经济效益。同时，在政府和民众日益重视环境保护、节能减排的大环境下，本技术的顺利实施具有显著的社会效益。

（五）社会效益

本技术的应用和推广，催生了新行业和职业，扩大了就业需求。本技术的实施，可以明显改善港口散货作业区的环境空气质量，有效提升卫生防护水平，改善港区作业人员身体健康状况。

共享经济下出租汽车企业经营模式的创新实践

深圳鹏程电动集团有限公司

成果主要创造人:林锐斌　林文涛

成果参与创造人:吴淑红　李奕典　沙世儒　杨小鸿　马　丽　林玉志
谢黎明　周志伟　陈雪山　沈思思

深圳鹏程电动集团有限公司(简称"鹏程电动")是深圳巴士集团下属的国有控股企业,以纯电动出租汽车运营为主业,是全球首家规模化商业化运营的纯电动出租汽车企业,也是全球率先实现盈利的纯电动出租汽车企业。目前鹏程电动车辆规模为 2364 台,均为纯电动车辆,员工近 5000 人,是深圳市最大的国有纯电动出租汽车运营企业之一,致力于打造专业的城市纯电动车辆经营生态链和电动汽车产业化服务平台,探索出一套纯电动出租汽车规模化商业运营管理模式——"鹏电模式",实现产业的多方共赢,完成了出租汽车电动化转型的使命,为乘客和出租汽车驾驶员提供安全、专业、诚信、便捷、优质的新能源公共交通运输服务。鹏程电动经营发展采用的"产业基地 + 智能互联"创新转型模式,吸引了各级领导和社会各界的高度关注。

"鹏程电动"品牌作为深圳国资十大品牌之一,2019 年被广东省交通运输厅授予"文化品牌"称号、被深圳市国资委授予"第二届深圳十佳质量提升国企"称号。2019 年 6 月成为 UITP(国际公共交通联合协会)出租汽车与网约车委员会主席单位,11 月受邀参加 UITP 出租汽车委员会会议,介绍纯电动出租汽车运营管理经验和纯电动出租汽车规范标准,与会各国代表对鹏程电动纯电动出租汽车发展成就与经验给予高度赞赏。

一直以来,鹏程电动以创新为驱动,积极探索行业转型发展的新路径,取得了一定的创新成果。2018 年,"构建纯电动出租汽车综合服务生态圈的创新实践"获得第二十八届广东省管理创新成果一等奖、第十七届全国交通企业管理现代化创新成果三等奖,"预前干预安全智能系统在纯电动出租汽车运营管理中的应用"获得第二十八届广东省管理创新成果二等奖、第十七届全国交通企业管理现代化创新成果一等奖,"以市场化经营为导向的纯电动出租汽车维保车型创新项目"获得第十六届全国交通企业管理现代化创新成果二等奖,企业获得"2018 年广东省自主创新标杆企业"称号。2019 年"'预前干预安全智能系统'在纯电动出租汽车运营管理中的创新应用"被第十二届中国管理科学大会授予"中国最佳管理创新实践案例奖","共享经济下出租汽车企业经营模式的创新实践"获得第二十九届广东省企业管理现代化创新成果一等奖,被广东省交通运输协会授予"广东省交通运输行业创新示范企业"称号。

此外,2020 年新冠肺炎疫情期间,"共享经济下出租汽车企业经营模式的创新实践"项目与顺丰合作的同城急送业务为驾驶员提供多元化的收入来源,截至 3 月,累计完成 25899 单,增加驾驶员收入超过 110 万元,为市民及时送达了保障物资,为出租汽车驾驶员队伍稳定提供了保障,产生了积极的社会效应,获得了主管单位及市民的高度肯定。

一、成果创建背景

为适应市场变化,加强市场竞争力,进一步提升品牌形象,2016 年起,鹏程电动借着全面电动化的契机,在移动互联网及共享经济的时代全面转型。收入来源方面,鹏程电动由纯粹扩大单一生产规模向产业链相关业务多元化转变,打破传统"单一收租"的收入模式,积极主动挖掘产业链中的商业价值。2018 年,更是借助互联网共享经济的新经营模式全面创新经营结构,与全国优秀企业全面合作,提供综合服务平台,开展了共享经济下出租汽车企业经营模式的创新实践,促进企业经营可持续发展,创造更大的经济效益和社会效益。

(一)突破市场发展瓶颈的需要

随着时代的发展,市民生活方式发生翻天覆地变化。对于出租汽车行业而言,近年来网约车、顺风车、专车等互联网出行模式对出租汽车行业造成巨大影响。据行业数据披露,出租汽车驾驶员单日营收下降约 20%,出租汽车客流量下降 10% ~15%,出租汽车企业出现了大面积驾驶员退包和车辆停场现象。2016 年,深圳市政府颁布的《深圳市人民政府关于深化改革推进出租汽车行业健康发展的实施意见》表明,网约出租汽车对传统出租汽车行业的冲击影响仍会长时间存在,巡游出租汽车及网约车将长期并存发展。面对互联网新型出行市场的冲击和出租汽车企业发展瓶颈,鹏程电动跳出传统的固化思维,由传统出租汽车企业向多元产业企业转型,勇于尝试各种新兴的经营理念,展开了对市场化、产业化转型的探索。

(二)物流业务拓展布局市场的需要

城市同城即时物流已成为物流行业增速最快的子行业,未来 5 年仍将保持每年 30% 的增速,预计到 2020 年市场规模将超 2000 亿元。在消费升级的大环境下,同城物流从初期的餐饮配送发展到电商件、商务件、商超宅配、店配等业务,中高端客户群体越来越多,在同城即时物流领域有更快、更安全、更专业的配送需求。

2016 年初,顺丰公司成立了同城事业部,是快递行业中较早参与同城即时物流的企业之一,通过在快递领域的经验积累,根据市场需求和产品定位,向商务客户推出更高端的同城即时物流产品——同城急送,提供全城最快 1 小时送达的配送服务。在顺丰公司在介入同城急送市场后出现了运输资源不足,严重制约了同城急送业务发展。顺丰同城急送以骑士的两轮配送为主,而深圳市版图为东西约 80 公里的狭长形,两轮配送的及时性和配送距离受到限制。综合考虑产品定位、配送距离、管理成本,顺丰公司要抢占深圳市内同城即时物流市场,为客户提供快速、及时、安全的同城急送服务,需发展以骑士为主、其他交通工具为辅的配送组合。

(三)资源共享优势互补的需要

党的十八大以来,国家大力推进共享发展。2015 年,国务院发布的《关于加快构建大众创业万众创新支撑平台的指导意见》提出,要推动整合利用分散闲置社会资源的分享经济新型服务模式。2017 年,国家发展改革委就《分享经济发展指南(征求意见稿)》中提出,允许和鼓励各类市场主体积极探索分享经济新业态、新模式,加快形成适应分享经济特点的政策环境,引导和支持有条件的地区和行业先试先行,进一步对分享经济给予支持。

鹏程电动和顺丰公司基于市场需求,深入交流、探寻合作的机会,研讨如何将双方资源共享,结合各自运营资源特点,将企业品牌优势发挥到最大化。一方面,鹏程电动公司一直以城市出租汽车营运服务为主,作为深圳十大国资品牌之一,通过多年对出租汽车行业的专业沉淀,积累了很好的乘客服务和交通运输的经验,一直以优质的服务及规范的管理著称;另一方面,顺丰同城在同城市场拥有较好的口碑和品牌影响力,致力于为客户提供高品质的服务。因此,鹏程电动和顺丰公司强强联合,利用各自经营特点与优势,共同推出"出租汽车同城急送"产品,双方跨界合作,真正实现了双方资源共享、优势互补的战略需求(图 1),符合资源共享的大趋势。

鹏程电动的优势	顺丰同城的优势
✓优质的服务及规范的管理	✓优质的服务及规范的管理
✓全程车载视频监控保障货品安全	✓快递行业领先的品牌效益
✓巡游出租汽车营运低峰闲时资源	✓大量的快递订单资源
✓出租汽车载客载物、广泛分布营运	✓成熟的数据平台资源
✓运输效率高、四轮送货更快更远	✓服务口碑好，经验丰富

图1　鹏程电动和顺丰同城优势

(四)符合智能时代发展的需要

伴随着智能交通行业"互联网 +"和"物流信息化"的市场发展趋势,市场上同城速递 App 层出不穷,"闪送""跑腿""急送"等同城快递模式层出不穷,做"货运版的滴滴打车"之类的宣传口号更是经常耳闻。

对于出租汽车行业而言,行业变革和"互联网 +"发展一方面制约着传统出租汽车企业和驾驶员的经营,另一方面是企业转型发展的机遇。鹏程电动以产业的全覆盖为基础,围绕"资源互补 + 多元产业 + 移动互联"的思路,思考如何将出租汽车人力资源、车辆资源、营运闲时资源有效利用,通过大数据孵化出新的营销手段,助力纯电动出租汽车营运服务和顺丰同城急送业务成长为具有高品质、高效率、高安全性的双赢平台。

二、成果内涵和主要做法

互联网经济经过近十年的发展,同城的电商件、商务件,商超宅配、店配市场的巨大规模创造了碎片化的消费场景,特别是智能手机 App 的发展带来更加高频、更小规模的订单,倒逼传统分销配送模式不断变革升级。如何靠近终端客户、降低配送成本、缩短交付时间成为核心议题,"人、货、场"之间的商业逻辑被重新演绎。依托互联网、大数据等技术的蓬勃发展,同城急送为创造极致的消费者体验,只有突破时间、空间限制,在线上(虚拟)创造场景,在线下(实体)提供极致服务。

鹏程电动车辆规模已达到 2364 台,约占深圳市出租汽车总量 12%。为进一步深化利用已有资源,深入探索探寻跨界合作可能性,结合鹏程电动强管理、车辆规模较大、营运闲时匹配的优势,以及顺丰的运单量大、平台成熟、品牌可信赖的优势,双方研讨资源共享、跨界合作,将双方企业品牌优势最大化。本着平等互利、优势互补、抓住机遇、共同发展的方针,经过多轮研讨,双方一致敲定以同城急送业务市场为导向,挖掘客户交通和货运的需求,共同推出全国首创的"出租汽车代人送货服务",确定出租汽车代人送货的核心价值在于高时效性、高稳定性、高安全性和长距离的配送,成为全国纯电动出租汽车城市同城速递共享经济的新坐标。

(一)对接平台以确定最快合作模式

为了快速推动合作项目落地,双方对接各自平台运营、车辆资源、订单资源、结算方式等细节后,最终确定了合作方式。基于开发运营的顺丰同城急送 App 现有的系统逻辑促进项目快速落地推动,双方共同讨论确定在项目试点初期,采取资源众包 + 全托管的合作模式。即鹏程电动司机以众包司机的个体身份在顺丰 CLS 系统内进行注册,按照顺丰系统众包管理逻辑进行佣金发放及管理。同时,鹏程电动的众包司机全部托管鹏程电动公司进行线下管理,包含但不限于质量管控、异常处理、线下培训等工作。

待试点运行稳定后,在合作模式上逐步向供应商模式(合作伙伴)转变,即未来顺丰不直接对接鹏程电动司机,鹏程电动司机在系统上挂靠在鹏程电动公司名下,顺丰仅对鹏程电动进行公对公付款,司机结算全部由鹏程电动自行处理。两种模式的差异见表 1。

合作模式对比 表1

模式	模式类型	结算模式	结算周期	鹏程电动赢利模式
模式1	供应商模式	顺丰→鹏程电动→驾驶员	月结	交易差额
模式2	资源众包+全托管理	①顺丰→鹏程电动； ②顺丰→驾驶员	①月结； ②$T+1$	按交易费用抽佣 一定比例服务费

（二）突破难点以求同存异共享资源

跨界合作并不是一件简单的事情，前期双方就该产品的难点进行了多次沟通，就解决出租汽车营运价值导向、运送快递停车难、驾驶员观念转变等问题，挖掘求同存异的合作空间。

一是错峰服务，共享出租汽车闲时资源，解决出租汽车营运价值导向的问题。鹏程电动作为深圳市优质的出租汽车交通运输服务品牌，仍然坚持以运送乘客的出租汽车运输服务为首要任务。根据深圳市出租汽车营运特点，工作日早高峰（8:00～9:59）和晚高峰（17:00～20:59）的出租汽车需求供不应求。而出租汽车运力过剩、车辆在路上"空跑"的时间（10:00～16:59），恰巧也是代人送货需求量最大的时间（图2）。因此，同城急送包裹的装载、运输均在空载时（闲时）由出租汽车驾驶员完成，不会影响乘客的乘车体验。

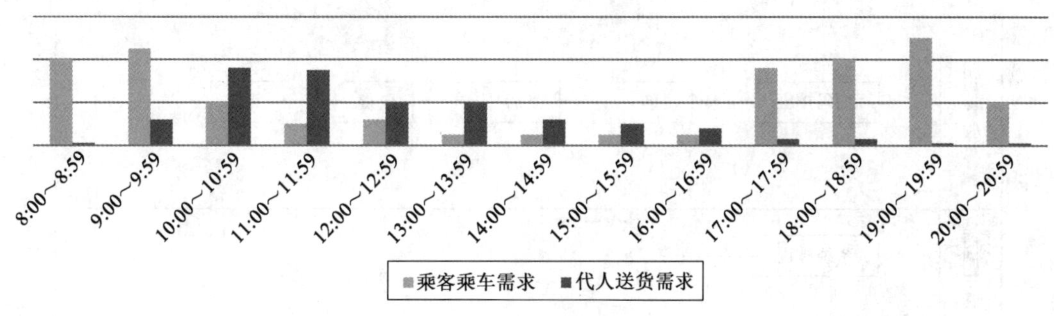

图2 乘客与送货需求量时间对比图

二是市场调研，共享经济效益。合作前期，鹏程电动就出租汽车运价和同城急送物流价格进行对比，对市场上同类产品（如闪送、跑腿等）进行调研，同时就出租汽车行业中的滴滴打车产品进行调研。结果显示，顺丰同城急送价格远超传统物流快递和其他同城及时物流产品，略高于滴滴打车收费价格，对出租汽车驾驶员有极大经济吸引力。从长距离订单派送来看，当派送距离在8～23公里时，顺丰同城急送收费价格和出租汽车运价趋同并都高于滴滴打车收费价格（图3），对于出租汽车驾驶员来说，用顺丰订单平台接单比在道路上闲时巡游的运营效率更高。同时，顺丰公司以品牌和服务为优势，强调配送的质量，吸引中高端客户群体，在市场上有一定的客户量，对长距离和时效性高的同城急送订单，出租汽车配送的经济效益更占有优势。从开发成本角度，顺丰同城公司开发了顺丰骑士App平台，比市场上其他产品更为成熟和适合出租汽车驾驶员，完美对接出租汽车驾驶员操作端及顾客使用端口，减少平台重新开发的成本。

三是驾驶员选培，共享人力资源。在明确出租汽车快递体验的核心是物品的运送时效、安全、稳定、优质的前提下，鹏程电动公司制定相应条件，严格把关，选聘驾驶员成为兼职顺丰骑士。招聘条件为"四无"，即无服务投诉、无营运违章、无交通违法、无交通事故，结合实际从业情况，综合评价驾驶员的硬指标。

同时，结合该新业务开展介绍答疑，消除驾驶员关于收益、停车、服务等的疑虑，根据驾驶员个人意愿，选聘合适人选。确定人选后，鹏程电动公司联合顺丰公司专业人员召开驾驶员宣导动员会，由顺丰对驾驶员进行骑士App安装和使用指导、兼职骑士从业培训、服务流程、服务用语和注意事项等岗前培训。在项目开展中期，结合乘客反馈意见和驾驶员试行中遇到的难题，开展二次培训，强化业务知识，引导驾驶员观念转变，确保服务到位。

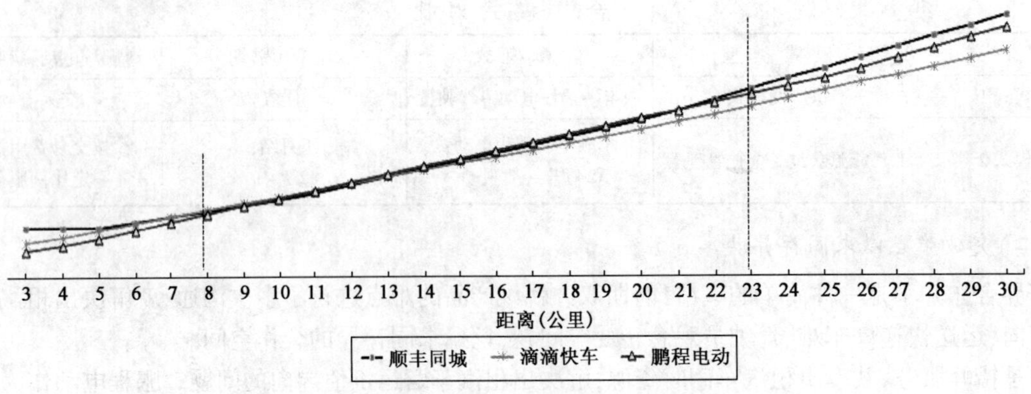

图3 出租汽车运价与顺丰同城急送和滴滴快车收费价格对比图

(三)分阶运营以确保资源分配最优

第一阶段:基于合作模式的确定,在试点初期为快速推动项目落地,在运营方案上不改变顺丰同城现有系统逻辑,鹏程电动驾驶员空闲时段通过扫码排班或系统排班上班,系统根据实际订单情况,自动派单给驾驶员,驾驶员必须接单配送,如客户要求上门服务则必须提供上门服务。具体运营操作流程见图4。

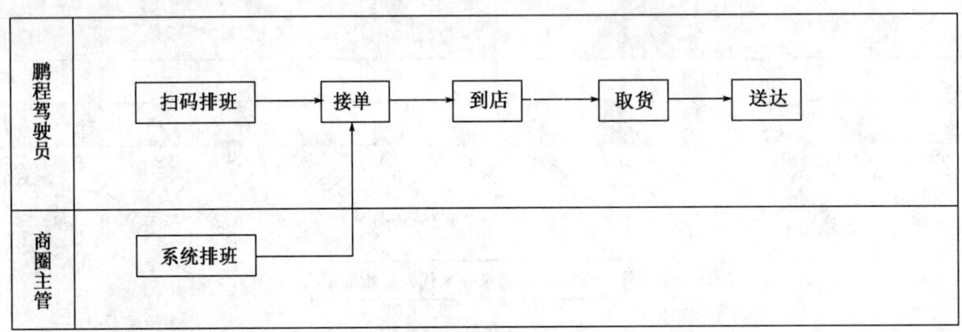

图4 第一阶段运营流程

第二阶段:为解决驾驶员的灵活调动的问题,顺丰同城公司改变现有的商圈逻辑,引入派单+抢单模式,驾驶员可以自由选择抢不抢单,选择抢单则必须配送,如客户要求上门服务则必须提供上门服务。具体操作流程见图5。

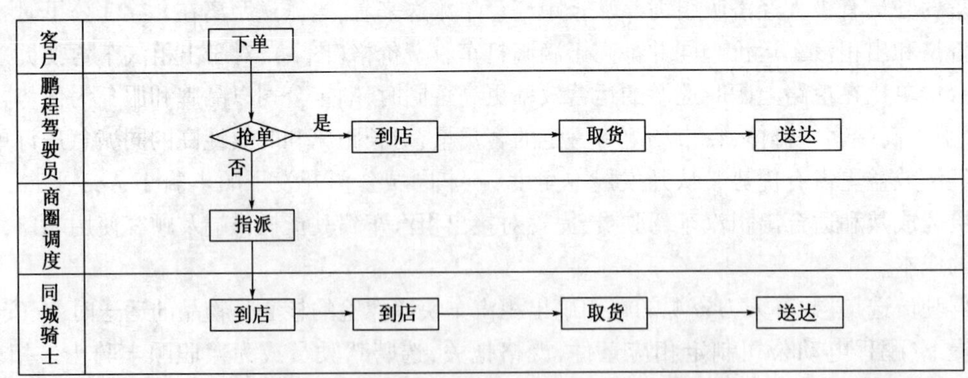

图5 第二阶段运营流程

第三阶段:通过与鹏程电动服务端数据接口对接,随时获取车辆的运营状态,并在车辆空车时(高峰期除外)强制派单,鹏程电动可根据驾驶员管理制度要求驾驶员无条件接单(车辆技术状况异常、紧急状况除外),同时避免在空车状态时拉到新乘客而影响快递效率。

第四阶段:结合系统强制派单逻辑,充分整合滴滴打车业务优点,系统内整合打车及派单逻辑,共同开发客货合乘的App,通过融合滴滴打车业务和同城急送业务的特点,寻找出租汽车急送快递业务在市场的立足点。

(四)多方关注以层层推动新生事物

对于"出租汽车代人送货"的新事物,需要双方共同努力逐步推动。

一是多加信任,独家合作。双方同意在合作期内建立在深圳地区首要合作伙伴关系,开展独家合作。若该合作模式成熟后需要推广,双方协定通过鹏程电动为深圳市总代理的模式对业务进行扩展。

二是多番研讨,敲定细节。通过多次研讨沟通,双方确定了服务范围、接单方式等细节。

三是多面考察,深入业务。鹏程电动走访顺丰同城业务总部、大单营业点、货物集散地等,学习业务流程和借鉴优秀管理经验。

四是多层管理,层层推动。通过顺丰公司—项目组—车队—驾驶员四层管理,车队管理人员亲自接单体验、驾驶员专题座谈、车队走访、基层专人负责、关联车队考核等。

五是多方跟踪,保障进度。鹏程电动、顺丰客服、车队等多方对每日接单情况进行跟踪,月度汇总回头看,分析驾驶员接单数据,确保项目顺利开展。

(五)加强管理以激励措施促进发展

结合公司实际情况,为进一步加强和完善鹏程电动顺丰同城急送驾驶员配送服务管理体系,规范鹏程电动顺丰同城急送驾驶员服务行为,提升鹏程电动顺丰同城急送驾驶员综合素质,为客户和鹏程电动出租汽车驾驶员提供安全、专业、诚信、便捷、优质的出租汽车同城急送服务,树立鹏程电动品牌形象,特制定《鹏程电动顺丰同城急送营运管理规定》。根据合作模式,双方商定科学的结算方式,制定了项目结算制度、车队结算制度等措施,确保运营通畅。

管理既有考核也有激励。驾驶员管理方面,坚持以出租汽车营运服务为首要任务,确保顺丰同城急送项目有序、安全进行,保证驾驶员安全操作,依据公司相关安全管理规定,要求所有参与项目的驾驶员签订《顺丰同城急送安全营运承诺书》。同时,公司制定了驾驶员配套公司激励方案,根据上线时长、抢单量、按时完单量进行排名和奖励。为激励车队层面的积极性,充分发挥车队管理人员的职责作用,制定顺丰急送项目车队激励方案,纳入月度车队绩效考核管理。

三、实施效果

(一)横向发挥优势,共享经济推动共赢

通过与顺丰同城急送合作,传统出租汽车公司跨出了纯电动出租汽车产业链延伸探索的第一步,担起了出租汽车跨界服务的先试先行,向多元化的新能源产业布局发展,实现共赢(图6)。

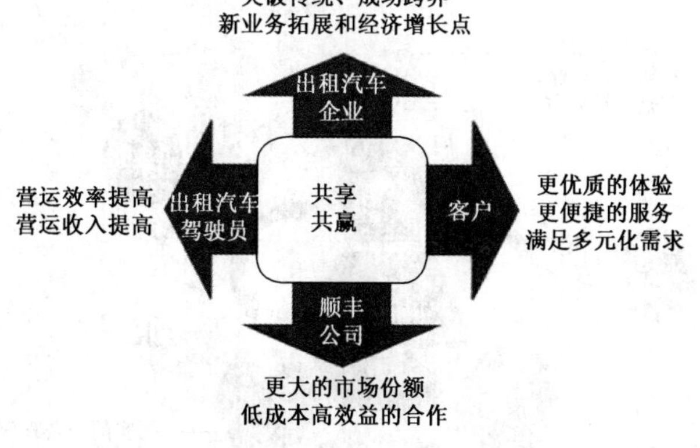

图6　共享资源,合作共赢

一是品牌共赢,此次跨界合作以分享的模式和理念,增加双方的品牌影响力,推进双方在新领域的拓展,通过顺丰同城和鹏程电动在各自行业的品牌影响力,为行业的企业客户树立标杆。

二是模式创新,通过大数据分析,出租汽车代人送货作为顺丰同城急送的运输资源补充,提升营销的效用,有效提升市场的竞争力,形成新兴业态和消费增长点,逐渐成为一个带领其他中小企业发展的新平台。

三是优势互惠,顺丰提供成熟的数据平台资源与快递订单资源,鹏程电动提供充电场站资源和闲时营运资源,以更低成本和更高效率链接社会的过剩资源,提升社会资源的利用效率,实现共赢。

(二)纵向深耕产业链,最大化价值创造

该项目启动时规模为50台,通过逐批试运营和投放车辆,至今规模保持在500台,从需要动员驾驶员接单到驾驶员主动抢单,驾驶员接单数量日益增加,并且摸索出日常载客与代人送货高效统筹的方式,提高营运效率和营业收入。顺丰同城有较为稳定的订单来源,鹏程电动可以获取较为稳定的订单,项目至今累计产生经济效益22.8万元。从同城急送业务方面看,与两轮配送对比,出租汽车代人送货配送速度快2~3倍,平均运送距离增加9~12公里,出租汽车能作为顺丰同城急送的补充运输资源,扩大了顺丰同城急送业务在深圳的市场份额,配送效益提高20%。从出租汽车运营方面看,以传统巡游出租汽车运营为主、代人送货的同城寄送业务为辅的车辆,出租汽车闲时在路上巡游寻找乘客时,也可接收附近同城急送订单,将闲时巡游空车运力利用起来,使车辆闲时利用率提高33%。从驾驶员收入方面看,从载人到载人带货结合,增加驾驶员收入,参与项目的驾驶员与未参加项目的驾驶员对比,日均收入提高了15%(表2)。

合作模式对比　表2

维　度	原模式	模式创新	效　益
订单配送	两轮专职骑士配送,配送距离为3~5km	骑士两轮为主配送短距离订单出租汽车四轮为辅运送长距离订单	运输效益提高20%
出租汽车闲时运营	空车巡游,招手即停载客	载人为主、载货为辅	车辆闲时利用率提高33%
驾驶员收入	单一载客收入	载人带货双收入来源	日均收入提高15%

鹏程电动打破出租汽车行业的局限性,优化车辆资源配置,将"互联网+"、智能通信设备平台、同城速递需求、顾客资源、车辆等资源价值最大化,利用巡游出租汽车客流高低峰时间特点,和出租汽车载客载物、广泛分布营运、运输效率高等优势,将营运低峰期的闲时出租汽车资源共享,符合资源共享的大趋势,使资源发挥最大价值。

(三)全国首创模式,探索跨界资源整合

基于打造全国出租汽车速递标准化服务,客、货运输和集成增值服务组件,通过整合内外部单点或多点的同城速递及出租汽车资源,为乘客及同城速递客户提供高度定制化的综合物流解决方案。推进业务多元化、布局全链路综合服务能力构建,向综合同城速递服务商转型,正成为顺丰同城及鹏程电动的风向标(图7)。

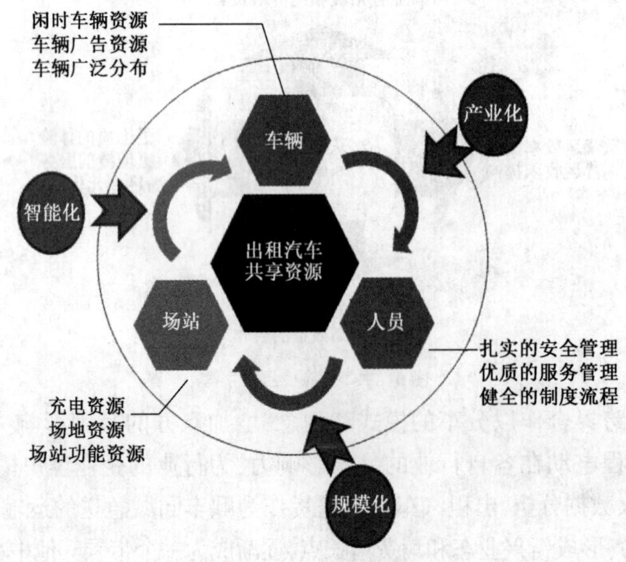

图7　出租汽车资源共享

双方的深度合作是潜在引领出租汽车行业变革的最佳实践,互联网经济和新技术带来的出租汽车产业链和顺丰同城速递运作模式的转型升级,将使得未来的城市同城速递市场进入竞争更为市场化、靠实力突围的时代。而出租汽车企业通过对产业链进行深度研究和有效整合,为客户提供高效、可视、低成本和定制化的综合服务,将是在未来市场制胜的关键。探索出租汽车车辆、人员、场站中的闲时资源、广告资源、场站功能资源等方面的合作,利用资源互惠、优势互补、平台共赢的模式快速构建城市出租汽车企业共享网络。

穿越国家重点野生动物自然保护区的施工管理

中交路桥华北工程有限公司

成果主要创造人:杜　卿　赵付强

成果参与创造人:孙宏亮　林　伟　赵永超　苏　彪　万有吉　张俊杰
张　航　任东辉　张彦伟　马思思

中交路桥华北工程有限公司为中交路桥建设有限公司的全资子公司,是中国交建三级施工企业,其前身为交通部第一公路工程局第二工程公司,是一家以公路、铁路、桥梁建设施工为主的企业,注册资本金30010万元。

公司拥有公路工程施工总承包一级,桥梁工程专业承包一级、隧道工程专业承包一级、公路路面工程专业承包一级、公路路基工程专业承包一级、环保工程专业承包一级、市政公用工程施工总承包二级、建筑工程施工总承包三级、钢结构工程专业承包三级和特种工程(建筑物纠偏和平移、结构补强、特殊设备起重吊装)专业承包资质。公司通过了质量、环境、职业健康安全管理体系认证,具备以山岭隧道为主,修建各类地质条件下特长隧道、大型桥梁及高等级公路路基、路面等工程的施工能力。

截至2020年11月,公司在建公路、隧道、桥梁、铁路工程41项。此外,公司还承建了多个技术含量高、附加值大的“高、精、尖”特大项目,十多个项目获得国家或省部级奖项。

中交路桥华北工程有限公司于2018年升级为“国家高新技术企业”,拥有雄厚的技术实力、核心自主知识产权和科技成果转化能力。公司专注于科技创新,现有施工工法23项,其中,协会级8项,中国交建级工法3项,中交路建级工法12项;授权专利72项,其中,发明专利15项,实用新型专利57项。获全国交通企业管理现代化创新成果奖8项;获全国建设工程优秀项目管理成果奖4项,并获得2016年度全国交通企业管理现代化创新成果示范单位。有多项QC小组获得国家和省、部级优秀质量管理小组称号。

公司始终坚持“固基修道、履方致远”的企业使命,继续秉承“公平、包容、务实、创新”的企业价值取向,在中国交建“五商中交”和中交路建“转型升级”的战略指引下,优化经营布局,改进管理方式,与各界同仁携手共进、共创辉煌。

一、实施背景

(一)选题理由

中国地大物博、幅员辽阔,不但有着浩瀚悠久的历史和博大灿烂的文化,还有千姿百态、多种多样的物种。近年来,随着经济持续高速增长,交通建设快速发展,人民生活水平日益提高,汽车保有量不断增长,对交通工程建设的需求更为强烈。同时,大众开始对社会发展与环境保护之间的关系进行自我反思,愈发重视人与环境协调发展以及环境保护。

目前,内地省份高速公路、铁路建设等日趋完善,新疆等偏远地区由于气候、环境、经济发展程度等因素限制,导致交通建设发展相对滞后,一些公路交通工程建设不可避免地涉及自然保护区,与自然保护区发生冲突,区域内社会经济发展和当地生物多样性资源保护之间的矛盾日益突出和严重。如何在工程施工时尽量减少对环境的破坏干扰,减轻对该区域内野生动物的影响,成为工程建设者们亟须解决的问题。

国道216线是《国家公路网规划》中的国道干线公路,也是新疆交通运输"57712"规划中高速、高等级公路网中"第一纵"的重要组成部分。该项目的建设为进一步把新疆建设成为"丝绸之路经济带"核心区提供基础支撑,并完善以"丝绸之路"中通道为主轴、南北通道为两翼的综合运输体系。同时,可完善区域路网,改善沿线交通条件,缩短运输时间,促进区域社会稳定发展。该项目施工路线总长41.019km,其中31km从卡拉麦里有蹄类自然保护区穿过,保护区内野生动物种群结构较为复杂,种类繁多,且保护区内自然环境恶劣,气候干旱,植被稀疏,生态环境脆弱且敏感。本项目为"丝绸之路经济带"的北道走廊带,对于完善国家干线公路网、惠及当地、改善民生、增进民族团结,积极落实第二次党中央新疆工作座谈会精神,依法治疆、团结稳疆、长期建疆,推进新疆长治久安有着重要意义。

卡拉麦里有蹄类野生动物保护区设立于1982年4月,总面积1.7万平方公里。位于新疆准噶尔盆地的卡拉麦里,是中国第二大沙漠古尔通班古特沙漠的核心区域,属半干旱、干旱荒漠地区,保护区植被类型和覆盖率随地貌而异,大部分为梭梭柴、假木贼荒漠,区域内植被覆盖率低,仅为10%~20%;卡山保护区以卡拉麦里山及低山系和丘陵地带为核心部分,为风蚀垄背、土墩、风蚀沟槽及洼地形成"雅丹"地貌。在这片外表看似荒凉孤独的荒漠,不但有多种珍贵的濒危荒漠植物,如肉苁蓉、胡杨、怪柳等,也生活着多种野生动物。保护区内有原产于蒙古国西部科布多盆地和新疆准噶尔盆地东部一带普氏野马,被世人誉为"活化石",已列入极危级别;十几种国家一级保护动物,如北山羊、蒙古野驴、金雕以及被列为国际濒危动物的雪豹等;数十种国家二级保护动物,如鹅喉羚、猎隼等。种类繁多、数量众多且濒危的野生动物经漫长的自然选择已完全适应了当地自然环境,时至今日,依然生生不息。

本文依据中交路桥华北工程有限公司在保护区内的实际施工管理经验,对工程施工过程中采取的人与自然双赢的各类措施进行分析论证,介绍使施工建设活动与野生动物及自然环境相协调的管理方法,为今后类似工程项目进一步细化施工管理,提供参考把对自然环境的破坏、影响降低到最低。

(二)项目建设的工程环境及社会影响分析

1.工程环境影响

近几年来,我国在环境保护和治理方面做了大量工作,但生态环境恶化的趋势还未得到有效的控制,环境形势仍十分严峻。由于公路为带状的大型工程,涉及区域广泛,项目的建设必然会对区域内的环境和生态造成一定影响,主要表现为对社会环境、生态环境、环境质量等方面的影响。所以在进行区域开发和项目建设的同时,不能忽视对环境的影响。

本项目主要污染有:一是建设施工过程对生态环境和野生动物自由迁徙的冲击和影响,二是营运期汽车尾气和噪声对周围环境的影响。为了减轻工程建设对周围环境的不良影响,在整个施工阶段和公路运营阶段,分阶段采取有效措施,以防为主,防治结合。

本项目的实施将从根本上改善项目区域内的交通条件。沿线景观元素丰富,自然风景优美,本项目将增强沿线的投资环境优势,丰富当地土地使用功能,为沿线区域的资源开发和经济发展奠定坚实的基础。

2.社会影响

项目的实施将会产生以下社会效益:

①落实新疆维吾尔自治区交通运输公路网"57712工程"规划,成为北疆连接乌鲁木齐及南疆最重要、最便捷的大通道,进一步促进沿线地区经济社会发展,有效带动天山北坡经济带的发展。

②进一步提升区域的交通出行条件,促进区域矿产资源及旅游资源的深度开发,实现资源优势向经济优势的转化。提高国防公路的通达深度、通过能力和通行速度,提高国防力量的机动性、战斗力和保障力,对巩固国防、促进政治稳定、加强民族团结、维护国家统一、维持地方稳定将发挥重要作用。

③对于沿线地区的发展公平性有显著的促进作用,将给沿线地区带来经济发展机会,弱势群体的生活将由于项目的实施而得到一定保障,有可能因项目实施而改变目前甚至今后的生活境况。

④促进当地管理水平的提高。该项目建设投资规模较大,工程建设涉及地质、水文、文物、环境、经济及社会评价等许多领域,有利于当地管理者调动各个部门和群体相互配合,统筹使用人力、物力和财力。

3. 项目主要生态问题

本项目建设可能造成戈壁生态环境恶化、地区植被退化加重、扬尘增加、风蚀加重等环境问题。本项目穿越并将卡拉麦里山有蹄类自然保护区分成两块,可能影响道路东西两侧保护区的整体性和连通性,给保护区内的动物羚(国家二级),放归普氏野马(国家一级)等国家保护的有蹄类野生动觅食性迁徙造成障碍。

保护卡拉麦里有蹄类动物觅食性迁徙通道,使其自由迁徙,减轻工程建设的影响,是项目建设面临的重大生态问题。

4. 区域荒漠化影响

①施工期间,站场、路基填筑、取土、设置施工便道、临时堆场等工程活动将不可避免地扰动原地貌,破坏地表植被,改变土体结构,使土壤抗蚀性降低,为风力侵蚀提供了丰富的沙源,加剧局部地段土地荒漠化发展。

②公路工程建设中,地表土壤受扰动,侵蚀强度普遍增强。植被生态系统脆弱,土壤稳定性差,存在不同程度的沙害。

③在沿线的荒漠地段,工程施工可能破坏沙结皮、损坏植被,造成沙地面积扩大,对畜牧业、交通运输业产生不利影响。

④公路沿线的大片荒漠地区,地势起伏平缓,终年少雨或无雨,地表干燥,裸露,植被覆盖率低。戈壁地面因细砂已被风刮走,地面覆盖大片砾石,砾石之下为砂砾,公路施工过程中破坏地表砾石层,使荒漠下层砂砾裸露,易被吹扬,加剧周边地区荒漠化。

施工期及工程竣工后若不采取有效的保护措施,不仅会引起施工区土地荒沙漠化程度的加剧,而且流沙会侵袭施工区以外的地区,造成荒漠化土地的扩大与蔓延。

(三)当前国内外同类成果概况

欧美发达国家环境保护工作开展得较早,美国于20世纪初划定野生动物保护区,对保护区内狩猎、动物迁徙繁殖、经济建设等作出规定,60年代通过《自然保护区法》和《国家野生动物保护区系统管理法》,通过完善的法律基础和多种具体的技术保护措施,使环境保护体系更加完善。

我国自然保护区事业在国际上起步较晚,所以自然保护区内施工建设及各类保护措施的研究起步也较晚。曾经,为推进经济快速发展而忽视了对自然环境的关注和保护,环境保护未能与经济发展相适应。近年来,部分地区遭到破坏和持续恶化的生态环境给人民群众生活带来了极大的困扰,环境保护与经济建设的矛盾愈发显现,特别是一些环境敏感区域及国家自然保护区,其内栖息着大量珍贵的濒危动物及珍稀濒危植物,生态环境极其敏感且脆弱,找到发展与环境保护的平衡点,采取有效、可靠的保护措施,尽量避免或减少发展对当地生态环境的破坏,处理好二者的关系越发迫切。

二、成果内涵与主要做法

(一)管理成果内涵

中交路桥华北工程有限公司工程管理部牵头组织,以位于卡拉麦里有蹄类野生动物保护区的国道216线五彩城至火烧山段公路工程为依托项目展开管理创新,紧密结合保护区内珍贵濒危动物较多且分布广泛、植物稀疏覆盖率低、易遭到破坏而恢复难度大的特点,贯彻可持续科学发展观和“不破坏就是最大的保护”的理念,施工过程中采取实际有效措施,把对涉危动物的影响降到最小,将与自然和谐相处理念落实到项目施工中,全面提升施工项目生态收益、经济收益和社会效益。

（二）保护区内动、植物特性

卡拉麦里有蹄类自然保护区为国家级野生动物类型自然保护区,以保护和发展普氏野马、赛加羚羊、蒙古野驴和鹅喉羚等有蹄类野生珍贵动物及其栖息生境为主。主要的保护对象是蒙古野驴和鹅喉羚等野生动物资源、野生动物繁衍生息的自然环境、恐龙化石等古生物化石资源及其他资源。整个保护区高等植物有31科101属139种,其中双子叶植物25科117种,单子叶植物5科19种,占优势的主要是藜科和菊科,主要的植物种类有梭梭、白梭梭、短叶假木贼、琵琶柴、合头草、喀什菊、沙拐枣、伊氏藜、沙针茅、麻黄等,其中国家二级保护植物7种,新疆维吾尔自治区保护植物17种,濒危植物4种。保护区内野生动物种类有288种,其中鸟纲38科220种,哺乳纲15科52种,爬行纲4科12种,两栖类1科3种;国家一类保护动物有12种,主要有普氏野马、蒙古野驴、北山羊、金雕、白肩雕、玉带海雕、胡兀鹫、大鸨、波斑鸨、雕鸮等,国家二级保护动物有36种,主要有兔狲、猞猁、石貂、荒漠猫、盘羊、鹅喉羚、黑鸢、苍鹰、大鵟、普通鵟、小雕、白尾鹞、猎隼、黑腹沙鸡、雕鸮等。

1. 普氏野马

分布于新疆准噶尔东部、蒙古国西部。是典型的草原动物,栖息于平原、丘陵、戈壁和沙漠边缘的多水草地带。主要以针茅等禾本科牧草为食。

2. 蒙古野驴

蒙古野驴属于荒漠草原动物,栖息地海拔800～2000米,地貌有戈壁、硬泥潭平原、沙质荒漠平原、山间谷地、丘陵、梭梭荒漠和沙漠等。主要以针茅、三芒草、芨芨草、地白蒿、蒿草、优若藜、盐爪爪、梭梭柴、猪毛菜等草灌木类为食。

蒙古野驴喜爱游移生活,夏季逐水草而居,活动范围相对较小,秋季迁移到避风向阳暖坡越冬,凌晨前往水源地饮水,冬季以积雪解渴。有时与普氏野马、鹅喉羚及家畜一起采食和饮水,但相互不混群杂居。每年3月初之后向卡拉麦里山以北、乌伦古河以南迁移,这也是牧民向夏牧场转移时节。在春季至秋季,主要活动于卡拉麦里山南、北平原区。蒙古野驴迁移需经常左右穿越项目主线。冬季,蒙古野驴群一般越过低矮的卡拉麦里山,迁往温度相对较高的卡拉麦里山南部地区,即国道216线附近。

3. 鹅喉羚

分布在保护区内的鹅喉羚为准噶尔黄羊,是典型的荒漠、半荒漠栖居种类。生存海拔500～2500米,主要为沙质和砾石荒漠平原、山麓荒漠平原、丘陵、戈壁滩和山地荒漠草原,喜在空旷地方活动。

以猪毛菜属、葱属、戈壁羽属、艾蒿及其他禾本科草类为食。在不同季节,鹅喉羚食性有明显变化。

鹅喉羚栖息在荒漠草原和荒漠戈壁,喜在开阔地带活动,项目所在区域常见鹅喉羚与蒙古野驴在同一生境采食,但互不干扰。沙丘不仅是鹅喉羚的重要采食场所,也是鹅喉羚警戒、休息的场所。春秋季鹅喉羚做长距离的迁移,秋季鹅喉羚离开有积雪的卡拉麦里山北部草原进入南部低矮的山区和沙漠地带过冬,翌年春天返回。受到准噶尔盆地和阿尔泰山的影响,在国道216线东边有大量的雪地,西边则没有,西边时常发现鹅喉羚活动,项目标尾约10公里范围两侧雪量基本上接近消失,植被相对茂盛,鹅喉羚活动踪迹更加频繁。

（三）主要做法

项目地处准噶尔盆地东部边缘,古尔班通古特沙漠核心区域。卡拉麦里有蹄类野生动物保护区地势起伏多变,密布大大小小的山包,山洞低洼处被多年雨水冲击而成的临时河道旁,灌木遍布。生态环境脆弱且敏感,原有的经数千年形成的地表植被和砾幕层若一旦破坏将难以恢复。为保护该区域野生动物及其赖以生存的环境,针对保护区内环境特点,采取了一系列措施,从施工组织到现场管理,从宣传报道到人员培训,从方案谋划到现场采取技术措施,从开工伊始至竣工验收,形成一套完整的管理措施及方法,把项目对生态系统完整性与连通性的负面影响降到从生态保护角度看可以接受的水平。

1. 施工过程管理

始终以“最小的破坏就是最大的保护”为原则,开工伊始,项目部针对施工现场所处的特殊地理位置,通过邀请保护区管理站有关专家讲课、查阅当地资料、与当地牧民交流咨询等方式深入了解保护区相关要求,结合项目内容对保护区施工存在的具体问题进行剖析,明确各级管理人员相应职责,全方位、多角度开展工作,研究制定解决方案,对项目管理目标、难点、重点进行深入的分析研究,从“安全、质量、进度、成本”管理四个方面进行全面策划,确保四大管理目标的全面实现。主要有以下几点:

(1)转变思想,加强宣传

针对项目地处保护区内,各类珍贵野生动、植物较多情况,项目成立安全环保部门,专人负责对接保护区管理站各项工作。发放环保手册,施工现场及驻地生活区宣传横幅、标志标牌,召开视频会议并制定专项惩罚措施,多种方式、方法并行,树立施工人员保护野生动物和生态环境的观念。

(2)针对性组织施工、减少影响

项目主线桩号 K416、K415 地处卡拉麦里山干河谷与戈壁交汇处,由于季节性流水及雪融作用形成泥沼,地质渗水性差,可蓄积部分雨水及融雪水,故称“黄泥滩”。蒙古野驴、鹅喉羚等春季在这两处水源区域活动较多。夏季进入北部植被茂密区域觅食,秋冬季返回项目区域附近栖息越冬。对此,针对性优化施工组织,大规模施工尽量选择夏季,避开迁徙高峰期,在迁徙高峰期到来前,将用于动物迁徙的桥涵、动物通道恢复整平。

在晨昏交替之际,光线条件差,视野不良,而蒙古野驴、鹅喉羚等均在晨昏活动频繁。对此,沿线多处设置限速标志、标识及警示牌,运输和工程车辆车速限制在 40 公里/小时以内,蒙古野驴和鹅喉羚有足够的反应和躲避时间,有效避免直接交通致死率,减轻工程建设对野生动物的影响。

施工期保留 2 处动物迁徙频繁通道,每处通道区 2000 米范围内暂不施工;非通道区施工完成后,对 2 处通道保留区采取单向推进式逐一施工,把对动物迁徙跨越通道的影响减轻到最低。施工期,在标段中点距离施工线两侧 300 米处及动物迁徙通道,建立面积 100 平方米的人工临时野生动物水源点,缓解施工给野生动物带来的饮水压力,施工结束后水源点保留。

(3)少占地、增环保

本项目总长 41 公里,其中 31 公里位于保护区内,为最大限度减小对沿线生态环境的影响,选择在保护区外集中布置场站、生活区,各场站坚持标准化建设施工、“高标准、严要求”建设原则。现场各场站设备生产运转用电从准东开发区接入,生活区利用新疆光照充足的特点,采用太阳能发电(图 1),既满足日常生活需要,又避免了发电机燃油污染和噪声污染。

图 1 利用太阳能发电

修建垃圾池和废水排放池,生活废水,垃圾收集集中处理,定期清理外运,垃圾池平时使用篷布进行覆盖,避免刮风引起垃圾污染。

地处沙漠戈壁地带,沿线无河流且地下水匮乏,施工用水需求大。综合考虑和环境评估,打井取水会对井口周围环境和地下水位带来难以预估的破坏,对此,高代价从油田接水管取水,结合水车拉运的方式,在场站内设置大方量蓄水池来保障正常施工用水。

在对取弃土场进行详细勘察的基础上,对用土和弃土方量进行计算和规划。土场表层腐殖土含有较为丰富的自然营养成分和各类植物种子,对此,开工时首先剥离取弃土场30厘米表层土并集中保存,然后使用密布网覆盖(图2),防止水土流失和大风扬尘危害。为防止野生动物误入取土场区,取弃土场开挖坡比采用1∶4的缓边坡,沿取土场顶外边缘设截水沟用来截取坡面以上的汇水,将水流按照地势引入附近河谷低洼处,避免水流冲刷开挖面土体。在项目施工完成后,在保护区购买适应本地恶劣环境的草籽,在冬季大雪冰冻到来前,将保存的30cm表层土回填至土场表面,机械平整碾压时顺便人工播撒草籽,采用密布网双层覆盖,避免草籽被风吹走和降水造成水土流失,其间利用水车经常进行洒水,有效保证了草籽发芽成活,为草种正常生长创造良好的条件,极大地保障了植被恢复效率。

图2 表层土集中收集、覆盖严密

布置施工便道时,严禁在便道两侧就近取土,选择路基有排水沟,边沟的一侧进行修建,尽量减少红线外占地和施工便道数量,并将主线便道宽度由原设计的7米调整为4.5米,并且利用红线1米宽度。为满足施工车辆安全通行需要和限制车辆越界,在适当位置增加了错车道,在全线便道外侧每10米设一处环保桩(图3),环保桩为高度80厘米、直径10厘米的白色PVC管,加贴醒目的红白相间的反光标,以提高夜间可视度。在不便开挖的石方处采用20厘米×20厘米混凝土预制基础,在方便开挖的土方处采用人工直接埋设。在转弯和交叉路口处进行了加密,确保施工车辆通行顺畅,从而避免越界碾压。

图3 设置环保桩、保护动物宣传牌

考虑到新疆地区常年干旱少雨,春夏较多发生急雨且时间短、雨量大的特点,施工便道修建遇河谷、河道时,根据地形顺势布置,不做临时阻挡、不切断地表径流,避免骤降大雨对原地面的冲刷和水土流失。

安排专人专车洒水养护施工便道,尤其是高温夏季,增加洒水车辆,保持洒水的连续性。路基填筑卸土车全部采用篷布覆盖,避免扬尘危害。

2. 采取诱导措施

生活在与人类社会交错重叠区的野生动物,会根据人类施加的环境影响程度而产生不同的反应和后果。如影响不大、在野生动物的承受范围内,野生动物经历学习和适应过程,可以逐渐适应并接受环境变化。但野生动物适应能力是有限的,如果人类施加的环境影响超过野生动物的承受力,随着时间延续,累积的生态影响会随时间延续而达到野生动物不能承受的水平,经“学习”而不能“适应”时,生活在与人类社会交错重叠区的野生动物就会采取回避逃逸的生存对策。尤其是工程施工建设带来的生存空间的隔离,还会对野生动物行为上、生理上产生的累积性异常效应。就本项目而言,最关键还是对迁徙习性的累积影响。因此,能否成功构筑数量足够、类型简单多样的正向累积因素尤为重要,其他负面的累积影响相对次要。

结合当前国内外环境保护措施,大力支持、积极推进动物保护措施实践应用,根据保护区内物种种类、生活习性制定并采取多种切实有效的方式方法,积极与指挥部沟通协商推进有利于野生动物生存生活的工程变更,争取创造野生动物和人类双赢的局面(图4)。

图4 动物通道旁休憩的野马

(1)增设声屏障

项目桥涵众多,兼具排水及迁徙通道作用,按野生动物习性增设野生动物迁徙通道的环境诱导系统工程,确保野生动物通道被迁徙野生动物接受。大型有蹄类野生动物胆小,即使再完美的通道设计,当存在人类干扰时,都会使野生动物不敢靠近,影响其迁徙,有鉴于此,在野生动物通道前后1.5公里范围增设声屏障,屏蔽车辆通行噪声,减少人为干扰因素。

(2)食物诱导

在桥梁通道前后1.5公里范围直至桥梁下,人工种植或保护抚育当地野生动物适口的植物,如梭梭、芨芨草等,形成食物诱导效应。

(3)水源诱导

根据野生动物具有沿水草移动觅食习惯,在桥梁通道下500米半径范围内挖出断续随机零星分部的小块坑洼地,以及可以引导走向通道的小窄浅沟,将少量自然雨水和雪水自然引向通道区,形成水诱导效应,且有利于植物生长。

(4)视觉诱导

①通道段两侧1000米道路附属设施及护栏护坡颜色与环境一致,采用浅棕色或棕色或棕沙色,避免刺激动物。

②桥梁通道前后1公里范围内路基附属培土播撒草籽,种植梭梭灌丛带遮挡公路护栏和车辆,软化动物的视角环境。

③在动物通道内安装隐藏的低照度的仿日光的漫射光仿生灯,使用光控或时控日开夜闭,使白天通道内不致黑暗,减少动物恐惧,形成仿自然光诱导。新疆日照充分,新建的动物通道进出口是东西方向的,本身就有利于通道自然采光,如果通道足够高宽,也可不设辅助光源。

④在通道的两侧,设计与保护目标动物实际比例大小一致的仿生塑像,对动物形成视角诱导并对往来车辆起致警示作用。

通道两侧增加2米高的仿生外形挡墙,屏蔽过往动物两侧对道路方向的视线。

(5)嗅觉诱导

购买本地保护区管理站收集的野生动物粪便,撒播、涂抹于通道下,以加强动物嗅觉引诱效应。

(6)增设敞开式动物通道

在靠近“黄泥潭”及水源附近,增设敞开式野生动物通道,为野生动物从路面穿行预留条件,通道总长260米,选择在地势平坦、填方较低的宽阔河谷处,前后两侧各通过80米过渡段由1:1.5边坡坡率过渡至1:4缓边坡,中间预留100米的1:4缓边坡。由于本项目是一级公路,路线两侧设有隔离栅,路面中间及两侧设有防撞护栏,对此,隔离栅处增设对应活动小门,路面与1:4缓边坡对应的中央分隔带护栏调整为方便拆卸式活动护栏,路面两侧不设护栏。在野生动物迁徙高峰期阶段,可作为特殊通道帮助其迁徙跨越。

3. 施工工程管理和诱导措施的结合应用

考虑该项目地处温带大陆性干旱气候区,气候干燥少雨,地表植被稀疏,土地沙漠化明显,多分布在风蚀强烈地段,沿线沙地、戈壁广布,局部地带风力强劲,易对公路施工和运营造成不利影响。采取施工管理措施结合各类帮助野生动物迁徙的通道及诱导工程,影响是短暂和轻微的。

三、成果应用和推广情况

本成果已成功应用于国道216线五彩城至火烧山项目,对当地敏感脆弱的自然保护区生态环境以及各类野生动物的保护效果显著,并在中交路桥华北工程有限公司其他保护区内公路建设项目中得到应用。

建议在公司在以后承建的保护区内公路建设项目中推广应用,并向其他相关单位推广。

四、实施效果

(一)经济效益

将便道宽度由原设计的7米调整为4.5米,并利用红线1米,在合适位置设置错车道,减少临时征地12.3万平方米,减少修建便道费20万元,减少临时用电费用42万元,减少草原植被恢复费用30.2万元,直接节省成本94.2万元。

(二)社会效益

项目通过采取一系列切实可行的措施,加强对现场施工管理控制,先后获得建设单位的表彰、认可、报道,项目累计有15人次获得了建设单位优秀个人奖,荣获业主单位颁发的"先进集体""月检综合评比第一名""标准化建设奖""进度优胜奖""平安工地""安全环保知识竞赛优胜单位""全力投入 忠诚担当 大干100天 确保主线路基贯通"专项活动"优胜单位"等荣誉(图5),新疆维吾尔自治区交通建设管理局多次刊登项目相关报道,扩大了公司在新疆市场的影响力,对企业发展起到推动作用。

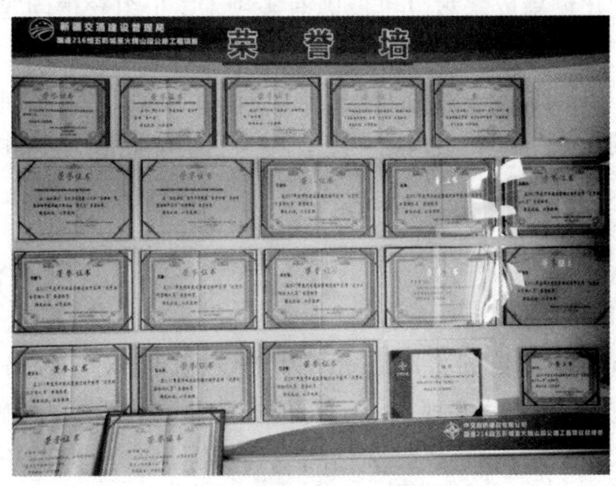

图5 获得荣誉

(三)生态效益

通过一系列管理创新手段的应用,中交路桥华北工程有限公司在穿越卡拉麦里山有蹄类野生动物自然保护区施工过程中,形成了完善的现场施工管理和诱导保护野生动物方式方法,不仅最大限度减少了对原有自然环境、植被、地表砾石层等的破坏,亦最大限度保护、尊重当地野生动物习性,保护区由多种荒漠植物与野生动物组成的复合生态系统得到尊重、保护和维持,创造了自然环境和人类社会双赢的局面。

应用云技术低代码平台助力传统基建企业数字化转型升级

中交路桥华北工程有限公司

成果主要创造人:张千管　张　晨

成果参与创造人:苏雨欣　侯兆隆　薛海璞　李冬峰　尹　星　李　川
吕　岩　张　枫　刘英辉　路国伟

中交路桥华北工程有限公司(简称"华北公司")为中交路桥建设有限公司的全资子公司,是中国交建三级施工企业,其前身为交通部第一公路工程局第二工程公司,是一家以公路、铁路、桥梁建设施工为主的企业,注册资本金30010万元。

截至2020年11月,公司在建公路、隧道、桥梁、铁路工程41项。此外,公司还承建了多个技术含量高、附加值大的"高、精、尖"特大项目,十多个项目获得国家或省部级奖项。

中交路桥华北工程有限公司于2018年升级为"国家高新技术企业",拥有雄厚的技术实力、核心自主知识产权和科技成果转化能力。公司专注于科技创新,现有施工工法23项,其中,协会级8项,中国交建级工法3项,中交路建级工法12项;授权专利72项,其中,发明专利15项,实用新型专利57项。获全国交通企业管理现代化创新成果奖8项;获全国建设工程优秀项目管理成果奖4项,并获得2016年度全国交通企业管理现代化创新成果示范单位。有多项QC小组获得国家和省部级优秀质量管理小组称号。

华北公司始终坚持"固基修道、履方致远"的企业使命,继续秉承"公平、包容、务实、创新"的企业价值取向,将在中国交建"五商中交"和中交路建"转型升级"的战略指引下,优化经营布局,改进管理方式,与各界同仁携手共进、共创辉煌。

一、实施背景

(一)选题理由

"要致富、先修路",这句广为流传的名句道出了基础设施建设对于经济社会发展的重要支撑和先导作用。基础设施的一个重要功能,是实现人流、物流、资金流、信息流等顺畅流动,为经济发展和社会进步提供基础性条件。进入信息时代后,数据和信息成为经济社会发展的关键要素,互联网成为重要基础设施,对经济社会发展产生不可估量的影响。

近年来,党中央在基础设施建设特别是新基建领域谋篇布局,出台一系列方针和政策,指出新基建发展、数字化建设、新技术推广,是推动国家深化改革和各项领域发展的重要手段。

2018年底召开的中央经济工作会议上明确了5G、人工智能、工业互联网、物联网等"新型基础设施建设"的定位。"加强新一代信息基础设施建设"被列入2019年政府工作报告。2020年首场国务院常务会议也明确提出,大力发展先进制造业,出台信息网络等新型基础设施投资支持政策,打造集约高效、经济适用、智能绿色、安全可靠的现代化基础设施体系,加快5G网络、数据中心等新型基础设施建设进度。

2019年,国务院国资委与阿里巴巴、腾讯等互联网公司共同商讨运用互联网新技术促进央企数字化转型升级事宜。同年,国务院国资委副主任、党委委员翁杰明发表署名文章《国有企业要做推动数字化智能化升级的排头兵》。

2019年,中国交建提出全面开展"改革调整与品质提升年"活动工作战略目标(334工程),其中"四化"(专业化、标准化、数字化、精细化)建设,对企业数字化建设方面提出全面要求。

统筹推进传统基建和新基建结合发展是基建行业未来发展的重要思路。企业的数字化转型,旨在良好运用互联网技术,将传统业务与新兴技术进行良性结合,顺利搭上新基建发展的列车,促进企业降本增效,优化人员组织结构,提高管理效率,实现效益最大化。

目前,国内大部分传统基建企业要完全、快速实现企业的数字化转型升级,需要克服大量企业外部和内部的困难和阻力,包括:缺乏新型数字化基础设施存量,缺乏数字化素质和思维,如何运用互联网新技术、新方法结合传统的业务管理模式,如何在不打破现有管理组织架构的情况下打造企业内部的数字化管理团队等。这些都是传统基建企业亟待解决的问题,也是影响企业数字化转型升级工作有效落地的根本因素。

(二)云技术概况

云技术是基于云计算商业模式应用的网络技术、信息技术、整合技术、管理平台技术、应用技术等的总称,指在广域网或局域网内将硬件、软件、网络等系列资源统一起来,实现数据的计算、储存、处理和共享的一种托管技术(图1)。

图1 云技术应用

1.云计算技术是各类行业数据基础的重要支撑

近年来,我国云技术应用正从互联网行业向政务、金融、工业、轨道交通等传统行业加速渗透并广泛成熟应用,并成为各个行业业务的重要基础技术支撑。全国超九成省级行政区和七成地市级行政区已建成政务云平台;金融行业面向互联网场景的主要信息系统基本全部迁移至云计算架构平台;工业云是推动两化深度融合、发展工业互联网的关键抓手,在国家政策的指引下,全国各地方政府纷纷进行工业云发展规划,积极推进工业云的发展;轨道交通信息化已经成为国家信息化重要布局,轨道交通云正处于蓬勃发展、方兴未艾的关键时期。

2.云计算技术的优势

云计算技术具有规模大、虚拟化、可靠性高、通用性强、可扩展性高和成本低廉六大优点。

①规模大。云计算技术具有相当的规模,Google云计算已经拥有100多万台服务器,Amazon、IBM、微软的"云"均拥有几十万台服务器。企业私有云一般拥有数百至上千台服务器。"云"能赋予用户前所未有的计算能力。

②虚拟化。云计算技术支持用户在任意位置、使用各种终端获取应用服务。所请求的资源来自"云",而不是固定的有形的实体。应用在"云"中某处运行,但实际上用户无须了解、也不用担心应用运行的具体位置。只需要一台电脑或者一个手机,就可以通过网络服务来实现需要。

③可靠性高。云计算技术使用了数据多副本容错、计算节点同构可互换等措施来保障服务的高可靠性,使用云计算比使用本地计算机可靠。

④通用性强。云计算技术不针对特定的应用,在"云"的支撑下可以构造出千变万化的应用,同一个"云"可以同时支撑不同的应用运行。

⑤可扩展性高。云计算技术的规模可以动态伸缩,满足应用和用户规模增长的需要。

⑥成本低廉。由于云计算技术的特殊容错措施,可以采用极其廉价的节点来构成云,"云"的自动

化集中式管理使大量企业无须负担日益高昂的数据中心管理成本,"云"的通用性使资源的利用率较传统系统大幅提升,因此用户可以充分享受"云"的低成本优势。

3. 低代码开发平台技术

低代码开发平台(LCDP)英文全称为 Low-Code Development Platform,指无需编码(0 代码)或通过少量代码就可以快速生成应用程序的开发平台(图 2)。通过可视化进行应用程序开发,使具有不同经验水平的开发人员可以通过图形化的用户界面,使用拖拽组件和模型驱动的逻辑来创建网页和移动应用程序。

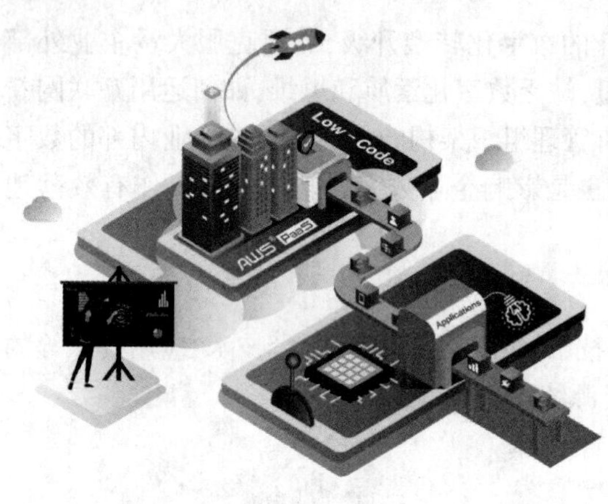

图 2 低代码开发平台

低代码开发平台的本质是对程序开发过程的重构,将可读性差、只有经过专业学习和训练才能掌握的代码编程开发模式,变成可读性强、可视化的、普通人都能掌握的配置 + 片段代码开发模式。

低代码开发平台最早由全球知名的研究机构 Forrester提出,Gartner 则以"全民开发者"(Citizen Developer)概念从另一个视角阐述对企业级应用开发趋势的观察——低代码开发平台将赋能组织与个人,大幅提升应用开发效率,业务方/需求方、领域专家(非专业 IT 人员)也有能力直接参与应用的构建与开发。

2019 年底,中国软件行业协会认为,国内低代码领域尚处于早期,市场需求未来将出现暴增。随着低代码应用场景不断拓宽,2020 年有更多企业或企业信息化服务提供商采用技术门槛更低、开发效率更高的低代码开发平台,为自己量身定做企业核心系统以满足个性化的企业管理需求。

低代码平台技术具有上手快、开发快、运行快、运维快四大特点:

①上手快。低代码大大降低编程语言的学习难度,甚至完全不懂程序语言的业务人员都可以快速进行学习和应用开发。

②开发快。由于使用大量的组件和封装的接口进行开发,以及集成云计算的 IaaS 和 PaaS 层能力,使得开发效率大幅提升。普遍的观点认为,低代码能够将开发效率提升 30% 以上,而低代码平台技术则能够数倍提升开发效率并大幅降低开发成本。

③运行快。这是一个相对概念,总体来说,由于低代码开发平台使用自动的方式生成(编译成)可执行代码,代码的整体质量优于业界平均水平;并且相对来说,出错(Bug)更加可控,代码的安全性也会更高。

④运维快。一般情况下,低代码开发平台采用组件形式以及面向对象的开发方式,使得代码的结构化程度更高,通常来说更容易维护。

4. 数据可视化

数据可视化与信息图形、信息可视化、科学可视化以及统计图形密切相关。当前,在研究、教学和开发领域,数据可视化乃是一个极为活跃而又关键的方面。"数据可视化"这个术语实现了成熟的科学可视化领域与较年轻的信息可视化领域的统一(图 3)。

传统的海量数据关联分析涉及的信息比较分散、数据结构有可能不统一,而且通常以人工分析为主,加上分析过程的非结构性和不确定性,所以不易形成固定的分析流程或模式,很难将数据调入应用系统中进行分析挖掘。借助功能强大的可视化数据分析平台,可辅助人工操作对数据进行关联分析,并做出完整的分析图表。图表中包含所有事件的相关信息,完整展示数据分析的过程和数据链走向。同时,这些分析图表也可通过另存为其他格式,供相关人员调阅。

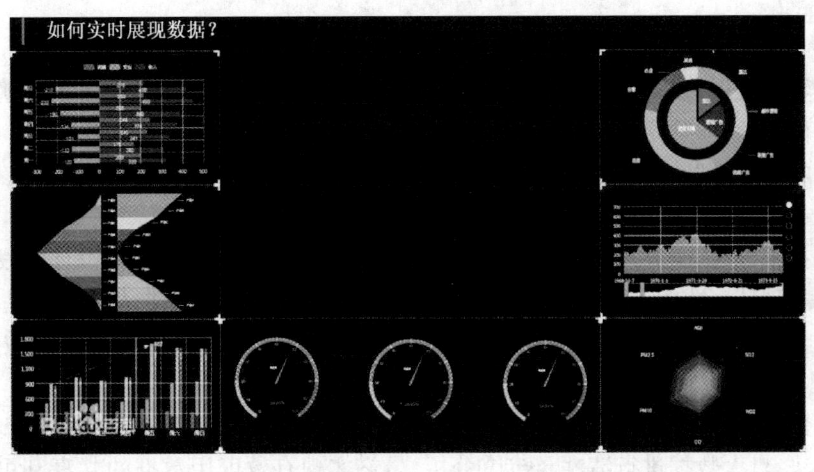

图3 数据可视化技术

(三)课题实施背景

2020年是中央企业数字化转型升级的重要一年,华北公司的管理模式、业务处理、数据管理、思维导向都将发生改变。2020年也是华北公司各类生产经营管理目标创造新高的一年。要实现进度开发"双百亿"目标计划,在现有的人力资源基础上,必须有效利用互联网技术、专业化平台等方式,快速开发各类数字化管理应用,建立大数据分析管理平台,提质、降本、增效,为企业发展、数字化转型升级提供有效的信息数据支撑。

但是与大部分中小型传统基建企业情况相似,华北公司在数字化建设过程中也存在诸多困难和瓶颈,让数字化转型升级的有效落地遇到了挑战。

1. 缺乏数字化基础数据

华北公司作为中国交建的三级子公司,与大多数央企国企同级别分子公司一样,一直以来所使用项目经营管理系统都是上级单位的统建系统,并未在本单位积累有效的生产经营数据。各个业务部门的基础数据是分散的、不统一的、不通用的,数据之间未能形成有效的匹配关系,难以实现业务数据共享。

2. 缺乏专业化信息团队

企业的组织管理规模也不像大型企业或互联网公司,拥有一支完整健全的专业化开发团队或信息管理部门。实现信息化业务需求更多是依靠采购商业软件或者系统开发外包。由于缺乏互联网企业的产品管理经验或者中台组织架构,因此大部分业务需求和系统研发总是无法达到有效契合。需求变更和产品迭代更是要消耗巨大的时间成本、人力成本和资金。多数的业务系统并未达到降本增效的目的,反而越发增加了业务人员的负担。

3. 缺乏数字化基础设施

系统运行所需要的基础环境和底层硬件的投入,需要专业系统运维人员负责运行优化、网络负载、数据存储、动环安全等。这些成本对于传统基建企业而言不仅仅占比较高,并且没有专业人员会导致资源浪费,投入与产出不成比例。因此在信息化建设规划或者数字化转型中也造成一定的阻碍。

4. 新冠肺炎疫情带来管理变革

新冠肺炎疫情使各行业复工复产都遭受严重影响,远程办公逐渐成为趋势。传统基建行业往往地理分布广泛,工作环境偏僻,人员分散。在疫情防控的大环境下,做好人员的健康防护管理,远程及时掌握项目进度、经营状况、物资动态,成为越来越多企业管理者的迫切需求。因此,能够快速响应业务需求的系统建设模式成为企业数字化建设新的方向。

二、管理创新内涵和主要做法

(一)项目创新管理的内涵

企业数字化转型发展过程中,组织扁平化、团队敏捷化、任务目标透明化、需求明确化、工具可靠化是重要的前提条件,是企业数字化转型升级工作落地的重要因素。

低代码平台的出现让"小步快跑、快速迭代"的互联网发展理念在传统的企业信息化领域应用成为可能。

通过运用云技术、低代码开发平台等新兴互联网技术手段,降低系统应用设计开发的难度,削减系统建设所必需的基础环境成本和人力成本。让传统基建企业非信息化从业人员具备基本业务应用的开发和迭代能力,能够带着业务亲自参与系统开发建设的过程中,提高企业主营人员的数字化水平和思维理念。

能够对业务数据进行快速、有效采集,并以产业数据分析为目标导向,数据分析人员基于业务的逻辑和数据科学算法,对大数据进行清洗、统计、分析,最终实现有效可用数据的共享和可视化,构建企业自有大数据中心。

通过企业不同基础业务的数字化实现和落地,促进企业不断优化组织结构,减少业务之间不必要的沟通和试错,倒逼关联业务的数字化进程,通过探索业务数据管理的新捷径、新方法、新思路,培养全员数字化思维理念,实现各个业务数字化转型。

(二)项目创新管理的主要做法

1. 管理创新的整体思路

信息系统的有效应用是企业数字化转型升级的重要环节。传统的信息系统开发模式是业务专家将业务构建的需求描述给 PM(产品经理或项目经理),PM 经需求梳理、分析、原型设计理解消化后,转述给信息化技术专家运用计算机技术进行架构设计、编码开发和测试部署。在诸多信息化系统建设项目中,需求分析环节讨论通过的内容经开发实现后,往往不能完全满足业务人员的要求,以至于需要不断变更、修改、测试,导致信息化项目工作低效,进度缓慢。加上人员变动、管理变化、组织调整等因素,能理解和维护系统建设项目的人员越来越少,最终往往以失败告终。

云技术的运用减少了系统开发建设所需要考虑的物理制约因素,通过虚拟化方式部署开发环境,在 Web 页面就可以进行开发工作。引入低代码开发平台,将系统开发的难度降低,合并了业务专家和 PM 两个角色,成为应用专家。业务功能构建不再交由信息化技术专家,而是直接由应用专家完成。技术专家退到幕后,不直接参与业务构建,仅仅是为应用专家提供技术支持。

应用专家融合了业务专家和技术专家两种角色所具备的专业知识,让系统开发建设难度降低,周期缩短,沟通成本减少。并且通过应用专家设计开发的系统应用所采集到的业务数据,更符合所在企业或单位的业务管理思路和模式;业务部门也能够分配更多的时间用于业务数据的分析工作,进而对业务管理进行优化和精进,促进业务数据不断科学化和标准化(图4)。

通过应用低代码平台所开发建设的多业务应用,快速实现采集大量多元业务数据,让企业能够以数据科学的技术和方法,构建出企业业务钩稽关联、数据仓库、数据可视化等内容,最终实现企业的大数据管理。

2. 创新目标

(1)降低系统开发门槛,提高开发效率

通过应用互联网新技术,引入专业的互联网工具,有效降低系统开发工作门槛,让不具备编程能力的非信息化专业人员,通过图形化拖拉拽的方式,替代原本编写代码的方式,能够降低工作量,有效规避代码本身的 Bug。支持将开发完的应用一键部署到多种环境,包括 PC 客户端、Web 端、移动端。通过云化的开发全流程协同、版本管理,可以提高协同效率。

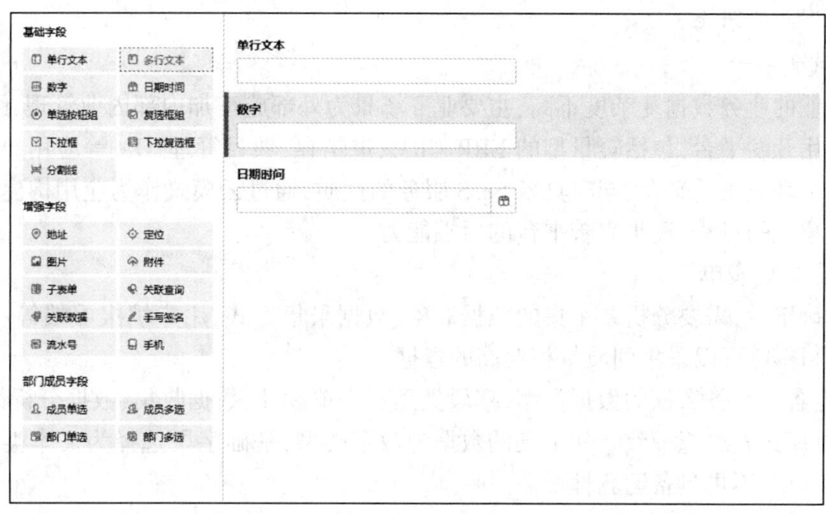

图4 数据采集表单设计页面

传统写代码开发,开发总时长的缩短与投入人力的增加并不是成正比的,传统开发是紧耦合、串行开发模式,即开发者之间需要紧密配合、联调等,很多开发环节需要等待上一环节完成方可开始。低代码开发平台底层核心技术从紧耦合的 MySQL、Java 等,变成了松耦合的 NoSql、JavaScript 等,从而实现了从串行开发到并行开发。

(2)缩减系统开发周期,降低开发成本

市场环境在高速变化发展,内部系统也需要快速迭代响应,但传统开发效率已不能满足当前企业快速发展的要求。通过新技术平台的引入,提高了开发效率,有效缩短开发周期。改变传统系统开发"人/天、人/月"计算方式,降低开发者水平要求,减少了高端开发人员的投入,降低了人员日均工资值,整体降低成本。企业无须自建机房和数据中心,无须聘用专业的系统运维人员,通过运用云技术和 Saas 服务,用低廉的价格即可使用合适的服务,降低了系统应用的基础设备投入成本。

(3)以数据管理技术管理企业生产数据

传统的业务管理中,由于没有应用合适的信息系统,或者系统与管理存在差异性,导致业务专家更习惯于使用 Excel 来处理业务数据,存在数据共享能力不足、数据数量有限的问题,导致数据分析的质量不高。虽然能够通过函数来处理大多数数据计算和管理工作,但如果数据采集周期颗粒度精细到小时或者分钟时,就会给业务人员带来巨大的工作负担。

通过引入云技术、低代码工作平台等,实现了数据快速采集、实时统计分析,支持数据图形组件、聚合计算、数据仓库(ETL)、在线处理分析等数据管理技术,让业务专家能够直接获取分析后所呈现的可视化数据,直接进行决策分析,让数据真正发挥价值。

(4)培养业务专家成为应用专家

业务专家能够亲自参与业务系统的构建,有效促进了对业务的思考,倒逼业务的标准化升级,加速了传统基建行业业务与计算机技术、数据管理技术的融合,提高了业务专家数字化思维理念的培养,实现企业大数据平台管理的建设,提高了数据的利用价值。

(5)以点带面提升企业业务数字化能力

通过基础业务点的数字化应用和人员数字化水平提升,促进各业务数据对接、数据共享,整体加速了企业数字化进程,有效助力企业数字化转型升级。

3. 管理创新组织

本课题由公司信息化管理部和各业务部门负责人共同组织实施。信息化管理部负责新技术、新平台的技术开发、需求设计、数据标准、应用对接。各业务部门负责人担任业务专家,提出业务管理模式、管理指标、数据标准和业务痛点,作为之后各业务基础应用的开发和设计依据。

4. 重点创新内容的实施

(1)选择低代码平台

传统基建企业的业务数据复杂度不高,主要业务场景为外部施工加内部内业管理,因此主要是形成一个表单类轻应用开发平台,包括轻量型的 ERP、CRM、进销存、项目管理、OA 等应用。因此,需要选择可快速构建表单类轻应用的平台,同时具备 SaaS 服务的性质,通过云模式作为应用构建和运行的底层,并随着用户不断累积的过程,逐步完善平台的后端能力。

(2)设计数据采集表单

在业务场景确定后,需要分析要采集的数据对象、数据采集方式、用户填报习惯等。一个符合用户使用习惯的表单(图 4)可以采集到质量相对高的数据。

同时,要确定各个业务数据的数据类型,字段类型对表单设计、数据收集、数据分析都有着重要的影响,这一点与数据库建表思想一致。如采集的数据为数字类型,基础字段选择为文本类型,则数据在采集后仅作为文本存储,不再具备运算性质。

(3)设计数据联动和数据关联

采集后的数据存储为基础数据。给表单设计增加数据联动和数据关联机制,某一张表单中已经录入的数据,能够随时被直接调用或者有条件地调用,这样就确保数据具备跨业务应用的价值,打破业务信息孤岛。同时,良好的数据关联,亦能够更好地服务于数据采集,让数据源用户可快速定位得到需要交互的信息,如选择了某省份后,即可立即显示该省内的项目名称(图 5)。

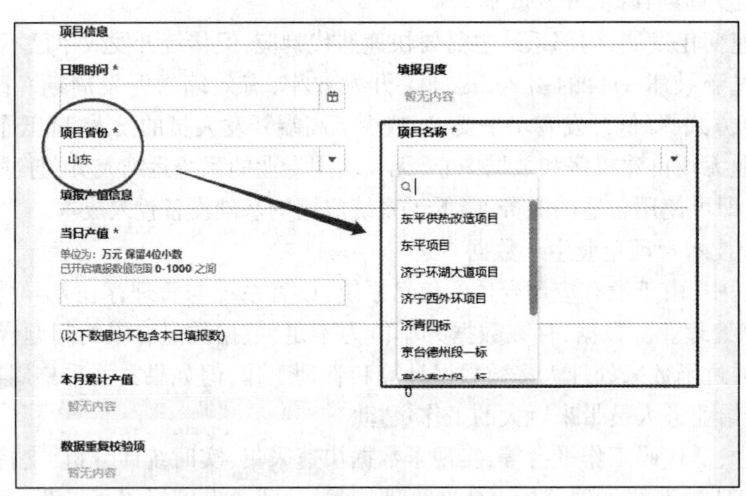

图 5　数据联动示例

(4)函数设计

给表单中的某个字段编辑公式后,在填写表单或修改表单数据时,可以根据公式自动计算出该字段的值,不需要再手动填写。这一点类似于 Excel 的单元格函数,但 Excel 更多是服务当前编辑人。而将函数应用于应用设计平台,则可以作为一个自动化的“车间”,支持了实时加工(图 6)。

(5)数据聚合及数据仓库技术

进销存、ERP 等方面的系统应用,因为有库存管理方面的需求,需要通过数据聚合来对采集的数据进行预处理,实时、动态地处理数据变化,呈现最新的数据信息。

在得到完整的数据后,应用数据仓库技术(图 7)对各个表单的数据进行加工和处理,抽取、转换、加载至目的端,以数据流形式将企业中分散的数据整合到一起,再进行汇总计算。

应用数据仓库技术可以动态分析静态数据(图 8),省去了人工计算、汇总、整理的过程,可以利用数据高效工作。

MAX

MAX(*number1*, [*number2*], ...)

返回一组值中的最大值。

取最高一次得分 =

MAX(测试1 , 测试2 , 测试3)

测试1

76

测试2

87

测试3

72

取最高一次得分

87

图6 函数设计示例

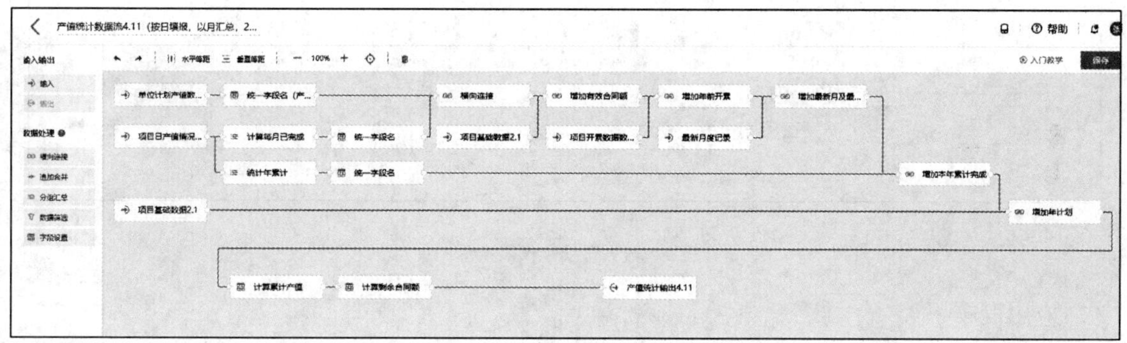

图7 数据仓库技术示例

更新日志

输入源数据发生变动后 1 小时内自动更新

更新日期	开始时间	结束时间	更新时长	更新方式	操作人	更新结果
2020-08-19	00:23	00:23	少于1分钟	自动更新	-	成功
2020-08-18	22:22	22:22	少于1分钟	自动更新	-	成功
2020-08-18	21:21	21:21	少于1分钟	自动更新	-	成功
2020-08-18	17:51	17:51	少于1分钟	自动更新	-	成功
2020-08-18	16:42	16:42	少于1分钟	自动更新	-	成功
2020-08-18	11:56	11:56	少于1分钟	自动更新	-	成功
2020-08-18	10:47	10:47	少于1分钟	自动更新	-	成功
2020-08-18	09:37	09:37	少于1分钟	自动更新	-	成功
2020-08-18	08:32	08:32	少于1分钟	自动更新	-	成功
2020-08-17	22:56	22:56	少于1分钟	自动更新	-	成功
2020-08-17	21:50	21:50	少于1分钟	自动更新	-	成功
2020-08-17	19:27	19:27	少于1分钟	自动更新	-	成功
2020-08-17	15:04	15:04	少于1分钟	自动更新	-	成功
2020-08-17	11:37	11:37	少于1分钟	自动更新	-	成功
2020-08-17	10:10	10:10	少于1分钟	手动更新	[illegible]	成功
2020-08-17	10:06	10:07	少于1分钟	手动更新	[illegible]	成功
2020-08-17	09:42	09:42	少于1分钟	手动更新	[illegible]	成功
2020-08-17	09:31	09:31	少于1分钟	手动更新	[illegible]	成功
2020-08-17	08:47	08:47	少于1分钟	自动更新	-	成功
2020-08-17	07:45	07:45	少于1分钟	自动更新	-	成功

图8 动态分析示例

(6)数据可视化设计

读取数据源,获取需要进行可视化转换的数据,经业务分析后,选择需要使用的数据可视化组件输出柱状图、折现图等图表,以图表形式展现数据,帮助用户快速、准确理解信息,向用户揭示数据背后的规律(图9)。同时,数据可视化过程会筛掉很多无意义的数据,可以从各种精确数据中分析出企业存在的风险,具有简明、快捷、直观的优势。

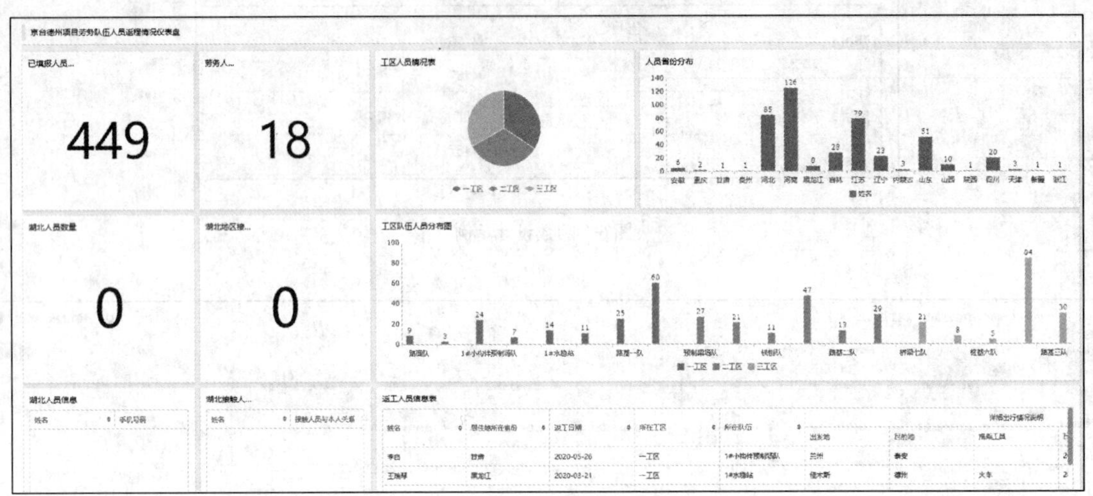

图9　数据可视化仪表盘示例

(7)应用发布

前述环节所做的操作是应用设计和系统构建,是设计者独立开发的过程。而应用发布则是依托云技术将所设计的应用直接发布到互联网,让应用真正有了生命力。

传统的应用发布需要应用到 Weblogic、Tomcat、IIS 等基于操作系统平台的互联网发布服务,需要具备服务器、操作系统、应用底层配置、IP 域名等计算机知识。而通过低代码平台,支持一键发布应用,直接生成应用的互联网访问地址或二维码,让业务专家无需考虑计算机知识、技能,发布自己设计的应用(图10)。

图10　应用发布示例

5. 实际问题应用

针对本次课题的背景,选取了公司高管层和业务层都非常关心的公司产值进度数据进行了低代码平台的应用设计。由于公司项目众多,且疫情影响复工复产,产值进度一直是高管层数据需求的重点。

传统的产值统计按月为单位进行统计。为了有效管控项目生产,现在业务管理变更为按日统计。按日统计50多个项目的项目当日产值、项目当月累计产值、项目当月计划产值、项目本年累计产值、项目本年计划产值、项目开工至报送日累计产值等一系列数据,再由此分析公司整体的产值经营情况。这无疑会极大增加业务部门人员日常工作量。如果按照传统的工作方式,可能需要增加额外的人员来分担工作压力。

通过应用新技术平台,使用过云技术来构建数据分析系统,仅用不到2周的时间即完成了公司产值数据分析统计系统的开发和测试,为业务部门极大地减轻了负担。并且通过共同开发和学习,在此应用的基础上,又提交了更多新的功能,实现了从业务专家到应用专家的转变。

(1)系统架构设计

应用的整体开发难度不大,且数据逻辑关系复杂度不高,但为了厘清各个数据之前的关联性,保证系统设计的可追溯性和迭代性,在整理需求后制作了系统设计思维导图来体现系统架构(图11),明确了各个数据表每项数据的对应逻辑关系,确保系统开发设计过程中思路清晰、方向不偏移。

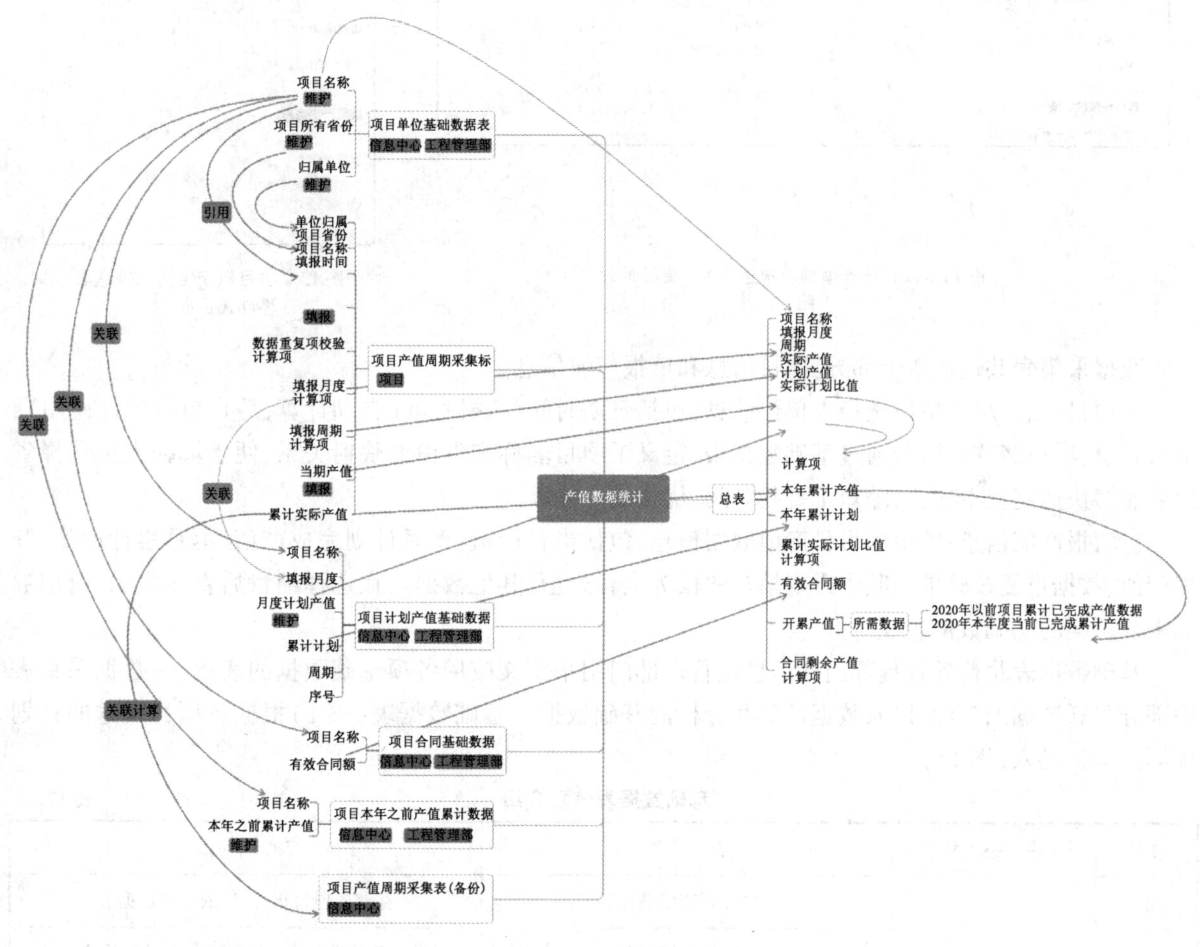

图11 数据逻辑架构

(2)采集表单设计

应用的数据表单是用户直接操作系统页面,用来确保数据的新增、传输、存储和调用,包括数据采集表和基础数据表。

为确保数据采集的有效性和易用性,根据不同设备终端(PC端和移动端)开发设计了两个数据采集表(图12、图13)。同时,根据人体工学相关理论和产品设计科学,表单操作页面确保用户在5秒内3次以下点击操作即可完成数据填报。

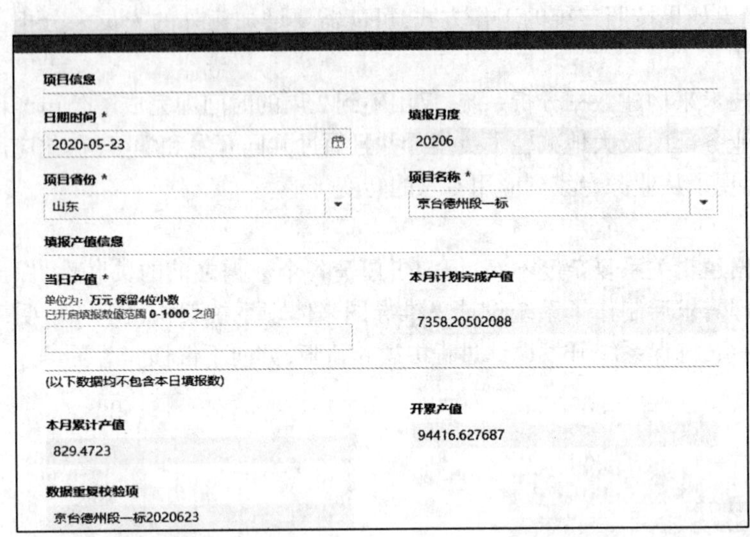

图12　项目日产值情况报送表 PC 端页面

图13　项目日产值情况报送表移动端页面

数据采集表共包括2个部分:项目信息和填报产值信息。

①项目信息:填报单位选择本单位信息,包括日期时间、填报月度(自动计算,后台单位统计使用)、项目省份、项目名称。后台通过基础数据表,定义了项目名称和省份的映射关系,便于填报人员选择省份后能够快速定位本项目,缩短了查找时间,优化用户体验。

②填报产值信息:填报项目日产值数据信息,包括当日产值、本月计划完成产值、本月累计产值、开累产值、数据重复校验项。其中需要填写的仅为当日产值,其他数据均在选择项目后直接显示,所用数据来自不同的基础数据表。

基础数据表是业务管理部门和信息化管理部门用来定义应用各项基础数据的表单,是数据采集表中部分关联数据的基础,以及数据计算和分析的基础数据。基础数据表(表1)根据各项目报送的计划周期性维护导入(图14)。

基础数据表信息介绍　　表1

序号	表类型	表名	表功能
1	基础数据表	单位计划产值数据表	存储各项目年、月计划基础数据表
2		项目基础数据	提供表单项目名称、项目类型、项目性质等信息
3		项目开累数据表	提供项目2020年之前的开累数据信息
4		最新月度记录	存储项目最新填报日数据

(3)数据仓库设计

数据仓库设计包括数据的存储管理和查询管理,是数据分析和数据可视化的数据源头和基础。数据仓库在设计优化的基础上同时设计了3个ETL数据抽取过程(表2):产值数据聚合表和智能助手,用来实现数据的聚合累计计算及不同数据表之间的数据关联管理。

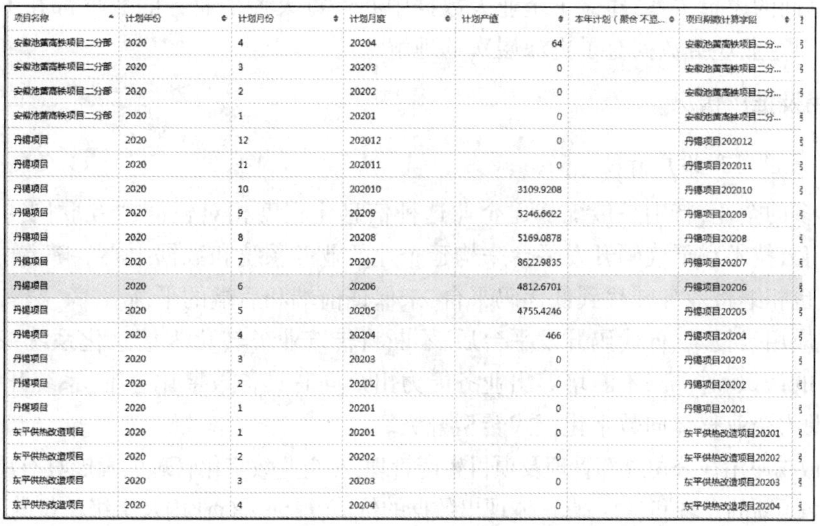

项目名称	计划年份	计划月份	计划月度	计划产值	本年计划（累合不显...	项目期数计算字段
安徽池黄高铁项目二分部	2020	4	20204	64		安徽池黄高铁项目二分...
安徽池黄高铁项目二分部	2020	3	20203	0		安徽池黄高铁项目二分...
安徽池黄高铁项目二分部	2020	2	20202	0		安徽池黄高铁项目二分...
安徽池黄高铁项目二分部	2020	1	20201	0		安徽池黄高铁项目二分...
丹锡项目	2020	12	202012	0		丹锡项目202012
丹锡项目	2020	11	202011	0		丹锡项目202011
丹锡项目	2020	10	202010	3109.9208		丹锡项目202010
丹锡项目	2020	9	20209	5246.6622		丹锡项目20209
丹锡项目	2020	8	20208	5169.0878		丹锡项目20208
丹锡项目	2020	7	20207	8622.9835		丹锡项目20207
丹锡项目	2020	6	20206	4812.6701		丹锡项目20206
丹锡项目	2020	5	20205	4755.4246		丹锡项目20205
丹锡项目	2020	4	20204	466		丹锡项目20204
丹锡项目	2020	3	20203	0		丹锡项目20203
丹锡项目	2020	2	20202	0		丹锡项目20202
丹锡项目	2020	1	20201	0		丹锡项目20201
东平供热改造项目	2020	1	20201	0		东平供热改造项目20201
东平供热改造项目	2020	2	20202	0		东平供热改造项目20202
东平供热改造项目	2020	3	20203	0		东平供热改造项目20203
东平供热改造项目	2020	4	20204	0		东平供热改造项目20204

图14　导入的单位计划产值基础数据表

3个ETL数据抽取过程信息介绍　　表2

序号	表　名	表 功 能
1	数据仓库	加工、处理所有填报数据和基础数据，整合并汇总计算分散的数据，最终提供数据流给数据可视化工具
2	产值数据聚合表	包括本年累计产值、月度聚合表。聚合计算和存储各项目年累计产值和月累计产值
3	智能助手	通过“项目日产值情况报送表”的数据触发“最新月度记录”数据变更，来存储最新填报数据日期

(4)数据可视化设计

根据不同用户的管理习惯和思路，设计不同的数据可视化仪表盘，对所需要展现的数据进行图形化设计和数据过滤。

数据可视化仪表盘信息介绍　　表3

序号	表　名	表 功 能
1	产值数据统计表	根据数据仓库输出的数据流和领导及业务部门需求，设计公司实时产值信息可视化
2	整体数据表	本月实际、计划完成产值，月度实际计划比；本年实际、计划完成产值，年度实际计划比(季度数据尚未开发)
3	项目产值数据表	项目名称、项目类型、项目性质、最新填报日期、当日产值、本月累计产值(累计至最新填报日)、本月计划产值、月比值、本年累计产值(累计至最新填报日)、本年计划产值、年比值、有效合同额、开累产值、剩余产值等数据

(5)建立企业大数据中心

通过应用云技术低代码平台设计、开发公司产值进度数据分析平台，短时间即完成了公司多年未能解决的问题，让公司管理层对信息化建设的认识有了极大的更新，同时让产值数据业务部门的工作效率和能力有了质的飞跃。基于此应用设计，衍生出更多基于基础业务工作的设计改良，带动了更多业务部门、更多的业务专家系统使用低代码平台快速构建本业务的数据采集、分析和应用系统。在不到半年的时间里，通过低代码平台构建了“公司人员每日健康数据上报平台”“产业工人数据管理平台”“技术方案课题数据管理平台”“危大工程机械设备数据管理平台”“财务融资数据管理平台”等十余个数据管理系统,并通过数据间的逻辑关系,建立了企业大数据中心。每天各个业务的数据都在不断更新,让公司领导和业务专家对企业业务数据有了更深层次的理解。

三、成果应用及推广情况

(一)申报成果应用和推广情况

现今越来越多的企业,特别是传统基建企业这种信息化程度相对较低、"互联网 +"业务进度缓慢的企业,选择使用云技术和低代码开发平台来构建企业的业务系统和数据中心。随着中台技术的推广,一些互联网企业也相继将业务转移到低代码平台,来保证前端和后端的平衡。

华北公司在应用云技术、低代码开发平台后,不断将传统业务转化为信息化系统,不断加深业务专家对于数据管理的认识和探究,不断培养出业务能力出众同时具备数字化思维、系统开发能力的复合型应用专家,有效助力企业整体向数字化模式转型升级。

本项成果已成功应用在公司总部管理及项目生产管理,对企业数字化管理的发展具有重大意义。透过数据为公司管理带来了新的发现和思索,真正体现出数据的价值,得到了行业内及上级单位的认可和借鉴。

(二)申报成果推广建议

建议企业各个业务部门通过平台梳理业务,产生有价值的数据并构建数据分析中心,将极大提升数字化水平、工作效率,增强全员的数字化思维意识提高企业整体的数字化水平。

云技术低代码开发模式和构建企业大数据中心的管理模式,可推广至不具备信息化专业人员和开发实力薄弱的企业。

四、管理创新成果效益

通过应用云技术低代码平台,短短几个月已向企业输出各类数据采集、分析应用 20 余个(图 15),培养出 3 名应用专家和 1 名高级开发工程师。其支出仅有云平台的租赁服务费用,不足万元,然而带来的经济价值远远大于此。一是解决了企业数字化转型升级过程中系统应用建设的需求,并通过低代码平台提高了系统研发的效率,降低了成本,对比传统系统研发的成本,仅此一项就能节约研发费用 200 余万元;二是在企业掀起了数字化转型热度,各个业务部门、业务管理者都希望通过轻量级的系统应用将日常的业务转化为有质量的数据,不仅减轻了工作负担,更提高了业务管理的深度和广度,增强了数字化思维。

图 15 低代码平台开发应用示例

五、结语

华北公司作为一家传统的基础建设公司，在央企国企数字化转型升级的大方向指引下，通过自我探索，应用互联网云技术、低代码平台，结合企业各个业务的需求和痛点，提出了数字化解决方案，采用大数据管理模式，促进了业务的标准化管理，优化了企业组织结构，让更少的人管理更多的事，同时减轻了工作量。当然，也要清晰地认识到，经济和社会在不断发展，市场在不断变化，技术在不断升级。任何技术和工具都只能带来特定时期的效益，要想企业可持续发展、人员素质不断提高，仍需拓宽视野，提高认识，不断学习。

人工智能与大数据分析技术驱动的高速公路科学保畅能力建设

广东省公路建设有限公司南环段分公司

成果主要创造人:王康臣　伍尚干

成果参与创造人:张春声　高严广　涂常卫　谭秋桦　徐先蔚　吴润权　黄晓红　张　波　曾文彪　陈丽芳

广东省公路建设有限公司南环段分公司(简称"南环段分公司")由原广东省公路建设有限公司西二环南分公司和原广东省公路建设有限公司南环段分公司于2012年1月1日合并而成,是广东省公路建设有限公司全资子公司,主要负责珠江三角洲世界级桥梁工程——南沙大桥以及广州绕城高速公路西二环南段、南二环段的经营管理,经营路段均处于粤港澳大湾区核心地区,营运总里程达103.75公里,下设9个收费站、2对服务区,2019年日均车流量达45万辆。

南环段分公司紧密围绕"阳光服务 欢畅同道"营运品牌,致力于为广大驾乘人员提供"安全　畅通　舒适　高效"的服务。

一、实施背景

(一)推动交通强国建设行稳致远

交通强国建设是全面建成社会主义现代化强国、实现中华民族伟大复兴梦的坚强支撑。为统筹推进交通强国建设,中共中央、国务院于2019年9月印发了《交通强国建设纲要》,建设的总目标是"人民满意、保障有力、世界前列",三者相辅相成,缺一不可,它是建设现代化经济体系的先行,是全面建成社会主义现代化强国的重要支撑,是新时代做好交通工作的总抓手。

《交通强国建设纲要》的核心思想是"五个坚持"和"三个转变"。"五个坚持"是坚持稳中求进工作总基调,坚持新发展理念,坚持推动高质量发展,坚持以供给侧结构性改革为主线,坚持以人民为中心的发展思想。"三个转变"是推动交通发展从追求速度和规模向更加注重质量和效益转变,由各种交通方式相对独立发展向综合交通发展转变,由依靠传统的要素驱动向更加注重创新驱动转变。稳是远的重要前提。南沙大桥是珠江两岸的重要过江通道,保障过江车流的稳定、畅通是南环段分公司亟须解决的问题,这也与稳中求进的工作总基调相符合。

(二)促进区域发展

南沙大桥位于珠江三角洲中部核心区域,是粤港澳大湾区的新动脉,是广东省重点建设的一项民生工程,它的正式通车标志着粤港澳大湾区快速交通网络正在加快形成。粤港澳大湾区包括香港特别行政区、澳门特别行政区和珠三角九市,是我国开放程度最高、经济活力最强的区域之一,在国家发展大局中具有重要战略地位。

南沙大桥的开通给粤港澳大湾区的旅游业发展带来了更多的机遇,然而交通状况的畅通与否关系到地区旅游业的发展前景,因此加快南沙大桥的立体保畅工作意义重大。驾乘人员通过南沙大桥是否快速、舒适会影响人们出行的意愿,人们出行率的高低又会影响区域的发展。为了加强粤港澳大湾区地区间的沟通和联系，实现经济和文化发展双赢这一良性循环目标，南沙大桥必须改善交通条件，减少路面拥堵。

粤港澳大湾区区位优势明显，交通条件便利，合作基础良好，国际化水平领先。诞生于粤港澳大湾区的南沙大桥更为整个粤港澳大湾区的战略功能发挥了支撑作用，其安全、畅通的通行环境有利于货运物流降本增效，助力粤港澳大湾区的经济发展。

(三)应对大流量造成的交通压力

从广东省路网性能来看，高速公路网存在区域交通流量分配不均问题。尤其是珠江口东西两岸，由"三桥八路"(南沙大桥、虎门大桥、黄埔大桥、广深高速公路、番莞高速公路、广深沿江高速公路、广珠北高速公路、广珠东高速公路、南二环高速公路、广珠西高速公路、中江高速公路)形成的珠江口高速公路环网面临的交通压力日趋增大。

南沙大桥尚未开通前，虎门大桥的拥堵状况十分严重，2017 年国庆中秋假期车流量更是刷新了纪录。虎门大桥所在的莞佛高速公路东莞段是粤东与粤西地区联系的咽喉通道，多条高速公路上的大量车辆都在虎门汇集，加上虎门渡轮耗时长、运载能力低，以致虎门大桥严重拥堵，缓解虎门区域的拥堵成为南沙大桥开通后的迫切需求。

自南沙大桥开通以来，日均过江车流占比由初期的 38%、2019 年 8 月 2 日虎门大桥限货后的 45%直至 2020 年防疫免费期的 55%。从以上数据可以直观地得知，南沙大桥所承受的交通压力呈现出日益增长的态势。目前，每日通行珠江口 3 座大桥的车流量高达 20 余万，南沙大桥开通后过江总车流整体增长了约 20%，其中通行南沙大桥车流占总车流量 50% 以上，已经远超大桥设计标准流量。

南沙大桥交通压力大，车主压力也大，一旦出现拥堵的情况，就会延伸出更多的情况。作为一条大流量的路段，南沙大桥的事故发生率相对来说也比较高，路面异常事件也比较多。每一宗交通事件的发生都会影响到南沙大桥的通行效率，给本来压力就大的南沙大桥造成更大的压力。

二、科学保畅能力建设的内涵和主要做法

南环段分公司通过认真学习领会《交通强国建设纲要》的精神与要求，确立了引入一流技术、造就一流设施、支撑一流管理、实现一流服务的策略，提出并实践了基于人工智能与大数据深度分析的科学保畅能力建设途径，即：通过路况感知实时化、巡控排班科学化、事件处置闭环化三方面能力建设，从技术和管理两方面同时着手改进应急保障效率、提升应急保障能力，在实际业务中起到了明显的安全保畅作用，取得了良好的经济效益和社会效益。

(一)高效能的科学保畅能力要求分析

南环段分公司对科学保畅能力要求进行了分解，对各个保障环节的能力提出了明确的需求，具体见表 1。

科学保畅能力要求分析 表 1

保障环节	能力点	详细要求
路况状态获取	车流量、流速获取	①各区间流量流速的准确测量； ②测量数据实时性； ③宏观交通态势获取
	事件检测	①路面事件的准确检测； ②重点关注事件类型：异常停车、拥堵、逆行等影响道路安全通畅的事件
	信息共享	多信息源的数据及时共享能力
应急救援处置	信息沟通	①多渠道信息沟通能力； ②沟通效率与及时性； ③路政、交警、救援多部门协同联动、统一调度指挥
	及时到达	合理安排，缩短到达现场时间，降低事故影响时长
	快速处置	快处快撤，减小事故车辆对道路通行通力的影响，避免二次事故发生

续上表

保障环节	能力点	详细要求
区域协同管控	协作联动	①多路联动,分路段传导,具备区域内多路联动能力; ②多部门协同,具备多部门、跨单位协同保障能力
	信息发布	①具备多渠道向社会公众及时发布信息的能力; ②信息多样性,涵盖临时交通管制、分流绕行预案、优化行车路线等

(二)以数据分析应用为基础的核心思路

从表1中的能力要求可以看到,信息数据的获取、分发、共享对提升安全保畅能力有着重要作用。经过多年的信息化建设,高速公路企业拥有了比较完善的信息化基础设施,积累了大量的交通数据。深入挖掘数据的内涵价值,依托业务深化数据的应用,可以有效地提升安全保畅的能力。

1. 路况感知实时化

应用智能图像视频分析技术对高速公路监控视频进行结构化处理,可以精确测量监控剖面的流量流速数据、准确检测监控视野范围内的异常事件,掌握道路实时运行状态,为提升安全保畅能力打下数据基础。

2. 巡控排班科学化

通过交通大数据的深入分析,统计路段车流高峰、事故高发的热点区域、热点时段,将过去传统的经验排班变为基于数据分析的科学排班,大幅提升人员利用效率、缩短到达现场时间、降低事故影响时长、减少异常事件对道路通畅的影响。

3. 事件处置闭环化

通过对区域路网交通流量、流速、事件、气象等运行状况的长期监测分析,构建匹配区域路网的交通流模型,可在事前实现交通预警,事中提供分级响应指挥决策,事后进行审计分析、经验总结,实现数字化的事件处置闭环,为持续提升安全保畅能力提供支撑。

(三)科学保畅能力建设重点工作

依照上述核心思路,南环段分公司在"三化"科学保畅能力建设的实践中,将技术先行、科学决策作为重点工作。

1. 技术先行

引入先进技术合作方,通过双方密切合作,针对以南沙大桥为枢纽的邻接路网区域特定场景,将各项技术切实落地,形成精确的数据采集、分析、应用,有力支撑安全保畅工作能力的提升。

2. 科学决策

遵循"立足历史数据、实时感知当前状态、准确预测未来趋势"的思路,依托先进的数据感知分析技术,通过历史数据构建有效的数学模型、全面实时感知道路交通运行状况、准确预测短中期交通发展态势,为事件快速发现、快速处置、合理化排班、道路区域管控提供科学的决策依据。

(四)具体做法

随着信息技术的不断成熟,新技术、新装备在高速公路行业的应用也在不断拓展。南环段分公司根据科学保畅能力建设的需要,有针对性地引入以人工智能、大数据分析为主的信息技术,在路况感知、科学排班、数据审计等方面取得了明显的助力效果,有力地支撑了"三化"科学保畅能力的建设与提升。

1. 基于人工智能技术实现路况感知实时化

传统的监控中心(图1)采用人工视频轮巡为主的方式来获取路面运行状态信息。受限于人的注意力、反应时间以及疲劳程度，监控人员不可能长时间不间断地盯着屏幕监视。研究表明，人在盯着视频画面看到22分钟之后，人眼将对视频画面里95%以上的活动信息视而不见。随着视频监控点的快速增加，这种依赖人工的路况信息获取方式无法满足实时感知的要求，使得事件响应、处置的速度滞后，最终导致安全保畅能力不能有效提升。现有的事件自动检测系统通常采用传统模式匹配算法，存在环境要求高、适应范围受限、事件误报率高、测量误差大等一系列问题，无法满足实际生产环境中对路况实时感知的要求。

图1 传统监控中心模式

针对这一现状，南环段分公司与开发单位进行深度技术合作，将最新的人工智能技术引入路况实时感知领域，实现了监控视频的结构化信息提取、实时计算分析，满足监控智能化、自动化以及路况感知实时化的需要。

(1)基于深度神经网络的事件检测技术

事件检测技术的一般思路是准确识别视频图像中的目标、通过前后帧关联判断目标行为、筛选与事件关联的目标行为。准确的目标识别检测是事件检测技术的核心。

区别于一般监控场景，高速公路目标检测存在着场景纵深大、图像分别率差异大、图像成像质量不高、目标遮挡情况突出等特点，因此通用的目标检测技术在高速公路场景中会出现较多的误检和漏检。针对高速公路特定场景，南环段分公司与开发单位经过一年多的联合攻关，以通用的目标检测技术为基础，开发出了专用的高速公路事件检测深度神经网络(图2)。

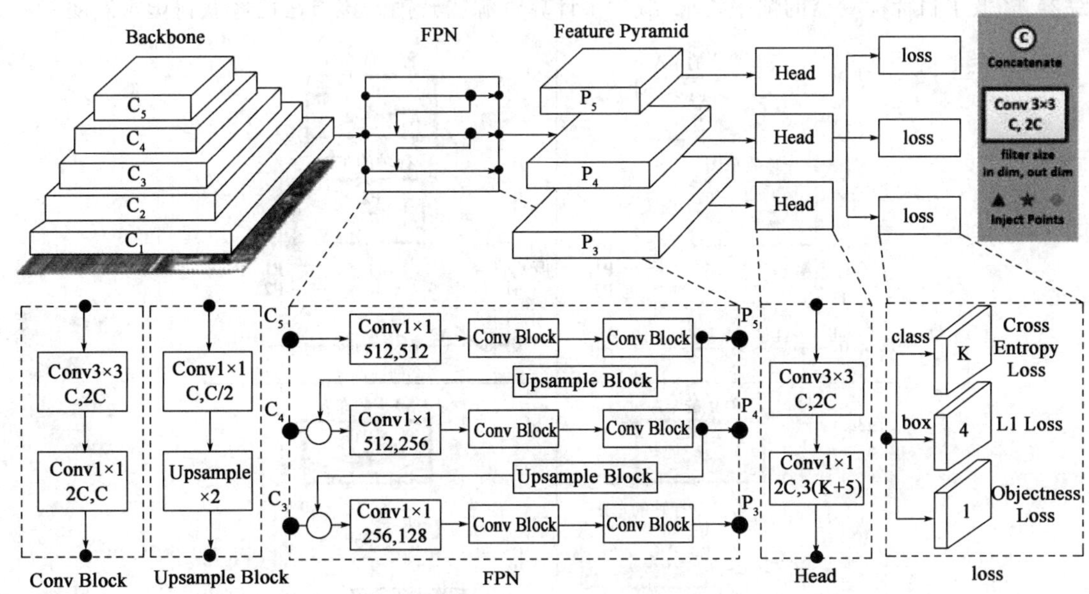

图2 高速公路事件检测深度神经网络

改进一：引入了大范围多尺度的检测技术，解决高速公路监控场景纵深大的问题。一方面引入了残差网络的思想，使网络可以提取到更深层的特征，同时避免出现梯度消失或爆炸。另一方面将网络的后继层通过上采样与中间层进行融合拼接，达到多尺度特征融合的目的。二者结合，使高速公路事件检测深度神经网络具备同时检测近处大目标与远处小目标的能力。

改进二:使用空间金字塔池化技术(图3),解决高速公路监控场景中目标形变大的问题。空间金字塔池化技术类似人脑的分级信息处理方式,通过从细密和粗糙级别上分割图像,然后融合局部特征的信息"融合",实现不同尺度、不同形状的目标识别,更能适应不同分辨率、不同成像质量的监控视频。

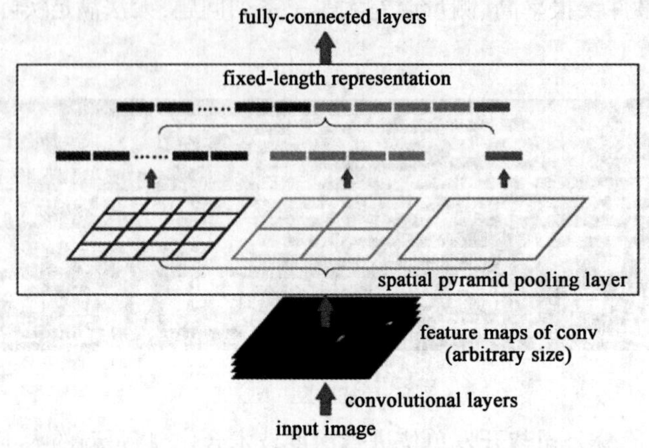

图3　空间金字塔池化技术

改进三:改进损失函数,降低置信度损失,提升类别预测准确率。通过使用交叉熵来替代通用技术中的均方差计算损失,使目标检测网络的识别精度得到更大的提升。

(2)高效率的目标跟踪停车事件检测算法

路面异常停车事件是高速公路保畅工作中关注的重点,处置不当极易发生较危险的交通事故。传统视频停车检测是根据车辆目标检测器和跟踪器实现对车的跟踪,然后再寻找固定不动的车辆,作为停车事件。该类型算法中跟踪器需要目标检测器以很高的帧率运行,否则可能导致跟踪失败,使停车事件检测失效。另一方面,附近车辆可能遮挡停止的车辆,有大概率使跟踪器失效,导致停车事件检测失效。

针对这一问题,南环段分公司与研发单位共同开发了一种基于概率的停车检测方法(图4),不再使用跟踪器,降低了目标检测器的帧率要求,减少了计算资源的开销。该方法已经获得国家发明专利。

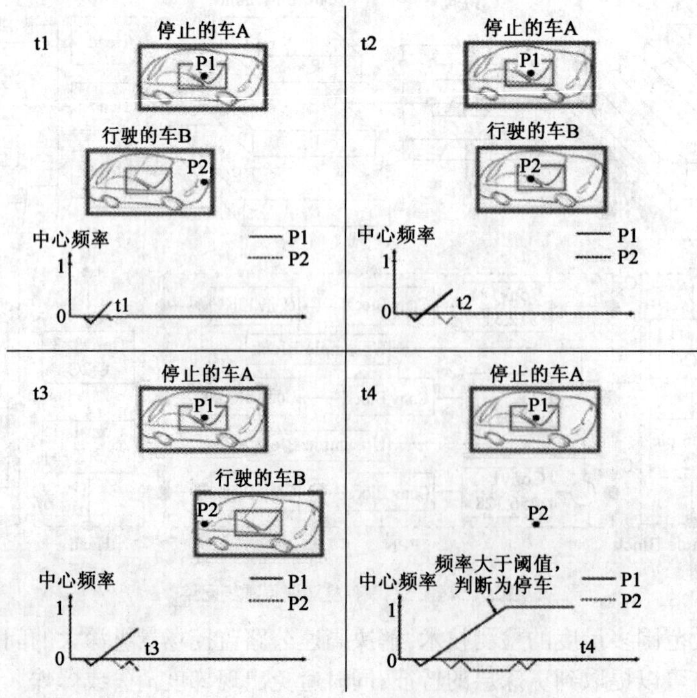

图4　检测频率与事件的概率关系

(3)基于目标身份识别的监控剖面流量流速测量算法

高速公路保畅工作中,时常需要了解道路拥堵程度、车行过缓原因等。公路剖面的流量流速测量有助于上述工作的开展。目前高速公路常见的车辆测速方法有:

①雷达测速。使用固定的雷达对通行的车辆测速,具有速度精度高、技术成熟的优点,但是需要在道路额外安装和维护雷达枪,成本较高,难以形成对高速路各个路段的实时广泛行车速度感知。

②区间测速法。在几个固定地点设置具有车牌识别能力的抓拍摄像头,计算机系统自动记录车辆通过每个地点的时间点,根据距离除以时间得到每段路程的平均车速。该方法需要安装专门的用于捕捉车牌号的摄像头,无法利用现有的高速路监控设备。

③线圈测速法。在道路上以一定间隔埋设两组线圈,车辆经过线圈时会被感应并记录通过该点的时间点,根据距离除以时间得到这段路程的速度。在通过车辆较多时,由于线圈不具备车辆识别能力,可能因为车辆通过顺序变化带来较大误差。

为了解决现有流量流速测量方法的问题,充分利用高速公路广泛覆盖的监控摄像机,提高道路交通状态的感知能力,南环段分公司与开发单位合作开发了基于目标身份识别的监控剖面流量流速测量算法(图5)。

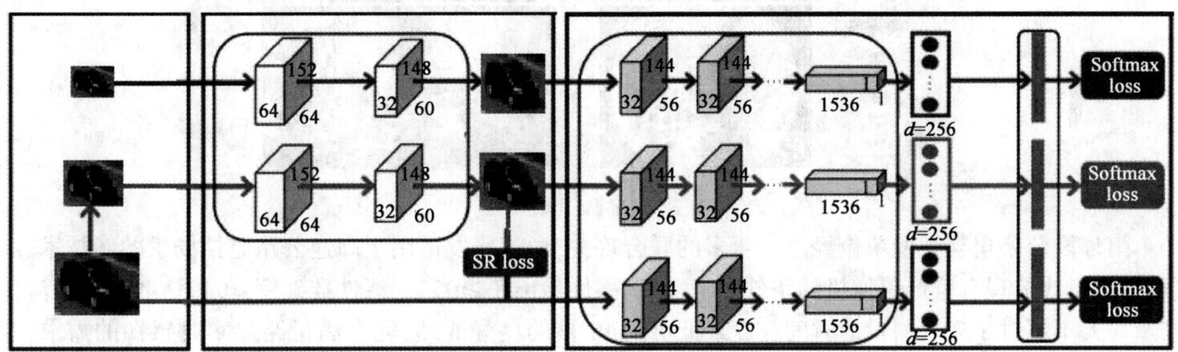

图5　车辆目标身份识别网络

该方法通过引入车辆身份识别神经网络,对监控范围内的车辆进行识别和跟踪。为了解决目标遮挡带来的特征缺失问题,算法中使用了空间特征重构技术。同时算法引入深度零填充模型(图6),以降低天气、时间、光照的影响。

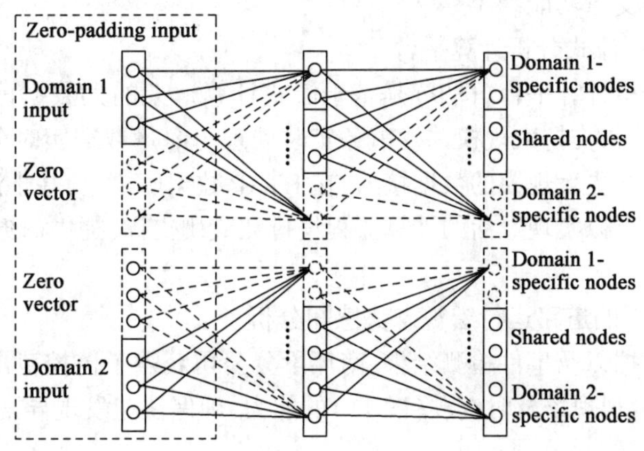

图6　深度零填充网络模型

在此基础上,开发单位开发出了适合高速公路监控视频的基于距离网格标定的剖面流量流速测量算法(图7)。该算法解决了传统相机标定算法(图8)无法处理大视野范围的问题,使基于高速公路监控视频进行精确流速测量成为可能。目前该算法已申请发明专利。

图7　距离网格标定的剖面流量流速测量算法

图8　传统相机标定算法

南环段分公司与开发单位经过一年多的联合攻关,通过研发适用于高速公路监控场景的新技术、新算法,在不改造现有监控摄像机的条件下,实现了事件检出率≥95%、事件准确率≥94%、剖面流量流速测量误差不超过±5%、测量的时间粒度最低可到10秒的良好成绩,完全满足路况实时感知的需求,为数据驱动的高速公路科学保畅能力奠定了数据基础。

2. 基于流式计算数据分析技术实现巡控排班科学化

在通过人工智能技术实现路况实时感知的基础上,针对路况数据的实时传输、数据源分散等特性,南环段分公司引入交通数据流式计算分析平台,实现了高速公路交通宏观态势分析、交通态势呈现、历史交通建模等一系列业务支撑功能。

(1)高速公路交通数据流式分析计算平台

交通数据流式计算分析计算平台(图9)是基于流式计算框架的大数据计算平台:以分布式HTAP混合负载数据库为存储核心,支持大规模并发事务实时处理与海量数据实时分析,并可通过横向扩展,在线扩充数据库规模以支撑更大规模的数据接入;在HTAP数据库之上,基于流式计算架构构建数据清洗、融合、汇聚、分析框架,可以实现灵活的计算流程编排和应用支撑;提供商务智能BI工具,提供灵活、便捷的数据分析手段。

(2)基于数据实时分析的道路运行宏观态势感知分析

基于交通参数测量数据以及事件检测结果,南环段分公司获得了监控范围内路面运行宏观态势的实时感知(图10)和事件微观现场及时查勘(图11)的能力,确保快速发现异常事件并介入处置,为科学保畅工作奠定了坚实的基础。

(3)数据支撑下的巡控排班科学化

传统的巡控排班主要依赖经验,存在着高峰时段范围模糊、重点区域不清、人力需求预计不足等问题。南环段分公司利用路况感知数据流式分析计算平台的历史分析功能,对积累的路况感知历史数据进行时域、空域的联合分析,精确定位重点区域、高峰时段,并准确预估各区域、各时段所需巡控人力资源,为巡控排班提供了科学的数据支撑(图12)。

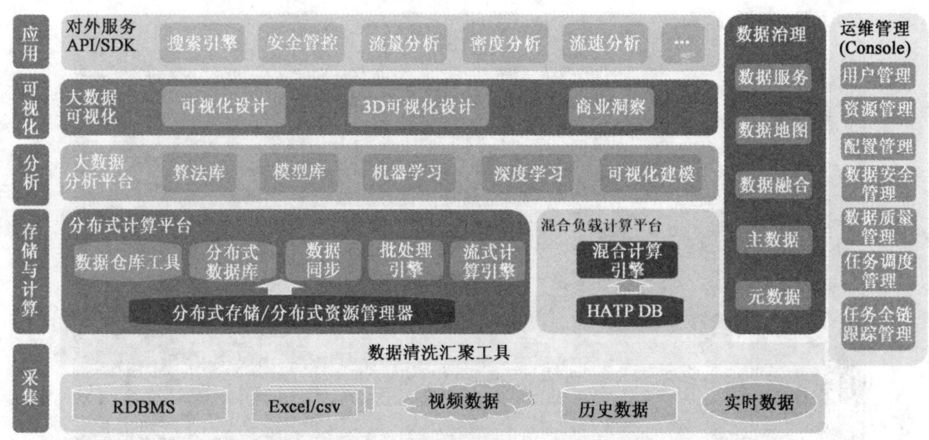

图9 高速公路交通数据流式分析计算平台

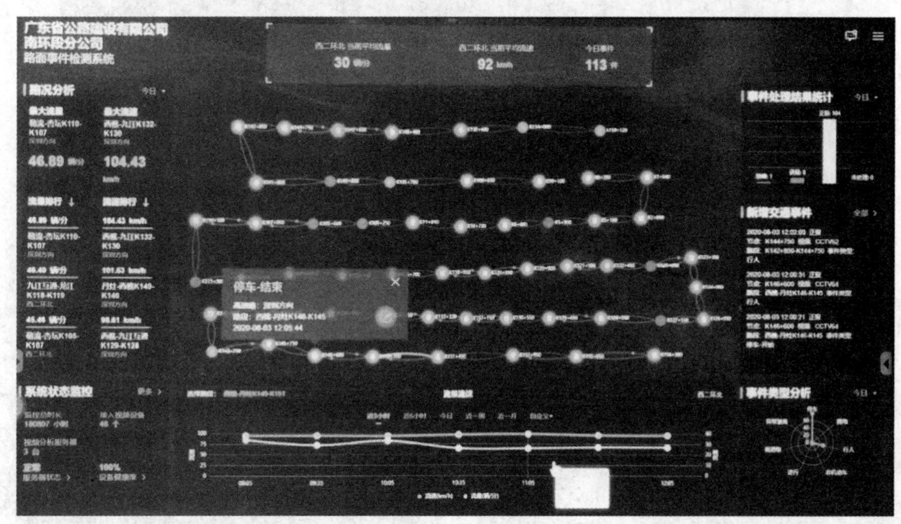

图10 路面运行宏观态势展现

基于数据分析结果,南环段分公司通过"驻点 + 轮巡 + 补位 + 机动穿插"路政巡控新模式,实施针对性的"精确驻点、重点轮巡、机动穿插、错峰交班"排班模式,沿线设置路政常态驻勤点7个,备用驻勤点9个,节假日启动全部驻勤点达16个,保畅力量向重点易堵区域、枢纽互通区间、车流高峰时段侧重倾斜,极大地提高了人力资源的利用效率,提高了事故到场率、缩短了救援到场时间(图13～图15)。以数据为基础的巡控排班表见表2。

以数据分析结果和业务需求为导向,南环段分公司要求拯救单位在枢纽互通、服务区、收费站等重点区域合理布设拯救车辆备勤点、增加拯救物资投入。节假日在南沙大桥上、中、下段灵活增加备勤点,以提高拯救到场速度与清障效率,满足节假日大交通车流的需要。

以数据为基础的巡控排班表 表2

所属中队	班组数量	班组安排明细			
		早班	中班	夜班	轮巡加强班组
南沙一中队	11组	4组	4组	1组	2组(管理人员带班、内勤加强班)
南二环一中队	9组	3组	3组	1组	2组(管理人员带班、内勤加强班)
南二环二中队	7组	2组	2组	1组	2组(管理人员带班、内勤加强班)
南沙二中队(综合中队)	4组	—	—	—	4组(桥下巡查、综合执法)
合计	31组	9组	9组	3组	10组

图 11　事件现场视频记录与统计分析

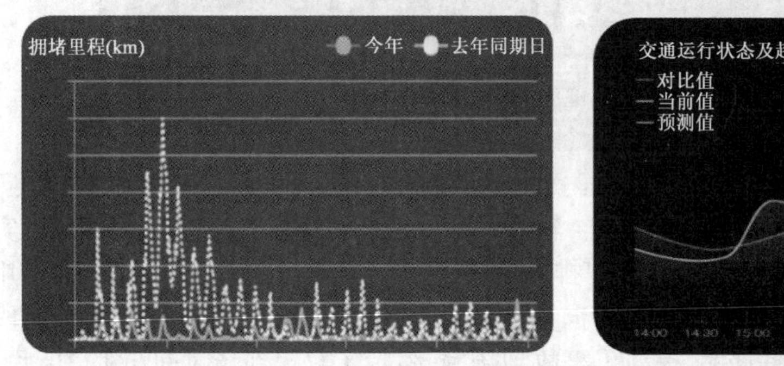

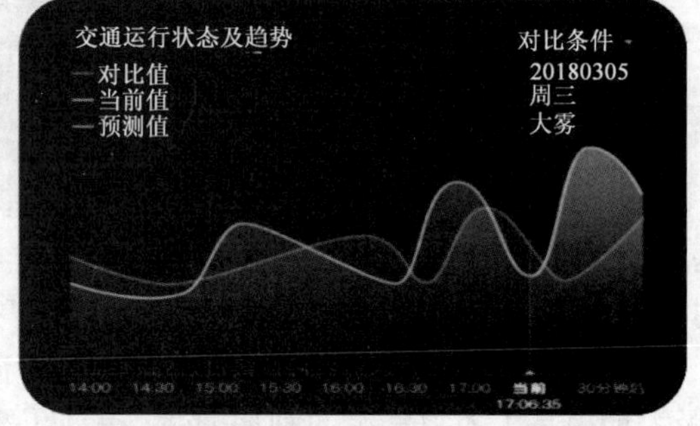

图 12　重点区域、高峰时段精准发现

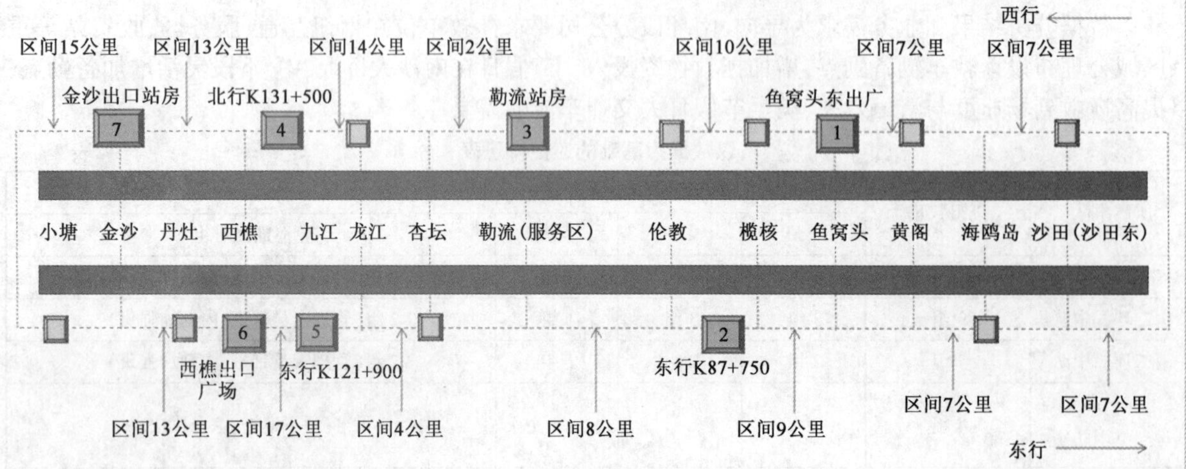

图 13　需驻点的重点区域

图 14 高峰时段驻勤

图 15 快速拯救清障

3. 基于机器学习技术的交通流模型实现事件处置闭环化

针对交通态势发展预测不准、事件处置效果量化分析困难等现状，南环段分公司与开发单位共同完成了交通数据分析应用系统的建设，利用机器学习技术对路况数据与多种数据机型融合分析，利用历史交通数据构建了多种匹配南环段分公司运营路段的交通流数据模型，实现了交通态势发展的准确预测、对事件处置效果的量化分析与评估，有效支撑了重点区域科学保畅工作的持续改进。

(1)基于机器学习技术的交通数据分析应用系统

交通数据分析应用系统是对交通数据流式分析计算平台的扩展和深化应用，实现了从视频数据结构化、多数据源采集、存储、融合、模型训练到各数据分析应用的全套解决方案。其架构和功能分别见图 16、图 17。

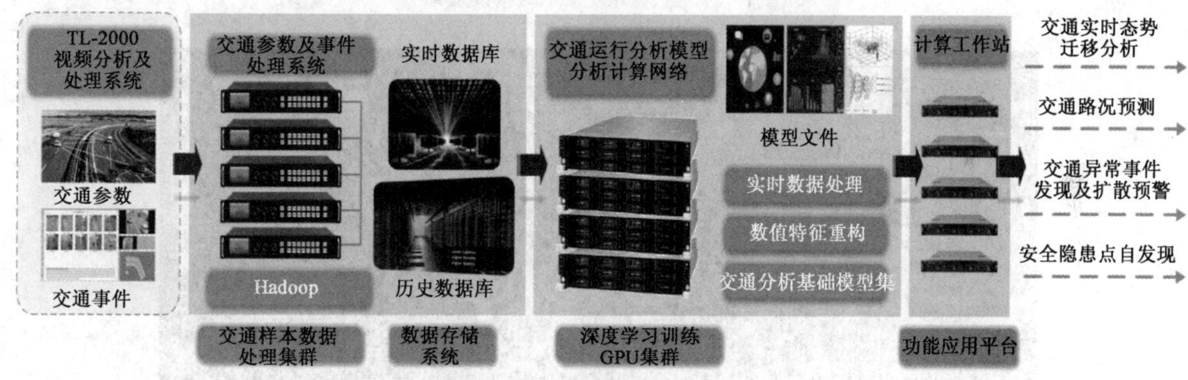

图 16 交通数据分析应用系统架构

交通数据分析应用系统扩展视频源范围，通过接入门架视频、收费站监控视频，利用人工智能技术对车牌、车型、危险品车辆、流量、流速、排队长度等结构化信息进行提取，并通过与气象数据、浮动车数据的融合，扩展了路况感知的范围，提高了交通数据信息的维度；进一步整合浮动车数据、门架通行流水、出口车道流水数据，利用流式数据分析平台进行数据多维度融合，利用大数据技术实现数据多维度融合分析，构建了流量迁移模型、密度分布模型、事件影响扩散模型等道路静态参数模型，利用机器学习技术训练校对了交通态势预测模型、事件扩散预测模型、剖面流量流速短时预测模型、路网交通流融合预测模型等，为科学保畅工作中的分级预警、分级响应、分级疏导提供技术支撑。

(2)数据驱动的事件处置闭环化

在交通数据分析应用系统的支撑下，南环段分公司实现了基于交通数据分析的事前、事中、事后全生命周期的闭环管理，为科学保畅工作提供强有力支撑和持续改进的决策依据。

事件发生前：具备对事件的预测、预警等监测能力(图 18)。可实现对区域路网交通量、运行速度、事件、气象等运行状况的监测，对区域内高速公路路网主要运行状况进行日常监测、分级预警、情况通报、趋势分析。

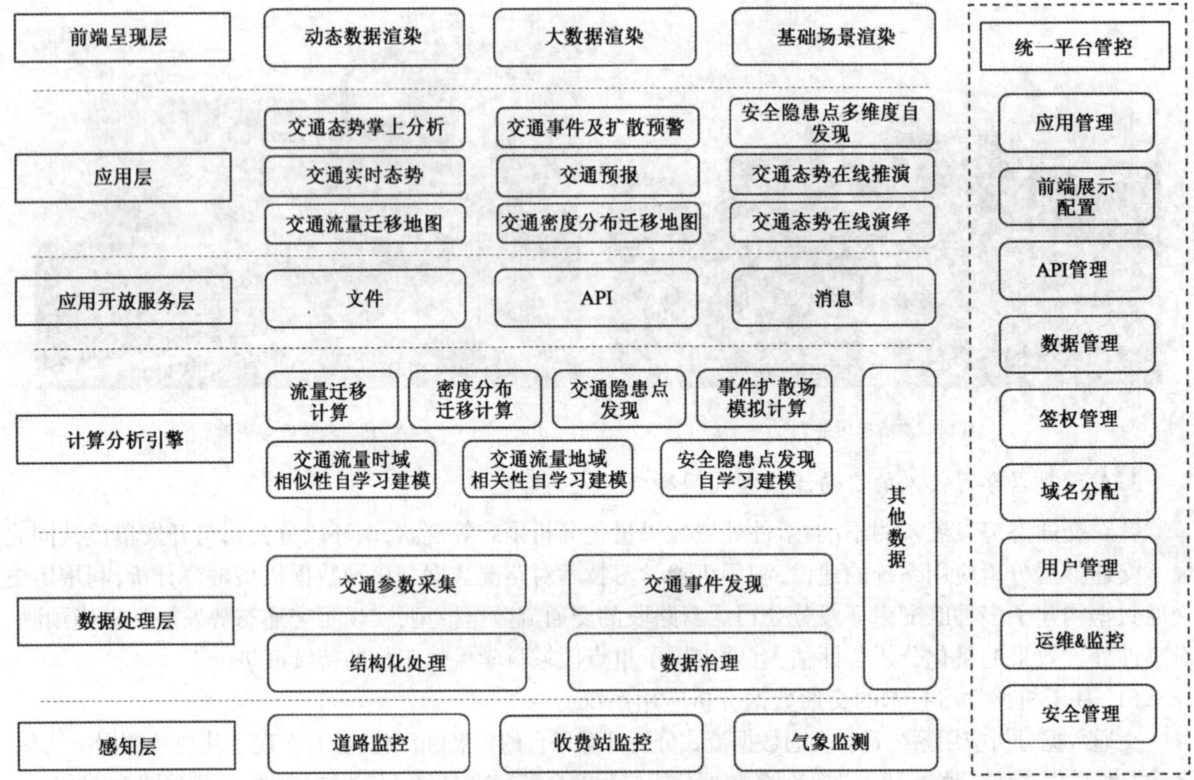

图 17 交通数据分析应用系统功能框架

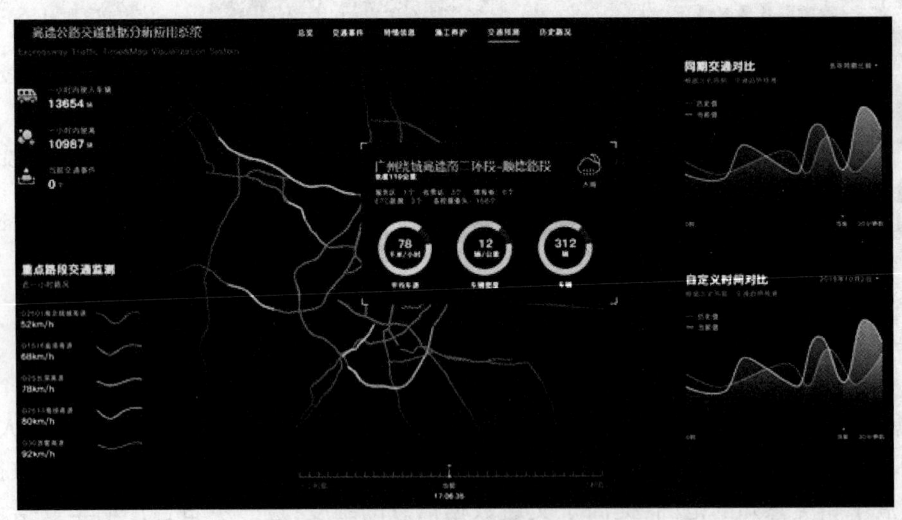

图 18 交通态势发展预测分析

事件发生时:能够根据给定条件,启动相应等级预案。系统能够按照预案要求进行指挥调度处置,并进行必要的信息发布,监测事件现场实时情况,掌握人员、物资的分布情况,进行多部门协调,有针对性地进行事故救援和处置。

事件处理完毕后:实现了对事件全过程数据整合与分析,为未来的事件预警和指挥决策提供依据。

三、实施效果

(一)企业自身能力的提升

通过“三化”科学保畅能力的建设,南环段分公司在路况状态获取、应急救援处置、区域协同管控等环节的能力得到了极大的提升。

通过引入先进的人工智能技术对监控视频数据进行深度价值挖掘,南环段分公司拥有了监控路段的运行状态、交通态势、异常事件的实时感知能力,积累了从宏观到微观的交通数据。

通过对交通数据的融合分析,科学指导巡控排班,将有限的人力资源高效地运用到重点区域、热点时段,极大地提高了人力资源的利用效率,提高了事故到场率、缩短了救援到场时间,整体工作效率得到了明显的提升。

通过制定应急保畅预案、建立信息共享沟通机制、形成联动制度,实现多部门、跨单位协作联动,极大缩短了事故处置事件,切实缓解了交通拥堵现象,保障路网畅通。

(二)社会效益

南环段分公司积极响应交通强国战略,致力于建设人民满意的交通。南沙大桥与人们的出行密切相关,区域联动立体保畅管理体系的构建与实施就是为了让人们在出行时能走上一条安全畅通的道路。公司努力打造"欢畅同道"的营运品牌,其中道路是否快速、通畅是重点关注的一点。通过管理创新,南沙大桥路面交通事故的处理变得更加高效,出行者的救援需求也得到了更快的回应。2019 年,在全线营运里程增加、车流量大幅增长情况下实现了全线伤亡人数下降 54%。区域联动立体保畅管理体系的实施有效地保障了南沙大桥的通畅行驶,同时也擦亮了南环段分公司这一重要"品牌",使得"产品"为人民接受。服务就是南环段分公司的"产品",南环段分公司凭借着优质的服务赢到了肯定与信赖,人民对南沙大桥的满意度不断地提升,幸福感也越来越强。

南沙大桥正式通车后,以前天天严重拥堵的虎门大桥变畅顺了。据不完全统计,南沙大桥通车后,分流了虎门大桥约 30% 以上的车流,虎门大桥路面拥堵时长由此下降约 90%,为虎门大桥的减负做出了贡献。南沙大桥不仅是单一的"跨江通道",更为粤港澳大湾区打开了新的发展空间,促进了广、佛、莞、深等多个城市的互联互通,诱增了约 20% 的过江车流,为大湾区开辟了一条新的快速通道,起到"1 +1 >2"的作用。

(三)经济效益

高速公路首先要取得良好的社会效益,才会有更好的经济效益。南环段分公司研发的"车路协同"模块通过路侧基站和车载终端推送个性化诱导管控信息,提前判别行车安全隐患,并通过"高速通"App、交通电台、情报板发布实施路况信息,让人、车、基础设施等进入数据共享、共融的状态,给出行者更多出行自主权,让服务变得更高效、安全、便利和人性化。虽然南沙大桥如今仍因为大流量而承受着巨大的交通压力,但是人们对南沙大桥的评价正逐步提高,这证明了南环段分公司的管理创新是有成效的。南沙大桥交通运输的效率越来越高,吸引众多的车辆上路,分公司的经济收益也就越来越好,实现了经济收益的最大化。于粤港澳大湾区而言,南沙大桥连通了珠江口东西两岸,给两岸的经济发展注入了新的动力和活力。

(四)生态效益

南沙大桥全长 12.886 公里,设计速度 100 公里/小时,一辆常规货车(长度为 6.8 米,排量是7 升)通行桥梁的时间约为 8 分钟,倘若南沙大桥发生拥堵,该车在桥上每停留 1 分钟,按转速 1000 转/秒计算,每分钟的排量为 420000 升。南沙大桥在建设期就已实现关键技术的突破,实现了平衡经济效益、海陆生态环境保护、通行通航安全保障。南沙大桥为悬索桥,它使用比较少的材料来跨越比较长的距离,减少了对建筑材料的消耗。智能监测系统的投入使用极大地方便了工作人员对桥梁的监测,减少不必要的出行现场工作。

南沙大桥运营方——南环段分公司多方面引进先进科技做好南沙大桥的营运管理,不仅减少了车辆流动带来的能源消耗,保护了生态环境,且提高了路面保畅的效率和质量,创造"双赢"局面。

党建引领企业创新治理新格局

浙江交工集团股份有限公司

成果主要创造人:邵文年　申屠德进

成果参与创造人:方哲彤　张伟东　李　倩　曾先才　胡继强　施金星　肖增家　程光鑫

习近平总书记在全国国有企业党的建设工作会议上强调:坚持党的领导、加强党的建设,是我国国有企业的光荣传统,是国有企业的"根"和"魂"[❶],浙江交通集团下属浙江交工集团股份有限公司(简称"浙江交工")牢固树立"党建强,企业强;强党建,强企业"的理念,把党的领导融入企业治理各环节,积极探索党建工作与公司治理有机融合的有效途径,打造助力公司改革发展的红色引擎。2020年春,习近平总书记考察调研浙江时强调,浙江要"努力成为新时代全面展示中国特色社会主义制度优越性的重要窗口"[❷]。交通是经济社会发展的先行官,也是"重要窗口"建设的先行领域,浙江交工深入贯彻落实习近平总书记考察浙江重要讲话精神,深入贯彻落实交通强国战略部署,以"三个地"的使命担当,切实承担起交通现代化先行先试的使命任务,在高质量党建引领下,知重负重、勇挑重担,在应对新冠肺炎疫情和复工复产的大战大考中奋力书写交工答卷,努力当好交通建设主力军,勇当改革发展排头兵,以党建凝聚合力,全力打造世界一流建筑企业。

一、强化党建引领,催人发自内心去奋斗

坚持党的领导、加强党的建设,是我国国有企业的光荣传统,是我国国有企业的独特优势。浙江交工党委按照新时代党的建设总要求,持续深入推进全面从严治党,积极发挥"把方向、管大局、保落实"领导作用,以高质量党建引领企业高质量发展,努力打造新时代国企党建新高地。

(一)紧抓党的政治建设

加强党的全面领导,倡导"抓党建从工作出发,抓工作从党建出发"的理念,促进党建工作与经营管理深度融合;健全完善党组织参与重大事项决策机制,使党的领导全面融入公司治理各环节。新冠肺炎疫情暴发后,浙江交工党委第一时间决策部署,由党委书记挂帅成立疫情防控工作领导小组及4个专业工作组,先后召开5次疫情防控领导小组会议、10余次专题防疫会议、3次境外疫情防控会议,切实搭建三级防疫领导体系,严格按照"科学防疫、依法防疫、精准防疫"要求,全盘领导疫情防控和复工复产工作。各级党组织紧扣矛盾主要方面,以"责任到人,落实到岗"为原则,梳理锁定281名"第一责任人",不断担实各级主体责任,确保防疫"全覆盖、无死角"。为解决复工人员紧缺问题,采取"点对点、一站式"直达运输服务,派出200余辆交工专车横跨安徽、江苏、甘肃、湖南等20个省份,安全有序接返员工2057人,积极推进"一对一"联系跟踪,共排查员工5000余人,返工人员核酸检测15000余人。充分发挥数字化防疫先进动力,运用智慧厂站系统与人脸、指纹、虹膜等生物识别技术,对人员进行实时跟踪管理,全过程监控人员安全,保障5000余名员工、超30000名从业人员健康平稳。

---

❶ 源自新华社2016年10月11日新闻《习近平在全国国有企业党的建设工作会议上强调:坚持党对国企的领导不动摇》。

❷ 源自求是网2020年7月20日新闻《深入学习贯彻习近平总书记考察浙江重要讲话精神　努力建设新时代全面展示中国特色社会主义制度优越性重要窗口》。

（二）紧抓党的思想建设

重点突出思想引领，全面加强理论武装，浙江交工党委深入学习贯彻党的十九大和十九届二中、三中、四中全会精神、习近平新时代中国特色社会主义思想、考察调研浙江重要讲话精神等，高质量开展“三严三实”“两学一做”“不忘初心、牢记使命”等系列主题教育活动，以“不断做强做优做大企业、实现国有资产保值增值”为落脚点，牢牢把握“做”这个关键，不断推进主题教育往深里走、往实里走、往心里走，全面指导中心工作推进，广大党员、员工干事创业的激情和接续奋斗的风貌更加昂扬。新冠肺炎疫情暴发以来，浙江交工党委第一时间开展中心组学习，党委书记带头领学党中央关于应对疫情“两手硬、两战赢”的相关部署要求，积极鼓励海外员工利用交工学堂、国际讲堂等平台，在疫情期间停工不停学，确保全员学习不掉队，为全面复工复产打下坚实基础。

（三）紧抓意识形态管控

浙江交工党委把意识形态工作纳入党委议事重要日程及党建责任制考核，通过专项检查、工作交流等方式搭建起“纵向到底、横向到边”的意识形态工作责任体系。认真落实“221111”工作要求，出台实施《意识形态工作责任制实施细则》，印发《意识形态工作责任清单》《意识形态工作任务清单》《意识形态工作责任制负面清单》三张清单，确保责任清晰，解决工作“谁来抓”的问题。摸排形成思想政治工作重点人员名单，加强阵地建设和管理，牢牢把握正确政治方向、舆论导向、价值取向。着重强化海外网络意识形态管控，提醒和防止员工登录国外不良网站、发表不当言论等行为，筑牢积极向上的思想风向。高度关注重点疫区员工和海外员工心理动态，帮助他们树立信心，尤其是面对海外日益严重的疫情形势，浙江交工党委第一时间发出《致海外员工的一封信》，为海外员工加油鼓劲、振奋士气，党委书记多次连线海外，密切关注疫情发展态势与员工思想心理动态，为海外项目建设注入强心剂。

二、聚焦基层治理，激发基层组织战斗力

项目部是浙江交工的毛细血管，更是绝大部分员工的工作、生活之家，交工党建好不好关键看项目。浙江交工党委始终坚持将党建根基植入基层生产经营管理，做实“围绕中心抓党建，抓好党建促生产”，切实把组织活力转化为发展活力，筑牢事业发展的“定海神针”。

（一）提升基层支部组织力

坚持“一切工作到支部”的党建理念，推行“1+3”项目党支部设置法，实现“项目建设到哪里，党组织就延伸到哪里，工团组织就服务到哪里”；持续推行“固定+流动”支部设置法及支部番号制，实行项目支部流动但番号不变，使优秀传统得以固化传承；以“堡垒指数”“先锋指数”为引领，全面加强基层组织战斗力，基层党员先锋性。“战疫”期间，下属交工路建党委适时开通暖春心理热线，覆盖100余个基层交通建设班组，重点联络海外员工、抗疫一线员工，帮助员工树立“战疫”信心、解决实际困难；下属杭甬复线党总支牵头组建工地“红色管家”，深入了解员工所急所需，提供美食速递、上门理发、代取包裹等服务，累计领办任务90余项，先进事例登上“学习强国”获官方点赞。下属赞比亚、马来西亚等海外项目党支部积极联络属地国医卫企业向国内输送防疫物资，发起“我为祖国筹口罩”活动，累计为国内筹得口罩12万余只。随着海外疫情大规模暴发，浙江交工党委克服自身储备有限、航班停运严重、货代快递无人接单等重重困难，向海外寄送口罩、预防新冠药品等防疫物资，海外项目全体党员在保证自身需要的前提下，向属地警察、医护等一线人员捐赠口罩近万只，消毒水、酒精等防疫物资若干，发放外文防疫手册2000余本，构筑了海外抗疫命运共同体。

（二）促进基层党建科学化

浙江交工党委充分认识自身全球化施工企业特性，深化探索三大交工党建样板工程。推进“35391”基层党建新样板建设，通过打造三个维度（一套实用型基层党组织管理模式、一支复合型基层党务干部队伍、一批服务型基层党组织阵地），五项机制（学习教育、党员管理、党建责任考核评价、五方共建、项目党建交底），三大举措（落地“五讲”文化、做实“关爱”文化、打造文化宣传平台），九大品牌

(党建一大品牌、工会三大品牌、共青团五大品牌),建立一个符合交工特色的基层党建样板;推进“美丽项目”样板建设,以“环境美、Wi-Fi强、菜肴香、活动多、学习浓、成长好”的“六美”标准为抓手,探索装配化、规范化的项目驻地建设,服务型、创新型、学习型的项目支部样板;推进“5+5”海外党建样板建设,抓好“信息化工程、学习教育工程、员工幸福工程、人才培养工程、品牌建设工程”五大工程,实现海外项目“联系沟通不间断、思想党建不走样、生活质量不下降、项目建设不滞后、企业形象不褪色”的五大工作目标,多管齐下,全面带动,加快构建富有交工特色的党建工作体系。

(三)增强基层管理规范化

编制出台浙江交工《党建工作手册》《项目支部工作手册》,整理固定支部台账,强化对基层党建实操性指导,打造交工版党建工作“说明书”。疫情期间,制定发放浙江交工《总部个人防护手册》《项目部防控手册》《项目部个人防护手册》,并层层抓好宣贯落实。此外,为强化班组人员应急联动响应,特别制作了“新冠肺炎应急处置卡”,对一旦发生疫情的紧急汇报、人员隔离、封闭现场三大流程进行了详尽交底,确保各项防控举措精准到位。通过建立员工防疫“一人一档”,实时掌握抗疫动态信息,指导各项目开展规范化防疫工作,测温排查、环境消杀,筑牢一线抗疫防线。为解决复工复产后顾之忧,积极组织项目设置隔离区进行14天隔离管理,配套“通关卡”,一人一卡,凭卡通行,实时管控,海外项目要求外派员工做到“双14”(外派前隔离14天,返岗后再隔离14天),多措并举做好复工准备,在与时间赛跑中赢得复工复产主动权。

(四)锻造党务工作者队伍

积极探索“把骨干培养成书记,书记培养成骨干”的双培养新路径,推行项目经理、项目党支部书记“一肩挑”,基层党组织负责人由浙江交工党委会亲自研究把关,切实抓好基层党组织带头人队伍建设。落实“五个一”培养锻炼机制(坚持分层分类组织培训、坚持立足实际组织讲党课、坚持服务中心组织领办项目、坚持对标一流组织外出学习、坚持效果导向组织能力测试),进一步提升基层党支部书记、党务工作者业务能力,锻造一支“政治过硬、品格过硬、专业过硬、作风过硬”的党务工作者队伍。“抗疫”期间,景文4标项目党支部带头“创新微改”,将环保除尘炮雾机改造成可移动防疫消毒炮雾机,简便快速,消杀能力强,在抗疫前线大有作为;基层党支部书记周锋连续奋战项目施工一线72天,完成施工产值2700多万元,确保349名产业工人防疫零感染,登上《浙江共产党员》杂志群英像。青年党员颉永毅积极响应号召,主动投身志愿者行列,为甘谷县人民医院捐赠1000双医用手套及5000元人民币,被共青团甘谷县会评为“基层优秀抗疫志愿者”。

三、密切联系群众,拓展民主管理新路径

离基层越近,离真理越近,浙江交工党委为确保企业内部“矛盾不上交、平安不出事、服务不缺位、发展不松劲”,积极探索民主管理新路径,构建员工与企业命运共同体,创新建立了“8815”联系基层制度,即8名党委班子成员每人联系4个基层项目和10名基层员工,80余名中层干部每人联系10名基层员工,1000余名骨干党员每人联系5名普通员工,通过畅通三级沟通交流渠道,充分发挥两级领导人员和骨干党员的“关键少数”作用,实现5000余名员工联系全覆盖。

(一)网格管理,担实责任

通过“结对子”,建立超千个“红色网格”。自2017年创建以来,浙江交工党委坚持“一切为了员工,一切依靠员工”,紧扣党员干部“先锋军”“领路人”身份,责任到人、三层包干,充分发挥引领、示范、先行作用,以党员先锋为核心构建起1182个“红色网格”,并以此为支点,确保防疫联络“一个都不能少”,复工复产“一步都不能停”,同基层员工结成了密不可分的鱼水关系。

(二)重心下移,大门广开

通过“交朋友”,打开员工“话匣子”,抓住党建“规范人、引领人、净化人”的核心作用,把联系人与被联系人的沟通做在日常,通过“面对面、线连线、屏对屏”保障实时联通,人手拥有“8815联系群”,实现每名员工都“群有所属、心有所诉”，制度“从纸上落到地”，想法“从心底说出口”，累计解决员工“关键小事”97件，员工愈加“心气顺、干劲足”。

此外，浙江交工党委广开言路、虚心纳谏，鼓励员工当家做主、共谋发展，党员骨干“走下去”，深入基层“上门唠嗑”，基层员工“请上来”，党委班子“陪你双月谈”。

“员工双月谈”，即每个双数月的最后一个周一或周五，浙江交工党委班子随机抽取10名员工面对面恳谈，为了帮助基层员工缓解紧张、敞开心扉，谈话处还会备上香浓咖啡，“咖啡日”的爱称在员工中口口相颂。7期活动以来，征得意见、建议175条，涌现出39条对企业发展大有裨益的“金点子”。在疫情期间将“员工双月谈”搬至线上，构筑起共克时艰、战“疫”必胜的坚实防线，为复工复产注入强劲动力。

(三)反向督查，长效保障

通过“出硬招”，请员工来评判，让实效来说话。浙江交工党委锐意改革，刀刃向内，推出“董事长微信”“董事长邮箱”“8815直通车”“8815线上管理平台”四大利器，打破层级壁垒，畅通民主通道，成为反向督查的有力抓手，让形式主义无所遁形，切实打通群众路线的“最后一公里”。

四、紧抓关键少数，精准实施人才强企

人才是第一资源，建设交通强国需要培育一批专业精良、创新奉献的高水平、高素质干部队伍。浙江交工党委一如既往深入推进“人才强企”战略，紧紧抓住引、用、育、留等关键环节，关爱与激励并存，充分激发广大员工干事创业的激情。

(一)以“抢市场”理念引人才

在全国交通补短板、全球抢人才的背景下，浙江交工党委把抢市场的勇气和决心用到抢人才上。通过制定人才激励政策、实施“一人一策”、行业定向挖掘、集团内部推荐奖励等措施，从央企等大型建筑企业引进中高层次精英人才；通过面向社会招聘、退休人员返聘、劳务用工人员转正等途径，招聘骨干人员；创新人才引进方式，开展“订单式”办学，与高校合作开办“交工路桥班”，并积极探索校企合作、海外办学、引进退伍军人等人才引进模式，与全国12所重点院校开展校企合作、开设订单班8个、建立校企实习基地、设立奖学金、企业冠名校园活动、就业指导课等方式，加大应届毕业生引进，充实梯队人才储备。近5年，共引进各类人才4198人。面对新冠肺炎疫情，浙江交工彰显国企担当，在2020年的线上春招为湖北高校生源提供100个就业岗位；推出“恨不能相见，交工云端看”大型稳就业网络直播，收获3.2万人次在线观看量，让732余名达成就业意向的未来交工青春合伙人更直观地感受到交工实力与文化，并入围年度最佳雇主校招案例奖。

(二)以“系统高效”理念育人才

浙江交工秉承“人才是第一资源”理念，坚持思想教育与业务培训并重，精准高效地培育人才。

针对青年员工成长，坚持“三有”(工作有人带、生活有人管、职业有人规划)目标，每年开展新员工迎新会，建立“1511”员工培养机制(1次岗前教育，5次轮岗，1个师傅，1个规划)。

针对员工素质提升，成立培训中心，打造交工内部三级学堂，开发交工云课堂，选拔内训师队伍，与重点高校签订战略合作协议，全面搭建员工成长成才平台。

针对员工技能提升，倡导“师带徒”模式，打造“孙国灿省级技能大师工作室”等培训基地，开展了多个工种技能等级培训工作，2019年共评定高级技师17人、各专业技师121人、高级工530人，加强QC、工法、五小发明等研究，培养了一批懂技术、善实操的技能型人才。

针对人才梯队建设，推进“721”项目经理培养机制，逐步实现项目管理班子70%为工程施工类人员，20%为施工辅助型人员(物资设备管理、合同管理、安全质检等人员)，10%为通用型管理人员(财务金融类、行政事务、党建类等人员)，为两级总部人才输送夯实基础。

(三)以“人岗相适”理念用人才

引人是基础，用人是关键。浙江交工牢固树立“让老同志有作为、让年轻人脱颖而出”的用人理念，坚持五湖四海用人才,五谷杂粮配人才。

启动“火车头”工程,两级班子启动“火车头”工程,通过真换届,配好子分公司班子,将最优秀的人用在最关键的岗位上;通过真竞聘,抓好总部和本部负责人配置;通过真交流,实现中层管理人才多岗位历练。

打破晋升通道,设立集团级首席、子分公司级首席、资深级、主管级四个级别的技能人才晋升通道,近4年共评出各级各系列人才117名。

推进“859095”人才工程,加快起用年轻干部,培养85后优秀管理人员成为子(分)公司班子成员、90后优秀员工成为项目经理主体、95后优秀员工成为项目骨干力量,从战略高度建立后备干部库,2019年共有373名青年人才脱颖而出,鼓励优秀人才跨企业流动,加强内部人才集约化使用。

启动“夕阳红”工程,研究返聘退休专家等“夕阳红”人才,创造条件让有能力、有经验的老同志发挥余热。

(四)以“党建引领”理念管人才

国有企业领导人员是党在经济领域的执政骨干,肩负着经营管理国有资产、实现保值增值的重要责任。浙江交工党委坚定不移把干部队伍建设作为关系企业发展的关键性、根本性问题来抓,始终坚持“党管干部”原则,以“对党忠诚、勇于创新、治企有方、兴企有为、清正廉洁”的国有企业领导干部二十字标准,考察引导干部队伍,着力锻造一支“忠诚干净担当”的高素质干部队伍。

(五)以“价值创造”激励人才

坚持“以奋斗者为本”的价值创造导向,构建不唯学历、不唯资历、不唯职务的“市场”“现场”“后场”三套考核体系,不断完善“催人发自内心去奋斗”的激励机制。

建立“5+4”全面绩效考核体系。推动集团、子分公司、项目部、办事处、班组五个层次,集团中层、子分公司中层、项目部中层、项目员工四类人员的绩效考核,切实提高各类人员工作积极性。贯彻“人人有目标、人人有责任、人人有考核”的绩效考核理念,运用“271”考核结果评价原则(考核优秀的比例约占20%,中等的约占70%,不足的约占10%),让真正为浙江交工创造价值的员工拿高薪。

深入推进薪酬分配制度改革,制定《集团薪酬分配制度》等11个薪酬制度,对岗位价值进行评估,调整岗位工资体系,对重点院校毕业生实行差异化薪酬,完善优化特殊激励模块。

建立“9+3”荣誉体系,按照“重业绩、看贡献、量化考核、好中选优”的原则,每年评选年度先进集体、先进党组织、安全生产先进集体三大集体荣誉,评选交工奋斗奖、交工劳模、交工奉献奖、交工优秀区域经营拓展奖、交工优秀项目经理、交工优秀项目总工程师、交工岗位能手、交工青年标兵、交工新秀九大个人荣誉,充分发挥先进个人、先进集体的模范带头作用,形成员工崇尚先进、学习先进、争当先进的新风尚,全面营造“比、学、赶、超”的良好氛围,实现“真优秀、真引领”。

五、深化文化赋能,创建独特品牌名片

新时代企业文化建设必须坚持党建引领,用党建引领企业文化建设是现代企业制度下,党建工作与企业文化建设同向融合发展的创新。浙江交工党委聚焦党建文化内涵的提炼,着力文化认可感和感召力显著提升,为加快建设交通强国注入持续发展的不竭动力。

(一)巩固建立“一网一号一馆”三大平台

依托浙江交工官网、浙江交工官方微信号、浙江交工企业馆暨党建教育基地三大传播矩阵,充分利用自媒体平台,开启全媒体传播模式。其中,浙江交工企业馆暨党建教育基地充分总结企业66年历史,特别是国企党建史,打造了占地700余平方米的党建文化交流平台。对内充分发挥了党建凝聚人、激励人、规范人的作用,成为新员工入职文化认同礼堂、新提拔干部再教育熔炉课堂、廉洁谈话警示教育课堂;对外充分发挥了党建引领发展、服务中心、反哺主业的作用,党建教育基地成为浙江省属企业党的建设工作座谈会学习观摩示范点之一,截至2020年,累计接待外部单位参观交流共270批次、4200余人,充分展现了浙江国企党建特色，搭建了与省外国企交流的平台，也极大提升了浙江交工的社会美誉度和行业影响力。

（二）聚焦关键小事打造员工幸福工程

不断深化浙江交通集团“同责同心同创”家文化，推进浙江交工“讲诚信、讲服务、讲关爱、讲健康、讲发展”的“五讲”文化价值观在各级落地生根，围绕“榜样型、后盾型、家型”总部建设，打造“敢担当、善担当”、让基层员工满意的两级总部。立足员工衣食住行，聚焦员工休假、婚恋、看病等“关键小事”，加强海外员工家庭、青年员工、外地员工、班组工人等重点群体的关爱，打造“员工都有安心的工作状态，家家都有舒心的生活品质，事事都有安全的保障基础，人人都有健康的体魄支撑，处处都有美好的环境氛围，天天都有快乐的心情伴随”的六有幸福工程。疫情期间，浙江交工工会第一时间设立疫情防控、复工复产专项工会资金 30 万元，下拨至 12 个基层单位；组织开展疫情期间专项慰问活动，加急采购一批劳保防护物资，为 4953 名职工送温暖；摸排家属为抗疫一线医务人员的员工，送关爱和慰问金，传达工会对医务人员的敬意与关怀，切实解除后顾之忧、分担压力、增添动力；设立 30 万元海外专题慰问资金，下拨至海外 600 余名职工，助力海外齐心抗疫。

（三）创立一批叫得响的特色文化品牌

加强党建带工建带团建力度，做细做实“职工之家、三球协会、业余文工团”三大工字号品牌；做新做活“初心交工、爱在交工、E-交工、交工青春派、交工好声音”五大青字号品牌。3 个海外项目部获浙江交投工会授牌“职工之家”；连续 4 年组织策划实施“感谢有你，一路相伴”大型员工答谢会，通过文艺表演的方式细数过去一年改革发展成就，感谢广大员工的辛勤付出和努力，网络直播单场观看量破 70 万人次，被喻为“交工春晚”；连续 5 年组织策划实施“初心交工”迎新活动暨岗前培训，围绕“家同心、业同创、技同修、道同行”四大板块，开展“青智汇”论坛、“你好，新交工”迎新晚会等 20 余项活动，帮助 3000 余名新员工快速融入交工大家庭；设计、推广交工形象识别系统，利用两年的时间全面实现集团与下属子（分）公司文化协同，并设计了各子（分）公司富有代表性的文化形象标识，积极促进“交工一盘棋”格局。此外，自主摄制的微电影《回家的路》《最美交工印》《舌尖上的交工》等接连斩获国家级、省部级荣誉 7 项；员工代表登上由中宣部、国务院国资委、全国总工会等共同主办的演讲大赛，获得全国优秀奖；以协助中国驻喀麦隆大使馆撤离 63 名中国公民为原型的舞台剧《神圣使命》，登上浙江省总工会庆祝新中国成立 70 周年华诞文艺演出的舞台；员工代表参加了由中宣部、全国总工会等共同主办的“我和我的祖国”百姓宣讲活动，展现了浙江交工建设交通强国的责任与担当；参加浙江省交通运输工会组织的“劳模工匠先进事迹报告会”，宣讲了已故全国劳模郑庆南的“铺路石”精神。

六、全面从严治党，打造交工好生态

浙江交工党委切实把党风廉政建设责任扛在肩上，推动全面从严治党向纵深发展，以“清廉交工”建设为主线，坚持严字当头、稳中求进，着力筑牢企业发展之基，打造风清气正的交工好生态。

（一）严格抓党风廉政建设主体责任

浙江交工党委全面压紧压实管党治党政治责任，将党风廉政建设工作纳入党建总体布局，做到党风廉政建设与中心工作同部署、同落实、同检查、同考核。不断健全党委议事规则、“三重一大”事项制度，明确企业党组织参与重大决策的基本原则、基本程序和具体内容。认真落实民主生活会、述责述廉述德述法和重大事项报告制度；严格落实“四不直接分管”和末位表态制度，建立每季度党委扩大会机制，围绕企业改革发展和党建工作重大问题进行专题研究部署，严格落实生产经营、平安交工、企业党建“三必讲”，实现了党的工作与生产经营“两手抓、两不误、两促进”。2019 年，与各级签订《廉政责任书》679 份、《个人廉洁从业承诺书》2160 份；与各级纪委书记签订目标责任书 11 份；延伸与 401 个班组签订了廉政建设目标责任书，与 415 名班组骨干签订了廉洁承诺书。

（二）严格抓党风廉政建设监督责任

加强“清廉交工”建设，加强对权力运行全领域、全方位、全覆盖的动态监督。

紧盯履职尽责,推动各级党组织强化政治建设,切实履行好“清廉交工”建设责任,各级党委专题研究党风廉政建设工作32次,集体听取11家子(分)公司履行党风廉政建设情况报告,当面监督,当场评议。

紧盯阳光工程建设,倡导“玻璃屋里搞经营”的理念,最大限度权力公开透明,做到六个“加强”,即加强廉政“权力事项清单、廉洁风险清单、防控措施清单”三张清单梳理,共梳理1955个岗位,排摸4284名监察对象;加强公务卡使用管理;加强权力风险管控体系有效运行;联合开展分包管理专项检查活动,加强协作单位黑名单管理;加强选拔任用干部的监督;加强领导干部廉政档案动态管理。

紧盯纪律审查,运用好四种形态,加大巡察力度,做到三个“严”,即严格谈话提醒、严格落实各类信访举报、严格开展巡察及回头看。有效发挥内审监督功能,对项目招投标、物资采购等重点领域、关键部位进行深度检查,落实“阳光工程”建设全覆盖。

紧盯外部安全,打造护航浙江交工发展的外部和谐防火墙,加强网络综合治理,确保网络信息安全;营造“相互尊重、互利共赢、清清白白”的供应商关系,实现企业和谐稳定。

(三)严格抓“交工好生态”打造

浙江交工党委带头践行并大力弘扬新交工奋斗精神,即“不怕吃苦,就怕没苦吃”的拼搏精神、“不怕待遇少增长,就怕事业不发展”的奉献精神、“上下同欲、相互补台”的团队精神及“亲自抓、马上办”的强执行文化;严格落实任前谈话、工作约谈、谈话提醒制度,党委书记与下属单位“一把手”谈心谈话44人次,党委书记和分管副书记对新提拔中层干部任前谈话36人次;编制《交工规矩》手册及违法违纪案例集,不断强化党建廉政教育,坚持以廉政警示教育促使党员干部自觉筑牢拒腐防变、廉洁从业的思想防线;推动“澎湃向上的创业激情、务实高效的工作作风、和谐单纯的人际关系、崇俭戒奢的生活方式”的交工好生态在各级生根落地,实现交工上下以奋斗者为本。

党建引领聚合力,构建企业治理新格局,在高质量党建引领下,浙江交工上下众志成城,共克时艰,紧密把握新基建投资提速机遇,一手有力抓疫情防控,一手有效抓复工复产,争做“保增长”的表率,切实将疫情的影响降到了最低,2020年上半年,各项经济指标平稳增长,营业收入、利润总额、净利润、归母净利润同比分别增长27.6%、10.4%、9.6%、10.1%。

站在大建设、大发展、大跨越的新时代关口,浙江交工党委立足当下、放眼未来,将积极响应浙江省委、省政府全力打造交通强国建设示范区、更高质量发展先行区和人民满意交通样板区的战略要求,助力浙江两个高水平建设,以交通先行官的姿态,参与“重要窗口”建设,在交通强国建设的生动实践中坚定信心、奋力搏击,在党建引领下,当好国企改革发展排头兵、交通强国建设先锋军。

云南高原山地机场强对流天气短时临近预报系统管理与实践创新

云南机场集团有限责任公司

成果主要创造人:侯庆平　高　兵

成果参与创造人:杨文继　朱红梅　高云峰　刘海博　毕　波　杨　航
黄　曦　陈　莉　王玉红　赵文伟

云南机场集团有限责任公司(简称"云南机场集团")由云南省政府国资委、昆明市人民政府和云南省开发投资有限公司发起组建,注册资本为57.6716亿元,是经云南省人民政府批准、经营特种行业的具有公益性的产业实体,是国有资产的投资运营主体,具有独立的企业法人地位,为云南省人民政府直属的国有大型企业。云南机场集团有限责任公司对云南省内民用机场实施统一的经营、管理和监督,承担相应国有资产保值增值责任。

随着云南省加快建设面向南亚、东南亚辐射中心战略的推进,云南已发展成为中国西部航空大省。2019年兰坪通用机场建成通航,云南机场集团运行机场总数达16个,已形成了以昆明为中心,连接省内与周边省际支线网络、辐射国内大中城市的干线网络、面向东南亚、南亚国家和地区的国际及地区航线网络的3个轮辐式为主及城市对式结构互补的航线网络,并形成以昆明区域性枢纽机场为主的机场群。

2019年,云南机场集团各机场累计保障飞机运输起降54.6万架次,旅客吞吐量7053.15万人次,货邮吞吐量46.27万吨,旅客吞吐量同比增长4.4%。其中,昆明机场累计保障飞机运输起降35.59万架次,旅客吞吐量4807.61万人次,货邮吞吐量41.60万吨,旅客吞吐量同比增长2.1%。西双版纳、芒市机场旅客吞吐量分别突破500万和200万人次,西双版纳、保山、澜沧、沧源、泸沽湖5家机场旅客吞吐量同比增长超过20%。州市机场生产运输量稳步上升,生产运输结构呈现从昆明机场一枝独秀转向全省多点协同并进的态势。云南机场集团紧扣"一带一路"倡议、云南辐射中心建设来布局航线网络,航线网络辐射能力得到持续提升。集团航线数量由2018年526条增加到640条,国际及地区航线由2018年85条增加至100条,通达25个国家、58个城市。昆明机场至南亚东南亚通航点达45个,保持全国第一,国际及地区航线旅客吞吐量达544.3万人次,同比增长11.8%。西双版纳、丽江国际及地区航线旅客吞吐量分别突破18万和8万人次。

2019年云南机场集团实现合并净资产313.67亿元,同比增加39.52亿元,实现国有资产保值增值。预计实现合并营业收入48.23亿元,同比增长2.62%;航空主业预计实现营业总收入36.02亿元,同比增长5.23%;非航控股企业预计实现营业总收入14.26亿元。

一、实施背景

2016年8月,中国民用航空局下发《关于加强民用航空气象工作的意见》(民航发〔2016〕94号),提出以解决制约民航气象发展的突出问题为导向,以满足民航运行和发展需求为目标,以提升民航气象服务能力为核心,以强化创新和深化合作为主要途径,催生气象服务的活力,优化气象服务品质,充分发挥气象服务的作用;要求建设支持航空高效运行的预报预警系统,建设满足航空用户需求的气象服务系统,促进航空气象应用技术创新。云南高原山地机场强对流天气短时临近预报系统研发课题是基于民航局文件精神,并结合《云南机场集团有限责任公司“十三五”创新发展规划》要求,为提高云南高原山地机场航空气象服务能力而提出的。

近年来,云南机场集团所属各机场航空运输业务呈现快速增长态势,其中丽江机场、西双版纳机场和大理机场,依托丰富的旅游文化资源和当地经济社会的不断发展,航空业务量增长尤为迅猛。但是,各类恶劣天气,特别是雷暴、短时强降水等强对流天气对航班飞行安全和机场运行正常产生很大影响。目前,各机场气象台主要依靠基本的天气图分析、卫星云图和接引的多普勒天气雷达信息,结合预报员的预报经验对强对流天气进行短临预报,与中国民用航空局建设支持航空高效运行的预报预警系统的要求还有较大差距。

为此,云南机场集团有限责任公司于 2017 年 12 月设立“云南高原山地机场强对流天气短时临近预报系统研发”创新课题(项目编号:2017CX01),由集团机场航务部组织实施,以丽江、西双版纳、大理三个机场为试点机场,开展强对流天气监测预警技术的研究和开发,研发适用于云南高原山地机场的强对流天气短时临近预报系统,提供机场区域短时强降水、雷暴大风、冰雹等天气的临近预报手段,减轻此类天气对航班正常运行的影响,对于提高机场飞行气象保障能力、确保机场安全运营具有重要意义。

二、成果内涵

“云南高原山地机场强对流天气短时临近预报系统研发”课题使用大理、丽江、西双版纳机场及周边区域的天气雷达探测资料、电场仪和闪电观测资料、探空资料、地面观测资料和中尺度数值预报产品等气象资料,通过多种气象算法得到一系列气象产品,包括以雷达观测为主的监测产品,如雷达反射率因子拼图系列产品、定量降水估算产品、基于雷达多参量的强对流天气分类自动识别产品、0 ~ 2 小时强对流天气预警产品、0 ~ 12 小时强对流天气潜势预报产品等。

主要研究内容有:

1. 强对流天气分类识别技术研究

强对流天气识别是预报的基础。新一代多普勒天气雷达提供了雷达站周边丰富的云雨信息和风场信息,数值预报提供了大气温度场、湿度场和风场的三维信息。联合应用多种资料,开展基于天气雷达和数值预报产品的短时强降水和雷暴大风天气的识别研究,研究建立适用于大理、丽江和西双版纳机场的雷暴大风识别因子和短时强降水识别因子,有效识别机场附近的强对流天气。

2. 强风暴临近预报技术研发

临近预报技术最早起源于雷达回波的外推技术,后来强调利用多种观测及其反演信息,并结合数值预报研究建立风暴生命史模型,从而指导和约束外推预报。本研究以 SCIT(Storm Cell Identification and Tracking,风暴单体识别和跟踪)技术为基础,基于雷达参量(包括反演量)与数值模式输出参量,在分类识别强对流天气基础上,发展临近预报技术。

3. 基于数值预报的强风暴潜势诊断

以影响航空安全的强降水、雷暴大风和冰雹为主要研究对象,基于中尺度数值预报模式,计算与强对流发生环境动力和热力条件相关的物理量和对流参数,通过对这些量在若干过程中的分析、统计,采纳专家系统的思想,用模糊逻辑学方法,建立四类强天气类多参数的潜势预报模型,生成 0 ~ 12 小时强对流天气潜势预报。

4. 机场强对流天气短临预报系统开发

在充分调研分析机场气象服务业务需求基础上,设计开发大理、丽江和西双版纳机场强对流天气短临预报系统,主要包括信息采集存储、天气信息展示、产品生成和发布等功能,系统采用可配置、可扩充、模块化的设计架构,确保系统功能的可扩充性以及系统在其他机场的推广应用。

三、创新课题的实施

(一)课题目标

基于天气雷达、地面和探空观测资料、数值预报产品,应用强对流天气分类识别技术和短时临近预报技术,获得大理、丽江、西双版纳机场及周边区域灾害性天气的0~2小时实时定量预报产品和0~12小时强对流天气潜势预报产品,建立可业务运行的机场强对流天气短时临近预报系统,预期使强对流天气预报命中率达到60%~70%,空报率控制在40%以内。0~2小时短临预警提前时间不低于20分钟,逐6分钟更新1次。有效提高上述机场的强对流天气预报预警能力,减少强对流天气对机场航班运行的影响。

(二)技术路线

强对流天气一般的定义是:短时强降水为1小时雨量超过20毫米;对流性大风(雷暴大风)为极大风速超过17米/秒;强冰雹为冰雹最大直径超过20毫米。课题根据各机场飞行气象保障实际需要以及民航相关标准,在研究中确定短时强降水标准为1小时雨量超过8毫米,雷暴大风为平均风速大于或等于8米/秒,且阵风大于或等于13米/秒。

课题的主要技术难点是强对流天气的分类识别和短时临近预报。参考国内外相关研究成果,结合云南地区山地气候特征,课题确定的技术思路是:以天气雷达信息为主,融合实时地面、探空观测数据和数值预报模式产品,采用国内外有效的天气分类识别和预报算法,开展机场强对流天气短临预报系统研发工作。

1. 风暴临近预报

基于雷达基数据,采用SCIT算法识别、跟踪、预报风暴。采用多阈值法从反射率因子扫描层中依次识别风暴段、二维分量,通过对二维分量进行垂直相关得到风暴质心的三维结构,计算风暴质心、VIL等基本参量。根据移动路径最近和体积变化最小原则,跟踪不同时次风暴的移动,计算风暴移动矢量,在此基础上线性外推未来风暴质心位置。

2. 强对流天气分类预警技术

基于风暴临近预报结果,从风暴体结构提取回波特征量,结合数值模式预报场建立预警因子,采用模糊逻辑原理分类预警冰雹、雷暴大风天气,以风暴预报落区作为强天气落区。短时强降水预警采用光流法和半拉格朗日外推法,结合实时Z-R关系预报短时强降水落区。

3. 基于数值预报的强风暴潜势诊断

在已有研究的基础上,对强对流天气潜势预报的配料选取进行分析归纳,重点从强风暴发生的环境条件出发,用中尺度模式计算若干气象常规物理量和对流参数,采纳配料法思想,研究以中尺度数值预报模式为基础的适合3个机场的四类强对流天气落区的潜势预报诊断方法。

(三)课题组织实施情况

1. 课题组及分工

(1)课题组、协作单位

"云南高原山地机场强对流天气短时临近预报系统研发"创新课题在2017年云南机场集团"员工创新大赛"中荣获一等奖,被列为集团重点创新项目,受到集团各级领导的高度重视,并成立课题领导小组,由集团分管安全的副总裁为负责人,机场航务部和大理、丽江、西双版纳机场相关负责人组成,主要负责统筹规划、方向把握、重大问题决策、外部协调、指导督促等工作。

课题研究小组主要由云南机场集团有限责任公司大理、丽江、西双版纳机场气象台的气象技术人员组成,10名成员中有1名为研究生学历,其余均为大学本科学历,其中副研究员级高级工程师3人,工程师5人,具有较丰富的实际工作经验和较强的气象科研能力,曾于2014年完成集团公司创新项目"大理机场飞行气象条件与环境变化相关性探研”“丽江机场暴雨天气监测预警系统开发研究”,2016 年完成民航局空管办验证项目“中小机场气象信息集成服务对飞行安全和效率影响的验证”,2018 年完成集团公司创新项目“气象资源信息共享暨气象业务融合规划研究课题”。

课题选取华云信息技术工程有限公司为协作单位,该公司是中国气象局华云气象科技集团下属的国有股份制高科技公司,可为本课题研究提供实时和历史气象观测资料和产品,可利用国家级技术团队力量协助本课题进行重大技术研究和开发。

(2)任务分工

课题组工作内容(占总工作量的 60%):

①大理、丽江和西双版纳机场强对流天气短临预报业务需求整理。

②各机场强对流天气个例资料收集、整理,包括机场发生强对流天气的时间及地点记录,机场地面自动观测数据收集等。

③各机场强对流天气短临预报分系统(潜势预报)本地化功能实现、系统安装部署、调试、试运行及业务运维。

④各机场强对流天气分类识别预警和强风暴潜势诊断结果检验。

协作单位工作内容(占总工作量的 40%):

①多普勒天气雷达回波外推软件研发。

②强对流天气预报算法研制和机场强对流天气短临预报系统软件研发。

③提供本课题研发所需的天气雷达资料、3 个机场及周边的气象站观测资料、各类数值预报模式产品。

2. 课题实施步骤

“云南高原山地机场强对流天气短时临近预报系统研发”课题立项时间为 2017 年 12 月,开题时间为 2018 年 1 月,至 2019 年 12 月结题。

(1)2018 年 1—3 月

开展设备采购、协作服务招标工作,编制课题开题报告书和课题实施方案,完成课题开题工作。

(2)2018 年 4—12 月

4—5 月,课题组开展机场环境和强对流天气特征调查,形成课题需求调研报告,并对 3 个机场近两年的强对流天气个例进行统计分析,收集整理机场观测数据和对航班运行的影响情况,总结强对流天气特征;6—10 月,分析潜势预报分类指标,开展强对流天气潜势预报技术研究;11 ~ 12 月制定预报效果评定指标和算法。各机场每周统计强对流天气个例,提供给协作单位实时检验优化风暴识别跟踪方法。

协作单位开展强对流天气分类预警技术开发、风暴识别跟踪技术研究,并根据各机场提供的实时天气个例数据,检验优化各种监测和风暴识别跟踪方法,初步集成了强对流天气预警算法。协作单位专家 10 月份到云南对 3 个机场接引的雷达站和机场周边环境进行现场调研,了解机场气象业务运行情况和业务需求。

(3)2019 年 1—6 月

课题组搜集、处理分析近 5 年来 3 个机场强对流天气资料和相关探空、数值预报再分析资料,建立雷暴、强降水等强对流天气潜势预报方程,提交协作单位编程加入预报系统。

协作单位在 3 个机场现有气象保障业务系统基础上,设计开发机场强对流天气短时临近预报系统。预报系统在 4 月份已经安装完毕,进入调试阶段,但由于中国气象局对雷达基数据的管控,需要进行数据传输模块的重新构建,对系统平台软件进行修改,此项工作于 6 月 16 日完成。

(4)2019 年 7—9 月

在大理、丽江和西双版纳机场开展强对流天气短时临近预报系统业务试运行,改进优化算法和预报阈值,建立业务工作流程,完成系统平台改版工作。

(5)2019 年 10—11 月

预报结果检验,编制课题技术报告和工作报告,准备验收资料。

(6)2019 年 12 月

完成内部初验,提交结题验收申请,并通过外部专家组验收。

(四)课题研究成果

1. 短临预报方法

短临预报使用机场附近的多普勒天气雷达基数据,通过风暴识别跟踪与预报方法、强降水估测与预报方法,预报未来 0 ~ 2 小时的强对流天气。预报的时间间隔为 10 分钟,预报更新频率为逐 6 分钟。

风暴识别跟踪和预报主要利用质量控制后的雷达基数据进行风暴单体识别、强对流天气类型识别,并结合前几个连续雷达体扫时次的风暴识别数据进行路径跟踪和外推,预报未来 2 小时的强天气(强降水、雷暴大风、冰雹),预报时间间隔为 10 分钟。0 ~ 2 小时短临强天气识别和预报外推组件,基于质控后雷达基数据,采用多阈值法从反射率因子扫描层中依次识别风暴段、二维分量,通过对二维分量进行垂直相关得到风暴质心的三维结构,计算风暴质心、VIL 等基本参量。根据移动路径最近和体积变化最小原则,跟踪不同时次风暴的移动,计算风暴移动矢量,在此基础上线性外推未来风暴质心位置。根据强对流天气分类识别因子和短时强降水识别因子,有效识别机场附近区域强对流天气。

降水估测和外推预报通过获取经过质量控制的多普勒天气雷达基数据,从单站雷达基数据中提取基本反射率因子,根据地形遮挡仰角生成混合扫描反射率因子,采用光流法和半拉格朗日外推法,预报未来反射率因子场。结合自动气象站逐小时雨量数据,采用 RAISM 方法建立实时 Z-R 关系,使用实时 Z-R 关系将反射率因子预报场转换为雨强预测产品,预报未来 2 小时的降水场,预报时间间隔为 10 分钟。

2. 潜势预报方法

强对流天气具有出现突然、变化剧烈的特点,对它的预警必须在很短的时间内做出,因此强对流天气的短时临近预报一直是世界性的气象预报难题。使用潜势预报方法,可以提前几小时对强对流天气落区进行预测,对预报人员预报预警强对流天气来讲,无疑是最有效的工具。

强对流天气的潜势预报方法主要是将传统的诊断预报方法和数值预报产品相结合,基于当地的地形与天气特点,把以往用于诊断分析的物理量和对流指数延伸到预报场中进行计算,从而使得诊断量具有预报功能。潜势预报方法重点从强风暴发生的环境条件出发,从强对流天气的历史记录及其天气过程相关物理量中寻找规律,归纳总结潜势预报的判别指标,利用中尺度数值预报模式,计算、输出若干与强风暴发生发展有密切关系的常规物理量和对流参数,利用配料法和概率预报方法对强对流潜势进行预报。

(1)资料选取与预报物理量

课题组收集统计大理、丽江、西双版纳机场 2014—2018 年机场区域发生的强对流天气个例计。

所用数值资料为 NCEP 网站提供的 2014—2018 年逐日 FNL 全球再分析资料。FNL 再分析资料的时间步长为 6 小时,每日有 4 份再分析资料,分别是 00、06、12、18 时刻数据。空间精度为 1°×1°,网格分辨率较高。

课题选取了与强对流天气有关的 SI(沙氏)指数、LI 抬升指数、BLI 最大抬升指数、K 指数等 33 个预报物理量,并确定计算方法。

(2)建立潜势预报方程

强对流天气的潜势预报方法主要是通过对不同类型强对流天气的历史气象资料的导出物理量历史值进行分类统计,选取与该类强对流天气相关性较好的敏感对流参数作为预报因子,通过权重分析应用多元逐步回归法建立不同类型强对流天气的潜势预报方程。

课题组根据强对流天气分类潜势预报方法,组织技术攻关,选取适用于高原山地的分类指标,使用各机场实际天气个例历史数据,建立了3个机场的雷暴和强降水潜势预报方程,其中雷暴还按干、雨季分别建立潜势预报方程;雷暴大风预报因子相关性较差,潜势预报方程未通过可信度检验,不适用于预报,改为求取雷暴大风相关因子平均值,进行统计分析挑选出相关因子阈值作为预警值;由于机场冰雹个例极少,挑选的预报因子和计算的相关系数不具备代表性,因此不建立冰雹潜势预报方程,仅基于对冰雹形成机制的有关研究及预报经验的总结,选取相关因子阈值为预警值,作为冰雹潜势预报的判别依据。

3. 预报系统平台

云南高原山地机场强对流天气短时临近预报系统是集成短临预报、潜势预报技术,提供强对流天气预警预报的产品,以及地面、探空、雷达、卫星、数值模式等资料展示的综合网络系统。系统能够为大理、丽江、西双版纳机场气象台的气象业务人员和系统管理用户提供持续的气象预报、气象数据支撑服务。

(1)预报系统平台功能需求

短临预报系统基于天气雷达、地面和探空观测资料、数值预报产品,应用强对流天气分类识别技术和短时临近预报技术,获得大理、丽江、西双版纳机场及周边区域灾害性天气的0~2小时实时定量预报产品和0~12小时强对流天气潜势预报产品,具备稳定的业务运行能力,可有效提高上述机场的强对流灾害性天气预报预警能力。

(2)预报系统平台功能设计

在充分调研分析机场气象服务业务需求基础上,设计开发大理、丽江和西双版纳机场强对流天气短临预报系统,系统功能主要包括:

①信息采集存储功能:实时采集来自机场气象观测站的气象观测数据、合格数据供应商提供的雷达数据、数值预报产品、卫星数据等,建立小型文件系统,存储实时观测资料、历史气象资料、预报产品、预警信息等。

②天气信息展示功能:开发数据可视化功能,实现数据的可视化图形展示,为预报员提供机场及周边实时天气实况信息、各种雷达产品(基本反射率、基本速度、组合反射率、降水估算、回波顶高、垂直液态含水量等)、卫星云图、数值预报产品,提供对强对流天气发生有重要指示意义的各种参量(如K指数、CAPE指数、抬升指数、SWEAT指数等)展示,提供强对流天气报警和信息展示。

③产品生成和发布功能:当有强对流天气发生时,后台自动生成机场及周边区域发生各类强对流天气的预报产品,生成预警信息,并将预警信息分发至指定的地址。

系统采用可配置、可扩充、模块化的设计架构,确保系统功能的可扩充性以及系统在其他机场的推广应用。其功能结构如图1所示。

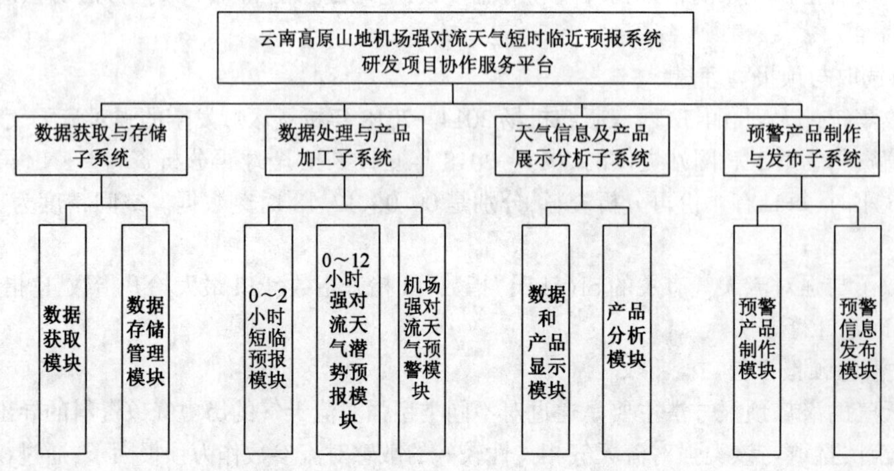

图1 云南高原山地机场强对流天气短时临近预报系统研发项目协作服务平台功能结构图

(3)预报系统平台运行情况

预报系统在2019年4月安装完毕,进入调试阶段,但由于中国气象局对雷达基数据的管控,需要进行数据传输模块的重新构建,6月完成对系统平台软件的修改,7月投入试运行。协作单位和课题组通力合作,对中期验收中检查出来的问题和试运行测试中发现的问题进行改进,于9月3日完成系统平台改版升级工作,提高了预报产品准确性,并使产品显示功能进一步优化,具有预报产品数字化显示和强对流天气信息提示功能,业务实用性得到提高,同时系统运行稳定性也得到提升。

(五)系统测试和改进

1. 预报系统平台测试

为保证系统的正常运行,使系统能够满足响应时间、数据库读取、数据库查询等方面的要求,并在一些特殊的条件下也能保证系统的正常运行,采用模拟实际运行环境进行功能和非功能测试,并根据测试结果对系统进行了进一步改进和优化。短临预报系统在时效性、稳定性、易用性、可扩展性、可维护性等方面均通过测试,其中,雷达数据处理与强对流天气短临预报产品加工时间平均可以控制在2分钟之内,满足课题目标规定的"不超过6分钟"的要求。

其他非功能性指标经测试满足以下指标条件:

①数据下载子系统平均响应时间≤5秒。

②短临预报、潜势预报、地面、高空、雷达、卫星、数值模式等数据读取、查询,展示时间≤5秒。

③预报产品稳定性:大理机场从7月14日到11月14日,有6天时间系统未输出潜势预报产品数据,其中不排除因EC资料短缺而导致的情况。

2. 短临预报效果检验

2019年4月开始,华信公司着手研发云南山地机场短临预报算法,实地考察了大理、丽江、西双版纳三地的机场周围地理条件和地物地貌特征,并对机场周边区域的观测资料进行了采集和分析。通过调研分析,对原有的短临预报算法进行针对性的改进,于6月份进行了预报产品的输出。

针对6、7、8月预报结果普遍出现空报率较高的情况,算法研发团队对雷达质量控制模块进行了整改,整改后有效滤除了影响预报结果的地物回波影响,强化了强对流特征的识别能力。此外对风暴模块进行了多版修改,优化了算法计算能力和各个模块之间的耦合计算架构,改进了数据的输出,对没有明显特征的结果数据进行了标注输出,有效提高了预警的合理性。

使用大理机场周边50公里半径内的闪电定位资料,对9月份雷暴短临预报效果进行检验,其间共报雷暴214次,实际出现了181次,报对181次,空报33次,漏报0次,则该预报算法对雷暴的命中率为100%,准确率为84.58%,空报率为14.42%,漏报率为0,检验使用了机场周边50公里半径范围内的闪电电位资料,结果表明算法对雷暴预报的效果良好。

使用机场自观分钟级降水数据对9月份机场周边25平方公里范围内的强降水短临预报效果进行检验,检验结果如下。

总体来看漏报率较高,0分钟时效强降水准确率为26.50%,漏报率为73.50%;30分钟时效强降水准确率为17.48%,漏报率为82.52%;60分钟时效强降水准确率为12.8%,漏报率为87.2%;90分钟时效强降水准确率为9.91%,漏报率为90.09%;120分钟时效强降水准确率为8.45%,漏报率为91.55%。造成漏报率较高的原因如下:①算法采用地面观测数据中的降水量作为Z-R关系的订正输入,按照雷达站周边200公里范围进行站点数据采集,该范围内的站点数据量较少,数据样本影响到Z-R关系系数的局地订正;②大理属于典型的高原山地机场,由于地形差异,站点降水量较大,雨量随时间变化快,采用机场本地分钟记得自观数据进行效果验证会产生一定的偏差。需要通过长期的应用,通过对预报效果的分析,确定符合大理局地的Z-R关系参数,同时输入经过数据质量控制的区域自动站数据增加地面降水订正样本的输入,提升预报准确率。

3.潜势预报效果检验

2019年4月课题组根据建立的雷暴和强降水潜势预报方程,提交了最优的预报阈值,于7月试运行阶段进行了预报产品的输出。

针对7月潜势预报结果普遍出现空报率较高的情况,课题组分析认为预报阈值不应只考虑最优性,潜势预报方程计算输出的强对流天气总次数应与实际强对流天气历史个例数基本相同,因此按照2014—2018年强对流天气个例数对阈值进行了重新选定,并在9月份系统整体改进后启用。

课题组使用机场周边50公里半径内的闪电定位资料,对9月雷暴潜势预报效果进行检验,考虑到闪电定位资料中的雷暴天气个例数要远多于本场能观测到的雷暴个例数,使用原阈值易出现漏报的情况,对各机场阈值再次进行优化,并按照新的阈值检验预报效果。

潜势预报检验结果为:雷暴预报命中率可达70%以上、空报率控制在40%以内(表1),达到课题预期目标;由于机场降水量只是定点降水,不能很好代表潜势预报区域降水量,并且对流性强降水的空间分布极不均匀,因此依据机场降水量进行评分,预报检验效果不太好,目前各机场强降水潜势预报命中率大于60%,准确率为23.26%~37.5%(表2);在预报检验过程中,大理机场出现两次雷暴大风,潜势预报准确预报出了一次雷暴大风,另一次预报了雷暴;没有冰雹实况和潜势预报个例。

雷暴潜势预报检验结果

表1

机场	预报方法	命中率	准确率	空报率	漏报率
大理机场	人工预报	19.6%	17.7%	34.3%	80.4%
	系统预报	76.92%	53.20%	36.70%	23.08%
	效果提升	57.32%	35.5%	2.4%	-57.32%
丽江机场	人工预报	27.9%	24.5%	32.9%	70.4%
	系统预报	73.86%	63.84%	17.52%	26.14%
	效果提升	45.96%	39.34%	-15.38%	-44.26%
西双版纳机场	人工预报	46.96%	34.32%	29.92%	53.03%
	系统预报	78.43%	60.60%	22.73%	21.57%
	效果提升	31.47%	26.28%	-7.19%	-31.46%

强降水潜势预报检验结果

表2

机场	命中率	准确率	空报率	漏报率
大理机场	77.00%	31.25%	65.52%	23.00%
丽江机场	71.43%	23.26%	74.36%	28.57%
西双版纳机场	60.00%	37.50%	37.50%	40.00%

(六)课题完成情况

1.系统功能完成情况

依据云南高原山地机场强对流天气短时临近预报系统的测试方案、测试用例,分别对系统功能(主要包括:数据和产品显示、产品分析、机场告警、预警产品制作)、雷达数据处理与强对流天气短临预报产品加工的时效性、交互界面的易用性、系统运行的稳定性、扩展性、可维护等多个方面进行了全面、深入的测试。从总的测试结果来看,发现的BUG中90%左右涉及功能实现、数据准确性、界面加载时间过长等影响用户使用、具有深度的问题,均发现于整个测试周期中的前期。在开发组获取缺陷,并对代码进行优化、修复后,测试后期至回归测试的缺陷新增数平稳趋于0,修复缺陷引入新缺陷的概率较小。在经过测试组回归测试后,目前系统所有发现的缺陷都已修复并关闭,系统正确实现了需求中要求的数据收集、处理、存储、数据及图像展示、产品分析、预警产品制作等功能。系统在预报预警强对流天气的同时,有较好的信息采集存储功能、天气信息展示功能、产品生成和发布功能,可满足机场航空气象预报业务需求。

2. 预报产品需求满足情况

(1)短临预报产品

机场短临预报系统的雷暴短临预报产品准确率为84.58%,空报率为14.42%,达到课题预期目标;短临预报对部分雷暴天气时出现的强降水个例预报效果较好,准确率可达71.43%,但对机场所有中雨以上量级的个例进行检验,总体来看漏报率较高,准确率为8.45%~26.5%,没有出现空报的情况,主要是由于用于订正Z-R关系的自动站数据较少,且地形原因导致降水局地差异大,时间变化快。目前,雷暴短临预报的效果良好,强降水短临预报尚需改进。短临预报产品对机场实际预报业务有一定的参考价值,可以有效提升机场强对流天气预报预警能力。

(2)潜势预报产品

机场短临预报系统的雷暴潜势预报产品准确率较人工预报提高了26%~39%,三个机场0~12小时潜势预报雷暴命中率平均为76.4%,准确率为59.21%,空报率为25.65%。

由于机场降水量只是定点降水,不能很好代表潜势预报区域降水量,并且对流性强降水的空间分布极不均匀,因此依据机场降水量进行评分,预报检验效果与原定目标有一定差距,目前潜势预报强降水命中率平均为69.48%,准确率为30.67%,空报率为59.13%。因为强降水的难以预报性,并且《航站重要天气预报质量评定办法》(总局空发〔1995〕146号)中没有区分降水的量级,因此机场预报员极少发布中雨量级预报,几乎没有发布过大雨预报,目前系统提供的潜势预报产品突破了强降水“零预报”的现状。雷暴大风潜势预报产品具有一定的预报参考价值,没有出现冰雹实况和潜势预报个例。在短临预报系统预报产品的支持下,可有效改变机场强对流天气预报准确率较低的现状,极大提升机场预报的准确性和实用性。

目前,雷暴潜势预报准确率提升效果明显,强降水潜势预报突破了人工“零预报”的现状,雷暴大风潜势预报也具有一定的参考价值,充分说明了机场短临预报系统的潜势预报产品有较好的预报指导作用,可以有效提升机场强对流天气预报预警能力(表3)。

机场短临预报系统预报产品平均准确率 表3

强对流天气类型	0~12小时潜势预报	0~2小时短临预报准确率
雷暴	59.21%	84.58%
强降水	30.67%	26.50%
雷暴大风	50.00%	未检验
冰雹	无个例	无个例

3. 文档提交

课题形成了一套完整的技术资料,包含课题技术报告、课题工作报告,以及《强对流天气识别跟踪与预报方法技术文档》《强对流天气潜势预报方法技术文档》《预报效果评定指标和算法》《云南山地机场强对流天气短临预报系统建设项目强天气预警集成方案》《云南高原山地机场强对流天气短时临近预报系统原型设计说明书》《云南高原山地机场强对流短临预报系统使用手册》《云南高原山地机场强对流短临预报业务流程》等。

在课题研究中编撰并发表《大理机场雷暴天气特征和潜势预报研究》(刊于《中低纬山地气象》2020年第6期)、《利用风廓线雷达资料分析大理机场飑线天气过程的风垂直变化特征》(刊于《沙漠与绿洲气象》2020年第4期)、《西双版纳机场强对流天气的潜势预报方法》(刊于《云南气象》2020年第1期)、《丽江机场强对流预报因子及潜势预报分析》(刊于《云南地理环境研究》2020年第3期)等论文。

取得《高原山地机场强对流天气短时临近预报系统V1.0》计算机软件著作权登记证书(图2)。

(七)创新点

①本课题的主要研究成果——大理、丽江、西双版纳机场强对流天气短时临近预报系统是我国目前专门针对特定机场进行强对流天气短时临近预报的为数不多的系统之一,在云南地区属首次。

中华人民共和国国家版权局

计算机软件著作权登记证书

证书号：软著登字第5115244号

软件名称：高原山地机场强对流天气短时临近预报系统
[简称：山地机场强对流短临预报系统]
V1.0

著作权人：云南机场集团有限责任公司

开发完成日期：2019年09月25日

首次发表日期：2019年09月25日

权利取得方式：原始取得

权利范围：全部权利

登记号：2020SR0236548

根据《计算机软件保护条例》和《计算机软件著作权登记办法》的规定，经中国版权保护中心审核，对以上事项予以登记。

中华人民共和国国家版权局 计算机软件著作权登记专用章

No. 05438255

2020年03月11日

图2　计算机软件著作权登记证书

②准确的短时强对流天气预报是业界公认的技术难题。本课题集成国内外先进的强对流天气识别和短时临近预报技术，结合大理、丽江、西双版纳地区天气气候特点，将科学研究成果业务化应用，形成可应用于实际预报业务的系统，体现了科学研究的集成创新。

③多源数据融合集成是目前大数据技术应用的前沿研究课题。本课题融合雷达、地面高空观测、数值预报等多种气象观测资料和产品，获得机场强对流天气定量的短时临近预报，是大数据技术在机场气象保障业务中的创新性应用。

四、实施效果

“云南高原山地机场强对流天气短时临近预报系统研发”创新课题是云南机场集团贯彻落实“抓基层、打基础、苦练基本功”三基工作要求的具体体现，也是服务于云南建设面向南亚、东南亚辐射中心战略目标，践行创新引领的实际行动。强对流天气是影响航班安全、正常的重要因素，云南机场集团积极响应民航局《关于加强民用航空气象工作的意见》要求，研究开发“云南高原山地机场的强对流天气短时临近预报系统”，提供机场区域雷暴、大风、冰雹、短时强降水等天气的临近预报手段，对提高预报准确率、更好地保障航班安全和正常具有显著的应用价值。同时，这也是集团气象业务主动融入行业发展，推动集团天气预报从主观定性预报向客观定量预报发展迈出的第一步。

“云南高原山地机场强对流天气短时临近预报系统研发”课题经过两年的科研攻关，针对高原山地机场强对流天气特点，创新性地将短临预报和潜势预报技术结合在一起，以天气雷达信息为主，融合实时地面、探空观测数据和数值预报模式产品，采用国内外有效的天气分类识别和预报算法，开展风暴临近预报、强对流天气分类预警技术、基于数值预报的强风暴潜势诊断研究，建立可业务使用的机场短临预报系统，提供较为精准的机场强对流天气0～2小时短临预报产品和0～12小时潜势预报产品。

2020年，机场强对流天气短时临近预报系统投入业务运行，显著提升了试点机场天气预报准确率(表4)，在“防疫抗疫、复产复工”中发挥了较好的作用。随着旅游业的恢复，云南机场集团各机场航空运输量大幅回升，部分机场航班量在暑期(7—8月)出现了报复性增长，例如大理机场2020年8月共保障航班1776架次,为单月历史最高值,比上年同期增长了12.7%。但同时,暑期是云南的主汛期,强对流天气主要出现在这一时期,在今年全国气象灾害频发的背景下,各试点机场以准确的气象预报保证了航班飞行的安全和正常。

各试点机场暑期重要天气预报准确率 表4

投产前后准确率	大理机场		丽江机场		西双版纳机场	
	7月	8月	7月	8月	7月	8月
2019年(系统投产前)准确率	89.5%	86.8%	90.0%	88.6%	88.5%	88.8%
2020年(系统投产后)准确率	93.5%	90.6%	90.0%	91.1%	92.5%	91.1%
准确率提高百分点	4.0	4.2	0.0	2.5	4.0	2.3

机场短临预报系统的研发,为机场气象台提供了一个全新的客观预报平台,具有较好的业务扩展性,有利于各机场针对本场飞行气象特点开展系统的二次开发。短临预报提供了时间、空间尺度上精细化的强对流天气落区预报,潜式预报相关阈值设置为可调,便于后期进行天气个例总结分析和进一步优化阈值,具有较大的应用扩展和准确率提升空间。由于云南地区强对流天气的成因和机理大致相同,因此,大理、丽江和西双版纳机场的强对流天气短时临近预报方法同样适用于云南地区的大多数机场,机场强对流天气短时临近预报系统可推广至云南省内各机场。

在课题研究过程中,来自生产一线的课题组成员工作、研究两手抓,承担了60%的课题工作量,负责天气个例的收集和分析,参与算法的本地优化,对数值预报模式进行验证和改进,并独立承担潜势预报的研究,这对课题组成员来说是一次极好的学习机会,也为云南机场集团培养了一批气象科研人才,为今后的气象科研创新工作打下了良好基础。

通航桥防撞预警系统的应用与管理

广深珠高速公路有限公司

成果主要创造人:宋从军　万敏达

成果参与创造人:黄尚林　高　武　冯泽玲　王昌伟　林　斌　李　政
李　颖　邓志鹏　李楚涛　程　亮

广深珠高速公路有限公司,由广东省公路建设有限公司与香港合和中国发展(高速公路)有限公司合资成立,主要业务范围是广(州)深(圳)高速公路经营管理。

广深珠高速公路有限公司经营的广深高速公路,起自与广州市东、北环城高速公路相接的广氮立交,途经广州市增城区、东莞市、深圳市至皇岗口岸,与深圳市城市道路和香港落马洲管制区路网相接,主线全长122.8公里,是我国目前规模最大、标准最高、服务功能最强、管理设施最完善的高速公路之一。它的建成,促进了珠江三角洲的经济发展,加强了港澳地区与广东省及内地在经济、技术、信息、文化等领域的联系和合作。

随着国内水运运输业的蓬勃发展,船舶对通航桥造成的安全隐患也日益增多。广深高速公路途经众多河流,横跨桥梁数量众多,提高桥梁养护能力,保护桥梁不受船舶撞击损坏,是广深珠高速公路有限公司重要工作之一。

一、实施背景

据统计,我国桥梁数量庞大,全国公路桥梁共有80多万座,按跨径分类,特大桥梁2341座,大桥55229座。广深珠高速公路有限公司管辖的广深高速公路起自与广州市东、北环城高速公路相接的广氮立交,途经广州市增城区、东莞市、深圳市至皇岗口岸,与深圳市城市道路和香港落马洲管制区路网相接,主线全长122.8公里,横跨桥梁数量众多。由于桥梁建设时间不同,建设标准不一,桥下通行船舶来源不同,随着水运、道路交通的发展,船舶碰撞桥梁的风险也持续升高。

造成船舶碰撞桥梁事故的主要原因如下:

①早期建设的桥梁因为建设成本考虑,标准相对较低。

②航道发展较快,大部分河道水深及通航等级提高。

③船舶逐步大型化,几十吨到五千吨不等。

④船舶驾驶员年轻化,船员普遍为初中专学历,文化程度较低,船舶驾驶经验不足。

⑤受每日潮汐影响,桥梁通航净高发生变化。

⑥沿江经济发展造成通航环境复杂化,增加了船员的操作难度。

船舶碰撞桥梁事故影响重大。轻则造成船、桥损伤,重则造成船毁桥塌以及重大人员伤亡与环境污染事故。为此,广东海事局、广东省交通运输厅发布了《关于印发防范船舶碰撞桥梁专项治理工作方案的通知》(粤海通航〔2017〕245号),并把本次专项整治工作列为广东海事部门安全大巡查的重点工作之一,要求海事部门和交通部门建立联合执法、信息共享、工作会商机制,重点治理珠江三角洲水网地区以及西江、北江干流等通航密集水域的桥梁,航行于上述水域的1000吨以上船舶。围绕航道、桥梁、船舶、航运公司、通航环境等要素,开展安全隐患排查和专项治理行动,联合打击桥区水域违法违规行为,还要求及时向社会公布重要桥梁通航净空高度、桥区水深信息和通航等级,落实通航桥桥涵标的设置和维护,积极推动通航桥防撞预警方案研发与运用工程项目。

广深珠高速公路有限公司早期采用的通航桥防撞方案主要是在桥梁、桥墩等处安装加固、保护措施,以期在碰撞事故发生时减轻撞击程度,降低经济损失。桥梁安装被动防撞设施的成本通常较高,保护范围有限(以桥墩为主)。

2016 年,广深珠高速公路有限公司在川槎大桥、东洲河大桥、道滘大桥安装了主动式通航桥防撞预警系统,该系统利用现代化检测手段提高航道运行的安全性,有效避免超高船舶进入航道造成交通意外事故,精确检测出船舶是否超高,诱导超高船舶安全行驶路线,及时警示和录像。该系统有利于保障交通安全,消除交通隐患,方便了违章、违法监管,为航道交通保驾护航。主动式通航桥防撞预警系统与传统的被动式防撞方式相比,具有安装简单、造价成本低、运维便捷等优势。

(一)必要性

①由于原桥设计较早,净空较低,过往船只越来越大、越来越高,超高船舶与桥梁发生碰撞可能性加大。

②设置预警提醒,减少碰撞事故。对靠近桥梁的超高船舶进行预警预报,主动提醒警示来船,更有利于保护桥梁安全。

③设置视频监控,便于取证。研发应用视频监控系统,对过往船舶进行监视,录像、能及时获得对给桥梁造成损害的船舶船号、船舶特征、肇事部位等关键信息,便于事故调查取证和维权索赔。

(二)迫切性

1. 桥梁碰撞事故呈现上升趋势

近年来,随着水运交通的迅猛发展,船舶与桥梁碰撞事故呈增多态势。以广东省为例,自 2013 年至 2019 年 10 月,已经有 340 余起比较严重的碰撞事件,造成了近百亿元的经济损失。

2007 年 6 月 15 日 5 时,装载河砂的"南桂机 035"轮偏离航道,与广东省九江大桥发生碰撞,造成 8 人死亡,桥梁垮塌 200 米,损失数千万元,引起举国关注。2010 年 11 月 2 日 19 时,一艘运砂船正面撞击乌龙江大桥,撞倒施工塔吊,吊臂压在路过客车、出租车和摩托车上,造成 18 人受伤。2010 年 12 月 25 日下午,江苏省盐城市盐都区秦南镇境内一跨河大桥遭遇船队撞击后垮塌。2012 年 5 月 23 日,"明珠 7 号"邮轮的烟囱与温州大桥发生刮擦,对桥梁主体结构造成了一定损伤。2013 年 5 月 12 日,一艘海轮碰擦南京长江大桥桥墩,在大桥下游 3.5 公里处水域沉没。2015 年 10 月 15 日,"粤佛山工 2038"船船首龙门架碰撞肇庆西江大桥下行通航孔钢桁梁,造成西江大桥钢桁梁下弦杆、下平纵联、纵梁等部位不同程度受损,"粤佛山工 2038"船龙门架受损,损失达 4000 余万元。2017 年 1 月 8 日,装载砂石的"惠丰年 298"轮与广东省中山市洪奇沥大桥发生碰撞,造成墩柱断裂,桥面下沉 80 厘米,损失 6500 多万元。2017 年 4 月 1 日,由佛山开往海南的散货船"新晨光 20"轮在弯道处由一级航道错入四级航道,未发现桥梁通航净空限制,也未采取有效措施,轮顶部与莲溪大桥跨中发生撞击,被撞梁体端偏移约 1.6 米,下部 11 号墩轻微倾斜,墩顶发生环向裂缝,墩顶桥面板损坏,损失难以估量。

广深珠高速公路有限公司管辖路段发生过 2 起较为严重的船只碰撞桥梁的事故,分别为:2016 年 3 月广深珠高速公路有限公司川槎大桥和 2019 年 1 月广深珠高速公路有限公司东洲河大桥被通行船舶碰撞,导致桥梁 T 梁严重受损,需紧急更换,损失数千万元。

2. 桥梁碰撞事故的主要原因

桥梁碰撞事故多发的主要原因有以下几点:

(1)法律法规制度建设滞后

当前并无法规对船舶超航道等级航行等行为作出明确规定,也无船舶通过桥梁高度的明确规定。

2014 年,广东省制定颁布《广东省桥梁水域通航安全管理规定》,规定"船舶通过通航桥孔,应当保留足够的高度,并与桥墩边缘保持足够的安全间距。"但"足够高度"和"足够安全间距"究竟为多少,没有明确标准。

根据《中华人民共和国航道法》,船舶要配备必要的航行资料,明确了航道管理部门出版航道图的职责,但是至今仍未见有新的航行资料。

(2)老旧桥梁建设标准低于通航标准

老旧桥梁在规划建设时,往往未考虑航道升级和船舶大型化的需求,因此导致桥梁建设标准低于目前的通航标准。广深珠高速公路有限公司部分通航桥属于此种情况。

2017 年,经广东省海事局排查,广东省 1027 座航道桥梁中有 515 座桥梁的通航孔尺度不满足规范要求,其中通航孔净高不足的桥梁有 85 座,通航孔净宽不足的桥梁有 147 座,通航孔净高和净宽均不足的桥梁有 283 座。如此大比例的不达标桥梁,形成了桥梁碰撞事故多发的土壤。

(3)通航环境天然具有复杂性

从地理角度看,水网地区河道纵横交错,不同等级的航道相互连通,船舶往往会从高等级航道进入低等级航道,而低等级航道的桥梁并不满足大型船舶的通航要求,容易发生船碰桥事故。

从自然条件看,与公路桥梁不同,桥梁水域通航安全受自然条件影响明显,汛期水位大幅上升、水流湍急、大雾天气等均会增加船碰桥的风险。2012 年湖南平江大桥的垮塌事故、2016 年韶关船碰桥事故就是因为暴雨、洪水引发闲置船舶漂移导致。广深高速公路东莞段多次发生的船碰桥事故,是因为上游洪水提前,本来端午节才有的高水位 3 月份就到来,而船员凭以往经验过桥,所以酿成事故。

(4)船舶大型化和海轮进江的影响

一方面,航运单位为降低营运成本,船型向大吨位和小马力的趋势发展,使船舶操纵性能降低,船撞桥的风险大为增加,且任何小的剐蹭都会给桥梁安全带来难以估计的影响。

另一方面,由于海轮船员不熟悉内河航行环境,海轮进江也增加了船碰桥的风险,加上进江海船吨位一般都较大,一旦发生碰撞就会发生严重后果。

(5)桥梁通航安全标志不全

按照现行安全规范,4 级以上航道桥梁应配备桥名牌、桥涵标、主标志、高度受限、通航净高标尺、净高标志、禁止驶入、视频监控系统、防碰撞装置、助航标志等安全标志。按照交通运输部《关于印发桥区水域水上交通安全管理办法的通知》的规定,桥梁建设单位应当设置桥梁警示标志和桥区水上航标,维护桥区水域良好通航环境。

实际管理中,许多桥梁自身及附近水域缺乏有效预防预警设施(如通航净空实时电子显示、桥梁通航安全实时提醒等),无法对船舶进行有效的风险预警。

(6)船主船员防撞意识薄弱,船员技能不足

虽然根据《中华人民共和国桥区水域水上交通安全管理办法》规定,船舶所有人、经营人、管理人应当建立健全安全管理制度,加强船舶航行、停泊、作业管理,督促船舶、船员遵守相关规定。但实际情况为许多船主对船员的培训不够,船员技能不足,对自驾船舶的高度和宽度不甚了解,更不清楚桥梁净高和潮汐水位变化,对于能否过桥往往凭经验判断,甚至在明知有碰撞风险的情况下依然抱着试一试的态度涉险闯关。

3. 桥梁防碰撞日益引起重视

近年来桥梁碰撞事故屡屡发生,受到媒体广泛关注,给利益相关方带来极大损失,桥梁防碰撞日益得到相关方面的重视。

(1)桥梁防撞业务符合业主需求

桥梁业主是桥梁防撞的主体责任方和业务直接需求方。通航标志是否清晰有效、是否采取足够的防撞措施、水文和航道变迁是否检测和维护到位、索赔证据提供是否充足等,都会给业主带来巨大的潜在责任风险。

桥梁主动防撞预警系统既可以帮助业主降低桥梁碰撞风险,也能够帮助业主解决事故后期取证难、责任划分不明的问题。

(2)桥梁防撞业务符合船主需求

由于桥梁建造缺陷、通航条件复杂等客观原因和防撞技能缺失、防撞意识淡薄等主观原因,船主深受桥梁碰撞事故的困扰。一旦发生事故,船主不仅有船只损失,还需要承担桥梁损坏的责任。

桥梁主动防撞预警系统能够为船舶航行提供及时的预警信息,减少船主的潜在损失,因此也得到船主和船员的欢迎。

(3)桥梁防撞业务符合监管部门需求

一旦发生桥梁碰撞事故,不仅给业主和船主造成直接经济损失,还会带来其他社会损失。桥梁被撞后,陆路不能通车,影响交通运输;水运封航禁运,影响区域经济发展;重大事故情况下,还会威胁桥上和船上人员人身安全。

因此监管部门也迫切希望桥梁业主积极安装桥梁防撞措施,降低碰撞风险。

二、所要达到的目标

广深珠高速公路有限公司有多年桥梁防撞实施经验,包括早年的被动式防撞、电缆碰撞监测报警等方式。最新打造的主动式通航桥预警系统综合利用先进的超高激光检测技术、移动网络通信技术、语音自动合成、VHF(甚高频)无线电通信等技术,实现了安全信息自动播报和船舶超高预警等功能,可保障跨江桥梁公路交通安全及船舶在桥区的通航安全,消除交通隐患,方便对违章、违法行为进行监管,为航道交通、桥梁公路通行安全保驾护航。同时,系统与海事局、航道局等在建及已建的公路养护、管理、监测系统实现有效融合,数据互通共享,构建完整、全面的公路信息化建、管、养系统平台。

三、成果内涵和主要做法

(一)基本内容和特色

1.高起点、多功能形成综合能力确保防撞和抓拍

采用3D绘图结合现有海图,还原桥区10公里范围实景,通过激光、雷达、AIS技术及GIS系统,快速定位超高船舶所在位置与行驶状况。当超过预警高度的船舶靠近桥梁时,桥梁防碰撞系统能通过LED情报板、警示灯、定向喇叭喊话、VHF自动播发警示语音等功能对船舶进行预警。超限船舶收到预警后采取降低桅杆高度或抛锚待退潮等方式通过大桥,避免碰撞桥梁。

系统能抓拍到肇事船舶及其肇事经过,通航桥防碰撞预警系统在白天、黑夜、大雨、大雾等不利的气象条件下也能较好地进行过往船舶录像工作。一旦发生船舶碰撞桥梁的情况,肇事船舶及其肇事过程的视频证据都能被防碰撞系统清晰地记录下来,为海事相关部门提供执法凭证。

2.与交通、航道、海事等主管部门形成联动机制

广深珠高速公路有限公司监控中心是通航桥预警系统升级版的主要用户,系统与交通、航道、海事等主管部门形成联动机制,及时提供船舶违章、违法监管信息,并定期生成系统月度运行报告,对过往船舶的行为进行统计,一方面利于协助海事部门宣传、教育和监管;另一方面当发生船舶超高时,信息第一时间到达海事管理系统,可定点向船舶发出报警信息,做到早发现、早预防。

(二)实施原则

实施原则如下:

①综合考虑系统的可靠性、经济性、使用寿命。

②系统具有兼容性和开发性。

③系统具有可前瞻性和先进性。

④系统具有实用性。

⑤系统具有可接入性。

(三)实施路径

2016年,广深珠高速公路有限公司在川槎大桥、东洲河大桥、道滘大桥试点安装通航桥预警系

统。该系统运行原理为当检测到超高船舶后，相应设备通过局域网将信号传回中控系统进行数据转化分析，并通过控制网、电信号启动现场预警设备，同时通过以太网将预警信息传给大桥管理人员，整个现场数据采集及预警过程无须人工介入，达到“技防”的目的。随着需求的增加和技术的改进，广深珠高速公路有限公司计划对原有系统进行优化升级，除了升级原有超高预警系统，现结合雷达、激光、AIS、VHF、视频卡口等多项技术，可实现偏航船舶预警、船舶流量统计、违章船舶抓拍、水文气象统计、预警数据运营处理、外场设备智能巡检等功能，各个子系统紧密关联，可更有效防止船舶撞桥事故发生。

1. 超高防撞预警子系统

升级系统激光硬件，通过激光预警监测设备实现从桥梁的视频监控图分析是否有船舶要达到桥梁，如果有，则通过激光检测设备判断是否超高、偏航，智能判断所发现的超高情况是否属实，自动排除飞鸟经过等情况，避免误报，并通过监控视频及 AIS 识别船舶名称(图 1)。

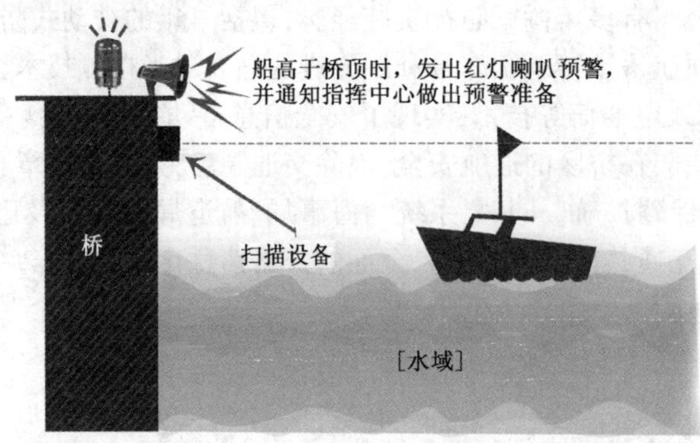

图 1　超高防撞预警子系统

2. 偏航防撞预警子系统

通过雷达检测系统检测 2 公里范围内偏航船舶，值班人员根据预警级别、现场情况，指导水面执法人员采取紧急措施。子系统功能见图 2。

1. 最大探测距离为2000米；自动探测和跟踪运动目标。
2. 地图上可标绘其轨迹：获取运动目标的经纬度、距离、方位、速度、航向、体积等信息。
3. 跟踪目标：具有单目标持续跟踪和多目标轮巡跟踪功能，实现一机监控多目标，一机监控多区域，可设置摄像机的放大倍数实现近景取证。
4. 三层自动预警功能：可设置周界、入侵、危险等自动报警区域。
5. 抗干扰性强：不受白天、黑夜、下雨、雾霾等天气影响，具有覆盖区域范围大、监控目标数量多、监测速度快、协同摄像头数量多等特点。

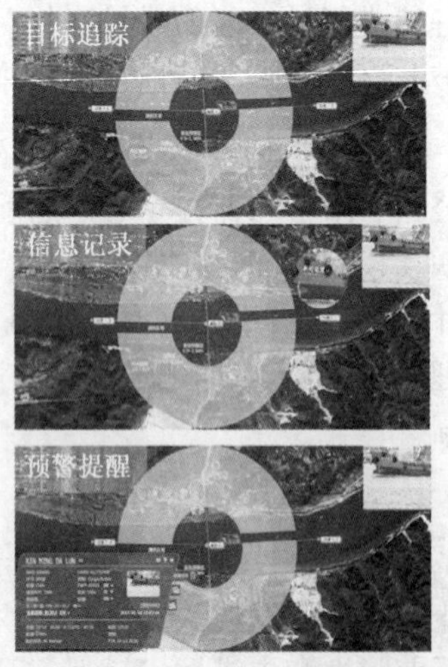

图 2　雷达偏航防撞预警子系统

3. AIS、VHF 智能预警子系统

对通航桥 2 公里范围进行 AIS 轨迹及电子围栏预警，支持自动生成监测报表(图 3)。

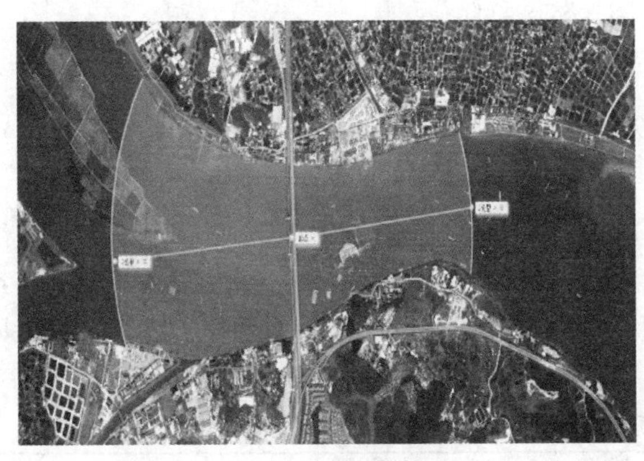

图3 AIS及VHF预警子系统

4. 流量及违章船舶抓拍子系统

通过安装在桥墩位置的雷达及AIS设备进行船舶流量及轨迹统计,对于桥区预警范围内船舶出现抛锚、追越、捕鱼或未经主管机关批准的水上水下作业施工时,通过现场设备检测并向监控中心发出警报,同时抓拍现场违规违章船舶(图4)。

图4 船舶流量监测子系统

5. 水文气象预警子系统

现场能见度低于1000米、风速超过9级时,通过风速、大雾、水位传感器,通过VHF对船主进行桥区范围能见度、风速、风力、水位等信息提醒,现场通过声光电设备通知船舶,并启动抓拍设备(图5)。

图5 水文气象预警子系统

6. 运营数据采集中心

系统保存每次报警的时间、录像数据、过往船舶数据、水文气象数据、事故报告、设备故障报告等信息,管理人员可以通过管理云平台随时对数据进行查阅、统计、打印。

7. 机电设备智能巡检子系统

自动对桥梁预警设备定期自检,做到及时报障、快速维修。

(四)创新组织和支撑保障

广深珠高速公路有限公司是通航桥预警系统的实际应用单位及维护单位,但一项技术的应用更依靠于政府的政策作为保障。桥梁安全及碰撞事故的主管部门为各地海事部门。近年来,桥梁防撞受到政府广泛关注,多地相继开展防范船舶碰撞桥梁专项行动,积极出台相关政策。近年来部分相关政策见表1。

相关政策　　表1

发布时间	发布部门	文件名称	主要内容
2013年	交通运输部	《中华人民共和国船员培训管理规则》	航运公司及相关机构应当为船员参加船员培训提供便利,组织开展船员船上培训和知识更新培训
2014年	长江航道局	《内河通航标准》(GB 50139—2014)	要求内河航道应按批准的航道等级进行规划设计,其通航尺度应通过综合技术经济比较,合理确定。内河船闸和过河建筑物、临河建筑物等不易扩建、改建的永久性工程和一次建成比较合理的工程,应按远期航道技术等级或航运发展长远需求进行规划设计。内河航道应按可通航内河船舶的吨级划分为7级(1～7级,3000/2000/1000/500/300/100/50吨),并对船闸规模尺度,过、临建筑物通航净空尺度,通航水位等标准进行了规定
2014年	交通运输部	《内河渡口渡船安全管理规定》	明确了交通运输部主管全国内河交通安全管理工作,各级海事管理机构对所辖内河水域内渡船的水上交通安全实施监督管理;渡运时,船员、渡工应当掌握渡船的适航状况,了解渡运水域的通航环境,以及有关水文、气象等必要的信息
2016年	全国人大常委会	《中华人民共和国海上交通安全法》	为加强海上交通管理,保障船舶、设施和人命财产的安全,维护国家权益,对船舶检验和登记,船舶、设施上的人员,航行、停泊和作业,安全保障,交通事故的调查处理等进行了规定
2017年	国务院	《中华人民共和国内河交通安全管理条例》和《中华人民共和国内河交通安全管理条例》	船舶在内河通航水域载运或者拖带超重、超长、超高、超宽、半潜的物体,必须在装船或者拖带前24小时报海事管理机构核定拟航行的航路、时间,并采取必要的安全措施,保障船舶载运或者拖带安全。内河航道发生变迁,水深、宽度发生变化,或者航标发生位移、损坏、灭失,影响通航安全的,航道、航标主管部门必须及时采取措施,使航道、航标保持正常状态
2017年	交通运输部	《中华人民共和国船舶安全监督规则》	明确了交通运输部主管全国船舶安全监督工作,国家海事管理机构统一负责全国船舶安全监督工作,各级海事管理机构按照职责和授权开展船舶安全监督工作。海事管理机构应当配备必要的人员、装备、资料等,以满足船舶安全监督管理工作的需要。海事行政执法人员在船舶安全监督过程中发现船舶存在缺陷的,应当按照相关法律、法规、规章和公约的规定,提出处理意见。水路运输管理部门在市场监管中,发现可能影响船舶安全的问题,应当将有关情况通知相应海事管理机构,海事管理机构应当将处理情况反馈相应水路运输管理部门
2017年	广东海事局,广东省交通运输厅	《广东海事局　广东省交通运输厅关于印发防范船舶碰撞桥梁专项治理工作方案的通知》	决定联合开展防范船舶碰撞桥梁专项治理行动。专项治理重点围绕珠江三角洲水网地区及西江、北江干流通航桥密集、船舶通航量较大的水域进行。将1000吨以上航行于上述水域的船舶、航运企业、船员以及船舶通航量较大桥区列为本次专项治理的重点。工作任务分为航道安全治理、桥梁安全治理、航运公司安全治理、船舶安全治理、通航环境安全治理和监管与教育治理

续上表

发布时间	发布部门	文件名称	主要内容
2017 年	中山海事局	《中山海事局关于建议对板芙大桥桥梁防撞预警系统优化升级的函》	桥梁防撞预警系统已研发出新一代产品,建议板芙镇政府对板芙大桥桥梁防撞预警系统进行优化,并建议通过信息化手段,逐步完善辖区桥梁安全预警系统建设
2017 年	广东海事局	《广东海事局辖区船舶安全航行规定》	为维护水上交通秩序,预防和减少水上交通事故,对广东海事局辖区内各水域船舶航行、停泊、作业等安全航行行为规范进行了规定
2017 年	广东省公路管理局	《广东省公路管理局关于下达公路通航桥涵标隐患整治和防撞能力整治任务的通知》	下发桥涵标隐患治理任务和通航桥防撞能力整治任务,要求各单位要高度重视防范船舶碰撞桥梁专项治理工作,立即组织对本单位所辖通航桥进行隐患排查
2018 年	东莞海事局	《关于试点建设重点桥梁智能防撞预警系统的函》	同意试点建设针对 13 座重点桥梁的智能防撞预警系统
2018 年	交通运输部	《中华人民共和国桥区水域水上交通安全管理办法》	船舶所有人、经营人、管理人应当建立健全安全管理制度,加强船舶航行、停泊、作业管理,督促船舶、船员遵守本办法和相关规定,保障船舶在桥区水域航行、停泊、作业安全。各级海事管理机构依法对桥区水域水上交通安全实施监督管理。桥梁通航净空尺度、防撞能力等应满足航运实际和远期发展需要。桥梁建设单位应当设置桥梁警示标志和桥区水上航标,维护桥区水域良好通航环境。船舶航经桥区水域时,驾驶人员应掌握通航桥孔净空尺度等参数,从限定的通航桥孔通过
2018 年	梧州海事局	《梧州海事局关于梧州市区河段桥梁存在问题的函》	函告梧州市区河段桥梁防撞专项检查中存在的具体问题,并提出安全建议

四、实施效果

(一)管理效益

广深珠高速公路有限公司打造通航桥预警系统升级版,可保障跨江桥梁公路交通安全及船舶在桥区的通航安全,消除交通隐患,方便对违章、违法行为进行监管,为航道交通、桥梁公路通行安全保驾护航。同时,系统与海事局、航道局等在建及已建的公路养护、管理、监测相关系统实现有效融合,数据互通共享,构建完整、全面的公路信息化建、管、养系统平台。

(二)经济效益

广深珠高速公路有限公司自 2016 年启用通航桥预警系统以来,成功预警超过 19000 次,为桥梁主管部门提供撞桥逃逸船舶证据 25 次。同时,广深珠高速公路有限公司作为国内首家应用通航桥预警系统的高速公路管理公司,不但具有先进的防撞预警技术,还具有庞大的桥区船舶通航预警大数据信息,可为同类型企业提供桥梁防撞预警产品及服务。

(三)社会效益

目前,推动桥梁防撞预警信息化应用是行业及市场发展的大趋势。广东地区有通航桥 993 座,陆路通车高架桥数百座,在 2017—2018 年广东海事局及广东省交通厅重点整治桥梁安全大背景下,必然会产生大量市场需求。

五、已建成案例

主动式通航桥预警系统能有效避免船舶在通航过程中发生与桥梁碰撞引起的交通事故,同时为桥梁主管部门调查取证提供有力证据。

目前全国已建成的通航桥预警系统项目见表2。

表2

地点	桥梁名称	建设内容	时间
中山	板芙大桥	超高防撞	竣工时间:2015年3月
中山	中山港新桥	超高防撞	竣工时间:2017年3月
中山	黄沙沥大桥	超高防撞	竣工时间:2017年4月
中山	细窖大桥	超高防撞	竣工时间:2017年5月
中山	斗门大桥	超高防撞	竣工时间:2017年5月
中山	板芙大桥运维服务	超高防撞	竣工时间:2017年9月
中山	沙口大桥	超高防撞	竣工时间:2017年11月
佛山	西江九江大桥	偏航防撞	施工时间:2017年8月
佛山	西樵大桥	超高防撞	施工时间:2018年8月
佛山	七滘大桥	超高防撞	施工时间2018年9月
佛山	三洪奇大桥	超高防撞	施工时间2018年10月
东莞	川槎大桥	超高防撞	竣工时间:2016年7月
东莞	道滘大桥	超高防撞	竣工时间:2016年9月
东莞	东洲河大桥	超高防撞	竣工时间:2016年11月
东莞	中堂大桥	超高防撞	施工时间2018年11月
东莞	南阁大桥	超高防撞	施工时间2018年11月
东莞	道滘大桥	超高防撞	施工时间2018年11月
东莞	白鹭桥	超高防撞	施工时间2018年11月
东莞	赤窖口河大桥	超高防撞	竣工时间:2019年3月
东莞	淡水河大桥	超高防撞	竣工时间:2019年3月
东莞	北海河大桥	超高防撞	竣工时间:2019年3月
德庆	德庆西江大桥	超高、偏航防撞	施工时间:2018年10月
东莞	东莞市重点桥梁智能预警系统建设项目	超高、偏航防撞	施工时间:2019年1月
肇庆	封开西江大桥、德庆西江大桥、南广铁路桥、肇庆西江大桥公路桥、阅江大桥、江肇高速大桥、广佛肇城轨大桥、二广高速大桥、马房大桥公路桥共9座	超高、偏航防撞	施工时间:2019年4月
东莞	万江大桥	超高防撞	施工时间:2019年5月
江门	胜利大桥、东华大桥	超高防撞	施工时间:2019年7月
广州	下横沥大桥、西樵大桥、九比大桥、紫坭大桥、三善大桥	超高、偏航防撞	施工时间:2019年11月
开平	江南桥、新海桥及蛟江桥	超高防撞	施工时间:2020年7月

增程式锂离子超级电容混合动力集装箱堆高机研发与应用管理

珠海国际货柜码头(高栏)有限公司

成果主要创造人:张少杰　马庆丰

成果参与创造人:宋楷林　王浩宇　庄义熙　林顺德　雷昌明　杨雪松　张洪凯　许涛

珠海港控股集团有限公司(简称"珠海港集团"),是2008年在原珠海市港口企业集团基础上,组建的大型国有独资企业,主要从事港口、土地及其配套设施的开发、建设、管理和经营,承担着推动珠海市港口跨越发展、带动区域经济崛起的重要历史使命。

珠海港集团大力实施国际化战略、西江战略、物流中心战略、智慧绿色战略,构建"港口航运、物流供应链、能源环保、港城建设和港航金融"五大业务板块,目前控股79家企业、参股21家企业、合营企业1家,包括一家A股上市公司(珠海港股份有限公司)、两家新三板挂牌企业(珠海港信息技术股份有限公司、珠海港昇新能源股份有限公司)和珠海市首家AAAAA级物流企业(珠海港物流发展有限公司)。珠海港集团业务覆盖集装箱码头、干散货码头、油气化学品仓储物流、船代、理货、报关、水上运输、专业运输、拖轮、航道疏浚、供应链管理、软件开发与维护、工程建设与管理、管道燃气供应、电力能源投资、物流地产开发等行业。

2019年,珠海港集团旗下全资港口完成货物吞吐量6562.85万吨,同比增长5.45%,完成集装箱吞吐量234.60万TEU,同比增长13.73%。截至2019年底,珠海港集团开通集装箱班轮航线50条,其中国际/港澳台航线13条(含国际航线1条、港澳航线7条,外贸内支线5条)、沿海干线9条、西江驳船快线25条、驳船支线3条。

珠海港大力发挥自身位于西江主出海口和距离国际主航道近的独特优势,深入实施"西江战略",通过与其他港口建立合作关系,或对其他港口进行控股等方式拓展航线,将港口腹地延伸至广西、云贵川一带,牵头组建了西江港口联盟,覆盖了33家西江沿线的主要港口和物流企业,发展成为西江流域最具影响力的港航发展合作平台,吸引西江沿线的货物前来中转。以珠海港为核心支点的多式联运物流网络不断丰富。至2020年,珠海港多式联运物流通道约为16条,物流辐射力不断提升,逐步形成珠海港"点线面"高效协同的核心物流通道。

珠海国际货柜码头(高栏)有限公司(简称"高栏国码")位于珠海市高栏港经济区,是珠海港集团全资控股的国有独资企业,自1994年开始营运。高栏国码地理位置优越,拥有广阔的货源腹地,全国各地的货物可通过海、陆、铁多式联运通道经高栏国码直达世界各地。高栏国码起步工程的2个2万吨级多用途泊位,可处理集装箱及散货。自1994年营运以来,已发展为该区处理木材、钢材等件杂货的主要港口。高栏国码集一期工程设有2个5万吨级集装箱泊位,配备8台大型超巴拿马型岸吊、19台龙门吊,均采用电力驱动,减少对环境的影响。高栏国码地理位置优越,交通四通八达,与陆路、水路及铁路网络组成多式联运通道为客户提供最具成本效益、便捷优质的服务。为了满足珠三角西部地区日益增长的货物进出口需求,高栏国码集二期工程正在建设中,预计2020年完成建设,届时将配备12台大型超巴拿马型岸吊、41 台龙门吊,高栏国码将发挥协调效应,充分调配资源更进一步发展成为珠三角西部的通向世界之门。

2019 年,高栏国码实际收入 21372 万元,完成年度预算 28,484 万元的 75%。主要是:①散货吞吐量 176 万吨,完成年度预算 220 万吨的 80%;散货装卸收入 2840 万元,比年度预算 4316 万元减少 1476 万元收入,完成年度预算的 66%;②集装箱吞吐量 183 万 TEU,完成年度预算 209 万 TEU 的 88%;集装箱装卸收入 13740 万元,比年度预算 19379 万元减少 5639 万元收入,完成年度预算的 71%,详细完成情况见表 1。

2019 年高栏国码生产、财务指标计划完成情况 表 1

经营目标		2019 年指标	2019 年完成	累计完成(%)
集装箱吞吐量(万 TEU)	外贸	36	13	36
	内贸	173	170	98
	小计	209	183	88
散杂货吞吐量(万吨)		220	176	80
营业收入(万元)		28484	21372	75
净利润(万元)		-610	-3690	605

一、新技术实施的背景

1. 国家和社会层面

随着我国经济的稳定增长,能源需求不断增加,已成为社会全面发展的重要物质基础,同时,能源的利用会伴随环境的污染。因此,《国家中长期科学和技术发展规划纲要(2006—2020 年)》在其"重点领域及其优先主题"关于能源的章节中明确指出:能源在国民经济中具有特别重要的战略地位。我国目前能源供需矛盾尖锐,结构不合理;能源利用效率低;一次能源消费以煤为主,化石能的大量消费造成严重的环境污染。今后 15 年,满足持续快速增长的能源需求和能源的清洁高效利用,对能源科技发展提出重大挑战。并且在国民经济和社会发展第十二个五年规划纲要中,把降低单位国内生产总值能源消耗和二氧化碳排放列为约束性指标,明确 2015 年我国单位工业增加值能耗和二氧化碳排放量分别要比"十一五"末降低 18% 以上,到 2020 年,二氧化碳减排量要达到 2005 年的 40% ~45%。推进节能减排,符合我国"十三五"时期经济社会发展要求节约能源、保护环境、走可持续发展之路的总体思路。同时,节约能源是解决能源和环境问题的根本措施,是提高经济增长质量和效益的重要途径,是增强企业竞争力的必然要求。

"十二五"时期,交通运输部开展了绿色港口主题性试点示范工作,先后确立了连云港港等 4 批 11 个绿色港口,并发布了《绿色港口等级评价标准》。2020 年 7 月 1 日,交通运输部颁布最新版本的《绿色港口等级评价指南》(JTS/T 105-4—2020),这其中,节能低碳项目下,"采用清洁能源或新能源作为发动机动力、燃料电池、蓄电池或电力驱动的港口机械",是一个重要的评分指标,该指标定义如下:

指标定义:用于评价港口运营过程中主要节能低碳技术的应用情况,包括采用电力驱动的集装箱门式起重机应用比例、大型电动机械势能回收技术应用比例、流动机械应用 LNG 驱动技术、大型电动机械变频调速技术应用比例、带式输送机采用"减电机"运行技术、拖轮采用"减柴油机"混动运行技术等内容。

2. 企业层面

增效是企业长期的目标。高栏国码港口设备能源的利用率较低,从技术角度提高设备能源利用率,以达到的能源消耗成本的控制和降低,是最直接和有效的。

3. 技术层面

港口流动作业机械采用混合动力技术,符合绿色港口建设的重要评价指标,混合动力技术已经成熟的应用在乘用车、其他公用路面工程车辆上,可靠性及节能效果已得到充分的理论论证和实践印证。

珠海港集团自2015年开始,即致力于港口能源利用效率提高的方法、技术的研究和探索。2019年在充分的调研和技术论证之后,达成与安徽合力股份有限公司、武汉理工大学的产学研合作,分工协作,攻克关键技术,共同研发混合动力堆高机这一升级换代、节能低碳的港口集装箱装卸作业机型。

截至2020年4月,实施混合动力改造堆高机1台,新造混合动堆高机1台。实际使用中,节油率达到40%以上,全寿命周期内,堆高机使用成本降低、锂离子超级电容组不需要更换,全寿命周期单机减排125吨标准煤。

二、成果内涵和主要做法

(一)成果介绍

科技成果名称:增程式锂离子超级电容混合动力集装箱堆高机研发与应用管理。

1.技术原理

本项技术成果是在600伏高压平台上开发制造,动力源为增程器和锂离子超级电容,当超级电容电量充足(达到SOC设定值)时,增程器不工作,由超级电容驱动牵引电机行驶以及驱动主泵电机完成货物起升,驱动辅泵电机完成整车转向、门架倾斜、属具动作等,当辅泵不工作时,也可参与到货物起升动作中,双泵合流,实现货物快速起升,提高工作效率。当超级电容电量不足时,增程器启动发电,发出来的电能既可以直接供给各电机工作也可将多余的电能存储在超级电容中,同时还可以根据负载的需求,实现增程器和超级电容的自适应输出,比如整车某个工况工作时需要的瞬间功率大,此时可由增程器和超级电容同时提供电能,以满足负载需求,这种设计也允许了可以选择小功率的发电机,避免了能量的浪费。整机在制动以及货物下降时还可通过牵引电机和主泵电机进行能量回收,回收的能量存储在超级电容中,供整车再次使用,实现了能量的循环使用,见图1。

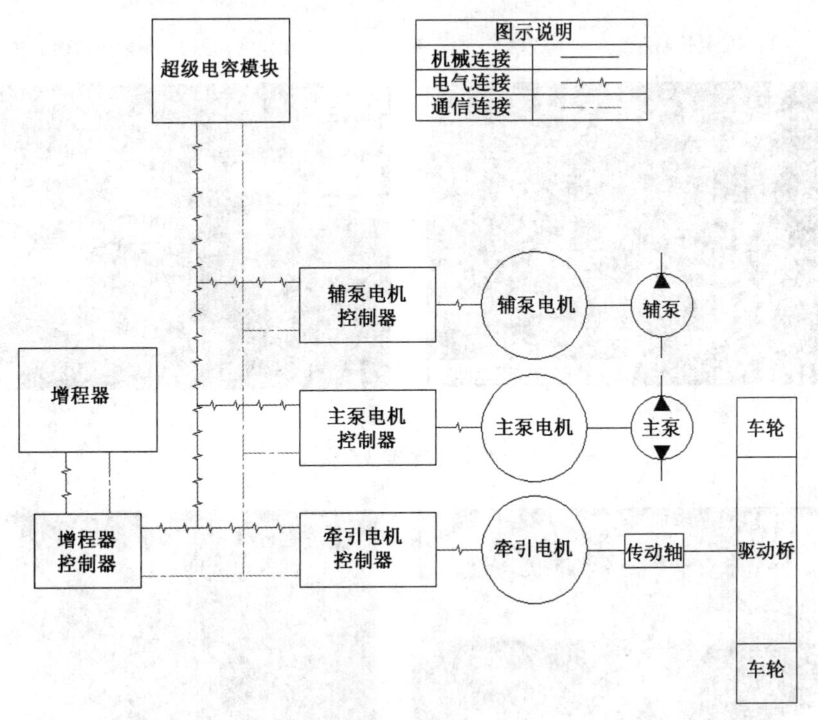

图1 创新技术成果应用方案图

2.功能

①采用600伏高压电气平台,能量传递效率高,部件尺寸小,结构紧凑、简捷。

②储能装置采用高压锂离子超级电容,工作温度范围宽,功率密度高,瞬间充放电电流大,能量回收更充分;充放电次数达30万次,在车辆生命周期内不需更换。

③能量回收功能,牵引电机与驱动桥直联,可实现制动能量回收;主泵为双向作用泵,货物起升时作为液压泵,实现起升功能,货物下落时作为液压马达,带动电机反转,实现发电,实现下降能量回收。

④牵引采用发卡电机,液压泵驱动采用永磁电机,小巧高效、成本低、输出功率力矩高,采用水冷散热,提升电机整体性能,防护等级达到IP67,满足长期露天作业工况。

3. 关键技术

关键技术包括:

①混合动力能量控制能量控制技术。

②发电控制技术。

③动能、势能回收技术。

④电机、电控、电容智能热管理技术。

⑤高压安全防护技术。

应用产品图片如图2~图5所示。

图2　能量控制系统

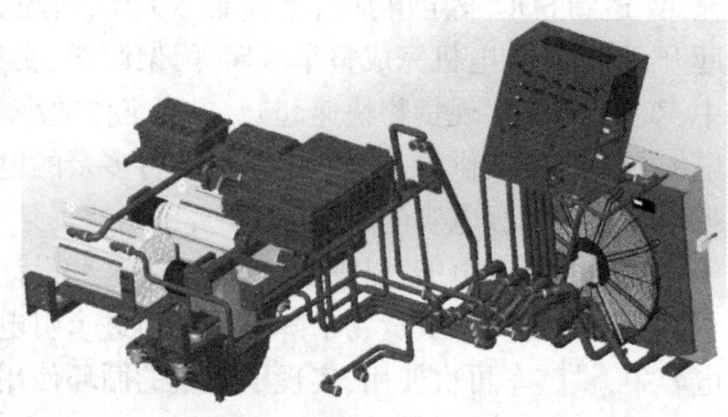

图3　智能热管理系统

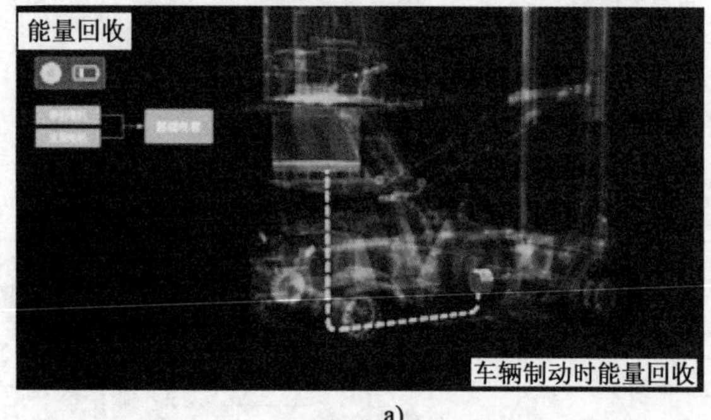

a)

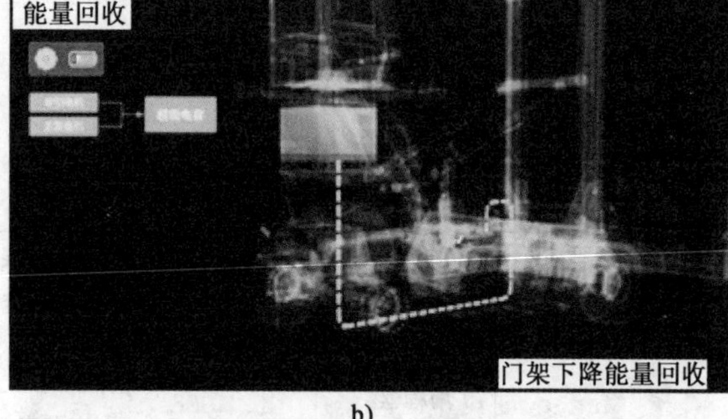

b)

图4　能量回收系统

图5　高压防护系统

4. 项目创新点

①增程器采用发动机与发电机高度集成化结构，结构紧凑，通过发电控制技术，将发电机的高效区和发动机的低油耗区合理匹配，从而实现经济的燃油产生高效的电能。

②采用高压锂离子超级电容作为储能装置，充分利用堆高机的短循环堆取箱工况，超级电容可快速补充能量，提高作业效率；超级电容循环寿命长，车辆生命周期内不用更换，成本及安全性均优于锂电池车型；超级电容带散热空调模组，提高高温环境下使用可靠性。

③复合泵、电机连接结构，因目前成熟电机资源全部为牵引电机，未有液压泵专用驱动电机，因此需利用牵引电机合理设计连接结构驱动液压泵作用，通过创新设计的专用连接机构，实现液压泵可靠工作。

④液压能量回收，通过势能回收技术的应用，避免门架下降时对电机的冲击，提高了整机操纵稳定性，使整机操作更顺畅。

⑤集成复合式智能冷却系统，实时监控电机、发电机和电控等关键部件工作温度范围，实时匹配泵、马达功率，合理控制温度。集成式定、变量复合泵，前置小泵单独作为马达散热油源，无须新增扭矩取力口；集成比例阀式马达，当散热系统感知系统和环境温度综合智能判断后需要快速降温时，比例阀在程序模块自动控制下，比例减小内部阀芯开度，强制提升马达入口压力，增加马达转速，提升集成散热器的散热能力，整体温度降低10°C左右；提出了多流道直通风道理念，优化散热流及舱内多场耦合强化散热结构设计，温度梯度矢量最优匹配，满足车辆的冷却需求，还能实现节能、降噪的目的，具有空间利用率高、散热性能好特点，确保整车各电气部件在适宜温度范围内工作。

⑥全新复合控制系统设计。整机具备多个控制部件，因此需要有总控制器通过逻辑程序协调各部件的合理工作，同时通过采用智能化数字显示仪表，全面监控整车状态，确保整车运行安全。

⑦全面安全防护系统。

a. 智能化消防系统，通过一个集成灭火器和若干管路控制各关键位置的安全性，若出现安全隐患，系统自动实现灭火功能，除此之外，驾驶室内部还有一个强制开关，可手动操作灭火器启动，通过人为干预实现更快速的灭火功能，车辆安全防护性高。

b. 智能门架高度角度检测安全控制系统，可实时监测门架前后倾角度、货物高度，进而判断整车允许的行驶速度，提升驾驶安全性。

c. 智能可视倒车雷达监控系统，给予整车全方位安全防护。

⑧高压电动空调技术，相对传统内燃机，进一步提高能量的利用率，同时安装结构简单，制冷及制热速度快，驾乘空间更舒适。

（二）总体思路、实施方案

1. 总体思路

采用产学研合作，同安徽合力股份有限公司合作开发，通过港口输入产品需求反向推动公司产品开发，促进产品成果快速落地，首台研发样机可以进行充分试验验证及调试，进一步满足港口使用需求，并快速实现产品商品化。

2. 实施步骤

2019年开始，选取旗下2个码头，进行科技成果应用项目的设计、改造、使用验证工作。

2019年中，完成验证项目，获得测试数据，为后期扩展应用积累数据。

2020年末，示范应用项目达到4台套。

2021年12月，增程式锂离子超级电容混合动力机械设备应用项目达到10台套。

3. 创新应用的目标

①节能：提升码头堆高机械的能效水平，实现节油率≥40%，产品生命周期内，维保费用年节约≥20

万元。

②高效:提升产品续航能力,实现一次性加满油,连续100小时不停机。

③绿色:满足最新国家排放标准,产品生命周期内减少125吨煤排放。

④舒适:整机实现综合工况下,声功率降低8%,司机耳边降噪10%,纯电工况下,声功率降低15%,司机耳边降噪23%。

(三)科技成果应用的深化研究

在已经实现应用的基础上,珠海港集团计划对已实现的技术成果创新应用进行进一步的研究、提质、深化,提出在正面吊、港内拖车、重型叉车等应用项目研究。

珠海港集团计划对应这一实施效果,加快扩大节能技术的应用数量,获得准确的连续数据。在此基础上,结合增程式锂离子超级电容混合动力系统的应用模式,对相关技术指标、技术特性进行分析研究,最终形成流动设备在港口码头应用的研究报告。这一项研究,计划申报相关的知识产权,并争取行业权威部门的科技成果鉴定。

(四)技术成果创新应用组织

在"增程式锂离子超级电容混合动力系统研究与应用"这一科技成果创新应用过程中,珠海港集团采用如表2所示的组织结构来规划和指导创新实施过程。

成果创新应用组织表　　表2

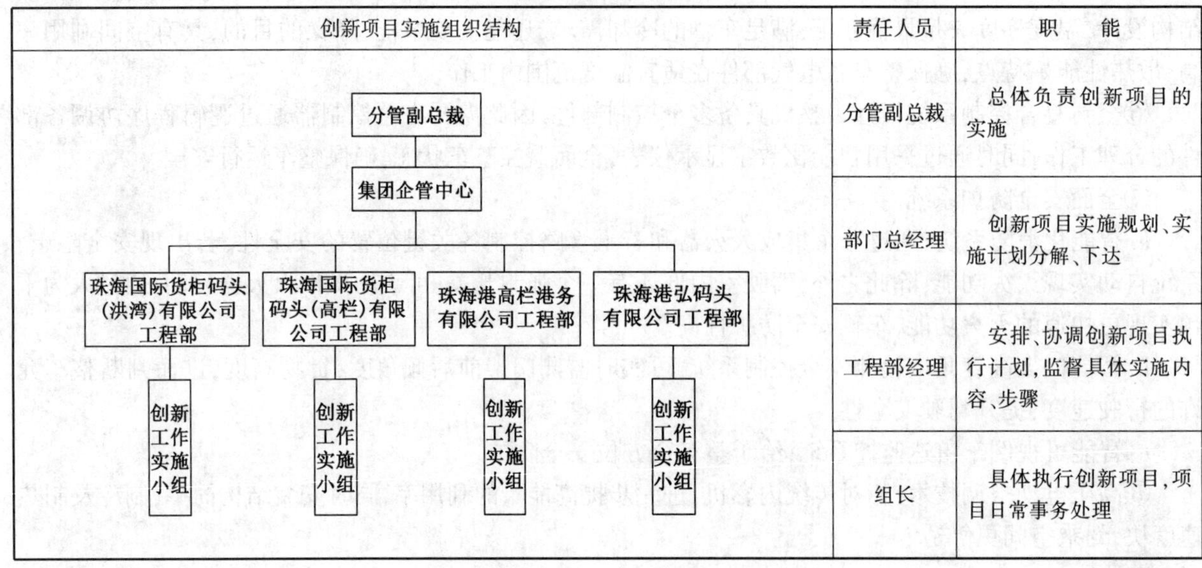

创新项目实施组织结构	责任人员	职能
	分管副总裁	总体负责创新项目的实施
	部门总经理	创新项目实施规划、实施计划分解、下达
	工程部经理	安排、协调创新项目执行计划,监督具体实施内容、步骤
	组长	具体执行创新项目,项目日常事务处理

(五)项目支撑保障

①珠海港集团领导,高度重视绿色港口建设,自2015年以来,组织专班调研同行业绿色港口建设情况,研究适合珠海港的绿色智慧港口实施战略。集团内部,由上至下,绿色港口建设思路高度统一。

②珠海港集团多年来与武汉理工大学、上海海事大学合作,校企合作密切,在港口节能环保技术、自动化作业系统领域,相关的研究、研发工作积累深厚。

③集团重视专业化人才培养,2010年以来,通过校企合作、定向培养等措施,培养了一批重视先进节能低碳技术应用的专业化管理、技术人才,为绿色港口建设储备了较好的人力资源。

④创新项目实施之前,集团企管中心对项目实施组织管理结构、流程,均进行了优化,保障项目实施效率。

三、实施效果

(一)管理水平

通过科技成果创新型应用,珠海港集团基于绿色建港、节能减排、可持续发展的宗旨,加强和提高了集团下属各港口码头的能源消耗管理、节能环保新技术应用的水平和管理能力。

①珠海港集团主管部门主导,建设健全节能减排监督管理体系,充分利用集团以及下属码头公司信息管理系统等现代化手段,加强节能统筹工作。集团从绿色建港、可持续发展的战略高度出发,加大节能减排政策宣讲、培训,对节能技术与产品推广、节能技术改造项目实施、重大节能技术示范工程等方面,进行全方位的筹划和建设管控。

②加强了各码头能源消耗水平的监督、管理,从各种装卸运输设备的能耗获取技术,构建码头生产运营能耗收集与管控网络,建立码头生产作业耗电监测系统,实时采集生产数据与能耗数据,运用大数据分析技术,快速准确揭示码头在执行生产任务中不合理的能耗与装卸能力问题,优化生产运营流程,缩短设备空载时间。基于港口能耗与效率数据的统计分析,深入分析不同装卸工艺和设备作业配置与作业量和能耗的关系,优化效能管控指标,建立完善的能耗大数据分析体系,对码头能源消耗实施精细化管理,提升港口运营的效能水平。

③集团主管部门主导,推动节能技术、新能源技术应用,开辟节能减排新思路、新领域,2015 年以来,已经在新能源储能技术港口应用,高压变频岸电电源、移动式起重机械"油改电"、双燃料船舶、LNG 动力牵引车、流动机械内燃机节油、LED 照明等领域,进行创新性研究和应用尝试,积累了大量的低碳节能、新能源技术应用的经验,更为清晰地确定了"十三五"至"十四五"期间,绿色港口、智慧港口建设的具体实施路径。

④推行节能减排工作的绩效考核制度,把港口企业节能减排指标作为对企业负责人的评价考核内容。

⑤集团和各码头单位加大节能减排宣传和培训力度,深入宣传国家节约能源法律法规和方针政策。加强与国内港口企业之间、港口和武汉理工大学、上海海事大学等高校及科研单位之间节能减排经验、技术的交流。不定期在集团下属各港口码头举办节能减排技术现场交流会,学习交流节能减排先进技术与管理经验。

(二)经济及社会效益

珠海港集团下属公司高栏国码自 2009 年集一期公司投产以来,一直积极投入到科技发明和技术创新当中,优化装卸工艺,降低能源消耗,提高作业效率,降低运营成本。一期及二期公司 14 台集装箱装卸桥采用能量回馈装置,节电率在 20% 以上,按年 180 万 TEU 计,14 台集装箱装卸桥年节电节电费为 130 万元,年减排 756 吨标准煤;4 台门机加装超级电容回收装置,按年 30 万 TEU 计,年节省费用 33 万元,年减排 160 吨标准煤左右;39 台轮胎式集装箱龙门吊进行"油改电",按 190 万 TEU 计,年节省费用为 2033 万元,年减排 3154 吨标准煤左右;9 台轮胎式集装箱龙门吊采用电池小柴油机混能,比传统大柴油发电机组节油率超过 100%,按年 48 万 TEU 计,年节省费用 320 万元,年减排 782 吨标准煤左右;19 台 ERTG 加装超级电容回收装置,按年 100 万 TEU 计,年节省费用 56 万元,年减排 280 吨标准煤左右;堆场 21 座高杆灯及设备进行 LED 灯改造,年节省费用 80 万元,年减排 300 吨标准煤左右。综上,年节省费用 2652 万元,年省耗共为 5432 吨标准煤左右。

1. 堆高机采用增程电动后的经济效益

根据生产统计数据,传统式堆高机每个工作循环油耗为 0.44 升,而增程电动堆高机每个工作循环油耗为 0.24 升,节约用油 0.2 升,按照该统计数据计算的能耗为:

按照 1 台堆高机每年 9 万个工作循环数操计算,年节省能耗为:

0.2 升 ×0.86 ×1.4571 千克 ×90000 = 22556 千克标准煤,年减排 22.5 吨标准煤,下降了 45%。

按照 1 台堆高机每年作业 9 万工作循环来计算,每年约节约 11.7 万元运行成本。按照最终 13 台每年作业 120 万 TEU 计算,每年约节约 152 万元运行成本。

三种堆高机配置方案成本对比表见表 3。

三种堆高机配置方案成本对比表 表3

内容		传统	增程电动	纯电
设备单价(万元)		165	185	205
每箱能耗		0.44 升	0.24 升	0.85 千瓦时
每箱成本(元)		8.61	6.98	7.5
每箱成本明细(元/箱)	定期维保	0.77	0.01	0
	油费(或电费)	2.86	1.56	0.935
	相比传统堆高机增加购置成本	0	0.4	0.8
	增加备用机成本	0.254	0.285	0.946
	充电设施成本	0	0	0.092
	轮胎成本	1.026		
	30 万箱结构大修成本	0.2		
	日常维修成本	0.2		
	传统堆高机购置成本	3.3		
单机 50 万箱总成本(万元)		430	349	375
单机 50 万箱节约成本		0	81 万元/18.8%	55 万元(12.8%)
单机 50 万箱排放(吨标准煤)		275	150	150
单机 50 万箱降低排放(吨标准煤)		0	125(45.5%)	125(45.5%)
112 万箱需配置台数		13+1(备用)	13+1(备用)	13+3(备用)
全部设备在 50 万箱总成本		5590(万元)	4537(万元)	4875(万元)
全部设备在 50 万箱节约成本		0	1053 万元(18.8%)	715 万元(12.8%)

完成的科技成果应用项目,长周期(半年以上)的监测数据分析,单台堆高机的油耗降低 40% 以上,综合计算,每年可节省油费 11.7 万元,节省电费了 45%,减排 22.5 吨标准煤,排放减少了 45%。未来,进一步扩大节能低碳的应用面,这个数据还将进一步的提升。

2. 几种类型设备不同动力的排放比较

(1)港内拖车排放对比

纯电:3.5 度×0.35 千克=1.25 千克(每循环)

传统:1.4 升×0.86×1.4571 千克=1.754 千克(每循环)

混动:0.9 升×0.86×1.4571 千克=1.128 千克(每循环)

纯电拖车排放比传统拖车减少 40%,与混动排放相当。

(2)堆高机排放对比(表 4)

传统堆高机:0.44 升×0.86×1.4571 千克×50 万次/1000=275 吨标准煤

混能堆高机:0.24 升×0.86×1.4571 千克×50 万次/1000=150 吨标准煤

纯电堆高机:0.86 度×0.35 千克×50 万次/1000=150 吨标准煤

(3)RTG 排放对比(表 5)

传统 RTG:1.9 升×0.86×1.4571 千克×200 万次/1000=4761.8 吨标准煤

混能 HRTG:0.8 升×0.86×1.4571 千克×200 万次/1000=2004.96 吨标准煤

市电 ERTG:2.2 度×0.35 千克×200 万次/1000=1540 吨标准煤

加装超级电容市电 ERTG:1.4 度×0.35 千克×200 万次/1000=1540 吨标准煤

三种堆高机排放对比表 表4

设 备 类 型	50万 MOV 排放(吨标准煤)	减排(吨标准煤)	
传统堆高机	275	0	—
混能堆高机	150	-125	-45%
纯电堆高机	150	-125	-45%

四种 RTG 设备排放对比表 表5

设 备 类 型	200万 MOV 排放(吨标煤)	减排(吨标煤)	
传统 RTG	4761.8	0	—
混能 HRTG	2004.96	-2756.84	-57.9%
市电 ERTG	1540	-3221.8	-67.66%
电容 ERTG	980	-3781.8	-79.4%

(三)绿色化建设目标

绿色化的内涵可以概括为:为了保护人类生存的自然环境,充分运用现代科学技术,使人类在生产生活的活动中,最精致地利用自然资源,最大限度地减少对环境的污染排放,尽可能地维持人类可持续发展的环境条件。能够做到这一点的科学技术都可称为绿色化技术或绿色技术。

绿色技术不是单指一项技术,而是一个技术群。包括能源技术、材料技术、生物技术、污染治理技术、资源回收技术、环境监测技术以及从源头、过程加以控制的清洁生产技术。其核心思想还是实现人类社会的可持续发展,而对企业而言,实现绿色发展不仅是承担相应的社会责任,也是企业长远发展的必由之路。

珠海港集团的绿色化建设要充分利用新科学新技术,在企业的生产运营中,最大限度地利用新能源,节约能耗、减少排放。重点通过推进轮胎门式起重机、叉车、堆高机、大型拖车等装卸设备的油改电、油改气或者油电气混合动力等项目的进行,提高清洁能源在装卸机械上的应用比例。同时在大型设备上加装能量回收装置,改善用能结构,提高电能的利用效率。提高清洁、可再生能源在港口的应用比例,推进靠港船舶及生产辅助设施以天然气、电能、太阳能、分布式风能等清洁能源为动力,推动码头岸电改造、污水处理与循环利用等环保节能项目,加强码头生产系统能耗统计监测,提高资源集约利用水平,减少集团碳排放总强度,通过技术进步推动绿色港口建设。

具体建设目标为:

2022年实现单位国内生产总值二氧化碳排放比2017年下降10%的目标。

到2019年,与2017年相比,港口单位吞吐量所需综合能耗下降5%,港口单位国内生产总值二氧化碳排放下降5%。

到2022年,与2017年相比,港口单位吞吐量所需综合能耗下降10%,港口单位国内生产总值二氧化碳排放下降10%。具体指标见表6。

珠海港集团绿色规划发展具体指标 表6

指 标 类 型	指 标 名 称	2020年	2022年
能源消耗强度	港口生产单位吞吐量综合能耗下降率	5%	10%
碳排放强度	港口生产单位吞吐量综合 CO_2 排放下降率	5%	10%
资源节约与循环利用	码头纯电及混合动力堆高机覆盖率	20%	40%
	能量回收装置覆盖率	20%	40%
环境保护	清洁能源使用率	20%	40%
	港口粉尘综合防治率	40%	60%

注:表中2020年与2022年的相关指标数据均建立在2017年基础数据之上。

基于大数据的智慧服务区一体化管理平台构建与实施

广西交通实业有限公司

广西计算中心有限责任公司

成果主要创造人:徐　晶　廖　宏

成果参与创造人:陈美忠　李柳仁　梁　崎　王平恒　申　华　罗　莹

邓　超　杨　程　杜奕霖　刘珍珍

成果由广西交通实业有限公司与广西计算中心有限责任公司联合实施开展,两家单位是广西交通投资集团有限公司下属的全资子公司。广西交通投资集团有限公司是广西高速公路、铁路建设的主力军,截至2019年12月底,高速公路管养里程4087公里,占全区的66.13%;铁路建设里程5141公里,其中高铁运营里程达到1771公里,位居全国各省(自治区、直辖市)第一。

广西交通实业有限公司(简称"实业公司")是广西交通投资集团有限公司的全资子公司。公司成立于2008年11月28日,注册资金7.99亿元,2015年重组后注册资本为3.27亿元。公司依法设立董事会、监事会和经营班子,下设办公室、党群人事部、财务部、法律审计部、能源经营管理部、服务区经营管理部、油站开发部、工程与信息部、企业管理部共9个部门。

公司目前有1家全资子公司(广西旅岛高速公路服务区经营有限公司)、3家控股子公司(广西通详石油有限公司,持股51%;广西高速石化有限公司,持股51%;广西高速传媒有限公司,持股55%)、2家重要参股公司(广西辉煌交通石化有限公司,持股29.5%;广西百详石油有限公司,持股40%)。实业公司目前拥有全州、同古、宜州、柳城、新兴、来宾、王灵、伶俐、三岸、高岭、伊岭岩、武鸣、马山、都安、凭祥、宁明、崇左、扶绥和发达等62对服务区(停车区)经营性资产。目前经营的业务板块主要有能源销售、服务区商业经营和广告传媒运营,具体包括服务区和停车区的加油站、加气站、便利店、餐厅、维修厂,沿线的光纤光缆及广告牌等经营性资产,以及成品油和天然气贸易等。

广西计算中心有限责任公司(简称"计算中心")成立于1978年,是广西最早从事计算机研究和应用的专业机构之一,2000年被列为自治区首批改革转制的27个技术开发类科研院所之一,2004年转制注册登记为科技型国有企业,2017年12月由广西科学院成建制划转并入广西交通投资集团有限公司,2018年12月完成公司制改革,注册资本2亿元。

计算中心是从科研院所转制而来的IT国有企业、高新技术企业、广西瞪羚企业,始终保持对科技创新、科研开发的重视。四十多年来,通过自建和共建的方式,打造了广西软件新技术实验室、广西数字化工程技术研究中心、广西大数据协同创新中心、广西计算中心企业技术中心、智慧高速大数据工程技术研究中心等省部级和市级科研创新平台。承担完成科研项目超过230项,包括"863"计划、国家自然科学基金、电子信息产业发展基金、科技型中小企业创新基金、火炬计划、广西创新驱动发展资金专项等。通过项目研究,取得专利等各类科技成果超过150个,获得广西科技进步奖49项。

随着并入广西交通投资集团有限公司,广西计算中心确立了"成为全国一流的交通信息技术企业"的发展目标,开展大数据、人工智能、物联网、区块链等新兴技术研究,开展智慧交通行业高端软件、交通大数据、交通智能硬件研发与服务。并入两年多来，计算中心研发了交通数据资产管理系统、视频联网监测系统、视频云网关等一批交通软硬件成果，实施并完成了广西公路水路安全畅通与应急处置系统工程(二期)项目、取消省界高速收费站安全等保项目、广西取消高速公路省界收费站车道系统及国产密码算法迁移改造项目、广西交投集团一体化服务区智慧化硬件配套及网络升级改造工程项目、高速公路收费稽查系统建设项目、高速公路应急管理系统建设项目等一批重大智慧交通项目。

一、实施背景

(一)公众服务需求

服务区作为高速公路上供公众休息、如厕、购物、餐饮及供车辆停靠、加油(充电)的场所，是高速公路对外服务的重要窗口，高速公路服务区的服务质量水平直接影响公众的出行体验。随着社会经济的发展和生活水平的提高，高速公路服务区的功能定位也在逐步发生着改变，传统的服务模式已经不能完全满足公众的美好出行要求。同时，我国也在积极推动服务区升级转型，提倡利用新一代信息技术为公众提供更好的出行服务。交通运输部发布的《2018 年全国公路服务区工作要点》(交办公路函〔2018〕593 号)明确指出要推进智慧服务区建设，加强"互联网 +""云计算""大数据"等技术在服务区的应用，推进服务区信息平台建设，加强信息统计与发布工作，服务公众出行选择。服务区信息化、智能化成为服务区发展形态和转型升级的必然趋势。

(二)服务区管理需求

根据交通运输部公布的数据显示，2019 年全国高速公路客车流量总计达 78.14 亿辆，货车流量 24.28亿辆，货物运输量达 171.57 亿吨。高速公路服务区成为人流、车流和物流的重要集散场所。但由于缺乏整体统一的信息化规划，服务区各类设施以及人、车、环境等数字化采集、管理及应用严重不足，无法有效对服务区人流、车流和物流进行有效管理。同时，服务区各业务系统独立，产生大量数据孤岛，导致服务区应急管理、商业经营、公众服务等增值服务缺乏大数据支撑。因此，迫切需要推进以大数据技术支撑的智慧服务区建设，实现服务区精细化管理，为服务区"增加营收、降本增效、提质增效"提供有效保障。

(三)服务区经营需求

高速公路服务有着得天独厚的车流、客源优势，市场潜力巨大。2018 年，京沪高速公路的梅村服务区主动升级转型，探索新的商业模式，成为全国首个净利润超过 1 亿元的服务区。但目前，我国大部分服务区的经营管理模式仍处于基础服务阶段，无法实现把人流、车流吸引到服务区活动、消费的目的。利用大数据技术深度挖掘市场需求，提供个性化服务，开展精准营销，不断创新服务模式与商业模式，是服务区提升经营水平的重要手段。

面对上述三个方面的需求，本项目开展专项研究，推动技术、服务和商业模式协同创新，利用大数据、物联网、人工智能等新一代信息技术，搭建智慧服务区一体化管理平台，实现服务区精细化管理、精准化营销以及品质化服务。

二、成果内涵

本项目研发的智慧服务区一体化管理平台，应用大数据、物联网、人工智能等新一代信息技术，实现对高速公路服务区公众服务所需海量信息资源的全面规划整合和业务价值挖掘，为服务区的经营、运营管理提供高效、智能的手段和工具，促进高速公路服务区提质增效与转型升级，将高速公路服务区打造成精细化、品质化、智能化的高速业务枢纽。

目前，平台在广西 39 对服务区及 16 对停车区应用，能够采集、整合服务区内的商业经营、基础设施、日常管理以及交通、气象、旅游等单位的数据，实现数据集成、可视化应用及智能应用，面向不同的用户群体提供不同的服务，一是面向服务区管理者提供"精细化管理"服务，对服务区的服务区人流、车流、物流和资产进行实时监控、统一管理、统一调度。二是面向服务区经营者提供"精准营销"服务，融合和分析车流、客流、商业经营等数据,分析公众的出行需求、出行规律、行为偏好等,描绘用户画像,发掘潜在商机,为经营决策提供支撑。三是面向公众提供“品质化出行”服务,线下通过触摸查询一体机,便捷、实时获取服务区的服务和资讯动态,线上通过微信随时查询高速路况、线上点餐、在线商城购物、查询服务区停车位和餐饮等信息,形成“线上 + 线下”体验互动融合的服务模式。

三、主要做法

(一)提出“321”整体建设思路

本项目针对服务区发展现状,根据“提炼 3 个需求,开展 2 个任务,实现 1 个目标”的“321”整体思路进行项目建设(图 1)。

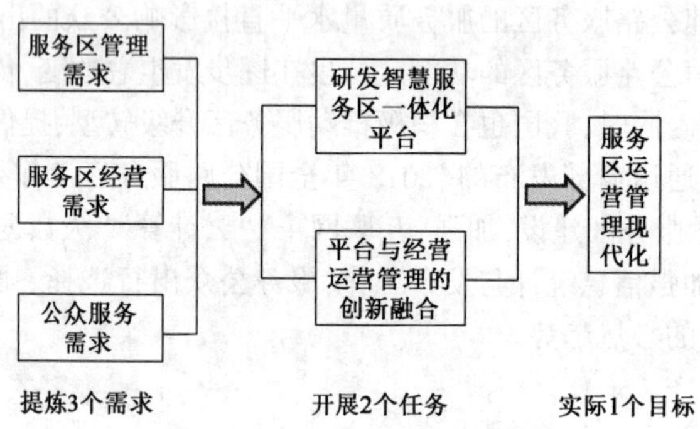

图 1　项目“321”整体思路

“3 个需求”:本项目调研全国高速公路服务区在智慧化管理方面的发展现状,深入研究服务区管理需求、服务区经营需求及公众服务需求,提炼项目总体目标。

“2 个任务”:一是根据项目需求开展平台开发,按照由基础支撑层(硬件铺设)、数据层与数据服务层(数据收集与分析)至应用层(智慧场景实现)3 个层次同步推进互相协作按照项目管理 PDCA 循环的实施思路,搭建智慧服务区一体化管理平台;二是积极开展项目落地,选取示范点,开展项目应用示范,实现平台与经营运营管理的融合创新。

“1 个目标”:项目面向服务区管理者、经营者及公众提供精细化、精准化和品质化的服务,助力服务区在管理、经营上实现现代化,促进服务区提质增效与转型升级。

(二)提炼内核需求,开展项目顶层设计

1. 总体目标

本项目旨在针对当前广西高速公路服务区存在的信息化系统零散孤立、数据信息难以共享、数据采集和挖掘应用不足、运营管理和公众出行服务方式落后等共性问题,综合应用大数据、云计算、物联网等新一代信息技术,按照“提炼 3 个需求,开展 2 个任务,实现 1 个目标”的“321”整体建设思路构建“智慧服务区一体化管理平台”,全面整合高速公路服务区各种资源,动态感知人流、车流、物流、消费信息并进行深度挖掘,便于管理者和用户及时、准确地从海量数据中获取有效的数据信息,实现高速公路服务区的智能分析与精准运营,促进高速公路服务区提质增效与转型升级,将高速公路服务区打造成精细化、品质化、智能化的高速业务枢纽。

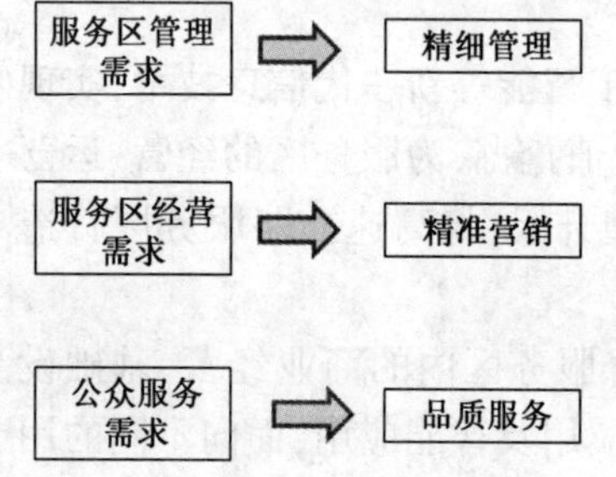

图 2　项目规划设计图

2. 规划设计

提炼服务区管理需求、经营需求及公众服务需求,从精细管理、品质服务、精准营销三个方面进行设计(图 2)。其中,精细管理是基础,精准营销是关键,品质服务是核心。

精细管理主要从以下方面入手：一是动态感知服务区各类信息，为管理和服务提供基础数据保障；二是通过多源多维数据分析，强化对服务区基础设施的管理，包括卫生间、公共场区、商业区风水电气设施及信息化系统的升级、改造、完善等；三是通过使用智能化照明、污水处理、垃圾处理设施、各类节电和节水设备、各种新能源，实现科学节能减排，打造“绿色生态服务区”；四是强化对服务区人流、车流、物流和资产的监管，防止发生重大安全事故；五是在各服务区人流、车流、资源严重不均衡时，及时进行分流、疏导、调度。

精准营销主要体现在以下两个方面：一是基于多源数据，通过多维度分析社会公众的出行需求、出行规律、行为偏好等，描绘用户画像，通过客户关系管理系统和个性化服务发掘新的商业契机，为经营管理者决策服务；二是通过网上商城、O2O电商平台推介地方特产、特色美食、周边旅游资源、地产项目等，进行客户导流和用户习惯培养，从原有等旅客上门的被动经营模式，转变为“引得来、留得住、扩消费、促增长”的模式；通过在线宣传、形象展示，提炼服务区文化内涵，打造知名服务区品牌。

品质服务主要包括以下几个方面：实现服务区 Wi-Fi 网络全覆盖，为管理者和出行者提供免费Wi-Fi网络服务；通过移动智能终端 App、多功能自助终端、广播、信息显示屏为出行者提供各类交通信息服务，包括高速公路运行信息服务、服务区运行信息服务、安全预警服务、“一键求助”服务、信息查询服务、票务预订服务、网上预订客房及餐饮服务等；在服务区设立 ETC 服务网点，拓展 ETC 卡在服务区的应用范围；相关服务支持移动支付、快捷支付等；提供换乘中转、智能停车诱导、新能源汽车充电、车辆及人员救助、服务区导向、休闲娱乐、失物招领等出行服务；提供地方特产、特色美食、周边旅游、促销活动、地产项目推介等其他增值信息服务。

3. 发展规划

现阶段是智慧服务区一期，计划在未来的 3～5 年在此基础上实施智慧服务区的二期项目。主要有以下 3 个方面的发展规划：

一是构建基于物联网技术的2.0版本智慧服务区平台，实现智慧场景与服务区管理的智能化，提供停车引导、联网自动售卖、智慧灯杆、智能计费系统和无人超市等服务区智能管理功能和服务，引进和聚集停车充电、特色购物、主题消费、周边旅游等新兴产业，打造全国服务区智能化管理和智慧化服务典范。

二是构建基于三维实景技术的虚拟服务区。利用室内三维实景技术实现商铺、休息区等设施的三维导览，为公众提供更方便快捷的位置服务和导引。将服务区内各商铺的商品转换为在线展示的虚拟商品，完善商品信息及互动功能，最大化地展现商品的卖点及相关营销信息，激发购物兴趣并快速购物，让公众获得前所未有的购物体验。

三是为发掘服务区更多商业价值。计划开展服务区广告投放及招商管理系统研发，可便捷地实现服务区电子屏的广告投放、管理和数据统计等工作，支持多维度的、精细的数据分析和报表服务。同时，面向商户提供商铺招商数据查询服务，包括招商业态、经营模式、经营周期、招商条件、客流数据、车流数据、商铺面积、原经营商户的营业额等，为商户选择商铺提供翔实依据，实现科学招商。

（三）突破关键技术，研发一体化平台

1. 平台总体架构

智慧服务区一体化管理平台在遵循先进、实用、开放与共享等设计原则的前提下，基于大数据、人工智能等技术，结合智慧服务区具体需求，打造自主研发的管、控、视一体化智能平台，实现“物联网＋服务区”，不仅全面提供完善的服务区经营管理功能，还可实现数据整合、管理、挖掘分析、辅助决策等服务。

平台总体架构如图 3 所示。

平台采用分层设计，自下而上包括基础支撑层、数据层、数据服务层以及应用层。基础支撑层包括基础经验设施和设备，为智慧服务提供基础环境。数据层引入云计算、大数据技术，实现对服务区多源异构数据进行处理、融合、挖掘、存储等，构建基础数据库、业务数据库和主题数据库，为应用层提供标准的数据支持。数据服务层提供从数据采集、挖掘分析到数据共享的系列功能，是整个服务平台的核心。

应用层将数据处理结果运用到高速公路运营管理和大众出行,为其提供智慧服务。

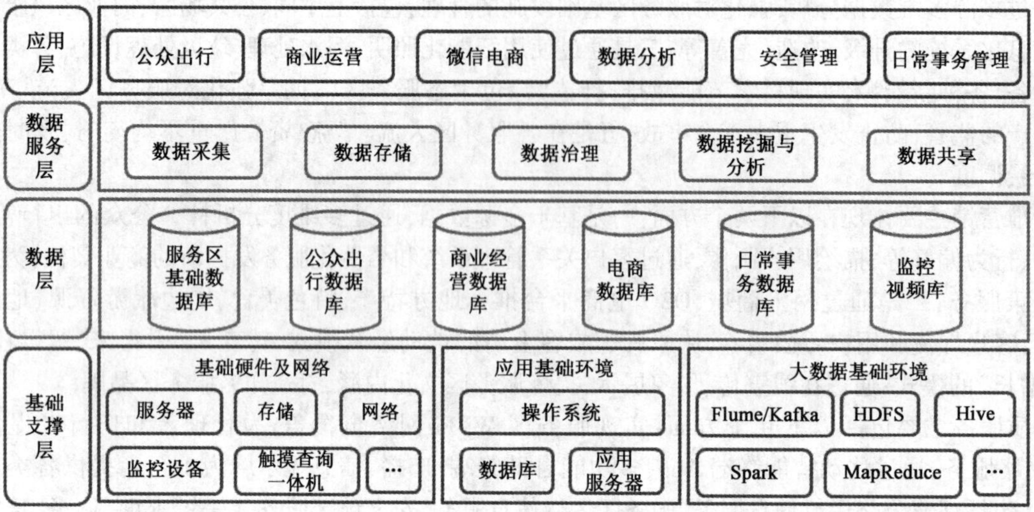

应用层：公众出行　商业运营　微信电商　数据分析　安全管理　日常事务管理
数据服务层：数据采集　数据存储　数据治理　数据挖掘与分析　数据共享
数据层：服务区基础数据库　公众出行数据库　商业经营数据库　电商数据库　日常事务数据库　监控视频库
基础支撑层：基础硬件及网络（服务器　存储　网络　监控设备　触摸查询一体机　…）　应用基础环境（操作系统　数据库　应用服务器）　大数据基础环境（Flume/Kafka　HDFS　Hive　Spark　MapReduce　…）

图3　平台总体架构

平台支持高可用及横向扩展的分布式架构,支持结构化、非结构化大数据存储,基于数据分析模型实现数据挖掘分析,并实现可视化服务。平台的分层架构设计有利于提升各层能力的专业化水平和共享化水平,利用系统、数据与应用间解耦,提升相关数据服务与数据应用的开发效率。

2. 平台数据分析架构

从服务区的实时接待能力,到实时的车流、人流数据,再到实时经营业务数据和交易数据,形成海量的大数据仓库,统一处理,实现数据标准、集中化,实现数据脉络化和关系化,并通过大数据建模和分析主题,对异构的数据进行计算分析,以大数据可视化进行整体展示,满足不同管理者的关注点,让服务区的管理运营一目了然。

平台基于大数据技术对服务区设施状态数据、人流及车流量、运营管理和商业经营等资源数据进行汇聚整合、分析挖掘,形成满足服务区运营监管、安全管理以及公众出行服务需求的智慧服务区大数据分析应用(图4),为决策者提供先进的智慧化管理手段。

(1)基于 Flume/kafka 的混合数据采集

智慧服务区数据不但包括 POS 收银、日常管理、微信电商等结构化数据,还包括人脸、车脸、监控等半结构、非结构化数据,研发过程中研究 Flume/Kafka 的混合数据采集架构,实现对多个数据源的数据进行采集。采用 Flume 实现数据的采集,并对采集的数据进行预处理,再通过 KafkaSink 发布到 Kafka 中。在 Flume 后台加入一层 Kafka 消息系统,是因为在高并发的条件下,数据会井喷式增长,为了避免大量数据滞后并丢失,所以增加了 Kafka 消息系统作为数据缓冲区,提供了可观的吞吐量。

(2)基于 MPP 和 Hadoop 的数据处理引擎技术

采用 MPP 和 Hadoop 的数据处理引擎技术,针对结构化、半结构化、非结构化的数据进行融合存储、统一查询,采用 MPP 数据库存储结构化数据,而半结构化数据、非结构化数据存储在分布式文件系统上,以满足多源异构海量数据的存储需求。MPP 计算引擎和 Hadoop 计算引擎分别负责结构化和非/半结构化大数据的计算处理任务。大数据混搭存储平台内部结构以 MPP 超大规模集群融合 HadoopHive 为基础,集成 Spark 计算引擎。大数据服务为上层应用提供计算模型、访问接口、管理配置以及安全保障,降低了平台的维护和开发成本。

3. 项目关键技术

(1)智慧服务区数据集成

采用大数据技术整合服务区、交通、气象、旅游等各部门和单位的数据资源,基于 Flume/Kafka 的数据采集架构对不同来源、不同结构的数据进行采集、处理和融合,实现多源异构数据的高效处理,提供同步、异步数据处理能力,实现跨部门、跨系统、跨域的数据共享与交换,解决各系统各自独立、信息孤岛分布、信息难以共享的问题,以满足智慧服务区管理和服务方面的需求。

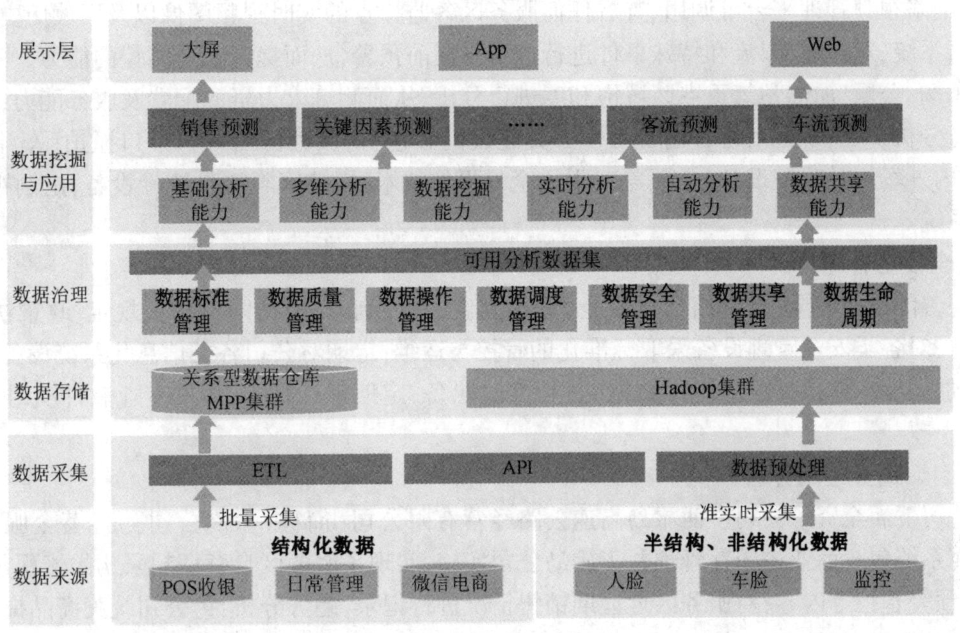

图4 平台数据分析架构

(2)智慧服务区大数据分析的可视化应用

从服务区的实时接待能力,到实时的车流、人流数据,再到实时经营业务数据和交易数据,基于MPP和Hadoop的混合数据处理技术实现数据实时处理,通过大数据建模和分析主题,对异构的数据进行计算分析,以大数据可视化进行整体展示,满足不同用户的关注点,让服务区的管理运营一目了然。

(3)"物联网+智慧服务区"应用研究

研究利用大数据、视频监控、GIS等技术构建大数据服务,对车流、人流、经营业务等方面进行实时分析,为服务区提供数据决策依据,研究OTO电子商务、移动应用为驾乘人员提供个性化服务,包括线上OTO点餐、在线商城、路况信息与事故查询等,实现智慧服务区一体化管理,提升服务区的运营管理和公众服务能力。

4.平台功能

结合交通商业细分领域特点研发的智慧服务区管理平台基于服务区经营战略目标、业务布局、管理模式、管控体系以及现有信息化基础。系统采用一套框架,多层级、流程化、模块化架设,支持数据云服务及各种对外接口方案。主要功能包括以下几个方面:

(1)商户管理

将商户信息、合同、各检查、诚信评估体系等内容汇总至信息平台内,信息集成便于管理。

运营相关商户管理:实现了每日营收数据的多级监管审核管理;营收流水的备份、恢复方式可确保每笔营收数据安全准确;经营相关的销售、商品、人员、时间、客单等多类型多维度统计报表;支持商品品类优选智能管理,所有商品进销存售全过程溯源管理;规范商品品类管理模式,支持统一定价、限高定价、指导定价多种模式;实现全服务区、全商品、全时段各类组合促销模式的统一通用自配置。

稽核相关商户管理:实现服务区、实业公司的现场营收稽核管理,支持远程动态稽核;支持全服务区所有点位的营收状态全监控,可预警营收可疑行为;对收银工作全过程智能监控,所有交易行为可分析、可录像核实;自主研发异常收银行为模板,可及时发现违规作弊行为,向管理者发出预警;支持并实现稽核过程中各类监管需求,形成稽核分析报告。

(2)公共区域管理

在各服务区内外场公共区域(例如停车场、出入口、通道、收银等场所)部署监控摄像机,通过分布式、标准化部署,在各服务区设立标准化机房,存储本服务区的视频图像。在实业公司本部设立监控分中心,通过网络视频管理平台可调用、查看任何服务区各监控点的实时视频图像以及回放历史视频。加入视频分析系统,对人流、车流和特殊事件进行分析与提前预警,从而提升安全防控的能力。

对停车场、公厕、加油站等重点区域饱和度进行分析,从而测算人力资源配置及服务能力;对驾乘人员轨迹进行分析,从而掌握出行者消费习惯。其建设内容包含:服务区出入口卡口抓拍(车流监测)设备、服务区内外场视频监控设备(全覆盖),引入全景摄像技术、服务区客流量统计设备,定制视频分析、事件监测系统。

(3)安全设备管理

建立完善的设备安全(含网络信息安全)管理制度,责任到人;根据国家相关规定、政策法规,结合服务区实情,对各类安全管理设备采取标准化的管控与运维;定期对公司各类信息化系统设备进行渗透检测、补漏加固等工作;对核心设备(数据)进行实时热备,定期审计日志,借助专业软件实时预警系统运行情况。

(4)对自营商业进销存管理

实业公司下属全资子公司广西旅岛高速公路经营有限公司(简称"旅岛公司")经营全服务区自营便利店。本系统包含商业进销存管理并于旅岛公司实施,实现了服务区自营商超采购的流程化管控,库存、保质期预警管控等内容;对服务区近远期销售情况进行记录、趋势分析,为公司统配商品提供数据支持;与总仓配送系统相结合,支持动态生成采购单,完成一键入库;支持公司自营、合作、外部服务区商超的多种配送模式切换,支持自营、合作、加盟等多种经营模式,并实现财务结算数据统一管理;支持总仓、分仓多级购销成本管控,同步与产品厂家后台数据互通,智能下单;支持线下便利店多级加盟管理,支持加盟商各类业务(会员、积分、返利等);实现智能化进销存管理,支持全业态进销存,支持所有流程溯源查询;支持营业期实时盘存等。

5. 技术成果

本项目突破关键技术,已经形成具有自主知识产权的技术成果,目前已在国家版权局申请登记计算机软件著作权5项,具体见表1。

软件著作权一览表 表1

序号	知识产权名称	授权时间	登记号
1	POS收银系统V1.0	2020.05.19	2020SR0474164
2	服务区进销存管理系统V1.0	2020.05.19	2020SR0475464
3	服务区安全管理系统V1.0	2020.05.19	2020SR0474158
4	服务区电子商务系统V1.0	2020.05.22	2020SR0495129
5	服务区日常事务管理系统V1.0	2020.05.22	2020SR0495123

同时,本项目因技术及产品达到国内先进、区内领先水平,有效填补区内行业空白,带动广西数字经济发展,经过专家评审和公示,于2019年8月获批广西壮族自治区工业与信息化厅2019年第一批技术创新项目(自筹类)。

(四)平台与经营、运营管理的融合与创新

将平台与业务进行有效融合,实现项目目标,是本项目重点任务之一。本项目选择实业公司所辖部分服务区开展试点工作,积极探索平台与经营、运营管理的融合与创新,主要包括以下5个方面:

1. 统一收银系统,有效归集经营数据

该系统将服务区超市、餐厅、客户、汽修、商铺等多种业态的业务有机集成在一个系统平台来统一管理，而不是独立分散的各种管理软件，可以满足商业经营业态的无限扩展，满足各业态四大商业经营模式（自营经销、代销、联营、租赁）灵活设置，可以实现统一收银、统一结算、统一数据对比分析管理与决策。

在服务区使用统一收银系统的情况下，部分商户可能采用交易不输入系统、少输入金额等行为以减少交易额，为此需要对商户的收银行为进行监管、稽查。而对于服务区自营商户，则需要监管收银员是否存在偷盗钱财等行为。

项目采用先进的计算机多媒体技术、数字视频技术和网络技术，通过对收银通道的商品流动以及交易过程进行录像，提供收银通道定时、定点、定单、定人、定物的全方位视频录像，并和交易数据一对一对比核查，从而准确判断是否有商品非正常从收银通道流出服务区，规范收银管理，堵塞管理漏洞，有效防范员工监守自盗、内外勾结的行为。

收银视频防盗系统能控制收银视频防盗摄像头进行录像并保存在服务器；能将收银小票时间与录像时间进行同步、关联；提供按商品编码、收银员、收银时间等条件查询收银小票与收银录像的功能。收银员收款画面和收银实际录入数据可以同步传输到后台系统，系统在硬盘上存储该信息，并按照条件查询到历史收银图像和收款画面同步记录。

2. 分析服务区客流，推进精细化管理

通过安装在超市、餐厅、大厅、厕所等主要进出口的专用摄像机，采集进出人员的视频信息，通过软件技术解析，统计视频中各进出口客流的数量，从而了解服务区人流基数级别，对人流进行引导与管理，并可实现与营业额的关联关系分析。

配置客流分析后，能显示客流状态，对流量比较大的区域采取预防突发事件的措施，旨在有效分配物业管理、维护人员等，推进服务区精细化管理。

3. 车流可视化，提升管理弹性与效能

服务区进出口安装高清摄像机，可记录服务区车辆进出信息，并能解析图像中的车牌号码，实现对服务区车辆的检测。

除了实现对进入服务区车辆数量的分析，还可实现各类型车流量与经营业绩挂钩的关联分析等。

4. 服务区大数据分析，助力精准营销

平台整合高速公路服务区各种资源，并通过对车流、客流、商业经营等数据进行大数据分析，分析公众的出行需求、出行规律、行为偏好等，描绘用户画像，通过客户关系管理系统和个性化服务，发掘新的商业契机，为经营决策提供支撑，助力精准营销。

5. 监控系统上云，构建安全管理有力保障

在服务区商业经营区域及公共区域布局摄像头，通过服务器推送上云。通过智能手机或监控平台网页端可实现即时观看服务区各监控点视频，在监控中心即可远程完成对服务区的日常巡视检查工作。

同时，在发生重大突发事件时，能够精准地对服务区停车、餐饮、人员配置、应急物资进行调配和调度，提高应急指挥科学化、信息化水平，形成“事前预警—事中监测—事后溯源”的安全管理闭环，充分保障服务区内人员生命财产安全。

（五）研用合作，提供全面有效的保障措施

实业公司作为广西最大的服务区经营企业，致力于服务区的一体化管理水平提升，每年投入大量资金及人力物力于服务区管理。合作伙伴计算中心为广西最早从事计算机研究和应用的专业机构之一，对信息化项目研发、管理及应用具有相当丰富的经验与能力，可提供全面有效的保障。影响服务区管理系统持续健康运行的因素主要有运营、资金、技术等，实业公司与计算中心主要在以下几方面提供保障：

1. 运营方面

该平台由实业公司各部门及服务区管理主任联合实施与推动，业务与技术紧密结合，能随时发现与

提出切合运营实际的改进要求,实现平台的动态更新与发展。

计算中心组织队伍对已布设设备进行定期巡检及维护,保障系统监控、安全、稳定运行。设置专业客服团队,面向应用企业、服务区一线工作人员、商户等应用者提供咨询与业务分流处理服务。

2. 技术方面

计算中心是广西最早从事计算机研究和应用的专业机构之一,累计承担完成各级各类科研任务(项目)超过220项,取得包括专利等各类成果超过120个,获得广西科学技术进步奖49项。并入广西交通投资集团有限公司后,计算中心聚焦交通科技信息化与数字广西建设,实施完成了一批交通科技信息化技术及产品,承担了广西公路水路安全畅通与应急处置系统工程(二期)项目、取消省界高速收费站安全等保项目等项目,为本次平台成功研发与应用奠定了基础。

3. 资金方面

智慧服务区一体化管理平台在调研、开发、测试、示范应用等过程中会耗费大量的经费,资金不足或使用不当容易引起项目延期,甚至中断。实业公司年营业收入超过100亿元,投入超过4000万元用于该平台的软硬件开发与铺设。广西计算中心对研发过程中各个环节所需经费进行仔细、科学的预算,根据预算筹集所需经费,对每一笔花费进行严格的把控,综合利用现有资源,减少经费支出,保证经费的充足和研发的顺利进行。同时,拥有注册资本2亿元,为资金来源提供了一定的保障。以上这些都可有效降低资金风险,保障资金有效、充足。

四、实施效果

目前,平台已在广西39对服务区及16对停车区得以应用,能够采集、整合服务区内的商业经营、基础设施、日常管理、车流人流以及交通、气象、旅游等单位的数据,实现数据集成、可视化应用及智能应用。借助成果示范及带动作用,取得了良好实施效果,对服务区的提质增效、升级转型具有重要作用。

(一)提升经营企业经济效益

实业公司作为服务区的经营者,主要收入之一为服务区商户缴纳租金。租金的计提方式通常为固定租金加提成的形式,而提成的计提基数为约定营业额的超额部分。

在使用收银系统前,靠商户自报营业额,营业额普遍偏低。使用收银系统后商铺的营业额及超额计提租金均实现了同比超过30%的增幅。

使用统一收银系统,能帮助服务区经营企业准确了解各商铺实际的经营数据;准确掌握商铺销售额,分析利润水平,实现精准招商,优化服务区商户结构。这是服务区商业经营方式由粗放式向精细化进化的必然选择。

(二)打造一体化商业运营模式,运营管理更加精准有效

高速公路服务区内有商超、餐饮、加油、客房等多个服务项目,无论是监测、运营还是内部管理,每个服务项目都自成体系,难以实现统一管理,商业经营管理缺乏整体性,导致整体营业水平和经济效益相对较低。智慧服务区一体化管理平台利用新一代信息技术,对服务区商超、餐饮、加油、客房等诸多业务进行统一管理,实现统一进货、统一配送、统一结算、统一管理,实现所有的业务功能集成,所有的业务数据协同管理,在应用上符合各项经营项目的营业特点,最大限度满足个性化需求,为经营决策提供数据支持,让运营管理更加精准有效。

(三)满足用户个性化服务需求,提升服务品质

商业经营者可以通过平台根据车流、客流、商业经营等数据分析社会公众的出行需求、行为偏好等,提供个性化服务,发掘新的商业契机。公众通过平台享受“线下+线上”的全面出行信息服务。线下通过触摸查询一体机,便捷、实时获取服务区的服务和资讯动态。线上通过微信公众号,可随时查询高速路况、路线指引、电子地图、天气状况、服务区停车位、餐饮等信息,可享受餐饮预定、在线点餐、在线支付等一系列便利化服务,还能获取地方特产、特色美食、周边旅游、促销活动、地产项目推介等其他增值信

息服务,提升出行体验。本平台最大限度地满足了用户多样化、个性化的服务需求,实现了资源的效益最大化。

(四)安全精细管理,提升管理效率

在发生突发事件时,本项目平台能够精准地对服务区停车、餐饮、人员配置、应急物资进行调配和调度,提高应急指挥科学化、信息化水平,充分保障服务区内人员的人身财产安全。同时,视频监控系统已成为治安防范的重要手段和治安防控体系建设的重要组成部分,在预防、发现、控制和打击违法犯罪,提供破案线索,固定违法犯罪证据等方面发挥着人防、物防所不可替代的重要作用。

(五)推动大数据、物联网、人工智能技术在服务区的应用

智慧服务区一体化管理平台盘活了服务区内外各类数据资产,实现了对行业数据价值的挖掘,解决了服务区行业监管不及时、管理决策和服务效率低下、不够人性化等问题,为更好地满足人民群众日益增长的高质量出行需求提供了必要的技术手段,促进了高速公路运营管理水平和公众服务能力的提升。同时,研究成果使高速公路服务区实现智慧化管理,推动了大数据、物联网、人工智能和实体经济的深度融合,为高速公路服务区的发展提供前所未有的广阔前景,打造了高速公路行业发展的新优势。

(六)加快产业结构转型升级

本项目通过研究服务区智能化管理应用,逐步拓展高速公路服务区的信息化建设,形成服务区各类设施以及人、车、环境等数字化采集与统一管理,解决服务区各业务系统独立、产生大量数据孤岛的问题,为服务区应急管理、商业经营、公众服务等增值服务提供大数据解决方案,为当地特色产品、文化、旅游资源的推介输出找到新路径,促进服务区与旅游、物流、文化等产业的融合发展,进而推动以服务区为中心的区域性数据中心的建立,促进"智慧高速公路服务区"的转型升级,加快"数字广西"的建设与发展。

五、总结

综上所述,本项目基本完成既定目标,实现了精细管理、精准营销和品质服务的需求。

在科技创新方面,本项目推动了大数据、物联网、人工智能等新一代信息技术与交通行业的深度融合,为高速公路服务区的发展提供前所未有的广阔前景,打造了高速公路行业发展的新优势。

在应用效果方面,本项目切实有效地提升服务区经营企业经济效益,提高服务区管理效率,满足用户个性化服务需求,提升服务品质,做到了有效降低成本、提质增效。

在示范应用方面,通过试点示范引路,由点到面汇聚技术、人才、产业等资源,在广西 39 对服务区及 16 对停车区开展应用,带动全广西高速公路服务区的转型升级,最终形成高速公路智慧服务区管理技术验证和先行示范、智慧交通应用的"广西经验"和"广西方案",主动服务交通强国战略。

下一步,计划充分发挥项目的先行示范作用,将项目成果在全国范围内进行应用推广,为行业的可持续发展做出应有的贡献。同时,在未来的 3 ~ 5 年内计划开展基于三维实景与物联网技术的智慧服务区 2.0 项目,实现智慧场景与服务区管理的智能化。

推进“安全+创新”深融合
打通绿色发展“快车道”
——广西路网项目积极探索“安全、品质、绿色”新格局

广西北投公路建设投资集团有限公司

成果主要创造人:张　云　赵勇钢

成果参与创造人:黎兆联　石志海　农基武　谭凤宁　赵　先　潘　馨
何雨佳　邓旭胜　王　斌　莫光龙

北投公路集团广西北投公路建设投资集团有限公司(简称“北投公路集团”)是广西北部湾投资集团有限公司的全资子公司,成立于2011年9月,注册资本金6000万元。截至2020年6月,公司总资产达194.62亿元。

北投公路集团主要从事工程建设管理、工程代建、工程项目总承包、工程监理、技术咨询、政府招标代理、工程招标代理、土地及房地产开发等业务。公司履行广西壮族自治区人民政府、交通运输厅授权的广西65个国省干线公路项目建设管理法人职责,项目总里程超过4447公里,投资总额超470亿元。

北投公路集团总部设11个职能部门,下设1个全资子公司(广西强路工程咨询有限责任公司)和22个公路建设管理机构。公司现有职工309人,其中,博士研究生学历2人,硕士研究生学历25人,本科学历202人,大专学历52人,大专以下28人;高级技术职称50人,中级技术职称70人。

北投公路集团积极践行“翔路,你回家的路”的庄严承诺,致力于推动路网事业高质量发展,坚决打通交通脱贫“最后一公里”,着力推动企业多元化改革发展,在市场竞争中做实做优做强,打造拥有良好形象、核心品牌的创新型企业,努力实现“人企合一、持续发展”翔路梦。

北投公路集团已建成那坡至平孟口岸公路、田林至隆林(腊仁)公路、都安至武鸣公路、田东至天等公路、三江林溪(桂湘界)至古宜公路、大化至巴马公路、钦州久隆经大垌至大寺公路、巴马至平果坡造公路、桂林永福苏桥至鹿寨公路、南丹吾隘至东兰公路长乐连接线、来宾寺山至贵港公路、南宁大塘至渠黎公路那蒙至渠黎段、百色至泮水公路(一期)、北流文城至六靖公路、巴马燕洞至田东公路、良口至梅林公路工程(一期)、梧州苍梧经大坡至新地公路、瑶山至南丹公路(一期)等18个路网项目,通车里程超过1200公里,充分体现了公司雄厚的技术实力和良好的项目建设管理水平,赢得社会各界广泛好评。

北投公路集团作为广西壮族自治区交通基础设施投资建设的主力军,在紧扣时代脉搏中书写了“新答卷”。北投公路集团深耕全区路网项目建设9年,始终把安全发展放在首位,不断研究探索,创新安全管理思维,打造特色安全文化,提升本质安全水平,为全区国省干线公路持续延伸进广西壮族自治区各个民族地区、贫困地区保驾护航,助推全区决战脱贫攻坚,推动跨越发展。

北投公路集团曾荣获2016年广西壮族自治区“安康杯”优秀先进团体、交通运输部安全委员会2018年“平安交通”创新案例征集评选活动“优秀案例”、中国交通企业管理协会“第十七届交通企业管理创新成果”二等奖及三等奖、2019年广西壮族自治区“安康杯”优秀先进团体。

一、前言

公路安全生产管理与公路工程建设质量和效益息息相关,随着公路工程建设数量不断增多,安全管

理问题尤为重要，特别是山区公路的建设，对公路工程施工安全提出了更高要求。在山区公路工程建设中，安全生产管理是重中之重，做好安全管理工作，不仅可以有效预防安全事故发生，还能保证施工现场良好秩序，有利于施工任务严格按照进度计划完成，同时还能保证现场施工有效开展，保障施工人员安全，避免安全事故发生带来的不必要损失，提高资金利用效率，确保公路工程建设效益。通过公司多年的安全生产管理经验进行总结归纳，G357灌阳洞井至潮田公路（简称"灌潮路"）以安全为主线，打造山区公路绿色品质工程，为今后二级公路建设及安全生产提供有力的参考建议。

二、实施背景

（一）项目背景

灌潮路位于广西桂林北部，地貌复杂，地形多样，相对高差大，局部为悬崖峭壁，地势极其陡峻。项目所在地处低纬，属亚热带季风气候，境内热量丰富、雨热同季，降水丰沛、干湿分明，日照适中、冬短夏长，灾害频繁、旱涝突出。

（二）管理背景

项目的地势、气候特点在广西路网内具有代表性，涉路施工保畅通、边坡开挖坡度陡等问题给施工过程中的质量安全管理工作加大难度。针对广西地势及区内路网项目具有涉路施工保畅通、边坡开挖坡度陡等特点，安全管理工作难度较大，原有管理模式已不再适用，北投公路集团经过不断研究探索，创新安全管理思维，打造特色安全文化，提升本质安全水平，打造绿色品质工程。

（三）工程概况

1. 路线及走向

灌潮路全长63.6868公里，路线走向自东向西，起点起于桂林市灌阳县洞井乡，接原县道X118与国道G241灌阳至恭城二级公路交叉口，终点位于灵川县潮田乡，接在建的兴安至阳朔二级公路K53+720处。路线经过灌阳县洞井乡、恭城县栗木镇、灵川县大境乡和潮田镇。

灌潮路是广西公路网的重要组成部分，推动加快建设"内外衔接、干支相连、方便快捷"的公路交通网络，为推进城乡一体化发展提供交通支撑。项目建成后将更好地推动桂林旅游业的发展，增加旅游业的收入，对促进沿线经济发展具有十分重要的意义。

2. 主要工程量及总投资

项目预算总投资约58248万元（表1）。按双向两车道二级路标准建设，路基宽8.5米，采用水泥混凝土路面，设计速度40~60公里/小时，土石方297.5万立方米，排水工程3.6万立方米，防护工程6.7万立方米，水泥混凝土路面57.2万平方米，大桥319米/3座，中桥138米/3座，涵洞218道，养护站2处，计划工期为24个月。

项目投资情况　　表1

工程费用名称	金额（万元）
第一部分：建筑安装工程费	43404.1222
第二部分：设备、工具器具及家具购置费	29.4672
第三部分：工程建设其他费用	12841.5546
第一、二、三部分费用合计	56275.144
预留费	1661.5287
新增费用	306.7017
预算总金额	58243.3745
平均每公里基本造价	914.5278

三、现代化管理创新应用

灌潮路自开工建设以来争创“品质工程”“标杆工程”“样板工程”，下大力气整治质量通病，确保项目做到“边坡不塌，结构不倒，路基不沉，路面不裂，美化绿化”的品质要求；在树标杆、立模板方面，始终将公司要求的“逐段施工，逐段成型”的工程施工理念贯穿整个项目，做到“三同时，三到位”，均衡施工，流水作业。

(一)绿色品质工程

绿色公路建设就是公路与自然和谐，就是要尊重自然、效法自然的生态智慧建设公路。习近平总书记强调，环境就是民生，青山就是美丽，蓝天也是幸福，绿水青山就是金山银山。所以在项目设计中，灌潮路以落实“六个坚持、六个树立”公路设计建设新理念和推行现代工程管理理念为前提，推行人本化、专业化、标准化、信息化、精细化管理要求，建设资源节约型、环境友好型公路；着力优化路线方案，尽量少占耕地，避让或减少较大范围的房屋拆迁。本着山、水、园、田、路综合平衡原则，尽最大努力保护山区原貌。桥梁设计与施工均充分考虑与周边环境、自然景观相协调，排水设计与施工均考虑沉淀净化系统，确保饮用、灌溉水系不受污染。施工过程中因地制宜、因害设防，在边坡防护等工程建设中采取合理有效的水土保护措施。取弃土、石、场及时绿化与生态恢复。弃土场做到了弃完之即整之，整完之即绿化之；边坡每完成一段绿化一段，实现了早绿化、早防护、防冲刷、防污染的绿色工程效果。

路面施工或桥梁施实施集中拌和、集中预制、集中加工，路面实施零污染施工，不断提升污染控制与治理水平，面层沥青混合料的加温加热采用液化天然气，大幅减少重(轻)油及煤燃料产生的氮、硫氧化物有害气体的排放。同时在工程主体完成后计划有选择性营造特色景观亮点及便民服务设施，使新建设道路周围的功能区域得到最大程度的保持，体现公路与环境的和谐统一(图1)。

图1 公路建成后，周边环境与自然景观的和谐统一

具体做法如下：

1. 践行工程建设新理念，全面提升工程管理水平

灌潮路推行建设管理专业化、工程施工标准化、工程管理精细化、工程管理信息化、班组管理规范化管理。灌潮路建设办早谋划、创环境、抓落实、促均衡。主要措施如下：

一是着力推进工程建设管理专业化。结合工程项目实际，设置专业的管理人员、专业的施工队伍、专业的施工设备，实现对工程项目建设全过程、统一的管理，强化专业化管理能力。项目建设初期，建立健全项目建设机构，严格按规定配备专业技术管理人员，制定工程管理各项规章制度和管理办法，制定完善《项目建设管理办法》《工程进度管理办法》《工程建安费控制及设计变更管理办法》《农民工工资管理制度》等，为工程建设的顺利开展提供了制度保障。

二是推进工程施工标准化。“创建品质工程示范项目，推广施工现场标准化，既是安全管理切入点，更是质量管控的突破口。”灌潮路按照北投公路集团《施工标准化图集》要求，通过推进项目“两区三厂"施工安全标准化，总结出一套因地制宜、特色鲜明的品质创建成果。根据工程特点，围绕施工现场布设、项目驻地、场站建设等方面打造工程标准化建设，围绕路基施工、路面底基层施工、涵洞工程施工、水稳基层施工、沥青面层施工等工艺，形成具有推广应用价值的工艺工法，推进工程施工工艺的标准化，提高产品质量，确保工程质量。主要体现在生活区、办公区（图2）、钢筋加工厂、拌和厂（图3）、预制厂开展"两区三厂"施工标准化，提升工程标准化水平，主要从规划选址、分区明确、标准化建设和安全管理四个方面推进"两区三厂"施工标准化攻关行动相关工作。为满足生产生活的要求，根据路线的布置，结合全线施工管理需求以及建设安全保障的要求，进行科学选址，经过方案比选和论证后，确定了沿线项目经理部、总监理办公室、钢筋加工厂、混凝土拌和厂、大梁预制厂等厂站的布置情况。灌潮路严格规范用地及厂站建设。保障沿线厂站建设交通便利、通电、通水，具备信息化办公管理条件。合理规划办公区和生活区的分布，办公用房面积和办公家具满足规范的要求，办公和生活用房坚固、实用、美观、隔热通风，符合施工管理要求。办公区、生活区及车辆、机具停放区等设置合理，区内场地及主要道路做硬化处理，排水设施完善，庭院适当绿化，环境优美整洁，满足用电安全和消防安全。

图2　标准化驻地

图3　标准化拌和站

三是推进工程管理的精细化。建设办结合项目实际，倡导工匠精神，强化主体机构的施工精细化管理，全面实行首件工程认可制，贯穿"以工序保分项、以分部保单位、以单位保总体"的质量创优保障原则，着眼抓好各分部分项工程的首件工程质量。在施工过程中，积极推进"分段标识、分段施工、分级验收、层层负责"的现场质量控制制度，严控施工节点，严把工程验收关；强化过程监控，推行现场巡查，及时发现和处理质量隐患，确保每个施工环节受控，注重细节管理，保证每个施工细节都符合标准要求（图4～图8）。同时推行示范路段、示范点施工，以点带面整体推进施工质量；建立"实施要标准、操作有程序、过程有监控、结果有考核"的标准化管理体系。

图4　圆管涵线形顺直、表面平整

图5　盖板涵线形顺直、表面平整

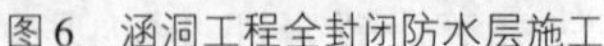

图6 涵洞工程全封闭防水层施工

图7 涵洞工程全封闭防水层效果

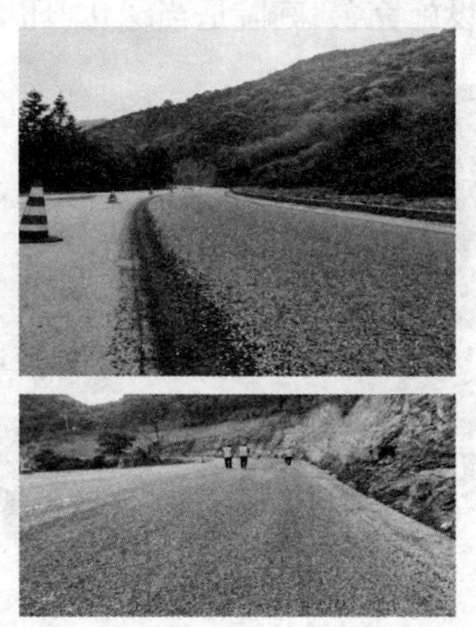

图8 两油两料热沥青机械化封油

四是提升工程管理信息化水平,全面推进监测及预警技术的整合应用,打造"智慧工地"。项目开工建设以来,大力实施科技驱动发展战略,利用各种资源探索一条"智慧工地"之路,从而提高施工现场的管理水平和效能,项目质量安全管理水平也得到了质的提升。通过智慧工地管理平台加强对施工现场边通车边施工路段、高边坡易塌方路段、桥涵隧道作业等关键部位、重要环节、重点区域的质量安全监控和巡查;利用配备安装了卫星定位系统的安全巡逻车开展日常巡查和无人机空中质量安全排查,全方位、立体式、无缝隙管控,实现施工生产过程质量安全监管无死角;特殊路段施工期间利用现代信息技术与质量安全管理深度融合,设置人员定位系统提升安全监控的准确性、时效性。自开工以来,灌潮路共开展质量大检查10次,发现问题37处,整改37处;下发监理整改通知单26份,整改回复26份。本项目无质量事故发生,工程质量处于可控状态。

五是实现班组管理规范化。增强施工班组专业化施工能力,形成稳定的作业班组队伍,全线班组管理推行班前提示、班前检查、班中巡查、班后小结、班后交接、班后清理制度。

2. 全线实现弃土场弃完即整,整完即绿化,打造绿色品质工程

灌潮路在施工过程中因地制宜、因害设防,在边坡防护等工程建设中采取合理有效的水土保护措施(图9)。取弃土、石、场及时绿化与生态恢复。弃土场做到了弃完之即整之,整完之即绿化之(图10)。

3. 边坡处置实现完成一段绿化一段

重视边坡处置施工,建立了完善的管理机构,明确施工任务,针对施工任务的情况,制定特定的规章制度,确定施工应达到的目标,明确分工,落实责任,最终实现边坡每完成一段绿化一段,实现了早绿化、早防护、防冲刷、防污染的绿色工程效果(图11、图12)。

图9 下边坡植草绿化效果

图10 弃土场修整及边坡同步绿化

图11 上边坡修整一步到位,下边坡植草绿化

4. 强风化路基段引进大型设备施工

针对强风化路基路段,引进大型机械设备进行施工,挖方路段配备大型挖掘机并配鹰嘴钩(图13、图14),使风化石路段施工达到事半功倍的效果,填方路段配备重型夯实机械(图15),确保工程质量(图16)的同时也能加快施工进度。

图 12　修整好上边坡,坡面平整,直面平顺,曲面圆滑

图 13　鹰嘴钩

图 14　风化石路段投入大型机械进行施工

图 15　路基边缘机械夯实

图 16　路基边缘夯实效果

5. 路面垫层集中厂拌、摊铺机摊铺

路面垫层及以上结构层均采用集中厂拌、摊铺机摊铺施工(图 17),最终成品达到表面平整、结构密实、结板成型好的效果(图 18)。

(二)工程安全管理

1. 北投公路集团协同办公平台

北投公路集团协同办公平台采用广联达系统,是广联达公司推出的企业级即时通信平台,为企事业单位提供了更加方便的内部交流手段,提高工作效率。

图 17　底基层采用厂拌机铺

图 18　底基层平整、密实、结板性好

协同办公平台业务集成，具有业务提醒功能，及时发布上级主管部门所下发的安全生产文件通知（图 19），使建设办公室能及时贯彻落实上级文件，确保安全生产工作的顺利开展。

图 19　协同办公平台

公司在协同办公平台中,发布各项安全生产管理制度(图20),方便建设办公室在线查找。

规章制度　　更多 »

- 关于印发广西翔路建设有限责任公司安全生产管理办法（修订版）的通知　20-04-17
- 关于印发广西翔路建设有限责任公司固定资产管理办法（试行）的通知　19-12-31
- 关于印发广西翔路建设有限责任公司薪酬管理办法（2020年修订）的通知　20-02-25
- 关于印发广西翔路建设有限责任公司投资管理办法（试行）的通知　20-01-15
- 关于印发广西翔路建设有限责任公司公务用车管理办法（2019年修订）的通知　19-12-31
- 关于印发广西翔路建设有限责任公司企业年金方案实施细则的通知　19-12-02
- 关于印发广西翔路建设有限责任公司监事会工作实施细则的通知　19-08-12
- 关于印发广西翔路建设有限责任公司科技奖励管理办法的通知　19-08-06

图20　安全生产管理制度

2. 灌潮路建设办公室制度管理

建立安全生产保证体系,成立建设办、项目经理部两级安全领导小组机构,全面落实"一岗双责、党政同责、齐抓共管"的工作原则。配备专职安全生产管理人员,各级负责人为安全生产第一责任人,对安全生产全面负责;分管领导、专职安全员为安全生产主要责任人,具体实施安全生产监督管理工作。建立健全安全生产责任制,建设办与项目经理部签订安全生产责任状。建立健全安全生产检查制度。各安全生产领导小组实行定期与不定期的安全生产检查,经常深入工地检查,及时发现和消除安全隐患,防患于未然。检查工作实行"安全隐患整改通知书"制度。严格执行施工标准化要求,确立"无一般事故及以上等级生产安全事故发生"的安全管理目标,建立健全安全生产保证体系。

建设办根据公司安全生产管理工作要求,建立健全了安全生产监督管理机制,制定完善安全生产管理各项规章制度和办法,坚持"全覆盖、零容忍"的原则对安全隐患进行治理和整改,不放过任何一个隐患,整个项目安全生产管理工作处于受控状态。总监办、项目部也相应成立了安全生产管理机构,按安全生产法律法规及合同要求配足专职安全员,建立健全安全生产保证体系。严格执行动态危险源管理、安全单元预警管理,建立领导班子带班制度、一线工人培训教育制度,在施工建设过程中加强安全教育与检查考核,保证安全措施到位,发现隐患及时整改处理。

完善项目安全生产责任制是安全管理的首要工作。制定《安全生产管理办法》(图21)按照"管生产必须管安全"和"谁主管、谁负责"的原则,建设办与各项目部签订《安全生产目标责任书》,对项目安全生产管理的目标、任务、措施、奖惩、安全风险抵押金的缴纳等条款予以明确;项目部与各班组签订《安全生产管理目标责任书》;将目标责任层层分解,一级抓一级,做到了安全生产、人人有责。

北投集团

广西翔路建设有限责任公司
GUANGXI XIANGLU CONSTRUCTION CO.,LTD.

安全生产管理办法

编制单位：G357 灌阳……办公室
编制日期：2018年12月

目　录

第一章　总则……1
第二章　安全管理组织机构……2
第三章　安全生产目标责任管理……3
第四章　安全生产责任考核制度……3
第五章　安全生产费用管理制度……18
第六章　安全生产例会及教育培训管理……24
第七章　安全生产监督检查考核及隐患排查治理制度……26
第八章　安全生产重大风险源监控及应急管理……28
第九章　"平安工地"考核评价制度……34
第十章　职业卫生与劳动保护……36
第十一章　消防安全管理……39
第十二章　安全事故报告与处理……47
第十三章　安全生产管理举报投诉制度……50
第十四章　安全生产信息报告和通报制度……52
第十五章　安全活动管理……53
第十六章　安全生产文档、台账管理……53
第十七章　安全生产考核奖惩制度……56
第十八章　附则……64
附件1……65
附录A……70
附录B……88

图21　安全生产管理办法

各项目部建立健全了施工现场管理人员和各班组成员安全生产管理责任制,将各岗位责任进行清单式管理,将责任落实到岗、落实到人。同时把治理安全生产隐患、监控危险源、预防和控制各类安全事故发生列入绩效考核内容，对不认真履行职责、导致安全生产目标不能实现的班组，严肃追究违约责任，从而把安全与生产从组织领导上统一起来，形成了一个较为严密的管理体系。

3. 建立 VR 智能安全体验馆

在“全面落实企业安全生产主体责任”“一岗双责制”的号召下，灌潮路建成了自己的安全体验馆。北投公路集团的体验馆通过实景模拟、图片展示、案例警示、亲身体验等直观方式，将施工现场常见的危险源、危险行为与事故类型具体化、实物化，灌潮路按北投公路集团二级路项目安全标准化管理要求，建立安全体验馆，于 2019 年 9 月建成，占地约 450 平方米。

(1)硬件部分

安全体验馆包括 VR 安全体验区、安全帽撞击体验区、综合用电体验区、安全急救体验区、安全带体验区、洞口坠落体验区 6 个区域(图 22)。六个区域的功能如下：

①VR 安全体验区：用成熟的 3D 技术模拟工地现场真实场景和险情，使体验者能够身临其境地去查找存在的安全隐患，提高安全意识。

②安全帽撞击体验区：体验正确佩戴安全帽能有效减轻物体打击所产生的效果，使体验者深刻理解到正确佩戴安全帽的重要性和必要性。

③综合用电体验区：体验者通过学习和使用各开关、电箱及常用电线，感受“被触电”的触觉刺激，达到正确引导学习安全用电、预防隐患的目的。

④安全急救体验区：让体验者了解现场急救相关知识，了解施工现场急救科学步骤，了解现场急救器材的正确使用方法。

⑤安全带体验区：体验者通过正确穿戴，高挂抵用，在使用安全带上升或下降的过程中认识到正确使用安全带的重要性。

⑥洞口坠落体验区：使体验者了解洞口或开口部的危险性，充分认识到高空坠落的极大风险，及时正确地加强洞口防护，从而养成正确维护施工场地安全作业面的良好习惯。

(2)智能内容

为做好安全生产培训工作，积极响应北投公路集团的号召，通过使用线上安全教育培训模式及多媒体培训工具箱，使得项目的安全培训工作更趋向于智能化、现代化、人性化。

智能安全体验馆(图 23)是互联网和虚拟现实技术在安全教育及训练中的应用，相对于传统安全培训模式是一次质的飞跃。据以往统计分析，劳动者违章指挥、违章作业、违反劳动纪律造成的安全隐患较多。北投公路集团在路网项目推广智能安全体验馆，可以有效解决传统安全培训中模型简易、固定单一、体验效果差、占有场地大的弊病，可以把学员的教室变得“更宽广”，可以将培训形式、方式和时间变得更为灵活，从而有效提高参建人员的安全素质，减少“三违”现象、伤亡事故发生，进而促进公司整体安全水平的提升。

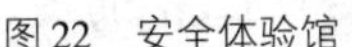

图 22　安全体验馆

图 23　智能安全体验馆

智能安全体验馆的运作原理是:通过动态三维视觉感知的形式,对工地施工存在的安全隐患真实场景进行全真模拟。体验馆将成熟的 VR 视觉技术、VR 主机、VR 眼镜和物体机械运动进行有机结合,使用者"体验"施工过程中可能发生的各种危险情境及施工安全隐患,使识别危险源的主动意识得到提高,使得安全生产知识更易于理解和掌握。

目前施工安全隐患排查内容主要包括:电焊机隐患排查,配电箱隐患排查,汽车吊隐患排查,龙门吊隐患排查,塔吊隐患排查,临边洞口隐患排查,氧气、乙炔使用隐患排查,宿舍隐患排查,劳保用品使用隐患排查,移动操作平台隐患排查,满堂脚手架隐患排查,座式砂轮机隐患排查。

通过虚拟体验的方式将安全培训的内容进行场景化(图 24),让每一个受训人以第一人称视角和 360 度全方位感受安全隐患,同时又能在新颖有趣的体验中潜移默化地进行学习和提高,极大地推动施工现场实现现代化、标准化、科技化。

图 24　VR 场景

电焊机隐患排查:电焊机放置在工具箱内,通风不良;缺二次测空载降压保护罩;搭接线多处破损;焊把线使用硬质铝芯线;使用金属裸露的焊把。

配电箱隐患排查:主要设置了 8 种隐患,包含配电箱箱门未粘贴电工巡视记录表、配电箱内有杂物、未使用可视开关、进线出线为穿管保护、PE 线缺失、用电设备 PE 线未连接、一闸多机、配电箱未加绝缘板、部分设备未连接漏电开关。通过模拟真实的施工隐患环境,采用交互体验让体验者掌握各种事故隐患点的排查技能,并同步至评分系统,方便管理人员了解每个工人的隐患掌握能力。

安全标志识别体验区:根据《安全标志及其使用导则》(GB 2894—2008)区分为禁止标志、警告标志、指令标志、提示标志四类,每类标志选择常见的 6 个标志,共 24 个安全标志。采取新颖的互动形式,体验者触摸安全标志牌,安全标志牌会亮起,同时电视播放该标志的含义和用途,互动效果可以更深刻地使体验者了解每种标志,加强自我保护,避免事故发生。

互动游戏体验区:"安全隐患排查"互动游戏包含了建筑行业(架子工、钢筋工、电工、电焊工、起重工、混凝土工、钢筋工)等主要工种,以虚拟现实技术为依托,采用动漫游戏的方式,结合在实际操作中极易出现的隐患,通过找隐患游戏闯关方式学习安全操作规程,每个工种设置3~5个游戏关卡。互动游戏体验区,将“寓教于乐”的理念贯穿始终,提升了一线人员的安全意识与技能,解决了传统学习中互动性、体验性、趣味性不足的问题。

“安培在线”学习区:“安培在线”学习区旨在系统性地提升学员安全知识技能,主要有在线学习、在线练习与考试、App移动学习、多媒体课程中心、安全培训管理五大核心功能。“安培在线”学习区助力安全培训的科学化、制度化、体系化建设,大大增强了学习的生动性和实用性,满足了公路建设的各种安全培训需求,进而提升了安全培训效果。

4. 安全巡逻车安装GPS定位系统,加强安全管理工作

项目沿线农村较多,路线临河、临崖、高边坡挖方段等位置较多,因此安全防护工作尤为重要。巡逻车安装GPS定位系统,通过GPS定位系统上所显示的行车轨迹图来管理施工单位做好每日的安全巡逻工作(图25)。在收集每日的行车轨迹图后,确定施工单位是否按照相关要求展开了每日的安全巡逻工作。

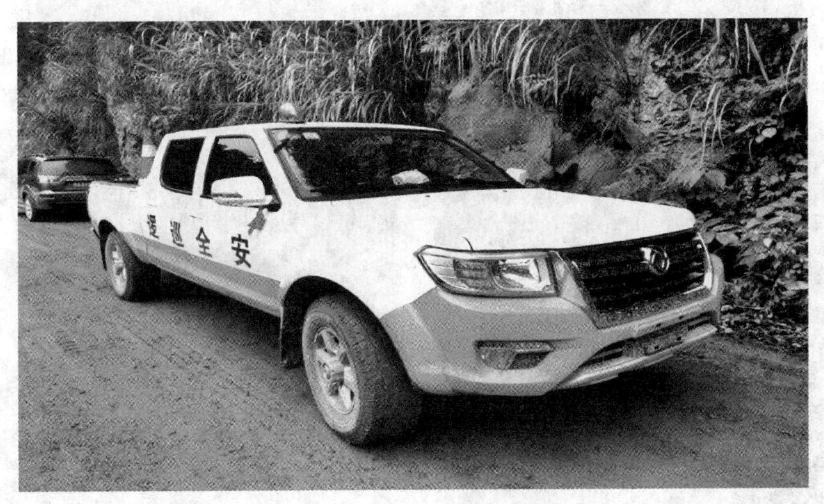

图25　项目安全巡逻车和日常巡视轨迹

通过巡逻车行车轨迹图配合施工单位的日常检查记录,管理施工单位的日常巡查工作,要求施工单位加强对施工出入口、平交路口、场站、路基临边等部位的安全防护工作,特别加强桥梁隧道等重点分部分项工程的安全防护设施的管理,及时更换缺失的临边防护、标志标牌,及时消除安全隐患,确保沿线群众车辆的出行安全,确保项目安全生产形势持续稳定。

5. 利用多媒体培训工具箱,进行安全知识与安全技能培训

根据灌潮路工程量大、工期紧、交叉作业多、施工工艺复杂等特点,全线推广“多媒体安全培训工具箱”,这一培训工具集多媒体培训、无纸化考试、自动生成档案等于一体,从而形成线下移动、线上集中管理、现场实时查询的新型移动式多媒体培训模式;工具箱内置符合国家法规、标准的专业安全培训资源,且内容可进一步开发拓展。多媒体安全培训工具箱的使用使得培训形式生动趣味化、培训地点灵活化、培训监管规范化、培训服务专业化。解决了工人对培训内容不感兴趣或听不懂的问题,解决了传统安全培训课程不全面、不系统的问题,解决了项目安全培训监管不连续的问题。“多媒体安全培训工具箱”的投入使用成为安全教育培训一大亮点(图26)。

6. 投放无人机参与安全管理

各项目经理部根据建设办要求,均配备无人机用于安全管理工作中(图27),能够迅速、全面、直观地掌握施工现场动态;无人机拍摄具有影像清晰、大比例尺、小面积、高现势性的优点。除此之外,无人机还可以减少监督管理人员的人身安全风险。

图 26　使用多媒体工具箱对员工进行安全培训教育

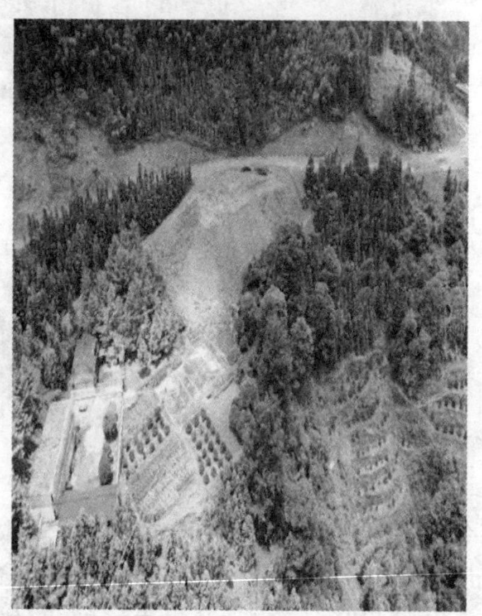

图 27　无人机对项目进行监控

7. 安全生产"结帮结对"活动

为深入宣传贯彻党的十九大和十九届二中、三中、四中全会精神,深入学习宣传习近平总书记关于安全生产工作的重要论述精神,贯彻落实党中央、国务院关于安全生产工作的重大决策部署,着眼加强疫情防控常态化条件下安全生产和专项整治三年行动排查整治工作,紧紧围绕"消除事故隐患,筑牢安全防线"主题,通过普及安全生产法律法规、推进安全生产规章制度建设、举办安全知识教育培训、开展安全生产专项行动等形式,深入排查安全风险隐患,扎实推进问题整改,坚决遏制重特大事故发生,促进项目安全生产水平提升和安全生产形势持续稳定好转。

根据灌潮路项目实际情况,坚持"安全发展",坚持"安全第一、预防为主、综合治理"的方针,以强化安全意识、提高安全素质为重点,以"安全管理新风尚,结帮结对保生产"为主题,加大宣传力度、注重宣传效果、落实法规制度,提升施工安全生产水平,以施工人员为对象,普及安全生产法律法规和安全知识,强化建筑施工企业安全生产主体责任和广大从业人员的安全意识,提高从业人员的自我保护能力,有效防范和遏制生产安全事故。全线开展了安全生产"结帮结对"活动(图 28、图 29),进一步夯实安全生产责任、层层传导压力,促进项目安全生产形势持续稳定好转。

图 28　开展“结帮结对”活动

图 29　项目“结帮结对”活动宣传

“结帮结对”活动是指以班组为单位进行结对子，成员间两两结对，互相监督，互相帮助，共同进步。“结帮结对”活动由建设办指导，监理单位监督，施工单位具体实施。

通过“结帮结对”活动，促使项目一线工程建设者做到：自觉参与建设工程施工现场隐患排查，自觉做好汛期安全隐患排查，自觉参与消防安全隐患排查，自觉参加“安全生产大家谈”云课堂，自觉参加“安全宣传咨询日”活动，自觉参与安全生产教育宣传活动，自觉参加应急预案演练活动，自觉参与推进安全宣传“五进”工作,自觉加入“安全生产八桂行”活动,从源头上防范生产安全事故的发生。

8. 建设办建立微信动态管理平台开展安全管理工作

建设办结合安全标准化建设工作,充分利用“互联网+”思维,建立以公司分管领导、建设办主任为核心,以生产与合同部部长、总监理工程师、项目经理为核心骨干,以参建单位各专(兼)职安全员为脉络支撑的微信管理平台。

建设办摘录了安全生产相关法律、法规、规章及安全生产工作的相关要求等内容在该平台发布,以扩大安全生产宣传的覆盖面,推动安全生产法律法规的贯彻落实,普及安全知识,弘扬安全文化。

同时,安全员每天在平台上传安全生产情况,做到安全管理一杆到底,精细化管理(图30)。

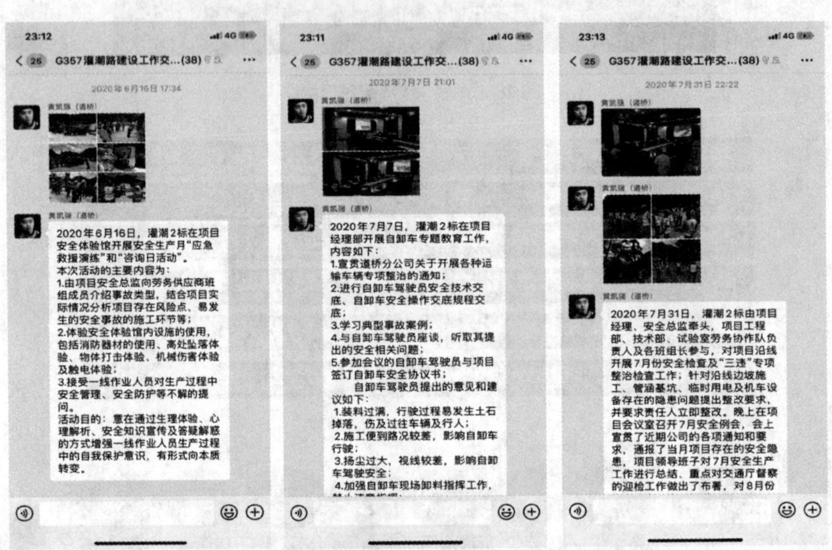

图30　在微信群发布日常安全生产动态、安全检查情况

四、实施效果

(一)山区公路工程管理能力大幅提高

1. 建立健全质量管理的制度,落实质量管理责任

建立了一套科学规范的质量管理制度并且将质量方面的责任落实到人。同时加强了施工人员的培训,提升其质量方面的思想认识,提高专业技术水平,通过严明的制度来规范所有人员按规章进行施工,尽可能减少员工滥竽充数、蒙混过关等现象,保障整个项目的施工质量。

2. 强化施工中的组织管理

灌潮路是典型的山区公路,施工周期长、工程量庞大,根据具体的实际情况,合理配置管理人才。按照项目的进展情况和需求,配置齐全的设备、工具、文件资料等,为管理做好物质保障。此外,对于项目工程的档案管理工作也格外重视,要求各参建单位做好项目建设过程中的档案收集和整理工作,及时归纳总结,形成有价值的档案文件,为山区公路的施工管理提供可供参考的资料。

3. 贯彻了科学发展观,树立“安全第一”的观念

在施工过程中,时刻做好对全体参建工作人员的思想培育工作,提升其“安全第一”的思想观念,使全体工作人员重视施工的质量和安全。建立健全岗位责任制度,将责任落实到人,保障施工顺利开展。

(二)安全管理水平全面提高

1. 采用刚性考核制度,效果明显

加强对安全生产工作的领导是实现安全生产的根本保证要搞好安全生产工作,必须加强对安全生

产工作的领导。灌潮路安全管理工作既强调管到底，又强调理到位，不断完善安全工作行为准则、检查制度、检查标准、考核奖惩办法，“安全第一，预防为主”的方针深入人心，严抓细管，刚性考核，绝不姑息任何违章行为。

2.安全管理制度化，安全措施规范化，作业行为标准化

灌潮路在“安全管理制度化，安全措施规范化，作业行为标准化”方面做了扎实工作。一方面，积极认真开展“三无”活动；另一方面，不断完善、细化安全管理制度，制定具体的实施细则和办法，完善了安全管理规章制度。

3.安全意识和安全技能明显提升

不断提高人员素质是实现安全生产的可靠保证。安全管理工作应以人为本，围绕人的行为，规范各项管理措施，采取“多层次、低重心”的管理手段，将工作的中心下移，放在生产一线的班组，开展从管理层到执行层的多层次管理，才能全面提高安全生产管理水平。

结合生产实际需要，通过VR虚拟体验馆、安全生产“结帮结对”活动等，增强安全意识，激励职工钻研专业技术，结合各阶段安全生产特点，加强了对职工的安全知识和技能培训，大大提高了职工的安全意识和技能。

4.监督检查效果明显

利用安全巡逻车、无人机进行安全生产监督，根据生产需求，及时发现和消除隐患，及时纠正和查处违章，实现安全监督由事后监督向事前监督、过程监督的转变，实现业主、施工单位、班组、个人四级安全目标。

注重“以人为本，重在教育和预防”的原则，注意发现、表彰安全工作中的好人好事，总结和推广安全管理中的好做法，积极探索安全管理的新路子，激发和保护班组和职工的工作积极性，对违章作业始终保持高压态势，形成了有效的生产流程安全监督机制。

五、结语

质量安全管理工作是一个动态过程，施工内容在不断变化，现场安全状况也在时刻在变化，紧紧抓住当前安全管理主要风险源和态势发展是做好安全管理工作的最重要内容。

思想不能僵化更不能故步自封，安全生产管理人员要不断学习，掌握先进的安全生产管理理念和安全生产知识是安全生产的前提。

跟进时代，运用先进技术手段，管理人员要多交流、多探讨，弥补自身知识的局限性。

质量安全管理工作的开展应多样化，充分利用一岗双责，管生产的同时也要管安全，以安全生产管理人员为主导、现场技术管理人员为辅的方式，让安全管理工作深入到生产现场的每个角落，不留死角，保证施工安全。

通过安全管理，打造山区绿色品质工程，推广以人为本、本质安全、全寿命周期管理、价值工程等理念，突出责任落实和诚信塑造，深化人本化、专业化、标准化、信息化和精细化；实现技术进步，展现科技创新与突破；保障工程耐久性，实现工程与自然人文相和谐。不断总结提炼形成一批可复制可推广的典型经验和做法，形成一套项目品质工程管理办法和评价体系；形成项目品质工程文化，培育一批具备综合素质能力的工匠，并使工匠精神得到普及和弘扬。利用沿线山水资源，将灌潮路打造成优质建筑与绿色景观相协调的交通干线，造福桂林人民。

秉承“合作共赢，追求卓越，创新发展”的理念，致力于推动路网事业高质量发展，坚决打通交通脱贫“最后一公里”，着力推动企业多元化改革发展，在市场竞争中做实做优做强，打造拥有良好形象、核心品牌的创新型企业，努力实现“人企合一、持续发展”的翔路梦。

“提前预判、全面部署”疫情防控管理体系的构建与实施

中交二航局第三工程有限公司

成果主要创造人:严小卫　高　超

成果参与创造人:施瑾伟　冯光宇　刘　佳

中交二航局第三工程有限公司(简称“中交二航局三公司”),于1973年5月成立,2006年9月完成改制,是中交第二航务工程局有限公司(公路工程设计施工总承包特级、港口与航道工程设计施工总承包特级,简称“中交二航局”)全资子公司。中交二航局三公司位于江苏镇江,注册资本金为3.5亿元。中交二航局三公司拥有港口与航道工程施工总承包一级、市政公用工程施工总承包一级、港口与海岸工程专业承包一级、公路工程施工总承包二级、建筑工程施工总承包二级、桥梁工程专业承包二级、地基基础工程专业承包三级、钢结构工程专业承包三级、水利水电工程施工总承包三级资质。

中交二航局三公司主要从事港口码头、高速公路、高速铁路、桥梁工程、市政工程、过江隧道、地下顶管、船闸船坞、人工岛、防波堤、工民建、给排水、地基处理、钢结构制作与安装、电气安装等基础设施建设,是集设计、施工为一体的总承包企业。中交二航局三公司足迹遍布中国20余个省(自治区、直辖市)以及东南亚、以色列中东区域、非洲等地区。中交二航局三公司年市场营销额超过100亿元,年施工生产超过60亿元,利税超过1.5亿元。

40多年来,中交二航局三公司承建的多项工程相继荣获国家优质工程金奖(银奖)、国家科学技术进步奖一等奖、中国建设工程鲁班奖、中国土木工程詹天佑奖、全国市政金杯示范工程奖、中国电力优质工程奖、江苏省“扬子杯”奖等诸多国家级、省部级奖项。中交二航局三公司先后荣获全国优秀施工企业、全国水运工程优秀企业、全国模范职工之家、中国交建优秀企业管理金奖、江苏省建筑业百强企业、江苏省建筑业最佳企业、江苏省文明单位、江苏省五一劳动奖状等多项殊荣。中交二航局三公司先后完成科技攻关和技术革新项目几十项,获得国家、省部级科技进步成果奖5项,拥有国家专利权31项,其中发明专利20项。

2020年1月下旬,新冠肺炎疫情暴发,中交二航局三公司党委高度重视,提前预判、全面部署,坚决贯彻落实党中央、国务院疫情防控决策部署及中交集团、中交二航局相关疫情防控和复工复产工作要求,按照“疫情就是命令,防控就是责任”的指示要求,坚持分类指导、精准施策和两手抓、两不误、两手硬,全力做好疫情防控和复工复产工作,把因疫情造成的影响降至最低,同时在疫情得到控制后,统筹推进复工复产工作。截至2020年9月,中交二航局三公司在新冠肺炎病毒防控上实现“零感染”,复工复产疫情“零扩散”。至2020年9月,中交二航局三公司在册项目共66个,其中在建期项目53个(国内在建45个,国外在建8个),已全部复工,停建期项目1个,筹备期项目5个,收尾期项目7个。中交二航局三公司压实防控责任、筑牢防控网络,疫情防控和复工复产工作有序有效科学推进,取得了显著成效,荣获江苏省建筑行业抗击新冠肺炎疫情表现突出集体称号。

一、疫情防控管理体系构建情况

(一)抓组织领导,确保全面部署到位

切实提高政治站位。坚持把保障职工生命安全和身体健康作为当前头等大事。中交二航局三公司党委第一时间学习传达习近平总书记在中央政治局常务委员会等会议上的重要讲话精神。中交二航局三公司党委要求各级党组织充分发挥领导核心和战斗堡垒作用,加强对疫情防控工作的统一领导,团结带领广大职工群众坚决贯彻落实党中央的决策部署,确保组织体系高效协同、上下贯通、整体联动、快速响应。

迅速提升应急响应。中交二航局三公司党委于2020年1月21日下发首个疫情防控文件。

1月26日,中交二航局三公司召开2020年新型冠状病毒肺炎公共卫生事件应急管理领导小组第一次专题(电话)会议,专题研究部署新型冠状病毒感染肺炎疫情防控工作,对疫情防控进行研究、部署、动员、落实。并按照会议要求成立中交二航局三公司新型冠状病毒肺炎公共卫生事件应急管理领导小组及办公室。

2月2日,中交二航局三公司召开2020年第二次党委(扩大)会暨新型冠状病毒肺炎公共卫生事件应急管理领导小组第二次专题会议,专题研究部署新冠肺炎疫情防控工作,对疫情防控进行再研究、再部署、再动员、再落实。

2月9日,中交二航局三公司召开2020年新型冠状病毒肺炎公共卫生事件应急管理领导小组第三次专题会议,专题研究部署新冠肺炎疫情防控工作,研讨春节后总部复工相关工作的安排。

2月19日,中交二航局三公司召开2020年新型冠状病毒肺炎公共卫生事件应急管理领导小组第四次专题会议,专题研究部署在新冠肺炎疫情防控下的项目复工复产工作。

根据四次应急管理领导小组专题会议要求下发相关工作要求:

①切实落实复工防护物资超配采购,制定领用和登记制度,确保复工后防疫用品充足。

②落实好复工后的防护措施,有效防范和应对办公区域可能发生的感染情况。

③精简会议,避免人员聚集,能不开的会尽量不开,春节前确定的党建会和工作会等暂时推迟。重要会议原则上采用视频会议形式。

④执行出差审批制度和信息登记工作,合理安排出差、出国事宜。

⑤执行人员信息登记报告制度,每日上报员工健康状况、流动情况、交通行程等信息,全面统计春节期间人员外出情况,准确掌握分包单位务工人员详细信息。第一时间将疫情防控整体工作落实到岗、到人。

⑥充分发挥两级党组织和党员干部“关键少数”先锋模范作用,充分发挥党支部战斗堡垒作用,确立党支部书记是此项工作第一责任人(未设书记的单位,项目经理是第一责任人),领导班子成员带头履责,广大党员同志做好表率,积极作为。落实分级负责、一岗双责,切实担负起疫情防控工作和日常生产经营管理工作职责,做到“守土有责、守土担责、守土尽责”。切实把打赢疫情防控阻击战作为当前的重大政治任务和首要工作任务,把投身防控疫情第一线作为践行初心使命、体现责任担当的试金石和磨刀石,把党的政治优势、组织优势、密切联系群众优势转化为疫情防控的强大政治优势,确保各项决策部署落到实处。

(二)抓协调服务,确保防疫物资保障到位

坚持把防疫物资保障作为疫情防控的重要基础,坚持集中资源、统一调度、统筹使用,保一线、保重点、保急需的战时机制,千方百计做好物资保障。中交二航局三公司应急办认真落实中交二航局三公司党委工作要求:

①做好统计,了解防疫物资总需求。分阶段、分区域统计各单位(项目部)人员数量、防疫用品需求量、防疫用品日消耗量,制定防疫用品采购清单。

②寻求渠道,落实防疫物资供应链。寻找线下可靠供应商,在确保防疫物资质量、数量有保证的前提下,打通防疫物资采购渠道,保证中交二航局三公司防疫物资储备充足。

③建立台账,统筹分配防疫物资供应。在防疫物资的管理方面,由中交二航局三公司总部统一管理、统一调配、化整为零,建立进出库台账。为保证项目防疫物资的及时调配,应急办于2020年1月21日—2月9日全程值班。

④打通链条,确保防疫物资落实到位。在防疫物资到位后,以总部部门为单位,发放消毒用品、洗手液及其他防护用品,到岗人员每日领取2枚口罩,做到"口罩不离嘴"、勤洗手。同时根据各单位(项目部)统计的防疫物资需求进行防疫物资发放。

⑤专项推进,有效解决海外项目防疫物资紧缺难题。中交二航局三公司党委部署应急办积极与物流中心协同推进,落实海外防疫物资保供工作。物流中心联络国际货代机构,为海外项目输送防疫物资,打通防疫物资输送生命线。

截至2020年9月,中交二航局三公司总部先后给国内外60个项目部、基层单位邮寄防疫口罩42万余个、体温枪195把、一次性手套56盒、84消毒液240升、医用酒精165升。切实保障各单位(项目部)节后顺利复工复产。

中交二航局三公司在保障自身防疫需求的基础上,还积极支援中交二航局12家兄弟单位防疫口罩101300个、体温枪38把。

(三)抓纪律作风,确保责任落实到位

为确保疫情期间中交二航局及中交二航局三公司党委各项决策部署在基层有效落地,中交二航局三公司监督部运用多种监督方式,督促总部各业务部门、各基层单位履职尽责,对落实疫情防控、复工复产工作要求和责任等情况进行了监督检查。

1.抓宣贯,保落实

先后在中交二航局三公司一季度生产调度会、总经理办公会上对中交二航局作风整顿工作会议精神进行了宣贯,对疫情防控和复工复产工作进行了强调。要求各单位一定要认清当前疫情防控工作是"重中之重",责任重大,必须抓紧抓实抓细。同时,全体员工要加强作风建设,认真学习贯彻中交二航局作风整顿会议精神,大兴"落实"之风,确保上级各项决策部署在基层落地生根,切实做到疫情防控与复工复产两不误。

2.抓履职,强担当

中交二航局三公司监督部通过QQ群、微信群等方式,及时督促中交二航局三公司各领导、总部各部门负责人加强责任担当,强化首问负责制和对接联系机制,对基层项目做好服务支撑工作。督促各领导、各部门通过电话、微信、视频等方式集中对各项目疫情防控与复工复产工作情况仔细询问,做好强调和提醒。并对中交二航局三公司职能部门履职尽责情况进行了监督检查和上报。

3.抓监督,促检查

中交二航局三公司监督部再次运用多种线上方式对中交二航局三公司总部、各基层项目全面、认真落实疫情防控和复工复产工作进行再强调、再提醒。先后通过电话、短信及微信群等方式,分别向中交二航局三公司领导、总部各部门负责人、各项目经理、项目书记发出提醒短信或进行电话强调,要求在当前特殊、关键时期,要严格落实好属地政府、中国交通建设股份有限公司、中交二航局及中交二航局三公司关于防疫和复工工作的各项要求,严禁官僚主义、形式主义问题,反对"四风"。同时严格执行中交二航局三公司接待管理规定,严格执行防疫工作要求,严格落实好中央八项规定精神。及时督促检查,确保各类会议精神传达、落实到位。

4.再宣贯,再落实

为确保二航局各类专题会议精神在疫情期间能够及时传达、落实到位,中交二航局三公司监督部及时督促各相关部门加强对各类会议的宣贯、落实,先后对经营、投资和房地产、海外、安全生产、标准化、信息化、生产、党建工作标准化及作风整顿等9个专题会议的宣贯、落实情况进行了了解和检查,督促相关职能部门做好宣贯工作,并制定相关落实具体举措,确保上级精神在基层宣贯到位、落实到位。

二、复工复产工作中疫情防控的具体做法及效果

(一)抓复工复产,确保各项措施到位

中交二航局三公司于2020年2月5日下发了《关于做好节后复工工作安排及新型冠状病毒感染的肺炎疫情防控工作的通知》,部署各项目新型冠状病毒感染的肺炎疫情防控工作,确保各项目节后复工平稳有序。同时,为进一步压实中交二航局三公司党委新冠肺炎疫情防控工作的责任,切实落实党中央和国务院、中交集团、中交二航局关于新型冠状病毒感染的肺炎疫情防控部署要求,中交二航局三公司建立新冠肺炎疫情防控工作领导包保责任制,形成主要领导亲自抓、分管领导具体抓,高位推动、周密部署、精心安排、严格要求、狠抓落实的疫情防控局面。中交二航局三公司领导干部带头增强"四个意识"、坚定"四个自信"、做到"两个维护",认真落实党中央和国务院关于防控疫情的重大决策部署,靠前指挥、带头前行,及时精准施策。部分领导干部更是冲到项目防控疫情第一线,及时发声指导,细化防控措施,切实把疫情防控工作作为当前最重要的工作来抓。

1. 积极履行主体责任

坚决落实好"外防输入、内防扩散"总要求,工作上"细而又细",措施上"实而又实",确保疫情防控与复工复产同频共振,有序开展,落地见效,力争做到防疫不误生产,不断推动项目稳步发展。

2. 坚持"两手抓、两不误、两手都要硬"

防控措施不到位的项目不能复工,要在确保疫情防控工作万无一失的前提下,及时确定复工条件,提前谋划,制订复工计划,充分做好复工前的各项准备工作。面对复工临近、项目参建人员陆续返程、疫情防控压力增大的实际状况,各项目要切实履行疫情防控第一责任人职责,思想上高度重视、行动上果断坚决,恪尽职守,科学应对。必须严格落实疫情防控制度和体系管理。

3. 坚持"五化管理"❶

在疫情防控工作中充分运用"五化管理"模式,确保工作落实有效,进一步细化落实工作预案和防控体系,严把人员防护、日检日测等关键环节,从严落实好"消杀"工作,建立全环节、全流程的疫情防控台账,形成从管理层到一线班组、一线职工"横到边、纵到底"的疫情防控全员责任体系。

4. 紧扣目标,统筹推进

紧扣年度计划、关键线路,精准发力、严密部署,确保完成全年各项经济指标。牢固树立片区项目管理"一盘棋"思想,未雨绸缪、统筹兼顾,对各项工作早谋划、早安排、早准备,一手抓疫情防控、一手抓复工生产,力保高质量完成全年目标任务。对全年施工计划重新梳理细化,找到着力点,抓住关键点,瞄准切入点,把握落脚点。结合项目特点,认真梳理关键线路、关键任务,将第一季度因疫情延误的工期和施工任务科学分解到后续三个季度中去。在特殊时期,中交二航局三公司上下更要保持战略定力,强化"三全管理"❷,加强管理协调,保证复工工作有序进行。

5. 调整重点,严防死守

中交二航局三公司党委还针对海外日趋严峻的疫情形势,于2020年3月14日召开中交二航局三公司海外项目新冠肺炎疫情防控紧急部署会议,对以色列、马来西亚、泰国、越南、菲律宾共8家海外项目和缅甸办事处就疫情防控工作进行部署,并成立中交二航局三公司海外新型冠状病毒肺炎公共卫生事件应急管理领导小组及办公室。中交二航局三公司党委提出具体工作要求:

①提高政治站位,高度重视当前疫情防控工作的极端重要性,根据属地的疫情发展趋势,要采取切

❶ 五化管理:管理目标化、目标分解化、分解表单化、表单责任化、责任考核化。

❷ 三全管理:全面加强班子建设,全面加强党的领导,全面从严治理班子。

实有效的手段,制定切实可用的防控措施。

②中交二航局三公司要积极筹备各类防疫物资,并做好与海外项目的有效对接,打通防疫物资输送生命线。

③做好属地化员工的疫情安全教育,提高外籍员工对疫情的认知度,如实告知疫情状况和项目部的防控措施,并按属地化要求做好防护工作。

④加强应急处置工作,设置有效的隔离措施,联系好属地定点医院,建立每日疫情防控情况报告机制,实行日报告、零报告。

⑤加强与属地疫情防控部门的沟通,做好舆情控制。

(二)坚持一手抓复工、一手抓安全,两手抓、两手硬

针对疫情期间的安全生产管理工作,中交二航局三公司明确了各个项目的第一责任人,并要求第一责任人负责牵头对外沟通,落实反馈业主需求,动态掌握项目信息,顺利组织项目安全生产工作。

1.明确安全职责

及时协调解决项目安全生产存在问题,保障项目安全生产工作顺利开展。

2.动态安全监测

要求项目第一责任人详细掌握项目所有员工信息,按照要求,及时反馈员工动态及健康信息情况。中交二航局三公司对40个项目复工复产的防疫工作及安全生产条件确认进行远程核查。

3."线上"安全督查

扎实有序开展"线上"督查,确保零疫情、零事故、零污染、零伤害。下发《中交二航局三公司春节后复工安全生产条件确认》,协同生产管理部形成《关于中交二航局三公司各项目做好节后复工工作安排及新型冠状病毒感染的肺炎疫情防控工作的通知》,转发《中交集团暨中国交建项目复工疫情防控工作指引》,编制了《中交二航局三公司项目部疫情防控工作指引》。

(三)抓人员流动,确保源头管控到位

1.建立信息登记制度

中交二航局三公司人力资源部建立了返镇人员信息登记制度,全程记录所有从镇江以外返回镇江的职工行程轨迹,包括用工性质、离镇时间、返镇时间、从何处返镇、乘坐航班/车次信息等,建立台账,详细记录,以便追根溯源,切断疫情传播途径。

2.设置定点防疫隔离点

对已返镇人员进行定点防疫隔离,过14天隔离期后方可入大楼内办公。

3.严格项目现场人员分层分类管控

人力资源部和生产管理部同时紧抓项目人员管控,要求项目人员进场前向中交二航局三公司报备入场时间,登记户籍、春节期间所在地、14天内是否出入重点疫区及是否接触确诊病例或疑似病例、航班、车次等关键信息。以此为基础对进场人员进行筛选,对在册项目部成员进行分类分级,区分非重点疫区、疫区、重点疫区人员,并采用不同的隔离方式,减少过度隔离、重复隔离等现象。对非重点疫区及疫区返岗人员全部实行实名登记备案制度,建立健康台账,有条件的进行核酸检测,确保不漏一人;重点疫区人员要求暂不返场。

4.做好帮扶慰问,成立新冠病毒肺炎疫情职工帮扶小组

对确诊和疑似职工及时做好帮扶工作,对职工家属中有确诊或疑似病人的及时提供帮助。中交二航局三公司工会积极响应中交二航局抗击新冠肺炎疫情募捐活动,号召公司员工积极捐款。中交二航局三公司636名职工共募捐善款108469元,专款专用,捐给湖北疫情较重的黄冈、孝感、鄂州等地区,并对中交二航局感染新冠肺炎的员工进行慰问。中交二航局三公司工会根据湖北省总工会文件要求,上

报中交二航局三公司劳动模范、工会干部确诊新冠肺炎情况统计表。全面加强信息报送,每日收集中交二航局三公司全体职工及职工直系亲属健康状况并上报局工会。

(四)抓网格管理,确保总部防控和复工到位

中交二航局三公司于2020年2月19日正式获得镇江市高新区复工审批许可。在中交二航局三公司党委的正确部署下,自2月20日复工起,总部全面开启"现场办公+线上办公"模式,实行轮岗工作制,避免部门人员密集办公,正常情况下中交二航局三公司现场办公人员保持人员总数的1/3。办公大楼实施"网格化管理",以楼层为单位,每层一个楼长,楼长负责本层所有部门,部门负责人对本部门现场办公人员负责,取消餐厅集中用餐,采用"分餐制",楼长到餐厅取餐处统一领取盒饭后分发至各部门,部门人员在各自办公室用餐。

中交二航局三公司总部物业公司也积极开展防疫工作:

一是确保门厅、楼道、电梯、会议室、卫生间、公共走廊、楼梯间扶手、垃圾点等公共场所卫生安全,对此类重点区域进行定时、定点消毒杀菌,并做好消毒记录。

二是制定了职工体温监测制度,在大楼门卫岗亭处设立检测点,以"只识规章不认人,进出登记全覆盖"为原则,严格对所有进入办公大楼内部的人员进行备案登记,测量体温,对体温异常人员及时上报防疫办并采取处置措施。

三是考虑到骑电动车、自行车上下班职工体温不稳定,特设立等待区,等待10分钟后,进行二次体温测量。

四是为防交叉感染,要求职工上下班尽量不乘坐公共交通工具,错峰上下班。在门厅入口用喷雾消毒器长期消毒,确保进出关口消毒到位。

五是在电梯间、洗手池、门把手等接触频率较高区域每两小时消毒一次,每天不少于5次。在电梯按键处放置薄膜隔离,配备按键用纸巾,避免交叉触摸,在各楼层洗手间、茶水间指定位置放置洗手液。

六是为防病从口入,中交二航局三公司餐厅对所有采购物品进行分类消毒,保持操作间干净整洁,食堂用具全部定期消毒,职工用餐均使用一次性餐具。职工在公共场所活动的,尽量将制造的垃圾带走处理,不留下痕迹。

七是对往返高风险地区(北京已于2020年7月14日回归中风险)人员实行报备制,离京前做好核酸及血清检测,持有相关阴性证明方可进入镇江中交二航局三公司总部,对于未能及时做核酸检测的人员,到镇江后,按要求进入定点隔离入住点,由应急办安排相关核酸检测,确保不漏一人,确保零扩散、零感染。

(五)抓资金管控,确保复工复产疫情防控资金需求到位

中交二航局三公司财务资金部坚决贯彻落实各级工作要求,以高度的责任感和使命感,全力参与疫情防控相关工作部署落实。

1.确保防疫资金支付绿色通道

2020年2月5日下发《关于防疫情、保生产应急期间资金支付管理的通知》,转发至项目经理群,明确中交二航局三公司财务总监为资金管理第一责任人,指定财务资金部负责人为具体联系人,开通防疫应急期间资金支付绿色通道,确保防疫物资费用、复工资金支付及时到位。

2.充分践行"首问负责制"

强调中交二航局三公司各岗位、项目部财务人员不得以疫情为借口推诿、拒绝、拖延所应承担的责任,财务资金部安排专人值班,紧盯各个项目防疫物资支付,确保各项紧急资金支付及时到位。

3.充分用好财税政策

财务资金部根据局《防控新冠涉税政策分析》和《疫情防控政策汇编》,做好各项目疫情防控费用和相关捐赠支出统计,指导各项目提前做好税务筹划,为中交二航局三公司减负做准备。截至2020年9

月,中交二航局三公司累计支出防疫费用584.75万元。机关代各项目发放职工工资713.86万元,代付其他应急款项514.76万元,合计1228.62万元。

(六)抓商务管理,确保工程计量、变更、索赔落实到位

各项目陆续复工后,商务管理部协助各项目部就新冠肺炎疫情造成合同履行受阻碍情况向业主发函,从而保留项目部在不可抗力事件下索赔的权利。

1.密切关注履约受阻情况

受新冠肺炎疫情影响,中交二航局三公司国内外项目都不同程度出现了工期延误和成本增加情况。在局商务管理部指导下,中交二航局三公司商务管理部先后转发了局商务管理部和法务合约部风险应对文件,并下发了《关于加强新冠肺炎疫情期间项目商务管理工作的通知》,指导项目部落实疫情应对措施,并派员到莆炎、京哈、西津和八堡等项目协助梳理疫情影响情况,指导项目上报工期延长和费用增加的索赔文件,减少项目损失。

截至2020年9月,中交二航局三公司国内外项目已报送业主疫情不可抗力通知35份,报送工期索赔报告22份,索赔工期1124天(最长索赔118天),业主已经批复468天(最长延长109天);报送费用索赔报告21份。

受疫情影响,中交二航局三公司国内外项目已发生的疫情防控直接费用、材料涨价、功效降低及停窝工、赶工抢工费用等合计6264万元。中交二航局三公司将进一步指导、协助项目部完成相关费用申报工作,以减少疫情损失。

2.有效提供法务支撑

法务合约部为商务管理部开展项目合同变更、索赔提供法律支撑。

①将关于新冠肺炎疫情事件的不可抗力的函、关于新冠肺炎疫情事件影响的索赔函模板发至商务管理部。

②将各省份延迟复工的通知及各省份关于新冠肺炎疫情防控期间建设工程计价事项的通知,在商务群中分享,便于各项目部下载使用。

③切实做好新冠肺炎疫情对合同履行的法律风险防范工作,根据局法务合约部安排,对疫情期间中交二航局三公司各类合同履行的影响情况及应对情况进行统计排查,了解项目情况和项目部需要,更好地做好疫情期间法律咨询工作。至2020年9月,已签订未履行完毕的合同共1531份,未受到疫情影响的合同1432份,已采取应对措施的合同80份。其中受到疫情影响的合同中,工程建设类合同采取措施的占91%,分包类合同(专业分包+劳务分包)采取措施的占76%,物资类合同采取措施的占91%,设备类合同采取措施的占100%,技术类合同采取措施的占14%。

(七)抓经营部署,确保营销工作开展到位

春节后,根据中交二航局经营会和中交二航局三公司经营会的总体要求,中交二航局三公司马不停蹄地开展了2020年的经营工作,由董事长带队,并邀请中交城投、中交二航局投资事业部、城投事业部领导,先后多次拜访了南京、丹阳、海安、启东、如东、姜堰及泰兴等地方领导,对当地项目进行了梳理、重点调研、模式探讨等,重点研究如何"进城"。中交二航局三公司立足"三者定位",向政府方提出了片区开发模式,以政府诉求为导向,给政府提供一揽子的解决方案。

中交二航局三公司在疫情期间持续开展投标工作:

一是参加了南通吕四港8~11号码头EPC项目、九江矶山园区公用码头水域部分施工项目、京沪改扩建工程、钦州港7号、8号泊位集装箱自动化改造工程、常州青洋路快速化工程、哈尔滨地下停车场等项目的投标。

二是持续做好重点项目的跟踪工作。2月政府要求居家隔离办公期间,梳理项目信息,采取电话沟通等方式参与项目前期的经营工作。允许出城之后,积极与周边政府进行对接,做好沟通工作。

三是下一阶段将对各项目进行摸排调研,共同探讨合作思路,紧密跟踪因疫情原因挂网或因疫情原

因暂缓开标的项目,提前准备好投标材料,并对投标文件进行复核。在对南通吕四港项目的跟踪中,疫情期间通过电话方式参与评标方案的制定工作,同时梳理自身业绩、人员。

(八)抓内控管理,确保年度目标分解、落实到位

中交二航局三公司于3月下发了《2020年方针绩效目标分解》,对中交二航局三公司年度管理目标进行分解,层层落实中交二航局三公司总部各相关职能部门、基层单位的生产经营管理工作任务。依据局全面预算管理办法及实施细则要求,中交二航局三公司以工程项目预算与业务为重点、突破点,促进项目成本管理精细化,完成2019年预算执行情况分析、4季度运营监控报告和2020年1—3月资金预算编制。

(九)抓舆论引导,确保防范意识到位

一是利用中交二航局三公司网站、QQ、微信等平台,通过"健康贴士""权威发布""防疫提醒"等方式,积极开展有关疫情防控政策和防疫知识宣贯,教育项目员工切实增强自我防护意识,提高自我防护能力。

二是要求各基层党支部定期组织宣贯学习,及时掌握传染病防治和疫情防控知识,以及党中央、政府部门和中交二航局三公司相关重要会议文件精神,带头宣传疫情防控知识,积极传播防控疫情正能量,不发表消极言论、错误消息,做到不造谣、不信谣、不传谣,营造积极向上、群防群控的良好舆论氛围。

三是中交二航局三公司相继推出"众志成城、抗击疫情"系列报道5篇,"一手抓防疫、一手抓复工"系列报道5篇,疫情防控相关报道共计18篇。

四是对疫情防控和复工复产工作中涌现出来的典型案例和先进事迹进行总结宣传,尤其注重发现、宣传在疫情防控斗争中担当作为的干部员工,及时宣传涌现的先进典型及其事迹,持续传播正能量,充分发挥先进典型的辐射引领作用。

互联互通 CBTC 系统在城市轨道交通的研究与实践应用

重庆市轨道交通(集团)有限公司

成果主要创造人:乐　梅　张　军

成果参与创造人:薛胜超　文成祥　王　伟　夏　波　伍　强　漆　伟
肖永强　邱　凌　张晋恺　杨　婧

重庆市轨道交通(集团)有限公司(简称"重庆轨道集团")成立于1992年,是重庆市承担城市轨道交通建设、运营和沿线资源开发的大型国有控股轨道交通客运企业。现有资产约1871.55亿元,员工2.1万余人。集团成立以来,先后荣获全国城市公共交通文明线路以及中国土木工程詹天佑奖、全国市政金杯示范工程奖等国家级荣誉91项、市级集体荣誉335项。2004年,轨道2号线较场口—新山村段19.2公里投入运营,开启了重庆轨道交通建设篇章。至2020年,重庆轨道交通建成投运里程达343.29公里。目前,第四期建设规划(2019—2024)已上报国家发展改革委,至2022年运营及在建里程达850余公里,至2025年运营及在建里程达1000余公里。

截至2020年9月,轨道交通已开通运营9条线路,运营里程329公里。截至2020年9月26日,线网全年累计安全运送乘客5.53亿人次,最高日客运量373.9万人次(2019年9月30日);客运服务有效投诉率0.19件/百万人次,列车运行图兑现率99.98%,综合正点率99.98%。

重庆轨道集团经营资源主要包括上盖物业开发、广告、商业、通信等。2019年,完成资源经营收入2.72亿元(集团外收入),截至2020年8月,轨道资源经营收入达1.11亿万元(集团外收入)。

一、实施背景

(一)建设层面

目前,国内城市轨道交通规模越来越大,网络化趋势明显,应考虑资源共享。

1. 网络化运管规模趋势明显

根据《城市轨道交通运营企业运营数据报告》数据统计,截至2020年上半年,中国大陆地区❶共有36个城市开通城市轨道交通运营线路177条,运营线路总长度达6084.63公里。拥有4条及以上运营线路和3座及以上换乘站的城市19个,占已开通城市轨道交通城市总数的52.78%。2020年上半年,累计完成客运量60.14亿人次,总进站量为40.1亿人次,总客运周转量为515.34亿人公里,运营规模继续保持高增长势头。

《全国城市市政基础设施建设"十三五"规划》明确,超大城市和特大城市应积极建设城市轨道网络;符合条件的大城市,应当结合城市发展和交通需求,因地制宜建设城市轨道交通系统。新增城市轨道交通运营里程3118.2公里,规划规模正持续增加,表明线路的网络化结构已逐渐形成。

2. 换乘站占比数量较高

截至2020年上半年,全国城市轨道交通累计投运车站3914座,其中换乘站379座,拥有换乘站的

---

❶ 以下文中提到的全国数据均只统计中国内地(大陆)地区,不含港澳台。

城市达到 28 个,占已开通城市轨道交通运营城市总数的 77.8%;拥有换乘站 3 座及以上的城市共计 21 个,占已开通城市轨道交通运营城市总数的 58.3%。换乘站占比大幅提高,表明各城市轨道交通线网逐渐形成,网络化进程加快。

(二)运营层面

虽单线运营模式已较为成熟,但随着乘客出行要求的提高,单线运营模式的一些问题也逐渐显现,例如:

①客流分布不均衡,各条线路独立运营,线路富余运能无法被利用;

②乘客只能通过车站换乘,无法满足"快速""直达"的出行需求;

③线网中车站、车辆、信号、供电、车场等资源共享率低,资源未得到充分利用;

④换乘客流占上下车客流比例高(65% ~82%),换乘站客流组织压力大,存在安全隐患,增大车站规模也难以从根本上解决换乘压力。

由此可见,城市轨道交通需要一种可实现列车不降速、不降级跨线运营至其他线路,并支持其他线路车辆进入本线跨线、共线运行的网络化运营模式,以节约旅客出行时间,提高城市轨道交通运营效率。

为吸取和借鉴国外城市在互联互通网络化运营组织中的成功经验,重庆轨道交通第二轮规划线路(约 200 公里)在设计之初即希望通过运用互联互通的网络化运营理念来优化和完善运营组织,提升运营服务水平。在国家发展改革委的项目支持下,已经完成了线路条件、车辆制式、通信设备、供电系统、信号系统(基于 CBTC 系统[1]的统一标准)的统一,迫切需要通过互联互通的 CBTC 系统示范应用项目技术攻关来推动互联互通网络化运营的真正实现。

二、成果内涵和主要做法

(一)成果内涵

CBTC 系统的互联互通示范工程旨在构建完全自主知识产权的城市轨道交通互联互通 CBTC 系统标准体系;攻克不同线路列车共线、跨线运行关键技术,包括互联互通编码与解码技术、基于运行场景的不停车跨线运行切换技术、共线列车的安全防护和精确控制技术、兼容适配不同厂商系统接口交叉测试平台技术、互联互通安全认证体系等。

在互联互通工程建设"硬件"基本完成的前提下,还针对互联互通运营模式下的列车运行图编制、行车调度、运营管理等进行系统研究,真正实现互联互通网络化运营的"软件"保障。

重庆轨道集团以 4 号线—环线跨线运营为示范,开展互联互通运营实践工作,为乘客提供快速直达的出行方式,有效减少换乘次数,节约出行时间,提升轨道交通便捷性,提高车辆、线路等设备设施利用率,降低地铁建设和运营成本,实现线网资源共享。

(二)主要做法

1. 制定整套信号系统互联互通技术标准

为解决在我国原有的城市轨道交通单线建设模式下,各线路不同信号系统间系统架构不统一、接口不开放、通信接口协议内容差异较大等问题,重庆互联互通示范项目制定一套互联互通技术标准。

首次提出了我国具有自主知识产权的城市轨道交通互联互通 CBTC 系统标准体系,填补了我国城市轨道交通互联互通 CBTC 系统的空白,为我国城市轨道交通 CBTC 系统互联互通建设提供了决策依据和指导。

互联互通技术标准主要包含统一区域轨道交通互联互通系统需求和系统架构、互联互通接口规范、规范互联互通运行场景等,主要技术方案如下。

---

[1] CBTC 系统:基于通信的列车运行控制系统。

(1)统一区域轨道交通互联互通系统需求和系统架构

由于各厂商既有 CBTC 系统的系统需求、系统架构不同,即使对相同功能的实现,各子系统间的功能分配也不尽相同。因此,各厂商按照“系统需求—系统架构—功能分配”流程进行工作,采取“求同存异”的策略,对直接影响互联互通的差异进行了统一。对部分互联互通造成影响但可接受的差异,采取“存异”的策略,由各家通过应用逻辑进行兼容,主要为部分由各厂商硬件结构决定的统一难度很大的差异。

通过上述工作,最终各厂商达成一致,形成了统一的互联互通系统需求和系统架构等系统层设计,为后续互联互通协议制定、设备开发工作奠定了基础。

(2)互联互通接口规范

由于各个信号厂商的 CBTC 系统设计和实现方式存在差异,因此在互联互通时存在以下几个方面的挑战:

①不同信号系统架构及数据设计模式差异大;

②不同信号系统的接口和适配功能不同;

③不同信号系统的硬件设备型号差异很大;

④不同信号系统的功能分配和软件实现差异大。

为克服上述问题,各厂家明确了互联互通协议的架构和实现细节,形成了互联互通接口规范,并已正式在行业内发布应用。

(3)规范互联互通运行场景

在编制基于城市轨道交通列车运行控制系统(CBTC)互联互通系统规范的同时,制定互联互通运营场景标准文件。场景文件重点描述跨线相关场景中系统功能需求、接口和作业流程,作为系统开发、测试、安全分析、工程实施的指导。

2. 支持多厂家互联互通的通信架构

重庆互联互通项目涉及 4 号线、5 号线、10 号线及环线,每条线路的信号厂商都不同,各个厂家的车-地通信模式也各不相同。

为解决各个信号厂商的车-地通信模式不同而造成的互联互通实施中各商家的差异性,本示范项目首次实现多信号厂商基于统一标准(LTE-M)进行车-地通信的互联互通及 LTE 透明传输,解决不同 LTE 厂家的无线切换问题,攻克车-地通信方式及接口通信协议兼容技术,统一车-地间接口信息。

(1)满足互联互通要求的通信要求

重庆轨道交通 4 号线、5 号线、10 号线及环线均使用 LTE 网络承载 CBTC 业务。其中,4 号线、5 号线和环线使用华为厂家 LTE 设备承载 CBTC,10 号线使用 ZTE 厂家设备承载 CBTC。

图 1 为重庆轨道交通 4 号线、5 号线、10 号线及环线网络关系图,各条线 LTE 网络通过联络线形成互联互通网络,为了实现列车互联互通跨线运营,列车在跨线过程中车-地通信正常,须保证核心网之间互联互通。

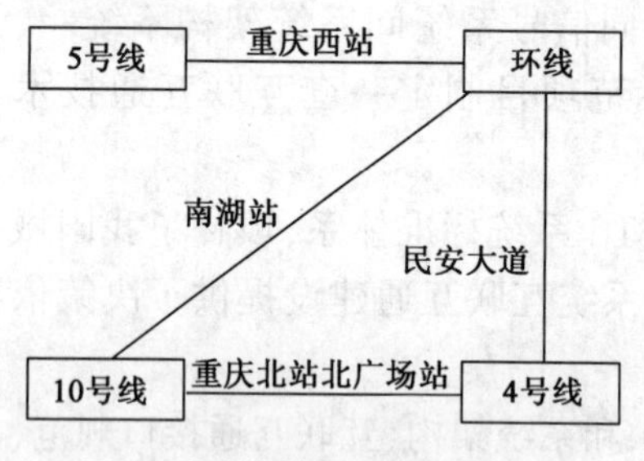

图 1　重庆轨道交通 4 号线、5 号线、10 号线及环线网络关系图

(2)满足互联互通要求的通信架构组成

其中 HSS(归属签约用户服务器,Home Subscriber Server)是 4 条线核心网共用,使用 4 号线的 HSS。所有核心网的开户信息都是在 4 号线的 HSS。同时环线 HSS 作为备用,当 4 号线 AB 网 HSS 全部故障后,通过人工方式将所有用户数据迁移至环线 HSS。

(3)基于互联互通的车-地数据流

保证列车互联互通跨线时车-地能够正常通信,基于互联互通的车-地数据流向如下所示:

①本线运营:ZC 的数据流→Ⅰ线的 PGW→Ⅰ的 SGW→Ⅰ eNodeB→车载 VOBC。本线运营业务数据流如图 2 所示。

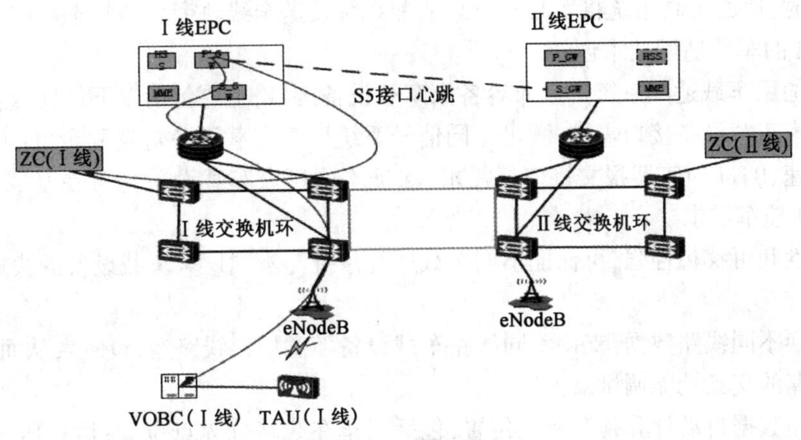

图2 本线运营业务数据流

②跨线运营:ZC 的数据流→Ⅰ的 PGW→Ⅱ的 SGW→Ⅱ eNodeB→车载 VOBC。跨线运营业务数据流如图 3 所示。

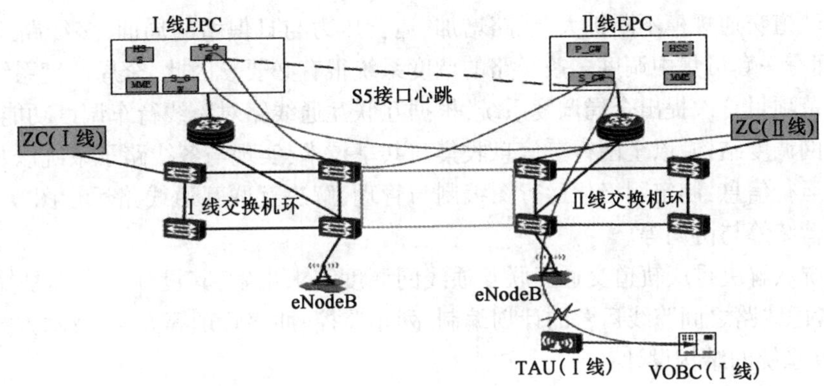

图3 跨线运营业务数据流

3. 基于 PXI 的互联互通测试平台车载适配系统通用技术

为了解决互联互通项目共线和跨线的测试需求,需要搭建一套属于互联互通项目特有的测试平台。在互联互通示范项目中,首次搭建了符合标准化要求的互联互通 CBTC 系统测试平台车载适配系统。

该测试平台为实现国内、国外不同厂商间互联互通接口、功能、数据的测试验证提供了技术支撑。将 CBTC 互联互通规范纳入认证目录,作为后续 CBTC 工程项目的标准要求。整体技术方案介绍如下:

(1)车载适配系统关键技术

车载适配系统主要包括车载接口模块、应答器接口模块、车辆动力学模型计算模块、与地面仿真系统接口模块。

①车载接口模块。车载接口模块主要用以适配不同厂家车载设备的速传、雷达、IO 量、ATO 模拟量等接口。

②应答器接口模块。本项目提出的车载适配系统可在列车经过应答器设备时实时接收来自轨旁仿真系统的应答器报文等信息,包括用户报文和传输报文,并自动适配厂家车载接收需求,通过两种接口方式将应答器报文传输至车载设备。

③车辆动力学模型计算模块。车辆动力学模型计算模块可根据当前所在线路热加载不同线路数据,同时结合车载设备发送的牵引、制动等信息实时计算列车加速度信息,进而转化为列车速度和实时位置。

④与地面仿真系统通信模块。车载适配系统需要实时与地面轨旁仿真系统通信,将列车实时位置、速度等信息传输至地面轨旁仿真系统,从而地面仿真系统可以实时计算列车计轴占压状态和应答器发

送数据信息。同时,地面仿真系统将实时向车载适配系统发送全线轨旁设备状态和应答器报文等信息。

(2)基于PXI的车载适配技术创新

基于PXI的通用车载适配系统可以兼容各家车载设备接口,主要包括以下创新点:

①可兼容多家车载设备接口需求,满足不同信号系统厂家车载设备对驾驶台IO开关量、ATO模拟量、雷达/速传测速、BTM应答器报文接口等需求,保证不同厂家车载设备均可在互联互通测试平台中实现RM、CM、AM控车需求。

②系统扩展性和可移植性强,可保证不同车载适配系统与不同厂家车载设备的快速对接与切换,提高测试效率。

③可实时切换不同线路数据,支持不同线路车载设备随意切换线路运行环境,从而实现不同线路车载设备在其他线路的交叉功能调试及测试。

④可根据线路数据自动计算列车所在位置,包括列车在线路分界点位置;运行压过线路分界点时,可自动计算下一线路号并切换线路数据,保证列车在新线上正常运行,实现车载设备对跨线场景的需求。

4. 全局调度系统的关键技术

伴随着城市轨道交通规模不断扩大、线路增加、运营压力与日俱增的局面,多线路跨线运营已是未来发展大趋势,拥有一套可集中调度多条线路的调度系统很有必要。因此,全局调度系统应运而生。

互联互通示范项目首次提出全局调度系统,根据互联互通线路对跨线行车调度功能的需要,设计一套完整运营的线网调度结构,以全网行车信息收集与共享技术,实现与各线路子系统以及其他机构共享整个线网的列车运行信息;制定网络化运行图编制与管理,解决互联互通线路运行图复杂的问题,最终实现多线路间运营统筹与协调等。

全局调度系统从解决重庆轨道交通互联互通线网调度需求出发,其设计理念不是简单多条线路的组合,而是充分考虑线路之间跨线运营的计划编制、列车监控、冲突管理等方面,技术方案如下。

(1)全局调度系统的结构设计

全局调度系统主要包括运行图编辑室设备、全局调度室设备、后台服务器设备、接口设备,以及网络和维护设备,它们之间通过全局系统网络连接起来,构成一个完整的全局调度系统。重庆轨道交通互联互通全局调度系统结构如图4所示。

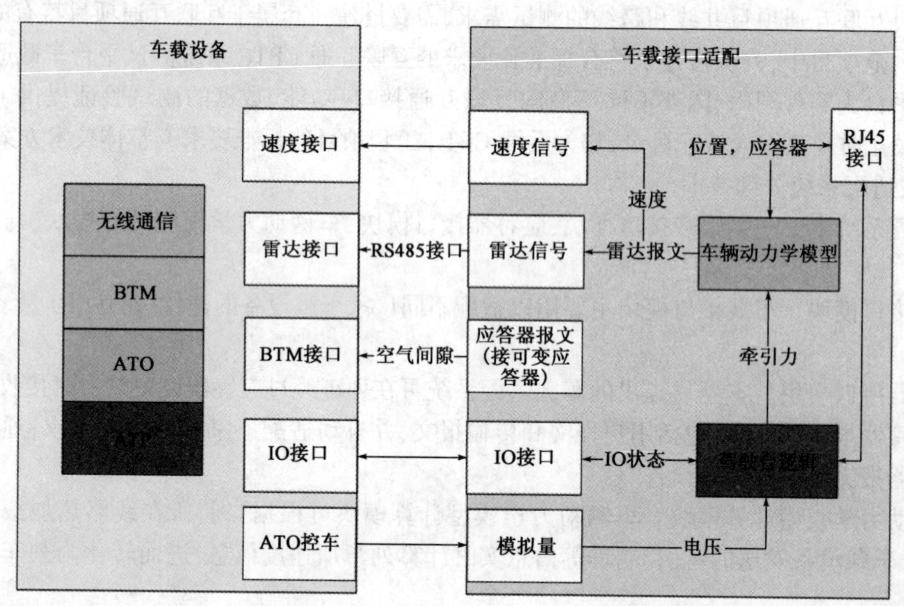

图4　重庆轨道交通互联互通全局调度系统结构图

(2)全网行车信息收集与共享技术

对全网行车信息的收集与共享是建立线网行车调度系统的基础。具体需要从行车信息的收集、行车信息的显示和行车信息的共享三个方面进行考虑。

(3)网络化运行图编制与管理

在传统线路情况下,运行图是按照单条线路运行交路进行设计的。在互联互通情况下,线路是网状的,运行图的数据组织、编辑、生成,以及正确性检查都需要从网络化角度进行考虑。

(4)线路间运营统筹与协调

在线网互联互通情况下,运行组织要远远复杂于单线情况下的运行组织。线网行车调度系统需要支持网络化的运行组织与运行调整,可以从以下三个方面进行考虑:运行计划的统一下达,轻微晚点下的运行调整,严重晚点下的运行调整。

(5)全网故障监测与应急处理

通过设置全网故障自动监测,对全网系统运行状况进行监测,对故障进行分类报警。

正常情况下,线网调度员只监不控,所有控制作业由线路调度员完成。紧急情况下,线网调度员可以具备对扣车等部分功能的操作接管。

通过线网行车调度系统与线路行车调度系统之间建立日常的信息交互通道,保证调度员能够迅速地进行调度指令的发送,并反馈信息接收状态。能够针对典型情况制定专用的信息模板,提升紧急情况下的应急处置能力。

5. 互联互通列车运行图编制

在实施互联互通运行时,互联互通运行图涉及相互衔接的其他线路的运行图,互联互通运营组织及各项工作开展必须以列车运行图为基础。为便于运营管理和乘客记忆,开行方案应保证行车间隔相对均匀,跨线车开行尽可能呈周期性变化。因此,必须进行互联互通列车运行图编制。

1)互联互通运行图编制方法

(1)替换法

维持起点站发车行车间隔不变,将跨线车替换原有本线车运行,简称为替换法。以图5中跨线开行方案为例,本线车与跨线车在起点站形成了均匀的行车间隔。

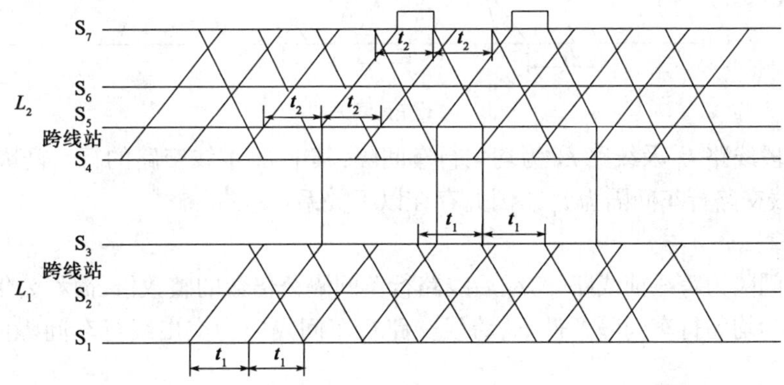

图5　替换法

采用跨线车替换原时刻本线列车运行,行车间隔肯定能够满足线路通过能力限制条件,同时方案无须增加新的上线列车数。但因互联互通交路列车的开行,其交路覆盖区段、停站方案等与原方案中有所不同,因此,线路部分车站会出现行车间隔扩大、运输能力减少的现象。

(2)插入法

维持本线车起点站发车行车间隔不变,将跨线车插入原有本线车方案中运行,简称为插入法。以图6中跨线开行方案为例,本线车在起点站形成了均匀的行车间隔,快车插入至慢车之间运行。

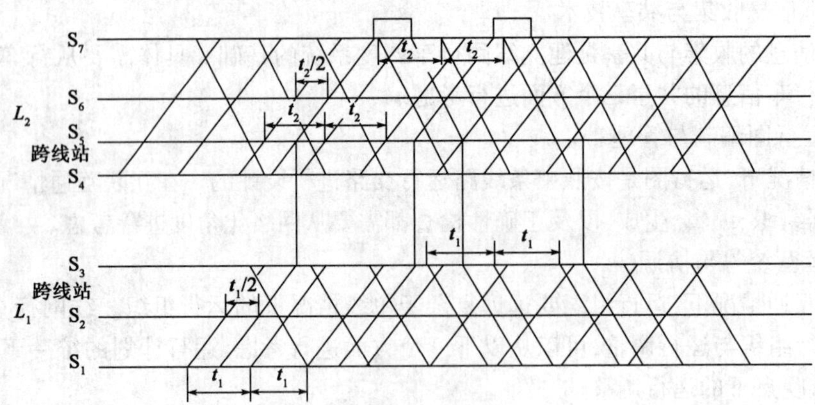

图6 插入法

采用跨线列车插入本线列车之间运行,原有开行方案的运输能力不受影响,跨线交路覆盖的车站运输能力反而得到提升,但需新增列车上线,新增上线列车数量决定了跨线交路开行间隔。

2)不同交路列车的行车间隔关系

对于互联互通跨线运营模式,应保证跨线交路、交出线交路、接入线交路的列车行车间隔相互协调。跨线车固定车底、均匀行车间隔条件下的列车运行应满足以下规律,如图7所示。

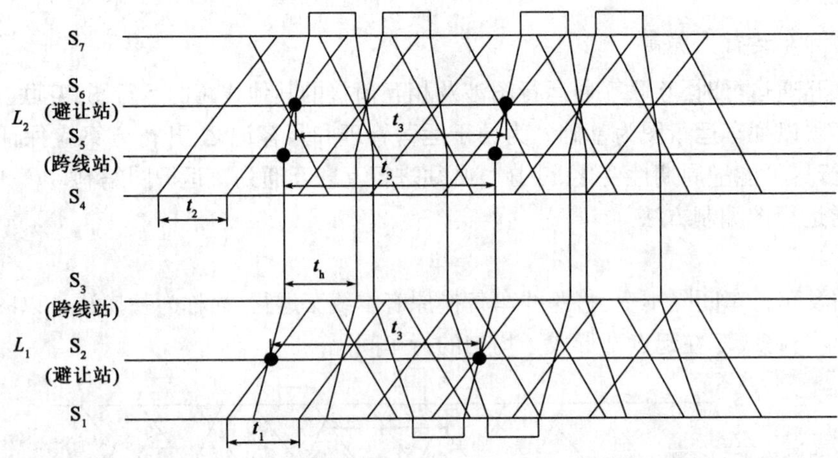

图7 行车间隔关系

假设在某一时段线路 L_1 及线路 L_2 为均匀行车间隔,其中 L_1 本线交路的行车间隔为 t_1,线路 L_2 的行车间隔为 t_2,跨线交路行车间隔为 t_h。因此存在以下关系:

(1)公倍数规律

跨线交路行车间隔为跨线前线路、跨线后线路行车间隔公倍数的整数倍,简称公倍数规律。

跨线交路列车为均匀行车间隔条件下,跨线交路行车间隔应为交出线行车间隔的整数倍,即 $t_h = n \times t_1$, n 为整数。

跨线交路列车为均匀行车间隔条件下,跨线交路行车间隔应为接入线行车间隔的整数倍,即 $t_h = m \times t_2$, m 为整数。

因此,跨线交路行车间隔为交出线、接入线本线行车间隔公倍数的整数倍,即 $t_h = x \times [t_1, t_2]$,其中 x 为整数。

(2)周期性规律

若跨线交路采用固定车底行车,即跨线交路列车折返后,依旧开行跨线交路,此时,跨线交路行车间隔还满足以下关系:

跨线交路在列车运行交路运行一周的全周转时间为 t_3,那么运行一周的全周转时间 t_3 满足为跨线交路最小行车间隔的整数倍,即 $t_3 = w \times t_h = w \times x \times [t_1, t_2] = y \times [t_1, t_2]$,其中 w、x、y 均为整数。即跨线交路全周转时间为交出线、接入线本线行车间隔公倍数的整数倍,简称周期性规律。

对于跨线交路列车不采用固定列车行车条件下,公倍数规律、周期性规律关系则不成立。

重庆轨道交通全局调度运行图如图 8 所示。

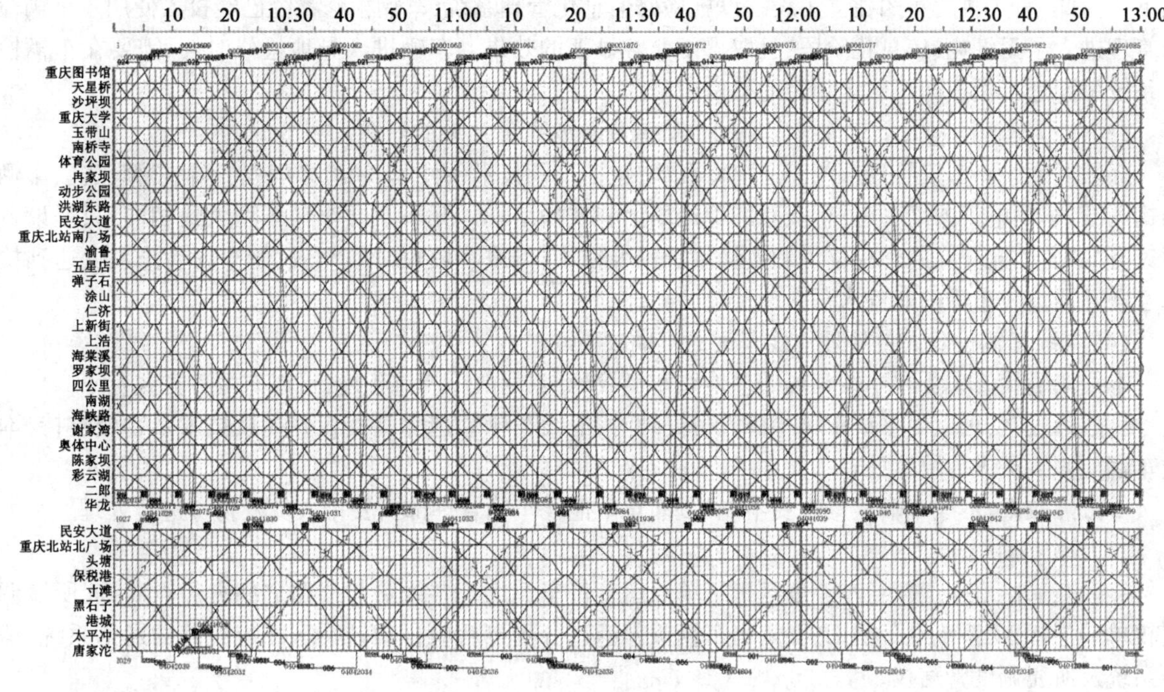

图 8　全局调度运行图

6. 互联互通运营管理

在近些年轨道交通技术进步和市场需求扩大的同时,各线路采用设备标准不统一,这些差异导致无法实现互联互通,不仅给运营维护部门带来了管理复杂的问题,而且降低了城市轨道交通单位分期建设的选择权,不利于地方轨道交通建设健康持续地发展。

为了解决这些问题,在互联互通示范项目中,首次在国内完成多条线路基于同一标准体系的共线和跨线运营的工程示范,通过互联互通故障处理的运维管理体系、统一共线、跨线运营组织与管理模式,解决了轨道交通互联互通 CBTC 系统存在运输组织资源和设备维修维护、线网资源无法资源共享和合理分配等问题。互联互通运营管理主要内容如下。

1)互联互通车辆维护管理

传统的运营模式下,运营结束后列车回段均需要回到各自所在原车辆段,带来大量的空驶浪费。在互联互通模式下,存在以下两种情况:互联互通列车在运营结束,就近回段,减少列车的空驶里程;遇到运行图调整或车辆故障情况时,列车可能会安排到就近车场进行检修或者处理故障,此时需要安排异地检修。

在车辆异地检修时,主要通过以下技术措施,解决车辆检修的人员业务水平、物资材料、检修记录管理等问题。

(1)车辆基地停放能力及检修能力限制问题

车辆异地检修必须解决车辆基地停放能力及检修能力的限制问题。在此基本条件下,存在以下两种情况:

①对于本线车辆基地当前存在停放能力富余的情况,可安排部分其他线路常态化停放本线,并安排相应的车辆检修人员常驻办公,实现异地检修。

②对于互联互通线路车辆基地列车停放数量均已经达到停放能力的情况。必要情况下,可以通过

“交换”列车方式,实现异地检修。为保障交换后车辆检修需求满足检修能力的要求,尽可能保障“交换”的列车检修状态相同。

(2)车辆检修记录管理的问题

车辆检修记录均在配属车场,且是纸质件模式,在车辆异地检修时,会存在纸质件流转的问题,效率低下。为此,重庆轨道集团建立了设备设施检修信息化管理系统,车辆检修系统已经投入使用。车辆检修管理进入了无纸化、信息化阶段,且取得了非常显著的效果。车辆进入异地检修时,只需要在车辆检修系统里面进行授权即可建立相关的检修记录。

(3)本线车辆检修人员对他线车辆的检修流程及要点不熟悉的问题

互联互通线路车辆管理部门互通检修资料,包括车辆技术条件、车辆检修规程、车辆检修工艺、车辆结构图纸、车辆电气图纸,并进行交互的理论培训和实操培训。互联互通车辆车型大致相同,只是设备厂家有区别,因此交互的理论培训和实操培训难度较小,可以在较短时间完成,使车场检修人员达到检修互联互通他线车辆的业务水平。

(4)本线车辆检修人员处理他线车辆的车辆故障问题

本线车辆检修人员在本线车场处理他线车辆故障,根据故障严重程度,可以有两种方式:

①故障较轻,可以由本线车辆检修人员处理时,他线车辆管理部门授权并提供技术及物资支持,本线车辆检修人员进行故障处理。

②故障较重,本线车辆检修人员不能处理时,由他线车辆管理部门安排人员及物资进行处理。

2)互联互通行车调度

互联互通网络化运营行车调度区别于单线运营行车调度。各线路与线路之间分界点明确,所属调度权单一指挥,从系统设备层面,要求当车辆头部越过分界点后应自动转换至相应线路的通信系统、信号系统及所属调度管辖权。

为保障互联互通运营的顺利实施,确保按图行车,做好故障情况下的运营组织工作,避免出现跨线列车无人监管的情况。重庆轨道集团设置了全局调度员,对互联互通列车进行监控。

在互联互通行车调度中,主要遵循以下原则:

①全局调度系统故障时,全局调度应将互联互通调度权转换至单线调度员,由单线调度指挥,全局调度负责统一协调,维持跨线运营。

②联络线进路不能自动触发时,则由跨线列车交出线行车调度向接入线行车调度申请进路,待接入线行车调度确认接车进路准备妥当后,方可排列跨线列车发车进路,维持跨线运营。

③跨线列车在正线发生故障,须立即救援且短时间运营秩序无法恢复时,由全局调度发布停止跨线运营的调度命令,待故障列车故障处理完成或救援至故障车停留线后恢复跨线运营。

④交出线或接入线行车设备(信号、通信、接触网、车辆等)故障,如中断运营或需调整列车交路、全线车站 PIS 或广播发生故障不能正确引导乘客乘坐、发生恐怖袭击及其他公共安全类事件、联络线发生故障不满足行车条件时,应由全局调度发布停止跨线运营的调度命令,待故障处理完成后恢复跨线运营。

⑤跨线列车故障不具备上线条件时,应停止本次跨线列车运营,并通知车场调度准备备车顶替运行。

为了规范互联互通的运营组织,重庆轨道集团组织编制了《城市轨道交通互联互通运营技术规范》,可供其他城市互联互通项目参考借鉴。

3)互联互通乘务管理

互联互通线路上的乘务人员应具备本线路上运行的不同线路列车的驾驶及故障处置能力,并负责驾驶期间的列车故障处置。互联互通运行时,乘务人员轮乘范围以跨线站为界,原则上仅在所属线路驾驶列车运行,在跨线线路站点进行交接,即“换人不换车”。

互联互通以前,本线司机对他线的列车、设备和线路情况都不熟悉,若要实现乘务互联互通,重庆轨道交通开展以下工作。

(1)统一规章制度

规章制度作为司机日常行车工作的指导规范,若要实现乘务互联互通,首先需要统一的标准体系,确保行车工作一致性。本次互联互通示范项目制定了适用于互联互通线路的统一规章制度,也为司机的"共通培训"打下了基础。

(2)司机互联互通业务能力培训

互联互通运营之前,相关线路乘务部门提前开展对司机的培训工作。组织不同线路车辆厂家、信号厂家、通信厂家对司机进行差异化培训,定期组织各线司机到其他线路去跟车学习,并利用夜间调试提升驾驶业务能力,强化故障处置能力。

(3)培养技术骨干

针对互联互通示范项目,乘务部门成立专门的互联互通司机组,抽调司机队伍中的技术尖子、业务骨干,专门执行互联互通值乘任务。随着互联互通项目的深入开展,由这些技术骨干组成培训队伍,做其他司机的整体带教工作,实现全面提升。

(4)互联互通轮乘安排

为区别于普通司机,乘务部门在跨线站专门设置了一个轮乘室,以便各线互联互通司机都能够在里面待乘,实现互联互通司机的统一监管,达到"专职专管"的目的,提高管理效率。

同时为避免司机在值乘的时候,可能出现无法辨别值乘列次是否为普通列车或互联互通列车的情况,可采用以下方式来避免类似事件的发生:

①在运行图编制时采用固定车底编图,即互联互通交路列车折返后依旧开行互联互通交路;

②要求司机能够熟记互联互通交路站点,同时在每列车驾驶室,对互联互通交路站点进行显著标识;

③每日运营前,在轮乘表上,进行互联互通交路相对应安排;

④每列互联互通交路列车发车前,由司机报告行调,行调并进行确认;

⑤当出现互联互通交路列车开行普通列车或普通列车开行互联互通交路时,司机通过广播告知乘客。行车调度做好按图运行后续调整工作。

通过以上这些工作,本互联互通示范项目基本实现了司机的人员互通,提高了人员的"通用性",降低了人员培训成本,有利于人才的梯队建设,取得了较好的管理效益和经济效益。

4)互联互通乘客引导

互联互通运营的目的是为了让乘客出行更方便、快捷,能准确地到达目的地。在乘客引导和信息发布方面,应尽量让乘客提前知晓互联互通列车(跨线列车、快车或普通车)的相关运行信息。

互联互通方案实施条件下,存在同站台停靠快、慢车或部分站台不停车等情况,因此对于乘客而言,会出现乘坐了反向列车、乘坐了快车中间不能下车、乘坐了跨线车直接到了另一条线路等问题。因此,为避免发生此类情况,在客运组织方面应加强对乘客的宣传引导工作,使乘客正确选择需要乘坐的列车。包括:

①互联互通载客运营尚未实施以前,加大新闻、报纸、广播等媒体宣传;

②在运营中,加强乘客引导,通过贴图、PIS 互联互通列车不同颜色及文字显示、地面引导标识、车站及列车广播、站务员引导等方式,对互联互通列车进行区别;同时做好越行站乘客乘车引导工作;加强舆情关注及回复。

7. 互联互通调试及试运行管理

(1)跨线动车调试组织方案

重庆轨道交通互联互通现场跨线测试主要是分为 5 个阶段:

①临线子系统接口调试,主要为本线 VOBC 与其他线地面设备以及跨线部分设备之间的接口测试;

②本线发放允许他线车辆至本线单车动车授权,是互联互通车载在本线路进入单车测试的必要

凭证;

③互联互通跨线单车测试,主要是本线 VOBC 在其他线地面上运行时单车相关测试,包含数据和功能的测试;

④本线发放允许他线车辆至本线多车动车授权(又称地面允许多车授权),是互联互通车载在本线路进入多车测试的必要凭证;

⑤互联互通跨线多车调试,主要是本线 VOBC、其他线 VOBC 在其他线地面上运行时多车相关测试,包含数据和功能的测试。

(2)试运行-试运营流程

互联互通共线试运行-试运营流程(图9)主要分为4个部分,即获得互联互通共线试运行授权、互联互通共线试运行、互联互通共线试运营授权、互联互通试共线运营。每个测试阶段完成后进入下一阶段的测试。

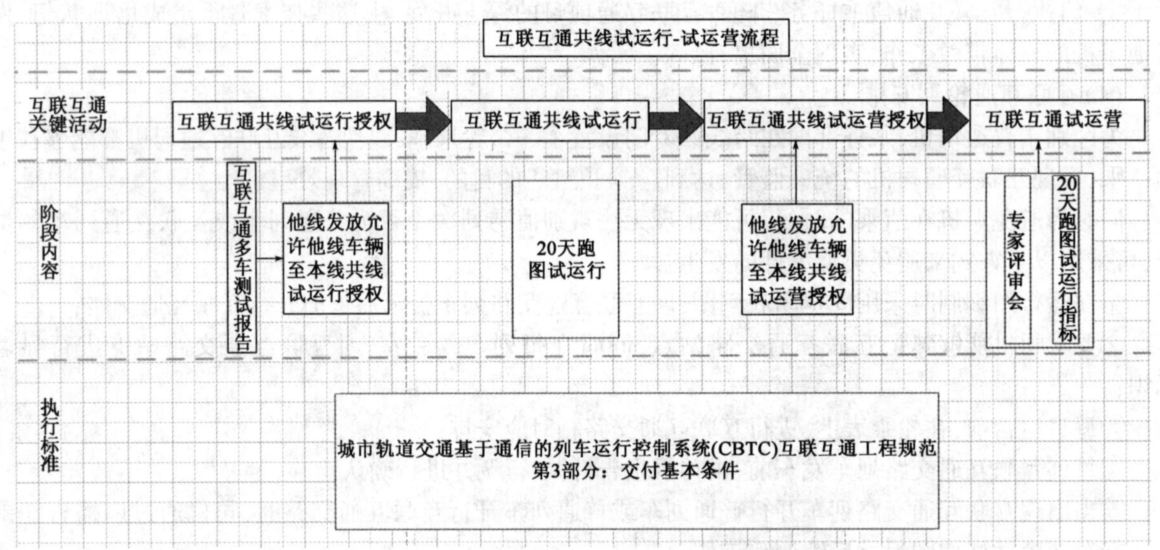

图9　互联互通共线试运行-试运营流程

本线发放允许他线车辆至本线共线试运行授权,是互联互通车载在本线路进入共线试运行的必要凭证。

互联互通共线试运行进行20天以上的跑图试运行。基于《城市轨道交通　基于通信的列车运行控制系统(CBTC)互联互通工程规范　第3部分:交付基本条件》,判断是否具备进入互联互通载客试运营阶段的条件。

三、实施效果

城市轨道交通互联互通可以提高服务质量,满足乘客快速、直达的需求,实现从人换乘到车换乘的转变;可以使建设单位在延伸线的系统选择上具有更多选择及主动权;可以通过资源共享,降低车辆采购数量,减少轨道建设工作量,减小车辆段用地规模,从而降低投资和建设成本。

项目有力推动具有我国自主知识产权的互联互通信号系统的工程化、产业化发展,有利于提升我国在城市轨道交通领域的国际地位;主要研究人员受邀在全国及国际会议做专题报告10余次,来自国内外知名专家学者、团队参观项目10余次。

2020年9月18日,首次实现了在环线和4号线上实施跨线运营,在保持原线路运输能力、行车间隔、发车时刻不变的基础上,新开行重庆图书馆至唐家沱跨线直快车,只停靠重庆图书馆、沙坪坝、冉家坝、民安大道、重庆北站北广场、头塘、唐家沱7个车站,单程节约11分钟。

截至2020年9月25日,跨线载客量约1.1万人次,初期直快车运营在平峰时段,平日开行20列次,周末开行24列次。4号线与环线互联互通强化了沙坪坝组团、人和组团、唐家沱组团等组团间的联系,有效缓解了从沙坪坝区直接去往重庆火车站的交通紧张状况。

(一)管理水平

1.地方规范

为促进重庆轨道交通线网建设、实现网络化运营并满足重庆轨道交通互联互通的需要,做到以人为本、经济适用、技术先进和资源共享及可持续发展,重庆轨道集团组织编制了信号系统的地方标准。该地方标准适用于重庆市行政区域内,采用同一制式的改建、扩建和新建的轨道交通线路列车控制系统的系统设计、设备招标、产品设计、工程建设及工程验收过程。

2017 年 2 月,重庆轨道集团针对重庆工程发布地方标准《重庆轨道交通列车控制系统(CQTCS)标准》(DBJ50/T-250—2016)。

2017 年 4 月,编制的地方标准《山地城市 A 型地铁车辆通用技术标准》(DBJ50/T-259—2017)发布执行。

2.行业规范

行业规范的发布为后续互联互通项目的建设提供了统一标准,使得各地城市轨道交通发展互联互通时有据可依。

2019 年 9 月 28 日,发布《城市轨道交通　基于通信的列车运行控制系统(CBTC)互联互通系统规范》的互联互通技术规范,由系统规范、接口规范、测试规范和工程规范等 17 个部分组成。

(二)经济效益

互联互通的 CBTC 系统为重庆轨道交通网络化运营的实现和示范奠定了基础条件,网络化运营的实施既有利于满足乘客快速、直达的需求,吸引客流,也有利于资源共享。

1.吸引乘客,提高客运量

网络化运营可以最大限度满足乘客多元化需求,既能通过跨线运营减少换乘等待时间,又能通过快慢车运营提高直达旅行速度,为乘客提供更加丰富便捷的运输服务,因此也可以吸引更多的乘客选择轨道交通的出行方式。随着网络化运营的发展,通过不断优化运营组织方式,预计可以增加沿线客流吸引量 8% ~10%,从而提高经济效益。

2.减少运营成本

重庆轨道交通信号系统互联互通旨在实现轨道交通线网间列车跨线、共线运营,进而提高轨道交通直达性,减少乘客换乘时间;实现轨道线网的资源共享,降低建设和运营成本。

通过互联互通的工程应用,主要从以下几个方面优化减少运营成本:①运营组织结构;②运营组织计划;③故障处理/救援机制;④运营维护策略;⑤网络运营控制体系。

3.减少配属列车数量

网络化运营使得整个轨道交通网络成为一个整体,全网车辆可以互相弥补,资源共享。可以通过不同的运营组织方式和客流分析,使列车在不同客流区段按照更加合理和经济的行车间隔运行,最大程度节省运用列车;另外,合理的快慢车运营组织,可以有效节省乘客总出行时间,同时节省列车周转时间,以达到节省运用列车的目的。

本项目示范的 4 号线、5 号线、10 号线和环线,共设有 4 座跨线站、10 座越行站,能节省配属列车约 10 列、60 辆,累计节约车辆购置投资约 45000 万元。

4.实现资源共享

针对互联互通线路的特点,从节约建设成本角度出发,制定资源共享方案。互联互通的线路易于实现车辆及维修系统共享、供电系统共享、通信信号系统资源共享、车辆基地资源共享、试车线资源共享、控制中心资源共享、培训中心资源共享和信息资源共享等。

(三)社会效益

我国城市轨道交通 CBTC 列车自动控制系统装备的现实市场和潜在市场十分巨大,CBTC 系统的特点和优势已经广泛被市场认识和接受,城市轨道交通新建项目纷纷确定了 CBTC 的可行性研究报告方案和设计方案。

CBTC 可以突破轨道电路行车运行间隔的瓶颈,最低达到 70 秒的运行间隔,从而提高运能。特别值得注意的是,由于城市轨道交通的发展是小编组、高密度,缩短行车间隔,必须采用高可靠性、高安全性的自动列车控制系统,基于轨道电路的闭塞系统在适应该要求时捉襟见肘,而 CBTC 系统可以在客流量快速增长的情况下有效、快速满足升级要求,且易于实现,从而提升了轨道交通运营的灵活性。

采用互联互通 CBTC 系统更能发挥 CBTC 系统的技术优势,进一步提升其在建设、生产、运营、维护期间的社会效益与价值;能促使国产化产业的健康发展,建成具有世界一流的轨道交通网络的国际大都市。因此,我们在重点分析和吸收引进系统的基础上,按照国家确定的公开标准,研制成功自己的互联互通 CBTC 技术和系统,不仅能服务于个别城市,还能服务于全国乃至全世界蓬勃发展的城市轨道交通市场,形成富有生命力和发展力的产业链。

营造公平竞争环境,互联互通 CBTC 系统的各设备间通信部分,采用国际公认的标准和开放标准、公开接口,在保持通信"透明度"的前提下,确保实现"统一制式、保持竞争"的目标,有助于通过公平竞争,使造价进一步降低。

互联互通 CBTC 系统能集中各环节的优势资源,最大程度提高系统功能及性能,通过采用标准化施工、调试、统一运维、综合调度等标准化方法,能有效提升服务水平,提高乘客满意度,创造出巨大的社会效益。

技术的标准化带来社会资源的有机整合,包括各条线路运营人员、维护人员在全市乃至全国范围的互通,有利于人才的梯队建设;各设备及设备间接口的标准化,确保设计与生产技术及资源的有机整合,有利于技术的再创新和性能的提升;施工及调试标准化,有利于施工建设、设备调试及测试规范、工具及自动化测试设备等由于规模效益产生良性发展;运营及运维管理手段也将在统一标准的基础上得到持续改进和完善。标准化将推动城市轨道交通行业各环节的人才、技术、管理水平的快速提升,顺应时代发展的需要。

(四)环境效益

互联互通 CBTC 系统可以提高线路复用,简化站台规模,合并运营及运维站房,从而降低系统运行的能源消耗;能有效降低备品配件的库存量,降低配用车辆的数量,减少设备占地和能耗;能提高线路复用效率,缩小线路规模,避免重复建设,减少对土地资源的占用量。

坚持创新驱动发展　打造国内首创智慧仓库管理新模式

杭州公交集团第二修理分公司

成果主要创造人：朱延青　沈方红

成果参与创造人：裘熙明　汪　泉　董绍白　杨高红　郭　伟

杭州公交集团第二修理分公司(简称“第二修理分公司”)是杭州公交集团下属一家专业的机动车维修一类企业，主要服务于各大公交运营公司，提供公交运营车辆维修、年检等服务，同时积极拓展外部市场，对外提供轿车美容保养、事故定损、钣金油漆、道路救援等服务。第二修理分公司目前有员工560余名，设立6个职能科室和10个基层管理组织，承担2200余辆公交车辆的维修任务，有五大维修区域(石桥、七堡、九堡、下沙、大江东)。第二修理分公司以“公交优秀·修理优秀”为企业价值观，以“努力贴近用户，了解用户需求，解决用户所急，满足用户所需，真诚服务用户”为服务原则，通过专业的业务和不懈的努力，为运营车辆提供安全、高效的机务保障和服务，赢得客户的广泛好评。同时注重内部技术优化和改革创新管理模式，针对仓库取料存在的一系列问题，特成立九和路车间专项研发中心，并顺利实现“无人值守”仓库技术创新。采用人脸识别系统、监控系统、语音提醒系统、信息自动录入等一系列先进智能设备，使员工取料登记等一系列流程效率大大提高，正确率也直线上升，极大节省了劳动力成本，推动了工作效率和企业效益的进一步提高。

一、实施背景

(一)仓库管理存在的缺点

1. 仓库值守人力成本高

原来汽配物资仓库的领料、发料、电脑录入都需要由仓库保管员来完成，需要的人力资源很大。在保管员人员安排上，要安排日班3人、中班2人、夜班1人，一共6人。在仓库保管员薪资方面，每人每月工资为4900元，另有年附加费用约27000元，一个仓库按6人计算一年应发工资约51万元。且夜间突发状况很多，一天24小时均有可能需要取料，一个材料领用点需要24小时有人值守，由于生理局限，必须采用轮班值守的方式，一个材料领用点至少配备2个保管员倒班，综合计算下来，每年公司用于仓库值管的人工成本支出高达(4900×12+27000)×6=514800元，这在很大程度上加重了公司负担，即使是必要的安排也造成了浪费，间接导致公司利润降低，员工福利待遇下降，公司技术投入可用资金减少，长远来看阻碍公司技术进步，不利于公司的可持续发展。

2. 仓库人工效率低

第二修理分公司主要从事城市公共交通客车维修、维护工作，对于维修汽配物资的调配及时性、充足性有很高要求。因此，第二修理分公司每个维修点都配有汽配物资仓库，领料模式采用传统的人工收、发料。领料程序较多，耗时长，当出现维修工作仓库取料问题时，仓库保管员仔细了解修理工的具体需求，如果领料修理工窗口领料排队多时，将大大延迟领料时间。老模式领料的情况下，需要修理工上报所需的材料配件名称、维修车辆车号、用途(维修类别)、BIMS报修作业单号，然后由仓库保管员根据修理工提供的信息进行配料,待仓库保管员将领料信息输入到电脑后,方能发料。在这一过程中,由于取料时间紧迫或人为疏忽大意导致取料错误、登记错误等问题极易发生,或者物资急需但人手不够或不能24小时调配出库等问题,给维修工作带来一定的压力。仓库取料的效率和时间以及仓库值守管理技术亟待提高。

(二)仓库创新管理的必要性

除目前人工管理仓库存在的问题表明仓库管理技术亟待提升外,社会各行业各领域纷纷升级换代,朝着智能化、自动化方向发展的时代浪潮,也是仓库管理技术创新的重要推动力,只有顺应时代潮流,才不会被时代淘汰。随着"互联网+"的兴起和物联网技术的广泛应用,仓库管理自动化、智能化已成为管理创新重点提升目标,打造现代化智能仓库已成为仓库发展的热点。同时,随着我国人口红利的消退、社保等支出成本的提升,以及人工效能的极限,人工仓储已不再是最佳选择,相比之下智能化仓库管理的优势凸显。第二修理分公司成立九和路创新研发中心,打造人工智能化仓库管理体系,正是以此大背景为灵感,旨在顺应时代特色,因时而变,锐意进取,改革创新。无人值守仓库技术依赖智能物流系统应用集成,通过使用射频识别或条形码技术、网络通信、信息系统应用和其他安全技术来实现入库和出库人员和物资信息的自动收集、识别和管理并进行物资智能存储,以达到用机器取代劳动力的效果。通过无人值守的完整仓库流程,顺利达到降低成本、提高效率的目的。这是一种智能存储,可以肯定地说,无人仓库是开启智能仓库的一种正确方式,亦是第二修理分公司迈向智能化、创新化发展之路至关重要的正确打开方式。

(三)仓库创新管理的可行性

21世纪以来,我国人工智能技术、大数据应用、物联网技术飞速发展,并得到广泛应用,自动化无人化得到众多大公司的全力支持与推广,无人超市、无人配送等模式深入大众生活,为第二修理分公司无人值守仓库技术的研发提供宝贵的经验借鉴。此前,九和路研发中心成员特专门探访无人超市,调研了解其管理经营模式及经验,这为无人值守仓库的诞生奠定了坚实的基础。且在无人值守仓库技术立项研发过程中,第二修理分公司高度重视,为研发中心提供人力、物力、财力的全面支持,研究经费充足,专业人才完备,这都为无人值守仓库技术的顺利研发提供重要保障。

(四)仓库创新管理的意义

仓库管理创新无论从仓库本身管理技术水平提升还是从公司整体发展和社会效益来说,都具有重大意义。在仓储管理上,通过运用电子门禁、物联网技术,仓库内的生产物资、办公物品进出采用非接触、穿透式、自动识别,自动记录物资入库、存储、出库、盘点等各环节物流信息的自动化模式,大大提高了仓储管理的信息自动化水平,降低了人力局限性对于仓库物流运转的负面影响。在人力资源使用上,通过智能终端实现对物资信息的采集和修改,现有的仓库管理人员只负责入库物资上架、库位调整等基础性工作,大大减轻传统人工仓库管理的工作量,彻底消除人工记录不准确的问题,确保库存信息的准确性和实时性,真正实现了仓库人力资源优化管理。无人值守仓库的应用,通过智能化的管理方式替代传统物资仓储和出入库管理方式,优化工作模式,降低了人力资源和仓库管理成本,提高了物资仓储管理效率和水平,推动第二修理分公司整体工作效率和质量的提升。

二、仓库创新管理概况

(一)无人值守仓库的含义

无人值守仓库,即"没有人看守管理的仓库",但其绝不是混乱、自由的代名词,而是采用智能化电子设备代替人力、解放人力的智慧之举。无人值守仓库在现有汽配物资材料仓库系统基础上加装门禁系统(人脸识别)、网络监控系统、语音提醒系统、灯光系统、触摸式自助操作电脑5种系统,以实现仓库无人化、智能化管理。门禁系统可以对进出人员进行管理,提高无人化仓库的安全性;网络监控系统可以实时监控无人仓库内的财产情况，对财产进行全方位的监管；语音提醒系统可以提醒员工所在仓库的范围；灯光系统可以在库内无人的情况下自动关闭照明灯光，节约能源；触摸式自助操作电脑可取消出库管理员，简化流程，提高维修工工作效率，方便出库。无人值守仓库及5种系统的使用，降低人力成本，解放劳动力，更提高了仓库取料效率和正确率。

（二）无人值守仓库技术简介

1. 整体思路

无人值守仓库整体的思路为以人工智能技术代替人力，对目前仓库取料及管理中存在的问题进行有针对性的改革创新。如仓库进出需要人工看守，就其工作本身技术含量不大但又不可或缺的矛盾进行改革，安装人脸识别系统，取料人员刷脸进出，从而减少人力资源及成本浪费，提高仓库进出效率。针对仓库管理人员不足、仓库面积大且范围广、人为监管投入高的问题，安装监控系统，当领料人员进入仓库后，监控录像系统开启，且录像保存时间大大延长，提高仓库管理安全性。对于仓库因人为因素导致无人时灯光常亮，造成电力能源耗费问题，更换自动灯光系统，当人员在仓库时，灯光亮起，人员离去时，灯光自动熄灭，打造更加节能环保的仓库运行模式。针对人员从仓库取料时存在的不规范、不正确的行为，安装语音提醒系统，当系统感应到人员进入货物区后，播报语音提醒员工遵守仓库规章制度，进一步规范强化仓库制度管理，规范操作流程，下发管理文件《第二修理分公司"无人值守仓库"应急处置方案》《物资采供管理机制》《第二修理分公司仓库工作人员管理（操作）规定》《第二修理分公司无人值守仓库物资入库流程》《第二修理分公司仓库物资盘存流程》《采购（计划）员岗位工作职责》，提高仓库取料的规范性、制度性。通过制作、发布领料小视频，传播新的领料模式。针对经常出现的取料信息录入错误的问题，采用智能化自动录入信息系统，从而减少信息错误的出现，无人值守仓库技术创新从当下仓库管理存在的问题出发，借助现代化智能设备巧妙构思设计，建立起一套相互衔接、相互配合、相辅相成的智能化仓库管理系统。

2. 创新技术目标及原则

无人值守仓库技术创新以打造高效率、科学化、智能化仓库管理为目标，通过综合比较，反复筛选，建立起一套最佳无人仓库值守系统，同时以便利性、简约化为原则，重点实现员工取料高效自由方便的目标。通过多项技术对比选择出成本低、更安全、更便捷、更智能的门禁系统、网络监控系统、语音提醒系统、灯光系统等科学部分，为仓库取料的运行提供了极大的便利，删减冗杂重复的无效程序，提高仓库运行管理的效率和质量。同时以创造创新为不懈追求，不局限不停留在当下技术水平，不断加强技术革新，优化系统，推动无人值守仓库管理更加智能化、便捷化，以局部创新带动第二修理分公司整体革新，从而实现现代化飞跃。

3. 技术创新组织及保障

第二修理分公司特于2019年3月成立九和路创新研发中心，由7名主要专业技术人员及其余参与协作课题的工作人员组成，且活动计划安排科学详细，人员分工合理，并制定了详细的活动计划表：3—4月选择课题，于4月设立目标，并确定最佳方案，4—5月针对最佳方案制定对策表，经过认真研究比对，5月对策开始实施，到6月确定效果，7月进行标准化测试并总结经验。第二修理分公司为专项研究人员提供资金及政策支持。技术研发中心成员专业性强，为无人值守仓库技术的研发提供技术保障，使得无人值守仓库技术创新高效顺利完成。在人脸识别门禁系统的选用研究上，确立了3项基本目标：①有效识别距离为0.5～10米；②发现异常数据提示；③仓库内领料人员人数上限为3人。在这3项目标的衡量下，技术研发中心成员董绍白担任主要负责人，充分调研、咨询并比较市面成品，选择出最适合的一种。同样，对于网络监控系统、语音提示系统、智能灯光感应系统、自助输入系统，研发中心均制定目标要求，并由专项负责人带领调研考察，最后选择出最佳产品，详细分工见表1。

九和路专项技术研发中心成员分工表 表1

序号	对策	目 标	措 施	地点	负责人	完成时间
1	选用、调试人脸识别门禁系统	①有效识别距离0.5~1米; ②异常数据提示; ③仓库内领料人员人数的上限3人	调研、咨询并比较现有市面上的现成产品	九和路	董绍白	2019年5月
2	选用、调试网络监控系统	①监控不留死角,全面覆盖; ②录像存储时间3个月; ③监控图像清晰	调研、咨询并比较现有市面上的现成产品	九和路	董绍白	2019年5月
3	选用、调试双向无线红外感应语音提醒系统	①可自编辑语音; ②红外探测距离5米	调研、咨询并比较现有市面上的现成产品	九和路	董绍白	2019年5月
4	选用、调试红外感应器智能感应灯光控制系统	①人员离开仓库1分钟后自动闭灯光; ②感应角度360度	调研、咨询并比较现有市面上的现成产品	九和路	裘熙明	2019年5月
5	选用、调试触控式自助操作电脑+无线扫码枪	①21.5英寸、分辨率1920×1080; ②无线扫码距离20米	调研、咨询并比较现有市面上的现成产品	九和路	杨高红	2019年5月

4.创新内容

(1)门禁系统创新

存在缺点:

人工值守仓库模式中,仓库值守需要24小时轮班,不能出现取料无人值守的问题,且值守人员日班3人、中班2人、夜班1人,全天候轮班值守,因此值守耗费的人力成本较高。当人员无法24小时值守,又遇到突发紧急情况需要物资调配时,将会带来严重的不便和麻烦,影响物资调配,耽误车辆维修工作。仓库值守工作要求不高但又不可或缺,这一矛盾应当得到快速解决。

解决思路:

用自助化进出仓库方式代替人工值守是解决这一问题的突破口,其中磁卡门禁系统和人脸识别门禁系统为备选方案,磁卡门禁系统成本较低,平均价格为2500元一套,但缺点也较多:一人一卡,如果卡丢失,则无法进入;安全性一般,卡片容易磨损,寿命较短;卡片容易复制,不易双向控制;卡片信息容易受外界磁场影响而失效。而人脸识别门禁系统,虽成本较高,大约为13500元一套,但更安全、更便捷、更智能,解决了磁卡容易被复制所带来的安全隐患问题,且具有主动捕捉人脸功能,刷脸即可进门,无须手动刷卡、刷指纹或输密码,这在一定程度上为仓库取料提供了方便,且更加安全卫生。综合考虑,人脸识别门禁系统性价比更高。

解决对策:

技术研发中心充分调研讨论后,最终决定采用人脸识别门禁系统,经过成员对屏幕尺寸、分辨率、屏幕仰角、整机尺寸、逆光识别照度、有效识别距离、补光、补光距离、防水等级、开机方式、错误识别率、人脸抓拍、批量录入等一系列参数的筛选比较后,最后采用一款参数符合的安卓平板设备,具体参数见表2。通过后台测试与系统设置等准备工作进行调试后,中心成员10人分早、中、晚3次进入,刷脸、开门时间10秒、后台数据传输三项要求无一失败,最终测试结果成功率高达100%。这表明此项设备设定成功,用人脸识别门禁系统代替人工门禁,提高仓库进出管理效率,降低了人力成本。

如图1所示为人脸识别后台管理系统,表3~表5分别为人脸识别门禁系统功能、主要功能设置及测试效果表。

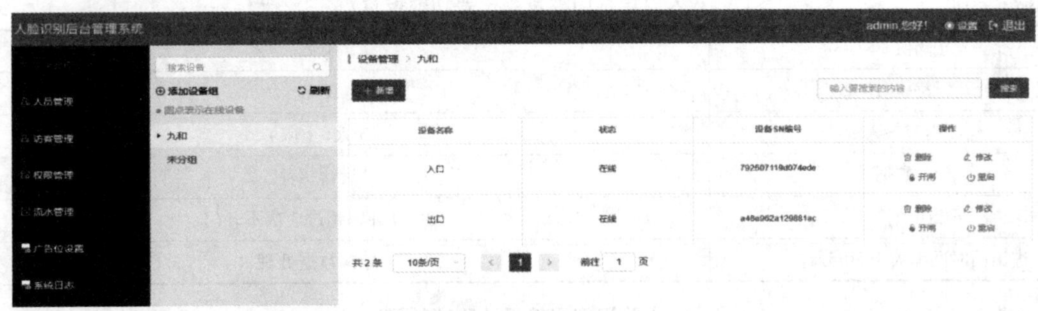

图1　人脸识别后台管理系统

安卓平板设备参数表　　表2

型号	AI06-ZJ
屏幕尺寸	8寸,全视角,高亮
屏幕分辨率	800×1280竖屏
屏幕仰角	0~30度,转轴可调
整机尺寸	长22.3厘米、宽12厘米、主体厚1.8厘米
逆光识别照度	<6000勒克斯
有效识别距离	0.5~2米
补光	人体移动感应补光
补光距离	<2米
防水等级	正面/上方/左右两侧防泼溅
开机方式	来电启动
门锁开关	支持12伏门锁常开/常闭
以太网	RJ45延长线,支持人脸数据下载上传
USB	2根USB2.0延长线
串口	RS485支持连接串口设备
算法类型	深度学习人脸识别算法
人脸库	1:1万
识别时间	340毫秒(包含5000个数据的人脸库检索时间)
错误识别率	<0.01%
拒绝识别率	<0.1%
活体检测	支持
同时抓拍人数	1人
人脸信息登记方式	照片录入
批量录入	支持

人脸识别门禁系统功能　　表3

设备管理	查看或配置设备的功能、状态信息等
人员管理	添加人员、修改人员信息(可批量导入)
访客管理	访客登记查看来访记录
权限管理	对设备下发人员权限
流水管理	流水记录查看
账户管理	增加账号,设置账号权限
广告位设置	针对13.3寸设备的广告位设置

人脸识别门禁系统主要功能设置

表4

阈值	0.92
开门持续时间	10秒
仓库内领料人数	3人(上限)
异常数据	后台标注
开门条件	30分钟内超过3次不开门
进出门时间差大于30分钟	异常数据处理

人脸识别门禁系统测试效果

表5

测试项目	早		中		晚	
	成功次数(次)	失败次数(次)	成功次数(次)	失败次数(次)	成功次数(次)	失败次数(次)
刷脸	10	0	10	0	10	0
开门时间10秒	10	0	10	0	10	0
后台数据传输	10	0	10	0	10	0
成功率	100%					

注:中心成员组织10人分早、中、晚3次。

(2)监控系统创新

存在缺点:

原有监控设备是摄像机(带内存卡)+交换机+电脑,带储存卡的监控设备属于独立产品,采集和存储都在同一个设备上完成,成本较低、布线简单,但存储时间较短,例如200万像素摄像机,64G存储卡设备录像保存时间为5~7天,也没有集中管理功能,录像记录的安全性不高。当仓库取料后期出现问题要调取监控查找证据时,往往已经过了时限,视频已经不存在,这样的监控形同虚设,无法解决问题。

解决思路:

更换当下监控设备,充分调研后选择视频存储时间长、记录清晰、安全性高的监控设备,并选择合适的位置安装,采用更好性能的网络视频监控系统,使其真正发挥应有的作用和效果。

解决对策:

选择摄像机+交换机+录像机+电脑的监控系统,带录像机的监控系统,视频采集和存储是分开的,需要各自安装在合适的位置,虽然安装相对较为复杂,但录像的监控保存记录时间长,可根据存储时间选择硬盘大小,一般录像保存时间为3个月,安全性相对于带存储卡的摄像机来说更高,平均故障间隔时间为100万小时。成员调查了市面上的监控产品,选择了海康威视的网络监控录像机DS-8600N-K8、高清网络摄像机DS-2CD3326WD-IS,TP-link16口POE交换机。经安装测试后,其视频存储时间大大延长,录像画质更为清晰,监控范围更加广阔,仓库监控系统存在的问题得到良好解决。

(3)语音提醒系统创新

存在缺点:

由于仓库货物众多、人员流量大,很容易出现找不到材料的问题,仓库管理人员较少,时常出现管理不周、提醒不全等问题。尤其是当取料人员由于时间紧迫,常常违反仓库取料相关规定时,易导致仓库秩序混乱,效率大大降低,给仓库管理和取料工作都带来了巨大的不便。

解决思路:

人工提示总有不能及时发现的问题,且不能无微不至地照顾到每一位员工的需求,因此要借用智能语音提醒设备,进行全面、及时全天候的提醒,让员工避免取料时发生错误。采用智能化语音提醒系统,解决人工不足问题的同时,也能减少大量违规行为的发生。

解决对策：

对于无人仓库语音提醒系统，研究制定两种方案：方案一为红外感应器加语音提醒主机；方案二为双向无线红外感应语音提醒器。在对方案一的调研中发现，其工作原理为：当有人进门时，红外感应到并发送信号到主机，主机收到信号发出提醒语音。其成本较低，大约为100元一套，但无法识别进门与出门的方向。方案二的原理为双向感应器，有A、B两个红外线探头，根据两个窗口感应时序即可准确识别进门与出门的方向，从而发出相应提醒语音，但其成本较高，大约为300元一套。综合考虑方便性、实用性原则，最终决定选择方案二。在对安信M55设备红外线探测距离、传感器数量、音量、工作温度、尺寸等参数充分研究掌握后，发现完全符合要求，随后技术研发中心的10名成员对其语音播放功能、距离红外感应语音提醒器5米等功能进行测试，100%获得成功。最后决定采用此设备，为仓库安装双向无线红外感应语音提醒系统。

表6和表7分别为安信M55设备参数及对系统进行测试后数据记录表。

安信M55设备参数表　表6

型号	M55
工作铃声	自编辑语音
红外探测距离	4~8米
传感器数量	2个
音量	4级可调
工作温度	-10℃~50℃
尺寸	132毫米(长)×78毫米(宽)×45毫米(高)

双向无线红外感应语音提醒系统测试数据记录表　表7

测试项目	成功次数(次)	失败次数(次)
语音播放	10	0
距离红外感应语音提醒器5米	10	0
成功率	100%	

注：中心成员组织10人进行测试。

(4)灯光系统创新

存在缺点：

仓库多为手动开关，需要人工开启和关闭，但由于取货急或者疏忽大意，仓库灯经常出现未及时关闭的问题，造成大量电能消耗，与节能环保的工作要求相违背。

解决思路：

可以加强教育宣传，使广大员工注意及时关灯的问题，并对未能及时关灯的工作人员进行处罚，但这样效率低、耗费精力，且不能保证百分之百完成，一些因为疏忽大意忘记关灯受到处罚的员工也容易产生不满情绪。安装自动感应灯光系统，使开关灯自动化，能彻底地解决电能浪费的问题。

解决对策：

相较原来的普通开关，无人值守仓库采用红外感应器智能感应开关系统。普通开关虽成本较低，大约为20元一只，但需要手动开关，常常出现忘记关灯造成电力资源浪费的现象；而红外感应器智能感应开关是以红外感应技术为基础的一种自动控制开关，通过感应外界散发的红外热量实现其自动控制功能，当有人时会自动开启灯光，在无人的情况下会自动关闭灯光，从而大大节约用电能耗，性价比极高。最终，选择了此款双向无线红外感应灯光控制系统，详细参数见表8。

表9为双向无线红外感应灯光控制系统测试记录表。

K218D 设备参数　表 8

型号	K218D
负载功率	白炽灯≤1000 瓦
感应角度	天花板 360 度、墙壁 120 度
延时时间	16～360 秒
感应模式	人体红外运动
工作电压	～185～245VAC(50Hz)
尺寸	直径 ϕ85 毫米、高度 37 毫米

双向无线红外感应器智能感光灯光控制系统测试记录表　表 9

测试项目	成功次数(次)	失败次数(次)
进入仓库自动开启灯光	10	0
离开自动关闭时间(延时 1 分钟)	10	0
成功率	100%	

注:中心成员组织 10 人进行测试。

(5)触摸式自助操作电脑创新

存在问题:

老式电脑由主机、显示器等组合而成,对安装地点的要求高、线路众多、安装复杂,当出现问题时维修麻烦,很容易影响仓库取料进程,且登记入账耗时长,程序烦琐易出错。

解决思路:

用智能化、便捷化入账出库方式代替手动输入,提高取料登记的效率和正确性。

解决对策:

相较于原来的台式电脑＋扫码枪,本次无人值守仓库采用挂式触控屏一体机和无线扫码枪。传统自助操作电脑一般包括主机和液晶显示器,使用时需要借助鼠标或键盘来操作,十分常用,但连接线路多、安装复杂,给仓库取料带来极大的不便。而本次创新将主机,显示器、液晶屏、触摸屏、键盘、鼠标、音响整合到一起,形成新形态电脑,没有杂乱的线路连接,安装简单,操作直观方便。中心成员调查了市面上的触控式自助操作电脑和无线扫码枪产品,选择了 21.5 寸挂壁触控式一体机,支持 10 指触控,分辨率为 1080P;浩顺(s880)无线激光扫码枪,室内有效距离 50 米。技术研发中心成员对一星期的监控录像进行检查,未发现监控录像丢失;对一星期的扫码入账物品进行检查,未发现数据丢失。

三、实施效果

(一)管理水平

杭州公交第二修理无人仓库建成后,仓储物资按照“超市化”排列,每一样物资都贴上条形码,主要类别为底盘件类、车身件类、电子电器类、燃润料、消耗件类,共有各种物资 1000 多件。通过运用电子门禁、物联网技术,仓库内的生产物资、办公物品实现非接触、穿透式、自动识别,自动记录物资入库、存储、出库、盘点等各环节物流信息,大大提高了仓储管理的信息自动化水平。仓库管理员职能通过仓储管理系统自动完成,实现自动领料、自动统计实时库存,当备品备件类消耗品达到最低库存量时,系统会进行采购提醒,同时可以通过智能终端实现对物资信息的采集和修改,现有的仓库管理人员只负责入库物资上架、库位调整等基础性工作,大大减轻传统人工仓库管理的工作量,彻底消除人工记录不准确的问题,确保库存信息的准确性和实时性,真正实现了仓库人力资源优化管理。

同时,无人值守仓库针对突发情况制定了科学合理的应急处置方案,遇到半夜突发应急、紧急抢修时,无人值守仓库的“自助领料”可实现全天候 24 小时“随到随领”,消除了传统人工仓库管理在工作时间外紧急领料时间难以控制的问题。当发生突发应急、紧急抢修时,领料人凭借门禁卡或人脸识别进出仓库,根据应急所需领用物资,在物资管理系统上输入车号、用途、物资编码及领用数量,领用人员刷卡就完成了物资领用。仓库内全方位视频监控,不留死角,一切操作都为可视化进行,确保物资安全,仓库安全。无人值守仓库的建设使得仓库管理水平和质量有了阶段性提升,为第二修理分公司各项工作的有序开展提供有力支撑。

(二)经济效益

本次无人值守仓库一次性投入成本为10万元,若按5年使用期平摊,每年为2万元。活动前一个仓库按6人计算,一年工资为51万元左右,改造后一年可节约成本49万元。这大幅度节约了仓库管理及值守人力成本,有利于第二修理分公司利润的增加,提高了经济效益,减少了不必要的成本浪费,为第二修理分公司技术研发等活动提供资金补充,有利于公司的可持续健康发展。且公司仓库智能化取料极大地提高了维修工作的整体效率,日常维修工作完成速度因取料效率的提高而加快,客户的满意度上升,公司市场竞争力和品牌形象也得到显著提升,经济效益明显增加。

(三)社会效益

无人值守仓库顺应了当今时代管理自动化、智能化的发展潮流,运用物联网、大数据等先进科技,打造出现代化、智能仓库,极大地提高了仓库管理效率,为第二修理分公司进行城市公交客车维修维护工作时,及时高效地提供物资调配,提高解决城市交通问题的效率和质量。同时,无人值守仓库技术的创新为同行业甚至社会各领域各行业人工化、智能化发展与实践提供了借鉴和指导,有利于推进当今社会各领域各行业服务质量和服务效率的提高,推动人工化、智能化服务的普及发展。

(四)生态效益

无人值守仓库中,自动感应灯光系统的建设极大地减少了电能资源的浪费,使第二修理分公司生产运营更加节能化、环保化;从长远来看,对于社会资源的节约、生态环境保护和能源的合理节约使用都有裨益,为当今节能环保工作作出应有的贡献。

四、结语

在第二修理分公司的大力支持和九和路创新研发中心全体成员的共同努力下,无人值守仓库技术创新顺利实现。通过这项管理技术创新,让社会看到了第二修理分公司的潜力与能力,同时技术研发中心成员、第二修理分公司乃至社会大众都获益匪浅。首先,通过本项目,中心成员的综合素质有了很大提高。成员的专业知识明显充实,个人能力显著增强,攻坚意识和团队精神得到了较好的锻炼。其次,对于第二修理分公司仓库管理来说,本项目创造性地解决了仓库无人值守、人力成本高、领料效率低等问题,采用自助领料、智能化仓库管理模式,使得公司内部仓储、运营达到较好的效果,极大地提高了仓库管理运营能力;对于杭州市区社会大众来说,一方面,当发生需要维修的问题时,第二修理分公司能以更高效、更及时的方式帮助救援,为杭州市交通运输业保驾护航;另一方面,本项目对各行业各领域的智能化管理、自主化创新道路也起到铺垫借鉴作用。

当然,“苟日新,日日新,又日新”,第二修理分公司的管理创新、技术突破不会停滞不前,相信以无人值守仓库技术突破为代表,全体成员将锐意进取,勇于创新,大胆实践,在今后会有越来越多、越来越好的技术创新成果亮相,创新精神长存,创造永不止步!

以空管雷达多协议转换设备国产化为目标促进企业创新发展

北京空管工程技术有限公司

成果主要创造人:李志远　傅　航

成果参与创造人:蔡华华　李　胜　李　进　魏宝军　韩振年
吴莹屏　赫　强　孙　钰　徐如兰　游　建

空中交通管理是民用航空运输体系的重要一环,在建设民航强国中承担着重点任务,空管发展的主要方向就是要围绕建设民航强国目标,积极构建安全高效的空中交通管理体系。北京空管工程技术有限公司(简称“工程公司”)是华北地区民航空管设备设施重要保障单位,对华北地区的空中交通管理起到至关重要的作用。

工程公司隶属于中国民用航空华北地区空中交通管理局(简称“民航华北空管局”),于2018年6月在原公司基础上进行重新组建。工程公司工作范围和区域主要在北京、天津、河北、山西、内蒙古五省(区、市)的民航空管领域,承担华北地区地空通信、雷达监视、导航等设施设备的维护维修、巡检、大修、紧急抢修及更新改造工作,提供24小时技术支持,并配合相关业务部门进行设备定期维护和飞行校验工作,行业地位非常重要。现辖雷达站7个,包括场面监视雷达3套、航路雷达4套,拥有多点相关监视设备30套,甚高频台站17个,导航台19个。

工程公司重组之后,立足空管行业安全与运维,凭借良好的信誉和丰富的设备系统安装经验,进行了多项工程建设、改造和科研,完成了各种运行保障任务。其中主要包括:

①顺利完成首都机场远程雷达之一的百花山雷达S模式更改工作。

②顺利完成站坪移交工作中的甚高频台站建设工作。

③参与北京大兴国际机场部分空管配套工程设备系统的安装,完成北京大兴国际机场、新终端区甚高频过渡方案的实施工作。

④深度参与民航广播式自动相关监视(ADS-B)工程建设。

⑤充分利用公司“设备监控和维修科研实验室”研发平台,以中国民用航空局以民航函〔2019〕967号文件批复的“数字化台站及新技术应用领域创新团队”(简称“创新团队”)成员中的工程公司技术人员为主力,重点对“集中显示超控系统”和“数字台站监控系统”等科研课题进行了攻关。

工程公司由于其在行业的地位和工作职能,具有先天的优势:

①工程公司隶属于民航华北空管局,在民用航空行业有着良好的口碑和极高的信誉,在民航空管政策把握和执行完成方面有着优势条件。

②工程公司专业性强,技术过硬,可以用最短的时间、最快的速度、最成熟的方案,为民用航空相关领域和机构适时提供通信导航监视配套解决方案。

③工程公司还是民航华北地区的重点科研实验基地之一,负责对通信导航和监视等民航空管行业的前沿科学技术持续跟踪和研发。在科技研发方面,工程公司近年来取得了较为突出的成绩。科研成果中,《S模式雷达设备协议信息验证及在空管自动化系统中的应用》和《采用自有专利实现企业节能

减排规范流程管理》获国内交通企业管理协会部级三等奖，工程公司在创新团队中的成员在研究过程中先后获得4项实用新型专利技术、6项计算机软件登记著作权、20多篇专业技术论文。

工程公司近一两年来对行业影响力比较大且已经在民航多个单位推广应用的科研项目是"基于现场可编程逻辑阵列平台技术的空管雷达协议转换设备研发"（也称为"空管雷达多协议转换设备国产化研发与应用"）。项目基于现场可编程逻辑阵列平台技术，并融合了多种其他计算机技术，解决了"空管雷达协议转换设备国产化"的难题。项目的成功研发与实际应用，是工程公司致力于"产学研互补发展"理念的必然结果，同时顺应了民航局空管局关于民航空管设备国产化的方针政策。随着科技成果的不断推广，逐步在企业内部产生了越来越强的科技创新驱动力，充分展现了工程公司以技术创新推动企业管理创新的观念。

一、实施背景

（一）民航产业化格局的需求

空管设备国产化是我国从航空大国走向航空强国的必然要求。民航局空管局出台空管设备国产化需求指南，特别是在自动化系统、雷达、导航和甚高频、内话等关键设备领域，要求不断提高国产化设备比例，尽快实现小型设备国产化率达到100%、大中型设备国产化率达到50%以上的目标。

在行业内，目前空管系统设备国产化发展势头良好，军航空管已率先做到"国产为主"，国外空管系统设备占据民航市场半壁江山的局面必将大大改观。空管自动化系统、ADS-B系统（空管广播式自动相关监视）、CDM（协同决策系统）系统、自动转报系统、记录仪、天气雷达、气象自动站等国产化率都已超过70%；空管雷达、导航、监视等关键设备国产化均取得重大突破并逐步在空管得到应用。国产化是空管系统设备发展的必然趋势。

民航局空管局领导多次强调，一定要树立对国产化系统和设备的信心，要使得国产化设备的性能指标参数达到甚至超过国外的设备，争取达到世界一流水平。民航所属单位要勇于担当，使用国产化的设备，这样就能带来良好的示范效应，共同推进空管设备国产化进程。

（二）空管业务保障的需求

在民航空管系统中，因多种原因大量采用了国外的设备，特别是涉及通信、导航和监视（雷达）等方面，在采用先进的空管技术的同时，也带来了一些棘手问题。通常国外的空管设备价格昂贵，维修费用高，配件供给周期长，进口手续烦琐。这些因素导致很多空管设备一旦发生故障，备件的种类和数量很难满足维护维修需求。

以空管雷达设备系统为例，目前民航主用的进口空管监视雷达有：雷神雷达、塞雷斯雷达和泰雷兹雷达3个种类多个型号。根据民航空管技术中心历年数据统计，这3种雷达的数据协议转换设备故障率较高。雷神雷达引进于20世纪90年代，目前还处于在用状态，该雷达的对外接口功能即雷达数据协议转换设备叫作MPS800；塞雷斯雷达的对外接口功能叫作CADMOS；泰雷兹雷达的对外接口叫作P_LINE。虽然空管多雷达协议转换设备不属于雷达系统的核心设备，但其所起的作用很重要，一旦出现故障，用户将无法获取雷达数据，属于不可或缺的设备。雷神雷达已经没有厂家的技术支持，塞雷斯雷达和泰雷兹雷达的接口设备厂家可以提供技术支持，但故障处理和更换设备时间大于6个月，较长的更换周期给工程公司这样的雷达设备系统维护单位带来了很大的现实困难，是一个棘手的瓶颈问题。

因此，要解决上述业务保障问题，必须完成空管雷达多协议转换设备的国产化，解决进口雷达维修周期长、费用高甚至没有后续备件的问题，增强设备的可扩展性，提高设备的保障性。

（三）建立产学研深度融合的技术创新模式的需求

产学研就是产业、学校、科研机构，特点是研究、开发、生产一体化。产学研相结合，是指科研、教育、生产等不同的社会分工，在功能与资源优势上的协同与集成化，它是技术创新上、中、下游的对接与耦合。

技术创新是科技、生产与经济的结合。产学研合作是加强技术创新体系建设、加速科技成果转化的有效途径。从研究突破、产业合作、技术成果转让、人才培养等方面提升企业的竞争力。

产学研融合有以下优势:

①充分利用企业的设备优势和生产条件为研发合作提供良好的生产试验条件。产学研各方共同投入一定的要素进行合作,有助于实现产学研各方的资源共享、优势互补。

②为提高企业的自主创新能力提供技术支持,促进传统产业改造和高新技术产业发展。

③根据高新技术项目需求和企业技术难题,积极组织力量进行研究开发、成果转化和技术攻关,形成生产能力。

多年以来,民航各单位不断推进产学研深度融合,不断探索技术创新转换成生产力的模式高效、良性循环机制,并取得了良好的经验,效果显著,为民航的发展作出了突出贡献。

工程公司的创新团队是2019年民航科技创新人才推进计划中专门组建的团队,主要工作之一就是在民航空管业务运行中发现问题并进行研究,并把研究成果直接在民航运行保障单位现有系统中测试验证,取得第一手数据。从以往的实践来看,创新团队有先天的资源优势,研究的成果对民航空管科技创新有一定主导作用。创新团队的成员不只是工程公司项目管理人员、技术开发人员,还包括民航华北空管局设备研发与测试开放实验室的技术人员,以及民航华北空管局其他部门的技术骨干和业务专家。创新团队与很多科研院所、大学、空管设备生产厂商都有着密切的合作关系。

通过创新的科研项目,采用产学研的模式,不但可以解决企业业务生产上的问题,也可以培养一批熟悉高效解决企业问题的技术人才队伍。

二、成果内涵

(一)应用现场可编程逻辑平台技术实现空管设备功能

在民航空管领域,绝大多数的应用解决方案都是建立在网络层以上的应用,通常都是应用高级计算机语言。而对于很多空管设备,特别是空管雷达系统的雷达头数据端而言,多数接口都是基于物理层的,而绝大多数国内民航空管的主用雷达多为进口,且雷达头端的数据不同的厂家有不同的协议,协议转换设备同样多为进口配套设备,一旦出现故障,存在维护周期长和成本高的问题。

项目攻克了上述难关,其最主要的创新点在于:采用现场可编程逻辑平台技术,在物理层高效搭建空管业务逻辑,实现空管雷达协议转换,转换成空管自动化系统可用数据,完成了进口设备的国产化替代,对保障航班安全起到重要的作用。采用这种技术路线的成功案例,在民航空管系统升级改造和科技研发项目中仍较为少见。

(二)国产化空管雷达协议转换设备指标超过进口设备

项目研发的国产化空管雷达协议转换设备,不但实现了进口空管雷达协议转换设备的数据转换功能、数据通信服务器的功能、数据分路功能,还增加了进口设备不具备的功能,具体表现为以下4点。

①端口扩展功能:在全功能替代进口设备的同时,实现接口扩展功能。例如进口泰雷兹雷达P_LINE设备在雷达头端配置是4个串口,国产化的设备将其扩展为8个,形成新扩展的4个口与标配的4个口是一对一备份关系,可以更加灵活地适应用户需求。

②增加时间戳功能:为早期引进的雷达数据加时间戳。如原始的雷神雷达数据没有时间信息,无法适应多雷达融合的需要,国产化的MPS800可以在原始雷达数据中增加时间戳。

③比选输出功能:可以任选若干接口作为输入,选择误帧率最低的一路作为输出。

④数据处理的时效性非常好。例如,空管雷达一帧数据在设备中处理时间小于0.3毫秒,远优于进口同功能产品。再如,运用并行处理技术使数据转换时间小于200微秒,充分满足空管雷达传输的实时性要求。

国产化空管雷达协议转换设备不但在性能、参数指标上达到甚至超过进口设备,而且在其他方面优势明显:解决了进口空管雷达对外数据接口单元故障率高、维修时间长、维修成本高问题,将故障维修响应时间从6个月以上缩短至48小时以内,设备的购置成本与维修成本降至进口设备的1/3。该项目很好地满足了空管雷达可靠性运行的保障需求,也为民航空管雷达传输建立统一的接入标准提供技术准备和依据,不但能很好地应对民航空管业务生产中的风险,也是空管系统设备国产化发展的必然趋势。

三、主要做法和过程

(一)创新的整体思路

目前,民航主用的进口空管雷达有雷神雷达、塞雷斯雷达和泰雷兹雷达。雷神雷达引进于20世纪90年代,有部分还在各地区民航空管单位使用。雷达的对外设备即多雷达协议转换设备虽不属于雷达系统的主要设备,但其所起作用重要,一旦故障用户将无法获取雷达数据,属于必不可少的系统设备,也是雷达故障的瓶颈问题之一。雷神雷达已经没有厂家的技术支持,塞雷斯雷达和泰雷兹雷达的接口设备厂家可以提供技术支持,但故障响应时间大于6个月,对于雷达维护单位来说具有现实困难。因此,实现空管雷达多协议转换设备的国产化并付诸应用,可以解决进口雷达维修难的问题,增加进口雷达的使用周期,增强设备的扩展性,提高设备的保障性。

空管雷达多协议转换设备的国产化是在空管设备保障方面创新的靓丽篇章。在项目准备阶段,就要了解国内民航空管主用雷达数据的传输协议,而这些协议大多蕴含在进口配套设备中,通常不是公开的,通过数据解析也困难重重。可喜的是,项目的合作方北京颐华拓天通信技术有限公司通过项目开展之前的多年努力已掌握了上述核心资料。之后,在技术上充分考虑在保证国产化替代设备的安全性、可靠性的基础上,从性能和开发效率的角度综合考虑,拟采用数字信号处理器+现场可编程门陈列(DSP+FPGA)即DSP+FPGA平台的系统构架(物理实现上是在FPGA平台上搭载DSP器件),利用嵌入式系统运行效率高、FPGA搭建逻辑功能效率高的特点,快速开发国产化的空管雷达多协议转换设备的兼容系统。

快速高效实现项目是创新团队最主要的诉求,在此创新必不可少。最关键的技术应用就是FPGA平台技术,这也是空管雷达协议转换国产化项目的整体技术路线和思路。FPGA平台技术不只是一种"时髦"的技术应用,更是项目自然的选择。FPGA能完成任何数字器件的功能。上至高性能CPU,下至简单的"74系列集成电路",都可以用它来实现,同样可以实现空管雷达协议转换的逻辑。与编程相比,这种方式更像画图,可以通过传统的原理图输入法,或是硬件描述语言自由地设计一个数字系统。通过软件仿真,可以事先验证设计的正确性。

为了更好地说明选择FPGA平台技术应用于项目的主要思路,下面详细解释其必要性。在用逻辑器件搭建电路时,可选择固定逻辑器件和可编程逻辑器件,固定逻辑器件中的电路是永久性的,它们完成一种或一组功能,一旦制造完成,就无法改变;可编程逻辑器件是能够为用户提供范围广泛的多种逻辑能力、特性、速度和电压特性的标准成品部件,而且此类器件可在任何时间改变,从而完成许多种不同的功能。对于固定逻辑器件,根据器件复杂性的不同,从设计、原型到最终生产所需要的时间可从数月至一年多不等。而且,如果器件工作不合适,或者应用要求发生了变化,那么就必须开发全新的设计。设计和验证固定逻辑的前期工作需要很高的成本,这些成本包括工程资源、昂贵的软件设计工具、用来制造芯片不同金属层的昂贵光刻掩模组以及初始原型器件的生产成本,有时能高达数十万美元。对于可编程逻辑器件,设计人员则可利用价格低廉的软件工具快速开发、仿真和测试其设计,关键优点是在设计阶段中客户可根据需要修改电路,直到对设计工作感到满意为止,随后可快速将设计编程到器件中,并立即在实际运行的电路中对设计进行测试。在时间上来说,也比采用定制固定逻辑器件时完成项目更快。可编程逻辑器件的两种主要类型是现场可编程门阵列(FPGA)和复杂可编程逻辑器件(PLD)。在这两类可编程逻辑器件中,FPGA提供了最高的逻辑密度、最丰富的特性和最高的性能,这使得FPGA被广泛应用,如数据处理和存储、电信和数字信号处理等。因此,FPGA平台技术是开展空管雷达协议转换设备国产化项目最合适的技术。

经过DSP+FPGA的平台设计并测试出符合空管雷达协议转换电路后,进行产品定型。如接洽代工厂商完成实现设计功能的印刷电路板(PCB),同时接洽机箱模具厂商做好设备机箱和接口。最后进行装配、整体测试等工序,测试成功后,向上级和行业权威机构申请进行鉴定和验收,在此不再赘述。

(二)重点创新内容的实施

1.梳理空管协议转换设备的功能

项目实现了用软件编程的方式在统一的硬件平台上实现目前民航主用空管雷达(包括进口和国产)对外接口单元的功能替代。项目构建方向是在技术上全功能替代进口设备,应使得国产化雷达协议转换设备具有以下功能。

(1)数据转换功能

数据通信协议转换:如IP网络通信协议转换成HDLC同步串行通信协议。

数据格式转换:如将专属协议转换成欧标或者用户指定协议等。

内网与外网之间隔离功能:提高系统运行安全性。

图1为空管雷达数据的信息流示意图。

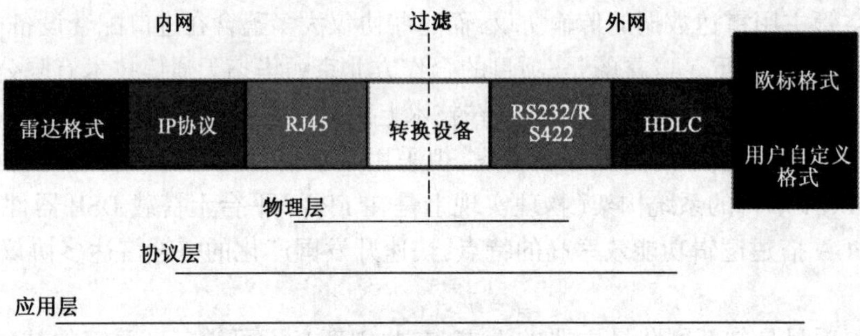

图1　空管雷达数据的信息流

(2)通信服务器功能

通过软件编程在同一个硬件平台上,全面实现民航主用空管雷达的通信服务器功能。

图2为雷达协议转换设备支持的国内外硬件示意图。

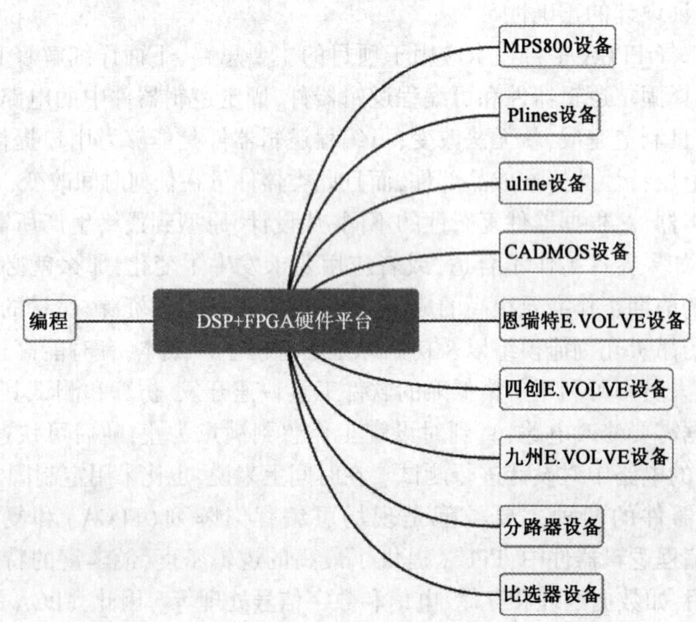

图2　雷达协议转换设备支持的国内外硬件示意图

(3)端口扩展功能

在全功能替代进口设备的同时,实现接口扩展功能,例如进口泰雷兹雷达 P_LINE 设备在雷达头端配置是 4 个串口,国产化的设备将其扩展为 8 个,形成新扩展的 4 个口与标配的 4 个口是一对一备份关系,可以更加灵活地适应用户需求。

(4)增加时间戳功能

为早期引进的雷达数据加时间戳。如原始的雷神雷达数据没有时间信息,无法适应多雷达融合的需要,国产化的 MPS800 可以在原始雷达数据中增加时间戳。

(5)数据分路功能

可以替代现有的分路器设备,并可以提供更高的传输速率。雷达协议转换设备的数据分路功能如图 3 所示。

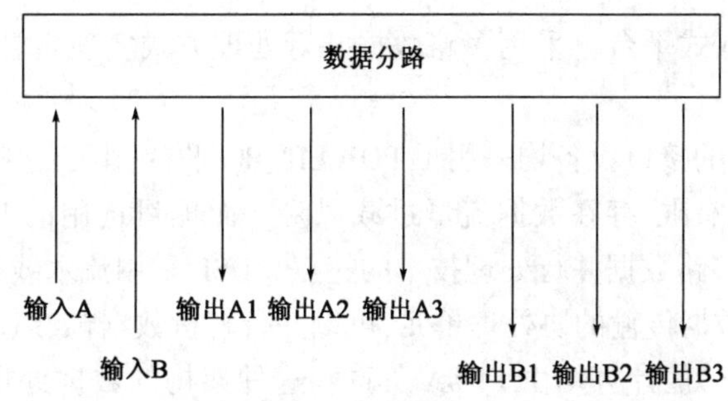

图 3 雷达协议转换设备的数据分路功能

(6)比选输出功能

任选若干接口作为输入,选择误帧率最低的一路作为输出,示意图如图 4 所示。

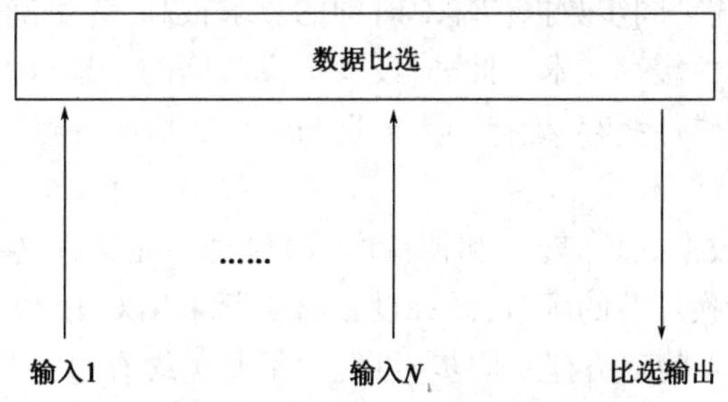

图 4 雷达协议转换设备的数据比选功能

创新团队研发的国产化空管雷达协议转换设备不但实现了进口空管雷达协议转换设备的数据转换功能、数据通信服务器的功能、数据分路功能,还增加端口扩展功能、增加时间戳功能、比选输出功能等,在数据的传输速率上也有所提高。相比进口设备,国产研究设备优势明显。

2. 选取现场可编程逻辑阵列平台和平台软件

FPGA 开发平台是现代电子发展的方向,是电子设计和电子项目开发的理想平台。完成项目功能的硬件主要由核心板 EP1C12 开发平台和扩展板构成,可根据用户不同的需求配置成不同的开发系统。EP1C12 核心板为基于 Altera Cyclone 器件(Altera 公司的 FPGA 系列产品,是当前主流产品)的嵌入式系统开发提供了一个很好的硬件平台,FPGA 开发平台为开发设计人员提供了丰富的资源,资源包括接口通信、控制、存储、数据转换及人机交互显示等几大模块。

利用一款名为 Quartus 的软件就可进行 FPGA 的设计和开发,也就是集成复杂的门电路设计。项目采用版本是 Altera Quartus Ⅱ的软件。由于其强大的设计能力和直观易用的接口,越来越受到数字系统设计者的欢迎。Altera Quartus Ⅱ设计软件是业界唯一提供 FPGA 和固定功能 Hard Copy 器件(Altera 公司推出的一种高密度可编程逻辑器件向低成本大批量生产的迁移的器件)统一设计流程的设计工具。

QuartusⅡ安装软件为290M,完全安装为700M,能支持Altera全部芯片的开发。同时软件的装载、编译、仿真速度比之前版本大大提高。

EP1C12核心板和QuartusⅡ软件的具体使用方法不在此赘述。它们在使用上类似于其他高级集成编程环境的软件,只是电子器件功能设计的工具,形式上更依赖于硬件、更靠近最底层。其完成的功能可以媲美高级语言,有时能够完成高级计算机语言无法完成的任务,且执行效率也要高一些。但能够应用FPGA平台实现特定功能的技术人员在软件工程人员中少之又少,技术门槛相对高一些。

对于空管雷达协议转换,在掌握了进口空管雷达的协议后,就可按照协议规则进行设计,并在FPGA平台上测试和修正。采用这种技术,在民航空管系统中,无论是在空管系统升级改造还是在科技研发项目中都是罕见的。把FPGA平台技术结合到空管设备国产化中是技术创新的亮点。

3.应用多种创新技术

(1)在DSP+FPGA嵌入式平台上采用多路数据并行处理方式实现空管雷达数据协议转换与分发技术

国内空管主用进口雷达的接口设备均采用了POWER_PC平台,由于这些设备引进时间比较早,中央处理器(CPU)的处理能力有限,存在数据流量过载风险。而项目选用的DSP+FPGA平台中的芯片板卡均为低功耗器件,具有多路数据并行处理技术的特点。DSP采用流水线处理模式,负责命令解析与处理,在FPGA上建立多路数据传输的协处理单元,可以并行解析数据帧、组成数据帧、进行链路层以下数据协议转换,包括CRC校验值计算均由FPGA负责。这种架构的数据处理实时性强,扩展多路数据时对实时性不产生影响。

(2)采用弹性缓存保证串口时钟同步技术

空管雷达数据用于航空管制指挥,对雷达数据的实时性要求很高。为了确保数据的实时性,雷达数据采用串口同步数据传输模式。同步数据传输对时钟的要求很高,为了确保数据输入端口与输出端口的时钟同步,本设备采用了弹性缓存技术。此外,设备提供数据的本地分路功能,当输入端口与输出端口均由外设提供时钟时,采用弹性缓存,确保输入数据与输出数据的一致性。

(3)采用双DSP双向控制技术

因为实时性是空管雷达数据处理、转换和传输的重要指标,在设计转换设备硬件平台和软件架构时,要最大限度地减少数据转换环节的延时,设计设备时实际采用双DSP+双FPGA模式,两块DSP共同担负数据处理工作,由FPGA为双方建立同步缓存,为了避免缓存过深导致数据转换时延抖动过大,用环形队列作为缓存的数据存储结构,由FPGA产生环形队列读时钟、写时钟、读允许和写允许信号的双向控制时序逻辑。

(三)创新组织和支撑保障

1.创新团队是完成项目的主力军

参与空管雷达协议转换国产化项目的工程公司中的十多名技术人员目前都是民航局批复的“数字化台站及空管新技术应用”团队的主要成员,这也是民航空管直属单位中被民航局冠以“科技创新团队”的第一支科技团队。创新团队参与了民航华北空管局的很多重点工程和科研课题,致力于科研管理并重视成果转化,参与人员都勤奋敬业,有开拓精神,还可以互补专业短板,共同解决了民航华北空管局的诸多生产实际难题和热点问题,为民航空管行业的安全和发展作出了贡献。该创新团队目前有正高职称人名2、高级职称人员10名、博士1名。自“十二五”以来,团队成员获得国内智能交通协会奖项目4个,获得其他科技奖项累计20多个,取得实用新型技术专利9项、软件登记著作权10项,研究实用技术革新项目30余个,成果转化率已达到60%。以“自动化系统测试维修培训平台”为例,打破国外技术垄断,实现了自动系统国产化,提供了岗位人员实操平台,可以进行空管自动化系统多种科研实验。团队将致力于以创新技术引领科技发展,争取达到国际先进、国内行业一流的水平。

2. 民航华北空管局对项目进行了有力的支持

在支撑保障方面，作为上级单位的民航华北空管局给予了强力的支持。在科研环境和条件方面，秉承华北空管科技工作以安全生产为中心，以提升空管安全、高效和稳步发展的理念，鼓励自主研发和技术改进，大力推进新技术推广应用。“十三五”以来，民航华北空管局科技创新氛围越来越好，局科委共立项自研发课题60余项，成功投入业务运行40余项。还承担了民航局、民航局空管局多项重大课题研究工作，截至2020年12月，累计投入科研经费共计2200万元，科技工作取得了显著成绩。这些项目的实施将助力“四强空管”建设，为我国成为民航强国增添辉煌的一页。从创新管理模式、加强制度建设、加大科技投入、优化资源配置、加强项目管理、注重人才培养等各方面入手，增强了科技创新团队示范作用。

3. 产学研深度融合是项目高效完成的保证

工程公司在项目需求调研和市场考察时，发现北京颐华拓天通信技术有限公司具有诸多优势，如该公司在嵌入式系统上的研究非常深入，具有FPGA平台开发经验，并且对民航、军航的雷达相关技术细节掌握程度很高。

工程公司通过与北京颐华拓天通信技术有限公司签订战略合作协议的方式，开展强强联合，借用院校和研究所等业界先进的研究能力和智力资源，在项目成果投入业务化前，通过创新团队联合业界对技术成果先行先试、测试和评估其实用性。空管雷达多协议转换设备国产化项目中，工程公司联合了北京颐华拓天通信技术有限公司，在项目研发过程中，更是得到了北京航空航天大学、华中科技大学、民航局第二研究所、民航局空管局技术中心、南京恩瑞特实业有限公司、四创电子股份有限公司和四川九洲空管科技有限责任公司专家的指导和帮助。本项目正是产学研深度融合取得成功的典型案例。

四、项目的实施应用效果

(一)成果通过了中国航空学会第三方评价和成果鉴定

基于现场可编程逻辑阵列平台技术的空管雷达协议转换设备研发项目(即空管雷达多协议转换设备国产化研发与应用项目)获得了业内权威机构的第三方评价。

2019年5月16日，中国航空学会在华北空管局主持召开的“空管雷达多协议转换设备国产化研究与应用”科技项目成果鉴定会上，认定项目独立自主完成了空管雷达多协议转换设备的研制，具备了全功能替代对应进口设备的能力，性能指标达到且部分超过同类进口产品水平，突破了国外进口设备在空管雷达数据协议转换的技术壁垒，填补了国内同行业在此方面的空白，建议进一步在民航空管行业推广应用。

(二)国产化设备顺利在民航空管单位推广

基于现场可编程逻辑阵列平台技术的空管雷达协议转换设备，解决了进口空管雷达对外数据接口单元故障率高、维修时间长、维修成本高的问题。项目实现了用软件编程的方式在统一的硬件平台上实现目前民航主用空管雷达对外接口单元的功能替代。

由于民航空管部门中的多个地区空管局都采用了进口的雷达系统和其配套的空管自动化系统，因此，项目的研究成果具有普遍性，可以应用到所有采用同样接口的系统中。

空管雷达多协议转换设备已在民航华北空管局天津空管分局和民航中南空管局海南分局的泰雷兹雷达、民航东北空管局吉林分局的塞雷斯雷达中得到了应用。

(三)项目产生了较好的社会效益和经济效益

基于现场可编程逻辑阵列平台技术的空管雷达协议转换设备研发项目将设备故障响应时间从3~6个月缩短到48小时内，设备国产化替代后功能相同，最重要的是提高了实效性，确保了设备正常运行并传输数据，从而保障了空管安全生产。目前，该类系列产品已在军民航的空管雷达和自动化系统中应用，且技术为自主研发，推广意义重大。

国产化设备的成功研发，打破了国外厂商技术垄断，具有十分重要的现实战略意义，产生了显著的经济效益和社会效益。后期可在民航空管领域不断推广，对于打破进口设备限制、节约成本、确保国家安全等也具有深远意义。项目研发应用不但节约了大量成本，而且在国外进口的空管雷达与自动化系统接口的设备故障时，可快速提供相应的国产替代产品，实效性提高了95%，为空管设备安全运行提供了有力的技术保障和支撑。

基于现场可编程逻辑阵列平台技术的空管雷达协议转换设备研发项目也产生了较好的经济效益。至2020年，军方、民航采用了150多台项目研发的雷神（Raytheon）、塞勒斯（SELEX）、泰雷兹（THALES）3个品牌进口空管雷达多协议转换设备国产化产品替代品，合计节约成本1200多万元。

（四）项目的成功引领带动了企业创新热潮

项目的成功研发与实际应用，在企业内部产生了越来越强的科技创新驱动力。由于项目团队来自不同的机关、运行部门，职责千差万别，正是由于科技创新的项目把来自不同部门、不同岗位、不同行政级别的人聚集到一起，分享彼此的创新想法，共同实施创意。在实施过程中不断补充新鲜力量，确保企业不断推陈出新，保持旺盛的生命力。研发项目成功之际，可以看到企业中大量的技术创新持续涌现：

①在百花山燃油加热系统中加入物联网技术，使得企业节能减排促进生态效益更进一步。

②开发空管多点系统电源的远程监控系统，使得物联网技术给远程设备带来了新运维模式。

③建立了"尚匠"工作室（老带新），鼓励五小发明创造。

④"集中显示超控系统"实现了无人值守台站的管理和监视，提高生产效率，降低成本。

⑤"全员测温系统"因疫情而研发，可以动态记录全体员工健康状况，减少人员集中交叉感染。

五、结束语

国产化后的空管雷达多协议转换设备性能参数达到并部分超过进口设备，可将设备故障维修响应时间从3～6个月缩短至48小时以内，设备的购置成本与维修成本降至进口设备的1/3，很好地满足了空管雷达可靠性运行的保障需求，同时也为民航空管雷达传输建立统一的接入标准提供了技术准备和依据。

在解决项目开发效率和空管雷达数据传输的实时性方面取得了多项技术应用成果，特别是采用了FPGA平台技术，在硬件底层快速搭建了业务逻辑，高效且低成本解决了快速开发、仿真和测试问题。FPGA平台技术的应用大大加快了空管雷达多协议转换设备的国产化进程，同时为空管业务系统改造创新的方法和思路拓展了空间、积累了经验。

自2010年起，空管雷达多协议转换设备在民航中南空管局海南分局的泰雷兹雷达、民航东北空管局吉林分局的塞雷斯雷达、军航的雷神雷达中得到了应用，产生了显著的经济效益和社会效益。这对于打破进口设备限制、为进口雷达设备延寿、保护国家资产有重要的意义。

项目不但解决了业务生产中的实际问题，为空管业务保障提供了坚实的基石，同时也满足了民航产业化格局的需求，在空管设备国产化进程上更进一步，并在设备研发过程中进行了卓有成效的产学研深度融合的技术创新模式探索。

疫情背景下公交车驾驶员心理健康管理

金华市公交集团有限公司

成果主要创造人:楼益康　徐　敏

成果参与创造人:史晗宇　周　英　陈友军

金华市公交集团有限公司(简称"金华公交")是一家国有中型客运企业。对于公交企业,"行"是永恒的主题:绿色出行、智慧出行、温暖出行……

时代在变,出行方式在变,内核却始终如一:安全出行,知行合一。金华公交在运营方面构建"快、普、支、微"四级线网架构,拓宽线网、站点的覆盖面和服务范围,整体布局更加科学规范,为乘客出行提供更多便利。

在硬件方面,金华公交在创建"智慧公交,平安出行"方面为乘客带来温馨舒适安全的体验,认真落实"人防、物防、技防"建设,提升治安防控、维稳反恐、安防消防及交通安全保障的标准和体系,还在公交车上安装了驾驶员人脸识别预警、疲劳驾驶识别系统、超速报警系统和防撞报警系统,提供重大行车安全隐患预警功能。创新性通过采取驾驶员手机存放盒等管理手段,强化安全设施的日常维护和监控。

在软件方面,金华公交设立了"心灵港湾",将员工心理健康服务管理纳入安全管理工作,内部化解与外部测试结合,事前预防与事中关注结合,个体觉察与系统支持结合,普及与深耕结合,打造了多层次、立体化的员工心理健康平台。2020 年新冠肺炎疫情暴发以来,更是创造性地开展了疫情背景下公交车驾驶员心理健康管理工作。

金华公交成立于 1977 年,是一家集公益性、服务性和窗口性为一体的国有中型客运企业。公司本着"一业为主,多业发展"的经营思路,以市区和城乡客运为主,拥有 6 家客运公司、7 家"三产"全资子公司、1 家控股公司、1 家参股公司,涉足出租、旅游、驾培、修理、广告、信息化科技等"三产"经营。拥有员工 2700 人,营运车辆 1150 台,营运线路 179 条,全年行驶里程 7000 万公里,年客运量 1 亿多人次。金华公交始终认真履行企业社会责任,使企业从无到有、从小到大、从弱到强,取得了社会效益和经济效益的双赢。先后荣获了"全国先进基层党组织""全国文明单位""全国精神文明建设工作先进单位""全国模范职工之家"等 10 多项国家级荣誉和近百项省级荣誉。

2015 年建成"一横两纵两延伸两城际"快速公交,实现了"2 元走遍金华"的惠民愿景,成为全国中小城市绿色公交发展样本。开通"村村通公交"线路近 40 条,实现金华市本级 61 个建制村 100% 通公交。金兰、金武城际公交,金义、金兰城际快线连线成网,形成了以快速公交为骨干,常规公交为基础,城乡公交、城际公交全面发展的治堵新格局。金华市治堵考核连续三年在全省范围内获同类城市第一名。

一、实施背景

随着时代的变化,乘客对公交服务的要求越来越高,作为公交服务的提供者,公交公司员工的心理也在发生着变化。要创建"平安公交,品质公交",不仅要在硬件上加强,更要在软件上下功夫。

(一)企业的管理需求

人们通常认为公交车驾驶员开快车、脾气大是"素质差"造成的。但据调查发现,与常人相比,汽车驾驶员承受的工作压力、心理压力较大。驾驶员心理障碍的发生率为 59.8%,而公交车驾驶员的心理障碍发生率高达80%。心理专家指出,公交车驾驶员的职业有很强特殊性,超过50%的驾驶员因为劳累、压力大等存在这样或那样的心理问题。心理问题对公交车驾驶员的影响不容忽视。倘若得不到及时释放,情绪被带到工作上,轻微的会影响工作,严重的就会危及公众安全。

近年来公交行业驾驶员情绪问题引发的安全事故并不鲜见。2010年,山西晋中公交车驾驶员没有按照公司规定到站后停靠,与乘客发生口角。乘客带着不到两岁的儿子下车后,在公交车右前方站立,驾驶员随即起动车辆,将乘客和其子撞倒碾压,导致二人当场死亡。

2010年,广东惠州公交车驾驶员因身体不适向公司请假休息几天。休息时,车队长给他打电话让他加班顶替另一名驾驶员,驾驶员不同意。后来车队长再次打电话,要求其一定要替班。驾驶员答应后到站等待顶班,等了一个多小时才等到车回来。车到后,未等售票员上车,就直接发动公交车,在车流中狂奔7公里,连续碰剐路面行驶的汽车、自行车,造成4人死亡、11人受伤、28辆汽车不同程度损坏。

2015年,南京一名公交车驾驶员因与同事发生纠纷不服协调,为泄私愤私自驾公交车上路,撞倒路边行人,被撞路人连人带助力车被拖行5公里,才被出租汽车和私家车逼停,造成一死一伤。

2018年,重庆万州乘客因错过站与公交车驾驶员发生激烈争执并互殴,导致车辆坠入江中,造成车内15名乘客死亡。"10·28"公交车坠江事件发生后,国务院安全生产委员会出台了《关于加强公交车行驶安全和桥梁防护工作的意见》,明确提出要加强公交车驾驶员身心健康管理,健全驾驶员日常教育培训制度,以应对处置乘客干扰行车为重点,开展心理和行为干预培训演练。

2018年,交通运输部办公厅《关于印发深化道路运输驾驶员从业管理改革实施方案的通知》中,增加了职业道德、职业心理与职业健康等职业素养方面的考试内容。

2020年,贵州安顺的一名公交车驾驶员因生活不如意和对拆迁不满,产生厌世情绪,酒后蓄意驾车冲入湖中,酿成包括驾驶员在内的21人死亡、15人受伤的惨剧。公交坠湖事件后,7月10日,交通运输部向各地交通运输部门印发《关于加快推进道路运输企业主要负责人和安全生产管理人员安全考核工作的通知》,要求督促公交企业密切关注驾驶员身体、心理健康状况,严禁心理不健康、身体不适的驾驶员上岗从事营运工作,严禁客运车辆带病运行,加强公交车运行动态监控,及时提醒和纠正驾驶员的不安全驾驶行为。

社会大环境与行业环境的快速变化不断推动着公交企业对驾驶员心理健康的关注。

(二)员工的内在需求

只有外部的推动是远远不够的,因为人的内在动力是最主要的影响因素。公交车驾驶员由于精神长期处于高度紧张状态,驾驶疲劳显著加重,呈现躯体化,即心理压力带来了生理上的不适。由于交通环境不如人意、工作竞争压力大,不少公交车驾驶员存在过分焦虑的心理障碍,常常表现为开快车、抢道、发生一点交通纠纷就情绪激动等。神经内科专家表示,心理问题得不到及时疏导,在行为上不仅表现为口气冲、爱扯皮,闹情绪时更容易开"疯"车,严重的会导致长期失眠,影响行车安全,影响公共交通安全。

在当前的社会大环境下,竞争与转型压力加大,人际关系紧张,造成人的焦虑与抑郁情绪前所未有的突出,社会对心理知识的宣传也让大家认识到心理健康的重要性,因此心理健康不仅仅是企业对员工的要求,也成为员工个人的需求。

(三)疫情背景下的特殊要求

突如其来的新冠疫情让公交车驾驶员群体的心态又增添了新的变化。有驾驶员说:"从未感到如此无助,在疫情如此严重的情况下,公司不暂停营运,我只能坚守岗位。无奈我坚守的这条线路年纪大的驾驶员特别多,疫情越来越严重,他们说他们不怕,试想几十个人挤在一辆公交车里谈笑风生,当下疫情严重,作为驾驶员该如何摆正心态?每个人都有家人,如若孤家寡人也就作罢,此时就是叫天天不应叫地地不灵,如果乘客不多也作罢,如果人人都自觉也作罢,哪里会有这么多的如果,我只是一个驾驶员而已,听天由命吧。"有的驾驶员出现了强迫性恐惧心理,每天一有空就不停地刷手机,了解疫情发展情况,尤其是本地的疫情消息。

有的驾驶员下班回家后,家人会对他们从头到脚喷一遍消毒水,在门口换掉外衣和鞋子后,才能进家门。他们自己也很担心会把病毒带回家传给家人,感觉这份工作给自己和家人造成了极大困扰。而有些人则是在疫情刚开始时产生心理问题,受防控因素影响,乘坐公交出行的乘客忽然大幅度减少,路上车辆锐减,行驶在"空阔"的道路上,个别驾驶员出现不适应。加之每天通报的疑似、确诊病例不断增加,大家普遍有恐慌心理。现随着疫情得到有效控制,市民公交出行增多,特别是为防控疫情,公司要求上车必须戴口罩、出示健康码,部分乘客不理解、不愿配合,甚至和驾驶员发生言语冲突,导致部分驾驶员出现紧张、急躁、焦虑等情绪。

春节期间,一名员工回老家过年时,因家里老人接触了一名疑似患者,她本人被上报为间接密切接触者,当她回家后,街道立刻把她家的门贴了封条,全家都不能出门,当时家里有 2 个孩子,每天各部门打来询问情况的电话都有二三十个。她担心自己真有什么问题会传染家人,整个人都处于极度焦虑的状态。

在这种背景下,集团工会提出对公交车驾驶员进行心理健康管理,包括心理测评、心理咨询及建立心理健康档案,认为此举可以有效预防和减少交通事故的发生,提高公交车驾驶员心理健康水平,为企业管理和决策提供心理学依据。

二、成果内涵和主要做法

(一)成果内涵

近年来,人们对心理健康的关注度越来越高,但是对心理健康的了解并未随之增加,因此许多心理工作只是浮光掠影,流于表面,看起来热热闹闹,但是因为缺乏针对性和持续性,效果其实比较有限,真正有需求的人得不到太多帮助,许多问题和矛盾无法根本解决。

党的十九大报告提出"加强社会心理服务体系建设,培育自尊自信、理性平和、积极向上的社会心态"的要求,为心理工作指明了方向。

开展心理健康管理工作,就是把心理学的理论和技术充分应用到企业管理中来,通过心理测评、危机预警、心理干预和档案管理等科学手段,在心理健康层面深耕细作,通过建立企业心理服务体系,让心理学为企业发展和员工心理健康发挥更大的积极作用,让员工学会用科学的方法调节情绪,化解矛盾,承受压力,适应环境,胜任工作,实现自我;让企业更具人文关怀气息、创新精神和活力。

(二)创新成果的主要做法

1. 清晰的创新思路

通过心理测评、危机预警和档案管理,建立心理健康三级防护机制,对每个员工的心理健康状况进行评估和筛查,分别给予不同的心理支持和帮助,让每个人都能从中获益。

一级防护:以宣传手册、推送文章、视频等方式指导正常人健康地生活,克服各种危机,预防各种心理障碍和变态行为的发生。

二级防护:针对有轻度心理异常(如行为问题、不良习惯、人际关系问题、适应不良问题、感情问题、职业发展等问题)的人进行系统的心理咨询或团体辅导。

三级防护:如果发现严重的心理异常者或精神病人,及时送往精神病医院接受专业治疗。

2. 明确的目标原则

对公交车驾驶员实施心理测评,并建立心理健康档案,主要有三个目的:

①通过心理测评了解疫情期间公交车驾驶员的心理健康状况,根据测评中发现的问题制订相应的心理辅导计划,使心理辅导能够有的放矢,从而提高心理工作的效率和效果。

②通过前后测评的数据对比,了解心理干预是否取得实际效果以及效果是否明显,是否存在漏洞与不足,发现问题及时调整。

③最终的目标是以心理测评和档案管理为抓手,通过以点带面,引起全体驾驶员对心理健康的关注,促使他们主动接受心理健康教育,坦然面对工作和生活中的压力,以良好的心态完成自己的驾驶任务。

为了保证目标顺利完成,集团工会"心灵港湾"工作室确定了三个原则,即自愿性、保密性和持续性原则:所有活动尊重员工意愿,不勉强,不影响工作和生活;过程和结果严格保密,绝不外泄;建立长效机制,有序推进,不搞一阵风、走过场,要扎扎实实地取得成效。

3. 完善的组织架构

金华公交在集团党委支持下建设"心灵港湾"工作室,建立以集团工会"心灵港湾"工作室为枢纽、各基层分工会为骨架、社会心理咨询机构为后援的三级保障系统。

"心灵港湾"工作室聘请具有国家认证资质的专职心理咨询师,招募志愿者协助开展活动,关注基层员工心理状况、及时反馈信息。工作室负责人积极联系协调市总工会、市妇联等的有效资源,既保证了活动的丰富多样性,又提升了活动的品质。

"心灵港湾"工作室以完成普及、宣传心理健康知识等一级防护任务为主,分公司也可根据自身实际提出要求或开展活动,具体由工作室统筹安排。而集团购买服务的社会心理咨询机构则通过专业的测评分析,对"问题员工"进行筛选、回访,并根据员工意愿提供心理咨询服务,这样既保证了私密性,又能为员工提供专业的帮助。

4. 专业的合作机构和测评工具

(1)咨询机构

经过多方了解和比对,金华公交集团选择了一家成立 15 年、具有浙江省 3A 级资质的心理咨询公司作为合作机构。该机构的心理咨询师都有国家心理咨询师资格并具有 10 年以上的心理咨询经验。公交集团以购买服务的方式获得他们的专业支持。

(2)测评工具

根据疫情特点,采用由北京师范大学心理学家领衔、联合各领域众多心理学专家、借助"互联网 +"大数据平台研发的专业心理测评系统作为测评工具。该系统最大的特点是可以在云端操作。测试者通过手机终端就可以完成心理测评,查看测评结果,预约心理咨询,安全、方便、快捷、高效,非常适合当下的疫情环境。

(3)量表选择

前期主要是症状筛查,把可能存在情绪困扰的人筛查出来进行相应的心理干预,所以选用《症状自评量表(SCL-90)》和《团体用心理社会应激调查表(PSSG)》。这两个量表能够比较全面地对个体和群体的心理健康状况进行评估。

《症状自评量表(SCL-90)》是世界上最著名的心理健康测试量表之一,临床应用非常广泛,包含十个维度,包括感觉、情感、思维、意识、行为、生活习惯、人际关系、饮食睡眠等,与其他的自评量表相比,有容量大、反映症状丰富、更能准确刻画个体的自觉症状特性等优点。该量表在临床上具有不可替代的作用,是一种十分有效的评定工具。

《团体用心理社会应激调查表(PSSG)》用于团体之间心理应激程度的简单比较,反映了个体在一定时期(5 年)所承受的心理应激程度。主要包括以下五个方面:生活事件,消极情绪体验,积极情绪体验,消极应对和积极应对。

5. 科学的技术手段

(1)选取志愿者

"心灵港湾"工作室从各分公司抽选了 60 名驾驶员和一条公交线路作为实验对象,先对他们进行研究,积累经验后再向全公司推广。

(2)心理测评

随着疫情初步得到控制,2020 年 2 月 10 日金华市公交线路开始增加营运班次,城乡主干线逐渐恢复营运;2 月 17 日大幅度恢复营运,城际线路也恢复营运。在此期间,"心灵港湾"工作室向全体驾驶员进行了宣传,并从中选出 60 名心理志愿者接受心理测评,所有志愿者认真地完成了答题。

第一次测评:2020 年 2 月 20 日至 2 月 22 日,分配量表 120 份(每人 2 份),收到有效量表 120 份。测评结果统计见表 1、表 2。

《症状自评量表(SCL-90)》测评结果 表 1

项　目	平均值	标准差	最大值	最小值
躯体化	1.33	0.66	4.50	1
强迫症状	1.30	0.55	4.30	1
人际关系敏感	1.24	0.54	4.33	1
抑郁	1.23	0.52	4.08	1
焦虑	1.22	0.56	4.20	1
敌对	1.21	0.52	4.50	1
恐怖	1.12	0.44	4.14	1
偏执	1.18	0.46	4.17	1
精神病性	1.19	0.48	4.30	1
睡眠及饮食	1.33	0.64	4.86	1

《团体用心理社会应激调查表(PSSG)》测评结果 表 2

项　目	平均值	标准差	最大值	最小值
总评(TS)	46.98	17.36	98	15
生活事件(L)	2.37	3.41	13	0
消极情绪体验(NE)	1.25	2.43	10	0
积极情绪体验(PE)	1.25	1.74	5	0
积极应对(PC)	5.23	2.38	8	0
消极应对(NC)	1.42	2.08	8	0

(3)测评结果分析

《症状自评量表(SCL-90)》检出率排名前三的分别是睡眠及饮食、强迫症状和躯体化;《团体用心理社会应激调查表(PSSG)》检出率排名前二的分别是积极情绪体验、积极应对。将各因子得分与全国常模进行比较,结果显示,与全国常模存在显著差异,总分及各因子得分均高于常模,但无统计学意义上的显著差异。

通过调查得知,公交车驾驶员心理状态不佳的主要原因有:上班时间太长,工作强度过大,收入低,缺乏价值感,疫情影响等。

6. 具体解决措施

根据第一次测评反映的问题,工作室采取了以下应对措施:

(1)个体咨询和团体辅导

第一次心理测评中,通过《症状自评量表(SCL-90)》筛查出来的危机预警人数有 6 人,预警比例高达 10%,《团体用心理社会应激调查表(PSSG)》的预警比例更是高达 53.33%。工会委托专业的心理咨询机构对 6 名预警对象进行一对一、面对面的心理辅导;同时邀请心理专家来"心灵港湾"对 60 名志愿者开展心理讲座或团体辅导,均收到良好的效果,志愿者普遍感到比较满意。

(2)改善驾驶员休息室的硬件条件

在实验组线路的站务亭内设驾驶员休息室,开辟图书角,放置各种调节身心的书籍;设健身屋,放置简易的健身器材,如瑜伽拉升带、哑铃等,请专业教练录制健身视频并通过手机推送,帮助驾驶员放松身心,缓解躯体疲劳。

(3)开展丰富的社团活动

工会成立了多个社团,比较受欢迎的有瑜伽社团、乒乓球社团、羽毛球社团、书画社团、朗诵社团、怡情社团,经常组织开展小型的社团活动,给驾驶员的业余生活增添一抹亮丽色彩。

(4)对家庭困难的员工给予特殊关爱

对个别情况较为特殊的员工,公司给予特别的关怀和照顾,给他们信心和支持,帮助他们渡过难关。

疫情期间有一位驾驶员出现了比较严重的抑郁情绪,测评报告显示为心理危机一级预警。心理咨询师在电话随访中得知他的家庭遇到了很大的困难,妻子身患癌症,情绪几乎崩溃,儿子马上面临高考,还有两位老人需要照顾,情绪状态很不稳定。而因为疫情的缘故,他的收入比以前有所减少。一系列的事件给他造成极大的精神压力,导致他开车时经常恍惚,有时候甚至分不清楚自己有没有闯红灯。

心理咨询师在征得他本人同意后将情况反馈给工会,工会领导高度重视,让他的妻子和孩子一起接受心理辅导,及时调整他的工作,并给予他适当的困难补助。

经过几次心理辅导,孩子的情绪稳定下来,顺利地参加了高考,妻子的病情也得到了控制,他自己也从抑郁情绪中走了出来,要求回到自己的工作岗位上去。

(5)提高基层管理人员的服务意识

基层管理人员经常抱怨驾驶员不听从管理,工作不好安排,出了问题领导只会批评自己,感觉像夹心饼干,夹在中间两头不讨好。

心理咨询师把管理人员和驾驶员邀请到"心灵港湾",对他们进行团体辅导,引导他们真诚沟通,换位思考,彼此理解。尤其是让管理人员理解驾驶员的不容易,明白管理的真谛其实就是服务和沟通,好好服务,好好沟通,自然就好管理了。

基础管理人员的服务意识提高了,驾驶员的心情也就好了。

三、实施效果

(一)心理测评分值和预警比例大幅度降低

2020年8月10日至8月13日,对60名志愿者做了第二次心理测评,共分配量表120份(每人2份),收到有效量表120份。测评结果统计见表3、表4。

《症状自评量表(SCL-90)》测评结果　　表3

项　目	平均值	标准差	最大值	最小值
躯体化	1.14	0.27	2.25	1
强迫症状	1.15	0.28	2.50	1
人际关系敏感	1.10	0.20	1.89	1
抑郁	1.10	0.19	2.08	1
焦虑	1.08	0.16	1.90	1
敌对	1.07	0.15	1.83	1
恐怖	1.04	0.16	2.14	1
偏执	1.07	0.18	1.83	1
精神病性	1.09	0.17	1.80	1
睡眠及饮食	1.16	0.29	2.57	1

《团体用心理社会应激调查表(PSSG)》测评结果 表4

项目	平均值	标准差	最大值	最小值
总评(TS)	40.43	17.17	81	14
生活事件(L)	1.62	2.81	13	0
消极情绪体验(NE)	0.62	1.53	10	0
积极情绪体验(PE)	1.45	1.88	5	0
积极应对(PC)	4.57	2.82	8	0
消极应对(NC)	1.03	1.54	6	0

第二次测评的危机预警比例也有了较大幅度的下降(表5、表6)。

《症状自评量表(SCL-90)》预警比例前后对照表 表5

维度名称	预警比例(%)	
	前测	后测
躯体化	10	3.33
强迫症状	6.67	1.67
人际关系敏感	6.67	0
抑郁	8.33	1.67
焦虑	5	0
敌对	6.67	0
恐怖	3.33	1.67
偏执	5	0
精神病性	3.33	0
睡眠及饮食	10	1.67

《团体用心理社会应激调查表(PSSG)》预警比例前后对照 表6

维度名称	预警比例(%)	
	前测	后测
总评(TS)	53.33	36.67
生活事件(L)	16.67	11.67
消极情绪体验(NE)	10	1.67
积极情绪体验(PE)	83.33	75
积极应对(PC)	66	63.33
消极应对(NC)	10	5

两次测评结果差异较大,《症状自评量表(SCL-90)》的预警比例从10%下降到3%,《团体用心理社会应激调查表(PSSG)》的预警比例从53.33%下降到36.67%,说明志愿者心理症状有所缓解。这一方面是因为疫情得到了全面控制,另一方面也是因为心理干预起到了积极作用,因为这次测评得分与之后的全员普测的分值相比较,也是相对较低的。

(二)驾驶员的情绪状况得到了改善

咨询师对所有志愿者(包括6名预警人员)进行回访,他们大多对"心理港湾"的工作比较认可,满意度达到70%以上。尤其是6名预警人员,接受心理咨询后,他们的心理状态和生活状态都有了明显改善。

有的志愿者反映,心理咨询解决了他们的婚姻问题、家庭问题、亲子教育问题,这就等于解决了他们的后顾之忧,他们工作就更专心也更安心了。

实验组线路的管理人员反映,现在安排工作比以前顺畅多了,抵触和赌气等现象减少了。

(三)驾驶员的敬业精神和服务品质得到提升

员工的敬业精神与心理健康水平高度相关,通过员工心理健康管理,使员工的压力处于适当水平,能充分激发敬业精神,充分激发员工的工作积极性和创造性,由此提高企业的劳动效率、增强企业的竞争力。从志愿者前后对比情况来看,相对于以前,笑脸多了,工作积极性、配合度高了;乘客的乘车体验也更好了,满意度提高了。

(四)驾驶员队伍更稳定了

以前驾驶员离职现象比较多,2020 年离职现象特别少。因为开展驾驶员心理健康档案管理,体现了企业的人文关怀,使驾驶员感受到企业对他们的尊重和爱护,归属感更强,工作热情更高,更能认同企业文化和经营理念,更能吸引并留住优秀的驾驶员。

(五)投诉率、事故起数明显下降

2020 年公司的事故起数与投诉率与 2019 年同期相比有了明显下降,虽然各项指标的下降是诸多因素共同作用的结果,心理因素只是一个潜在的隐性因素,但不能否认心理健康管理在其中发挥的作用。

四、深化推进

心理工作初见成效,集团工会决定趁热打铁,把这项工作在集团范围内推行。于是在 2020 年 8 月 25 日至 9 月 2 日,分批次对全集团 1229 名公交车驾驶员做了一次全面的心理测评,分配量表 2458 份,收回有效量表 2458 份。测评结果统计见表 7、表 8。

《症状自评量表(SCL-90)》测评结果　表 7

项　目	平均值(M)	标准差(S)	最 大 值	最 小 值
躯体化	1.17	0.35	4.50	1
强迫症状	1.18	0.33	4.50	1
人际关系敏感	1.14	0.31	4.44	1
抑郁	1.14	0.33	4.23	1
焦虑	1.10	0.29	4.70	1
敌对	1.13	0.32	4.50	1
恐怖	1.06	0.24	4.57	1
偏执	1.10	0.29	4.67	1
精神病性	1.09	0.27	4.80	1
睡眠及饮食	1.18	0.35	4.86	1

《团体用心理社会应激调查表(PSSG)》测评结果　表 8

项　目	平均值(M)	标准差(S)	最 大 值	最 小 值
总评(TS)	42.45	21.90	105	13
生活事件(L)	2.63	3.91	13	0
消极情绪体验(NE)	1.38	2.85	10	0
积极情绪体验(PE)	1.23	1.83	5	0
积极应对(PC)	4.18	2.97	8	0
消极应对(NC)	1.65	2.20	8	0

全员心理健康普测报告显示,公交车驾驶员的心理健康状况仍然不容乐观。有 29 名驾驶员在《症状自评量表(SCL-90)》的测评报告中显示为一级或二级危机预警,占驾驶员总数的 2.4%;而《团体用

心理社会应激调查表(PSSG)》的测评报告也显示有41.09%的人心理应激程度较高。

这些数据表明公交车驾驶员心理健康状况堪忧,需要进一步的持续关注和重视。

目前已委托合作方对29名危机预警人员进行追踪随访,全程严格保密,保障个人信息和隐私的安全。

五、未来设计

(一)测评多样化

前期主要是症状筛查,所以用的是症状自评量表,接下来还将进行人格测评,帮助驾驶员了解自己的人格特点,更好地提升自己的心理品质,更好地管理自己的情绪。还可以根据个人的需求量身定制个性化的心理测评,比如智力测试、婚姻测试、职业能力测试、家庭教育测试。以心理测评为抓手,为解除心理困扰提供更多方向与可能。

(二)管理制度化

心理健康管理是一项系统工作,必须建立一套完整的档案管理制度。首先,档案管理员要具备足够的专业知识,集团工会对档案管理员进行正规、系统的培训;其次,要健全档案保密制度,做好保密级别划分,在档案收集、管理等环节都要严格保密;第三,建立健全心理咨询室管理制度,为测评后心理服务提供依据和保障。

(三)服务常态化

心理健康管理不能搞形式主义:"一阵风",集团将建立长效机制,确保心理健康管理工作长期、有序地开展下去,为提高员工的幸福感提供心理支持。

接下来,集团将对全体员工进行心理测评和心理健康档案管理。每年开展形式多样的心理健康教育、心理咨询和团体辅导等工作,让全体员工感受到心理学的力量,从排斥、怀疑、误解,到接受、信任乃至喜爱。

(四)健康自主化

真正能为自己的健康负责的只有自己。工会付出努力的根本目的只有一个,就是激发每个人的自主意识,为自己的身心健康负责。公司可以给予帮助,但是帮助不等于包办替代,事实上也无法包办替代。一个人是否拥有自主性,正是判断心理是否健康的重要依据。在这一点上,未来要走的路还很漫长。

六、探讨建议

针对公交车驾驶员在睡眠和饮食、强迫症状和躯体化等方面症状较为严重的情况,工会建议集团总部尽快完善排班制度,尽量保证驾驶员作息稳定、有规律;建议驾驶员在驾车时尽量使肩颈部肌肉放松,通过适当的颈部运动减轻过度紧张,缓解肩、颈部不适症状。有必要时可引进专业的心理训练仪器,帮助驾驶员调节情绪,放松身心,提高心理健康水平。

同时呼吁全社会多理解和支持公交车驾驶员的工作,呼吁国家大力改革公交事业,大幅度提高公交车驾驶员的收入和待遇。

此外,工会还建议集团在以下方面给予员工更多的重视和支持。

①开展入职测评,多方位把控员工心理健康情况。根据企业入职员工面试需求,通过对入职员工心理健康、人格特点、心理能力、职业兴趣等标准化的量表施测,全方位、深层次了解员工,为企业人力资源部录用人才提供科学依据。

②建设心理健康档案,实施针对性心理健康干预。心理健康是员工健康管理的重要内容,除了定期对员工进行体格检查外,建议将心理健康管理纳入公司对员工的健康关怀,普及心理健康知识,建立员工心理档案,对员工的压力水平进行即时监控,对心理健康风险因素进行预警和合理干预。

③关注员工实际困难诉求,及时提供必要帮助。企业不仅要认真倾听员工心声,更要解决员工各种具体困难。建立员工困难诉求反馈通道,对员工反映的岗位工作、人际情感、生活等实际问题及时予以关注和帮助。

④培养员工阅读习惯,提升员工心理自我调节能力。研究表明,阅读有利于健康心理的形成。阅读是员工提升自身心理健康水平、丰富精神生活的重要途径,公司可以从人文关怀角度,购置有益于身心健康的书籍,定期组织员工开展健康阅读和交流,形成良好的阅读氛围。

七、思考总结

员工的心理健康直接影响企业、单位在人力资源管理方面的投入、员工的工作效率和工作质量。通过心理测评、问卷调查、谈话访问等方式动态地掌握员工心理状况,建立和完善员工心理健康档案,使管理者可以根据员工的心理特点,科学、合理地统筹工作,这也是现代企业管理的一项重要内容。

实践证明,心理健康管理这项工作对企业的管理和发展具有十分重要的意义,体现在以下几个方面:

1. 可以有效预防危机事件发生

危机事件中的驾驶员其实都不是穷凶极恶的坏人,相反,他们甚至是别人眼中的好人,周围人对他们的评价都不错。之所以会酿成惨剧,最主要的原因还是他们情绪过激,丧失理性。假如他们的心理健康水平高一点,或者能够及时得到有效的心理帮助,这些惨剧完全可以不发生。

2. 有利于员工维持良好的心理健康水平

现代生活节奏日益加快,竞争日益激烈,越来越多的人遭受到抑郁症的困扰和折磨。据世界卫生组织统计,全球抑郁症的发病率约为11%。中国心理卫生协会的有关统计显示:我国抑郁症发病率约为3% ~5%。目前,抑郁症已经成为威胁人类健康的第四大疾病。预计到2020年,抑郁症可能成为仅次于心脑血管病的人类第二大疾患。

以上数据令人震惊,但也不难发现,抑郁症的发病率逐年提高,与现代社会的各种压力有密切关系。2003年世界卫生组织把“抑郁影响每个人”确定为世界精神卫生日的主题,其目的在于提醒人们对这一严重危害人类心身健康的疾病进行关注。因此,关注员工心理健康,工作中适当调节员工心理,如采取正面的教育,组织读书会、趣味活动、旅游等,使员工释放工作压力,适当发泄内心的不愉快,有利于员工身心健康。

3. 可以节省人力管理成本

员工心理健康档案主要由历次心理测评报告组成,这些报告可以反映个体心理发展的状况。管理人员可以及时了解员工的心理状态,以及状态背后的信息,比如员工的家庭情况、心理特质、爱好特长、婚姻状况、受教育情况、一般健康状况、生理缺陷、个人病史、家庭成员、疾病史、工作态度、行为习惯、实际水平及对个人生活有重大影响的重大事件。以上内容有些可以在心理测评中有所体现,有些内容是通过测评后的追踪随访和心理干预获得,如果清楚地掌握了这些重要信息,就能给员工的工作分配、岗位调整及管理省去很多不必要的麻烦,大大减少管理成本,员工也能在相应的岗位上发挥其所长,有利于创造和谐的工作环境,推动企业和员工的共同发展、进步。

4. 有利于推行“以人为本”企业现代化管理理念

坚持“以人为本”是科学发展观的核心思想,对于企业和单位来讲,人是一切工作的根本。企业无人不立,无人不活。坚持“以人为本”的管理理念,开展员工心理健康管理,帮助员工了解自己,根据其个性特点、能力水平、学历结构等,将其安置在适合的工作岗位;否则会因为其岗位适应情况不理想,影响工作效果和质量,即使对其进行继续教育和培训学习,有些人也难适应,无法胜任工作,不仅浪费人力、物力和时间,而且影响工作大局。如果员工入职时就被安排到适当的岗位,就能避免这些问题的发生,同时也能让员工感觉到企业知人善任,员工更能与企业建立积极情感联系。

员工的心理状态,尤其是关键岗位员工的心理状态,对于企业发展有着重要影响。企业有必要聘请心理咨询师对员工进行心理测试,适时掌握员工心理变化,对波动较大的员工适当进行干预,这样就能达到事半功倍的效果。

5.有利于培养正确的人生观

人生观是人们对人生问题的根本看法,包括人生目的、人生价值和人生态度等。人生观是在人生实践和生活环境中逐步形成的。由于每个人的生活境遇、文化素养、受教育程度和社会实践不同,因而会形成不同的人生观。开展员工心理健康管理,有助于人们关注心理健康,健康的心理必将推动人们形成健康、正确的人生观。

6.有利于引导员工选择健康的生活方式,创建和谐的工作环境

世界卫生组织在《维多利亚宣言》中提出了健康的四大基石,即著名的十六字原则:合理膳食、适量运动、心理平衡、戒烟限酒。这其实就是现代人最应该倡导的健康生活方式。其中最重要的原则就是心理平衡。社会经济快速发展,对传统的生活方式和生存环境造成了很大的冲击和改变,对人的心理产生了极大的影响,原本简单正常的人和事务变得纷繁复杂,让人难免觉得身心疲惫。因此,健康的生活方式及和谐的工作环境对员工的健康发展不无裨益。

公交车驾驶员的心理健康状态不佳,固然有许多外在的、社会的因素,这些因素光靠个人力量无法改变,短时间内也难有根本性的改变。怎样提高他们的心理健康水平,提高他们的积极性和幸福感,就需要企业管理者去探索和思考。实践证明,心理健康管理不失为一种行之有效的解决方案。

超大型集装箱码头生产业务操作系统的建设及应用

宁波港信息通信有限公司

成果主要创造人:黄深广 朱甬翔

成果参与创造人:赵诚君 夏 侃 徐 力 陈启文 周 彪 陈立斌

张雪萍 郑黄超 虞 梁 唐志炜

宁波港信息通信有限公司(简称"信通公司")成立于2004年7月,是宁波舟山港股份有限公司的全资子公司,前身为宁波港集团信息通信中心。

公司主要从事港口物流行业信息化的规划、设计、开发、服务等专业工作,服务于集团、海关、国检、船公司、船代、货代、码头、堆场等港口物流企业。

公司拥有国家高新技术企业、重点软件企业、计算机系统集成三级企业、安防工程三级企业等资质,通过了ISO 9001质量认证体系、ISO 20000 IT服务认证体系和美国软件学会CMMI3 C级评估认证。目前拥有软件著作版权34个。公司近几年曾获得"全国交通运输文化建设优秀单位""宁波市优秀软件服务业企业""宁波市服务业十佳'创新之星'""宁波市五一劳动奖章"等荣誉称号。

公司围绕"窗口""优异""硬核""强港"这四个关键词,以项目攻坚战、网络安保战、人才提升战作为主要建设方向,按照集团信息化规划"一核三圈七体系"建设要求,研究推进区块链、5G、人工智能、大数据、物联网、云计算等新型技术,大力实施n-TOS、CBOS、远控、无人车、智能算法、智能闸口、智能理货等信息化项目的建设,以优异的技术水平,充分发挥硬核力量,助推集团打造世界一流强港。

一、实施背景

2013年9月,习近平总书记提出建设"一带一路"的合作倡议,旨在共同打造开放、包容、均衡、普惠的区域经济合作架构。作为"海上丝绸之路"的重要一环,宁波—舟山港迎来了历史发展际遇,对外开放步伐进一步加快,集装箱箱量不断创新高,使得宁波—舟山港各码头对集装箱码头操作系统的要求越来越高。

(一)超大型集装箱码头生产业务操作系统依赖国外

2016年3月,远东码头与港吉码头合并成立宁波北仑第三集装箱码头有限公司(简称"北三集团"),这是宁波—舟山港第一个"千万级"的超大型集装箱码头。自合并以来,北三集司使用的一直是国外系统,该系统十分昂贵,并且每年需要支付一定的维护费用,最关键的是系统核心技术完全掌握在国外技术团队手中。近几年来,随着穿山港区接通铁路集装箱运输,箱量不断增加,业务场景愈发复杂,对于业务操作系统的要求更加严格。而国外技术团队对于个性化需求的开发不仅收费昂贵,而且响应不及时,沟通成本也极大。基于以上原因,迫切需要一套自主研发的集装箱码头操作系统来支撑超大型集装箱码头作业。

(二)为智慧绿色港口建设做准备

以区块链、5G、人工智能等为代表的新型技术不断涌现,对现有传统港口产生了深远的影响。放眼世界,全球港口正加快步伐迈向智慧时代,未来的港口一定是智能化、绿色化、可持续发展的。为了赶上甚至领跑智慧港口,集装箱码头生产操作系统的智能化建设不可或缺。

当时由信通公司自主研发、拥有完全自主知识产权的集装箱码头生产业务操作系统(简称“n-TOS系统”)已经覆盖梅山、甬舟、北二集司等码头,版本已经升级到2.0。但基于上述原因,n-TOS 2.0已经无法满足日益增长的集装箱量需求以及智能化要求。为了实现宁波—舟山港集装箱码头生产业务操作系统国产化全覆盖,满足未来智慧绿色港口建设的新要求,信通公司决定自主研发n-TOS 3.0版本。

二、成果内涵和主要做法

信通公司在宁波—舟山港集装箱码头实际业务操作的基础上,提取抽炼集装箱码头生产作业流程,并保留当前系统操作习惯,以优化业务处理为目标,对系统内部做透明改造,以成熟和反复验证的技术,保障系统架构的稳定性。同时配合自动化测试平台的压力和耐久测试,保障系统的可靠性。最终利用IT业界先进的计算机软件开发技术、信息通信技术并融合各种先进、高效的算法,设计研发出一套稳定、可靠、实时、高效,能够支撑起“千万级”箱量的集装箱码头生产业务操作系统。该系统研发了多个智能化模块,包括堆场智能定位、集卡多路共享、船舶自动配载等,在这些模块的设计中考虑了大量的作业因素,用人工智能代替传统的人为经验判断,减少人为干预造成的随机性和不确定性。通过智能化模块的应用,提高了进提箱服务水平、船舶作业效率以及集卡的利用率。目前该系统已经在宁波—舟山港旗下北三集司、梅山岛国际集装箱码头有限公司、舟山甬舟集装箱码头有限公司等多家码头生产应用,用户反馈较好。

其主要做法如下。

(一)超大型集装箱码头生产业务操作系统架构研发

在总体框架搭建上,系统基于多平台融合方式,充分发挥各平台功能特点,通过“组合+整合”的方式,以及分布式的应用,使n-TOS在具备单体超千万的超大型集装箱码头支撑能力的同时也可以灵活支持中小型码头的生产作业,具备适配多种体量码头的能力。

在系统设计研发时,主要依据以下几点原则,并加以实现:

1.实用性

继承当前系统的操作习惯,以优化业务处理为目标,对系统内部做透明改造,从而满足系统性能的需求。

2.成熟性和稳定性

系统改造尽量保留之前的架构,如需对架构进行修改,一定用成熟和反复验证的技术,保证系统架构的稳定。各系统组件间的通信机制原则上不做改动,尽量将改动控制在各个组件内部,降低改造风险。

3.安全性

数据存储层面支持各种标准的加密算法对敏感的业务数据进行加密后存储;数据传输层面提供各种业界标准的加密算法对敏感的业务数据进行加密包装;对于敏感的业务数据操作,系统提供完备的日志供系统,管理员在必要的时候可查找修改痕迹;系统所有网络动作(监听、连接、发包、收包等)都有日志记录。

4.易维护性

开发完成后,在提交的代码中对技术难点和重点进行详细注释;系统提供安全友善的维护界面,支持在线对数据表数据进行增、删、改操作。

5.可扩展性

综合考虑业务功能的需求和软件架构的要求,将整个系统分为多个组件,组件之间采用TCP协议进行通信,既满足业务的开展,同时也能降低组件间的耦合度,为系统今后的扩展做好准备。

6. 先进性

n-TOS 从架构设计上,采用核心系统的跨平台运行、内存数据缓存技术和内存数据库技术,同时选用其他可靠、可控的先进技术,以保证其先进性。

(二)自动化模拟测试平台搭建

为了在测试环境验证系统支撑超大型集装箱码头生产作业的能力,设计了一套 n-TOS 系统性能评估模型,并以此模型为基础搭建了一套自动化测试平台,对 n-TOS 系统的主要输入进行模拟,并驱动主要业务流程的运转;同时分析系统在不同负载下的性能表现、挖掘系统在高负荷下的潜在瓶颈和可能存在的性能问题。

主要考虑的性能需求有以下三个方面。

1. 速度型需求

基于不同箱量集装箱码头作业规模吞吐量,考量系统是否能达到以下性能指标:①在网络正常的情况下,系统客户端登录性能;②在网络正常的情况下,闸口进箱和提箱请求后的系统响应性能;③在网络正常的情况下,RDT 无线终端发出请求(登录、激活、选指令、搜索指令、确认)的响应性能;④在网络正常的情况下,客户端操作无明显卡顿。

2. 容量型需求

测试不同场景最大同时在线人数,使用 LoadRunner 及自研的发包工具模拟客户端,模拟正常思考时间的负载,加到最大,直至系统资源不够用或响应缓慢。评估不同操作的系统资源使用情况,并评估系统能支撑的最大数据量。

3. 稳定性需求

在测试过程中,长时间运行系统,以检测系统稳定性,验证是否有宕机或者内存泄漏的问题发生。

4. 场景需求

根据需求设计了不同业务模型,包括出口(集装箱从闸口进箱到装船出港)和进口(集装箱卸船到闸口提箱出场),搭建了集中登录、早高峰、业务高峰、耐久度等场景。

在测试时采用业界通用的测试方法,如压力测试、负载测试及可靠性测试等,进行性能测试。

压力测试:是为了获取系统在较大压力状况下的性能表现而设计的,是获取系统的性能瓶颈和系统的最大吞吐率、硬件性能指标。

负载测试:是为了验证系统在适当的负载情况下持续工作的表现而设计的负载模型,以验证系统在连续工作时间段内能否正常运行、是否会出现严重错误。

通过 CTOS 模拟器发起并发请求,桥吊和门式起重机模拟程序响应。此时 n-TOS 系统模拟多辆集卡终端同时登录参与作业,并采用 Oracle 数据库存储测试所需的数据以及各种模型配置信息。使用 splunk 日志分析工具对 CTOS 和 RDT 记录日志进行分析,计算各个场景平均响应时间等性能指标。

在进行性能测试的同时,需要收集以下指标以供分析,详见表 1。

收集指标 表1

分析对象	分析指标	分析方式
主机	CPU 利用率、内存利用率、磁盘利用率、网络 IO	Nmon 工具监测
客户端	CPU 利用率、内存利用率、磁盘利用率、网络 IO	Windows 性能监视器
日志	服务端业务处理时长,客户端业务操作响应时长,终端业务操作响应时长	日志分析程序

(三)自动化运维监控平台搭建

搭建了 n-TOS 系统的自动化监控运维平台。平台采用 Web 图形化界面,界面美观操作友善,能监控各种系统参数(包括主机 CPU、内存、网络以及自定义开发的各种参数等),保证服务器系统的安全运营。提供各类报警机制,以便于系统管理员快速定位、解决存在的各种问题。平台支持分布式,能集中展示、管理分布式的监控点;扩展性强,服务端提供通用接口,可以进行定制化二次开发。

监控系统往往需要对物理硬件和应用软件的性能和参数进行数据汇集,实现集中管理和统一分析。在一个监控系统里,构成要素大体可以分为两部分,即数据采集部分(Agents)和数据存储分析告警展示部分(Server),这两部分构成了监控系统的基本模型,Server 是核心组件,Agent 向其报告可用性、系统完整性信息和统计信息。Server 是存储所有配置信息、统计信息和操作信息的核心存储库。Agents 部署在被监控目标上,用于主动监控本地资源和应用程序,并将收集的数据发送给 Server。

监控基本模型如图 1 所示。

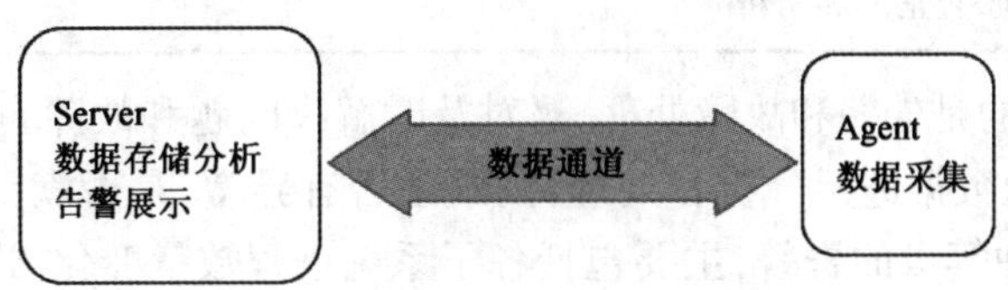

图 1 监控基本模型

对于 n-TOS 系统监控来说,需要部署 1 个 Server 端,另外在 n-TOS 各个系统上,只要部署 1 个轻量的 Agent 进行数据采集。Agent 的运行资源消耗较小,对于子系统的影响可以忽略不计。

系统监控拓扑图如图 2 和图 3 所示。

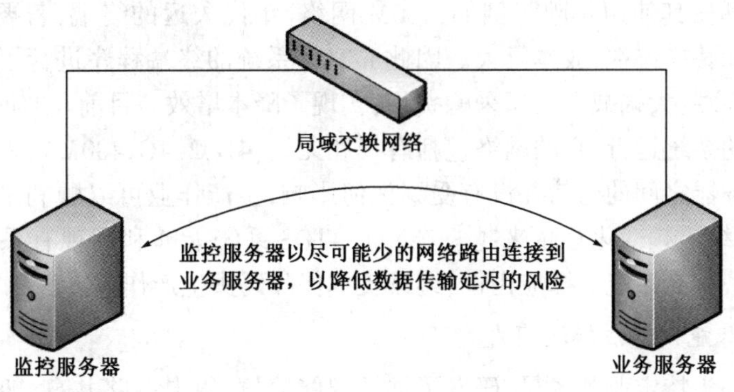

图 2 单节点示意图

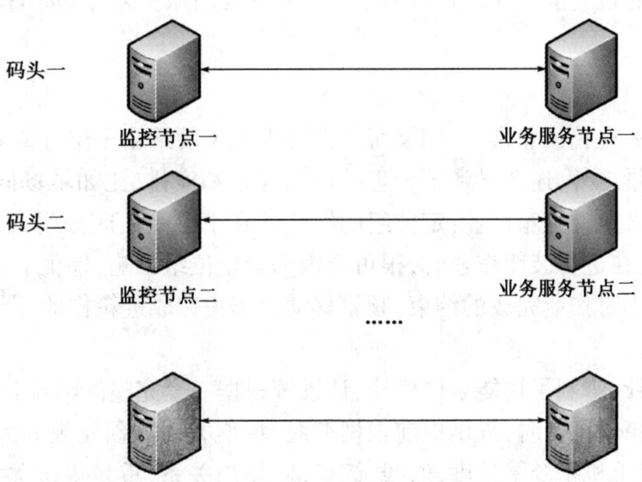

图 3 多节点示意图

系统监控项目如表2所示。

监控项目 表2

项　目	监控内容
常规监控	整机CPU占用情况、整机内存占用情况、单个CPU资源负载监控、虚拟内存Swap监控、网络访问是否正常、进程是否运行、进程CPU占用情况、进程内存占用情况、网络流量(包括流入/流出量)
日志监控	每秒交易数量、交易耗时(耗时监控)、日志下载、在线查看、作业量统计
预警监控	主机无法访问、进程停止、启动、进程crash、CPU/内存占用异常
运维	一键启动/停止、Core分析

监控系统中较为关键的是告警和故障处理,这对及时解决问题和故障自愈非常重要。在数据采集完成之后,需要对采集到的数据进行分析和处理,判断是否有异常、是否满足告警条件等。结合n-TOS系统实际,平台设置了各种等级的告警,主要包括各子系统进程数量变化、进程启动时间变化、进程ID变化、特定连接断开、磁盘使用率偏高等。除了在Web端进行图形化展示之外,n-TOS监控系统还打通了与手机App的数据通信,一旦发生告警,相关人员的手机上就会跳出告警推送,实时性强。

(四)全终端网络混频信息通信

由于集装箱码头网络环境复杂,有线、无线网络并存,同时无线网络通信信号还有混频。n-TOS系统终端程序支持不同网络频率的通信,大大降低了集装箱码头因为系统升级而改造基础设施的成本,提高了设备的使用率并延长其使用年限。例如,400M网络、年代久远的终端,若要使用升级后的n-TOS系统势必要改造网络和替换终端,成本巨大。因此n-TOS系统的终端程序进行了一系列改造以支持此类年代久远的网络和终端,大幅减少巨额采购费用,实现了降本增效。目前n-TOS系统已经实现多种网络模式的集装箱码头的系统运行,它的网络包括有线和无线(4G,2.4G,400M),未来还会有5G等,并且这样的网络混频与服务器之间的通信并没有受到任何影响,生产作业可以顺利平稳地进行。随着智能化的不断推进,未来网络混频变化会越来越复杂,而n-TOS系统能够利用现有系统搭建的通信模式体系,结合网络环境变化,扩充系统支撑应用性,继续支撑保障码头生产作业。

(五)集装箱码头智能化算法模块研发

通过抽象集装箱码头特定业务场景,研发了堆场智能给位、集卡多路共享、船舶自动配载等智能化模块,在模块的设计中考虑了大量的作业因素,用人工智能代替传统的人为经验判断,减少人为干预造成随机性和不确定性。通过智能化模块的应用,提高了进提箱服务水平、船舶作业效率以及集卡的利用率。

1.智能给位

超大型集装箱码头的进箱量非常大,如果每次都要人工手动给箱子位置或者划分定位组给予位置,除了会增加巨大的工作量之外,还会导致不合理的进箱计划和安排,比如堆场同列出现多个卸货港,会导致装船作业中出现不必要的翻箱作业;定位组的缺陷还在于它无法区分门式起重机当前作业的繁忙度,当门式起重机当下正在进行装船作业时,很可能因为受定位组影响,外集卡进箱进入当前堆区进箱,因此门式起重机会因一小时作业完成的约束,频繁移动大车去完成进箱作业,严重影响了码头装船作业效率。

遵循降本增效的方针,定制了智能给位模块,让系统根据一套完整的给位算法自动给予进箱和卸船的箱子最佳位置。集装箱进闸口时,采用提前根据航线、场泊关系等预先规划大场地的策略,根据现有在场箱位置、场地门式起重机指令繁忙度、航线、卸货港、场泊关系、重量等级关系等40多种因素,通过多种算法演练,对场地位置依次进行评分判定。通过找兄弟箱,避开门式起重机作业繁忙区域,兼顾泊位航线关系距离,充分考虑重量关系和临近贝位航线关系,有效降低作业过程中的翻箱率。充分考虑了配载的便捷作业和未来发箱的能力,从而为进闸集装箱选择最佳堆场位置。同时,该功能具备可复制、可推广的特性,有广阔的应用前景和发展空间。这套给位算法大大地提高了堆场的利用率,降低了人工成本,为码头迈进智能化时代打下坚实的基础。

2. 集卡多路共享(PRTT)

目前宁波—舟山港作业控制中的集卡管理需要依靠人工手动调整和计算机辅助完成,依靠控制员个人经验以及船舶作业繁忙程度对集卡进行调度的管理模式成为影响当前集装箱船舶作业效率的一大瓶颈。

将集卡高效地运用于船舶作业,让计算机完成集卡调度算法,运用计算机快速、有效地制定出合理的集卡调度方案有重要研究意义。集卡多路共享(PRTT)指的是由人工智能算法计算出集卡在船舶作业中的最优派发思路与方法以及合理的最短行驶路径。该模式从传统一对一模式(图4)转换为资源共享大循环模式(图5)综合考虑工作点(POW)的优先级、集卡位置、集卡行驶最短路径等因素,将指令智能地派发给集卡,不需要控制员再去手动调整集卡归属。集卡多路共享模块的开发大大降低了控制人员对于设备池(POOL)里的集卡关注度,让控制员把更多精力放在装卸船指令的安排上,这样大大提高了装卸作业效率,缩短集卡空车行驶距离,提高了集卡重载率。

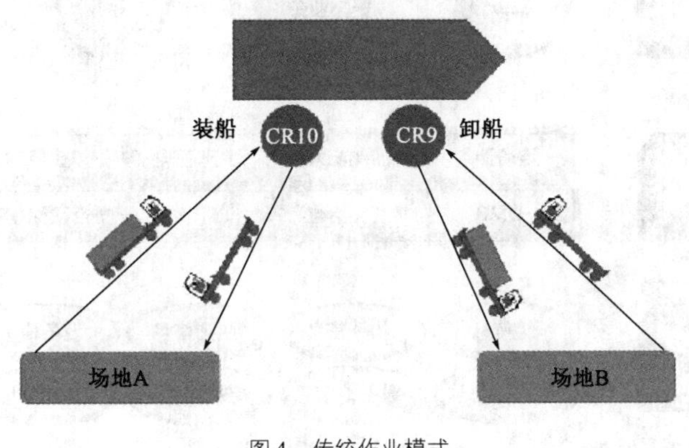

图4 传统作业模式

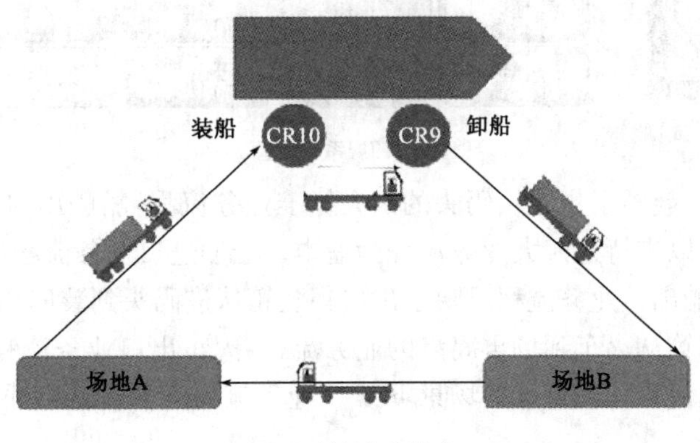

图5 创新作业模式

3. 自动配载

配载是一项较为复杂的码头业务流程,岗位人员需要按照规则对已放行的箱子进行装船配载计划。在配载过程中需要注意装船的原则,在整个过程中需要注意的事项如下:

①需要注意各桥吊开工/完工时间的合理配置,在实际作业过程中可能会出现一路作业较快,其中的桥吊到其他作业路线工作的情况,所以要做好拼路的准备;作业量平均分配;减少门式起重机的长距离空跑等。

②配载计划人员需要注意轻重箱搭配合理,符合船舶的稳性要求;尽量减少桥吊的移动;尽量减少

堆场翻箱;尽量减少亏舱;场地发箱的顺序是由场外到场内,船上方向顺序是由海侧到陆侧;船上堆放箱子原则是重箱在下、轻箱在上。

③中控人员应注意装船时先装同一贝位的箱子;先装特种箱,然后是小箱,最后是大箱;实际作业中考虑现实设备的位置,按就近原则调用;考虑实际可用设备数量进行指挥;及时安排各类移箱作业。

若是通过人工配置,时间花费比较长,通过加入智能化算法,通过电子平台读取海铁、中转箱信息,筛选清单,结合智能给位功能,提前规划合理场地,减少作业冲突,船公司预配中心、船公司配载、码头配载、船方四方实时协同交流,电脑智能计算,一键做到已放行箱按系统预设规则进行自动配载。

(六)集装箱码头海公铁联合业务模型

传统集装箱码头只关注闸口进提和船舶装卸作业。本次研发的 n-TOS 系统在公路闸口进提、海路船舶装卸的业务基础上,融入铁路火车装卸业务,使得集装箱码头的业务模块包含了海公铁全业务,并以此业务模型设计的系统功能来满足集装箱码头全业务生产作业要求。通过对宁波—舟山港集装箱码头业务的调研与梳理,并加以分析与提炼,设计形成四层系统模型(图6)。

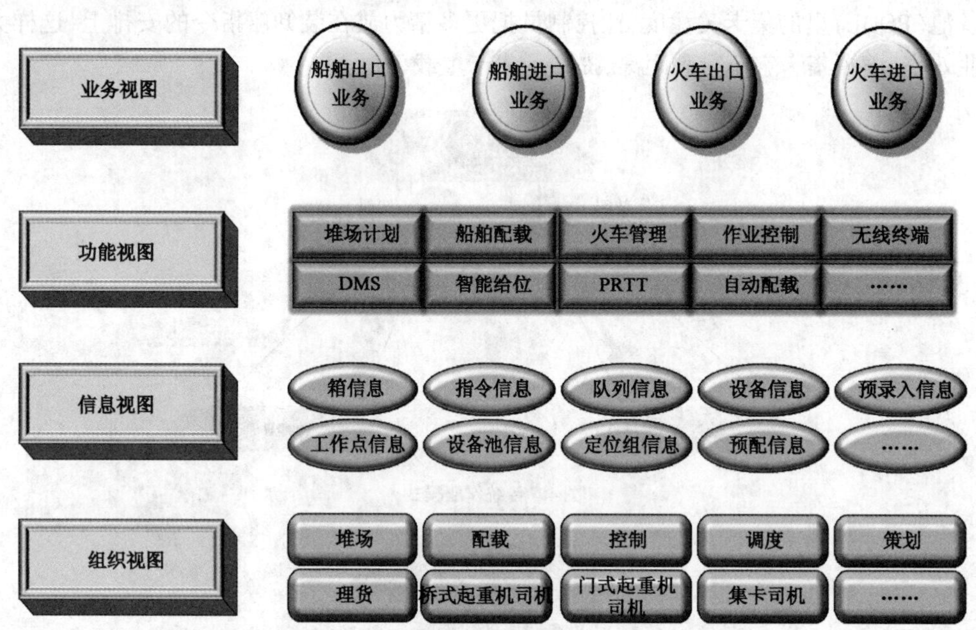

图6　四层系统模型

在顶层业务视图层面,囊括了集装箱码头的四大标准业务流程:船舶出口、船舶进口、火车出口、火车进口。整个系统的设计以支持这四大业务流程为蓝本。船舶进口业务流程反映了进口集装箱从船到场再离港的业务流程;船舶出口业务流程反映了出口集装箱从进码头到装船离港的作业流程;火车进口业务流程反映了进口集装箱从火车到场再离港的业务流程;火车出口业务流程反映了出口集装箱从进码头到装火车离港的作业流程。在特殊的场景下,4 个业务流程又会互相穿插,比如船舶进口的箱子通过中转业务变成铁路出口。

在功能视图层面,设计了不同的功能点以支持上层的四大业务流程,主要的功能点包括堆场计划、船舶配载、火车管理、作业控制、无线终端等。

在信息视图层面,对各个功能点使用的基础信息进行了标准化,形成系统的基本元素,包括箱信息、指令信息、队列信息、设备信息、预录入信息等,这些信息形成了集装箱码头操作系统的基本数据,是集装箱操作系统数据处理的关键。

在组织视图层面,汇总了使用系统的各个用户角色,包括堆场、配载、控制、调度以及作业司机等。从底至上,这些角色使用各种业务信息和业务功能来完成业务流程的流转。

三、实施效果

n-TOS 集装箱码头生产业务操作系统是宁波—舟山港自主研发、拥有完全自主知识产权的集装箱码头生产信息化运作解决方案。系统利用高度智能化的信息技术手段,规范集装箱码头生产运作流程,实现信息化作业。该系统具备支撑千万箱量集装码头生产作业的能力,其中作业智能化调度、计划安排、作业监控、智能算法等智能化模块为码头提高作业生产效率、节能减排、减少人力成本等起到了积极作用;系统的成功研发能够更好地为宁波—舟山港集装箱码头信息化发展提供有力支撑。

n-TOS 3.0 是宁波—舟山港历经 20 多年业务及研发经验积累沉淀的结果,目前分别在宁波—舟山港旗下北三集司、梅山公司、甬舟公司等多家集装箱码头生产应用。其中,n-TOS 3.0 在北三集司的顺利上线,打破了千万级集装箱码头生产业务操作系统被国外系统长期垄断的被动局面,标志着宁波—舟山港开启集装箱码头生产业务操作系统完全自主可控。同时,随着系统各个智能化模块的集成使用,码头生产作业迈入了智能化时代。

在实际应用之前,n-TOS 3.0 系统经过了全面的、科学的、严谨的测试,包括模拟环境 1500 万箱量的压力测试、包含系统上百个功能点的全规模业务功能测试、实际生产环境终端接入演练以及多轮系统切换演练。系统切换应用后,系统运行平稳正常,能够满足各集装箱码头生产作业的要求;用户操作使用反馈良好,业务高峰和交接班终端操作流畅度较原系统有明显改善,得到了用户肯定。

本次 TOS 系统的升级改造成果显著,主要体现在以下方面。

(一)提升码头系统自主可控能力

n-TOS 3.0 系统在宁波—舟山港实施并取得很好的效益,整套系统完全自主研发、具备自主知识产权,打破了超大型集装箱码头生产业务操作系统被国外垄断的不利局面。在目前复杂的国际环境下,拥有完全自主知识产权的码头生产操作系统,等于将命运牢牢地掌握在了自己手里。对于宁波—舟山港而言,基于自主可控的码头系统,为后续的智能化、信息化进程减少了许多阻力。

1. 技术可控

n-TOS 3.0 系统由信通公司技术团队完全自主研发,从架构选型到代码实现,均由团队成员结合开源技术和业务实际所得,不受制于国外系统,完整的技术都掌握在项目团队手中。

2. 运维可控

不同于国外运维团队响应慢的情况,n-TOS 3.0 系统搭建了自动化运维平台,各类预警机制能够让管理员快速定位问题并解决问题,实现 7×24 小时运维服务响应,给用户带来极佳的体验。

3. 需求可控

在满足码头日常生产作业前提下,团队能够为码头提供定制化服务,尤其是遇到复杂业务场景时,个性化定制服务尤为重要。

4. 扩展可控

系统从架构设计之初就考虑到未来的可扩展性,能够满足以后系统在智能化、自动化上的扩展要求。

5. 能力可控

目前系统已经能够支撑起“千万级”集装箱码头作业量,但根据测试结果看,n-TOS 3.0 的抗压能力远不止于此,随着架构的不断优化,系统所能支撑的箱量也会不断提升。

(二)助力码头生产降本增效

港口集装箱管理水平和信息化水平是衡量码头优劣的重要指标。通过集装箱系统作业智能化调度、计划安排、作业监控,码头作业效率得到提高,服务水平得到改善;通过应用智能给位智能化模块,使闸口平均进箱时间同比减少 8.17%,缩短船舶在港时间,满足码头对集装箱运输智能化管理的要求,增强集装箱货物运输的安全性,提升船公司的运输能力,吸引更多船公司选择宁波—舟山港。与 EDI 口岸中心信息互通,可以极大地提高通关和装卸作业效率。

与此同时,n-TOS 3.0 系统加快了集装箱码头信息化、智能化的进程,智能化模块的应用势必会大大节省人力和物力资源,很大程度上减少了人为误操作的可能性。并能够将相关信息及时准确地传输到每个所需的环节当中,比如自动配载算法应用后,高强度、长时间的配载工作时长大大压缩,极大地提高了港口运作安全性和工作效率,大大降低了人工环节的众多成本。

(三)打造节能减排绿色港口

n-TOS 系统在码头投入运用后,通过智能化算法 PRTT 模块的调度,缩短了集卡的跑运距离,提高了集卡从船岸到堆场跑运的重载率减少集卡空车行驶距离,从而减少了港口设备的废气排放,节省了车辆油耗。

国际救援调度系统

交通运输部上海打捞局

成果主要创造人：洪　冲　周东荣

成果参与创造人：蒋　哲　张　立　谢友勇　全　锋　彭忠卫　张宝国　朱海荣　周怡和

交通运输部上海打捞局（简称“上海打捞局”）是交通运输部直属的在沪事业单位，成立于1951年8月，在履行好国家赋予的抢险打捞职责的同时，以经营养打捞，实行事业单位企业化管理。上海打捞局是中国最大的抢险救助打捞专业单位之一，现拥有各类拖轮和特种船舶50余艘，其中大型工程类船舶8艘，还拥有饱和潜水系统、水下无人遥控潜水器（ROV）、水下导向攻泥器设备、海上溢油回收设备；以及打捞浮筒等特种设备，主要为海上救助打捞、海洋工程作业、溢油清污作业和各类水下工程提供服务。此外，还正在建造500米饱和潜水工作母船、插桩式抢险打捞船等船舶。

上海打捞局以“抢险打捞”为立局之本，积极响应习近平总书记倡导的建设海洋强国重大部署、长江经济带发展等国家战略和“一带一路”倡议，坚决履行好各项应急抢险打捞任务，不断提升应急抢险打捞能力，着力保障水上人民生命财产安全、航道畅通和海洋环境清洁。自上海打捞局成立以来，截至2019年，已累计成功救助遇险人员20286名，打捞沉船沉物1104艘（件），救助遇险船舶1980艘，清污油污25046吨。

重大典型应急抢险打捞案例如下：

①1963年5月，时任国务院总理周恩来领导组织“跃进”号失事原因调查、潜水探摸和打捞作业。

②1977—1980年，历经4年季节性施工，在台湾海峡完成了举世瞩目的“阿波丸”沉船打捞。

③1999年11月—2000年6月期间，时任国务院副总理吴邦国、交通部部长黄镇东等领导同志指导“大舜”轮打捞。

④2006年，派遣两支国际救援潜水小分队赴大海啸后的泰国海域实施救援活动。

⑤2014年3月，马来西亚MH370航班失联事件发生后，上海打捞局派遣扫测船舶出航扫测。

⑥2015年6月，上海打捞局高效执行长江“东方之星”沉船紧急救助打捞。

⑦2017年4月11日，韩国“世越”号客轮打捞成功。

⑧2018年，上海打捞局奉命执行“桑吉”轮燃爆事故救援，1月13日，上海打捞局四勇士成功登上“桑吉”轮实施救援，证实了防海盗安全舱没有人员生存可能，取回了航行数据记录仪VDR，发现了两具遇难者遗体。

⑨2018年10月29日，上海打捞局派遣救援小分队赶赴重庆，采用氦氧潜水技术成功打捞坠江公交车，并在公交车中寻获行车数据记录芯片。

⑩2020年7月，插桩式风电安装平台“振江”号在江苏如东海域遇险，因桩腿无法拔出导致机舱进水，所有机电设备无法工作。上海打捞局迅速出动赶赴现场救援，主导完成桩腿收桩作业，最终在未破坏船体和桩腿结构的前提下完成了“振江”轮的救助。

⑪2020年8月20日，“隆庆1”轮因碰撞起火。该船装载了近3000吨的异辛烷危化品，十分危险。上海打捞局迅速出动赶赴现场救援，采用充氮气惰化的方法成功将危化品过驳给专业接收船，彻底消除

了上海港的安全隐患。

一、实施背景

当今世界正向以信息技术为核心的知识经济时代发展,信息技术正以其广泛的渗透性和无与伦比的先进性与传统产业相结合。信息化已成为推进国民经济和社会发展的助力器,信息化水平成为企业现代化水平和综合实力的一个重要标志。特别是近年来新型移动办公平台的兴起,为企业管理提供了移动化的支持,我们必须高度重视信息化建设,树立起加强信息化建设的危机感和紧迫感,认真抓好信息化建设,使企业管理与时俱进。

上海打捞局拥有几十艘船舶资源,承接国内外的水上抢险救助业务,业务范围覆盖全球,麾下子公司或分支机构分布多地,传统的管理方式效率较低,且有着较大的资源浪费。为及时有效地应对突发的抢救任务,规范应急抢险管理及应急响应程序,建立健全应急抢险机制,履行救捞职责,更好地执行水上抢险打捞任务,迫切需要以先进实用的通信技术、计算机网络技术、全球卫星定位技术、地理信息技术、数据库及应用软件开发技术为基础,建设上海打捞局专用的国际救援调度系统,以提升抢险救助、船舶管理、设备管理、人员管理等业务的管理水平,实现抢险救助等业务管理过程各类信息的采集、处理、传输和使用,为抢险救助、船舶管理、项目决策等提供及时、准确和完整的信息服务,加强企业内部的信息交互、资源共享,方便工作的查询和审核,提高工作效率,争得抢险救助的宝贵时间。

信息化不仅要经营和建设信息基础设施,而且要从管理和业务两个方面促使企业通过应用信息技术和信息资源来提高生产和工作效率,降低成本和开支,增加经济和社会效益,提高上海打捞局的核心竞争力。

二、成果内涵

上海打捞局承接国内外的水上抢险救助业务。传统的抢险救助业务推进模式主要是用电话和微信等工具沟通,但由于参与人较多,时间紧迫,并且信息变化很快,信息严重不对等,参与人常常手忙脚乱,且不利于事中、事后存档和回查信息。

为及时有效地应对突发的抢救任务,规范应急抢险管理及应急响应程序,建立健全的应急抢险机制,履行救捞职责,更好地执行水上抢险打捞任务,提高应急救援处置效能,上海打捞局运用前沿的信息化技术,针对抢险救助业务管理的痛点,建设 SaaS(软件即服务)化、移动化、全员化、定制化的国际救援调度系统,将紧急情况下的应急船舶、应急人员、应急设备的调度管理初步确定后在信息系统上进行发布,快速、及时地通报所有相关人员,重要信息随时更新随时可查,大大提升了应急抢险救助业务的工作效率和管理水平,以及管理的一体化程度。

国际救援调度系统还应用手机二维码来管理应急设备,每台应急设备上都贴有二维码标签和编号、名称等基本信息,工作人员可以用手机扫描设备上的二维码标签确认该设备的详细信息。

国际救援调度系统还建设了简洁的人员评价系统作为辅助系统。它可以汇总工作人员的历史被评价信息,让工作能力强、态度端正、技术扎实的工作人员能得到肯定,并遴选出工作态度不端正、能力不佳的工作人员,给管理人员充分的信息参考。

三、主要做法

(一)总体设计思想及设计原则

1. SaaS 化、移动化、全员化

随着互联网技术的发展和应用软件的成熟,在近几年开始兴起基于云计算模式的 SaaS 架构、移动化的创新软件应用模式,与传统的局域网部署软件相比,显然 SaaS 化软件可以更广泛地使用,使软件回归到“软件即服务”的本质。在此背景下,各大软件都纷纷推出移动化版本,覆盖智能移动终端用户(主要是手机用户),引入并运用人工智能、大数据分析、机器学习等多种新兴智能化技术,进一步提升了信息化软件的服务能力。

上海打捞局拥有各类工程船舶、拖轮和特种船舶 50 余艘,麾下子公司或分支机构分布多地,主要业务包括海上救助打捞、海洋工程作业、溢油清污作业和各类水下工程服务,业务范围覆盖全球,工作人员流动性非常强。

上海打捞局全局共有各类工作人员 2000 多名,若给所有职工都配备工作电脑,将是一笔巨大的开支,并且有一大部分非管理层人员的工作不太需要用工作电脑,因此,没有必要全员配备工作电脑。另外,如果企业的管理层或各业务人员在非办公室场景需要随时随地打开电脑办公,也存在诸多不便。因此,上海打捞局非常需要企业软件应用的移动化,要能覆盖手机、平板电脑以及工作电脑等多类终端,覆盖安卓平台、iOS 平台等多类平台,并且跨多平台的数据全部同步,让每一位工作人员都能便捷、自由地根据实际使用场景灵活选择适用的移动终端,从而极大地提高信息交互的效率,提高工作效率,也就是提高生产效率。

软件的宝贵价值,核心在于全员应用、全员参与,即使是理念和品质俱佳的软件,倘若参与的人员很少,它的价值也会大打折扣。因此,需要与时俱进,选用可以进行多组织、多分支机构管理的集团模式信息平台,将各分公司、子公司的管理有效统一起来,同时也大大提高集团企业管理的一体化程度。

在移动化的信息平台形式上,选用原生 App 软件。在移动终端安卓平台和 iOS 平台上的原生 App 软件,与网页版 Web App 软件相比有运行效率高、用户交互好、稳定性更高等优势,且几乎可以保持与 PC(个人电脑)端一致的功能。而网页版的 Web App 受形式的限制,通常仅有寥寥可数的少数几个常用功能,勉强沾上"移动"的属性,但不能很好地使用智能移动设备的北斗或 GPS 定位、指纹识别、二维码扫码、重力感应、相机调用等技术,交互性不好,用户体验不佳,被软件业内称为"假 App"软件。因此,优先选用原生 App 软件。

综上,上海打捞局的国际救援调度系统以建设 SaaS 化、移动化、全员化的信息管理平台为总体设计思想。

2. 国际救援调度系统的设计原则

国际救援调度系统属于一种专业领域的信息系统,在设计建设中应遵循信息系统建设的以下原则:

①规范性。遵循国家相关法律、法规,尤其是有关计算机信息系统建设的标准要求。

②先进性。采用当代主流技术,考虑应用平台和工具的先进性,以及系统结构和应用设计的先进性,以适应业务发展的需求。

③可靠性。信息系统设计采用成熟、稳定、可靠的软件技术,保证系统在大数据量、高并发的情况下不间断地安全运行。

④实用性。根据业务需求和业务流程,从方便用户使用的角度进行信息系统的设计、功能和模块划分。功能和流程设计简捷流畅,充分考虑功能和流程的需求变更等各种现实情况。

⑤安全性。信息系统建设要符合用户对信息安全管理的要求,建立完善可靠的安全保障体系,对非法入侵、非法攻击应具有很强的防范能力,确保系统具有严格的身份认证功能,并有相应的技术手段对数据安全和操作安全加以保护。

⑥易用性。应用界面应简捷、直观,尽量减少菜单的层次和不必要的点击过程,使用户在使用时一目了然,便于快速掌握系统操作方法,特别是要符合工作人员的思维方式和工作习惯,方便非计算机专业人员的使用。

⑦开放性。为了使信息系统具有较强的生命力和开放性,应遵循已有的国际标准和国内标准,以利于采用多种先进技术和产品。

⑧可拓展性。信息系统应是一个不断发展的应用系统,系统设计时考虑新技术、新产品同本系统的兼容性;当业务需求、外部环境发生变化时,可以扩展系统的功能和性能。软件设计简明,各功能模块间的耦合度小,以适应业务发展需要,便于信息系统的继承和扩展。

⑨易维护性。信息系统具有良好的结构,各个部分有明确和完整的定义,使得局部的小修改不影响全局和其他部分的结构和运行。

(二)国际救援调度系统的总体框架

根据上海打捞局应急救援任务的实际情况,把应急救援任务切分为五大步骤:

第一步,确定本次应急项目的名称,任务内容等基本信息,建立应急调度组织机构。

第二步,开会选定本次应急救援船舶。

第三步,选定本次应急设备装具等救援物资。

第四步,选择参与本次应急项目的救援小分队人员。

第五步,应急救援小分队准备应急设备及装具,出动赶赴救援现场。

(三)新建应急救援任务

上海打捞局承接国内外的水上抢险救助业务,为及时有效地应对突发的抢救项目,规范应急抢险管理及应急响应程序,建立健全应急抢险机制,履行救捞职责,更好地执行水上抢险打捞任务,上海打捞局成立了抢险打捞项目应急领导小组、应急执行小组以及两个预定的国际救援小分队。

当接到上级部门下达的应急救援任务时,由打捞业务处在国际救援调度系统中新建应急救援事件,填入事件发生的位置、时间、当前的任务目标等基本信息,并选取应急领导小组、应急执行小组(图1)。应急领导小组和应急执行小组默认填入上一次填入的人员信息,可根据当前的人员情况进行修改;修改后,在下一次新建应急救援任务时会默认填入此次修改后的人员。

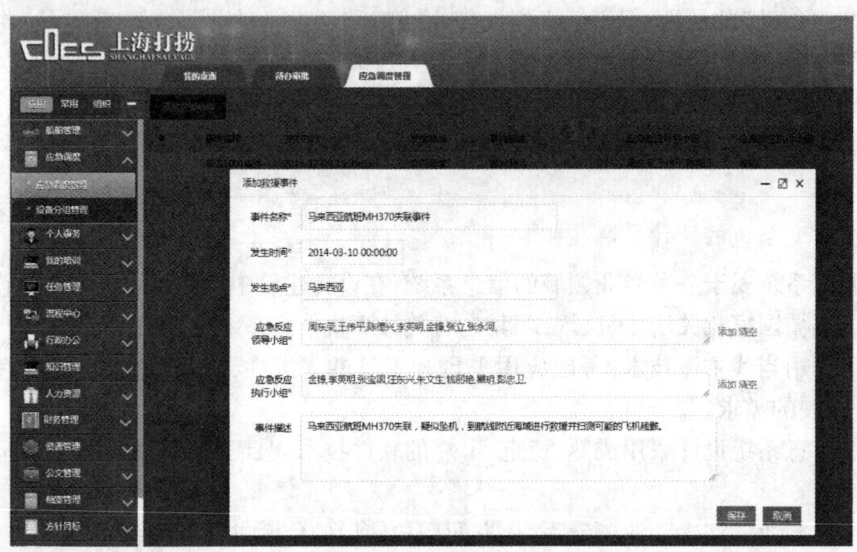

图1　新建应急救援事件界面

新建救援任务时,还可对任务进行简要的描述,如果有需要还可填入初步考虑使用的救助船舶。建成应急事件后,可以选择向被选择的应急领导小组、应急执行小组的全部人员发送强信息提醒(包括手机App提醒和手机短信提醒)。后续每一次更新信息,都可以选择再次向全部应急任务相关人员发送强提醒,及时地让全体应急任务相关人员了解最新的信息。

特别地,对于有多个任务目标地点的救援调度事件,可以添加子任务,多个救援任务可以分别编辑并填入各项基本信息,包括各子任务的应急设备和应急小分队人员等。而应急领导小组、应急执行小组的人员则是相同的。

接到上级安排的应急救援任务,在救援调度系统中新建救援任务后,应急领导小组和应急执行小组在接到强信息提醒后将立即出动,赶赴上海打捞局打捞业务处调度大厅集中开会,研讨具体的应急救援任务实施方案。

(四)选定本次应急救援船舶

应急领导小组和应急执行小组在上海打捞局打捞业务处调度大厅集中开会讨论的第一项议题即选

定本次应急救援任务的主要实施船舶队伍。

根据日常的系统维护和船舶实时定位系统,可快速了解上海打捞局几十艘救捞工程船及辅助拖轮的实时位置以及当前正在进行的工作内容。

根据具体应急救援任务的实际情况,如现场海域水深海况等情况、现场是否有大面积溢油等情况、任务是否需要空气潜水作业或是氦氧潜水作业、饱和潜水作业、ROV 水下作业机器人等,经讨论并综合考虑各船舶当前工作状况以及距离应急救援任务现场的距离等因素,由应急领导小组选定本次应急救援任务的参与船队,包括救捞工程船以及配套的辅助的拖轮等(图 2)。应急执行小组则进行救援船队的协调安排。

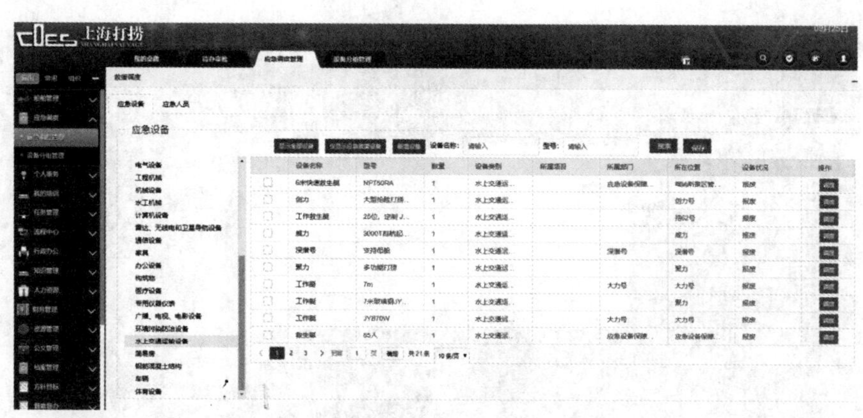

图 2 水上交通运输设备界面

对于一些不需要救援船舶的特殊的应急救援任务,则可以跳过此环节。例如:2018 年的重庆公交车坠江事件,上海打捞局派遣救援潜水小分队、应急抢险车以及集装箱式氦氧潜水车等车队紧急开往事件现场;2006 年的印度尼西亚大海啸事件后,上海打捞局派遣了两支国际救援潜水小分队携潜水设备乘专机赴大海啸后的泰国海域实施救援活动。

(五)应急救援的设备物资管理

选定应急救援船队后,继续开会讨论选定本次应急救援需要出动的非船舶类移动式设备和物资等。

1. 预先设置应急设备

国际救援调度信息系统中,预先已将全局的全部设备录入,包含应急设备、各类工程设备等(图 3)。上海打捞局全局应急设备设置模块可以在全局已有设备中单独挑选应急救援设备进行属性调整。也可以批量设置为应急救援设备或者取消设置为应急救援设备还可以新增设备为应急救援设备。

资产管理

选择	固定资产编号	资产名称	品牌型号	项目名称	所属部门	所在位置	类型	物品状态	操作
	00107	卸扣	G2130-150T				机械设备	使用	编辑 交接明细 维修明细 删除
	001629	三相干式变压器	XC-SG-30KVA		深潜号	深潜号	电气设备	未使用	编辑 交接明细 维修明细 删除
	001630	三相干式变压器	XC-SG-30KVA		深潜号	深潜号	电气设备		编辑 交接明细 维修明细 删除
	001631	潜水手表	深度表			沙特3648项目	工程机械		编辑 交接明细 维修明细 删除
	001632	潜水手表	深度表			沙特3648项目	工程机械		编辑 交接明细 维修明细 删除
	001633	潜水手表	深度表			沙特3648项目	工程机械		编辑 交接明细 维修明细 删除
	001634	潜水手表	深度表			沙特3648项目	工程机械		编辑 交接明细 维修明细 删除
	001635	潜水手表	深度表			沙特3648项目	工程机械		编辑 交接明细 维修明细 删除
	001636	潜水手表	深度表			沙特3648项目	工程机械		编辑 交接明细 维修明细 删除
	001637	潜水手表	深度表			沙特3648项目	工程机械		编辑 交接明细 维修明细 删除

图 3 新增应急救援设备界面

设置为“应急救援设备”的设备才会在应急救援系统调度时默认显示,便于进行调度操作。

2. 应急设备的选取调度

应急设备的调度采用勾选式菜单,将可选项都罗列出来用于备选,采用这种模式的主要目的在于避免可能的设备遗漏。在上海打捞局打捞业务处调度大厅召开应急救援会议时,直接在大屏幕上呈现应急设备调度界面(图4),应急救援任务小组成员一起讨论需要勾选哪些设备。对于所有设备物资,能实时、便捷地查询到其当前状态、所在项目、所在位置、历史调度信息等,比如目前正在参与哪项工程、是出库状态还是入库状态、应急物资当前的存量、存储的仓库位置等。

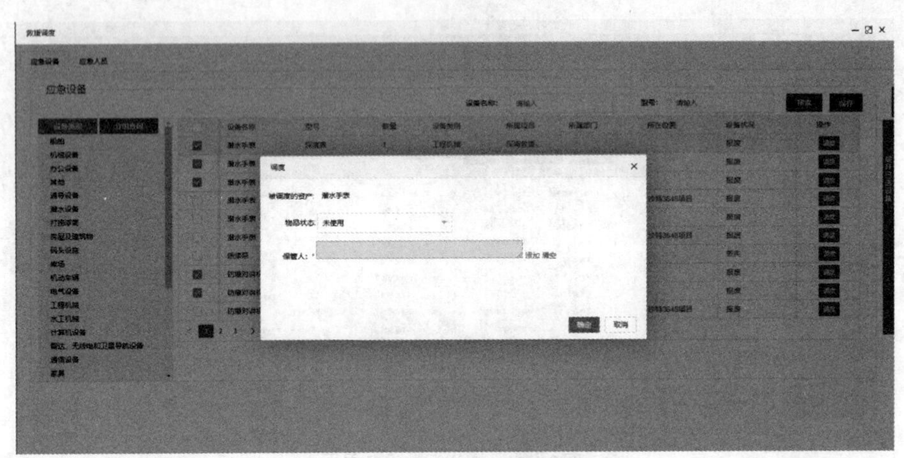

图4　设备调度快速选择界面

在设备调度界面的左侧罗列的“设备类型”树包括潜水设备、潜水装具、机械设备、动力设备、打捞设备、医疗设备(图5)、收油设备、焊接切割设备、厨具生活用具、办公设备等。依次点开各设备类型,勾选本次应急救援任务所需的设备。除上述根据左侧设备类型快速选择所需设备的模式外,也可以根据设备名称或型号,精准定位所需设备。

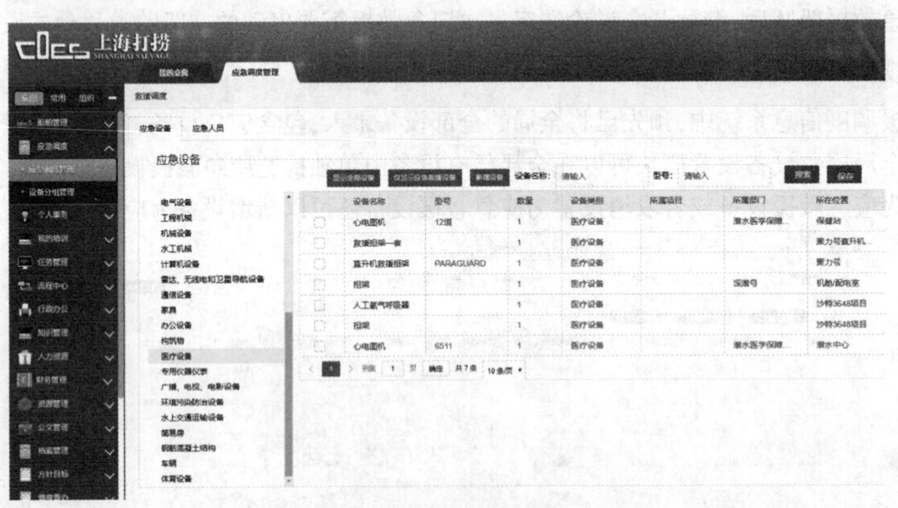

图5　设备调度筛选界面

设备调度界面中部的筛选区有“应急设备”与“全部设备”的设备属性筛选标签,“正常设备”“不可用设备”“全部设备”的设备状态筛选标签,还有设备位置、所属项目的筛选标签等。默认只显示“应急设备”不显示“非应急设备”。设备状态默认只显示“正常设备”不显示“不可用设备”。设备位置默认只显示在上海的设备,不显示位置在外地或“已调拨到某项目”的设备。但是,当上述的某类设备无可用库存时,也可选取“全部”,这时默认不显示的设备条目也会出现备选。

右侧的抽屉栏则会按设备类型分组展示本次设备调度已选择的应急设备和数量(图6)。

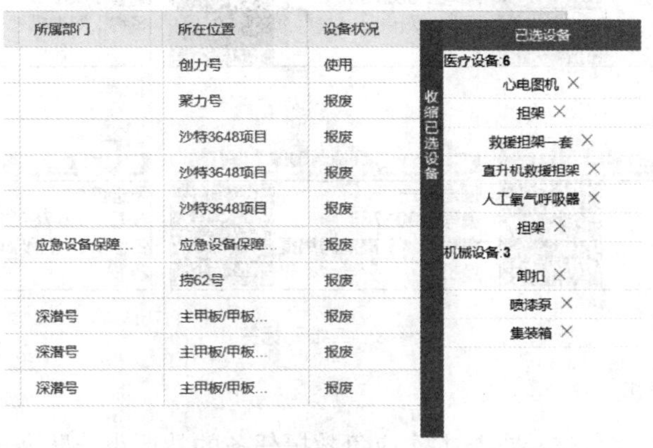

图6　已选择的应急设备和数量

3. 应急设备调度后的查看和发布

选取拟调度到本次应急救援任务的设备后,点击“调度”按钮完成调度。可以进行多次调度。对于错误调入的设备物资,也能将其调出。在救援任务进行过程中,也能再次进行应急设备的调出、调入等操作,并留下调度操作的历史记录。

在救援任务的主界面,可以选择详细查看本次救援任务已经调度的全部应急设备物资,包括该设备物资的基本信息以及被调度时间、操作人员等信息(图7)。点击右下角的导出按钮可以将被调度的应急设备物资导出Excel表格和PDF,并可打印,便于设备调度信息的发布和传递。

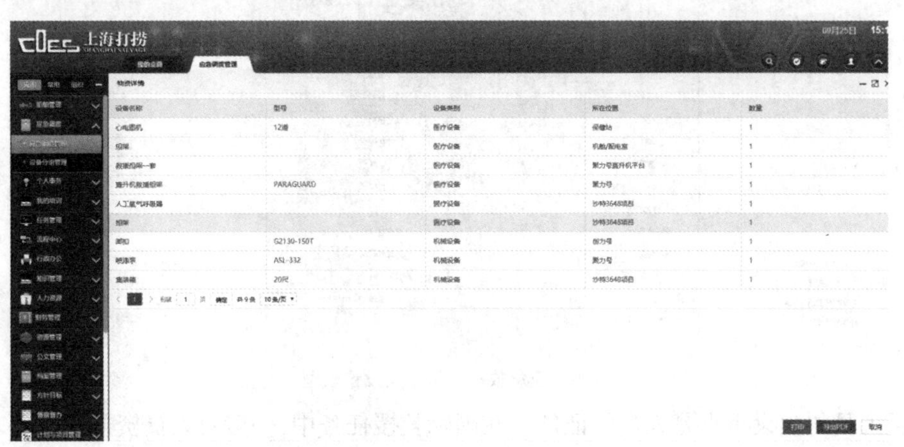

图7　设备调度信息打印界面

由于当下许多设备为便于调遣都已集装箱化。例如潜水设备菜单下有空气潜水控制集装箱,而该集装箱下有一个其内部包含设备的详单,一般选取时不直接展开详细内容,可以点击展开查看详情,导出和打印时默认包含该详单,也可以选择不包括上述详单。

应急设备物资调度确定后,指定专人进行设备物资的准备工作。

4. 应急设备的二维码管理

为了对现有的应急设备进行更便捷的管理,国际救援调度系统采用二维码管理应急设备的方式,每台应急设备上都贴有二维码标签和编号、名称等基本信息。工作人员可以用手机扫设备上的二维码标签(图8)查看该设备的信息,确认是否为本次救援任务调度的应急设备,能看到该设备更详尽的信息。

图8 二维码标签

(六)应急救援人员管理

完成应急设备调度后,接着选择参与本次应急救援任务的救援小分队人员。

1. 预先设置应急救援人员

应急救援人员预先设置模块与设备设置模块相似,可以按照左侧组织目录树来设置人员是否为"应急救援人员"。设置为"应急救援人员"后即可在应急救援调度时默认呈现,供选取调度。应急救援人员的信息存入人事档案,可以便捷地查看(图9)。可以批量进行应急救援人员设置。预先设置模块中也可以新增应急救援人员。

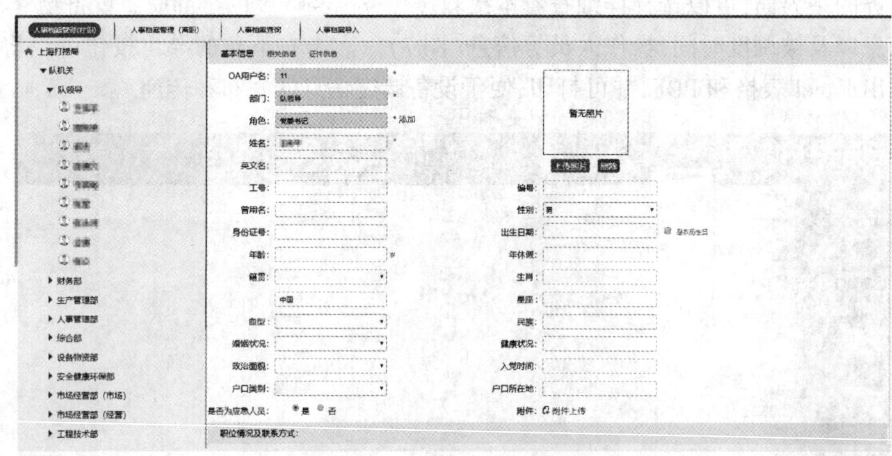

图9 应急救援人员预先设置模型

应急救援人员的预设重点是人员的证件。在国际救援任务中,一般对人员资质证书要求非常严格。例如出国执行潜水救援任务的潜水员,需要有国际认可的IMCA潜水证书、护照等,并需要保证证件在有效期内。这些功能与常规的人力资源管理信息系统的证书管理功能相似。

2. 确定应急救援人员的数量

应急人员的调度与设备调度稍有不同,分两步进行。第一步,先确定各类型人员的数量;第二步,根据各类型人员的数量确定具体的人员。例如,第一步确定管理人员3名,技术人员3名,潜水员12名,设备支持人员3名,后勤人员2名;第二步则是确认具体的人员姓名。

第一步调度在调度大厅召开应急救援会议时直接在大屏幕上呈现,由应急救援任务的小组成员商定。第二步则在会后由人力资源专业人员完成。

3. 确定具体的应急救援人员

人力资源专业人员进行具体的应急救援人员调度操作。在人员调度的主页面左侧罗列人力资源类别,包括潜水员、设备人员、潜水医生、工程技术人员、管理人员、后勤支持人员等(图10),依次点开各类别人员，勾选相应的人员。还可根据左侧的组织树快速选择人员，也可以根据姓名模糊查询，快速定位需要选取的应急救援人员。

图10 人员调度筛选界面

在人员调度的主页面中部则可以通过是否应急人员、所在位置、所在项目等对人员进行筛选。和设备调度类似，应急人员调度界面默认只显示“应急人员”，非应急人员不显示。所在位置筛选区默认显示“在上海的人员”，目前不在上海的人员不显示。但是，上述各项筛选之处可选取“全部”，这时能显示全部人员。因为实际救援调度任务可能从某项目临时调派人员应急，但一般不优先选择这类人员。资质证书、护照有效期过期的人员不能被应急调遣。此外，还能看到该人员的历史被评价信息和历史被调度信息，作为应急调遣的参考。

在人员调度的主页面右侧的抽屉栏则展示已选择的应急救援人员，按照岗位显示合计人数，显示全部已选的人员数量(图11)。

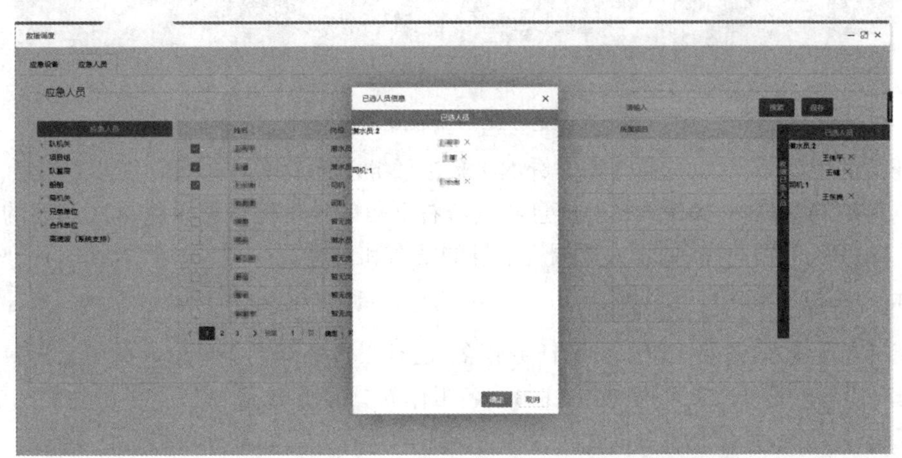

图11 人力资源类别界面

人员调度确认后，可以选择对所有被选为应急救援人员发送强信息提醒，见图12。

4. 人员调度后的查看和发布

选取拟调度到本次应急救援任务的全部人员后，点击“调度”按钮完成调度。人员调度可以进行多次，错误调入也能调出。在救援任务进行过程中也能再次进行应急人员的调出、调入等操作，并留下调度操作的历史记录(图13)。

图12 应急救援人员联系界面

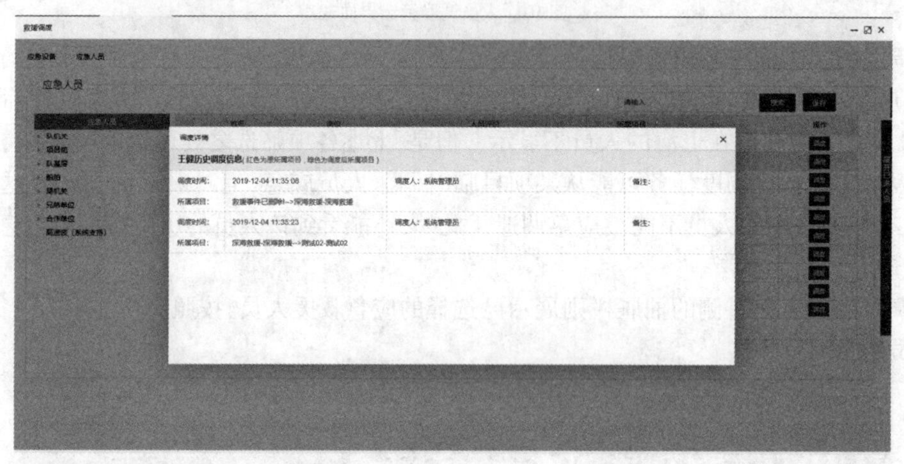

图13 应急救援人员历史调度信息界面

在救援任务的主界面,可以选择详细查看本次救援任务已经调度的全部应急人员信息,包括该人员的证照信息以及被调度时间、操作人员等信息。点击右下角的导出按钮可以将本次调度的应急人员导出 Excel 表格和 PDF,并可打印,便于人员调度信息的发布和传递。

5. 人员评价系统

上海打捞局人员众多,各类工作人员和任务较多,还有很多外部合作单位人员由上海打捞局统一管理。对于上海打捞局的管理人员来说,要记住每一名工作人员的历史工作情况,了解他们的能力,是非常困难的。系统包含的人员评价系统可以让具有评价权限的管理人员对被评价目标人员进行评价,它可以汇总人员的历史被评价信息,让工作能力强、态度端正、技术扎实的人员得到肯定;选出工作态度不端正、能力不佳的人员,给管理人员充分的信息参考。人员评价系统是国际救援调度系统的重要辅助系统。

人员评价系统将内部和外部被评价人员在组织架构中进行特殊的分类,进行评价时可从组织结构中的分类中选取。一般按照任务(项目)来进行评价,评价数据保存在信息系统中。

对人员进行评价操作时包括以下字段(图14):

①综合:3 个选项分别为优秀——名字亮红呈现,一般——名字普通呈现,差——黑名单,暗色呈现;必选。

②工作技能:1 到 5 星,可精确到半星;必选。

③工作态度:1 到 5 星,可精确到半星;必选。

④评价项目名:本次评价所属的项目(任务)名称。这里默认填入上一次人员评价操作的项目名,以方便进行多人的评价。

⑤详细评价:多行文本框,用于填入评价详情。

⑥评价人:默认填入操作人员账户姓名。

⑦时间:默认填入评价操作的时间。

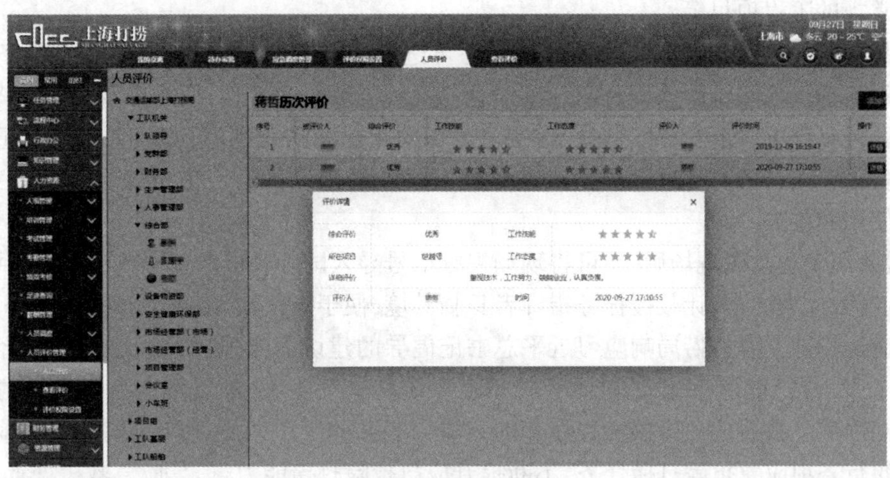

图 14 人员评价系统界面

人员评价系统需要设置管理人员的权限。具有评价权限的人员才能对权限范围内的人员进行评价操作。评价权限可以按部门、按角色(职务)、按账户进行设置。也可设置被评价人员的范围,一般按部门和项目组进行设置。

管理人员的查看权限也需要设置。只有具有查看评价权限的管理人员才能查看到权限范围内工作人员的历史被评价信息。人员的历史评价信息区呈现 3 个标签区域,按"综合"(优秀、一般、黑名单)排序,默认为"一般",以该人员最新一次被评价信息为准。

评价权限和查看权限是两个不同的权限。当进行评价操作时,不能看到该人员的历史被评价信息,以免影响当次评价结果。

人员评价系统可与应急调度系统相互关联使用,进行调度操作时,可以在调度选取某人员之前快捷查看该人员的历史被评价信息,从而作为用人参考。

人员考核系统一般针对企业内部职工,按年进行,系统比较复杂,操作烦琐;人员评价系统则以项目(任务)为依托,相对简洁易用。人员评价系统不但能用于外部人员,用于记录对于企业内部人员参与项目的短期表现,还可用人员评价系统延展评价,作为年度考核的参考信息。

(七)应急准备完成并出动

应急设备物资调度确定后,一般由应急救援队长总体负责应急设备物资的准备工作,对照导出的应急设备清单进行准备。若发现有缺少的设备物资,则优先查询系统、就近调拨;再次进行个别应急设备的物资调度;若是缺少,则考虑替代用品;替代用品也无法满足需求的则需紧急采购。

应急设备物资准备妥当后,应急救援管理人员可在现场用手机操作确认,并且可发送强信息提醒,及时迅速地共享信息,并按指示出动救援。

四、实施效果

国际救援调度系统的作用不是在应急救援出动后就结束了,而是贯穿于应急救援任务实施的全过程。在应急救援任务实施过程中,也可随时进行必要的人员、设备调度调整,并且保存相关的调度记录,便于查询信息,每次信息更改,都可发送强信息提醒,及时迅速地向全体应急救援任务参与人员共享信息。

SaaS 化、移动化、全员化、定制化的国际救援调度系统建成后,将紧急情况下的应急船舶、应急人员、应急设备的调度管理统筹起来,快速及时地通报所有相关人员,且重要信息随时更新、随时可查,大大提升了应急抢险救助业务的工作效率和管理水平。

此外,多个应急救援任务的信息一并罗列呈现,将应急救援任务整体管理起来。不仅是国际救援任务,国内的救援任务、非水上的救援任务将来也都可以加入本系统分类进行管理。系统还可拓展到定期的应急演习、常规的工程项目等。

在技术层面,国际救援调度系统的各项功能还可进一步强化。例如,针对各应急设备的二维码管理,目前是通过扫描二维码了解该设备的详细信息以及历史被调度信息,只能查看。未来将拓展和强化二维码扫码功能,不仅可以查看详细信息,还能对设备的状况和问题进行记录,形成维修记录。这样一来,任意的设备工作人员随时都可以用手机扫码的方式了解该设备的历史维修保养记录,信息充分共享,指导设备使用和维护。

应急救援队伍到达救援现场后,还可将现场视频信号导入国际救援调度系统,直接发回上海打捞局打捞业务处调度大厅大屏幕,让救援任务指挥者身临其境,便于更快捷、准确地指挥救援任务的实施。

综上,交通运输部上海打捞局响应习近平总书记倡导的建设海洋强国重大部署长江经济带发展等国家战略和“一带一路”倡议,建设的国际救援调度系统将继续发展,延展到上海打捞局的其他业务和管理领域,建立以应急救援任务为核心关注点的一体化信息平台,大大提升上海打捞局的应急救援管理水平,更好地履行各项应急抢险打捞任务,不断提升应急抢险打捞能力,提高应急救援处置效能,更好地为国家和人民服务。

船岸一体化管控平台

中远海运科技股份有限公司

成果主要创造人:林亦雯　张南杰

成果参与创造人:王　乐　韩明龙　陈懿渊　郝焕威　邢阿亮　俞凌志
杨晓环　夏怀婷　潘金涛

中远海运科技股份有限公司成立于2001年1月,原名为上海交技发展股份有限公司,是由原交通部上海船舶运输科学研究所为主发起设立的国有控股高新技术企业。中远海运科技股份有限公司隶属于中国远洋海运集团公司,总部位于上海市自由贸易试验区,拥有从业人员1100余人。2010年5月公司在深圳证券交易所挂牌上市(简称:中远海科,股票代码:002401)。2018年1月,经中国远洋海运集团有限公司批准,中远海运科技股份有限公司受托管理了上海船舶运输科学研究所。

一、成果构建背景

(一)船舶安全监管需及时化

当前,全球商船规模已达90000多艘,总运力19亿多吨,集装箱、干散货、油轮等船型均逐步呈现大型化的趋势,越来越多的20000TEU以上的集装箱、30万吨的散货及VLCC油轮投入生产运营。随着世界贸易形势的不断变化,航企盈利的不确定性也随之增大,因此,船舶的安全运输已成为企业保证市场竞争力的关键要素,在货主所需的时间内,安全靠港、装货、航行、卸货,顺利完成海运环节,对航运企业的盈利能力及货源的稳定增长至关重要。

船舶是航运企业的核心资产,其生产运营与火车、飞机、汽车等交通工具不同,具有一定的特殊性,短距离的内贸航线为1周左右,长距离的外贸运输达2~3个月,在此期间船舶完全离岸,在海上航行时船岸间的信息交互受限较大,面临海况、气象等不确定的因素较多,货损风险大;在船上,几十人的船员队伍管理着数百种设备,上万种备件、物料,甚至具有一定安全风险的燃油,因此,在航行安全保障过程中需要信息快速传递、各类工作计划有序执行、设备稳定运行、船员合理调配、库存规范管理、货物及时监控,一旦某些环节出现问题,安全风险将大大提升。有效汇集船端各类信息、可视化展现安全运输情况、及时掌握航行数据、将船岸各类指令要求快速精准地发送到干系人手中,是船舶安全监管有效执行的关键,构建船岸一体化的管控平台以及时掌握船况数据尤为重要。

(二)航运企业提质增效、节能控本需求强烈

随着航运市场的扩大、船舶保有量的增长、船舶航线的开发和航海技术的发展,航运业在我国经济结构中的重要性也越来越大,相关航运企业呈现"跨区域、跨海域、跨文化、跨国界"特点,涉及集装性、干散货、原油、LNG、汽车、旅客等多种对象,面临越来越多的业务协同方。一方面,航企需要保证各个环节的高效流转来完成运输任务,保证服务质量和盈利效果;另一方面,在信息流、资金流、业务流的交互过程中,航企需要更高的效率、更准确的数据,确保各项工作顺利对接、有序完成,在增效过程中获得更大的收益。

随着国内外各项公约、法规的落地执行,对于海洋环境保护的要求越来越高,节能减排已经成为各航运企业的重要任务之一,相比之前更加注重这项工作的实际效果。一方面,船舶能效及排放能够满足

各地区的要求,使得船舶能够按时挂靠;另一方面,及时、有效监控能耗,可辅助管理燃油成本,推动经济航速的执行。精细化管理已经成为各航企的重要任务,其作用是在管理过程中找出问题,杜绝违规、减少隐患,使得企业能够以最经济、最合理的成本完成运输任务,获取更高的收益,进而达到控本的效果。

结合以上现状,为了能够更好地达成提质增效、节能控本的效果,需要对业务运营过程中的数据进行汇集,对标准进行统一,对流程进行规范,对风险进行管控,通过严谨的逻辑设置、优化的管理模型实现良好的管控效果。

(三)船舶的运营管理逐步向智能化、数字化迈进

信息技术的飞速发展带来巨大的变革,更多技术的日趋成熟及有效落地,使得船舶运营管理有了更多选择,物联网、大数据、AI等在运营监管过程中的应用可发挥其智能、精准、高效的作用。同时,随着智能船舶的快速推进,未来航运企业船舶的运营管理提升空间更大、见效更快、收益更高,准确找出数字化的方向、建立好的技术基础,在航运市场的激烈竞争中就可占到先机。因此,一套船岸一体化、智能化的管控平台将推动航企在数字化转型道路上有序前进。

二、成果内涵

船岸一体化管控平台(简称"平台")是以一体化、系统性、互联网以及数字化为指导思想,历经10多年的研发积累后构建的一套船岸一体化、人财物一体化的集中式管理平台。平台在建设过程中,本着以下5个方面的思路和目标:

(一)严格匹配船岸一体化的管控模式

通过可视化的方式垂直监控企业内各船舶的运营及安全情况,掌握相关数据,有效支持业务战略决策、业务分析及方案优化,全面提升管理效率、创造管理价值。

(二)紧密融合航企对运输业务的需求

从业务及数据源头抓起,实现过程管理的全覆盖,将业务风控点注入流程中,从业务流、信息流、资金流三个方面形成整个流程全闭环管控,达到事前预判、事中监控、事后评估的效果,辅助航企实现单船的全方位无死角管理,对企业运营成本、能耗情况实现精细化管理,达到可控的效果。

(三)理念先进,充分考虑上下游协同,通过数据协同、交互,实现多方共赢,进而推动业务效率、服务质量的全面提升

通过多种技术手段实现服务资源的集成及共享,打通多方协作的数据流,建立标准化的数据,规范流程,尽可能地减少手工作业环节,保证业务信息的准确性,形成数出一源、多方共享、协同增效的效果。

(四)"放眼未来",实践新技术给航企运营管理带来提质增效

逐步形成"集成式平台+物联网"的智能化、数字化、可视化、精细化的船管模式,降本增效,提升技术水平,风险可控。

(五)集约化部署和实施,实施周期快,成本可控

帮助各船公司快速、高效、低成本地切换系统。自主掌控平台关键技术,充分把握系统后续跟进业务及管理的可持续拓展要求。

通过平台,建立数据标准,统一流程规范,实现流程贯通,助力高效协同,促进卓越运营。从"公司"到"船队"再到"船舶",实现了"横向到边、纵向到底"的管理效果,使得整个航运公司的核心主营业务"跑在海上、看在眼前、管在手心",一切尽在掌握。

三、主要做法

(一)整体思路

围绕"船岸一体化、人财物一体化"为核心思路,以"纵向到底、横向到边"为建设目标,建立了"航运

公司—船队—单船”的集成化应用体系，为推进智慧航运打好数据平台的基础。

(二)主要措施

1. 统一主要的数据标准和流程

航运板块业务管理虽然大同小异，但仍然有个性化需求，因此要兼顾共性和个性。为此，成立由航运专家组成的权威专家小组。一方面，梳理数据采集范围、数据名称、数据标准等强制统一的内容；另一方面，通过工作流引擎、报表工具等，适度满足审核流程、报表输出等个性化需求，确保用户体验。

2. 建设一体化系统

采用 RBAC(Role-Based Access Control，基于角色的访问控制)模型，以角色为桥梁把用户和权限连接起来。支持分级授权的模式。可以配置不同角色的系统操作功能以及数据访问权限，支持组织机构的扩展。

建立多组织、多层级的权限管理体系，实现多用户的平台管理。解决了全资、控股、参股等不同性质公司的管理，也解决了自有船舶、光租、期租、航次租船等不同经营方式的管理，满足了集运、油运、散运、特种船等不同业务需求。通过灵活的权限配置体系，实现了各种口径的统计和分析。

3. 增加物联网应用，确保船舶端数据的真实性、及时性

利用船舶现有机舱自动化系统，把设备监控数据延伸至岸上，实现陆岸主管能够远程监控船舶设备的工况。借助离线扫描枪、条码打印机、标签等配件打造一套船舶端仓库管理的智能化解决方案，实现船舶端物资信息在贴码、入库、出库、备件安装、库存盘点、维修更换等环节的准确记录，为船用物资的全生命周期管理奠定了坚实的基础。实现岸端管理人员直接掌握船舶管理情况，避免由于人工填报导致的差错和时延。

4. 建立船岸数据同步机制

针对海事卫星、VSAT 等船岸通信速度低、费用昂贵的问题，自主研制数据/控制指令交互协议并进行压缩传输，替代原有船岸电报、电子邮件对接的方式，将一体化管理系统延伸到船舶端。即使在船岸通信带宽 2.4K 速率的情况下，实现了只交换增量数据，减少数据的重复传输，解决了信息量大、通信速度低和通信费用昂贵三方的矛盾，保障船岸数据完整、有效、及时交互，确保了船岸数据一致性，实现船岸一体化应用。平台架构见图 1。

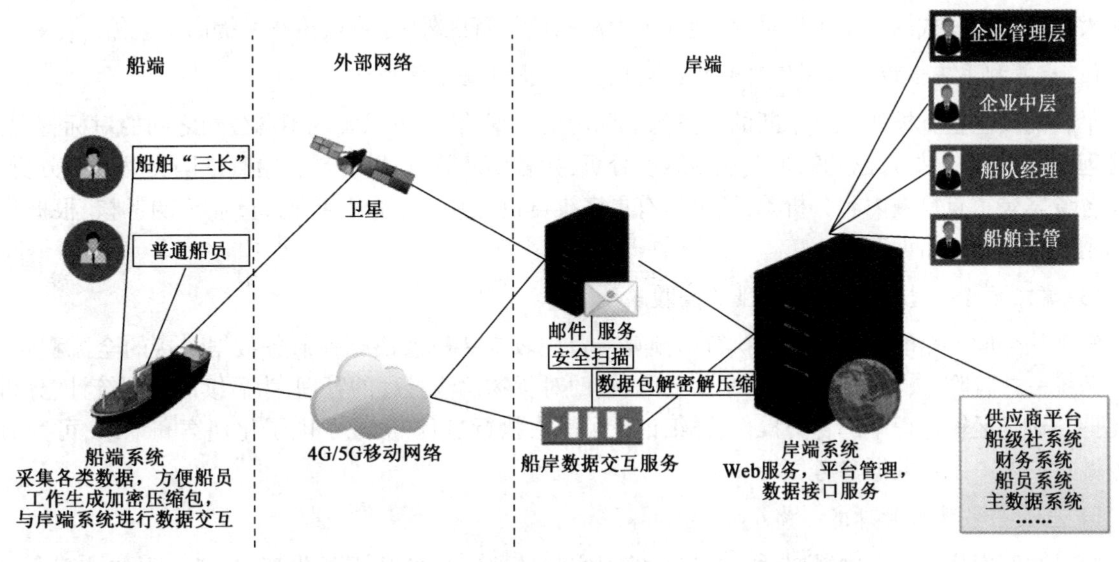

图1　平台架构

5. 自主研发远程升级技术,解决船舶端升级的难题

平台在初次上船安装以后,后续若要增加功能模块,只要下载升级包,船舶服务器自动升级,不需技术人员上船安装,也不需船员干预。

6. 引进审批流引擎,解决个性化流程的难题

不同公司审批条件、审批人员不同,平台具备灵活的审批配置功能,能够随着业务流程变化快速调整。

7. 建立"API +"的管理模式,提供基础数据模块的微服务,推动基础数据共享能力

将各类数据做成微服务模块,提供积木式的标准化组件,可供相关业务协同方调用,实现信息的快速交互,多方共赢。

8. 解决企业管理软件需要大量培训的难题

针对以往企业软件上线需要大量培训的特点,结合船舶长期在外、培训困难的特点,通过翔实的操作说明、通俗易懂的界面文字、符合操作习惯的流程逻辑,使用人员基本不需要专门培训就能够操作使用,缩短了上线时间,节约了培训成本,实施周期比原来缩短3个月左右。

9. 细化费用管理,做到全流程线上操作,实现业务闭环管理

做到预算—采购—库存—消耗—费用核销—财务对接—数据统计的全流程线上操作,实现业务的闭环管理,达到成本管控精细化效果。在整个管理过程中,环环相扣,流程驱动。在预算阶段,可利用船舶技术状况评估、库存管理等数据为机务预算提供依据和指导,并在平台相关模块中实现动态统一可视化管理;在采购过程中,预算可有效控制采购进度,在申请、询价、审批等环节对业务人员进行提示;在船端库存管理阶段,形成采购单—入库单—出库的紧密关联;在费用核销阶段,从业务溯源的角度,建立发票与订单间的有效管理,从发票合规的角度,与税控平台实时联动并验真,有效管控成本支付风险。

10. 促进业务规范,做到操作留痕,杜绝违规行为

所有业务的操作动作都会被平台强制规范。申请、审批、退回、执行、报告、统计等操作都在系统中执行并做到全留痕记录,相关数据和过程记录不可更正,关键节点直接推送审计。

11. 有效利用数字化手段提升高风险区域监管

有效利用船舶电报、AIS、电子海图、电子围栏等技术,对船舶在高风险区域进行全天候有效监管。除大大降低原有模式的人工工作量、杜绝人为引起的监管盲区外,还将监控频率提高了数倍。

12. 有效利用安全检查数据实现纵横向对比分析,提升安全管理水平

平台的安全检查模块经过不断的业务沟通和历史数据治理,可以实现不同公司之间的对标管理,提高管理水平;可以根据自己的需求实现多维度分析,如各船队管理情况分析、检查缺陷类型分布分析、地区及各备忘录重点检查内容分析等;还可以有更多维度的运用,例如对管理人员业绩的考核、根据集中缺陷精准指导船员培训等。

13. 建立运输全过程管理档案,业务全覆盖

实现从合同—船舶调度—航次执行—预算—费用收支—航次决算—财务数据对接的全流程管理,信息源统一并且唯一,各个业务环节紧密关联,辅助对货物运输过程的管理,为后续的数据统计、分析提供支持。对于运输过程中的各类操作,详细记录了航次执行过程,形成了电子化档案和记录,可为后续业务做货提供一定的数据参考。

14. 强化应收账款管理

针对在航次执行过程中滞期、绕航、移泊等视实际情况产生的费用强化管控,记录预估计算—催讨过程—费用确定的过程,使得应收费用的管理更加精细化,进一步保证船东的收益,同时可核查追溯催讨过程。实现航次效益的生成和分析,航次开始前及航次执行中进行航次预算的滚动生成,辅助当月收

益情况预测；航次完成后自动生成航次决算，通过预、决算对比进行航次效益的分析比对；与移动 App 进行绑定，及时推送公司领导及相关人员。

15. 以客户服务为中心

建立客服 App，实现了与客户间的交互，必要信息可按需共享。

（三）主要功能

1. 总体架构

平台根据航运企业的特点，构建了 3 层功能应用管理体系：

第一层为基础管理层，汇集了航运企业相关的基础数据、组织机构、权限管理、流程配置等，是系统流程正常运作的基础，由岸端统一管理。

第二层为船岸端的核心流程操作层，是航运数据采集、标准形成、业务管控的关键，通过船岸端的平台数据有效衔接，建立了完整的业务闭环管理，实现服务资源的集成及共享，规范了业务流程，进而实现了船岸一体化、业财一体化。

第三层是平台的数据应用层，通过不同的分析、运算规则，可进行所有船队运营状况的全面管控。

平台的总体功能架构图见图 2。

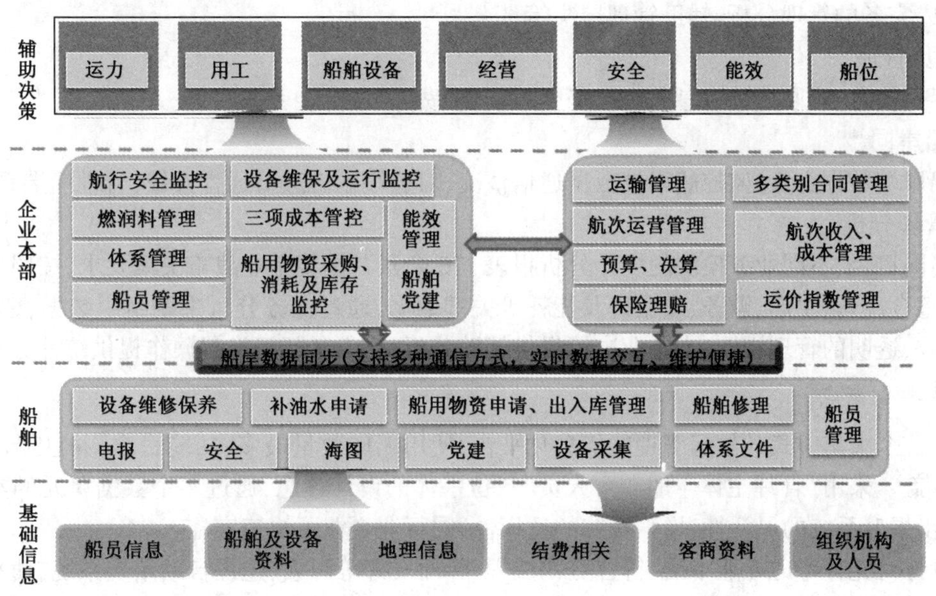

图 2　平台的总体功能架构

2. 系统主要功能及业务支撑

（1）船舶资料

对所有船舶数据进行集中管理，包括设备信息、证书信息、体系资料、管理组织、管理人员等，建立船舶主数据，标准化信息颗粒度，为后续业务运营的规范操作提供数据支撑。

（2）机务管理

针对航运企业的机务管理业务，设计了 PMS、备件、物料、修船、轮机日志等功能，实现了对设备运行情况、维护情况的及时跟踪；数字化船端库存，通过物联网技术的接入，实现船用物资全生命周期管理，远程了解船舶的设备运行工况，有利于后续的安全监管；在岸端建立了标准化采购流程，注入相应的风控点及管理指标，加强对 3 项成本支出的严格管控。

（3）海务管理

有效集成了船舶动态报文、AIS 数据、气象信息、驾驶台视频，可在全球范围内及时定位船舶航行位置，查看船舶轨迹及相关海况，针对各类安全检查、险情及事故，及时记录，制定整改及相应的应急方案，提升对船舶安全性的监控。

(4)船舶修理

建立了修理计划—申请—审批—安排—修理—总结—服务商评价—付款等全过程的闭环管理。

(5)船位监控

汇集船位、海况、气象、报文、船舶管理等数据,通过可视化的方式直观展现历史轨迹、当前状态、特殊海域航行、气象影响等,在网络条件允许的情况下,部分船舶可直接远程调用船端 CCTV,查看船舶安全情况。

(6)能效管理

通过油耗、机舱监控、能效计划、计划执行等功能,可实现对船舶能耗情况的综合分析,找出指标差距,优化运营,形成经济航速最佳方案。

(7)智能配货

建立船、货盘管理模型,实现相关数据的采集,应用预设的船货匹配算法,测算出最佳预配策略,辅助航运人员经营决策,有效降低船舶空驶率,实现运营最优化、效益最大化。

(8)经营管理

建立合同—航次执行—航次决算—财务系统接口的全过程管控,详细记录每笔运单执行情况、存在的问题,形成完备的管理分析,辅助管理层决策。

(9)船员管理

包括船员信息、履职评估、备用金、船账、船员包干费、船员资金劳务费等。

(10)船岸同步

确保船岸端数据交互,监控船岸端数据通信情况,对船端系统进行远程升级,管理船端系统版本。

(11)管理分析

包含不同口径、不同业务模块的统计分析报表 370 余张。围绕企业战略决策要求,按照信息共享的原则,全面整合经营、生产、财务、安全以及能耗等关键数据,通过业务分析主题组织数据,建立全面、及时、上下一致、透明的管理视图,为企业决策提供辅助分析,也为各部门经营操作提供统计分析工具。

(四)主要创新点

是国内首个大集中式的航运管理的信息化平台,使用船舶数量最多、功能最全,并且船舶管理和航运业务全覆盖。采用“管理主体 + 船舶 + 人员”三位一体的设计理念,通过多个数据单元的灵活组合及配置,进一步提升系统的灵活性,增强系统的适用性,同行业企业可快速实施。

系统设计时充分考虑专业术语、符合习惯流程、界面友好等因素,建设自助培训系统,使平台无须进行大规模集中培训即可上线使用。

船岸一体化管控,有效融合船岸信息同步平台,船管管理人员可随时随地查看并掌握船岸运行情况,发出有效指令,实时同步至船端,全面改变邮件、电话等传统管理模式,解决原有管理方式效率低下问题,使得运营船舶“远在天边”,管控协同“近在眼前”。

一船一档,随手可查。有效突破船舶安全监管效率瓶颈,以船舶为中心,建立企业、船舶、船员三位一体的监管模式,形成单船 360 度无死角的健康档案管理体系,自动汇集船舶自身、周边气象、海况等信息,一船一档,安监人员可随时查看船舶安全运营状况,使得他们从信息收集角色转向数字化监控角色,提升决策效率,提升企业安全水平。

融合“互联网 + 安全”理念,支持应急指挥的快速响应、有效协同;通过打造船舶健康、风险研判、安全可视化等统一的管理模型,并融入互联网技术,能够在各类险情、事故(如海盗袭击、战区航行、台风)等出现时,及时成立在线的应急指挥小组,快速决策、响应,各成员有效协同,完成紧急情况处理。

业务贯通,高效协同,改变关键物资急供船、审批慢、常催促的状态,保障船舶安全运行。船用关键物资是保证船舶设备正常运转、缩短设备修理停歇时间的重要保障,通过 App 的推广应用,将申请、采购、供应、更换等操作转为线上执行,在不同协同角色间建立了流程引擎,以信息流的方式快速推动物资供船,有效解决紧急申请、焦急等待、电话催促、无法快速审批等不可控状态,保障船舶生产运行安全。

数据集成,透明管理,在线审计。充分发挥集中平台的优势,并集成第三方外部相关数据,深入横向到边、纵向到底的多纬度多层次数据应用,辅助船舶数字化管理进程,让各级监管人员可以随时掌握业务发生、合规、处理、完工情况,在线溯源,查找问题及风险,实现船舶及企业的透明化管理。

以互联网思维建立船货智能匹配平台,在珠三角内贸散货市场上使公司空载率降低了近40%,推进航运企业商业模式转型。

应用"物联网+互联网"技术,攻克了物料、备件数据库构建、关键字符批量智能匹配、船端离线扫描采集数据、采购电子数据交互等技术难题,将航运企业用户的需求从"海选"转向"智推",推动物资供应"新零售"理念在"航运行业"的落地。

四、实施效果

(一)应用范围

平台在15家航运公司投入生产,安装船舶近800艘,用户数10000余人,平均每天交互船岸数据包大约1400个,同步数据操作日志约26万条,形成了集中式的管理平台,建立了企业内的数据标准,达到了船岸一体化的管控效果,对于流程规范及管理提升起到了重要的作用。

(二)应用效果

1.建成船舶数据标准,逐步形成航运信息资源池

统一的数据标准,合适的数据颗粒度,为进一步辅助决策管理奠定基础,这些数据为各系统的管理提供有效的支撑。

2.船岸一体化管控

以30万吨的VLCC油运为例,海上航行时每天的数据包交互量约5~6个,同步数据操作日志358条,船端应用平台的维护保养、库存情况、经营管理、人员管理等信息及时推送至岸端,一部分进入待办审批任务,由岸端处理,确保各类工作计划、采购计划在岸端的监管下规范执行;另一部分通过数据的汇总分析,直接展示船端安全隐患或者运营现状,如机舱报警数据、船舶所处海域、航速及未来航向等,岸端可及时掌握船舶状况,达到一体化的管理效果。

3.制定标准,重塑流程,提高效率

各类型业务统一管理标准及颗粒度,打好基础,对业务流程进行梳理优化,规范操作,提高效率,减少出错,集中数据。

4.数据共享,流程集成,协同增效

开放接口,业务协同,提升上下游协同效率。数据集成,共享价值,实现多方共赢。系统服务于业务,与企业发展深度融合。

5.规范业务流程,注入风控要点,辅助管理提升

以备件采购流程为例,平台在15家公司上线后,采用工作流引擎配置了29个工作流程,平均每个流程内存在21个控制节点,从申领—采购—入库—出库—费用结算,全部采用电子化的审批方式,消除体外循环。在流程中植入风控指标,形成双保险,保证过程数据的完整记录,实现流程可追溯,减少审计缺陷。

6.以船东为中心,以船舶为服务对象,为船东提质增效

平台已完成与供应商、代理等系统的集成,在不同的业务公司间实现操作联动、数据一次录入全程使用,简化流程、提高效率。特别是为船舶端的物资统一集采提供了系统支持,有利于管控成本和船舶维护质量。

7. 实现船用物资的全生命周期管理

平台基于物联网技术,借助离线扫描枪、条码打印机、标签等,打造了一套船舶仓库的智能化解决方案。以一笔物料供应为例,需求明细为2000条;采购后,将对这部分物料进行贴码操作,给其唯一的身份标识;供船后,船舶端用配备的离线扫描枪完成扫描出入库、库存盘点等,并详细记录安装、更换等环节,形成了对物资的全生命周期管理。上述供货信息的管理效率提升近7倍。

8. 设定预算和指标,从源头上控制费用

通过费用预算和指标的设定,在日常采购审批、发票录入和审核的环节进行提醒和锁定控制,从源头上控制费用的合理发生。通过备件、物料库存上下限的设定和监控,在申请和审批环节增加提醒和控制,既有效保障船舶航行安全的最低物资配置,又一定程度上控制采购量,节约机务成本。

9. 多种便捷安装、升级手段,简化了船端系统安装难度,提升了安装效率

每艘船舶配备系统安装光盘,如果遇到系统损坏无法使用的情况,可以使用该光盘重新进行安装,然后告知项目组发送单船数据到船端即可恢复使用。每艘船舶提供2张系统培训资料光盘,其中包含电子版系统操作手册、系统应急预案、系统操作视频等资料。在系统中任意界面点击帮助按钮,可以直接调出操作手册,方便船员自行学习。系统实现了全自动更新,岸端发送更新包到船端,系统自动接收并更新,无须人为干预,降低系统维护难度。

10. 提供多种应急保障手段,有效保障船端动态环境下的系统可用性

系统配备了故障检测程序,在通信服务器使用正常、但航运管理平台无法正常登录的情况下,可以使用故障检测程序检查是哪个环节的问题并尝试进行自动修复。每艘船舶提供了备用服务器,其中安装通信软件和航运管理平台,当主通信服务器遇故障无法使用,可以将备用服务器(服务器上贴有应急使用说明)替换上,然后通知项目组发送单船数据,接收后即可恢复使用。对于经常跑远洋航线的船舶,如果遇到主通信服务器和备用服务器均出现故障的情况,可以使用船员的工作电脑,使用安装光盘自行安装通信软件及航运管理平台,然后通知项目组发送单船数据,接收后即可恢复使用。

创新党建项目化管理　打造特色党建品牌

山西路桥建设集团有限公司

成果主要创造人：杨志贵　崔君毅

成果参与创造人：王　蒙　王鹏飞　王宏伟　杨中青　武　佳　于　静
刘泽文　梁亚飞　吕丹慧　赵　斌

山西路桥建设集团有限公司(简称“山西路桥集团”)组建于2001年5月，是山西省人民政府批准设立的大型国有企业。注册资本70亿元，主要从事交通基础设施的投资、建设、施工、运营和房地产开发，以及与之密切相关的设计、咨询、检测、机电、绿化、交安、交通物流、智慧交通等上下游关联产业。

在山西交控集团的坚强领导下，山西路桥集团把握形势和机遇，坚持党建引领，聚焦改革发展，深化对标一流，全力推进“交通基础设施投资、建设、施工、运营”的一体化经营、协同化发展，成功实施了多项BOT/PPP/TOT/BT项目，累计投资交通基础设施1100亿元、建设高速公路4810公里、运营管理(含委托)高速公路440公里，成为山西交通项目投融资主体和建设施工主力军，逐步走出了一条现代交通企业做强做优的新路子。

一、实施背景

山西路桥集团党委下辖党委30个，基层党支部217个，党员人数4422人，分布在山西各市县及省外雄安新区和浙江、吉林、新疆、甘肃、西藏等地。山西路桥集团党委牢固树立党的一切工作到支部的鲜明导向，紧密结合建设施工一体化、项目点多、线长、面广的行业特点，以党建项目化管理为主线、以支部建在项目上为抓手，形成了路桥特色党建工作思路，解决了传统路桥行业党建工作与工程建设“两张皮”难题，建立起相互促进、深度融合的“路桥党建模式”。全面推动党建与生产经营深度融合，有效发挥了基层组织战斗堡垒作用和党员的先锋模范作用，为企业高质量发展夯基垒台。

二、成果内涵和主要做法

山西路桥集团坚决贯彻党的十九大精神和全面从严治党的要求，坚持党建引领，紧扣生产经营中心任务，创育“支部建在项目上”路桥特色党建品牌，聚焦重要目标任务、重大难题破解、重点项目攻关，积极运用“1235工作法”，扎实推进党建工作项目化管理，推出“强基型”“创新型”“提质型”示范项目200余项，创建一批可复制、可推广的“党建+”示范点，有效激发基层党组织的战斗堡垒作用和党员的先锋模范作用，提升基层组织力和凝聚力，夯实党建工作和生产经营深度融合“最后一公里”，以“红色引擎”夯实高质量发展根基，将党的组织优势转化为企业发展优势，以高质量党建推动企业高质量发展。

(一)主要内容和项目类别

“1235工作法”推进党建工作项目化管理主要是指企业党组织立足工作实际，围绕坚持党建工作服务生产经营不偏离这一中心，抓住创新、创效两个关键，瞄准企业迫切需要解决的重点、痛点、难点问题，开展强基型、提质型、创新型三种党建工作项目化管理工作，实施“选题立项、备案登记、组织实施、督导检查、成果总结”五个步骤的运行机制，以项目化的方式破解问题，促进党建工作和生产经营深度融合，实现提高企业效益、增强企业竞争实力、实现国有资产保值增值目标。

结合山西路桥集团管理实际，党建工作项目化管理按照内容分为强基型项目、提质型项目、创新型项目;按照重要程度、难易程度、收益大小等分为重点项目和一般项目。

强基型项目:主要是指针对基础性工作不扎实、制度落实不到位、工作作风不扎实等问题,需要从细处入手,实处用力,久久为功,常抓不懈的项目。

提质型项目:主要是指针对企业经营管理中存在的短板和薄弱环节,聚焦降本增效、提高工作效率、提升管理水平的项目。

创新型项目:主要是指针对创新精神不足、创新意识不强等问题,通过对管理方式、工作流程、技术能力等的创新,推动以观念创新为先导、以科技创新为核心的全面创新的项目。

(二)基本原则和实施要点

1. 基本原则

基本原则:加强目标引领,做到"四个坚持",推动党建项目化层层落实,提升党建工作质量。

①坚持问题导向。始终聚焦生产经营、改革发展、转型升级中存在的全局性、引领性、梗阻性问题,以及职工群众关心的难点、热点问题,补短板、强弱项,以党建工作项目化的方式一个一个地破解。

②坚持讲求实效。明确工作内容和工作方法,从严落实责任,强化考核激励,加强督促指导,坚决防止形式主义和官僚主义,确保党建工作项目化管理取得实效。

③坚持统筹谋划。各级党组织领导工会、共青团等组织充分发挥职工群众和广大团员青年优势,把党建工作项目化管理与技能比武等劳动竞赛活动和"号岗队手"等青字号品牌创建结合起来,与集团公司工程建设管理、高速公路运营管理、资源开发利用、科学研究等工作结合起来,统筹兼顾,做到相互促进、共同提高。

④坚持示范引领。各级领导干部以上率下,积极拓展党员示范岗、党员责任区、党员突击队、党员攻关小组、党群结对帮扶等载体,动员广大干部职工广泛参与,充分发挥各级党组织战斗堡垒作用和广大党员先锋模范作用。

2. 实施要点

实施要点:坚持"四个聚焦",打破"就党建抓党建"的思维模式,将党建引领切实体现在生产经营中心工作中,有效提升党建工作吸引力,使基层党建更加活跃、高质。

①聚焦中心工作,打造项目品牌,强化党建工作项目化管理的针对性。坚持党建工作服务生产经营不偏离这一中心,开展"支部到项目、党员到一线、工程创品质"主题实践,突出项目一线,立足作用发挥,实现党的建设与生产经营的深度融合。

②聚焦创新创效,注重作用发挥,强化党建工作项目化管理的示范性。围绕项目建设中的重点、难点、问题点,对所有在建项目全部进行梳理分析,以"党建 +"为基本思路,在固废利用、标准化建设、品质工程等方面,创建提质型、创新型、强基型项目示范点,充分发挥"一个支部一个堡垒,一名党员一面旗帜"的示范带头引领作用。

③聚焦规范运行,健全工作制度,强化党建工作项目化管理的长效性。明确基层党组织书记是党建工作项目化管理第一责任人;其他班子成员是分管范围的直接责任人,切实履行"一岗双责"。集团及所属单位党委(支部)深入践行"一线工作法",领导人员每月驻守项目一线不少于 15 天,同步建立"1235 工作法"项目联系人制度,加强与联系点项目的对接、服务工作,切实推动项目高效、有序开展。

④聚焦过程管控,强化项目监督,确保党建工作项目化管理的实效性。推行"四个一"工作法,即"实施一个党建项目、明确一个责任领导、成立一个项目小组、制定一套实施方案",精准设计每个党建项目的任务书、路线图、时间表,明确每个党建项目的主要内容、推进措施、完成时限。成立党建项目化管理工作督导组,选派具有丰富基层党建工作经验的党务工作者作为督导员,定期对项目实施情况进行跟踪、督查,有力保障工作成效。

(三)具体做法和实践形式

1. 具体做法

具体做法:通过"四个重",推进项目党支部品牌建设,促进党建项目化管理条理化、明确化,切实推动基层党建工作标准化规范化建设。

①重基础,让支部品牌建设融入日常。牢固树立党的一切工作到支部的鲜明导向,强化党支部的责任意识和担当意识。从固本强基、增强活力、体现特色、注重实效入手,切实加强基层党支部标准化规范化建设,打牢党的工作组织基础。要求支部品牌建设重点突出"抓基础",即按照全面从严治党的要求,认真落实基层党建责任清单,抓好党支部学习教育、"三会一课"等基层党建制度规定的落实。同时不断更新工作理念、改进工作方法、增强工作实效,找准支部品牌建设的切入点和着力点。

②重目标,让支部品牌建设融入行动。针对项目党支部队伍结构、工作职能等现状,研究制定"一个支部一个品牌、一名党员一面旗帜"创建实施方案,确立"创建特色党建品牌"的活动方针,提出"各支部均有党员认可和满意的党建服务品牌"的目标,并细化出有特色化名称、有个性化内涵、有全员化争创、有制度化推进、有显性化成效的"五有"创建标准。

③重培育,让支部品牌建设融入中心。各支部在品牌建设过程中,引导党员干部牢记党的宗旨,立足岗位实际,紧紧围绕项目建设中心工作,在某一方面或多方面突出明显特色,打造出叫得响、有影响、作用明显、党员群众认可的党建品牌,以促进党员发挥先锋模范作用。并注重资料采集和台账整理,及时宣传总结好做法、好经验。通过品牌酝酿、品牌申报、品牌认定、品牌复核等流程,形成"一个支部一个品牌、一名党员一面旗帜"创建的闭环管理。与此同时,充分利用支部会议、专题研讨学习等形式,分享支部创建活动的心得,树立先进典型。品牌认定坚持"特色+实效+控量"原则,成熟一个、命名一个,综合项目开完工、日常检查、活动影响和工作绩效等因素,动态调整支部品牌。

④重机制,让支部品牌建设融入考评。"一个支部一个品牌、一名党员一面旗帜"建设作为创先争优的重要内容纳入党建工作年度考核,同时作为党建工作责任清单制度、支部书记抓党建工作述职评议考核的重要内容。支部品牌建设过程中逐步形成的交流、检查、宣传、表彰等机制和措施,确保了支部和党员参加品牌建设的劲头不松、热情不减。支部品牌不实行"终身制",被命名的品牌每年复核一次,对不符合标准、失去示范作用的,责成专项整改。

2. 实践形式

实践形式:坚持"支部建在项目上",创新实践主题,根据项目实际设置主题实践项目,有效激发基层党组织的战斗堡垒作用和党员的先锋模范作用,将党的组织优势转化为企业发展优势。

①主题党日特色党支部。通过创新"主题党日+"模式,以政治建设、思想建设和实践创新等工作为重点,开展形式多样、载体丰富的主题党日活动。

②制度学习先锋党支部。学制度、学流程、学习系列重要讲话精神,创新学习方式方法,建立长效学习机制。如:举办知识讲座、观看视频、参观廉政教育基地等,党员带头营造乐学、勤学、善学、比学的浓厚氛围,不断增强自身的政治理论素养和业务能力水平。

③强管理增效益型党支部。运用"1235"工作法,围绕管理创新、技术革新、提质增效等开展党建项目化管理,抓住创新创效关键点,推动实施举措落地见效,达到降低成本、增加效益目的,实现项目利润最大化。

④创新探索型党支部。把创新工作与生产经营结合起来,推动固废利用、二次经营、新工艺、新工法等取得实效,调动全体党员干部职工参与创新工作的热情,在理念创新、工作创新、方法创新、机制创新、成果转化创新等方面下功夫,形成"人人参与创建"的良好局面。

⑤本质安全型党支部。通过探索"互联网+安全"管理模式,开展"党员查隐患""岗前安全宣誓"等活动。将安全隐患逐项核查、一一落实,消灭在萌芽状态,严格管理机制,责任到人,制定有效措施,规范施工工序,真正形成闭环管理,保障项目安全施工。

⑥质量创优型党支部。加强工程质量制度管理,依据项目不同特点对工程质量严格把关;签订"质量目标责任书",层层压实责任、落实责任到人;加强原材料验收、工程质量巡查等工作,打造品质工程。

⑦环保提升型党支部。通过设立"党员责任区",实行环保目标责任制,采用合理安排作业时间,降低噪声,对机械设备进行严格管控,生产废弃物分类管理、合理利用等方式,切实做到"源头控制,动态

管理,持续改进,保护生态,共享自然”,狠抓环保风险管控,推动环保管理提升。

⑧作风建设型党支部。通过开展“作风建设月”“党员示范岗”等活动,强化作风建设。进一步激发党员干部发挥先锋模范带头作用,以带头狠抓学习、带头遵守纪律、带头强化服务、带头廉洁自律等方面为切入点,不断增强支部的战斗力、凝聚力和向心力,扎实推进各项工作有力有序推进。

(四)项目创新点及基层特色

1.创新点

①彻底打破原有的基层党支部组织架构。以往各基层单位通行的做法是把党支部建在分公司机关,远离工地现场,党支部和党员围绕工程项目发挥作用不及时、不明显。按照新的项目党支部规范化建设要求,所有建设和施工单位都要围绕工程项目建设,本着地点相对集中,有利于党员活动、有利于工程建设、有利于发挥作用的原则,在为期6个月以上的工程项目部成立项目党支部,同步建立群团组织。把支部建在项目上,作用发挥在工地上。截至2019年底共成立项目党支部66个,覆盖率100%,达标率85%。较好地体现了总书记重要讲话中强调的“党员工作生活在哪里、党组织就覆盖到哪里”的精神要求。

②探索对项目党支部进行“双重管理”并实施。按照项目党支部规范化建设要求,对项目党支部由施工单位和建设单位党委实行“双重管理”。施工单位党委主要负责围绕组织建设对项目党支部进行管理;建设单位党委主要负责围绕工程建设对项目党支部进行工作指导。通过“双重管理”,明确职责,相互推动,形成“1+1>2”的良好工作格局。例如:在隰吉高速公路建设工地,一方面,参建单位按照项目党支部规范化建设要求,在各项目分部成立项目党支部,并因地制宜,对照有标识、有党旗、有誓词、有制度、有书报、有设施的“六有”标准,全部建立规范的党员活动阵地。另一方面,为了加快推进工程建设,建设单位隰吉公司党委指导各项目党支部积极与地方政府部门、农村党组织联合开展“党建联建聚战斗合力,携手共进促项目建设”主题党日活动,有效聚合了高速公路工地沿线党建资源,建立了与地方党组织常态化的沟通交流机制,形成了共建共促共进的良好格局,推进了征地拆迁、开工建设等重点工作。

③实现了党支部工作与工程建设的深度融合。各项目党支部在做好党建基础工作的同时,坚持围绕工程项目建设,充分发挥党支部战斗堡垒作用和党员先锋模范作用。一方面,以党员先锋岗、党员示范岗、党员责任区、党员突击队、党员承诺践诺等活动形式为载体,组织引导广大党员在工程项目建设中创先争优,发挥作用;另一方面,结合工地的形势任务和重点难点创新开展了“百日行动党员先行”“安全帽上亮身份　践行承诺保安全”“党员包片督导一线工作法”等实践活动,努力打造项目党支部“党建+”特色品牌,推动了品质工程建设。

2.基层特色

①隰吉公司党委创新实践“双重管理”,积极构建“大党建”格局,在推进项目实施中发挥党建引领作用,以实际工作成绩检验党建工作成效。

多点矩阵,匠心打造特色党建品牌。开展“守初心、铸匠心,建堡垒、当先锋”活动,实施班子成员包片、参建单位领导蹲点、部室人员进标段,从建设单位党委、施工单位党委和项目部党支部三个层面,多方联动,共同发力,有力推进项目建设顺利实施。

上下联动,筑牢组织堡垒精准发力。以“项目建设”为中心,组织开展“大干一百天,决胜一九年”主题党日,通过“百日攻坚”宣誓、签订“军令状”、“攻坚战队”授旗,对各标段再鼓干劲、再加力度、再抓落实,有力营造出“大干快上、比学赶超”的竞赛氛围。

创新理念,深入践行“区域党建共建”。组织开展“党建联建聚战斗合力,携手共进促项目建设”联合主题党日,指导各项目党支部和属地党组织,以党建共建座谈会、交流学习、开展扶贫帮扶等形式为载体,汇集政企村三方力量,实现了从传统“单线作战”向“凝神聚力”的跨越转变。

安全复工,践行承诺保安全。以“安全帽上亮身份,践行承诺保安全”为主题,通过“安全宣誓”“党员安全帽授帽"等形式，大力开展"党员安全示范岗、党员安全责任区、党员身边无违章"活动，进一步实现项目党建促安全、安全保障有党建的双赢目标。

保障权益，让进城务工人员舒心工作。坚持"进城务工人员聚到哪里，党建工作就延伸到哪里"的工作思路，开展"党建＋保障农民工合法权益"活动，通过为流动党员"安家"、条例专题培训、"情系农民工，送法进工地"等活动，让进城务工人员不再伤"薪"忧"酬"，大力营造关爱进城务工人员的浓厚氛围。

品质为基，抓好质量促党建。以"质量月"活动为切入点，通过主题横幅签名合影、观看质量警示教育片、党员质量宣言、推荐表彰"先锋党员"等活动的实施，进一步破除"两张皮"的问题，从而使党建全方位多角度全面嵌入项目质量管理进程中。

②路桥二公司党委积极探索"党建＋"在基层落地实践的实施路径，引导基层党组织聚焦重点工作中的难点痛点问题，通过党建载体搭建平台，有力推动基层党组织和党员在攻坚克难中发挥战斗堡垒和先锋模范作用。

党建引领项目，让集中生产绽放异彩。路桥二公司隰吉 LJ2 标项目党支部积极探索构建"大标段施工""兵团集中作战"施工组织模式，经过严密测算成本、综合考虑供应能力和施工部署，统筹规划，充分利用临建设施，减少临时占地和资源浪费，跨标段建立大型"三集中"厂站，实现了集中加工生产，统一配送管理，不仅减少了人工费用的投入，还有效提高了预制块的施工进度及施工质量。

党员引领自主创新。场站设置了党员先锋岗、党员责任区，充分发挥党员先锋模范作用。一是自主设计制作了生产线起吊装置、货架式多层运输小车、循环利用装置等，提高劳动生产率，稳定和提高产品质量，降低生产成本，缩短生产周期，保证生产的均衡性。二是通过查阅各种资料，不断地总结经验，经过反复的试验，解决了外观的蜂窝麻面、缺棱短角、沾模等问题，内在质量得到了保证，在小型构件集中预制开工前，得出了最优的配合比，CFB 灰渣代替了细集料的 50%，粉煤灰掺入了胶凝材料的 25%，每方混凝土节约成本 20 元左右，达到了降本增效、固废利用的目的。

规范决策把关，实现项目降本增效。路桥二公司隰吉 LJ3 标项目党支部在不断巩固招采各项规章制度的同时，经过支委会研究后，完善竞争性谈判和询价采购计划。其中，竞争性谈判采购：计划采购金额约 500 万元，预计降本率在 2%，节约 10 万元；询价采购计划采购金额 300 万元，降本率 2%，节约 6 万元。加强过程把关，在招采过程中，由机材工作人员牵头协调跟进，各职能部室负责人按手中招采计划、目录等，首先进行市场初步询价，做到心中有数；在投标报名名单中，选择合格的供应商按招标流程进行招标。项目党支部将每次招标的价格、谈判过程进行公示，当成廉政教育素材教育员工群众。同时，建立考评机制，成立考评小组，对招采效果进行考评，把好廉政关，切实提升项目招标采购管理水平，提高材料的成本降本率，节约材料成本，提高项目效益，切实实现降本增效。

③路桥七公司党委紧紧围绕年度产值目标，聚力党建引领，把生产经营的难点作为项目党支部党建工作的重点，"党建＋项目融合""党建＋安全生产""党建＋质量"等多项党建项目化管理模式取得显著成效。

党建融合成为高质量发展的助推器。以隰吉高速公路 LJ10、LJ11 两个项目党支部为示范点，开展"党建＋项目融合"项目化管理，结合两个施工标段相邻、资源优势互补的特点，围绕推动员工思想沟通、联络渠道畅通、施工目标相通、企业文化融通，通过联合开展主题党日、支部书记互讲党课、防洪防汛联合应急演练、安全质量风险隐患防控专题交流会、开展技术比武擂台赛等活动，推动资源共享、活动共融，以点带面，以面带全，最终实现思想融合、工作融合、文化融合、发展融合，全力助推改革发展进程。通过近半年的党建活动融合，两个项目部员工"一盘棋"思想站位更高、"一家人"的理念更强，为推动项目施工进度和产值提升发挥了引领和推动作用。

党建项目化成为提升支部战斗力的牵引器。隰吉高速公路 LJ11 项目部党支部以集团开展的推进构建"三大体系"，落实"八项提升"要求为主线，结合"大干一百天、实现大提升"劳动竞赛的号召，以项目党建促进项目安全生产为目标，通过组织集中学习、签订安全生产承诺书、明确安全生产责任，积极引导和动员一线党员同志发挥先锋模范作用和旗帜作用，推动安全生产文化观念和安全生产意识的提升；

在项目施工建设期，项目党支部施工一线党员主动开展"党员带头不违章、党员带头查违章、党员身边无违章"活动，真正以身作则，充分发挥党员的引领示范作用，建立违章自查自纠机制，将责任落实到具体监督人员身上，设置"党员安全监督岗"，以"跟班"和"抽查"相结合的方式，正确引导、规范一线职工的安全生产行为，督促全员做好安全生产的全过程管理。自进场以来，该项目未发生一起安全生产事故，项目进度和产值稳步提升，真正实现党员带头干、员工同奋战的良好局面。

三、实施效果

党建项目化管理进一步激发出企业改革发展的动力和活力，2019 年集团市场经营额突破 500 亿元，创历史新高；完成投资 211 亿元，同比增长 40%；完成产值 203.7 亿元，实现利润总额 8.34 亿元，超额完成目标任务，山西路桥集团发展质量、结构、效益再上新台阶。

1. 坚持把党建项目化管理纳入党建责任制，党组织负责人责任意识和主动意识进一步夯实

党建工作项目化管理中，各单位党组织书记负起党建项目建设第一责任人的责任，班子成员履行"一岗双责"，根据分工联系实施项目，指导项目实施过程中制定详尽的实施方案，层层分解任务，定目标、定人员、定责任、定措施、定时限，构建了责任落实机制，不断增强了各级党组织和党员领导干部抓落实的责任心和自觉性，确保党建工作项目化管理每个环节都能抓实抓好，总结推广隰吉公司党委"五方联动"党建格局、左涉公司党委"党建 + 项目"品牌、二公司党委"党支部 + 专业化班组"项目等先进经验，有效解决了党建工作与工程建设"两张皮"难题，建立起相互促进、深度融合的"路桥特色党建品牌"。

2. 坚持把党建项目化管理和党支部标准化建设结合起来，各级基层党组织组织力和号召力进一步提升

运用党建工作项目化管理全面推进党支部标准化建设，制定下发了《关于加强基层党支部规范化建设及分级评定的实施意见》，从组织设置、党员管理、制度落实、阵地建设、党内活动、基础保障六个方面提出了党支部规范建设标准。通过自查摸底、对标提升、自评报告、考评定级、列单定标、复核审定六个步骤推进党支部规范化建设工作。各基层党组织全部完成考评定级工作，实现 60% 基层党支部建成一流标准目标，切实推动各级党组织在贯彻落实党中央重大战略、重大工作中充分发挥作用，基层党组织的带动组织力获得明显增强。

3. 坚持把党建项目化管理融入生产经营全过程，各级党组织党建引领高质量发展的核心作用进一步发挥

围绕生产经营不偏离，推动党建项目化管理，2019 年推出"强基型""创新型""提质型"示范项目 91 个，2020 年推出示范项目 202 个，实现在建项目全覆盖，涵盖党的建设、经营管理、项目建设、固废利用、成本控制等各领域各方面，夯实党建与生产经营深度融合的"最后一公里"，以"红色引擎"夯实高质量发展根基，充分发挥了基层党组织推动发展、服务群众、凝聚人心的战斗堡垒作用，激发了广大党员立足岗位、攻坚克难的模范带头作用，形成了以党建引领改革发展的生动局面。

当前，党建项目化管理已成为山西路桥集团党建工作的一种常态化运行机制，基层党组织标准化规范化建设进一步夯实，实现了坚持抓党建从生产出发，抓生产从党建入手，坚持党建引领，推动改革发展，全方位打造国内一流交通基础设施投资建设施工现代企业集团，做强做优，奋力走出现代企业新路子。

以科技创新为核心的企业战略制定与实施

衡橡科技股份有限公司

成果主要创造人:赵保广　李明晓

成果参与创造人:张素瑾　马会宁

衡橡科技股份有限公司(原名衡水橡胶股份有限公司,简称"衡橡科技")地处衡水市高新区,创建于1954年,占地面积77万平方米。现有员工2600余名,其中包括专业技术人员580名(中高级专业工程技术人员330名、高级专业技术人员11名),有生产设备800多台、检测设备590台(套),年产值可达26亿元。经过66年的发展,衡橡科技已发展成为以衡橡科技股份有限公司(注册资本为11880万元)为核心的集团化企业,设桥梁配件分公司(辖6个分厂)、恒力铁科(北京)技术开发分公司、衡水新陆交通器材有限公司(注册资本5050万元)、天工俐德科技发展有限公司(注册资本10188万元)等骨干企业。

截至2019年12月底,公司拥有国家专利176件,其中发明专利28件、实用新型专利143件、外观设计专利5件。主要产品为:桥梁支座、桥梁伸缩装置、桥梁转体系统、桥梁智能检测系统,建筑减隔震支座;水利、隧道、桥梁用防水材料;预应力钢棒、声屏障;海工装备等产品的研发、设计、生产、制造、服务全过程。2011年,公司品牌"恒力"通过中国驰名商标认定,产品预应力钢锚获"全国科技创新成果金奖"。

从1995年起,公司先后被评为:河北省百家优势企业、河北省百强企业、中国橡胶工业百强企业、中国橡胶制品行业十强企业、中国交通企业名牌、国家知识产权优势企业、鲁班奖获奖供应商、詹天佑奖获奖供应商、国家信用AAA级企业、河北名片、河北品牌建设典范单位、河北省名牌产品、河北省诚信企业证书、博士后科研工作站、河北知名品牌、全国交通建设科技创新先进单位、中国科技创新示范单位、企业信用AAA证书、中国商务信用联盟成员单位、诚信示范经营认证企业、国家企业技术中心等,并于2007年荣列国家火炬计划。

自2016年起,衡橡科技为推进科技创新,以传统交通配套产品为基础,以高端制造、绿色制造、智能制造为核心,科学运用信息化新技术,全面打造"智慧衡橡",做优传统产业板块(桥梁支座、伸缩缝等),做大环保节能业务(声屏障、防水防渗隔污材料和金属预应力处理等),做实高端装备制造项目(桥梁监测养护、智能装备制造等),做强跨界新业务(海工装备、海上风电、工程远程监控等),紧随"一带一路"扩大海外自主业务,介入互联网产业变身数字化企业,融入资本市场。

一、项目背景

衡橡科技始建于1954年,作为一家具有66年橡胶制品研发生产历史的老牌企业,衡橡科技数十年磨一剑,痴心打造这一"拳头"产品。尤其是近30年来,致力于交通工程事业,敏锐洞察市场行情,不断开发桥梁工程橡胶制品的新产品,已经成功应用在全国各重点工程的数万座大桥上。特别是近几年来,先后经历了国际金融危机、交通事故的考验,仍然呈现出高速增长的态势,体现了其强大的内在动力和活力。

目前,铁路桥梁工程橡胶产品由于实行较严格的CRCC认证(中铁检验认证中心认证),竞争对手相对较少,从而使毛利率维持在较高水平;大跨径桥梁支座、大位移量伸缩装置等由于技术门槛较高,也能保持较高的毛利率。未来几年,干线铁路建设、城市群间的城际铁路建设和城市轻轨线路的建设将为桥梁功能部件市场带来高速增长空间;公路建设投资也将会为工程橡胶市场带来稳定增长。同时,国际市场技术壁垒的破除,将为工程橡胶市场带来长期广泛的海外市场。近几年来,随着中国高铁的迅猛发展,世界许多国家对中国的高铁技术表现出浓厚的兴趣,表达了合作的意向,中国高铁走出国门只是一个时间问题。截至目前,美国、英国、巴西、伊朗、南非等国家均公布了投资巨大的高铁建设计划,全球已进入“高铁时代”。

1. 我国改革开放深入推进的宏观需要

自我国实施改革开放以来,从最初的市场化改革到投资拉动,实现了持续 30 多年的高速增长,但 2008 年金融危机后,全球经济增速放缓,我国经济自 2010 年第一季度达到高点以后,已连续 6 年处于增长下滑状态。宏观经济调控政策也已由原先的刺激总需求向供给侧结构性改革方向转变,增加有效供给,满足中高端需求已是未来产业调整的方向。在此大背景下,单纯依靠模式已经难以满足发展需要。在经济发展新常态下,需要转变经济发展方式,实现创新驱动发展。我国政府高度重视科技创新,党的十八大提出:“科技创新是提高社会生产力和综合国力的战略支撑,必须摆在国家发展全局的核心位置。”当前,我国总体的经济形式已经转向高质量发展阶段,相比较于前面几十年的数量规模高速增长阶段,对科技创新提出了新的更高的要求。习近平总书记曾提出要在适度扩大总需求的同时,着力加强供给侧结构性改革;2015 年 12 月 18—21 日召开的中央经济工作会议明确了去产能、去库存、去杠杆、降成本、补短板五大任务。科技创新与供给侧结构性改革一脉相承,进行供给侧结构性改革必须在调整产业结构、促进科技创新上着手。在党的十八届五中全会上,习近平总书记提出“十三五”时期要坚持五大发展理念,坚持创新发展,必须把创新摆在国家发展全局的核心位置。由此可见,企业要面对竞争激烈的市场,就需要积极学习先进技术,通过研发创新来占领技术制高点,提升科技创新能力,实现科技创新驱动发展。

2. 企业升级发展的战略需要

在可以预见的未来,工程橡胶产业拥有巨大的潜在市场空间。但是,现在国内许多企业都看到了国家不断加大基础设施建设投入,基建项目逐年增加,因此纷纷进军这一市场,直接挤占了现有企业的生存空间。面对这样的情况,企业要想在市场上立于不败之地,就需要积极深入开展科技创新活动,提升科技创新能力,并转化为企业战略的执行能力。

衡橡科技以科技为抓手,积极引进、消化、吸收和开发先进的工艺技术装备,实施技术改造,淘汰落后产能。通过工艺、装备升级促进科技创新、质量控制、经营管理、节能减排、品牌建设等方面工作水平的提高,不断增强公司的可持续发展能力和综合竞争能力。通过科技创新找出各方面存在的差距,分析原因,制定改进方案和措施,逐步缩小与世界先进企业的差距,使各项指标能够达到或接近同行业先进水平,推进企业整体水平的跨越提高。

3. 企业培育核心竞争力的客观需要

扎实有效地开展科技创新工作,才能使企业立足公司长远发展和行业特性,不断摸索和完善,积极推行现代管理方式,从而逐步形成一套适合企业实际、能切实解决问题的对标管理模式。实现科技创新与科学发展的有机结合,才能有效提升公司生产经营管理水平和经济效益,并成为企业又好又快发展的有力工具,对提升企业核心竞争力发挥关键作用。

二、项目内涵与做法

通过学习先进经验,企业不断改进工作机制、创新科技管理手段,以达到行业领先为目标,积极开展以科技创新为核心的相关工作。

1. 强化科技创新管理

在以科技创新开拓事业的初期,衡橡科技创立了“立标准、严要求、常整顿、常规范、常学习、常创新"的管理方针,确立了向标准型、规范化、学习型、创新型企业发展所应遵循的准则。管理方针与发展准则是衡橡科技展现高标准、严要求工作作风的规则,是形成严谨、规范、高效工作形象的制度,是迈向高科技、现代化企业的指南针。

第一,加强人力资源规划管理,细化各部门职能标准。本着以岗定责、科学分类的指导原则,制定《全员绩效管理考核岗位分类对照表》,对每个岗位的工作职责、工作标准、考核标准进行了分类细化,没有任何部门、任何岗位、任何人游离于绩效管理体系之外,使每个员工的岗位职责及工作标准更加明确,形成专业的事由专业的人干、人人有事干、事事有人管的良好工作氛围。

第二,衡橡科技首先采取相似部门使用相同的内部对标数据的管理方式,不同的部门可对照标杆企业的相关部门对标,相同车间工段或者是同一个车间不同的班组,甚至是相同班组的不同操作岗位均可实现对标,内部对标结果与绩效考评体系中的个人业绩挂钩,做到人人有标杆、个个找差距、事事做对比、时时有进步。

第三,在此基础上设立效能管理部,加强对各个职能部门、业务部门和车间工段工作开展状况的监察管理,重点对工作计划进行时间节点、完成情况和达标情况的检查,实现对各个部门工作进度的实时监控督促,促进了整体工作的及时高效完成,为完成公司整体战略目标奠定坚实的执行能力。为了确保绩效考核的效果,企业制定适合各个岗位的具有可操作性的《绩效考核办法》,力求考核内容、标准更具针对性;力求通过有效的考核,对每个岗位、每个人的工作业绩作出科学公正的评价。整个绩效考核的过程紧密结合各岗位的工作职责标准,各环节的考核环环相扣。在此基础上,形成了"事事有计划、件件有标准、样样有监督、个个有考核"的工作精神。通过计划与标准做好事前关口的把握,通过监督与考核做好事中控制与事后总结,每个环节有序衔接又层层递进,巧妙地解决了工作效率低下的问题,养成了衡橡人善始善终、善作善成的好习惯,从而保证了衡橡科技各项事业实现在战略期间内的达标达效。

在完善制度的同时,还健全了资金、人员的保障措施。为响应国家数字化发展的大趋势,大力推行智能制造,进一步落实降本增效的发展需求,衡橡科技针对工程橡胶行业的数据应用,持续多年投入大量的研发专项资金,用于快速发展智慧制造,最大限度地发挥企业的大数据技术创新主体作用,实现科技成果的智慧化、落地化。衡橡科技注重科技创新发展,多年来实施开放包容的人才战略,汇聚了丰富的专业技术人才,目前有专业技术人员580名(中高级专业工程技术人员330名、高级专业技术人员11名)。扎实的人才储备,有力地保障了衡橡科技的技术创新与业务完美融合,加速创新成果的落地实施。

2.充实完善科技创新的理念体系

衡橡科技在科技创新的发展征途上,始终秉承"转变思想、与时俱进、迎难而上、追求完美"的奋斗思路,坚信没有新思想就不会有新观念,没有新观念就不会有新举措,没有新举措就不会有新成效。要实现衡橡科技的更好更快发展,就需要衡橡人解放思想,转变观念,与时俱进,打破僵化的惯性思维,摒弃守旧的思想意识,审时度势、迎难而上,超越自我、追求完美。直至今日,在衡橡科技内部已经形成了完善的科技创新理念体系。

(1)科技观

凡事都要从科学的角度出发去思考问题、研究问题,用科学的方法去解释某个问题。随着科学技术的进步,相信在未来会有更多疑难问题或不解现象被先进的科学技术破解。因此,衡橡科技要求全员在思考问题的时候一定要用科学的方式处理问题。在衡橡科技内部,树立起了"一丝一毫有标准、一字一图有规矩、一言一行有准则"的科技工作观念。

(2)人才观

人人是人才,人人可成才。公司的发展离不开人才。在一定程度上,人才影响着企业的长远发展,人才的行为决定了企业的发展方向、发展形势和发展目标。"人人是人才",员工为企业工作,要相信自己的工作能力,相信自己是人才。"人人可成才",公司不仅为员工提供了工作机会,还为员工提供了发展平台,只要员工个人付出努力,就会成为企业的可造之才。

(3)安全观

安全为天,幸福相伴。安全是企业永远的主题,安全为了生命,生命必须安全,时刻牢记安全。只有安全,才能创造幸福的生活。为了让公司自上而下从思想意识到实际行动,都"重视安全、懂得安全、执行安全",公司将每年6月定为安全月,积极响应国家的安全主题,认真深入开展安全活动。

(4)质量观

质量是企业的生命,质量是企业的效益。产品质量的好坏直接关系到企业的生存和效益,同时,质量的高低反映了公司管理水平和经营水平的高低。衡橡科技一直奉行"不合格原料不进厂,不合格产品不出厂"的原则。为客户提供优质产品是公司对客户的承诺,高质量的产品能为企业营造良好的信誉和形象,与客户建立长期稳定的合作关系。

(5)市场观

在变化中抢机遇,在竞争中求发展。外部环境不断发展变化,社会时刻充满竞争。企业要发展,就要捕捉市场机遇。机遇是留给有准备的人的,企业要在变化中寻求机遇、抓住机遇。

市场的法则从来都是优胜劣汰,只有在竞争中才能使企业不断地发展壮大,淘汰落后,保持先进,去除糟粕、保留精华。衡橡科技要在激烈的市场竞争中努力锻造自身的基础,不断提升自身素质,增强自身的应变能力,成为竞争中的佼佼者。

(6)服务观

服务是未来企业发展的生命力。企业的发展,在于所做的一切都是为了服务大众、服务社会而努力。衡橡科技要发展,产品质量是生命,服务更是生命。服务是衡橡科技持续向上的力量,是衡橡科技对社会的吸引力,是衡橡科技不断跨越发展的核心,是衡橡科技做大做强的推动力,是衡橡科技实现美丽衡橡梦的根本核心。

3. 产学研合作

衡橡科技在积极组建自己的创新队伍的同时,一直将产学研合作作为企业创新的一个重要组成部分。实践证明,产学研有效结合是实现科技创新的有效途径。在公司科技创新发展过程中,产学研结合起到了非常大的作用,这一形式也取得了很大的成功。公司除部分技术来源于自身的研究和实践,具有自主权外,还与铁道部科学研究院、中国建筑标准化研究院、清华大学、同济大学、北京工业大学、哈尔滨理工大学等十几家科研机构、高校建立了合作关系,共同完成50多项产学研合作项目,成效卓著。这些项目的成功开发与转化,极大地推动了企业跨越式发展。

在产学研结合的模式上,早期主要为单纯项目研发合作模式。如今,衡橡科技采取的产学研结合方式主要有:

①加强内部学习,搭建全员培训学习体系。要求从高层领导、中层职能部门领导到基层的每个车间、工段的员工都参与进来,强化对国家相关法律法规、行业标准、衡橡企业文化、规章制度、岗位职责、岗位操作规程、安全操作规范等多方面内容的学习;同时,制定了培训学习的检查、评估制度,由专门的工作人员对培训学习效果进行检查评比,促进了全员对本岗位所需各类知识的学习掌握。

②与在专业上有优势的高校、研究机构共建实验室或工程技术平台。这一模式今后会成为公司产学研结合的主要模式之一。如与中国建筑标准化研究院合作,衡橡科技是其科研转化和试验基地,又如设有北京工业大学博士后创新实践基地。

③前期技术成果或已有知识产权的成果引进。单纯项目的产学研结合研发,在衡橡科技得到了充分应用。公司在发展过程中完成了50余项此类型的产学研结合,如与中国建筑标准化研究院的建筑减隔震摩擦摆支座、与中交一公院联合开发的HDR支座(高阻尼橡胶支座)等。

④通过产学研结合的推进,近几年来,科技成果产业化平台完成具有国际先进水平和国内领先水平的新产品新技术项目50项,申请专利26项。参与了河北省重点技术创新项目、新产品开发项目等多个具有国际先进水平的技术创新项目,参与制定了17项国家和行业标准。

公司在引进设备和技术的同时,不断对其进行消化吸收,进而改造国外先进设备和先进技术,提升产品档次,并扩大产品创新的可能范围。公司持续加强与院所的联系,充分发挥大专院校和科研院所的人才、科研和视野开阔的优势,实现企业、院校、研究机构的优势互补。以项目为载体,开展人才培养,开展基础技术的研究及产品的开发,促进科技成果向生产力的转化,取得了一系列良好的合作成果,例如:与中海油合作的科技项目“LMU 国产化及示范应用研究”,是可以跨行业全面掌握 LMU 的设计、制造及试验体系,创造自主知识产权的产品。这一产品实现国产化,填补国内空白;有效降低成本,并大大缩短 LMU 产品采购周期;更提高了公司核心竞争力和国际市场竞争力。

4. 搭建科技创新平台

衡橡科技科技创新平台实行公司领导下的技术总监负责制。技术总监承担全面责任,具体包括负责贯彻公司决议,领导和组织平台全面工作,负责审查与批准平台的发展战略,制定平台运行总体市场目标,审定平台年度计划与目标任务,保证平台的技术创新、工程化目标的按时完成。

衡橡科技科技创新平台现有桥检车研发中心、声屏障研发中心、预应力钢棒研发中心、防水材料研发中心、桥梁转体系统研发中心、海工产品研发中心、桥梁支座研发中心、桥梁伸缩装置研发中心、建筑减隔震研发中心和一个检测中心。

公司重视企业科技创新平台的组织建设、人才储备,不断完善组织机构和研发条件。目前,平台已经形成了拥有 18 名高级工程师、156 名中级以上职称专业技术人员的科技研发团队,拥有 30000 千牛全自动压剪试验机、磨耗试验机等先进试验检测设备,建设了国家 A 级质检中心。

为了鼓励科技成果产业化平台的研发、创新,提高核心竞争力,公司制定了《技术进步成果管理办法》《技术开发项目管理制度》《技术进步成果奖励办法细则》等相关制度。

5. 持续重视技术研发

1985 年,公司制定了《板式氯丁橡胶桥梁支座》企业标准。

1987 年,配合衡水市标准计量局制定《河北省衡水市板式氯丁橡胶支座》(DB/133001G47 1—87)地方标准,这也是全国第一部公路桥梁板式橡胶支座产品标准。

1987 年,配合交通部制定了我国第一部板式橡胶支座标准《公路桥梁板式橡胶支座》(JT 3132.1—1988)。衡橡科技生产的板式支座也是全国第一个达到交通部新标准要求的产品。

1992 年,开发生产了圆形板式橡胶支座,为国内首次,并通过了交通部科学技术成果鉴定。鉴定意见认为:“该产品的研制在我国尚属首次,其试验、试制和应用居国内领先地位,各种技术指标达到国外同类产品的先进水平。”

1994 年,开发生产了型钢桥梁伸缩装置,并申请国家专利,为我国第一项工程橡胶技术(伸缩装置)专利。同年,公路桥梁板式橡胶支座、板式橡胶伸缩装置和公路桥梁盆式橡胶支座,为首批获得交通部交通工程检测中心颁发的交通工程产品合格证的产品。同年,大位移桥梁伸缩装置产品在汕头海湾大桥国际竞标中,作为国内生产商首次中标,结束了我国大位移桥梁伸缩装置依赖进口产品的历史。1994 年,XF Ⅱ斜向支承式桥梁伸缩装置获中国新技术新产品(成都)博览会金奖。

1995 年,开发生产了坡型支座并获国家首创技术专利;1996 年,开发成功铁路盆式支座(8156 支座),为国内首家;1996 年,获评行业第一个国家级新产品(斜向支承式桥梁伸缩装置)。

2002 年,GPZ(KZ)系列盆式支座应用于长 12 公里的郑州黄河大桥(时为亚洲最长的公路桥);2003 年,公司系列产品相继销往孟加拉国,开创了公司大型盆式支座、伸缩装置销往国外的历史。

2004 年,桥梁支座产品获批“全国工业品生产许可证”,衡橡科技是工程橡胶行业首批获证单位。同年,多项产品入选《衡水之最》,其中以 XF Ⅱ-640 型为代表的“恒力”牌斜向支承式桥梁伸缩装置系列产品和 JZGZ—35000 千牛“恒力”牌桥梁支座系列产品,以其开发历史早、规格大、科技含量高入选《衡水之最》。

2006 年,参与我国“跨入高铁新时代”的标志——京津城际客专的建设。2007 年,公司抗震盆式支座被纳入国家火炬计划项目。2008 年,在世界上一次建成线路最长、标准最高,也是新中国成立以来投资规模最大的建设项目——京沪高速铁路建设中,供应了 4.2 亿元的盆式支座产品。2009 年,生产最大吨位支座(减震球型钢支座承载力为 70 兆牛),并应用在天津永定河大桥上,这是迄今为止行业企业生产的最大吨位支座。大型 E 型钢弹塑性阻尼器和减震球型钢支座配套使用,专门应用于 8 级以上震区,水平阻尼可达到 4000 千牛,阻尼位移为 300 毫米。

2010 年,入选"中国橡胶工业百强企业";2011 年,"恒力"商标通过中国驰名商标认定;2011 年,成为行业第一家步入"中国橡胶制品行业十强企业"。

2014 年,在唐山建设了全国抗震建筑观摩示范点——唐山市新华文化广场,用了 388 台(套)建筑用铅芯隔震橡胶支座。同年,我国第一台"桥检机器人"——无轨自行式桥梁下弦检测车诞生,应用于郑焦铁路黄河特大桥,翻开了桥梁监测新篇章;全国首次用 PC 钢棒全部替换已设计完成的精轧螺纹钢,该型 PC 钢棒为衡橡科技专利产品;桥梁建设史上首次应用的竖向预应力,为衡橡科技生产的预应力钢棒,应用在通天河大桥建设中。

2015 年,在中国第一次采用"墩顶"方式,为呼张客专兴和特大桥提供了桥梁转体系统,并自主组织了墩顶转体施工,完成了当时全国最高桥墩的桥梁转体施工。

2016 年,被中国建筑金属结构协会评为"詹天佑奖工程供应商"和"鲁班奖获奖工程供应商"。研发海上钻井平台 LMU 桩腿对接缓冲装置产品,替代进口产品并达到国际领先水平,通过中海油总公司级课题外委验收暨科研成果鉴定。

2016 年,衡橡科技创新战略形成,"智慧衡橡"成为公司跨越振兴的重要内容。公司获评"国家信用企业最高等级 AAA 级",获评 2016 年度中国橡胶制品十强企业。

2017 年,央视新闻直播文昌气田群中心平台成功安装,应用衡橡科技研发的关键设备——LMU 桩腿对接缓冲装置和 DSU 上部支撑装置,打破了国外技术垄断。在 2017 年世界交通运输大会团体论坛上,衡橡科技参编的《公路桥梁梁底检查车技术指南》正式发布。

2018 年,衡橡科技位列全国自主创新类企业第 19 名,品牌价值 16.97 亿元。公司生产的 400 兆牛转体球铰,顺利吊装就位于保定乐凯大街南延斜拉桥工程,是目前世界上吨位最重的斜拉桥。

2019 年,衡橡科技荣膺"转型升级示范企业"称号;与中铁大桥局签订"一带一路"重点工程"孟加拉国帕德玛桥铁路连接线项目桥梁支座"采购合同;衡橡科技 5 项产品获中路高科交通检测检验认证有限公司(CTVIC)认证证书;公司获得国家企业技术中心称号。

6. 近年来的关键技术

近些年,互联网技术不断渗透工业制造行业,与时俱进的衡橡科技再一次自我突破,与工业 4.0 接轨。在衡橡科技,智能化科技已经应用在企业的多种生产过程中。

为了实时了解车间重要设备运行情况,以便及时掌握设备工况,衡橡科技设计了远程操作监控系统,采集车间无线设备数据,实现了对车间操作的监控。系统将重要数据传输到电脑,由软件进行分析,同时,数据可共享,对极重要事件可通过手机告知相关人员,必要时进行设备报警,避免重大事故发生。进行的橡胶硫化智能控制系统等技术改造,在极大地保证产品质量的同时,提高了功效,降低了成本;研发的无轨自行式桥梁下弦检测车等产品,集自动化、智能化和检测、监测、维护于一体,为我国桥梁建设事业的发展作出贡献;与中海油工程有限公司联合开展的中海油科技项目"LMU 国产化及示范应用研究",是可以跨行业全面掌握 LMU 的设计、制造及试验体系,创造自主知识产权的产品。图 1 ~ 图 3 所示为衡橡科技近些年科技成果在具体工程中的应用。

衡橡科技已经获得国家专利 176 项,其中 28 项为发明专利,国家级新产品、省部级新成果更是不胜枚举。衡橡科技实现多项"技术革命",在传统制造业向智能化科技制造升级的过程中不断迈出坚实大步。辉煌的历史并不是一蹴而就,而是一代代衡橡人共同努力,不断突破的结果。

互联网 + 传统制造成为智慧制造,已经是新的时代背景下传统制造业未来发展的一个新方向。以"衡鉴自强"为律,以"橡举天下"为责的衡橡科技,已经用实际行动表决心,为建设"智能工厂""智慧衡橡”，打造衡橡生态系统而继续披荆斩棘。

图1 衡橡科技减隔震支座应用于唐山新华文化广场

图2 衡橡科技海工产品桩腿对接缓冲装置 LMU 和上部支撑结构 DSU 应用于南海文昌气田群平台

图3 衡橡科技桥梁转体装置应用于保定乐凯大街转体斜拉桥工程

三、项目实施效果

1. 形成科技创新的战略和总体布局

公司形成了科技兴企、创新发展的企业总体布局与战略定位。总体战略布局包括组织及分支机构布局、产品布局、商业模式布局等。衡橡科技将以科技高端、智能智慧布局公司战略,有取有舍——舍弃一部分低端产品,以引领市场为战略核心。战略定位包括组织结构定位、产业定位、产品定位、市场定位(可为可不为)、营销模式定位、带头人定位、高管团队定位、中层干部定位、财务定位、发展速度定位、效益定位、收入定位、幸福指数定位、在岗及退休的区别定位、宣传定位等。商业模式六大布局:在扎牢传统产业——工程构件的篱笆的同时,以研发、推广、投入、壮大为着眼点,拓展5个领域的业务:一是桥梁检测解决方案;二是海洋工程构件产品;三是工程结构数字采集(分析)系统;四是传统产品中的特异产品;五是工程结构减隔震解决方案。

2. 建立起科技荣誉众多的综合性企业

衡橡科技依托60多年的橡胶制品研发生产先进经验和行业领先的机械加工规模、技术等资源优势,以工程橡胶研发生产为龙头,已形成集桥梁支座、桥梁伸缩装置、预应力体系、防水材料、声屏障、金属网、橡胶止水构件、桥梁检测系统、特种产品制造等为一体的综合型企业。公司下设2个分公司,即衡橡科技桥梁配件分公司(辖6个分厂)、衡橡科技北京恒力铁科技术开发分公司,设5个全资子公司,即天工俐德科技发展有限公司、衡水新陆交通器材有限公司、河北恒力新型材料有限公司、衡橡科技(香港)有限公司、北京天工利德科技有限公司。

产品领域涵盖陆路交通(传统及特异性产品)、工程结构减隔震、海洋工程构件、桥梁检测系统、工程结构数字采集(分析)系统等五大类万余种产品。

公司获得“中国橡胶行业百强企业”“中国橡胶制品行业十强企业”“中国工程橡胶旗舰企业”“中国专利·河北明星企业”“国家诚信示范单位”“重合同守信用单位”等荣誉称号,多项产品及技术进入“国家级新产品”“国家火炬计划”“中国新产品新技术博览会金奖”等行列,产品覆盖全国并走向世界。

衡橡科技所获部分荣誉见表1和图4。

衡橡科技荣誉清单　　表1

序　号	类　别	获 得 荣 誉
1	专利	176项国家专利,其中28项发明专利
2	标准	参与制修订国家标准、行业标准17项
3	地位	中国橡胶制品行业十强企业、高新技术企业
4	平台	9个科技创新平台
5	商标	中国驰名商标
6	品牌	2018年中国品牌建设促进会公布品牌价值16.97亿元
7	成绩	获得45项行业第一和全国之最

图4　衡橡科技取得的部分荣誉

3. 攻克众多科技难关

创新是公司发展的灵魂，不断进行技术创新，是公司生存和发展的前提。衡橡科技一直以来把科技创新作为打造公司核心竞争力的重要法宝，不断从人才、制度上下功夫，加大创新力度。

新产品、新技术引领着行业新方向、新潮流，解决了工程中的一道又一道技术难题。如公司开发的"国家火炬计划项目"——桥梁抗震盆式橡胶支座，是国内第一种用于强地震区的桥梁支座；国家科技创新成果金奖产品——T形混凝土简支组合桥梁用预应力钢筋组件，是国内首次将高强度预应力钢棒应用于桥梁工程，不仅节省了大量的钢材，还方便了施工，更容易保证施工质量；填补国内空白的产品——三向测力调高支座，除了可以适应梁的位移、变形和调整高度外，还可以对支座荷载进行数据采集和远程传输等。总之，衡橡科技的新产品、新技术开发着重解决工程建设中的实际问题，解决了工程中的很多难题，促进了技术进步。

面对激烈的市场竞争，衡橡科技通过不断的技术创新，大大提高了市场竞争力，不仅取得了良好的经济效益，也为我国的工程建设作出贡献，取得了良好的社会效益。

公司自2001年通过ISO 9000认证以来，就坚决反对走过场，严格遵循质量手册程序，依据计划实施、检查、处置、回圈模式；明晰品质的成本意识，树立品质的教育意识和品质管理观念，全面提升精细化管理水平，确保产品优良品质，永葆中国驰名商标"恒力"品牌的含金量(图5)。

图5　公司品牌影响力

公司依靠现代化的装备水平，提高生产效率。公司加大了数控设备、自动化、智能化建设力度。对300多台(套)大中型数控机床(车床、钻床、铣床、焊割机)进行了自动化、智能化改造，自主研发、装配了3000吨自动压剪试验机、磨耗试验机，建设了目前国内最为先进的橡胶密炼中心，36台橡胶硫化机全部实现自动控制，橡胶止水带的生产实现了微波硫化控制，金属网焊接实现自动点焊，支座组装生产线实现自动化，改造升级全自动喷涂流水线，车床尾座进行气动改造等，均同样是在保证产品质量的前提下，从根本上提高了功效。

公司先后承办全国橡胶与橡胶制品标准化工作会议、交通运输部公路桥梁盆式橡胶支座标准审查会和橡胶支座、橡胶止水带国家监督抽查结果分析会议等国家行业标准审查或分析会议，先后在传统行业嫁接高新技术，引领了3次行业"技术革命"，创建或改写了5个国家或行业技术标准，填补了13项国家空白。

4. 创造众多骄人的产品推广业绩

公路桥梁支座、伸缩装置产品：成功应用于大连普兰店海湾大桥、汕头海湾大桥、杭州湾跨海大桥、青岛海湾大桥、大连长山跨海大桥、烟台养马岛跨海大桥；沪通公铁两用长江大桥(公路桥部分)、芜湖长江大桥、南京长江大桥、南京长江三桥、夷陵长江大桥、鄂黄长江大桥、武汉长江三桥、武汉天兴洲长江大桥、重庆粉房湾长江大桥、重庆江津几江长江大桥(1200 毫米大位移伸缩装置);济南黄河二桥、青银高速公路济南黄河大桥、郑州黄河大桥、开封黄河大桥、洛阳吉利黄河大桥、内蒙古三道坎黄河大桥、内蒙古包树黄河大桥;哈尔滨松花江公路大桥、柳州红光大桥、湖南湘西矮寨大桥、怀来官厅水库大桥(1120 毫米大位移伸缩装置);沈大高速公路、大广高速公路、京福高速公路、京沪高速公路、京珠高速公路、同三高速公路等数以万计的工程。

铁路支座、伸缩装置产品:成功应用于国内首条客运专线——秦沈客运专线,以及京津城际铁路、合武高速铁路、京石高速铁路、郑石高速铁路、武广高速铁路、京沪高速铁路、哈大高速铁路、京沈高速铁路、京张高速铁路、合福高速铁路、郑阜高速铁路、商合杭高速铁路、哈佳高速铁路、石济高速铁路、汉宜铁路、敦格铁路、海南东环铁路、太中银铁路、蒙华铁路、同江中俄铁路等 80 多条铁路工程及青藏铁路拉萨河特大桥、沪通公铁两用长江大桥(铁路桥部分)等工程。

建筑减隔震支座产品:成功应用于全国抗震建筑观摩示范点——唐山新华文化广场,以及南京奥体中心、京津城际铁路于家堡站房、曲阜体育馆、青岛岭海温泉大酒店、松原温泉城、天津生态城十二年制学校、廊坊大厂圣拉斐尔小镇、廊坊大厂世贸城、西昌戒毒所、新疆巴楚四中、伽师阿克顿小学、疏勒英尔力克乡中学等建筑工程。

桥梁智能检测系统智能桥梁检测车:成功应用于郑焦铁路黄河特大桥、南广铁路西江特大桥、杭瑞高速公路洞庭湖大桥、冷水江资江新城大桥、邵阳桂花大桥、京张高铁官厅水库大桥、北京长安街西延永定河大桥、邯黄铁路跨衡德高速公路桥梁、福建平潭跨海大桥等工程。

桥梁转体系统:成功应用于世界最大转体工程——保定乐凯大街南延,以及张呼铁路、京张高速铁路、京雄高速铁路、蒙华铁路、赣深铁路、鲁南铁路、水曹铁路等 30 多个项目工程。

海洋工程装置:成功应用于中海油锦州 25 海上石油平台(助浮气囊),大唐风电场(海上风电自封闭封隔器),南海文昌气田群中心平台、曹妃甸(LMU 桩腿对接缓冲装置和 DSU 上部支撑装置)等工程。

防水板、土工布防水材料:成功应用于世界海拔最高的米兰山隧道、蒙华铁路、成贵铁路、拉林铁路、阳安铁路、福厦铁路、兴泉铁路、十巫高速公路、都巴高速公路等工程。

预应力钢棒产品:成功应用于哈大高速铁路、宁安高速铁路、中南部通道、成贵铁路、兴泉铁路、拉林铁路、赣深铁路、石济高铁、武汉通顺河公路大桥、武汉北四环线、城开高速公路、云南怒江公路大桥、武汉汉江四桥、襄阳会展北路浩然河大桥、道安高速公路岩湾河大桥、江汉大桥引桥、介休东站跨线桥、运保黄河大桥、石家庄南二环转体桥、杭黄客专扬之水大桥、京通铁路电气化改造项目、吴忠城际铁路、桂林北动车项目、玉磨铁路立新寨大桥、鲁南客运专线、中俄铁路同江大桥项目、蒙华铁路项目、天津津围公路九王庄大桥加固项目、天津芦台大桥维修加固工程等。

声屏障产品:成功应用于京石高铁、宁安铁路、郑徐铁路、沪昆高速铁路、济青高速铁路、黔张常铁路、蒙华铁路、南昌绕城高速公路、杭长高速公路、首都环线高速公路、潍莱铁路、鲁南铁路、大西铁路客运专线、沪昆铁路客运专线、中俄同江铁路大桥等。

此外,部分产品出口海外,应用于日本、巴基斯坦、哈萨克斯坦、蒙古、新加坡、埃塞俄比亚、刚果(布)、肯尼亚、尼泊尔、印度尼西亚、孟加拉国、几内亚等国家路桥工程中。

5. 增强了经济发展效益

衡橡科技 1954—1970 年从事马车修理、轮胎翻修、小型橡胶制品、机动车轮胎生产;1971—1986 年初步涉入工程橡胶制品;1987—2005 年涉及公路桥梁工程支座、伸缩装置;2006—2009 年涉及铁路桥梁支座、伸缩装置;2010—2015 年涉及建筑减隔震支座、桥检车、转体系统;2016 年至今进军海工产品。发展过程的每个阶段,无不体现科技创新带给衡橡科技良好的发展势头。尤其 2015—2019 年,科技创新带来的订单、产值、利税每年占比均呈上升趋势,具体数据见表 2。

2015—2019 年衡橡科技订单、产值与利税情况表　　表 2

项目		2015 年	2016 年	2017 年	2018 年	2019 年
新增订单	新产品订单(金额)(万元)	37146.31	45872.82	60207.76	66938.78	55709.14
	新增订单总额(万元)	58387.79	67619.14	86023.37	94613.12	75980.82
	新产品占比(%)	63.62	67.84	69.99	70.75	73.32
生产产值	新产品产值(万元)	35266.15	38031.43	57309.41	64519.11	73894.17
	生产产值总额(万元)	55995.08	57215.93	83687.8	89374.03	94337
	新产品占比(%)	62.98	66.47	68.48	72.19	78.33
利税	新产品利税(万元)	11683.59	5904.85	10164.87	11407.45	13036.48
	利税总额(万元)	18287.04	8649.26	14490.19	15545.72	17335.74
	新产品占比(%)	63.89	68.27	70.15	73.38	75.2

衡橡科技通过 2016 年以更名为标志的自我蜕变，确定了战略定位，奠定了发展理念，厚积薄发，以传统交通配套产品为基础，以高端制造、绿色制造、智能制造为核心，科学运用信息化新技术，全面打造"智慧衡橡"，做优传统产业板块(桥梁支座、伸缩缝等)，做大环保节能业务(声屏障、防水防渗隔污材料和金属预应力处理等)，做实高端装备制造项目(桥梁监测养护、智能装备制造等)，做强跨界新业务(海工装备、海上风电、工程远程监控等)，紧随"一带一路"扩大海外自主业务，介入互联网产业变身数字化企业，融入资本市场。

衡橡科技(图 6)是"国家科技创新成果金奖企业""国家知识产权优势企业""国家火炬计划企业"，长期立足、坚持的"科技兴企、创新发展"是公司跨越发展的经验总结，更是公司今后的战略方向。"衡鉴自强，橡举天下"，衡橡科技以自主创新不断开拓工程橡胶新外延的雄厚实力，走出了一条适合公司自身特点、符合国情、适应市场需求的成功之路，也为中国工程橡胶事业的发展作出了贡献。在全新的大战略指导下，各项工作正在迅速开展和深化，相信衡橡科技将以全新的形象继续在行业和市场中担当领军者的角色，百年衡橡，扬帆远航！

图 6　衡橡科技办公区厂容厂貌

运用企业管理艺术截“人才之流”

中裕铁信交通科技股份有限公司

成果主要创造人:郭　勇　李明晓

成果参与创造人:武晓玲　王　磊　石新英　韩瑞云　黄晓倩　车晓亮　刘志超　刘　佳

中裕铁信交通科技股份有限公司(简称“中裕铁信”)始建于1994年,坐落于河北省衡水市桃城区北方工业基地橡塑路1号,是一家集公路、铁路、水利、市政工程用桥梁支座、减隔震支座、止水带、桥梁伸缩装置研发和制造于一体的高新技术企业。

公司现有员工约700人,主要从事交通工程用桥梁抗震隔震装置、吸音降噪装置、隧道止水防水材料、铁路车辆勾缓系统、重型装备链式行走系统等产品的研发、制造和服务。主营产品包括桥梁支座、减隔震支座、橡胶止水带、桥梁伸缩装置等十大系列、近3000个规格品种。公司产品在青藏铁路、郑西铁路、北京地铁、京珠高速公路、大广高速公路、长江三峡工程等国家重点工程得到广泛应用。

作为交通工程配套产品设施制造的龙头企业,中裕铁信在新形势下,坚定不移地走“加快转型、绿色发展、跨越提升”的发展新路,与多家科研机构和大学建立了紧密的合作关系。公司首批通过铁路支座产品CRCC认证。“群力”商标被认定为“中国驰名商标”。产品被评为“中国交通企业名牌产品”和“河北省名牌产品”。企业被评为“高新技术企业”“河北省优秀企业技术中心”“河北省两化融合示范企业”“河北省科技创新示范企业”。中心试验室通过CNAS认证。公司始终坚持科技引领,累计获157项国家专利、16项省科技成果、1项省技术发明奖,参与12项国家标准和铁路标准的起草和制定工作,相继承担了19项省部级重大科研项目,被批准为清华大学博士生实习基地、多所大学的研究生实训基地及成果孵化中心,承办了河北省减振降噪工程技术研究中心、河北省交通工程配套产品产业技术研究院。

一、实施背景

进入知识经济时代,科学技术迅猛发展,全球范围内竞争愈演愈烈,人才成为企业在竞争中获胜的根本原因。在当代社会,企业的发展离不开优秀的人才,打造一支稳定的高素质的人才队伍成为企业保持竞争优势的源泉。现如今,企业的竞争说到底就是人才的竞争。然而,与国有企业、外资企业相比,中裕铁信面临着诸多问题,如起步晚、管理方法粗放、资金短缺等,其中人才流失影响最为严重。人才流失给中小企业带来了严重的负面影响。因此,能不能很好地获得人才、留住人才和用好人才,已成为关系中小企业兴衰成败的关键问题。与大型企业相比,中裕铁信在吸引人才方面处于劣势,为了获得企业持续发展的动力,如何吸引人才成为企业面临的严峻课题。企业在引进人才和留住人才方面存在着种种问题,这些直接导致了企业请进了人才而又留不住人才的尴尬局面的出现。

对于企业人才流失原因,学者依据不同的理论视角从不同方面进行了分析。李均阐述了心理契约和人才流失的关系,人才流失是因为人才与企业的心理契约被打破,要解决人才流失可以从构建心理契约和维护心理契约入手。文世武从个体行为和组织行为两个方面分析了企业人才流失的原因,从个体行为分析,趋利避害的生理作用驱使着人不断选择对自己最有利的最佳位置,一旦达到一个目的,就会追求更高的目标,为自身发展争取更好的发展空间、更高的生活水平;从组织方面来分析,人才流失的根本原因是企业一系列因素的综合反映。金继刚用组织行为学的理论探讨人才流失的原因,指出组织的内外部环境与人才流失有很大的关系。

人才流失给企业带来三个方面的影响:一是无形资产流失,科研、技术人员可能会泄露企业工艺、科研、管理方面的机密,给企业带来损失;二是增加的招聘、培训成本等;三是影响企业凝聚力,人才流失会导致企业人心涣散,不利于企业稳定。

对于人才流失,可以从四个方面解决:一是降低离职成本,避免人员批量流失,同时建立完善员工档案资料,与离职员工保持联系,有利于再挖回人才;二是建设良好的管理体制,形成良好的组织环境、保持人才队伍的稳定性;三是,加强人员信息管理,了解人员的信息状况,对员工的工作动态进行跟踪,做好人才储备;四是加强企业文化建设,用感情留住人,增强企业凝聚力。

二、公司人才流失现状

公司共设有安环后勤部、事业部、计划物流部、供应部、设备动力部、技术部、质管部、总工办、研发部、中心试验室、企管部、铁路经营部、公路经营部、市场开发部、财务部和办公室共16个部门。

公司现有员工712人,其中管理人员175人,一线操作人员537人,管理人员占员工总数的24.58%。

学历方面,中专、初中学历人数占比最大,中专学历238人,初中学历233人,合计占总人数的一半以上,本科及以上学历人数共81人,占11.38%。公司员工的学历水平整体偏低,高学历、高素质的人才缺乏。

年龄方面,年轻员工占比较高。其中,30岁及以下员工共有365人,占总人数的51%;30~40岁的员工有229人,所占比例为32%;40岁以上的员工有118人,占17%。

在公司工作满3年以上的人员中,管理人员有140人,一线操作人员353人,共有493人,占公司总人数的69.24%,说明公司中有工作经验人员数量较多。

自成立以来,公司规模不断扩大,人员数量不断增加。同时随着公司的发展,公司制度不断完善,薪资福利水平不断提升,离职人员数量不断下降。2010年离职人员322人,2011年为274人,2012年为207人,2013年已经降到146人。

现以2013年为例对公司离职人员进行分析。2013年共有146人离职,同时有未办理离职手续的长期缺勤人员171人,共317人。

从学历方面来看,中专学历182人,占57%,初中学历72人,占23%。各学历人员的流失情况见表1。

各学历人员的流失情况 表1

学 历	在职人数	离职人数	离职所占比例
中专	238	182	76.47%
初中	233	72	30.9%
高中	95	39	41.05%
专科	65	12	18.46%
本科及以上	81	12	14.81%

通过横向和纵向的对比分析来看,中专学历人员流失情况最为严重,同时又是公司占比例最高的人员,所以公司应加强此类人才的管理机制,从而留住人才。

从年龄来看,人员流失主要集中在30岁以下的人员,占流失总人数的84%,同时公司的员工队伍较年轻化,表明公司的团队很不稳定,不利于公司的长久发展。

公司流失的人员多为在公司不满1年的。具有3年以上工作年限的员工有78人,占流失总数的

24.6%,应该加强对老员工的关注,减少有经验的员工的流失。

三、中小企业人才流失的基本理论

1. 人才流失的概念

人才流失是指人才离开原来的组织、领域,流向其他的组织、领域。人才流失与人才流动存在本质的不同。人才流动是指人才在地区、行业、岗位等方面的变动。人才流动是生产社会化的客观要求,依据是否符合社会发展的需要,可分为合理与非合理两类。但是人才流失属于不合理、不正常的人才流动,企业的人才流失是企业非意愿的、消极的、不利于企业发展的。企业人才流失不利于企业的稳定,给人力资源管理造成困难,所以应尽量避免。

2. 人才流动理论

人才流动是为了与生产资料结合的需要,人才在不同地区之间、部门之间、行业之间或岗位之间等方面的变动。人才流动是种现象,是经济社会运行的必然产物。人才不仅拥有更多的人力资本,而且还有着更高层次的个人素养、自主意识和理想抱负,他们希望自身能力得到更好的发挥,他们对成就、荣誉感有着更高的期望值,对物质利益也有更高要求。因此,人才一旦发现他们目前所处的工作状况、待遇条件、生活环境无法实现他们的预期目标,就会表现出强烈的流动倾向甚至开始流动。人才流动遵循人才需求原则、提高效益原则和双选竞争原则。

人才流动的动因有三种,一是事业发展动因,二是经济待遇动因,三是居住地偏好、文化选择、家庭等其他动因。人才流动形式也由计划经济体制下组织调配的方式向以市场为基础的双向选择方式转变。

四、中小企业人才流失的现状

(一)中小企业人才流失的总体状况

与大型企业相比,中小企业自身存在许多不足,在吸引人才方面处于劣势,现在中小企业面临着"引进人才难,留住人才难,用好人才更难"困难局面。对企业来说,合理的人才流动(通常比例在15%以内)是有利于企业发展的,但是现在我国中小企业的人才流动已经严重超出这一比例,调查显示现在中小企业的人才流失率为20%~50%,流失的人才多为中高层管理人员和专业技术人员。人才流失给中小企业带来不可估量的损失,严重影响了中小企业的发展。

(二)中小企业人才流失的特点

1. 数量方面,人才流失率高

随着市场竞争愈演愈烈,企业之间关于人才的竞争也更加激烈。企业之间实力的较量迫使人才不断地流向更好的企业。企业的人才流失率应控制在合理范围内,但是据统计我国中小企业的人才流失率在20%~50%,甚至部分企业高达70%。流失的人才中占较大比例的是中高层管理人员和专业技术人员。

2. 流向方面,主要流向国有大型企业和三资企业

20世纪80年代以来,国内成立了众多中外合资企业、中外合作经营企业、外资独资企业。国有大型企业和三资企业具有雄厚的实力,对人才的吸引力强,同时这些企业也注重人才的管理,在招聘人才、培养人才、留住人才方面存在极大的竞争优势,往往通过高薪聘请或委以重任等方式争夺优秀人才,在这方面,中小企业一直处于劣势。

3. 地域方面,主要流向经济发达地区

相对于不发达地区,发达的地区的企业对人才更具有吸引力,优秀的人才为追求更好的生活环境和更多的发展机会,往往流向经济发达地区,具体为从中西部欠发达地区流向相对较发达的长江三角洲地

区、珠江三角洲地区和环渤海湾地区,从农村流向城市,特别是省会城市和沿海发达城市。

4. 年龄方面,主要是年轻人才流失

企业人才流失中,年轻人才占比例较大。年轻人家庭负担小,离职带来的损失少,加上对职业规划不稳定,从而导致年轻人工作变动频繁。

5. 人才流失的集体性

近年来,集体跳槽现象屡见不鲜,主要原因是人才特别是高层管理人员的流失带来的连带反应。主要有两种情况:一是企业的高层管理人员带领部分员工集体跳槽;二是主管离职的示范作用引发了多米诺骨牌效应,刺激在更大范围内出现员工离职。人才流失的集体性严重影响了在职人员的工作积极性。

五、中小企业人才流失的影响

(一)中小企业人才流失对社会的影响

劳动力市场成熟的标志之一是正常的人才流失。然而我国中小企业的人才流失已经超过正常的人才流动比例。过于频繁的人才流动不仅影响企业的持续发展,也会影响劳动力市场的稳定,进而影响社会的稳定和长治久安,阻碍国民经济的又好又快发展。

(二)人才流失对企业的影响

1. 增加企业成本

人才流失会增加企业直接和间接两方面的成本。直接成本包括人才流失成本以及寻找和获得新的人才的成本。管理人员处理员工离职造成直接的流失成本。员工离职后,企业为保持正常运转,组织开展人才招聘、选拔、录取、安置等费用,对新员工进行培训又需要支付较多的费用。这一过程中还存在许多无形成本,包括有经验员工的经验价值损失、新员工不适应造成的工作失误损失等。间接成本主要是离职人员在离职前期会忙于找新工作,对现工作不能全身心投入,离职后会使身边人处于观望、迷惘状态,给公司带来巨大的损失。

2. 造成企业技术和经验的损失

人才是公司智力资本的载体,人才是一个公司技术、信息或客户资源的载体,一般掌握着企业的核心技术、重要客户或核心机密。这些资源是企业的核心竞争力,人才的流失使企业竞争力下降,特别是在高新技术产业,核心技术人才的流失对企业是毁灭性的打击。人才的流失带来企业技术和经验的损失,即使找到替代者,由于技能欠缺或对情况不熟悉,短时间还不能达到原来人才的素质和能力,进而影响企业的绩效水平。

3. 影响企业的稳定性

在企业中,人才多是技术骨干、销售能手或是管理精英,他们一般是公司的学习的榜样,在公司中起到示范带头作用。因此,这些人才的流失会对在职员工在心理上造成很大冲击,使得现有员工人心浮动,工作热情下降,工作效率降低,甚至产生“多米诺骨牌效应”,出现集体或分批的人才流失。人才流失会影响和削弱企业的聚力。关键人物的流失将会极大影响在职员工的心理情绪,挫伤团队士气。在高人才流失率的氛围下,其他员工也会产生离职的想法,使企业陷入人才流失的恶性循环。

4. 引发中小企业信任危机

人才流失可能引发客户对企业的信任危机。人才若大量流失,将严重影响企业的工作效率,直接损害企业在客户心目中的形象。新员工对客户不熟悉,也会造成客户的流失。

人才流失会损害企业的社会形象。员工离职会引发离职人员以及企业内外人员的讨论,其中势必会带有负面的讨论,破坏公众对企业原有的认知。较高人才流失率将让客户、供应商以及投资者对企业产生负面看法,影响企业的人才招聘和持续发展。

六、中小企业人才流失的原因

人才流失是不可避免的事情,但是企业必须将人才流动控制在良性范围之内,既能保持公司的活力,也能不造成发展困扰。但是现在我国中小企业人才流失严重,企业要想解决人才流失对企业带来的影响,首先要探究人才流失的原因,进而提出解决对策。本文通过公司员工的调查,结合文献资料,针对我国中小企业人才流失的原因进行了分析。人才流失是一个复杂的社会现象,受到社会环境、企业以及个人自身三方面的因素影响。

(一)社会环境方面

1. 经济快速发展

经济的快速发展,政策逐渐放宽,中小企业的数量也急剧上升。截至 2011 年底,我国个人独资等形式的企业大约有 1100 万家,以个体户登记的企业有 3600 万家,合在一起有将近 5000 万家。企业数量增加必然导致对人才的需求增加,这使人才有更多的发展机会,为人才流失创造了客观条件。

2. 人才体制的转变

改革开放以后我国逐步建立了社会主义市场经济,我国人才管理体制也相应发生转变,由高度集权化的管理体制转变为市场化的管理体制。发挥市场在人员配置中的基础作用,推动人才合理流动,最终实现人才资源的优化配置。由原有的国家统一分配到现在企业用人自由、人才自由择业的双向选择机制,人才的流动不再靠国家统一调动,企业和个人拥有了自主选择权,这就为企业人才流失提供了前提条件。

3. 择业观念的改变

个人利益已经成为择业的第一标准,根据个人收入、自身价值的实现、职业发展空间等方面的利益追求,许多人不停地更换工作,希望尽快致富。但是中小企业大多数处于原始积累阶段,往往忽视员工的个人利益和事业发展,对人才要求得多、给予得少,这必然造成人才的流失。

(二)个人自身原因

ERG 理论(人本主义需要理论)认为,人有三种核心需要:存在需要、关系需要和发展需要。存在需要主要是指满足人生存必需的、基本的方面,包括薪资水平、福利待遇、安全等。关系需要是注重与他人之间建立良好、和谐的人际关系,渴望得到他人的尊重。发展需要即注重个人的发展空间,自我实现。不同的人有不同侧重的需要。

个人从自己的需要出发,考虑的需求因素主要是薪资、家庭、工作环境以及发展晋升空间。中小企业与大型企业相比,在收入、工作环境等方面处于劣势,处于创业阶段的企业尤其如此,公司提供的各方面待遇与员工的期望值相差太远就导致人才不断流失。

(三)企业方面原因

1. 管理体制存在弊端

我国中小企业特别是个体私营企业大多采用家族式的管理模式,这种管理模式具有目标一致、精诚团结等优点,适用于企业发展的初期。但是企业一旦超出这一阶段和范围,这种管理体制的弊端就很明显地暴露了出来。这种体制的过分集权、任人唯亲、论资排辈等弊端使外来人才缺少发展空间,缺乏对企业的认同感和归属感,最终导致人才流失。家族式的管理模式使其无法摆脱旧式的管理理念,家庭成员或亲情人员把持着企业的关键岗位,这种裙带关系严重阻碍了外来人才的发展路径,限制了他们的发展空间。

在家族式管理模式中,低素质的近亲人员往往担任公司重要职务,同时部分人员经常瞎指挥、胡乱指挥,致使外来人员对公司不能够产生认同感,才能得不到施展,最终导致人才流失。中小企业多权力集中,公司的管理主要依赖高层管理人员,中下层人员的权利较小,新进员工的发展空间狭窄。

2. 用人机制存在缺陷

中小企业没有形成一套科学健全的用人机制,往往是凭借企业发展的经验在用人,在人才招聘、培养、使用、晋升以及退出等方面存在严重的缺陷。由于自身实力有限以及受到传统经验的影响,中小企业主缺乏对企业人才的整体管理机制。企业主认为雇佣人员是为了赚钱,员工与企业之间只是单纯的雇佣关系,企业支付员工工资,员工付出自己的劳动,不关注对于员工的培养、提升。现在中小企业普遍缺乏对企业人才的需求、培养、储备、发展的管理系统。存在缺什么人才就招聘什么人员的现象,企业没有整体的规划,也就没有指导员工进行职业规划的制度。因而,建立一套科学的用人机制以控制人才流失是企业面临的重要问题。

(1)人才招聘方面

随着高等学校扩招,大学毕业生人数不断增加,在人才市场上形成了"博硕多多益善,本科等等再看,大专看都不看,中专靠边站"的畸形现象。这推动企业招聘条件不断上升,不是根据岗位的需求情况进行招聘,只是单一追求高学历,有的企业甚至即便是从事杂务的岗位也要求大学毕业。这体现的不是企业爱才,而是不讲用人之道,即使招聘到人才,最终也往往流失。

(2)人才培养方面

中小企业注重人才引进而忽视人才培养,企业的培训制度存在很大的问题。中小企业的人才培养模式主要采用岗前培训+"导师带徒"式的在职培训。中小企业在人才培训方面存在着培训费用较少、培训手段单一、培训内容缺乏科学性等问题。首先,培训缺乏整体的策划,培训制度缺乏战略性和长期性,培训往往流于形式,对于员工的帮助较小,缺乏实用性;没有建立针对核心员工的职业规划制度,员工的职业规划与企业的发展战略不能同步,容易使员工对自己的未来产生迷茫、担忧,进而感到只有离开公司才能发挥自己才能、达到自身目标。其次,中小企业处于发展的初期,只愿意用人,不愿意在人才培养方面花费金钱与精力,培训资金不断被缩减。最后,培训手段单一,岗前培训主要是授课的形式,岗中培训以"导师带徒"为主,单一的培训手段难以调动参训人员的积极性。

(3)人才使用和晋升方面

在人才使用方面存在很大的误区,存在比较严重的"任人唯亲"现象。企业在安排岗位时没有充分考虑人才的知识、能力,只是根据关系的远近或是岗位的需要进行安排。这就造成有能力的员工不能在合适的岗位上工作,才能得不到发挥,感到没有成绩感,消极应对工作。员工的晋升缺少科学合理的制度作为依据,难以切实做到公平公正,员工不能享受到平等的晋升机会,而且优先考虑"关系户"的行为对企业带来十分不良的影响。这种不公平的晋升机制导致人才的不满,让他们觉得在公司无论怎样努力,自己晋升的机会都十分渺茫,自我实现的需要很难得到满足。

3. 缺乏有效的人才激励机制

中小企业在人才管理方面缺乏公平、有效的人才激励机制(如薪酬福利体系、绩效考核体系等)。

(1)薪酬绩效不公平

薪酬是一种价值信号。人们喜欢将自己的付出与他人进行比较,以考虑自己薪酬的公平性。但是中小企业在薪资方面存在不公平性。一方面是内部不公平,大多数企业按照职位高低分配薪酬,技术人才、销售人才等专业人才虽然创造很高的价值,但是职位不高,其薪酬不能体现岗位的价值。有的企业薪酬趋于平均化,不同业绩的员工不能察觉到彼此间的薪酬差距,尤其是业绩好的员工会感觉自身价值没有得到公司的肯定,从而起不到激励。另一方面是外部不公平,中小企业受实力限制,与大中型企业相比,薪资水平较低,没有竞争优势。

(2)福利体系不健全

中小企业劳动条件差,工作环境恶劣。缺乏必要的养老、失业、医疗等保障。

(3)缺乏非物质激励

中小企业往往过多关注物质激励,而没有针对不同员工采取不同的激励手段,缺少非物质激励的方式,缺乏与员工的感情交流。

4.缺乏良好的文化氛围

企业文化是企业长期形成的且被组织成员普遍认可和遵循的、具有本组织特色的团体意识、价值观念、行为规范和思维模式。良好的企业文化会使企业员工对企业产生强烈的归属感、认同感,也会对员工产生一种"软约束",使员工忠诚地、全心全意地为企业奉献。大多数中小企业忽视了企业文化的重要性,不重视企业文化,没有形成完善的企业文化制度。有的企业将企业文化建设停留在口头上或流于表面,没有彻底地深入员工的价值观中。这就造成企业员工对公司的认同感和忠诚度不强,员工不能将自己的目标与公司的目标联系起来,因此很难做到从心里真正热爱自己的公司。

七、中小企业人才流失的对策及管理方法

针对中小企业人才流失的原因,提出解决中小企业人才流失的对策,包括建立现代企业管理机制、建立合理的薪酬绩效制度、建立科学的人才管理机制、塑造优秀的企业文化。具体做法如下。

(一)建立现代企业管理机制

中裕铁信摒弃创业之初的家族式管理模式,从原有的管理思维逐渐地转变为现代企业管理机制,树立"以人为本"的人才管理理念。

首先,将"以人为本"作为管理人才的指导思想。公司为人尽其才、人尽其职、人尽其用、职尽其能以及自我价值实现创造条件。在日常管理行为中,做到以人为本,理解人、尊重人、关心人、成就人,满足人才的自尊需要和自我实现需要。

其次,完善各项人才管理机制。建立完善的人才需求、招聘、使用、培训、晋升机制,让这一制度与公司的其他制度相互联系,让人才管理机制深入企业的方方面面。

再次,建立公平的人才激励机制,并且在制定时充分考虑员工的需求与利益,将人才的职业规划与企业发展相结合,实现双赢,从而在根本上留住人才。

(二)建立合理的薪酬绩效制度

薪酬绩效管理是人力资源管理中最难的一个环节:一方面是员工都希望自己获得企业的认可,得到较高的收入;另一方面企业需要降低成本,追求最大的人力资本回报。如果企业在薪酬绩效制度中能充分体现这两方面的因素,将有利于提高员工的工作积极性,促进企业进入"期望—发展"的良性循环;反之,会令员工心灰意冷。中裕铁信积极建立灵活合理的薪酬绩效制度,包括《薪酬实施方案》《事业部薪资管理规定》《薪资调整方案》《经营团队效益奖励办法》等,并主要进行了以下工作。

1.建立具有外部竞争力的薪酬制度

薪酬制度在制定时要充分考虑社会环境、同行的薪资情况,建立适合本公司又具有对外竞争力的薪酬水平。首先,充分考虑公司所在地区的经济水平,不同地区、不同时期薪酬待遇是不同的,薪酬制度要具有弹性,根据社会的发展、时代的变化,做到与时俱进。其次,要调查同行业特别是竞争对手的薪酬制度、薪资水平。最后,以多种薪资模式吸引人才。具体措施为:

①薪酬与人才战略相结合。具有外在竞争力不是要求所有的岗位都要高于同行业,而要有所侧重。对于企业的关键岗位,如高层管理人员、高级技术人员等平均工资水平要高于同行业。一般岗位(如行政后勤等)工资水平只需保持与同行业持平。

②采用员工持股的方式保留人才。员工持有公司的股票或股份,使企业的短期、长期经济效益与员工关联,利益的一致性有助于提升员工的工作积极性。

③建立薪酬增长机制。薪资制度不是一成不变的,要根据企业的经济效益、城市的生活水平而变化。

2.薪酬制度体现公平公正原则

在设计薪酬制度时遵循公平公正原则。这体现在不同部门之间、同一部门不同人员之间的薪酬公平。这里所指的"公平"不同于"平等",是根据岗位不同而设计不同的薪资。薪酬要合理体现岗位的相

对价值,反映岗位责任和能力的大小。在制定薪酬制度之前,要与员工深入沟通、交流,了解岗位的权力与职责。关键是做好岗位评估,针对不同岗位的特点、岗位工作的复杂性、难易程度、所需的知识、能力水平等方面对岗位进行量化评估,以此作为制定薪酬的关键因素。同时要做到对岗不对人,同一岗位的员工享受同样的薪酬待遇。

3. 薪酬制度与工作绩效挂钩

考虑到自身的实力和实际条件,中裕铁信制定了一套有自己特色的灵活的薪酬制度,一般可以采取“工资+绩效”的模式:“工资”与企业原有的薪酬制度统一;“奖金”则根据工作性质和人才层次的不同采取不同的计量标准和评价方式,主要是与员工的工作绩效挂钩。薪酬与绩效挂钩,高付出获得高回报。薪酬紧密联系个人绩效和团队绩效,从而建立一个完整的薪酬体系,这样能更好地调动员工的积极性,促进企业的发展。

4. 福利多样化

中裕铁信公司在保障养老保险、失业保险、医疗保险、工伤保险、住房公积金等基本福利的基础上,自行设计福利政策,如旅游、健康检查、教育津贴、提供住房或购房支持计划、提供公车或报销一定的交通费、带薪假期等,公司还制定了《工会福利实施办法》《关于退休等相关工作的规定》等管理制度,增强员工对企业的忠诚度。公司的福利待遇和工资、奖励制度一样,在很大程度上也会对员工的流失率及企业的竞争力产生影响。良好的福利待遇是企业留住人才的必要措施。

(三)建立科学的人才管理机制

要想解决人才流失问题,必须建立科学的、完善的人才管理机制,包括人员的招聘、使用、培训以及晋升四个主要方面。从这四方面入手,管理好人才,吸引和留住人才,充分发挥其潜力和积极性。

1. 建立有效的招聘体系

建立了科学有效、反应迅速、灵活多样的招聘体系,最大限度保证组织的稳定发展,减少招聘工作中的盲目性和随意性。招聘工作的起点是制定合理的招聘计划,根据公司的发展情况、岗位责任与需求,明确招聘人员的数量、学历、能力水平、特长等。要招适合工作岗位的人,而不是一味地追求高学历。公司始终坚持招聘公正、透明,最大限度地发挥个人潜能,提高工作积极性,降低组织的招聘直接成本。中裕铁信公司的人员招聘方式包括内部招聘和外部招聘。

内部招聘是在公司内部通过多种方式公布空缺的职位,在内部选拔需要的人才,竞争上岗。内部招聘包括工作调换、人员重聘等,必须要保障内部招聘信息在公司内部最大范围覆盖。公司要在制度上鼓励员工积极参与应聘,把应聘者的积极性和个人发展联系起来。对于不被选用的员工,要详细说明原因,让应聘员工的应聘过程成为一次提升的过程。内聘是公司招聘的有效途径,内聘的员工对企业组织、运营模式熟悉,能更好地适应工作。同时,这也是一种激励政策,有利于鼓舞士气,调动企业成员的积极性,增强他们的忠诚度。

外部招聘主要面向院校、行业内的其他组织、社会失业和下岗人员。采用外部招聘,要想达到结果的最大化和成本的最小化,在组织前期就必须考虑选择合适的人员来源,组织不同的招聘形式。在组织不同的发展时期,即使对相同的职位要求,人员的来源也是不同的。

2. 建立公平的用人机制

公司在人员配置时遵循公平公正的原则,既要满足企业的需要,又要适当考虑员工的个人特点、爱好及需要,从而达到双方共同满意,这不仅能提高员工的工作满意度,还能够达到人尽其才的效果。首先,打破亲情关系模式,给员工提供平等的竞争机会。在人才选择上坚持公平、公正,使用时遵守人尽其才、才尽其用、人事相宜的基本原则。其次,坚持用人唯贤,彻底打破任人唯亲、论资排辈,大胆启用有才能的人,将有实力的人安排到关键岗位。

中裕铁信以“位以授能、薪以酬功”的人才理念,积极践行“纳才之心”“容才之德”“用才之能”“厚才之业”“量才之制”的用人机制。近年来,多次以岗位公开竞聘+综合评定等公开、公平方式,选拔优秀人才,培养提升人才成为公司重要管理者。目前,公司多个高层管理者均是通过多年培养、多次竞聘及长期岗位实践的方式途径进入。事实证明,公平的晋升平台能提升人才的忠诚度,减轻人才流失现象。

3.建立完善的培训体系

知识、科技快速更新,需要员工、企业与时俱进。因此,企业要开展各种培训,让员工与企业不断地发展。培训不只是简简单单的授课,而是包括培训前的计划、培训组织与开展、培训效果评价的一系列活动。可以从以下三方面完善企业培训工作,使培训更有效果。

①培训计划。在开展培训之前要对各岗位职责要求、现有员工的任职情况进行调查,对公司的状况具有整体把握,从而了解培训需要。依据调查情况结合公司发展的需要制定培训计划。

②培训开展。首先,培训应有明确、具体的内容,培训内容应有针对性和适用性。不仅要对员工进行知识和技能的培训,还应对他们的价值观、道德观进行培训。其次,培训方式多样化,除授课外,还可以综合考虑考试、讨论等多种方式。同时,在公司资金有限的情况下,可采取全员培训和重点培训相结合的培训方法,对公司的关键人才进行重点培训。

③培训效果评价。不只是关注培训本身,也重视培训结果的验收。及时对培训效果进行评价可以看出培训的有效性、员工的改进、工作效果等,为以后的培训改进提供依据。

中裕铁信成立了中裕铁信大学,下设“企业文化与管理”“技能提升”“标准规范化”“信息化”“市场营销与服务”五大教研组,目标是将其打造成为中裕铁信员工思想锻造的熔炉和综合能力提升的基地,让“培训是最大的福利”得到充分贯彻。中裕铁信大学坚持开放式办学方针,讲师为内部技术人员、管理人员、岗位标兵,外聘讲师为业界精英、大学教授等。中裕铁信还将河北科技大学“工业工程”专业研究生班、北京大学 MBA 总裁研修班等引入中裕铁信大学(图1),提高了员工的理论水平和综合素质,为技术创新提供了坚实的保障。

图1 多样的培训

通过授课培训,为员工提供了一个相互交流、表现自我的舞台,促进了职工的知识更新、能力提升和素质提高,让“培训是最大的福利”得到了充分的贯彻。

（四）塑造优秀的企业文化

企业文化是员工共同认可的价值规范。优秀的企业文化能够形成较强的企业凝聚力，让员工产生强烈的归属感和荣誉感。优秀企业文化塑造是一个循序渐进的、持续不断的过程，需要从物质、制度及精神层面入手。最初可以专门设立一个部门进行企业文化的建立与宣传工作，明确公司的价值观。然后对企业文化在全公司范围内进行宣传。文化是一个具体的工作，同时也是一种抽象的工作。企业文化渗透到公司的各个角落。

首先，企业要树立正确的企业价值观。正确的企业价值观会让员工形成积极向上的精神风貌，增强责任感，增强企业的凝聚力。其次，塑造优秀的企业文化是一项持续不断的工作，最重要的是注重宣传。通过内刊、厂内广播等多种途径宣传公司的各种理念。让企业文化真正渗透到员工的心里，落实到员工的行为中，用优秀的企业文化规范员工的活动。

中裕铁信高度重视企业文化建设，将实施与时俱进的文化创新作为推进企业科学发展的法宝。公司自成立之初至稳步发展阶段，逐步积淀形成了特色鲜明的"担当"企业文化，"铁肩担大道、砥柱定中流"作为中裕铁信的企业信念，牢牢凝聚了大量员工中坚力量。特别是进入21世纪以来，公司牢牢把握先进文化的发展方向，把企业文化贯穿到生产经营的全过程，运用先进文化对企业进行全方位的规范整合，树立鲜明的企业形象，打造强大的核心竞争力，对企业发展起到了至关重要的推动作用。习近平总书记明确提出要坚持"文化自信"，面对新坐标、新引擎、新动能，中裕铁信公司顺势而为、与时俱进，积极实施企业文化升级项目，以企业文化升级为契机，聚核铸魂，以企业文化引领为基本思路，统筹兼顾管理工具落地，将意识形态的生产力转化为物质形态的创造力，营造同心同德的团队氛围，以文化升级的导向性促进企业管理的实效性提升，同时提升公司核心竞争力和品牌竞争力，对构建幸福企业起到至关重要的助推作用。

近年来，随着整体生活水平的提高，广大职工对精神文化生活的需求和层次也越来越高。中裕铁信积极搭建文化平台，始终坚持把职工文体活动作为企业文化的重要组成部分，以丰富的文体活动为突破口，增强企业凝聚力，加强企业文化建设，促进员工全面发展。如：每星期一组织升国旗仪式，将爱国主义教育与爱岗敬业文化有机结合；建立员工文化活动中心，举办演讲比赛、辩论赛、红歌赛等系列文化活动，引导员工健康成长；开展迎新春系列活动，发给每位优秀员工家属一封慰问信，带去企业对员工家属的一片深情；举办大型文艺汇演、体育比赛；与市电视台、市广播电台联合举办新星选拔赛、歌手大赛等文化活动；与慈善机构共同举办助残晚会等，激发了员工的社会责任，陶冶了思想情操，增强企业的凝聚力和向心力。近两年，"职工书屋""职工创新工作室"的设立，进一步激发了员工不断学习、主动创新的工作热情。2019年，全党自上而下、从中央到地方开展了轰轰烈烈的"不忘初心、牢记使命"主题教育活动，公司党支部积极响应上级党组织号召，组织公司党员多次学习、调研，不断提升党员的思想境界，积极发挥了党员的引领带动作用。每年国庆、厂庆等一系列文化活动的开展（图2），使职工在参与的过程中获得精神文化享受和心理满足，增强了企业的凝聚力和向心力，把职工引导到企业所确定的经营目标和文化态势上来。

图2　多种多样的文化活动

八、"人才截流"企业管理机制的实施效果

近年来,中裕铁信通过实施建立现代企业管理机制、合理的薪酬绩效制度、科学的人才管理机制、优秀的企业文化等全方面、多维度的企业管理创新手段,对公司的人才流失进行有效的控制,"人才截流"效果明显。事实证明,多方面运用企业创新管理艺术能够有效截"人才之流"。

基于物联网的高速公路危化品车辆交通异常自动识别、管理智能动态监测系统的开发与应用

江苏宁杭高速公路有限公司

成果主要创造人:王华城 姬建岗

成果参与创造人:许斌兵 孟令国 姚泽民 王子扶 吴 强 王 刚
郝朋超 刘 尧 孙 健 刘 喆

宁杭高速公路江苏段是G25长深高速公路的一段,是国家"7918"高速公路网中长春至深圳高速公路重要组成部分,又是上海至云南瑞丽国道主干线宁波—杭州—南京支线的重要组成部分,也是江苏省高速公路网"纵四"的重要组成部分。宁杭高速公路江苏段全长151.6公里,起于南京绕城公路高桥门,止于苏浙两省交界的父子岭,设计速度120公里/小时。其中:高桥门枢纽至东山枢纽段7公里,为八车道标准的高速公路;东山枢纽至桂庄枢纽段30.2公里和溧阳新昌至苏浙省界66.5公里,为六车道标准的高速公路;溧水至溧阳新昌段47.9公里,为四车道标准的高速公路。沿线设南京主线、湖熟、句容西、溧水北、溧水东、白马、上兴、溧阳西、溧阳南、鲸塘、宜兴、丁山、省界主线共13个收费站,设有江宁、东庐山、天目湖、太湖4对服务区。

宁杭高速公路沿线风景优美、旅游资源丰富。全线大型构造物多,桥梁结构新颖独特;贯穿多个城市,沿途与多个高校、水库比邻。正因如此,在这条高速公路上运行的危化品运输车辆一旦发生事故,带来的后果将会更加严重,可能大型构造物被破坏、城市环境和水源被污染、高校的学子生命安全受到威胁等。宁杭高速公路途经的危化品运输车辆数量众多,据近期统计,每日通行的危化品槽罐车在百辆以上。

一、项目背景

作为一种现代化的快速公路运输基础设施,高速公路的产生和发展是国民经济发展的必然结果,极大地推动了沿线区域经济的腾飞。自1988年上海至嘉定高速公路建成通车以来,在"五纵七横"国道主干线系统规划的指导下,我国高速公路从无到有,从少到多,总体上实现了持续、快速、有序地发展。2016年,全国新增高速公路6000多公里,总里程已达13万公里左右,位居世界第一位。各省、自治区、直辖市都已拥有高速公路,长江三角洲、珠江三角洲、环渤海等经济发达地区的高速公路网已经基本形成。高速公路的快速发展,极大提高了我国公路网的整体技术水平,优化了交通运输结构,对缓解交通运输的"瓶颈"问题发挥了极其重要的作用,有力地促进了国家的经济发展和社会进步,成为社会发展的重要支柱。高速公路里程的增加有效地改善了我国公路交通结构与运输效率,缩短了城市与城市的距离,改善了人民群众的生活环境和生活质量,为人们的出行和城乡物资交流提供了安全、高效、快速、舒适的服务,对国民经济的持续增长起到积极的助推作用。

然而,高速公路的快速发展在对国民经济作出重要贡献的同时,快捷的交通也带来了负面影响——高速公路交通事故。随着高速公路里程的逐年增加,高速公路的交通事故数量也在逐年增加。由于高

速公路汽车行驶速度快、惯性大,一旦发生交通事故,若不能及时救援,极有可能出现连锁事故,造成更大的危害。国内外的高速公路发生的恶性交通事故时有发生,造成的驾乘人员的生命财产损失往往触目惊心。

交通事故已经成为全球公共的交通安全问题。根据公安部交管局的统计,2011 年全国涉及人员伤亡的道路交通事故共发生 210812 起,事故造成 62387 人死亡。经统计,2011 年世界上汽车保有量排名前 6 的国家因交通事故死亡的人数,其中美国为 32310 人,日本为 4612 人,德国为 4009 人,意大利为 3800 人,俄罗斯为 27900 人。我国的交通事故死亡人数约是美国的 2 倍、日本的 13.5 倍。即使是按万车死亡率,我国也是美国的 2 倍。

另一方面,相关统计研究表明,同样伤势的重伤员,在 3 分钟内获救,生存率为 80%,在 60 分钟内获救,生存率为 40%,在 90 分钟内获救,生存率仅为 10% 以下。由于高速公路封闭性的特点,再加上事故发现不及时,高速公路交通事故的救援时间往往很长,对于整个救援过程,任何一个环节的延迟都会延长该救援阶段的持续时间,从而影响整个救援时间。

因此,在高速公路路网基本形成后,高速公路的安全运行问题显得更加重要。研究和建立快速、高效的交通事故紧急救援系统,是提高高速公路的安全性、最大限度地降低事故损失的重要保障。

在交通事故应急救援过程中,首先应该及时监测到交通事故,以缩短受害者的救援时间,使其得到及时有效的救助,提高伤者生存率,减少事故死亡率。同时也能尽快恢复交通,减少由交通事故所带来的次生灾害。

危险品运输车辆在运输途中发生的交通事故,除了与危险品运输企业的管理松懈、忽略安全管理工作、运输人员的具体责任不落实以及危险品运输车辆的相关安全措施不到位外,还有最重要的一个因素就是政府部分和有关职能单位缺乏对危险品运输车辆进行统一的有效监控与跟踪管理,对危险品货运车辆进行跟踪、监控、应急救援、报警等功能为一体的监管体系还不太完善。

因此,通过对进入高速公路的危化品运输车辆的车牌信息和车载货品信息进行采集和共享,可帮助相关单位或部门对高速公路危化品运输车辆进行有针对性的数据分析,为对发生交通事故的危化品车辆及时制定救援方案并实施有效的救援提供可靠的决策依据。

本项目的研究内容是将 GIS(地理信息系统)技术、通信网络技术与数据库技术同 RFID(射频识别)技术进行有机结合,在对相关关键技术进行比较深入研究的基础上,构建一个对行驶在高速公路上的危险品运输车辆进行交通异常自动识别,并且实际开发一个原型系统。该系统建成后,能够实现对高速公路危化品运输车辆进行动态跟踪和监控,如果危险品运输车辆发生意外交通事故,则在第一时间向相关单位或者部门提供危化品相关信息,以便制定合理的救援方案并尽快实施救援。

二、项目内涵

在高速公路运营管理者权限及责任范围内,研究如何构建高速公路危化品运输车辆运行状态数据库,如何更清晰地掌握危化品运输车辆行驶动态,如何对危化品运输车辆车载货品相关信息进行感知,并对其行驶高速公路期间所发生的交通异常(事故、违停、滞留、故障、非法驳载等)进行第一时间的识别,并将所监测到的危化品交通异常信息通知相关部门,以便及时合理地联动处置所发生的危化品交通异常。

主要内容是利用 RFID 技术的自身优势,将通信网络技术与数据库技术同其有机结合,同时结合人工管理与自动识别认证管理,集成一个为危险品运输车辆提供科学管理、控制与服务的服务性信息平台,搭建一个实时跟踪危险品运输车辆、应急指挥与历史轨迹查询、报警等功能为一体的综合性信息系统,并且设计初步的系统技术方案。该系统不仅要实现实时跟踪与监控危险品运输车辆,还要能够为各级监管部门人员、危险品运输企业业主和危险品生产企业业主提供一个较好的公共操作平台。

三、主要做法

(一)方案对比及系统构成研究

1. 基于 GPS 和 GIS 的车辆监测系统

基于 GPS 和 GIS 的车辆实时监控系统是利用先进的 GIS 技术、GPS 技术以及 GSM/GPRS 无线通信技术,构建一套用于车辆监控、定位和报警等方面的软硬件系统。利用该系统,GPS 的空间定位功能将车辆 GPS 位置信号与 GIS 系统的城市电子地图数据(可包含影像数据)相叠加,从而实现车辆的实时定位。这有利于方便、及时、快捷地找到被监控车辆的具体位置,便于控制、调度与决策。其整体架构如图 1所示。

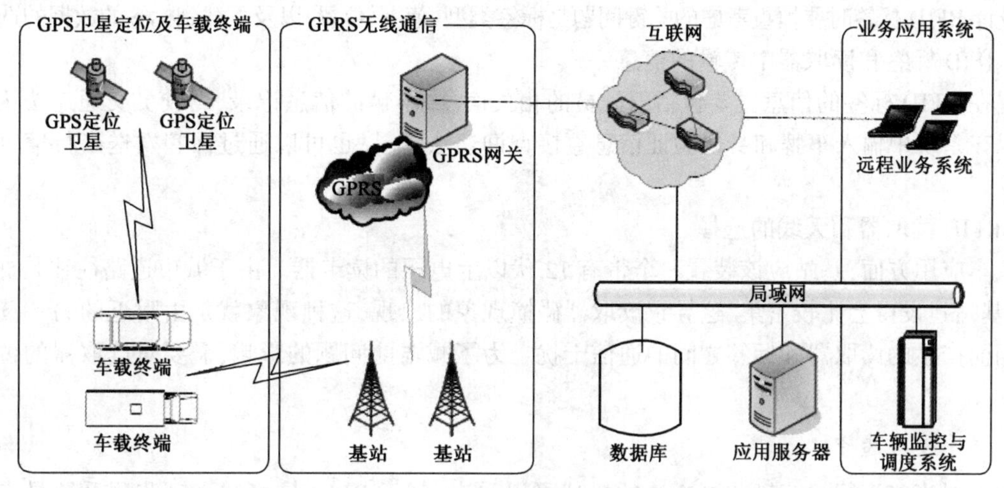

图 1　基于 GPS 和 GIS 车辆检测系统的整体架构

系统的数据与信息流主要分为两类,一类是从车载终端流向应用服务器和业务应用系统的数据和信息,称之为上行数据和信息流;另一类是从业务应用系统和应用服务器流向车辆终端的数据和信息流,称之为下行数据和信息流。

上行数据和信息流流向图如图 2 所示。

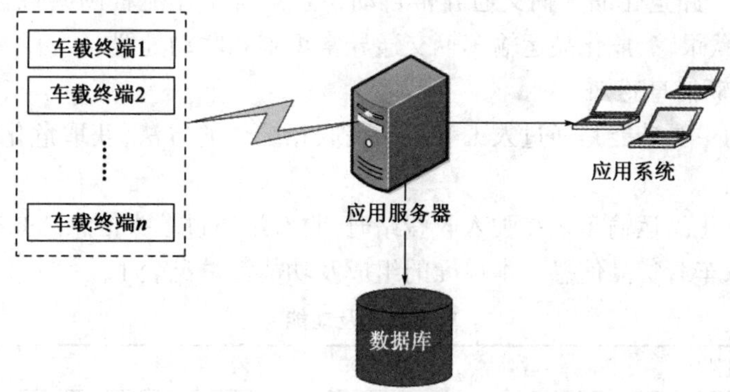

图 2　上行数据和信息流流向图

2. 基于车牌识别的车辆监测系统

基于车牌识别系统可以监测到行驶在高速公路上的车辆的车牌信息和在某些点的行驶状态,但要预测危化品车辆在高速公路中的某些路段上的行驶状态,必须要做以下工作:

(1)将高速公路划分为若干路段

以车牌识别系统在高速公路上的设置位置为分割点,将高速公路划分为若干路段,这样就可以对行驶在高速公路上的危化品车辆进行分段监测。

(2)分段运行时间预测

为了监测危化品车辆在某路段中是否出现异常,首先必须对行驶在该路段中的危化品车辆的运行时间进行预测。假设第 i 路段起点为 S_i,终点为 e_i,距离为 Δ_i,则只需要评估危化品车辆在该路段的运行速度。

(3)异常检测

如果 $T_i + \Delta T\_D\_Dd\_e_i$ 处,没有监测到待检测危化品车辆,则认为该危化品车辆出现异常,否则为正常行驶。

3. 基于 RFID 技术的车辆检测系统

在设计基于射频(RFID)技术的车辆检测系统时,需要解决以下问题:

(1)RFID 标签的选择

当设计 RFID 标签时要慎重考虑的关键问题是标签类型、范围、位置,以及下载到标签的数据的选择。

(2)RFID 标签和读取器中传输的信息

装置在 RFID 标签的信息主要包括驾驶员的相关信息、车辆的信息记录、驾驶员交通违法记录。驾驶员可以在系统中输入车牌和身份验证信息直接查询违法记录,也可以通过标签发送出行信息与交通改善建议。

(3)RFID 读取器和天线的选择

在汽车应用方面,基站应该装置一个带有 12 伏以上电压的读卡器。由于城市道路往往是拥堵的状态,所以基站建设得会比较密集,这导致读取器碰撞现象的出现,这种现象就是由附近的另一读取器的信号询问而产生的读取器和标签之间的通信干扰。为了减弱此问题的影响,需要对读取器的位置进行微调。

4. 方案比较与选择

从以上对当前流行的车辆监测方法的描述可以看出,基于 RFID 技术的车辆监测系统具有明显的优势,这也是物联网技术发展的大势所趋。当然,新的研究和应用趋势是将三者或第一种方案与第三种方案结合在一起,充分利用它们的优势,从而获得功能和性能都十分优秀的高速公路危化品车辆交通异常监测系统。

5. 基于 RFID 的高速公路危化品车辆交通异常自动识别系统

基于 RFID 的高速公路危化品车辆交通异常自动识别系统工作流程图共包含四大模块:车载货品信息感知、车辆轨迹静默跟踪、危化品运输车辆交通异常识别和联动处置。

(1)车载货品及车辆信息感知

①功能。该模块的主要功能是通过人工和自动获取相结合的方法,获取危化品车辆所装载的货品和车辆本身的详细数据。

②总体架构。当危化品运输车辆在驶入收费站时,收费站通过车头信息感知获取车牌信息,通过车尾或车身信息感知获取车载货品信息。本单元的组成及功能汇总见表 1。

单元组件及功能 表 1

序号	组件	功　能	说　明
1	危化品工控机	数据收集、上传、本地处理	可与收费网物理隔离
2	车头信息感知	车牌识别	可利用收费网车牌识别
3	车尾信息感知	危化品运输车辆车尾信息获取	需要研究信息获取方式等
4	数据库	云数据库,累积感知信息	非收费联网
		提供车辆车牌、轴型、轴重等数据	收费联网

③车载货品信息感知技术。车载货品信息丰富且不易感知,研究感知技术需要考量复杂的收费车道业务和特情,拟用以下两个方案进行研究备选:

一是基于图像及图像识别技术的车载货品信息感知方案。

二是基于手持终端的车载货品信息感知方案。

(2)车辆轨迹静默跟踪

①功能。

研究基于物联网结合云服务的新技术综合应用,利用物联网新技术对危化品运输车辆进行定位(图3),定位数据的存储和计算均使用云服务器。在下文中将这种物联网新技术和云计算相结合的综合应用统称为“物联网技术”。

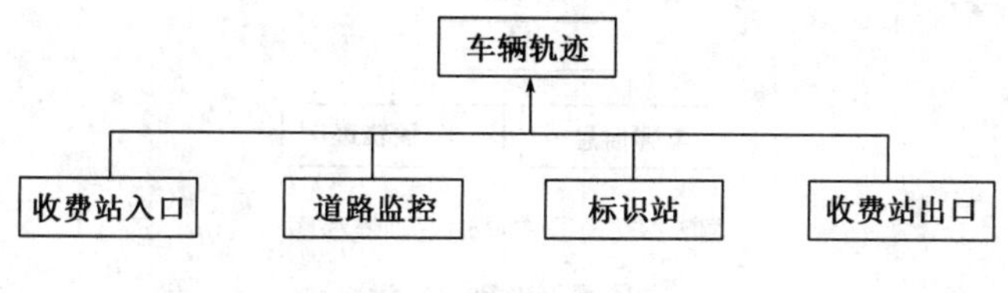

图3　车辆轨迹采集点

②总体架构。

本系统将通过信源层、RFID基站集群层、通信数据传输层以及后端信息处理应用层的四层逻辑结构图,对系统进行全面集成式、应用场景式和资源开发式的开发设计,建设起一套基于射频识别(RFID)技术的车、驾信息化监控综合技术信息平台(图4)。

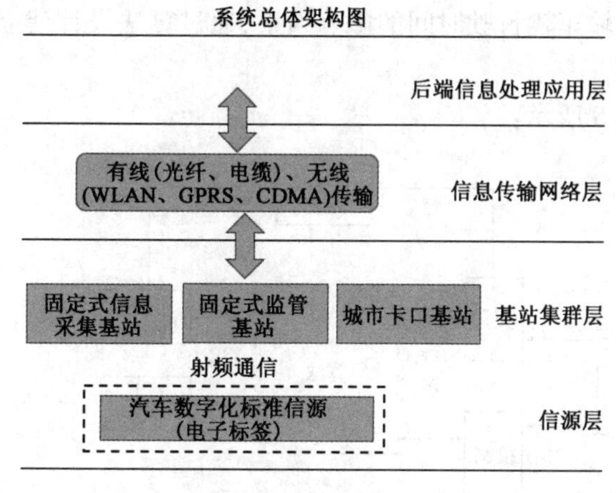

图4　车辆静默跟踪的总体架构

③实现方法。

车辆轨迹的静默跟踪,是指在危化品运输车辆驾驶员无感知的情况下,运用物联网技术对车辆行驶轨迹进行跟踪。同时利用高速公路现有的道路监控信息进行辅助计算增强计算轨迹的精确度。

(3)交通异常自动识别

①功能。

在获得车载货品及车辆信息以及进行车辆轨迹跟踪基础上,利用交通异常自动识别模型对感知信息、车辆轨迹信息计算分析,最终实现危化品运输车辆交通异常的自动识别。交通异常自动识别流程如图5所示。

②危化品车辆交通异常事件分类以及时间模型。

研究危化品运输车辆在高速公路可能发生的超时事件(事故、违停、滞留、故障、非法驳载等),并按超时时长进行分类。如表2所示,基于时间模型计算的标准时间为T,超时时长小于T_1时发布低级事件报警,超时时长大于T_2时发布高级事件报警,超时时长介于T_1和T_2之间发布中级时间报警。

T_1和T_2具体数值将通过大量调研和计算分析后确定,并对报警级别进行细化。

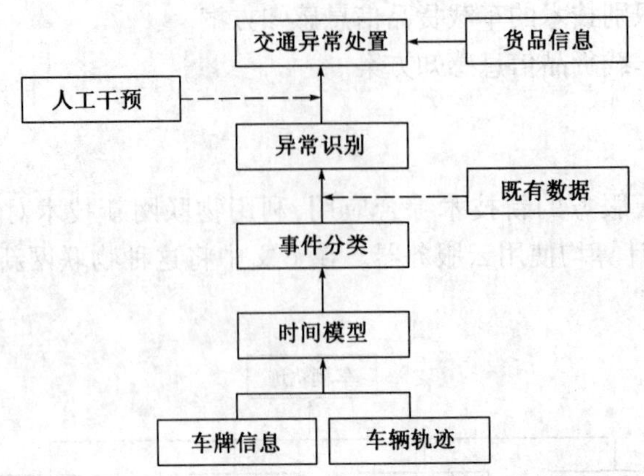

图5　交通异常自动识别流程图

报警级别分类

表2

安全级别	分类依据(超出标准时间 T)	处　置
低	超时时长 $\leqslant T_1$	发布低级别告警
中	$T_1<$ 超时时长 $<T_2$	发布中级别告警
高	超时时长 $\geqslant T_2$	发布高级别告警

研究高速公路危化品运输车辆行驶时间的影响因素,通过算法设计建立具有自我学习能力的时间模型。

时间预测模型流程如图6所示:

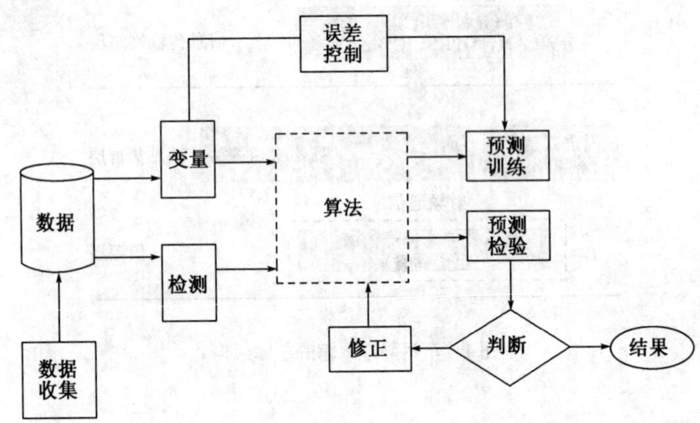

图6　时间模型预测流程图

③实现方法

交通异常识别的业务流程如图7所示。

(4)硬件配置

标识站的硬件选配见下文,下面主要讨论RFID电子标签的配置。

①RFID电子标签频率与材质选择。

对基于RFID技术的人机双读型电子标签(危险品运输车辆的车载电子标签)可以分为2种模式、3种型号。

- 单频单芯型——HF(High Frequency)型
- 单频单芯型——UHF(Super High Frequency)型
- 双频双芯型——UHF(Super High Frequency)+HF(High Frequency)型

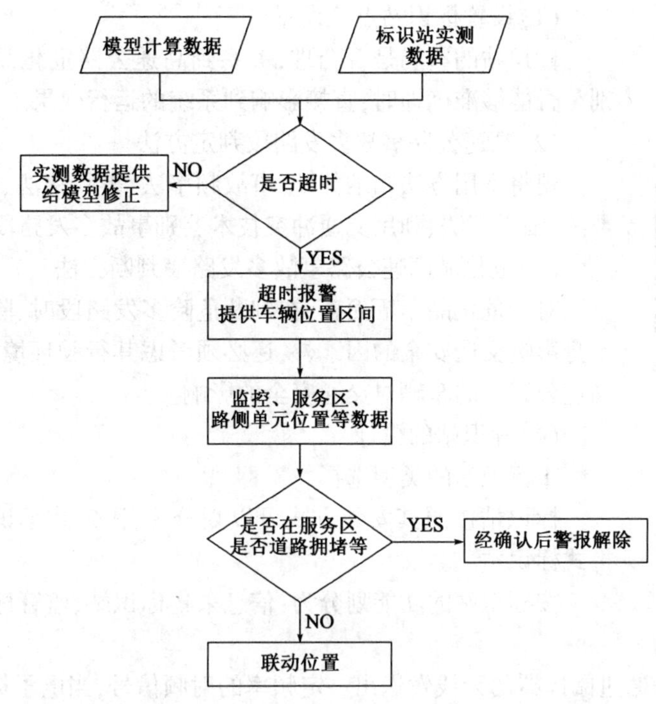

图 7 交通异常识别的业务流程图

②电子标签的防伪设计。

防伪及认证、鉴别都采用四码互保联动高强度防伪技术,一张完整的"电子标签"将具有以下特征码:

- UHF 界面应具有基于 ISO 18000-6B 协议标准的全球唯一 ID 号
- 可人工目识的明码
- 车牌号

(5)软件设计

①系统软件部署设计。

系统软件部署主要是描述系统应用软件与数据库的逻辑部署情况,或者是应用数据库服务器与应用服务器之间的关联关系,其中不包含外场控制设备、系统管理服务器与系统客户端等设备。

②系统软件开发要求。

软件开发必须按照规范的开发流程进行,以全球流行的管理体系来保障软件的最终质量。

③系统软件功能设计。

后端信息处理应用系统软件为用户提供了一个操作平台,用户可以通过软件实现对危险品车辆的实时监控和管理。

(二)关键技术研究

1. 车道数据采集

车辆在进收费站时,需要获取车辆的危化品信息,车头信息通过现有的车牌识别仪可以获得车牌信息和车牌照片,危化品车辆车尾有危化品种类的信息,通过大华云台摄像机拍摄车尾照片,人工判断危化品种类信息,车辆两侧通过大华球机可以获得清晰的照片,人员可以通过两侧照片综合判断危化品车辆所载货品信息。

2. 标识站的布局与设计

确定合理标识站的流程如图 8 所示。

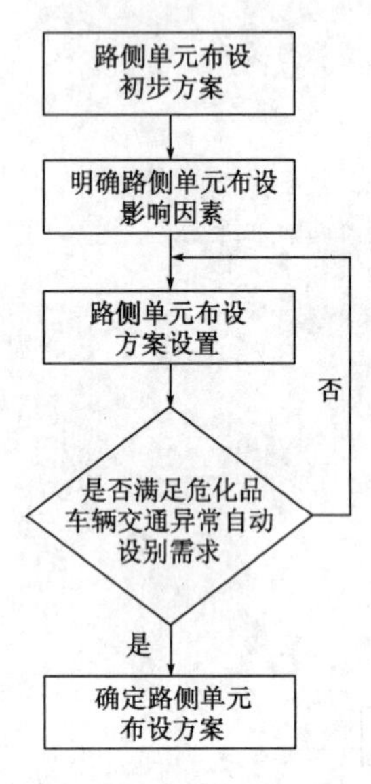

图8 确定标识站布局的流程

(1)设置标识站点位设置

标识站的布局是否合理,关系到高速公路危化品车辆交通异常自动识别是否能够准确即时,直接影响到系统的运行效果。

(2)高速公路事故多发路段判定方法

现将常用方法归纳如下:事故频率法、事故率法、矩阵法、当量总事故次数法、临界率法、利用交通冲突技术鉴别事故多发路段、累计频率曲线法。

(3)危化品高速公路事故多发路段判断方法

对于危化品车辆而言,在判断危险多发路段时,除了要考虑危化品车辆本身影响交通安全的因素外,还必须考虑其行驶环境的因素,即所有行驶在高速公路上的车辆对交通安全的影响。

(4)标识站的设计

①标识站的类型选择。

标识站按照其安装方式可以划分为:固定式标识站、车载式标识站、便携式标识站。

按标识站的功能划分为:信息采集标识站、监管标识站、装验卡标识站。

②标识站硬件配置。

RFID 标识站主要是通过阅读器的天线发送出一定频率的射频信号,当电子标签进入磁场时就会产生感应电流从而获得能量,发送出自身编码等信息被阅读器读取并解码后送至后端信息处理应用系统进行处理,从而完成整个信息采集的过程。

③路侧单元布设影响因素。

当路侧单元安装点确定后,在具体布设过程中还必须考虑那些影响车辆与路侧单元之间通信性能的因素。

3. 云服务

在本项目中,云服务的作用是数据集散和处理中心,相当于传统的服务器的功能,其功能具体如下:

①从收费站所采集的危化品车辆所装载的货品信息和车辆基本信息与所发放的复合卡 ID 号一起通过收费站的 4G 路由器上传到云服务器,并在云服务器的数据库中实现绑定。

②当车辆经过某个标识站时,标识站获取车辆上复合卡的 ID 号,连同该标识站的编号一起通过 4G 路由器上传到云服务器,部署在云服务器中的应用程序查找该复合卡 ID 号上一次经过的标识站的编号与时间,进行相关的处理。

③部署在云服务器中的应用程序对每一辆危化品车辆进行实时检测,通过时间模型,判断某辆危化品车辆是否出现交通异常,如果出现,通过互联网反馈给后端管理系统,给出报警信息。

④后台管理系统可以通过互联网对存储在云服务器中的数据进行查询,也可对运行在云服务器中的应用程序进行维护和更新。

(三)时间模型及运用

1. 基于微观动态交通流的时间模型

基于微观动态交通流的时间模型主要是根据车辆本身的基本信息、其他自然条件和交通状况来预测其在某路段行驶的平均速度与运行时间。模型的参数都为行驶在高速公路上车辆的实时数据。

假设标识站已经将高速公路划分为若干个路段,下面主要研究如何预测危化品车辆在路段 i 的行驶速度。下面首先分析影响危化品车辆 C 在某路段行驶速度的影响因素。

①车辆 C 在前一路段的平均速度 $\bar{v}_{i-1}$。

②所有车辆的上一时刻在路段 i 的平均速度 $\hat{v}_i$ 和所有车辆在上一路段的平均速度 $\hat{v}_{i-1}$。

③自然条件。

2. 基于宏观动态交通流的时间模型

MACK 交通流模型属于确定性宏观模型,由一组守恒方程及相应的动态速度-密度方程组成。该模型从现有高速公路上的车流量和密度出发,不仅能够得到高速公路交通流的所有综合动态响应结果,而且由于不需要考虑天气等其他条件的影响,计算效率高。

(1)动态密度模型

考虑两个结点 A(起点)和 B(终点)之间的路段,在该路段的交通流可以形式化表示为一个密度为 $p(x,t)$/D̄_D_Dd__________ ðĝ22 __________()_D_Dd____________Ǒĝ22__________

$$\frac{\partial p}{\partial t}+\frac{\partial q}{\partial x}=r-s$$

(2)动态流量模型

同动态密度模型一样,流量模型也将路段分为 n 段,划分方法和划分的结果与动态密度模型一致,显然,在第 i 分段处的交通流量与该路段上游和下游的交通流量都有关系,通常情况下都成正比例关系,即如果上游(下游)的流量大,则第 i 分段的流量也大,如果上游(下游)的流量小,第 i 分段的流量也小。因此在分析第 i 分段的流量模型时,必须兼顾到上游和下游的流量信息。

(3)动态速度模型

车辆的行驶速度是由车辆、道路、交通及环境等因素决定的,当然也与驾驶者的行驶习惯有关。

(4)危化品车辆高速公路的宏观时间模型

在本项目中,需要构造预测危化品车辆经过两个相邻结点 N_i 和 N_{i+1} 所花费时间的时间模型,假设在结点 N_i 与 N_{i+1} 之间的路段有 $n-1$ 个探测设备(车牌识别照相机、地磁等)可以探测到每一辆经过的车辆,则可将该路段划分为 n 个分路段,每个路段的长度为 $\Delta_i(i=1,2,\cdots,n)$。

(5)危化品车辆高速公路宏观时间模型的应用

总的来说,MACK 交通流模型能够以较高的精度描述各种不同交通状况以及这些状况之间的相互转变过程,例如:从顺畅交通过渡到拥挤交通的过程或者从拥挤交通过渡到顺畅交通的过程,并能比较精准地预测在某个路段车辆的运行速度,从而获得车辆在某个路段的预期运行时间。

(四)联动处置

1. 基本功能

当系统监测到有危化品车辆发生交通事故时,需第一时间将发生交通事故的时间、地点、车辆类型、危化品类型等信息提供给相关部门。

2. 联动处置涉及对象

危化品发生交通事故后,系统启动报警功能,报警涉及的对象包括:

- 地方人民政府
- 公安部门
- 消防部门
- 安全生产监督管理部门
- 环境保护部门
- 卫生行政部门

高速公路发生交通事故后相关入口匝道进行车辆放行速度调节或关闭入口匝道,以达到减缓交通拥挤、降低事故冲击的目的。

(五)实验段

1. 实验段的建设

实验路段选择宁杭南京站到湖熟收费站的路段(含东山枢纽)。其中南京主线站安装 3 台摄像机,用于获取车辆的侧身及车位货品信息。

途中共安装4个标识站,包括东山枢纽三桥方向(a)和东山枢纽四桥方向(b)各1个标识站、东山枢纽和湖熟收费站之间2个标识站(B:K2056标识站;C:K2062标识站),如图9、图10所示。

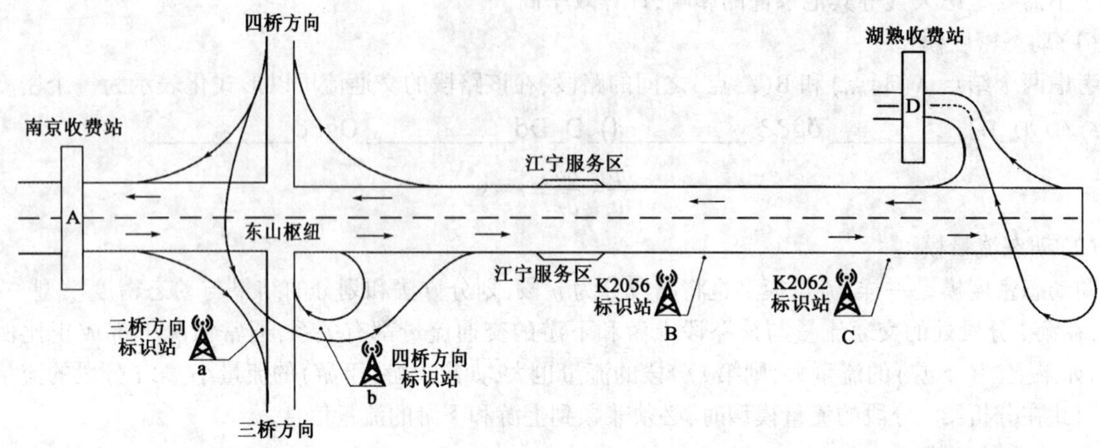

图9 试验路段标识站安装位置示意图

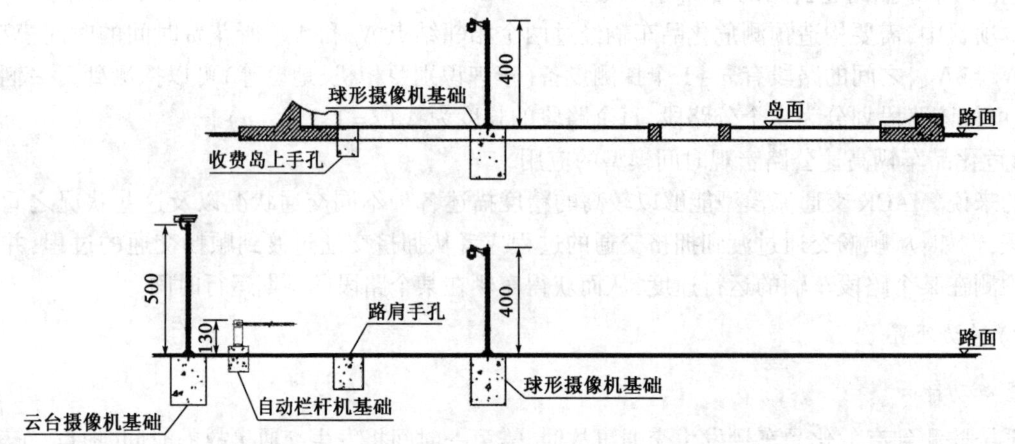

图10 试验路段收费站入口设备安装图(尺寸单位:厘米)

新增的部分设备、管线设计图如图11、图12所示。

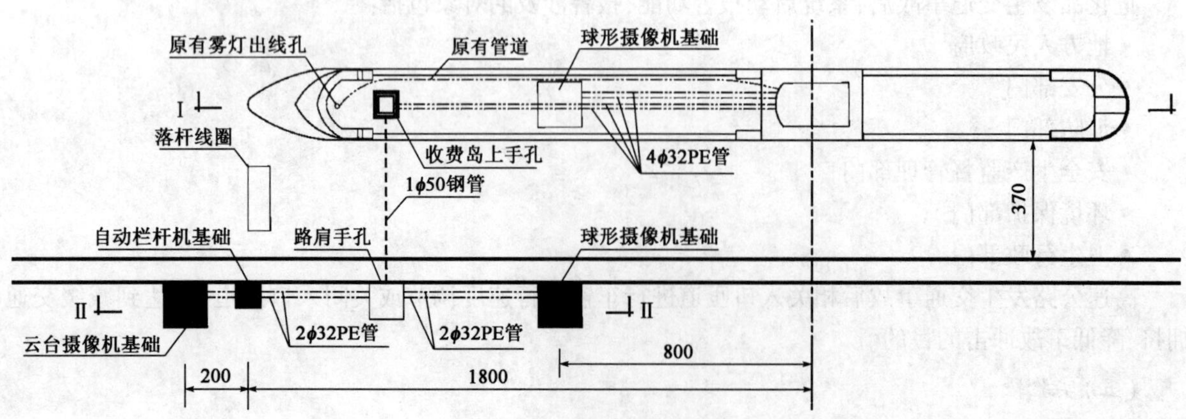

图11 新增设备管线布局总图

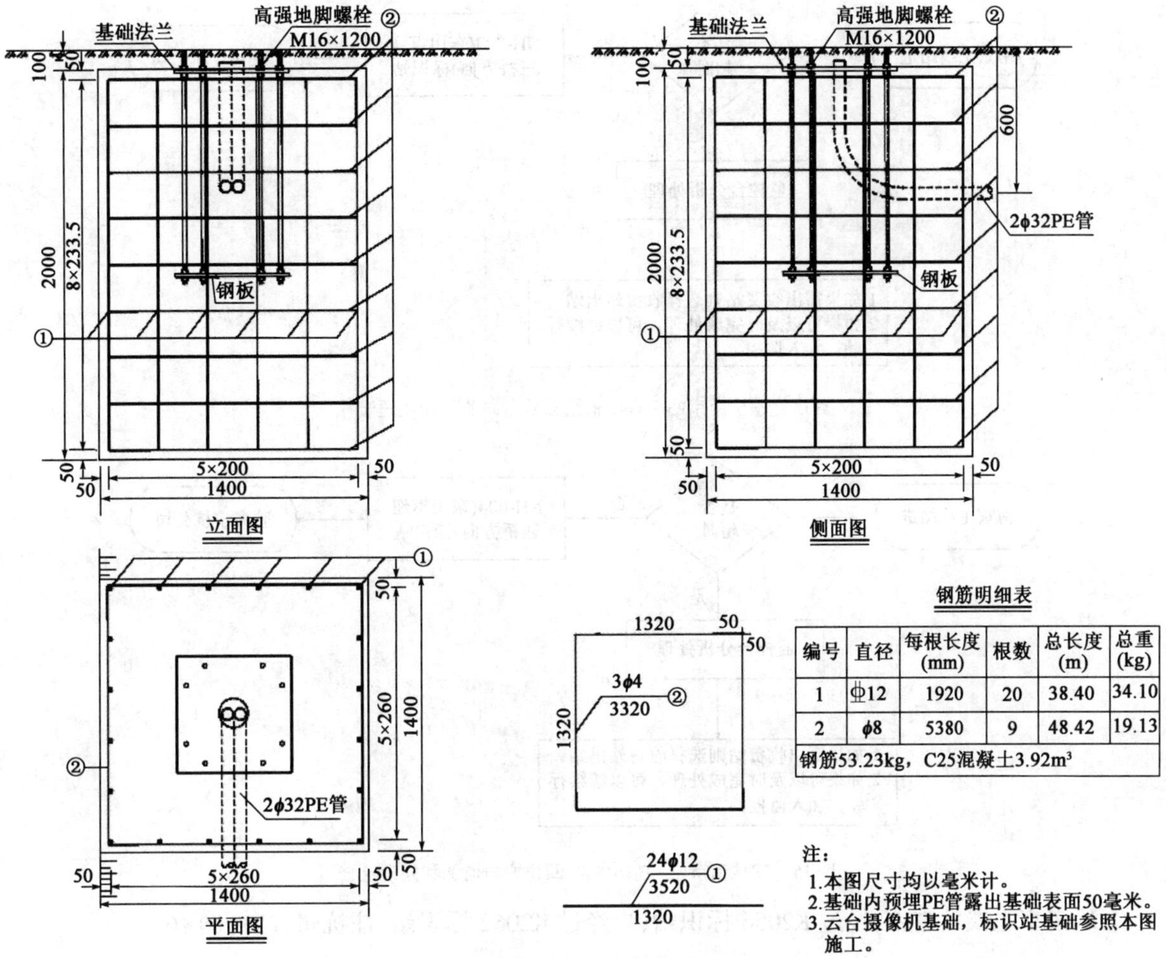

钢筋明细表

编号	直径	每根长度(mm)	根数	总长度(m)	总重(kg)
1	Φ12	1920	20	38.40	34.10
2	ϕ8	5380	9	48.42	19.13
钢筋53.23kg，C25混凝土3.92m³					

注：

1.本图尺寸均以毫米计。

2.基础内预埋PE管露出基础表面50毫米。

3.云台摄像机基础，标识站基础参照本图施工。

图12　球形摄像机基础构造图(尺寸单位:毫米)

2. 实验段的实验情况

实验段包含了各种类型的行车线路，几乎囊括高速公路上所有可能出现的情况，各类行车线路的处理流程如下：

①从南京主线站进入，经过K2056标识站，再经过K2062标识站，从湖熟收费站出(图13)。

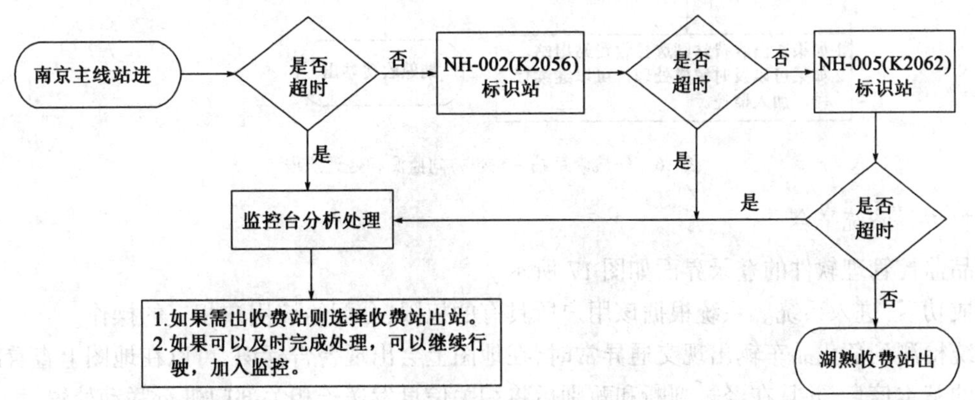

图13　宁杭南京站—湖熟收费站监测和处理流程

②从南京主线站进入，经东山枢纽往三桥方向(图14)。

③从南京主线站进入，经东山枢纽往四桥方向(图15)。

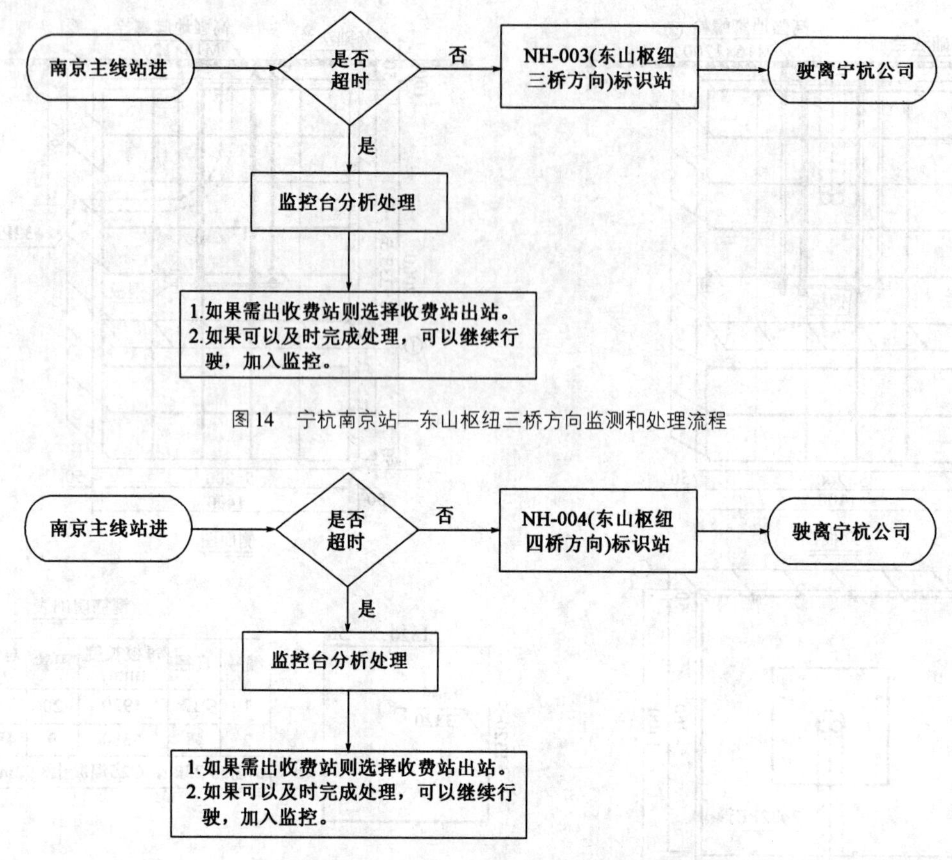

图14　宁杭南京站—东山枢纽三桥方向监测和处理流程

图15　宁杭南京站—东山枢纽四桥方向监测和处理流程

⑤从南京主线站进入,经过 K2056 标识站,再经过 K2062 标识站,往杭州方向(图16)。

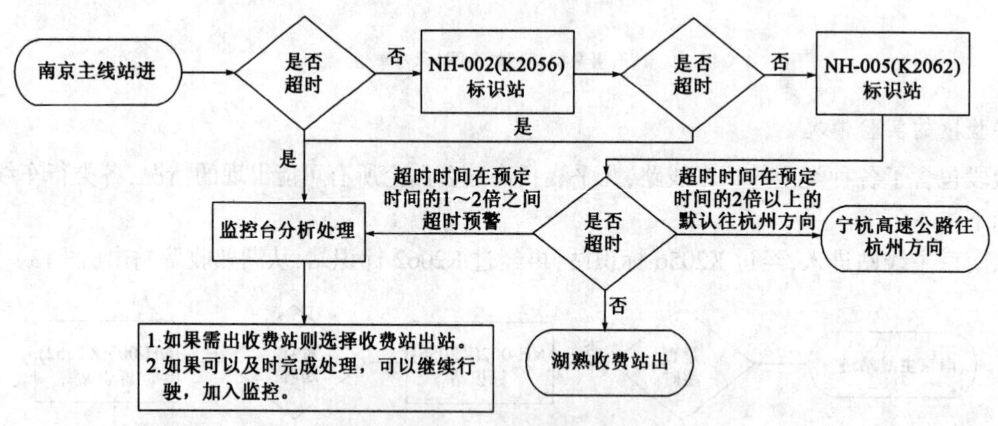

图16　宁杭南京站—杭州方向监测和处理流程

3.模拟运行系统平台

危化品监控管理软件的登录界面如图17所示。

登录成功后,进入系统。系统根据该用户所具有的权限,分配给该用户相应的操作。

当系统检测到危化品车辆出现交通异常时,在地图上会出现警告标识,可以在地图上查看出现交通异常车辆的基本信息,并且在经过判断和甄别后将相关信息发送给相关部门进行联动处置。

模拟结果表明上述功能都能正确实现。

通过综合监控平台(如图18所示),可以监测标识站的运转情况,可以对复合通行卡进行管理,还可以对经过某收费站的过往的危化品车辆进行统计分析。模拟运行表明,上述功能都能正确实现。

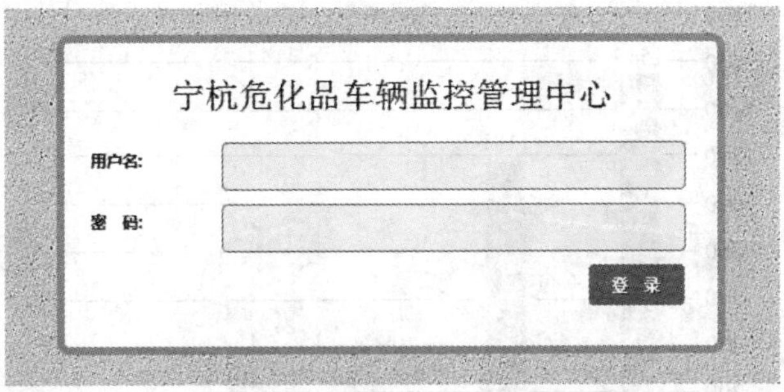

图17 危化品车辆监控软件登录界面

图18 综合监控平台

4. 模拟运行发卡组织

(1)宁杭南京主线发卡

①南京站做好车辆引导工作，入口超宽车道发放复合卡。

②对于持“运政卡”等优惠卡的车辆，收费员刷“运政卡”用于收费。同时发放复合卡，复合卡仅刷复合卡读卡器，不刷收费读卡器。另外发放宣传单，并口头告知驾驶员，出口需上交复合卡。

③对于无自有卡的危化品车辆，收费员仅发放复合卡，复合卡刷收费读卡器和复合卡读卡器各一次。

(2)湖熟收费站收卡

①湖熟收费站配有复合卡副卡器，在收费员收到复合卡后需刷该读卡器回收卡片。

②对同时持有“运政卡”和复合卡的车辆，收费使用“运政卡”，复合卡仅需刷复合卡读卡器。

(3)其他收费站收卡

①对仅持有复合卡的车辆，使用复合卡收费。

②对同时持有“运政卡”和复合卡的车辆，收费使用“运政卡”。

5. 模拟运行相关数据统计

如图7-22所示，自试运行以来，共计对从南京主线驶入的1549辆危化品车辆发放了复合通行卡。经统计分析，其中往杭州方向的车辆数为1181辆，其中89辆车从湖熟站驶出；自东山枢纽往三桥方向驶离199辆，四桥方向驶离68辆(图19)。外省危化品车辆共驶入106辆次，南京市危化品车辆共驶入1352辆次，省内外市危化品车辆共驶入91辆次。

所监测的危化品车辆类型包括：槽罐车、集装箱车、拦板式车、低温气罐车、压缩天然气车及厢式货车(图20)。

四、项目实施效果

系统的实施包括软件和硬件部分，系统的软件部分只要一次投资，可一直使用，在使用过程中只要支付少量的维护和升级费用。

系统实施的成本主要在硬件部分。为核算基于物联网的高速公路危化品交通异常自动识别系统的成本，现给出在实验阶段所需设备及费用，如表3所示。

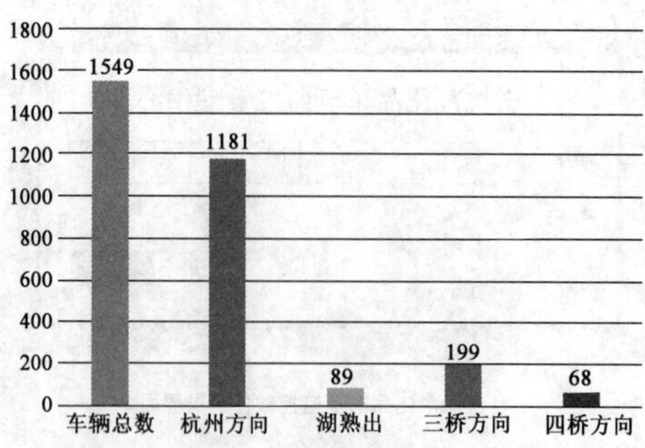

图 19　模拟运行数据总计

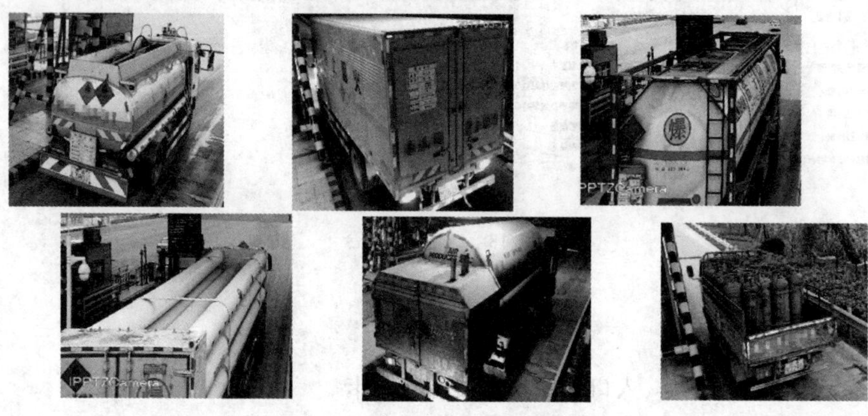

图 20　危化品车辆类型统计

实验阶段设备费用一览表　　表 3

项　　目	数　量	单价(元)	总费用(元)	备　　注
标识站天线主机 + 天线	4 套	175000	700000	
复合卡开模	1	15000	15000	
复合卡	2500 张	33	82500	含测试用卡
抓拍照相机	3 台		25000	云台相机 1 台(4K)、球机 2 台
三层交换机	1 台	5000	5000	
4G 路由器	6 台	800	4800	宁杭公司提供流量卡 5 张
工控机	6 台	6000	36000	含 CFast、SSD
实验段施工费	1 项	100000	100000	含基础、立柱、线缆等费用
研发人员(含实验测试、现场勘查与设计、安装调试)人工成本	5 人	350/人天	157000	自 7 月 20 日技术验证起 90 个工作日
咨询费及第三方支出费	1 项		40000	含大纲评审、施工报备等
合计			1165300	

根据表 3 中的数据,宁杭高速公路进行系统实施时,期初的投资构成如下:

1. 收费站的改建

每个收费站改建的费用包括:

- 3 台抓拍照相机:25000 元
- 1 台三层交换机:5000 元
- 1 台 4G 路由器:800 元

- 1 台工控机:6000 元
- 施工费(含相关材料费):30000 元

经计算,每个收费站改建费用为 66800 元。宁杭高速公路共有 13 个收费站,因此收费站总的改建费用为 66800 × 13 = 868400 元。

2. 标识站建设

新建一个标识站费用包括:

- 1 套标识站天线 + 主机:175000 元
- 1 台三层交换机:5000 元
- 1 台 4G 路由器:800 元
- 1 台工控机:6000 元
- 施工费(含相关材料费):15000 元

经计算,新建一个标识站的费用为 201800 元。宁杭高速公路全长约 150 公里,其中包含 4 个服务区,按照每 15 公里设置一个标识站和一个服务区设置一个标识站的标准,共需要 14 个标识站,因此标识站的建设费用为 201800 × 14 = 2825200 元。

3. 复合卡

根据历史数据分析,每天自宁杭高速公路南京站驶入的危化品车辆大约为 100 辆左右,因此准备 2500 张复合卡足够实验段使用,费用为 82500 元。

因此,在宁杭高速公路上运行本系统的硬件总的费用为:

868400 + 2825200 + 82500 = 3776100 元。

本系统的硬件设施的使用寿命至少为 15 年,因此年均投资约为 251740 元。加上维护费用,年均投资不超过 40 万元。

而通过本系统的运行,只要能对每一次所发生的危化品交通异常的预警时间平均提前 15 分钟,就可以减少交通事故对人员生命、环境污染、道路破坏等灾害事件所带来的损失,其经济价值是不可估量的。

因此,本课题具有很大的经济价值。

本项目的研究和建设,为高速公路危化品车辆交通异常的识别和处置提供了全新的思路和方法,为高速公路其余车辆的轨迹静默跟踪提供了扩展性支持,为高速公路营运管理单位建立危化品车辆数据库提供了基础支撑,并为将来的数据分析打下基础。

由于基础物联网技术、云服务应用广泛,是多种信息集成、空间化的载体。建设全省统一的危化品车辆基础平台后,可避免各路公司重复投资建设。该项目的建设,可为江苏省 4500 多公里高速公路交通设施、重大交通构造物、重要水源及人口聚集区提供危化品车辆交通异常信息,并依此提供相应的预警预案,使危化品车辆交通异常所产生的危害能第一时间得到处置,间接地保护了高速公路使用者的生命和财产。

本项目研究实验段建设需投入约 200 万元(费用不足部分由项目承担单位自行协商解决),项目研究成果在江苏省内高速公路推广应用将带来约 700 万元的软件销售额,同时带动相关硬件产品销售约 2000 多万元。

本项目研究成果不仅限于危化品车辆的行驶轨迹跟踪、交通异常识别,今后也可用于解决高速公路车辆多路径问题。在高速公路上大面积推广后,将给物联网产业带来新的发展,培养新的增长点。

港务通港口码头生产经营综合管控平台的构建与实施

连云港电子口岸信息发展有限公司

成果主要创造人:刘　磊　水玉超

成果参与创造人:吴占辉　汶　波　程四海　赵　超　杨宗瑞　石　亘
赵基成　葛静松　任　龙　靳敏杰

连云港电子口岸信息发展有限公司是江苏省政府和南京市政府确定和重点扶持的连云港地区从事口岸物流公共信息服务的唯一专业化公司,是江苏省信息产业厅认定的软件企业、国家高新技术企业,是交通运输部批准设立的交通电子口岸连云港分中心,是连云港市口岸信息化建设领导小组确定的连云港口岸公共信息平台的建设和运营主体,是连云港市"大通关"工作领导小组核心成员单位,同时也是连云港港口集团批准设立的连云港港口 EDI 中心。公司注册资金 1826.96 万元,是连云港港口集团有限公司控股的国有企业。

该企业的发展特点如下。

①肩负责任重。连云港电子口岸信息发展有限公司是省、市重点扶持的连云港地区物流信息服务唯一专业化公司,承担交通电子口岸连云港分中心、江苏省连云港港口物流公共技术服务中心、连云港 EDI 中心、连云港口岸公共信息平台建设和运营任务。

②管理水平高。连云港电子口岸信息发展有限公司是国有企业,被认定为国家高新技术企业、江苏省软件企业、江苏省科技型中小企业、江苏省重点物流企业,具备完善的管理制度和较高的管理水平,是国内口岸中最快实现收支平衡的 EDI 中心。

③研发能力强。已取得多项行业权威认证,包括 CMMI3 级认证、ISO 9001 质量管理体系认证、ISO 27001 安全体系认证、ITSS 运维服务体系认证、信息系统集成级服务资质;拥有高新技术产品 12 项(目前有效 2 项)、软件著作权 122 项(截至 2019 年 12 月底)、有效实用新型专利 1 项,获省市级以上奖项及荣誉 20 余项;EDI 技术水平国内顶尖:报文支持种类全国领先,非标准报文支持种类全国第一;获得江苏省软件行业最高奖——金慧奖。

④重点项目多。交通运输部"国家物联网海铁联运重点应用示范工程",国家市场监督管理总局"检港联动公共信息平台",科技部"科技型中小企业技术创新基金无偿资助项目",江苏省经信委"江苏省信息化示范工程",江苏省交通运输厅"智慧江苏行业应用示范工程"等多个重点项目,累计获得国家支持资金近 7000 万元。

⑤社会责任重。紧扣"十三五"发展要求,紧密围绕港航业务发展需要,利用口岸信息化建设经验,发挥企业科技创新能力,在服务连云港口岸的同时,服务上合组织,为中西部地区的发展提供服务和支撑,实现与中西部地区的合作共赢,在"一带一路"建设中发挥独特的优势与作用。

一、实施背景

连云港港是我国综合运输体系的重要枢纽和沿海主要港口,与全国其他沿海及长三角其他沿海港口相比,在规模、能力和发展水平方面都存在较大差距,2015 年连云港港完成吞吐量 2.1 亿吨,与周边的宁波—舟山港、青岛港、日照港相比差距较大,港口在区域港口体系中的综合竞争力不强。特别是随着"一带一路"建设和长江经济带战略的逐渐升温,港际之间在航线航班、货源组织等方面的竞争将更加激烈,连云港港又缺乏与周边上港集团、宁波港集团、青岛港集团等大型港口企业竞争的大型港口集团,这对连云港港未来区域竞争力和区域资源配置竞争构成一大挑战。

连云港港面临严峻的竞争形势,上游和下游港口的迅猛发展,给连云港带来较大的发展压力,这些都对综合竞争力的提升提出了更高的要求。

在"十三五"期间,连云港港口集团加快港口信息化建设,建立一个中心、两套体系、三大平台、四个突破,所有目标分层分步,逐步实施,首先是码头生产经营综合管控平台的构建与实施。所有港口企业都以商务经营、业务生产为核心,以财务管控为脉络,实现企业的不断向前发展。作为现代企业,信息化是企业必不可少的重要管理手段。因此,以商务管理、业务生产、经营管控为核心的综合管控平台系统建设对港口尤为重要。

二、基本内涵

港口码头生产经营综合管控平台(简称"生产经营综合管控平台")占据连云港港口集团信息化建设的核心地位,其成功建设实施将为连云港港口集团信息化总体构建奠定基础。

生产经营综合管控平台建设的总体目标,是在其他港口信息化现有成果的基础上,进一步深入调研连云港港口集团及下属港口作业公司相关的业务办理、生产调度、库场管理、单证处理、费用结算等商务经营和业务生产领域现状及发展目标,根据调研结果,集中整理、统筹研究连云港港口集团主营装卸板块的业务流程,发现问题、分析问题、提出合理优化建议,最终建成具有"连云港港口集团特色"的生产经营综合管控平台。

三、主要做法

(一)制定生产经营综合管控平台建设总体原则

生产经营综合管控平台建设总体原则为统一流程规范、统一信息化集成平台、统一元数据标准、统一授权管理、统一风险管控。

1. 统一流程规范

连云港港口集团下属港口作业公司各有特色,信息化需求各有不同。这就需要建立一种规范统一,但又富有弹性的流程体系,让不同的港口公司在统一的规范中各取所需。

2. 统一信息化集成平台

一般企业信息化建设大致分为四个阶段:系统替代手工阶段、单点系统深入应用阶段、单点系统整合集成阶段、整体业务流程重组优化阶段。连云港港口集团信息化建设基础相对薄弱,可以跳过前两个阶段,直接从第三个阶段开始,通过统一信息化集成平台,在整体信息化建设之初就整体统筹考虑,避免重复单点集成工作,高质高效。

3. 统一元数据标准

连云港港口集团信息化建设需要建立两套体系,统一元数据标准就是其中的第一套体系。只有建设统一的"数据语言",数据在不同的系统中才能畅通无阻。

4. 统一授权管理

连云港港口集团是一个综合型的集团性企业,信息系统涉及不同组织、不同岗位的员工,人员、业务及权限错综复杂,必须统筹集中管理,否则系统管理容易混乱,失去信息系统支撑企业管理的作用。统一授权管理,分为数据授权和操作授权两个部分,彻底解决复杂系统的授权管理问题,更好地为企业管理服务。

5. 统一风险管控

企业经营面临风险,如何更好地防范风险是信息系统建设的关键问题。一直以来在港口经营中都存在商务领域和财务领域信息沟通不畅的问题,使得相互之间的数据无法实时共享,从而导致企业经营风险的发生。通过商务财务一体化方式,实时将业务经营信息反馈给财务领域,让财务营收管理更加简洁流畅;财务客户欠款信息也能实时反馈给业务领域,让业务经营更加轻松,进一步降低风险。

(二)优化实体业务流程,创建流程模型

通过对连云港港口集团的详细调研,梳理出生产实践中的各业务流程,结合平台的信息化要求,对港口生产经营管控过程进行优化。

1. 规范商务指令下达

由于企业发展的需要,集团商务中心有不按管理规范进行的不明确的口头商务作业安排,直接导致实际作业发生,但规范流程不支持这类情况,例如集团商务中心口头下达未通关的提货指令,由分公司商务编制提货凭单。

如果这种指令不进入系统进行规范化管理,将导致生产经营综合管控平台无法顺利运行,码头调度、生产、结算账目混乱无依据。

因此,必须规范商务指令下达,即将这种特殊指令也由集团商务中心在生产经营综合管控平台中按规范格式下达,并做特殊指令标志,分公司二级商务按照指令制定提货凭单。

2. 简化码头公司场地外租管理

分公司有些场地外租给公司做加工处理,公司管理库存账过程中仍然关注该块场地的进出账目,造成货物场存账目混乱。

因此,将货物进入场地加工后视为货物提货出港,可规范并简化库存账目管理,避免库存账目混乱的情况。

3. 调度计划编制格式化

目前的昼夜计划编制包括上昼夜完成情况、本昼夜海轮计划、驳船计划、火车汽车计划以及海轮预报和驳船报港信息。每个工班具体计划由说明性文字表述,没有固定格式。货物信息细化到货名与品名,不包括货主信息。且工班计划由上一个工班手工编制本工班的计划,容易出错。

为此,需确保调度计划的数据完整,每一条调度计划的编制都应该引用商务指令,并从商务指令中引入货主、唛头等信息,以利于作业票的生成。按照生产业务信息的规范化流转过程:商务—调度—库场,最终库场的功能应该只是完成理货数据的补充,所以调度计划的内容中应该包含货主类信息。

此外,调度计划的格式应规范化,调度昼夜计划中应该包含每个工班的计划,并以格式化的形式保存,而不是保存描述信息,这样利于工班计划的自动生成。

4. 理货单与作业票整合

现场理货结束后,一方面由库场队出具理货单,用于库场做账及统计以及商务提单的反馈;另一方面由调度、库场、各机械队、装卸队共同填写作业票,用于计件工资结算。大量重复录入可以共享的信息,效率低下且极易出错。

将现场理货单与作业票合并成一种单据:理货作业票。原因如下:

①作业票由派工生成后,内容已经包含了理货单内容,可满足理货单各种做账需要。

②可以节约填票人员的工作量,并节约纸张。

③简化生产经营综合管控平台用户操作流程。

④单据合并后,公司内部各项统计分析的数据来源统一化,不会存在两套数据来源造成统计数据不相符等现象。

5. 制定计件工资定额标准

公司人力资源部依据公司定额标准、工种计算计件工资、作业吨到队部；各队部根据内部定额算法、工种、浮动工资总额等条件分配个人工资。由于算法复杂，人力资源部与各队部的劳资员工作量都比较大。

基于优化后的业务流程，对生产经营综合管控平台涉及的 14 个流程进行建模，以一站式服务大厅流程模型(图 1)为例说明。

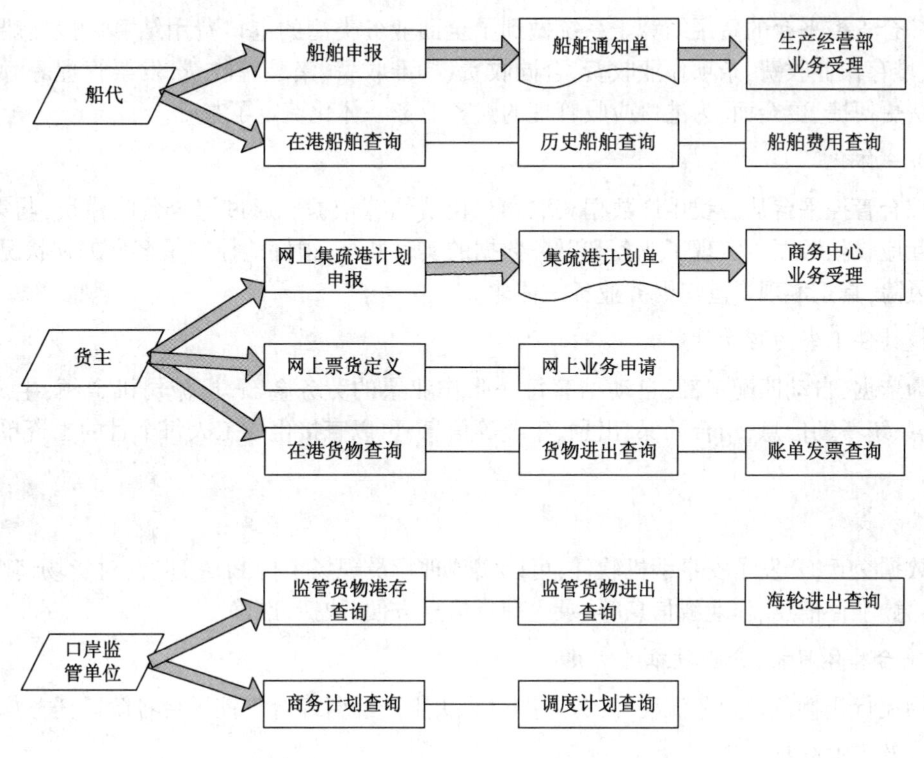

图 1　港口集团一站式服务大厅流程模型图

一站式服务大厅主要对象为船代、货主、货代以及口岸监管单位。

(三)8 项创新举措，助力码头生产经营管理模式转变

1. 独创性提出"票货"概念

生产经营综合管控平台创新性地提出将一批具有相同属性(种类、形状、规格、所有人等)的货物定义为一个"票货"。"票货"是产品的核心，"票货"贯串整个港口业务的始终。使得生产经营综合管控平台逻辑结构清晰明了、软件操作简单易用。

2. 库场动态图形化

件杂货码头现场动态图形化，可以直观反映货物在码头堆场、仓库的具体情况，是非常实用的一种功能。克服技术难关，对件杂货码头种类纷杂的货物，实时动态地将现场货物堆放情况矢量图形化展现。

3. 自动装船预定表

件杂货码头装船作业计划是一项复杂的工作，计划员需要在装船之前就将需要装船的各种货物的堆放情况、装船量计划做好。这样的计划一般都是手工完成，需要很长时间。在装船之前遇特殊情况往往无法及时调整。生产经营综合管控平台可以根据装船委托，自动寻找符合条件的装船货物存放信息，并根据预先设定的货物出场顺序，主动产生装船预定表，提供给生产调度计划。

4. 业务数据直接处理生成收费依据

生产经营综合管控平台将业务作业数据与最终客户费用结算依据数据结合起来,真正形成业务收费一条线、融会贯通一气呵成。件杂货码头业务作业数据各种各样,涉及的客户费用结算方式也不一样,收费依据数据格式也不相同。将业务作业数据通过单证处理模块生成收费依据——“红黑卡”。解决了一直以来业务作业数据和费用结算数据不能准确流通的难题。

5. 全面的港口收费结算处理

生产经营综合管控平台的费用结算子系统做到了全面业务类型的港口费用结算。包括船舶收费、杂货舱单收费、堆存作业收费、杂项作业收费、合同收费、标准收费、集装箱收费、发票管理等,使得件杂货码头业务收费更便捷、更全面,为港口应收管理的财务业务一体化奠定了基础。

6. 财务业务一体化

生产经营综合管控平台从一线生产数据获取客户税费结算依据。通过综合营收模块,与第三方财务系统实时交互应收款数据。实现了业务和财务数据的实时共享,很好地控制了客户欠款状况,大大降低了企业经营风险,真正实现了港口财务业务一体化。

7. 人员机械计件工资的自动计算

以作业票为依据,自动匹配定额,自动结算每一张作业票的劳务金额、机械司机金额,生成作业工资。然后,根据系统考勤信息,结合社保、出勤、年金等信息,可以直接生成工人每个月的工资单,实现自动化、实时化。

8. 手持终端理货

通过统一数据交互,开发了安卓手机软件,可以实现理货员现场手持 PDA 理货,对货场情况实时监控,查询货场信息、堆存信息、作业线信息等,录入理货信息方便、快捷、准确。

(四)分解平台整体目标,分阶段推进实施

根据港口物流行业特色及业务流程,港务通港口码头生产经营综合管控平台各阶段任务如下:

1. 总体调研及需求分析阶段

本阶段具体任务是对连云港港口集团商务经营、生产管理、财务管控、设备管理、物资管理以及下属港口作业公司进行详细的走访调研,了解连云港港口集团商务经营、业务生产、发展管理、财务对接等方面具体情况,梳理业务流程,集中统筹研究连云港港口集团主营装卸板块的业务流程,发现问题,分析问题,提出合理优化建议,最终形成具有“连云港港口集团特色”的《生产经营管控平台专项研制报告书》,为下一步系统建设提供指导和方向。

2. 主体建设第一阶段

本阶段具体任务是在《生产经营管控平台专项研制报告书》的指导下,成立平台系统开发小组,进行信息系统软件设计、程序开发、集成测试等平台系统主体建设,并在集团与各家码头作业公司上线。本阶段主体建设内容为集团生产调度、商务业务管理、计件工资管理与统计分析子系统(一期)。

3. 主体建设第二阶段

本阶段具体任务是在第一阶段建设成果的基础上,针对设备管理子系统、物资管理子系统、统计分析子系统(二期)完成系统分析设计、程序开发、集成测试,并在集团设备工程部、物资分公司以及码头公司各相关部门上线。

4. 综合优化提升阶段

本阶段具体任务是在生产业务与经营管控各子系统已经成功开发并实施的基础上,开发集团的对外宣传展示门户、企业内部员工门户与一站式客户服务平台,形成港口信息化框架中的企业门户平台;开发并实施集团的统一流程平台;开发并实施集团的移动应用平台。

(五)制定风险管控措施,确保平台顺利运行

1. 项目实施相关风险分析

生产经营综合管控平台建设项目实施完成后的经济和社会效益非常明显,通过信息化手段提升整体信息共享度和通畅度,提高总体商务经营和业务生产效率,降低港口运营成本,为八大战略目标的实现提供支撑。因此项目不存在政策风险和市场风险。

在技术风险方面,选择具有一定港口信息化建设经验的承建单位,要求多年从事港口信息化工作,有丰富的系统开发和港口物流业务经验。

在项目实施推广风险方面,主要体现在两个方面:硬件基础差和人员信息化水平低。前者可以通过投资解决,影响相对较小;但是后者必须有相应的管理制度和手段跟进才能解决,比如将重要的信息化岗位调整为信息应用水平高的人员、加强相关人员的信息应用技术培训、强化信息管理工作等。

在需求不明确风险方面,港口公司的经营多样性导致了货种的操作规程会有所不同,初期的调研很难覆盖每个业务功能点,会导致大家对系统建设的难度认识不足,在具体建设和实施时,还需要到每个港口公司和集团相关职能部门做详细的调研,对特殊的需求再做详细的分析和设计。

项目实施推广工作量及时间预估不足的风险,通过调研发现港口业务上总体分为三大类:件杂货、散杂货、集装箱。依公司多年的应用系统的实施经验,每个港口会碰到各种各样的特殊需求,而且每个业务人员操作习惯也有多样性,需要花费更多的时间和工作量去开发、调整模块功能以适应特殊需求。

系统流程改造带来人员岗位变动的风险,通过调研分析,在件杂货港口公司和散杂货港口公司的库场管理子系统中需要有专人将作业票录入系统中,用来生成库场和业务的各种账以及库场动态图。另外,单证处理子系统是将业务操作过程中产生的各种数据经过系统加工处理生成费用结算的依据,将以前人工甄别费收数据的过程系统化,而且可以通过这个子系统产生各种电子船牌档案袋和以货物为中心的档案袋,这将有利于港口公司与客户之间的各种数据账目的核对。在实施过程中需要港口公司协调相关人员来处理这些操作环节,甚至涉及人员岗位的变动,这些都是需要港口公司及集团相关领导协调的风险因素。

综上所述,生产经营综合管控平台项目建设风险基本集中在项目的实施推广方面。项目建设实施过程中,在项目组的合理管理制度和丰富的实施经验的指导下以及相关管理和配套工作到位时,这方面的风险也基本规避。

2. 降低风险的主要措施

在项目实施过程中存在一系列风险。为了保障项目的顺利实施,一方面做好系统的需求调研,保证本项目的目标与港口生产业务的需求一致,保证信息系统能够真正承载港口实际生产业务运作;另一方面,实行如下风险控制措施以降低风险:

①采用项目负责人全权负责和子项目分工负责的项目管理方式,子项目负责人具体负责子项目研究任务的实施,项目负责人定期召开子项目负责人和主要项目专家联席会议,加强项目沟通。

②引导用户转变观念,提高系统应用集成化的认识,加强理念与方法的培训,加强港口管理、技术和操作人员的培训。

③加强人才培养和引进,加大信息化人才特别是高层次人才的引进,完善人才激励机制与措施,保障相对充足的资金投入和技术措施。

④建立项目运行维护应急响应机制,确保相关系统稳定运行。

四、实施效果

港务通港口码头生产经营综合管控平台建设项目实施后的经济和社会效益非常明显,通过信息化手段提升整体信息共享度和通畅度,提高总体商务经营和业务生产效率,降低港口运营成本。

(一)经济效益

生产经营综合管控平台研发投入共消耗85 人/月,已在连云港、南京、镇江、沧州等城市的港口交付

使用,合同总金额逾2000万元。以下以镇江港务集团生产经营综合管控平台为例阐述,项目总投资额440万元,回收期为2年。经济效益见表1。

经济效益 表1

年度(年)	新增利润(万元)	新增税收(万元)	节支总额(万元)
2018	340	57.5	165.5
2017	300	49.5	150.5

预计未来五年可平均新增利润320万元,新增税收65万元,节支总额180万元。生产经营综合管控平台在港口的使用,带来以下效益:

①减少人力成本,生产经营综合管控平台上线后,港口股份在单证处理岗位减少15人,每年可节约人力成本约90万元。

②提高了码头生产的作业效率,近年来港口件杂货码头船舶在港停时变化情况见表2。可以看出,进入试运行状态后,货物千吨在港停时和单船在港停时呈明显下降的趋势,船舶在港综合停时下降幅度平均在5%左右,相当于为港口增加了5%的"软"能力。其中,设备数量增加、性能提高等占有部分因素,但主要是信息化在工艺流程优化、资源利用率提高等方面发挥了重要作用。根据测算,本系统信息化贡献率应在3%以上,按照2017年件杂货码头营业收入9.89亿元,利润8930万元计算,信息化应用产生的新增收入2900多万元,新增利润268万元。

船舶在港停时变化 表2

年度(年)	千吨停时(天)	单船在港停时(天)
2018	0.08	1.53
2017	0.082	1.55

③港口通过应用本产品,提高了库场的管理水平,从而提高了库场使用效率,使得货物堆存收入得到提高,货物外转量明显下降,每年库场使用方面增收在100万元以上。

④有效遏制费收流失和内部舞弊现象,提高资金回收率、控制拖欠款现象等。对港口几个件杂货公司进行统计,年创造的效益在90万元以上。

通过上述数据,平台每年给港口产生的直接经济效益就达500多万元。因缩短船期和货物进出口周期,直接为客户带来了效益。从而提升了港口在客户心中的地位,塑造良好的口碑,增强了市场竞争力,由此产生的间接经济效益更有价值。

(二)社会效益

1.提高生产效率

①为客户提供更直接的沟通方式,提高商务业务运转效率。

②通过提高车辆在港作业效率,缩短船舶在港停时,提高泊位及货场利用率。

③商务发票直接生成凭证,提高财务结算效率。

2.降低经营成本

①减少岗位人员配置,降低人力成本。涉及岗位主要是业务办理人员、现场作业、单证处理人员、统计人员、稽查人员及门岗保安、司磅员等。

②通过流程优化,提高综合效率,缩短作业时长,减少资源消耗,降低经营成本。

3.提高货运安全效益

提高货物运输安全和货物堆场安全。平台上线后,特别是由于全港物流运输数据共享的应用,有效防范盗货、骗货和出错现象的发生。

4. 商务财务一体化,做实集成管控

①商务开出单据直接通过系统传递至财务,生成凭证,实现商务与财务的"无缝衔接",强化收入的透明度,保证商务数据向财务反馈的及时和准确。

②商务发票直接传入财务系统,自动生成凭证,减少人为干预,实现财务应收核算的自动化,将财务人员从繁杂的会计核算中释放,将更多精力转至日常财务管理。

③实现财务回款信息向商务系统的反馈,使商务系统能实时掌握客户欠款信息,实现在客户办理提货申请时,主动管控。

④强化应收账款管理,通过定期确认与核销,使得每笔账务核销记录清晰明了,大大减少差错率。

5. 深层数据透明、支撑高层决策

传统模式下,高层决策很难及时准确地获得一线生产经营数据并在此基础上透视分析,形成相关决策指标数据。生产经营综合管控平台实施后,商务经营、业务生产、财务管控等多领域数据即时化、透明化,并互联互通,形成具有特色的装卸经营数据集,配合具体分析指标体系,实时、准确反映装卸板块情况,为高层决策提供更好的支撑。

6. 做优客服质量、提升港口形象

通过一站式服务大厅为船代、货主、货代、车队等客户提供方便快捷的业务办理通道,有效增强客服质量,提升港口形象。

7. 奠定集团信息化核心基础

港务通港口码头生产经营综合管控平台作为信息化建设的核心系统,奠定信息化总体框架基础,使集团信息化总体水平迈上新台阶并进入全新发展时期。

8. 加快物流信息流集聚,促进港口战略转型升级

通过物流、信息流集聚,带动港口整体转型升级,更加高效率、高效益、高效能、实现物流化、智能化、低碳化。

以创建省级“平安工地”示范工地为目标的工程创新管理

江苏筑港建设集团有限公司

成果主要创造人:李照东　付怀合

成果参与创造人:赵华君　陈广飞　徐永平　程　建　周金学　丁　锴　张　红　纪俊彩　颜　辉　唐江尚

江苏筑港建设集团有限公司(简称“江苏筑港”)为连云港港口控股集团有限公司控股子公司,始建于1953年,公司注册资本90286.04万元。现有在岗职工700余名,包括一、二级建造师在内的专业技术人员300余名,拥有5000立方米耙吸式挖泥船、4500立方米耙吸式挖泥船、3500立方米/小时绞吸式挖泥船、85米高桩架打桩船及各类施工机械设备200余台(套、艘)。具有港口与航道施工总承包一级、建筑工程施工总承包二级等多项资质,同时具有公路工程综合乙级、水运工程材料丙级检测资质和CMA计量认证。主要承担港口与航道、房屋建筑、水利水电、市政道路等建设工程,以及海洋测绘、混凝土和建筑材料加工生产销售、交通工程质量检测和技术服务等业务。江苏筑港于2019年5月获批为江苏省建筑业企业技术中心。

江苏筑港以科学管理、雄厚实力创造了优良业绩。主要承建了连云港港(主港区、赣榆港区、徐圩港区)、上合组织(连云港)国际物流园、苏州港太仓港区、广东省闸坡现代渔港等众多国家和地方重点工程,以及浙江、福建等地的港口工程和大连、曹妃甸、潍坊、温岭、盐城等地的疏浚工程等。

雄厚实力和上乘质量给江苏筑港带来了诸多荣誉。1项荣获中国土木工程詹天佑奖、1项荣获国家优质工程奖、3项荣获交通运输部水运交通优质工程奖,多项工程获得江苏省“扬子杯”、连云港市“玉女峰杯”优质工程奖。

江苏筑港被江苏省工商管理局授予“守合同重信用”企业,多次获得全国质量协会颁发的“全国实施用户满意工程先进单位”“用户满意建筑工程奖”,连续多年获得“江苏省最具成长性百强企业”“江苏省建筑业百强企业”“全国水运工程建设优秀企业”等称号。

新思想引领新时代,新决策开启新征程。展望未来,江苏筑港将秉承“团队-创新-跨越”的企业精神,以“人才为本,奋斗不止”为核心价值观,全面提升企业核心竞争力,不断推进企业文化建设,继续改革创新、提质增效,以一流服务锻造一流队伍,以一流质量打响江苏筑港品牌,致力于成为政府经济发展的参与者、社会公共服务的优质提供者、集团提质增效的排头兵,成就“建设东方大港,共筑美好家园”的企业愿景。

一、实施背景

(一)安全生产标准化视频

1.安全生产标准化的定义

安全生产标准化体现了“安全第一、预防为主、综合治理”的方针和“以人为本”的科学发展观,强调企业安全生产工作的规范化、科学化、系统化和法制化,强化风险管理和过程控制,注重绩效管理和持续改进,符合安全管理的基本规律,代表了现代安全管理的发展方向,是先进安全管理思想与我国传统安全管理方法、企业具体实际的有机结合,有效提高企业安全生产水平,从而推动我国安全生产状况的根本好转。建立安全生产标准化能够进一步明确企业在开展安全生产标准化工作中的责任,提高企业开展安全生产标准化的积极性,激励企业自觉开展安全生产标准化建设,从而保证安全生产标准化真正取得成效。

安全生产标准化建设是企业现阶段加强安全生产工作的一项基础工程、生命工程和效益工程。开展安全生产标准化活动,对于进一步加强安全生产规范化建设,预防生产安全事故,夯实安全生产基础,提升企业安全生产管理水平,促进安全生产形势稳定,建立自我约束、持续改进的安全生产长效机制,具有十分重要意义。

2. 开展安全生产标准化视频制作的意义

企业的安全工作与其他基础管理工作均有机结合,几乎涉及所有的管理活动。安全生产标准化涵盖了企业安全生产工作的全局,是企业加强安全管理的重要方法和手段。搞好安全生产标准化建设,将促进企业安全生产水平明显提高,安全管理和事故防范能力明显增强,从而推动企业经营活动得到明显提升和进步。

对于连云港港徐圩港区一港池三期工程软基处理工程,“平安工地”示范创建的意义在于把开展“平安工地”创建活动与真空预压施工工艺安全标准化结合起来,围绕“平安工地”这个主题,把安全管理工作具体化、实用化、可视化,并结合工程特点不断加以创新和细化,制作成安全生产管理标准化视频,在类似的真空预压地基处理工艺施工中推广,从而起到示范引导的作用。

通过针对真空预压地基处理工艺中的打设塑料排水板、真空预压等重难点、核心工序,项目技术、安全和质量部门共同制作出两套标准化视频,通过采用标准化视频与书面相结合的方式进行技术交底和安全管理,使得现场作业人员能更加高效地掌握工艺流程和相关的安全操作要点,有效加强了对技术薄弱点的管控,实现了对现场安全、质量的事前控制。

(二)真空度监测技术创新

1. 研究背景

连云港港徐圩港区一港池三期软基处理工程位于徐圩港区规划一港池南侧岸线,西侧紧邻已建徐圩港区一港池二期工程。本项目原地形为围海吹填形成,地基淤泥含水率高、压缩性强,为了提高地基承载力和稳定性,本工程采用真空预压法进行地基加固,局部场地浅层置换处理。

与其他软基处理技术相比,真空预压法除了具有施工范围广、工期短、效果显著等特点外,更重要的是在环保政策日趋严格、沙石水泥等建材价格上涨的大环境下,还具有节能环保、造价较低等优点。

2. 研究意义

传统的人工巡查法真空预压系统监测因施工现场抽真空排水较多、临时用电线路复杂,存在较大的溺水、触电等安全隐患。人工巡查法必然会带来观测数据误差较大、观测时间有盲区、故障警报滞后甚至疏忽等问题。一旦真空系统故障未能及时发现并解决,就会造成真空系统长时间回气,从而导致抽真空效果大打折扣,甚至会影响整个软基处理施工工期和工程质量。

对真空预压法软基处理施工中真空度监测进行研究创新,以取代传统的人工巡查法真空预压系统监测,适应新时期新形势下港口工程建设对“品质工程”“平安工地”的高标准、高要求,响应集团“提质增效”的号召。

3. 行业现状

通过查阅相关文献资料及梳理近些年真空预压软基处理的类似项目,目前真空数据采集和真空系统的监控主要工艺仍为人工巡查法。因此真空数据采集自动化成为项目管理创新的一个重要需求。

二、成果内涵和主要做法

(一)成果内涵

根据江苏省交通运输厅《关于开展全省公路水运工程“平安工地”建设活动的通知》精神,为深入贯彻国家的安全法律法规,进一步落实“安全第一,预防为主,综合治理”的方针,规范和完善安全生产规章制度,提高各级管理人员的安全生产知识和管理水平,强化安全管理措施,落实安全生产责任,增强广大职工安全意识,项目安全管理做到规范化、标准化,项目制定了建设成省级“平安工地”的目标。

“平安工地”示范创建的意义在于把开展“平安工地”创建活动与真空预压施工工艺安全标准化结合起来,围绕“平安工地”这个主题,把安全管理工作具体化、实用化、可视化,并结合工程特点不断加以创新和细化,制作成安全生产标准化视频,在类似的真空预压地基处理工艺施工中进行推广,从而起到示范引导的作用。

真空度自动采集及智能监测技术适用性强、安装维护方便,通过真空度自动采集及智能监测技术,实现了真空预压法软基处理抽真空过程中全天候无间断真空度数据采集、检测及系统故障警报的智能化,并根据数据库自动生成的数据曲线判断系统运行情况,提升项目综合管理水平,实现管理创新,降低成本,提高运作效率,从而对抽真空过程中的工程安全、质量进行有效控制。

(二)主要做法

1.“平安工地”创建工作重点、亮点

针对本项目打设塑料排水板、真空预压等重难点工序,项目部组织技术、安全和质量部门共同制作了两套标准化视频,通过采用标准化视频与书面相结合的方式进行技术交底和安全管理,使得现场作业人员能更加高效地掌握工艺流程和相关的安全操作要点,有效加强了对技术薄弱点的管控,实现了对现场安全、质量的事前控制。

根据“科技兴安”的要求,本工程率先采用了真空压力自动采集系统 App(图1),当膜下真空度达不到设计要求时,App 提示报警,便于远程观测和实时监测膜下真空度,大大降低由人工巡查产生的安全隐患,更加高效地完成对现场施工的指导。

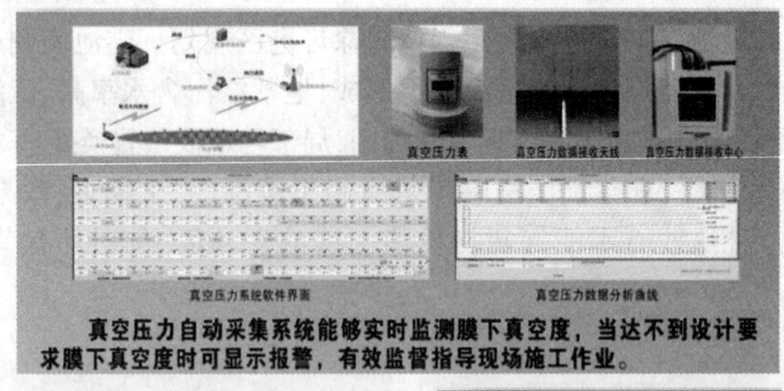

图1 真空压力自动采集系统

安全是生产的保证。项目部在建立健全安全生产责任制度和安全生产责任体系的同时,采取多种形式对施工人员进行安全宣传和教育:在施工现场设置安全宣讲台(图2)和宣传栏,由安全员宣讲当日的生产内容及注意要点;组织观看安全教育视频(图3),进行典型事故案例分析;组织作业人员至安全警示教育基地体验馆体验(图4);开展安全培训、安全知识考试(图5)和安全演讲等。通过以上形式,强化了施工人员的红线意识,增强了防范安全事故能力。

图2 安全宣讲台

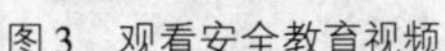

图3 观看安全教育视频

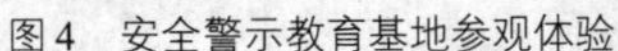

图4 安全警示教育基地参观体验

图5 安全生产知识考试

开展安全演练是提升施工人员应急救援能力的重要途径。自开工以来,本工程先后组织了触电、交通事故、物体打击及人员中暑等急救演练(图6)。通过演练,对应急预案的可操作性进行了验证和优化,进一步强化了现场作业人员的风险防范意识,提升了现场救援的反应速度、协调组织和救援能力,为高效、有序开展安全应急工作提供了实践经验。

对现场进行实时无线视频监控(图7),实现远程安全管理的要求。

临时用电是本工程的重要安全管控点。邀请专家对临时用电组织设计进行专项评审(图8),按照专家评审意见完善后报审实施。此外项目部邀请电气管理专家对管理人员及电工进行专项教育培训,并严格落实用电安全日常巡查和专项检查。本工程创新使用电箱 App 扫码检查,通过扫描二维码及时了解电箱的漏保试跳记录、日常巡查记录和接地电阻测试记录等情况,保障了作业安全,提升了工作效率。

2. 内业方面

(1)深化责任落实

《安全生产法》把建立和健全安全生产责任制作为生产经营单位和企业安全管理必须实行的一项基本制度。本工程牢固树立“安全第一、预防为主、综合治理”的方针,依法履行安全生产主体责任,下发《安全生产管理制度》给各级人员学习。全员逐级签订责任书,签订率100%。

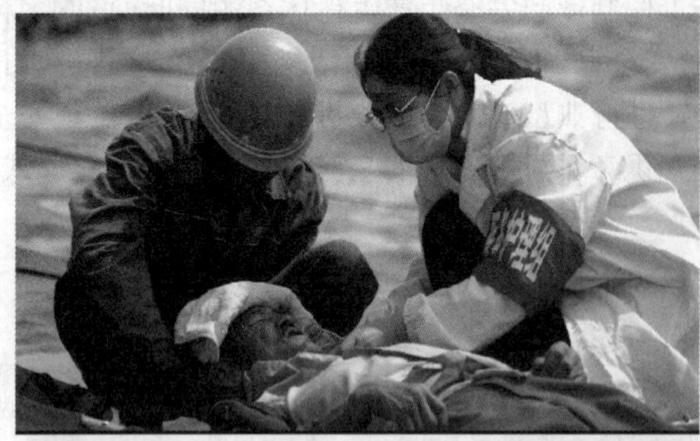

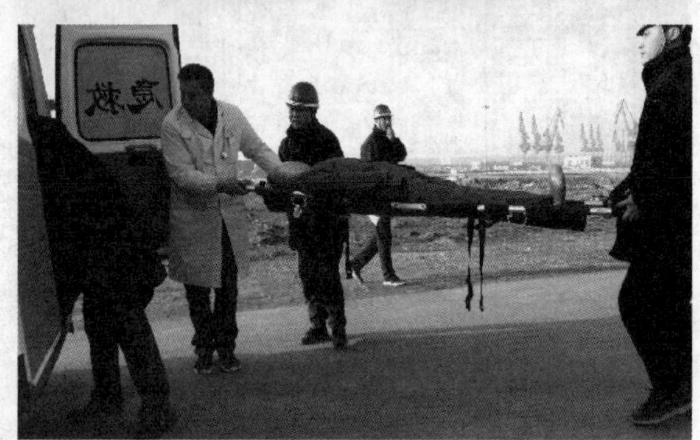

图6　应急演练

图7　监控视频

图8　临时用电组织设计专家评审会

（2）制定安全管理制度

结合本工程自身特点制订具有针对性、操作性、合规性的安全管理制度。日常施工中严格按照安全奖惩制度规范施工行为，从制度上夯实“平安工地”建设的基础，通过制度落实安全生产管理责任，通过制度规范安全生产管理行为。

（3）积极策划安全工作

本工程以创建省级“平安工地”活动为抓手，制定“平安工地”建设方案，召开动员会，对创建活动进行组织宣贯和具体落实。依据上级文件精神和活动部署的要求，开展了“安全生产月”、安全生产大检查、安全保卫随手拍、“降尘治车”蓝天保卫一号行动等活动（图9、图10）。每项活动做到有方案、有落实、有总结，确保实效。活动之初，以组织开展部署会、张贴悬挂横幅等形式对活动进行宣贯；活动开展过程中，根据活动阶段划分做好落实和总结工作。

图9　安全生产月动员大会

“安全隐患随手拍”活动

照片名称	电缆防护
作者姓名	唐江尚
作者单位	港工
联系地址	连云区
联系电话	18795550228
电子信箱	541957@qq.com
邮　　编	222000
照片相关情况	
拍摄时间	2019.6.16
隐患地点	徐圩一港三
存在隐患	电缆磨损
整改建议	加防护套
整改情况：已按整改建议增加电缆防护套。	
原创申明	本作品为本人原创，情况属实，特此申明。　责任人：唐江尚　2019年6月22日

隐患举报价值评价（由推荐单位进行评价，在相应选项口内打✓）

造成事故可能性 L	工作人员接触隐患频率 E	可能造成事故后果 C	排查难度 X	画面质量 Y	综合得分 D D=L*E*C*X*Y
☑非常可能 2分 □可能 1.5分	☑连续接触 2分 □每天几次接触 1.8分 □每周接触 1.6分 [illegible]	□灾难 25分 □非常严重 22分 ☑严重 20分	□难 1分 □较难 0.99分	☑好 1分 □较好 0.99分	25.98

图10　安全隐患随手拍

（4）加强人员管理

按照合同要求，足额配备满足施工要求的2名专职安全管理人员及2名资料员。对安全工作无死角动态管控。进场后为施工人员购买意外团体险及工伤保险，对人员进行分类管理和实名登记，安全管理人员和特种作业人员均持有效证件上岗。

（5）丰富安全活动

每月定期召开安全工作例会，根据实际情况召开专项会议。根据上级文件、工作计划，多次开展各类安全活动。对新进场作业工人组织开展了岗前三级安全教育和安全交底，宣贯了国家现行的法律法规、项目安全管理制度、现场规章制度以及安全常识、注意事项等内容，安排人员在安全体验馆参加安全体验活动（图11），有效提高了人员对安全工作的认识和个人安全知识水平。

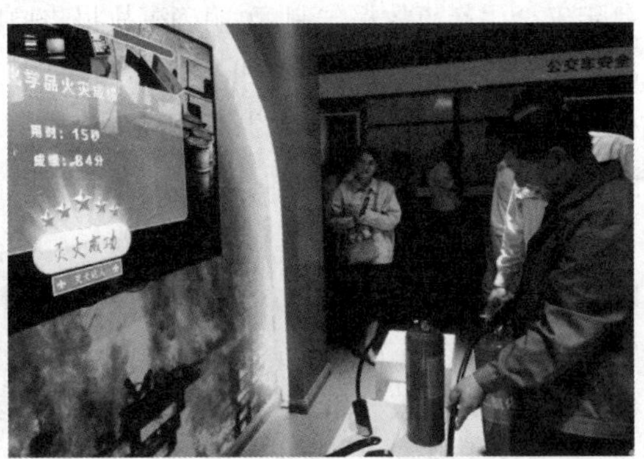

图11　安全体验馆体验

（6）完善设备管理

对设备安排专人分类管理、分类登记、分类验收、分类建立“一机一档”管理台账，对机械设备的操作制订了齐全的安全操作规程,定期开展日常检查保养和维护。

(7)加强风险预控,做好预防工作

根据风险源清单进行分级防控。严格落实分项工程的安全防控措施,领导带班蹲点,专人负责,从而有效降低施工风险。对作业人员进行书面告知,现场设置了风险源告知牌。做好施工条件过程检查,保障工程顺利进行。

(8)编制实用的专项施工方案

根据施工特点编制分项工程的风险评估报告,编制专项施工方案。根据施工进度,由总工编制专项方案,并对施工人员进行安全专项方案技术交底工作。

制订临时用电安全管理制度,邀请专家对临时用电组织设计进行评审,按照评审意见完善后报审实施。施工现场临时用电由专职电工严格按要求布设,电工每日巡视、定期试跳检查漏电保护、定期测试电阻。

(9)加强危化消防管理

建立了危化使用台账,落实管理措施。做好消防工作,明确相关责任人。现场、生活区、办公区配备足够的消防器材,做好消防检查。

(10)加强应急管理,增强应急救援处置能力

针对施工特点及危险分析,针对性地编写《综合应急预案》,配备应急救援物资,成立兼职应急队伍,依据教育计划定期开展应急知识培训。项目部先后组织了触电、交通事故、物体打击及人员中暑等演练。通过演练,对应急预案的可操作性进行了验证和优化,进一步强化了现场作业人员的风险防范意识,提升了现场救援的反应速度、协调组织和救援能力,为高效、有序开展安全应急工作提供了实践经验。

(11)加大安全专项经费投入,落实安全保障措施

依据安全生产费用管理制度,有效落实了安全经费总体的使用计划和月度的使用计划。建立安全经费的使用台账,有照片、有记录、票据规范。安全费用主要用于作业安全防护措施、安全标牌、安全防护用品、应急演练、应急救援、安全指挥及监控、应急物资、安全宣传等方面,严格按照规定执行,目前安全经费共投入约100余万元。

(12)实时进行检查评价,及时消除安全隐患

依据隐患排查治理方案,定期或不定期开展安全综合检查和安全专项检查、日常检查。项目部每月一次开展"平安工地"考核的自我评价,做到有检查方案、有存在问题、有问题整改、有考核奖惩。明确查出的隐患整改责任、措施、时限。整改后由专职安全员进行复查,形成闭合管理,并按照本项目奖惩制度进行处罚。

制定安全生产事故报告制度,明确事故报告原则及报告程序、报告内容,做好事故发生后的应急救援及应急处置工作。严格按照"四不放过"的原则,贯彻落实事故管理制度,做好事故处理工作。至今未发生一起安全生产事故,安全生产态势持久稳定。

3. 外业方面

(1)人员管理方面

项目部在建立健全安全生产责任制度和安全生产责任体系的同时,采取多种形式对施工人员进行安全宣传和教育:在施工现场设置安全宣讲台和宣传栏,由安全员对当日的生产内容及注意要点进行宣讲(图12);组织观看安全教育视频,进行典型事故案例分析;开展安全培训(图13)、安全知识考试和安全演讲等。通过以上形式,强化了施工人员的红线意识,增强了防范安全事故能力。

(2)安全大检查

定期开展由项目经理带队的安全生产大检查(图14),使用科学的管理方法和技术手段对安全生产实行有效控制,对检查出的事故隐患下发整改通知,有效落实隐患整改,形成闭环。

图12 班前安全宣讲

图13 安全培训教育

(3)机械方面

由专职人员对进场机械进行巡查,完善现场机械的验收工作,手续不全的禁止投入使用。机械上规范设置标识标牌、操作规程牌等,要求人员持证上岗。

(4)临时用电方面

现场由专职电工管理临时用电。依据临时用电规范配置配电箱,电工每天检查现场临时用电情况,并落实隐患整改。现场配电室均用安全围墙防护,添加警示标识、灭火器材。

图14 安全大检查

(5)标志标牌、安全防护方面

现场主要出入路口、施工现场等均按照《公路水运工程施工安全标准化指南》等设置了标志标牌(图15)。出入口设置风险源告知牌、事故应急处置牌、安全生产警示牌、限速标牌,压膜沟边口设置防淹溺标牌、安全警戒绳等,临时用电设置用电安全警示标语及标牌、灭火器标牌等。

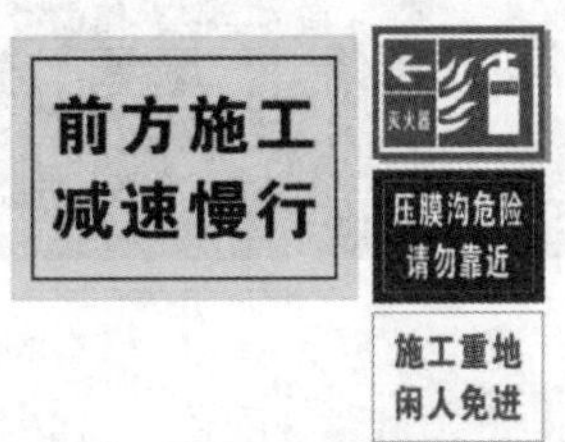

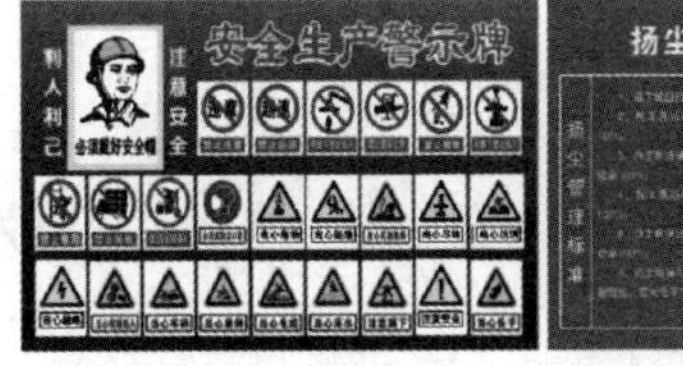

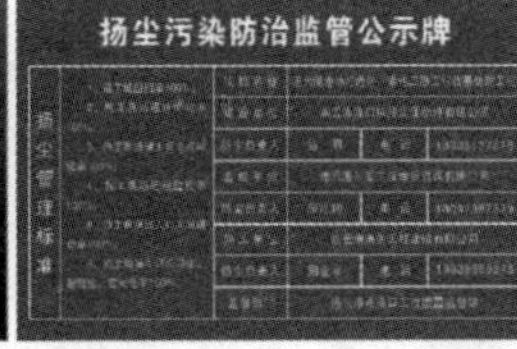

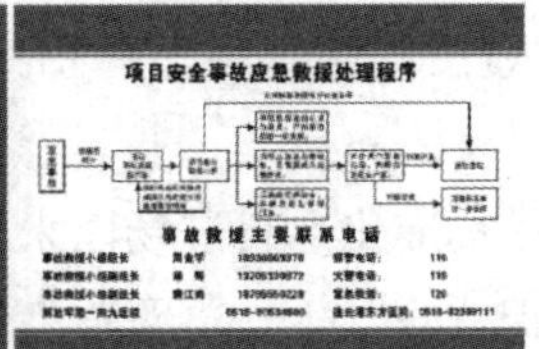

图15 安全标牌

(6)安全活动方面

根据安全工作安排,项目部定期开展安全活动,如“安全生产月”活动、安全生产大检查、“降尘治车”蓝天保卫一号行动等,在现场用安全展板、条幅、微信、班前喊话等方式进行活动宣传,增强了安全活动的氛围。

(7)“科技兴安”方面

本工程加强无人机在安全方面的运用,如现场安全防护拍照、用于安全巡查、用于应急演练和安全视频的拍摄等。视频监控系统实时了解施工现场现状、洒水车解决施工现场扬尘的问题。本工程率先采用了真空压力自动采集系统App,当膜下真空度达不到设计要求时App提示报警,便于远程观测和实时监测膜下真空度,减少巡查人员人工抄表产生的安全隐患,更加高效地指导现场施工。

(8)环保工作开展情况

项目部积极制定“降尘治车”工作方案并部署落实。组织人员认真学习环保法律法规,利用施工现场宣传标语、环保主题教育等方式,提高施工人员的环保意识;设置硬质围挡(图16)及道闸(图17)系统,对施工区域进行封闭管理;针对现场裸露的土体,采购大量防尘网(图18)进行覆盖,减少施工现场扬尘;对进场主要道路进行硬化,设置临时停车场;安排洒水车(图19)及时洒水抑尘,组织专人清理路面,确保道路整洁。

图16　围挡

图17　道闸

图18　防尘网

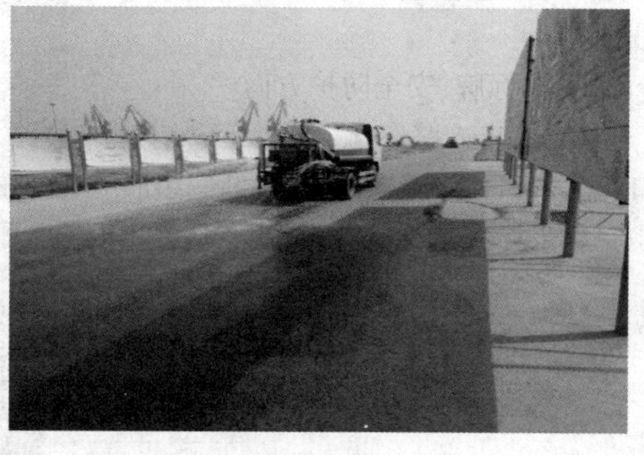

图19　洒水车

4. 施工现场标准化

现场主要出入路口、施工现场等均按照《公路水运工程施工安全标准化指南》等规范设置了标志标牌。

个体防护用品标准化。自进场以来,本工程投入大量资金购置个体防护用品,下发至进场人员,安全帽、安全带、防护背心等统一落实标准化佩戴。

5. 制作安全生产标准化视频,加强安全管控

针对真空预压地基处理工艺中的打设塑料排水板、真空预压等重难点、核心工序,组织技术、安全和质量部门共同制作标准化视频,通过采用标准化视频与书面相结合的方式进行技术交底和安全管理,使得现场作业人员能更加高效地掌握工艺流程和相关的安全操作要点,有效加强了对技术薄弱点的管控,实现了对现场安全、质量的事前控制。

(1)贴合现场安全管理要素

制作安全生产标准化视频需要根据工程项目关键工序进行分解,充分考虑安全管理与各项要素的特点和有机结合,突出综合治理理念,注重安全管理的科学性、规范性和系统性,充分体现了安全与效益、安全与健康、安全与环境、安全与发展之间的内在联系,更加贴合现场的安全管理实际。

(2)安全生产标准视频制作有利于安全管理精细化

安全生产标准化视频将安全生产管理所及的各项要素作为各项控制指标予以设定,并细化为更具可操作的考评要点子元素,这些子元素既各自独立,又相互联系,形成有机整体。在企业安全管理层级间搭建了高效、通畅的沟通平台,并将沟通体现在全方位,贯穿于全过程,使生产过程中的各类安全问题都能够循步骤、有条理、按程序地解决,促进企业安全生产管理更加精细化,使经营过程中的各种风险得到有效掌控。

(3)制作安全生产标准化视频有利于提升全员安全素质

安全生产标准化视频涵盖了项目的安全管理活动和所有从业人员的安全行为,对管理层和普通员工均有指导作用;便于员工对自身安全行为的约束和安全技能的提升,为员工全面、准确、真实地认识生产安全状况和科学合理分析、处理安全问题提供了有效方法,为安全风险的预控和安全管理的持续改进奠定了基础,促进企业安全管理步入现代化轨道。通过采用标准化视频与书面相结合的方式进行技术交底和安全管理,使得现场作业人员能更加高效地掌握工艺流程和相关的安全操作要点,全员安全素质得以迅速提升。

(4)制作安全生产标准化视频有利于安全生产目标提升

安全生产标准化是一项系统工程,包括管理目标、管理体系、管理行为到生产条件、生产环境、生产工艺环节等。安全生产标准化工作能有效发现薄弱环节,及时处理安全问题,使员工的安全能力充分发挥,达到企业全员、全方位、全过程安全管理的要求,促进企业安全目标的有效提升。

6. 真空度监测技术主要内容

(1)具体研究思路

人工巡查式真空预压法软基处理抽真空过程监控存在诸多弊端,严重的甚至拖延工期、影响工程质量。随着通信技术及自动化技术等的飞速发展和普及,给我们带来了解决问题的新思路。自动化技术可以实现真空系统真空度数据的自动化采集,通信技术和计算机技术则可以解决数据采集后的无线传输和云端数据处理问题。

真空度自动采集及智能监测技术通过对真空预压过程中原有人工巡查式真空数据采集方法进行研究创新,将机械信号转换为数字信号,运用物联网技术,实现真空排水预压法地基处理过程中真空度数据采集、监控及系统故障报警的智能化和全天候化;根据数据库自动生成的数据曲线判断系统运行情况,一旦真空压力出现异常,现场施工人员能够第一时间收到提示并及时处理,从而杜绝了人工巡视监测无法避免的数据观测误差、检测时间盲区及故障警报滞后甚至疏忽问题。

(2)关键技术内容和工艺流程

真空度自动采集及智能监测系统由真空预压压力测量终端、真空预压压力接收中心、真空预压压力数据处理三部分组成。

真空预压压力测量终端以扩散硅压力变送器为核心元器件,将真空负压压这一力学信号转变成电信号,压力变送器存在高、低两个压力室,低压室压力连接抽真空过程中真空系统形成的真空负压,真空负压作用在δ元件(即敏感元件)的两侧隔离膜片上,通过隔离片和元件内的填充液传送到测量膜片两侧。测量膜片与两侧绝缘片上的电极各组成一个电容器,当两侧压力不一致时,测量膜片产生位移,其位移量和压力差成正比,两侧电容量就不等,然后通过振荡和解调环节,转换成与压力成正比的信号。在抽真空过程中真空压力和电压或电流大小呈线性关系,变送器输出的电压或电流信号随压力增大而增大。

测量终端测量完成后,通过无线传输技术将真空压力表数据传输到项目部设置的协调器(数据接收中心设备),自动采集真空系统各个压力测量终端真空度数据(可以设置数据采集频次),然后通过GPRS无线技术将数据上传到云服务器。同时,协调器也可以将数据通过网线传递给项目部电脑,供技术人员参考。

数据采集完成后,配合专门定制的计算机程序进行数据处理,能够在计算机或者手机上随时随地查看真空度数据。为了方便技术人员数据查询,数据处理系统还可以进行历史数据曲线分析。目前正在添加预警系统,如出现真空度数据异常(低于设定阈值),系统发出警报,实现智能监测。

(3)实施效果

相较于人工巡查法,采用真空度自动采集及智能监测系统后,数据错误率下降了28.7%,系统监测成本下降了至少70.8%,故障及时返修率提高了60%,效果十分显著。

(4)技术鉴定

因本项目预验收已通过,但暂未进行交工验收,所以业主单位、检测单位、监理单位、设计单位和施工单位共同讨论得出一致意见:按照设计及规范要求,通过现场检验和相关资料查阅,连云港港徐圩港区一港池三期工程软基处理工程满足设计标准和施工质量规范的有关规定,在承载力、沉降速率等安全和使用功能方面满足要求。

三、实施效果

徐圩一港池三期工程软基处理工程在项目策划阶段就设定了建成省级"平安工地"的目标,把开展"平安工地"创建活动与真空预压施工工艺安全标准化结合起来,围绕"平安工地"这个主题,把安全管理工作具体化、实用化、可视化,并结合工程特点不断加以创新和细化,制作安全生产标准化视频,通过真空度数据自动采集来实现真空系统监测。目前,整套项目管理创新的实施效果明显,具有显著的经济效益和社会效益。

(一)经济效益

徐圩一港池三期工程软基处理工程真空系统铺设共划分为11个区,每个区都需要专门的工人才能进行高频率(不间断巡查可能性太低)真空系统巡查。

人工巡查人工经济成本:不包含因抽真空系统故障警报滞后所产生的系统空转和效果回弹所带来的其他隐形损失成本。其中,工作时长以6个月抽真空典型值计算,约为297000元。

人工巡查系统损耗经济成本:按一个月停泵2次保守估算(因人为因素未能及时发现处理),真空系统需要额外运行12小时才能恢复原始真空压力。成本为:13千瓦×31台×12小时×2次×6月×0.8元=46425.6元。

真空度自动采集及智能监测系统经济成本:前期研发所需成本,后期使用费用仅为硬件维修和系统维护费用,预计在100000元以内。

通过以上计算可知,相较于传统人工巡查式真空系统数据采集,真空度自动采集及智能监测系统成本节约了70.8%,经济效益显著。

此外,通过真空度自动采集及智能监测系统的应用,还减少不必要的工期延误,大大缩短了工期,从而能够有效降低人员管理费和电费等成本,极大地提高了项目的利润空间。

(二)社会效益

真空度自动采集及智能监测技术适用性广、安装维护方便,通过真空度自动采集及智能监测技术,实现了真空预压法软基处理抽真空过程中全天候无间断真空度数据采集、检测及系统故障警报的智能化,并根据数据库自动生成的数据曲线判断系统运行情况,一旦真空压力出现异常,现场施工人员能够第一时间收到并及时作出处理,从而确保工程质量,大大降低了传统人工巡查带来的触电、溺水等安全风险。提升项目团队综合管理水平,实现管理创新,降低成本,提高运作效率,从而对抽真空过程中的工程质量进行有效控制。

徐圩一港池三期工程软基处理工程于2020年1月22日经江苏省交通运输厅综合行政执法监督局评定为江苏省公路水运工程平安工地建设省级"示范工地"。正是通过"平安工地"示范创建过程中的各项创新管理和有效转化,本项成果已在连云港徐圩新区苏海路港区段工程和连云港徐圩新区陬山二路港区段工程中推广应用。通过多个项目的应用和检验,及时反馈、改进,充分发挥示范引领作用,为水运交通建设安全和行业的可持续发展作出应有的贡献。

多举措创新管理构建苏州有轨电车运营核心竞争力

苏州高新有轨电车集团有限公司

成果主要创造人:王 平 李 政

成果参与创造人:仲晓晨 孙 宁 肖玉刚 沈 平 成 程 朱岸平 王 强

苏州高新有轨电车有限公司(简称"苏州有轨电车")成立于2011年4月,是高新区管委会直属的一级国有企业。公司从2018年开始集团化运作,正式更名为苏州高新有轨电车集团有限公司,集团下设5个管理职能部门、9个子分公司、4个合资公司。

经过几年的发展,集团形成了以"有轨电车综合服务商""项目开发建设和运营管理"为核心主业,以多元化辅助发展为支撑的发展格局,业务涵盖有轨电车规划设计、培训咨询、检测认证、科研创新与成果运用、有轨电车沿线物业的开发建设运营、资源开发及土木工程建设管理等。

目前,区内有轨电车实现网络化运营,各项技术指标全国领先,运营水准始终引领行业发展。集团牵头成立国内首家有轨电车行业协会和国家级的现代有轨电车分会,主编或参编多项有轨电车行业标准,具有较高的行业权威性。集团坚持走出去发展战略,先后为云南红河、甘肃天水、福建南平武夷等多个城市提供有轨电车"苏州方案"。

集团始终坚持"创新、融合、敬业、高效"的企业精神,在有轨电车大发展的热潮中,主动承担责任,分享成果,致力于打造国内一流的"现代有轨电车综合服务商",站在更高起点上打造引领有轨电车行业发展的新标杆。

一、实施背景

(一)国内有轨电车的发展背景

现代有轨电车发展至今,其技术特性已与轻轨基本无异,并逐渐成为一种新兴的先进公交方式,完成了从传统到现代化的转变,现代有轨电车的未来充满光明。目前,我国现代有轨电车规划覆盖区域涉及29个省、直辖市、自治区,近百座城市提出建设现代有轨电车线路的规划文件。尤其在国内城乡一体化快速发展、建设特色小镇的背景下,现代有轨电车凭借其运量适中、绿色环保、建设速度快、建设费用少等优势,成为众多城市公共交通工具中的一股新生力量。我国曾接连颁布了《关于发展现代有轨电车的指导意见》(2011年)和《关于城市优先发展公共交通的指导意见》(2012年)等一系列文件,将推进有轨电车网络建设纳入了国家层面规划战略当中,使现代有轨电车的发展搭上了政策支持的快车。

一方面,在已修建了地铁、轻轨的区域,现代有轨电车可以作为市中心和城郊区域连接的通勤线;另一方面,随着新型城镇化的发展,现代有轨电车既是推进城镇化建设、落实公交优先发展战略的重要方式,也是市郊卫星城镇的骨干公交方式和旅游景区间的联通线路,凭借自身的诸多优势逐渐成为我国很多城市公共交通的新生力量。

截至2020年8月31日,国内共有17个城市的有轨电车投入运营,运营线路共计31条,运营总里程为437公里(基建里程为387公里)。预计2020年底,将有德令哈、三亚、红河蒙自、北京亦庄共4条线路开通运营。

(二)有轨电车运营服务需求背景

尽管近几年来有轨电车在国内得到大力发展,但由于“建设先行、标准滞后”等方面的原因,国内有轨电车也呈现出了一些问题,通过对比国内外有轨电车运营特性差异,如路权、信号优先、站间距、旅行速度-站间距关系、单公里日客运量(客流强度)-发车间隔关系等,国内有轨电车存在以单线为主、尚未成网、廊道主要布置在新区等特点。

国外有轨电车已有逾百年历史,并伴随城市的发展而共同发展。我国北京、长春、大连等地虽然修建过有轨电车,但由于当前有轨电车的发展几乎停滞。近年来,现代有轨电车在全世界范围内高速发展,有效地解决了城市发展与公共交通服务的矛盾。在此背景下,如何将现代有轨电车引入国内、提供城市绿色公共交通出行方案,使之继续保持旺盛的生命力,是每一位国内现代有轨电车从业者应该思考的问题。苏州有轨电车以现代有轨电车的运营服务为切入点,研究世界有轨电车的发展历程,总结建设和运营经验,提出了苏州有轨电车运营核心竞争力的理念内涵,并付诸实践进行检验。经过 6 年的发展,苏州有轨电车运营服务取得显著成绩,苏州有轨电车成为一项便民、惠民、利民的民生工程。

苏州高新有轨电车 1 号线如图 1 所示。

图1　苏州高新有轨电车 1 号线

二、多举措创新管理

(一)苏州有轨电车运营核心竞争力的理念、内涵

1. 竞争力的概念

竞争力是对象在竞争中显示的能力。因此它是一种随着竞争变化的、通过竞争而体现的能力。

核心竞争力是指企业赖以生存和发展的关键要素,它包括“软”的或“硬”的方面,也可能是无形的、不可测度的。

企业竞争力是在竞争性市场条件下,企业通过培育自身资源和能力,获取外部可寻资源并综合加以利用,在为顾客创造价值的基础上,实现自身价值的综合能力。

2. 运营目标

苏州有轨电车运营目标是:安全、准点、舒适、便捷。

3. 苏州有轨电车运营核心竞争力的理念、内涵

苏州有轨电车运营核心竞争力主要包括但不限于:

①提供可靠的安全服务保障,不发生有责任的安全事故,尽量杜绝事故发生。

②准点率是有轨电车高质量运营服务的品质体现,准点的相对误差控制在3分钟内,高于国标误差标准(5分钟)。

③有效地管控运营成本,成为同类型、同区域有轨电车线路最低成本运营商。

④客运服务标准体现国家级水准。

⑤机制创新成为公司持久发展的内生动力。

⑥技术与管理可复制可输出,服务于行业发展。

⑦发现问题、分析问题、解决问题的能力持续增强并不断改进。

⑧科技是动力源泉,做标准规范科研的先行者。

(二)主要构建措施

1. 新模式:安全管理

有轨电车是个新鲜事物,会占用部分道路资源,存在混合路权,交通参与者安全意识不足。苏州有轨电车除遵守国家相关安全生产法律法规规定,建立健全安全生产责任制和安全教育培训、检查等制度以外,还采取了一系列的安全管理新模式和新举措。

(1)建立"全勤警务化"管理和110联动的应急快速处置机制

结合有轨电车的运营特点,针对有轨电车沿线的交通环境问题,摸索在运营时间内有警辅、城管等警务人员在路口立岗执勤、指挥交通、维持秩序。建立交警、城管"全勤警务化"的长效管理模式。并且加入110指挥平台,沿线布设应急救援力量,建立了110和气象信息联动响应机制。依托城市轨道交通调度指挥中心(OCC)统一调度指挥,遵循就近、快速处置的原则,充分调动各方资源,尽可能快速处置交通事故,尽量优先恢复有轨电车的运行。

(2)开创沿线社会企业齐抓共管有轨电车运营安全的管理新模式

联合公安交警、城管、安监、交通运输、属地街道等职能部门,通过召开"有轨电车沿线政企交通安全齐抓共管工作会议"(图2)的形式与有轨电车沿线重点企业探讨交流,向沿线企业发放《沿线"安全文明交通出行"告知倡议书》,倡导共同履行维护有轨电车沿线交通安全的主体责任,构建和谐社会,做出齐抓共管的承诺。定期开展"进社区、进企业"活动,走访调研沿线重点社区和企业,进行有轨电车交通安全宣传活动,加强沿线企业员工、居民对有轨电车交通安全的了解,增强自身安全出行意识,维护和谐稳定的交通出行环境。

图2 交通安全齐抓共管工作会议

(3)加强立法,赋予行政执法职能

为了规范有轨电车交通管理,保障有轨电车交通规划建设和运营安全,维护广大人民群众和其他组织的合法权益,促进有轨电车事业发展,苏州市人民政府采取了立法先行,制定颁布了《苏州市轨道交通条例》,有效规范了有轨电车交通的规划、建设、运营及其相关管理活动,从而为行政执法主体资格的确定以及提升保护区管理、运营服务和安全管理水平提供了依据和法律法规支撑作用。依法依规成立了运营综合行政执法大队,配备了行政执法人员、车辆、执法记录仪等装备。开展普法宣传、执法巡查(图3)、行政处罚和联合执法工作。实施行政执法公示、全过程记录等制度。

图3　有轨电车执法巡查

(4)加强保护区管理,引入并联审批、联合审查和专家认证机制

根据《苏州市轨道交通条例》等的规定,苏州有轨电车划定了控制保护区和特别控制保护区。一般"道路开挖、道口设置"接入区行政审批局的"智慧审批平台"(城市道路挖掘审批许可并联审批流程)中,由申请单位在填报申请时一并上传《有轨电车交通设施保护方案》和《有轨电车交通设施保护方案审查意见单》。执行无纸化办公和不见面审批。建设项目列入工程建设项目审批流程第二阶段(工程建设许可阶段)规划方案联合审查,形成"一份办事指南,一张申请表单,一套申报材料"。危险性较大(基坑工程)的分部分项工程,要求在《基坑围护设计方案》《施工组织设计(有轨电车交通设施保护方案)》《监测方案》中有"有轨电车专篇或章节",列入区建设局安监站组织专家论证内容。运营综合行政执法部门根据专家意见对设计方案、施工方案、监测方案出具《方案技术审查意见单》,作为建设局安监站对设计(施工)方案登记备案的前提条件。与项目建设单位签订安全协议,并要求项目建设单位缴纳保证金,实施第三方监测,加强保护区的监控检查(图4)。充分保障有轨电车设备设施的运行安全。

图4　保护区施工检查

(5)加强源头管理,采取工程技术措施提升本质安全

从建设项目立项开始就加强源头管理,强化可行性研究报告和初步设计阶段的调研、认证,根据规划和道路周边情况,采取高架、下穿隧道、绿化隔离等工程技术措施提升有轨电车运营的本质安全。同时,加强法治宣传和对广大市民、驾乘人员的安全教育培训工作,对驾驶员开展上岗前的心理测试。组织管理人员和专业人员赴国内有轨电车运营企业交流学习,将其优秀的安全管理经验结合本地实际情况加以改良运用,提升苏州有轨电车的整体安全管理水平,保障有轨电车的安全运营。

2. 新探索:维修管理

苏州有轨电车运营1年后,运营设备维护部门主动出击,自我发问,自我答题。运营筹备期确定了设备养护维修模式与周期,融入了轨道交通设备养护主流思想计划修模式,充分保障了设备运行的平稳性与可靠性。但在轨道交通发展浪潮下,维修策略是否仍然具备合理性与先进性成为一个重要课题。自2015年开始,苏州有轨电车便踏上了积极探索优化设备维修策略的征程,思想由浅入深,改变由易到难,在维修质量与投入之间寻求合理落脚点。

有轨电车车辆的养护维修工作是保障有轨电车车辆安全、可靠、准点运营的重要工作,且维护工作费用在电车系统全寿命周期费用中占据较大的比例。因此,合理的养护维修工作可以使有轨电车车辆具有良好可靠性、可用性、安全性及经济性。

苏州有轨电车根据运营1年来的养护记录及故障数据,结合设备厂商提供的设备运用维护手册,对车辆系统开展了多维度的评估,确立了车辆日检转三日检的检修思路。原检修模式每天对车辆的检查包含无电作业(转向架系统、内装等)及有电作业(静态功能测试)两大方面。现将车辆系统日检作业涉及的32类重点设备故障按危害度分成轻度、中等、重大、严重四个等级。选定日检故障数据进行分析发现,选定周期内车辆故障危害程度分布在轻度与中等级别内,设备运行状态良好,检修周期日检延长至三日检判定为可控,对于故障危害程度稍高的系统部件,采用司机发车前功能测试结合每日专项检查保证设备运行可靠。方案确定后,全面执行,通过长时间的观察与数据统计,三日检完全满足车辆运营标准,实现了系统平稳运行。

制度的创新永远在路上,三日检探索的成功为检修体制的改革奠定了坚实的基础。通过长期的调研与学习,苏州有轨电车充分结合国内外的高铁、地铁维护经验,走上了车辆均衡修的探索之路。车辆均衡修将车辆系统原计划性检修的双周检、三月检、定修等维保内容按最小作业工序重新划分,在全面覆盖原维修模式的前提下,同类合并作业内容,避免部分部件过度维修,按照工时均衡切分至12个均衡修子修程。通过上述改变,依然能够实现车辆各系统全面保障维修,同时能够降低全年车辆扣停时长,提高车辆正线投运率,降低维修投入成本。

轨道交通运营系统门类广泛,运营商集中指挥、各专业协同配合是体现运营水平的关键。设备维保工作是有轨电车运营管理的重要内容,直接关系到有轨电车运行的安全可靠度,影响有轨电车的运营效率。传统城市轨道交通项目多采用运营商自主培养维护团队、自主维保模式,有利于运营商技术人员自身能力的提高,但容易造成运营商机构臃肿,人力资源与维修物料大量投入,经济性有待提高。在此背景下,苏州有轨电车在筹备之初,便认真思考与研讨设备维修策略,确定了设备全面委外维保、公司监管模式。委外维保充分利用了社会资源和市场进行物资、人力资源等优化设置,追求以最小的资源投入、最佳配置模式实现综合效益最优化。加强对委外维保企业的管理,不折不扣地执行检修计划,按要求保证检修质量,为有轨电车平稳运营提供有力保障。苏州有轨电车建立了一套系统、完整的维修安全、质量管理体系,同时加以现场监督与检查,在制度与操作两方面规范委外单位行为,实现了设备管理成本与质量的共赢。

3. 新高度:创新发展

(1)科技创新

苏州有轨电车不断推进企业科技进步和增强自主创新能力,建立企业科技创新持续发展的长效机

制,借鉴行业单位经验,总结自身工作成果,努力推动科技创新成果转化,为公司的持续健康发展增强动力。

首先,组建公司科技工作领导小组,加强科研平台建设。为了加强对科技创新工作的领导,公司成立了以集团公司领导为组长的科技工作领导小组,全面领导与推进公司的科技创新工作。同时,健全和完善以集团公司科技创新工作领导小组为核心、以各子分公司为主体的技术创新管理体系,立足于本单位业务范围,激励广大员工积极投身科技创新工作,形成良好的科研氛围。近年来,公司通过 QC 活动、优秀论文评选等活动,总结有轨电车建设和运营方面的先进经验,不断提升有轨电车运营服务质量。另一方面,公司积极与政府科技主管部门对接,成立了轨道交通产业技术创新中心,利用平台与相关轨道交通企业合作,积极研究有轨电车的新技术,提高供电、通信、车辆和轨道专业设备设施的国产化率,制订和完善有轨电车行业标准。

其次,积极申报专利,制订行业标准。为增强公司在有轨电车行业内的竞争力,公司编制科研工作管理制度促进员工申报专利的积极性,充分发挥员工创新的主体作用。各子分公司鼓励员工发掘工作创新点,在专利技术的结合上加强指导,定期邀请专利工程师授课,加快成果产出。截至 2020 年 8 月,公司共取得 23 项专利。

再次,苏州有轨电车不断总结和推广有轨电车建设和运营经验。2017 年 1 月 1 日交通运输部发布《有轨电车试运营基本条件》,这是有轨电车运营方面的首个标准,苏州有轨电车全程参与编制。2018 年 10 月,中国城市轨道交通协会正式发文,由苏州有轨电车牵头主编的《现代有轨电车行车组织规范》《现代有轨电车运营安全评价规范》和《现代有轨电车运营管理规范》正式发布,成为行业标准。除此之外,2016 年中国工程建设协会发布的两项团体标准——《城市轨道用槽型钢轨闪光焊接质量检验标准》(CECS 429:2016)和《城市轨道用槽型钢轨铝热焊接质量检验标准》(CECS 430:2016)也由苏州有轨电车起草。这些标准的相继出台,一方面进一步填补国内有轨电车行业标准的缺失,让各地发展有轨电车有规可依,另一方面也为苏州有轨电车经验的对外输出提供有力支撑。集团部分科研成果见图 5。

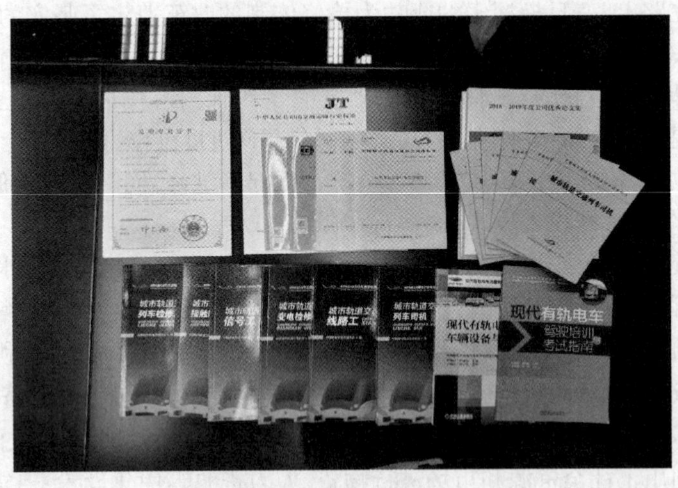

图 5　集团部分科研成果

(2)智能运维,降本减耗

随着智慧轨交概念逐渐清晰,城市轨道交通新设备、新技术、新材料推陈出新,苏州有轨电车紧跟行业脉搏,积极营造企业科研创新氛围,大力培养、激励企业科技人才。

有轨电车大量采用了进口系统、进口设备、进口部件,面临原厂采购费用高、效率低等困难,设备国产化势在必行。苏州有轨电车通过多年的探索与实践,实现了多项关键设备的国产化与替代化,并已装车应用,有效降低了维护成本,提高了处置效率。

苏州有轨电车在智能运维方面全面推进。多年的运营经验与新技术有效结合,成功开发平交路口接触网实时监测设备,于控制中心设有同步声光报警装置,如有异物触碰、异常震动等情况发生,系统分析判定后第一时间将相关报警信息反馈至控制中心,为控制中心集中调度提供可靠依据。设备开发完成后多次有效识别异物侵限,为安全行车提供了基础保障,最大限度降低了异物侵限对运营造成的风险。

苏州有轨电车采用架空式接触网供电系统,供电部在运营开通后便开始统计牵引电能数据。经过2年的数据积累分析,发现牵引电能占比运营成本较大比例,即运营电费支出是运营成本的重要组成部分。公司一方面根据客流增加的实际需要科学编制运营车次,并不断验证优化;另一方面积极了解相关政策,推进电力交易市场化,每年通过市场竞价在基础电价基础上取得一定比例下浮。

(3)预防性驾驶

随着科技水平日益提高,轨道交通行业开始引入自动驾驶、无人驾驶等先进技术。然而现代有轨电车由于设计理念、成本造价等因素,自动化程度相对较低,目前仍主要依靠人工驾驶。另一方面,现代有轨电车的轨行区路权主要有专用和混行两种形式,即使是专用路权,如果交叉路口较多,与社会交通混行仍是重要的安全影响因素。苏州有轨电车乘务人员通过不断总结驾驶经验,并结合道路交通安全驾驶培训,逐步形成预防性驾驶操作要点:

第一,预估风险。尽管有轨电车沿线安装有物理隔离设施,但仍存在各类风险和潜在威胁,如行人翻越护栏或钻出绿化丛、路口抢行等,由于危险发生时间短,乘务人员很难在极短时间内做出有效的应对。因此,乘务人员要有顾全大局的意识,将沿线各区段可能发生的潜在威胁进行总结,通过驾驶经验交流不断强化记忆,掌握沿线各类危险的应对措施,做到不主动造成事故、不被动涉及事故。

第二,放眼远方。车辆行驶过程中,乘务人员的驾驶行为几乎都是根据眼睛观察到的情况做出的。为了有足够的时间和空间避开危险源,乘务人员需要尽可能搜索一百米外的交通状况,以及百米范围内轨行区两侧的交通状况;车辆行驶在转弯处或下穿区段,还需提前环视四周,以便有足够的时间和空间来采取应对措施从而避免事故发生。

第三,时刻扫描。在驾驶车辆过程中,应当清楚了解车辆周边状况。车头两侧及车尾部位是容易忽视的部位。乘务人员不仅要主动避免车辆前方可能发生的各类危险,对车辆两侧及车辆尾部由其他社会车辆或行人引发的危险也要及时采取措施,避免危险进一步扩大。乘务人员应养成良好的习惯,左右转头观察两侧交通状况,通过车载监控屏幕了解车辆尾部状况,保持有序观察的习惯,并有意识地避免被其他事情分散注意力。

第四,引人注目。乘务人员在应对可能发生的危险时,不仅需要考虑他人的能力和行为,而且要让他人注意到车辆,使双方都能及时认识到即将发生的危险。乘务人员需要及时清晰地发出警示信号并等待他人的回应,不要贸然前行。

总之,苏州有轨电车通过不断总结驾驶要点,形成一套简单明了、科学系统的安全驾驶体系,帮助乘务人员更全面地观察并了解驾驶环境,更准确地预测潜在危险因素,更及时地采取预防措施避免交通事故,为广大市民提供更加安全舒适的客运服务,确保有轨电车安全平稳运行。

4. 新水准:客运服务

苏州有轨电车始终秉持"微笑在脸,服务在心"的服务理念,多举措全方位了解乘客需求,持续优化服务流程,提升服务水准,不断满足乘客对有轨电车服务工作的期盼,全面提供安全舒适的乘车环境。

(1)了解乘坐需求,提升乘客满意度

苏州有轨电车建立健全乘客沟通机制,定期邀请乘客监督员参与服务质量监督,有效落实年度乘客满意度调查工作。切实从乘坐舒适度、运行准点率、换乘便捷度等多方面进行全面分析,客观了解乘客实际需求。从乘客体验出发,结合实际运行条件,针对调查结果提出整改方案、落实整改措施,客观有效提升配套服务,持续稳步提升满意度指数。

(2)强抓业务技能,提升服务意识

苏州有轨电车严格把控员工培训工作,从明确服务意识到掌握专业技能,双管齐下、层层落实。有序组织开展服务礼仪、业务技能、应急演练等专业培训,通过抽查巡检等方式及时反馈问题、落实整改,始终坚持培训工作闭环管理原则,不断提升人员专业服务水准及应急处置能力。此外,定期梳理、更新培训内容,融汇新老员工能力特点,持续探索新思路,制定"个性化"的培训模式,不断挖掘培训工作的新亮点,努力打造"服务一流"的企业品牌形象。

(3)优化设备设施,提升服务水准

自苏州有轨电车运营以来,有轨电车站台及车内陆续新增自动充值机、旅游导购图等便民服务设施,为市民提供"多元化"的服务模式。定期梳理汇总周边景点、商圈活动信息,配合新增各类宣传海报及引导标识、合理调整运营时刻、优化配套公交线路,有针对性地开展人员业务培训,为乘客出行提供更便捷高效的换乘服务,从而吸引多样化乘客类型,深度挖掘有轨电车运能潜力。

(4)增加活动互动,提升乘客参与度

苏州有轨电车以传统佳节为契机,积极组织开展各类主题营销活动,通过"有轨电车进社区"(图6)等现场活动,加深市民乘客对有轨电车印象。同时,为进一步提升活动热度、扩大活动范围、精准定位主体乘车人群,深入研究、持续挖掘活动新形式,逐步引入线上竞猜、公益宣传等形式,全面铺开线上、线下相结合的活动模式,大幅度提升乘客参与度,达到提升客流、高效服务的目的。

图6　有轨电车进社区活动

5. 新思路:高品质培训

苏州有轨电车十分重视人才的培养工作。除了常规性的员工入职培训、岗前培训、基层班组管理培训、综合管理能力培训外,考虑到运营部门各岗位专业性要求高,且需对突发情况进行正确判断和处理,因此开展业务类培训。苏州有轨电车尤其在员工业务能力的巩固和提升上狠下功夫,开展一系列的培训工作,并组织不同环境下的应急演练,突出实战性,以此激发员工的工作热情。

以运营一线岗位电车司机为例,其是有轨电车运营安全的第一道屏障。苏州有轨电车运营乘务部针对司机的岗位特点,狠抓司机的基本功,在员工培训方面实行精细化管理。小到手扳道岔演练(图7)、轨旁设备演练(图8)、车钩培训,大到突发事故救援的应急演练(图9),从战高温酷暑、应对冰雪等恶劣天气到疫情防控下的安全驾驶,基本实现理论和实操的全覆盖、业务能力要求的全覆盖。同时,在技术层面以外,司机平时的工作强度较大,司机的心理健康也直接关系到运营安全,因此乘务部还组织开展各类心理培训(图10),缓解司机的工作压力,增强司机的心理健康意识,科学应对突发事件。通过培训、考核、再培训、再考核,苏州有轨电车不断检验着运营管理水平,稳中有进,砥砺前行。

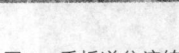

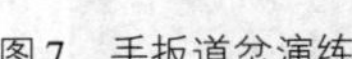
图7　手扳道岔演练

图8　排列轨旁设备演示

图9　夜间救援应急演练

图10　心理健康讲座

此外，培育高素质的员工队伍是苏州有轨电车的长久目标，其中高技能水平是高素质的重中之重，是各项工作开展的基础。苏州有轨电车的高标准运营离不开员工扎实的业务技能。在提升员工技能方面，苏州有轨电车多措并举，除了开展员工技能培训以外，还独创性地举办员工技能比武（图11）。

技能比武以专业为基础，在同专业员工之间进行业务技能的比拼，一方面检验员工的学习成果，给员工提供一个自我展示的平台，另一方面也让他们看到自己和别人的差距，通过促学互评，提高业务标准，充分营造“比学赶超、争创一流”的良好氛围。通过比武，以赛促学，进一步提高苏州有轨电车的应急处置能力和对外综合协调能力。

图11　技能比武

6. 新动力:激励机制

人力资源是第一资源,尤其在当今社会,离开人才,企业将寸步难行。人力资源管理的核心战略是以人为本。有效的激励机制是企业人力资源管理部门管好和用好人的一把利器,可以统一员工的思想、观念、行为,激励员工奋发向上,共同为本企业的发展贡献力量。苏州有轨电车借鉴行业单位经验并结合本公司实际情况,通过以下措施不断完善相关管理机制。

(1)建立公开的薪酬制度

公开的薪酬制度有助增强员工积极性。薪酬制度不公开,一定程度上影响员工的积极性。薪酬公开,能用合理的收入差距带动广大员工的劳动积极性,对岗位的贡献和价值给予肯定,有助促进管理水平提高,消除猜疑打听,有助于建立和谐的劳资关系。

(2)建立公正的绩效考核制度

优化一线生产员工绩效考评办法,员工表现可通过工作事件、台账记录、工作表现等客观事件体现。根据各级动、静态检查,变主观评价为客观评价,根据事件分值总分加减累积员工绩效,简化绩效评价手续,及时有效激励广大员工。

对成本管理实施效益挂钩。比如节能管理,通过科学核算、历史参考等原则,将水、电等成本根据可计量范围制订计划到班组、车间、部门;计划内节省费用以一定比例企业和个人共享成果,超出部分以一定比例分摊,发挥"力出一孔"的作用。

日常管理动态检查结果影响个人绩效评价,不影响所属班组、车间、部门,充分调动各级管理者认识问题、解决问题的积极性。

(3)建立公平的员工晋升制度

公开选聘晋升制度是公平竞争的良好举措。建立公平晋升制度,除了要解决如何晋升、怎么公平的问题,也要重点考虑人力资源可持续发展对于公司发展的重要性,不但对员工公平,而且对企业发展有利。

建立公平的晋升制度,应当根据行业特点、技术规范、工作需求等制定固定的职务经历(发展)表。通过规范职务晋升的纵向通道,让人才能既快又稳地晋升,让晋升的人更好地适应和承担新的角色,真正做到提拔一个人、带动一片人。同时通过公开选聘、同级职务交流等举措,拓展晋升的横向通道,让每个人在符合条件的状况下得到脱颖而出的机会。

建立公开晋升制度,必须在"行政主管负责、技术专业负责、安全逐级负责"的原则下,在人力资源管理部门的全过程主导下,真正建立起立体的、全方位的企业内部人力资源发展模式。

(4)建立长期的激励培养机制

实现运营"安全百日"或"安全年",全员增加安全工资(可根据部门、车间、班组等安全成绩分别考核),变一次性激励为长效激励,分摊企业成本;效益工资与成本节约挂钩,技术津贴与岗位职级、技术职称挂钩。岗位变动仅变动岗位工资或其他工资,此举可实现员工工资可持续发展,在实现同工同酬、易岗易薪的同时,确保员工对企业贡献的持续评价,加强员工的企业忠诚度,提高员工的稳定性。

加大技术创新,加强对建设、运营等生产技术革新的专利申请工作,以知识产权保护手段保护企业专利所有人权益,鼓励和保障员工的发明人权益。

定期举办企业职业技能比武(生产运动会),通过选拔和重奖优秀的业务尖子,获奖员工直接或优先晋升、晋级,引导广大员工学习业务,积极提升全员业务技术水平。

从员工中选拔、培养、储备骨干,重点时期与业务骨干轮值,解决突发事件应急处理、节假日夜间管理力量缺乏等问题。

7.新标杆:多元化辅助产业发展

作为有轨电车工程投资、建设、运营和综合开发企业,苏州有轨电车在有轨电车工程建设管理、运营管理、技术管理输出、检验认证、教育培训、资源开发等方面积累了不少经验,并取得一定成绩,以创新驱动、技术管理输出为举措,在有轨电车发展中,主动承担责任,分享成果,创造价值,发展成为"现代有轨电车综合服务商"。依托建设运营,通过项目输出管理技术,也通过市场开拓学习先进经验,不断自我完善、自我发展,使公司建设运营主业始终保持领先优势,实现多元化可持续发展。

(1)多元化发展战略

实施多元化发展是将建设、运营与管理输出、产业发展作为一个有机整体,互为前提、密不可分,从而实现经济效益和社会效益的最大化。实施多元化战略,必须处理好政策性亏损和建设运营成本控制的关系,以设备国产化为目标和依托,加大技术创新,有效节省建设成本;以管理组织机构优化为手段,加大管理创新,控制运营成本,开源节流,将运营成本控制到最低。只有多位一体,全面平衡推进,共同发展,公司才能实现可持续发展。

(2)多元化发展的优势

苏州有轨电车有最全面的线路车站形式,为同行提供了最直观的借鉴选择,为行业提供了适应需求的发展方向。苏州有轨电车通过建设和运营经验的不断积累,拥有了地面线、地下线、高架线,地面站、地下站、高架站,路中、路侧、上跨、下穿等几乎所有的轨道交通线路、车站形式,被业内同行赞誉为中国有轨电车的"流动展览馆",为市场开拓提供了广阔前景。

另一方面,安全高效的苏州有轨电车运营效果和运营水平,是苏州有轨电车管理输出的坚强信心和强大品牌。苏州有轨电车自开通运营以来,未发生一起责任安全事故。运行图兑现率、列车正点率均高于国家标准。线网规模45公里、最小发车间隔6分25秒、旅行速度超过30千米/小时,苏州有轨电车持续保持国内运营最高水平。

(3)多元化发展平台

①苏州高新工程建设管理有限公司:先后完成了3条有轨电车线路的建设任务,并负责区内大交通工程等代建及管理。

②苏州高新有轨电车集团有限公司运营分公司:先后负责完成苏州有轨电车1、2、3号线运营筹备及运营管理工作。运营分公司是苏州有轨电车"走出去"战略的主力军,提供有轨电车运营相关的各类服务。

③苏州高新有轨电车培训管理有限公司(培训学院):培训学院是全国首个有轨电车培训考试基地、江苏省有轨电车驾驶人考试基地、中国城市轨道交通安全综合培训基地。主编了《现代有轨电车车辆设备与驾驶》《现代有轨电车驾驶培训与考试指南》等多部教材。先后为苏州、南京、淮安、青岛、武汉、佛山、成都、北京、兰州、红河、上海、天水、德令哈、文山、南平等城市以及中车、中铁、通号等单位提供培训服务1000多人次,承担了全国三分之二的有轨电车驾驶员培训工作。

④苏州高新有轨电车咨询有限公司:先后为南京、天水、红河、佛山等多个现代有轨电车项目提供10多项建设运营咨询服务。

⑤苏州高新有轨电车资源开发有限公司:主要承担与有轨电车有关的附属资源开发。

⑥苏州高新有轨电车物业服务有限公司:主要负责集团公司项目物业后勤保障服务。

⑦苏州高新城市轨道交通检验认证有限公司:与苏州市质检所合资成立,专业从事轨道交通检验、认证业务,是具有独立法律地位的第三方检测及技术服务机构,是全国首家开展有轨电车检验认证的专业机构。多次扩项CMA(中国计量认证)资质,资质覆盖轨道交通车辆、钢轨、扣件、通信工程和综合监控系统、杂散电流等。2019年6月取得CNAS资质。2019年11月被认定为省级高新技术企业。

⑧中铁四院集团新型轨道交通设计研究院有限公司:与铁四院合资成立,主要负责新型轨道交通规划、技术标准研究及咨询、工程勘察设计等。具有市政行业(轨道交通工程)专业甲级资质。先后承揽了苏州高新区、佛山南海区、福建武夷新区、常州经开区、云南红河州等20多个城市30多条有轨电车线路的规划、设计、咨询业务。

(4)行业协会、战略合作平台利用

苏州有轨电车充分利用公司建设、运营的品牌优势,充分发挥行业协会信息资源优势,建立有轨电车行业内部、外部专家库。2014年3月,作为秘书长单位发起成立了苏州高新区有轨电车行业协会,目前有会员单位47家,协会定期举办有轨电车产业论坛,出版刊物《现代有轨电车》等。2015年8月,苏州有轨电车作为会长单位发起成立了中国城市轨道交通协会现代有轨电车分会,目前有会员单位79家,分会及秘书处常设苏州市高新区电车基地。

此外,苏州有轨电车一直致力于与行业内研究院、高校、国有企业间的战略合作,先后与中国铁建、中国中铁、中国中车、中建、中南大学、北京交大、西南交大、铁科院等20多家单位签订了战略合作协议,建立长效互动机制,在项目信息共享、业务资源优势等方面长期合作和互相补充。

三、实施效果

苏州有轨电车自运营以来,坚持高标准、高水平运营管理思路:以运营需求为导向,提前介入工程建设;以控制成本为核心,检验运营管理水平;以地方立法为契机,建立运营监管机制;以快速保障为前提,加强多方联防共管;以安全高效为目标,改进运营组织办法;以三标认证为平台,完善运营管理体系。通过自主管理、创新管理,实现了安全高效型运营管理、精简节约型成本控制、创新技术型管理输出等一系列管理成效。其中,国家级社会管理和公共服务项目“苏州有轨电车运营服务标准化试点项目”于2019年9月顺利通过国家标准化管理委员会专家组的考评验收。

苏州高新有轨电车作为区域轨道交通的过渡延伸线、带动新区发展的价值提升线、连接区域旅游景点的景观线,符合高新区总体定位中的“科技、人文、生态、高效”四大主题,同时能够有效地打造高新区交通特色,提升城市形象,塑造城市名片,支撑高新区社会经济和旅游业的发展。苏州高新有轨电车集团有限公司全体员工将继续强化用户思维和客户理念,守牢安全生产红线,持续提高有轨电车运营服务水准,打造市民满意新交通,构建有轨电车运营核心竞争力。

堆场水平布置全自动化集装箱码头的建设

广州港股份有限公司

成果主要创造人:李益波 陈宏伟

成果参与创造人:何业科 钟庆源 黄炳林 马力壮 李 戎 周兴奎

刘政刚 赵 飞 李树沛 陈晓鹏

广州港股份有限公司(简称"广州港股份")成立于2010年12月28日,由广州港集团、国投交通控股、广州发展共同发起设立;2014年5月,引进中远集团、上海中海码头作为战略投资者。2017年3月29日,公司(股票简称:广州港,股票代码:601228.SH)正式登陆上海证券交易所A股主板市场。广州港股份所属广州港是珠三角和华南地区综合性主枢纽港,是国家"一带一路"倡议、粤港澳大湾区建设、广州国际航运枢纽建设的重要参与者,政策叠加优势明显,发展环境十分优越。作为综合型码头运营商,广州港股份集货物装卸、仓储、物流、拖轮、理货、融资、贸易等平台于一体,为客户提供多元化增值服务;积极响产业链上下游延伸,推动与船公司、货主、物流企业的战略合作,具备强大的航运要素集聚和辐射带动能力。

广州港股份所属南沙港区四期工程项目(简称"南沙四期工程")拟建设2个10万吨级和2个5万吨级集装箱泊位(水工结构均按靠泊10万吨级集装箱船设计建设),12个2000吨级集装箱内河驳船泊位。建成后新增年通过能力为480万TEU,计划2021年年底建成投产。为贯彻落实习近平总书记在天津、宁波—舟山港视察时提出的建设世界一流港口要求,南沙四期工程致力于建成为粤港澳大湾区首个自动化港口,将集新一代物联网感知、大数据、人工智能、5G应用等先进技术于一体,拟打造全球首创"单小车自动化岸桥、北斗导航无人驾驶智能集卡、堆场水平布置侧面装卸、港区全自动化"的全自动化"广州方案"。

经初步测算,本项目国民经济内部收益率9.76%,净现值90365万元,国民经济效益合格。本项目融资前所得税前财务内部收益率为8.36%,大于7%的基准收益率,项目投资具有可行性。

一、实施背景

(一)立项必要性

1.项目背景情况

南沙四期工程已列入广州市建设广州国际航运中心三年行动计划(2018—2020年),项目立项以来每年都被列入广州市攻城拔寨项目、省市重点建设项目。项目将新一代信息技术、人工智能、自动化技术研发与应用、北斗导航、自动驾驶等前沿科技技术融入自动化集装箱码头的建设,为全球新一代全自动化集装箱码头提出"广州方案",既能推动相关自动化的发展、智慧港口建设,实现创新驱动发展的政策要求,同时也能为港口服务的绿色低碳、安全可靠、效率稳定的发展模式提供实践经验,为传统集装箱码头自动化改造提供借鉴,有助于以科技技术增强广州出新出彩,提升粤港澳大湾区的整体形象。

2.项目实施的必要性

作为广州市属港口的主体企业,广州港集团的专业集装箱码头集中布局在南沙港区,随着南沙港区一期和二期工程的集装箱装卸能力日趋饱和,三期工程装卸能力也将在未来2~3年内达到饱和,南沙港的集装箱吞吐能力亟待提升。南沙四期工程的建设可为南沙港口新增集装箱通过能力480万TEU,项目建成达产后,南沙港区每年的集装箱吞吐量预计可超过1800万TEU,位居全球单一港区前列,将有助于完善南沙港区集装箱能力布局,促进规模运输的优势凸现,进一步提升广州港的港口物流竞争力和港口集聚辐射力。同时,南沙四期工程全自动化码头的创新的建设理念和运营方式有助于广州港树立起智慧港口、绿色港口的标杆,不断提升广州港的集约化、规模化水平,促进华南地区的经济发展。

(二)实施方案可行性

1.项目实施的可行性

工程建设方面,南沙四期工程位于广州港南沙港区南沙作业区(龙穴岛围垦区),水文、气象等因素均能满足使用要求,港区常年不冻,年作业天数可达335天,出海航道已浚深至-17.0米,故本项目港址具备码头的建设条件,技术实施可行。

信息及自动化技术方面,新一代信息技术(含5G)应用已逐步推广;人工智能技术在自动化码头的应用,在厦门远海、上海洋山、青岛前湾已经有成功的案例;南沙四期工程部分技术属于首创,可以通过实测、仿真技术逐步解决。综上所述,港区自动化设备通信及人工智能技术均具有可靠的应用基础,项目实施具有可行性。

经济效益方面,本项目工程预算费用较同类别项目低30%以上,本项目国民经济内部收益率9.76%,融资前所得税前财务内部收益率为8.36%,财务净现值为75575万元,资本金内部收益率为8.56%,均高于有关基准收益率,项目财务效益合格。

社会效益方面,项目的建成能够提高广州港内贸集装箱泊位通过能力和靠泊能力,提升广州港服务效率;同时,项目可直接创造超过1000就业岗位,项目具有良好的社会效益。

2.实施人员条件

项目团队以广州港集团、股份公司领导班子等组成的领导小组21人,以广州南沙联合集装箱码头有限公司领导班子组成的办公室成员5人,另外还设有联合调试小组、生产工艺小组、装卸机械小组、信息通信小组、土建水电小组、安全环保小组、资金保障小组、专利科技小组共计65人。并联合上海振华、华东电子、华为、海格通信(北斗产业)多家公司组成技术攻关小组。团队项目组织管理经验丰富,技术研发具有良好的实力。

3.实施基础条件

项目已完成资金筹措,建设用地已全部落实,完成规划报建等前期工作,并于2018年开工建设。项目合作建设单位包括中交第四航务工程勘察设计院有限公司、中交第四航务工程局有限公司、上海振华重工(集团)股份有限公司、烟台华东电子科技有限公司、华为公司、海格通信(北斗产业),均为水运工程建设、码头机械设备、自动化系统等行业龙头企业,具有丰富的项目实施经验,能为项目提供良好的技术支撑。

(三)项目预算

项目依据国家发展改革委、交通运输部及企业有关办法和标准进行测算,本项目工程投资预算为697439万元,其中建设期投资为667019万元,建设期利息为30420万元,其中30%资金由企业自筹,70%为银行贷款,全部为内资,已全部落实。

二、成果内涵和主要做法

(一)主要创新点做法

1.新一代信息技术与人工智能技术融合,实现集装箱码头的自动化装卸

通过自动化的设备、系统让桥吊和轨道吊在安全可控的前提下,通过5G通信技术,在智能TOS(生产管理系统)的指挥下自行运作,智能执行被分配的任务:吊机大车和小车的行走、抓放箱、识别箱号、

匹配任务等。对于作业过程中个别节点自动化存在困难,或系统有异常事件时才由人工干预,人工干预也只是通过远程控制系统协助现场设备处理,待上述事件处理完毕后,设备控制权仍然交回智能 TOS 调度其自主运作。自动化不仅减少了人力,也减少了由人工操作过程中的主观性失误。

2. 新一代信息技术:5G 通信在自动化码头的应用

南沙四期工程所有无线通信,通过无线供应商提供的 5G 信号,实现无线通信。典型的应用场景就是 IGV(全电动智能引导车)智能无人驾驶,IGV 的所有控制信号都可由 5G 通信完成。IGV 车辆通过 5G 无线网络进行集中控制和调度,对无线网络提出了高可靠、低时延、多并发的严格要求,设备和网络要求做好 AB 网络双备份,保障 IGV 控制和调度指令下发准确可靠。此外对于智能头盔定位通信、外集卡司机 App 及码头场区内手机通信也都可采用 5G 通信。

3. 人工智能:码头管理体系构架及各功能模块全面感知

系统主要体系架构包含:TOS、调度系统、ECS(设备控制系统)、执行层,以及设备层。具体见图 1。

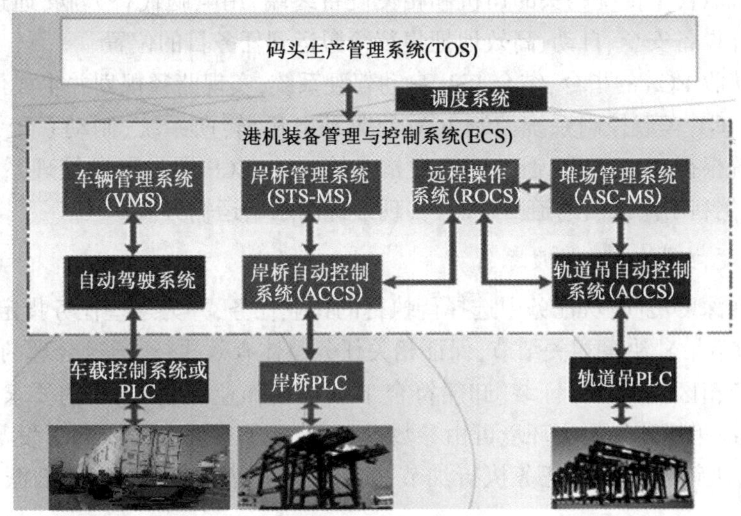

图 1 码头生产管理系统

TOS 系统主要功能模块包含:系统管理、EDI、预约与管理、计划控制监控、无线终端应用、闸口、CFS、商务计费、统计分析、互联网服务平台、码头自建平台、自动化设备作业管理调度、其他高级模块、其他接口等。

调度系统应包括:岸桥调度、门机调度、轨道吊调度、IGV 调度,并具有总体调度决策的能力,根据 TOS 系统要求,进行任务的选择和作业协调,如装船、卸船、转堆等;任务执行与监控情况并反馈给 TOS 系统;对 IGV 进行任务分配与决策调度细节,其中任务分配包括任务预选车、车辆管理、空车调度等,其中决策调度细节包括 IGV 目的 Bay 位的再决策、充电管理、粗略路径规划;能够根据作业计划内容,当前所有设备状态、设备所执行任务信息,当前场地条件等,对场地内所有设备进行合理的综合调度,实现港口作业效率最优化。

ECS 系统主要功能模块包含:车辆管理、岸桥管理、远程操控、堆场管理、无人驾驶控制、岸桥控制、场桥控制模块、其他接口。

4. 人工智能:堆场水平布置侧面装卸的智能 TOS

TOS 管理着码头所有的生产和业务。TOS 除了一些类似办公的业务处理外,核心的就是对码头现场生产的管理,和业务数据的集中大批量处理。TOS 要根据计划员制定的堆场计划、桥吊、轨道吊、IGV 等机械情况、数量以及装卸船计划等不同使用不同算法动态,合理匹配这些信息,制定合理的调度任务,实现智能调度、智能派位、智能配置。

对于整船、整场集装箱数据频繁的集中处理制定合理的系统结构与处理方法。避免集中的大数据量处理对系统的造成的冲击,避免频繁的处理对系统的过高要求。

南沙四期工程 TOS 拥有先进的技术架构、完善的业务模型、高效的智能算法、创新的管理思想,能够为集装箱码头运营管理提供专业的解决方案,系统码头生产管理中繁杂的业务逻辑统一。为保证核心生产作业的稳定、高效、高可用,TOS 选用微服务架构,将应用拆分为、核心生产作业、计费、统计、自动化码头作业管理(ATEC)等应用,配置独立的数据库与应用服务器,对外网移动联网平台(ISP)也独立部署,实现了最大化解耦。配套集群、热备等高可用方案,使 TOS 的故障概率最低化、故障范围最小化。

5. 人工智能:智能的 ECS

ECS 系统由智能设备调度与控制系统组成,是起重机设备自动控制软硬件系统,主要负责整个码头岸桥(QC)、智能导引车(IGV)、自动化轨道吊(ARMG)相互协调运作。ECS 包含中央控制系统和各单机设备自动控制系统(岸桥自动控制系统 QC-ACCS,导航系统,轨道吊自动控制系统 ARMG-ACCS,IGV-VMS 车辆管理系统)。

ECS 系统的出现取代了传统码头的司机和相关设备终端,用电脑代替人脑,通过通信系统,从 TOS 取得任务后智能指挥设备安全、自动、高效地把集装箱搬运到任务目的位置。

车辆管理系统接收 ECS 的指令,结合 IGV 自动驾驶系统,实现路径规划并生成最优路径,导航系统对 IGV 导航与定位,IGV 车载控制系统控制 IGV 的驱动电机、转向系统、制动系统,实现 IGV 行走、转向、制动等,调度系统根据 TOS 要求,通过网络发指令给 ECS,ECS 通过车辆管理系统控制所有编入作业的 IGV,可以最大化利用港区内的道路资源,实现最优的水平运输方式。

6. 人工智能:深度协调的智能调度系统

调度系统可实现深度协同:从任务中选择待执行的作业任务,并为这些任务指定去执行的作业机械(岸桥、门机、IGV、轨道吊),决策相关细节,保证相关任务整体有效执行,通过合理的任务执行次序与合适的执行选择来避免箱区冲突。保证装、卸船符合 TOS 岸桥作业计划 CWP 的要求,同时,调度决策还具有实时性;作业的决策思路和码头环境可由参数进行配置;具有任务指令的派发与监控功能:选择合适的任务派发时机,决策进一步的任务执行细节,实时监控异常并反馈;指令的派发与监控应保证实时性。

7. 人工智能:智能的自动化岸桥

本项目采用自动化单小车岸桥,配备自动防摇按钮、船型扫描、防撞保护、智能着箱、图像识别(OCR)等功能。通过高清全数字视频采集系统,实现了对集装箱船舶的智能装卸作业和对 IGV 的全自动装卸。单小车自动化岸桥作业流程简化,提高装卸效率和精准性,由于其整机重量轻,设备造价低,相应基础设施结构造价成本也较低,高度契合了绿色节能、经济高效的发展方向。这也是单小车岸桥陆侧全自动作业全球首次大规模应用。

8. 人工智能:全电动智能导引车(IGV)

世界上首创的将无人驾驶技术应用于 IGV 上,其驾驶级别相当于无人驾驶 L4 级,定位系统主要基于卫惯导航定位系统、激光雷达 SLAM、视觉 SLAM 以及多传感器融合定位技术,使用新一代人工智能技术促使港内集卡升级为 IGV,基于 5G 通信技术,进行港内的无人运输,取代现有自动化码头磁钉导航方式,降低了工程建设费用。采用锂电池变频驱动形式和定点自动充电的设计理念,在资源消耗上可以节约大笔资金,还能实现零排放和无限续航,做到真正意义上的绿色港口。

9. 人工智能:基于卫星导航定位多种技术的应用场景

南沙四期工程自动化作业区集装箱水平运输作业计划采用智能导引运输车(IGV),其导航定位系统包括:卫星导航定位系统 + 激光导航定位系统 + 视觉导航定位系统 + 惯性导航定位系统中的多种定位系统,并结合岸桥、轨道吊智能导引辅助集卡定位功能。卫星导航定位融合覆盖全球四大导航定位系统。

10. 人工智能:智能闸口控制系统

智能闸口控制系统(图2)由视频流集装箱箱号自动识别、箱型识别、ISO代码识别、危险等级识别、箱门方向识别、箱子在集卡上的位置识别、铅封检测、集装箱体验残、车牌识别统、条码扫描、人机交互、电子地磅集成、自动放行控制、集中控制中心、缓冲区等子系统组成。与TOS、海关平台系统实现无缝对接。

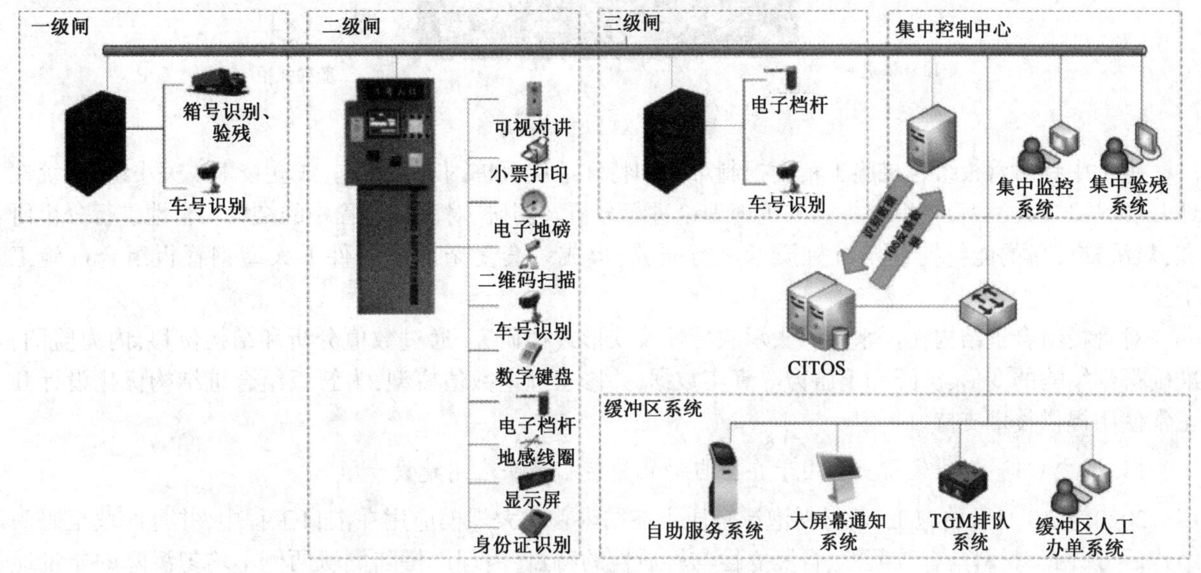

图2 智能闸口控制系统

码头配套使用智能闸口系统,可提供港口从网上预约到无纸化的全套软件解决方案,与港口TOS系统等相关系统交互,完成数据采集和人机交互工作。

本工程根据地理环境和自动化作业要求,采用国内首创的进出三级闸口+缓冲区的作业模式,对外集卡实行各级闸口分流放行处理,以使港口系统的日常运营水平达到最佳状态,以经济高效的方式满足当前和未来集装箱运输需求。

11. 人工智能:智能冷藏箱数据采集监控系统

解决冷藏集装箱在码头堆放过程中的温度自动监控,异常报警,改善冷藏箱监控措施,提升了冷链运输质量。实现冷藏集装箱在堆场期间的数据远程采集、温度异常报警提示,取代每2~4小时人工进场抄表的工作过程,减少人工投入,及时准确的记录设备运行情况,避免人为失误造成的损失。

12. 人工智能:岸边智能理货解决方案

人工智能理货系统(图3)是一套集岸桥集装箱箱号识别、集卡车辆识别、集中管理运维等业务系统于一体的综合业务系统。采用人工智能+OCR视频流识别技术和人工智能深度学习算法技术,大幅度提升箱号和车号、箱位等识别率和稳定性,综合识别率达98%。

系统通过人工智能识别集装箱号、ISO代码、单双箱类型、箱门朝向、验残抓拍等数据,并将数据进行校验传送至后方的集中控制系统,理货员通过集中控制系统录入理货信息,在岸桥侧实现无人理货。系统节省人力成本、提高作业安全性、实现岸桥理货作业的无人化,便于数据追溯,提升集装箱码头的作业效率。

13. 国内首例:大型钢管组合板桩在全自动化集装箱码头应用建设

2020年5月中旬开始施工,国内首次采用钢管组合板桩结合钢拉杆结构作为10万吨级集装箱深水码头;该水工结构陆上施工便捷高效,经济合理;并且可减少开挖、抛泥和砂石料回填,促进环保,降低造价。

图3 智能理货解决方案

施工中针对管板组合桩施工精度控制难题和特殊地层沉桩困难等问题,成立技术攻关小组,系统性地开展科研攻关,对管板组合桩沉桩机理理论进行分析及调研,对沉桩过程中的结构安全性进行分析研究,对沉桩设备的能量控制与沉桩质量进行研究,形成一套复杂地质条件下大型钢管板组合桩施工工法。

对管板组合桩结构在深水港码头承载特性及变形规律研究,通过数值分析和结构位移,内力监测,准确得到结构的变形、沉降和土压力等真实数据,并修正理论数值模型,为管板组合桩结构优化设计和正常使用提供技术支持。

14. 国内首例:泡沫轻质土应用于在全自动化集装箱码头应用建设

2020年10月开始施工,新材料泡沫轻质土在国内首次大规模应用在港口工程中,并且回填至码头结构后方,由于材料具有胶凝性、自竖立性与轻质性的特点,治理岸桥陆侧轨两侧不均匀沉降的质量通病,实现新型材料的跨行业大规模应用,并开展相关科研,推动泡沫轻质土水运工程规范的编制。

15. 国内首例:综合管沟应用于全自动化集装箱码建设

2020年8月中旬开始实施,国内首例将大规模的综合管沟应用与港口工程,在港区内设置"三纵五横"综合管沟,管线入沟率达到60%以上,有效解决港内管线分布零散、管理困难的问题,减少运行维护成本。

16. 国内首例:超长分段胸墙混凝土结构应用于全自动化集装箱码建设

2020年10月中旬开始典型施工,常规项目混凝土胸墙分段长度不超过30米,本项目胸墙分段长度达100米,可以有效提高板桩码头的整体性,但会增加胸墙裂缝风险。施工中开展系列研究,采用矿粉+粉煤灰双掺混凝土,搅拌桩配置冷水机,降低拌和水温,降低混凝土的水化热;优化混凝土浇筑工艺,设置后浇带,并采用高分子保水养护膜进行混凝土养护等措施有效减少混凝土的裂缝。

(二)成立广州港南沙港区四期工程——全自动化集装箱码头建设项目组,为自动化码头建设提供人才保障

广州港集团从广州港股份有限公司下面的全资子公司和控股公司抽调技术骨干参与广州港南沙港区四期工程——全自动化集装箱码头建设,后续随着工程建设的推荐,将逐步集中技术力量攻克建设难点。

成立广州港南沙港区四期工程——全自动化集装箱码头建设项目组,其中,以集团董事长李益波、副董事长黄波、股份公司领导邓国生、陈宏伟等组成的领导小组21人,以广州南沙联合集装箱码头有限公司总经理何业科组成的办公室成员5人,另外还设有:联合调试小组14人,生产工艺小组8人,装卸机械小组9人,信息通信小组8人,土建水电小组8人,安全环保小组6人,资金保障小组5人,专利科技小组7人。

(三)联合国内知名公司,解决建设中的难题

联合上海振华、华东电子、华为、海格通信(北斗产业)多家公司,组成联合技术攻关小组,将自动化

设备、新一代信息技术(含5G)、人工智能、物联网、大数据等新技术实现应用于南沙四期工程全自动化集装箱码头建设,并攻克在建设中的技术难题。

(四)分析项目风险与不确定性及应对措施

1. IGV 导航定位精度

存在风险与不确定性:导航定位精度无法满足港区 ±10 厘米要求。

风险应对措施:目前融合卫惯导航、视觉导航、激光导航、里程计等技术,使 IGV 导航定位精度达到满足自动化装卸需求,由于在国内自动化码头属于首次,提前一年多在南沙三期进行测试,后续在振华制造基地进行近半年的测试,做好在广州南沙联合集装箱码头有限公司进行近一年的测试,同时进行 IGV 运行计算机仿真,有效解决 IGV 导航定位存在的不确定性。

2. 智能 TOS

存在风险与不确定性:南沙四期工程码头设计复杂,国内外无完全相同的案例,现有 TOS 难满足要求。

风险应对措施:在原有 TOS 基础上进行开发,结合南沙四期工程特点,在码头开港前一年多开始研发,分析各种不同港口工况,实现港区集装箱装卸指令、堆场自动化翻箱、装卸等;先进行 TOS 仿真测试,再逐步进入实测。

3. 资金风险

存在风险与不确定性:自动化码头投资大,运营成本高。

风险应对措施:IGV 导航定位由磁钉改为卫惯导航、视觉导航、激光导航的融合技术,有效降低 IGV 相关成本。

三、实施效果

(一)经济效益

本项目国民经济内部收益率 9.76%,净现值 90365 万元,国民经济效益合格。本项目融资前所得税前财务内部收益率为 8.36%,大于 7% 的基准收益率。财务净现值为 75575 万元,资本金内部收益率为 8.56%,高于 8% 基准收益率,项目财务效益合格。本项目财务内部收益率对收入和投资变化较敏感,要控制建设投资,运营时应积极组织运量并注意控制成本,以达到较好的财务收益。

(二)社会效益

南沙四期工程将新一代信息技术应用于自动化码头建设,是省、市重点建设项目,符合国家关于加快打造绿色、智慧一流港口的指导要求,符合省市关于加快提升港口高质量发展的要求。项目团队实践经验丰富,科研创新实力雄厚,为项目实施提供了良好的支撑。项目方案经广东省交通运输厅有关专家评审通过,项目实施具有充分的必要性及可行性。工程集全球新一代物联网感知、大数据、云计算等先进技术为一体,是全球首例"单小车自动化岸桥、北斗导航无人驾驶智能引导车、堆场水平码头布置、港区自动化"的"广州方案"自动化码头。相比上海洋山港、青岛港自动化码头更先进、更经济、更便于复制推广,项目具有良好的创新性。

提高了广州港内贸集装箱泊位通过能力和靠泊能力,缓解了到港船舶靠泊紧张的现象,缩短了船舶在港总停时,降低了货物周转运输费用,保障腹地生产企业的持续发展;增加就业和劳动力培训。港口产业链相对较长,为城市创造的就业机会较多,本项目可以直接创造 1000 多个就业岗位,同时,项目通过对码头操作人员的技能培训,使他们具有一技之长。

质效提升引领精细化管理新模式

大连港股份有限公司

成果主要创造人:尹凯阳　刘金子

成果参与创造人:孟繁博　常　旭　于　天　宋　婧　贺瑞琦　李　嘉　白纯宇　焦　妍　闫　喆

大连港股份有限公司(简称“股份公司”)由大连港集团有限公司为主要投资主体,于2005年11月16日正式成立。股份公司现有员工合计11546人,其中正式工6358人,劳务工5188人。2020年初,股份公司进一步完善组织架构(图1),设置9个职能部室和4个专业业务部。同时,股份公司下属管控企业124家,其中直管107家、代管17家。

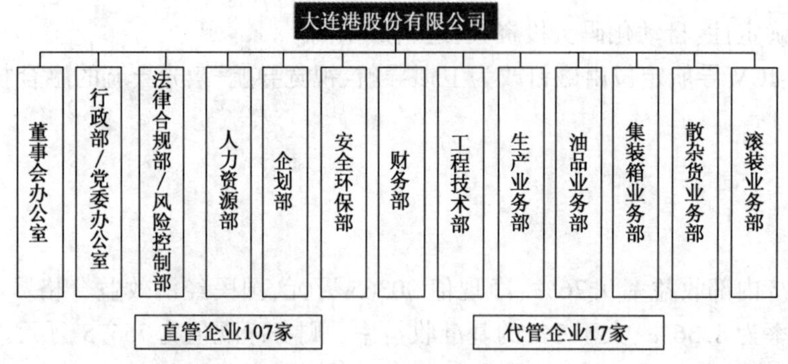

图1　公司组织架构

大连港地处环渤海经济圈和东北亚经济区的中心地带,背靠东北三省及内蒙古东部地区,现有港区陆域面积约35.8平方公里,拥有97个泊位,其中万吨级以上泊位74个,分布在大港、大连湾、大窑湾、旅顺、长兴岛五大港区。作为大连港港口物流业务的统一运作平台和东北地区最大的综合性码头营运商,主要提供油品液体化工品、集装箱、杂货、汽车、矿石、散粮、客运滚装等港口物流服务,以及港口增值与支持业务,经营货种全面,业务外延能力较强,发展水平处于同行业领先地位,2019年在全国沿海港口中货物吞吐量排名第八位。

一、实施背景

2019年1月4日,辽港集团挂牌成立,大连港、营口港的实际控制人由辽宁省国资委变更为招商局集团。时任招商局集团董事长李建红在成立大会上表示,招商局集团在国务院国资委、交通运输部等中央部委的大力支持帮助下,将与辽宁省一起在整合辽宁省港口资源的基础上,充分发挥集团在全球的港航资源和网络布局优势,进一步创造良好的经济效益和社会效益,实现国有资产的保值增值,不断提升大连“立足辽宁、辐射东北亚、融入全世界”的国际航运中心地位和全球竞争力。

在实现东北经济振兴、辽宁港口整合、建设东北亚航运中心大背景下,在建设世界一流强港的总体目标下,在宏观经济影响与行业内激烈竞争环境下,股份公司作为辽港集团二级子公司,无论是践行国家战略,还是满足集团战略要求,必须迎接挑战,实现科学管理、深化改革,充分发挥大连国际航运中心的核心作用,助推辽港集团建设世界一流强港。

（一）宏观经济形势背景

1. 国际经济环境

2019 年，世界经济增长持续放缓，制造业和贸易持续回落。2020 年，受新冠肺炎疫情影响，世界经济增速明显放缓，不确定性加大，根据对国内外相关成果的综合分析，预计未来五年世界经济将处于新一轮低速增长期。由于全球经济持续低迷，加上贸易、投资和技术保护主义及新一轮科技革命的共同作用，原本以国际工序分工或产品内分工合作为代表的全球产业链、供应链、价值链将发生深刻变化。此外，中国在世界发展格局中的作用、地位日益凸显，但中美关系的复杂多变使得外部挑战十分严峻。据国务院发展研究中心预测，2020 年至 2035 年全球经济平均增速约为 2.6%，发达经济体将进一步放缓至 1.7% 左右，发展中国家增长速度也将有所下降，预计至 4.9% 左右。总体上，未来经济将是机遇与挑战并存、在变革中跃升的过程。

2. 国内经济环境

面对风浪突起的新冠肺炎疫情，我国经济在巨大压力下依然呈现积极状态，疫情对中国经济的影响是暂时的，并未改变中国经济的基本面。“十四五”期间，我国经济稳中向好、长期向好的基本态势仍在延续，我国经济的韧性好、潜力足和回旋余地大的优势还在集聚，经济治理体系和治理能力现代化的水平正在提高，预计我国 GDP 基本可平均保持在 5% ~6% 中速发展区间内，致力于推动经济高质量发展的现代化经济体系建设将取得新进展，不平衡、不充分的发展问题将得到明显改善。

3. 港口行业环境

“十三五”规划确立的创新、协调、绿色、开放、共享的新发展理念为我国港口的转型升级和一体化发展带来新的机遇。“十四五”期间，“绿色、智慧、综合、服务”将是我国沿海港口建设发展的主要方向。港口行业从高速增长进入高质量发展，新旧动能不断接续转换，短期内港口行业可能出现增速放缓，但长期向好趋势不会改变。港口区域一体化发展将愈发凸显。此外，国家战略也将对港口发展产生重大影响。预测“十四五”期间我国沿海港口货物吞吐量在 130 亿吨左右，年平均增速约 2%。

4. 东北三省经济环境

长期以来，我国促进东北振兴，全球疫情的暴发也使得新一轮东北振兴的国内外经济形势发生了显著变化，其中既有挑战也有机遇。

（1）国内经济形势分析

东北地区存在产业单一、依赖投资和长久以来的结构性、体制性等问题，疫情的冲击使得中小企业和人才更倾向于往营商环境好的区域流动，未来一段时间，可能仍将是东北经济较为困难的时期，仍将是东北积蓄力量探索方向的时期。从有利之处来看，新冠肺炎疫情有可能演化为全球经济格局的大调整，若能利用自身农产品加工、冶金、石化和装备制造等产业优势，抓住疫情冲击下全球产业链深度调整的机会，提高在全球产业链当中的战略定位，在整体不利的环境中，争取相对有利的发展条件，必能为实现振兴战略打下新的基础。

（2）国外经济形势分析

东北地区的对外贸易伙伴较为固定，主要集中在东北亚，而疫后东北亚格局的变化为东北地区的对外合作提供了机遇。共同抗疫和本身产业的同质性将提升东北亚区域经济合作层次。近年来随着“一带一路”的有序推进和东北亚多国产业合作园区的建设，中日韩俄蒙等国由于产业同质性和地缘密切性，已经形成了较为密切和固定的多边合作格局，合作伙伴的稳定也是东北地区外贸受冲击较小的关键原因；疫情过后，东北亚各国将对人类命运共同体的概念产生更为深入的认知，各国在应对疫情中的物资互助和价值认同等都将提升东北亚区域合作层次。另外，疫情后经济恢复将是各国亟须解决的难题。历史合作基础、抗疫互助认同和经济复苏现实将共同构筑东北亚地区的多边密切合作形态，为东北地区的对外开放和经济改革提供重要机遇。

(二)质效提升工程实施背景

面对新时代、新征程,粗放管理的传统时代已经过去。经济增速放缓、变化频繁快速等情况,对企业的科学管理、精细化管理提出更高的要求。精细化管理是一种理念、一种文化,它是社会分工的精细化以及服务质量的精细化对现代管理的必然要求,是建立在常规管理的基础上并将常规管理引向深入的基本思想和管理模式,是一种以最大限度地减少管理所占用的资源和降低管理成本为主要目标的管理方式。现代管理学认为,科学化管理有三个层次:第一个层次是规范化,第二个层次是精细化,第三个层次是个性化。通俗地说,质效提升工程带来的精细化管理就是明确目标、细化里程碑、落实责任对接,将管理责任具体化、明确化,发现问题及时纠正、及时处理等。

面临竞争激烈的外部环境,股份公司与行业标杆对比仍有差距,还有较大的挖潜空间,亟须将"出血点"转化为盈利点。股份公司在体量优势的基础上,必须进一步强化质量和效益的全面提升,逐步把体量优势转化为质量优势、效能优势,将内外环境的挑战转化为机遇。因此,质效提升工程是实现战略目标的重要举措,全面推进质效提升工程是应对内外部形势变化、提升战略落地能力和综合竞争力的一项重要抓手。自 2018 年 3 月以来,招商局集团以招商蛇口、中外运股份、招商证券 3 家单位为试点,实施了质效提升工程,自上而下设立质效提升工程组织机构,完善运营机制。股份公司则通过将项目性工作与质效提升工程精细化管理的方法论相结合,以问题为导向,采取内部灵活有效的模式,细化工作目标,通过立项确认、验证分析、制订计划、跟踪执行、监控收尾,实现全程透明化、可视化,化被动为主动,主导项目落地、效益落袋,逐步改善平日工作中的管理模式,精准聚焦,解决痛点、难点,是股份公司改革创新、助力辽宁港口打造世界一流强港的必要举措。

二、主要内容

(一)成果内涵

对于股份公司来说,质效提升工程是针对业务、管理等方面的痛点及难点进行的改革,以"破冰""啃硬骨头"的精神,勇于突破自我、突破约束、创新发展,既是行业竞争形势需要,也是股份公司基业长青的必然要求。

质效提升中的质量提升体现在运营改善、流程机制优化、内部管理提升等;效益提升体现在 KPI 基础之上的增量部分,通过改善缺陷、开拓创新,挖潜内部潜力,从而带来增收或节支,全面带动效益的提升。质效提升举措则是对工作流程、机制和能力主动优化的改善举措。

对于港口企业,最重要的是抓管理,管理的长治久安自然会带动质量和效益的双提升。股份公司质效提升工程所带来的精细化管理的本质意义在于它是一个将战略和目标分解细化和落实的过程,将股份公司的战略规划有效贯彻到每个环节并发挥作用的过程,同时也是提升内部整体执行能力的一个重要途径。在此期间,最重要的是结合股份公司的现状,按照"精细"的思路,找准关键问题、薄弱环节,挖掘可提升点,形成一系列质效提升举措,通过细化目标、明确里程碑,分阶段进行;同时,增强规范性与创新性相结合的意识,在这过程中衍生一系列具有创新性、可复制、可推广的举措,通过精细化管理模式,推进项目落地,为股份公司带来一定的经济效益、社会影响,持续改善痛点、难点,也为未来的发展注入创新动能。

(二)工作思路

1. 把握关键,重点突破

以提升举措质量为核心,从股份公司业务结构着手,充分发挥协同优势,不断深挖举措,逐层分解,实现由定性向定量的突破。

2. 狠抓落实,务求长效

形成长效机制,将长期、短期发展战略相结合,不但要重视举措的达成和效益落地,还要重视有效的流程、机制固化落实及推广工作。

3. 上下协同,基层为主

充分调动基层积极性,将自上而下与自下而上目标相结合,通过股份公司统筹引导、所属企业兼顾纵向管控和横向协同,实现上下融合、共同发展的目标。

(三)主要做法

通过组建质效提升工程 PMO(项目管理办公室),落实职责分工。以问题为导向,围绕收入、成本、资产清理、赋能四个维度,挖掘质效提升举措。按照质效提升工程方法论,实施构想、确定、验证、计划、执行、固化推广六个阶段,细化目标、明确责任人,进行闭环管理,形成良性循环,最终促使项目落地,使股份公司运营、操作、管理、服务等若干方面得以显著提升。下面具体阐述实施步骤。

1. 搭建管理体系

为进一步推进质效提升工作持续落实,积极推动建立股份公司及所属企业 PMO 组织架构,并明确职责分工。推进管控界面主控企业内部形成组织架构,对接股份公司 PMO。

明确领导小组职责,负责质效提升工作整体规划和推进;负责制定质效提升工作的总体目标;负责统筹内外部各类资源支持保障;负责最终行动方案的审核及签发。

明确质效提升 PMO(项目管理办公室)职责,负责推进举措挖掘、审核、跟踪工作;负责定期向领导小组反馈工作进展;负责监督、培训、指导所属 PMO 的日常运作;负责细化考核激励标准及进行业绩评估。

2. 制定工作方案

为保证质效提升工作持续有效贯彻实施,合理规划工作安排,完成工作方案制定,进一步明确总体目标、工作思路、组织架构、会议机制、工作计划等细则,透过工作方案,精准把握目标导向,强化职责对接,形成强有力的工作机制(图2)。

	沟通形式	计划时间	主责人员	主要课题
例会	· PMO例会	· 每(半)月	· 公司PMO	· 进展回顾 · 遗留问题回顾 · 跨积能决策、资源调配
	· 季报、年报	· 每季/年	· 公司PMO	· 每季/年度工作进展 · 关键节点状态更新 · 下一步重点工作
专题会	· 专题研讨会	· 关键里程碑阶段	· 公司PMO	· 专题研讨具体举措内容 · 跨职能决策、资源调配
日常追踪	· 电话、邮件、微信群沟通	· 日常工作	· 公司PMO	· 定期沟通任务执行情况 · 及时反馈问题整改 · 协调所需资源支持

图2 建立长效工作机制

3. 持续进行宣贯

为增强员工对质效提升工程的认知,通过召开宣贯会、审核会、建立微信工作群等方式,股份公司向所属企业宣贯质效提升背景、方法论、重要讲话精神等(图3);开展轮训工作,每周轮流 1 ~2 家所属企业 PMO,针对性培训指导,分享优秀举措,形成常态化学习机制,渗透至基层班组。

4. 开展举措构想

通过带领 PMO 团队开展头脑风暴,集中各职能部室资源,集思广益,围绕收入、成本、资产清理、赋能四个维度,根据年度重点工作督办、重点物流项目,从技术革新、资源协同、人工降本、资本运筹、精细化管理等方面,覆盖油品、集装箱、散杂货、滚装等主要业务板块,形成抓手树。2020 年共梳理 5 个重点工作模块和 10 项改善抓手(图4),以改善抓手为方向,挖掘核心举措。

图3 质效提升宣贯

1.业务拓展
· 区域铜精矿分转中心
· 糙米集疏运基地
3.内部协同
· 深化内部协同
4.数字化转型
· 数字化项目应用
· 科技创新引领
2.市场开发
· 深化原油中转
· 加密内贸航线
· 增量市场开发
· 创新产品服务模式
5.政策争取
· 争取政策支持

图4 质效提升抓手树

5.提炼筛选举措

将构想转化为现实,根据是否具备创新性、可复制、可推广等,对股份公司本部及所属企业挖掘的质效提升举措进行层层提炼筛选,自2019年起至2020年终,最终明确纳入举措池的47条举措(表1),对其进行分级管理。

股份公司质效提升举措类型分布及占比情况表 表1

举措类型	举措数量(条)	占所有举措百分比	二级重大(条)	一级重大(条)	创新工作室(条)
成本	8	17%	—	—	1
收入	20	43%	4	1	—
赋能	7	15%	3	—	—
资产清理	12	25%	—	—	—
合计	47	100%	7	1	1

6.验证举措可行性

从风控、财务等角度研判举措落实的可行性,分析运营指标、财务衡量期望值及逻辑关系,进行财务效益测算,设计财务效益公式,以3年为目标,明确各年预估效益。

7. 细化目标及里程碑

进行财务效益精算，将3年目标细化拆解至各年的每个月，动态观测每个月的实际值是否能达到预估值，如有异常，发现原因，及时处理。为督促各项举措如期落地，设定里程碑开始时间、结束时间，形成甘特图，落实第一负责人、项目负责人（表2）。形成“亮灯”机制，如果工作较预期延迟2天以内，予以警告；如若延迟大于2天，需向股份公司PMO说明原因，并酌情进行考核。

股份公司质效提升PMO里程碑督办表 表2

名 称	里程碑描述	开始日期	结束日期	负 责 人	里程碑状态
推进××	××	×年×月×日	×年×月×日	××	正常/延迟

8. 设立严格审核机制

通过设立严格的决策程序，每个阶段定期推进举措审核。针对合格的举措，推进下一步实施；针对未达标或推进不力的举措；需进行说明，相关负责人需及时反馈进展及明确何时能解决问题，使举措的推进回归正常。

9. 监控举措执行情况

针对不同举措，按日/周跟踪进展，及时了解实际的执行情况（包括业务量、效益、进度、问题、风险等），评价举措状态，判断举措是否沿着计划所期望的轨道取得进展。如果举措状态偏离期望的轨道，则采取适当的纠正措施，使其得到有效控制，必要时修正举措计划，最终调整到计划所期望的轨道上。

10. 机制固化及后期推广

在质效提升工程中，最重要的就是将在举措推进的各个阶段中形成的好的经验、做法、流程、机制等，进行固化与后期推广，以探索应用于其他领域，抑或是对同行业起到借鉴作用，促进业内良性发展。

（四）成果案例展示

股份公司在推进质效提升工程过程中，衍生了若干条优秀举措，涵盖业务协同、运营提升、资产盘活、信息化引领等方面。现从举措的全流程精细化管理及机制固化推广两个方面，介绍2上成果案例。

【举措1】 优化大连港原油罐容资源管理能力，优化储运结构，提升闲置资产利用效率，提升运营效益

1. 举措背景

大连港原油储运设施完备，背靠中石油商业储备库和国家原油战略储备库，拥有原油储罐98座，共计985万立方米，其中大连港油品码头公司有49座储罐，510万立方米；长兴岛有49座储罐，475万立方米，其中170万立方米储罐资源闲置。为使闲置储罐资源得以有效利用，通过内部资源分析，灵活配置储罐资源，制定仓储方案，进行商务对接；协调海关，提前办理原油储罐保税仓储资质，确保为新客户、新货源的到港作业提供完善的服务保障；与国际石油贸易商托克集团建立战略合作，全面辐射环渤海油化品市场，提高市场份额及港口竞争力。在国际低油价形势下，国内战略储备和补库存周期开启，紧抓大客户的战略合作契机，争揽增量货源。未来继续以体量优势、质量优势、效能优势，通过深化与招商航运板块南京油运的协同，完善供应链，打造全程物流体系，持续优化管理能力，提升服务配套设施，完善保税功能，适时调整策略，稳定客户，进而锁定长期经济效益，预估稳定经常性年化效益5373万元。

2. 举措精细化管理做法

从构想至明确该项举措以来，细化各项里程碑时间计划，实时监控执行情况；进行财务效益测算，将效益目标按月拆解，逐月进行跟踪，使每个环节执行进展变得有迹可循，用数字说话。下面针对里程碑及效益测算进行汇总展示。

(1)里程碑设计思路

明确从举措开始至落地的整个生命周期中，每个关键节点，再拆分为若干项细小的工作节点，制定每项工作的开始时间、结束时间,后续密切关注进展(表3)。

里程碑 表3

里程碑	开始时间(2020年)	结束时间(2020年)	进展
1.市场调研			
内部资源分析	1月1日	1月15日	√
外部需求分析	1月16日	1月25日	√
完善服务方案	1月26日	2月20日	√
2.商务合作			√
推进商务洽谈	2月21日	3月15日	√
拟订合同条款	3月16日	3月20日	√
开展风控评估	3月21日	3月30日	√
形成合同终稿	3月31日	4月5日	√
合同内部决策	4月6日	4月10日	√
与客户签订合同	4月11日	4月15日	陆续与托克、振华、中国化工签署协议
3.操作保障			√
制定船舶作业方案	4月16日	4月20日	√
全面检查设备设施	4月21日	4月30日	√
船舶靠港作业	5月1日	6月1日	圆满完成卸船作业
完善操作流程	6月2日	6月10日	√
有效控制损耗	6月11日	6月20日	√
4.机制固化	6月21日	8月31日	进行中。持续完善服务流程及生产资源管理机制;固化客户回访及市场分析机制

(2)具体历程

市场调研:2020年1月1日—2月20日。盘点内部储罐资源,分析外部市场行情,挖掘潜在租罐客户,初步摸排客户租赁罐容、租赁期限等基本需求,主动接触意向客户,并根据客户需求完善服务方案。

商务洽谈:2020年2月21日—4月5日。通过电话、邮件和实地走访等形式,与意向客户进行商务洽谈,形成商务合同初稿并对做好合作风险控制和审查,完善合同内容,形成储罐租赁合同。

合同签署:2020年4月6日—4月15日。通过内部决策、审核、签署等工作,推进与客户正式签订合同。这是效益落地相关里程碑。

靠港作业:2020年4月16日—6月1日。提前制定船舶作业计划、工艺流程等,做好船舶密集到港、储罐进油准备,同时做好作业过程中的相关设备的检修保养、保运工作,确保接卸、仓储作业过程顺利。这是效益落地相关里程碑。

完善服务:2020年6月2日—6月20日。根据首次作业情况,从方案制定、作业流程以及卸船操作等方面查找问题优化作业流程,为客户提供更好服务。加强储运设施的检查、盘点,杜绝跑冒滴漏问题,控制仓储损耗,确保客户利益。

机制固化:2020年6月21日—8月31日。关注客户动态,继续跟踪客户需求,完善服务流程;固化客户回访及市场分析机制;继续完善生产资源管理机制,充分利用资源能力。

3. 发掘举措意义及重要性

(1)盘活储罐资源,实现业务增量,效益可持续

长兴岛项目建成后,油品市场低迷,临港石化产业自建原油码头及储罐,分流了原规划设计的市场份额,使现有的170万立方米储罐闲置。借助长兴岛油品170万立方米保税储罐资源,积极争揽国内外客户到港进行保税原油的仓储和转运,既盘活闲置储罐资源,又带动长兴岛油品的吞吐量和效益的增加。目前已与托克、振华石油、中国化工签署合作协议,预计2020—2022年三年带来可持续效益1.87亿元。

(2)快速响应原油市场结构变化,抵消疫情不利影响

快速响应国际原油市场结构变化,针对近期原油仓储需求上升,第一时间与客户沟通,统筹协调大窑湾、长兴岛区域的储罐资源,与中国化工、托克、振华石油等客户达成合作,带动吞吐量提升,抵消疫情的不利影响。

(3)加强内部协同,提供更具竞争力的全程物流服务

推进与招商油运企业的业务协同,建立对接机制,延伸业务链条,提供更具竞争力的全程物流服务,通过业务协同打造低成本全程物流服务,为客户量身打造高效优质服务。

(4)最大限度利用储罐资源,无缝对接客户需求

充分利用储罐需求激增市场形势,动态跟踪客户需求,提前做好商务和作业的组织安排,在自有罐容有限情况下,采用反租、过驳形式,满足客户需求。

(5)持续优化服务,推动大连油化品分拨中心建设

充分发挥集疏运优势,通过入罐与过驳相结合方式针对性满足客户需求,既重点提升现有客户满意度、忠诚度,又专注新客户市场开发。

(6)跟踪客户信息,为争揽货源提依据

通过走访、电话、微信、邮件等形式保持与炼厂客户、石油贸易商客户的有效沟通,及时准确获取市场信息,汇总、整理各项业务基础数据,实时关注国内外行业动态,为市场开发、货源争揽工作提供依据。

4. 带动财务效益增长

(1)设计财务效益估算公式

目前长兴岛油品闲置仓储罐容为170万立方米,2020年振华石油预计租赁储罐25万吨,仓储天数240天;托克集团预计租赁储罐50万立方米,装卸收入按照30万吨计算,仓储天数180天;中国化工预计租赁储罐70万吨,仓储天数240天。仓储收入与装卸收入之和为总收入。2021年和2022年不考虑装卸收入,2022年不考虑托克集团仓储收入。增值税税率为6%,加权股比为46.78%。

经常性效益=(三家客户仓储收入+三家客户装卸收入)/(1+增值税税率)×加权股比。则2020年经常性效益为5575万元。2021年经常性效益为7789万元。2022年经常性效益为5373万元。

(2)实时监控进展情况

实时跟踪每月进展(图5),监控各项数据是否存在偏离等情况。

5. 机制固化及后期推广

将推进与招商油运企业的业务协同,联同国际石油贸易商托克集团建立三方战略合作,充分利用托克集团租赁的50万立方米保税储罐,发挥其在国际中转和保税贸易方面的业务优势,争取利用大连港保税储罐和码头优势扩大在环黄渤海保税分拨和中转量。

积极推进长兴岛10万吨级油品码头相关作业资质手续办理,为客户原油中转创造必要条件。同客户保持密切沟通,满足客户在日常仓储过程中的相关作业要求。定期盘点油品,控制损耗,保障客户利益。

根据市场结构和地炼客户的需求,考虑利用大码头和小码头距离近优势,积极争取和探讨渤海湾内地方炼厂开展过泊作业的可行性,推进长兴岛油化品业务多元化发展。全面辐射环渤海油化品市场,提高市场份额及港口竞争力。

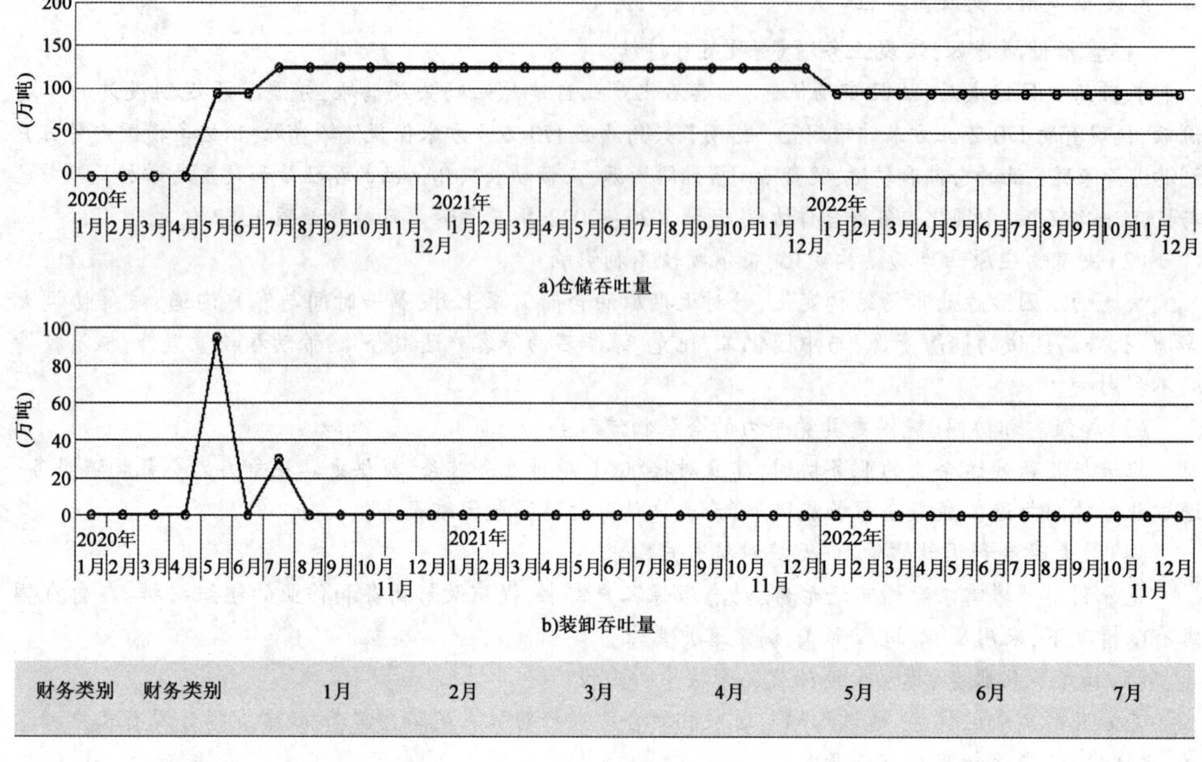

财务类别	财务类别	1月	2月	3月	4月	5月	6月	7月
收入变化带来的经常性落袋效益	预估值	0	0	0	0	1088.9	441.6	844.5
	预测值	0	0	0	0	1088.9	441.6	844.5
	实际值	0	0	0	0	1347.6	568.12	776.45

c)财务情况

图5　每月进展情况

【举措2】　创建"郭学强劳模创新工作室",通过研究维修技术,把机车大修从外委项目转为自主维修,减少维修成本的支出

1.举措背景

股份公司所属大连港铁路公司视GK型机车使用时长及运行公里数定期进行大修,如果通过外委铁路局进行大修,每台次至少需要费用80万元。检修段创建以劳模郭学强为代表的创新工作室,通过研究维修技术,只需花费零部件购置费用,将机车大修由外委项目转为自主维修,预计每年节省成本80万元。

2.机制固化方案

以"郭学强劳模创新工作室"为技术支撑,自主完成GK1M型002号机车大修和GK1C型0034号机车大修。大修过程中对机车柴油机、传动部分、走行部分、制动部分、电气部分全部进行了解体。按照各部件使用时长及实际状况,对其进行维修或者更换,经过大修后的两台机车全部达到运用要求,并经过试运行后交付运用部门。

GK型机车控制开关面板位于机车司机室正操纵台上,面板上安装有机车启机、辅助发电、风泵启动、鸣笛、调车工况等重要的电器开关及按钮,是操纵控制机车的核心部件。大修过程中发现GK型机车司机控制器使用瑞士进口电气开关,使用年限长,多数已经出现老化、绝缘破裂等现象。

该面板所使用的EAO型按键开关(图6)为瑞士生产,造价昂贵。其内部安装的启动指示灯造成该部件故障率极高,且安装烦琐造成维修更换时间长。由于固定该开关的面板安装位置、尺寸受限制,该问题一直未能解决。

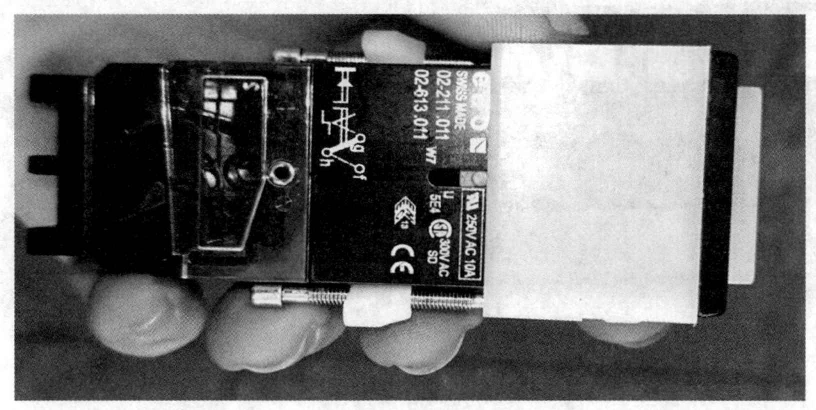

图 6 GK 型机车控制开关面板

在对 GK1M 型 002 号机车大修和 GK1C 型 0034 号机车大修过程中,决定对该问题进行攻关,若要彻底替换瑞士产 EAO 型开关,必定要选择尺寸与该型号开关相仿的替代品,且必要时要对固定各开关的面板进行改造或更换。技术人员对各种开关相关技术参数进行反复比对,最终选择西安沙尔特保公司生产的 S007 扳键开关替代原有的 EAO 型开关,并对控制面板进行设计改造,改造图纸见图 7。

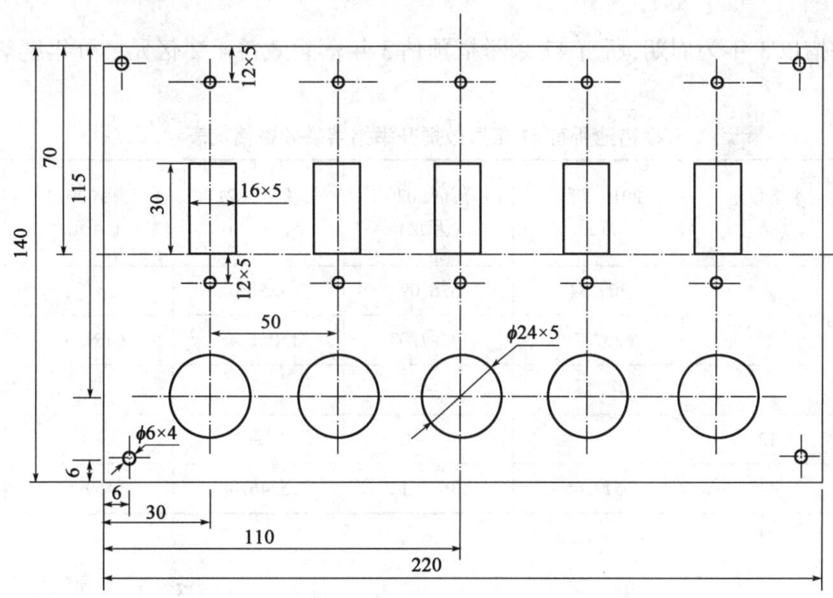

图 7 改造图纸

3. 后期推广

通过方案设计,绘制出加工图纸,并运用机加工手段制作出成品。该技术手段可以应用于 GK 型机车今后的大修。原有控制面板(左)与新设计的控制面板(右)电气布局对比见图 8。

在已经改造的两台 GK 型机车中,02 号经过 8 个月的使用、034 号机车经过 7 个月的使用,完全符合技术标准,满足用车单位的使用要求,且性能稳定可靠,该经验可以在其他机车上继续推广。

以上 2 个案例分别在管理流程及机制固化方面做详细阐述,一方面验证股份公司以质效提升工程为抓手,融入日常运营等工作的初期成果,另一方面凸显股份公司追求卓越的精细化管理模式。质效提升工程带来的精细化管理新模式,具有将股份公司质量和效益引向更高台阶的可能。

a)原有布局

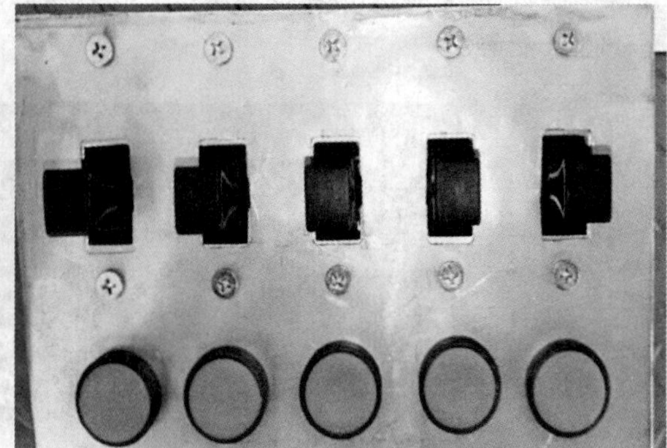

b)改造后布局

图 8　新旧控制面板

三、取得效益

(一)经济效益

通过质效提升工程深挖优势潜力、激发内生动力,在运营管理上实现突破,体现上市公司价值和区域化公司的优势。股份公司细化各项里程碑,确保项目可落地、目标可实现,2020 年将实现 7000 万元落袋效益目标,较上一年提升 6%,未来几年将进一步创新突破,持续落实并推广,实现股份公司持续性高质量发展。

质效提升举措以 3 年为周期,所有 47 条举措预估 3 年落袋效益 4.2 亿元。分年度落袋效益情况见表 4、图 9。

举措池所有 47 条质效提升举措落袋效益情况表　　表 4

举措类型	举措数量(条)	2019 实际(万元)	预估 2020(万元)	预估 2021(万元)	预估 2022(万元)	合计(万元)
成本	8	309.94	336.09	325.50	—	971.53
收入	20	6267.71	13287.03	15021.48	6459.57	41035.79
赋能	7	—	—	—	—	—
资产清理	12	—	—	—	—	—
合计	47	6577.65	13623.12	15346.98	6459.57	42007.32

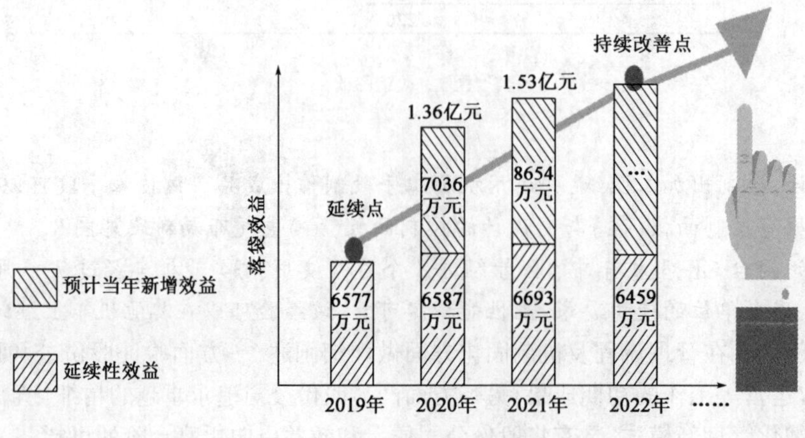

图 9　分年度落袋效益情况

(二)生态效益

推进质效提升工程以来,股份公司在2019年基础上,进一步聚焦举措质量,由数量覆盖转化为质量进度。共挖掘47条举措,其中2019年挖掘33条,2020年挖掘14条。部分举措在提高经济效益的同时也实现了生态效益的提升。

2019年,1条基层创新工作室举措(郭学强劳模创新工作室把机车大修从外委项目转为自主维修,减少维修成本)纳入一级重大;2020年,1条举措(优化大连港原油罐容资源管理能力,优化储运结构,提升闲置资产利用效率,提升运营效益)纳入一级重大,7条举措纳入二级重大。

不同类型举措从各个角度,为股份公司带来一定的生态效益。例如:股份公司所属大连港油品码头公司通过水管网管控机制的完善,降低用水漏失量,减少水资源的浪费,2019年全年减少水费成本110.41万元,既降低了生产经营成本,取得了实际经济效益,又提升绿色港口建设水平。与此同时,还借鉴水管网管理机制,研究港区蒸汽使用管理的精细化管控模式,形成较为完善的蒸汽使用管控机制(图10、图11)。

图10 降低用水漏失量

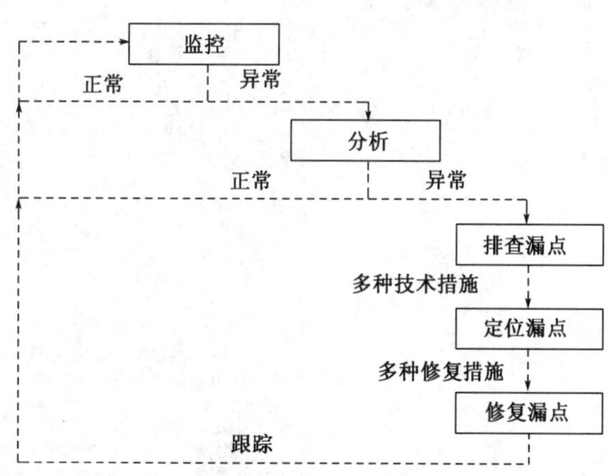

图11 蒸汽使用管控机制

(三)社会效益

东北振兴看辽宁,辽宁振兴看沿海港口,股份公司作为港口物流核心节点,要立足东北腹地,提升发展质量,不仅要有效率,更重要的是要促进社会综合物流成本的降低,提升东北产品和服务的竞争能力。因此,质效提升工程是股份公司高质量发展的需求,更是振兴东北经济的需要。通过以质效提升为抓手,提升专业化管理、塑造专业化人才、建立专业化机制,以专业精神赢得市场和客户的认可,提供优质的港口服务、物流服务,以内部改革创新驱动港口发展,实现国家发展战略,振兴东北经济。

四、结束语

质效提升工程是一项全面性、变革性、长期性的工作。股份公司在承接去年工作基础上,将坚定不移地深化质效提升工作,围绕举措质量核心,聚焦成本管控,依靠提质增效和提升能力两大抓手,充分调动基层积极性,持续加强能力建设,持续提升精细化管理能力,全面提升核心竞争力,助力企业从“量的积累”向“质的提升”转变,助力一流强港航运中心建设。

高速公路营运企业安全文化体系建设的探索与实践

广东省路桥建设发展有限公司广贺分公司

成果主要创造人：陶学全　黄　觉

成果参与创造人：张玲玲　谢富民　段乃民　谭　斐　封友金　胡志忠
张君杰　罗玲妹　金　红

广东省路桥建设发展有限公司广贺分公司(简称“广贺分公司”)是广东省交通集团属下广东省路桥建设发展有限公司独资控股的国有企业,主要负责二广高速公路(G55)怀集至三水段(简称“广贺高速”)的投资、建设、经营、管理业务。广贺高速是国家高速公路“7918”网二连浩特至广州高速公路粤境段的重要组成部分,项目起点位于肇庆市怀集县横洞,经怀集县、广宁县、四会市、大旺高新区,止于佛山市三水区,主线里程116.872公里,总投资概算91.85亿元,于2010年12月建成通车。其中,三水至四会段地形以平原微丘为主(主要为软基路段),四会至怀集段地形以低山丘陵为主。广贺分公司采取直线职能型组织结构,按照“管理中心—中心收费站—匝道收费站”的管理模式,设有收费管理部、机电隧道部、养护工程部、路政大队、党群监审(人力)部、综合事务部、计划财务部及监控中心8个职能部门,下设3个中心收费站、3个路政中队,现有514名员工。

自通车营运以来,广贺分公司坚定树立“坚持专业营运管理,打造和谐人文高速”的理念,明确“营造安全舒适、方便快捷、景观优美的行车环境”的经营目标,秉承“担当社会责任·共享发展成果”的价值观和“广贺安途·和畅通达”的安全核心价值观,以“制度化、规范化、专业化、透明化”的管理为手段,积极创造和谐通行环境,保护人民生命安全,促进企业持续稳健发展,把广贺高速建成服务优质、秩序优良、环境优美、管理科学、担当责任的“和谐人文之路”,先后获得广东省2017年度“平安公路”示范路段(图1)、广东省安全文化建设示范企业、全国巾帼文明岗、“2018年全国交通运输安全文化建设优秀单位”(图2)等荣誉称号。

图1 “平安公路”示范路段奖牌

图2 全国交通运输文化建设优秀单位

安全是高速公路营运企业发展的根基。广贺分公司严格执行安全生产责任制,时刻保有忧患意识,居安思危,为之于未有,治之于未乱,防患于未然,促使安全生产工作取得良好成效,未发生过一起安全生产责任事故。但是,安全管理的长效机制仍未建立起来,员工的观念、意识和行动还不统一,安全形势依然严峻。同时,新时期,安全生产管理工作面临新挑战,构建适应高速公路营运企业特点的安全文化体系迫在眉睫。广贺分公司创新探索安全文化体系建设,以文化管理为抓手,着力转变员工的安全观念,塑造高度的全员安全管理责任意识,形成自主约束力量,增强企业内生动力,促进公司实现持续性发展。

一、成果实施背景

广贺高速是广东省高速公路网"第七纵"的重要组成部分,是"泛珠三角经济圈"内各省(区)相互联系的一条重要通道,也是广东省内重要的北上通道。自营运通车以来,随着社会经济水平的提高,广贺高速车流量呈现逐年增加的趋势;特别是与广贺高速相连的G94珠三角环线、广佛肇高速公路及清云高速公路等相继建成通车后,广贺高速车流量呈现大幅上升趋势。车流量的迅猛增长,引发交通事故的安全风险交织叠加,安全管控难度随之增大,安全生产管理形势日益严峻。一方面,广贺高速线形组合不佳,弯道及长下坡路段多,桥隧比例高达29.3%,对事故救援及交通疏导造成一定难度。另一方面,随着营运时间增长,道路设施老化程度在不断加大,安全风险也在不断增加。此外,随着法制意识的增强,社会公众对出行安全要求越来越高,近年来,国内高速公路营运项目保险代位求偿案件发生率不断升高,给安全生产工作带来压力与挑战。

(一)安全文化体系形成前的安全管理状态

1.沿用传统经验管理模式

安全文化体系形成前,安全管理方法比较粗浅,制度体系较宽泛,未形成具有指引意义的操作指南和标准规范,难以发挥制度约束力和引导作用。员工普遍根据自身经验开展生产工作,不重视安全管理规章制度的执行落实,甚至部分员工在工作过程中习惯性违章,导致安全工作成效难以得到保障。

2.缺乏主动的安全观念

企业安全不仅是领导干部的职责,更是全体员工都必须积极参与的结果,而且员工的直接参与才是做好安全管理工作的关键。但是,在安全文化体系形成前,员工的安全意识和行为处于"要我安全,要我遵章守纪"的状态,消极、被动地参与安全管理工作,严重缺乏自主能动性,导致安全管理工作具有较大的局限性,难以取得突破性进展。

3.忽略安全风险可防可控

根据"海恩法则",每起严重事故的背后,必然有29次轻微事故、300起未遂先兆及1000起事故隐患。这意味着,每起安全事故的发生,很大程度是因为疏忽安全隐患而产生了安全漏洞。在安全文化体系形成前,安全管理多处于被动的"事后追究型",即在事故发生后,被动地处理事故,忽略了事前主动预防和事中控制的重要性,同时缺乏自觉的、闭环的、持续改进的、动态的风险管理机制,无法真正防患于未然、遏制事故发生。

4.安全部门"一家单管"

虽然安全生产形势总体稳定,但安全部门"一家单管"、个别业务部门安全生产主体责任落实不到位的问题突出。业务部门普遍存在重业务、轻安全的现象,本应由业务部门负责的安全检查、教育培训、隐患排查治理等工作,皆由安全部门牵头开展,并没有真正承担起安全生产主体责任,流于形式、走过场的情况时有发生,导致安全管理出现瓶颈。

(二)安全文化体系建设的必要性

1.安全文化体系是安全生产的重要保障

从工业设计的角度看,高速公路的安全性能相对比较高,但实际运营过程中道路管养、人为因素、自然环境等都可能造成不安全因素。因此,构建独具特色的安全文化体系是企业发展的必然要求,是安全生产的重要保障。

2. 安全文化体系是形成“安全自控机制”的基石

完善的安全文化体系,是调动员工主动参与安全生产工作积极性的重要手段,能有效增强员工遵守安全规章制度的自觉性。随着对安全文化体系的理解、接纳程度的加深,员工对企业行为的认同度会提高,会自主规范自身行为,进而形成“安全自控机制”。

3. 安全文化体系是安全管理的核心要素

如同大脑能指挥人体完成各种动作一样,对于安全管理而言,安全文化是“软实力”,像一只“无形的手”,渗透在安全管理的每个关键节点,并指导着企业有序开展安全管理工作。在实际运营过程中,必须基于较丰富的安全管理经验,从中提炼、归纳形成安全文化体系,凝练安全管理理念、培育员工的安全意识、打造本质安全,才能推动安全管理再上新台阶。

二、成果内涵

历经多年的实践、完善,广贺分公司已形成了独具特色的安全管控模式,即“广贺安全模式”,将安全文化内化为员工意识、外化为安全行为,安全生产态势持续稳定。2018 年,广贺分公司学习借鉴中国安全文化第一品牌“金川模式”的先进管理理念,并认真总结多年来安全管理工作经验,把握安全管理脉搏,挖掘安全文化基因,整合安全文化资源,在全省交通系统内率先打造“安途”品牌安全文化体系,并在路桥系统内推广应用。

(一)品牌简介

广贺“安途”(图 3),旨在打造“让司乘人员安顺安心的平安之路,让公司员工家安人安的和安之途”,最终实现人、车、路及环境和谐共安的目标。“安途”音译为“ACTTO”。其中,“Act”是行动,“Act to”是行动指向,指向目标为安全,寓意“安全永远在路上”,包括以下五大要素(图 4):

①Action(行动),指的是知行合一,有力的行动是实现目标的基本保障。

②Creativity(创新),指的是勇于创新,运用先进的管理思路与管理方式,有效提升安全管理水平。

③Together(协作),指的是凝心聚力,全公司总动员,实现全过程、全覆盖管理,从而达到内保员工平安、外创优质公共服务的安全目标。

④Toward(追求),指的是孜孜以求,始终保持不断改进完善的步伐,长治久安,臻于至善。

⑤Obey(遵守),指的是遵章守纪,构建系统科学的安全制度与行为规范,并严格遵守。

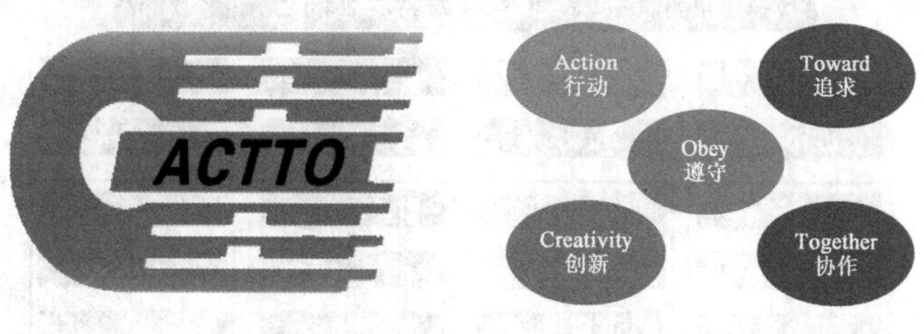

图 3 “安途”品牌 logo　　图 4 “安途”五大安全要素

(二)体系架构

“广贺安全模式”突出高速公路营运企业“人、车、路、境、管”五要素特点,按照本质化程度、可控受控程度,紧密围绕“让管理成为文化,用文化管控安全”“物本 + 人本 = 零伤害”“让环境改变观念,让观念引领行为”“让安全理念成为思维习惯,让思维习惯引领行为习惯”等安全文化建设“四大顶层设计理念”,构建一套比较系统的安全文化体系,其架构模型包括:“四层次五阶段”安全文化管控体系、“五级五色”风险分级管控体系、十大安全理念、十项安全管理模式、十项先进安全管控法、十项基本行为规范、八项员工救命法则、十不准安全行为规范及八大安全禁令(图 5)。

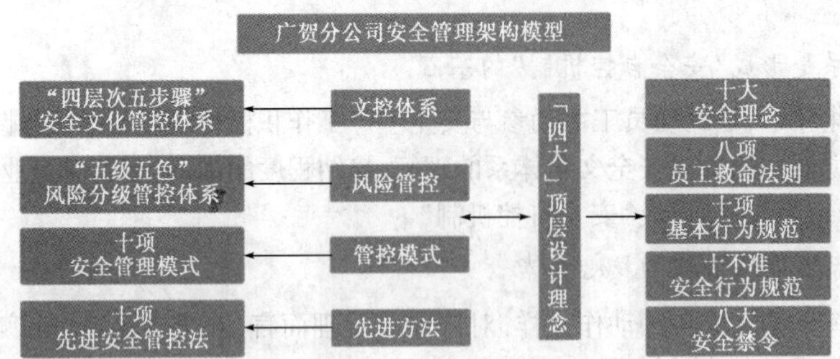

图5　"安途"品牌安全文化体系架构图

1."四层次五阶段"安全文化管控体系

"四层次"安全文化体系架构见图6。

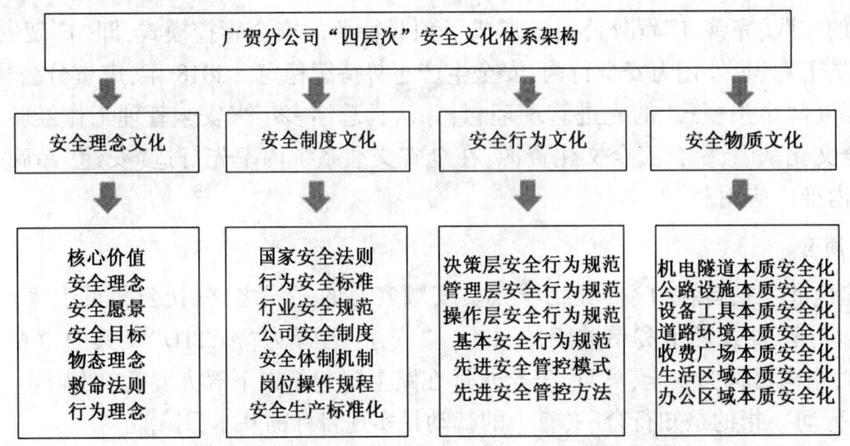

图6　"四层次"安全文化体系架构图

广贺分公司将安全理念文化、安全制度文化、安全行为文化、安全物质文化按照管控的程度分为五个阶段,每一个阶段的建设就是一个完整的 PDCA 循环,使安全管控由"粗放松散"向"体系化、模式化和常态化"梯进式提升(图7)。

图7　"五阶段"安全文化建设路径图

2."五级五色"风险分级管控体系

广贺分公司遵循风险等级界定的原则,根据作业条件风险性现状评价,将安全风险划分为 A、B、C、D、E 五个等级(图8),其中 A、B 级为重大危险。A 类为极其危险,坚决不能作业; B 类为高度危险,需要立即整改；C 类为显著危险，需要整改；D 类为一般危险，需要注意；E 类为稍有危险，可以接受。分别以红、橙、黄、蓝、绿五色预警。

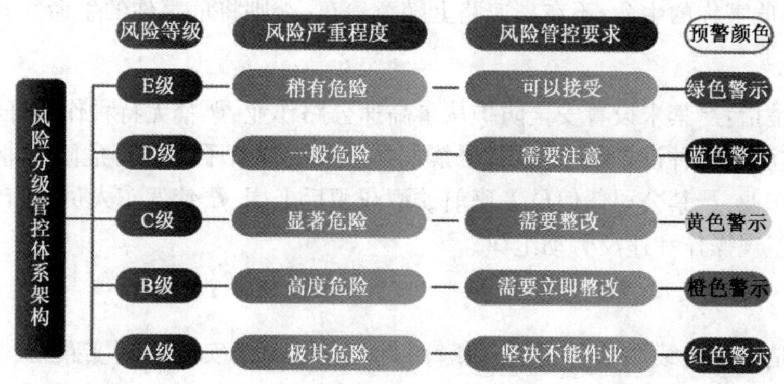

图 8 风险分级管控体系架构图

3. 十大安全理念

十大安全理念指：人的生命安全与健康高于一切；一切风险皆可控制，一切事故皆可避免；遵章守纪是员工的基本职业道德；安全是企业录用员工的基本条件；安全生产来源于良好的领导能力；卓越安全业绩源于先进安全文化；生命健康安全是红线、生命线，也是高压线；安全尽职可免责，安全失职必追责；自己的安全自己负责，自己的责任自己履行；重视安全不讲任何借口，发生后果不讲任何理由。

4. 十项安全管理模式

十项安全管理模式指：层级领导"四安全"研究管理模式，高速公路运营"四检六查"安全管理模式，路政巡检作业"三要两必须"安全管理模式，施工作业"六监管"安全管理模式，施工安全防护设置"六区"安全管理模式，养路维修作业"六措施"安全管理模式，突发事故应急"六处置三原则"安全管理模式，高处作业"四防五不"安全管理模式，桥梁养护"五类五措施"安全管理模式，养护人员"三不五必须"安全管理模式。

5. 十项先进安全管控法

十项先进安全管控法指：收费员"六查六看"安全管控法，收费员"五要"安全管控法，隧道内作业"五措施"安全管控法，隧道消防"七查七保"安全管控法，突发危化品事故"五步"安全管控法，"八重点"安全管控法，施工安全"三不准、四到位"管控法，岗前"五准入""五思考"安全管控法，员工"六项"基本行为管控法，禁止驾驶员"五超六驾一违停"安全管控法。

6. 十项基本行为规范

十项基本行为规范指：高危作业严格执行审批许可；起吊作业确认警戒区内无人；有限空间作业监测气体达标；检修设备做到停电挂牌上锁；高速公路作业要穿反光马夹；检修施工必须设置标准防护；驾乘车辆需确认安全带系好；行车之中司机不准接打手机；开车不喝酒，喝酒不开车；车见人停让，人见车避让。

7. "十不准"安全行为规范

"十不准"安全行为规范指：特种作业人员未持有效安全证件不准作业，作业人员不按规范穿戴劳保用品不准作业，施工检修未按标准设置监护防护不准作业，外委项目未办理协议和安全交底不准作业，八类高危作业未经安全审批许可不准作业，设备检修作业没有确认停电挂牌不准作业，起重吊装指吊人员没有撤出警戒不准作业，有限空间气体浓度监测没有达标不准作业，高处作业人员没有系牢安全带不准作业，事故救援抢修没有设置可靠防护不准作业。

8. 八项员工救命法则

八项员工救命法则指：正确佩戴劳保用品，否则将危害你的生命；不系安全带禁止高处作业，否则将危害你的生命;不将自己置于悬吊物下,否则将危害你的生命;不进未确认安全区域,否则将危害你的生命;不跨越防护设备设施,否则将危害你的生命;不靠近危险设备设施,否则将危害你的生命;不拆除安全联锁设施,否则将危害你的生命;不在高速路上随意停车,否则将危害你的生命。

9. 八大安全禁令

八大安全禁令是指:严禁未设置安全防护从事高速公路作业,严禁无特种作业证的人员从事特种作业,严禁未经检验监测的特种设备投入使用,严禁未办理审批许可手续进行危险作业,严禁安全教育培训不合格人员上岗作业,严禁公司任何员工班前饮酒或酒后上岗,严禁驾车人员接打电话和看微信发信息,严禁违章指挥、违规操作和违反劳动纪律。

三、建设历程

安全文化建设是一个持续性项目,无法一蹴而就。它既源于安全管理实践,又指导着安全管理工作。建设"安途"品牌安全文化体系,广贺分公司主要经历了强制被动、自我管控及文化管控三个阶段(图9)。

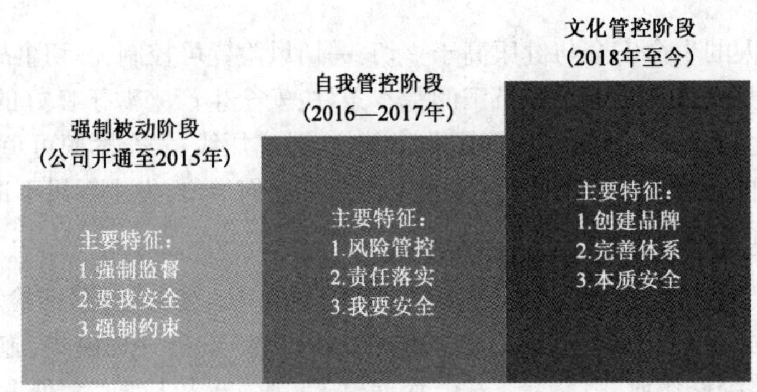

图9　安全文化建设三个阶段

(一)强制被动阶段(公司营运至2015年)

安全理念挖掘提炼阶段。该阶段,员工认为事故不可避免,安全工作听天由命,要生产就会发生事故,安全观念消极被动。广贺分公司充分发动全体员工参与安全理念的挖掘提炼工作,集思广益,高度提炼,构建企业安全价值理念体系,形成企业的安全核心价值观、安全愿景、安全使命、先进安全理念、安全目标、安全承诺、岗位员工救命法则等,让员工有向往先进安全理念的意识,消除传统观念的束缚,摒弃消极被动的思想,用新理念引领员工安全价值观念的根本转变。

(二)自我管控阶段(2016—2017年)

安全理念宣贯入脑、建制入行阶段。该阶段,员工认为事故发生是难防难控的,零伤害很难实现,因而没有杜绝事故发生的欲望。通过开展安全理念大宣贯和安全理念可视化氛围营造工作,发挥安全制度的刚性强制力,以高压态势让员工知道公司安全管理倡导什么、反对什么、执行什么、禁止什么。各级领导逢会讲安全、下现场查安全、到基层研究安全、时刻纠偏引领安全,通过领导的影响力和感召力,促使员工认知认同安全理念,确定个人安全价值趋向,提高安全意识。同时,强化风险管控和责任落实,引导员工树立"我要安全"观念。

(三)文化管控阶段(2018年至今)

安全理念塑培入心、固化入魂阶段。该阶段,员工认为事故可防可控,但并不知道先进的安全管理方法和操作方法,专业部门也不知道如何履行安全职责,需要先进方法的引领。广贺分公司基于多年来安全管理工作实践,去糙取精,打造安全文化品牌,形成和完善安全文化体系;通过不断地优化安全管理的流程,将先进的安全理念固化于制,进一步开展本质安全化环境的建设,营造一个让员工遵章守纪的安全文化环境,促使员工认同安全文化,主动参与安全文化建设。

四、主要做法

自开展安全文化体系建设以来,广贺分公司始终坚持"广贺安途·和畅通达"的安全核心价值观,科学制定建设规划,加大组织保障和经费投入,完善安全制度建设,组建企业内训队伍,搭建立体宣传平台,创新安全管控举措,强化企业主体责任,夯实安全生产管理,筑牢安全文化体系基础,全力营造安全、和谐的企业氛围。

(一)科学制定建设规划,加大组织保障和经费投入

广贺分公司高度重视安全文化体系建设工作。一方面,根据安全生产"十三五"规划和《中共中央国务院关于推进安全生产领域改革发展的意见》,结合实际情况,在拟定《"十三五"期间安全文化建设规划方案》的基础上,按年度制定《安全文化建设实施方案》,科学部署,系统建设企业安全文化体系,发展安全子文化,增强企业内生动力。

另一方面,广贺分公司成立了以总经理和书记为组长的领导小组,设立了安全文化建设办公室;属下各单位成立安全文化建设组织机构,由一把手亲自挂帅,党政工团负责人参加,全体员工共同参与,为企业安全文化建设的顺利开展提供了重要的组织保证。同时,加大经费投入,2016 年至 2019 年公司安全生产相关投入共 1347.42 万元,其中 80% 以上用于企业安全文化建设的制度建设、环境改进、宣传教育等,营造了浓郁的"以人为本,安全发展"的安全文化氛围。

(二)完善安全制度建设,促进安全理念固化于制

安全制度是安全文化体系的重要组成部分,是形成企业安全文化管控模式的基本保障,是安全理念转化成安全行为文化和物质文化的纽带。广贺分公司根据国家法律法规、上级单位规章制度,及时修订完善安全制度,印发《公司安全生产管理制度汇编》《岗位及设备安全操作规程》《生产安全事故应急预案》等(图 10),每年举办模拟各类突发事故的应急演练(图 11),将安全理念固化于制,提高企业和员工行为的规范性、约束性。此外,根据"管生产必须管安全"和"一岗双责"原则,广贺分公司将政策、制度、责任自上而下层层分解、落实到人,从人的角度构筑风险管控,明确了各级领导、各职能部门、管理人员及各生产岗位的安全生产责任。同时,从总经理到分管领导到部门、基层单位负责人、班(组)长直至基层一线员工均层层签订了安全生产目标管理责任书(图 12),强化安全理念,确保安全工作责任落实到位。

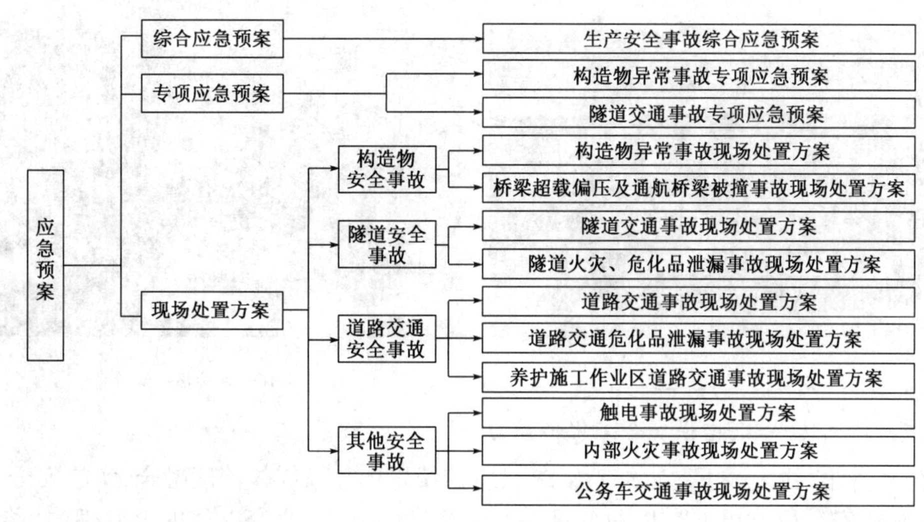

图 10 应急预案体系

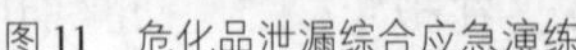
图 11　危化品泄漏综合应急演练

图 12　签订安全生产责任书

(三)组建企业内训队伍,推行“四个一”评价模式

广贺分公司自 2015 年起组建内训师队伍,精心选拔各业务部门的业务能手、岗位精英作为内训师。内训师为新入职的员工针对性地开展入职培训、定岗培养,帮助新员工快速熟悉和了解公司安全文化、发展历程、业务特点、岗位职责,提高岗位工作技能和适应度。目前,广贺分公司共有内训师 15 人,近 3 年来组织各类培训 80 余次,为公司输送各类管理人才 100 多人。同时,按照全面人力资源管理创先思路,广贺分公司着力推行“每年一比、每季一考、每月一学、每周一会”“四个一”培训评价模式,即每年公司层面比武、每季度业务部门组织一次业务考试、每月组织一次业务培训、每周召开一次安全生产例会,促使培训比武与一线生产人员日常工作更加紧密结合。2018 年完成 30 期次,100 多人次参与岗位轮训(图 13 ~ 图 16)。

图 13　收费业务培训

图 14　礼仪培训

图 15　路政、收费军事汇操

图 16　岗位责任清单考学

(四)搭建立体宣传平台,增强安全文化传播力

广贺分公司搭建“线上线下”立体宣传平台,将传统媒体与新媒体深度融合,实施安全文化宣传。一是探索性创办“安全积分超市”,以积分兑换实物奖励的方式,改变以往安全管理的“指责”文化,突出正向激励,充分调动和激发员工参与安全活动的积极性。二是设计制作吉祥物“安安”(图 17)作为安全文化载体,从品牌战略高度出发,将河马的卡通形象融入品牌策略,让虚拟形象在真实的安

全生产操作中发挥特殊作用，拉近与目标对象的距离，增强安全/品牌生命力，促进深度传播，增强企业/品牌的社会知名度。三是在职工书屋中设置“安全专栏”，生活区设立“安全文化长廊”、宣传栏、灯箱，并订阅安全专刊，创建QQ群、微信群等安全文化宣传平台。四是征集新的安全理念，制作安全生产岗位责任台签，并在走廊、收费站广场、服务区、隧道口、互通等显眼部位悬挂安全标语、警句等（图18、图19）。

图17 品牌吉祥物“安安”

图18 安全文化灯杆宣传

（五）创新安全管控举措，推动安全文化建设提档升级

在夯实安全文化建设基础工作的前提下，广贺分公司重创新、突亮点，完善安全风险管控体系、率先实施潮汐式疏导举措、波形护栏立柱粘贴反光膜、全线隧道提质改造、研发吸铁车等，有力推动“安途”文化体系建设工作提档升级。

1. 完善安全风险管控体系，着力降低安全管理风险

广贺分公司建立了安全风险分级管控和隐患排查双重预防机制（图20），全国首家创新试行“两个清单”（安全生产岗位责任清单、高速公路运营风险管控清单）双重风险防控机制，与交通运输部科学研究院合作开展“高速公路运营安全生产风险管控”课题研究，编制《高速公路运营安全生产风险管控实施指南》，为高速公路营运企业开展风险管控提供具有前瞻性和现实意义的操作指南。

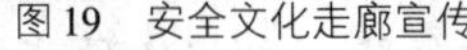

图19 安全文化走廊宣传

图20 双重预防机制专题培训

此外，广贺分公司研究开发了风险管控的应用软件——双控宝（图21），利用大数据实施风险分级管控。建立健全员工岗位自查、基层单位日常检查、安全办例行检查、雨季汛期专项检查、重大节假日专项督查的“五级”检查机制，实施结构物安全检查挂牌责任制，及时处置所发现的安全隐患，有效减少各类隐患和生产安全事故的发生。

图 21　"双控宝"软件界面

2. 创新"潮汐停车疏导"举措,助力保安全保畅通

近年来,广贺高速车流量呈现大幅上升趋势,2019 年全线出口日均车流量达 9.37 万辆,节假日高峰日出口车流量高达 17.6 万辆。由于车流量大,服务区每逢节假日均出现超饱和情况,导致服务区入口拥堵,严重影响车辆通行安全。

2019 年春运期间,广贺分公司在广东省交通系统内率先实施服务区"潮汐停车疏导"举措(图 22),以广贺高速广宁服务区为试点,将单向服务区入口拥堵的小客车引导至反方向车流较少的服务区,共享加油、餐饮、卫生间等服务,大大提高服务区资源利用率,缩短车流拥堵时长,有效预防因服务区拥堵而引发的交通事故,获得上级肯定及广大驾乘人员一致好评。2019 年全年共启动 13 次,疏导车辆约 16.9 万辆,服务驾乘人员 50.7 万人。

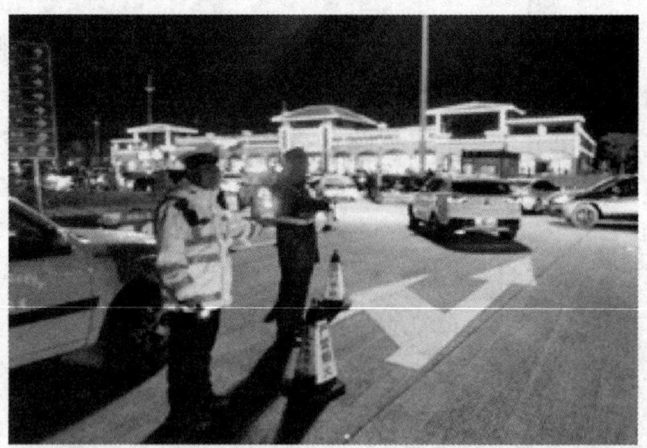

图 22　服务区潮汐式停车疏导

3. 波形护栏立柱粘贴反光膜,有效降低事故发生率

2017 年,广贺分公司选取沿线事故易发及视距不良路段,在两侧波形护栏立柱上每隔 20 米粘贴 1 张 22 厘米 ×20 厘米大小的 V 级 3M 反光膜(图 23、图 24),双向共计施工 18 处,施工长度 33.59 公里,投入资金 15.5 万元。2018 年,对主线剩余路基路段、互通匝道、服务区加减速车道两侧波形护栏立柱粘贴反光膜,并将主线桥隧段条形轮廓标反光膜更换为相同规格的全新 V 级 3M 反光膜,共投入资金 68 万元,实现了沿线全覆盖。

粘贴立柱反光膜,有效改善夜间视觉诱导效果,有力降低事故发生的可能性,切实保障了夜间行车安全。2017 年交通事故数同比下降 19.77%,事故死亡人数同比下降 95.46%;2018 年事故受伤人数同比下降 248.7%。在广东省交通运输厅 2017 年度平安公路示范路段评审过程中,该项工作得到评审专家的高度肯定,并在广东省交通集团 2018 年平安交通相关养护工作督导检查中获得表扬。

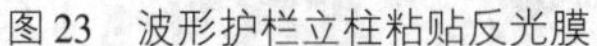
图23 波形护栏立柱粘贴反光膜

图24 夜间效果

4. 全线隧道提质改造，为事故救援提供有力保障

为加强隧道安全管控，广贺分公司在全线15座隧道（30个单洞）增设“隧道名称及紧急救援电话”标志牌（图25），并在隧道内的车行横洞和人行横洞增设反光洞门轮廓带（图26），以便于隧道内事故或故障车辆驾乘人员及时报警，准确了解自身位置及逃生通道，全力提高事故救援和交通疏导速度，预防二次事故发生。

图25 “隧道名称及救援电话”标志牌

图26 横洞反光轮廓带

其中，“隧道名称及紧急救援电话”标志牌尺寸为50厘米×20厘米，并粘贴3M反光膜，呈梅花桩式分布在隧道右侧（慢车道一侧）和左侧（超车道一侧），按直线距离计算，隧道名称标志牌的间距为50米。同时，在隧道名称标志牌下放置2个反光锥，警示标志牌的位置，为过往驾乘人员提供地点标识及救援信息。

隧道人行横洞和车行横洞反光轮廓带采用3M超强级（V类）反光膜轮廓标，并根据洞门轮廓布设轮廓标，轮廓标反光面始终面对车行的反方向，轮廓标间距为15厘米，布满整个洞门。车辆行驶过程中，车灯照射轮廓标，轮廓标反光形成轮廓带，清晰反映洞口位置。一旦隧道内发生交通事故或其他险情，能为驾乘人员准确提供逃生通道，最大限度地保护生命，降低事故损失。

5. 多措并举精准疏堵，大旺收费站保畅有策略

自2019年2月1日起，G321国道马房大桥实施交通管制，大量大型车辆绕行广贺高速大旺收费站和唐家收费站，导致大旺收费站出入口日均车流量超1万辆，且货车约占42%，远远超过3入4出的车道设计通行流量。大旺收费站存在收费广场小、出口匝道连接线短等客观条件限制，致使大旺收费站因车流量剧增而易拥堵。

为竭力完成安全保畅任务，广贺分公司从人员、设备、交通组织等方面优化工作措施。一是成立“潮汐式”保畅专班（图27），跨站调配人员支援，并改变固有排班模式，实施“潮汐式”上岗，保障车流高

峰期足员上岗。二是高峰期加开复式收费点、便携式收费点、兼具便携收费的特情服务点(图 28)。三是增配 ETC 手持终端机、POS 机、移动支付等非现金支付设备,施划混合车道 ETC 感应区。四是制定应急联动保畅机制,建立应急联动群,并采取增加限速标志牌、测速装置及应急远端分流、主线强制分流等临时交通控制措施。五是积极协调肇庆高新区开展大旺收费站出入口车道扩建及推广货车 ETC 安装使用,力争从根本上解决大旺收费站车道少、广场小、匝道短的客观条件限制,杜绝车流拥堵至主线而引发安全责任事故,提升本质安全。

图 27　成立"潮汐式"保畅专班

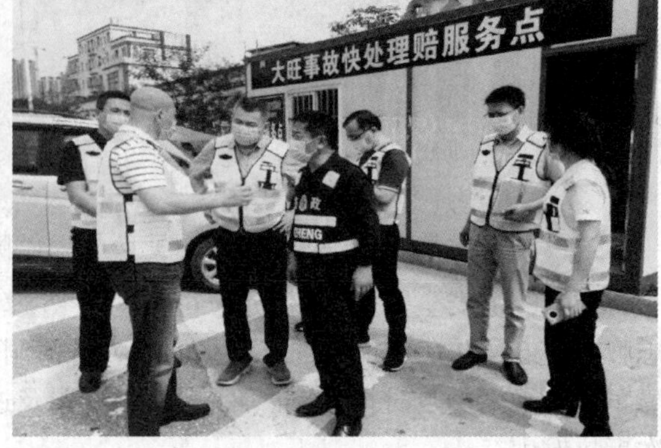

图 28　设立事故快处快赔服务点

6. 自主研发吸铁车,抛洒物治理有新招

因地方工业发展需要,广贺高速公路常有驶往广西的废铁运输车,沿途撒落较多铁质废料,日常保洁中的扫路车吸盘无法将铁质废料完全吸走,遗留在路面的铁质废料容易导致汽车爆胎,影响路面行车安全。

广贺分公司充分利用科学技术,积极联合养护单位于 2016 年研制了自动吸铁车(图 29),时速 60 公里,每天能吸走洒落路面的铁质废料 30 千克左右。吸铁车投入使用后,有效清除了路面的铁质废料,大大降低了车辆扎胎或者爆胎导致的交通事故风险,确保路面行车安全。

7. 增设红外语音声光报警装置,有效确保现场安全

收费广场属于人车交叉作业区域,现场工作人员因工作需要经常出入收费广场。为确保收费站工作人员的人身安全,广贺分公司不断提升安全作业环境,全线收费站广场设置员工安全通道,并在全省范围内率先于安全通道入口处增设红外语音声光报警装置(图 30),警示现场工作人员进入人车交叉作业区域,确保"安全红区"得到有效管控,在广东省交通运输厅 2017 年度平安公路示范路段评审中获得评审专家的肯定。自路段开通以来,未发生任何收费站过往车辆与工作人员发生碰撞的安全生产责任事故。

图 29　吸铁车

图30 红外语音声光报警装置

五、实施效果

广贺分公司始终坚持“安全第一、预防为主、综合治理”的方针和“以人为本、科学发展、安全发展”的理念,大力发动全体员工积极参与“安途”品牌安全文化体系建设,将各项工作落到实处,取得了实际成效。

(一)强使命带动沿线就业,勇担当促进经济发展

经济建设,道路先通。广贺高速的开通,促进了物质、人才等资源流通,同时带动了沿线四会、广宁、怀集等地区经济发展及就业。广贺分公司目前共有肇庆籍员工305人,占员工总人数的68.09%。经济增长方面,以管理中心所在地肇庆市怀集县为例:2009年,怀集县生产总值95.81亿元;2010年广贺高速开通营运,怀集县生产总值突破百亿,达119.07亿元,同比增长17.3%;2018年怀集县生产总值达到244.69亿元,同比增长7.3%。

(二)道路技术状况水平良好,交通事故发生率呈下降趋势

广贺分公司推行道路养护工作精细化管理,营造了舒适、安全、顺畅的道路通行环境,道路技术状况保持良好水平,2019年公路技术状况指数MQI为91.53,其中:路面技术状况指数PQI为94.55,路基技术状况指数SCI为99.72,桥隧构造物技术状况指数BCI为82.19,沿线设施技术状况指数TCI为92.54。

近三年,广贺高速交通事故数呈明显下降趋势,2017年772起,2018年725起,2019年573起。2019与2018年相比,事故数同比下降20.97%,事故受伤人数同比下降25.71%,事故死亡人数同比下降96.15%,事故车辆损坏同比下降60.58%。高速公路路面损坏率明显降低,道路货车交通事故明显减少,死亡人数明显下降,人民群众生命财产安全得到有效保障。

(三)引车上路效应好,经济效益显著提升

广贺高速大力推进阳光路政、大监控管理、严抓逃费等工作,促使路域环境得到较大改善,通行能力明显提升,直接产生“引车上路”效应,车流量逐年递增,通行费收入逐年增长,经济效益稳步提高。2019年出口车流量(3427.63万辆)比2011年出口车流量(868.72万辆)增长294.56%;2019年累计通行费收入12.72亿元,比2011年增长275.59%,创通车营运以来新高。

(四)突破传统强制式安全管理模式,实现“四个转变”

广贺分公司突破传统的强制式安全管理模式,坚持转观念、建体系、筑模式、固习惯、控风险,最终实现了“四个转变”。一是安全管理由“传统经验→制度标准+管理→安全文化管理”的持续转变;二是员工的安全意识和行为由“要我遵章守纪→我要安全→我能安全→我要保障安全”的持续转变;三是安全风险由“安全风险不可控→安全风险可受控”的持续转变;四是安全管理由安全管理部门“一家单管”→专业部门“齐抓共管”的持续改变。

(五)安全管理更规范,安全文化氛围明显浓郁

广贺分公司通过全力开展安全文化建设,有效提高了各单位的安全生产责任意识、安全工作执行力、安全内业资料规范化水平,大大增强员工的安全意识、应急处置能力和安全工作自主性,安全生产文化氛围更显浓郁。

当今社会,新技术、新模式、新思想层出不穷,新情况、新问题必然也不可避免。凡事预则立,不预则废。高速公路行业关系到百姓平安出行,更须对潜在的安全风险保持高度警惕,密切关注政策、环境等变化,深调研、早部署、严把控、善总结,谋定而后动,确保决策时保有前瞻性、忧患意识和风险意识,防微杜渐,丝毫不得马虎松懈。广贺分公司将继续秉持敢为人先、勇立潮头的劲头,在准确把好方向的基础上,勇于尝试新方式新方法,继续深化安全文化体系建设,推动企业升级改革发展取得新成效,竭力保障“广贺安途 和畅通达”!

基于"南航 e 家 V2.0"协同办公平台的管理创新

中国南方航空股份有限公司

成果主要创造人:何　烽　伍　翔

成果参与创造人:朱玲琳　韩　巍　吴阳辉　冉小伟　马志建　陈创希
王　轩　王益妮　叶扬圻　方长洪

中国南方航空集团有限公司(简称"南航集团")总部设在广州,是中央管理的三大骨干航空集团之一,公司主营航空运输业务,兼营飞机发动机维修、进出口贸易、金融理财、传媒广告、地产等相关产业。

2017 年 11 月 16 日,根据国务院国有资产监督管理委员会《关于中国南方航空集团公司改制有关事项的批复》(国资改革〔2017〕1082 号),南航集团改制为"有限责任公司",公司名称变更为"中国南方航空集团有限公司",公司类型由"内资企业法人"变更为"有限责任公司(国有独资)"。

目前,南航集团拥有员工 12 万余人,运营总资产达 3450 亿元人民币,拥有 16 家参股公司。其中,中国南方航空股份有限公司(简称"南航股份")是南航集团的航空运输主业公司,拥有 18 家分公司,在杭州、青岛等地设有 23 个国内营业部,在新加坡、纽约等地设有 69 个国外营业部。此外,南航股份还投资了雄安航空、厦门航空等 21 家全资、控股子公司,14 家联营参股公司,3 家合营公司。

2018 年,南航股份旅客运输量达 1.4 亿人次。截至 2019 年 10 月,南航股份运营包括波音 787、777、737 系列和空客 A380、A330、A320 系列等型号客货运输飞机超过 850 架,是全球首批运营空客 A380 的航空公司,机队规模居亚洲第一、世界第三。

一、成果背景

经过多年发展,南航集团已经成为在全球具有一定影响力的大型航空运输企业。但在公司快速发展的同时,面临着"大而不强、效率不高、结构不优"等问题。例如各分子公司、国内外营业部点多面广,且分布在全国及世界各地,造成管理链条过长,传统的管理方式在效率等方面已无法满足企业发展的需求;系统业务模块的建设缺乏统筹规划,统一性、标准化程度不高;信息化建设速度无法匹配公司改革创新所带来的流程体系变化;空勤、地面员工因工作方式和工作时间不同,会带来信息的不及时和不对称问题等。这些问题是企业从规模扩张型向质量效益型、从全面拓展向重点突破、从粗放型管控向精细化管理转变的过程中亟待解决的。为此,公司提出要以"规范化、一体化、智能化、国际化"为战略取向,建立集中管控、高效决策、沟通顺畅、系统联动的大运行体系,并印发了《建设世界一流航空运输企业发展纲要》,开启了把南航集团建设成为世界一流航空运输企业的新征程。

为顺应建设世界一流航空运输企业的战略需要,针对管理方式粗放、办公效率不高等痛点,南航集团决定充分发挥互联网优势,依托信息化手段打造一个可以支撑内部管理的统一的企业级平台——"南航 e 家 V2.0"协同办公平台(简称"南航 e 家")。"南航 e 家"致力于通过构建智能化 IT 架构,稳步推进云平台、大数据、业务中台建设,拓展"办文、办事、办会"外延,实现可承接公司战略有效落地,支撑管理机制执行到位、服务工作优质高效,不断提升管理效能,切实助力公司世界一流企业建设和高质量发展(图 1)。

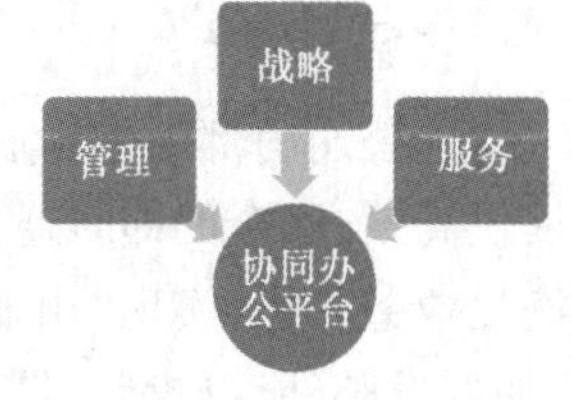

图 1　"南航 e 家"协同办公平台

二、成果内涵和主要做法

(一)成果内涵

1. 产品定位方面

"南航 e 家 V2.0"在 V1.0 的基础上,扩大"互联网 +"范围,以互联网为核心,按照"客户有 e 行,员工有 e 家"产品构想,坚持"简单、专业、高效"开发原则,搭建南航"两端一门户"全新办公信息化生态体系。确立以"南航 e 家"作为公司统一门户,整合对接公司内部所有工作系统,分设移动端和 PC 端两大入口(图 2),实现合理优化资源配置和支持集中管控模式。

图 2　"南航 e 家 V2.0"入口

2. 办公模式方面

"南航 e 家"可有效支撑居家办公、移动办公等互联网新模式的转变,努力实现"一机在手、工作无忧"目标。通过"信息化手段、互联网 + 模式、大数据分析"等,全面提升整体协作能力,实现工作优质高效,合理配置人工成本,强化价值创造,助推南航集团建设成为世界一流航空运输企业。

3. 功能开发方面

"南航 e 家"突出"办公平台、沟通渠道、信息枢纽、服务载体"四大功能(图 3),聚焦"系统安全可靠、功能丰富多样、操作简单便捷、体验顺畅友好"四大优势,以"让工作简单 e 点,让沟通直接 e 点,让信息快捷 e 点,让办事方便 e 点"为出发点,着力打通日常企业管理、办公、员工服务类业务流程,构造集中入口,文、事、会、督办、任务互融互通、自由转换,桌面端、移动端同步发展,管理版、通用版自由匹配角色,同时注重设计风格简约时尚、操作体验舒适便捷。

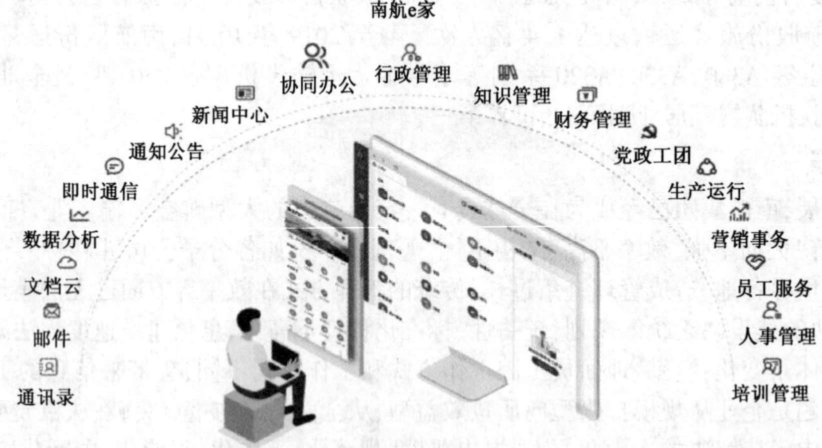

图 3　办公平台、沟通渠道、信息枢纽、服务载体

(二)主要做法

1. 建设沟通平台

打造公司内部工作沟通的唯一平台,集即时通信、通讯录、服务号推送及其他工作信息为一体,为公司提供高效、安全的即时通信服务。消息深度集成 OA 待办、任务管理、日程管理等高频办公应用,全方位满足业务协作,实现"由业务产生沟通,由沟通促进业务,沟通协同一体化"。同时包含丰富的聊天应用,如群发邮件、群投票、催办、e 文档等,让信息和资源快速传递互通。对消息进行统一管理:"全局查

找"高效触达内容,"通知消息"自动分类,"重要消息"便捷直通,"相关消息"串联回复,"回执消息"已读未读一目了然,为工作沟通提速。支持多平台登录,消息互通,文件互传,供员工多场景开启办公模式。

2. 建设通讯录

灵活、可靠、完整的企业通讯录,找同事、找部门方便快捷,组织架构扁平化和可视化。同时具有南航特色员工身份标签,根据身份标签对权限进行统一管控,实现个性化、精准化服务。提供标准接口供各应用调用,以此实现基于组织架构的平台内信息共享功能,如分享应用、分享资讯、群发邮件等。

3. 建设统一门户

提供南航统一的集团信息门户,同时也是统一的移动办公门户。门户承担移动办公、信息展板、办事大厅、学习平台等作用,助力公司政策落地、信息传播,围绕员工日常办公、办事、办文等场景提供全面服务。门户集成南航集团内部所有的办公应用。为了满足各应用的快速接入、热迭代需求,提供标准的服务接口和持续的平台功能优化建设,形成平台服务。同时提供平台统一路由,统一监控。

4. 建设应用商店

"南航 e 家"应用商店统一业务办理入口,业务一站式办理,集中管控;同时实现业务协同,提升协作办公效率。包括营销协同、运行协同、移动办公、智能人事、业财协同、员工关怀等。

5. 建设自定义门户

可针对不同业务场景搭建极具有特色的业务门户,授权给不同岗位的员工使用,实现根据登录用户的身份特征,展现不同的门户页面。整体按照"后台配置 + 前端展示"的模式搭建,自定义搭配组件,页面高度个性化。提供两种设计方式,套用模板或拖拽组件,全程可视化操作,简单易上手。可对门户页面进行布局设计、功能设计和样式设计。功能设计包含业务应用的配置组合、公告资讯等信息在线编辑发布、基础控件定制等。一次搭建,多版本复用。

6. 功能亮点

(1)统一门户

"南航 e 家"作为统一门户,分设桌面端和手机端,实现"两端一门户"(图 4),打造企业内部工作生态圈。同时,根据工作场景角色不同,可个性化定制管理版、普通版,可支持全公司 12 万多员工同时在线使用。

"南航 e 家"移动端(图 5)的核心建设内容主要包括移动平台基础功能建设、各类应用的移动化和信息资源整合三大部分。在移动平台基础功能建设方面,通过自主研发掌握核心技术,建设统一的移动办公平台,对外提供标准的服务接口,支持各类应用灵活接入。在各类应用的移动化方面,以互联网技术应用为突破口,结合公司业务特点,整合 OA 办公应用、员工服务应用、南航集团百科等众多业务,实现核心业务应用集成化,进一步优化了工作流程,实现数据共享、信息系统互联互通,不断提升南航集团业务数字化转型水平。平台结合企业自身特点和工作习惯,由"消息、工作台、应用中心、我"四个界面构成。

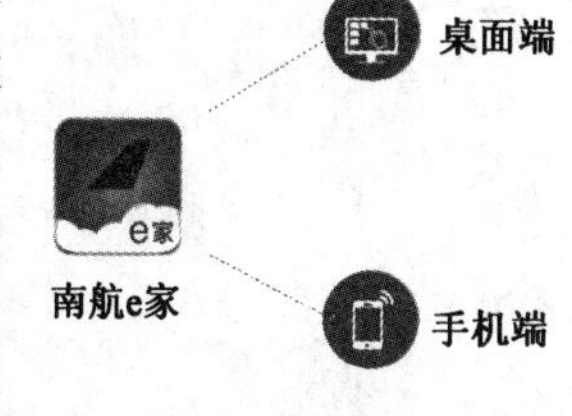

图 4 两端一门户

①消息主界面:以消息 + 重要工作信息构成高效率办公展示区,打通消息与各系统业务界线,丰富完善即时通信功能,实现重要工作信息和聊天功能一目了然。其中重要工作信息展示区域可实现:"OA"对接 OA 系统,快速处理文件、审批等待办事项;"公告信息"对接公告栏、企业服务号和其他公众号信息,可快速掌握公司重要新闻资讯;"@ 我的"整合我的工作、任务、催办、会议消息等综合提供平台,打造快速响应入口;通讯录有效支持消息沟通,不必采用添加好友方式进行消息交流,查找、发送工作信息更方便。

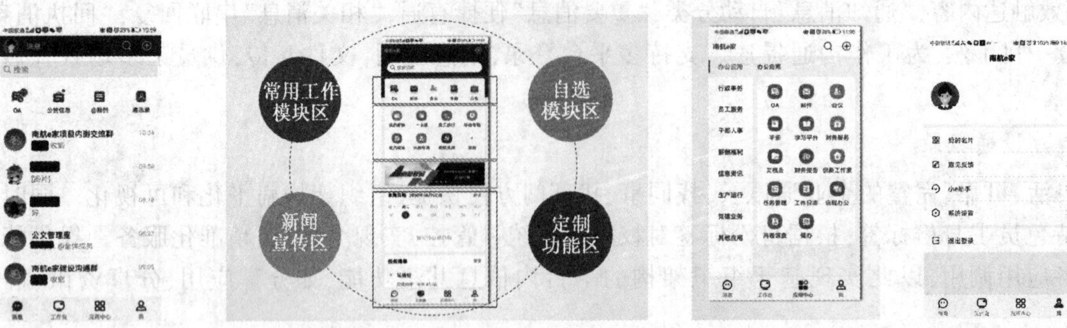

图5　"南航 e 家"移动端

②工作台:分为 4 个模块区。"常用工作"模块区是公司制度建设、实施管理、公告业务的快速入口,有效服务公司战略落地、管理高效、资讯共享;"自选"模块区以服务员工为主,员工可根据工作需要和自身需求任意添加和删除功能模块,并支持模块排序和分享功能;"新闻宣传区"为公司新闻、视窗宣传重要窗口,是公司重要内宣、企业文化宣传重地;"定制功能区"采取卡片显示方式,根据角色配置日程管理、任务清单等模块,服务员工对日常工作的管理。

③应用中心:整合办公系统和办事模块,清晰分类,支持模糊查寻,解决员工找系统、办事难的特点,应用中心支持添加和分享功能,使用更加简便实用。

④我:可支持个人信息查询、意见反馈、在线问答、系统个性化设置,注重服务员工个人需求。

"南航 e 家"PC 端(图 6)面向南航集团所有分支机构、员工和管理者,用于有效处理企业日常运作和管理办公,提供公司办文、办事、办会、督办、信访、手册、材料、法律、五小创新等各个办公领域的信息化支持,通过自主研发的工作流引擎技术、表单技术、统一待办中心、移动 OA 等核心技术,支撑企业信息流转,支持公司日常事务工作、提高办公工作效率,使企业在激烈的竞争中处于有利地位。

界面展示以消息界面为主,设置常用系统导航区、重要网站入口区,支持通讯录、应用中心快捷查找功能,可实现不用通过外部浏览器输入网址的方式登录各内部工作系统,可直接办公、发送消息和分享,打通各系统之间的壁垒,使企业办公、工作交流、日常管理简单、高效。

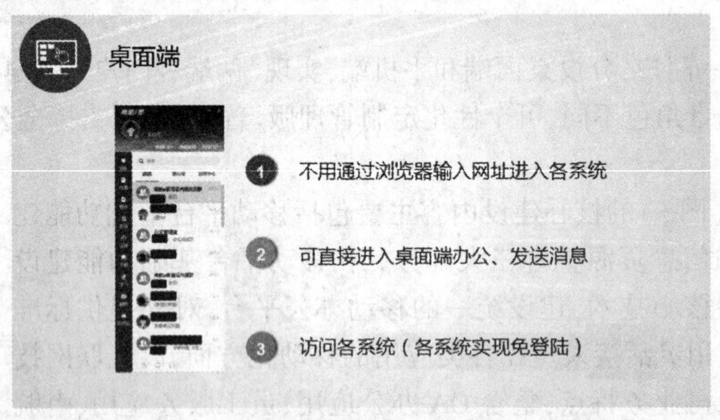

图6　"南航 e 家"PC 端

"南航 e 家"可根据角色定位和管理需求,定制集团门户,并可实现根据管理、工作需求在统一门户的基础上实现个性化定制。以管理版为例:管理版将 OA 待办事项拆分为待办类和待阅类,提供全新版本的管理版办公平台,支持"同意""已阅"等快捷操作,还整合了公司内部重要生产经营数据和信息参考资料,例如来自 SOC 的各单位值班领导信息,营销及货运方面的生产运行数据与销售的核心数据,安全、运行、服务部门的典型事件通报及政策研究部门为管理汇编的行业动态、财经新闻等信息参阅资料,为公司管理人员打造共享多种信息资源、强化管理提升、辅助科学决策的重要支撑平台;技术方面,使用了微服务及分布式架构,通过服务拆分,将功能模块做到了高内聚、低耦合,分布式架构实现了数据的快速查询响应,动态配置变更。

(2)办事大厅

以服务员工为出发点,贯彻“一站式”服务、“一网通办”的理念,切实为员工办事“减负担、增便利、提效率”,公司员工常用的内部网站办事功能进行系统梳理,研发了网上办事大厅(图7),员工可自定义常用办事模块,改善员工在线办事体验。网上办事大厅面向全体员工开放,囊括了10大类共计112项网上办事业务,包括行政事务、公务出行、自助服务、绩效薪酬、出国事务、采购事务、运行事务、营销事务、IT事务、宣传事务等。目前办事大厅日访问量达15万人次。

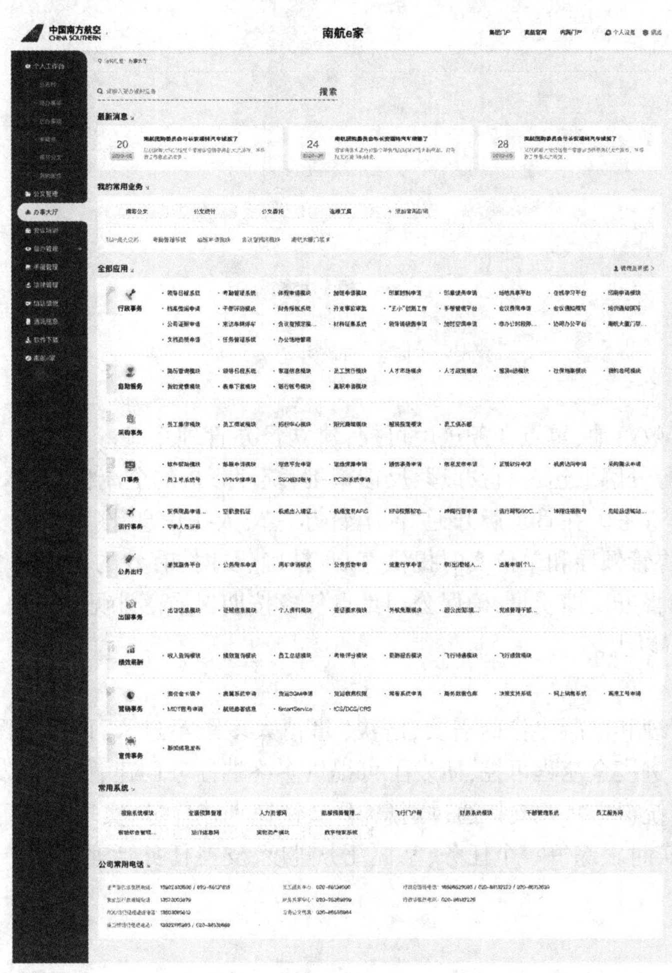

图7 办事大厅

(3)材料征集

为持续推动公司“放管服”改革,以推动价值创造、成本核算为目标,研发了“材料征集”系统,以信息化手段实现材料征集工作更规范、更便捷、更有效。系统依托现有材料征集业务,打造材料征集流转引擎,搭建一个材料征集信息化平台。实现了材料在线征集、在线流转审批、在线虚拟材料征集成本核算、在线统计查询,支撑材料共享,提高材料征集工作的效率与效能。面向全公司76个单位,重点解决随意、反复、多头征集材料的现象,切实规范材料征集,压降材料征集工作的人力和时间成本投入,加强资源管控、数据共享,推动价值创造。

(4)审批中心

为支撑公司流程管理体系建设,搭建了灵活的审批中心(图8),实现业务表单随需而建,工作流程匹配业务标准。通过对OA工作流引擎的开发,并以中台服务、微服务为方向,将流程引擎服务化,构建适用于整个企业的流程引擎服务,满足企业有工作流需求的业务,系统可以通过服务调用流程引擎。工作流引擎不负责具体的业务,由业务系统自己处理业务规则后通知流程引擎执行工作流处理。流程引擎可满足各类产品对企业统一办公的需求,提升产品建设响应速度。基于流程引擎打造审批中心,支持各类业务申请、审批、登记等环节的表单、流程和权限自定义,新建审批流程只需通过系统配置,无须开发,创建审批更高效。

图8　审批中心

(5)督办管理

为支撑公司战略有效落地,重点任务进度可控,建立督办管理系统。可实现对公司重要战略部署、重点任务、日常管理进行分解下达、执行办理、反馈审批、统计分析的全流程、立体化管理,确保事事有回音,件件有着落,环环可查考。在管理版开通"网上督办室",依托信息化手段,通过精准分类推送、任务进度标识等功能,向主协管领导和单位实时提供直观、精确、及时、有效的重点任务推进落实情况提示,推动提高工作执行力和督办反馈质量,确保公司重点任务按期保质落地见效。自系统建立以来,公司每年重点任务完成率95%以上。

(6)任务管理

为满足公司垂直管理和团队协作的需要,解决"事情太多跟不过来,口头分配任务容易忘记"等痛点,实现工作任务布置、进度全流程可控,研发了可提供多终端任务创建、任务分发、任务反馈、任务统计等的全过程任务管理系统(图9)。支持通过消息、公文快速创建任务,实现任务可分享、可定时提醒、可主动催办未完成人员,实时跟踪每一个任务,掌握任务进度,支持任务管理对接个人日程,实现工作任务件件有落实。

图9　任务管理

(7)党建信息平台

支持在线浏览党建新闻资讯、了解支部动态、缴纳党费、在线学习、三会一课管理等。其中,“网上谈心谈话记录”功能解决了纸质本填写途径单一、统计效率低、数据应用不便、传统谈心谈话不及时等诸多缺陷。可支持所有员工使用,普通用户登录后只能看到本人的被谈话记录,拥有权限人员可对谈话记录进行录入及查看统计分析结果。用户可根据权限查看范围内的数据,确保数据安全。支持外网访问,谈话人可随时进行谈话信息录入或统计管理工作。

(8)法定自查

为落实民航局对航司法定自查的要求,建立健全南航股份法定自查管理机制,规范法定自查管理行为,促进公司依法合规有序经营,保障公司经营安全与效益。在依托南航股份现有的法定自查业务基础上,搭建了法定自查信息化平台(图10),辅助公司法定自查制度的开展和落实。通过法定自查系统的建设,解决了以往公司法定自查工作手工纸质操作、送达确认难、纸质文档难以保存、工作成本高、工作效率低、数据查询统计操作烦琐困难等问题。提高了各专项组和各业务部门法定自查的效率,及时排查自身存在的安全生产事故隐患和经营运行缺陷,从而保证公司安全生产和经营运行的良好运转。

图10 法定自查系统

(9)会议培训系统

为加强会议培训管理,打通会议前期通知、中期筹备、后期落实的渠道,并引入市场化管理模式,优化会议室资源配置,提高会议室利用率。推出了会议培训系统,实现会议通知、报名统计、会议安排、重要提醒、会议室预定、会议事项布置、会议签到闭环管理。增加了会议室预定平台功能,实现了地区会议室共享、会议室计费核算功能,可分配虚拟额度,预定共享会议室根据计费规则对申请单位扣减相应费用。同时,在移动端提供会议助手、无纸化会议材料、查看会议座位图等功能,实现移动会议室预订、快速发起会议、快速报名、统计到会人员、会议快速建群、会议通知分享至消息聊天等便捷会议功能(图11),方便员工随时随地组织召开会议。

(10)公务约车

为方便员工公务出行,提升员工因公办事用车体验,研发了公务约车系统(图12),员工可通过电脑端或移动端申请公务用车,审核通过后可一键约车、查看驾驶员电话、车辆信息。公务约车应用打破传统用车“跨系统”的难题,完成申请、审批、约车、用车的一站式管理,为员工提供便捷的用车体验;同时加强用车审核,保证合理合规用车;严格财务管理,用车费用记录透明。

(11)差旅平台

为解决员工差旅出行流程烦琐、重复审批、个人垫资、报账缓慢、酒店预订难等痛点,提升企业管理效率和员工满意度,打造了公务差旅平台(图13)。该平台实现了员工出行申请、审批、差旅标准控制、预算合规透明、酒店住宿、事后报账的全流程管理。对接南航集团自签协议酒店资源,打通订票、财务系统,实现一站式服务。员工只需填写一次出行申请,即可实现差旅申请预算控制、差标控制、机票酒店预订、一键报账等的一站式服务。通过流程的整合,完成了多行程差旅、疗养差旅、对外因公差旅、培训差旅等多种不同业务差旅的线上办理,实现随时随地差旅申请、报销。

图 11　会议系统

图 12　公务约车

图 13　差旅平台

(12)南航档案馆系统

为实现南航集团关键数据归档、无形资产等数据及时存档要求,提高应对不同业务系统档案数据接入档案系统的效率,最大限度减少业务系统的资源消耗,避免档案归档业务直接影响档案主系统业务,同时,考虑到档案数据归档集中在各业务系统闲暇时刻,也需要通过高效的归档效率最大限度减少对业务系统资源消耗,完成了新档案系统的投产建设工作,开发了独立的统一接口平台模块,实现接入数据标准统一化。

(13)考勤管理

可支持全方位考勤管理,支持日常考勤和居家办公考勤两种模式。提供刷卡、人脸识别、定位等方式签到,实现移动端与 PC 端考勤数据双向同步,人员信息无须人工导入,支持个性化定制班次配置、权限管理,员工可一键查看个人考勤汇总数据和打卡月历,让考勤管理更便捷、轻松、精准、透明。对外提供标准接口,支持与休假系统、出差申请、加班申请等业务集成,进一步丰富考勤综合数据管理。

(14)公文水印

为确保公司重要工作信息资料安全可控,采用水印技术,员工通过协同办公平台查看公文及信息资源时,显示个人水印功能,全范围覆盖文件查看、下载、编辑、打印操作,通过员工号+姓名水印的方式在正文文件上添加透明背景水印,将正文控件模式转换为统一的图片模式,员工日常办公查看正文文件时无须安装其他办公控件,大大提高办公效率。技术方面,文件由控件(doc、pdf、ceb)技术转为图片技术,通过统一部署文件正文转换服务,在办公文件生成和保存时,自动转换生成图片版本,利用缓存机制,不同员工打开同个文件时加载不同的个人水印,前端页面只显示图片版本的文件,而不显示原始文件,大大提升文件安全性。员工在处理办公文件时,无须安装任何第三方控件即可浏览公文正文内容,较以往使用控件的方式打开文档正文缩短耗时,提高办公效率。在安全方面,使用电子文件水印技术可实现防止文件外传泄露、可追溯、防截屏、防篡改等效果。

(15)领导请销假

该系统覆盖所有公司领导及各单位正职领导,融合了领导干部出差休假特有的场景,取代纸质审批,打通了出差登记与预订酒店、机票出票之间的壁垒,让数据多跑路、申请人少跑腿,提高了出差审批和手续办理效率。同时通过系统数据在审批过程中辅助决策,解决对领导出差事项由人工管理的费时费力问题,提高管理灵活性,以信息化手段助力各级领导干部请销假及报告管理(图 14)。

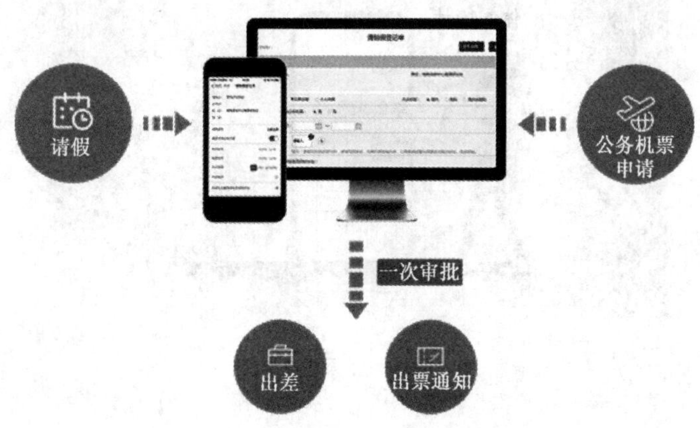

图 14 领导请销假登记

(16)日程管理系统

日程管理系统(图 15)该系统提供 PC 和移动两种使用方式,员工可对个人、秘书可对领导的日程进行管理、统计功能。可支持多人协作,解决对他人日程进行管理问题,突破了目前市场上日程系统基本都是对个人日程进行管理的局限。除本人外,工作人员也能为领导创建日程、推送给领导本人。可提供多种统计功能,满足各种统计口径需求和数据分析。此外,该系统还实现与内部其他管理系统数据集成,如领导请销假系统、会议系统、任务管理系统同步日程等,实现一站式查看个人每日事项安排,支持多终端同步及同步到手机系统日历,可通过短信提醒、"南航 e 家"消息提醒日程,提高工作效率。

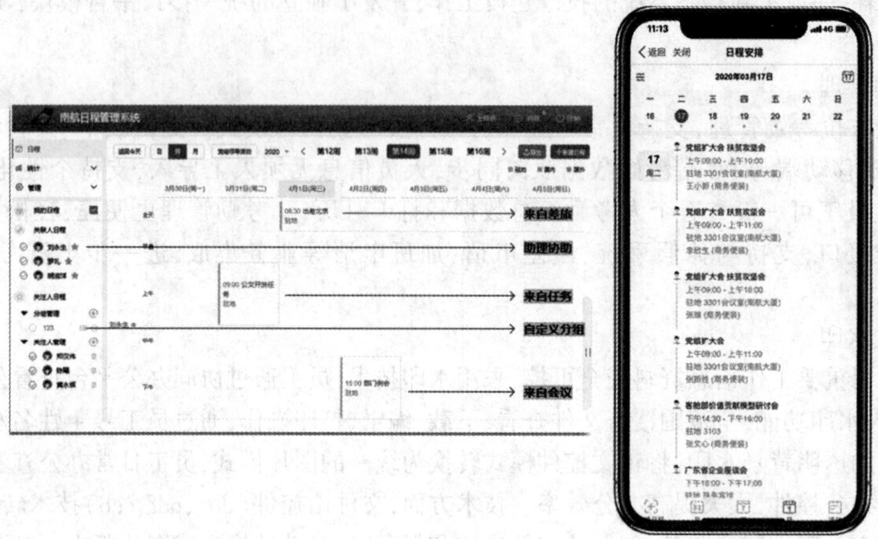

图 15　日程管理系统

(17)休假管理

为加强假期管理,减少基层管理人员核算假期及薪酬事务压力,解放生产力。研发了休假管理系统(图 16),系统对接 HR 系统,可自动匹配员工各类假期数据,员工可通过系统完成休假申请、审批和反馈。可查询假期使用情况,做好假期统筹规划。系统支持移动和 PC 双端操作,方便快捷,替代传统纸质和第三方软件,推进南航集团无纸化办公。目前,平均每月约有 7300 个单据以线上方式完成办公效率和服务质量得以提升。

图 16　休假管理

(18)人脸识别

将人脸识别技术应用到办公通行、会议会务场景。办公场所开启闸口人脸识别技术,日均刷脸通行次数达 7000 多次,提高通行速度,解决出入办公场所忘带工卡、遗失工卡等问题。在支持"刷脸"通行的同时,也支持了"刷脸"考勤登记(图 17)。会议人脸识别技术实现参会人员会场轻松"刷脸"完成会议签到,并查看会议座位信息,快捷方便,提高参会人员会场体验,替代传统会场纸质签到模式,大大减少会议排队签到、会前会场准备工作。

图 17 "刷脸"签到

(19)小 e 助手

打造南航集团员工日常办公、员工服务领域最需要、最喜爱的智能助手。采用人机交互方式,24 小时为用户提供移动端在线知识、智能应答服务;支持在线人工客服接入,按需定制服务标准,满足更复杂、深层的用户需求。在解决目标用户刚需的同时,既能有效缓解服务提供方人工重复劳动的压力,又提升公司服务水平。运用自然语言处理(NLP)等技术,基于"南航 e 家"平台,集成 IT 研究院的智能问答平台,为员工提供统一的入口。

三、实施效果

(一)管理提升

①"南航 e 家"管理版为管理层提供实时数据、关键数据、生产指标完成情况、安全数据、运行数据、服务数据、工作交流等决策型数据,辅助领导管理决策。

②实现公文统计、办公效率分析功能,覆盖 OA 收文统计、签报统计、发文统计、按备注统计等维度,有效提升企业办公管理能力。

③信息安全可控。面向企业内部的业务处理,涉及企业敏感数据,通过自主研发的应用平台,集成日常办公、员工服务相关的业务应用,在推动业务应用移动化的同时,有效保证数据安全性,防止数据泄漏。

(二)效率改善

①按月统计常用应用的访问人次,包括移动 OA、移动考勤、邮件、文档云、收入查询、公务差旅、公务约车、服装 e 选、干部测评、会议、绩效查询,月均节省 171 人天。

②OA 办文的推广,加快无纸化办公的进程,全公司每年总发文量近万份,按每份发文 5 页内容,每份文件发至 60 个单位,每页纸 0.1 元,每年节约用纸成本近 30 万元。

③"南航 e 家"目前已集成了 90 多个业务应用,通过统一接入接口,实现应用快速整合,有效降低办公类应用移动化经济、时间成本,减少大量的重复劳动和资源浪费,按每个业务应用平均节省人力成本 30 万计算,累计为公司节省约 2700 万元。

④根据 2019 年 OA 总共产生公文份数 563144 份、办事申请单数 389536 单、会议份数 31759 份、督办份数 2763 份、合同份数 66595 份、手册审批份数 7599 份、领导请销假申请单 3973 份,共计 1065369 份申请单来算,按照平均每份线上流程申请单可为公司节约 100 元的人工成本算,每年共计可为公司带来节省约 1.065 亿元。

(三)服务精准

①提供满足企业员工所需的所有内部服务,包括办公应用类、行政事务类、员工服务类、干部人事类、薪酬福利类、信息资讯类、生产运行类、党建业务类和其他应用类,为员工提供统一的平台入口,支持员工可自定义常用事务先后排序等功能。

②提供了公司公告信息、服务通知等功能,消息、信息第一时间触达、通知到员工个人。

(四)技术创新

1. IM 服务

服务器集群使用接入管理层、接入层、核心层三层架构提供 IM 服务,所有服务实例都通过统一注册平台 zookeeper 注册,所有现存服务都自主发现新加入或退出的服务实例,实现自动化集群。只需增加服务的实例,即可线性平行扩展链路;部分服务崩溃不影响集群正常提供服务;采用消息分布式缓存技术,即使服务器断电也不会丢失消息;服务器程序使用 C + + 编写,采用每秒可并发百万次读写的内存数据库以及可每秒百万次 push 和 pop 的 Intel TBB 高并发队列,天然支持高并发特性;整个通信过程采用 RSA + AES 的加密方式,保障消息传输的安全和隐私性。整个 IM 服务器集群提供高可靠、高性能、高并发、高安全的即时通信服务。

2. 统一监控

原来系统缺少各种监控,出现问题只能去一台又一台服务器检查日志,耗时很久才能定位出问题。通过引入阿里云的 ARMS 监控,项目组可以及时发现有问题的服务,并很快确定故障点,大多故障处理时间从原来的 30 分钟减少到 2 分钟,有力保障了系统的稳定运行。对于日志文件较多又分散的情况,通过引入主流的 ELK 日志采集,统一存储、统一查询,减少大量的手工处理,提高分析效率。

3. 文件传输

文件服务支持可伸缩架构,支持部署 N 台文件服务器。采用通用接口标准,支持多语言客户端接入。支持文件秒传、断点续传等功能。采用数字证书验证用户信息,设置防重策略,保障信息安全。文件服务内部设置三级缓存,提高多人聊天图片和小文件的快速响应。

4. 统一门户

门户客户端开发原生组件,布局策略在后台实现,类似 mapreduce,数据展现(组件)存在于客户端,算法(布局的渲染方式)来自后台。这种开发模式兼容页面的原生体验,又能轻松实现页面高度定制化,可以快速响应业务的变化。

5. 微服务

"南航 e 家"微服务化,定义每个核心服务边界,将这个单元设定为单独的模块,从而简化开发、部署和维护,加强持续交付,降低对已有功能的影响,保障平台的稳定性。服务间增加消息传播,减少服务强关联,提升服务响应性能。服务数据存储隔离,特定服务数据分类,保持对数据的有限访问,提高数据的安全性。

6. 人脸识别

在集成百度人脸识别技术的基础上自主研发人脸会议签到系统,前端基于可见光摄像头的视频流识别人员面部特征,结合活体检测、人脸搜索等技术捕获有效人脸信息后通过高速局域网传输至后台人脸识别服务器,服务器在 12 万份南航集团员工人脸信息中匹配识别出相应员工信息,再将员工信息传输至会议系统,从而使用人脸信息完成会议签到功能。人脸身份识别准确率达 99% 以上,并且实现 1 秒完成签到、快速查看自己所在位置等功能。

琼州海峡客滚运输出岛车客预约过海系统探索与实践

海南海峡航运股份有限公司

成果主要创造人:叶　伟　张芬芬

成果参与创造人:林　群　云　文　陈惠金　李秀梅

海南海峡航运股份有限公司(简称"海峡股份")成立于2002年12月6日,由海南港航控股有限公司、深圳市盐田港股份有限公司和5位自然人股东发起设立,2009年12月16日公司在深圳证券交易所挂牌上市(股票代码:002320)。现公司股权结构为海南港航58.53%、盐田股份14.06%、其他投资者27.41%。

截至2020年9月,公司共有员工1291人,已发展成为年营业收入11.1亿元、总资产40多亿元、市值160亿元的国有控股上市企业,是海南省目前最大的客滚航运企业,是琼州海峡客滚运输航运的龙头企业。主营业务包括航运、港口、海洋旅游、游艇服务、旅行社等多元业务领域,业务范围覆盖海南本岛、南海西沙及广东、广西等省份。

公司共有18艘客滚运输船舶,12艘万吨级以上船舶,总吨位17万吨,载车位1414个,载客位1.6万个。共管理32个客滚泊位,其中海口秀英港区14个,新海港区18个,年设计通过能力为汽车415万辆次、旅客2473万人次。

一、实施背景

(一)面临的问题

每年的重大节假日、黄金周都是港口人最紧张的时候,24小时不间断做好交通疏导和服务保障工作,让过海旅客、车辆得到最安全、最舒心的保障。当面对大量的车、客过海时,售、取、检票工作量非常大。尤其是2018年春节,一场67年未遇的罕见大雾天气造成海口市区交通大拥堵。为了避免再次出现因天气原因造成的交通大拥堵,海峡股份自主研发的"海口港网络预约购票系统"于2018年10月1日正式上线,海口新海港、秀英港率先开启了"预约购票、有序过海"的全新模式。

(二)实施的迫切性、必要性

海口港(包含新海港、秀英港)是海南省最大的轮渡水路运输港口,是海南岛主要的出海口和客货的集散地,是海南岛与大陆之间的交通咽喉,发挥着桥梁和纽带的作用。利用信息化手段优化提升港口的基础设施和管理模式,实现港口的业务功能创新、技术创新和服务创新,已经成为港口提高自身竞争力、抓住发展机遇的重要途径,也是提升港口国际竞争力,满足未来国际经济交流与合作的必然要求。

随着交通工具的快速发展,人们的出行越来越便利,出行方式也呈多样化。

旅客乘坐轮渡,最基本的需求就是人身安全,港口部门有责任做好安全工作。因此,在入站的第一环节就严格推行实名制售票,再通过实名制验票手段,环环相扣,层层把关,提升了整个旅程的安全性。

传统的登船检票使用人工查验的方式进行,客运站的每个检票口以及小车检票通道口都需要安排人员进行检票工作,从而花费大量的人力资源。随着人脸识别技术及车牌识别技术的发展,为了能更好减少投入的人力资源,在登船检票环节开发自动检票系统,达到减少港区检票人力资源成本、提高检票通过率、加快检票速度、提升旅客出行效率的目的。

基于此,提出新海港、秀英港电子通关过海项目,以补充现有检票模式,打通线上售票、线下检票、无障碍式登船的“一站式”服务,提高港口旅客、车辆售、取、检票作业效率,增加企业效益,同时为广大过海旅客提供极大的便利。

二、主要内容

(一)车客预约过海系统的优势

1. 无纸化的检票流程

车客预约过海系统结合线上售票、线下检票模式,减少旅客进入港口后的取票流程,实现旅客通过二维码或身份证检票、车辆通过车牌识别检票上船的要求,达到无纸质票据的电子通关目的,提升车、客在港口过海的体验。

2. 人脸识别自助终端检票的优势

①人脸识别自助终端难以被伪装欺骗:指纹识别或虹膜识别需要利用电子压力传感器采集指纹或利用红外线采集虹膜图像,这些特殊的采集方式很容易被人察觉,从而更有可能被伪装,而人脸识别自助终端利用可见光获取人脸图像信息,不易伪装。

②人脸识别自助终端具有非接触性:用户不需要和设备直接接触,系统几乎可以在用户不主动配合的状态下获取人脸图像,方便快捷。

③人脸识别自助终端还符合视觉特性,并且具有操作简单、结果直观等优势。与身份证刷卡验证、护照验证、二/三维码和IC/ID刷卡验证的闸机相比,用户使用人脸识别自助终端只需携带二代身份证件,到达现场即可进行验证,不需要进行接触式验证,系统几乎可以在用户不主动配合的状态下获取人脸图像,方便快捷。

3. 移动车流分导设备的优势

车辆到达入口,进入抓拍单元划定区域,触发位于入口处的摄像机进行拍照,视频车牌识别软件通过视频流自动识别车牌号码。得出车牌识别结果后,将该车牌上传至数据中心并且调取票务系统数据,区分已网上预约购票以及未购票车辆驶入相应车道。

4. 自助结算系统的优势

原有的在船边手撕车票结算联、去作业区结算室结算、结算完成后船舶离港的模式,耗时长、效率低,增加了船舶在港时间,降低了轮渡生产作业效率。船边自助结算系统可加快轮渡生产作业效率,加快了结算效率。

(二)拟实现的目标

车客预约过海系统项目的建设目标是:

①实现旅客电子通关。基于人脸识别技术的实名制无人售取验票终端及系统研发项目的建设目标是利用人脸识别比对技术自动完成身份核对、船票验票、登船卡打印等工作,实现闸口检票无人化,减少劳动力投入,提高检票效率,同时采用基于人脸面部的生物认证技术实现一种既环保又安全的检测方法,保障船舶运输的安全性。根据实际情况,现场的操作系统是面向非专业操作人员的实用性程序,因此要求此操作系统具有易用性,提供一个简洁的界面。为了响应实名制,人像、证件比对准确率不低于99.5%。此外,需要满足港区24小时作业要求。

②实现车辆电子通关。基于车牌识别技术,通过移动车流分导设备区分已购票与未购票车辆,引导车辆去相应的通道进行售、检票。缓解车辆堵塞现象,规范港区内车辆通行秩序。

③实现公众号、市民云售票系统与车辆预约系统对接。新增多条网络售票渠道,增加预约过海购票

曝光率，给过海旅客、车辆购票更多选择。

④实现手持设备扫码核验预约信息。提高车、客检票效率，实现无纸化检票模式，减少人力、物力的投入。

⑤减少取票环节，缩短旅客、车辆待港时间。

⑥减少船舶结算时间，提高港口的作业效率，提升旅客过海体验。

(三)设计方案

1. 设计原则

(1)充分利用现有资源，保护已有投资

考虑到对已有信息化投资的保护，本系统要尽可能地与现有投资兼容，最大限度地避免人力、物力浪费。

(2)兼顾先进性和可靠性

在不脱离实际的前提下，要使系统具备应用新技术成果的能力，采用具有先进水平的信息技术，使系统在设计上具备不断容纳新技术的能力，在较长时期内保持一定的先进性。同时这些技术又必须成熟稳定，具备良好的可靠性。

(3)确保开放性和可扩展性

系统建设要走开放性的道路，无论是应用系统的体系架构设计，还是服务器、网络设备、操作系统、数据库管理系统等软硬件的选型，都需要考虑所遵循的工业标准是否具有开放性，减轻系统维护负担，增强系统的扩展能力，并为后续工程奠定良好的基础。

(4)保障长效运行

为保证系统切实发挥功效，要通过设计各种机制以保证系统长期有效的运行。

(5)需求先导、注重实效

突出应用亮点，在保持一定先进性的同时，追求简便实用，注重应用实效，积极探索低成本、高效率的运行模式，使本项目投入能够发挥最大的效益。

2. 技术方案

采用面向对象的分析和设计方法来规划整个系统的应用，采用基于 SOA 的多层应用软件体系架构的模式，根据业务需求，采用标准化、模块化的开发方式，减少重复开发建设并方便后续功能调整。

(1)面向服务架构(SOA)和企业服务总线

该部分是整个技术架构的核心。企业服务总线(ESB)为一个单位内的各个业务区域或者多个单位之间提供内部连接服务。就本工程来说，现有的旧系统可以通过开发应用适配器接入企业服务总线；本工程所建系统和今后新建系统则可以封装成 Web Service 服务，直接接入企业服务总线。

(2)应用软件体系架构

生产管理系统考虑到港区用户通过内部网络使用，需要解决生产作业上复杂的业务操作及内部管理的需求，对数据交互的实时性、图形化操作要求较高，采用 C/S 架构(客户机/服务器)实现。

本项目基于互联网提供服务，考虑系统更新的便利性和互联网应用特点。应用服务和数据存放在服务器端，应用服务逻辑采用中间件技术实现；Web 接口采用 Web API 技术；采用应用服务器和模块组件化技术，利用 JSON 对象作为系统接口的数据交换标准，进行信息资源整合；采用信息开放等级划分、权限许可和角色认证的方法，建立系统安全机制；基于 PKI/CA 基础安全服务机制，提供基于安全的统一调用接口。

(3)软件开发平台

目前主流的技术体系有 J2EE 和.NET，两者都已成为工业标准。J2EE 是一种利用 Java 2 平台来简化诸多企业解决方案的开发、部署和管理相关复杂问题的体系架构，它的开放性、平台无关性等都非常吸引人。.NET 是微软推出的软件运行平台，在其上可以运行各种各样的软件，可以使用不同的语言开发出相互可以集成的软件系统。

根据本项目前期的可行性研究,结合实际应用场景,在生产管理子系统和智能控制子系统的应用开发中使用.NET 技术,在保证较好的稳定性、高可靠性和扩展性的同时,满足客户端对复杂的图形化处理的需求,并考虑系统与多种硬件设备对接的问题。

(4)服务接口

采用 Web API 技术来定义数据库元数据,使用基于 JSON 对象的数据格式进行数据传递,以解决使用不同组件模型、操作系统和编程语言的系统之间存在的差异。采用多层架构的 B/S 结构;采用 Web API 技术;利用 JSON 对象作为系统接口的数据交换标准,进行信息资源整合;采用应用服务器和模块组件化技术,提高系统的灵活性和可扩展性;采用信息开放等级划分、权限许可和角色认证的方法,建立系统安全机制;基于 PKI/CA 基础安全服务机制,提供基于安全的统一调用接口;采用工作流引擎技术提供系统的快速开发和更新。

3. 技术架构

(1)电子通关

根据对业务需求的分析,新海港、秀英港电子通关过海项目主体部分功能模块见图 1。

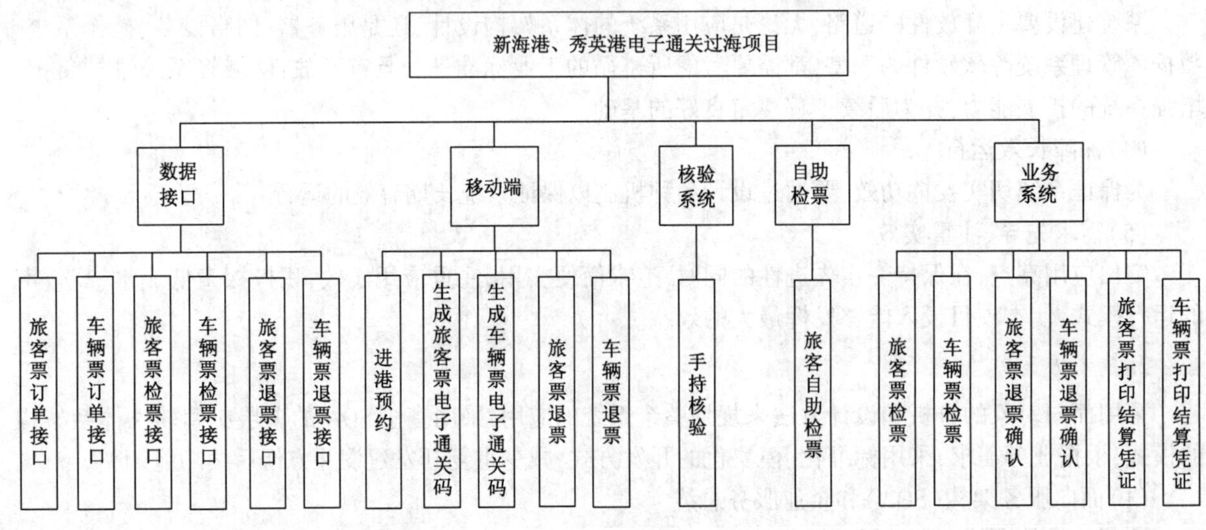

图 1　系统功能模块结构

项目共规划建设 5 个主要功能模块、19 个子功能。功能模块包含:旅客票订单接口、车辆票订单接口、旅客票检票接口、车辆票检票接口、旅客票退票接口、车辆票退票接口、进港预约、生成旅客票电子通关码、生成车辆票电子通关码、旅客票退票、车辆票退票、旅客票检票、车辆票检票、旅客票退票确认、车辆票退票确认、旅客票打印结算凭证、车辆票打印结算凭证、手持核验、旅客自助检票。

(2)人脸识别自助终端

基于人脸识别技术的实名制无人售取验票终端及系统研发项目不仅涉及业务管理等方面的信息系统建设,还涉及系统软硬件支撑平台、网络建设和通信协议等方面的基础支撑体系以及安全保障体系。系统技术架构分为硬件设备层、系统软件层、系统应用服务层、客户端层(图 2)。

(3)船边自助结算

根据对业务需求的分析,基于自助机的船边结算系统主体部分包含的功能模块见图 3。

系统后台管理系统共规划建设 2 个主要功能区:结算、统计;共 3 个功能模块(后期根据实际情况可以增加)含:车票结算、车票取消结算、当前装载统计。

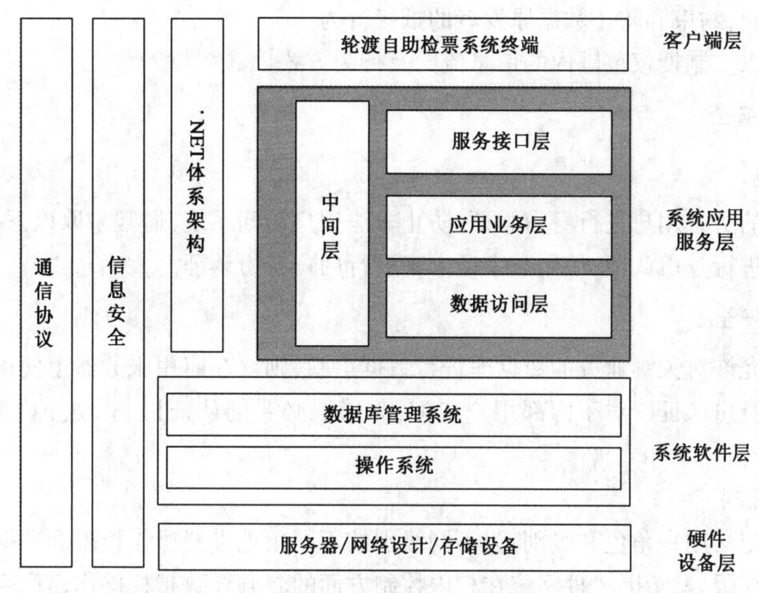

图2 系统技术架构

4. 技术路线

(1)电子通关

新海港、秀英港电子通关过海项目是客户端及业务端系统,是为了扩展检票渠道、减少登船流程、提高港区作业效率、提升服务质量而开发的系统。

技术上采用.NET体系架构,移动端通过数据接口访问业务系统,实现电子通关码的生成。在技术路线方面,建立集中式管理,确保网络互联互通、信息共享和安全稳定运行。

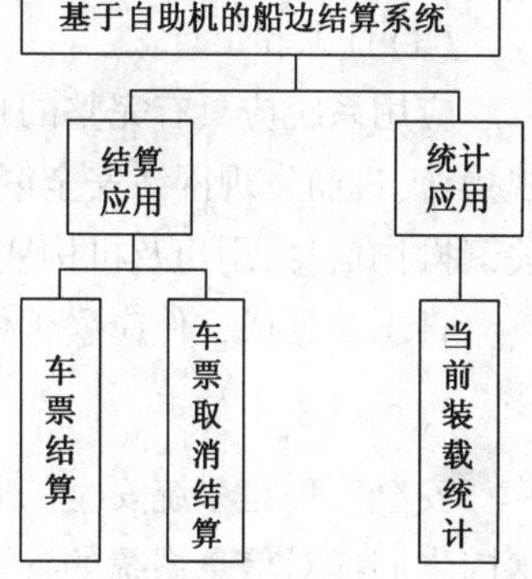

图3 系统功能模块结构

(2)人脸识别自助终端

人脸识别是基于人的脸部特征信息进行身份识别的一种生物识别技术。用摄像机或摄像头采集含有人脸的图像或视频流,并自动在图像中检测和跟踪人脸,进而对检测到的人脸进行脸部识别,通常也叫做人像识别、面部识别。

系统最主要的功能是通过人脸识别比对技术完成自助检票功能。系统通过摄像头拍照获取检票旅客的人像信息,再通过身份证读卡设备采集身份证件图片,然后进行识别比对,判断购票人与检票人是否为同一个人,如是同一人则自动处理检票、打印登船卡、闸机开闸等操作,完成整个检票过程。

5. 系统安全设计

系统安全应遵循以下原则:

①可用性。确保授权服务对象在需要时可访问数据和进行处理,防止因为平台本身资源出现问题或攻击者非法占用资源导致服务对象不能正常工作。

②机密性。确保授权服务对象仅能对其授权范围内的数据发起请求,确保信息不暴露给未授权服务对象或进程,防止信息不当泄漏。

③完整性。确保数据的准确和完整合法,只有授权服务对象或进程才能修改数据,有对数据进行完整性验证的手段,能够判别数据是否被篡改。

④可审查性。确保每个授权服务对象的活动都是唯一标识和受监控的,对其操作内容进行跟踪和记录,为出现的安全问题提供调查的依据和手段。

⑤不可抵赖性。不可抵赖性主要指数据的原发者对所发送数据不可否认。平台应能够提供数据原发者的不可抵赖机制,约束和防止数据原发者的抵赖行为。

⑥可控性。可以控制授权范围内的信息流向及行为方式。

(四)应用系统安全

1.用户身份鉴别

对应用系统内的所有用户进行身份验证,防止非法用户访问系统,通常采取以下方法:口令机制,即通过用户输入口令进行身份认证;使用数字证书来进行用户身份认证。

2.系统的应用安全

如应用服务器允许对关键业务的数据库进行数据更新,则要在应用服务器上使用认证机制,以对应用系统的用户进行身份认证。对于内部用户查询,需采取必要的认证机制,防止内部信息被外部用户访问。

(1)用户权限控制

在应用系统中定义用户角色和级别,为不同级别的不同角色设置操作权限和数据访问权限,从而控制合法用户的操作权限,避免因软件系统在权限控制方面的漏洞导致越权操作而产生安全问题。

(2)应用系统备份与恢复

利用各种备份工具实现应用程序的备份,确保应用程序的正确、快速恢复。

(3)日志和审计

应用系统应具有完整的日志功能,通过周期性审计、实时审计和事后审计等审计策略,发现非法违规操作,进而发现网络安全漏洞并及时采取补救措施。需要进行日志记录的内容包括各类操作人员的关键操作信息、用户及机构变更等与安全管理相关的信息。

日志数据或文件应妥善保存,并应限制业务操作员对其的访问权限。

3.系统安全管理

安全管理是系统安全的非技术因素。安全体系的建立是全方位多因素制约的复杂过程,许多非技术因素同样对信息系统的安全起至关重要的作用。

网络安全可以采用多种技术来增强和执行。但是,很多安全威胁不是由于技术落后,而是源于管理上松懈及对安全威胁认识的不足。

良好的安全管理有助于增强系统的安全性,可采取以下措施:及时发现系统安全的漏洞;审查系统安全体系;加强对使用人员的安全知识教育;建立完善的安全管理制度。

安全管理需要人来执行,即使是最好的、最值得信赖的系统安全措施,也不能完全由计算机系统承担安全保证任务,因此必须建立完备的安全组织和管理制度。

制订相应的管理制度或采用相应规范,其具体工作是:确定该系统的安全等级;根据确定的安全等级,确定安全管理的范围;制订严格的操作规程,操作规程要根据职责分离和多人负责的原则,各负其责,不能超越自己的管辖范围;制订完备的系统维护制度,维护要首先经主管部门批准,并有安全管理人员在场,要详细记录故障原因、维护内容和维护前后的情况;定期安全检查:维护系统的安全不只是建设时期的事情,而是长期的,需要定期根据安全制度并辅助采用技术手段进行检查,及时发现漏洞、弥补漏洞,防患于未然;制订应急措施,制订在紧急情况下如何尽快恢复系统的应急措施,使损失减至最小;建立人员雇用和解聘制度,对工作调动和离职人员要及时调整相应的授权。

信息系统的安全管理部门应及时在系统建立过程中将以上各点逐条制度化,形成《信息系统安全管理条例》并在内部普遍培训,确立奖惩制度并坚决贯彻实施、在日常使用过程中不断完善。

安全系统需要由人来计划和管理,任何系统安全设施都不能完全由计算机系统独立承担系统安全保障的任务。一方面,各级领导需要高度重视并积极支持有关系统安全方面的各项措施。另一方面,对各级使用者的培训也十分重要,只有各级用户对网络安全性都有了深入了解,才能降低网络信息系统的安全风险。

总之,制定系统安全策略、安装网络安全系统只是保障网络系统安全的第一步,只有当各级组织机构均严格执行网络安全的各项规定,认真履行各自负责的分系统的网络安全职责,才能保证整个系统的整体安全性。

(五)系统检票流程设计

首先通过 RFID 识别船舶卡与检票员卡进行系统登录,进入乘客身份验证界面,准备乘船的乘客出示身份证,将身份证放在指定的位置,乘客只需正对检票机的摄像头,就能完成自动检票,如图 4 所示。

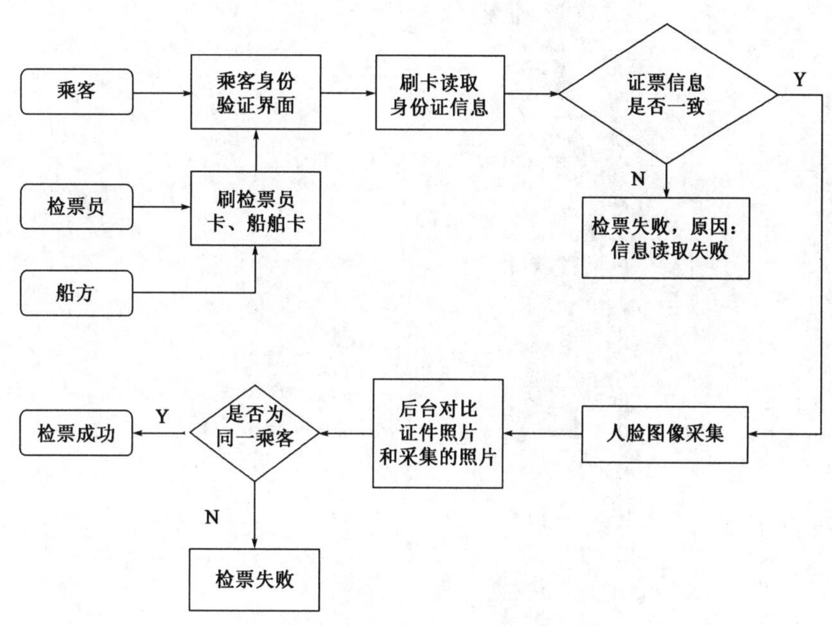

图 4 检票系统工作流程图

三、实施效果

1. 信息精准,提高安全性

人脸识别系统,做到了人、证、票统一,使旅客信息精准,达到防恐工作要求,同时有效避免了旅客错乘船舶。此外,将儿童票与成人票绑定,既提高了旅客的安全性,也方便了客运站和船舶对旅客的管理。

协助公安机关,通过出入岛卡口对重点人员、高危人员、敏感人员进行身份信息和人脸信息采集,实施有效管控。

2. 自助购取票,提高便利性

旅客可凭身份证件自助购取票,也可以通过线上购票,减少了旅客窗口购票的等待时间,增强了便利性,同时大大降低了购票窗口的压力。

3. 降低验票劳动强度,提高工作效率和准确性

使用人脸识别系统前,每个验票口均需安排验票员,逐人逐张确认;使用人脸识别系统后,验票员只是辅助验证,一人管控两个验票口,工作效率提升一倍,大大降低劳动强度,同时,由于人脸识别系统识别率比人工更高,验票的准确性也极大地提高。

4. 实现无纸化,践行绿色环保

人脸识别系统实现了船票电子化,无须纸质船票便可登船,既方便了旅客,也实现了绿色环保出行。

5. 减少港区内外道路车辆堵塞

移动车流分导设备大大缓解车流量高峰期港区内外道路的车辆堵塞现象,提高了车辆检票效率。

6. 实现车票结算联船边结算功能

减少结算人工操作步骤,提高车票结算效率,提升港区作业效率。

数字化港口产业互联网平台的创新实践

营口港融大数据股份有限公司

成果主要创造人:戴江红

成果参与创造人:陆相民　夏雪霞　马有才　徐　岩　张洪实　邓升泉
沈焕来　牟　卓

营口港融大数据股份有限公司(简称"港融公司")于2015年8月25日注册成立,是招商局集团旗下,由辽港集团孵化的,专注在港口领域运用互联网、云计算、大数据等先进技术手段的互联网产业平台公司。

港融公司秉承共享、全时、高效、低成本理念,将港口物流中的受理、生产作业、结算等流程进行重新梳理、优化、重构和再造,整合供应链各方资源,建立口岸统一线上服务窗口,以适应现代物流发展趋势,在港口综合物流业务开展中发挥引领作用。以标准化、产品化的形式面向客户,使客户体验到不受时间、空间、人为因素限制的线上线下相融合的物流操作新模式。最终为口岸建立一个低运营成本、高物流效率、资金良性供给的现代物流体系,并逐步复制推广到招商系港口及其他口岸,形成互联网时代的新型港口协同体,打造港航业产业供应链运营商和创新服务提供商身份。

一、实施背景

(一)互联网经济对传统经济的影响范围越来越广

全球经济已经从工业化走向数字化、平台化。《国家信息化发展战略纲要》和《"十三五"国家信息化规划》将加快"数字中国"的建设上升到国家发展战略。数字经济对传统产业带来极大的冲击。伴随5G技术的成熟,万物互联,互联网经济的后半场已经进入了产业互联网经济时代。港口的发展需要在数字化、平台化中寻找机遇,创造新的商业模式,以开放协同为导向,突破边界的束缚以支撑港口的核心竞争力和地位。在此时代背景下,依托港融大数据平台在辽港集团母港的成功经验和商业模式,通过外向模式复制和市场拓展,谋求港港联动,抢占港航业价值链和物流链顶端,为应对互联网经济时代新商业模式的冲击建立港航业护城河,并探索传统港口行业创新盈利模式和经济模式。

(二)航运业持续低迷、港口业竞争加剧,港口运营商和航运企业纷纷转型产业互联网

航运业持续处于低迷状态,全球主要航运价格指数持续处于低位,而海运成本指数上升,船公司加快了转型自救。全球航运联盟重组加快,国际顶级航运企业正朝着供应链方向发展,期望延伸产业链获取价值。港口业竞争形势也不乐观。发达国家港口价格急剧上升,新兴国家港口投资竞争激烈,国内港口盈利受到持续降费的挤压,东南亚的费率偏低……种种因素共同促使全球港口运营商谋求转型升级。

科技浪潮是转型升级的重要支撑,港航产业互联网的构建已经起航。中远海联合11家航运和货代企业成立区块链联盟GSBN,共建行业数字化标准,提升行业协作水平,降低物流链运营成本,提高货运效率。马士基与IBM合作,携手5家集装箱航运企业成立区块链联盟TradeLens,旨在为集装箱航运业的数字化、信息技术标准化和互通性铺平道路。Freight Waves主导的全球区块链货运联盟(BiTA),旨在通过开发一个航运物流业区块链应用标准框架,为全球货运和物流公司制定区块链技术标准,推动全球供应链转型发展。上港集团、宁波舟山数字化港口建设初具规模,其中宁波舟山港的集装箱进出口无

纸化项目完成了与港口物流的资源整合与共享。目前,宁波地区从事出口集装箱业务的 5 家码头、60 余家船公司、28 家港外堆场、200 余家订舱货代、1200 余家实际用箱人、2.8 万名集卡司机之间已实现系统互联和数据互通,线上提箱占比已经达到 90% 以上。面对同行业在港口网络布局和利用数字化、平台化的创新向港口区域经济产业的快速渗透,为了避免港口业在同行和互联网巨头的产业互联网战略中处于价值链底端,需要港融公司主动出击,以现有市场优势地位和行业影响力,以港口为核心枢纽,合作共赢,共同打造港航业数字化生态圈创新服务平台。

二、成果内涵

综合运用互联网、物联网、大数据、云计算、人工智能等技术,促进港口传统产业转型升级,带动新兴产业发展,为港口产业互联网构建新型的、产业级的数字生态,打通各产业间的内外部连接,以新兴产业技术来带动提高传统产业效率、突破港口地域限制,达到 1 + 1 > 2 的效果,从而能够更好更快地实现动能转换。

数字化港口产业互联网平台支撑港口对外服务,实现上下游合作伙伴广泛连接,促进港口业务创新。以提升码头客户服务体验为主要目标,围绕港口口岸的对外客户服务,通过重新梳理、优化与整合口岸相关业务产品、聚集各类优势资源,将口岸范围内需要客户面对面办理的窗口类业务前移到线上平台,发展高效便捷物流新业态、新模式,降低社会物流成本、提升物流效率。

平台依托辽港集团母港资源和辽港区位优势,立足于港航业,依据产业互联网的经营理念,充分利用互联网、云计算、大数据等技术手段,突破港航业传统经营模式和范围,垂直化整合国内外港航企业上下游优质供应链资源,通过“口岸服务”“多式联运”“供应链服务”“产融服务”和“产业大数据服务”等平台化电商运营模式的积极探索和实践,旨在打造一个面向全国乃至全世界的集港、航和第三方电商平台于一体的开放、融汇、分享、共赢的港航电商产融平台和开放的数字化生态平台,服务社会,为行业创造价值,支撑辽港集团建设成为世界一流强港。

三、主要做法

(一)总体思路

1. 夯实基“点”

夯实并丰富以单一港口社区为核心的区域数字化生态圈建设。基础设施层面上,通过快速复制营口港社区的“口岸服务”商业模式,向招商局体系下所有港口、市场外港口、区域航运中心等输送港融平台的产品和创新价值链商业模式,结合本地社区的产业特性深度定制化建设,提高各港口社区的线上业务覆盖面和线下业务的线上化占比。

“口岸服务”是数字化港口产业互联网平台在“点”层面的重要抓手。以单一港口为核心企业,以口岸业务受理为入口,快速提高数字化港口产业互联网平台区域客流量,汇聚与丰富航运、铁路、公路、金融和市商等优势资源。在此基础上,叠加成熟的多式联运、供应链、产融服务和产业大数据等产品与服务,基于港融公司合作、分享、开放、共赢的“融”文化理念,推动单一港口社区产业链的创新升级,逐一打造以单一港口为核心的区域产业数字化生态圈。

2. 港港联“线”

建立港港联动机制,持续完善并提升港港协同的服务能力。以头部客户为抓手,首先以辽港集团和招商港口华南港口群为输入点,突破传统港口社区之间长期以来无法建立数字化协同的困境,深挖产业链上深层次的需求和市场痛点,建设并健全南北港口跨区域的港港协同物流大通道,延长产业链的长度并拓宽产业链的深度,建立创新的港港协同服务体系,将招商局集团体系下“一群港口”升级为“港口群”。

在此基础上,围绕平台多个港口社区数字化生态圈所沉淀的海量优势客户资源和单体港口社区的网络布局优势,建立全国范围内港港互联的业务协同体系,打造网上最大的单体“泛港口社区”。

3. 聚链织"面"

通过产业数字化联动实现"四流汇聚"。基于为产业链客户(尤其是头部客户)提供最大限度的降本、提质、增效、引流的共赢目标,"港港协同"在不损害合作方现有利益格局的前提下,依托平台产业大数据的服务能力和丰富的物流链、产业链服务产品,建立创新的跨区域产业数字化联动机制,为客户提供跨区域业务协同的全产业链增值服务,实现信息流、商流、资金流、物流的全面汇聚。通过提高平台在港港协同领域的服务能力,逐步完善并持续优化平台的产业链商业模式,提高平台专业性与独特性的产业服务水平和市场口碑,持续增强头部客户对平台的依赖性和忠诚度,提升数字化港口产业互联网平台的产业价值链,建立点到点("线")的港港协同数字化产业链生态圈。

4. 三位一"体"

通过"产业数字化 + 产融协同",构建港航产业互联网生态圈。以港港业务协同为驱动,整合并梳理平台汇聚的优势物流、市商、产融等资源,以数字化港口产业互联网平台的"三驾马车"(口岸服务、多式联运、供应链产品服务)为动能,按照产业链的不同专业职能,分别打造包含物流、贸易等物流供应链专业化的行业生态圈,深度建设和优化各类资源的平台化转化(特别是基于各港口社区汇聚的物流、货主等基础客户资源),提高平台对海量资源的综合服务能力和整合能力,以互联网载体建立网上"泛港口社区"。在此基础上,以产融服务为杠杆,优化数字化港口产业互联网平台对各行业生态圈的支撑能力,为数字化港口产业互联网平台的头部客户提供全产业链的综合性数字化生态服务。

(二)具体做法

1. 系统架构

数字化港口产业互联网平台采用云架构设计,基于微服务的统一技术平台、安全机制和运维管理(图1)。平台与货主企业、物流企业及监管单位实现数据互联互通,并与第三方电商平台、金融服务机构等进行深入合作。

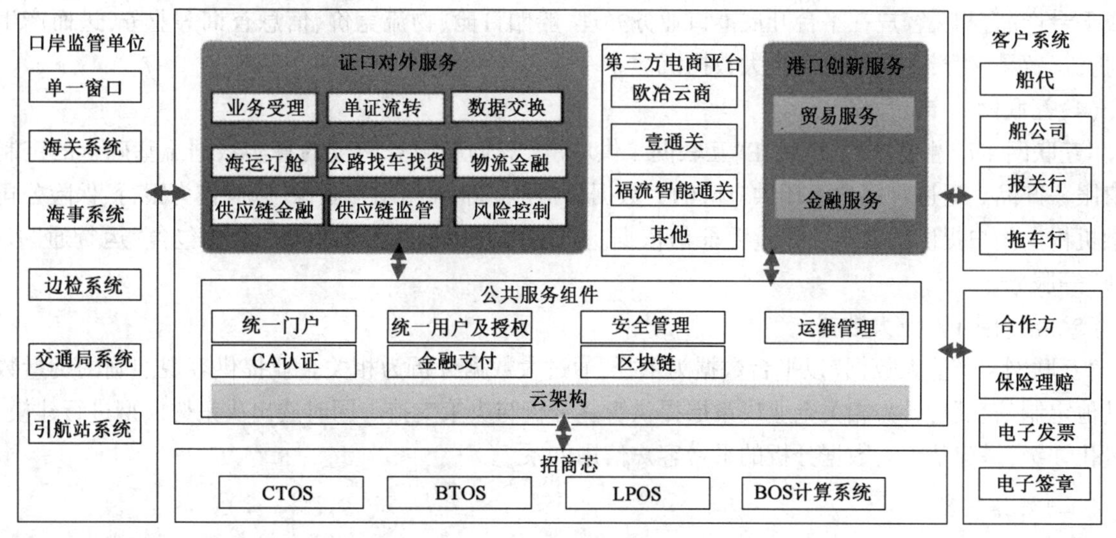

图1 数字化港口产业互联网平台系统架构

2. 重点内容

通过建设统一的"智慧港口生态平台",支撑各码头的统一对外客户服务,提升口岸综合对外服务效率,改善客户体验。同时,通过平台促进物流相关方的交易,提升效益,打造港口创新服务,构筑港航数字化生态圈,实现港口业务模式创新。

数字化港口产业互联网平台包含五个业务板块:"互联网 + 港口""互联网 + 物流""互联网 + 供应链""互联网 + 产融服务"和"互联网 + 产业大数据"。其中,"互联网 + 港口""互联网 + 物流"和"互联网＋供应链”是数字化港口产业互联网平台三个核心业务功能,“互联网＋产融服务”和“互联网＋产业大数据”是工具,支持、促进三个核心业务的发展。

(1)互联网＋港口

“互联网＋港口”汇聚港口、码头、园区产业关联的市场资源、港口资源、物流资源和贸易资源,沉淀平台资源,积累资源规模,是促进创新港口生态圈产业链、供应链和价值链“三链合一”高质量发展的基础和先决条件。主要服务对象是港口、码头、园区及对应的相关客户。主要功能是将传统核心业务的受理和客户服务窗口前置到数字化港口产业互联网平台,对相关业务进行线上延伸,聚焦客户服务和用户体验。解决客户各类业务受理、单证流转、支付结算、信息查询、数据交换等线上服务。

(2)互联网＋物流

“互联网＋物流”板块是向平台资源要规模经济,延伸港口物流功能和延展物流服务,提升港航网络体系供应链能力,为发展“互联网＋供应链”而建设的“高速公路”。主要服务对象是公、铁、水相关物流企业。主要功能是提供海运订舱、公路找车找货、铁路请车运输、物流金融等服务。依托港口核心枢纽资源优势,围绕“互联网＋港口”汇聚的规模产业要素,与铁路、海运、公路等优势资源互联互通,建立港口、码头、园区与物流企业的协同,为港口内外贸大宗物资运输和集装箱物流提供全物流链一站式解决方案。

(3)互联网＋供应链

“互联网＋供应链”板块通过业务驱动为港口产业引流,构建高附加值的港航产业价值链,是增强平台对港口资源主控能力的重要抓手。主要服务对象是生产企业、贸易商、物流运营商等关联企业客户。主要功能包括物流服务、风险控制等服务。是围绕“互联网＋港口”汇聚的产业要素和“互联网＋物流”构建的“两港一航”物流协同网络体系,以港口大宗物资业务为驱动,为港口生态圈提供端到端的闭环供应链提供解决方案。

上述三大业务板块,以港口业务数据为基础,通过与铁路、船公司、物流企业等相关方的数据对接,形成平台产品,相关客户在平台开展港口业务办理、船舶订舱、物流竞价、信息查询等业务,进而产生港口、物流、贸易、生产企业等全链条大数据沉淀。

(4)互联网＋产融服务

“互联网＋产融服务”是构筑在“互联网＋供应链”等创新服务产生的真实数据流基础上的定制化增值服务产品。通过对用户闭环供应链的大数据分析形成准确的用户画像,以此作为银行、保险公司等金融机构向用户提供精准服务的重要征信依据。目前,“互联网＋产融服务”主要包含“运贷通”及“E保通”等服务。

(5)互联网＋产业大数据

“互联网＋产业大数据”以平台数据为依托,通过大数据分析为相关企业提供客观准确的货量数据或其他定制信息服务,为相关企业决策层提供智能分析与决策支持。同时选出决策树模型进行建模,开展量化评级,搭建基于大数据分析的平台客户信用体系。

(三)具体内容

1.“互联网＋港口”基础服务产品

(1)集装箱业务

在集装箱类业务领域,打通船公司和码头的ERP系统,通过数据报文交换形式将线下集装箱进出口业务中各自独立的码头服务窗口的计划受理与缴费、船公司办单的业务等以网络化、标准化的形式统一优化整合到线上实现,完成口岸集装箱业务线上服务产品的业务流程和用户群体全覆盖。

进出口业务受理:实现船公司自动放单或线上放单、拖车行线上办理、线上支付相关费用、码头无人闸口、码头业务无纸化等。

箱、船动态查询:在线查询箱动态、船动态、作业动态、在场箱等信息。

通关:船舶申报、货物申报、运抵报告、查验通知、放行指令等信息。

其他集装箱业务:线上申请集装箱改配、退关等。

车辆管理:拖车行及车辆备案、年审、统计等内容。

(2)散杂货业务

在散杂货类业务领域,运用电子签章、网络支付、电子发票等符合国家法律法规的科技手段,整合港口散杂货业务传统流程中的货物集疏港业务受理、合同签订、大宗物资过户、费用结算等窗口功能,逐一形成标准化、网络化、产品化的线上服务功能,将港口各生产流程的对外业务前置到平台。在此基础上,在线向客户开放货物的港存动态、港内理货动态、过磅计量动态、车辆集疏港动态等业务信息,货主随时随地即可掌握货物在港流通与作业动态,真正做到让货物堆存放心、集疏港省心、港口综合服务能力让货主开心的贴心服务。

货物装卸船:装卸船货物线上申报、合同线上签订、费用线上支付、线上结算。

港建费缴纳:进出口货物线上申报、港建费线上支付、线上结算。

货权转移:货权转移信息申报、合同线上签订、费用线上支付。

杂项作业:杂作业线上申请、合同线上签订、线上支付、线上结算。

库存查询:在线查询库存并提供相关证明材料。

货物集疏港计划:计划信息申报、合同线上签订、费用线上支付、结算。

车辆集疏港预约:车辆线上预约、费用线上支付、码头无人闸口、无人值守磅房等。

(3)其他业务

在船货代受理业务领域,通过梳理港口现有的船货代业务和码头生产作业管理流程,将线下的船货代业务受理和资料填报统一到网上窗口办理,实现资料填报、费用预交、码头生产作业跟踪、费用结算等透明化管理,有利于客户实时掌控码头生产作业动态,能更合理地安排好各类资源的对接,对内有利于规范码头生产作业流程,提高生产作业效率,能直观地提升港口对船东、货主的服务能力,并通过流程梳理和信息公开透明,能有效地由外而内,促进港口内部生产流程优化和生产管理模式与服务模式的变革。

船舶预报:散货及集装箱船舶信息线上申报、船舶费用线上支付、船舶作业合同线上签订。

电子合同:利用电子签章数字证书技术实现合同线上签订、线上查看、下载留存等功能。

商务结算:对客户和码头进行线上费用结算。

口岸定制化服务:根据各港口、码头具体业务情况进行设计实施。

2.“互联网+物流”基础服务内容

(1)在公路运输领域

以货主入驻自营、托盘交易等形式,为货主提供公路物流承运商招标选型、货运代理、物流运输过程全程跟踪、集疏港业务快速通道、物流运输费用的金融保理、融资贷款、运输保险等立体服务。通过一体化的服务能力,吸引大宗货主(货主企业、货代企业、船方企业)入驻或汇聚到大数据平台,加强平台对大宗货物资源、运输资源的吸引力与整合能力。

找车找货:车辆、货物适配服务产品。

货代服务:船、箱等业务及时跟踪查询,使物流企业信息与平台实现互通,便于及时掌握货源及货物动态信息。

E车通:通过平台发布货源,协议车队在平台接单,便于加强车队管理和及时掌握运输动态。

(2)在海上运输领域

以线上订舱服务为基础,以创新的订舱服务理念、灵活的舱位资源分配能力、及时全面的物流节点动态信息反馈、金融服务、保险服务、集疏港快速通道、舱位保障等高附加值的服务，吸引航运资源的挂靠或入驻，提高平台的海运服务能力和实力。

集装箱、散货订舱：与船公司核心系统对接，通过平台发布货源信息、委派船公司订舱、下达放货指令。

（3）在多式联运领域

建立“一票制”的多式联运综合物流服务体系。在“互联网+港口”业务基础上，平台为国内大型物流企业、货主提供门到门多式联运物流链全程解决方案。以“互联港+物流”模式，将港口从物流终端升级到物流节点，推进各级港口向线路运营商身份的升级转变。

3.“互联网+供应链”基础服务产品

在贸易领域，通过与仓库磅房系统对接，实现粮食采买、结算、对账、货权转移等精准化、透明化、可视化。借助CA电子签章技术，实现交易合同的线上签订，在确保法律合规的前提下，为远程的交易两端提供了便捷、快速的成交落地手段。通过港前贸易线上交易服务功能，加强港口对港前贸易交易市场的主导能力，吸引并增强港前贸易商的黏性和汇聚效应，提高港前货值落地的能力，提升港口在大宗商品交易中的品牌价值与地位。

在此基础上，创新传统的大宗商品贸易模式，汇聚碎片化的生产资料需求，以集装箱为单位展开大宗商品“新零售”。大宗商品“新零售”的出现，改变了以往大宗商品只能从百吨、千吨起的大型整批交易场景，打造出集网上交易、小批量成交、网上支付、物流管理、行情分析等功能的综合性大宗商品“零售”平台，节省商品运输时间，加快了大宗物资现货的流通和交易，对港口大宗商品贸易和货值落地工作起到助推作用。

4.“互联网+产融服务”基础服务产品

通过对用户闭环供应链的大数据分析形成准确的用户画像，以此作为银行、保险公司等金融机构向用户提供精准服务的重要征信依据。目前“互联网+产融服务”主要包含“运贷通”及“E保通”等服务。

“E保通”以线上投保集装箱、散杂货货运险为起点，为客户提供集装箱货与散杂货的在线投保、出险、理赔等全流程服务，方便客户在线办理保险业务。

“运贷通”针对中小物流企业提供小额贷款，产品实现在线融资申请、自主提用、随借随还、循环使用、支付查询等在线融资功能。平台内中小微企业在线申请、自助查询、随时按业务订单自主提款且无须逐笔签署借款协议，大大提高融资效率，通过在线还款、随借随还、额度循环，有效降低企业融资成本。

5.“互联网+产业大数据”基础服务产品

（1）企业定制信息服务

基于大数据采集与分析，以船公司、经营模式（独营/合营）、货物种类等进行维度区分，直观地展示各相关企业及货种的市场份额情况，通过港口第三方数据，为相关企业提供客观准确的货量数据或其他定制信息服务。

（2）智能分析与决策支持

与码头、公路、航运、铁路等相关企业进行系统信息对接，对公、水、铁等多种运输方式信息以及物流产业链多方参与主体的交通运输领域众多复杂业态环节、资源信息，以数字化方式进行存储和传输。通过大数据分析为相关企业决策层提供智能分析与决策支持。

（3）客户信用体系

根据客户企业征信查询记录、银行流水以及日常业务开展过程中订单完成、结算支付等因素，进行合理的分析、汇总、应用，通过科学规范的评分标准，对所有用户进行侧重点不同的信用评价。选出决策树模型进行建模，开展量化评级，搭建基于大数据分析的平台客户信用体系。

四、实施效果

(一)示范性

打造平台四项示范性:

(1)集成应用

打造"一站式"区域性港口物流枢纽平台,促进全程物流供应链一体化、集成化、协同化,提升港口全程物流服务水平。

(2)技术创新应用

开展基于"数据驱动"的定制化增值信息服务与决策支持应用,拓展延伸港口高端物流增值服务新模式。

(3)港口产融服务

打造"互联网+产融服务"增值多元化服务与配套服务链,为用户提供多样化港口产融服务。

(4)全产业链服务

开展以港口为核心枢纽的全产业链物流一体化协作业务模式,推进港口物流上下游产业链有机结合,信息与技术、信息与业务深度融合的智慧物流服务。

辽港集团港口、码头将超过90%的传统的信息、单证、现金支付等服务迁移到数字化港口产业互联网平台,为数字化服务奠定良好基础。

(二)整体经济效益和社会效益

1. 经济效益

在营口港区成功应用后,数字化港口产业互联网平台达到了控制和降低各项成本开支,以及提高经济效益、工作效率的目标。以营口港为例,此模式为单一口岸用户节省相关管理成本约40%,交通运输装备有效利用率提升30%,为船公司、码头、物流企业降低综合物流成本5%以上,每年可为船公司、码头、物流企业节约成本1100万元(图2)。

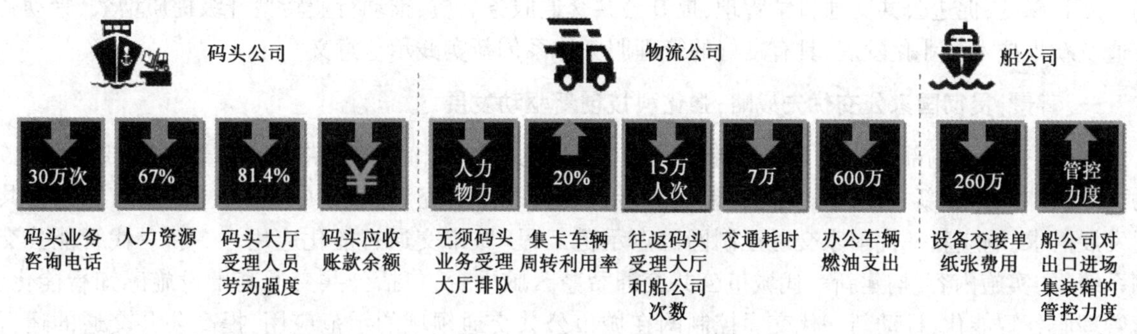

图2 经济效益分析(以营口港区集装箱业务为例)

数字化港口产业互联网平台通过互联网手段重构了港航业优质生态圈,其中一个重要的特征在于信息的归集和准确性,而在实体经济的发展中,业务信息的准确性和时效性往往能够决定实体经济参与者的经济效益。平台上汇集了供应链条上的各个参与主体,每一个主体的利益都能够通过平台实现最大化,因此各个参与者在平台上的关系是良性的互惠互利而非"零和游戏",这就保证了各个参与主体都能够更加开放、准确、及时地分享信息,从而实现互利共赢。

2. 社会效益

数字化港口产业互联网平台突破港口传统经营模式和范围,融合港口业、大宗物资贸易业、运输业、仓储业、货代业、金融业和信息产业,充分利用云计算、大数据、互联网技术手段,积极推进港航企业供给侧结构性改革和新常态下港航业服务模式的创新升级。利用各口岸现有业务受理服务点位,通过整合港口现有优势资源,建设多条"两港一航"优质"智慧航运"线路,建设"港港合作"网络布局,必将整体提升国内大宗物资贸易的繁荣度。

新一代城市公共交通智慧云脑体系创新实践与管理

广州交信投科技股份有限公司

成果主要创造人:陈　欢　欧勇辉

成果参与创造人:黄钦炎　罗建平　邹祥莉　杜新珂　卢瑞琪　冯　川　李　莹

针对城市公共交通的基础设施感知不充分、管理服务不平衡的问题,紧扣交通强国建设战略、公交优先发展战略,基于交通出行"高效、经济、安全"等社会民生需求,广州交信投科技股份有限公司(简称"交信投")深耕城市公共交通信息化现代化十多年,在国内智能公共交通领域位于前列,面对新一轮技术变革与产业革命,以"智能+"数字化技术创新引领管理服务创新,应用现代化管理创新理论,围绕公共交通核心业务和管理流程变革,聚焦公共交通数据集成、综合分析、运行控制、应用创新,构建新一代公共交通智慧云脑体系及平台,突出"云脑"数字化智能化采集、处理、分析、应用,掌握客流出行规律,实现线网优化决策、评价诊断分析、车辆自动调度、安全驾驶防碰撞、一体化出行服务等数字化创新应用。通过城市公共交通领域规模部署和创新实践,创新成果覆盖超过10万辆的营运车辆,在广州、深圳、南京、澳门、西安、三亚等城市得到推广,对于完善多元化公共交通控制网络,扩大公共交通管理服务的广度和深度,促进公共交通科学管理,提升公共交通服务品质,推动行业转型升级提质增效,带动智能交通及新兴技术产业化发展,具有良好的管理服务体系创新实践示范意义。

一、背景:贯彻国家公交优先战略,强化科技创新驱动发展

根据《交通运输部办公厅关于开展新一代国家交通控制网和智慧公路试点(第一批)工作的通知》的文件精神,对照《新一代国家交通控制网和智慧公路总体研究》建设实施规划,立足城市智慧公共交通发展需求,响应新一代国家交通控制网试点示范工程"城市交通智能化应用——新一代智能公交控制系统"的实施内容,构建新一代城市公共交通智慧云脑平台,包括公共交通基础设施感知智能化、运营管理服务智能化,推动新一代交通控制网在城市公共交通领域的示范应用,提高公共交通的运行效率,推进绿色公共交通发展,减少公共交通的能耗与污染。

城市公共交通是满足人民群众基本出行需求的社会公益性事业,与人民群众生产生活息息相关,是政府应当提供的基本公共服务和重大民生工程。城市公共交通发展进入新的时代,亟须深入破解交通安全、交通拥堵、交通污染等重大交通民生难题和新型城镇化交通发展难题。城市公共交通是由道路基础设施、车辆和支撑运行与服务系统组成的一个边界开放的复杂系统,充分满足新一代国家交通控制网的实施条件。需要进一步构建集智能化基础设施、交通分析平台、运行控制平台、创新服务平台于一体的城市公共交通控制体系。

以广州市为例,作为国家重要的中心城市、特大型城市,广州市基本形成以轨道交通为骨干,公共汽(电)车为主体,出租汽车、水上巴士为重要组成部分的一体化公共交通体系,公共交通日均客运量达到1519万人次,城市公共交通体量大、复杂性高,信息化智能化水平位居国内前列。目前,广州已经建成涵盖15000多辆公交车、1200多条公交线路、7000多个站点的庞大公交体系,对于公交的日常运营、调度管理以及安全监管带来了极大的挑战。亟须通过构建新一代智慧公共交通控制网,为城市公共交通

构建“云脑”,以创新驱动,形成主动、开放、协调、动态的发展机制,促进城市公共交通安全、高效、绿色发展。

为贯彻落实粤港澳大湾区发展规划,加快和深化公交都市建设,构建高品质的公共交通系统,交信投基于公交车联网、大数据、人工智能及5G等技术,打造一套完善的“信息化采集体系、公交大数据分析体系、构建公共交通智慧云脑”智能化综合管理与服务体系,实现对广州市公交动、静态信息的全面采集、可靠传输、行业分析和充分利用,大幅度提升公共交通行业调度运营管理水平、安全生产监管水平以及科学决策能力,提升企业生产运营效率,节省企业管理成本,实现公众出行服务信息的动态生成和多模式发布,进一步提高公交资源利用效率,提升公交出行的效率和品质。

二、内涵:融合智能+数字化创新,构建公共交通智慧云脑体系

基于公共交通供给侧不充分、不平衡的问题,以数字化感知、网络化传输、智能化应用为总体框架,集成物联网、云计算、大数据、人工智能、移动互联网、边缘计算、5G等新兴技术,根据公共服务需求供给理论,以“理论研究、技术融合、应用验证”的模式,构筑公共交通智慧云脑管理服务体系,包含技术体系、应用体系、评价体系三大体系,通过对各类交通要素的实时监测、数据分析、动态控制、高效交互、综合评价,形成自动采集、更新、处理、分析、反馈、优化的复杂智能交通系统,全面解构乘客需求,动态匹配运力,满足公共交通安全保障、高效运作、绿色出行的需求。公共交通智慧云脑管理服务体系平台建设内容包括五个子系统,每个子系统既独立运作,又通过业务逻辑、数据融合相互交织,成体系、数字化协同创新发展(图1)。

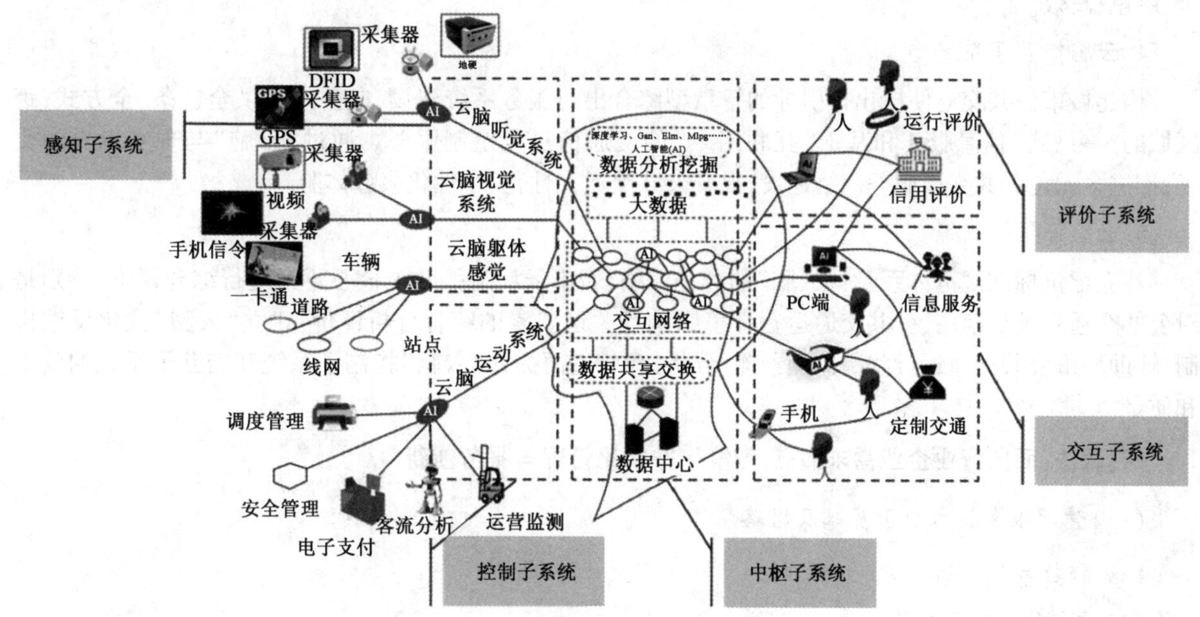

图1 公共交通智慧云脑体系架构

三、理论:通过数据融合、技术驱动,促进数字化转型创新管理

(一)公共交通服务供给需求理论应用

城市交通拥堵日趋严重,需要优先发展公共交通、调整交通出行结构、提高公共交通分担率,这需要结合公共交通服务供给需求理论,紧扣公众出行需求特征与发展趋势,从供给侧结构性改革应用智能+数字化技术创新,推动管理服务变革。

通过供给侧的数字化、规范化管理运营,促进公共交通服务的规范高效,满足公众发展型需求。随着经济社会的发展和公民素质的整体提升,公众对公共交通的需求和期待不断提升,公共交通运营管理呈现出越来越强的专业性,这就对服务的专业化、便捷化、科学化水平提出了要求。要提高整体规划水

平,构建完善公共交通数字化管理服务体系,有效控制服务管理运营过程,保障公共交通服务的及时性、有效性,为公众提供便捷高效的服务,并加强服务监管,健全公共服务的运行流程、绩效标准和监管体系。

(二)公共交通智慧云脑体系平台构成

1.云脑感知子系统

综合采用交通一卡通、GPS、地磁、视频、雷达等传感器,结合无人机、手机信令等新的数据采集方式,集成了公共交通站场、线网、站点、客流、道路等人、车、路交通基础设施及信息采集系统的数据信息感知采集,通过"云脑"的视觉、听觉、嗅觉、触觉等神经网络自动感知,全方位感知公共交通运行、管理、服务状态,向"云脑"中枢子系统输出庞大的数据资源。

2.云脑中枢子系统

具备数据共享交换、分析挖掘功能,形成城市公共交通数据集成综合分析的总引擎,向"云脑"控制子系统、交互子系统、评价子系统输出数据能力,为"云脑"提供自动优化控制、智能分析挖掘、动态交互评价的中枢神经和超强大脑。

3.云脑控制子系统

通过数据监测、预测分析,引入新兴技术再造业务流程,支撑公共交通客流分析、智能调度、动态监测、电子支付、安全管控等科学管理、智能运行,形成"云脑"与现实世界的"云反射弧",支撑公共交通安全、绿色、高效。

4.云脑交互子系统

构建城市公共交通便捷出行引导的智慧型综合出行服务系统建设,向公众提供全链条、全方式、跨区域的"一站式"信息服务和基于"互联网+"的交通信息化定制服务。通过"云脑"与现实世界的交互,推进多元化公共交通服务网络建设,提升公共交通人性化、个性化服务体验。

5.云脑评价子系统

建立评价标准规范体系,对"云脑"的神经网络、城市云反射弧两个核心要素进行综合评价,特别是对公共交通驾驶员信用、公共交通运行环境影响等关键要素的综合分析评价,建立"云脑"优化反馈机制,辅助城市公共交通运行状况监测预测、分析控制,进而提升"云脑"控制子系统和交互子系统的效率和质量。

四、做法:面向行业企业需求痛点,智能+数字化管理与服务创新

(一)管理服务技术应用基础及思路

1.云脑数字化感知

(1)重点公交线路客流采集

使用高识别准确率的检测设备和检测手段,在比较复杂的实际使用环境下,对客流(包括上车和下车客流)进行比较准确的采集统计,实现对公交客流的掌握和统计分析,一方面能够提高政府部门和企业对公交客流的掌握,提供线路和调度需求分析的数据支持,另一方面也能够向公众发布公交载客量信息,提高公交信息发布服务水平。

选取若干重点公交线路安装车载视频客流检测设备,实现上下车人数监测,同时监测车内秩序,配套建设其他辅助设施保障前端客流实时采集传输。建立公交客流数据库,实现公交客流数据的汇集。实现基础采集数据的预处理与对外交互,为公交调度、客流分析、公交信息服务等业务应用提供基础数据资源,并实现公交客流数据在行业主管部门、公交企业内部的充分共享。

(2)公交站场人群监测

站台候乘客流是公交调度的重要依据,目前尚无定量化采集实现候乘客流检测的手段,特别是到了节假日或者重要活动期间,公交站场人群聚集临时性、突发性明显,为保障及时疏运高峰客流,需要借助技术手段实现公交站点候乘人数监测,因此计划利用视频与信令数据实现公交场站候乘人数的实时监测,为公交运力调度提供数据支撑。

采用手机网络信令采集和视频分析技术,对公交站点实行候乘监测,通过通信运营商对手机用户的分布和行为属性进行检测、统计分析,并在重要公交站场安装视频监测设备,实现广州市重点公交场站的人群热力图,并针对重要公交站场提供人群实时数据、区域历史人群、流入人群分析、人群来源分析等数据,为公交站场人群候车、公交调度、节假日或活动保障等情况提供决策分析支持。

(3)车辆 CAN 总线监测

随着信息通信网络的全面高速覆盖,在车辆技术安全动态管理上有了较好的通信支持,填补了车辆技术、安全动态管理方面的欠缺。接入各公交企业 CAN 数据,采集公交车驾驶行为、车辆情况、车辆运行情况等数据,使得公交企业能够掌握公交的驾驶、运行、车辆等信息,进一步提高车辆及驾驶安全管理的水平,并在公交领域进行规模推广应用。

CAN 总线设备通过收集公交车辆的 CAN 总线、发动机/电机、电池、电器等实时数据,并对数据进行解析、分类,通过无线网络发送至服务器,形成了车辆技术、安全的实时监控系统,为公交企业的日常运营管理、驾驶员安全驾驶监控及考核提供有效的数据支撑,提高公交运行服务水平。

2. 云脑开放化中枢

建设面向交通运输行业的一体化数据共享交换平台,从多渠道采集行业数据,形成庞大的行业基础数据库和业务数据库;根据交通运输部及地方相关标准对基础库数据进行标准化处理形成标准库;建立不同主题的数据集市,分行业进行数据挖掘,从大量历史数据中提取出真正有意义的数据信息,在城市大交通的高度提供科学的决策支持等方面发挥其应有的作用。

同时,提供基于数据库对接、文件传输对接和数据接口服务等多种方式的数据出口,向各数据需求系统提供静态和动态数据,可大大提高行业间数据共享和交互水平与效率,实现跨部门、跨系统、跨单位的信息共享和业务协同。

3. 云脑网络化控制

(1)公交客流 OD 及综合分析

利用刷卡数据、车载视频客流检测数据、公交路单数据、公交 GPS 数据以及公交场站候乘数据,对车辆、站点、线路客流进行更加精细化的分析,为公交集团运力调配做好数据基础分析工作。主要打通线路、站点、车辆、场站、交通分区等公交基础数据,构建城市公共交通庞大线网、路网数据系统。通过统一管控平台管理,实现数据处理系统同步,高效解决基础数据存在的编码、存储、处理和使用方式不同的问题,有效整合资源,提高城市公共交通服务水平。

利用 IC 卡刷卡数据、出租汽车 GPS、手机大数据以及交通调查数据等挖掘城市人群位移规律,掌握城市市民出行需求和出行特征,为公交线网优化、公交和出租汽车运力投放提供数据分析支持,包括交通小区管理、IC 卡出行分析、出租汽车出行分析、出行热点分析、集散量分析、出行 OD 分析、职住人口分析、公交线路新开需求分析、数据校核、交通调查问卷出行统计功能以及交通调查功能,对运营过程中产生的动态、静态数据进行收集、统计、分析。客流分析的重点是客流在时间与空间上的分布特征、动态变化规律,以及它们与公交组织、能力配备的关系。

(2)多模式智能公交调度

目前,我国大部分城市依然沿用"定时发车,两头卡点"的公交调度方式,这种公交调度方式经验性强,技术性差,不能有效满足不同时段的乘客需求。通过实时公交调度能够很好地解决乘客需求分布不均的问题,提高公共交通的服务质量。通过智能公交运营调度系统的计划排班系统,能够实现无纸化排班发车,并且能实时对车辆计划的安排实施进行监控,实现高效利用车辆资源,优化车辆调度,及时有效地满足乘客需求。

通过调查分析,基于大数据驱动和机理建模相结合的方法建立公交车优化调度模型,采用粗糙神经网聚类、混合混沌量子进化算法相结合的方式设计模型的求解算法,采用面向对象和 Agent 技术进行城市公交智能调度系统原型系统开发,对试点公交线路的数据进行模型和算法仿真分析、训练,开展模型、算法和城市公交智能调度系统实际应用检验、改进、完善。通过大数据处理技术和机器学习算法,分析线路运营管理需求、完善公交智能调度系统、优化公交智能调度排班,建立评价指标体系并持续监测分析,有效提升公交调度效率,不断提高发车班次与客流需求的匹配性,提高公交车辆利用率,降低公交企业的运营成本,提高公交企业运营管理能力,促使线路资源发挥最大效能,提升公交服务质量,增强乘客舒适性和信息服务能力,提升公交出行服务可靠性。

(3)新能源车辆动态监测

通过对运营车辆状态的监控,实现车辆充电过程的充电参数数据流的标准化采集;对指定车辆的故障发生率等定制化运营指标进行统计分析,提升车队安全运营水平;降低车队平均能耗;实现车辆健康动态监控。

建设新能源车辆动态监测平台,实现现有及未来投产的所有新能源车辆的车载数据直接接入,加强车辆行车姿态、电气设备、充电设施的动态监测管理,提高纯电动公交设备设施的智能化管理水平。及时响应企业数据采集与监测的需要,加强新能源营运车辆安全和应急管理,为新能源汽车动态管理及安全预警提供支撑。为公交运营调度、充电资源调度提供翔实、实时配置灵活的行车动态数据,提升新能源车辆运营环境下公交车调度运营的效率水平,进一步提升企业经济效益。

(4)营运车辆安全管理

采用先进的安全驾驶防御设备,运用信息数据获取技术和感知技术,采集更丰富的客运车辆运行分析数据、车辆驾驶员驾驶行为数据和规范驾驶行为特征数据,进一步充实营运车辆行业数据库,并构建客运车辆安全驾驶管理分析系统平台,对营运车辆驾驶员驾驶行为数据进行精细化分析。

从政府行业精细化管理角度,辅助交通管理部门加强针对营运车辆驾驶员违规操作和行为规范的管理和考核,辅助建立营运车辆驾驶员驾驶行为评估机制;解决营运车辆安全驾驶行为采集数据手段单一、数据精度不高、无法进行深入分析等问题。从引导企业加强运营组织管理、强化运输安全生产、带动推广应用的角度,建设运营车辆前端驾驶行为数据采集系统、后台数据分析系统平台,进一步通过对数据的分析积累,形成对驾驶行为定性定量的判断机制,从而发挥交通管理部门的行业指导作用,形成行业内的行为规范。同时,为减少营运车辆安全事故,提高驾驶员行为规范提供有力信息化支持。

4. 云脑响应式交互

(1)“互联网 +”交通定制服务

在交通大数据应用分析的基础上,掌握市民出行规律,全方位统计市民出行需求,结合企业的运营模式,利用移动互联网手段,打造“互联网 +”交通全方位定制服务。在 BRT 出行服务方面,由于 BRT 乘客使用频率高、使用次数多,站台及周边区域的乘客指引服务是影响用户乘坐 BRT 体验的重要原因。BRT 出行综合服务平台为乘客提供动态信息指引、静态信息指引、车辆到站提醒等信息服务。

通过面向公众的“互联网 +”交通服务平台,提供全方位定制服务,解决常规公交线路站点覆盖不到位、高峰时段车厢拥挤等交通运输领域的热点问题。通过整合信息指引,改善 BRT 信息服务,优化乘客乘车信息指引,提升用户乘车体验,BRT 信息指引更加人性化,打造广州公交出行新名片。依托移动互联网技术、云计算技术、大数据技术等,搭建用户出行平台,打造智慧公交出行的标杆。依托移动互联网技术、新一代移动通信技术,搭建公交智慧出行的综合服务平台,通过信息化手段,整合如约出行、羊城通、站台电子站牌系统,让乘客足不出户提前了解出行方案,提升 BRT 乘车体验,提前明确乘车方向、线路、时间等信息,打造智慧公交出行的标杆。

(2)新型响应式旅游公交信息服务

试行类似香港“叮当车”的新型运输方式,确立以需求为导向的智能调度系统,通过试点推行一键叫车、人脸识别、分级指挥与实时通话、公交车厢客流检测、乘客信息交互服务等新技术应用,构建新型旅游公交信息化体系,体现旅游公交线路特色,打造新型智慧公交窗口,建设国际一流、独特、创新的城市公交系统,在珠江新城新型旅游公交环线的基础上,进一步开展示范应用。

通过建设一键叫车信息系统,设计公交需求快速响应业务场景,建立公交需求快速响应标准,有效采集乘客的乘车需求,实现以乘客需求为导向的公交快速响应和智能调度,创新公交调度管理模式,并进一步提升市民对公交服务的满意度。开展公交需求快速响应机制的试点工作,围绕公众出行、运营质量、线路资源调配等方面,实现以乘客需求为导向的公交快速响应和智能调度;在公众出行层面,实现缩短乘客候车时间,提高市民对公共服务的满意度;在运营质量层面,实现减少车辆拥挤度,提高现有公交线路载运能力;在线路资源调配层面,实现提高公交资源使用效率。

5. 云脑闭环式评价

(1)公共交通驾驶员信用管理

当前驾驶员数据信息和相关配套制度,与个人信用体系综合管理信息建设要求相比仍存在一定差距。目前,交通运输企业对驾驶人员信息数据的采集范围依然过小,驾驶员数据更新滞后,信息共享不足,缺乏有效的管理机制。进行驾驶员个人信用体系综合管理信息系统的研究与建设,深入采集与利用驾驶员信息,建立驾驶员信用体系和管理机制,实现对驾驶员的智能化管理,解决企业运营管理缺乏客观、全面的支撑平台的问题。从而在技术角度上强化对驾驶员的管理,树立驾驶员遵纪守法、诚信服务的良好形象,提升公共交通行业管理服务水平,构建和谐社会,整体提升交通安全和城市形象。

通过整合现有驾驶人员基础数据,拓宽驾驶人员基础数据来源,规范个人信用档案数据,建立规范的驾驶员数据库;搭建驾驶员个人信用体系综合管理信息系统软硬件平台,实现驾驶员综合管理、个人信用管理和继续教育管理等功能;进一步深化驾驶员信息化管理,提高管理效率;强化个人信用管理机制,加大个人信用信息应用力度,推进社会信用体系建设。

(2)公共交通环境影响动态评估

城市公共交通的出行频次、出行区域、服务对象均是城市交通体系的重要构成。公共交通产生的空气污染物和噪声是交通污染控制的重要内容,也是衡量绿色交通系统的重要组成部分。通过对公共交通系统"人-车-路"相关数据信息进行动态实时采集、汇聚和处理,对公共交通系统实时运行产生的空气污染物排放和噪声进行计算,并进行高时空分辨率的动态实时分析、渲染、展示,进一步评估公共交通运行带来的空气质量影响和噪声质量影响,为公众提供一个可视化信息平台。同时,设计不同的污染控制情景,对公共交通空气污染物、噪声排放量进行预测及评价,从而为公众出行提供更丰富的出行环境质量预测信息,为管理部门提供公共交通系统调控后的排污状况和环境质量影响状况。公共交通环境影响动态评估系统的建成,将有助于动态实时掌握公共交通在网车辆、各运行线路的实时运行排放情况以及对周边重要区域环境的影响,可为及时采取有效的管理措施和把握实施效果提供定量的数据依据和平台支持。

通过采集的实时公共交通动态运行特征、车辆技术水平、出行人群等信息,构建包含公共交通在网车辆技术水平信息管理、实时公共交通出行特征评估、实时公共交通尾气排放和噪声评估、公共交通环境质量影响评估、公共交通运行决策评估等功能的环境影响动态评估系统,为管理部门掌握公共交通实时运行排放、制定交通污染管控政策和措施提供技术支撑和依据。

(二)智能+数字化创新应用实践

随着5G车路协同技术的发展,融合车辆卫星定位、智能视频、CAN总线、移动支付、站台、信号等人车路大数据,通过数字化感知、网络化传输,构建城市公共交通智慧"云脑"平台,将以前割裂的数据系统、平台进行整合,形成智能中控,在城市营运车辆的客流分析预测、智能排班调度、驾驶行为分析、安全驾驶防碰撞等方面开展智能化应用(图2)。

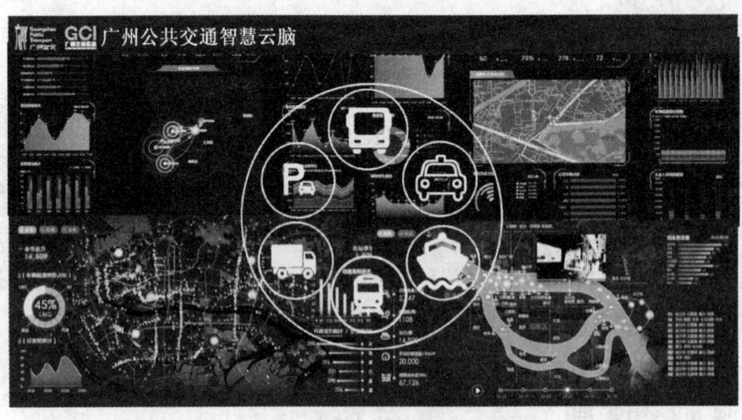

图2 "云脑"智能化应用

1. 精准分析预测客流,掌握来源、去向、密度等动态及规律

在公交日常运营中,公交运力与客流均衡匹配是公交服务的重要考核内容。目前,"云脑"已实现了OD分析、趋势分析、客流走廊分析、站点客流分析、换乘客流分析、线路客流分析、班次客流分析、职住分析、客流画像等客流分析功能(图3)。基于各种宏观、中观及细粒度的客流数据可以形成多维度的分析、关联应用,支撑政府部门与企业业务。

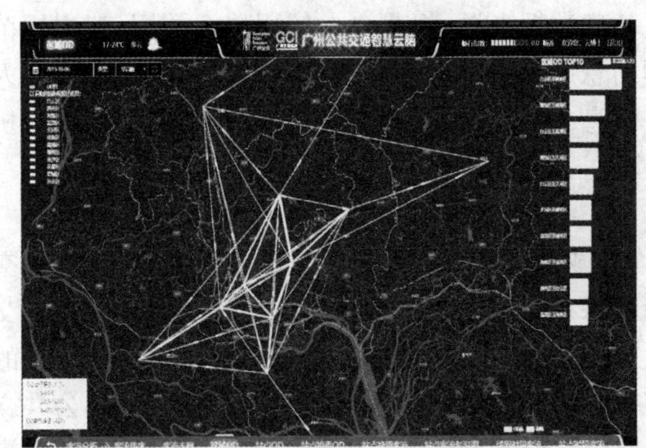

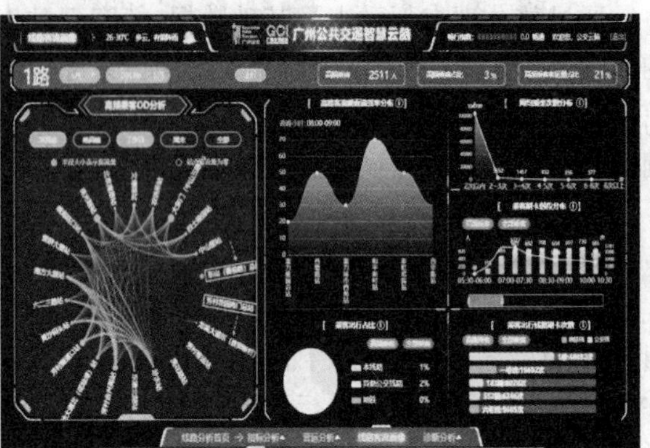

图3 公交客流分析

2. 车厢高密度载客自动预警,严控防疫期间客流密集

为支撑疫情防控和复工复产,依托云脑平台,交信投研发团队集中力量、加班加点,火速上线车厢高密度载客自动预警功能,通过抽取线路客流特征和上车乘客历史出行特征,构建AI模型,结合站台候乘客流拥挤度信息,实现对车厢满载度精准预测、自动预警(图4),控制车厢密集度,既保障复工复产出行需求,也降低人群交叉感染风险。

3. 仿真驱动的自动排班与发班,提高运营效率

"云脑"平台应用自主研究的客流预测技术,对截面站点在车客流进行预测,再利用历史数据分析公交班次的周转时间,得到这一天上行下行的周转时间,结合周转时间与截面客流高峰,综合考虑企业的刚性经营指标(包括最大发班时间间隔、长短线最低间隔、营运工时以及车辆充电需要),分析得到全天的排班计划;在自动排班的基础上,根据运营时遇到的实际情况调整发班计划,实现自动发班,自动排班计划与实际排班情况吻合度达90%以上,基本可替代人工排班(图5)。经初步测算,该技术在不影响服务品质的同时,可节省10%的运力,公共交通资源周转效率明显提高。

图4　车厢高密度载客自动预警

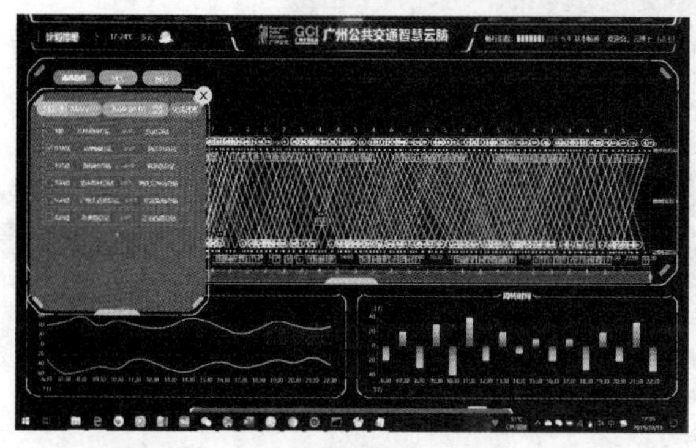

a)自动排班

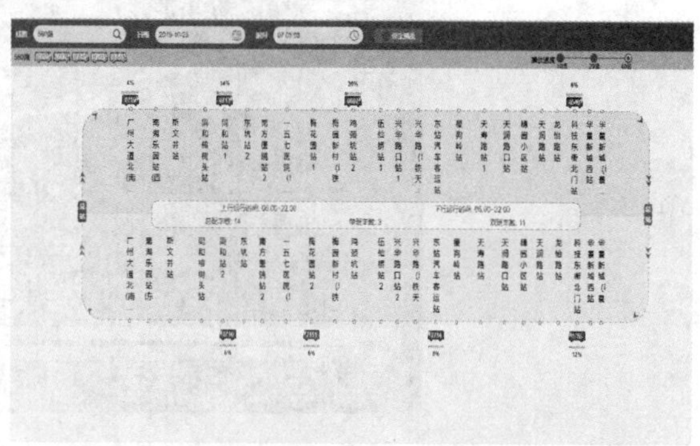

b)仿真模拟

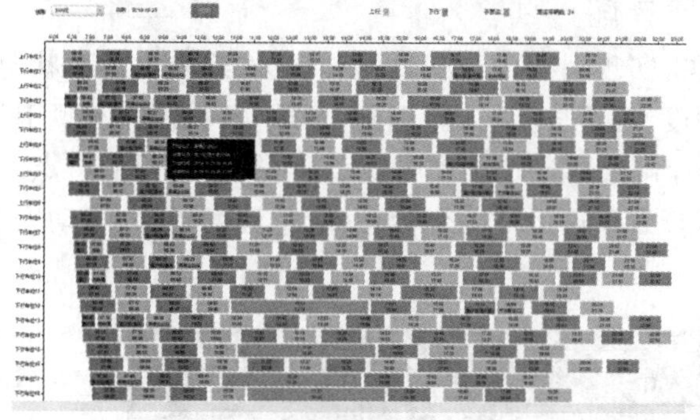

c)最优排班车位表

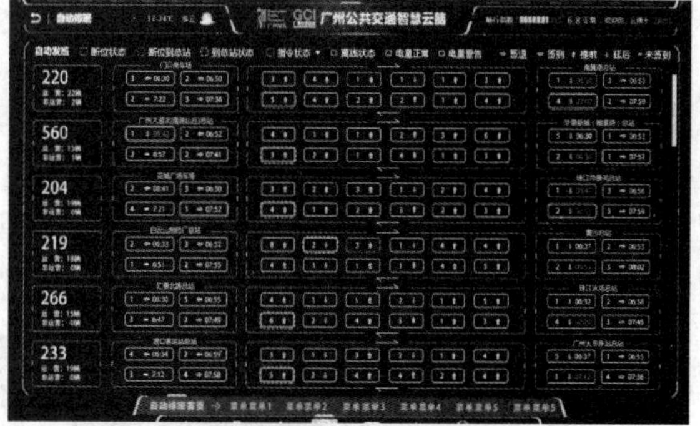

d)自动发班

图5　自动排班发班

4. 创新需求响应式公交,“一键叫车”满足定制化需求

基于需求响应的新型公交供给匹配大数据技术,颠覆传统公交“定点定线”运行模式,采用按需响应的“互联网 +”动态调度模式,按需高效匹配运力。针对客流量少的地区及时段,兼顾公众需求与企业运营成本,以“一键叫车”按需响应模式,通过一键叫车(图6)、公交车厢客流检测、人脸识别、分级指挥等新技术,减少夜班期间、偏远地区的乘客候车时间。

5. 创新试点运行5G快速公交智能调度线

利用5G“高带宽、低延时、大连接”的优势,在广州B27公交车线已试点实现车辆智能排班,该线通过5G公交智能调度系统(图7)传输公交客流、运营调度、安全提醒等10多类信息资源,建立合理评估指标体系,实现5G公交智能排班、车辆运行指标分析、安全驾驶预警提醒、客流检测等20多项功能,提高公共交通资源周转效率。

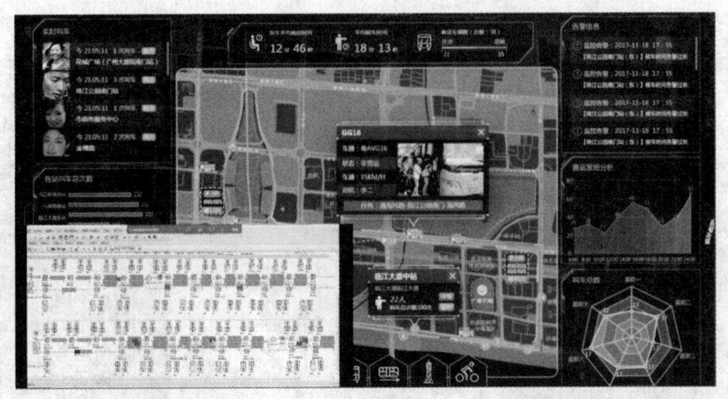

图6　一键叫车

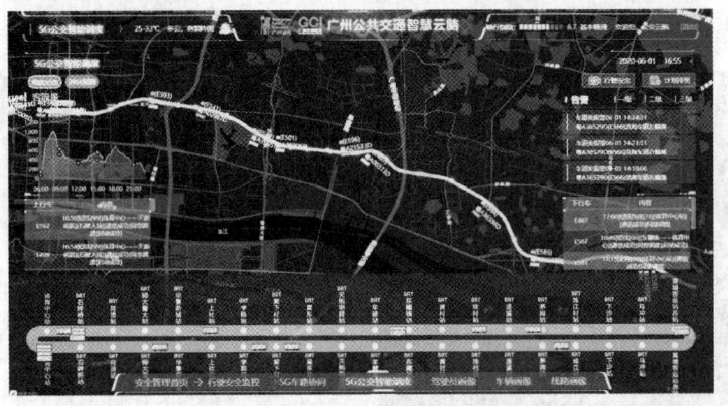

图7　5G 公交智能调度

6. 公交行车安全监控与预警,实现一体化主动安全防控

公共交通智慧"云脑"平台能够通过5G 智能网关,实现对驾驶员安全驾驶行为、驾驶员健康状况、车身周际行车环境实时监控(图8),同时掌握智能调度、客流分析、人脸识别、车载实时视频、车辆卫星定位、能源消耗、车辆机件及运行状态等数据,通过5G 网络移动增强型带宽、高可靠低时延的特点,实现"一张图、一个平台"对营运过程的实时可视化管理,为车辆运营综合管理、应急调度指挥、主动安全防控提供支撑服务。

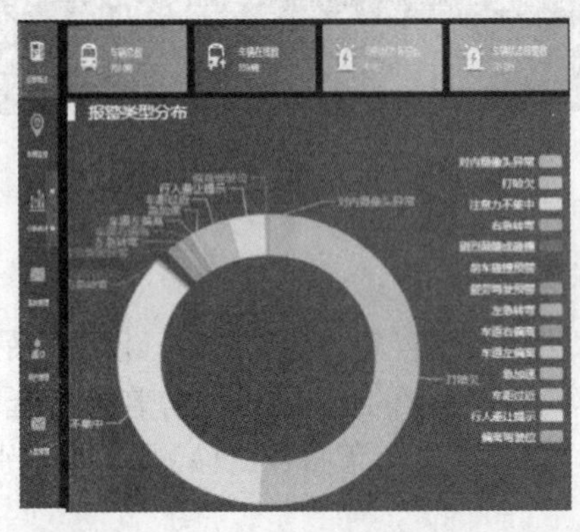

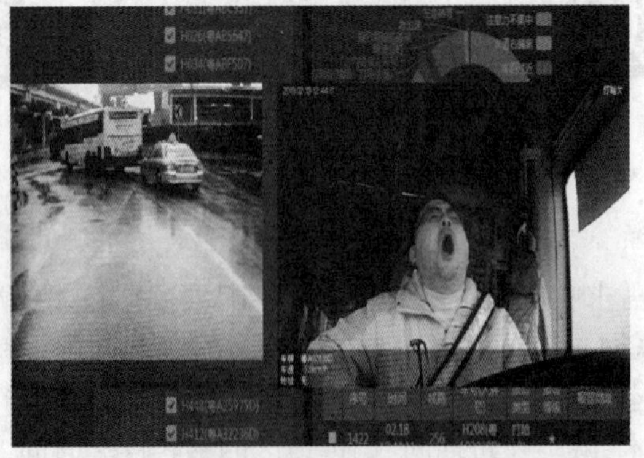

图8　驾驶员安全驾驶行为监控与预警

7. 综合交通信息实时发布,满足乘客选乘信息查询需求

车厢满载度、实时公交等信息可通过"广州交通·行讯通"App(图9)等渠道发布。通过"广州交通·行讯通"App,可以查询最优候车位置、车辆到站预测信息、是否有座位等,实现便捷出行。在疫情防控期间,市民可选择车厢满载度较低的车辆,降低病毒交叉感染的风险。

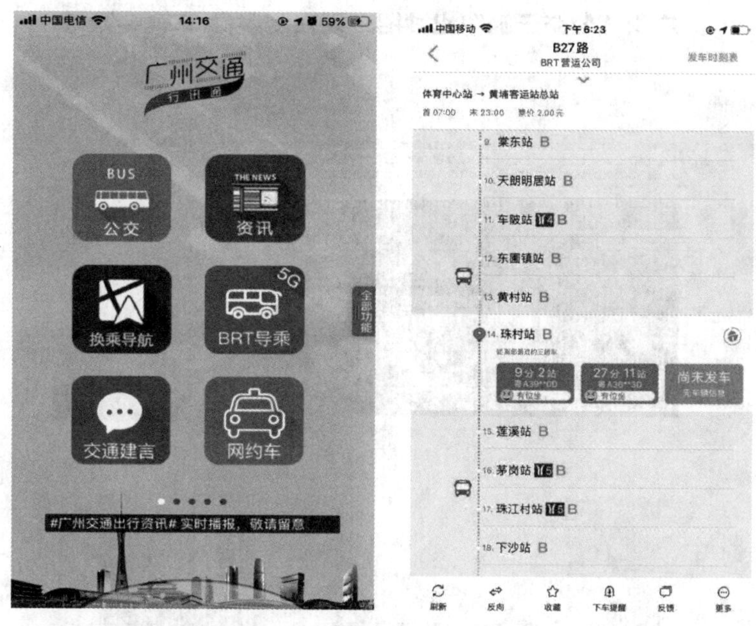

图9 “广州交通·行讯通”App

五、成效：有效促进企业提质增效，获得科技荣誉和社会认可

成果应用覆盖广州市15000多辆公交车、1200多条公交线路、7000多个站点，可节约公交企业8%的运力，即可一次性节约购车成本超过10亿元、每年节约运营成本1亿元。同时，项目推广后带动相关产业的发展，推动监测传感器、数据采集设备、分析控制设备产业化，带动智能交通产业链的发展，支撑交通强市、智慧城市建设。

城市公共交通智慧云脑是一个数据量庞大、分析计算复杂、应用功能较多的综合性公共交通大平台，平台的建设必须要有较好的数据基础、技术水平和研发能力等。交信投立足广州交通信息化智能化建设十几载，建设了上百个交通信息化系统，有大量的数据积累与沉淀，有丰富的技术经验，同时，公司注重研发创新，研发投入持续增长，具备规划设计、软件开发、硬件研发、系统集成以及大数据智能化技术开发等综合业务研发能力，建设了统一数据平台、统一用户平台、统一支付平台，整合业务资源，提升研发效率和用户体验。

成果应用获得了《人民日报》、广州广播电视台、《广州日报》、广州交通电台《南方日报》、央广网、新浪网、凤凰网、腾讯等多家媒体宣传报道(图10～图12)。

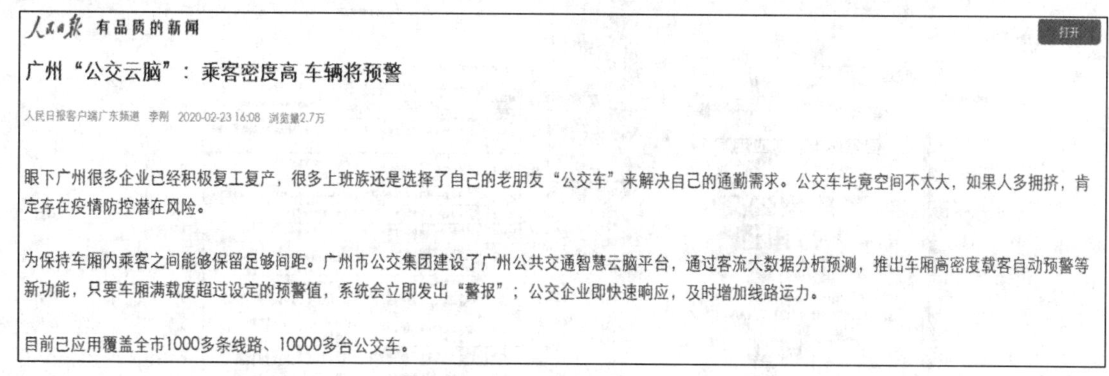
人民日报 有品质的新闻 打开

广州“公交云脑”：乘客密度高 车辆将预警

人民日报客户端广东频道 李刚 2020-02-23 16:08 浏览量2.7万

眼下广州很多企业已经积极复工复产，很多上班族还是选择了自己的老朋友“公交车”来解决自己的通勤需求。公交车毕竟空间不太大，如果人多拥挤，肯定存在疫情防控潜在风险。

为保持车厢内乘客之间能够保留足够间距。广州市公交集团建设了广州公共交通智慧云脑平台，通过客流大数据分析预测，推出车厢高密度载客自动预警等新功能，只要车厢满载度超过设定的预警值，系统会立即发出“警报”；公交企业即快速响应，及时增加线路运力。

目前已应用覆盖全市1000多条线路、10000多台公交车。

图10 《人民日报》宣传报道

“云脑”平台创新应用成果还荣获了2019年度中国智能交通协会科学技术奖二等奖、2019年度中国(小谷围)“互联网+交通运输”创新创业大赛二等奖、智慧城市创新应用案例奖等荣誉(图13)。

广州“公交云脑”出妙招：乘客密度高 车辆会预警

央广网广州2月23日消息（记者郑澍 通讯员公交宣）随着企业复工复产，公交出行的安全性成为公众关注的焦点。记者从广州公交集团了解到，广州公共交通智慧云脑平台，通过客流大数据分析预测，推出了车厢高密度载客自动预警等新功能。

作者最新文章

证监会：取消或调整证券公司部分行政审批项目

“人工智能训练师”成新职业：让智能更“懂”人类

「每日一习话」积小善为大善，善莫大焉

相关文章

“线上购票、人脸识别测温、城市公交新服务了解一下”

图11　央广网宣传报道

图12　央视新闻频道宣传报道

广东省工业和信息化厅第一批数字技术产品和解决方案公示名单

(以下排名不分先后)

广东省工业和信息化厅第一批数字技术产品和解决方案公示名单

(以下排名不分先后)

序号	申报类别	单位名称	产品和解决方案名称
62	大数据	广州交通信息化建设投资营运有限公司	城市公共交通云脑疫情防控客流大数据解决方案
63	大数据	广州金越软件技术有限公司	金越大数据智能疫情防控解决方案
64	大数据	广州欧赛斯信息科技有限公司	基于AI技术的疫情联防联控监测分析平台
65	大数据	广州青鹿教育科技有限公司	青鹿智慧教学系统
66	大数据	广州市浩翔计算机科技有限公司	AI体温监测预警系统
67	大数据	广州市华矩商业信息科技有限公司	华矩定点疫情查询室
68	大数据	广州市品高软件股份有限公司	品高数据湖管理平台
69	大数据	广州市为人软件科技有限公司	上下链-获客营销与带货销售平台
70	大数据	广州市中智软件开发有限公司	新冠肺炎发热门诊大数据跟踪管理系统
71	大数据	广州市中智软件开发有限公司	疫情防控大数据综合应用平台
72	大数据	广州视联动力技术有限公司	视联网疫情防控应急指挥大数据服务平台
73	大数据	广州天长通信技术有限公司	基于大数据分析的校园智能防疫监控管理平台
74	大数据	广州羊城通有限公司	公共交通防疫调度系统

图13　获得的荣誉奖励证书

“三驾并驱式”技能等级自主评价体系建设

北京公共交通控股(集团)有限公司

成果主要创造人:王春杰　朱　凯

成果参与创造人:洪崇月　高　原　谢　静　韩博亚　丰　帆　谷艳岭
李金刚　谢亚平　余秀勤

北京公共交通控投(集团)有限公司(简称“北京公交集团”)成立于1921年,是以经营地面公共交通客运业务为依托,多元化投资,多种经济类型并存,集客运、汽车修理、旅游、汽车租赁、广告等为一体的国有独资大型公交企业集团。现有城市公共交通运输、公交资产投融资与管理和汽车服务贸易三大主业板块,立足首都,服务京津冀,努力打造成为国内领先、世界一流的现代公共交通综合服务企业和城市客运出行综合服务商。

截至2019年底,北京公交集团总资产581.3亿元,净资产391亿元,共有二级企事业单位26个,其中,公益性企业18个、市场化企业6个、直属事业单位2个,共有员工97168人。在册运营车辆31378辆,常规公交线路1162条,多样化线路455条,有轨电车线路1条。2019年,北京公交集团公共电汽车行驶里程达12.79亿公里,年客运量达31.34亿人次,日均服务量近900万人次,运营规模和服务能力在全国城市公共交通发展中处于龙头地位,发挥引领作用。2018年,北京公交集团牵头与全国30个城市公交集团联合成立中国公交企业联盟。作为中国公交企业联盟的龙头企业,北京公交集团一直致力于积极促动公交企业间资源共享、互惠互利、相互促进、共同发展,不断推进行业创新进步和可持续健康发展,助力交通强国建设。

一、建设背景

(一)政策背景——国务院、北京市推行人才发展体制机制改革

2017年,《人力资源社会保障部关于公布国家职业资格目录的通知》(人社部发〔2017〕68号)推进人才发展体制机制改革,指出国家按照规定的条件和程序将职业资格纳入国家职业资格目录,实行清单式管理,目录之外一律不得许可和认定职业资格。

2018年,《国务院关于推行终身职业技能培训制度的意见》(国发〔2018〕11号)鼓励建立技能人才多元评价机制。健全以职业能力为导向、以工作业绩为重点、注重工匠精神培育和职业道德养成的技能人才评价体系。建立与国家职业资格制度相衔接、与终身职业技能培训制度相适应的职业技能等级制度。完善职业资格评价、职业技能等级认定、专项职业能力考核等多元化评价方式,促进评价结果有机衔接。

2019年,北京市人力资源和社会保障局、北京市财政局《关于印发〈北京市职业技能提升行动实施方案(2019—2021年)〉相关配套文件的通知》(京人社能发〔2019〕142号)中指出,将在北京市企业中开展职业技能等级认定试点工作,试点企业按照“谁评价、谁负责、谁发证”的原则承担主体责任。

(二)现实需要——北京公交集团技能人才队伍建设面临的问题

1.6万余名主体工种职工失去技能晋升通道

北京公交集团作为北京市属第一大国企,承担着首都地面公交主体运营任务。截至2020年6月

底,共有工人 85616 人,其中技能人才 70353 人,占工人总量的 82.2%。北京公交集团主体工种为驾驶员、乘务员、调度员和保修工,共有 67964 人,占工人总量的 79.4%。国家职业资格制度改革后颁布的《国家职业资格目录》中仅包括四大主体工种之一的维修工,而驾驶员、乘务员和调度员未被纳入,直接导致 3 个工种的 61008 名职工失去技能晋升通道。历年来,北京公交集团一直高度重视职工职业技能提升工作,将职工的技能水平作为薪酬激励、劳动用工和教育培训等工作的重要考量依据。因此,国家职业资格制度的改革,极大地制约了北京公交集团技能人才的发展,也给企业在创新发展中的人才供给造成了极大的困扰。

2. 重技能轻学历的人才队伍格局亟待转变

作为一家劳动密集型企业,北京公交集团经过多年的摸索与实践,打造了"线上" + "线下"技能人才培养双渠道,形成了职工技能水平的提升与综合素质的培养双向增长的教育培养格局,培养了一批结构较为合理的技能人才队伍。但是,综观北京公交集团技能人才队伍整体情况,在人才结构上仍然存不合理的地方,特别是职工学历结构尚不能满足企业创新发展需要,具体表现为职工整体学历水平偏低。截至 2019 年 6 月底,北京公交集团共有工人 81833 人,其中本科及以上学力 3519 人,占工人总数的 4.3%;专科学历 11123 人,占工人总数的 13.6%;高中及同等学力 44356 人,占工人总数的 54.2%;初中及以下学历 22835 人,占工人总数的 27.9%。整体看来,北京公交集团技能人才队伍中具有高中及以下学历的人员占比超过 80%。

3. 薪酬设计在技能要素中的激励作用不足

北京公交集团在工人薪酬体系设计中很早就加入了技能元素,技能工人取得技能等级证书后可在相应年限后获得工资档位的晋升。然后,随着国家对技能人才队伍建设的改革深入,以及经济社会的不断发展,北京公交集团现有的随技能水平晋升工资等级的制度逐渐不能有效激励职工,具体表现为过宽的晋升档期导致职工对于不断提升技能的内生动力不足。"技高者多得"在现有的薪酬体系中发挥得远不充分,薪酬福利对技能竞相前进的促动作用表现不明显。

因此,面对国家职业资格制度改革后 6 万余名主体技能工人失去晋升技能通道的现状、北京公交集团自身技能人才队伍建设中存在的人员学历水平偏低以及技能激励政策不足的问题,构建一套符合企业技能人才队伍建设实际需求的技能等级自评价体系是十分迫切且必要的。

二、成果内涵和主要做法

(一)成果内涵

"三驾并驱式"技能等级自主评价体系是北京公交集团针对本企业驾驶员、调度员和乘务员三大工种设计的技能等级自主评价体系。它是面向企业 6 万余名在职职工、新型学徒制学员和公交高级技工学校学生开展的职业技能等级企业自主评价体系,是提高员工积极性和公司生产效率的有效手段,也是提高公司竞争力、确保公司目标顺利达成的人才保障机制。该体系通过构建"学历水平""技能水平"和"技能激励"三位一体并驱式联动,闭环式促动职工不断提升技能水平、提高综合素质,从而带动其薪酬激励中的技能要素分配,最终实现员工个人与组织的共同发展。它的主要特点包括:第一,以用人为导向,科学规划技能等级框架;第二,以学历为基准,分层分类设计技能晋升条件;第三,以实用为目标,精准分级研发技能培训系列教材;第四,以激励为动力,实现"技能要素分红";第五,以服务为原则,构建"四级联动"网格式技能评价机制。从内容上看,其包括相关工种职业标准、评价制度和实施方案。

(二)主要做法

1. 整体思路、目标和原则

北京公交集团技能等级自主评价体系基于原国家职业资格鉴定的标准要求,结合企业自身对技能人才的需求与企业人才培养的实际需要,通过技能、学历、激励三个要素联动配合、互相限制、同步提升的方式设计技能人才评价制度，从而形成"技能"+"学历"+"薪酬""三驾并驱式"的技能人才评价体系(图1)。以"技能要素分红"为导向，在技能评价中加入学历要素，督促职工注重学历水平的提高，从而达到"技能"+"学历"+"薪酬"三驾并驱的目的，为企业培养技艺高超、素质优良、训练有素的技能人才队伍打下坚实的保障。"三驾并驱式"职业技能等级自主评价体系建设过程遵从"以改革为动力，积极促动人才评价制度创新；以目标为导向，严密贴合企业技能人才实际需求；以专业为支撑，科学制定职业技能评价标准；以严谨为典范，严格规范技能人才评级制度保障"的原则，从评价方式、目标导向、规范标准、制度保障等方面，开展北京公交集团驾驶员、调度员和乘务员职业的技能等级自主评价工作，并于2019年被北京市职业技能鉴定管理中心确定为北京市第一批技能认定试点企业，通过专家评审会，完成备案工作。

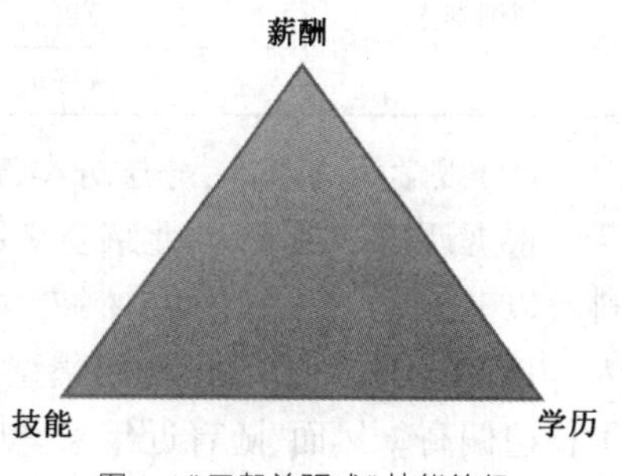

图1 "三驾并驱式"技能等级自主评价体系示意图

2. 重点创新内容的实施

(1)以用人为导向，科学规划技能等级框架

综观公交行业技能人才培养、评价与使用的现状，在公交技能人才成长通道中存在"内忧外患"的现象，直接造成北京公交集团职工技能晋升通道急需调整与完善。从外部因素看，随着中国人口老龄化社会的逐步到来，人口生育率持续走低，人才市场流通的劳动力逐年减少。同时，随着经济社会的发展，多数"80"后、"90"后适龄孩子出生在经济条件不错的年代，普遍不能吃苦，更崇尚整洁、舒适的工作环境，而公交企业作为劳动密集型企业，为保障城市居民安全出行风吹日晒、起早贪黑，十分辛苦。因此，由于工作性质及人口出生率的问题，近年来北京公交集团呈现出"招工难"的情况。新生代的年轻人，一是人数本身少，二是普遍觉得公交行业太辛苦而不愿意干这个工作。因此，近年来，新入职员工的人数越来越少且平均年龄日趋增长。从企业内部看，公交职工职业技能的提升大多取决于技能的熟练程度，需要日积月累。因此，随着职工入职平均年龄的升高，使得职工入职企业经过一段时间的工作经验积累，通过技能晋升达到一定技能水平后，特别是取得高级工等级后，普遍已经接近退休年龄，申报更高等级时在心态上普遍没有继续晋升的动力。即使有意愿继续晋升技能，也会有力不从心的现象。因为这些职工不仅年龄相对偏大，而且学历水平普遍偏低，继续晋升技师职业资格考试时，会面对更高难度的理论考试和需要一定写作基础的技术论文撰写，往往很难通过考核。

然而，从北京公交集团用工实际来看，在重大政治活动保障及实际运营生产上，对技能水平较高、经验较丰富的技能人才有切切实实的需求。基于此，北京公交集团在自身的人力资源使用与激励中，针对主体工种中的驾驶员和乘务员专门设置"企业特级"：规定职工在取得高级工职业资格后，安全行车达到一定公里数后即可晋升"企业特级"，于人力资源部备案后可获得相应津贴。"企业特级"的设置解决了北京公交集团在主体工作劳动使用中对于高级工与技师两个技能等级间的技能人才的迫切需求，也给年龄大、学历水平较低的职工在技能等级晋升与工资待遇提升中增加了一个档位。

北京公交集团在职业技能等级自主评价体系设计中，针对以上问题进行了整合设计和调整，在设计技能等级框架时于"高级工"和"技师"之间增设"助理技师"级别，加大技能框架带宽，拓宽职工技能晋升通道，满足企业对多层次技能人才的需求，同时为"技师"的培养储备后续力量，打造技能人才队伍更为合理的"金字塔"式结构。北京公交集团企业自评价等级框架与国家标准框架对比见表1。

企业自评价等级框架与国家标准框架对比表　　表1

标准对比	职　业	等级框架
国家标准	驾驶员	初级工→中级工→高级工→技师
	调度员	中级工→高级工→技师→高级技师
	乘务员	初级工→中级工→高级工

续上表

标准对比	职业	等级框架
企业标准	驾驶员	初级工→中级工→高级工→助理技师→技师→高级技师
	调度员	初级工→中级工→高级工→助理技师→技师→高级技师
	乘务员	初级工→中级工→高级工→助理技师

(2)以学历为基准,分层分类设计技能晋升条件

根据调研结果显示,北京公交集团工人的学历水平学历普遍偏低。具体职工学历水平情况如下:本科及以上3780人,占比4.5%;专科11824人,占比14.1%;高中45591人,占比54.2%;初中学历22957人,占比27.3%。作为劳动密集型企业,北京公交集团职工普遍拥有技能等级证书,技能等级比学历水平普遍偏高。然而,随着近年来呈现出的企业职工技能等级高而学历水平偏低现象的加剧,造成了在技师及以上技能等级考核中,由于理论难度的增加和技术论文撰写项目的增设,使得学历水平偏低的职工在技能晋升中很难通过技师及以上技能水平的考核,止步于高级工技能等级。

“十三五”期间,北京公交集团提出了建设“国内领先、世界一流”企业的目标,企业改革的步伐逐步加快,新技术、新工艺、新要求日新月异,对于高素质与高技能人才的需求愈加迫切,急需对职工进行“知识赋能”。然而,在“知识赋能”的过程中,企业发现职工的基础学历水平、综合素养在一定程度上决定了其对新技术、新技能、新工艺的接受程度、掌握程度和运用能力。因此,学历水平又在一定程度上限制了职工提高技能、掌握新技术。

基于此,北京公交集团在职业技能等级企业自主评价体系建设中,纳入“学历”,促使职工在提升技能水平同时,也要注重学历水平的提高,从而精准高效地提升职工技能水平,形成“技能”与“学历”的双向促动作用。整体思路为:企业以职工学历水平为基准,分层分类设计技能晋升条件,技能晋升最低学历要求为高中,学历水平越高,所需晋升年限越低,技师及以上高技能人才领军人才学历必须为大专及以上。通过将技能等级与学历水平双向挂钩,缩短了职工技能等级晋升的年限,同时提高了职工提升学历的意愿与内生动力。使职工在根本上重视自身学历水平与综合素质的提升,可以提升企业职工整体的素质水平。同时对于职工自身而言,学历水平的提升对于其更好地掌握新技能、提高技能水平等也产生良好的促动作用。实现了职工技能水平和学历水平同步提高的“两驾并驱”,同步提升了职工的技能和综合素质。北京公交集团职业技能等级自主评价体系中以学历为基准,分层分类设计的技能晋升条件如表2所示。

以学历为基准的技能晋升条件对比表　　表2

职业	职工学历	初级	中级	高级	助理技师	技师	高级技师
驾驶员	高中	1	4	7	9	无	无
	专科	1	3	5	6	9	13
	本科	1	2	3	4	6	9
	原国家标准	0	3	8	无	13	无
调度员	高中	0	3	6	无	无	无
	专科	0	3	6	8	11	14
	本科	0	2	4	5	7	9
	原国家标准	无	1	6	无	8	11
乘务员	高中	0	5	7	12	无	无
	原国家(初中)	0	5	7	无	无	无

注:数字为从入职到可以报考该级别的年限。

(3)以实用为目标,精准分级研发技能培训系列教材

职工技能等级的晋升,是理论知识与操作技能的双向提升。因此,对于职工来说,除在工作岗位修

炼"内功"、磨炼技术水平外,也需要对职工进行系统化、专业化、标准化的培训。通过行业内专家萃取职业技能知识和最新技术要求等知识点,借助"外力"赋能职工,以"内外兼修"的方式,高效、科学地提升职工的技能水平。2019年,北京公交集团根据企业技能等级评价技术标准,结合生产实际与行业内外最新技术成果,组织企业内外部专家共同研发了与技能等级自主评价体系相配套的公交企业职业技能等级认定培训系列教材(图2)。每个职业的教材均根据技能人才分类标准分为上、下两册。上册针对初级工、中级工,提供了职业入门必备的企业文化、法律法规、职业道德、基础专业知识和技术技能要求等内容。下册针对高级工、助理技师、技师和高级技师等高技能人才,将专业知识与技能进行延伸与提升,并拓展了运输管理、公文写作、办公软件应用、职业培训与指导等内容。通过专业、系统的培训,职工可以更加清晰、全面地学习技能等级相关知识与技术,为技能水平考核奠定扎实的理论基础,同时为日常工作提供知识与技术保障。

图2 驾驶员培训专用教材

(4)以激励为动力,实现"技能要素分红"

北京公交集团原工人岗位薪酬体系中设置"1~5"档工资。根据原薪酬体系规定,职工考取相应等级的技能证书后,继续从事本职业 $N(1<N<7)$ 年后才可以兑现相应档位的工资,且增加的档位额度很低。随着企业改革的深入与人均收入水平的提高,北京公交集团原工人岗位薪酬体系在薪酬激励方面的作用越来越弱,具体表现为:一方面,该薪酬体系晋升带宽过长。根据企业用工实际,职工入职的平均年龄为35~45岁,退休年龄为40~55岁(驾驶员为特殊工种,可以提前5年退休)。因此,有些职工自入职起,已然无法实现晋升5档工资,看不到职业生涯的金字塔尖。同时,根据政策,职工即使在技能取证后,依然要等待1~7年才能兑现相应档位工资,这直接导致职工对于晋升下一等级的动力不足,导致出现部分已经满足技能晋升条件职工的但没有意愿报考技能考试的现象。另一方面,该薪酬体系没有直接体现职工技能水平对于薪酬所得的积极促进作用。近年来,国务院、北京市多个政策文件中明确指出,技能人才是社会发展的重要推动力量,应大力弘扬工匠精神、劳模精神,积极促进工人提高技能的内生动力,在薪酬分配上应向关键技能岗位倾斜,实现多劳者多得、技高者多得。北京公交集团原工人岗位薪酬体系没有明确体现技能要素在技能人才薪酬分配中的引领作用。

因此,为匹配职业技能等级自主评价体系的建立,加大薪酬激励在技能水平与学历水平提升过程中的促动作用,北京公交集团实行工人薪酬体系改革,增加技能要素分红。具体为:在工人薪酬体系中增设"技能工资"模块,鼓励技术岗位职工钻研技术,考取本岗位对应的技能等级,并享受技能工资。根据规定,相关岗位工种取得技能等级证书的次年3月,月度考核合格后即可享受技能工资。通过在薪酬激励模块中增加"技能要素"分配,使职工通过技能水平的提升获得实实在在的薪酬要素分红,大大增强了职工不断提升技能水平、精湛技术技艺的内生动力,在技能要素分红的引导下,职工增加了提升技能与学历的动力,从而形成"技能水平""学历水平"和"薪酬水平"三驾马车并驾齐驱的技能人才队伍评价与激励新格局。

(5)以服务为原则,构建"四级联动"网格式技能评价机制

北京公交集团职业技能等级自主评价体系的建立,关键在于落实。然而传统公交企业始终具有业态分散、劳动密集的特点,也存在着从业人员众多、作业分散、工作时间长的情况。北京公交集团作业点分布在北京市城区到郊区,在技能人才培养中一直存在工学矛盾突出、技能考试流程复杂的问题。因此,北京公交集团职业技能等级自主评价体系在运营机制上,专门设计了"集团—认定机构—分公司—车队"四级层层联动的机制;集团公司负责政策的制定与自主评价工作的监督指导;认定机构负责自主评价工作的具体实施,包括资格审核、培训、考核、证书制作与备案等工作;分公司负责政策宣传、资格初审、基础材料报送、公示等工作;车队负责与职工面对面的政策解读、报名、自主评价结果的通知等工作。通过自上自下、自下至上的双向层层联动和二级单位间及其与认定机构间的横向协调,在北京公交集团内部形成网格式的职工职业技能自主评价工作模式,从而全方位地为职工开展技能水平评价的服务工作。使得职工在晋升技能等级的过程中,在"宣传—报名—初审—复审—培训—考核—公示—发证"整个过程中,层层有服务、事事有解答,通过四层联动机制为职工技能晋升提供绿色、科学、专业的技能晋升通道。

3. 坚定的组织支撑保障

技能评价工作从国家职业资格鉴定转为企业职业技能等级认定,使得技能人才评价的主动权由政府转移到企业。技能评价工作是技能人才独特的职业生涯晋升通道,事关技能人员的切身利益和个人发展。同时,它也是企业技能人才队伍建设与使用中的关键环节,而技能人才队伍是企业长足发展的基础保障。因此,北京公交集团在开展技能等级企业自主评价工作中承担的责任重大。为确保开展职业技能等级认定工作时始终坚持客观、公正、科学、规范的原则,使认定过程经得住检查,认定结果经得住检验,在保持创新、专门定制具有公交特色的职业技能人才自主评价体系的同时,北京公交集团严格按照"谁评价、谁负责、谁发证、谁统计"原则承担主体责任,建立问题查处和责任追究制度,主动接受上级领导部门监管和职工监督,让技能等级认定工作公平、公正、公开,更加贴近企业的生产实际,为企业发展战略落地提供坚实的人才保障。

基于此,北京公交集团成立职业技能等级认定专门的组织机构,确保技能等级自主评价方案的科学、严谨、规范,以及评价过程的公平、公正、公开。

①成立北京公交集团职业技能等级认定领导小组。由北京公交集团党政主要领导担任职业技能等级认定领导小组组长,统筹规划北京公交集团内部职业技能等级认定重大事项。人力资源部、认定实施机构、各职业相关专业部室、工会负责人任领导小组成员,领导小组定期召开会议,审议议定北京公交集团职业技能等级认定重大事项。北京公交集团职业技能等级认定领导小组下设办公室,成员包括北京公交集团人力资源部和认定实施机构主要领导以及相关工作人员,主要负责制定认定工作方案、审核年度认定计划、组建内部督导员队伍、监督检查认定效果等。

②指定北京公交集团职业技能等级认定实施机构。为确保职业技能等级认定工作顺利落地实施,北京公交集团专门成立职业技能等级认定中心作为认定实施机构,负责职业技能等级认定工作的组织与实施、组建考评员队伍、审查企业人员报名资格和破格申报材料、指导各专业考评组开展认定工作、总结认定工作情况、提交年度工作报告等工作。

③组建两支技能认定实施保障队伍。一是组建北京公交集团职业技能等级认定质量内控人员队伍。负责监督检查认定过程是否公平、公正、公开,认定是否在企业内产生效益等。小组成员由企业内部从事非技能认定工作、具有中级以上职称、在本企业工作年限满5年的人员中选取,组建质量内控人员库,在开展工作前一天由企业职业技能等级认定领导小组办公室随机选派。二是组建北京公交集团职业技能等级认定专业考评员队伍。负责组织协调企业职业技能等级认定理论知识考核、操作技能考评工作。根据北京公交集团职业技能等级自主评价体系中职业设置情况,每个职业组建一支专业考评员队伍。考评员通过专业的培训考核选拔,实行动态管理,工作开展服从"避嫌"原则。

三、建设实施效果

(一)实现社会效益

1.公共服务水平大幅度提高

作为城市公共服务类企业,北京公交集团社会效益主要体现在其公共服务水平上。作为劳动密集型企业,北京公交集团公共服务水平的提升主要在于职工服务水平的提升。在很大程度上,职工的技能水平与综合素质决定了其服务水平的高低。从近两年的结果看,自职业资格制度改革后,北京公交集团职工技能水平与综合素质不断提升,企业公共服务水平大幅度提高,为减缓地面公交客运量下行趋势提供了有力的支持。数据显示,北京公交集团2018年共收到三个渠道表扬20284件,2019年共收到三个渠道表扬30011件,呈现大幅增长。

2.用工效率不断提升、客运量降幅显著收窄

近几年,北京市不断加快疏解非首都功能,实施减量发展,与此同时轨道交通不断发展,并且伴随“互联网+”出行方式的不断推广与延伸,北京公交集团作为传统公交企业面临着巨大的客运量下行压力,行驶公里也出现了减少。但随着技能人才评价机制的改变,企业在选拔和使用人才中增加了自主权。北京公交集团职业技能等级自主评价体系建设中为适应市场变化,以需求为导向,不断调整与改善人才培养评价方式方法,使得现状有了明显的改善。根据调研结果显示,在行驶公里降幅逐年增大的前提下,北京公交集团近两年客运量降幅显著收窄。由此可见,随着北京公交集团技能人才队伍的质量和数量不断提高,各岗位对于人才的投入更精准、更高效,企业客运服务能力显著提高,服务效益效率也进一步提高。

(二)实现经济效益

1.企业利润指标超额实现增长

近两年,随着技能人才评价制度的改革,北京公交集团建立了具有北京公交特色的技能人才自主评价体系,企业能够培养、选拔和使用更符合实际需求的技能人才,从而为主营业务的开展奠定坚实的人才保障。数据显示,近两年北京公交集团下属公益性企业不仅完成了集团公司下达的控亏指标,超额实现了收支平目标,并且利润连续保持增长势头,2018年和2019年分别增长0.74%和2.43%。

2.职工技能水平与综合素质全面提升

在“技能等级”+“学历水平”+“技能要素分工”三驾马车的并驱带领下,企业职工对于提升自身综合素质和技能水平的积极性达到了前所未有的高度,使得职工整体技能水平、服务水平全面提高。近两年,北京公交集团技师及以上高技能领军人才达到1600余名,高级工及以上人员3万余名,较“十二五”末分别增长43.4%、13.4%。

(三)提升人力资源管理水平

通过建立以目标为导向的技能人才管理机制,大幅度提高用工效率、降低用工成本。2018年初,北京公交集团人力资源部牵头启动驾驶员、调度员和乘务员职业技能等级自主评价工作,先后完成评价标准、制度建设、实施方案的制定以及技能要素分红式薪酬设计,于2019年完成职业技能等级自主评价体系建设。从目前的效果看:以目标为导向、以技能要素分红为激励的技能评价体系,在企业内形成了职工踊跃提升技能水平和学历素质的氛围,自主评价标准从源头上为企业培养、选拔更符合实际用工需求的职工,大大提高了北京公交集团主体工种的运营服务能力,解决了公交企业用工难、效率低、成本高的问题。

四、结论

“三驾并驱式”职业技能等级认定自主评价体系是北京公交集团根据自身特点设计的企业技能人

才评价制度,在某种意义上说,是企业在改革发展过程中进行的人才管理创新。在国家职业资格制度改革、企业技能人才队伍庞大、重技能轻学历之风渐长、薪酬体系技能要素体现不足的情况下,北京公交集团精准定制设计职业技能等级认定自主评价体系,构建"三驾并驱式"技能等级自主评价体系,采用技能、学历、激励三个要素联动配合、互相限制与提升的方式,以用人为导向科学规划技能等级框架,以学历为基准分层分类设计技能晋升条件,以实用为目标精准分级研发技能培训系列教材,以激励为动力实现"技能要素分红",以服务为原则构建"四级联动"网格式技能评价机制,在实践中取得了良好的效果。"三驾并驱式"职业技能等级认定自主评价体系设计理念和主要做法对于技能人员规模较大、劳动密集型企业具有较好的借鉴作用。

城市轨道交通行业高技能人才评价模式研究与应用

北京华鑫智业管理咨询有限公司

成果主要创造人:张甲华 臧 烁

成果参与创造人:刘莉娜 赵 静 齐 超 任义娥

北京华鑫智业管理咨询有限公司(简称“华鑫智业”)成立于2007年,以清华大学为背景,长期致力于企业管理研究、咨询、培训一体化服务,为企业提供一揽子系统解决方案。

从成立起,华鑫智业主要聚焦城市轨道交通行业,系统从事城市轨道交通运营的技术研究、管理咨询、员工培训和职业教育等业务工作。为北京地铁、宁波地铁、无锡地铁、青岛地铁、福州地铁、北京交通运输职业学院、北京铁路电气化学校、北京商业学校、北京地铁技术学校等运营企业及院校设计开发城市轨道交通各工种业务模型、素质模型、胜任力模型、员工绩效考核体系,研究30多个工种(班组)团队技能结构,制定各工种技能鉴定标准(初级/中级/高级/技师/高级技师),开展“现代学徒制”教学研究等。

华鑫智业完成了多家城市轨道交通运营企业30多个工种的“育人标准”的制定;指导编写了城市轨道交通6大专业30多个工种的系列业务教材193本;研发制作运营管理、车辆技术、通信信号、综合机电、供配电、工务六大专业1000多项业务或知识点的“微课程”视频、flash动画约8000分钟;开发了30多个工种与业务的题库,共有180000道题;培训认证城市轨道交通行业各类专业的企业导师1500余名,承担2所职业院校的城市轨道交通专业的示范校建设项目、北京交通运输职业学院高职学生培养-中央财政现代职业教育质量提升计划-城市轨道交通运营管理专业“现代学徒制”项目建设,以及城市轨道交通专业群国家级教学资源库15门课程的15000多个资源的开发管理工作。

公司积极参与国内知名城市轨道交通运营企业的管理咨询和科研项目,与多所职业院校进行专业共建,以职业能力需求为导向,工学结合,创新职业教育人才培养模式,大胆采用“翻转课堂”,积极参与学校“现代学徒制”培养模式研究。为城市轨道交通运营企业与职业院校“双师型”教师培养、精品资源建设和实训基地建设提供服务。

一、项目背景

高技能人才是我国人才队伍的重要组成部分,是经济社会发展和企业提升综合竞争力的支柱性人才,是推动技术创新和实现科技成果转化的重要力量。加快高技能人才队伍建设,对城市轨道交通行业实施“新地铁”战略至关重要。

人才评价是建设高技能人才队伍的重要手段,也是引导员工职业发展的重要途径,企业采用自主评价的手段,可以选拔出满足企业发展需求的高技能人才,但如何做好自主评价却没有现成的模式可以遵循。长期以来,高级工、技师、高级技师的考核、评价、鉴定主体由社会化机构承担,企业没有发言权,尤其是城市轨道交通行业没有高技能人才评价的国家标准,对技能人才的评价鉴定标准是空白,既不利于高技能人才队伍建设,又影响员工的职业发展。为了更好地开展高技能人才队伍建设工作,北京市地铁运营有限公司(简称“北京地铁公司”)积极进行高技能人才评价模式改革创新,于2009年开始系统研究高技能人才技能获得的一般规律以及分工种、分等级的工作业绩评价标准,在通号公司试点的基础上,在公司所属10个单位、30个工种开展高技能人才自主评价。"城市轨道交通高技能人才评价模式研究与应用"旨在解决两个问题:一是研究技能获得的一般机理以及不同工种基于行为业绩的技能等级评价标准;二是设计评价流程,运用评价标准,开展技能评价,形成具有北京地铁特色的高技能人才评价新模式。

二、成果内涵与创新点

2008年10月,人力资源和社会保障部公布了第一批企业高技能人才评价试点单位,北京地铁公司作为试点单位,在北京市人力资源和社会保障局指导下,制定了基于行为业绩的评价方案以及各工种的业绩评价标准,实施高技能人才自主评价,取到了良好的效果。企业高技能人才自主评价是职业能力建设领域具有里程碑意义的大事,在评价主体上实现了职业资格回归企业的转变,在评价重点上实现了由知识、实操考试向工作业绩、职业能力考核的转变。高技能人才自主评价是一种创新,没有太多的经验可供借鉴,在北京地铁公司高技能人才评价理论研究、应用研究、实施、总结与反思的基础上撰写了《基于行为业绩的高技能评价》,期望对高技能人才评价有所裨益。

本研究采用理论研究与实证研究结合的方法,从理念层面、方法层面、工具层面就如何开展企业高技能人才自主评价工作进行了系统研究。在理念层面,研究了人才评价理论、认知理论,在此基础上对技能进行全新定义,构建了"技能获得机理模型"。高技能成长三要素即长期实践、反思性学习、创造性运用有形工具和方法论。在方法层面,分析了技能的衡量方式、技能结构和高技能人才成长规律,验证了基于工作业绩的高技能人才评价有效性。在工具层面,基于参评工种的业务模型、关键活动,研究了高技能人才业绩评价指标选取、因子分析、赋值方法。用素质评价衡量员工价值观、自我认知、品质、动机与岗位的匹配性;用知识评价衡量员工胜任岗位必备的基础知识、业务知识和公司专有知识;用业绩评价衡量员工完成工作任务的关键业绩,满足管理要求的综合业绩;用实操评价和衡量员工在工作场景中完成任务的能力。

本项目的研究成果被北京市地铁通信信号公司、北京地铁各运营公司、北京地铁机电公司、北京地铁供电公司、北京地铁线路公司、北京地铁车辆装备公司等10个公司、30多个工种应用,并得到清华大学、北京市人力资源与社会保障局相关领导认可。

本项目的主要创新点有以下几个:

1.厘清了"技能的内涵与特征"

技能不同于知识,也不同于技术。技能是指在工作情境中权变运用"工具"解决实际问题或进行创造的能力。也就是说一个人技能的高低不是指掌握了多少"工具(知识)",而是指能够运用"工具"解决多少或何种实际问题或取得何种成就。知识只是技能实现中的一个"工具"而已。技能必须有最终结果或载体,即要解决实际问题,或创造/创新了一个实物,或独创了一个分析方法,或设计了一套新工艺、新方案,或提炼总结了一个规律等。"运用"是指在不同情境下选择、组织工具或整合地使用工具,结合创造性的方式、方法、模式有效、经济地解决实际问题。"工具"分为有形工具和无形工具(知识)。有形工具又分为简单有形工具和复杂有形工具。无形工具又分为概念性知识、程序性知识和方法论知识。

2.创建了技能的获得机理,为北京地铁公司高技能人才模式创新提供理论依据

根据人的认知过程和运用"工具"程度将技能生成分为四个阶段:机械使用工具阶段(初级技能)、以规则运用工具阶段(中级技能)、权变性运用工具阶段(中高级技能)、创造性运用工具阶段(高级技能)。初级技能是指机械性地使用简单或单一"工具"解决简单的实际问题的能力。中级技能是指熟练地运用"工具"并有效地解决常规性的实际问题的能力。中高级技能是指权变性运用"工具"解决复杂的实际问题的能力。高级技能是指创造性地运用"工具"解决工作实际中的疑难问题或者创造新事物、新方法的能力。

作为“动作难度大”和“技术含量高”的高技能,其外在表现形式为五个基本要素:系统的知识、具备良好的行为业绩、熟练的动手技能、创新/创造能力和良好的综合素质。

3. 创建了基于业务工作过程的高技能评价模式

它强调达成目标的过程,结果不再是评价员工能力的唯一衡量标准。在高技能人才评价工作中重视员工的“综合素质、知识、技能、行为业绩以及贡献大小”等过程因素,特别针对行为业绩及贡献大小进行评价。过程和结果并重的高技能人才评价更为客观和适宜,也有助于有效改进员工的工作,提升员工的职业化水平,进而提高工作绩效。创新的高技能人才评价模式主要分为四个模块:综合素质评价(模块一)、理论知识考试(模块二)、工作行为业绩评价(模块三)、实操考试(模块四)。

三、研究思路

采用理论研究与实证研究结合的方法,从理念层面、方法层面、工具层面对如何开展企业高技能人才自主评价工作进行了系统研究(图1)。

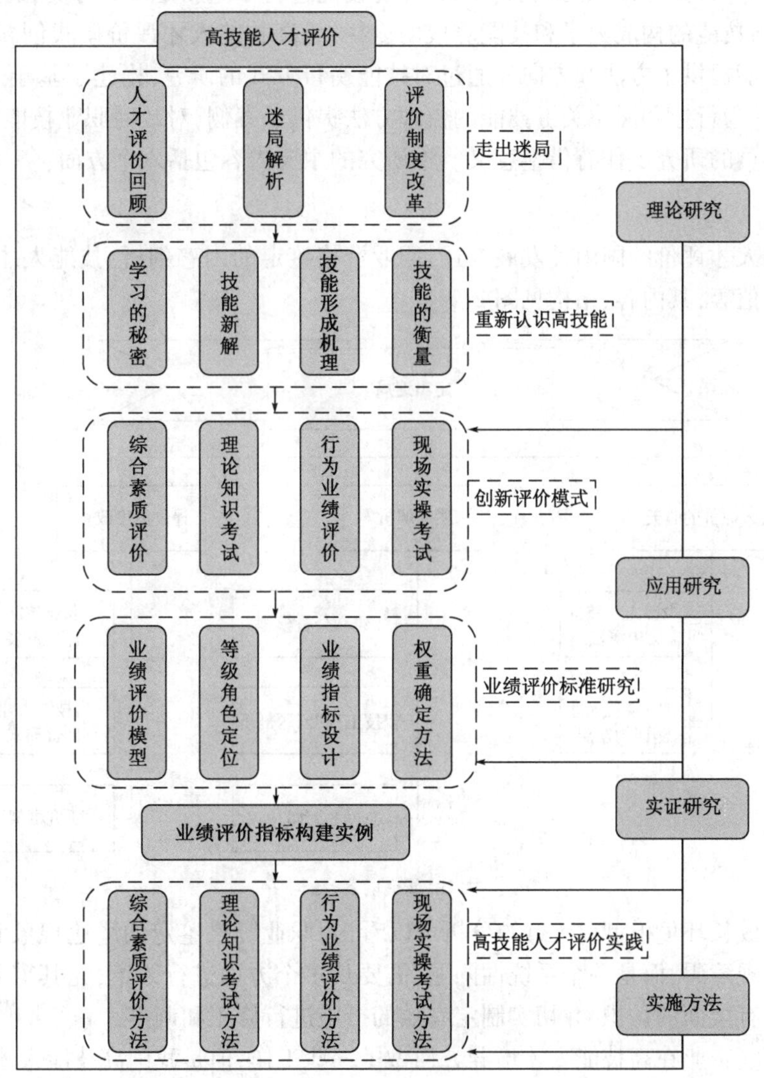

图1 研究思路

在理念层面,研究了人才评价理论、认知理论,在此基础上对技能进行全新定义,构建了“技能获得机理模型”。技能指在工作情境中权变运用“工具”解决实际问题或进行创造的能力。高技能成长三要素即长期实践、反思性学习、创造性运用有形工具和方法论。

在方法层面,分析了技能的衡量方式、技能结构和高技能人才成长规律,验证了基于工作业绩的高技能人才评价有效性。

在工具层面,基于参评工种的业务模型、关键活动,研究了高技能人才业绩评价指标选取、因子分析、赋值方法。用素质评价衡量员工价值观、自我认知、品质、动机与岗位的匹配性;用知识评价衡量员工胜任岗位所必备基础知识、业务知识和公司专有知识;用业绩评价衡量员工完成工作任务的关键业绩,满足管理要求的综合业绩;用实操评价衡量员工在工作场景中完成任务的能力。

四、研究内容与成果

本研究从职业资格鉴定出现的问题入手,采用人才评价理论研究、技能与知识的关系理论研究、技能获得机理的理论研究、创新评价模式与业绩评价标准的应用研究的思路,采用了理论分析与实证研究相结合的研究方法,在国家高技能评价指导意见的基础上构建了技能人才成长环境模型,系统分析 职业资格鉴定的尴尬现象和技能人才短缺问题,认为改变现有评价体系和模式是关键。通过论述学习、认知过程和规律,提出了技能与知识的区别、关系,并对技能进行了重新定义和分类;通过对技能获得机理的分析和研究,得出技能的构成因素和技能养成的途径,为高技能人才评价模式创新提供理论依据,也为员工提高自己技能提供了方法和方向。通过对技能衡量方式的研究,构建了基于工作业绩的高技能人才评价新模式,并为行业和岗位关键技能的梳理方法提供了案例,对政府职业技能鉴定管理部门和人力资源管理研究人员的研究工作有借鉴意义。本研究的主要内容包括六个方面:

1. 走出迷局

本部分研究了人才评价的国内外发展综述、职业资格鉴定的困惑剖析、技能人才评价的发展趋势、本研究的特色和价值等,其内容、结构见图2。

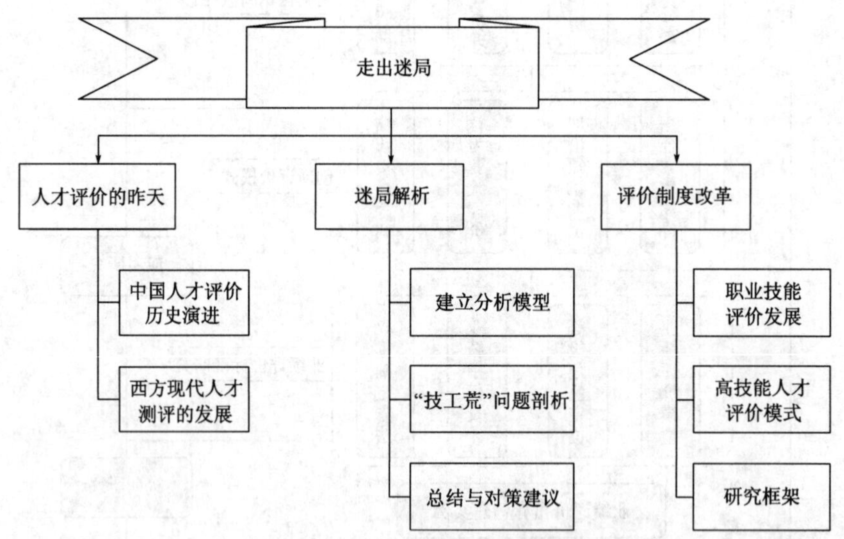

图2　研究内容、结构

从对技能人才成长环境模型(图3)的分析可以看出,职业资格鉴定的尴尬现象和技能人才短缺并不是某单一环节出现障碍,而是一个系统性问题,需要从多个方面进行改革,尤其需要系统整体的协同运作。必须对问题有全面的认识,并切实制定有效的措施进行修正和调整。

虽然政府、行业、企业在高技能人才培养方面做了一些工作,但是我国高技能人才的总量、结构还不能适应经济的快速发展,高技能人才培养还没有成为全社会的系统工程,高技能人才的开发、激励机制和环境建设有待加强。中央和全国各地已开始采取措施加大技能人才培养工作力度,全国人才工作会议、全国职业教育工作会议提出明确要求,推进高技能人才培训工程和"三年五十万"新技师培养计划等,这些措施如能落实到位并长期坚持,技能人才短缺现象将会逐步缓解。但是,从技能人才成长环境模型中,可以看到供应方、需求方、人才培养机构、社会环境和政府应该就各自的问题提出相应的改进措施，但社会环境、供应方等的改善需要一定的时间，不是一蹴而就的，只有抓住关键问题，进行系统解决，方为良策。

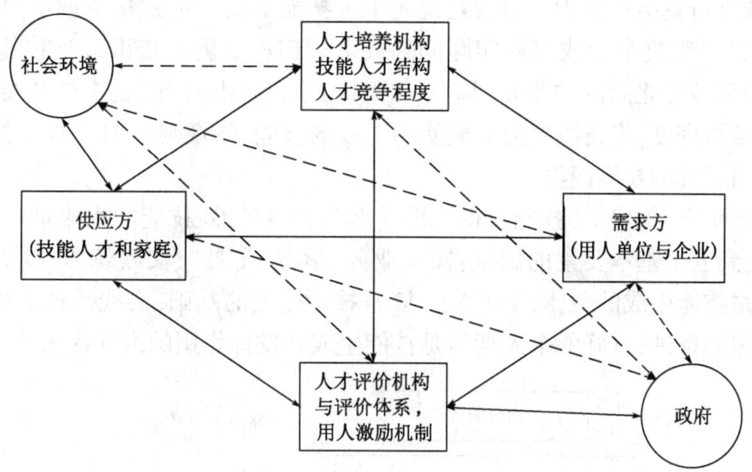

图3 技能人才成长环境模型

解决职业资格鉴定的尴尬现象和技能人才短缺，特别是高技能人才成长问题，改变现有评价体系和评价方式是关键。只有改进高技能人才评价模式和方式，加快建立以职业能力为导向、以工作业绩为重点、注重职业道德和职业知识水平的技能人才评价新体系，高技能人才迷局才有可能破解。

2. 重新认识高技能

本部分从认知心理学的角度论述了学习认知过程、技能的含义、技能的形成机理、技能的构成因素及技能成长规律等，其内容、结构见图4。

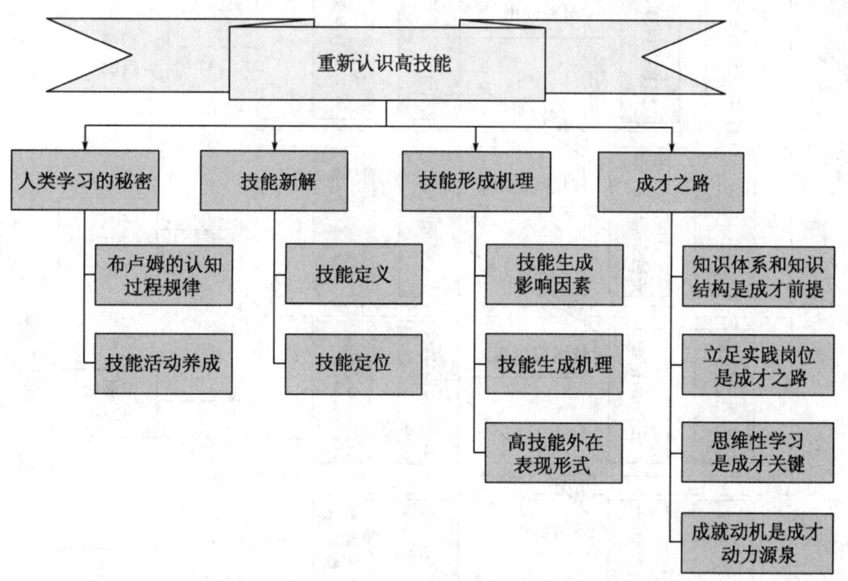

图4 研究内容、结构

认知过程是信息的接受、编码、储存、提取和使用过程，由感知系统、记忆系统、控制系统和反应系统组成的模式，包括了六个由低到高的类别（记忆、理解、应用、分析、评价和创造），认知过程与学习时所要掌握的行为表现（业绩）密不可分。从新手到高技能人才，工作经验的累积、知识组织方式的改变及对知识加工和利用效率的提高，为成为高技能人才奠定基础。

高技能活动是一个创造性解决问题的过程。在问题解决过程中，问题表征和解决问题方法的选择与运用是关键。创造性解决问题与常规解决问题之间的主要区别是如何形成适当的问题表征，及选择什么样的解题策略或方法并加以正确地运用。

在以上理论研究的基础上,本研究对“技能”进行了重新定义:技能是指在工作情境中权变运用“工具”解决实际问题或进行创造的能力。也就是说一个人技能的高低不是指掌握了多少“工具(知识)”,而是指能够运用“工具”解决多少或何种实际问题或取得何种成就。知识只是技能实现中的一个“工具”而已。说明知识和技能之间的关系如同地基与大楼,知识越丰富,技能才有可能越高。按照运用工具解决实际问题的难易程度,将技能分为机械使用工具的技能、依规则运用工具的技能、权变运用工具的技能和创造性运用工具的技能四类。

通过访谈与实证研究,构建了“技能获得机理模型”(图5)。高技能的生成是一个长期不断积累的系统工程,它主要受到五个基本要素的影响:岗位业务、学习“工具”、实践练习、良好的环境、良好的个人素质。岗位业务是技能生成的载体,学习“工具”是技能生成的基础,实践是技能生成的途径,环境是技能生成和发挥作用的条件,良好的个人素质是技能生成和发挥作用的内在因素。

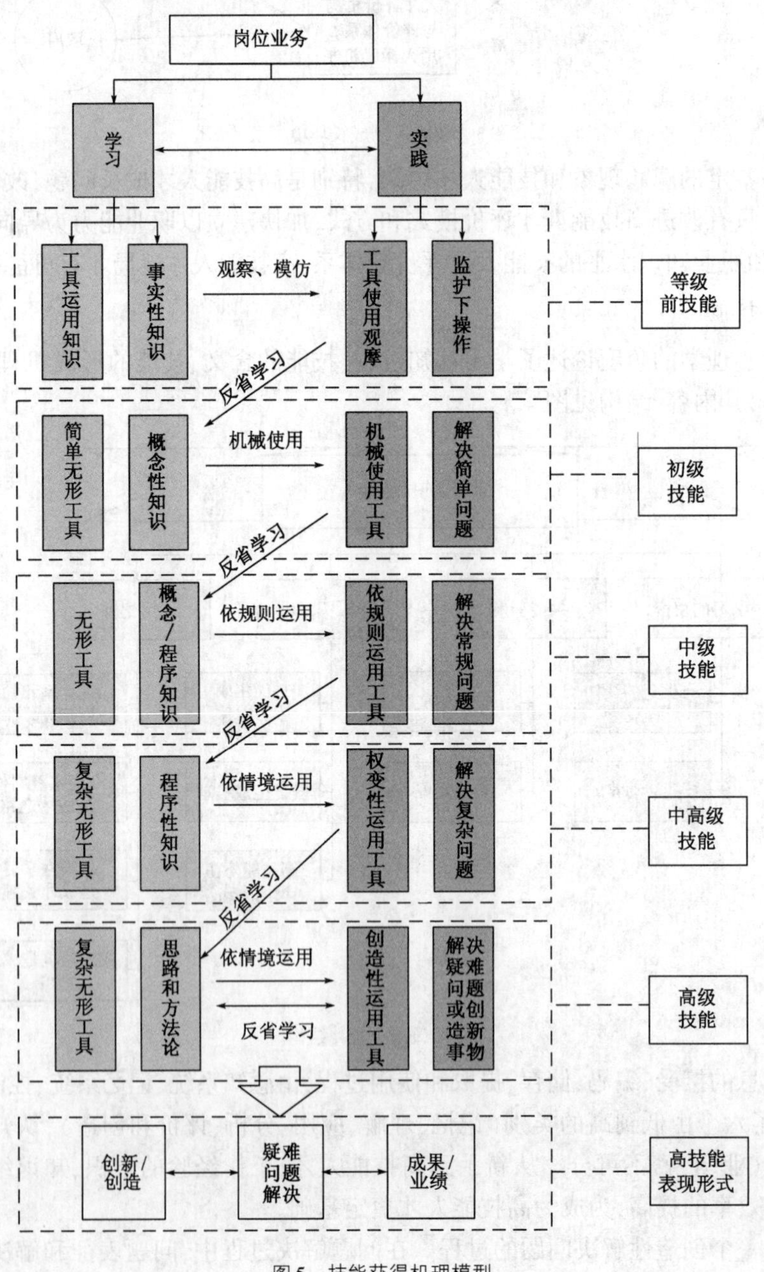

图5　技能获得机理模型

技能形成是一个长时间学习与实践相结合,循序渐进的过程,是梯度式、螺旋式上升、不断积累的结果。在技能获得过程中,个体的实践与学习在本质上是一致的,并相互促进。学习为实践操作提供"工具"输入,实践反过来为学习提供方向指导,并保证进行有意义的学习。作为"动作难度大"和"技术含量高"的技能,其外在表现形式有五个基本要素:系统的知识、具备良好的行为业绩、熟练的动手技能、创新/创造能力和良好的综合素质。该研究为北京地铁进行综合素质评价、理论知识考试、行为业绩评价和现场实操考核提供理论依据。

3. 构建评价新模式

本部分研究了技能的可衡量性,提出了适合北京地铁公司的、由综合素质评价、业绩行为评价、理论知识考试和现场实操演练模块构成的高技能人才评价模式,其内容、结构见图6。

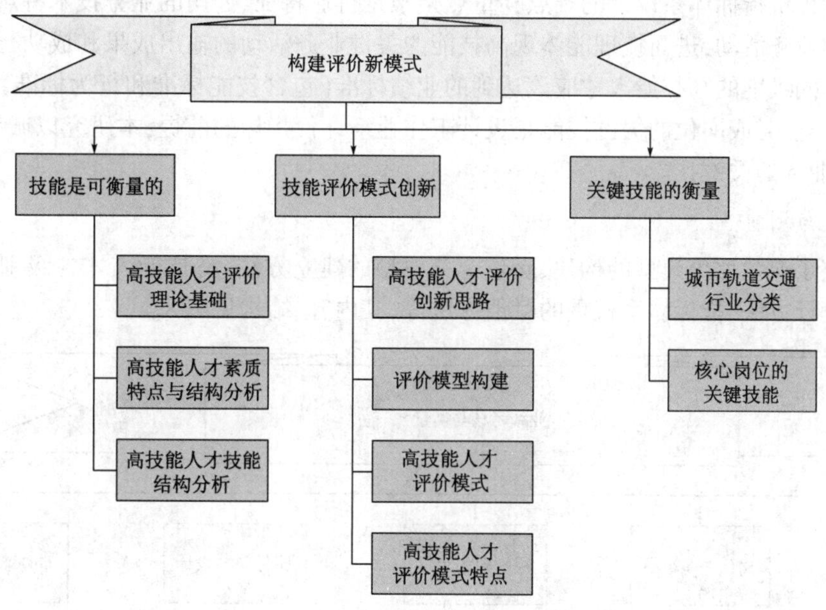

图6 研究内容、结构

可以通过人的言行以及人与外部世界的联系来认识人的素质和技能,也就是说技能是可知的、可衡量的。通过研究技能的可衡量性,提出了"'靶形'技能结构"模型(图7),其分为四层,即素质和智力、理论知识和经验知识、动作技能和心智技能、创新/创造力和行为业绩。由此提出北京地铁高技能人才评价主要是通过综合素质评价、理论知识考试、工作行为业绩评价、现场实操考试4个模块进行,其中工作业绩评价是高技能人才评价的核心。

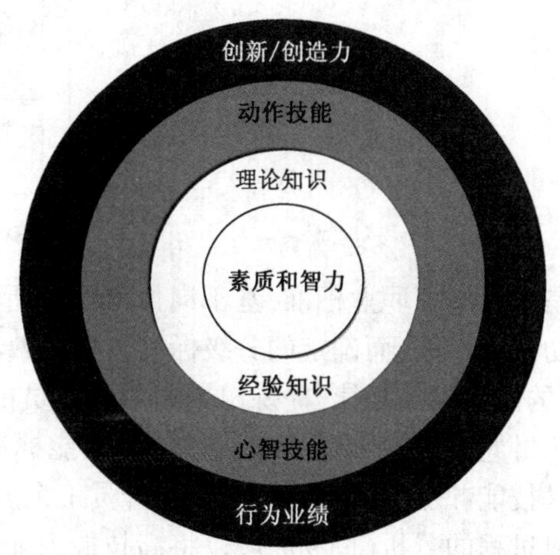

图7 "靶形"技能结构模型

综合素质评价指标主要采用岗位素质模型，评价高技能人才的综合素质、认知能力、工作风格、自我学习能力以及内在潜质和可塑性能力；工作行为业绩评价模块主要采用关键业绩评价模型，以参评人员在实际生产工作过程中关键行为、关键业绩成果（包括所完成的主要工作项目、现场解决疑难问题的情况、技术改造与创新、工作效率和产品质量等）为依据，结合企业生产工艺，评判高技能人才的技能水平；现场操作评价模块主要参照国家职业标准，针对企业具体岗位的技能要求和状况，现场考核高技能人才的技能水平；理论知识考试模块由市职业技能鉴定指导中心从题库中抽取试题并组织专家结合企业实际情况组卷进行考试，考核高技能人才的知识水平。由此可见，高技能人才评价的难点和重点是工作业绩评价环节，也就是设计一套科学、合理、公平、可操作性强的工作业绩评价指标体系是高技能人才评价的关键。

而工作业绩评价指标体系设计的难点和重点是根据行业特征、公司的业务技术特点，提炼出同类业务或岗位的关键业务活动，进而梳理能体现高技能的关键业务活动的输出成果和成功行为特征，形成该类业务人员的不同级别的高技能人才应该达到的业绩标准（包含技能标准和行为标准）。所以，研究行业特征、梳理同类业务或岗位的关键技能是设计工作业绩评价指标的前提，本研究以城市轨道接通行业为例，梳理同类业务的关键技能。

4. 业绩考核与测量

本部分研究了业绩评价模型的构建、岗位业务模型的建立方法、高技能人才各级别的角色定位、评价指标体系的设计方法、指标体系权重的赋值方法等，其内容、结构见图8。

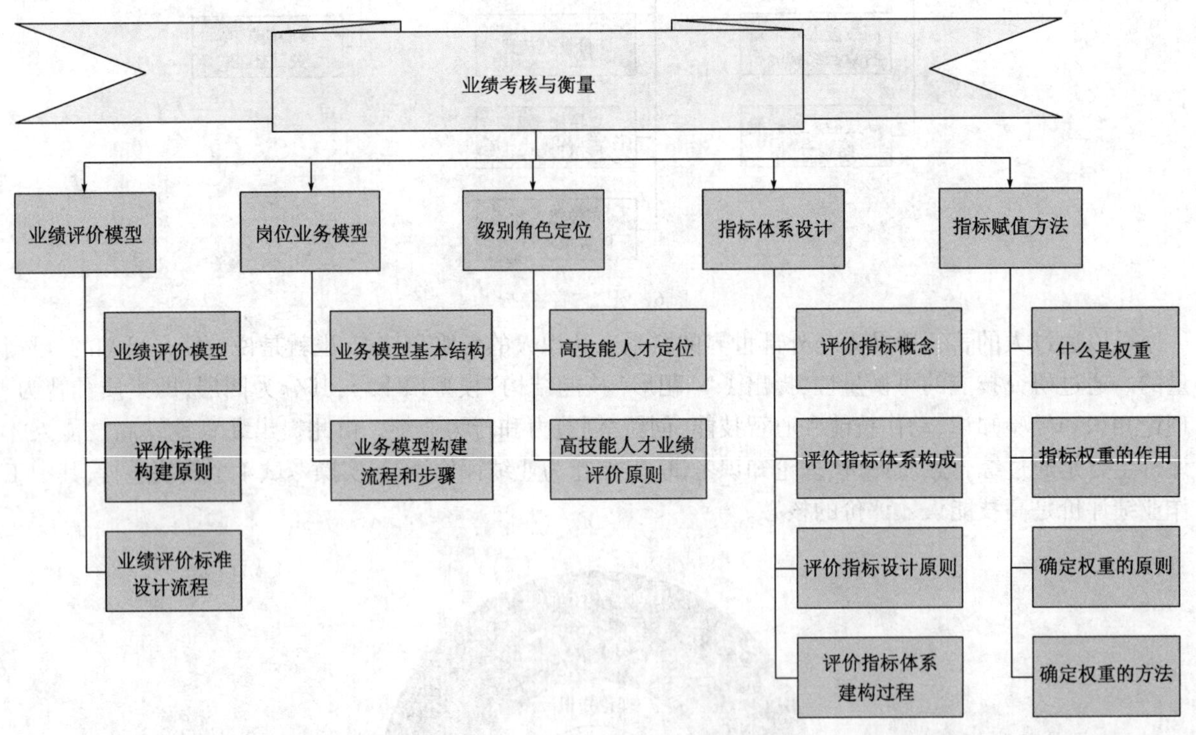

图8　研究内容、结构

高技能人才业绩评价标准是参照国家职业标准，基于岗位工作分析，考虑员工技能发展特点，提炼同类业务人员的技能特征和成功行为特征，而确定的分级标尺。具体做法是根据行业特征、公司的业务技术特点和工作要求、人员成长的内在发展规律，提炼出同类业务人员的技能特征和成功行为特征，形成不同级别的该类业务高技能人才应该达到的业绩标准（包含技能标准和行为标准），以此标准来评价、规范与指导业务人员，提高其技能，改进其业务行为，以提升员工个人工作业绩，实现公司管理目标。

通过对高技能人才业绩形成过程的分析（图9），可以将高技能人才业绩评价标准分为技能业绩标准和行为标准两部分，如图10所示。

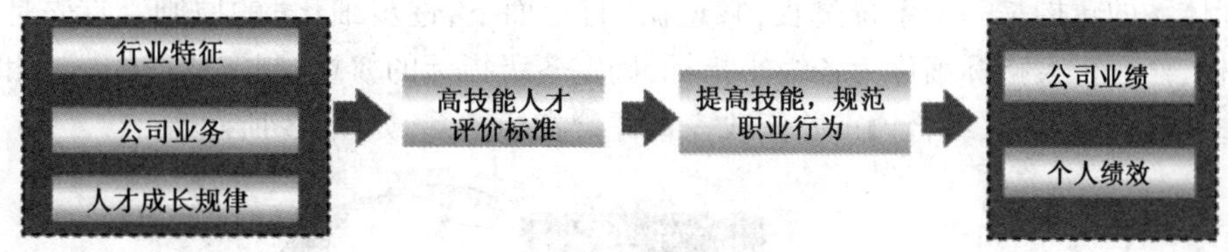

图9 高技能人才业绩形成过程

技能业绩标准是指高技能人才的不同技能级别所应该达到的业绩标准，它强调的是员工在专业领域和工作岗位上处在怎样的技能水平类别，是员工技能水平的标尺。技能业绩标准强调的是能够体现高技能的员工行为结果。而行为标准是完成某一业务范围工作活动的成功行为过程的总和。它强调的是某一级别的员工做了什么、具体是怎么做的，是员工职业化水平的标尺。行为标准强调的是高技能人才做出良好行为结果的工作过程。

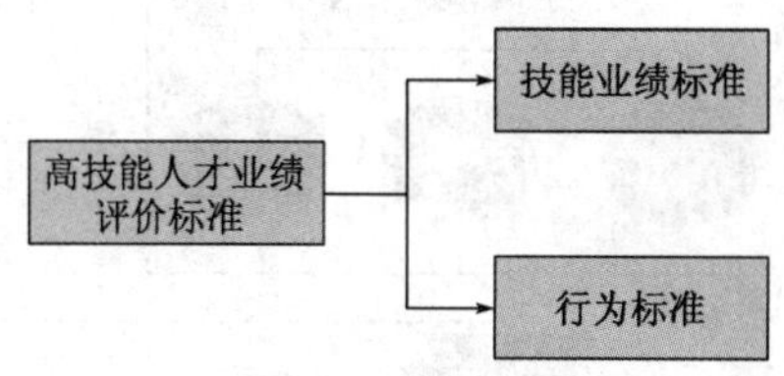

图10 高技能人才业绩评价标准

构建和梳理适合行业特征和公司发展战略的业务模型是业绩评价标准制定的难点和重中之重。业务模型是指依据行业特点和公司战略划分的某一个工种或岗位成功完成本工作活动的若干关键业务模块的总和，也就是某工种或岗位所界定的所有关键业务活动的总和。其基本结构包含本工种行为模块、行为要项、活动库三个部分，如图11所示。

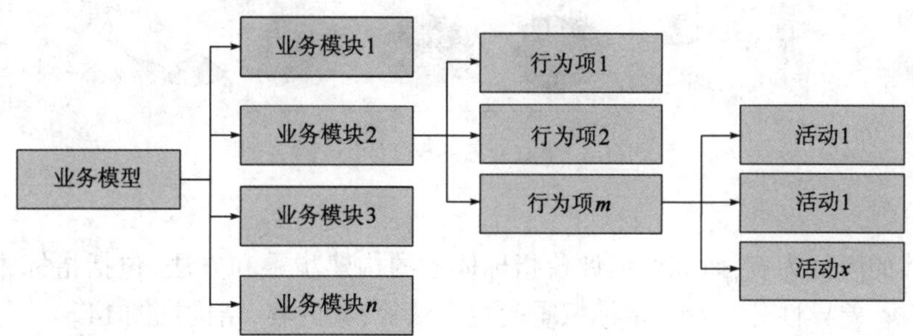

图11 业务模型的结构

业务模型的构建流程和步骤如图12所示。

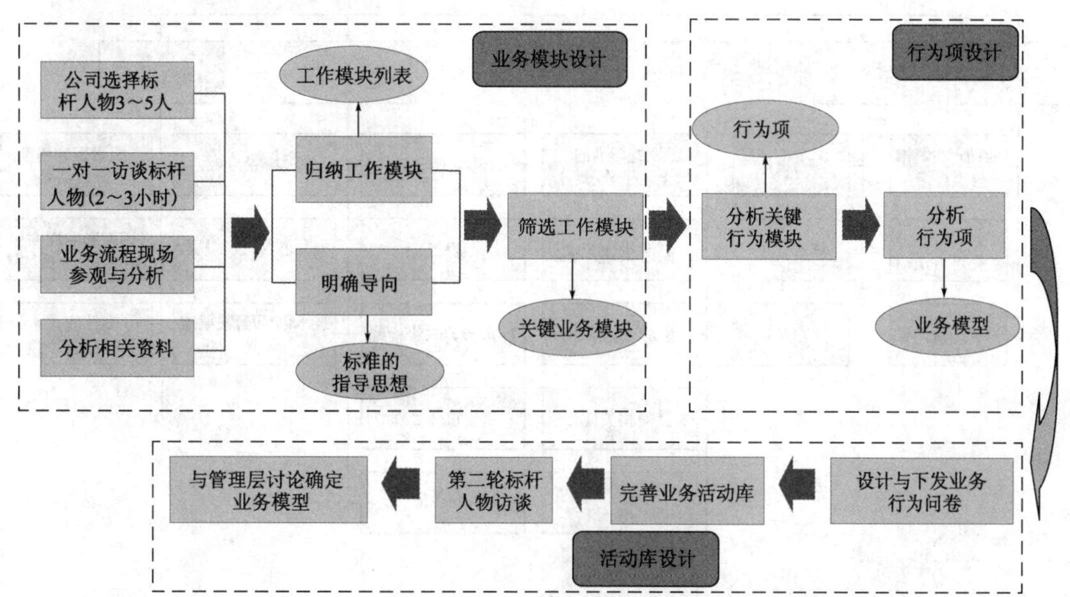

图12 业务模型的构建流程

评价指标体系的建构是一个系统过程,它遵循"自上而下,逐步细化"的原则。首先是确定评价的大方向、大指标,然后将大指标细化为各级小指标,确定各级指标的权重,制定适当的标志和标度加以计量,最后通过多次讨论、试测、综合评审并修改完善评价指标体系,如图13所示。

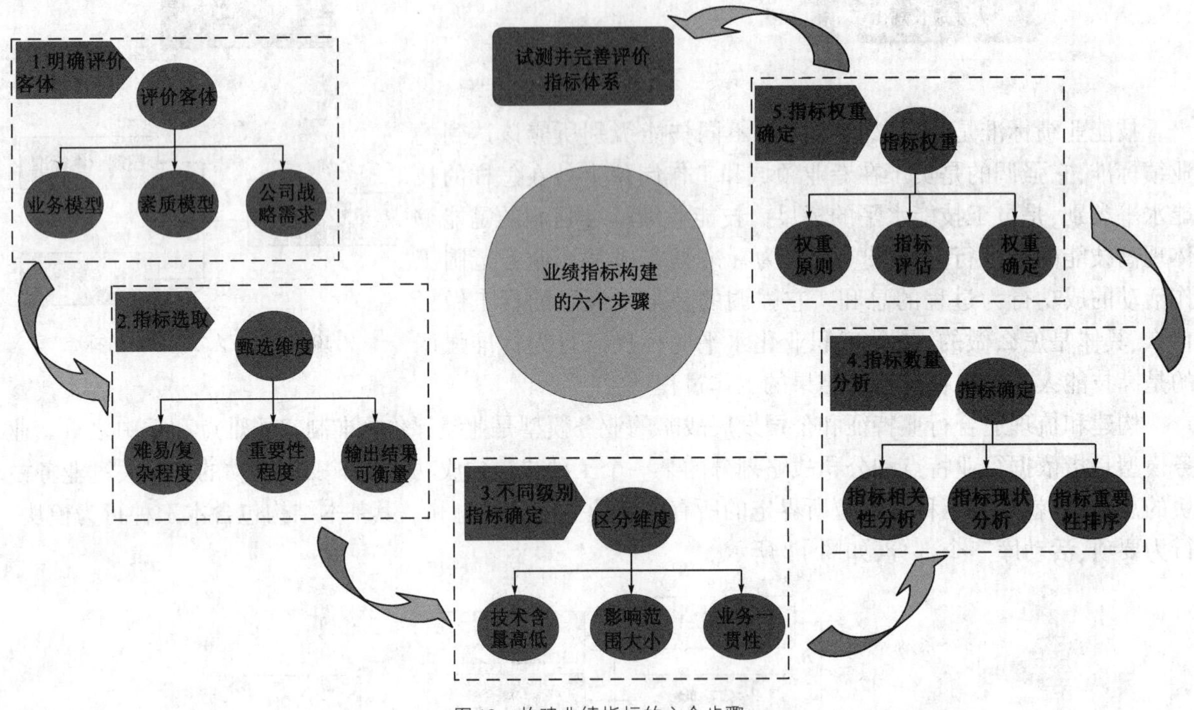

图13　构建业绩指标的六个步骤

5. 指标设计与实证

以某一个具体的岗位为例,研究业绩评价指标体系的构建步骤和方法,包括指标体系的选取方法、信度分析、因子分析、差异性分析及其指标权重确定方法等,其内容、结构见图14。

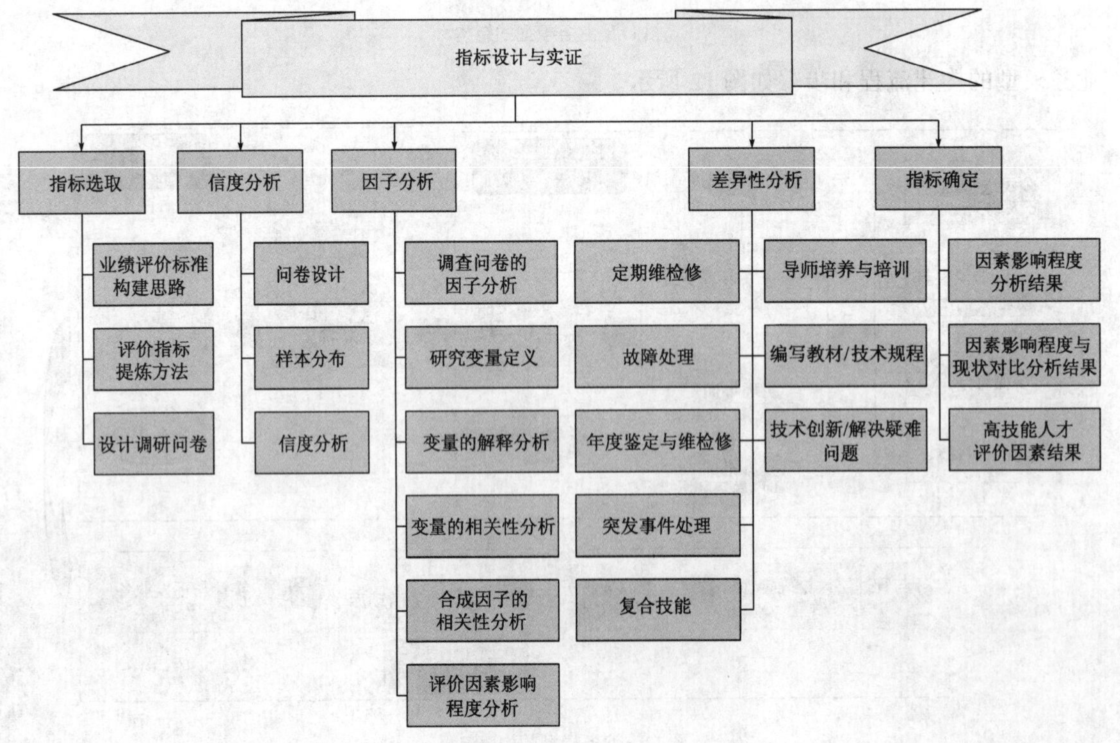

图14　研究内容、结构

指标设计与实证。其基本思路和研究方法如下(以地面信号检修工评价指标体系构建为例):

首先通过搜集资料,建立地面信号维检修工的业务模型和最关键业务内容,然后结合岗位特征(人—职匹配原理)、企业特征(个人—组织匹配原理),通过多种方法(如文献查阅、头脑风暴、专家访谈法),逐步对其进行补正、调整、完善,具体步骤如图15所示。

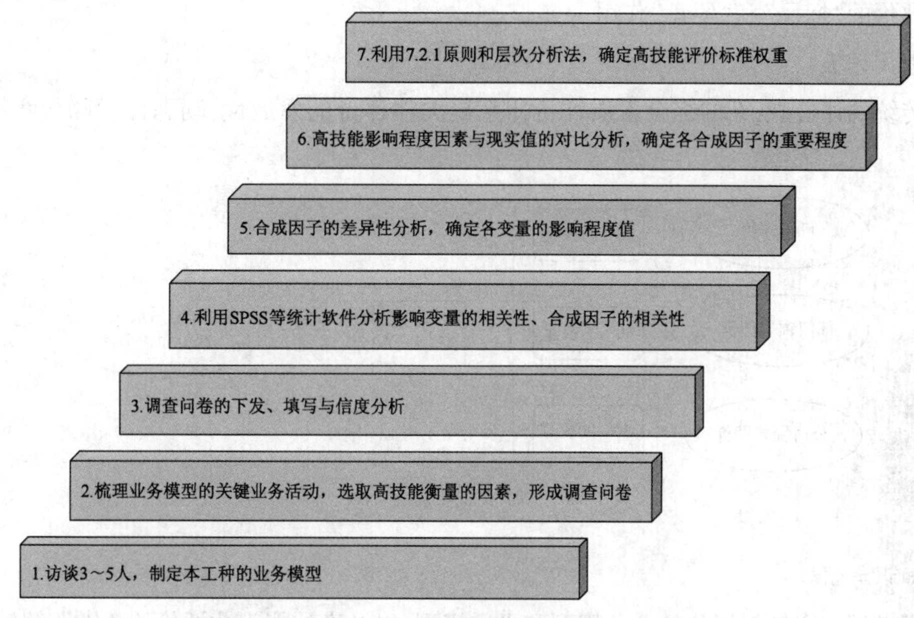
7.利用7.2.1原则和层次分析法,确定高技能评价标准权重
6.高技能影响程度因素与现实值的对比分析,确定各合成因子的重要程度
5.合成因子的差异性分析,确定各变量的影响程度值
4.利用SPSS等统计软件分析影响变量的相关性、合成因子的相关性
3.调查问卷的下发、填写与信度分析
2.梳理业务模型的关键业务活动,选取高技能衡量的因素,形成调查问卷
1.访谈3~5人,制定本工种的业务模型

图15 业绩评价指标构建步骤

高技能人才评价标准的设计既要根据高技能的外在表现因素,也要依据公司的人力资源管理现状,即公司的员工技能的现状(达成管理目标),对于那些急需提高的技能纳入评价标准中或提高评价权重,明确公司的技能导向,引导员工学习技能,进而构建了不同岗位的业绩评价指标体系和权重,详见附件。

五、实施

高技能人才评价新模式的实施方法包括:等级评价的原则、流程,综合素质的评价方法、理论知识考试的方法和要求、工作业绩的评价过程与方法、现场实操考核的方法等,其内容、结构见图16。

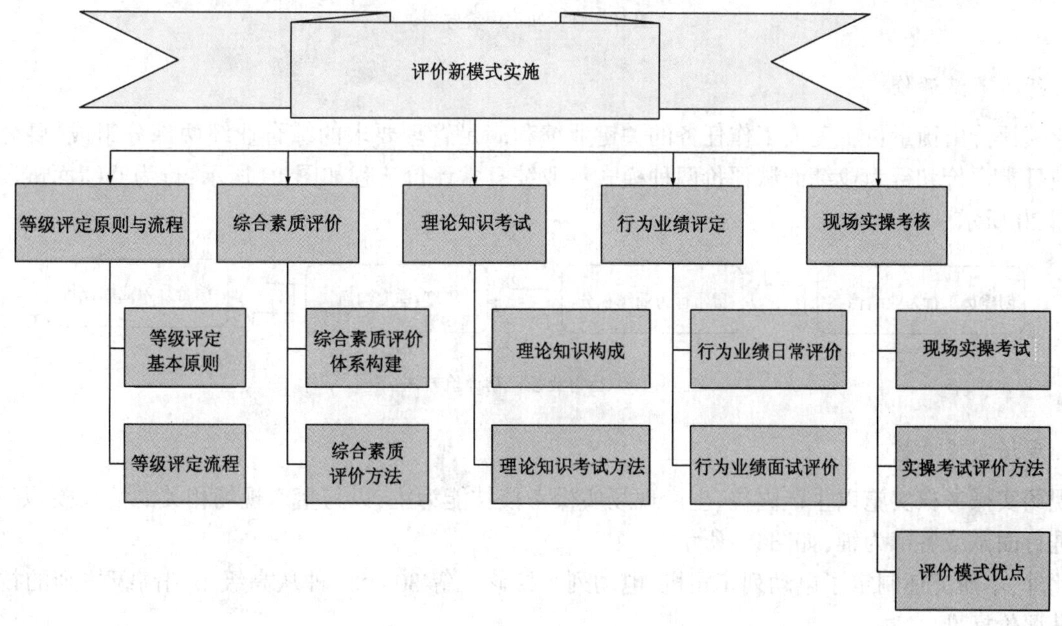
评价新模式实施
等级评定原则与流程
综合素质评价
理论知识考试
行为业绩评定
现场实操考核
等级评定基本原则
等级评定流程
综合素质评价体系构建
综合素质评价方法
理论知识构成
理论知识考试方法
行为业绩日常评价
行为业绩面试评价
现场实操考试
实操考试评价方法
评价模式优点

图16 研究内容、结构

人才技能评价是根据行业特征、公司的业务技术特点和人员成长的内在发展规律制定高技能人才评价标准,依据此标准证明员工实际工作表现是否达到相应等级任职资格并按相应职业行为等级标准要求开展工作而进行的鉴定活动。高技能人才评价,一方面是评价员工的能力已经达到了什么样的水平(技能等级);另外一方面是通过此次评价,指明员工技能改进和提高的目标和方向(能力提升),发挥高技能人才评价的"标尺"和"罗盘"作用。

1. 综合素质评价

相比于传统的评价观,新的综合素质评价体系更关注评价的发展性、动态性、开放性,评价方法如图 17所示。

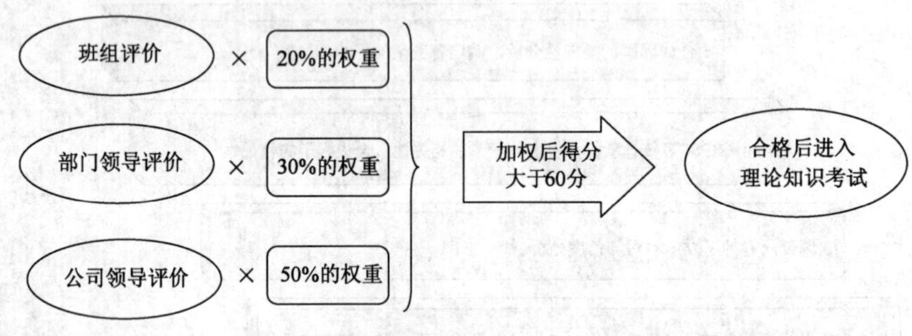

图 17　综合素质评价方法

2. 理论知识考试

理论知识考试内容针对岗位的业务模型和素质模型,以及高技能人才评价的关键业绩标准而设计,其评价方法如图 18 所示。

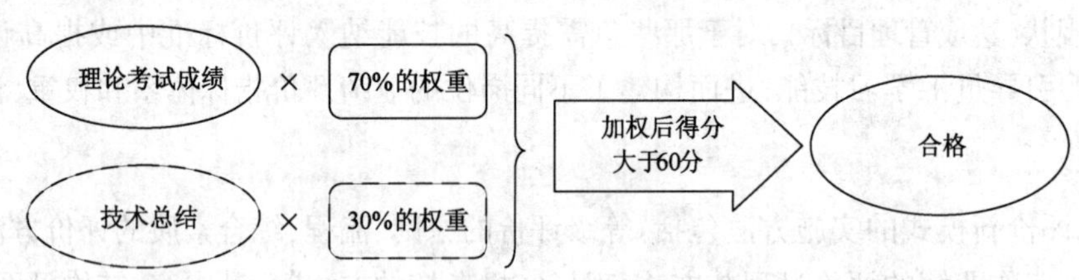

图 18　理论知识评价方法

3. 行为业绩评价

业绩评价由衡量员工完成工作任务的关键业绩和满足管理要求的综合业绩两部分组成,可分为行为业绩日常评价和行为业绩面试评价两种模式。业绩日常评价流程如图 19 所示;行为业绩面试评价流程如图 20 所示。

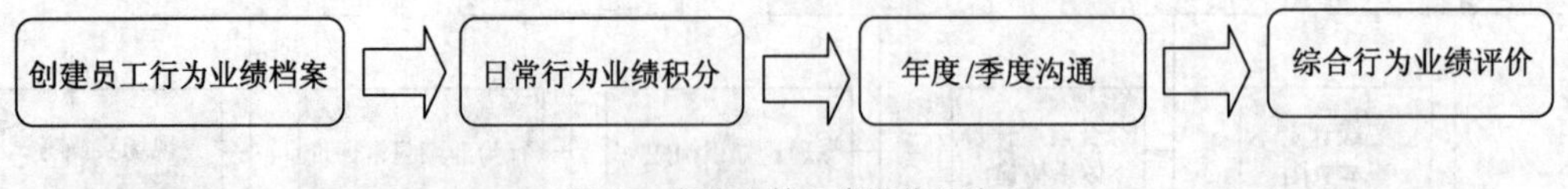

图 19　行为业绩日常评价方法

4. 现场实操考核

现场实操考核实施以生产岗位、生产现场实操考核技能为主,以与生产现场相关的情景模拟问题对考生进行面试或答辩为辅,如图 21 所示。

此外,本研究还制定了电动列车司机、电动列车检修工等 30 个工种从高级工到高级技师的技能等级晋升评价标准。

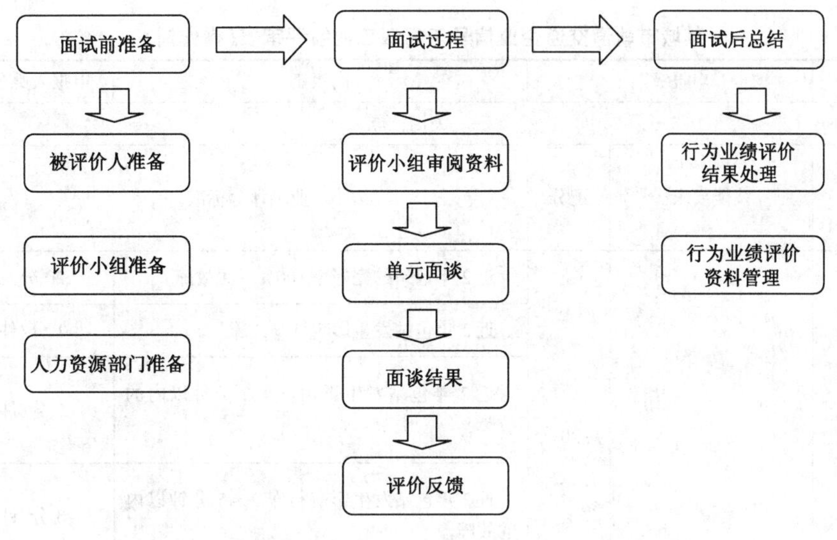

图20 行为业绩面试评价流程

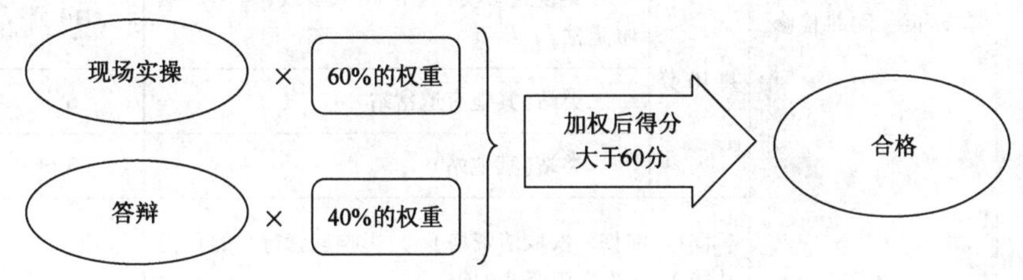

图21 现场实操考核流程

六、社会经济效益和推广应用

经过查新，目前国内外此类研究较少。本研究成果达到国内领先水平。

本研究的社会经济效益包括三方面：其一，创新了基于工作业绩的高技能人才评价模式，解决了高技能人才评价长期以来单纯依靠理论和实操考试、无法全面反映员工职业技能、不能满足企业需要的问题；其二，制定了分工种、分等级的员工业绩评价标准，解决了评价尺度问题，并可用于培训效果检验；其三，运用本研究成果，2009 年北京地铁公司共鉴定出高技能人才 424 人，其中高级技师 11 人，技师 65 人，高级工 348 人，极大地改善了技能员工队伍结构，拓宽了操作类员工晋升通道，得到广大一线员工的认可。基于研究成果，建立和完善了公司高技能人才评价制度。

在北京地铁广泛应用的基础上，2014 年 3 月，宁波地铁以电客车司机为试点应用本研究成果，得到宁波地铁各层领导的认可，并于 2015—2016 年开发其他 28 个工种的技能人才评价标准。

2016 年，青岛地铁以乘务中心为试点，应用本高技能人才评价模式，得到青岛地铁领导的认可。

2017 年，无锡地铁应用本研究成果，试点电客车司机、信号工、车辆检修工共 4 个工种的高技能人才评价模式，得到领导的一致认可。并于 2018—2019 年，开发其他 29 个工种的技能人才评价模式。

2018 年，福州地铁以电客车司机、服务员、信号工和车辆检修工共 4 个工种为试点，应用本高技能人才评价模式，得到各层领导、一线员工的广泛认可。

附件　城轨地面信号高级工的业绩评价指标范例

某城市轨道交通企业信号工高级工业绩评审表(操作岗)

<table>
<tr><td colspan="2">编号</td><td>申报级别</td><td colspan="2">高级工</td><td>申报人姓名</td><td colspan="2"></td></tr>
<tr><td colspan="8">一、关键技能</td></tr>
<tr><td>序号</td><td>指标</td><td>技能要求</td><td>配分</td><td colspan="2">业绩评分标准</td><td>业绩对应内容</td><td>得分</td></tr>
<tr><td rowspan="10">1</td><td rowspan="10">(包站)定期维检修</td><td rowspan="10">熟练进行地面信号设备的定期(月度、季度和半年)维检修</td><td rowspan="5">共20分</td><td>近2年包站的完好率100%(无故障)</td><td>20分</td><td></td><td></td></tr>
<tr><td>近2年包站发生影响行车故障</td><td>-1分/件</td><td></td><td></td></tr>
<tr><td>近2年包站发生影响行车2分钟以内的故障</td><td>-2分/件</td><td></td><td></td></tr>
<tr><td>近2年包站发生影响行车2~5分钟以内的故障</td><td>-3分/件</td><td></td><td></td></tr>
<tr><td>近2年包站发生C类故障一次,扣15分</td><td>-15分/件</td><td></td><td></td></tr>
<tr><td rowspan="3">共10分</td><td>一类重点站(折返站/出入段线(含车厂咽喉道岔))</td><td>10分</td><td></td><td></td></tr>
<tr><td>二类站(其他有道岔站)</td><td>6分</td><td></td><td></td></tr>
<tr><td>三类站(其他站)</td><td>3分</td><td></td><td></td></tr>
<tr><td colspan="2">漏检、漏修一次取消资格1年;影响运营行车的C类故障2~3次取消资格1年</td><td></td><td></td><td></td></tr>
<tr><td colspan="2">查出重大价值隐患(运营公司表彰3分/次,本公司表彰2分/次,项目部表彰1分/次)</td><td>1-3分/次</td><td></td><td></td></tr>
<tr><td rowspan="13">2</td><td rowspan="13">设备故障处理(责任故障除外)</td><td rowspan="3">列车自动运行系统复杂故障处理准确、排除得当</td><td rowspan="3">共5分</td><td>处理自动运行系统复杂故障的数量≥5次</td><td>5分</td><td></td><td></td></tr>
<tr><td>处理自动运行系统复杂故障的数量≥3次</td><td>3~4分</td><td></td><td></td></tr>
<tr><td>处理自动运行系统复杂故障的数量≥1次</td><td>1~2分</td><td></td><td></td></tr>
<tr><td rowspan="3">列车自动监控系统复杂故障处理准确、排除得当</td><td rowspan="3">共5分</td><td>处理自动监控系统复杂故障的数量≥5次</td><td>5分</td><td></td><td></td></tr>
<tr><td>处理自动监控系统复杂故障的数量≥3次</td><td>3~4分</td><td></td><td></td></tr>
<tr><td>处理自动监控系统复杂故障的数量≥1次</td><td>1~2分</td><td></td><td></td></tr>
<tr><td rowspan="3">列车自动防护系统复杂故障处理准确、排除得当</td><td rowspan="3">共8分</td><td>处理自动防护系统复杂故障的数量≥5次</td><td>8分</td><td></td><td></td></tr>
<tr><td>处理自动防护系统复杂故障的数量≥3次</td><td>4~7分</td><td></td><td></td></tr>
<tr><td>处理自动防护系统复杂故障的数量≥1次</td><td>1~3分</td><td></td><td></td></tr>
<tr><td rowspan="4">联锁系统复杂故障处理准确、排除得当</td><td rowspan="3">共12分</td><td>处理联锁系统复杂故障的数量≥7次</td><td>12分</td><td></td><td></td></tr>
<tr><td>处理联锁系统复杂故障的数量≥4次</td><td>7~11分</td><td></td><td></td></tr>
<tr><td>处理联锁系统复杂故障的数量≥1次</td><td>1~6分</td><td></td><td></td></tr>
<tr><td colspan="3">故障处理不及时,造成不良反应每次扣5分;故障扩大造成升级,每次扣10~15分;两次及以上取消资格1年</td><td></td><td></td></tr>
</table>

续上表

编号		申报级别:		高级工	申报人姓名:		
一、关键技能							
序号	指标	技能要求	配分	业绩评分标准		业绩对应内容	得分
3	年度鉴定/维检修	熟悉各种设备年度维检修的内容、方法和注意事项	共10分	主持设备年度维检修的数量≥6站次	10分		
				主持年度维检修的数量≥4站次	5~9分		
				主持年度维检修的数量≥2站次	1~4分		
4	突发事件的处理	熟悉突发事件处理的一般原则、方法和注意事项,并能熟练进行突发事件的处理	共10分	主要参与本专业突发事件处理的数量≥3次	10分		
				主要参与本专业突发事件处理的数量=2次	8~9分		
				主要参与本专业突发事件处理的数量=1次	6~7分		
				预案演练考核合格,得基本分5分	5分		
5	复合技能	能够对多条线路的信号设备进行检修、处理多条线路信号故障	共10分	掌握2条线路的信号设备,了解2条线路的信号设备	10分		
				掌握1条线路的信号设备,了解3条线路的信号设备	6分		
				掌握1条线路的信号设备,了解1条线路的信号设备	3分		
加分项:包站连续1年无任何故障,加××分							
否定项:如果近2年内包站期间出现B类及B类以上事故,则取消本次评定资格							
关键技能项评定说明:①成绩满分为80分,申报人得分须达到48分才能及格。②参评人员关键技能得分低于48分,参评人员本次业绩评价结束,不再参加以下环节的评分							
二、综合技能							
序号	项目	技能要求	配分	评分标准		证明材料	得分
6	管理技能	按规章或计划组织本年度的信号维检修作业,无影响运营的故障	共3分	曾担任班长5年以上	3分		
				曾担任班长3~5年	2分		
				曾担任班长<2年	1分		
7	导师培养与培训	具有丰富的培养和传授能力,培养效果好	共6分	培养对象取得中级技术等级证书	2分/人		
				培养对象取得初级技术等级证书	1分/人		
		进行公司级或项目部级的专业授课	共3分	公司级授课1期加2分,最高3分	2分/期		
				项目部级授课1期加1分,最高3分	1分/期		
8	编写教材、技术规程	参与编写教材及技术文件	共3分	参与培训教材、技术文件(运营公司级)的制定	3分/次		
				参与培训教材、技术文件(公司级)的制定	2分/次		
				参与培训教材、技术文件(项目部级)的制定	1分/次		

续上表

编号	申报级别:			高级工	申报人姓名:		
二、综合技能							
序号	项目	技能要求	配分	评分标准		证明材料	得分
9	技术创新或疑难问题攻关	技术创新(元器件更换/工具/检修方法的创新),为企业带来显著效益(公司认可)	共5分	主责疑难问题攻关或维修/技术创新	4分/件		
				参与疑难问题攻关或维修/技术创新	1~2分/件		
		技术创新(公司级创新),为企业带来显著效益(运营公司认可)		主责运营公司级维修/技术创新,加分项	6分/件		
				参与运营公司级维修/技术创新,加分项	1~3分/件		
		方案、方法的创新,技术的支持,效益显著(市级证书)		主责市级维修/技术创新,加分项	8分/件		
				参与市级维修/技术创新,加分项	2-4分/件		
10	获奖加分	参加北京市级以上地面信号竞赛获奖或做出特殊贡献的	共5分	国家级、市级、企业	1~5分		
总分							
评审意见	评价人签名: 年 月 日						

基于物联网技术的高速公路机电系统运维创新管理

江西方兴科技有限公司

成果主要创造人：颜庆华 刘 泳

成果参与创造人：陈广辉 张涵凌 高 林 刘令君 罗 江 陈昭彰 王新官 黄 涛 蒋双欢 杨丰羽

江西方兴科技有限公司（简称“方兴公司”）成立于1995年，为江西省高速集团旗下赣粤高速公路股份有限公司的控股子公司，是一家专业从事高速公路机电工程建设、运行维护服务、交通机电产品研发、应用软件开发的国家高新技术企业。

方兴公司拥有住房和城乡建设部批准的公路交通工程（公路机电工程）专业承包一级、公路交通工程（公路安全设施）专业承包一级、建筑机电工程安装专业承包三级、电子与智能化工程专业承包二级、消防设施工程专业承包二级等多项专业承包资质。

公司先后通过ISO 9001质量管理体系、ISO 14000环境管理体系、OHSAS 18001职业健康安全管理体系、CMMIL3（软件开发能力成熟度）、ISO 20000（IT服务）管理、ISO 27000（信息安全）管理共6项国际权威认证，并获得交通运输部安全生产标准化达标一级证书。

方兴公司现拥有江西锦路科技开发有限公司、北京中瑞方兴科技有限公司、工程分公司、技术研究院等下属单位。公司曾连续7年被评为“江西省优秀高新技术企业”，并先后获得“第24届国家级企业管理现代化创新成果二等奖”“2016—2017年度国家优质工程奖”“全国交通运输企业信息化智能化优秀企业”“江西省软件产业统计先进单位”“江西省‘十二五’优秀软件企业（规模型）”等多项荣誉称号。

方兴公司成立20多年来，秉承“科技兴路”的核心理念，致力于国内高速公路三大系统的工程建设与运行维护，先后完成江西、福建、广东、安徽、山东、吉林、陕西、山西、内蒙古、青海等省份近百个机电工程重点项目，以及400多个机电、交安等项目，同时承担了江西省4000多公里高速公路的机电系统维护任务。

近年来，方兴公司积极为我国高速公路建设和发展研发各类新产品、新技术、新工艺，并围绕智慧交通、信息化系统集成、机电养护等领域开展科研攻关，承担了多项部、厅级重点科研课题，突破了一系列关键技术，取得了多项科研成果，先后获得技术专利、软件著作权60多项，其中20项为发明专利，大多数成果达到国内先进乃至国际领先水平。

方兴公司制定了长期发展目标，并逐步向其他战略性新兴行业领域拓展。广大方兴员工将秉承“打造国内具有技术领先、质量领先、管理领先、规模领先、效益领先的ITS领域的知名品牌企业”的战略方针，勇于创新、开拓进取，不断提升智能交通信息化技术水平，为我国交通运输事业的发展提供优质的产品和服务。

一、背景

（一）提高高速公路机电系统运维效率的需要

随着通车里程不断增加、人工成本不断上升，越来越多的高速公路采取无人值守方式以降低人工成本,故对设备运行状态检测和故障修复要求越来越高。高速公路机电系统包含各种不同种类的设备,数量大、型号繁杂,由于机电设备所处环境恶劣,再加上有些设备所处的位置较偏僻,一旦出现突发状况,维修起来耗时耗力;此外,维护人员不能提前掌握和了解设备的运行状态,只能在设备出现故障时被动修复故障,无法提前感知设备运行状态,更无法消除隐性故障点,从而导致维护效率偏低。

目前,高速公路机电系统维护工作越来越受到重视,在高速公路里程数增加以及存量高速公路升级改造推动下,预计全国高速公路机电系统运维市场需求将不断增加。新思界产业研究中心发布的《2019—2023 年中国高速公路机电运维市场可行性研究报告》显示,预计 2023 年高速公路机电系统维护市场需求规模将达 50 亿元左右,高成本的运维投入与低效率的运维管理渐渐成为高速公路运维领域所面临的重要问题。

(二)顺应数字交通发展的需要

2019 年,交通运输部颁布了《数字交通发展规划纲要》,其中明确要求今后交通的发展应以数据为关键要素和核心驱动,推广应用基于物联网技术的工程质量控制技术,实现对物理设施的三维数字化呈现,让“哑设施”具备多维监测、智能网联、精准管控、协同服务能力,建立重要节点的全方位交通感知网络。

(三)提升企业核心竞争力实现可持续发展的需要

方兴公司承担了江西省 5000 多公里高速公路的机电系统维护任务,其中收费站 282 个,车道近 2000 条,隧道 330 公里。如何高质量、高效率、低成本、精准地维护好机电系统,是方兴公司面临的重大课题,也是提升方兴公司核心竞争力,实现可持续发展的要求。

采用物联网技术的高速公路机电系统运维创新管理可以提高服务质量和管理水平,扩大机电系统维护服务面,提高运维效率,更好地满足业主单位的需求,体现企业品牌价值效应,树立企业形象,不断提升核心竞争优势,促进企业实现可持续发展。

二、成果内涵和主要做法

物联网是将终端设备和设施,通过无线和(或)有线的长距离和(或)短距离通信网络实现互联互通、应用集成,实现对“万物”的“高效、节能、安全、环保”的“管、控、营”一体化。

一个完整的物联网系统包括:末端设备或子系统、通信连接系统和控制器、应用软件和中间件,分别对应物联网中的感知层、网络层、管理和应用层。

基于物联网技术的高速公路机电系统创新管理系统就是一个典型的物联网系统。

末端设备或子系统是物联网智能车道控制器、物联网智能监控箱、物联网智能变电所通信机和隧道巡检机器人,这些设备形成了感知层,感知层涵盖了绝大多数的高速公路机电设备。

高速公路通信系统构建的高速公路内网对应物联网网络层。

上述子系统通过物联网网络层与管理和应用层软件平台智能设备物联网监控平台通信。

(一)高速公路收费系统感知层设备

1. 设计目标

物联网智能车道控制器是高速公路收费系统智能感知层设备,能够监测关键设备运行状态,通过智能化感知、平台化管理、结构化设计、智能化分析,完善高速公路机电监控信息化、运维管理平台化建设,实现高速公路机电运维的“降本增效”。

2. 解决的关键问题

一是车道设备状态智能感知。高速公路收费站车道设备主要包括栏杆机、车道摄像机、岗亭摄像机、车牌识别器、车型识别、称重设备、ETC 天线、通信信号灯、雨棚信号灯、车辆检测器、费额显示器、IP 对讲等。车道设备接口主要包括 GPIO 接口、RS232 串行通信接口、RS485 串行通信接口、以太网通信接口。数据类型主要包括开关量数据、串口数据、以太网数据。设备供电方式主要包括 220V 交流、12V 直流等。设备繁杂,接口众多,供电不一,数据多样。物联网智能车道控制器,采用物联网技术,智能连接所有车道设备,智能感知车道设备状态数据。

二是大数据智能分析。对采集到的海量车道设备数据进行大数据挖掘,对车道设备异常数据进行分析与判断,从而发现设备的渐发性故障,在设备出现故障前通知运维人员,及时排除可能出现的故障点,降低设备损耗,减少设备运维成本,提高车道设备的完好率。

3. 主要功能

在线监测设备的运行状态,包括各用电设备的电能参数(电流、电压、功率和累计用电量等),IO 驱动控制的开关量状态及设备串口通信数据,同时将监测数据实时上传至智能设备物联网监控平台进行数据协议分析,判断设备的运行状态,当系统检测到车道设备出现故障时,及时将该故障信息推送至运维终端,使维护人员快速准确地知道故障点。另外,该车道控制器还具有远程控制每个电能输出端口继电器通断功能,当设备发生故障时,可以通过服务器远程重启的方式使设备恢复正常运行。

(二)高速公路视频监控系统感知层设备

1. 设计目标

物联网智能监控箱作为高速公路视频监控系统智能感知层设备,用于外场视频监控设备的状态监控和故障定位,通过智能化感知、平台化管理、结构化设计、智能化分析,完善高速公路视频设备监控信息化、运维管理平台化建设,实现高速公路机电运维“降本增效”。物联网智能监控箱采用集成化、模块化、智能化设计思路,提供“可靠、智能、安全”的视频监控系统解决方案。

2. 解决的关键问题

一是视频质量诊断功能。视频质量诊断模块主要功能包括对视频图像信号丢失、图像模糊、对比度异常、画面过亮异常、画面过暗异常、偏色异常、画面抖动异常、雪花噪声干扰异常、条纹干扰异常、图像冻结异常、黑白图像异常、视频马赛克异常、场景变更异常、场景剧变异常、镜头缩放异常、云台转动异常等视频图像质量问题进行智能分析诊断,并通过主控制模块将视频质量诊断结果上传至智能设备物联网监控平台。同时,支持对每种故障诊断单独进行阈值设置。

二是模块化结构。物联网智能监控箱具有高集成度、智能化、可网管等特点,解决工程中设备箱内接线凌乱、不可网管的问题。

3. 主要功能

主要功能包括:电能、温度湿度等动态环境参数检测,远程设备重启,网络数据交换,网络状态检测,视频诊断,集中供电,防雷,日志查询等。

物联网智能监控箱采用功能模块化设计,主要由电源模块、主控制模块、电能模块、视频诊断模块、交换机、网络防雷功能模块等和其他配电系统组成。

各功能模块通过 RS485 串行通信,主控制模块为通信主机,采用循环查询方式读取各功能模块的数据,再由主控制模块将监控箱的状态(包括视频质量诊断结果)通过交换机上报至智能运维平台。此外,电能模块还能对每个电能端口进行通断控制,实现设备远程重启。主控制模块可以通过本地 WEB 页面方式显示监控箱的状态,也可以对设备参数进行设置,并保存在 EEPROM,具有断电保存功能。

(三)高速公路隧道监控系统感知层设备

1. 设计目标

物联网智能变电所通信机和隧道巡检机器人为高速公路隧道监控系统智能感知层设备,实时监测隧道配电所各供配电系统和隧道内设施设备的运行状态、机房环境和安防。

物联网智能变电所通信机实时采集这些设备和传感器的状态,并上报至智能设备物联网监控平台。同时,平台还可以向通信机发送控制指令,比如远程控制低压配电柜各供电回路,对电能量及电度进行采集和电能质量分析,可以全面了解供电系统各负荷及总负荷变化、耗电成本、电能质量、机房环境和安防检测结果,有效提升变电所供配电系统的信息化和智能化水平,为隧道变电所信息化、智能化和无人化提供了硬件支撑。

隧道巡检机器人内置全景相机和高清相机,在轨道上行走,不断扫描隧道,识别隧道内设施设备的状态变化,为运维人员提供准确的信息反馈,提升隧道精准感知水平。

2. 解决的关键问题

一是解决兼容性问题。由于变电所的设备种类、厂家、型号不尽相同,故设备的通信协议五花八门,目前市面上的通信机普遍兼容性差、扩展性能不佳、数据采集效率低、通信速率慢,无法满足智能变电所的需求。物联网智能变电所通信机很好地解决了上述问题。

二是降低人工成本,提高运维效率。隧道巡检机器人在轨道上自动行走,扫描隧道,精确感知隧道内设施设备的状态变化,并实时将检测结果上传至智能设备物联网监控平台,从而实现高速公路机电运维降本增效。

3. 主要功能

供配电系统监测对象包括高压柜进线、低压柜进线、低压抽屉柜、发电机、EPS 等设备的状态。

机房环境和安防监测包括烟雾传感器、温湿度传感器、水浸传感器、智能门禁、红外光栅等。

隧道巡检机器人内置全景相机和高清相机,在巡检过程中对隧道内情报板、隧道照明灯具、车道标志、消防箱门、人行横洞门、车行横洞门等机电设施进行检测,通过深度学习,智能识别机电设施状态信息。

(四)智能设备物联网监控平台

智能设备物联网监控平台主要功能是数据采集、存储、显示、告警事件提示、数据分析、运维信息推送、报表生成等。

智能设备物联网监控平台接收来自感知层设备的运行状态数据,通过数据分析,判断设备运行状态。如发现设备异常或故障,平台软件将设备异常或故障消息推送至运维终端。此外,运维人员可以通过客户端 Web 浏览器或移动端手机 App 查看所有设备的实时运行状态,并能对设备进行远程断电复位重启。

三、效果

(一)初步形成了基于物联网技术的运维管理模式

基于物联网技术的高速公路机电系统运维创新管理实施 1 年以来,依托取消省界收费站工程,在全省 1500 条车道安装物联网智能车道控制器;依托视频上云项目,800 个外场视频监控设备已安装物联网智能监控箱;依托全省高速公路隧道提质升级项目,已有 3 座隧道安装了物联网智能变电所通信机,焦家岭隧道安装了隧道巡检机器人。基于物联网技术的运维管理模式初步形成。

2020 年 7 月 8 日下午 5 时许,昌铜高速公路南昌西收费站一出口车道费额显示器发生故障,不能正常显示。维护人员通过手机维护终端软件查看设备运行状态,发现费显数据通信接口只有收费系统的单向发送数据,费显没有应答数据流,初步判断为费显死机。维护人员通过维护终端软件远程进行费显电能端口断电、上电操作,对费显进行重启操作,费显恢复正常。

2020 年 8 月 3 日,智能设备物联网监控平台系统告警信息提示,昌九高速公路永修收费站一入口车道栏杆机抬杆和落杆时电流超阈值。维护人员前往现场发现栏杆机抬杆和落杆出现卡涩现象,通过对栏杆机机械部件刷涂润滑油,栏杆机恢复正常,电流超阈值告警信息消失。通过分析,此次故障原因是栏杆机机械部件润滑不够,属于隐性故障。

2020 年 9 月 3 日下午 2 时许,智能设备物联网监控平台系统故障信息提示,修平高速公路一监控摄像头无图像,维护人员通过维护终端软件远程对该摄像头进行电能端口断电、上电操作,对摄像头进行重启操作后恢复正常。通过分析,此次故障是户外高温导致摄像头内部软件系统死机。

2020 年 9 月 10 日,智能设备物联网监控平台系统告警信息提示,吉莲高速公路永莲隧道一射流风机启动电流超阈值。维护人员在管理中心机房查看该射流风机启动时的电流曲线,发现软启动器没有工作造成启动电流过大,通过进一步检查发现射流风机的软启动器损坏,修复后,启动电流恢复正常。

(二)基本实现了"降本增效"的管理目标

1. 运营单位方面

一是在线智能监测,降低管理成本。实时监测所有设备运行状态并智能识别设备故障,通过智能设备物联网监控平台及时向运维单位发送维修指令,无须人工干预,降低管理成本。

二是智能运维分析,降低运营成本。大数据智能设备物联网监控平台全面智能分析设备运行指标。对不同厂家同种设备故障率、使用寿命、运行能耗、售后服务进行自动监测、统计、分析,为运营单位选择故障率低、寿命长、低能耗设备提供决策依据,从而降低设备维修成本、更新成本、能耗成本,综合降低运营成本。

三是降低备件库存,减少备件支出。统计各种设备维修记录、故障率、维修频次,为运营单位和运维单位备品备件采购提供精准依据,提高备品备件备用率,降低备品备件库存,减少备件仓储空间,从而大幅降低运维备件成本。

2. 运维单位方面

一是智慧远程运维,减少现场维修。对于死机、跳闸等常见故障,可通过自动或者手动远程复位,不需要运维人员赶到现场处理,极大降低了运维人力成本、运输成本、燃油消耗。

二是在线智能监测,加快维修排查。在线智能监测所有设备运行状态,智能分析设备故障原因,运维人员可以准确知道故障点、故障类型、故障原因,大大缩短现场维修排查时间,降低运维人力成本。

三是降低维修工时,减少维修支出。采用模块化插卡设计,当某一功能模块出现故障,不需要将整机拆开更换,也不需要重新端接所有连接线缆,仅更换相应模块板卡,安装、接线、调试工作量小,维修工时少,物料消耗少,维修成本低。

(三)取得了良好的社会效益和经济效益

1. 提升运营单位的管理水平

未来,高速公路收费站将逐渐向少人化、无人化发展。单纯依靠人工巡检、口头报送、手动记录等传统方式将无法适应海量车道、海量设备的管理需求。采用物联网技术,通过实时监测、智能分析、远程运维等手段,智能管理设备,极大提高高速公路运营单位的智能化管理水平,节省运管人力投入。

2. 提高了高速公路通行质量

物联网感知层设备与远端智能设备物联网监控平台数据互通,实现了智能监测、故障分析和远程控制,有效提高维护效率,保证设备的完好率、正常率,提升高速公路通行质量与效率,满足人民群众美好出行的愿望。

3. 延长了设备的使用寿命

通过智能设备物联网监控平台软件大数据挖掘,对设备异常数据进行分析与判断,从而发现设备渐发性故障,在设备出现故障前,通知运维人员,及时排除可能出现的故障点,减少设备损耗,提高设备使用寿命,减少运营成本。

据不完全统计,基于物联网技术的高速公路运维平台投入使用以来,全省年故障维修成本(工时费)累计降低 468 万元。

下一步,方兴公司还将加大基于物联网技术的高速公路运维平台的建设和推广力度,进一步完善系统功能,全力辅助各路段管理中心、收费所站做好机电设备的修复和保养等工作,为江西高速公路的安全运行与畅通管理提供保障,谱写服务江西高速公路和谐发展、升级发展的新篇章。

基于国有企业高质量发展的党建“红色引擎”的驱动与实施

江西赣粤高速公路工程有限责任公司

成果主要创造人:李华平　吴建明

成果参与创造人:高建华　李希友　赵　霞　孙　皓　李平锋　黄　旭　汪　阳　张子璇

江西赣粤高速公路工程有限责任公司(简称“赣粤工程公司”)成立于2001年8月,前身是江西省高等级公路管理局工程养护管理处,坐落在素有“物华天宝、人杰地灵”之称的江西省省会南昌市,是集高速公路建设、养护、市政、房建、投融资、材料加工(沥青混凝土冷热再生、乳化沥青、改性沥青加工)、机械设备租赁为一体的现代化综合性建筑企业。

赣粤工程公司拥有公路施工总承包一级,公路路面工程、路基工程、隧道工程、桥梁工程、公路交通工程(公路安全设施)专业一级,市政公用工程施工总承包二级,养护一类、二类、三类甲乙级,境外工程承包等资质,通过了质量、环境、健康“三合一”管理体系认证,注册资本金10.06亿元,具备年产值超过20亿元的能力。

公司拥有沥青、混凝土(黑白)拌和站各7套,厂拌再生站2套,摊铺机、铣刨机作业线各3台(套)、SY4500再生列车1台(套)等大型施工机械设备。曾荣获鲁班奖、交通运输部“十佳养护工程项目”、“全国安全生产施工企业”、中国公路工程“最佳诚信施工企业”、江西省第十五届文明单位和五一劳动奖状等。

公司主要负责沪昆高速公路昌金段、大广高速公路武吉段、昌铜高速公路等养护任务,养护里程达1300公里;参建了江西省内大部分重点工程项目,开拓了广西、湖南、四川、河南、吉林、西藏和新疆等10个省份及非洲加纳海外公路建设、养护市场,参建里程达1000公里。投资了江西省分宜县S222线PPP项目、江西省萍乡市中环东路EPC和江西省樟树市滨江新城市政道路EPC等项目。引进了微表处、冷热再生等技术,成为最早具备就地冷热再生、厂拌冷热再生四项技术的企业。

一、实施背景

(一)践行新时代党建总要求的需要

党的十八大以来,以习近平同志为核心的党中央以刀刃向内的勇气向党内顽瘴痼疾开刀,以雷霆万钧之势推进全面从严治党,以钉钉子精神把管党治党要求落实落细,从历史与现实、国内与国际两个维度,分析了中国特色社会主义进入新时代必须要把党建设得更加坚强有力,明确提出了新时代党的建设总要求,发出了坚持党要管党、全面从严治党、突出政治建设、补足理想信念之“钙”、作风建设永远在路上等“时代强音”。新时代党的建设总要求是加强党的建设、推进全面从严治党的现实需要,是解决党内存在的突出矛盾和问题的现实需要,是保持党的先进性和纯洁性、增强党的创造力凝聚力战斗力的现实需要,是牢记党的性质和宗旨、保持党同人民群众的血肉联系的现实需要,是坚持党的执政地位、提高党的执政能力、扩大党的执政基础的现实需要。

（二）贯彻国有企业党建工作的需要

国有企业是中国特色社会主义的重要物质基础和政治基础，是党执政兴国的重要支柱和依靠力量。坚持党的领导、加强党的建设是国有企业的“根”和“魂”，是我国国有企业的光荣传统和独特优势。2019年12月30日发布的《中国共产党国有企业基层组织工作条例（试行）》，阐明了国有企业党组织工作的指导思想和工作原则，规范了国有企业党组织的设置，规定了国有企业党组织的主要职责，明确了加强国有企业党员队伍建设的有关要求和党的领导与公司治理的关系，对党建工作要求写入公司章程、“双向进入、交叉任职”领导体制、决策把关、干部人才工作、职工参与公司治理等方面作出了规定。该条例是新时代加强国有企业党的建设的基本遵循，对于坚持和加强党对国有企业的全面领导，提高国有企业党的建设质量，完善中国特色现代企业制度，增强国有经济竞争力、创新力、控制力、影响力、抗风险能力，做强做优做大国有资本，具有十分重要的意义。

（三）落实公司巡察问题整改的需要

2019年赣粤工程公司接受了上级单位江西省高速公路投资集团有限公司的巡察。在巡察反馈中，指出了赣粤工程公司在党的领导方面存在党委引领作用不够显、党的领导弱化和边缘化、党建与生产经营结合不够紧等情况，在内控管理方面存在工程项目管理、合约管理、财务管理、资产管理和综合管理不规范的问题，并要求按照“书记主责、党政同责、班子成员主动认责”的要求，进一步明确职责定位，按照“管大局、把方向、抓落实”的基本原则和党的领导“前置要求”，厘清党委、行政权责边界，从健全企业管理制度、完善工作管理流程、严格工作办事程序、强化监督执行等方面进行整改，切实增强严谨、规范、高效的工作作风，切实扛起从严治党责任，营造上下同心、左右同步、齐心同行的干事创业氛围。

二、成果内涵和主要做法

（一）成果内涵

赣粤工程公司紧扣企业高质量发展这个“第一要务”，奏响新时代党建工作总要求这曲“主旋律”，找准国企党组织的定位和主要职责这条“主轴线”，把党的领导融入公司治理的各环节、把党建工作嵌入生产经营的各方面，充分发挥国企党组织的政治核心和引领作用，以“党建+”为主要抓手，强“本”固“基”、强“根”铸“魂”，凝聚力量破“瓶颈”、汇聚众智绘“蓝图”，实现党建工作与生产经营“两手抓、两手硬、两促进”，实现党建工作与生产经营相互渗入、深度融合、相得益彰，实现党建工作与生产经营“同向而行”“同轴共转”“双轮驱动”，为赣粤工程公司高质量发展提供了重要支撑和有力保障。

（二）主要做法

1. 整体思路

党建强则企业兴，企业兴则发展稳。国企党建工作是国企高质量发展的“方向盘”“发动机”和“加速器”。赣粤工程公司在必须坚持党对企业的领导不动摇、必须坚持服务生产经营不偏离、必须坚持对干部人才选任的领导和把关作用不能变、必须坚持建强企业基层党组织不放松“四不”的基础上，全面践行“创新、协调、绿色、开放、共享”五大发展理念，落实“四个交通”要求，秉持“党建引领高质量发展”原则，以理念提升、质量控制、技能强化、管理智能、创新引领、示范带动为主要途径，进一步凝共识、聚人心、激斗志，进一步强质量、严管理、唱品牌，进一步提效益、保稳定、增实力，引导全体员工不忘初心、砥砺前进，围绕既定的目标，同心同向、同步同力、同轴同转，引领企业朝着正确的方向、预设的轨迹、既定的航道，全力向前高质量发展。

2. 基本目标

坚定一个初心：坚定“为员工谋幸福，为企业谋发展，为社会谋财富”的创企初心，构建“企兴我荣、企衰我耻、以企为家”的和谐关系。

实现三零目标：安全生产“零”责任事故、廉政违纪“零”案件、群体信访“零”发生。

提升五种能力:提升质量管理能力、员工综合能力、安全管理能力、廉洁从业能力和创新创造能力,为企业高质量发展增能增效、增量增势。

3.基本做法

赣粤工程公司坚持“围绕生产经营抓党建,抓好党建促发展”的工作思路,在完善了“三重一大集体决策”这项重要制度,健全了党委会、总经理办公会两个议事规则,夯实了“书记主要责任、分管领导直接责任、班子成员‘一岗双责’”三级责任等基础上,在承建的项目搭建了“一队”(党员青年突击队)、“一田”(党员责任田)、“一室”(党员活动室)、“一栏”(党员公示栏)、“一谱”(先进事迹谱)、“一榜”(创先争优榜)“六个一”载体,明确了项目党支部“四前”作用(初心使命“践”在前、应急抢险“冲”在前、攻坚克难“挺”在前、重任目标“扛”在前)和党员“四前”作用(政治思想“学”在前、工作部署“谋”在前、急难险重“顶”在前、敬业廉洁“做”在前),在重点、难点、亮点工作中,亮身份、树标杆、显作用,构建了“党建+五带五共”工作新格局。

(1)带质量,共品牌

质量是企业的生命,品牌是企业的“名片”。针对质量方面存在的理念不够新、管控不够严、品质不够稳、形象不够美等问题,赣粤工程公司视质量为立身之本,以“党建+品质工程”为载体,坚持“匠心”筑精品,以质量塑品牌、以质量赢市场。

一是抓好理念提升行动。创新工程管理新理念,探索工业化建造模式,明确“五化三转变”目标,即工厂化生产、流水化作业、智能化控制、信息化管理、装配化安装和工程项目场站布局由“零散式”向“集约化、规模化”转变、生产方式由“作坊式”向“工厂化、流水化”转变、管理手段由“人工式”向“信息化、智能化”转变。如在萍莲A1标项目上,按照“三集中”和“永临相结合”的原则,大力推行了品质工程建设,建立了集拌和站、下部钢筋加工场、小构预制场、盖板预制场和试验室五项功能区为“五位一体”场站。

二是抓好品质创建活动。按照“一流质量、一流进度、一流管理和一流形象”“四个一流”的目标,以公司所承建的项目为主战场,以项目党组织为主盘手,以建设标准化、生产工厂化、作用流程化、控制职能化、管理信息化“五化”为主抓手,从质量、进度、管理、安全、效益、品牌六大方面入手,构建“党委主导、支部主推、项目主施”和“党员示范、团青为主、全员参与”的品质工程创建格局。

三是抓好标准建设行动。按照“功能齐全化、布置统一化、隔离标准化、道路灰色化、设施规范化”的建设要求,在项目临建和养护基地建设上大力推广和应用《公司VIS形象系统》,制定了《路基标准化施工手册》《路面标准化施工手册》《高速公路养护施工标准化手册》,统一了员工着装,达到了统一标识标语、统一图表上墙、统一功能划分、统一临建形象、统一施工标准的目的。

四是抓好全程创优行动。以工程项目“质量优良率100%、一次验收合格率100%、分部分项工程验收合格率100%”“三个100”为主要目标,以ISO 9001质量体系认证为主要途径,在在建项目上落实以制定关键人履职标准和各岗位工作规范、质量信用档案和终身负责制为主要内容的质量责任体系,以严格执行工序“三检制”(自检、交接检、专检)、隐蔽工程过程影像留痕和加大抽检频率为主要措施的质量过程管控体系,以施工组织设计会审制、专项施工方案论证审查制、首件工程制为主要手段的质量风险预防体系“三大体系”,提升工程项目内在质量和外在形象,确保工程优质、业主满意、社会认可。

(2)带技能,共发展

人才是企业发展的关键,高技能人才是企业发展的支撑。针对当前出现的关键岗位和主要骨干储备不够足、技术骨干人才流失比较严重、企业人才发展梯队出现“断档”、人才队伍“青黄不接”等情况,赣粤工程公司在突出“亮能力、亮业绩、亮证书”的选人用人标准和健全完善薪酬体系等基础上,注重人才的技能提升、能力提高和发展培养,打造一支本领过硬、能力过硬、作风过硬的高素质干部人才队伍。

一是倡导“导师带徒”。传承“师傅带徒弟”的优良传统,引入高校“导师带学生”的培养模式,选取实战经验足、综合素质高、工作能力强的老员工担任新入职员工的“导师”,在提升素养、增强技能等方面,实现面对面培养、手把手教学,加速新员工的成长。如在萍莲A1标项目上,举办了“导师带徒,技能传承”的拜师会,由项目总工、生产副经理、工程技术部部长等项目班子成员、主要技术骨干担任新入职或入职时间不久的新员工的导师,加快人才培养。

二是实施“岗位准入”。在新建项目经理选拔上,坚持好中选优,推行了公开竞聘上岗的模式。在重要岗位和关键人员选用上,以考测能、以考代选,把考试作为岗位任用的一种重要方式。如在大广扩容BP2项目上,赣粤工程公司采用公开竞聘的方式产生了项目经理、项目总工等,变过去的“选马”为“竞马”。

三是推行“成才历练”。针对综合素质优、本领作风硬、发展潜力足的青年人才,实行了“成才历练”计划,通过不同部门不同岗位的锻炼,帮助其完善个人职业发展规划,使其早日成为能独当一面的“栋梁之才”。

四是开启“校企共建”。利用江西省内高等院校的丰富资源和前沿技术理论等优势,采用合作共建的方式,以在建项目为依托,重点围绕校企党建共建、产学融合、人才培养、科研合作、成果转化等方面,打造人才培训教育基地、科研研发孵化基地、高新技术服务基地,实现互通有无、互利共赢。如2020年5月,赣粤工程公司与华东交通大学召开了合作洽谈会,达成了初步意见,推动了“人才兴企、科技强企”战略的实施,为高质量发展提供了有力支撑。

(3)带安全,共和谐

安全是企业稳定的基石,是企业发展的保障。针对点多、面广、战线长,安全生产隐患危险源比较多、监督管控不够全面到位、手段方式比较单一等实际问题,赣粤工程公司严格执行“安全第一,预防为主,综合治理”的方针,扎实开展了安全生产标准化体系建设和“平安工地”创建活动,强化意识教育和日常监督管理,创新方式方法,构建了“人人抓安全、时时想安全、事事管安全、处处保安全”的工作格局。

一是安全管理制度化。修订出台了安全生产教育培训、安全技术交底、安全检查及隐患整改等各项制度,落实“党政同责、一岗双责”,及时调整各级安全生产领导小组,确定责任主体,明确各级安全责任和义务,层层分解安全生产责任,构建权责分明的安全生产责任体系。

二是日常巡查常态化。采取了主要领导带队现场督导、分管领导下沉一线督查、责任部门专项逐个检查的三级安全生产巡查工作机制,落实平时巡查、季度检查、专项督查,现场反馈问题,下发整改通知单,限期整改反馈,做到安全认识到位、防护到位和监管到位,实现安全生产“全覆盖、无死角”。

三是思想教育多元化。采取了“线上+线下”“远程+现场”“培训+演练”相结合的方式,通过集中培训、制度宣贯、知识竞赛、分享交流等系列教育举措,将安全生产意识内化于心、外化于行。如在疫情防控期间,赣粤工程公司与中国船级社深入合作,开展了“远程+现场”相结合的安全教育培训活动。通过针对性的授课,全员对高速公路建设安全管理的重点、难点有了进一步的深入了解,也明晰了安全工作的方向。又如全国防灾减灾日,赣粤工程公司机关和分公司联合江西省南昌市经开区消防救援大队开展了消防安全演练,通过现场“火灾”、现场“救援”、现场“感悟”,提升员工安全意识,筑牢防灾减灾防线。

四是监管方式现代化。通过引进和改进“事事明”App、在车辆和特种设备安装倒车雷达或影像及在项目临建安装监控系统等有效措施,实现了安全生产监管方式的现代化。如赣粤工程公司铜鼓高速公路养护基地积极与高德地图合作,使用物联网化改造的“智慧锥桶”,在接入高德地图App数据平台后,实现道路施工、事故和封闭管制等信息的实时采集和发布,提升了广大驾乘人员出行效率和高速公路养护作业安全生产水平。

(4)带廉洁,共守纪

廉政事关企业的兴衰成败,事关企业的发展稳定。针对工程建设项目具有涉及金额比较大、管理环节比较多、风险管控比较难等特点,是违法违纪的“易发区频发区”、是廉政案件的“高发地重灾地”等现实情况,赣粤工程公司坚持“标本兼治、综合治理、注重预防、惩防并举”的党风廉政建设方针,从工程招投标、工程变更设计、物质材料采购、工程验收结算等环节入手,夯实责任主体,强化意识教育,规范管理流程,完善规章制度,形成“倡廉、学廉、兴廉和守廉”的良好环境。

一是扎牢“制度笼”。在进一步梳理和健全完善规章制度基础上,查缺补漏、查遗补全,增强制度的系统性、针对性、操作性和有效性,形成集党政工纪项等方面52项经营管理制度的汇编,重点针对招投标管理、合同管理、项目管理等易发环节和薄弱区域。同时,加强对制度的宣贯和执行,增强制度的落实力和生命力,抓在经常、落在日常、执在平常,形成按制度办事、按规章办事的良好氛围。

二是构建“教育网”。加强了廉政教育、警示教育和典型教育,开展了“微腐败”问题专项整治、“颂传统、传家风、过廉节”系列活动和“优秀家风家故事”征集活动及任前廉政谈话,编印了制度问答手册,通过明察暗访、专项治理、警示教育、“指尖课题”、“口袋廉书”和家风家训传承等方式,编织了廉洁从业“护廉网”。

三是畅通“监督渠”。坚持监管前移、强化事前把控,从源头上消除隐患、排除风险,在原有廉政举报箱、举报电话等监督渠道基础上,增制公布 了集“信、访、网、电”四位一体的监督信息牌,推进了廉政文化进工地、进家庭,选拔任用了专职纪检员或行政监察员,构建了单位、家庭和社会三方监督管理体系,做到重点环节重点盯、多发区域全力盯。

四是用好“执纪鞭”。把规矩纪律挺在前面,注重抓早抓常抓预防。针对日常巡查、定期检查和专项督查中发现的违反中央八项规定精神和“四风”问题等,坚持“无禁区、全覆盖、零容忍”原则,紧盯重点岗位、特殊时期和关键节点,充分运用监督执行“四种形态”,营造出风清气正的政治生态。如在接受上级巡察反馈后,赣粤工程公司充分运用好监督执纪“四种形态”,处理违纪人员14人次。

(5)带创新,共增效

创新是企业发展的不竭动力,效益是企业发展的“关键命脉”。针对存在的创新能力不够强、科研成果不够多、核心技术较缺乏、竞争实力不够足等现状,赣粤工程公司坚持“科技强企”之路,先后引进了微表处、冷再生等技术,荣获了“高新技术企业”称号。

一是技术“大引进”。引进了就地风热再生技术,购置了SY4500再生列车,在景婺黄高速公路、德上高速公路等项目进行推广应用,成为江西省内较早拥有此项技术的企业。引进了钢结构桥梁施工技术,首次在江西省高速公路主线上应用,开展了钢混结构在高速公路主线桥梁运用的有益尝试。引进了机器人自动焊接技术,保持了焊接质量的均一性,达到了提高工作效率、提升工程质量等目的。

二是管理“全智能”。在财务管理信息系统、办公OA信息系统和人力资源管理信息系统的基础上,推行了党务管理、工程管理、物料管理、电子公章4个信息系统的运用,实现了公司管理与项目管理深入融合、上下联动、动态跟踪。在驻地、场站及主要作业点安装了远程视频监控系统,推行“‘互联网’+监控”。使用“二维码”建档,保持管理过程的可溯性。

三是工艺“微创新”。推进涵洞帽石装配式施工,涵洞帽石在盖板预制厂预制,安装智能喷淋系统,采用智能喷淋的方式进行养生,实现质量与形象双提升。修建了路面黑白站下沉式送料仓,变燃油消耗为电力消耗,较传统送料方式具有环保、自动化、操作简便等特点,大大减少了机械作业半径,有效减少了扬尘,保证了施工作业面整洁。引进推行胎架法工艺,运用在涵洞基础钢筋、盖板钢筋笼绑扎和预制梁板的底板、腹板、横隔板、波纹管等定位上,确保了钢筋加工的质量,有效提高了钢筋保护层厚度指标。

四是模式“新改变”。推进了施工队伍由“大包模式”向“施工班组”的转型,构建了横向到边、纵向到底的政令畅通渠道,既可更快捷地实现管理意图,又能锻炼管理人员综合素质,有效降低了工程项目施工成本。推行了“机械化换人、自动化减人、智能化无人”的模式,在梁场等大临场地,配备了数控钢筋笼滚焊机、数控钢筋弯曲中心、数控钢筋弯箍机、数控钢筋端头打磨机、数控钢筋调直切断机等设备,提升加工精度,提高工作效率。

三、实施效果

(一)党建作用更显

通过“党建+五共五带”,找准了企业党建工作的定位和职责,将党的建设融入市场经营、工程管理、项目建设等各方面,充分发挥好党委、党支部和党员的作用,有效解决了党建工作与生产经营"两张皮、两条线"难题。

(二)综合实力更强

通过"党建+五共五带",市场开拓更加有力、管理行为更加规范、竞争能力更加增强,综合实力显著增强。

(三)内控管理更严

通过"党建+五共五带",规章制度更加健全,工作流程更加规范,办事程序更加顺畅,信息化程度更高,大大提高了工作效率和降低了管理成本,内控管理水平得到了显著提升,"严"的管理氛围已蔚然成风。

(四)品牌形象更响

通过"党建+五共五带",全体员工干事创业激情高涨、热情贲发、干劲更足,企业形象得到进一步提升,"赣粤工程"品牌得到进一步唱响,助推企业高质量发展的动力更持久、环境更优美。

以"集约化、工厂化、智能化"三化融合的装配式预制构件智慧制造的管理创新实践

江西交工装配制造有限公司

成果主要创造人:彭爱红　晏　玲

成果参与创造人:胡小洪　余思敏　吴云根　宋心琳　吴　飞　邓俊双
周道君　罗　旭　庄正宇

江西交工装配制造有限公司(简称"江西交工装配公司")位于具有"鄱阳湖畔的明珠、京九线上的名城"之称的共青城。江西交工装配公司于2017年11月30日在共青城注册成立,注册资金为5000万元整;2018年3月12日投资3752.07万元购买共青城工业园区科技二大道工业用地335.01亩,致力于交通系统的装配化传播及钢构装配房屋等品牌;2020年1月17日,江西交工装配公司变更为江西省交通工程集团建设有限公司的全资子公司。

江西交工装配公司是由江西交工昌九高速公路改扩建工程构件制造中心升级而成的全资子公司。于2019年投资约5亿元建设办公室、综合楼、员工宿舍楼及PC生产线等工程。装配式桥梁、城市管廊、钢筋网片、小型构件厂房建筑面积约各为6685平方米、685平方米、4328平方米、1920平方米;PC生产厂房建筑面积约为18000平方米;办公楼、员工宿舍建筑面积合计10870平方米。装配公司在全面投产后,年产值不会低于4亿元,年上缴税额不会低于4000万元,其中城市管廊年产值4000万元,PC生产线年产值3亿元,小型构件年产值6000万元。

江西交工装配公司是全省首个超高标准构件预制厂,是江西省交通建设"工业化建造"的首个试点工程。以打造构件制造中心为理念创新、管理创新和技术创新的切入点,提出"中心+集约型管理""互联网+工业化制造""资源+社会与经济效益双赢"的三大创新模式,探索工业化建设道路,引领江西高速公路建设管理新模式。

江西交工装配公司重组前参建过昌九改扩建工程,重组后又与中铁九江城区高速收费站后撤A1标、中铁九江城区高速收费站后撤A2标、抚州管理中心、广西路桥工程集团有限公司萍乡至莲花高速公路P2标、浙江交工集团股份有限公司兴国至赣县高速公路北延建设项目A1标等有业务往来。装配公司初期下设工程合约部、安全生产部、市场营销部、综合管理部四个部门。

一、实施背景

2008年以来,国家持续加大高速公路等交通基础设施方面的投资力度,全国高速公路建设有了突破性发展,处于中部地区的江西省也抓住了此次机遇,2016年江西高速公路通车里程突破6000公里,基本建成"纵贯南北、横跨东西、覆盖全省、连接周边"高速公路网。伴随高速公路网成形的同时,是高速公路建设市场的萎缩和建设的难度加大,省内剩余市场工程,大多是前期因技术复杂,施工难度大的工程项目,企业原有的粗放型、低层次的施工方式已不能满足市场需求,企业急需从劳动密集型为转型为知识密集型企业,从单纯追求规模扩张到向高精尖领域发展转型。

2016年9月,国务院发布《关于大力发展装配式建筑的指导意见》,明确提出推进装配式建筑的保障措施,包括加大政策支持,给予相关企业政策优惠、税收优惠、土地保障等。

2017 年 3 月,住建部发布《“十三五”装配式及建筑行动方案》,提出到 2020 年全国装配式建筑占新建建筑比例达到 15% 以上,其中重点推进地区和鼓励推进地区分别大于 20%、15% 和 10%,明确提出要落实支持政策,包括鼓励各地创新支持政策,加强对供给侧和需求侧双向支持力度,加强土地保障,税收优惠等,同时可将装配率水平作为支持鼓励政策的依据。

2017 年至 2018 年,住建部陆续发布的《装配式混凝土建筑技术标准》《装配式钢结构建筑技术标准》《装配式木结构建筑技术标准》《装配式建筑评价标准》,明确规定被评定为装配式建筑的单体建筑需满足下列条件:①竖向承重构件为混凝土材料时,预制部品部件比例不应低于 50%;②竖向非承重构件为金属材料、木材及非水泥基复合材料时,竖向构件应全部采用预制部品部件;③楼盖构件比例不低于 70%;④外围护墙比例不低于 80%;⑤内隔墙不低于 50%;⑥采用全装修。

在企业的现实需要和政策的大力扶持下,以“集约化、工厂化、智能化”融合为导向的现代化装配式预制构件制造中心应运而生。

二、成果内涵与主要做法

(一)成果内涵

以“集约化、工厂化、智能化”融合为导向的现代化装配式预制构件制造中心建设,通过将低碳、绿色、节能和可持续发展等理念导入基地建设,以实现推进施工机械化、提高效率,且有利于保证预制构件质量,减少因材料质量问题造成的施工风险。

江西交工装配公司成果丰硕,以基地为平台,先后参与 10 余个省内高速公路建设及改扩建项目,取得省级工法 1 项、专利 3 项。在高速公路改扩建领域取得不错业绩,提升了企业的影响力和市场竞争力。

实践产出成效明显,基地先后接待广东省、浙江省等 20 余个省份 178 场次各级领导和国际友人现场观摩,累计观摩约 6500 人次,受到所有参观人员的一致认可。

通过 3 年的实践,该成果对高速公路改扩建项目具有较强的借鉴意义。

(二)总体思路

以“集约化、工厂化、智能化”三化融合为导向提升现代化装配式预制构件制造的管理创新实践,需要施工现场、制造中心双方围绕制造中心建设,就制造中心建设的软硬件环境进行持续的投入,并就制造中心的发展进行持续的沟通协同推进,在现代化装配式预制构件制造中心发展上实现施工现场与制造中心的优势互补和资源共享,构建起企业联合施工的新模式,促进施工单位施工效率、质量的提升;构建起企业创新发展的新模式,促进企业的技术创新实践能力的提升。

江西交工装配公司面对企业发展的新形势,以“集约化、工厂化、智能化”融合为导向,以工程绿色化施工为目标,将预制构件制造中心从理论延伸到实际,将理论研究一线推进至项目施工一线,将资源投入到极具市场前景如改扩建工程、无砟轨道板工程、装备式工程等背景工程上,在新材料、新工艺、新技术上逐步完善积累,将企业联合施工的合作优势推动至技能落地层面,为企业施工方法升级提供条件,为企业转型发展提供动力。

(三)主要目标

①通过预制构件制造中心集中预制管理,实现场站布局由“零散式”向“集约化、规模化”发展的突破。

②通过预制构件制造中心集中预制管理,实现生产方式由“作坊式”向“工厂化、流水化”发展的突破。

③通过预制构件制造中心集中预制管理,实现管理手段由“人工式”向“信息化、智能化”发展的突破。

④通过预制构件制造中心集中预制管理,以“集约化、工厂化、智能化”三化融合为导向,实现工程绿色化施工。

⑤通过预制构件制造中心集中预制管理,为企业技能人才再教育提供途径,通过合作,更新职员思

维及技能,更好的服务企业发展。

⑥通过预制构件制造中心集中预制管理,为江西经济和社会发展作出应有贡献。

(四)主要做法

1. 硬件环境与软件环境同建设

(1)组织建设

为推进预制构件制造中心的建设,建立常态化的工作制度,制造中心成立之初,昌九高速公路改扩建施工现场和制造中心双方建立了联合施工领导小组,负责制造中心建设的具体工作落实,工作领导小组的职责是制定预制构件制造中心建设发展规划;制订相关管理制度并组织实施;负责预制构件制造中心的正常运行和管理;协调处理预制构件制造中心管理与运行过程中的具体事务。小组组长由施工现场、制造中心双方负责人担任,制造中心负责人由装配公司负责人吴云根担任,在联合施工领导小组的领导下具体负责基地的日常建设管理工作。

(2)制度建设

为有利于开展工作,双方共同制定了《预制构件制造中心管理制度》,就职工进入制造中心联合施工内容、联合指导队伍的职责和作用、科研条件、生活保障和待遇等方面进行了规范。制造中心工作领导小组每半年召开工作对接会议,不断总结经验,并针对合作双方所关心的管理、工作学习及生活等方面的问题进行研究并加以解决。

(3)设施建设

江西交工装配公司无偿为预制构件制造中心提供2100平方米办公场所一处,累计为制造中心投入水泥净浆搅拌机、水泥胶砂搅拌机、水泥胶砂流动度仪、水泥比表面积仪(全自动)、水泥标准维卡仪、水泥胶砂成型振动仪、负压筛析仪、水泥沸煮箱、恒温恒湿养护箱、300kN水泥抗压抗折一体机、水泥混凝土搅拌机60升、砂浆搅拌机15升、混凝土振动台1平方米、水泥混凝土贯入阻力仪、全自动恒温恒湿(喷雾,含制冷、制热)养护设备60平方米、混凝土收缩膨胀仪、水泥混凝土含气量仪、砂浆稠度仪、混凝土维勃稠度仪、石子压碎值仪、针片状规准仪、摇筛机(震击式)、砂子压碎值仪、烘箱、1000kN万能压力机(带防护网)、100kN万能压力机(带防护网)、2000kN压力机(带防护网)、钢筋反复弯曲机、连续式标距打点机、智能钢筋焊网机器人GWCP2400JZ-B、钢筋调直切断机GT5-12Q、数控自动收箍机SG3、智能钢筋弯箍机器人WG12F-1、数控立式钢筋弯曲中心G2L32E-2、数控棒材液压剪切生产线GJW1240、对焊机UN-46A型、起重机、龙工叉车、收线机、冷轧带肋钢筋设备、蒸汽锅炉DZG2-1.25-M、全自动凿毛机ZRFX-ZMC100、水洗设备、电动门、电子汽车衡等机械设备。

预制构件制造中心建有独立的实验室、食堂、宿舍及相关设施。利用制造中心为在“中心”工作的职工提供必需的科研、生活条件保障。图1、图2所示为预制构件制造中心相关设施。

图1　预制构件制造中心会议室

图2 预制构件制造中心信息管理中心

2. 主动适应市场,促进装配公司不断发展

昌九高速公路全线进行改扩建,省委省政府要求保持现有4车道正常通行加上周边路网复杂,出入口分布密集,新、旧高速公路设计标准的差异大,特别是昌九高速公路现有52座桥梁,因原有设计标准低、结构差,需要全部拆除重建。种种因素给项目建设过程中的交通组织和施工组织,带来了巨大考验。为了确保工期、工程质量和品质,在省厅、业主和交工集团的齐心协力下,江西交工装配公司应运而生。

江西交工装配公司根据昌九改扩建的要求,在原基础上进行了升级。并结合项目自身需要,自主研发并投入运用了智能喷淋养生、机器人自动凿毛和构件身份识别等4项(图3)。信息化综合管理平台实现了视频监控、智能控制和信息管理模块的集成,提高了生产效率、保障了生产安全,提升了构件品质。

做到“工厂化生产、流水化作业、智能化控制、信息化管理、装配化施工”,实现场站布局由“零散式”向“集约化、规模化”发展的突破,生产方式由“作坊式”向“工厂化、流水化”发展的突破,管理手段由“人工式”向“信息化、智能化”发展的突破

图3 参与昌九改扩建构建中心建设

江西交工装配公司主动适应新形势下安全生产与环境保护的要求,让企业稳定健康持续发展。几年来,公司在法律和政策的允许范围内,最大限度地调动了各方面的积极性,不等不靠,想方设法,拓宽渠道筹措资金购进国内外比较先进的机械设备,大胆开展新技术和新业务,促进了预制构件制造技术的不断提高,为公司发展注入了新的生机和活力。

3. 管理创新与技术创新、制度创新相结合

企业管理创新必须与技术创新、制度创新相融合。管理创新的实质是合理组织生产力,制度创新的实质是解放生产力,技术创新的实质是通过新的技术手段直接发展生产力。尽管三者侧重点各不相同,在企业管理中的性质、地位、作用各不相同,但是它们都是企业发展不可或缺的基本要素,都是通过生产要素的重新组合实现生产力的不断提高,三者之间密不可分、相互促进、相互支撑。没有制度创新作保证,管理创新和技术创新就会缺乏动力,成了无本之木、无源之水,管理创新和技术创新也不可能持续进行;没有持续的管理创新,技术创新就难以得到有效利用,制度创新就难以得到具体落实;没有持续的技

术创新,管理创新和制度创新就难以达到持续提高生产力的目标。企业管理创新必须考虑制度的制约和技术进步对管理创新可能造成的影响,将改革同改组、改造加强管理结合起来,把握平衡,通盘考虑。

(1)制度创新——学习型的企业组织

随着知识经济时代的来临,市场信息复杂多变,人类知识日益膨胀。在美国,每天约有上千家企业诞生,同时每天又有千余家企业倒闭。面对纷繁复杂的变化,企业如何才能保持永久的生命力?英国壳牌石油公司企业策划主任伍德格告诉我们:"企业唯一持久的竞争优势,或许是具备比你的竞争对手学习得更快的能力。"真正出色的企业,都是那些能够设法使各阶层人员全心投入,并能不断学习的组织。彼得·圣吉在研究系统动力学的管理理论和无数优秀大企业的管理实践后提出:未来理想的企业组织形式是学习型组织。学习型组织的出现,是企业制度的一次创新。

江西交工装配公司响应交建公司的薪资改革,将工资与学历、职称、证书等挂钩,鼓励公司员工积极自主学习。积极组织参与安全生产讲座、特种设备培训等课程,培养员工终身学习的学习习惯。根据年度教育培训计划及施工实际情况,开展以观看事故案例视屏、发放员工安全手册、授课等多种教育手段,全面提升员工安全生产知识。2019 年全年累计培训 6 次,累计培训人数 93 人,入场教育培训率达 100%。

(2)管理创新——扁平化的组织结构

知识经济时代,信息技术的发展使得知识在管理者及劳动者之间共享,企业组织等级结构已不再受到管理幅度的限制,纵横交错的信息渠道造就了一种崭新的组织结构——扁平化组织结构,这也正是江西交工装配公司目前采用的管理组织结构。

这是一种通过减少管理层次,压缩职能机构,裁减人员而建立起来的一种紧凑而富有弹性的新型团体组织。它具有敏捷、灵活、快速、高效的优点。它是一种静态构架下的动态组织结构。其最大的特点就是等级型组织和机动的计划小组并存,具有不同知识的人分散在结构复杂的企业组织形式中,通过未来凝缩时间与空间,加速知识的全方位运转,以提高组织的绩效。扁平化组织结构的竞争优势在于不但降低了企业管理的协调成本,还大大提高了企业对市场的反应速度和满足用户的能力。不难预言,扁平化企业组织将是知识经济时代独具特色的组织创新。

(3)技术创新——绿色化的预制中心

预制构件制造中心根据昌九改扩建项目,遵循绿色高效的原则,在项目实施过程中寻找最合适的施工方法,不仅有效减少工法成果转换的市场应用风险,也使企业在互动过程中,成为工法成果的第一个受益者,促进了企业效益的改善。

4. 实例

例一　昌九高速公路改扩建工程中装配式箱涵施工

1. 工程概况

昌九高速公路是江西省高速公路主骨架网中的重要组成部分,它连接省会城市南昌市和长江沿岸重要城市九江市,也是江西省连接周边省份,加强对外联络的主通道,在国家和江西省高速公路网中具有重要地位。随着地区经济的快速发展,区域交通量大幅增加,至 2012 年昌九断面平均交通量已达 33550pcu/d,最大路段截面交通量为 39143pcu/d;为提高道路通行能力,满足社会经济发展的需要,发挥通道资源优势的需要,进行高速公路"四改八"。

为减少征地,提升建设质量和水平,建立了昌九改扩建装配式预制构件中心,其中预制箱涵 176 道/3690 米,共计 1500 多节的预制任务。

2. 施工情况

在 2016—2019 年施工期间,采用"公路改扩建工程中装配式箱涵成套施工技术"实现了工厂化箱涵生产,现有高速公路运输,大型设备起吊,现场拼接安装。完成了昌九改扩建工程 176 道涵洞共计 3690 米装配式涵洞施工。

3. 适用范围

适用于工期较短或者地形条件较好具备大型预制构件运输和吊装条件的公路工程或者公路改扩建工程施工。适用于城市市政工程中,临近建(构)筑物、地面条件限制、地层构造复杂、富水条件下的暗挖地下工程施工。

4. 工艺原理

在当前尚未建立装配式箱涵设计、施工等方面相关规范的条件下,依据《公路桥涵施工技术规范》(JTG/T F50—2011)、《公路工程质量检验评定标准》(JTG F80/1—2017)、《公路工程施工安全技术规范》(JTG F90—2015)等规范。通过定制专用液压箱涵模板工厂化集中预制不同长度节段箱涵,依托改扩建工程现有运输道路和大型吊装设备,进行大节段预制箱涵的现场拼接和安装,既能避免交通转换,缩短施工周期,实现箱涵快速便捷的施工;又能减少老涵洞挖除,充分利用拼接技术老涵洞的利用,节约资源,减少环境污染。

5. 施工工艺流程(例图1)

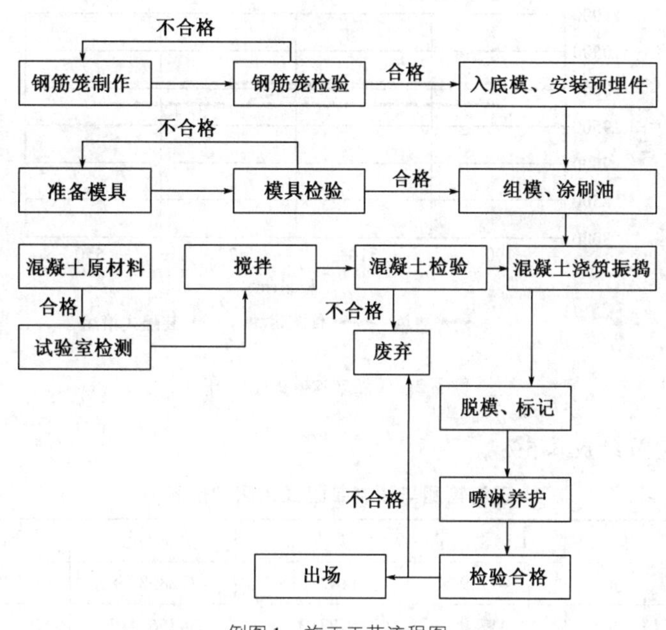

例图1 施工工艺流程图

6. 有益效果

(1)施工周期短

基础以下:开挖基坑+垫层+钢筋绑扎及下料+装模+打基础混凝土+折模+基础混凝土强度到位=3~4天。

墙身及盖板施工:墙身以5米模板为例:循环使用可得钢筋加工1天+模板安装1天+混凝土浇筑1天+拆模1天+强度到位3天共计7天,以4天一循环得共需4×6=24天,盖板以5米模板为例:循环使用可得钢筋加工及模板安装1天+混凝土浇筑1天+拆模1天+强度到位3天共计6天,以3天一循环得共需3×6=18天。共计42天。

洞口段及接缝(含八字墙):5天。

共计需50天左右。

而以装配式箱涵进行拼接吊装,极大压缩墙身及盖板工期,2天吊装拼接完成后在洞口段现浇及拼缝同时处理,只需8(3+2+3=8)天工期。

现浇箱涵受天气影响较大,与预制装配式箱涵对比,施工周期较长。以昌九高速公路改扩建工程中装配式箱涵施工为例,只需现浇垫层等基础工作到位,工厂内预制好的箱涵通过运输、现场安装施工,总工期可在8天内完成;而采用现浇施工,整个工期约50天,施工效率提高5倍左右。

(2)质量控制优

预制装配式箱涵采用改进型液压模板装置和先进的生产工艺设备,混凝土及原材料均有相应的试验检测手段。此外,钢筋加工在预制构件制造中心内采用智能弯曲中心和智能弯箍机加工下料,保证钢筋规格的准确性,有利于钢筋间距和混凝土保护层的质量控制。节段预制全部采用定型钢模板,有利于节段尺寸质量控制,避免现浇箱涵施工中易出现胀模、漏浆现象。

(3)生产要素少

预制装配式箱涵采取预制构件制造中心内集中预制,固定了人员及模板数量,减少施工现场人员和模板支架投入和周转次数,使生产要素配备大大降低。

(4)经济效益好

通过与传统现浇箱涵施工对比,应用该工法,在项目初期会存在盈亏现象,然随着工程量的增加,可逐渐追平原有成本并达到节约成本的目标,参见例图2和例表1。

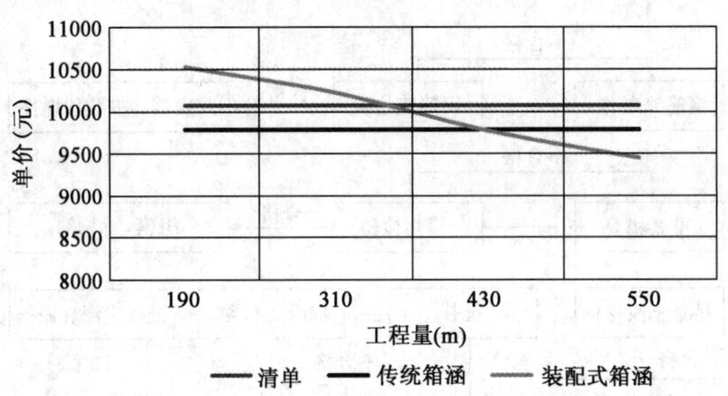

例图2　箱涵成本摊销曲线图

据例表1数据显示,节约成本5%。

现浇箱涵与预制装配式箱涵造价表　　例表1

项　目	单位	工 程 量	单　价	金额(元)	合计(元)	备　注
现浇箱涵	m	417.9	11421.15	4772898.585	4772898.585	投标单价
预制装配式箱涵	m	417.9	8317	3475674.3	4554608.52	预制
预制装配式箱涵附属工程	m	417.9	1413.5	590701.65		现场施工及运输
		417.9	1168.3	488232.57		

(5)环境影响小

由于工厂标准化集中预制装配式箱涵,产生的噪音和粉尘都有治理措施,不会影响周边环境。预制装配式箱涵减少了现场人员、模板及支架的配备,间接的减少了环境影响因素,有利于施工现场环境保护。

例二　一种装配式桥梁结构及其施工方法

1.背景技术

装配式桥梁是将高大的墩台沿垂直方向、按一定模数、水平分成若干构件,在桥址周围的预制场地上进行浇筑,通过车船运输至现场,起吊拼装,然后将桥面拼接在墩台上,达到快速施工的目的。因而,全预制化的桥梁结构是加快施工速度,减少现场污染,实现低碳化建设的有效手段。在国家政策及技术发展的引导下,桥梁装配式结构也在各类工程中得到越来越广泛的应用。

但是,传统的装配式墩柱投入使用后,常出现一些病害,主要表现为:破坏程度轻的,墩柱根部附近混凝土发生轻微开裂,竖向抗压承载力不足;破坏程度重的,在横向荷载的作用下,墩柱与承台连接处易发生相对错动甚至断裂。

2. 发明内容

本发明的一个目的是解决至少上述问题，并提供至少后面将说明的优点。还有一个目的是提供一种装配式桥梁结构，对桥梁各个连接处的结构进行了改进，使得装配式桥梁结构坚固，避免了连接处错位、断裂发生危险。

为了实现根据本发明的这些目的和其他优点，提供了一种装配式桥梁结构，如例图3所示。

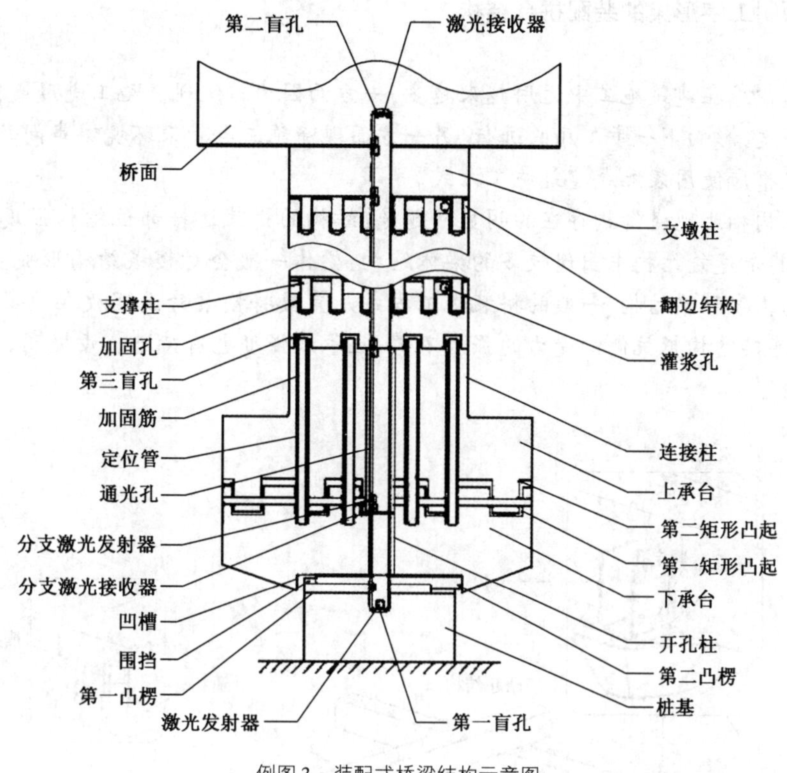

例图3　装配式桥梁结构示意图

3. 施工方法

①在施工现场浇筑桩基。

②在桩基的围挡内填充水泥混凝土砂浆，将预制的下承台扣合在桩基的上方。

③在下承台的第一矩形凸起上涂抹黏合剂后，将上承台扣合在下承台上。

④将支墩柱连接在上承台的连接柱上。

⑤将支墩柱逐个纵向连接在一起。

⑥在桥面下方的第二盲孔内安装激光接收器。

⑦激光发射器安装在保护管的底端，并将保护管由顶端的支墩柱的通光孔穿设至桩基的第一盲孔内。

⑧将桥面架设在最顶端的支墩柱上。

4. 有益效果

本发明通过对装配式桥梁结构的结构进行改进，提高了装配式桥梁各个连接处的连接稳固性，减少了桥梁在使用过程中发生错位或断裂的风险，提高了桥梁使用的安全性，具体为：

①下承台在连接桩基前，可以在桩基的围挡内放入水泥混凝土砂浆或者胶黏剂等，第一凸楞的设置使得围挡内形成S形连通的通路，灌入的水泥混凝土砂浆或者胶黏剂等能够在围挡内分布均匀，下承台和桩基不仅通过凸楞的相互嵌套连接，还能在水泥混凝土砂浆的黏接下更加稳固。

②上承台和下承台的矩形凸起的相互嵌套，也能避免承台间的错位，并能够进一步增加竖直方向上下来的承载力，以及剪切力，从而提高了连接处的稳固性。

③通过在支墩柱上设置连接柱,连接柱的横截面可与支墩柱相配合,从而使得支墩柱与上承台连接处的承重力,由现有的上承台表面与墩柱间的连接转换至支墩柱与连接柱上,而连接柱与支墩柱的体积和截面相同,能够大大加强承重连接力,进而减少了装配式桥梁结构在拼接处断裂错位的风险。

④通过激光发射器和激光接收器的设置,能够随时监控桥墩有无错位,从而在发生风险前,及时采取措施进行复位或者修复。

例三　一种预制工字形梁的装配拼合结构

1. 背景技术

装配式的施工方式在建筑施工中运用越来越多,一方面因为传统现浇施工进度慢,需要待混凝土凝固才能形成支撑强度,影响下一步工序的进行,另一方面现浇施工会带来环境噪声问题,影响城市市容,所以国家也在积极推广使用装配式建筑施工方式。

但是装配式结构相比现浇结构存在的明显问题是,结构的拼装连接部位结构强度比不上一体浇筑成型的结构体,尤其是建筑结构中出现较多的梁体结构,梁体一般会对楼板结构形成支承,经常会出现边梁和横梁相交的工字形梁结构,一般的拼装施工方式是直接将横梁跨设摆放在边梁上再通过外锚固件进行固定,这种连接结构抵抗侧向受力的强度不够,且承载强度也有待进一步提高。

2. 实用新型内容

如例图4所示。

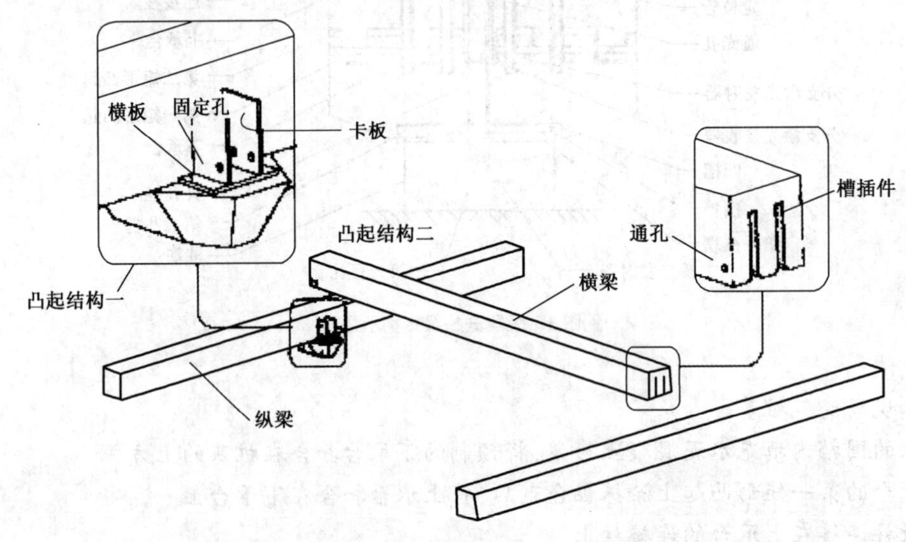

例图4　本实用新型立体示意图及局部放大示意图

本实用新型需要解决的技术问题是提供一种预制工字形梁的装配拼合结构,需要达到目的是,梁体的连接拼合部位承载强度高,且能抵抗侧向受力,结构稳固,易于吊装施工。

施工时,两道纵梁分布固定在两侧,其之间的设计间距需要等于横梁的长度,再对横梁进行吊装施工,只需要将横梁两端位置的槽插件卡到卡板上,后在对应的通孔与固定孔部位锚固上固定螺杆,则横梁得到支撑固定,工字形梁施工完成,施工过程快捷方便。

3. 有益效果

①通过卡板使得横梁无法发生前后偏移,且受到纵梁的限制以及锚固在通孔与固定孔内的固定螺栓使得横梁无法发生左右偏移,则固定结构稳固牢靠,且增加凸起结构一及凸起结构二能够有效增强梁体的承载强度。

②横板上端面上设置的卡板存在两道,相应的,横梁两端头内部下方设置的槽插件也存在对应两道,提高卡板对横梁端头位置的限制效果,进一步提高结构稳定性。

③槽插件的下端开口位置的内宽大于其内部其他部位的内宽,这样其下端开口位置截面呈外开的喇叭口形状,便于槽插件位置对准插入到卡板上,提高施工操作的便捷性。

④槽插件的两侧固定设置有多道锚固筋,可通过焊接形式固定到槽插件两侧,这样锚固筋与槽插件一同预埋设置在横梁的内部,增加槽插件固定牢靠效果,避免其与横梁之间固定松动。

例四　一种制造混凝土路面预制板的装置

1. 背景技术

因为是在预制场生产加工成型的混凝土预制件,直接运到施工现场进行安装,所以叫预制板。制作预制板时,先用木板钉制空心模型,在模型的空心部分布上钢筋后,用水泥灌满空心部分,等干后敲去木板,剩下的就是预制板了。

预制板的生产制作过程中,需要对成型的预制板坯料进行加湿养护。传统的方式是将预制板坯料均铺在平地上,然后用水淋洒,或者利用加湿器进行加湿养护。

但是,这样需要较大的场地来铺放预制板坯料,对场地的需求较大,从而需要较多的加湿器来均匀布置在场地中,以保障有效地加湿养护,即增加了养护成本。基于此,本实用新型设计了一种制造混凝土路面预制板的装置,以解决上述问题。

2. 实用新型内容

如例图5所示,一种制造混凝土路面预制板的装置,包括架顶和固位件,架顶下方均匀焊接有支撑柱,架顶正下方均匀设置有撑架,且撑架呈左右对称状均匀分布在架顶下方,撑架包括导向槽,且导向槽由上下平行对称的两组直板组成,两组直板的外端侧夹腔腔壁均焊接有挡条,两组挡条呈上下平行对称状分布,且两组挡条不接触,导向槽外端侧壁均匀焊接有固位块,且固位块安装在支撑柱的杆体上,同一水平面上对的两组导向槽之间均匀有置放板,置放板包括板体,且板体为方形板,板体的左右两端部均匀开设有槽洞,且槽洞内安装有滚轮,滚轮底部与导向槽夹腔的底壁滚动接触,板体左右两端的端壁均匀开设有插槽,插槽槽腔安装有把手。

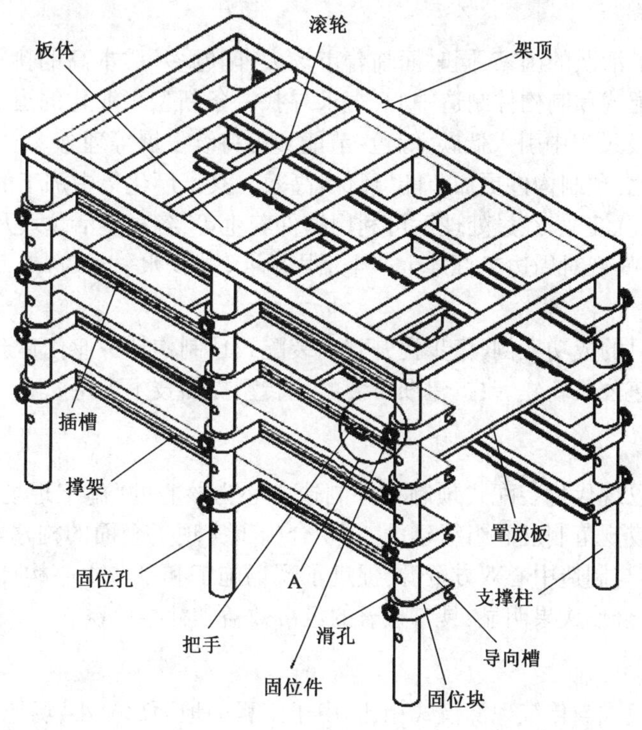

例图5　本实用新型结构示意图

架顶为方形框架结构,且架顶框体内腔均匀焊接有横杆。

支撑柱共六组,六组支撑柱呈左右对称状均匀分布在架顶左右两侧框体的底壁下方,支撑柱杆体上均匀开设有固位孔,且固位孔贯穿支撑柱的杆体。

固位块外端部开设有滑孔,且滑孔贯穿固位块的上下两端,滑孔的外端壁中部开设有插接口,滑孔的内端壁中部开设有螺纹口,插接口与螺纹口分别与固位孔的两端对齐。

把手包括握杆,握杆前后两端的右侧壁均焊接有插杆,插杆插接在插槽的槽腔中。

固位件包括固位杆,且固位杆的右端为外螺纹结构,固位杆左端焊接有手轮。

3.有益效果

本实用新型通过把手的插接使用,方便将置放板移动到撑架的中部,或者将置放板移除,均匀分层设置的置放板,用来铺放混凝土预制件坯料,加大了对空间的利用率,即减少了对场地面积的占用,有助于节省场地的开支,减少加湿器的数量,减小了养护成本。

5.获得工法及专利

(1)工法获得情况(表1)

预制构件制造中心获得工法情况　表1

序　号	工法名称	工法文号
1	公路改扩建工程中装配式箱涵成套施工技术	

(2)专利获得情况(表2)

预制构件制造中心获得专利情况　表2

序　号	专利名称	专利号
1	装配式桥梁结构及其施工方法	ZL 2018 1 0660328.4
2	一种预制工字形梁的装配拼合结构	ZL 2019 2 2026743.7
3	一种制造混凝土路面预制板的装置	ZL 2019 2 1354996.0

6.“三化”融合是出路

中国是世界上土建最活跃的国家,同时面临着市场大、问题多、成本高的挑战。江西交工装配公司作为全省首家现代化装配式预制构件制造中心,力求寻找一条新型工业化的道路,将“集约化、工厂化、智能化”相融,在基地建设过程中引入低碳、绿色、节能和可持续发展等理念。

与传统现浇构件相比,预制构件更加节能、环保、高效。其工厂化集中加工的装配生产模式,生产废水、生活污水可集中排入沉淀池,经过处理后可利用构件养生等,各种生活垃圾及废弃的材料集中堆放,集中管理,即减少了生产噪音对周边老百姓生产生活影响,又减少水、土等自然资源消耗,避免造成环境污染。

通过昌九改扩建项目的成功案例,稳步提升省内装配式预制构件工业化建造水平,为形成预制构件先进制造理念和国内高速公路新建、改扩建项目装配化转型提供技术支持。

三、实施效果

江西交工装配公司以现代化装配式预制构件制造中心为核心的“施工现场+制造中心”合作管理模式,基于全局协调,形成规范制度和组织建设,对联合施工实现了全面的构建与实施。本成果实施过程中,通过协同施工现场与制造中心双方资源,促进了现场施工和制造中心构件预制的有效结合,不断将联合施工的链条延长,合作成果明显,具有显著的经济效益和社会效益。

(一)经济效益

制造中心构件预制模式与传统现浇模式相比,由于工程的地面部分小,场地易于布置、工程进度快、干扰因素少、有利于文明施工、各种资源能较好地利用,能确保周围既有设施完好无损,确保居民生命、财产安全,避免线路绕行和居民临时迁移,节约了大量工程拆迁、地面场地占用等费用。即使因居民的担心造成数个月的停工也不会影响到工程总工期,形成了较好的经济效益。

(二)社会效益

制造中心构件预制模式将工程施工所需各种构件集中处理,避免了地面施工产生的大量场地占用,消除了对城市交通的严重影响,施工产生的振动、噪声、粉尘等公害也得到了最大限度的降低。工程建设时,周围的居民及企事业单位能正常生活及工作。超近距离安全穿越高层居民楼房的成功,为以后的工程在类似情况下的规划建设提供了可靠的决策依据和技术指标,新颖的工法技术将促进工程施工技术进步,社会效益和环境效益明显。

(三)成果评价

综前所述,以现代化装配式预制构件制造中心为核心的"施工现场+制造中心"合作管理模式,以完整的规划和严肃的组织保障,理顺了合作双方的权责,协同利用了双方的优势资源,弥补了双方的不足,形成了新型联合施工模式。

化原有零散布局现场浇筑为整合资源集中生产,不仅提高了生产效率,提升了产品质量,也减少了资源的消耗,在生产效率得到了提升的同时,机械设备也得到了充分的利用,减少了机械设备和人员的重复投入,又能缩短施工周期,为高速公路改扩建期间车道通行提供了更有力的保证,有效促进社会和谐发展,实现了经济效益和社会效益双丰收。

因此,以现代化装配式预制构件制造中心为核心的"施工现场+制造中心"合作模式将具有巨大的市场推广空间,未来,江西交工装配公司将不断加大以"集约化、工厂化、智能化"融合为导向的现代化装配式预制构件制造中心的建设力度,持之以恒抓好制造中心管理建设,将制造中心打造成业内一流的现代化装配式预制构件制造中心,为行业面向更高层次发展贡献力量。

以"提高质量、防控风险"为目标的综合管理体系的构建与实施

中交信息技术国家工程实验室有限公司

成果主要创造人:耿丹阳 邓 蕾

成果参与创造人:佘绍一 王黎莉 刘玉梅 江苇杭 艾云飞 苏 航

苏 飞 刘 文 孙云华 赵鹏志

2012年,国家发展改革委和交通运输部联合批复成立了交通安全应急信息技术国家工程实验室,该实验室是我国唯一一个针对交通安全应急工作进行自主创新的国家级科研平台。2016年,按照国家发展改革委对于国家工程实验室实体化运行的要求,中交信息技术国家工程实验室有限公司(简称"中交实验室公司")正式成立。中交实验室公司构建的综合管理体系,通过了ISO质量、环境、职业健康安全和信息安全认证。2019年,中交实验室公司年度合同额超过1亿元,营业收入超过5000万元。

中交实验室公司全面贯彻习近平总书记提出的"努力实现关键核心技术自主可控,把创新发展主动权牢牢掌握在自己手中"[1]的要求,将"研发自主可控的关键处置技术,提高国家安全应急反应能力,提升我国的国际话语权"作为使命,针对交通安全应急领域存在的核心问题,开展技术研究与产品研制,为建设安全、便捷、高效、绿色、经济的交通强国贡献力量。

中交实验室公司在安全应急信息基础技术、基于海事卫星的安全应急技术、遇险安全与搜救、危化品运输安全监管、船舶安全运行保障等领域拥有较为深厚的积累和较为显著的研究成果。近年来,中交实验室公司获得省部级科学技术奖3项,承担了7项国家重点研发计划重点专项项目和20余项全国性和省部级通信信息工程建设项目,自主研发交通安全类产品2项,发表科技论文百余篇,出色地完成了几十项国家部委交办的科技研究和技术研发任务,填补了交通运输行业在技术标准、技术体系、产品和装备的多项空白。

一、构建背景

(一)提升产品和服务质量的需要

党的十九大作出我国社会主要矛盾已经转化为人民日益增长的美好生活需要和不平衡不充分的发展之间的矛盾的重大论断;指出我国经济已由高速增长阶段转向高质量发展阶段,正处在转变发展方式、优化经济结构、转换增长动力的攻关期,建设现代化经济体系是跨越关口的迫切要求和我国发展的战略目标;确定了必须坚持质量第一、效益优先的原则,明确了以供给侧结构性改革为主线,推动经济发展质量变革、效率变革、动力变革的总体思路,提出了建设质量强国的战略任务,对新时代质量工作提出了更高要求。

交通运输行业是国民经济和社会发展的战略性、先导性、服务性和基础性行业,而交通安全应急更关乎国家和人民生命财产安全。质量发展是交通安全应急产业发展的重要基础,也是事业发展的根本

---

[1] 源自《人民日报》2018年10月31日报道《把创新发展主动权牢牢掌握在自己手中——论学习贯彻习近平总书记广东考察重要讲话精神》。

目标。没有高质量的基础设施,将难以支撑国家重大战略实施,自身发展也难以持续。没有高质量的运输服务,就不能满足人民群众日益升级的交通运输需求。没有高质量的现代装备,我国在世界上就没有影响力和话语权,就会丧失国际市场竞争优势。因此,构建一套系统完善的综合管理体系,对产品、服务的输出过程进行细致严格的管控,全面提升产品、服务和工程质量,对于认真贯彻落实党中央、国务院的决策部署,支撑交通强国、质量强国建设意义重大。

(二)促进制度化规范化管理的需要

2018 年,习近平总书记在民营企业座谈会上提出,要练好企业内功,特别是要提高经营能力、管理水平,完善法人治理结构,鼓励有条件的民营企业建立现代企业制度。❶ 企业在经营过程中遇到的困难无外乎内因和外因,相比外部的市场、技术竞争,内部的规范化管理才是决定性因素,企业只有自身强大才能在市场竞争中脱颖而出、兴旺发达。构建符合企业发展的现代化管理体系,实现企业规范化、标准化管理,是引领企业科学发展的支撑保障,是全面提升企业管理境界的有力举措。

成立初期,中交实验室公司组织对国内外多个顶尖技术研发实验室的运行模式和管理方式进行了广泛调研。调研发现,构建综合管理体系,多维度开展业务流程管控,对于促进企业管理和技术全面进步,提升企业管理水平,增强企业市场竞争力和产品市场占有率等方面具有极其重要的作用。构建科学的综合管理机制,是全面提升实验室工作系统性和规范化水平的最佳路径,是从根本上构建国际一流实验室的必要条件。

(三)防控风险实现可持续发展的需要

国内外经济形势复杂多变,市场竞争压力不断加大,企业经营面临着比以往更多的不确定因素和更大的风险。在中交实验室公司成立之初,强化管控、完善管理制度、健全监督评价机制,进行有效的风险管理,是企业可持续发展的重要保证,对企业强基固本,夯实管理基础,实现可持续发展意义重大。

构建基于风险思维的综合管理体系,一是能促进企业实施决策的科学化、合理化,有助于提高决策的质量,有利于减少因企业组织决策失误所引起的风险;二是能促进企业经营效益的提高,风险管理是以最小成本达到最大安全保障的管理方法,将有关处置风险管理的各种费用合理地分摊到产品、过程之中,减少了费用支出;同时,各种监督措施也要求各部门提高管理效率,减少风险损失,这也促进了企业经营效益的提高;三是能为企业提供安全的经营环境,实现"强内控、防风险、促合规"的管控,确保企业经营目标的顺利实现。

二、成果内涵

中交实验室公司秉持"创新为先、人才为本、技术立身"的发展理念,以提高风险防控能力,提升产品、工程、服务质量为目标,创新管理思路,明确发展方针与目标,融合质量、环境、职业健康安全和信息安全管理要求,梳理业务和管理流程,构建综合管理体系,针对业务和管理流程中的每个环节,开展风险识别、风险评估,制定风险防控方案和机制,确保风险全面、精准管控。在体系实施过程中,通过创新管理机制,形成有力抓手,通过丰富活动形式,筑牢员工思想根基、提升员工积极性、增强员工本领,通过定期审核,持续改进体系,不断优化完善,切实保障综合管理体系取得实效,产品、工程、服务质量明显提高,经济效益快速增长,管理水平全面提升,风险持续受控,研发能力与创新能力显著增强。

三、主要做法

(一)创新管理思路,明确目标,构建综合管理体系

1. 推动管理创新,提出综合管理新思路

为抓住国家持续加大交通运输事业支持力度、重大战略交汇叠加和国家扩大有效投资等重大机遇,

---

❶ 源自新华网 2018 年 11 月 1 日报道《习近平:在民营企业座谈会上的讲话》。

加强全面质量管理和风险管控,持续提高产品、工程、服务的质量水平、质量层次和品牌影响力,加强风险管理能力,提高员工的风险意识和质量素养,打造标杆企业,加强品牌建设,推动质量管理、风险管控水平和核心竞争力的提高,助力完善"便捷顺畅、协同融合、公平共享、安全绿色、保障有力"的综合交通运输体系,中交实验室公司紧跟国际公认的科学管理理念,结合前期运营管理实践经验,积极创新,提出了基于风险防控的思维,集合 ISO 质量、环境、职业健康安全、信息安全标准要求,开展综合管理体系建设的新思路。以"各类产出质量稳步提升、全部环节风险精准管控"为核心目标,以流程梳理为基础,以关键活动控制为重点,打造基于风险思维的质量、环境、职业健康安全、信息安全综合管理体系,推动产品、工程、服务质量和风险管控能力全面提升。

2. 明确综合管理体系方针、目标

为更好地开展综合管理体系建设,中交实验室公司结合 ISO 系列标准的要求和运行实际,明确了综合管理体系的方针,对综合管理体系的最终目标"各类产出质量稳步提升、全部环节风险精准管控"进行了细化和分解,具体如下。

(1)综合管理体系方针

综合管理体系方针是:创新、科学、诚信、卓越。

创新:坚持创新为先,以革命、颠覆式创新推动行业发展,出创新成果、出创新人才、出创新思想,打造交通领域优质产品,提升出行者尊严。

科学:以科学的精神指导实践,秉持"客观的依据,理性的怀疑,多元的思考,平权的争论,实践的检验,宽容的激励",专注于技术与研发。

诚信:严格遵守相关法律法规及其他准则,确保信息资产的保密性、完整性和可用性,赢得客户信任,提升行业公信力,树立诚信公正的品牌形象,满足客户需求,超越客户期待。

卓越:在确保员工及相关方职业健康安全、低能耗及低排放的基础之上,以技术创新为驱动力,在安全应急信息技术领域追求卓越和持续改进,成为可信赖、可依靠的战略科技力量。

(2)综合管理体系目标

风险管控目标:不发生重大风险事件,保障业务运营顺利实施。

质量目标:①推动科研成果转化和产业化发展,每年研发成果不少于 5 项。②项目交付履约率 100%。③客户对于项目执行的满意度大于 95%。

职业健康安全目标:不发生职业病和安全生产事故。

环境目标:不发生环境污染事件。

信息安全目标:①重要信息泄露事件为零。②关键信息系统中断次数为零。③客户因信息安全事件投诉为零。④杜绝由信息安全造成的经济损失。

3. 明确职责分工,形成有效组织保障

(1)组织层面明确人员职责

在质量、环境和职业健康安全、信息安全管理体系范围内,明确了总经理、管理者代表、员工代表及各部门职责,从组织层面保障综合管理体系建设工作顺利开展

总经理:制定质量、环境和职业健康安全、信息安全方针、目标;进行管理评审;为体系的建设运行提供必要的资源;以顾客为关注焦点,以增强顾客满意为目的,确保顾客的要求得到确定并予以满足;承担质量、环境和职业健康安全、信息安全的责任等。

管理者代表:确保质量、环境和职业健康安全、信息安全管理体系所需的过程得到建立、实施和保持;为改进质量、环境和职业健康安全、信息安全管理体系提供依据;负责组织和实施质量、环境和职业健康安全、信息安全管理体系的监视和测量,协助总经理实施管理评审等。

员工代表:参与风险管理方针和程序的制定和评审;参与商讨影响工作场所职业健康安全的任何变

化;收集环境、职业健康和安全相关信息,并向员工传达等。

所有部门领导确保本部门:质量、环境和职业健康安全、信息安全管理体系得以应用,相关规定得以遵守;与质量、环境和职业健康安全、信息安全管理体系有关的控制活动得以实施、遵守并监控,持续改进质量、环境和职业健康安全、信息安全管理体系;负责本部门的质量、环境和职业健康安全、信息安全的日常管理;负责有关不符合的原因分析,提出并实施纠正预防措施等。

(2)风险管理方面建立三道防线

在风险管理方面,建立三道防线,即业务部门为第一道防线;风险与内控部门为第二道防线;审计部门、纪检监察部门为第三道防线。管理体系与风险管理、内部控制紧密结合,各业务系统和项目责任主体对风险进行评估,将风险管理的各项要求融入业务单元的业务流程中。

(二)加强培训,全员参与,转变理念,达成共识

为保障综合管理体系建设顺利开展与实施,中交实验室公司结合综合管理体系要求,制订了全面的培训计划,通过调研、授课、研讨等形式,开展综合管理体系的建设目标、建设方法培训,开展ISO质量、风险、环境、职业健康安全、信息安全标准培训,开展内审员培训,让员工提升思想认识,系统学习管理体系的目标、内容和方法,将"提高质量、防控风险"的目标内化于心、外化于行,为管理体系建设、实施奠定坚实基础。

在管理体系建设过程中,遵循"战略引领、整体最优、分类管理、动态调整、全员参与"的原则,让每名员工参与综合管理体系的建设中,明确职责分工,构建体系框架,梳理业务流程,撰写工作手册,编制规章制度,推动管理从"被动式"向"主动式"转变,从"要我做"向"我要做"转变。

(三)以"提高质量,防控风险"为目标,构建综合管理体系

中交实验室公司基于风险的思维,集合ISO质量、环境、职业健康安全、信息安全标准的要求建立了综合管理体系,其中涵盖质量管理体系以满足顾客需求;环境管理体系以识别环境因素,消除或降低环境影响;职业健康和安全管理体系以消除或降低员工及其他相关方可能暴露于组织活动相关的职业健康和安全风险;信息安全管理体系以促进信息安全体系协同工作的高效性、有序性和经济性,避免大多数信息安全事件的发生。

1.确定体系框架

中交实验室公司将管理过程分为决策过程、业务过程、支持保障过程三部分(图1),通过正确决策、科学的业务管理、充足的支持保障,使风险得到有效控制,产品、工程和服务的质量稳步提升,顾客的需求和期望得到满足,效益不断提高,最终保障企业不断增值和企业价值最大化。

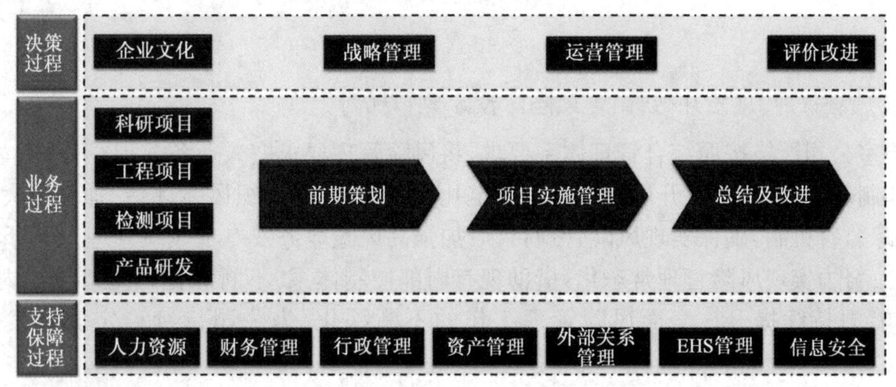

图1 管理过程

2.梳理业务流程

梳理各项业务、管理流程,对可能影响产品、工程、服务质量的过程进行了分析,对每个流程、每个步

骤中可能存在的风险进行了识别,制定具体的制度实施控制,同时建立了供应商与客户的选择、评价和再评价准则,以确保采购产品、生产产品及服务的质量并满足顾客和法律法规要求。整个综合管理体系建设过程以执行力与目标为导向,完整展现制度体系和相应的运行管理机制,为实现"提高质量、防控风险"的目标提供了完备的制度及流程保障。

3. 编制管理文件体系(图2)

编制了管理纲要、工作手册、规章制度(流程文件),并对外来文件进行了识别和管理。

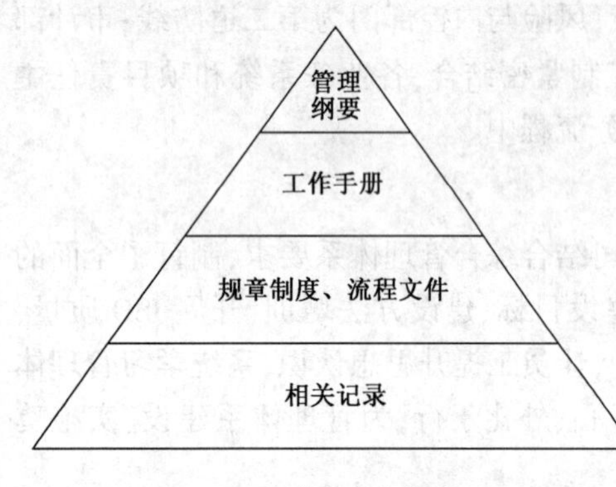

图2　管理文件体系

管理纲要:编制管理纲要,明确企业的使命、愿景、企业价值观、管理方针、目标,制定综合体系的整体架构、管理职责、主要职能、主营业务等,确定整个体系的建设纲领。

工作手册:编制工作手册,明确部门管理职责、岗位职责、业务流程、风险识别等。

规章制度:编制规章制度,从决策过程的企业文化、战略管理、运营管理、评价改进,业务过程的科研项目管理、工程项目管理、产品研发项目管理、检测项目管理,支持保障过程的人力资源管理、行政管理、财务管理、资产管理、外部关系管理、环境和职业健康安全管理、信息安全管理,三大过程的15个层面,梳理了72个流程,制定了90个管理制度文件,层层把控,确保管理目标的实现。

外来文件:对顾客提供的文件,有关的上级文件、批复文件,同级来文、来函等进行识别和管理,确保满足法律法规和相关方的要求(图3)。

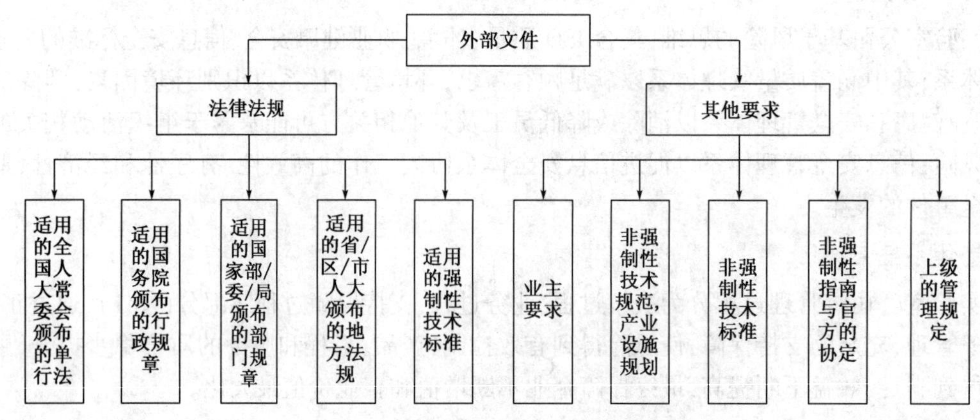

图3　外部文件

(四)开展风险识别、风险评估,制定风险防控方案和机制

中交实验室公司严格按照综合管理体系要求,将风险管理要求嵌入业务流程,不断建立健全风险管理组织体系和制度体系,为深入开展风险管理奠定扎实基础;精心组织风险评估,加强重大(重要)风险管理,建立跟踪监督机制,确保实现风险管理目标;加强高风险业务及专项风险管理,推进风险管理与专业管理相结合,努力实现风险管理常态化;借助现有内部控制体系,不断深化风险管理与内部控制相结合,风险管理能力持续提升。全面风险管理工作的不断深化,为公司持续稳定健康发展提供有效保障。

1. 建立健全风险排查辨识机制

坚持风险辨识与隐患排查相结合,按照职责分工,制定排查辨识、登记建档等工作制度,落实工作责任,常态化开展风险隐患排查辨识。确保全面、准确掌握本单位各类风险源、风险点、危险源、事故隐患的种类、数量和状况,切实摸清风险底数。要坚持固定时间全面查、因事因需随机查、敏感区域重点查,确保全面排查每年不少于1次，重点抽查每季度不少于1次，重大活动和重要时期、敏感节点要适时开展重点排查、专项排查。

2. 建立健全风险评估分级机制

针对排查辨识出的风险开展专项评估，综合分析潜在危险性、存在条件、触发因素、可能造成的危害、社会影响程度等，科学开展评估，确定风险等级，形成公共安全风险报告。风险等级的确定有行业标准的，从其规定。无行业标准的，按照高、中、低三个等级确定，其中“高”为该风险具有现实威胁或触发条件低，易引发重大、特别重大突发事件；“中”为该风险较难控制或有不确定性，可能引发较大突发事件；“低”为该风险具有一定的可控性，在一定条件下可能引发一般突发事件。

3. 建立风险防控规章制度体系

加强风险防控与综合管理体系的有机结合、协调实施，在综合管理体系的基础上，编制风险防控方案。全面梳理内控、合规和风险管理相关制度，及时将法律法规外部监管要求转化为公司内部规章制度，在具体业务制度的制定修订中嵌入统一的内控要求，明确重要业务领域和关键环节的控制要求及风险应对措施；并持续完善内部管理制度；健全企业法律顾问制度，建立企业法律风险防范机制；对授权、报告、批准、责任、审计检查、考核评价等进行规范，形成公司总体布局、各部门具体细化的“$1+N$”制度体系；实现风险防控横向到边、纵向到底，全流程、全链条、全覆盖。

4. 建立重大风险预警防控与监督机制

加强市场指标变化检测，提高对经营环境变化、发展趋势的预判能力，结合内部管理控制工作中发现的经营管理缺陷、问题及企业内外部风险水平综合评估结果，持续监测，及时发布预警信息；有针对性地制定各预警级别的风险应对方案，明确风险事件发生前、中、后所采取的应对措施，强化防范化解重大风险全过程管控。根据原有风险的变化情况及应对方案的执行效果，有效做好风险隔离，防止风险由“点”扩“面”，避免发生系统性、颠覆性重大经营风险。统筹推进内控、合规和风险管理的监督评价工作，制定定性与定量相结合的内控缺陷认定标准、合规评价标准和风险评估标准，不断规范风险防控、内控评价和内控审计等监督评价工作程序、标准和方式方法，实现点连、线延、面全。

（五）创新管理机制，形成有力抓手

为了进一步提升员工意识、提高积极性，组建质量监督委员会，对成果进行严格的质量把关，并将质量管理体系运行评价与激励纳入季度考核中。

1. 组建质量监督委员会

质量监督委员会人员由总经理、副总经理、高级总监组成，对于控制性成果（含一般性成果和重要性成果，具体根据方案、报告、程序、官方回复等各类材料的属性以及报送行为的实际情况确定）进行严格的质量把关。

一般性成果对外报送前必须经过高级总监书面审批同意（签字、邮件、短信、微信等）；重要性成果，包括节点性、标志性成果（含合同/任务书约定的成果、客户汇报或上会的成果等）需通过质量监督委员会审批，质量监督委员会与会人数原则不少于总人数的2/3。

对于违反质量管理机制的行为，视情况组织专题研究，对当事人和有关人员进行处罚。

2. 季度考核激励

除了年度综合管理体系审核外，每季度组织对各部门提供的产品、工程和服务进行抽查，根据抽查结果，对体系的运行情况进行评价及激励。

对于抽查中不符合项及建议项数量均为零的部门，给予20000元奖励；对于外部审核中仅不符合项数量为零的部门，给予5000元奖励。

(六)丰富活动形式,推进体系落地

1. 开展"以客户为中心"提升服务质量方案大赛,牢固树立"以客户为中心"的理念,把"服务为本、服务为要、服务至上"落到实处

通过比赛形式,构筑重视客户关系的企业文化,将客户至上、服务第一的精神融入企业价值观,将客户关系管理作为企业发展战略中的重要一环进行完善和维护。鼓励各部门根据自身情况和服务对象制定提升服务方案、举措和实施安排,努力通过提升服务质量、提高服务竞争力来赢得客户青睐,培养客户忠诚度,在客户关系管理的硬实力与硬背景上下苦功夫,保证客户关系管理工作的可持续发展,选取工作开展有成效的部门介绍做法、分享经验。

2. 组织开展"质量管理体系知识竞赛",以赛促学、以学促用

组织员工开展质量管理体系标准、内部审核的要点、方法学习。中交实验室公司综合管理体系管理部门组织质量管理体系知识竞赛,并在决赛结束后对活动中涌现出的集体和个人予以表彰,通过竞赛的方式,强化员工对综合管理质量管理体系的认识和理解,深化对质量管理体系文件的宣贯学习,增强员工质量管理体系理念的思维方式,提升质量管理水平。

3. 加强文化建设,提高风险防控意识

强化纪律氛围,着力构建"风险防控,人人有责"的自律机制。开辟风险防控文化园地,建立风险防控文化专栏,通过读风险防控书籍、学习风险防控宣传片、讲风险防控课、做风险防控教育、写风险防控心得等形式将意识与行为、教育与管理相结合,筑牢风险防控思想根基。

4. 组织开展"法律知识竞赛",提高风险防控能力

为认真筑牢高质量发展基础,提高风险防控能力,全面提升防范化解各类风险的水平,确保事业健康持续发展,组织开展"法律知识竞赛",以"强化知识储备　防范法律风险"为主题,比赛内容包括《中华人民共和国公司法》《中华人民共和国合同法》《中华人民共和国专利法》《中华人民共和国劳动合同法》等法律法规以及公司的《合同管理办法》等内部管理制度,深入推进法律风险防控体系建设,促进提高全员学法、懂法、用法的积极性,全面提升运用法律知识解决实际问题的能力。

(七)开展内审管理评审,保障体系不断优化完善

为切实保障综合管理管理体系建设运行取得实效、持续改进,自管理体系建设以来,中交实验室公司每年开展至少一次内审与管理评审工作。

由体系管理部门组织制订内部审核策划,联合各个业务部门,成立审核组,针对业务流程和管理流程进行内部审核,查产品、工程、服务质量,查风险防控情况,坚决把综合管理体系实施工作抓紧抓实抓细抓到位,把综合管理体系的要求扎根在思想上、落实到行动上。内部审核结束后,审核组将不符合项报告发至相关责任部门。各部门对不符合项产生的原因进行分析,并制定纠正措施,经管理者代表批准后实施。

在管理评审过程中,管理者代表、各部门负责人分别对评审期内公司、各部门体系执行情况进行总结分析,最终形成管理评审报告,明确综合管理体系目标完成情况,了解预防措施的实施情况、方针和目标的适宜性等,保障管理体系有效实施和不断改进。

体系管理部门为综合管理体系运行事项安排适当年度预算。根据内部审核情况对管理体系运行状况及内审员工作绩效作出评价,并采取相应奖励及处罚措施。

四、实施效果

构建与实施以"提高质量、防控风险"为目标的综合管理体系,为中交实验室公司提高产品质量、增强产品可信度提供了有效手段,更为提高管理水平、提升风险管理能力、保护和发展先进生产力、促进公司健康快速发展提供了坚实保障。目前,整套体系的实施效果明显,公司产品、工程和服务质量大幅提升,风险管控能力显著增强,技术创新能力和研发水平明显提高,具有显著的经济效益和社会效益。

（一）客户满意度和经济效益大幅提升

通过构建综合管理体系，提高了产品、工程、服务的质量，客户满意度得到显著提升，由原来不足90%提升至98%，牢固树立了“以客户为中心”的理念，把“服务为本、服务为要、服务至上”真正落到了实处。为社会提供了高质量的产品和服务，具有显著的社会效益。

同时，中交实验室公司通过提升整体服务水平，发挥创新优势，持续不断做好管理运营，实现了中长期收益稳健增长。2019年合同额超过10000万元，较2018年增长了539%，营业收入超过5000万元，较2018年增长了328%，经济规模和经济效益大幅提升。

（二）管理水平提高，风险持续受控

通过综合管理体系的构建与实施，为中交实验室公司明确了发展方针和目标，理清了发展思路，梳理了业务、管理流程，识别了风险点，形成了系统科学的质量、风险管控长效机制，促进了管理水平的提高。

一是强化了员工质量意识，提升了员工的技术能力和水平，提高了员工风险分析判断能力和应变反应能力，使全员预防预控能力和综合技能得到了切实的提高，构建了全行业有口皆碑的信誉好、业绩优、合规严的员工团队。

二是开展风险精准识别，发挥员工主观能动性，从风险意识出发，强化合规态度，坚持履职尽责，主动查漏补缺，使风险管理持续受控，通过排查治理推动隐患清零，强调监督检查，强化跟踪治理、责任落实以及严格重大风险报备制度，形成了风险管控长效机制，保证中交实验室公司安全稳定发展。

三是通过管理体系建设中的业务、管理流程梳理，优化了办事程序、简化了申请材料、提升了审批效率。

四是综合管理体系运行过程中，坚持实时、及时地更新并公开制度、流程文件，广泛听取意见，上下联动、不断革新，使综合管理体系始终保持先进状态，也大大增加了管理的透明度。

（三）科技创新能力大幅增强

一是通过综合管理体系的建设，明确了研发目标，建立了一系列研发激励机制，自主研发能力显著增强，资源配置更加优化，人员积极性明显提高，创造力充分激发，技术研发氛围更加浓厚，有效推动了科研成果转化和产业化发展。

二是在业务过程梳理的过程中，明确了业务开展的步骤、各阶段的成果、各部门的职责，从而有效保障了研发活动的高质量、高效率、高标准开展。

三是通过综合管理体系运行模式使研发出的最新成果能在短时间内投入市场，促进成果转化和产业化发展，提高安全应急保障能力，服务社会发展，服务公众出行，促进技术和产业的不断创新升级。

以信息化建设为载体的智能理货项目创新

日照港集团岚山港务有限公司
日照中理外轮理货有限公司

成果主要创造人:刘汉传 马先彬

成果参与创造人:杨 健 徐延省 张清磊 申 正 王丽丽 桑庆伟 朱先伟 夏长亮 王高鹏 任 舜

山东港口日照港岚山港务有限公司(简称"岚山公司"),国家一类开放口岸,1977年开始新港区建设,1989年实行一类对外开放,原隶属山东省交通厅,2002年8月1日下放到日照市,2003年5月18日与原日照港务局企业部分联合成立日照港集团,现为山东港口日照港全资子公司,是主力生产单位之一。目前,公司拥有资产70/90多亿元,员工1000余人,1万~20万吨级生产泊位11个,库场面积近300万平方米,机械设备300余台(套),年货物吞吐能力超8000万吨。

港口经营货种主要有铁矿、镍矿、钢材、粮食、木材、煤炭等,腹地沿新亚欧大陆桥呈龙骨状辐射国内广大地区。公司为国内重要的镍矿集散基地,是鲁南地区钢铁原材料和产成品进出口基地之一,有国内一流、国际领先的专业化木材检验检疫除害处理区,是中国主要的木材进口港,一次性堆存能力超过100万立方米,装卸效率和货物分票作业均保持国内最高纪录。公司先后获得"全国守合同重信用企业""全国实施卓越绩效模式先进企业""山东省质量奖""交通质量奖"等荣誉称号。

日照中理外轮理货有限公司(简称"外理公司"),成立于1986年9月,原名为中国外轮理货总公司日照分公司,于2007年2月改制为现公司,是为口岸货物交接提供数量、品质依据的第三方公正机构,所出具的报告具有第三方公证作用。2018年成为日照港中远海运物流公司全资子公司,现有员工160余人。经营范围:国际、国内航线船舶的理货、理箱业务;集装箱装、拆箱理货业务;货物的计量、丈量业务(大宗散货水尺计重、承退租业务、液体计量业务,保税油监管计量业务和内贸燃料油进出计量,外贸船舶加油工作和船舶燃油的ROB业务等);监装、监卸业务(大宗散货、件杂货船舶监装、监卸等);货损、箱损检定等业务。公司先后获得"中国交通运输行业信用企业""当代中国自主创新示范单位""日照市五一劳动奖状"、全国理货系统"文明窗口"、"山东省卓越绩效先进企业"等多项荣誉称号。

一、实施背景

(一)提升服务质量、适应港口快速发展的需要

近几年来人工成本居高不下,作业环境及人员安全越来越得到重视。计算机视觉技术得到迅速发展,图像识别应用得到广泛普及。如何通过新技术与实际业务场景相结合,实现新技术的应用落地,对港口传统业务转型升级具有重大意义。随着计算机视觉、图像识别、人工智能、机器学习与深度学习的不断发展完善,通过利用人工智能技术和图像识别技术相结合的方式,为木材码头点数理货作业提供了低成本、高可用的技术解决方案。业务流程的不断优化以及信息化手段的拓展应用,实现木材作业全过程智能化、数字化流转,促使港口软实力不断升级。

(二)缓解用工压力,提高工作效率的需要

木材作为日照港主要大宗散杂货货种之一,2018年木材船舶进口量达440万立方米,2019年进口

量达到了500万立方米,年增长近60万立方米。近年来木材业务发展迅速,日照港已成为我国北方最大原木进口港。

作业点分散用工量居高不下,日照港岚山公司现有1号、2号、3号、5号、6号、7号、8号泊位参与木材接卸作业。平均每天有四艘木材船舶作业,每艘船五个舱,每个舱都需要安排一个人在现场进行理货。现有105、305、熏蒸库、碑廓虎山等港内外货场,在货场收发货作业过程中,每个作业点都需要安排一名理货员、两名工人进行现场点数、指垛等操作,用工量居高不下。人工点数工作强度大、出错率高且作业效率低,原操作模式木材通过根数进行交接,而人工点数是一项烦琐且易出错的工作,面对每船几万根的木材,要一根一根准确的数出来,十分困难。现场安全隐患较大,现场人员在码头、货场频繁走动,无法做到人机分离,现场理货作业人身安全无法得到有效保障。纸质单证传递无法满足生产效率的提升。现场采用理货员人工开纸质单据的理货作业方式,随着业务的快速发展,该模式暴露出的问题越来越多,用工成本高,理货记录无法有效验证,信息不畅,调度指挥不力,生产过程缺乏有效管理手段,作业效率及货主满意度无法得到有效提升。

为解决上述问题,缓解用工压力,满足公司提质增效的整体要求,岚山公司同外理公司共同探索,优化现有木材作业流程,借助先进的图像识别技术,实现木材全作业过程的信息化应用。

二、项目内涵和主要做法

(一)内涵

以信息化建设为载体的智能理货管理创新项目通过系统化、程序化、标准化和数据化的手段,使组织管理各单元精确、高效、协同、秩序运行。通过木材接卸泊位的集成高清摄像机智能理货小车进行数据采集,在智能理货室通过计算机端可以远程实时动态捕捉现场木材理货画面,系统自动识别根数,完成木材视频图像理货。在不同的作业环境和作业条件下,通过综合图片的光线、色彩、拍摄角度、识别区域及目标直径等相关因素,分别建立设定相应的木材识别图像模型进行识别。通过现场大量作业图片及识别的结果,结合相应的识别模型,进行大量的数据识别训练及识别学习,提高图像的准确识别率。为保证数据100%的准确率,研究增加人工确认修正环节。该项目在国内率先实现了基于木材智能点数功能的全流程管理。从计划管理、卸船、智能识别木材根数、装车、智能闸口、货场卸车的卸船流程,到从船边或货场运送到货主货场或木材加工企业的物流链信息传递,结合现场手持终端,实现了木材理货业务全过程数字化管理。系统的成功应用,取得了良好的经济效益和社会效益,增强了港口的信息化实力。

(二)主要做法

1. 创新的整体思路

为确保木材智能理货项目的可行性和准确性,岚山公司确定了"先试点、后推广"的工作思路。现场选点设定硬件实施方案,岚山公司同外理公司对现有7个木材作业泊位进行认真研究,认为7号泊位木材作业量大、作业类型复杂、网络资源丰富,具备实施该项目的优势条件,因此公司选择了7号泊位作为试点。调研分析设计理货系统方案,岚山公司同外理公司成立了专家小组,拟定了定期会议汇总,对项目前后及测试期内发现的上百条反馈建议,进行了全面细致的分析,有步骤、有计划地推动了系统的实施运行。2018年5月,岚山公司以信息化建设为载体的智能理货管理创新项目正式投入使用,标志着岚山港木材智能理货系统的全面运行,也意味着以信息化建设为载体的智能理货管理创新项目新模式成功推行。

2. 项目目标

(1)提高木材点数和交接效率

通过对人工智能和图像识别技术的研究应有,实现木材根数由人工点数到机器自动识别的跨越。

(2)减轻工作强度,实现本质安全

通过现场安装集成高清摄像机的可移动小车,理货员转移到室内办公,减轻工作强度,现场一人一线提升至在计算机端同时多点多线,真正意义上实现人机分离,同时用工紧张问题得到很大缓解。

(3)提高客户服务质量和用户满意度

通过对识别图片二次修正技术的研究,在现有系统识别率达到95%的基础上,引入人工新增删除木材环节,以保证生产过程中的生产结果的真实性和一致性,在人工矫正后,准确率能够达到100%。

(4)压缩流程减少环节,提高流转速度

疏港业务流程实现从客户—物流—司机—收货方的线上业务闭环,逐层授权,逐层确认,取消原有以纸质单据进行流转的方式。卸船作业由原有收发两方分别点数确认,转变为发货方点数,系统借助GPS等技术,保证车辆行驶过程中的安全性,减少作业流程,提高作业效率。

(5)实现全流程数据可追溯

木材全作业过程的数字化应用,同时可产生每条船、每个作业计划、每条作业线、每台装卸工具及每辆车的实时作业状态信息。对计划完成进度、提货控数、作业统计、后续问题追溯提供数据依据,为未来公司智能化调度的应用提供基础支撑。

3. 加强组织领导,保障智能理货项目的顺利实施

岚山公司各级领导高度重视以信息化建设为载体的钢材管理模式创新工作,为确保该管理模式的顺利实施,岚山公司、外理公司成立了由公司总经理刘汉传任组长、副总经理马先彬任副组长的木材业务信息化建设调度管理工作小组。并成立了项目小组办公室,办公室设在设备技术室,负责项目的管理工作。各相关部门对在建系统定期分析,及时总结,大力推进,对系统运行过程中出现的问题进行仔细分析,并对可能发生的问题进行预估。

办公室建立了工作例会制度,每天召开现场调度会,每周召开项目推进会,及时掌握、了解和推进项目实施工作。针对工作中发现的问题,及时讨论解决。加强内部管理,培训操作流程。同时,为了保证系统的正常实施,定期召集一线操作人员开会,全方位掌握项目运行情况。结合实际需求和项目实施特点,建立健全人员培训、考核办法、应急预案等制度,制定了《人员培训方案》《以信息化建设为载体的智能理货项目实施方案》《木材系统异常情况应急处理预案》《木材系统使用考核办法》等,加强现场管理,规范现场操作。每周下发推进会会议纪要,要求各使用部门将会议内容和要求传达到每个人,让所有人员及时掌握,这种做法有效地保障了该管理模式的顺利推广和应用。

4. 研究人工智能及图像识别技术,解决木材智能点数问题

智能视频理货系统的实现,是建立在图像识别、深度学习的基础之上。该系统在木材识别功能的实现方法上,采用了人工智能的图像识别技术,对现场作业过程中对木材根数进行自动识别。在实际生产中,木材的识别率,是系统最关键指标之一。

计算机视觉是一门研究如何使机器"看"的科学,更进一步地讲,就是指用摄像机和电脑代替人眼对目标进行观察、跟踪和识别,并进一步对图像做图形处理的过程。

项目前期:解决"看"的问题。在理货现场安装摄像头,理货员在后方计算机上看视频进行理货操作。此方案在作业现场用摄像机加计算机代替现场理货员现场理货,通过摄像机拍摄替代人眼现场观察。优点:图像检测辅助人眼识别可实现理货后撤,解决人员作业环境的安全问题,减轻点数工作量。缺点:不能解决一人一线问题,达不到缩减劳动力的目标,同时无法与调度、指挥手及机械进行有效的信息沟通。

升级方案:解决系统问题。在局部视频点数基础上,开发一整套以较小的成本投入,能实现一人多线同时理货、车辆自动过闸的系统,系统数据调度、安保、货场均可实施跟踪。达到了压缩理货人员、减轻工作强度、优化保卫过闸流程及有效交流等目的。

技术核心:人工智能多层深度学习。近年来作为人工智能核心的机器学习算法领域内发展迅猛,其基本思想是通过提供大量样本来训练识别模型,再使用所得的模型特征来匹配待识别对象。在本应用场景中,通过采集大量的木材照片来训练识别模型,然后系统通过视频接入,实时获取待识别图像,使用

模型来匹配识别并得到识别对象位置，达到预期目标。

本应用中采用卷积神经网络，结合多层深度学习，由一个或多个卷积层和顶端的全连通层（对应经典的神经网络）组成，同时也包括关联权重和池化层（pooling layer）。这一结构使得卷积神经网络能够利用输入数据的二维结构。相比较其他深度、前馈神经网络，这一模型可以使用反向传播算法进行训练。卷积神经网络需要考量的参数更少，在实际测试应用中能够给出更好的识别结果。

多层深度学习的 CNN 算法如图 1 所示。

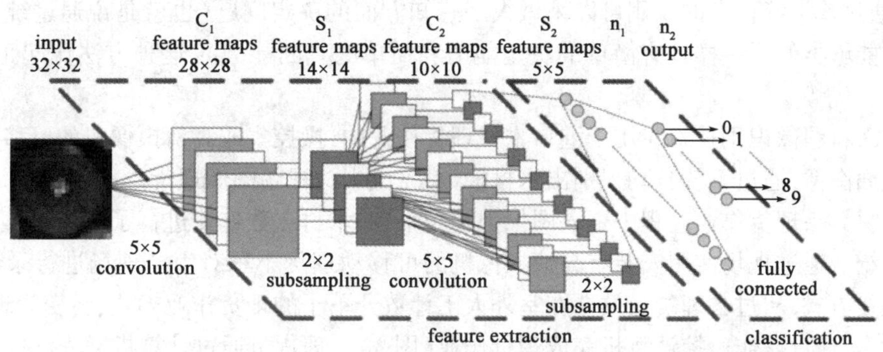

图 1　多层深度学习的 CNN 算法

技术方式选择：传统的图像处理技术识别方式有很多，现在应用最多的是 OCR 字符识别。但 OCR 属于标准字符识别，对于木材这种具体形状、颜色、长度、粗细等标准不一的物体无能为力。传统的图像识别算法如霍夫圆变换来识别图像中的圆形物体，这种算法对于标准圆形、轮廓清晰的管状物如 PVC 水管等能很好地满足要求。但对于木材却麻烦多了，并不是所有的木材都会有一个明确的轮廓，也并不是所有的木材都是近似于圆形。传统方式已不能满足实际变化多样的现场情况，只用圆形检测，识别率肯定很低。

近年来作为人工智能核心的机器学习算法领域内发展迅猛，其基本思想是通过提供大量样本来训练识别模型，再使用所得的模型特征来匹配待识别对象（图 2）。

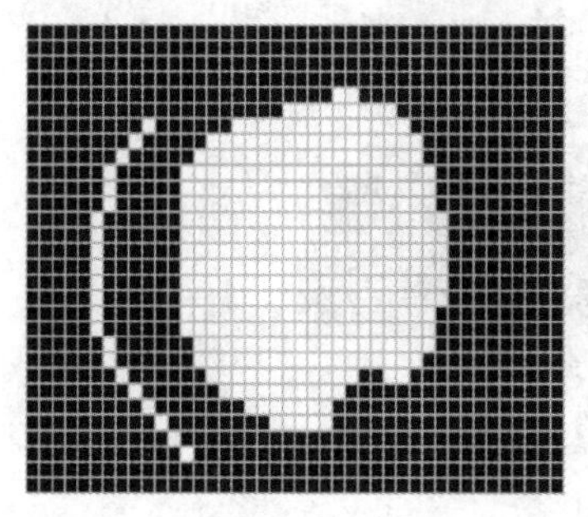
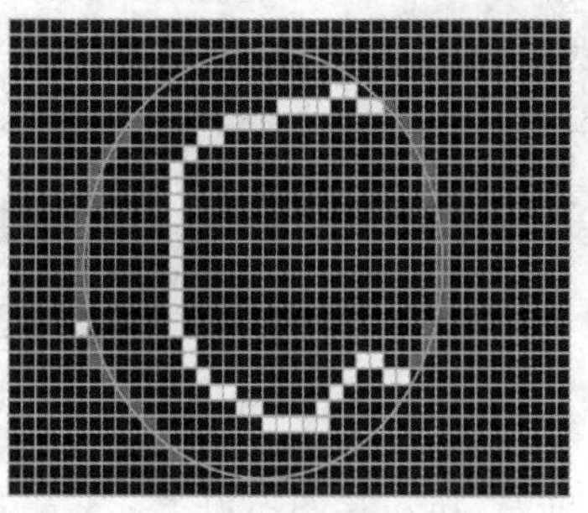
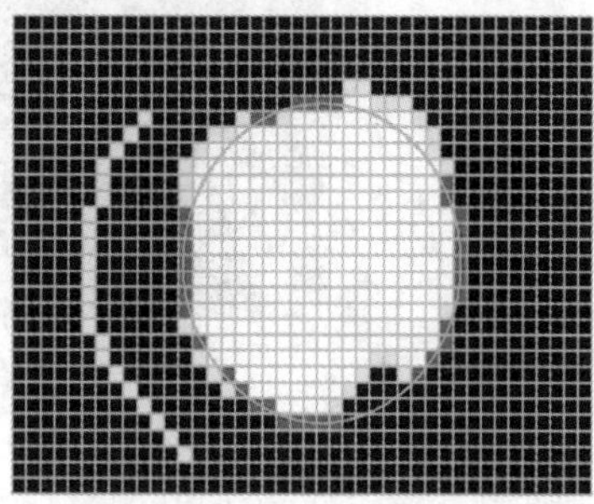

图 2　模型匹配

计数算法研究：为保证系统在实际生产中的实用性和可行性，我们采用了基于深度学习的木材计数方法。为了快速获得现场作业木材的数量，根据现场实际生产作业方式，通过视频监控对现场作业计数环节，进行视频截图，并动态获取木材形态学直径范围。根据作业木材的截面区域形态学分布，提出相应的搜索算法（RSS 算法）和一种覆盖原则。先对木材截面图像进行灰度化处理，然后根据灰度图片的灰度直方图两峰一谷的特点得到图片的全局阈值，将灰度木材截面图片二值化，再对二值图片进行膨胀、腐蚀操作削弱粘连。最后基于二值图片，利用 RSS 算法进行计数。通过对现场采集木材的截面截图计数实验验证了该算法的有效性、可靠性和可行性。为进一步提高作业现场的识别率和达到实际生产过程中的可使用效果，我们分步骤对系统的识别模块进行实际的识别、学习和模型训练。

机器学习的算法有很多种，如回归算法、正则化方法、决策树学习、贝叶斯方法等很多种类，根据本应用特点，我们选择基于人工神经网络的深度学习。

人工神经网络算法是一种模仿生物神经网络(动物的中枢神经系统,特别是大脑)的结构和功能的数学模型或计算模型,用于对函数进行估计或近似。神经网络由大量的人工神经元联结进行计算。大多数情况下人工神经网络能在外界信息的基础上改变内部结构,是一种自适应系统,通俗地讲就是具备学习功能。现代神经网络是一种非线性统计性数据建模工神经网络通常是通过一个基于数学统计学类型的学习方法(Learning Method)得以优化,所以也是数学统计学方法的一种实际应用,通过统计学的标准数学方法我们能够得到大量的可以用函数来表达的局部结构空间,另一方面在人工智能学的人工感知领域,我们通过数学统计学的应用可以来做人工感知方面的决定问题(也就是说通过统计学的方法,人工神经网络能够类似人一样具有简单的决定能力和简单的判断能力),这种方法比起正式的逻辑学推理演算更具有优势。

该项目首次将图像识别技术应用于港口木材理货作业中,操控集成高清摄像机的可移动理货小车,抓取木材横截面图像,通过系统自动识别出木材根数,完成木材视频图像理货。

在港口木材码头理货作业过程中引入图像识别技术,对木材点数作业进行了研究,探索出一套成熟的智能理货系统。通过现场使用安装有高清摄像机的可移动理货小车对生产现场进行录像,改变传统的港口木材理货方式,从过去理货员站立在室外人工计数开单子的理货作业模式,转变为现在理货员坐在现代化理货房,通过操作监控计算机完成理货作业(图3)。理货员通过计算机远程操作,选取机械每抓斗图像,系统便能自动识别出木材根数,完成视频图像理货,首创了国内沿海港口基于图像识别技术的木材远程视频智能理货系统。木材智能理货系统是先进技术应用与实际业务结合的有效案例,为港口木材作业信息化建设带来了新的思路和尝试。

图3 理货方式对比

5. 系统自动分辨不同作业场景的研究,提升整体识别率

基于现场作业的环境(白天、夜晚、晴天及阴天)和不同树种、不同材质(木材截面的大小、规整度以及木材截面的颜色等)等多方面的复杂特性,针对每种情况都单独处理。根据现场的作业截图,综合图片的光线、色彩、拍摄角度、识别区域及目标直径等相关因素,分别建立图像模型,然后在不同的作业环境和作业条件下,设定相应的木材识别模型,进行识别,并记录保存相应的识别效果及识别结果;然后再通过现场的大量作业图片及识别的结果,结合相应的识别模型,进行大量的数据识别训练及识别学习、优化识别模块的识别算法,不断提高现场的图像识别率。

另一方面,为提升模型通用性,在系统初期建立了多种场景算法模型,以便能更准确地应用于不同的场景。由于在实际的生产过程中,现场作业对不同场景并不能很好地区分,以及对不同场景的识别模型进行及时切换,势必会影响到实际生产使用效果,因此,通过对不同的场景、不同的树种木材进行大量识别后,可以获取更多生产过程中现场的有效数据,对木材的识别模型进行相应的改进,并优化算法,并提供一个综合有效的通用识别模块,能对不同的场景无须切换,都能达到一个比较理想的识别效果。

通过建立的图像模型和累计的识别结果进行再学习，有针对性的优化识别模块的算法，以提高系统对现场复杂作业环境和多树种、材质的适应性，提升整体有效识别率。

木材根数识别受树种、材质、天气的影响较大，因此分辨不同场景下的木材并进行识别非常重要。基于现场作业环境（白天、夜晚、晴天及阴天）和不同树种、不同材质（木材截面的大小、规整度以及木材截面的颜色等）等多方面的复杂特性，针对每种情况都单独进行处理。根据现场的作业截图，综合图像的光线、色彩、拍摄角度、识别区域及目标直径等相关因素，分别建立图像模型，然后在不同的作业环境和作业条件下，设定相应的木材识别模型进行识别，并记录保存相应的识别效果及识别结果，最后再通过现场大量作业图像及识别的结果，结合相应的识别模型，进行大量的数据识别训练及识别学习，优化识别模块的算法。通过算法可自主分辨不同作业场景，提高图像的准确识别率。

6. 研究增加人工确认修正环节，实现图像多方查看和作业场景重现

针对目前基于人工智能和图像识别技术的木材系统应用，木材识别率为98%，并不能做到100%，在现有技术下，可以通过人工干预达到百分百的识别率。在系统识别的数量基础上，可以人为的判断误点和少点的木材，并通过人工计算，进行加减和求出最终结果。但这种方式不利于将人工识别的结果在画面上显示出来，不利于问题的追溯。

针对该问题，为了保证识别数据的准确性，在部分未达到100%识别率的图片上，通过人工对识别结果进行二次修正，并将修正后的结果同步到理货数据中，保证最终理货数据准确无误。

在机器识别图片的基础上，对识别有异议的情况下，理货员可以把图片拉近放大，对图片识别结果再次确认，通过鼠标键盘的操作，进行人工的确认和必要的修正，修改最终结果在图片上留痕，为后期问题追溯提供依据。针对大量图片，如在后期需要查找某一船、某一车，甚至某一抓机械抓取数量，可以通过数据库ID关联定位。

生产作业过程中，相关的现场作业图像资料，与生产数据自动关联，并随生产数据一起保存，上传至系统服务器的文件管理区，通过系统查看历史作业数据及当时的作业现场的图片及影像资料，从而实现历史作业场景的重现及多方共享查看。同时，现场作业计算机本地磁盘保留备份图像资料，图片根据船名航次 + 舱位 + 车号 + 作业时间的规则保存，为后续过程追溯提供可靠依据。

在自动图像识别的基础上，研究增加人工确认修正环节，实现识别图像多方共享查看和作业场景重现，有效保证生产过程中的生产结果的真实性和一致性，理货准确率达到100%。

图像智能理货的一大特点就是识别图像可以多方共享查看，发货方可以根据查看的作业记录照片进行确认和修正处理，修正后的数据自动同步。收货方及货主也可查看作业记录照片或作业录像，通过作业视频图像记录实现作业过程、车辆信息流转共享。可以按船、按舱、按车查看所有理货图片，达到作业场景重现的目的，有效保证了生产过程中的生产结果的真实性和一致性，理货准确率达到100%，提高了用户服务质量及满意度。

7. 简化业务流程，理货模式和理货环节进一步改进

（1）卸船流程

卸船作业由原有收发两方分别点数确认，转变为发货方点数，系统借助GPS等技术，保证车辆行驶过程中的安全性，减少作业流程，提高作业效率。

原有卸船流程是在船边进行每车每抓点数，理货完成后发到货场，再由货场进行收货点数理货确认。两头点数是为了避免一方原来的人工点数出错率高采用的方法。由于图像识别技术的应用，智能点数相较人工点数正确率大幅提升，同时有图片留存，完全可以用船边一方点数代替两方重复点数。所以对原有业务流程进行了大胆的简化。

岚山公司在港外还有两个木材货场，由于距离较远，如何解决路上货运安全监管成了一大难题。针对这种情况，在每辆转运车安装GPS定位，同时对接木材管理系统，对每车进行定位监管，从而也可以实现港外收货不重复点数环节。

(2)疏港流程

疏港业务流程实现了从货主—物流—司机—收货方的线上业务闭环,逐层授权,逐层确认,取消原有以纸质单据进行流转的方式。

原有理货方式:现场理货员在现场开具理货单据,由货主和司机同时签字确认,存在单据易造假、丢失、统计分析困难的情况。针对该问题,把舟道网、生产管理系统、木材系统进行对接,开发件杂货管理App,货主对每个作业计划指派物流公司,再由物流公司进行派车。司机通过手机 App 进行接单操作。接单成功后,司机手机就会显示条码,该条码会作为后续作业过程中的唯一凭证。理货员通过手持终端理货完成后(图4),会将理货信息依次发送到货主确认、司机确认。待三方理货信息无误后,司机便可以扫码出港区大门。

收货货场需要对每车理货信息进行收货确认。收货货场方需要登录舟道网物流专版 App,扫描司机派车单,进行确认收货(图5)。如收货货场不进行确认,司机不能继续下次作业。

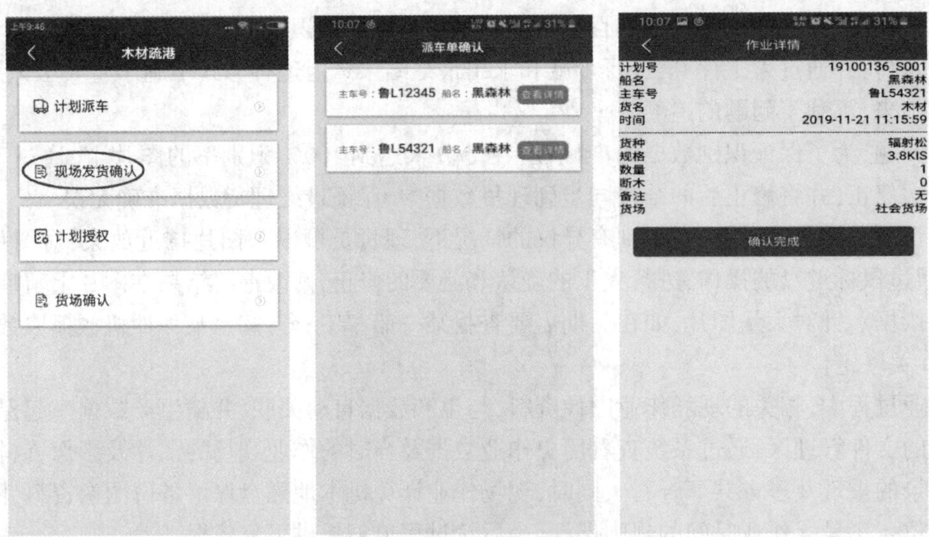

图4 发货理货员确认

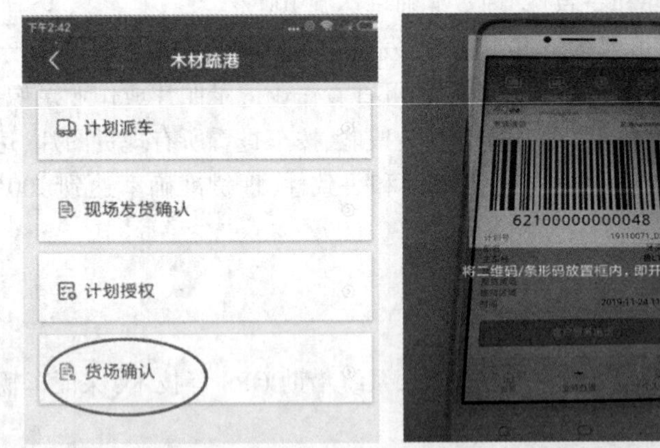

图5 货场方确认

8. 研究木材理货业务全过程数字化管理,提升服务质量和客户满意度

相较于传统的人工纸质单据理货作业,该项目在国内率先实现了木材作业的信息化全流程控制。从计划管理、船边卸船、智能识别木材根数、装车、智能闸口、货场卸车的卸船流程(图6),到从船边或货场运送到货主货场或木材加工企业的物流链信息传递,同时做到船舶配载信息的自动更新同步,理货图像共享查看,车辆作业全过程监控、货场垛位图形化规范化管理,实现了木材理货业务全过程数字化管

理(图7),有效提升了服务质量和客户满意度,顺应了港口提质增效的新要求。

图6　木材图片识别

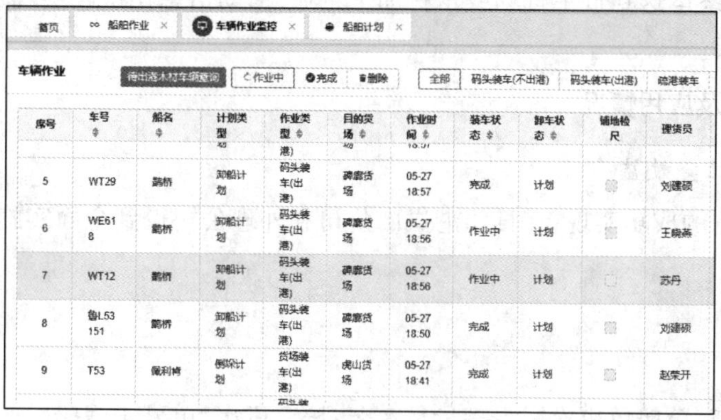

首页　船舶作业　车辆作业监控　船舶计划

车辆作业　待出港木材车辆查询　作业中　完成　删除　全部　码头装车(不出港)　码头装车(出港)　疏港装车

序号	车号	船名	计划类型	作业类型	目的货场	作业时间	装车状态	卸车状态	铺地检尺	理货员
5	WT29	鹊桥	卸船计划	码头装车(出港)	碑廓货场	05-27 18:57	完成	计划		刘建硕
6	WE618	鹊桥	卸船计划	码头装车(出港)	碑廓货场	05-27 18:56	作业中	计划		王晓燕
7	WT12	鹊桥	卸船计划	码头装车(出港)	碑廓货场	05-27 18:56	作业中	计划		苏丹
8	鲁L53151	鹊桥	卸船计划	码头装车(出港)	碑廓货场	05-27 18:50	完成	计划		刘建硕
9	T53	佩利肯	倒垛计划	货场装车(出港)	虎山货场	05-27 18:41	完成	计划		赵荣开

图7　系统车辆作业监控画面

(1)优化作业流程

原作业流程在船边发货进行第一轮木材点数操作,到了货场会进行二次点数核对,使得木材作业效率低,用工数量大。由于在码头前沿,采用了智能理货系统,辅助人工数据修正,木材识别率达到100%,不需要到达货场后进行二次点数的重复工作。通过优化收发货作业流程,使作业效率更加高效。

(2)实现码头前沿智能理货应用(图8)

对接生产管理系统,自动获取计划信息。码头智能视频理货系统是通过在码头岸边设置安全隔离墩,使用安装有高清摄像机的可移动小车对生产现场进行录像,理货员在理货房中通过屏幕远程对卸船装车作业进行视频理货,码头点数作业采用图像识别技术自动识别计算出机械每抓作业的木材根数以辅助理货员完成理货作业。

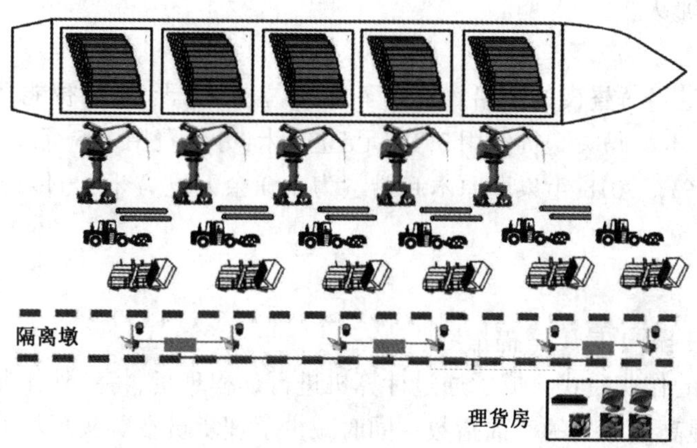

图8　木材卸船远程理货示意图

(3)智能闸口应用

为了防止车辆跑错货场,发生货运质量风险,在各货场设置智能闸口,车辆到达闸口,通过扫描射频卡,会自动判断该车辆是否到该货场作业,如果判断无误,会抬杆放行,如判断该车不是到该货场的,会通过 LED 屏提示司机跑错货场。

(4)货场收货验证

车辆到达指定货场后,码头发货数据会自动同步到货场理货员的手持终端,理货员只需要对车辆及木材信息进行确认操作即完成。

(5)疏港业务应用

为了保证木材货运质量安全,该项目对接生产管理系统,将计划信息作为发货控数依据,在发运每一计划号的时候,按照提前设置的阈值,实现发货数量在可控范围内,一旦达到阈值,便不能完成发货操作。

从码头到货场,最终运送到货主货场或木材加工企业,借助信息化手段实现了整个业务流程的无纸化、数字化、智能化流转。

三、项目实施效果及应用情况

(一)经济效益与社会效益

本次技术项目研制的成功实现,在日照港岚山公司和外理公司得到全面实施应用,取得了显著的经济效益和社会效益。

1. 经济效益

(1)降低人工成本

通过作业模式创新,单船单班次减少理货员 3 名,按三班次,单班 4 艘船舶作业计算,岚山公司木材码头理货员可减少用工 36 人。减少货场通道点数、港内收货点数作业环节,货场减少 17 名理货员,工班 23 人。作业票等统计数据自动生成,减少统计岗位人数 2 人。按理货员年薪 5 万元计算,工班待遇 5.8 万元计算,可以减少 398 万元人工成本投入。

(2)降低全流程成本

2018 年全年减少纸质单据用量约 94.9 万张,大门口减少收单据约 19.8 万张。按一本单据 150 张,四联单本单据费用 4 元计算,预计年节约纸质单据费用 2.53 万元。机械在原区域作业,年节省燃油预计 50 万元。

(3)提高作业效率

车辆出门时间平均由 20 秒减少到 3 秒,减少司机出门递交纸质单据过程。减少往返换票时间单车平均约 0.6 小时;同时,铲叉在分票等作业过程中,原来需要每抓到理货员所在位置进行分票确认,现在理货员通过监控就可以确认。

(4)新增理货收入

传统木材理货方式港口每昼夜的卸船效率最多 6500 立方米/天,木材智能理货系统建成投产后,卸船效率 8500 立方米/天,木材码头卸货费用 3.15 元/立方米,分票费用 1.5 元/立方米,其中分票木材约占全年木材卸船量的 80%。2018 年累计原木卸船量为 440 余万立方米,与传统理货模式相比,新增理货收入 450 余万元。

2. 社会效益

(1)实现本质安全,提高了员工幸福指数

将传统的现场理货的作业模式改成了通过计算机进行远程理货,将室外作业改为了室内进行,改善了理货员的作业环境,提高了人员的幸福指数。同时减少了理货员在码头现场的走动,实现了真正意义上的人机分离作业,从本质上提高了现场作业安全(图 9)。

(2)减少作业环节,提高了生产效率

“远程理货”模式的应用,理货人员由现场转移至室内,一个人可以同时监控现场多个作业点。生产组织由原来“一人一条作业线”改为“一人多条作业线”,通过作业模式创新,按三班次,单班4艘船舶作业计算,岚山公司木材码头理货员可减少用工36人。减少货场通道点数作业环节,货场减少17名理货员,工班23人。用工数量大大减少,顺应了港口降本增效的发展要求。

(3)缩短机械现场等待时间,提高木材转倒效率

缩短了理货员“一抓一记”时机械的等待时间,机械无间隔作业提高作业了效率。根据现场测算,单车装卸时间可减少10分钟,明显减少货场内压车现象,加快了车辆周转;在港内木材转倒作业过程中可减少收发重复点数作业环节,车辆进出管理更加规范,大大提升了转倒效率。

图9 码头理货界面图

(4)实现现场实时控制,提高了货运服务质量

传统的人工传递纸质单据的作业模式,人员、车辆管控环节薄弱,出现质量问题难以追溯,系统上线后,理货过程照片视频自动留存,大大降低了货物收发环节出错的可能性,方便商务纠纷后的调查取证,有效地提高了货运服务质量和客户满意度。

(5)通过人工智能识别技术,木材数量识别更加准确

系统对较细的木材如俄松识别率比较高,目前的识别率大约95%。为保证生产的正常运转,必须使系统数据达到100%正确。这样,在以上的人工智能自动识别的基础上,引入人工矫正环节,以保证生产过程中的生产结果的真实性和一致性,在人工矫正后,准确率达到100%。

(二)应用情况

木材智能理货已在日照岚山港区7个木材接卸泊位应用,全面革新了传统理货的操作方式,这一举改变了传统的码头室外头顶烈日、身披雨雪在码头进行人工计数的历史,实现了港口各环节的数据交互,一个流程的改变提升了整个港口的装卸效率,同时能为港口所有作业机械提供作业实时计时并开具作业票,系统不仅能采集数据,还兼具了大数据统计分析功能,对于所有木材作业船舶可实时提供年度、月度、泊位、机械、作业公司、货主、货种等数据积累和初步分析。目前系统投入使用情况良好,全国十余家港口来港学习,系统对其他木材装卸港口、木材经营企业具有较好的推广应用价值。

日照港岚山公司与外理公司以信息化建设为载体,开展智能理货管理项目创新。已经成功获得了国家著作版权,第四届全国设备管理与技术创新成果,日照港也成为全国首家运用人工智能进行木材远程理货的港口。目前岚山港区木材接卸及收发货作业,依托木材智能理货项目进行深度流程优化,已经实现数据互通平台共享,形成了多个单位、一套流程,全面融合、深度耦合的全新业务模式,取得了发挥特色优势、业务分段负责、提升整体效能的更好成果。

基于大数据信息化的智能出港系统建设

日照港集团有限公司信息中心

成果主要创造人:张福升 郭章亮

成果参与创造人:牟 伟 张文军 张京田 牟永山 薄小龙 宋彦亮 周京华 李均丽 王 颖 徐 震

日照港集团有限公司成立于2003年5月,现有固定员工9000余人,拥有各类子、分公司49家,总资产超过550亿元,主营业务涵盖港口业务、现代物流、建筑制造、金融商贸等领域,现已形成整合航运、铁路、公路、管道、皮带等多种运输方式、大进大出、集疏运便捷的综合运输格局。

日照港位于中国海岸线中部、山东半岛南翼,隔海与日本、韩国、朝鲜相望,是中国重点发展的沿海主要港口,"一带一路"重要枢纽,新亚欧大陆桥东方桥头堡。港口湾阔水深,陆域宽广,不冻不淤,全年作业天数在300天以上,是我国不可多得的天然深水良港。日照港于1982年开工建设,1986年投产运营,现拥有石臼、岚山两大港区,60个生产性泊位,年通过能力3.8亿吨。

2019年度,日照港集团完成吞吐量超过4.02亿吨,同比增长5.5%;实现营收240亿元;实现利税18.6亿,同比增加6000万元,增长3.32%;实现利润15亿元,同比增加1.76亿元,增长13.29%;实现归母公司净利润3.5亿元。

信息中心隶属于日照港集团,负责日照港集团信息化规划、建设和维护,电子口岸和EDI中心等管理工作。信息中心以服务于港口的建设发展为己任,坚持以生产业务为主线,以核心数据为基础,统一规划,稳步推进,着力构建企业级局域网、计算平台、数据平台,全力开发生产管理、物流商务和内部管控等系统,积极推进港口信息化建设,着力实现"智慧港口"目标。

一、实施背景

2019年1月17日,习近平总书记视察天津港码头时指出:"要志在万里,努力打造世界一流的智慧港口、绿色港口,更好服务京津冀协同发展和共建'一带一路'。"[1] 2020年,山东省港口集团提出建设一流的智慧绿色港口。日照港集团作为大型散杂货中转基地,每天集疏港车辆达到10000余辆。因此,集疏港业务的智能化尤为重要。

在集疏港作业中,射频卡携带的信息是车辆唯一身份标识。射频卡通过RFID技术进行数据交互,从进港发放、港内作业到出港回收,贯穿集疏港的全过程。目前,汽运车辆通过疏港大门时,射频卡回收、凭证打印、作业票条形码扫描均需人工操作完成,该模式下车辆通过时间平均为15秒。日照港共有5个疏港大门18个通道,每个通道需要3名工作人员现场倒班作业,共需54人参与。随着集疏港车辆不断增加,人工管理弊端日渐凸显:人力资源成本高、人工操作差错率高、疏港时间长,直接导致集疏港效率降低。因此,为提高集疏港效率,更好地适应行业发展新形势,智能自动化疏港代替人工方式势在必行。

日照港集团信息中心以问题为导向,立足现状,发散思维,缜密思考,提出智能出港系统建设方案。将系统部署在疏港大门,车辆到达疏港通道时,系统对车号进行自动抓拍,司机从车窗将射频卡放至收

[1] 源自人民网2020年1月27日新闻《天津港:让"智慧港口"更好服务国家战略》。

卡口，系统自动收卡并把识别结果推送至显示屏。同时，系统数据处理中心对抓拍的车牌信息和射频卡信息进行核对，核对成功后自动打印出港凭证，并联动道闸抬杆放行，实现无人化智能出港。

二、成果内涵和主要做法

(一)智能出港系统的内涵

智能出港系统以提高车辆出港效率为目标，引入系统集成、人工智能、传感技术，实现车辆出港的智能化、系统化的一套系统。本系统不仅可实现出港智能、高效，同时可优化人力资源配置、降低管理成本。

智能出港系统利用基于人工智能深度学习的智能算法，计算机精细化的运算、几何图形、几何比例特殊的处理方式，通过大量过车目标的自主学习从而来提高号牌的识别准确率，达到精细化识别的目的。利用传感技术控制设备的运行轨迹、设备信息的读取，实现射频卡的自动回收。利用 RFID 技术、图像识别技术、红外热敏识别技术、串口通信技术、网络通信技术以及自动化相关技术实现对货运出港车辆的自动化管控，最终实现无人化智能出港。

(二)智能出港系统模块解读与具体实施内容

智能出港系统(图 1)由软件系统模块、基于人工智能的车号识别模块、智能运维平台、数据控制中心、机械分拣模块组成。

图 1 智能出港系统

该系统部署在出港口，当车辆到达出港口时，系统对车号进行自动抓拍，司机从车窗自主将射频卡放入智能出港系统收卡口，系统回收、识别射频卡，射频卡进入智能收卡系统后，由传送带传送至射频卡识别单元进行识别、筛选，将识别结果推送至车道显示屏告知司机；智能机械臂对射频卡的好坏进行分拣，避免坏卡流入集疏港流程中(或司机在系统识别处扫描电子派车单，识别、比对成功后自动打印凭证并放行)，数据处理中心对抓拍的车牌信息和射频卡信息进行核对，信息核对成功后自动打印出港凭证，并联动道闸抬杆放行。放行完成后道闸落下，系统再次进入待命状态。图 2 所示为智能出港系统工作流程示意图。

1. 软件系统模块

软件系统模块包含：业务逻辑处理程序、扫描仪和 RFID 读卡器程序、视频监控以及道闸控制程序、PLC 数据交互程序、磅单打印程序和数据查询程序等。

(1)业务逻辑处理程序

业务逻辑处理程序主要对日照港集团各生产公司的相关出港业务进行处理，各生产公司包括一公司、二公司、三公司、裕廊公司、集发公司和港内涉外单位。业务逻辑处理主要以射频卡类型为依据。射频卡类型包含临时射频卡、固定射频卡和绿色通道卡。临时射频卡主要关联一公司、二公司、三公司和裕廊公司的集疏港作业逻辑。固定射频卡主要关联针对一公司和三公司的电厂、糖厂等临港固定产业集疏港作业逻辑。绿色射频卡主要关联三公司、裕廊公司及其他临港产业公司集疏运作业逻辑。针对此业务，港口为其发放绿色卡，即一票计划一批卡。车辆通过持有绿色卡可以直接进港作业，出港时无须回收射频。当该票计划结束后对射频卡进行回收。

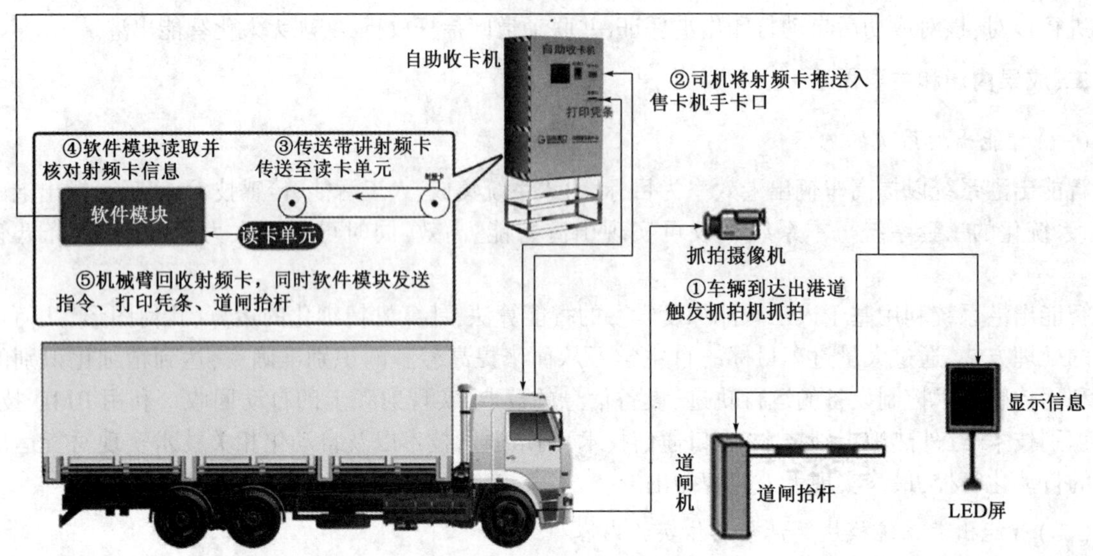

图2　智能出港系统工作流程示意图

因港口货运出港车辆涉及临时卡车辆、绿色卡车辆、固定卡车辆以及无卡车辆等，其中绿色卡、固定卡和无卡车辆在出港时无须回收射频卡，只有临时卡车辆需回收射频卡，因此收卡机系统包含扫描射频卡和扫描电子单两套功能逻辑。一公司、二公司、三公司和裕廊公司的临时卡疏港作业车辆须使用且回收随车射频卡才能出港；其他作业公司(集发公司和港内涉外单位等公司)则通过扫描电子派车单作为出港的凭据。

但考虑到临时卡车辆可能通过扫描电子单方式出港导致射频卡丢失，因此系统增加了 PLC 插卡信息交互模块。当司机将射频卡插入收卡口卡槽后，系统通过 PLC 数据交互模块获取来自位置传感器的插卡信息，射频卡通过传送带到达射频识别区域并识别成功后，系统根据射频卡获取车辆作业计划信息以及检斤数据信息，待数据校验完成后，通过磅单打印模块打印磅单，同时视频监控以及道闸控制程序模块实现自动抬杠放行，LED 屏显示相应提示信息。若射频卡无法识别，系统需通过 PLC 交互模块获取坏卡信号，解锁临时卡禁止扫描派车单限制，并向 LED 屏发送坏卡提示信息，提醒司机通过扫描电子派车单完成出港逻辑。

因重进重出业务，一张射频卡绑定集港和疏港两票业务，因此系统需对两票业务进行自动关联，保证插入一张射频卡打印 2 份磅单，同时需解除两票业务之间的插卡次数限制。系统试运行期间发现串口读卡效率较慢，通过改用网口通信方式同时改用数据拼接解析程序方式网络通信的断续发送问题，该问题得以解决。

重进重出业务逻辑主要针对既有集港需求又有疏港需求的长途车辆，港口为其开通重进重出业务，即司机重车卸货后无须出港，可以拿着集港的射频卡继续绑定疏港派车单在港里装货，出港时一张射频卡打印两份磅单。同时针对重进重出业务需求的需要，可分为公司内部重进重出业务和跨公司间重进重出业务。对于公司内部重进重出业务司机在集港卸货过完空磅后，司机无须过疏港空磅可以直接到疏港计划场地进行装货，出港时系统进行关联处理同时打印集港和疏港两票磅单。对于跨公司间重进重出业务，部分公司公司无法做到空磅数据共享，司机在集港作业并过完空磅后，需拿着集港射频卡到港内指定地点进行扫单绑定疏港派车单然后过磅装货，但由于部分公司集港作业时没有射频卡，需在疏港时领取射频卡，出港时需对该部分车辆进行特殊关联处理，实现扫卡后同时处理集港和疏港两票业务。

业务逻辑流程如图 3 所示。

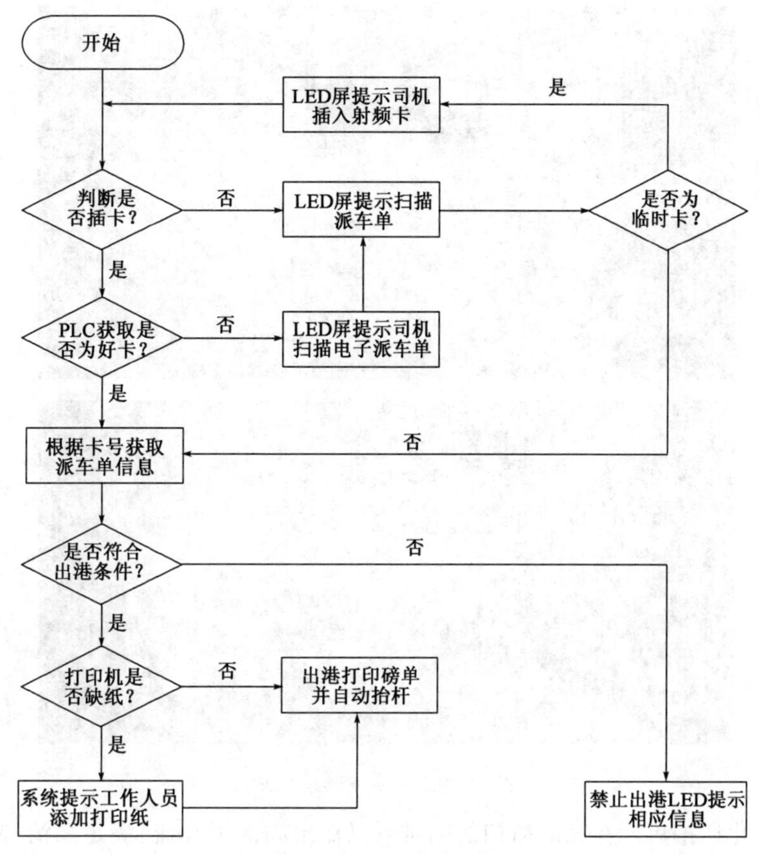

图3　业务逻辑流程图

(2)红外扫描仪和 RFID 读卡器解析程序

红外扫描仪和 RFID 读卡器解析程序分别通过红外识别技术、射频识别技术获取电子派车单以及射频卡信息获取车辆的港内作业计划信息。

(3)视频监控以及道闸控制程序

视频监控以及道闸控制程序用于货物安全管控、抓拍货运车辆车牌信息,实现对道闸机的起落杆控制。

(4)PLC 数据交互程序

PLC 数据交互程序主要通过收卡机内部寄存器计算好卡量、坏卡量,传感器位置信息以及相关报警提示等。

(5)磅单打印程序

磅单打印程序主要用于根据检斤数据生成二维码,发送指令,启动热敏打印机,自动打印磅单信息。

(6)数据查询程序

数据查询程序为管理部门提供车辆出港信息、历史出港车辆信息以及港内作业信息查询。

2. 基于人工智能的车号识别模块

车号识别摄像机采用深度学习的智能算法,GMOS 图像传感器替代 CCD 传感器,由前端摄像机对目标进行自主挑选。由于 GMOS 传感器在信号读取方式、成像点组成以及全局曝光的特性,可从根本上消除传统 CCD 传感器常见的 SMEAR 现象。另外,相比 CCD 传感器,能够提供低照度、宽动态、高帧率的特性,全面提升抓拍图片的成片率和视频质量,摒除人工挑选对识别模式的限制,利用计算机精细化的运算、几何图形、几何比例特殊的处理方式,通过大量过车目标的自主学习从而来提高车辆特征、号牌的识别准确率,达到精细化识别的目的。深度学习的智能算法与传统算法对比如图 4 所示。

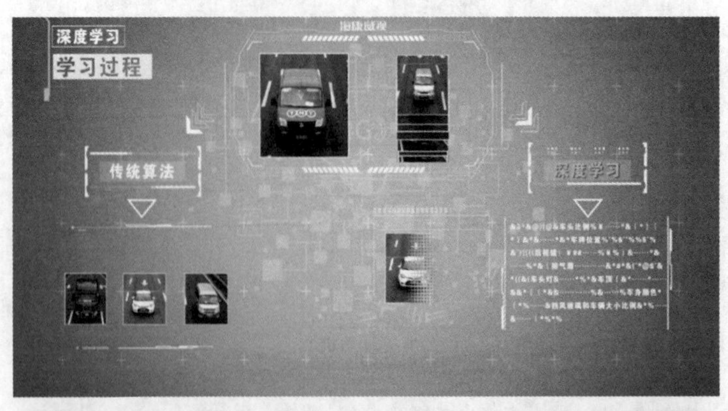

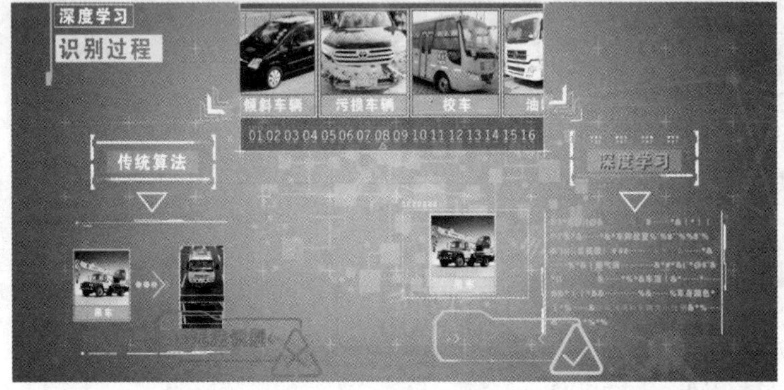

图4　深度学习 VS 传统算法

同时,高清一体化抓拍单元在完成抓拍的同时可以输出高清视频流,满足高清视频监控的需求,减少监控摄像机投入,达到"一机两用"的效果。

3. 智能运维平台

智能处理平台由自动运行平台、手动操作平台、IO 监视平台和报警信息平台组成:

(1)自动运行平台

自动运行平台(图5)可实现当前系统状态的实时指示、报警信息显示;显示当前料仓正常卡数量信息,NG 坏卡数量信息;料仓满卡设置:当料仓满卡时,更换弹夹料仓后,需点击数量清零按钮,对计数进行清零;料仓参数设置:需进行系统登录后,才能进行设置;出厂值由上至下分别为 25、24、21.8。

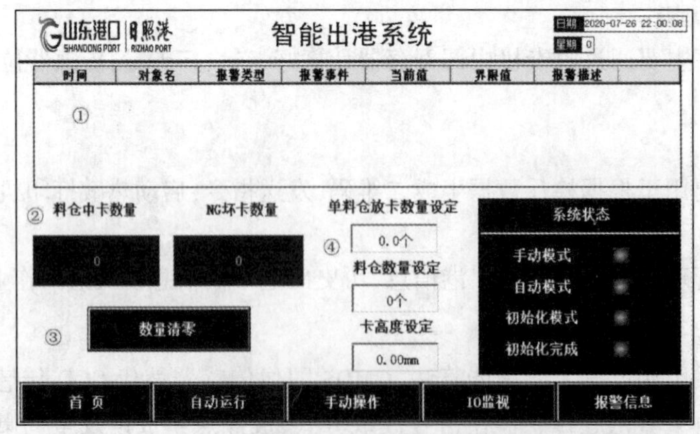

图5　智能出港系统操作界面——自动运行

(2)手动操作平台

手动操作平台有传送模块、移栽模块和料仓模块组成。

传送模块功能:

• 系统登录后，点击“手动操作”按钮进入手动操作画面；

• 点击“传送”按钮进入传送部分手动操作画面(图6)；

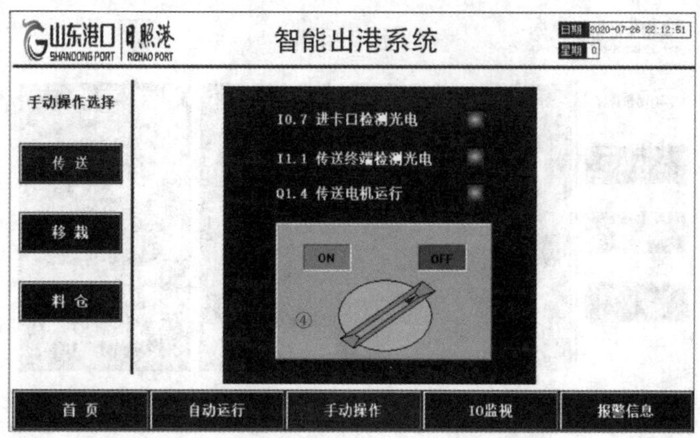

图6 智能出港系统操作界面——手动操作(传送)

• 传送部分运行和监控信息指示；

• 点击按钮对传送电机进行启停控制。

移栽模块功能：

• 点击“移栽”按钮，进入移栽部分手动操作画面(图7)；

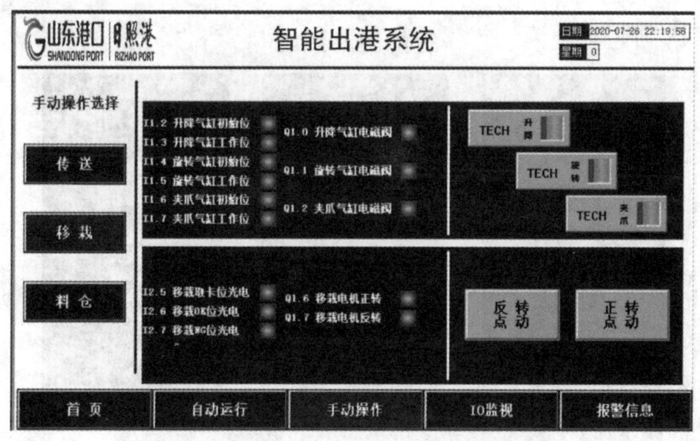

图7 智能出港系统操作界面——手动操作(移栽)

• 移栽气动机构由升降气缸、旋转气缸、夹爪气缸三部分组成，此处显示气缸的位置信息和控制状态信息；

• 移栽电机运行在三个位置，分别是取卡位、放 NG 卡位、放 OK 卡位；此处显示当前位置信息和移栽电机运行状态信息；

• 升降、旋转、夹爪气缸的控制，分别点击三个按钮，对相应的气缸进行控制；

• 移栽电机的点动控制，点击相应按钮，对移栽电机进行正转和反转控制。

料仓模块功能(图8)：

• 放卡伺服电机状态信息显示，LMT + 为伺服上极限，LMT - 为伺服下极限，Ready 为伺服准备好，Home 为伺服回原点完成，Error 为伺服错误报警，EN 为伺服使能信号；

• 伺服控制按钮，“使能”“去使能”为对伺服进行使能控制；“回零”为对伺服进行回原点控制；“JOG 降”为对伺服进行点动下行控制；“JOG 升”为对伺服进行点动上行控制；操作流程为，先使能伺服，然后进行回零；

• 伺服当前位置和速度信息显示。伺服初始位置可以进行修改，点击“示教”按钮，可将当前位置保存至伺服初始位置中,运行速度可以进行设置;"GOTO"按钮点击后,伺服移动至初始位置,此操作前提伺服需要进行回零操作,否则伺服错误报警;

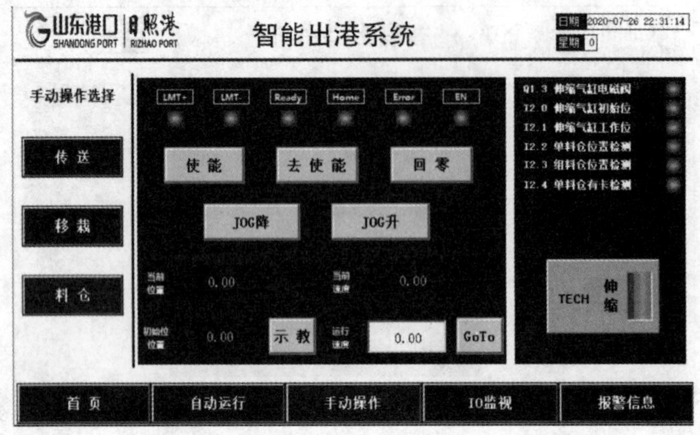

图8　智能出港系统操作界面——手动操作(料仓)

- 料仓状态信息显示;
- 伸缩气缸控制按钮。

(3)IO 监视平台

IO 监视平台(图9)画面显示当前 PLC 输入和输出点状态,便于故障排除和维护。

图9　智能出港系统操作界面——IO 监视平台

(4)报警平台

报警平台显示系统当前报警信息(图10)。

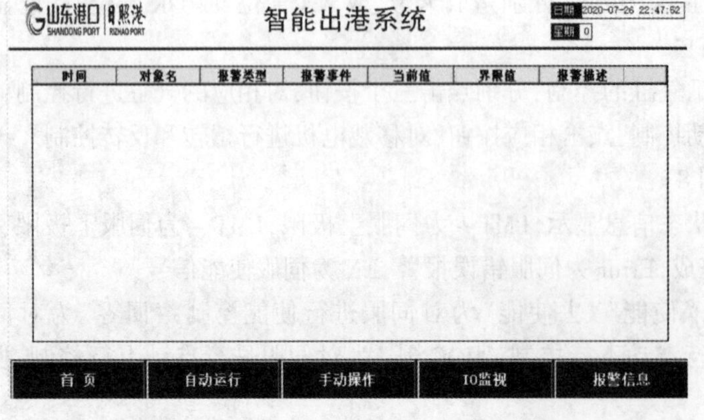

图10　智能出港系统操作界面——报警信息

智能处理平台可实时监控设备运行状态,可通过报警信息提前确认设备是否更换损耗配件,可通过手动和自动操作切换完成相应的作业情况。

4. 数据处理中心

数据处理中心采用西门子 SMART S7-200 SIMATIC。实现 PLC、伺服驱动器、变频器、系统开关等设备的数据采集、处理。

西门子 SIMATIC 控制器系列是一个完整的产品组合,包括从最基本的智能逻辑控制器,以及 S7 系列高性能可编程控制器,再到基于 PC 的自动化控制系统能根据具体应用需求及预算,灵活组合。结合西门子 SINAMICS 驱动产品及 SIMATIC 人机界面产品,以 SMART S7-200 为核心的小型自动化解决方案实现前端数据处理中心的数据采集及处理,参见图 11。

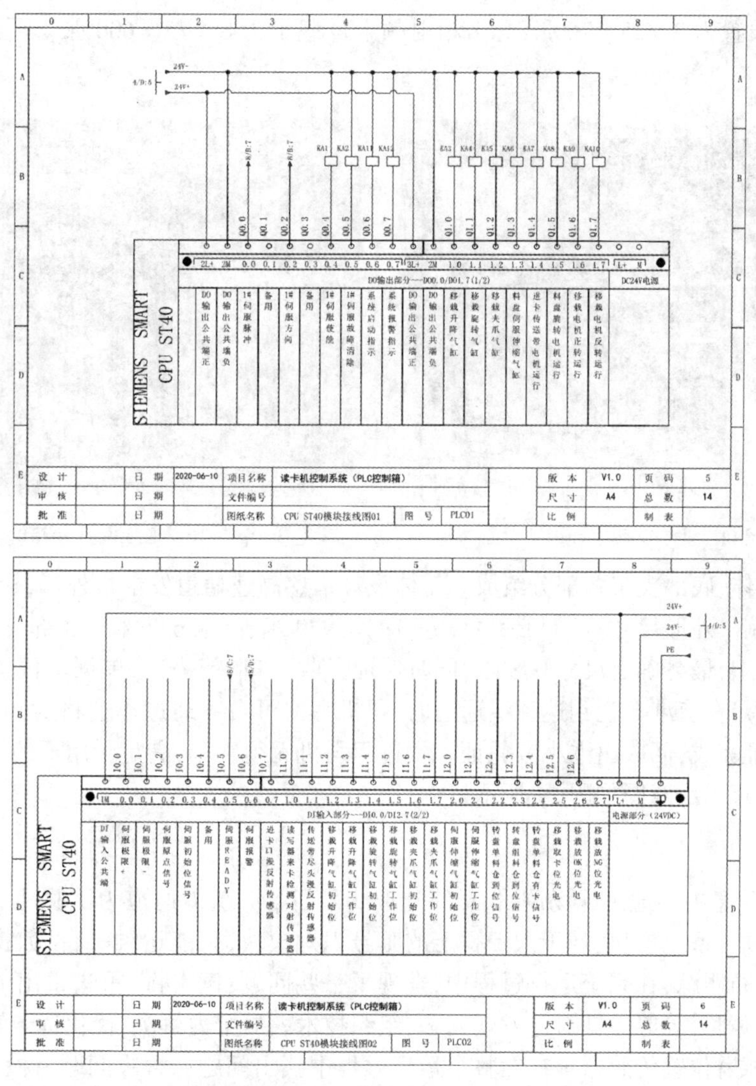

图 11　读卡机控制系统

系统通过 PLC 数据交互模块获取来自位置传感器的插卡信息,射频卡通过传送带到达射频识别区域并识别成功后,系统根据射频卡获取车辆作业计划信息以及检斤数据信息,数据校验完成后通过磅单打印模块打印磅单并通过视频监控以及道闸控制程序模块实现自动抬杠放行,同时 LED 屏显示相应提示信息。但当射频卡无法识别后,系统需通过 PLC 交互模块获取坏卡信号,同时系统解锁临时卡禁止扫描派车单限制,并向 LED 屏发送坏卡提示信息,提醒司机通过扫描电子派车单完成出港。

5. 机械分拣模块

机械分拣模块由传送机构、移栽机构、料仓、电气控制柜组成。其中,传送机构包含了1条传送皮带、检测传感器。移栽机构包含移栽电机,气缸,传感器等。料仓包含24个弹夹料仓、放料伺服电机、旋转电机等。电气控制柜包含了电源供应、PLC数据交互单元、伺服驱动器、变频器、系统开关等组件。可实现对射频卡的智能分拣。

当司机将射频卡自助推送入收卡口时,传送传感器自动感应启动传送带,传送带将射频卡送至检测传感器,检测传感器通过RFID读取模块,传送信号至PLC数据交互单元,PLC数据交互单元判断射频卡好坏。若为好卡,机械分拣机械臂将射频卡按照标准模式放置到机械托盘,自主回收至卡箱内。若为坏卡,机械分拣机械臂将射频卡自主回收至坏卡卡箱内。图12所示即为机械分解模块。

卡箱(图13)采用弹夹式外形设计,由8个弹夹卡箱组成的圆形循环卡箱。弹夹式卡箱可循环使用,单一卡箱数量设置为3×25=75张,总卡箱射频卡承载量为8×75=600张。可满足单个通道一个班次的用量。

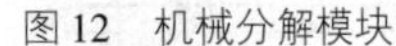

图12　机械分解模块

图13　卡箱箱体

收卡机包含箱体、底部支架两部分组成。箱体设计借鉴高速通道发卡机外形,根据港区疏港通道安全岛尺寸,量身定制。外形尺寸:长1.154米,宽(深)0.929米,高1.637米。底部支架经多次反复现场调研了近十数种车型,最终确定尺寸0.8米,同时保证了收卡口、扫描口、单据口位置合理化,达到理想的人性化设计。满足在疏港车辆到达疏港通道时,司机师傅可自主通过车窗将射频卡推送入智能出港系统收卡处,待验证完成,回收出港小票凭证。本过程司机无须下车,满足了用户的体验度,实现自主出港。收卡机安装及尺寸示意图如图14所示。

三、实施效果

2020年6月,信息中心通过现场调研,最终选取9号门第2疏港通道为试验地点,上线运行日照港智能出港系统,对软件系统模块、基于人工智能的车号识别模块、智能运维平台、数据控制中心、机械分拣模块运行情况进行跟踪,在系统运行过程中,发现了一些问题:读卡慢、重进重出流程算法过于复杂、抓取射频卡位置有偏移,等等。针对已发现问题,组织技术人员全力解决,优化读卡解析模式、修改重进重出算法、增加机械臂位置传感器等。在整个运行过程中找出问题—解决问题—检查效果,通过PDCA循环不断完善系统功能。

智能出港系统经过3个月的上线运行,实现出港车辆射频卡自主回收,出港凭证自动打印,道闸设备自动放行,车辆出港全自动无人干预,车辆经过出港道闸全程仅需7秒钟,出港时间仅为原来二分之一,极大地提高出港效率。同时,缓解了港内压车现象,减少车辆等待时的尾气排放,契合当前日照港集团环境整治攻坚行动的绿色发展理念。

智能出港系统的自动化可避免人为因素的影响,工作流程稳定、通车效率高,极大节省了管理运营成本,日照港集团港区共有18个出道口,可节省人力54人,节约成本320万元/年。

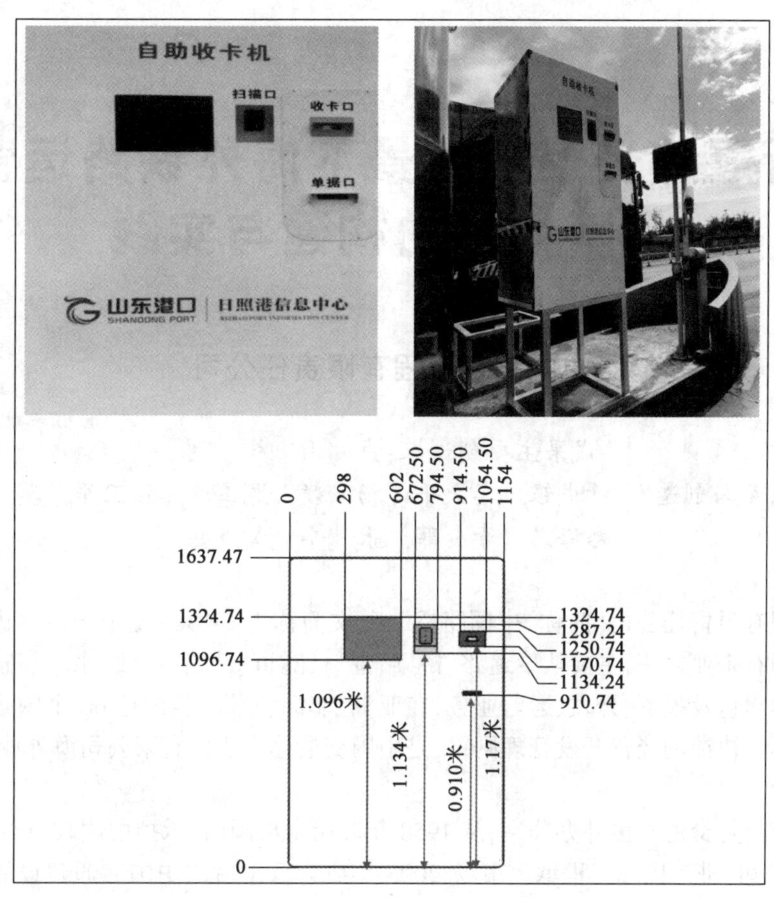

图14　收卡机安装及尺寸示意图

在疫情"外防输入,内防反弹"的形势下,日照港集团更是要求统筹抓好疫情防控工作和港口生产作业,而智能化无疑是二者的最佳结合,智能出港系统充分发挥无人值守道口的优势,实现疏港车辆快速通过,全程人员"零接触",有效降低病毒交叉感染的风险,社会效益明显。同时,本成果具有可复制性,可推广至全国其他港口或类似应用场景。

新冠肺炎疫情背景下海外铁路运营保障体系的构建与实践

中国路桥工程有限责任公司

成果主要创造人:卢 山 杜 飞

成果参与创造人:叶成银 李久平 杨 毅 龙玉琢 张卫军 莫 坤
郑海君 李 菲 张 卓 黄万嘉

中国路桥工程有限责任公司(简称"中国路桥",英文简称为 CRBC)是中国最早进入国际工程承包市场的4家大型国有企业之一,主要从事道路、桥梁、港口、隧道、铁路、市政、水工、疏浚、机场、房地产、工业园等领域工程承包及投资、开发、运营业务,在亚洲、非洲、欧洲、美洲近60个国家和地区设立了分支机构,形成了高效、快捷的经营开发管理网络,是中国交通建设股份有限公司海外业务的重要载体、窗口和平台。

中国路桥的前身是交通部援外办公室,从1958年开始走出国门,承担中国政府对外援助项目建设,1979年正式组建公司,进入国际工程承包市场,2005年成为重组后的中国交通建设股份有限公司的全资子公司,承建了一批有地区和国际影响力的标志性建筑,荣获多项国内、国际大奖。"CRBC"作为国际工程承包界的知名品牌,享誉世界。

近年来,中国路桥积极响应国家"走出去"战略的号召,创新进取,培育核心竞争力,先后承建了一大批具有国际影响力的标志性工程项目,如肯尼亚蒙内标轨铁路、巴基斯坦喀喇昆仑公路、毛里塔尼亚友谊港、莫桑比克马普托大桥、塞内加尔捷斯－图巴高速公路等。这些项目的成功实施,不仅为加速当地基础设施建设发展、推动所在国 GDP 经济增长作出了积极的贡献,也带入了中国资金、中国技术、中国装备制造和中国管理经验,对推动中非、中亚深度合作有着十分重大的意义。

一、实施背景

(一)擦亮中国路桥海外优质品牌的重要支撑

崛起于新时代的世界一流企业的显著特征是具备放眼全球的战略眼光和引领行业的魄力。中国路桥强化全球思维,围绕蒙内铁路运营持续打造海外优质品牌。蒙内铁路是肯尼亚成立以来最大的单体项目,是中国"一带一路"倡议在东部非洲的早期收获,是集设计、施工、监理、融资、装备采购和运营为一体的"中国标准"全产业链项目。主线线路全长471.65公里,采用中国铁路Ⅰ级单线标准建设,由中国路桥以 EPC 总承包模式承建,2017年5月31日开通运营;内马铁路作为蒙内铁路向肯尼亚西北部的延伸,线路等级与蒙内铁路相同,一期工程正线长120公里,2019年10月16日正式开通运营。蒙内、内马铁路运营效果特别是全球疫情背景下应对突发事件的稳定、安全和可靠性,事关中国路桥海外优质品牌的创树和海外铁路市场拓展,事关"一带一路"倡议在非洲的全面推进,将进一步夯实中国铁路标准在东非乃至整个非洲推广应用的基础,是对中国智慧和中国标准的检验。

(二)完善中国路桥铁路全产业链的必由之路

开展蒙内铁路运营是中国路桥推动自身从承包商向投资商、运营商转型升级的战略举措,是培育中国路桥核心竞争力和实现中国铁路标准与管理同步输出的必由之路，进一步提高了中国路桥铁路全产业链竞争优势。2018年11月，中国路桥控股成立非洲之星铁路运营有限责任公司（简称“非洲之星”）。非洲之星采用O&M（Operation and Maintenance）模式为蒙内、内马铁路提供完整的一体化运输经营服务，自开通运营以来，特别是疫情期间，中国路桥始终坚持以“成为肯尼亚经济和社会的主要推动力”为愿景，秉承“提供安全、高效、以客户为中心”的企业使命，践行“安全、效率、尊重、诚信”的核心价值观，日均开行4列旅客列车和15.2列货物列车（其中蒙内14.1列、内马1.1列），已逐步成为国际化铁路专业运营服务商。

（三）关键时期彰显企业责任担当的必然选择

2020年1月以来，突如其来的新冠肺炎疫情席卷全球，至2020年8月底，肯尼亚已累计确诊3万余人，停飞国际航班、宵禁及封城政策导致经济疲软，310万个工作岗位受到影响，全年旅游业收入减少50%，直接经济损失达8亿美元，失业率和犯罪率大幅上升。大量长途汽车驾驶员因病毒肆虐难以跨越边境，对肯尼亚乃至东非国家物流行业造成严重冲击。蒙内、内马铁路作为肯尼亚交通运输主动脉，贯穿肯尼亚新冠肺炎疫情最严重的3个地区，一旦员工受感染，存在救治难及铁路停运的风险，这是疫情期间非洲之星所面临的最大难题。因此，非洲之星持续保持危机感、紧迫感和责任感，坚持把蒙内铁路安全运营、打赢疫情防控总体战、阻击战作为维护国家利益的政治任务来落实，始终把为肯尼亚乃至东非提供公共交通服务作为必须坚持和落实的头等大事，直面风险挑战，负重前行，用实际行动和不凡成绩诠释中国路桥关键时刻践行构建人类命运共同体的责任担当。

二、成果内涵和主要做法

中国路桥以习近平新时代中国特色社会主义思想为指引，坚持中交集团“三者定位”和“五商中交”战略，提高政治站位，创新管理模式，优化运输组织，坚持科学防疫，把打赢疫情防控阻击战与确保安全高效运输生产结合起来，实现铁路24小时不间断运输，货运稳中有升，发挥特殊时期运输大动脉作用，为肯尼亚及周边国家防疫及维持正常经济和社会秩序提供运输保障，将疫情对物流行业的影响降到最低，得到了当地媒体的广泛关注和大量正面报道，获得了肯尼亚、乌干达、卢旺达等东非国家的赞许，已初步实现民心交融、共谋发展的“软联通”。

（一）聚焦“体系建设”为先导，优化抗疫顶层设计

非洲之星2782名员工涵盖了车、机、工、电、辆五大专业、123个工种，在岗1000多名员工分布在全线600公里42个站区，点多、线长、分散，管理和防疫压力并重。因此，完善的防疫体系是打赢疫情防控阻击战的重要保障，中国路桥着眼境外疫情常态化防控的形势，结合海外铁路运营实际，构建完善非洲之星疫情防控体系，有条不紊推进疫情防控各项工作。

1.组建统一领导的指挥体系

中国路桥全面加强对非洲之星疫情防控的组织领导和统筹协调，非洲之星如身使臂，如臂使指。2020年1月29日，国内新冠肺炎疫情暴发而肯尼亚尚未发现确诊病例之初，第一时间组建肺炎疫情防控工作领导小组，做好疫情防范和应急准备，建立常态化机制。定期召开疫情防控专题视频会议，通报肯尼亚疫情形势，传达国资委、中交集团等各上级单位海外疫情防控工作要求，确保全体员工思想统一、高度重视；学习国内疫情防控经验做法，梳理公司疫情防控工作薄弱环节和存在的隐患，各司其职、步调一致，为疫情防控提供了坚实的组织保障。

2.出台周密严谨的制度体系

中国路桥以保障员工生命安全和身体健康、统筹推进疫情防控和运输生产有序实施为出发点，指导非洲之星制定了《新型冠状病毒感染的肺炎疫情防控专项应急预案》，明确“肯尼亚出现确诊病例调度指挥中心封闭管理、确诊病例上升公司部分员工封闭管理及客车调整、疫情持续蔓延全员封闭管理、疫情全国蔓延肯尼亚封城客车停运”4个响应层级，结合车、机、工、电、辆各专业特点制定了《旅客运输组

织应急预案》等 7 项预案,并在内罗毕南站开展处置发热疑似症状旅客的应急演练,提升公司防疫、检疫、控疫的敏感意识和突出疫情的应急处置能力。同时,制定公布了《疫情期间人员出入管控》等防疫制度办法 36 项,覆盖全部工作场所和全体工作人员,并结合肯尼亚不同阶段的客观形势,按照"以人为本、精准科学、突出重点"的原则,动态修订完善,为实现疫情防控预判预警、应急处置、外部协同相互衔接、同向发力的协同工作格局建立了完善的制度体系。

3. 搭建行动有力的保障体系

疫情期间,国际物流通道受阻,物资运输时间较长,为满足非洲之星防疫物资及生活物资需求,中国路桥拓展思路,强化保障,服务现场。积极协调驻肯使馆及航空部门,通过国内国外两线分批次、多渠道采购了足量防疫物资、生活物资、生产物资。其中,根据防疫需要,按照"应配尽配"原则,采购满足 3 个月使用量口罩、消毒液、消毒洗手液、护目镜、测温仪、一次性手套、防护服等,建立了稳定、可靠的供应渠道并定期补充。生活物资方面,选择信誉度高、长期合作的食材供应商,实施后勤管理内部循环,自建饮用水厂和修车厂,储备了 3 ~5 个月的食品、饮用水等主要生活物资,利用铁路运量大的优势,每旬开行轨检车为各站区配送物资、饮用水等,满足全线员工生活需求。生产物资方面,加大生产材料的内部调配,在压缩"两金"的基础上保证了运输生产的连续性和稳定性。此外,健全医疗救治保障体系,配备 4 名中方医生,储备足量药品、检测试剂,全线 13 个站区设立隔离室并制定制度办法,并与沿线 6 家国家级医院建立联络机制,有效地解决了境外员工诊治困难等问题。

4. 实施严格有效的考核体系

慈不掌兵,战时从严。要确保打赢境外疫情防控阻击战、持久战,必须严明纪律、奖罚分明。因此,中国路桥健全非洲之星疫情防控考核体系,坚持绩效考核与本人责、权、利和整体业绩相结合的原则,绩效考评等级比例与公司运量挂钩,个人绩效考评等级与个人对公司的贡献挂钩,个人绩效收入与个人考评等级挂钩,完善安全风险与绩效挂钩的薪酬分配体系。以安全结果和薪酬捆绑为原则,结合《员工纪律条例》建立了安全考核机制;以行政监督与绩效捆绑为原则,结合《中层及以上管理人员绩效考核办法》,建立了行政督察考核机制。依托既有的考核体系,把防疫工作落实情况纳入绩效考核体系且作为日常考核的重要部分,与运输经营同考核,专门制定《疫情防控纪律及处理规定》,实施防疫工作"零容忍",同时,管理人员添乘公司每旬为沿线配送物资的轨检车,深入沿线各个单位,加强防疫检查督导工作力度,确保了各项防疫制度的有效落地,实现了防疫工作再紧再细、再严再实。

(二)实施"科学防疫"为主线,奠定抗疫必胜基础

自 2020 年新冠肺炎疫情暴发以来,在非洲之星 67% 中肯员工休假的情况下,中国路桥主动作为,全面深入贯彻落实习近平总书记关于新冠肺炎疫情防控的系列重要讲话、指示批示精神,坚持科学防疫,实施多项"硬核措施",将常态防疫融入日常管理,为实现非洲之星"两手抓、两手硬、两不误、两促进"奠定了坚实的基础。

1. 及时预判,及早行动

在 2020 年 1 月 19 日国内累计确诊病例为 271 例时,非洲之星内部通报国内疫情情况,提示全体员工身体出现类似肺炎等异常症状要"早发现,早报告,早隔离,早治疗"。2020 年 1 月 24 日,制定"国内休假人员(含维保、质保、合作厂家)不得返回肯尼亚"等前期一系列针对性措施,自 2020 年 3 月 21 日起停止在肯全体中方员工回国;严格控制在肯员工外出,使其避免与其他人群接触。

2. 畅通信息,普及常识

为保障防疫相关信息有效传递,非洲之星利用周交班会、交建通办公平台、宣传板、内网等多种途径不断加强防疫文件宣贯,全体在肯员工每日采用"零报告"方式汇报健康状况。疫情防控办公室每日加强信息收集传递,发布《疫情防控每日专报》220 期。主动向中国驻肯大使馆汇报疫情防控情况,并上报人员信息。同时,为疏解员工恐惧心理,印发疫情防控指南,下发新冠肺炎国际防控英语及斯瓦西语资

料及培训材料;在宣传栏、食堂、职工之家、餐厅等公共区域及时张贴疫情防控文件及防疫常识。通过好视通视频会议软件及铁路视频会议多种方式相结合的形式,对员工进行专题培训,组织收听国资委组织的张伯礼、李兰娟、张文宏等专家防疫知识讲座,增强战胜疫情、确保蒙内畅通的信心和决心。

3. 围绕生产,封闭管理

2020 年 3 月 15 日,非洲之星启动疫情防控应急响应之后,率先对运输调度指挥中心实施 24 小时全封闭管理,随后,实施全线封闭管理,杜绝一切人员因私外出,制定疫情防控期间加强人员进出管控系列制度,采取测温及“工作牌”和“疫情防控通行证”双验证制度,全面加强人员进出管控。针对 228 名封闭管理的肯方员工,完善餐厅,划分区域提供宿舍,严禁接触未封闭人员。针对 240 名日常通勤上班的未封闭管理的肯方员工,配置足量防疫物资,提供餐饮,减少其接触外界人员,要求工作时间外加强自我隔离和个人防护。

4. 网格管理,压实责任

针对车、机、工、电、辆五大专业 123 个工种分布范围广、管控难度大的特点,对全员实施网格化管理,以全体在岗中肯员工办公、住宿、就餐、生产场地等为基本要素,划分人员网格,形成以工区、车站为单位的管理单元,设置内罗毕机关等 10 个一级网格、70 个二级网格。明确网格长职责和网格管理规定,层层压实疫情防控管理责任,要求全体员工禁止跨格活动,严控人员流动和聚集交叉作业,并严禁同区域外单位人员进入公司职工平价商店,切断病毒传播途径。同时,全体食堂取消集中就餐,停止篮球、台球等一切多人体育运动,倡导全员走路健身,减少一切非必要人员接触可能。

5. 多措并举,严抓后勤

外部食材等配送单位严禁进入公司营地,确实需要进入配送必要物资的,要统一采用无接触方式在指定空旷区域进行交接。对配送的食材要进行入库前消毒、入库后分拣,搁置 24 小时后方可食用。食堂加大餐具消毒力度,所有食材要经高温烹饪后方可上餐桌,尽量减少凉拌蔬菜的供应。启动食堂错峰就餐制度,取消餐厅内就餐,员工自行打包回宿舍就餐,职工进入餐厅先用免水洗手液洗手消毒,食堂安排专人分发餐具;安排专人盛菜、盛饭,划定距离线,保持安全距离。同时,疫情期间为全体员工宿舍加装热水器,减少公共卫浴区使用频次,公用洗手间定期清洁并常态通风。

6. 分区防控,保证办公

在各处办公区域均设立单一出入口,张贴必须佩戴口罩等健康提示,设置体温监测点,放置免水洗手液及消毒用品。加强办公区域及厕所卫生管理,要求全体员工注意个人卫生,保持手部卫生,做好个人清洁等。同时,根据内罗毕、蒙巴萨、纳瓦沙各地区气温及气候不同,分类制定“通风频次、办公室内人数”等不同措施,实施办公区防疫管控,保证正常办公秩序。

7. 关爱员工,稳定队伍

非洲之星在完善的医疗、后勤保障基础上,充分发挥疫情期间“职工之家”作用,开展“抗疫先锋”等主题摄影、征文,组织开展义务劳动,组建义务理发师队伍,倡导竞走、广播操等体育竞赛,满足员工多元化需求,聘请国内专家通过视频会议形式面向全体员工进行“压力与情绪管理”培训,确保员工身心健康。同时,组建国内服务保障小组,安排休假人员对困难员工国内亲属进行慰问帮扶。为封闭管理肯方员工提供大力帮助:为封闭管理的肯方员工提供食宿、生活物资,逐月发放通信费;为未复工的 1600 名肯方员工发放基本工资,确保队伍稳定,并成立肯方员工咨询小组,通过咨询小组及公司固定邮箱多渠道掌握、了解、疏导因疫情影响居家休假肯方员工思想动态。

(三)坚持“分类施策”出实招,打赢抗疫攻坚硬仗

新冠肺炎疫情暴发以来,全球产业链和供应链都受到了很大影响,尤其是公路、航空运输受影响较大的肯尼亚,铁路运输作用的发挥尤为重要。中国路桥始终坚持防疫情、保畅通、保民生,狠抓防疫和复工复产“两不误”。但铁路运输不同于施工建设项目,内部各工种关联性高,外部合作单位众多,如:列

车乘务员等直接与旅客接触,日常线路维护、设备维保等均需外出作业,装卸作业站人员需与肯尼亚港务局等合作单位接触,人员受感染概率高。

因此,中国路桥把打赢疫情防控阻击战与确保运输生产安全高质量发展统一起来,坚持以人为本,针对不同专业、不同人员、不同场景,分类采取具有针对性的疫情防控措施,保障人员生命健康安全,满足肯尼亚社会需求,努力实现"两稳两争两保"目标。

1. 突出调度指挥核心地位,抓调度人员防护,快速应对有策

调度中心是铁路运营的大脑和心脏,不仅对蒙内铁路全线安全生产进行指挥,而且还是直接参与运输生产组织的核心单位。因此,中国路桥把调度指挥中心作为防护重点,率先实施封闭管理,调度人员单独就餐,调度员日常上下班由中方员工带队同去同归,统一经由站区通勤路上下班。非作业人员不得进入调度中心,作业人员进入须二次测温,全面隔断与外界接触,确保调度中心安全和运输指挥畅通。

2. 紧盯旅客列车关键环节,抓客运人员防护,防疫措施到位

在肯尼亚实施封城政策期间,蒙内铁路短暂停止公共客运,其余时间,客运列车每天输送大量旅客,是疫情传播的重要途径。因此,非洲之星严抓站车防控,协同肯尼亚交通部制作铁路防疫手册,并在候车时段和旅行途中反复广播,在客流量较大的内罗毕、蒙巴萨设置测温点,严防疑似病例进入站区,在候车室外车站广场设置洗手池、放置洗手液,解决好旅客进站前的洗手消毒问题,乘客进站前和下车后对列车、车站内等公共区域全方位消毒通风。控制上座率不超过50%,组织旅客保持至少1.5米的社交距离,列车运行途中每节车辆打开两个窗户确保通风。每列客车都加挂单独的隔离车厢,并配齐洗手液、测温仪、防护服、护目镜等防疫物资,一旦出现疑似感染旅客,将其第一时间引导至隔离车厢,并配合肯尼亚卫生部做好相关救治工作。同时,根据客运员工需要密切接触旅客的工作特点,全面加强客运人员后勤及防疫保障,为所有乘务员、客运员配置口罩、手套、防护镜和防护服,安排专车接送乘务员通勤,防止其上下班途中与外界接触,减少感染风险。定期对重要岗位员工进行核酸检测,检验巩固防疫效果。

3. 严控运输专业作业重点,抓运输人员防护,联防联控有招

运输系统分为行车和货装两大部分,日常作业主要在室外,接发车、调车、装卸作业需要出入港务局区域、旅客密集的高风险区域。重点突出"四严",即:严防途中感染、严抓接发列车作业、严抓调车作业、严抓货装作业。严防途中感染,安排调车机接送内罗毕货场信号楼作业人员,在客运站设置作业人员进出专用通道。严抓接发列车作业,取消行车值班员和机车司机客车编组单面对面交接,改为使用列调向司机报编组辆数、重量、换长;重新明确助理值班员接车位置,与上下车的旅客保持一定的距离。严抓调车作业,进出高风险区域如货场、港支线、港站货场等,调车组人员必须加强防护,调动客车体或对客车体采取、撤除防溜措施时,必须提前通风透气方能进入车内作业。严抓货装作业,严格区分封闭人员作业区域和非封闭人员作业区域,防止货运装载检查时出现交叉感染。同时,货运票据传递时均应消毒后无接触交接。

4. 着力机辆运用细节管理,抓机辆人员防护,提供强大动力

蒙内铁路机务、车辆专业为疫情期间铁路运输提供强大动力保障,非洲之星加强机车、车辆检修及整备作业,对客运列车整备检查这一关键防疫作业环节现场写实,查找风险、隐患,制定防范措施。对货运机车司机与不封闭的随车警察存在交叉接触风险、客运列车车辆乘务员值乘与旅客接触风险、客车整备检查的作业环境风险、客车排污风险进行研判,采取加强自身防护、规范警察执勤位置、调整作业方式等措施予以防控。此外,注重细节,强化消杀和通风,对车上便携式马桶、微波炉、旅客列车集便器进行专门消杀、清洁,防止空气和粪口接触传播。

5. 统筹设备维护作业程序,抓工电人员防护,施工规范有序

工电专业负责全线工务、信号、通信、电力等基础设备的维护工作,其特点是点多线长,疫情期间维

护人员外出作业不可避免。因此,非洲之星优化劳动力生产组织,每日统筹安排作业计划,将轨道车搭配单机纳入列车运行图作为通勤车使用,各专业工种外出作业时按图乘降,形成了“驻地—现场—驻地”“两点一线”的出行方式,与外界完全隔离,同时在轨道车内标注乘坐位置,保持人与人之间的安全社交距离,所有人员、机具和外部货物等进入驻地封闭区前统一在消毒区进行“清消杀”后方可入内;外单位施工进入营区和铁路保护区内采取“一错一封”管理。“一错”指错时,提前与施工单位签订安全协议,就防疫要求进行交底,规定出入时间,采取错时的方式避免人流密集时间入内;“一封”指施工区域利用施工围挡或B型栅栏进行封闭,形成相对独立的作业单元,指定施工单位人员、车辆路线,绕开人员密集区,最大程度降低非封闭人员与封闭人员接触概率。

6. 加大科技手段使用力度,抓安监人员防护,方法科学有效

蒙内铁路安全监督紧跟时代发展,创新监督方式、手段,借助现代科技力量,不断强化动态化、全程化、可视化的日常监督,延伸监督触角,拓展监督渠道。非洲之星配置专职安全监察10名,设置专兼职安全员37名,日常通过“四不两直”[1]方式深入现场检查督导,疫情期间24小时不间断运用视频监控对重点岗位、关键环节进行检查。主要采用LKJ(列车运行监控装置)、GYK(轨道车运行控制设备)数据回放分析、天眼视频监控(全线1468台摄像头实时监控现场作业)、汽车GPS回放分析、无人机巡航等科技手段检查分析,有效处理了调车作业违章等安全隐患。通过科技监督手段,安全监管人员可以对现场安全实行远程监督,既避免检查人员与现场作业人员的频繁交流引起交叉感染,又利于回放分析,为事后追责提供有力证据。同时公司各类会议及培训统一采用视频会议形式,最大限度减少人员聚集概率。

(四)狠抓“安全生产”不懈怠,畅通东非抗疫动脉

安全是蒙内铁路永恒的主题,生产是运营不变的主线。蒙内铁路、内马铁路穿越东非大草原和国家公园,外部运输安全环境复杂,大型野生动物频繁上道,且肯尼亚铁路立法滞后,沿线居民爱路护路意识较差。疫情期间,涉铁盗损案件、人为故意破坏铁路案件等的数量大幅上升,轨面放置大石块现象或不法分子盗窃基站等铁路设备案件时有发生且屡禁不止。此外,肯尼亚雨季较长,汛期防洪压力巨大;加之雨季结束后,沿线草原火情频发,严重影响运营安全,干扰运输秩序。因此,中国路桥全面把控安全关键环节,科学处理运营安全与效率的关系,着力疫情特殊时期保安全、促生产。

1. 抓安全关键把控,经受安全运营考验

非洲之星颁布实施《蒙内铁路行车组织规则》,保证所有运输生产有章可循。牢牢把控安全关键环节。以客车安全为重中之重,严把“问题克缺关、进站安检关、工务巡道关、列车添乘关、行车指挥关、设备质量关、动物侵限关、人员素质关、教育宣传关”等十大关键环节,坚决把隐患消灭在萌芽状态。以“安全生产月”和专项整治活动为载体,开展调车安全检查、液化气等危险品专项检查及危险货物运输督查。严控消防安全,组成QC(质量控制)攻关小组,改造C70货车,搭载消防水罐、水炮等消防设备,利用轨道车牵引创新研制消防轨道车,以便迅速出动灭火。加强防洪预警及处置,保证汛期安全。加强运输途中司乘瞭望,有选择地降速行驶,有效防范动物上道风险。

2. 抓公共安全防护,提升保驾护航能力

畅通铁路安全信息报警渠道,面向社会公布标轨铁路安全报警电话。协同铁路警察持续开展“防偷盗、防破坏”专项打击行动,有针对性地打击各类偷盗破坏违法行为。同时,针对大象等大型动物侵界问题,在完善栅栏封闭的同时,加密人员巡查。深入沿线社区、学校开展铁路安全宣传,通过路外安全专题动漫、宣传片等民众易为接受的形式,发动沿线民众爱路护路,提升沿线民众铁路安全意识。并推动肯尼亚政府进行铁路安全立法,将铁路运输安全和公共安全上升为国家意志。

---

[1] “四不两直”:指不发通知、不打招呼、不听汇报、不用陪同接待、直奔基层、直插现场,是国家安全生产监督管理总局建立的安全生产暗查暗访制度。

3. 抓客货运输组织,全力保障运输生产

非洲之星在人员极其紧张、工作任务重的情况下,取消全体在岗员工公休及节假日,要求做到工作量不减少,工作质量不下降,工作标准不降低,并按照"防疫第一、精简高效、择优复工"的原则,根据运量增长和客运恢复情况,统筹规划复工复产。客运方面,按照肯尼亚政府指令及标轨铁路运输实际,非洲之星主动优化列车开行时刻,为肯尼亚民众提供最优开行方案,开行内罗毕至蒙巴萨"朝发夕回"直达客运列车,中途各站均不停车办理客运业务,为乘客赶在21时宵禁前回家留出了足够时间。货运方面,创新运输组织模式,切实提高运输效率。结合蒙内铁路自身特点,组织开行集装箱专列、散装货物专列、袋装货物直达列车,减少货物运送时间。集中运力满足蒙巴萨港运输需求;与肯尼亚铁路局、港务局高效联动,全面提升调车和装卸效率,实现了内罗毕货场随到随卸、重车不积压。同时,主动响应肯尼亚政府要求,组织开通内马货运,减少公路运输对疫情传播的风险。2020年5月7日开通内马货物运输,至2020年12月31日,2天1列集装箱列车运送东非各国过境的生活生产及防疫物资,已累计运送乌干达、卢旺达、南苏丹三国货物5296TEU,其中防疫物资96TEU,充分发挥特殊时期铁路运输动脉作用。

(五)坚持"党建引领"有实效,凝聚企业发展合力

习近平总书记强调,这次抗击疫情斗争是一次大考,充分彰显了各级党组织的强大战斗力,彰显了广大党员、干部的先锋模范作用。中国路桥坚持党建引领,全方位履行政治责任、经济责任和社会责任,把党的政治领导力、思想引领力、群众组织力转化为践行"一带一路"倡议、扎根肯尼亚发展的坚强优势和强大合力,引导全体员工在疫情防控和安全运营中积极发挥作用,实现党建与生产经营深度融合。同时,面对中肯两国文化差异等问题,非洲之星坚持融合发展,致力于"中国标准"与肯尼亚元素的完美融合,通过一系列"真实诚"的举措,努力在危机中育新机,于变局中开新局,构建了良好的外部环境,凝聚了企业发展合力。

1. 以"讲政治"为统领,提高站位谋大局

非洲之星7个党支部、135名党员始终牢记"央企姓党、央企为党",不断增强"四个意识"、坚定"四个自信"、做到"两个维护"。建设学习型党组织,落实党委中心组理论学习制度,重点学习习近平新时代中国特色社会主义思想、十九大精神和习近平总书记对疫情防控工作要求等内容,助推管理人员用新思想武装头脑。加强党员教育管理,制订并落实《党员教育培训工作计划》,党支部通过"三会一课"和"学习强国"App等开展常态化学习教育。用好中国路桥"开讲啦"活动载体,开设党的理论、时事政治等系列讲座,引导全体员工提升政治站位。2020年2月1日,中国路桥号召非洲之星全体员工感恩国家,发扬"奋战海外、心系祖国"的担当精神,与国内同心同行,共抗疫情,中肯员工自发捐款折合人民币23.6万元,肯方员工共180人参与捐助。

2. 以"四服务"为抓手,抓好党建促发展

服务安全:疫情期间,在"安全大检查""战汛期""迎千天"等活动中,党员干部带头下现场添乘检查、调研包保;选拔党员业务骨干与中肯员工结对子近500余个,狠抓安全生产过程控制。服务运输:主动对接铁路局、港务局,协调解决影响运输效率的突出问题;加强铁路线路、机车车辆检修保养,有效保障运输效率。服务基层:党委委员、党员干部每月至少2次深入现场调研,协调解决基层存在的问题;开设领导互联网邮箱,出台并落实接待日制度,及时答复,立行立改,全力维持疫情期间队伍稳定。服务融合:尊重中肯文化,开展企业文化培训、中肯文化交流座谈会,促进文化融合。

3. 以"两手硬"为目标,发挥作用解难题

临时党委发布《关于激励党支部和党员在疫情防控和安全运营中发挥作用的通知》《勇挑重担做表率,担当作为争先锋倡议书》;发动员工参与"我为抗疫献一计"活动,围绕安全生产、疫情防控等全面开展工作。组建党员突击队,一线6个党支部组建党员突击队7个,组建党员顶岗替班预备队3个。各党支部调整人员组织,到一线顶岗作业;同时发挥群团作用,激励广大团员青年为疫情防控和安全运营工

作贡献青春力量,五大专业设置青年安全示范岗20个,构建起抗击疫情和确保安全运营的严密防线。发布"防疫有我,爱卫同行"倡议,党员干部带头响应,对各公共区域进行卫生清洁和杂草清除等,凝聚抗疫合力。

4. 以"亮品牌"为追求,服务社会展形象

围绕"绿色环保、医疗健康、教育资助"开展一系列社会责任活动,展示央企形象。2020年2月24日,成功举办"蒙内铁路实现安全运营1000天"的大型活动,向肯尼亚公众及媒体展示了蒙内铁路开通以来取得的良好社会效益和经济效益,以及技术转移成果。主动作为,加强宣传,非洲之星官网及社交媒体更新疫情防控措施、旅客温馨提示、铁路局防疫公告等信息。新冠肺炎疫情暴发以来,以"讲好蒙内运营新故事"为载体,在肯尼亚当地主流媒体上宣传报道公司防疫措施和24小时不间断运输及指标20篇次,社会各界好评如潮。

三、实施效果

习总书记指出,大疫当前,百业艰难,但危中有机,唯创新者胜。中国路桥带领非洲之星在疫情中攻坚克难,面对大考,坚持创新,出实招、求实效,始终确保抗疫大动脉的畅通,赢得了社会各界的肯定。

(一)体现"一带一路"丰硕成果

蒙内铁路的成功运营不仅缩短了内罗毕和蒙巴萨两城之间的时空距离,改变了人们的出行方式和出行体验,尤其在疫情背景下有效带动影响了沿线的经济发展,增进了民众在思想上对铁路的认知,而且通过打造蒙内铁路优质品牌,提供让肯尼亚社会各界满意的客货运输产品,对肯尼亚乃至东非的经济发展起到了积极的促进作用。并且,通过不断改进经营理念、创新管理思路和工作方法,坚持经济效益与社会效益"两手抓、两手硬",用一系列实实在在的行动为肯尼亚社会发展作出了企业应有的贡献,获得了肯尼亚人民的信任,促进了中肯企业的合作与共赢,践行了共商、共建、共享的构建人类命运共同体合作发展的理念,也向世界展示了中国"一带一路"倡议的丰硕成果。

同样,蒙内铁路倍受学术界的关注,包括中国科学院地理科学与资源研究所在内的多家国内外研究机构将蒙内铁路作为中国铁路"走出去"的成功案例,向世界展示"技术-制度-文化"复合体海外发展模式,为推动海外项目建设与运营取得成功、"一带一路"建设向高质量发展提供借鉴意义。

(二)畅通东非抗疫生命线

2020年,中国路桥全力确保蒙内铁路24小时不间断运输,保持日均开行7对货物列车,把防疫和生活物资源源不断地运往东非腹地,保障了肯尼亚经济发展、满足人民生活基本需求,助力东非抗击疫情和经济发展,展现了中国企业担道义、负责任、讲诚信、守规矩的良好形象。同时,客运在2020年4月7日至7月6日肯尼亚全国封城、所有交通工具停运的情况下,为肯尼亚政府开行6趟客运专列,助其开展封城期间对沿线各城郡的疫情检查,在肯尼亚社会产生了积极影响。2020年7月13日如期恢复开行后,央视新闻进行现场直播,肯尼亚CITIZEN电视台、中国国际电视台等多家媒体均进行了现场报道。不负众托,在政府要求定员的情况下,每日满员运送内罗毕至蒙巴萨民众往返,为肯尼亚经济重启提供动力。

(三)产生深远正向影响力

2020年,在世界经济持续低迷的情况下,中国路桥带领非洲之星交上了一份亮眼的成绩单,实现了"蒙内铁路运输平稳有序""疫情防控零感染"双目标。蒙内铁路正常运输,为肯尼亚保就业、保稳定、保增长提供了动力,体现了在应对突发应急事件、公共卫生安全事件时,铁路运输的稳定性、安全性是高于航空等其他方式的,其正向影响意义深远。

肯尼亚及中国媒体积极宣传报道,当地主流媒体《民族报》《旗帜报》及中国央视新闻发表正面报道61篇。肯方助理调度员 Tedias Gacheru 写了封感谢信:"非洲之星为了阻止大流行疾病做了很多事情,已采取严格措施,防止员工感染该病毒;尽管因为疫情不得不远离家人,但作为调度中心的工作人员,我

们却像家人一样相互联系;蒙内标轨铁路仍然一直在不间断地运送货物,为肯尼亚抵抗疫情作出贡献。”肯尼亚《星报》指出:“疫情期间标轨铁路加速货运服务,非洲之星通过调整人员安排等措施为肯尼亚地区提供了无缝衔接的铁路运输服务,满足了肯尼亚及其周边地区货运需求。”《旗帜报》指出:“疫情之后,蒙内铁路客货运输将有助于确保整个出行系统更加有弹性和可持续性。”

2020 年 8 月 31 日,运营公司总经理李久平接受肯尼亚主流媒体专题采访,并分别在《旗帜报》《民族报》《星报》发表题目为《肯尼亚标轨铁路巩固中肯贸易和基础设施关系》和《肯尼亚标轨铁路引领和促进中肯关系》等的署名文章。

(四)谱写中肯友谊新篇章

中国路桥带领非洲之星通过疫情背景下海外铁路运营保障体系的构建和实践,为持续引领、促进中肯友谊新发展作出了积极贡献。

2020 年 4 月 1 日,国资委对非洲之星开展疫情防控在线督查,国资委党委书记郝鹏对蒙内铁路疫情防控工作及其对肯尼亚社会和经济发展所发挥的作用给予充分肯定。

四、结语

境外抗疫打硬仗,蒙内畅通勇担当。面对世界范围内新冠肺炎疫情逐步蔓延的严峻形势,中国路桥将带领非洲之星继续勇争先锋、敢打头阵,畅通东非抗疫生命线,为夺取疫情防控、生产经营双胜利,谱写中肯友谊新篇章而积极应对、奋力拼搏。

交建云商平台助力中国交建“云上”战“疫”

中国交通信息科技集团有限公司

成果主要创造人：陈　鹏　唐瑞博

成果参与创造人：李雄文　胡松楠　嵇　尉　王伟东　王庆民　刘园红

张凯皓　游欢欢　马加金　宋瑞娟

中国交通信息科技集团有限公司（简称“信科集团”）是根据中国交通建设集团有限公司（简称“中交集团”）部署，在原中国交通信息中心基础上重组改革，围绕“创新、转型、管控”主题全资设立的专业子集团。

信科集团旨在成为全球交通信息产业综合服务商，在数字港口、智慧公路、智慧轨交、智慧机场、智慧城市、智慧房地产、智慧水务环保、智慧海洋、智慧金融电子商务九大领域的全产业链实现“产融信”深度融合发展。以信息技术驱动集团管理变革和驱动传统产业转型升级为企业使命，打造基于“互联网＋”的全价值链综合服务和盈利模式，形成以数据资产运营为核心、以信息产业和深度数字化为主线，涵盖智慧交通、智慧城市、卫星技术服务运营、数字中交、电子商务、大数据运营、人工智能和数字建造八大产业。产业链贯穿科研、规划、咨询设计、软件开发、系统集成、投资及数据运营。业务覆盖全国28个省份、60多个城市和亚洲、非洲等的14个国家和地区，专业从事信息化员工近千余人，承担国家、行业、集团各类信息化项目2000余项，承担重大科技支撑计划及科研项目100余项，获得专利及软件著作权近100项，主导发布17项交通运输行业国家标准、30项行业标准，拥有多个实验室及研发中心，累计获得信息化奖项超过50项，在信息化相关领域已占据国内领先地位。

一、实施背景

（一）政策背景

在国家“互联网＋”的产业政策下，中央企业作为参与互联网的新兴群体，商业活动日益活跃，参与形式日趋多样，需要结合企业自身实际，利用电子商务全新的商业模式，在管理变革、制度设计、产品创新、服务增值等方面精耕细作，实现产融的高效结合。

（二）企业需求

中交集团作为国有大型基建企业，其业务范围涉及港航疏浚、路桥轨道、房地产、装备制造等多个领域，由于受管理体系、层级、信息化差异等客观因素的制约，中交集团的采购管理体系在合同执行、物流服务、验收入库、结算、供应商评价等环节缺乏统一手段。亟须实行“大采购”战略，整合、重组内外部供应链资源，打破信息壁垒，发挥集采优势，提升整体采购管理工作，支撑企业更好地转型升级。同时，作为国家“走出去”战略的排头兵和“一带一路”倡议的先锋官，也要求公司必须利用电子商务服务海外业务，提高企业全球资源配置能力。

二、建设历程

信科集团在借鉴行业内外部优秀成果的基础上，按照“大小齐抓、资源整合、管理穿透”的思路，在中交集团原有物资、装备采购基础上升级打造了全新的“互联网＋”电子商务平台——交建云商。交建云商平台的各个专区于2018年6月在中交集团逐步展开推广工作。

截至2020年11月,交建云商平台累计入网供应商及供应链上下游企业近10万家,累计交易规模突破5500亿元,节约采购成本超百亿,形成了以服务采供为核心,集"电商、物流、金融、分享经济"于一体的产业生态圈,并实现能力输出,为上下游中下企业"信用赋能",带动行业发展。中交集团是国家"走出去"战略的先行者和排头兵,平台海外采购和跨境贸易业务有效支撑了中交集团的海外业务发展,服务国家"一带一路"倡议。

三、成果内涵

交建云商平台是中交集团在"互联网+"时代打造的面向工程施工行业的B2B(商业对商业)电子商务平台。平台围绕"大采购战略的实施平台、彰显集采效益的价值平台、精细化管理的操作平台、新生态模式的创新平台、全球资源配置的服务平台"的总体定位,构建了大宗物资、差旅服务、电子超市、工程辅材、海外采购、防护专区、电子签约服务中心等业务专区,实现企业采购成本"一站式"的管控,支撑中交集团"大采购"战略的有效落地。

结合2020年新冠肺炎疫情在全球迅速蔓延的发展态势,交建云商平台坚决扛起央企责任担当,依托中交集团全产业链优势,通过应用模式创新,发挥线上网络互联共享作用,统筹调配中交集团海内外防疫物资资源,精准助力疫情防控和复工复产,坚决夺取疫情防控和企业发展的双战双胜。

四、主要做法

围绕平台总体定位,交建云商平台开展了以下业务应用并取得了良好的成效。

(一)采购工作管理创新,构建新型"大采购"战略体系

打破公司原有的分散采购模式和管理壁垒,将需求、采购、供应、金融服务、运营服务等核心环节打通,给予全生命周期的有效支撑,打造"一站式"的采购综合服务,是公司"大采购"战略体系的落地保障。

专区全面应用,实现企业采购"大小齐抓",有效落地中交集团"大采购"战略。按照"大小齐抓"的思路,除了工程主材等的"大类"采购之外,平台还建设了电子超市、工程辅材、企业商旅、企业福利等业务专区,为企业其他"小类"采购提供"一站式"的解决方案,落地中交集团"大采购"战略。

办公用品方面,通过合格供应商和京东商城、苏宁等成熟电商等"源头",集中在交建云商平台展现各类办公用品及标准产品的商品及价格信息,采购单位在线开展"一站式"订单采购、物流服务、结算、支付、评价等操作。至2020年11月,平台已涉及十大类400多门类30.2万个SKU(库存保有单位),主要包括办公用品及家具、计算机及配件、日常百货等,同时支持企业福利用品采购,累计采购金额突破1.5亿元。

差旅方面,采用差前申请、差标管控、出行后服务商月结模式,实现公司差旅在线化管控,确保差旅合规透明。通过与国航、东航、南航等国内外航司签订大客户协议,公司16万员工均可享受协议价,总体差旅成本节约在10%以上,同时支持员工因私购买,共享企业的集采成果。至2020年11月,平台上线以来已累计采购机票金额3.5亿元,实现了差旅管控水平的显著提升,同时给员工带来了良好的差旅体验。

工程专区主营小型工器具、MRO产品(非生产原料性质的工业用品)、工业品等,通过电商化、订单式采购模式,协调上下游资源,解决了传统辅材采购中信息不对称、产品质量参差不齐、购买环节不透明、运输成本高等问题,为采购单位提供高效、透明的"一站式"采购服务。专区应用以来,至2020年11月,累计采购金额超过80亿元。

询价专区,通过对接阿里巴巴1688企业采购网,在线发布询价单,实现寻源、报价、定商定价、合同、履约、金融服务等全流程的打通,有效提升了供应链的整体水平,解决了工程项目实施过程中零星材料的问题,特别是工程行业特殊用材、非标商品的问题,采购效率比线下提高80%,降低采购成本20%。

福利专区，利用互联网电商平台为员工打造弹性福利服务平台，为企业提供"一站式"跨品牌福利解决方案，实现为员工福利的量身定制；同时通过对接多元化商品及服务，为员工提供丰富的福利商品，解决企业员工福利发放的合规化、品质化、多元化问题，至2020年11月，专区已累计服务集团内单位300余家。

扶贫方面，中交集团承担着新疆维吾尔自治区喀什地区英吉沙县和云南省怒江州下辖一市三县的定点扶贫任务，任务量超过"三区三州"的1/6。为全面贯彻落实中交集团精准扶贫脱贫攻坚工作部署，交建云商平台积极行动，以"创新电商消费扶贫方式，努力在帮扶方式上实现新突破，探索建设地企长期合作模式的典范"为使命，打造了"企业消费扶贫＋个人爱心采购"的温暖扶贫电商模式。2019年，平台与中交怒江产业扶贫开发有限公司实现产业对接，对羊肚菌、树洞蜂蜜、山猪、茶叶、咖啡、火龙果、石斛、金耳等多种特色农产品进行线上推广(图1)，通过信息扶贫直通车，打通"最后一公里"，创建互联网扶贫新模式，帮助怒江人民大力发展农业生产、高原特色产品，推进精准扶贫、精准脱贫，让农产品通过平台走出乡村。

图1　扶贫专区

(二)信息化促进业务创新和流程再造，"互联网＋"在基建行业的应用模式创新

交建云商平台是中交集团打造的"互联网＋采购"的B2B电商平台，面向内外部采购单位、供应商，打通集团内部相关系统，实现采购业务的线上执行及集中管理。整合多方资源形成网上商城生态圈，服务整个基建施工行业，是"互联网＋"在基建行业的应用模式创新。

通过交建云商平台的应用，发现了中交集团原有管理的薄弱环节，促进了中交集团的办公用品、物资采购、设备租赁、差旅管理等方面的管理创新，促使相关的采购流程、财务流程、管理流程的升级再造，为管理提升提供驱动力。

(三)推广电子招投标，实现工程项目全过程在线化，为中交产业赋能

中交集团采购大量的工程主材，包括钢筋、水泥等核心主材，这类主材采购具有地域性强、总价高、价格影响因素大等特点；工程建设过程中会采购大量的大型装备，如盾构机、提运架设备等，这些设备的采购具有金额大、决策流程长、供应商选择范围有限等特点。交建云商在确保合法合规的前提下，推广线上电子招投标，满足了业务开展需要，实现了公司核心主材、大型设备采购的集中管理，提高了采购决策和执行的效率。截至2020年11月，系统入网供应商达82340家，编制采购计划、方案5万余份，完成电子采购4万余起，累计交易规模接近5000亿元。

电子招投标服务围绕分包采购核心环节，建设了电子招投标和分包商管理等核心功能，通过标准化接口与直管项目(局)系统集成，实现分包全生命周期闭环管理，达到"提管理、拓资源、赋能力"的总体目标。涉及的关键用户角色有评标专家、采购方(各层级)、分包商、审计监督。核心功能包括分包商管理、分包资料准备、采购方案管理、招标过程管理、专家库管理。涉及15个主流程，以及分包商管理及考核办法、分包管理采购交易实施办法、各专业招标清单编码、评标办法范本、分包管理采购交易实施办法等管理办法。实现流程通、数据通、资金通，以"规范采购行为、提高采购效率、降低分包风险、主动预防腐败"为指导，以"交易公开、操作透明、过程受控、全程在案、永久追溯"为目标，为中交集团各单位打造一个阳光采购交易管理服务平台，实现全集团优质资源共享，为中交集团产业赋能。

(四)金融创新，信用赋能，实现供应链上下游共赢

交建云商积极响应国家银保监会的要求，利用自身良好信用，为产业链中各级中小微企业与进城务工人员精准获得金融机构提供的供应链金融服务提供信用支持，实现信用赋能，树立"产、融、信"结合

典范,以“自金融”为蓝图,把科技金融与传统采购业务相融合,以服务中交集团主业及关联产业为宗旨,打造业务场景一体化的金融服务产品,实现上下游企业整条供应链正常的资金流动,解决长期困扰供应链上下游中小企业的金融服务痛点。

平台产品上线以来,至2020年11月,已累计服务核心企业21家,883家上下游企业获得融资服务,累计融资规模突破130亿元,助力中小企业降本增效,完善核心企业的生态体系建设。基于电商沉淀的真实数据,拓展多元化的金融服务产品。交建云商平台的建设是公司在B2B电子商务领域的一次尝试,产融、产信结合,是创新发展、打造新业务增长的“试验田”,是公司信息产业化发展、打造信息服务、综合运营的“试验田”。

(五)产业能力输出,发挥“头雁”作用,带动行业、产业发展

基于公司的技术积淀和电商产业能力,面向行业实现能力输出,带动行业发展,包括技术能力输出和电商服务能力输出两个方面。

技术能力输出方面,交建云商平台帮助客户搭建智能采购平台,至2020年11月,已在山西路桥、重庆高速公路等地方国企落地,协助提升自身采购管理水平。电商服务能力输出方面,积极拓展外部市场,通过平台赋能客户,与首钢集团等深度合作,共享集采成果。

同时也积极参与央企电商联盟、集采供应链企业联盟等行业组织,积极发挥自身优势,利用自身影响力带动行业发展。

(六)发展跨境贸易,拓展海外市场,服务国家“一带一路”倡议

海外采购方面,建设海外采购平台,积极服务中交集团海外布局,提升全球资源配置能力,至2020年11月,已完成入网供应商8500个,完成海外采购超百亿美元。

跨境贸易方面,建设“自由港+跨境云商+跨境云仓”的产业服务体系。2019年3月,习近平主席访意大利期间,与意大利政府签署关于共同推进“一带一路”建设的谅解备忘录,其中包括中交集团与意大利政府共建中意电商物流产业园的合作协议,依托平台成功上线意大利国家馆线上交易,双向服务中意两国。

(七)突出平台优势,有效助力科学防疫,支撑复工复产

1. 迅速行动,建设“疫情防护专区”,实现防疫物资智能匹配,全力保障物资供应

为支撑中交集团各单位切实做好新冠肺炎疫情防控工作,凸显央企社会责任,在全面战“疫”的特殊时期,信科集团在春节期间安排专人驱车前往异地采购消毒水,党员带头主动加班加点,做好办公区域消毒灭菌的保障工作;急兄弟单位之所急,曾在2个小时内紧急联系640家厂商,寻找口罩等防疫物资资源。

为更好地协助各单位复工战“疫”,信科集团紧急启动搭建疫情防护专区工作。虽然同事们不在一起工作,但远程办公不降低工作热情,也无损工作效率。从专区筹划到产品设计、研发测试、技术支持,事业部全体人员紧密配合、全面协作,仅用3天时间就打造了“疫情防护专区”版块,实现了防疫供给资源与各单位物资需求同步上线,双向结合促成交易。

在防疫物资供应方面,通过线上平台实时收集防疫物资供需信息,联合物资供应渠道,为资源紧缺单位搭建信息沟通、对接的桥梁。截至2020年11月,应用疫情防护专区已对接国内外3000余家物资供应商,服务300余家中交集团内外部单位,累计供应口罩约500万个,酒精、消毒液等20000箱,测温仪器25000余支,其他防疫物资250000余件。

此外,交建云商官方平台向中交集团员工积极宣传防护知识,通过宣传权威官方媒体对于疫情防控知识的正确解读、抗“疫”妙招、新型冠状病毒免费咨询服务等知识,切实提高员工疫情防范意识,增强防疫的自觉性和责任感。

2. 打造电子合同,实现“无接触式签约”,破解合同签订难题

电子签约服务中心基于密码学原理,实现对电子合同签署者的身份认证、防止篡改、防止伪造,保障

了电子合同内容的真实性、完整性、机密性;引入了人工智能笔迹识别、移动设备安全管理、智能密码钥匙、文档签名、数字证书、生物识别、多重身份认证、在线公正等技术,保证线上签署合约的安全性、合法性;利用区块链技术的防篡改、分布式、多方共识共同记账的特点,为客户提供了完整的电子合同证据链。

平台同步开发了手机端应用,操作简单、安全、高效。通过平台可实现一键在线申请公证、司法鉴定和仲裁等服务,合作的法律机构也可在线解答问题、解决纠纷,使用户能够合法、有效地保障自身权益;合同双方在线操作数据全程留痕和存证,并同步存储到公证处、互联网法院、司法鉴定中心、版权保护中心和仲裁委员会,实现了电子合同签署过程上链固定存储,并保证数据真实性和法律有效性;可通过手机终端扫码、人脸识别完成身份认证,线上及移动端 App 完成合同签署;内置大量复工复产必需的签署文本,包括《复工复业人员健康信息登记表》《企业疫情防控安全责任承诺书》《企业复工员工管理安全责任承诺书》《复产复工备案表》等。全力保障中交集团物资采购业务的正常进行,大力助推优化营商环境,破解了疫情期间线下合同签订难、成本高的难题,大大节省了时间成本、交通成本,还能有效避免人员聚集、交叉感染的风险,保障疫情期间合同签署工作顺利进行,助推企业复工复产,把疫情的影响降到最低。

3. 建设 IoT 智能监测平台,实现从"办公室"到"项目工地"的一体化智能监测及巡检服务,助力企业复工复产

公司积极筹备交建云商 IoT(物联网)智能监测平台,推出了办公区疫情防控、工地疫情统计、重要基础设施无人机巡检等解决方案。

平台利用云计算和 IoT 技术,实现数据云化。包括终端层、平台层及应用层,通过在终端层利用测温门、高清摄像头、手持设备、无人机、App 等完成数据采集,在平台层利用云 IoT 物联网开发平台完成设备接入、数据分析等,最后在应用层实现数据可视化及统计分析管理等。

在办公区疫情防控场景中,高效智能地采集员工出入时的体温数据。利用测温门 + 高清摄像头完成数据采集,利用云 IoT 物联网开发平台完成设备接入、数据分析等,在应用层实现数据可视化及人员信息管理等。在工地疫情统计场景中,配置人脸识别系统、蓝牙体温计,免去工地管理人员人工盘查核实烦琐的操作,人员核实信息实时上传 IoT 平台。在无人机巡检场景中,利用无人机在重要基础设施进行巡逻、喊话、测温等防疫工作,发挥远程操控、灵活机动的优势,大大提高了工作效率。根据人员疏散隔离、防疫消杀等不同的重点工作,不同型号的无人机可搭载摄像、红外测温、扩音、药物喷洒等各类用途的装备,为疫情防控提供重要的空中力量。相关数据与 IoT 平台进行数据对接,方便管理单位对工地、重要基础设施的疫情实时分析,指导部署防疫工作。

(八)应用阿里云构架、互联网体系、大数据,进行多方面技术创新

利用阿里云强大的互联网技术积淀和商城建设经验,确保交建云商技术架构先进、平台框架完善。全新的阿里云架构平台,快速部署、平稳运行;利用大数据,构建风控体系。

1. 总体架构(图 2)

采用前、中、后台的云化三层架构及"厚平台、薄应用"的技术理念。

2. 技术框架(图 3)

技术方面分为基础服务、应用开发、前端展现、监控调度四大部分,监控调度与基础服务采用阿里成熟产品与框架,并引入优秀的开源组件。

3. 部署方式(图 4)

网络及部署采用"阿里云 + 交建私有云"的模式。以互联网技术架构为"样板",建设统一、灵活、高效的电商平台框架。采用"平台 + 应用"的互联网设计理念,从按业务板块分散建立系统不断向"厚平台、薄应用"的方向发展,确保电商平台的技术架构灵活、高效。主要包括 3 项工作内容。

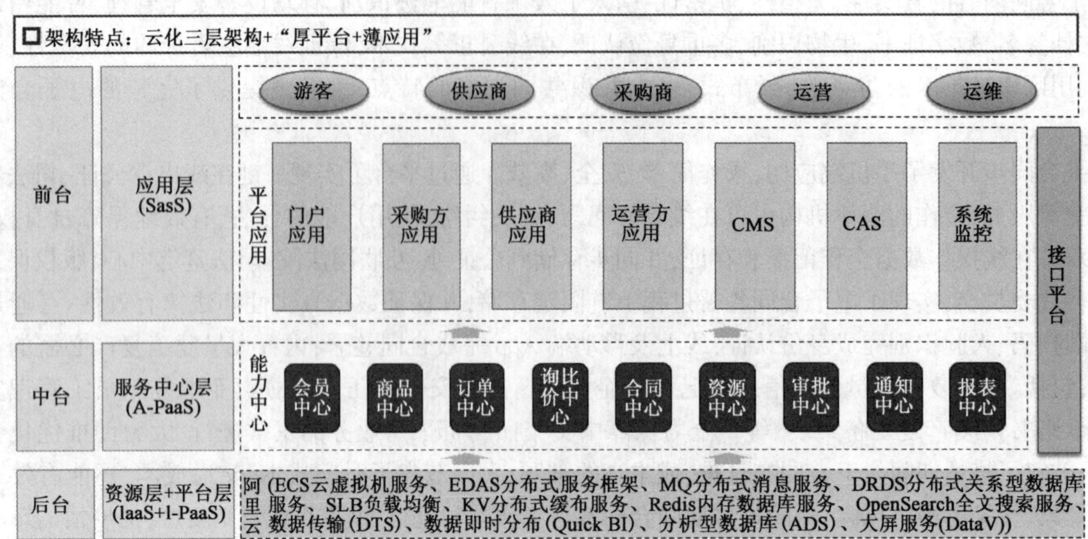

图2　交建云商总体架构

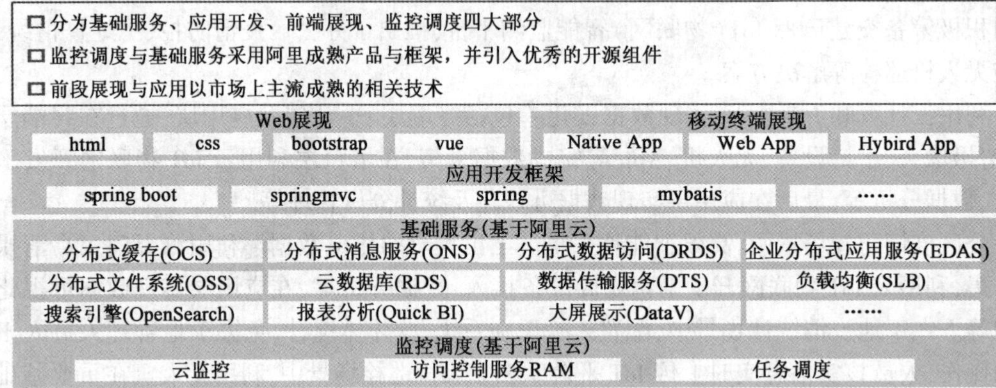

图3　交建云商技术框架

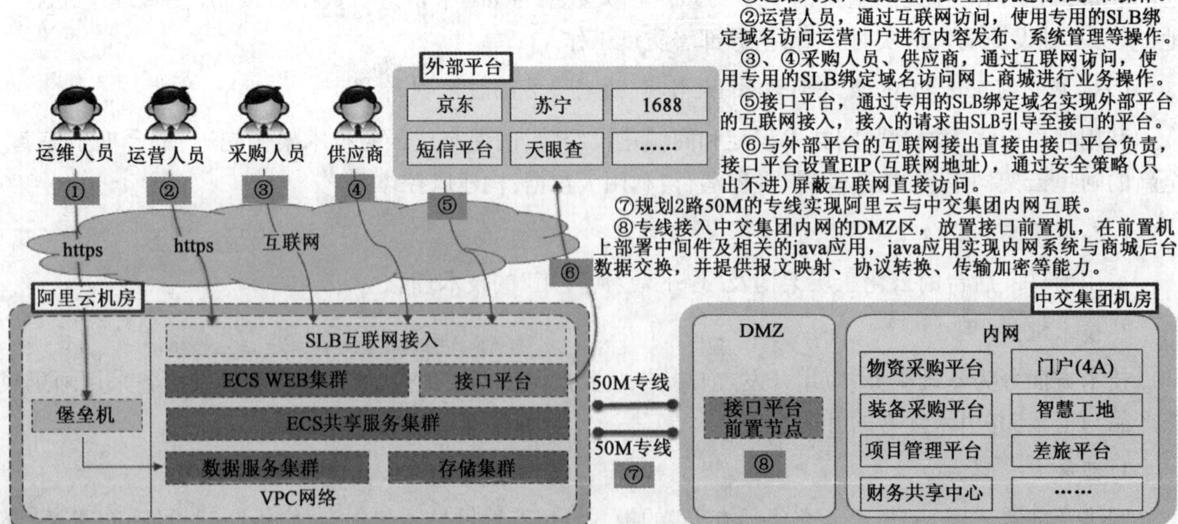

图4　交建云商部署方式

(1)互联网架构的技术咨询及服务

选取行业领先的互联网企业,为平台技术框架的筹备、设计、建设等环节给予全过程的咨询、支撑,保证平台技术架构的先进性。

(2)云服务平台的租用

为了充分发挥互联网技术架构的优势,需要将电商平台部署在技术路线统一的云平台上,考虑到公司厦门数据中心正在建设,建议第一期项目采用租用外部共有云平台的方式。

(3)抽象采购业务逻辑,打造各类中心

围绕“大采购”的核心理念,细化分析公司各类采购、合同、履约、支付等业务逻辑,在互联网技术架构的基础上,建立用户中心、商品中心、授权中心、履约中心、支付中心、办公中心及项目中心等,为搭建上层应用提供统一、高效的服务。

4. 系统功能

交建云商平台的六大专区中,综合采购包括物采、装采、工程劳务分包。差旅专区实现公司差旅管控、机票集采合规透明。供应链金融以“自金融”为蓝图,把科技金融与传统采购业务相融合,以服务集团主业及关联产业为宗旨,打造业务场景一体化的金融服务产品,上线应收账款融资平台与云单信用融资平台。电子超市专区主要为办公用品采购,涉及十大类400多门类28.2万个SKU,旨在打造集团办公用品及家具、计算机及配件、日常百货的“一站式”采购。工程专区以辅材采购作为突破口,通过电商化采购模式,协调上下游资源,解决传统辅材采购中信息不对称、产品质量参差不齐、购买环节不透明、运输成本高等问题,为采购单位提供高效、透明的“一站式”采购平台。询价专区对接阿里巴巴1688企业采购网,在线发布询价单。主要功能如下:

(1)供应商管理

形成统一的供应商资源库,建立准入、全生命周期考核等制度及流程;将内、外部采购方纳入电商平台,形成多方的会员中心,更精确地为平台各类用户提供服务。

(2)商品中心

将电商平台所有涉及的采购品类,通过文字、图片、视频对销售情况、供应商履约、服务等进行集中展现,并利用大数据分析,为各类采购员推送有价值的商品信息。

(3)出差管理

实现差前申请、审批,根据后台设置的出差审批流程,完成出差管理。

(4)资源预订

支持多服务商模式,在线预订国内机票,根据后台差旅费标准设置自动判断和预订的模式、流程、标准,自动出票,并可在线退改签。

(5)运营平台

支撑整个电商平台的统一管理及运营,主要包括会员中心、商品中心、订单中心、营销中心、金融中心及服务中心。电子采购管理覆盖了采购计划、方案、采购招标寻源以及合同整个采购招标流程,实现各级采购业务及管理人员、供应商、专家、监督人员的网上协同。

五、实施效果

(一)发挥电商平台优势,实现集约化管控,推进企业高质量发展

一是节约成本,截至2020年11月,平台累计采购交易规模超过5000亿元,平均节约率2.9%,累计为全集团节约148亿元。

二是服务增值,通过电商运营服务增值,截至2020年11月,平台累计收益9000万元,有效提升了运营企业的产业化发展水平;通过对外电商能力输出,已累计完成1200万元服务合同,服务行业发展。

三是金融服务,通过信用赋能,服务供应链上下游中小企业,降低供应商平均融资成本2%,截至2020年11月,累计为供应商节约融资成本2.6亿元。

(二)凸显穿透式管控,实现阳光透明采购,赋能企业精细化管理

一是完善制度,夯实管理基础。推动中交集团先后出台《平台应用管理办法》《工程辅材采购管理办法》等11项制度,补齐管理短板,强化公司管理基础。

二是堵塞漏洞,提升管理水平。实现中交集团"大采购"的统一资源,确保采购过程公开、透明,避免差旅机票等采购过程中的代理商私自加价、价格不透明等现象,使得差旅有计划、可控制,有效提升管理水平。

三是协同赋能,实现管理穿透。平台实现了电子化招投标全过程的在线操作,实现业务的协同处理,有效提高工作效率;过程可监控、可审计,实现管理的有效穿透。

四是集中采购,降本提质增效。随着平台的应用,发挥集团集采规模优势,并不断提升集团集采层级,累计为集团节约成本超百亿元。

五是精细管理,辅助领导决策。平台与财务云、项目管理等前后端系统打通,实现了采购的全生命周期管理,为企业精细化管理提供了有效手段,通过平台丰富的分析报表和决策门户,为领导决策提供智能化数据支撑。

(三)升维电商新模式,彰显央企社会价值

一是有助于推动构建阳光开放的采购大环境。平台面向所有供应商开放并接受监督,各供应商可以在平台上同台竞技,优胜劣汰;技术上,采用互联网方式确保采购过程公开、透明。

二是有助于共享央企建设成果,带动行业发展。平台建立了企业物资编码标准,其中《公路及桥梁施工用大宗物资分类编码》《水上施工船舶分类编码》上升为国家标准,有助于提升行业的标准化程度。通过平台能力输出,为行业用户、地方企业等进行电商赋能,带动行业的整体发展。

三是有助于产业链上下游共赢发展。利用央企的资信优势,为产业链上下游企业进行信用赋能,解决中小企业融资难、融资贵等问题,有效改善其经营环境,间接降低采购成本,实现共赢发展。

四是有助于中国企业、中国商品走出国门,走向海外。公司具有强大的海外经营能力和网络布局,依托平台开展海外采购和跨境贸易业务,将海外优质的商品资源引进来,同时将国内优质的商品带出去,助力中国企业走向国际市场,提高国际化水平。

(四)整合全球资源,"云商"实现"云上"精准战"疫"

2020年疫情防控期间,为坚决贯彻落实习近平总书记关于新冠肺炎防控工作的重要指示,交建云商平台充分利用信息化手段防疫情、促经营、保发展,通过疫情防护专区建设及防疫物资供应、研发"电子签约服务"、搭建IoT智能检测平台,强化服务能力,优化服务保障,突出平台优势,有效助力科学防疫,支持复工复产,坚决打好疫情防控阻击战、总体战。

构建数据分析体系
推进服务区管理全面提升

江苏京沪高速公路有限公司

成果主要创造人：黄　铭　潘志华

成果参与创造人：杨连峰　陈宪勤　陈晓闻　何海滨　徐业胜

江苏京沪高速公路有限公司（简称“京沪公司”）是经江苏省人民政府批准成立的大型国有企业，主要营业范围为高速公路建设、管理、养护及按章对通行车辆收费，仓储，百货、文教用品销售，高等级公路管理、技术咨询，设计、制作、发布印刷品广告及路牌、灯箱、户外广告，房屋、场地租赁，客运服务，普通货运，商品的网上销售，旅游信息、物流信息、交通信息咨询等。

京沪公司实行三级管理体制，本部设综合部、人力资源部、党群工作部、计划财务部、安全营运部、工程技术部、经营开发部及调度中心；有二级单位6个，下辖徐宿、淮安、扬州、宁扬4个管理处和和泰经管、和泰置业2个二级法人公司；有三级单位47个，包括32个收费站、9对服务区、1个网上商城、5个清障大队。至2019年，有员工2500余人。

至2019年底，京沪公司经营管理的高速公路里程共396公里。其中：①京沪高速公路（编号G2）沂淮江段261.5公里，于2000年12月15日开通运营，是国道主干线京沪高速公路的重要组成部分，也是江苏省高速公路路网中“纵四”的重要组成部分，双向四车道，设计速度120公里/小时，路基宽度28米，全线桥梁数量266座，起点桩号为K710+000，止点桩号为K971+500。②启扬高速公路（编号S28）扬州西北绕城段35公里，于2004年10月12日开通运营，是江苏省高速公路路网中“横六”的重要组成部分，双向四车道，设计速度100公里/小时，路基宽度28米，全线桥梁数量46座，起点桩号为K226+760，止点桩号为K261+660。③沪陕高速公路（编号G40）宁扬段76.1公里，于2012年12月8日开通运营，是江苏省高速公路路网中“横六”“横七”的重要组成部分。其中汤汪互通至八字桥互通段9.8公里为双向八车道，其余路段为双向六车道，全线桥梁数量76座，起点桩号为K323+181，止点桩号为K399+281。④宿扬高速公路扬州段（编号S49）22.77公里，于2017年12月28日通车运营，是江苏省高速公路路网中“纵六”的重要组成部分，双向四车道，路基宽度28米，设计速度120公里/小时，全线桥梁数量35座，起点桩号为K262+148，止点桩号为K284+920。日均车流量约23万辆，年收费金额约30亿元。

京沪公司坚持以习近平新时代中国特色社会主义思想为指导，聚焦“交通强省，富民强企”两条主线，紧紧围绕“国内一流，控股领先”的总目标，认真贯彻创新、协调、绿色、开放、共享新发展理念，秉持江苏交通控股有限公司（简称“江苏交控”）“责任、创新、崇实、善为”的企业核心价值观，围绕“让社会更美好，让员工更满意”的企业愿景，锐意进取，奋发有为，团结拼搏，勇于争先，实现企业经济效益、社会效益、生态效益的协调发展和系统提升。京沪公司通过AAA信用评级，先后荣获“全国先进基层党组织”“全国交通运输系统先进集体”“江苏省精神文明建设先进单位”“江苏省五一劳动奖状”等省部级以上荣誉100余项，1名员工获得“全国劳动模范”光荣称号，2名员工获得“全国五一劳动奖章”，1名员工被授予“全国无偿献血奉献奖金奖”，公司面貌欣欣向荣、蒸蒸日上。

一、实施背景

服务区数据分析体系的建设是互联网技术、大数据技术发展的结果,也有着顺应时代发展、符合国家智慧交通建设的时代背景。

(一)智慧交通建设的需要

新时代催生新使命,新征程呼唤新担当。进入新时期,“十四五”规划中,交通强国是12个项战略规划之一,江苏省政府在《交通强国江苏方案》中也提出交通建设要由速度向质量转变,要构造高水准的智慧交通体系,把建设交通强省作为实现“两个率先”的基础保障。江苏交控积极落实国家和省委、省政府战略发展规划要求,提出了建设平安、智慧、温馨、绿色的交通建设理念,高速公路服务区建设、运营与“互联网+”、人工智能技术、大数据技术的结合成为高速公路发展的必然趋势,实现“数据赋能,智能联网”。建设服务区数据分析体系正是智慧交通和数据技术应用的体现。

(二)硬件升级匹配的需要

江苏京沪高速公路新沂服务区位于历史悠久、素有“五省通衢”之称的江苏省徐州市新沂市境内,位于国道大动脉G2京沪高速公路729公里处,是沿京沪高速公路南下进入江苏的第一座服务区。2000年10月建成并投入使用,2015年10月进行全面重建,2017年10月起新建营业场所陆续投入使用,至2018年12月重建全部完成,现占地面积180亩(约合12万平方米),营业面积近6000平方米,拥有小型停车位653个、大型停车位220个。新沂服务区是苏北地区占地面积最大、设施最为先进的服务区(截至2020年9月),是集停车、休息、加油、汽修、餐饮、购物、休闲于一体的现代化服务区。

改建后的服务区设施更加完善、功能更加齐全,在24小时免费提供开水、应急药品、残疾人轮椅、宝宝餐饮、手机充电、无线Wi-Fi、道路咨询等传统服务的基础上,升级公共卫生间,设置第三卫生间、无障碍卫生间、母婴室,提升服务质量;增设室外休闲健身场所、室内儿童娱乐场所,丰富服务项目,满足不同人群出行需求;增加室内绿植,营造绿色环境,让顾客放松心情,缓解疲劳;“淮扬味”餐厅增加菜肴品种,保证食品质量;超市联合麦德龙打造“全麦龙”品牌,集中统一配送、增加品类;内场租赁引入“‘邵顺兴’锅盖面”“南京金陵小吃”“猫屎咖啡”“北客户外用品”等品牌加盟商,丰富租赁经营业态;保洁、保安外包专业化管理运营公司,确保环境卫生和现场秩序。2017年,新沂服务区获评全国交通行业“五星级”管理现场。

扩建后的新沂服务区基础设施完成了升级换代,是苏北地区设备、设施最为先进、全面的服务区,处于领先水平,具备数据化运营的软件和硬件条件。构建数据分析体系,积极拥抱现代数据管理理念,运用现代管理技术的管理创新理念便应运而生。

(三)管理水平提升的需要

自运营以来,新沂服务区坚持优质服务、诚信经营,贯彻“积极进取、稳健经营、务实创新、持续发展”的经营方针,坚持高起点、高标准、严要求,积极打造具有“国际视野、国内一流、有记忆、有影响”的现代化升级版服务区,为过往驾乘人员提供温馨、满意的服务,努力提高“苏高速·茉莉花”营运管理品牌的美誉度。先后获得“江苏省工人先锋号”“江苏省青年文明号”“江苏省价格诚信单位”“江苏省巾帼示范岗”“徐州市五一标兵岗”“徐州市巾帼文明岗”“徐州市食品卫生管理A级单位”“新沂市旅游定点饭店”等荣誉称号。2018年,新沂服务区积极适应时代需求,秉持绿色发展理念,倾力打造新能源示范服务区。将新能源绿色环保理念贯穿设计、施工、管理全过程,全区建设太阳能光伏停车棚7835平方米,年发电量可达138万度。2018年,提出创建“绿色茉莉”特色品牌,新建16个桩位快速充电站,8个加气枪液化天然气(LNG)加气站以及可编程逻辑控制器(PLC)自动控制新型污水处理站;服务区公共卫生间以及员工宿舍用热水采用太阳能与空气能组合系统,具有高效节能、升温迅速、供水量大、投资成本低等优点,节能效果显著;已初步建设成为多种清洁能源于一体的新能源绿色环保服务区,是江苏交控首家“苏高速·茉莉花”营运管理品牌孵化站。

在高速公路服务区转型升级的新形势下，在“苏高速 · 茉莉花”品牌打造的新浪潮中，新沂服务区全体员工紧紧围绕“创业、敬业、实干、工匠、担当”的企业精神，保持“迎难而上、锐意进取、开拓创新、善做善成”的奋勇姿态，紧盯“控股领先，苏北第一”目标，改革创新，真抓实干，努力把新沂服务区建成现代化升级版的、人民满意的服务区。

2018 年以来，新沂服务区紧持开展服务创建活动，打造“苏高速 · 茉莉花”文明服务品牌。组织文明服务、温馨服务、感动服务评比活动，提升文明服务品质，自编自演文明服务“三字歌”和“文明服务礼仪操”，总结出仪容仪表“四上”、文明接待“十不”法则以及待客“四个一样”，服务理念扎根于每一位员工心中，文明服务工作得到过往驾乘人员和各级领导的一致好评，好人好事层出不穷。2018 年，新沂服务区员工马欢获评“中国最美路姐”荣誉称号。

取得系列成绩的同时，新沂服务区也清楚地察觉到发展的危机和时代的需求。实际运行中，服务区运营管理已有 20 年，但因变化快，运营模式多样，影响因素复杂，尚未形成有效的报表管理体系，在检查、评比运营情况时，需要专业的财务人员、管理人员反复查看运营资料，运营、检查、评比耗时长、难度大，难以实时得出结果。为提升服务区经营管理的系统性、全面性、实时性，迫切需要建立一套服务区运营管理的数据分析体系。

二、成果内涵

高速公路服务区数据分析体系是一套分析指导服务区运营情况的专用体系，是大数据理念、“互联网 + ”技术在服务区管理中的具体运用。旨在运用现代数字技术手段，收集整理服务区运营数据，通过数据分析客观评价服务区运营水平，同时能够发现运营规律，为服务区提升效益提供数据指导，比照管理标准，找出薄弱环节，夯实管理基础，提升管理水平。

高速公路服务区数据分析体系的运用，总结了运营管理中影响服务区运营效益的关键因素，确定了评价服务区运营管理水平的重点指标参数，能够迅速地为指导、评价服务区运营提供依据，是一种科学、有效的管理体系，推广应用前景广泛。

根据发展设想，高速公路服务区数据分析体系进一步提升完善后，能够全面实现服务区运营实时管理，动态掌握运营情况，有利于管理者全面掌握服务区运营情况，警示运营不足，提升运营、检查、评比等各方面效能。

三、主要做法

建立数据分析体系是数字化管理的发展趋势，重点在于融合现有资源，梳理管理、工作相关流程，分类整合运营数据，通过数据分析更为有效地利用现有管理资源，针对上述工作思路，新沂服务区主要从以下几方面着手：

（一）组建攻坚团队

根据组织机构和岗位职责以及数据分析需求，按照公司经营层指导要求，新沂服务区成立了数据分析体系攻坚小组，分配任务、划分职责（表 1）。

新沂服务区数据分析体系攻坚小组职责分配 表 1

序号	职　务	小 组 岗 位	在本项目中承担的任务
1	服务区主任	组长	全面负责体系设计工作，组织召开相关会议
2	经营主管	副组长	负责各经营数据收集和参数、需求调研
3	综合主管	副组长	负责各设备维护和流量基础数据提供
4	会计	组员	负责财务相关数据分析
5	会计	组员	负责财务相关数据汇总
6	工会组长	组员	负责租赁经营相关数据汇总
7	餐饮库管	组员	负责餐饮经营相关数据汇总
8	商场库管	组员	负责商场经营相关数据汇总

(二)完善硬件设施

实现数据分析首先需要收集数据,新沂服务区自 2016 年起实施扩建,2018 年底全面完成建设,2019 年起正式全面运营。至 2020 年 9 月,一年多运营时间中,经营环境多次出现重大变化:一是距新沂服务区 19 公里的省界收费站拆除,停靠货车总量变少;二是道路实施扩建,服务区两侧高速公路车辆限速、限行,通行政策变化较大;三是加油站业务受限,因建设和验收问题,老加油站到期,新加油站验收尚未通过,加油站暂停营业;四是服务区经营业态变化较大,升级后,业态已多达 17 种,由保障型服务区向经营综合体转变。经营现状与之前大有差别,因此,累计的经营数据,指导意义不大。

因此,攻坚小组遵循一切从实际出发原理,确定从最基础的收集数据着手。收集数据需要硬件设施保证,首先,团队攻坚小组梳理现有设备。新沂服务区扩建后,于 2018 年 12 月全面投入运营,出入口流量统计数据由出入口流量采集系统完成,投入运营时间短,设备完好率低,数据采集不完整,服务区联系委外维护单位,定期查看采集情况,修复设备存在问题,确保了出入口车辆信息采集系统的正常使用,为入区车辆流量数据的采集打下基础。其次,添设人流数据采集器,采集各餐厅、商场等自营业态客流信息,为人员流量信息采集打下基础。再次,与调度中心等上级单位做好协调,及时收集断面流量信息,为断面总流量数据信息收集提供保证。

(三)收集基础数据

硬件基础设施实现保障后,实现了车流信息、客流信息的收集,商品信息、营业收入信息、毛利率信息的收集需要人工查询、汇总、核算来完成。团队攻坚小组进行了分工,确定成员各自职责任务。

1. 任务分工

根据分工,商场部库管员负责商品信息的收集、整理,餐饮部库管员负责餐饮相关信息的收集、整理,财务部会计负责财务核算信息的收集整理。经营部部员负责经营数据的督促跟进,综合部部员负责设备统计数据的汇总跟进。

2. 实现方法

服务区运营管理尚未建立整套的数据模型体系,没有可以使用的成熟软件。为实现数据收集后的填报、分析,团队攻坚小组召开会议,确定以日期、营收、人员流量、入区流量、畅销商品等基础数据形成的 8 张统计表,以 QQ 在线文档表格的形式由责任人按月填报。

(四)确定关键参数

为确认分析重点,去除经验主义影响,探索建立全新的、适应新形势的客观评价体系,团队攻坚小组分步讨论确定了数据收集参数。

1. 梳理工作清单

全面盘点服务区经营业态,以自营管理 12 个工作岗位为重点,梳理岗位职责和任务清单,整理商场、餐饮、租赁各生产经营岗位工作重心和日常重点工作流程,找出管控的关键环节。

2. 对标评价标准

整理服务区各类创建活动、江苏交控系统检查、公司年度评价和规章制度中关于服务区经营管理的各类评价标准和依据,标记区分主观评价和客观评价标准,重点整理客观评价依据、量化标准,根据量化标准寻找关键参数和分析重点。

3. 确定关键参数

经对标梳理,服务区经营管理水平评价的可量化标准为车辆转入率、单客消费水平、车辆停留时间、服务区各部门营业收入、毛利率、畅销商品数据、服务区经营成本以及各经营场所客流量等参数。其中,营业收入、毛利率、营业成本为关键参数。根据关键参数的构成,团队攻坚小组对统计数据进一步进行选择和分配。

（五）可控影响因素

讨论可收集的关键参数，转入率、停留时间等评价因素受外部影响因素较多，短期内可控性较低。因此，重点着眼服务区现场管理，确定影响服务区评价参数的现场可控因素。

1. 商场经营影响因素

针对商场经营的特点，确定调研促销活动、商品布局、节日客流量、激励措施四方面影响因素对商场营业收入、毛利率的影响。

促销活动。制订年度促销活动计划，根据季节特点，每月开展一次促销活动，对比促销商品销量和营收变化情况相关数据，分析促销活动对商品销售的影响。

如2020年"五一"假期期间，服务区组织酒水等滞销商品促销活动，统计分析同比、环比经营数据，无明显变化，确定现有的金吉酒、红酒等为滞销商品，影响周转率，不再进货。

商品布局。排名畅销商品，将商场划分区域，商品陈列展架按层分类，每季度进行一次陈列、布局调整，收集布局陈列同比、环比数据，确定商品布局、陈列位置对销量、销售额的影响情况。

如2020年6月调整"魔爪"可乐的销售位置后，销售总量明显提升，与供应商洽淡，调整陈列位置，收取陈列费，实现了服务区和供应商的双赢。

客流量。安装客流统计设备，统计进入商场人流数据，分析人流量与单客消费额、营收额的相关性，同时作为评价营业员销售能力的参照依据。

2. 餐饮经营影响因素

进入服务区客流存在餐饮刚性需求，但服务区改扩建后，餐饮业态丰富多样，有面条、小吃、快餐等多样可选，影响餐饮经营的相关因素也需进行分析。

客流量。安装客流统计设备，统计进入餐厅人流数据，分析人流量与单客消费额、营收额的相关性，同时作为评价厨师、服务员销售能力的参照依据。

菜品质量。将菜品设置为套餐、一菜一价、点菜三类，定期进行调整，对比三种销售形式对营业总额、单客消费额、毛利率的影响。

菜品种类。菜品种类、数量对营收总额、毛利率影响较大，为保证供应，一是统计分析畅销菜品，确定必备菜谱；二是设置12种、16种、20种三种菜品供应模式，分析菜品供应种类对营收额的影响。

菜品价格。一是必供畅销菜品，确保毛利率情况下，餐饮负责人、厨师长、服务领班共同讨论定价，基本保证菜价稳定。二是新品和时令菜品，设置高毛利、基本毛利、低毛利三种供应方式，收集销售数据信息，分析销量对营收总额、毛利率的影响。

3. 租赁经营影响因素

对于服务区租赁经营业态，服务区负责现场管理和租金收取，租赁各业态的营收情况对提成制租金收取有绝对影响，服务区对现场经营管理限于合同约定的服务、供应范围、安全、卫生等进行管理，具体销售情况租赁单位有自主权，因此数据仅收集入区流量、营收额、租金三方面，并分析相关性。

4. 经营措施评价方法

评价服务区运营水平和各项经营措施对营收数据影响，需对收集后的数据采取规范统一的分析评价方法。

评价运营水平以江苏交控、京沪公司年度目标任务设置值为参照，分为不达标、达标、优秀三个层级，同时确定车流量、入区量与营收相关性的值。

分析营收措施对经营的影响的评价方法，主要根据传统理论，分析销售措施实施后，营业收入同比、环比变化，并确定营收措施与营业收入相关性的值。

（六）形成分析报表

完成数据收集、参数选择、评价方法确定后，新沂服务区攻坚小组拟定了分析报表模板，以月度为分析单位,制定两个分析模板,一个反映服务区总体经营情况,一个反映生产经营岗位个人和班组的表现情况。

1. 服务区经营分析报表

总体反映服务区经营情况,报表内容分为全业态营收分析、营收构成分析、毛利率分析、商品销售类别分析、营业员排名分析、餐饮成本构成分析、可控成本使用情况分析7个模块。

具体分析相应模块同比、环比、累计情况,根据变化情况评价服务区经营达标、年度指标完成情况,针对性改进服务区经营措施。服务区经营分析报表中最为有效的指标参数为车辆转入率分析。

车辆转入率分析:

指标概念:车辆转入率=入区车辆数/断面流量数。

指标意义:车辆转入率是进入服务车辆数与经过该路段车辆总数的比值,同时受位置和经营口碑影响,体现了服务区在本路段和相邻路段的吸引力、影响力。

提高转入率实现方法:良好的停车秩序和治安环境,丰富多样的经营业态,周到的经营服务,有口碑、有特色的经营产品。

分析举例:2020年6月营业收入大幅下降的原因是路段断面流量大幅下降,入区车辆减少23.79%。

2020年6月营业收入大幅下降时对全业态营收对比分析统计见表2,6月营业收入对比情况如图1所示。

2020年6月份全业态营收对比统计图　　表2

区域	项　目	6月收入(万元)	5月收入(万元)	上年同期收入(万元)	环　比	同　比
南区	百货	16.63	28.29	17.86	-41.20%	-6.87%
	餐饮	3.36	12.93	9.81	-74.04%	-65.76%
	小计	19.99	41.23	27.67	-51.51%	-27.74%
北区	百货	15.87	21.00	19.33	-24.43%	-17.89%
	餐饮	6.63	2.99	12.76	121.38%	-48.07%
	小计	22.50	23.99	32.09	-6.24%	-29.89%
合计	百货	32.51	49.29	37.19	-34.06%	-12.60%
	餐饮	9.98	15.93	22.56	-37.32%	-55.76%
	小计	42.49	65.22	59.75	-34.85%	-28.90%
租赁收入		9.61	29.71	19.97	-67.66%	-51.89%
总计		52.10	94.93	79.72	-45.12%	-34.65%

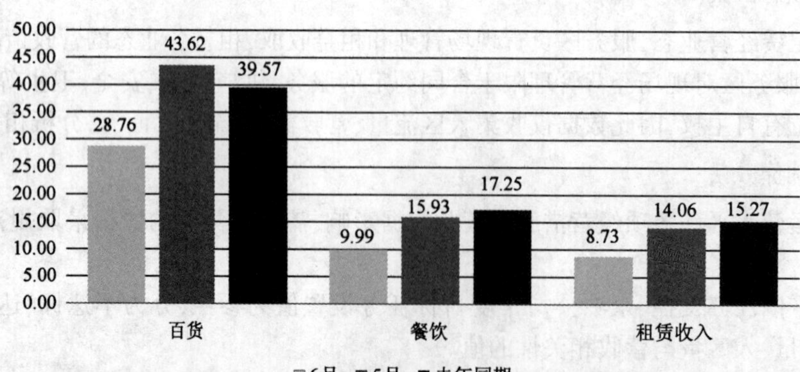

图1　2020年6月营业收入对比统计图(单位:万元)

2020年6月累计实现营收47.48万元(税后),环比(73.61万元)下降35.50%,同比(72.09万元)下降34.14%,日均1.70万元。其中百货收入28.76万元,环比(43.62万元)下降34.07%,同比

(39.57万元)下降27.32%,日均1.03万元;餐饮收入9.99万元,环比(15.93万元)下降37.27%,同比(17.25万元)下降42.09%,日均0.36万元;租赁收入8.73万元,环比(14.06万元)下降37.91%,同比(15.27万元)下降34.14%,日均0.31万元。经分析,营业收入下降的主要原因是:一是改扩建施工限车、限速影响(详见下一部分"施工现行前后流量及营收分析");二是6月22日盘点,以往都是26日盘点,统计天数较平时少3天;三是受疫情防控影响,民众出行意愿不强,省际旅游还没有放开,对大客车通行也造成一定影响。

2020年新沂服务区施工限行前后流量及营收降幅对比统计如图2所示。

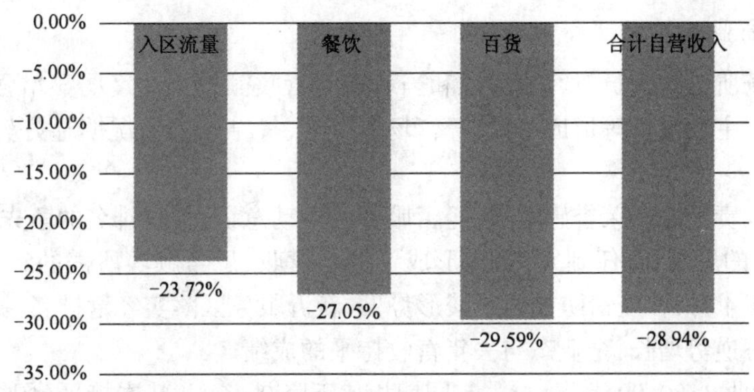

图2　施工限行前后一周流量及营收降幅对比统计图

根据统计,限行前1周(6月7日—6月13日)新沂服务区餐饮营收0.40万元/天、百货营收1.16万元/天、合计自营营收1.56万元/天,限行开始后1周(6月14日—6月20日)餐饮营收0.27万元/天、百货营收0.81万元/天、合计自营营收1.11万元/每天,分别下降27.05%、29.59%和28.94%。从入区流量来看,6月14日—6月20日为1804辆/天,较6月7日—6月13日(2365辆/天)下降23.72%。

2.个人数据分析报表

为更好地分析个人作用对服务区经营的影响,制定了个人经营数据体系,重点分析商场个人营收排名、餐饮单客消费额排名两个关键参数的变化情况。

①商场个人营收总额排名体系。

指标概念:商场部全体营业员月度单班次营收额排名。

指标意义:商场部营业额按南北区、班次分别计算权重系数,个人营业额先后除以区位权重系数、班次权重系数,得到单班次营业额,进行排名,较为公平地体现个人销售能力对营收额的影响。区位系数计算方法为,南(北区)营业额除以南北区平均营业额,同理计算班次系数。个人营业绩效计算方法为,个人营业额除以区位系数除以班次系数。

提高体系内排名办法:熟悉业务,强化促销,提高每班次销售额。

②餐饮单客消费排名体系。

指标概念:餐饮单客消费=每日营业额/每日进入经营场所人数,将餐饮经营各小组每月单客消费额进行排名。

指标作用:反映不同厨师、服务员当班期间工作情况,顾客流失对指标影响最大,排名可以反映菜肴质量和顾客消费情况。

提高单客消费排名实现方法:厨师提高菜肴吸引力,服务员加强菜品推荐,引导顾客消费。

四、实施效果

服务区数据分析体系搭建后,每月按时分析运营结果,初期使运营数据更清晰,内部控制更贴实,实现了营业收入、毛利率、经营利润3项指标增长,证实分析体系切实有效。同时,对管理团队、经营形象也起到了提升促进作用。

(一)开拓思维,激活员工动能

分配数据收集任务后,班组长经营思维得到激发,带领班组员工打破传统经营思路,每班组都在努力进行新的经营尝试,使命感得到加强,商品陈列、菜品出新等新举措和经营细节得到重视,激发了员工动脑、用心经营的思维。

通过管理人员引导员工思考,员工能够主动学习总结经营技巧、营销心理等知识,打破安于现状的思想状态,探寻和发现实际经营过程中忽略的细节,形成了主动学习、思考经营的氛围,员工乐于参加探讨,主人翁意识和学习成就感觉得到提升。

(二)搞活氛围,商业气氛浓烈

数据采集后,各场所工作人员对客流情况和当班期间营收额的关注度明显增强,责任心得到强化。迎客、微笑、文明用语、主动推荐等形成习惯,经营场所等客、等结账的情况明显好转,员工经营意识、现场经营氛围明显增强。

全员排名后,个人责任心和荣誉感增强,经营服务的主动意识、营收排名的争先意识明显提升,各岗位都打破了"大锅饭"的思想,责任到人,初步形成了关心营收、思考顾客所需的经营状态,提升了团队的凝聚力。如2020年4月,在疫情防控的严峻形势下,新沂服务区落实经营排名、提高菜品质量等经营措施,实现了自营业态逆势增长,全业态与去年营收持平的成绩。

2020年4月营业收入80.09万元,与去年同期相比下降0.16%,基本持平(图3)。总体而言,2020年营业收入与去年相比下降约30%,下降主要原因为:①受疫情影响,2月租赁业态停业;②受疫情影响,2月、3月自营餐饮营收低;③与去年同期相比,澳新生活馆、玉器店停业;④与去年同期相比,加油站未营业,无租金收入。

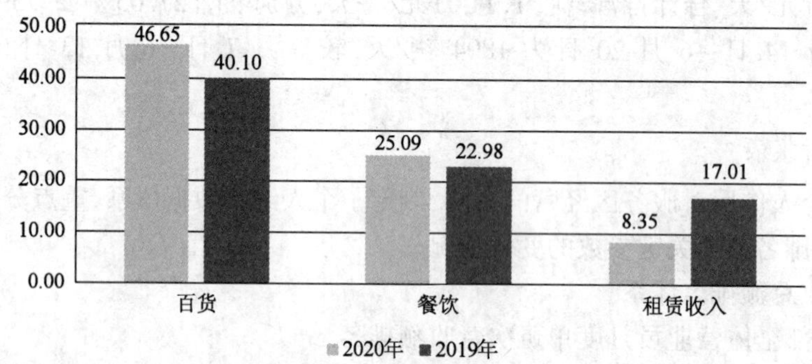

图3 2020年4月经营收入对比统计图

(三)深入体验,提升经营认知

管理人员、数据统计分析参与人员在建立体系的过程中,对工作流程、标准、控制点要求重新进行学习总结,理论知识得到升华。参与数据分析的过程,总结经营措施的影响,改变了许多固有的观念,更适应新的经营现状,对经营的认知、体验和理解力得到加强,提升了全员的经营能力。

数据分析体系的作用一方面体现在建立过程中参与人员各方面能力的提升,另一方面体现在管理实效的取得、数据指标的增长、经营形象的提升。下一步工作中,新沂服务区会进一步落实长效措施,完善体系的功能,使其更全面、更贴合实际、更有时效性,建设成为全面、科学的服务区管理体系,优化方法、界面,提升统计效率,开发先进的应用软件,加强与移动互联网技术结合,使管理更高效、更便捷。

基于大数据运用和经营监管搭建服务区“尽收眼底”信息化平台

江苏宁靖盐高速公路有限公司

成果主要创造人:许良浩

成果参与创造人:李　飞　成红艳　朱　璐　张爱明

江苏宁靖盐高速公路有限公司(简称“宁靖盐公司”)成立于1999年2月,负责经营管理G1515盐靖高速公路、S28启扬高速公路江都至海安段和S75兴泰高速公路。宁靖盐公司本部设有综合管理部、人力资源部、营运安全部、经营开发部、党群工作部、工程养护部、财务审计部7个部门,下设收费站、服务区、排障大队、养护巡检大队、调度指挥中心、机电维护中心共计39个基层单位。其中,收费站21个、服务区6对、排障大队6个、养护巡检大队4个、调度指挥中心1个、机电维护中心1个,有员工960余名。

G1515盐靖高速公路全长168.62公里,分三期工程先后于2001年11月、2002年10月、2008年8月建成通车。S28启扬高速公路江海段全长99.796公里,于2010年11月建成通车。S75兴泰高速公路全长35公里,于2017年12月建成通车。

2018年,宁靖盐公司通过了“质量、环境、职业健康安全”管理体系认证,并获得了高速公路收费服务、服务区服务、排障救援服务、养护服务、信息化等5个AAAAA级服务资质认证,是全国首家获得5个AAAAA级服务资质认证的高速公路企业。

一、实施背景

为切实贯彻党的十九大建设交通强国战略规划,深化交通运输供给侧结构性改革,完成江苏交通控股有限公司(简称“江苏交控”)提出的服务区社会效益和经济效益“双提升”目标,宁靖盐公司所属服务区通过引进民营资本,实现了服务区升级改造和华丽转身,服务区整体环境得到显著改善。

(一)提优公众出行体验的需要

宁靖盐公司所辖6对服务区均采取“租赁+监管”经营模式,其中,新兴、溱湖、黄桥、郭村、白米服务区由嘉兴市凯通投资有限公司租赁经营,兴化服务区由浙江中盛公司租赁经营,物业管理引进了专业化管理公司。

2017年,宁靖盐公司通过搭建运用“外包+监管”信息化平台,有效提升了服务区经营监管效率,但服务区服务质量、经营业绩、服务能力等整体发展水平难以再提升,社会公众进入服务区小憩,对车辆停放、如厕和消费体验等有较高的期望值,服务区车位、厕所和经营业态等与社会公众的美好出行需求、体验感、期待值呈倒挂趋势。

(二)精准把脉科学决策的需要

一直以来,租赁单位的经营业绩数据无法准确把控,所需要的经营业绩数据由租赁单位提供,但租赁单位时常对经营数据采取瞒报、漏报、少报等手段,导致宁靖盐公司不能全面、真实、详细、实时掌握租赁单位经营销售业绩数据,无法为经营管理精准把脉和科学决策提供数据支撑。

(三)服务现代经营模式的需要

服务区具有人流、车流、物流等得天独厚的资源优势,却不能结合经营效益数据与有效时间内人流量,进行时间、空间上的分析;不能结合不同时间段人流量统计,合理安排高峰期增加工作人员和空闲时间减少工作人员,控制人工成本。未能利用人流、车流、物流与时间、空间上交叉对比分析结果来指导、运用服务区的经营。

(四)防范管控经营风险的需要

随着租赁经营单位在全国高速公路服务区布局不断加密,投资规模不断扩张,存在因资金链断裂导致弃租的情况,给公司带来用工纠纷风险、人员伤亡风险、第三方债务风险、其他风险等四个方面的风险,宁靖盐公司现有应对风险防控措施不足。

(五)设备设施智能运维的需要

转型升级后服务区作为小型商业综合体,现有的污水处理、供配电、消防等系统仍采用传统的检查和维护方式,一旦发生故障,人工排查方式需要花费较长时间,容易引起服务质量投诉,甚至严重影响了管理效能和服务区的对外服务形象。

(六)筑牢安全生产防线的需要

服务区是人流、车流、物流密集型场所,经营场所人流管控、车辆分区停放以及消防安全是管理的重要环节。加强加油站和危化品车辆的停放管理,坚决防范安全生产事故发生。

(七)提高监管工作效率的需要

传统的监管方式,落后的监管技术,低水平管理,严重滞后于公众对出行高品质的需求,主要表现在以下几方面。

1. 管理标准事出多门

近年来上级主管单位、高速公路公司针对不同的管理需求,出台多部检查标准,造成管理过程中标准繁多,在现场检查过程中,监管人员无法记住全部标准条款,由此造成整个标准的执行效率低,管理也很难真正落到实处。

2. 监管过程存在缺失

在经营监管过程中,部分工作人员存在敷衍了事现象,只是在监管现场查看表面现象,没有真正将工作做细做深做实,流于形式,只是起到资料员的作用,以应付检查;很难考核其监管过程中的工作量、路线、质量等。

3. 监管结果存在偏差

传统经营监管考核过程,评价的分值记录在纸质表格中的,事后需要人工对大量数据进行汇总统计,工作量大,统计监管结果可能存在偏差;部分现场监管人员在监管过程中没有按照规定的标准和规范来执行,只简单记录个别违规行为,交差了事,现场检查情况与监管记录真实性存在问题。

4. 监管成本居高不下

在经营监管过程中,需要填写大量的纸质表格,以及表格的收集、整理、装订等工作,需要耗费大量的人力、物力、财力,无效功较多,与绿色环保价值观背道而驰。

(八)履行担当社会责任的需要

服务区整体租赁经营后,经济增效明显,管理较为轻松(由管人转变为管事),但在管理过程中发现部分入驻商户产品价格偏高,追求高额利润,不能严格执行"同城同价"要求,损害了高速公路社会形象,扰乱正常的经营秩序,拉开了服务区与旅客的距离,侵害了消费者的合法权益。

1. 存在随意涨价现象

经营商户有时发现某种商品短缺,或需求较旺盛时,随即涨价,以利润为最大追求目标,不顾旅客的感受,给服务区造成卖高价的不良社会影响。

2. 存在价格不透明现象

不能及时向社会公布服务区内有关商品和服务的价格信息,不能保证发布的价格信息及时、准确。

3. 存在自行定价现象

租赁经营自行采购后,未经审批,自行定价并制作标签,对外销售。

4. 存在阴阳标签现象

经营单位白天张贴审核标签,夜晚或者监管力量薄弱时,换上高价标签,追求超额利润。

(九)提高内部管理效能的需要

服务区现有内部管理仍采用传统的纸质台账,且有服务区等级评定、江苏交控以及宁靖盐公司三套台账体系,台账内容高度雷同,只是台账分类略有调整,存在着台账记录不及时、不真实和事后补录等现象,对内部管理起到一定的负面作用。

(十)多系统融合升级管理的需要

宁靖盐公司所属服务区已开发使用"外包+监管""监控视频""物价审核""广播音乐""资金监管"等多个信息化系统,存在分散、未融合、相对独立等弊端,未能融合形成多功能信息化平台。

二、管理现状

按照江苏交控服务区"双提升"和"险从哪儿防"的要求,宁靖盐公司认真梳理管理短板,补强管理弱项,通过强化信息化平台、考核制度及监管队伍建设等三个方面支撑,不断夯实管理基础,提优监管能力,实现了服务区监管全覆盖。

(一)完善考核兑现机制,强化制度建设支撑

一是修订考核办法。根据服务区日常监管工作中出现的新难点、新问题,对《租赁经营和物业外包单位监管考核办法》进行了修订和完善。新修订的考核办法充分体现日常监管工作"抓大放小、促进工作"的原则,对资金监管、合同履约、安全生产等重大事项加大考核力度。

二是加大巡查频次。建立部门至少每月1次巡查、不定期开展专项检查相结合的机制,要求巡监员每班巡查不少于4次,中餐、晚餐等大流量期间做好服务台的日常值守工作,确保巡查、监管工作全覆盖。

三是完善考核兑现。对考核办法试行以来出现的问题进行重新梳理、完善,针对考核扣款兑现难的问题,进一步明确兑现渠道和流程,由原来的兑现交款调整为从履约保证金中扣除,不足部分再从沉淀资金中扣除。

四是制订配套制度。为确保沉淀资金的安全,提高资金监管系统的运行准确率,保障资金安全及流转公开透明,制订了《服务区资金监管系统对账规定》,涵盖了非现钞和现钞的资金对账流程、资金流向表、沉淀资金拨回等,对各类资金操作进行严格把控,进一步消除了租赁单位沉淀资金安全的担忧。

(二)夯实基础管理,强化队伍建设支撑

一是实施竞聘上岗。按照江苏交控人力资源标准化定员,2020年4月初,对所辖6对服务区48名巡监员采取笔试、面试相结合的方式,择优聘用了24名巡监员重新上岗,其余24名巡监员转岗安置到95022话务中心及收费站。

二是明确岗位职责。根据江苏交控服务区管理相关制度,并结合服务区整体租赁经营、监管工作实际需要,细化梳理巡监员岗位职责,对巡监员岗位工作范围、职责要求等做了进一步规范和明确。

三是统一班次运转。依据现有标准化定员并结合服务区日常管理需求、员工工作时间及通勤班车运转等实际情况,对巡监员的班次运转进行了重新编排和统一,由原来的长白班调整为白班、中班相结合的方式,确保流量高峰时段服务区现场监管到位。

四是组织岗前动员。岗位竞聘结束后,组织召开全体员工会议,就服务区管理班子如何提升基础管理及巡监员岗位工作要求进行了动员部署。要求各区管理班子要建立完善相关工作机制,长效抓好经

营监管、标准化建设及员工绩效考核、业务培训、典型培塑等工作,力促基础管理再提升。动员全体巡监员加强业务技能学习、强化责任意识、守好廉洁底线,在巡监员岗位上实现个人价值。

五是开展业务培训。确定二季度为服务区业务技能培训季,通过线上与线下、集中培训与自主学习、理论与实操相结合等方式开展业务技能培训。结合当前工作重点,近期侧重开展了巡监业务集中培训、测试及收银系统维护与常见故障排除实操培训。

六是强化绩效考核。细化巡监员岗位工作标准,完善月度绩效考核细则,成立各区考核领导小组,规范考核流程,实现奖惩分明、提升考核实效,形成激励机制。

三、研发过程

(一)系统结构

在2017年"外包+监管"、视频监控系统、出入口车牌识别系统、POS收银系统的基础上,通过开发AR鹰眼、资金监管、智慧厕所、智能车位引导、设备感知等子模块,并对所有系统进行融合,形成"1+N"综合信息化管理平台(图1),"1"即智慧服务区管理系统平台,"N"即开发若干个管理子模块。通过对服务区静态数据、动态数据的收集和大数据处理,实现服务区日常监管"尽收眼底"。

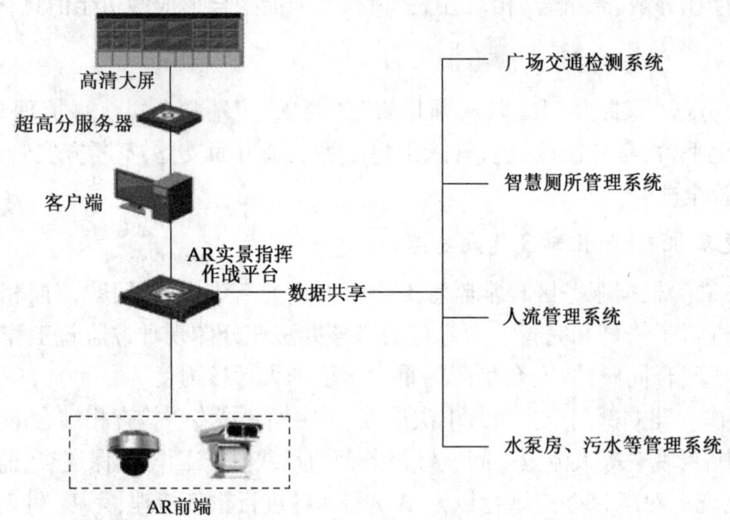

图1　系统结构示意图

(二)软件架构

AR实景系统通过标签将数据关联起来,实现业务应用,因此,AR实景指挥作战系统定位在其他业务系统之上。通过与其他业务的数据互通,从而将多个业务系统通过标签的形式关联到一起,实现整体的业务应用(图2)。

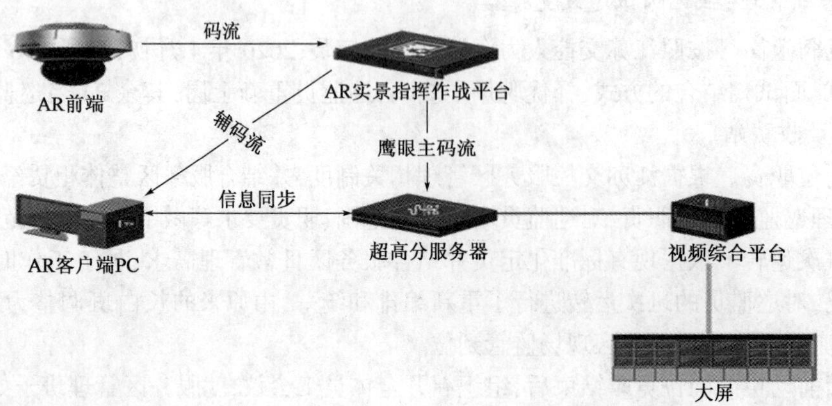

图2　软件架构图

（三）管理模块

1. AR 鹰眼系统

服务区高点俯瞰地面，实时视频场景作为实景地图，通过 AR 增强技术，操作实时视频中标签与其他子系统进行联动，通过联动低点监控资源，可实现联网布控、联动指挥，形成全新的视频联动、指挥调度模式。

AR 全景鹰眼摄像机采用一体化设计，单产品即可同时提供全景与特写画面，兼顾全景与细节。其中，单个全景画面由 4 个传感器拼接而成，可实现 180 度的全景监控；一体化机芯和高速云台设计，在全景监控的同时能够提供快速细节定位功能。另外，AR 鹰眼全景球机还集成了先进的视频分析算法和多目标跟踪算法程序，可实现自动或手动对全景区域内的多个目标进行区域入侵、越界、进入区域、离开区域行为的检测，并可输出报警信号和联动云台跟踪，在全景视频场景中设定关注目标区域，目标区域出现异常时，报警提示框画中画弹出，并自动弹出标签信息，快速实现 AR 全景相机、低点监控相机、低点智能分析摄像机与环境的融合。AR 鹰眼系统示意图如图 3 所示。

图 3　AR 鹰眼系统示意图

2. 资金监管系统

为规避和防范租赁单位在租赁期内的经营风险，宁靖盐公司联合银联商务与软件单位合作，共同研发资金监管系统（图 4），以实现对经营单位的营收资金流进行管控（图 5），满足应对经营风险敞口需求。资金监管系统包括收银及 MIS-POS 融合、管理平台和自动对账等模块，通过各功能模块协同工作，实现聚合融合支付渠道，搭建资金管理平台，设置资金控制阀门和沉淀风险备付金，提供风险应对资金保障等三大功能。

3. 智能车位引导

为引导进入服务区的车辆快速入泊，在服务区主要通道、加油站通道、汽车充电站等安装车流量地磁,实时感知上述车辆通行流量和速度,判断服务区广场拥堵状况,估算车辆排队、充电等待时间。通过建设智能车位引导系统(图6)提高服务区服务质量。该系统将根据车辆特征、车辆类型提供全面停车指引服务,可以极大地提高服务区停车场服务水准,合理安排必要停车,提高停车设施泊车利用率。

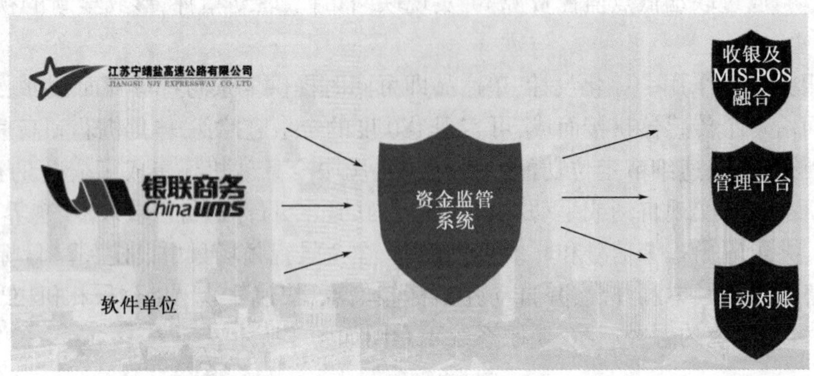

图4 资金监管系统子模块

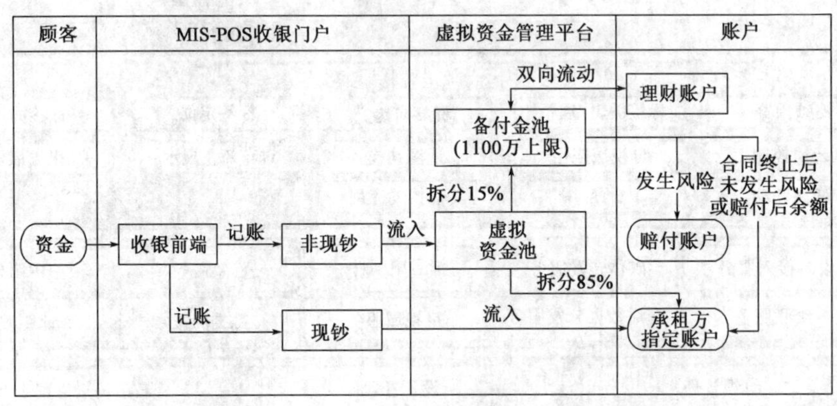

图5 服务区资金渠道流向示意图

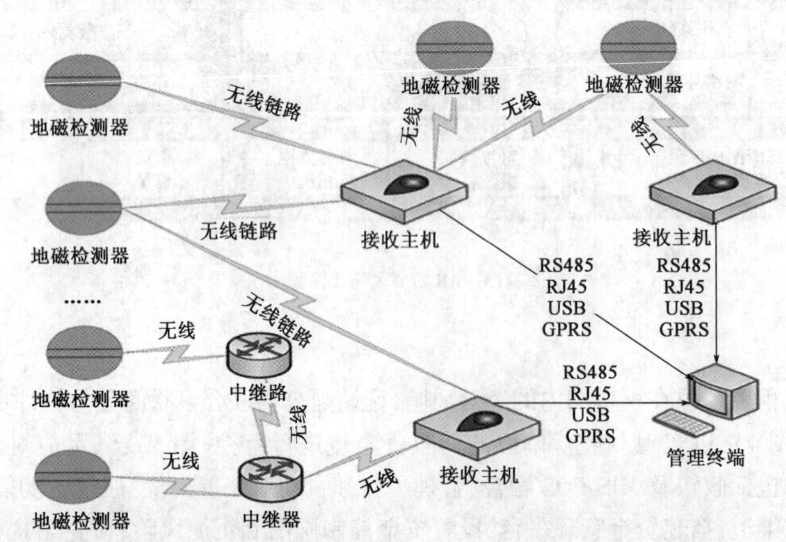

图6 智能车位引导系统示意图

采用无线地磁车辆检测用于替代传统的线圈检测方式,能同时检测车辆触发信息和统计车流量信息,通过检测设备周围磁场相对地球磁场变化来判断是否有车经过,接收主机收到信号后,给系统提供车辆信息,完成检测过程。该系统可以实时采集交通流量信息,通过 RS485、网络或 GPRS 等多种方式上传到终端或远端服务器,为多种场景提供车辆触发和数据支持。

4. 智慧厕所

智慧厕所解决方案基于 Zigbee(LoRa)、4G、Wi-Fi 等无线通信技术,通过智能附带强大边缘计算能力的物联网网关(聚盒系列网关)、无线数传/采集设备、智能模块等,搭载相应的外设传感,如显示屏、摄像头、温湿度传感器、氨气/硫化氢气体传感器、人体红外传感、一键呼救等,并将传感网络采集的数据传至服务器或云平台,实现智能化管理(图 7)。

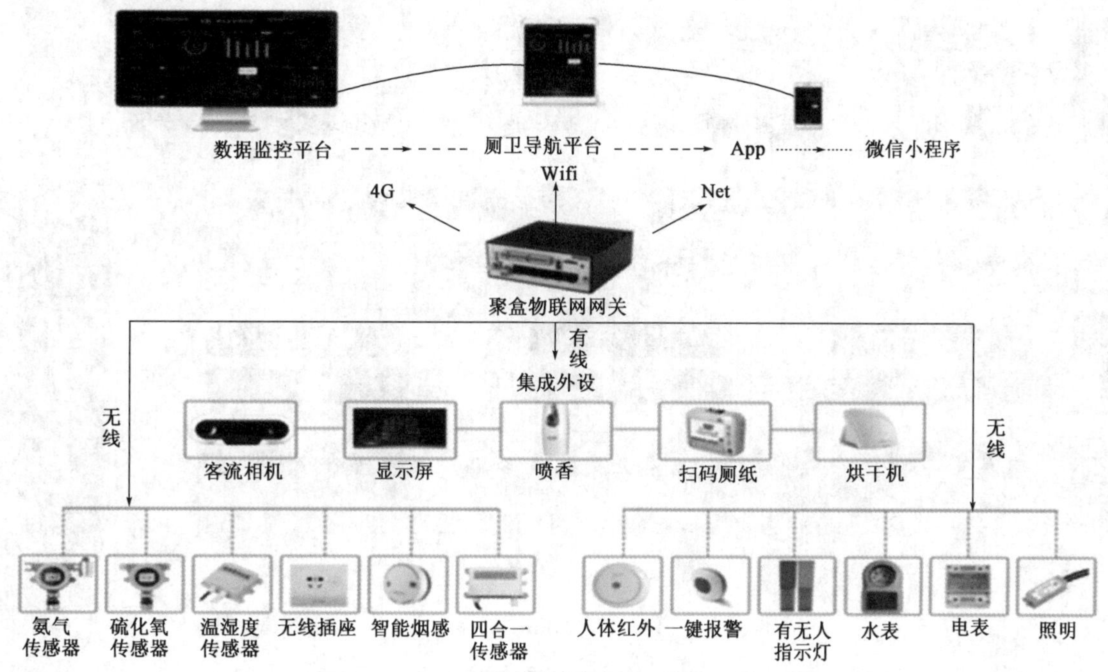

图 7　智慧厕所系统示意图

5. 设备感知系统

充分运用信息和通信技术手段,感测、分析、整合服务区各项设施关键信息,从而对包括安全、环保、节能、安防等在内的各种需求做出智能响应,其实质就是将科学管理理论与现代信息技术高度集成,实现服务区智能化管理和运行。通过感知设施设备感知各个传感器参数和数据分析,实时采集各系统状态,判断接口采集门禁数据,及时捕捉设备运行状态。

设备感知系统(图 8)共分为供配电、消防泵房、水泵房、污水处理、厨房管理、智能井盖及智能垃圾桶等管理子系统,为服务区管理人员实时掌握服务区各项设施的状态,及时预警故障信息,快速恢复故障设施提供技术支撑。建设"绿色环保、低碳节能、科技智能、高效安全智慧的服务区。

6. 人流分析系统

CMOS 双目智能客流统计网络摄像机,采用领先的双目立体视觉技术,基于双镜头的立体摄像,获取目标的高度信息,结合智能跟踪算法分析人的行为轨迹,从而精确计算出人流及行走方向,对计数区域进行分块处理,能统计路过未进入的人数,为进店率的分析提供了计数依据。通过人流分析和经营业绩的综合分析,对服务区的经营业态进行有效调整和优化。

7. "外包 + 监管"系统

以《全国高速公路服务区服务质量等级评定办法》《江苏省交通控股营运管理考核检查办法》《江苏交通控股系统高速公路服务区服务规范》《江苏宁靖盐高速公路有限公司租赁经营和物业外包考核办法》4 个管理文件为依据,内置现场管理、经营管理、食品安全等近 14 个考核模块,建立网络数据库,统一考核标准量,量化考核机制。建立考核工作标准化工作流程,解决了标准多难记忆的问题,实现巡查、反馈、兑现等工作无纸化办公。"外包+监管"系统云平台架构图如图9所示,"外包+监管"考核标准库、考核流程图如图10、图11所示。

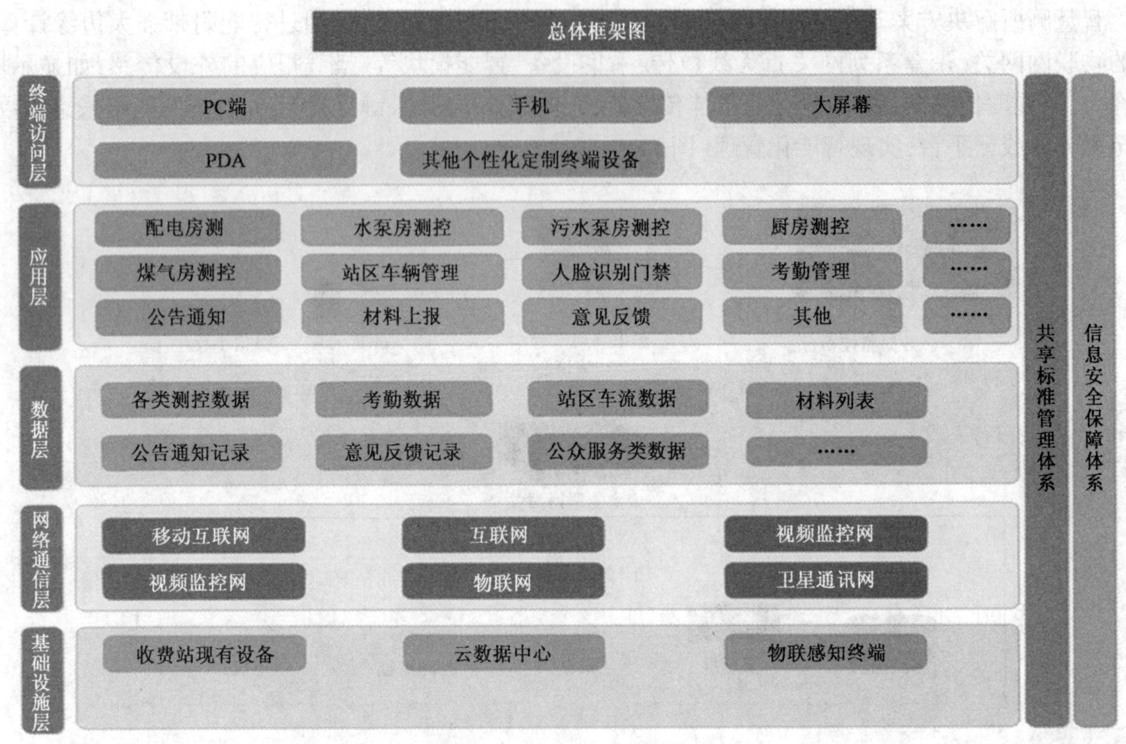

图8 服务区设备感知系统框架图

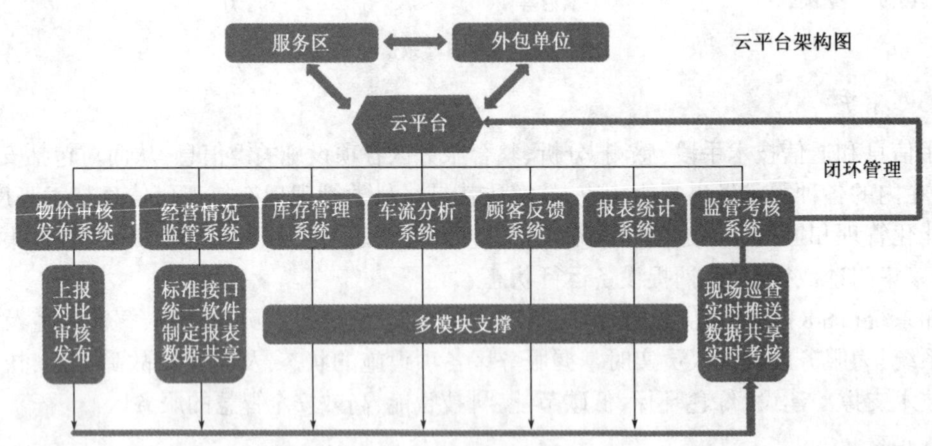

图9 "外包+监管"系统云平台架构图

8.价格智能审核系统

通过向外包单位提供标准数据接口,统一收银软件,后台管理软件采用B/S架构,前台数据实时传输至中心服务器,实现对租赁经营单位销售终端物价的全程监管控制。租赁经营单位根据定价原则,向系统提交商品初拟价格,服务区管理人员进行初审,再由公司进行市场比价后,备案审核,经系统发布到各销售终端,最后由系统提供价格清单统一打印标价签。通过上报、对比、审核、发布等一系列举措,确保租赁经营单位不发生随意定价、调价现象,由此确保服务区大众商品同城同价。价格智能审核系统示意图如图12所示。

搭建考核标准库

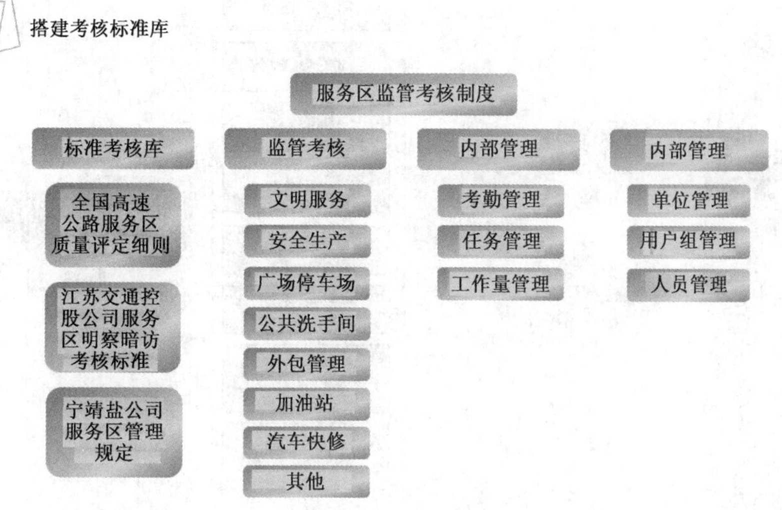

图10 "外包+监管"考核标准库

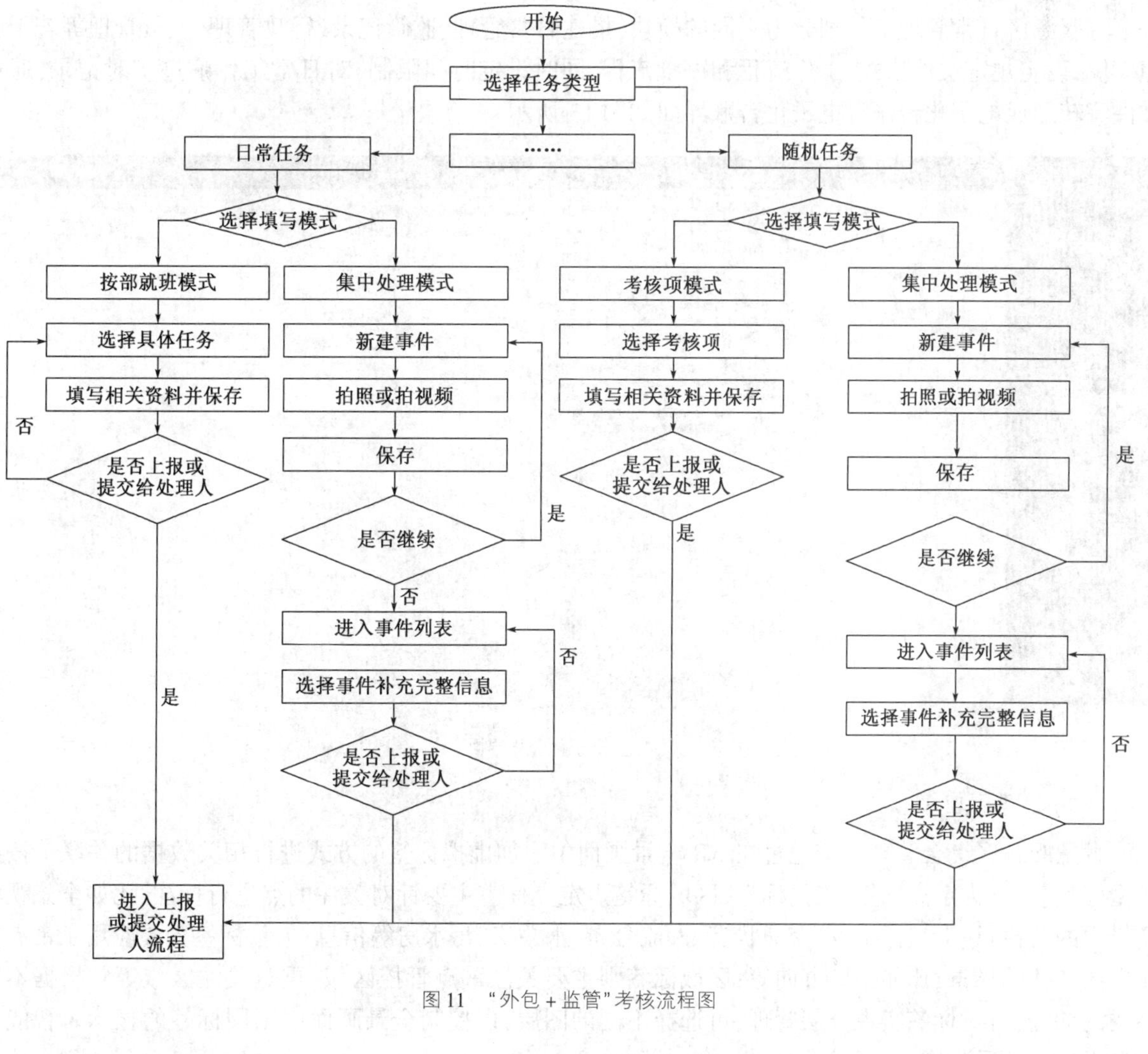

开始
选择任务类型
日常任务
……
随机任务
选择填写模式
按部就班模式
集中处理模式
选择具体任务
填写相关资料并保存
是否上报或提交给处理人
否
是
新建事件
拍照或拍视频
保存
是否继续
进入事件列表
选择事件补充完整信息
考核项模式
选择考核项
进入上报或提交处理人流程

图11 "外包+监管"考核流程图

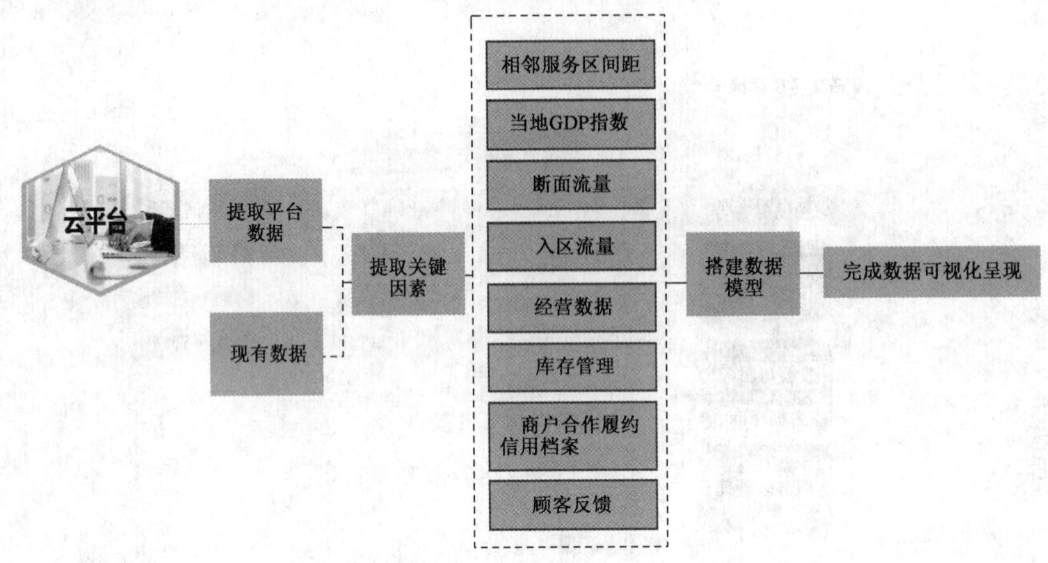

图12 价格智能审核系统示意图

9. 电子化台账系统

将服务区日常管理工作划分为不同的模块,搭建日常管理、监管记录、行政管理、人员管理等若干管理模块,设定规定文件格式、工作流程和审批流程,同时设定时间限制,对日常工作痕迹实时记录,通过文件流转形成电子化台账。电子化台账界面如图13所示。

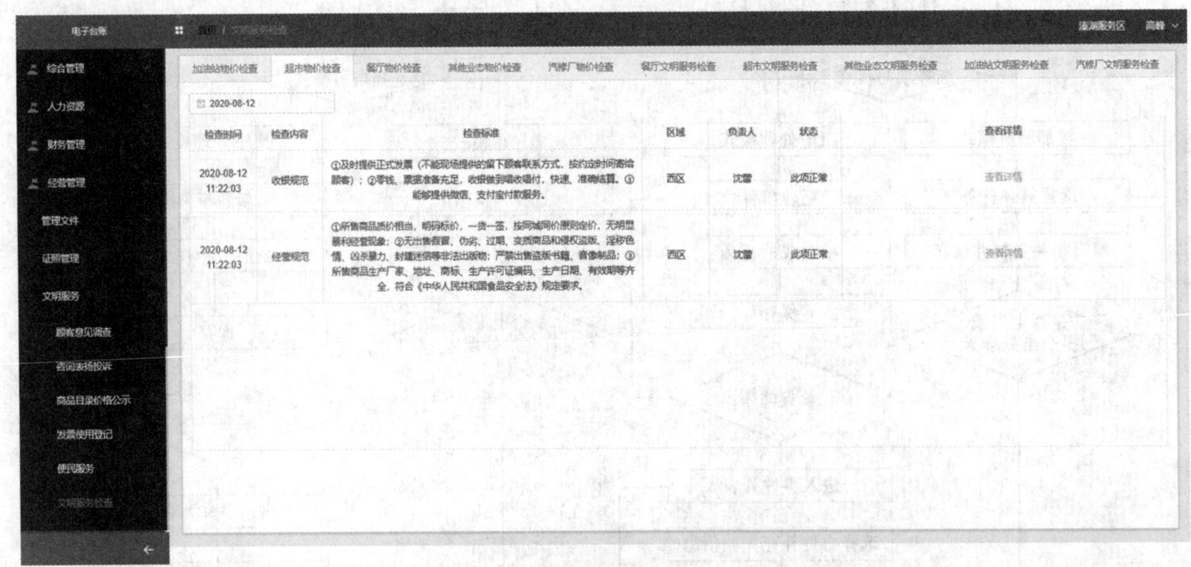

图13 电子化台账界面

(四)智慧管理平台

智慧服务区综合管理系统通过在AR全景画面中添加虚拟标签的方式进行相关数据的关联。按照类型标签,可分为定点标签、矢量标签、区域标签。定点标签主要针对关注的点进行标注,比如全景视频场景中的监控点、卡口抓拍点、交通状态、人流分布、水泵房、污水房等信息;矢量标签主要应用于带有明显方向特征的场景,比如路口方向等;区域标签则主要关注重点管控区域、重点关注区域等。根据不同种类的标签,可对标签实现分层管理,可选择不同的图层,以控制全景画面中不同标签的显示。智能化信息平台界面图如图14所示。

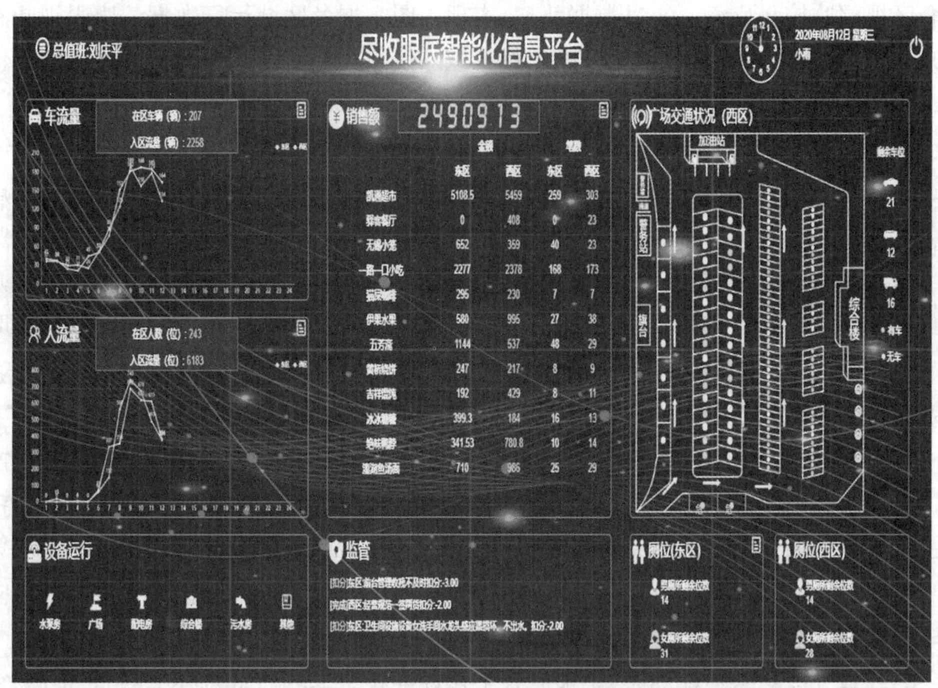

图 14　尽收眼底智能化信息平台界面图

各系统在当前 AR 场景中进行结构化描述,增强现实(AR)与人工智能(AI)结合,与大数据、业务平台结合,充分利用视频监控技术、智能研判技术和现代科技管理手段,打破各系统之间的壁垒,有效提高整体与各子系统效能的发挥。以视频码流作为地图真实指挥场景,大大改善监控系统的应用模式,提高视频使用效率。智能化信息平台标签分类示意图如图 15 所示。

图 15　尽收眼底智能化信息平台标签分类示意图

四、实施效果

(一)视频影像一览无余

"尽收眼底"监管信息化平台首先实现了全区视频录像的整合。通过增设高清鹰眼摄像机,加密摄像头,实现全区视频监控无死角。通过数据叠加,实现一图掌握各区域运行数据。鹰眼视频感知功能还可实现自动或手动对全景区域内的多个目标进行区域入侵、越界等行为的检测,并输出预警信号通报相关责任人。通过升级摄像头,配合地感设备,可以进行人流聚集及车流拥堵报警。

(二)运行状态一目了然

通过各类感应器实时反馈各区域运行状态。一是通过车位感应、厕位感应、人流计数等感知设备实时反馈各场所运行状态。二是通过在供电、供水、污水处理、消防系统等关键设备加装传感器,实时监测设备运行状态。三是增加垃圾箱容积、井盖状态、温湿度、气味提示等感应器,提醒工作人员及时进行处理。四是通过在服务区出入口加装地感设备,实现车辆大小车型的判别与计数,实时掌握各时段停车场车型占比。

(三)经营数据一清二楚

通过价格监管模块建立了商品价格库,通过 POS 系统掌握商品销售情况,通过资金监管掌握顾客消费与支付习惯,服务区实时掌握各业态经营数据。通过数据的分析整理,为服务区调配商品、合理定价、人员配置提供了依据。同时公司经营层可根据经营数据,为服务区经营管理进行科学决策提供数据支撑。

(四)工作状态一望即知

依托云平台,建立考核系统标准库,实现监管工作标准化。一是通过监管平台,实现监管结果公布、流转、整改、复核的全过程呈现,提高监管质效,实现闭环管理。二是增设任务分配及人员定位功能,实现人员定岗定位及工作任务发布、提醒与计量。监管平台的设立,为监管数据分析、人员核定、业绩档案形成提供数据支撑。

(五)工作痕迹一键可溯

实现台账电子化,一是系统可以直接将工作痕迹转化为相应的工作台账,并可以自行生成、整合形成所需台账,降低劳动强度,提高工作效率。二是从设备购入、领用、故障、修理、报废过程建立设备全生命周期档案,为日后设备选型、故障分析、库存管理、商家信誉评定提供基础数据。三是和电子档案室实现互联互通。通过规范文件格式与审批流程,实现文件类直接流转归档,工作台账直接归入档案室,工作更加便捷、程序更加严谨。

(六)两个效益一马当先

通过构建服务区"尽收眼底"智能信息化平台,有效提升了驾乘人员的停车、如厕、就餐、购物、休憩等体验,据不完全统计,驾乘人员的满意度由原来的90%上升至97%以上。通过对人流分析系统和营收数据对比,对经营业态的优化、调整起到一定的指导作用。以溱湖服务区为例,通过优化调整业态,经营业态由原先的日均9.8万元上升至11.2万元,在江苏交控系统同类服务区中一马当先,实现了社会效益和经济效益的双提升。

区域集群管理模式下的绩效考核管理研究

中交一公局第二工程有限公司

成果主要创造人:彭成炎 贺晓宇

成果参与创造人:孙广滨 王春永 韩义林 张之宽 夏 亮

王明海 奚 磊 万朋均 李晓磊 罗建华

中交一公局第二工程有限公司拉萨分公司(简称"拉萨分公司")是世界500强央企中国交建的四级子公司,隶属于中交一公局第二工程有限公司。中交一公局第二工程有限公司是一家综合建设企业,主要承建高等级公路、大型桥梁、隧道、房建、市政公用工程等工程。拉萨分公司位于西藏自治区拉萨市,至2020年,有员工143名。

拉萨分公司前身是2010年12月正式动工的拉萨纳金大桥项目,经多年深耕发展,于2014年5月正式成立拉萨分公司。至2020年9月,有在建项目25个,累计合同额超80亿元,足迹遍布拉萨市、林芝市、山南市、那曲市、阿里地区等西藏各区域。

拉萨分公司坚持"经营城市,区域发展"理念,弘扬"创新、执行"特色文化,在区域市场开发、高海拔公路桥梁、房屋建筑工程等方面处于母公司中交一公局第二工程有限公司所有子公司中的领先地位。在西藏区域内承建的一大批地标性建筑,如纳金大桥、迎亲大桥、会展中心、顿珠金融城等,充分展现了拉萨分公司的技术创新、管理水平及品牌形象,赢得广大客户的认同。

一、实施背景

拉萨分公司结合多年区域项目管理经验,充分总结项目资源组织、施工组织、人员安全、施工风险较大的现实情况,针对在建项目工期短、房建项目多、布局分散、体量大、区域资源匮乏等特点,采用"区域集群管理"的创新管理模式,即"区域总部+项目工区"的项目管理模式。

把拉萨区域内的项目管理人员统一纳入一个管理体系,集中各种资源,分公司集中管控,各项目之间资源共享、合作共赢、共同发展,主要表现为人力资源统一配置、材料集中采购统一调配、资源共享提高周转率等。

作为中交一公局第二工程有限公司"经营城市,区域发展"的重要成果之一,拉萨分公司是中交一公局第二工程有限公司较为成熟的一个区域中心,通过"区域总部+项目工区"的矩阵式组织结构,在区域总部设置技质部、经营部、物设部、财务部、综合办公室五大职能部门;项目工区由现场副经理分管,在项目工区设置安监部、工程部、试验室、测量组四大执行部门。在确保项目工区各项生产、管理任务正常进行的同时,高度精简各级管理人员,通过分公司职能部门与项目工区之间的有效沟通与协作,确保拉萨分公司总部、项目工区各项管理工作有效落实。

自2014年5月27日成立拉萨分公司,至2020年,近6年来,拉萨分公司在区域集群管理模式下的项目管理工作取得长足的进步。区域集群管理模式的推行有效减少了人力资源成本,降低了材料采购成本,提高了复合型管理人才培养效率,也提高了工程建设质量。拉萨分公司承建的一大批地标性建筑,获得了业主和社会各界的高度认可,提升了公司在区域内的知名度、品牌效应和社会影响力。

2019年初,中交一公局集团推行"334"工程("三基""三全""四化")理念,旨在全面系统提升管理品质,其中"全面绩效考核"尤其突出价值导向和差异性。2019年10月,中交一公局第二工程有限公司下发《项目经理部员工考核排名指导意见(试行)》,通过实施覆盖全员的"全面绩效考核",提高各级岗位干部、职工的能动性、创造性和积极性,以期彻底解决公司各项目长期存在的绩效考核工作无法落地实施的难题。

拉萨分公司因特殊的组织结构及管理模式,无法直接沿用中交一公局第二工程有限公司员工考核排名制度,在横向、纵向的全面绩效考核管理工作中进展滞后。拉萨分公司自定的《员工工作绩效奖金考核发放管理办法》,在具体实施过程中,存在因考核主体不合理,无法避免分管领导的主观因素影响;考核目的不合理,单纯作为奖金发放的依据;考核周期不合理,以年为周期,考核无法体现过程变化;考核效果不明显,没有对管理起到良好的促进作用等主客观因素,考核结果执行落实情况不理想,未达到预期目标。

2019 年初,拉萨分公司提出"区域集群管理模式下的绩效考核管理"理念,旨在建立一套适合区域集群管理模式下的全面绩效考核管理体系,用于加强拉萨分公司区域总部与项目工区之间的绩效考核管理工作,提高分公司职能部门和项目工区的管理效率与管理水平,从而提升公司的整体效益。

二、成果内涵

拉萨分公司推行区域集群管理模式下的绩效考核管理工作,是通过制度上打造两条考核主线,即"进度考核+责任清单考核"相结合,整合分公司项目管理的实际情况,创造出一套适合区域集群管理模式下的绩效考核管理方法。

考核主体:在双向考核、全面考核的整体思路下,实现绩效考核全覆盖,综合考虑区域内管理人员内部调动频繁、"一岗多责"等内外部因素影响,考核主体分解到职能部门、项目工区,不再细分至岗位和个人。

进度考核:以项目工区施工计划为载体,各项目工区根据施工节点计划分解制订旬度施工计划,定期自行核实上一旬度计划完成情况,计算完成比例,分析未完成原因,提出针对性解决措施;拉萨分公司安排专人负责核查各项目工区旬度计划完成情况,以此核定施工进度计划考核得分。

责任清单考核:结合拉萨分公司经营、财务、物设、技质、工程(内业)、综合办公室集中管理的特点,引入"管理工作责任清单"专项检查考核模块,通过各管理板块"责任清单"横向检查,规避单向考核风险,确保绩效考核工作全覆盖,突出区域集群管理模式下的绩效考核管理侧重点。

权重划分:根据区域集群管理模式特点,划定区域总部职能部门考核以"责任清单"检查为主,项目工区考核以"进度考核"(60%)+"责任清单"(40%)相结合的模式,确保全面绩效考核管理工作顺利推进。

考核应用:绩效考核结果直接应用于绩效奖金的计发,绩效系数与考核主体绩效考核结果直接挂钩,并全面应用于薪酬调整、评优评选、职务晋升与任免、人员调动及退出、培训计划制订、职业生涯规划等事项。

三、主要做法

中交一公局第二工程有限公司高度重视拉萨分公司区域集群管理模式下的绩效考核管理研究进展情况,自绩效考核管理理念规划提出以来,公司领导多次远程指导,为绩效考核活动的研究提供方向指引,要求拉萨分公司尽快拟定绩效考核方案,在实践中不断完善,推动绩效考核管理工作落地实施。

2019 年 5 月,拉萨分公司深入理解中交一公局集团、中交一公局第二工程有限公司绩效考核管理规划,全面梳理原有《员工工作绩效奖金考核发放管理办法》在实施过程中存在的问题,总结既往实施过程经验,根据公司绩效考核方向指引,在"考核主体、进度考核、责任清单考核、权重划分、考核应用"五个方面对考核制度进行全面调整,用制度引领具体绩效考核工作。

拉萨分公司随即从明确考核主体、量化考核标准、合理划分考核权重等方面入手,综合考量区域集群管理特点,在广泛征集职工意见的基础上,逐步完善绩效考核方案。

经过 2 个多月的前期准备、试行工作,2019 年 8 月,拉萨分公司绩效考核方案正式实施。

(一)考核主体

1. 主体界定

(1)主体单位

拉萨分公司绩效考核制度适用于分公司副职及以下所有在岗员工,考核主体以职能部门、项目工区划分为单位,全面组织开展月度绩效考核活动。

结合拉萨分公司项目工区管理人员"一岗多责"、职责明细划分困难的情况,考核主体不再细分至不同岗位及个人,考核结果应用于职能部门和项目工区内部全体人员及分管领导。

绩效考核活动主体的划分界定,既能体现拉萨分公司区域集群管理模式特点,有效展现职能部门和项目工区考核主体的核心工作,紧抓关键考核指标,大幅简化考核表格内容及数量;又有助于加强考核主体内部团队建设,引领团队内部树立"一人为大家、大家为一人"的协作意识。

(2)领导班子成员

总工程师:与分管的技质部、工程部(内业)、测量队、试验室考核结果直接挂钩。

总经济师:与分管的经营部、物设部考核结果直接挂钩。

总会计师:与分管的财务部考核结果直接挂钩。

安全总监:与分管的安监部(内业)考核结果及各项目安全督导管控情况直接挂钩。

生产副经理:与分管的项目工区考核结果直接挂钩。

(3)职能部门、项目工区职工

工程部(技术人员)、测量队、试验室、安监部(外业)人员:与所在项目工区的考核结果直接挂钩。

技质部、经营部、物设部、财务部、安监部(内业)、工程部(内业)、综合办公室人员:与所在职能部门的考核结果直接挂钩。

2. 考核管理小组

拉萨分公司设置以总经理为组长的绩效考核领导小组,全面负责员工绩效考核管理工作,包括绩效考核管理方案编制、考核过程管控、考核结果审批等。

绩效考核管理具体的组织、协调工作由综合办公室(人力资源)负责。具体职责如下:

①负责绩效考核管理体系的组织实施,结合拉萨分公司管理需求,动态调整、优化管理办法。

②负责绩效考核管理工作的实施推广和考核过程档案的建立,为薪酬调整、评优评选、职务晋升与任免、人员调动及退出等提供依据。

③负责汇总、统计年度考核结果。

3. 双向考核

常规单体项目的绩效考核以上下级纵向考核活动为主,横向之间跨部门考核活动所占比重偏少,存在考核结构分布不合理、考核结果的实际参考意义偏弱的弊端,并不适用于区域集群管理模式。而且在绩效考核活动实施过程中,受考核者分管工作、个人能力、考核态度等主观因素影响较大,考核结果客观性不足,考核体系、考核结果缺乏有效支撑。

拉萨分公司在绩效考核实施过程中,通过考核者权重调整划分,建立纵向考核与横向考核相结合的绩效考核体系,确保考核体系科学合理。

(1)降低纵向考核权重

通过降低纵向上下级考核者直线考核的参与权重,最大限度避免个人主观能力、态度等因素的影响,规避纵向考核的弊端,确保各项考核评分客观性。

(2)提高横向考核权重

通过提升横向跨部门、跨工区考核者的参与权重,将跨部门、跨工区的横向考核权重最大化,增加横向考核指标及横向考核者参与范围,实行项目工区与职能部门之间的双向考核,有效避免纵向单向考核带来的局限性,做到绩效考核以客观数据为主,确保考核数据来源真实有效。

4. 全面考核

绩效考核以“全员参与”为思路,所谓“全员”理解为一个相对概念,一方面是实现对全体人员的考核覆盖,另一方面是扩大考核参与者的范围,考核者范围扩大到全体中层管理人员,以循环交叉的手段,实现绩效考核管理工作全覆盖。

以组织绩效考核活动为契机,提供跨部门、跨工区横向之间检查、交流的机会,在项目管理常规的横向交流学习活动基础上,以绩效考核检查活动入手,加深交流学习活动的参与程度,促进职能部门与项目工区之间的工作融合,推动双方共同进步。

(二)进度考核

拉萨分公司所处的行业及业务性质,要求所有工作的重心必须紧紧围绕项目工程施工展开,而进度控制则是重中之重。

进度管理,即在既定的工期内,编制出最优的施工进度计划,在执行计划的过程中,定期、不定期地检查工程施工实际进展情况,并将实际进度与进度计划相比较,针对出现的偏差,及时分析产生的主客观原因以及对工期的影响程度,提出必要的调整、改进措施,修订原有施工进度计划,不断地如此循环,直至工程竣工验收。

实施进度计划管理的总体目标是确保项目既定目标工期的顺利实现,在保证施工质量和不因此而增加施工实际成本的前提下,适当缩短施工工期。

在施工进度计划动态控制原理下,项目进度计划控制是一个不断修订调整的动态管控过程,也是一个循环往复的过程,要求项目动态发挥组织管理的作用,最大限度降低各项内外部干扰因素的影响,实现实际进度按照既定进度计划进行时,两者相吻合。

1. 计划分解

拉萨分公司结合区域管理模式特点,以项目工区为主体,根据项目工区现实情况,综合考量工程所需人力、材料、设备、交通、空间、临时工程、工人能力、技术规划、环境因素以及验收计划等主客观因素,根据关键节点目标工期计划,按照单位工程、分部工程、分项工程的层次划分,编制年度、季度、月度直至旬度工程施工计划。

项目工区确保施工计划的最小周期为旬,及时上报项目工区施工计划至公司批准,强化考核周期动态管控,充分体现过程变化,为下一阶段施工进度计划的调整提供准确依据。

2. 计划执行

作为施工进度计划执行的主体,项目工区在施工计划执行过程中,加强数据动态收集,随时掌握各工序施工过程完成时间的变化、设计变更等引起的施工内容增减以及施工内外部大环境的变化等因素,及时分析研究,预测施工进度的发展趋势。

根据实际进度计划的偏差情况,及时作出原因分析,采取针对性措施,动态调整施工组织,以期不断适应区域管理模式特点、提高生产效率、减轻劳动强度、提高施工质量、节省生产费用,为项目施工进度计划的顺利完成提供方向支撑。

3. 进度考核

结合区域化管理模式下项目工区相对独立的组织特点,拉萨分公司将旬度施工计划的管理权交还项目工区本身,树立项目工区施工进度计划考核管理的主责意识,调动项目工区参与施工计划管理的积极性、主动性,确保项目工区不断提升施工进度计划的编制、执行、管控水平。

拉萨分公司组织设计施工计划表(表1),项目工区定期上报上期实际完成工程量、完成比例、未完成原因分析、补救措施、累计完成工程量及下期计划等关键数据,经现场负责人签字确认后,上报拉萨分公司,作为拉萨分公司施工计划管理的基础。

第____期(20__年____月____日—20__年______月______日)施工计划　　表1

项目名称:某某项目

号	位工程	分部工程	子分部工程	分项工程	总工程量	累计完成工程量	剩余工程量	完成节点	数量单位	施工功效	上期计划					上期实际				完成比例	未完成原因分析	补救措施	下期计划					
											具体部位	工程量	人员	材料	机械	工程量	人员	材料	机械				具体部位	工程量	人员	材料	机械	施工时间
1	1号楼	地基与基础	土方	场地平整	10000	4000	6000		立方米	500立方米/天	A-D轴/1-84轴原地貌至±0.000	5000	司机14人、指挥2人	/	挖机2台、装载机2台、运土车10辆	4000	司机12人、指挥2人	/	挖机1台、装载机1台、运土车10辆	80%	挖机、装载机数量不足	下周投入挖机2台、装载机2台	A-D轴/1-84轴原地貌至±0.000	5000	司机14人、指挥2人	/	挖机2台、装载机2台、运土车10辆	2020.××.××—2020.××.××
2		主体结构	混凝土结构	模板	2720	500	2220		平方米	6.8平方米/人·天	1层柱、2层梁板	680	木工10人	模板680平方米、钢管1000米	盘踞2台	500	木工10人	模板500平方米、钢管1000米	盘踞2台	73.53%	模板数量不足周转不开	下旬新进场1套模板共计1360平方米	2层柱、3层梁板	680	木工10人	模板680平方米、钢管1000米	盘踞2台	2020.××.××—2020.××.××
3				钢筋	80.64	20.16	60.48		吨	0.5吨/人.天	1层柱、2层梁板	20.16	钢筋4人	钢筋20.16吨	调制机1台、弯曲机1台、切断机11台	20.16	钢筋4人	钢筋20.16吨	调制机1台、弯曲机1台、切断机11台	100%	已完成	/	2层柱、3层梁板	20.16	钢筋4人	钢筋20.16吨	调制机1台、弯曲机1台、切断机11台	2020.××.××—2020.××.××

编制：　　　　现场负责人：　　　　队伍负责人：

4. 进度核查

在旬度施工计划管理职责划分到项目工区的同时,拉萨分公司履行监管与考核的职责,委派专人负责收集、汇总各项目工区旬度进度计划,并在规定的时间内完成项目工区上期计划完成情况的现场核对工作。

拉萨分公司给予项目工区进度计划核查人充分的授权,全权负责对项目工区旬度计划进度完成情况的现场核查工作,对发现的上报进度问题项有权直接进行扣减分处理,情节严重的经总经理核实后直接核减项目工区月度考核总分。

5. 综合得分

项目工区旬度计划进度核查结果经现场负责人签字确认后,作为项目工区旬度施工计划综合考核得分的直接依据,用于拉萨分公司统一核算项目工区施工计划进度考核的综合得分。

(三)责任清单考核

拉萨分公司结合区域集群管理模式发展需要,全面梳理现有"区域总部+项目工区"的两级管理体系下的各个责任主体的管理职责,进一步强化项目工区管理责任主体意识,将管理职责逐步向项目工区倾斜,释放区域总部具体管理职能,实现在区域总部的引导、督查下项目工区自主经营。

1. 责任清单理念

责任清单理念的核心是全面明确各职能部门、项目工区的管理工作职能划分、工作要求及责任主体等,以期作为拉萨分公司各职能部门、项目工区主体职责分工的指导意见,结合责任清单检查活动,逐步建立拉萨分公司责任管理体系。

2. 清单明细

拉萨分公司经过全面的信息收集与梳理,在各职能部门、项目工区管理职责梳理明确的基础上,制定《中交一公局第二工程有限公司拉萨分公司管理工作责任清单》,内容包括工作分类、工作明细、完成要求、责任主体、协助单位配合内容、主要责任人等。

3. 清单责任书

拉萨分公司组织将《管理工作责任清单》汇编、装订成册,为确保《管理工作责任清单》落实到位,以总经理、书记为代表的区域总部与各责任主体(职能部门、项目工区)的分管领导正式签订责任书,要求在管理工作中全面执行责任清单。

责任书的签订为拉萨分公司各职能部门、项目工区的职责分工提供了明确的指导意见,职责划分的全面明确为拉萨分公司实施全面的绩效考核提供理论支撑。

拉萨分公司技质部管理工作责任清单见表2,拉萨分公司技质部管理工作责任清单检查表见表3。

4. 清单分数划分

梳理完成的《管理工作责任清单》,作为跨部门考核指标的直接依据来源,对拉萨分公司全面建立绩效考核体系具有重要的指导意义。《管理工作责任清单》中的主责事项将作为各考核主体的横向考核指标,纳入拉萨分公司绩效考核体系。

以各考核主体所管辖的主责事项为直接依据,以千分制为标准,合理分配各主责事项分值权重,根据实际工作完成要求,制定各主责事项未完成情况考核扣分标准及说明,以此为考核依据组织考核小组进行跨部门横向考核。

5. 责任清单大检查

拉萨分公司以各责任主体制定的《管理工作责任清单检查表》为考核依据,在每月最后一个周末组织开展责任清单大检查活动,要求覆盖所有在建项目、各职能部门,检查组成员包括分公司领导班子成员、部门负责人及工区主任。

拉萨分公司技质部管理工作责任清单

表2

拉萨分公司技质部管理工作责任清单													
序号	工作内容	工作要求	书记	总经济师		总会计师	总工程师				安全总监	副经理	备注
			综合办	经营部	物设部	财务部	技质部	工程部	试验室	测量队	安监部	项目部	
1	投标信息反馈工作	①根据已报名的投标项目及时下载招标文件及图纸，并联系技质部编写技术标。 ②及时反馈过程中招标文件变动等信息等		主责			配合						
2	投标技术方案编写工作	根据招标文件及时编写投标技术方案，并对技术标进行审核，根据评分标准测算得分情况		配合			主责						
3	项目总体前期策划编写	①负责有关主要技术方案、“四新”技术应用、质量管理、质量风险防范、节能减排、项目创优等方面的策划工作。 ②收集、整理各业务部门前期策划内容。 ③整理成文，上报公司审批（中标后30天内完成）。 ④后续变更申请					主责					配合	
4		①进行现场调查（项目周边自然环境和社会环境等）。 ②负责策划书中有关工程概况、施工组织、施工部署、工程进度、工期风险防范等方面的策划工作					配合					主责	
5		①合同文件研究（风险点、强制性条款、有利条款与不利条款分析等）。 ②负责有关合同、责任成本、二次经营、经营风险防范等方面的策划工作。 ③负责有关项目合法合规性和实施过程中法律风险防控方面的策划工作		主责			配合					配合	
……													

拉萨分公司技质部管理工作责任清单检查表

表3

拉萨分公司技质部管理工作责任清单检查表						
序号	工作内容	工作要求	分值	扣分标准	得分	备注(扣分说明)
1	投标技术方案编写及投标工作	①根据招标文件及时编写投标技术方案。 ②分人员对技术标进行审核,每个技术标审核人员不少于2人	30	①未及时编写投标技术方案,每次每个技术标扣5分(总分15分)。 ②未及时对技术标进行审核,每次每个技术标扣5分(15分)		
2	项目总体前期策划编写	①负责有关主要技术方案及优化、“四新”技术应用、质量管理、质量风险防范、项目创优等方面的策划工作。 ②收集、整理各业务部门前期策划内容。 ③整理成文,上报公司审批(中标后30天内完成)。 ④后续变更申请。 ⑤进行现场调查(项目周边自然环境和社会环境等)。 ⑥负责策划书中有关工程概况、施工组织、施工部署、工程进度、工期风险防范等方面的策划工作	70	①未完成项目主要技术方案、“四新”技术应用、质量管理、质量风险防范、创优等方面的策划工作,每次扣10分,扣完为止(总分20分)。 ②未收集、整理各业务部门前期策划内容,每次扣5分,扣完为止(总分10分)。 ③前期策划未及时上报公司审批,每次扣5分,扣完为止(总分10分)。 ④项目施工环境有重大变化未进行后续变更申请,每次扣5分,扣完为止(总分10分)。 ⑤编写前期策划前未进行现场调查,每次扣5分,扣完为止(总分10分)。 ⑥未完成策划书中有关工程概况、施工组织、施工部署、工程进度、工期风险防范等方面的策划工作,每次扣5分,扣完为止(总分10分)		
……						
合计			1000			

(1)横向轮换检查

职能部门和项目工区责任清单内容差别明显,且无专项进度考核。针对各职能部门责任清单内容以内业资料为主,不适合月度责任清单大检查中检查组全员参与的情况,拉萨分公司组织领导班子成员、部门负责人及工区主任轮流分组对职能部门责任清单进行检查,确保横向检查全覆盖。

(2)考核得分

检查组依据责任主体单项考核扣分标准,针对性地进行考核评分,要求扣分项清晰明确,详细注明扣分说明,确保扣分有理有据、客观公正。

6. 综合得分

综合办公室负责收集各检查者的《管理工作责任清单检查表》,汇总责任清单综合得分,进行百分制换算,作为各责任主体责任清单检查综合得分的直接依据,用于拉萨分公司统一核算责任清单考核的综合得分。

(四)权重划分

绩效考核指标的权重设置,必须充分考虑总体目标导向、关键短板、员工反映等关键因素,确保通过绩效指标的权重体现对管理目标达成的重要性和影响程度,应向对管理目标达成起到决定性、关键性作用的指标权重倾斜,以强化绩效指标的导向作用。

拉萨分公司根据实际绩效考核管理工作需要,对各项考核指标的重要程度进行综合权衡和评价,界定绩效考核指标的权重组合。通过绩效考核指标的权重分配在一定程度上反映拉萨分公司绩效考核的重心倾向,体现价值导向,引导员工工作行为。

1. 整体思路

拉萨分公司通过“进度考核+责任清单考核”两条考核主线,推行绩效考核管理工作,在实际执行过程中,因职能部门与项目工区关键考核因素存在明显的差异性,这就要求合理划分两者考核方式所占的权重,不可一概而论。

2. 职能部门考核

根据职能部门管理模式及特点,工作目标细分困难,将工作目标计划以具体工作开展方式融入月度责任清单检查表,在职能部门绩效考核权重划分中,单独使用责任清单考核,责任清单综合考核得分占比为100%。

3. 项目工区考核

根据项目工区管理模式及特点,明确绩效考核重心向现场侧重的思路,综合考量进度与责任清单考核关系,在项目工区绩效考核权重划分中,施工计划综合考核得分占比60%,责任清单综合考核得分占比40%。

(五)考核应用

绩效考核综合得分直接应用于考核主体的绩效奖金计发,绩效系数与考核主体绩效考核结果直接挂钩,并全面应用于薪酬调整、评优评选、职务晋升与任免、人员调动及退出、培训计划制订等事项。

1. 综合得分汇总

拉萨分公司以月度为周期,根据施工计划进度及责任清单考核的综合得分,按照既定的权重划分,职能部门责任清单综合考核得分占比100%,项目工区施工计划综合考核得分占比60%、责任清单综合考核得分占比40%,综合计算各职能部门、项目工区综合考核得分,计算综合排名。拉萨分公司绩效考核汇总表见表4。

拉萨分公司绩效考核汇总表 表4

拉萨分公司绩效考核汇总表								
单位:中交一公局第二工程有限公司拉萨分公司							时间:	
分管领导	分管项目工区	进度计划考核		责任清单检查		综合得分	排名	备注
		得分	权重(60%)	得分	权重(40%)			
分管领导	分管职能部门	/	/	得分	权重(100%)	/	/	

2. 考核反馈

拉萨分公司根据月度责任清单大检查过程中发现的安全、质量实际问题,及时召开安全质量反馈会议,要求领导班子成员、各部门负责人、各工区负责人、安全员、协作队伍负责人、协作队伍安全员必须参加。

会议就安全及质量问题通报、管理要求、近期事故警示展开专项反馈,要求会议精神纵向传达到底,项目工区及协作队伍根据反馈内容在限定期限内完成整改工作,并做好专项教育工作,避免类似问题的再次出现。

3. 结果应用

根据各职能部门、项目工区综合考核得分,计算综合排名,并将考核结果应用到各项管理活动中。

①绩效奖金系数。根据职能部门和项目工区的考核结果确定绩效奖金的系数,用于核算职能部门和项目工区内部人员及分管领导的绩效奖金。

②员工发展。对于上个绩效考核周期中表现不佳的职能部门或项目工区,针对性地对表现不佳的方面进行分析,注重主观因素影响,找出问题的原因,制订改进的计划并实施。

③薪酬调整。根据绩效考核的结果,适当运用在员工薪酬调整方面,对员工起到激励效果。

④人事调整。将绩效考核的结果作为职位调整的信息依据。个别员工在某些方面的表现突出,就可以让他承担更多这方面的责任;如果员工在某些方面的表现不够好,就有可能是由于他目前所从事的职务与个人能力不契合,可以通过职位调整找到更适合他的工作;考核结果极差,受个人主观因素影响调整无效者,可直接执行人员的退出机制。

⑤专项培训。绩效考核的结果是进行培训需求分析的重要资料之一。对于绩效低下的情况,通过分析造成绩效偏低的真正原因,从中找出需要改进和纠正的地方,针对性地组织专项培训活动,对症下药解决存在的问题。

⑥职业生涯规划。根据绩效考核结果,对比前期设定目标,就目标与现实差距,分析原因和不足。针对这些差距和不足设置长期绩效改进指标,引导员工向自己更高的目标努力迈进。

四、实施效果

拉萨分公司在执行区域集群管理模式下的绩效考核管理后,分公司各职能部门、各项目工区管理人员工作积极性、精神状态、工作能力、综合素质均明显提高。

经过一年多的实施与推广,绩效考核的意识慢慢融入每一位管理人员脑海中,促进团队意识、责任心、个人综合能力的全面提升,员工对拉萨分公司"大家庭"的认同感和归属感也明显加强。

拉萨分公司在绩效考核实施过程中,结合各项管理活动,不断融入新的管理创新点,推进绩效考核体系的建立与完善。

开展领导班子成员内部互评活动,以月度为周期,从靠得住(政治素养、忠诚企业、廉洁自律)、能干事(履职绩效、内控管理、改革创新)、在状态(担当意识、身心健康)、善合作(团结协作、团队建设)四个方面进行领导人员综合测评,匿名评分,以综合平均分侧面验证绩效考核排名的严谨性。

根据责任清单检查过程中发现的共性问题,拉萨分公司统筹分析,针对性开展各项培训活动。

创新首件工程。以首件工程活动为载体,通过项目工区之间的横向观摩学习,实现施工经验的快速流转。技质部牵头组织观摩学习,结合现场首件工程样板对施工流程、施工工艺、质量控制等要点进行讲解,并邀请协作队伍资深技术人员分享在个人施工中遇到的常见问题及经验措施,取得了很好的实践效果,有效帮助现场管理经验不足的青年员工快速成长。

开展专项学习 1 小时活动。拉萨分公司为提高专项学习效率,按项目区域及类型划分多个集中学习点,就近组织附近项目现场技术管理人员参与集中学习 1 小时活动。规定轮流授课机制,要求不分级别与职务,个人就项目工区责任清单大检查中发现的问题,针对性地进行课件准备、组织授课、疑问解答及现场验证等专项培训,分享个人经验与总结,确保发现问题的及时解决,提高全体人员的理论与技术水平,推动人才成长。

拉萨分公司结合系列培训活动、技术测试等手段,打造人才培养、成才的快速通道,促进人才梯队的建设,提高整体绩效考核水平。

目前,区域集群模式下的绩效考核管理活动已获得中交一公局第二工程有限公司、中交一公局集团高度认可,2019 年 11 月,该课题获得中交一公局集团管理创新课题立项认可。

拉萨分公司区域管理模式下的绩效考核体系将不断改进完善,绩效考核的理念将融入每一位项目管理人员日常工作之中。在拉萨分公司绩效考核体系下,各项考核措施、考核实践的探索和总结,不仅能进一步完善区域模式的项目管理模式,为全面提升拉萨分公司管理能力提供帮助,也能为其他项目绩效考核工作的开展提供参考借鉴意义,为集团公司在项目管理和绩效考核方面积累更多经验。

第十八届全国交通企业管理现代化创新成果集

（中册）

中 国 交 通 企 业 管 理 协 会
交通行业优秀企业管理成果评审委员会 编
国 联 资 源 网

人民交通出版社股份有限公司
北 京

内 容 提 要

本书汇集了荣获第十八届全国交通企业管理现代化创新成果的309项交通企业管理创新实践,涵盖了战略转型与新业态新模式培育、"智能+"与数字化发展、复工复产与稳定劳动关系、国有企业改革与混合所有制发展、集团管控与组织变革、精益管理与标准化建设、质量提升与品牌建设、设备智能运维、财务管理与风险控制、"一带一路"建设与国际化经营、人力资源管理与激励机制、绿色发展与社会责任管理、技术改造与自主创新、协同管理与共享发展、提质增效与转型升级、安全管理创新体系等方面内容。这些成果源于企业实践,可操作性强,既是企业经营管理人员学习、实践和了解其他企业管理创新成功经验的重要参考,也是从事企业经营管理教学、研究等方面人员不可多得的典型案例。

图书在版编目(CIP)数据

第十八届全国交通企业管理现代化创新成果集 : 上中下册 / 中国交通企业管理协会, 交通行业优秀企业管理成果评审委员会, 国联资源网编. — 北京 : 人民交通出版社股份有限公司, 2022.7

ISBN 978-7-114-18044-6

Ⅰ.①第… Ⅱ.①中…②交…③国… Ⅲ.①交通运输企业—企业管理—现代化管理—创新管理—成果—汇编—中国 Ⅳ.①F512.6

中国版本图书馆CIP数据核字(2022)第107221号

Di-Shiba Jie Quanguo Jiaotong Qiye Guanli Xiandaihua Chuangxin Chengguoji (Zhongce)

书　　名:第十八届全国交通企业管理现代化创新成果集(中册)
著 作 者:中国交通企业管理协会
交通行业优秀企业管理成果评审委员会
国联资源网
责任编辑:张征宇　齐黄柏盈
责任校对:席少楠　宋佳时　魏佳宁　卢　弦　刘　璇　刘　芹
责任印制:刘高彤
出版发行:人民交通出版社股份有限公司
地　　址:(100011)北京市朝阳区安定门外外馆斜街3号
网　　址:http://www.ccpcl.com.cn
销售电话:(010)59757973
总 经 销:人民交通出版社股份有限公司发行部
经　　销:各地新华书店
印　　刷:北京交通印务有限公司
开　　本:889×1194　1/16
印　　张:190.75
字　　数:5571千
版　　次:2022年7月　第1版
印　　次:2022年7月　第1次印刷
书　　号:ISBN 978-7-114-18044-6
定　　价:398.00元(含上、中、下册)
(有印刷、装订质量问题的图书由本公司负责调换)

第十八届全国交通企业管理现代化创新成果集

中车唐山机车车辆有限公司
中交第二公路勘察设计研究院有限公司
中交第二航务工程局有限公司
中交上海航道局有限公司
中交路桥华北工程有限公司
邢台路桥建设集团有限公司
河北省交通规划设计院
唐山港集团股份有限公司
国能黄骅港务有限责任公司
山东高速股份有限公司临沂运管中心
山西路桥智慧交通信息科技有限公司
中华人民共和国上海海事局
上海地铁维护保障有限公司
浙江交工集团股份有限公司
浙江沪杭甬高速公路股份有限公司
杭州交投建管建设集团有限公司
江苏通行宝智慧交通科技股份有限公司
江苏金马云物流科技有限公司
徐州久通公路建材有限公司
株洲国创轨道科技有限公司
广深珠高速公路有限公司
广东省公路建设有限公司南环段分公司
珠海国际货柜码头(高栏)有限公司
深圳鹏程电动集团有限公司
广西交通实业有限公司
广西路建工程集团有限公司
广西北投公路建设投资集团有限公司
广西北部湾投资集团有限公司钦北高速公路改扩建工程建设指挥部
云南机场集团有限责任公司
贵州桥梁建设集团有限责任公司
新疆交通建设集团股份有限公司

本 册 目 录

二 等 成 果

二等成果

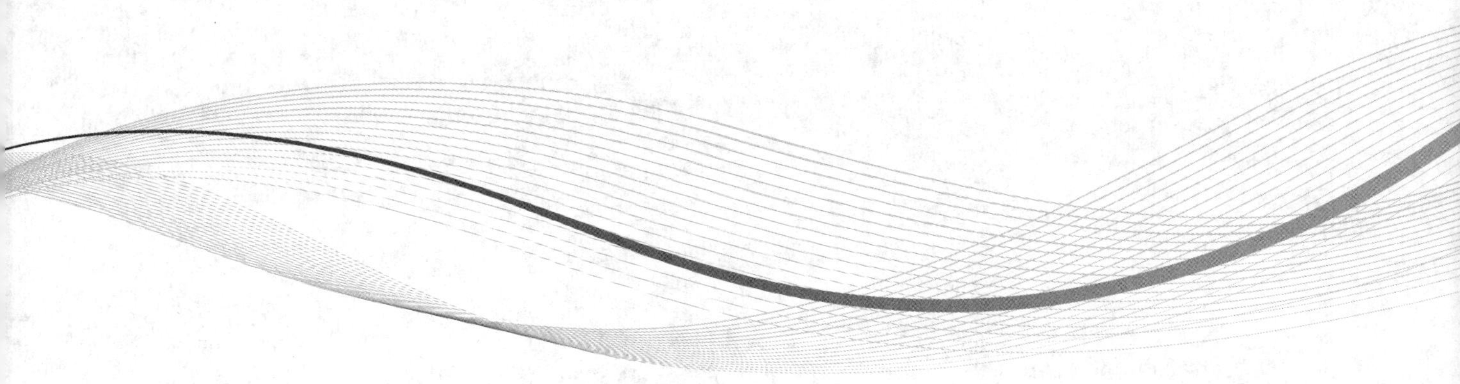

高速公路运营企业基于价值增值的内部审计信息化体系的构建与实施

山东高速股份有限公司

成果主要创造人:王小蕾　刘　一

成果参与创造人:伊继军　张明娟　李文彬　刘柏利　张古月　巩彦忠

山东高速股份有限公司(简称“山东高速公司”)成立于1999年,由山东高速集团有限公司控股;2002年3月在上海证券交易所上市,注册资本48.11亿元,主要从事交通基础设施的投资运营及高速公路产业链上下游相关行业等领域的股权投资。至2020年,山东高速公司运营管理的路桥资产总里程达2502公里,成为全国同行业运营里程最长的路桥上市公司。2019年,山东高速公司全年实现营业收入74.45亿元,实现归属于母公司的净利润30.44亿元;截至2019年12月31日,山东高速公司总资产达803.60亿元,归属于上市公司股东的净资产达321.21亿元。山东高速公司现有总部职能部室14个,交通板块的权属单位20家、权属子公司6家,资本运营板块的区域发展公司4家、权属子公司5家、主要参股公司13家。近年来,山东高速公司充分认识到新一代信息技术推广应用的重要性和紧迫性,积极推进智慧高速建设,坚持以改革创新打造公司核心竞争力,引领高速公路信息化、智能化发展。

一、成果构建与实施背景

(一)推动内部审计转型升级,实现价值增值的需要

在如今的互联网时代,信息技术已深入到高速公路运营企业经营管理的各个方面,审计内容、监督对象、审计线索等表现形式都发生了翻天覆地的变化,大量的经济业务活动通过网络实现了无纸化,传统的“手工式”审计手段已不能满足新时代审计工作需要,靠增加人手、增加编制方式仅能在某种程度上缓解审计任务繁重与审计力量不足的矛盾,但很难解决根本问题,难以实现高质量的发展。内部审计信息化手段能够解决许多传统审计的突出问题,例如减少不必要的人工失误、节省审计工作时间、高效的数据统计和分析能力等。只有加强审计信息化建设才能催生内部审计事业持续发展的内在动力,才能跟上不断改进工作效率和质量的时代步伐,内部审计亟待向智慧化、远程化、共享化转变。

(二)推动企业创新发展,贯彻落实新时代科技强审战略的需要

创新是审计事业发展的不竭动力,没有创新就没有进步。企业创新的意识促进了信息化建设,同时,信息化建设推动了企业的创新发展。从近年来审计署等部门出台的一系列审计相关的政策可以看出,我国对审计信息化建设的关注度日益增强。审计署在《“十三五”国家审计工作发展规划》《2019年度内部审计工作指导意见》等文件中都明确提出积极创新内部审计方式方法,加强审计信息化建设的目标和举措。习近平总书记在中央审计委员会第一次会议上也作出指示,要坚持科技强审,加强审计信息化建设[1]。这些都为国有企业内部审计技术方法的变革与创新发展指明了方向。

[1] 源自《人民日报》2018年5月24日第1版报道《习近平:加强党对审计工作的领导　更好发挥审计在党和国家监督体系中的重要作用》。

（三）推动“智慧高速”发展战略，引领行业发展的需要

随着我国经济体制改革的不断深入，社会活动和经济发展对陆地交通通行能力的需求逐渐增强，居民对于出行质量的要求也随之提高，高速公路网络格局基本形成，基础设施日趋完善，以信息化建设为抓手推动高速公路转型升级，成为我国从交通大国向交通强国迈进的关键一步。为了能在行业竞争中脱颖而出，山东高速公司在“十三五”期间就提出了“智慧高速”发展战略，在工程建设、收费管理、运营管理、养护管理、出行服务等方面信息化建设成果突出，而内部审计信息化水平相对滞后，与山东高速公司整体信息化发展不相适应，阻碍了内部审计“免疫系统和增值服务”功能的有效发挥，而信息化手段与内部审计的全面融合成为解决问题的关键。

二、成果内涵和主要做法

山东高速公司秉承“围绕中心、服务大局”的原则，聚焦智慧高速发展战略，牢牢把握创新发展理念，构建了“以价值增值为目标、以深化融合为基础、以防范风险为导向、以改善治理为主线、以质量控制为中心、以信息化为手段”的审计信息化体系，实现了内部审计信息化“从0到1”的突破。通过深入查摆传统审计模式的薄弱环节，全力补齐短板弱项，明确审计信息化体系改革的总体目标和基本思路，以山东高速智慧办公系统为依托，建立了山东高速审计信息化管理平台，利用信息技术手段对内部审计业务流程进行再造和优化，强化审计监督全过程质量控制，将内部审计与风险管理相结合，有效推动审计监督服务走向纵深，提升了山东高速公司内部控制和风险管理水平，助推山东高速公司实现高质量、可持续发展。

（一）以解放思想大讨论为契机，深入查摆内部审计工作短板和薄弱环节

随着国内外经济环境的不断变化，内部审计作为一种管理工具，作用越来越明显。为了促进内部审计工作更好地实现价值增值作用，使内部审计信息化建设更具针对性，在实施审计信息化创新之前，山东高速公司需要对目前内部审计管理中的薄弱环节进行分析，通过开展“问题导向”解放思想大讨论等活动，识别的主要问题有以下几方面：

1. 审计质量和效率有待提升

由于山东高速公司权属单位众多、分布区域较广、涉及业务领域多元，以及公司领导层对内部审计工作的要求日益严苛，审计人员不足与审计任务繁重之间的矛盾日渐突出。传统的审计模式下，审计信息传递及反馈较慢，查阅相关资料、数据核对及统计审计数据等均通过手工完成，效率较低且工作量大，导致审计工作进度缓慢且审计质量不高，阻碍了内部审计实现其价值增值作用。

2. 审计成果转化与运用不足

内部审计工作的目的不是查找问题，而是通过查找问题落实整改，堵塞经营管理中存在的漏洞，完善制度，从体制机制上解决问题，杜绝隐患，规范经营管理行为，防范经营风险。在审计信息化实施之前，由于山东高速公司审计部门人员不足、任务繁重，对审计发现问题的整改落实工作存在跟踪督促不到位、调度不及时、整改台账更新不及时等情况，加上个别权属单位的整改意识不强，导致部分问题整改不到位、不彻底以及屡审屡犯的现象仍然存在，审计整改已经成为审计工作的一个薄弱环节。

3. 审计“免疫系统”作用未能充分发挥

信息化时代的到来，使得国有企业面临的各类风险更加隐蔽和复杂，给内部审计在新环境下履行“管理+效益”的职能，提出了更严、更高的要求。习近平总书记在中国科学院第十九次院士大会、中国工程院第十四次院士大会上的讲话中提到，科学技术从来没有像今天这样深刻影响着国家前途命运，从来没有像今天这样深刻影响着人民生活福祉。[1] 未实施审计信息化管理之前，山东高速公司传统的审计模式偏重于事后审计、静态审计和现场审计等，审计手段单一，内部审计“免疫系统和增值服务”功能

---

[1] 源自《人民日报》2018年5月29日第2版报道《习近平在中国科学院第十九次院士大会、中国工程院第十四次院士大会上的讲话》。

不能有效发挥。

（二）围绕价值增值作用，加强内部审计信息化顶层设计

1. 明确总体目标

山东高速公司围绕审计价值增值理念，确立了内部审计向信息化、智能化、标准化转变的总体目标。基本思路是树立审计信息化管理理念，突破传统的审计工作理念和方式，制定技术、资金、人员等保障措施，搭建山东高速审计信息化管理平台，为审计管理做“加法”，为审计作业做“减法”，促进内部审计在风险管理、内部控制、公司治理等多方面能够更好地实现价值增值作用，为公司实现高质量发展保驾护航。

2. 优化设计原则

①高效性原则：以解决问题为导向，统筹规划，不断改革创新，将信息化技术与内部审计工作深度融合，促进审计工作效率持续提高。

②实用性原则：能够满足山东高速公司内部审计业务实际需求，将信息化贯穿于审计管理全过程，为内部审计工作的作业管理、数据分析与决策提供有效的技术支撑。

③整体性原则：立足于全局，从高处着眼，强化整体布局，确保审计信息化与公司发展战略有效衔接、相辅相成。

④易于操作原则：充分考虑本公司业务特点和审计需求，审计系统以最直接、最形象、最易于理解的方式呈现。

⑤规范化原则：各项业务操作流程设计科学、标准，并且符合相关规章制度要求。

⑥安全性原则。系统设置合理的操作权限，确保数据存储和传输安全，并且能够提供可靠的数据备份与恢复。

3. 强化组织领导

在推进审计信息化建设进程中，管理层的组织领导无疑是成功与否的关键因素，没有企业高级管理层的统一部署和思想引领，很难将审计信息化真正落到实处。山东高速公司管理层高度重视内部审计工作，深知内部审计在企业发展中的重要作用，专门成立了审计信息化建设领导小组，由公司主要领导担任负责人，在内部审计信息化建设中充分发挥“领头雁”作用，并将内部审计信息化建设列为公司层面重点工作任务目标，按月调度督导工作进展，及时协调解决过程中存在的阻碍和问题。

（三）聚焦问题短板，搭建山东高速公司审计信息化管理平台

1. 分析审计信息化管理平台的构建需求

随着山东高速公司的快速发展、改革的不断深化，山东高速公司审计部清醒地认识到内部审计工作不能仅仅局限于内部监督，而是应该具有宏观角度，有一个更高层次的定位，如应该服务于公司战略目标的实现，服务于公司治理的完善，服务于内控与风险管理水平的提高，能够为公司领导决策提供合理化意见与建议等。为了实现上述目标，克服传统审计模式下审计质量和效率不高、审计成果运用不足等缺陷，信息化手段与内部审计的全面融合成为关键。

2. 搭建山东高速公司审计信息化管理平台

在探索审计信息化建设的道路上，山东高速公司不断尝试新方法、新思路，循序渐进、由浅入深，最初只是借助审计通用软件、智慧办公系统、企业微信、邮箱、电话等信息化手段实现数据传输和沟通反馈。但随着公司的快速发展，这些手段已不能满足日益严苛的审计要求，山东高速公司基于本单位业务实际，逐步打造了具有品牌特色的审计信息化管理平台，包含8个核心模块：审计计划、审计管理、风险管理、内控管理、审计整改督办工程审计、审计资源共享、综合信息查询，基本涵盖了山东高速公司审计部的各项职能分工，着力推动了审计工作由现场审计为主向“远程办公+现场求证”的工作模式转变，促使公司内部审计工作再上一个新台阶。

山东高速智慧办公系统是一个集业务协同、电子审批、信息发布、数据共享、档案管理等多项功能为一体的综合办公管理平台,该系统在山东高速公司内部已普及使用,在提升办公效率和执行力等方面取得了显著成效。作为内部审计信息化体系的核心,山东高速公司审计信息化管理平台(图1)是依托于山东高速智慧办公系统,与其互联互通,能够充分利用其成熟的数据交互、审批处理等功能,不仅实现了各类信息资源的有效整合,节约了系统开发的成本和时间,还给系统操作人员带来便利,可以通过登陆一个系统实现多项操作,为系统操作人员提供便捷、简易的网络服务,节省了单独培训审计信息化平台的成本和时间,提高资源利用效率,实现了降本增效。

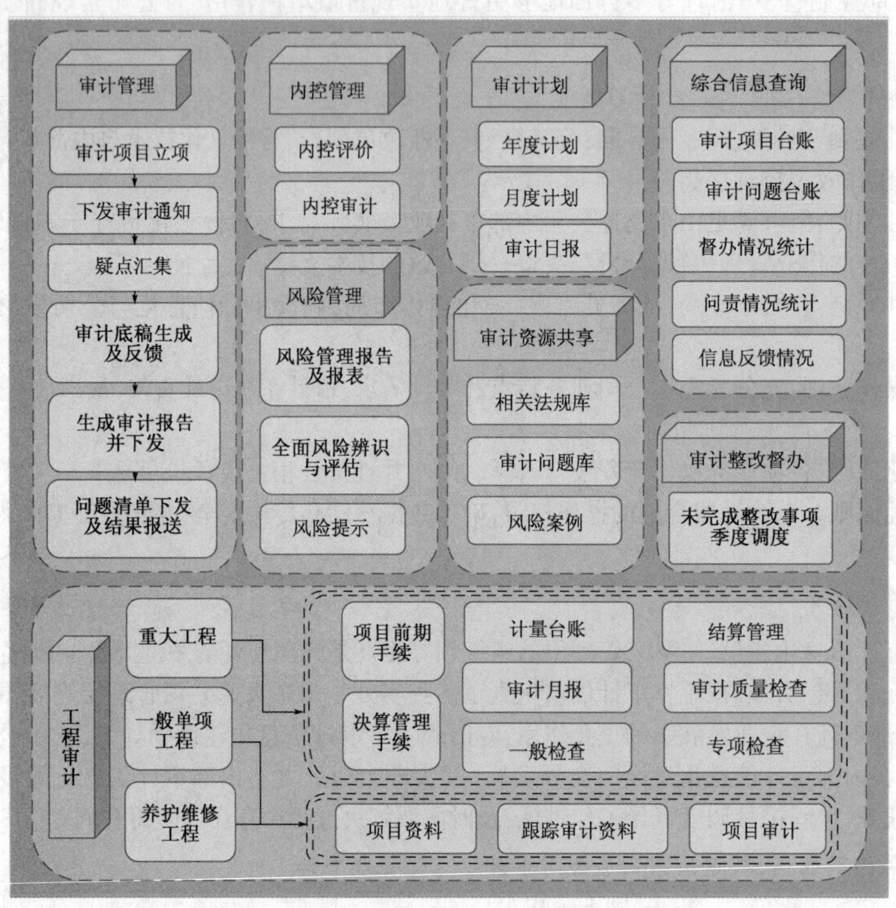

图1　山东高速公司审计信息化管理平台总体框架

(四)围绕信息化建设,实施审计业务流程革命性再造

1. 实施审计信息化闭环管理,打通审计监督的"最后一公里"

山东高速公司内部审计作业程序有6个主要节点,包括审计项目立项、审计疑点汇集、审计工作底稿、审计报告、审计整改、审计整改督办。山东高速公司通过信息化手段将这6个工作节点和流程固化在审计系统中,环环相扣、紧密关联,形成了发现问题、解决问题、预防问题的闭环管理(图2)。

山东高速公司结合内部审计工作实际,紧盯未完成整改问题,专门设计构建了审计整改督办模块,定期对未完成整改事项进行线上督导调度,压实整改责任,设置到期自动提醒功能,严格落实挂号、销号制度,督促被审计单位整改落实到位,山东高速公司将审计整改结果分为"已整改""部分整改"和"未整改"三类,审计部对整改结果及证明材料进行严格审核,通过信息化手段实现整改过程可跟踪、整改成果可评估,提升审计整改工作成效。同时,山东高速公司严格落实考核问责机制,对审计中发现的性质较严重问题的相关单位进行考核扣分,要求被审计单位对相关责任人进行问责,并在审计结果上报环节将问责情况在系统中予以反馈,在新修订的《绩效考核实施方案》经营保障考核规则中,还新增了审计管理约束指标,重点加大对未按规定时间完成审计整改及重复出现审计前期发现问题事项的考核扣分力度。审计整改结果分类及标准见表1。

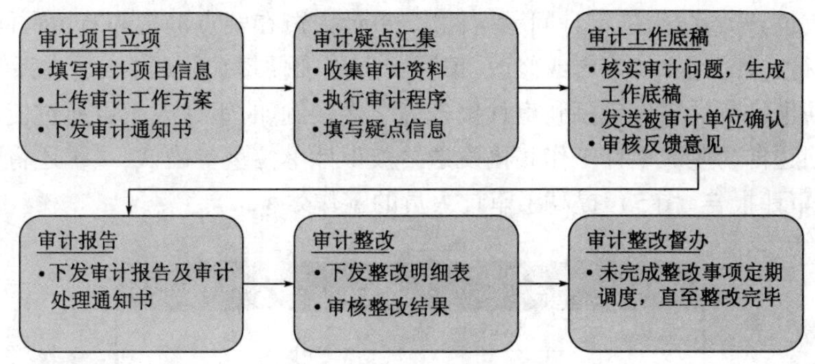

图2 审计作业信息化的闭环管理

审计整改结果分类及标准 表1

整改结果	已整改	部分整改	未整改
鉴定标准	已按照审计意见或管理建议对问题进行彻底纠正	已按照审计意见或管理建议制定或采取了相应的整改措施,但因涉及履行审批程序等因素在规定的整改期限内难以整改到位,需延长期限落实整改	未按照审计意见或管理建议采取相应整改落实措施

2. 基于流程便捷化,构建审计沟通反馈的线上管理

为确保审计反馈时效性,山东高速公司审计部与被审计单位的沟通反馈实现线上流转,被审计单位能够及时接收审计通知、审计底稿及审计报告等文件,也可以就底稿问题及整改情况在系统中直接进行线上反馈。一方面,审计部与被审计单位流程参与人员均有清晰处理记录,审批权限及责任明晰,审计全过程留痕管理、可追溯;另一方面,各信息反馈节点均设置了报送截止时间,对被审计单位信息报送及时性进行考核。审计部与被审计单位线上沟通反馈过程如图3所示。

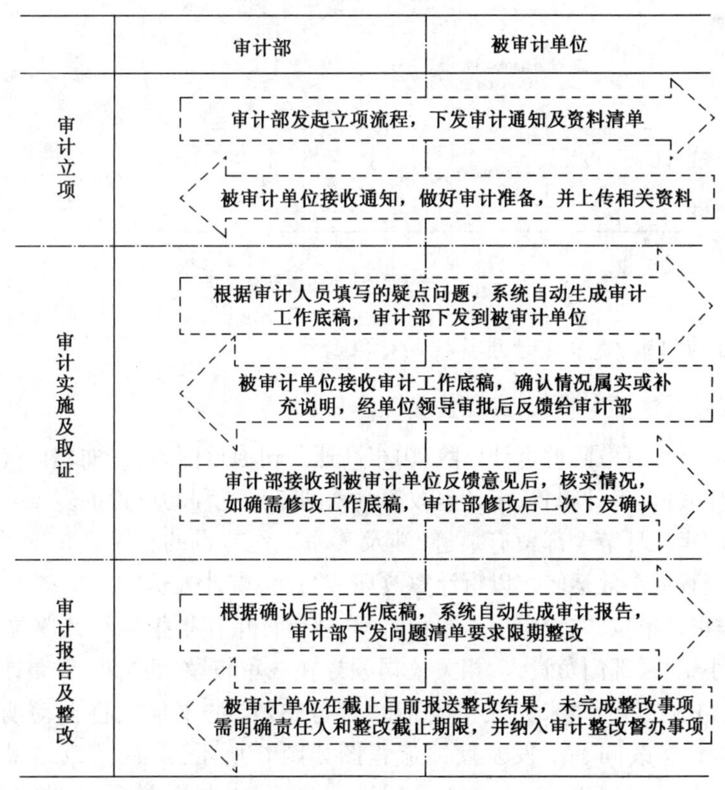

图3 审计部与被审计单位线上沟通反馈过程

3. 以效率提升为中心,实施作业操作关联自动化

一是问题定性实现自动化选择,更加高效。山东高速公司审计部梳理了历年以来内外部审计中发现的各类问题,形成了分类、分级的审计问题定性库,审计人员在疑点汇集环节填写问题定性时,可自动关联问题定性库进行选择,也支持编辑或修改,填写疑点更加便捷(图4);二是在系统中配置了在线作业标准模板,可自动生成审计工作底稿和审计报告等文档。例如,审计人员可通过梳理核实前期疑点问题,在线选择相关问题自动生成审计工作底稿发送给被审计单位进行确认,系统还将根据反馈后的审计工作底稿在线生成审计报告(图5),提高了审计人员的工作效率。

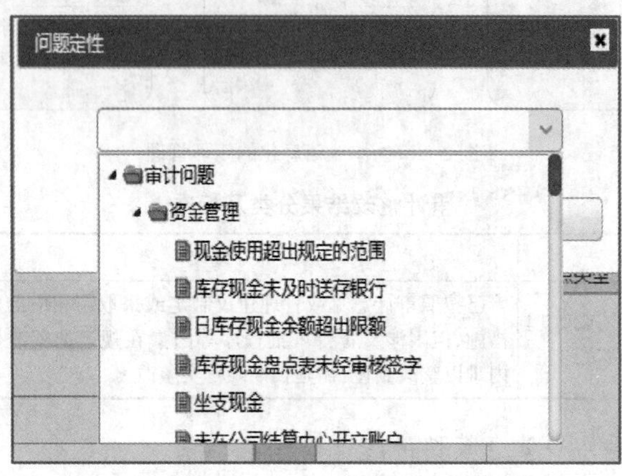

图4 问题定性选择操作界面

济晋公司内部审计 新增行 删除选择行 生成底稿

		审计人员	疑点类型	问题定性	具体描述	底稿描述	涉及金额（元）	反馈
1	☑	刘一	资金管理	库存现金未及时送存银行	测试问题1	测试问题1	6000	情况属实
2	☑	刘一	资金管理	现金使用超出规定的范围	测试问题2	测试问题2	3000	情况属实
3	☑	刘一	财务管理	应收款项金额较大	测试问题3	测试问题3	2000000	情况属实

图5 审计底稿自动生成及反馈界面

(五)以过程管理为纽带,建立审计质量控制标准和体系

1. 构建业务流程的逐级复审机制,实现监督动态化

为确保审计工作质量,有效降低审计风险,山东高速公司通过信息化手段对审计立项、通知下发、审计疑点汇集、审计工作底稿、审计报告、审计整改等一系列工作过程均设置了多重复核机制,每个业务环节都明确了具体责任,审核环节全部留有痕迹,涉及某一工作节点的相关人员能及时收到工作催办提醒,确保了审计管理流程的高效运转。以审计整改环节为例,审计人员审计报告下发后,将确认后的审计问题清单下发给被审计单位,并设定报送截止时间,被审计单位填报后经其单位领导审核后,提交到审计部确认,再经过小组长、部门负责人、相关公司领导在线审核整改结果,对整改不到位或报送不真实的予以退回,对于整改结果为"未完成整改"和"部分整改"的事项还将自动纳入审计整改督办模块进行定期调度。审计整改问题下发及反馈流程图如图6所示,审计整改结果上报表单样式图如图7所示。

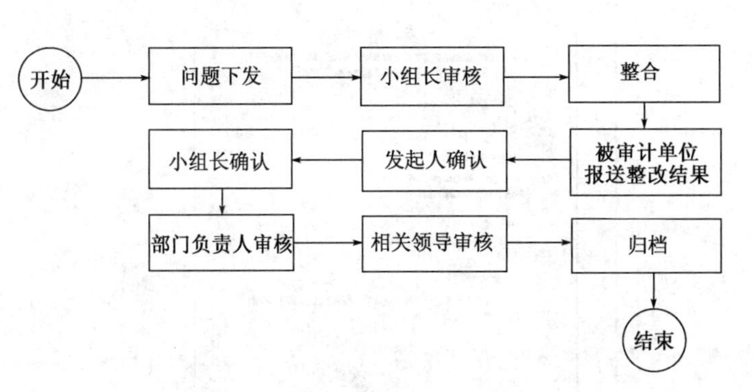

图6　审计整改问题下发及反馈流程图

审计整改结果上报表单

审计结果上报截止日	2020年5月18日	
整改报告正式文件（PDF版）	AB运营中心关于审计整改情况的报告.pdf(下载)	
整改证明材料	证明材料.zip	
问责总人数（人）	2	
问责总金额（元）	1000	
问责证明材料	会议纪要	
相关领导审核	同意	张A　2020年4月18日　12:58
审计部门负责人审核	同意。	李B　2020年4月18日　11:30
小组长审核	同意	王C　2020年4月17日　12:58
被审计单位负责人	同意。	刘D　2020年4月17日　12:22
	同意。	王E　2020年4月17日　12:17
被审计单位部门负责人	同意	梁F　2020年4月17日　11:59

图7　审计整改结果上报表单样式图

2. 强化审计计划统筹管理，确保组织实施有序化

审计计划是实施审计工作的基础，是牵动审计工作高效有序运转的龙头。山东高速公司通过构建审计计划模块，实现对年度计划、月度计划的科学管理，充分发挥审计计划统揽全局的作用。同时，审计计划模块还增设了审计日报功能，对审计人员工作完成情况和工作计划进行日常调度，便于领导掌握每位员工工作的饱和度，做好合理分工，同时也督促员工按计划做好各项工作落实。图8所示为审计计划模块样式图，图9所示为审计日报功能样式图。

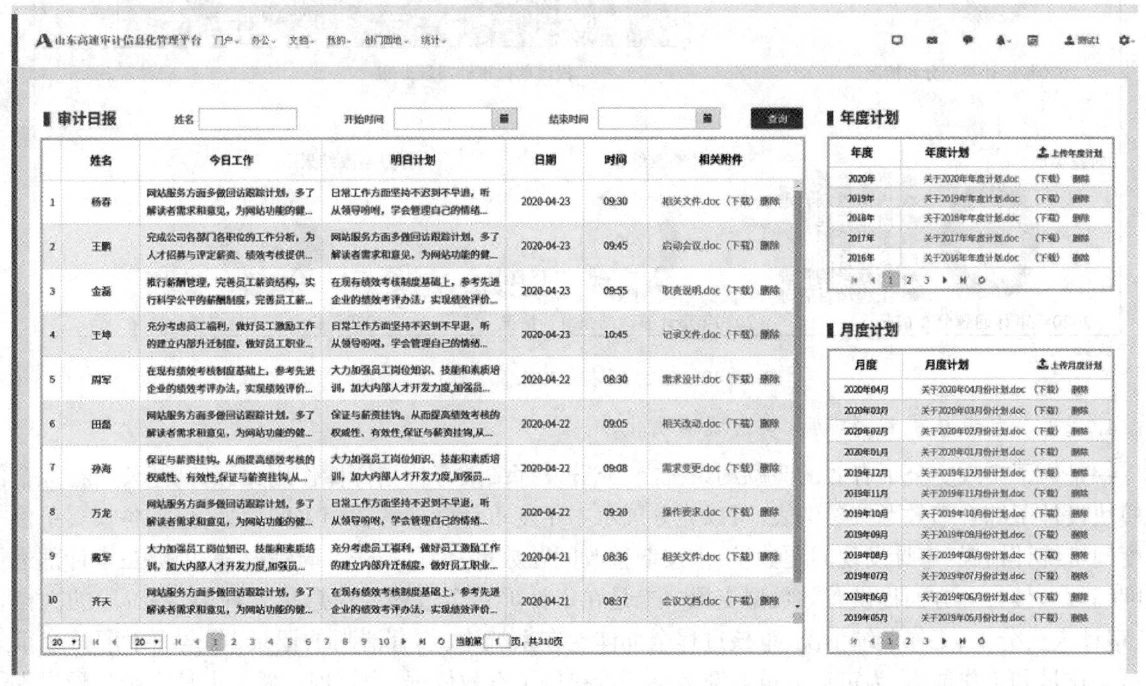

图8　审计计划模块样式图

3. 围绕审计成果运用分析，推进统计信息数字化

审计统计是运用科学的方法收集、整理、分析审计相关数据资料，客观、真实地反映审计工作成果和规律的一项基础工作。山东高速公司审计信息化管理平台将审计业务流程产生的数据自动带入相应统计报表中，自动生成实时的统计报表及图形，一是有效解决了手工填报审计统计信息的错报、漏报问题，确保了审计成果的真实性、准确性，减轻了审计人员工作负担；二是相应的统计报表或图形可以直观展示出公司审计工作的总体情况，并通过分析审计问题、审计整改结果等分布情况强化审计成果运用。综合信息模块相关信息统计图如图10所示。

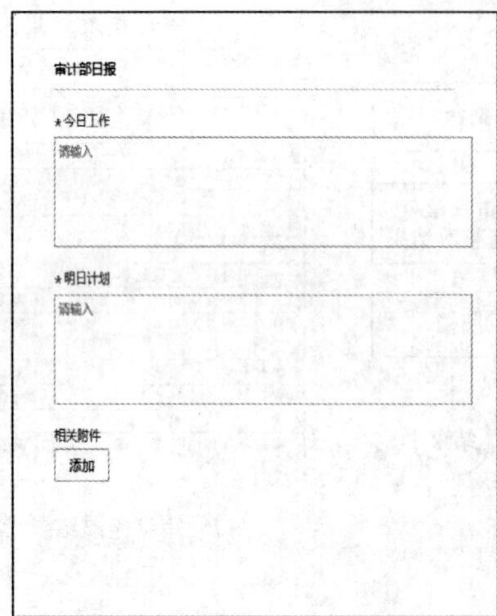

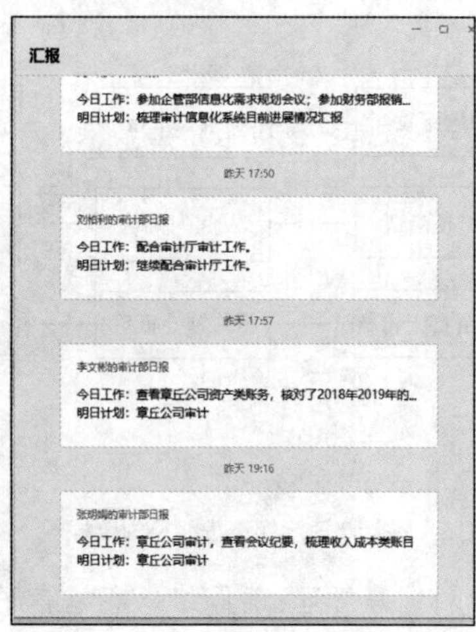

图9　审计日报功能样式图

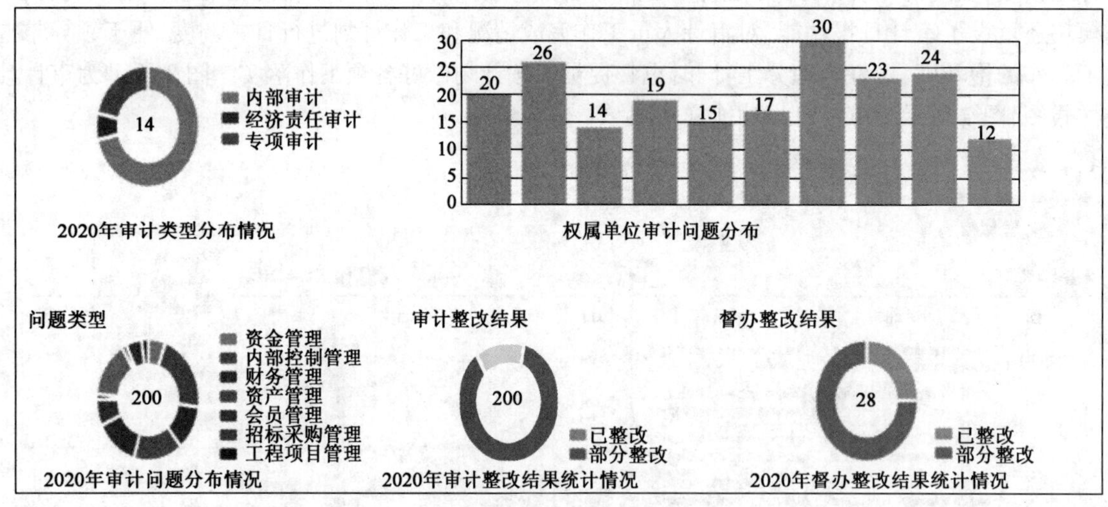

图10　综合信息模块相关信息统计图

4. 完善监督考核机制，推动考核过程透明化

一是为了实现更公平有效的激励约束机制，充分发挥绩效考核指挥棒作用，山东高速公司在综合信息模块设计了综合绩效考核参考表，可以充分展示本年度审计管理考核相关的信息，包括各权属单位本年度问责统计情况、审计发现问题数量、未按期整改问题数量、信息报送及时情况等，能够在审计部进行年度绩效考核打分方面提供有效数据支撑。二是在审计项目全过程的信息化管理中，各阶段的文档资料、审计人员分工、工作业绩情况、审核过程全部体现在系统中，均有清晰的记录，可全面了解每个审计人员工作量和工作能力，为审计人员业绩考核评价提供了有效依据，为管理层做好审计人员分配提供了必要的帮助。权属单位绩效考核参考表如图11所示。

（六）坚持稳中求进，实施审计与风险管理深度融合

1. 基于风险管理规范化，构建风险导向内部审计

习近平总书记曾说过，“从最坏处着眼，做最充分的准备，朝好的方向努力，争取最好的结果”❶。山东高速公司高度重视风险防控工作，始终坚持底线思维，把内部控制和风险管理放在各项工作的突出位置，结合前期审计检查中发现的典型问题，综合分析影响公司发展的各种风险因素，以降低风险为导向

❶　源自《人民日报》2017年7月28日第1版报道《习近平：高举中国特色社会主义伟大旗帜 为决胜全面小康社会实现中国梦而奋斗》。

确定审计工作范围和重点，实现内部审计与风险防控相结合，审计重心前移。并在审计信息化平台构建了内控与风险管理的模块，定期组织权属单位做好风险辨识评估及内控评价活动，对风险较大事项进行风险提示，按月调度督导重大风险事项，通过信息化手段推进风险防范工作流程化管理，进一步提升公司驾驭风险、防控风险、化解风险能力。

	被审计单位	本年度发现问题数（个）	延期整改督办情况	问责扣分情况	信息报送情况
1	权属单位A	23			
2	权属单位B	12			
3	权属单位C	30			延期报送资料1次。其中底稿反馈不及时1次。
4	权属单位D	20			
5	权属单位E	26			
6	权属单位F	19			
7	权属单位G	15			
8	权属单位H	17			
9	权属单位I	24		问责扣分：2。	
10	权属单位J	14		问责扣分：2。	
11	权属单位K	0			
12	权属单位M	0			

图11　权属单位绩效考核参考表

2. 基于资源共享，提高全员风险防控意识

为了让各权属单位能够及时掌握了解最新法规制度、问题案例等各类信息，山东高速公司利用信息化手段构建了资源共享模块。一方面通过审计问题及其整改情况统计分析，定期汇总分析具有普遍性、倾向性的问题，提前揭示风险隐患，不断完善内部审计问题库，在公司上下通报分享问题案例，促进内部控制管理水平的持续改善，达到“审计一家、解决一片”的效果；另一方面，及时将最新的法律法规、上级单位和公司有关规定更新至资源共享模块，树立和强化全体干部员工的规矩意识，促进各项业务流程的规范化、科学化，有效提高制度执行力。

3. 关注重大工程项目，突出对重要业务领域专项审计

鉴于近年来承建的高速公路改扩建项目日益增多，山东高速公司重点构建了工程审计模块。一是精准发力，通过数字化平台建设快速查找工程建设问题。山东高速公司基于信息化平台建设，将工程建设手续、工程结算资料以及变更、签字资料数字化，通过日常查看平台资料，快速查找工程建设领域手续办理不全、工程结算以及变更不规范等方面的问题。二是持续发力，监督、规范工程建设。山东高速公司工程审计模块建设增加了跟踪审计成果和日常检查结果汇总，每日、每月不断汇总审计发现问题，通过线上督促参建单位尽快整改相关问题，并警示其他参建单位杜绝类似问题发生，防患于未然。三是全面发力，杜绝工程审计盲点。山东高速公司将跟踪审计、审计部日常检查以及专项检查、结决算审计报告等出现的问题汇总于工程审计模块，全面剖析工程建设各个领域、各个方面问题，杜绝工程审计盲点。

（七）以党建引领为核心，优化审计信息化管理保障措施

1. 突出党建与创新，强化政治思想保障机制

思想是总开关、总闸门，没有思想上的破冰，就难言行动上的突围。为建成符合山东高速公司业务实际的内部审计信息化管理体系，前期没有可以借鉴的模板和经验，审计信息化建设作为一个全新的起点，必然将推动内部审计工作高质量发展，但过程中也会面临种种未知的因素或阻碍。山东高速公司坚持“以党建促审计，以审计强党建”的理念，将党建工作和内部审计工作紧密融合，激发内部审计工作新活力。在内部审计信息化体系转型活动中，山东高速公司以党建为引领，打破习惯思维禁锢和束缚，以解放思想推动改革创新，在系统设计策划、组织实施、应用测试、细节完善等过程中不断研究新情况、解决新问题、总结新经验、创造新办法，促进内部审计水平和企业管理水平再上台阶。

2. 突出数据思维，强化人员保障机制

新时代内部审计工作与数据充分接触、数据依赖度越来越高，这就要求国有企业建立一支信息技术

型审计队伍,既精通业务又懂数据,两者有效融合才能实现审计新突破。山东高速公司一是通过外部招聘形式引进既精通审计业务又熟悉信息化技术的人才,不断优化审计队伍的年龄结构、知识结构和专业结构;二是通过对已有审计人员进行信息化知识的培训教育,丰富知识结构,培养审计人员数据思维和能力,提高审计队伍对于信息化的认知和熟悉程度;三是针对审计系统操作中可能存在的问题建立审计信息化操作手册,细化各模块的操作权限和注意事项,便于被审计单位及审计人员快速熟悉审计系统操作流程。

3. 突出安全管理,强化技术保障措施

信息化建设意味着企业内部审计将融合到网络资源中,审计信息更加透明,审计资源将获得共享。在这样的发展环境下,企业审计信息的规范性、保密性、严谨性受到了前所未有的挑战。山东高速公司重视数据安全管理,投入更多的资金,开发更加先进的技术,任用高级技术人员来保障数据的安全性。对在审计工作中负责不同环节的工作人员开放相应的权限。在日常的审计工作中,信息的上传存储和调取下载都设置了严格的流程,避免因为数据管理不当给数据保存带来威胁。根据信息数据的重要性进行分层,并且对于不同重要等级的数据设置不同的访问权限,以此来提高数据管理的安全性。并建立了重要信息备份工作机制,保证重要数据在遭到破坏后可紧急恢复,最大限度地减轻或消除网络与信息安全突发事件的危害和影响。

三、实施效果

(一)推动了内部审计工作转型升级

山东高速公司审计部自成立以来,始终坚持改革创新,近年来完成了多次转型,如从财务收支审计向管理审计转变,从事后监督向过程控制转变等,而审计信息化实现了远程审计和现场审计的有效结合,推动了山东高速公司内部审计从传统审计向现代审计转变。山东高速公司以审计信息化管理平台为中心,灵活运用协同办公系统、企业微信等多种途径实现线上办公,截至 2020 年 8 月,山东高速公司 2020 年通过审计信息化手段完成 9 家单位内部审计、3 家单位收费专项审计、1 家单位经济责任审计,发现审计问题 223 条。在投入人员不变的情况下,每个项目的现场审计时间由原来的平均 5 ~ 6 个工作日缩减到 2 ~ 3 个工作日,提高了审计资源的优化配置、内部审计工作的质量和效率,有效降低审计工作中的风险。尤其是在 2020 年新冠肺炎疫情防控重要时期,山东高速公司通过线上审计替代现场审计,顺利完成多家权属单位远程审计工作,实现了疫情防控和审计工作两不误,开启了“互联网 + 审计”的新篇章。

(二)强化了审计成果转化和运用

审计整改信息化督办体系的建立有效解决了整改跟踪督促不到位、调度不及时等问题,增强了权属单位的整改意识,有效缓解了整改不到位以及屡审屡犯等情况。截至 2020 年 8 月,山东高速公司 2020 年发现的 223 条审计问题已全部落实措施开展整改,其中已完成整改问题 218 条,正在推进中的问题 5 条,整改完成率达到 97.76%,整改成效显著。同时,山东高速公司要求被审计单位对未完成整改事项明确整改时限和具体的工作计划,并全部纳入审计整改督办模块进行定期调度。

(三)提升了山东高速公司整体经营管理水平

内部审计作为改善公司治理环境的重要工具,目标与企业的整体战略目标相一致,而信息化将内部审计工作推向一个新的历史高度。相对于传统审计,审计信息化应用成效显著,不仅给内部审计工作带来极大的便利,更为公司提高核心竞争力和实现高质量发展“赋能”。通过审计信息化系统的建成与实施,山东高速公司内部审计工作质量大大提升,“风险导向”内部审计监督效能逐步凸显,能更有效、更及时地揭示公司管理体制、机制方面的漏洞和薄弱环节,提出针对性较强的改进措施,能为公司领导决策提出更具前瞻性的管理建议,促进内部审计在风险管理、内部控制、公司治理等多方面能够更好地实现价值增值作用。

高速公路运营单位以超前预控为核心的全面安全管理

山东高速股份有限公司

成果主要创造人:李　鹏　刘文超

成果参与创造人:张　军　郭玉波　王洪涛　米　刚　刘秀军　嵇晓欢　王　慧　贯　庸　田　丰

山东高速股份有限公司(简称"山东高速公司")成立于1999年,由山东高速集团有限公司控股,2002年3月,在上海证券交易所上市,注册资本48.11亿元。山东高速公司主要从事对交通基础设施的投资运营及高速公路产业链上下游相关行业等领域的股权投资。至2020年,山东高速公司运营管理路桥总里程2502公里。

山东高速公司先后入选上证180指数、沪深300指数、上证公司治理指数和红利指数,荣获上海证券交易所优秀董事会提名奖、最佳管理上市公司100强、中国上市公司百强企业领袖奖、中国上市公司市值管理百佳奖、中国卓越IR最佳信披奖;荣获2次山东省质量奖,并成为国内首家获得全国质量奖的路桥运营企业;荣获4次"全国实施卓越绩效模式先进企业";先后荣获国家级"青年文明号"、全国工人先锋号、全国先进基层党组织、全国"巾帼文明岗"等荣誉称号。

山东高速公司坚持以人为本,聚焦路桥主业,抢抓新旧动能转换发展机遇,让社会公众走最安全、最畅通、最舒适的路,享受到高品质的出行服务,打造全国一流的路桥运营服务商,勇当交通领域新旧动能转换主力军,为社会创造价值,为股东增加效益,为员工带来福祉,实现山东高速公司高质量发展,为交通强省、交通强国建设贡献力量。

一、成果构建背景

(一)适应国家安全生产新形势的要求

党的十八大以来,习近平总书记、李克强总理关于安全生产作出了一系列重要指示批示,强调坚持人民利益至上,强调牢固树立发展决不能以牺牲安全为代价的红线意识。这条红线是确保人民群众生命财产安全和经济社会发展的保障线,只有突出"事前预防"的安全管理思想,坚持风险预控、关口前移,强化隐患排查治理,完善技术支撑、智能化管控等措施,实现安全风险自辨自控、隐患自查自治,才能提升安全生产整体预控能力,夯实遏制事故发生的坚强基础。

(二)适应高速公路行业安全生产管理提升的需要

随着我国经济的快速发展,高速公路里程数不断延长,新设备、新工艺与新技术不断推进,各类事故隐患和安全风险交织叠加,事故的成因类型和数量增加,多因素复合事故增多,安全生产面临新形势、新挑战。高速公路从业人员多年从事道路的建、管、巡、养、护工作,受重型机械设备、恶劣天气、人为因素、通行车速过快等不确定风险影响,道路安全管控的难度增加,如何构建安全、畅通、人本的和谐高速公路成为高速公路运营管理单位的一个重要课题。

(三)解决长期以来制约公司安全发展能力的需要

山东高速公司安全管理的基本特点是点多、线长、面广,安全风险点多且分散,随着道路通行量的增加和道路基础设施智慧化程度的普及,道路运营的风险性也在日益提升。安全管控工作的起点是风险管理工作,山东高速公司现有的安全管理模式是以区域为单位自主管理,呈现出风险管理与安全管控工作脱节,安全生产管理工作忙于救火、补位及被动代位(错位),运行效率低下、信息共享存在制约瓶颈、管理层和一线作业人员信息不对称、风险跟踪机制不完善、数据碎片化,以及风险信息查询、比较、反馈流程繁冗不畅通等弊端。一线员工缺少主动查摆隐患、主动治理隐患的意识,对安全检查工作存在抵触情绪,不明晰本岗位动态隐患,存在对隐患见而不问、问而不干、干而不实的事不关已高高挂起思想,与公司明确的"打造本质型安全单位"目标相悖。因此,山东高速公司从打破区域各自为战的安全管理模式入手,构建一体化预防性安全管控体系成为摆在公司当下的必然选择。

二、成果内涵

以山东高速公司安全生产一体化预防管控为目标,以细化落实党委领导责任、部门安全监管责任、各单位主体责任、各岗位员工直接责任的"四级责任体系"为根本,以"识风险、查隐患、管现场、抓关键、严教育"为重点,以专家诊断检查、安全精准帮扶、作业现场风险辨识、网格化巡查管控为手段,借助信息化技术,探索"互联网 + 安全监管"模式,搭建一体化安全风险监测预警系统平台,全员、全方位、全过程动态管控安全风险,持续更新隐患排查清单,推动风险分级管控与隐患排查治理互融互通,实时跟踪、评价,量化工作、考核员工,对关联性的数据进行监测、分析、预警,提升精益管控能力和水平,实现安全管理由管隐患向管风险的源头控制转变,由结果控制向过程控制的方式转变,有效保障路段路产、人员和营运的安全,不断推动山东高速公司安全生产形势稳定向好。

三、主要做法

(一)明确思路,建立工作机制

1. 明确思路,建立分工明确的组织保障机构

以风险辨识为基础、隐患排查为主线、控制事故为目标,加强辖区安全生产工作的组织领导,成立由山东高速公司党委书记、董事长任组长的预防性安全管控体系工作领导组,明确机构具体负责人、联络员和职责,通过各单位、各部门的密切配合,齐抓共管、群策群力,形成上下贯通、左右衔接的工作格局,为推动山东高速公司风险管控系统项目团队的组建提供组织保障。

2. 组建跨单位、跨专业的矩阵式项目团队

山东高速公司各职能部门与各权属单位组建项目管理团队(图 1),成立联合工作指导委员会和联合工作办公室,下设安全风险辨识组、"督考"检查组、综合协调组、信息技术组 4 个工作小组,主要任务:一是站在权属单位安全生产运营的角度,从组织、制度、作业现场、后勤保障等环节,全方位梳理、识别安全风险种类;二是围绕风险全程监控、"网格制"巡查、安全信息系统平台建设、隐患即时共享 4 个课题难点,通过横向跨职能团队活动开展课题攻关。

3. 整体规划区域一体化预防性安全管控体系

一是建立《预防性安全管控体系实施方案》。确定体系实施推进指导思想,明确山东高速公司及各权属单位年度、季度风险管控达标规划,制定风险管控实施推进主要措施,通过落实"一把手"安全第一责任人、各级业务部门的业务保安责任和安全主管部门的监管监查责任,构建了纵向到底、横向到边、专管成线、群管成网的安全生产责任体系。

二是建立山东高速公司安全管控系统指标分解制度。依据各权属单位职责和专业,分解细化指标任务到生产运营的每个环节、每个岗位和每位员工,形成每个人身上均有体系"落地"指标的安全生产目标控制网络。并由"督考"检查组实行考核,确保管控系统指标的真正落地。

三是发挥头雁作用,营造氛围。严格落实领导带班巡查等制度,定期开展调研、走访,督促各单位领导干部时刻牢记职责,做到靠前指挥,恪尽职守,做到知责制度化、履职规范化,充分发挥领导带班巡查

在强化现场管理、整治重大隐患、杜绝“三违”行为，推进预防性安全管控体系实施的重要作用，形成人人都有责任心、事事都有责任制、处处都要落实责任的良好氛围。

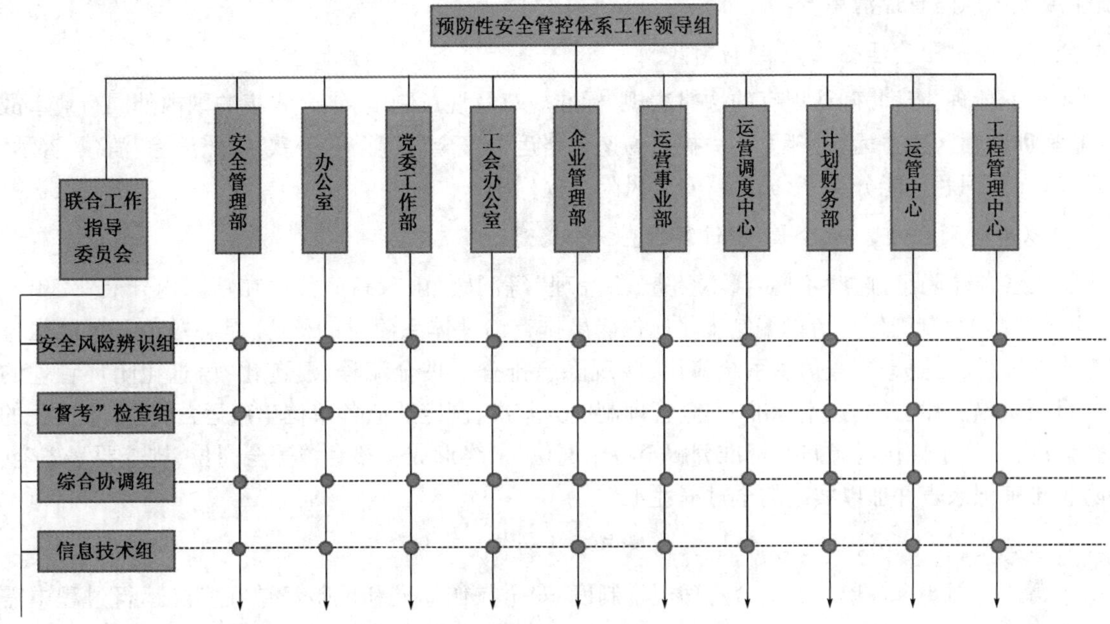

图1 各职能部门与各权属单位项目管理团队

(二)科学风险评估，夯实安全风险控制基础

1.标准引领，有序推进

一是组建由各业务部门(路政、养护、信息、收费)组成的安全风险辨识组，真正科学、系统地开展风险评估工作；二是借助专业力量，邀请专家举办专题培训班，普及风险管理知识和风险评估方法；三是借鉴公共安全风险评估理论、方法，遵循《风险管理 原则与实施指南》(GB/T 24353—2009)等国家标准，编制《山东高速股份有限公司安全评估工作指南》，确定安全生产风险评估流程。

2.系统梳理，摸清现状

建立专家咨询服务机制，邀请高层次、高水平专家和专业技术服务机构，深挖历史数据和典型案例进行梳理分析，通过调取权属单位和对标单位过去3年同期安全历史数据，对每月安全生产事故隐患进行分析统计和数据研判，从历史同期数据、行业数据、区域数据3个层面进行统计、分析，找出辖区安全的风险源和薄弱环节，科学分析风险产生的原因、发生的可能性及危害程度，综合考虑各单位风险承受能力和区域协同应对能力，为制定风险对策提供依据。

3.全面识别，科学评估

深入各单位生产一线调研，与各单位安全生产相关负责人和一线员工沟通，全面获取辖区安全生产人、机、物、环、管基本信息，根据各权属单位所处位置、周边环境、所属行业类型，运用LEC法、LS法和ICI公司蒙德火灾、爆炸、毒性指标法等多个定性定量评估方法，从“点、线、面”三个方面开展科学的安全风险评估。一是点评估，即单个风险源的评估，公司所属风险源点的类型有设备设施类、现场作业活动类；有静止的风险源也有移动的风险源。点的风险评估包括对风险源事故发生可能性的评估和事故后果严重程度的评估。二是线评估。线评估是在点评估的基础上，根据该领域或该类风险点的数量、单个风险源的风险程度，将各权属单位行业领域和特定类型风险点的评估结果进行汇总，得出某个领域整体的风险程度，评估结果用于对权属单位某安全领域风险进行排序，便于山东高速公司有重点地管理领域风险。三是面评估，即山东高速公司所属某区块整体风险程度的评估。采用基于多米诺效应的区域定量风险评价模型及方法，对每个区块存在的各类风险进行叠加，得出区块的整体风险程度，明确各区块安全风险程度排序(区块依据各单位所管辖范围大小确定)。从而实现区域、行业、各单位风险的红、橙、黄、蓝四色分级并计算出辖区整体风险值,通过风险值的变化体现辖区安全生产现状,及时发现风险变化,生成重大风险管控清单。

4. 制定安全风险管理标准,系统应对风险

组织全面梳理、查询、确认现有的法律法规、标准规范及规章制度,结合收集的国内外同行业事故案例、经验教训和辖区道路运行实际,逐一找出高速公路运营安全需遵循的条款,按照消除、消减、警示、应急管理、增强意识和技能分类,形成运营安全风险管控标准。

(三)以辨识风险为基础,全员、全过程排查安全隐患

为解决各单位隐患排查"不愿查、不会查、不治理"等问题,山东高速公司在辖区内开展"一单一标准、一岗一清单"编制工作。清单编制工作抓住隐患排查治理体系建设的核心,是各单位开展隐患排查治理工作的关键,是隐患排查信息系统应用、实现隐患排查治理全流程、痕迹化、信息化闭环管理的基础。项目团队以法律法规、技术标准、安全管理制度为基准,制定适应各单位生产运营特点、个性化的隐患自查标准,并将个性化隐患自查标准分解至各个岗位,最终形成一整套覆盖全岗位、排查要素齐全、明确的隐患排查记录表并加以实施的全过程性工作。

1. 建立制度、标准和清单的更新机制,确保各项活动符合实际

山东高速公司要求各单位的安全管理规章制度、安全操作标准和风险清单在实际运行过程中需要根据安全生产实际进行持续的更新,如人员调整后应在安全组织机构中更新;标准规范变更、工艺改进或设备更换后应对标准、清单的内容进行相应的更新,定期对风险点进行重新辨识,使各单位能够及时发现和排查新增隐患。同时,明确体系建设资金保障,从而采取有效的治理措施,保证制度、标准和岗位清单内容全面且紧密结合各单位生产运营活动特点和岗位实际。

2. 推进安全风险分级管控和隐患排查治理体系互融互通,实现闭环管控

通过风险分级管控系统中的风险收集、辨识、评估生成的风险点清单以及风险管控措施清单作为山东高速公司隐患排查治理的依据导入到隐患排查治理系统中,将排查出的风险点作为隐患排查对象,将风险管控措施清单作为隐患排查时的安全检查项,形成山东高速公司为检查主体的通用检查标准和各单位、班组、岗位三级隐患排查控制自定义检查清单,定期开展隐患排查治理工作。同时,将权属单位隐患排查覆盖率不到位、隐患整改不到位以及将整改过后的风险点等作为风险内容,再次进入风险分级管控系统中进行山东高速公司安全生产动态风险评估。隐患排查治理闭环及风险闭环管控,形成双控"风险辨识—风险评估—分级管控—风险告知—隐患排查治理—持续改进"的 PDCA 闭环管控机制。将风险分级管控与隐患排查治理互融互通,助力山东高速公司安全管理水平提升。

3. 依托"互联网 + 移动终端",实施"全员、全过程"安全监管新机制

一是通过应用"电脑端(安全管理信息系统) + 移动端(安全隐患随手拍 App)"模式,印发《"轮值安全员"专项工作实施方案》《安全生产举报奖惩办法》,鼓励全员参与举报安全隐患,实现隐患随时随地快速上报,及时发现并消除各类隐患,隐患整改后进行风险再评估,形成风险管控与隐患排查的双重预防闭环,减少工作盲点,切实做到全员积极参与。隐患上报、确认、整改、复查等全过程在安全信息系统中生成隐患治理档案,形成多维度统计图表,使隐患从发现到整改完毕都处在山东高速公司监督管理下。二是设置新的较大危险因素巡查点,邀请第三方专家工作组与项目团队经过检查和讨论,将原有的 167 个巡查点调整为 354 个,在巡查点上用二维码将作业现场安全基本知识、作业安全注意事项以及常见的安全标志牌等内容以可视化方式呈现,一方面作业人员通过手机扫一扫即可获取该风险点的安全指导手册(图文语音、视频并茂),另一方面网格巡查员按照频次要求开展风险巡查,通过扫描识别设置的生产管理活动风险清单,获取各网格生产管理活动的专业类别和具体数量、管理内容、风险点源数量及责任等级,并确定风险点风险值的变化情况。山东高速公司通过查看扫描量统计,可对日常巡查情况

及对员工培训宣贯、学习效果进行有效评估。三是即时共享隐患信息,山东高速公司通过系统监控各单位和片区风险及隐患治理情况,并及时向各基层单位推送知识和信息,使各单位能够即时共享该信息,并据此改善组织环境。同时,各单位可通过移动互联终端实现跨层级、跨部门互查,消除信息传递层级化、滞后性、被动性的缺点,让各单位安全管理运行处于“一体化全程”可控状态。

4. 建立综合风险画像,全面掌握安全生产现状

围绕点、线、面风险评估结果及隐患排查治理情况,将山东高速公司综合风险、一图二清单、风险管控状态等多维一体化展示,生成山东高速公司综合风险大数据画像(全路段“信息全图”),客观、全面反映山东高速公司所辖区域安全生产管理现状,帮助政府监管和集团公司领导全方位掌握山东高速公司的安全生产状态,为政策制定提供更加全面的参考依据。

(四)推行“网格化”管理运行机制,逐级落实风险管控管理责任

针对山东高速公司安全生产管理中存在的体制机制不顺、部门职责边界不清、各单位各自为战、基层管理悬空等突出问题,建立“网格 + 安全生产”模板。按照“全覆盖、易管理”的要求科学合理“分片”,将所有生产运营单位和相关方,依地域及人员数量构筑公司、运管中心(分公司)、监管巡查、责任区四级全覆盖安全管理体系,确定网格后,定人员、定责任,完善网格职责。通过范围定格、网格定人、人员定类、实施群防群治、监管前移,实现区域监管全覆盖,建立健全基层单位的安全监管网,真正做到无缝对接。

1. 以“网格化”定责

山东高速公司构筑四级安全管理体系,一级网格即中心级网格。网格长由公司党委副书记、总经理担任,安全管理部为安全业务监督指导部门,并在信息服务中心监控大厅设置指挥调度平台。二级网格即权属单位网格。由各运管中心(分公司)单位主要负责人担任,主要职责是现场处置解决超出三级、四级网格员能力范围的安全隐患行为。三级网格即片区网格,网格长分别由各单位负责人担任,网格员由专兼职安全员和各中队长组成,主要职责是对各辖区作业现场进行检查,排查发现安全生产运营过程中的违法、违规行为和日常生活管理、环境卫生整治等涉及安全方面的问题。四级网格即责任区网格。网格员由各楼长、宿舍长、厨师长、电工班长、小车班长组成,主要职责是走访巡查,上报所属领域的风险点变化情况,用火、用电、用气等人员作业信息,以及安全防护设施(设备)缺少、破损等安全管理问题。形成“公司统一领导、各权属单位全面负责、安全监管部门全程监督指导、员工广泛参与”的共责、共管、共治全流程闭环管控,有效促进安全责任落到实处。

2. 以“八定”立标准

山东高速公司把定格、定人、定责、定线、定频、定质、定量、定论的“八定”工作法,作为安全网格巡查体系运行的标准。定格即依据各权属单位运营实际情况、所辖区域及人员数量划定片区。定人即各级网格员实名制入格进网(每名网格员实名使用“随手拍”App)。定责即明确行业、领域、片区的职责。定线即科学绘制二级网格员的日常监督检查和三级、四级网格员巡查重访 GPD 轨迹图。定频即明确网格员巡查时间及频次要求。定质即明确各级网格巡查上报问题、解决问题的工作标准和要求。定量即明确本级网格的工作量,列出任务清单。定论即由中心级网格指挥调度平台分别对各级网格员巡查轨迹、巡查频率、上报问题数量、上报问题质量进行定论评价,做到网格边界清晰、责任主体明确、目标任务具体的安全生产网络,形成全员、全过程、全方位的责任体系。

3. 以“安全领导力建设”为推动

一是强化领导层的参与,山东高速公司主要通过开展制定个人安全行动计划和安全经验分享活动,加大领导层在预防性安全管控体系的参与度,创建良好的安全管控氛围。在个人安全行动计划方面,山东高速公司要求所属中层以上干部人员的个人安全行动计划及实施过程都要定期在内部网站进行公示,在让员工监督工作的同时,也对自己起到提醒作用。安全经验分享活动已成为山东高速公司的一项

常态化工作,从领导层到权属各单位负责人,都要按照年初安全经验分享计划依次在月度安全例会上做经验分享,以多媒体、图片、照片、口述等形式讲述日常预防安全管控过程中遇到的突发事件、难点、痛点问题,分析事件的原因,或经验做法及事件案例。同时由安全管理部负责定期把好的经验编辑成安全经验分享集,发放到各单位以及一线员工,作为参考资料。二是强化领导层的示范。山东高速公司建立了路长巡查访问制度,以促进领导层以身作则,率先垂范。明确要求相关领导必须定期到权属单位进行调研、检查与考核,与一线作业人员面对面谈心,及时发现基层的不安全行为和因素,促进现实安全隐患问题的解决,带动基层管理人员岗位安全管理技能的提升。

4. 量化安全工作目标,以"督考"促效能

结合各单位安全风险辨识评估分级、隐患排查治理、事故发生和安全生产标准化建设情况,山东高速公司评定各单位安全等级,分别按照每月、每季、每半年、每年检查一次的频次,制订并严格执行检查计划,实现全过程留痕。山东高速公司还实行督考合一:"轨迹考核法"考人,即对网格员日常工作巡查轨迹实时监督,将网格员手机 App 中记录的轨迹、频率、数量、质量、进场时间、解决时长、解决质量、用户评价等作为考核内容,督促网格员做到"巡查点位全走到、发现问题随时报、轻微问题解决掉";"三色限时督办法"考事,即对网格员上报的各类问题处置情况,分别用绿、红、蓝 3 种颜色标识解决状态并限时督促办结;"通报考核法"考单位,即对权属各单位、部门的问题发现处置情况,采取日调度、周小结、月总结、季通报等方式,做到格中考人、格中考事、格中考单位。

(五)以信息技术平台为支撑,构建预控安全管理体系

山东高速公司秉持"以预防管理为主,结果管理为辅"的思想,邀请第三方信息工程公司,构建"互联网 + 安全监管平台"的安全管理信息系统。

1. 开展"互联网 + 安全单位"建设

在山东高速公司开展"互联网 + 安全单位"建设,创新应用物联网、云计算、大数据、远程实时监测等现代信息技术,实现安全生产与"互联网 +"的深度融合。通过一块大屏幕、一张电子地图、一个监管平台,山东高速公司所属各运营单位分布、隐患分级分类动态评估形势、风险预防管控措施、生产作业现场高清视频图像、日常监管工作状态、单位主体责任落实情况、突发事件应急处置调度等各种数据内容实时显示。如权属单位自主研发的"作业现场智能芯片定位安全帽"(具有人员动态定位监控、人员区域轨迹回放、报警提醒、环境变量监测等功能),对进入作业现场未戴安全帽、未着反光背心的员工,系统马上进行预警即时提醒。同时对安全关键处所(进出安全通道门、收费前岗瞭望不良地段、跨越栏杆横穿车道处等)进行安全提示信息录入,当个体佩戴终端设备(安全帽)匹配到安全关键处定位信息时,触发安全提示信息,实现对作业人员行为安全的有效预控和安全信息提示,督促各单位及时进行安全管控处置,实现"人机环管"要素个体风险精准监测管控,起到了减事故、防灾害的目的。通过安全生产一张图,即可快速了解辖区内安全生产风险分级评估形成的"红、橙、黄、蓝"四色图,各单位的安全生产工作好坏、危险程度一目了然。

2. 发布安全关联信息预警

针对山东高速公司所属各单位具体情况,发布安全关联信息预警。与气象部门、高速交警、应急办建立信息对接通道,制定《山东高速"路警地"信息协同一体化方案》《气象灾害预警预防工作方案》,建立资源、信息共享平台,各权属单位和政府相关职能部门依权限和职能,针对监控、路况等可共享信息,调整自身参数,优化单位间共享适配度,不断扩大共享信息的"最大公约数",并结合恶劣天气、路面状况等多项因素,多角度摸排辖区"黑点",多措施强化隐患防控,将每月气象信息、国内外突发自然灾害和安全生产事故信息推送至所属各单位。

3. 依托信息化手段预警,建立综合监管平台、安全管理服务平台

依托信息化手段预警,建立综合监管平台、安全管理服务平台。搭建以摄像机、照相机、无人机为主

的信息采集设备、智能巡查宝、电源预警系统、客户端 App 等新型设备，通过中央服务器、指挥平台、业务管理、经营管理等组成巡查管理系统，一方面可对山东高速公司多行业管理的“关注点”进行信息采集、智能识别、自动标注、准确定位、异地测量、轨迹里程标示、实时上传和网络对接等功能，实现安全“人机协同巡查”。另一方面可起到事前预防预警（员工有不安全行为或违章倾向时及时予以制止）、事中监控提醒（纠正现场的违章和隐患，杜绝事故发生）、事后分析取证（积累安全管理信息数据，为事故、事件调查分析提供依据）的作用。对制约、影响生产安全的全局性、关键性、持续性风险隐患“土壤”，摸清家底，谋划对策。

（六）以人为本，推进本质安全型员工建设

基于事故事件的发展序列，推进本质安全型员工“四个能力”（风险自辨、风险自控、隐患自查、隐患自改）建设，有效提升日常安全管理能力。

1. 创新员工培训教育形式

一是依托山东高速公司推广使用的“共享式安全知识体系平台”，通过递进式模块化学习、预约课程、换位体验、“沉浸感”教育、定制式授课、“人工智能 + 二维码”组合教育等方式，围绕安全理念、安全知识和技能三个方面开展安全教育培训，让员工掌握所参与作业任务、所在区域、所负责设备（场所）的危险因素，并能理解风险控制措施，落实隐患的发现和整改工作。二是借助新媒体，改变以往的安全教育培训形式，在安全生产管理信息系统中开通法律法规、规章制度、行业专项安全、通知公告、学习交流园地等专栏，基层员工通过终端可在系统内发布咨询信息，查看安全提示、公告，随时在权限范围内查询区域内的生产、安全、环保情况，交流安全工作心得等工作。三是帮助各单位建立安全生产红线手册、岗位安全风险告知卡和现场作业规范手册，组织研讨编制岗位安全检查手册，开展改变“低老坏”（即低水平、老习惯、坏毛病）的不安全行为的教育和管理活动。

2. 建立完善个人绩效考核机制

为鼓励生产经营单位一线作业人员积极投入安全生产管理工作，山东高速公司利用个人绩效考核计分制度，加强对现场人员的安全履职能力考核，并把安全方面的个人绩效考核结果与员工年底绩效工资、评先树优等直接挂钩，使安全与员工的切身利益息息相关，促进员工更好地进行安全履职。一方面对于积极主动的履职行为，包括积极遵守公司安全管理制度，按章操作；及时发现身边的安全生产事故隐患和非法违法行为并立刻上报；在生产活动过程中，能够起到安全表率作用等。对于这些积极主动的行为，依据《安全生产举报奖惩办法》，给予加分奖励，并适时发放安全生产奖，以此激励员工遵章守法，实现安全生产。另一方面，针对各单位安全生产特点进行违章行为识别，制定违章处罚办法，各类违章现象，即使没有造成后果，也按照“四不放过”的原则进行严肃处理。通过教育引导和惩处结合，达到激励和鞭策的目的。

3. 营造安全文化氛围

山东高速公司从全面提升个体的安全文化素质和群体的安全文化效益入手，用优秀的安全文化教育人、规范人、塑造人，通过开展安全生产法律法规及标准规范知识技能答题活动、张贴安全警示标语、班前安全宣誓、安全宣传咨询、“抖除隐患”抖音话题、视频监控违章曝光、“家庭结对子”等活动，推进“麻痹、侥幸、不负责任”专项治理，组织“无违章班组”和“本质安全人”评选活动，运用“停工令”“约谈”等机制，对严重违章人员和不能满足安全生产需要的单位进行黑名单公示，从多角度、多样式营造安全文化氛围，让员工生活在安全文化中，促使广大员工主动投身安全生产管理工作，营造安全、舒适、团结、高效的生产和工作环境。

四、实施效果

（一）安全管理总体水平不断提高

以超前预控为核心的全面安全管理坚持“事前预警、事中纠偏、事后评估”基本理念，坚定道路运营安全生产"一切风险均可控,一切意外均可避"的信念,进一步改变高速公路运营安全管理工作思路和方法,转变了长期以来的事后管理、被动式管理的局面。开启风险超前预控、主动式管理的全新模式,以可视化的方式展现辖区道路运营安全状况,达到一图看清辖区安全风险位置分布、一图掌控风险隐患控制现状、一图看透各业务单位安全管控措施的实质意义;能够依据动态数据,准确定位出现异动的业务及业务流程,通过关联性的监测和分析,精确分析问题产生的原因,进而依据影响程度如何,从而提前警告和处理,提升精益管控能力和水平,有效保障了所辖路段路产、人员和营运的安全,实现了预防事故、夯实安全生产基础的目的。同时,探索出一条具有借鉴意义和行业特色的安全生产管理思路,推动山东高速公司不断向本质安全型单位迈进。为行业树标杆、传经验,为高速公路运营单位树立典范。2018—2019 年,山东高速公司实现安全生产零事故的目标,连续 2 年被山东高速集团有限公司评为"安全生产先进管理单位"。

(二)员工安全素质明显提升

以超前预控为核心的全面安全管理的实施,让每一位员工能全过程地参与本单位的安全管理,及时发现生产运营环节中的"出血点""发热点",有效防控安全生产风险。员工在发现风险隐患的同时,能够获取山东高速公司所属领域内安全防控知识和隐患治理信息,极大地提升了全员的安全意识,使安全文化入脑入心,员工安全技能水平、素质素养得到了提高,落实在每一项工作中,形成具有公司特色的安全文化,为公司打造"本质安全型"复合型人才奠定了基础。

(三)社会形象大大提升

以超前预控为核心的全面安全管理创新了安全监督检查模式,将专题单一式的运营安全监管转变为平台式的安全监控,一是使得原本一些影响公众通行质量、满意度的没有被发现的隐患被发现了;二是原先需要协同解决的隐患高效解决了,而这些隐患恰恰很大程度上影响公众满意度;三是增加了双向沟通的渠道,体系的建设让山东高速公司能够更加了解公众的期望、意愿,扩宽了交流渠道。截至 2020 年 5 月,平台累计收到安全隐患 3657 个,其中非所报人员所在单位隐患 1103 个,发出协同处置单 652 份,督促相关业务单位积极开展横向沟通配合,减少了流程阻滞,提高隐患处置效率。稳定的安全保障,使得对客户的服务能力和服务质量明显提高,为山东高质量发展提供了坚强的道路保障,多次圆满完成省、市政府要求的各项安全保障任务,包括上海合作组织青岛峰会、"一带一路"高峰论坛等多项重大活动的安全保畅工作,让公众享受到高品质的出行服务,受到社会广泛认可,彰显山东高速公司优质服务社会大众的形象。

新能源汽车研发整车材料成本管控体系构建与实施

北京新能源汽车股份有限公司

成果主要创造人:陈上华 杨子发

成果参与创造人:刘国艳 崇全强 薄明良 张晓勇 曹爱君 赵 宇 刘 森 宋晓华 王志栋 张金龙

北京新能源汽车股份有限公司(简称"北汽新能源")成立于2009年,是由世界500强企业——北京汽车集团有限公司控股子公司。总部位于北京经济技术开发区,现已形成立足我国、辐射全球的产业布局,业务范围覆盖新能源汽车及核心零部件全产业链的研发、生产、销售和服务。截至2018年底,员工总数近6000人,是国内首个获得新能源汽车生产资质、首家进行混合所有制改革、首批试点国有企业员工持股改革的新能源汽车企业。

近年来,北汽新能源不断加强党建引领,牢牢把握国有企业体制机制改革的历史机遇,创造性地把党建工作与现代企业管理手段相结合,充分发挥国有企业党组织政治核心和领导核心作用,坚持不懈抓基层打基础,形成了引领新能源汽车行业独特发展的党建优势,在战略定力、发展方向、创新创效、文化凝聚等方面为公司发展提供了强有力的支撑,开辟了国企改革实践的新路径。

通过党建引领,北汽新能源持续保持高速发展态势。2018年,在上交所成功上市,成为首家A股上市的新能源整车企业。全年产销量突破15.8万辆,至2019年,连续7年位居国内纯电动汽车市场占有率第一名。北汽新能源开发的EC系列销量遥遥领先,成为全球最畅销的纯电动乘用车,创造了中国新能源汽车历史上最好成绩。作为行业领军企业,北汽新能源致力于打造首都高端制造业的典范,大大提高自主创新、资源利用效率、产业结构、质量效益等能力与水平。

一、成果实施背景

(一)提高北汽新能源产品竞争力的需要

随着中国经济的持续增长和技术的进步,我国的汽车市场逐步发展成熟,同时也面临着前所未有的激烈竞争之态势。在激烈的竞争市场上,越发需要提高北汽新能源产品的竞争力。一是随着国家出台汽车合资股比"三步走"的放开政策,各合资品牌加快了对新能源汽车的部署,因此对北汽新能源产品竞争带来巨大的挑战。二是2018年5月国务院关税税则委员会正式发布了《关于降低汽车整车及零部件进口关税的公告》。此公告涉及的主要产品范围是传统燃油车的零部件,关税下降带来燃油车的整车售价下调,势必对现有市场上的新能源汽车市场造成一定程度的蚕食。三是2018年中国全年汽车产销分别完成2780.9万辆和2808.1万辆,产销量比上年同期分别下降4.2%和2.8%。2019年车市依旧将大概率持续负增长。在车市持续低迷的背景下,产能过剩的问题将会进一步加剧市场的竞争态势。四是目前北汽新能源布局EU、EX、EC等六大系列,但是真正被市场所熟知的只有EC系列,缺少其他在市场上有竞争力的产品支撑。因此,打造一款高性价比的爆款车对于北汽新能源来说迫在眉睫。

(二)降低整车材料成本的需要

当前新能源汽车行业正处在由补贴为主的导入期迈向市场化竞争为主的过渡期,随着新能源汽车补贴退坡政策的实施,通过降低整车材料成本,提升产品性价比,是应对后补贴时代的必经之路。要达成降低整车材料成本目标,除了常规的整合采购量及加强与供应商的价格谈判之外,还需要从研发阶段介入技术优化的降本,比如通过系统的集成设计、系统设计优化降本等。通过研发阶段前端、中端和后端的全过程的整车材料成本管控,为北汽新能源应对后补贴时代提供强有力支撑。

(三)保持自主品牌领先新能源市场的需要

随着合资品牌、自主车企、造车新势力产品开始陆续交付新能源汽车市场,北汽新能源的纯电动市场销量的排名也倍受挑战。同时,北汽新能源内部也面临着整车材料成本对比预期超标、研发阶段成本管控力不足等问题,对自身保持在新能源市场的领先地位带来了一些不良的影响。

为了进一步巩固和强化北汽新能源在国内新能源市场的领先地位,北汽新能源在2019年全球伙伴大会上发布了"2049计划"。其中提出产品向上、品牌向上的高质量发展的双向上发展策略。产品向上和品牌向上,一方面要求通过技术创新打造产品差异化的核心竞争力,另一方面也对整车材料成本的竞争力提出了更高的要求。

二、成果内涵和主要做法

在提高新能源产品竞争力、降低整车材料成本、保持自主品牌领先新能源市场需要的背景下,以目标成本管理理论、零部件作业成本核算理论、价值工程管理理论及方法为指导,基于源头针对整车材料成本加以管控,搭建覆盖北汽新能源汽车研发全过程的成本管控体系,建立具有北汽新能源特色,兼具规范化、精细化、常态化等特点的整车材料成本管控体系(图1)。搭建北汽新能源汽车研发全过程成本管理流程使整车材料成本管控业务规范化,建立零部件正向成本精算体系使零部件成本测算工作精细化,推广价值工程理念深入研发工程师使其面向成本设计变为常态化。

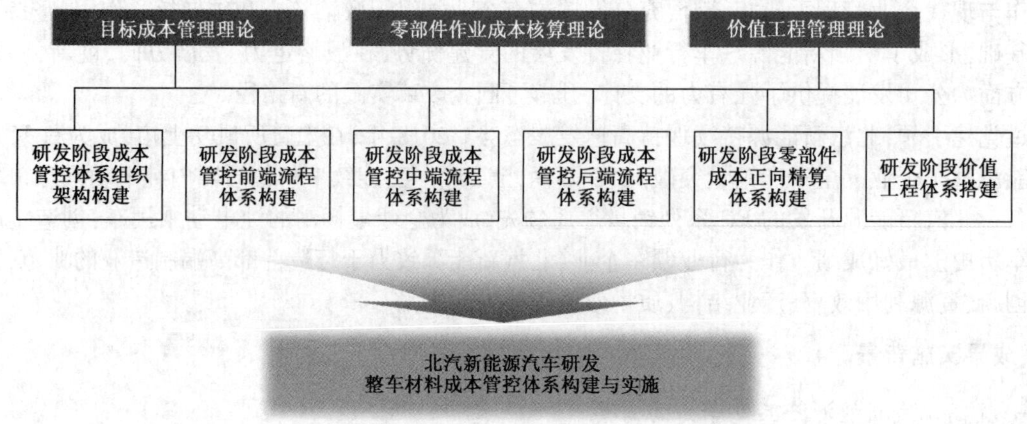

图1　构建北汽新能源汽车研发整车材料成本管控体系的技术路线

通过研发阶段成本管控体系组织架构构建,研发阶段成本管控前端、中端、后端流程体系构建,研发阶段零部件成本正向精算体系构建,研发阶段价值工程体系搭建等主要做法和措施,以实现北汽新能源研发全过程整车材料成本的合理投放和管控,降低整车材料成本,增加项目产品整体收益。其主要做法如下:

1. 构建研发阶段成本管控体系组织架构,基于源头针对整车材料成本进行管控

随着行业业态的剧烈变化,为提高产品核心竞争力,在保证产品功能与质量的同时,成本已成为决定产品竞争力的重要因素。研究表明,产品设计阶段投入的成本只占整车研发成本的5%,但设计阶段却能决定产品总成本的60%~70%,更有研究甚至认为这一数字应为80%,所以产品设计阶段是进行产品成本控制的最佳时机,尽可能在产品设计的早期对产品成本进行预估并对超目标产品进行成本优化,无疑对产品整体技术方案的成本最优化及产品市场竞争力的提高具有十分重要的意义。为推进研发阶段成本管控工作的有效开展,于2016年在工程研究院增设设计成本工程部,全面实施北汽新能源

研发阶段成本管控工作。

北京新能源工程研究院采用矩阵式的组织结构,研究院下设车型部、整车性能部、设计成本工程部、电子电器部、车身部等部门,同时工程研究院下设N个项目组,负责各产品车型的开发工作,见图2。工程研究院各专业部门向项目组派驻全职的项目经理、工程师和兼职工程师,项目组由项目总师和项目经理进行整体协调管控。

项目	车型部	整车性能部	设计成本工程部	电子电器部	车身部
项目1	项目总师1	性能经理1	成本经理1	研发经理1	研发经理1
项目2	项目总师2	性能经理2	成本经理2	研发经理2	研发经理2
项目3	项目总师3	性能经理3	成本经理3	研发经理3	研发经理3
项目4	项目总师4	性能经理4	成本经理4	研发经理4	研发经理4

图2　北汽新能源研发阶段矩阵式成本管控组织架构

设计成本工程部成立后向各项目组派驻成本经理来统筹各项目研发阶段成本管控工作。设计成本工程部负责工程研究院研发阶段成本管控体系搭建,各项目以总监为整车材料成本一把手责任管控制,以设计成本工程部成本经理为整车材料成本管控具体牵头人,以项目总师、各专业项目经理为专业级管控主体,以产品工程师为零部件成本第一责任人,以成本工程师为零部件成本核算主体支持各项目开展整车材料成本管控工作。设计成本工程部下设5个科室:整车成本管理科、动力系统成本科、车身及内外饰成本科、电子电器成本科、底盘成本科。整车成本管理科主要负责牵头项目成本管控工作及推广研发阶段价值工程工作,动力系统成本科、车身及内外饰成本科、电子电器成本科、底盘成本科主要负责工艺类零部件成本精算模型搭建及零部件目标成本制定与管控工作,协助完成价值工程推广工作。

2. 研发阶段成本管控前端流程体系构建,规范整车材料成本管控方法

在竞争日趋激烈的汽车市场环境中,为提高北汽新能源产品的竞争力,必须保证项目整车利润目标。为此,设计成本工程部制定并发布《北汽新能源材料目标成本管理办法》,依据全过程管控、动态管控、目标管控、全员管控四大原则,明确了项目总监、项目总师、设计成本工程部、各专业部门在新产品项目研发整车材料成本管控过程中的职责;确定了零部件技术方案评审流程、造型成本评审流程、工程变更成本管控流程;确定目标成本调控机制,包括零件级目标成本调整、各系统级目标成本调整、整车材料成本目标成本调整;明确了整车材料成本中预留备用金主要用于工程变更,由设计成本工程部统一控制及释放。《北汽新能源材料目标成本管理办法》的制定填充了北汽新能源整车开发流程中对研发阶段成本管控的空白,统一了研究院内部各车型成本管控标准,同时对研发阶段成本管控过程中北汽新能源工程研究院各部门职责及工作内容进行了明确。

针对造型成本管控问题,设计成本工程部编制及发布《北汽新能源造型成本管理流程》。此管理流程划分出造型零部件范围及种类,规定设计成本工程部接收到《造型分析和诉求报告》和核心竞标车型信息,输出从整车造型成本目标中分解出各专业部门造型成本目标,并报请项目总监批准和发布工作。随项目推进,设计成本工程部完成各专业造型成本目标细分至造型零部件成本目标,并报请项目总监批准和发布工作。此管理流程规范了整车造型成本目标逐一分解至零部件造型成本目标的工作,指导成本经理依据流程模板完成各阀点造型成本交付物编制、审批的标准化工作。

针对配置成本管控问题,设计成本工程部编制及发布《北汽新能源配置成本管理流程》。此管理流程规范了配置调整对应成本变化的工作,降低在研车型整车配置调整对整车材料成本目标的影响。此管理流程规定了产品规划部在收到配置调整需求后,将相关变化项发给工程研究院专业部门。专业部门将市场配置变化转变为工程配置变化,判断工程可行性并将工程方案输出给设计成本工程部,设计成

本工程部根据工程方案测算相关成本变化。产品规划部定期组织项目总监、项目总师、营销公司、计划控制部、设计成本工程部及各相关专业部门参加配置专题会,就配置调整进行专题讨论,参会部门及人员需要从专业角度给出相关意见,并报项目总监进行决策是否调整。未超整车材料成本目标的配置调整按照总监决策执行。超整车材料成本目标的配置调整在总监批准调整后根据配置调整情况选择上报平台项目会、技术专家委员会、公司产品委员会进行决策,如会议决策不进行配置调整则此流程终止;决策同意配置调整,则计划控制部调整整车材料成本目标,产品规划部调整配置表,营销公司调整售价,车型部调整工程配置。此管理流程使因配置变更导致整车材料成本失控的风险得到解决;在北汽新能源汽车研发阶段成本管控前端构建《北汽新能源材料目标成本管理办法》《北汽新能源造型成本管理流程》《北汽新能源配置成本管理流程》3 个流程文件,从根本上规范整车材料成本管控方法,降低因车型造型及配置变更对整车材料成本管控的风险。

3. 研发阶段成本管控中端流程体系构建,针对整车材料成本进行合理投放及管控

为了加强整车及零部件材料成本管控力度,从研发源头控制整车材料成本合理投放及管控。设计成本工程部编制及发布《零部件设计成本目标管理办法》,此管理流程细化梳理整车材料成本目标管理方法和零部件材料成本目标管理方法。整车材料成本目标管理方法详细描述整车材料成本目标分解过程,在立项阶段,设计成本工程部成本经理协调产品规划部及研究院各专业部门完成《初版配置表》及技术方案评估报告输入工作;根据《初版配置表》及各专业预估技术方案,各专业成本工程师在 5 个工作日内完成各系统材料成本预估工作,由设计成本工程部成本经理将各系统材料预估成本梳理汇总为预估整车材料成本,并将预估整车材料成本提报整车成本管理科高级经理及部长进行审批。设计成本工程部成本经理协同计划控制部完成整车设计成本目标制定工作,推进项目完成立项工作。

在 G8 阀点前后,根据产品规划部下发的《整车产品定义》及计划控制部下发的整车材料成本目标,设计成本工程部成本经理在 3 个工作日内将整车材料成本目标分解为各系统材料成本目标;针对各系统材料成本目标,各专业成本工程师根据技术方案进行修正并反馈至设计成本工程部成本经理;根据修正后的各系统材料成本目标,设计成本工程部成本经理进行梳理汇总报请项目总监批准。在 G7 阀点前后,针对各系统材料成本目标,各专业成本工程师根据技术方案将各系统材料成本目标分解为零部件材料成本目标并反馈至设计成本工程部成本经理;设计成本工程部成本经理进行梳理汇总零部件设计成本目标并报请项目总监批准。若整车材料成本目标无法达成,设计成本工程部成本经理协调项目组、产品规划部、计划控制部和采购管理部共同完成解决方案并形成专题汇报,报请项目总监审批。

零部件材料成本目标管理办法倡导面向成本设计的理念,明确了采购执行工作职责。设计成本工程部成本经理负责协调相关专业成本工程师参与各专业部门技术方案评审,根据各系统材料成本目标,各专业成本工程师及专业产品工程师负责各系统及零部件技术方案以便成本目标达成。根据技术方案评审模板文件以及与专业产品工程师沟通结果,各专业成本工程师负责在 3 个工作日内完成相关零部件材料成本分析及零部件目标成本制定工作。当零部件目标成本未超过相关零部件材料成本目标时,各专业成本工程师将零部件目标成本反馈至设计成本工程部成本经理;当零部件目标成本超过相关零部件材料成本目标且可在专业部门内部调整时,各专业成本工程师负责调整相关零部件材料成本目标,并将零部件目标成本反馈至设计成本工程部成本经理;当零部件目标成本超过相关零部件材料成本目标且无法在专业部门内部调整时,由各专业工程师编制《目标成本调整申请书》,由设计成本工程部会签后报请项目总监批准。各专业成本工程师根据调整后的零部件材料成本目标进行技术方案文件审核工作,并将零部件目标成本反馈至设计成本工程部成本经理。设计成本工程部成本经理负责技术方案会签工作,在 2 个工作日内将零部件目标成本提报至高级经理、部长和项目总监完成审批及采购供应商管理系统录入工作;整车成本工程师负责零部件目标成本台账管理工作。

采购工程师针对相关零部件进行三轮询价后依旧无法达到相应零部件目标成本时,采购工程师负责反馈供应商报价单信息至设计成本工程部;设计成本工程部负责反馈供应商报价单信息中存在争议项或问题项至采购管理部,利于采购工程师议价工作。仍无法达成相应零部件目标成本时,采购工程师

发起《目标成本调整申请书》,报请采购管理部部长及项目总监审批,并反馈至设计成本工程部。根据《目标成本调整申请书》签批意见,设计成本工程部成本经理进行执行零部件目标成本调整工作。

《零部件设计成本目标管理办法》详细阐述整车材料成本目标的确定,明确整车材料成本目标至零部件材料成本目标的分解,动态管控整车及零部件材料成本目标,确保整车材料成本目标的达成。

4. 研发阶段成本管控后端流程体系构建,加强工程变更成本和降本增效的管控

为完善具有北汽新能源特色的研发成本管控体系构建,推广及宣贯价值工程理念。针对研发阶段成本管控后端,设计成本工程部编制并发布《北汽新能源工程变更成本管理流程》,制定设计变更成本管控流程,对设计变更成本管控过程中各参与部门工作内容及输出物进行明确。设计成本工程师对零部件工程变更所产生的单车成本变化、工程变更投资费用、工程变更切换时间等进行审核,审核该零部件工程变更申请单中成本变动情况是否合理、是否满足目标成本要求,并与专业工程师共同制定成本优化方案及后期跟踪计划。同时,设计成本工程部编制并发布《工程研究院降本增效管理流程》,规范工程研究院降本增效方案的提出、评审以及实施监控流程,明确各部门组织分工及职责,规范推广及宣贯价值工程工作流程,建立标准化的模板和交付物。确保工程研究院降本增效工作规范、有序推进,在研发全过程推广价值工程理念。

5. 研发阶段零部件成本正向精算体系构建,奠定整车材料成本管控体系的基石

响应北汽新能源“2049 计划”,零部件正向成本精算成为“成本零浪费”和“降成本”的主要工具。同时研发阶段零部件成本正向精算体系是北汽新能源研发阶段成本管控体系建设中重要的组成部分。零部件正向成本精算要根据北汽新能源的供应商体系和质量标准体系来建立相应的材料成本精算体系。在进行材料成本精算体系搭建前首先要明确零部件材料成本的构成以及成本构成项的分析方法。再以工艺进行划分,对各种工艺的成本构成进行分析,并着手对相关数据进行收集,建立起成本精算的基础数据库。再以基本数据库为支撑,以不同工艺及零部件成本构成和计算逻辑为纲建立工艺及零部件成本计算标准,最终形成工艺正向成本精算数据模型及零部件正向成本精算数据模型。

正向成本精算数据模型是零部件材料成本精算体系搭建的核心。正向成本精算数据模型建立后需要通过大量零部件成本试算及检验工作确定其准确性。此外还需要根据实际情况定期对设计成本基础数据进行更新和维护,保证成本计算的有效性和准确性。工艺正向成本精算数据模型的编制为该工艺类零部件的正向成本精算提供了依据,使零部件设计阶段的成本精算更为准确,再配合各项目对标数据库、零部件成本测算参数表及横向对比表为零部件设计方案的成本优化指明方向,为采购商务谈判提供支持,从而进一步确保各零部件成本目标的达成。

零部件正向成本精算数据模型以零部件正向成本精算表(表1)为载体,由材料成本、制造成本、废品损失、期间费用、包装费用、物流费用、利润和税金八部分构成。其中,材料成本又分为直接材料费用(即原材料费用)和外协/外购材料费用。制造成本涵盖零部件制造的设备燃动费用和折旧费用,生产所用厂房的折旧费用,直接人工费用,制造所需的耗材等间接材料费用以及生产过程中的净损耗费用。期间费用包括公司运营管理费用,公司在生产经营过程中为筹集资金而产生的各项财务费用和销售产品过程中发生的各项销售费用。包装费用、物流费用是指零部件在供应商生产地进行包装及由供应商生产地运输到主机厂所产生的费用。利润则指零部件基本价格中除实际制造成本及一般管理费用以外的剩余价值。税金是指企业发生的除企业所得税和允许抵扣的增值税以外的各项税金及其附加,在其他所有费用的基础上根据国家规定税率乘以固定的百分比。

北汽新能源零部件正向成本精算表 表1

车型	×××	5	9
零件号	×××	6	10
零件名称	×××	7	11
供应商	×××	8	12

续上表

产品单价(含税)				6.72		0.00		0.00	
成本构成	1	材料成本(A)	原材料	0.50	—	—	—	—	—
			外协/外购	—		—		—	
			小计(元)	0.50		—		—	
	2	制造成本(B)	燃动成本	0.48	—	—	—	—	—
			直接人工成本	3.29		—		—	
			设备折旧成本	0.52		—		—	
			间接材料	—		—		—	
			小计(元)	4.29		—		—	
	3	废品损失(C)		0.05	1.00%	—	1.00%	—	1.00%
	总生产成本(A+B+C)			4.83		—		—	
	4	期间费用(D)	销售	0.10	2.00%	—	0.00%	—	0.00%
			管理	0.14	3.00%	—	0.00%	—	0.00%
			财务	0.14	3.00%	—	0.00%	—	0.00%
			小计(元)	0.39	8.00%	—	0.00%	—	0.00%
	5	包装费用(E)		0.14	3.00%	—	0.00%	—	0.00%
	6	物流费用(F)		0.14	3.00%	0.00	0.00%	0.00	0.00%
	7	利润(G)		0.24	5.00%	—	0.00%	—	0.00%
	期间+包装+物流+利润			0.92	19.00%	—	0.00%	—	0.00%
	8	税金		0.98		—		—	
	9	摊销费(H)	开发票		—		—		—
			模具费						
			检具费						
			夹具费						
			摊销数量						
			小计(元)	—		—		—	
联系人									

明确了零部件设计成本的组成,就可以对每一个成本构成项进行研究。从原材料出发发现:零部件的材质、结构、成型工艺和性能是相互影响的,零部件有不同的性能要求(如不同屈服强度、不同表面盐雾试验要求等),不同的材质有不同的制造工艺(如冲压、铸造、锻造等),不同的制造工艺决定了不同的制造成本。因此下一步就要根据汽车零部件不同的材质对原材料信息进行收集,并对不同成型工艺进行成本分析和数据收集,建立起相应的工艺类成本计算标准和基础数据库。

零部件正向成本精算基础数据库的搭建。零部件成本精算基础数据库的建设是零部件成本精算体系搭建的基石。主要建立了材料(如35#,A356.2等)价格数据库、加工设备成本信息(如设备原值、设备功率、设备占比面积等)数据库、各地区人工工资(包含企业为职工缴纳住房公积金、养老金等)数据库,以及各地区水、电、气费用数据库。

材料数据库(图3)从广度上须涵盖汽车板材类材料、有色金属类材料、高分子聚合物类材料、合成橡胶等原材料的价格及变化趋势。在深度上除细化到各牌号材料的价格信息外,还应具备各牌号材料的基础物理化学性能、成型性能参数等信息。此外,通过简单加工而赋予功能性的外协件也可以作为基础材料进行信息的收集和管理,例如钢棒、电阻、电容等均可以纳入材料基础数据库中。

分类1	分类2	分类3	牌号	备注	供应商	价格	备注	标准	
钢铁类	钢棒类	碳素钢	20#	-			钢棒	国标	前稳定杆连杆
钢铁类	钢棒类	碳素钢	35#	-			钢棒	国标	多连杆
钢铁类	钢棒类	碳素钢	45#	-			钢棒/钢板	国标	制动踏板面、拖车钩
钢铁类	钢棒类	碳素钢	55#	-			钢棒	国标	驱动轴
钢铁类	钢棒类	碳素钢	20CrMnTiH				钢棒	GB/T 5216-2004	驱动轴
钢铁类	钢棒类	碳素钢	38B3				钢棒	-	传动轴专用钢38B3，
钢铁类	钢棒类	碳素钢	40Cr				钢棒	标准GB/T 3077-2015 及GB/T 171	驱动轴、拖车钩
钢铁类	钢棒类	弹簧钢	55Cr3				钢棒	GB/T1222-1984	稳定杆
钢铁类	钢棒类	弹簧钢	55SiCr				钢棒	GB/T1222-1984	稳定杆
非铁金属类	AL	合金铝	6061铝棒				铝棒	6061（LD30) GB/T 3190-2008	轮毂
钢铁类	钢棒类	弹簧钢	60Si2Mn				钢棒	GB/T1222-2007	稳定杆
非铁金属类	AL	铝板	A1050P					这是日本金属材料牌号表示方法	轮毂装饰罩

图3　北汽新能源零部件基础数据库——材料数据库

加工设备数据库(图4)中不仅要涵盖各种成型工艺所需设备类型、不同规格的设备型号以及每种设备的额定功率、实际运行效率、加工能力、作业面积、生产节拍等基本参数信息。还要对设备购置原值、占地面积、操作所需人员、设备维护成本、设备使用寿命等相关信息进行收集。

工序名称	设备名称	设备描述及型号	设备厂家	设备原值（万元）	额定功率（KW）	气（立方米）	工作台面	设备面积(平方米)	人员	小时产量	备注
铸造	低压铸造	1个压铸设备，1个坩埚（0.9T），滑轨等	齐二机床	XXX	110	-	直径1400	30~40	2	一模四出6~8分钟	3吨坩埚
铸造	低压铸造	1个低压压铸设备，一台打渣除气设备，2个坩埚,滑轨等	秦皇岛鸿通机械有限公司	XXX	60	-	2000*1800	30~40	2	一模四出6~8分钟	3吨坩埚
铸造	差压铸造	1个低压压铸设备，一台打渣除气设备，2个坩埚,滑轨等	秦皇岛鸿通机械有限公司	XXX	30	-	直径1400	30~40	2	一模四出6~8分钟	1.5吨坩埚

图4　北汽新能源零部件基础数据库——加工设备数据库

人工成本数据库(图5)的建设须涵盖全国主要省份人口的工资标准,并对不同类型岗位的工资及公司承担养老保险、医疗保险、工伤保险、失业保险、生育保险、住房公积金七方面进行数据细化。电费数据库,需要对各省份工业电费资费标准进行收集,包括不同用电规模和不同用电时段的电费收取标准。水费数据库的信息收集需要区分自来水和中水的价格,并对污水处理费的价格进行收集。燃气费数据库需要区分液化石油气和天然气的价格。只有对基础数据库中的数据进行越全面、越详细的收集,才能为下一步成本精算提供更准确的数据保障。

SN	城市/省份	基本底薪	公司承担养老保险比例	公司承担医疗保险比例	公司承担工伤保险比例	公司承担失业保险比例	公司承担生育保险比例	公司承担住房公积金比例
1	北京	XXXX	20.0%	6.0%	1.2%	0.7%	0.9%	≥5%
2	河北	XXXX	20.0%	6.0%	0.7%	0.7%	0.5%	≥5%
3	天津	XXXX	19%	10%	0.48%	1%	0.80%	12%
4	山西	XXXX	19%	7%	0.40%	2%	0.5%	10%

图5　北汽新能源零部件基础数据库——人工成本数据库

工艺正向成本精算数据模型的搭建。有了基础数据库作为数据保障,根据工艺的划分,建立工艺类零部件成本精算模型。汽车零部件主要涉及的工艺有:冲压、辊压、压铸、铸造、焊接、注塑、吹塑、橡胶硫化、橡胶挤出、搪塑、发泡、模压、表面处理和机加工等。零部件工艺正向成本分类见图6。不同的工艺虽有不同的加工设备和工艺流程,但拥有相同的成本模型搭建逻辑。其搭建逻辑均按照零部件设计成本构成项展开,但并不包含期间费用、运输费用、包装费用和利润。在材料成本中,不同的成型工艺和材料决定不同的材料利用率,结合此前搭建的材料数据中的信息,就可以核算出材料成本。在制造成本中需要根据不同工艺的原理和特点找到提纲挈领的切入点,以点带面。选定合适的成型设备,根据工艺流程和制造方法计算出单件工时,并根据此前收集的设备费率和人工费率计算出设备燃动、折旧费用和人工成本,最后通过工艺的特点和设备能力确定材料使用率、间接材料费用和净损耗费用。完成以上工作后,还需要在供应商生产实地进行数据收集和成本模型的验算工作,结合生产实际对成本模型加以调整,逐步完善。最终结合此前建立的基础数据库,实现对设计成本的正向精算。

其他成本核算工具的搭建:各车型对标数据库是零部件成本精算创建的工具之一,将不同车型的统一零部件打散展开,并按零部件功能类别进行横向对比(表2)。不仅对零部件结构、材质、成型工艺等技术状态进行对比,还对成本信息进行对比,并由此指导对零部件初版目标制定和对设计成本预估提供支持。同时对零部件设计方案成本优化及采购询价定点工作有重要的指导作用。

系统	零部件种类	高分子						锻造				副资材			通用	
		一般橡胶	防震橡胶	摩擦材	烧结	注塑	Felt成型	冷钢锻造	热钢锻造	热铝锻造	冷铝锻造	Gas	Grease	Oil	Bearing	Ball
制动系统	轮速传感器															
制动系统	EPB															
悬架系统	前副车架	O														
悬架系统	前控制臂	O							O	O						
悬架系统	双叉臂	O							O	O						
悬架系统	前稳定杆	O														
悬架系统	前稳定杆连杆	O							O				O			
悬架系统	前滑柱	O	O		O	O		O				O	O	O	O	
悬架系统	扭力梁	O														
悬架系统	多连杆	O							O	O						
悬架系统	后减震器	O	O		O	O		O				O	O	O		
悬架系统	后螺旋弹簧															
悬架系统	后稳定杆	O														
悬架系统	后稳定杆连杆	O							O				O			
悬架系统	拖曳臂	O							O	O						

图6　北汽新能源零部件工艺正向成本分类

北汽新能源各项目零部件成本信息横向对比数据库　　表2

车型	项目1		项目2	项目3	项目4
零部件号	×××	×××	×××	×××	×××
规格尺寸	14×5J	14×5J	15×5J	14×5.5J	16×6J
造型工艺	全涂	精车亮面	精车三色	精车亮面	精车亮面
制造工艺	铸造	铸造	铸造	铸造	铸造
底切情况	无	无	无	无	无
设计载荷(kg)	400	423	350	475	500
重量(kg)	5.6	6.1	6.8	7.33	9
供应量	×××	×××	×××	×××	×××
价格(元)	×××	×××	×××	×××	×××

通过以上零部件成本精算工具和数据库的建立,北汽新能源已初步具备技术方案的正向成本精算能力,可确保在设计过程中随时反映整车成本情况。为实现"成本零浪费"和"降成本"的北汽新能源"2049计划"打下坚实的基础。

6.研发阶段价值工程体系搭建,切实有效推进北汽新能源降本增效及精益设计工作

为应对后补贴时代的需要,响应北汽新能源"2049计划",提升企业产品成本管控能力,北汽新能源在价值工程管理模式上进行了一系列的创新与实践。通过引入行业先进企业的管理经验,结合企业自身资源现况,打造一个能够促进企业可持续发展的管理模式,切实推行自主品牌价值工程降成本的快速实施。

北汽新能源在价值工程管理体系建设方面,通过外部对标及学习,结合国内外汽车企业价值工程管控思路,通过严格的评审,确保价值工程提案的可行性和严谨性,降低因降本导致的质量问题发生的风险,达到质量和成本的有效平衡。

为保障北汽新能源工程研究院年度降本增效指标完成,设计成本工程部自成立后开始承接降本增效工作。为保证降本增效工作顺利开展,高效达成北汽新能源下发工程研究院年度降本增效指标,设计成本工程部牵头完成降本增效委员会顶层架构构建工作:成立以工程研究院院长为核心,以各专业分管副院长、各专业部长、各项目总师、各项目经理和降本增效专员为主体的架构(图7)。以达成工程研究院年度降本增效指标为目标,从专业职能部门和产品项目组两条主线推进降本增效工作,高效利用现有资源推广价值工程理念。

为有效推动降本措施的落实,北汽新能源创新制定了降本提案信息动态跟踪表(图8)。从降本提

案的提出、可行性分析、方案审批、设计及工艺验证、技术方案冻结、零部件试验、整车验证及工程变更发起等阶段，制定了一套科学快速的流程，优化 VA/VE 降本提案评审流程，实行部门及项目双向管控路径，实现 VA/VE 降本提案流程快速推进、大大提升了降本效率。

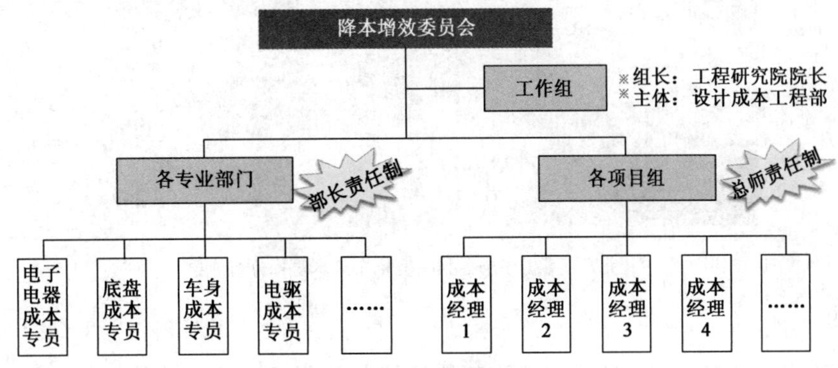

图7　北汽新能源价值工程——降本增效委员会架构

序号	提案人	提案部门	车型	车型（修正）	降本方案描述	物料号	物料名称	计量单位	单车用量	预计单车降本金额	方案完成月份2019年	ECN完成	预估全年收益金额（万元）	2月14日进展	部门评审意见	项目评审意见	ECN号	风险	备注	初版方案设计	CAE分析	方案冻结	完成样件	零部件试验	系[illegible]

图8　北汽新能源降本提案信息动态跟踪表

价值工程成本优化对一个成熟的产品来说是有风险的，盲目的实施降本，忽略了降本对整车性能、质量、顾客感知等问题，不但会带来质量安全隐患，久而久之对品牌在市场上的影响力也会造成致命伤害。为了做到成本优化方案的科学性，北汽新能源总结降本提案实施过程中的突出问题，通过建立价值工程提案评审、提案验证、提案实施全过程风险预警机制，全面规避降本可能带来的负面影响和潜在风险。

北汽新能源在价值工程培训及理念体系建设方面，利用公司内外培训资源，从外部培训、内部转训、头脑风暴、降本增效展报等多方面、多形式入手，积极组织不同类型的活动以满足工程师的学习需求。成本类、意识类课程培育工程师降本意识，技能类课程使得工程师了解零部件成本构成与核算方式；此外还有价值工程理论及应用方法以及产品精益设计理论及方法的培训。在各种活动中，还加入零部件实体拆解成本分析活动，专业工程师现场进行工艺、性能及成本论证，深挖降本提案。全面的理念推广和丰富的培训形式让工程师保持着高涨的价值工程学习热情及挖掘降本提案的意愿。

通过调研国内企业对标工作开展情况，结合北汽新能源现有资源及发展需求，构建竞品成本对标体系。一方面为量产车型的降本提供降本提案，另一方面为在研车型的设计开发方案提供依据。

通过调研国内企业对标工作开展现状，并结合北汽新能源项目研发需求，确定重点车型成本对标分析计划，收集竞品车型，已完成 Bolt 和 Golf 车型关键零部件拆解成本分析对标工作（图9），为在研车型和量产车型降本及新车型零部件设计开发提供思路。

在关键零部件再设计方面，通过与专业部门沟通确认成本对标重点关注系统，通过针对现有产品及竞品车型系统零部件拆解，并现场布置展示。组织研发、采购、质量相关工程师及供应商开展现场成本对标活动，提出成本优化思路。设计成本工程师及采购工程师分别从技术及商务角度完成零部件对标分析，并收集对标分析结果，最终输出系统零部件对标分析报告。同时，依托成熟的咨询公司，委外进行关键零部件的再设计，提出优化设计降本方案。

图9　北汽新能源价值工程—竞标车成本对标分析成果

三、实施效果

北汽新能源设计成本工程部搭建具有北汽新能源特色的研发成本管控体系，初步实现北汽新能源研发成本管控工作的规范化、高效化、常态化、系统化、精细化(图10)。

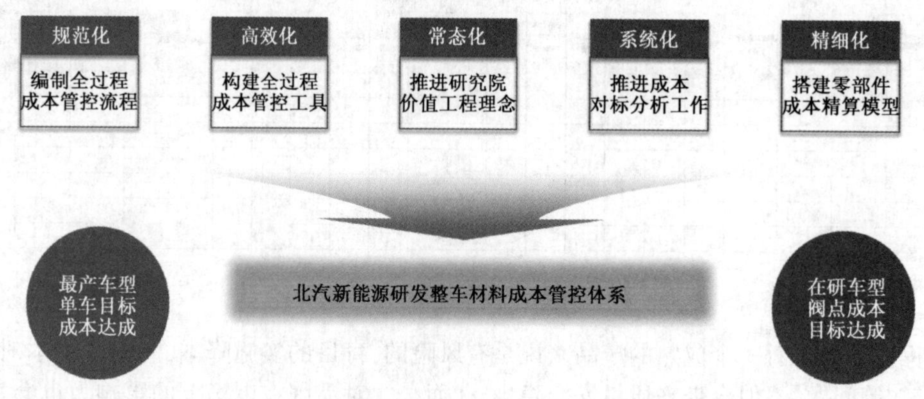

图10　北汽新能源汽车研发整车材料成本管控体系

(一)在研项目整车材料成本有效管控

北汽新能源研发阶段全过程成本管控体系实施以来，在研各项目阀点成本达标率显著提升。以某在研项目为例，设计成本工程部利用研发阶段全过程成本管控体系，加强整车材料成本管控。运用零部件成本正向精算体系完成该项目大价值零部件100余种成本复核工作，协助采购管理部顺利推进项目降本工作。研发阶段全过程成本管控体系实施以来，共完成单车降本金额5218元，此项目规划总量为25万台，全生命周期可实现降本金额13.05亿元。

(二)年度降本增效工作高效落实

北汽新能源提升价值理念推广力度，2018年，设计成本工程部牵头负责北汽新能源工程研究院年度降本增效工作，通过降本增效委员会全年共组织降本专题会议28次，审议技术降本方案268条，推进96项降本提案落地实施，达成2018年工程研究院年度降本增效目标，并超额完成0.5亿元。

(三)社会效益彰显

北汽新能源致力于引领绿色出行，做好蓝天卫士。北汽新能源的“卫蓝计划”是一个涵盖汽车生态圈和所有相关受众的系统，旨在培育目标市场的社会责任理念、低碳生活方式和绿色环保价值观，为逐步启动市场做出充足准备，向全社会倡导绿色经济。

加强整车材料成本管控，提升北汽新能源车型产品竞争力，从而提高北汽新能源汽车在行业内的销量占比，保持自主品牌在新能源市场的领先地位。截至2019年底，北汽新能源车辆市场保有量为34.9万辆，累计行驶里程50亿公里，综合节能减排857650吨，相当于种植大树314万棵。

施工企业高海拔寒区沥青路面关键施工技术与应用实践

中交二公局第四工程有限公司

成果主要创造人:李海亮　段德峰

成果参与创造人:薛　成　刘光军　蒋　磊　王晓川　程伟峰　王　飙
刘润喜　周恒玉　张耀阳

中交二公局第四工程有限公司成立于1982年,是世界500强中国交通建设股份有限公司全资控股的三级公司,直接隶属于具有公路工程施工总承包特级资质的中交第二公路工程局有限公司。

中交二公局第四工程有限公司注册资本10.01亿元,拥有公路工程施工总承包特级资质、市政公用工程施工总承包壹级资质和公路行业设计甲级资质,同时还拥有桥梁、隧道、公路路面、公路路基等专业承包资质共计9项。截至2020年9月,公司有员工1483人,其中大专以上学历职工占职工总人数70%以上,中级以上职称531人。公司现有资产总额55.09亿元,净资产16.82亿元,拥有各类设备1228台(套),年施工能力超过65亿元。公司是国家级高新技术企业及河南省重点培育施工企业,2015—2019年度连续5年获得全国公路施工企业信用评价最高等级AA级,2019年位列洛阳市100强企业榜单第17位。

中交二公局第四工程有限公司(简称"四公司")工程市场遍布国内17个省(自治区、直辖市)和国外巴基斯坦、肯尼亚、格鲁吉亚等国家。近十年累计承建各类高等级公路、铁路、桥梁、市政、隧道超过4900公里,所承建工程的技术、工艺、质量均处全国同行业先进水平,多项工程荣获国家、省(部)级大奖。四公司始终坚持创新驱动,有计划开展60余项科技攻关和技术创新,自主研发的施工项目信息管理系统(CPMIS)、公路工程仿真系统、办公服务系统(OA)等信息化管理软件实现了路桥施工动态管理数字化、图形化及网络化,完成了工程产品从结果控制到过程控制的根本转变,为国内施工企业项目管理首创,并被记入2005年度中国企业新纪录。"十二五"以来,四公司共荣获各类科技创新成果100余项、中国企业新纪录1项,授权国家发明专利11项、国家实用新型专利94项、软件著作权13项,并获全国交通行业管理创新成果奖11项、全国工程优秀项目管理成果奖7项。四公司先后荣获全国优秀施工企业、全国科技创新先进企业、全国交通企业管理现代化创新成果示范单位、中央企业先进集体、全国公路建设行业诚信百佳企业、河南省建筑业骨干企业、河南省信用建设示范单位等省部级以上荣誉138项。

一、实施背景

随着我国西部大开发战略的不断推进和国家"一带一路"倡议的实施,西藏等西部高海拔地区开始进入大规模公路建设期。西部高海拔、高寒地区,气候多变、气温低、空气稀薄、大气干燥、紫外线强,对该地区修建的公路沥青混凝土路面路用性能提出了更高的要求,对优质沥青混凝土路用碎石如石灰岩、玄武岩等的需求量也越来越大。

然而,西部高海拔地区地表植被层薄,生态环境脆弱,路面原材料开采受限,且西部高海拔地区沿线缺乏石灰岩、玄武岩等优质路用石料。考虑到上述地区分布着丰富的河滩卵石,卵石质地坚硬,抗压强度高、耐磨耐腐蚀,如果能够因地制宜,将破碎卵石应用于沥青路面,将不同破碎设备与破碎工艺进行对比,提出最优的破碎加工工艺,通过研究破碎卵石与沥青的黏附机理提出针对性的黏附性能改善措施,有效增强沥青混合料水稳定性能,把沥青路面发生早期破坏的概率降低到最小,通过技术手段保证工程质量的顺利实现。同时将破碎卵石应用在高等级沥青路面,不仅为西藏地区恶劣环境下破碎卵石在沥青路面大规模的应用与推广提供了理论支持,也可以为其他地区高等级公路路面的建设提供一些技术的指导,其应用前景是十分广阔的。此外,可以合理高效地利用自然资源,而且可以有效降低工程施工与运输成本,减少植被的破坏,由此可以给社会带来巨大的经济效益与社会效益。

二、成果内涵和主要做法

(一)相关理论概述

本科技创新是依托西藏林芝至米林机场专用公路工程,围绕高海拔寒区独特的气候特点及破碎卵石技术在沥青混凝土路面工程中的应用,形成高海拔寒区沥青路面关键施工技术。主要内容包括:

①基于对建筑集料加工设备力学性能的调研分析研究,在对高海拔地区河滩卵石进行原材料检测及技术等级评定基础上,设计并测试适宜的破碎装备及工艺组合;合理应用建筑集料破碎机的力学性能,优化卵石集料破碎质量,形成高海拔寒区卵石破碎加工、筛选工艺及质量控制技术。

②根据破碎卵石表面微观结构分析及化学成分分析结果,优选出抗剥落剂的最佳掺量,获得增强破碎卵石集料与沥青黏附性的配合比措施;提出不同的改善破碎卵石沥青混合料水稳定性及其他路用性能的措施;进行多种措施下破碎卵石沥青混合料路用性能试验,研究不同措施对破碎卵石沥青混合料路用性能的改善效果。

③针对青藏高原高海拔寒区环境对沥青混合料的性能要求,对高寒地区沥青路面结构组成与行为特性、沥青混合料材料构成与性能特性,以及与之相适应的路面结构与材料设计方法等内容进行较系统、深入的研究;提出基于高海拔寒区环境下性能需求的破碎卵石沥青混合料配合比设计,获得适合该地区的破碎卵石沥青混合料配合比设计、沥青混合料性能评价、路用性能评价的系统方法。

④针对高海拔寒区风速大、温度低等恶劣环境条件,对寒区沥青混凝土结构层施工过程进行科学合理的管理控制,保障寒区沥青混凝土路面的工作性能,制定合理的施工工艺措施和质量控制手段,形成高海拔寒区沥青路面施工工法。

(二)具体做法

1.高海拔寒区沥青混合料破碎卵石集料加工技术

依托四公司西藏米林机场专用公路项目,从卵石料源选择、卵石破碎加工机械选择、破碎加工工艺流程、质量控制措施、关键加工设备改进等方面出发,形成高海拔寒区卵石破碎加工、筛选工艺及质量控制技术。

(1)高海拔地区河卵石的材料选择和场地布置

首先,通过现场考察评估,选取能同时满足储藏量、运输条件并且生态环保达标的料场备选地;其次,通过相关室内试验,分析破碎卵石的各项物理指标,各指标检测结果均满足设计要求时即可初步确认该卵石料场;最后,根据专家意见确定料场选址。

(2)合理选择破碎卵石加工机械

针对卵石针片状指数高、细集料超标的问题,研制了配套的专利分筛设备,其设备的功能存在一定的先进性,针对不同品种规格要求,采用三级筛分破碎及洗砂设备组合加工设备,在加工工艺和技术要求不同的情况下,基于混合料级料掺配中作为骨架结构的集料其破碎面有特定要求,针对卵石破碎面加工而进行了不同性能与功效设备的组合及对设备的改造,工艺可以生产出符合需要的石料,避免石料加工存在较大的差异难题,使石料产品能够适用于恶劣环境下的沥青路面。通过颚破进行初始粗加工,然后利用圆锥破进行中破,圆锥破保证符合规定的加工粒径要有95%以上的破碎面,确保粒径4.75~16.0

毫米粗集料有足够的棱角性和破碎面;本项目通过三级组合破碎加整形的集料加工,增加了全过程水洗装置,采用冲洗和双螺旋洗砂设备进行水洗工艺(也是一种过程创新方法),实现细集料材料的砂当量值大于75%,目前国内还没有采用该组合流程工艺。

本项目选用颚式轧石机、圆锥式轧石机、反击式轧石机进行三级破碎,具体工作特点和适用条件见表1。

不同轧石机工作特点及适用条件 表1

轧石机类型	工作特点	加工原理	成品物料	适用条件
颚式轧石机	结构简单、工作可靠、维修简便、运营费用低效率高	调整活动齿板与固定齿板的间隙来压碎物料	颗粒均匀、多为立方体状、针片状颗粒含量较大	初级破碎
圆锥式轧石机	适用于强度大和韧性好的石料	通过锥形转子的转动挤压石料,使之碎裂	针片状颗粒含量较小	终级破碎
反击式轧石机	结构独特,操作方式简单,高效节能,排料粒度大小可控,可选择性破碎,破碎流程简单	石料受高速旋转转子的作用,获得较大速度,撞击到反击板而被击碎	粒型优异、呈立方体,针片状颗粒含量极低	终级破碎

(3)破碎卵石加工工艺

在河道内采集原材料进行筛分,选用筛分后10厘米以上的卵石用于碎石加工,在振动筛上面安装水管,对毛料进行水洗。

第一道采用鄂破将大粒径的卵石破碎,为了提高产量,并保证碎石有良好的颗粒形状,第二道采用圆锥破再次进行破碎,第三道通过反击破破碎和整形,通过破碎设备组合,加工出来的碎石破碎面和颗粒形状达到了技术标准要求,要确保破碎卵石有良好的破碎面,2个以上破碎面要求达到95%以上。

碎石加工过程中,通过调整反击破的挡板间距来控制进料流量和反击时间,加工过程中需适当控制碎石机的产量,避免产量太高造成碎石的颗粒、形状的波动。

(4)破碎卵石加工关键设备的改进

自主研发的实用新型专利《一种鹅卵石筛分破碎料仓》解决了破碎面可以达到95%的目标,该技术处于国际先进水平。其针对市场现行碎石筛分装置存在筛分不彻底,特别是石料中夹杂10毫米以下小卵石难以剔除的问题,初筛时破碎前需将筛孔以下集料最大可能加以剔除的问题,提出鹅卵石筛分破碎料仓技术。本专利技术筛孔选用防堵布置,仓体一侧布置震动器,实现全自动运行,控制鹅卵石粒径,保证轧制石料的破碎面,降低破碎难度和施工费用。

自主研发的实用新型专利《一种多功能振动筛分机》,多功能振动筛分机能对待筛分物料进行自动加热干燥,可以控制储料仓的出料量,保证筛分效果,筛分槽易更换、取样方便,且可以直接获取每层筛网上物料的重量信息,计算筛分率,整个筛分过程处于密封环境,健康环保。

自主发明的实用新型专利《一种沥青接触角测试试样成型干燥储运装置》,该装置结构简单,整体密闭性好,能够同时悬挂固定多个测试试样,储运量大,并可除去箱体内的水分和灰尘等杂质,干燥使用方便,操作简单,省时省力,便于携带,内部组件便于拆卸清洗且可以反复多次使用,经济环保。

自主发明的实用新型专利《一种螺旋鹅卵石洗选系统》。螺旋鹅卵石洗选系统专利技术,解决了传统技术中卵石洗选机清洗筛选效果不佳、叶片磨损严重、质量难以控制等问题。本系统基于不同物料在离心力作用下沉降速度差,使物料以伞状形流在螺旋叶片隔离区和槽体之间形成涡流互相撞击、摩擦,经闭路多次循环,利用涡流扰动保证洗选效果;该系统弱化卵石和螺旋叶片边缘部位的直接接触,减轻磨损,降低更换频率,螺旋叶片使用寿命提高。

自主发明专利《一种保水降温混凝土及其制备方法》,针对路面施工可实现保水降温混凝土及其制备专利技术,解决了混凝土较好的保水性和降温效果,且其抗压强度和抗折强度均满足规范要求。将保水降温混凝土应用到路面形成保水降温路面,所得保水降温路面在吸收水分后可以抑制路面扬尘,同时能缓解城市“热岛效应”并有效地减小车辙;其制备方法简单,易操作实施。

自主发明专利《一种高海拔恶劣环境下的破碎卵石沥青表面层施工方法》,针对现有技术中在高海拔、高寒恶劣环境地区路面施工存在卵石开采难并且青路面沥青老化速度快,容易产生低温收缩裂缝、胀缩疲劳裂缝,夏季雨季长、季节昼夜温差大、冻胀等不利影响因素,路面极易造成水损害、开裂、拥包等损害的问题,提出一种高海拔恶劣环境下的破碎卵石沥青表面层施工方法,有效解决了现有技术中存在的问题。

(5)高海拔寒区破碎卵石集料的质量控制措施

检测碎石级配、压碎值、洛杉矶磨耗率、针片状颗粒含量、小于0.075毫米颗粒含量等指标,尤其要加强级配、针片状颗粒含量和小于0.075毫米颗粒含量的检测,根据实际级配及时调整轧石机各项参数,确保碎石级配等满足要求。采取以下两种措施来解决碎石粉尘含量超标:一是在集料加工生产线上安装吸尘装置;二是在0~4.75毫米或0~2.36毫米集料输送皮带上安装输水管,对其进行冲洗,除去部分0.075毫米的粉尘。

2. 高海拔寒区沥青混凝土路面配合比设计

(1)最佳抗剥落剂用量设计

项目所用卵石以高原河道内卵石为主,岩性比较复杂,由片麻岩、花岗岩、石英岩等岩石组成,破碎卵石属于酸性石料,与沥青的黏附性差,容易在外界水分的作用下造成沥青膜的剥落。为了增强破碎卵石与沥青的黏附性,预防沥青路面在水和冰冻的作用下松散剥落,通过在沥青中加入抗剥落剂,改善集料与沥青的黏附性。在确定抗剥落剂掺量时,分别对0.3%、0.4%和0.5%三个不同掺量的沥青混合料进行集料的黏附性试验。试验结果表明,0.3%掺量的石料黏附性能达到最高等级5级,沥青膜完全保存,剥离面积百分率接近于0,满足施工要求,确定为最佳掺量。

(2)破碎卵石沥青混合料配合比设计

①级配的选择。

沥青混合料级配的选定是配合比设计的核心部分,矿料级配的好坏直接影响沥青路面的施工质量和使用寿命。林芝至米林机场专用公路上面层采用AC-13C型,考虑到AC-13型作为表面层,混合料必须要有足够的力学强度与耐久性,粗细集料用量适当,同时,表面层需要具有足够的构造深度来保证路面的抗滑要求,细集料用量也不能太多。根据当地的气候特点,结合以往设计经验,我们在进行配合比设计时,拟定了3个级配曲线,4.75毫米筛孔的通过率分别为45%、47%、49%,每个合成级配都进行了5组马歇尔试验,通过试验验证4.75毫米筛孔的通过率为47%时沥青混合料的各项指标较好。

②空隙率的选择。

针对本地区冬季温度低,夏季高温持续时间短,5—9月雨水集中而且降雨量大,太阳照射异常强烈,沥青老化速度快等高原气候特点,且属于机场专用路,重载交通量较少。为了提高沥青路面的耐久性和防渗能力,防止路面出现剥落、松散、坑槽等病害,结合设计文件,在进行沥青混合料配合比设计时,空隙率暂定为3%~4%之间。分别按照3.5%、3.6%、3.7%、3.8%、3.9%、4.0%六个不同空隙率的混合料进行马歇尔、浸水马歇尔、车辙、车辙板的渗水等试验,通过对比分析,空隙率在3.6%~3.8%之间,混合料的各项技术指标最理想。与内地不同的是,在各性能指标均满足的情况下,额外考虑了沥青混合料的耐久性和防渗性,选定的空隙率偏小。

③粉胶比的控制。

粉胶比对沥青胶泥、沥青混合料性能有显著影响,随着粉胶比的增大,沥青混合料的高温性能上升,混合料的低温性能、抗疲劳性能、抗车辙性能都有所下降。所以,沥青混合料设计时应选择合适的粉胶比,施工过程中也应重视对粉胶比的控制。经过大量的试验证明,粉胶比与沥青混合料的高温性能、低温性能、疲劳性能呈凸型抛物线关系。

本配合比与内地的AC-13C型上面层的配合比相比偏细一些,油石比偏大,空隙率偏小。因为该地区雨水集中而且雨量偏多,太阳照射异常强烈,沥青老化速度快,昼夜温差大,为了提高沥青路面的耐久性,设计时适当地提高了沥青用量、降低了空隙率。如随着粉胶比的增加,三者均出现先提高后减弱的情况,三者的临界值均在1.6以下,综合粉胶比与沥青混合料的关系,粉胶比取值0.8~1.6是比较合适的。AC-13C性能结果见表2。

AC-13C 性能结果 表2

性能	油石比(%)	毛体积相对密度	空隙率(VV)(%)	矿料间隙率(VMA)(%)	沥青饱和度(VFA)(%)	稳定度(千牛)	流值(0.1毫米)	残留稳定度(%)	冻融劈裂强度比TSR(%)	动稳定度(次/毫米)	粉胶比
数值	4.9	2.392	3.7	14.0	73.7	14.44	3.10	90.5	87.8	2847	1.0

上面层沥青混合料配合比各项性能指标如果不增加沥青用量和降低空隙率,马歇尔试件的残留稳定度和冻融劈裂的指标就偏低。

(3)高海拔寒区破碎卵石沥青混合料抗冻融循环性能评价

添加水泥和抗剥落剂均能不同程度地提高破碎卵石沥青混合料的水稳定性能。相比较而言,抗剥落剂的加入对混合料水稳定性能的改善作用比用水泥替代矿粉更明显。当同时采取这两种措施后,混合料的水稳定性能进一步提高。因此,本项目在生产实践中同时采取用水泥替代矿粉和添加抗剥落剂两种方法。

3.高海拔寒区破碎卵石沥青混凝土路面施工技术研究

(1)特殊施工环境条件下原材料控制技术

拌和站料仓封闭,避免集料被雨淋湿,同时在每个料仓的底面设置透水隔离层,及时将石料内部的水排走,很好地降低了集料的含水量。针对0~3毫米的水洗砂0.075毫米以下粉尘含量高问题,在水洗砂出料口安装双螺旋水洗设备,进行二次水洗,将0.075毫米以下粉尘含量降低至8%。

(2)沥青混合料拌和技术

混合料拌和采用一台德基4000型沥青拌和楼,其生产能力约240吨/小时。沥青混合料生产过程中每盘料的沥青与各种矿料的用量以及沥青混合料的重量都记录在电脑中,操作人员随时监控,每台班打印一次,并统计上报项目部试验室,试验室根据各材料用量,计算实际配比并与设计配合比进行对比分析作动态调整。正常施工沥青混合料出厂温度严格控制在150~160℃,超过195℃的沥青混合料必须报废。正常施工过程中每盘沥青混合料的拌和时间以混合料拌和均匀、无花料、所有矿料全部裹覆沥青结合料为度,一般干拌时间控制在12秒,湿拌时间控制在40秒。对于较湿的集料拌和时,要提高烘干温度,延长烘干时间,降低产量,确保集料的加热温度。

(3)沥青混合料运输保温技术

高海拔寒区沥青混合料在运输过程中降温快,而且覆盖的棉被容易被风刮起。除以上需注意的事项以外,更重要的是要做好运输过程中混合料的保温措施。①对所有的运输车辆的车厢侧面和后门加设保温层。②更换加厚的棉被对车厢顶部进行覆盖,并用绳子系好,防止运输过程中被风刮起。③适当提高混合料的拌和温度(一般提高5~10℃)。④每辆车在装料前必须先将剩料清理干净,以防将已经凝结成块的冷料带入摊铺机内,影响路面的施工质量,并安排专人监督管理。⑤加强混合料出场和到场温度的检测,特别是不同部位的温度。

(4)沥青混合料摊铺技术

摊铺前对摊铺机熨平板进行预热,使熨平板的温度上升至100℃左右,尤其注意保证在冷接缝处熨平板的预热温度,以减少拖痕和拉槽。摊铺时要缓慢、匀速、不间断地进行,铺筑时应使沥青混合料在布料槽中的高度始终保持在螺旋送料器中轴以上,并做到布料均匀。摊铺过程中不得随意改变速度或停顿,摊铺速度根据拌和楼生产能力、摊铺宽度、摊铺厚度及试验段确定的正常摊铺速度为准。遇到特殊情况需要改变摊铺速度时,要掌握和保持摊铺机的行驶速度和夯锤振动频率之间的正比例关系,即摊铺速度快，振频要相应提高，缓慢减速时振频要随之缓慢降低。这样有利于提高铺筑厚度的均匀性和平整度。要掌握和保持摊铺仰角和摊铺厚度的相关关系，密切注意仰角的变化，超出正常范围（±1.0厘米）应及时查明原因，进行调整修正。

（5）沥青混合料压实技术

沥青混合料的压实是沥青路面施工的关键工序，高海拔寒区，摊铺后的沥青混合料降温快，所以在机械组合方式和数量配置方面应稍有富余，一个沥青作业面配置4台双钢轮压路机，3台轮胎压路机，1台1.6吨的小双钢轮压路机专门碾压路面的边部及接缝的处理。三阶段碾压过程中，严格按照步步紧跟趁热碾压的原则进行。

4. 高海拔寒区破碎卵石沥青混凝土路面路用性能评价

通过对西藏高海拔寒区公路的气候和路面调查结果分析认为，最关键的路用性能是沥青混合料的水稳性能、低温抗裂性能和疲劳性能，高温稳定性不作为本地区沥青混合料设计考虑的主要指标，这是与一般地区存在明显区别的地方。通过用水泥替代矿粉和添加抗剥落剂能够在很大程度上改善破碎卵石沥青混合料的各项路用性能。实验表明，同时添加水泥和抗剥落剂能最大限度提升沥青混合料的路用性能。

三、实施效果

高海拔寒区沥青路面关键施工技术与应用研究科研项目，针对高海拔寒区河滩卵石的力学性能，研制了专用卵石破碎装备和加工工艺，提出了成套卵石精细加工技术；根据破碎卵石的材料特点，优化了沥青混合料配合比设计和施工工艺，形成了高海拔寒区沥青路面施工工法。解决了高海拔寒区气候独特、优质石料匮乏的施工技术难题，丰富了我国以西藏为代表的高海拔寒区公路建设经验，研究成果具有一定的创新性，应用价值高，对行业科技进步的发展具有较大的推动作用。

该项技术成功应用于西藏林芝至米林机场专用公路项目，节约外购碎石成本652.8万元，并已推广应用在西藏国道318线工米项目、西藏国道318线林达路面项目，取得了显著的经济效益和社会效益。

（一）经济效益分析

与其他道路施工相比，破碎卵石沥青路面的建设可以节约大量的资金，其中大部分为材料费用和运输费用。另外，卵石的现场高效的破碎和生产能力，以及因材料的远距离运输和人力资源方面的需求等，与传统的新建路面方案相比，对筑路施工单位来说具有相当可观的经济效益。目前市场上玄武岩和石灰岩的价格在120~150元/立方米，而当地河床的卵石算上加工破碎成碎石成本为60元/立方米。每利用1立方米的破碎卵石，可节约投资60~90元。对于西藏等石料匮乏地区而言，长距离运输增加了工程总造价。若采用玄武岩和石灰岩远处调运，根据四川的实际情况，落地价达到246元/立方米。采用破碎卵石沥青混凝土每公里比石灰岩沥青混凝土至少可以节省20万元。由此可见，采用卵石破碎具有较高的经济性。

（二）环境效益分析

在该课题中利用了西藏当地河床的卵石破碎来进行沥青路面铺设，充分体现了节能和资源综合利用的理念。通过就地取材铺设道路的显著效果，将为这一理念的推广和应用起到良好的示范作用，有利于推动我国石料匮乏地区的循环经济和可持续发展战略的进程。可以说，随着就地取材理念和禁止开采山石的影响，必将在大批公共建筑中创造良好条件，为建立节约型社会和循环经济在道路领域作出贡献。

假定西藏河床内采集的卵石的破碎工艺和在四川某山上开采的石料的破碎工艺一致，如果使用四川的石料，则有长距离货车运输的尾气排放问题以及山石开采时火药爆破污染问题。机动车的典型污染物为NOx、PM2.5、PM10、CO和HC。根据《超限运输车辆行驶公路管理规定》，三轴货车和四轴货车的总重限值分别为25吨和31吨。表3是2018年四川省高速公路货车能耗强度分布。根据2018年交通运输部门对四川省公路货运企业车辆能耗统计结果，高速公路货运车辆每百吨公里的能耗均值为2.07升。高速公路货车能耗强度分布见表3。

高速公路货车能耗强度分布 表3

货车轴型	百车公里油耗（升）	最大相对误差（%）	柴油消耗量（万吨）	最大相对误差（%）	货物周转量（亿吨公里）	最大相对误差（%）
2轴	21.81	3.85	57.56	5.92	125.38	2.43
3轴	31.78	2.64	18.70	3.68	64.28	4.04
4轴	33.60	2.76	41.27	3.82	247.99	2.21
5轴	37.18	2.65	5.21	4.73	27.93	3.12
6轴	41.30	2.80	38.73	4.31	216.58	1.88

假设试验路段1公里，预铺20厘米厚沥青混合料面层，路宽8米。由于西藏优质石料匮乏，需要从四川省雅安市山体爆破开采并运输到西藏自治区米林县，货车行驶距离长达1753公里，而石灰岩在沥青路面中每公里需要3500吨。在山体爆破时，根据地质条件的不同，需要的火药数量也有差异，一般每立方米10千克，从而计算得到1公里路段所需的石灰岩需要17.5吨火药。这对周围环境和生物的影响是无限大的。每100克火药点燃后瞬间最高能冲到100分贝，产生的噪声超出国家标准许多，在70分贝时开始损害生物的听力神经，90分贝以上就会使听力受损，而待在100～120分贝的空间内，如无意外，一分钟时间就很容易患暂时性耳聋。火药中含有硝酸钾、硫黄、炭粉、镁粉、合金粉、铝粉等，它们在燃烧过程中可产生大量的烟尘和有毒气体，其中有各种燃烧分解产物、挥发物和升华物，如一氧化碳、二氧化碳、氮氧化物、多环芳烃、氟化物、硫化物等。当二氧化硫进入大气层后，在云中形成酸雨，能强烈腐蚀建筑物和工业设备；酸雨可导致树木、森林死亡，湖泊中鱼虾绝迹，土壤营养遭到破坏，使作物减产或死亡。而二氧化氮会刺激人的眼、鼻、喉和肺；另外还形成城市烟雾，影响可见度；并且会形成硝酸小液滴，也产生酸雨。同时，开采完后的石料需要进行长距离运输，在高速公路上货运车辆的能耗高达1270.0485万升。这和建设资源节约型、环境友好型社会相违背。

就地选用当地卵石，减少石料的开采和运输，不仅能减少投资建设的成本，还能保护环境和节约不可再生资源。应用环境科学的理论，对建设项目损害或破坏环境质量的因素施加影响，从而调节、控制、保护和改善环境质量，是建设项目管理的重要组成部分。保证建设项目建成后，能够合理利用自然环境，防止环境污染和生态破坏，为人民营造优美适宜的生产和生活环境，保护人民健康，促进经济发展。

（三）社会效益分析

高质量的公路交通基础设施是促进西北地区经济实现跨越式发展和全面建成小康社会的物质基础。充分考虑当地的筑路材料，由于充分利用当地的高原河滩卵石，解决了优质集料运输过程中对环境的污染，大大减少了货车排放尾气的碳排放，减少了开山采石对环境的破坏，有效地保护了自然资源，并推荐出适合的道路结构形式，在就地取材的情况下可缩短公路建设工程，尽快发挥公路建设的作用。而且没有任何废弃物，属于环保工程项目，因此将卵石破碎运用与高速公路面层建设中，除了具有一定的经济效益外，还间接具有良好的社会效益和环境效益，而这些效益是无法用货币来衡量的，真正实现了环境保护的目的，符合我国可持续发展的长远战略规划。

在路上施工的工期大大缩短，因而将由于道路阻塞而耽误的时间减少了3倍以上。西藏属于青藏高原地区，川藏线的坡度大、靠悬崖等问题经常会导致交通事故发生，减少了长距离运输碎石就大大降低了交通事故发生的可能性。目前高原高寒地区路面开裂、冻胀等病害破坏严重，路面对行车安全造成极大危害，本项目研究成果可大大提高行车安全性，减少交通事故，降低生命财产损失。

随着机械制造水平的发展，将开发和研制出更为紧凑、功能更为强大的破碎设备、新型摊铺设备及压实设备，可以更有效、更方便地实现破碎卵石沥青路面的全部生产工艺。基于破碎卵石技术对社会、环境、施工单位和筑路工人的大量好处和优越性，可以肯定这项技术将会在优质碎石匮乏的地区进行广泛推广。水泥和抗剥落剂的加入,增强了破碎卵石的黏附性、水稳定性和抗老化性。破碎卵石沥青材料还具有较好的高温稳定性,从而能有效防止目前高原高海拔地区的沥青路面因环境的影响而导致的早期损坏现象,有效延长道路的使用寿命。

高原高寒地区公路网的改善可以较为明显地改变该地区交通闭塞的现状,良好的路况可以缩短运输里程,减少货物运输时间,促进商品的流通,在一定程度上减少生产和销售环节上的费用,为各类产品提供了市场,增加了就业机会,带动了相关产业的发展,为投资提供了保障,也能加快货流、物流的发展并产生相应的效益。我国西藏地区旅游资源丰富,良好的路面使用状况也将加深国内外旅游者对该地区建设的良好印象,进一步吸引旅游者。

"流程+标准"的采购管控模式助力勘察设计盈利水平提升

中交第二公路勘察设计研究院有限公司

成果主要创造人:余　蓉　兰雅芬

成果参与创造人:周　露　彭小年　汪于红　吴玫谕

中交第二公路勘察设计研究院有限公司(简称"中交二公院")始建于1964年,前身为交通部第二公路勘察设计院,现为《财富》杂志2020年世界500强排名第78位的中国交通建设股份有限公司(简称"中交集团")下属全资子公司,在美国《工程新闻记录》、中国《建筑时报》2019年中国工程设计企业60强中列第20位。

中交二公院主要从事公路、市政、轨道、环境生态勘察设计及工程总包工作,具有工程设计、工程勘察综合甲级和咨询、监理、测绘、招标代理、水土保持、地质灾害防治、风景园林等国家甲级资质,具有高速公路、各种复杂结构桥梁、隧道、交通工程、市政工程、轨道工程、建筑工程的勘察设计、项目管理、工程总承包以及项目规划、咨询、投资、建设、运营管理的能力,具有编制行业技术标准、规范、手册、指南的技术实力,能承担本行业国家级重大科研开发项目,是本行业综合实力最强的设计企业之一。

中交二公院下设6个事业部、8家子公司、15家分公司,是国家认定为"高新技术企业"。拥有院士专家工作站、博士后工作站、省级研发中心、中交集团研发中心等高端创新平台。现有员工超过1500人,本科及以上学历占比88%,专业技术人员占比96%,拥有工程勘察设计大师1人,新世纪百千万人才、交通部十百千人才、享受国务院政府特殊津贴专家、交通部青年科技英才等特殊高端人才26人次。

一、实施背景

(一)集团战略引领采购管控深化

为实现公司科学发展、高质量发展的目标,追求企业价值最大化,中交集团坚持问题导向,落实推进"334"工程相关要求,将采购管控工作提升到战略水平地位,自上而下加强顶层设计,出台采购工作相关管理办法及考核办法、召开专题研讨会,引导企业实现制度健全、流程清晰、成本可控、资源优化、公开透明、信息化支撑的采购管控体系。

(二)业绩考核倒逼采购管控提升

一直以来,中交二公院坚持"价值创造",不断优化和完善业绩考核体系,通过业绩考核实现对利润提升的激励,成本费用、利润总额、净利润等经营指标是经营生产单位和经营管理部门业绩考核的关键指标。不断完善的业绩考核体系逐步精细化促进经营生产单位对成本费用的控制,在"抓重点工作、抓关键环节"的思想引领下,采购管控成为公司及各单位降本增效工作的重中之重。

(三)成本攀升迫使采购管控优化

近年来,中交二公院深入贯彻党的十九大精神,坚持"五商中交"战略,在保持勘察设计主业优势的基础上,不断加快转型步伐、丰富产业结构、优化现代化企业管理模式,开展横向多元、纵向延伸的经营和发展模式,实现了规模和利润的高位增长。随着企业布局的不断扩大,承接项目的日趋多元化、复杂化,一方面勘察设计工作靠自身产能远远满足不了规模的扩张,公司分包成本随规模扩大快速攀升,2011 年分包成本为 5.8 亿元,占营业收入比例 45%,到了 2014 年增长至 13.8 亿元,占比达 55.4%。采购成本极其占比情况如图 1 所示。另一方面,传统采购模式所凸显的供方良莠不齐、采购流程无序低效、预算约束形同虚设、项目质量风险管控不到位等问题已无法满足企业提升产能、控制成本的双增长需求。

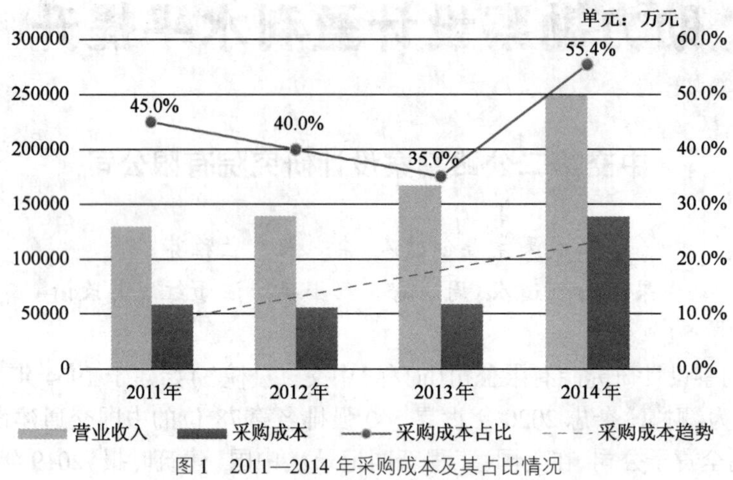

图 1　2011—2014 年采购成本及其占比情况

在这种新形势、新需求下,中交二公院深化"三基三全四化"管理,从自身能力建设出发,聚焦提质增效,以标准化、精益化、智能化管理为抓手,借助现代化信息管理平台,不断创新采购流程、深挖采购潜力、优化预算管控,通过夯实准入闸口、再造采购流程、落实预算约束、创新定额标准,实现"流程 + 标准(预算定额)"采购管控模式,合理配置资源、分散采购风险、降低采购成本,提升公司整体经济效益,保障公司高质量发展。

二、成果内涵

中交二公院从传统管理模式走来,切实践行"缩短流入流程,延长流出流程"的管控理念,持续优化采购管理全过程管控体系,在专业化、标准化、数字化、精细化上下功夫,夯实科学制度体系,严格供方源头管控,推进采购数字化平台建设,探索分级分类审批制度,强化采购风险防范,落实采购预算约束,创新定额标准建设,不断提升采购流程管控水平,努力实现产能盈利双提升。

把牢采购起点,优化供方源头管控。中交二公院严控准入闸口,依据信息化管理手段搭建电子化采购平台,建立合格供方库,实行"审批准入—定期考核—动态评级—清退拉黑"的全过程供方管理体系,实现专家库、合格供方库、项目库三库联动,提升供方专业化、管理数字化水平。

再造采购流程,落地预算约束。中交二公院以全面预算管理为抓手、分级分类审批为监督、刚性预算为约束,将采购风险分散至各节点各层级,实现预算全流程覆盖,持续推进采购管理的流程标准化、预算精细化,实现采购全流程精细化管控。

创新定额标准建设,强化预算量化管控。中交二公院基于标准化历史数据及科学的测算方法,延伸"量价分离、量价双控"理念,科学划分定额科目,动态迭代定额标准,依托信息化技术手段动态形成智能化采购指导价格,量化支撑预算管控,实现企业资源投入、成本消耗的数字化、智能化管理。

三、主要做法

(一)整体思路

以"延长流出流程"的管控理念为指导,以规范高效、风险分散、成本可控、权责明确、结果可溯的管控目的为导向,坚持专业化、标准化、数字化、精细化的管控原则,依托信息化手段,切实再造流程规范、预算刚性、成本受控、风险可控的可移植性勘察设计企业采购流程,实现预算约束流程、流程推动预算的闭环管控体系,形成集可实现性、市场合理性、社会需求满足有效性于一体的适用勘察设计企业的采购定额体系。

(二)实施目标

基于中交二公院组织管理架构及实际采购需求,结合预算及标准定额,科学优化采购流程,合理满足工程采购需求,落实预算约束,逐步提高采购效率,将业务流与管理链紧密衔接,实现分包成本可控、管理质量提升,保障公司高质量发展。

①制度体系科学合理,切实贴合采购流程规范化管理需求;

②供方管理严格高效,统筹合格供方库建设,打造优质分包资源,实现采购电子化,把好采购源头关;

③采购流程规范透明,切实满足企业采购需求,降低管控成本,提高流程效率,紧缩流出闸口,防止“跑、冒、滴、漏”;

④预算约束刚性有效,实现“量”“价”双控,形成预算约束流程、流程推动预算的闭环管控体系,为资源分配、内部控制提供科学可靠的依据;

⑤定额标准科学闭环,实现定额指导采购预算、贯穿采购流程、决定审批节点、约束采购成本的全流程量化支撑体系。

(三)夯实制度建设,奠定发展基础

中交二公院根据企业内部情况,在中交集团相关采购制度的基础上,重新梳理修订和颁布相关管理制度,包括《采购预算管理实施方案》《合格供方管理办法》《采购合同模板》《采购管理办法》及其《实施细则》等多项规章制度,积极推进公司各采购环节的规范化管理,形成“准入严格、流程规范、预算有力、定额标准”的制度体系。

2015年,中交二公院发布《采购预算管理实施方案》,在原有方案的基础上,进一步明确了各单位及部门的职责权限、规范了系统操作、完善了审批流程,将采购预算与审批流程结合起来,并从财务、生产、经营等需求出发设计出多套预算编制报表,建立了新的系统报表功能。

2017年,中交二公院为进一步推进采购预算管理工作,修订了《采购管理办法》,办法中明确将预算编制流程嵌入采购申请,解决了以往预算编制流程倒置导致的预算有名无实的问题。

2018年,中交二公院为进一步规范公司供方管理及工程项目采购行为,修订了《合格供方管理办法》,对供方准入条件及流程、供方评级制度以及劣质供方清退条件进行了更新调整,健全了供方退出机制,并据此发布了更新后的合格供方名录。同年,结合新的管理办法,对采购合同模板进行了修订,更新了合同支付条款,增加了廉政合同及安全生产合同。

2019年,中交二公院根据采购流程管理及预算管控的推进程度,进一步修订了《采购管理办法》及其《实施细则》,对审批流程进行了进一步的分类细化,增加了采购事前沟通纪要模板,将采购风险前置,并进一步强调了集体决策的重要性。

中交二公院采购制度化文件建设历程如图2所示。

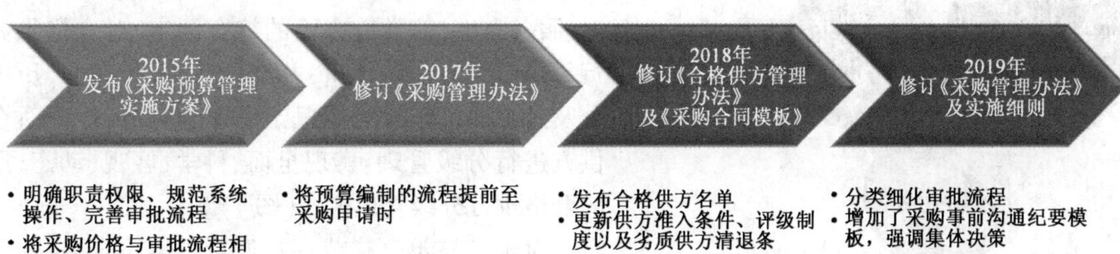

图2 中交二公院采购制度化文件建设

(四)优化供方管理,实现采购管理专业化

供方是采购供应链上物资实体和服务的提供者,是采购活动的起点。作为公司重要的外部资源,其工程质量的优劣、工期的长短、价格的高低,对公司的安全生产、稳定运行、品牌形象、创新效能以及长远发展都具有非常重要的影响。

中交二公院2009年就已制定《合格供方管理办法》,并于2018年结合公司发展情况对其进行了修订,目前涉及17个细分专业,包括:工程地质水文地质勘察、工程总承包、路桥隧设计、轨道交通工程设计、航空摄影测量、环保景观设计、基础控制测量及工程测量、建筑工程设计、交通工程设计、交通量预测及分析、经济评价、公路工程设计、市政管网管线设计、试验检测、效果图制作、专题研究等。中交二公院合格供方库实行"审批准入–定期考核–动态评级–清退拉黑"的管控体系。

1. 严管准入,加强供方源头管控

在合格供方的选择上,中交二公院一直秉持着严谨、客观的准入原则。在以往办法的基础上,公司进一步明确了供方准入标准,加强了供方准入审核,延长了供方准入流程,建立起合格供方名录,从源头上夯实了准入闸口(图3)。在供方准入前,需对企业基本情况进行翔实的审核,包括企业基本信息、法定代表人基本信息、资质证书、业绩情况等,经过相关部门及领导审批后才能进入合格供方名录,首次准入供方等级为C级,并后续提供激励性的晋升制度。原则上,在内部的单位有采购需求时,应从合格供方库中挑选符合条件的供方。

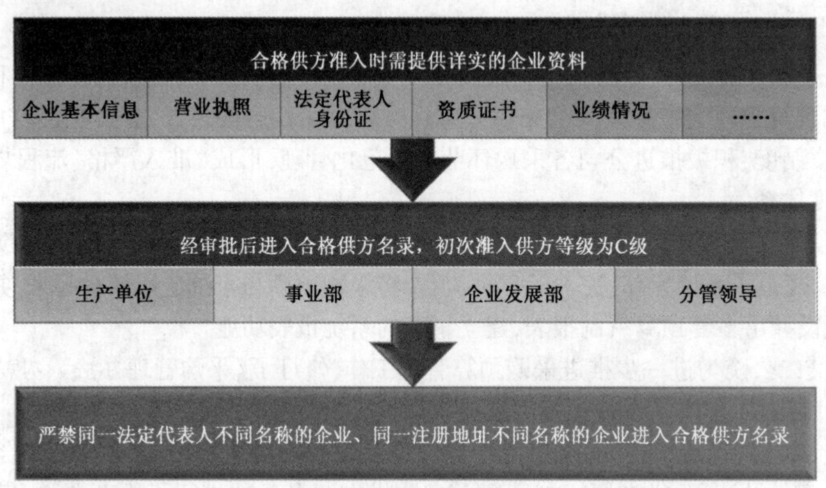

图3　供方源头管控流程

2. 加强质量把控,实施供方评级制度

基于专家评分法及历史判断法,中交二公院对供方采取动态评级制度。在供方完成项目后,各项目负责人组织相关专业负责人按照项目实施情况,针对供方项目人员情况、项目进度、安全保障、工程质量、后续服务、供方服务态度等方面进行评定,同时结合各专业专家对质量、进度、价格、安全、环保、财务状况、服务态度、信誉等方面的综合评定,对合格供方实行每年一次的动态评审,并结合其资质、实力、历史得分及过去的合作履约情况予以评价打分,以此对合格供方进行分级管理,实现全面、科学、客观、动态、严格的合格供方分级管理模式(图4)。

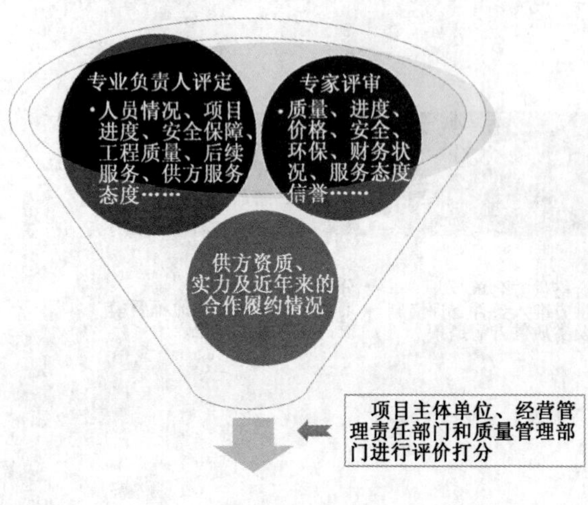

图4　供方分级评审

对于考核不合格或存在质量进度不合格、安全生产不达标、恶意停工阻工等情况的供方,经专家委员会评定后,将通过清退程序及黑名单制度予以剔除名录处理。通过严格的把关审核和后评估工作,合格供方名录较历史最高年份数量精简了50%。

(五)规范采购方式,实现采购管理数字化

1.规范采购方式,细化分类标准

为解决以往招投标管理过程中存在的分类不清晰、流程不严谨的问题,中交二公院按照招投标管理有关规定,基于对历史数据的分析判断,结合采购风险、工程性质、市场竞争等因素,依据采购项目的工作内容、难度、金额及其他要求合理确定流程节点、细化审批流程,将工程项目采购方式分为公开招标、邀请招标、询价、合同谈判等。

针对采购金额较大、超过预设节点的勘察设计等服务项目、施工项目以及重要设备材料等货物的采购应采用招标方式。邀请招标单位应在合格供方名录中选择,遵循优中选优原则,单位数量不得少于3家;公开招标项目的投标单位及数量应按照国家有关法律法规执行。招标工作需由具有招标代理资质的专业机构开展,机构需负责按审定的采购方案、计划、要求编制招标公告、招标文件,发布招标公告、邀请函,发布招标文件,组织开标、评标,编制汇总招标记录及评标报告等(图5)。招标评审需由专业的评标专家组开展,评标专家组由技术、商务、造价等方面的技术专家和监督专家组成,原则上技术专家组应为不小于5人以上的单数,监督专家1人,评标专家应在公司《评标专家库》内随机抽取,特殊情况可邀请外单位专家。

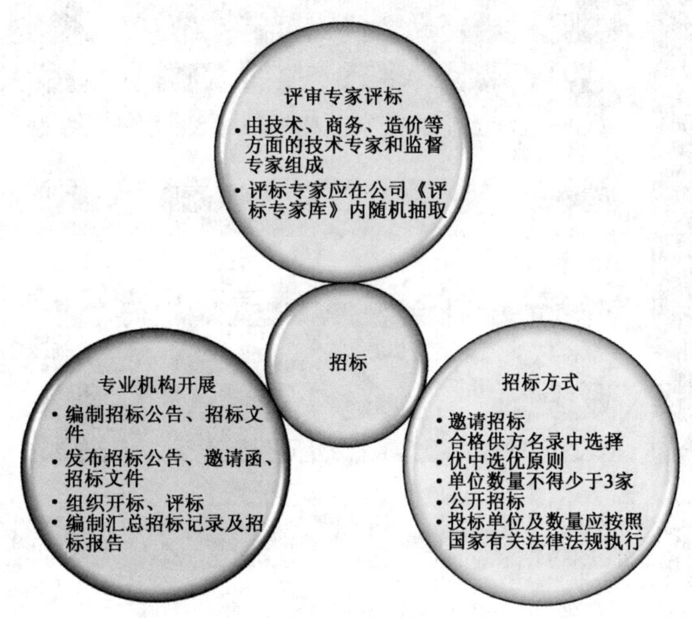

图5 招标流程

针对采购合同额较小、未超过分类节点的施工项目和重要设备、材料等货物的采购应采用询价方式在合格供方库中确定供方。采购责任单位选取的询价单位数量不得少于3家,被选定的合作单位应在指定时间内依据实际情况提供详细的项目数量、单价、总价等信息,并形成规范文件予以归档留存。

针对采购合同额较小、未超过分类节点的勘察、设计、监理等服务项目的采购应通过合同谈判方式在一定等级以上的合格供方名录中选择供方或通过询价方式选择供方。采购责任单位在开展合同谈判过程中,应形成规范的合同谈判纪要等相关文件,经过至少2名及以上采购责任单位领导签字确认后进行归档留存。

2.建立电子化采购招标平台,实现采购管理数字化

以往的招投标主要采用线下纸质招投标或OA审批方式为主,随着业务的快速发展,招投标工作量的迅速增加,人工处理的工作模式下,无法快速将招投标的庞大资料提炼为信息,及时提供给决策部门作为决策依据,同时也无法对外部信息进行及时、准确的采集、利用。因此,依托信息化手段建立采购信息管理平台就显得尤为迫切。

为应对上述问题,保证采购各环节公开、公平、公正原则的贯彻落实,提高采购透明度,节约资源和交易成本,中交二公院自建集中采购招标平台,在现有 EMP 系统基础上实现了与其他平台的数据交换,构建规范、透明的招投标工作流程,解决了传统招采模式中"公平、公正、公开"与"择优""质量"与"效率"的矛盾。

采购招标平台(图6)主要以采购全程监管为督查手段,以采购业务管理和采购执行管理为建设重点,以实现专家库、供方库、项目库三库联动为建设目标,其业务功能主要包括信息公示、供方管理及招标管理等。信息公示平台用于对外发布招标公告、评标公示、中标公告等重要招投标信息,提供招标问题解答、投标文件提交等交互窗口;供方管理系统实现对于供方信息的电子化管理、查询与统计,建立对供方的全过程数据跟踪与管控,实现采购方与供方之间信息流、业务流的互动;采购招标平台系统支撑从招标立项、编制标书、邀标、售标、投标、开标、评标、授标全流程管理,提供灵活的模板定义功能以及类比生成功能,支持公开招标及邀请招标等方式,支持在线评标,实现项目库与专家库联动管理,并提供全过程监督审查。

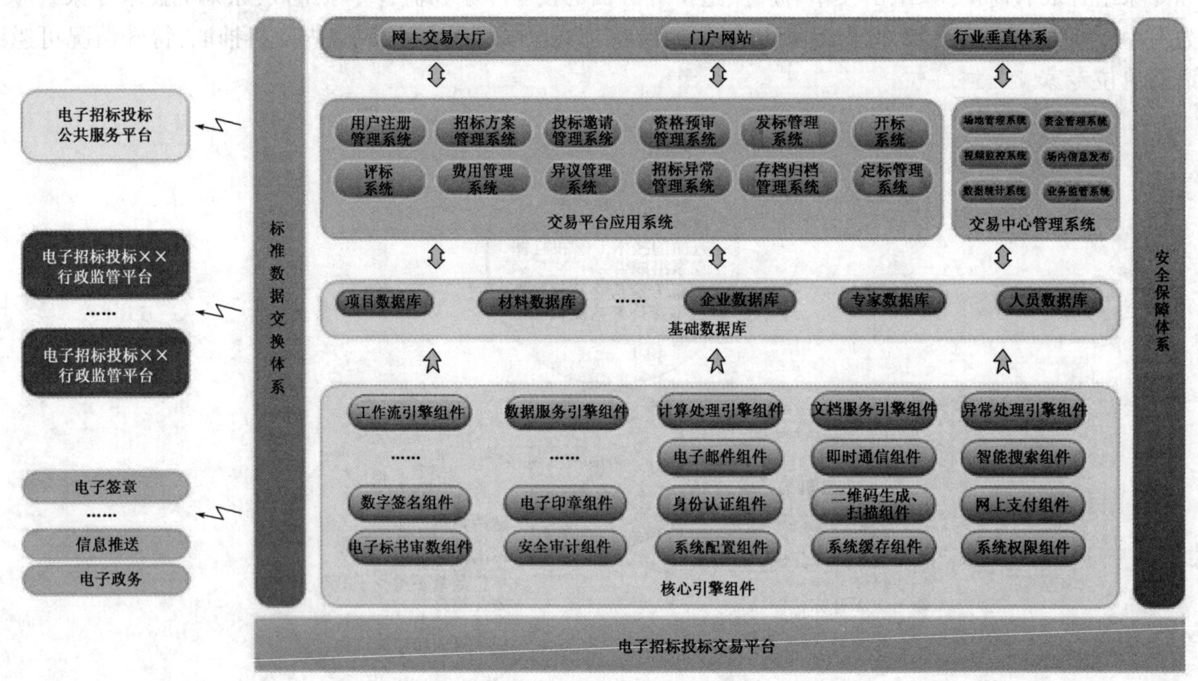

图6 电子招标投标交易平台

(六)延长流出流程,实现采购流程规范化

勘察设计行业采购需求繁杂,采购金额从几万到几千万不等,传统的采购流程在应对金额较小的采购合同存在过于冗长的缺陷,而面对较大的采购合同又有流程过简、风险防范不到位的情况。为加强流出管控的同时提高流程效率,中交二公院针对当前面临的问题,基于公司现有组织管理架构,对已有采购流程进行了再造,积极探索公平公开透明、贴合组织架构、准确高效严格的分级审批流程,以精确预算推动流程、以硬化流程反逼预算,实现流程贴合实际、预算控制精准的采购流程体系,对紧缩流出闸口防止"跑、冒、滴、漏"起到积极作用。

1. 组织架构基本情况

2014 年后,中交二公院内设企业发展部(预算管控、经营管控)等 11 个职能管理部门,下辖子公司、分公司等 27 个经营生产单位。建设高效的组织机构并赋予其相应的管控职能是高效实施采购流程管理的基本保障,也是合理布设审批节点的重要依据。中交二公院结合自身经营生产布局及特点,搭建了多层级的推进机构,并明确了相应职责和权限。公司现有组织架构如图 7 所示。

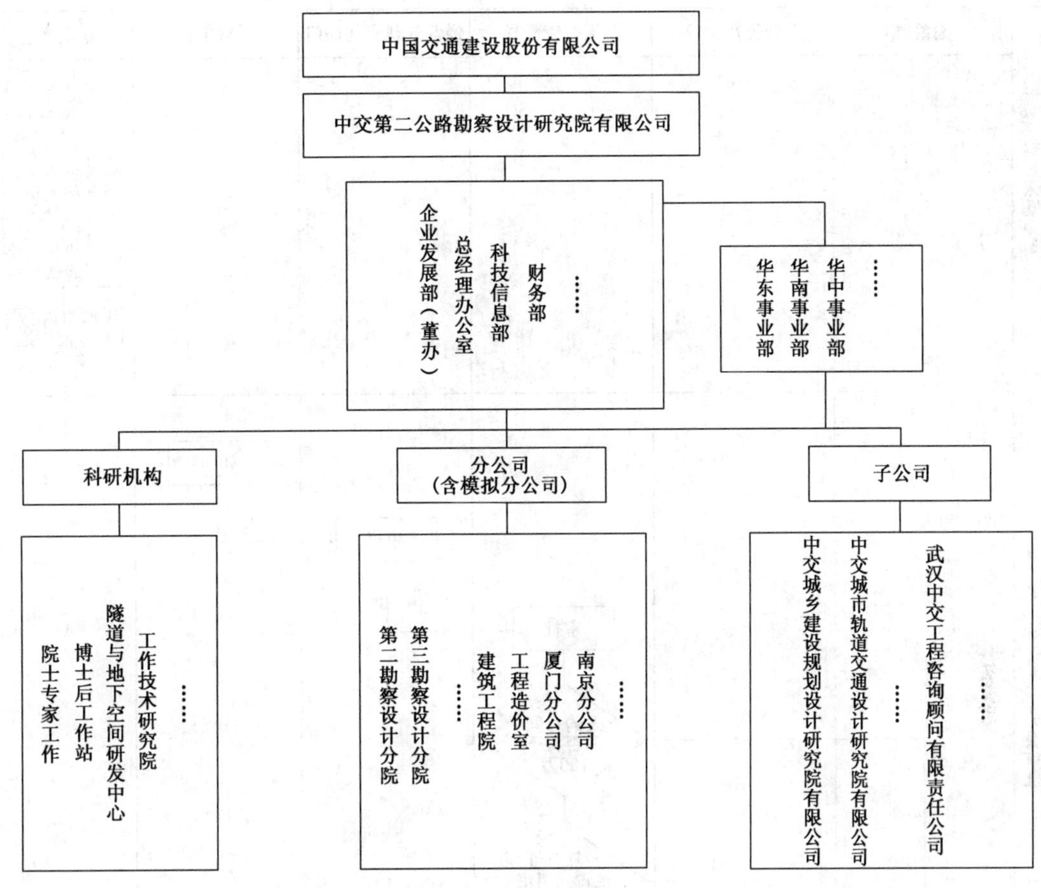

图7　公司现有组织架构

采购管控参与人员及主要部门包括：公司总经理、片区高管、企业发展部、区域事业部及各分子公司。企业发展部统领预算管控、定额库维护、供方库维护、采购平台管控等工作，区域事业部主管采购申请初级审批，各分、子公司为采购主体单位，负责提出采购申请并编制采购预算。

2. 基于组织架构，密布审批节点

中交二公院成立由总会计师牵头，企发部、财务部等有关部门领导参加的采购定额研究小组，组织职能部门及分、子公司经营生产相关人员，开展小组调查研究，充分结合分、子公司采购现状及采购需求，结合公司现有组织架构及风险管控能力，深入分析，充分调研，精确测算，历时4年，构建起以管理层级为依托、风险管控为节点、成本可控为核心的采购流程体系。

中交二公院采购流程体系制度建设主要以公司《采购管理办法》及其《实施细则》为指导，遵循内部优先、集体决策、风险前置、分级审批、信息互通原则，以限制工程核心技术采购为基础，将采购风险与采购金额相结合确定审批关键节点，以公司组织架构为依托搭建审批层级。

坚持集体决策，强化风险事前防范。在项目采购需求提出以后，专业单位内部需集体沟通讨论，秉持内部单位优先原则，针对企业现状、项目性质、人员配置、技术需求等重点方面对采购必要性进行评估，并由项目负责人、分项负责人、经营部人员以及三分之二及以上领导班子成员签字确认后才能进行采购，将采购风险管控前置，有效提高事前风险防范能力。

严格执行审批制度，分级分类授权审批。中交二公院根据公司产能情况及采购需求，建立起依据合同金额、预算执行情况等维度划分的采购合同分级分类授权审批制度。在内部集体沟通决策完成后，采购单位启动采购申请流程（图8），并完成采购预算编制工作，根据主合同金额、采购占比、采购金额以及预算超出定额情况等执行分级分类上报审批，依据差异化审批提升采购流程的精细化及效率水平，有效降低采购风险。

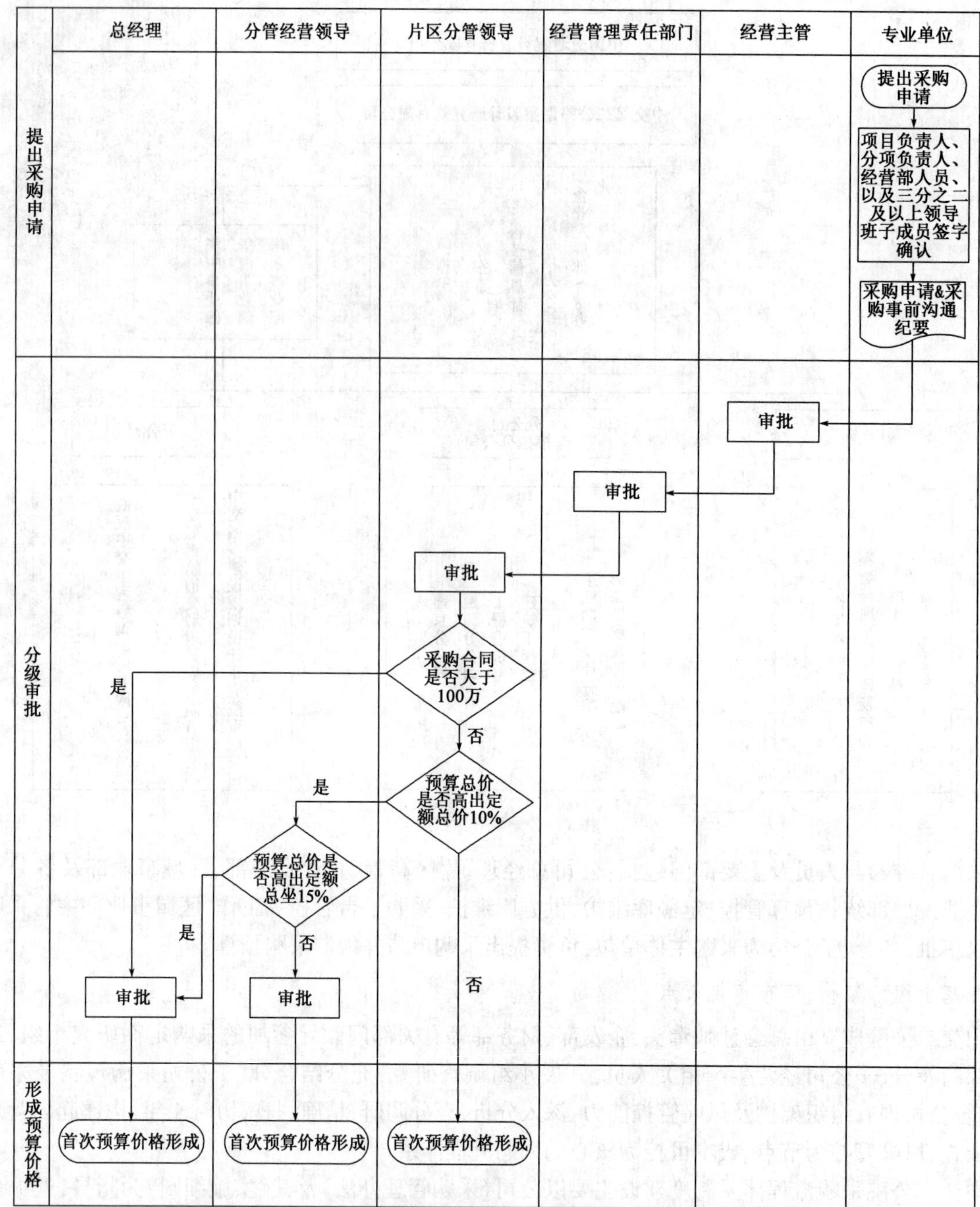

图8　采购申请及审批流程

(七)落地预算约束,实现采购管理精细化

预算管理是企业经营管理的重要抓手,是资源分配的基础,也是内部控制的依据,有利于企业合理配置资源,有效管控成本,是企业实现精益管理的体现。为更好控制企业成本、提高企业利润,中交二公院在规范采购流程管控的基础上,以全面预算管理为抓手,以限价管理为基础,"量""价"双控为目的,预算约束为手段,将采购预算约束硬化在采购流程中,实行标前预算、标后预算、合同预算及结算金额四大环节迭代联动,流程推动预算管理的闭环更新,切实落地预算约束、确保成本可控,全面提高企业经济效益。

1. 夯实预算体系建设

2015 年,中交二公院对采购预算分类明细项进行调研,经过近 4 个月的努力,形成较为完整的采购预算明细项,预算系统基本成形。

2016年,为进一步提升采购成本预算系统使用效果,中交二公院按照八大类专业召开了5次研讨会。根据会议讨论结果,起草了《2016年采购预算调研(研讨型)报告》,印发了《关于印发"2016年采购预算推进会"会议纪要的通知》,并于年末发布了《采购成本预算明细内容及调整流程》,根据调研结果对预算明细进行了调整,并规范了后续明细调整流程。

2017年,中交二公院对采购系统进行了进一步的完善,在系统的审批环节中增加了分包率的统计显示,提醒审批人对分包率过高的项目深度关注;对明细项根据实际需求进行了替换调整及补充更新;金额的显示更加详细具体;完成采购预算的执行清单、分包率统计清单、供方统计表等查询报表;开发采购成本进度确认功能,植入采购成本确认进度申报表,并与项目分包付款预算系统关联提升了"基于收款滚动预算的分包付款联动式预算管理"的自动控制功能。

2018年,中交二公院对采购管理系统进行了全新改版,改版后的系统实现了采购申请、采购预算、采购行为和合同签订一体化功能,主要业务能够自动生成招标文件的报价清单及合同文本附件,使线上线下信息保持一致,采购指导价格实现动态更新和闭环管理。采购预算管理已成为公司经营生产管理中必需的一环,是公司经营生产管控的重要工具。图9为中交二公院采购预算体系建设历程。

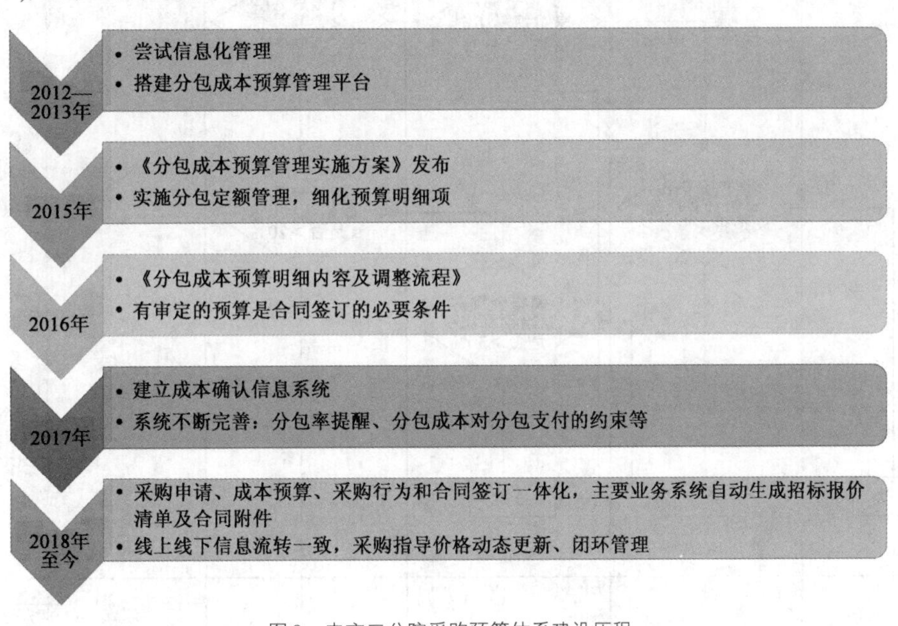

图9 中交二公院采购预算体系建设历程

2. 落实预算约束,实现预算闭环

以往采购预算由于采购流程的规范化程度较低,缺乏约束落地的体系基础,欠缺有效管控途径;同时,受到勘察设计行业项目定额标准缺失的制约,采购预算缺少有力的量化支撑,无法切实了解采购项目的真实成本,无法做到有力有效地控制成本流出,采购预算一直以来存在有名无实、编制流程倒置等问题。

中交二公院从流程及标准方面入手。一方面建立规范的采购流程管控体系,将初始采购预算编制嵌入采购申请节点,以硬性流程强化预算编制先行原则;通过应用不断完善契合实际的预算明细项,在申请提交以后,以初始采购预算作为分级分类审批依据,提高采购审批效率,优化采购风险管控。另一方面,依托历史数据建立不断迭代的采购定额标准体系,对预算编制实行数字化、智能化支撑,使预算管理不断量化,采购预算不断趋近实际,提高预算管控的精确性及有效性。预算调整审批流程如图10所示。

落实预算约束,强化预算编制。各专业单位启动采购申请的同时需编制具体、详细的采购预算。在编制预算时,要求申请单位必须选择底级明细,分类填写数量以及单价,最终经系统汇总生成采购预算总价。

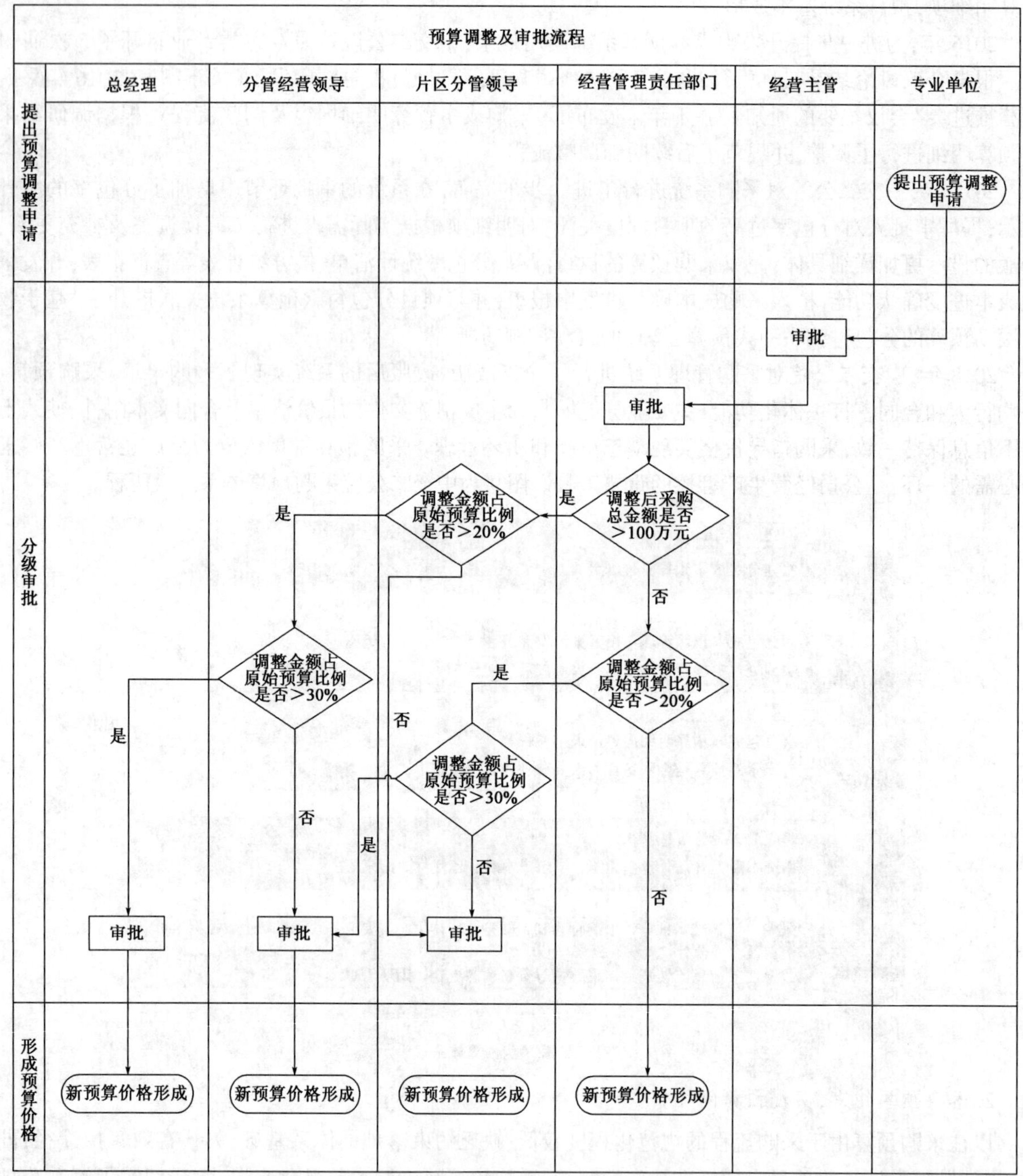

图10　预算调整及审批流程

分级分类审批,动态调整限价。针对不同类别的项目,在形成采购预算总价后,根据预算金额与系统定额的对比结果,结合系统运行年限确定范围系数,动态调整采购限价,并以此作为分级审批划分依据。

优化预算调整,实现预算闭环。中交二公院为实现采购预算全覆盖,推行预算全流程闭环管理(图11),保证采购定额的数据准确性,在初始预算编制完成后安排关键节点的预算调整机制,采购单位可在正式签订采购合同及合同结算时,根据实际情况对预算进行相应调整。调整时需保证合同基本信息的完整并提供详细的调整原因,细化至底级明细,分类填写数量和单价,最终经系统汇总生成采购预算调整总价并进入审批流程。根据项目类别、采购金额及调整金额的大小,分级分类上报审批,最终形成的采购结算金额将进入采购定额标准库,对该项目及明细科目进行进一步的迭代更新,形成更贴合实际的采购定额标准。

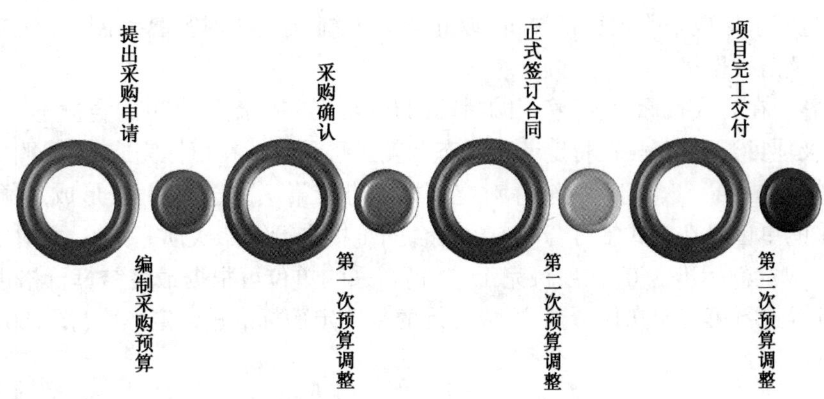

图11 预算闭环管理流程

（八）创新定额标准，实现采购管理标准化

预算工作是资源分配的基础，也是内部控制的依据，中交二公院自2009年起大力推行的全面预算管理工作取得了显著成效。但在没有现存定额标准的有效支撑下，采购预算难以引导内部资源的有效配置、充分发挥预算工作的管控作用，也缺乏对外部环境的应变能力。完善定额标准体系的建立对发挥整个采购预算系统的成效、促进预算全流程管控有着至关重要的作用。

中交二公院基于公司内部环境及勘察设计行业现有水平，在标准化历史数据及科学测算方法的基础上，秉持“量价分离、量价双控”原则，分类分区制定、执行动态定额标准，形成科学采购指导价格，实现采购定额指导采购预算、贯穿采购流程、决定审批节点、约束采购成本，规范企业资源投入与成本消耗，量化支撑全面预算管控，实现采购预算闭环，推进采购流程精益化管理。

1. 标准化数据采集

中交二公院历时4年不断扩大基础数据收集范围、细化数据分类标准、加强数据填报及收集规范程度，持续丰富定额数据库，并按地区、片区、专业、项目类型等进行整理汇总，通过专家咨询、现场勘察、统计分析等手段不断加强数据真实性、有效性、规范性，持续提升定额数据的标准化水平。

2. 科学划分定额科目，结合实际清理异常数据

中交二公院充分考虑地域特点、工程规模、物价影响、市场波动、业务性质等因素，在近年历史数据的基础上，对业务科目进行分层分类，制定了采购定额科目清单。划分后，系统运行初期中的定额固定科目（含四级以上）共计2481条，用户自定义的科目有5156条，其中近年使用频次较高的共840条，使用科目较为集中。

鉴于数据量及时间跨度对统计分析可靠性的影响，为保证定额分析的实用价值，在初步运行中对近年所有科目的使用频次进行了排序，筛选出使用次数大于等于50的科目，筛选结果为12个，其中包括高密度电法、路堤钻探、桥梁钻探等科目，涉及勘察和设计咨询2个大类，使用频次共计1138次，其中使用频次最高的有188次。筛查结果与中交二公院主业大类相吻合，确实为采购频繁、迫切需要规范的业务类型，且均已具备完善的闭环管理基础，对采购定额体系的全范围覆盖有良好的指导作用。

确定初步管控的12个科目后，从定额库中分别导出各科目的历年基础数据，结合物理判别法，对异常数据进行判别和剔除（或校正）。剔除（或校正）的主要为以下2种：一是结合项目实际情况，在咨询专业技术人员或相关专家意见后明显不合理的；二是国际板块，由于海外市场采购价格与国内差别较大，因此本次分析时予以剔除，待后续系统进一步完善后，海外项目将单独做专项分析。

3. 动态定额优化

在“量”“价”分离的基础上，依托标前预算、标后预算、合同预算及结算金额四大环节迭代联动机制，实现定额标准自动化的迭代覆盖，随着数据量的持续累积不断优化，最终形成贴合实际的定额标准。

限制预算编制。在提出采购申请时采购单位进行初次预算编制,系统基于历史数据形成定额标准1.0,根据采购数量需求形成采购预算指导价,以此作为控制"红线"对预算编制予以控制,并结合系统运行年限,动态调整审批层级。

迭代预算调整。在完成投标后,随着采购活动的开展,当前后流程产生的金额不一致时,采购单位可根据实际沟通及项目开展情况,在特定节点动态调整采购预算。在招标完成后,采购单位可根据招标价格在采购确认时进行第一次预算调整,并对定额标准进行第一次迭代覆盖,形成定额标准 2.0;在完成合同谈判后,采购单位可在正式签订合同前根据合同价格进行第二次预算调整,并对定额标准进行第二次迭代覆盖,形成定额标准 3.0;在项目完工交付后,采购单位可根据最终结算价格进行第三次预算调整,并对定额标准进行第三次迭代覆盖,形成最终的采购定额标准进入定额库(图 12),作为动态优化的参考依据。

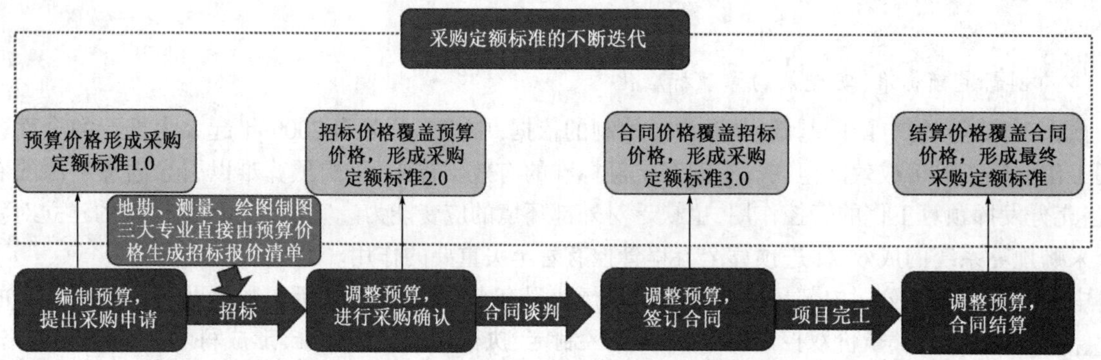

图 12　采购定额形成过程图

采购定额的形成,一方面通过与预算价格的对比直接决定审批流程,增加采购活动的透明度,另一方面又能指导采购预算的编制,防范不必要的高价采购,"流程 + 标准(预算定额)"充分融合达到管控采购的目的。同时,部分业务通过预算能够自动生成招标文件的报价清单及合同文本附件,保证了线上线下信息的一致性,这样既提升了采购预算编制的准确性,增强采购定额的指导意义,又实现了采购预算的闭环管理。

四、实施效果

中交二公院在"缩短流入流程、延长流出流程"原则精神指引下,自 2015 年系统推行采购预算管理以来,在采购管控上通过信息系统实现了规范的流程管控,并将采购预算嵌入采购流程全过程,到 2018 年将部分专业采购预算导入采购管控招标程序,逐步实现了对采购工作严格的"流程 + 标准(预算定额)"管控。

(一)严控准入,打造优质采购合作商

中交二公院不断完善制度基础建设,切实加强供方准入审核,严格执行劣质供方清退制度,全面推行采购平台电子化,建立了范围全面、等级清晰的合格供方库,实现了专业化、电子化的"审批准入—定期考核—动态评级—清退拉黑"管理流程,深入推进了供方管理提质增效。通过严格的把关审核和后评估工作,经过近年的不断迭代更新,合格供方名录较历史最高年份数量精简了 50%。

(二)"流程 + 标准",实现产能盈利双提升

1. 采购成本占比下降,毛利率稳步提升

中交二公院自 2015 年开始推行采购"流程 + 标准"管控以来,对采购成本的管控的成效逐步释放。

2015 年以前采购成本攀升迅速,采购成本占比居高不下,成本无法得到有效管控,造成不必要的利润流失。2015 年以后,在公司规模和利润持续保持高位增长的大背景下,随着采购管控的逐步推行及完善,管控效果逐步释放,采购成本及其占比控制成效显著,从财务报表可以看出,由实施前的 55.4%

下降至2019年的44.9%，毛利率由实施前的22%上升到了2019年的28%（图13）。

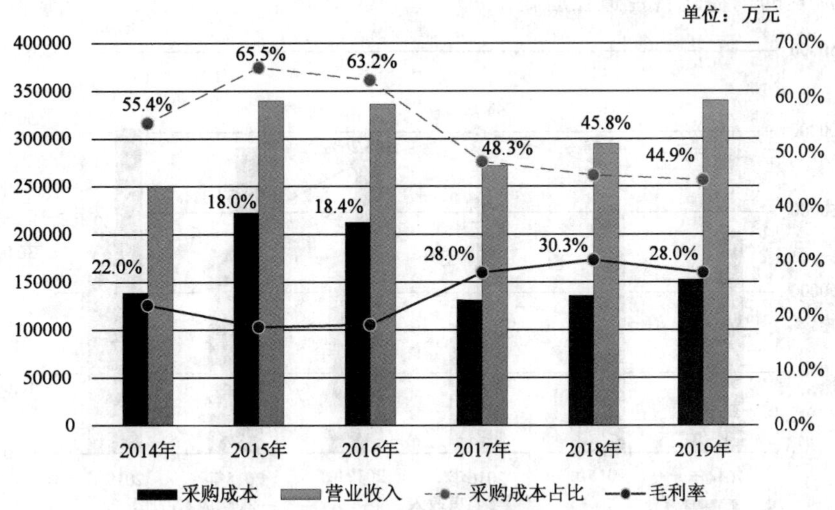

图13 2014—2019年采购成本占比及毛利率情况

2. 自营产能实现跨越式增长，经营质量明显改善

中交二公院自2015年开始推行采购“流程＋标准”管控以来，自营产能实现跨越式增长，采购管控效果明显。

从勘察设计自营合同额及自营收入来看，中交二公院通过采购管控实现了管理的提升，自营产能的显著增长。自营合同额（主体合同—分包合同）从管控前的108861万元增长至2019年的144077万元，2015—2019年相对于2014年累计增加自营合同额超过40亿元（图14），采购管控占各种因素（人员增加＋技术进步人均效率提升＋经营采购管控）增加总额的68%，五年来平均采购管控（成本）的边际贡献率超过50%。

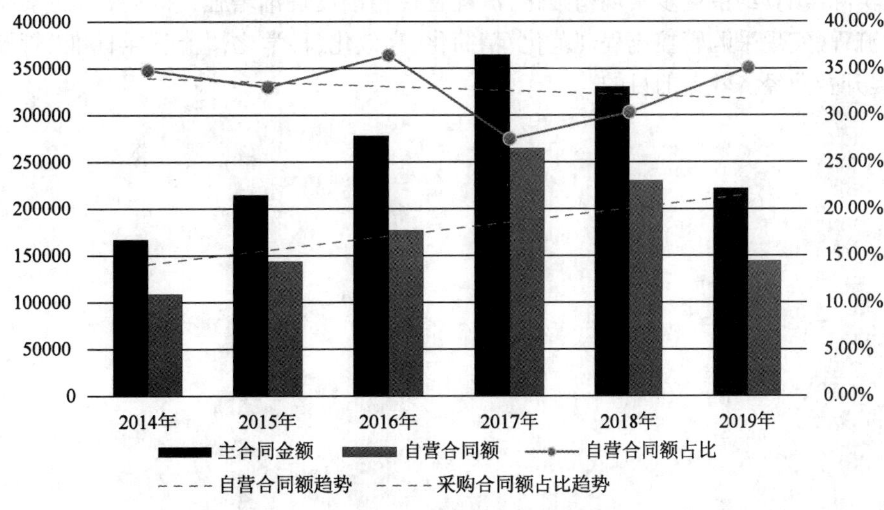

图14 2014—2019年勘察设计自营合同额情况

自营收入（营业收入－采购成本）从管控前的79999万元增长至2019年的141001万元，年平均增长率12.0%，2015—2019年相对于2014年累计增加自营收入超过13亿元（图15），采购管控占各种因素增加总额的30%，五年来平均采购管控贡献率超过10%。

（三）指导实践，为行业定额制定明确路径

勘察设计行业作为技术密集型、智力密集型的生产性服务业，在工程建设领域有着重要的引领和主导作用。随着近年宏观经济下行压力的加大及传统公路市场的日渐饱和，市场空间逐渐萎缩，行业竞争日益白热化,仅靠扩大规模远远无法满足企业高质量发展需求,进一步控制企业成本、提升利润率显得尤为重要,采购流程的精益化管控迫在眉睫。

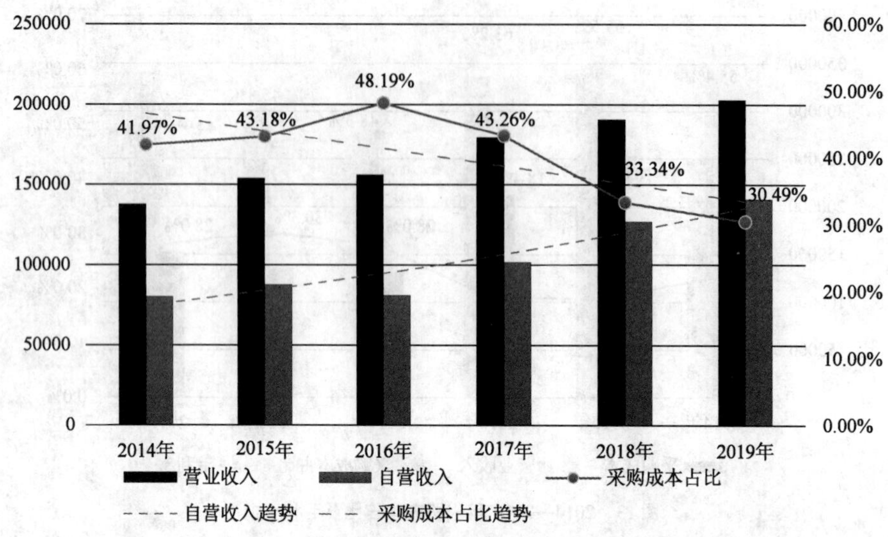

图 15　2014—2019 年勘察设计自营收入情况

中交二公院作为中交集团勘察设计板块的主要单位,积极探索、不断创新,站在行业发展及自身提升的角度,领先创新采购定额标准,致力于形成并推广集可实现性、市场合理性、社会需求满足有效性于一体的适用勘察设计企业的采购"标准 + 定额"管控体系。

建设初期,在尚未形成合理规范的采购体系的背景下,为提高采购工作的规范化及透明度,中交二公院依据内部组织构架及业务特点初步搭建采购流程,增设审批层级、延长审批流程,同步完善配套制度措施,硬化流程倒逼专业单位逐步实现采购标准化。

随着系统运行年限的增加,采购流程使用频率的不断提升,定额数据库不断累积,定额标准及明细类别更加贴合实际,预算约束逐步实现精细化,流程管控精准度逐渐增强,标准数据的累积逐渐反作用于冗长的审批流程,实现采购管控流程规范化、精简化、高效化、科学化,"流程 + 标准"管控最终实现降低企业成本、提升企业经济效益的目的。

工程软件技术应用管理体系

四川公路桥梁建设集团有限公司

成果主要创造人：侯小军　罗燕平

成果参与创造人：肖整勇　王　生　王冰源　曾　斌　张　开　郭世强
刘　涛　刘江林　侯玲超　祝　婷

四川公路桥梁建设集团有限公司作为中国500强企业和国际承包商250强企业，1999年发起设立股份公司，于2003年成为四川交通系统首家上市公司；2009年作为核心子公司参与组建四川省铁路产业投资集团，肩负起构建西部综合交通枢纽的历史使命，2012年通过重大资产重组实现整体上市，逐步发展成为西部领先、国内一流的基础设施领域综合性跨国型企业集团。2017年四川公路桥梁建设集团有限公司承建延崇高速公路河北段金家庄特长螺旋隧道，于2019年建设完成。延庆至崇礼高速公路为北京2022年冬奥会交通保障项目，项目概算总投资228亿元。本文软件运用大多运行于延崇高速公路工程项目四川路桥ZT10标段。

一、实施背景

现代社会下，科技的进步使得我们的工程项目从曾经的肩挑手扛到现在迅速发展的机械化施工，不仅节省了人工成本，同时也使得我们的施工安全等各方面得到了极大地保障。而电子计算机技术不断发展，使得计算机在各行各业都发挥了不可替代的作用。在这种环境下，越来越多的计算机应用软件进入了人们的视野，工程应用软件技术在此背景下应运而生。

在我国基础建设工程项目的建设过程中，各类工程软件及办公软件的使用贯穿全工程阶段，甚至在一些国家重大项目中有单独运行的工程软件，例如河北省延崇高速公路工程项目管理系统。所以在现在的工程项目建设中，如何应用工程软件是我们需要学习的一门技术。但是并非所有的软件都适用于我国的现场施工状况，所以我们需要去进行甄选识别，建立一个属于我们的管理体系，筛选出适合于我们工程项目所使用的工程管理软件应用体系。

二、成果内涵

从整个市场上的工程软件功能出发，结合现场施工各阶段需求，并通过新开发软件的使用实验、不同软件的组合工作、专属软件的开发利用等方面进行研究，总结出一套工程软件技术应用管理体系。这种利用现代信息化软件工具，进行软件工具的采集、加工、开发和深度利用等，满足软件产品需求管理等基本方针的技术应用体系能够有效地帮助我们在工程项目工作中减少工作时间、提高工作正确率、省略烦琐步骤、提高工作效率等，使得项目专业人员资源得到合理地配置，使得项目内外部的信息沟通更加方便、流畅和快捷，使得项目的运行更加地顺畅和规范，信息反馈更为及时有效。同时借助软件工具的力量使得工期得以提前或者工程安全性得以提高，有利于实现工程项目在规定时间内超前、安全、高效地完成，从而提高项目管理水平，提高工程项目专业人群工作能力和工作素养，最终提高企业的生产力和竞争力。而工程软件技术应用体系在不同项目进行推广运用也有利于推动社会工程信息化管理的发展和进步。

三、主要做法

(一)构建工程软件技术应用管理体系

1. 建立工程软件功能分类管理体系

目前,我国的工程软件根据功能大致可分为以下几类:工程制图类软件、结构设计类软件、造价预算类软件、工程建模类软件和其他软件等。工程软件加上我们常用的office办公软件,这些软件是我们在工程项目不同阶段都能够使用的最好工具。其中,大家最熟悉的应该就是制图类软件和造价预算类软件,不仅仅是因为这两种软件在工程项目中的应用更加广为人知,同时也是因为工程软件适用人群的问题。设计单位擅长制图类软件和建模类软件,施工单位则更擅长办公软件以及造价预算类软件,从而使得大家在软件应用上有所偏重。而制图类软件又以AutoCAD软件更为出名,造价预算类软件则是广联达与同望软件更为普及。其中,CAD软件作为工程必备软件,是受众率最高的软件之一。

但是,除了我们所熟悉的上述软件外,管理体系建立工作的工作之一就是我们对应的部门工作人员需要及时更新市场上运行的各种工程软件名单,然后根据功能性进行分类汇总,形成一个完整的工程软件功能分类管理系统。将软件系统地功能分类有利于我们在项目施工过程中根据不同的工作内容和所需的最终成果选择最合适最快捷的软件工具。例如,在造价预算类软件中,若是项目为房建工程,软件多选用广联达软件,而项目若为路桥项目,则多使用同望软件。而更新软件名单则可以使我们在工作时存在选择多样性,比如路桥项目的预算工作,我们除了可以选择同望软件进行算量,我们还可以选择另一个工程软件——纵横软件。纵横软件公司因为位于沿海地带,内陆的项目很少能够看到这个软件。但是根据我们的调查研究以及项目实测,纵横软件的可操作性与同望软件相差无几,只是操作界面有所区别。而绘图软件更是还有Revit的存在,实际上Revit也算是Autodesk公司用于升级CAD的产品。同时,这两种软件也是常用的建模类软件,最近我们常在工程项目中提到的BIM(Building Information Modeling)应用,即建筑信息模型化,多是使用REVIT软件和ArchiCAD软件进行建筑模型化。建模类软件还有涉及结构的钢结构详图设计软件Tekla,能够通过先创建三维模型以后自动生成钢结构详图和各种报表来达到方便视图的功能。

需要注意的是在工程软件的分类中,可能出现的软件多功能分类,也就是我们所说的A功能和B功能同时具备,这类工程软件往往是性价比最高的软件,比如说Revit软件,它既属于绘图类软件也属于建模类软件。除了前面的几类工程软件,我们还需要注意一下其他软件这一个分类,这里面包括了办公软件、工程项目单独软件以及公司单独软件等。举个例子,河北省仍在施工的延崇高速公路工程项目,这个项目存在着独立的工程软件,名为河北省延崇高速公路工程项目管理系统。因为它包括了基本信息、进度系统、调度问题、变更管理、计量管理、合同管理、计划监管等多个模块,涵盖了几乎全过程的工程使用需求,所以将它归类为其他软件中。这种软件就具有专一性,即量身定做的工程软件,非常适合对应工程项目工作人员的使用,但是也只适用于特定的工程项目。

总而言之,工程软件功能分类体系表格见表1。

工程软件功能分类体系简略表　　表1

制图软件	CAD、Revit、microstation、3dmax、photoshop等
结构设计软件	PKPM、sap、midas、ansys、etabs等
造价预算软件	广联达、同望、纵横、鲁班、神机妙算等
建模类软件	Revit、ArchiCAD、3dmax、Tekla、MagiCAD、Revit MEP、sketchup等
其他软件	Office办公软件、河北省延崇高速公路工程项目管理体系

2. 建立工程软件阶段性工作分类管理体系

工程施工阶段根据不同的工程项目可能存在着不同的阶段划分,但总体而言分为以下几个阶段:

(1)工程建设前期阶段

即工程建设前期阶段也称为决策分析阶段,主要是解决工程投资是否合理,包括投资意向、投资机会分析、项目建议书、可行性分析、审批立项等环节等问题。

(2)工程建设准备阶段

即工程建设准备阶段是为工程勘察、设计、施工创造条件的阶段,包括规划、获得土地使用权、拆迁、报建、工程发包等。

(3)工程建设实施阶段

包括勘察和设计、施工准备、工程施工、生产准备等环节。设计阶段或设计招投标阶段包括了方案设计、初步设计、扩大初步设计、施工图设计等。

(4)工程验收与保修阶段

包括工程的竣工验收与工程的保修两项内容。在工程保修期间,承包方要对工程中出现的质量缺陷承担保修与赔偿。

(5)终结阶段

包括生产运营、投资后评价等环节。结合工程软件的功能分类体系,将不同功能的软件根据工程需要作用于不同的施工阶段,这个过程我们称之为工程软件阶段性工作分类管理。举个例子,在工程建设实施阶段中,设计阶段需要涉及的工程软件包括制图类软件、结构设计类软件、造价预算类软件以及建模类软件和其他软件,而招投标阶段需要的软件就只是造价预算类软件和办公软件这两样。详细一点描述就是,当工程项目成立后,设计院选择制图软件和建模软件 CAD 和 Revit 进行工程项目相关图纸的绘制,选择结构设计软件迈达斯研究工程项目具体部位的承力结构是否合理,确认其安全的力学结构,然后根据已经给定的工程条件,甲方利用同望软件进行一个预算工作,得出的数据则是后面招投标工作的一个底价的来源参考。而招投标工作就是施工单位利用造价预算软件纵横软件对工程进行一个估价,然后用 Office 软件进行投标文件的撰写,最后参与甲方的招标活动。总的来说,了解我们在各个工程阶段的工作需求,然后对号入座利用工程软件进行工程作业,最后高效、准确地完成工作。这样的软件整理体系,使得我们在现实工程项目中可以进行最优化的选择。如果说所在项目有专一性软件的存在,那工作的开展就更加方便了,有效地扩大了工作容差,减少了工作时间,提高了工作效率。

3.建立工程软件技术应用体系组织机构

(1)组织措施

①公司部门专门进行软件管理,所有项目专业人员都可以使用工程软件技术应用体系,定期更新软件分类管理表格,进行软件的测试工作,理解学习后应用于现场实际项目。配合软件公司进行软件开发工作或者软件更新工作,按照公司提供的使用手册规范进行运用。

②对于项目部的工程专业人员,专门组织软件技术业务培训,学习软件使用的专业知识,并鼓励开发创新,查漏补缺,及时反馈技术性难题。

③公司专人负责软件相关工作,其中还包括与软件公司的联络工作、与项目部专业人员的联络工作、后期反馈工作的整理、专业培训的开展工作等。

(2)软件准备

凡是引进新的软件,注意软件的购买问题和专业人员的培训学习情况,如果与项目部的实际情况不符,需要及时地进行反馈。若是进行软件的兼容性研究,需要处理相应的硬件设备。

(3)成立工程软件应用技术管理组织

因为不单单应用于个别项目,所以需要成立“公司-各项目部”模式管理类型的管理组织:

负责人:公司工程部专业人员;

技术人员:各类软件公司工作人员;

负责人员:各项目部项目总工、项目副经理;

组员:副总工、工程部长、物资设备部部长、试验室主任、安全部部长、办公室主任、各种专业技术人员等。

①组织职责

公司工程部专业人员职责:

a. 负责工程软件分类管理体系的更新管理;

b. 负责组织技术人员对工程软件的专业培训工作;

c. 负责软件公司工作人员的沟通协调工作,联系项目专业人员,进行后期技术反馈工作的整理等。

各类软件公司工作人员职责:

a. 负责对专业人员的软件培训工作;

b. 负责解决软件使用过程出现的技术性问题;

c. 负责软件的更新换代,并及时对专业人员进行学习指导;

d. 如若出现与项目部实际情况不符的软件功能,及时进行调整。

②项目总工职责

a. 带头学习工程软件,并在项目部组织进行集体学习活动;

b. 监督项目部专业人员的软件使用情况,定期反馈工程软件使用过程中存在的技术问题。

③项目副经理职责

a. 负责组织专业人员的工程软件学习和使用工作;

b. 负责和公司部门软件工程负责人的沟通协调工作。

④工程部长职责

a. 负责协助组织软件学习工作;

b. 负责落实工程软件技术应用体系在项目上的运行情况;

c. 负责工程软件技术应用体系运行后期技术性问题的整理和统计,在一定条件下可对工程软件技术应用管理系统部分内容进行修正和优化处理。

⑤安全环保部部长、项目物资设备部部长、试验室主任等职责

a. 根据部门情况学习不同功能的工程软件,鼓励部门人员使用工程软件并进行总结;

b. 做好宣传工作,保证大家的参与性。

⑥专业技术人员职责

a. 学习软件技术并在项目中落实工程软件技术应用管理体系;

b. 通过日常的使用情况,整理出软件运行所存在的技术问题或者工程软件技术应用管理体系本身存在的问题或缺陷,进行上报。

(二)推动使用工程软件技术应用管理体系

1. 熟练掌握工程软件分类管理体系

作为工程软件应用技术管理组织的人员,首先需要熟练掌握工程软件分类管理体系的内容,学会分类软件,并懂得出现问题及时与他人进行沟通交流。

2. 定期进行软件培训工作,并进行软件的更新换代

除了对整个工程软件技术应用管理体系的了解,我们还需要对工程软件的使用方法更加地了解,所以我们定期对专业人员进行工程软件的培训工作,并及时对工程软件进行更新换代。

3. 工程软件技术应用管理的具体成果

在前提条件满足的情况下,我们的工程软件技术应用管理体系中的实施部分大致可以分为以下几个方面:

- 引进新软件的使用,增加工程选择性;
- 利用已熟练掌握的软件进行开发创新,拥有新的功能性;
- 不同软件之间的组合使用,提高工作效率;

• 研究专一性软件,满足个性化需求等。

为了能够更好地说明以上几个内容,我们举以下几个例子:

(1)利用 Office 软件进行工程预算

Office 软件在我们的工程项目中多用于文字工作,比如会议纪要,比如合同文件等等。Excel 表格也可用于一些简单的计算,但是大多数时候数据不会太过复杂。

根据研究,其实 Office 软件也可用于工程预算的计算,只是方法过于烦琐。我们将这种可能性记录下来,证明软件存在这种功能,但是因为不实用所以在软件管理体系中被 pass 掉。

首先,使用 Access 建立工程定额数据库。启动 Microsoft Access 数据库,选取“空 Access 数据库”后,创建一个空白数据库,并将其命名为“定额”。选择“表→使用设计器创建表”,双击“使用设计器创建表”。在打开的数据库设计视图的“字段名称”第一行中输入定额编号,在“数据类型”列的下拉菜单中选择“文本”。在第二行、第三行、第四行中分别输入项目名称、单位、数量,其“数据类型”的选择与定额编号相同。在第五行中输入基价,在“数据类型”下拉菜单中选择“数字”,同时点击下面常规标签的“字段大小”下拉菜单,选择“双精度型”,在“格式”项中选择“常规数字”,在“小数位数”项中选择“2”,其他采用默认格式。在第六行、第七行、第八行中分别输入人工费、材料费、机械费,其“数据类型”以及其他选择与第五行的基价选择相同。输入完毕后,将定额编号一行设为主键,然后选择保存,在弹出的“另存为”对话框中,将其命名为“电气设备安装工程定额”,点击“确定”后,将此表关闭。这时就可以看到刚才设计的“电气设备安装工程定额”视图了。双击“电气设备安装工程定额”将其打开,这就是一个根据安装工程定额设计的数据库雏形,在上面就可以输入所需要的安装定额了。

然后,创建工程项目定额数据库的查询。启动 Microsoft Access 数据库,打开刚建立的“定额”文件,选取“电气设备安装工程定额”,将其中的定额编号、项目名称、单位、基价、人工费、材料费等项一一添加到字段中。然后根据要编制的如“某电气安装工程预算”所需要的安装定额,对照“电气设备安装工程定额”,逐一查出它们的定额编号,在准则行开始依次输入到定额编号所在的列中,最后保存,在弹出的“另存为”对话框中命名为“某工程查询”,这就是所需要的“某电气安装工程”所需要的安装定额。为了检查所选定额正确性,可通过点击菜单窗口下的“查询”→“运行”来查看结果是否正确。

紧接着,利用 Excel 建立单位工程预算表格。启动 Microsoft Excel,然后根据安装预算表格格式在 Excel 编制出工程预算表格,命名为“电气工程预算”后保存。接着在合计内的基价列定义单元格,选中 J4 单元格,输入 = E4 × F4(基价合计 = 基价 × 数量);选中 K4 单元格,输入 = E4 × G4(人工费合计 = 人工费 × 数量);选中 L4 单元格,输入 = E4 × H4(材料费合计 = 材料费 × 数量);选中 M4 单元格,输入 = E4 × I4(机械费合计 = 机械费 × 数量)。输入完毕后,分别选中 J4、K4、L4、M4 单元格,按住向下拖动复制单元格公式。

最后,工程项目定额数据的导入。打开刚建立好的“电气工程预算”工作簿,选择“安装预算表”后,定好数据插入点,然后点击菜单“数据”→“获取外部数据”→“新建数据库查询”,选中“MSAccessDatabase”。在弹出的“选择数据库”对话框中,找到保存“定额”的路径,选中“定额”。在弹出的“查询向导—选择列”对话框中,选中“某工程查询”后,点击中间的“ > ”按钮,这样定额编号、单位、数量、基价、人工费、材料费、机械费就添加到了右侧的“查询结果中的列”中,再点击“下一步”按钮。采用默认选择,连续点击“下一步”,直到出现“完成”按钮。点击“完成”按钮,在弹出的“将外部数据返回给 MicrosoftExcel”对话框中点击“属性”按钮,在出现的“外部数据区域属性”对话框中,将“数据格式及版式”栏中的“包含字段名”和“保留单元格格式”前的“√”去掉→点击“确定”→返回“将外部数据返回给 MicrosoftExcel”对话框后,再点击“确定”,这样将数据库中“某工程查询”的各项定额就完整地导入到 Excel 表格中。

将该工程项目的各个定额数值依次输入数量列中,后面的各项合计值即可自动计算出来。经过简单的处理,一个合格的定额工程预算表就完成了。经整理汇总后,就能得到需要的工程预算。

但是这个工程预算对比工程软件造价预算软件,既耗费时间,工程量也极大,费时费力还容易出错,所以我们在试验后就将其作为预算软件的可能性否定了。

(2)绘图软件的新选择 Revit

工程行业内,施工图的完成效果和完成质量是决定建筑工程施工好坏的重要因素。施工图可以分为广义的施工图和狭义的施工图,广义的施工图并不仅仅包括建筑专业施工图,它还包括了整个施工项目,例如建筑项目施工图、建筑结构施工图、建筑中给排水施工图、建筑电气施工图和建筑项目暖通施工图等,这些施工图由于关注重点和关注项目不同,因此在内容设计方面存在着较大的差异。建筑结构施工图主要体现的是建筑结构中的相关构件以及构件内部的材料组成,而给排水、暖通设备等专业设备的施工图则重点要体现建筑中各种专业设备的安装及走向问题,由于不同的施工图要表达的内容重点不同,因此在进行绘制过程中必然存在不同的要求。

作为绘图软件,CAD 技术成熟且已被应用在各种行业中,尤其在建筑业中应用最为广泛,在该技术的助力下,建筑工程的图纸绘制效率和绘制准确度也有了明显的提升。

但是,这里我们所要试验的是新的绘图软件——Revit。因为它多用于建模作用,再加上 BIM 应用的普及,所以大家更习惯于将它归于建模软件,但是 Revit 作为 CAD 的升级状态,其实在绘图方面也极具优势。同 CAD 软件一样,Revit 自身具备图纸恢复功能,在传输使用过程中,一旦出现数据丢失现象或者数据读取失败现象,操作人员可以及时输入数据恢复指令,计算机能够在较短时间内将损坏丢失的数据进行自动恢复,一方面保证了数据的安全性,另一方面能够有效保证建筑施工工程的按时进行,见图 1 和图 2。

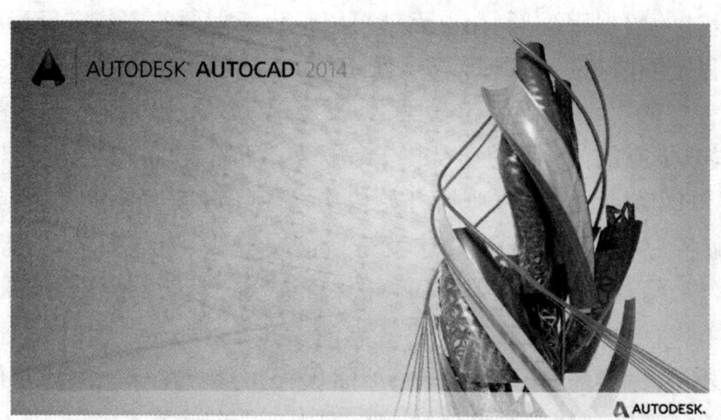

图 1　建模图(一)

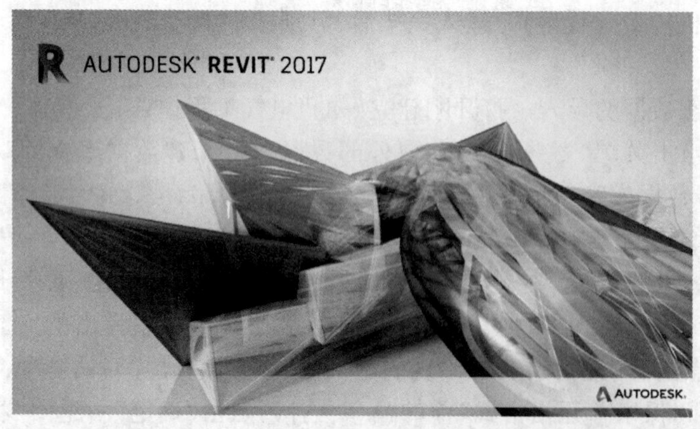

图 2　建模图(二)

从 Revit 软件的操作界面中我们可以看到,各种细节做得很成功,单元栏里专门分类了建筑和结构,快速明了,让人可以根据工程项目直接进行选择绘制。可能是因为作为 BIM 应用的主要建模软件之一,所以 Revit 关于数据信息的建立更加地完善,在软件上也能够更加直观地表现出来。

所以对于这些可以尝试使用的新功能软件,我们管理组织积极鼓励专业人员去多学习、多尝试、多使用。从专业角度分析，建筑制图作为一种对实践能力要求极高的工作，需要制图人员拥有较高的空间逻辑能力和形象思维能力，另外制图人员需要能够熟练操作运行各类制图工具和绘图仪器，遵循建筑工程设计要求进行图纸绘制。所以，在工程软件技术应用管理体系的支持下，我们公司会定期聘请具有丰富软件应用操作经验的技术人员进行技术指导培训。其次，在加强员工实践技术的基础上，加强理论学习。最后，为专业人员提供相应的外出实践培训机会，使技术人员在不同的工程项目中掌握建筑制图的技术和要求，从而得到技巧的提高，见图3 和图4。

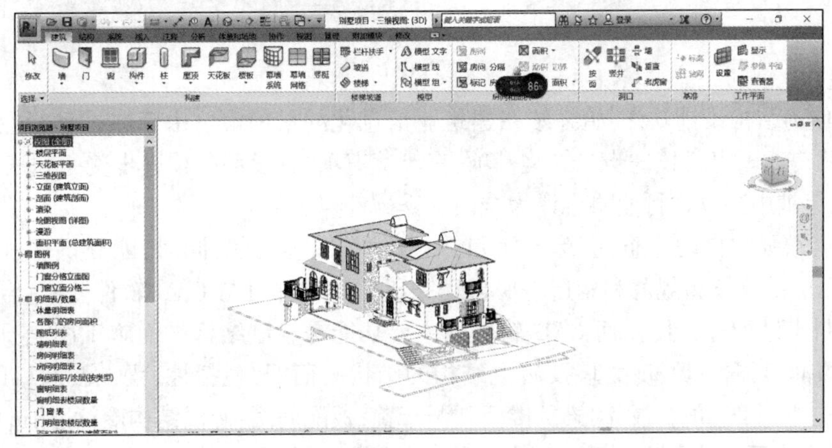

图3 操作界面

图4 设计图

(3)结构设计软件与 CAD 软件的组合使用

结构设计软件在施工单位的使用频率相对较低，但是在某些施工阶段也是需要使用的。公司定期会组织进行各类工程软件的培训工作，其中，midas 软件在路桥结构设计分析方面极具专业性。它是目前唯一全部中文化的土木专用非线性及细部分析软件，它的几何建模和网格划分技术采用了在土木领域中已经被广泛应用的前后处理软件 midasFX + 的核心技术，同时融入了 MIDAS 强大的线性、非线性分析内核，并与荷兰 TNODIANA 公司进行了技术合作，是一款专门适用于土木领域的高端非线性分析和细部分析软件，有利于处理工程中比较难处理的各种非线性分析问题。

迈达斯作为土木专用非线性及细部分析软件，在结构分析上的功能很强大，所以在建模过程中能够通过迈达斯软件的数据进行各种力学分析。同时，我们尝试将它和 CAD 放在一起联合使用，使得在迈达斯软件的建模数据能够直接导入 CAD 图层，但是目前还没有试验成功，可以与软件公司开发人员进行一个沟通，看看能否增加这项功能，见图5。

所以，根据已经存在的研究结果，我们能够将结构设计软件 PKPM 软件和 CAD 软件进行组合使用，也就是说在 PKPM 软件系列的结构设计数据可以在 CAD 生成结构施工图。所以 PKPM 软件和 CAD 软件可以进行组合使用，能够节省很大的工程量，提高工作效率。

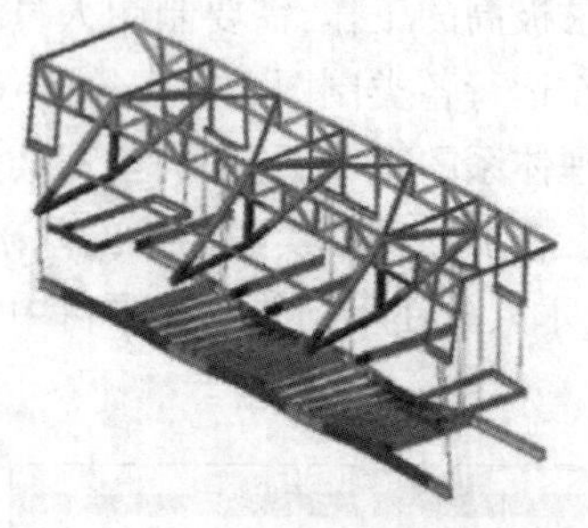

图5　导入CAD图层

PKPM软件作为结构设计软件,始终站在建筑业信息化的最前沿。由于在推动行业技术进步中的显著作用,软件获得过国家科技进步二等奖一项,三等奖三项,建设部科技进步奖一到三等共二十几项,主要产品连续几年被中国软件行业协会评为全国优秀软件。

PKPM软件有很强的自动选筋、层跨剖面归并、自动布图等功能,同时,能提供多种方式干预选钢筋、布图。构造筋的配置按新规范和构造手册自动完成。该软件可与CAD软件联结,自动形成全部数据文件,最后绘制出结构施工图。而CAD软件的主要功能是绘制结构平面施工图,它可绘制正交、斜交、弧网格平面的框架、框一剪、剪力墙及砖混结构的结构平面图,包括柱、梁、墙、洞口的平面布置、尺寸、偏轴;轴线及总尺寸线;预制板、次梁及楼板开洞布置;板配筋图;砖混结构圈梁、构造柱节点大样图。CAD软件的另一个主要功能是为本系列所有结构计算设计软件和基础软件提供自动形成的结构布置数据库和荷载数据库,并可与建筑CAD软件APM的数据作可逆传递.因此它是结构CAD系统中的核心。

除此之外,高层建筑空间有限元分析软件SATWE可同本系列中的建筑软件APM和结构平面软件CAD相连接,自动生成所需的几何、荷载数据文件,完成前处理工作,计算完成后,自动归并梁、柱、墙,接力绘制梁、柱、墙施工图,完成后处理工作。

高层建筑三维分析软件TAT可与PKPM系列软件连接,自动完成数据准备等前处理和计算完的归并、绘制施工图及接力各类基础软件的后处理工作。

框架、框架剪力墙、剪力墙结构空间协同分析计算程序XTJS可与本系列CAD软件中的PMCAD和PKPM相连接,自动完成数据准备,全楼归并、分层归并、按榀归并及绘制全部施工图等前、后处理工作。

所以,将不同的工程软件进行组合使用,只要搭配合理,能够发挥出1+1>2的效果,这也是我们创建工程软件技术应用管理软件最初的目的之一。在后期的管理中,我们也会尝试着将更多的软件进行不同的搭配组合,来得到更多有利于日常工作的软件组合,提高我们的工作效率。

(4)专一性软件的开发和使用

之前在其他软件里提到过的一个词——专一性,其实也可以理解为定制软件,即适用于某一个具体项目或者某个公司的专有软件。

河北省延崇高速公路工程项目管理系系统作为这一类型的软件,在前文已经提到过很多次,工作界面包括了基本信息、进度系统、调度问题、变更管理、计量管理、合同管理、计划监管等多个模块,工程全过程覆盖,隶属于专门的软件公司进行管理。这一类软件的好处也是众所周知的,因为属于项目的定制软件,所以在很多功能上完全贴合于这个工程项目,使其能够得到工作效率最大化。比如说计量管理这一块,若是其他的造价预算软件,可能需要进行各种套定额和计算面积的过程,最后再将结果在预算软件里制成各种表格,然后导出并上交。但是在河北省延崇高速公路工程项目管理系统里,只需要点进计量支付管理中的清单计量,选择计量的部位,进行工程部位、计量公式和计量数据的填写,这个软件就会直接上报给监理单位和甲方单位进行审核。如果审核期间出现问题,则可以直接将原件和审核原因反馈到提交人账号中,让提交人进行修改。这些操作极大地节约了时间,提高了工作效率。同理,工程变更管理和进度计划表等等也能够通过软件直接上报给相关的单位，走相似的流程进行审核，见图6和图7。

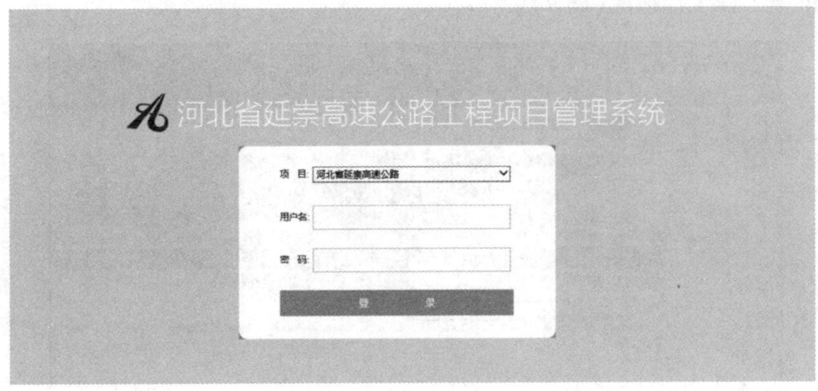

图6 系统登录

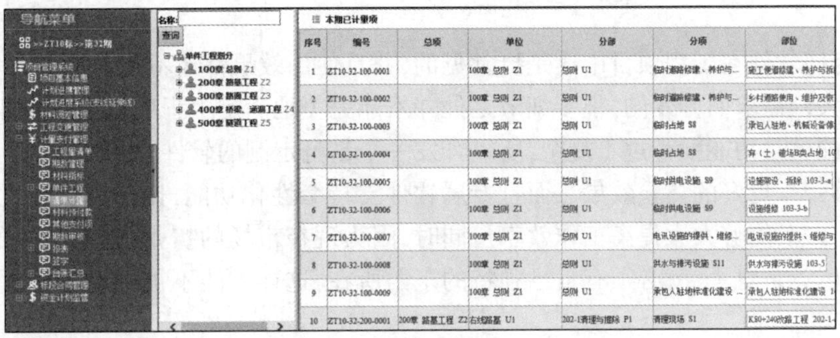

图7 导航菜单

除此之外，延崇高速公路3DGIS + BIM数字高速平台同样属于延崇高速公路项目的专属软件之一，它的功能更多地在于中期和后期工程，包括BIM建模、工程资料整理、工程信息管理、计量工作、变更工作等相关模块。特别是BIM建模，直接将整段高速公路的施工情况和完工状态用3D建模表现出来，即使是隐蔽工程的各种工程部位也能够通过截取操作很清楚地看到。而且，因为软件属于延崇项目的专属软件之一，所以很多时候会有专门的人员与项目部专业工作人员进行接洽工作，能够及时反映在软件使用过程出现的BUG问题和技术类问题。比如，在之前的工作会议上，要求施工单位将工程资料全数填报在数字高速平台上，但是由于工作量巨大，且无法进行图像上传识别功能，这个工作模块被建议进行整改工作，暂时搁置，见图8。

图8 数字高速平台

而除了项目专属性软件以外，很多公司也会开发属于他们自己的专属软件，比如四川路桥公司项目实时管控与成本预警平台。这个软件属于公司内部软件，即只有公司拥有账号的人员可以使用。工作界面包括安保部、财务部门、工程部门、物资设备部、办公室部门、实验室部门等多个部门的工作内容,填写后通过软件直接上传到公司指定部门和指定审核人员处进行审批管理,特别有利于偏远地区的工程项目直接向公司汇报工程工作情况(图9)。

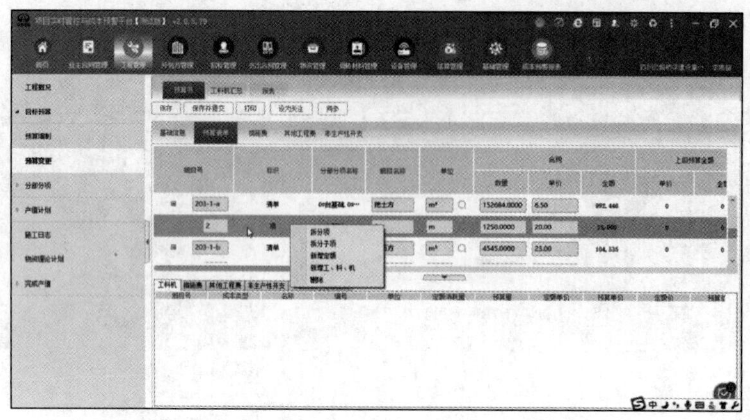

图9　操作界面

总的来说,专属软件在工程项目中还是挺常见的,并且使用效果都还不错。毕竟市场上的很多软件基本都是为满足大众需求而开发的,很多细节之处并不能完美地满足工程项目或者企业发展的需求,不是界面功能不匹配就是功能设计过于复杂,所以开发一个量身定制的软件,所有的功能都能够符合公司自己的需求,能够带来更好的体验效果。而且专属软件支持个性化功能,比如说员工之间的交流,比如线上操作和线上管理,能够大大提高工作效率!同时,因为现在市场的扩张,越来越多的公司参与了竞争。若是想要超越竞争对手,就必须有自己独特的东西所在,这样才能不被社会所淘汰,这也是社会发展的一个趋势所在。

四、管理体系取得的实效

(一)经济效益

现如今的工程软件价格都比较昂贵,所以很多时候我们购买的软件多是部门公用。而且很多时候工程软件的后期运行阶段也会产生各种费用,这就是一个投资的过程。

采用本管理体系之后,我们能够找到最适用于工程项目的工程软件,减少了软件的购买成本和运行成本。同时在日常工作中,减少了工作时间,提高了工作正确率,提高了工作效率,有利于工程项目全过程发展,甚至减少很多不必要的支出。

(二)社会效益分析

这个过程算是一个双赢的过程,与我们合作的软件,通过我们的管理系统能够得到技术上的反馈,从而将软件进行更新换代,逐渐完善功能,甚至能够开发出更好地软件,增强产品在这个社会的竞争力。我们则通过管理系统选择最合适的工程软件,提高了工作效率,有利于我们工程项目的施工进展和最终成果,有利于四川路桥公司的发展壮大,能够为社会带来更好的正面企业形象。

长隧道施工安全管理体系

河北省高速公路延崇筹建处
四川公路桥梁建设集团有限公司

成果主要创造人：于建游　罗燕平
成果参与创造人：张志刚　陈彦欣　李亚军　肖整勇　李志达　康　毅
程建业　刘　洋　朱建旺　贺哲军

延庆至崇礼高速公路为北京2022年冬奥会交通保障项目，项目概算总投资228亿元，2017年河北省高速公路管理局成立延崇高速公路（河北段）筹建处，主管延崇高速公路（河北段）的建设管理工作。四川公路桥梁建设集团有限公司作为中国500强企业和国际承包商250强企业，1999年发起设立股份公司，于2003年成为四川交通系统首家上市公司；2009年作为核心子公司参与组建四川省铁路产业投资集团，肩负起构建西部综合交通枢纽的历史使命，2012年通过重大资产重组实现整体上市，逐步发展成为西部领先、国内一流的基础设施领域综合性跨国型企业集团。2017年四川公路桥梁建设集团有限公司承建延崇高速公路河北段金家庄特长螺旋隧道，于2019年建设完成。

一、实施背景

延崇高速公路工程规模大，建设难度高。地处崇山峻岭、深沟险壑，穿越两大断裂带和湿陷性黄土区域，最大海拔高差近千米，全线桥隧比达55%，特长隧道数量及长度居河北省之最，主线共有特长隧道5座，长度为46625米。冬季严寒，年度有效施工期短；目标定位高，引领作用强，项目建设和管理难度大。隧道施工风险高、难度大、作业环境恶劣，尤其是目前超前地质预报难以达到百分之百准确、施工扰动带来地质灾害难以预测的情况下，更是给施工安全带来极大的安全隐患。

为提升全员安全素质，增强全员应急意识，提高防灾减灾救灾能力，有效防范和遏制隧道事故发生，有效指导延崇高速公路隧道工程建设、施工，加快完善延崇高速公路建设安全保障体系，全面提高隧道施工安全管理水平，决定对隧道施工进行强化管理。

二、成果内涵

为认真贯彻落实习近平总书记关于安全生产重要论述，特别是"党政同责、一岗双责、齐抓共管、失职追责""从根本上消除事故隐患"等系列重要指示精神，全面落实《中华人民共和国安全生产法》、"安全第一、预防为主、综合治理"的安全生产方针，结合上级要求按照"落实管、监责任，推进专业化、标准化、机械化、信息化建设，健全组织、制度、风控、科技、教培、应急"六大保障体系，强化安全意识、队伍建设、安全投入、刚性交底、红线卡控、隐患排查、安全奖惩、文化引领八到位。

三、主要做法

（一）构建安全管理体系

1. 施行"2468"管理方法和"险长制"安全风险管理体系

安全生产管理是一个系统工程，"2468"管理方法包含了安全生产管理的核心、手段（方法）、支撑（任务）和措施。落实"两个"责任（明晰分解落实组织指挥系统、技术保障系统、资源配置系统、安置监督系统“管”“监”两个责任)是关键核心;推进“四化”建设(专业化组织、标准化作业、机械化施工、信息化应用)是必要手段;健全“六大”体系(组织保障体系、制度保障体系、风控保障体系、科技保障体系、教培保障体系、应急保障体系)是重要支撑;强化“八个”到位(安全意识到位、队伍建设到位、安全投入到位、刚性交底到位、红线卡控到位、隐患排查到位、安全奖惩到位、文化引领到位)是保证措施,推行“2468”管理方法,使责任落实更加具体,安全管理更加系统全面。

2. 实行“险长制”安全风险管理体系

以各项目施工主要负责人为险长,项目副经理为险点长,各相关职能部门负责人为执行险点长,现场安全、技术人员、一线从业人员为风险管理员的风险分级管控的责任机制。主要以风险辨识、评估结论得出的风险清单为基础,按照岗位风险防控职责以及风险评估等级确定风险防控管理层级,风险越高风险防控管理层级越高。以“具体问题具体分析”和“动态化管理”为原则,分阶段开展风险评估,制定和落实有针对性的防控措施,并对防控措施进行动态化监督检查和考核奖惩。通过有效落实“险长制”安全风险管控措施,使各风险点处于可控范围内,确保安全生产工作持续稳定开展。

(二)推行隧道施工人车分离系统

隧道施工现场通道主要由“人行门禁系统”和“ETC车行门禁系统”两部分组成,这样既能够严格控制人员,又可以控制车辆的出入,以保证施工人员安全,确保隧道施工稳步推进。

1. 人行门禁系统

随着经济高速的发展,各地施工项目的不断增加,施工企业及建设管理部门的现代化安全管理意识在不断地增强,安全管理要求及水平也在不断地提高。为提高施工现场的安全性,严格控制工地大门和安全出入口管理,施工现场各个出入口通过安装门禁控制系统,即由三辊闸、摆闸、翼闸、不锈钢栅栏门等通道系统与感应卡读写器相结合,构成智能门禁综合管理系统,工地直属人员须佩戴感应卡(二代身份证)、刷脸后方可进入工地,非工地人员未经登记和授权无法擅自进入施工现场,杜绝安全隐患并切实保障工地的安全生产(图1和图2)。

图1 人行门禁系统

图2 行人通道

无记名人脸识别系统:人脸识别是基于人的脸部特征信息进行身份识别的一种生物识别技术,其在安防、反恐、安监等行业都有很多应用。其应用主要是通过摄像机采集含有人脸的图像或视频流,并自动在图像中检测和跟踪人脸,进而对检测到的人脸进行脸部核对分析应用的一系列相关技术,包括人脸图像采集、人脸定位、人脸识别预处理、记忆存储和比对辨识,达到识别不同人身份的目的,见图3～图6。在施工现场上,人脸识别考勤系统是把人脸识别和考勤系统相结合,并且通过人脸识别作为考勤管理的要素之一。

人脸识别系统应用于工地,有着其他刷卡机、指纹机不可比拟的优势:

(1)自然性

人脸识别方式同人类(甚至其他生物)进行个体识别时所利用的生物特征相同,人类是通过观察比较人脸区分和确认身份的。除了人脸识别,目前具有识别能力的还有指纹识别、虹膜识别、语音识别、体形识别等,而这些识别方式都不具有自然性,因为人类或者其他生物并不通过此类生物特征区别个体。

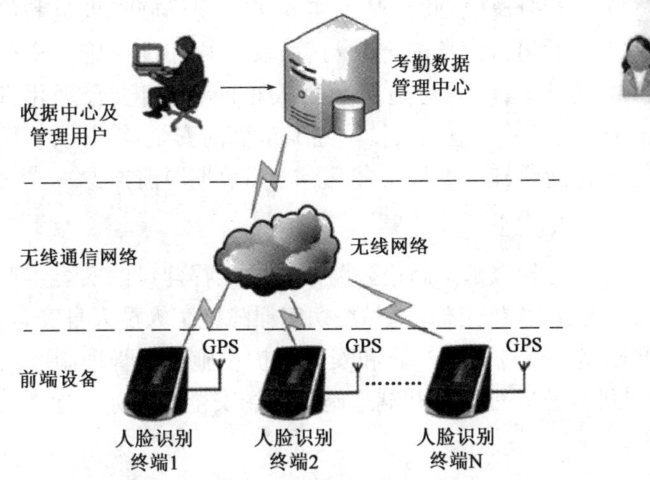

图3 无记名人脸识别系统结构层关系

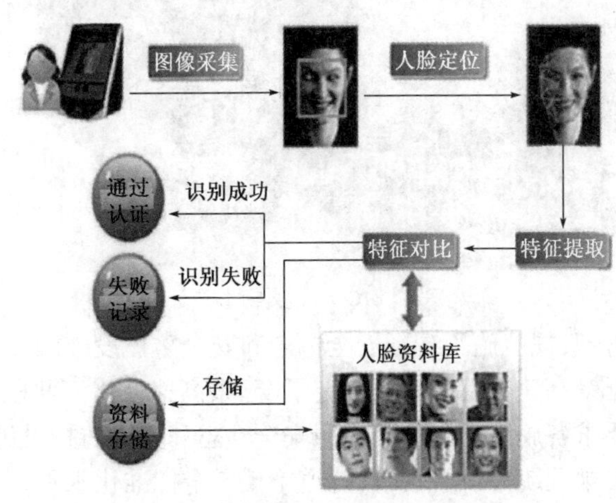

图4 人脸识别系统信息采集过程

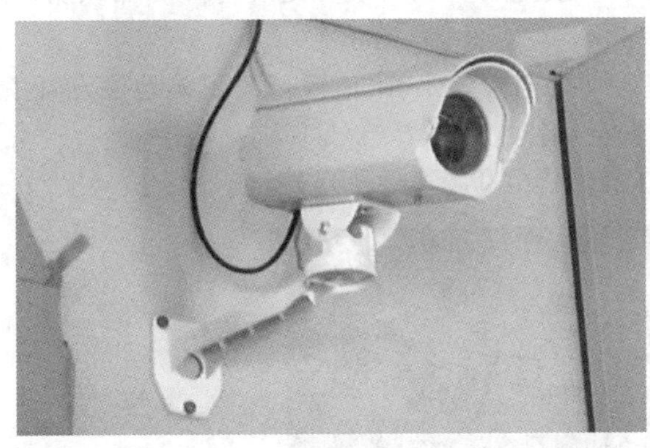

图5 人脸识别系统终端

图6 人脸信息识别记录

(2)不被察觉性

不被察觉对于一种识别方法很重要,这会使该识别方法不令人反感,并且由于不容易引起人们的注意所以不容易被欺骗。人脸识别具有这方面的特点,它完全利用可见光获取人脸图像信息,而不同于指纹识别或者虹膜识别,需要利用电子压力传感器采集指纹,或者近距离采集虹膜图像,这些特殊的采集方式很容易被人察觉,从而更有可能被伪装欺骗。

(3)非接触性和其唯一性

基于这些特性,人脸识别目前广泛运用于工地安全、公安刑侦、门禁管理等领域。

无记名人脸识别系统采用最新人脸识别算法,内置智能人员情绪识别系统,能高效便捷记录进出洞人员信息,同时根据面部肌肉状况、血压、心跳等心理指标判断施工人员当日情绪状态是否适合施工,对于得分60分以下的从业人员,严禁进入隧道施工现场工作,从源头上尽量避免人的不安全行为,确保施工安全。

2. ETC 车行门禁系统

ETC 技术本身是以 IC 卡作为数据载体,通过无线数据交换方式实现收费计算机与 IC 卡的远程数据存取功能,计算机可以读取 IC 卡中存放的有关车辆的固有信息(如车辆类别、车牌号及车主信息)、道路运行信息及征费状态信息等。金家庄特长螺旋隧道施工现场利用安装在施工车辆中的 ETC 电子标签与门禁系统的识别感应设备互联,构建了施工现场工作区 ETC 车行门禁系统(图7)。该系统实现自动识别车辆信息管理,将施工现场众多施工车辆的工作运行统一纳入管理,便于施工车辆的调配与现场的高效施工。

图7 ETC 车行门禁系统

施工现场通过“人行门禁系统”和“ETC 车行门禁系统”两个系统相互配合工作,有效地将现场施工的人车进行分离,与此同时也实现了对现场施工人员和施工车辆出入信息的记录与管理,这样在保证施工安全的基础上,可以对施工现场人车的有序化、合理化管理,更有利于施工人员及施工车辆的安全及调配,从而确保隧道施工项目安全、稳步、高效地向前推进。

3. 安全设施设置

为加强延崇高速公路河北段工程建设的安全生产管理,规范施工现场安全标志和安全防护设施的设置,减少施工伤亡事故,切实保障施工人员人身安全,延崇高速公路筹建处制定了《延崇高速公路河北段施工现场安全标志和安全防护设施设置管理制度》,要求各施工项目严格按照安全标志和安全防护设施设置管理制度和隧道施工现场安全文明标志标牌设置规程统一设置,提高隧道施工安全标准化水平。

(1)洞内交通安全标识

①隧道内防水板、二衬、开挖台车台架上设置了 LED 交通指示彩灯带及反光条,且彩灯带根据台架大小完整设置,能够有效地指引车辆行驶。

②隧道洞口处及洞内施工地段设置了“ 5km 限速牌”“前方施工、限速慢行”,成洞地段设置了“ 15km 限速牌”等交通安全指示牌,有效地指导驾驶员安全驾驶。

③隧道斜井分叉口使用 LED 警示灯(图 8)设置了方向提醒和限速行驶等安全警示标志。

图8 安全警示灯

④隧道洞内成洞地段与施工连接处设置了“前方施工,减速慢行”等指示牌。

⑤隧道仰拱开挖段后方(往洞外)50 米处设置了反光锥进行车辆引导,仰拱便桥的临边设置了防护栏杆以及 LED 灯带,灯带不仅具有轮廓示警作用同时兼具照明功能。

(2)洞内临电安全标识设置

①洞内高压电配电箱、水箱周围使用栅栏进行安全防护,同时在围栏周边设置了“高压危险、当心触电,注意安全、禁止入内”等安全警示标识牌,同时按规范设置了灭火器。

②隧道洞内配电箱、开关箱门上设置了“当心触电”“配电箱标识牌”等安全警示标识牌。“配电箱标识牌”上主要包含了配电箱位置、编号、状态、责任人以及联系电话等信息,现场人员通过标识牌上的信息能够很快联系专业电工。

(3)洞内外应急物资标志设置

①隧道洞内和洞外应急物资摆放处设置了“应急物资、严禁挪用”的标识牌。

②隧道洞内掌子面处逃生管道内放置了应急物资箱,箱内放置应急救援物品、食品及必要工具,箱体上贴有“应急物资箱、请勿私自挪用”的标识牌。

③隧道掌子面至二次衬砌之间设置了应急逃生通道,逃生管道上要使用黑黄油漆进行标示同时设

置“应急救援管道,请勿擅自拆除”的标识牌。

(4)洞内施工工序流程安全设置

①开挖、支护、防水板、二衬施工台架标识设置:台架上方悬挂“开挖台架”“支护台架”“防水板”“二衬”名称标识牌。

②各工种施工台架下方悬挂“台架作业安全注意事项”“作业卡控要点”“作业要点”“操作规程”“台架作业安全注意事项”等标识牌。

③台架上方悬挂“注意安全”“当心坠物”“当心坠落”“必须戴安全帽”“必须带防护面罩”“必须带防护手套”“必须带安全带”“必须穿防护鞋”等安全警示、提示标志。并在每个台架下方设置灭火器2支,防水板作业台架各层左右侧各设置灭火器1支。

(5)洞口安全文明标识设置

①隧道进口、出口以及斜井洞顶截水沟以外位置设置×隧道进口(出口、斜井)等。

②各工区洞口上方悬挂“注意安全”“当心触电”“必须戴安全帽”“必须系安全带”“禁止停留”“当心坠落”“当心坠物”“当心车辆”“当心火灾”。

③隧道洞口设置了站牌“九牌一图”“进洞须知”“进入隧道人员一览表”“隧道危险源告知牌”“企业简介”“工程简介”“安全保证措施”“安全保证体系框图”“质量保证体系框图”“施工环保、水土保证体系框图”“安全警示牌”“施工平面布置图”“公示栏”“安全质量警示牌”“施工步距标识牌”等标识标牌。

④隧道洞口值班室张贴有“进出洞请登记”“值班室”等明显的标示标记。值班室内悬挂有“隧道值班制度”牌。

⑤洞口空压机房门口设置岗位安全操作规程牌、操作人员岗位职责牌以及操作人员信息,机房内张贴了“当心触电,注意安全”等安全警示标志。

(6)洞口场地标识标牌设置

①在隧道各个洞口场地内设置了指路导向牌,分别指向宿舍区、办公区、钢筋加工场、拌和站、洞口等地,使人员能够快速了解行进路线。

②在洞口醒目位置设置了工程简介、人员组织机构、责任单位、阳光监督、施工工序责任、重大危险源、安全操作规程、进洞须知、进出隧道人员动态显示、施工作业告知、应急救援流程图等内容的公示牌。

(7)加装安全防眩射灯

安全防眩射灯(图9)安装于金家庄螺旋隧道洞内施工现场,防眩泛光灯在降低了灯具眩光的同时提高了照明质量,投射出“安全警示标志”的防眩灯光,时刻提醒着通行过往的施工人员和施工车辆,在人的生物节律最容易疲乏的时间段进行警示,预防杜绝事故发生,在不影响过往行人和车辆安全的情况下,对隧道洞内的施工起到了提醒警示的保障安全作用。

图9 安全防眩射灯

防眩灯无眩光、无重影,防震耐腐蚀,节能、安全可靠,主要的性能特点如下:

①防眩功能:透明件选用先进的照明光学原理优化设计,光线均匀、柔和,无眩光、无重影,有效避免施工作业人员产生不适和疲劳感。

②光效节能:选用的气体放电光源,光效高、寿命长,功率因数大于0.9,发光效率高,透光性好。

③防震功能:多道防震结构和一体化设计,确保其在高频、多频振动环境中长期安全工作。

④使用环境:采用高强度合金外壳,进行特殊的表面喷涂和密封处理,可在高温潮湿和各种腐蚀性等恶劣环境下长期使用,尤其适用于恶劣的隧道施工环境。

(8)芯片定位系统

为认真贯彻落实交通运输部《关于进一步加强隧道工程质量和安全监管工作的若干意见》要求,进一步规范全线隧道工程施工安全管理,针对地质条件复杂、施工环境封闭风险性高、事故隐患易发难控等特点的隧道作业项目提出了《隧道施工安全信息化建设》要求。

图10　人员定位系统

各隧道施工单位建立健全安全信息化系统功能要求:

①电子门禁管理系统:具备隧道施工出入口车辆和人员的门禁、考勤管理功能。洞口处必须设置值班室(监控室),有专人24小时值班,依据电子门禁系统对进出洞人员、设备和材料等进行登记管理。

②人员定位监控系统:具备人员精确定位、位置实时显示和信息功能,并能导出电子表格文件(图10)。

③安全预警系统:可利用四种颜色指示灯标明不同地质条件的施工风险等级,当隧道发生险情或事故时,及时用声响和安全指示灯通知人员撤离并启动应急预案。

④视频远程监控系统:至少包含二衬、仰拱和掌子面三处视频监控区域,24小时实时全过程连续监控,随时掌握作业现场情况,指挥、调度、组织施工。

⑤气体监测报警系统:具备洞内环境气体实时监测、显示、超限报警功能。

⑥信息大屏显示系统:实时显示洞内人员信息、气体监测信息、警报信息等。

⑦隧道通信系统:应保持洞内外通信畅通,间隔一定距离设立有线电话报警平台或提前安装移动通信小基站,设立移动通信洞内信号延伸系统,或利用其他通信技术手段,确保应急联络快捷畅通。

各项目要求所有进入洞内的作业人员必须佩戴人员定位芯片,且定位距离小于等于1米,为隧道施工安全和应急救援提供安全定位信息。

(9)生命之环(智能手环)

随着智能可穿戴设备的快速发展,智能手环已经成为大家所熟知的健康追踪产品,它不但能记录我们日常的活动,还能监测我们的生命体征。金家庄螺旋隧道项目部创新性的利用新型的智能定位心率监测手环(图11)对洞内施工人员的生命体征及位置进行实时监测,对保护施工人员生命安全及工程安全有序施工提供了巨大的帮助。

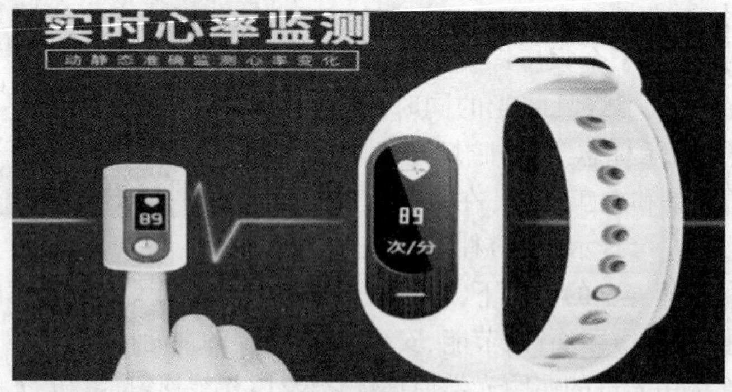

图11　智能定位心率手环

①智能心率手环监测心率的方式。一般来说,心率监测的方式通常分两种:一种是光电透射测量法,原理为手环与皮肤接触的传感器会发出一束光打在皮肤上,测量反射的光。因为血液对特定波长的光有吸收作用,每次心脏泵血时,该波长都会被大量吸收,以此就可以确定心跳。不过缺点是耗电量大,同时会受环境光干扰。目前市面上的智能手环或手表监测心率的功能多是采用了光电透射测量法。

还有一种方法是测试心电信号的方法,手环的传感器可以通过测量心肌收缩的电信号来判断使用者的心率情况,原理和心电图类似原理。缺点是电路比较复杂,占PCB空间比较大,易受电磁干扰,同时传感器必须紧贴皮肤，放置位置相对固定，所以很难有手环采用这种测量方式。

②智能定位心率手环简介。该智能定位心率手环是金家庄螺旋隧道施工中，联合长安大学推出的智能定位心率手环方案。该手环基于蓝牙4.0BLE开发，其主要应用于位置确定、心率测量等，可实现信息提醒、动态心率实时监测、计步、测距、卡路里消耗管理、久停提醒、时钟日期显示、闹铃，是一款综合市面上普通手环功能的低功耗待机时间长的智能定位心率手环。

智能手环总体来说在功能上与其他手环有一定的区别，配备App后可以使其功能更强大，不过其主打功能还是一款能监测心率的智能手环，相对于使用传统的心率监测带的人来说还是个不错的选择。

生命之环电源模块分别于中央处理器、定位模块、蓝牙通信模块、温度测量模块、心率测量模块和报警求救模块连接；手环能够加强对施工人员的日常监测和管理，在出现险情时，能及时定位被困人员，提供高效且迅捷的救助措施，把握好最有效的抢救时间。

(三)隧道安全管理

1.设立安全演讲厅、体验馆

安全演讲体验馆围绕“安全第一，生命至上”的施工理念，通过设计一体化、合理化节省成本，采用数字多媒体、仿真等高科技技术，通过展板展示、实景模拟、实物展示、互动体验等形式，展示消防、安全生产、职业健康等方面的安全知识和防灾避险技能，建成了面向全体施工人员的“综合性公共安全教育体验基地”，见图12。

图12 安全演讲体验中心

2.成立奥旋巡纠大队

安全和质量是相辅相成、相互统一的，安全质量是构成企业财富的物质基础，没有质量就没有安全保障，更没有经济价值，因此安全质量是项目工程建设的生命。工程质量的好坏，不但决定着施工项目效益如何，更为重要的是关系着每名施工人员的生命财产安全，一旦工程出了质量问题，轻则造成经济损失，重则会导致人员伤亡等事故。金家庄特长螺旋隧道项目以质量求生存，以安全求稳定，增强参建人员工程质量意识，提高安全系数，见图13。

图13 奥旋巡纠大队

施工现场的安全、质量监控系统由奥旋巡纠大队、分布在整个隧道施工现场的各个摄像头以及人员定位系统组成。奥旋巡纠大队由10多名奥旋巡纠人员和多辆奥旋巡纠车组成,主要负责施工现场的巡逻与安保工作,保证现场施工的安全有序进行;摄像设备分布于整个隧道施工现场,对整个现场进行24小时全天候全方位监控,在监控调度中心可以实现对整个施工现场的勘察与管理;最重要的是本项目为全体施工人员配备了先进的室内人员定位系统,施工人员在隧道内通过佩戴安全帽可以实现实时定位监测,最大限度地保证施工人员的安全。

3. 规范监控量测

监控量测工作对于保证隧道施工安全有着非常重要的作用,为了规范各施工单位监控量测布点以及内业资料,筹建处会同总监办按照相关规范和设计图纸要求,制定了监控量测实施办法(以下简称《实施办法》),规范了监控量测各项工作标准。

《实施办法》要求各施工单位结合实际情况编制《监控量测专项方案》以及《超前地质预报专项方案》,对隧道监测项目、监测所采用的仪器、监控量测点的布设、监控量测的时间和次数进行规范要求。

同时针对监控量测结果记录资料整理,要求监控量测结果必须专人整理,专人保管,记录规范,签字手续齐全,不留空项。对检测结果记录表格进行统一,要求各施工单位按照下发的检测结果记录表格进行填写。

①地表下沉监测结果记录。

②全段面开挖且采用两条测线收敛监测时监测结果记录。

③上下台阶开挖且采用两条测线收敛监测时,只填写拱顶沉降和两条测线收敛的监测结果即可。

④采用6条测线进行拱顶沉降和周边收敛监测时,无论是全断面开挖还是上下台阶开挖,监测结果记录均采用统一表格形式。

4. 完善出入洞管控

为进一步规范隧道进出洞登记,方便安全管理,在充分征求了各施工单位意见的基础上,筹建处制定了统一的《延崇高速隧道进出洞登记表》,主要包括《施工人员进出洞登记表》《外来人员进出洞登记表》《机械设备进出洞登记表》《材料进出洞登记表》《民爆物品进出洞登记表》《气体检测记录表》《门禁系统日常检查维护表》,要求各隧道施工单位严格按照表格要求进行认真填写。

(四)应急管理

延崇高速公路工程规模大,建设难度高。地处崇山峻岭、深沟险壑,穿越两大断裂带和湿陷性黄土区域,最大海拔高差近千米,全线桥隧比达55%,特长隧道数量及长度居河北省之最,主线工程共有特长隧道5座,长度为46625米(单洞长度),延伸线工程共有特长隧道2座,长度为23250米(单洞长度)。冬季严寒,年度有效施工期短;目标定位高,引领作用强,项目建设和管理难度大。隧道施工风险高、难度大、作业环境恶劣,尤其是目前超前地质预报难以达到百分之百准确、施工扰动带来地质灾害难以预测的情况下,更是给施工安全带来极大的安全隐患。

为提升全员安全素质,增强全员应急意识,提高防灾减灾救灾能力,有效防范和遏制隧道塌方事故,有效指导延崇高速公路隧道工程建设、监理、施工等参建单位提高隧道塌方事故的现场处置能力,加快完善延崇高速应急抢险指挥保障体系,以及突发事件监测预警、信息报告、应急联动机制,全面提高应对塌方事故反应能力,延崇高速公路与国家隧道救援队中铁十七局太原队合作制定《隧道塌方事故应急处置预案》并签订了应急救援协议,为延崇高速公路的安全稳定提供了可靠的技术、设备、队伍保障;中铁十七局太原队定期对延崇高速公路及各施工项目部进行隧道突发事件应急救援知识培训,提高隧道突发事件应急处置能力。同时要求各项目部根据筹建处制定的《隧道塌方事故应急处置预案》并结合各自施工特点修改和完善项目应急预案。根据应急方案、预案要求设置应急物资库,储存必要的应急物资,建立应急救援领导小组,与协作队伍签订兼职救援协议,开展隧道坍塌事故应急救援、防触电、消防、防汛等演练和培训,不断提升项目自身的应急救援和避险能力。

筹建处要求各隧道施工现场均设置标准应急物资库。应急物资库配备了一系列完备的物资,包括应急药品、医用担架、强光手电、反光背心、防噪耳塞、安全带以及雨衣雨鞋等,为隧道施工中可能出现的突发情况进行应急救援提供了物质基础,为隧道施工的安全有序进行提供了有力保障。

(五)科技助安

1. 使用智能预检台车

二次衬砌作为隧道的主要承重结构与防水结构,隧道衬砌质量的好坏直接影响着隧道的使用寿命与安全运营。因此,对隧道衬砌质量的检测显得尤为重要。无损检测技术以其快速、连续、高效等特点成为目前隧道工程衬砌质量检测的主要手段。

延崇高速公路河北段金家庄螺旋隧道项目部通过总结以往二衬检测技术,设计了一种可实时快速、准确对隧道衬砌质量进行无损检测的台车,该新型二衬检测台车主要包括工程运输车和检测系统,工程运输车设有工作平台;检测系统包括高度及水平调节平台,双级回转式减速器,三级起重臂,浮动臂,曲面自适应机构,以及雷达天线夹持机构;高度及水平调节平台包括一级平台、二级平台、一级升降臂、纵向调节液压缸、二级升降臂和横向调节液压缸,工程运输车为轮胎运输车。该新型二衬检测台车不仅结构简单、设计科学合理,使用方便而且还保证了检测人员的人身安全,大幅度提高了检测效率和检测结果的精度。

2. 制作安全施工工艺二维码

在工程建设过程中,安全管理历来是重中之重,传统安全管理方式单一,如检查、教育、交底、通报等较多仍局限于纸质资料,不利于携带、学习。

随着隧道工程施工的高速发展,工程施工管理也越来越多元化,"互联网 +"思维推动经济形态不断地发生演变,为改革、创新、发展提供广阔的网络平台,也逐步在工程管理中加以应用。目前,二维码的应用正逐步展开、推广,助推施工管理,提升管理水平,提高管理效率。

安全管理中将安全管理制度、安全教育交底、各类安全操作规程等文件制作成二维码,张贴在现场主要通道口、施工作业部位,随时随地拿起手机扫一扫就可以阅读或者下载相关文件,能实现信息的快速传播(图 14、图 15)。方便来访人员快速、便捷地了解项目概况。仅需拿起手机扫一扫,就可以了解工程背景、参建单位、设计概况、工程目标、施工情况,项目管理团队人员介绍,管理人员联系方式、岗位职责、具体分工等,方便各方沟通、提高效率,开放式的信息展示也是工程一个良好的宣传窗口。

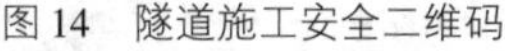
图 14 隧道施工安全二维码

图 15 现场施工人员使用安全二维码

将每位劳务工人的身份信息制作成二维码"身份证",粘贴在安全帽特定部位,在教育交底的过程中,用手持式二维码扫描设备进行记录,同步上传网络与劳务实名制管理系统共享数据,则可协助劳务实名制管理。每次出入工地现场在门禁系统处只要用安全帽扫一扫,则可在大屏幕同步显示人员信息,记录进出场时间。如果未经教育交底或者未按时再次接受教育,则该人员无法出入工地现场。

二维码技术以其方式新颖、制作方便快捷,且节约成本,可替代传统的标识牌及多种纸质、电子资料等优势,越来越多的应用到工程实践中。

四、实施效果

(一)经济效益

目前,长隧道施工安全管理体系已经成功应用于延崇高速公路河北段金家庄螺旋隧道施工工程中,并在延伸工程隧道施工中得以很好的应用。取得了良好的经济效益和社会效益,得到了河北省交通运输厅、河北省质量监督管理站、河北省高速集团以及延崇高速公路各单位的认同和广泛好评。通过科学的管理、以及对安全风险的合理管控,降低了施工作业中的安全风险。

(二)社会效益分析

1. 促进科学技术进步

本项目的研究成果为隧道建设提供了安全管理方面的指导,在隧道施工工程中,通过安全管理等多方面措施共同作用,有效提升大长隧道和螺旋隧道施工安全指标及质量指标,研究成果能满足施工需求,减少施工周期和难度,为大长隧道和螺旋隧道的建设、推广提供技术支撑,同时兼顾到安全、绿色与创新,解决现有隧道施工的安全问题,从而提升整体行业技术水平。

2. 加快区域经济发展

经济社会建设要高速发展,贫困地区要脱贫致富,改善交通很重要。近年来,我国高速公路建设发展进程已向山区转移,特别是在西南山区的建设中,越来越需要采用大长隧道的地形。本项目长隧道施工安全管理体系可以为以后长隧道施工安全管理具有重要的借鉴意义。

智能无人驾驶压路机应用管理与创新

四川川交路桥有限责任公司

成果主要创造人:王中林 杜江林

成果参与创造人:田 娟 罗德高 蒙扬露 何泽中 李青洋

张 勇 张 维 蔡 勇 梁晓燕 李亚舟

四川川交路桥有限责任公司(简称"川交公司")的前身是四川省交通厅公路局第二工程处,成立于1955年,是专业从事交通基础设施建设的骨干企业,拥有国家公路工程施工总承包特级资质,公路行业甲级设计资质,市政公用工程总承包一级,公路路面工程、公路路基工程、桥梁工程、隧道工程专业承包一级,土石方工程专业承包二级,地质灾害治理工程施工乙级等资质。

65年来(至2020年),川交公司几乎参与了四川省内所有高速公路的施工建设,同时在湖南、湖北、重庆、西藏、新疆、青海、内蒙古、吉林、河北、河南、山西、陕西等20多余省(区、市)开展重点工程,先后到中东、南亚、非洲等地的10余个国家参与道路、桥梁、机场等工程的建设,普遍受到业主和社会各界的赞誉。

近年来,川交公司参与修建的成绵、成南、宜水、成都绕城、川九路等项目分别获得鲁班奖、詹天佑奖、"天府杯"金奖、国家"公路交通优质工程一等奖"、交通运输部"示范样板工程"等奖项。在汶川地震、芦山地震、九寨沟地震发生后,川交公司积极分赴极重灾区抢险救灾,获得四川省国资委、省总工会"抗震救灾先进基层党组织""工人先锋号"等荣誉称号。在科研方面,获得了沥青路面再生技术专利、无人驾驶压路机及机群控制技术专利等34项国家专利。

川交公司以战略统揽,以文化铸魂,坚持打造西部综合交通枢纽,奋力实现"百年路桥"宏伟目标,正在打造成具有全方位竞争力的一流路桥施工企业。

"压路机"是高等级公路、铁路、机场跑道、大坝、体育场等大型工程项目路基施工作业中,必不可少的施工设备。压路机的工作路径规律性强、重复次数多、工作环境相对单一,操作简便;但操作人员容易疲劳,操作环境对操作人员健康影响较大。特别是进行公路沥青混凝土路面碾压施工时,因摊铺的沥青混合料温度高达150~170℃,特别是在炎热的夏天进行沥青混凝土路面施工,压路机操作人员须承受上烤下蒸的高温考验,对作业人员健康危害大,很多操作人员,干不了几年,都要求转行。因此,开发无人驾驶压路机,很有必要,也是将来中国超级工程发展的必要设备。

无人驾驶压路机是通过在压路机上安装卫星接收机、微波通信主机、电台信号接收天线;在行车/倒车系统上安装自动控制装置,在油路系统上设置有油路自动控制装置;在转向系统上设置有转向控制电机和电子阀装置等技术手段;然后通过工业控制计算机内设置的处理器、程序软件、交换机等组件来实现压路机的自动运行,最终达到压路机全智能化无人驾驶,在公路沥青混凝土路面碾压施工中广泛应用的目的。

一、实施背景

公路工程,是关系国民经济和社会发展全局的民生工程,在实现公路本身固有交通功能的同时,如何实现公路工程"高精度、高效率、低污染"的施工目标和达到"机械化减人、智能化换人"的施工理念,是推动公路工程施工智能化转型的重要一环。

进入21世纪以来,我国经济水平得到快速发展,加快了社会主义现代化建设的进程,智能化时代的到来也提高了人们生产生活的水平,城市化规模在不断扩大,公路工程的建设需求不断加大,各地的工程项目如雨后春笋一般纷纷涌现。随着各个项目的开展和实施,越来越多的人把关注度投入到公路工程智能化建设上去。

建设初期,我国在进行高速公路智能化建设的过程中,由于经验不足,技术水平达不到要求,出现过一些问题。比如:有施工企业没有与时俱进的理念,忽略了公路工程智能化建设,缺乏公路工程智能化建设的技术和经验,导致对公路工程智能化建设投入的资金较少,达不到公路工程智能化建设的要求,不能对科学技术进行有效的应用。这些问题的出现严格限制了我国公路工程智能化建设的发展,降低了交通建设的速度和水平,和欧美的一些国家相比仍有不小的差距。

近年来,随着我国科学技术水平达到了一定的高度,成熟的科学技术被应用到各个行业领域。在公路工程项目建设过程中,结合现代科技手段,有利于提高其信息化建设水平以及智能化程度,在转变传统公路工程建设理念以及发展模式方面所起的作用不可小觑。现今,我国公路工程的智能化建设不仅极大提高了企业施工经营的效率,也对于我国的公路工程智能化有着非比寻常的现实意义。

智能化涉及方方面面的技术知识,在时代的发展过程中,是未来发展的必然趋势。尤其是随着科学的不断创新,会为智能化注入了源源不断的动力。因而,公路工程施工的智能化将会对于我国公路事业的发展作出不可磨灭的贡献,加上其发展前景十分广阔,所以对智能化的公路工程建设的探究就显得十分必要,是所有公路交通行业建设者为之努力的方向。

随着科技的发展,智能控制技术在当前社会经济发展中的优势越来越突出,无人驾驶汽车已经在全球展开了各种模式的研发热潮,然而工程机械行业的施工机械设备,还未被智能控制技术开发团队和工程设备生产企业所重视。众多工程机械中的压路机的工作特点是重复性、规律性、工作环境单一性,操作较简单,操作人员易疲劳,操作环境对作业人员职业健康影响较大。特别是公路沥青混凝土路面碾压过程中,因刚摊铺的沥青混合料温度高达160℃左右,在炎热的夏天进行沥青混凝土路面碾压作业,压路机操作人员要面对恶劣的施工环境,承受上烤下蒸的高温考验,很多压路机操作人员干不了几年都纷纷要求转行。而在相对封闭的隧道内,进行沥青路面摊铺及碾压的施工难度更大。隧道内的工程车、运料车、摊铺机、压路机等多种机器设备,都是以柴油为燃料,燃烧柴油排放的尾气,加上高温的有毒有害沥青混合料热气混杂,长时间在相对封闭的隧道内凝聚,若不采取大功率的排风设备排风,几乎可以让人窒息。即便是采取大功率的排风设备排风,对长时间在隧道内进行作业的机手及其他作业人员来说,也是一种煎熬。目前面临这种施工工况,各施工单位唯一采取的办法是多安排几班操作人员轮流上岗,每班人员操作时间不能超过半小时,这样既影响施工进度,又容易出现质量问题。图1所示为无人驾驶压路机。

图1　无人驾驶压路机

当前,国内外众多研究机构开发的各种无人驾驶设备,都是基于在有卫星信号的状态下进行。那么在相对封闭的隧道内,在没有卫星信号的环境下,如何实现无人驾驶压路机在不断延伸的公路隧道内,对碾压精度要求非常高的沥青混凝土路面进行碾压作业,更是一道技术难关。

川交公司与清华大学校企联合,通过长时间的研究与现场试验,基本攻克了上述这项技术难关,成功研究出无卫星信号的隧道内无人驾驶压路机碾压系统。

二、成果内涵和主要做法

1. 无人驾驶压路机的成果内涵

国内外未见具有下述特点的无人驾驶无烟无味型压路机的文献报道,其特点是:

①该无人压路机增设了工业控制计算机、输入单元和输出单元。其中,控制计算机包括处理器、PCB、交换机、GPS + BDS + GNSS 芯片组件;输入单元包括自动 1 手动按钮、GPS + BDS + GNSS(全球导航卫星)定位终端、微波通信天线、远程控制天线、激光避障雷达、激光测距传感器、转向系统激光测距装置、红外线温度探测装置。输出单元包括行走系统、制动系统、转向系统组件。

②该压路机发动机排气管端头设置有 DPF(微颗粒捕吸器)和三元催化器。

③该无人驾驶压路机机群控制系统包括无人驾驶碾压监控系统、基准定位系统、区域采集系统和压路机机群。

无人驾驶压路机系统的亮点是:

①无人驾驶压路机碾压轨迹规律有序,碾压归集精确控制在 2 ~ 3 厘米,碾压均匀,压实度、平整度等指标符合高等级公路的路面施工要求,保障不出现少压、漏压或超压现象发生,保证沥青混凝土路面的工程质量。

②实现一名操作人员,通过智能手机远程指挥多台压路机群联动作业,实现路面碾压施工现场无人化,减少压路机操作人员数量,符合“机械化减人、智能化换人”的安全施工理念。

③通过在压路机柴油发动机排气管端头安装 DPF(微颗粒捕吸器)和四元催化器,来净化燃烧不充分排出的黑烟和分离尾气中的有毒有害气体及刺鼻气味,减少黑烟对空气的污染,保障现场操作人员的健康,满足隧道等相对密闭,通风不畅的环境施工的需要,提升传统压路机转的科技含量。

2. 无人驾驶压路机的相关系统结构

该无人驾驶压路机,包括压路机的胶轮和钢轮、发动机、车架、行走、制动等部件,其特征在于:

①在压路机上设置了电脑模块、输入模块和输出模块,电脑模块通过线路分别与输入模块和输出模块链接,且电脑模块上设置有设备工况显示屏。

②电脑模块通过处理器、程序软件、BDS + GNSS 芯片及模块、硬盘集成为主控程序。

③所输入模块包括:启动、停止按钮、图像采集装置、红外线探测装置、雷达感应装置。

④输出模块包括:行走系统、制动系统、转向系统。

通过电脑模块的处理器处理程序软件分析后,传输到输出模块各系统的液压油缸及马达上,实现压路机按照固定路径规划模式、遇控指令模式、全智能化无人驾驶模式工作的优点。

(1)电脑模块工作原理

接收输入模块发出的所有指令,通过处理器处理程序软件分析后,传输到输出模块各系统的液压油缸及马达上,实现压路机按照固定路径规划模式、遥控指令模式、全智能化无人驾驶模式指挥压路机工作;设备工况显示屏显示压路机的油料情况、设备温度、转动部件、输入模块、输出模块的实时工作状态,出现故障及时发出警报提示。

(2)输入模块设置

启动/停止按钮,通过主控程序启动/停止压路机的发动机工作。

图像采集装置,将采集到的压路机前后实时图像传送给主控程序。

红外线探测装置,将探测到的压路机前后障碍物的安全距离,实时传送给主控程序。

雷达感应装置,通过雷达感应到压路机前后左右障碍物的安全距离,实时反馈给主控程序。

BDS(北斗卫星导航系统)+GNSS(全球导航卫星系统)二合一卫星接收天线,接收主控室发送过来的遥控指令,实时传送给主控程序。

固定路径规划模式,当压路机在某特定时间及特定路段,需要压路机按照固定路径规划模式工作,将固定路径规划设计传输到主控程序。

遥控模式,当压路机在某特定时间及特定路段,需要用遥控方式指挥压路机按照远程遥控或现场遥控发出的指令进行工作,将遥控信号传输到主控程序。

全智能化模式,由输入模块设置的图像采集装置、红外线探测装置、雷达感应装置所采集到的各路信号,实时传送到主控程序经过综合分析后,完全由主控程序指挥压路机实现全智能化工作。

(3)无人压路机系统工作原理

行走系统:按照固定路径规划模式、遥控模式、全智能化模式所传输给主控程序的工作指令,通过处理器分析后由程序软件发送给行走系统的电磁阀控制行走系统,实现压路机向前行走和向后行走。

制动系统:根据图像采集装置采集到的压路机前后实时图像、红外线探测装置探测到的压路机前后障碍物的安全距离、雷达感应装置感应到压路机前后左右障碍物的安全距离,以及固定路径规划模式、遥控模式、全智能化模式所传输给主控程序的工作指令,通过处理器分析后由程序软件发送给制动系统的电磁阀控制制动系统,实现压路机的行车制动和停车制动。

转向系统:根据固定路径规划模式、遥控模式、全智能化模式所传输给主控程序的工作指令,通过处理器分析后由程序软件发送给转向系统的电磁阀控制转向系统,实现压路机的实时转向动作。

振动系统:根据固定路径规划模式、遥控模式、全智能化模式所传输给主控程序的工作指令,通过处理器分析后由程序软件发送给振动系统的电磁阀制振动系统,实现压路机的实时振动动作。

洒油系统:根据固定路径规划模式、遥控模式、全智能化模式所传输给主控程序的工作指令,通过处理器分析后由程序软件发送给洒油系统的电磁阀控制洒油系统,实现实时的洒油动作。

警报喇叭:当压路机开始启动后,在压路机油料情况、设备温度、转动部件、输入模块、输出模块出现故障时,及时发出警报提示。

车载计算机系统:采用 PC/104 工业控制总线的 PC/XT 工控小板机百置有 SuperXT - 512K 主板 CD400 数据采集于控制板和 VGF 终端板。油门车速和振动控制单元采用反应式步进电机及相应的细分驱动器,遥控发射与接收装置采用自行研制的金数字遇控系统,它以 80C196 为核心,由 SST - 2400 无线 modem 液晶显示屏控制面板等组成。

(4)道路检测装置

无人驾驶压路机包括压路机和与压路机相连的道路检测装置。其中,道路检测装置包括依次连接的图像采集模块、彩色图像预处理模块和道路自适应检测模块,道路自适应检测模块用于检测、合并道路区域,并将剩余区域全部映射到非道路区域中,道路自适应检测模块包括直方图阈值粗分割子模块、道路识别子模块、网络训练子模块和车辆引导线提取子模块,大大简化了图像分析和处理的工作量,可以得到比较完整的区域,且识别效率高,达到了对道路进行自适应检测的要求。

(5)机械机构

无人驾驶压路机包括驾驶车体和连接架,驾驶车体与连接架通过销轴连接;连接架通过转轴连接有碾压轮,连接架通过油缸与驾驶车体连接,油缸包括左油缸和右油缸;还包括数据采集单元、数据传输单元、车辆控制单元以及控制器,数据采集单元通过数据传输单元与控制器连接,控制器与车辆控制单元连接;数据采集单元包括设置在连接架左右两端部的两个 GNSS 天线;车辆控制单元包括设置在驾驶车体上的发动机以及用于控制油缸运动的电磁比例阀,电磁比例阀包括控制左油缸运动的左电磁比例阀和控制右油缸运动的右电磁比例阀。

(6)智能控制系统

智能驾驶压路机的控制系统,包括压路机主控制器、基准站、主控端、移动端、流动站和机上智能控制模块；基准站提供基准位置信息；移动端获取压路机作业区城信息并通过流动站上传机上智能控制模块；流动站还与基准站通信并获取压路机位置信息；机上智能控制模块对压路机主控制器发出控制指令，还将压路机工作数据信息发送至主控端；主控端存储压路机的工作数据。本实用新型实现了压路机的无人驾驶、自动控制、压路机工作状态的实时监测和工作轨迹记录，提高了压路机的工作体验、工作效率和工作质量。

(7)路面碾压智能监测系统(CN204881693U)

该无人驾驶压路机路面碾压智能监测系统，包括车载终端、加速度传感器、温度传感器、压实度检测仪、视频采集设备、液晶显示模块、报警模块、GPRS 无线模块、GPS 接收机、电源模块、现场计算机监控终端和中央计算机监控终端；所述车载终端分别与加速度传感器、温度传感器、压实度检测仪、视频采集设备、液晶显示模块、报警模块. GPRS 无线模块、GPS 接收机、电源模块相连接；本实用新型路面碾压智能监测系统通过加速度传感器、温度传感器、压实度检测仪、视频采集设备所采集压路机在碾压沥青路面过程中的碾压速度、碾压温度、压实度信息，监控人员可实时远程监管压路机碾压沥青路面，确保了压路机碾压沥青路面的完成质量。

(8)基于模糊算法的无人驾驶压路机自动碾压控制

针对无人驾驶振动压路机在自动碾压作业时的路径跟踪误差影响整体碾压作业质量的问题，提出了基于模糊算法的路径跟踪控制方法，建立了压路机整体运动学模型和液压动力转向系统模型，设计了基于预瞄的航向跟踪算法和模糊比例—积分—微分(PID)控制器来实现对自动碾压误差的控制。通过无人驾驶压路机路径跟踪控制模型的仿真和现场自动碾压试验对自动碾压控制性能的验证，表明基于预瞄的航向跟踪模糊 PID 控制较普通 PID 控制在无人驾驶振动碾压过程中具有更好的控制性能，显示了模糊控制算法的有效性与优越性。

(9)高性能无人驾驶振动压路机

无人驾驶压路机系统由振动式压路机本体、自动控制测控单元、无线过控装置和自动示警报警安全保护装置等组成部分。在以下控制环节上全部实现了自动化：上电、点火、启动和熄火控制；行驶速度调节、倒车和转向控制；振动压实等级控制和可编程往返压实等控制。能自动识别发动机断带、缸温超标等故障并具有自动报警、紧急刹车等安全保护措施，人工驾驶和无人驾驶(自动驾驶、過控驾驶)可随意切换，遥控系统抗干扰能力强，遥控操作器面板聚用人体工学设计。

自动驾驶作业系统按模块化设计，既与现有压路机融为一体，又具有相对独立性，方便用户选择使用与维护保养。它采用远距离遥控、自动编程控制和人工驾驶三种操作方式；具有施工效率商、压实质量好、操作人员劳动强度低的优点；是铁路、公路、机场、港口和堤坝等大规模高等级工程的理想压实设备，尤其适合险工险段和极限环境条件的施工作业。

(10)RP1256 型智能化沥青混凝土摊铺机

RP1256 型智能化沥青混凝土摊铺机是自主研发的一种具有机群智能化联合作业、集团化调度和远程监控以及高精度施工等多项国际先进技术的大型筑路施工机械，集成了当今世界先进的微电脑集中控制、GPS 无线定位技术。GSM/GPRS 无线通信、计算机网络通信、WebMIS 等机、电、液、信息和通信技术于一体的高新技术产品。该设备是工程机械中技术含量高、结构复杂、制造难度大和附加值高的技术密集型产品，以前主要依赖进口。该设备主要用于高速公路、机场跑道、城市道路、停车场、铁路路基、大坝等工程的施工作业，对于高等级公路，尤其是高速公路建设，它更是不可缺少的关键设备。它不但能够准确地控制摊铺层厚度、宽度、路面拱度、平整度及密实度，而且作为施工作业面上的核心设备，利用车载多路传感器、监视器、控制器和移动通信终端，采集机器位置、状态和路面施工质量及工程进度信息，授权用户通过互联网可以实现对摊铺机、压路机、拌和站和运料车等施工设备进行定位、跟踪、指挥、调度和管理。制造厂可在监控中心发出指令，通过无线局域网实现对移动施工机械进行监控、部分运行控制参数设定以及远程服务等。该项目主要研究了机器状态与施工质量监控、摊铺机总体参数和动态特性优化匹配、自动找平一体化控制、双振捣高强压脉冲振动熨平板、纵向接缝自动控制、远程通信与控制、恒速自动控制、密实度自动控制、人机交互界面、作业质量分析监控、自动转向、无人自动控制摊铺、超声波传感、故障自动诊断和控制参数远程设定与遇控处理等多项高新技术。在控制技术上采用了多CPU控制的CAN总线技术,特别是主机与自动找平系统和密实度自动控制累统采用了一体化控制,运用模糊控制理论,将影响找平和密实度各种因素如:材料特性、温度、料位高度、均匀度、摊铺速度、熨平板的振捣速度、振动频率、密实度等因素与自动找平系统和密实度自动控制系统建立联系,成为自动受控对象共同参与找平和压实控制,从而使找平和振实系统工作处在最佳"和谐"状态,实现了多因素智能化控制,使摊铺精度大为提高。

(11)用于多台压路机协同作业的系统(CN205353747U)

用于多台压路机协同作业的系统,包括与多台压路机对应设置的多台机载采集站和多台机载终端,还包括现场服务器和监控终端。现场组建了无线局域网和现场数据中心,可提供实时性强数据量大的现场信息(数据、图像等)服务,通过机载终端和监控终端实时、准确的展示现场作业动态和本作业面的当前协同作业结果图像和统计信息。

3. 无人驾驶压路机的主要目标、主要内容、技术关键

(1)主要目标

无人驾驶压路机,是通过在压路机上安装卫星接收机、微波通信主机、电台信号接收天线;在行车/倒车系统上安装自动控制装置,在油路系统上设置有油路自动控制装置;在转向系统上设置有转向控制电机和电子阀装置等技术手段;然后通过工业控制计算机内设置的处理器、程序软件、交换机等组件来实现压路机的自动运行,最终达到压路机全智能化无人驾驶,在公路沥青混凝土路面碾压施工中广泛应用的目标(图2)。

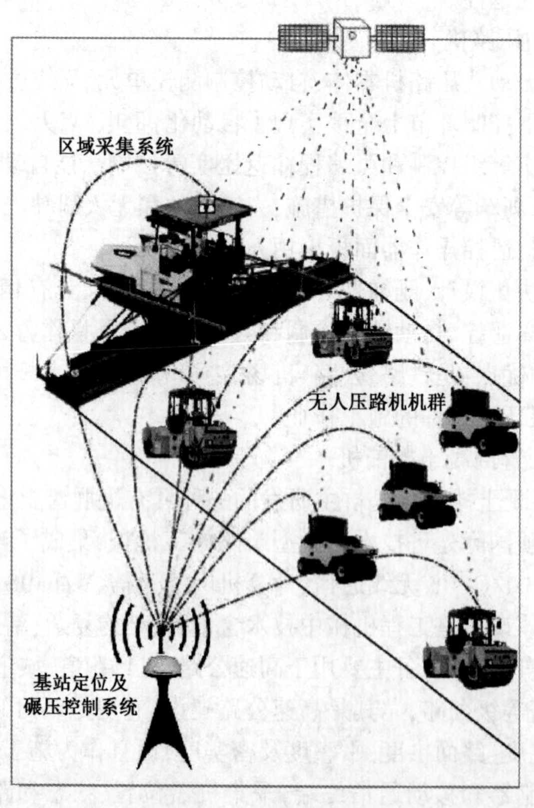

图2 无人驾驶压路机

以隧道内排水沟为参照物,通过在无人驾驶压路机上设置的激光测距传感器,来设定压路机每幅的行驶轨迹,通过微波通信系统来控制压路机的运行,从而实现没有卫星信号的隧道内压路机的无人驾驶碾压作业;避免压路机操作人员,在多种机器设备排放的尾气和高温的有毒有害沥青混合料混杂的隧道

内,操作压路机的煎熬;达到有效保护压路机操作人员的职业健康,避免有毒有害物质对人体的伤害,保证隧道内沥青路面的碾压质量,提高工作效益的目的。

(2)主要内容

无人驾驶压路机,包括钢轮和轮胎压路机,其特征在于:在压路机上顶部设置有 GPS + BDS + GNS 卫星接收机、微波通信主机、电台信号接收天线,由所述的 GPS + BDS + GNS 卫星接收机、微波通信主机、电台信号接收天线构成远程控制系统;在所述的压路机上设置有集成控制柜,在集成控制柜内设置有工业控制计算机;所述的 GPS + BDS + GNS 卫星接收机、微波通信主机、电台信号接收天线分别通过各种专用线路与压路机上的集成控制柜内的工业控制计算机连接;所述的工业控制计算机内设置有硬盘、处理器、PCB、交换机、GPS + BDS + GNSS 卫星芯片等组件及系统控制软件。

无卫星信号的隧道内无人驾驶压路机碾压系统,包括压路机、摊铺机、基准站,其特征在于:由多台设置有无人控制系统的钢轮压路机和轮胎压路机,组成无人驾驶压路机机群、摊铺机上设置的施工线路规划系统、移动式基准站及微波通信系统,构成无卫星信号的隧道内无人驾驶压路机碾压系统(图 3)。

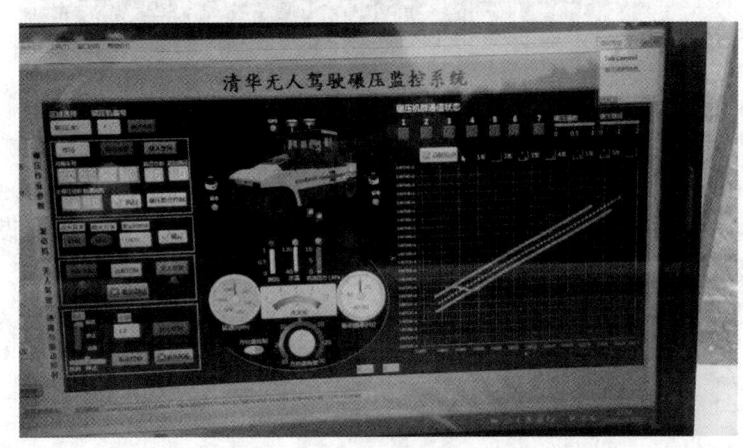

图 3　无人驾驶压路机碾压系统

在所述的钢轮压路机的左右侧轮轴位置和所述的胶轮压路机车体前后的左右侧位置,分别侧向与行车方向成 90°设置有激光侧向测距传感器;以隧道内排水沟侧壁为参照物,通过在所述的钢轮和轮胎压路机上设置的激光测距传感器,测试到压路机车轮与排水沟侧壁之间的距离,来设定压路机每幅的行驶轨迹;通过微波通讯系统来识别前方行驶摊铺机的距离,来设定压路机每幅的行驶长度,根据每幅行驶长度及与前方摊铺机的适时距离,来设定压路机每分钟的行驶速度,保障无人驾驶压路机跟随前方摊铺机的摊铺线路展开碾压。

(3)技术关键

①设置有无人控制系统的压路机,包括钢轮压路机和轮胎压路机上的无人控制系统,其特征在于:在所述的钢轮压路机和轮胎压路机上分别微波通讯主机、微波通讯天线,由所述的微波通讯主机、微波通讯天线构成远程控制系统;在所述的钢轮压路机和轮胎压路机上设置有集成控制柜,在集成控制柜内设置有工业控制计算机;所述的微波通信主机、微波通信天线分别通过各种专用线路与压路机上的集成控制柜内的工业控制计算机连接;所述的工业控制计算机内设置有硬盘、处理器、PCB、程序软件、交换机等组件。

在所述的钢轮压路机和轮胎压路机的行车/倒车系统上设置有行车/倒车自动控制装置;在油路系统上设置有油路自动控制装置;在转向系统上设置有转向控制电机和电子阀装置;在制动系统上设置有制动控制装置。

②摊铺机(图 4)上设置的施工线路规划系统,包括摊铺机及控制系统,其特征在于:在摊铺机顶盖

上设置有微波通信主机、微波通信天线,由所述的微波通信主机、微波通信天线构成远程控制系统,所述的微波通信主机、微波通信天线分别通过各种专用线路与摊铺机上的集成控制柜内的工业控制计算连接;所述的工业控制计算机内设置有硬盘、处理器、PCB、程序软件等组件。

图4 摊铺机

③移动式基准站及碾压控制系统,包括行走小车及基准站系统,其特征在于:在所述的行走小车上设置有天线安装架,在所述的天线安装架设置上有微波通信主机及微波通信面板;在所述的行走小车上还设置有集成控制柜,在所述的集成控制柜内设置有电脑,在所述的行走小车上还设置有移动电源;所述的微波通信主机及微波通讯面板,通过各种专用线路与集成控制柜内设置的电脑连接,所述的电脑与所述的移动电源连接。

三、实施效果

(一)阶段性投入

截至2020年8月31日,已经完成投入2000万元。

(二)经济效益

截至2019年12月31日,已经实现6台无人驾驶压路机联动作业,有效地减少压路机操作人员,提高工作效益,节约施工成本。按照每个沥青路面项目6台压路机,需要配置12名压路机机手,实现无人驾驶后,每个项目只需要2名压路机机手负责转场和应急工作,每名压路机机手按照8000元/月计算,每个沥青路面项目每年减少10名机手,单就工资可以少支付96万元。

(三)社会效益

1. 无人

是通过卫星定位、微波通信、激光测距来控制压路机碾压作业,通过程序控制沥青路面施工规范,严格设置碾压轨迹和碾压数,更能保障不出现少压、漏压或超压现象发生,保证沥青混凝土路面的工程质量。

2. 无烟

是通过在柴油发动机排气管端头安装DPF(微颗粒捕吸器)来净化燃烧不充分排出的黑烟,消除柴油发动机排放的黑烟,减少黑烟对空气的污染,保障现场操作人员的职业健康,保护生态环境。

3. 无味

是通过在排气管端头安装三元催化转换器来分离尾气中的有害气体及刺鼻气味,以减少对现场施工作业人员的职业危害,为隧道、厂区等相对密闭、通风不畅的施工环境提供科技智能设备,提升压路机转型升级。

(四)人才培养与知识产权情况

①通过该项目研究,已经培养了无人驾驶压路机管理人才2名;

②申请国家专利9项,其中发明专利3项,已经获得国家实用新型专利1项;

③登记国家软件著作权3件;

④形成完整的《无人驾驶压路机关键技术》研究报告,待制定《沥青路面无人驾驶施工规范》。

(五)应用前景

在实现无人驾驶后,特别是在炎热的夏季和在长隧道里施工时,减少高温和长隧道通风条件差的恶劣工作环境下,压路机排放的有害物质对人体的伤害,对职工、对国家、对社会发展进步能做贡献,具有广泛的推广价值。

一项技术的发明,每年可以为企业降本增效上千万元;一项技术创新成果,可以解决困扰企业生产的难题。川交公司承建的四川攀(枝花)大(理)高速公路LM分部路线起于G5京昆高速公路总发立交,沿金沙江至云南宾川,再到大理凤仪,止于G56杭瑞高速公路大理凤仪立交,是南下出川的重要通道,在无人驾驶压路机的投入使用下,不仅保护了员工身体健康,还带来了可观的经济效益和社会效益。

四、结语

工程智能化发展对于国民生产、生活及国民经济的发展等方面都具有重大意义,采用无人驾驶压路机施工技术,把智能化、无人化机械用于公路工程建设中,是实现“机械化减人、智能化换人”的必然选择。随着国家相关政策的陆续出台,进一步公路工程施工技术智能化的大规模应用势在必行。

川交公司将继续发扬“攻坚克难,甘于奉献,勇于胜利”的企业精神,不断完善无人驾驶压路机施工技术体系建设,面向行业,放眼全国,以设计—研发—推广应用一体化形式为广大工程部门提供优质的服务和技术支持,为我国绿色交通事业作出新的更大贡献。

高效自动化集装箱码头工艺布局研究及应用

唐山港集团股份有限公司

成果主要创造人:宣国宝　张小强

成果参与创造人:张小锐　孙景刚　杨立光　王立勇　吴　迪　于传合

高爱辉　荆彦明　赵福强　侯志方

唐山港集团股份有限公司(简称"唐山港集团")是主导唐山港京唐港区建设发展的国有大型上市港口企业。京唐港区于1989年8月开工建设,1992年7月国内通航,1993年7月国际通航,是唐山市最早开发建设的国家一类对外开放口岸,是国家《水运"十三五"发展规划》明确的重要港口,集绿色港口、智慧港口、多式联运港口三个交通运输部示范工程于一身。

京唐港区规划面积90平方公里,建设六个港池、五大功能区(集装箱作业区、液体散货作业区、干散货作业区、杂货作业区、综合物流区),已建成1.5万~25万吨级泊位44座,航道等级20万吨级。运输货种包括煤炭、矿石、钢铁、集装箱、水泥、粮食、机械设备、汽车、木材、液化品等10多大类、100多个品种,是环渤海地区重要的综合交通枢纽和现代物流基地。

2009年,京唐港区成为全国最年轻的亿吨大港。唐山港集团于2010年7月在上海主板上市,开创了河北港口上市之先河。截至2019年末,前五名股东持股情况见表1。

唐山港集团股东持股情况　表1

序号	股东名称	持股比例(%)
1	唐山港口实业集团有限公司	44.88
2	河北建投交通投资有限责任公司	8.11
3	北京京泰投资管理中心	3.91
4	中晟(深圳)金融服务集团有限公司	2.62
5	中央汇金资产管理有限责任公司	1.58

2019年,全港完成吞吐量30117万吨,保持稳定增长,集装箱运量完成230.4万TEU,位居河北三港四区第一位,已跻身全国集装箱20强、世界百强。2018年实现营业收入33.41亿元,净利润16.46亿元;2019年实现营业收入35.70亿元,同比增长6.85%,净利润17.28亿元,同比增长4.98%,净利润在全国19家A股上市港口企业中排名第5位。

一、实施背景

1.通过技术革新建设全自动化集装箱码头为大势所趋

科技进步是交通运输发展的重要推动力量。当今世界,科技进步日新月异,新一代信息通信技术、新材料技术、智能制造技术等现代科技快速发展,必将对港口物流提升能力、提高质量、改善服务、增进安全、保护环境等产生重大影响。加快推进我国智慧港口建设,必须深入实施创新驱动发展战略,释放新需求,创造新供给,以科技创新引港口类行业全面创新。世界科技进步和信息化的迅猛发展对传统散杂货码头配套设备智能化升级提出了迫切需求,传统集装箱码头因其泊位设计吞吐能力小、装卸效率低、设备故障率高、码头运营和维护成本高等原因,已经不能满足经济高速发展对货物快速、高效运输的需求。目前,世界排名靠前的部分港口建有自动化集装箱码头,规模效应进一步凸显。随着港口圈竞争加剧及集装箱码头自动化程度的不断提升,港口的智能化和信息化水平已成为增强港口核心竞争力的重要手段,也是降低物流成本、提高物流效率的关键所在。

2. 港口业在积极筹措转型发展,推进从大港向强港的转变

交通运输部提出要"加快港口信息化应用、提升港口装备智能化水平、促进智慧型港口建设"转型。从智能工厂到智能港口,从智能生产到智能装卸,智能化在港口领域不仅是概念上的发展,更成为当前发展实践之路。随着码头整体装备设计、制造水平的不断提升以及新工艺、新技术的不断完善,世界自动化集装箱码头在经历一段技术发展期后,掀起新一波建设热潮。据统计,至2020年,世界建成和在建的自动化集装箱码头项目共计35个(其中欧洲10个、亚洲18个、北美洲4个、欧洲3个)。

我国建成的第一个全自动化码头——厦门远海自动化码头,也是采用众多创新技术的第四代自动化集装箱码头。随后,青岛自动化集装箱码头和上海洋山四期全自动化码头均在2015年开工建设,青岛自动化集装箱码头于2017年5月11日开始运营;上海洋山四期全自动化集装箱码头于2017年12月10日开始运营。

3. 集装箱码头建设和运量正逐渐成为第四代港口发展的根本性代表

我国港口集装箱港口维持高位增长。受经济稳定增长与"一带一路"倡议深入推进影响,2017年中国对外贸易继续保持良好涨势。我国规模以上港口集装箱吞吐量同比增长9.1%,其中,上海、宁波—舟山、广州等集装箱大港表现尤为突出,上海港年集装箱吞吐量突破4000万TEU,增速为8.2%。展望未来,集装箱码头建设和运量正逐渐成为第四代港口发展的根本性代表,结合国家近年倡导的智慧港口、绿色港口和多式联运建设有关号召和要求,自动化集装箱码头建设将成为未来港口发展的必然趋势。

二、成果内涵

①国内外自动化集装箱码头大多数都采用堆场平行于码头岸线的布局方式。唐山港采用堆场平行于码头岸线布置+电动无人集装箱货车+自动化轨道式起重机作业模式。可以缩短电动无人集装箱货车的行驶距离,有效提高作业效率,提高自动化集装箱码头作业效率。

②在每个码头泊位与相对应的平行堆场,通过纵横路径形成了环形路径,规划电动无人集装箱货车的单向行驶形成环形循环运行方案,避免车辆交互干扰,顺序运行提高车辆运行效率。

③为了保证港机设备和集装箱货车的运行安全,在堆场车道与堆场间主路设置安全保护装置,在堆场主路范围外两侧安装道闸装置和指示报警装置,阻拦和警示倒运集装箱货车停止在安全区域,避免轨道式起重机过街时与集装箱货车发生碰撞。

④在国内新制造30米轨距单小车岸桥中,首次具有半自动功能+OCR(Optical Character Recognization,光学字符识别)+集卡识别等功能(并有自动控制模块为后期改造预留自动化控制接口),可以有效提高岸桥的作业效率和整个码头的作业效率。

⑤采用全球最先进的NAIVS码头操作系统,并为唐山港量身定做的除基本功能外还具有堆场专家定位、集卡全场调度、自动场地联动转移、闸口自动化、火车管理、起重机自动化API(Application Programming Interface,应用程序接口)等功能的综合性操作系统。

三、高效自动化集装箱码头工艺布局研究及应用的主要做法

(一)码头整体规划研究

1. 堆场布置分析

唐山港采用的堆场平行于码头(堆场带双车道)布置:

①唐山港采用堆场带双车道的布局方式,集装箱货车可以直接到达指定备位,唐山港岸桥与轨道吊的配比为1∶2.5。采用这种布局可以有效降低初期投资成本和提高堆场运行利用率。

②采用堆场双车道的布局,可以让集装箱货车到指定作业位置去等候轨道式起重机作业,这样可以减少轨道式起重机的运行距离,减少了其运行次数、机构的磨损及故障率,有利于提高堆场内的作业效率。

③唐山港自动化集装箱码头倒运设备是港内集装箱货车,采用堆场平行于码头(堆场带双车道)布置,集装箱货车做环形路径运行,减少了其倒车和转弯次数,有效提高了集装箱货车的作业效率。

④采用双车道是为了避免集装箱货车在同一个箱区作业时的压车现象,集装箱货车装完货物就可以直接驶离箱区。

⑤通过管理堆场实行单向行驶,可以避免港内集装箱货车和港外集装箱货车的交通混乱。

⑥在堆场内预留两条车道,可以在同一堆场内让多台集装箱货车同时等候装卸货,提高单台轨道式起重机的作业效率和整条生产线的作业效率。

2. 集装箱码头整体规划

本次研究的新型自动化集装箱码头布局具备以下突出优势:

①采用堆场平行于码头岸线布置,在无悬臂轨道式起重机的堆场区域内预留双车道,双车道均设计为单向车道。当转运车辆拥堵时,可以借用另一条车道进行超车从而提高集装箱货车作业效率;堆场中央设置垂直于岸线方向的贯通道路,可以大大缩短集装箱货车的行驶距离,避免单车道压车现象的发生,有效提高集装箱货车作业效率;通过上述设计,避免两台同跨轨道式起重机交叉作业,从而有效提高集装箱转运作业效率。

自动化集装箱码头布置示意图如图1所示。

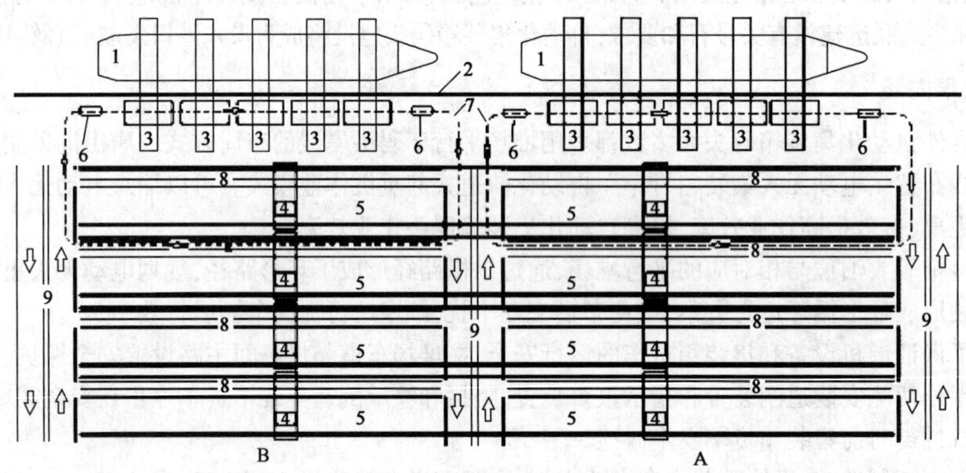

图1　集装箱自动化码头布置示意图

1-船舶;2-码头岸线;3-岸桥;4-轨道式起重机;5-堆场;6-港内集装箱货车转运设备;7-港内集装箱货车规划运行路径;8-堆场内车道;9-主路

②码头前沿岸桥下车道、堆场两侧主路和堆场内双车道构成了集装箱货车环形路径运行,避免倒车现象,缩短了集装箱货车的作业时间,提高了作业效率。集装箱货车按照环形路径运行,提高了其运行速度,同时保障了行驶安全。本方案具有设计简单、实用性强、转运效率高等优点。

双车道堆场环形路径示意图如图2所示。

③目前,国内外传统集装箱码头堆场设备(主要为轮胎吊)转场的情况很多,通常采用人工监护的方式来避免设备碰撞事故。现有自动化集装箱码头堆场均为全封闭堆场,采用人工监护的方式来避免集装箱货车与轨道式起重机发生碰撞,并不能从根本上解决自动化集装箱码头堆场的安全隐患。本项目通过在堆场车道与堆场主路交口处安装指示报警装置,在主路道闸装置处安装车辆感应传感器,在主路堆场范围外两侧安装道闸装置和指示报警装置,可在轨道式起重机通过主路时,将集装箱货车阻挡在轨道式起重机行走范围外,避免轨道式起重机和集装箱货车发生碰撞。

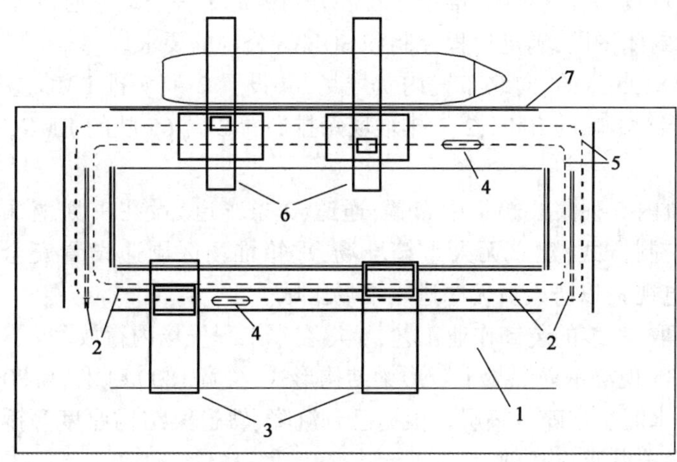

图2 双车道堆场环形路径示意图

1-双车道;2-轨道式起重机;3-集装箱货车;4-岸桥;5-港内集装箱货车规划运行路径;6-岸桥;7-码头岸线

轨道式起重机跨路转场系统布置示意图如图3所示。

④由于岸桥作业20英尺集装箱时,都是双箱作业,一般码头配备的都是单箱41吨轨道吊,每次只能作业集装箱货车上的一个集装箱,这就降低了堆场区域的作业效率。考虑到这点,在12台轨道式起重机中,制造了4台双箱65吨轨道式起重机,来满足双箱作业的需要,从而提高整个码头的作业效率。同时,考虑装卸船倒运距离的因素影响,在堆场规划设计时,将靠近码头的第二、三条堆场上安置4台65吨轨道式起重机,减少装卸船集装箱货车的倒运距离,以此来提高整个码头装卸船的综合作业效率。

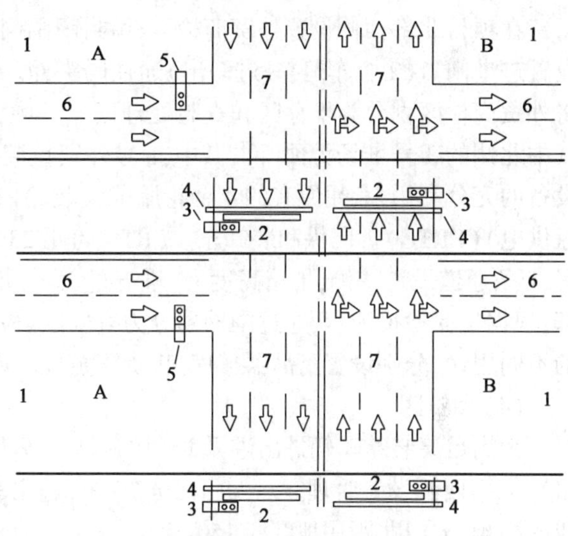

图3 轨道式起重机跨路转场系统布置示意图

1-堆场;2-车辆感应传感器;3-第一指示报警装置;4-道闸装置;5-第二指示报警装置;6-堆场车道;7-堆场主路

3.本项目码头整体规划实施

本项目共分为码头区、内贸堆场区、外贸商检区、大门区、大门缓冲区、道路区和供水调节站7个区域,各区主要建设内容如下:

(1)码头区

码头区2个泊位均采用岸边集装箱装卸桥进行装卸船作业,其中,西侧309.355米连接段部分改造为3万吨级集装箱泊位,其原为直立岸壁,未设置系船柱、护舷及轨道,本次将上述设施全部补齐;东侧431米码头改造为10万吨级集装箱泊位,其附属设施齐备,仅需搬迁其上11台门式起重机至其他泊位并改造前后轨为QU120型号,码头安放新购置的5台30米轨距岸桥;为满足新购置岸桥的运行要求,该段码头前后轨道均更换为QU120型号,海侧轨(两泊位交界处)布置通过式车挡,满足40吨-44米集装箱装卸桥向东通行并限制65吨-66米集装箱装卸桥西移。陆侧轨后布置舱盖板堆放区、泊位间作业联系通道等。

(2)内贸堆场区

内贸堆场区采用“轨道式集装箱门式起重机(RMG)重箱拆码垛及装卸车作业、空箱堆高机空箱作业、集装箱拖挂车水平运输作业”的装卸工艺模式。

整个堆场被垂直码头方向的3条纵向通道(宽25米)分成2个堆存区,每个堆存区均划分为9条堆箱区。堆场陆域纵深为450.5米,其中前方作业区宽75米、堆场区宽349.5米、道路区宽25米、围网1

米。为尽量减少对现有堆场的分割影响,堆场区在后方西侧汇于一条疏港通道,向北与新设的进出港大门连接。堆场四周设置封闭围网,满足远程控制和 SOLAS 公约的要求。

自码头前沿线陆侧 81.5 米始,向北布置内贸堆场,共设置 2 列 9 排 RMG 重箱箱区,其中,1、4 ~ 6 排重箱堆场每排布置 2 台 41 吨的 RMG,2、3 排堆场每排布置 2 台 65 吨的 RMG,7 ~ 9 排重箱堆场近期作为空箱堆场使用。

RMG 轨距 33 米,轨内 8 列集装箱集中布置,通道(2 条车道)设在一侧,堆箱高度为"堆六过七"。RMG 采用远程或自动控制方式,建立无人重箱堆场,重箱堆场区周边设置安全围栏与 CCTV(Closed Circuit Television,闭路电视),以防人员无序进入堆场区域。

危险货物箱采用直取、直装的装卸作业工艺,不得在本工程堆场内存放。

轨道吊基础采用 C35 现浇钢筋混凝土矩形梁结构形式,梁宽 1800 毫米、高 800 毫米,其下为 C15 混凝土垫层及 300 毫米厚水泥稳定碎石垫层。根据已有沉降、轨道梁结构厚度等拆除现有面层和重叠部分的跑道梁,再施工轨道式起重机基础。

拆除已有堆场 80 毫米联锁块、50 毫米砂垫层,根据基层破坏与否,分别采用直接在已有基层顶面和铣去破坏的基层的方式,加铺贫混凝土基层找平、30 毫米砂垫层和 100 毫米厚联锁块。

(3)外贸商检区

在项目北部西侧设置外贸商检区,由封闭围网围护,北侧利用原有进场闸口,南侧与项目疏港道路设置进港闸口(2 个车道,一进一出)通往码头,海关卡口东侧设置消毒设施。外贸拆装箱库居中设置,将外贸商检区划分为堆存区和查验处理区。其中,堆存区位于南侧,共设置 3 条重箱堆场(含冷藏箱,其中北侧的 3 号堆场为预留),其中,1 号外贸重装箱堆场东侧布置简易形式冷藏箱插座。考虑到既有设备的充分利用,利用原有的 4 台轮胎式集装箱门式起重机技术改造成电力驱动(供电方式为电缆卷盘供电)(ERTG)拆码垛和装卸车。ERTG 跨距 23.47 米,吊具下起质量 41 吨,跨内 6 列集装箱集中布置,1 条通道设在一侧,堆箱高度为"堆五过六"。堆存区四周通过 10 米宽道路连通;查验处理区位于北部,根据检验检疫流程,通过围网划分为查验区、检疫处理区、固废检疫处理区和固废查验区,根据各区的不同用途,分别设置药品器械库、普货熏蒸处理库、熏蒸药品库和固废查验仓库。

(4)大门区

为满足集装箱车辆进出港及管理的需要,现有辅建区设置集装箱进出港大门(进出合一、四进四出),大门西侧设置管理室。大门区宽 70 米,进出车流由已建的高杆灯形成的隔离带隔离,考虑既有管线的影响,大门北距用地红线 150 米。

大门布置 8 条车道,四进四出,最外侧为超宽车道,其余为常规车道。

集装箱大门东侧有既有的机修车间和工具材料库等。集装箱大门西侧有既有海关查验集装箱堆场。

(5)大门缓冲区

大门南侧设置缓冲区,自东向西划分为车辆待检整理区、调箱门作业区、内贸冷藏箱堆场和停车场。

大门缓冲区内正对大门设置车辆待检整理区,其南侧布置集装箱调箱门作业区,采用 1 台固定式集装箱调箱门式起重机;车辆整理区西侧布置内贸冷藏箱堆场,冷藏箱插座采用简易形式,共布置 1 条,堆高一层,采用集装箱正面吊进行装卸车、堆码垛作业;内贸冷藏箱堆场南侧和东侧布置停车场。

(6)道路区

堆场间不同箱区、堆场与外贸商检区、大门缓冲区、大门区之间由 15 ~ 25 米宽道路相连,用于集装箱拖挂车的水平运输作业,转弯半径 15 米。

(7)供水调节站

为满足三港池北岸线消防的需要,结合三港池集装箱规划布置,现有辅建区东侧设置 1 座供水调节站,配置 2 座 1500 立方米水池,其工作给水范围包含三港池北岸线集装箱区的消防,同时兼顾为辅建区生活用水加压。

(8)配套设施

项目各用电设施按照就近的原则,分别引1号变电所和2号变电所。经复核,为1号变电所和2号变电所提供电源的中心变电所供电负荷不能满足设备所需,因此,需自26~27号泊位110千伏变电站引入一路10千伏电源。

考虑码头运营节能、环保的要求,码头预留设置岸电设施的条件;控制专业针对集装箱码头运营特点,重新设置了相关管理及监管系统,并结合远程操作轨道吊的要求,在26~27号泊位综合楼中控室设置相应控制中心,用于轨道式起重机的远程操作管理。

规划堆场东侧设置供水调节站,配置泵房和水池,满足三港池北岸的消防需要,兼顾辅建区生活给水加压。

4. 装卸船工艺方案

出于投资成本和倒运效率的考虑,倒运设备采用集装箱货车倒运,所以唐山港的主要工艺采用以下两种:

①装船流程。堆场→RMG→集装箱拖挂车→集装箱装卸桥。

②卸船流程。集装箱装卸桥→集装箱拖挂车→RMG→堆场。

(二)设备选型分析

1. 岸桥选型分析

①由于传统岸桥驾驶员劳动强度较大,因此技术娴熟的驾驶员作业效率高,其他驾驶员作业效率相对较低;自动化岸桥投资较大,自动纠错能力不如熟练的驾驶员。为了减少设备投资成本、减轻驾驶员的劳动强度和保证设备的作业效率,综合考虑结合唐山港生产作业实际情况,故选择半自动化控制模式岸桥。

②通过对单小车和双小车岸桥分析,双小车适用于自动化码头,可以满足AGV(Automated Guided Vehicle,自动导引车)和跨运车的安全运行的需要,但是初期投资成本较高、制造周期长、车道较少和控制系统较复杂,综合考虑单小车岸桥性价比较高;单小车和双小车岸桥在作业效率上存在差异,双小车岸桥卸载集装箱时,主小车运行距离长,还需要在中转平台上进行集装箱中转,相比之下单小车岸桥比双小车岸桥装卸效率高。

③由于单小车岸桥结构简单,质量较双小车岸桥轻,这就降低了对轨道和轨道梁的轮压要求,减少了初期投资成本;由于单小车岸桥质量轻,在作业期间耗电能少,还可以减少设备后期运营成本。

综上所述,唐山港选用半自动化单小车65吨66米集装箱装卸桥来进行码头装卸船作业。

2. 轨道式起重机选型分析

①因为轨道式起重机相对来说数量较多,采用全自动化轨道式起重机可以有效减少操作人员数量,从而可以减少长期运营成本,所以选用全自动化控制模式的轨道式起重机。

②有悬臂轨道式起重机具有外形尺寸较大、质量大、对基础建设要求较高、初期投资较大、堆场利用率低等缺点。无悬臂轨道式起重机质量轻、轮压小,可以降低对轨道和轨道梁的要求,降低初期投资成本和轨道式起重机运行成本。因此,综合考虑选用无悬臂轨道式起重机。

③根据唐山港作业的年作业量中有15%装有水渣和钢材的轻箱,此类货物运输目的地一致,可实现双箱同时作业。为提高轻箱作业效率,最终选型4台65吨无悬臂双吊具轨道式起重机用于轻箱双箱作业,8台41吨无悬臂单吊具轨道式起重机用于其他货物吊运。

3. 水平倒运设备选型分析(电动无人集装箱货车)

①电动无人集装箱货车是新型的水平倒运智能设备,其正式商业化运行自2018年6月在唐山港自动化集装箱码头实现,较AGV(自动导航运载车)、跨运车相比具有较大的优势,是自动化集装箱码头水平倒运设备的最佳选择。

②图4展示了无人集装箱货车的技术构成。它包括ACC(自适应巡航)、AEB(自动紧急制动)、LKA(车道保持辅助)、LCA(变道辅助)、TJA(交通拥堵辅助)等子系统。车体上安装了大量传感、识别采集传输装置,并与车辆运控系统集成,实现了复杂环境下的自适应安全运行。其主要技术特色体现为:规划最优导航路径;根据地图和行驶轨迹预测路口避让;智能识别躲避行人、车辆障碍物。

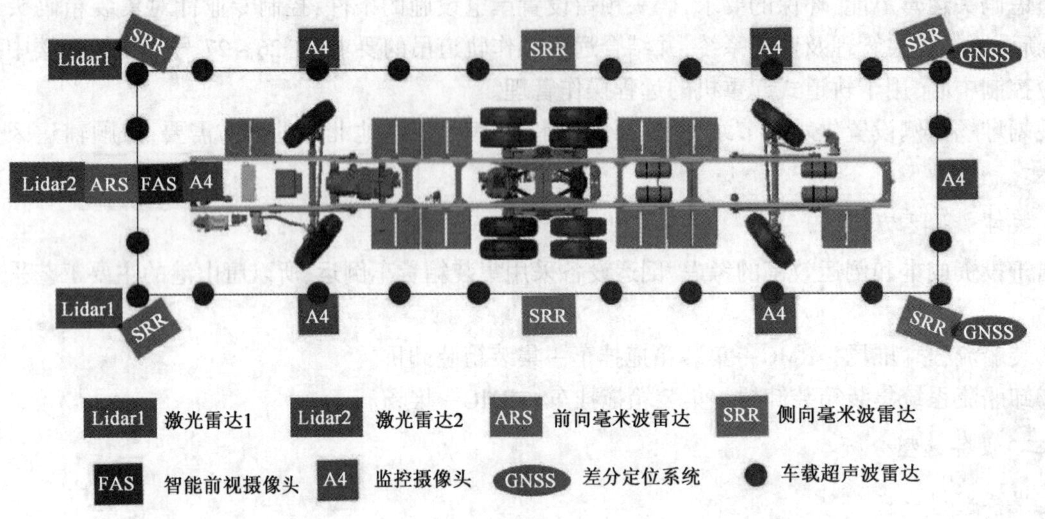

图4　无人集装箱货车的技术构成

③图5所示为任务调度系统图。其中ICV(智能网联汽车)调度监控后台为核心,它从码头TOS系统(码头管理系统)中接收作业计划,形成车辆调度指令传送至无人集装箱货车,车辆按作业指令自动选择路径,与岸桥、场桥自动交互,实现全流程无人化自主运行。

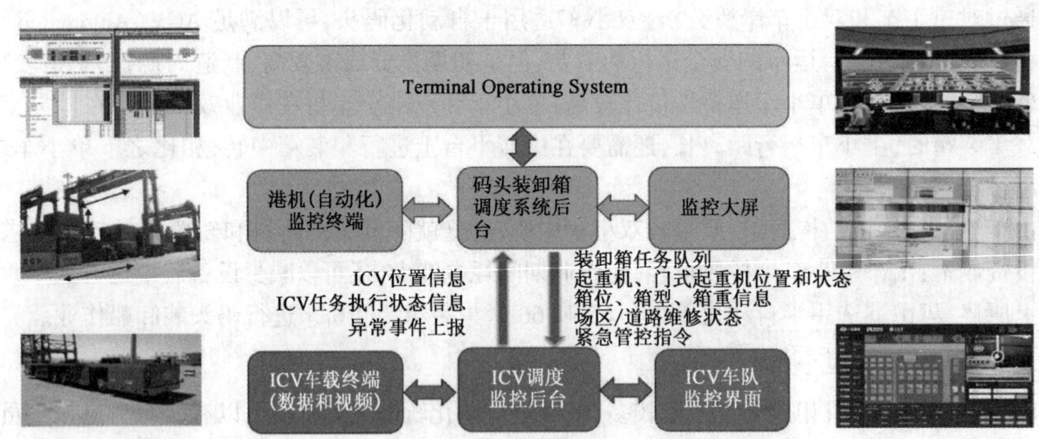

图5　任务调度系统图

④Q-Truck适用性分析。

Q-Truck因其投资成本低、运行效率高、自适应学习强等优点逐渐成为自动化集装箱码头水平倒运设备的最佳选择,主要体现为:

a. Q-Truck主要以北斗千寻厘米级实时精准定位为核心技术,无须提前布设磁钉等附属设施,初期投资成本较低,安全有保障,并且可以通过数据采集、信息分析、智能预判等功能实现自适应学习,运行时间越长,功能和性能越完善。

b. Q-Truck采购价格为AGV、跨运车采购价格的1/3,初期投资较少,推广应用和示范价值较大,为后续自动化集装箱码头建设和运营提供了低成本下的技术保障。

c. 机械结构简单,故障率相对较低,对维修人员的技术要求不高,维护保养及运营成本低。

(三)码头管理系统(TOS)研究

码头管理系统作为港口开展中心业务的核心平台,对提高港口集装箱吞吐量、提升客户服务质量和港口核心竞争力发挥了决定性的作用。

码头管理系统所采用的NAVIS公司的N4系统共配置9个子系统,子系统共计包含27个功能,可以满足唐山港集装箱公司的生产需要。其主要功能有:系统选项、数据模型扩展、闸口、船舶、提单、铁路、高级EDI(Electronic Data Interchange,电子数据交换)基本功能、操作员装货卸货、堆场计划和控制、船舶计划和控制、设备控制、无线终端应用包、铁路理货/库存管理选项、桥吊指挥员选项、船舶自动配载、堆场专家定位、集卡全场调度、堆场双吊具、自动场地联动转移、闸口自动化、N4交换SDK(软件开发工具包)、库存管理、自动化冷藏箱检测、设备控制SDK、起重机自动化API(应用程序接口)。

(四)智能闸口管理系统研究

在进港大门处布置8条车道,四进四出,最外侧为超宽车道,其余为常规车道。大门闸口前端设备包括箱号识别摄像机、电子车牌读写器、电子地磅、语音播报、电子栏杆等均通过串口服务器与机房闸口工控机相连,闸口工控机与码头操作系统相连接(预留有与海关系统接口)。

前端采集系统将采集到的集装箱号信息、电子车牌信息、质量信息等上传智能闸口管理系统,智能闸口系统与码头管理系统进行通信连接,接受码头管理系统返回的放行指令,前端系统根据返回的放行指令进行放行,并将码头管理系统传输过来的信息进行打印,提供给集装箱货车驾驶员。

1.箱号识别系统

①系统通过动态识别车辆行进位置技术,借助多镜头相机,能够至少同时获取多幅含集装箱箱号的照片。

②现场照明采用补光方式,弥补现场环境光线不足问题。

③能够识别《集装箱　代码、识别和标记》(GB/T 1836—2017)标准的集装箱号码,可以处理任何箱型的任何号码印刷方式,包括一行、两行、三行、四行、一列、两列等;可以处理各种20英尺箱、40英尺箱、标准箱、冷藏箱、超高箱、超长箱等。

④车辆限速30公里/小时。此外,对运输车辆、车载集装箱数量和位置没有任何要求。系统能自动识别出车辆装载的集装箱个数,并识别出各自的集装箱号码。

⑤系统具有识别箱型信息、区分单双箱的功能。

2.电子车牌自动识别系统

①能够在远距离非接触的自动识别业务车辆的电子车牌标签号。

②读写器无线发射功率不对周围其他通信设备产生干扰,不对操作使用人员造成健康损害。

③通过对电子车牌天线的专业安装调试,使得该系统有超强的抗干扰能力,不会出现邻道干扰。

④系统能在严寒、潮湿地带、热带地区和粉尘大的场所中正常工作。

⑤对无识别卡和系统识别失败和数据错误时,可进行人工干预,手工输入车辆牌号。

⑥数据通信符合卡口联网设备接口标准。

3.智能称重系统

电子地磅采集系统主要采用集成数字式电子地磅系统,通过实时采集通道上的车辆质量信息,当车辆通过卡口车道时,前端采集系统自动接收电子地磅传送给工控机的称重数据,并识别为当前的车辆称重数据。

4.闸口控制系统

闸口控制系统通过卡口工控机将前端采集系统采集到的信息,包括集装箱号信息、电子车牌信息、质量信息等输入智能闸口管理系统 ,并接收其返回的放行指令,根据放行指令进行放行,同时输出信息打印成小票,提示驾驶员操作信息及步骤。

5. 卡口通道视频监控系统

系统能满足 24 小时对卡口进出的业务车辆进行全天候实时监控、储存。该系统能够提供卡口通道现场业务车辆进出的实时图像信息,能清晰地记录车辆外部特征、通行车道位置、日期、时间等信息,录像资料存储时间达 3 个月以上。

6. 码头操作系统对接

闸口前端采集系统提供采集信息给智能闸口管理系统,智能闸口管理系统与码头操作系统进行通信,实现无缝对接。

(五)岸桥半自动系统研究

1. 岸桥管理系统

岸桥管理系统负责控制岸桥高效、安全地执行装船卸船任务。

岸桥管理系统从 TOS 接收任务后,结合当前小车状态及集装箱货车到达情况,合理地执行 TOS 指定任务。

岸桥管理系统具有很高的容错纠错能力,充分考虑到系统级、任务级、设备级的异常工况,提供了高智能的处理机制。系统充分考虑扩展性,当发生新的异常时,只要在接口输入异常信息以及处理方法就可以实现处理机制的扩展。岸桥管理系统同时提供分级别的日志管理,便于查找问题。

岸桥管理系统充分考虑到用户体验,提供各类面向图形化界面等系统的对外接口,用户可以方便地通过图形化界面系统对岸桥管理系统运行过程进行人工干预。同时,系统提供丰富的数据记录功能,用户可以通过效率分析工具等工具对系统运行的实时数据/统计数据进行分析。

除此之外,岸桥管理系统本身具有相当高的可靠性,开放性和扩展性:

①采用成熟的设计模型以及技术方案,将系统进行合理地模块化,达到高内聚低耦合的效果,并且可以实现分布式处理。

②提供各级别的冗余处理机制,整体可靠性高,不会因局部故障而引起整个系统瘫痪。

③具有严格的通信加密、数据安全保护等技术,确保高度的安全性和保密性。

由于设计实现时充分考虑到未来的业务发展,在应用、结构、容量、通信能力、处理能力等方面具有较强的扩充性及进行产品升级换代的可能性。

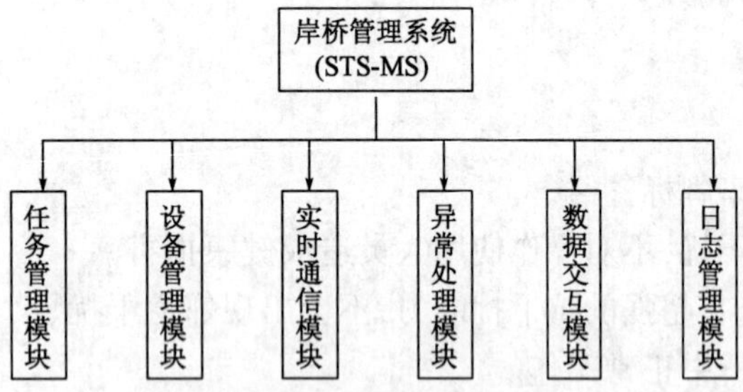

岸桥管理系统(STS-MS)

任务管理模块　设备管理模块　实时通信模块　异常处理模块　数据交互模块　日志管理模块

图 6　岸桥管理系统的组成

岸桥管理系统主要由以下模块组成(图 6):

①任务管理模块(Task Managing Module,TMM):通过 TOS 交互接口获取任务,并把任务执行结果反馈给 TOS。

②设备管理模块(Equipment Managing Module,EMM):对系统运行时各种设备的物理参数、系统运行配置以及安全规则等进行配置管理。

③实时通信模块(Managing Module,MM):将任务执行序列写入自动化轨道式起重机控制系统,并能把执行结果反馈给岸桥管理系统。

④异常处理模块(Exception Handling Module,EHM):提供异常应急处理机制,包括岸桥管理系统异常级、任务异常级、设备异常级等异常。有自动重试机制,处理可快速恢复的异常。有冗余机制保证异常时系统能正常运行。

⑤数据交互模块(Data Exchanging Module,DEM):对外提供 STS 及任务的状态查询接口,并提供 STS 的单步任务指令接口。能从其他系统获取所需要的任务及设备信息,帮助任务管理模块完成任务。

⑥日志管理模块(Log Managing Module,LMM):提供分级别的日志管理,记录任务执行过程中各个关键操作点的信息。用户可以很方便地对系统运行的各个节点效率等进行统计以及分析。

2. 岸桥半自动控制系统

自动化控制系统的主体是自动化控制器。自动化控制器采用B&R公司的X20CP3586,进行指令的综合处理及运动控制,包括半自动运行,与MS(设备管理系统)、安川系统、单机子系统等系统的信息交互。

岸桥实现船到集装箱货车之间的装卸作业,其半自动功能如下:

(1)排位学习及更新

驾驶员可以通过触摸屏自主选择排位学习,也可以根据MS的排位学习指令进行排位学习。排位学习后,会生成船上的排位信息,供半自动作业任务使用;每次在船上着箱之后,都会对该排的小车位置进行修正,保证半自动作业时的小车位置相对准确。

(2)半自动作业

岸桥的半自动作业通过在作业空间范围内(X_{min},Y_{min}),(X_{max},Y_{max})利用船型扫描系统对船型、鞍梁及障碍物的检测,规划出一条S-E之间的最优路径(图7),并通过吊具姿态检测系统(Spreader Detection System,SDS)对吊具姿态的检测和小车起升位置及速度的状态反馈,控制小车和起升的运动,实现吊具的稳摇自动运行。

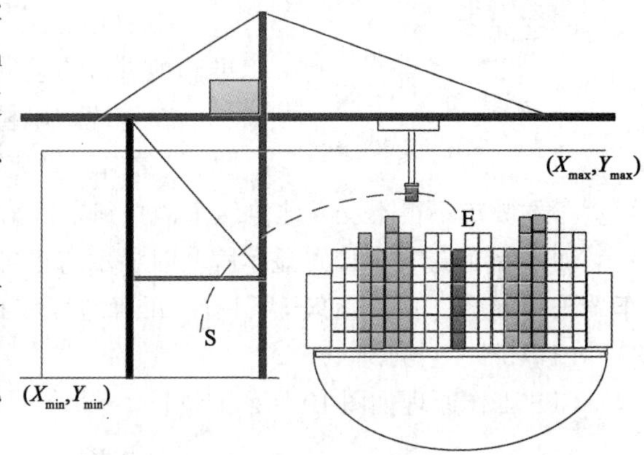

图7 岸桥半自动运行轨迹示意图

(3)防扭功能

贝加莱控制器中集成了防扭控制功能,可以通过外部防扭使能按钮开启。防扭功能利用SDS检测的吊具扭转姿态数据,控制后大梁的液压油缸,控制钢丝绳的张紧,实现对吊具倾转姿态的控制。

防扭控制结构图如图8所示。

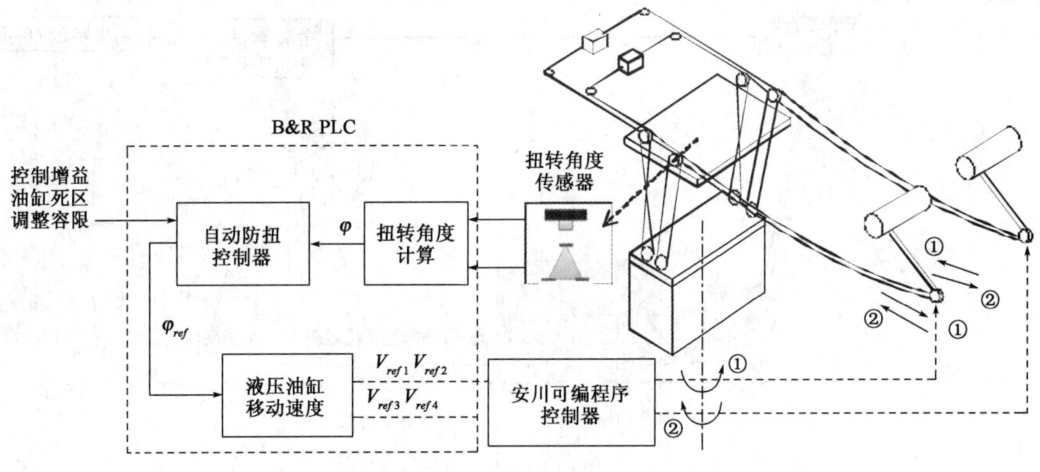

图8 防扭控制结构图

(4)防摇功能

半自动运行过程中,贝加莱控制器会根据SDS检测出的岸桥吊具摆角,控制小车及起升的速度,减小吊具的摆幅,使小车到位后,吊具能保持较小的摆动角度。

防摇功能示意图如图9所示。

(5)系统监控功能

岸桥在运行过程中的相关信息,会以数据文件的形式记录下来,并上传到服务器端,供设备监控系统或故障排查时使用。

岸桥运行过程中的相关状态信息可以通过工业通信或以太网通信实时显示在驾驶室的触摸屏上,如小车位置、起升位置、小车速度、起升速度、开闭锁信号及动态效果显示等;同时需要与驾驶员进行交

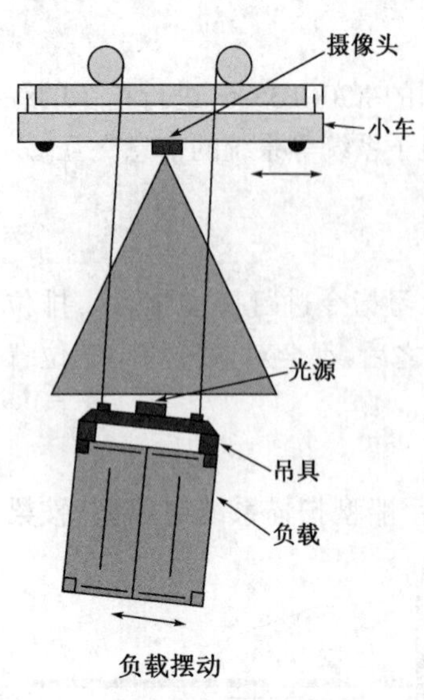

图9 防摇功能示意图

互的信息也显示在触摸屏上,如排位选择、装卸方式选择、SDS 标定使能等按钮。

3. 吊具姿态检测系统(SDS)

SDS 是基于光学原理及图像处理技术的系统,主要应用于自动化港口轨道吊作业以及岸桥作业中。

SDS 在自动化作业时,通过检测安装在吊具上的红外结构光源位置,计算出吊具空间位置和姿态信息,并将这些信息发送给控制系统。依照 SDS 监测结果,设备控制系统可以控制岸桥、场桥或其他吊具设备更加快速、准确、有效地工作,从而极大提高设备的工作效率和安全性。

4. 车辆引导系统(CPS)

CPS(Chassis Position System)主要用于引导集装箱货车驾驶员快速、准确地进行集装箱货车装卸作业。

在传统的岸桥装卸作业中,集装箱货车驾驶员只能凭人工经验停靠,经常出现集装箱货车和岸桥吊具之间装卸误差值较大的情况,集装箱货车驾驶员不得不反复地停靠车辆直到岸桥吊具能够进行装卸箱为止,因而降低了工作效率。

而 CPS 通过集卡位置显示牌实时显示与正确停靠位置在车辆方向上的距离偏差值,引导集装箱货车驾驶员向前、向后移动车辆,快速、准确地停靠到正确停靠位置,极大地提高了岸桥的工作效率。

(1)CPS 工作原理

CPS 工作原理如图 10 所示。

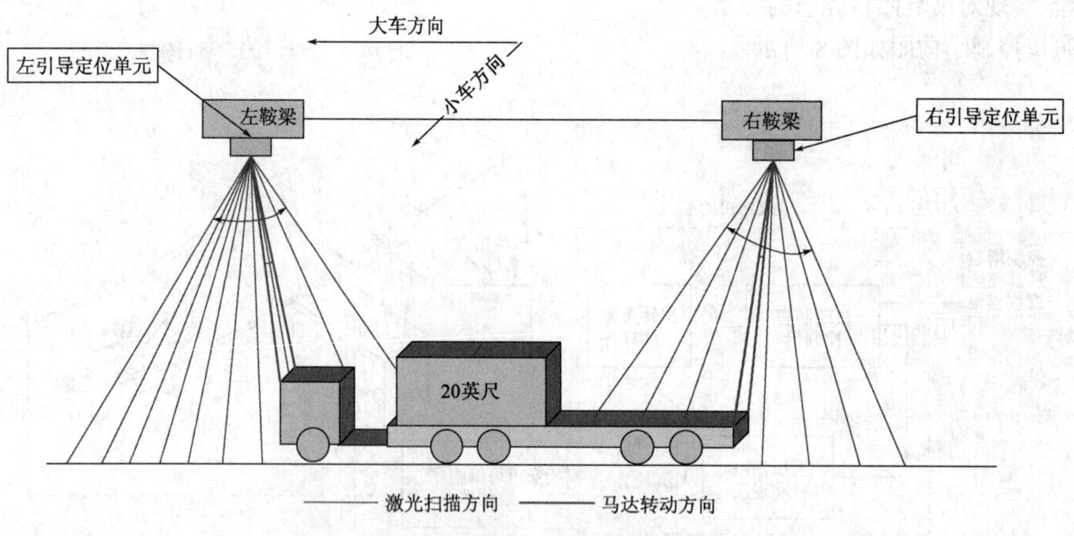

图10 CPS 工作原理图

(2)左/右引导定位单元功能

左/右引导定位单元主要用来实时检测和测量集装箱货车或拖车的位置,实时进行数据处理并控制集装箱货车位置显示牌显示引导信息。左/右引导定位单位功能示意图如图 11 所示。

(3)驾驶室远程控制界面功能

驾驶室远程控制界面是嵌入在岸桥驾驶室内故障显示器的控制界面,由作业位置(前 20 英尺、中 20 英尺、后 20 英尺、双 20 英尺、40 英尺、45 英尺)、集装箱货车类型(港内、港外集装箱货车)、驶入方向(左侧驶入、右侧驶入)、作业车道(1、2、3、4、5、6 车道)、CPS 控制按钮和 CPS 状态指示灯组成。

CPS 状态指示灯用来实时显示系统工作状态。当集装箱货车驶入工作车道,CPS 系统正在检测和引导时,指示灯为绿灯(此时,安川可编程序控制器(PLC)中吊具禁止下降信号为 1,吊具高度不能低于门梁高度,否则吊具会挡住 CPS 系统激光扫描区域)。当集装箱货车或拖车到达正确位置后,CPS 状态指示灯为红灯。吊具完成装箱/卸箱并升到指定高度后,CPS 状态指示灯熄灭,CPS 系统处于空闲状态;若 CPS 系统设备发生故障,则 CPS 状态指示灯为黄灯。CPS 状态指示灯工作状态示意图如图 12 所示。

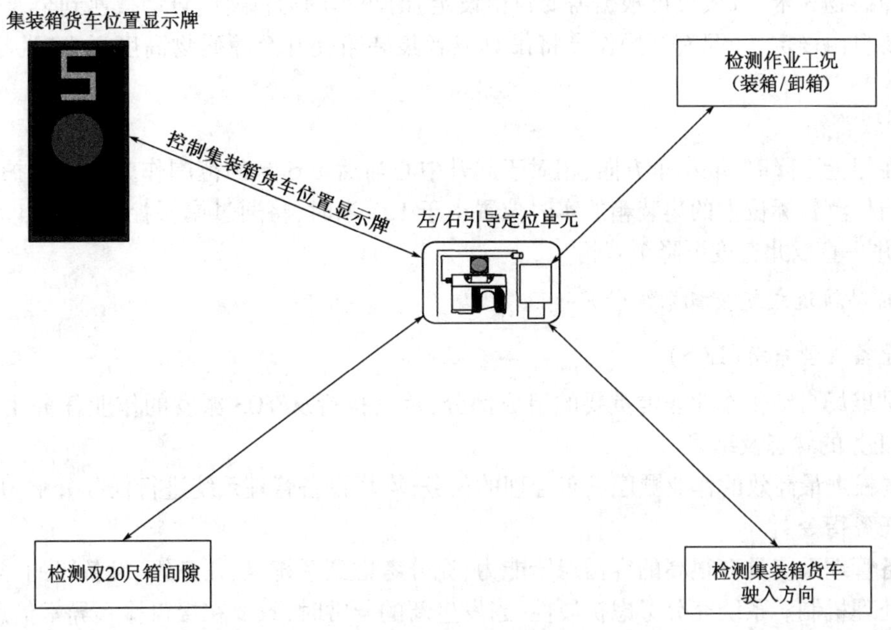

图 11　左/右引导定位单元功能示意图

5. 船形扫描系统(SPSS)

(1)SPSS 术语

船形扫描系统(SPSS):使用激光器实时检测下方的堆箱轮廓、建立基于小车坐标系的 2D 轮廓图,通过与 PLC 之间的通信,控制机构及时减速,避免可能的碰撞危险,实现小车防撞与智能软着箱功能。

激光器:选用的激光器拥有高精度和扫描频率,以满足桥吊的高度作业环境。驾驶室前后各有一台 2D 激光器,前侧 2D 激光器称为海侧 2D 扫描单元,后侧 2D 激光器称为陆侧 2D 扫描单元,小车平台海侧正中心还有一套 3D 机构,称为 3D 扫描单元。SPSS 使用激光器采集到的检测值更新轮廓高度。

触摸屏:使用实时可靠的嵌入式平台运行 SPSS 程序,提供人机交互界面,显示轮廓地图和系统的运行状态。

通信系统:转发 SPSS 与 PLC 向对方发送的数据。

船形扫描防撞示意图如图 13 所示。

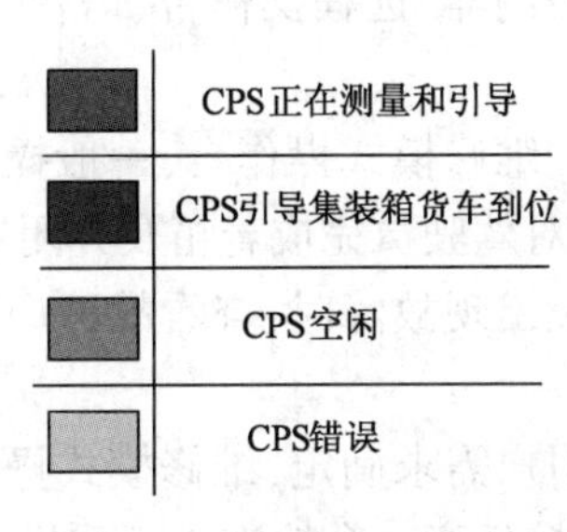

图 12　CPS 状态指示灯工作状态示意图

图 13　船形扫描防撞示意图

(2)小车防撞

在小车前进方向上,如果空吊具底部(吊具无箱)或者集装箱底部(吊具有箱)的位置低于障碍物,SPSS会计算小车坐标系上的障碍物和起升或者集装箱之间的距离,并实时调整小车运行的最大速度,保证在距离障碍物3米(驾驶员可根据需要自由设定)时小车的运行速度自动减速到全速的10%(驾驶员可根据需要自由设定)。只有当操作员将吊具或者集装箱提升至障碍物高度以上时,小车速度才会恢复。

(3)智能软着箱

当岸桥在船上下降时,取小车方向、相对于起升中心前后1.5米的范围作为起升保护范围,当吊具上的集装箱与检测目标位上的集装箱的实时位置小于1.5米时,将通过岸桥控制系统自动减速至额定速度的5%,并一直以此速度下降至着箱。

(六)全自动轨道式起重机系统研究

1.堆场设备管理系统(ECS)

本系统是堆场自动化作业非常重要的组成部分,负责执行从TOS派发的作业任务生成命令,并反馈TOS作业任务的状态及结果。

TOS负责根据最高效的作业顺序发布合理的任务,堆场设备管理系统进行任务分解,并控制设备安全地完成该任务指令。

堆场设备管理系统具有很高的容错纠错能力,充分考虑到系统级、任务级、设备级的异常工况,提供了高智能的处理机制。系统充分考虑扩展性,当发生新的异常时,只要在接口输入异常信息以及处理方法就可以实现处理机制的扩展。堆场设备管理系统同时提供分级别的日志管理,便于查找问题。

堆场设备管理系统充分考虑用户体验,提供各类面向图形化控制界面等系统的对外接口,用户可以方便地通过图形化控制界面系统对堆场设备管理系统运行过程进行人工干预。同时,堆场设备管理系统提供丰富的数据记录功能,用户可以通过效率分析等工具对系统运行的实时数据及统计数据进行分析。

除此之外,堆场设备管理系统本身具有相当高的可靠性,开放性和扩展性:

(1)采用成熟的设计模型以及技术方案,将系统进行合理地模块化,达到高内聚低耦合的效果,并且可以实现分布式处理。

(2)提供各级别的冗余处理机制,整体可靠性高,不会因局部故障而引起整个系统瘫痪。

(3)具有严格的通信加密、数据安全保护等技术,确保高度的安全性和保密性。

(4)由于设计实现时充分考虑到未来的业务发展,在应用、结构、容量、通信能力、处理能力等方面具有较强的扩充性及进行产品升级换代的可能性。

2.远程轨道式起重机控制系统(RCCS)

轨道式起重机远程控制系统主要用于操作员远程对轨道式起重机进行控制,相当于一个远程驾驶控制室。轨道式起重机远程控制系统由贝加莱可编程序控制器、远程操作台、语音通话设备、视频监控系统等组成。

远程操作台根据设置不同,分为一般操作模式操作台、维修模式操作台,一般操作模式操作台主要用于在自动对集装箱货车作业时,吊具下降到安全高度后对驾驶员完成着箱及开闭锁操作;维修模式操作台主要用于当轨道式起重机在自动执行任务过程中系统出现故障时,查看故障原因及对简单故障进行解决,或人工远程查看设备状态等。

中控远程操控台的数量根据轨道式起重机的数量及用户需求确定,维修模式操作台和一般远程操作台可以通过配置进行切换,并且任意一个操作台可以连接任意一台轨道式起重机。

3.自动控制系统(ACCS)

每台自动化轨道式起重机上装有自动控制系统,设备管理系统从TOS获取任务并把任务分解后发送给轨道式起重机自动控制系统执行指令进行自动作业。当执行集装箱货车任务时,吊具下降至安全高度后,轨道式起重机自动控制系统自动切换至中控操作台来进行远程手动作业。轨道式起重机自动控制系统还为自动化轨道式起重机在执行自动作业时提供有效可靠的安全连锁保护,以及为同一堆区内相互作业的自动化轨道式起重机提供实时高效的防撞保护。

4. 目标检测系统(TDS)

目标检测系统(Target Detection System,TDS)利用3D激光技术实现对目标物体位置信息识别,检测的目标物体包含集装箱、集装箱货车等。系统主要用于自动化堆场内集装箱定位识别,保证了轨道式起重机对集装箱自动作业的精准性和安全性,大大提高了作业效率。

5. 吊具检测系统(SDS)

吊具检测系统(Spreader Detection System,SDS)同岸桥吊具姿态检测系统,参见前文。

6. 堆场安全系统(TSS)

堆场安全系统(TSS):使用激光器实时检测下方的堆箱轮廓、建立基于小车坐标系的轮廓地图,通过与可编程序控制器之间的通信控制机构及时减速,避免可能的碰撞危险,实现小车与起升方向的防撞保护与智能软着箱功能。

TSS控制器获取和处理激光器扫描数据并与可编程序控制器进行通信。

TSS使用激光器进行测距,选用的激光器拥有非常高的精度和扫描频率。激光器安装在小车架的右前侧。

触摸屏使用实时可靠的嵌入式平台运行TSS程序,提供人机交互界面,显示轮廓地图和系统的运行状态。

通信系统:转发TSS与可编程序控制器向对方发送的数据。

7. 车辆引导系统(CPS)

车辆引导系统同岸桥车辆引导系统,参见前文。

8. RFID系统分析

RFID(Radio Frequency Identification,射频识别技术)系统,应用到自动化码头对集卡的管理中,通过集装箱货车牌号与RFID的标签绑定,实现对作业的集装箱货车进行管理。主要体现在:

(1)在作业区,对港外和港内集装箱货车的装箱作业的进行管理;

(2)如果客户需要,可以在路口对集装箱货车进行检查,用来预放箱准备,提高码头作业效率。

四、实施效果

(一)经济效益分析

直接经济效益:2017年调试使用至今共作业集装箱156万TEU,新增利润35360万元,新增税收14040万元。岸桥作业效率由32Move/Hour提升为35Move/Hour,效率提升9.4%,降低成本支出1786.42万元。

间接经济效益:若不建设此项目,部分直接腹地的货物将不得不转移到周边其他港口进行运输,由此将大大增加陆运费用。根据计算,本项目每年可节约陆运费用14552万元。

节能减排:由电动轨道式起重机作业代替燃油轮胎式起重机作业,节省燃油消耗,实现节能减排。节省燃油消耗量为231819.54/182679×930000=1180169.43升;折合碳排放量为1180169.43×0.845×1.4571=1453083.02kgce=1453.08tce;折合二氧化碳排放量为1453.08×3.67=5332.80吨。

(二)经济影响分析

1. 行业影响效果分析

本项目属于港口行业,拟将21、22号泊位西侧部分岸线改造成1个3万吨级和1个10万吨级集装箱泊位,专用于集装箱运输。

京唐港区位于环渤海经济区中部。环渤海地区是我国继长江三角洲、珠江三角洲等地区之后的又一个经济发展核心区域,具有明显的区位优势、资源优势和雄厚的科学技术基础。京唐港区的经济腹地除唐山市及所辖各县以外,还包括北京市、河北省中北部、山西、内蒙古西部、宁夏、陕西等地区。京唐港区铁路和公路中转腹地从环渤海经济区可以辐射至华北、西北、东北等广大地区。

本项目建成后,将对京唐港区的发展产生重要而积极的影响。本项目的建成将会使环渤海湾的海运运输竞争更为充分,有利于行业整体服务水平的提升。

本项目的建设将对关联产业的发展产生十分有力的影响。首先,对腹地内企业的影响最为直接,支持了其业务量的增长;其次,项目建设资金的投入、人流、资金流增加,对京唐港地区及唐山市的物流业、商贸业、金融业的发展也将产生积极影响。

2. 区域经济影响分析

本项目的建设将对区域经济产生重要影响。近代社会和生产的发展以沿江和沿海城市的发展为标志,而沿江和沿海城市的发展又是以港口为依托,港口的发展水平在很大程度上决定一个地区乃至一个国家的经济发展水平。特别是随着经济全球化趋势不断增强,在全球化经济和贸易的总格局中,港口的纽带和接口作用将变得更加突出。现代大型综合港口的良好发展必然会提高所在城市的知名度和市场竞争力,同时带动地区经济的发展。京唐港区位于环渤海经济圈内,处于中心轴线位置,腹地范围广泛。该地区是我国重要的钢铁、石化、煤炭和高科技工业基地。本项目的建设将使京唐港区集装箱运输能力大幅提高,将对唐山市、河北省乃至整个环渤海地区的经济发展产生重要影响,同时新增大量的就业岗位。

事实证明,港口的建设和发展将进一步推动临港工业发展,同时带动第三产业的发展。此外,由于港口经营普遍采用新技术、新设备,管理人员文化、外语、科技水平相对较高。因此,本项目的建设有利于加速京唐港地区的城市化进程和优化唐山市产业结构。

3. 宏观经济影响分析

中共中央把加快环渤海地区发展作为重大战略举措,积极推进京津冀一体化发展,在这样的大背景、大环境下,作为河北省“三港四区”之一的京唐港区更应抓住机遇,乘势而上,加快发展。从区位、资源、环境等方面进行分析,创新发展思路,探索发展新途径,找准机遇与自身优势的结合点,把自身已有优势充分发挥出来,遵从港区规划确定的功能分区,为建成生态型、综合型、国际化的港口而努力。本项目的建设适应经济发展对港口物流产业发展的需求。

本项目投资规模一般,不会对国民经济产生重大影响,但对国民经济的有益影响是存在的。本项目将建设2个集装箱专用泊位,这将对促进国民经济发展,满足腹地运输需求,促进我国港口码头的结构调整和升级,以及我国港口运输业的健康成长产生有利影响。

(三)社会影响分析

1. 社会影响效果分析

本项目无征地拆迁,不产生人民迁移。本项目几乎不存在对所在地负面的社会影响,正面影响则较明显,即项目周边的机构和人群基本是本项目建设的直接和间接受益群体。唐山地区的城市化程度将因本项目的建设有所提高。本项目的建设和由此带动的其他产业发展,将增加周边居民的就业机会,提高其收入。京唐港港区集装箱吞吐量发展将得到有力保障。同时,本项目的建设将为营口地区的建筑、交通运输、保税仓储、房地产、对外贸易、商贸、酒店、文化娱乐等经营企业带来巨大商机。

2. 社会适应性分析

与本项目建设的利益相关者主要有项目的建设经营单位、施工单位、周边居民。以上相关者均为项目受益者。上述受益群体,对本项目的建设和运营积极给予了支持和配合。

京唐港区由于良好的区位优势、光明的发展前景以及国家的大力支持,已集聚了大批港口建设和经营人才,为港区的建设奠定了坚实的基础。

3. 社会风险及对策分析

本项目无须占用农田,无人民迁移,对社会环境影响很小。绝大多数利益相关者为项目受益群体,普遍对项目的建设和经营给予支持和配合,不会导致其他社会矛盾。综上所述,本项目不会导致不良社会后果,社会风险很小。

(四)技术影响分析

1. 提升了集装箱码头综合服务能力

本项目研究成果系统性地解决了国内外自动化集装箱码头初期投资大、使用运维成本高、建造周期长、作业效率和泊位潜能不能充分释放的问题。与国内外自动化集装箱码头封闭堆场相比,本项目充分考虑了效率问题,通过在对场内设计双车道,实现堆场的分区联动管理;集装箱货车使用双车道以降低轨道式起重机运输距离,缩短了集装箱货车的等待时间,作业效率大幅提升。与国内外自动化集装箱码头相比,本项目未采用使用较多的自动导引小车(Automatic Guided Vehicle,AGV)和使用较少的集装箱跨运车(Antomatie Shuttle carrier,A-SHC),而采用电动集装箱货车,与 AGV、A-SHC 相比,水平倒运效率提升 30% 以上。作业效率的提升,极大地提升了港口装卸核心竞争力,提高了客户的满意度。

2. 形成了可复制的成套研究成果

本项目的研究成果形成了传统集装箱码头改造成自动化集装箱码头新的工艺布局,填补了国内外港口类行业技术空白。项目成果已成功应用于唐山港集团 21、22 号泊位和津唐国际集装箱码头有限公司 23 ~ 25 号泊位,得到了港口行业内人士的一致认可和高度评价,为国内外港口行业新建自动化集装箱码头和既有码头改造提供了参考和借鉴,为世界智慧港口建设提供了有力的技术支撑。

3. 为既有码头改造提供了研究方向

本项目研究成果具有效率高、周期短、成本低、识别准、更安全、更节能、易推广、自流程等特点。相对于传统集装箱码头,本项目研究成果具有智能化程度高、污染物排放率低、作业效率高、运行成本低等优点;相对于国内外自动化集装箱码头,本项目研究成果具有投资成本低、建设周期短、运行成本低、信号识别准确等优点。

轨道交通装备制造企业基于客户思维导向的服务产业化体系建设

中车唐山机车车辆有限公司

成果主要创造人:贾焕军　窦向坤

成果参与创造人:刘建光　金燕飞　王　灿　王士斌　倪长平　康浩声　孙国将　杨　洋　徐彭春　王立军

中车唐山机车车辆有限公司(简称"中车唐山公司")始建于1881年,是中国第一家铁路工厂。在跨世纪的发展历程中,中车唐山公司创造了无数个行业第一,在中国机械工业史上留下了深刻的足迹。今天,传承百年造车的深厚底蕴,公司不断创新发展,成功搭建起引领市场的轨道装备研发设计平台和一流的产品制造平台,具备制造高速铁路列车动车组、城际列车动车组、城市轨道车辆、普通铁路客车等轨道交通等全系列产品的生产能力。中车唐山公司研制的谱系化轨道交通产品担当着国内铁路客运的重任,成为城际和城市轨道交通的关键选择。中车唐山公司产品先后出口到土耳其、阿根廷等10多个海外国家。中车唐山公司现已成为轨道装备高端产品研制基地,成为"实业兴邦"的"大国重器"。面向未来,中车唐山公司正在向着国际一流绿色智能人文一体化交通解决方案提供商的目标不断迈进。

一、成果建设背景

(一)服务产业是产品全寿命周期整体解决方案的关键组成

《中华人民共和国国民经济和社会发展第十三个五年规划纲要》中指出,"研制先进可靠的轨道交通产品和轻量化、模块化、谱系化产品。研发新一代高速、重载轨道交通装备系统,增强向用户提供系统全寿命周期整体解决方案的能力。建设高速列车国家技术创新中心。"国家将继续加大对铁路的投资建设,每年将会有一定数量的车辆投入运营,客户对车辆服务业务的需求量将逐年增加。

基于客户思维导向,企业需要将努力打造服务产业作为重要的发展方向,改变以往单一市场销售模式,创建"制造+产品+检修+服务"互为支撑的经营模式,形成公司新的增长极和新的动能。因此,围绕产品开展服务产业化体系建设,提供整体服务解决方案,是企业面临的必须开展的重要工作。

(二)拓展服务业务是中车集团公司和中车唐山公司的经营重点

"十三五"以来,中国中车集团有限公司(简称"中车集团公司")在多次会议上指出,要努力向"制造+服务"、全生命周期服务、全产业链服务拓展,探索增值业态,打造新的增长极;要站稳检修市场,积极探索全生命周期服务;开展车辆故障诊断和健康管理,为用户提供数字化精准预防修服务;要深化与中国铁路总公司的战略合作,加快配件中心项目进程,推进试点项目深度实施。而中车唐山公司也具体提出要大力推进企业服务产业化发展,建立标准化服务包,拓展服务包业务输出;要充分依托与各路局配件超市合作业务,打造局企合作典范;要积累天津地铁5号线运营数据,开拓更加广阔的服务市场。

(三)努力提高服务水平打造服务产业是中车唐山公司自身发展的重大需求

对比同行业先进企业,中车唐山公司在主产品的谱系上并不占有绝对优势。公司既有铁路产品市场、城市轨道交通产品市场、海外市场的发展不均衡,抵御市场风险的能力较弱。由于缺乏前期的建设,公司现有制造类、服务类产品的占比很不均衡。中车唐山公司目前仍然是以铁路订单类产品为主业的制造型企业,亟须从制造型企业向"制造+服务"型企业转变。从中车唐山公司既有业务及整体市场所处的大环境情况看,服务业务的拓展是必须的,服务业务是公司新的增长极和新的动能。因此,找准突破口,努力提高服务水平,打造服务产业,是中车唐山公司自身发展的重大需求。

二、成果内涵和主要做法

中车唐山公司践行"从装备制造商向系统解决方案供应商转变""从单一提供产品向提供产品、技术、服务和系统解决方案转变"和"制造+服务"的发展战略,开展基于客户思维导向的服务产业化体系建设。公司立足于产品,深入践行客户导向思维。在夯实传统服务业务的基础上,策划多条服务发展路径,深入分析服务产业化市场,通过服务成本测算确定服务产业盈利空间,围绕标准化服务包的开发打造服务产业化核心产品,积极实施服务业务拓展推动服务产业化项目落地,建设标准化服务站和服务产业人才队伍提升硬件软件实力。通过在服务产业链上的积极拓展,为用户提供产业化服务,为公司创造效益,为企业向"制造+服务"转型提供强大助力。

(一)夯实传统服务业务,为产业化发展奠定基础

随着高速铁路事业的发展,中车唐山公司传统服务业务经过十年的发展探索,以党建和文化为引领,以技术和管理为支撑,深入落实客户导向思维,传统服务业务板块不断夯实,建立了一个总部、七大区域的组织架构,全面负责国内565标准组高速铁路列车动车组、7条城市轨道交通线路、23标准组160动力集中动车组以及新造客车、检修客车的传统业务。

1.高速铁路列车动车组

通过不断总结动车组运行规律,开展惯性问题攻关、源头质量整治和主动运维服务等措施,充分利用远程监控、健康管理等技术手段,保证动车组安全稳定运行。制定复兴号动车组强化措施,从技术专家支持、随车添乘保障、长期跟踪总结、一事一分析等方面全力保障复兴号动车组的安全稳定运行。

2.普通客车

根据普通客车特点,通过优化售后管理方式、加强创新和攻关力度、畅通反馈信息网络、指标分解落实等措施,提高现场服务效率和服务质量,厂外问题反馈数量逐年降低。

3.城市轨道交通车辆产品

借鉴动车组售后服务模式,公司根据城市轨道交通车辆运行及合同情况,建立高效的售后服务保障体系,设置故障率指标进行管控,保障7条城市轨道交通线路车辆运行安全可靠。

4.重点时期的保障

中车唐山公司在"十一"、春运、暑运、两会等重要运输时期,坚守"确保高铁和旅客安全万无一失"的政治红线和职业底线,提前谋划强化保障方案,落实"十位一体"(领导包保到位、技术培训到位、服务人员到位、添乘支持到位、配件储备到位、协同管理到位、用户协作到位、远程支持到位、应急预案到位、信息管理到位)服务保障模式,重点加强领导包保、技术支持、源头整治和应急故障处置,全力保障车辆运用安全。同时不断总结保障经验,改进工作方式,按照七个常态要求,强化现场问题的解决。

(二)策划服务发展路径,分析服务产业化市场

为实现服务产业化发展,中车唐山公司策划了多条发展路径,在配件业务、总包业务、小包业务、承接供应商服务业务、技术增值业务等方面进行产业化拓展(图1)。

①配件业务方面:除了现有传统的配件销售业务以外,公司策划了与路局成立配件合资公司、公司自主检修配件、与供应商成立配件维修公司、为配件供应商提供更上游的产品等路径。总体来说,就是在配件这个产业链条上进行上下游的拓展。

②总包业务方面:由于客户的需求越来越面向全周期服务,因此车辆总成企业向客户提供服务总包

服务成为可能。中车唐山公司可采取"车辆 + 售后""车辆 + 售后 + 检修""车辆全寿命服务 PPP"等形式,拓展服务总包业务。

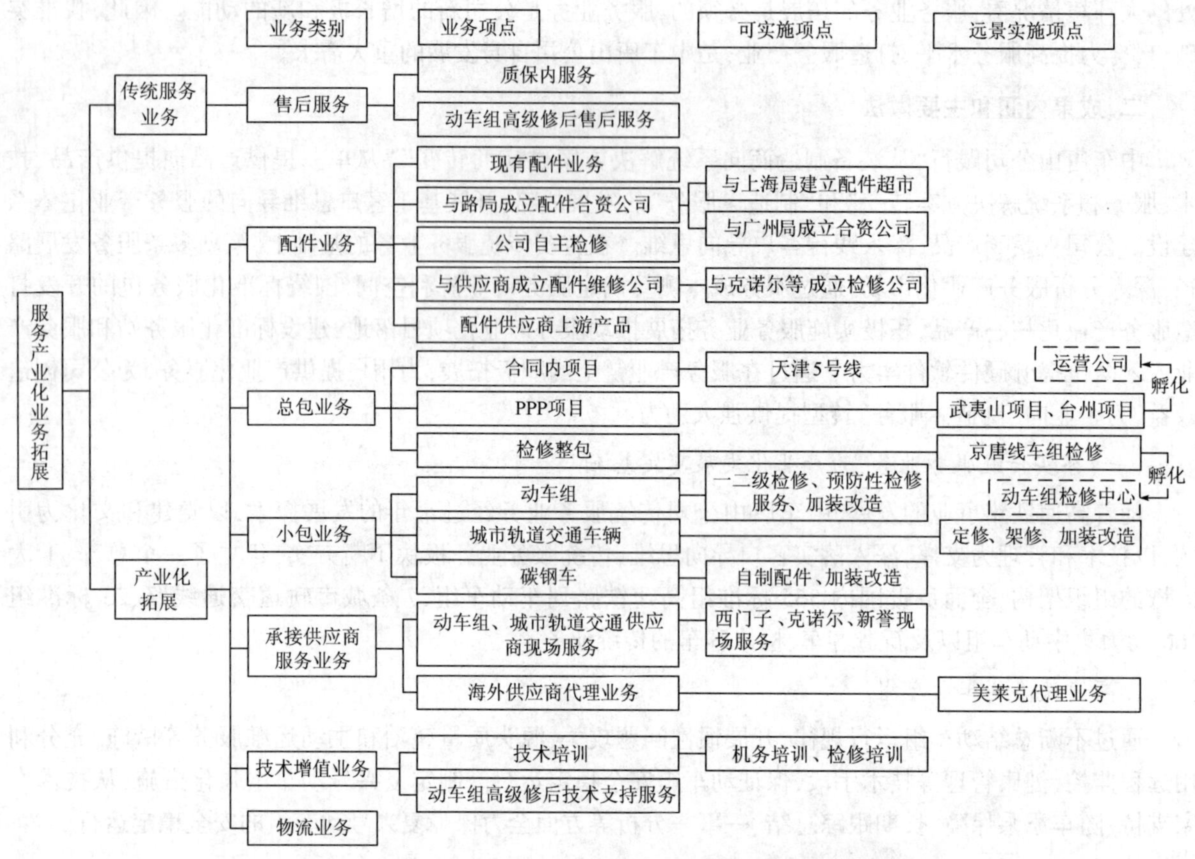

图1　中车唐山公司服务产业化业务拓展示意图

注:PPP 项目意为 Public Private Partnership,指政府方与社会资本方依法进行合作的项目。

③小包业务方面:由于总包业务具有投入大、周期长、周转慢等缺陷,因此拓展小包业务,打出服务业务大小包组合拳,能够为企业带来更大的效益。动车组重点拓展一二级检修、预防性检修服务、加装改造业务,城市轨道交通车辆重点拓展定修、架修、加装改造业务,普通客车重点开展自制配件、加装改造方面的小包业务,这些业务已经成为公司服务产业化的开拓重点。

④承接供应商服务业务:由西门子等供应商提供的现场服务,由车辆总成商承揽。拓展此业务的重点,一方面是实现全周期的服务,另一方面是利用现场服务的机会,研究关键系统的核心技术。

⑤技术增值业务方面:将公司的产品技术、服务技术转化为知识,拓展售后培训、检修培训等业务,真正实现将知识转化为产品。

中车唐山公司部分服务产业化业务类别及业务项点见表1。

部分服务产业化业务类别及业务项点　　表1

业务类别	业务项点
配件业务	现有配件业务
	公司自主检修
	与路局成立配件合资公司
	与供应商成立配件维修公司
	配件供应商上游产品
总包业务	合同内项目
	PPP 项目
	检修整包

续上表

业务类别	业务项点
小包业务	动车组
	城市轨道交通车辆
	碳钢车
承接供应商服务业务	动车组、城市轨道交通供应商现场服务
	海外供应商代理业务
技术增值业务	技术培训
	动车组高级修后技术支持服务
物流业务	配件物流

(三)开展服务成本测算,确定服务产业盈利空间

当服务成为一个企业的产品后,必须开展的工作就是要确定这个产品能否为公司带来利润,因此中车唐山公司基于最小可更换单元和技术资料结构化,通过大数据收集、分析,测算服务成本。

以相对复杂的维修项目为例,公司重点开展了报价需求的研究,以技术资料结构化和管理成本测算为基础研究理论服务成本,并通过现场写实测算确定写实服务成本。理论服务成本和写实服务成本之间是指导与修正的关系(图2)。

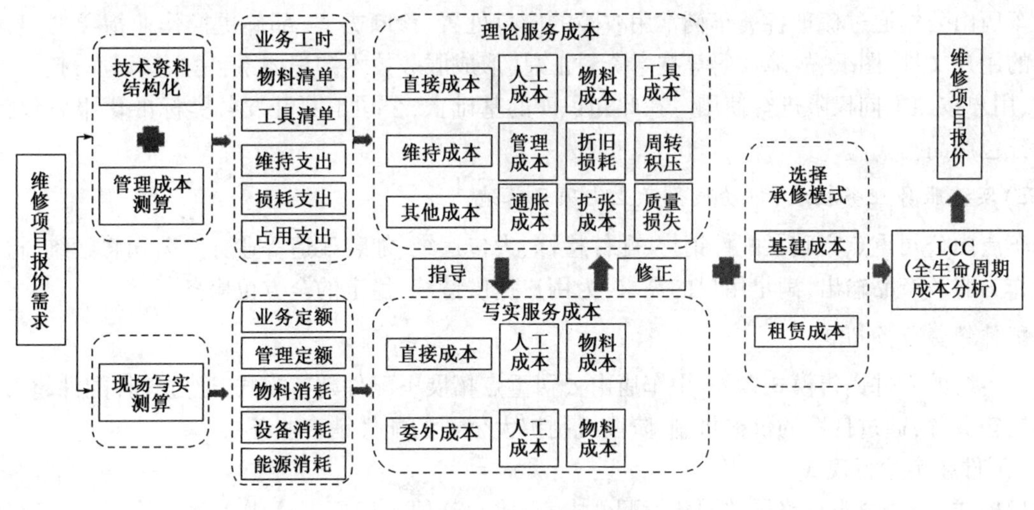

图2 服务成本测算逻辑图

1. 理论服务成本

确定理论服务成本,主要是通过技术资料结构化和管理成本测算,确定业务工时、物料清单、工具清单、维持支出、耗损支出、占用支出,最终确定服务的直接成本、维持成本和其他成本。

2. 写实服务成本

确定写实服务成本,是通过现场写实测算,确定业务定额内、管理定额、物料消耗、设备消耗、能源消耗,最终确定服务的直接成本和委外成本。

(四)开发标准化服务包,打造服务产业化核心产品

1. 标准化服务包开发

中车唐山公司通过引进先进的检修优化理念,对车辆的维修方式、维修成本等整个维修体系进行定性评估,对日检、月检、定修修程及工程更改和技术改造的人力、物力等进行优化,形成一套更加科学合理并适应市场以及贴合欧洲标准的制度流程体系,即一个以修程为单位的标准化服务包,将此标准化服

务包作为一个产品进行销售。

天津地铁5号线是中车唐山公司城市轨道交通列车售后服务最重要的大包项目,以此车辆为样本,公司成立专项攻关组,整合服务事业部、城市基础设施事业部和经验财务部最强资源,对现有B2/4M2T级城市轨道交通列车维修体系进行总体评估,对现有车辆检修规程进行深入分析。天津地铁5号线车辆的修程可分为日检、月检、定修,以及工程更改和技术改造。以日检为例,每列车做一次日检需用人员2名,耗时1小时,每日检修车组数约为14组,以此推算,所有车辆每日做日检需耗工时28人·时。以月检为例,每列车做一次月修需10人同时进行,耗时8小时,每月月修车组数约为22组,以此推算,每月做月修需消耗工时1760人·时。由此可知,检修业务对于人力、物力的消耗很大,且操作者长时间作业会导致疲劳状态增加,作业的稳定性、准确性、时效性将受到严重影响,大大降低工作效率。

根据现有修程的状况,中车唐山公司重新进行了评估,对修程进行优化,采用国际上较为流行的FMEA(Failure Mode and Effects Analysis,失效模式及后果分析)方法来对现有修程进行风险评估,引进先进的检修优化理念,对在线列车的关键系统的运行状态实时监测并预警故障模式,进而对车辆的维修方式、维修成本等整个维修体系重新进行定性评估。同时,公司针对现有车辆制定一套符合欧洲标准的修程体系文件、一套更加科学合理并适应市场以及贴合欧洲标准的流程,以及符合欧洲标准的检修项点。基于此,公司形成了关于修程的标准化服务包,既可以适用于国内外的市场需求,又可降低成本,提高工作效率。

2. 以知识库作为服务包开发的后盾

中车唐山公司通过梳理各类车辆常用故障的应急处置、诊断方案、部件更换作业指导书,与技术体系输出的用户文件、图纸、故障代码等技术资料汇总,形成服务技术知识体系,建立知识库,技术人员、诊断人员、用户按照不同权限进行使用。在此知识库的基础上,公司不断开发各类标准化服务包,形成系列化服务包产品。

(五)实施服务业务拓展,推动服务产业化项目落地

中车唐山公司重点突破了配件销售、配件检修、大包运维、加装改造等业务。公司将运维、检修和配件供应作为服务产品输出,满足用户的需求,为用户提供持续、稳定的全方位服务。

1. 配件销售业务拓展

除了传统的配件销售模式以外,中车唐山公司重点拓展了配件超市模式,通过三种配件超市模式开展配件销售业务,通过良性的价格机制、阶段机制扩大公司的配件销售业务。

(1)配件超市运行模式

主导模式:公司牵头与路局共同建设配件中心,协同其他主机厂形成中车联合体模式,组织配件供应,在业务合作成功后,配件中心业务纳入公司与路局共同组建的合资公司统一管理。在主机厂的合作过程中,公司处于主导地位。

合作模式:公司牵头与路局共同建设配件中心,协同其他主机厂形成合署办公模式。由公司牵头,组织各主机厂对路局配件实施统一供应,各主机厂在合作中处于平等地位。

辅助模式:在中车集团公司统一部署下,由中车其他子企业牵头成立配件超市,公司除了在组建过程中积极参与外,更多的是按照规划和管理要求开展业务。

(2)价格机制

配件超市供应范围内的配件采用"三定"(定范围、定价格、定厂家)谈判的形式确定配件的销售价格;如铁路局所需配件不在供应范围内的,可由配件中心与铁路局协商配件销售价格,并将该配件列入次年"三定"供货范围内。原则上配件"三定"价格一年只调整一次。

(3)结算机制

配件结算以实际领用数量实现日清月结。配件由铁路局支领,物权发生转移后进入结算流程。配件超市每月与铁路局核对领用数量,经验收合格且数量无误后和铁路局进行结算。

2. 配件检修业务开拓

中车唐山公司与各铁路局共同研究配件超市业务范围的拓展，扩大公司“三定”配件范围。将检修配件纳入配件中心业务管理，基于路局对动车组高级修、运用修检修配件的需求，中车唐山公司可以通过投标或者合作的模式增加检修配件维修业务，通过以上方式实现中车唐山公司由新件供应转变为“新件 + 检修件”供应，扩大业务范围，增加销售收入。

3. 谱系车辆加装改造

为提高铁路车辆运营稳定性和乘客舒适性，以配件供应为基础，通过投标或合作的方式为动车组、碳钢车、城市轨道交通等谱系车辆提供整车或单车加装改造服务，扩大配件超市业务范围，为铁路局提供更全面的服务。

4. 车辆大包运维服务

依托中车唐山公司标准化管理模式和大质量体系，以城市轨道交通产品为突破口，为用户提供配件和运维大包服务；制定了具体的售后服务保证措施，包括售后服务团队构成、供应商售后服务管理、技术保证、质量控制、物流管理、应急保障、安全管理等，并提供了详细的质保期内及质保期后服务内容，保障城市轨道交通车辆售后服务及质保期内城市轨道交通车辆维修保养工作的顺利进行，最大限度满足地铁公司的要求。

(六)建设标准化服务站，打造服务产业化拓展基地

随着中车唐山公司服务产业化业务的不断增加及服务站数量的增加，设立标准化的组织机构成为解决此项困难和保障各项工作有序开展的前提。

中车唐山公司根据十年的服务经验摸索，于 2016 年开始进行标准化服务站建设，遵守简单、统一、易执行、最优化的管理规范，形成了标准化、可复制的运维服务管理体系，通过总结、提炼，固化形成 65 项制度文件，规范了运维服务各项标准化业务流程，实现了组织机构的统一、基础管理制度和管理流程的统一、服务技术标准的统一、技术管理流程的统一、信息管理流程的统一、物流保障的统一及人才培养和文化建设的统一。

(七)开展服务业务实践，建设服务产业人才队伍

中车唐山公司以服务业务实践为载体，开展人才队伍建设。一方面是将公司各类业务骨干有计划地送往服务事业部，从事至少半年的服务业务，并将服务作为“干部晋升六段论”中的一段；另一方面，考虑到服务产业的拓展，如服务包的开发等工作，需要专业技术人员的强力支持，因此周期性地将技术人员送往服务事业部从事服务业务。经过十多年的培养，公司已经形成了一大批懂服务、会服务、具有高度服务意识的人才队伍。

公司以服务实践锻炼、提高员工能力和素质，迅速补充服务业务实践经验，加快了员工成长速度；对管理、研发、工艺、技能操作等各类人员进行培训和培养，以双赢为目的推动人才培养和服务产业互动发展。

三、建设效果

(一)服务产业化经济效益显著

“十三五”前期，中车唐山公司大力开拓服务市场，开发新用户、新业务，挖掘高附加值的服务项目，拓展新的经济增长点，努力将服务产业做优、做强，追求利润最大化，助推公司良性业务架构形成。牢牢掌握动车组配件销售市场，拓展技术性劳务输出、配件检修、技术培训等服务业务。“十三五”中前期，实现技术性劳务输出签约额 4782.78 万元，配件检修 39765.27 万元，技术培训 209.87 万元。

(二)标准化服务包产品具有很大的产业化前景

标准化服务包是一款适用于国内外市场需求的关于修程的服务包，包含了符合欧洲标准的修程体

系文件、流程制度,以及符合欧洲标准的检修项点。标准化服务包作为一个产品进行销售,可大量应用于国内外市场,作为公司开拓后续项目的亮点及公司后续的盈利模式。此标准化服务包项目实施后,可提高作业的稳定性、准确性和时效性,从而大大提高员工工作效率。

(三)真正推动企业向"制造+服务"转型

通过对轨道交通配件服务市场的深度开发,中车唐山公司在配件销售业务、派件检修业务、谱系车组加装改造业务、大包服务业务上积极推进。公司将运维、检修、配件供应作为服务产品输出,为用户提供持续、稳定的全方位服务,满足用户的需求,同时也为中车唐山公司向"制造+服务"型企业转型提供强大助力。

基于正激励兑现目标工资的中层管理人员分配机制

中车唐山机车车辆有限公司

成果主要创造人：赵　明　代　鹏

成果参与创造人：邹治平　魏东颖　巨　星　张　赛　宋世宁　刘　杰　刘志国　王海成　王惠忠　丁　墨

中车唐山机车车辆有限公司(简称"中车唐山公司")始建于1881年,是中国轨道装备制造业的发祥地和摇篮。在跨越3个世纪的发展历程中,中车唐山公司曾制造出中国第一台机车——"中国火箭号"、中国第一辆客车——"銮舆龙车",研制了中国第一辆货车、第一辆轨道检查车、第一辆特种车和第一辆高级公务车,创新开发出中国第一列双层内燃动车组、第一列摆式列车、第一列70%低地板轻轨车、第一辆常导中低速磁悬浮列车……创造了一批又一批领先于国内外同时代的机车车辆,为中华民族培养了一批又一批坚韧有为的铁路工业栋梁。1994年至今,中车唐山公司为中国六次铁路大提速批量提供了快速新型的铁路客车,累计生产各型客车逾万辆。如今,作为国家首批91家创新型企业和高新技术企业,中车唐山公司抓住国家铁路技术装备现代化的历史机遇,传承百年造车的深厚底蕴,创新发展,搭建起了世界一流的研发制造平台,形成了由高速动车组、城轨车、中低速普通客车、特种车4个系列的产品体系,成为轨道装备高端产品制造基地。

一、实施背景

(一)国家和中国中车先后提出了薪酬和绩效改革的要求

党的十八大以来,国家先后出台多项涉及企业薪酬管理和改革的文件。特别是《关于深化收入分配制度改革若干意见的通知》(国发〔2013〕6号)和《关于改革国有企业工资决定机制的意见》(国发〔2018〕16号),对国企内部分配制度和绩效管理体系的变革提出了新的要求。

近些年,中国中车股份有限公司(简称"中国中车")也先后下发了《全球一体化薪酬管理体系指导手册》和《全球一体化绩效管理体系指导手册》等文件,对各子公司的薪酬和绩效管理提出了具体规定和要求。

(二)完善中层管理人员分配机制是公司薪酬和绩效改革的重点

随着中车唐山公司规模和经济效益不断扩大,员工收入稳步提升,但是中层管理人员的分配方式仍存在不少问题。当前中国中车对中车唐山公司的指标考核和降本增效的力度逐步增强,这些指标通过层层下放和分劈,落实到各个单位和人员。作为中层管理人员考核和兑现待遇的依据,上述规定和要求与中车唐山公司对中层管理人员的绩效考核和待遇支付还存在不小的差距,如何实现干部能上能下、工资能增能减成为中车唐山公司改革的目标和方向。

一是公司正在加大多元化发展和国际化发展市场开拓,短期内投入较大,成本不断攀升。此外,受近年来公司订单产品利润变化的影响,对各项生产经营指标带来较大压力。提升劳动效率,降本增效成为当务之急。

二是由于收入仅与所分管单位的效益挂钩,只要完成自己单位的任务和效益,收入就会增加,不用去考虑公司的整体指标、成本或利润。中层管理人员的收入与公司经营结果和指标完成情况没有联系或联系不大,工作待遇兑现滞后,考核不及时,激励性不强。

三是现有的考核体系属于负激励,中层管理人员承担的责任和指标越多,被考核的可能性也越大。这就导致各单位中层管理人员不愿意承担或少承担指标,影响了公司整体经营目标的实现。

四是履职评价中基础分占比过大,浮动空间小,还容易形成"大锅饭"现象,不能真实地反映中层管理人员的绩效结果和工作业绩。

五是中层管理人员的工资水平在市场上缺乏竞争力,不能产生有效的激励作用。

二、成果内涵和主要做法

中车唐山公司通过广泛调研,对标同行企业,拟定了以正激励考核为主,以经营指标为驱动的中层管理人员分配机制。通过将公司指标进行分解落实,以正激励的考核方式兑现中层管理人员待遇,促进公司经营目标的实现。公司根据经营需要确定经营绩效指标,确定指标负责人,按照经营指标完成结果,确定各中层干部(简称"中干")的考核分数,以此测算兑现工资收入,同时根据公司经营结果和各单位产能负荷率清算当年收入,实现工资收入与企业效益的联动,并且预留奖励空间,鼓励承担责任。上述做法导向多劳多得,更好地解决沟通、协调、协同问题,提升各项工作的效率、效益、质量,让全体中层管理人员自主围绕企业发展方向出谋划策、贡献力量,促使中层管理人员勇于承担职责,提升管理效率效益,确保企业经营目标的顺利实现。

(一)原则和总体思路

根据中国中车2015年10月发布的《中国中车股份有限公司薪酬管理暂行办法》(中车股份劳〔2015〕102号)第八条"根据员工业绩考核结果,按照工作业绩和实际贡献支付报酬"的规定,参照近些年国家先后发布的薪酬政策和市场化水平,对原有中层管理人员的分配制度进行全面调整。

一是按照分类分级和权责利相统一的原则。对中层管理人员职务层级和所在单位进行分层、分区,并按各层级、区间进行考核,体现了责任、风险和利益的统一。中层管理人员的收入与单位的指标完成结果挂钩。层级越高,职责越重要,承担的责任越大,如果完成的指标好,获得的收入也就越高,但如果没有完成指标,也会受到较大的影响,使中层管理人员普遍有压力感、紧迫感和风险感。

二是根据业绩导向和逐级晋升的原则。以结果为导向,强调目标指标达成,突出关键业绩考评,有效解决和提高企业运营效率和效益,全面提升对市场和客户的响应速度。同时对新提拔的中层管理人员,根据其任职期内的岗位贡献、能力、绩效等情况,逐年考核晋升,提高激励效果。

三是坚持按劳分配和适度激励相结合的原则。一方面按照中层管理人员的付出支付薪酬,另一方面比照中车集团相关规定制订各层级的工资标准和待遇上限,按层级对工资总额进行管控。

四是依据效益导向和维护公平的原则。把中层管理人员的收入与公司的效益和效率统一起来。公司的效益好,指标完成得好,中层管理人员的收入也就高,促使中层管理人员更加关注公司的效益和效率,实现个人利益与公司利益的紧密联系。

(二)组织机构及职责

1.员工绩效管理领导小组

员工绩效管理领导小组是员工绩效管理的最高管理机构,由公司级领导组成。负责对中层管理人员的绩效业绩进行审议、质询,决定重大指标考核结果,综合评定中层管理人员的考核等级并对其进行绩效质询和反馈。

2.中干绩效管理实施小组

中干绩效管理实施小组是公司中干绩效管理的日常管理和执行机构,由公司各主要专业职能部门组成。主要负责制订、完善公司中层管理人员绩效管理方案,并监督实施;组织建立公司中层管理人员绩效评价指标和评价标准,建立绩效考核管理体系;组织建立并完善公司中层管理人员绩效管理数据库;受理公司中层管理人员绩效申诉;协助员工绩效管理领导小组对中层管理人员进行绩效审议、质询;负责将中层管理人员绩效管理评价结果应用于公司其他相关模块。

3.各单位党政正职

各单位党政正职负责推行本部门(单位)中层管理人员绩效管理体系;组织开展本部门中层管理人员的考核工作,对副职进行评价;组织本部门中层管理人员的绩效面谈,并帮助制定改进计划。

4.人力资源部

人力资源部主要负责编制、调整中层管理人员待遇方案,并按期兑现;编制、调整和监控中层管理人员工资总额预算。

(三)中干绩效指标设置

中层管理人员的考核维度分为公司主要领导评价、履职评价、非分管公司高管评价、经营绩效指标评价、行政重点工作指标评价、项目管理情况评价和通用指标评价等七个考核维度,采取正激励和目标导向,以加分为主、减分为辅的考核体系,实行全方位、多维度的考核。

1.公司主要领导评价

公司主要领导在主持重大工作、解决重要问题的过程中,对参与相关工作的部门中干的执行力、工作效率、工作质量等可以直接评价,月度评价分数为 -5~5 分。每月每名中干的公司主要领导评价合计不超过 -5 或 5 分,年度公司主要领导评价分为 -10~10 分。对中干个人评价时,其他中干不进行连带;对单位进行评价时,在本部门内按照主要负责人(100%)、管理负责人(60%)分别进行评价,主要负责人限 1 人,管理负责人为各单位党政正职,也可为主要负责人。

2.履职评价

根据层次不同分别进行评价。公司级主管领导根据所主管的中层正职各岗位职责履行情况进行评价;部门党政正职对所主管的中层副职根据各岗位职责履行情况进行评价。

3.非分管公司高管评价

公司高管在主持重大工作、解决重要问题的过程中,对参与相关工作的非分管部门的中干的执行力、工作效率、工作质量等可以直接评价,月度评价分数为 -5~5 分,每月每名中干的非分管公司高管评价合计不超过 -5 或 5 分。对中干个人评价时,其他中干不进行连带;对单位进行评价时,在本部门按照主要负责人(100%)、管理负责人(60%)分别进行评价,主要负责人限 1 人,管理负责人为各单位党政正职,也可为主要负责人。

4.经营绩效指标评价

由企管信息部对根据公司战略需求所分劈的月度经营绩效指标完成情况进行评价。每名中层管理人员经营绩效指标评价月度得分为 0~70 分,年度经营绩效指标评价分为 0~70 分。

每月根据指标完成情况反馈指标承担领导得分,得分分值与指标数量和指标完成程度有关。每个指标按照主要负责人(100%)、管理负责人(60%)、其他中干(40%)进行评价打分,主要负责人由各单位提报,限 1 人,企管信息部审核确定,管理负责人为单位党政正职,也可为主要负责人。由企管信息部分析各单位经营绩效指标,选取部分综合性经营绩效指标增设次要负责人(50%连带),单位提报符合此类指标次要责任人的具体人员,企管信息部根据单位中干指标实际承接情况进行审核并执行。

专职副总师的经营绩效指标评价分数比照单位党政正职承担指标,视为满分(按照满分 42 分进行统计)。

企管信息部设置各单位经营绩效指标分值时,采取正负激励相结合。G3 满分为 70 分、G2 满分为 30 分、G1 满分为 0 分、G0 满分为 -20 分,中干指标承接越多、完成质量越高,则得分就越高;但如果指标承接多、完成质量差,则失分也越多。

5. 行政重点工作指标评价

行政重点工作分两个部分,一类是年度重点工作,另一类为阶段性重点工作。

其中年度重点工作分为A、B、C三类,A、B类即为管理创新项目,C类为各部门自主上报;阶段性重点工作为各项会议部署任务、领导临时布置的工作、各部门主动承接工作等,并根据重要程度分为A、B、C三类。行政重点工作每名中干月度得分为-15~15分;年度行政重点工作指标评价得分为0~30分。

6. 项目管理情况评价

项目管理情况评价分别由各个职能单位进行评价,具体包括三项:订单类项目由拓展事业部进行评价,研制类项目由科技管理部进行评价,操作类项目由群众工作部负责评价。项目管理情况评价每名中干月度得分为-15~15分。

7. 通用指标评价

通用指标主要是对公司经营发展过程中有重要促进作用或为公司解决急难险重问题,得到上级公司或国家、省、市或用户的认可。由主管部室提出加分申请,绩效办公室审核后,呈公司主管绩效领导审批,最后经月度高管沟通会讨论通过后执行。通用指标评价每名中干月度得分不超过5分。

(四)分层分区管理考核

按照中层管理人员工作性质进行层级分区和管理分区,差异化考核。

1. 层级分区

对中层管理人员按照职位层级,分为中层正职区和中层副职区分别进行考核,中层正职区包含专职副总师、党政正职等一级正级别的中干,中层副职区包含一级副、二级正、二级副、专职项目经理、专职工会主席等中层管理人员。

2. 管理分区

(1)拓展事业部区

包括城市基础设施事业部、海外事业部、国铁事业部、服务事业部等部门中层管理人员。重点以结果导向,重点考核绩效挂钩工资,引导市场部门完成年度经营绩效指标(市场签约额、应收账款等)。

(2)对内导向部门区

包括转向架技术中心、制造技术中心、产品研发中心、技术研究中心、质量管理部等部门中层管理人员及科技管理部副总师。重点鼓励勇于担当,主动承担公司经营需求任务,解决源头质量,鼓励技术带头人自行解决、攻坚克难、创新攻关,过程与结果并重,导向科技创新、质量体系搭建与运行。

(3)业务主管部门区

包括科技管理部、安全管理部、经营财务部、企管信息部、人力资源部、资源管理部(能源管理部)、生产制造部、物流管理部、物资供应部等部门中层管理人员。

(4)经营支持部门区

包括党委办公室、党委组织部、动能厂、离退休管理部、南厂管理部、党委宣传部、青年工作部、纪检监察部、审计风险部、综合办公室、群众工作部、保卫部等部门中层管理人员。

(5)利润中心区

包括动车检修事业部、客车检修事业部、泉州公司、天津公司等部门中层管理人员。利润中心一级副及以上的中层管理人员由公司统一考核管理,利润中心一级副以下的中层管理人员由各单位自行考核管理。

(6)成本中心区

包括钢结构厂、调试厂、涂装厂、铝合金厂、总装配二厂、转向架厂、总装配一厂、内饰件厂等部门中层管理人员。重点以过程导向,重点考核指标挂钩工资,引导单位注重月度计划、质量、安全、精益,以合理利用人员,提高生产效率、降低成本。

(7)专职工会主席区

包括各单位专职工会主席。工会主席主要工作职责是维护员工权益,未承担或承担较少的经营指标。

每月中层管理人员的绩效结果按照管理分区进行统计,每个分区按照2∶3∶4∶1的比例由高到低确定绩效等级为A、B、C、D四档;管理分区人数不足5人时(含5人),则该分区按照3∶7的比例由高到低确定绩效等级为X、Y两档;由派驻单位承担工资的中干,由派驻单位进行绩效评价并确定绩效结果,绩效等级为甲、乙、丙三档。

若比例内末位绩效结果出现并列,按以下顺序进行确定:经营绩效指标评价、重点工作指标评价、项目管理情况评价,如果以上条件均相同,则都进入该绩效等级,超额人员占用较低绩效等级名额。

(五)中层人员薪酬优化

1.优化工资模式

将原来的岗位绩效工资制改为与完成指标和绩效考核挂钩的目标工资方式,包括基本工资、绩效工资和其他奖励三部分。

基本工资是中层管理人员的基本收入,与中层管理人员所在的单位层级和岗位等级挂钩确定。

绩效工资是直接与单位经营管理业绩挂钩的中层管理人员风险性工资收入,根据组织与个人绩效考核结果等因素核定。又分为指标挂钩工资和绩效挂钩工资两部分。指标挂钩工资依据单位生产经营结果和每月指标考核成绩核定,并按月兑现。绩效挂钩工资依据年末绩效考核得分、年度产能负荷率、公司经营结果及职工平均收入等因素清算兑现。

其他奖励是为了鼓励中层管理人员从事项目或其他工作的积极性给予的奖励。

2.确定工资标准

确定中层管理人员的年度最高工资总额。

根据管理者所承担的责任和管理幅度,参照中车集团划定的公司负责人工资总额上限,核定副总师和单位正职中层管理人员的工资总额上限。

在单位正职工资总额上限确定后,根据单位内部责任分工、管理范围、责任大小、业绩情况及内部考核情况的不同,确定副职的工资总额水平,即单位副职为85%;二级机构正职为75%,二级机构副职为70%。

3.月度工资实现激励的及时性

每月将全体中层管理人员基本工资一倍值的绩效工资作为指标挂钩工资,按正副职分区放入资金池。其中:市场部门以结果导向,重点考核绩效挂钩工资,引导市场部门完成年度经营绩效指标(市场签约额、应收账款等);技术、质量部门鼓励勇于担当,主动承担公司经营需求任务,解决源头质量,鼓励技术带头人自行解决、攻坚克难、创新攻关,过程与结果并重,导向科技创新、质量体系搭建与运行;生产单位以过程为导向,重点考核指标挂钩工资,引导单位注重月度计划、质量、安全、精益,以合理利用人员,提高生产效率、降低成本;工会主席主要工作职责是维护员工权益,未承担或承担较少的经营指标。

每月中干绩效结果按照工作性质分区进行统计,每个分区按照2∶3∶4∶1的比例由高到低确定绩效等级为A、B、C、D。若比例内末位绩效结果出现并列,按以下顺序进行确定:经营绩效指标评价、重点工作指标评价,如果以上条件均相同,则都进入该绩效等级,超额人员占用较低绩效等级名额。

强化组织绩效考核结果限定事项,根据组织绩效考核结果对中层管理人员绩效等级进行调整。

当月组织绩效在95分(含95分)以下时,本单位中干绩效等级不能进入A等级;当月组织绩效在90分(含90分)以下时,本单位中干绩效等级不能进入B及以上等级;当月组织绩效在85分(不含85分)以下时,本单位中干绩效等级不能进入C及以上等级;当月组织绩效在80分(不含80分)以下时,本单位中干当月指标挂钩工资全免。详细绩效考核流程如图1所示。

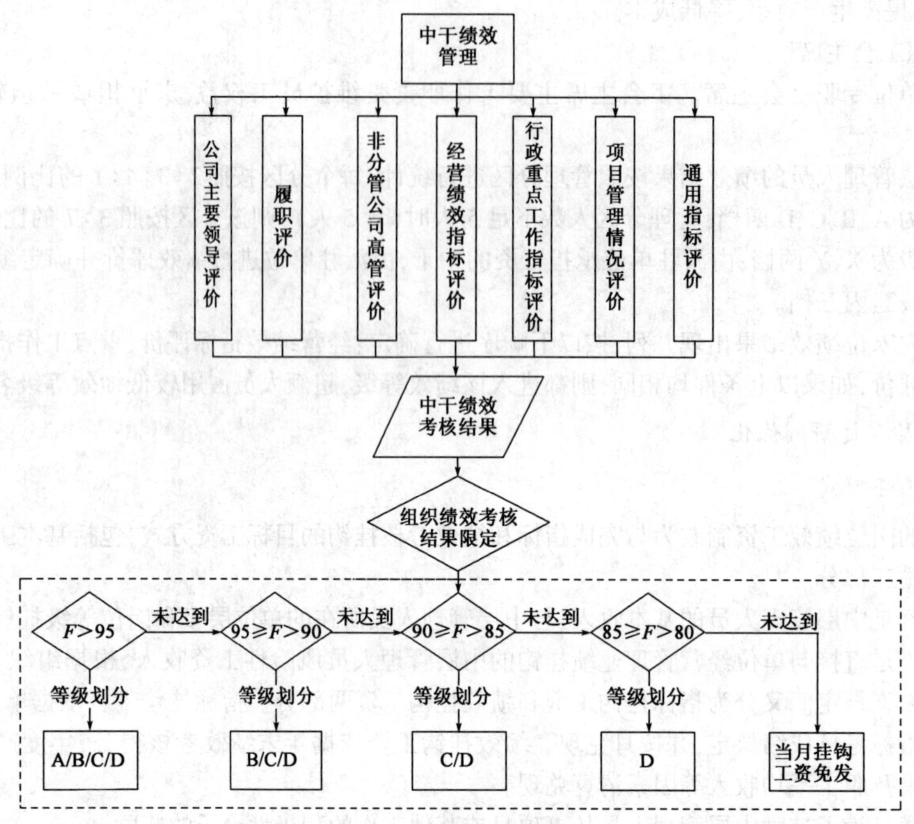

图1 中干绩效考核表

其中A档为奖励基数的1.15倍、B档为奖励基数的1.1倍、C档为奖励基数的0.9倍、D档为奖励基数的0.5倍,按月考核、兑现。

指标挂钩工资 = ∑月基本工资/∑档别系数值×本人档别系数。

当集团公司等外部因素对公司经营管理有影响时,对全体中层管理人员当月指标挂钩工资进行调整。

4.年度工资实现收入与效益联动

年度工资与单位产能负荷率和职工平均收入增幅挂钩,实现收入与效益联动。

(1)收入与单位产能负荷率挂钩

为提高单位员工的劳动效率,降本增效,在年末将绩效挂钩工资与产能负荷率进行挂钩考核。

年度产能负荷率为单位年度完成标准产品数量和单位标准产能之间的比值。

(2)收入与职工收入挂钩

年度职工平均工资下降幅度不大于劳动生产率下降幅度的,职工平均工资每下降1%,扣减中层管理人员绩效工资的1%;其他情况下职工平均工资每下降1%,扣减中层管理人员绩效工资的1.5%,扣减比例最高不超过绩效工资的15%。

5.预留奖励空间,鼓励承担责任

为了促进中层管理人员为公司战略目标实现和经营效益的提升发挥重要作用,调动中层管理人员服务科技创新和生产订单项目的积极性、创造性,提升企业竞争力,带动公司发展,中层管理人员参加科技项目、生产订单项目、市场投标和有实物产品的研制类项目时,按照职能制和项目制双重考核的方式,可获得最高不超出中层管理人员年度所任职岗位基本工资的50%的单项奖励。

同时,为促进中层管理人员职业发展,中层管理人员可以参加公司各层级的人才评价,享受同级别的核心人才津贴。

（六）信息化管理

根据目前业务需求和未来发展需要，公司建立了适合自身发展情况的绩效考核管理平台。系统能够全面适应公司多用户并发操作、多业务口径等需求，并具有优越的系统人机交互响应性能和快速的响应速度。

绩效考核管理平台建立了绩效管理基础资源数据库，满足了绩效管理和应用的需求，提高对各单位指标考核奖惩的准确性和及时性。平台为公司各专业管理部门及二级单位的绩效管理工作搭建了一个高效率、高标准，考核信息公开、透明的管理平台，操作方便、易于维护，能够实现与其他系统的对接，具有良好的可扩展性，为今后引进其他先进的绩效考核管理方法，与公司的个性化需求相结合做好了扩展准备。

三、实施效果

（一）企业经营效益明显提升

对中层管理人员实行年度正激励的考核与分配模式后，调动了广大中层管理人员关心指标、完成指标的积极性。到2019年末，中车唐山公司营业收入比2017年增长了20.12%，增加值增长18.07%，而工资总额仅增长了14.2%。同期总产值劳产率和增加值劳产率也分别增长了18.87%和19.87%。百元销售收入人工成本比2017年下降了1.10元，公司效益和效率取得了明显增长。

（二）通过与指标挂钩的正激励考核方式，实现降本增效

①通过正激励手段，激发了全体中层管理人员的工作激情与潜能，激励中层管理人员持续创造高绩效，有效解决和提高企业运营效率和效益，全面提升对市场和客户的响应速度。

②立足本职岗位职责，凸显岗位价值，强抓基础管理，推动各部门提升专业管理水平，鼓励在各自工作上做好做精，促使管理者全局系统思考、深入优化岗位。

③注重经营指标完成，明确指标负责人及奖励考核制度，鼓励中层管理人员主动承担指标，提高指标完成质量，实现经营压力共担，快速推进目标落地实施，增强公司凝聚力。

④落实公司重点工作任务，明确任务节点、负责人。根据完成质量进行奖励考核，引导中层管理人员主动揽活干、抢活干，营造良好的组织氛围，共同创造价值。

⑤鼓励中层管理人员在重点难点课题上勇于创新、攻坚克难，持续提升企业核心竞争力，支撑全球化战略。

⑥有利于实现中层管理人员的责、权、利统一。通过打破现有工资结构，引入月度和年度指标考核设置，使中层管理人员的收入与付出和承担的指标相符，有效激励公司目标的完成。

（三）通过信息化系统，实现“在线”和“透明化”考核

通过科学、合理地构建信息系统，使实际应用具有全面性、动态性，考核单位和被考核单位可实施到组织的最末梢，实现全员绩效考核工作及时、高效、公开。

利用绩效考核信息系统，各级考核单位和被考核对象可按照系统权限范围随时查询被考核对象以往的考核结果和存在的短板并加以改进，更有效地实现考核对加强管理的导向性作用。

基于全过程评价的绿色公路建设管理体系

河北省高速公路延崇筹建处

成果主要创造人:于建游　张志刚

成果参与创造人:马印怀　张春海　刘志忠　奚文彬　张　欣　吴建波
马占海　杨广庆　牛笑笛　许致芳

延(庆)崇(礼)高速公路为北京2022年冬奥会交通保障项目,项目概算总投资228亿元。2017年河北省高速集团成立河北省高速公路延崇筹建处(简称"筹建处"),主管延崇高速公路(河北段)的建设、管理、养护工作。筹建处地处张家口市怀来县,共有人员200余人。

一、实施背景

2016年5月10日,交通运输部将延崇高速公路建设作为北京2022年冬奥会交通保障工作的重中之重。2016年7月,交通运输部下发《关于实施绿色公路建设的指导意见》和《交通运输部关于推进公路钢结构桥梁建设的指导意见》,将延崇高速公路列为第一批绿色公路典型示范工程。

延崇高速公路河北段(简称"延崇高速公路")位于张家口市东部,途经怀来县、赤城县和崇礼区三个区县,由主线、延伸线和赤城支线三条路段组成,项目全部采用双向四车道高速公路建设标准,全长113.915公里,其中主线长约81.7公里、延伸线长约17.077公里、赤城支线长约15.147公里。主线路基宽度26米,设计速度为100公里/小时;延伸工程路基宽度与主线相同,设计速度为80公里/小时;赤城支线路基宽度24.5米,设计速度为80公里/小时。项目于2017年6月底开工建设,2019年底建成通车。

为落实北京2022年冬奥会重大交通保障项目的相关要求,确保延崇高速公路能够满足绿色公路典型示范工程的相关要求,明确延崇高速公路设计及建设的指导思想、总体目标及重点任务,有效指导该项目的设计、施工和运营管理工作,高标准、高质量完成奥运示范工程,提出基于全过程评价的绿色公路建设管理体系。

二、成果内涵

全面贯彻落实党的十九大精神,以习近平新时代中国特色社会主义思想为指导,牢固树立创新、协调、绿色、开放、共享五大新发展理念,落实"四个交通"发展要求,以服务奥运和满足奥运后经济社会发展为根本出发点和落脚点,以"品质优良、资源节约、生态环保、节能高效、服务提升"为根本,以"突出特色、打造亮点、满足需求"为主轴,坚持"可持续发展、统筹协调、创新驱动、因地制宜",把握区域环境和工程特点,明确项目定位,将延崇高速公路打造成奥运"绿色典型示范"工程,成为承接京津冀一体化协同发展、带动河北扶贫开发、支撑旅游业迅速崛起的串联纽带。

努力实现"质量第一、安全第一、环保第一、效率第一、服务第一",以将延崇高速公路建设成为"资源节约、生态环保、低碳节能、智慧高效、服务为本"的高品质绿色公路为目标,开展绿色公路建设和评价研究,建立绿色公路评价体系,并在项目规划、设计、施工、养护全过程中进行评价,为我国绿色公路的建设、发展提供技术支撑。

三、主要做法

(一)建立绿色公路建设评价体系,考核项目全过程设施

1. 绿色公路建设评价体系的构建原则与方法

①构建原则。科学合理、可操作、层级分明。

②构建方法。具体流程如图1所示。

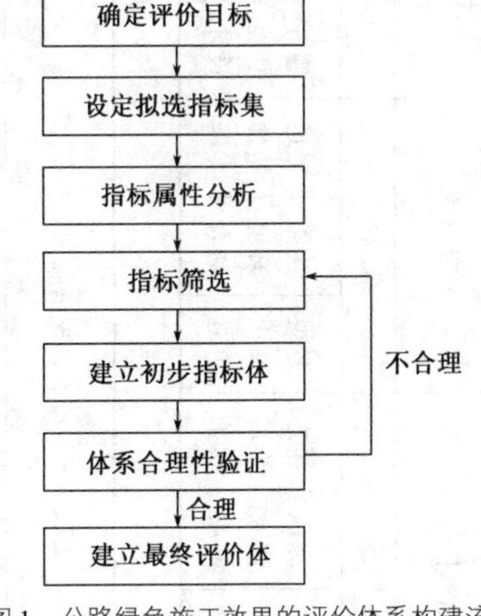

图1 公路绿色施工效果的评价体系构建流程

2. 绿色公路建设评价指标体系的构建

筹建处根据总体要求、规划设计、建设施工和运营管理四方面确定了绿色公路评价指标权重及评价分值计算方法。

总体要求设基本要求、组织措施二级指标,下设若干三级指标。其中,基本要求共七条不作评价,必须全部满足;组织措施对基本原则、机构建设、制度建设、意识建设进行评价。组织措施评价满分为100分,上述四项每项25分。

总体要求评价表见表1。

总体要求评价表 表1

序号	评价内容
基本要求	1. 项目建设基本程序符合规定
	2. 项目参建单位没有因在本项目发生围标串标、恶意低价抢标、挂靠借用资质、转包和违法分包等违法违规行为被交通运输主管部门通报或行政处罚
	3. 已完工程质量全部合格
	4. 工程不存在严重质量缺陷或重大安全隐患
	5. 工程未发生质量事故或较大及以上生产安全责任事故以及其他在社会上造成严重影响事件
	6. 工程建设期间未发生重大环境污染或生态破坏等在社会上造成严重影响事件
	7. 项目没有因党风廉政违法违纪案件被追究刑事责任情形
组织措施(100分)	1. 基本原则(25分); 2. 机构建设(25分); 3. 制度建设(25分); 4. 意识建设(25分)

规划设计阶段分为规划评价、系统设计、生态环保设计、工程美学和人性化设计五类二级指标,各二级指标下设若干三级指标。规划设计阶段评估满分为100分,二级指标按权重分别占不同分值,见表2。

建设施工阶段分为绿色管理体系、资源集约节能、生态环保措施、生态环保施工技术、清洁环保材料设备应用、品质工程建设、平安工地建设七类二级指标,各二级指标下设若干三级指标。建设施工阶段评估满分为100分,二级指标按权重分别占不同分值,见表3。

运营管理阶段分为绿色管理体系、绿色养护技术、运营安全保障三类二级指标,各二级指标下设若干三级指标。运营管理阶段评估满分为100分,二级指标按权重分别占不同分值,见表4。

绿色公路建设评价指标体系见表5。

绿色公路规划设计阶段评价指标体系

表2

二级指标	规划评价			系统设计							生态环保设计					工程美学			人性化设计	
权重	0.15			0.53							0.18					0.10			0.04	
三级指标	统筹资源利用	全寿命周期成本	生态环境影响	建管养运一体化总体设计	路面设计	路基设计	桥梁设计	隧道设计	安全设施设计拓展式经营服务设计	智慧预警、节能通风、照明设计	绿色保护选线	绿化防护设计	资源节约设计	绿色能源利用	生态发展保护	景观文化打造	生态环境融合	奥运精神专题	服务功能设计	人本功能设计

绿色公路建设施工阶段评价指标体系

表3

二级指标	绿色管理体系			资源集约节能			生态环保措施							
权重	0.10			0.10			0.26							
三级指标	绿色高速建设管理制度	绿色高速公路实施及过程控制	绿色公路建设理念	集约利用通道资源	土地资源节约,集约利用	水资源节约,集约利用	节能技术、环保材料及清洁能源的应用	生态保护恢复	空气环境保护	声环境保护	光环境保护	固废弃物处理	土体保护	水体保护	野生动物保护

二级指标	生态环保施工技术						清洁环保材料、设备应用				品质工程建设					平安工地建设	
权重	0.18						0.12				0.16					0.08	
三级指标	水土保持、大气质量监测	路基工程应用技术	隧道工程	桥梁绿色施工技术	路面绿色技术	附属工程技术	清洁能源应用	绿色材料应用	低耗能低排放施工设备使用	再生材料利用	绿色施工队伍建设	品质工程示范项目总结、提升、复制、推广	绿色公路施工标准化实施	信息化管理、BIM技术应用	施工过程“四新技术”应用、“五小”创新	平安工地建设	施工交通组织

绿色公路运营管理阶段评价指标体系

表4

二级指标	绿色管理体系				绿色养护技术			运营安全保障	
权重	0.44				0.34			0.22	
三级指标	绿色运营管理方案制度	绿色养护材料应用制度	绿色养护设备应用制度	科技创新低碳运营制度	专项养护	日常养护技术	智能低碳创新养护技术	突发事件应急预案	日常交通安全组织

绿色公路建设评价指标体系及责任主体 表5

一级指标	二级指标	三级指标	评价重点内容(分项指标)	责任主体
1. 总体要求(100分)	组织措施(100分)	基本原则(25分)	坚持可持续发展理念,提高资源利用率;推动理念创新、技术创新、管理创新和制度创新;强调建、管、养、运并重(25分)	建设单位 设计单位 监理单位 施工单位
		机构建设(25分)	层级设立行之有效的组织机构;设立专家指导咨询机制(25分)	
		制度建设(25分)	建立绿色公路评价体系,构建完善绿色公路建设制度体系和实施方案(25分)	
		意识建设(25分)	开展绿色公路宣贯、交流、推广、研讨等系列活动(25分)	
2. 规划设计(100分)	规划评价(15分)	统筹规划资源利用分析(5分)	绿色选线评估、土地利用评估、材料利用评估、水资源利用评估(5分)	设计单位
		全寿命周期成本分析(5分)	全面开展全寿命周期技术经济论证分析(5分)	设计单位
		生态环境影响分析(5分)	实施环境影响评估以及项目节能评估和环境影响后评估(5分)	建设单位
	系统设计(53分)	建管养运一体化总体设计(12分)	工程结构物、监测设施、服务设施、管理设施、安全设施等功能系统匹配(3分)	设计单位
			结构设计与养护设施统一应用高性能环保材料(3分)	设计单位
			统筹考虑后期运营管理的功能性需要,合理设置检养通道可检测、可维护、可更新(3分)	设计单位
			充分利用BIM技术辅助设计、施工、运营与养护工作,提升管理能力(3分)	设计单位
		路面设计(8分)	应用绿色路面设计(8分)	设计单位
		路基设计(8分)	制订、论证比选方案、坚持绿色设计(8分)	设计单位
		桥梁设计(8分)	将公路运营一并和维护纳入工程设计与建设考虑,应用绿色设计(8分)	设计单位
		隧道设计(8分)	优化洞门设计,采用“零开挖进洞”;充分利用隧道弃渣;隧道内探索采用降解尾气材料路面(8分)	设计单位
		经营服务安全设施设计(6分)	沿线附属结构的生态选材、色彩等绿色、景观设计,服务设施引导效果好,易修复替换(3分)	设计单位
			服务区、管理区宜采环保节能设备、提升服务功能(3分)	
		智能节能通风照明设计(3分)	采用供配电系统节能技术(1分)	设计单位
			采用隧道通风智能控制系统(2分)	
	生态环保设计(18分)	绿色选线(7分)	绿色选线设计方案与说明,坚持地质选线、环保选线的原则,公路选线避绕生态敏感区(2分)	勘察单位 设计单位
			多方案比选避让不良地质区域(3分)	
			改扩建工程充分、综合利用老路资源(2分)	
		绿化设计(3分)	全线绿化设计方案及说明(1分)	设计单位
			因地制宜选择绿化物种(2分)	
		资源节约(4分)	节地、节水、节材设计方案采用管线电缆,并布置在公路用地范围内;排、蓄水工程一体设计(2分)	设计单位
			推广使用先进适用的环保、节能技术措施、环保材料、环保产品、节能产品(2分)	设计单位

续上表

一级指标	二级指标	三级指标	评价重点内容(分项指标)	责任主体
2. 规划设计(100 分)	生态环保设计(18 分)	绿色能源(2 分)	采用可再生绿色能源(1 分)	设计单位
			采用可再生绿色能源供电的公路照明设备比例不小于 15%(1 分)	
		生态保护(2 分)	针对工程生态环境影响区域制定专门的生态修复方案;提高桥隧比(2 分)	设计单位
	工程美学设计(10 分)	景观打造(6 分)	合理设置路侧港湾停车带、慢行交通系统,将公路设计主题当地的名胜古迹、民俗风情等景观融入沿线自然环境(1 分)	设计单位
			建筑结构绿色景观打造:服务区景观设计应体现地域特色、突出园林式休闲功能,景观桥设计合理得当(1 分)	设计单位
			互通立交、桥梁结构、隧道内外绿色景观打造(5 分)	
		环境融合(2 分)	工程建筑风格与自然环境和谐相融,体现地域自然和人文环境特色(2 分)	设计单位
		奥运专题(2 分)	打造沿线奥运、文化内涵景观,以及观景平台设置位置与方案等(2 分)	设计单位
	人性化设计(4 分)	服务功能设计(2 分)	服务区提高复合功能型服务区设计(2 分)	设计单位
		人本功能设计(2 分)	设置提示功能情报板,风景优美路段设置观景平台及停车港湾(2 分)	设计单位
3. 建设施工(100 分)	绿色管理体系(10 分)	绿色高速公路建设管理制度(4 分)	运用 QHSE、HSE 管理体系,项目管理机构健全,岗位责任清晰明确,管理人员配备符合专业化管理要求(4 分)	建设单位
				施工单位
				监理单位
		绿色高速公路实施(4 分)	绿色高速公路创建实施流程完善(2 分)	施工单位
			绿色高速公路环保材料、设施应用、施工过程检查资料齐全(2 分)	监理单位
		绿色公路建设理念(2 分)	对项目参建的所有人员进行培训,对创建绿色公路建设理念进行研讨;明确各方责任(2 分)	施工单位
				监理单位
	统筹资源集约节能(10)	集约利用通道资源(1 分)	统筹利用运输通道资源、共用线位资源,安全利用原有设施(1 分)	施工单位
				监理单位
		土地资源节约、集约利用(6 分)	临时用地制度符合绿色高速建设要求;场站、便道等设施利用沿线原有场地、道路、荒地和高速公路永久用地等土地科学合理(3 分)	施工单位
				监理单位
			路基施工方案科学合理;"零弃方"组织合理;表土利用方法环保充分;弃渣、尾矿材料再利用技术可靠(3 分)	施工单位
				监理单位
		水资源节约、集约利用(3 分)	施工、生活用水制度完善(3 分)	施工单位
				监理单位

续上表

一级指标	二级指标	三级指标	评价重点内容(分项指标)	责任主体
3. 建设施工(100分)	生态环保措施(26分)	节能技术、环保材料及清洁能源的应用(10分)	节能措施、环保材料、清洁能源使用,高耗能设备进场制度完善(2分)	施工单位
			节能技术推广(2分)	施工单位
			再生材料应用(2分)	施工单位
			施工材料选用环保材料、应用清洁能源(2分)	施工单位
				监理单位
			推广应用节能新技术与新设备(2分)	施工单位
				监理单位
		生态保护(2分)	划定公路施工需要保护植被的区域,即"环保绿线"(1分)	施工单位
				监理单位
			生态环保工程建设、检查、验收与实施效果(1分)	施工单位
		空气环境保护(5分)	场站设置:有污染气体排放设施应设立在施工季节中敏感区主导风向的下风侧(1分)	施工单位
			防尘降尘:生活区、作业区、拌和站等区域配备洒水车、喷雾除尘机,专业环保队伍洒水降尘(2分)	
			施工设备:50%以上采用减少尾气排放提高燃油效率的技术,施工机械、拌合站等废气排放均应达标,达到《非道路移动机械用柴油机排气污染物排放限值及测量方法(中国第三、四阶段)》(GB 20891—2014)第Ⅱ阶段的排放标准(1分)	
			施工方案:路基、路面、桥梁洒水湿法施工,隧道凿岩采用湿法钻孔技术、水压爆破技术、初期支护采用湿喷混凝土等(1分)	
		声环境保护(1分)	施工期临时生态型声屏障设置(1分)	施工单位
				监理单位
		光环境保护(1分)	因地制宜控制照明设施的照度(1分)	施工单位
				监理单位
		固体废弃物管理(1分)	固体废弃物分类管理(1分)	施工单位
		土体保护(2分)	取弃土场根据原占地类型采取绿化工程或复耕措施;布设临时拦挡设施(2分)	施工单位
				监理单位
		水体保护(3分)	污水处理和回收利用,中水处理效果好,回收利用率高(2分)	施工单位
			设置沉淀池(1分)	
		野生动物保护(1分)	施工营地尽量设置在野生动物出没比较少的地段(1分)	施工单位
				监理单位

续上表

一级指标	二级指标	三级指标	评价重点内容(分项指标)	责任主体
3. 建设施工(100分)	生态施工技术(18分)	水土保持大气质量监测(1分)	项目区水土流失监测、项目建设水土流失危害监测、水土流失防治监测、大气污染监测等(1分)	施工单位 监理单位
		路基工程应用技术(6分)	临时挡土梗、泄水槽、植物防护技术(2分)	施工单位 监理单位
			路基填筑、开挖与防护同步施工技术(2分)	
			特殊填料施工技术(2分)	
		隧道工程应用技术(3分)	“零开挖进洞”(1分)	施工单位
			初期支护湿喷高性能混凝土技术(1分)	
			隧道排水、通风、供电、运输系统设置(1分)	监理单位
		路面绿色技术(4分)	路面材料集中加工设备、适时监控设施应用技术(2分)	施工单位
			多套路面设备联合施工技术(1分)	
			隧道内温拌改性沥青绿色路面施工技术(1分)	监理单位
		附属工程技术(4分)	绿色环保材料、被动房、海绵广场施工技术(2分)	施工单位
			节能通风、照明、预警智慧公路等技术(2分)	监理单位
	环保材料、清洁能源应用(12分)	清洁能源应用(3分)	生活、生产应用清洁能源(3分)	施工单位 监理单位
		绿色材料应用(3分)	积极应用高性能环保材料(3分)	施工单位 监理单位
		低耗能低排放施工设备使用(3分)	低能耗机械设备管理制度、采用情况,引进低耗能低排放施工设备(3分)	施工单位 监理单位
		再生材料利用(3分)	隧道弃渣利用技术与措施(1分)	施工单位
			工业废料再循环应用(2分)	
	品质工程建设(16分)	绿色施工队伍建设(1分)	打造绿色施工队伍(1分)	施工单位 监理单位
		品质工程示范项目总结、提升、复制、推广(3分)	将绿色公路示范项目与品质工程示范项目相结合,将品质工程、绿色公路复制、推广(3分)	施工单位 监理单位

续上表

一级指标	二级指标	三级指标	评价重点内容（分项指标）	责任主体
3. 建设施工（100分）	品质工程建设（16分）	绿色公路施工标准化实施（3分）	制定并实施符合项目特点的标准化施工工艺（2分）	建设单位 施工单位 监理单位
			建设标准化的工地环境，科学布设施集约布局（1分）	
		信息化管理、BIM技术应用（5分）	应用BIM新技术新经验实现在线监测管理（3分）	施工单位
			建立智能联网联控的公路建设信息化管理系统，推进质量检验检测数据实时互通共享技术（2分）	
		施工过程"四新技术"应用、"五小"创新（4分）	在施工过程中应用"四新技术"、"五小"创新，为绿色公路提供新技术、新方法（4分）	施工单位
	平安工地建设（8分）	平安工地建设（4分）	创建平安工地，宣传安全意识，制定平安工地管理制度、措施、达到的效果（2分）	建设单位 施工单位 监理单位
			施工现场设置完善的安全标识及安全防护措施（2分）	
		施工交通组织（4分）	合理划定施工作业区范围，并设置施工警示标志（2分）	施工单位
			拥有合理的施工交通组织方案（2分）	
4. 运营养护（100分）	绿色管理体系（44分）	绿色运营管理方案制度（22分）	编制预防性养护规划报告，建立预防性养护措施、决策方案（3分）	设计单位
			制定完善的养护制度体系及养护措施方案，成立专门的绿色养护部门（3分）	
			建立公路养护管理系统，应包括路面管理系统（CPMS）、桥梁管理系统（CBMS）和隧道管理系统（CHTMS）（6分）	
			根据路面状况制定养护方案（4分）	管养单位
			对生态连接通道制定长期的监测及管理措施，设置警示标志（2分）	
			主线养护达到公路一级养护质量标准（4分）	
		绿色运营措施（6分）	养护过程中保证公路中心线两侧各200米范围内噪声敏感点噪声满足《声环境质量标准》（GB 3096—2008）要求，等效声级限值昼间为70分贝，夜间为55分贝（2分）	管养单位
			沿线附属设施、交通标志标线养护替换时，优先使用期限长的生态环保材料和养护工艺（2分）	
			采用隧道通风智能控制系统（2分）	
		绿色养护材料应用制度（8分）	积极应用先进的绿色养护材料和管理办法（2分）	管养单位
			掌握新材料物理及化学性质，妥善保存（4分）	
			制定材料回收及二次利用方案，对废旧路面材料进行再生利用（2分）	
		绿色养护设备应用制度（4分）	掌握养护设备使用、维护、保存规范流程，积极应用国内外高速公路绿色养护新设备（4分）	管养单位
		科技创新低碳运营制度（4分）	建立科技创新低碳运营制度，加强科技创新低碳运营宣传，建立激励机制（4分）	管养单位

续上表

一级指标	二级指标	三级指标	评价重点内容(分项指标)	责任主体
4.运营养护(100分)	绿色养护技术(34分)	专项养护技术(13分)	边坡、路侧、隧道洞口、互通式立交区、取弃土场苗木存活率达到85%以上,草坪覆盖率达到95%以上(3分)	管养单位
			边坡防护养护、预制防护进行专项维修、对植物防护进行专项恢复(4分)	管养单位
			排水系统:对隧道、路面、桥面排水专项维护(2分)	管养单位
			路面专项养护(4分)	管养单位
		日常养护技术(10分)	公路路面整洁美观(4分)	管养单位
			加强高速公路及沿线设施的技术状况调查(2分)	管养单位
			制订专门的智能交通系统维护计划(2分)	
			对服务区空调通风系统、照明和电气系统、供暖系统、管网漏损情况进行定期检查且记录完整(2分)	
		智能、低碳、创新养护技术(11分)	优先使用可再生能源和生态环保材料(4分)	管养单位
			冬季除冰雪采用环境友好型融雪剂、微波除雪等环保技术代替传统氯盐型融雪剂(2分)	
			优先采用先进的节能养护设备、材料、工艺等(2分)	管养单位
			建设低碳运营监管平台并投入使用(3分)	设计单位 管养单位
	运营安全保障(22分)	突发事件应急预案(10分)	采用交通预警系统(2分)	管养单位
			建立防自然灾害措施预案(2分)	
			建立易燃易爆等特殊物品运输安全事故处理预案及应急措施(4分)	
			建立有毒、有害物品检查体系(2分)	
		日常交通安全组织(12分)	制订交通事故处理及应急措施预案(2分)	管养单位
			采用信息监控公告系统,对主要交通要道及交通疏导节点进行全车道覆盖监控(2分)	
			建立特殊天气交通处理及应急措施预案,设置气象预警机制实施分级交通管制(2分)	
			制订日常交通组织方案、安全设施维护计划、专项方案(6分)	

（二）建立绿色公路建设组织体系，指导项目全过程建设

1. 组织机构

成立绿色公路建设领导小组、指导小组、职能小组，并专设部门（冬奥办）具体负责。领导小组负责绿色公路建设中的总体部署。指导小组负责督促实施、推广指导工作，研究解决实施过程中出现的问题，协调相关单位、职能部门落实绿色公路建设中的打造目标及保障措施。职能小组由各职能科室主要负责人带队，全体科员参加，负责绿色环保施工、设计优化、技术指导等工作。

2. 信息化过程管理

在建设及运营过程中，使用数字化平台、视频监控等技术实现信息化过程管理。

（1）基于 3D GIS + BIM 数字高速平台

基于 3D GIS（3D 地理信息系统）+ BIM 技术建设“数字延崇”，BIM 技术提供基础数据，3D GIS 提供多维空间参考。

（2）基础设施集群全寿命监测与管控系统

基础设施集群全寿命监测与管控系统包括重点基础设施全寿命监测、中心数据库管理、安全预警评定管养决策、电子化人工巡检管理以及用户界面。集群监测架构图如图 2 所示。

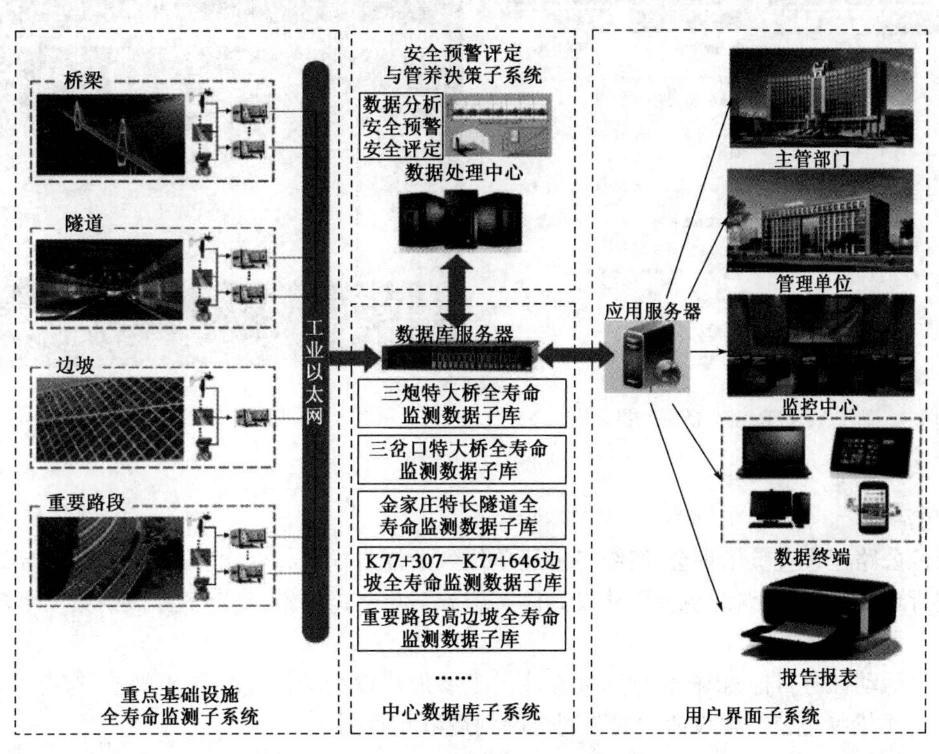

图 2 集群监测架构图

（3）广联达物料系统

引进了广联达物料系统。此系统横向联通了材料计划、采购、收发料、结算、支付全过程物资管控，实现精细化、标准化、集约化管理。

（4）视频监控系统管理

为了隧道规范、安全施工，在隧道洞内安装高清摄像头，对隧道内进行实时监控。监控中心如图 3 所示。

（5）中国交建工序质量检验控制信息系统

平台自动生成质量周报和月报，并形成详细的分析报告，人员能直观地了解每个工点的报验及隐蔽工程报验情况，并可以直接导出三检表。工序质量检验控制信息系统界面如图 4 所示。

图3　监控中心

(6)水泥混凝土生产监控管理系统

通过数据采集程序实时采集水泥混凝土拌和站生产过程数据,由数据传输模块(DTU)以GPRS方式将数据传输到互联网上的服务器中,系统平台自动分析处理海量的数据,从而客观地反映水泥混凝土生产质量。水泥混凝土生产监控管理系统界面如图5所示。

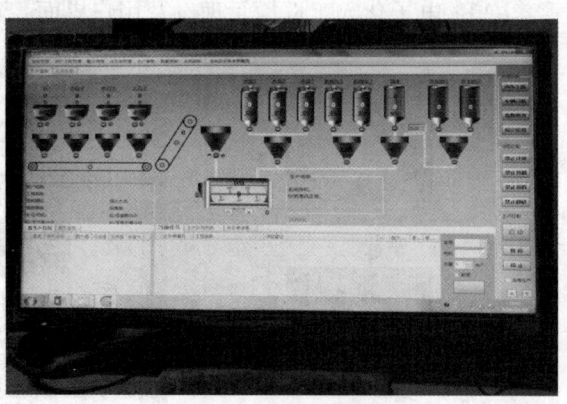

图4　工序质量检验控制信息系统界面

图5　水泥混凝土生产监控管理系统界面

3.开展活动

(1)宣传活动

召开绿色公路建设宣贯培训会,组织各参建单位到浙江省学习绿色公路建设经验。指导小组到各参建单位进行现场指导,宣讲绿色公路建设具体实施方案与奖罚措施,确定各标段的典型示范工程。

(2)建设活动

根据建设活动任务目标,积极引导广大参建员工参加建设活动,按照"亮出牌子、竖起标杆、造出声势"的要求,为延崇绿色公路建设活动的顺利开展创造浓厚氛围。

(3)过程监管

在建设过程中加强过程监管,河北省交通运输厅不定期进行绿色公路建设督导;河北省高速公路管理局每半年对延崇高速绿色公路建设进行考核,并纳入局年底综合考核;筹建处分阶段按照延崇高速绿色公路建设评价细则对各施工、监理单位绿色公路建设情况进行专项考核,经领导小组评定后确定排名。

(4)奖励表彰

在2018年和2019年分别对在绿色公路建设活动中变现优异的单位和个人颁发"打造绿色公路先进单位""打造绿公路先进个人"奖励证书。

(三)建立绿色公路建设创新体系,开展科学技术攻关

1.专业咨询单位

①聘请石家庄铁道大学为绿色公路建设示范工程专业咨询单位,编制《延崇高速河北段绿色公路

建设典型示范工程实施方案(试行)》《延崇高速河北段绿色公路建设典型示范工程实施指导书(试行)》《延崇高速河北段绿色公路建设评价指标》,为项目建设提供指导;派代表进驻筹建处,对绿色公路建设不同阶段各项工作进行总结,协助筹建处对各参建单位进行相应检查和评比。

②在路基、路面、隧道、基础设施集群监测、景观美学设计等多项工作中聘请相关专家咨询团队,开展专业咨询。

③河北省交通规划设计院派设计代表进驻筹建处,随时进行设计方面的咨询及变更工作。

2. 科学技术攻关

延崇高速公路共设立科研项目38项,合计经费3156.6万元,涉及路基、路面、桥梁、隧道等各项工程,为绿色公路建设提供技术支撑与理论基础。延崇高速公路科技项目基本信息见表6。

延崇高速公路科技项目基本信息 表6

序号	课题名称	金额(万元)
1	金家庄螺旋隧道综合引导系统研究	120
2	超长隧道及隧道群运行安全舒适性保障技术研究	100
3	基于单向纵坡车辆行驶特征的特长隧道通风系统节能控制研究	76
4	公路隧道综合节能与智能管理一体化研究及应用	75
5	寒区高速公路隧道冻害防治综合技术研究及应用	120
6	公路隧道安全检测与评估技术研究	100
7	长大螺旋隧道施工多区段通风技术研究	70
8	隧道微差控制爆破施工及支护安全控制技术研究	70
9	延崇高速公路综合运行智能监测与预警技术	220
10	基于卫星遥感技术(InSAR)的延崇高速公路沿线高边坡形变监测技术研究	98
11	新一代智能交通系统技术(C-ITS)的研究及应用	194
12	基于BIM的公路全寿命周期实时监管成套技术云平台研究	126.6
13	基于BIM技术桥梁智能建造技术研究与应用	120
14	公路中小跨径钢桥施工技术及质量预控体系技术研究	120
15	基于机器视觉和过程反馈的钢结构虚拟拼装技术研究	96
16	钢-混凝土工字组合梁动力特性及抗震性能技术研究	67
17	钢工字梁的加工制作成本分析研究	42
18	自融冰沥青路面研究与应用	40
19	多雪寒区高速公路冰雪灾害评估、防治与除雪保畅技术研究	100
20	基于北斗高精度的智慧高速收费管理系统	65
21	寒区高速公路混凝土结构物耐久防腐技术研究	50
22	湿陷性黄土地质灾害演化规律及防控措施研究	45
23	山区高速公路路基不均匀沉降控制关键技术研究	75
24	延崇高速公路(河北段)全寿命周期碳排放及节能减排效益评估	50
25	基于能耗监测的停车场应用太阳能光伏发电低能耗高速服务区研究	75
26	基于物联网的高速公路智能养护系统研究	66
27	延崇高速公路房建设施与地域文化、奥运元素结合研究	50
28	延崇高速公路路堑高边坡的渐进破坏机理和防治措施研究	50
29	隧道抗滑阻燃温拌沥青关键技术研究	80
30	河北省高寒地区高速公路玄武岩纤维筋带加筋半刚性基层沥青路面抗裂技术研究	80
31	寒区高速公路增韧耐久型沥青交织改性的分级优化与评价	70
32	高陡边坡生态防护技术研究	85

续上表

序号	课题名称	金额(万元)
33	全寿命(耐久型)盆式球钢支座应用研究	50
34	深埋隧道高应力岩爆综合防控技术研究	60
35	公路隧道钢拱架与预应力锚杆一体化支护技术开发与应用研究	65
36	延崇高速公路(河北段)大型弃土场风险评估及安全控制关键技术研究	60
37	堆石体法超大粒径填料填筑山区高速公路路基技术研究	60
38	隧道支护结构病害快速识别与治理	66
	合计	3156.6

(四)研发应用绿色公路技术,推行施工标准化

1. 勘查设计

①资源利用。集约利用通道,科学利用土地;着力实现“零弃方、少借方”;推行永临结合,服务地方经济。

②系统设计。以耐久性为核心,突出建管养一体化,进行全寿命系统设计。

③环保选线。加强生态设计,实现自然和谐;进行方案比选,实现填挖平衡。

④BIM 应用。基于 BIM 技术的全线景观设计;利用 BIM 三维建模与渲染技术提高服务区建筑设计效率;构建高速公路 BIM 管理平台将全线地形、路面、桥梁、隧道、交安、绿化、房建、地灾等信息进行集成实现可视化管理;将 BIM 设计融入全生命周期,在设计阶段提高设计质量,将设计问题暴露于初期阶段,提高设计效率,快速制定方案。

2. 场站建设

①延崇高速公路推行水泥混凝土拌和站、钢筋加工场、预制场、驻地及试验室等临时设施“多集中”建设,充分节约临时用地资源。

②水泥混凝土拌和站、钢筋加工场、预制场、驻地及试验室等临时设施的场站内场地全部进行硬化处理,配置雾炮机及洒水车,减少扬尘。钢筋加工场及料仓均采用钢架棚进行全封闭,钢筋均采用钢筋棚内集中加工,部分钢筋采用机械连接方式。拌和站设置三级沉淀池,达到钢筋厂、拌和站及隧道施工绿色公路典型示范工程标准。

③施工场站的裸露边坡采用人工草坪进行覆盖。

④加强与地方政府和群众对接,部分设施实现永临结合,如 3 标、5 ~ 9 标、12 标驻地及部分临建设施与公用和民用相结合,ZT1 ~ ZT4 标、ZT10 ~ ZT12 标隧道施工用电线路、变压器等与将来运营期隧道永久通风照明用电共同使用,ZT2 ~ ZT12 标部分施工便道与地方道路共用等,大量减少重复建设和临时用地占用,服务地方经济。

3. 路基工程

①湿陷性黄土路段冲沟进行“一沟一设计”,根据不同地质情况采取加强排水、防护措施。

②防护工程推行“一坡一设计”,及时优化设计方案。共对全线 215 处挖方边坡进行动态设计,根据实际开挖的地质情况,仅留两处混凝土框架梁防护,框架梁内做植生袋;其余挖方边坡均采用生态防护,利用专用生态技术恢复植被,做到挖方坡面不见圬工。一般路堑边坡高度控制在 20 米以内,边坡完全采用生态防护。

③排水系统进行“一沟一排水”体系设计,现场核查,验证排水衔接顺畅性,必要时增加导流设施。对排水结构进行逐段排查,取消不必要的排水沟 1300 米,减少圬工工程数量。

4. 路面工程

①沥青路面拟全部采用泡沫沥青温拌技术,降低混合料拌和温度 20 ~ 30 摄氏度,减少废气和烟尘

排放量,降低生产耗能。

②中面层部分采用胶粉/SBS复合改性沥青混合料,改善沥青路面的低温抗裂性、高温稳定性及水稳定性能,提高沥青路面的使用耐久性。

③部分隧道沥青路面采用可降解汽车尾气的光催化材料沥青混合料。

5. 桥梁工程

延崇高速公路主线钢结构桥梁全长为9817.25米,共23座,占主线桥梁总长约52%,总用钢9.2万吨,主要采用钢-混凝土工字组合梁、钢-混凝土箱型组合梁结构、拱塔钢斜拉结构、上承式拱形变高钢桁组合连续梁结构等形式。

在创新应用方面,钢桥构件运输、存放利用现代物联网、仓储技术;钢结构加工、安装方面,全部实现工厂化、施工装配化,实现工地标准化、工艺标准化、管理标准化和信息化,全面提升工程内外品质。

6. 隧道工程

根据现场隧道掌子面围岩揭露情况,及时评判围岩级别及支护结构设计的合理性,调整支护参数和施工方案,使支护结构更加适应于围岩实际情况且经济合理,优化动态设计164处。

7. 房建工程

(1)推行生态新技术

全线服务区采用绿建二星级标准建设;收费站区、服务区采用污水装置,污水处理达标后可作为中水回用;赤城服务区实施"海绵广场"试点,进行雨水收集再利用;停车场采用生态透水砖。

(2)创新开放式服务区建设

创新开放式服务区建设理念,与周边旅游设施结合,打造"一区一镇一景"的旅游通道。全线服务区合理布设旅游服务网点、无障碍设施、房车营地、共享单车、共享汽车等,增设开放式的人行通道和观景平台,服务于旅游特色小镇和沿线旅游休闲。全线构建布局合理的服务区设施功能,结合奥运、地域、人文等主题风格,提供停车位和厕所位提示等各种人性化服务设施。

(3)打造低能耗设施

太子城服务区及赤城服务区综合楼采用建筑节能理念及被动房技术建造,打造经济型低能耗建筑,并设计了光伏发电系统和中水利用系统。

(4)获取实时动态

根据各服务区的实际情况,已确定相应服务区规模、主题、布局、Wi-Fi热点、港湾式或路外观景台等服务设施设计方案,手机用户可实时获取河北省高速公路网运行状况,为公众出行提供无忧服务。

8. 机电工程

①在隧道附属设施(照明、通风和供电等子系统)采用隧道专用LED(Light Emitted Diode,发光二极管)节能灯具。

②全线收费站、服务区厂区内的庭院照明全部采用依靠光伏发电并使用LED灯具,室内照明开关统一设计为声控开关,设置汽车充电桩。

③开发公众出行信息服务平台,通过此平台整合交通信息资源,利用短信平台、微信公众号、门户网站、移动App(应用程序)等新媒体手段及基于LTE-V2X和5G的车路协同系统。

9. 景观工程

(1)建筑景观

打造融中国特色建筑文化和奥运元素为一体的建筑景观,重点打造凸显中国传统建筑文化和两翼腾飞的主线站、融塞北建筑特色和南国园林景观为一体的"北塞南园"大海陀服务区,以及考虑周边景观特色、六朝长城文化、金家庄古村落、烽火台以及结合壮美的山体自然景观为一体的"云门新驿"赤城服务区设计。

(2)路基景观

充分结合乡土植物及区域特色植物,营造融入自然的和谐景观,重点打造主线绿化的苗木地域特色,突出绿化节点。注重不同季节、不同层次(乔、灌、草)、不同区域、不同物种的植物搭配与特色营造。

(3)桥梁景观

在桥梁设计中融入美学设计,杏林堡大桥采用"无限之环"拱塔钢斜拉桥方案;砖楼特大桥主桥采用"飞虹凌渡"上承式拱形变高钢桁组合连续梁方案;太子城互通主线1号桥采用"冰雪五环"拱塔钢斜拉桥方案,以实现桥梁与周边自然环境相协调。

(4)隧道景观

延庆端洞门采用厚重感的端墙式,造型似古长城烽火台,体现当地边城要塞的历史风情。隧道洞门与拱形变高钢桁组合连续梁砖楼特大桥主桥90米高差构成了别具风采的桥隧交叉景观。

隧道洞口60米范围内拱墙采用浅黄色储能式发光涂料,洞口60米范围外拱部采用蓝天白云效果的纳米硅涂料,美化了隧道洞内环境,提高了隧道内装饰涂料的耐污性和防霉性。

隧道洞内设置唤醒照明系统,通过LED氛围灯管系统与隧道内装饰涂料相结合,实现隧道内环境的变化,特别注重对于青、蓝、紫色的使用。

10. 废料利用

(1)弃渣再生利用

延崇高速公路(河北段)隧道全长27374米,共8座,出渣约780万立方米,可部分用于路基填筑、观景平台、临建设施、地方公路及乡村道路、砌体防护和碎石加工(再生利用)等项目,剩余出渣存放于山沟荒地,进行规划造地、变废为宝造福于民。力争利用率达到100%,消除弃渣堆积带来的安全隐患。

(2)尾矿料利用

考虑沿线尾矿储量丰富的特点,在ZT4~ZT10标段的借方填筑路段大量采用尾矿料填筑,至目前尾矿料填筑总方量约为480万立方米,节省借土场占地700余亩。

(3)腐殖土利用

原有植被及腐殖土进行集中收集堆放及利用。主线原则上每两公里堆放一处,互通区内腐殖土集中堆放于互通圈内,计划用弃渣复耕、绿化覆植土,实现清表土100%再次利用。

四、实施效果

(一)节能减排,减小环境污染

根据延崇高速公路(河北段)工程特点,为减少占地和环境影响、提高资源节约和生态保护水平而进行相关研究。围绕绿色公路建设中勘察设计过程以及施工、运维过程等工程项目中的绿色生态环保技术进行系统研究,保障工程质量,保护生态环境,减少污染排放,实现生态环境可持续发展。

(二)服务奥运,提供旅游保障

创新开放式服务区建设理念,与周边旅游设施结合,打造"一区一镇一景"的旅游通道。利用沿线自然条件优越、环境污染小的生态环境特点,推动地方政府完善旅游规划和交通基础设施,实现高速公路旅游经济和周边旅游效益的共享。高速公路沿线结合传统的自然风光和特色小镇,发展生态旅游,助推区域旅游经济。

(三)绿色示范,提升经济效益

通过评价体系的建立,制定了各环节的建设目标,形成了综合的管理体系,研发应用了新技术、新材料、新工艺、新设备,将延崇高速公路(河北段)打造成为绿色公路示范工程,实现了巨大的经济效益和社会效益,起到较好的示范引领作用。

全过程评价的绿色公路建设管理体系的应用和推广,能够最大限度降低能源消耗和环境破坏,实现人与自然和谐相处,有利于推动相关国家标准和政策的制定,对我国经济发展具有很好的推动作用。

深度融入生产经营的国企党建路径

河北省交通规划设计院

成果主要创造人:何勇海　王　赫

成果参与创造人:刘　坡　朱会彩　赵雪涛　李凌宇　何永茂　赵伟亦
张　轩　郭　鹏

河北省交通规划设计院(简称"河北交规院")创建于1954年,是河北省唯一的交通行业全甲级勘察设计研究企业,河北省内首家集交通、房建、市政为一体的甲级勘察设计单位,全国公路设计企业最高信用等级AA级单位,河北省高新技术企业。河北交规院持有国家颁发的公路行业甲级、市政行业(道路工程、桥梁工程)专业甲级、建筑行业(建筑工程)甲级、工程咨询甲级、工程勘察综合类甲级、综合试验甲级、工程总承包甲级等资质,拥有交通运输部自动驾驶技术交通运输行业研发中心,交通运输部公路建设与养护技术、材料及装备交通运输行业研发中心,交通运输部公路设施使用状态监测与养护保障核心技术协同创新平台,博士后科研工作站,交通运输部公路工程综合甲级工程试验检测机构,河北省道路工程设施安全监测与智能养护技术创新中心,以及省级重点实验室。河北交规院主要承担综合交通运输规划与研究,公路可行性研究,道路、桥梁、隧道、交通工程的勘察设计,市政工程设计,工程监理,路桥检测及养护,建筑工程设计咨询,智能交通研究,BIM(Building Information Modeling,建筑信息模型)技术应用,科研技术咨询服务,交通新产品研发,交通环境监测,材料试验,公路沥青材料、公路养护材料研发生产及销售等业务。

半个多世纪以来,河北交规院艰苦奋斗,开拓进取,为交通建设建立了卓越的功勋,作出了巨大的贡献。河北交规院建院以来完成总计5400余公里的高速公路勘察设计工作,勘察设计咨询水平不断提高,在大量的生产实践中积累了丰富的工作经验,形成了强大的生产能力。同时,河北交规院还承担着交通规划、课题研究和技术服务工作,参与制定国家标准2项,负责主持完成部颁规范2项,省地方标准40项,300余项课题研究。此外,河北交规院在交通工程、工程监理、技术咨询、材料试验、路桥检测及养护等方面也得到了较大发展,获得70余项省部级以上优秀勘察设计奖、50余项省部级以上优秀工程咨询成果奖,60余项课题研究获省部级以上奖励。

一、实施背景

(一)加强党建工作是新时代国企坚持和加强党的全面领导的需要

在全国国有企业党的建设工作会议上,习近平总书记指出,坚持党的领导、加强党的建设,是我国国有企业的光荣传统,是国有企业的"根"和"魂",是我国国有企业的独特优势。他还强调,坚持党对国有企业的领导是重大政治原则,必须一以贯之。[1] 国有企业在关系国家安全和国民经济命脉的主要行业和关键领域占据支配地位,是国民经济的重要支柱。对于国有企业来说,重视党建工作的开展和创新,不仅能够在多元化的社会竞争中立足,同时也有助于企业凝心聚力、统一思想认识、构建共同奋进的企业文化,从而培养企业的核心竞争力。从更深层的视角来看,完善国有企业党建工作,是巩固党的执政

[1] 源自《人民日报》2016年10月12日报道《习近平:坚持党对国有企业的领导不动摇》。

基础,提高党的执政能力的重要举措,对于确保党在社会主义经济建设过程中的领导核心地位、全面推进党的建设工作具有重要意义。

(二)党建融入生产经营是推动企业高质量发展的需要

习近平总书记在全国国有企业党的建设工作会议上指出,中国特色现代国有企业制度,"特"就特在把党的领导融入公司治理各环节,把企业党组织内嵌公司治理结构之中,明确和落实党组织在公司法人治理结构中的法定地位,做到组织落实、干部到位、职责明确、监督严格。[1] 2019年底,党中央发布了《中国共产党国有企业基层组织工作条例(试行)》,在总则第一条就提出"提高国有企业党的建设质量,推动国有企业高质量发展",在第三条遵循原则中提出"坚持党建工作与生产经营深度融合,以企业改革发展成果检验党组织工作成效",对党建融入生产经营又提出了明确要求。

改革开放以来,国有企业改革的基本取向是强化经济组织的功能,彰显其作为市场主体的一般属性。这一取向的改革取得了显著成效,国有企业对市场经济的适应性普遍提升。但与此同时,国有企业也不同程度出现了党的领导、党的建设弱化、淡化、虚化、边缘化问题,削弱了党组织在促进企业改革发展、维护和巩固党的物质基础和政治基础方面的领导和保障作用。国有企业在面临新时期激烈市场竞争时,企业内在活力和核心竞争力有所削弱,这既是党的十八大以来加强国有企业党建的直接原因,又是新时期国有企业改革的主要任务。要改变这种状况,国有企业党建工作必须与生产经营等中心工作实现融合,从"你是你、我是我"变成"你中有我、我中有你",进而变成"你就是我、我就是你"。在这种深层次融合中,党建工作与中心工作不是物理捆绑,而是出现化学反应,二者相辅相成、互为补益,才能有效解决企业发展中存在的问题,进一步提高核心竞争力,为企业的高质量发展创造良好的氛围和内在动力。

(三)夯实党建根基是营造良好政治生态的需要

企业政治生态就是企业政治风气、政治环境,是企业党组织、行政组织以及领导班子、干部队伍等关键行为主体的政治意识、政治修养、政治行为、政治作风及其产生影响的综合呈现,这些表现形成一种氛围、一种导向,又反过来影响着每一名党员干部的行为和作风。政治生态好,人心就顺、正气就足,就有利于企业高质量发展;政治生态不好,就会人心涣散、弊病丛生,就不利于企业经济高质量发展。

持续打牢党建工作根基是旗帜鲜明讲政治、推动全面从严治党向纵深发展的内在要求,同时也是营造风清气正的政治生态的基本途径。在推动企业发展的过程中,党员队伍的思想作风、工作作风和先锋模范作用难免参差不齐。在这种情况下,党组织能不能旗帜鲜明地激浊扬清,能不能有力地开展批评与自我批评,敢不敢较真逗硬与违法乱纪的人和事作斗争,就是衡量我们党组织原则性、战斗性的时候,也是检验我们党建工作成效的一个重要标准。党组织战斗堡垒作用坚强,必然带来风清气正的政治生态环境,必然营造出争先创优干事创业的激情氛围,中心工作的顺利推进和健康发展就是顺理成章的事。要做到这一点,就要从日常的党建工作着手,从点滴抓起,从细微抓起,夯实党建根基,落实好党建工作的各项制度和要求,持之以恒,不断积累,推动形成党建工作与中心工作良性互动融合的发展局面,为中心工作营造风清气正的良好政治生态环境。

二、成果内涵

党建工作是企业整体工作的有机组成部分,必须紧紧围绕企业中心工作的大局去谋划,做到思考问题、把握问题和解决问题都要从企业的中心工作出发,维护企业的大局利益。近年来,河北交规院党委在深入理解融入意义的基础上,积极探索党建融入生产经营的方式方法,提高融入的本领,掌握融入的新路径,以初心不变的定力和敢于创新的魄力,把党建工作与中心工作有机融合,提高管党治党能力,把党的政治优势、组织优势转化为企业的竞争优势、发展优势,使之成为推动企业做强做大做优的政治保障。

---

[1] 源自《人民日报》2016年10月12日报道《习近平:坚持党对国有企业的领导不动摇》。

三、主要做法

(一)规划部署突出发展导向

新的形势、新的目标要求党组织要拓宽工作视野,创新工作思路,转变工作方式方法,把生产经营工作的难点作为党建工作的重点,把生产经营工作的需求作为对党建工作的要求,抓实党组织作用发挥,提升党建价值创造能力。河北交规院党委在党建具体实践中,始终坚持党建工作和中心工作一起谋划、一起部署,在2020年初结合《重点工作目标任务分解方案》,研究制定《党建及思想政治工作重点目标责任分解方案》,并召开党建工作部署会,对年度党建重点工作进行安排部署(图1),压实党建责任,激发职工干劲。

在融合路径方面,2018年河北交规院党委在党建规范化建设取得阶段性成果基础上,为进一步将党建融入企业发展各环节和全过程,印发《中共河北省交通规划设计院委员会关于印发"红色匠心"党建品牌创建实施方案的通知》(冀交设党〔2018〕50号),推出了"红色匠心"党建品牌(图2),这一品牌也将成为河北交规院中长期党建工作的总抓手和最重要载体。党建品牌创建思路是"抓党建就是抓发展,抓好党建促发展",核心内容为"六心工程",即匠心向党、匠心兴企、匠心惠民、匠心思齐、匠心传承、匠心守正,目的是解决党建和生产经营"两张皮"问题,从根本上提升党建内生动力。

图1 2020年度党建工作部署会

中共河北省交通规划设计院委员会文件

冀交设党〔2018〕50号

中共河北省交通规划设计院委员会
关于印发"红色匠心"党建品牌创建
实施方案的通知

院属各党总支(支部)、各部门(公司):

《河北省交通规划设计院"红色匠心"党建品牌创建实施方案》已经院党委研究同意,现印发你们,请结合工作实际认真抓好贯彻落实。

中共河北省交通规划设计院委员会
2018年12月29日

—1—

图2 《中共河北省交通规划设计院委员会关于印发"红色匠心"党建品牌创建实施方案的通知》

2019年,河北交规院党委在谋划年度党建重点工作时,围绕创新"红色匠心"载体建设,推出有力举措,针对设计院创新发展和全员经营(创效)两大年度重点工作,谋划了"学习港珠澳大桥 争当'双创先锋'"主题活动,弘扬劳动精神、劳模精神和工匠精神,并要求全体党员干部学习他们攻坚克难、勇创一流、开放融合、敢于创新、敬业专注、精益求精、坚韧不拔、团结协作的奋斗精神,在两大重点工作中走在前,当先锋;同时在河北交规院工会年度重点工作中列入了"全员争一流·双创促发展"为主题的职工劳动竞赛,进一步营造浓厚的创先争优氛围。2019年底,党政工联合对创新创效工作中涌现出的典型予以表彰和奖励,形成三方合力促发展的可喜局面。

(二)思想教育突出学以致用

学懂弄通做实,落脚点在做实。学习的成效在于解决实际问题,做实要紧紧围绕企业中心工作和个人的岗位职责,把研究和解决现实问题作为学习的根本出发点。河北交规院党委一直致力于学习型组织建设,强调学以致用,搭建了理论学习中心组、院党务人员、党支部三个层级的学习平台,充分发挥红色加油站功能。在2019年"不忘初心、牢记使命"主题教育活动中(图3),结合承担的雄安规划设计任务,河北交规院党委专门组织中层以上干部赴雄安新区参观学习,参观了雄安设计中心,学习了雄安先进规划设计理念,实地感受了未来雄安的风采,走进了"千年秀林",领略了雄安新区"蓝绿交织、清新明亮"的生态空间格局,并观摩学习《河北雄安新区规划》,听取专家授课,实地参观设计院雄安京翼公司和交科公司定州生产基地。大家不仅对千年大计和未来城市有了更清晰的认识,还真切地看到了设计院创新发展、转型发展的成果。

2020 年 7 月,为推进"不忘初心、牢记使命"主题教育常态化开展,进一步坚定广大干部职工干事创业的道路自信,河北交规院党委举行了一场"检阅创新成果,坚定发展自信"主题教育活动(图 4)。活动举办了智能驾驶测试启动仪式,听取了智能交通研发团队对创新成果的详细讲解。通过活动,与会人员对设计院智慧交通的最新研究成果有了更直观的认识,在对未来交通事业发展充满期待的同时,坚定了发展自信。

图 3　"不忘初心、牢记使命"主题教育活动

图 4　"检阅创新成果,坚定发展自信"主题教育活动

同时,为进一步强化党员干部日常学习,检验全院党员干部学习成果,河北交规院党委部署创办了内部刊物——《交通参考》(图 5),要求各部门围绕部门工作和岗位职责定期推出 1~2 篇分享文章,秉持思想性、科学性、公益性原则,聚焦交通行业热点和科技前沿,通过对知识与观点的摘录和分享,为全省交通工作者加强学术交流、把握行业趋势、破解行业发展难题、提高决策的科学化水平提供重要参考,以期进一步提升学习型组织创建氛围和更好发挥设计院行业智库功能。

图 5　《交通参考》刊物封面

(三)主题活动突出服务中心

主题活动是做好党建工作的有效载体,能够在贯彻落实上级文件过程中,用富有仪式感和感召力的活动内容及时解决企业当前重点和难点工作。近年来,为深入贯彻落实上级文件要求,紧密结合当年生产经营重点工作,河北交规院党委先后开展了"学习李保国精神,打好太行山高速设计攻坚战""学习总书记讲话精神,我为雄安规划献一策""学习港珠澳大桥精神,争做双创先锋""学习总书记抗疫重要讲话,深入推进设计院健康发展"等特色活动,活动收到很好效果。究其原因,就是做到了三个保证。

一是保证活动的针对性。针对太行山高速公路设计时间紧、任务重的局面,开展学习李保国扎根太行的愚公精神,树立不怕苦、不怕累的奉献精神,发挥先进典型弘扬正气、振奋精神、示范引领和凝聚正能量的强大作用,保质保量圆满完成勘察设计任务,全面展现设计院攻坚克难的良好风貌;针对雄安新区交通规划设计中遇到的设计标准高与设计人员知识、视野不足的困局,通过深入学习习近平总书记在河北雄安新区规划建设工作座谈会上的重要讲话和重要指示精神,提高职工对雄安新区交通规划建设的参与度,凝聚全院智慧,寻找最佳答案,进一步发挥设计院河北交通智库作用;针对年度开展的创新发展和全员经营两大中心工作中急需的创新思维和主人翁意识,从港珠澳大桥建设者展示出的劳动精神、劳模精神和工匠精神中汲取营养;针对如何做好疫情防控和企业发展两手抓的路径选择,从习近平总书记在全国抗击新冠肺炎疫情表彰大会上的重要讲话中领会核心要旨,在继续做实做细防疫工作、确保职工零感染的基础上,紧紧围绕设计院改革发展目标,立足创新发展、市场拓展等重点任务,充分调动全院广大干部职工的积极性、主动性和创造性,圆满完成年度各项目标任务,实现"十三五"规划完美收官。

二是保证活动的时效性。为了让主题活动富有成效,让广大党员有收获、受教育,在开展活动前,既要紧盯中央,准确把握党和国家大政方针政策,同时又要着眼发展,从企业发展的实际情况出发,解决当前问题。河北交规院2016年学习李保国活动和开展的太行山高速公路勘察设计、2017年学习习近平总书记关于雄安新区规划建设系列重要讲话和开展的雄安新区规划设计、2019年学习港珠澳大桥精神和开展的创新创效工作、2020年学习习总书记在全国抗击新冠肺炎疫情表彰大会上的重要讲话和推进的企业高质量发展工作,均为当年的思想教育重点和工作重点。

三是保证活动的有序性。最后策划主题活动,只有以严的态度、以高的标准,从问题出发、从需求入手,将工作落实落细,提前制订具体活动方案,做好过程统筹协调服务,纳入年底院党建考核内容,并对活动中表现优异个人或者团队进行表彰,通过典型引领,以点带面,才能确保每次活动准备充分、推进有序、考核严谨、效果显著。

(四)廉政建设突出风险防控

在党风廉政建设上,要以防为上策,在"未病""欲病"之先,就营造清正廉洁的政治生态,堵死制度的漏洞,扎牢制度的笼子,让权力没有为所欲为的机会和可能。只有防御得力,才能避免灾害的大面积发生,才能使企业正常的生产经营状态免遭破坏。

一是正向引导。以榜样的力量激励人,营造正风正气谋发展的良好氛围,让歪风邪气无处藏身。河北交规院党委致力于打造人人学习先进、人人争做先进的良好氛围,近年来,为发挥先进人物、先进事迹激励作用,把转变作风和企业生产实际相结合,先后开展了"三个走在前""最美职工""优秀设计师"和"优秀设计作品"评选等活动(第一届10名最美职工中5人得到提拔,其中2人进入设计院领导班子),发挥榜样力量,激励职工。第二届"最美职工"表彰会如图6所示。

为展示企业发展成果和先锋人物,河北交规院党委联合工会每年组织拍摄职工自编自演的微电影,从第一部《心路》到第四部《中匠》(图7),每部作品都讴歌了设计院人勇于拼搏、无私奉献的匠人精神,充满正能量。影片于年底在全院表彰大会上放映,在全院职工中形成热烈反响。

图6 第二届"最美职工"表彰会

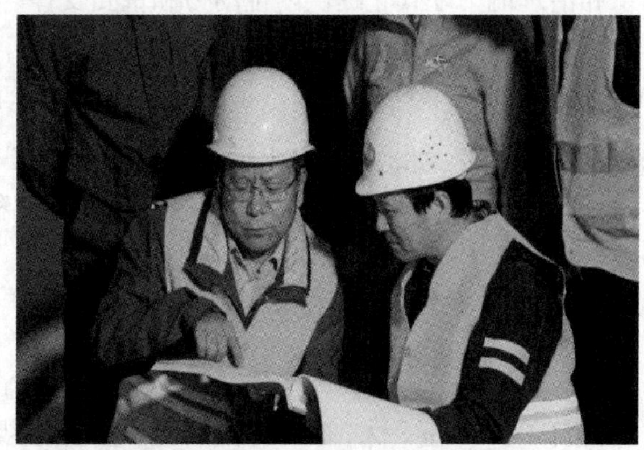

图7 微电影《中匠》镜头

二是织密制度。河北交规院纪委以《风险防控手册》和《内部工作控制流程手册》为主要抓手,推进"护航工程",找准权力运行风险点,查找制度漏洞,有针对性地制定防控措施,修订制度,推进权力公开透明运行,从而防患于未然,有效管控,做到"严以律己、严以修身、严以用权"。

三是抓早抓小。日常管理监督要立足于早、着眼于小,必须把纪律挺在前面,真正用好监督执纪"四种形态",尤其是第一种形态。2016年以来,河北交规院纪委共执行约谈函询377人次,做到及时提醒,使党员干部不犯或少犯错误。活动开展至今,院在职在岗职工未发生一起党风廉政案件,有效拱卫了企业改革发展大局。

四、实施效果

党建与生产经营的深度融合,使加强党的领导和完善公司治理更加有机统一,党建对中心工作的促进作用更加明显。近年来,河北交规院通过创新融入方法路径,着力使党组织政治核心作用融入现代企业制度,把党组织的政治优势、组织优势和群众工作优势,转化为企业的创新优势、管理优势和竞争优势,不断夯实和强化了企业的核心竞争力,开创了建院以来最好的发展局面。

(一)持续向好的发展态势

1.企业实力显著提升

从2014年底至2019年底,河北交规院资产总额由2.10亿元增至5.14亿元;年营业收入由2.67亿元增至6.26亿元;年利润总额由1300万元增至3800万元。河北交规院各项事业稳健发展,职工收入和福利水平持续改善。

2.业务布局更趋合理

从成立省外分院、收购房建资质、取得市政甲级设计资质到大额中标省外高速公路规划项目前期工作、抢点布局交通新基建,河北交规院业务板块、业务布局不断完善,这都将为设计院创造新的利润增长点,增强可持续发展能力。

3.科研创新能力持续增强

经过多年研究积累,河北交规院发挥科研优势,努力攻克关键技术,在永久路面、智能交通、常规跨径钢结构桥梁、BIM技术、装配化建造、装配式无土路基等技术与装备领域取得重大突破,形成一批具有自主知识产权并处于国内领先的成果,在核心竞争力培育上迈出坚实步伐。先后建成交通运输部“自动驾驶和车路协同技术交通运输行业研发中心”“公路建设与养护技术、材料及装备行业研发中心”“公路设施使用状况监测和养护保障核心技术协同创新平台”“博士后科研工作站”等一批创新科研平台及4个以个人命名的创新工作室,逐步建立起了产学研结合的长效机制,为河北省完善交通科技创新平台布局,推动行业科技进步打造强劲引擎,为充分发挥和利用河北交通区位优势,推进交通运输行业治理体系和治理能力现代化提供内生动力和重要支撑。

4.人员结构显著优化

现有职工800余人,其中国务院政府特殊津贴专家2名,河北省工程设计大师2名,河北省政府特殊津贴专家2名,河北省有突出贡献的中青年专家4名,河北省“三三三人才工程”人才3名,河北省勘察设计行业优秀青年设计师4名,高级专业技术职称人员260余名,各类相关执业资格注册人员近300名,高端人才比例逐年提高。

(二)日臻完善的治理体系

1.发挥党的全面领导作用

修订了《“三重一大”管理制度》《党委会议事规则》等重要制度,将党建工作总体要求纳入企业章程,坚守党组织在企业法人治理结构中的法定地位。

2.完善管理制度

以提升企业治理和工作效能为目标,先后出台了《财务开支及费用报销管理制度》等80余项管理制度,风险防控体系建设逐步完善。

3.机构改革和薪酬制度改革平稳完成

从2015年下半年启动,历经4年,全面统筹、稳步推进、分步实施,河北交规院对内设机构进行了优化重组，对薪酬体系进行了改革完善，有效激发和释放了企业发展活力，全院上下呈现出蓬勃向上的崭新局面。

（三）风清气正的发展环境

近年来，随着党建与生产经营深度融合的推进，河北交规院上下协调有序、人心思进，风清气正，团结干事，逐渐形成改革发展稳定的良好政治生态，职工归属感、安全感和幸福感不断提升。其“红色匠心”党建品牌创建、基层党支部规范化建设达标验收等亮点工作及经验文章在交通运输部网站、《中国交通报》等重要媒体上得到推荐，党建工作得到了上级领导的一致认可，连续被授予“全国五一劳动奖状”“全国模范职工之家”“全国厂务公开民主管理工作先进单位”“全国交通运输系统先进集体”“全国优秀勘察设计企业”“全国工程勘察设计行业诚信单位”“省级文明单位”“河北省‘7·21’和10号台风抗洪抢险救灾先进集体”“河北省‘7·21’灾后恢复重建工作先进集体”“河北省AAA级劳动关系和谐企业”“河北省企业文化建设示范单位”“河北省职工道德建设标兵单位”“河北省勘察设计行业优秀企业”等多项荣誉称号。

党建工作做细了是凝聚力，做实了是战斗力，做强了是竞争力。在国有企业改革发展过程中，根据企业生产经营实际，以党建为指导，以业务为支撑，使党建与业务工作相融合，更有利于党建工作做细、做实、做强，提高企业的凝聚力、战斗力和竞争力。今后，河北交规院将继续把红色基因注入企业发展全过程，用企业改革发展成果检验党建工作质量，实现“党建强发展，发展促党建”的双赢目标，走出一条深度融入生产经营的国有企业党建之路。

构建管理创新的可持续协同体系
铺设地方现代建筑企业发展之路

邢台路桥建设集团有限公司

成果主要创造人:马 骅 李 亮

成果参与创造人:李运强 姚方伟 石立军 焦 甜 张晓玲 赵 茜 石 帆

邢台路桥建设集团有限公司(原为邢台路桥建设总公司,简称"邢台路桥")是处于改制之中的全民所有制企业,注册资金42.54亿元,具有国家公路工程施工总承包特级资质,市政公用工程施工总承包一级资质,路面、路基、桥梁、隧道、公路交通工程专业承包一级资质、公路行业专业设计甲级资质等(图1)。业务范围主要包括公路、桥梁、隧道、机场、码头、水利、房屋建筑、市政工程建设以及沥青道路材料销售等。目前公司有员工3000余人,年生产能力200亿元,综合实力位居河北省同行业前列。

图1 邢台路桥建设总公司

近年来,邢台路桥先后参与了青银、京港澳、京哈、大广、连霍、邢临、廊涿、青兰、张承等百余条高速公路项目的建设,并承建了大量的各级公路、桥梁工程,足迹遍布全国各地,先后获得全国公路建设劳动竞赛优质工程奖、国家优质工程金质奖、全国公路交通优质工程一等奖、李春奖(公路交通优质工程奖),在青海、天津、河北分别被授予省、市最高奖"江河源杯""海河杯""安济杯"。

邢台路桥以公路桥梁建设为主业,兼顾投资开发、环境综合治理工程,同时公司还进行PPP项目的投资、建设、运营,以多元化经营为社会的不断进步作出新的贡献。截至2018年底,邢台路桥投资项目签约额已逾330亿元,遍及新疆、内蒙古、山东、河南等省(自治区、直辖市),包括首都新机场北线高速公路廊坊段,河北省迁曹高速公路等近20个PPP项目。

邢台路桥业务涵盖了公路桥梁施工和投资开发,市政、水利、交通安全、绿化工程施工建设,钢结构生产安装施工,房地产开发,区域综合治理,河渠整治,海绵城市建设等多个方面,形成了多元化发展的产业布局,已成为集工程建设、开发经营于一体的现代企业。同时,邢台路桥紧跟国家大政方针,积极参与"一带一路"沿线多个国家的基础设施建设,同蒙古国、泰国、缅甸、柬埔寨、哈萨克斯坦等国家建立了良好的沟通渠道,结下深厚的友谊。

邢台路桥坚持把"推进科技进步、提高工程质量、降低工程成本"作为企业发展的根本。目前公司拥有国家专利70余项,新型路基路面结构、钢混组合桥梁、既有高速公路组合养护方案的新技术成果逐渐成熟,科技创新能力领先。

经过一代代路桥人的敬业奉献,锐意进取,如今的邢台路桥正以科学发展为主题,以自主创新为主线,以多种经营为战略,以市场为导向,瞄准国家支持的主要行业,以人为本,从业为民,为社会提供尖端产品、技术和服务,实现公司跨越式发展,为社会的发展作出更大的贡献。

一、实施背景

1. 构建管理创新的可持续协同体系，是地方国有企业对国家"一带一路"倡议的积极响应

"一带一路"（The Belt and Road，B&R）是"丝绸之路经济带"和"21世纪海上丝绸之路"的简称，2013年，国家主席习近平提出建设"新丝绸之路经济带"和"21世纪海上丝绸之路"的合作倡议：依靠中国与有关国家既有的双多边机制，借助既有的、行之有效的区域合作平台，高举和平发展的旗帜，积极发展与沿线国家的经济合作伙伴关系，共同打造政治互信、经济融合、文化包容的利益共同体、命运共同体和责任共同体。"一带一路"是中国及相关国家难得的发展机遇。经济融合，交通道路先行，对于国内建筑企业来讲，"一带一路"有大量的基础设施建设的项目，这些项目投资大、周期长，建设难度高。同时在运作模式上不仅涉及施工总承包，还延伸至工程总承包、融资、投资业务以及"建设—经营—转让"等各种类型。只有坚持管理创新驱动、业务模式转变与管理创新协同发展，才能快速适应外部市场环境，加快从建设大国向建设强国的转变。在这一过程中，管理创新和模式创新是制高点、突破口和主攻方向，也是从建设大国转向建设强国的根本路径。

2. 构建管理创新的可持续协同体系，是地方国有企业适应行业和市场发展的必然选择

随着当前国家在政府层面不断简政放权，国有企业改制的要求等多方面因素促使企业要转变身份成为市场主体。作为地方国有企业需要更多地去适应外部市场环境的变化和市场规则，市场工程项目从传统的施工总承包逐步转向工程总承包，运作模式上从以前的垫资施工模式转向按节点进度付款模式和PPP模式，各类工程项目的需求已从完工交付转向持续运营，对工程项目的可靠性、稳定性、环保性、技术性等要求越来越严格。与国内大型央企和南方知名建筑企业等竞争对手相比，邢台路桥的市场开发、施工能力、技术创新、资源、文化等某些方面并不具明显优势，作为一个进入快速成长期的企业，邢台路桥原来对于之前一些地方小规模竞争对手的领先优势已经不复存在，新的竞争对手和外部市场需要邢台路桥时刻保持清醒，奋力追赶。与国际竞争对手相比，邢台路桥还存在市场准入资质方面的障碍，在专利技术、施工能力、项目管理水平、对供应商的协调能力、系统解决方案等方面还有着明显的差距。公路、市政和水利设施等具有大众化服务属性，社会大众对其施工过程、工程质量、养护维护等密切关注，决定了工程质量和施工水平必将成为社会聚集热点。同时，随着市场化、企业化改革的不断深入，对工程质量安全的标准不断提高，要求日益严格。这必然需要施工企业协同业务模式积极转型，转变管理思维，以管理创新驱动企业的可持续发展，不断提升工程质量、技术水平和企业的竞争力。

3. 构建管理创新的可持续协同体系，是地方国有企业生存和发展的根本途径

邢台路桥正处于体制转型和重大变革期：一是由全民所有制事业单位向国有企业转型。战略管理、组织管理、业务管理和人力资源管理等方面的复杂程度，与过去不可同日而语。二是由公路施工企业向公路、市政、水利、房屋建筑、钢结构等多业务板块拓展，多业务的模式差异与原有固定不变的单一直管模式导致管理漏洞、断点不断出现，部室相互推诿现象严重。三是由单一施工企业向投融资、设计检测/咨询、材料加工、采购销售、工程总承包/PPP项目、工程/资产运营等上下游产业链延伸。业务的全矩阵变化，导致企业在主动适应和管理引导方面显得不足，面对多板块、纵横发展的业务内容，必须推陈出新，持续推动顶层管理体系改革，引导分、子公司和一线项目团队发挥主观能动性，主动适应市场。

二、成果内涵

所谓构建管理创新的可持续协同体系，即通过战略前瞻、市场、业务和财务管理线的协同以及质量技术深度融合，实现市场前端与业务终端整合、项目施工和材料供应整合、质量安全环保与国家地方标准整合、业务财务一体化信息化建设等全方位板块的融合，利用顶层技术创新优势、BIM技术等现代化手段实现一线底层全流程资源的数据采集，打通从计划层、执行层到控制层的数据链，实现建设施工全流程资源要素信息交互。通过动态持续优化理念引导、高层主动适应性调整模式、大职能条状协同管理模式、分子公司目标导向型优化模式、人员轮值轮岗体系、数据信息化模式等多层级系统建设，在企业内

部实现以产值、资金为核心的数据贯通和以质量安全为核心的流程贯通,开展业务、财务系统的集成试点整合应用,全面提升企业技术研发、生产、管理和服务的整体联动水平。构建企业级数据集成总线,实现从市场开发到工程交付全部数据的集中管理,在此基础上,通过统计分析和数据挖掘,实现企业运营分析与数据化展示,并针对项目策划和进度、工程质量控制与预防、资金人员的协同配合等开展多维分析应用和持续动态更新。

工程的质量安全和施工过程的标准化工地建设、环保健康标准要求是工程项目的"生命线"和基本属性,用高标准、高品质托起"中国梦"就是基于新一代管理理念和先进施工技术,以数据化贯通全施工过程,以关键施工环节为核心,以信息网络为支撑,通过多条管理线的协同发展和持续创新,实现整个施工过程的优化控制、进度监控、质量管控,增强施工过程的透明度,围绕工程项目全寿命周期,提高效率,降低成本,将建立国内领先的现代建筑企业管理体系,并将进一步打造邢台路桥管理创新影响力,提升邢台路桥国内市场知名度。

三、主要做法

(一)以动态持续优化理念引导协同业务发展

1. 建立以 BLC 为核心的综合发展理念

通过 BLC(平衡记分卡)模型,形成财务、客户、运营、学习和成长四个维度综合发展的管理理念(图 2),围绕战略导向和价值创造,涵盖了近期的财务目标设计、外部市场开发的客户指标、内部流程的经营指标、远期的学习成长发展目标的全面管理体系建设。作为在常规生产领域取得巨大成功的分析模型,将企业不同层面、内外部关系、近期远期价值追求集成起来,协同管理 BLC 内不同层面的管理系统和不同发展阶段间数据、过程、资源等信息,破解单一管理板块中的孤岛问题,进而提高解决问题的效率,增强协同发展。

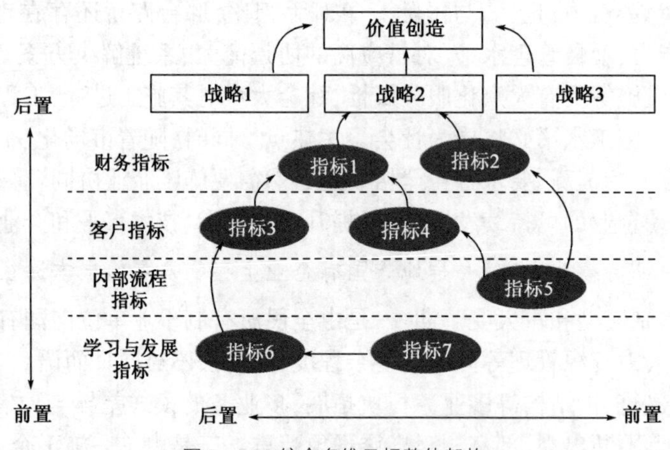

图 2 BLC 综合多维目标整体架构

2. 突破条块管理,深耕矩阵管理模式

邢台路桥建设总公司早期以块状管理为主,从副总经理、职能部门、分公司到一线项目部人员都围绕各自板块开展业务,独立性强,环节少、决策快,对早期公司的发展有着极大的促进作用。但随着业务版图的纵横发展,公司逐步在职能板块导入条状管理模式,发挥各职能部门的导向作用,在前期纵向价值链业务占据主导地位的时期,这个条状管理模式弥补了块状管理的不足,但是随着横向版图的快速扩展,单一条状或块状管理呈现出明显的融合不足和短板问题,部门协同出现混乱,各类内控风险事件频发。因为外部环境和业务的变化,公司开始导入矩阵管理思维和管理模式(图 3),从专业和板块结合点双管齐下,经历过短期阵痛和磨合后,目前矩阵管理思维已经深入人心,各层级的点状思维,开始转向条状思维、平面思维,基本的内控风险点开始减少,各板块的管理开始从无序向有序转化,并将随着业务版图的持续扩大继续深耕矩阵管理思维。

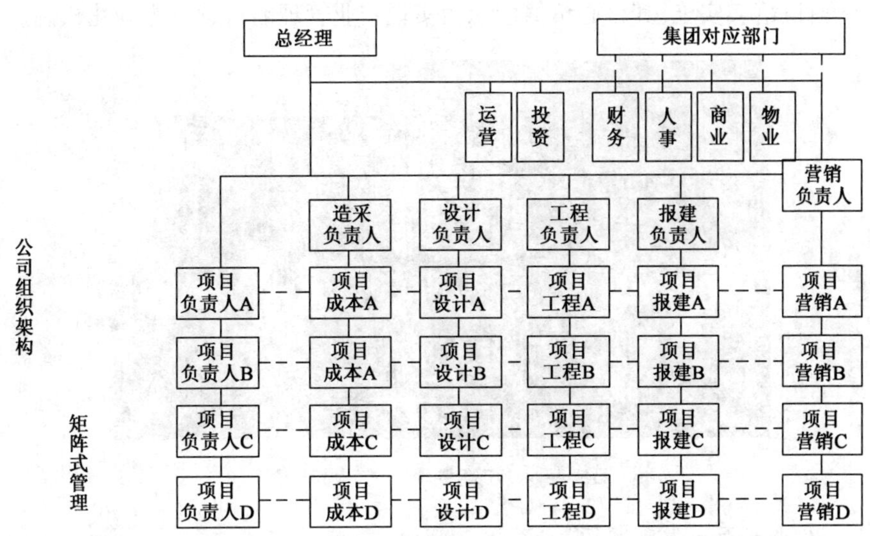

图3　矩阵管理模式框图

3. 从固定思维模式到动态联动调节机制

由于传统固定思维模式的影响，组织架构和职能部室、岗位设置的任何调整都会受到关注，并经过反复讨论沟通方能成型。如何建立一套机制推动组织快速适应市场和业务的多维变化，邢台路桥从日常的持续宣传、对外部变化的快速响应、组织部门调整快速落地三个方面狠抓建设，2017 年将原无人主导的 PPP 项目管理划入新成立的项目投资管理部，之后又随着 PPP 项目的急剧发展，快速调整部室，在整合横向多部室职能的基础上组建 PPP 项目事业部，参考类分公司管理，及时适应了公司的主业务板块的变化。组织管理的动态联动调整思路框图如图 4 所示。

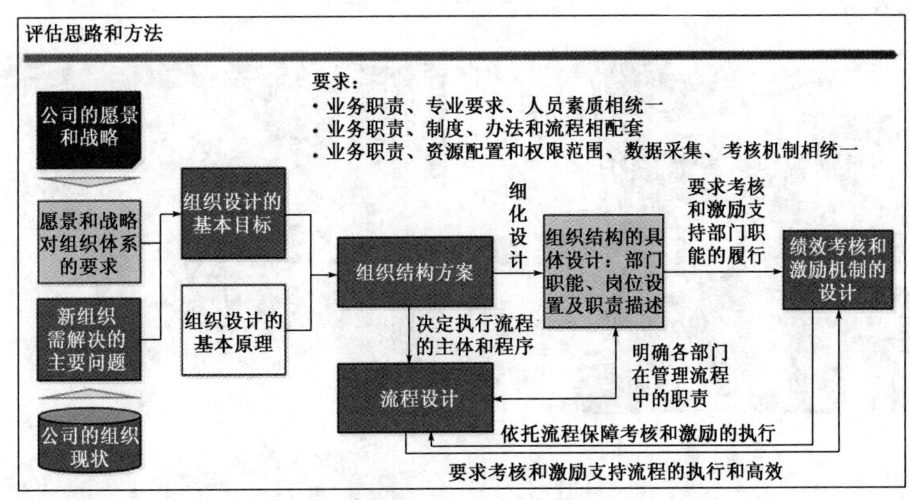

图4　组织管理的动态联动调整思路框图

(二) 高层主动适应性调整模式协同业务发展

1. 主动学习改革化发展理念

管理创新的持续推动需要高层领导的前瞻性思维，邢台路桥的领导团队不仅思想超前，而且专注业务发展，深入研究企业管理持续创新的改革发展理念，多次与行业协会、知名咨询机构、国内外专家、中国工程院院士等进行深入交流，学习先进管理理论，并组织公司各层级人员参与其中，打造全方位、立体式学习驱动模式。同时多范围、多层次与行业标杆企业互访，了解标杆企业的做法并吸取经验（图 5）。从 2017 年开始持续引入专业咨询团队，围绕公司发展的各环节问题进行全面诊断，针对各阶段的问题逐步梳理,分步分阶段落实实施,其核心价值理念为实现企业管理的持续改进固化机制。

图5　引入外部经验学习改革创新理念

2. 主动深入一线调研及时发现问题

在持续管理改革优化的道路上,领导团队不等不靠,不是被动式发现问题,而是主动深入一线,突击式排查(图6)。特重大项目实行蹲点制,不放过一丝一毫的细节问题;重大项目实行高频次检查,让项目部始终处于高度紧张状态,不能有一点懈怠放松;一般项目实行抽查和分公司督察模式,发挥联动机制,对项目的进度、安全、环保、健康等内容重点关注,确保民生工程、基础设施建设工程具备邢台路桥的"铁军"精神和高品质要求。各项目部在完成公司的基本利润目标要求后,更多的要求是回报社会、回报业主,打造邢台路桥在客户心目中的品牌形象,而对于发现的问题,现场统计,多项目排查,分类处理:作为个别问题,优化项目部的运作和管理流程;作为普遍问题,形成调研材料,组织领导班子讨论,形成优化方案后及时下发项目部执行,并在执行阶段跟进执行情况,随时纠偏。确保措施得当,高效优化,形成标准后在全公司推广。

图6　深入一线调研发现问题落实改革创新理念

3. 主动内部宣贯践行改革发展理念

管理创新的持续推动需要将高层领导的前瞻性思维和理念落实到公司的每一个人,激发全员主动求变的思维(图7)。在此方面,邢台路桥的领导团队主动践行,在新方案、新措施的落地实施过程中不遗余力,多次组织学习和研讨,从思想上让敢于改革、勇于承担责任、积极主动做事的员工放下思想包袱,并在一定程度上给予其犯错误的机会,主动找其谈心,为其工作汇报建立绿色通道,并适度放权,允许其在适当范围内确保工作优先的情况下现场做主,为其站台。以背水一战的精神激励公司员工,改革就意味着不进则退、不思则弃,在这样的精神激励下,公司员工的锐意进取精神和主动热情高涨,为持续推进管理优化创造了良好的内部条件和外部环境,解决了员工的后顾之忧。2017—2020 年,公司在新职能板块、新业务板块的调整,分子公司整合过程中,涌现出一批敢于主动奉献、有思想活力的优秀管理人才,为公司未来管理团队的持续优化注入了新鲜血液,也为公司的长久发展奠定了基础,避免了高端管理人才的断档。

图7　管理创新方案的内部宣贯和项目部宣贯活动

4. 主动创新打破旧的体制和障碍

邢台路桥是有着悠久历史的传统国有企业,目前仍保留着全民所有制事业单位的属性,人员思想比较传统守旧,对于新生事物接受度低,同时上级主管单位的部门业务调整也会影响公司的运营和调整,公司领导团队通过多次班子会沟通,形成改革发展共识。在共识的基础上,对原有体制,敢于"动刀子、动手术",同时坚持试点先行,逐步落实,既保证管理改革的持续推进,同时又能稳定人心,提高公司各层级员工对改革创新的接受程度。个别反映强烈的人员,则以通过思想疏导、职责权利体系的落实及岗位调整确保整体利益优先,适度照顾受影响岗位人员的原则,采取形式多样的措施,如建立人员培训平台作为人才调度中心、高标准奖励优秀团队和员工、新措施试点效果讲解等,以破除旧的体系和改革创新推动障碍。

(三)建立大职能条状协同管理模式

1. 外设办事处强化市场职能,突破发展之路

邢台路桥在发展过程中,也曾一度面临业务拓展不力、内部管理混乱的状况。在内外交困之际,公司提出"走出邢台、开疆拓土"的模式,外设办事处,内设工程技术服务公司,建立联动机制,整合公司市场力量,全力突破市场发展的困局。以工程管理科为基础强化工程项目管理职能,以人力资源科为基础强化薪酬和绩效管理职能,为各分公司建立年度综合目标,实行规模化、标准化运作(图8)。

2. 引入专业咨询机构,完善各层级职能短板

2017—2018 年,邢台路桥面临外部传统市场萎缩的不利局面,内部薪酬绩效体制僵化与业务完全不匹配不适应,逐步引入专业的第三方咨询机构,共同出谋划策,顶层架构上补充战略投资委员会、审计委员会和薪酬绩效委员会,以提高领导班子决策的科学性和有效性。职能环节以补短板的形式将管理

职能前置化,设立战略发展部以谋划公司的总体发展规划,设立经营预算部补充工程管理的经营预算职能,增加新业务 PPP 项目主管职能部室——投资项目管理部,成立风控法务部强化监督职能,完善原有设备科的职能成立物资设备部,完善人事科职能成立人力资源部,同时将原有行政职能的科室统一为职能部室,规范内部管理体系(图9)。分子公司层面下,把市场开发的部分职能下放到分公司职能部室,落实分公司从市场开发到项目推进的全过程独立责任主体,将分公司从过去纯粹执行的角色转变为有一定自主权的角色,围绕分公司的目标也从单一的产值目标转化为市场开发、产值进度、质量安全、回款利润核算等全过程目标体系,并逐步放权,培育分公司向子公司化方向发展。

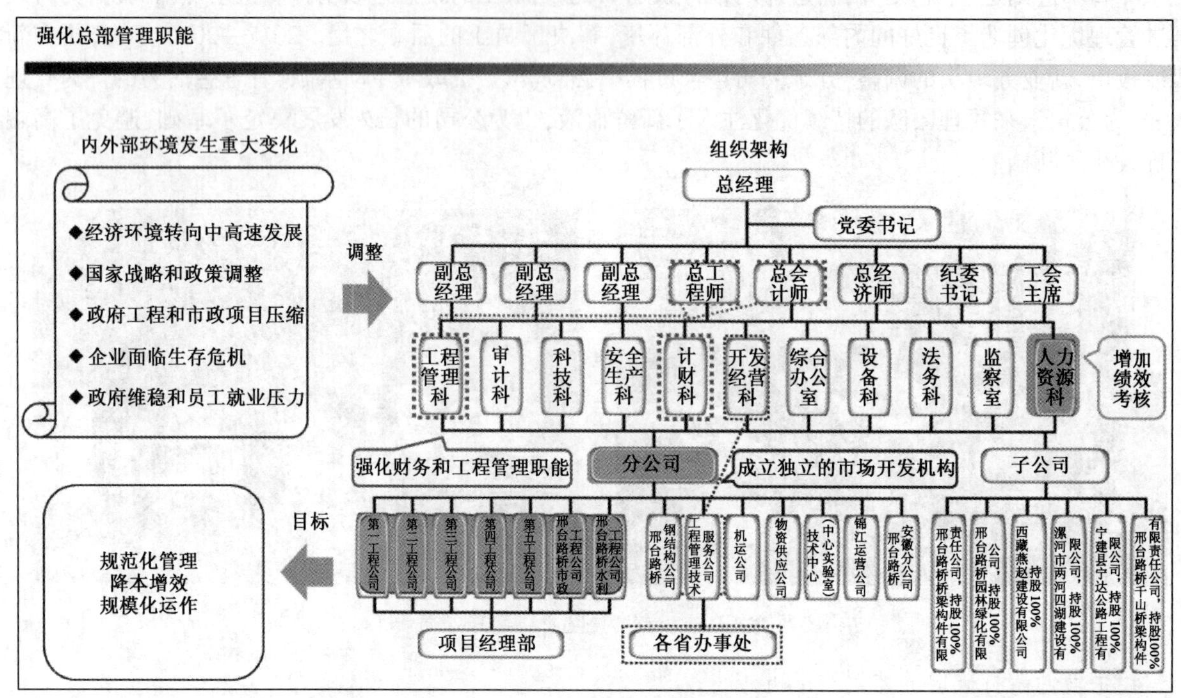

图8 第一次管理组织架构优化调整

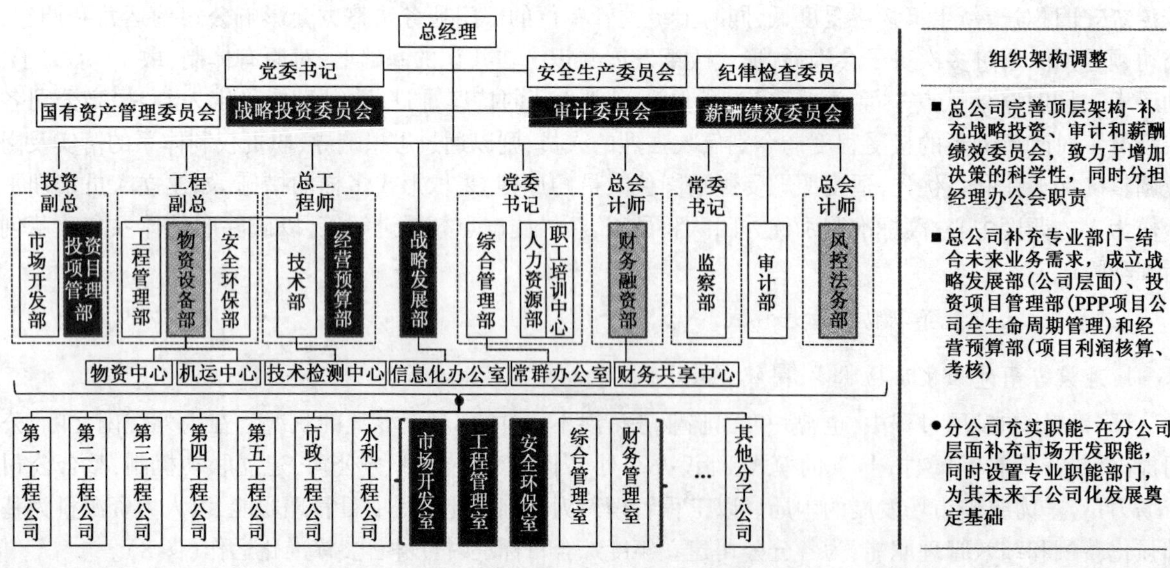

图9 第二次管理组织架构优化调整

3. 建立大部室职能协同管理模型

2019—2020 年,邢台路桥面临 PPP 市场的快速扩展和各子公司业务的调整到位,原有细化的职能模块难以有效管控。同期,公司晋升公路特级资质成功,开始初步提出未来"立足河北、辐射全国、拓展海外"的战略构想,并深耕国家西部、中部、东部原有的市场区域,开发"一带一路"沿线海内外市场和京津冀、长江经济带、粤港澳大湾区等国家战略引领区域,围绕这一特点,公司开始提出第三次组织架构优化调整(图10)。

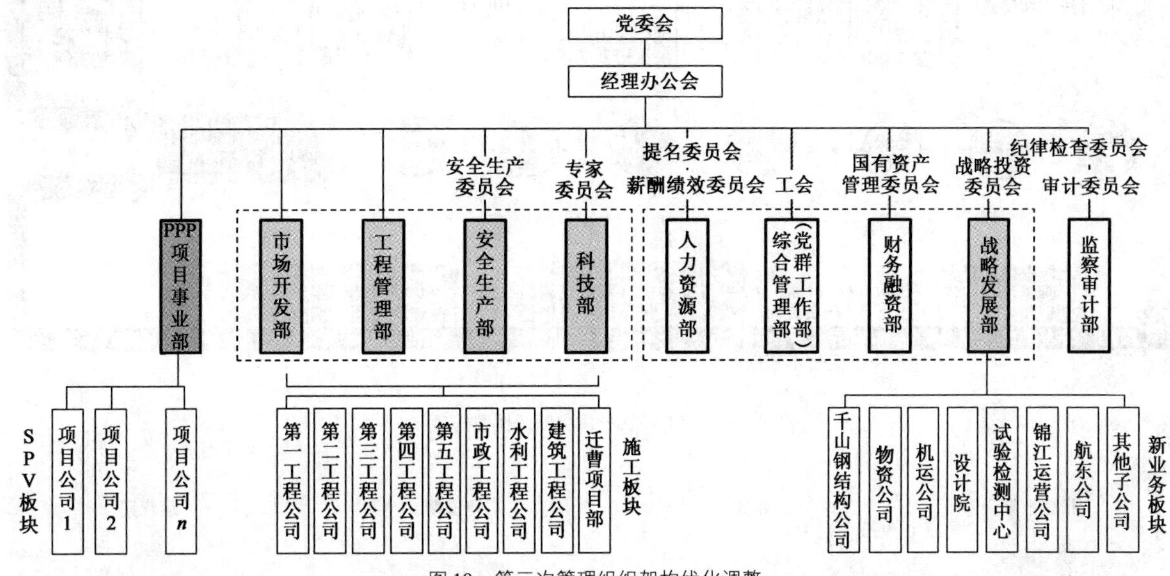

图10　第三次管理组织架构优化调整

首先明确党委会的领导作用,新增提名委员会、专家委员会,规范顶层机构的角色和机制:党委会和经理办公会为决策机构;战略投资委员会和提名委员会为决策支持机构;安全生产委员会、国有资产管理委员会、薪酬绩效委员会和专家委员会为经营支持机构;纪律检查委员会和审计委员会为监督机构。同时建立委员会和部门共建机制,相应职能部室完善委员会的人员配置、工作机制、流程等,推动委员会工作的落实,避免出现委员会虚设的现象。

撤销原有物资设备、经营预算部,将其职能整合到大工程管理部,围绕质量、进度回款、预结算体系、劳务分包体系和物资设备管理进行系统化设计和管控。

充实战略发展部,并将公司战略性投资和发展的子公司业务管理职能纳入战略发展部统管,战略发展部根据子公司实际运营情况适时调整管控措施,完善管理目标的阶段性考核。

在原有投资项目管理部的基础上,整合原市场开发PPP室、财务融资部等部门部分职能,成立PPP项目事业部,以SPV(项目公司)为载体,实现PPP项目在市场开发、融资、建设和运营的风险管控和一体化管理,以解决原来分散的职能点。

4.整合分散职能多维度协同管理SPV

基于PPP业务的快速增长,邢台路桥在大环境下承接了不少优质的PPP项目,随着不同类型(独资、合资)、不同股权(控股、参股)等SPV(项目公司)的成立,人员的配备、薪酬绩效、前期手续督办、过程质量考核等角色重叠,导致分散管理效果不佳,各管理板块的漏洞频发。原有施工人员的角色转向投资、运营角色的能力不足,顶层人员短缺,各职能部门在管理SPV上明显力不从心。通过搭建PPP项目,从前期信息跟踪到后期运营进行全过程分析,提炼一体化管理的创新点,突破现有职能部室设置的传统观念,设计能够整合PPP项目全过程职能板块的事业部管理模式(图11)。开发市场、前期、策划、建安、运营和财务、风控等业务协同模式,并在具体管理方向上参考类分公司化管理,一举解决困扰公司各个环节的管理难题,为下一步继续推进管理创新创造了良好的条件(图12)。

(四)开发分子公司目标导向型优化模式

分子公司在邢台路桥的整个管理体系中扮演承上启下的角色,如何通过激发分子公司的积极性来引导项目有效实施和高效管控,是邢台路桥多年来一直在探索调整的方向。

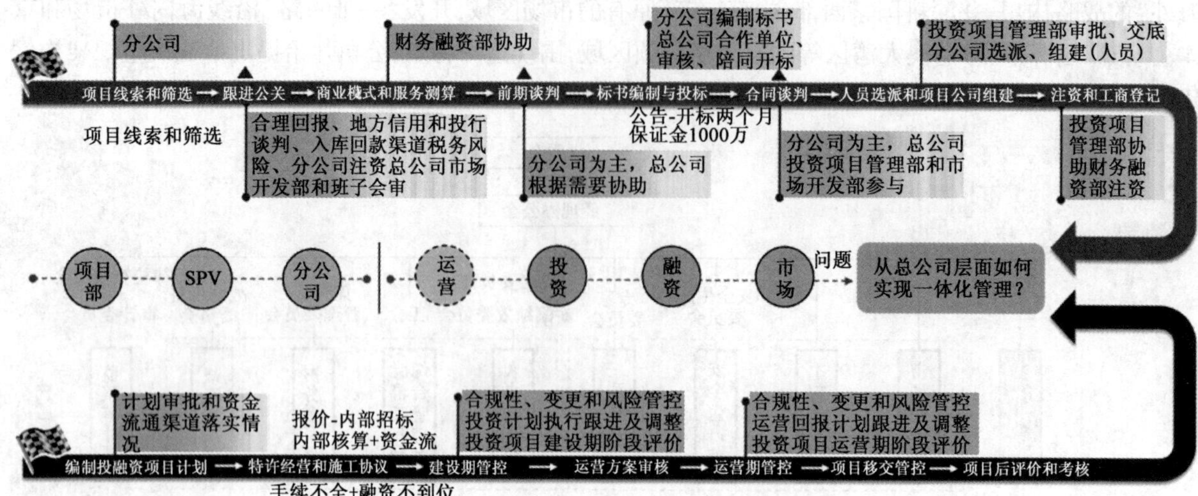

图11　PPP项目一体化管理模型搭建

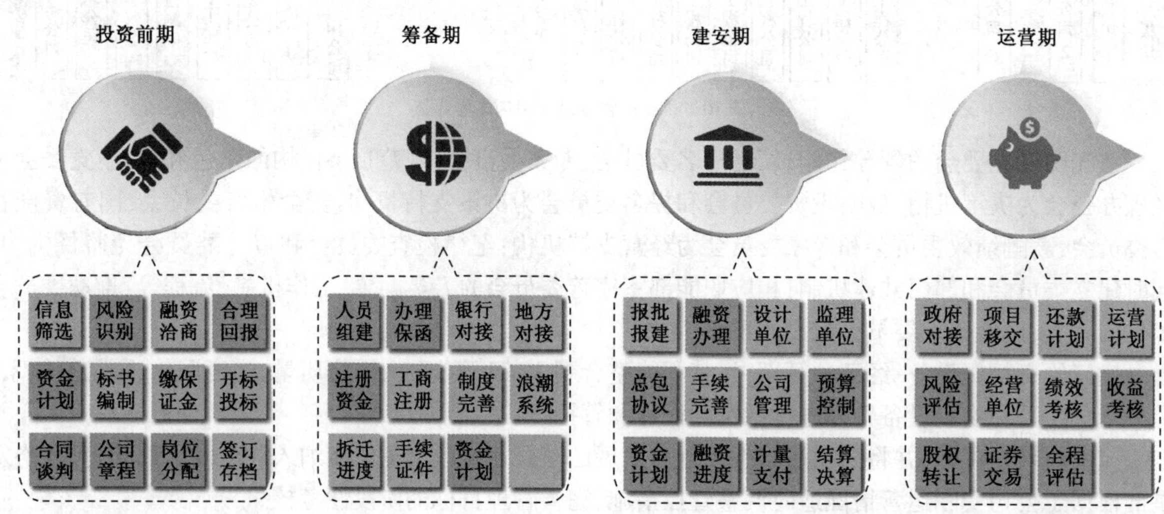

图12　PPP项目一体化管理模块设计

1. 打造三级管理、两级考核目标体系

邢台路桥从2016—2017年就开始探索总公司、分公司到项目部的三级管理、两级考核体系,即“总公司—分公司—项目部”三级管理和“总公司考核分公司”“分公司考核项目部”的两级考核(图13)。原有分公司职能部门只有一个办公室,其他都属于项目部人员,职能短板严重,其管理更多的是起上传下达的作用,难以发挥分公司中间层的作用。经过2017年第一次调整后,完善了分公司的市场开发职能,并设立市场、工程、安全、财务和综合五个职能部室,但在实际运行中出现职能人员快速增加、机构臃肿、效率并未明显提升的结果,基于实际现状,公司适时提出人员精简和编制标准要求,在一定程度上控制了工程分公司职能人员的快速扩张,为保障一线项目部人员起到了积极的作用。随着业务模式的同步增长,原有的编制控制和总公司放权节奏的减慢,使得分公司职能部门压力开始加大,其作用难以有效发挥,通过调研分析,总公司经过班子会讨论,在分公司层面根据不同规模增设项目管理室,减轻综合管理室压力的同时对项目实现专业化管理,落实三级管理的第二级和第三级,同时强化二级考核中的第二级数据采集的准确性、及时性和可验证性,并匹配大项目部直管模式,推动三级管理、两级考核的持续创新,柔性发展(图14)。

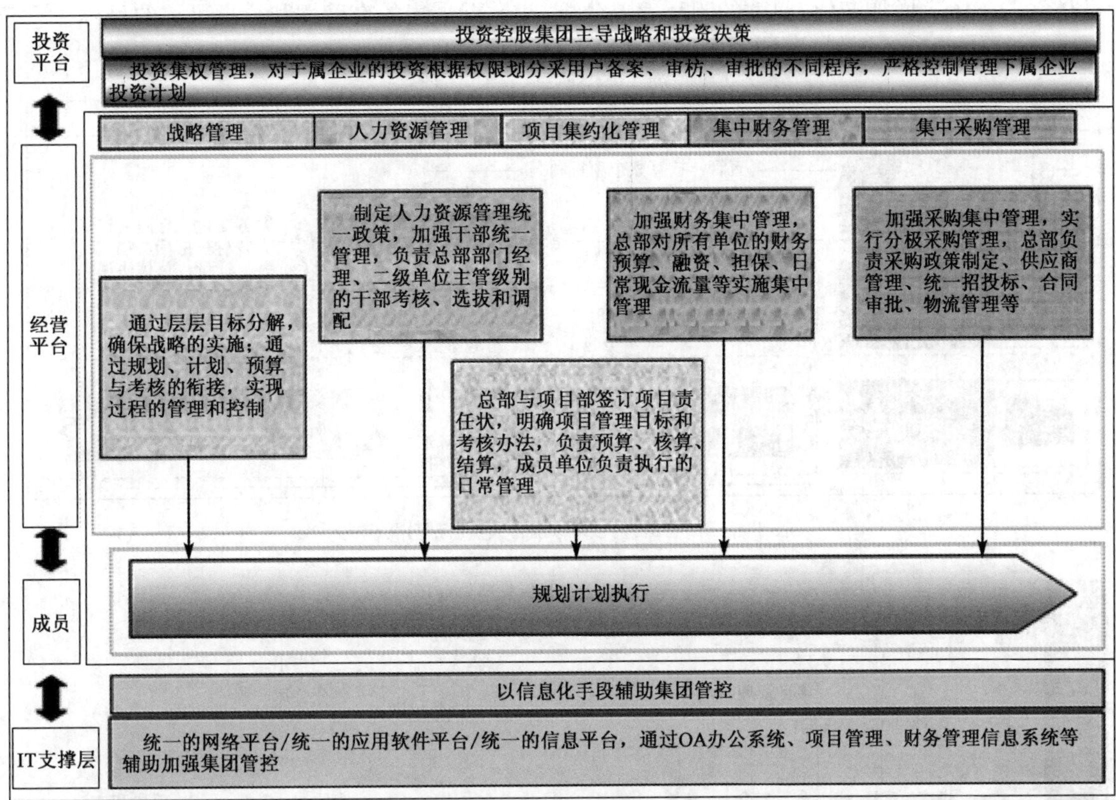

管控机制									
职能	进度	成本	质量	安全	人员	机械	资金	材料	分包商
集团	•监督	•确定目标 •监督执行 •成本考核 •月度报表成本分析	•确定目标 •监督 •检查、考核	•确定目标 •监督 •检查、考核	•人力资源管理授权 •人力资源管理制度	•确定管理制度 •动态监督	•集团统一调配 •审批资金计划	•大宗集采 •统一招标	•信息库备案、审查 •参与并监督招标
分公司	•组织	•确定二级目标 •组织执行 •成本汇总	•确定二级目标 •组织执行	•确定二级目标 •组织执行	制度执行	•调配	•资金计划	•一般采购	•组织招标并决策
项目部	实施	现场控制、报表	•现场质量管理	•现场管理		•使用计划	•资金计划	•一般采购	•参与招标，决策建议

图13　三级管理、两级考核管控机制

2. 持续优化分子公司目标导向体系

搭建二级考核的基础是目标体系的建立，分公司过去的目标仅仅是一个产值的目标，数据的准确性和及时性总是存在问题，难以得到根本性解决。邢台路桥各分公司首先识别三级管理的内涵，拆分分公司和项目部目标管理的不同体系进行目标建设（图15），同时在项目部层面引入项目进度产值成本的管理闭环体系(图16),增加产值、回款的闭环偏差分析,为数据采集的准确性和合理可控的目标体系建立打下了相应的理论基础。在目标体系驱动的基础上,提高公司管理的持续优化和创新。

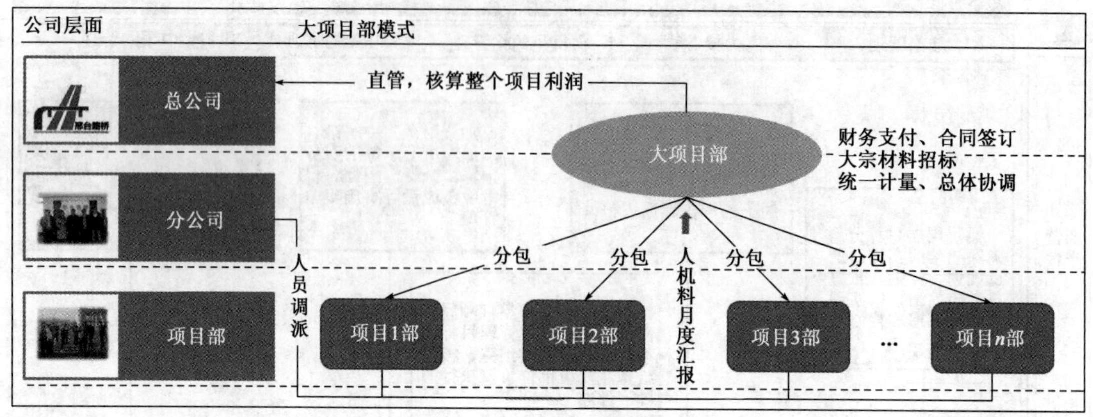

图14　三级管理、两级考核融合大项目部直管模式

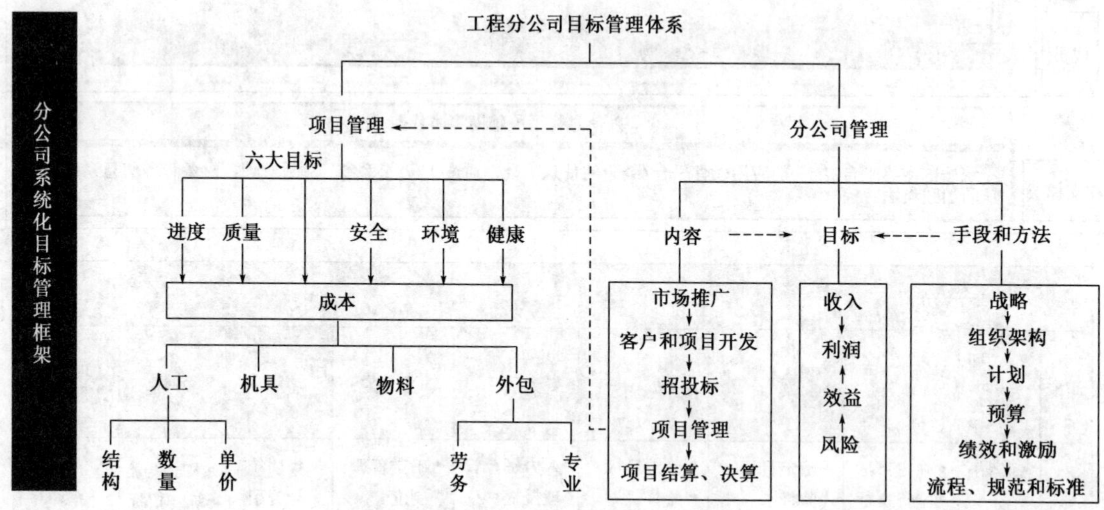

图15　分公司和项目部目标管理体系模型

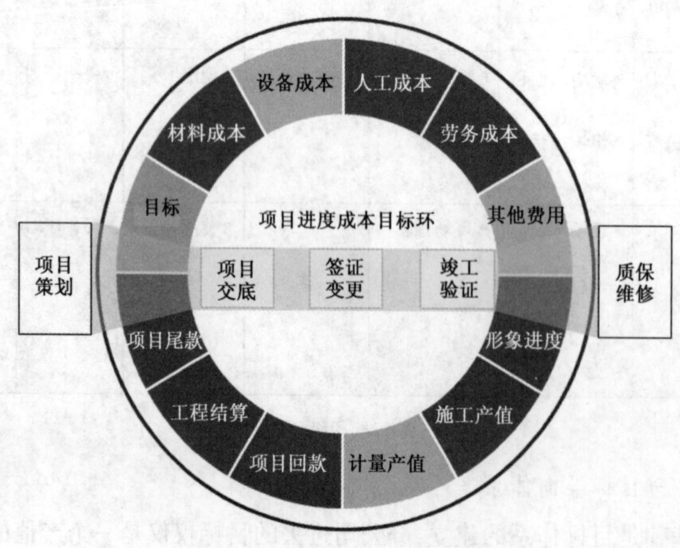

图16　项目进度成本目标驱动环

（五）落实人员轮值轮岗体系

各项管理的创新落实最后都离不开人的因素，在发挥人的主观能动性方面，邢台路桥在总公司、分公司、项目部三层纵向体系和同层级关联职能部室横向体系中打破用人禁忌，实行不同岗位、职业序列人员轮值轮岗体系（图 17），促进人员流动，激发员工活力，打造公平环境，确保高效、廉洁，预防长期固定岗位导致的人员懈怠、工作推诿以及不作为、不担当等行为。同时为人员的历练、成长建立开发体系和选拔机制，在部分职能部室间不再明确具体岗位，而是以部室职责为核心，部室负责人分配为基础，规避职能部室常见的人员忙闲不均、分配不公等情况。

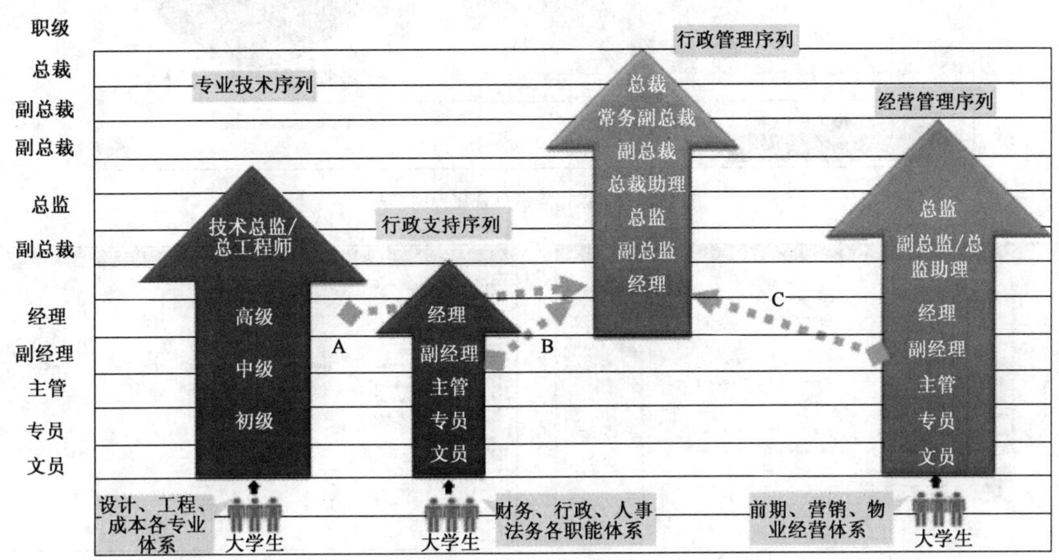

图 17　职业序列发展、转换轮值轮岗体系

（六）推动数据信息化模式

随着大数据时代的到来，各项管理的创新最后都离不开信息化手段的支持和协助。如何让信息化在管理创新中发挥实质作用，让信息手段为管理服务，而不是让管理为信息软件服务，这是邢台路桥一开始在引入信息化平台时就考虑的问题。基于信息化手段服务的理念，邢台路桥在引入财务软件系统时，专注软件模块与企业业务、管理创新的匹配度，同时保持软件的柔性设计，以适应未来板块的调整。在软件的开发、引入、模块设计过程中由邢台路桥相关业务人员全程参与，邢台路桥在 2017—2018 年用两年的时间定制化开发财务管理系统软件，同时在 2020 年引入项目管理模块，以推动项目数据采集的实时性、可信性和系统性，对各模块定期讨论并组织宣贯、模拟试用，确保软件的真正适用性（图 18 ~ 图 20）。

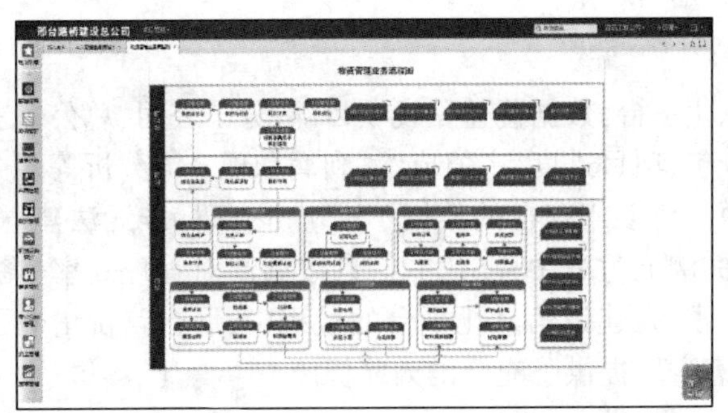

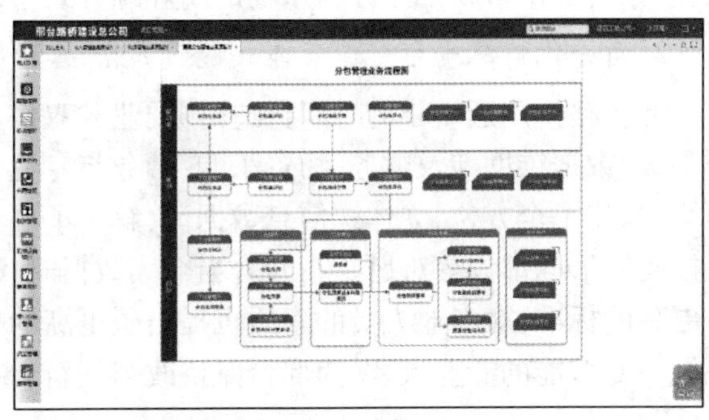

图 18　物资集采及分包业务管理流程模块体系

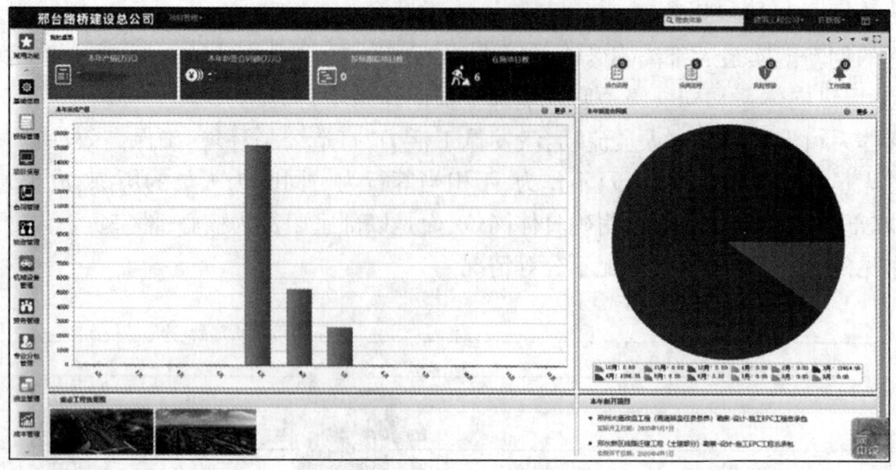

图 19　业务数据分析可视化界面体系

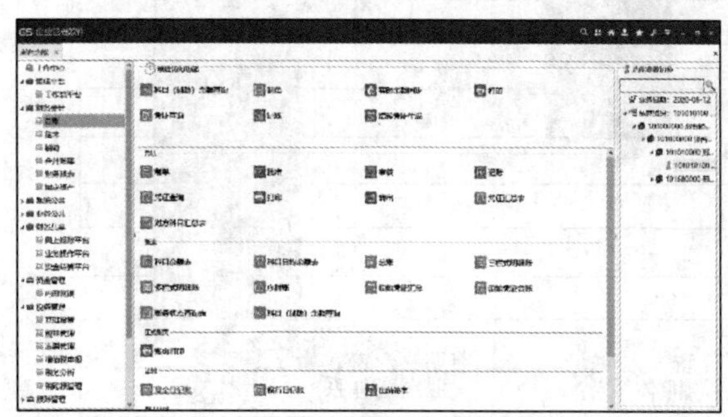

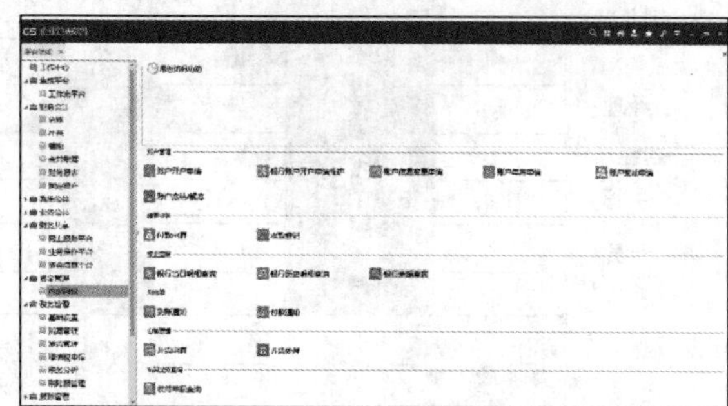

图 20　总账模块和内部网银定制化模块体系

四、实施效果

(一)开创持续革新的管理优化新模式

1. 市场和业务的深度融合新模式

通过邢台路桥在顶层市场开发上的分类设计和市场执行层面的深度下沉,推进各分子公司在市场开发的区域与重点推进方向上与自身业务高度贴合,驱动各分子公司市场开发的积极性和主动性,2019年传统市场开发规模相比于2017年提高了近2倍,同时涌现出一批优秀的市场开发人员,增强了邢台路桥市场开发的业务拓展能力,同时在总公司层面上基于风险控制将PPP市场开发单独纳入PPP项目事业部,从全业务链融资、法律及项目风险角度推进PPP市场的开拓,既实现了PPP市场开发的专业性,亦确保PPP项目后期运营的风险控制。在2019—2020年期间,PPP市场开发规模已接近百亿左右,项目落地率和回款率均远超行业平均水平,PPP项目质量大幅提升,真正实现了市场与业务拓展的深度融合,亦建立了市场—业务—市场的闭环螺旋式持续提升模式。

2. 新一代信息平台打造立体式透明数据

邢台路桥用近4年的时间打造财务、业务双信息化平台,数据覆盖一线项目部、分子公司、总公司三个层级,数据维度涉及财务、物资采购、劳务与专业分包、项目进度、产值成本、利润和现金流分析等多个模块,构建了全方位、立体式信息数据流,解决了邢台路桥多年存在的数据不准确、内部标准无法建立、考核机制形同虚设等难题。在迎合当今大数据时代的潮流过程中,高效的信息数据流对管理效率也提出更高的标准,对专业人员的素质也提出了更高的要求,在建设信息化平台的过程中,邢台路桥培养了一批一专多能的专业人才,为邢台路桥改革创新、锐意进取提供了充分的人才保障。

3. 实现管理创新与业务发展的融合

基于管理始终为业务发展服务的理念,邢台路桥在管理创新方面紧紧围绕着业务的开发和拓展。

在传统业务为主的时代,公司的管理创新围绕着如何将传统业务管理精细化,细化管理模块和职能,多维度数据分析优化管理渠道。在逐步导入 PPP 和 EPC 项目后,邢台路桥在管理创新上拓展新业务和主体业务板块,完善职能短板,补充职能机构,并在原有职能部室的基础上创新性地提出事业部制的建设,并划分职能部室、事业部和分子公司的责权边界,在管理界面和深度上相对于之前有了极大的改观,各职能部室、事业部和战略发展部等工作热情空前高涨,工作效率和效果提升明显。各业务管理条线清晰,邢台路桥领导在沟通责任主体、执行主体的过程中打通了管理决策、建议和执行的通道,提升了公司的内生发展动力。

(二)解决邢台路桥发展中遇到的重大问题

1. 解决业务、财务、职能协同问题

通过管理的持续优化,组织架构、岗位与业务的联动机制,财务一体化管理等模式解决了长期存在的业务、财务和职能分离、数据无法相互印证和冲突的问题。初步搭建了业务、财务和职能的协同机制,在一定程度上解决了业务、财务和职能的协同问题,为邢台路桥下一步的深化管理提升机制奠定基础。

2. 解决人员成长和培养的问题

通过职业通道的建立、轮值轮岗机制的实施、人力资源培训平台的应用,同时引入领导对接应届大学生人才机制,为人才的招聘、培训、使用、评估和调整标准建立了一整套体系,解决了长期困扰邢台路桥基层高素质人员成长和培养的问题,缓解了一线人员流失的现状,为下一步企业大学的筹建和机制设立提供了可参考的设计要求和标准。

3. 大幅提高工作和生产效率

实行条状大职能部室管理创新模式和矩阵管理模块开发体系可以缩短信息流程环节、减少管理模糊地带、推动效率优先的柔性化一线组织架构设计,传统固定的项目架构、部室、标准岗位等发生了根本变化,一些传统的职能重叠岗位逐步消失,项目组织与业务规模更加匹配,生产效率显著提高。

4. 大幅降低项目生产和管理成本

通过目标体系设计和联动机制,将邢台路桥的总体目标逐级分解,直到项目一线。各层级人员主动性和积极性显著提升,成本控制效率明显提高。通过透视数据模型等先进技术应用,收窄数据采集中的偏差量,大幅度提高了分析的精准度,降低了项目生产和管理成本。

(三)促进工程质量和地区品牌信誉度提升

通过持续推动管理创新,让全员职工不再躺在过去的功劳簿上,主动积极适应各方面的调整变化,有力地提升了邢台路桥建设总公司整体市场开发、项目施工、质量技术、运营策划等环节的管控水平,促进了邢台路桥以大跨径钢结构桥梁和新疆雀玛公路路基桥等项目为代表的各个项目的稳步推进,有力地保证了一线施工项目质量的稳步提升(图 21)。也使得邢台路桥的品牌美誉度得到提升(图 22)。

图 21　夏河一号隧道施工图

图 22　"邢台路桥 天下通途"美名扬

(四)拓展邢台路桥国内外市场

通过持续推动管理提升和改革创新,市场开发人员的积极性普遍提高,区域办事处数量逐步上升并显现成效,尤其是近年来,邢台路桥业务先后延伸至国内新疆、西藏、贵州、山东、安徽、四川、河南、河北、北京等省(自治区、直辖市),国外一带一路沿线国家和地区。2016 年市场开发额 59.1 亿元,2017 年市场开发额 94.5 亿元,2018 年市场开发额 135 亿元,有力拓展了邢台路桥的国内外市场区域。

(五)推进邢台路桥发展现代化企业的进程

通过持续推动管理提升和改革创新,以内生动力撬动企业变革,以新的组织架构模块、薪酬绩效体系、双信息化平台建设为代表的管理创新落地实践,极大地推动了邢台路桥总部做全、做大、做强,分子公司做专、做精、做新的改革进程,有力地深化落实了"三级管理、两级考核"体系,向成就"全国一流的现代化建筑企业集团公司"的目标又前进了一步。

邢台路桥持续的管理提升和改革创新思路与理念,也推广到了河北其他地市,山西、河南等省级市级的建筑施工企业当中,收到了明显的成效。同级别企业的成果也为邢台路桥走集团化、现代化的经营之路提供了可借鉴的经验,同时也带动了中部区域省市建筑施工企业的管理水平提升,具有一定的社会效益。

智慧型一体化车场管理机制的探索和应用

上海地铁维护保障有限公司车辆分公司

成果主要创造人:印祯民 李济棋

成果参与创造人:徐 斌 王光磊 孙俊皓 程 铭 陈征栋 顾文华 孙文军 胡晓睿 叶正浩 孙 逸

上海已建成世界第一的地铁运营网络,同时承担着国家级地铁运营服务综合标准化的试点任务,其以“国内领先、国际一流”的目标为引领,积极打造“具有一流城市轨道交通综合集成能力的公共服务企业”。

自2013年起,上海地铁首先在1号线梅陇、富锦路车场开展设置车场控制中心(简称“DCC”)的试点工作,由DCC全面负责车场生产区域内生产组织的管理(运营和车辆合署办公形式),形成车场DCC一体化管理模式。

随着线网规模不断扩大和车场数量不断增加,在保证车场运营安全与服务质量的同时,提升运用效率及服务能力,成为创新发展的新课题。在智慧化技术高速发展,相关概念、产品广泛应用各行各业,并为之注入巨大发展动力的当下,智慧型一体化车场建设需求应运而生。在这样的背景和目标下,上海地铁维护保障有限公司车辆分公司,在蒲汇塘车场DCC进行试点,对业务定位、作业流程、管理标准、岗位职责进行了全面改革,对综合管理平台进行了全新设计和研发,形成了智慧型一体化车场管理机制模式。

一、实施背景

(一)创新的意义

随着上海轨道交通网络化规模的不断发展,截至2019年,上海轨道交通共运营线路17条(含磁浮),运营线路总长度705公里(地铁676公里+磁浮29公里),配合运营的车场将达到25座。

随着车场数量及规模的不断扩大,对车场的运营安全、效率、服务质量、人员管理等提出了严格的要求。

DCC(Depot Control Center)为车场控制中心,主要负责车场运营生产组织、行车组织及检修施工实施的一体化管理和指挥,与OCC(运行控制中心,Operation Control Center)共同组成上海轨道交通线路运营的主要指挥体系。DCC是全面负责车场生产区域内的生产、协调、计划、统筹、实施及监督的一体化管理部门,也是一个多岗位多工种于同一区域开展联合运作的生产组织部门。

DCC的作业复杂且烦琐,但目前DCC的作业自动化、信息化、智能化程度还非常低。作业实施基本是人工编制、人工校验、人工传递、人工监控,工具以纸笔为主。不同工种岗位间基本是通过公务电话、纸质单据传递、传真等方式沟通交流,来配合完成工作,作业效率低,安全把控措施单一。从历年车场事故调查中发现,现有设备及管理已经不能满足车场安全运营的需求。

因此,建设集成车场人员管理、生产管控、安全监督、资源统筹、信息共享等于一体的“智慧型一体化车场管理机制”模式,为各专业、各岗位人员服务,提高车场的信息化、自动化、智能化,在提升效率的同时确保安全,实现智慧型一体化车场管理机制,是非常有必要、有意义的。

(二)业务现状说明

截至2020年,上海地铁拥有25座车场,预计至2020年车场数量将增长至30座。目前车场业务管理、作业实施、安全把控上,还是沿用过去以人工为主的旧有作业模式,效率较低、安全隐患大。在信息传递、作业命令下达、作业过程记录上基本都是采用纸质作为媒介,每个车场用纸和墨盒使用成本逐年提高,单据保管和调阅也非常烦琐,综合生产成本居高不下,已经远远不能满足智能化车场建设的需求。

(三)创新的必要性

目前在车场综合管理上,没有一个统一标准可涵盖车场所有生产任务的综合平台,造成DCC日常业务信息掌握手段落后,行车计划编制以人工为主,命令下达还是采用纸质媒介,作业安全防护措施单一,存在多项瓶颈。随着近几年上海地铁的高速发展,车辆数、运能需求和作业人员增量的极速提升,对车场的业务作业及人员管控能力也有了更高的要求,原有的管理方式和作业措施已经不能满足目前车场的生产需求,如何建立统一标准的"智慧型一体化车场",为车场生产任务提供智能、高效、安全、便捷的服务,最终形成智慧车场模式,成为目前急需解决的问题。

(四)创新的迫切性

1. 车场实时信息共享需求大,传递手段需提升

随着运能需求的逐年提高,为确保满足列车上线及修程,车场的行车和施工作业量也大大提升,为保证安全管控,各岗位、专业都需实时掌握信息,原有通过电话、传真、单据交接等信息传递手段,已经不能满足目前的需求。因此,应用技术加强网络化、云端化建设,建立统一平台,整合各类接口,将信息传递自动化、共享化,势在必行。

2. 行车计划编制常态人工,自动化能力不足

旧有车场的行车计划编制,还是依靠人工手动进行编排,各类编排数据和条件也要人工进行采集和校对,对于一些大型车场较复杂的行车计划,人工在编制时,往往人为因素对计划编制的用时、计划的一次准确率等,都有较大的影响,因此通过技术手段,实现自动采集各类信息、自动匹配执行条件、自动校验生成计划的"三自动",满足车场行车计划智能编排,提升效率。

3. 作业下达及发布还是停留在纸质上,电子化建设落后

旧有车场在行车计划下达和施工作业执行过程中,还是沿用过去以纸质单据作为作业凭证的老旧方法,纸质单据作为凭证既增加生产成本(用纸量、墨盒使用量)也不环保,在保存和调阅上也较为烦琐,已经不符合生产命令电子化、信息记录云端化等发展方向。因此,建立作业任务主平台、工作站及移动端实时数据双向自动接收的网络化作业执行层,已经迫在眉睫。

4. 作业安全管控手段落后,设备自动校验、出错提示都无

旧有车场在作业安全管控手段上,还是以人工为主,在管控的效果上,人为因素往往会对管控的结果起到关键因素,不便于对车场生产作业安全监督的长效发展,故大力通过开发软件及硬件相结合的自动监控、辨识报警等智能系统,来满足快速发展的车场作业安全管控需求。

5. 业务培训措施单一,培训效果不佳

旧有车场人员岗位业务培训上还是沿用老旧模式,人员集中上课,培训教材以纸质化为主,既费时也不环保,过多占用了员工的休息时间进行培训,造成员工培训积极性滞后,不利于培训效果。在演练实施上,还在沿用人员集中的演练模式,申报计划烦琐、演练总结基本人工,已经不能满足一些常态化、频次高的演练需求,故需要开发虚拟场景下的在线化演练功能。

二、成果创新内涵

智慧型一体化车场管理机制创新即采用计算机网络、移动互联、物联感知、机器视觉、大数据挖掘等技术,运用一体化、标准化管理理念,实现人员、业务、信息、设备、系统高度融合,形成统一、高效、安全、

可靠新生产模式的车场。智慧型一体化车场核心目标为：生产计划编制自动化、作业流程信息化、人员效益最大化、作业执行自动化、安全防护智能化，构建一个集成化、自动化、信息化与智能冲突校验的全新智慧型一体化车场管理模式。

三、主要措施

（一）实施的总体原则

总结车场过去多年的生产管理经验，通过软件加硬件的合理方式，形成车场自动化、信息化、智能化三个方面的完善与创新，并在蒲汇塘车场实施，形成统一标准，使车场管理真正满足“智慧型一体化车场”管理的需求。

（二）智慧型车场软件、硬件总体架构

通过车场过往情况梳理、业务执行及安全把控等多方面调研，创新建立智慧型一体化车场总体构架（图1）：可视化展示平台，业务管理平台，自动化、智能化安全设备设施系统。

图1 总体架构图

可视化展示平台：实现重要生产数据的可视化，包括各业务的计划信息、进度信息、安全或故障预警信息、车辆位置信息、设备状态信息、调度命令信息等。

业务管理平台：形成车场各项业务的信息共享中心，基于全面的信息实现DCC所负责的收发车、调车、请销点、调度管理等业务过程的信息化管理和智能化辅助，保证业务调度决策安全可靠。

自动化、智能化安全设备设施：本层的主要目标是为调度决策提供自动化、智能化的信息采集支撑（包括原始信息的采集及智能识别与预警）；为作业过程安全提供实时监控和基于安全联锁逻辑的自动化防护。具体包括：提供断送电安全防护设备、危险区域防护设备、司机作业引导设备，集成外部专业系统（ATS、PSCADA、FAS、BAS等），提供内外部设备有机整合的物理网络建设及数据总线服务，为整合系统形成集成化解决方案打下坚实底层基础。

（三）车场综合监控管理

通过建立创新“车场综合监控管理”模块，满足车场各方信息采集、汇总、处理和作业命令下达、行车计划发布的管理需求。

1. 电子占线板（图2）

以电子地图形式展示车辆段生产全貌，其中包含代表股道、道岔、信号机、防护区、供电分区、接触

网、重要设备的固定图元,并包含代表设施设备当前状态的图标、文字、线型等信息。

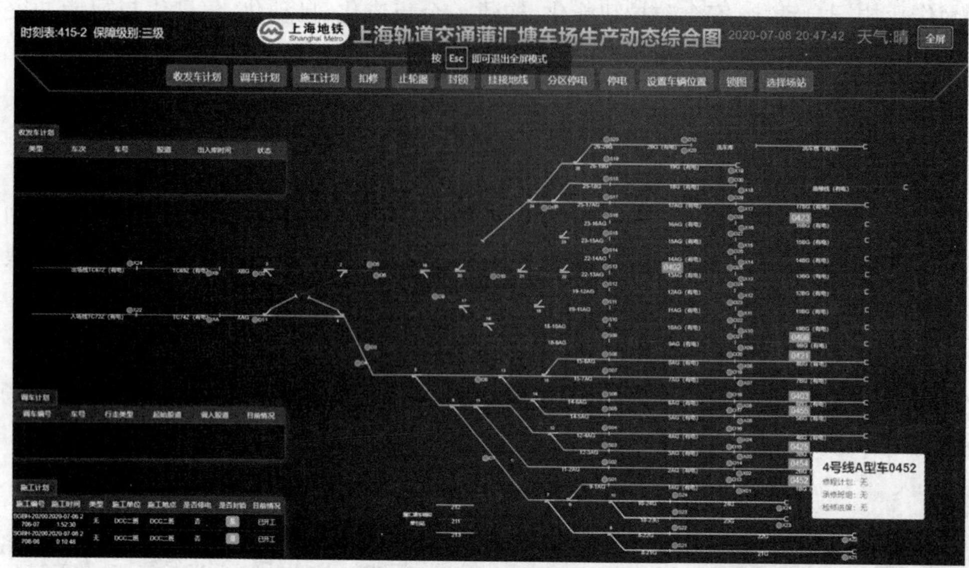

图2　电子占线板

(1)内部数据展示

电子地图以车辆段线路图为底图。

动态显示各股道/台位上的车辆(车号),数据来源为车号识别及车辆定位设备。

展示调度命令功能,包含如下:股道、道岔、信号机批复施工、封锁信息;批复供电分区、接触网停电及挂接地线信息;批复车辆检修开完工信息。数据来源为调度日志。

展示检修股道带电状态,隔离开关、接地状态,数据源为断送电安全防护设备。

(2)集成展示外部信息

支持动态显示运营股道上接触网、供电分区带电状态(通过与 PSCADA 数据集成)。

支持动态显示车场信号机、道岔、进路状态(通过与 ATS 数据集成)。

支持动态显示重要设备状态,如:正常、作业、离线(通过与工艺设备状态集成)。

(3)手动驱动信息模式

支持人工调整车辆所在位置,标记股道、道岔、信号机施工封锁信息,供电信息。

支持人工维护车辆备注信息。

2. 信息发布

以电子表格、列表等形式呈现车辆段收发车计划、施工计划、调车计划等信息,以不同颜色代表计划执行进度及异常状态,信息自动刷新。

支持接收外部系统,如:检修管理系统、乘务管理系统,检修计划、司机出退勤计划及执行数据,进行综合信息发布展示。

支持人工维护各类计划的展示信息。

3. 无人区安全预警

针对全自动无人驾驶车辆段的防护区,支持通过区域防护设备实时显示无人区内人员数量,实现当无人区不满足安全条件时,若出现人员报警功能。

4. 视频监控

通过智能视频单元或对场段内 CCTV 系统视频信号接入,针对车场涉及安全作业区域进行综合性集约化的监控,在特定区域作业时或特定区域视频内发现异常时,自动全面放大显示提示用户、标注异常区域,实现车场无死角监控。

5. 设备报警

通过与 FAS、BAS 等外部系统数据集成，推送外部系统的报警信息，进行信息集中展示。

(四) 车场收、发车管理

通过建立创新“车场收发车管理” 模块，实现收发车计划自动编制、发布，联控执行过程人工复检，人防、机防的双卡控收发车管理。

1. 发车计划编制

利用时刻表管理模块数据，可根据次日时刻表中的用车需求(发车场段、发车车次、发车时刻)自动生成发车序列(或发车计划模板)。

利用车辆检修计划及进度数据，采集车辆检修后可用状态(列车修程状态、列车行驶公里、列车行驶年限)，合理均衡使用列车，提供人工修正确认可上线车辆功能。

利用所掌握的可用车辆可上线信息、车辆位置信息、车场施工、供电信息，自动预生成发车计划表(为每个发车车次安排车辆及发车股道，图 3)，支持人工调整后系统进行自动复核。信息源依托基础硬件子系统获取的车场实际状态。

发车计划执行动态监控

计划编号：FC-20200608246　类型：早　线路：4号线　场段：蒲汇塘车场

发车日期：2020-05-28　时刻表编号：Z21101-2020　编制人：管理员　编制时间：2020-06-08 14:01:49

发布时间：2020-06-08 14:01:54

备注：

核对时间：4:00　行调同意发车时间：4:30　车厂调度：管理员　值班员：管理员

序号	车次	车底	发车股	发车时间	转换轨	整备时间	报整备	整备完毕	实际车号	实际轨	实际发	排路	同意出厂	动车时间	备注
1	01401	21B0802…	L-11A	05:11:15	I	04:41:15	✓	14:03:58	21B0802…	I	L-11A	✓	14:04:01	14:04:04	
2	01501	21B0802…	L-5A	05:13:22	II	04:43:22	✓	14:04:06	21B0802…	II	L-5A	✓			
3	01601	21B0801…	L-6A	05:19:44	II	04:49:44	✓	14:04:07	21B0801…	II	L-6A	✓	14:04:13		
4	01701	21B0801…	L-12A	05:23:41	I	04:53:41	✓	14:04:10	21B0801…	I	L-12A	✓	14:04:16		
5	01801	21B0803…	L-4A	05:26:06	II	04:56:06	✓	14:04:09	21B0803…	II	L-4A	✓			
6	01901	21B0800…	L-9A	05:31:16	II	05:01:16	✓	14:04:24	21B0800…	II	L-9A	✓	14:04:26		
7	02001	21B0800…	L-13A	05:37:29	II	05:07:29	✓	14:04:21	21B0800…	II	L-13A	✓			
8	02101	21B0803…	L-8A	05:42:44	I	05:12:44			21B0803…	I	L-8A				
9	02201	21B0801…	L-10A	05:43:42	II	05:13:42			21B0801…	II	L-10A				
10	02301	21B0804…	L-7A	05:49:54	I	05:19:54			21B0804…	I	L-7A				
11	02401	21B0800…	L-7B	05:51:43	II	05:21:43			21B0800…	II	L-7B				

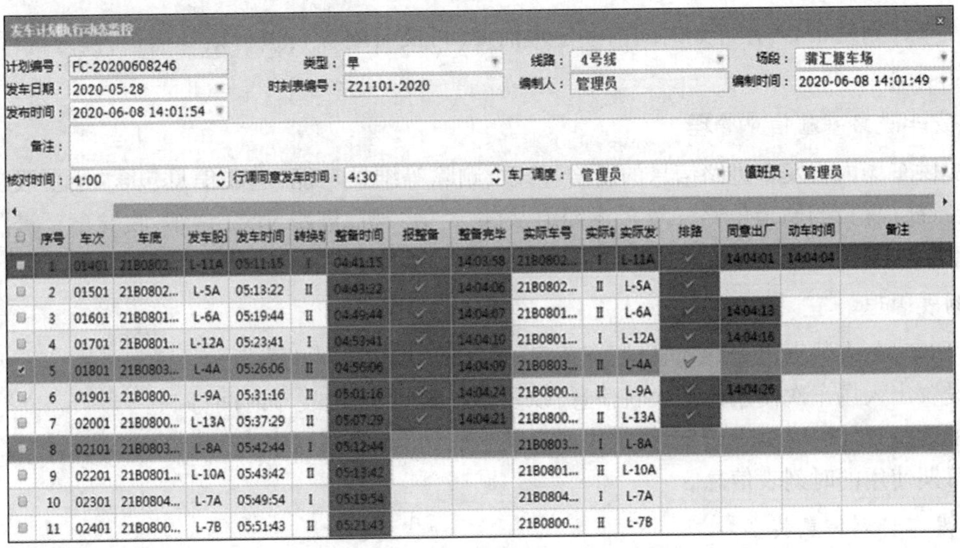

图 3　发车计划执行动态监控

预生成规则中兼顾运转调度的发车原则及检修专业对车辆高峰后回库、退出运营回段的需求。

支持依据用户管理要求定制发车计划发布流程，实现多岗位互控。

发车计划发布后，信息自动流转至信号楼值班员本系统操作终端，支持其在本系统确认并通过其他手段进行后续进路办理、行车组织等业务。

支持将发车信息发送至第三方系统。

2. 收车计划编制

利用时刻表管理模块数据，可根据运营时刻表的收车需求(收车场段、收车车次、收车时间)、发车计划(收车车号)生成收车序列(或收车计划模板)。

系统利用所掌握的可用车辆信息、车辆位置信息、车场施工、供电信息，自动预生成收车计划表(为每个发车车次安排收车股道)，支持人工调整后系统进行自动复核。信息源依托基础硬件子系统获取的车场实际状态。

预生成规则中兼顾运转调度的收车原则及检修专业对车辆回段后检修的台位需求。

3. 冲突检测

收发车计划发布时，系统支持根据当前收发车序列、股道占用情况(是否有人闯入)、供电情况、进路封锁情况等自动对计划合理性进行检测,向管理人员推送预警信息。信息源依托基础硬件子系统获取的车场实际状态。

4. 计划执行联控

在生成收发车计划单后,可依据进路基础信息,将计划转译为微机联锁系统可识别的进路信息,通过本系统终端分享至信号楼值班员或通过接口发送至外系统。

实现收发车计划执行过程的管理功能,提供实际收发车时间、位置、车号的记录功能,提供收发车联控点人工记录功能,实际与计划偏差记录功能。

支持与车号识别及车辆定位集成实现自动记录各车号的实际发车时间、发车股道、收车时间、收车股道。

通过与 ATS 系统数据集成,在联控过程中系统自动复核进路及信号状态。

支持与车号识别及车辆定位集成,对停车位行车监测,实现异常行车报警功能,实现检测行车过程中是否超速。

提供司机出退勤时,通过扫描二维码形式登记行车备品领用归还记录功能,并更新行车备品台账。

5. 计划提醒

在收发车计划发布后,在计划时间前一定提前量(可灵活配置),进行语音播报,提醒进行收发车组织准备工作。

6. 收、发车进路基础信息管理

支持提供车场内收发车进路信息的新增、修改、删除等维护功能,进路信息包含:始发股道、到达股道、途经走行线(保持与轨道电路一致)、途经道岔、途经信号机、进路分类(调车、收发车)、进路类型(默认、变更)。

7. 时刻表管理

支持可对时刻表数据进行导入管理,支持 Excel、CSV 格式文件的导入。

支持设置出入场车次使用的转换轨信息,以及整备时间、库内发车时间等。

支持配置每日使用时刻表信息,提供快速自动生成功能(依据周中表、周末表的默认设置),人工可调整特殊日期使用的时刻表信息。

8. 收、发车计划信息共享

支持将收发车计划信息(含发车车次、发车车号、发车股道)发送至第三方系统(如乘务管理系统),辅助第三方系统向司机呈现完整的出勤信息,包含:出勤车次、车号、发车位置、行车时间、整备作业时间等。

9. 司机出退勤管控

支持接入第三方系统(如乘务管理系统)的乘务排班计划(或班表),实现掌控全面的用车及用人计划。

通过出退勤多功能一体机上的人脸识别仪、酒精测试仪,自动检测司机身份及出乘前身体状态。

支持提供出乘股道引导确认功能,司机通过本系统手持终端进行股道二维码扫描确认,股道正确反馈系统,股道错误进行报警,提升寻找正确股道。

图4　移动端作业过程管控

支持接收第三方系统反馈的出乘股道是否正常信息,形成出退勤管理闭环。

(五)车场调车管理

通过建立创新“车场调车管理”模块,实现调车计划自动编制、自动冲突校验、平台和移动端(图4)实时发布的全过程智能管理。

1. 调车申请

支持在 PC 端及工位终端上向检修专业提供调车申请功能,具体功能如下:用户在申请时填写车号、动力类型、调车类型、源股道、目标股道、所涉及工程车等信息;提供临时保存和提交功能。

2. 调车申请审批

支持在 PC 端及工位终端上向设备调度提供调车申请审批功能,具体功能如下:系统待办管理可显示,推送待审批的调车申请信息;提供申请信息查看、添加批复意见、审批操作、驳回操作、确认操作;审批流程节点支持可配置;审批处理中是否可修改申请信息、各节点操作可定制;审批处理中提供冲突检测功能,检测与已批的调车、作业、施工及收发车计划是否冲突,包括时间、地点、作业环境、作业人员、车辆等冲突。

3. 调车作业计划单编制

支持在 PC 端向运转值班员提供依据调车申请编制调车作业计划单功能(车辆在每股道的具体作业过程计划)。

支持提供基于图形化的调车作业计划单编制功能,通过对站场图点击选择调车始末端,自动规划途经各股道,触发表单填报调车原因、动力类型、负责人等信息。

支持提供通过表格录入调车过程信息,如股道、勾种、勾数。系统提供车辆号、所在位置等关键信息的辅助填充。

支持提供调车作业单下发时通过扫描二维码形式记录发放行车备品信息,并更新行车备品台账。

4. 调车计划检测

根据系统所掌握的调车进路信息,自动搜索调车始端到末端的可用路径,优先选择默认路径次之变更路径,选择时检测各路径上的封锁、施工、带电、存车等情况、选择最优可用路径。生成后的计划人工可进行调整,系统提供对调整后的计划再次进行冲突检测复核。调车计划发布前系统会检测当前计划与已发布的调车计划、收发车计划是否冲突。

5. 调车联控

运转值班员通过系统推送调车计划至信号楼值班员在本系统的操作终端,支持通过接口发送信号/微机联锁系统。

运转值班员通过系统推送调车计划至司机移动端。系统提供调车作业引导功能,司机通过扫描股道二维码、识别车号芯片,确认正确进入调车计划要求的股道和车辆。

支持提供调车计划执行的过程记录功能:司机通过手持终端申请动车、信号楼进行信号复核并在系统中确认动车。

通过与 ATS 系统数据集成,在联控过程中系统自动复核进路及信号状态。

支持提供调车作业确认完成后,通过扫描二维码形式记录归还行车备品信息,并更新行车备品台账。

支持计划单导出并打印。

6. 调车进路基础信息管理

支持提供车场内调车进路信息的新增、修改、删除等维护功能,进路信息包含:始发股道、到达股道、途经走行线(保持与轨道电路一致)、途经道岔、途经信号机、进路分类(调车、收发车)、进路类型(默认、变更)。

(六)车场施工请、销点管理

通过建立创新"车场施工请、销点管理" 模块,实现车场施工冲突、施工实施、施工闭环的全过程管控。

1. 待执行任务信息管理

支持维护各类作业计划信息,如检修计划、待处理故障、施工计划等。

支持从第三方系统(如检修管理系统、施工管理系统)同步各类作业计划,支持通过文件进行数据交换,支持数据接口进行集成。

2. 作业请点

支持在 PC 端、工位终端及移动端上提供作业请点申请功能。

各专业申请方可在申请时选择需要作业的任务(由待执行任务信息管理模块获取)。

选择作业区域(默认选择车辆当前股道),区域信息包含:股道号、防护区(全自动无人驾驶车辆段)、接触网、平台编号等,可多选。

手动填写作业内容(如果外部数据已结构化可自动带出,人工可修改)。

选择作业条件,包含各类受控资源,检测所需资源的当前状态,提供条件冲突检测功能。

申请提交前系统对作业类型,申请作业资源及申请人员的岗位、工种、资质进行符合性检查,对于资质不符等情况进行自动驳回。

3. 作业批点

支持在 PC 端及工位终端上提供批点功能。

在系统待办管理可显示,推送待审批的请点信息。

提供请点信息查看、添加批复意见、批点操作、驳回操作。

批点流程节点支持可配置。

批点处理中是否可修改请点信息。

批点处理中提供冲突检测功能,检测与已批的调车、其他作业请点及收发车计划是否冲突,包括:时间、地点、作业环境、受控资源、作业人员、车辆等冲突。

系统提供作业批点时,通过扫描二维码形式记录借出备品信息,并更新备品台账。

4. 批点信息下发

批点操作完成后,将请点信息下发作业申请人账号,支持推送形式包括短信提醒、系统提示、移动端推送等。

批点信息可通过本系统终端至相关操作员处。

批点信息可发送至硬件基础子系统,如安全联锁子系统、区域防护子系统(针对全自动无人驾驶车辆),实现管理卡控和设备防误的两级防护。

5. 作业销点

支持在 PC 端、工位终端及移动端上提供作业销点申请功能。

各专业申请方可在申请时选择需要销点作业任务(由请点模块获取),确认任务完成情况。

申请提交后有设备值班员进行销点确认,确认任务完成情况,通过扫描二维码形式确认归还的备品信息。

(七)列车上线联控管理

通过建立创新"列车上线联控管理" 模块,实现支持在 PC 端、工位终端及移动端上提供列车上线联控处理的各项功能,达到迅速处置的管理需求。

1. 列车故障处理修复

司机使用移动端(运营公司乘务系统),向本系统提报列车故障信息(车号、股道、故障情况)。

支持提供故障工单派发功能,可向工单派发的维修人员的移动端(本系统或外系统移动端)推送抢修工单。

维修人员接到工单,上车进行处理,修复后,在移动端输入相关修复信息,并提交本系统。

支持自动记录整个故障处理的闭环流程(报修人、处理人、故障内容)。

支持可依据记录的流程信息,自动生成单据,支持导出、打印(归档)。

2. 列车故障但不影响使用

司机使用移动端(运营公司乘务系统),向本系统提报列车故障信息(车号、股道、故障情况)。

支持提供故障工单派发功能,可工单派发的向维修人员的移动端(本系统或外系统移动端)推送抢修工单。

维修人员接到工单,上车进行处理,该故障不能修复但不影响投入使用,在移动端输入相关故障情况及列外放行同意,并提交本系统;系统会启动列外放行确认流程,流程确认完毕后,列外放行同意及注意事项信息将被本系统推送至司机使用的移动端(运营公司乘务系统),司机确认后,反馈本系统。

支持自动记录整个故障处理的闭环流程(报修人、处理人、故障内容、列外放行同意、司机确认)。

支持可依据记录的流程信息,自动生成单据,支持导出、打印(归档)。

3. 列车故障无法修复执行扣车

司机使用移动端(运营公司乘务系统),向本系统发出列车故障信息(车号、股道、故障情况)。

系统提供故障工单派发功能,可工单派发的向维修人员的移动端(本系统或外系统移动端)推送抢修工单。

维修人员接到工单,上车进行处理,该故障不能修复,执行扣车,在移动端输入相关故障情况及发布扣车,并提交本系统。

支持启动扣车确认流程,流程确认完毕后,扣车信息将同步至发车计划模块,运转值班员需要进行换车操作,否则无法在系统进行发车联控确认。

换车操作完成后,本系统向司机使用移动端(运营公司乘务系统)发送列车扣车及后续执行派班命令(更换车次号、股道、车号),司机确认后,反馈本系统。

自动记录整个故障处理的闭环流程(报修人、处理人、故障内容、列车扣车、重新派班、司机确认)。

支持可依据记录的流程信息,自动生成单据,支持导出、打印(归档)。

(八)道岔联检联控管理

通过建立创新"道岔联检监控管理"模块,实现车场道岔维护管理、设备状态信息电子化。

1. 道岔联控联检电子台账

通过自动采集施工管理平台的道岔联检施工信息(联检联控日期、道岔号、联检情况、联检人员信息)。

2. 道岔联检联控的管控

通过道岔联检施工信息,与收发车模块、调车模块信息共享,系统将检测三者计划之间的冲突。

支持车场道岔联检联控电子单据生成保存。

(九)调度综合管理

通过建立创新"调度综合管理"模块,实现一体化人员派班管理,各类生产信息自动采集,最终形成报表。

1. 调度日志管理

支持将值班员在系统内进行的调度批点、信息确认等操作自动记录,业务包括:停送电批准、确认,施工请销点确认,收发车执行确认,调车批准,调车执行确认,检修请销点确认。

支持同步外系统操作信息。

提供日志在线填报功能。

实现视频、语音监控信息接入、调取、查询、查看。

2. 交接班表管理

支持提供DCC值班人员派班计划编制功能,支持自动预排每日当班计划,支持人工调整当班计划。

支持基于系统内收集的调度日志,依据交接班信息(时间信息、班次信息、车场信息)、交接班模板自动汇总当次交接班表主要内容。

支持自动汇总人工调整。

支持发布后定制审核确认电子流。

3. 物品、备品管理

支持提供DCC管理的备品电子化台账管理,提供备品,库存实时统计功能,提供备品出入库登记接口(收发车、调车、请销点业务过程中进行调用),依据接口的出入库信息,更新电子台账。

4. 作业数据统计管理

基于本系统形成的车场业务信息共享中心特性,对各类业务信息记性统计分析,可灵活定制查询时间区间、统计口径(地点、作业类型),输出各类分析图表(KPI)。

(十)车场基础信息管理

通过建立创新"车场基础信息管理"模块,实现车场各类设备信息、人员信息,实时跟踪、可见可控的动态管理。

1. 车场基础信息管理

(1)车场股道、信号机、道岔、接触网基础信息

支持提供股道、信号机、道岔、接触网等基础信息维护功能。

支持车场轨道变化后的各类信息维护更新管理。

支持与外部系统定期同步各类信息。

支持通过Excel模板批量导入或更新数据。

(2)车场车辆信息

支持提供车型、车辆、编组等基础信息的维护功能。

支持与外部系统接口获取车辆基础信息。

(3)车场设备信息

支持提供设备基础信息的维护功能。

支持与外部系统接口获取设备基础信息。

(4)车场防护区信息

针对全自动无人驾驶车场提供防护区、防护区门禁基础信息维护功能。

2. 车场业务动态信息管理

(1)车场股道、信号机、道岔、接触网状态信息

支持维护或从外部系统获取股道(占用、出清)、信号机(颜色)、道岔(定位、反位)、接触网(带电、无电、接地)状态信息。

(2)车辆位置信息

支持维护或从外部系统获取车辆所在股道或台位的信息。

支持通过车号识别及定位单元获取车辆所在股道或台位的信息。

支持通过收发车、调车业务管理功能确认信息更新车辆所在股道或台位信息。

支持对外部系统传来的车辆位置信息与内部系统收集的位置信息进行复核,差异后提示用户进行确认更新(人工维护功能)。

(3)车辆运用计划及进度

获取本系统收发车管理模块数据,进行存储。

支持获取全自动无人驾驶车辆段ATS系统内收发车信息。

支持维护或从外系统获取收发车执行信息。

支持通过车号识别及定位采集收发车计划执行信息。

(4)车辆检修计划及进度

通过与车辆维保管理、故障管理或施工管理等外部系统集成,获取车辆的各类计划修、故障修、普查整治任务信息。

定时或触发更新任务执行的进度状态,如开工、完工、关闭等。

定时或触发更新任务执行的班组、责任人、执行人等信息。

(5)施工计划及进度

通过与施工管理系统集成获取场段内各项施工计划及计划执行状态,如计划发布、已请点、已销点。

通过与施工管理系统集成获取或维护股道、道岔、信号机等基础信息的施工状态,如施工中、未施工。

通过维护或从调度日志模块获取股道、道岔、信号机封锁信息。

(6)接触网状态信息

通过与断送电防护单元(支持与 PSCADA 数据集成)获取接触网的带电状态信息,包括:有电、无电、接地等,作为动态展示生产过程的基础数据。支持信息定期同步更新。

通过维护或从请销点模块获取停电、接地调度信息。

3. 账号管理

(1)账号信息管理

支持系统账号基础信息的维护、新增、修改、删除和查询。灵活方便地管理系统内所有的值班员信息,可对账号名以及密码进行查看、修改操作,并可对账号权限进行配置。可对系统值班员账号进行指纹、工卡、人脸等信息(外部设备所需的身份识别)的初始化和绑定。

(2)账号安全

支持账号登录的强口令认证机制,即值班员每次登录必须输入账号名和密码,验证通过后才能进入系统进行操作。应用系统应仅能对合法的账号或车场班组提供信息访问。

视权限允许值班员账号自行修改密码。

支持有外部设备接入,如指纹仪、人脸识别仪、读卡器等,反馈的验证通过的账号信息,完成相应账号登录操作。

(3)组织、人员基础信息管理

系统提供维护车场人力资源基础信息功能,支持以接口集成人力资源数据或提供数据导入功能。

系统提供维护人员业务相关信息,包含不限于:工种、资质、所属班组、职称等。

系统提供维护班组信息。按组织架构由车场到班组逐步分解,班组中可查询到从属人员。

(4)人员业务基础信息管理

系统提供工种信息维护,包含不限于:如机械工、电工、调度等进行管理。

系统提供资质信息维护,可实现对员工获取资质以及证书的台账记录管理。以保证派合适的员工完成合适的工作,确保参与工作的人员有足够的技能和资质,能够安全完成工作。

4. 权限管理

(1)功能权限

根据人员部门、岗位等的不同划分不同角色。

支持设定的权限可细化至独立的功能,可自由组合成不同的权限组(或角色)。权限授予的最小单位可至班组或值班员个人。

系统支持管理员可以将系统权限进行划分和组合,授予管理员进行具体的权限分配工作。

支持依据值班员每日派班计划中担任岗位动态调整系统权限。

系统能够导出权限清单(Excel 格式)。

系统具备与外部权限分配系统集成。

(2)数据权限

车场生产信息平台数据对本系统后台的检测算法及预排计划逻辑全开放。

支持提供数据权限管理功能。

支持业务数据均分别与线路、地点两个维度绑定。

支持提供向不同专业授予具体线路、地点数据的处理权限。

处理权限支持读取、写入分离。

支持各线路业务独立开展、办理,跨线信息可定制共享规则,预排、冲突检测等辅助功能可基于全车场信息进行。从而提高多线路协作的可靠性、效率。

(十一)业务培训一体管理

通过建立创新"DCC岗位业务培训一体管理"模块,实现培训计划统筹下达,学习资料电子化、培训时间个性化、个人培训档案自动记录、预案演练平台在线互动推演,最终形成高效的业务培训管理。

1. 整合DCC各岗位培训

①梳理DCC各岗位技能质料,形成DCC值班员通用标准培训教材(电子题库、教材视频等)。

②支持值班员自主平台学习,充分利用碎片时间,满足日常DCC各岗位业务技能培训课时及要求。

③支持月度、季度业务考核功能,根据考核成绩,个性化对每名值班员进行业务技能分析,自主反馈业务技能薄弱项,制定后续学习计划(自主加强薄弱项学习)。

④支持保存值班员业务技能档案管理。

2. 预案在线化推演

①通过建立应急预案、现场处置方案电子模块化,形成在线平台推演功能。

②通过预案在线推演,可利用空闲时间,实时组织、发起在线单岗位、多岗位处置推演,结合电子模拟场景和自动评分,使演练更易实施和评估。

③通过保存在线推演的记录信息,形成档案管理存储。

四、创新实施效果

1. 提升车场可视化管理水平

集中、实时监控和展示车场状态,如股道封锁、停送电、车辆状态及所在台位,车辆出入库计划及执行动态等信息,实现对车场透明化调度指挥和可视化追溯。

2. 提升安全调度指挥水平

为场调、检调、信号楼值班员等提供作业计划基于规则自动预排、作业指令下达前基于业务间联锁互控关系的智能安全冲突检查、以及作业过程应急处置提供辅助管理决策手段,提高调度指挥效率、保证调度命令可靠。

3. 提升作业安全管控水平

通过业务系统与智能设备设施系统有机地整合(如断送电安全防护、门禁、电子围栏等),对作业现场进行卡控和预警、对非法入侵、车辆异动等异常状况及时报警提醒,强化行车、检修等作业环节的安全管控,达到效率与安全的双提升。

4. 提升作业执行效率

作业人员在作业现场直接进行请点和销点,基于系统自动控制的人员无障碍进出,省去作业人员往返作业现场与调度室之间进行确认的时间。

5. 提升业务培训效率

岗位作业人员业务培训更加规范,学习资料更加完善,培训时间更加灵活,平台抽考更加方便,在线推演更易实施,短板、不足个性化定制推送学习计划,全方面、全智能增强培训效果。

6. 提升企业标杆效应

DCC综合管理系统在国内尚无成功案例,在蒲汇塘车场先期应用实施,打造行业标杆示范工程,在此基础上总结经验并进行标准化,逐步推进覆盖其他车场,不仅提升集团内各车场DCC综合管理水平,而且将进一步提升集团的行业和社会影响力。

具体应用价值分析见表1。

效果提升对比 表1

列别	项 点	既有方法	创新实施	价值说明
调度安全	施工冲突校验	人工	电子占线板统一冲突校验	减少人为出错概率,增加过程管控,安全提升
	行车计划下达	纸质、电话	平台、移动端流转下达	调车单无纸化,可减少DCC日常用纸30%,传递准确率100%
	施工作业下达	电话	平台、移动端流转下达	传递准确率100%,安全提升
	车场DCC日志	各岗位独立、纸质	平台电子、日志整合	日志电子版,可减少DCC日常用纸50%,输出统一日志,便于查阅
作业安全	作业封锁联控	电话通知、电话确认	平台流转,各岗位确认,行车记录条	过程管控,作业形成记录,安全提升
	股道号识别	无	移动端扫码系统识别错误提示	减少人为出错概率,增加过程管控,安全提升
	车号识别	无	移动端读取芯片识别错误提示	减少人为出错概率,增加过程管控,安全提升
	信号机色灯识别	无	移动端拍照系统识别错误提示	减少人为出错概率,增加过程管控,安全提升
	安全语音提示	无	移动端每日疲劳时间段安全语音提示	减少人为出错概率,增加过程管控,安全提升
效率提升	收发计划编制	人工编制	系统辅助	无到有,运转值班员每日作业用时节约60分钟
	调车计划编制	人工编制	系统辅助	无到有,运转值班员可同步生成计划节约10分钟
	车号股道采集	人工采集	系统自动采集	无到有,减少外勤现场确认用时节约30分钟
	车调联控	纸质	在线实时确认,形成记录条	联控单无纸化,可减少DCC日常用纸10%,安全提升
培训提升	培训素材	纸质	电子、视频、语音	平台、移动端实时下载,在线随时观看学习
	学习时间	固定	可利用碎片时间,随时学习,自动记录学习时长,满足学时要求	个性化管控学习计划,合理完成学习时长要求,有效提高学习效率
	学习方法	单一	减少人员集中培训,在线灵活	平台化学习,在线题库练习,方便快捷
	抽考	集中、纸质	无须集中,通过App,上线参加,灵活方便	参考随时随地,电子化答题快速便捷,成绩自动记录,实施掌握学习效果
	演练	无	在线平台推演,数字化模拟场景,更加真实	实施推演更加真实,组织参与更加方便,场景化演练模块效果更加,总体提升演练水平

公路工程 BIM + GIS 大数据决策平台

山西路桥智慧交通信息科技有限公司

成果主要创造人:白永胜　郭　鑫

成果参与创造人:刘亚兴　王　敏　熊晋华　李志宏　王大鹏　闫雅惠
崔舒为　耿宇成　任本伟

山西路桥建设集团有限公司(简称"山西路桥集团")是山西省人民政府出资设立的国有独资公司,注册资本70亿元,资产总额831亿元,员工总数1.9万名,主要从事交通基础设施的投资、建设、施工和房地产开发,以及与之密切相关的上下游业务。在山西省委、省政府、省国资委、交控集团的坚强领导下,山西路桥集团紧抓国家交通基础设施供给侧结构性改革的历史机遇,坚持新发展理念和高质量发展要求,高效推进"投资·建设·施工·融资"一体化经营、协同化发展,走出了一条现代交通企业做强做优的新路子。

山西路桥智慧交通信息科技有限公司(简称"智慧交通公司")于2018年12月14日正式成立,注册资金5000万元,是山西路桥集团全资子公司,以公路BIM(Building Information Modeling,建筑信息模型)建模、无人机航测及数据处理、BIM平台建设、BIM应用培训、BIM咨询策划为主营业务,将BIM技术向设计、建设、施工、运维等公路全生命周期管理推广应用,建设具有路桥自主核心知识产权,达到国内先进水平的BIM平台,培养高素质的BIM + 复合型管理人才队伍,从服务山西路桥集团以及山西交控集团的相关产业链开始,逐步拓展全国公路行业BIM应用市场。

智慧交通公司成立一年来已取得软件著作权8项,实用性型专利1项,正在申报中的实用新型专利7项。为做好知识产权管理与保护工作,公司组织申报了"知识产权管理体系认证",于2019年12月通过认证。

2019年7月,智慧交通公司与太原东二环高速项目联合参加中国图学学会与国家人力资源和社会保障部培训中心组织的"龙图杯"第八届BIM大赛,获得施工组三等奖。2019年11月,智慧交通公司协助浙江322景宁段项目参加浙江省交通运输厅组织的全省BIM大赛,获得施工组铜奖。

项目研发依托太原二环高速公路凌井店至龙白段(东二环)项目,该项目是山西省高速公路网"三纵十二横十二环"规划中太原二环高速公路的重要组成部分。项目途经太原阳曲县、晋中寿阳县、榆次区2市3县27个自然村,全长33.199公里,概算总投资39.098亿元,建设工期3年,于2020年建成通车。公司持续深化品质工程、绿色公路示范关键工作,大力推进数字公路(BIM)的实践应用,全力打造东二环品质工程,打造山西路桥特色品牌。

一、实施背景

(一)研究的必要性

将管理理念和方法与计算机技术、互联网、移动互联跨界结合,通过顶层规划,建立统一的技术标准、公路数据结构、数据标准、接口规范,借助BIM + GIS(Geographic Information System,地理信息系统)打造统一的高速公路建设综合管理平台,实现交通行业管理部门、业主、监理、施工单位等内部业务处理和相关业务之间的交互,从而达到加速各种信息的流转速度、提高工作效率、强化工程管理的信息化水平，降低工程管理成本。统一、标准、有效的管理信息反馈机制，可以把行为控制转变为程序控制，把粗放式管理转变为精确化管理，将事后检查转变为事前与事中监管，提高工程管理水平和效率，规范、拓展和延伸公路建设数据库的数据价值，实现以高效、安全、绿色建设的目标，保证高速公路建设的全过程有效掌控，在为企业数据服务的同时，也为交通运输主管部门提供数据检索、分析和决策等数据支撑。

（二）国内外研究概况

随着信息技术互联网技术的发展，在国家大力推行“互联网 +”的战略背景下，工程建设的信息化应用开始上升到新的高度。中共中央、国务院将《交通强国建设纲要》作为国家战略部署，加快数字交通建设，就是要适应我国交通发展新趋势，数字建造的信息化管理必将驱动现代工程管理实现全过程、全要素、全参与方的转型升级。《数字交通发展规划纲要》落实习近平总书记关于加快建设数字中国的重要指示，坚持以创新为第一动力，促进先进信息技术与交通运输深度融合，以“数据链”为主线，构建数字化的采集体系、网络化的传输体系和智能化的应用体系，加快交通运输信息化向数字化、网络化、智能化发展，为交通强国建设提供支撑。

目前，BIM + GIS 技术已经逐渐汇集成了一股潮流，在席卷世界的同时，也影响了中国。BIM 作为一个重要项目，已经列入科技部“十三五”期间国家科技攻关计划。为此，交通运输部提出开展交通运输重大技术方向和技术政策研究，以及十大重大技术方向和技术政策。该建议包括十部分内容，涵盖公路、水运、港口建设和运营多个领域，对于做好政策和技术储备、提高行业管理科学化管理水平、推进交通运输治理体系和治理能力现代化具有重要意义。高速公路建设数字化、智能化是解决问题的有效措施，其目的是利用信息技术及现代控制理论与自动化技术去动态详尽地描述与控制高速公路建设的全过程。

二、成果内涵和主要做法

（一）内涵和主要做法

公路工程体量巨大，一直以来粗放式的管理导致产品质量参差不齐、项目成本难以控制；工料机费用是项目成本控制的重中之重，但信息不透明，资源调配不合理等，导致工料机资源闲置及浪费严重，致使成本居高不下，企业利润微薄。为此，山西路桥集团结合实际，按照总体规划、分步实施的原则，打造“BIM +”公路工程数字管控平台，建立全新的公路工程生产模式和组织模式，促进项目管理提质溯源、降本增效，助力企业转型升级。“BIM +”公路工程数字管控平台提升了公路设计质量与项目管理水平，保障了项目的成本可控，培养了复合型人才队伍，提升了企业的品牌形象。

2018 年 10 月，山西省交通运输厅在太原东二环项目召开全省品质工程现场会，对路桥 BIM 技术应用的阶段成果进行了检验，并予以高度认可。2019 年 7 月，山西省交通运输厅印发《关于学习推广太原东二环项目品质工程创建典型经验做法的通知》，将山西路桥集团“发展信息化，推动‘BIM +’智慧建设管理”作为五项创建典型经验做法之一，在全省交通运输系统推广学习。

1. BIM + 可视化管理，构建数字公路基础

数字公路建设的前提是公路的数字化，山西路桥集团强化航测实景三维地理信息采集建模和工程 BIM 建模能力建设，实现公路项目的数字化，并引入清华大学咨询团队负责指导技术应用，策划整体实施，基于 BIM 技术可视化、协同化的优势，实现在公路勘察设计、项目建设策划、项目成本管控、公路运维管理等公路全生命周期管理各方面的应用延伸。一是在公路勘察设计方面，开发“公路 GIS + BIM 设计集成系统”，将 BIM 技术和三维地理信息技术融为一体，在真实三维场景直接完成公路设计，并自动完成工程数量计算及设计图表的生成。二是在项目建设策划方面，开发 BIM 智慧沙盘，融合了项目施工现场地形、BIM 工程模型、占地线等项目的相关信息，三维场景直接快速进行临建设施、取弃土场等的选址；直接规划施工便道，自动计算工程量；标注起止点自动规划运输路线并计算综合运距等。三是在项目成本管控方面，与清华团队合作开发 4D BIM 动态量价管控系统，依托 BIM 三维可视化的优势，将

工程量和进度计划以及清单价、目标成本价、结算价关联,让工程量具备时间属性,实现了材料资源量、已完工程产值、成本实时统计,为过程管理、精细化管理提供数据支持。四是在公路运维管理方面,尝试从建设施工阶段切入,通过在施工阶段预埋相关传感设备,为运营阶段智慧化安全监测(高挡墙、高边坡、高填方路段的沉降观测,桥梁梁体裂缝、挠度实时动态观测等)及运营管理(通行流量的智能分析、道路管控、分流以及养护维修)提供决策依据。

2. BIM+信息化管理,打造智慧数字公路

信息化是项目管理提质增效的必由之路,山西路桥集团结合自身管理实际,将BIM技术与信息化管理深度融合,在进度、质量、安全、征拆等方面实现智慧管控。一是在进度管理方面,工程模型拆分至构件级,依据施工工艺划分施工工序,在BIM智慧沙盘以工序验收驱动模型构件变色,直观展示工程形象进度。二是在质量管理方面,开发工序质量管控系统,明确工序拆分标准、拍照标准、自定义审核流程,通过手机移动端,每道工序拍照报验、在线审核,确保质量符合要求;同时为质量问题追责提供证据。三是在安全管理方面,以"一张图+标准化模板+智能终端应用"为设计理念,构建安全生产"五大体系"信息化管理平台,融合"十个一"安全管控措施,推进平安建设,应用科技创新成果,驱动安全发展。四是在项目征拆管理方面,在BIM智慧沙盘三维实景模型上加载征地红线,实现对拟征拆地物的可视化查询,对征拆难点的高效沟通;征拆地块划分至行政村,集成征拆相关政策文件、补偿标准、征拆进度等信息,做到对征拆情况的可视化管控。

3. BIM+物联网技术,补强智慧数字公路

基于物联网技术的数据自动采集、上传、分析、预警等不仅能够极大地简化一线管理人员的工作,而且可使数据更加实时、精准。山西路桥集团"BIM+"公路工程数字管控平台在试验数据管理、机械设备管控等方面引入应用,并取得的良好效果。在试验数据管理方面,开发试验云检系统,依靠物联网数据采集终端和网络,实现试验机数据、拌和机数据、张拉数据、压浆数据、摊铺数据、压实数据等自动采集、上传,报表自动生成,有效避免试验滞后、数据造假等问题。在机械设备管控方面,开发机械租管平台,基于物联网技术,实时监测在用机械设备的实时位置、工作状态,可以精确到每台设备的工作时长统计及油耗分析,为项目内部机械设备的精细化管理和结算提供高效的数据支持,为企业机械资源配置优化及闲置资源利用提供统计及分析数据。

(二)创新点及主要依据标准

1. 创新点

①根据项目不同工程结构物特点(桥梁、路基、隧道等),采用bently、Revit、Civil3D等多种BIM建模软件结合方式进行建模,并采用参数化手段最大限度提高建模效率。

②通过数据导入工具实现对多源BIM模型数据的导入GIS平台、模型轻量化处理,实现BIM模型的空间几何信息及属性信息的转换。

③采用行业领先的三维GIS平台,以Web端展现形式,实现项目三维可视化集成展示平台搭建。

④通过建立与项目管理业务平台的对接,对项目建设过程中的业务数据进行集成,实现信息的互联互通。

⑤通过大数据、云计算的技术手段,实现对项目建设过程中的实时信息进行汇总统计,为项目指挥决策层提供参考依据。

关键技术主要有以下几点:第一,二三维GIS联动技术。该技术需要实现一套数据、两种显示模式。同时,两种不同的显示模型可实现随动和相互切换,用户可任意选择不同的使用模式,在其中一个模式中操作时,另外的模式也能进行联动。第二,施工建设一体化管理技术。传统的高速公路建设都是分别通过不同的系统来进行管理,本次项目需要研究一种将建设工地基于真实三维地理位置和三维地形地貌统一管理的系统,宏观上能查询所有建设内容地理的分布,微观上能查询到桥梁隧道的工序构件信息。通过将施工建设管理数据的一体化管理,为整体的项目建设管理提供承载基础。第三,三维可视化

组态技术。探索与虚拟仿真技术相融合的三维可视化组态技术,在真实逻辑、真实数据的基础上,将建设流程与二次提取的实时监视数据通过三维组态技术进行真实逻辑拓扑关系的工业组态,实现生产运转、人员分布、环境监测等数据的综合可视化监视,设计一种全新的生产调度监视新模式。

2. 主要依据和标准

项目建设主要的依据和标准有:

①《2016—2020 年建筑业信息化发展纲要》。

②《关于推进公路水运工程 BIM 技术应用的指导意见》。

③《关于开展公路 BIM 技术应用示范工程建设的通知》。

④《山西省公路"品质工程"示范创建活动实施方案》。

⑤《山西省高速公路建设项目"品质工程"示范创建实施方案》。

⑥《山西省公路品质工程公关行动试点方案(2018—2020 年)》。

(三)主要研究内容

1. 多源异构数据集成整合技术研究

随着信息化程度的逐步深入,工程数据信息总量以惊人的速率增长。然而,这些为不同应用服务的信息都存储在许多不同的数据源之中,其管理系统也各不相同。为更有效地利用这些信息,需要从多个分布、异构和自治的数据源中集成数据,同时还需要保持数据在不同系统上的完整性和一致性。通过对异构数据集成模式的分析,分别从数据源层处理方法、数据库连接方法和数据抽取的角度探讨异构数据集成中间件的可行性,进而提出异构数据关联规则和转换算法,在此基础上给出多源异构数据集成中间件解决方案,为 BIM + GIS 大数据决策平台提供可靠和准确的数据来源。

2. 建筑模型和地形模型三维一体化融合技术研究

三维数据融合是计算机视觉与精细化测绘领域的研究热点,在精细测量、风险监测、数据展示等过程中起着重要的作用。三维 GIS 正是在二维 GIS 的基础上发展起来的新兴科技,它突破了空间信息在二维地图平面中单调表现的束缚,实现了 GIS 的三维数字化,有着更加精准的量测分析、更加直观的展示效果和更加高效的综合管理效率,在智慧城市、建筑工程、考古文保等领域有着日益广泛的应用。综合考虑三维模型的生产难易、效率和成本,将采用目前较为先进的三维激光扫描、倾斜摄影测量、专业的三维建模软件或三维 GIS 与虚拟现实技术相融合,还原现有地形地貌、建设过程中等客观现场数据,满足地形、地物模型建模在精度、视觉、查询等各方面的要求;同时,通过对三维模型的粘贴和修补,达到边界平滑且纹理拼接自然的效果实现建筑实体与地形三维模型一体化融合,即最终融合成新的三维数字模型。

3. 基于 BIM + GIS 大数据管理系统平台架构设计和开发

公路建设项目一般具有征迁难度大、技术工艺复杂、施工作业面分布广、环境敏感点多、参建单位及交叉影响因素多等诸多特点。复杂的业务流程、烦琐的工程数据、管理各方的协同与共享、设计与施工的高度融合均为影响项目进展的主要因素,因此研发一套基于 BIM + GIS 技术的融合建设管理全过程的信息化、可视化、大数据等多领域关键技术的大数据管理系统工作平台,应用于深化设计、建设期进度、质量、安全虚拟施工,运营期养护、健康检测等方面的管理工作,对于有效地节约建设成本、提高管理效率、缩短工期以及降低安全风险是十分必要的。通过对多层级管理部门、流程和模式的梳理,初步确定系统的功能需求,综合考虑运行环境、速度和配置,结合建设目标和用户权限要求,探索与虚拟仿真技术相融合的三维可视化组态技术,量身定制出符合实际需要的基于 BIM + GIS 大数据管理系统平台。

4. 基于 BIM + GIS 施工一体化管理应用研究

随着信息化、自动化、数字化的发展,项目建设过程中涉及的质量工序管理、安全隐患管理、人员安全及设备安全等管控过程,各管理过程会有不同的系统进行管理,如 BIM 系统、工序管理 App(应用程序)、隐患管理系统、现场视频监控、OA(Office Automation,办公自动化)等系统,这些信息系统之间数据无法互联互通,部分数据存在重复采集、录入等问题,不能发挥数据的综合效应。通过多源异构数据集成技术实现跨系统实时数据采集,将人员、环境信息、设备、工序等各类数据进行空间位置关联,这样,高速公路建设管理过程各专题数据将集成并基于统一平台可视化呈现,实现基于 BIM + GIS 技术的建设项目管控综合一体化平台。

三、公路工程 BIM + GIS 大数据决策平台的实施效果

(一)研究进度完成情况

2019 年 6—8 月:开展公路工程 BIM + GIS 大数据决策平台建设的调研工作,组建研发团队,进行业务功能的需求分析和详细设计方案。

2019 年 9 月—2020 年 1 月:公路工程 BIM + GIS 大数据决策平台基础平台及后台数据支持系统框架构建完成。

2020 年 2—4 月:公路工程 BIM + GIS 大数据决策平台完成与既有质量、安全、进度、投资、成本等项目管理系统的数据打通与业务集成。

2020 年 5—6 月:公路工程 BIM + GIS 大数据决策平台单项目上线测试,进行系统功能,稳定性、安全性测试。

(二)初步成效

一是提升了公路的设计质量。"公路 GIS + BIM 设计集成系统"在山西路桥集团隰吉高速公路项目、太原东二环高速公路项目、昔榆高速公路项目等进行了设计方案的复核优化,通过土石方填挖平衡调整、桥隧布设调整等,累计节约工程造价 3.3 亿元;在晋中分局 241 国道、209 国道等项目进行了 BIM 正向设计,设计成果得到晋中分局设计人员及业主单位的高度认可。

二是提升了项目的管理水平。BIM 智慧沙盘及信息化管理系统在山西路桥集团左涉 207 国道项目、吕梁 209 国道项目、隰吉高速公路、离隰高速公路、昔榆高速公路、浙江景宁 322 国道项目、京雄高速公路 SG3 标等建设、施工项目进行了推广应用,项目组织策划水平显著提升,质量、安全、进度管控明显增强。

三是保障了项目的成本可控。4DBIM 动态量价管控系统 2019 年在太原东二环项目进行了试点,基本实现项目成本日清月结的管理目标。2020 年,4DBIM 动态量价管控系统已被确认为路桥集团成本控制中心成本管控、审核指定平台。

四是培养了复合型人才队伍。山西路桥集团在路桥智慧交通公司设置的 BIM 培训点,于 2019 年 9 月通过中国图学学会和人力资源和社会保障部培训中心授权,成为山西省内公路行业唯一的"全国 BIM 技能等级考试"培训考点。2019 年,山西路桥集团 300 余人在智慧交通公司考点培训结业。2020 年,受新冠肺炎疫情影响采用网上授课方式培训,目前参加培训人数已达 600 余人。

五是提升了企业的品牌形象。山西路桥集团作为山西省交通基础设施投资建设施工骨干和主力军,高度重视品牌形象的建设,"BIM +"公路工程数字管控平台的上线起到了积极的促进作用。2019 年,太原东二环项目参加"龙图杯"全国 BIM 大赛,获三等奖;山西路桥集团所属浙江景宁 322 国道项目参加浙江省交通运输厅"2019 年浙江省交通 BIM 技术职工职业技能竞赛"获施工应用类铜奖。当前的山西路桥集团,在"BIM +"创新公路管理模式的助力下,坚持新发展理念和高质量发展要求,高效推进"投资 · 建设 · 施工 · 融资"一体化经营、协同化发展,走出了一条现代交通企业做强做优的新路子。

(三)主要技术经济指标

本项目的研究成果与国内同类技术相比,将具有突出的创新性、标准化和前瞻性,与国外同类技术相比,符合我国技术、经济及管理实际,成本低、适用性好,具有自主知识产权,市场适应性及竞争力强,其技术成果的产业化可产生巨大的经济效益。

一是节约了后续信息化建设投资,降低了企业经营成本。该项目的建设,为其他后续建设的信息系

统提供了标准化接口和数据基础,后续建设的信息化系统可直接使用本次项目建设的数据,也可将其他系统的数据集成进本系统中,综合分析和应用,充分节省了后续新系统的开发和实施费用。

二是节约项目管理成本,提高投资效益和监管水平。本项目的研究成果,将更进一步实现精细化、数字化、科学化和智能化管理,能有效提高政府、投资方、施工和监理等参与各方的监管水平和服务效能,避免交通运输规划、建设和运营管理过程中的盲目投资和资源浪费,预计可节约管理成本 15% 以上。

在 BIM + GIS 大数据管理平台的支持下,系统可以对路基、桥隧等各类实时监测信息进行全面的跟踪和预警分析,对于建设过程中出现的各类隐患、影响生产的关键问题和事件等可以进行记录和挂牌管理等。通过系统提供的各类功能,有助于企业进行责任明晰的精细化安全管理,提高企业生产运维过程中的响应能力和决策能力。

(四)应用前景

至 2019 年底,我国目前高速公路总里程达到 14.96 万公里,位居世界之首,但目前高速公路建设设计、施工和运营分离的现状,以及传统二维设计给信息量的限制和施工过程信息的缺乏,给后期的运维管理带来了很大的挑战。BIM + GIS 技术可在设计阶段建立项目的三维建筑模型,然后输入施工过程管理数据,移动采集数据和其他数据,有效解决信息记录和存储问题。利用精细化的模型和丰富的业务数据,充分发挥 BIM + GIS 信息集成和共享的优势,创建项目整个生命周期的数字化,可视化和集成化系统信息管理平台,基于标准化接口和数据基础实现从项目、企业到行业主管部门多级动态的项目建设综合管理,为各层级管理者提供数据挖掘和综合决策分析能力,真正实现运行和维护的信息化,引领未来新公路建设和改造工程的发展方向。本项目研究成功后,可将此项技术推广到各高速公路建设和管理中来,通过此项技术,能更精细化的管理施工建设,提高施工建设的效率,节省人力,为高速公路建设提供新的技术手段,具有广阔的推广应用前景。

(五)启示与建议

"BIM +"创新公路管理模式是提升工程建设管理水平的有力武器,但有效地发挥"BIM +"的作用在目前仍然存在许多门槛。特别是在当前管理模式、建设模式不断改革发展的情况下,"BIM +"建设与管理现状不匹配,"两张皮"现象难以避免。为此提出如下建议:

一是明确"BIM +"在管理中的定位。各级管理人员对"BIM +"特别是基于 BIM 技术的信息化功效要有清晰的认识,发挥"BIM +"软件平台的功效要控制在一定范围内,不能全部替代原有的其他管理工具。一味追求功能全面,在实现的时间成本和资金成本上可能与产出不匹配。

二是面对当前的人员习惯与素养,快速掌握"BIM +"工具并发挥作用需要一定的时间,特别是在固有思维的影响下,还需配备一定的行政、经济管理措施。

三是工程管理"BIM +"工具开发应切合实际,不仅以解决上级管理需求为主,更应该以提高一线人员工作效率,减少重复劳动作为目的。

四是"BIM +"推进步骤应先试点再全面,降低试错成本。应用范围也宜从小到大,逐步培养使用习惯。软件开发应从小而实用出发,再向全面扩展。

五是加强推广力度,工程建设"BIM +"的过程同时也是透明化的过程,在应用过程中必然遇到各种阻力,需要上级管理人员特别是主要领导的支持。

品质提升工程在高速公路建设中的项目管理实践

中交路桥华北工程有限公司

成果主要创造人:张　何　杨晓光

成果参与创造人:刘大勇　薛明英　彭　园　金树坤　李文强　刘乐乐　李　宁　王　磊　张海生　姚娇娇

中交路桥华北工程有限公司(简称"中交路桥华北")成立于20世纪60年代,为中交路桥建设有限公司的全资子公司,是中国交建三级施工企业,其前身为交通部第一公路工程局第二工程公司,是一家以公路、铁路、桥梁建设施工为主的企业,注册资本金30010万元。

中交路桥华北拥有公路工程施工总承包一级,桥梁工程专业承包一级、隧道工程专业承包一级、公路路面工程专业承包一级、公路路基工程专业承包一级、环保工程专业承包一级、市政公用工程施工总承包二级、建筑工程施工总承包三级、钢结构工程专业承包三级和特种工程(建筑物纠偏和平移、结构补强、特殊设备起重吊装)专业承包资质。中交路桥华北通过了质量、环境、职业健康安全管理体系认证,具备以山岭隧道为主,修建各类地质条件下特长隧道、大型桥梁及高等级公路路基、路面等工程的施工能力。

截至2020年8月,中交路桥华北在建41项公路、隧道、桥梁、铁路工程。此外,公司还承建了多个技术含量高、附加值大的"高、精、尖"特大项目,十多个项目获得国家或省部级奖项。

中交路桥华北于2018年晋升"国家高新技术企业",拥有雄厚的技术实力、核心自主知识产权和科技成果转化能力。公司专注于科技创新,至2020年8月,共有施工工法23项,其中,协会级8项、中国交建级工法3项、中交路建级工法12项;授权专利72项,其中,发明专利15项、实用新型专利57项。获全国交通企业管理现代化创新成果奖8项,获全国建设工程优秀项目管理成果奖4项,并获得2016年度全国交通企业管理现代化创新成果示范单位。有多项QC(质量控制)小组获得国家和省部级优秀质量管理小组称号。

公司始终坚持"固基修道、履方致远"的企业使命,继续秉承"公平、包容、务实、创新"的企业价值取向,将在中国交建"五商中交"和中交路建"转型升级"的战略指引下,优化经营布局,改进管理方式,与各界同仁携手共进,共创辉煌。

一、实施背景

自20世纪80年代以来,我国交通基础设施建设历经30多年的发展,建成了一批在世界范围内具有影响力的跨海(江)桥梁、长大隧道、大型沿海港口工程,也积累了大量工程建设和管理经验。随着"一带一路"建设的逐步深入,交通基础设施建设产业有了更大的发展空间。

2015年10月27—28日,全国公路水运工程质量安全工作会议明确提出打造"品质工程"的新理念。2016年全国交通运输工作会议要求提升基础设施品质,推行现代工程管理,开展公路水运建设工程质量提升行动,努力打造"品质工程"。

创建"品质工程"是中交路桥华北践行国家质量发展战略的具体行动;是实现中交路桥华北提质增

效,推动公司全面建设成为“一流竞争力的基础设施建设价值链集成商”,确保中交路桥华北转型升级成功的重要载体。

河北省太行山高速公路将太行山沿线的30多个县区全部用高速公路串起,实现了沿线53个AAAA级景区全覆盖,是一条连接首都、贯穿河北直至中原的南北通衢高速公路大通道。涞曲高速公路是太行山高速公路的重要组成部分,起点与荣乌高速公路相接,一路向南,跨越定窑遗址、通天河、保阜高速公路。而涞曲高速公路途经的涞源县白石山,雄踞太行山最北端,是北京房山世界地质公园的一部分,为国家AAAAA级景区、国家森林公园、全国青少年科技教育基地,有全国独一无二的大理岩峰林地貌。

项目策划之初,中交路桥华北作为参建单位,便提出“品质提升工程”概念,以全力打造“最美高速公路”为目标,以内实外美为方针,将“品质提升”理念贯穿到项目施工中,作为项目运营管理过程中的重要组成部分,从质量、安全管理水平、经济效益、社会效益等方面全面提升项目管理成效。

二、管理成果内涵

为全面推进现场品质提升工作,中交路桥华北牵头成立了品质提升管理推进工作领导小组,指导督促各项目的品质提升工作,积极组织观摩学习,集中交路桥华北及中交路建技术管理力量,策划先行,科学指导项目品质提升工作开展,探索高速公路品质提升工程创建之路。

为落实品质提升工作,中交路桥华北多次上会研讨,最终确立了“典型引路,全面推行”的实施思想,结合本工程特色及亮点,选定实施项目和内容,树立标杆工点,开展技术攻关,通过“四新”技术应用以及“三微改”,提高工程品质,提高施工工效,降低施工成本。

实施过程纵向采取方案制订、现场实施和总结推广“三阶段”;横向采取源头控制、加工控制和现场控制“三路线”的实施方案,逐步落实和推广品质提升成果。

品质提升工程实施阶段工作内容、实施项目成果见表1,品质提升工程实施思路如图1所示。

品质提升工程实施阶段工作内容、实施项目及成果 表1

序号	阶段名称	工作内容	实施项目及成果
一	方案制订阶段	按照中交路桥华北要求,根据项目特点,制订典范工程与示范工程实施方案	①制订各项品质提升工程的实施方案和计划; ②制定相关管理细则及制度,明确责任,落实奖罚; ③落实实施方案交底及培训工作,参与人员考核合格后方能上岗
二	现场实施阶段	领导小组内各成员各司其职,严格按照批复的实施方案,落实方案的现场实施工作	①学习和借鉴兄弟单位经验,指导方案实施; ②对现场是否严格施工方案执行进行监督和管理; ③对实施阶段发现的问题及时解决,杜绝重大安全质量事故; ④推行首件工程认可制度,对现场实施效果进行检查,及时优化实施方案
三	总结推广阶段	通过方案实施,总结出一批先进工艺、工法、安全质量控制和文明施工亮点等文字和影像资料,在全标段乃至全线进行推广	①注重过程收集和整理,形成一套完备的影像资料; ②总结示范工程和典范工程实施成果,形成文字材料进行宣传推广

三、主要做法

本施工管理创新分成团队建设、管理水平提升、示范及典范工程创建三个方面进行详细描述。

(一)建立健全组织结构,加强品质提升工程团队建设

为保证该项目“品质工程”创建工作持续推进,保证涞曲高速公路施工质量达到“内实外美”,推行领导小组引领模式,抽调中交路桥华北内部高水平的管理和技术人才组成核心团队,深刻挖掘技术员、

班组长、操作手潜力,充分发挥团队技术优势,组建 QC 活动小组、科研攻关小组、品质提升工程领导小组等,强调小组学习氛围,坚决执行中交路桥华北管理方针及目标。通过技术及管理技能培训,使每位参建人员知道自己的岗位责任,明确质量问题的解决途径,把握自己的提升方向,从而更加有效地把控现场施工质量,确保施工问题能够及时、有效地解决,并能将“品质工程”实施成果进行总结和推广。

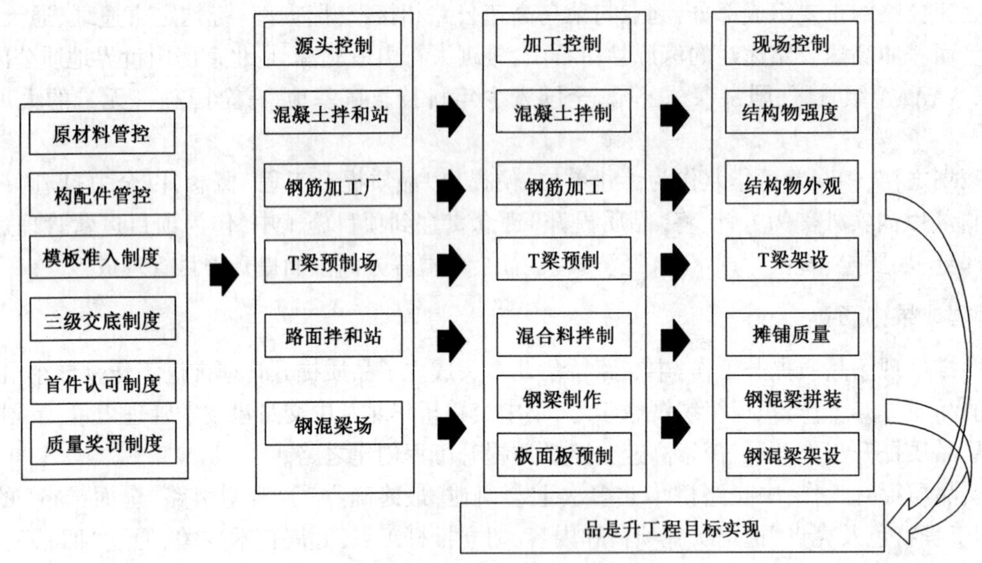

图1　品质提升工程实施思路

(二)加强质量、安全管控,全力促进管理水平提升

1. 方案先行,技术创新,专家护航,确保实施方案的可执行性

针对该项目重难点工程,如高墩、钢混组合梁等,积极进行技术方案前期的梳理、比选和编制工作,并邀请国内知名专家,对设计图纸及现场进行审查,及时向项目公司和设计单位反馈。制订施工方案时,通过技术手段消除安全隐患,使施工方案具备可执行性和可靠性。

①项目 50 米钢混组合梁共计 64 跨,需采用 320 吨架桥机进行架设,属于目前正在推广的一种新工艺,且无山区地形架设成功经验可以借鉴。方案制订过程中,项目发现雁宿崖互通 B 匝道桥 4 ~ 12 号墩为大悬臂盖梁设计(单侧悬臂长 8.55 米),单侧超载架梁存在墩身偏压的问题,但设计图纸未给出钢混组合梁详细架梁顺序,存在方案制订的不确定性,安全隐患较为突出。因此项目及时与设计院沟通,联合确定大悬臂盖梁顶钢混组合梁架梁顺序,在提高方案可执行性的同时,确保了架梁过程中桥梁下部结构的结构安全。

②雁宿崖互通 B 匝道桥 4 ~ 12 号墩采用独柱大悬臂预应力盖梁设计,最大悬臂 8.55 米,在山区高墩设计中属国内罕见。为确保混凝土结构质量,采用托架法一次性浇筑,对超大悬臂盖梁托架进行研发,对组合式托架结构进行设计,并咨询专家,委托第三方进行结构验算,对托架结构薄弱部位进行加强,既提高了托架整体稳定性及受力性能,又做到了单构件吊重小,拆卸方便;同时,摈弃了常规的在墩身预埋孔洞或预埋钢板作为托架承重支点的方案,优化为预埋高强螺栓组合件的形式,既满足受力要求,又规避了常规方法中容易出现的孔洞四周混凝土不饱满或高空焊接质量难以保证的缺点,安全风险大大降低,同时采用栓接形式也提高了施工效率。

③对钢混组合梁架桥机设备进行调研,并邀请专家对各型号架桥机的适用性、结构安全性、架设效率等进行分析和比较,最终选用 JH320 吨-50 米步履式架桥机进行钢混组合梁架设,并结合本项目钢混组合梁结构特点,协助厂家对架桥机进行改良优化。通过新型 320 吨架桥机的应用,有效地提高了本项目钢混组合梁的架设质量及效率。

④雁宿崖互通钢混组合梁结构复杂,工序繁多,为确保钢混组合梁预制及架设质量,提高方案针对

性，项目将钢混组合梁钢梁节段厂内制作工艺细分为下料、焊接、试拼、喷涂等板块进行编制，提高工艺针对性。利用计算机三维建模技术，模拟现场架设线形进行钢梁板单元组拼及节段试拼，提出钢梁节段厂内连续匹配技术，确保了钢梁节段厂内的制作精度。

同时，借助中交路建技术专家平台，探讨钢梁制作工艺细节优化，细致挖掘“微创新”点，针对钢混连接质量关键控制点——剪力钉定位焊接质量，提出钢梁翼板剪力钉专用定位焊接模具，有效提高了钢混组合梁钢混连接精确定位合格率。围绕钢混组合梁钢梁厂内制作和现场拼装及架桥机架设两个方向开展两项科研课题，在确保钢混组合梁施工质量的同时，提炼技术成果，填补了国内钢混组合梁架桥机架设工艺方面的空白。

⑤雁宿崖互通C匝道为回转车道，C匝道桥下穿荣乌高速公路，上部结构采用小半径现浇箱梁，平面位于缓和曲线+圆曲线+缓和曲线上，圆曲线半径60米，最大横坡6%，支架搭设最大高度达42米。支架结构选型及搭设难度大，现浇梁线形控制困难。为确保现浇梁施工质量及安全可控，项目部对现浇组合支架进行设计，并在施工前咨询专家，多次优化支架结构，最终将支架结构确定为钢管+贝雷梁+碗扣式脚手架组合，有效提高了支架结构整体的稳定性，解决了横坡控制困难等问题，完美契合了小半径高墩现浇箱梁施工。同时，因组合支架结构装拆方便，周转效率高，故有效提高了现浇梁施工方案的经济性。

⑥为保证本项目高墩施工在保证质量、安全的前提下，尽量加快施工进度，积极应用“四新”技术。项目通过方案比选、咨询专家及实地考察，最终确定空心薄壁高墩施工采用桥梁高墩专用爬模设备——自动液压轻型爬架。该爬架通过优化钢筋绑扎和混凝土浇筑之间工序的衔接，并经过多次结构优化，在安全性及施工效率方面有了较大提升，平均每天能施工2~3米。同时，为规避操作人员对新设备新工艺不熟练，邀请爬架专业人员对管理、作业人员进行培训与指导，确保“四新”技术顺利应用，为保证项目高墩施工质量保驾护航。

2. 防微杜渐，齐抓共管，确保安全生产形势可控

项目地处太行山山区，地形地貌复杂，桥涵结构物多，上部结构工艺难度高，高空作业安全风险大，安全生产形势严峻。施工生产过程中，项目部本着安全第一、预防为主、综合治理的方针，逐步开展安全生产工作，建设期内未发生一般及以上安全生产事故。

①重点加强现场隐患排查整改和重大危险源监控，加大日常安全培训和应急演练频次，观看事故案例视频，提高人员的安全意识和责任心，组织开展“项目质量安全提升年”“安全生产月”专项活动，按照平安工地和安全标准化的要求严格内业资料和现场标准化管理。

②设置安全教育培训体验馆，设立边坡坍塌、门式起重机吊运、钢丝绳、消防器材、劳保用品等体验项目，加强施工班组的安全教育，使工人切身体会各类安全防护用品使用的重要性。

③地势险要路段便道修建时，严格控制坡度，转弯处设置停车平台，便道临边侧设置水泥防撞墙，防止运输车辆坠落。

④雁宿崖互通与荣乌高速公路交叉施工时，土石方开挖采取微差控制爆破的方式，以降低爆破振动效应，控制飞石距离，确保荣乌高速公路施工人员、机械及构造物安全。上跨荣乌高速公路钢混组合梁吊装时，在变道口、临时场地前方设置路牌指示，临时支架两侧设置警示灯、防撞沙桶等，并由专人进行引导，使施工车辆安全通过。

⑤雁宿崖互通钢混梁架设、高墩施工安全防护管理。施工期间做好架桥机、门式起重机等特种设备的检验手续，定期进行检查维修和保养。继续加强雁宿崖互通高墩、大悬臂盖梁施工和跨既有线的安全标准化管理，逐步完善工地安全文明施工形象。

⑥加大施工相关人员的安全教育培训和交底，辨识施工危险源及采取防控措施，对施工机械设备进行检查验收。施工过程中，设专人负责指挥调度，确保施工安全。项目部内部积极加强自检工作，防微杜渐，落实项目安全文明施工工地管理目标，确保安全事故零发生。

3. 全员参与,品质提升,确保结构实体施工质量

项目质量管理重在加强现场管控,特别是现场实体质量,力求内实外美,通过开展各类质量管理和品质提升活动,全面提高项目质量管理水平和员工的质量意识,同时结合河北省标准化施工的要求,全面推进施工管理的规范化和精细化进程,杜绝工程质量问题和事故的发生。

①项目混凝土均采用高性能混凝土。为保证混凝土拌和质量,站内设置两套洗石设备,与配料仓传动带连接,对混凝土进场碎石进行自动化水洗,从材料源头上控制混凝土质量。

②项目高墩施工时,引进自动液压轻型爬架进行施工。模板就位采用底部退模滑块和顶部调节丝杆来精确调整层模板位置,测量实时跟踪校核。墩身主筋利用模板顶部设置的定位卡具进行固定,确保钢筋位置准确。高墩混凝土养生采用在爬架上设置环形多孔管的形式进行,储水桶设置于上层爬架上平台上,确保水头压力,形成喷雾效果。

③项目钢混组合梁纵、横向全部为螺栓连接,螺栓孔允许偏差范围小,钢箱梁节段的加工精度直接影响现场架设的精度。因此,项目钢箱梁节段在工厂内按胎架线形连续匹配制作完成后,同跨3片钢箱梁必须再进行横向预拼装,以确保钢箱梁厂内制作结果满足桥位吊装精度。分别在钢梁厂内及钢混组合梁拼装场内开展QC小组活动,有效提高了钢梁板单元定位焊及桥面板定位安装合格率,为钢混组合梁最终的架设精度奠定了基础。

④中交路桥华北积极响应业主及公司品质提升活动的要求,成立品质提升工程领导小组,积极到兄弟单位观摩学习,通过采用"四新"技术和一系列"小创新、小改进"措施提高施工品质。

4. 推行"绿色高速,生态高速",优化高速公路行车体验

为贴合涞曲高速公路建设目标,打造涞曲高速公路整体形象,联合项目公司及设计单位,推行动态边坡防护设计,并积极应用新型绿化材料——格宾生态防护、龙芽植生袋和水保植生毯。

将稳定性较好的边坡防护形式由拱形骨架、主动防护网、浆砌片石护面墙等"灰色防护"变更为格宾生态防护(图2)、水保植生毯等"绿色景观";将稳定性较差的边坡防护形式在原锚杆(索)框架梁防护窗格内满铺龙芽植生袋,在确保边坡稳定性的前提下,提高了岩石边坡绿化保有率。

图2　格宾生态防护

在提高沿线绿化覆盖率及整体视觉效果的前提下,同时大大降低了成本,符合当前国家节能减排的号召。

(三)创建典范、示范工程,立标杆,树品牌

以项目公司品质提升工程文件为依据,针对本项目施工特点,经会议研讨最终确定,将品质提升工程重点建设内容分为示范工程和典范工程,并根据进度安排,将示范工程分三个批次组织实施:第一批次为T梁预制;第二批次为自动液压轻型爬架施工、悬臂盖梁施工;第三批次为钢混组合梁制作及安

装、小半径现浇箱梁。通过“四新”技术应用及微改进、微创新，以点带面，提高项目示范工程建设水平。

1. 建设典范工程，形成大型示范区，打造公司品牌工程

雁宿崖互通为涞曲高速公路与荣乌高速公路连接而设，为太行山高速公路涞曲段的控制性工程，也是全线施工难度最大的单位工程，集空心薄壁高墩、超大悬臂盖梁、大跨径钢混组合梁预制及安装工程、小半径现浇梁等难点工程于一体。因此，将雁宿崖互通确立为典范工程进行品质提升重点建设。

(1) 加强宣传，营造品质提升工程建设氛围

为了传播品质提升工程理念，提高项目全体员工的质量意识，项目采用多种手段，利用各类机会，加大对创建“品质工程”的宣传力度，通过对“品质工程”的大力宣传以及现场质量管控的具体要求，营造良好氛围，凝聚各方智慧，促进“品质工程”理念深入人心，形成“人人懂质量，人人管质量”的良好局面。

施工现场宣传横幅标语如图 3 所示。

图 3 施工现场宣传横幅标语

(2) 观摩学习，掌握最新技术及管理手段

积极组织品质工程创建活动领导小组成员及一线操作人员就某个分项工程到本标段及相邻条段质量控制佳、设备先进的单位现场观摩学习(图 4)；同时，也邀请业主单位、太行山高速公路各标段的同仁来观摩学习本项目“品质工程”创建活动亮点。通过交流学习，达到相互促进、共同提升的目的。

(3) 严把材料进场质量关，把握源头控制关键

对新进场的原材料及周转材料进行验收，检查是否有相应的合格证明以及建立入库出库台账，加强材料的收发管理。物资部门负责对进场的原材料以及周转材料进行数量、外观验收和报检，由试验室按照规定对原材料进行检测，并做好原材料及半成品的储存、标识记录，使得材料从进场到使用全过程可追溯；由质检部按照准入制组织对周转材料的验收。

(4) 加强过程质量巡查，消除问题于萌芽状态

涞曲一标位于河北省太行山山脉，施工环境复杂，技术难度高、施工标准化要求严格。为了保证现

场施工质量,项目质检部联合试验室、测量队、技术部加大对现场施工质量管控,及时发现并解决问题,争取将问题消灭在萌芽状态。

施工现场检查检测如图5所示。

图4 组织观摩学习

图5 施工现场检查检测

(5)重视危大方案管理,组织专家评审,为保证安全质量保驾护航

项目危险性较大的分部分项工程施工内容较多,并包含多项“四新”技术应用,因此,组织专家对超过一定规模的危险性较大的分部分项工程专项方案评审共计6次;组织专家对新技术、新工艺、新设备适用性研讨、论证共计5次(图6)。

图6 专家评审及咨询会议

(6)首件标榜,示范推广

严格按照中交路桥华北及项目公司关于“典型工程”“首件认可制”的要求,对拟开工的分项工程,均先进行首件工程的施工。首件工程开工前,根据实际情况编制首件工程施工方案,配置首件需要的机械设备,做好首件工程人员分工,上报首件工程开工报告,组织首件工程施工技术交底(图7);项目各技术部门参与首件工程施工过程,严格按照首件方案执行,重视首件工程施工过程中的资料收集;首件工程施工完成后,在规定时限内召开首件工程施工总结会,分析首件工程施工经验及问题,制订改进措施;根据会议纪要,编写并上报首件工程施工总结报告,完善相关施工方案,指导后续施工。

首件工程施工现场如图8所示。

(7)建设标准化场站,为品质奠基

①混凝土拌和站。

混凝土拌和站(图9)位于省道241线旁,占地面积9185平方米,站内场地均采用混凝土硬化,排水系统完备。

站内设置HZS90型、HZS180型拌和楼各1座(图10),100吨散装罐8个,电子计量配料系统2套,混凝土运输罐车20余辆。混凝土拌和站内砂、石料原材料存料场占地面积约2500平方米(包含待检区)。设置专门的外加剂仓库用于存储外加剂。

项目混凝土均采用高性能混凝土,为保证混凝土拌和质量,站内设置两套碎石水洗设备(图11),对C40及以上标号混凝土进场碎石进行洗石处理。

图7　首件施工技术交底及总结会议

图8　首件工程施工现场

图9　混凝土拌合站

图 10 拌和站标准化建设

图 11 碎石水洗设备及配套沉淀池

②钢筋加工场。

在雁宿崖互通 BK1 +000 北侧 100 米设置 1 座钢筋加工场,按《河北省高速公路施工标准化指南》要求进行建设。

雁宿崖互通区内所有桥梁下构及附属工程钢筋在钢筋加工场内统一加工制作。钢筋加工场内分区合理,采用彩钢棚全封闭,配置 1 台 10T 门式起重机进行钢筋原材及半成品的吊运。按照河北省标准化要求,配置滚笼机、钢筋弯曲中心各 1 台,确保钢筋成品、半成品加工质量(图 12)。

图 12 钢筋加工场标准化建设

加工制作区悬挂各号钢筋的大样设计图,标明尺寸、部位,确保下料及加工准确。场内拼装钢筋采用拼装模架和大样板,做到分区合理、整齐有序(图 13),按不同钢种、等级、牌号、规格及生产厂家分类堆放,挂牌标示,标明进场日期、检验人员等。堆放垫高离地 30 厘米以上,材料归方一头齐、一条线。

图 13　场内分区合理、整齐

③T 梁预制场。

T 梁预制场内设置安全教育培训体验馆（图 14），馆内设置灭火器演示体验、综合用电体验、安全带使用体验、钢丝绳使用方法、安全防护用品佩戴 5 个科目，使现场施工人员能够亲身体验安全生产的重要性，增强其安全风险意识和安全责任意识，保证施工安全。

图 14　安全教育培训体验馆

30 米 T 梁预制台座由 C30 混凝土、5 号槽钢、6 厘米厚钢板组成，其中槽钢与钢板焊接，槽钢内放入直径为 5 厘米的橡胶管，可有效防止模板底部漏浆。

T 梁预制场钢筋加工场（图 15）由原材存放区、钢筋加工区（图 16）、半成品存放区、废料区四部分组成，场内布局合理。

T 梁钢筋在钢筋加工场内集中下料，由数控弯曲机加工而成。

T 梁梁肋钢筋在胎架上绑扎成型，保证钢筋骨架尺寸、钢筋间距的规范化、标准化。钢筋由 1 台 80T 门式起重机提至台座上，吊装用吊架由直径 10 厘米钢管与 28 毫米精轧螺纹钢筋焊接而成，吊点间距 1 米，可保证钢筋骨架在吊装过程中不发生过大变形（图 17）。

图15　T梁预制钢筋加工场实景

图16　钢筋加工区

图17　钢筋骨架绑扎及吊装

安装T梁模板前，对模板进行打磨，刷涂脱模剂，拼缝间粘贴泡沫胶条，保证拼缝严密平顺、不漏浆。模板处理现场如图18所示。

T梁混凝土浇筑采用水平分层、斜向分段的浇筑方式，从梁的一端顺序推进至另一端（图19）。T梁振捣采用插入式振捣器与附着式高频振动器相结合的方式，保证了T梁混凝土的施工质量。

T梁养生采用挂式自动喷淋装置（图20），梁肋包裹塑料薄膜，顶板覆盖土工布，保证T梁在养生期内混凝土表面湿润。另设置拼装式养生棚，棚内梁体覆盖土工布。T梁顶板、横隔板、连续端湿接缝位置混凝土采用气动凿毛锤凿毛。

图 18　模板处理现场

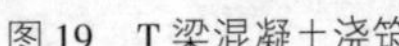

图 19　T 梁混凝土浇筑

图 20　采用挂式自动喷淋装置进行 T 梁养生

T 梁张拉采用智能张拉设备(图 21),采用引伸量与张拉控制力双控,误差在 ±6% 以内,保证施工的精细化、可控化。T 梁压浆采用智能压浆设备(图 22),配备自动上料、称量、拌和装置,保证了 T 梁压浆的饱满、密实。

2. 示范工程,以点带面,全面提升工程建设水平

根据项目公司打造品质提升工程文件精神,将首件工程与项目公司示范工程结合,选取本项目具有示范意义以及"四新"技术应用的分项工程,作为本项目示范工程,在首件工程要求基础上,召集管理处、总监办、项目部及作业队伍所有经验丰富的人员,对示范工程实施方案进行讨论,从"微改进、微创新"入手,挖掘工艺创新点,提出更加有效的技术措施,以规避以往工程施工中难以控制的"通病",达到内实外美的目标。

项目部主持实施的高墩液压轻型爬架施工、超大悬臂盖梁、小半径现浇箱梁、钢混组合梁预制及架桥机架设等多项工艺提升工程获得项目公司的认可,并形成了总结资料在全线推广。

(1)自动液压轻型爬架空心薄壁墩施工

雁宿崖互通桥梁是全线的关键线路,高墩及下构施工进度是最为关键的制约因素。施工期间,对于高墩施工较为缓慢的现实情况,中交路桥华北积极进行实地考察及方案比选,投入了自动液压轻型爬架等新工艺和模板,在确保墩身施工质量及施工安全的前提下,使高墩施工进度较常规的翻模工艺提高了 2~3 倍。同时,应用抽拉式钢模板,有效提高了高墩阶梯处人孔混凝土面的施工质量、人孔模板的装卸速度及周转率。

图 21　智能张拉设备

图 22　智能压浆设备

高墩整体形象如图 23 所示。

图 23　高墩整体形象

(2)超大悬臂盖梁施工

雁宿崖互通 B 匝道桥全长 1808 米,桥梁下部结构采用柱式墩、薄壁墩配桩基础,上部结构采用钢混组合梁。其中,4～12 号墩与 A 匝道桥共用墩柱及盖梁,采用独柱高墩超大悬臂预应力盖梁,横桥向宽度 25.1 米,桥墩处支撑 8 米,单侧悬臂长 8.55 米,为目前国内独柱高墩盖梁中悬臂最大的设计。

由于所处墩身高度较高,只能采用托架法高空施工,施工安全风险极高。同时,盖梁为全幅大悬臂结构,对托架承载力、抗变形能力、稳定性及操作性要求较高。因此,为满足施工要求,通过咨询专家及调查,以及方案比选,选出最优方案。

悬臂盖梁托架分为底模托架、侧模托架两个部分,托架底部采用牛腿抗剪,上部采用精轧螺纹钢对拉抗倾覆的设计思路。底模托架自下而上分别由牛腿及牛腿预埋件、主桁架、分配梁、底模支架及附属结构组成;侧模托架自下而上分别由插入式牛腿及锚盒、主桁架、分配梁及附属结构组成。为提高预埋件受力性能,经过咨询专家及多次试验,提出用一种高强螺栓组合件作为牛腿预埋件,有效确保了结构安全性。

超大悬臂盖梁整体形象如图 24 所示。

(3)钢混组合梁预制及安装

钢混组合梁安装由于受地形及高墩的限制,靠常规的设置临时支墩、地面起重吊装的工艺无法实现,需采用架桥机进行桥上吊装。项目部在中交路桥华北大力支持下,积极进行科技创新,开展技术攻关,借鉴以往工程先预制后安装的思路,提出了山区大跨径钢混组合梁预制及架设技术,研发设计出国内首创的钢混组合梁预制及架桥机架设新技术,并且首次在本项目钢混组合梁施工中成功实施,成功实现钢混组合梁后场预制架桥机桥梁吊装技术。在保证安全的情况下,大大提高了钢混组合梁施工质量及施工效率,圆满地完成了钢混组合梁上部构造的施工。

图24　超大悬臂盖梁整体形象

钢混组合梁拼装场标准化建设情况、钢混组合梁架设形象分别如图25、图26所示。

图25　钢混组合梁拼装场标准化建设情况

图26　钢混组合梁架设形象

(4)小半径现浇箱梁施工

雁宿崖互通C匝道桥下穿荣乌高速公路上下台大桥,并两次穿越沟谷地带,施工现场地形陡峭,纵横断高程起伏较大。桥梁平面位于缓和曲线+圆曲线+缓和曲线上,圆曲线半径60米。全桥共5联[(4×18)+3×(3×18)+(4×18)]米,为钢筋混凝土结构,平均墩高21.2米,最大墩高41.98米,最大横坡坡度6%。转弯半径小,支架搭设高度大,直线形支架结构适用性差,梁体及翼缘板弧线设置难度较大。

项目部在方案设计过程中，借鉴以往工程经验，在中交路桥华北及外部专家指导下，多次优化支架结构，最终支架结构确定为易于周转且承重效果强的钢管桩 + 贝雷梁 + 碗扣支架的组合，支架横纵坡调整方便，拆除卸落便捷，确保卸落安全高效，不破坏支架结构。此外，项目部还将各单跨支架结构单独设置成直线形，钢管桩在墩身周围呈梯形布置，使相邻两排钢管桩平行，方便设置贝雷梁。在墩顶位置支架设置过渡角，在支架不超宽的前提下实现支架全覆盖。

小半径现浇箱梁施工现场如图 27 所示。

图 27 小半径现浇箱梁施工现场

四、实施效果

“品质提升工程在高速公路建设中的项目管理实践”管理创新成果实施时间为 2017 年 4 月—2018 年 7 月，可应用于全国的高速公路建设施工中。

项目实行品质提升工程后雁宿崖互通整体形象如图 28 所示。

图 28 雁宿崖互通整体形象

（一）经济效益

①管理创新成果在太行山高速公路涞源至曲阳段 C01 标段应用成果显著，钢混组合梁施工通过钢箱梁厂内连续匹配技术、翼板剪力钉定位焊接专用模具以及钢混组合梁现场拼装、架桥机架设技术的成功应用，在质量创优、安全生产零事故的前提下，工期缩短 60 天，直接节省施工成本 800 余万元。

②通过方案比选以及支架优化，C 匝道桥现浇箱梁施工较原施工方案节约成本约 30 余万元。

③涞曲高速公路在建设过程中推行动态边坡防护设计，将高速公路沿线稳定边坡防护形式由拱架类防护变更为格宾生态防护及水保植生毯；不稳定边坡在锚固框架框格内增加植生袋等措施，在保证边

坡稳定性、提高沿线绿化覆盖率及整体视觉效果的前提下,大大降低了建设成本,符合当前国家节能减排的号召。

(二)社会效益

①该项目品质提升工程建设效果显著,在项目公司考核中,始终名列前茅,并多次获得项目公司、管理处以及中交路桥华北颁发的"先进施工单位""优胜项目经理部""优秀项目经理部""场站建设标准化先进单位""先进集体"等荣誉称号。

②2019 年 7 月,该项目雁宿崖互通枢纽被项目公司评为太行山高速公路典范工程。

③在庆祝改革开放 40 周年活动中,该项目的钢混组合梁施工过程被记录到《我们一起走过——致敬改革开放 40 周年》央视纪录片中,取得了良好的社会反响。

轨道客车企业无损检测专业化服务模式构建与实践

中车长春轨道客车股份有限公司

成果主要创造人:田　勐　赵玉雷

成果参与创造人:蔡瑞明　宋　楠　肖丹祥　王　卓　魏　静　张　勇
郭晓峰　李　凯　王丽萍　李峰龙

中车长春轨道客车股份有限公司(简称"中车长客")前身长春客车厂始建于1954年,是国家"一五"期间重点建设项目之一。2002年3月改制为股份公司,现注册资本(总股本)为58亿元(股),中国中车股份有限公司持股93.54%。中车长客是我国最大的轨道客车研发、制造、检修及出口基地,是中国地铁、动车组的摇篮。中车长客现有员工18000人,厂区占地面积490万平方米。年销售收入超过300亿元,主产品市场占有率达40%以上。

经过多年的产品开发与创新,中车长客形成了轨道客车研发服务、新造、检修及运维服务三大主营业务,正在构建轨道客运装备的铸命周期服务业务。研发试验业务主要是依托国家工程技术中心和国家工程实验室,为供应商、客户、友商、合作伙伴提供各种试验、分析和测试服务。轨道客车新造业务包括动车组、城市轨道车辆、普通铁路客车三个主产品,目前具备年产180~200列动车组、4000辆城铁车、600辆普通铁路客车的能力。检修及运维服务业务,具备年检修300列动车组及1000辆普通铁路客车的能力,正在积极拓展城铁车检修及运维服务业务。

近五年来,中车长客以习近平总书记重要指示精神为根本遵循,坚持"自主创新、深度掌控、正向设计、根在长客"的发展路线,勠力同心,扬帆逐梦,先后开发新产品99种,实现交付新造动车组和各型城铁车13236辆,完成动车组检修7512辆,中标87个国内外整车项目,累计实现销售1600多亿元。与此同时,企业不断增强创新体系和创新能力建设,先后组建了3个国内研发中心和3个海外研发中心,实现了技术和市场的双重布点,深入开展智能化控制技术和网络系统应用软件自主化研究,实现了整车网络控制逻辑完全自主掌控并拥有自主产权。目前,中车长客是国内同行业唯一一家具有应用网络自主研发能力并实现动车组、城铁车辆应用全覆盖的主机厂。中车长客积极推动我国高端设备"走出去",开创了企业集团化管控下的区域化经营新格局,着力培育具有全球竞争力的世界一流企业。企业已经成立境外八家子公司或合资企业,21个境外机构,已实现从普通市场走向国际高端市场,从早期的订单生产组织改变到跨国项目管理模式。

中车长客把基础管理放在关乎企业发展根基的全局高度,一手抓经营,一手抓改革,全面落实基础工作,加强企业文化建设,提升发展内在品质,大力弘扬"产业报国,勇于创新,为中国梦提速"的精神,以及"科学、严谨、精准、法治"的工业文化,坚持改革创新,担当产业报国使命,连接世界,造福人类,让中国高铁这张亮丽名片永不褪色。

一、实施背景

近年来,在中车集团的带领下,在中国国家铁路集团、科技部的推动和支持下,中车长客以市场和客户需求为导向,开展了"复兴号"京张智能高速动车组、时速400公里跨国互联互通高速动车组、时速

350 公里"复兴号"卧铺动车组、波士顿地铁、下一代智能地铁等 99 个新产品的研发工作。

铁路安全运营是重中之重,国家对铁路列车安全检测的重视程度也不断提升。过去几年里,中国铁路尤其是高铁呈现出快速发展的态势,高铁零部件尤其是转向架焊缝是关键受力焊缝,一旦裂纹、未熔合等缺陷漏检所引发的质量事故影响高铁行车安全,后果难以设想。随着高铁速度不断提升,列车行走里程也不断增加,前期投入使用的一些关键部件进入疲劳期。这对轨道客车安全保障技术和检修技术提出了更高的要求,这些都与无损检测技术的研究发展密不可分。无损检测是保障工业安全发展的有效工具,在一定程度上更反映了一个国家的工业发展水平,它的重要性已得到公认,无损检测技术在铁路、材料、机械制造、冶金、航空、煤炭、石油、船舶、电站等国民经济重要部门已经得到广泛应用,各工业系统大多数产品实现了无损检测与监控,国内外无损检测技术快速发展,经济效益十分明显。

铁路轨道车辆产品结构改进与先进制造技术的推广应用,对于无损检测体系提出了新的要求。技术上,如中车长客牵头制定的中车激光焊接标准发布为全球行业内首个标准体系,基于机器视觉的激光焊缝余高无损检测技术在批量化生产中应用效果好,并授权发明专利。管理上,更需要构建轨道客车无损检测专业化服务模式,从而实现智能化健康体系监管和安全保障,无损检测专业化服务模式作为核心的保障手段将不断地与智能数据分析等融合到一起,实现自身价值的飞跃。据不完全统计,高铁检测成套设备达十亿元量级,保障高铁行车安全,不只是产品和技术要到位,更要有配套的管理方法。中车长客针对高速动车组研发、制造过程中,创新摸索出的一整套无损检测质量管理体系正是为此量身打造。通过建立无损检测质量管理体系,进行企业内部检测能力的评估,并通过认证证明其具有完全的无损检测技术保证能力和质量控制能力,能够达到标准的要求。

随着我国国民经济和工业化的快速发展,企业生产的"复兴号"列车、动车组等高端产品的高安全性和可靠性要求对无损检测要求越来越高。作为高铁制造业质量控制的重要部分,无损检测应用领域广、工作量大、从业人员多,更重要的是,无损检测专业化服务模式在把好高铁产品质量关、监控使用安全等方面起着至关重要的作用。

二、成果内涵

近年来,国家关于新技术应用的政策不断出台,数字化、信息化、智能化等技术不断地应用于无损检测,中车长客"十三五"发展战略提出了"奉献高端装备技术、服务全球交通生活"和成为轨道交通装备行业世界级企业的新使命愿景,在此基础上中车长客构建了轨道客车企业无损检测质量管理体系并投入应用,为中国高铁保驾护航。

轨道客车企业无损检测质量管理体系以保障高铁行车安全为目标,以企业质量管理文化为基础,以企业 OMS、PDM、SAP、MOM 信息系统为平台,以无损检测管理流程为依托,以质量管理与业务流程为方法,以质量监督与评价为手段,在企业内部质量控制基础上构建无损检测模式。

轨道客车企业无损检测质量管理体系框架可简单概括为"一个体系、一个基本流程、四个信息系统、一个质量文化"。一个体系是无损检测质量管理体系,一个基本流程包括图纸工艺性审核和设备维修两个子流程,四个信息系统由 SAP、PDM、MOM、QMS 组成,质量文化为无损检测质量管理体系提供环境基础。

中车长客制定了《无损检测管理制度》等 9 项管理制度,制定了中车无损检测标准 8 份,制定了企业无损检测标准 12 份,搭建无损检测质量管理基础平台。

自确立"十三五"战略以来,中车长客不断深入贯彻"自主创新、深度掌控、正向设计、根在长客"的发展路线,践行创新驱动发展战略,为高质量发展提供澎湃动力,让企业发展进入了"快车道"。中车长客无损检测技术处于轨道客车装备行业领军地位,引进了世界上最先进的无损检测技术,如涡流、超声新技术的应用,彻底解决了高速车转向架齿轮箱、构架、制动盘盘毂、制动盘螺栓等重大源头质量问题,间接经济和安全效益不可估量;电磁超声和微焦点棒阳极射线技术的成功应用,解决了高铁、出口车辆诸多无损检测难题,在提高检测效率的同时,极大降低了检测成本。

中车长客树立了正确的创新观念,在轨道交通发展的战略机遇期,在新一轮竞争中赢得优势,坚持走科学协调发展的质量效益型之路,勇于开拓,锐意创新,积极开展管理创新工作,广泛采用新理念、新技术、新机制、新流程、新方法、新手段,在技术、成本、质量、效率等方面开展创新工作并收到实效。运用管理学中目标激励和荣誉激励方式,挖掘潜力,采用先进的无损检测技术和管理创新方法对改进生产工艺和提高产品质量具有明显作用。这也证明了,先进的检测技术和管理创新方法,能够有效提高企业的质量标准,这也正是发展企业核心竞争力的重要手段之一。

三、主要做法

(一)构建无损检测质量管理体系

1. 制定体系建设规划,明确工作思路

立足于企业实际,制定无损检测质量管理体系建设规划,明确体系建设的总体工作思路,见图1。通过无损检测质量管理体系运行助力实现企业质量工作重心的"四个转变",即由重检验向重管理转变,由重产品质量检验向重质量前期策划转变,由重厂内向重厂外转变,由重结果向重过程转变。

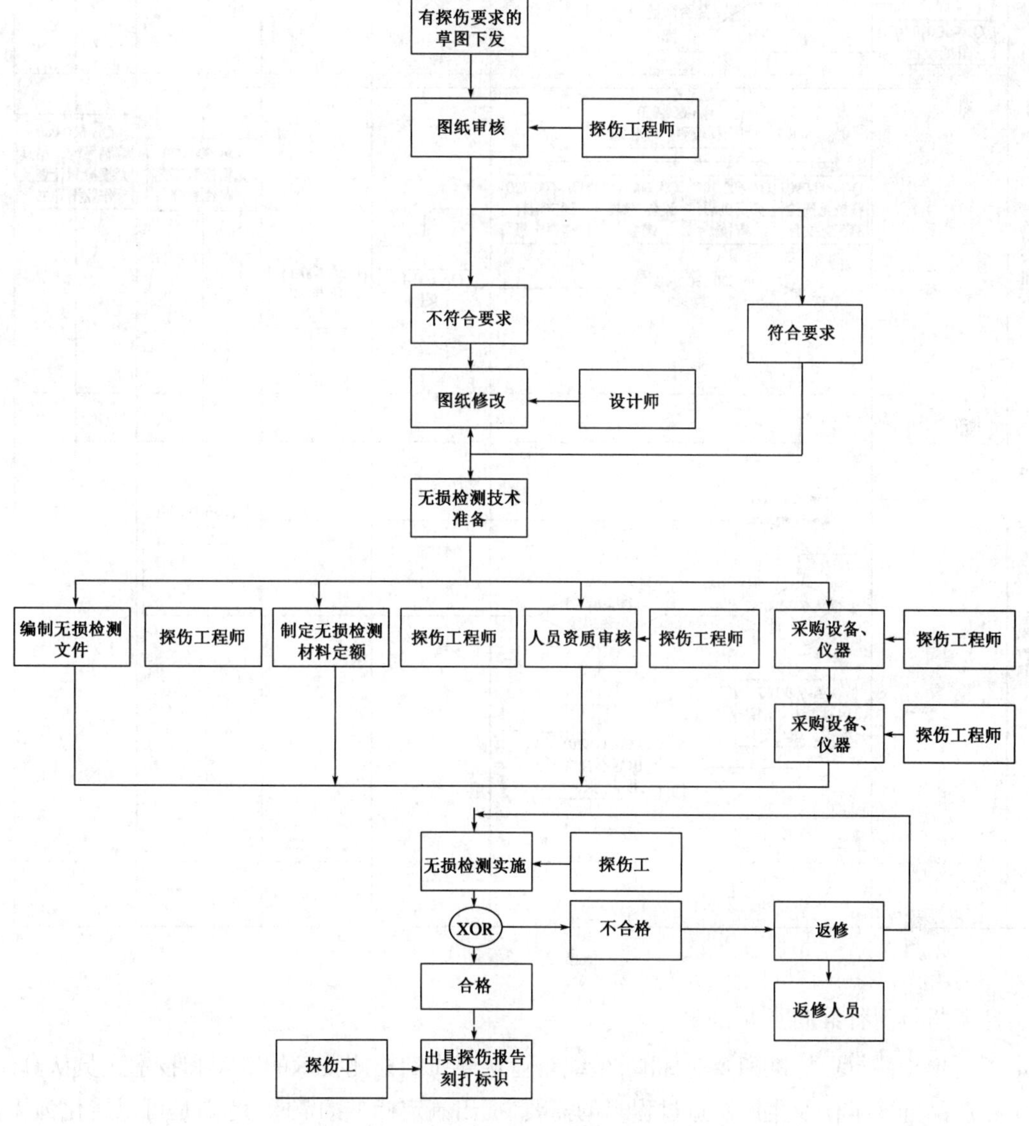

图1 总体工作思路

2. 制定无损检测管理流程,推进体系建设

制定了具有长客特色的无损检测质量管理流程图(图2),明确了企业相关部门进行无损检测的责任界限和工作步骤,规范了无损检测工艺、无损检测设备、无损检测材料、无损检测实施及无损检测报告资料的管理,达到提高无损检测生产效率的目的。无损检测管理流程包括无损检测设备维修管理、产品图纸工艺性审核两个子流程。无损检测设备维修管理流程图明确了企业在探伤设备维修、保养过程中的职责权限和接口关系,产品图纸工艺性审核及工艺路线划分流程明确了无损检测等平台在图纸工艺性审核及工艺路线划分过程的接口关系。制定了《无损检测管理制度》等9项制度,搭建无损检测质量管理基础平台。

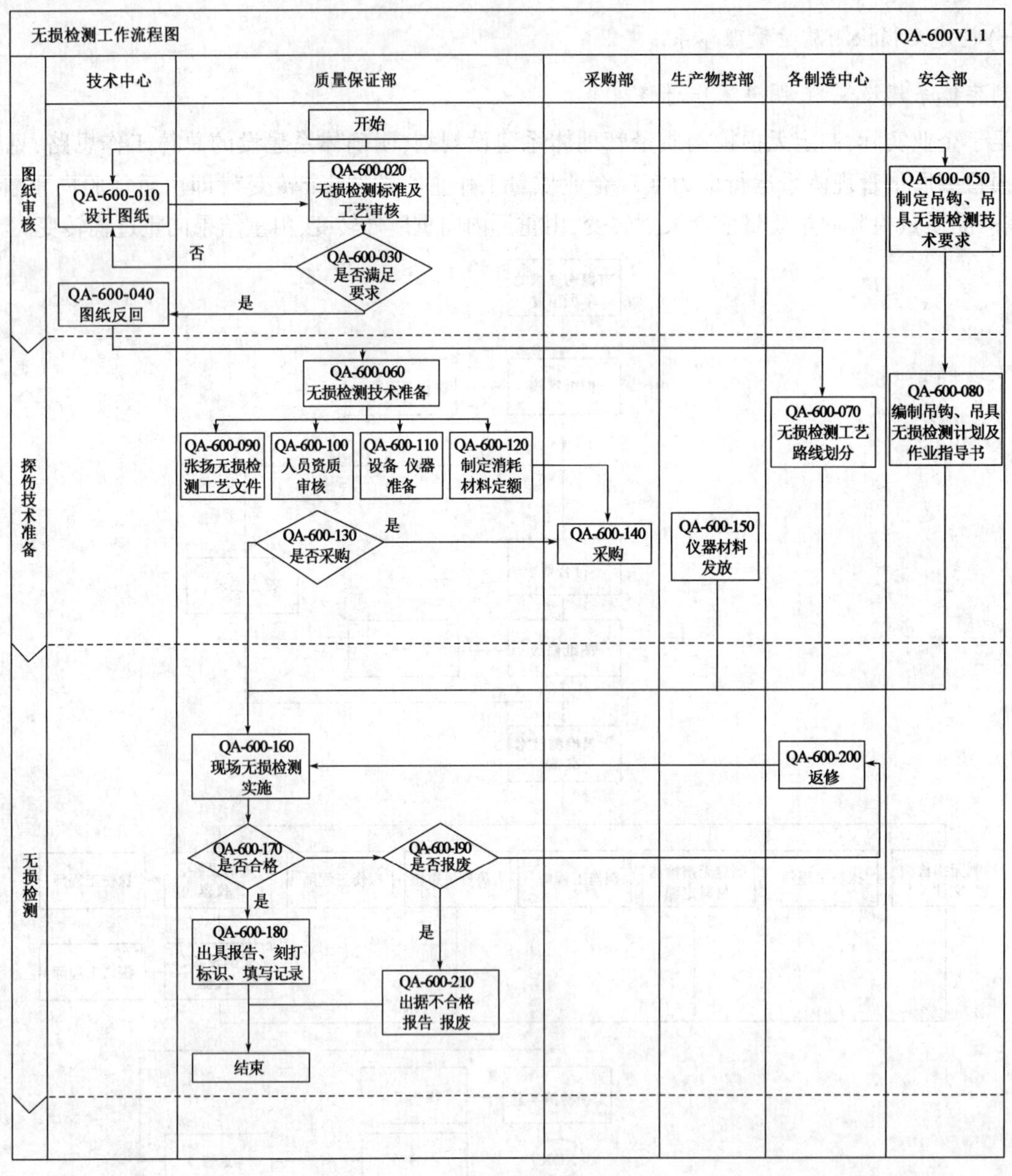

图2 流程图

3. 制定无损检测行业和企业标准

制定了无损检测行业标准和企业标准,组织企业从事质量检测技术的专家和技术人员认真研究,结合企业实际产品开发工作及生产制造过程等的需要,提出制定标准的需求,范围是可以转化为无损检测行业标准和企业标准的国际或国外先进标准;需要进行修订、修改的现行行业标准和企业标准;或在工

作中急需的而又没有相关标准的，完善标准编制工作。制定了中车无损检测标准 8 份，制定了企业无损检测标准 12 份(图 3)。

Q/CC

中车长道客车股份有限公司企业标准

Q/CC090-003-2019

无损检测　焊缝射线检验

Non-destructive testing　Radiographic testing of welds

2019-09-06 发布　　2019-09-15 实施

中车长春轨道客车股份有限公司标准化技术委员会　发布

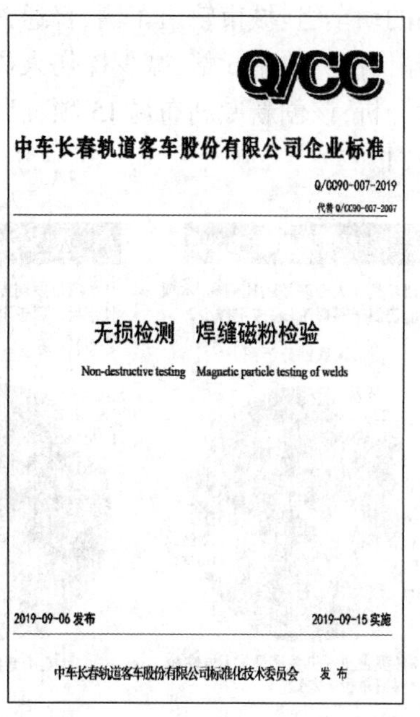

Q/CC

中车长春轨道客车股份有限公司企业标准

Q/CC090-007-2019

无损检测　焊缝磁粉检验

Non-destructive testing　Magnetic particle testing of welds

2019-09-06 发布　　2019-09-15 实施

中车长春轨道客车股份有限公司标准化技术委员会　发布

图 3　企业无损检测标准

4. 管理信息系统应用

中车长客无损检测过程物料管理、设备管理在 SAP 系统中实现；图纸审核、文件管理、技术通知管理都在 PDM 系统中实现；生产派工由 MOM 系统实现；知识经验分享在 QMS 系统中实现，全面参与了以上信息系统的需求调研、调试运行和多层级培训，将无损检测过程管理的信息装入 4 个信息系统，并完成管理信息系统的上线运行。

(二)智能化检测技术开发与应用

中车长客是轨道交通装备的领军企业，其生产的美国波士顿地铁项目是我国轨道交通装备首次登陆美国，更是我国装备行业首次对世界高端市场实现技术输出，是“中国制造”发展史上的一个里程碑，中车长客无损检测技术处于国际领先低位，采用国际最先进的智能化检测技术和装备，引领其他企业，填补了多项铁路行业技术空白，以技术为支撑解决了多项问题，取得了良好的效果，见图 4。

中国创新方法大赛

2019年中国创新方法大赛吉林赛区决赛

获奖等级：一等奖

参赛项目：棒阳极微焦点数字成像检测系统自动化改造

项目单位：中车长春轨道客车股份有限公司

参赛选手：王丽萍、田勋、陈蕴新、赵玉雷、邢enburg

吉林省科学技术厅　吉林省教育厅　吉林省科学技术协会　吉林省知识产权局

2019年9月7日

图 4　智能化检测技术开发与应用

1. 高速列车转向架微焦点数字成像检测技术

自 2018 年起中车长客在轨道客车领域首次创新应用微焦点数字成像自动化检测技术，该技术已在中车长客股份公司的动车组、城市轨道车辆、普通铁路客车三个主产品转向架横梁钢管焊缝检测中进行推广和使用，提高探伤检测效率 6 倍，减少探伤人员 4 人，每年节省无损检测材料费用约 50 万元。图 5 是该技术专利技术分析，该创新专利布局 15 项，已申报发明专利 2 项，成果水平属于国际领先，填补铁路行业此项技术空白。

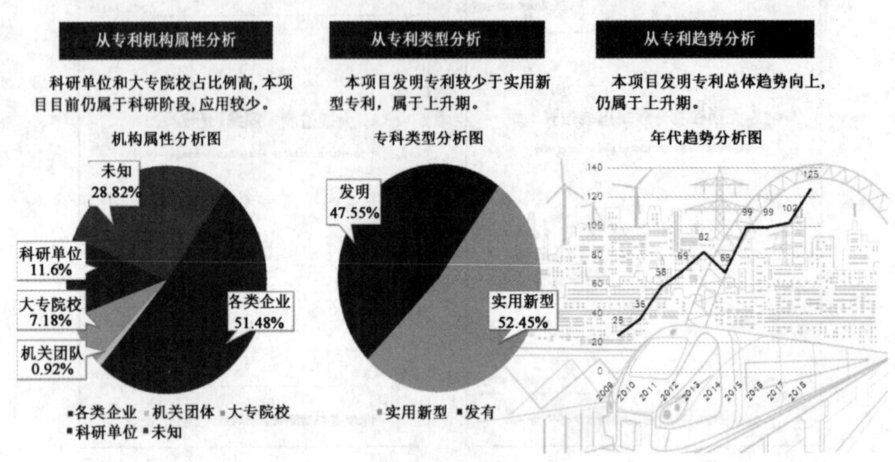

图 5 技术分析

2. 不锈钢激光叠焊电磁超声全自动检测技术

国内铁路行业首创采用电磁超声自动检测技术应用于不锈钢薄板激光叠焊缝，采用机器人进行全自动检测(图 6)，先进的检测技术确保了激光焊接质量，检测效率高，无检测材料成本，真正实现了全自动检测，在铁道无损检测行业具有里程碑意义。并在中国无损检测行业首次发表该技术核心期刊论文 2 篇，见图 7。

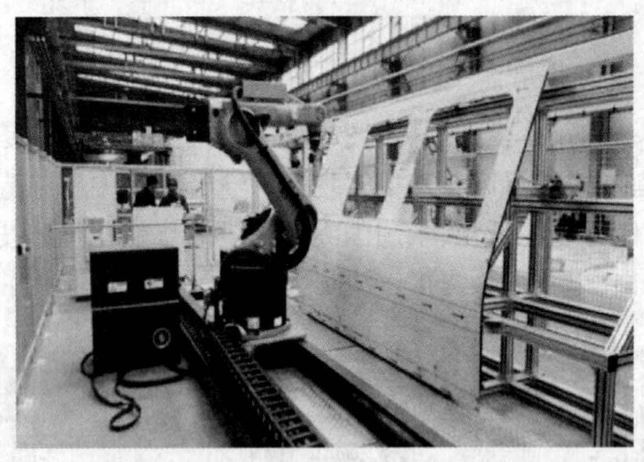

图 6 不锈钢激光叠焊电磁超声全自动检测技术

3. 超声相控阵检测技术

该技术应用于 CRH380 动车构架闸片托吊座检测，解决了常规超声波无法探伤的难题，能够确保焊缝焊接质量，得到了铁总认可并批复，确保了高铁运行安全，间接经济和安全效益不可估量。

该技术应用于铝车体搅拌摩擦焊焊接，在铁道行业尚属首次，解决了搅拌摩擦焊焊接质量问题。该技术获得北车科技成果一等奖。

4. 涡流检测技术

涡流在铁路应用极少，尤其远场涡流探伤技术在铁路行业还没有应用的先例，中车长客开发出远场涡流探伤新技术，填补了铁路行业此项技术空白。对福伊特齿轮箱、CRH380 动车构架闸片托吊座进行监控。采用涡流技术成功地解决了齿轮箱在役监控、动车构架闸片托吊座监控问题，正确监控出齿轮箱缺陷，见图8，确保了高铁运行安全。

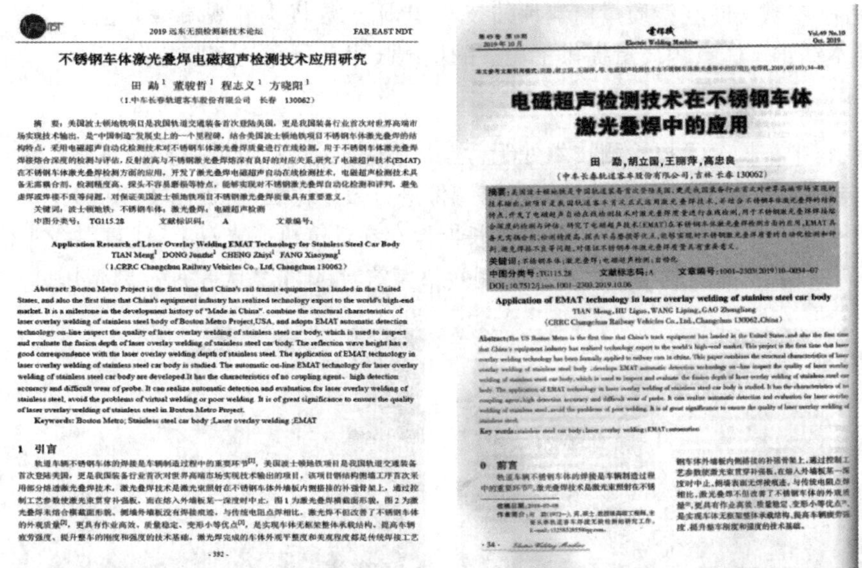

2019 远东无损检测新技术论坛　FAR EAST NDT

不锈钢车体激光叠焊电磁超声检测技术应用研究

田 勐[1]　董骏哲[1]　程志义[1]　方晓阳[1]

（1.中车长春轨道客车股份有限公司　长春　130062）

摘　要：美国波士顿地铁项目是我国轨道交通装备首次登陆美国，更是我国装备行业首次对世界高端市场实现技术输出，是"中国制造"发展史上的一个里程碑。结合美国波士顿地铁项目不锈钢车体激光叠焊的结构特点，采用电磁超声自动化检测技术对不锈钢车体激光叠焊质量进行在线检测，用于不锈钢车体激光叠焊焊接熔合深度的检测与评估，反射波高与不锈钢激光叠焊熔深有良好的对应关系，研究了电磁超声技术(EMAT)在不锈钢车体激光叠焊检测方面的应用，开发了激光叠焊电磁超声自动在线检测技术。电磁超声检测技术具备无需耦合剂、检测精度高、探头不容易磨损等特点，能够实现对不锈钢激光叠焊自动化检测和评判，避免虚焊或焊接不良等问题，对保证美国波士顿地铁项目不锈钢激光叠焊质量具有重要意义。

关键词：波士顿地铁；不锈钢车体；激光叠焊；电磁超声检测

中图分类号：TG115.28　文献标识码：A　文章编号：

Application Research of Laser Overlay Welding EMAT Technology for Stainless Steel Car Body

TIAN Meng[1]　DONG Junzhe[1]　CHENG Zhiyi[1]　FANG Xiaoyang[1]

（1.CRRC Changchun Railway Vehicles Co., Ltd, Changchun 130062）

Abstract: Boston Metro Project is the first time that China's rail transit equipment has landed in the United States, and also the first time that China's equipment industry has realized technology export to the world's high-end market. It is a milestone in the development history of "Made in China". combine the structural characteristics of laser overlay welding of stainless steel body of Boston Metro Project,USA, and adopts EMAT automatic detection technology on-line inspect the quality of laser overlay welding of stainless steel car body, which is used to inspect and evaluate the fusion depth of laser overlay welding of stainless steel car body. The reflection wave height has a good correspondence with the laser overlay welding depth of stainless steel. The application of EMAT technology in laser overlay welding of stainless steel car body is studied. The automatic on-line EMAT technology for laser overlay welding of stainless steel car body are developed.It has the characteristics of no coupling agent、high detection accuracy and difficult wear of probe. It can realize automatic detection and evaluation for laser overlay welding of stainless steel, avoid the problems of virtual welding or poor welding. It is of great significance to ensure the quality of laser overlay welding of stainless steel in Boston Metro Project.

Keywords: Boston Metro; Stainless steel car body ;Laser overlay welding ;EMAT

1　引言

轨道车辆不锈钢车体的焊接是车辆制造过程中的重要环节[1]，美国波士顿地铁项目是我国轨道交通装备首次登陆美国，更是我国装备行业首次对世界高端市场实现技术输出的项目，该项目钢结构侧墙工序首次采用部分熔透激光叠焊技术。激光叠焊技术是激光束照射在不锈钢车体外墙板内侧搭接的补强骨架上，通过控制工艺参数使激光束贯穿补强板，而在熔入外墙板某一深度时中止，图1为激光叠焊横截面形貌，图2为激光叠焊未熔合横截面形貌，侧墙外墙板没有焊接痕迹，与传统电阻点焊相比，激光焊不但改善了不锈钢车体的外观质量[2]，更具有作业高效、质量稳定、变形小等优点[3]，是实现车体无框架整体承载结构，提高车辆疲劳强度、提升整车的刚度和强度的技术基础。激光焊完成的车体外观平整度和美观程度都是传统焊接工艺

Vol.49 No.10　Oct. 2019

电磁超声检测技术在不锈钢车体激光叠焊中的应用

田　勐，胡立国，王丽萍，高忠良

（中车长春轨道客车股份有限公司，吉林 长春 130062）

中图分类号：TG115.28　文献标志码：A　文章编号：1001-2303(2019)10-0034-07

DOI：10.7512/j.issn.1001-2303.2019.10.06

Application of EMAT technology in laser overlay welding of stainless steel car body

TIAN Meng，HU Liguo，WANG Liping，GAO Zhongliang

（CRRC Changchun Railway Vehicles Co.,Ltd.,Changchun 130062,China）

0　前言

图7　核心期刊论文

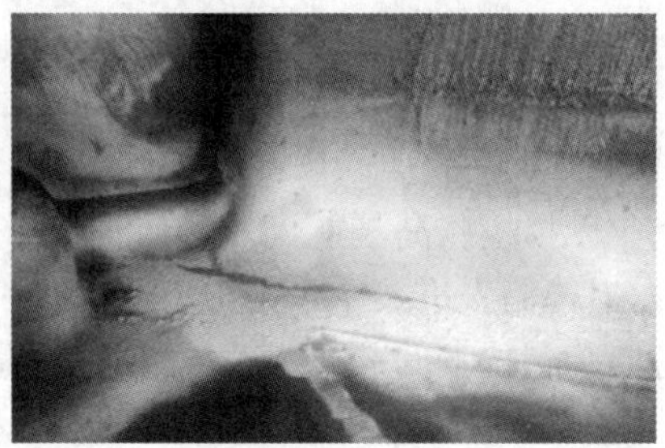

图8　涡流检测技术

5.基于机器视觉的激光焊缝余高检测技术

传统的表面余高测量方法无法满足激光焊部件的焊缝余高检测精度及交检节拍要求。针对这一问题，中车长客开发了基于机器视觉的激光焊缝余高检测技术，并授权发明专利。如图9所示，通过重建焊缝表面点云，进行图像校正与分析，获取特征点并计算得到余高信息。其检测精度优于0.05毫米，能够满足激光焊质量评估及生产节拍要求。

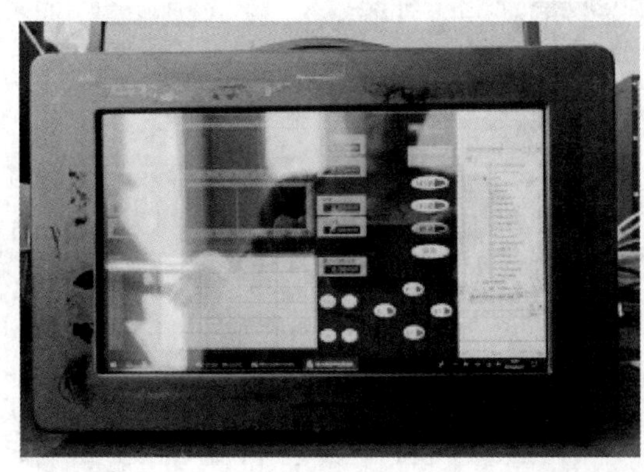

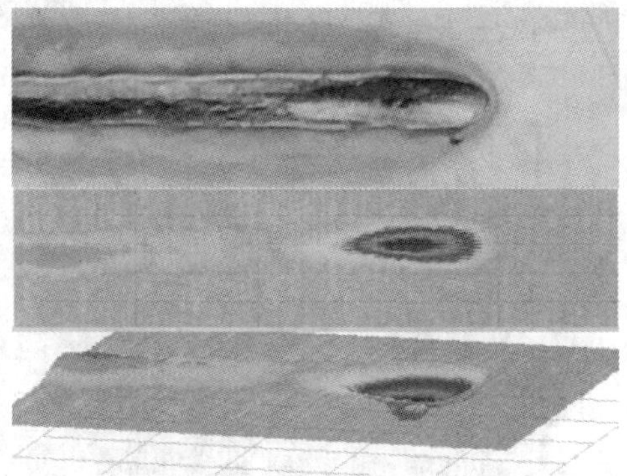

图9　基于机器视觉的激光焊缝余高检测技术

6. 电阻点焊过程实时在线质量监测技术

针对轨道交通行业不锈钢车体生产中存在的电阻点焊工艺及质量控制的相关问题,中车长客开发出电阻点焊过程多参数实时在线质量监测评估技术、电阻点焊接头外观质量非接触式智能快速检测技术,为全面提升不锈钢车体点焊质量提供了先进的检测技术及可靠的实验数据支撑。

7. 实时成像检测技术

如图10所示,中车长客无损检测技术处于行业最发展前沿,首创开发实时成像检测技术应用于高速动车组铝合金车体焊缝检验,其利用计算机对图像进行数字化处理,提高了探伤灵敏度和缺陷识别能力,探伤结果用计算机进行辅助评定,图像可以长期保存在计算机或光盘上,代替射线照相的底片,实现了X射线检测的电脑化,推广应用后提高了检测效率3倍,每年节省大量原材料费用。

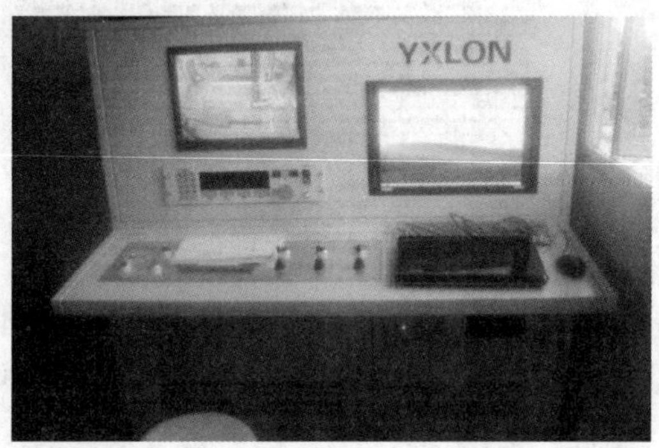

图10　实时成像检测技术

(三)创建无损检测劳模创新工作室

为加快企业无损检测高技能人才队伍建设,拓展操作岗位人才发展空间,调动员工的工作积极性和创造性,确保无损检测人员技术水平、理论水平及操作能力全面提升,满足新形势下企业发展及企业向全社会奉献高端装备技术的需要,建立了企业无损检测劳模创新工作室(图11),并申报了国家级创新工作室。

无损检测劳模创新工作室带领团队主要承担了铁路客车、动车组、城铁车转向架、车体等关键零部件的无损检测任务。铁路机车车辆属于复杂的大型机电产品,尤其是动车组,堪称国之重器,企业无损检测团队作为这些产品的质量把关者责任重大,为了更好开展创新工作,创新工作室建立健全了工作室章程、工作制度、流程,建立了创新工作奖惩机制,有效调动了团队成员积极开展无损检测领域的技术攻关、技能提升等活动的热情,确保了工作室的创新攻关、人才培养等工作按计划有序完成。工作室每月定期开展技术攻关、创新经验交流活动,建立工作室成员业绩档案,详细记录每位成员的工作计划完成情况、技术创新和攻关成果完成情况,业绩档案将作为评优评先、技能评聘的重要依据(图12)。

图11　劳模创新工作室

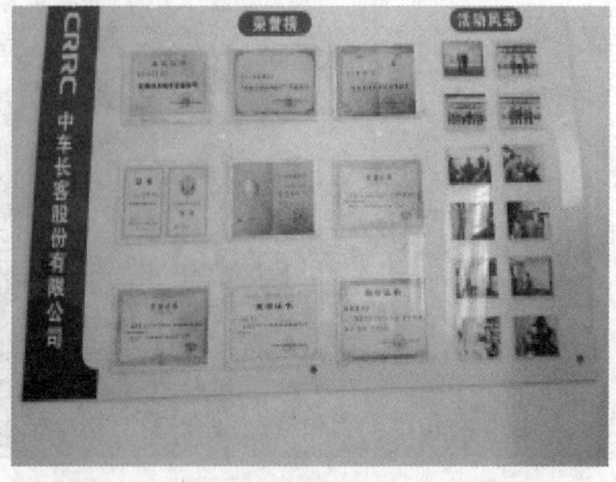

图12　技术成果

1. 开展多领域、多专业知识培训

认真做好“导师带徒”工作，针对无损检测操作者技能存在的薄弱环节，开展了一对一帮扶提升技能活动，仅2019年就有32组无损检测业务骨干与新调入员工间结成师徒，这样既帮助了新入职员工的快速成长，也有助于骨干成员的技能水平提升。

为拓宽员工视野，结合员工日常工作和无损检测领域实际所需，开展了多领域、多专业知识培训。例如，在日常的无损检测工作中，不但要能发现质量问题，更要具备解决问题的能力，这就需要对焊接方法、部件材质的知识有充分了解和积累；为避免同类质量问题的重复出现，这就需要有质量管理的思维；在各类评比过程中，员工如何能够更好地去展现团队和自身的成果与风采，这就需要有幻灯片制作、微视频制作的能力等，通过多领域、多专业知识培训活动的开展，总结发现无损检测队伍短板进行针对性培训，如图13所示。

图13　开展培训

2. 组织参加中国创新方法大赛

积极组织员工参加中国科协、科技部举办的中国创新方法大赛，充分发挥创新方法在推动创新企业方面的重要作用，取得了吉林省创新方法大赛一等奖1项、三等奖3项、全国创新方法大赛优胜奖1项，如图14、图15所示。

图14　获奖证书

通过组织员工积极参与国内、行业内、中车内、省内、长春市内、公司内的各类竞赛和技能比武活动，在参赛的过程中，不但锻炼了员工成果固化的能力，也提升了员工的自信心，取得成绩后，更是能够为企业增光添彩。

3. 长客无损检测技能提升训练营

为提升无损检测员工的专业技能水平，无损检测劳模创新工作室举办了多期“长客无损检测技能提升训练营”,如图 16 所示,训练营定期邀请国内外、行业内的无损检测领域专家、高技能人才进入训练营进行授课,通过专家的现场授课、答疑解惑和员工间的相互交流,助力员工专业水平的提升。

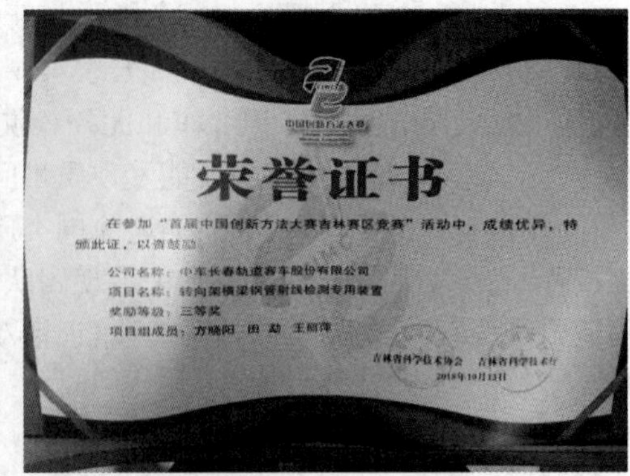

图 15 获奖证书

图 16 技能提升训练营

借助长客无损检测技能提升训练营,培养员工实践技能,提高员工职业素养;加强员工实践水平,适应高技能人才发展需求;提升职业技能,扩大星级文化影响力,加快职业竞技晋升;多技能培训,丰富标准工位建设人员储备;打造和丰富车间“超”文化内涵,促进星级工匠脱颖而出,提高职业晋升和职业竞技的知名度和吸引力五个方面展现了训练营活动的重要目的和意义。

中车长客对训练营活动开展制定了三点规划:一是确定个人技能晋升竞技目标,明确职业理想和职业方向,将个人成长轨迹融入持续发展的高铁事业中。二是积极参与导师带徒,做好技能传承,实现技能接力。三是要以“专注质量安全、提质提效、降本降耗”为核心,以车间新产品试制、多技能培训、瓶颈工序攻关等为重点和难点,在攻关克难中发挥作用、展现作为。

4. 知识经验共享

由于设计、制造工艺等方面的原因,一些关键零部件焊缝常常不可避免地出现偶发断裂事故。实际检测中,缺陷检测结果的评定受检测人员的经验及技术水平的影响较大。中车长客结合现场 1000 多张焊缝缺陷照片,编制完成了轨道客车零部件焊接无损检测缺陷分析图谱,见图 17,该成果通过应用 QMS 体系不但实现了成果固化,更实现了知识经验共享。

轨道客车零部件焊接无损检测缺陷分析图谱系统地分析了轨道客车零部件焊接产生的各种缺陷在磁粉检测、超声波检测、射线检测、渗透检测时的缺陷显示图谱及分类,图谱图例经典,通俗易懂,分析结合实际,为企业从事无损检测的一线操作员工、质量管理、设计、工艺人员的专业技能提升和产品质量管控打下了坚实的基础,有力地促进了焊接产品实物质量的提升,助推公司品牌价值和用户满意度的提升。图谱内容如图 18、图 19 所示。

5. 质量提升活动

中车长客重点发挥无损检测劳模创新工作室平台作用，以企业质量提升为契机，以企业职工技能活动为载体，以不断破解困扰产品质量问题为切入点，组织了全体无损检测员、检查员持续开展职工群众性技能培训、质量攻关等系列活动，提升无损检测工作质量，打造了一支素质过硬、技术精湛的无损检测队伍，为企业产品质量保驾护航。

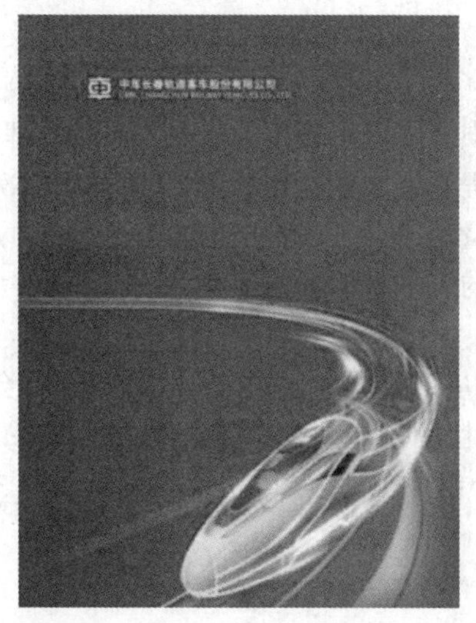

图 17　轨道客车零部件焊接无损检测缺陷分析图谱

图 18　图谱内容

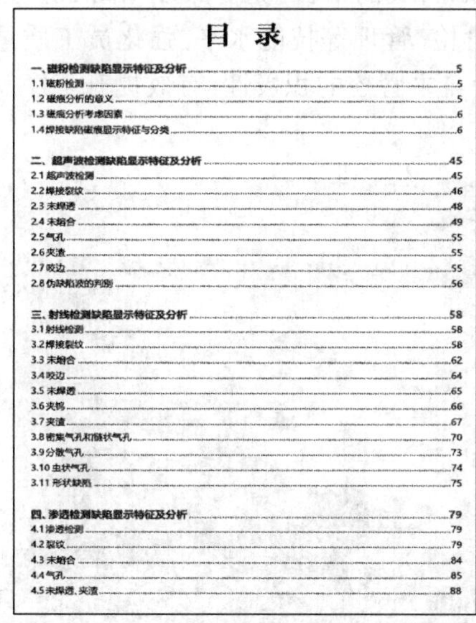

目 录

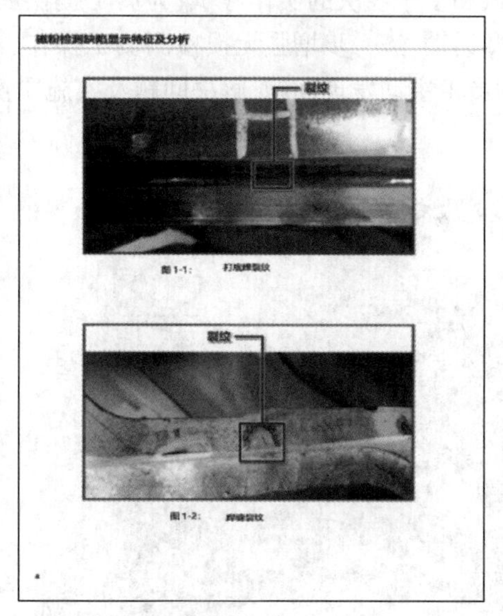

图 19　图谱内容

针对质量提升活动中发现的重要和典型问题，企业编制了《质量提升活动典型案例集》，对质量提升活动中所提出的问题进行监督执行，对典型案例集开展培训，针对重点问题开展专项整治和质量攻关，如缺陷识别、焊接源头问题等。质量提升活动常态化，设专线收集问题，组织落实整改，定期评审、讲评。

活动分为了三个阶段开展，具体如下：

第一阶段：开展形势任务教育。

结合企业生产经营任务、质量管理工作所面临的严峻形势，企业无损检测劳模创新工作室利用中干例会、班长会、班组早站会、网页、微信公众号等，开展了形式多样的形势任务教育活动。

第二阶段:立项攻关阶段。

由创新工作室牵头联合各中心相关工作室以及各车间召开摸底排查会,组织编写调查问卷,问卷内容包含重点项目、重点工序、出口项目无损检测需求等各项问题,相关单位针对无损检测工序的典型质量难题填写调查问卷,无损检测员提出平时工作中遇到的典型质量问题、惯性质量问题、重大质量问题与相关单位提出的问题相互印证,找到制约产品质量提升的根本性原因。

创新工作室以评审后的质量问题为导向,确定攻关课题,建立由无损检测员、检查员、焊接监督、焊工组成多功能攻关团队。每个团队确定负责人,负责整个攻关团队的分工以及各项工作的统筹安排。

创新工作室开辟了技能培训园地,开展多次无损检测流程等相关流程和质量管理办法的培训活动,聘请专家进行培训,通过培训使全体员工增强按流程开展质量管控的自觉性;开展多次先进检验经验和检验办法交流活动;开展多次工序间走访和实物质量观摩活动,旨在通过各个工序的走访和观摩,对无损检测工序之间的衔接、工序间产品质量项点标准的统一有深刻的了解。

第三阶段:成果评审阶段。

由创新工作室组织召开质量提升攻关小组和质量提升创造独有操作法成果评审会,梳理工作成果,大力宣传了活动中涌现的典型。仅2019年,在无损检测领域共计申报五小发明成果7项、申报优秀操作法成果14项、申报立项攻关成果5项、申报QC小组成果2项、申报优秀创新成果3项,发表论文22篇、申报专利4项。

6. 开展无损检测员工技能竞赛

在全体无损检测员工范围内,创新工作室平台开展了“无损检测员工技能竞赛”活动,通过组织统一的理论考试和多个场次的实作考试,为员工提供展示自我的平台,竞赛照片见图20。通过开展系列岗位技能竞赛活动,进一步增强无损检测员工操作、自检、管理等技能水平,强化员工质量主体责任意识,充分调动员工主动发现问题、解决问题及实施质量自主管控的积极性,有效提升工序及整机产品质量水平。

图20　竞赛照片

(四)无损检测质量缺陷统计分析

中车长客按照“以质论价、优质优价”的原则,针对工序生产中出现的质量问题,建立产品质量量化管理系统,建立产品质量量化评价机制,根据工序产品生产过程中出现的工作质量和实物质量问题危害程度,确定缺陷等级和扣分原则,对各生产单位进行量化评价(打分),评价结果与生产单位质量工资进行挂钩,真正体现优质优价,有力促进了生产单位生产优质产品的积极性。由于无损检测是特殊关键工序,为保证轨道客车制造质量,中车长客采取如下措施:

①按照生产单位以往现场无损检测发生的各类缺陷归纳总结,进行了统计分析,制定了《无损检测

质量缺陷分类体系表》(表1),纳入企业量化考核系统中。

无损检测质量缺陷分类表　表1

序　号	质量缺陷描述	缺陷类别	扣分标准
1	要求探伤的焊缝出现漏焊	A	每项每件产品扣罚5分
2	探伤件未探伤、未刻打探伤钢印或工卡探伤工未签字即转序	A	每项每件产品扣罚5分
3	缺陷修复未清除干净,就直接补焊	A	每项每件产品扣罚5分
4	焊缝同一探伤部位连续3件出现裂纹、未焊透、未熔合等超标缺陷	B	每项每件产品扣罚2分
5	探伤合格后的工件违反工艺流程进行调修或焊补;探伤不合格返修超过文件规定返修次数(文件未规定的返修次数允许2次)仍未合格	B	每项每件产品扣罚2分
6	探伤合格后的工件放入不合格品区;已确认不合格的探伤件与未探伤工件混在一起进行重新探伤	B	每项每件产品扣罚2分
7	代替探伤工喷反差增强剂	B	每项每件产品扣罚2分
8	探伤报告等质量记录丢失	B	每项每件产品扣罚2分

②以提升"工作质量"为导向,以长客无损检测工作质量等方面为切入点,建立联合检查小组,进行全覆盖检查。

③企业每月针对发现的质量问题进行点评,图21是点评会议照片,按照《无损检测质量缺陷分类体系表》对发生质量问题的生产单位进行考核。如果再次发生问题,即属重复性问题,将加重考核。通过推行产品质量量化评价机制,将哪怕是一些很小、很简单的问题,都能及时暴露出来,防止再发生,起到了防微杜渐的作用。同时也起到了内部技术人员交流、学习的过程,为各产品间的横向沟通提供了一个很好的平台,杜绝了低层次质量问题、人为质量问题和重复性问题的发生。

图21　点评会议照片

④对涌现出的优秀班组和优秀个人进行表彰,展现质量管理人员饱满的工作热情,促进了质量提升,效果明显。

(五)无损检测过程监督

无损检测过程中发现的裂纹往往触目惊心,一旦漏检,后果难以设想。为避免带有裂纹的工件出厂,无损检测工序实行工序产品质量包保制度,针对每一道无损检测工序,企业指定专人对其进行质量包保,包保人员负责对其进行监督、帮扶和指导。企业根据实际情况,制定了无损检测产品质量自控及包保实施方案,明确包保人与包保工序间的质量职责权限划分,明确其各自承担的工作任务。

无损检测现场除进行合格品、不合格品、待检品分区管理外,更强化了现场检查的深度,见图22,企业每月发布《无损检测现场工艺纪律检查通报》,发现问题及时整改,杜绝出现重大和批量质量事故。

质量保证部内部探伤工艺纪律检查管理规范

1 目的

为严肃探伤工艺纪律检查，规范探伤操作过程、探伤设备、及仪器、探伤记录等管理，确保产品质量，特制定本规定。

2 适用范围

本办法适用于公司所有生产产品的探伤过程。

3 管理要求

3.1 质量保证部焊接中心负责制订探伤工艺纪律检查计划，并组织实施。定期检查各探伤工序的探伤操作、探伤设备及工具、探伤记录等执行情况。

3.2 质量检查一处、质量检查二处负责探伤工艺纪律检查奖惩的落实。

3.3 质量检查一处、质量检查二处各探伤班组负责执行探伤工艺纪律检查相关整改措施，同时须配合焊接中心完成探伤工艺纪律检查工作。

3.4 检查形式及要求

3.4.1 探伤工艺纪律检查以集中检查和日常随机检查相结合的形式进行。

3.4.2 集中检查以焊接中心探伤技术组为单位组织进行，集中检查每月不少于2次，每次重点检查一个班组的各个施工场地，同时随机抽查其它班组的情况，并对上次检查问题的整改情况进行复查，被检查的探伤班组要积极协助检查并认真整改检查中发现的问题。

3.4.3 对集中检查中发现的问题，在探伤工艺纪律检查通报中进行公布，按规定奖励和扣罚。

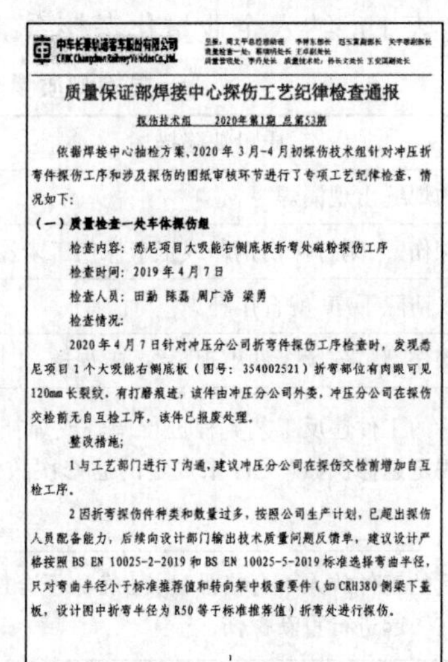

中车长春轨道客车股份有限公司
CRRC Changchun Railway Vehicles Co.,Ltd.

质量保证部焊接中心探伤工艺纪律检查通报

探伤技术组　2020年第1期 总第53期

依据焊接中心抽检方案，2020年3月-4月初探伤技术组针对冲压折弯件探伤工序和涉及探伤的图纸审核环节进行了专项工艺纪律检查，情况如下：

（一）质量检查一处车体探伤组

检查内容：悉尼项目大吸能右侧底板折弯处磁粉探伤工序

检查时间：2019年4月7日

检查人员：田勋 陈磊 周广浩 梁勇

检查情况：

2020年4月7日针对冲压分公司折弯件探伤工序检查时，发现悉尼项目1个大吸能右侧底板（图号：354002521）折弯部位有肉眼可见120mm长裂纹，有打磨痕迹，该件由冲压分公司外委，冲压分公司在探伤交检前无自互检工序，该件已报废处理。

整改措施：

1 与工艺部门进行了沟通，建议冲压分公司在探伤交检前增加自互检工序。

2 因折弯探伤件种类和数量过多，按照公司生产计划，已超出探伤人员配备能力，后续向设计部门输出技术质量问题反馈单，建议设计严格按照 BS EN 10025-2-2019 和 BS EN 10025-5-2019 标准选择弯曲半径，只对弯曲半径小于标准推荐值和转向架中极重要件（如CRH380侧梁下盖板，设计图中折弯半径为R50等于标准推荐值）折弯处进行探伤。

1

图22　无损检测过程监督

为了有效地管理供应商，中车长客搭建了采购供应商业绩评价管理平台，构建了“供应商只有中标供货而又不被考核扣分，才是优质供应商”的竞争管理机制，发布了采购供应商业绩评价管理流程与规范，编制了采购供应商业绩考核项点与扣分标准。

中车长客引进、消化吸收了西门子等国际性企业的供应商先进管理模式，建立发布了采购产品合格供应商名录，搭建了信息化网络资质管理平台。并且，中车长客针对涉及无损检测的供应商和委外厂家，制定了无损检测供应商首件检验和过程审核项点，见图23，除首件检验外，定期进行过程审核，避免带有超标缺陷的工件入厂。

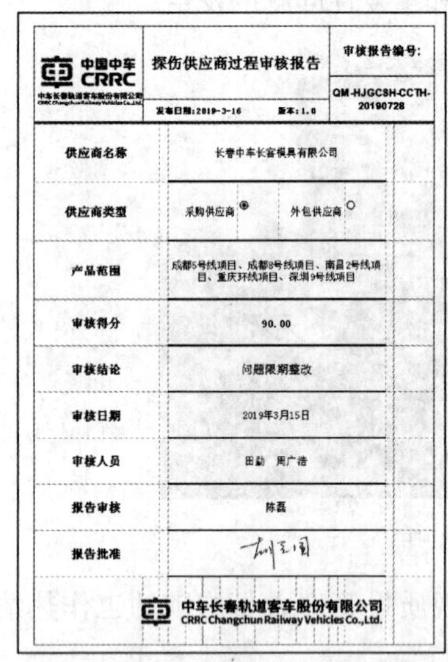

中国中车 CRRC
中车长春轨道客车股份有限公司

探伤供应商过程审核报告

审核报告编号：QM-HJGCSH-CCTH-20190728

发布日期：2019-3-16　版本：1.0

供应商名称	长春中车长客模具有限公司
供应商类型	采购供应商◉　外包供应商○
产品范围	成都5号线项目、成都8号线项目、南昌2号线项目、重庆环线项目、深圳9号线项目
审核得分	90.00
审核结论	问题限期整改
审核日期	2019年3月15日
审核人员	田勋　周广浩
报告审核	陈磊
报告批准	[签名]

中车长春轨道客车股份有限公司
CRRC Changchun Railway Vehicles Co.,Ltd.

焊接供应商过程审核记录-探伤审核

图23　审程报告和审核记录

（六）无损检测质量管理文化培育

1. 举办“万米焊缝探伤无错漏”活动

为提升无损检测团队检测技能，中车长客党群部门以抓现车、抓现场为重点，用“万米焊缝探伤无错漏”活动的方式展开，通过可视化、数据化、评价集成化让员工主动积极参与“万米焊缝探伤无错漏”活动，活动方案见图24，引导和教育无损检测人员加深“质量红线”意识，提升自身检验技能，以“严、细、精、实”为检验理念，严格按质量标准执行，杜绝不合格产品流入下工序，重视质量管理的痕迹性，强化质量管控流程和手段。

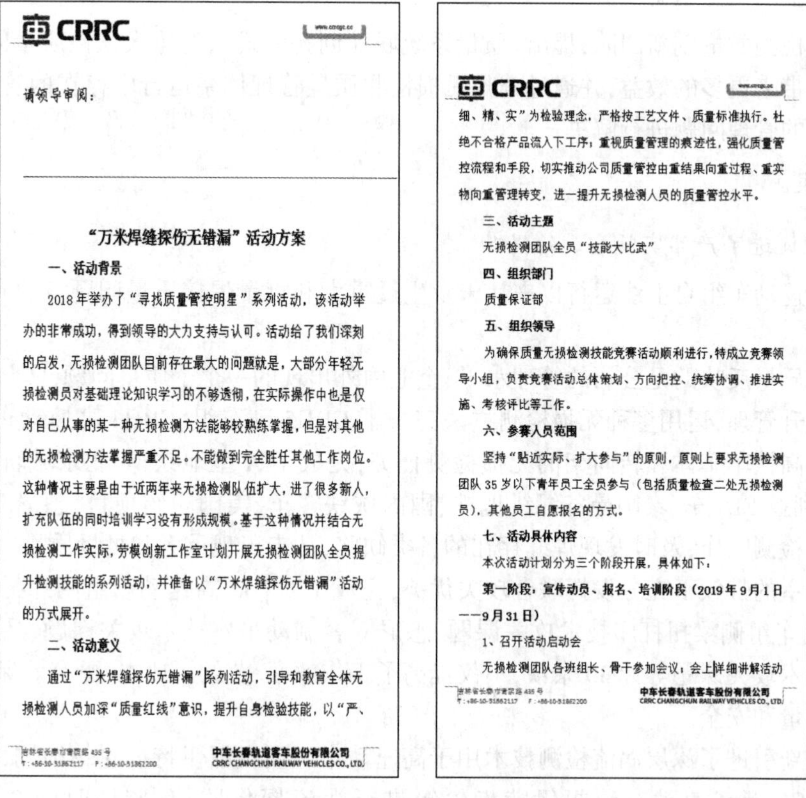

CRRC

请领导审阅：

“万米焊缝探伤无错漏”活动方案

一、活动背景

2018年举办了“寻找质量管控明星”系列活动，该活动举办的非常成功，得到领导的大力支持与认可。活动给了我们深刻的启发，无损检测团队目前存在最大的问题就是，大部分年轻无损检测员对基础理论知识学习的不够透彻，在实际操作中也是仅对自己从事的某一种无损检测方法能够较熟练掌握，但是对其他的无损检测方法掌握严重不足。不能做到完全胜任其他工作岗位。这种情况主要是由于近两年来无损检测队伍扩大，进了很多新人，扩充队伍的同时培训学习没有形成规模。基于这种情况并结合无损检测工作实际，劳模创新工作室计划开展无损检测团队全员提升检测技能的系列活动，并准备以“万米焊缝探伤无错漏”活动的方式展开。

二、活动意义

通过“万米焊缝探伤无错漏”系列活动，引导和教育全体无损检测人员加深“质量红线”意识，提升自身检验技能，以“严、

中车长春轨道客车股份有限公司
CRRC CHANGCHUN RAILWAY VEHICLES CO., LTD.

CRRC

细、精、实”为检验理念，严格按工艺文件、质量标准执行。杜绝不合格产品流入下工序；重视质量管理的痕迹性，强化质量管控流程和手段，切实推动公司质量管控由重结果向重过程、重实物向重管理转变，进一提升无损检测人员的质量管控水平。

三、活动主题

无损检测团队全员“技能大比武”

四、组织部门

质量保证部

五、组织领导

为确保质量无损检测技能竞赛活动顺利进行，特成立竞赛领导小组，负责竞赛活动总体策划、方向把控、统筹协调、推进实施、考核评比等工作。

六、参赛人员范围

坚持“贴近实际、扩大参与”的原则，原则上要求无损检测团队35岁以下青年员工全员参与（包括质量检查二处无损检测员），其他员工自愿报名的方式。

七、活动具体内容

本次活动计划分为三个阶段开展，具体如下：

第一阶段，宣传动员、报名、培训阶段（2019年9月1日——9月31日）

1、召开活动启动会

无损检测团队各班组长、骨干参加会议；会上详细讲解活动

中车长春轨道客车股份有限公司
CRRC CHANGCHUN RAILWAY VEHICLES CO., LTD.

图24 活动方案

活动从“质量量化考核、安全产品无损检测、现场产品问题解决”这三个最能集中反映质量管控状态和员工工作质量的突出环节为切入点，开展全员全过程的“万米焊缝探伤无错漏”活动。为每名无损检测员工建立“万米焊缝探伤无错漏”活动考核档案，制作统计考核表格，定期召开阶段总结和推进会议。在考核表格中体现加减分情况，用数据说话，体现公平公正的原则。

“万米焊缝探伤无错漏”活动的开展，充分发挥无损检测职能作用，勇于担当、敢于负责，将无损检测团队打造成知识型、技能型、创新型、具有劳模精神和工匠精神的国际学先进管理队伍。

“万米焊缝探伤无错漏”活动切实推动了企业质量管控由重结果向重过程、重实物向重管理转变，进一步提升了无损检测人员的质量管控水平，通过开展“万米焊缝探伤无错漏”活动，见图25，促进了员工尽职尽责持续做好本职工作，持续培育落实“学习强检、向上向美”的文化目标，用高质量产品打造中国制造的亮丽名片。

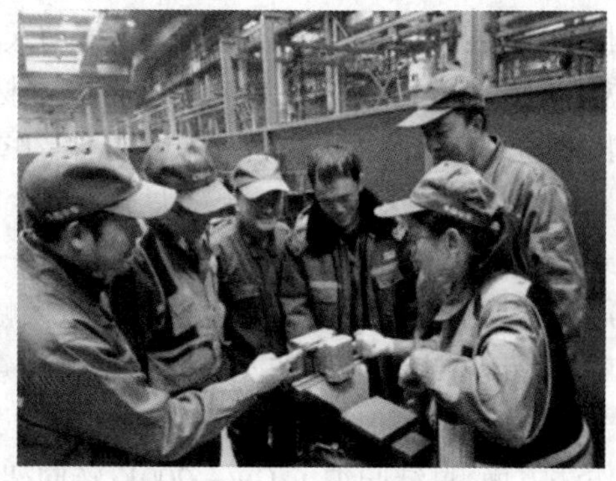

图25 活动现场

2. 建立无损检测质量创新团队

建立了无损检测质量创新团队,提出"质量系统联动创新模式",对重大惯性质量问题联合攻关,使创新成果为企业带来更多的效益,并通过查找无损检测质量管理体系运行中存在的管理缺失或影响管理体系有效运行的管理问题进行解决。

四、实施效果

(一)有力地促进了产品实物质量的提升

中车长客高速动车组自上线运行以来从未发生过重大和批量焊接质量问题,这与无损检测体系保障是密不可分的。

车辆的实物质量反映的是公司的管理水平,企业内外出现的一个个质量问题,实际上就是一个个管理漏洞。为了提升管理,运用多种无损检测方法完成了 CRH5 动车组、CRH3 高速动车组、"复兴号"动车组等中国主型高铁车车体和转向架的无损检测任务,完成了 A 型地铁车、北京城轨、重庆单轨、巴基斯坦客车、澳大利亚 EDI 车、泰国曼谷绿线地铁、国内城铁客车、美国纽约项目、悉尼双客、美国纽约构架等项目的无损检测工作,及时发现焊缝存在的各类缺陷,从未出现重大和批量质量事故。

在创新工作室的带领下充分发挥联合攻关优势,完成了 CRH3 高速动车组闸片托吊座焊接质量提升、CRH3 高速动车组侧梁扭杆座技术攻关课题、悉尼双客制动吊座技术攻关课题、悉尼双客端底架焊接及无损检测技术攻关课题等计 30 余项,不仅提高了工作效率、节约了成本,更有效保证了动车组等轨道客车产品的质量和安全。

中车长客创新引进了深层涡流检测技术用于高速动车组项目福伊特齿轮箱检测,对企业运行中的 CRH380BG/BL/CL 型高速动车组福伊特齿轮箱进行涡流探伤监控,监控时间 3 年,完成了企业 CRH380BG/BL/CL 型动车组总 92 组车的涡流无损检测,正确发现缺陷,避免了重大质量事故的发生。

(二)大幅度提升了技术创新能力

中车长客轨道客车行业首次应用激光焊技术,促进了轨道车辆产品的档次提升,在搭接接头焊接过程中,由于间隙影响会出现焊缝表面余高不足,直接影响焊缝质量。而传统的表面余高测量方法无法满足检测精度及交检节拍要求。针对这一检测要求,创新了基于机器视觉的激光焊缝余高检测技术,通过重建焊缝表面点云,进行图像校正与分析,获取特征点并计算得到余高信息,并通过试验验证了高方法的可靠性及检测精度,对比了所测余高值与破坏性金相检测方法测量余高之间的差异,其检测精度优于 0.05 毫米,能够满足激光焊质量评估及生产节拍要求,已经在激光焊车体批量化生产中实现应用。

高速列车转向架微焦点数字成像自动化检测技术成果应用后提高了工作效率 6 倍,仅钢管射线检测一道工序就节省了操作者 6 人,节省探伤材料费用及工时费 26.4 万元/年,并可以获得分辨率更高的图像质量,大量避免人身多次进出射线探伤室受到的辐射。这些都是创新前所不能做到的。可以说人的生命和健康是无价的,该成果避免人身多次进出射线探伤室受到过量辐射,间接价值是无价的。

中车长客应用射线实时成像检测技术(移动式和固定式),该技术主要应用于高速车铝合金车体检测,推广应用后提高了检测效率 3 倍,每年节省原材料费用 20 余万元。

中车长客通过信息化系统实现了新产品工艺图纸审查工作、无损检测文件编制工作,针对现场关键和惯性质量问题技术攻关,通过创新解决了许多生产中的实际问题,确保了产品探伤质量,尤其在新产品生产中充分发挥了创新的主动性,攻克一个又一个技术难关。例如,在澳大利亚 EDI626 项目上,攻克了 CPS00533 探伤技术难点,使企业产品质量大幅度提高;针对 CRH380 项目内部结构复杂的齿轮箱,解决了该项目福伊特、弗兰德、采埃弗齿轮箱的内窥镜检测技术难点;完成了"澳大利亚 EDI 车钩座焊接探伤联合攻关""美国纽约构架探伤技术攻关""泰国曼谷绿线构架焊接探伤联合攻关"等攻关项目;在提炼操作法方面,总结归纳了 CW—200K 转向架 X 射线双壁透照检测法、"重庆单轨构架探伤五步操作法""CRH380 动车组横梁管 X 射线周向曝光七步操作法""A 型地铁车横梁管 X 射线曝光操作法"等操作方法,并推广应用,效果显著。

(三)培育出了一支层次清晰、结构合理,集各类检测方法人才为一体的无损检测人才梯队

中车长客通过组织员工积极参与无损检测质量攻关和课题专研并将成果固化、参与各类评比等,达到了助力企业质量提升的目标,为员工个人专业能力提供了广阔的平台,深入贯彻了人才强企战略,提升员工技能水平,激发了员工兴趣,增强员工专业技能水平,满足企业人才梯队长远、优质发展,打造出素质过硬的优秀工匠,仅2019年,中车长客培养无损检测领域的享受政府特殊津贴1人、内部培训师12人、中车技术专家1人、中车资深技能专家1人、中车技能专家1人,长春工匠2人、高级技师2人、技师10人。

建立了无损检测队伍各级人员的质量工作业绩档案,包括领导干部、技管人员、操作者分类建立人员质量业绩档案。

通过开展多样化的技能比武活动,不但对员工专业理论知识的掌握水平和实践动手发现质量问题的能力进行了评比,还对员工现场分析问题产生原因和解决问题的能力进行了评比。通过考评员工的综合能力,激发了员工比学赶超的工作热情,在高技能人才培养和职业晋升方面成效突出,通过各方面激励,制定和落实个人指标,员工更加注重了知识积累,善于成果固化,能够积极完成在五小成果、优秀操作法、质量攻关、论文发表、专利申报等方面的年度个人指标,参与企业岗位技能竞赛申报热情大幅增加,占比达到全部门的60%,较以前提高30%以上。仅2019年,在无损检测领域共计申报五小发明成果7项、申报优秀操作法成果14项、申报立项攻关成果5项、申报QC小组成果2项、申报优秀创新成果3项、发表论文22篇、申报专利4项。

(四)发挥引领作用,促进质量文化建设

质量是一个企业的生命线,质量是一个企业的尊严。在未来市场上,企业产品质量比别人优一些、更可靠一些,企业就有更强的获取市场订单的能力和竞争力,产品质量是用户最直接感受和体验到的,服务能力和响应用户需求的能力一定是企业展现在用户面前的硬实力。

中车长客通过开展无损检测"质量提升""QC质量小组""万米焊缝探伤无错漏"活动等特色质量活动,建成"一次就做对""不让不合格品流入下工序""以认真负责为荣,以危害质量为耻""万无一失、一失万无"的具有长客特色的质量文化,并为员工搭建人才成长通道,使员工深刻意识到了质量对公司和个人的重要性,激发了全体员工参与质量工作积极性,调动员工主人翁意识,使其认真负责、自动自发地做好本职工作。

中车长客建立了以"零缺陷、零隐患、零故障"为核心的质量工作理念,养成"第一次就把事情做对"的工作习惯,树立"没有质量问题光荣,出现质量问题可耻"的质量荣誉感。使"不制造缺陷、不接受缺陷、不传递缺陷"成为每一名员工的自觉行动,以促进企业整体质量管控水平的提升。

"振兴民族工业,服务百姓出行"就是中车长客人的初心和使命。中车长客全面贯彻创新发展理念,落实企业部署,坚持"转型升级、创新驱动、质量为先、基础取胜"工作主题,以"提质、提能、提水平"为工作主线。2015年7月17日,习近平总书记到中车长客视察指导工作,他指出,高铁动车体现了中国装备制造业水平,在"走出去""一带一路"建设方面也是"抢手货",是一张亮丽的名片。五年来,习近平总书记多次为中国高铁点赞。2019年12月30日,习近平总书记为京张高铁正式开通运营作出重要指示。从自主设计修建零的突破到世界最先进水平,从时速35公里到350公里,京张线见证了中国铁路的发展,也见证了中国综合国力的飞跃。作为"复兴号"京张高铁的研制企业,中车长客将继续以习近平总书记的重要讲话精神为指导,坚持改革创新,担当产业报国使命,连接世界,造福人类,让中国高铁这张亮丽名片永不褪色。

国际高端项目时间线管理体系的构建与实施

中车长春轨道客车股份有限公司

成果主要创造人:王　润　王　锋

成果参与创造人:孙晓琨　吴帆帆　唐　默　刘赢平　王长虹　任向前

石清萍　李祥东　唐洪图　曲　强

中车长春轨道客车股份有限公司(以下简称"中车长客"),前身长春客车厂始建于1954年,是国家"一五"期间重点建设项目之一。中车长客是我国知名的轨道客车研发、制造、检修及出口基地,是中国地铁、动车组的摇篮。公司拥有24家子公司(全资及控股15家),其中境外子公司8家(全资及控股4家)。

中车长客经营业务主要由研发试验、轨道客车新造、检修及运维服务三大部分组成。研发服务业务主要是依托国家轨道客车工程研究中心和国家工程实验室,为供应商、客户、友商、合作伙伴提供各种试验、分析和测试服务。客车新造包括动车组、城市轨道车辆、普通铁路客车三个主产品,目前具备年产180~200列动车组、4000辆城铁车、600辆普通铁路客车的能力。检修及运维服务业务,具备年检修300列动车组及1000辆普通铁路客车的能力,并拓展了城铁车检修及运维服务业务。

中车长客是国内行业中出口最早、出口数量最多的企业,产品已出口到美国、澳大利亚、巴西、泰国、沙特、新加坡、新西兰、阿根廷、埃塞俄比亚、中国香港等20多个国家和地区,出口车数量累计超过8900辆,签约额超过120亿美元。中车长客已成为中国高端装备制造业的代表。

一、实施背景

中车长客内外部环境发生了重大的变化,充满着机遇和挑战。首先,随着中国"一带一路"倡议得到国际社会越来越广泛的响应和参与,国际轨道交通市场潜力巨大,国际轨道车辆全寿命周期项目带来重要机遇。同时,发达国家产业回归、脱虚向实,本地化产业链趋于完善,有利于公司拓展国际项目。其次,绝大多数国家都在推行可持续发展战略,基础设施建设对经济发展产生一定的拉动效应。许多国家逐步筹划轨道交通产业,全球轨道交通的需求将有一定幅度的持续增长。

充满机遇的同时也有着不同的挑战。首先,中车长客国际轨道车辆全寿命周期项目执行面临的主要挑战是激烈的市场竞争和复杂的国际形势。行业巨头正在逐步整合资源、提升自身综合实力,全球项目的执行难度越来越大。其次,国际市场目前对"中国标准"认可度不高,项目执行面临技术性壁垒。最后,发展轨道交通资金投入大、项目建设时间长,对东道国融资能力、政策持续执行能力均提出较高要求。

对于国际市场而言,中车长客一直致力于国际市场的耕耘和拓展,坚持从新造向全寿命周期服务业务转型,从以产品新造为主体的单一要素服务,向技术"孕育"到产品寿命终结的全寿命周期体系服务拓展,持续推进全球战略布局、技术布局和产业布局,基本完成了全球化布局和经营网络,实现了全球市场全覆盖,开启了集团化管控下的跨国经营新时代,已经从中东、拉美、非洲等中低端市场项目逐渐拓展到了北美、澳大利亚、东南亚区域的高端市场项目,面临着欧标、美标、澳标等多维度的产品标准、不同的管理体系和高端市场客户对于项目管理水平和能力的要求,没有适应国际标准的方法论作为指导,没有系统化的管控平台控制,很难兑现合同,满足客户需求。

能够有效制定、执行计划是一个组织成熟度最重要的标志。有效制定计划，是企业从经验型组织转变到科学型组织最关键的里程碑。计划管理系统是有效提高企业自上而下的执行力，确保企业各个层级紧密围绕企业经营目标，一致行动最实用的管理工具。能够运用系统化、标准化的风险管理工具是充分识别项目风险、有效控制项目风险的重要保障，通过平台知识管理不断充实和共享、交互，能够将个人知识转化为组织过程资产，为项目的顺利执行奠定基础。

通过坚持以需求为导向，搭建了国际轨道车辆全寿命周期项目体系，本次创新的国际标准的轨道车辆全寿命周期项目管理以“市场培育阶段—招投标阶段—设计生产制造阶段—售后服务阶段—日常维保阶段—架大修阶段—车辆报废与回收阶段”的全寿命周期服务业务为牵引，建立一套合规化、标准化、高效化、模板化、可复制可推广的具备全球同行竞争力的轨道车辆全寿命周期项目管理系统，并实现信息化管理的统一，进一步提升国际轨道车辆全寿命周期项目管理工作质量，构建了工作体系和运行模板。通过科学的运行机理、适用的管控方式和高效的决策，解决项目执行管理能力不足、交期不满足、质量不达标、风险防控差等问题，遵循 PDCA 原则，为国际轨道车辆全寿命项目计划管理、风险控制提供有效的方法论和路径指导，形成创新管理成果推广应用到其他企业、行业，提升国际轨道车辆全寿命周期项目管理效率和执行力，形成覆盖国际轨道车辆全寿命周期项目体系的构建。

二、成果内涵和主要做法

中车长客国际轨道车辆全寿命项目从合同签订到车辆批量交付周期短，且后期日常检修、架大修和车辆报废与回收阶段时间长，在平台模块化程度不高、多项目资源冲突、标准严苛、多现场协同的情况下确保交付和按照计划兑现里程碑，对于项目执行而言具有极大的挑战，这种快速响应能力和风险控制能力在海外高端市场非常具有竞争力。国际轨道车辆全寿命周期项目要在产品与服务方面引领客户的需求，解决客户痛点，为客户提供全寿命周期检修运维服务一体化系统化解决方案，打造高铁、城铁、检修、运维以及咨询服务等一体化的全寿命周期项目体系，以市场为纲，强化项目的引领作用，提升项目全寿命周期内的管控能力，提升企业的综合竞争能力和品牌形象。

中车长客采用了融合“直线职能制业务框架”和“项目体系业务框架”的“矩阵式管理模式”。本文重点从国际轨道车辆全寿命项目计划管理层面进行解读发现，“系统性策划、强管控、工作重心前置及风险控制”是中车长客强执行力的有效法宝，要以战略导向为原则、管理协同为原则、流程优化为原则和管理提升为原则，重点对“6234”项目时间线管理体系（图 1）进行管控，运用风险管理实施全过程控制。

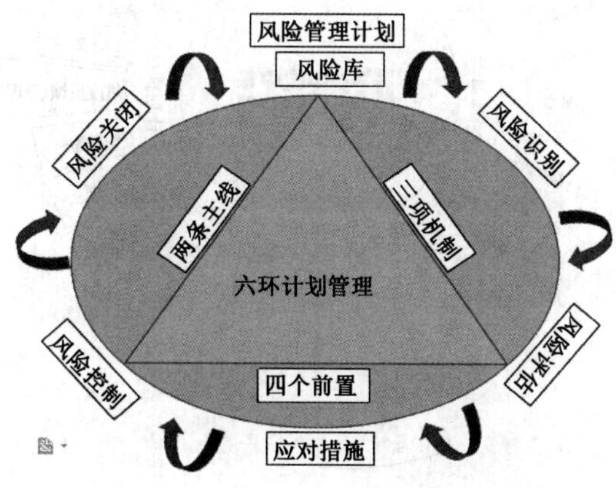

图 1 “6234”项目时间线管理体系

（一）运行“6234”项目时间线管理体系，驱动项目执行力

“6”：代表的是计划的六环管理，相互依托、互相联系，结合成一个管理的体系，包括模板、编制、执行、监控、调整、考核。

“2”:代表管理的纵横两条线,纵向强管控,横向强协同。

“3”:代表运行三机制,计划编制科学合理、明确计划调整规则、运用信息监控平台。

“4”:代表四项项目工作重心前移,团队组建前移、本地化策划前移、设计工作前移、超常规项目启动前移。

要本着“制度化管理、流程化运作、模板化运行、信息化支撑、实践化检验”的原则进行国际轨道车辆全寿命周期项目管理。将体系建设、流程建设、制度建设作为提升项目管理基础工作的有效手段,实现计划管理体系驱动项目执行力,计划管理体系驱动项目开展(图2、图3)。

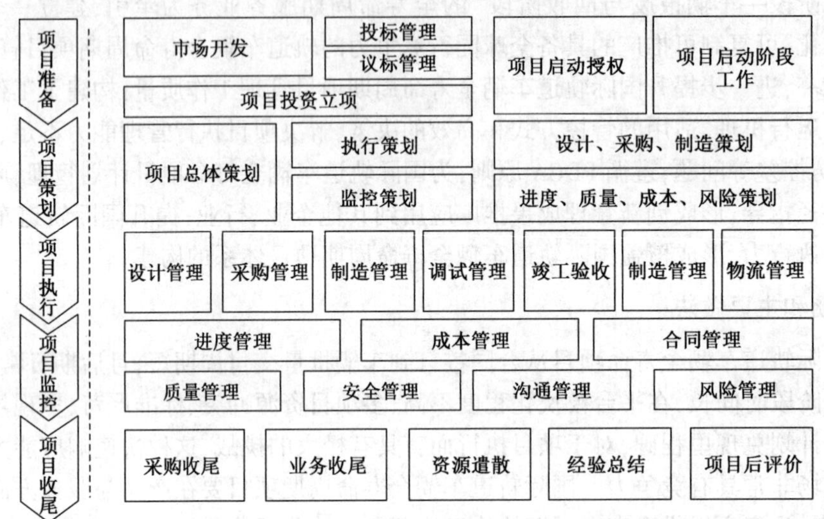

图2　项目阶段及重点任务

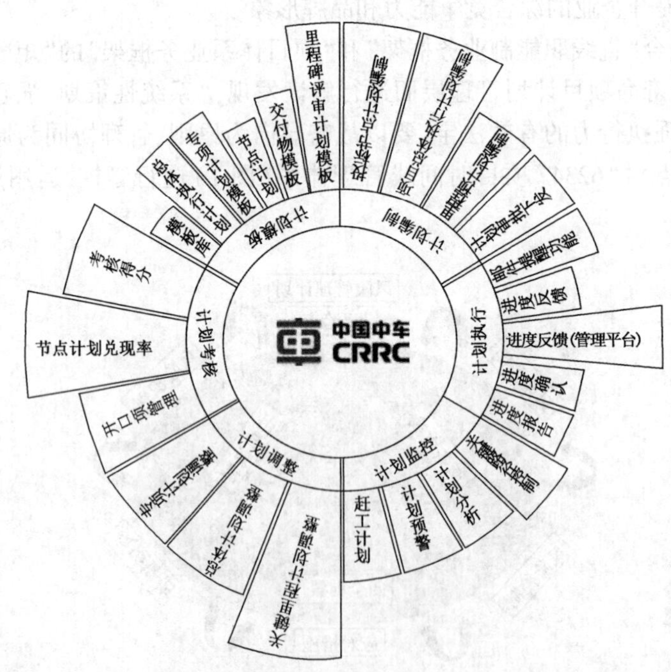

图3　项目各阶段输出物

1. 系统性策划,实施计划六环管理

中车长客构建了功能定位明确、权责关系清晰、治理高效统一的计划管控体系。项目计划分为两个类别:一类是时间层面的进度计划,另一类是方案层面的管理计划。

进度计划:体现的是 WBS 分解的工作包的执行期限和责任人。管理计划:体现的是支撑进度计划实现的策划和规划。

以项目计划编制、审核、执行、分析、调整为核心流程来全面实现对时间进度和管理方案的精细化过程控制,具体包括计划模板、计划编制、计划执行、计划监控、计划调整、计划考核六个模块。

(1)计划模板

计划模板是基础,计划模板的诞生标志着 PMO 从服务型成长为支持型的一个标志,共计识别并编制计划模板 45 个,横向上涵盖了设计、工艺、质量、生产、质量等多个平台部门,纵向上涵盖了项目主计划、各专业子计划两个层次和进度计划、管理计划两个类别。

(2)计划编制

项目计划是一种工具,它显示了定义工作何时开始、何时完成的活动之间的依赖关系。项目计划通常指的是进度表,它集成了项目中所有功能、地点及所属部门。它将所有的重要活动和里程碑联系起来,并用于控制项目和预测性能。项目计划的编制方法主要包括:

①识别 WBS 工作包上的任务及活动;

②排列活动顺序;

③评估活动用时;

④如若需要其他子计划或平台部门支撑,明确接口;

⑤计算初步计划用时;

⑥明确关键路径;

⑦安排资源;

⑧平衡计划的峰值及低谷;

⑨设置基线。

计划编制是项目规划的重点,对整个项目的工作进行分解,建立 WBS 工作树,最终将项目分解成工作任务,并根据每个工作任务的工期、先后顺序、逻辑关系得到项目计划,最终指导项目执行。新项目计划可以引用相似历史项目的计划模板,通过快速配置和调整得到项目计划。编制好的项目计划也可以保存为项目计划模板,以供后续编制其他相似项目计划时引用。另外,需要注意项目的整合工作,需要建立和协调整个项目计划的接口。计划编制完成意味着项目规划工作的结束,应遵循以下七个步骤:

第一步:各项目依据合同要求和项目范围,对 45 个计划模板进行适用性审查,遵循两点原则:一是尽可能覆盖原则,即没有特殊情况必须 100% 编制;二是尽可能使用模板,即没有业主特殊要求必须 100% 使用。项目计划编制清单经项目经理审批后,报 PMO 审核、批准后正式下发。

第二步:计划经理从合同识别出关键里程碑,编制节点计划,经项目经理审批后下发到各系统/专业平台经理,要求各平台经理必须无条件遵守节点计划期编制各专项子计划。计划经理将经过项目经理审核后的项目计划编制清单下发,清单中需要包含编制计划名称、时间要求、编制人、审批人,以计划形式在海外业务部项目管理的统一平台下达任务。

第三步:各系统平台经理根据计划编制要求编制专项子计划,专项子计划必须符合节点计划要求(合同要求),专项子计划的编制要符合 WBS 的要求分解到最底层的工作包和工作活动。编制完成后上传海外业务部管理平台并通知系统领导线上审批,审核通过后报送计划经理、项目经理审批。

第四步:专项子计划之间逻辑关系专项审核,子计划与子计划之间形成上下工序逻辑关系,先由涉及子计划的专业系统进行横向沟通、协调,出现无法解决的问题时,由项目组织评审后确定逻辑关系;之后由项目召开专项子计划对接会,对全部的子计划进行会签,确保端到端的链条畅通、无异议。

第五步:计划经理、项目经理根据专项计划编制项目总体计划,总体计划要掌握好管控层级,一般管控层级为专业子计划的前三层,如业主或合同有特殊要求的可例外执行。

第六步:项目总体计划编制后经项目经理审核、各平台专业经理签字,经由 PMO、公司主管领导、总经理签批后,在公司网下发,各系统遵照执行。

第七步:在管理平台中录入项目总体计划,基线升级后将项目计划任务下发到平台专业经理的个人中心。

(3)计划执行

计划是纲,是项目所有活动的行动指导,是各系统必须遵循的时间轴,将在信息化平台上实现动态跟踪,主要包括:交通信号灯警示系统、个人中心邮件提醒、进度反馈、进度确认、进度报告。通过个人中心对预警任务进行提醒,在项目周例会对进度进行反馈和确认,形成项目进度报告。

用于跟踪项目计划中各个工作任务的执行情况,可以对每个工作任务进行进度汇报和点评,对工作类别为阶段性成果的工作任务,需要提交相应的项目成果,以此来指导每一个工作任务的操作,直到彻底完成。

(4)计划监控

计划监控包括临界值设置、计划分析、计划预警和纠偏方案四个部分构成。海外业务部管理平台对45个计划进行全面监控(表1),形成周监控报告机制,运用交通信号灯警示系统,对超期任务数(红灯)、预警任务数(黄灯)等数据信息进行监控(表1),为单项目管理的进度跟踪做好统计分析,为多项目计划管控做好数据支撑。

交通信号灯警示系统说明　表1

亮灯类别	样　式	定　义	考　核	特别措施
黄灯	●	任务预警	不处罚	个人中心提示
红灯	●	任务超期未完成	节点处罚	自动报表输出
绿灯	●	任务按期完成	节点奖励	自动报表输出
蓝灯	●	任务未开始	不处理	不处理
紫灯	●	任务超期完成	不处理	自动报表输出

以甘特图和对比图的形式来实现项目计划完成情况与项目实际完成情况的对比。进度报告查询:对项目计划中各个工作任务的进度情况进行查询操作。

(5)计划调整

计划调整包括重要节点计划调整(关键里程碑计划)、项目总体执行计划调整和专项计划调整。

第一,重要节点计划调整是指根据合同变更或用户要求对重要节点进行调整,调整后项目总体执行计划和相关的专项计划也需要进行调整。

第二,项目总体执行计划调整是指重要节点计划未发生变化,项目总体执行计划中部分计划作出调整,调整后相关专项计划需要进行调整。

第三,专项计划调整是指各平台子计划作出调整,调整后不涉及项目总体执行计划的节点,不需要调整项目总体执行计划;如涉及,经评审后项目总体执行计划也需要调整。

(6)计划考核

计划考核包括计划达成率、考核规则设置、考核得分、排名。

第一,对于单项目的计划达成率考核分为项目主计划达成率和重要节点计划达成率两个部分,专项子计划达成率为各专业平台经理的考核指标。

第二,考核规则设置包括单项目和项目团队两个层级,单项目考核的进度指标包括主计划和重要节点计划达成情况,依据《项目业绩评价考核管理规范》执行,项目团队考核的进度指标包括重要节点计划和专项子计划达成,依据《组织绩效考核评价细则》执行。

第三,考核得分、排名按照项目和个人的SPI绩效指标自动统计,在管理平台上动态展现,实时更新。

第四,明确项目管理与智能管理、业务管理的权责关系,建立激励机制。

2. 管理两条线:纵向强管控、横向强协同

(1)纵向强管控

对于国际轨道车辆全寿命周期项目执行而言,进度就是现金流,为强化对进度的管控,针对不同的项目节点类别确立不同的管控和监控方式。从产品维度进行分类,主要分为:新造类、检修类、维保类、备件散件类、翻新改造、全寿命周期检修运维服务类。一方面,在管控项点上,针对不同的产品类别在QCDR四个维度设计不同的管控项点,一般采取的是在总表中做减法,每个类别的项目有着不同类别的管控项点,做到"资源最省、效率最高、配置最优";另一方面,在监控方式上,对于计划中一级、二级、三级及以下节点适用不同的监控(表2)。

项目节点监控分工 表2

节点类型	节点个数	节点内容	管控主体	监控主体
一级节点	一级节点8个	技术准备、首车交付等需要密切配合的重要节点	各系统、各主管部门和项目经理管控	业务系统副总经理督办落实,分管副总经理跟踪检查
二级节点	二级节点40个	项目发起各相关部门配合的节点	各系统、各主管部门和项目经理管控	项目经理督办落实、业务系统副总经理跟踪检查
三级节点	三级节点207个	各专项子计划关键节点	各系统管控	主管系统跟踪检查、督办落实

(2)横向强协同

由于发达国家地区和市场的高本地化率要求,多现场协同作业成为一种新常态,项目在横向协同过程中的作用尤为重要,投标配合与支持、多现场需求与供给、本地化物料采购协同支持、工序生产调整策略、技术支持协同等工作需要项目统筹规划,达到"生产作业同步、资源配套同步、技术支持同步",实现全球资源的有效整合和利用。

纵向管控关系明确后,在落实具体某个节点责任主体的时候,公司采取的不是落到某一个部门或者人员身上,而是责任一条线的方式,包括专业主管、专业经理、项目经理、平台部门领导、系统主管领导,如果该节点延误,该节点责任人就要共同受罚。强化各级的管理责任,便于项目层面进度出现延误风险时,能够及时协调资源来共同解决(表3)。

项目各阶段事项分工 表3

阶段	业务事项	责任一条线				
		责任部门			分管领导	
投标	投标与合同	市场部门	专业经理	市场经理	市场部门经理	分管市场副总经理
项目启动	团队组建	项目部门	项目主管	项目经理	PMO	分管项目副总经理
工程设计	概念设计 方案设计 系统设计	技术部门	设计经理/设计主管	技术经理	技术部门经理	分管技术总工程师
产前准备	模拟生产线	生产/项目	生产主管/工艺主管	生产经理/工艺经理	生产/技术部门经理	分管生产副总经理 分管技术总工程师

续上表

阶　　段	业 务 事 项	责任一条线				
		责任部门			分管领导	
首车试制	车辆试制	生产/技术	设计经理/工艺主管/生产主管	技术经理/工艺经理/生产经理	技术/生产部门经理	分管技术总工程师 分管生产副总经理
批量交付	批量生产	生产部门	生产主管/物资主管	生产经理/物资经理	生产/物资部门经理	分管生产副总经理
售后质保	售后服务	售后部门	售后服务主管	售后经理	售后服务部门经理	分管售后副总经理

3. 运行三机制,明确计划编制调整规则、设置阶段和门碑评审、运用计划监控平台

(1)明确计划编制调整规则:增强计划契约的法治化

在计划编制时,为保障计划的合理性,所有项目都参照 45 个计划模板,以项目移交会上明确的移交之日,作为计划有效工期的起点时间,结合项目实际情况(本地化采购、多现场作业、生产资源平衡等),由项目经理组织召开项目启动会,并牵头组织项目计划的编制工作,群策群力推演完成,在项目 NTP 后 60 天内完成计划编制。

具体流程如下:通过各部门共同参与和推演的方式,各部门工作节点、钩稽关系及相互配合支撑关系就最大程度的明确下来,为后续执行奠定了基础。

在计划明确以后,过程中就必须严格执行,为保障计划的严肃性,原则上不予调整,明确规定只有发生如下八类情况下才可以调整,其他一律不可调整(表 4)。

项目计划变更原因列举　　表 4

序号	计划变更原因	发 起 部 门
1	因用户调整交货期而导致的整体计划调整	项目部门
2	因不可抗力导致的计划变更	项目部门
3	因前序节点滞后(红灯)导致后序节点无法兑现	后序节点责任部门
4	因设计变更导致后序节点无法兑现	设计变更责任部门
5	因生产资源不足导致后序节点无法兑现	生产部门
6	因成本超支问题导致计划调整	财务部门
7	因业主、监理提出的批量质量问题导致计划调整	质量问题责任部门
8	母子公司协同作业的需求发生变化导致计划调整	子公司

(2)设置阶段和门碑评审:过程管理的程序化

在项目执行过程中,通过设置阶段、门和重要里程碑,对项目全生命周期内实施过程评审和控制,对于项目 QCD 结果实现有着重要的保障意义。在国际高端项目实施过程中,有着几百年工业化历程的发达资本主义国家,对于过程的控制尤为关注,好的过程促成好的结果概率要高得多,没有过程的结果即使是好结果具有偶然性,成功不可复制和移植。在海外项目执行过程中,我们梳理并设置了从项目移交到售后服务五个阶段、P0 ~ P7 八个门碑的关键过程控制点,制定了各阶段、各门碑的检查清单和计分标准、评分标准,并对各阶段、门碑的强制性参与的专家团队进行了明确,实现了项目策划与验证过程控制程序化,为项目成功提供了方法(图 4)。

状态	回顾过去	展望未来	实际情况	得分
绿色点处于受控状态	计划目标的要求已经满足	满足计划/预测的目标要求没有明确的障碍	当前工作已完成,完全满足后续工作目标	3分
黄色隔离点表示带有行动计划的安全点位	没有满足计划目标的要求。但是,已经实施了可靠的行动计划(内容/时间/谁)来防止出现负面的项目影响(数量/成本/时间)	没有明确可能影响计划和目标的障碍,但是已经实施可靠的行动计划(数量/成本/时间)进而预防项目出现负面影响(内容/时间/谁)	当前工作未完成,不直接影响后续阶段工作	2分
红色隔离点,表示没有行动计划的点位或者需要管理层关注并对已经决定的措施进行批准	没有满足计划的目标要求。也没有实施可靠的行动计划(数量/成本/时间)来防止项目出现负面影响(内容/时间/谁)	已经明确可能影响计划/预测目标的障碍,但是已经实施可靠的行动计划(数量/成本/时间)进而防止项目出现负面影响(内容/时间/谁)	当前工作未完成,直接影响后续阶段工作	1分
KPI记分标准				
项目计划兑现率	项目预算使用率	项目准时交付率	项目贡献率	得分
项目计划兑现率=实际完成时间/计划完成时间×100%	项目预算使用率=实际使用费用/预算费用×100%	项目准时交付率/实际交付时间计划交付时间×100%	项目贡献率=项目贡献额/项目销售收入×100%	
项目计划兑现率=100%	项目预算使用率<100%	项目准时交付率=×100%	项目贡献率≥公司下发指标	3分
110%≥项目计划兑现率≥90%	项目预算使用率=100%	100%≥项目准时交付率≥95%	公司下发指标>项目贡献率≥5%	2分
项目计划兑现率>100% 或项目计划兑现率<90%	项目预算使用率>100%	项目准时交付率>105% 或项目准时交付率<95%	项目贡献率<5%	1分

图4 关键过程控制点评分标准

(3)运用监控平台:智能预警的系统控制

传统的项目计划管理普遍采用的是 Project 软件进行单机版管理,计划的编制、调整、下达、监控、报表采用的是线下的方式,系统化、自动化和智能化的程度不高。中车长客股份公司建立了业务管理平台,具有计划编辑模块化、任务传递信息化、动态监控智能化、报表生成自动化的特点,提升了工作效率和工作质量,尤其在智能监控方面,通过"交通信号灯"的系统智能预警和自动报表推送信息的方式,牵引和驱动项目团队、平台部门对于项目计划兑现的遵守,大大提升了项目计划的严肃性和法治文化的建设步伐。

图5 所示为项目管理平台示例。

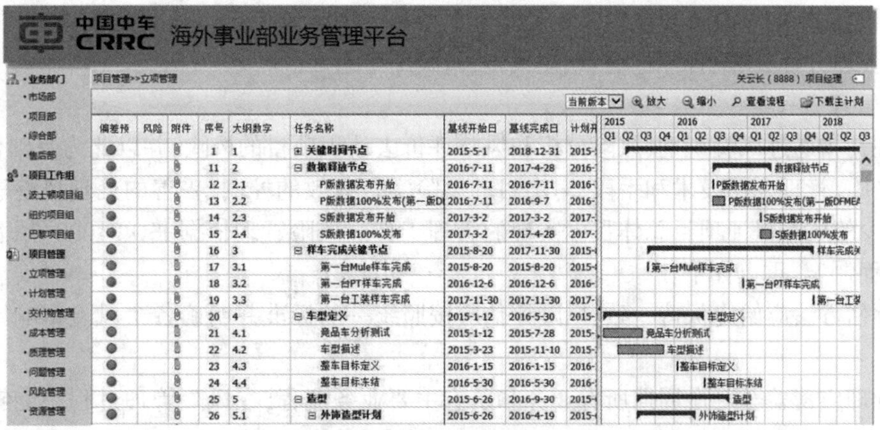

图5 项目管理平台展示

4. 重心四前移,团队组建前移、本地化策划前移、设计工作前移、超常规启动前移

国际轨道车辆全寿命周期项目普遍存在质量标准高、复杂程度高、本地化率高的特点,按照正常的操作,即使有严密的计划,公司也很难在规定时间内完成首批车辆的交付。因此,为完成计划,采取一系列的超常规手段,在投标过程中完成部分项目执行工作,抢占前期时间,工作重心前移。

(1)团队组建前移

在公司32个节点的营销业务流程中,项目团队组建在两个节点呈现,立项节点组建市场投标团队,按照"胜任+固定"两个原则明确项目核心团队成员;移交节点组建项目执行团队,延承核心团队成员,配备其他团队成员,这样可以最大化的保证投标团队与执行团队的无缝衔接,且在投标期间即可完成部分执行工作。

(2)本地化策划前移

在发达国家和地区的高端市场中,为推动本国制造业的发展,多会提出本地化率的要求,在北美、澳大利亚区域市场本地化率要求达到约60%。这就需要在投标过程中的前期策划要综合考量,包括本地化建厂、本地化采购、本地化制造、本地化用工以及其他要求的满足,在策划的过程中不仅要考虑方案的完整性,还要考虑方案的可行性和经济性,在部分重点方向上甚至要进一步实践,合同签订后相关联的框架协议、合同等一并生效,将本地化策划与部分执行前移。

(3)设计工作前移

公司在项目立项后,组建投标团队,其中项目核心团队成员介入工作中,技术经理、设计经理、设计师团队正式开始概念设计工作,在项目招投标三次承诺和三次转化过程中完成概念设计工作,形成车辆配置表,并牵引各系统完成车辆部件供应商谈判、成本估算、本地化策略、质量标准设定、工艺布局等相关系统工作的开展,在合同生效后即开始详细设计工作,为其他系统工作全面铺开创造条件。

(4)超常规启动前移

在投标文件发布后至宣布中标、合同澄清等各阶段之间,适时超常规启动项目执行,为技术准备、首列车交付赢取更多的时间,但在超常规启动过程中要充分识别风险并做好风险储备,对项目成本、计划、质量等有重大风险的增加评审工作环节,确保超常规启动带来的影响降低到最小。

(二)应用矩阵式风险管理模型,全过程保障时间线

坚持"市场为纲、效益为先"的项目管理原则,建立了以项目管理为牵引,以内控和风险管理为手段,以平台部门专业管理为支撑,贯穿于市场开发、产品设计、制造和服务全过程的管理模式,建立了产品全寿命周期服务的新业务项目管控模式,有效地满足了中车长客快速发展的需要。

1.风险管理模型概述

矩阵式风险管理是一种能够把风险发生的可能性和伤害的严重程度进行综合评估,通过定性和定量分析评估风险大小的风险管理模型。风险管理框架基于国际风险管理标准ISO 31000的原则和指导方针,由风险管理方针、风险管理过程、风险报告、风险库等组成。

(1)风险管理方针

风险管理是指通过风险识别、风险分析和风险评价去认识项目的风险,并以此为基础合理地使用各种风险应对措施、管理方法技术和手段,对项目的风险实行有效的控制,妥善的处理风险事件造成的不利后果,以最少的成本保证项目总体目标实现的管理工作。风险管理依据ISO 31000《风险管理原则及指南》的要求而制定,重点如下:

①风险评估方法应始终保持一致,风险评估应按照统一的标准并明确各个风险影响维度的量化评价指标;

②风险管理应覆盖全寿命周期所有业务和所有主要业务流程,在风险管理过程中能够对各类风险进行有效管控;

③风险评估后应制定积极有效的风险应对措施,并在公司层面形成风险数据库,利用风险管理中积累的经验教训来减少公司未来运营风险。

(2)风险管理过程

风险管理过程适用于指导各项目全寿命周期内的风险管理活动,主要包括制定风险管理计划、风险识别、风险评估、制订风险应对措施、风险控制、风险关闭和风险管理效果评价。风险管理的过程是动态

的、迭代的和应对变化的。

第一,风险识别。

在项目执行的任一阶段,项目风险经理以及各平台部门应该基于合同和补充条款结合专业领域内的资源分配和项目执行情况识别任何可能出现的风险,每月定期组织专业领域内项目成员识别新的风险,风险识别所应用的一系列技术基于 ISO/IEC 31010 中指南的描述。风险识别需对风险的类别、利益相关者、风险所有人以及风险可能产生的后果进行说明并更新到风险登记册中。在项目执行过程中,专业经理要识别并详细说明可能在任何重大问题或突发事件基础上产生的风险,包括日常工作和部门内部项目会议中识别的风险都需要更新到风险登记表中并定期维护每个风险的进展和状态,每月将各部门风险提报风险经理并在项目风险例会上通报主要风险应对措施和进展。

第二,风险评估。

所有识别出的风险从发生可能性、技术和质量方面对项目的影响、对项目成本的影响以及对项目计划的影响四个方面进行评价。每个方面对项目的影响分为五个等级,分别为低的、较低的、中等的、较高的、高的,每个等级对应相应的分值 1 ~5 分。风险的最终等级取决于风险事件发生的可能性分值和其他三个方面影响中最高的一项的分值相乘。风险的最终等级分为三级,分别为高风险、中等风险和低风险,相应的风险分值对应的风险等级体现在以下矩阵式风险矩阵中,其中红色区域为高风险,黄色区域为中等风险,绿色区域为低风险。通过矩阵式风险管理矩阵图,客户风险经理以及项目风险经理可以直观的了解目前项目的风险状态和风险严重程度,从整体上制订风险应对策略(图 6)。

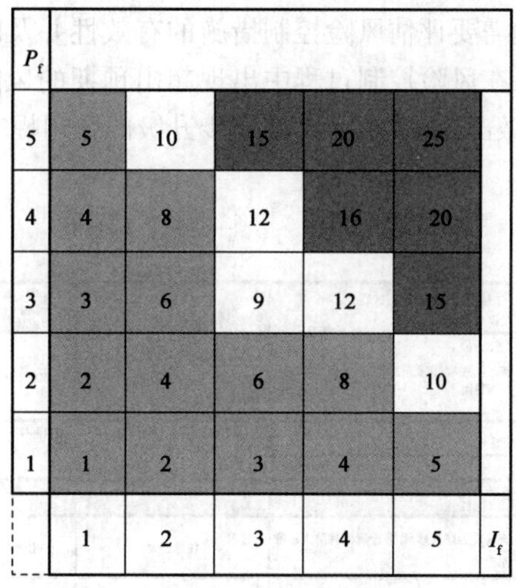

图6 项目分险等级评分标准

如风险管理方针中所述,风险管理应该基于统一的风险评估标准,在风险定性分析后依据风险事件对项目每个维度的影响进行风险定量分析,风险定量分析的标准如下:

①风险发生可能性——评价风险事件可能发生的概率(表 5)。

②风险事件在技术和质量方面造成的影响。

③风险事件可能对项目成本造成的影响。

④风险事件可能对项目计划造成的影响。

风险发生可能性量化表 表 5

风险分值	风险等级	评价标准
5	高的	事件发生的概率大于 75%
4	较高的	事件发生的概率在 51% ~75%
3	中等的	事件发生的概率在 26% ~50%
2	较低的	事件发生的概率在 10% ~25%
1	低的	事件发生的概率低于 10%

风险评估是一个动态的过程,随着风险应对措施的实施。风险事件对项目影响的各个方面的实际分值将会产生变化。项目风险经理负责依据风险管理进展对每一条风险的最新等级进行重新评估,体现每条风险事件的影响趋势。

第三,制订风险应对措施。

在对风险事件进行定性和定量分析之后,风险事件归属人应组织相关资源论并制订风险的应对措施,所有风险应对措施要求说明具体的实施办法和步骤,并明确计划实施的开始日期和完成日期以及对应的负责人。风险应对措施主要有:风险减轻、风险规避、风险转移、风险接受。

所有风险应对措施将在项目风险例会上对项目经理和风险经理进行通报,说明风险应对措施预期取得的效果,以便风险经理对计划实施后的风险分值进行评价。实施计划对应的责任人负责保证风险应对措施的有效实施,如果实施过程中出现偏差应该及时向专业经理和风险经理进行通报。

第四,风险控制。

风险控制是一个动态的风险管控过程,也是项目以及各平台部门日常风险管理工作的有效记录。风险控制对每个风险事件的应对措施进行动态跟踪,以便项目经理和风险经理及时了解风险应对措施的有效性,如风险应对措施效果不理想,可提出新的措施以保证风险受控。

每个风险应对措施的具体负责人需定期跟踪风险的最新进展并将风险应对措施的实际实施情况记录在风险登记册中。更新到风险登记册中的风险控制记录要说明针对风险事件以及前期制定的风险应对措施何时、何地、具体实施了哪些工作以及取得的实际效果。

在风险控制过程中专业经理需要评估风险控制措施的有效性并及时调整风险控制措施,保证对专业领域内风险的有效控制。如果在风险控制过程中出现超出预期的风险不可控情况,及时向项目经理和风险经理通报,在风险例会上做出决策,如需则进一步升级向公司提交风险报告(图7)。

Project 项目	Tel Aviv Red Line 特拉维夫红线
Updated 更新日期	18/1/17

Back

Risk Factor		
Original R_r	25	最初风险分值
Previous R_r	2	之前风险分值
Current R_r	0	当前风险分值

#	Risk Name 风险名称	Risk Description 风险描述	Risk Impact 风险影响	Identification Date 识别日期	Expected Occurrence 预期发生	Risk Owner 责任人	Risk Values I_c	I_s	I_q	P_r	R_r
RS_3	防火要求	部分系统部件存在无法满足以色列防火要求的风险,以色列IS5435防火标准已经被相关新标准替代。	技术和质量	30/12/16	30/11/17	技术经理	5	2	5	5	25
	Risk Source:	Technical & Engineering		Contractor & NTA							

Mitigation Plan - תוכנית הפחתה:

#	Task 风险应对措施	Mitigation Task Description 措施描述	Task Owner 负责人	Cost 成本	Start Date 开始日期	Finish Date 完成日期	Risk Values I_c	I_s	I_q	P_r	R_r
1	聘请防火顾问	计划雇用以色烈标准局作为防火顾问,非金属部件防火标准由以色烈标准局进行确认。	技术经理	962250	30/12/16	20/1/17	5	1	5	5	25
2	向业主发RFI	工程实验室向业主发澄清申请用DIN防炎标准替代一色类防火标准。	技术经理	-	15/2/17	29/4/17	3	1	2	5	15
3											0
4											0
5											0
6											0
7											0

Risk's Actual Behaviour - התנהגות הסיכון בפועל:

Date 日期	Event 事件	Description 描述	Risk Values I_c	I_s	I_q	P_r	R_r
15/3/17	月度会议	月度会议期间与业主以及业主防火顾问讨论使用SI防火标准的问题和影响。	2	1	2	5	10
25/4/17	月度会议	月度会议期间业主表示,五月份业主将和以色列标准局以及交通部召开会议,合同中要求的防火标准可能会更新。	2	1	2	5	10
16/5/17	RFI回复	收到业主对RFI的回复,业主澄清所有非金属部件的防火标准可以使用相关的最新标准。	2	1	1	4	8
9/6/17	内部风险会议	内部风险会议决议,设计经理和采购经理负责搜集能够满足EN45545防火标准要求的供应商清单,并提交业主进行确认。	1	1	1	2	2
21/11/17	月度会议	业主确认由欧洲供应商供货的非金属部件可以使用EN45545防火标准,此风险关闭。	0	0	0	0	0
							0
							0
							0
							0
							0
							0
							0
							0
							0
							0

图7　项目风险管理列举

第五,风险关闭。

如果经过评估风险事件将不会发生或者不会对项目的技术、成本、质量、周期等方面产生影响,则此项风险事件可以关闭。关闭风险需要在风险控制记录中说明具体的关闭日期，说明风险关闭的理由和事件。风险关闭需要在项目风险例会上进行通报，并得到项目经理和风险经理的同意，风险关闭后风险经理负责对此项风险事件的评估分值进行修改并对已经关闭的风险进行存档管理。

风险关闭后风险经理仍然需要对风险进行定期跟踪，随着项目的执行或者出现的变更，已经关闭的风险可能重新发生。

如果有上述情况发生各专业经理应该及时与风险经理进行沟通，风险经理将重新对此项风险进行评估并组织相关负责人制定新的对应措施。

(3)风险报告

项目统一采用“风险登记册”对项目日常风险管理活动进行动态管控和报告，也作为项目接受客户和公司风险审查的主要文件。风险登记册基于“动态文件”开发，可以不断地审查风险管理工作的详细记录和风险变化趋势，所有风险和相关信息将录入至风险登记表。风险经理每月更新风险登记册并将更新后的风险登记册向客户和公司进行报告，以便客户和公司了解项目主要风险的最新状态。风险登记册将提供有硬拷贝和数字格式(Microsoft Excel© 文件)，风险登记册的结构和格式使用统一模板，对于任意一项风险事件，在风险登记册中应该报告相关信息。

(4)项目风险库

建立、完善风险管理数据库，对项目全寿命周期内的所有开口和已关闭风险进行归档整理，每一条风险对应唯一的编号，并将项目风险上传至海外业务部项目管理平台进行定期跟踪。风险管理数据库将作为海外业务部以及公司内部的知识分享，并有助于监控和分析风险管理过程的有效性和风险管理计划的合理性。

2. 风险管理运行

(1)形成了风险管理文化氛围

要实现基于矩阵式风险管理模型达成全面风险管控的预期目标，在公司和各部门形成全面风险管理的文化氛围至关重要。首先，在公司以及海外业务部加强了全面风险防控机制建设和具体的宣传工作，使公司全员形成积极的风险防控意识，使员工认识到风险防控的重要性。其次，通过培训使员工明确风险管理的一般原理和基本操作方法，切实把风险管控模型融入企业文化当中，激发全员参与的积极性。再次，注重贯彻使用全员参与风险管控的模式，围绕项目风险防控的变化趋势，及时调整风险管理工作方向，并且激发项目团队成员的配合意识，以项目为单元，建立风险共担的绩效激励机制。

(2)形成了完善的权责体系

健全了风险防控管理机制，形成了明确科学的权责体系，明确了平台部门风险管理职责角色，依靠有效的制度实现风险的识别、评估及预防管控。矩阵式风险管理模型在项目风险管理实施过程中国际轨道车辆全寿命周期项目以及各平台部门紧密配合，分工明确，在风险管控中的主要工作如下：

项目经理：负责对项目风险进行全面控制，确保项目全寿命周期范围内的风险得到充分的识别、控制和监控，并有权对重大风险作出任何决定。在项目执行阶段向公司主要领导汇报项目重大风险以及应对措施，同时向业主项目经理通报项目进展及风险控制手段。

风险经理：根据合同要求以及风险管理标准编制项目风险管理计划并组建风险团队，确保任何风险管理活动能够在项目执行周期内有效的实施。定期组织各平台部门专业经理召开项目风险例会，识别并评估项目执行阶段的风险并讨论相应的风险应对措施。监控风险应对措施的实施直至风险完全关闭，对风险管理过程进行效果评价。

专业经理：第一，负责组织部门内项目成员识别专业领域内的项目风险，评估项目风险等级并制订相应的风险应对措施；第二，指定相关负责人每月更新风险登记表并提交风险经理，风险登记表提交之前需经过专业经理审核。专业经理在项目风险例会上通报新识别风险以及主要风险状态和进展；第三，负责监控部门内主要风险的控制过程，如果风险可能超出部门控制范围需及时通报项目部及风险经理，由项目经理进行决策；第四，负责确认本专业领域内的风险关闭状态，并组织部门内部相关人员对风险控制措施的有效性进行分析,积累风险管理经验。

(3)应用科学的风险管理方法与工具

矩阵式风险管理模型建立了一套完善的风险识别、风险评估、风险预警、风险事件处理程序。形成了各种风险预测和监控的操作的标准和方法程序,形成了有效的报告程序和层层传递的监督机制,保证风险管理各级人员充分发挥风险管理职责,形成高效顺畅的信息流。建立风险管理机制的自我完善机制,根据项目情况的变化需求和管理需要,建立诊断机制,通过 PDCA 不断循环改进实现管理提升和风险管控的有效运行,增强跨国经营的风险识别和管控。

3. 合规管理运行

合规理念先导。合规理念融入项目风险管理,项目初期做好顶层宣贯,培植合规理念,项目管理上一切以合规为前提,管理决策上要平衡合规底线和商业机会,实现平衡风险收益,兼顾增长性和可持续性。

法律嵌入项目管理。法律管理融入国际轨道车辆全寿命周期项目风险管理和全周期链条中,识别不同国家区域不同的法律环境,依托专业知识技能保证决策精准。

识别防控结合。一是要将风险管控贯穿项目管理全过程,提升风险敏感性及风险识别、降低和消除能力。二是要注重发挥风险管理三道防线中首道防线的关键作用,注重不同地域不同风险的差异化管理。三是贯彻"预防为主、防控结合"的主导思想,做到分析识别、制订预案、关注动态、整合信息,有效应对突发事件,避免被动事后补救。

4. 风险抵御能力提升

国际轨道车辆全寿命周期项目体系的各模块要提高风险抵御能力,从市场开拓、合同签署、生产制造、售后运维全价值业务链进行优化管理,做到从制度模块合规、到业务执行合规,提高抗风险能力,以高质量运营保障境外项目执行,避开陷阱危机。

提高国际轨道车辆全寿命周期项目执行的质量,形成综合立体的项目合规体系。提高融入国际经济大循环中合规体系和风险管控体系的建设,结合项目管控文件模板的建立,将合规管理贯穿到项目管理全过程的制度、流程、工作模板中,并通过信息化运行,使各项工作和员工行为规范、合规,有效防范化解国际市场经营、产品质量、境外用工、知识产权、危机事件应对等法律类和政治类风险。自上而下地强化合规文化培育,提升合规形态意识,加大违规责任追究,为高质量项目执行筑牢筋骨。深化搭建主动防控型的法律管理工作体系。挖掘潜力,深度融入项目经营管理全寿命周期链条,对重要合同、重要决策、重要制度等关键环节做专业审核把关。协同业务部门强化对产业链上下游的掌控能力,持续由权益维护向价值创造转变,建立以预防为主的审计机制。

三、实施效果

坚持"市场为纲、效益为先"经营原则,建立以项目管理为牵引,以计划管理为中心,以内控和风险管理为手段,以平台部门专业管理为支撑,贯穿于市场开发、产品设计、制造和服务全过程的国际轨道车辆全寿命周期项目体系,有效满足了公司快速发展的需要,为全球客户提供高端轨道交通装备和全寿命周期服务项目管理。

计划管理系统建设有效增强了快速交付和核心竞争力,解决了国际轨道车辆全寿命周期项目执行难、交付进度慢等突出问题,展示了企业形象,提升了用户的信任度和市场的美誉度,擦亮了中国制造亮丽名片。矩阵式项目风险管理模型的推广应用提升了企业抗风险和创机遇的能力,降低项目风险支出和机会捕捉,提升项目利润。产生的社会效益和经济效益,部分可以量化计算,部分难以做到货币值估算。可量化部分主要包括直接经济效益、节约时间效益、费用压降、风险储备等,不可量化部分包括提升客户满意度、推进企业法治化进程、加速人才队伍培养和文化建设等。

(一)社会效益

中车长客自上而下通过清晰的权责划分、科学的流程管理、工作重心前移与超常规操作,以及信息化平台驱动四大机制，有效地提升了计划达成率，成为公司强执行力和法治文化建设的推手。

①通过系统性、平台化的项目管理模式的建设，对国际轨道车辆全寿命周期项目的执行提供了支撑，提升了效率和进度掌控力，提升了用户的满意度，为新市场的开拓和传统市场的稳固奠定了基础。以美国波士顿项目、澳大利亚悉尼双层客车项目的成功交付为例，为美国洛杉矶、以色列、澳大利亚墨尔本地铁项目的中标提供了支撑。

②系统化的项目计划驱动和牵引作用、成熟的风险管理模式对公司专业化人才队伍的培养、契约文化的建设创造了条件，加快促进公司跨国经营目标的实现。以美国波士顿橙线项目在春田工厂如期下线为例，成功开启了跨国经营的新纪元，为后续市场订单的获取创造了良好条件。

③通过信息化平台的支撑，项目计划管理、矩阵式风险管理推动了公司法治化的进程，通过项目计划管理、风险管理驱动"依法治企"，为国际一流的轨道交通装备制造企业助力。

(二)经济效益

通过项目计划管理体系和矩阵式风险管理驱动，按期交付车辆带来了直接的经济效益，包括销售收入的实现和人工成本和管理成本的双压降，在管理提升上带来了间接的经济效益和时间效益，包括专业人才队伍的培养和工作效率的提升。

①通过项目计划管理体系和风险控制，2019 年海外各项目均如期交付业主，实现销售收入近 20 亿元，为中车长客跨国经营指数目标的逐步实现奠定了基础。

②通过项目计划管理体系的驱动作用，2019 年售后服务人员压降 19.18% 左右，同比节约人工成本约 840 万元，售后服务费降低约 300 万元；通过矩阵式风险管理模式管理，降低风险储备使用额度，提升风险控制能力，按照降低风险储备发生额度的 2% 估算，预计年均降低风险成本 700 万元。

③通过计划管理体系的运行，2019 年培养专业的计划管理专家人员、风险管理专家人员 11 个，带来的间接人才储备收入 330 万元；通过信息化手段实现计划监控效率提升，由原来的"计划经理 + 专业经理"团队定期监控转变为系统动态监控预警，原来计划监控时间 1.2 小时/人·天，实施系统监控后计划监控工时 0.2 小时/人·天，年均节约时间效益约 150 万元。

④通过国际高端项目时间线管理体系的构建与实施，尤其是"6234"项目时间线管理体系进行管控下的多个国际高端项目取得了卓越的成绩，纽约地铁公司资格审查项目，经过严格资质认证与载客运营考核，获得了车体、系统集成、转向架等资格认证，最终获得了纽约地铁整车的供货资格；波士顿橙红线地铁在中美两地克服重重困难实现买美比例和本土制造，最终交付合格车辆；以色列特拉维夫项目有着严格的文件管理要求，时间即为成本，里程碑严扣应收账款，本项目文件提交效率，项目销售收入均超额完成；墨尔本和悉尼两个项目执行着严格澳大利亚标准且相关方结构复杂，合同罚则精细，最终也实现了按期竣工。

因此，"6234"项目时间线管理体系和矩阵式风险管理模型在国际高端项目管理中的应用带来了较大的经济效益和社会效益，为国际高端项目的执行创建了新的管理方法和实践，也能够推广应用到各类企业的项目管理工作中，具有较强的指导性、操作性和可复制性。

运用"互联网+能源"理念构建能源精益管控体系

中车长春轨道客车股份有限公司

成果主要创造人:王　润　王　锋

成果参与创造人:靳　凯　马大伟　张　欣　吴帆帆　安　宁　李　方

李春阳　崔雪松　刘文杰　高　雅

中车长春轨道客车股份有限公司(简称"中车长客")前身长春客车厂始建于1954年,是国家"一五"期间重点建设项目之一。2002年3月改制为股份公司,现注册资本(总股本)为58亿元(股),中国中车股份有限公司(简称"中国中车")持股93.54%。中车长客是我国知名的轨道客车研发、制造、检修及出口基地,是中国地铁、动车组的摇篮。公司现有员工18000多人,总部有新老两个整车制造厂区,总占地面积450多万平方米。公司拥有24家子公司(全资及控股15家),其中境外子公司8家(全资及控股4家)。公司经营业务主要由研发试验、轨道客车新造、检修及运维服务三大部分组成。

中车长客年综合能耗在11万吨标煤左右,其中,年耗电量约为9000万千瓦时,耗原煤量约为15万吨,耗水量约为230多万吨,是中国中车及地方政府的重点耗能企业,并已列入国家万家节能低碳行动企业。

为了积极落实国家节能减排政策及企业可持续发展战略要求,中车长客建立和实施了《能源管理体系要求及使用指南》(GB/T 23331—2020),并获得第三方认证;投资建设了企业能源信息化及设备效能管控系统;运用"互联网+能源"理念,实现了能源管理的信息化、网络化和精益控制;完成了国家级"第一批绿色制造体系建设示范企业"申报工作,并获得"绿色工厂"称号,为企业的绿色制造能力建设打下坚实的基础。

一、成果构建背景

(一)落实国家可持续发展理念的需要

可持续发展政策,是指改善和保护人类美好生活及其生态系统的各种计划和行动的过程,是多个领域发展战略的总称,其目的在于使各个方面的发展目标,尤其是社会、经济及生态、环境的目标相互协调。十九大报告全面阐述了我国绿色发展的时代背景、现状、理念、建设重点和目标等,是我国未来一段时期绿色发展的行动指南。我国的工业政策在"十二五"期间是以节能减排为中心,"十三五"转变到以绿色发展为重点。

"十三五"期间,国内轨道交通市场持续稳定增长。要"完善普速铁路网,建成高速铁路网,打造综合交通枢纽,构建现代综合交通运输体系"。根据《中长期铁路网规划》,到2020年,铁路网规模达到15万公里,其中高速铁路3万公里,覆盖80%以上的大城市。到2025年,铁路网规模达到17.5万公里左右,其中高速铁路3.8万公里左右。随着新型城镇化、城市群建设进程的不断加快,城际和城市轨道交通将逐步成为新的增长点。按照《城市群综合交通网规划方案》,至2020年,城际铁路运营里程将达到1614公里。到2030年,利用既有铁路、改扩建或新建相结合,城际铁路将达到4万公里。同时,伴随着轨道交通装备保有量的快速增长,越来越多的交通装备进入维修期,技术更新换代更加紧迫,维修服务和配件市场将保持较快增速。为了满足国内市场的需求，迫切需要运用“互联网＋能源”理念，以实现能源管理信息化、网络化和精益控制，促进能源利用效率提高，降低了能源消耗，推动企业绿色发展，有效落实国家及集团公司要求。

（二）满足海外投资需要

随着我国经济的快速发展和综合国力的显著增强，我国企业实施走出去战略。扩大对外直接投资是其必然的战略选择。十三五”时期（2016—2020年），是全球轨道交通装备行业发展和转型升级的重要历史阶段。据统计，“十三五”期间，全球轨道交通车辆市场容量年均增长2.2%，每年市场需求可达到300亿欧元。但在数量增长的同时，客户的需求更加向高性能、智能化、个性化、低能耗及环保安全可靠性方向发展。为了在国际竞争中能够占优势，适应目前整个国际市场的发展需要，要充分借助于以信息网络、智能制造、新能源和新材料为特征的新一轮科技手段，不断提高装备舒适度、增强环保性及安全性、提升智能化水平、产品质量。

按照中车长客“十三五”发展战略要求，要逐渐打开国际市场，建设受人尊敬的世界级企业。根据国际市场的需求，在海外项目的投标过程中，现不少国家已将能源消耗指标作为必答项。故为了量化考核指标，实现与国内外同行业的能耗对标，迫切需要一套完整的能源计量手段，实现精准管控。因此，中车长客迫切需要一套高效的信息化系统，实现能源精细化管控，提升能源管控水平，不断降低制造过程中的能源消耗，促使中车长客参与国际竞争，提升国际竞争力。

（三）促进绿色工厂建设需要

经过多年发展，我国工业总体实力显著增强，已成为具有重要影响力的工业大国，但与世界先进水平相比，制造业仍然大而不强，资源环境问题是制约我国向工业强国发展的重要因素之一。在绿色发展的国际大趋势下，制造业需把握好当今时代科技革命和产业变革的大方向，推行绿色制造，推进供给侧结构性改革，加快制造业绿色转型发展，促进工业平稳增长，打造制造业国际竞争新优势，创建绿色工厂作为构建绿色制造体系的关键一环，是实施绿色制造工程的重点任务，也是促进工业各行业结构优化、脱困升级、提质增效的重要途径。

绿色工厂是指实现用地集约化、生产洁净化、废物资源化、能源低碳化的工厂，《中国制造2025》将建设绿色工厂列为重点工作，提出了“2020年建成千家绿色示范工厂”的目标。中车长客作为国家、行业及地方的重点企业，需要打造绿色制造先进典型，发挥行业示范和带头作用，引领企业绿色转型发展。中车长客现已被评为国家级“第一批绿色制造体系建设示范企业”之一。为了能够更好地建设绿色工厂，其中，在绿色工厂评价过程中，明确要求企业建立能源信息化系统，实现能源精益管控。

（四）克服传统能源管理，实现企业能源管理变革需要

随着企业外部节能和污染物减排要求的提高，能源资源的日益紧缺，企业面临的节能环保指标压力逐年增加。企业传统的能源管理方式、方法无法满足日益提升的内外部要求。主要表现在：节能目标难以受控，节能指标难以分解，能源管理体系运行绩效难以量化，生产制造、人员操作、设备状态、合理用能等专业管理目标不能实现协同甚至相互矛盾，能源计量和统计准确度不能满足管理需求，用能岗位、设备的节能措施不具体，节能技术应用进程缓慢等。

为克服企业传统能源管理方式、方法的不足和局限性，迫切需要建立一套以信息通信技术为支撑，以能源的计量数据基础，运用互联网技术实现对公司各能源消耗部门和场所的全覆盖管控，实现与“产品制造过程”相协同的“互联网＋能源”精益管控的能源管理新模式，以实现现代企业能源管理的突破和变革。

二、成果内涵和主要做法

运用“互联网＋能源”理念，实施能源精益管控，促进绿色制造能力建设的内涵是指：在管理和技术上大胆改革、创新突破，面对国际、国内的铁路增长形势及客户需要，以能源管理体系标准为指导思想，

以互联网、信息化技术为基础,按照国家相关的法律、法规及标准要求,结合企业动车组生产任务紧、交货压力大,着重效率提升,发挥设备潜力。按照"整体规划,分步实施,注重实效"的原则,采用"先试点,后拓展"的方法,分别对关键设备效能提升和能源管控进行建设,同时引进国际先进的"精益能效"管理模式,结合离散行业制造工厂加工装备间歇式工作特点和制造过程的节能需求,突破离散加工制造装备精细化节能控制的关键技术。充分利用能源数据为载体,利用先进的互联网、信息化管理手段,通过建立有效的管控机制,实现对设备生产能力、工艺制造过程、生产调度安排、人员操作规范的持续有效分析和整改提升,推动公司整体生产制造能力、质量保障能力、成本控制能力的提升,形成具有离散加工制造行业典型的应用管理模式。主要做法如下:

(一)以互联网+信息化技术,总体构架能源信息化管控平台

——从感知层、传输层、支持层、应用层,总体构架能源信息化系统。

中车长客以"中国制造2025"为战略指引,结合中国中车"十三五"规划,以智能制造、绿色制造为目标,紧密结合中车长客典型多工序、不连续、多品种、小批量、快交付的离散制造业行业特征,探索符合自身的管理提升之路。面对与流程行业相比在现场管理上的先天劣势,选取能源管理作为突破口,建设基于能源数据采集的设备运行状态感知网络,全面搭建能源信息化管控平台,具体包括:

1. 感知层

感知层主要通过传感器、智能采集装置、LORA、RFID、PLC、MDC、视频监控等技术手段,完成数据的收集和预处理。

2. 传输层

传输层主要通过企业内外网、互联网等数据传输方式,完成信息的传输、交互、汇集功能。

3. 支撑层

支撑层主要包括基础设施即服务(IaaS)和平台即服务(PaaS)。IaaS位于平台最底层,主要提供硬件支持:可以按照应用系统所需资源多少进行划分,并进行统一管理。PaaS位于平台的中间层,为应用服务的开发和技术支持:操作系统是各种软件开发平台的基础支撑;软件开发平台位于操作系统之上,能够进行软件开发和测试的平台,包括应用系统服务、WEB服务、消息服务、报警服务、地理服务、视频服务等,采用统一的开发平台,便于系统的统一维护和系统集成应用。

4. 应用层

应用层面主要根据能源管理的具体需求,各种相关服务构成一个完整的、满足用户各种需求的应用子系统,它处于运行平的最顶层,提供软件服务,主要包括门户服务、系统服务、应用服务和大数据服务(门户服务:门户是企业信息的主界面,分布着能源管理各类模块内容;同时,各类能源管理应用系统通过统一身份认证的入口也在门户中;系统服务:包括平台的用户管理、流程管理、监控管理、资源管理、配置管理、身份管理、等功能,保障平台正常运转;应用服务:各大应用系统与业务保持一致,系统间既保持相对的独立性,有具备一定的耦合性。主各类系统采用统一整体规划、各应用系统分阶段开发部署,采用主流的B/S架构)。

(二)以能源管理体系建设为框架,全面策划能源管控模型

——立足生产经营实际规划、建立能源管理绩效参数体系与分析模型。

能源绩效参数:由组织确定,可量化能源绩效的数值或量度。通常能够反应整个系统的用能特征及生产特征。在工业制造领域能源又被称为工业的血液,在国民经济的发展中处于十分重要的地位。能源及其相关的物理变量贯穿于整个企业生产制造的全过程中,同时能源及其相关变量还是主要生产要素中最容易被精确测量的。所以,建立合理、有效的能源管理绩效参数尤为重要。

为此,中车长客结合能源管理体系要求,建立能源管理绩效参数体系与分析模型。同时将能源管理绩效参数根据企业的需要分为三类(图1):包括管理层(综合能耗等)、工艺层(产品的能耗定额等)与

设备层(压力、温度、转速、电流、电压、功率等)。通过对能源管理绩效参数的准确监测,可以准确地复现生产制造关键过程,精确和完整的实现对生产过程中工艺文件和设备操作规程的执行情况、设备利用率、产品质量、生产组织、人力投入、以及能源消耗、污染物排放等信息的准确感知、记录、分析、评价和诊断,进而指导各相关职能部门、工艺部门、生产部门、设备部门、能源管理部门等实现对生产过程中产能、质量、成本的实时、有效的管控,达到"精准管控"的目的。

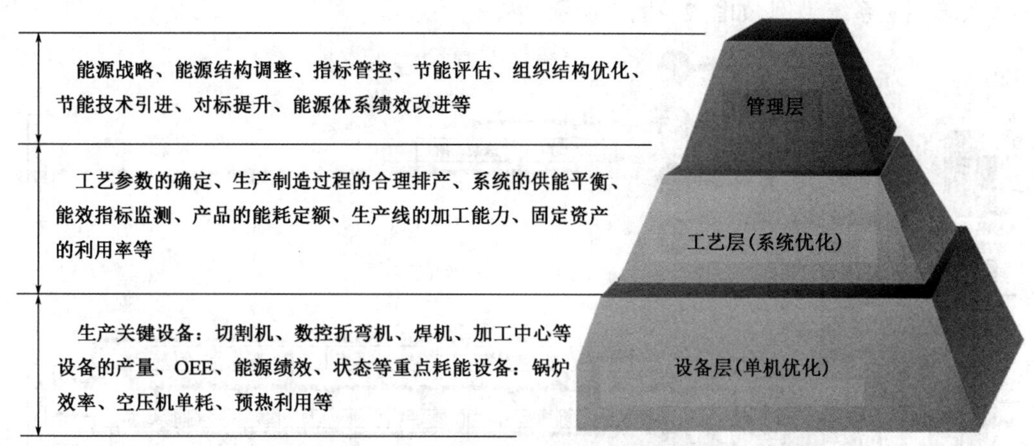

图1 能源管理层级模型

首先,选择从最底层的设备级入手,先抓对生产有制约的关键设备,识别、建立设备层能源管理绩效参数,包括设备的OEE、能源绩效、设备运行状态等,并根据这些指标建立分析模型,以方便判断企业在生产组织、工艺管理、人员分配、设备利用等方面的问题,促进了企业精益生产过程的持续改进。

其次,中车长客结合上级主管部门、省市、行业、海外项目等要求,整体搭建了公司管理层、工艺层/车间层的能源管理绩效参数。包括:综合能耗、单位产值或工业增加值综合能耗、产品单位产量综合能耗、重点工艺系统单耗、能源利用效率等。

最后,根据建立的能源管理绩效参数三级体系,对每一项绩效参数进行分解,这就为建设能源和设备管控系统的数据采集层(能源计量及测量仪表)的配备提供依据,同时也为整个系统软件平台的搭建提供了基本的分析模型。

(三)运用"互联网＋"技术,全面建设能源和设备管控系统

——整体规划、分步实施,采用"先试点,后拓展"的方法,遇到技术难点集中攻克。

能源和设备管控系统是依托计算机网络技术、通信技术、计量控制技术等信息化技术,实现对公司能源及其相关变量值的采集,并通过终端搭建的智能化能源管理信息软件平台,对通过数学模型建立的管理层级、工艺/车间层级、设备层级的能源绩效参数进行实时监测、分析、诊断,从而加大节能监管力度,提升企业节能工作管理水平。

由于中车长客能源和设备管控系统作为集团公司首个离散型加工制造行业能源管控系统试点项目,在国内还没有系统性的标准和成功的范例。为了能够做好示范项目的建设和应用,打破传统的能源管理模式,实现能源管理系统化、数字化、智能化管理需要。整个项目分两期建设。

一期建设主要是对新厂区主要用能车间围绕车间绩效指标进行建设。在一期的建设、应用过程中,逐渐认识到能源和设备管控系统的建设相对一般系统而言,涉及专业性更强、实施难度更大,需要多个学科共同配合才能完成。例如,对高速动车组制造中心铝车体车间用水、用电、用热定额的制定过程中,传统的方法一般都采用年度指标均摊。为了能够准确考核、量化管理,用能定额指标确定必须和车间的生产任务、人员数量、厂房建筑结构等因素相关。目前市场上的信息化公司,大多数以软件开发、网络通信及自动化控制为主,而对于企业能源管理体系标准的应用、生产安排、仪表安装等方面专业配置力量不足。为此,中车长客充分利用自身企业现有的技术力量,同时和外部专业咨询机构、中车人才库专家、大学老师团队等共同研讨,优化系统设计。

二期建设是在一期建设的基础上,先重点选取中车长客具有代表性的用热系统、用水系统、用风系统、用电系统、用天然气系统进行试点建设。也就是针对每一个重点用能系统,选出具有代表性的单元,从管理层、工艺层和设备层进行全过程的系统性建设和分析,并多次组织各相关专业人员对系统功能模块进行效果验证和成果转换分析。最后,在试点建设应用成功的基础上,展开对公司新老厂区剩余部分拓展建设。

以中车长客用热系统为例,如图2~图5所示。

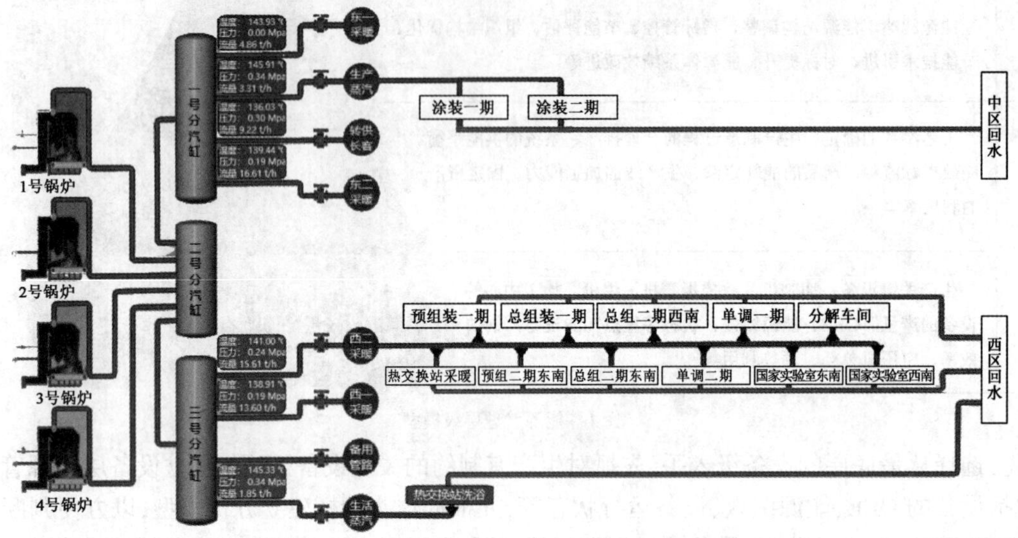

图2　新厂区用热系统

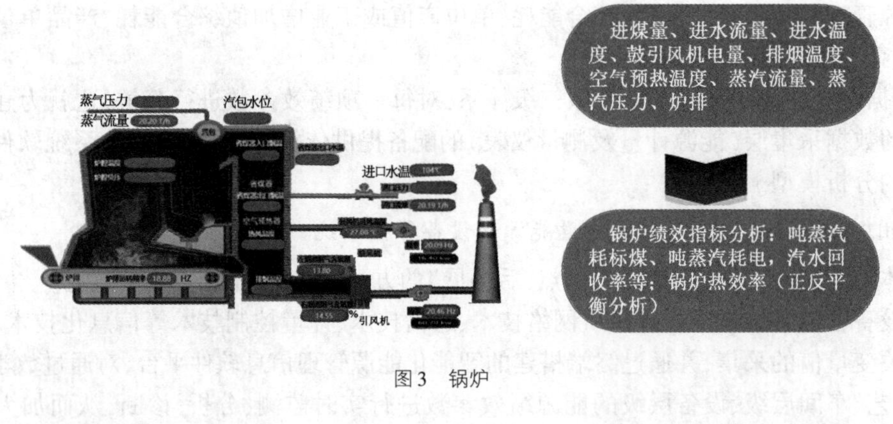

图3　锅炉

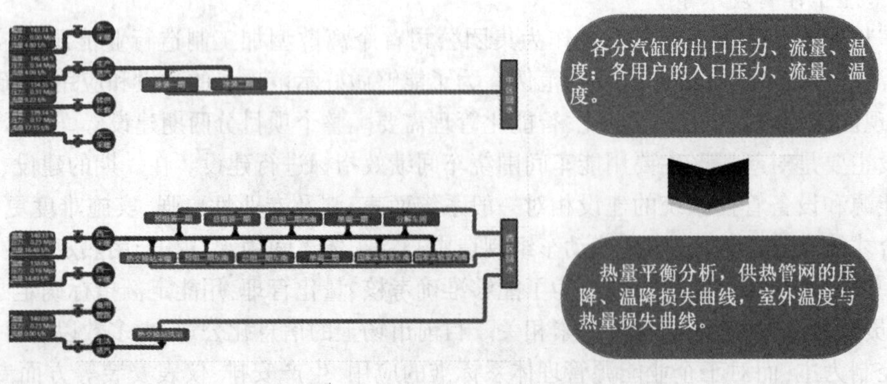

图4　供热管网平衡分析

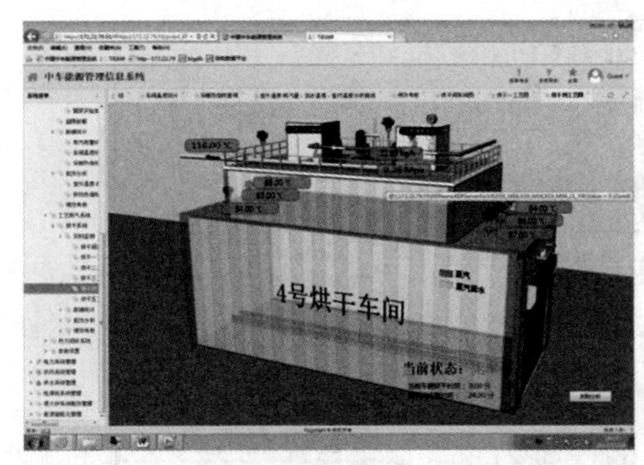

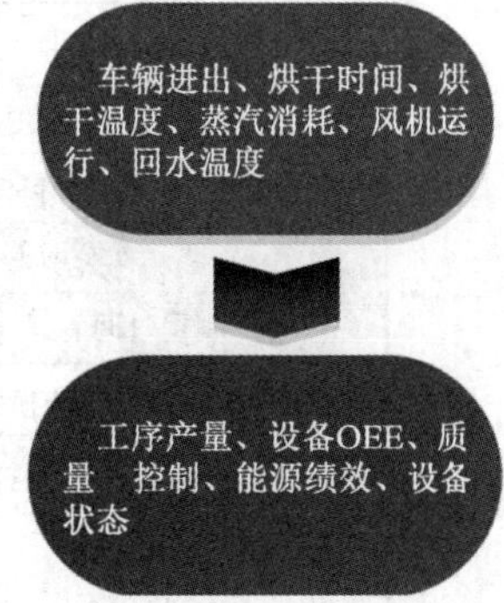

图5 重点用热设备(烘干室)

(四)引入“精益能效”,用好能源和设备管控系统

——引入“精益能效”管理概念,以能源过程监测数据为核心,围绕产能、设备、节能减排等具体业务,建立以实时数据为基础的设备、能源精益管控模式。

精益能效(TEM)是在全面质量管理(TQM)、全员设备保全(TPM)、精益六西格玛(LSS)等国际先进管理方法基础上所发展起来的,将能源作为一种重要生产要素,将精益方法与能源管理实际相结合,并以能源价值为度量的管理方法。精益能效在管理过程中追求能源零浪费、系统最小波动(精准控制)、工序/介质间灵活响应(柔性生产)的管理目标,有效协同能源、生产、设备、财务、信息等各要素,实现能源价值最大化。

中车长客原有的能源管理是一种基于保障供应和完成指标的管控,也就是所谓的“开源”和“节流”,节流的主要方法是抓“跑、冒、滴、漏”这种行为节能,相对技术含量较低。但是随着企业外部节能和污染物减排要求的提高,能源资源的日益紧缺,企业面临的节能环保指标压力逐年增加,国际投标能耗指标必答项要求。仅仅靠这种抓行为节能,是远远不够的。为此,中车长客在开展精益生产的基础上,学习引进精益能效的分析方法和理论,消除能源浪费,提高能源效率。

1. 立足现场,结合应用场景实现设备层级的精益能效管控模式

能源的全过程管理包括:采购、输送、加工、分配、使用、回收。其中,每一个过程都涉及相关的供、用能设备,设备的状态好坏直接影响能源的使用效率,生产的制造能力和产品质量。为了消除供用能设备的浪费现象,中车长客充分利用能源和设备管控系统实时数据,识别设备的运行的5种状态,即分解为:关机、开机、加工准备、低负荷、高负荷。据此将设备运行的日历时间分解为理论可利用时间、实际可利用时间、有效可利用时间。从而为设备的利用效率状态做出了精准的判断,利用TPM的三大分析工具,即一点课、小组活动和合理化建议,制订相应的改善措施,实现设备利用效率的提升(图6、图7)。

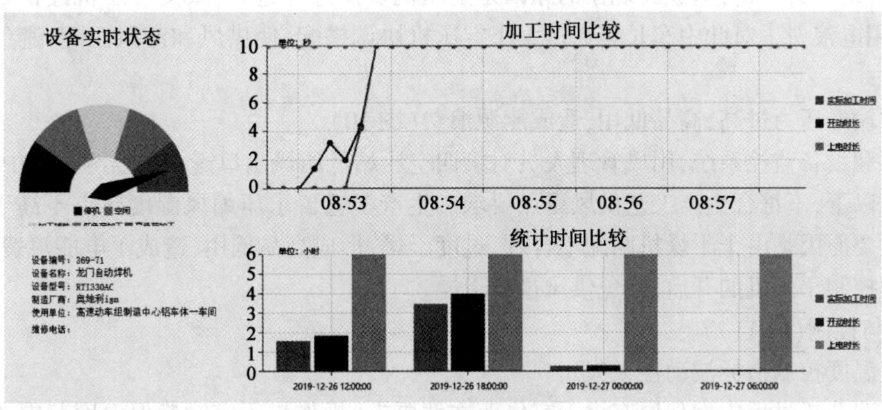

图6 能源和设备管控系统实时数据

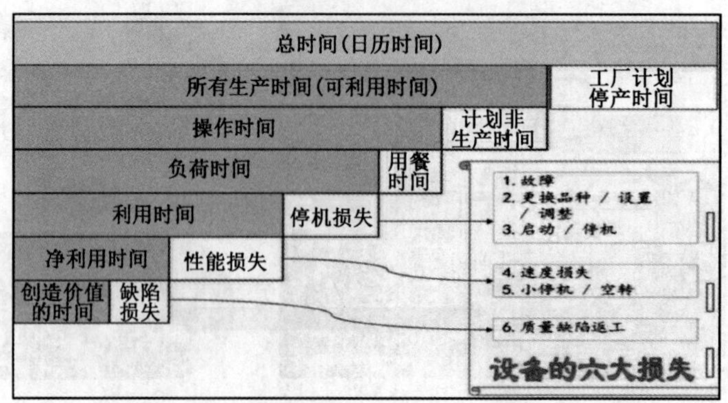

图7　设备 OEE 损失分析

2. 消除浪费,结合组织绩效建立工艺层级的精益能效管控模式

在消除设备层级能源浪费,提高设备的利用效率,根据能源管理层级的要求,只完成了基础的能源管控。而在制造过程中,工艺参数的确定是否合理、生产安排是否科学、系统的供能是否平衡等,这就需要我们进一步去挖掘。为此,中车长客采用精益能效之"三类损失"分析方法,即浪费、波动性和不灵活性。

(1)能源浪费(图8)

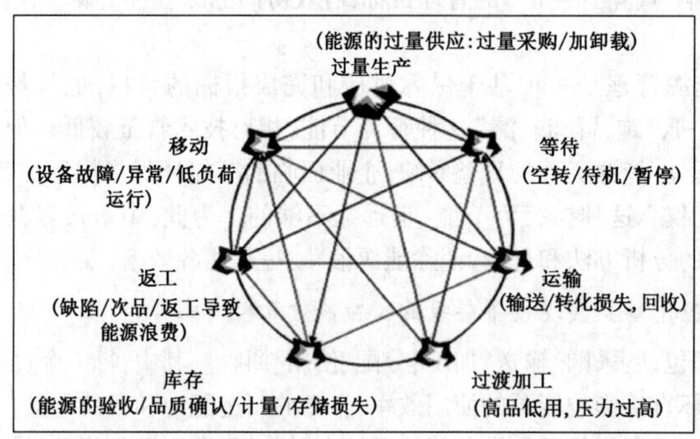

图8　七大能源浪费现象

①空压机因制风量配置不合理,造成用电浪费(图9)。

利用能源和设备监控系统,对1号空压机电流进行监测,发现此空压机电流曲线一直处于上下波动状态,组织专业组进行分析,造成此现象的原因是空压机负荷选择过大,致使空压机经常处于加卸载运行状态,造成用电浪费。对此中车长客通过大小空压机协调搭配,使供风和产风匹配,避免了空压机频繁加卸载。

②空压站输送压力过高,高品低用,造成能源浪费(图10)。

利用能源和设备监控系统,用风管理人员对第四空压站低压风出口露点的监测过程中,发现露点经常处于 -59℃以下,不符合生产工艺供风露点要求。生产工艺要求压缩风湿度露点不高于 -20℃。造成这种现象主要原因是由于干燥机匹配不合理,过度干燥,形成高品低用,造成了电能浪费。对此,中车长客采用合理控制干燥机的开启,避免供风过度干燥。

(2)波动与控制(图11)

①烘干室温度控制指标波动性太大。

在能源浪费分析过程中发现原有烘干室作业文件要求"操作烘干室时确保温度范围严格执行各车型工艺文件要求的烘干温度",工艺文件要求各种车型烘干温度均为40~80℃,烘干时间均为2小时;

在此基础上,组织工艺部门对烘干室的温度、时间绩效参数进行了调整,并重新修改了工艺文件,要求各种车型烘干温度均为60～80℃,烘干时间根据烘干的不同工序(面漆、底漆、喷涂等)合理设置相应时间。从而降低了蒸汽消耗,提高了烘干室的利用效率。

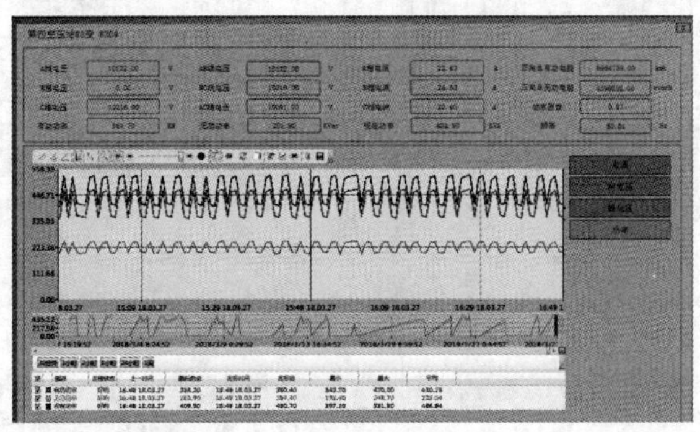

图9　1号空压机加卸载运行功率曲线

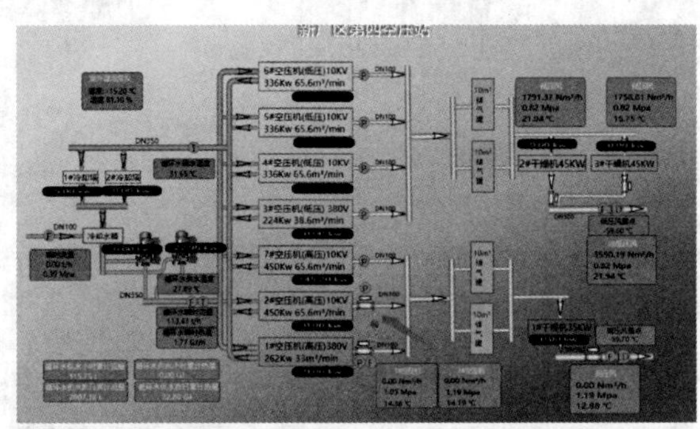

图10　第四空压机供风系统图

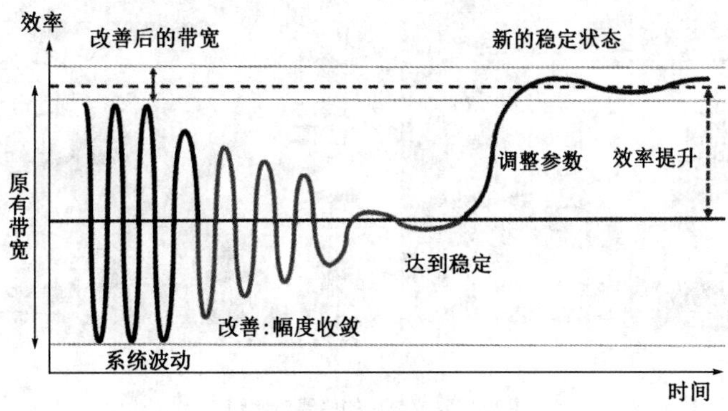

图11　能效带宽(合理用能/基准/参数)

②水泵房供水压力范围大(图12)。

利用能源和设备监控系统,对厂区供水泵站的供水压力进行监测,通过选取一段时间的供水压力曲线发现压力曲线波动范围较大。组织专业组分析是由于水泵站采用定频供水,由于不同时间段用水量不同,造成供水压力波动性较大。

为此,中车长客根据用水量不同,采用分压供水,即8:00～16:00供水压力为0.37MPa,16:00～8:00供水压力为0.30MPa。降低了电能消耗(图13)。

(3)协同/灵活性控制

能源被称为工业的血液,在整个企业的生产制造过程中,能源及其相关变量贯穿于整个过程。这就需要我们灵活的协同生产。在满足生产进度、质量、安全前提下,做好灵活匹配,减少能源消耗。

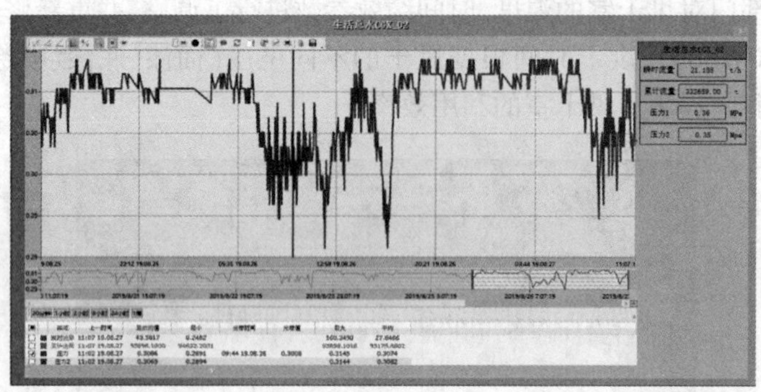

图 12　改造前供水压力曲线

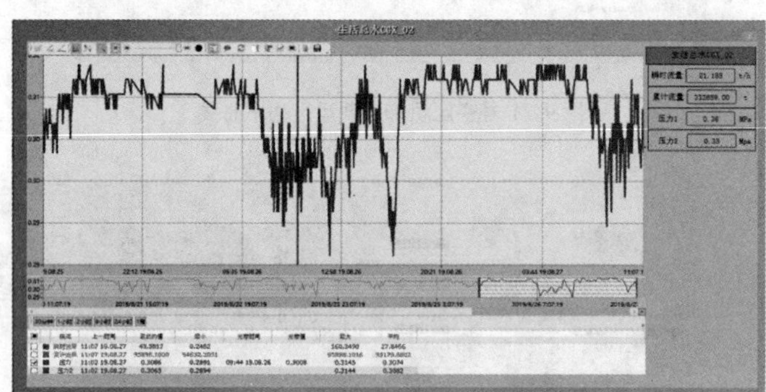

图 13　改造后供水压力曲线

退火炉风机开启和降温速率不匹配如图 14 所示。

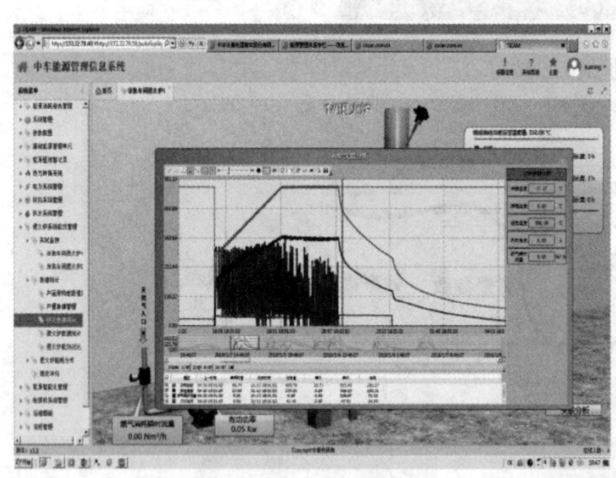

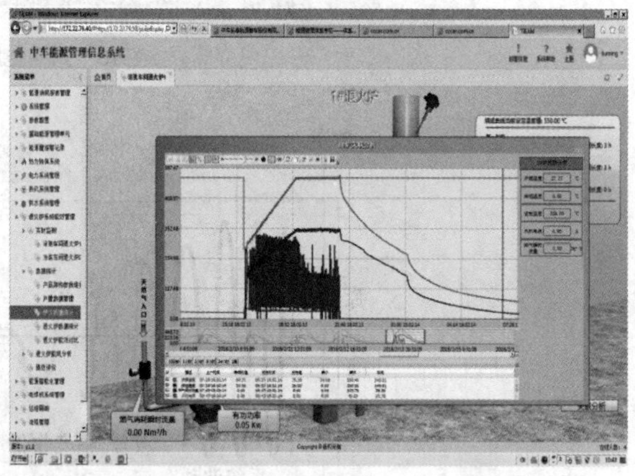

图 14　整改前后的曲线对比图

风机的作用主要是助燃,因此在天然气关闭后风机也应该停止运行,但实际情况是天然气关闭后,并没有关闭风机电源,而是等到整个设备停止运行后才关闭风机电源,因此风机会多运行 2 个小时左右,同时也加快了整个炉窑的降温速率,影响了产品质量。

3. 支持决策,通过大数据分析建立管理层级的精益能效管控模式

能源和设备管控系统,通过对数据的整理、汇总、分析,最终为管理层的决策提供支持。目前,中车长客在节能评估过程中,打破常规遵循设计规范的标准参考值,全部采用实际数据作为参考。为公司用电网络设计、变压器设计、厂房设计、设备采购提供了大量的有用数据。逐渐实现指标管理及量化对标活动。调整公司用能结构,2019 年已经启动锅炉煤改气工程,改造完成后将大大降低公司能源消耗,节约能源成本。同时,为设备引进、节能新技术的引进提供对比数据,利于领导的决策。

三、实施效果

中车长客以能源管理体系标准为指导思想，运用"互联网+能源"理念，以能源的计量、数据采集、数据统计和、数据分析的能源和设备管控系统为基础，借鉴国内外先进的精益能效管理思想，建立能源管理指标体系和分析模型，实现能源管理的信息化和网络化，实现与"产品制造过程"相协同的"互联网+能源"精益管控的能源管理新模式，促进了企业制造能力的提升，取得了良好的经济、管理和社会效益。

(一)降低能源消耗和制造成本，实现节能减排

中车长客以两化融合为契机，充分利用信息通信技术，结合企业实际情况，按照国家法律、法规及标准的要求，引进先进的管理方法，将能源管理的范围和深度进一步提升，加快节能技术的应用和节能项目的实施，提高了能源利用效率，降低了能源消耗和能源成本。通过2015—2018年能耗数据对比，在公司产值不断增加的情况下，综合能耗绝对值在不断下降，并超额完成了基准值和目标值，见表1～表3。

近几年公司能源绩效变化 表1

年份(年)	总产值(万元)	综合能耗(吨标煤)	万元总产值综合能耗(吨标煤/万元)
2015	3162547.95	133983.8709	0.0424(基准)
2016	3394595.6	113150.1892	0.0333↓
2017	3115052.56	117363.2470	0.0377↓
2018	3429911.17	115192.7607	0.0336↓

近几年公司各主要单位能源消耗变化 表2

单　　位	基　　准	基准值	目标值	2016年完成值	2017年完成值	2018年完成值
高速动车组制造中心	新造动车组每台车耗电量(kW·h)	16096	15438	15320	13726	12622
客车制造中心	新造城轨车每台车耗电量(kW·h)	10122	9709	10329	8996	8952
转向架制造中心	新造转向架每台车耗电量(kW·h)	2907	2788	2836	3040	2918
检修运维事业部	检修动车组每台车耗电量(kW·h)	17428	16717	10158	11100	7234
冲压件分公司(原)	冲压件每台车耗电量(kW·h)	860	826	832	581	753
内饰件分公司(原)	内饰件每台车耗电量(kW·h)	1540	1477	1084	909	1180

重点能耗设备的能源绩效对比 表3

重点单耗指标	基准值(中车一级标准)	目标值(比基准降低2%)	2018年实际完成值
工业锅炉 kgce/t(标准大气层)	≤112	≤110	100.4609
空压站[kW·h/(kN·m^3)]	≤90	≤88	87.8413
电功率因数	≥93%	≥95%	97.2333%

(二)实现能源管理信息化，提高设备设施管理绩效

中车长客以能源和设备管控系统为手段，通过科学、合理的优化管理，促进了企业管理效益的提升。迫切需要建立一套以信息通信技术为支撑，以实现现代企业能源管理的突破和变革。

一是提高资产、设备利用效率，增加整体生产制造能力。经统计高速动车组铝车体车间的规划加工制造能力总和为月产9列，通过对工艺改进与布局优化，在没有投入设备的情况下，目前已经实现了月产CRH380动车组车体11列，CRH5A型车体1.5列的能力，同时还具备了为新产品试制预留1台设备的能力。

二是提高了设备备品备件准确定，降低备件库存。2017年设备备件采购费用为3201万元，同比2016年下降36.1%，同比2015年下降12%。

三是通过能源管控，优化了工艺制造过程，2017年能源和设备管控系统共监测工艺、能耗参数435

项,并对其中的240项参数进行优化,确保工艺参数的合理性。同时指导优化了公司用能管理规定65套,规范了公司能源管理,提高了公司能源管控水平。

(三)促进企业绿色制造能力建设,引领行业发展

中车长客通过建立运用"互联网+能源"理念,采用物联网、云计算等手段监测和记录能源转化及消耗过程中的相关物理变量,包括能源消耗量、压力、温度、转速、电流、电压、功率等信息。通过这些信息准确的复现生产制造关键过程,进而指导各相关职能部门、工艺部门、生产部门、设备部门、能源管理部门等实现对生产过程中产能、质量、成本的实时、有效的管控,提升工厂生产效率,指导能源结构的调整,有效促进了企业绿色制造的建设,引领了企业发展。

(四)受到社会各界广泛认可

中车长客能源和设备管控系统的建设和应用,得到了行业内外领导和能源管理专家的高度认可。在2015年,中国中车就中车长客源管控与关键设备效能监控平台召开了专题推广会议。在2017年为规范行业内各企业的建设、应用效果,以中车长客的基础数据、经验为参考编制了3个行业标准,分别为《能源管控和关键设备效能监控系统　总则》(Q/CRRC J 15.1—2017)、《能源管控和关键设备效能监控系统　总则》(Q/CRRC J 15.2—2017)、《能源管控和关键设备效能监控系统数据结构和数据通信》(Q/CRRC J 15.3—2017)。

基于两化新型能力打造数字化运行体系的构建与实施

中车长春轨道客车股份有限公司

成果主要创造人:王　润　王　锋

成果参与创造人:娄彦君　任向前　杨景宏　程继辉　吴帆帆　赵　巍
曲　强　肖丹祥　侯昆仑　于　森

中车长春轨道客车股份有限公司(简称"中车长客")的前身长春客车厂始建于1954年,是国家"一五"重点建设项目之一。经过60多年的建设和发展,如今,中车长客以轨道交通客运装备的研发、造修和服务为主营业务,已形成了研发试验、产品新造、检修运维三大业务并举的新格局。

近年来,中车长客大力实施全球区域性战略布局,搭建了全球化的经营框架,成为中国装备制造业"走出去"践行国家"一带一路"倡议的领军企业,赢得世界的瞩目。

一、成果实施背景

中车长客以技术引进、消化吸收再创新为契机,深入研究国内外企业信息化的成功案例与经验,整合、优化企业内外部信息化资源,本着"先进、成熟、适用、安全、可靠"的信息化建设与管理原则,制订了与企业发展战略相适应的信息化总体规划及分步实施方案,先后实施了信息化基础建设、办公信息化、企业资源计划等工程,企业信息技术应用规模空前,使信息化系统成为企业运营的重要支撑,企业信息化处于国内同行业领先水平。

但是,近些年来,受发达国家"制造业回归"和发展中国家低成本竞争的"双向挤压",中车长客的跨国经营战略布局和国际化受到制约,甚至影响到企业的产业链安全和经营安全。与此同时,经济全球化的趋势又势不可挡,特别是中国提出的"一带一路"倡议,得到国际社会的积极响应,一定程度上带动了沿线国家的基础设施建设,为世界轨道交通拓展了发展空间。中车长客处于各种利好因素和消极因素持续对冲的阶段。

因此,中车长客必须对世界经济形势有全新的认识,对以信息化、数字化为核心的智能制造发展有深入的解读,并在这个框架之下有主次、有侧重、有目的地开展企业的数字化体系建设,高瞻远瞩地谋划企业未来可持续发展之路。

(一)是实现中车长客参与全球经济大循环的需要

当今世界面临百年未有之大变局,世界经济形势发生着广泛而深刻的变化和变革。以美国为首的贸易保护主义、单边主义持续蔓延,贸易与投资争端不断加剧,全球产业格局和金融稳定受到强烈冲击,世界经济运行风险和不确定性显著上升。中国秉持"共商、共建、共享"原则,通过"一带一路"为轨道交通装备行业的发展积极创造条件,并通过深化改革促进和鼓励国有企业积极参与国际经济循环。深度融入世界经济与全球市场,是中国及中国企业改革开放40多年来的宝贵经验,也是国际分工发展的必然结果。国内轨道交通新造市场需求下滑,已不足以支撑中车长客未来的增长,只有深度拓展国际市场,才是中车长客实现建设轨道交通装备世界级企业战略目标的基础。

因此,中车长客只有通过打造信息化、数字化平台,实现对全球资源的整合利用,具备在全球范围内配置资源的能力,才能将企业的价值链、产业链与供应链向国外延伸,并借助基于数字化的全球价值链、产业链与供应链的分工合作,彻底融入国际经济的大循环中。

(二)是实现中车长客加快产业调整的需要

中国经济已由高速增长阶段转向高质量发展阶段,高质量发展的根本在于经济的活力、创新力和竞争力。科技进步日新月异,智慧社会即将到来。企业若能够向世界提供"中国智慧与中国方案",那么必将引领行业发展。

目前,中车长客主要集中于微笑曲线中端的系统集成、加工制造环节,处于整条产业链中游,附加值较低。尤其是伴随着全球经济的持续低迷,整个轨道交通产业产能严重过剩,其必然结果就是行业的大重组、大洗牌,并最终淘汰不适应行业发展需要、不能满足客户需求、不能体现中国智慧的企业。

因此,通过施行以信息化、数字化为关键举措的数字化企业构建方案,加快调整产业结构,推进公司业务向"微笑曲线"两端延伸、向价值链高端跃升、向高附加值领域拓展,是中车长客未来必由之路。

(三)是实现中车长客成为系统化解决方案提供商的需要

城市轨道交通行业的客户越来越倾向于"产品 + 运维服务"的系统化解决方案,在国内外市场中有着不同的体现。国内市场方面,由于国内经营环境转向深入的全面市场经济建设,在缩减基础设施建设投资的经济大环境影响下,部分国内客户已经从建设期转向运营期,客户需求已经从产品新造转向运维服务,市场需求已经转向低成本保运营、保安全为主的全寿命周期服务新业务。国际市场方面,高端市场客户需求主要集中于轨道客车设备更新和既有产品运营维护;发展中国家市场,由于受自身能力限制,不仅要求提供新造车辆产品,同时要求提供系统性的全寿命周期服务一体化解决方案。

可见,强化运维服务业务是满足新时期客户系统化需求的必然选择。这就要求中车长客必须通过信息化、数字化建设快速提升企业提供全寿命周期服务的能力,不断拓展轨道车辆全寿命周期服务新业务市场,弥补新造市场下滑带来的市场份额损失,以强化客户关系、提升利润空间、培育新的利润增长点。

由此可知,建立信息化、数字化体系并推动其有效运行,打造集团化架构下的企业新型能力,建设数字化企业,成为目前中车长客亟待履行的使命。

二、成果内涵和主要做法

"基于两化新型能力打造数字化运行体系的构建与实施"是指:致力于搭建适合企业融入国际经济循环,创新驱动发展的治理、运营及工作体系,立足实现公司跨国经营战略目标,通过开展基于管理再造成果、以业务行为数据化为特征的信息运用平台和支撑企业经营管理全周期的数字化平台建设,建立信息化数据治理体系和数据标准体系,完善企业级数据中心,在战略推进、经营管控、生产执行等层面建立企业数字画像,构建企业经营管理主链条的数字化和网络化格局,打造企业国际化经营架构下的新型能力,达成加快建设以法治化为特征的工业化进程、实现企业经营管理智能化的目标,从而确保企业的可持续竞争优势,满足建设"数字化长客"的需要,如图 1 所示。

主要做法如下:中车长客以跨国经营战略为目标,积极迎接"互联网 + "及国际化业务拓展需要,重点围绕技术协同、全寿命周期服务、满足客户需求等,全面建立支持公司核心业务一体化运作的信息化、数字化平台,形成以信息化、数字化为支撑的集团化企业集中管控能力和智能决策能力,以"服务"为宗旨,以"增效"为出发点和落脚点,创新体制机制,推进"数字化长客"建设工程。

(一)明确"数字化长客建设"方针

中车长客基于企业战略目标,明确"数字化长客建设"的方针为"战略驱动、协同创新、服务客户、数字长客"。

战略驱动:面对瞬息万变的市场形势,强化企业顶层设计,突出机遇导向和战略导向,强化战略的引领和驱动作用,以战略目标为导向,促进数字化企业发展。

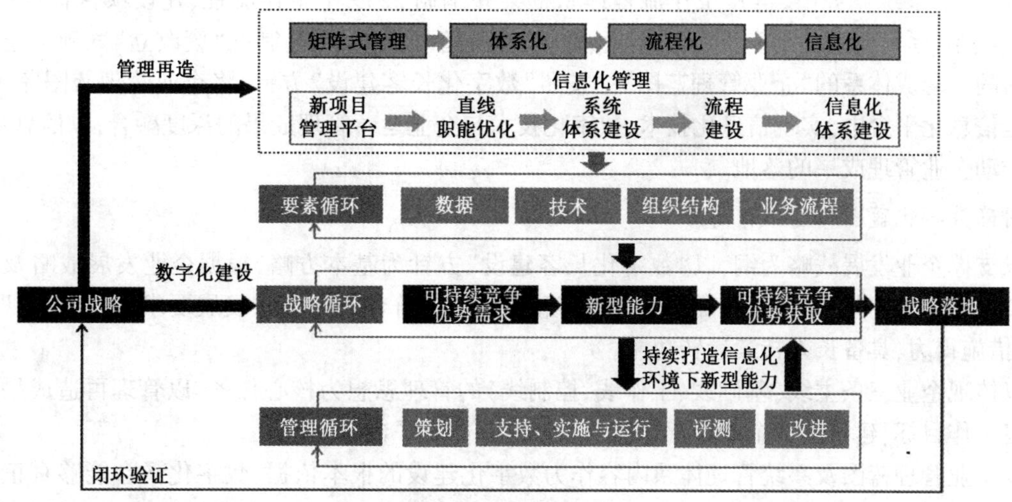

图1　总体实施路径

协同创新:通过信息系统间的高度集成,推动企业业务链的有效协同,深度挖掘企业在信息化环境下的新型能力。通过发挥技术的基础性作用,优化业务流程,调整组织结构,并通过信息化、数字化技术来实现和规范新的业务流程和组织结构,不断加强数据开发利用,挖掘数据这一核心要素的创新驱动潜能,推动和实现数据、技术、业务流程、组织结构四要素的互动创新和持续优化,引领行业发展。

服务客户:借助两化融合体系,推动企业从"制造"型企业向"制造+服务"型企业转型。充分利用信息化、数字化手段助力企业搭建外部服务体系,提升服务客户水平,促进企业内部精益管理,提升上下游业务部门间的服务水平。

智慧长客:采取先进数字化设备和手段,在企业重点业务领域搭建一体化的系统平台,实现高效、互联、集成的研发、制造、服务和管理,服务于企业的战略和运营,打造智慧长客。

(二)建立"数字化长客建设"组织体系

1."数字化长客建设"组织构成

建立了以公司董事长、公司总经理为最高管理者责任的公司级推进小组;任命公司分管战略、企管和信息化工作的公司领导为管理者代表;公司副总经理、党委副书记、总工程师、财务总监、主管战略和企管的副总工程师、主管信息化工作的副总工程师、主管工业化工作的副总工程师、战略规划部部长、运营管理部部长、信息化部部长等人员为领导小组成员,分工负责具体事宜。

2."数字化长客建设"各级组织责任

最高管理者责任:负责在企业战略层面统筹推进"数字化长客建设",采取教育、培训、会议、宣传、文件等多种形式,向各级领导及全体员工传达推进"数字化长客建设"以获取可持续竞争优势的重要性和必要性;主持制订"数字化长客建设"方针,并使员工理解、支持和参与,确保有效获取与企业战略相匹配的可持续竞争优势;确保"数字化长客建设"方针及其过程融入企业的经营管理活动。

管理者代表责任:组织识别信息化、数字化环境下企业新型能力及其目标;统筹落实信息化、数字化环境下企业新型能力的策划、打造、保持、持续改进的过程,以确保其有效性。

领导小组成员责任:负责组织制订"数字化长客建设"方针、目标,策划业务流程与组织机构优化、技术实现、匹配与规范、贯标维护、数据开发利用和动态调整;负责"数字化长客建设"文件的建立、培训、宣贯、推行、执行监督、组织认定和持续改进;组织完成年度新型能力实施方案的制定和新型能力的打造。

(三)基于管理再造成果构建企业数字化蓝图

为提升信息化、数字化环境下的企业经营管理法治化能力,中车长客基于企业战略需求,以需求决定管理为出发点,按照"系统设计、细化到岗位、固化到软件"的整体原则,从2017年开始,历时两年完成了包含22个系统业务链、搭建工作流程体系框架并编制2259个工作流程、建设项目管理(营销业务)体系、编制《系统管理手册》、"风险、质量、绩效"指标管理要素融合、制度"废改立"六项标志性管理成果在内的一套成体系的"企业管理蓝图"。按照"数字化长客建设"方针,将企业管理蓝图完整、准确的固化至信息化平台中,实现信息化技术、数字化技术与企业运营管理成果的深度融合,以信息化、数字化手段推动企业管理成果的落地。

1. 明确数字化蓝图构建工作思路

①以支撑企业发展战略为纲,以"数字化长客建设"方针为基本方略,根据企业发展战略及运营管理实际情况推动数字化平台建设,确保规划内容和实施路径符合企业业务发展要求,做到方向明确、内容具体、措施得力,具备长效持续运转功能。

②以体现企业三条主线(基础线、工作线、控制线)的管理思想为核心任务,以管理再造成果有效运行为最终工作目标,建设支撑企业经营管理全周期的一体化平台。

③以企业管理蓝图及系统管理体系内容作为数字化建设的根本依据、数字化平台能够真正发挥作用的前提。数字化平台运行逻辑是经营管理行为的客观体现,为优化和完善管理体系提供依据,确保"三条主线"有机融合、首尾相接、相辅相成。

④从信息安全和技术掌控角度出发,在充分、正确理解企业发展战略的基础上,立足"自主开发、深度掌控、为我所有"。

⑤数字化平台建设技术框架和功能设计做到成熟、稳定,操作简便、运行高效,具备实现统计分析和管控功能,做到模块功能齐全、配置灵活、运维简单。

2. 构建企业数字化蓝图

基于企业战略和管理蓝图,按照顶层设计、逐级细化的思想,遵循"整体规划、分步实施"的原则,深入理解企业战略及数字化企业发展目标,详细分解管理蓝图,结合企业信息化、数字化平台应用现状、最佳业务实践开展"企业数字化蓝图"规划,如图2所示。

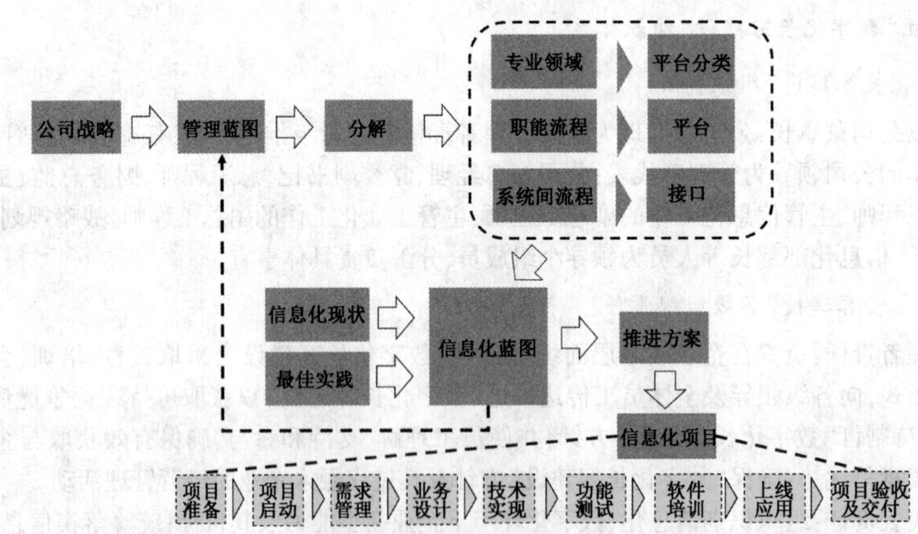

图2 中车长客数字化蓝图

企业数字化蓝图包含数字化平台总体模型、数据中心应用模型、经营管理全周期数字化平台规划。

数字化平台总体模型:数字化平台主要由管控平台、业务执行平台和数据处理及交换中心共三部分17个核心平台组成。各软件平台通过企业数据总线连接,实现数据共享与交互,数据中心以企业经营管理逻辑作为主要输入,通过建立不同的数据模型,利用数据总线提取相关数据,形成公司信息化、数字化平台总体模型。

数据中心应用模型:以管理标准、工作标准、信息维护标准等标准体系内容为基础,建立各类模型,从信息化数据管理角度赋予数据中心数据治理功能，确保信息化数据与经营管理活动的高度吻合，确保通过数据分析和运用，为企业决策层、管理层和执行层提供工作依据。

经营管理全周期数字化平台：遵循从获取市场订单到研发制造，再到产品交付和服务提供的产品全生命周期逻辑，设置七个主要阶段包括战略制定、市场营销、项目管理、设计工艺、生产制造、售后服务、检修运维共17个信息化平台，打造支撑企业以产品为主线的经营管理全周期数字化平台，如图3所示。

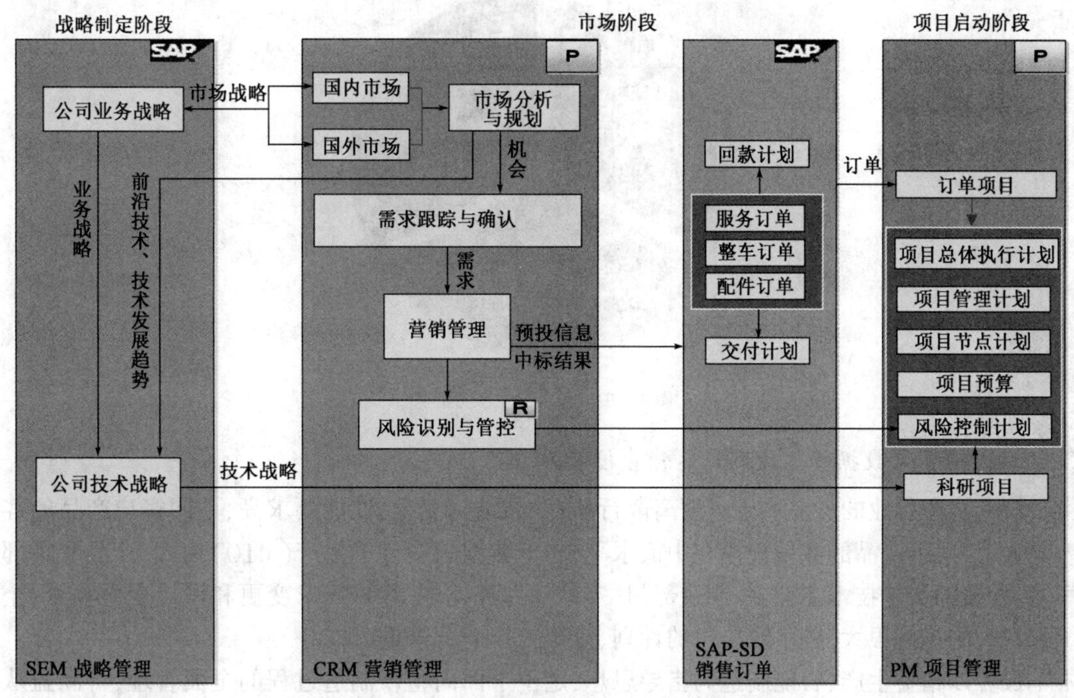

图3 中车长客经营管理全周期数字化平台

(四)打造基于大数据的技术协同能力

中车长客深入贯彻“自主创新、深度掌控、正向设计、根在长客”的技术发展路线，践行创新驱动发展战略，着力打造数字化的技术协同能力，以此作为企业掌控核心技术、掌握行业发展方向、获取市场竞争优势的重要手段之一。

1.开展技术全球化布局

中车长客先后在国内外设立7个研发分中心，包括北京、上海、重庆3个国内研发分中心，以及美国、澳大利亚、俄罗斯、欧洲4个海外研发分中心。依据企业科技战略发展总体规划，明确每个研发分中心的研发业务，分别负责开展各自领域内的基础技术研究、前沿技术研究、核心技术平台开发等工作，补齐集团总部技术短板，引领行业技术发展，支撑企业国际化、集团化发展需求。

2.强化研发服务业务

中车长客有针对性的增加企业实验平台和手段，拓展国家工程实验室、国家工程技术中心等机构的实验范围，提升实验和认证资质等级。按照“实验室经济”的理念，向供应商、客户和友商提供轨道车辆及部件的设计、试验、测试、认证、培训、咨询等服务，为实现“深度掌控”提供支撑，如图4所示。

3.打造技术协同开发数据化平台

建立产品数据管理信息化、数字化平台(PDM)，以设计、工艺一体化为主线，实现设计三维、工艺二维的技术贯通，并通过在全球七大研发分中心的共同推进运用，打通业务与管理两大主线，实现产品源头数据全面贯通，支撑全球协同开发，并为开展研发服务提供有效载体，打造研发服务业务拓展的基石。同时，以EBOM为基础产生MBOM和SBOM，向生产和检修业务延伸，为工艺、制造和检修与设计业务“并行”创造数据基础。作为数据定义源头系统实现与企业资源管理系统(SAP系统)的业务贯通，物料主数据、设计文件、EBOM、MBOM、工艺路线、工程变更等信息通过企业数据总线平台及时、准确地传递到 SAP 系统,为下游业务提供数据基础。工程变更多项目合并下发,解决检修和售后阶段需要重新根据新造阶段下发通知的问题,并且规避了有通知遗漏执行的风险。基于需求管理,固化正向设计模式,提升产品技术数据质量,打造企业全球异地协同开发能力。

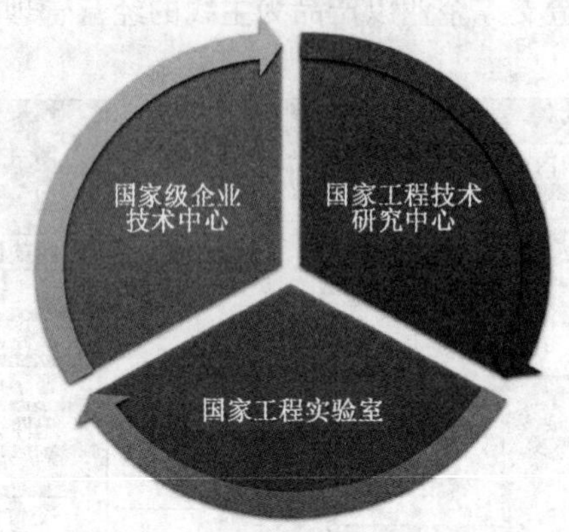

图4 中车长客研发服务业务

(五)打造基于大数据的敏捷制造运营管控能力

由于轨道客车行业的产品属于高度离散行业,产品结构复杂、性能要求高、不同客户产品的客户化定制差异大、订单上产品的数量规模在中低水平,属于典型的按订单生产(MTO)模式,产品和零部件加工工序多、涉及的工艺技术专业多、制造部门多、零部件种类多、客户需求变更和设计变更频繁,企业生产组织和管理的难度很大,各生产单位的计划、排产工作十分繁重。

中车长客以精益生产、智能制造为指导思想,定位于面向生产制造过程的全面管理,将涵盖从订单管理、计划排程、制造执行与反馈、质量检验、追踪与追溯、在制品及物料配送、设备维护管理、设备数据采集及监控以及生产控制中心的完整制造业务信息化管理。

1. 定义 MOM 系统的内容

MOM(Manufacturing Operation Management)是制造运营管理系统的英文简称。MOM 是在基于 ISA-95 管理模型的生产执行管理系统 MES(Manufacturing Execution System)的基础上扩展和增强功能后的新一代管理系统,除了生产执行过程管理外,更加关心企业整体生产链的运营过程协调和效果监控,如图5 所示。

以精益标准工位(最小工作单元)为载体,建立 MOM 一体化制造运营管理平台,搭建生产管理、质量管理、配置管理三条业务主线,实现制造过程透明化、无纸化和数字化。通过 MOM 项目的实施,实现公司各大系统的上下贯通、横向协同,为我公司智能化制造奠定基础。

2. 基于生产工位的数据收集分析

基于生产一线真实信息的报表,可用于生产计划达成的情况统计与分析、能耗分析、物耗分析、人力分析、产品及零部件合格率统计分析、质量趋势分析、设备(工装、工具)绩效分析等。

每个工位设置工位电脑,操作者刷卡登录,进行工人资质管理并接收生产任务。

①工单下达、派发至工位;

②工人通过扫码枪识别工件信息,系统自动调用预设的可视化工艺文件;

③物料拉动,按照订单计划由 AGV 车从车间的二级库向工位配送物料(受 AGV 设备商技术交流影响);

④扭矩小车、轴承压装、轮对自动测量等可采集数据的自动化设备可接入系统,过程记录将上传质量管理系统(QMS)作为质量履历,保证可追溯。不具备自动化/智能化设备的需要手工录入自、互、专

检的有关检测数据；

⑤轴承压装等现场的温度、湿度环境参数自动监控，自动记录；

⑥完工报工；

⑦现场设置显示屏，显示生产计划达成情况、合格率等 KPI 信息。

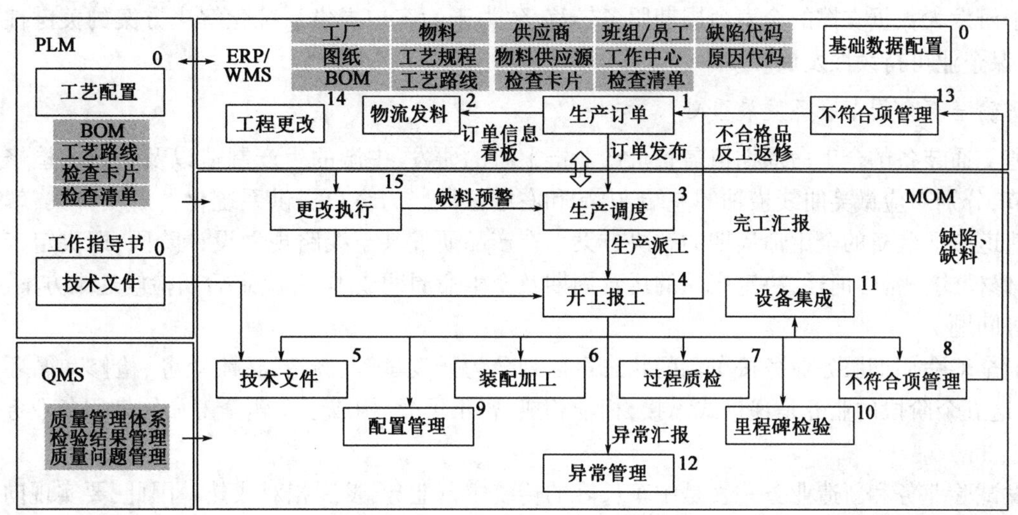

图5 MOM 系统逻辑原理图

3. 基于全制造过程的数据拉通及共享

按照 MOM 系统实施进程规划，以打造“生产管理最小工作单元”为目标，通过业务管理需求梳理，业务蓝图规划，系统功能设计，上线技术准备等系统工作，率先组织完成高速中心、转向架中心共计 5 个车间系统上线工作，打通从产品研发阶段，到工艺策划、计划排产、生产执行全过程的数据链条，实现 APS 排程、订单派工、开工报工、物料验证、质检执行及数字化点检功能应用，初步实现了数字化工位下“人机料法环测”的全要素数字化管理模式；通过系统的上线拉动作用，充分暴露出现场存在的惯性管理问题，促使各单位优化业务管理模式，提升现场技术管理水平。

在实现与中车长客 PLM、ERP、QMS 等信息化系统的集成基础上，实现公司全部生产及其紧密相关业务在 MOM 系统内的管理（主要是指新造与检修业务中计划、拆解、检修、零部件制造以及组装、调试等全部过程）。

①MOM 系统实现从 ERP 获取生产订单信息，在综合人、机、料、法、环等各种因素基础上进行优化排产；

②充分利用数控设备、数字化设备、智能设备（装置）以及传感器等硬件获得感知能力，对 QMS 策划的产品制造过程中和关键里程碑节点及产品终检中进行质量控制与进度及异常的控制与管理；

③在与 ERP 系统订单信息相协调的前提下通过分厂、车间的多层计划管理实现产品制造过程的派工、派料、设备、工装、工具、施工、工程变更、检验、报工等全过程管控；

④及时通过终端与人员进行信息交互；

⑤及时将生产过程中与 PLM、ERP、QMS 关联的技术、物料与生产、质量信息传递到相应的系统中；

⑥如实记录各个环节中的各种信息，形成制造履历；

⑦记录各种质量检测数值，并具备一定的数据分析能力；

⑧对每个 MOM 工位制造成本进行统计和分析，对人员、设备、工位的业绩评价相关的参数进行记录，按照规则计算 KPI 并对有关管理部门予以展示，并对各种数据进行记录和积累，具有智能化信息分析和提取能力，反馈给相关管理者进行分析决策；

⑨各种决策结果中可形成规则的部分需在 MOM 系统知识库进行学习记录，不断提高系统的自决

策能力。

⑩实现日常业务无纸化,为保护环境做出努力。

(六)打造基于大数据的全寿命周期服务能力

中车长客基于轨道交通装备行业发展趋势,做出将企业业务重心从产品新造向产业链上游研发环节和基于研发大数据支撑的全寿命周期服务转移、致力于为客户提供系统化解决方案的关键性战略抉择,以确保企业可持续性发展。

1.明确全寿命周期服务发展重心

轨道交通装备的全生命周期覆盖整个产业链上游的研发、中游的生产制造以及下游的检修运维服务各环节,分别对应微笑曲线横轴的左端、中端和右端区域。为客户提供系统化的解决方案,就是为客户提供轨道交通装备的全生命周期的解决方案。在产品研发甚至线路规划设计阶段,即决定产品运行状态、维修模式及备件消耗,决定产品的运营周期及全生命周期成本,并决定后期检修运维方案、技术支持标准等问题。

车辆全寿命周期服务业务按车辆的状态可以划分为研发试验、新造、运维服务、检修和循环利用五个阶段,这五个阶段的业务是递进式承接,相辅相成,密不可分,构成了车辆全寿命周期服务业务的完整业务链。

研发试验业务和新造业务一直是中车长客的传统主营业务,发展相对成熟。因此,要实现向全寿命周期服务业务转型,关键在运维服务业务和检修业务的深入推进。为此,站在客户需求和自身三大主营业务发展需要的角度,中车长客不断强化检修运维业务,将企业业务投入重心不断向检修运维服务业务转移,从根本上解决发展后劲不足、发展增量缺失的问题。

2.搭建检修运维服务体系

以"根在长客、运用模板、整合资源、现场服务"为指导思想,以"一个模式、两个体系、一个平台"为基本原则,通过逐层深入完善"顶层设计、业务管理和业务执行"三方面工作,搭建检修运维体系(图6)。

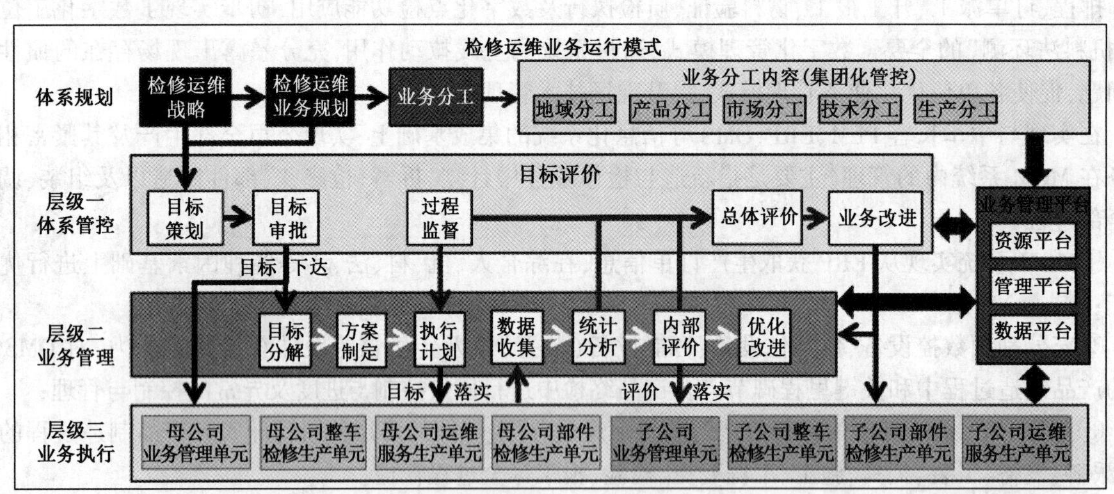

图6　检修运维业务运行图

一个模式:指"检修运维模式",即从传统的计划预防修逐步实现智能诊断下的精准状态修,从集中实施的预防修转变到利用车辆运行过程中窗口时间实施的均衡修;在安全、可靠的前提下,通过采取智能化和数字化手段、健康诊断系统等措施,达到精准检修。

两个体系:指"技术体系"和"检修运维运营体系"。"技术体系"是在立足于自主创新的基础上,从基础研发开始融入检修运维工作要素,掌握整车及每个零部件的技术状态、检修及维护标准、可靠性等基础要素,实现对车辆技术状态的全寿命周期过程管理,核心是监控产品零部件的技术状态,即产品零部件的实际技术状态指标与规范标准的符合度。“检修运维运营体系”是为实现用户和企业“安全、可靠、低成本”的共同目标,以技术体系为主线,对检修运维产品和服务实现过程所需的各种资源进行计划、组织、实施和控制而建立的一整套管理方法。

一个平台:指信息化、数字化平台,作为技术体系和检修运维运营体系的基础支撑,实现对检修运维业务数据资料的信息管控和共享,提高业务运行效率。

3. 设计检修运维标准化模板

以用户需求为导向,以车辆全寿命周期服务业务主流程为基础,以做大做强运维服务业务和检修业务、各业务板块均衡发展为目标,通过对全寿命周期业务主流程中运维服务和检修节点的识别、梳理和细化,明确各项工作内容和业务分工,同时结合“两个体系”管控需求,形成总体框架。各系统以框架为基础进一步丰富和完善具体内容,最终形成“有目标、有分工、有方案、有管控、有改进”的一整套检修运维标准化模板,包括检修运维标准化模板文件标准样式、检修运维业务运行总体网络图、各专业业务运行图、检修运维业务流程和工作流程等,构建完整、高效的全寿命周期服务业务链,如图7所示。

图7 检修运维标准化模板总体架构

4. 开展检修运维智能化平台建设

建立检修运维业务智能化平台(MRO),以大数据及信息化平台为依托,与设计工艺、采购制造、售后维护、部件检修高度结合,建立管理模型,提供检修运维所需数据,如必换件、偶换件、返修件、工时、委外等,实现售后、检修业务和运维管理信息化,打通管理和技术接口。同时,与其他信息化、数据化平台实现互联互通,包括SAP、QMS、LCC(全寿命周期成本管理系统)、RAMS(可靠性、可用性、可维护性、安全性管理系统)等,如图8所示。

基于信息化手段不断积累运维服务经验,不断提升运维服务业务规范、标准和能力,依托装备造修主业的专业化能力,与产业链上下游供应商、客户、合作伙伴、友商等重点企业建立产业联盟,最终实现为客户提供规划设计、工程建设、装备新造、检修维护、运营管理、融资服务等的组合解决方案。

(七)打造基于大数据的全球营销业务精细化管理能力

中车长客深入开展基于信息流、数字流,面向全球客户市场营销、项目执行的平台建设,以进一步提升公司全球营销业务精细化管理能力。

1. 绘制营销业务链

绘制“营销业务链”,定义“客户需求”在企业的获取和实现过程以及项目的“时间范围”;明确各系统在营销业务工作中的主要功能和工作取向;明确市场营销和项目管理主线及“客户需求管理”的主要工作步骤。营销业务链是客户需求实现过程的阶段、界面以及里程碑等工作设定的依据;是市场营销、项目管理及职能管理工作识别及分解的源头和出发点;是各系统相关计划编制及工作管控的基础,如图9所示。

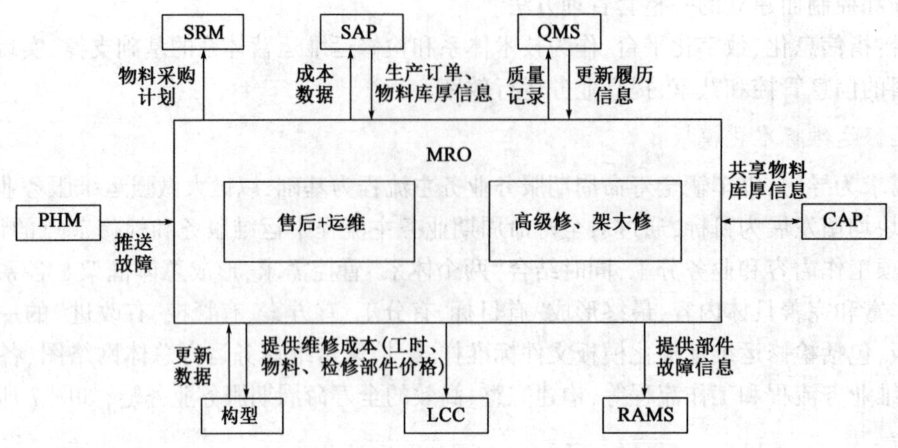

图8 检修运维数字化平台架构

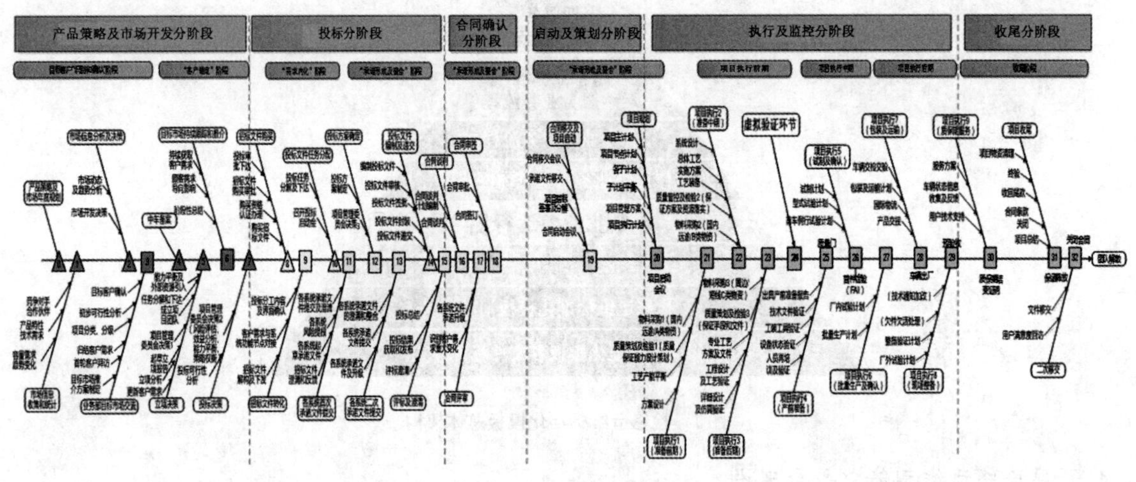

图9 营销业务链

2.设计营销业务精细化管理平台

以营销业务链为主线,针对市场营销、项目管理现状,通过对三大业务系统核心业务流程及设计、工艺、物资、质量、生产等89个相关支撑链条的解读,进行全面细致的需求分析,经过七轮迭代开发,四轮单元测试及两轮集成测试以及最终的业务场景模拟推演,设计形成以企业级项目管理平台(PM)和企业门户(EP)、配件一体化平台构成的营销业务精细化管理平台。

企业级项目管理平台(PM)基于先进的市场营销、产品设计理念,融合了PMP、PRINCE2、CMMI等国际标准,借鉴工信部、电子信息行业联合会等项目管理理念的原理、内容及框架,贴合中国国情和企业实际,具有因地制宜、响应快速、服务高效等特点,承接市场营销阶段和项目执行阶段32个节点完整的业务,与企业门户(EP)进行数据联通,实现"流程+制度+IT"三位一体的全链条的营销业务精细化管理。平台具有多重功能,包括:在线智慧协同编辑功能;风险、问题、会议、变更、沟通等要素的全面管理功能;全过程交付成果文档统一编码,信息化归档、追溯管理功能;在线里程碑评审功能;回款计划与主计划里程碑的联动管理功能;项目信息智能提报分析功能;实时预警辅助管控功能;合同资产全面管理功能;动态审批流程管理功能等。

同时,配件一体化平台拥有11个主功能模块,包括寻码管理、维修管理、主数据管理、库存管理、计划管理、仓库管理、销售管理、发运管理、工作流、售后数据、移动端应用等。以沈阳、北京铁路局配件仓储中心为重点单位，对23个配件中心的业务进行平台管理，规范配件销售业务管理模式，实现配件中心、段、所的三级管理架构，实现从计划到采购、存储、销售的全链条跟踪管理。

营销业务精细化管理平台实现海外、城铁、铁路三大业务板块项目的统一化、标准化、精细化、智能化的管理，使市场营销和项目执行过程更加透明化、可追溯，进一步提升企业营销业务信息化、数字化管理水平。

三、实施效果

(一)完善企业智能化运营管理体系，推动企业转型升级

通过支撑企业经营管理全周期的信息化、数字化蓝图构建，确保企业信息化、数字化规划与企业业务发展战略需求深度匹配，适应企业融入全球经济循环、创新驱动要求的治理及运行体系，用信息化、数字化技术统筹管理再造、精益化等管理和技术创新，提高全员对数字化体系、数字化企业建设的理解，并在新型能力目标、指标、实现路径和方法上达成共识，促进中车长客的智能化运营管理体系不断完善，全面提高了工作质量和效率效益，推动企业发展由生产型向数字化转变。目前，中车长客正在打造引领国际标准的技术支撑能力、面向全球客户的产品全寿命周期服务能力、智能制造能力、敏捷高效协同供应链能力等十项一级能力，细化为23项二级能力、61项三级能力，并针对各级能力细化了290余项考核指标。

企业经营业绩持续稳步增长，整体规模和体量已经与行业内世界级企业相匹敌。中车长客是国内行业中出口最早、出口数量最多的企业。产品已出口到美国、澳大利亚、巴西、泰国、沙特阿拉伯、新加坡、新西兰、阿根廷、埃塞俄比亚、中国香港等20多个国家和地区，出口车数量累计超过8900辆，签约额超过120亿美元。

(二)开创全球协同研发格局，增强企业技术支撑力

通过数字化技术协同平台搭建，中车长客以长春本部为主体、多地协同发力的研发格局已基本形成，北京、上海、重庆3个国内研发分中心实现实质性研发设计，并在相应领域取得突破进展。美国分中心开启了中车长客方案服务全球市场的新里程，澳大利亚分中心实现了拓展检修运维国际业务、补齐技术短板的功能定位，俄罗斯分中心为莫喀高铁等项目储备了技术资源，依托欧洲研发中心，与国际科研院所研究建立联合实验室，增强认证能力。中车长客已初步实现大数据下各地研发中心的资源协同，提升了企业整体技术实力。同时，进一步完善了国家工程实验室的数字化试验装备，提升了企业自主试验验证能力，中车长客已具备完成城铁车所有试验项目的能力，进一步增强了企业技术支撑力。

近年来，中车长客专利申请量均保持在200件以上，其中发明专利占比超过50%，专利质量稳步提升。目前累计拥有有效专利892件，其中发明专利217件；海外专利50件。自2010年以来，有7项专利获得中国专利奖，其中专利“车头(标准动车组)”荣获中国专利奖外观设计金奖。

中车长客加大标准研究力度，积极组织参与标准制修订工作。目前累计主持和参与完成国家标准32项，行业标准118项，中车标准75项。参与编制的《轨道交通　机车车辆　电气隐患防护的规定》(IEC 61991:2019)获中车科学技术奖一等奖，《轨道交通　机车车辆布线规则》(GB/T 34571—2017)、《轨道交通　电磁兼容性》(IEC 62236:2018)两项参编标准获中车科学技术奖三等奖。

近年来，中车长客获得国家、省部级、中国中车各类科技成果奖50余项。其中参与完成的“京沪高速铁路工程”项目获得国家科技进步奖特等奖；“CRH380B型高寒高速动车组技术开发及应用”、“CRH5型高速动车组技术开发及应用”获得了中国铁道学会铁道科技奖特等奖；“350km/h高速动车组”获得吉林省科技成果转化贡献奖一等奖。

(三)打造智能化运维服务平台，确保企业可持续发展

通过数字化全寿命周期服务体系建设，检修技术、全寿命周期成本数据平台搭建已初见成效，目前已掌握了检修费用及造修比等基础数据；高铁健康管理平台的应用取得阶段性成果，实现了中车长客售

后技术服务网络全覆盖，提高了动车组上线率 5.3%，空调、受电弓等系统运维服务成本下降 36.8%；借助人工智能技术，以京张智能动车组、深圳地铁 10 号线为依托，建立了“车-地”一体化智能运维服务体系；开启车辆健康状态评估，已完成 43 个模型搭建，为车辆检修运维工作提供有力支撑。中车长客已逐步形成一套具有自主知识产权的车辆智能运维模式技术标准体系和运营组织管理体系，为企业未来高质量、可持续发展找准了方向，打下了基础。哥伦比亚产品新造及检修运维订单的获得，表明公司正在向轨道交通系统化解决方案提供商的角色转变。

加快推进地方国企混改落地
做强做优做大国有资产管理

浙江交工集团股份有限公司

成果主要创造人：邵文年　申屠德进

成果参与创造人：李　瑞　周　毅　范剑宏　吴光明　李晨骁　白　健

浙江交工集团股份有限公司(简称"浙江交工")是一家具有国家公路工程施工总承包特级资质,公路行业设计甲级资质,市政公用工程施工总承包一级资质的综合交通工程施工企业,主要从事交通基础设施施工、设计、技术服务、投资及工程项目管理,是浙江省交通投资集团旗下的一家大型国有企业。

为响应十八届三中全会关于深化国企改革和发展混合所有制经济有关精神,提高国有资本证券化率,增强国有企业竞争力,浙江交工于2014年启动混改及上市工作,以其前身浙江省交通工程建设集团有限公司为混改主体,以混改后的浙江交工集团股份有限公司为上市主体,系统实施混改上市整体方案。一方面,攻坚克难推动内部重组,规范清退划拨土地,清理金融资产,合法剥离非经营性资产等,努力完成前置准备工作,彻底解决上市规范性问题,克服上市障碍。另一方面,通过浙江产权交易所公开挂牌引进两家战略投资者以及管理团队入股及引入管理团队入股等方式实现股权多元化。最终,历时两年多时间,完成股份制改造,并于2017年底通过重大资产重组方式实现A股上市(002061浙江交科),完成混改上市的全部工作,激发企业市场主体活力,为企业长远发展奠定基础。鉴于浙江交工对混合所有制改革及上市过程中涉及的整体改制、引入战略投资者、管理团队持股、重组上市等方面的各种探索创新重要举措,不仅是企业自身因地制宜、量体裁衣的改制方案,也是切实提升地方国企改革的重要成果,成为浙江省乃至全国国有企业改革的重要模版之一。本文旨在回顾梳理相关实践过程,并将重大创新经验成果予以总结分享。

一、实施背景

(一)政策背景

十八届三中全会召开后,发展混合所有制经济成为深化国企改革的主要方向,随着《关于深化国有企业改革的指导意见》《关于国有企业发展混合所有制经济的意见》《关于改革和完善国有资产管理体制的若干意见》《关于加强和改进企业国有资产监督防止国有资产流失的意见》《关于在深化国有企业改革中坚持党的领导加强党的建设的若干意见》5个国企国资改革文件的正式发布,新一轮国企改革将以管资本为主、发展混合所有制和建立企业内部机制为重点举措。按照国企改革的阶段要求,当时主要是立足国有资本做强做优做大,在具体实施过程中,要求国有企业应该有进有退,有所为有所不为,可以更加有效地进行战略调整和局部调整,这对于国有企业适应创新驱动、竞争焦点快速变化的现代经济体系十分重要。因此,国企改革将以管资本为主,并把目标锁定在做强做优做大国有资本上,进一步加快混合制和股份制改革,推进国企整体上市,加快以市场化为主导的国企改革步伐,是根本性的,是当时国企改革在目标模式上的重大突破,也成为一段时期内国企改革的主要趋势,将有效打通我国社会主义基本经济制度与市场经济衔接的"最后一公里",不仅有利于增强国有企业自主探索实施混改并创造条件谋求上市的主动性和积极性,而且有利于确保国有资产保值增值,保证国企在市场经济中的作用越发强劲。

(二)行业趋势

2014年后,国内经济增长下行压力增大,固定资产投资增速下滑,工程建设行业增长率急剧下降,导致工程项目的数量大幅减少,行业恶性竞争加剧,施工企业对发展前景一度缺乏信心,或对项目建设持谨慎观望态度,或收缩战线以备"寒冬"突围。行业发展更面临着产能过剩、工程款拖欠、融资困难以及"营改增"税制改革等系列挑战,全面影响建筑企业经营和再投资。其中,2015年12月,中国施工企业管理协会通过实地调研与抽样调查掌握的情况和数据(图1),研究整理了题为《工程建设行业主要经济指标的断崖式波动值得重视》的调研报告,成为当时行业发展状况的权威阐述,该报告后经国家发展改革委上报党中央、国务院及有关部门。由此可见,当时行业整体发展趋势低迷,企业面临新一轮洗牌调整,但也孕育着新的发展机会,破立相济中,已经带动行业企业新的变革,形成新的发展动能。

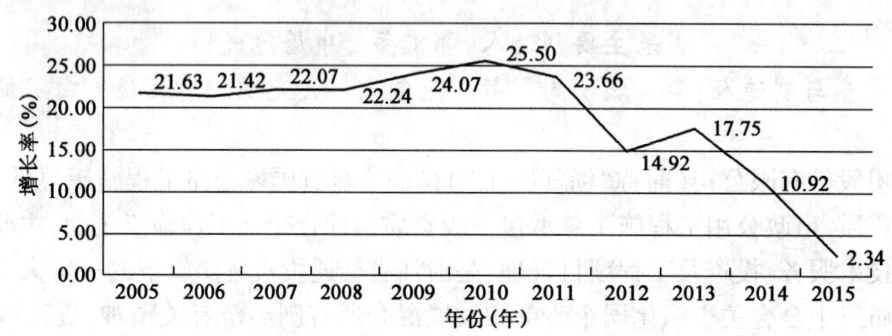

图1 2005—2015年工程建设行业总产值增长率

数据来源:中国施工企业管理协会《工程建设行业主要经济指标的断崖式波动值得重视》(2015年数据为前三季度)

(三)企业形势

浙江交工是浙江省第一家公路总承包特级企业,成立于1953年,原为华东第二公路工程纵队,原隶属交通厅直属的事业单位,从1953年到20世纪90年代初,主要承担浙江所有国道建设任务;从20世纪90年代初到2014年,主要完成两次改制转型,1997年由事业单位整体改制为国有企业,2001年由原交通厅直属划分为浙江省交通工程建设集团,主要从事高速公路建设,其中浙江省第一条高速公路杭甬高速公路,由浙江交工承包了70%的工程量。迄今为止已建高速公路超过4000公里,完成浙江近半高速公路建设任务。受时代背景和企业实际制约,从2000至2010年的十年间,浙江交工一直保持平稳发展状态,发展理念、模式和规模基本固定,从2010年到2014年,虽然逐步进入十八大改革发展的新阶段,但是企业转型发展新动力聚集欠佳,整体发展呈现"温和"状态,抢抓战略机遇期的意识不强,员工发展信心和动力不足,体制机制亟待改革调整,发展活力有待激发释放。

二、股改上市的必要性与可行性

(一)必要性

2014年,浙江交工走到了企业发展的"十字路口",在全球基建补短板的大背景下,面对国内交通基础设施触底反弹的新机遇,是继续保持中低速发展态势,还是充分利用国企改革政策引导企业走上全新发展旅程,成为浙江交工必须面对的重大抉择。因此,抓住机会,抢抓机遇,逆势而为,走整体改制和混改上市之路成为必然之选。唯有如此,才能有效破解发展瓶颈,激发内在动力和活力,促进企业可持续发展。

1. 是企业做强做大、实现可持续发展的需要

企业改制上市工作是企业明确发展方向、完善公司治理、夯实基础管理、实现规范发展的过程。浙江交工通过改制上市,明晰发展战略,引进公众投资者,借助资本市场的资金支持,使企业通过主营业务的发展获得内源型增长,通过转型升级实现外延型增长,打造核心竞争能力,夯实可持续发展的基础。

2.是切实规范公司治理、提升抗风险能力的需要

通过改制上市，浙江交工建立以董事会为核心的公司治理结构，形成科学决策和有效管理的体制，提升公司的体制竞争力。浙江交工上市后将按照规定进行信息披露，面临市场投资者及监管部门的监督，有利于规范运作，提高企业的抗风险能力。

3.是发挥经营者的积极性、增强企业活力与竞争力的需要

浙江交工主营业务处于完全市场竞争领域，业内市场竞争激烈，管理层和骨干主观能动性发挥是企业竞争力提升的关键。在改制上市过程中，按照国企改革相关政策实行经营层骨干持股，充分挖掘经营团队的积极性和创造力，吸引和留住核心管理人员以及关键技术人才，能进一步增强企业活力与竞争力。

4.是有效利用资本市场的融资手段解决企业资金的需要

当前，施工行业正从劳动力密集型向资金密集型和技术密集型过渡，BT、BOT、EPC 等建设模式普及，对企业融资能力要求较高。浙江交工资产负债率较高、融资渠道单一，资金问题已成为企业发展瓶颈。通过改制上市，利用资本市场提高企业融资能力，解决企业发展瓶颈，为企业转型发展提供资金保障。

5.是全面提升国有资本使用效率、有效实现国有资产保值增值的需要

浙江交工作为浙江省内规模最大、实力最强的公路工程施工和高速公路养护龙头企业，具有很强的市场竞争优势。通过改制上市，在保持国有控股地位的同时，发挥资本杠杆作用，有利于提高国有资本的使用效率。另外，上市后通过市值管理等措施，可以实现国有资产的保值增值。

（二）可行性

客观上，十八大以后，我国社会经济进入新常态发展阶段，行业变革发展步伐持续加快，企业面临更多更好的市场机会和发展机遇。主观上，浙江交工作为一家具有 60 多年发展历史的老国有企业，是一家有历史、有活力、有未来的省属新型国有企业，通过改革开放及国企改革，已经呈现出全新的发展风貌和强劲的发展韧性。

1.具有改制发展的良好基础

一是发展实力方面，浙江交工已经完成整体改制工作，并通过增资增强资本发展实力，并成为浙江省当时唯一一家具有国家公路工程施工总承包特级资质及公路行业设计甲级资质的专业公路施工企业。二是发展规模方面，截至 2014 年底，浙江交工正式职工 2767 名，各类专业技术人员 2264 名，其中中高级职称 857 人。业务从省内为主已经完成“走出去”发展阶段，施工业务遍及国内 20 个省份和 10 多个国家，新签合同额已接近 100 亿元大关。三是财务状况方面，营业收入、利润总额保持平稳，有效地实现了国有资产的保值增值，整体财务状况良好。

2.具备转型发展的巨大潜力

2014 年后，新一届领导班子锐意改革、励精图治，不仅在短期内大刀阔斧开展一系列改革动员和改制行动，统一共识，消除积弊，而且立足长远发展，优化提升管理创新举措，规划形成清晰明确的企业“1142”发展战略和目标。一是加快改革发展步伐和改制调整的力度，突破企业发展的固有模式的限制，推行新的管理体系，实现企业规模突飞猛进和竞争实力迭代提升。二是实现企业上下空前团结、协同作战聚集发力，实现管理模式全面优化和管理能力全面提升，推动品牌价值快速提升和社会评价系统提高。转型发展的布局和强大动力，为推动股份制改造和实现重组上市创造了良好发展环境和坚实发展基础。

三、总体思路与实施方案

（一）总体思路

浙江交工混合所有制改革的总体思路：以浙江交工为上市主体，推动内部改制重组，坚持合法合规

合理合情原则,在划转脱钩非主业资产、历史遗留问题有效处理和职工涉及事项合理安置的基础上,创造良好的前置条件,优化公司股权和治理结构,实现投资主体和产权多元化,努力推进公司整体上市。主要包括完成控股子公司股权规范清理、剥离划拨土地及部分房产、处置参股公司股权处置等,引进战略投资者及管理团队入股,优化公司股权和治理结构,实现投资主体和股权多元化,通过 IPO 或借壳方式,最终实现 A 股上市,完成混改上市工作,并为企业长远发展奠定基础。

(二)前置条件创造

1. 划转脱钩非主业资产

由于历史遗留原因,浙江交工的划拨土地与资产存在一定法律瑕疵,构成上市实质性障碍,需要进行规范清理处置。为保证聚焦主业发展并成功重组并上市,经浙江交工董事会及省交通集团研究决定,采取合规合法方案进行规范清退,为上市解决法律障碍。一是土地和房屋资产方面,浙江交工按照规定程序,积极协调相关部门,有序处置了数宗划拨性质的土地权属,同时完成所持投资性房地产变更十多项,部分划拨土地及房产所有权划转至国有母公司省交通集团。二是在金融资产方面,浙江交工将持有的招商银行和招商证券的股份通过二级市场交易,完成自有金融资产的合理有效处理。三是在参股公司股权方面,为突出主营业务,减少关联交易,避免或有风险损失,浙江交工于 2014 年底,根据资产评估价值,完成几家参股公司的股权挂牌出售。

2. 历史遗留问题处理

根据改革改制规定和有关政策,除离退休人员统筹内费用纳入浙江省社保中心管理外,其他统筹外由企业管理的人员和费用支出均由浙江交工负责。截至 2014 年 12 月 31 日,统筹外由企业管理的人员共计 531 人。经浙江省人社厅批准,浙江交工多项统筹外企业承担的费用(含今后按规定增加费用)列入国有资本经营收益中支出,按年度进行清算;另有多项不能列入国有资本经营收益支出,需由股改后企业承担。在公开挂牌引入战略投资者时,作为条件之一明确股改前由企业负担的统筹外费用中,不能列入国有资本经营收益支出的部分由股改后企业负担。

3. 职工涉及事项安置

由于老国有企业的历史遗留问题较多,经过历次改制和本次混合所有制改革后,在职职工身份置换工作完结,劳动用工趋于规范,劳动合同继续履行,但是改制上市工作事关职工当前和未来的基本保障和长远利益,存在诸多需要调研、统筹、动员、解释和推动的配套工作,均需要职工的参与和支持,尤其是原体制转轨后的老员工的剩余年限的用工和未来离退休的合法待遇,都要在实施过程中进行细致周到考量。另外,改制混改前的离退休职工、工伤职工、死亡职工遗属及精减职工按现有政策规定的标准由企业发放的统筹外费用,经有关部门审定后在国有资产经营收益中列支,每年清算一次。为了有序合法合规推进工作进程,确保混改后的工作既能严格遵循有关要求,又能确保国家、企业和职工利益全面兼顾,并注重工作效率和操作策略相结合,初步拟订相关工作方案。一是具体分解职工涉及事项的工作任务和目标,指定涉及单位的具体责任人,并组成专门的领导小组,稳步有序开展工作。二是开展多层次的混改上市工作宣讲、动员会、协调会等,统一思想,答疑解惑,获得全体员工的理解和支持。三是组建专项调研小组,开展工作期间和后续核查摸底工作,听取职工意见和建议,确保改革改制各项工作平稳有序和谐。

(三)具体方案策划

方案策划以推动浙江交工股权多元化为核心,努力引入战略投资者,同时管理团队按照相同价格增资,逐步落实上报审批工作,全面完成增资协议签订,快速完成缴款验资,最终完成工商变更登记。总体上,一是引战方案重点选择对浙江交工业务有所帮助或有利于提升企业市场形象和发行价格的投资方,股权比例在 10%;二是向管理层骨干、战略投资者定向增资则主要是规范精细执行要求和程序,约定规则的落实和保持,资格人员的身份鉴定和签认流程等。

1. 公开引进战略投资者

结合浙江交工实际情况,积极引进两家战略投资者,重点选择对企业发展及业务拓展有所帮助或有利于提升自身市场形象的投资方,两家持股比例合计为 10%。在战略投资者引进方式上,战略投资者通过增资扩股方式入股浙江交工,具体程序上,在浙江产权交易所公开发布征集战略投资者公告,披露浙江交工有关信息,并以净资产评估值为挂牌底价,公开征集战略投资者。经产权交易所公开挂牌,最终浙江省国有资本运营有限公司和中国国际成套设备有限公司通过增资方式成为浙江交工股东,每家持有浙江交工 5% 股权,合计 10% 。

2. 管理团队入股方案

根据国务院国资委及省国资委有关文件精神,浙江交工管理团队持股对象原则上限于在企业服务、对自身整体业绩和持续发展有较大影响的核心经营、管理和技术等人才,人员范围为 2015 年 7 月 1 日在职的管理团队成员。管理入股价格参照战略投资者引进价格,通过设立两家有限合伙企业的方式持股,并按“人走股退”的原则制定明确合伙企业份额流转规则。管理团队的入股资金自筹解决并确保合法合规:根据规定,国有企业不得为管理团队投资持股提供借款或垫付款项,不得以国有产权或资产作标的物为管理团队融资提供保证、抵押、质押、贴现等,不得要求与本企业有业务往来的其他企业为管理团队投资提供借款或帮助融资。最终,管理团队通过两家有限合伙企业合计持有浙江交工 5% 股权。

(四)推进策略实施

混合所有制改革完成后,为更有效、更合理加快工作进程,确保各项工作在国企改革精神和要求的前提下,更好利用国有企业的资源优势,创新运用重组上市的方法,保持必要工作梯度和节奏,经统筹稳妥考虑,形成关键工作推进策略方案。

1. 变更为股份有限公司

混合所有制改革完成后,按照 IPO 上市要求,浙江交工完成审计、评估、验资事宜,由有限责任公司整体变更为股份公司,并进行国有股认定。在变更为股份有限公司后,浙江交工规范公司运作,完善三会制度,完成独董、董秘、专业委员会等人员与组织机构设置,做实做细各项准备工作。

2.“两条腿走路”,加快上市步伐

浙江交工坚持 IPO 和借壳上市“两条腿”走路:一方面,根据浙江交工 IPO 上市总体安排,力争按相关时间节点要求完成各项工作,确保按计划推进 IPO 上市申报工作。按照中国证监会的要求,在完成股份制改革后,拟上市公司需开展上市辅导、公司制度完善、管理团队培训、上市申报资料准备、材料申报、证监会审核等步骤,浙江交工计划在省国资委与省交通集团的领导下,快速有序地完成各项准备工作。另一方面,为了加快企业上市融资步伐,浙江交工同时也在积极寻求“借壳”方式,实现重组上市。最终,实际采用第二种方式实施并完成相关工作。

四、股改上市主要历程

自 2014 年 4 月,浙江交工正式启动整体改制上市工作,在中介机构尽职调查结果的基础上,经历了改制规范清理、混合所有制改革和股改上市三个主要阶段。

(一)改制规范清理阶段(2014 年 11 月—2016 年 5 月)

根据深化改革总体思路和工作部署,按照上报批示后的《浙江省交通工程建设集团有限公司整体改制上市总体方案》相关要求,浙江交工遵循现行法律规定以及监管政策,在遵循公开、自愿、合法原则的基础上,坚持“合法、合规、合理、合情、稳定”的“四合一稳定”的前提下,遵循有利于国有资本保值增值、企业稳健发展和职工核心利益保障的基本原则,号召广大职工理解、支持和参与改革改制工作,群策群力,深思熟虑,积极稳妥地推进企业产权制度改革。按照计划安排,浙江交工于 2014 年底完成对划拨土地、资产和金融资产进行规范清理。期间,作为后续混改上市的主体,浙江交工采取积极稳妥的工作基调,努力带动职工关心和参与改革,推动改革改制工作顺利开展,确保改革稳定推进。通过努力,有序推进节点任务目标完成,于2015年完成对内部股权规范工作,优化公司股权和治理结构,为进一步推进企业混改和整体上市迈出重要步伐。由于规范清理工作的影响是一个长期的过程,浙江交工十分注重节点任务目标完成后的依法善后和大局保障,严格按照相关法律法规要求并遵行国企国资工作报告程序,妥善处置离改革改制的各种诉求,对历史遗留问题认真对待,不回避矛盾,严格按照有关规定积极主动做好解释或者尽全力予以解决,持续确保2014—2016年重要改革改制期间的企业和谐稳定,为后续混改上市工作奠定坚实基础并创造有利条件。

(二)混合所有制改革阶段(2015年6月—2015年12月)

在完成划拨土地及部分房产、处置参股公司股权处置等基础上,浙江交工启动战略投资者引进和管理团队入股的混合所有制改革工作。2015年9月,浙江省国资委批复同意浙江交工股改上市方案,同意浙江交工以2015年7月31日为改制基准日,按照评估后净资产为挂牌底价,在浙江产权交易所公开挂牌引进两家战略投资者;同时,按照引进战略投资者的价格向公司管理团队定向增发。经过努力,2015年12月15日,浙江交工两家战略投资者和管理团队投资款到位并完成工商变更登记,标志着交工混合所有制改革工作已顺利完成,成为浙江省首家通过产权交易所完成混改的省属国有企业。股权多元化后,浙江交工股权结构为浙江交工占85%、省国资运营公司占5%,中航成套公司占5%,管理团队占5%。

(三)股改上市阶段(2016年1月—2017年11月)

在完成混合所有制改革后,浙江交工启动股改上市工作,在规范财务会计核算基础上,以2016年4月30日为基准日,由有限责任公司整体变更为股份有限公司。2016年8月,浙江省国资委批准同意浙江交工集团股份有限公司(筹)国有股权管理方案,同意由交工现有五家股东发起设立浙江交工集团股份有限公司(筹),各发起人根据各自出资比例,将享有净资产按照1∶0.8694比例折股投入新设立的股份有限公司。完成后,股份有限公司总股本为8亿股,为浙江交工上市奠定基础。股改完成后,浙江交工按照上市规则要求进一步规范企业法人治理结构,坚持IPO和借壳上市“两条腿”走路,加快企业上市融资步伐。2017年2月初,经浙江交通集团董事会研究决定,推动江山化工通过发行股份方式收购浙江交工股权,同时江山化工进行停牌,经披露重组预案后于4月28日复牌。6月14日,浙江省国资委印发了《关于浙江江山化工股份有限公司发行股份及支付现金购买资产并募集配套资金有关事项的批复》(浙国资产权〔2017〕17号),同意本次发行股份及支付现金购买资产并募集配套资金方案。6月19日,上市公司股东大会审议通过该方案,并于6月28日获得中国证监会受理。9月15日,经中国证监会上市公司并购重组审核委员会2017年第55次并购重组委工作会议审核,方案获得无条件审核通过;11月10日获得中国证监会正式批复。2017年11月15日,上市公司完成标的资产过户,标志着浙江交工股改上市工作完成。

五、主要成果及经验

(一)混改上市后取得的发展成果

完成混改并重组上市后,浙江交工保持着快速高质量发展。面对市场发展新形势、新要求、新问题,紧紧围绕“市场强企、效益强企、人才强企、管理强企”四条主线,旗帜鲜明践行“抢市场抓机遇提效益、优机制促改革推创新、强管控提能力保平安”理念,团结协作、迎难而上、开拓进取,实现了跨越式发展,效益质量稳步提升。

1. 主要成就指标

2015—2018年,营收分别实现95.56亿元、111.24亿元、158.28亿元、208.57亿元,保持年复合30%的增速;利润总额分别实现3.44亿元、5.88亿元、8.33亿元、9.48亿元,保持年复合35%以上的增速。当前,营收和利润水平基本上是2014年的近4倍;在建项目合同总额突破800亿,也是2014年同期的4倍；毛利润水平11%高于行业平均水平的5%；目前共有员工5927名，为2014年人数的2.5倍；浙江交工于2017年首次荣登中国承包商80强第46位；已连续三年荣登"ENR国际承包商和全球承包商250强"，至2019年已升至第32位。

2. 经营效益稳步增长

实施混合所有制改造后，浙江交工抓住"四大建设"、长三角区域一体化发展、中西部大开发战略机遇和"一带一路"倡议机遇，从省内到省外，从国内到国外，通过区域化和属地化战略，部分地区已实现扎根发展。以浙江省建筑业"一带一路"实施领军企业为目标，深入推进全球化，自2007年以来，共在18个国家承建52个项目，合同金额达17.33亿美元，尤其是近4年业务总量近11亿美元。截至2020年，浙江交工海外公司（代表处）已达15家，非洲市场的覆盖率已达80%，海外市场布点布局进一步完善。

3. 投融资能力大幅提升

实施混合所有制改造后，浙江交工抓住机遇实现重组上市，加大资本运作力度，提升投融资能力：2018年通过重组配套融资6.47亿元、2019年发行8亿元永续债，2020年发行25亿元可转债，三年累计直接融资近40亿元，资本实力不断增强。截至2019年底，浙江交工总资产280亿元，净资产55.4亿元，分别是2014年的3.3倍和3.2倍，投融资能力大幅提升。

4. 管理水平不断提高

实施混合所有制改造后，体制创新促进管理提升。一是管控成本提升效益。提出6大目标40项举措，加强标前分析和策划，提升经营效益；通过深化项目前期策划，推动创效清单落地，开展集中配送、自营加工等举措，全过程提升生产效益。二是优化内部管控体系。梳理了208项制度，对"僵尸制度""僵尸流程"进一步清理和优化，对222条意见建议落实情况进行"回头看"。三是推动信息化建设步伐。信息化建设一直是建筑业的痼疾，也是浙江交工的痛点，股改上市后，借助上市公司的治理优势，信息化建设终于迎来破蝶重生的良机。2018年，浙江交工成立信息化管理部，制定《智慧工地建设方案》，推进"智慧工地"试点，工序信息化管理系统通过国家版权局认定，提升工程管控的信息化水平。

（二）混改上市经验推介

浙江交工混改及重组上市，先后实施了引进战略投资者与管理团队入股，创新性地在重组期间完成前次配套融资。同时，因为重组标的体量大，在中国证监会重组审核门槛提高、并购重组监管全面趋严的环境下，能够高效、快速推进资产注入。浙江交工重组上市的成功，为国有企业开展重大资产重组提供了新的实践与借鉴样本。

1. 以合作共赢为原则，创新实施混合所有制改革

在引进战略投资者、推动股权多元化上，浙江交工从增强企业融资能力和市场竞争力的整体发展考虑，在浙江产权交易所以公开竞价方式征集战略投资者，同时结合浙江交工实际情况，重点选择对业务拓展及未来可持续发展有所帮助、有利于提升企业市场形象的投资方。经公开公平比选，最终浙江省国有资本运营有限公司、中航国际成套设备有限公司成为浙江交工战略投资方。浙江交工也成为浙江省首家通过产权交易所完成混改的省属国有企业。

2. 以合规创造为动力，创新独特的管理团队入股模式

在引进战略投资者工作完成后，为进一步推进股权多元化，保证管理团队切实分享企业经营实际成果，有效激励管理层的经营积极性，管理入股的科学合理设计至关重要。浙江交工管理入股价格参照战略投资者引进价格，通过设立两家有限合伙企业的方式持股，并按"人走股退"的原则制定明确合伙企业份额流转规则，即在上市前，若管理团队成员离开公司，则按照入股价格加上期间账面净资产增减值退出所持股权，并将规则固化形成独特的模式。

3.以路径最优为导向,通过资产重组方式加快实现资产证券化

混改完成后,浙江交工按照上市规则要求进一步规范企业法人治理结构,坚持IPO和借壳上市"两条腿"走路,加快企业上市融资步伐:一方面,根据浙江交工IPO上市总体安排,做实做细各项准备工作,力争按相关时间节点要求完成各项工作,确保按计划推进IPO上市申报工作;另一方面,浙江交工积极寻求"借壳"方式,加快企业上市融资步伐。经省国资委、省交通集团董事会研究认为,浙江交工作为国有优质资产注入江山化工上市平台,由江山化工通过发行股份方式收购浙江交工股权,最终完成重大资产重组上市。事实表明,这一方式既稳定了上市公司业绩、保障股东权益,有利于上市公司做强做优做大,又打通了浙江交工的资本通道,并增强了市场竞争力,真正实现"双赢"发展。

浙江交工成功实现重组上市,加快了国有资产证券化进程,优化了国有资本结构,增强了发展活力,提升了盈利能力,为国有企业可持续发展创造了条件。为进一步深化国资国企改革,优化国资布局结构调整,完善上市公司股权结构,浙江交工正在充分利用国企改革三年行动的发展契机,努力推进员工持股计划,始终坚持"与改革同步""与时代同步",努力抓住新的发展阶段中的结构性、趋势性机遇,不断深化混合所有制内涵,推动企业股权更加多元化,体制机制更加市场化、公众化、国际化,努力在全球基建市场前景广阔、建筑业分化加速、行业竞争加剧的宏观环境下,以争做世界一流企业为长远目标,释放动能,加速发展,力争在"十四五"末进入全国建筑业第一方阵,再树深化国企混改新样板。

基于水路口岸构建港澳跨境公路运输智能卡口的创新建设实践

珠海国际货柜码头（洪湾）有限公司

成果主要创造人：蓝健文　吴　文

成果参与创造人：陈　东　叶联武　叶君伟　彭广明　黄文东　姜　科

一、项目背景与现状

（一）项目研究背景

珠海国际货柜码头（洪湾）有限公司（简称"洪湾国码"）是珠海港控股集团有限公司下属成员企业，它位于珠海市洪湾港区，洪湾港是珠港澳经济圈的水陆交通枢纽，该港区毗邻珠海横琴自贸区、珠海保税区、珠海南屏工业区和中山坦洲工业区，集疏运体系较为完善，陆路可通过城市干线网与粤西沿海高速公路、太澳高速公路、京澳高速公路及港珠澳大桥相连。水路位于西江磨刀门出海口，与西江流域、珠三角内河网相通，下游出海直达澳门、深圳和香港水域。洪湾港将形成内外贸结合的全能物流通道，并逐步发展成为珠港澳的货物中转港和区域性物流中心。目前，洪湾港为珠海市区内兼具内外贸功能、港口配套设施最全面、最先进的集装箱喂给港。

洪湾国码目前作为珠海市区最大的国家二类口岸，承接九洲港、香洲港货运功能的搬迁，在洪湾港区内从事外贸货物装卸、驳运、仓储等服务，于 2015 年 10 月开展试运行工作。码头占地面积为 21 万平方米，岸线长达 540 米。码头配有 5 个 3000 吨级多用途泊位，其中包括 4 个已投产泊位与 1 个预留泊位，主要经营外贸集装箱和件杂货装卸业务，设计年吞吐能力为件杂货 42 万吨/年，集装箱为 33 万 TEU/年。2019 年集装箱吞吐量为 21 万 TEU，目前珠海市 90% 以上的件杂货拆拼箱业务都经洪湾国码进出口。

闸口作为集装箱车辆进出集装箱作业区的必经之处，被喻为码头的"咽喉"。它不仅仅是码头的大门，还直接影响码头的运作能力，同时也是码头的形象代表。由于每个口岸的操作与监管模式不尽相同，各个口岸单位对闸口的管理也存在着较大差异。洪湾国码码头闸口建成初的作业方式是由海关人工抬杆操作处理，需要人员不间断值守，通行效率受到一定的制约。随着码头业务量的增长，港珠澳大桥的开通，跨境运输业务需求也越来越迫切，各码头间竞争也愈演激烈，同时上述弊端也在被日渐放大，当车流量大时，闸口车辆混乱堵塞严重，需增派现场管理人员，实现跨境快速通关业务更是无从谈起，码头成本也随之增加，为此闸口智能化升级改造迫在眉睫。

在信息技术高速发展的今天，与时俱进，树立"互联网思维""智慧型监管"的新理念，实现信息化与港口业务的深度融合，构建新型智能监管模式，这是打造"智慧码头"的重要一步。通过信息化技术来创新优化闸口的作业模式，提升码头核心竞争力，提升通关便利，促进洪湾港区乃至整个珠海市的外贸发展。

（二）应用现状

传统的中小集装箱码头闸口在运作时，集装箱的交提箱业务需要依靠人工在闸口进行车牌号、箱号、过磅重量等信息的收集，并且人工录入数据、检查箱体残损等。监管海关需派驻人员到闸口对进出车辆和货物进行监管,通常是通过核对纸质单证对其予以放行。此模式需要大量业务人员、信息数据准确性低,直接造成闸口通行效率低。

在码头日常运作中,大量的集装箱需在码头闸口进出,烦琐的交提箱手续需要投入大量的资源,落后的闸口管理会造成进出闸口车辆拥堵,不仅影响码头运作,也影响货物的通关效率。为进一步提高集装箱进出闸口效率,电子闸口系统应运而生。电子闸口的运用已有多种成熟的技术,包括利用视频监控技术对进出闸口车辆进行视频记录,车牌识别、箱号识别则利用光学字符识别技术,利用射频识别电子车牌标签,利用自动称重技术记录车辆过磅数据,利用传感技术判断车辆是否进入闸口通道,利用数字化道闸控制技术对控制车辆进出闸口。以上先进技术的结合,完成了闸口通行车辆和集装箱的信息采集,通过电子数据交换,从而实现与联检单位信息平台、码头管理系统的实时交互,有效地实现对码头闸口的智能化管理和控制。

洪湾国码智能闸口统筹整合了港口物流上下游企业相关数据信息,搭建数据平台,通过"智能卡口系统""关港系统二期"实现海关数据共享互通。同时,洪湾国码通过自主研发的网上预约系统,借助手机和移动网络,运用二维码技术,将通关车辆候车办单时间从原来的80秒缩短至15秒,极大地提升了通关效率,有效节省人力成本。同时通过调试智能闸口系统,对接跨境快速通关业务,结合跨境一锁(香港海关"多模式联运转运货物便利计划"与广东省内海关的"跨境快速通关"两种通关模式对接,为进出口企业提供无缝清关服务)成功实现港澳货车入闸、海关监卸入仓等一系列操作。在中小码头企业中,洪湾国码智能闸口因地制宜、经济实用,具有一定的独特性、创新性。

二、项目概述

(一)项目目标

智能闸口的建设主要研究如何通过电子闸口系统实现货物电子化自动放行,缩短车辆进出闸通过时间,降低闸口运营成本,提升客户用户体验,提高口岸管理规范性。

本项目的目标是研究设计一种基于水路口岸构建港澳跨境公路运输的智能闸口系统,整合海关、码头、企业的整体性闸口体系的建设应用,共享互用海关、码头、企业等单位设施设备和信息化数据,实现码头与海关、企业的信息交互以及口岸管理部门的信息互换、监管互认、执法互助,达到口岸监管到位、放行高效、节能降耗,并最终在洪湾国码投入使用。

洪湾国码作为珠海市区最大的国家二类口岸码头,本次智能闸口项目统筹整合了港口物流上下游企业相关数据信息,搭建数据平台,通过"智能卡口系统""关港系统二期"实现海关数据共享互通。通过自主研发的网上预约系统,借助手机和移动网络,运用二维码技术,使闸口通过效率实现质的飞跃,最终全面提升港口的通关效率,同时,借助"海关金关二期系统"实现跨境快速通关。最终使其成为珠海市外贸通关效率最高的外贸集装箱喂给港。

(二)项目主要内容

洪湾国码智能闸口系统的实际应用,通过统筹整合了港口物流上下游企业相关数据信息,搭建数据平台,通过"智能卡口系统""关港系统二期"实现海关数据共享互通。同时,通过自主研发的网上闸口预约系统,借助手机和移动网络,运用二维码技术,实现车辆进闸无人值守,通过调试,结合"海关金关二期系统"实现跨境快速通关。自此,珠海口岸开启了首个基于水路口岸构建的港澳跨境公路运输智能闸口。

根据既定的目标,本项目研究、设计与实施的内容主要体现在以下方面。

1.智能闸口的总体设计

要实现一个基于水路口岸构建的港澳跨境公路运输智能闸口系统,需要从总体上整合优化闸口原有的业务流程模式与操作规程,借助单一窗口平台,对接海关信息系统,相关设备设施,通过信息技术手段,升级改造,将这些系统、设备设施的资源优势充分释放出来。

2.多方的数据交换与共享

要提高闸口的放行效率,加速业务流,数据共享是关键。改进原来的数据交换模式,避免原有业务模式中存在的信息孤岛现象，实现数据安全、高效的交换与共享是本项目的重要研究内容。

（三）项目意义

本项目的实施有效地提高洪湾国码的通关效率，降低企业的物流成本，较大地改善优化了洪湾港片区的营商环境，对于促进港澳地区以及“一带一路”沿线国家的口岸通关提速，具有较大的社会意义。

本项目的实施与应用，有利于将现有技术成果与成功的口岸管理经验推广到我市其他港口码头及周边地市码头，对于促进港口、物流的发展，繁荣地方经济具有一定的意义。

三、项目内容

（一）项目需求分析与设计目标

1. 项目需求分析

洪湾国码原闸口共设置有3进3出共6条通道，配置如图1所示，闸口业务主要分为集卡进出闸业务与散拼进出闸业务，详细业务可分为以下：

闸口日常业务以集卡为对象可分为集卡进场业务和集卡出场业务。集卡进场业务主要包括送箱集卡进场（重车进场）和提箱集卡进场（空车进场），集卡出场业务主要包括提箱集卡出场（重车出场）和送箱集卡出场（空车出场）。

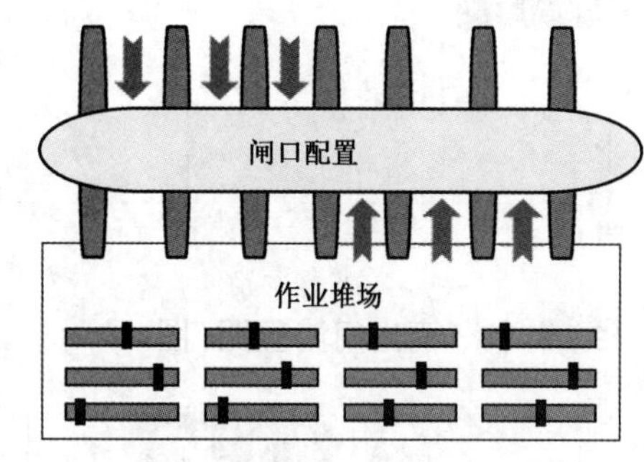

图1 闸口通道

闸口日常业务以集装箱为对象可分为集装箱进场业务和集装箱出场业务。集装箱进场业务主要包括出口重箱进场、出口空箱进场和中转箱进场等，集装箱出场业务主要包括进口重箱出场、进口空箱出场、退关箱出场、中转箱出场和超期箱疏运等。

闸口日常业务以散拼货为对象可分为散货车出场和散货车进场业务。散货车出场业务主要包括进口散货提货出场和散货车空车出场，散货车进场业务主要包括出口散货送货进场和空车进场。

闸口车辆进出闸流程图如下：

（1）集卡车辆入闸流程图（图2）

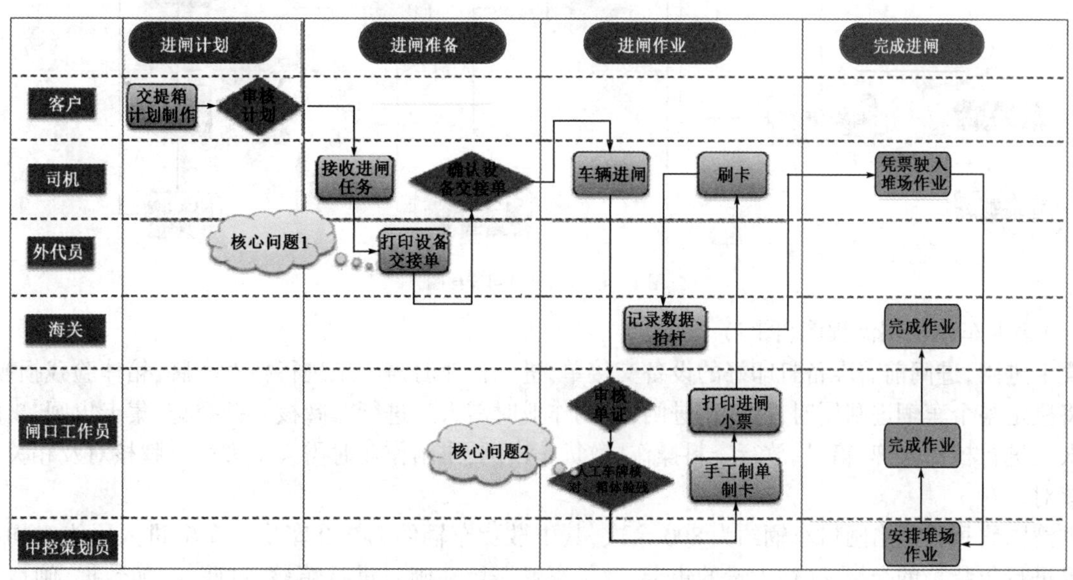

图2 集卡车辆入闸流程图

(2)散货车辆进闸流程图(图3)

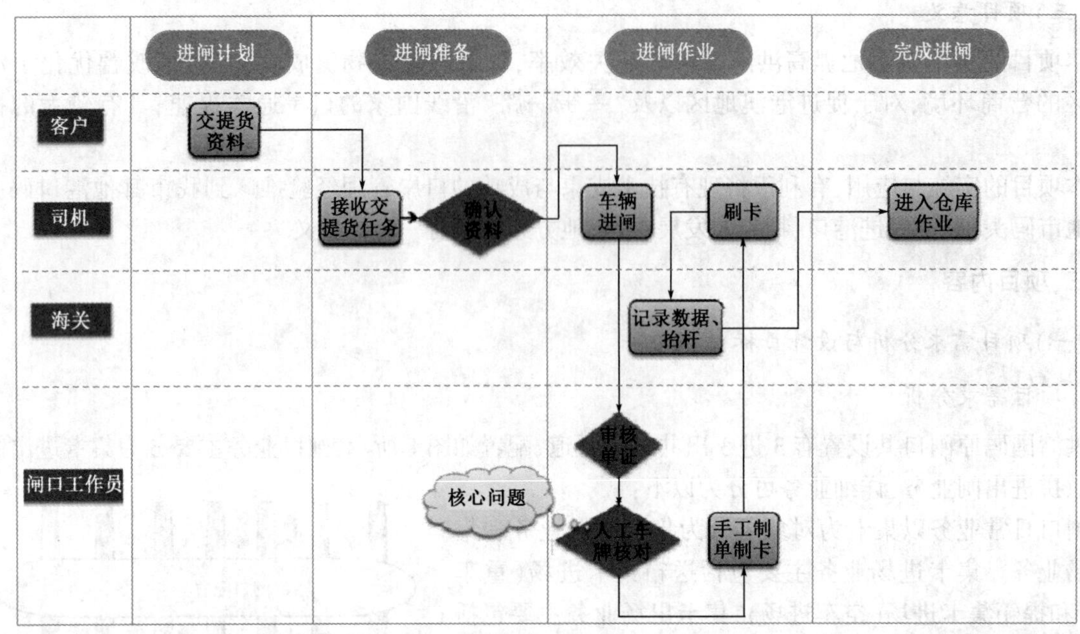

图3　散货车辆进闸流程图

(3)集卡车辆出闸流程图(图4)

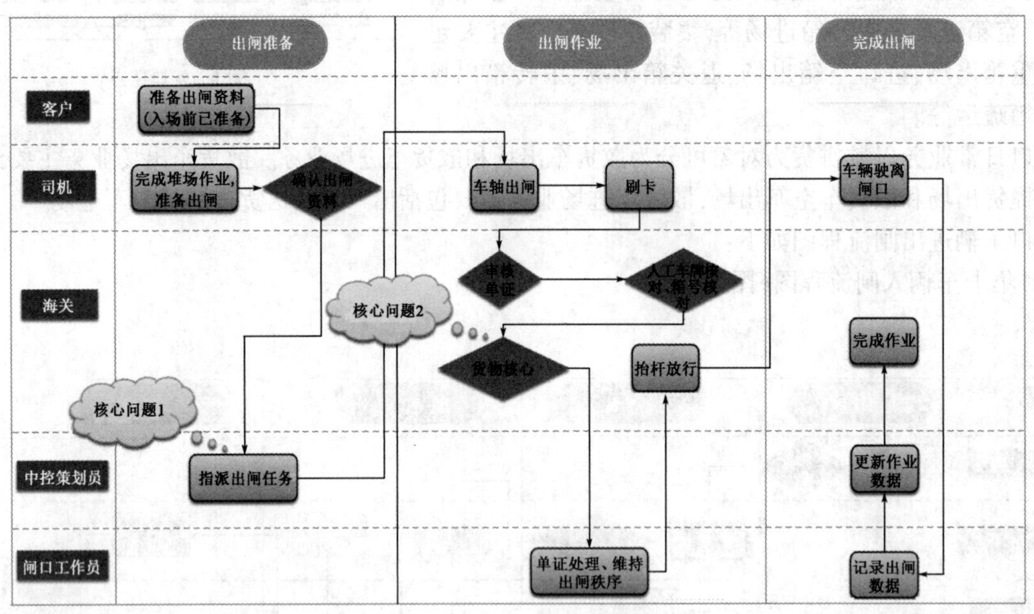

图4　集卡车辆出闸流程图

(4)集卡车辆出闸流程图(图5)

集卡进闸,进闸前需准备打印好的设备交接单,进闸作业时需人工进行核对车牌、箱体验残损操作,此步将决定整个车辆进闸用时;散货车进闸,进闸作业时需人工进行车牌核对并登记;集卡出闸,出闸作业需人工进行核对车牌、箱号、放行资料操作;散货车出闸,出闸作业时需人工进行车牌核对及相关放行资料核对。

洪湾国码每天进出闸口车辆约为800余次,其中散货车辆约为200车次。车辆进入码头时均以闸口为界进行集装箱的交接,往往大量的集卡、散货车辆滞留在闸口进行箱检、过磅、交换数据,闸口工作人员劳动强度极大,效率低下,且极容易出错。这不仅影响正常的集疏运秩序,也造成相当大的事故隐患,不少集装箱码头都有在闸口发生安全事故的惨痛经历。在繁忙时段的集装箱码头闸口,通常可以看到等待进出港的车辆排成长龙、进退两难,而负责收发箱和疏导交通的管理人员则是忙得焦头烂额,参见图6。

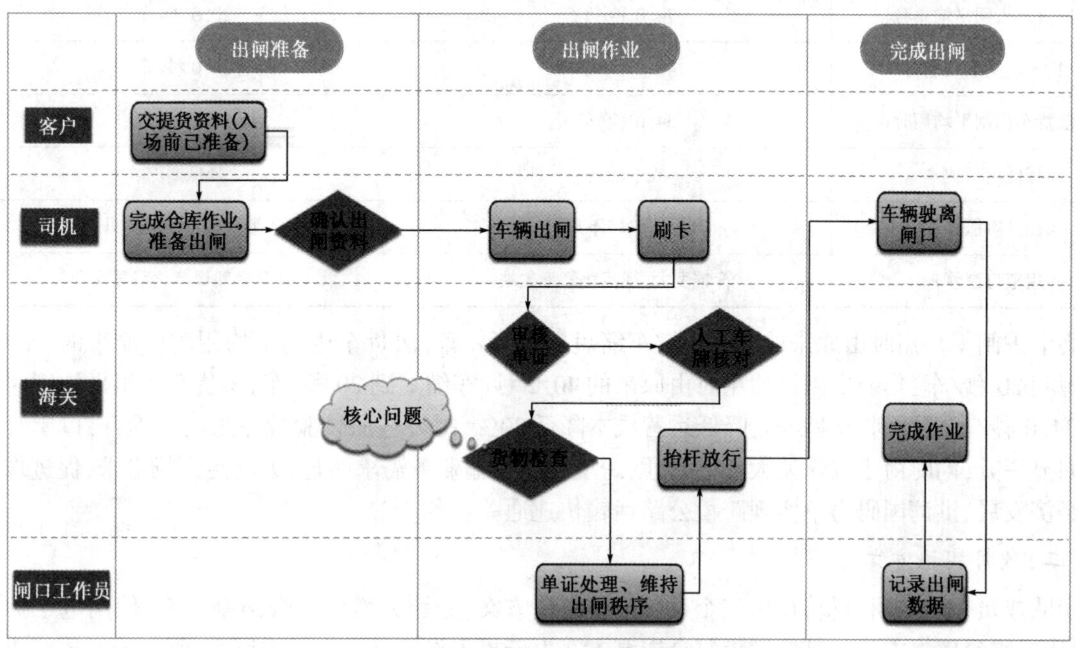

图5 散货车辆出闸流程图

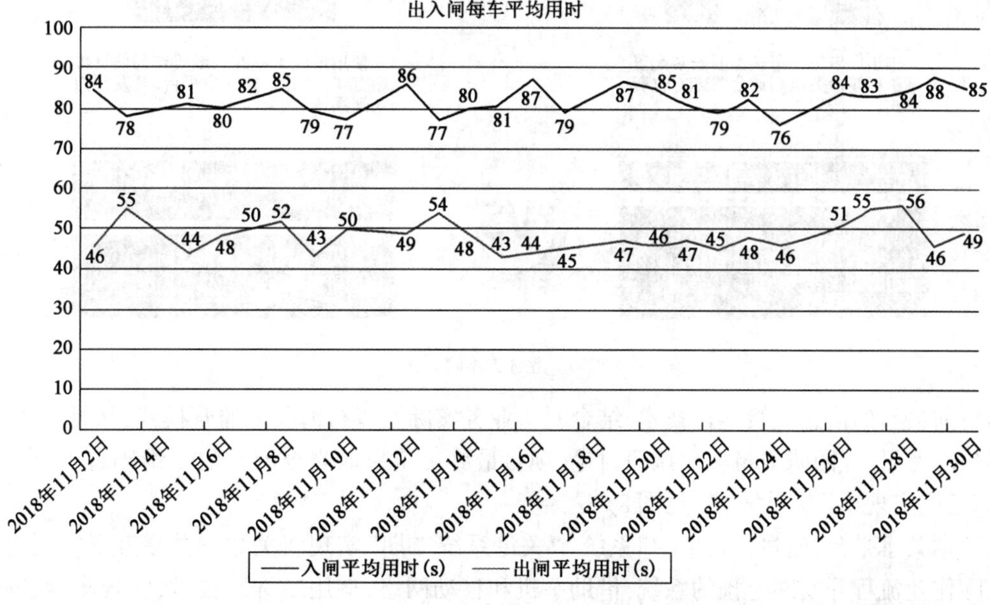

图6 洪湾国码闸口车辆出入闸平均用时

影响闸口运行效率的关键主要体现如下,车辆进出闸作业过程中,车牌号码、车辆状态、集装箱信息、装卸货信息、作业信息的输入正确与否,传递是否及时有效将直接影响到闸口的运行效率。

2. 项目设计目标

通过上述研究分析,结合洪湾国码闸口现状实际情况,车辆进出闸通过时间,运营成本,客服体验,口岸管理规范性是影响闸口运行效率的主要体现,项目接下来将从下述几个方面进行改善(表1)。

改善目标设定 表1

指标名称	现状表现	改善目标
集卡入闸平均用时	81.4秒/车	20.0秒/车
散货车入闸平均用时	74.0秒/车	20.0秒/车
集卡出闸平均用时	40.2秒/车	20.0秒/车
散货车出闸平均用时	34.0秒/车	20.0秒/车
降低运营成本	成本较高	降低20%
提升客服体验	客服体验较不理想	客服体验明显提升
规范口岸管理	监管难度大、规范化管理欠缺	口岸管理规范化明显提升

集卡进闸平均用时由原来的81.4秒/车缩短到20秒/车,散货车进闸平均用时由原来的74.0秒/车缩短到20秒/车,集卡出闸平均用时由原来的40.2秒/车缩短到20秒/车,散货车出闸平均用时由原来的34.0秒/车缩短到20秒/车,降低运营成本降低20%,提升客服体验较原来明显提升,口岸管理规范化明显提升,同时由于港珠澳大桥的开通,跨境公路运输业务需求明显,为满足市场需求,促进珠港澳三地经济发展,洪湾国码力争实现跨境公路运输快速通关业务。

(二)项目实施方案

团队成员根据前面分析,得出三个系统整体解决方案,分别为增设复合岗亭方案、使用电子标签方案、运用二维码解决方案。其中增设复合岗亭方案由于投入设备及人力成本巨大,且未能实质解决闸口现状问题而被直接否决,以下为剩余的两个方案对比分析,参见图7。

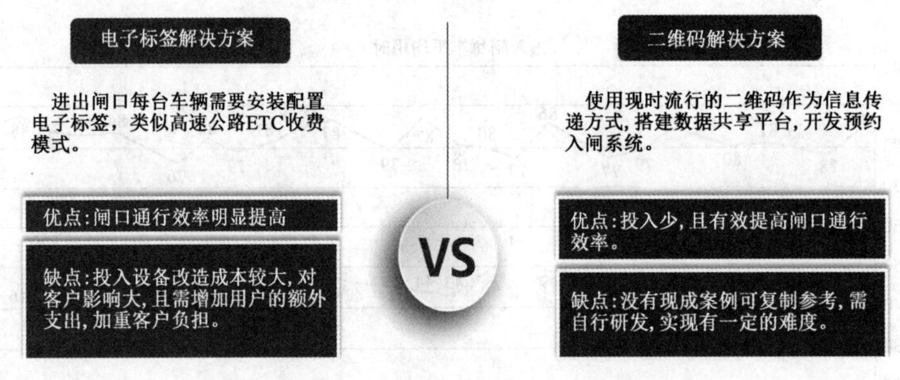

图7 整体方案对比图

运用目前最新的信息化智能化技术,结合码头业务实际及现行海关的监管模式,从可行性、实用性、经济性多角度考量,经团队成员多次调研讨论,项目最终确定采取当今流行的二维码解决方案实施,技术成熟,而且能实现小投入大产出,见图8。

搭建数据共享平台,通过"智能卡口系统""关港系统二期"实现海关数据共享互通。同时,根据洪湾国码实际作业流程开发网上预约系统,借助手机和移动网络,运用二维码技术,实现车辆进闸提前预约,通过升级改造闸口设备,完善闸口辅助设施,实现闸口作业智能化。

1. 数据共享平台搭建

外代数据共享平台搭建,解决设备交接单信息传递与共享问题(车牌号码、车辆状态、集装箱信息、装卸货信息、作业信息),实现当客户打印设备交接单时,码头实时同步数据资料(包括:进出口舱单信息、提货单信息、设备交接单信息、预配舱单信息),见图9。

项目实施前后对比见表2。

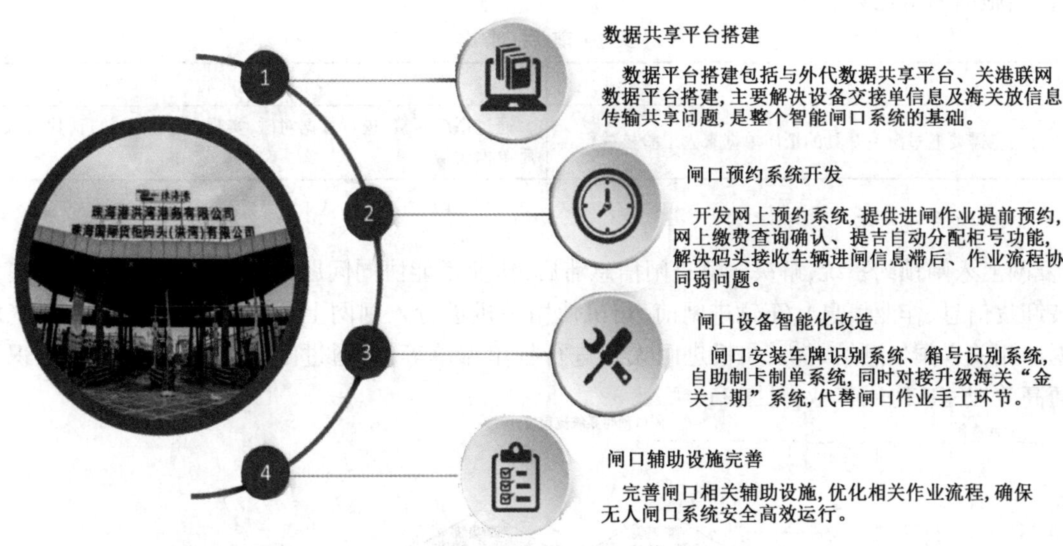

珠海港洪湾港务有限公司
珠海国际货柜码头(洪湾)有限公司
1
2
3
4
数据共享平台搭建
数据平台搭建包括与外代数据共享平台、关港联网数据平台搭建，主要解决设备交接单信息及海关放信息传输共享问题，是整个智能闸口系统的基础。
闸口预约系统开发
开发网上预约系统，提供进闸作业提前预约，网上缴费查询确认、提吉自动分配柜号功能，解决码头接收车辆进闸信息滞后、作业流程协同弱问题。
闸口设备智能化改造
闸口安装车牌识别系统、箱号识别系统，自助制卡制单系统，同时对接升级海关"金关二期"系统，代替闸口作业手工环节。
闸口辅助设施完善
完善闸口相关辅助设施，优化相关作业流程，确保无人闸口系统安全高效运行。

图8　整体设计方案

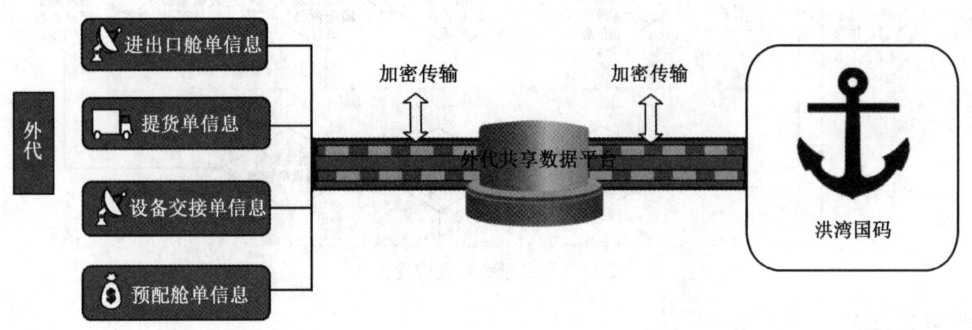

图9　外代共享数据平台

实施前后对比 表2

实　施　前	实　施　后
进出闸数据通过司机到外代打印纸质设备交接单到闸口交给工作人员进行手工录入码头系统	进出闸数据通过数据平台实时同步共享，快速高效

关港联网"二期"系统对接，解决海关放行信息不能及时同步共享问题（集装箱信息、装卸货信息、作业信息），取代海关放行通知书，进出口放行信息实现电子化，实现无纸化放行，见图10。

图10　关港联网"二期"系统

项目实施前后对比见表3。

实施前后对比 表3

实施前	实施后
出闸放行信息需要通过海关开具的纸质单据来人工验核放行	通过系统对接,进行数据对碰,实现电子数据放行,代替人工纸质单据放行

2. 闸口预约系统开发

开发网上入闸预约系统,解决车辆进闸信息滞后,作业不能协同问题(车牌号码、车辆状态、集装箱信息、装卸货信息、作业信息),车辆进闸前,司机使用手机进行入闸网上预约,数据经过码头系统后台处理,返回相关入闸信息给司机,司机进闸无须进行打单派单等候,通过闸口智能箱号、车牌号识别比对,便捷高效地完成进闸作业,见图11。

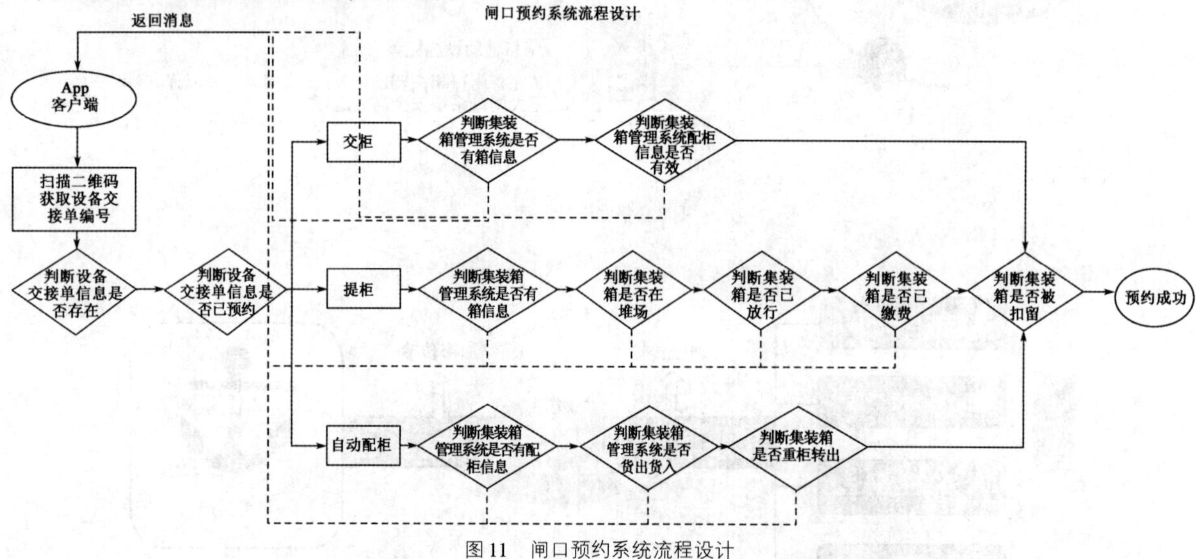

图11 闸口预约系统流程设计

关联闸口预约系统相关改善措施:

①升级码头计费系统,使其与闸口预约系统联动,解决码头计费信息纸质传递问题,见图12和表4。

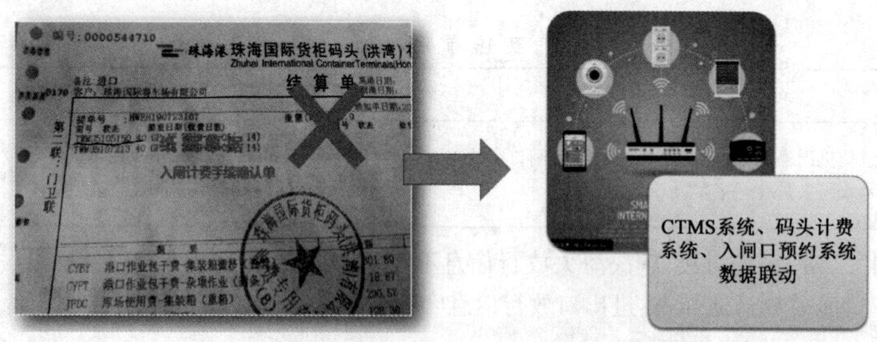

图12 纸质单转变成电子数据传递

实施前后对比 表4

实施前	实施后
进出闸口车辆需提供码头纸质计费凭证来确认是否已结清相关费用	通过系统数据调用,车辆在预约操作前即可确认相关作业是否已完成结算,取消人工纸质单据核对

②优化码头自动配柜系统,使其与入闸网上预约系统联动,实现预约提货柜自动分配柜号,减少人工操作,见图13和表5。

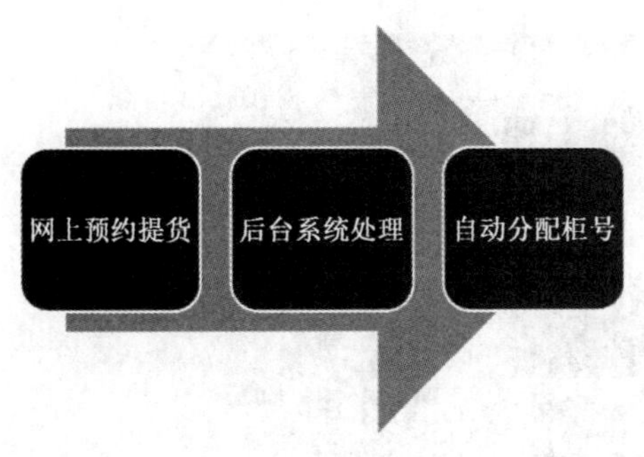

图13　自动配柜系统

实施前后对比 表5

实　施　前	实　施　后
客户提货柜需要在进闸时经闸口工作人员人工分配对应的柜号,效率低,且管理不规范	通过网上预约系统预约提货时,系统根据堆场作业情况自动分配柜号,提高闸口进闸效率同时减少翻箱率

3. 闸口设备智能化改造

①升级改造闸口设备,进出闸通道安装车牌识别系统,解决人工核对及录入车牌问题,减少人工操作环节见图14和表6。

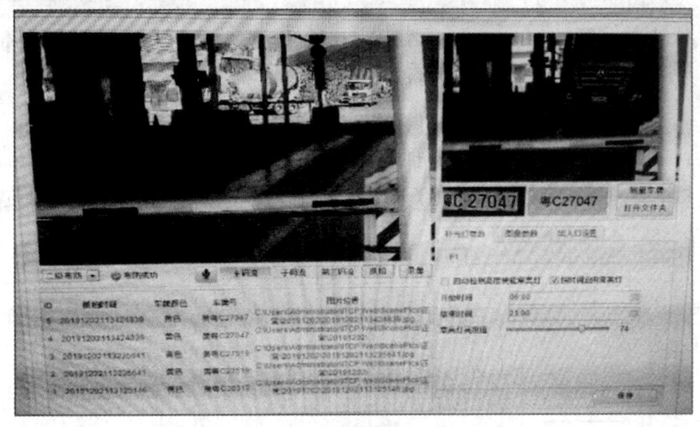

图14　车牌识别系统

实施前后对比 表6

实　施　前	实　施　后
进出闸作业,车牌信息需手工核对录入系统,效率低,容易出错	进出闸作业,车牌信息自动识别,系统自动录入比对,替代人工作业,差错率减少,进出闸效率得到一定提高

②升级改造闸口设备,进出闸通道安装箱号识别系统,实现集装箱箱号自动识别录入系统,解决人工核对及录入箱号问题,减少人工操作环节,见图15和表7。

实施前后对比 表7

实　施　前	实　施　后
进出闸作业,集装箱箱号信息需手工核对录入系统,效率低,容易出错	进出闸作业,集装箱箱号信息自动识别,系统自动录入比对,替代人工作业操作,作业效率得到提高,差错率降低

③与“金关二期”申报系统进行对接,实现系统自动申报车辆与集装箱出闸信息,代替人工申报,减少人工操作环节,提高出闸效率;解决了周转货箱、空卡、散货车空车智能卡口系统不能自动验放等问题,海关监管的便捷性也大大提高,见图16、图17。

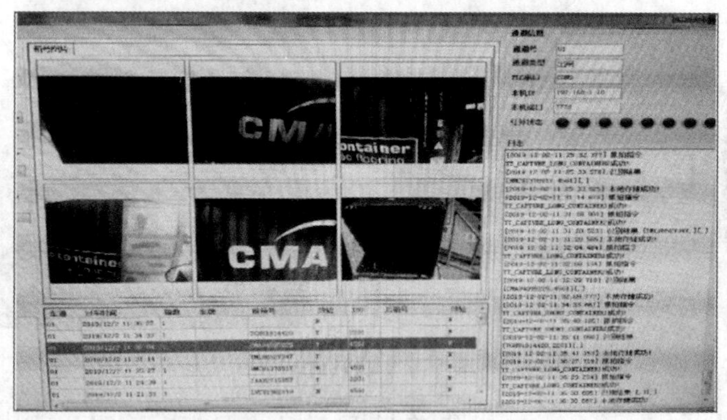

图15　箱号识别系统

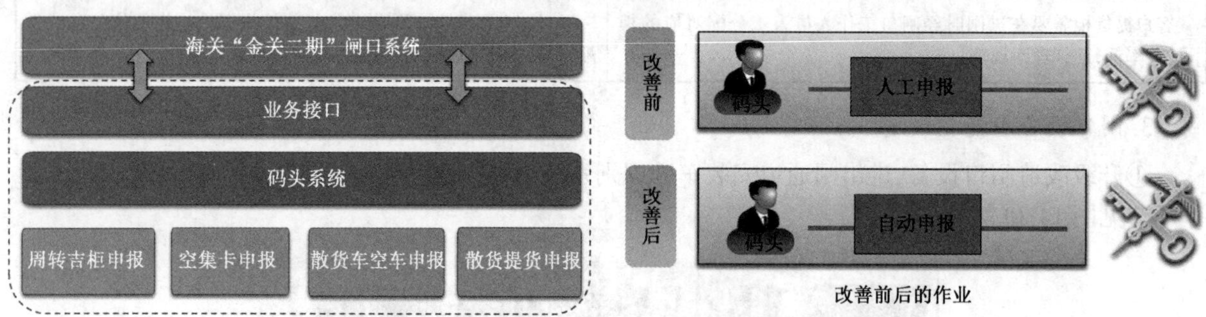

图16　海关“金二”系统对接　　图17　改善前后作业对比

④根据闸口作业实际流程,研发定制自助制卡制单系统,取代人工值守制单制卡操作,司机进闸时凭备案车牌的IC卡将其插入到闸口自助制卡系统,系统将通过采集到的车牌号箱号信息核对相应的预约信息,并进行制卡制单,见图18和表8。

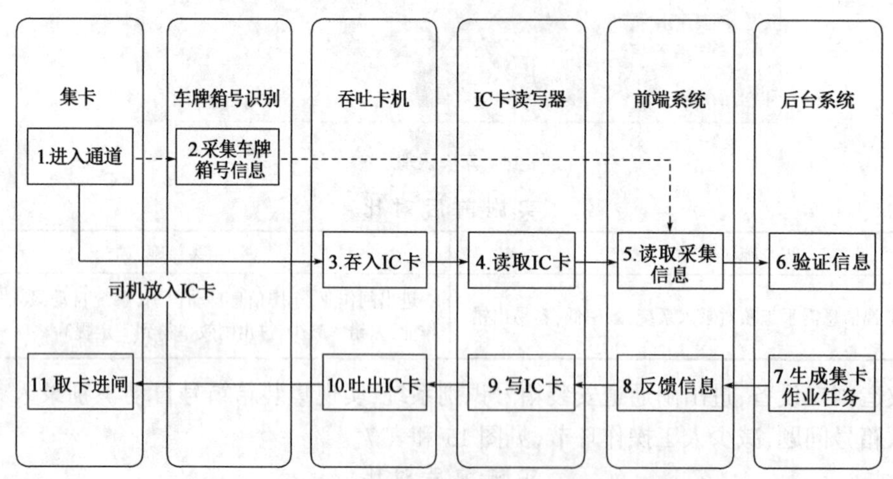

图18　自助制卡系统流程

实施前后对比　　表8

实施前	实施后
闸口每条通道需安排人员不间断值守,进行人工制单制卡作业,效率低,车辆长时间等候	司机通过网上预约后,进闸时只需自行插卡刷卡即可完成制单,效率高,无须等候

4. 散货车专用进闸通道建设

散拼业务是公司主营业务之一,高峰期时每天进出闸口的散货车车次多达500车次。由于散货进闸作业与集卡进闸作业存在一定的差异,经前面分析,建设散货车专用进闸通道,使散货车与集卡分流,有效优化进闸车流,提高车辆进闸效率,见图19。

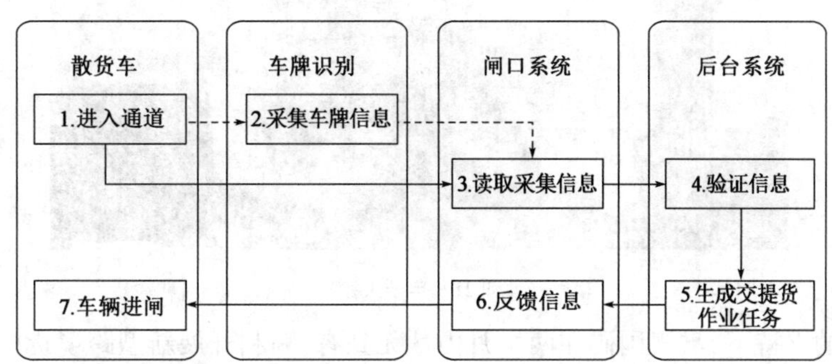

图19 改善后散货车进闸流程

5. 闸口辅助设施完善

①安装对讲系统,司机可以通过对讲呼叫按钮方便的与闸口工作人员联系,及时解决问题。对讲系统由一台主机和多台分机组成,主机安装于闸口办公室,供闸口工作人员使用,分机安装于闸道设备机上,供司机求助时使用,见图20。

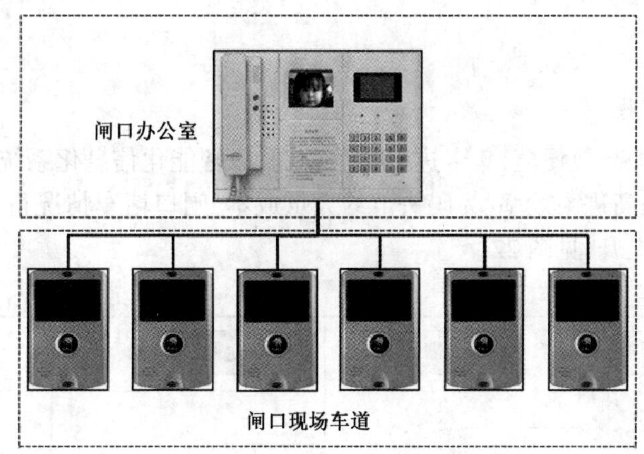

图20 对讲系统原理图

②闸口辅助设施完善,闸口应急广播系统安装,当闸口出现紧急突发情况时,用于应急广播通知及现场交通指挥疏导;通道监控CCTV的完善,确保能监控到闸口所有通道的情况,为闸口管理提供安全保障;周边交通指示牌的完善,为车辆提供清晰明确的指示,规范现场车辆管理。

6. 珠港澳货栈的创建实现跨境快速通关

原来港澳两地跨境运输货物需通过多次转关手续才能进入珠海,物流企业无论在人力、时间等成本上都是花费巨大,在疫情的特殊时期,更是艰难。为加快复工复产,降低企业物流成本,促进当地外贸发展,依托港珠澳大桥的优势,洪湾国码提出建立珠港澳货栈(洪湾站)的创新方案,此方案也是智能卡口系统的功能延伸。

2020年3月,借助单一窗口平台,通过调试智能闸口系统,对接跨境快速通关业务,结合跨境一锁(香港海关"多模式联运转运货物便利计划"与广东省内海关的"跨境快速通关"两种通关模式对接,为进出口企业提供无缝清关服务)成功实现港澳货车入闸、海关监卸入仓等一系列操作,图21为电子关锁。

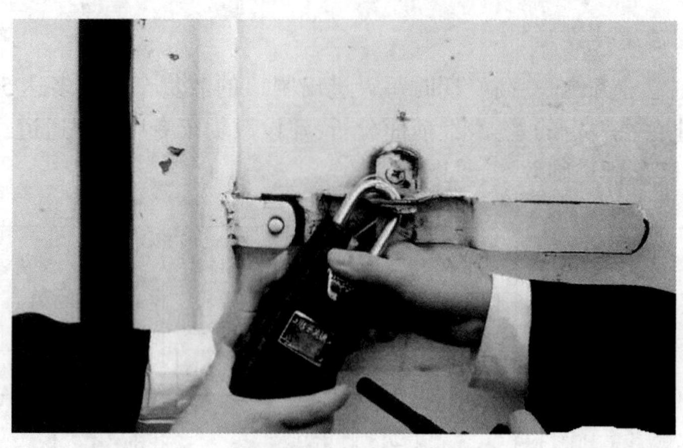

图21　电子关锁

在海关等部门的支持下,洪湾国码在两个月内从无到有,顺利开展新型跨境货栈业务。珠港澳货栈(洪湾站)建立在珠海洪湾港海关监管作业场所内,货栈具备对进口、出口、转口货物的分拨功能,依托港珠澳大桥的交通便利,实现将香港、澳门的空港、海港贸易功能延伸到珠海,是港澳仓业务内移的体现载体。相对于香港、澳门仓,珠港澳货栈在仓租成本、人力成本、运输成本及运输时效上有着极大的优势,且在货栈内,进口货物可以"暂存理货、按需拆并、分类申报",出口货物可以"分仓暂存、集拼出口",转口货物可以"掏箱理货、集拼分拨"。

四、项目实施效果

(一)作业流程改善

1. 改善后集卡进闸流程

相比改善前流程,更加高效便捷,集卡进闸提前预约,以智能化信息化系统代替手工作业,取消人工值守,降低差错率,大大提高进闸效率,为码头节约大量成本,闸口堵车情况得到有效解决,车辆进闸作业更环保,用户客户体验提升,见图22。

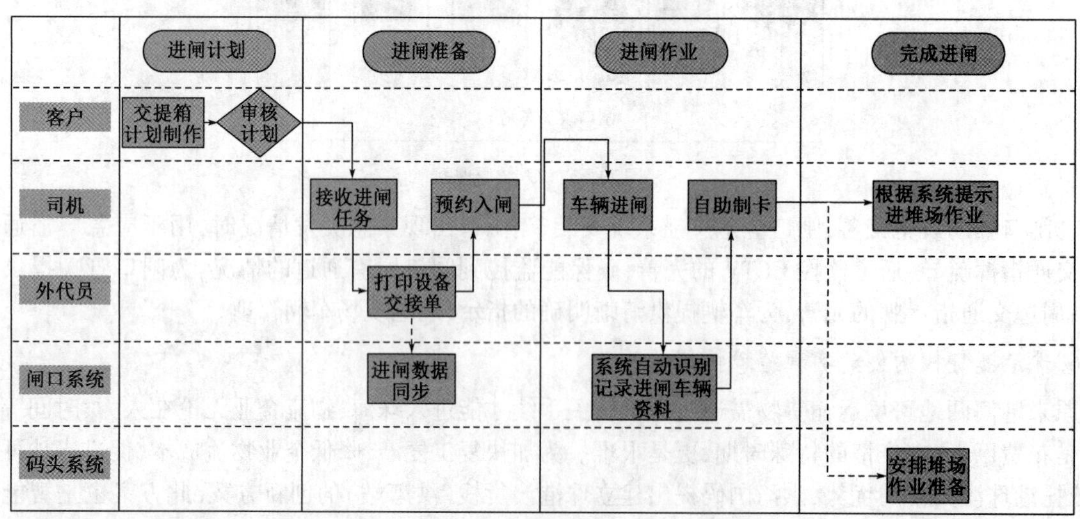

图22　改善后集卡进闸流程

2. 改善后散货车进闸流程

散货车辆交提货进闸免去闸口人工打单环节,更换成车牌识别,与码头系统数据对接,进闸时同步更新交提货任务,更智能便捷,有效提高散货车辆进闸效率,降低码头运营成本,见图23。

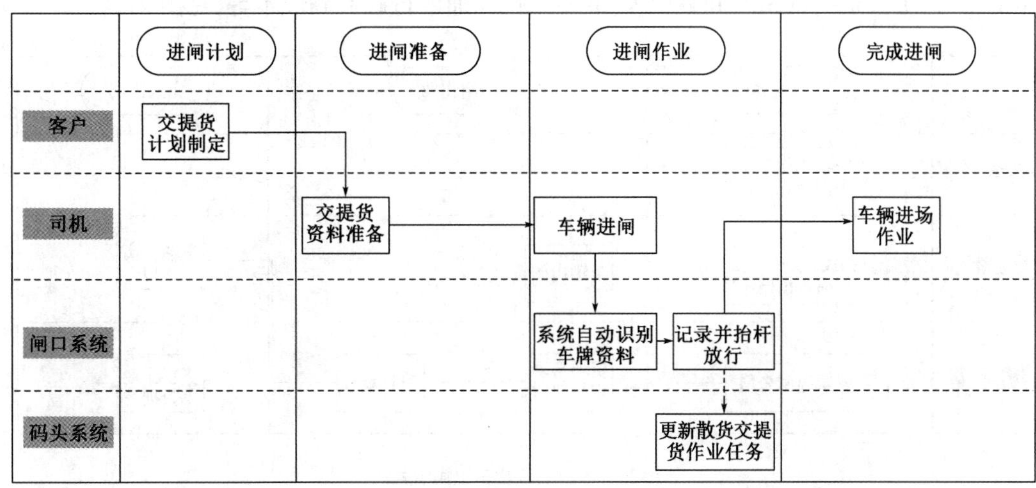

图23　改善后散货车进闸流程

3. 改善后集卡出闸流程

相比改善前流程，更加便捷高效，以智能化信息化系统代替手工作业，搭建关港数据共享平台，借助“金关二期”闸口智能系统，实现海关放行信息与码头同步共享，大大缩短企业通关时间，提高出闸效率，数据的高效流转，使海关闸口放行监管更加高效便捷，降低其监管难度，见图24。

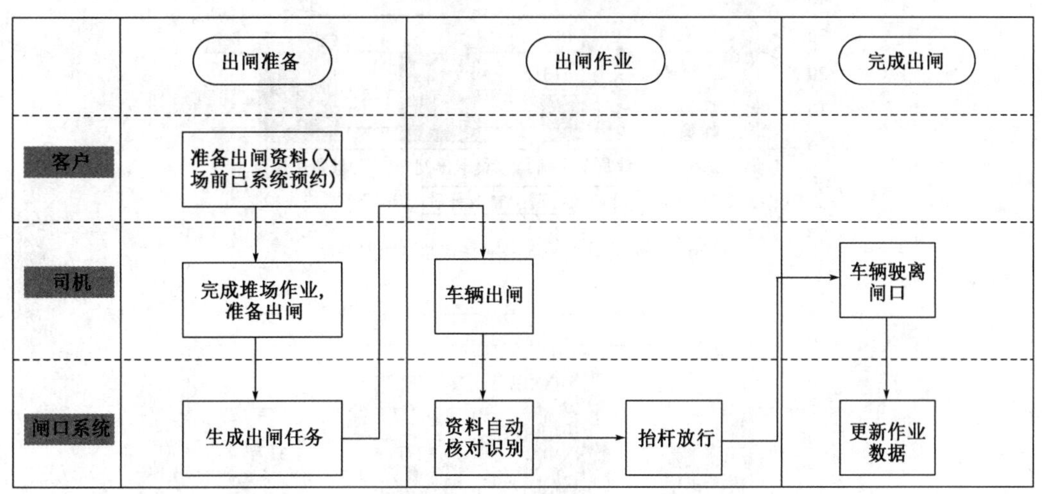

图24　改善后集卡出闸流程

4. 改善后散货车出闸流程

相比改善前流程，更加便捷高效，以智能化信息化系统代替手工作业，借助“金关二期”闸口智能系统，实现海关放行信息与码头同步共享，大大缩短企业通关时间，提高出闸效率，数据的高效流转，使海关闸口放行监管更加高效便捷，同时降低其监管难度，见图25。

(二)通行效率提升

闸口通行效率大大提高，如集卡进闸用时，候车办单时间缩短80%，出闸车辆通过用时也缩短到24秒，进出闸拥堵现象基本解决，车辆快速通过闸口，使得整个闸口的空气质量也得到改善，汽车碳排放也得到控制，实现更绿色环保的作业，见图26。

(三)闸口运营成本有效降低

闸口运营成本明显下降，闸口作业实现自动化无人化，大幅缩减人力成本，相比原来每季度下降成本高达50%，车辆通过闸口的效率也得到明显提升，闸口各方管理规范化明显改善，故各方管理成本也得到一定的下降,如人员的加班时间减少、与联检单位沟通的行政后勤成本等,见图27。

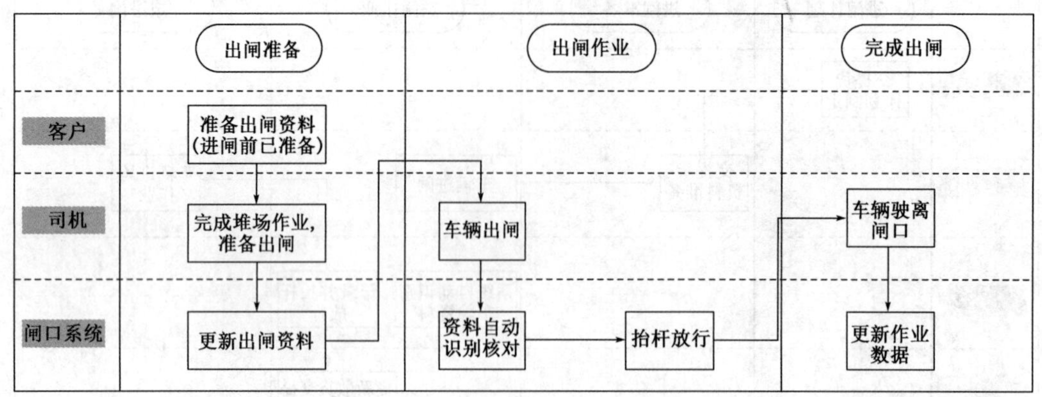

图25　改善后散货车出闸流程

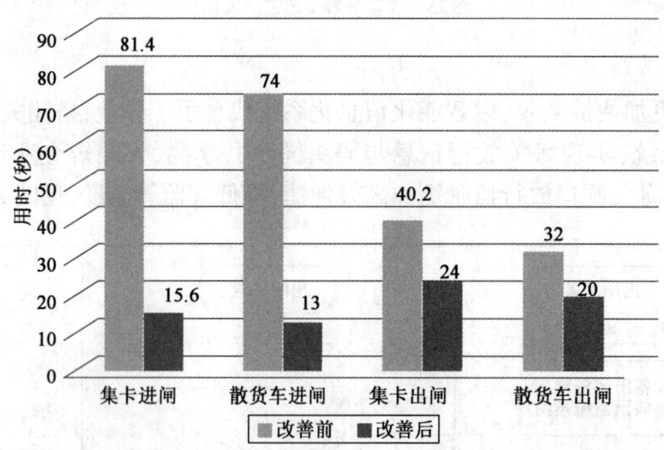

图26　改善前后车辆进出闸平均通过用时对比

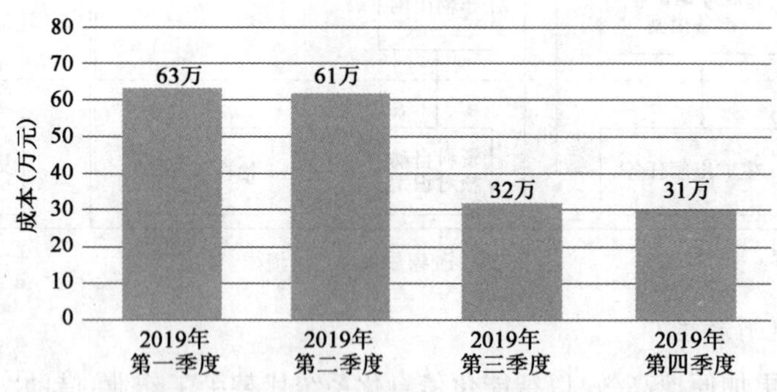

图27　改善后成本对比

(四)客服体验提升

实施前,用户客服体验提升,闸口作业, 信息不共享,纸质单据,等候时间长,人工操作环节多,通行效率低,易出错,管理不规范,用户服务体验较差;实施后,提前预约,候车时间短,进出闸口全自动智能化,通行效率高,绿色环保,通关效率明显提升,用户成本也得到有效降低,良好的客服体验,见图28。

(五)口岸管理规范

方案实施前后闸口作业现场管理规范性对比,得到明显改善,之前的手工作业流程已由系统替代,作业协同性高,管理规范有序,海关车辆放行由系统自动处理,海关监管更便捷有效,难度大大减少(图29)。

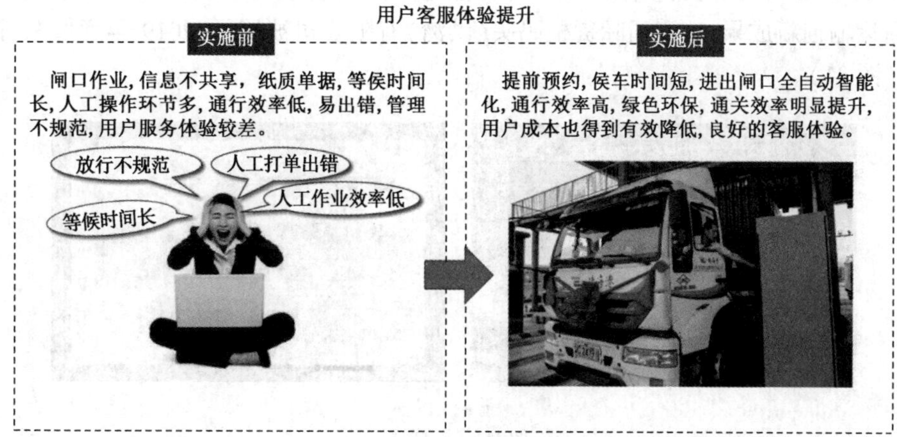

图28　改善用户客服体验对比

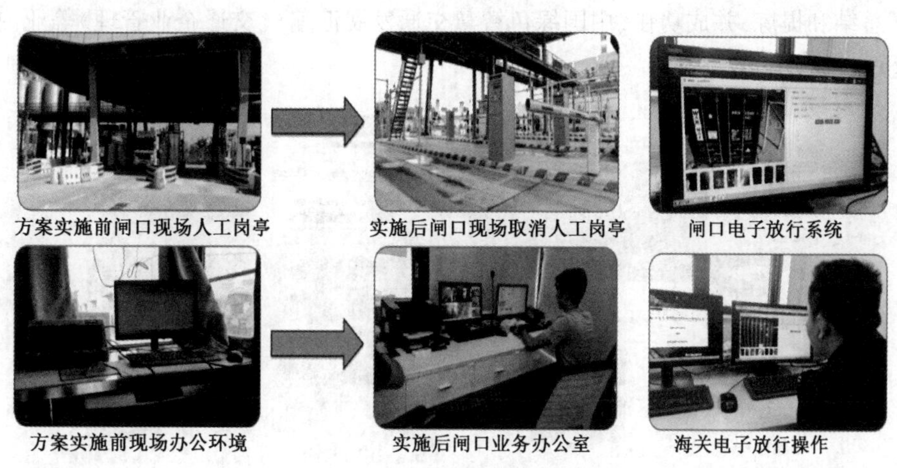

图29　口岸管理规范化对比

（六）项目成果展示

①2019年5月9日上午，珠海港集团洪湾国码智能无人闸口启用仪式（图30）在珠海国际货柜码头（洪湾）有限公司举行。珠海港控股集团有限公司党委书记、董事长欧辉生陪同湾仔海关、湾仔海事、湾仔出入境边防检查站、珠海市港口管理局、珠海市口岸局湾仔分局等领导共同莅临仪式现场，见证了珠海市拱北关区外贸口岸首家无人闸口的正式启用。项目秉承新时期、新发展理念，深入贯彻珠海港集团智慧发展、绿色发展战略，紧跟科技步伐，运用智能技术，提升码头服务水平（图31）。

图30　项目启动仪式

②2019 年 11 月 29 日,珠海港集团洪湾国码智能闸口精益改善项目经专家复核评审,被认定为 2019 年度交通运输创新成果,珠海国际货柜码头(洪湾)有限公司被授予“2019 年度广东省交通运输创新示范企业”(图 31)。

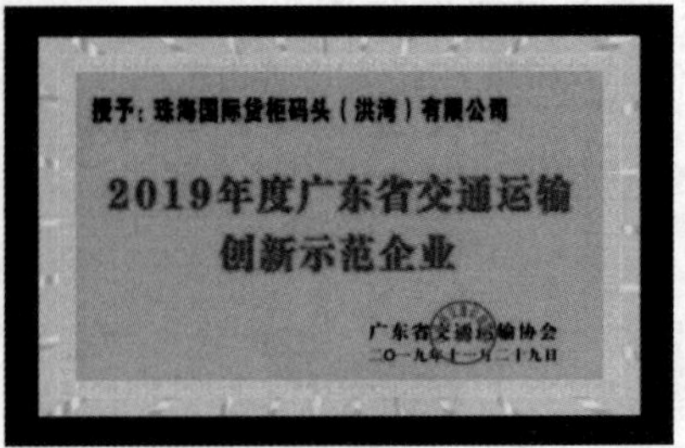

图 31　项目成果

③项目所取得的成果得到客户的认可,项目启用当天,获得众多媒体报道,公司对项目所取得的工作成果进行了总结和提炼,并成功在《中国绿色智慧交通发展汇编》《交通企业管理》等业内知名杂志进行发表(图 32)。

图 32　项目被各个媒体报道

(七)跨境快速通关的实现

通过“跨境一锁”技术与智能闸口系统联动,实现与港澳两地货物跨境快速通关。货物从香港葵涌码头启运,以跨境公路运输模式经港珠澳大桥入境,运抵洪湾港进口仓库,正常情况下全程只需要一个半小时,对比船运模式,极大地节省了企业的运输周期和物流成本,见图 33。

图 33　满载 22 吨 ABS 塑胶粒的集装箱车从洪湾港卡口缓缓驶出

(八)效益计算分析

1. 经济效益

每年可节省费用:A + B + C + D + E ≈ 184 万元。

A:人力成本:减少两个岗位两班人员共 14 人,人力成本 9.3 万 ×14≈132 万元,加班费约每年 6200 × 14≈8.7 万元;节省人力成本 132 万 +8.7 万≈141 万元。

B:加班通勤车 + 餐补成本:安排行政车接送或驾公务车上下班:每加班一次平均约成本约 160 元;餐补 15 元一人,每年成本约 3.5 万元。

C:入闸票据打印成本:按 0.2 元/张,一年 20 万标箱计算,一年共节约费用:0.2 ×20 万 =4 万元。

D:车辆 IC 卡成本:约 4.5 万元。

E:节省闸口电脑、耗材设备采购、岗亭维护等成本约:31 万元。

2. 社会效益

①发挥港口毗邻横琴自贸片区、珠海保税区的区位、高效通关的智能卡口系统优势,以洪湾港作为物资中转节点,开展海陆联运过境物资中转业务。透过港珠澳大桥、区港联动及海陆联运过境货物通关促进港珠澳商贸发展。利用港珠澳大桥便捷优势,打造高效、价廉的物流仓储集散中心。

②节省企业货物的通关人力与时间成本,减少多个作业环节,降低劳动强度,提升工作与服务质量,进一步压缩货物的通关环节和贸易成本、提高通关效率。

③通过电子信息共享互通,可合理地规划和实施装卸、查验、运输等作业,提高港口机械设备的利用率,可以减少资源消耗,降低燃料的使用,从而减少二氧化碳的排放;减少船舶在港停留时间,降低船舶靠港成本,降低靠泊船舶对港口环境造成的污染,并使船舶到港更加高效有序;

④通过信息技术优化管理运力和运输服务来解决卡口造成的交通拥堵问题,完善港口的集装箱疏运体系,推进综合交通枢纽建设及集约发展,强化港口在综合交通运输体系中枢纽地位,及对地区经济发展的促进作用。有效缓解对市区和港区造成的交通拥堵,提高了港口及周边地区的空气质量,避免因解决交通问题需要更新和扩大港口码头基础设施所造成的大量资金投入和时间成本。

⑤港口是经济社会发展的优势资源,是综合交通运输体系的重要枢纽,也是珠海市参与实施"一带一路"等国家重大战略的核心载体。围绕着"十三五"总体发展目标,完善港口基础设施,疏通集疏运通道,拓展港口服务功能,推进信息化进程,构筑"智慧港口",优化港口能源结构,发展"绿色港口"。通过智能卡口系统建设实践的宝贵经验,为珠海市及珠三角地区其他中小码头口岸提供借鉴。

五、项目总结

(一)项目特色

本次智能闸口系统项目最突出的特色与亮点是,项目因地制宜,借助主流易用的移动互联网技术,以最经济形式,高效地整合了海关、码头的系统及设备设施,实现多方单位的数据联动、高效共享,提升闸口作业效率,缩短通关时间,降低码头运营成本,给用户良好的客服体验,总体提升了洪湾国码业务信息化管理水平,同时为推动港区信息化建设起到创新示范作用。通过"跨境一锁"技术与智能闸口系统联动,实现与港澳两地货物跨境快速通关,降低企业贸易成本,在复工复产的特殊时期更是为当地经济发展注入一股新的强心剂。

(二)创新之处

总结本项目的技术方案与应用效果,本项目创新之处体现在以下若干方面。

①基于水路口岸构建港澳跨境公路运输智能闸口的建设与实践,使传统闸口得到质的变革,极大地提升了洪湾港区的整体信息化运用水平,同时很好地落实了海关提出的多项通关便利化措施。

②洪湾国码作为珠海口岸提升通关效率的试点单位,积极探讨口岸通关改革创新。通过信息化技术和创新、优化监管模式和手段,努力对接泛珠三角区域及内陆沿边地区基本实现快速跨境通关功能、

与港澳地区和"一带一路"沿线国家口岸通关更加便利的政策试点,在落实机制创新、口岸执法协作,优化人力资源配置等方面取得实际成果,保证口岸监管到位、放行高效,在全国口岸建设实现创新。

③整合海关、码头、周边物流企业的整体性闸口体系的建设应用,共享互用海关、码头、企业等单位设施设备和信息化数据,通过智能闸口系统的建设应用,优化码头闸口作业流程,实现了海关对闸口放行的智能化,实现监管有效、放行高效的科学监管体系。

④实现了码头与海关、物流企业的信息交互,码头可以实时接收到海关的查验及放行信息、客户车辆进场计划信息。码头可以根据上述信息提前做好作业计划,提高码头的整体操作效率。

⑤开展公路运输跨境快速通关业务,在疫情特殊时期,为加快推动当地跨境物流企业复工复产起到积极作用。

制造资源网格化成本管理体系建设与应用实践

中车青岛四方机车车辆股份有限公司

成果主要创造人:赵永州 杜 楠

成果参与创造人:商 浩 高文慧 吕光宙 代卧龙 任志强 韩永彬
冷庆君 赵言贵 矫培海 管 明

中车青岛四方机车车辆股份有限公司(简称"中车四方股份公司")是中国中车股份有限公司(简称"中国中车")的核心企业,中国高速列车产业化基地,国内地铁、轻轨车辆制造厂家和国家轨道交通装备产品重要出口基地;是国家高新技术企业,拥有国家高速动车组总成工程技术研究中心、高速列车系统集成国家工程实验室、国家级技术中心和博士后科研工作站4个国家级研发试验机构,并在德国、英国和泰国建立海外研发中心;具有轨道交通装备自主开发、规模制造、优质服务的完整体系。

中车四方股份公司在高速动车组、城际及市域动车组的研发制造上处于行业内的领先地位,自主研制的CRH380A型高速动车组创造了486.1公里/小时的世界铁路运营试验最高速度;研制的"复兴号"动车组(CR400AF)实现时速350公里运营,标志着我国成为世界上高速铁路商业运营速度最高的国家;参与的青藏铁路工程项目、京沪高速铁路工程项目获国家科学技术进步特等奖;目前已形成不同速度等级、适应不同运营需求的高速动车组和城际动车组系列化产品。中车四方股份公司轨道交通装备产品在满足国内市场需求的同时,已出口世界20多个国家和地区。

作为轨道交通装备制造业的一员,中车四方股份公司将继续秉承"质量优先、创新引领、客户导向"的经营理念,努力打造以轨道交通客运装备为核心的卓越企业。

一、实施背景

(一)成本管理的集约化和精细化是制造业发展的必然趋势

党的十九大报告指出我国经济要由高速增长转向高质量发展,中国中车也明确指出发展方式要从规模速度向质量效益转变。中车四方股份公司眼睛向内,识别出各业务板块发展不均衡、整体盈利能力有待提升、利润目标存在缺口等问题,在此形势下,提质增效工作势在必行;而要最终实现提质增效,实施精细化管理是必经之路。制造资源成本是公司运营成本的重要组成部分,同时也是项目成本的主要构成。制造资源成本涵盖生产制造过程的各个环节,管理种类繁多,成本费用组成复杂,如何实现制造资源成本费用合理分割、管理精细化,从而达到公司项目成本管理的目标和实现提质增效,是制造企业必须探索的重要课题。

(二)制造资源的精细化管理是提质增效工作的核心需要和重要组成

2017年,中车四方股份公司生产经营形势异常严峻。在中国中车领导下,中车四方股份公司着力开展提质增效与管理精细化工作,通过制造资源网格化成本管理体系的建设及应用实践,实现了管理提质与切实增效,超额完成了年度经营目标任务,初步建立了制造资源成本管理的新模式,开创了提质增效与精细化管理新思路。

(三)精益工位及信息化平台的建设为工作开展奠定基础

任何管理体系的建设不是一蹴而就的,成本管理要形成网格化体系,其设计推进执行亦需要较高的管理基础。在过去的近5年中,随着公司信息化平台建设不断深入,精益基础管理不断夯实,管理精细化程度不断提升,为该工作推进提供了重要支撑。中车四方股份公司始终结合自身制造业务特点和管理需求,推进管理提升各项工作扎实有效开展,逐步建立了以标准工位为基础的管理架构,ERP(Enterprise Resource Planning,企业资源计划)等信息化平台已可作为上游成本基础数据来源,为体系建设应用奠定基础。

二、内涵与主要做法

(一)思路及内涵

网格化管理主要是指将管理内容按照一定的标准划分成为单元网格,以提高管理效率。对于制造部门,成本网格化管理的最大意义是实现多项目共用资源的管理拆分,以及制造资源成本按项目、最小单元的精细化管理,提高制造成本控制降低的针对性。

为有效管控制造成本,实现企业高质量发展,中车四方股份公司以制造资源为管理对象,以工位为管理单元形成二维网格,以项目为第三维度形成立体网格,搭建制造资源网格化成本管理体系框架;通过开发网格化成本管理信息化平台,将管理逻辑糅合入信息化系统,以信息化手段实现对制造资源成本的网格化归集管理;开展生产全项目的体系应用实践,达成"明晰费用去向""确立数据基准原点"等管理目标,通过数据分析为管理决策提供支持建议,输出成本精细化管控方法,将支持建议和管控方法固化入管理制度,以数据驱动成本管理全面提升,最终实现制造成本的管理提质和切实增效。

(二)主要做法

1. 标准工位建设

工位是指产品在生产线上流动时,员工在一个节拍内完成规定作业内容,产品相对停留的区域位置。工位是作业的最小单元,一条生产线由若干工位连接组成。标准工位是指以工位为作业组织单元,按照节拍化均衡生产的方式,以流水式作业组织生产,结合工位作业过程,将安全管理、环境管理、质量质量、生产管理、成本管理、设备管理、人事管理七大管理与作业过程八要素(人、机、料、法、环、测、生、信)相结合,形成围绕节拍时间内作业内容的标准化管理。

将工位上的基础管理和作业管理标准化,就称该工位为标准工位。自实施标准工位建设以来,中车四方股份公司在转向架分厂完成510个标准工位的设置,并实现工位的标准化管理。

2. 制造资源梳理分析

(1) 制造资源成本费用项目分析选取

考虑成本数据的可管理性,制造资源成本费用管理重点从制造费选取,再选取代表性费用工时费进行分析,探索费用发生原则,确定分析费用项目,见表1。

制造资源成本分析费用项目梳理表 表1

费用项目			
动能——水费	临时性委外	房屋大修费	办公费
动能——电费	折旧费	房屋维修费	运输费
动能——蒸汽	设备大修费	工装维修费	劳动保护费
动能——压缩空气	设备维修费	物料消耗	生产用工具费
动能——气体	进口设备维修费	低值易耗品摊销	工具维修费
专用工卡模具费	工时费		

(2)制造资源成本发生分析

中车四方股份公司以转向架分厂为试点,首先对各项制造资源成本主要发生因素进行了收集,确定了新造产量、检修产量、台车定额、物料单价、办公生活、临时通知、员工数量、厂房面积、使用年限9项因素,结合这9项因素进行影响程度分析,并对可管控的方式进行探讨。各项费用影响因素分析见表2。

各费用影响因素汇总表

表2

序号	费用项目	新造产量	检修产量	明确定额	物料单价	办公生活	临时通知	员工数量	厂房面积	使用年限
1	动能——水费	低	较高	—	—	高	—	高	较高	—
2	动能——电费	高	较低	—	—	较低	—	低	低	—
3	动能——蒸汽	低	低	—	—	高	—	高	高	—
4	动能——压缩空气	高	高	—	—	—	—	—	—	—
5	动能——气体	高	高	—	—	—	—	—	—	—
6	临时性委外	高	高	—	—	—	较高	—	—	—
7	折旧费	—	—	—	—	—	—	—	—	高
8	设备大修费	—	—	—	—	—	—	—	—	高
9	设备维修费	中	中	—	—	—	—	—	—	中
10	进口设备维修费	中	中	—	—	—	—	—	—	中
11	房屋大修费	—	—	—	—	—	—	—	高	高
12	房屋维修费	—	—	—	—	—	—	—	高	高
13	工装维修费	中	中	—	—	—	—	—	—	中
14	物料消耗	中	高	高	高	—	低	—	—	—
15	低值易耗品摊销	—	—	—	—	高	—	高	中	中
16	办公费	中	较高	—	—	高	—	较高	—	—
17	运输费	较低	高	—	—	—	较低	—	—	—
18	劳动保护费	较高	较高	高	高	—	—	高	—	—
19	生产用工具费	高	高	高	高	—	—	—	—	—
20	工具维修费	较高	较高	高	高	—	—	—	—	中
21	专用工卡模具费	较高	较高	—	—	—	—	—	—	中

由表2可以看出,影响制造费用的主要因素为生产量,但并不是所有费用都与生产量有密切联系。综合考虑以上各项费用发生的影响因素,按照各项费用的可控制点不同,主要分为以下几类。

①第一类:与产量直接相关,台车(单人)定额可控,根据产量(人数)可计算出使用总量,发生数量可控,物料单价不可控。如物料消耗费。

②第二类:与产量直接相关,同时与使用年限和厂房面积有关,由于无计量手段,发生数量可统计,单价不可控。如设备大修费。

③第三类:与产量直接相关,无台车定额,由于无计量手段,发生数量和费用均不可控。如压缩空气费。

④第四类:与产量不直接相关,但与员工数量和厂房面积有关,由于无计量手段,且单价不可控,整体费用发生情况不可控。如电费。

⑤第五类:依据法律法规,由财务部直接下达,如折旧费。

(3)主要费用具体分析

以上对各项费用影响因素进行了分析,从制造费用分解和管控的角度按上述费用可控程度分为4

个层级,分别为:可按工位项目分解,代表性费用为生产用工具费;可按工位分解,代表性费用为设备维修费;可按分厂分解管控,代表性费用为电费;不需分解管控,代表性费用为委外费用。

3. 确定成本管理范围

(1)确定管理成本费用对象

在制造资源梳理分析的基础上,结合划分的可分解至工位项目、可分解至工位、可分解至分厂、不需分解控制 4 个种类,从不同的管理维度,考虑分厂实际可控制的程度,具体选取项目费用,见表 3。

网格化成本管理体系建设制造资源项目费用选取表　　表 3

序　号	费用归口	项目费用	是否选取
1	设备	动能——水费	是
2		动能——电费	是
3		动能——蒸汽	是
4		动能——压缩空气	是
5		动能——气体	否
6		折旧费	否
7		设备大修费	否
8		设备维修费	是
9		进口设备维修费	否
10		房屋大修费	否
11		房屋维修费	是
12	生产	临时性委外	否
13		运输费	否
14	工装	工装维修费	是
15		专用工卡模具费	是
16	工具	劳动保护费	是
17		生产用工具费	是
18		工具维修费	是
19	材料	物料消耗	是
20	经营	低值易耗品摊销	否
21		办公费	是
22		工时费	是

(2)确定管理成本费用颗粒度

在确定费用成本管理对象后,综合目前各个费用管理实际情况,确定以具体费用发生的每一个物料为成本费用管理颗粒度,直接引用公司 ERP 物料编码数据作为具体成本费用管理对象,抛除发生费用,主要以发生数量代替费用来核算。

4. 确立基于工位的成本管理逻辑

在分厂工位管理现状梳理过程中,发现工位生产制造过程工位生产制造资源多项目共用是非常普遍的,而在这种过程中又存在人员、工艺装备、甚至场地的往复交替,对制造资源进一步分解划分形成掣肘。在此基础上,思考提出对最小管理单元划分进一步细化,忽视作业场地,从另外一个维度对制造资源成本的发生进行分析,发现以作业过程为单元进行管理是一个有效的解决办法。

(1)以作业工序为最小单元划分

每一个制造过程一定是由很多个制造工序步骤组成的,根据管理需要可以把作业工序步骤拆解得无限细，比如拆分成一个动作循环甚至是一个动作。这些动作完成就伴随着制造资源成本发生。把一个产品作业过程拆解开来看，每一个动作在整个作业过程中都是唯一的，就以这个唯一的作业工序作为此体系建设的最小单元。

(2)建立工序与工位关系，落实工位管理

在车型项目生产时，充分利用标准作业工具，对制造过程中的工序进行工艺划分，以实现成本管理需求为目的；对项目工序进行划分，涵盖整个产品制造过程。工序划分后，分析每个工序制造使用的工位，指定作业工序和工位的逻辑关系，实现工序划分管理向工位转化。

5. 制定成本划分至工位原则

明确制造资源管理划分的原则是体系搭建的核心内容。通过对制造资源的梳理分类，总体确定三大划分原则，即：精确划分原则——划分至工位项目、部分精确原则——划分至工位、均摊原则。根据成本管控需要，对体系建设制造资源成本费用项目再进一步进行管理分类，划分为定额类、配置类、一次发生类、配件类、均摊类、其他定额类、工时定额 7 类，以实现体系建设费用的归口管理和归集。

(1)制造资源成本划分原则

①精确划分原则——划分至工位项目：此划分原则是指费用成本在发生过程中可以清晰地指定发生的工序，可制定较为固定的工序发生定额，如打磨砂轮片。

②部分精确原则——划分至工位：此划分原则是指成本在发生过程中可以清晰地指定发生的工位，但无法清晰指定至工序或项目，以月度为单位，采取指定工位项目按产量比例划分的方式来处理，如设备维修费。

③均摊原则：此划分原则是指成本在发生过程中无有效手段指定至工位，也无法清晰指定至工序项目，以月度为单位采取费用发生区域所包含的所有工位均摊，工位均摊费用按产量比例划分的方式来处理，如厂房维修费。

(2)制造资源成本归类

为了进一步实现管理，需要对制造资源种类进行进一步归类，以实现归口管理费用的统计和分析。种类划分包括 7 类，包括定额类、配置类、一次发生类、配件类、均摊类、其他定额类和工时定额。

①定额类：对于随着车型项目制造过程发生的，可直接指定工位项目的费用种类，此类费用发生有必然的重复性。对于同一生产过程来说，其发生的数量相对固定，可按照一定原则确定定额数量，如台车定额数量。其发生管控方式可按照定额发放，其数量（用数量代替费用，数量 × 单件金额即为费用，下同）= 台车定额数量 × 生产台车数量。物料消耗、工时费则等属于此种类。

②配置类：对于随着车型项目准备过程中，可直接指定工位项目的费用种类，此类费用发生是由车型项目特点及车型项目生产节拍确定的，有固定的台车配置，节拍产量越高其配置数量越多，但与生产数量无绝对的关系。其数量 = 配置总数量 + 过程报废补充数量。生产用工具费则属此种类。

③一次发生类：对于随着生产制造过程中，发生的费用可直接指定工位，但无法指定至项目的费用种类，此类费用发生是较为随机的，与生产数量、项目配置等均无明显的发生逻辑关系。其数量 = 每次发生数量。设备维修费、工装维修费属此种类。

④配件类：此种类属于一次发生类，单独把它作为配件类进行划分，是为了实现归口业务费用的管理和统计。如工具维修费、设备维修费中的设备配件维修费（区别于设备维修中资本类费用）。

⑤均摊类：此类费用伴随着生产制造或非生产制造过程发生，发生的费用无法准确指定发生的工位或者项目，其发生也有随机性，与生产数量、项目配置等均无明显的发生逻辑关系。其数量限于统计手段，一般是统计总数。如房屋维修费、办公费等。

⑥其他定额类：此种类与定额类相似，但发生原则不是随着生产制造过程中发生的，与制造产量无绝对的逻辑关系，但其也有与台车定额相似的固定数量，如员工工作服，其发生原则为 1 人/1 年/4 套；防护过滤棉发生原则为 1 人/1 月/20 片。

⑦工时定额：此类属于定额类的一种，其随着车型项目制造过程发生，可直接指定工位项目，其发生

管控方式为核定台车工时定额,班组生产报工后按定额发放。其工时量 = 台车定额数量 × 生产台车数量。

综上所述,对各种费用种类进行整理汇总,详见表4。

费用分类汇总表 表4

序号	资源属性	划分原则及主要功能	费用划分影响因素	具体制造资源示例
1	定额类	至工位项目	产量	砂轮片(工具) 油漆(材料)
2	配置类	至工位项目,为实现配置需求统计	节拍	风动磨光机(工具)
3	一次发生类	至工位	—	设备维修费(设备) 工装维修费(工装)
4	配件类	至工位,属一次发生类,为实现维修费统计	—	焊枪(工具) 三相电泵电动机(设备)
5	均摊类	均摊	—	动能费——电(设备) A4 文件夹(材料) 办公费(经营)
6	其他定额类	至工位,为实现劳保费统计	人数	工作服(1 人/1 年/4 套)
7	工时定额	至工位项目,属定额类,为实现工时费统计	产量	工时费(经营)

(3)具体制造资源成本关系分析

基于以上制造资源成本划分,对表4 中选取的 14 项费用进行整理,分析费用归口、费用划分原则和划分归类关系,为信息化系统开发做逻辑准备。网格化成本管理体系建设制造资源项目关系表见表5。

网格化成本管理体系建设制造资源项目关系表 表5

序号	费用归口	项目费用	划分原则	划分归类
1	设备	动能——水费	均摊	均摊类
2		动能——电费	均摊	均摊类
3		动能——蒸汽	均摊	均摊类
4		动能——压缩空气	均摊	均摊类
5		设备维修费	至工位项目	一次发生类配件类
6		房屋维修费	均摊	均摊类
7	工装	工装维修费	至工位项目	一次发生类
8		专用工卡模具费	至工位项目	一次发生类
9	工具	劳动保护费	至工位项目	其他定额类
10		生产用工具费	至工位项目	配置类
11		工具维修费	至工位项目	配件类
12	材料	物料消耗	至工位项目	定额类
13	经营	办公费	均摊	均摊类
14		工时费	至工位项目	工时定额

6. 开发网格化成本管理信息化平台

以具体费用编码为管理对象,以工序工位为管理单元,形成的网格化管理数据量数以万计,依靠人工管理其管理工作量巨大,管理效率低下。利用先进工具开发信息化管理系统是有效的管理手段。为了避免数据重复和不准确,系统数据与公司信息化平台数据接口,且系统在设计过程中尽可能减少人员输入的劳动量,增加系统对成本费用的管理控制。另外系统可自动过滤错误数据,保证其运行流畅。最终基于技术数据和实动数据的维护，在此制造资源成本网格化管理信息化平台中，完成制造资源成本网格化划分和管理。

(1)信息化平台开发总体设计

系统开发总体设计示意如图1所示。

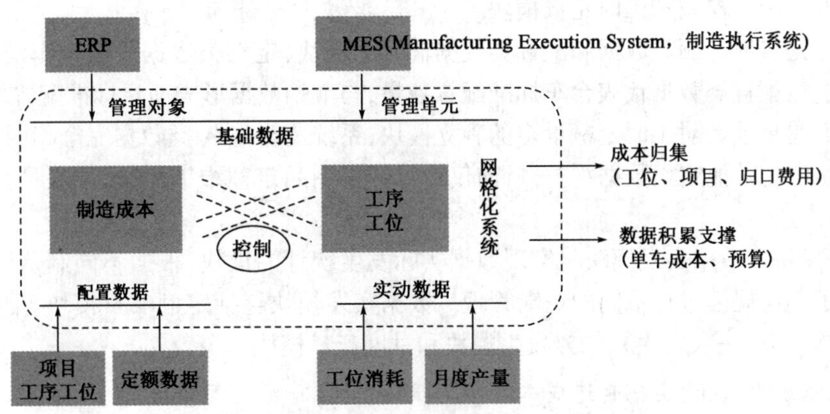

图1 系统开发总体设计示意图

从图1中可以看出，基于上述管理对象和管理单元的确定，最终要在网格化系统中完成制造资源成本网格化划分和管理。在实现此目标的同时，信息化系统设计还遵循以下原则：

①高度的数据集成。减少重复录入，从ERP和MES等既有系统直接获取物料编码等数据。

②较少的数据维护。整合现有表单和流程，避免重复维护。

③全面的成本归集。在系统接收到数据后，通过系统的自动运算，实现工位、项目、业务归口费用等不同维度的成本费用归集。

④系统自动卡控：在系统逻辑中写入阈值自动预警功能，实现系统自动管控提醒。

⑤数据循环优化：实时对比发生数据，实现数据优化循环和制造成本费用准确化管理。

(2)信息化系统开发详细设计

为保证系统实现以上功能，经过对管理核心逻辑的提炼，完成系统详细设计方案。系统搭建的逻辑简图如图2所示。系统搭建主要包括4个系统模块：基础数据模块、数据配置模块、数据实发模块和数据分析模块。

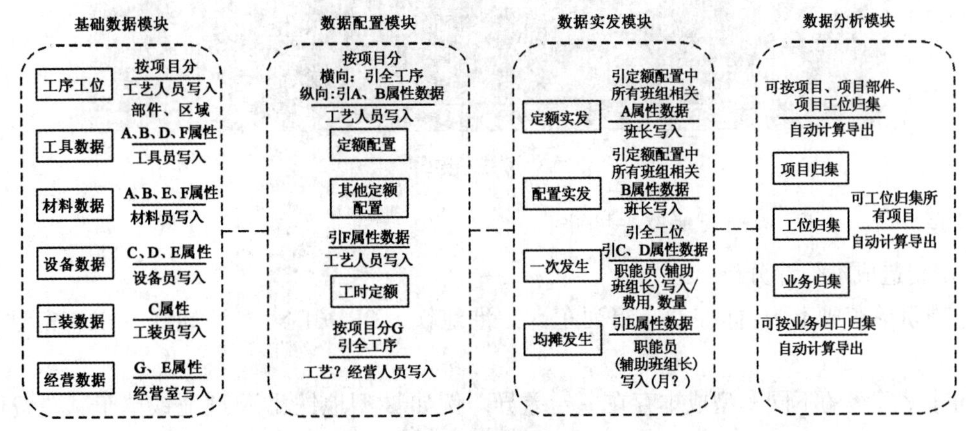

图2 系统搭建逻辑简图

A-定额类；B-配置类；C-一次发生类；D-配件类；E-均摊类；F-其他定额类；G-工时定额

①基础数据模块。实现制造资源网格化体系基础分为三大部分，一部分为现有数据模块，利用信息化系统已有的维护数据；第二部分为维护的工序工位数据，以建立工序工位关系，实现工序制造资源划分及工序核算至工位转化；第三部分为制造资源基础数据，按类型分工装、工具等，以实现管理框架搭建

和管理逻辑,梳理汇总后主要包括工序工位数据和制造资源成本数据,其中制造资源成本数据包括工具数据、材料数据、设备数据、工装数据和经营数据。

②数据配置模块。数据配置模块是实现定额数量配置的管理模块,是系统管控标准输入。通过月度计划产量等数据维护,会形成计划量,可实现与实际发生量进行对比分析并优化。数据配置模块包括定额配置模块、其他配置模块和工时定额模块。

a. 定额配置:是实现定额类数据和配置类数据输入的模块,定额类数据代表台车消耗数量,与产量数据形成计划数量;配置类数据代表台车标准配置数量,与节拍数据形成项目标准配置数量。

b. 工时定额:是单独针对工时定额设定的独立模块,系统逻辑与 A 类数据完全相同。

c. 其他配置:实现其他定额数据维护,目前仅针对劳保用品定额维护,与工位人员数量形成劳保总数量。

③数据实发模块。数据实发模块是实现数据实际发生统计的模块,根据不同制造资源种类管理性质的不同,设立了不同规模进行不同的逻辑管理。数据实发模块包括定额实发模块、配置实发模块、一次发生模块(一次汇总、一次发生)、均摊发生模块和月度产量模块。

7. 以信息化系统为依托,实施制造成本网格化归集管理

按照工序工位搭建→核定消耗定额并维护→实时维护项目发生数据(包含产量数据、分摊类费用数据、班组实发数据、工位实发数据)的主顺序组织生产全项目制造成本的采集录入,实现对工位制造成本的网格化统计和归集。按照系统卡控逻辑实施动态跟踪管理和修订数据,同时可从项目、工位等不同维度对数据进行统计输出,用以指导精细化管理。

系统总界面如图 3 所示。

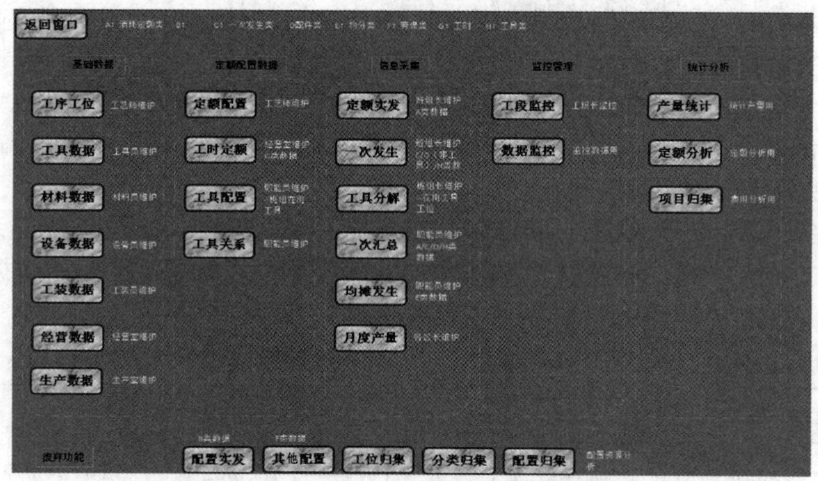

图 3　系统总界面

8. 以数据分析为支撑,驱动管理改进提升

(1)单车制造成本统计分析

①新造项目单车成本为:标准动车组列车 > 香港地铁 > CRH6F > A 型地铁 > E28 统型车 > B 型地铁。

②相同速度等级的不同车型成本存在一定差异。例如 B 型地铁比 A 型地铁单车制造费用成本低约 30%。

③部分地铁车型结构复杂反而单车成本低。A80 统型单车成本高于 A 异型,而 A 异型的车型转向架结构较 A 统型更为复杂,但单车成本更低。通过对费用比对发现,主要原因为 A 统型的单车委外(工序委外)费用相对高。进一步分析,A 统型较 A 异型委外工序较多,尤其是轮对压装工序实施委外生产,委外生产费用较高。

(2)自制费用成本统计分析

因各车型委外成本基本固定,且该部分费用不具备全面管控的条件,故对除委外成本外的项目成本费用,可根据实际管控情况进行单独分析。

①项目板块分析。按照国家铁路、城市轨道交通等板块划分进行发生的制造成本费用比例,在已发生的制造费中,国家铁路板块占比35%,城市轨道交通板块占比19%,检修占比44%。

②同月不同项目对比分析。最具有代表性的月份是1月。1月动车组新造包括统型车、标准动车组列车、城际列车,城市轨道交通新造包括A型地铁、B型地铁,月单车成本费用见表6。

月单车成本费用 表6

平台	项目	平均单车成本(万元)	车型
动车组	大秦铁路E28	9.1	统型车
	短编E32C标动	11.7	标准动车组列车
	绍兴城际	11.4	城际列车
城轨	郑州地铁增购	11.4	A型
	北京地铁8号线三期	8.2	B型

注:因保密要求,表中数据仅为示意数据。

其中,动车组项目成本排序为标准动车组列车>城际列车>统型车,而城市项目A型地铁>B型地铁。进一步对比分析1月E32C标动和大秦E28项目单车成本费用,同月项目单车成本费用高的原因有两个:一是定额类消耗高,如材料费、生产用工具费等,占比39%;二是工艺路径多(划分按工位分摊),这也与车型结构复杂程度相对应。

③同项目不同月对比分析。分析发现,同项目每月平均单车成本数据变化较大,集中表现为1、2月单车成本费用数据较高,3月有所降低,4、5、6三个月单车成本费用最低,7月又有所上升。

④各类型费用占比分析。选取代表车型,对其发生的平均单车费用成本(19项费用)进行分析,得出各类费用占比情况,结果见表7。由于分摊类费用是按照项目产量进行平均均摊的,故不作比例统计分析。

单车费用成本占比 表7

序号	费用	标准动车组列车	占比	统型车	占比	A80统型车	占比
1	动能——混合气	0.032	0.3%	0.025	0.28%	0.031	0.35%
2	动能——水	0.114	1.0%	0.099	1.09%	0.111	1.25%
3	动能——压缩空气	0.329	2.8%	0.256	2.82%	0.242	2.73%
4	动能——电	1.71	14.7%	1.35	14.89%	1.27	14.33%
5	动能——蒸汽	2.303	19.8%	1.791	19.76%	1.672	18.87%
6	设备维修费	0.981	8.4%	0.763	8.42%	0.891	10.05%
7	房屋维修费	0.309	2.7%	0.24	2.65%		0.00%
8	设备大修费		0.0%		0.00%		0.00%
9	进口设备维修费		0.0%		0.00%		0.00%
10	房屋大修费		0.0%		0.00%		0.00%
11	工装维修费		0.0%		0.00%		0.00%
12	专用工卡模具费	0.047	0.4%	0.06	0.66%	0.051	0.58%
13	物料消耗	0.192	1.6%	0.149	1.64%	0.153	1.73%
14	运输费	0.301	2.6%	0.29	3.20%	0.401	4.52%
15	劳动保护费	0.555	4.8%	0.432	4.77%	0.422	4.76%
16	生产用工具费	4.4	37.8%	3.229	35.62%	3.24	36.56%
17	工具维修费	0.375	3.2%	0.38	4.19%	0.378	4.27%
18	低值易耗品摊销		0.0%		0		0.00%
19	办公费		0.0%		0		0.00%

注:因保密要求,表中数据仅为示意数据。

由表7可以看出,生产用工具费占比最高,约为35%~38%,其次是动能费。

⑤成本与产量关系分析。选取产量、项目平均单车成本费用、车型平均单车成本费用几个数据来分析平均单车费用与产量关系,结果见表8。

车型平均单车成本 表8

项 目	产 量	平均单车成本(万元)	车 型	车型平均单车成本(万元)
大秦铁路E28	28	9.2	统型车	9.2
改进型高寒转向架	1	9.2	统型车	
供BST长编标动E44	32	9.3	标准动车组列车	8.4
长编标动E44	352	6.8	标准动车组列车	
供BST短编E32C标准动车组列车	8	8.7	标准动车组列车	
短编E32C标准动车组列车	214	8.8	标准动车组列车	
E51	32	7.7	标准动车组列车	
研发250公里短编标准动车组列车	3	8.6	标准动车组列车	
17编组标准动车组列车	5	8.6	标准动车组列车	
绍兴城际列车	8	11.1	城际列车	9.6
宁波余姚城际列车	4	10.4	城际列车	
广深6A城际列车	4	8.4	城际列车	
CRH6F	8	8.4	城际列车	
北京地铁昌平线列车增购	4	8.4	A型	

注:因保密要求,表中数据仅为示意数据。

用表8中数据与制造产量月度分布综合对比,以城际列车为例,平均单车成本费用明显高于标准动车组列车。经过对比分析可知,城际列车单车费用较高由两个原因造成:一是其小批量制造安排在费用较高的冬季,二是其小批量制造,对工艺装备、配置工具等的增配造成单车费用高。

再以北京地铁昌平线列车增购为例,其1辆车生产安排在2月,另外对于其不同于其他地铁车型的结构,对工装、工具的单项需求费用均分摊在这辆车上。而其理论其平均单车费用应处于A型和B型地铁之间,也就是5.4万~7.5万元,但其实际单车成本为9.4万元。

(3)管理决策支持建议

①各项目配置管理需重新考量。部分车型(A型地铁、香港地铁)单车成本偏高,各车型项目的配置管理可参照成本数据重新考量。例如对于相同工序的工装配置,香港地铁的价格预算应低于标准动车组列车。

②优先选择低成本车型。车型的选择需充分考虑投入产出比,比如在同样速度等级的需求下,可优先推荐有价格优势的B80地铁。

③可做车型价格差异化管理。为应对业主不同的定制化需求,最大限度提高投入产出比,可将地铁各项目车型按大部件做差异价格管理,例如A型地铁转向架每个价格100万元,B80型地铁转向架每个价格70万元。

④工艺规划时将自制成本和委外附加值的高低作为关键参考。充分平衡厂内制造资源,应寻求找出占用资源较多(自制成本高)而附加值较低的工序实施委外,保留附加值高且延续长久的项目工序进行自制生产。对于不同项目相同(或类似)工序间存在工值差异的情况进行梳理,应将厂内制造资源倾向于委外成本较高的作业工序。

⑤项目排产考虑季节因素,费用管控可抓大放小。在公司生产排产时,建议充分考虑和平衡全年生产任务,减少冬季和夏季的制造产量,而尽量将计划平衡至3—6月及9—12月。生产用工具费与动能

费为制造费用成本的“大头”,该类费用实际为管控费用的重点,其中生产用工具费为定额管理,做好工具定额制定和管控是重点方向。

⑥项目备品等小批量车型随批量项目共同投产。公司经常出现项目备品等小批量生产计划,建议项目备品均随车型批量项目下达计划投产,以减少单车成本和管理浪费。

⑦地铁项目车型结构需进一步优化。根据公司“十三五”规划,地铁产能仍将提高至12辆,仅从制造费成本来看,已与动车组列车接近,盈利能力不强。建议进一步简化结构设计,从根源上降低成本费用。

⑧委外成本的管理需向工序细化。将总费用分摊的方式应逐步向“按照车型项目梳理标准委外工序→根据工序类型,结合制造成本制定委外工序单价→委外费用按照项目以单价结算→数据归集共享”的方式转变,同时可在ERP等信息化系统中增加功能手段予以辅助。

9. 以“正向归集,反向应用”输出成本管控方法并应用

(1)以各项费用数据为基础实现“精准预算”

利用网格化成本管理系统,对各类费用成本发生进行归集,根据各类费用的实际发生情况和考虑影响因素,确定预算原则,结合计划产量指导进行精准预算。

①与产量强相关费用预算原则:以台车(单人)定额为依据,根据产量(人数)可计算出使用总量。如物料消耗费、生产用工具费、工具维修费、专用工卡模具费、劳动保护费5类费用。在预算产量、人员需求和实际情况接近的情况下,可保证该类费用实际发生数据与预算费用基本一致。

②预估费用预算原则:横向对比前几年度实际,发生的费用,结合费用的主要影响因素,采取就低原则预估年度费用指标。如:房屋维修费、设备维修费、临时性委外费、运输费、办公费、动能成本费等。

(2)以网格化预警为依托,开展“指标分解管控”

抽取与产量强相关的成本,如消耗材料类(消耗材料、工具),通过网格化的系统定额制定和与班组实际发生的不断比对,形成各班组和工位的消耗类材料的定额数据,以可计算、可落实为原则,通过信息化系统下达全面转化、逐层分解至各工区、各班组,通过压力传递,使全员以“指标分解管控”为导向全面开展提质增效工作,并以月度为单位对各工区、各班组指标达成情况进行对标评价。

(3)以控制费用“抓大”为导向开展工具耗材精细利用

在制造费用成本分析中可知,生产工具费占比最高,占比约35%,为制造费用成本中的“大头”,为此,围绕生产工具费开展多项精细化管理工作。

例如,对每种刀具寿命的跟踪及试验验证,在保证产品质量的前提下,采用放大器观察刀具加工后的状态、产品的状态,逐步设置合理刀具使用次数,提高刀具使用寿命。刀具寿命改进前后的对比见表9。

刀具寿命改进前后对比 表9

序号	刀片名称	刀片规格	刀片价格(元)	改进前寿命(件)	改进后寿命(件)
1	R16球形刀	RCMX320900 4225	1153.28	6	10
2	TL2:90°菱形刀	CNMM 1606 16-RP 4355	247.62	24	36
3	TL3:R8球形刀	RCMT 1606 M0 4325	257.79	8	12
4	TL7:R12.5球形刀	RCMX250700 4225	647.87	8	12
5	TL7:方形刀片	800-05 03 W05H-P-GM 4335	168.96	50	70
6	TR2:R2切槽刀	390 009210L589 A4J8	849.34	12	16
7	TR2:55°菱形刀	DNMG 1506 08-PM 4315	217.09	36	50

目前已完成7种刀具寿命的提升,刀具寿命提升30%。按日产2辆标准动车组列车型计算,7种刀具优化每年可节省费用约60万元。

三、实施效果

(一)建成制造资源网格化成本管理信息化平台

1. 制造资源划分至工位的信息平台

通过对制造资源的梳理,形成制造资源 7 类划分,开发以工位为基础的网格化成本管理信息化系统,按照划分至工位项目、划分至工位、均摊三大原则,自动划分制造资源至工位管理,涉及制造管理的工装、工具、设备、材料、经营 14 项费用,实现制造项目成本费用的划分管理(400 余万条数据量)。经过系统验证,可达到管理要求。

2. 多维度的成本核算平台

在以工位制为基础实现成本管理的同时,探索了以生产制造工序为单元的成本管理思路,通过建立工序与工位的逻辑联系,实现工序、工位管理核算制造资源成本。同时在管理上引入项目、部件、具体制造资源成本、费用管理归口等管理维度,一次性实现多维度单元的制造资源成本核算。

3. 可预警管控的控制平台

随着制造过程制造资源成本的发生和统计录入,通过对定额数据、系统限值(80%)的设定,系统可实现自动涂色预警,同时生产管理人员可得到已预警工位成本费用发生情况,结合已完成产量对预警的工位进行管控。

(二)形成以工位为基础的制造资源网格化成本管理体系

实现以工位为基础的成本管理,通过制造资源发生的前、中、后管理,使工位制造资源前有定额、中有管控、后有统计分析,同时制定激励政策鼓励全员参与,形成工位制造资源成本管理体系。

1."前、中、后"三位一体管控

制造资源成本发生前,设定的定额数据相当于当月工位制造资源成本发生的指标,需要班组实施管控;在制造资源使用过程中,可实时显示剩余用量,同时由系统实现预警管控;在成本发生记录后,系统可自动进行统计。

2. 管理全员参与

体系建设管理要求涵盖分厂级、班组级、工位级三个层级。分厂级实施归口指标管理,班组消耗物料按定额发放等;班组级实施班组工位月度消耗总量管理,工段实施监控;工位级负责实施改善,降低消耗。制造成本管理实现了从管理技术人员到生产操作人员的全员参与,激励班组、工位广大员工自主开展成本节约和管理改善。

(三)完成体系应用实践,实现管理突破

1. 首次实现制造成本的全项目归集管理,明晰费用去向

制造成本管控的关键前提是"知费用去向",通过网格化成本管理信息化系统应用,对全年生产的 42 个项目制造费成本进行了归集,共划分 510 个工位,归集费用种类 20 种,形成 42 万余条费用数据,可实现清晰知晓费用出口和实时掌握花费进度,史无前例地做到了明晰费用去向。

2. 实现制造成本划分至工位管理,填补工位成本管理空白

可按工序、工位核算单车费用成本,在班组的工序、工位发生变化时可快速通过工位、工序的重新集合实现动态成本调整。网格化成本管理按工序/工位/部件进行管理,通过项目费用归集,可核算工序、工位、部件单车费用成本数据。

3. 输出管理决策支持建议和管控方法并用,取得实质收益

以大数据的统计分析为基础,获得管理决策支持建议,通过对数据价值开展深入挖掘、输出指标分解管控法等一套系统的精细化管控方法并成功应用,实现了数据的"正向归集,反向应用",最终取得成

本降低的实质收益。

实现主产品物料消耗节省,全年节省北京大兴机场线、青岛地铁1号线等车型钢板成本费用358万元;节省标准动车组列车、温州市域铁路列车等车型底漆、面漆等材料成本费用248万元;因扣除毛利率为负,温州市域项目节省物料成本费用最终为598万元;开展加工刀具节约创效,全年节约刀具费用416万元;实现油石定额降低,定额由3条/辆降为1.75条/辆,降耗幅度达41.7%,全年节约油石费用225万元,总计节约工具费用641万元;合计节约消耗类成本1239万元。

4. 创建了可应用于大数据比对的"基准原点"

通过对全年数据的归集和统计,形成了生产全项目细化到工位的成本数据,形成代表车型单车成本基础数据库和代表车型工序、部件单车成本基础数据库,根据数据结果可按项目工位确立对照基准,找到成本数据零点,后续年度项目生产时,将制造成本数据与基准数据进行纵向对比,形成长效管理。

(四)管理经验可推广

1. 以制造过程工序为管理单元

以制造过程工序为管理单元,可同时实现工位为单元和零部件制造工序为单元的成本管理,更适合制造过程制造资源成本划分。一个部件的制造过程是唯一的,在制造资源成本划分时应避免管理重复。

2. 管理对象覆盖性广

工作过程中对各种类制造资源成本进行了管理分析,有针对性地选取了各种种类成本费用纳入制造资源网格化体系建设,有较广的覆盖性。

3. 管理体系和信息化平台可输出应用

通过开展制造资源网格化成本管理体系建设,设计开发制造资源网格化成本管理信息化平台,平台应用及成本管理思路已融入各项管理流程,体系和平台均可直接输出应用。

基于"协作、共赢"的人力资源共享用工机制建设

中车青岛四方机车车辆股份有限公司

成果主要创造人:林树建　耿义光

成果参与创造人:王小锋　杨广兴　卢庭瑞　杜　宁　王德志　曲宝遵
郎维力　杨　磊　杨文帮　宋拥军

中车青岛四方机车车辆股份有限公司(简称"中车四方股份公司")是中国中车股份有限公司的核心企业,中国高速列车产业化基地,国内地铁、轻轨车辆制造厂家和国家轨道交通装备产品重要出口基地;是国家高新技术企业,拥有国家高速动车组总成工程技术研究中心、高速列车系统集成国家工程实验室、国家级技术中心和博士后科研工作站4个国家级研发试验机构,并在德国、英国和泰国建立海外研发中心;具有轨道交通装备自主开发、规模制造、优质服务的完整体系。

中车四方股份公司在高速动车组、城际及市域动车组的研发制造上处于行业内的领先地位。其自主研制的CRH 380A型高速动车组创造了486.1公里/小时的世界铁路运营试验最高速度;研制的"复兴号"动车组(CR400AF)实现时速350公里运营,标志着我国成为世界上高速铁路商业运营速度最高的国家;参与的青藏铁路工程项目、京沪高速铁路工程项目获国家科学技术进步特等奖;目前已形成不同速度等级、适应不同运营需求的高速动车组和城际动车组系列化产品。中车四方股份公司轨道交通装备产品在满足国内市场需求的同时,已出口世界20多个国家和地区。

作为城市轨道交通装备制造业的一员,中车四方股份公司将继续秉承"质量优先、创新引领、客户导向"的经营理念,努力打造以城市轨道交通客运装备为核心的卓越企业。

一、实施背景

(一)"共享经济"下人力资源管理面临新变化

面向新时代,人力资源管理应深刻认识共享经济带来的新机遇、新变化和新挑战,强化"协作、共赢"的发展思路。中车四方股份公司积极把握,按照"共治、共生、共创、共赢"的发展思路,基于共享经济理论,构建合作共赢机制,全面推动人力资源管理的转型变革。

中车四方股份公司积极把握、应对"共享经济"带来的新机遇、新变化和新挑战,按照"共治、共生、共创、共赢"的发展思路,基于共享经济理论,构建合作共赢机制,全面推动人力资源管理的转型变革。

(二)集团发展战略对公司用工给出了新定位

自2016年以来,中国中车集团公司围绕"融合""变革""升级"三大主题,以"严控总量、减少增量"为目标,要求各企业要进一步认清当前城市轨道交通装备制造产业结构变革对用工压力的长期影响,彻底转变观念,不抱幻想,不存侥幸,不等、不靠,积极开展"余缺员工"调剂工作。在中车四方股份公司每年新增用工指标基本为零的前提下,如何充分利用灵活的用工机制盘活现有人力资源存量是摆在公司面前的一道巨大难题。

(三)新的劳动用工形势对公司用工提出了新要求

1."政治红线"对公司提出新课题

《中华人民共和国劳动合同法》《劳务派遣暂行规定》《职业学校学生实习管理规定》等一系列文件,对企业中现存的劳务派遣员工、委外员工等用工形式进行了严格规范,设置了"政治红线",企业不得随意跨越,企业依法、合理、高效用工的压力倍增。

2.招工难给公司用工带来新考验

随着国家"人口红利"的逐步消失,目前市场上以"80后""90后"新生代为主的劳动者对就业环境、工资待遇等要求越来越高,个人劳动力供给的"收入效应"正大幅超过"替代效应",不少年轻就业者更加倾向于到第三产业领域就业,同时公司招聘对技术工种(尤其是熟练的电焊工等)需求加大,但目前市场上没有相匹配的就业者可供选择。自2014年以来,公司每年电焊工、电工、钳工等工种阶段性缺口达1000余人,对公司保持正常有序生产提出了重大挑战,如应对不良则会造成较大冲击,严重影响公司完成年度生产计划,进而影响动车组、地铁等产品的正常交付,从而影响国家高速铁路发展战略和地方城市轨道交通发展。

3.结构性缺员对公司用工造成新冲击

随着产品不断升级和复杂程度的不断提高,以及订单多样性形成的多品种小批量特点,对生产线/生产人员的灵活适应性提出了很高要求,但直接生产人员的结构受限于招聘期、培养期、成熟期等无法快速响应,造成不同工种与生产所需的结构失衡。结构失衡影响下的缺员在一定程度上制约企业用工的自主性和灵活性。随着机械化、自动化的大力发展,很多以前由工人完成的工作逐步被设备取代,组织内仅需少数人掌握操作技巧,剩下的多数人成为过剩的人力,而能够解决复杂问题和专业问题的高技能人才匮乏,使员工队伍结构性失衡进一步加剧,人力资源"又多又少"的状况进一步恶化,人才短缺与人员富余并存的结构性矛盾突出,影响企业正常的生产。

二、成果内涵和主要做法

(一)理论基础

共享经济,又被称为分享经济,最早可以追溯到马丁·L·威茨曼(Martin Lawrence Weitzman)提出的共享经济理论。所谓共享经济,一般是指组织与组织、人与人之间基于交换、共用等手段实现对各自自身所拥有的某类资源的进行共同分享,从而达到资源优化配置的经济活动总和。现阶段,共享经济已不仅是一种利润分配制度,而是进一步随着社会经济发展演变为一种新业态、新理念乃至新革命。

当前,共享经济的浪潮促使企业外部边界和内部边界逐步淡化甚至消失,并且催生了许多新型组织形式。比如,海尔集团所倡导的"企业无边界"正是基于互联网视角的共享经济思维模式。它以市场为导向,建立更加灵活的组织架构。准确把握客户需求,是企业在日益激烈的市场竞争中立于不败之地的关键。

管理学大师彼得·德鲁克认为:"人力资源是所有资源中最有生产力,最多才多艺,也是最丰富的资源",企业要将人力资源真正作为最丰富的资源来进行统筹管理、合理开发。"不为所有,但为所用""人尽其才"是企业各级管理者的基本职责与能力显现。他还曾说过:"顾客是企业存在的依据,企业的生存依赖于它们的服务和产品能否长期得到顾客的充分认同。"在共享经济背景下,企业客户不仅仅包括外部合作者和市场消费者,还包括企业内部员工的客户群体。尤其是改革开放以后出生的新生代员工不断涌现,对企业人力资源管理提出了新的要求。为此,中车四方股份公司需要进一步更新顾客理念,全面了解各类企业客户尤其是内部客户群体的心理需求和社会需求,注重人力资源伙伴角色的拓展和延伸。

(二)成果内涵

基于"共享经济""人力资本投资"等理论,在充分考虑企业内外部劳动力市场均衡与非均衡状况的基础上,中车四方股份公司遵循"效率引领、大局为重、市场导向"的基本原则,着重从"深化用工管理、推进用工共享机制建设"两个方面入手,以提高人力资源使用效率和提质增效为目标,以自身现有用工方式为基础,以培训体系为抓手,以人力资源共享信息化为平台,积极探索推进基于"共治、共生、共创、共赢"的人力资源共享用工机制建设,在公司内部以"共创"为目标,全面开展技能员工"一专多能培训"、打造一体化用工新机制;外部以"共享"为目标,积极开展借调用工模式、业务平移、盘活关联企业、售后服务属地化本地化用工等多元化用工方式,最终实现在人力资源运用中的"共治、共生、共赢",不断提升人力资源管理效能。

人力资源共享共赢机制示意图如图1所示。

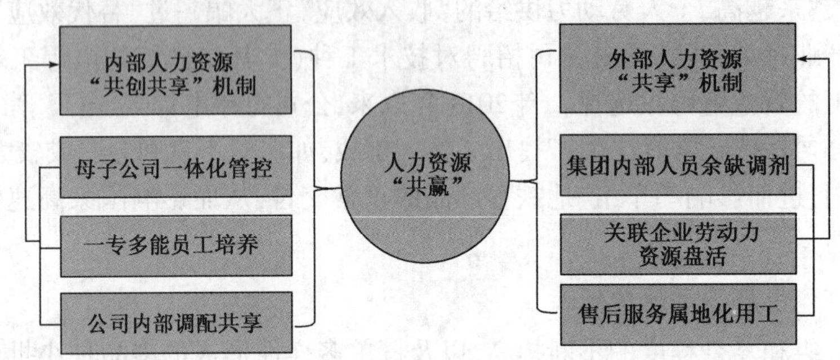

图1 人力资源共享共赢机制示意图

(三)主要做法

1. 统筹、挖潜,多方位拓展用工内部渠道

(1)坚持人力资源"一盘棋",盘活母子公司人力资源存量

盘活人力资源存量是以"减少用工短时闲置,盘活人力资源存量"为目标,以持证上岗为抓手,坚持人力资源"一盘棋"理念,盘活母子公司的用工存量,实现母子公司之间用工的灵活调配。坚决贯彻执行"职业资格证+上岗证"双证上岗机制,建立子公司员工技能水平考核分级评价机制,规范子公司技能员工赴母公司培训及顶岗作业流程,实现母子公司持证培训使用一体化、母子公司人力资源共享,同时也提升了子公司员工技能。截至2019年底,中车四方股份公司根据天津公司、武汉维保中心、成都轨道公司、郑州公司、佛山公司、温州公司等子公司以及石家庄公司、青岛电气公司等参股公司生产经营需要,分批安排2200余人次到公司参加培训,并有292名员工在母公司实现顶岗作业,顶岗作业人员在一定程度上缓解了中车四方股份公司的"用工荒",也避免了因阶段性需求而新增人力资源存量导致存量过多进而冗余闲置,既减少了子公司/参股公司非生产性人员费用支出(如生产低谷期的息工待遇),又稳定了直接生产人员队伍,减少了因生产低谷导致收入下降进而产生的流失,节省了后续补充的费用。

(2)关注人力资本投入,系统开展"一专多能"员工培训

根据人力资本投资的未来收益性和导向性原则,当前投入的人力资源成本会在未来一段时间内持续不断产生收益。结合发展形势和生产需要,中车四方股份公司对复合型技能人员的需求越来越急迫,对技能人员的素质要求也越来越高,因此中车四方股份公司重视对现有员工的人力资本投资,不断打造"一专多能"的员工队伍。

为灵活应对生产的不均衡性,中车四方股份公司基于实际,认真分析各工种特点和工作内容,系统思考,制订了一专多能员工培养方案,通过建立技师工作站、大师工作室,充分发挥高技能人才作用;通过建立培训、奖励机制,引导员工学习、掌握第二技能,在摸排员工技能情况基础上,积极组织开展不同工序上岗证培训取证、不同工种职业资格认证工作,组织已取得不锈钢焊接资质的直接生产员工考取铝合金焊接的资质、车辆电工工种考取作业相关的车辆钳工职业资格、电焊工工种考取钳工证、售后服务员工多工序、跨工种培训等。通过组织"一专多能"培训、职业资格认证,储备"一专多能"工2835人,实现了人员压减和费用节约。"一专多能"人员培养情况见表1。

"一专多能"人员培养情况 表1

<table>
<tr><th>序号</th><th>单　位</th><th>项　目</th><th>人数(人)</th><th>备　注</th></tr>
<tr><td>1</td><td>检修服务事业部</td><td>动车组售后固化人员掌握3类作业项点培养</td><td>485</td><td>其中新增掌握3类及以上工序作业项点人员77人(4类41人、5类36人)</td></tr>
<tr><td>2</td><td>城市轨道交通事业部</td><td>城市轨道交通售后固化人员掌握4类作业项点培养</td><td>53</td><td>各制造分厂等赴城市轨道交通服务站,188名出差人员参加培训</td></tr>
<tr><td>3</td><td>总装制造分厂</td><td>实现掌握3个工序培养</td><td>1261</td><td>1481人完成跨两个工序培养</td></tr>
<tr><td rowspan="2">4</td><td rowspan="2">车体制造分厂</td><td>点固焊二技能完成培养</td><td>14</td><td>组织126人开展点固焊培养,已完成14人</td></tr>
<tr><td>完成电焊工焊接资质多技能培养</td><td>319</td><td></td></tr>
<tr><td rowspan="4">5</td><td rowspan="4">转向架制造分厂</td><td>区域内全工序高技能人才培养</td><td>10</td><td></td></tr>
<tr><td>电焊工多技能培养</td><td>94</td><td>侧梁工序33人、横梁工序28人、构架工序33人</td></tr>
<tr><td>天车工二技能培养</td><td>69</td><td></td></tr>
<tr><td>"焊匠训练营"优秀青工多能培养</td><td>11</td><td></td></tr>
<tr><td>6</td><td>质量管理部</td><td>完成跨工序检验能力培养</td><td>322</td><td>从中选择与岗位职责相符的61人实施跨工种检验能力培养</td></tr>
<tr><td>7</td><td>二技能职业技能鉴定</td><td>取得二技能职业资格培养</td><td>197</td><td>机车车辆检验工80人、车辆钳工72人、车辆电工26人、其他19人</td></tr>
<tr><td colspan="3">合计</td><td>2835</td><td></td></tr>
</table>

(3)建立内部共享用工机制,挖掘人力资源潜能

劳动定额(即工时定额)量化呈现了生产作业内容的劳动量,结合生产人员的作业能力、劳动效率、作业工序安排等,可以得出相应生产计划所载产品在具体生产周期中所需的作业人员工种及数量。为充分发挥劳动定额在人力资源配置、成本核算、劳动效率管理等方面的基础性作用,中车四方股份公司以提高劳动效率和经济效益为目标,根据产能规划、订单交付计划、生产计划/节拍对制造单元进行生产能力分析,结合制造单元生产线实际排产及对人力资源储备盘点情况,实施同工种/不同工序员工的跨制造单元(部门)间调剂,全面做好劳动力平衡,建立内部供享用工机制,充分挖掘现有人力资源潜能。

2.扩源、共享,多渠道纳入用工外部资源

(1)集团内部人员余缺调剂

集团内部人员余缺调剂是对生产不均衡状态下集团化人力资源配置效率统筹提升的有益尝试,能有效实现人力资源供给对生产任务需求的敏捷响应,同时能促进员工丰富技能、开阔视野;对于需求单位和派出单位,可以实现团队能力保持和人工成本控制的有效平衡,是一种员工、需求方、供给方的"三赢"选择。

中车四方股份公司作为用工"需求方",通过劳动能力平衡测算出所空缺的用工需求,通过HCM(Human Capital Management,人力资本管理)系统余缺员工信息共享平台发布信息,制定了协调沟通与组织保障方案;在借调人员到位后,根据岗位任职要求,结合具体工序上岗要求,对借调人员进行质量意识教育、工具管理、设备管理及工艺流程等岗前适应性培训、工艺理论培训、师带徒培训等,经考评合格后给予定岗及岗位能力评定,下发上岗证。同时,通过贯穿整个借调工作全过程中的劳动竞赛活动、党建及党群活动、质量专题活动等系列活动,加强不同公司员工之间的文化融合。

仅2014年,中车四方股份公司就借调浦镇公司、洛阳公司、戚墅堰公司等9个兄弟公司400余名电

焊工到公司参与生产,借调期间共发生劳动量292023小时,有效缓解了缺员问题。同时,通过借鉴借调电焊工成功经验,有效推进了集团公司探索用工共享机制的建立。2014—2019年借调集团一级子公司用工情况见表2。

2014—2019年借调集团一级子公司用工情况　　表2

序号	公　司	工　种						
		电焊工	钳工	电工	冷作工	数控工	探伤工	合计
1	洛阳公司	77	351	77				505
2	戚墅堰公司	40	99					139
3	二七机车公司		48					48
4	二七车辆公司	34	68					102
5	BST公司	98						98
6	成都公司	88	74	82	62	2	48	356
7	长江公司	148						148
8	眉山公司	50						50
9	南方汇通公司	20						20
10	浦镇公司	30						30
11	石家庄公司	40						40
12	株所	5						5
13	资阳公司	30						30
合计		660	640	159	62	2	48	1571

(2)聚核扩能,盘活关联企业劳动力资源

积极推进托管企业转型升级。根据集团产业布局要求,按照“规范公司治理”“业务平移、管理平移和技术平移”的模式等总体思路,中车四方股份公司负责对中车成都公司、中车广东公司进行托管。

为提升中车成都公司的管理效能和员工岗位能力,中车四方股份公司根据其需要派驻3名中层干部,负责技术管理、车体生产、总装生产等工作,派驻技能、技术、生产、质量、安全、物流等骨干人员主导成都公司车辆生产,同时成都公司分批次共派遣核心关键岗位骨干516人进入中车四方股份公司参加培训和随岗作业锻炼,中车四方股份公司将其作为特别补充用工进行无差别管理。对于中车广东公司,公司以人员借调方式,分批次共派遣核心关键岗位骨干人员146人进行业务支持(管理人员5人、技能员工141人)。

由此一方面为中车成都公司和中车广东公司完成生产任务提供了人员支持;另一方面在中车四方股份公司人员指导下,中国中车股份有限公司(简称“中国中车”)和中车广东公司员工技能水平得到较大提升,为顺利实现中车四方股份公司技术、管理、文化理念等多维度的完全复制输出提供了坚实保障。

带动兄弟单位协同发展。中车四方股份公司将部分产品制造业务如转向架制造分厂地铁轮对轴箱组装和中小件喷涂、车体制造分厂锯切和1250吨压力机等生产工序制造业务转移到中车四方有限公司。按照“标准一致、共同管控、责任分担、业务管控”的总体原则,转移过程中,中车四方股份公司派驻管理服务团队,以“师带徒”的方式对承接公司进行工艺、质量、生产、管理模式等平移输出,实施业务指导、监督和产品监造,对制造过程进行总体监控。

制造业务转移推进初期,中车四方股份公司将原业务生产的人员先行整建制(或适当调整)转移到业务转移区,并成立专项推进工作组,按公司内部管理机制组织业务开展。推进期内,中车四方有限公司的人员合格后逐渐替换中车四方股份公司的人员,直至由其全面接管业务生产和管理;推进期结束经中车四方股份公司组织评估合格后转入正常工作期。在中车四方有限公司完全具备能力后公司按照采购方式进行业务管控,中车四方股份公司龙头主机企业地位进一步得以巩固,达到了同区域兄弟单位协同发展的双赢目的。

(3)加快推进售后服务属地化用工

根据“制造 + 检修 + 服务”的战略定位及中车四方股份公司转型发展的方向,结合公司检修基地、动车段及集团公司各子公司地域分布情况,探索属地化用工及业务外包模式。所招聘的属地化技能操作员工必须经中车四方股份公司系统化培训合格后,方可从事检修基地、车辆段部分业务的承揽工作,其中:属地化招聘诊断工程师及技能操作工人共 71 人,成都公司承揽成都动车段三修业务涉及人员 100 人,二七车辆公司承揽北京基地加改项目涉及人员 28 人,有效降低了公司售后服务人员人工成本。

3. 构建信息化共享平台

中车四方股份公司具有公司本部各制造分厂、各制造型子公司、托管公司等分布于全国多地的 11 个制造单元,具备直接生产人员队伍,构成工种达 10 余个,同时生产产品项目近 30 种,生产组织的复杂度高、时序性强、工种需求定向明确,对直接生产人力资源的及时满足和分流提出了较高要求。多单元、多工种、高频次、跨地区的人力资源需求和冗余的信息发布、对接沟通、共享处理等已超出人工手动处理的能力。为达到高效有序实现人力资源共享的目的,中车四方股份公司构建了信息化共享平台。

对于短时间人员余缺(原则上超过 1 个月),各制造单元通过“共享用工平台”在用工前 15 天发布包含类别(短缺、富余)、单位、用工类型、工种、用工时间、联系人信息、解决措施或建议等“人员余缺信息”;人力资源部通过共享平台公司进行相应人员资质审核后,以下达助勤令的方式实施跨制造分厂人员调剂,相应费用由需求单位承担。

信息化共享平台实现了制造单元在线发布人力资源富余或紧缺的工种、数量、时长信息,能够在线实现富余紧缺信息浏览与选择,实现人力资源富余/紧缺制造单元双方的在线沟通对接,以确认共享工种、数量、时长,为各制造单元自主、自动、有序、有效实现人力资源共享及时实现余缺调剂提供有效的信息化工具。

三、实施效果

基于“协作、共赢”的人力资源共享用工机制建设,不仅助力中车四方股份公司有效完成了既定生产任务,降低了用工风险,提升了公司人力资源使用效率和管理效能水平,同时助推了中车人力资源共享平台的搭建,实现了中车人力资源互惠共享。

(一)推动了人力资源共享机制的建立

1. 推动内部人力资源共享用工机制建立

为解决用工荒、招工难问题,中车四方股份公司首先从内部挖潜,基于信息化平台建立了内部人力资源共享用工机制。基于内部人力资源共享用工机制,组织内部单位基于劳动定额和生产计划进行劳动能力平衡,适时通过共享平台发布员工余缺需求,进行内部调剂。2019 年实施制造单元内部调配 5000 余人次,实施跨制造单元间调剂 160 余人次,有效平衡并缓解了各制造单元的用工诉求,提高了公司整体人力资源效能水平。

2. 促进公司与子/参股公司间的共享用工机制建立

坚持人力资源一盘棋理念,通过母子/参股公司持证培训标准化、使用一体化,为盘活用工存量,建立了公司与子/参股公司间的共享用工机制,在提升子/参股公司员工岗位能力的同时,满足了生产高峰期对直接生产人员的需求,同时也解决了制造型子公司/参股公司在生产“淡季”直接生产人员无活可干、冗余闲置的问题。

3. 支撑中车集团人力资源共享用工机制搭建

中车四方股份公司作为用工“需求方”,从中车集团人力资源“一盘棋”出发,对所空缺的用工需求,通过 HCM 系统余缺员工信息共享平台发布信息,积极寻求合作,向员工富余单位商洽借入所需工种,制定了协调、沟通与组织保障方案,通过对借调人员进行质量意识教育、工具管理、设备管理及工艺流程等岗前适应性培训、工艺理论培训、师带徒培训等,保证共享用工机制的有效实施,促进了集团公司人力资源余缺调剂平台建设及人力资源共享机制的建立。

(二)用工总量得到有效控制

中车四方股份公司通过内部挖潜、外部开源多渠道共享人力资源,拓展了工作思路,创新了用工模式,集团及各子公司总体用工总量得到了有效控制。通过母子/参股公司培训集约化,分批安排 2200 余人次到公司参加培训, 292 名员工在母公司实现顶岗作业;通过"一专多能"培训、职业资格认证(图 2),集团内部人员余缺调剂等他多种方式应用,有效解决了一线人员短缺问题。

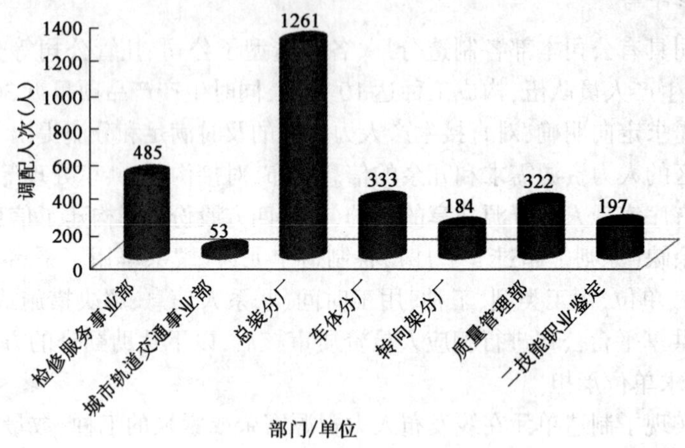

图 2　各单位"一专多能"培养情况统计

2014—2019 年,借调集团一级子公司电焊工、钳工、电工、探伤工等工种 1571 人,累计完成劳动量 3074949 小时,借调期间发生工资性费用共 4507 万元。

(三)人力资源效能水平显著提升

多渠道共享人力资源工作的开展,有效缩短了各单位信息交互时间、加速了信息交流频次,盘活了相关兄弟企业人力资源存量并保留了骨干队伍,降低了公司劳动用工风险,切实推动了中车总体劳产率水平的提升。

面对全球经济增长态势明显放缓的事实,集团公司机车市场上断崖式下滑,货车市场持续低迷,集团内部分一级子公司生产组织市场订单的变化而严重不均,间歇性息工、放假已为常态。持续借调工作的开展,不仅减轻了借出单位人工成本压力,同时缓解了相关子公司由于市场持续低迷、经营等因素导致间歇性息工、放假、员工流失等一系列问题,有效保留了生产技能骨干队伍。

(四)员工职业素养与能力普遍得到提高

借助高速铁路产品质量的高标准、严要求,强化了员工行为规范建设、塑造先进文化、提升企业竞争软实力等内强素质、外塑形象的系统性工程建设,达到了内化于心、外化于行、知行合一的境界。规范平台的建设,激发了全员的自觉意识和行为,有效提升了公司员工队伍的整体素质,调剂员工素养和能力得到普遍提高。2014 年新培养成熟转向架焊接人员 780 人,其中:中车四方股份公司 284 人、中车四方有限公司 264 人、集团一级子公司 232 人;2016 年针对集团一级子公司借调人员 277 人开展了资质培训及适应性培训,有效提升了借调人员的综合素养和技能水平。同时合计培养多能工 2835 人,2019 年公司内部调剂 5160 人。

(五)实现精益产品到精益人才的转变

轨道交通装备制造业作为高端制造的代表,在发展趋势和政策导向下,全球轨道交通装备领域正出现以智能制造、新能源和新材料为代表的新一轮创新浪潮,孕育新一轮全方位的变革,蓝海商业模式依然等待去开发,人力资源共享促进了制造精益产品向打造精品人才的尝试,为公司提升人力资源效能、实现可持续发展奠定了基础。

(六)加强了企业间文化融合

立足城市轨道交通装备制造产业的长远、健康、良性发展,依托员工随岗培训与技能提升培训形式,促进员工技能交流,助推企业由经营“产品”向经营“人才”顺利转变,切实提升公司人力资源效率与效益。通过人员借调为不同公司人员提供了交流沟通、相互提升的平台,在工作交流中,各公司员工多次对公司高标准的焊接技术要求、严格的质量管理要求、一丝不苟的持续坚持、高节奏快节拍大劳动量的付出表示了深深的认同和佩服。同时,各相关公司紧紧围绕“融合”“变革”“升级”三大主题,克服本位思想,打破企业间壁垒,借助灵活用工模式所构筑的人员流动平台,加强企业间文化、理念、意识等多方面的融合。

“人防、物防、技防”三位一体化安全保障体系的构建与实施

广西北投公路建设投资集团有限公司

成果主要创造人:张 云 石志海

成果参与创造人:黎兆联 陈 钊 农基武 滕联红 潘 馨 何雨佳
农江平 韦松昊 韩鎏泽

公路安全生产管理与公路工程建设质量和效益息息相关,随着公路工程建设数量不断增多,安全问题尤为引人关注。随着经济社会发展和各地联系增强,对公路工程施工安全提出了更高要求。在公路工程施工中,加强安全生产管理是非常重要的内容,不仅可以有效预防安全事故发生,还能保证施工现场良好秩序,有利于施工任务严格按照进度计划完成,防止延误工期情况发生。同时还能保证现场施工有序开展,保障施工人员安全,避免安全事故发生而带来不必要的损失,提高资金利用效率,确保公路工程建设效益。广西北投公路建设投资集团有限公司(简称“北投公路集团”)深耕全区路网项目建设多年,始终把安全放在首位,不断研究探索,创新安全管理思维,打造特色安全文化,提升本质安全水平,创建二级公路安全生产现代化管理“人防、物防、技防”三位一体安全保障体系,为二级公路今后的建设及安全生产提供参考依据,助推全区决战脱贫攻坚,推动跨越发展。

一、公司概况

(一)北投公路集团概况

北投公路集团是广西北部湾投资集团有限公司的全资子公司,成立于2011年9月,注册资本金6000万元。截至2020年6月,公司总资产达194.62亿元。

公司主要从事工程建设管理、工程代建、工程项目总承包、工程监理、技术咨询、政府招标代理、工程招标代理、土地及房地产开发等业务。公司履行广西壮族自治区人民政府、交通运输厅授权的广西65个国省干线公路项目建设管理法人职责,项目总里程超过4447公里,投资总额超470亿元。

公司总部设11个职能部门,下设2个全资子公司(广西强路工程咨询有限责任公司、广西鹏路建设工程有限公司)和58个公路建设管理机构。公司现有职工309人,其中,博士学历2人、研究生学历25人、本科学历202人、大专学历52人、大专以下28人;高级技术职称50人、中级技术职称70人。

公司积极践行“翔路,你回家的路”庄严承诺,致力于推动路网事业高质量发展,坚决打通交通脱贫“最后一公里”,着力推动企业多元化改革发展,在市场竞争中做实做优做强,打造拥有良好形象、核心品牌的创新型企业,努力实现“人企合一、持续发展”翔路梦。

(二)公司发展状况

目前,公司已提前建成那坡至平孟口岸公路、田林至隆林(腊仁)公路、都安至武鸣公路、田东至天等公路、三江林溪(桂湘界)至古宜公路、大化至巴马公路、钦州久隆经大垌至大寺公路、巴马至平果坡造公路、桂林永福苏桥至鹿寨公路、南丹吾隘至东兰公路长乐连接线、来宾寺山至贵港公路、南宁大塘至渠黎公路那蒙至渠黎段、百色至泮水公路(一期)、北流文城至六靖公路、巴马燕洞至田东公路、良口至

梅林公路工程(一期)、梧州苍梧经大坡至新地公路、瑶山至南丹公路(一期)等18个路网项目,通车里程超过1200公里,充分体现了公司雄厚的技术实力和良好的项目建设管理水平,赢得社会各界广泛好评。

(三)近年安全管理示范项目

北投公路集团成立于2011年9月,作为广西壮族自治区交通基础设施投资建设的主力军,在紧扣时代脉搏中书写“新答卷”。北投公路集团深耕全区路网项目建设9年,始终把安全发展放在首位,不断研究探索,创新安全管理思维,打造特色安全文化,提升本质安全水平,为全区国省干线公路持续延伸进广西壮族自治区各个民族地区、贫困地区保驾护航,助推全区决战脱贫攻坚,推动跨越发展。

北投公路集团北流文城至六靖公路项目创建“安全管理新形势”荣获2016年广西壮族自治区“安康杯”优秀班组;罗城经怀宝至融水洞头公路项目针对桂中地区地势地貌,创建“二级公路安全生产现代化管理”先进管理模式,实现安全生产过程无一般事故及以上等级事故的发生,确保项目建设处于可控状态中;S302永福(广福)至三皇公路创建“企业管理现代化创新成果”,探索在原有安全管理中的不足及创新改进机制;G321线三江县良口至梅林公路创建“全员落实安全责任制为企业安全保驾护航”,紧紧围绕“打造品质工程,创建平安工地”的目标进行建设。

北投公路集团历经九载,在安全管理中不断探索创新,曾荣获2016年广西壮族自治区“安康杯”优秀先进团体、交通运输部安全委员会2018年“平安交通”创新案例征集评选活动“优秀案例”、中国交通企业管理协会第十七届全国交通企业管理现代化创新成果二等奖及三等奖、2019年广西壮族自治区“安康杯”优秀先进团体。

二、实施背景

北投公路集团履行广西壮族自治区人民政府、交通运输厅授权的广西65个国省干线公路项目建设管理法人职责,项目总里程超过4300公里。广西地处低纬度地区,北回归线横贯中部,南濒热带海洋,北接南岭山地,西延云贵高原。按全国地形分类,广西属云贵高原向东南沿海丘陵过渡地带,具有四周高中间低、形似盆地,山地多、平原少的地形特点。在太阳辐射、大气环流和地理环境的共同作用下,形成了热量丰富、雨热同季,降水丰沛、干湿分明,日照适中、冬少夏多,灾害频繁、旱涝突出的气候特征,针对广西地势及区内路网项目具有涉路施工保畅通、边坡开挖坡度陡等特点,安全管理工作难度较大,原有管理模式已跟不上时代发展。北投公路集团深耕全区路网项目建设多年,始终把安全发展放在首位,不断研究探索,创新安全管理思维,打造特色安全文化,提升本质安全水平,创建二级公路安全生产现代化管理“人防、物防、技防”三位一体安全保障体系,为二级公路今后的建设及安全生产提供参考依据,助推全区决战脱贫攻坚,推动跨越发展。

三、“人防、物防、技防”三位一体安全保障体系

为确保公路施工建设安全、从业人员人身安全作为建设工作的生命线,在抓基层、打基础、强化基本功上出实招,将从人防、物防、技防建设等方面入手,着力构建“三位一体”安全保障体系,努力实现公路施工建设安全长治久安。

公路施工建设安全生产工作只有起点没有终点,人在安全生产中起着决定性作用,只有以人为本,始终坚持将人防建设摆在首位,建设出一支高素质的人才队伍,牢筑安全生产基石,才能保障现有安全硕果。

(一)以“人防”为中心,规范安全管理,提升人员素质

1.建立健全安全管理制度,实现安全监管全覆盖

北投公路集团从科学制定标准和规章入手,建立健全了20项安全管理制度和管理办法,能使安全管理达到制度化、规范化、标准化;深入一线打造特色安全文化品牌,创建安全文化长廊,不定期开展安全生产方针政策、法律法规、应急处置知识宣传,让安全理念入眼、入脑、入心;打造安全班组,一个流程

抓好"三级安全教育",坚持班前讲安全、班中检查安全、班后评安全,做好新工法、新工艺、新设备、新材料等作业安全交底;为路网项目"量体裁衣"《路网工程安全生产管理量化检查标准》,11 个管理模块,覆盖项目建设 22 个岗位 50 余个工种的标准化作业流程,进行清单式管理;开设"安全夜校",创建"安全随手拍"微信平台,通过安全知识讲座、安全知识竞赛、技能比武等活动,以喜闻乐见的方式激发员工参与安全工作的热情,"一张网络"将安全文化理念根植于员工的心中。近年来,"五个一"特色安全文化体系已经在全区路网项目内得到推广应用。

2. 重视人才储备培养,加强人才队伍建设

北投公路集团自成立以来,高度重视人才培养工作,以"导师带徒"为载体,持续加强青年职工特别是工程技术人员培养力度,并取得良好效果。

培训采取理论与实践相结合的方式,理论培训从安全常识、安全生产法律法规、分析事故原因增强安全意识、职业危害、劳保防护五个方面进行详细讲解,对新员工提出的疑问进行了解答。在岗位现场,各部门负责人对新入职员工就岗位操作规程、风险辨识、岗位职责及控制措施等事项进行操作指导,进一步提高了新员工的自我保护和防范事故的能力。

北投公路集团每年组织新入职应届毕业生签订导师带徒协议,在半年的"导师带徒"活动(图 1)过程中,机关归口部门、各公路建设办、导师、学员充分沟通、通力合作,根据培养目标,具体落实培养计划,抓实培养过程,使新员工很快适应公司企业文化和工作氛围,迅速进入工作角色,业务知识、岗位技能得到进一步的提升,公司内部形成"传、帮、带"的良好氛围。

图 1　北投公路集团"导师带徒"考核

通过培训,进一步增强了新员工的安全意识,加深了对安全应知应会等相关知识的认识,让新员工深知岗位职工应该履行的权利和义务,真正做到我要安全、我会安全,在站内形成"导师带徒"增强安全意识良好的学习氛围。

3. 以安全文化引领企业安全发展

北投公路集团坚持开展以"安全生产翔路行"为主题的安全文化建设活动,主要围绕"山歌唱安全、传播正能量、落实硬措施"开展,以活动为载体,促进安全管理水平的提升,实现用安全文化引领企业安

全管理。

“山歌唱安全”主题歌会(图2)是北投公路集团认真贯彻落实交通强国战略,加快推进路网项目建设,融入广西少数民族元素,创新安全生产宣传方式的又一个成功举措。用山歌宣传安全生产理念,朗朗上口,贴近职工群众,普及安全生产知识,提高参建员工和沿线群众的安全生产意识,营造“生命至上,安全发展”良好氛围。“安全发展”是北投公路集团持续发展的法宝之一,积极践行“生命至上,安全发展”的建设理念,不断创新贯彻落实活动载体。

加强安全宣传教育(图3),营造浓厚安全氛围,不断提高“安全第一,关爱生命”的安全意识,提升全员安全认知能力。强化“安全是生命工程,抓安全就是保命”安全责任意识教育,强化“三违就是事故,事故就意味着死亡,违章就是不要命”的关爱生命意识教育,坚持以人为本的安全管理,始终把安全放在首位,以安全认知能力的不断提升,实现安全生产各项工作的创新推进。

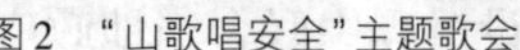
图2 “山歌唱安全”主题歌会

图3 安全宣传教育

强化安全教育培训,提高安全防范技能,定期组织安全知识培训,加强对从业人员的教育、培训和防护力度,切实提升广大从业人员的安全意识,丰富安全理论知识,强化安全管理的综合能力,提升其安全作业的自觉性。建立“入职安全教育→在职安全教育→应急安全培训”全方位的安全教育培训机制(图4、图5)。

图4 北投公路集团安全部组织各参建管理人员观看警示教育视频

图5 开展“安全咨询日”和“安全一小时”活动

4. 安全生产应急保障体系,筑牢最后一道防线

北投公路集团在完善应急制度建设、做好日常安全管理的前提下,要求各建设办公室先后检查所辖施工单位驻地、各重点施工场所,清点应急救援物资储备点,储备点储备了涉及项目安全生产的药品、消防器材、救援担架、救援橡皮艇、救生圈、救援绳索等物品。

在应急救援方面,各项目根据工程实际情况,精心编制《应急救援响应预案》,并以文件形式下发至各职能部门、各施工作业队及班组进行学习、交流,使员工通过更充分的理解和掌握,能够在紧急情况下按照应急预案正确、有效展开应急响应,提高了应急保障能力,达到应急保障目的。成立以建设办负责人为总指挥的应急救援队伍,指挥本项目事故应急救援工作,其他项目经理部领导为副总指挥,负责联络当地公安、消防、政府、应急、医院等部门,协助总指挥负责救援具体工作,向总指挥提出救援过程中生产运行方面应考虑的安全措施。队员为各个部门成员,再依次细分为现场救援组、医疗救援组、后勤保障组等,各成员小组严格履行应急救援工作职责,服从命令、听从指挥、尽心尽力,坚决完成各项应急救援及其他任务。严格按照《中华人民共和国突发事件应对法》《生产安全事故应急预案演练指南》(AQ/T 9007—2011)和《生产安全事故应急预案管理办法》(安监总局令第17号)等法规要求,结合项目实际,遵循"横向到边、纵向到底"的编制原则,编制《安全生产应急救援预案(总体)》。

应急预案覆盖项目全面,符合实际要求,职责清晰,简明扼要,可操作性强,应急联动强、形式多样,节约高效的应急预案演练。

提高安全生产应急救援和事故处置能力。将安全生产应急管理培训纳入安全生产教育培训中,通过安全教育培训使受训对象的安全生产管理和应急知识得到扩展及提升,增强危机意识,提高事故预防和应急处置能力。一是项目各部专职安全员,要求全面掌握安全生产应急管理、应急预案和相关法律法规及应急救援知识和技能,掌握事故隐患辨识和应急预案标志,提高应急管理和应急能力与水平。二是应急管理责任重大,涉及面广,需要全项目人员及劳务队伍上下同心协力才能做到"防患于未然,尽量减少损失"的工作目标。2020年以来,项目经理部广泛宣传,统一思想,深入到各个施工班组利用多媒体培训工作箱开展应急管理宣传,面向施工作业人员开展"安全生产咨询日"活动,发放应急宣传资料,现场传授施救方法。通过多种形式广泛开展应急知识普及教育,提高应急意识和自救互救能力,把应急教育培训贯穿到项目各个环节。

各项目经理部根据建设办公室要求积极组织应急演练工作,根据项目建设特点,成立应急演练小分队,完善应急抢险物资装备,制定应急救援演练方案。各项目在建设过程中联合当地政府、医院开展有针对性的各项救援应急演练,做到精心组织、注重实效,不走过场。通过应急演练,有利于发现问题、积累经验、锻炼队伍、磨合机制,确保一旦有事,能够拉得出、用得上。施工单位的快速反应处置能力、共同救援能力和协同作战能力不同程度得到了锻炼和提升,且演练的指挥、装备、分工、过程、措施、记录明确,通过演练,检验预案、教育施工作业人员、充实应急装备,全面提高应急救援防范能力和处置事故的应对能力。

安全管理工作是一个动态过程,施工内容在不断变化,现场安全状况也时刻在变化,紧紧抓住当前安全管理主要风险源和态势发展是做好安全管理工作的最重要内容。思想不能僵化,更不能故步自封,现代的安全生产管理人员要不断进行学习,掌握当前先进的安全生产管理理念和安全生产知识是做好现代安全生产的前提。安全管理工作的开展应多样化,充分利用一岗双责,管生产的同时也要管安全,以安全生产管理人员为主导、现场技术管理人员为辅的方式,让安全管理工作深入到生产现场的每个角落,不留死角,保证施工安全。

应急物资的管理,一是项目经理部对经检验合格的应急物资,必须实行分区、分类存放和定位管理。按照物资的不同属性,将储存物资分成若干个大类,对每一类物资,根据其保管要求,确定具体的存放区(图6)。二是对应急物资应妥善保管,以保证物资的质量。物资堆放前必须垫好垛底,物资堆码后,为防止受到雨水侵蚀和日光曝晒,应定期进行检查。三是做好防止应急物资被盗用、挪用、流失和失效,对各类物资及时予以补充和更新,每月要定期检查一次应急物资和工具的情况,发现缺少和不能使用的要及时提出和督促补换,确保正常使用,检查人员每次检查时要进行详细记录,留存备查。

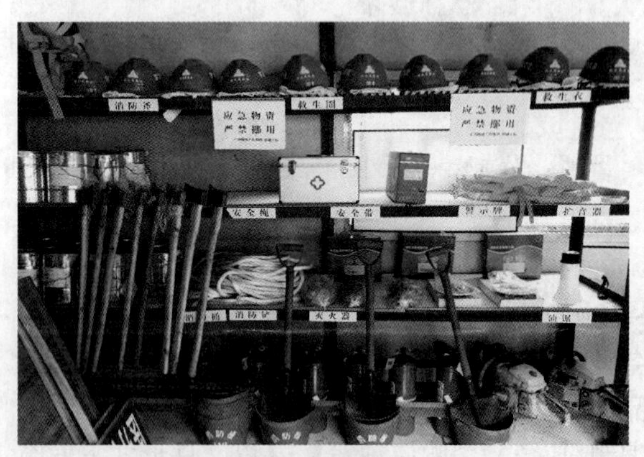

图6　应急物资存放

(二)以"物防"为基础,从源头出发,实行标准化建设

北投公路集团所辖项目开工伊始便确立了以创建全区路网项目"平安工地""品质工程"示范项目为目标,"品质翔路"聚焦管理创新、工艺革新,培育工匠精神与安全文化相互促进融合,全面提升路网项目高质量高品质发展。

"创建品质工程示范项目,推广施工现场标准化,既是安全管理切入点,更是质量管控的突破口。"北投公路集团通过推进项目"两区三厂"施工安全标准化,总结出一套因地制宜、特色鲜明的品质创建成果。

1. 编制路网标准化图集,推动行业创新与改革

北投公路集团编制《路网项目施工标准化建设图集(试行)》(图7)紧紧围绕平安工地标准化建设活动,大力推进施工安全生产管理标准化、规范化、精细化,将"规范管理、精细施工"的理念贯穿工程安全生产全过程,促进管理制度更加完善,现场管理更加规范,人员技能更加精湛,参建人员标准化意识明显增强,工程质量、安全水平进一步提高。

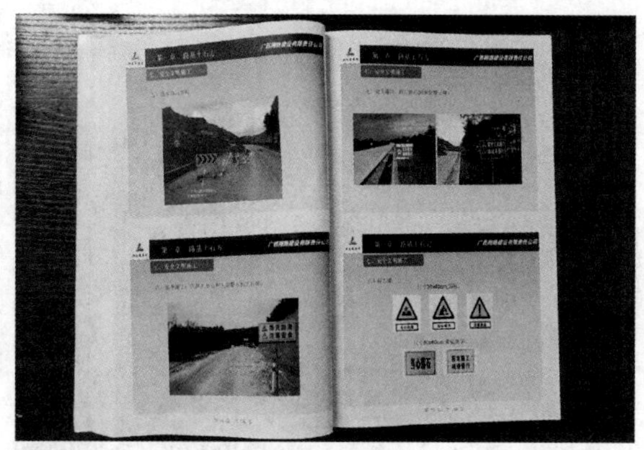

图7 《路网项目施工标准化图集(试行)》

北投公路集团推行《路网项目施工标准化建设图集(试行)》(简称"图集")表明,要消除生产经营中事故隐患,有效控制安全风险,达到本质安全水平,就必须全面开展安全生产标准化建设。把安全生产标准化工作作为增强企业安全发展能力的固本强基工程来抓,作为企业落实科学发展观、建立安全生产长效机制的一项主要任务认真实施。

图集意在长期积累安全管理经验,从而在往后行业发展过程之中,有效而准确地规避现存隐患,实现"关口前移、风险导向、源头治理、精准管理、科学预防、持续改进"的安全管理理念,实现改善安全环境、减少和杜绝安全生产事故的目标。

2. 深入开展安全标准化及平安工地建设活动,实现安全生产"三同时"

①创建品质工程示范项目,推广施工现场标准化,既是安全管理切入点,更是质量管控的突破口。北投公路集团通过推进项目"两区三厂"施工安全标准化,总结出一套因地制宜、特色鲜明的品质创建成果。路网标准化的建设,是保证建设的前提和条件,项目钢筋加工厂、预制厂、拌和站内场地区域划分、标示标牌、防雨棚、消防设施等严格按照场站验收标准完善布置,桥梁工程高墩台施工严格按专项方案实施,桥面施工临边对安全防护栏杆及安全网严格按要求进行搭设,泥浆池按美观、大方、实用、安全的原则进行重新设置,施工便道重新进行修整,完善排水设施,设置限速、警示标志等。施工现场安全文明施工大有改观,工人施工安全系数大有提高,安全管理水平整体得到提升(图8)。

②根据图集中施工现场布设,拌和站进行场地硬化,排水系统也相应完善。

③根据图集中文明施工、安全警示标志牌布设,在拌和站、施工现场均设置"五图一牌"和"单元预警牌"。

④根据图集中安全防护设置要求,桥梁施工围挡均设置框架格栅网进行围挡。

⑤根据图集中临时用电评价标准,各项目经理部施工现场的临时配电箱均做到接线规范,设置了N线端子板、PE线端子板,且箱门与箱体采用编织软铜线连接。

图8　安全标准化及平安工地建设

3. 加强源头管理,全过程监控,注重细节提升,以标准化理念提升创建水平

北投公路集团图集是根据企业在生产经营过程中,贯彻执行国家和地区、部门的安全生产法律、法规、规程、规章和标准,并将这些内容细化,全过程、全方位、全员、全天候地切实得到贯彻实施,积累的标准化管理经验和标准化管理推行成效而编制的。通过建立安全生产责任制,制定并落实各项安全管理制度和操作规程,排查治理隐患和监控重大危险源,建立预防机制,规范生产行为,使各生产环节符合有关安全生产法律法规和标准规范的要求,人、机、物、环处于良好的生产状态,并持续改进,不断加强企业安全生产规范化建设。

开展安全生产标准化工作是企业建立安全生产长效机制、实现安全生产状况稳定好转的根本保障。安全生产标准化工作旨在企业对自身的生产经营活动,从制度、规章、标准、操作、检查等各方面使企业的全部生产经营活动实现规范化、标准化,提高企业的安全素质,最终能够达到强化源头管理的目的。

(三)以"技防"为保障,突出科技创新,构建技防体系

北投公路集团搭建安全信息化管理平台、建设安全体验馆、使用安全多媒体培训工具箱对从业人员进行培训、增加安全巡逻车进行隐患排查治理、投入无人机对安全管理工作进行辅助管理、对挂篮施工过程设置视频监控系统,应用现代化的计算机系统和管理软件,全方位改变管理方式。信息化管理是当今正在推行的现代化管理模式,它是利用现代计算机与网络通信技术,将企业生产管理、工作电子化,快速、准确地对生产进行分析管理,为企业提供科学的决策依据。应用计算机管理系统来完成生产技术管理任务,就可以让生产技术管理工作变得十分高效、准确、方便,生产技术管理水平也可以从根本上得到提高。

随着当今互联网技术发展的日新月异,物联网、移动互联网、云计算、大数据等新兴科学正逐渐向各

行各业渗透,开始进入我们工作生活的方方面面。同样,在存在安全风险的建筑行业,也孕育出了智慧路网一体化管理平台,希望用技术手段为建筑行业筑起一道安全防线。

智慧路网一体化管理平台是一种以互联网+、物联网、大数据、云计算等平台为依托,通过工地信息化、智能化建造技术的应用及施工精细化管控,达到有效降低施工成本,提高施工现场决策能力和管理效率,实现工地数字化、精细化、智慧化的一种新型施工管控模式。

1. 构建智慧路网一体化平台(图9)

近年来,北投公路集团对建设工程的质量、安全、文明施工监管提出了更高的要求。基于此,为了科学规范工地现场人的不安全行为、物的不安全状态和环境的不安全因素,以"物联网+"为核心的智慧路网一体化管理平台建设应运而生。

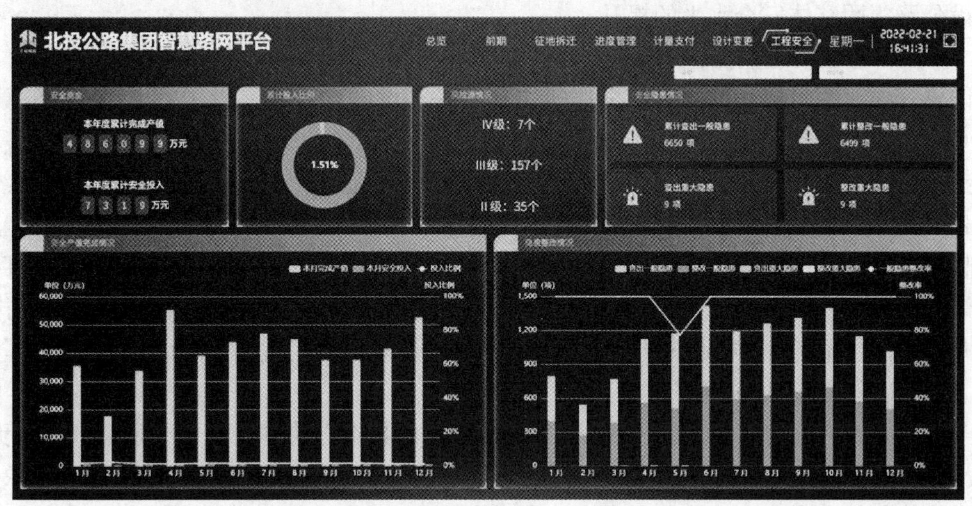

图9 智慧路网一体化管理平台

智慧路网一体化管理平台的使用能解决问题:

(1)缺乏有效规划,重复建设

应用呈现:项目主导应用,零星、局部、分散的特点;劳务、梁厂、料场、视频监控、特种设备、试验室、拌和站等集中在安全质量、环境监控等领域。

(2)"信息孤岛"现场严重

信息不通,不能发挥综合效应;独立部署,接口众多,重复建设,资源浪费。

(3)缺乏完善、科学的标准体系

缺乏统一的建设施工信息化标准体系;不同部门组织制定的信息化标准之间不协同。

(4)缺乏合适的运行管理模式

缺乏科学、实用的工地现场信息化建设的总体框架;缺乏适合不同类型工程实体使用的建设与运行模式。因此,突破孤岛、整合分析、挖掘设计的诉求非常急迫。

2. 智慧路网一体化管理平台有多少"智慧"?

智慧路网一体化管理平台运用大数据、云计算、物联网、移动互联网、人工智能等先进技术,全力打造智慧工地解决方案,在提升工程安全、质量、进度、环保和成本等方面,拥有丰富的实战经验。实现对施工现场"人、机、看、法"生产数据的自动化采集与智能化监控,从一线操作与远程监管的数据链条,以及劳务、案例、材料各业务环节的智能化、互联网化管理,提升建筑工地的精益生产管理水平,打通信息化"最后一公里"。

智慧路网一体化管理平台特点:①以项目为轴,统一标准化工作流程;②因地制宜,实现项目准确灵活监管;③移动办公,安全、质量、收发料工作智能化;④移动执法,监督执法记录实时同步;⑤标准化执法,规范日常督查工作。

3. 智慧路网一体化管理平台在构建中的创新

采用前中后台—分层管理的模式，借助物联网及移动互联网技术，真正实现对施工现场“人、机、看、法”生产数据的自动化采集与智能化监控。

(1)“人”实名上岗，全员培训，防范用工风险

智能安全体验馆是互联网 IT 和虚拟现实(VR)二者在安全教育及训练中的应用，相对于传统安全培训模式而言是一次质的飞跃。据以往检查结果统计分析，劳动者违章指挥、违章作业、违反劳动纪律造成的安全隐患较多。北投公路集团在路网项目推广智能安全体验馆，可以有效解决传统安全培训中模型简易、固定单一、体验效果差、占有场地大的弊病，可以把学员的教室变得“更宽广”，可以将培训形式、方式和时间变得更为灵活，从而有效提高参建人员的安全素质，减少“三违”现象、伤亡事故发生，进而促进北投公路集团整体安全水平的提升。

(2)“机”设备远程动态监控，生产用量实时监管

行车记录管控。项目经理部所有安全巡逻车辆都按相关规定配备车载 GPS 设备和必要的监控工具。车辆 GPS 监控是指带有 GPS 卫星定位功能，能实时记录和传输车辆所在位置、行驶路线、行驶速度等，具有定位、监控、记录、警示、指挥调度、信息、网络等综合功能的汽车行驶记录监控管理系统，包括车辆 GPS 车载终端、各级监控平台相关设备及监控管理软件系统。

GPS 监控管理及隐患问题数据统计，形成隐患地图功能，实时记录，帮助安全管理者“一目了然”施工现场全景，方便全局把控现场。安全隐患地图可用“四大四全”来概括，即纳入大调研，做到排查“全覆盖”；用好大数据，做到信息“全联通”；构建大格局，做到监管“全方位”；编制大网络，做到责任“全落实”。

(3)“看”全过程监管，防范隐患次生

与安全员抽查安全隐患相比，无人机由于自身的特点而具有更快、更广、更细致、更全面、更安全、效率更高、费用更低的优势(图 10)。而且无人机的飞行速度快，不受地形限制，配置的高清摄像头可放大观察到的影像从而使安全隐患更快暴露出来。对于高空作业、地质灾害、边坡塌方、施工道路交通管制，无人机可全程监督，可以有效避免发生安全事故。

远程视频监控系统由前端设备、智慧路网一体化管理平台、监控终端组成(图 11)。前端设备包括摄像头与视频服务器，视频服务器带有硬盘，在实时监控的同时实现视频存储功能。摄像头拍摄的现场实时视频传送到智慧工地管理平台，管理人员只需简单操作，就能实现对施工现场的实时监控，或在需要时进行录像回放。

图 10　无人机巡检

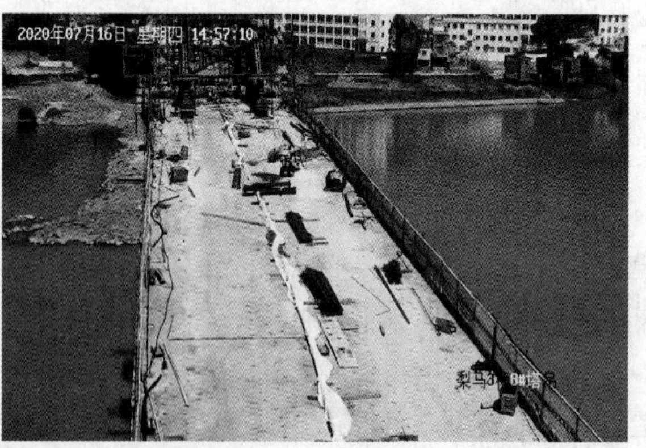

图 11　远程视频监控

由于工地视频监控系统的摄像头需要日夜监视，所以可以使用红外摄像头或星光级摄像头(图 12)；另外，为了防止风雨，还应该在摄像头上装护罩；此外，摄像头要确保在工地大门、楼房两侧、架子顶部、特殊角落都安装，可实现对施工现场及人员进行全方位的监视。并且为了满足建筑工地监控联网的需求，使用无线网桥 WLAN 也成为建筑工地监控系统的绝佳选择。

(4)"法"促进安全检查,保障安全管理有效落实

依据"人、机、看、法"安全质量QC成果编制,"法"代表"安全管理方法",指安全生产过程中检查所需遵循的规章制度,实现项目建设全过程中的安全质量隐患排查、上报、监控、整治、验证、消除、统计等工作的闭环管理,减少或杜绝安全质量事故的发生。

图12 工地视频监控

四、实施效果

(一)人才培养提高安全生产管理效率

在安全生产管理过程中,由于从业人员素质不一,硬件配备不完善,导致安全生产管理水平不高。这就势必要企业坚持以人为本的方法,一方面通过以人为本的管理,管好人、用好人、发挥好人的中心作用;另一方面创新管理机制,通过挖掘职工的主观能动性和创造性、促进人的全面发展来提高安全管理的覆盖面,形成"人人、时时、事事"有人操心尽力的管理格局,依靠管理规范人的行为,依靠人的全面发展优化管理行为,实现安全生产。安全硬件设施的必要投入是提高安全管理水平的基础,以人为本的软件环境则是提高安全管理水平的关键,只有通过两个方面的有机结合,相互促进,才能使安全管理水平持续稳定提升,安全管理才能扎实可靠。

搞好安全生产管理人才培训,提高全局安全生产意识。认真开展全员安全生产知识培训。一是制定落实培训任务和目标;二是制定培训和考核方案,并认真组织实施;三是培养一支职工培训师资队伍,提高全员的业务水平;四是落实分级培训责任,着力提高全社会安全意识。

(二)安全标准化的实施是企业未来发展规范化的第一步

加强安全生产标准化建设是强化行业监管,防范生产安全事故,促进地区安全生产形势稳定好转的重要举措。随着安全生产标准化工作的全面深入推进,安全生产领域的一些基础性、共性、深层问题日益暴露。

一是企业安全生产整体水平不高、工艺技术落后、安全生产设备设施薄弱、安全生产管理不力等问题没有根本解决。

二是企业安全标准意识淡漠,不了解标准或有标不循,"三违"现象突出。

三是推进标准化工作的相关制度、配套政策措施有待进一步加强完善等。

消除企业生产经营中事故隐患,有效控制安全风险,达到本质安全水平,就必须全面开展安全生产标准化建设。把安全生产标准化工作作为增强企业安全发展能力的固本强基工程来抓,作为企业落实科学发展观、建立安全生产长效机制的一项主要任务认真实施。北投公路集团总结以往经验做法,充分认识加强安全生产标准化工作的重要性和紧迫性,增强责任感和使命感,抓住有利条件和机遇,加强领导,强化措施,广泛动员,齐抓共管,全力推进安全生产标准化工作。

(三)构建智慧路网一体化管理平台是整合现有安全设备的重要举措

智慧路网一体化管理平台通过智能化技术手段,能在虚拟环境下替代某些传统作业,以提供项目的准确性和安全性,例如"隐患地图"功能,能提供实时的监测、安全人员能查看到安全巡查的运行轨迹,替代了传统的重复式检查,从而降低隐患通病的概率。

将建设安全体验馆、使用安全多媒体培训工具箱对从业人员进行培训、增加安全巡逻车进行隐患排查治理、投入无人机对安全管理工作进行辅助管理、对挂篮施工过程设置视频监控系统,接入平台,使管理人员能更直观地了解项目安全动态,使安全管理人员有效规避安全风险。

五、结语

安全管理工作是一个动态过程,施工内容在不断地变化,现场安全状况也时刻在变化,紧紧抓住当

前安全管理主要风险源和态势发展是做好安全管理工作的最重要内容。

思想不能僵化,更不能故步自封,现代的安全生产管理人员要不断进行学习,掌握当前先进的安全生产管理理念和安全生产知识是做好现代安全生产的前提。

跟进时代,运用当前技术手段,安全管理人员要做到多交流、多探讨,弥补自身知识的局限性。

与一线作业的劳务人员多交流,充分了解劳务人员的作业状态,听取劳务人员有时不愿使用安全设施和工具的内心想法,配备更加方便使用的安全设备。毕竟安全生产事故的风险主要在一线作业人员身上,打消他们的侥幸心理,强制要求和处罚措施仅能作为一种管理手段,让他们主动要求使用安全防护用具才是安全管理的最终目标。

安全管理工作的开展应多样化,充分利用一岗双责,管生产的同时也要管安全,以安全生产管理人员为主导、现场技术管理人员为辅的方式,让安全管理工作深入到生产现场的每个角落,不留死角,保证施工安全。

秉承"合作共赢,追求卓越,创新发展"的理念,致力于推动路网事业高质量发展,坚决打通交通脱贫"最后一公里",着力推动企业多元化改革发展,在市场竞争中做实做优做强,打造拥有良好形象、核心品牌的创新型企业,努力实现"人企合一、持续发展"的翔路梦。

以科技创新+资源集约化管理推动绿色品质双示范工程建设

广西路建工程集团有限公司

成果主要创造人:张坤球　赵亚飞

成果参与创造人:姚青云　李育林　张　文　廖翼强　黄德宙　陈贵荣
唐双美　陈楚方　杨道彪　张媛媛

广西路建工程集团有限公司(简称"广西路建集团")为广西北部湾投资集团有限公司的直属核心企业,隶属于广西壮族自治区国资委管辖。

企业具有国家公路工程施工总承包特级资质,同时具备国家公路行业设计甲级、市政公用工程施工总承包一级、港口与航道工程施工总承包二级、房屋建筑工程施工总承包三级,以及公路路基、路面、桥梁工程专业承包一级、公路交通工程专业承包(交通安全设施分项)一级等资质及对外承包工程等资格,构建形成以公路工程施工、市政工程施工为主业,集工程建设投融资、港口与航道工程、房屋建筑工程、钢结构工程、工程设计、工程检测、设备租赁等于一体的多元化业务格局。

企业自有各类先进机械设备及检测设备3000多台(套),年施工生产能力超100亿元。截至2020年9月,广西路建集团已完成承建的高速公路路基1074.235公里,已完成承建的高速公路路面共1874.300公里;在建高速公路路基452.54公里,在建高速公路路面473.296公里,是广西壮族自治区内交通建设的骨干力量和主力军。

一、实施背景

(一)科技创新+资源集约化管理是绿色品质双示范工程建设的源动力

在"十二五"期间,交通运输行业深入贯彻生态文明建设理念,坚持尊重自然、顺应自然、保护自然原则,把绿色发展作为转变发展方式的主攻方向,交通基础设施绿色建设、绿色运营和绿色养护管理水平有效提升,但是交通基础设施建设生态问题仍然突出。2016年5月颁布的《交通运输节能环保"十三五"发展规划》(交规发〔2016〕94号)中提出,"推进资源节约集约利用"和"加强资源综合循环利用"是交通基础设施建设行业实现节能环保绿色发展的主攻方向。

2016年7月,交通运输部发布《关于实施绿色公路建设的指导意见》(交办公路〔2016〕93号),其中指出,推进绿色公路建设基本原则为:"坚持可持续发展。高度重视公路、环境、社会各方面、各要素的关系,提高资源和能源利用率,发挥公路先导性和基础性作用,实现在发展中保护、在保护中发展。""坚持创新驱动。大力推动理念创新、技术创新、管理创新和制度创新,强化创新的驱动与支撑作用,为公路建设注入强大动力。"由此可见,资源集约管理及科技创新是实现绿色公路建设的必经之路。

2016年12月,交通运输部发布《关于打造公路水运品质工程的指导意见》(交安监发〔2016〕216号),其基本原则第一条指出:"目标导向,创新驱动。把满足人民群众对高品质交通运输服务的需求作为目标,着力加强工程建设的理念创新、管理创新、技术创新,为打造品质工程注入动力。"同时,"注重资源节约,提升工程绿色环保水平"被列为关于打造公路水运品质工程一项重要措施。

2019年9月,国务院印发《交通强国建设纲要》,第七项内容"绿色发展节约集约、低碳环保"中指出,应“促进资源节约集约利用”,应“加强老旧设施更新利用,推广施工材料、废旧材料再生和综合利用,推进邮件快件包装绿色化、减量化,提高资源再利用和循环利用水平,推进交通资源循环利用产业发展”。资源集约管理是交通建设领域绿色发展的重要一环。

综上所述,科技创新+资源集约化管理是质量提升、绿色公路建设、品质工程建设的源动力;工程施工品质的提升及公路工程的可持续发展,来源于对工艺的不断创新和改进、对资源的集约利用和有序管理,从而达到“统筹规划、合理布局、集约高效”的公路工程发展目标。

(二)资源集约化管理是绿色品质双示范工程建设的必要保障

广西地处中国地势第二台阶中的云贵高原东南边缘,两广丘陵西部,南临北部湾海面;西北高、东南低,呈西北向东南倾斜状;山岭连绵、山体庞大、岭谷相间,四周多被山地、高原环绕,中部和南部多丘陵平地,呈盆地状;山地以海拔800米以上的中山为主,海拔400~800米的低山次之,山地约占广西土地总面积的39.7%;境内喀斯特地貌广布,集中连片分布于桂西南、桂西北、桂中和桂东北,约占土地总面积的37.8%,发育类型之多世界少见;特有的地质条件给广西带来绚丽风景的同时,也给扶贫高速公路的修建带来了技术、环境上的阻力;“要致富,先修路”,而坐落在广西山区腹地的县还在期盼着“第一条高速公路”的建设。

随着脱贫攻坚战的打响,县域经济发展的需求,高速公路由城市之间的快速通道逐步向大山深处延伸;山区高速公路作为县域发展的民生工程,不仅工期紧、工程量大,对质量要求也不能降低任何标准,保护山区原生态自然环境、减少资源浪费和损耗更是可持续发展的重要保障。广西路建集团承建的梧州至柳州高速公路№A01-7合同段工程(简称“梧柳7标”)便是广西地区山区高速公路建设的典型代表(图1)。

图1　梧柳7标枫木界1号大桥

项目位于广西壮族自治区来宾市象州县、金秀县境内,地处大瑶山腹地;全线共计桥梁30座/7260米,隧道4座/3131米,桥隧比达到65.2%;涵洞127.8米/3道,通道288.26米/9道;预计工期24个月,其中枫木界隧道长度超过1000米,工期为30个月。

梧柳7标是一个典型的山区桥隧高速公路建设项目,桥隧比高达65.2%,桥隧施工产值占80%;项目共有桥梁30座,其中大桥22座、中桥8座;桥梁上部结构采用30米、40米两种先简支后连续预应力混凝土T形梁;下部结构桥墩采用钢筋混凝土桩柱式圆墩,桥台采用桩柱式桥台,墩台采用挖(钻)孔桩基础。桥梁桩基设计共1033片,系梁(承台)设计共643个,墩柱设计共741根,盖梁(台帽)设计共514个,预制T梁设计共2694片。项目地处大瑶山山脉的西南段,地势起伏剧烈,山体纵横切割,沟谷发育,山高坡陡,底层岩性以砂岩为主,滑坡、泥石流、顺层边坡等不良地质发育,工程地质条件较差,是广西路建集团目前工程量最大、施工环境最恶劣、工作条件最艰苦的项目。“工期紧、任务重”在该项目尤为突出。

广西地区山区高速公路施工环境类似于梧柳7标艰苦条件的比比皆是,主要材料有序运输、大宗材料协调管理、山区大型构件的加工与安装成为项目优质履约的“拦路虎”，为此，材料资源集约化管理是实现山区高速公路绿色建造、品质工程建设的必要保障。

二、主要内涵

广西路建集团以价值工程为科技创新基础理论，以PDCA循环为管理基础理论，打造广西路建集团“品质建设资源集约管理体系”，力求在保证质量、安全、进度的前提下，节约成本，保护生态环境，实现绿色品质工程。

1. 价值工程应用推动科技创新与技术改进

以价值工程为基础建立科技创新深化设计方案分析模型，围绕绿色公路品质工程建设需要提出科技创新研究内容，以解决项目施工难题、保障质量安全需求为功能指数(F_i)，以投入综合成本及回收值分析为成本指数(C_i)，在保证工程质量、进度的前提下，优化工程成本、加大周转材料的可回收利用率、降低固体废弃物排放量、加强机械设备作业功效、提高主体结构一次成型质量，达到最优的价值指数(V_i)；建立$V=\frac{F}{C}$的技术创新价值工程优化设计体系，指导项目开展科技创新和技术改进。

2. PDCA循环推进材料资源集约化管理

PDCA循环的含义是将质量管理分为四个阶段，即Plan(计划)、Do(执行)、Check(检查)和Action(处理)；在质量管理活动中，要求把各项工作按照作出计划、计划实施、检查实施效果，然后将成功的纳入标准，不成功的留待下一循环去解决。这一工作方法是质量管理的基本方法，也是企业管理各项工作的一般规律。

公路工程建造过程中，从科技创新+资源集约化管理入手，推动施工技术的不断改进，不仅是提高施工品质、降低项目成本、减少固体废弃物排放的重要手段，也是固废材料再利用、实现资源综合循环利用的重要途径。通过PDCA循环的管理手段，对项目材料资源集约利用管理，综合协调材料资源利用，减少材料浪费，发展固废材料在工程中的应用，推进绿色品质工程双示范建设。

三、主要做法

公路工程材料资源集约化管理体现在就地取材利用、施工路段土方平衡、废弃石方材料有效利用、拆除固体废弃物再利用、周转材料降低损耗、构件成品保护等方面；广西路建集团依托梧柳7标工程，深入分析项目资源集约化管理的重点，依托PCDA循环管理方法，推动绿色品质双示范工程建设，为后续高速公路工程材料资源集约化管理提供实施指南。

(一)广西山区高速公路材料资源集约化管理重点分析

1. 混凝土用砂的取材和运输是就地取材、废方利用的重点

当前广西交通工程建设多以天然河砂作为混凝土细集料。天然砂是一种地方性资源，短期内不可再生，也不利于长距离运输。随着我国基础设施建设的日益发展，对天然砂资源的需求量不断加大，导致不少地区天然砂资源逐步短缺。由于砂资源短缺，价格上涨，在经济利益的驱使下，我国很多地区都出现了乱采、乱挖天然砂的现象，甚至一些不法商贩将“海砂”浸泡后当作“河砂”进行出售，无序的生产、储存和运输还造成了对环境的污染。

广西山区高速公路工程沿线地形复杂，山区较多，以石灰岩、砂岩山体为主(图2、图3)，给天然砂的运输造成了极大的困难，水运不能实现，陆运线路长，势必会增加本工程天然砂的采购成本，给公路工程高效施工带来制约；而公路开挖的石方无法有效利用而废弃，不仅给环境消纳带来负担，石方的外运也给工程增加了工序、油耗及成本；如果能够实现混凝土用砂的就地取材，将会是材料资源集约化管理的一大突破。

图2 广西山区石灰岩山体

图3 广西山区砂岩地质地貌

2. 提高大型预制构件生产、运输能力,是材料集约管理的重点

随着高速公路往山区不断延伸,桥梁占比越来越高,先简支后连续梁式桥是最常见的桥梁结构,随之而来的就是大量的预制梁加工和架设工作。广西是珠江水系的主要干流流域,河流众多、雨水充沛,而大部分山区地表以砂岩、碳质泥岩、膨胀性黏土为主,随之带来的泥石流、洪水、塌方、滑坡等地质灾害给施工物资运输带来了极大的困难。图4、图5所示为地质灾害影响项目临时驻地或临时便道实景。

图4 洪水淹没项目临时驻地

图5 临时便道被泥石流掩埋

以梧柳7标为例,合同段共有桥梁32座,其中大桥23座、中小桥9座,全线共计T梁2694片,其中30米T梁2292片、40米T梁402片;大体量的预制构件加工与运输,制约着山区高速公路建设的进度和施工质量的提升。如何加快T梁预制效率,保证预制构件质量,并能够快速运输到现场安装是保证工程质量、实现工程大宗材料集约化管理的重点内容。

3. 大型预制构件的安全快速安装架设是成品保护的重点

对于高速公路工程,大型预制构件一般为预制梁、预制板或预制盖梁等,先简支后连续梁桥是高速公路桥梁的主要结构形式,最大的预制构件安装架设即为预制梁架设。

传统双导梁架桥机前横移轨道安放在前方桥墩盖梁上,其下支垫结构为架桥机体外结构,但作用非常关键。支垫结构的绝大部分采用短枕木(或方木)在盖梁上纵横交叉分层堆码成立方形支墩,支墩以一定的横向距离布置,各枕木支墩采用不同厚度枕木堆码使横移轨道枕面水平。采用枕木支墩支承架桥机前横移轨道的传统做法(图6),存在安全性差、工作效率低等特点,架桥机事故层出不穷(图7),不仅对已完成的构筑物造成不可逆的损坏和人员伤亡事故,也会严重影响施工工期和履约能力。预制梁的安全快速架设是实现成品保护、减少资源浪费的必要途径。

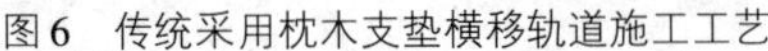

图6 传统采用枕木支垫横移轨道施工工艺

图7 架桥机事故案例

4. 新型模架体系的研发是结构物一次成型、周转材料集约利用的重点

山区高速公路桥梁作为主要构筑物，桥梁墩柱和现浇桥梁是主要的现场施工构筑物(图8)。

图8 广西山区高速公路现浇桥施工场地地貌

桥梁墩柱施工采用现浇的方式进行；支架体系以传统的扣件式钢管支架脚手架搭设施工平台作为主要的施工方式，高大圆柱支架搭拆时间长，且易出现搭设不规范、支架外观凌乱、内模的归整度不高等问题，严重影响混凝土成型质量，加大周转材料的损耗。

传统的现浇桥梁的支模架体系也是需要大量的场地平整工作，尤其处于陡峭山坡的墩柱需面临大面积开挖山体，作为支撑架体基础，严重破坏了山体稳定性，造成土地资源破坏；传统的满堂脚手架体系因不能跨越河流和山地，需要焊接大直径钢管进行跨越，而大直径钢管支架体系在山区施工却面临着运输难、吊装难、拆除难、现场动火安全隐患等问题，导致现浇桥梁施工效率低下。

因此，需要研发一种新型模架体系，能够快速施工现浇结构体系的同时，保证混凝土一次成型质量，减少周转材料浪费和山体开挖，从而达到材料资源集约管理的目的。

(二)以PDCA循环为基础，开展砂岩机制砂研制，满足混凝土用砂就地取材的要求

广西山区以砂岩和石灰岩为主，砂岩和石灰岩资源丰富，使得机制砂具备就地取材的条件。一方面可解决天然砂运输不便、质量不稳定等一系列问题；另一方面，利用碎石场生产的尾矿生产机制砂，不仅可保证本工程用机制砂的供应及时、质量稳定、成本低廉，还可以就地取材，降低尾矿堆积，减轻环境污染，提高资源利用率，是实现公路品质工程建设资源集约化管理的重要途径。

传统的机制砂是采用石灰岩作为原材料，但是砂岩地区的工程项目没有石灰岩可以采石，因此，砂岩机制砂是否能够达到混凝土施工质量要求，成为首要解决的问题。

广西路建集团为了保证施工品质、降低建造成本，利用地缘优势，依托梧柳7标项目研制砂岩机制砂制造技术，满足高性能混凝土的性能要求，实现就地取材、资源循环利用的资源集约化管理实施目的。

1. 砂岩机制砂研制 PDCA 循环实施计划(表 1)

砂岩机制砂研制实施计划表　表 1

流程		实施内容	实施时间
P	机制砂调研及准备工作	文献调研、生产现状调查、机械设备调查、原材料调研	2015.01—2015.06
	工艺设计与配合比确定	砂岩机制砂及高性能混凝土配置研究,机制砂性能评价	2015.07—2015.09
D	工程应用与实践	砂岩机制砂在梧柳 7 标实践与应用及性能分析评价	2015.10—2016.05
C	砂岩机制砂混凝土质量检查及机理分析	对应用砂岩机制砂高性能混凝土构筑物进行机理分析和质量检测	2016.06—2016.10
A	反馈改进及巩固	砂岩机制砂应用技术指南编制与技术推广	2016.11—2016.12

2. 机制砂调研及准备工作

(1)机制砂生产设备和生产情况调研

研究小组走访调研了山特维克、黎明重工和奥克矿山机械、浙江矿山机械有限公司等知名机制砂机械制造企业;各设备生产商生产设备产能大小各不相同,根据砂岩矿山特点,假定产能约为 100 吨/小时,各厂家产品对比如表 2 所示。

制砂机设备对比　表 2

厂家	主要设备	功率(千瓦)	价格(万元)	产率(吨/小时)	衬板、刀片寿命	基本情况
山特维克	CV 系列	500	240	150 万~170	15 万~30 万吨	干法生产,进料 5 厘米,约 1 千瓦处理 1 吨产品,成砂率 30%~35%,具体指标取决于 SiO_2 含量
黎明重工	5X1145	260	66	60~85	150 小时	进料 5 厘米,耐磨件成套约 6000~7000 元
世邦机器	VSI5X1145	264	68	65~85	砂岩 80~150 小时 河卵石 60~120 小时	进料 5 厘米情况下达到 80 吨/小时产量,全套衬板更换约 8500~9000 元
浙江矿山	PL1200	260	25	30~40	刀片寿命约 3 天	进料约 100 吨/小时,刀片一副约 220 元,使用周期较短
奥克矿山	VSI6000	264	32.6	80	15 万吨	耐磨件较少,一套价格约 1500 元,进料 5 厘米,自身通过碎石约 200 吨/小时
维科重工	VSI1145	400	58	100	200 小时	进料 5~10 厘米,出料 0~5 厘米,全套衬板约 2 万元
美卓矿机	巴马克 V1500	600	—	200	—	最大给料 6 厘米,设备重量约 2 吨,最高转速 65 米/秒,应用于欧洲,国内无该系类设备

调研可知:通过对国产设备和进口设备的价格、能耗、产率和耐磨件寿命等综合因素的比较分析,认为国产设备单价较低,但处理能力有限,耐磨件寿命较短,部分设备单位能耗较高,因而生产过程中制砂成本相对较高;进口设备处理能力强,耐磨件寿命长,稳定生产能力较强,但整体价格较高,耐磨件更换不如国产设备方便及时。生产企业选择制砂机时应根据自身矿山特点、产能规划和市场需要及自身资金实力选择。

(2)砂岩机制砂特性对混凝土性能影响的研究

为了研究砂岩机制砂特性对混凝土性能的影响,以 C50 梁混凝土工作性、力学性能和抗渗性能,并与河砂混凝土进行对比,以确定机制砂的使用率和含沙量。表 3、表 4 即为 C50 梁混凝土工作性试拌过程及其工作性能。

C50 梁混凝土工作性试拌过程 表3

编号	石粉含量(%)	胶材用量(千克/立方米)	砂率(%)	原材料用量(千克/立方米)						
				水泥	粉煤灰	矿粉	砂	碎石	水	外加剂
S-1	8	480	42	336	72	72	743	1027	150	3.36
S-2	8	480	42	336	72	72	743	1027	150	3.60
S-3	8	480	42	336	72	72	743	1027	150	4.08
S-4	8	480	45	336	72	72	797	974	150	3.60
S-5	河砂	480	42	336	72	72	743	1027	150	3.36

C50 梁混凝土工作性能 表4

编号	黏聚性	离析情况	坍落度(毫米)	扩展度(毫米)	容重(千克/立方米)
S-1	良好	无	140	380	2410
S-2	较好	无	185	520	2425
S-3	较差	轻微	215	550	2405
S-4	良好	无	200	540	2390
S-5	良好	无	190	560	2420

结果表明：机制砂混凝土的工作性能比河砂混凝土略差，需通过提高砂率和增加减水剂掺量来使机制砂混凝土达到相同或相近的工作性能。机制砂混凝土各龄期的抗压强度均比河砂混凝土高，而抗渗性能、体积稳定性和抗裂性能则与机制砂混凝土中的石粉含量、MB 值和细度模数有关，利用石粉含量适中、MB 值较低和细度模数较小的机制砂可配制出抗氯离子渗透性能和体积稳定性优于河砂混凝土的机制砂混凝土。

3. 工艺设计与配合比确定

以梧柳 7 标为依托，根据不同的结构部位所处的环境特点和功能特点，利用项目部自产的机制砂及碎石分别针对 C25 二次衬砌、C30 桩基、C30 墩柱、C40 台帽和 C50 梁的砂岩机制砂混凝土开展配制技术研究，研究砂岩机制砂对混凝土的工作性、力学性能、抗渗性能、收缩性能等的影响规律，利用机制砂配制出性能优良、适合各结构部位特点的砂岩机制砂高性能混凝土。各结构部位初步推荐配合比如表 5所示。

各结构部位初步推荐配合比 表5

部位名称	配比编号	胶材用量(千克/立方米)	水胶比	原材料用量(千克/立方米)						
				水泥	粉煤灰	矿粉	机制砂	碎石	水	外加剂
C25 衬砌	C2	370	0.41	259	111	—	845	1033	151.7	3.15
C30 挖孔桩	Z4	390	0.38	292.5	97.5	—	838	1024	148.2	3.5
C30 灌注桩	Z6	420	0.38	315	105	—	819	1001	159.6	3.80
C30 墩柱	D5	390	0.38	292.5	97.5	—	838	1024	148.2	3.12
C40 台帽	T2	420	0.36	273	147	—	823	1006	151.2	3.8
C50T 梁	L5	490	0.30	367.5	49	73.5	793	970	147	4.9

通过对砂岩机制砂混凝土的试配，并按混凝土结构标准完成了每组混凝土试块的力学性能、抗氧离子渗透性能、抗裂性能、收缩性能分析，得出了推荐配合比。

4. 项目应用情况

研究基于广西河砂运输困难、成本较高的特点，利用当地矿山资源，开展了砂岩机制砂的生产、性能及质量控制技术研究。结合梧柳高速公路工程结构部位（桩基、墩台及梁）的要求及特点，利用自产的机制砂配制出满足工程要求的高性能混凝土，成功应用于梧柳 7 标中，指导了桥梁高性能混凝土结构的施工。

建立的《机制砂生产及机制砂高性能混凝土应用技术指南》,指导了本工程中机制砂生产及机制砂高性能混凝土的配制,并从机制砂生产工艺、混凝土原材料选择、配合比设计、混凝土施工及验收等方面对工程质量进行了控制,取得良好效果。同时为广西地区机制砂高性能混凝土的生产和应用提供了技术基础,推动了机制砂及机制砂高性能混凝土在广西地区的应用和发展。

通过应用研究成果,每立方米混凝土节约成本约40元,工程混凝土总量按30万立方米测算,直接降低工程成本约1200万元,同时还取得其他间接社会经济效益,总体社会及经济效益明显。

5.标准建立与推广应用

通过机制砂生产和机制砂混凝土一系列关键技术研究,提出了C20~C50各标号机制砂高性能混凝土生产和配制技术,指标上具有较好的先进性,解决了砂石主材因山区道路弯、窄、陡难行而供应不畅的困难,极大地促进和保障了山区高速公路施工质量和施工进度。以梧柳7标为例,砂岩机制砂的运用,每立方米混凝土节约成本约40元,总量按30万立方米测算,直接降低成本约1200万元。

砂岩机制砂制备及混凝土拌制工艺不仅用于梧柳7标项目,在同期施工和后续的靖西至那坡高速公路、百色到靖西高速公路、马山至平果高速公路、都安至河池高速公路等20余项工程上得到了良好的推广应用,使得项目高效履约的同时保证了工程质量,为材料资源节约就地取材积累了宝贵的实施经验。

通过砂岩机制砂的技术攻关和经验总结,编制了广西地方标准《机制砂及机制砂混凝土应用技术规范》(DB45/T 1621—2017)(图9),在整个广西地区得到推广应用,并且获得行业内广泛认可,被广西壮族自治区交通运输厅评为"2020年度'科技示范'创新典型案例"(图10)。

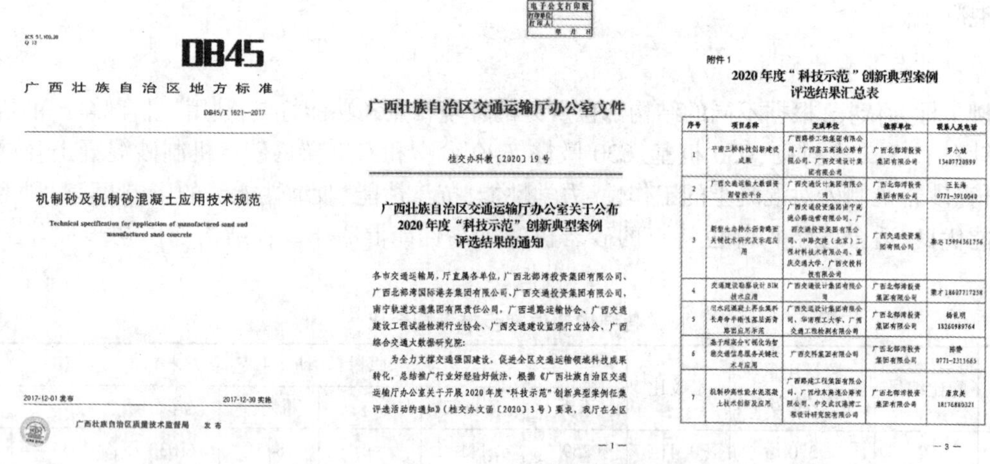

ICS 91.100.30
Q 13

DB45

广西壮族自治区地方标准

DB45/T 1621—2017

机制砂及机制砂混凝土应用技术规范

Technical specification for application of manufactured sand and manufactured sand concrete

2017-12-01 发布　　2017-12-30 实施

广西壮族自治区质量技术监督局　发布

电子公文打印版
打印单位
打印人
年 月 日

广西壮族自治区交通运输厅办公室文件

桂交办科教〔2020〕19号

广西壮族自治区交通运输厅办公室关于公布2020年度"科技示范"创新典型案例评选结果的通知

各市交通运输局,厅直属各单位,广西北部湾投资集团有限公司、广西北部湾国际港务集团有限公司、广西交通投资集团有限公司,南宁轨道交通集团有限责任公司,广西道路运输协会、广西交通建设工程试验检测行业协会、广西交通建设监理行业协会、广西综合交通大数据研究院:

为全力支撑交通强国建设,促进全区交通运输领域科技成果转化,总结推广行业好经验好做法,根据《广西壮族自治区交通运输厅办公室关于开展2020年度"科技示范"创新典型案例征集评选活动的通知》(桂交办文函〔2020〕3号)要求,我厅在全区

—1—

附件1

2020年度"科技示范"创新典型案例评选结果汇总表

序号	项目名称	完成单位	推荐单位	联系人及电话
1	平南三桥科技创新建设成果	广西路桥工程集团有限公司、广西嘉玉高速公路有限公司、广西交通设计集团有限公司	广西北部湾投资集团有限公司	罗小斌 13407720899
2	广西交通运输大数据资源管控平台	广西交通设计集团有限公司	广西北部湾投资集团有限公司	王长海 0771-3910040
3	新型电动静水沥青路面关键技术研究及示范应用	广西交通投资集团南宁高速公路运营有限公司、广西交通投资集团有限公司、中路交建(北京)工程材料技术有限公司、重庆交通大学、广西交投科技有限公司	广西交通投资集团有限公司	[illegible] 15994361756
4	交通建设勘察设计BIM技术应用	广西交通设计集团有限公司	广西北部湾投资集团有限公司	[illegible] 18607717258
5	旧水泥混凝土再生集料长寿命半刚性基层沥青路面应用示范	广西交通设计集团有限公司、华南理工大学、广西交通工程检测有限公司	广西北部湾投资集团有限公司	杨礼明 18260989764
6	基于超高分可视化的智能交通信息服务关键技术与应用	广西交科集团有限公司	广西北部湾投资集团有限公司	[illegible] 0771-2311665
7	机制砂高性能水泥混凝土技术创新及应用	广西路建工程集团有限公司、广西桂东高速公路有限公司、中交武汉港湾工程设计研究院有限公司	广西北部湾投资集团有限公司	[illegible] 18176880321

—3—

图9　广西地方标准　　图10　2020年度"科技示范"创新典型案例

(三)通过大型预制构件加工场合理规划与布置,实现资源集约化管理

大型构件加工场的布置,不仅要考虑地形、地貌的便利,还需要考虑大宗材料进场运输、预制构件出场运输及桥位。如何更好地进行预制构件加工场规划布置,更好地选址解决山区不良地质条件下大宗材料运输、预制构件运输问题,同时保证多桥同步安装施工,提出了梁场布置综合解决方案。以梧柳7标T梁预制场建设为例,由于项目地理位置特殊,施工条件极为恶劣,其中桥梁所占比重较大,桥梁施工进度的快慢直接制约着工程整体进度,为保证桥梁尤其是T梁预制施工,项目在前期经营策划中计划建设4处T梁预制场,即可满足项目建设需求。

1.预制梁的统计与安装策划

梧柳7标桥梁施工组织主要按预制场的布置确定梁板架设先后顺序来组织桥梁的施工进度计划。全线桥梁共计7554.915米/32座,其中大桥6884.74米/23座、中桥670.175米/9座,上构均为先简支后连续后张法预应力混凝土 T 梁，全线共计 T 梁 2694 片/93684 米，T 梁有 30 米、40 米两种形式，其中 30 米 T 梁 2292 片、40 米 T 梁 402 片。

按照全线桥梁的位置，以就近为原则布置梁场，计划布置 4 座梁场负责所有预制 T 梁的加工（图 11）。梁场的工程量与预制场工程量划分见表 6。

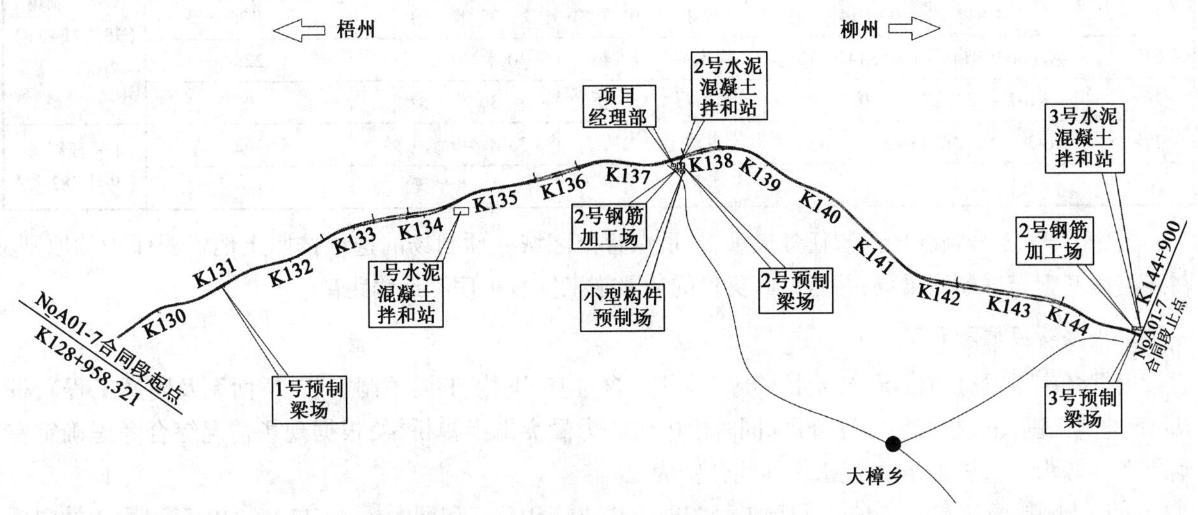

图 11 梧柳 7 标场站布置总平面图

全线桥梁 T 梁工程量与预制场工程量统计表 表 6

序号	桩 号	结构物名称	梁板类型	数量(片)	预 制 场
1	K129 +540	三和垌 1 号中桥	30 米 T 梁	30	1 号预制场（共计 906 片）
2	K129 +918	三和垌大桥	30 米 T 梁	162	
3	K130 +310	三和垌 2 号中桥	30 米 T 梁	24	
4	K130 +755	王钳 1 号大桥	30 米 T 梁	108	
5	K131 +155	王钳 2 号大桥	40 米 T 梁	36	
6	K131 +495	王钳 3 号大桥	30 米 T 梁	66	
7	K131 +890	老蒙冲大桥	30 米 T 梁	102	
8	K132 +415	门头河 1 号大桥	30 米 T 梁	258	
9	K132 +848	门头河中桥	30 米 T 梁	36	
10	K133 +052	门头河 2 号大桥	30 米/40 米 T 梁	48	
11	K133 +218	门头河 3 号大桥	40 米 T 梁	36	
12	ZK134 +035	新村 1 号大桥	30 米/40 米 T 梁	132	2 号预制场（共计 672 片）
13	K134 +693	新村 2 号大桥	30 米 T 梁	78	
14	K134 +950	新村 3 号大桥	30 米 T 梁	90	
15	K135 +335	新村 4 号大桥	30 米 T 梁	156	
16	ZK136 +475	河岔 1 号大桥	30 米 T 梁	174	
17	K137 +424（ZK137 +417）	河岔 3 号大桥	30 米/40 米 T 梁	42	
18	K138 +580（ZK138 +384、ZK138 +689）	王桑 1 号大桥	30 米 T 梁	198	3 号预制场（共计 834 片）
19	K139 +020（ZK139 +005）	王桑中桥	30 米 T 梁	18	
20	K139 +095（K139 +099）	王桑 2 号大桥	40 米 T 梁	12	
21	K139 +355（K139 +220、K139 +400）	文凤大桥	30 米 T 梁	126	
22	K139 +679	文凤中桥	30 米 T 梁	30	
23	K139 +905（ZK139 +905）	沙坪大桥	30 米/40 米 T 梁	72	

续上表

序号	桩 号	结构物名称	梁板类型	数量(片)	预制场
24	K140+382(ZK140+382)	沙坪1号中桥	30米T梁	36	3号预制场(共计834片)
25	K140+664(ZK140+664)	沙坪2号中桥	30米T梁	24	
26	K140+914(ZK140+914)	沙坪3号中桥	30米T梁	12	
27	ZK141+600(K141+400、K141+730)	枫木界1号大桥	30米/40米T梁	228	
28	K142+100(ZK142+087)	枫木界2号大桥	30米T梁	78	
29	K143+950(ZK143+953.759)	古浪1号大桥	30米/40米T梁	162	4号预制场(共计282片)
30	K144+573	古浪2号大桥	30米T梁	120	

其中,1号、3号预制场预制任务最重,是重点管控区域。预制场的选址按照土地资源保护的原则,在线路路基上布置预制梁场,并考虑其负责的桥梁施工安装工序和运输距离。

2.桥梁安装顺序确定

根据各座桥梁分布情况,确定桥梁施工顺序(含桩基、下构、T梁预制安装、桥面系及附属工程),桩基、下构施工围绕梁板安装顺序开展,同时集中主要力量突击半幅桥梁,根据现场情况综合考虑确定左幅或者右幅为先行施工,4条流水作业线分别为:

①1号预制场:K129+540三和垌1号中桥→K129+918三和垌大桥→K130+310三和垌2号中桥→K130+755王钳1号大桥→K131+155王钳2号大桥→K131+495王钳3号大桥→K131+890老蒙冲大桥→K132+415门头河1号大桥→K132+848门头河中桥→K133+052门头河2号大桥→K133+218门头河3号大桥。

②2号预制场:K137+424(ZK137+417)河岔3号大桥(安装河岔3号大桥后可接通乡村路进入主线2号拌和站及1号钢筋加工场的道路,运输重车可不走板场桥梁)→ZK136+475河岔1号大桥→K135+335新村4号大桥(向南隧道贯通后T梁运输可通过隧道,向小桩号桥梁进行T梁安装工作,同时可取消1号便桥,降低费用)→K134+950新村3号大桥→K134+693新村2号大桥→ZK134+035新村1号大桥(根据门头河4座桥梁建设进度及1号、2号梁场预制进度,调整T梁预制工程量,1号、2号梁场两边同步安装T梁,加快进度)。

③3号预制场:K140+914(ZK140+914)沙坪3号中桥→K140+664沙坪2号中桥→K140+382(ZK140+382)沙坪1号中桥→ZK141+600(K141+400、K141+730)枫木界1号大桥(考虑枫木界1号大桥施工工期较长,同时贯通右幅后,可提供平台施工部分左幅下构,降低雨水对桥梁下构施工的影响)→K139+905(ZK139+905)沙坪大桥→K139+679文凤中桥→K139+355(K139+220、K139+400)文凤大桥→K139+095(K139+099)王桑2号大桥→K139+020(ZK139+005)王桑中桥→K138+580(ZK138+384、ZK138+689)王桑1号大桥→ K142+100(ZK142+087)枫木界2号大桥(枫木界2号大桥T梁安装可根据下构施工进度调整预制计划,提前预制安装枫木界2号大桥T梁)。

④4号预制场:K144+573古浪2号大桥→K143+950古浪1号大桥。

3.预制梁场选址与运输线路规划

预制场总体规划包括:制梁区、存梁区、办公生活区、钢筋加工区、原材料堆放区。以1号预制梁场选址为例,线路沿线会经过山地和河谷,由于雨水充沛,低洼地区容易被洪水淹没,因此梁场选在填方路基段(图12)。

梁场选址地点如下:1号梁场设置在路基主线K128+958~K129+495,全长537米;2号梁场设置在K136+740~K137+340,全长600米;3号梁场设置在主线K140+700~K141+265,全长565米;4号梁场设置在主线K144+720~K144+900,全长180米。每个梁场规划宽度为20.5米,剩余5.5米路基作为场外行车通道;梁场必须在雨季来临前建设完成。

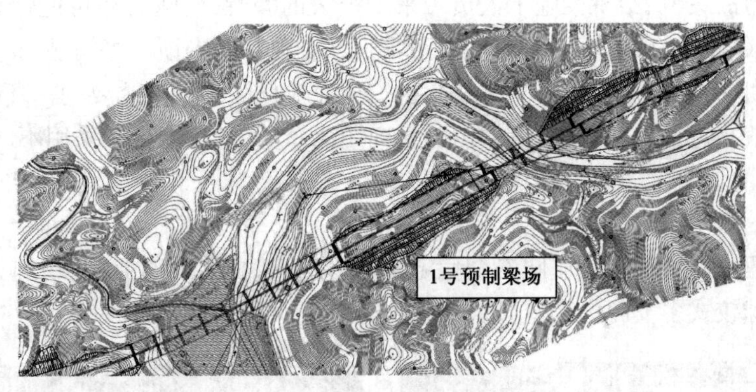

图12 1号梁场布置位置图

运输线路的规划:大宗材料运输利用二级路和村道运输进场,对村道跨越河流段进行改建,通过架设钢栈桥抬高村道路面,保证洪水季节材料进场不受影响。

4. 赶工措施及保障

施工过程中受红线交地影响,项目开工时间较其他标段晚了半年,为保证同步通车,在工期压缩的条件下,保质保量完成施工任务,既定的4处预制场已难以满足施工进度需要,为保证工程施工进度,项目分别在1号梁场和3号梁场负责的桥梁施工区域内增设2处T梁预制场,即1号辅场和3号辅场,以增加预制梁生产能力,保证预制梁的加工质量。

因工期已经压缩180天,根据关键线路工期分析,预制T梁需要压缩100天工期,1号、2号、3号梁场负责的工区分出400片T梁在1号辅场和3号辅场进行加工,1号辅场和3号辅场设计加工能力为每个梁场每天加工2片T梁。

由于项目的标准化管理和赶工应急措施得当,使得项目在延期180天进场施工的情况下,仍然能够按照工期要求完成2694片T梁加工和安装,质量得到了很好的保障,并荣获广西桂东高速公路有限公司梧州至柳州高速公路项目2017年第一季度安全生产综合评比第一名。

5. 标准建立与推广应用

梧柳7标项目通过山区高速公路梁场规范性建设,保证大体量T梁预制顺利安装完成,此项经验已在广西路建集团进行推广应用,取得了良好的实施效果,顺利完成大体量大型预制构件加工预制工作,得到建设单位广泛好评。

(四)通过架桥机前支撑结构技术改进,实现大型预制构件安全快速安装

对于山区高速公路而言,先简支后连续梁式桥是最常见的桥梁结构。随着高速公路往山区不断延伸,桥梁占比越来越高,随之而来的就是大量的预制梁加工和架设工作,运输车和架桥机即肩负起了此项重任。架桥机在架设过程中防坍塌是重大危险控制点,架桥机前支腿脚架失稳则是坍塌事故的主要原因。提高架梁施工速度、保障桥梁施工安全,提高架桥机前支腿稳固性,是摆在技术人员面前的一道难题。技术人员通过依托梧柳7标及同期施工的靖西至那坡高速公路、百色至靖西高速公路、马山至平果高速公路等工程,开展了架桥机前支腿架支撑技术的改进研究工作。

1. 分析架桥机前支腿失稳可能的原因,制定解决方案

2015年4月2日23时15分,在天津市西青区杨柳青镇境内,由中铁大桥局六公司承建的津保铁路工程3标,在跨子牙河特大桥271号墩~270号墩32米铁路双线箱梁架设施工过程中(架桥机向小里程方向架梁,271号墩~270号墩位于13.4‰的下坡道上,箱梁重776.5吨,架桥机型号为武桥重工SPJ-900),架桥机喂梁到位准备落梁时倾覆,箱梁随架桥机从16米高度坠落,撞倒270号墩。这是一起架桥

机前部失稳的典型事故案例,给桥梁施工人员带来了极大的警醒,支腿失稳可能性较大的是油缸故障、枕木支垫问题、支腿销轴穿插保护不当、前支腿不垂直或支腿螺栓未锁定等问题。

枕木作为架桥机前支腿的支垫结构,是架桥机安全作业保障中最为重要的一环,需要人工在盖梁上纵横交叉分层堆码成立方形支墩,支墩以一定的横向距离布置,各枕木支墩采用不同厚度枕木堆码使横移轨道枕面水平。由此可见,枕木的架设是架桥机施工中人为因素影响最大、架设质量最不可控的一环。

为了消除枕木码放对架桥机前支腿安全稳定性的影响,减少人工作业,加快施工效率,于是技术人员提出了无级调节球铰式多支腿的构造(图13、图14)作为架桥机的前支撑。

图13 无级调节球铰式多支腿构造

图14 支腿底部自由调节构造

无级调节球铰式多支腿架桥机前横移轨道系统,其原理是架桥机前横移轨道下端面固定安装有若干个构件,该构件的个数随架桥机前横移轨道的长度或受力变化而确定,而构件彼此之间按一定间距排列。所述的构件包括支承附件、调整装置和防倾斜底座,整体形成无级调节球铰式多支腿架桥机前横移轨道系统。无级调节球铰式多支腿架桥机前横移轨道系统的橡胶支座与反扣钢板通过螺栓连接,其余部件内部通过焊接连接,调整螺杆底端设有凸形圆弧面钢球头,并与其下方的凹形圆弧面钢结构形成球铰支承,两者圆弧面直径一致,使凹凸面完全吻合,盖梁存在不同的横坡时,保证调整螺杆与下方凹形圆弧钢构造接触面始终保持紧密接触,不产生空隙和局部集中受力,防止结构的超强度破坏,起到良好的传递竖向荷载的作用。该系统分别对各个调整螺杆在竖直方向进行无级调节,使得架桥机前横移轨道不同横坡的盖梁保持水平,并起到支撑架桥机前端构造的作用。

2. 项目应用情况

本工艺在梧柳7标及同期施工的靖西至那坡高速公路、百色至靖西高速公路、马山至平果高速公路等工程进行了应用及工艺总结。以梧柳7标为例,共2694片T梁需要架设,桥梁共449孔,使用无级调节球铰式多支腿架桥机前横移轨道系统作业,每一次过孔可节约时间约0.4小时,工期节约8个工作日,机械节约37个台班,有效加快桥梁架设安装施工进度,节约机械、人力,保障架桥机作业安全和桥梁架设质量,实现桥梁预制构件安全快速架设。

3. 施工现场管理程序标准化建立

通过多个项目的应用与积累,建立了架桥机施工标准化程序,并在广西路建集团项目中进行推广应用。

架桥机无级调节球铰式多支腿前横移轨道系统在使用时,提前对螺母、螺杆进行涂刷黄油,以方便后面施工,针对不同横坡应选择长度合适螺杆,确保螺杆露出螺母,保证系统稳定性,但还应检查调整后螺杆顶部与前横移轨顶部最高面的距离须小于60毫米,螺杆高出轨道会与行走电机、减速机等发生碰撞影响架桥机横移系统。在系统调水平时应检查每个螺杆是否拧紧,以采用扳手拧不动为准,避免受力不均造成系统失稳。

梁板安装施工配备施工员全程监督管理,严格按架桥机操作规程以及系统使用相关说明施工;特种设备人员应持证上岗;每片梁板安装前应对垫石中心进行测量放样,用墨线弹出支座位置,安装梁板时应亲自到盖梁上查看梁板位置是否准确,支座与垫石是否紧密贴实,梁板安装是否竖直,确保梁板安装质量满足施工技术规范要求,并同时做好施工日志和各种施工原始记录。

图15、图16为桥梁架设现场使用无级调节球铰式多支腿前横移标准化施工图。

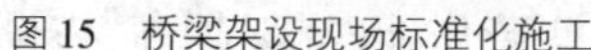

图15 桥梁架设现场标准化施工

图16 无级调节球铰式多支腿前横移

4. 标准建立与推广应用

无级调节球铰式多支腿架桥机前轨道钢支垫系统技术根据试点工程应用情况总结了《架桥机无级调节球铰式多支腿前横移轨道系统架梁施工工艺》,并荣获2018年度广西壮族自治区级工法、实用新型专利授权、发明专利授权。该技术有效地解决了架桥机前横移轨道支垫采用传统的枕木堆码方法存在的枕木耗费数量大、支垫不稳固、梁片安装效率低等问题,具有构件一体、形式标准、结构安全、使用便捷、经济性好等优点。以梧柳7标应用效果为例,该技术安全地推进了标段2694片30米、40米T梁的安装进度,节约工期40天,节约成本57万元。目前,广西路建集团承建的工程项目已全部使用该项技术,取得良好的应用效果,保证桥梁架设安全快速施工。

(五)以价值工程为基础开展新型模架体系的研制,提高周转材料利用率,达到资源集约化管理

1. 山区高速公路工程现浇桥梁施工技术难点分析

山区高速公路现浇桥梁往往跨越河流、山谷等诸多复杂地形,传统的支模体系不仅不能满足施工要求,也不能适应山区运输困难、吊装场地有限等特殊要求。以梧柳7标六巷互通式立交现浇桥为例,该现浇桥位于主线K130+130~K131+080范围内,该范围内主线长950米,匝道全长2194米,连接线全长312米;该区域位于大瑶山山脉的西南段,地貌区地势起伏剧烈,山体纵横切割,沟谷发育,山高坡陡,植被茂密;地层岩性以砂岩为主,低山斜坡表层上覆崩坡积、坡残积块碎石土,河谷底部上覆漂卵石,厚度不均;不良崩坡积体、滑坡、顺层边坡等不良地质发育,工程地质条件较差。六巷互通式立交主要参数见表7。

六卷互通式立交主要参数 表7

现浇段名称	现浇段投影地形	现浇梁两端最大高差(米)	现浇梁距原地面最大高度(米)	现浇梁最大横坡(%)	现浇梁最大纵坡(%)	现浇梁转弯半径(米)
B匝道第一联	山体斜坡	20	27	6	3.2	50
C匝道第二联	山体斜坡	35	37	6	-3.832	60
E匝道1号大桥第一联	软弱地区,河流边	1	30	6	-3.2	50
E匝道1号大桥第二联	软弱地区,河流边	25	30	6	-3.2	50
E匝道2号大桥第一联	山体斜坡	7	9	6	1.5	80

互通立交现浇箱梁的最小转弯半径为 $R = 50$ 米;墩台径向布置,最大纵坡3.823%,最大横坡为6%,最大现浇高度37米。该工程特点为均为小半径、超高段的整体式现浇箱梁,并且投影大多位于陡峭地质山坡或者跨河软弱地区,施工难度大。既要保护原有地貌减少原状土开挖,又要保护河流流域不受施工污染,还需要保证箱梁施工安全和桥面线型流畅,对施工提出了极高的要求。

由于山地条件的限制,桥梁施工中需要支设模架体系现浇的构筑物包含墩柱和箱梁,该构筑物的施工方式已经不能用传统的方式进行。为了达到混凝土结构一次成型的品质工程质量要求,同时也是为了提高周转材料利用率,减少施工过程固体废弃物排放,技术团队有必要改进支模体系,达到绿色品质双示范的实施要求。

2. 山区高速公路现浇桥梁支模体系实施方案深化设计,促进周转材料回收利用

(1)现浇桥梁支模体系实施方案的选择

传统的现浇桥施工采用满堂脚手架或者焊接钢管支架+贝雷片+上部满堂支架作为现浇桥支模体系,但是这两种施工方法都无法满足山区高速公路的施工要求。

满堂脚手架施工法对基础处理要求高,陡峭山坡的支架需面临大面积开挖山体,施工困难,严重破坏了山体稳定性,且进一步危及已完工桥台的稳定和安全。随着搭设高度增加,稳定性和安全性逐步下降;作业人员持长重杆件人工逐段往上搭设脚手架,劳动强度大,易致疲劳作业,支架越高,搭设难度越大,容易发生杆件甚至人员掉落事故。另外,满堂支架无法适用于跨河流域,需要设置钢管支架进行跨越。

焊接钢管支架+贝雷片+上部满堂支架施工法可以适用于高墩现浇桥梁施工,但是钢管立柱间的拼接和横撑、斜撑的连接都是采用现场立焊形式,导致焊缝多,同时立焊质量要求高,焊缝质量得不到保证。并且,现浇梁施工完成后,拆除焊接式钢管支架时需要对焊接口进行切割,对原材料损坏大、造成材料损耗浪费;需要现场动火作业,拆除时需要现场氧割,对于工作面而言安全隐患大,不是优选方案。

在传统方法都无法适应山区高速公路施工条件的情况下,项目部进行"头脑风暴",参考钢结构高强螺栓,提出了装配式钢管支架+贝雷片+上部满堂支架施工法。

装配式钢管支架标准化程度高,周转率高,支架体系由高强螺栓连接,具有很强的竖向承载能力,并且支架具有很强的刚度和抵御变形能力以及整体稳定性;能够适用于陡峭山坡、沿河等特殊地质条件,减少了对山体的扰动和支架基础开挖工作,有效保护了山体稳定,且不受地质条件、雨季影响。但是装配式钢管支架为首次设计,存在一次投入大、前期需要深化设计加工周期、无类似经验参考、整体刚度待验证等缺点,需要科研攻关团队进一步深化设计及论证。科研攻关团队决定采用价值工程方法对方案进行深化设计,进而提出具有推广应用价值、能够适应山区高速公路施工的装配式钢管支架方案。

针对工程重难点,提出了价值工程评价对象:支架基础、支架支撑强度、支架稳定性、支架刚度、支架运输安装难度、支架对周边环境的影响程度、支架施工成本等。

装配式钢管支架由地基基础、立柱、横撑、斜撑、螺旋管、连接螺栓等构件组成,应用价值工程对每个构件选型进行比对,选出最优的设计方案。

(2)利用价值工程深化设计,评价参数分析及定义

价值工程把"价值"定义为:对象所具有的功能与获得该功能的全部费用之比,即 $V = F/C$,式中,V

为价值,F 为功能,C 为成本。

功能指数:功能指数考虑装配式钢管支架深化设计和施工过程中涉及的主要影响因素,包含承载力、架体稳定性、施工周期、运输安装条件、工程适用性等。采用直接评分法进行功能指数判断,能够完全满足使用要求得 2 分,改进后能够满足使用要求得 1 分,不能满足使用要求得 0 分。

成本指数:按照每个深化设计方案所需的综合成本为比较参数,以最低方案所需成本为基准系数即 1.0,其余方案以最低成本方案价格的倍数为成本指数。

(3)地基基础选型

装配式钢管支架地基基础选型价值工程分析见表 8。

装配式钢管支架地基基础选型价值工程分析表　表 8

基础方式		主要性能评估				功能指数 F_i	成本指数 C_i	价值指数 V_i
		承载能力	施工周期	运输安装条件	工程适用性			
扩大基础	功能评价	地基承载较弱,需验证	施工周期短、施工方便	对运输条件要求低	山地不适用	5	1.0	5
	功能指数评分	1	2	2	0			
灌注桩基础	功能评价	承载能力强	施工周期较长,需要合理安排工序	对运输条件要求较低	适用范围广,特别适用于山地	7	1.3	5.38
	功能指数评分	2	1	2	2			
预制管桩基础	功能评价	承载能力较强	施工周期较短	运输要求高,管桩吊装要求高	石灰岩地层需要引孔入岩	6	1.2	5
	功能指数评分	2	2	1	1			

由于该工程地处山地,高差较大,通过以上价值工程比选,采用灌注桩基础作为装配式钢管支架基础,保证支架体系基础稳固,承载能力强。

(4)标准节立柱型号选择

装配式钢管支架标准节立柱选型价值工程分析见表 9。

装配式钢管支架标准节立柱选型价值工程分析表　表 9

标准节立柱型号		主要性能评估				功能指数 F_i	成本指数 C_i	价值指数 V_i
		承载能力	施工周期	运输安装条件	工程适用性			
长度 12 米	功能评价	长细比过长,需要进一步深化	施工方便,连接节点少	运输不便,吊装要求高	对材料堆放场地要求高	5	1.0	5
	功能指数评分	1	2	1	1			
长度 9 米	功能评价	长细比基本满足要求	连接节点介于两个方案之间	运输要求高,吊装要求较高	对材料堆放场地要求高	6	1.1	5.45
	功能指数评分	2	2	1	1			
长度 6 米	功能评价	承载能力强、框架稳定性强	连接节点多,施工安装工序多	运输要求较低、吊装较为便利	对材料堆放场地要求低	7	1.2	5.83
	功能指数评分	2	1	2	2			

通过以上价值工程比选,采用 6 米长度作为钢管立柱标准节段(图 17、图 18),便于运输和安装,且架体更稳固,但需要对连接节点进行统一编号,并做好安全防护措施。

(5)横撑、斜撑标准节确定

装配式钢管支架横撑、斜撑标准节选型价值工程分析见表 10。

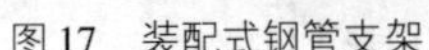

图17 装配式钢管支架

图18 钢管支架标准节段

装配式钢管支架横撑、斜撑标准节选型价值工程分析表 表10

标准节横撑长度		主要性能评估				功能指数 F_i	成本指数 C_i	价值指数 V_i
		承载能力	施工周期	运输安装条件	工程适用性			
3.11米(对应桩基间距4米)	功能评价	支架稳定性及安全性更强	连接施工多,连接节点多	运输方便,吊装方便	与现浇桥设计模数不符	6	1.1	5.45
	功能指数评分	2	1	2	1			
4.11米(对应桩基间距5米)	功能评价	支架稳定性及安全性有待验证	连接施工量减少,桩基工程量减少	运输方便,吊装方便	符合桥梁设计模数	7	1.0	7
	功能指数评分	1	2	2	2			

通过以上价值工程比选,采用选择螺旋管水平支撑标准节4.11米长度(对应临时墩桩基为5米),斜撑由等腰直角三角形对应得标准节5.706米;经统计调查,现浇箱梁的桥梁长度一般为20米、25米、30米、50米等,桥长均为5的整数倍;选择临时桩基之间间距5米的标准节,那么该标准节将适用于现浇箱梁的各类桥长。

图19、图20分别为横撑、斜撑标准节段设计图,图21为装配式钢管支架平面布置图。

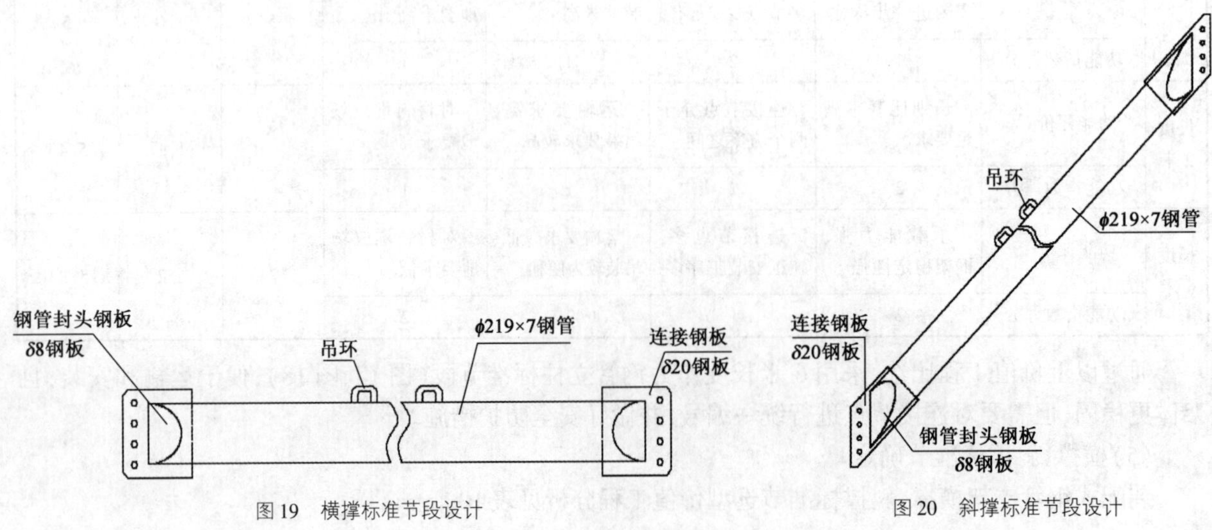

图19 横撑标准节段设计　　图20 斜撑标准节段设计

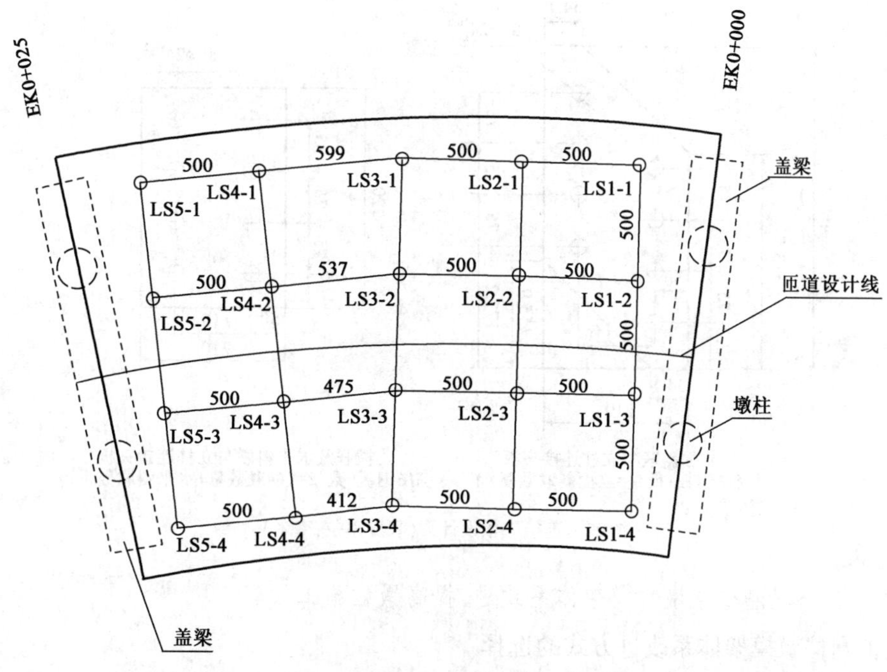

图21　装配式钢管支架平面布置图(尺寸单位:毫米)

(6)连接螺栓的确定

装配式钢管支架连接螺栓选型价值工程分析见表11。

装配式钢管支架连接螺栓选型价值工程分析表

表11

M22螺栓数(颗)		主要性能评估				功能指数 F_i	成本指数 C_i	价值指数 V_i
		螺栓抗剪容许承载力	偏心荷载作用承载力	整体稳定性	工程适用性			
3	功能评价	满足承载力要求	会出现单颗螺栓受力过大	整体稳定性良好	工程适用	7	1.0	7
	功能指数评分	2	1	2	2			
4	功能评价	满足承载力要求	受力均匀	整体稳定性好	工程适用	8	1.1	7.27
	功能指数评分	2	2	2	2			

通过以上价值工程比选,使用3颗螺栓和4颗均满足受力要求,考虑不利情况下产生应力集中对螺栓受力的影响,故选用更安全的4颗螺栓的设计。为了增加螺栓与构件的接触面积,减少螺栓对构件的损害,故在连接处增设连接夹板,设计图见图22。

(7)实施效果

通过价值工程比选设计的装配式钢管支架具有极高的通用性,不仅解决了不良地质条件下,小半径、超高段、整体式现浇箱梁的施工难题;而且能够适应各种恶劣工况,特别适用于高速公路建设中跨山、跨河、沿海等各种恶劣地质条件下净空高或地形陡峭位置的现浇桥梁。

资源集约方面:钢管支架可以完全回收再利用,标准节段安拆便于运输转场,不会有焊接损耗,有效防止资源浪费。

质量安全方面:装配式支架具有很强的承载能力、刚度和稳定性,能够保证现浇桥梁的线形变化要求,并且施工过程中支架稳固,保证混凝土浇筑过程中支架稳定和施工安全;现场无须动火作业,极大保证了施工消防安全,保证作业人员健康。

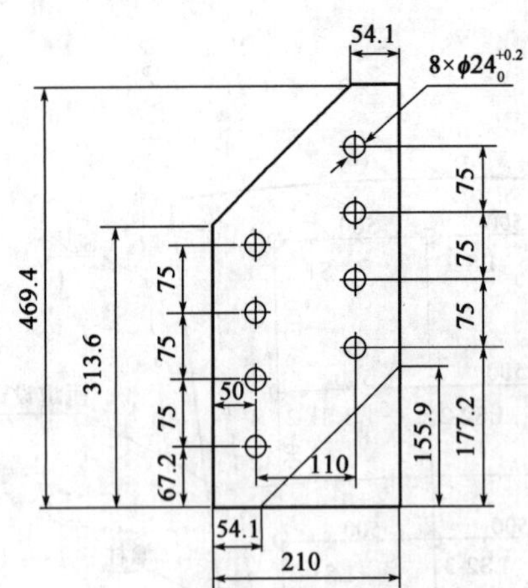

立面斜联与立柱连接夹板
δ16钢板　数量=立面斜联数量×4

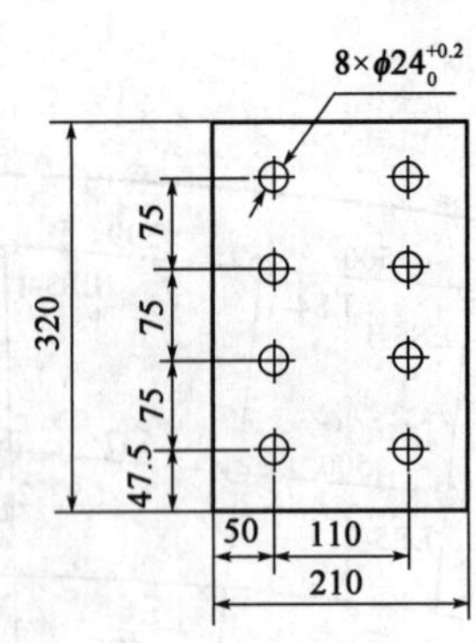

横联及水平斜联与立柱连接夹板
δ16钢板　数量=(横联数量+水平斜联数量)×4

图22　连接夹板设计图(尺寸单位:毫米)

3. 山区高速公路现浇桥梁墩柱模架体系改进,提高墩柱施工效率

(1)混凝土圆柱墩模架体系改进方式的选择

桥梁墩柱施工采用传统的扣件式钢管支架脚手架搭设施工平台,易出现搭设不规范、支架外观凌乱问题;作业人员持长重杆件人工逐段往上搭设脚手架,劳动强度大,易致疲劳作业,容易发生杆件甚至人员掉落事故;高大圆柱支架搭拆时间长,对施工进度有较大影响;尤其处于陡峭山坡的墩柱需面临大面积开挖山体,以此作为脚手架基础,严重破坏了山体稳定性,且成本相当高。

研发小组根据绿色施工指导思想,以管件合一模板脚手架体系为研发方向,研发了"环向附模脚手架",即环向模板和脚手架一体化的附模脚手架。环向附模脚手架(图23)应用于陡峭地质山坡或者跨河桥梁墩柱施工,减少了对山体的扰动和支架基础开挖及支架搭设工作,有效保护了山体稳定,有极高的工地通用性,能够适应各种恶劣工况,从而节省传统支架基础平台的准备工作,又避免了传统钢管脚手架安拆过程中的安全隐患。

环向附模脚手架现场安装见图24。

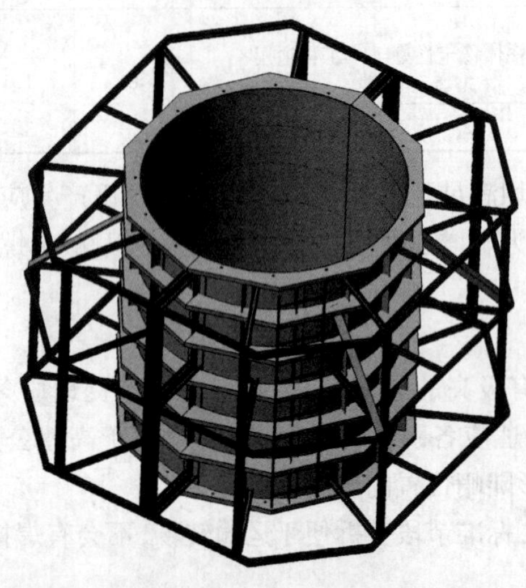

图23　环向附模脚手架标准节段

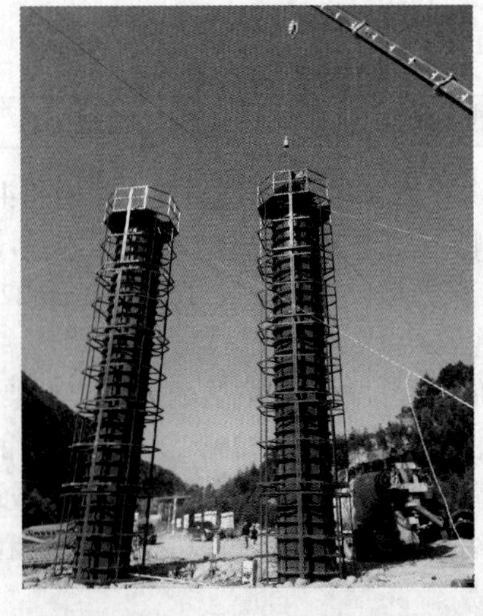

图24　环向附模脚手架现场安装

(2)环向附模脚手架工艺原理及主要实施方式

混凝土圆柱墩模架一体化,包括横杆、竖杆、横连杆和斜拉杆,附模脚手架由多节模架构成,每节模

架水平分为两半部分，脚手架以圆环形或多边环形附着在圆柱模上。所述的横杆、竖杆、横连杆均采用型钢，斜拉杆采用钢筋，模板与部件间、部件与部件间的连接接头采用焊接的对接方式。该新型模板单节由两块长3米的半圆模板组成，模板竖向及横向均设法兰螺栓孔，法兰和螺栓设计有足够的安全性。模板外侧一圈焊接有简易操作平台支架及纵向爬梯，单节3米模板竖向共设置3层操作平台支架，为工人在模板安装及拆除或模板加固螺栓检查提供安全舒适的平台。模板顶部设置满铺防滑钢板的操作平台，平台四周焊接有护栏及安全绳挂靠装置。

具体工艺如下：

①在圆柱施工现场使用起重机械辅助，在起重机械作用半径范围就近将模架拼成一体，并将两半圆模用法兰螺栓连接紧闭成单节圆柱整模。法兰与螺栓设计有足够的安全性，防止浇筑混凝土法兰断裂爆模。

②爬梯除作为作业人员上下之用外，还作为上紧两半圆模作业时人员站立之用。

③在模架高度中部由横杆和横连杆形成的环向平台框架上铺设并固定轻型、可装拆式的标准化脚踏板（留爬梯上下孔），作为上下两节圆柱模架连接或解除连接施工的安全作业平台。

④圆柱模架用起重机械吊装，人工辅助安装，由下向上逐节组装成符合预定高度的柱模，同时采用4条直径15毫米的钢丝绳作为缆风绳，4个方向每15米高度内至少布设一道，缆风绳与可移动或固定的地锚连接，调整模板的竖直度，同时防止模架倾倒垮塌，保证模板的安全。

⑤在最顶一节模架顶部由横杆和横连杆形成的环向平台框架上铺设和固定轻型、可装拆式的标准化脚踏板（留爬梯上下孔），并安装插套式护栏，作为浇筑圆柱混凝土和接高圆柱钢筋笼的安全作业平台。

⑥采用模架一体化和相应的施工工艺一次施工完成设计高度的圆柱。对于大高度圆柱，为减少模架用量，可由下向上分段施工，此时应在已拆除模架的圆柱旁设安全爬梯，以便人员从地面与将施工的上一段圆柱模架间上下。上一段圆柱模架安装前，一般用钢棒贝雷片等组合支架作为底座。

（3）实施效果

①模架一体化安拆速度快。

混凝土圆柱环向附模脚手架简化了结构，在施工现场安装时，可以显著地提高施工效率，加快施工进度，与常规的脚手架搭拆架时间比较，可以把搭拆架时间降低到原来的1/5～1/3，零部件的数量显著减少，附模脚手架较常规施工脚手架分离方法省去多步烦琐、繁重的作业，并可多次周转使用，在轻便、快捷方面具有显著优势。

②成本低、效率高。

混凝土圆柱环向附模脚手架使用零部件的数量显著减少，节约了大量钢管、扣件材料，较常规施工脚手架分离方法省去多步烦琐、繁重的作业，同时减少了对山体大面积开挖、支架基础处理等工作，节约了临时用地费用及机械台班费用，降低了成本，同样的工作量，相比传统搭设钢管支架平台施工可节约2～3天时间。通过梧柳7标的实践，高效地推进了标段741根墩柱施工，节约成本约250万元，节约工期2个月以上。

③安全性能高。

对于桥梁墩柱采用常规的扣件式脚手架施工，易出现搭设不规范、支架外观凌乱问题；作业人员持长重杆件人工逐段往上搭设脚手架，劳动强度大，作业时间长，易致疲劳作业，容易发生杆件甚至人员掉落事故。采用混凝土圆柱环向附模脚手架及其施工方法，利用圆柱模在两半模闭合成整模后具有很强的竖向承荷能力和刚度，利用圆柱模作为受力主体，支撑在桩基顶部上的附模脚手架由多节模架构成，使用安全保险系数足够的螺栓连接，防止浇筑混凝土时螺栓断裂爆模，同时采用4条直径15毫米的钢丝绳作为缆风绳，4个方向每15米高度内至少布设一道，缆风绳与可移动或固定的地锚连接，防止整个模架倾斜，安全性能高。

④适用性强。

混凝土圆柱环向附模脚手架是一种全新的装拆方便、结构标准化、施工安全的新型圆柱施工脚手架,能适用于各种地势平坦或者起伏、陡峭的环境,对于施工场地受限制的地区而言,使用价值更大。

4. 标准建立与推广应用

应用推广及成果:装配式钢管支架和混凝土圆柱环向附模脚手架这两项新型模架体系目前已推广至广西路建集团承建的所有高速公路工程项目使用,并总结了《装配式大管径钢管支架施工技术》和《混凝土圆柱模架一体化成墩施工技术》两项技术成果。

基于装配式大管径钢管支架施工技术总结的《装配式大管径钢管支架施工工法》获评 2019 年广西壮族自治区级工法,实用新型专利《现浇梁装配式大管径钢管支架结构》获国家知识产权局授权。

基于混凝土圆柱模架一体化成墩施工技术总结的《混凝土圆柱墩模架一体化成墩施工工法》荣获 2016 年度广西壮族自治区级工法、实用新型专利授权、发明专利授权和 2016 年度广西科学技术奖技术发明奖三等奖。

四、实施效果

通过技术创新和改进,砂岩机制砂制备技术、架桥机无级调节球铰式多支腿前横移轨道系统架梁施工技术、装配式大直径钢管支架、混凝土圆柱模架一体化成墩施工技术等材料资源集约化施工技术已在广西路建集团的项目中进行大面积推广应用,取得了良好的应用效益。

在绿色施工示范工程创建上:乐业至百色高速公路、崇左至水口高速公路等 6 项工程应用了材料资源集约化施工技术,在材料资源管理上取得了一定的成绩,荣获“广西壮族自治区建筑业绿色施工示范工程”,在业内绿色施工领域取得了一定的影响,形成了一套绿色施工示范工程创建标准和体系。

在品质工程创建上:梧州至柳州高速公路、都安至河池高速公路、马山至平果高速公路等 6 项工程应用了材料资源集约化施工技术,在材料资源管理上取得了一定的成绩,在工程质量上取得了进一步的提升,为塑造品质工程提供了技术上的保障,并荣获广西建设工程“真武阁杯”奖 6 项、李春奖(公路交通优质工程奖)1 项、国家优质工程奖 2 项,在行业内树立品质标杆。

高速公路产业工人集中社区化管理

广西路建工程集团有限公司

成果主要创造人：罗　光　江羽习

成果参与创造人：余述琼　覃冠华　蒋　政　陈蜀静　梁　健　黄文敏　王　伟　梁　露　梁　胡　李中海

广西路建工程集团有限公司（简称"广西路建集团"）是广西北部湾投资集团有限公司的直属核心企业，隶属于广西壮族自治区国资委管辖，是国家公路工程施工总承包特级资质企业，同时具有国家公路行业设计甲级，市政公用工程施工总承包一级，港口与航道工程施工总承包二级，房屋建筑工程施工总承包三级，以及公路路基、路面、桥梁工程专业承包一级、公路交通工程专业承包（交通安全设施分项）一级等资质及对外承包工程等资格。至2020年6月，注册资本10.118亿元，总资产46亿元，拥有十余家专业分公司、区域分公司、独立法人子公司、控股公司、参股公司，拥有国家乙级中心试验室和自治区级技术中心各1个。在职员工2600多名，拥有各类中高级技术管理人才和一级建造师900多名，各类先进机械设备及检测设备3000多台（套），年施工生产能力超100亿元。至2020年6月，完成400多个工程项目建设，承建高速公路路基工程总长1000多公里，路面工程总长1800多公里，大桥300多座。

广西路建集团管理先进、技术雄厚、装备精良、业绩卓越，是广西壮族自治区区内交通建设的骨干力量和主力军，获得国家发明专利6项、实用新型专利16项，国家级工法3项，省部级科学技术奖4项，省部级工法48项；荣获国家优质工程奖2项、李春奖（公路交通优质工程奖）2项、国家级QC成果2项，广西建设工程"真武阁杯"奖（广西最高质量奖）11项，荣获全国优秀建筑企业、全国优秀施工企业、全国设备管理优秀单位、全国交通运输行业文明单位、全国青年文明号、广西对外承包工程先进企业、广西实施卓越绩效模式先进企业等诸多荣誉。

一、实施背景

（一）国家经济社会发展对新时期产业工人建设的要求

2017年，中共中央、国务院印发《新时期产业工人队伍建设改革方案》，要求从巩固党的执政基础的高度，从促进我国经济社会持续健康发展的高度，加快产业工人队伍建设改革，坚持全心全意依靠工人阶级的方针，按照"政治上保证、制度上落实、素质上提高、权益上维护"的总体思路，针对影响产业工人队伍发展的突出问题，创新体制机制，提高产业工人素质，畅通发展通道，依法保障权益，造就一支有理想守信念、懂技术会创新、敢担当讲奉献的宏大的产业工人队伍。

（二）产业工人问题已经成为新时期交通建设行业面临的最大困难之一

交通建设行业是劳动力密集型产业，大量技术熟练的进城务工人员是保证工程质量和安全的基础。但当前，产业工人队伍存在流动性强、缺少较强稳定性，整体素质偏低，专业技能水平偏低，老龄化，生产、生活环境较差，缺少有效的合法权益保障机制，缺少技能人才培养机制等问题，这些问题严重制约了交通建设行业的持续健康发展。

（三）高速公路产业工人零散居住方式，引发诸多建设管理问题

长期以来，因为对产业工人的社会地位不重视，工程项目建设投资有限，建筑企业追求利益至上

的思想,造成产业工人队伍建设没有良好的氛围,没有适宜的投入。加之,高速公路是一种线形建筑物,施工点分散及产业工人差异性的生活习惯,造成长期以来产业工人沿高速公路周边零散居住的现实。

广西路建集团总结长期以来的高速公路建设经验,发现产业工人零散居住的方式在工程建设中引发了很多管理问题。例如生产作息管理松散,制约施工进度;安全生产管理风险大;产业工人技能素质培训不便;产业工人进出场信息掌握滞后;产业工人权益保障困难;技术工人数量和质量都在持续降低等。面对这些问题,广西路建集团积极探索解决方法,创新管理方式,力求切实解决存在问题。高速公路产业工人集中社区化管理模式正是广西路建集团革除传统管理弊端、摸索未来管理模式的成果。

二、成果内涵和主要做法

成果内涵:高速公路产业工人集中社区化管理模式是把产业工人队伍建设作为实施项目品质工程的重要支撑和基础保障,纳入项目总体规划。创新设计了一种新的产业工人管理模式,在项目场站和大型结构物周边规划和建设产业工人集中居住区(简称"工人馨村"),实行社区化管理。"工人馨村"遵循"人力资源信息化、集中管理物业化、培训教育专业化、人员管理文本化"的理念,硬件方面提供了完备的居住设施,满足产业工人吃、住、行、作的入住条件,同时引入专业的物业团队进行生活管理。同时将党建工作、企业文化、人力资源、安全管理、培训教育、社会治理、权益保障、劳动保护、项目活动等引入"工人馨村",形成集约管理。促使项目产业工人队伍特别是技术工人队伍不断壮大,综合素质特别是技能水平明显提升,产业工人合法权益进一步实现,形成劳动光荣、技能宝贵、创造品质工程、工匠精神的时代风尚,努力造就一支有理想守信念、懂技术会创新、敢担当讲奉献的产业工人队伍。产业工人集中社区化管理模式有效避免了传统产业工人管理模式的弊端,对工程项目建设发挥了非常大的积极作用,是新时期产业工人队伍建设的一次创新实践。

高速公路产业工人集中社区化管理主要应用在广西路建集团承建的兰州至海口高速公路广西钦州至北海段改扩建工程设计施工总承包№1 标项目。该项目路线全长 51.959 公里,由原双向 4 车道高速公路改扩建为 8 车道高速公路,设计速度 120 公里/小时,全标段共有桥梁 33 座。该项目共建设"工人馨村"4 处,平均每 10 公里 1 处,总占地面积约 49 亩,可容纳常住人口 1150 人。

下面就产业工人集中社区化管理模式的主要环节和各环节的主要做法进行简要介绍。

(一)建立"工人馨村",全方位满足产业工人生活需求

高速公路是一种线形的建筑物,建设里程往往达到几十公里甚至上百公里,"工人馨村"将传统的产业工人沿高速公路周边零散居住的模式,改为统一集中一处或几处居住,并实行封闭式管理。"工人馨村"环境优美、设备完备,能够满足产业工人的工作、生活需求,为产业工人日常生活提供良好硬件条件。

1."工人馨村"选址和布置

"工人馨村"选址紧靠场站和大型结构物,避开塌方、落石、滑坡、危岩等危险路段和取、弃土场,与当地民居保持一定距离,同时离公路不远,使产业工人上下班和出行便利,建设面积满足居住人数和使用需求即可。图 1 所示为"工人馨村"三维形象。

"工人馨村"是封闭式管理社区,外围有 2.5 米高的围墙,大门入口设置实名制通道,园区内设置有办公室、宿舍、餐厅、洗衣间、开水房、公共卫生间、文体活动室、培训室、阅览室、医疗室、治安室、储物间、便利超市、篮球场、理发店等设施,还具备 24 小时热水和免费 Wi-Fi。图 2 所示为"工人馨村"全景。

2."工人馨村"的设施建设

"工人馨村"的主要建筑物采用钢结构骨架集装箱式结构,其重量轻、结构简单,安拆方便,抗震性能优异,墙体采用保温防火材料,保温性能佳,安全防火,能够重复使用,绿色环保。

图1 “工人馨村”三维形象

图2 “工人馨村”全景

办公楼采用钢结构骨架高双层集装箱式结构，设置办公室、会议室、培训室(图3)等，其中会议室及培训室设置在一层，宽敞明亮，具备职工学校及产业工人教育基地的功能。

宿舍区采用钢结构骨架高双层集装箱式结构，每间面积不低于18平方米，可容纳4人，宿舍(图4)内配备有卫生间、空调、24小时热水供应和全覆盖高速率的Wi-Fi，宿舍地板采用水泥纤维地板加地板胶，耐用易清扫，宿舍卫生间地板采用铝制地板，防水效果好。

图3 培训室

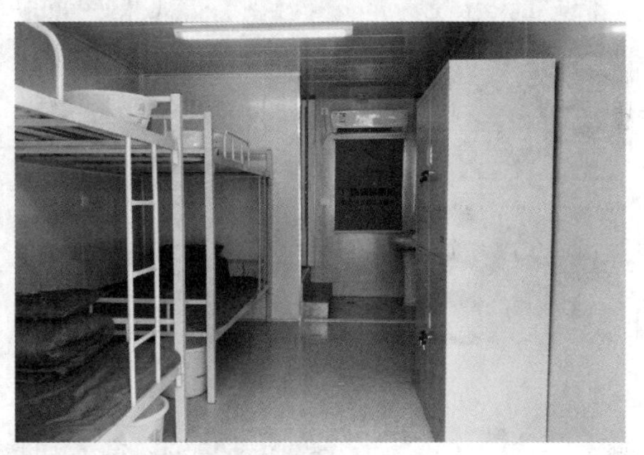

图4 宿舍

餐厅采用彩钢房组合式板房，内设冲洗池、清洗池，独立的制作间、售菜(饭)间、储藏间和燃气罐存放间。制作间生、熟食区设置分隔，并标识。设置独立配餐间，配餐间内安装紫外线消毒灯，安装纱门、纱窗，禁止堆放杂物；配备必要的排风设施和消毒设施；设置密闭式泔水桶。

设置产业工人就餐区(图5)，就餐区设售菜(饭)窗口多个，按产业工人人数峰值人数计算，排队时间小于10分钟，并配置一定数量成套餐桌，为工人提供干净、可口的饭菜和舒适、整洁的就餐环境。

文体活动区设置有室外灯光球场，文体活动室(图6)配备电视机、书报、健身器材、乒乓球桌等文体活动设施及用品。

公共生活区设置有医疗室1处，内设办公室、治疗室、处置室、观察治疗室，给产业工人提供简单的医疗服务；理发店1处，定期邀请附近村镇的理发师上门剪发；便利超市1处(图7)，生活物品一应俱全，价格与外部商店一致；此外，还有洗衣间、开水房等设施。

3.“工人馨村”的安全保障设施

在大门处设置治安室，连通驻地各处监控终端，安保人员轮流值守，室内通风和采光良好。大门为电动伸缩门，采用人、车分流形式，车辆出入采用视频自动识别系统，人流采用高速人脸识别智能闸机进出(图8)。

消防设施配置有消防沙池、消防水栓(水枪喷射覆盖整个“工人馨村”范围)，每排居住区、娱乐区皆配置有灭火器，并定期巡查检查。高清监控设施进行全覆盖，每个人员出入口、通道、门口、围墙处均设置监控覆盖。为保证突发应急情况的第一时间处置,配置防暴盾牌及防暴器械,由专业安保人员负责保管。此外,还设置有广播系统、自动照明系统、门禁系统等。图9所示为"工人馨村"监控室。

图5　就餐区

图6　文体活动室

图7　生活超市

图8　人脸识别系统

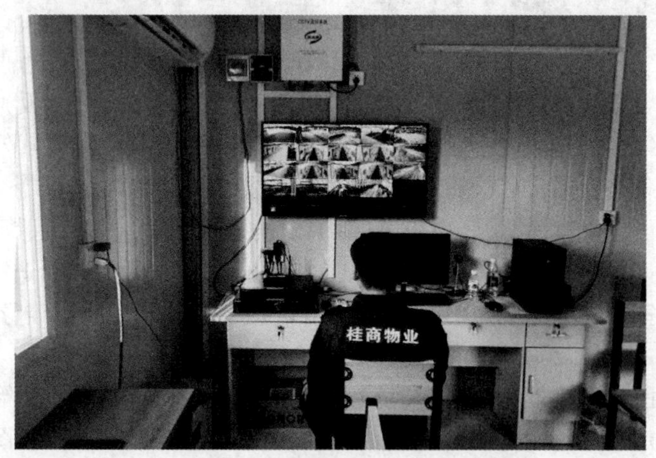

图9　监控室

4."工人馨村"的主要服务对象

"工人馨村"主要服务于施工单位、专业分包单位、劳务分包单位等雇佣的参与项目建设的工人,包括:施工设备操作员,如混凝土拌和站、水稳拌和站、沥青拌和站、混凝土车、吊车操作员等;项目劳务工人,如路基、桥涵、预制场、钢筋加工场工人等;社区后勤人员,如饭堂、保安、保洁人员等;部分施工管理员,如施工员、试验员、安全员等。

(二)“工人馨村”运营管理

“工人馨村”运营管理遵循“制度管理规范化,人力资源信息化、集中管理物业化、安全防范精细化、疫情防控常态化”的理念。项目经理部成立“工人馨村”运营管理领导小组,制定全面、细致、可操作的管理制度,并引进专业物业公司,推行集中物业管理,重视安全防范措施,打造集吃、住、行、学等一体化综合性多功能社区,使产业工人住得舒心、安心、开心。

1.成立“工人馨村”运营管理领导机构

项目经理部成立“工人馨村”运营管理领导机构,由项目经理部领导班子和主要部门组成,负责“工人馨村”的运营管理工作,由项目经理部生产副经理兼任“工人馨村”“村长”,常驻“工人馨村”负责领导日常管理工作。

2.制定完善的管理制度,营造良好有序环境

完善的“工人馨村”管理制度是规范和统一“工人馨村”日常管理的基础,制度内容涵盖人员实名制管理、食堂卫生、食堂消防、食堂用品消毒、食堂从业人员“五病”调离、集体宿舍管理、生活区卫生管理、工人家属探亲、停车位使用管理、卫浴管理、阅览室管理、健身器材使用管理、休闲室管理、消防管理、安全管理度、应急领导小组职责等全方面。同时,制度颁布后组织产业工人进行宣贯和学习,并在园区内进行公示(图10),营造良好和有序的“工人馨村”环境。

图10 “工人馨村”管理制度上墙

3.建立实名制管理系统,实现人员管理信息化

建立实名制管理系统,记录身份信息、培训情况、职业技能、从业记录等信息,实现门禁考勤、就餐、购物、现场巡更、会议签到、违规管理、统计报表、进退场管理等信息化功能。准确掌握社区产业工人数量,实现人员管理的动态化、精细化、全面化,使每一位产业工人的权益都能得到保障。

4.引进专业物业公司,推行集中物业化管理

引进经营资质符合国家相关法律法规要求、经验丰富、信誉良好的物业公司,负责“工人馨村”日常防疫工作、保洁管理、绿化园林管理、食堂食品卫生管理及监督、工人宿舍内务管理、入场工人信息登记管理等工作,24小时值班制,受理求助、问询、投诉等,随时为工人提供服务。规范、高效、有序的工地物业管理模式,为工人们提供坚实的后勤保障,营造温馨、安全的居住环境,工人住得安心,生活舒心。

5.周密的安全防范措施,提供安全保障

周密的安全防范措施,是“工人馨村”良好运营的保障,制定严格安全管理制度,在社区大门入口设置门禁系统,配备人脸识别功能,只须“刷脸”即可出入,防止闲杂人员进入;设置保安室,24小时安保人员巡逻、值守;成立“义务治安小组”负责责任区域的治安安全工作,应对突发事件,维护宿舍工人生活区治安安全;宿舍安装智能电表,限电开关,一户一闸,解决产业工人在宿舍使用危险大功率电器的问题;安装应急照明灯及逃生标识,确保宿舍消防安全;实行违法犯罪活动举报奖励等一系列的安全防范措施,为社区良好运营提供安全保障。

6.常态化的硬核防疫举措,保障工人生命安全

“工人馨村”改变了传统工人居住零散、管理松散、流动频繁的方式,为疫情防控措施的落实提供了良好的基础条件。新冠肺炎疫情发生后,项目经理部联合物业管理团队,严格执行政府和上级单位的疫情防控要求,制定了严密的防控方案,并常态化执行。

项目经理部成立了由项目经理担任组长的防控领导机构,并明确相关责任人的工作职责,建立与建

设单位、监理单位、集团公司、分包商以及当地政府相关部门的防控协调机制,加强联系,互通信息,及时掌握第一手疫情防控资料。

“工人馨村”实行全封闭式管理,对复工返岗人员进行筛查和隔离工作,实行三步隔离法。要求管理人员、劳务人员返岗前即在家自我隔离,每日测温并记录,如无异常才可返岗。在“工人馨村”设置内部隔离区,新进场人员与原留守人员分开管理,并由专人早晚监测体温和身体状况,并做好记录。按照国家防疫要求,产业工人进行自我隔离14天,无异常后方可返岗。隔离观察期间,无特殊情况,原则上产业工人不得离开隔离场所。一旦发现有发热、乏力、干咳等症状,立即报告当地政府相关部门,并按要求就医。产业工人在工作期间和公共区活动期间,必须全程佩戴一次性外科口罩,实行错峰上下班、错峰用餐,严禁聚集性活动,并派专人进行检查,督促执行。

图11所示为疫情防控期间日常体温检测处。

同时,组织消毒队伍对食堂、水沟、卫生间、走廊等部位每日进行两次消毒(图12),每日对全体人员进行两次体温检查,每人配发口罩,宣传疫情防控措施;在卫生间、食堂等设置酒精消毒液、洗手液;在门卫岗亭、社区大门口位置设立口罩领用处。

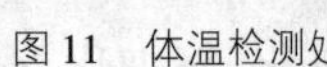
图11 体温检测处

图12 消毒

新冠肺炎疫情发生以来,一千多名来自全国各地的产业工人同工同住的“工人馨村”,未发生一起疫情事件,为复工复产、疫情防控提供了有力的支持,成功经受住了疫情考验。

7. 交通便利,作息规律,作业时间有保障

4处“工人馨村”均建设在场站和大型结构物密集路段,能够辐射所有施工点,并紧邻县道和乡道,交通便利,按劳务班组配置施工车辆,距最远施工点驾车时间不超过15分钟。同时,项目经理部制定了合理的作息制度,保障正常的现场作业时间。

(三)全方位举措,培育优秀产业工人

1. 发展工人党员,壮大基层党组织,发挥党建引领作用

依托人力资源信息管理系统,对“工人馨村”社区入住产业工人进行大数据分析,筛选出适合进一步培养的工人党员、团员、积极分子,有意识地加强基层党建力量。在社区成立党员之家,壮大基层党组织,布设文化宣传栏、通知公告栏及广播宣传等,汇总产业工人党员信息,组织“工人馨村”流动党员与项目党支部一同开展党组织活动,通过发挥党建引领作用,提升产业工人的精神文明建设,打造精神文明一流社区。“工人馨村”党员活动室见图13。

2. 开展丰富多彩的活动,提升产业工人归属感

大力营造“工人馨村”就是家的氛围,除了提供舒适的居住环境和充足的生活物资、防疫物资外,还提供医疗、理发、心理咨询、普法教育等服务,定期开展送清凉、送温暖、情暖旅途、关爱工人健康、文艺晚会进一线等活动,使产业工人感受到关怀和温暖,提升工人对企业的认同感和归属感。图14所示为

“工人馨村”拔河活动。

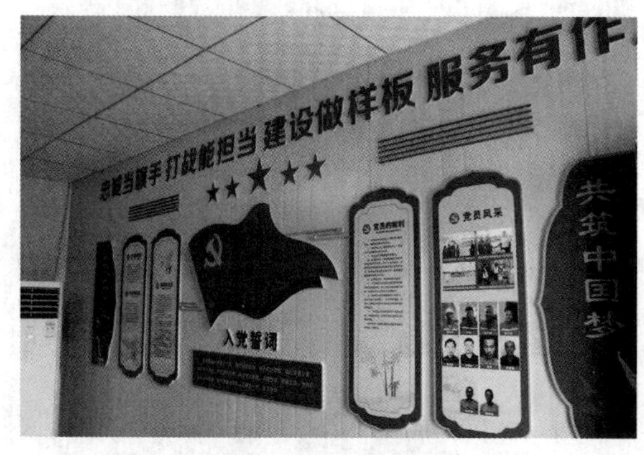

图13 党员活动室

图14 拔河活动

3. 建设安全体验馆,落实安全教育全覆盖

在“工人馨村”建立 VR(虚拟现实)安全体验馆,严格执行产业工人进场安全教育制度,依托实名制管理系统,对进场产业工人进行全覆盖的安全教育和考核、登记备案,考核合格后方可上岗;对新进场的产业工人进行危险性较大事项、生活纪律、生产纪律、规章制度、操作规程等事项交底,并保存记录;执行安全管理奖惩制度,并在社区内公示,提高产业工人安全意识。对产业工人进行 VR 安全教育如图 15 所示。

4. 开展职业技能培训,提升产业工人职业素养

“工人馨村”建设了设施完备的培训室,提供了良好的基础条件。项目经理部根据工程建设和技术创新的需要,制订了技术产业工人培养计划和培训制度,在“工人馨村”设立“工人讲堂”,定期开展工人技能培训。鼓励老师带徒制(图 16),由经验丰富、技术过硬的工人带一名或数名徒弟,培养技术工人,项目经理部建立奖励机制,在每批次的活动中,评选优秀老师和徒弟,颁发荣誉证书并给予物质奖励。同时,搭建网络学习平台,上传技术、安全教育、能工巧匠、文化等视频资料,动员产业工人积极自主学习,项目经理部定期进行考试,对优秀学员进行奖励,不断提升产业工人的职业技能。

图15 VR 安全教育

图16 老师带徒

5. 开展劳动和技能竞赛,提升产业工人技术水平

劳动和技能竞赛是培育优秀产业工人的重要举措之一,项目经理部研究制定了劳动和技能竞赛奖励办法,先后举行了钢筋焊接技能竞赛、机械设备驾驶技能竞赛、模板安拆技能竞赛、旱季施工劳动竞赛等一系列竞赛活动(图 17),并将竞赛成绩与产业工人的工资薪酬挂钩,实现了项目经理部和产业工人互利互惠。

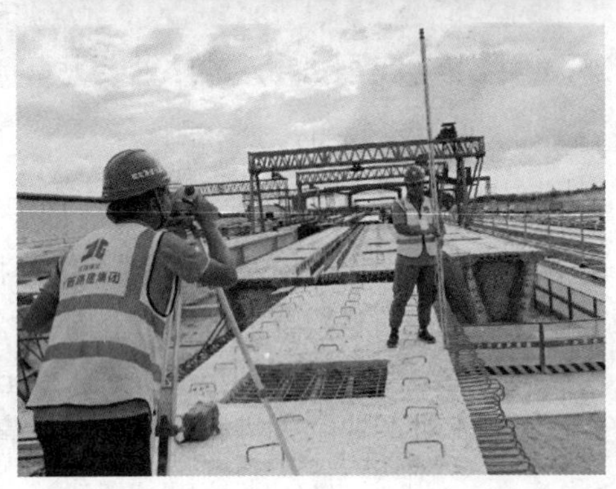

图17　技能竞赛

6. 建立激励机制,吸引高技能人才

针对在项目关键岗位、关键工序工作的高技能人才,提高相应待遇,实现多劳者多得、技高者多得;开展先进操作方法总结、命名和推广活动;对产业工人优秀技术创新成果、创新型班组、创新型能手进行评选表彰。积极引进急需紧缺的高级技师、技师,并对引进人按规定给予奖励,增加项目产业工人中高技能人才的比例。

7. 弘扬劳模精神、劳动精神、工匠精神

对劳动模范、优秀工人进行评选表彰(图18),宣传劳模精神、劳动精神、工匠精神。运用传统媒体和各种新媒体,围绕产业工人的地位作用、重要贡献、感人事迹,开展分众化、互动式宣传活动。组织开展劳模事迹宣讲活动,通过对产业工人典型的选树和宣传,营造尊重劳动、崇尚技能、鼓励创造、精益求精的浓厚氛围。

图18　表彰

8. 多项举措,保障产业工人合法权益

坚持以人为本的管理理念,严格执行政府和上级单位的务工人员工资发放要求,依托工人实名制管理系统,将工资直接发放到每一位产业工人手里。出勤作息制度遵守国家法律法规要求,保证产业工人合理的休息时间,对于赶工、抢险等特殊工作,支付工人合理的加班费用。鼓励产业工人探亲、休假,产业工人每月和重要节假日均可以休假,同时在社区建立了探亲房,欢迎工人家属进行探亲,住宿和饮食费用全部由项目经理部承担。项目经理部购置了口罩、劳保鞋、日常药物等劳保用品,定期分发给产业工人;定期组织医生在社区为工人进行免费体检;对于具有职业病危害作业的产业工人,安排轮班作业,并给予适当经济补偿。

(四)制定应急预案,保证突发事件应急处置能力

项目经理部成立了由项目经理作为组长的应急救援领导机构,研究制定了《打架斗殴、醉酒闹事应急预案》《防恐防爆应急预案》《盗窃、失窃应急预案》《火灾应急预案》《临时用电应急救援预案》《防汛和防台风应急预案》及《新冠疫情应急预案》等应急方案,并组织进行演练(图19、图20),保证发生突发事件时,能够快速和妥当地进行处置,保障工人的正常生活和工作。

图19 应急演练1

图20 应急演练2

三、实施效果

(一)新冠肺炎疫情防控效果良好

项目的产业工人来自广西、湖南、湖北、重庆、河南、福建等多个省份,总数约900多人,来源复杂,复工复产后,日高峰返场人数达到了50多人。“工人馨村”使项目经理部能够严密掌控返场筛查关口,使疫情防控的举措能够扎实落地并管控到每一位产业工人,极大地降低了疫情防控的难度,在复工复产、疫情防控中发挥了重要的作用。截至2020年9月,4处分别居住了200多人的“工人馨村”未发生一起疫情事件,成功经受住了疫情考验。

(二)对工程项目建设具有良好助益

通过集中社区化管理,进度方面,产业工人生产生活作息规律,劳动精神增强,流失现象减少,促进了工程项目的建设效率,节约成本,提高了工作产值率;安全方面,安全教育制度能够全覆盖落实,产业工人安全意识提高,提升了工程建设安全指数;质量方面,大幅提升了参建产业工人的技能储备和工作素质,工匠意识提升,工程质量通病的发生率明显降低。

(三)培育优秀产业工人效果显著

集中社区化管理,为产业工人提供了良好的居住环境和提升平台,有力保障了产业工人的合法权益。使产业工人的归属感增强,幸福指数提升,吸引了年轻人加入这个行业,“工人馨村”常驻工人数量增长28.4%,“95后”和“00后”产业工人比例增长了54.9%,产业工人技术考核优良率增长了21%,具

体统计数据见表1。

产业工人培育效果统计表　表1

项　目	时　间		备　注
	2019 年	2020 年	
25 岁以下工人数量	246 人	381 人	增长 54.9%
常驻工人数量	765 人	982 人	增长 28.4%
考核优良率	28%	49%	增长 21%

(四)品牌效益显著

创建近一年来,“工人馨村”从一种管理模式,已逐渐凝成一个交通建设品牌。截至 2020 年 9 月中旬,各“工人馨村”已接待来自自治区交通运输厅、《中国交通报》、北投集团领导及调研团、北海市、钦州市领导,以及兄弟单位的参观调研 20 多次,获得行业一致好评,并被国务院国资委网站、中宣部“学习强国”平台、人民网、《中国交通报》《广西日报》《北海日报》等媒体广泛宣传,作为优秀管理理念进行推广。

四、结束语

通过高速公路集中社区化管理模式的实施,能够有效解决传统产业工人分散居住造成的生产作息管理松散、制约施工进度,安全生产管理风险大,产业工人技能素质培训不便,产业工人进出场信息掌握滞后,产业工人权益保障困难,技术工人数量和质量都在持续降低等问题,具有良好的工程效益和品牌效益。在平原地区高速公路建设、改扩建高速公路建设、高速公路养护工程等工程项目具有较高的推广价值。

受限于工程建设投资有限及产业工人文化、饮食和居住习惯差异等因素影响,仍存在一定的不足之处,广西路建集团将在今后的管理中进一步摸索完善。

“工人馨村”创新产业工人管理

广西北部湾投资集团有限公司钦北高速公路改扩建工程建设指挥部

成果主要创造人:陈开群 王泽能

成果参与创造人:杨凯吕 李 活 谢树志 刘家庆 韦港荣 农智宏
何升锋 周 彰 植运华 庞振艺

广西北部湾投资集团有限公司(简称“北投集团”)成立于2007年,2018年9月与广西新发展交通集团有限公司实施战略性重组,组建了新的广西北部湾投资集团有限公司,形成了以交通基础设施建设投资、产城投资、水务环保、边贸物流和金融业务五大板块为主的千亿元级国有独资企业。

广西新发展交通集团有限公司作为北投集团高速公路投资建设运营一体化管理平台,在新的定位上不忘初心,强开拓、勇担当,主动融入交通强国战略和区域经济发展大格局,充分发挥投资建设、运营管理、路衍产业开发为一体的产业链优势,努力建设成为区内领先、国内一流的交通基础设施投资建设运营商。广西新发展交通集团有限公司在交通运输部的正确指引下,汇聚改革发展磅礴力量,将在高速公路投资建设运营一体化管理的新航程上继续绽放新发展荣光。

北投集团直属企业广西新发展交通集团有限公司建设管理的兰州至海口高速公路广西钦州至北海段改扩建工程项目,是交通运输部“十三五”规划中期调整重点项目、国家高速公路网“7射、11纵、18横”主干线的重要组成、2018年自治区层面统筹推进建设的重大项目之一,也是中国与东盟国家陆路运输的必经通道。项目由主线兰海高速公路钦州至山口段及北海支线两段组成,全线总里程139.479公里,批复概算总投资140.3739亿元,计划2023年完工。

项目的建设在落实西部大开发、广西北部湾经济区、北钦防一体化、广西“南向、北联、东融、西合”全方位发展格局,对接东盟的陆海新通道和实现粤港澳大湾区建设等战略,提高国家综合运输大通道的通行能力、服务水平和行车安全,发挥通道资源优势和促进区域资源开发等方面均具有重要意义。

一、实施背景

(一)工程背景

兰州至海口高速公路广西钦州至北海段改扩建工程(简称“钦北改扩建工程”)项目位于广西壮族自治区钦州市及北海市境内,分主线兰海高速公路钦州至山口段、北海支线两段。根据《国家公路网规划(2013年—2030年)》,主线钦山段是国家高速公路网“7射、11纵、18横”主干线中兰州至海口高速公路(G75)的重要组成部分,北海支线是泉南高速公路的联络线柳北高速公路(G7212)的重要组成部分。钦北改扩建工程是广西壮族自治区北部湾经济区的骨架公路,在国家高速公路网中具有十分重要的地位和作用。

钦北改扩建工程是国家深入推进西部陆海新通道建设背景下实施的项目,工程全长139.479公里。其中,钦州至山口段路线采用双向八车道高速公路标准,设计速度为120公里/小时,路基宽42米;北海支线路线采用双向六车道高速公路标准,设计速度为120公里/小时,路基宽33.5米。整个改扩建项目含桥梁60座,共8316.13米,其中特大桥1座、大桥10座、中桥18座、小桥8座、主线上跨的分离式立交桥10座、桥式通道13座,路线桥梁比6.2%;有涵洞296道、通道206道,主线下穿的分离式立交及天桥53座;有互通式立交 8 处、服务区 4 处、管理处 1 个、养护工区 3 处、铁山港特大桥养护站 1 处、收费站 8 处。

钦北改扩建工程是北投集团重点打造的广西高速公路骨干品质工程项目,目前已列入 2020 年交通运输部科技示范工程拟实施项目名单。项目以"无感化施工、品质化扩容、智慧化保障"为建设理念,以实现"建设一条畅通无阻的公路,建设一条高度信息化的公路,建设一条全产业链模式的示范公路,建设一条创新高质量发展的公路,建设一支有理想能战斗的队伍"的"五个一"建设目标为基本方向,打造一条具有"科技 +"和"公路 +"特点的绿色、品质、信息化高速公路,实现"畅通钦北路,乐游北部湾"的美好愿景。

(二)高品质改扩建工程建设的需要

在新时代背景下,品质公路建设的要求更加全面,产业工人对美好生活的向往更高。为提高项目的工程质量和建设效率,满足当今企业人力资源产业工人管理的必要性、满足北投集团打造工匠精神的需要,保障交通运输部科技示范工程的高质量高水平完成,钦北高速公路改扩建工程建设指挥部充分调动产业工人的共建意识,积极推进"工人馨村"产业工人管理创新,把产业工人队伍建设作为实施项目品质工程的重要支撑和基础保障,并纳入项目总体规划。通过业主、监理、承包人和社会各方面共同努力,形成有利于产业工人的发展环境,使项目产业工人队伍特别是技术工人队伍不断壮大,综合素质特别是技能水平明显提升,产业工人合法权益进一步实现,劳动光荣、技能宝贵、创造品质工程、争当"北投工匠"的时代风尚更加浓厚,努力造就一支有理想守信念、懂技术会创新、敢担当讲奉献的产业工人队伍。

在此背景下,钦北改扩建工程项目从开工初期就形成了创建"工人馨村"的理念,钦北改扩建指挥部决心对参与钦北改扩建工程项目建设的全线数千位产业工人进行规范化、信息化、物业化的管理,经指挥部多次调研逐步形成"工人馨村"制度,并得到集团公司层面的认可。这也是广西首个规范化的"工人馨村"产业工人模式。

二、成果内涵和主要做法

(一)成果内涵

"工人馨村"产业工人管理创新,是把产业工人队伍建设作为实施项目品质工程的重要支撑和基础保障,并纳入项目总体规划。通过业主、监理、承包人和社会各方面共同努力,形成有利于产业工人的发展环境,使得产业工人队伍不断壮大、素质不断提高,争创品质工程。其具体内容为对施工单位、专业分包单位、劳务分包单位等雇佣的参与项目建设的技术工人在内施行的科学、人性化管理办法。其核心为"高标准、人性化、小区化"管理建设体制和产业工人的思想政治建设与技能提升培养。该管理办法以保证工人合法权益、发挥工人共建意识为本,最大程度调动产业工人工作积极性、创新性,直接提高了工程建设质量和建设效率,是高速公路现代化建设管理方法的一次创新尝试。

图 1、图 2 为钦北改扩建工程"工人馨村"实景。

图 1 整齐有序的"工人馨村"

图 2 钦北改扩建工程项目 2-4 分部别墅式"工人馨村"

(二)主要做法

"工人馨村"从 2019 年底开始设计建设,目前已经在钦北改扩建工程全线 7 个分部建设了 8 个"工人馨村",可容纳全线3000人以上产业工人入住。随着钦北改扩建工程的推进,指挥部计划安排全线产业工人入住"工人馨村",为保证工程按期高质量建设提供人员保障。

1."工人馨村"产业工人管理创新

(1)高标准化建设

为了给产业工人提供安全卫生、和谐舒适的生活环境,钦北改扩建工程全线设置多个"工人馨村",并制定《兰州至海口高速公路广西钦州至北海段改扩建工程"工人馨村"建设标准及运营管理方案》。承包人应以安全卫生舒适为建设标准,以保护公共财产和工人人身财产的安全、提高项目工人生活区的整体水平为管理目标,对生活区、工人宿舍区、食堂区及公共区域的建设尺寸、配套设施进行规定性建设。具体硬件措施包括:宿舍、食堂、夫妻房、探亲房、医疗室、超市、球场、理发店、24小时热水、免费Wi-Fi、远程职业培训室等设施。

图3为"工人馨村"建筑规划及球馆、食堂、宿舍等设施。

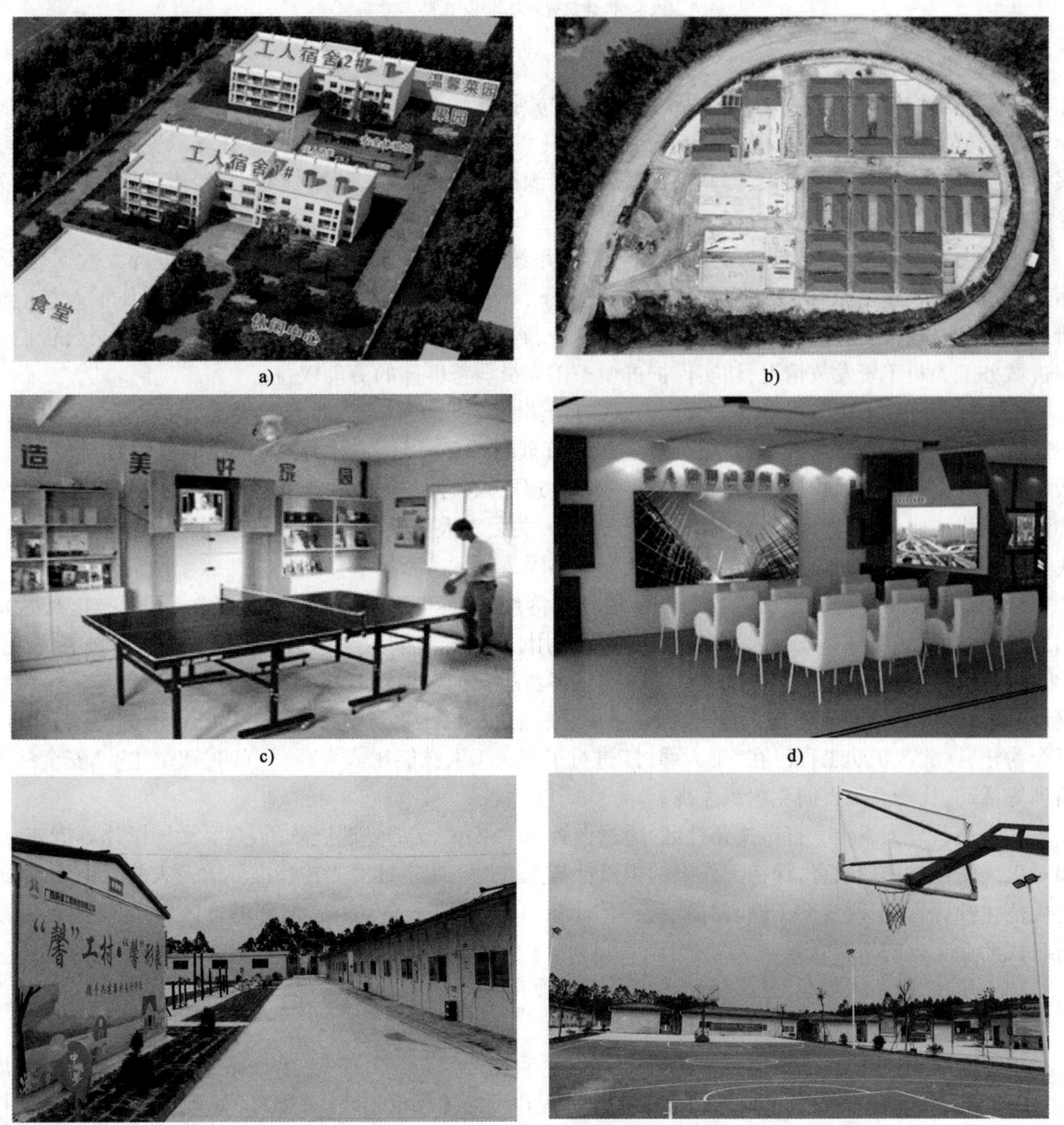

a) b) c) d) e) f)

图 3

g)

图3　"工人馨村"建筑规划及球馆、食堂、宿舍等设施

(2)标准化管理——"五化"模式

①党建工作常态化。成立"工人馨村"流动党员服务站,将队伍的流动党员纳入项目党支部管理,为流动党员提供学习教育的组织平台,有计划组织"三会一课"进基层活动,派驻支部党员在流动党员服务站听取工人的意见及建议,提高项目基层党组织建设整体水平,凝聚核心力量,增强广大党员的先锋模范作用。

②人力资源信息化。引进人力资源信息管理系统,对"工人馨村"社区入住工人进行大数据分析,筛选出适合进一步培养的工人党员、团员、积极分子,有意识地加强基层党建力量。对入住工人登记造册,引进一卡通管理系统,实现进出刷卡、就餐刷卡、购物刷卡等一体管理智能化。在工人馨村公告栏公布进城务工人员工资发放情况,切实保护进城务工人员弱势群体的劳动权益。

③集中管理物业化。引进物业管理模式,打造集吃、住、行、学等一体化综合性多功能社区,用城市小区物业管理模式运营工人馨村,引领产业工人管理新趋势。营造"工地就是家"的氛围,提供舒适的居住环境和充足的生活物资、防疫物资,提供医疗、理发、心理咨询、普法教育等服务,让工人队伍住得安心。提供优质服务,开展送清凉、送温暖、情暖旅途、关爱工人健康、文艺晚会进一线等活动,保障广大一线工人的身心健康,使其感受到党组织的关怀和温暖。

④培训教育专业化。推动产业工人管理理念落地,培养一专多能"北投工匠"。开展技能比武活动,通过竞赛形式引导一线工人以赛促学、学以致用,不断强化质量意识,提升实际操作水平,形成比、学、赶、超的工作氛围,提升实体工程品质。利用多功能安全培训箱对所有进场工人进行岗前安全教育培训并组织考试,设置VR(虚拟现实)安全体验馆,通过虚拟体验安全事故,提高工人安全作业警惕性。至今为止,钦北改扩建工程已在"工人馨村"进行了多次工人技能比武大赛、"五四"演讲比赛、安全技能培训等活动,让产业工人向党组织靠拢。

⑤人员管理人本化。打造文化社区,通过设置职工书屋、支部党课进队伍、观看爱国影片等措施,加强对工人队伍的思想教育,保持工作上的积极性与先进性。制定社区入住标准要求及人的行为规范,通过规范化社区管理,改变住工棚时"脏、乱、差"印象,自觉维护干净、整洁、温馨的社区环境,突显新时期新时代产业工人的崭新变化。

图4所示为"工人馨村"工人进行体检及工前教育。

(3)硬核防疫举措

根据党中央、自治区和集团公司的精神,要一手狠抓疫情防控工作,一手狠抓保通保畅复工复产,加快掀起交通基础设施建设新高潮。钦北改扩建工程建设指挥部推出"工人馨村"硬核措施,"全村"实行全封闭管理,外围有2.5米高的围墙,大门入口设置了实名制通道(图5),建立实名制管理系统,便于人员登记、体温测量。"工人馨村"紧靠场站和大型结构物,产业工人上下班便利,减少与外界接触。"工人馨村”专门聘请专业物业管理团队,将保安、保洁、食堂人员等统一管理,专设“村长办公室”,负责人为常驻“工人馨村”的“村长”,负责防疫期间产业工人的起居、外出管理及相关防疫工作。此外,指挥部还积极推荐远程网络会议系统,在减少人员接触的同时,保障建设工作顺利进行。

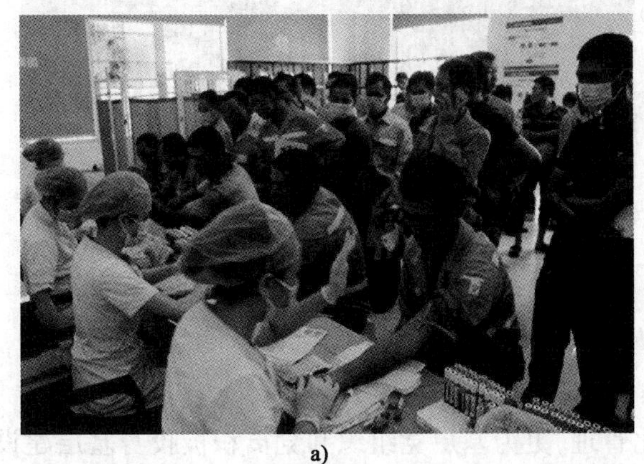

a)

b)

图4 “工人馨村”工人体检及工前教育

近3000位来自全国各地的产业工人同工同住“工人馨村”,一直严格执行国家疫情防控“十严格”的要求,未发生一起疫情事件,为2020年的复工复产、疫情防控提供了有力的支持,成功经受住了疫情考验。

2. 党建引领产业工人政治思想建设

(1)加强和创新产业工人队伍党建工作

探索高速公路项目产业工人党建工作方式方法,大力加强项目基层党组织建设。把党的组织建到项目基层,实现基层党组织全面覆盖、有效覆盖。坚持产业工人到哪里,党的组织就建到哪里,党的工作就开展到哪里,通过单独组建、联合组建、选派党建工作指导员、建立党建工作联系点等方式集中推进党的组织和工作覆盖。大力实施“双培”工程,努力把党员培养成生产经营骨干,把技术能手、优秀工人培养成党员,提高产业工人党员比例。通过发展党员计划单列等方式,推进在产业工人中发展党员的工作,引导广大产业工人积极向党组织靠拢。加强党员日常教育管理,充分发挥“党建在线”信息化综合管理服务平台作用。探索开放式党组织生活,积极推行党群活动一体化,进一步增强活动的吸引力。坚持贴近生产经营、贴近产业工人、贴近党员搭建作用发挥平台,深入开展党员先锋岗(图6)、党员示范岗创建活动,推动产业工人党员立足岗位创先争优,切实发挥施工班组党组织的战斗堡垒作用和产业工人党员的先锋模范作用。

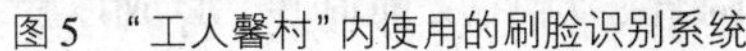

图5 “工人馨村”内使用的刷脸识别系统

图6 “工人馨村”防疫党员先锋岗

图7所示为“工人馨村”内的工人夜校,图8所示为“工人馨村”党建宣传栏。

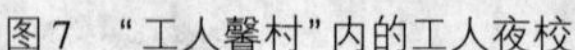

图7　“工人馨村”内的工人夜校

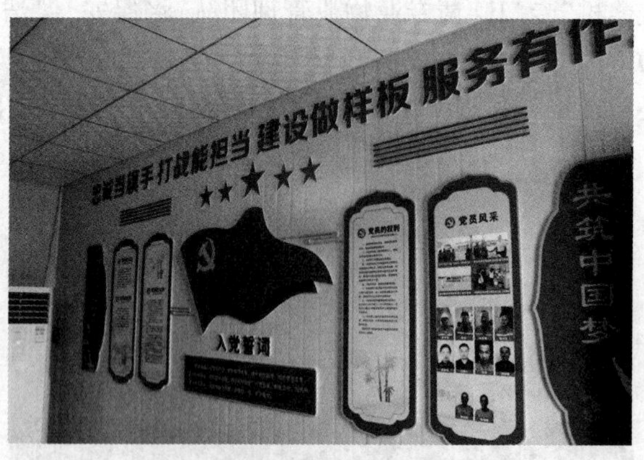

图8　“工人馨村”党建宣传栏

(2)“工人馨村”有利于统战工作开展

在实践中,“工人馨村”不仅是对工人进行规范化管理,更为基层党组织和党员积极投身基层建设提供了良好的平台,成为做好新时代统战工作的一个前沿堡垒。钦北改扩建工程建设指挥部党委以“两个维护”为导向,根据“工人馨村”特点制定了“三要素”的要求。“三要素”是指把党员先锋岗、党群活动室、工人夜校作为每个“工人馨村”建设的标准配置。至 2020 年 9 月,钦北改扩建工程项目中的管理人员中,有党员 99 名,全线 8 个“工人馨村”2000 多名产业工人中,有党员 23 名,预备党员、入党积极分子数十名。这些党员充分发挥基层党员先锋模范作用,大力实施“双培”工程,努力把党员培养成生产经营骨干,把技术能手、优秀工人培养成党员,提高产业工人党员比例,把党的组织建到项目基层,实现基层党组织全面覆盖、有效覆盖,避免流动党员“边缘化”,让产业工人心中有党。

(3)突出产业工人思想政治引领

加强理想信念教育,不断深化“北投梦 · 劳动美”主题教育,引导产业工人学习贯彻北投集团企业文化,团结引领产业工人实现项目“五个一”的目标。强化职业精神和职业素养教育,深入开展以职业道德为重点的“四德”教育,引导产业工人爱岗敬业、甘于奉献,培育执着专注、精益求精、一丝不苟、追求卓越的职业素养。深化拓展群众性精神文明创建活动,不断丰富产业工人精神文化生活,培育健康文明、昂扬向上的职工文化,在精神文明建设中发挥示范导向作用。加强法治教育,加大对《中华人民共和国工会法》《中华人民共和国劳动法》《中华人民共和国劳动合同法》《中华人民共和国社会保险法》等涉及产业工人切身利益的法律法规的宣传贯彻落实力度,切实提高产业工人法律素养和诚信意识,引导产业工人依法理性有序表达利益诉求。创新思想政治工作的思路方式,找准与产业工人思想情感的契合点,探索更多灵活多样、亲和力强、喜闻乐见的教育引导方式,扎实细致地开展个性化、多层次的思想政治工作。

(4)大力弘扬劳模精神、劳动精神、工匠精神

做好劳动模范、优秀工人评选表彰工作,大力选树宣传“北投工匠”,叫响做实“北投工匠”品牌。综合运用传统媒体和各种新媒体,围绕产业工人的地位作用、重要贡献、感人事迹,开展分众化、互动式宣传活动。组织开展劳模事迹宣讲和“北投工匠”进企业、进项目、进班组活动。通过对产业工人典型的选树和宣传,营造尊重劳动、崇尚技能、鼓励创造的浓厚社会氛围,奏响“工人伟大、劳动光荣”主旋律。

(5)创新面向产业工人的工会工作

坚持党建带工建,适应新时期产业工人队伍新变化新特点,进一步改进工会组织体制、运行机制、活动方式、工作方法,保持和增强工会组织的政治性、先进性、群众性,把工会组织建设得更加充满活力、更加坚强有力。支持工会创新组织形式和组建方式,最大限度地把产业工人组织到工会中来、凝聚在党的周围。建立联系服务产业工人制度,完善产业工人需求收集、调查、分析、反馈制度,形成以产业工人为中心的工作任务、项目形成机制,扎实开展为产业工人办实事项目,实现对产业工人按需服务、精准服务。

3. 产业工人技能素质提升

(1)加强职业技能培训

强化和落实承包人培养产业工人的主体责任,引导承包人结合生产经营和技术创新需要,制定技术工人培养规划和培训制度。发挥劳动模范、北投工匠作用,设立“钦北工人讲堂”,大力开展工人技能培训。鼓励名师带高徒,规范现代学徒制和企业新型学徒制,推行学徒制培训,开展“名师高徒”选树活动。探索“互联网+产业工人素质提升”新模式,搭建产业工人网上学习培训平台,建立有效的激励机制,动员产业工人积极参与网上自主学习、闯关练兵、培训考试、技能评价、互动交流、视频观摩能工巧匠和创新成果征集展示等。

图9为工人们在“工人馨村”的党群活动室内学习的场景。

(2)推进劳动和技能竞赛工作

深入推进劳动和技能竞赛(图10)。完善劳动和技能竞赛组织机制,成立项目劳动和技能竞赛委员会,领导劳动和技能竞赛工作。完善劳动和技能竞赛激励机制,研究制定劳动和技能竞赛奖励办法,并将竞赛成绩与产业工人的工资薪酬挂钩,实现承包人与产业工人互利双赢。指挥部设立专项奖励经费用于奖励。

图9 工人们在“工人馨村”的党群活动室内学习

图10 产业工人技能竞赛

(3)创新技能导向的激励机制

增加产业工人,特别是高技能人才在项目先进个人评选中的名额比例。择优选拔高技能人才积极争取市级、自治区级表彰。深化群众性技术微创新活动,开展先进操作方法总结、命名、推广;开展产业工人优秀技术创新成果、创新型班组、创新型能手评选表彰互动。鼓励承包人引进高技能人才,承包人从区内外引进的急需紧缺的高级技师、技师按规定给予奖励。引导承包人在关键岗位、关键工序培养使用高技能人才,提高相应待遇,实现多劳者多得、技高者多得。

(4)开展“四微四新”活动

提升产业工人技能素质。制定产业工人培训规划和培训制度,开展钦北改扩建工程项目的“四微四新”活动(微改革、微创新、微发明、微创造;新技术、新工艺、新材料、新设备),大力开展工人技能培训。推行学徒制培训,开展“名师高徒”选树活动,规范现代学徒制和企业新型学徒制。深入推进劳动技能竞赛活动,研究制定劳动技能竞赛奖励办法,将竞赛成绩与产业工人的工资薪酬挂钩,实现承包人与产业工人互利双赢。

图11 “四微四新”活动方案评审会

图11所示为钦北改扩建工程“四微四新”活动

方案评审会现场。

4. 产业工人合法权益保障

(1)完善权益源头维护机制

进一步健全涉及产业工人利益的维权工作体系,定期开展对相关法律法规执行情况的执法检查、监察和视察,强化产业工人维权法律保障。进一步深化对涉及产业工人利益的发展规划、政策举措、重大决策的调查研究和分析论证,积极推动劳动就业、收入分配、社会保障、劳动保护、技能培训、休息休假等方面的改革,完善劳动争议处理机制,不断完善产业工人权益保障制度。

(2)推行"互联网+"普惠性服务

强化互联网在服务产业工人工作上的应用,建设网上"职工之家",密切与产业工人的网上互动交流,畅通产业工人诉求表达渠道,让产业工人能在网上找到组织、参加组织活动。整合现有网络资源,借助社会力量,搭建综合性网络服务平台,提供网上入会转会、医疗、就业、帮扶救助、法律援助和日常生活优惠等服务,打造方便快捷、务实高效的服务产业工人新通道。深入了解产业工人需求,不断开发服务项目,拓展服务内容,提升网络服务产品的供给与服务能力,形成网上网下深度融合、互相联动的服务格局。

(3)健全健康权益维护机制

健全健康权益维护机制,对于职业病危害作业的产业工人,要认真做好健康检查,保障其合法权益。

(4)健全劳动安全保障机制

健全劳动安全保障机制,将安全生产培训作为产业工人职业培训的重要内容。落实企业安全生产主体责任,开展企业安全生产标准化创建活动,执行安全施工违规违反"黑名单"管理制度。相应设置安全奖积分兑换物质奖励机制。

三、实施效果

1. 品牌影响

随着钦北改扩建工程的开工建设,指挥部已制定并颁发《兰州至海口高速公路广西钦州至北海段改扩建工程产业工人管理办法》和《兰州至海口高速公路广西钦州至北海段改扩建工程"工人馨村"建设标准及运营管理方案》,施工单位、专业分包单位、劳务分包单位等各参建单位已提前进场,并严格按照"工人馨村"管理办法和相关规定进行建设及管理。

创建近一年来,"工人馨村"四个字从一种管理模式,已逐渐凝成一个交通建设品牌。截至2020年9月中旬,各"工人馨村"已接待来自自治区交通运输厅、《中国交通报》、北投集团领导及调研团、北海市、钦州市领导,以及兄弟单位的参观调研20多次,获得行业一致好评,并被国务院国资委网站、中宣部"学习强国"平台、人民网、《中国交通报》《广西日报》等媒体广泛宣传,作为优秀管理理念进行推广。

2. 社会效益方面

"工人馨村"管理办法是北投集团坚持以习近平新时代中国特色社会主义思想为指导,贯彻落实党的十九大和十九届一中、二中、三中、四中全会精神和国家"一带一路"倡议与交通强国战略下的现代化高速公路建设管理的方法创新尝试。为改善传统建设工人管理混乱、生产生活条件差、工人水平技能不足等工程"老大难"问题,指挥部以人为本,在坚决保护工人合法权益的基础上,调动员工的工作热情和积极性,提高其产业技能,使其"一技傍身",提升自身工作素养,积极响应了国家推进产业工人队伍建设改革的号召,带来广泛的社会效益。

3. 经济效益方面

钦北改扩建工程已列入交通运输部科技示范工程拟实施名单,整个项目以科技、绿色、节能、智慧为主体,涵盖了国内及广西壮族自治区先进的原创新及集成技术,对产业工人的要求极高,通过"工人馨村"管理办法,提升参建工人的技能储备和工作素质,可大幅扩大项目的建设质量和效率,节约成本,直接提高工作产值率。

四、成果评价及下阶段计划

1. 成果客观评价

指挥部推出的“工人馨村”创新管理办法已在北投集团内部及其他建设单位得到广泛的认可，该管理办法也作为支撑交通运输部科技示范工程实施的有力措施，受到业内专家和建设管理人员的好评并多次出现在《广西日报》等诸多报道中。目前，该管理方法已纳入《兰州至海口高速公路广西钦州至北海段改扩建工程项目建设总体规划(2019—2022)》，计划一并印发推广。

2. 下阶段工作计划

指挥部下一步将继续发挥自身领导统筹作用，联合各参建主体严格贯彻落实“工人馨村”管理办法的有效施行，具体计划如下：

①以制度作为根本约束手段，联合各参建单位，充分发挥工会作用，使项目上下形成整体合力，构建共同推进工作的局面。

②大力宣传，营造氛围。坚持正确舆论导向，通过运用报社、电视台、社会媒体、公司内部 OA、微信公众号等新媒体的大力宣传，营造积极向上的体现劳动者光荣精神面貌的氛围。

③强化督促检查，建立监督检查和信息反馈制度，把参建单位的产业工人队伍建设情况纳入履约检查范围，加大力度，抓好落实。

④进一步提炼、升华“工人馨村”品牌，拟为各“工人馨村”设计统一 Logo 和文化宣传模式，将“工人馨村”管理理念在业内推广。

基于"调度云"平台的公路网综合运营管理体系

江苏通行宝智慧交通科技股份有限公司

成果主要创造人:王明文

成果参与创造人:周 宏 王 栋 尹蔚峰 王 栩 吴 畏

一、项目概况

(一)项目背景

1. 高速公路运营管理效能有待进一步提升

"十三五"时期是我国全面深化改革的攻坚时期,面对新常态下加快推进结构性改革的新要求,国家提出要依据《交通运输信息化"十三五"发展规划》把创新、转型、共享的发展理念贯穿交通运输发展各领域和全过程,江苏交通控股有限公司《信息化发展三年行动计划》提出要确保信息化技术与控股公司系统的管理创新、模式创新、业态创新紧密结合,以"互联网+交通""智慧高速"信息化全面引领企业的可持续健康发展,推动高速公路管理体系的深度、协同发展。

2. 高速公路信息化面临创新变革

高速公路交通运输通行量不断增长,但基础设施所提供的通行能力无法在短期内大幅提升,在主线道路、收费站、服务区无法扩容的条件下要想提高通行能力,必须走数字化、信息化、智能化的道路。高速公路信息智能化水平仍然偏低,突出表现在信息共享率低,信息设备低效率使用,信息孤岛大量存在。高速公路管理者需要多台终端、多套系统才能全面了解营运管理全貌等,非集成化的IT管理所带来的运维成本也居高不下。

3. 新技术为创新变革带来了无穷可能

随着高速公路万兆网传输网络技术、物联网技术和云计算技术的日益成熟,将这些技术综合应用在高速公路管理,可最大程度地实现高效、快捷、安全、便捷的可持续发展,以云计算技术为基础构架,整合现有高速公路运营管理单位的分散资源要素,使其虚拟化、网络化,组建总体资源池,实现高速公路资源统一调度。

(二)项目概况

公路网协同指挥调度云服务平台是以出行者为中心、以业务为灵魂,围绕高速公路路网调度打造的流程全覆盖、管理全方位、社会全参与的实时互动的云服务,该成果真正将互联网+、云计算、人工智能和大数据等理念落地成为现实,开创了路网指挥调度的新场景、新应用,极大提升了路网管理的响应协同能力和公众服务水平。

本项目是全国第一个基于"云、管、端"架构和"互联网+"理念,为公路网协同指挥调度提供了理论和实践基础,具有非常重要的首创和示范意义。通过对公路网协同指挥调度过程中的共性基础和特性进行了系统研究,掌握了基于事件的跨部门公路运营管理协同规律,突破了情报板通信协议标准化、"云、管、端"平台架构设计、公有云安全保障等技术难题,进行了"一路三方"协同指挥调度模式和云服务平台的设计和研制;完成了路测设备主动采集及路况、天气等互联网大数据的集成,实现了数据采集设备及云平台的集约化、规模化生产。

通过该项目建设，可显著提高高速公路应急到达率，项目建成后30分钟应急到达保证率≥95%、交通事故1小时内恢复通行率≥85%、热线咨询(96777)接通率≥85%，并可有效提升通行能力，全网小客车平均车速≥90公里/小时、冰雪天气通行保证率≥95%，显著增强社会公众获得感，实现绿色出行、智慧交通。

本项目极具创新性、先进性和开放性，产生了极大的示范和辐射效应。2018年“国庆”前，以本平台“四梁八柱”之一的视频云功能，实现G2京沪高速公路沿线京津冀鲁苏沪6省市视频联网，并为全国各级管理部门和社会公众提供视频服务。2018年国庆期间视频调看超过1亿次，2019年春节期间视频调看超过1.27亿次，同时在线人数达21.6万人，最高日访问量2870万人次，收到了人民群众的热烈反响和高度好评，也得到交通运输部领导的充分认可。

2018年9月在江苏互联网大会上，“调度云”平台获得数字江苏优秀实践成果大奖；2018年10月，在IDC中国数字化转型年度盛典上，该平台获评信息与数据转型领军者奖项；2018年12月，在中国数字化转型与创新案例大会颁奖典礼上，该平台获得创新案例奖——凌云奖。

(三)建设单位简介

江苏通行宝智慧交通科技有限公司为江苏省最大的省属国有企业——江苏交通控股有限公司下属子公司，于2016年11月成立，注册资本1亿元。公司是集团金融板块的重要成员，是江苏省唯一负责高速公路ETC业务运营管理、营销推广、技术开发、产品开发和客户服务的专业化单位。目前，公司在江苏省设有10个区域管理中心64个客服网点，已发展客户超700万户。公司拥有管理、技术、营销团队500多人以及多名博士、硕士和海外名校毕业的专业人才，具有丰富的ETC管理和运营经验。公司以“打造国内知名专业化互联网企业，成为ETC行业的领先者”为愿景，以“服务公众，惠及车主”为使命，以高速公路为载体，利用大数据应用平台和互联网技术，致力于车辆高速公路通行、加油、消费、商城物流、普惠金融等垂直领域的综合服务，打造“一卡在手，通行神州”的“互联网+ETC”生态圈，创新开启智慧交通新时代。

南京感动科技有限公司成立于2005年，是一家由江苏通行宝智慧交通科技有限公司控股，集IT软、硬件研发、系统营运于一体的互联网企业，是专业从事智能交通软件研发的高科技企业。公司秉持与时俱进、不断创新的理念，注重新技术的运用以及业务经验的沉淀。经过十余年的积累，形成了以协同指挥调度云平台为核心，以智能值机云平台为抓手，以视频云平台为突破，以养护巡查为重点，以车牌识别云平台为发展，以综合管理云平台为布局的几大产品体系。

二、目标用户

本项目的目标用户为调度(监控)中心、路政、交警、养护、应急等业务部门以及驾乘人员。公路管理业务部门通过本项目的指挥调度云服务平台可以进行“一路多方”的协同指挥调度；驾乘人员通过本项目的“江苏高速”云服务平台能够与指挥调度事件处置进行实时互动、了解实时路况信息。

三、行业现状及发展趋势

(一)国内外公路运行管理协同现状

20世纪80年代以前，大部分国家主要是依靠扩大路网规模来应对日益增长的交通需求；自20世纪80年代后，美国、欧洲和日本等发达国家开始采用高新技术来改造道路运输体系及其管理方式，增加公路基础设施数字化水平和程度，从而达到提高路网通行能力和服务质量、改善环保质量、提高能源利用率的目的，公路基础设施的数字化、信息化、智能化建设正是在这种条件下产生和发展起来的。

1.国际及国外高速公路运行管理协同现状

国外高速公路运营企业在解决交通运行问题、加强道路养护与安全管理方面做了多方面的拓展。例如美国公路主要由代理机构和咨询公司承包，通过以IVHS(智能车辆公路系统)为代表的交通信息化技术应用实施养护作业与管理信息化；欧洲多数对高速公路实施的是预防性运营养护，通过全面的交通信息化信息采集网络为日常高速运营养护规范提供支撑;日本高速公路运营执行机构是半官方性质的道路公团,由专门设立的技术部负责道路保畅、养护等管理工作,通过交通信息化系统实时采集道路状况信息,并用于交通安全管理,能够降低交通事故率15%以上。但国外高速公路行业营运机制与国内有较大差异,且高速公路信息安全涉及国家安全领域,国外产品较难进入国内市场。

2. 国内研究及工作基础

根据《2018年交通运输行业发展统计公报》,到2018年末,全国公路总里程484.65万公里,其中,高速公路里程14.26万公里。我国公路的规模越来越大,人民群众对美好生活的向外、对出行服务的需求越来越强烈,需要提升公路的服务水平、服务质量,数字化、信息化是必要手段。

近年来,云平台、大数据等新技术得到国内外交通管理部门的青睐,应用范围和程度不断加大,并在管理和服务方面取得了显著的成果;业务管理和服务向平台化、综合化、扁平化等方向发展;各行业已在数据高度开放共享方面达成共识,交通行业已与互联网公司等第三方开展深度合作,提高交通管理和服务能力。

经过多年的建设,长三角地区在路网运行管理上已经具备了较好的工作基础。江苏省交通控股有限公司主持参与了江苏省高速公路网运营与服务智能化平台科技示范工程实施研究、江苏省信息化重大示范工程总体设计、江苏省高速公路运营与服务智能化平台科技示范工程研究设计、江苏省高速公路营运管理信息化系统设计、江苏省高速公路运营与服务智能化示范工程总体技术实施方案设计、苏南地区高速公路路面冰雪天气应急关键技术研究、城市客运系统公共安全事件应急管理体系研究等众多省部级高速公路相关理论研究、规划设计、改造实施等相关课题项目,获得了多项科研奖励,积累了十分丰富的工作经验,为确保本项目中各项研究工作的完成奠定了坚实的基础。

3. 我国高速公路运行管理协同存在问题及需求

在我国高速公路建设迅速推进的同时,我国的高速公路运行管理中也存在着发展不平衡、信息化建设不满足业务发展需求等问题。

现有路网信息化建设水平不一,涉及视频监控、情报板发布、气象监测、指挥调度等多个系统,系统建设标准不统一,系统孤岛现象明显。且大都采用本地化部署方案,系统之间的集成难度高。同时,在运行管理协同方面,高速公路路网间的业务协同应用涉及道路运营管理公司、交警、路政、消防、急救等多行业多单位,现有相关系统均在专网内,跨区域跨行业信息共享交互跨网困难,以至于实际互动和应用较难展开,为路网之间的调度协同、服务协同带来了极大的制约因素。如指挥中心所采集的高速路网通行情况信息如车流量、高速天气、事故封道等信息不能及时有效发布给公安、路政等管理者,相邻省份之间也存在交通信息沟通不畅情况。

在信息共享方面,存在如高速公路海量实时数据交换标准不完善、交换信息实时性不足等问题。

前期工作基础,如对江苏省高速公路网运营与服务智能化平台科技示范工程实施研究,在运营及服务内容及协同组织的研究进行了积累,但技术上仍采用传统模式,对实际应用推广、跨行业跨区域协同的困难仍无法解决。以该项目研究工作为抓手,以业务实际应用为出发点,在本次工程建设体系构建基础上结合原有工作基础,基于泛在的互联网接入,在云管端架构的基础上构建协同指挥调度云服务平台,研究指挥调度的SAAS应用模式,扩大系统应用覆盖范围,均衡化提高系统服务水平,实现信息互通、管理与服务协同,具有重要意义。

(二)行业发展形势及趋势

1. 我国公路基础设施规模越来越大,公路运行管理信息化、数字化需求变大

根据《2018年交通运输行业发展统计公报》,到2018年末,全国公路总里程484.65万公里,比上年增加7.31万公里。公路密度50.48公里/百平方公里,增加0.76公里/百平方公里。公路养护里程475.78万公里,占公路总里程98.2%。年末全国四级及以上等级公路里程446.59万公里,比上年增加12.73万公里,占公路总里程92.1%,提高1.3个百分点。二级及以上等级公路里程64.78万公里,增

加 2.56 万公里,占公路总里程 13.4%,提高 0.3 个百分点。高速公路里程 14.26 万公里,增加 0.61 万公里;高速公路车道里程 63.33 万公里,增加 2.90 万公里。国家高速公路里程 10.55 万公里,增加 0.33 万公里。

我国公路的规模越来越大,人民群众对美好生活的向外、对出行服务的需求越来越强烈,对公路运行管理业务部门的服务水平、服务提出了更高的要求,数字化、信息化是必要手段。

2.取消高速公路省界收费站进一步推动智慧路网建设

2019 年全国两会期间,党中央、国务院在政府工作报告中要求“两年内基本取消全国高速公路省界收费站,实现不停车快捷收费,减少拥堵、便利群众”。2019 年 5 月 5 日国务院常务会议,党中央、国务院明确政策举措,“力争今年底前基本取消全国高速公路省界收费站,便利群众出行提高物流效率”,总体技术路线为“实现电子不停车快捷收费(ETC)、辅以车牌图像识别、多种支付手段融合应用”。总体目标是到 2019 年底,将新增 1 亿 ETC 用户,实现高速公路 ETC 支付率达到 90%。新增 2.6 万余套 ETC 门架系统、改造现有 9400 多个实体收费站系统及收费通信专网,实现全国高速公路交通信息采集、汇聚、轨迹跟踪,可为车路协同自动驾驶提供交通感知、边缘计算、车路交互、网络传输支撑能力,提高自动驾驶的可靠性和连续性。

此项工作是对全国高速路网运营体制、技术、政策的重大变革,基于 ETC 技术的取消省界收费站整体技术方案的实施,使全国路网一张网运营、指挥、协调更加紧密,进一步推动了智慧路网建设。

3.新技术发展带来新的动力,或将颠覆再造交通系统

随着传感、通信和信息技术的不断进步,以及移动互联网、4G /5G、移动智能终端的普及,国内外的公路运行管理数字化的相关技术和产业的发展方向也随之发生变化,新技术不仅仅是技术,更是新的理念和模式,或将颠覆再造交通系统:依托移动通信、传感器网络、云计算等新一代信息技术,使智能交通系统由单个智能化应用系统向更高层次的合作系统演进;基于云平台、大数据的架构的业务凭条极大提高了管理和服务能力;以用户需求为中心,以用户体验为途径,以提高用户黏性为目标加入到交通运输服务中来,智能手机、终端已成为智能交通系统应用中最好的、具有本地智能数据处理功能的人机接口,而移动互联网则成为支撑智能交通系统应用的网络平台。

4.车路协同成为自动驾驶发展的必然趋势,智能公路数字信息化建设成重要环节

智能车路协同是智能化、数据化、互联互通的人、车、路、环境的整体。在智能网联的发展趋势下,智能车路协同将成为自动驾驶和智慧交通的有机整体。智能公路数字信息化建设作为智能交通的重要组成部分既包括了对高速公路的精细、动态、智能的管理与控制,又涵盖了便捷、安全的交通出行服务,是基于现代信息通信技术、面向高速公路运输的服务系统。它以交通信息的收集、处理、发布、交换、分析、利用为重点,通过多层级、多方式、智能化的手段,为高速交通提供高效的互联、最佳的匹配与多样性的服务。

四、技术内容

(一)总体思路

随着移动互联网、云计算、大数据、物联网等信息通信新技术的快速发展和推广应用及自动化等技术的逐步成熟,交通新业态、新模式的层出不穷,以创新发展引领智能交通建设,全面推进交通部科技示范工程暨全省路网协同指挥调度云服务平台的研发建设,构建极具全国推广价值的基于云应用和互联网架构的协同指挥调度云服务平台,是本项目的工作思路。具体包括模式创新、技术创新及理念创新。

①模式创新,采用公有云及 SaaS 思想,以敏捷迭代方式进行快速研发上线,积小胜为大胜;对适合自身业务需求的互联网公司成熟的、最好的产品采取拿来主义,不另行自主开发,为系统的功能上线节约时间。

②技术创新,采用高度统一的"互联网"+"云"的优化方案及"云、管、端"架构,避免系统过度依赖高速公路光纤网,便于基层单位快速接入。应用互联网开源技术,降低中间件采购与运维成本。应用前置机技术,将不同型号、品牌、协议的感知设备无缝接入云端。

③理念创新,通过系统的快速上线、应用及反馈,"倒逼"管理流程制度的标准化与规范化,为下一步信息化工作指导方向。同时,制定严格的数据标准规范,从数据采集、数据接入、数据清洗等方面确保数据质量,为大数据分析提高高质量的数据源,达到获取数据、分析数据、利用数据的目的。

④平台的建设要站在"统一规划、高效节约"的高度,关注功能的快速实现、资金的有效节约和运维管理的高效性,充分运用 SaaS(软件即服务)思想,根据实际的业务需求不断迭代演进,利用云的弹性伸缩,按需配置资源,在保证平台的低成本投入的同时,采用先进的、敏捷式的开发模式,快速响应需求的发展,减少软件支持的需要,提高平台可移植性,为协同调度指挥平台在全国范围内的推广奠定基础,从而充分发挥指挥调度平台的市场效益。

⑤平台以"互联网+交通"的思路,充分优化人、车、路之间的网络,提高信息采集强度、采集量及信息处理水平,使用"云端"统一管理的方式,与知名互联网企业合作,站在巨人的肩膀上,有效提高整个高速公路系统的应变性,使高速公路指挥调度及公众实时交互服务更智能、精细和人性。

(6)面对增长迅速的海量数据,协同指挥调度云服务平台需要做到决策数据化、管理智能化、业务标准化、服务多样化,平台将借助云计算、大数据、物联网等技术提供强大的存储能力、快速的计算能力及科学的分析能力,使系统反映现实路网运行路况,能够从高质量的海量数据中快速、准确提取出高价值信息,大幅提升高速公路营运安全管理的预见性、主动性、及时性、协同性和合理性。同时,响应国家大众创业、万众创新的战略方针,在确保安全的前提下,开展政企合作,建立数据开放的创新生态链,从而发挥协同调度指挥平台更大的经济效益和社会效益。

(二)技术方案

平台软件系统框架可用"四梁八柱"概括(图1)。

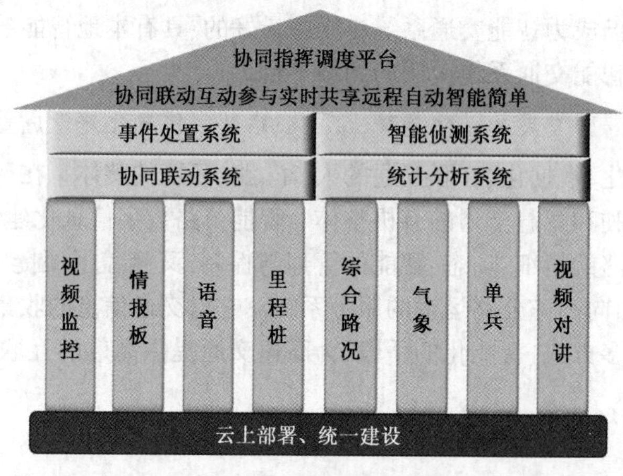

图1　四梁八柱

1. 四梁

形成事件处置系统、智能侦测系统、协同联动系统、统计分析系统四根梁。

(1)事件处置系统

归类交通事故、清障救援等8类主要交通事件,对事件和资源进行集中管控,全流程处置。在各环节自动整合当事人、救援人员、调度人员及其他相关信息,形成"音、视、文"事件过程总览,见图2。

(2)智能侦测系统

根据身份角色和系统设置,平台自动侦测提取不同系统来源的敏感信息,在统一平台中主动呈现,并通过语音播报方式提醒本方关注。将事件发现提升到实时,进一步优化流程控制,见图3。

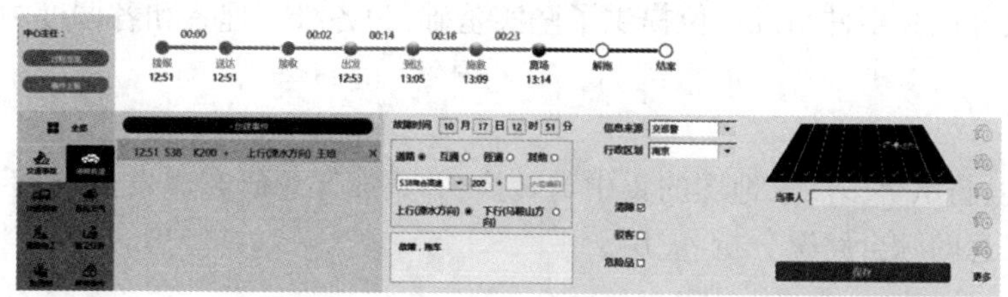

图2 事件处置系统

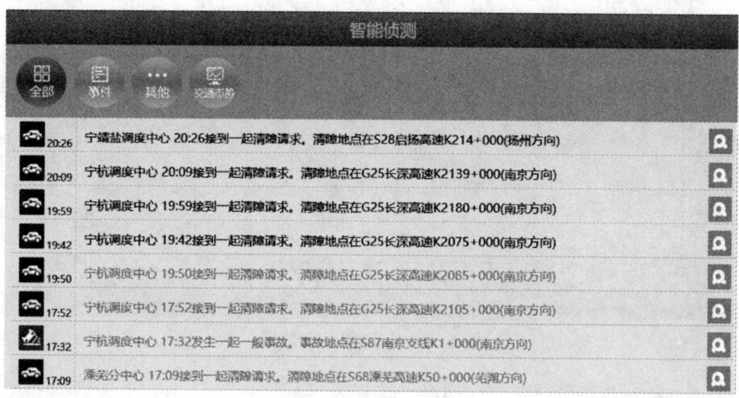

图3 智能侦测系统

(3)协同联动系统

实现各级调度中心、各级管理者之间多种方式的通讯,加强高速公路网相关方多层次的协同,通过短信、微信、多媒体等方式与社会公众互动,形成丰富的内外信息交互渠道。

(4)统计分析系统

从时间、数量、类型、原因、过程等多个维度,对历史事件进行对比分析和统计展示,为管理方提供及时的决策支持。

2. 八柱

分视频监控、情报板、语音、里程桩、综合路况、气象、单兵、视频对讲八大功能版块。

(1)视频监控

开发道路监控视频数据上云接口,整合路网不同品牌、模式、分辨率、码流、协议的视频资源,为各种终端提供可选码流的高速公路监控视频服务。并可自动分析质量问题,实现视频资源统一管理、检测与分享。

(2)情报板

整合现有路网不同类型、协议的情报板,形成统一发布系统,适应不同发布场景。平台在线监控记录情报板运行状态,自动检测情报板硬件故障。

(3)语音

统一电话语音管理。电话语音分类存储,数据可被其他系统使用。对电话分类及时长进行汇总统计,便捷语音回听,图表浏览历史数据(图4)。

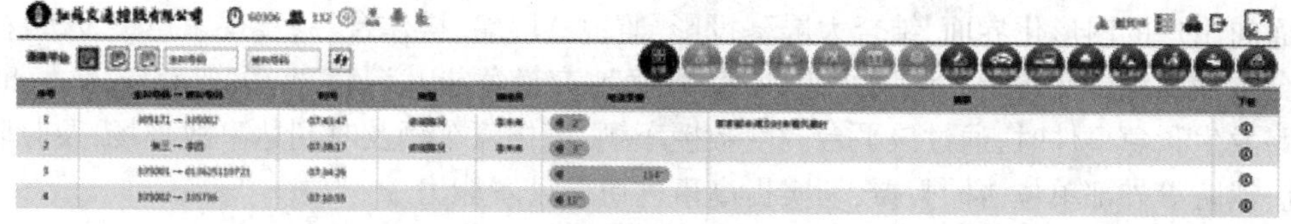

图4 浏览历史数据

(4)里程桩GIS

完成全省道路桩号数据的整理与加密工作,在GIS地图上建立一套标准的“坐标体系”,精确到百米桩颗粒度,为道路外设和事件精准定位提供了坚实基础,为各级管理者和各调度中心提供清晰明确的管理信息。

(5)综合路况

实现高德、百度、腾讯等多厂家地图的集中与转换,并集成课题研究成果,包括手机信令及路况信息数据,完成多方位信息的综合路况分析、应用。

(6)气象

准确预报全省各处的天气、气温、降水、雾霾等基本气象信息,精确展示全省300+交通气象调查点的能见度、温度、路面温度、风速、雨量、湿度、路基温度7项关键数据(图5)。

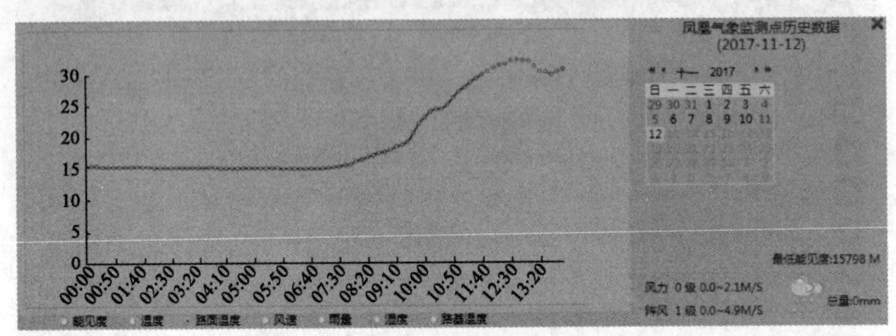

图5　气象监测历史数据

(7)单兵

基于手机终端,在出发、到达、施救、离场、解拖各环节配套图片信息,与后台实时联动,并且具有事件交叉处理功能。

(8)视频对讲

各路段调度中心、省调度中心、各级管理可通过PC平台、手机终端进行点对点的实时视频通信,为交流、会商、调度、指挥提供了最便捷的通道。

五、实施效果

本项目平台的建设和应用效果主要体现在对资源的全面整合、高度可视化和高效利用等方面:

1.有效的数据资源全面整合,实时监控高速公路运行状态及指挥调度资源

以云计算为基础,整合指挥调度各类资源要素,使其虚拟化、网络化,组建总体资源池,将"一个平台""一个网络"统一管理,实现指挥调度的系统化、网络化和自动化,提高了指挥调度响应处理能力。解决目前困扰高速公路信息化建设中存在的数据分散、重复建设、信息安全性低、升级麻烦、扩充业务成本高、对外互联不畅等多种问题。

2.实现资源高度可视化,提供处置高效、操作便捷的指挥平台

通过在云GIS服务基础上的高度集成,使高速公路各类信息资源融为"一张图",不仅图文并茂、准确高效,而且易于动态更新,从而大大提高了高速公路管理工作的效率和质量,及时发现由车辆故障、交通事故等引起的各种交通异常情况,实时做出判断和确定实施处理方案,以保证道路的服务水平、通行能力,减少行车延误。

3.实现资源高效利用,智能联动提供信息共享和业务协同的指挥体系

通过面向用户的图形化界面,结合大屏幕投影、监视器屏墙、操作台等,实现紧急突发事件处理的调度预案和全过程跟踪。使各指挥调度小组快速、准确地交换危机状况信息,争取有限人力、时间资源。在高速公路发生紧急事件时,通过该平台调度救援车辆、清排障车辆及时到达事故现场,及时联络交警、路政、医院、消防等外部单位协同救援,切实提高事件协同处置能力。

六、项目效益

1.已取得的效益

从经济效益而言,该项目成果改变了原有各路段分别建设、硬件堆叠的建设模式,云上建设统一平

台，极大降低建设成本，并大大降低了硬件管理、维护、折旧等费用支出。为江苏全省五年总投入可节约21.7亿元，合每年节约4.34亿元。

从社会效益而言，通过统一建设数据中心，实现各类数据的云端汇聚、交互共享和融合开放，每年可积累超过十万起的高质量事件信息和更多交通关联数据，为将来业务发展、车路协同、路衍经济等大数据分析做好准备，具有较强示范意义。该项目成果已在江苏17家路桥公司、40个路段指挥中心，以及G2京沪高速全线、湖南S20、S71高速等开展部署，实现了高速公路监测全覆盖，提高了小汽车平均车速，增强了突发事件响应能力，缩短了事故发生到恢复通行的时长，降低了信息发布时间间隔，整个公路网运营管理与服务智能化水平得到了明显的提升，具有显著的社会效益。

2. 未来增值效益预设

随着微信公众号注册人员和访问量的增加，后期，公众号除了现有的“高速路况”“一键救援”服务外，还可以智能推送服务区资源信息等，而通过这些智能推送，则可能带来增值推送服务费、广告费等经济效益。

七、总结与展望

总而言之，本项目是由江苏通行宝智慧交通科技有限公司、南京感动科技有限公司为助力公路运行管理和公众出行打造的一套协同调度服务平台，其中包括了指挥调度云服务平台、“江苏高速”云服务平台，以及SD-WAN网络建设，该平台的使用既满足了调度(监控)中心、路政、交警、养护、应急等业务部门的公路运营管理需求，又能为公众出行提供便捷服务。未来，在交通运输部的指导下，我们将继续密切联系业务，不断融入创新科技，逐渐壮大数据积累，力促运营管理与服务智能化水平持续提升，优化公众出行体验。

基于"互联网+"思维下航运企业一体化信息服务平台的数字化创新实践

江苏金马云物流科技有限公司

成果主要创造人:江宗金　沈　云

成果参与创造人:江　昀　尤惠娟　向盛斌　刘　斌　罗明华　陈星瑶
方　琴　顾雨亮　张　婷

江苏金马云物流科技有限公司(简称"公司") 位于靖江市经济技术开发区(国家级)。公司成立于2016年,由江苏金马运业集团股份有限公司(简称"集团公司")全额投资设立,是一家专注于打造港、航、货一体化共享服务平台的互联网科技企业。金马云物流平台是基于集团公司多年的航运物流管理经验,为有效解决传统航运业务模式遇到的各种瓶颈和难题,依托"互联网+"技术,潜心搭建的沿海和内河港、航、货一体化共享服务平台。公司现有员工36人,其中大专及以上文化水平33人,博士2人,各类专业技术人员平均年龄30岁,管理人员基本实现了年轻化、知识化、专业化。

金马云平台自2017年正式运营以来,发展势头强劲,业绩年年创新高。截至2020年8月31日,共发布船货盘23.45万余条,活跃船舶6.4万艘,累计实现交易额26.03亿元(其中,撮合交易16.3亿元,自营业务9.7亿元),累计实现保险价值25.58亿元。公司业务范围遍布14个省,300多个市或区,陆续为1600多家货主单位提供了服务,其中不乏大型的央企、国企,累计帮助6万多艘船舶实现船货匹配。近年来,金马云平台先后荣获"江苏省企业管理现代化创新成果"一等奖、"江苏省放心消费创建示范平台",并入选江苏省运输服务新动能重点培育项目;公司被认定为国家高新技术企业,荣获"2020年度全国先进物流企业""江苏省互联网平台经济'百千万'工程重点企业"等荣誉称号,并被长江港航物流联盟认定为"互联网+港航"专业委员会主任委员单位。

一、实施背景

我国传统航运服务存在诸多问题:①信息不对称的问题:市场信息传递不及时、不准确、不完全,形成壁垒,增大航运交易难度,货物追踪不及时,运输过程难以掌控;②运营效率低的问题:传统交易环节,主要依靠人工,工作烦琐,差错率高;分段式运输,无法提供一站式服务,影响货物的及时送达;③交易成本高等运输问题:市场碎片化,多级货代逐级加价,提升了整体运价;分散的客户与船东形成非标准化的散货运输,规模不经济,提高了运输成本;④新冠肺炎疫情先后在国内外蔓延,这是对传统航运模式的一次冲击和洗牌,过去的面对面、点对点洽谈已无可能,未来航运服务业的发展必然走向信息化、智能化、网络化。

在看到问题和挑战的同时,还必须看到航运物流业发展的机遇。①"一带一路"——国家级顶层合作倡议。早在2013年9月和10月由中共中央总书记、国家主席习近平分别提出共建"新丝绸之路经济带"和"21世纪海上丝绸之路"的合作倡议(简称"一带一路"),这是国家层面的合作倡议,为航运物流业的创新发展提供了重要机遇。②"长三角区域一体化发展"——国家战略。2010年5月,国务院正式批准实施了长三角区域规划;2018年11月5日,习近平在首届中国国际进口博览会上宣布,支持长江三角洲区域一体化发展并上升为国家战略。2019年12月1日,国务院发布《长江三角洲区域一体化发展规划纲要》。长三角区域一体化发展上升为国家战略，为航运物流业的创新发展提供了又一个极为重要的机遇。③长江江苏靖江段——长三角黄金水道。公司地处长江三角洲黄金水道，江面宽阔，水深流稳，水陆交通便利，非常适宜水路运输发展。④江苏金马运业集团丰富的水陆运输经验。金马运业脱胎于1964年成立的生祠搬运站，经过56年的发展，已经成为业内知名、水陆运输经验丰富的企业集团，为公司运输物流创新、高质量发展打下了良好的基础。

面对航运业发展的挑战和机遇，金马云物流平台应运而生，该平台是金马集团基于其多年的航运物流经验，并运用“互联网+”技术、大数据、云计算等现代信息技术研发建设的面向国内沿海、长江流域、珠江流域的货主、货代和船东的智慧化云平台，其完善的服务功能将为港、航、货企业提供一站式服务，营造便捷的经营环境，有效解决传统业务模式中的各种瓶颈难题，降低物流成本，提高物流效率。平台于2016年7月试运行，2017年5月正式上线营运，平台的运行载体涵盖PC客户端和手机App端。

二、成果内涵和主要做法

为了落实国家信息化发展战略和顺应“互联网+”的发展趋势，同时解决传统航运中效率低、标准化水平低、信息化程度低等问题，金马云适应疫情防控的新形势和航企回暖的新需求，引入“互联网+港航”理念，对航运相关数据进行采集汇总，通过大数据平台对航运过程中的货种、运价、水位、航线、闸口等方面细化分析，集中抽取热门航线、热门货种进行智能船货匹配，建立运价指数分析和预测系统，利用“5G+AIS+北斗定位”对船舶进行追踪管理，借助区块链技术实现各业务主体间的数字化协同，通过云计算为航企未来决策提供精准服务，保障了货物运输的安全性和实时性，降低了运输成本和企业运营成本，放大了盈利空间，实现了船东、货主、企业共赢的目标，使金马从传统航运业的“寒冬”中走出的同时，迈向了现代智慧型企业的转型之路。

主要做法如下：

（一）明确目标，确定总体思路

1.提出战略目标

自从2015年“互联网+”一词由网络热词晋升为国家战略后，金马集团公司在航运业整体经营效益不断下滑的形势下，以“数据化、智能化、高效化”为基准，以“信息共享、智能匹配、管控成本、精准服务”为目标，将多年航运业经营累计的优势与互联网思想进行结合，打造适应新形势的金马云物流信息一体化平台。

2.确定工作方向

坚持“货物可追踪、信息可共享、信用有保障、流程有标准”的要求，以大数据技术为支撑，深化、细化、优化运输中的各个环节，依照“一站式服务、全过程参与”的思路，从运前服务（如：船货匹配、保险、供油）到运输、资源调度以及到港服务，不仅每个环节都建立标准体系，同时引入全程可视化追踪，实现“精准匹配、过程透明、规范高效”这一互联网下航运业新的管理理念。

3.明确总体设计内容

将互联网思维深入各个环节，以“信息化流程、精益化管理”为实施路径，搭建金马云物流信息平台。通过定位系统，提供船货的精准匹配；与相关政府部门之间进行数据链接，实现航运信息共享；借助大数据分析系统，对各航线运价进行预测；结合区块链和供应链金融，解决因账期导致的各类资金问题。最大程度实现“互联网+”下的信息共享和业务协作。

（二）健全组织制度，构建管理体系

1.明确市场需求，开展平台建设

金马云平台应用现代物流信息技术和互联网技术，帮助金马运业实现转型升级发展，同时创新内河与沿海港航产业发展模式，对货运船舶（车辆）实行组织化管理，促进港航产业的转型升级，重构港航物

流新生态。

金马云平台划分为12个模块,由计算机网络设施设备、网络运营软件、后勤保障与辅助系统和地勤客户服务系统组成,平台具备船货盘信息、货运结算、船舶保险等物流增值服务功能和大数据功能。平台化运营与线上便捷服务:金马云通过平台化运营,实现货主与船东直接联系,有效解决了传统航运产业的信息不对称、运营效率低、交易成本高等问题。开发出的App,支持在线交易与查询,提高结算效率并能实时追踪货物;同时可提供报港、金融、保险、供油、水文气象查看及法律援助等一站式服务。

2. 优化组织架构,完善制度建设

2016年年初,结合平台搭建任务,公司成立金马云物流工作小组,进行平台构建与运营工作,项目从2016年7月9日正式上线,2016年5月至2017年初的不断测试、完善,2017年5月正式交易期间,建立了完整的运营体系,不仅注重应用现代物流信息技术和互联网技术,创新内河与沿海港航产业发展模式,实现货运船舶的组织化管理。在2019年,实现了与南京航运交易中心和武汉航交所关于二手船舶交易的数据对接,在与相关部门的信息共享上迈开了行业领先的第一步。在2020年,更是与长江航道测量中心进行了技术链接,平台在船舶定位和长江实时水位查询的功能上实现了质的飞跃。

在实现金马运业转型升级发展的同时,更加注重优化组织架构,建设组织管理体系,充分发挥组织综合管理能力,从而形成高效和谐的综合先导力量。使得优化的组织架构能适应企业发展需要和平台平稳运营的基本需求。

3. 设立考核标准,明确职能职责

公司为了激发员工的积极性和创造性,设立了考核标准,明确了员工职责。一是将平台收益与业绩考核和绩效评价挂钩,做到公平、公正、客观,考核结果与部门业绩、岗位考评、年终奖金挂钩,引导职工向规范、高效、科学的方向发展。二是建立平台运营损失及懈怠责任追究制度。理顺各部门的职责,各项工作的负责人,规范工作流程,使各项工作有人负责并有权管理,遵循谁负责就追究谁责任的原则。对违反公司规则和懈怠延误工作的有关责任人,按照违规必究,有错必追,预防、惩治、教育并重等原则实施追究。设立考核标准和明确的职能职责使企业管理结构价值最大化,促使金马云物流平台的各项工作循序渐进,在组织职能管理上保障企业的可持续发展。

(三)依据信息手段,建立收集指标系统

金马云物流平台是一个多目标、全过程、多维度的信息化平台,通过全面梳理航运过程中的各种数据间的内在逻辑关系,精炼出关键指标。在指标选取上,以适用性、标准性为原则,结合航运过程中可能会涉及的各种情况,以货种、航线、运价等为重点,整理影响企业成本的各项因素,依托信息化集成和大数据平台进行指标归整和预测分析,发现运输过程的可改善问题,对航企的最新航运决策和业务提供科学的、可靠的依据。

在金马云物流平台中,主要为以下五个指标:

1. 注册会员和船舶数量及增长率指标

注册会员和船舶的增长速度反映了平台在船东、货主中的推广和受关注程度,方便对更多航线进行相关航运数据的收集,也了解到更多的使用者在操作过程的想法和意见,为后续的平台大数据分析和升级改版做好充足准备(图1)。

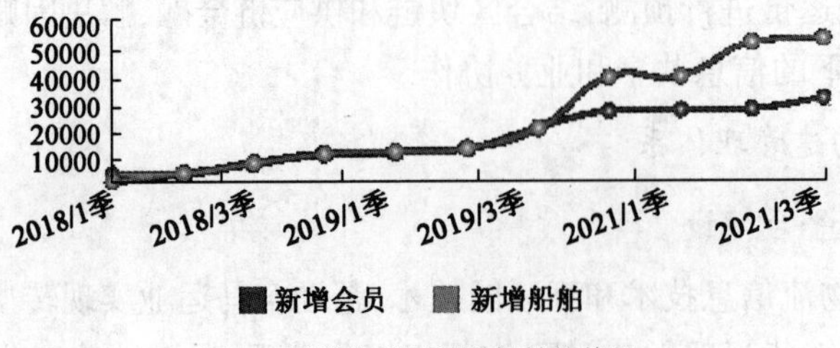

图1　新增会员及新增船舶趋势图

2. 货物种类占比指标

对运输中各类货物的占比进行汇总分析,可以了解到在不同的时间段哪些货物处于运输旺季,可以在相应季节、相应航线安排更多的符合装卸要求的船舶进行承运,以达到提高经济效益的目的,见图2。

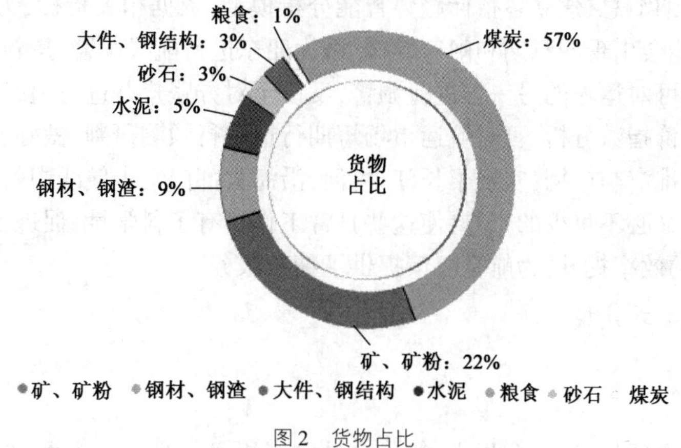

图2 货物占比

3. 航线运价及趋势指标

对平台中的长江航线、内河航线、沿海航线的运价每周、每月进行实时收集和更新,同时对一些热门航线的运价进行运价指数分析,帮助船东、货主、航企了解最近的运价和短期内的趋势,见图3。

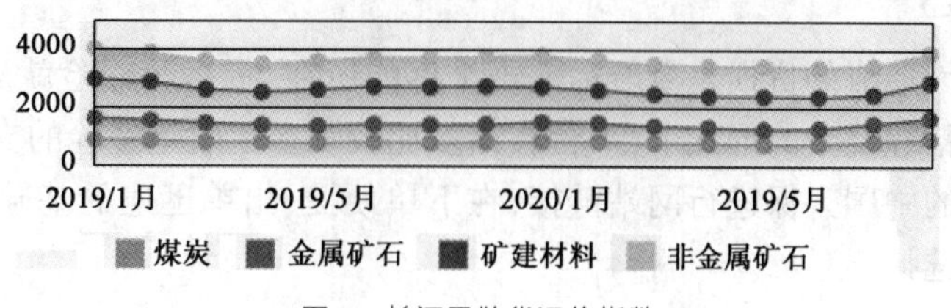

图3 长江干散货运价指数

4. 各类订单状态指标

对订单的各类状态进行每天的实时更新,了解待处理和处理中的订单数量占比,侧面反映在运输过程中出现的问题,为供应链金融服务的提供做好准备,见图4。

5. 各类业务销售占比及趋势指标

定时对货运、保险、供油等主要业务模块的销售进行年度横向占比分析,通过对趋势的总结归纳,反映航运市场的经济形势,为企业决策提供数据支持,见图5。

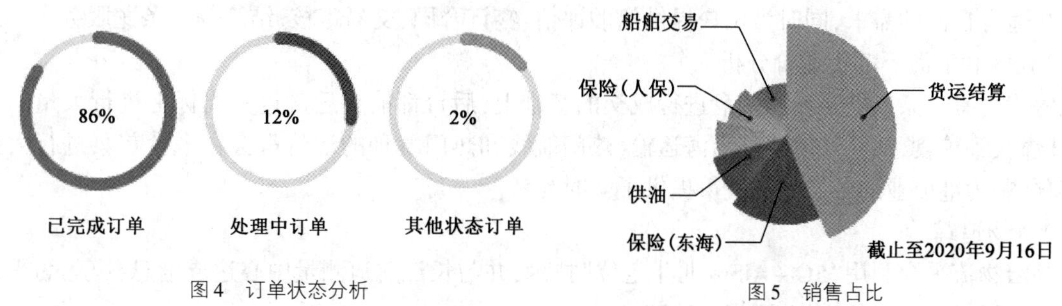

图4 订单状态分析

图5 销售占比

(四)建立大数据平台,提高各类管控能力

目前互联网信息化集成和大数据技术已经与经济社会各领域产生深度融合,数据资源已成为国家重要的战略资源和核心要素。建立互联网+港航的信息化平台并辅以大数据技术的运营分析成为航企转型升级、降低经营成本、优化管理决策的迫切需求。

1. 基于“互联网 +”思维和大数据技术建立金马云物流平台

建立金马云物流平台实施运营四年多时间以来,通过利用互联网和大数据技术,对平台用户航线、运价、货物种类等海量数据进行后台收集,对各时间水位情况、热门货物运价指数进行每周更新。对所有航运相关信息进行归纳汇总,建立各指标趋势智能分析模型,依据相关指标,为市场最新决策提供数据支撑。例如:针对可能会出现的汛期和闸口维修,可为船东进行航线预警,重新规划航线;针对出现过诚信问题的船东、货主,可对运输的另一方进行预警,反馈至对方账户并进行追踪;平台根据实际成交业务自主进行的运价和运价指数分析,可对航运市场短期行情进行预测研判,做好各类淡旺季准备。

金马云物流平台的推广与应用,实现了长江、内河、沿海大部门常走航线中的数据收集、分类、汇总、统计、分析、预测等琐碎又必不可少的工作,使这些日常工作具有了科学性,促进了各环节在计划、协调、调度、追踪等日常工作的效率提升,为航企决策提供了精准服务。

2. 平台包含七大主要功能模块

具体功能如下:

(1)船货盘发布

平台船主会员发布空船信息,平台货主、货代会员发布货盘信息。一方面,他们可以根据自己需求进行关键词查找,自主匹配,自行达成交易。另一方面,也可对平台进行各项委托担保,借助平台已有的六万艘船舶数据,由平台进行船货匹配、签订合同、办理监装、票据结算等一系列的全程服务。将原有的微信联络、老乡介绍等各种联系方式进行整合,提升了各个环节的物流效率。

(2)货物运输险服务

运输中因为种种原因造成的货损是令航运人士头疼的所在,货运运输险就成了运输成本中必不可少的一项。在保险市场错综复杂的形式下,平台在诸多比较和多年航运经验的支撑下,与专业化的东海航运保险公司和品牌化的中国人保进行网站链接,在下单便捷、出单迅速的基础上,为会员提供了行业最低货物运输险费率的选择。

(3)船舶燃料油销售

在与中长燃、中石化、南京兆基、中国船燃等企业进行数据链接后,船主仅需登录金马云物流平台,便可得知各大加油企业的最新挂牌价和最近加油站点,不仅清晰、便捷,而且金马在多年与这些加油企业合作的基础上,也为平台会员提供了最低的船舶燃料油优惠价格,在保障了时效性的基础上,也实现了双方经济效益的共赢。

(4)船舶维修和买卖

金马采用线上与线下结合的方式,为有船舶维修需求的客户提供线上技术支持和到场的拖船服务。

同时,平台运营初期,就与武汉航交所、南京航运交易中心进行了深入合作和资源共享,主要为买卖双方寻找适合自己的需求,同时为用户提供船舶评估、签订合同、交易审核、结算等一条龙服务。

(5)长江和沿海干散货运价分析

在每周均有千条以上最新船货盘进行成交的基础上,后台都能在运价这一指标上进行大量的数据采集,从煤炭到粮食,从长江航线到沿海运输,热门航线和热门货种的运价都会在平台首页进行大数据分析和预测,为港航业的各类业务决策提供了实时参考。

(6)货物追踪

金马云物流平台利用“5G + AIS + 北斗定位”技术,并与长江航道测量中心达成信息共享,为平台有需求的会员提供船舶定位查询、可视化追踪。

(7)智能船货匹配

作为金马云平台 2020 年新推出的功能模块,在结合以上所有功能模块的优势之后,结合大数据技术,分析船主的常走航线和货主对不同船型的要求,对船东进行可行性的返航推送,为货主匹配合适港口附近的空船信息。

通过金马云物流平台,运输中各个节点的数据都可以进行交汇,既可以轻松实现标准化管理,也为航运企业和相关部门及时了解和掌握长江和沿海航线最新情况提供了准确信息,也为港航业进行科学、合理行业最新发展趋势分析提供了实时可靠的信息。

(五)完善各环节流程,紧密协调合作

为了实现航运业务流程整体管理、实时监测、数据收集等事项的有效实施,在互联网信息化和大数据技术的支持下,聚焦航运关键节点,从标准化、智能化、效益化的视角,金马云物流信息平台与港口、码头、相关部门、大型货代开展了紧密协调合作,积极开展基于水路运输各项数据的细致采集、深度挖掘、智能分析、追踪反馈以及建立航运标准化信息共享系统,共同为航运业的平稳运行和高效发展发挥各自的作用。

在"互联网+港航"思维的推动和大数据分析技术的支撑下,金马云物流信息平台作为一个共享、开放的平台,通过数据交汇和智能分析,对航运业各类数据进行多维度的查询、匹配、分析、预测、展示、追踪,使得各个环节参与人员都能适时掌握航运动态信息,追踪运输流程。对出现异常或问题的环节进行科学分析和及时有效处理,实现对货物运输的一站式服务。

通过构建"以标准管理为基础,以数据分析为核心,以智能匹配为关键"的整体运营方针,加强各环节间的协调合作,将各类数据分解为各环节、各部门的可考评指标,从市场部门到客服部门,从运营部门到技术部门,均坚持从严管理、持续改进,形成良性的协作机制。

在金马云物流平台自主研发的基础上,江苏省、泰州市、靖江市交通管理部门和长江航道相关机构均给予支持,积极合作,协调相关数据,通过大数据技术推动金马云物流信息平台整体水平的提升。

在此过程中,处于运输链上游的各大货主单位、大型货代,作为主要环节的各个码头、港口,和承担主要运力的船东,均纷纷响应,上传了真实、有效、标准的各类运单、票据等,为航运数据标准化建立和精准化采集提供了源头保障。

金马云物流平台作为中间媒介,对外部分享的数据进行整理汇总,对内部收集的数据进行分析采纳,利用各类互联网信息技术进行航运市场供需情况和价格趋势分析,三者紧密结合,通力合作,缺一不可。

(六)建立预警机制,防范各类风险

在港航界,企业规模多以中小型为主,也导致了受大环境影响较大、专业化管理水平低、抗风险能力低等诸多痛点,如果缺乏一个专业的预警机制,势必会导致诸多航企陷入泥潭难以抽身。

2020年年初,突如其来的新冠肺炎疫情给国内沿海、内河干散货运输市场造成严重冲击,船舶运价行情走势贫弱,也对港航业的实体经济造成了巨大影响。金马云物流发挥平台经济作用,切实做到了疫情防控和互联网+航运发展两不误。疫情迫使港航企业经营效益下滑,船舶大量停航,加上固定成本、防控物资及人员成本等持续支出,造成航运企业营运困难。部分航运企业寻求金马云物流平台的支持,平台立即与9家干散货航运企业组建联盟链,为用户制定无接触运输流程,督促谨慎操作,完成整个业务链闭环,解决无业务的实际问题,帮助企业逐步走出困境。同时,船员难招聘是航业不得不重视的问题,特别是疫情的爆发,使得船员尤为紧缺,金马云平台立即联系长江流域船员培训中心,获得大量船员资源,逐一电话询问,提供部分船员就业。

在现在的港航业中,除小部分是一些大型国企和上市航运企业外,大部分均为中小型的企业规模,融资难又伴随着公司的未来发展。与此同时,账期长、资金回笼慢的压力由使得航企经营人难以支撑。同是从这一困境中走出来的金马集团公司,结合最新的区块链技术,牵手多家国有银行和蚂蚁金服,为处于资金困境中的航企提供了供应链金融服务,解决了资金上的燃眉之急。

(七)加强人员培训,提升整体素质

金马云物流平台专业高效的运行至今,离不开各类专业人士的努力和奉献。公司管理层尤其关注平台工作人员素质的整体提升,加强各类相关业务的培训力度。

一方面,加强团队人员专业化建设和培养。从平台开始运营至今,每年都不定期地安排平台工作人员到相关部门进行有针对性的系统化知识培训。截至2020年8月,公司技术研发部门人员已到苏州、南京、上海、武汉、北京等地进行互联网最新信息学习,并成功将大数据思维和区块链技术引入平台的日常运营中。市场部人员则是在具有多年航运经验的老员工带领和引荐下,在具有多年合作经验的相关码头、公司定点学习,并将原有线下业务转移到平台上进行。客服团队也与南京航运交易中心达成了培训计划,不定期地进行最新二手船舶买卖的操作流程学习。

另一方面,加强平台运营管理人员的培养,建立定位清晰的人才管理团队,使管理层具备胜任岗位能力要求的技能。先后安排了管理人员参与多批次的市级、省级管理人员培训班,更是将高级管理层安排到北京进行MBA学习,确保平台管理层具有了互联网下最新的管理理念。

同时也注重在平台运行过程中的激励和约束机制,对平台升级有贡献、业务量突出、操作无失误的员工进行宣传和表彰,对缺乏相应思维能力的员工进行批评,皆以通报的形式在公司内部报刊上进行定期展示。

三、实施效果

(一)创新“互联网+航运”,管理效益大幅提高

金马云集成了现代物流、互联网、供应链金融、大数据分析等前沿技术手段,通过App客户端形式实施船舶组织化管理;对随机动态加入的船主,动态调整运能,减少返程空驶,提高船舶运输效率;根据货主(代)发货地定位,货物类型等关键信息提供智能匹配;通过系统集成工具(如可视化监控系统等),优化业务流程和服务规范;平台通过外部预留接口,与合作金融机构无缝对接,为线上交易提供完善的金融结算方案。

对内,推动企业各环节横向贯通,最大程度实现“互联网+”下的信息共享和业务协作,业务响应时限进一步缩短,提高了管理效率,通过大数据挖掘技术和分析手段,诊断港航物流系统的合理性,为建立高效、安全、稳定、便捷的港航物流解决方案提供科学合理依据;2020年,平台计划集成人工智能技术,通过智能化手段提高整个平台的运行效率,助推公司发展方式和智能航运发展模式向更高阶段转变。

(二)拓展服务渠道,经济效益大幅增长

平台自2017年正式运营以来, 主要运营和经济效益指标实现了爆发性增长。2017年,完成自营交易额3714.84万元、利税186.72万元;2018年,完成自营交易额7700.52万元、利税449.32万元,分别比上年增长107.29%、140.64%;2019年,完成自营交易额48072.76万元、利税3536.15万元,分别比上年增长524.28%、687%;2020年1~8月,完成自营交易额37870.15万元、利税2821.48万元,分别比上年同期增长30.86%、23.89%。

规模放大获得的收入:经平台撮合成交的业务收取佣金,形成业务佣金收入;保险代理业务形成的保险佣金收入;燃料油供应业务,通过集中采购形成的供油差价收入。平台稳定运行一段时间,客户达到一定规模后,公司还可获得:金融服务类收入,包括信用贷款佣金、融资租赁佣金、沉淀资金托管收入等;船舶服务类收入,包括船舶交易佣金、船舶保修佣金、配件供应收入等;广告类收入,定向投放船舶设施设备等各类广告收入。平台数据积累形成大数据后,公司还可获得:大数据服务费,包括物流业务大数据、航运大数据等应用收入,极大地提高了企业运营的经济效益。

平台功能的持续完善优化,客户的依赖度逐步提高,2020年春节后,面对突如其来的新冠肺炎疫情给国内沿海、内河干散货运输市场造成严重冲击,船舶运价行情走势贫弱,也对港航业的实体经济造成了巨大影响。金马云物流发挥平台经济作用,切实做到了疫情防控和互联网+航运发展两不误。2020年上半年相较于2019年同期业务量不降反升,自营业务由2.24亿元增长至3.12亿元,同比增长39.28%,撮合业务由6007万元增长至4.64亿元,同比增长670%,保险订单数增长37.73%。

(三)持续创新引领,社会效益日益彰显

金马云平台自建设以来得到了社会各界的广泛认可,荣获了国家级、省级一系列荣誉称号。成绩的

取得，是各级政府、主管部门、行业协会大力支持的结果，也是金马云公司全体员工心血和智慧。在公司获得一系列集体荣誉的同时，金马云物流大数据平台创始人、公司董事长江宗金，也获得了一系列荣誉称号，连续多年被靖江市委、市政府授予“明星企业家”“功勋企业家”称号；被交通运输部评为“全国交通运输系统劳动模范”；被交通运输部长江航务管理局授予第六届“长航十大杰出人物”；被泰州市委组织部评为“我最喜爱的共产党员(创业富民先锋)”；被中国交通运输协会评为“诚信经理人、诚信企业家”。

客户有需求，平台有行动。2020 年初在疫情的影响下，利用流媒体宣传企业管理新模式，以金马云平台的大数据分析为基础，金马云举办了一场航运业发展直播，依托金马云大数据分析得出各类数据，对当前和今后航运形势进行了客观专业的分析，对行业走势进行预判，为港航企业化危为机，牢牢抓住了疫情后的发展机遇，并为航运业未来发展带来许多启发和思考。

平台建立统一的数据标准，实现中心数据、信息、资源的整合，打造金马云物流大数据中心，为用户市场预测提供依据，也为政府相关部门的决策提供参考依据。

目前，公司业务范围遍布 14 个省份，并在长江及沿海流域重点港口、码头设立办事处，累计帮助 6 万多艘船舶实现船货匹配。

(四)绿色航运发展，生态效益显著提升

金马云物流平台集聚船、货信息，成为航运信息中心，用户发布相关船货盘信息，快速促成航运业务，降低物流供应链成本，提升了航运效率。货主企业(包括货代)可快速找到所需船舶，货物堆存时间缩短，库存成本降低；船舶资质可靠，货损货差成本下降。航运企业(包括船东)可快速获得货运业务，船舶停航时间缩短，有效运输时间增加，市场搜索工作量锐减，船舶空载率大幅降低；平台将港口与航运企业相连，船舶装卸货物速度提高，船舶停港时间缩短，货运间接成本下降，促进优化航运系统低能耗运行优化控制。平台与多家加油站合作，用户可在线预约加油量及站点，到达后直接加油，高效、方便、优惠，激发了用户践行绿色生活方式的积极性和主动性。平台与人保、东海等多家知名保险公司合作，24 小时服务，即时生效电子保单；所有信息、合同存储于阿里云，既保障了信息的安全性，又减少了纸质资料的使用。金马云平台港航货一体化的服务体系，促进产业资源整合与信息高效流动，打造绿色智慧航运生态圈。

公路材料绿色低碳 养护机械革新环保

徐州久通公路建材有限公司

成果主要创造人:刘学兵

成果参与创造人:刘园园 刘 成

徐州久通公路建材有限公司(简称“久通公路”)是一家致力于路面养护产品、机械研究开发和革新产品、机械推广应用,路桥的养护及防水工程的施工,公路建养的咨询专业机构。久通公路拥有专业技术人员50余人,先进的检测和分析设备60余台套。与Oxford College(牛津学院)、美国VDS公司、东南大学交通学院、江苏省交通科学研究院、济南大学建材学院等科研机构多年开展交流、合作。同时,久通公路为东南大学交通学院、济南大学建材学院材料专业研究生实习基地。

一、实施背景

改革开放以来,我国的公路基础设施建设迅速发展,公路养护由原来的人工转型到机械化,由原来的路面龟网裂,坑塘,裂缝的不重视转变成建养并重,协调发展。

在传统沥青路面养护维修工程中,低劣的养护材料产生了大量的废气和粉尘,造成环境污染。在国家的大力倡导和支持下,绿色低碳的公路养护方式成为公路养护的必然趋势。建立合理的绿色养护体系,是现阶段公路交通从业者必须坚持、且为之努力的方向。

因此,需要建立一种新型的公路养护体系,使其能够节约养护成本,保证公路使用性能,同时减少环境的污染。久通公路不断改革创新“绿色养护”的新产品、新机械,即保护环境和减少污染,提高公路的使用寿命和服务水平,为人们提供安全、高效的公路出行,使公路养护与自然和谐共生。

二、成果内涵和主要做法

成果内涵:基于全局协调的绿色养护体系构建与实施是贯彻执行交通运输部《“十三五”公路养护管理发展纲要》中践行新发展理念,转变公路养护管理发展方式的基本要求。在公路养护材料的原料上下功夫,将原使用的煤焦油加工的灌缝胶泥废除。公司将煤焦油换成韩国sk70×沥青,多次与Oxford College(牛津学院)、美国VDS公司、东南大学交通学院、江苏省交通科学研究院、济南大学建材学院等科研机构开展交流、合作,研究试验统筹设计,通过改性剂等原料生产出新型的道路高分子沥青灌缝胶,此产品废气小、味道轻、绿色环保。其在全国公路养护上大范围的推广应用,为推进“绿色交通”建设的公路交通网络、推动公路养护施工健康协调发展具有重要的社会意义。

本成果围绕全局协调的绿色养护体系战略布局,生产、销售、承建为一体,服务交通国省干线公路、市政道路、高速公路、农村公路等养护单位。

三、基于全局协调的绿色养护材料和机械设备布局

公路绿色养护体系的建设,首先需要建立一种从全局角度进行考虑的养护战略,因此,需要对现阶段面临的养护新材料、新机械设备进行长远的规划和改良。

四、总体规划

首先需要企业加快养护管理体制与养护运行机制改革,转变传统养护管理的思维模式,养护材料提

升，设备优良环保的升级，使公路养护由被动养护向科学养护转变，由单一养护、粗放型养护向复合型、集约型养护转变，全面推行绿色环保的养护新模式，从而建立起具有主动性、预见性和系统性的绿色养护理念。

久通公路面对国内养护新形势，通过大量的调研分析，决定首先在江苏省徐州市所属县市内进行绿色养护材料、机械设备试点，根据各种路面的实际情况，多次试验，材料、机械设备成功应用后，推向山东、浙江、湖北、湖南、四川、云南、厦门、上海、南京等地，然后通过全国130家经销商合作的方式销售推广至全国各地，确保绿色养护材料、机械设备在国内的覆盖率逐年提升。

五、中长期规划

1. 总体规划目标

未来5年内，通过互惠互利，加大经销商的进一步合作和公路交通养护部门沟通协调，力争节能环保的绿色养护材料和机械设备覆盖全国，走出国门，服务于社会。

2. 具体规划思路

久通公路计划未来利用本公司路桥工程养护及防水工程的施工队伍，承接公路建养施工中，时刻总结材料和养护机械施工应用情况，逐步更新改进，全国范围内销售推广。

3. 搭建具有行业指导意义的科研平台

面对新的养护格局，久通公路客观分析企业面临的机遇和挑战，坚持"诚信为先、质量为本、勇于创新、服务社会"的企业信念，紧紧抓住科技兴企的主线，以保障绿色养护体系的顺利搭建，提高行业内的技术水平。目前，公司拥有50余名专业技术人员，60余台套先进的检测和分析设备。与美国VDS公司、江苏省交通科学研究院等科研机构密切合作，并且加入中交企协绿色智慧交通分会会员，同全国很多交通会员企业增加交流沟通。新技术、新材料、新工艺、新装备的研发与推广应用，服务于交通行业基础设施建设和维护。

六、主要研发内容和成果

沥青路面灌缝胶生产的技术研究；

沥青路面冷补沥青(冷补料)技术研究；

沥青路面再生机理与结构研究；

沥青路面废弃材料循环利用技术研究；

沥青路面就地热再生、就地冷再生设备研制；

沥青路面冷补剂研制；

温拌沥青混合料研究与温拌剂研制；

道路养护灌缝机、马路切割机等机械设备生产；

拌和、冷再生与无机结合料一体拌和等功能。

环保工程建设：采用中央除尘系统对拌和站进行防尘设计；设置喷淋系统减少扬尘产生量；设置沥青烟气归集系统避免有毒气体逸出；拌和站采用钢结构全封闭式进行降噪设计；选用清洁能源代替传统燃料，有效降低排放。

路面养护设备库房：建立大型设备养护库房，可容纳多种沥青路面再生设备及其他路面养护设备。

多用途中心试验室：绿色环保养护中心实验室可进行常规沥青全系列试验、改性沥青试验、乳化沥青全系列试验、美国SHRP试验、常规沥青混合料试验、废旧沥青回收材料再生试验等。

在整套绿色环保体系的战略布局中，通过在全国范围内的绿色养护中心成果推广应用，为道路养护事业建立标杆，推进绿色养护的大面积应用，保护"碧水蓝天"，为祖国环保事业添砖加瓦。

七、建立有效的保障措施

为确保本成果的顺利实施，久通公路采取了多种有效的保障措施，在制度、资金、人力等方面提供硬件基础与技术支撑。

(一)制度方面

建立健全公司的运行机制,是企业发展壮大的关键。久通公路在构建与实施绿色养护体系的同时,创新性地建立了多个运行机制。

1. 建立开放运行机制

实行"开放、交流、合作、竞争"的运行机制,开展重大关键技术、前瞻性技术的研究,解决领域中的技术难题。

2. 建立人才引进与培养机制

积极实施人才战略,坚持人才培养与引进并重的原则,以业务领域为导向,积极推动以学术带头人与业务骨干建设为重点的科技队伍建设。

3. 建立科研奖励机制

制定详细奖励原则、奖励标准、评价办法为鼓励技术人员多出高水平科技成果和科技论文。

4. 建立经费支撑机制

对重点科研成果、技术服务、技术转让给予经费支持。

(二)管理模式方面

久通公路不拘泥于传统的管理模式,而是结合现有基础,融合多种管理经验,发展适用于自身的管理模式。

建立信息系统集成管理模式:借助企业协同办公系统、成本信息中心、机料管理中心、资金结算中心等管理机制,对管理流程中的各个环节链接成了一个有效的整体,提高员工的整体工作效率。

十九大报告强化和凸显了"增强绿水青山就是金山银山的意识"的表述,在全民意识中巩固和树立了社会主义生态文明观,从而开创了新时代的生态文明时期。久通公路明确了绿色发展的思路,改变了绿色发展的思维方式,把生态文明建设与政治、经济、文化和社会建设相互融合,既尊重历史上的生态,也坚持人与自然的和谐共生。

坚持创新协调、绿色、开放、共享的发展理念,致力于实现生产销售便捷智慧环保、可持续发展的现代化养护体制目标。

1. 安全生产管理

①公司设专职安全员 24 小时值班制监督公司生产的各个环节;与生产人员进行面对面交流,双方就生产施工过程中遇到的突发事件及其他相关事宜进行协调,并及时传达上级部门的指示要求。

②当班经理全权负责人员思想动态,对施工区域进行走动式巡查,重点关注施工用电和消防设施的安全。

③操作生产设备的施工车辆人员要持证上岗,生产施工人员参加定期培训,上班时间一律着反光背心,安全帽。

2. 公司职责细化

总经理岗位职责:

①执行公司办公会决议,主持全面工作,保证经营目标的实现,及时、足额地完成公司办公会下达的利润指标。

②组织实施公司办公会批准的公司年度工作计划和财务预算报告及利润分配、使用方案。

③组织实施经公司办公会批准的新上项目。

④组织指挥公司的日常经营管理工作,在公司办公会委托权限内,以法人代表的身份代表公司签署有关协议、合同、合约和处理有关事宜。

⑤决定组织体制和人事编制,建立健全公司统一、高效的组织体系和工作体系。

⑥根据生产经营需要,有权聘请专职或兼职法律、经营管理、技术等顾问,并决定报酬。

⑦决定对成绩显著的员工予以奖励、调资和晋级,对违纪员工的处分,直至辞退。

⑧审查批准年度计划内的经营、投资、改造、基建项目和流动资金贷款、使用、担保的可行性报告。

⑨健全财务管理,严格财经纪律,搞好增收节支和开源节流工作,保证现有资产的保值和增值。

⑩抓好公司的生产、服务工作。

⑪搞好员工的思想政治工作,加强员工队伍的建设,建立一支作风优良、纪律严明、训练有素。

⑫坚持民主集中制的原则,发挥“领导一班人”的作用,充分发挥员工的积极性和创造性。

⑬加强企业文化建设,搞好社会公共关系,树立公司良好的社会形象。

⑭加强廉政建设,搞好精神文明建设,支持各种社团工作。

⑮积极完成公司办公会交办的其他工作任务。

副总经理岗位职责:

①在授权的情况下协助总经理抓好全面工作。

②全面熟悉和掌握公司情况,参与公司重大战略目标和战略规划的制订以及经营计划、方针、策略的确定。

③对公司经营过程中发生的一切重大事项及时向总经理反映,并提出建议,当好总经理的参谋和助手。

④积极努力完成具体主管线上的目标任务。

⑤对直接下属部门工作进行督导检查,对出现的问题及时处理解决。

⑥协调下属部门内部关系,并做好与其他部门间的沟通工作。

⑦完成总经理交办的其他工作任务。

生产技术部总经理岗位职责:

①生产技术部经理是在主管副总经理领导下负责本部门日常生产技术管理工作。

②根据销售部需求计划负责组织编制、审核公司年度、月度生产计划,报上级主管审批。

③按照公司年度、月度生产计划组织有关部门实施,定期召开生产调度会议,组织均衡生产,加强定额管理、节能降耗、提高劳动生产率,严格按照品种、数量、质量、交货期等要求完成生产任务。

④根据国家和行业管理部门颁布的有关规定,组织各部门制定公司安全生产管理制度和安全技术实施计划及安全隐患的改进措施,并监督检查。

⑤对各种设备事故、工伤、伤亡事故、急性中毒事故以及环境污染事故参与调查和处理,并制定改进措施。

⑥负责组织生产统计工作,做好统计分析及各种报表的填报工作。

⑦负责公司各类新产品、新工艺的研究开发、试验、申报等工作。

⑧负责组织编制和修订公司各类技术标准,定期组织对公司员工进行技术培训与考核。

⑨负责公司技术革新、工艺改造的设计、策划及审定工作。

⑩负责建立健全本部门各项规章制度,管理程序。

⑪负责公司产品仓库管理工作,做好原材料采购及出入库、成品出入库的管理工作。

⑫定期向主管副总经理汇报工作,并完成其交办的其他工作。

销售部总经理岗位职责:

①在分管副总经理领导下,全面负责企业产品市场开发、客源组织和产品销售工作。定期组织市场调研,收集市场信息,分析市场动向、特点和发展趋势。制定市场销售策略,确定主要目标市场、市场结构和销售方针。

②根据企业的近期和远期目标、财务预算要求,协调各部门之间关系,提出销售计划编制原则、依据、组织销售部人员分析市场环境,制定和审核销售预算,提出产品价格政策实施方案,向销售部人员下

达销售任务,并组织贯彻实施。

③掌握产品市场的动态,每周在分管副总裁主持下,分析销售动态、各部门销售成本、存在问题、市场竞争发展状况等,提出改进方案和措施,监督销售计划的顺利完成。

④协调销售部和各经济组织的关系,经常保持同上级部门的密切联系,并同各客户建立长期稳定的良好协作关系。

⑤提交产品重要销售活动和参加产品展销活动实施方案,组织人员、准备材料、参加销售活动,广泛宣传企业产品和服务,对销售效果提出分析、经分管副总经理审核后,向公司办公会议报告。

⑥定期检查销售计划实施结果,定期提出销售计划调整方案,经公司办公会审议通过后实施。

⑦掌握产品价格政策实施情况,控制公司不同客户对象及不同季节的价格水平,定期检查预期价格政策实施结果,及时提出改进措施,保证企业较高的平均盈利水平。

⑧定期走访客户,征求客户意见,掌握其他销售情况和价格水平,分析竞争态势,调整产品销售策略,适应市场竞争需要。

⑨参加企业收款分析会议,掌握客户拖欠款情况,分析原因,负责客户拖欠款催收组织工作,组织产期拖欠。

⑩培训和造就一支不同年龄和不同层次的产品销售专业队伍。

⑪制定销售部管理制度、工作程序、并监督贯彻实施。严格控制销售费用开支,签发开支范围和标准,监督销售费用的使用。

销售部大区经理岗位职责:

①负责分工区域的市场管理,维护市场秩序,制止恶性竞争。

②完成所分工区域的市场开拓、产品销售任务。

③直接与所分工区域的代理商沟通联系,及时送货,办理退货,结算回收货款。

④协助所分工区域代理商开拓二级市场和终端客户。

⑤协助所分工区域的产品形象,宣传推广工作。

⑥负责所分工区域的市场调研工作和代理商评估工作。

⑦完成领导交办的其他工作。

(三)资金方面

为响应国家节能环保大趋势,大力推行绿色环保交通建设养护技术,根据绿色养护工艺的发展需求,久通公路每年给予不低于2000万元的研发专项资金扶持,用以推动绿色养护体系可持续发展,最大限度地发挥企业的科技创新主体作用,实现科技成果的工程化、产业化。

(四)人员方面

久通公路依托科研平台建设、重点项目研发和专业技能培训,培养了一大批推动重大科技创新的专家、学术带头人和创新骨干力量,形成了完善的科技人才梯队。

目前,公司拥有50余名专业技术人员,60余台套先进的检测和分析设备。与美国VDS公司、江苏省交通科学研究院等科研机构密切合作。并且是东南大学交通学院、济南大学建材学院材料专业研究生实习基地。

八、实施效果

久通公路基于全局协调,对绿色养护体系进行了全面的构建与实施。本成果实施过程中,建立了一整套完善的绿色养护材料和机械设备体系,并通过本公司施工队伍实地绿色养护中施工,对成套沥青路面灌缝施工和养护技术及设备进行深入研究、推广应用于全国的交通公路市政的道路,使整个绿色养护体系建设成一个符合循环经济模式的产业链。目前,整套体系的实施效果明显,具有显著的经济效益和社会效益。

九、成功案例

1. 京珠高速公路第一合同段养护公司(表1)

表1

工程地点	京珠高速公路湖北孝感段
施工单位	京珠高速公路第一合同段养护公司
使用材料	LQ 沥青路面密封胶

2. 东台市公路站养护公司(表2)

表2

工程地点	江苏省东台市迎宾大道
施工单位	东台市公路站养护公司
使用材料	LQ 沥青路面密封胶

续上表

3. 久通公路建材有限公司工程事业部(表3)

表3

工程地点	G15(沈海高速)青岛段
施工单位	久通公路建材有限公司工程事业部
使用材料	LQ沥青路面密封胶

4. 芜湖市公路局广告公司(表4)

表4

工程地点	芜湖市快速道
施工单位	芜湖市公路局广告公司
使用材料	LQ 沥青路面密封胶

十、荣誉证书

①2017 年荣获江苏名牌产品奖(图1)。

②2015 年荣获江苏质量信得过 AAA 级品牌企业荣誉(图2)。

图 1

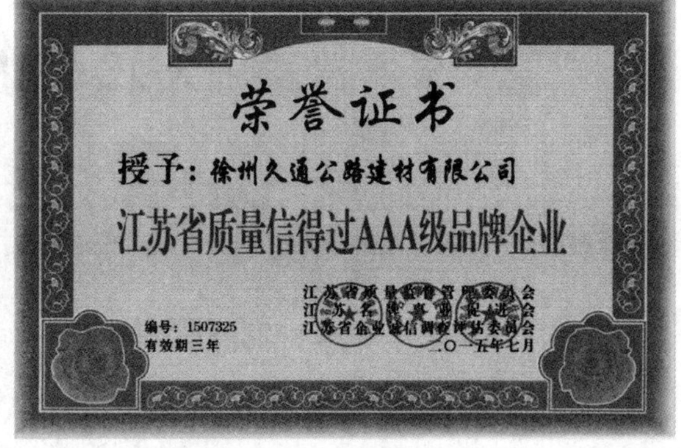

图 2

③2017 年荣获江苏省著名品牌企业(产品)荣誉(图 3)。

④2016 年荣获江苏省优质环保产品荣誉(图 4)。

图　3

图　4

⑤2017 年企业负责人刘学兵荣获江苏省优秀施工企业家荣誉(图 5)。

⑥2016 年企业负责人刘学兵荣获江苏省诚信企业家荣誉(图 6)。

图　5

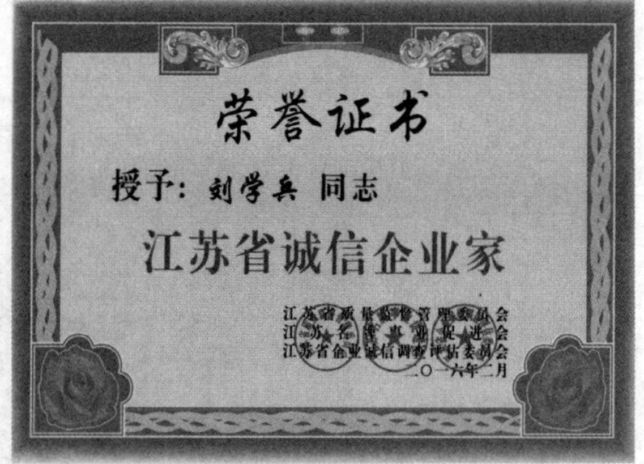

图　6

⑦2016 年荣获江苏省十佳工程施工企业荣誉(图 7)。

图　7

⑧2016 年荣获江苏省道路养护产品金牌制造商荣誉(图 8)。

图 8

⑨2016 年荣获江苏省质量诚信五星级企业荣誉(图 9)。

图 9

十一、部分产品介绍

1. JT-LQ-10 密封胶(价格 10000 元/吨)

JT-LQ-10 沥青路面密封胶是一种具有超强密封性能的道路裂缝处理材料,由多种橡塑成分复合而成,属热施工高弹性密封材料。

适合沥青、水泥混凝土路面的裂纹、裂缝的养护密封,路面罩面前的基层裂缝处理,桥涵两端水泥混凝土与沥青路面的衔接处过渡,机场跑道等水泥混凝土路面接缝的处理等。具有相容性好,弹性大,黏结力强、抗老化、高性价比等优点,指标和性能见表 6。

JT-LQ-10 沥青路面密封指标　　表 6

指　　标	沥青兼容性	锥入度(25℃,0.1mm)	弹性恢复(25℃,%)	流动度(60℃,mm)	推荐加热温度(℃)	适合环境温度(℃)
技术要求	通过	30～70	30～70	≤3.0	175℃～190℃	-30℃～70℃
实测结果	通过	46	40	3.05		

注:本报告技术要求采用《沥青及硅酸盐水泥混凝土路面上接缝与裂纹用热铺密封料和填充料试验方法》(ASTMD6690—2007)《路面橡胶沥青灌缝胶》(JT/T740—2009)。

目前该系列产品已在江苏、山东、湖北、江西、河北、甘肃等地大量使用。

2. JT-PU-2 水泥混凝土路面聚氨酯嵌缝胶(价格 18000 元/吨)

PU 聚氨酯嵌缝胶是一种无须加热即可使用的水泥混凝土路面填缝材料。是常温条件下两组分间的化学反应后形成的连续高弹性橡胶有机体。化学反应过程中,对水泥混凝土界面产生物理的化学双重吸附,从而极大地增强了材料的黏附能力。

适合于水泥混凝土路面、水利工程、水库堤坝、桥梁隧道嵌缝、卫生间、墙体、地下室、洞库、管道、本钢表面的防潮、防渗、防漏。具有易施工、黏附性强、寿命长等优点。

3. JT-PVC-2 道路弹性填缝料(价格 6500 元/吨)

JT-PVC-2 弹性填缝料是一种高品质、经济型的路面填缝材料,由聚氯乙烯高分子材料辅以橡胶填充剂、无机材料配制而成,属热施工高弹性填缝材料。

适合于水泥混凝土路面,低等级公路的沥青混凝土路面,具有弹性大,黏结力强,防水性高,耐老化,易施工等优点。指标和性能见表 7。

JT-PVC-2 道路弹性填缝料　表 7

指　标	锥入度(0.1mm)	弹性复原率(%)	流动度(mm)	拉伸量(10℃),mm	推荐加热温度(℃)
技术要求	<50	≥30	<5	≥10	120
实测结果	45	40	2.5	11.5	

注:依据《水泥混凝土路面嵌缝密封材料》(JT/T589—2004)。

4. 裂缝贴(价格 25 ~ 50 元/平方米)

路缘系列贴缝带是公司在引进国外 North America Roada Industrial Inc.(北美瑞德)先进技术的基础上,同时有 Oxford College(牛津学院)、东南大学等专业技术人员作为技术支持,针对路面基层裂缝和面层的表面裂缝而研制开发的新型防水材料。由高分子聚合物、增黏剂、增塑剂、重交沥青、添加剂等组成。该贴缝带通过专用黏结剂,粘贴在路面基层或面层的裂缝上,在裂缝上形成一层高强度防水层,使路面基层的裂缝不能向上反射、面层的渗水不能向下渗透,保护了面层和基层的稳定,延缓了路面反射裂缝的出现。

针对路面基层裂缝和面层的表面裂缝公司技术人员最新研制开发的新型防水材料《道路裂缝贴》。由高分子聚合物、重交沥青、添加剂等组成。该裂缝贴通过专用黏结剂,粘贴在路面基层或面层的裂缝上,形成一层高强度防水层,使路面基层的裂缝不能向上反射、面层的渗水不能向下渗透,保护了面层和基层的稳定,其质量检验标准见表 8。

路缘系列(耐寒型)抗裂贴质量检验标准　表 8

序　号	检验项目	单　位	技术要求
1	软化点	—	85℃无流淌、无滴落
2	低温柔度	—	—20℃,无裂缝
3	抗拉强度	kN	≥8kN
4	断裂伸长率	—	≥25%
5	撕破强度	N	≥80
6	不透水性	—	0.2MPa,30min 不透水

5. 冷补料(2000 元/吨)

近年来由于国省干线治载力度的提高,超载车辆集聚农村公路行驶,逃避警察罚款,加速农村公路损坏。我公司针对农村公路部门机具不完善,技术力量不足,成功研制出省时省工,经济实用,不需要加温的沥青冷补料。本产品适应农村公路坑塘、麻面、松散、沉陷、桥头跳车的处治。

十二、成果评价

久通公路深耕道路养护领域多年。自 20 世纪 80 年代创建以来,就致力于生产道路养护产品和研发相关机械设备。近年来组建了路桥工程养护及防水工程的施工队伍,并承接公路建养业务的专业咨询。绿色养护体系以其先进的理念、完善的系统,可实现新技术、新材料、新工艺、新设备的更高层次发展,生产销售各种路面灌缝胶、道路弹性填缝料、冷补料、网裂修复剂、聚氨酯嵌缝胶、冷补剂等道路养护处理类材料,也生产销售灌缝机、开槽机、吹风机、切割机、振动夯、打磨机等养护机械。为公路交通行业带来巨大的经济效益和社会效益。

市场经营管理驾驶舱系统的构建与实践

中交天津航道局有限公司

成果主要创造人:徐　斌　王振洲

成果参与创造人:朱遵友　黄志斌　马　罗　刘洪公　高　磊　孙　哲

景毅洋　朱友才　陈虎群　李昊洲

中交天津航道局有限公司(简称“天航局”)是中国交建所属中交疏浚的全资子公司,是中国第一家专业疏浚机构,由1897年成立的海河工程局发展而来,迄今已有120多年的历史。

天航局主要经营航道疏浚、吹填造地、水工及基础工程、环保工程、勘察设计咨询等业务,同时兼营市政园林、水利、海水淡化、装备研发、码头仓储等业务,具有港口与航道工程施工总承包特级、市政公用工程施工总承包一级、水利水电工程施工总承包一级资质、地基与基础工程专业承包一级、环保工程专业承包一级、水运行业设计甲级、工程勘察综合类甲级等资质,能为客户提供投资、咨询、勘察、设计、施工、运营一体化服务。天航局先后多次荣获国家优质工程金奖、詹天佑土木工程大奖、交通运输部水运工程质量奖、国家科技技术进步二等奖、国家技术发明奖二等奖、国家级施工工法奖等奖项,屡获“全国守合同重信用企业”“全国优秀施工企业”“全国用户满意施工企业”“全国五一劳动奖状”“中央企业先进集体”“全国文明单位”“天津市百强企业”等荣誉和称号,连年被评定为金融信用等级AAA级企业、工程建设行业社会信用AAA级企业。

作为中国疏浚业的先行者,天航局始终站在中国疏浚技术最前沿。天航局拥有国家级企业技术中心1个,省部级企业技术中心4个;国家高新技术企业7家;省部级企业重点实验室1个;涵盖设计、科研、综合类勘测等业务的设计研究院1家。承揽了国家“十五”科技专项、国家“十一五”“十二五”“十三五”水专项等国家级重大课题,作为主编单位,编写了中国疏浚行业的主要规范与标准,共拥有国家专利200余项、软件著作权30余项,发挥了对中国疏浚业引领推动、创新发展的作用。

多年来,天航局施工足迹遍布中国沿海30多个港口、内陆10余个省份以及东南亚、中东、非洲、欧洲、美洲、大洋洲等地的30余个国家和地区。近年来,天航局充分发挥资金、技术、管理、信誉等方面实力和优势,推进企业由“工”转“商”,在广东茂名、江苏启东、山东东营、四川成都等地先后运作了投资类项目,打开了增量市场,使百年企业焕发出新的生机与活力。

一、实施背景

信息传递是现代化管理的基本要求。所有信息的处理都是信息在组织内部的传递与移动。信息传递是通过文字、语言、电码、图像、色彩、光等传播渠道进行的。在现行的企业管理模式中,信息主要通过人员进行数据翻译、加工形成通过文字等信息载体进行传递,主要方式为自下而上的信息传递和自上而下的指令传达,信息传递渠道及路径单一,且存在较大的不确定性,传递质量与信息衰减较大,受人为因素影响大,不利于信息的高效与精准传递。

为提高运营效率,充分应用现代数字化等新技术提升工作效率,经前期市场调研,结合自身实际,天航局在原有信息收集管理体系的基础上,开发出了一套以市场经营管理、投资项目管理为核心的管理驾驶舱系统,通过该系统,进一步优化调整市场经营信息收集、归集、使用方式流程,加强投资项目运维监控。

(一)企业现行项目信息管理现状

目前,天航局市场经营项目信息的收集报送、数据分析等工作主要通过线下报表的形式开展,主要方式为通过 Word、Excel 等办公软件由公司归口管理单位制定填报内容,并通过线下、社交软件、邮件等方式下发各窗口单位进行数据填报。数据回收后有专人进行汇总分析。此种管理方式由于管理路径过长,存在信息流通更新速度慢、时效性降低且占用较多的人力资源等问题(图 1)。

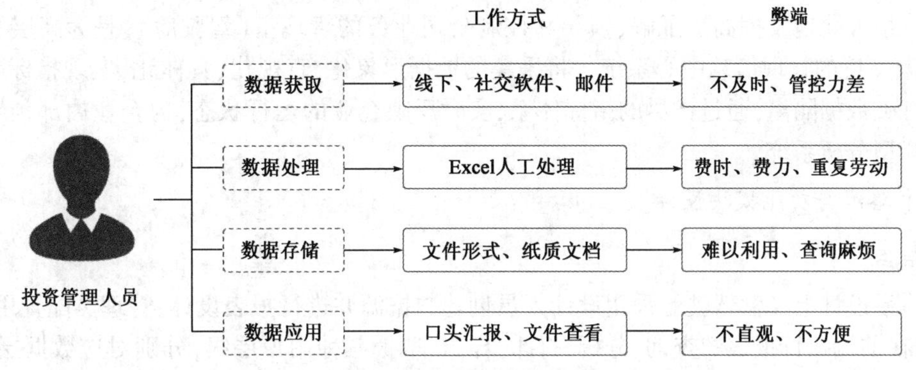

图 1 传统投资项目管理信息收集与汇总模式示意图

(二)存在的主要问题

随着公司业务的不断壮大,管理过程中积累的数据也逐渐增加,这对企业的内部数据管理能力也提出了更高的要求。如何有效利用数据进行业务运行状态分析,监管规范内部流程及相关部门成为当前企业迫切需要解决的主要难题。

从宏观角度来看,这些问题主要分为以下几方面:

①缺少对数据的整合与分析,造成大量重要企业经营管理数据沉淀,数据使用效率低,经营管理数据没有形成数据价值,没有形成企业数据资产。

②业务系统运行若干年后,沉淀了大量信息。然而,管理人员在需要决策信息时,业务系统无法直接提供相关决策支持信息,经营数据的潜在应用价值没有得到充分发挥,无法为管理人员提供有效的决策支持。

③业务系统报表种类繁杂,数据报送周期不一,且随着市场环境的不断变化导致业务报表的内容需要进行联动的整体性更新,报表变更流程繁杂。人员操作压力大,错误率高。同时尽管业务系统提供了多种报表,仍然无法满足企业高质量管理的需求。

④基础信息收集不够完善,企业管理缺少对业务链条的全流程管理与筛查,导致问题长期潜伏,难以得到正视和处理,同时缺少相应的处理方法与处理机制进行应对。

从业务系统具体功能来看,现有业务系统很难有效解决以下问题:

①数据管理缺乏专业的数据软件支撑,报表制作过程烦琐且数据价值无法得到有效挖掘,数据收集与处理的手段与方法过于原始、简单。

②业务管理软件系统,无法为企业各级管理人员提供形象、直观的数据展示窗口。缺乏对关键业务数据的动态监管与分析。

③企业管理过程,缺少对数据的影响因子分析,无法准确了解各类业务数据的变动情况与变动影响程度,无法实现业务报表间的数据联动。

④企业报表多为结论性分析,缺少对各项主数据的多因素分析与关联性、影响度分析。

⑤业务系统中积累了大量业务数据,但这些数据除了查询、跟踪外基本属于休眠状态,无法得到有效利用,很难分析和报告这些数据,以往的业务信息无法形成有效企业经验与案例。

⑥现有业务系统是联机业务处理系统,而非联机分析系统,重在流程管理。业务流程按照固化的模式进行运作,无法按照外部环境的变化及时进行优化与调整。

⑦无法实现对公司运营数据及时、有效、便捷的监控、对比、分析和预警、预测,实现对关键业务信息监控,并且统一和整合现有的业务系统软件数据为公司领导决策提供准确、及时、有效的数据。

二、经营驾驶舱的技术路线与功能模块设置

(一)经营驾驶舱

管理驾驶舱从管理者的决策环境、企业管理综合指标的定义等方面出发,将企业管理决策提升到一个新的高度。最大化地发挥高层了解、领导和控制公司业务的管理室(驾驶舱),是为高层管理层提供"一站式"决策支持的管理信息中心系统。将采集的数据形象化、直观化、具体化,实现指标分析及决策场景落地。打破数据隔离,通过详尽的指标体系,实时反映企业的运行状态,为企业内部领导及相关高管提供的指标型分析系统。

(二)技术路线与功能模块设计

1. 功能结构

在管理体系设计上经营驾驶舱采用设计人员创建数据源并进行报表设计;管理员配置用户、权限体系;普通用户在前端执行报表的查询、分析、打印、导出、填报三种用户层级,分别对应数据层、应用层与展示层三个功能层级(图2)。

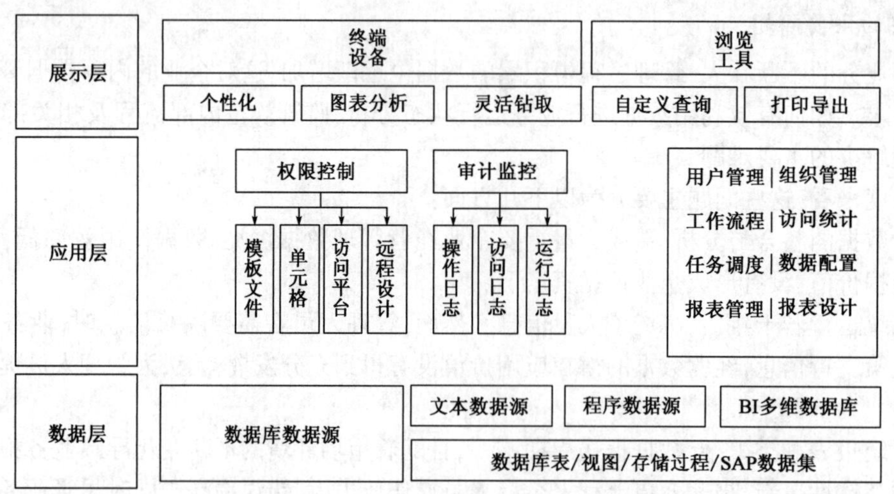

图2　管理体系层级图

数据层通过网络系统进行数据收集、编码、储存,建立多维度的经营管理信息库。

应用层分为权限公司与审计监控两部分,为了保障企业经营信息的安全性,系统在信息录入、数据查阅、系统管理等方面设计了严格的权限管理体系,并按照管理层级设置了三级权限管理体系。审计监控部分按照公司管理体系与岗位管理职能进行对比,进行数据的监控与管理。

展示层主要为进行数据加工与分析后形成图表与系统分析结果,能够为管理者提供直观的图表展示、预警分析等功能。

2. 技术架构

FineReport 是纯 Java 软件,具有良好的跨平台兼容性,支持与各类业务系统进行集成,支持各种操作系统,支持主流 Web 应用服务器。前台是纯 HTML 展现,无须安装任何插件。其技术架构图如图3所示。

3. 功能组成

报表系统主要由报表设计器(设计模板)和报表服务器(解析模板)两大部分组成,使用层次鲜明的三层结构体系搭建,通过多种连接方式连接不同数据源,所有的报表制作工作都在设计器(中间层)中完成,并最终通过服务器解析展现。

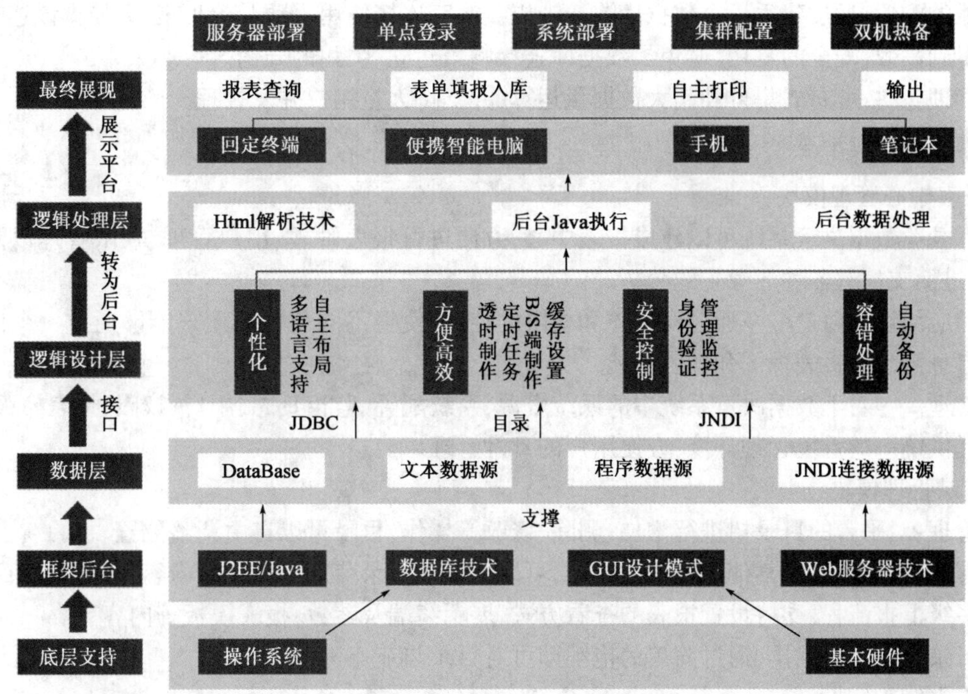

图3 FineReport 技术架构图

(1)报表设计器

FineReport 设计器可以进行表格、图形、参数、控件、填报、打印、导出等报表中各种功能的设计，是集报表应用开发、调试、部署的一体化平台，其组成原理如图 4 所示。

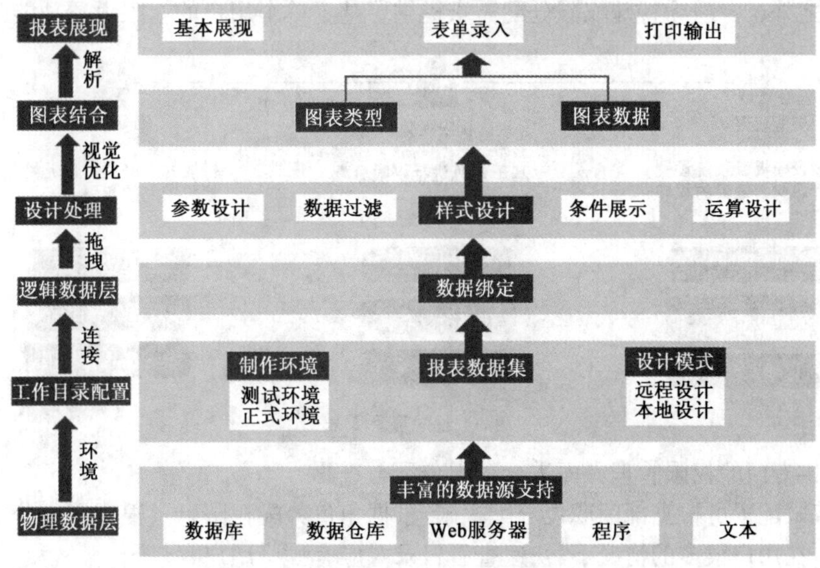

图4 FineReport 组成原理图

(2)报表服务器

报表服务器是指用在 Web 环境中解析报表的 Servlet 形式的服务器，用户通过浏览器和报表服务器进行应用交互。

报表解析：驾驶舱服务器主要用来读取和解析设计器制作好的模板，并将模板转换成 HTML 页面，方便用户通过浏览器查看、修改和打印数据。

缓存管理：面对频繁访问所造成的资源浪费和效率低下，驾驶舱提供了强大的缓存机制进行数据的缓存，使用户的访问更加高效。

连接池的配置:通过建立一个数据库连接池以及一套连接使用、分配、治理策略,使得该连接池中的连接可以得到高效、安全的复用,避免了数据库连接频繁建立、关闭的开销。

性能管理:支持分布式集群和超大数据量运算,并支持大量用户并发处理。

4. 数据分析管理平台

(1)报表中心管理模块

管理驾驶舱数据决策系统可以建成报表中心,方便进行报表管理、用户管理、权限管理以及系统个性化设置,进而支撑起各种业务主题分析。

统一的应用访问门户——通过对用户和权限的控制,使得不同角色的用户能够通过一个门户系统看到符合自身需求的报表视图和报表功能。

集中管理——对于数据决策系统中的系统资源、系统配置、监控日志、用户、权限、报表模板、定时调度等内容提供统一的系统管理环境,方便用户的日常管理。

(2)目录管理模块

目录管理:对平台的目录树进行增加、删除、修改等操作,目录可以自由调整位置。

节点管理:管理员或者其他有权限的用户,可以编辑各目录节点要展现的内容,包括报表模板、URL链接以及多级上报流程,支持设置报表的查看方式、展示终端及参数,报表模板等内容。

支持目录与节点的混排,通过简单的拖动即可对目录与节点进行排序。

(3)权限管理模块

权限管理就是指系统设置的安全规则或者安全策略,用户可以访问而且只能访问自己被授权的资源。决策系统中的权限管理分为权限项和权限受体两个方面。

权限项就是指被分配的对象,指物。决策系统的权限项包括报表、平台管理、模板和数据连接。

权限受体就是指将权限分配给谁,指人。决策平台是基于角色的权限分配体系,受体主要是部门职位/角色,但在此之外还专门为特殊权限分配需求提供了基于单个用户的权限设置功能(图5)。

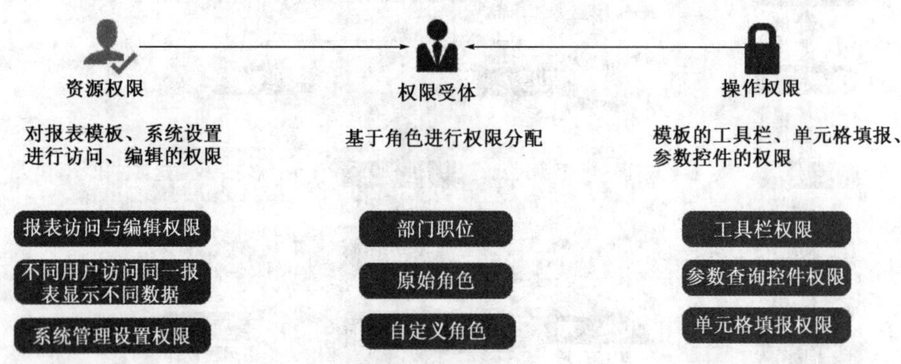

图5 权限管理模块

决策系统提供专门的权限管理界面进行权限分配与查看。

权限配置:权限配置可根据部门职位分配权限、根据角色分配权限以及根据用户分配权限。

已开放权限:在用户很多的情况下,快速查看目录对应有哪些用户有权限。

权限快捷配置:权限快捷配置可根据目录分配权限。

提供权限半选状态,当子有权限父无权限时,收起状态下,父目录文字将会高亮提示。权限逻辑为用户权限最大,解决某个部门有权限,但部门下某用户无权限的场景。

权限细粒度:除了上述介绍的报表资源权限控制外,系统还支持权限细粒度配置功能,通过设计器的权限配置界面或者调用系统函数,可精确控制不同人访问同一张报表查看的内容不一样、控制工具栏对指定用户是否可见可用(如打印导出)、控制用户能否对数据进行填报操作等,权限粒度可以细化到单元格。

(4)分级权限控制

面向集团管控需求,系统可以实现不同子公司/部门共用系统,各个分、子公司/部门有其自己的管理员,并给其下属员工分配权限,即超级管理员控制所有权限,下级管理员只能管理自己职责范围内的用户和报表模板。

分级授权——将授权权限赋给下级管理员的角色,同时配置该角色所能分配权限的角色(对象),此时,下级管理员的角色登录系统时,就能将其有权授权的权限分配给对应的角色。模板权限包括查看、授权和编辑三种。

报表编辑——报表编辑包括对目录进行增加、编辑和删除操作,如果用户对某个报表目录有编辑权限,那么该用户就拥有该目录所有的目录管理权限。

数据连接控制——通过角色权限控制来分配、授权数据权限,包含查看、填报和设计权限,拥有设计权限的用户,可以远程设计编辑报表。非管理员远程设计时,所有涉及选择数据连接的地方全都只能选到该角色所拥有查看权限的数据连接。而程序数据集,文件数据集,内置数据集则没有限制。服务器数据集中某些数据如果来自该角色没有权限使用的数据连接,则该角色看不到此服务器数据集。

(5)系统管理模块

提供包括登录设置、常规设置、打印设置、短信平台、邮件服务器、缓存等功能。其中登录设置,支持单一登录、上次登录信息提醒、密码策略、登录验证、登录锁定的功能选项。

三、应用成果与主要创新点

市场经营管理驾驶舱系统运行后,将有效解决经营信息掌握不全面及重复性工作问题,实现网上经营信息的自动抓取。简化各单位、各项目公司报表填报程序,提高工作效率。更加全面直观展现公司经营情况,为领导经营决策提供科学的大数据支撑。

(一)数据录入平台

数据录入平台作为管理驾驶舱的数据收集端口,是系统管理的基础内容,数据录入平台集合了目前企业报表管理体系的全部内容,并在此基础上实现了多个维度间数据的相互印证与联动,能够实现一次录入,多表格、多管理板块间的数据联动。

1.市场管理录入模块

市场管理板设置有二级单位目标值录入、各单位信用评级明细、信用评价规则导入三个板块,能够通过设置对二级单位的管理目标,在日常管理中,自行与各单位上报的中标额、新签合同额进行匹配分析,实时监控各单位指标完成进度,并通过总览看板形成数据图标。资信管理模块,能够通过资信规则导入,对各公司资信情况进行匹配分析,根据地图形成地图报表,整体展示公司在各地区行业的资信情况与管理目标。

2.财务管理录入模块

财务管理模块主要通过在项目信息录入实现对项目资本金出资进度,项目收益情况分析、经营管理计划、融资情况计划、预算价差回流等环节进行信息收集,并实现与运维管理板块间的数据互联。同时,系统能够通过对投资项目财务资金水平的要求,对项目进行财务指标管理,根据上报的月度经营数据经营进行模拟与推演,实时更新预测结果,为项目的日常管理与决策提供数据支持。

3.运维管理录入模块

运维管理模块设置有项目基本信息、项目公司信息、项目金融信息,项目时间信息、工期信息、年度计划、投资额完成情况、财务指标测算等模块功能。主要作用在于系统能够根据项目预期的财务指标与管理要求,根据上报的项目施工进度,投资进度,资金使用强度进行综合分析,按照既定目标进行对比,防止出现运维管理漏洞。能够通过多因素分析手段,评估单个数字变化对总体指标情况造成的影响。

4.维度信息管理

维度信息管理是系统进行风险管理的手段,包含项目阶段信息对照、风险信息对照、合同类型对照、年度计划明细对照、人员信息层级管理对照等内容,主要通过实时的数据分析与目标数据比对进行风险识别。

(二)数据分析平台

数据分析平台设置市场开发、财务管理、运营维护三大模块,内容涵盖企业市场开发,资金管理、运营管理分析等多个板块内容,实现了企业内部管理的多平台合一,同时通过数据接口,可实现不同管理平台间的数据对接与转移。

1. 市场开发管理模块

(1)市场经营驾驶舱——总览看板

总览看板(图6)通过数据集成形成关键经营数据图标,主要包括中标额、合同额、年度计划、重点项目等情况,可以直观地展示出企业市场经营情况。

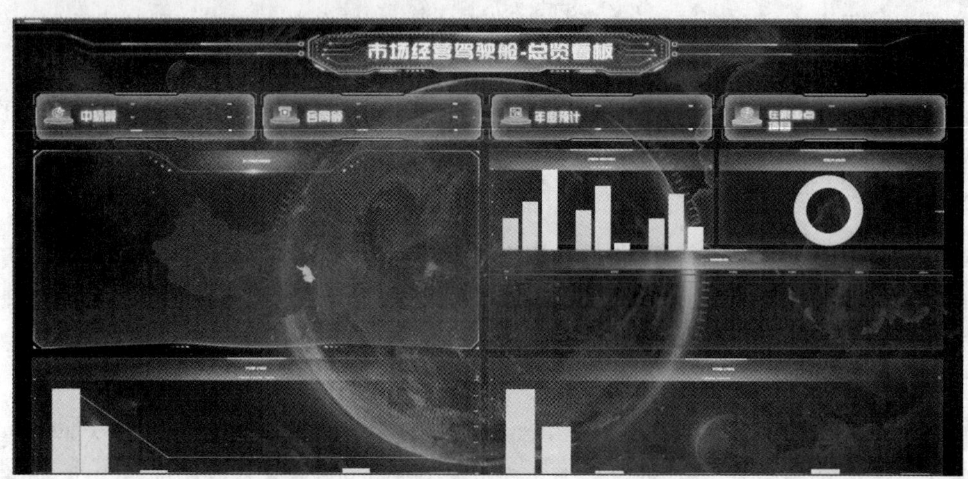

图6　总览看板图

同时,系统内置数据地图,可实现将数据与地理位置进行关联,支持钻取地图、热力地图、流向地图、气泡地图、自定义地图等展示类型,并且内置高德、mapbox 等 GIS 图层,实现地图缩放、位置定位等功能。同时支持自定义 GIS 地图背景,自定义 WMS 服务实现离线地图。能够通过采用地图的形式反映数据及经营情况。创建基于地理位置的可视化视图,直观展现各区域分析指标的分步、趋势等;发掘未被发现的数据宝藏,从而发现潜在的市场机会。

(2)市场经营分析——签约情况

市场签约能够实时根据市场经营情况对企业的年度指标完成情况,签约情况,月度、季度、年度完成情况进行对比分析,能够通过对比历年各公司生产经营情况,进行同时间进度、同年度工作计划、历史同期完成情况的数据对比。

(3)市场经营分析——中标情况

通过设置二级账户及多终端输入,系统能够根据公司上报的经营数据进行汇总,生成企业中标情况报表,同时能够根据各公司预设的年度任务指标,自行进行数据比对、进度计划分析等。

(4)市场经营预测——签约情况

市场经营预测模块,主要根据集团下达的年度工作计划,结合历年公司生产经营情况,在数据统计的基础上进行综合分析与指标预测,同时能够根据中标项目的类型进行分类统计,对公司各种类型业务的分布情况进行统计。

(5)市场经营预测——中标情况

中标情况预测,能够对中标项目类型、传统项目中标情况、新业务中标情况,及各地区中标项目进行分类统计分析。同时,设计了项目投标保证金管理等模块内容,能够有效监控投标保证金、保函等资金流向。

(6)资信管理

近年来,资信管理工作一直是施工企业管理的核心工作,信用管理模块,通过地图的形式能够直观地展示出企业资信情况,同时能够通过报表直观地显示出资信管理存在的短板与空白地区。

2. 财务分析管理模块

财务管理模块能够直观地展示出企业投资项目的股东出资情况、管理费使用情况、融资提款金额和总债务资金对比情况,同时在项目下,设置资本金出资情况、投资项目收益情况、资金管理计划、资金管理计划明细、项目融资情况表、预算价差及资金成本完成情况、管理费预算完成情况、项目回款情况、企业项目部应收明细表等管理内容,形成涵盖项目投、融、建、管全生命周期的项目资金管理体系。

3. 运营维护分析管理模块

运营管理模块,重点围绕投资项目进行动态的项目指标管理与资金、收益管理。设置项目分析、项目基本信息、投资完成情况、项目资金情况、企业资金情况、投资收益情况等内容。同时,驾驶舱系统能够根据提前设定的经营管理指标对项目进行动态的对照管理,根据项目上报的指标收益信息,提前进行数据分析与预判。

(三)主要创新点及作用

①针对项目信息、投议标情况、合同管理以及资质、信用管理等几个部分进行了数据分析。分别从时间、空间(区域)、主营业务、子公司等几个方面进行了分析。

如历史完成情况(中标情况、签约情况)、当前状态(如正在投标准备)、未来情况(年度指标预测等),以年度时间为分析周期,对公司、各单位的指标进行分析预测,掌握整体情况;通过对区域热力图分析,了解行业热门,分析确定重点经营区域;分析各单位情况,做到有的放矢,逐个分析各单位的指标完成情况,了解经营重点贡献单位。

②增设预警系统,重点关注保证金现金流回收;关注信用评级,分析公司在全国、各省份、行业信用评价情况;完善资质使用情况,分析公司主营业务重点等。

③通过图、表等数据分析手段,直观了解市场经营整体情况,减少基础数据的统计分析工作。预警手段的设立更能有效地指导工作实际。

④实现了市场情况的直观展现,为未来市场走势、领导决策提供支撑。

⑤对财务信息进行了多维度的直观呈现,从资本金构成、资金流入、资金流出和资金计划四大视角切入,对各项目公司的资金结构进行具象化分解。

⑥利用数据库技术将各时点数据分别保存,有效做到了对项目公司财务相关数据横向和纵向的全面记录。

四、应用效果

经营驾驶舱的主要作用在于打破数据隔离,通过数据采集、清洗、分析到直观实时的数据可视化,从而达到高效管理决策升级的作用。主要功能与效用体现在以下几个方面。

1. 实现经营数据的可视化

经营驾驶舱以数据关系为驱动,构建全业务全息数字视觉,快速实现业务实时联动,精准反馈,通过各种常见的图表(速度表、音量柱、预警雷达、雷达球)形象标示企业运行的关键指标(KPI),直观监测企业运营情况。

2. 提升公司风险防范与风险预判能力

通过数据的实时分析,可实现对投资项目的全生命周期动态监控与分析,出现亏损风险及时预警,并进行成因分析。同时,能够通过数据联动,对各投资项目的经营情况进行数据汇总,形成可视化数据报表。及时发现可能存在的财务风险,有效地缩短了风险的潜伏期,同时可通过数据推演进行风险预判,提前进行风险处置。

3. 提高投资项目经营与管理水平

在项目管理方面,一是在项目建设阶段,能够实时对项目的建设进度与资金需求进行分析,及时调整项目投资节奏,避免出现资金沉淀、投入不足的问题。二是在项目运营阶段,能够对项目的收益情况进行对比分析,按照设定的财务指标要求,制订对应的项目回款计划与动态监管,实时对项目的盈收能力进行诊断分析,发现指标偏离时,及时调整,处置风险。

4. 提速资金管理能力缩短资金循环周期

运用大数据、云计算等技术手段,经营驾驶舱建立了详尽的项目数据指标分析体系,能够对项目的投资完成情况、投资拉动情况、施工利润情况等关键信息进行动态分析,缩短项目运营分析管理周期,实现投资计划与进度计划、实际提款与工程进度高度匹配,从而加快项目资金循环及周转速度,减轻对项目自有资金出资及融资资金的依赖。

5. 提升公司经营管理与科学决策水平

数据分析与数据逻辑推演是管理系统的重要环节,一是有效地缩短了公司数据收集与管理流程,减少因人为因素造成的数据衰减与失真,统一数据的信息收集渠道与统计口径。建立起一站式的全域数据处理中心,形成公司可控的数据资产、流量资产和策略资产。二是构建企业决策大脑,实现事业管理的敏捷分析与智能决策,通过数据分析、私有化部署、可视化建模、自助式分析等方式对项目的建设进度、资金使用、投资收益等情况进行模拟,为项目的全过程管理与决策提供科学、准确、高效的数据支撑。三是形成覆盖项目投、融、建、管全生命周期的监控管理体系,通过对关键指标的预警和挖掘分析,让决策者更直观地了解各项目存在的问题及原因,能够为项目的决策与经营调整提供支撑。

BIM + 千米级悬索桥在全生命周期中应用

中交一公局重庆万州高速公路有限公司

成果主要创造人:胡风明　李鸿盛

成果参与创造人:王程武　赵　强　周裔波　曲振宇　宋　健　周煜森

王　东　谢小生　成　博　敖　洋

2017 年 2 月,中交一公局集团有限公司(简称"一公局集团")与重庆市交通委员会签订万州环线高速公路南段工程投资协议,由一公局集团独资控股组建中交一公局重庆万州高速公路有限公司(简称"万州公司",注册资本金 1 亿元),负责项目的资金筹措、建设实施、运营管理、养护维修、债务偿还和资产管理。

从 2010 年开始,一公局集团先后在重庆市万州区投资、建设了万达高速公路、万利高速公路,是地方经济社会发展的深度参与者、坚定支持者、积极贡献者。作为一公局集团深化企地合作的属地化发展公司,万州公司近年来始终紧扣长江经济带重要战略节点发展机遇,深入贯彻落实中国交建和万州区政府深化战略合作座谈会精神,坚定不移贯彻执行具有自身发展特色的"1234 + 1"发展总体思路、战略路径,争当一公局集团改革重组发展、践行强好优战略新格局的"排头兵",高水平建设引领行业发展的品牌工程,高质量建成深度融入区域的属地公司,以一流业绩助力重庆建设成为交通强国试点,助推中国交建建设成为具有全球竞争力的世界一流企业。

一、实施背景

随着科学技术的不断发展与公路水运建设行业中建筑信息模型(BIM)技术应用的不断成熟,BIM 技术已经被广泛应用到高速公路工程建设当中。万州公司是由一公局集团独资控股组建成立的项目公司,以 BOT + EPC 模式承建万州环线高速公路,负责项目的设计、施工、运维管理,同时万州环线项目主要管理者拥有乐清湾项目 BIM 技术实际应用管理经验,再加上一公局集团下属数字化公司专业研发管理团队,因此在项目成立之初就策划进行信息化管理,希望将 BIM + 技术全生命周期应用于新田长江大桥,争取在重庆市树立行业标杆。

同时,考虑基于 BIM 技术的高度可视化、数据可追溯性,联合数字化公司,共同打造集团公司自主产权的 BIM 协同管理平台,用于辅助建设过程中的安全、技术、质量、进度、人员、物料、机械等各项管理,加快推进一公局数字化转型进程。从而提升山区高速公路内在质量和外在品位,打造和打响"品质中交"品牌,助推"五商中交"和"强好优"战略新格局落地生根。

二、成果内涵

以建设品质工程为出发点,以"管理环节"数字化应用为抓手,以 BIM 技术应用体系作为"生产环节"服务保障,万州环线项目全员提升数字化创新意识,联合数字化公司,共同打造集团公司自主产权的 BIM 协同管理平台。为打造高质量品牌工程,结合本项目 EPC + BOT 模式,立足设计、施工、运维三个阶段,数字化建设工作分阶段、分层级、分模块进行有序推进。一是数字化团队建设,针对本工程高质量、多方参与、业务深度融合的数字化建设特点,项目公司打造了体系化的数字化建设团队。数字化落地难点在于管理环节数据流再造,因此项目公司联合监理公司、数字公司、各分部共同成立 BIM 领导小组。由业务部门负责推动对口模块的数字化建设工作,数字公司负责系统研发及全程的技术支撑,各参建单位融入数字化管理环节。二是基于BIM的设计优化,项目立项之初,力求使整个项目从设计阶段到运维阶段所有的数据都能够有效地留存、交互,用以支撑项目建设整体质量,并且能降低项目总体费用。而BIM数字化技术可以针对高山公路特点,提供可视化、全专业三维展示,在设计阶段,运用BIM技术来辅助全程设计。三是数字化平台打造依托项目公司数字化管理需求,项目公司与数字公司共同打造了BIM协同管理平台。本系统应用了行业领先的技术架构体系,采用了BIM+GIS底层技术,并与管理业务有机关联。系统按照一公局集团业务模式进行功能模块设计,以现场生产进度为主线,考虑人、机、料、环、法五大因素,协同调度生产资源;结合项目公司管理方式创新,业务部门信息实现流程再造,联动各参建方,有效管控工程进度、质量、安全。基于业务的BIM协同管理平台,改变、代替原有部分线下烦琐流程,真正意义上为各业务部门提供全面的数字化系统支撑。四是项目公司采用课题研究的方式,提前考虑、谋划了项目运营阶段的数字化建设方案,在设计阶段建立了全周期的BIM数据库,用于支撑后续运维系统开发。

三、主要做法

(一)实施目标

1.应用BIM手段优化设计成果

利用GIS地形地表结构物模型及主线主体结构BIM模型叠加成果,采用三维方案推演、构件碰撞检测、图纸审查、工程量统计对比、三维可视化交底等手段,纠正不合理方案图纸设计,最大程度提升工程项目全生命周期运营质量。

2.建设基于BIM的施工各方协同管理

考虑项目全生命周期内数据管理,建立可追溯BIM数据库。以项目公司及总承包部管理职能为主线,搭建参建各方业务协同管理平台。基于BIM的施工协同管理平台,以上述建立的BIM模型为基础,对BIM模型及BIM应用进行综合管理和深入应用,包括项目基本信息管理、BIM轻量化展示、人员管理、进度管理、成本管理、安全质量管理、物料管理、设备管理、合同管理、文档管理、移动App应用等。

3.智慧工地综合管理应用

本项目致力于数据共享高效传递,智慧工地建设完成原有功能之外,与BIM协同管理平台进行数据交互,以终端设备、物联网技术、网络技术等综合性集成为基础的智慧工地应用,包括门禁管理、视频监控、塔吊监控、车辆监控、电子围栏、安全帽识别、人员定位、物料验收管控、拌和站数据监控等综合性集成为基础的智慧工地应用。

4.打造公路全资产运营管理平台

通过项目前期数据架构顶层设计,统一数据标准,实现设计、施工阶段重要数据留存、继承,高效实现公路运营阶段资产数据初始化,并实现后续信息化管理。打造公路全资产运营管理平台,主要实现公路运营阶段的信息化管理,包括公路资产基本信息管理、公路养护巡查管理、养护工程项目管理、桥梁实时监测、交通流量监测等。

(二)整体思路

1.建立BIM技术应用组织架构

组织机构是保证目标实现的关键,在项目立项初期,就要建立健全符合项目管理要求的BIM应用组制度体系及实施团队结构。建立健全组织机构,能保证所有的工作流程顺利进行,避免责任分工不明确,导致工作停滞不前。

2.进行顶层数据设计

万州环线项目从设计、施工、运维的全生命周期的管理,为了整个项目各环节数据交接完整性和交接便利,在项目初期要进行全生命周期数据一体化设计,为各阶段软件平台开发做准备,并设计好数据结构，使设计、施工、运维数据保持结构的一致性，使不同阶段的平台数据顺利交接。

3. 立项 BIM 实施制度

在项目实施前，要对各种要求做好相应的分工，规范各种工作的流程。在项目实施过程中建立健全符合项目管理要求的系列 BIM 实施制度，如《BIM 实施方案》《BIM 推进机制》《BIM 平台专项奖励办法》等。

4. 建立 BIM 实施标准

在项目实施过程中，要对各种模型、数据进行规范，保证数据规范性。万州环线项目建立健全符合高速公路项目应用的 BIM 实施标准，包括模型协同标准、应用标准、数据交付标准。

5. 基于 BIM＋GIS 设计图优化

使用倾斜摄影实景模型与场站模型结合，主要针对设计阶段选线、结构设计优化比选、重难点结构物设计优化排查。

6. 重点部位结构设计纠错排查

高速公路模型建立，模型精度达到各专业需要，完成所有构件、预埋件模型，位置准确，对重难点结构部位钢筋排布及预埋件设计方案进行优化调整。

7. 模型技术应用

基于施工图模型内的所有内容，进行碰撞检测服务，通过三维方式发现图纸中的错、漏、碰、缺与专业间的冲突。应用模型空间关系及快捷准确工程量统计功能，进行辅助施工阶段方案推演对比，从而确定最佳实施方案。优化施工投入成本，避免工期延误或返工。

8. 可视化技术方案交底

充分利用 BIM＋GIS 成果，采用三维模型方案形式交底。通过三维视频对现场技术员、工人进行可视化交底，保证现场严格按照施工方案进行施工，减少质量问题发生，保障施工质量。

9. 基于 BIM 模型设计变更管理工作

依据已签认的设计变更、洽商类文件和图纸，对施工图模型进行同步更新，同时负责根据工程的实际进展，完善在施工模型中尚未精确完善的信息，以保证模型的最新状态与最新的设计文件和施工的实际情况一致。

10. 公路资产基本信息管理

继承设计、施工阶段 BIM 应用数据，形成公路资产可视化基础数据库，实现全生命周期数据检索、查询。

11. 公路运营养护管理

结合 PC 端与手机端，实现日常运营业务数据可视化管理，如路障排查、公路巡检、公路资产养护管理等。

12. 公路运营数据实时监测

通过桥梁预埋数据监测设备，对桥梁结构健康数据、车流量数据、环境数据进行全面监控。

（三）创新组织和支撑保障

1. 成立组织及团队分工

项目为打造标准化、工厂化、信息化、智能化品牌工程，特引进 BIM 技术和数字化公司研发团队，成立了各参建单位 BIM 小组。项目公司小组负责牵头、组织、推进本项目的 BIM 工作，数字化公司研发团队负责咨询、研发、优化本项目 BIM 工作，监理单位小组负责协作、审核相关 BIM 工作并提出合理化建议，施工单位小组负责建模、应用、采集等 BIM 工作并确保相应数据的真实性，后续将纳入运维单位小组负责本项目的运维、分析、养护等工作。具体组织分工见表1。

组织分工表　　表1

<table>
<tr><th>小组名称</th><th>姓名</th><th>职　务</th><th>组内职务</th><th>组内分工</th><th>备注</th></tr>
<tr><td rowspan="6">BIM领导小组</td><td>胡风明</td><td>总经理</td><td>组长</td><td>负责BIM技术应用工作总体部署</td><td></td></tr>
<tr><td>赵强</td><td>副经理</td><td>副组长</td><td>负责牵头组织、推进项目BIM技术应用</td><td></td></tr>
<tr><td>李鸿盛</td><td>项目总工</td><td>组员</td><td>负责分管工作的相关协同配合工作,确保BIM技术有效应用</td><td></td></tr>
<tr><td>周裔波</td><td>项目总经理</td><td>组员</td><td>负责有关BIM资源提供,合同审核</td><td></td></tr>
<tr><td>薛杰</td><td>集团公司信息化管理部BIM主管</td><td>组员</td><td>负责本项目BIM相关协调工作</td><td></td></tr>
<tr><td>王侥钢</td><td>数字化公司副经理</td><td>顾问</td><td>负责本项目BIM技术指导工作</td><td></td></tr>
<tr><td rowspan="4">BIM协同小组</td><td>曲振宇</td><td>工管中心副主任</td><td>组长</td><td>负责牵头组织小组组员,分解、落实领导小组传达的BIM工作</td><td></td></tr>
<tr><td>李羽生</td><td>设计部</td><td>组员</td><td>负责设计部BIM技术应用工作</td><td></td></tr>
<tr><td>宋健</td><td>技术质量部</td><td>组员</td><td>负责技术质量部BIM技术应用工作</td><td></td></tr>
<tr><td>周煜森</td><td>合同经营部</td><td>组员</td><td>负责合同经营部BIM技术应用工作</td><td></td></tr>
<tr><td rowspan="4">BIM技术小组</td><td>王东</td><td>BIM主管</td><td>组长</td><td>负责BIM技术管理、总体策划、BIM技术平台工作</td><td></td></tr>
<tr><td>谢小生</td><td>数字化公司主管</td><td>组员</td><td>负责本项目BIM技术工作的实施</td><td></td></tr>
<tr><td>罗世鹏</td><td>安全监督部主管</td><td>组员</td><td>负责BIM相关应用策划、信息采集工作</td><td></td></tr>
<tr><td>敖洋</td><td>技术质量部主管</td><td>组员</td><td>负责BIM相关应用策划、信息采集工作</td><td></td></tr>
</table>

2.专业人才培养

万州公司结合一公局集团人才培养计划要求,联合数字化公司从项目一进场就设立BIM工作组,包含BIM专职人员和兼职人员。针对BIM模型技术应用,公司前期通过聘请专人培训、内部培训和视频教学,培养多个精通BIM的建模人员;整个环线项目推广万州环线BIM+综合协同与指挥调度平台并提供系统性的培训,让BIM兼职人员参与使用BIM平台,实现人人知BIM、人人用BIM,为一公局集团储备专业BIM技术人才。

为BIM技术人员职业发展进行远景规划并解决资源配置问题,并促进"数字一局"战略进一步实施。充分考虑现有管理人员及技术人员的实际水平,提出详细的培训方案并进行相关培训(表2),以培养相关人员能够独立管理和使用软件系统及日常维护处理的能力。

BIM建模软件及BIM+协同平台培训表　　表2

阶段	主　题	内　容	备注
1	Revit软件应用培训	①Revit族的介绍(包括体量建模的应用点) ②悬索桥主塔、锚碇及引桥创建 ③不同截面及异形构件的参数化族建 ④协同工作培训 ⑤各类型图纸输出 ⑥针对桥梁模型中钢筋的布置 ⑦桥梁管网创建	
2	Civil 3D软件应用培训	①基本功能介绍 ②数字地形模型 ③工程测量应用和处理 ④土方工程 ⑤道路设计 ⑥场地规划 ⑦地下管网	

续上表

阶段	主　题	内　容	备注
3	Navisworks 软件应用培训	①施工进度模拟 ②碰撞分析(软硬碰撞)及碰撞报告生 ③具体施工工艺的演示创建(脚本) ④漫游、渲染(高质量输出) ⑤算量及导出 ⑥工作簿、工作集的创建及多条件筛选设置	
4	InfraWorks 软件应用培训	①使用数据构建模型地形 ②构建带有路缘、车道和路肩的道路 ③桥梁设计配置 ④环行交叉口设计 ⑤动态场地分析 ⑥为最终设计提供基于真实环境的视觉效果视频	
5	BIM + 综合协同与指挥调度平台培训	①平台整体部署的介绍 ②平台前期模块功能及手机 App 使用的培训 ③平台全部模块功能应用的培训 ④平台运维阶段数据维护的培训	

(四)重点创新内容的实施

1. 运用三维模型技术优化设计

BIM + 正射影像技术应用主要通过无人机正射影像 + Autodesk Civil 3D + Autodesk InfarWorks 等软件建立精度较高、信息较全的三维地形实景模型,利用高度整合的模型进行一系列应用。

通过无人机正射影像技术对万州环线总体路线进行航拍摄影,并利用航拍图处理软件对航拍图像进行拼接成一整张完整的正射影像图。统一地形图与正射影像图的坐标系与图形比例。最后在 Autodesk InfraWorks(AIW)中将地形曲面、正射影像、国土资源信息、土地区域、滑坡区域、水文及既有交通、管线、房屋等进行叠加,形成贴合现场实际、高度整合融合的三维实景模型。通过三维实景模型,对全线进行逐一查找、分析路线和桥梁设计不合理,对不合理地方进行优化布局。

(1) BIM + 正射影像路线比选

根据路线设计图纸对万州环线整体建模结合三维地形图和正射影像图,发现鹿山互通经过高压电塔密集区,主路线经过多个高压电塔并且路线周围还有多个高压电塔,路线经过的电塔需要搬迁,重新建设,搬迁费用大,耗时长。路线周围高压电塔虽然不需要搬迁,但对施工带来较大安全隐患,尤其是吊装作业时。将路线经过高压区位置提供给设计院,设计院经过优化路线,整体路线经过电塔区,变成分离式路面。减少了搬迁高压电塔数量,同时也减少了施工过程中的隐患。路线优化前后对比图如图 1 所示。

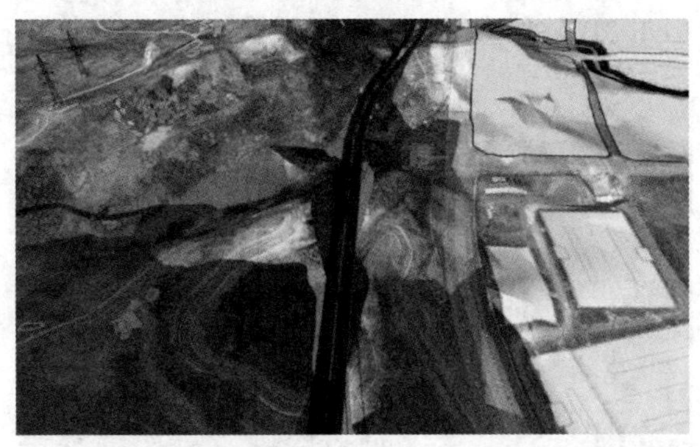
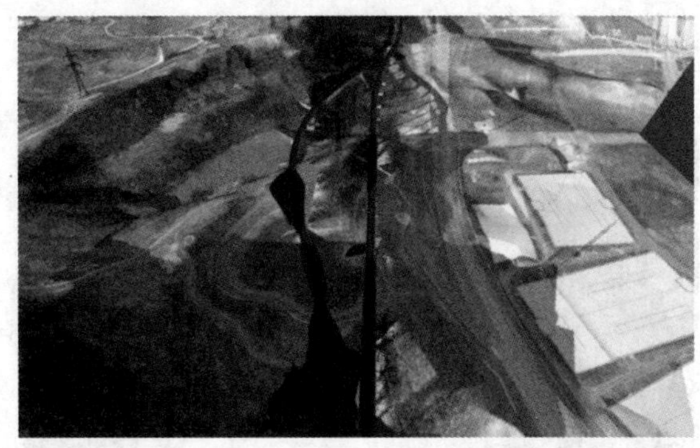

图 1　路线优化前后对比图

(2) 主塔承台优化设计比选(涉水—不涉水)

在设计阶段,发现大桥北岸索塔承台临水背路,高陡岸坡处,南岸承台仅临水,地势相对平坦。运用

BIM 模型技术,根据初步设计图纸对新田长江大桥建模,结合三维地形图与卫星影像,发现北岸主塔承台、桩基涉水施工,需要搭建水上平台作业。通过 BIM 模型技术设计了四边形承台和八边形两大类共 12 种主塔承台方案比选,通过比选最终确定四边形承台后移 9.5 米为最佳方案(图 2)。四边形后移 9.5 米承台方案,南北岸主塔承台均由涉水施工到无涉水施工,避免对长江水体造成污染,同时节约水上平台搭建费用约 300 万元,节约工期 30 天。

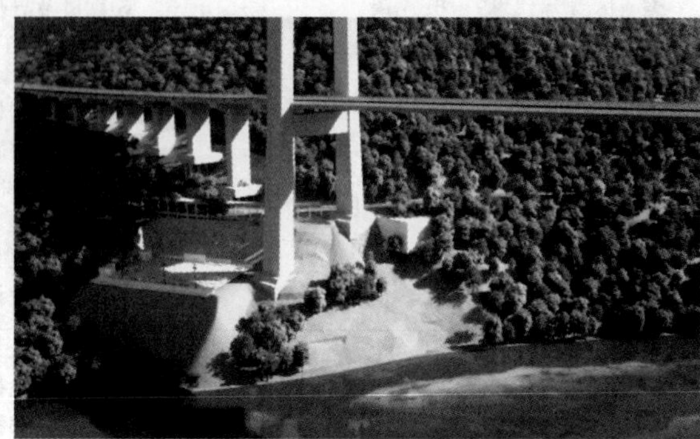

图 2　优化前后对比图

(3)油砂互通设计比选

在设计方案初期(图 3),联合设计单位充分考虑项目建设功能性、安全性和经济性的要求,对油砂互通多方案进行比选,由初步设计桥梁规模大移位后调整为平均 10 ~ 20 米高路基,确定最佳方案,大幅节约了工程投资(图 4)。

图 3　初设方案

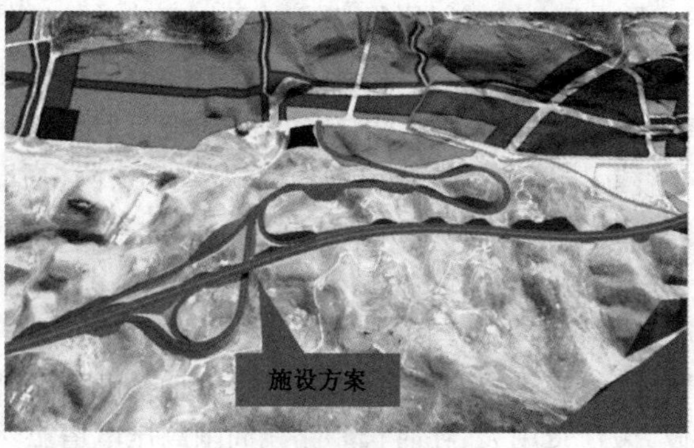

图 4　施设方案

2. 锚碇基坑及锚碇主塔设计优化

锚碇在设计阶段时有两个不同方案(图 5),通过 Civil 3D 软件进行土石方开挖模型建立,核算土石方开挖方量。

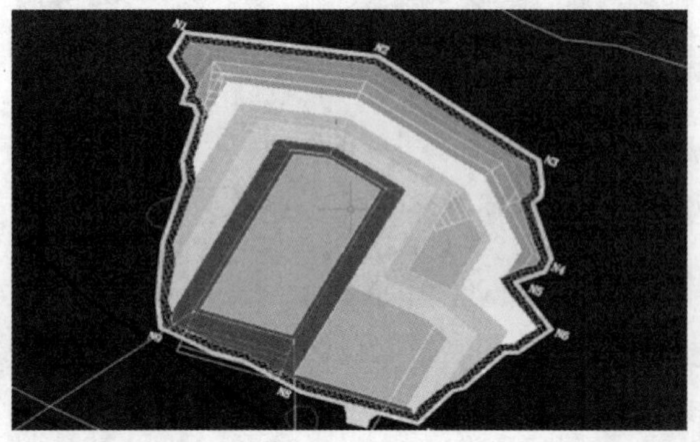

图 5　锚碇设计方案

方案一最高为6级边坡,边坡坡率最陡1∶0.3,最缓1∶1,开挖方量93671.32立方米,图纸方量110400立方米。

方案二最陡边坡1∶0.3,最缓坡率1∶1,开挖方量108560.2立方米,图纸方量140000立方米。由于锚碇开挖区域东侧有危岩区域,且开挖区域处于崩坡积体,开挖会有滑坡风险,经过方案对比最终选择了边坡坡率较缓,开挖方量较小的方案一。

通过BIM建模向设计院提出了锚碇基坑及锚碇主塔优化建议,将锚碇基坑调整为六边形,同时放缓第六边坡与第七边坡坡率,降低锚碇基坑开挖风险,减少锚碇基坑开挖方量,优化锚碇主体结构(图6),并将北岸等高塔优化为高低塔(图7)。

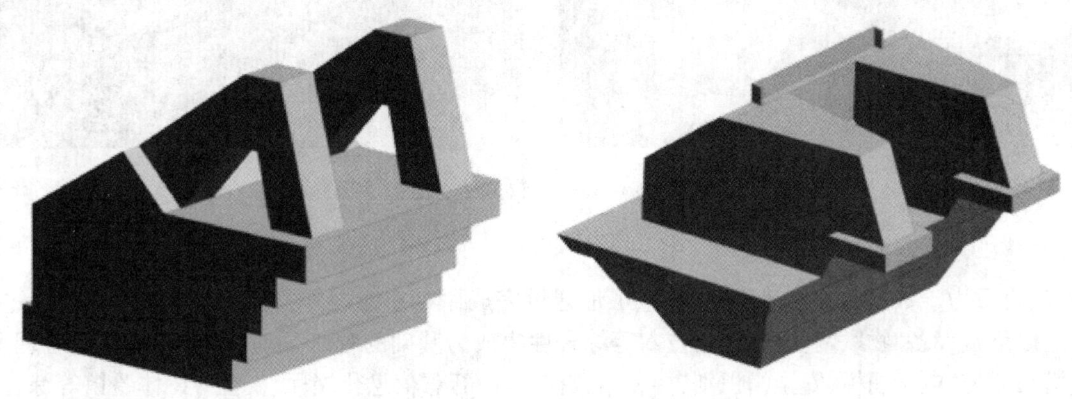

图6　锚碇基坑调整前后对比图

3. BIM模型碰撞检测

在设计阶段利用Revit建立新田长江大桥LOD400精度模型,将新田长江大桥整体混凝土、钢筋、预应力、检修通道建模,找出碰撞问题169个,形成185页碰撞检测报告,将报告内容反馈给设计院,设计院根据碰撞检测报告优化新田长江大桥设计,在设计阶段提前介入,提前发现问题,减少到了施工阶段才发现问题,从而进行设计变更时的停工等风险。

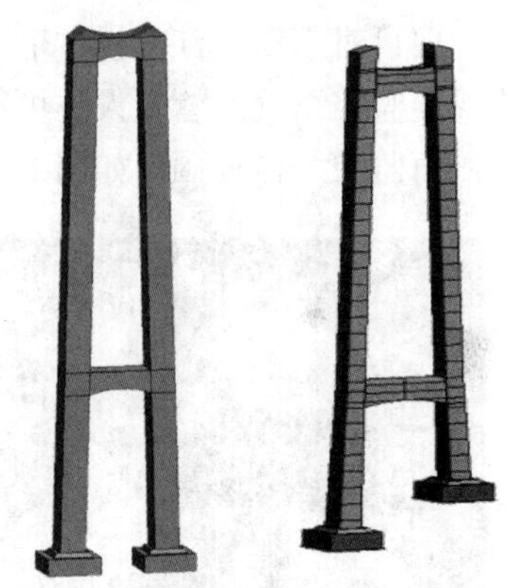

图7　北岸等高塔优化为高低塔

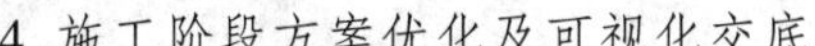

4. 施工阶段方案优化及可视化交底

(1)场地布局优化

在项目部建设初期,通过BIM模型对各个场站进行布局规划,对拌和站布局进行模拟,拌和站布置方案一(图8),场地最大,出口在左侧,场地过大导致挤压钢筋厂位置,钢筋厂位置太小,不合理。拌和站方案二(图9),出口在右侧,出口位置处于便道边缘处,出来时转弯过大。拌和站方案三,出口在左侧,转弯小。最终选择拌和站方案三。

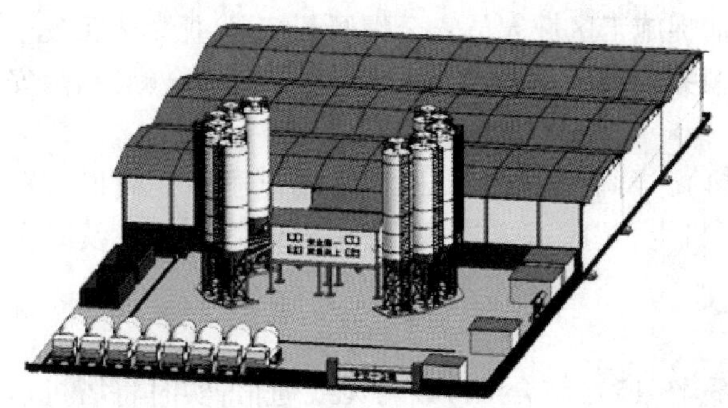

图8　拌和站方案一

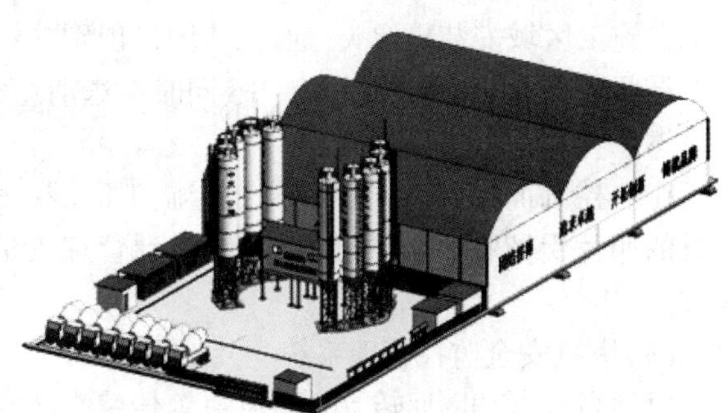

图9　拌和站方案三

(2)三维工艺模拟可视化交底

运用三维技术对施工工艺进行模拟,通过三维视频对现场技术员、工人进行可视化交底(图10),保证现场严格按照施工方案进行施工,减少质量问题发生,从而保障施工质量。

图10 锚碇三维可视化交底

5. 智慧工地综合管理应用

本项目致力于数据共享高效传递,智慧工地建设完成原有功能之外,与BIM协同管理平台进行数据交互,以终端设备、物联网技术、网络技术等综合性集成为基础的智慧工地应用,包括门禁管理、视频监控、塔吊监控、电子围栏、安全帽识别、拌和站数据监控、智慧信息化展厅、安全VR体验馆等综合性集成为基础的智慧工地应用。

(1)视频监控系统

项目对新田长江大桥主塔、锚碇、隧道、互通、匠心培育园、钢筋集中配送中心、拌和厂等重要工点安装视频监控系统。管理人员可通过计算机客户端或者手机端实时查看施工现场。做到全方位、全时段无死角监控。监控画面如图11和图12所示。

图11 视频监控总画面

图12 视频监控主塔引桥

(2)安全帽识别及电子围栏

在施工区域安装摄像头,通过AI图像识别功能,捕捉施工区域人员安全帽佩戴情况,抓拍未戴安全帽人员照片(图13),保存在平台中,同时推送消息给相关管理人员,提醒现场有人未戴安全帽,消除安全隐患。

在监控画面中设定电子围栏划定施工区域(图14),当画面中有人、机械穿越电子围栏时抓取穿越时的照片保留在平台中,并推送短信到管理人员手机上,提醒有人违规操作,以便管理人员及时去整改。

(3)塔机安全监控管理系统

通过高度、角度、回转、吊重、风速等传感采集设备(图15),结合GPRS与无线通信,实时将塔机运行全过程数据留存并传输至塔吊黑匣子上,不但有效预防塔式起重机超重超载、碰撞、倾覆等安全事故隐患(图 16),让安全看得见,事故可留痕、可追溯,防控“物的不安全状态”,还可扩展人脸识别模块,利用高端生物人脸识别技术,实现特种设备操作人员的规范管理,杜绝“人的不安全行为”。

图 13 安全帽识别

图 14 电子围栏

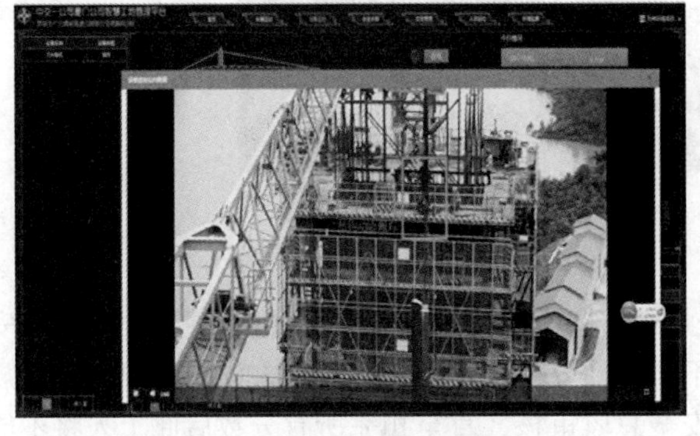

图 15 塔吊监控

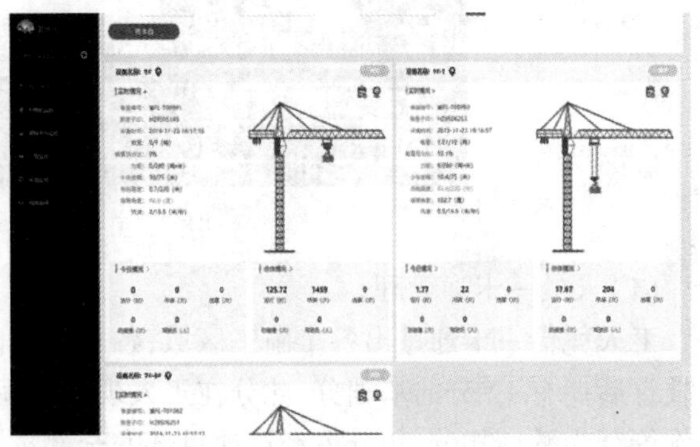

图 16 塔吊预警

(4)智慧工地管理中心

智慧工地管理中心主要集成施工人员外场定位系统、施工车辆外场定位系统、视频监控系统、门禁管理系统、LED 显示大屏、场外环境监测系统、塔吊监测系统组建、劳务人员及安全教育管理系统。项目通过这套智慧工地平台,实时了解现场施工动态,为管理者和决策者提供数据支撑。

(5)安全 VR 体验馆

产业工人生活园的安全 VR 体验馆(图 17),旨在为工人提供安全教育,通过亲身体验各种安全防护用品的使用及出现危险时瞬间的感受,让安全理念以更感性的方式深入人心,提高工人的自我安全防范意识。其中包含企业文化介绍墙、工艺展示及安全风险分析系统、项目宏观展示及安全风险排查系统、安全用电实操教学、高空作业实操教学、有限空间作业安全教学、钢丝绳吊具认知教学、机械设备认知教学、二维码技术交底墙、火灾消防实操教学、安全知识考核区、BIM + VR 体验区。

图 17 安全 VR 体验馆

6. 搭建施工阶段 BIM 协同管理平台

万州环线 BIM + 综合协同与指挥调度平台以 BIM 模型为基础(图 18),通过 BIM 模型展示业务数据、以 BIM 模型数据驱动业务作业,实现施工阶段所有过程数据的同步、共享。减少数据重复录入、降低数据、资料整理重复劳动,实现施工阶段数据的所需即所得。系统智能数据计算比对,减少人为工作失误,促进施工阶段的精细化管理能力提升,实现项目的可控。

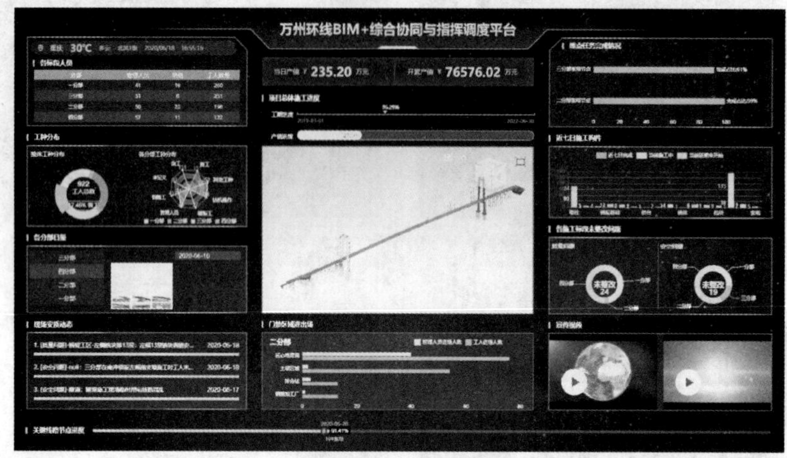

图 18　BIM 协同管理平台

(1)人员一卡通管理

工人凭借一卡通进出各个施工区域,各个施工区域还配备人脸识别系统;工人进入现场接受现场安全教育后拥有 12 分的基础分,此分在工人现场期间不允许加分,类似驾照分数,工人如果在现场有违规操作等行为酌情扣分,扣分需经过项目部安全部长,安全总监审核。直至扣完所有分数后此工人将不能打卡,不能消费,必须经过安全部重新教育后重新获得 12 分。积分加分系统:工人在现场表现较好,可根据相关制度进行加分,1 分等于 2 元,加分需经过安全部长,安全总监审核,此积分工人积累到一定时候可去产业园超市兑换商品。

(2)进度管理

计划和进度控制工作主要负责进度计划的编制工作(图 19)、实际进度的汇总工作、进度偏差的对比分析等。通过 BIM 轻量化模型可以形象地展示已完成构件、未完成构件的情况,也可以动画模拟构件的施工完成情况(依据进度计划或者实际进度数据)。施工中成功的进度控制要求进度控制人员能够编制合理准确的进度计划,及时了解施工进度,及时发现进度偏差并迅速采取有效的纠偏措施。

现场施工过程中,通过手机 App 线上报验,技术员发起报验,质检员检验,监理复查。手机 App 自带提醒功能,并且还有短信提醒,报验过程中多重提醒功能保证相关人能够收到,提高报验效率。并且整个报验过程、结果,项目部领导都能在计算机端、手机端看到,项目领导能及时了解施工现场情况(图 20)。

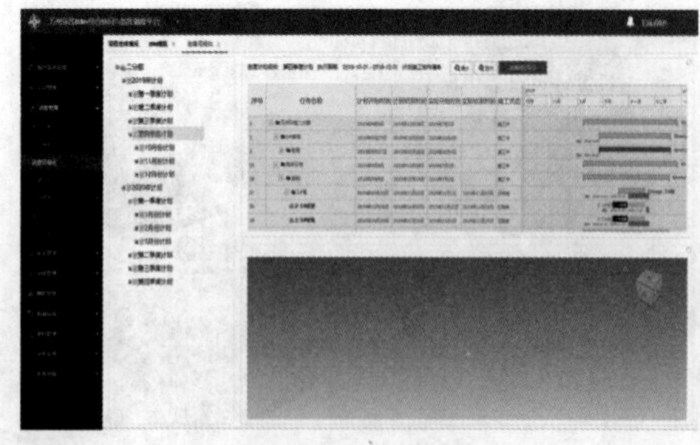

图 19　计划编制

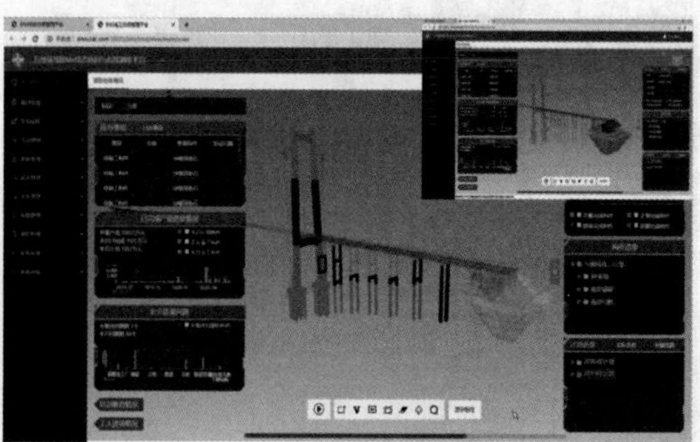

图 20　进度可视化

(3)安全质量管理

系统实现安全管理目标、制订各个安全计划对工程项目部安全管理制度建设进行管理,包括安全生产计划、安全管理措施记录、安全生产费用管理、安全生产会议记录、安全教育培训及交底信息、安全生产检查记录、安全整改督办信息、重大危险源管控、专项方案审批单等。

通过现场巡查,现场安全质量人员在发现安全或质量隐患时,用照片的形式上传至平台,同时在平台上标明发生问题的地点以及对相关的模型进行标注。将施工现场发生的质量问题通过拍照上传平台的方法传达给相应的负责人,责令限时整改,整改后拍照回复留存归档形成闭环。在实施过程中,通过模型与现场照片数据以及标注的信息的联动下,积累现场施工发生的质量安全问题进行整合,形象化的展现具体定位以及施工区域的相关模型图纸信息。

(4)技术管理

BIM协同管理平台按照WBS清单最小施工构件,结合现场实际施工报验工序,形成施工工序清单表,经审核通过后,在平台中形成工序工艺库;明确线上工序报验工作流程,使工序报验标准化、规范化,规避现场人员对施工工序不清楚作业。并对施工构件提前关联施工图纸、技术方案、交底记录、质检合格资料,为运维阶段提前做好信息传递、数据共享等工作。

BIM协同管理平台严格执行线上工序报验,由技术员发起报验、质检员质检、现场监理复检,并报验完成后于模型中颜色高亮区分,点击构件后可直观显示施工信息、进度状态;做到线上工序报验信息流转,责任到人,杜绝了报验流程不规范问题。

(5)手机移动端App

为了方便现场BIM技术应用,除了计算机客户端,还同步开发了手机App。将三维模型与施工现场相结合,现场技术员、监理可通过选择平台上的模型构件进行报检、查看。项目参与人员可通过手机端进行相关代办事项的实时查看、处理、闭合。施工作业人员可以直接通过手机终端查看三维可视化模型,并进行施工构件信息的查询,同时对现场发现的安全质量问题可直接通过手机端进行反馈,体现了信息的共享性、实时性。

施工技术人员直接通过手机端进行施工信息的采集、录入及查询,极大地方便了现场施工管理,提高了BIM应用的便捷程度,解决现场可以直接利用手机终端进行资料的采集、录入、查询及施工过程的管理,方便了现场施工管理,提高了施工信息化管理水平。

7.公路全资产运营管理平台

公路全资产运营管理平台(图21)中可视化平台模块,利用BIM+GIS展示理念,达到精细化、可视化管理标准,建立综合性展示平台。通过项目前期数据架构顶层设计,统一数据标准,实现设计、施工阶段重要数据留存、继承,高效实现公路运营阶段资产数据初始化,并实现后续信息化管理。

图21 公路全资产运营管理平台

(1)桥梁健康监测

对接现有监控监测传感器,建立实时感知监测网络,将监测数据推送至管理平台并进行分析,将桥梁运营过程中荷载、环境、结构整体响应、局部响应进行实时动态监测,返回监测结果并存储备查,结合BIM轻量化模型展示,点击监测点模型可查看监测信息。包含风荷载监测(图22)、温湿度监测(图23)、加速度监测、主梁变形监测、主梁端位移监测、GPS监测等。

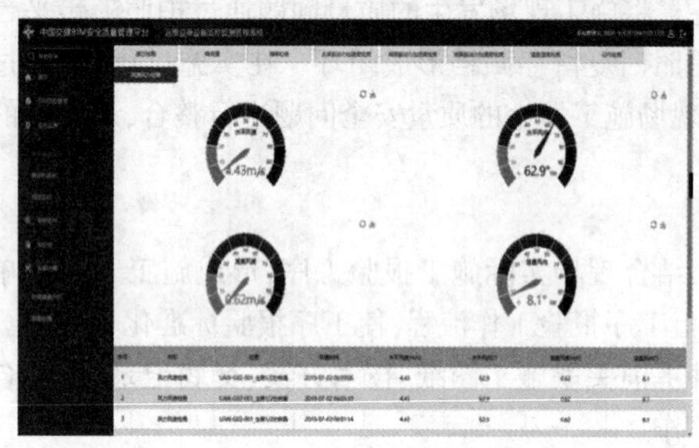

图22 风荷载监测

图23 温湿度监测

(2)养护工程管理

实现养护工程审批流程的信息化、精细化管理,实现养护计划报审的网络化、自动化、数字化,简化历史数据的对比查阅,便于工程进度的目标化管理。

养护巡查功能主要是养护段对所负责片区的巡查,将道路发现的病害、水毁、阻断等信息进行上传,通过巡查轨迹信息也可对巡查人员工作情况管理。养护巡查模块主要将巡查到的道路情况通过手机App实时上传到系统中,主要包括道路病害情况,水毁情况,道路阻断情况,方便系统查询及任务派发,及时完成路面清理工作,保证路面畅通。

在实际工程中,很多监测的工作不能通过长期存在的传感器来完成,需要通过数字化巡检来完成,很多成果可能是图片、文字,这些也需要纳入管理平台系统中,形成一个历史数据链的构件巡检信息,因此需建立智能化巡检养护管理系统和移动端App系统,实现从数据采集、养护计划、巡查检查、养护检测评定、日常养护、养护工程等的集群工程养护业务全过程的信息化管理。

(3)动态评估预警

拥有了一个长期健康监测数据和数字巡检数据以后,最终的目的是完成桥梁的评估、预警(图24)。对大量离散的历史信息,利用大数据方法进行管养数据分析挖掘,实现基于监测与检测数据的桥梁性能综合评估。将道路病害(图25)、养护工程、阻断等以图表形式展示,方便分析决策。

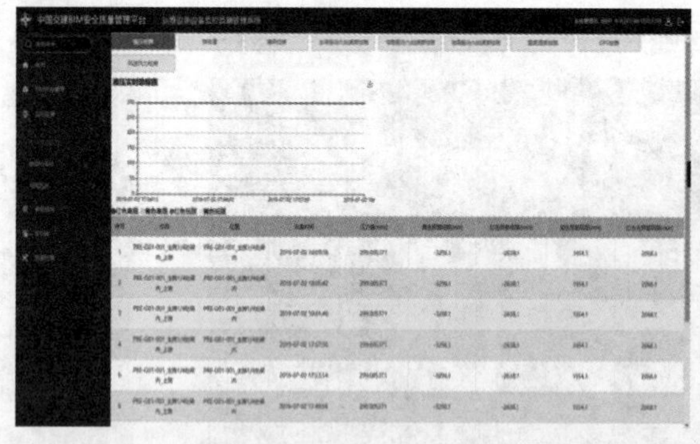
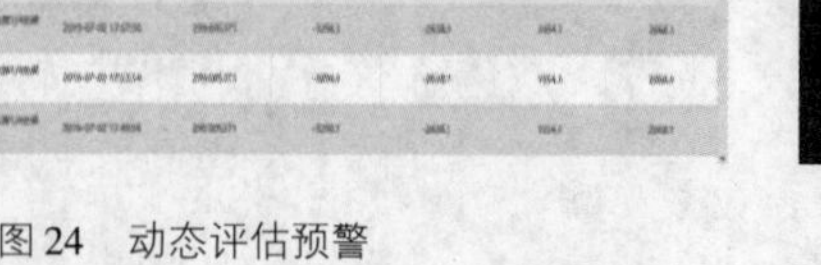

图24 动态评估预警

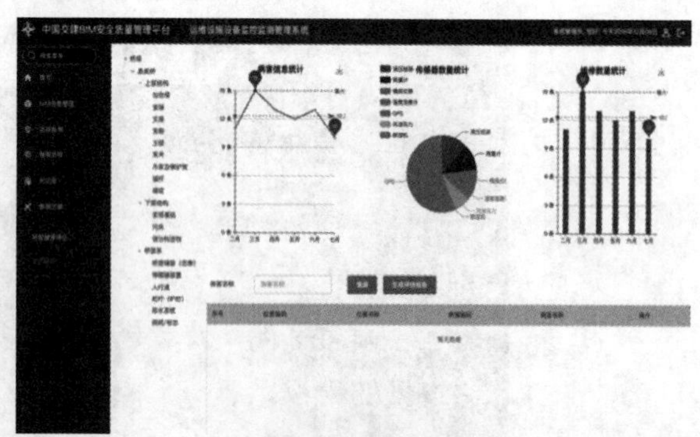

图25 病害统计图

(4)智能养护App

为了适应当前信息化的需要,及时快速对道路状况上报处理,使用手机App(图26)快速对道路的管养情况管理。主要包含养护巡查、养护工程等模块,与 Web 系统采用同一数据源,支持离线数据采集,使用 GPS 定位技术。养护巡查主要包括道路病害、路政案件、阻断信息等的上报、巡查任务派发跟踪及处理。养护工程主要包括工程验收资料上传等功能。

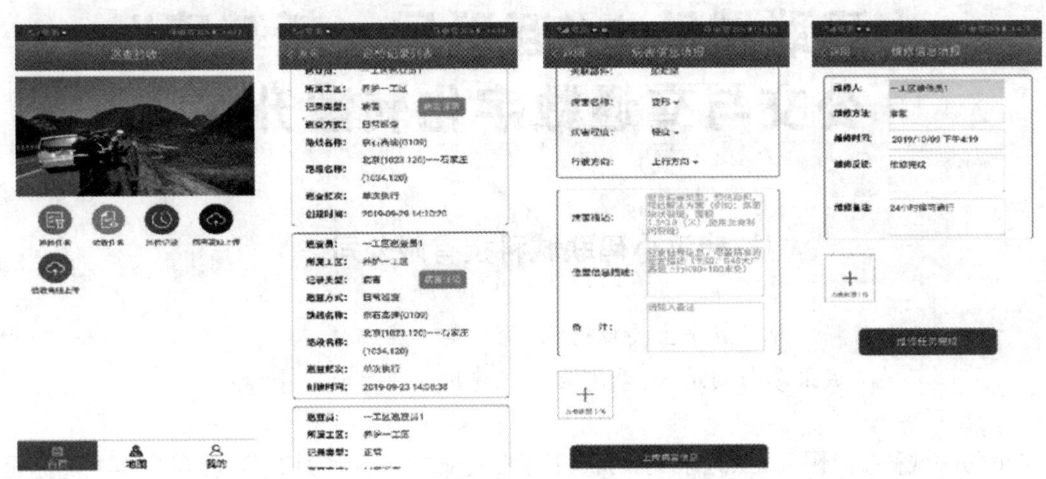

图 26 智能养护 App

四、实施效果

效益分析说明,目前万州环线项目基于 BIM 的信息化生产管理平台已经建立完成,并在项目投入使用,现场施工人员可以利用该 BIM 平台系统通过手机终端进行施工过程信息的采集及录入,可以通过该系统进行项目信息浏览、施工过程信息完成保存、施工 4D 形象进度管理、项目施工过程质量安全管理及人员信息安全管理等应用,实现了对山区高速公路施工全过程的信息化管控,有效地提高了项目信息化与项目管理的深度融合。

经济效益分析,设计阶段,通过 BIM + 正射影像路线比选、油砂互通优化选址、锚碇开挖及锚体优化、主塔承台位置比选等初步设计方案的优化;施工阶段,应用 BIM 技术对施工图进行及便道临建厂站布置优化,项目场地建设共优化挖方 31656.7 立方米,填方 29739.5 立方米,新田长江大桥主塔及锚碇优化后,主塔混凝土减少约 0.5 万立方米,锚体混凝土较少约 1.27 万立方米,基坑开挖减少约 13.1 万立方米,为项目创造了较大经济效益,同时通过 BIM 协同管理平台也提升了项目管理水平,降低管理成本,通过综合分析,本工程应用 BIM 技术共节约生产及管理费用共计 3000 万元。

社会效益分析,在与社会各阶层、政府部门等相关单位对接时,可以非常形象直观、三维一体、透视化、多角度化、精细化、节点化地对施工过程进行全方位的展示。加强企业知名度,为打造品牌工程奠定坚实基础。BIM + 正射影像能够改善目前使用广泛的传统测量方法,高效、精准完成地形、地貌及地面构筑物的测量统计工作。能够建立真实地反映地物的外观、位置、高度等属性信息的模型,实现了大范围三维精细化模型的布局。BIM + 正射影像在地形分析、施工图路线比选、征地拆迁、电力设施改移、施工场地布置、便道优化设计、地质、水文等进行全方位考虑,保护国家基本农田、公益林,积极践行绿色文明施工、保护和节约土地资源的理念,对推动绿色、文明施工具有重要的意义。

小码联城助力"互联网+新基建"公交与交通数字化转型升级

武汉小码联城科技有限公司

成果主要创造人:徐 旭 卢祖传

成果参与创造人:李志宏 代建风 肖 英 卜泽祥

武汉小码联城科技有限公司(简称"小码联城")成立于2017年5月5日,注册资本1.1亿元,公司选址武汉,将武汉作为智慧出行总部,成立3个月即获蚂蚁金服2亿元天使轮投资。同年,与武汉公交集团合作,率先在全国发放首款使用"双离线二维码"技术的电子公交卡,在全市完成587条公交线路、10000辆公交车及轮渡刷卡设备改造,届时武汉市公交车全部实现手机移动支付。在3年的经营过程中,小码联城已服务包括武汉、西安、石家庄、天津、乌鲁木齐、西宁等87个城市,其中省会城市15个、地级市48个、区县级城市24个。签约机具设备达15万台,在全国8万辆公交车上实现刷码乘车,全国市场占有率超过70%,成为全国智慧出行的"领头羊"。截至2020年8月,全国领卡用户数达10127万,累计交易笔数33.37亿,日交易均值640万元。

此外,小码联城还在西安上线了全国首个地铁"刷码乘车"业务,并已成功与马来西亚地铁达成合作协议。武汉经验代表中国的新四大发明"移动支付"向海外输出,助力"一带一路"倡议,输出中国与武汉力量。

以移动支付为切入点,以互联网创新驱动深度融入公共交通行业。小码联城依据国家规范的出行码发码标准累计帮助全国近百个公交机构实现公交移动支付,同时在创新型公交运营、公交业主服务平台和城市出行一体化平台上持续发力。2019年,小码联城陆续在成都、上海、天津、西安、南昌、南宁、厦门等13个城市推出"小码直达号"定制公交服务。在安徽淮北、山东泰安等地,小码联城最新上线SaaS、ERP等项目,帮助传统公交业主提供日常派单、记账等服务,促进公交业主低碳办公提升效率。2019年9月,小码联城成功中标合肥公交集团"互联网+公交出行"软件开发及运营服务项目,开启城市出行一码通平台建设。2019年10月,小码联城与上海强生控股、上海久事公交合资成立互联网运营公司,利用互联网技术提升传统运力的资源利用率,以强生出行为运营主体打造MaaS(出行即服务)服务平台。在2020年疫情影响下,小码联城的业务不停歇,中标"太原公交"App系统升级及集成服务采购项目,与常州公交集团签订战略合作协议,与西宁公交集团开展深度合作,上线"西宁优巴士"智能公交服务。

一、实施背景

(一)企业面临的外部环境

1.政策环境

(1)公交先行,推动公交场站枢纽建设综合立体化开发

公交优先、场站先行。公交场站是城市公交的基础性设施之一,加强公交场站的建设,特别是信息化方面的建设,有助于提升公交场站的精细化管理水平,保障城市公交的可持续发展。

(2)新基建,新时代推动公交数字化转型发展

为贯彻落实党中央、国务院决策部署,加快建设交通强国,推动交通运输领域新型基础设施建设。交通运输部《关于推动交通运输领域新型基础设施建设的指导意见》提出了新的政策方向。

①新基建。新型基础设施建设(简称"新基建"),主要包括5G基站建设、特高压、城际高速铁路和城市轨道交通、新能源汽车充电桩、大数据中心、人工智能、工业互联网七大领域,涉及诸多产业链,是以新发展理念为引领,以技术创新为驱动,以信息网络为基础,面向高质量发展需要,提供数字转型、智能升级、融合创新等服务的基础设施体系。

②"二新一重"。2020年国务院政府工作报告提出,重点支持"两新一重"建设。两新一重,即新基建,新型城镇化建设,交通、水利等重大工程建设。这是我国继发布《交通强国建设纲要》后,又一次将交通建设作为首要建设任务。

③《交通强国建设纲要》。2019年9月,中共中央、国务院印发《交通强国建设纲要》,指出要大力发展智慧交通,推动大数据、互联网、人工智能、区块链、超级计算等新技术与交通行业深度融合;推进数据资源赋能交通发展,加速交通基础设施网、运输服务网、能源网与信息网络融合发展,构建泛在先进的交通信息基础设施。

④公交场站智慧枢纽明确为重点建设方向之一。推进综合客运枢纽智能化升级,推广应用道路客运电子客票,鼓励发展综合客运一体衔接的全程电子化服务模式,推动售取票、检票、安检、乘降、换乘、停车等客运服务"一码通行"。推动旅客联程运输服务设施建设,鼓励建设智能联程导航、自助行李直挂、票务服务、安检互认、标识引导、换乘通道等服务设施,实现不同运输方式的有效衔接。

⑤交通数据中心明确为重点建设方向之一。完善综合交通运输数据中心,注重分类分层布局,推动跨部门、跨层级综合运输数据资源充分汇聚、有效共享,形成成规模、成体系的行业大数据集。推动综合交通运输公共信息资源开放,综合运用政府、科研机构、企业等数据资源,深化行业大数据创新应用,以数据资源赋能交通运输发展。

2. 市场环境

(1)市场融资环境利好,拓展经济融资渠道,引入多方资本合作模式

公交场站的公益性使得场站公司的服务保供为经营之首要,公交企业的亏损在所难免。随着城市化由粗放式转向集约型发展,土地资源日趋紧张,为充分利用城市资源,升华公交场站功能,城市空间立体化建设成为趋势。因此,应积极转变思路进行公交场站的综合开发利用,大力拓宽融资渠道,多方探索合作模式,引入社会资本参与场站综合开发建设,解决对财政资金的"等、靠、要",缓解财政压力的同时,实现公交企业多元化发展、多途径经营,增加经营性收入来源,从而反哺公交事业,形成城市公交可持续发展。

(2)新技术、新思维、新手段助力新基建公共交通经济发展

①新基建为数字经济提供底层支撑。在数字经济浪潮下,信息通信技术为庞大数据量和信息量的传递提供了高速传输通道,补齐了制约人工智能、大数据、工业互联网等在信息传输、规模连接、通信质量上的短板。新基建将为数字经济的发展和产业转型升级提供底层支撑。

②新基建引发数字经济发展新趋势。

一是大数据、云计算、5G等新技术成为公共交通数字经济建设关键领域。一方面,5G时代把移动通信提到新高度,5G不仅服务于个人用户,还将更多地服务产业用户,即从消费端向生产端转移。另一方面,5G将加快与其他技术融合,推动云网融合发展。小码联城迎合时代发展,以公共出行为基础应用,以驱动网络为理念,携手阿里云、电信运营商、政府与交通企事业科研单位等,积极探索新内容和新场景,城市一体化出行MaaS服务平台,智慧公交场站,聚焦人车路协同,加快打造丰富多样的5G应用生态。

二是交通出行行业协同加速落地。新基建的快速普及,将加快数据流动、加速行业协同,促进数字经济发展。如"乘车登记码"的推出,联动全国各地政府、地铁、公交、出租汽车公司,实现数据多跑路,

用户少跑路。

(二)企业内部条件

1. 经验积累与丰富产品体系

小码联城创新实践深耕于数字化公交转型,致力于服务城市交通数字化政府转型。多元化产品体系积累沉淀,助力新基建公交与交通运营建设。

2. 市场沉淀与核心技术储备

多项核心科技、知识产权与专利,是新基建交通建设的技术储备。小码联城既是数据智能基础设施的建设者,也是交通数字化的赋能者。借助阿里巴巴集团公司,小码联城在5G、大数据、人工智能等技术上有着深厚积累,在智慧交通领域更有近5年多的丰富沉淀。2017年公司成立以来,取得了多项交通核心知识产权和专利(表1),获得多项行业奖项,并被正式认定为高新技术企业。

自主核心专利清单列表　表1

序号	专利认证	认证时间
1	基于企业账户的乘车支付方法、系统及一种企业端、用户终端	2018/9/28
2	一种公交查询系统和一种公交查询方法	2019/4/18
3	一种支付机具故障处理系统及处理方法	2019/4/18
4	一种支付机具故障处理系统	2019/4/18
5	地铁乘车码支付数据处理方法、装置、系统及电子设备	2020/3/13
6	基于地铁乘车码的行程控制方法、装置、系统及电子设备	2020/3/13
7	移动支付机具测试方法及测试系统	2020/3/16
8	移动支付机具程序测试方法、测试系统及一种测试终端	2020/3/16
9	带公交信息显示动态图形用户界面的显示屏幕面板	2020/3/20
10	公交车自动报站方法、系统及一种远程服务器	2020/4/9
11	一种公交POS机及乘车扫码系统	2020/4/9
12	移动出行疫情防控方法、系统及移动支付机具、服务器	2020/4/9
13	地铁出行疫情防控方法、系统及进站闸机、服务器	2020/4/9
14	短消息发送处理方法、系统及客户端、服务器、校验装置	2020/5/27

在3年的发展过程中,小码联城得到了各级政府的大力支持,也受到《人民日报》等众多媒体的广泛关注,荣获"移动金融行业突破奖""最佳城市贡献奖""2018中国最具投资价值新星企业百强榜""2018江岸区十佳高成长民营企业"等多项荣誉奖励。2018年12月,小码联城被纳入武汉市规模服务业企业。2019年11月,小码联城被认定为国家级高新技术企业(表2)。

企业高新能力认证清单列表　表2

序号	证书名称	发证日期
1	软件产品:小码联城地铁扫码应用系统[简称:地铁扫码系统]	2018/8/25
2	软件产品:小码联城公交扫码应用系统[简称:公交扫码系统]	2018/8/25
3	《小码融合支付系统》信息系统安全等保三级备案证书	2019/10/23
4	《交通规范统计证书》	2018/11/23
5	CMMI-3能力成熟度模型集成三级证书	2020/7/31

二、成果内涵和主要做法

(一)成果内涵

1. 智慧场站助力公交数字化转型升级

(1)由被动式粗放式管理到主动式精细化管理的转变,建立新基建公交场站,实现了公交数字化

转型

数据接入，建立标准数据体系，构建公交大数据治理管理，助力城市公交加快推进“快、主、干、支、微”五层级公交线网体系建设基础上，全面汇集公交，城市交通数据。以“互联网+”“大数据”应用为突破口，反哺城市级大数据中心，实现“智慧场站”，达到精准调度、精确服务、精细管理。

公交信息化全面发展的情况下，智慧场站系统实现了场站级别信息管理、场站停车大数据预测、公交车智能化停车规划、进出场线路和速度监控、运营秩序管理监控、场站安全管理等(图1)，规范了场站公交的停车秩序，降低了运营成本。

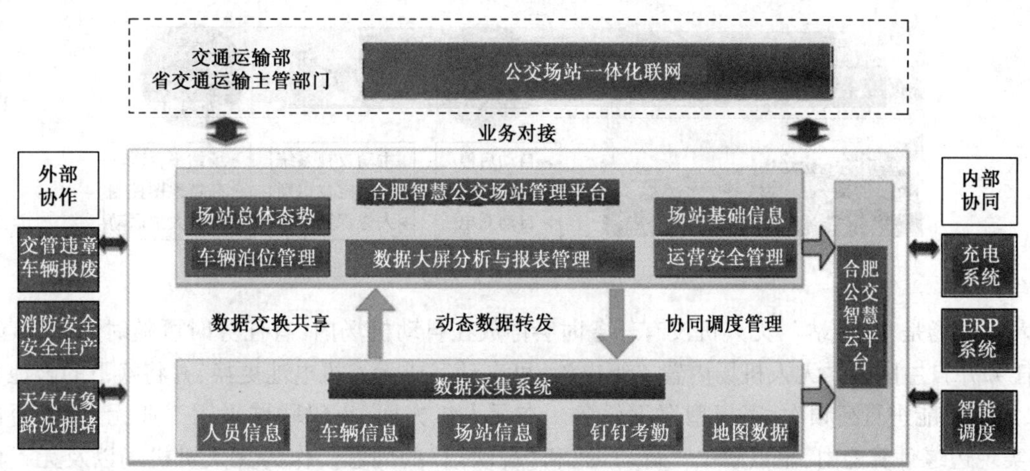

图1 智慧公交场站一体化架构图

(2)由线下静态孤岛数据到主动安全与数据智能协同的转变，以公交数字化转型逐步过渡到城市生态数字化转型

以公交数据中心过渡到城市数据中心建设，逐步实现以出行数据为基础的城市数据运营生态(图2)。建设一个具备云+端能力的“一站式服务”和“一体化出行”平台，实现人车路协同，通过大数据资源中心，对公交现有系统产生的数据进行存储和高效计算、建模、分析，为公交管理与城市交通决策、规划运营、服务以及主动安全防范带来更加有效的支持。

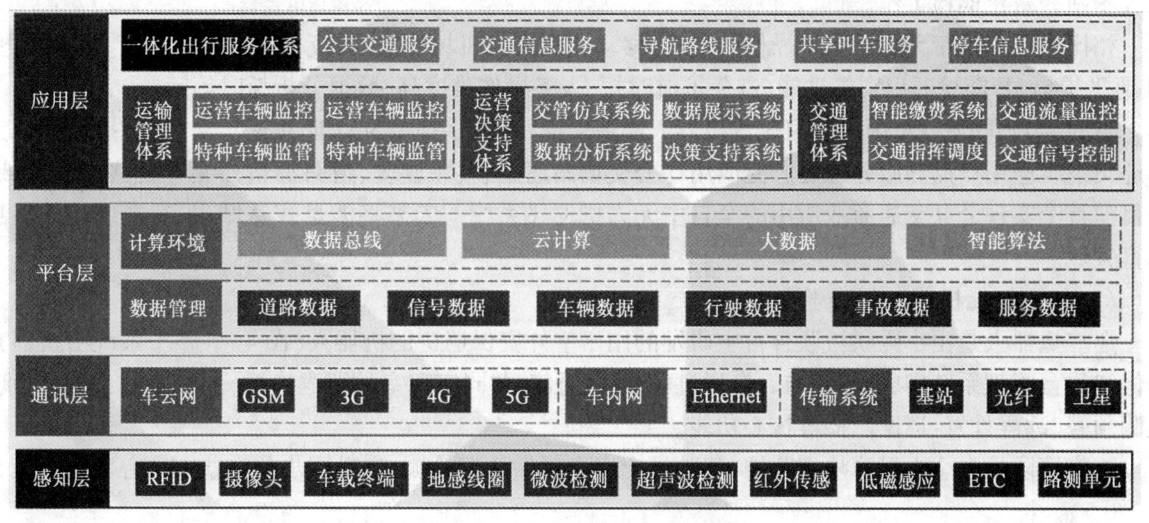

图2 城市交通数据中心业务架构图

2. 人工智能机器人天地一体化全覆盖

立足行业痛点，小码联城联合国内先进机器人制造企业，研发全自主场站机器人巡视系统，助力公交场站巡逻巡检。实现了公交场站巡控智能化、自动化、数据化，人工智能机器人数据与智慧场站平台

同步联动,指挥人员在指挥中心就能时刻洞察现场情况,及时发现人员违规、车辆安全、火灾隐患,完成各类巡查任务,特别是夜间巡视任务,快速预警与联动响应。智能机器人利用5G智能视频技术,能够快速自动发现隐患与实时预警,数据分析结果也能够同步显示在公交集团决策支持分析大屏上。主要创新成果如下:

(1)高精度无人机自动巡检

小码联城结合智慧公交场站此次推出的全自主巡飞系统包含无人机机场、无人机、AI巡飞平台3个组成部分(图3)。

图3　无人机自动巡检

无人机机场是"交通站",无人机没有任务时会停放在自动机场内,有任务时可随时从机场起飞,自动执行任务并自主降落。无人机场内置4组电池,可自动完成无人机电池更换,并将换下的电池自动充电,确保无人机能进行高频次、密集型巡飞任务。在无人机方面,小码联城采用工业无人机,通过加载AI模块实现边缘计算能力,重点解决"自动飞"和"自动拍"的问题。作为无人机机场以及无人机的管理平台,AI巡飞平台同时还是数据智能运营平台,可针对不同应用场景制定巡飞任务,并对无人机传回的图像数据进行目标识别和诊断。借助AI算法,巡飞平台能自动完成初步的诊断工作,辅助人工快速发现和分析问题。

通过小码联城全自主巡飞系统结合现有地面巡逻机器人,管理者可以实现对公交场站内情况的实时掌控。指挥中心可以直接操控距离最近的自动机场,通过无人机实时图传掌控现场情况,公交场站内部署无人机巡检系统与机器人也能满足高频次日常与夜间场站巡检,自动识别与预警路面异物或轮胎碎屑,并有效应对车辆乱停乱放、人员违规、车辆充电安全隐患,帮助指挥中心精准投放人力物力,快速完成场站智慧化巡检工作。

相比巡逻车携带无人机人工操作的形式,移动式无人机机场能实现自动起飞、自主降落、自动换电、AI巡飞拍摄、智能诊断识别等功能,避免了航时短、人工操作难度高、数据分析耗时等问题。

目前,小码联城联合国内多家先进机器人制造厂商,获得多项专利认证并逐步交付,所提供的无人机巡飞系统应用产品和服务也已广泛应用在公交场站巡逻、气象监测、道路拥堵探测等公共交通领域,是目前首个实现公共交通商业应用的全自主无人机巡飞系统。未来将涉足智慧城市、交通监控等多项垂直领域。

(2)地面智能机器人自动巡检

巡控机器人是由小码联城联合自主研发的用于室外安保巡逻的机器人(图4)。整个系统由机器人本体和后台管理系统构成,本体与后台通过4G/5G通信,共同实现室外巡逻执勤、全景监控、智能识别、监测预警、远程处置、巡逻广播等核心功能。

①疫情防控。全力保障疫情防控,驾驶员上岗自动做体温检测,实时同步公交指挥中心数据决策大屏(图5)。

②24小时智能巡查预警。24小时全天候自动巡检报警有效减少巡检人员工作压力,提高场站内安全保障工作。

③热成像检测火灾预警。机器人热成像主动扫描技术能有效防止场站内充电桩、车辆电池造成的的火灾风险隐患,遏制安全事故。

巡控机器人功能特性	
巡逻执勤	可后台设置规划巡逻路径。机器人按规定路径，在规定时间内进行巡逻执勤。机器人具备自主避障、自主定位、自主充电功能。
实时监控	机器人四周配置4路高清和红外摄像头，可实现巡逻区域实时视频信息储存与回传，以及一定时间段内的历史视频信息查询，可通过后台实时查看巡逻区域视频情况。
智能识别	机器人可在采集的图像中检测人脸。录入人脸数据后，后台可以基于已检测到的人脸特征信息与提前录入的信息识别人的身份，实现人脸分类、检测结果上报、和个性化的识别反应。
远程处置	通过管理后台，可对机器人进行远程遥控，如远程喊话警告、近距离视频信息采集等，也可通过触发机器人端一键呼救及时通知后台。
巡逻广播	机器人可在巡逻过程中进行广播通知及视频播放。
人机交互	支持基本中文或英文语音交互。
人体测温	机器人在一定距离内对人体进行温度测量，支持静止和运动两种测量方式。

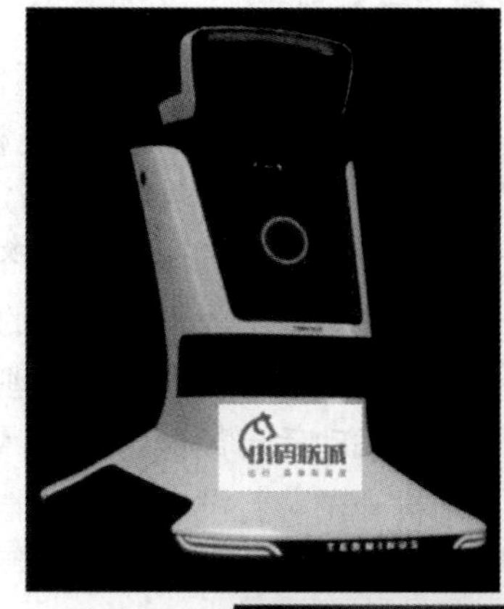

- 车牌检测识别
- 行人检测识别
- 环境智能检测
- 热成像夜视检测
- 自动回充电
- 智能视频报警
- 远程声控
- 大屏数据联动

图4　巡控机器人

- 全自动化巡逻
- 实时视频监控，人体体温与口罩检测
- 人工智能巡逻决策判定
- 智慧场站后台运营数据大屏联动

图5　自动温度检测流程图

④轮胎机器人自动检测。目前市面上预防轮胎爆胎主要依靠人工检查。为保证公众安全，公共交通车辆行驶到一定的公里数，会强制到维修厂停运检修，由人工集中拆卸轮胎，逐一目视检测。检测频次约 3 个月一轮，无法实现高频覆盖。

小码联城联合国内先进机器人制造商推出室外自动检测轮胎的服务机器人(图6)，可以自动在停车场导航移动，定位公交车轮胎，多自由度机械臂搭载金属探伤和高清图像采集传感器扫描轮胎表面，探测轮胎的扎钉位置，扫描轮胎表面图像，数据回传汇总至智慧场站平台供决策分析及预警。夜间公交车集中停放时自动检测，实现检测每周覆盖一次所有轮胎，降低检测成本，保障公交车出行安全。

图6　轮胎机器人自动检测

3. 智慧公交场站平台化管理流程创新

车辆进场:车辆通过车位诱导,寻找可用的普通停车位或充电桩停车位,通过线上平台、手机 App、小程序查询附近停车场站,全市的场站总停车位数(充电桩数),场站的具体位置,驾驶员可通过导航前往需停泊的场站。车辆停放按照巴士公司和指挥中心指定停车位停放,停车位分为固定停放车辆,临时停放车辆。全市车位总体态势包含车位数,具体回场线路和限定速度。平台结合电子围栏和 GPS 数据判断驾驶员是否超过指定限制速度进出场,或不按规定的线路进出场,系统会自动记录并发出告警,可通过信息推送的方式给驾驶员提醒,报表可作为场站管理水平和人员绩效考核的依据。

驾驶员到达指定场站后,闸机联动后台数据(排班计划,合法车牌)判定是否车辆合法并开启闸机,若是合法车辆并有空余车位,闸机开闸。若没有车位或非法停靠车辆,闸机不开闸,并重新引导可停场站和车位,通过 LED 大屏显示联动,对不合法停放的车辆进行告警提示,进场按顺序由里到外停放,维修车辆停放维修区,充电车辆停放充电区。

当驾驶员进场完成收单交接后,车辆停靠指定位置进行安全检查和摄像头拍照,系统记录并留底核查;车辆交接时,驾驶员通过扫码线上完成车辆停放填报的交接单,后台记录时间、班次、车辆 ID 等信息,护场人员和指挥中心管理人员进行抽检。

驾驶员下班完成刷卡,系统自动根据报修状态,判定是否符合运营规范记录;并进行人车场一致性检查,通过人员刷卡 ID,车辆车牌,场站 ID 以及调度排班计划记录做比对;通过后台比对起始公里数,估算车辆空驶行驶数,对有问题的车辆进行抽检和轨迹跟踪,排查问题,降低车辆空驶率。

车辆停好后,场站人员通过钉钉考勤数据接入,电子巡更数据接入,比对场站人员排班计划,实现人员快速调配、值班状态查询等,可实现场站人员便捷管理。

车辆出场:驾驶员可通过手机输入车牌查询到停车位置,系统根据前一天此车牌的 GPS 信息,判定车辆停车位置区域。第二天驾驶员上班刷卡后系统自动记录第一条 GPS 数据,系统比对数据差异,可知车辆是否存在夜间启动或其他异常行为。

车辆出闸机后,场内闸机系统读取车牌数据,后台通过车辆出场增加空余车位,实现车辆总体动态管理。出场线路和速度也同样被监控,出现异常则报警。

车辆出场流程如图 7 所示,车辆进出场与人员巡查流程如图 8 所示。

4. 智慧公交场站运营与主动安全管理(图 9)

(1)进出场车辆轨迹查询

输入线路号,查询进场指定线路,通过对公交场站运营进出场附近车辆进场线路数据查询,实现场站管理人员数据决策分析。

(2)场站停车规则设定

停放规则设定,包括场站夜间停放规则、夜间停放规则申请、首末站停车规则、公交临时停放规则。

规划场站夜间停放车辆及停车时间,管理公交车停车计划变更审批,实时监控夜间停车情况,有效利用场站停车资源;根据场站停车能力及线路首末站智能规划停车场站,能够有效降低公交车辆运营成本。

公交首末站及临时停车:规划公交线路首末站进出站车辆、首末站停车计划变更审批、车辆临时停靠申请审批。通过对车辆停放的有序规划,避免了车辆乱停乱放。

公交停车监控告警:实时监控公交车辆进出场停车情况,对夜间违停、异常启动、站内车辆超时启动、站内车辆异常移动等异常情况实时通过微信、短信等方式发送告警信息至相关负责人进行处理。

(3)场站告警信息通知

若车辆进出场超速行驶,或不按指定线路行驶,设定相关条件可触发告警条件,实现车辆告警。

告警类别可设置为:车辆违停(不在电子围栏内停车),异常启动(非运营时间启动),启动超时(运营时间未启动),超速行驶或信号丢失(移动超距)。

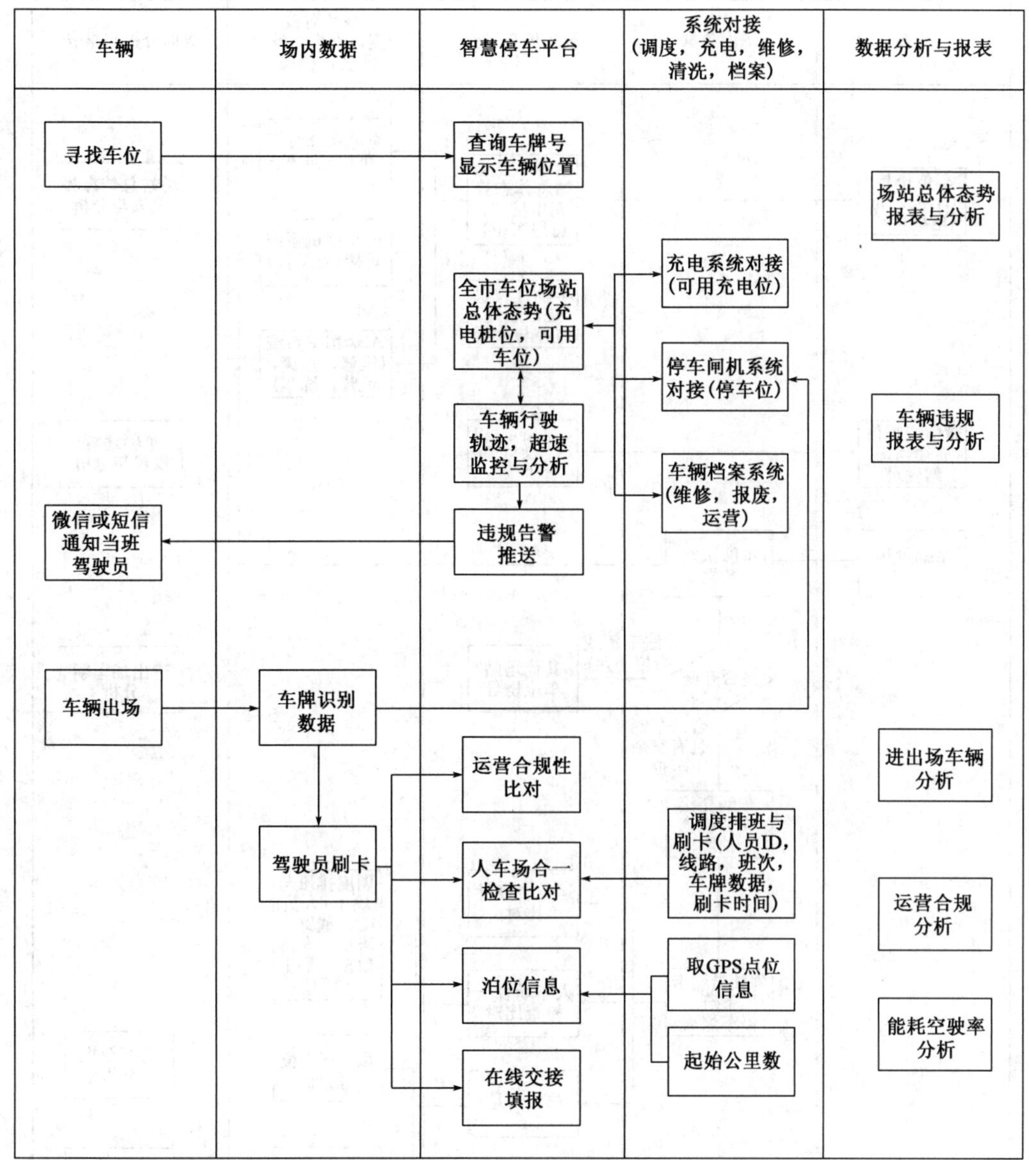

图7 车辆出场流程图

(4)人车场站一致性校验

按照时间长短、工作时长的要求，路牌类型，两车三人制，高峰，晚峰，两人一车不符合要求做分析。

(5)车辆完好性检查拍照

车辆收班回厂后，停靠指定位置，摄像头对停靠车辆固定点位拍照，系统自动记录并对照片留底记录。

(6)运营秩序规范管理

针对维修车辆的跟踪定位，车辆报备维修后，需要在车场内查询到车辆位置信息，通过 GPS 定位查询位置，并确认车辆已回场，则记录位正常运营规划，若出现报备维修，但并未回场，则记录为异常运营秩序规范。

(7)车辆交接在线填报

车辆停放时候，通过驾驶员扫码在线填报车辆状态，车辆状态包含车辆外观完好性观察、车窗关闭、电源关闭、钥匙归还等事项。系统自动记录车辆班次、交接时间、驾驶员姓名、交接人。指挥中心和管理人员可抽检核查交接结果。

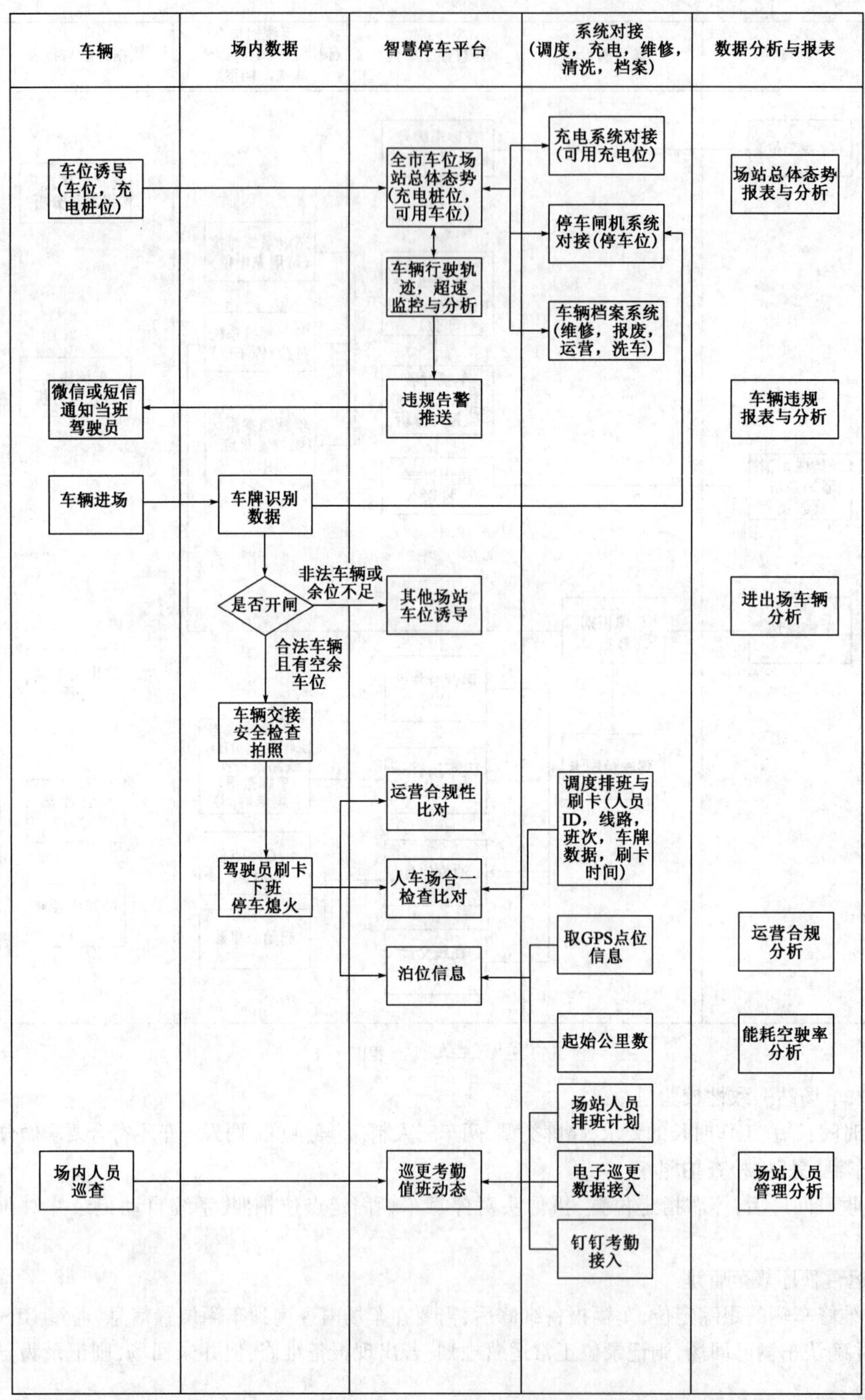

图8　车辆进出场与人员巡查流程图

5. 智慧公交场站主动监测与评价体系(图10)

(1)“聪明的人”人员管理评价指标

①人车场计划偏差率。实现人车站实际上岗情况与调度计划偏差比对，当驾驶员、车辆、场站 ID 与

停车计划完全吻合则记录位实际合规人车场数。计算公式:人车场计划偏差率＝实际合规人车场数/计划人车场数。

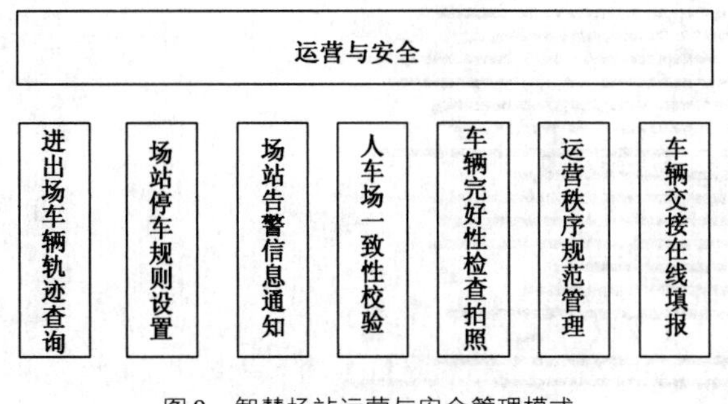

图9 智慧场站运营与安全管理模式

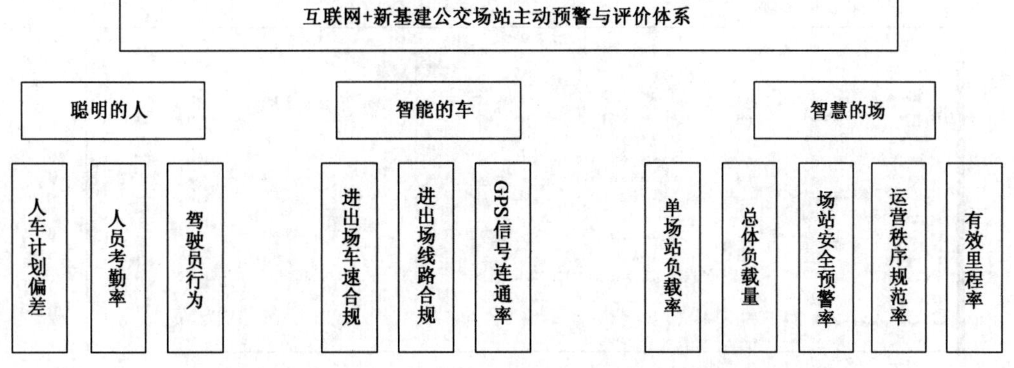

图10 互联网＋新基建公交场站主动预警与评价体系

②人员考勤率,取自考勤数据。

③驾驶行为分析。疲劳驾驶,驾驶行为异常数据接入,异常驾驶行为统计分析。

(2)"智能的车"车辆管理评价指标

①进出场车速合规率。对超速违规数据记录。

②进出场线路合规率。记录线路走向,对出现不按计划规定的线路行驶车辆记录。

③GPS 信号连通率。记录一条线路班次整体信号连通率,当出现异常情况记录信息。

(3)"智慧的场"运营管理评价指标

①场站负载率(停车饱和度)。记录当前停车场站内停车位总数和停车数量。

②总体负载率。记录总体停车场站的负载情况。

③场站安全预警率。记录场站的违规行为预警,并将预警事件推送给指定的管理人员或驾驶员。

④运营秩序规范率。针对维修车辆的跟踪定位:车辆报备维修后,需要在车场内查询到车辆位置信息,通过 GPS 定位查询位置,并确认车辆已回场。

⑤有效里程率分析。通过 GPS 实际里程与计划里程比对分析,计算分析有效里程偏差量,偏差越小则有效里程利用率越高。

6. 公交车辆与场站泊位智慧管理平台(图11)

对公交场站日常站务进行全面管控,主要包括如图 12～图 14 所示几种情况。

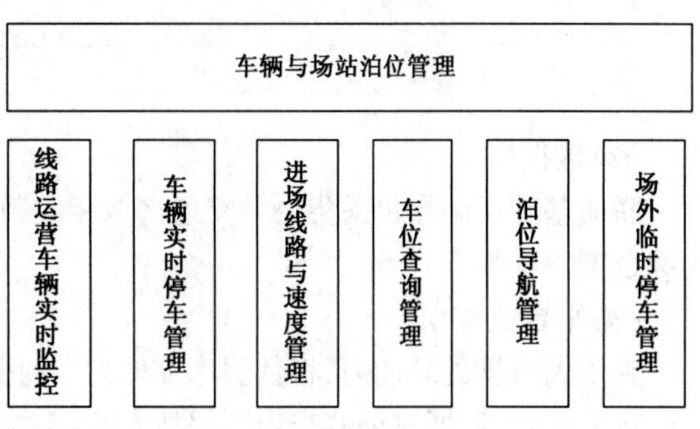

图11 车辆与场站泊位管理

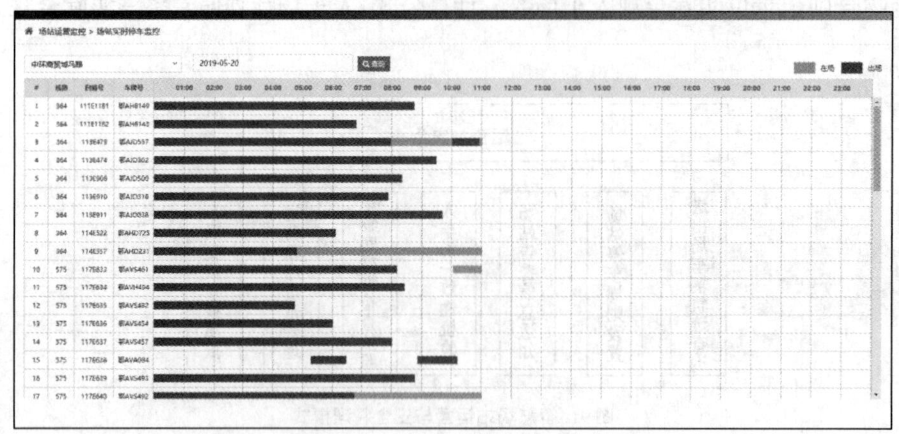

图12 车辆实时停车监控

智慧停车 > 预约单管理

	场站名称	电话	车牌号	下单时间	预约进场时间	停车时长	进场时间	离场时间	状态	操作
1	郑甲村	13627252368	鲁G67	2019-04-08 17:17:15	2019-04-08 17:17	1			待入场	
2	郑甲村	13237111003	鄂A88888	2019-04-08 10:39:36	2019-04-08 10:38	2			待入场	
3	郑甲村	13237111003	鄂A88888	2019-04-08 10:33:26	2019-04-08 10:34	1			待入场	
4	动物园711	13627252368	鲁G67	2019-04-02 19:28:53	2019-04-02 19:00	1			待入场	
5	郑甲村	13237111003	鄂A88888	2019-04-02 19:05:04	2019-04-02 19:06	1			待入场	
6	郑甲村	13237111003	鄂A88888	2019-04-02 19:04:51	2019-04-02 19:05	1			待入场	
7	动物园711	13627252368	鲁G67	2019-03-30 17:56:10	2019-03-30 00:00	3			已取消	
8	动物园711	13627252368	鲁G67	2019-03-30 17:54:37	2019-03-30 00:00	1			已取消	
9	动物园711	13627252368	鲁G67	2019-03-30 17:49:30	2019-03-30 00:00	1			已取消	
10	动物园711	13627252368	鲁G67	2019-03-30 17:44:54	2019-03-30 02:00	1			已取消	

图13 车辆速度与线路监控

图14 泊位导航管理

7. 智慧场站与城市公共交通生态协同

人工智能+公交场站架构划分为基础设施层、数据层、平台支撑层与应用服务层四部分，利用大数据处理能力，对公共交通产业数据进行汇聚、存储、处理、分析，综合应用与管理，为公共交通管理提供决策依据支撑。建设智慧场站的同时，与城市公共交通基础设施融合为一体，实现数据互联互通。

(1)基础设施层

智慧场站的数据与城市公共交通服务运营所需建设或接入的各类物联网基础设施联网与互联互通，包括App/小程序、车载智能终端、智能收费管理终端、车站与道路监测终端、道路传感器等，利用互利网、车联网、云服务、5G、人工智能等技术获取城市公共交通体系日常运行监测和管理的数据。

(2)数据层

联通基础设施接口采集公共交通产业相关数据，建立涵盖用户数据、车辆数据、场站数据、道路数据的综合型数据池。

(3)平台支撑层

利用大数据处理能力，将数据库存储的实时数据、关联信息进行汇聚、存储，与公共交通相关业务平台进行关联管理，通过公共交通数据技术挖掘，构建数字化模型，为公共交通业务提供多维数据分析服务，便于信息共享交换。

(4)应用服务层

围绕公共交通业务场景,根据公共交通服务参与方及对应需求分类,划分成乘客服务、企业运营、政府交通管理等服务应用,形成专业解决方案,为城市公共交通智能化发展提供支撑,构建智慧城市交通生态体系。

在城市公共交通智能+的数据框架中,智能化的核心在于数据关联,如何利用大数据将公共交通的各部分进行整合衔接,从而对城市庞大且复杂的交通生态中供给双方能力,形成客观、精准、实时的分析,辅助公共交通产业实现全流程高效运作。

(二)创新经营模式的主要做法

1. 建立公交与交通行业级"数据体系与数据中心"

新基建将进一步推进交通"业务数字化"的步伐,实现人、车、路、环境不同对象在不同时间、不同空间的数据化。数据是对现实的客观记录,记录要转成可理解的有意义的信息,信息通过模型转成可以研判的知识,知识基于场景形成可供选择的方案。只有建立"数据、信息、知识、智慧"的完整链条,才能构建面向行业的整体数据脉络。

2. 建立面向公交,服务交通的"数字化管理体系"

交通是公共基础设施,帮助交通管理部门做好交通治理,服务好经济发展是核心目标。无论是高科技还是黑科技,都是为了解决某一个点或某一类的问题。小码联城希望从这些问题出发,找准管理部门所在的"组织"机构。

在数字时代,应以新的多元视角观察这个世界,物理世界和数字世界进行分离,同时认可"数字世界"的存在,意识到"数字世界"的开放、连接、协同属性。

3. 新公交智慧场站与城市智慧交通"新基建思维"

新基建天然具备数字化的特性,而数字化建设是一种与传统基建不同的建设思维。纵观多年来交通领域信息化发展,"重硬件轻软件、重外场轻内场、重建设轻迭代",实际上对持续性及软件的重视不够,而这些才是效能提升的真正抓手,当遇到危机时,才能真正发挥作用。

小码联城认为传统的信息化建设思路需要做出调整,要树立长期的、迭代的思维,用"传统基建的态度+互联网的平台思维",从"信息化"向"数字化"建设认识转变。

用"传统基建的态度"去建设,坚持长期建设,滚动规划、不断迭代,物理基础设施因为不容易拆除,才能持久存在。然而,对于软件缺乏这种认识,无法真正沉淀自己的核心业务能力。

用"互联网的平台思维"开业务,重视基于云上的跨业务协作,适应移动化、分布化的工作协作需要。形成一个组织内部可持续的云,用云连接各方,不断打磨。同时,也要重视运维,好的运维是持续和高质量服务的保障。

4. 建立新基建场站建设,逐步实现公交数字化转型

数据接入,建立标准数据体系,构建公交大数据治理管理,助力公交加快推进"快、主、干、支、微"五层级公交线网体系建设基础上,全面汇集公交,城市交通数据。

以"互联网+""大数据"应用为突破口,反哺城市级大数据中心,实现"智慧交通",达到精准调度、精确服务、精细管理。

5. 以公交数字化转型逐步过渡到城市生态数字化转型

以公交数据中心过渡到城市数据中心建设,逐步实现以出行数据为基础的城市数据运营生态,逐步形成城市大数据中心。

建设一个具备云+端能力的"一站式服务"和"一体化出行"平台,重塑人、车、路新出行生态,积极探索在未来智慧公共交通发展。通过"大数据资源中心",对公交现有系统产生数据进行存储和高效计算、建模、分析,为公交管理与城市交通决策、规划运营、服务以及主动安全防范带来更加有效的支持。

(三)新基建智慧公交场站建设创新经营模式理论阐述

1. 节能增效,大数据精细化管理

通过信息技术与大数据思维实现降本增效,全面助力公交运营精细化管理能力。利用现代化的信息技术手段,整合传统公交停车场功能要素,突出对以车和驾驶员为核心的管理、服务,实现对调度、车辆报修、停车、统计形成业务信息互通、统一管理的服务体系。通过信息技术加强对人、车、场地的有序、有效的监控管理,提高有限资源的共享利用和安全管理。

2. 人—车—场一体化智慧化管理

实现人—车—场一体化管理,全面建立场站平台智慧化管理能力。

智慧场站实现对停车场站点的属性、区域、数量、车位、公交元素的管理与车辆的管理;实现对人员的管理,对上车的人员、进出场线路基础信息、人员排班计划和考勤的管理;对场站内停车位、充电桩、停车场站规范、夜晚停车规范的管理,非正常情况统计出报表。

通过对场站管理相关系统信息的系统整合和数据对接,通过各种智能化系统的有机结合,将分散的系统通过数据共享和联动,实现统一平台化展示的方式。打通公交场站内外部数据,将分散的场站停车位资源、充电资源、维修状态、巡更记录、调度排班、车辆管理、人员考勤记录等分散系统进行统一对接和数据整合,实现场站资源的一体化管理,实现人车场的数据化、场站数据的在线化、管理手段的智慧化。

3. 内外数据融合,强化管理能力

场内场外数据协同融合共享,加速数据流转效率,强化场站管控服务能力。通过数据打通和整合,加速业务数据流转效率,实现停车统一规划管理、实时停车诱导、车辆进出场线路偏离、营运秩序规范监控、场站人员排班管理等信息化手段。通过计划数据与实际生产数据比对,快速诊断目前场站所存在的问题,借助大数据和人工智能手段,对场站管理运营指标进行量化和监控,实现智能化决策分析。如:人车场站合一分析管理,营运规范秩序分析管理,机务维修、车辆清洗、充电充气数据分析管理,全面提高场站综合管理水平,使各项场站资源利用率达到最大化。

4. 多维决策评价,提升运营安全

建立一站式场站数据支撑体系,全面提升安全运营预警与科学决策服务水平。建立多维度场站监控指标体系,建立报表分析系统和决策大屏。对设计的综合指标进行实时监测,如通过对车辆进出站的线路和速度实现营运标准化监控,可避免因车辆到发混乱而造成的拥堵,使场站使用达到动态优化。

将线路、客流、运力等数据输入,实现各种交通方式行车计划的优化和有机衔接,同时通过对车辆GPS轨迹监控,保证车辆的正常运行和预警预测,改善公交服务质量,并生成各种报表,提高运营管理水平。

三、实施效果

(一)经济效益

1. 降低管理成本,提高管理效率

通过平台可对公交场站内管理精细化控制,降低车辆空驶里程,对超速行驶、不按规定线路行驶、人车行驶不规范等不文明行为有效实施监控和预警,减少消耗,提升生产效益。

2. 互联网化运营,缓解公交亏损现状

在进行公交场站综合开发过程中,小码联城联合公交集团对综合项目区域、公交需求、经济环境等因素,进行了多层次、多元化的市场化资本运作,成立了合资公司,引入第三方社会资本,开启互联网线上票务运营,民营企业洽谈采用PPP模式合作,为公交场站综合开发多样化发展铺路。面对较大的资金压力,不能消极地等、靠、要,而是要面向社会、面向市场,遵循"合作、共赢、可持续"的原则继续探索引入社会资本参与城市公交场站建设的创新之路。

(二)社会效益

1. 解决公交场站管理难的问题

通过对公交场站建设中的痛点、难点及需求的收集,根据精准的需求进行系统定制化开发。同时为了更好地践行以人为本的管理理念,对人员进行合理化分配,对车辆位置实时追踪及运营监控,对场站内区域进行有序规划及车辆有序停放,做到就近停车、就近维保、就近收单、就近充电、人员就近分配,以真正实现人员适其位,车辆停放智慧化,管理可视化、智能化,运营高效化,从而降低公交场站的管理及运营成本。

2. 提升公交服务数据流转效率

建立公交智慧场站数字化标准体系,无缝对接城市车辆一体化管理,优化城市交通监管效率。对公交内部智能调度系统、智能排班系统、ERP 系统、维修管理系统、机务系统等接口进行统一,数据传输统一,并与智慧场站管理系统进行无缝对接,紧密结合,避免信息孤岛,形成平台整合,一体化管理。对外与全市交通管理平台,公车管理平台无缝对接,优化了城市交通监控效率。

3. 节能增产杜绝安全生产隐患

增强了安全监管力度,建立安全隐患的预警机制。安全管理部门设立各项与安全生产相关的硬性指标,通过对场站管理系统、车载营运安全监管系统、车辆调度系统等各类数据进行实时汇总、分析,建立了一套完整的安全生产预警平台,由专人统一监管。

(三)生态效益

1. 大数据助力节能减排

对公交停车业务线上化,通过系统自动线上预约,提前规划引导,降低车辆与人员管理成本,降低空驶率。以合肥公交场站建设为例,通过平台规范车辆线路、人员驾驶行为,平均每降低公交空驶率 1%,可节省燃料(油、气、电)费用 100 万元。

2. 大数据提升通行效率

低碳出行,数据规律分析,提高道路通行率。通过大数据预测,分析车辆调度任务、车位停放规律,充分利用碎片化时间,提升能耗管理效率,提高场站利用效率,减少车辆路上往返时间,提高道路通行率。

四、未来展望

1. 一个目标

一个目标:从产品思维重塑智慧公交,智慧交通体系。

小码联城从“产品”的视角审视交通,将整个交通体系看作是一个提供给用户的“产品”,交通规则下被动式的服务,满足了“能用”的基本需求,但给市民的直观感受是不灵活、体验不佳、信息不透明。

理想的交通服务能够根据个人的习惯、需求、群体等差异提供“千人千面”、公平且最优的服务,如公交群体优先出行、急救病人特殊通行等路权服务、个性化的交通政务服务、个性化的路网出行预约服务等。交通运输管理部门也需要从“交通体系的建管思维”向“交通体系的产品化运营思维”转变,从“产品”的视角,消除部门、行业、企业的物理局限,构建以“用户为中心”“个性化体验”为目标的交通体系产品。

2. 一个愿景

一个愿景:共创人人满意的公交与交通。

小码联城从技术概念的追逐中回归初心,交通的出发点和落脚点是为人服务,即公众能享受到交通出行的便利,管理者有能力应对复杂的监管环境,企业在交通建设和服务的过程中有所获益。小码联城希望交通数字化转型,能让不同的交通参与者满意,打造良性发展的交通生态体系。

政府有为:交通运输管理部门可以利用数字工具,构建数字化的“生产力”和“领导力”,从而在实战应用中有高效组织力管控内部、有影响力构建当地协作生态,保障交通服务的可持续、稳定、高水平。

企业有利:企业可以通过更多的开放合作,聚焦成就客户、服务大众本身,既帮助客户构建适应本地发展的支撑生态,又能保障企业长久的经营管理和业务拓展。

公众有益:改变当前“少数服从多数”的局面,兼顾多方公众群体的出行需求,形成“普惠 + 个性”混合的软件定义交通服务体验,最终让公众受益。

3. 一个架构

一个架构:数字世界再造一个“新公交”“新交通”时代。

数字时代生活在现实物理世界,却有越来越多的活动直接发生在数字世界中,线上线下交融,物理世界和数字世界相连(图 15)。数字化转型就是行业的数字化过程,当前物理世界的交通体系已经逐步完善,但与之对应的数字世界却发展滞后。这种不平衡,导致交通参与者无法准确掌握现在、未来的交通状态。小码联城认为可以重点从三方面着手:

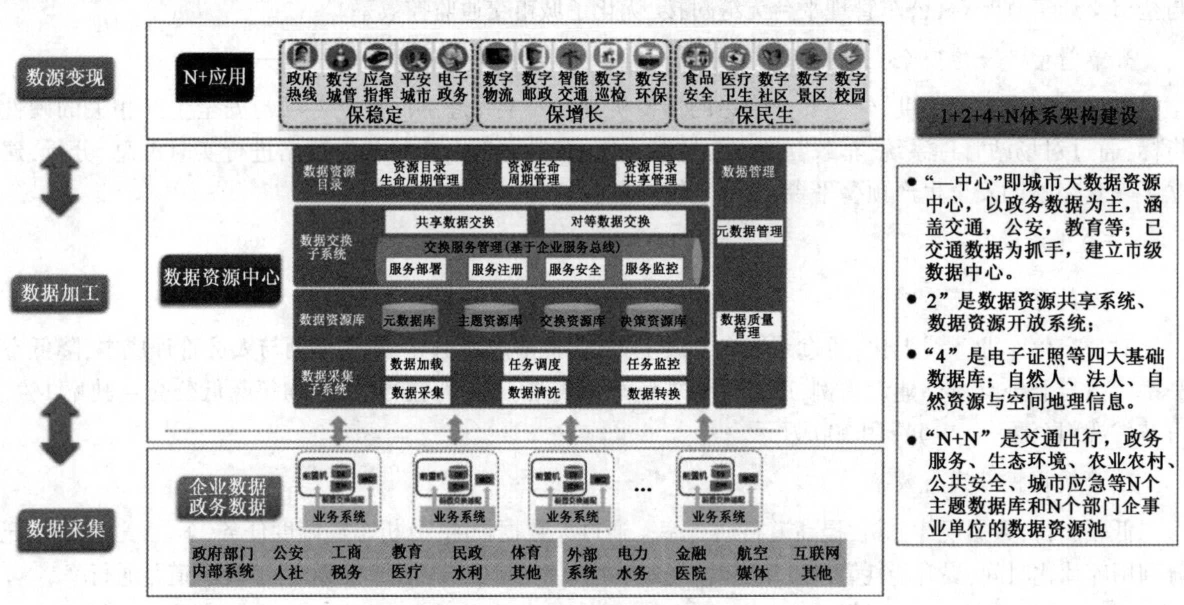

图 15 城市生态数据中心业务架构图

端的进化:交通基础设施具备 3C(通信、连接、计算)能力,形成对现实交通状况的记录和控制,这是一个“物理”向“数字”进化的过程。

数的秩序:数据是公交,交通现实的反映,也是经验和知识的沉淀。构建新型组织部门或者虚拟数据部门,来建立和完善数据发展应用秩序,打造数据智能新工具,构建数字化生产力,有助于促进管理能力提升。

云的协同:交通设备设施、专家、知识、经验等全部上云,通过设备与云的协作、人与云的协作、应用与云的协作完成信号优化等交通管理举措。云是资源的整合者、能力的提供者、万物任务协作的中介者。围绕云来打造符合本地特色的管理协作体系与交通知识网络,有助于构建可持续的交通治理能力。

4. 一体化应用中心

一体化应用中心:以“任务”为主线重构人与工具的协作关系。

部门界限、应用分离、管理分散时刻制约着城市交通的精细化管理。小码联城寄希望于交通数字世界的建立,能在底层打破界限,让更多的任务在云上发生、在云上协同、在云上结束。一体化应用中心以帮助用户“解决任务”为核心,围绕一个“任务情景”智能匹配不同的云端微应用。这是对“应用系统”建设模式的创新尝试,也是对老大难“孤岛”问题的打击,并有机会撬动 2B 端固化的 IT 建设模式。

5. 开放服务中心

开放服务中心:构建本地交通治理生态。

开放服务中心作为一站式数据服务开放平台,不仅是服务能力的交换,更是业务推陈出新的工厂,通过广泛的业务场景丰富企业生态的同时,也帮助交通运输管理部门建立属于自己的本地生态,赋能数据、业务、管理的可持续发展。

地铁建设"厦门模式"下的BIM 精细化管理创新及系统研发

厦门轨道交通集团有限公司
上海城建信息科技有限公司

成果主要创造人:许黎明 于用庆
成果参与创造人:李少波 李明洪 张竹清 魏锦地 杨 波 乔 峰
陈辉华 温敏健 陈书泽 陈群源

厦门轨道交通集团有限公司(简称"厦门轨道交通集团")成立于2011年,是厦门市属全资大型国有企业,注册资本300亿元,经营范围为城市轨道交通建设运营、地铁资源和地铁物业的综合开发。截至2019年12月,厦门地铁开通运营线路共有2条,包括1号线、2号线。线路采用地铁系统,里程总长71.9公里,共设车站56座(开放运营53座)。2019年厦门地铁年客运量为5813.9万人次,日均客运量约为15.93万人次。截至2020年,集团资产规模达到千亿元,成为厦门市资产规模最大的国有企业。

新企业,新发展,新机遇。厦门轨道交通集团秉承"创业、创新、创优"的工作理念,以为广大市民提供安全快捷的出行服务为首要任务,致力于成为城市美好生活提供商和运营商,努力朝着"成为城市轨道交通行业一流地铁"的长远发展目标快步前进。

一、实施背景

作为厦门市第一条地铁线路,1号线工程是连接厦门本岛与北部集美区的一条南北向骨干线路,同时将厦门老城区、行政中心、商业中心、北部文化中心等一系列大的客流集散点串联在一起,通过换乘与轨道交通2、3、4、6号线衔接。1号线的工程属性既需要满足单条线路的要求,同时也会对后续线路的技术标准及技术方案的确定起到重要指导作用。在本项目开展研究前,整个国内轨道交通BIM的发展缺乏完善且全面的技术指导规范与交付标准,而且BIM系列软件技术发展缓慢,从业人员中掌握BIM技术的人数严重不足。虽然在北京、上海、广州等地方都进行了积极的尝试与探索,并取得了一定的阶段性成效,但是还有相当多的问题需要解决。同时,国内未进行过轨道交通全线路、全阶段、全过程、全专业的BIM应用系统性的研究。

鉴于城市轨道交通工程的自身特点,城市轨道交通行业对BIM技术存在着十分强烈的需求,在城市轨道交通领域全生命周期应用BIM技术,可显著增强设计精细化、施工安全化、后期运营条理化,提高设计施工质量和效率,降低工程造价和劳动强度,加强不同参与方协作程度。但BIM技术在轨道交通应用过程仍面临很多问题,主要原因在于以下几点。

①地铁传统建设管理模式下设计阶段各专业协同设计配合沟通效率低、施工阶段各参建方施工配合困难,施工质量有时不能保证,交付运营阶段各方验收交付配合困难。

②缺乏用于指导各方开展协同作业以及完成统一BIM模型的纲领性标准文件。

③BIM软件技术不成熟,BIM在地铁应用方向不明确,BIM应用管理体系不健全。

④以BIM为核心的建设管理平台研发不满足BIM轻量化与结合管理业务流程的需求。

为了能有效提升厦门地铁的设计质量,更好地进行成本控制、施工管理和后期运营管理服务,进而解决建设和运营期存在的各种复杂问题,也为了BIM技术在我国轨道交通工程中得到更好的发展,本项目依托厦门地铁1号线工程,围绕BIM技术应用在轨道交通领域的共性难题,积极开展地铁建设“厦门模式”下的BIM精细化管理创新及系统研发。

二、成果内涵

1. 创新成果一:首创轨道交通BIM应用“厦门模式”,解决了轨道交通全生命周期BIM应用管理模式不全面的问题

首创轨道交通BIM应用“厦门模式”具有以下四个特点:

①全线路、全阶段、全过程、全专业进行BIM技术应用。

②采用“业主主导、BIM咨询单位牵头协同、各参建方实施”的组织模式。将BIM应用要求纳入各方合同内容之中,单独清单报价,将BIM管理通过制度纳入业主岗位职责。

③建立基于同城光纤网络的BIM协同平台,满足40多家参建单位大数据交互需求,首创整条地铁多单位、多专业三维协同创新设计模式。

④率先建立国内地铁行业比较完整的设备族库体系。族库开发工作250类,有效提高设计效率与标准化水平。在线云平台,收集整理设备厂商提交的族库和参数信息,用于竣工模型完善。

全线路BIM技术应用实现以下创新应用点成果,为各阶段BIM技术的应用提供有价值的应用方向:

①聚焦机电,全线路应用BIM技术解决管线碰撞问题。

②攻克基于模型出图的行业难题,率先实现机电正向设计与出图。

③利用BIM技术实现永临结合,全面提高安全文明施工质量。

④推广应用基于BIM的预制加工安装,实现防护设施、支吊架和风管的预制加工安装,降低损耗、绿色环保。

⑤高度深化BIM模型,验证冷水机房作业标准化。

⑥结合系统功能,全线路开展BIM成果指导落地施工。

⑦开展数字化竣工交付试点,奠定智能运营动态数据信息采集基础。

2. 创新成果二:发布国内城市轨道交通首部覆盖全线路、全阶段、全过程、全专业的BIM系列标准,解决了BIM技术应用标准化管理及技术指导问题

厦门地铁BIM应用标准体系架构如图1所示。通过实践总结,编制和发布了厦门市地方标准《轨道交通工程建设阶段建筑信息模型交付标准》,为轨道工程建设提供了一个标准的BIM应用指南,规范了轨道工程建设全生命周期内BIM应用的创建、使用和管理,并且该系列标准为后续国家BIM应用标准提供了基础。

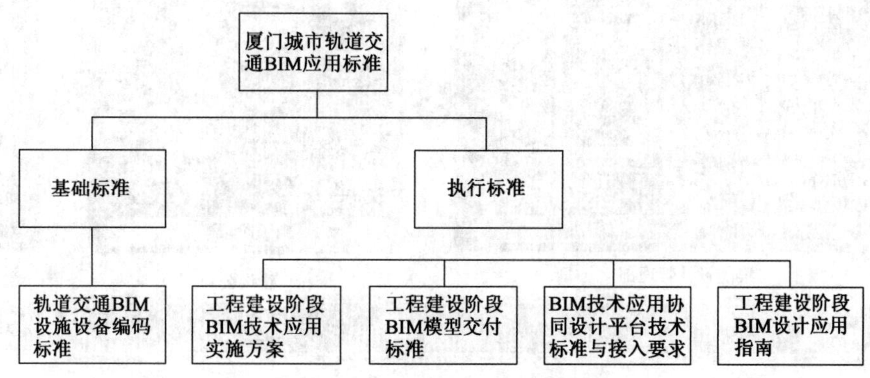

图1　厦门地铁BIM标准体系

3. 创新成果三:自主研发厦门轨道交通工程可视化施工信息管理系统、厦门轨道交通基于 BIM 技术的机电施工建设管理系统,解决了 BIM 商用平台的适用性与灵活性方面的不足

以智慧交通为导向,基于现代电子信息技术面向交通运输研发多项目综合管理服务系统。将 BIM 技术应用贯穿设计、施工、运维阶段,面向工程建设全参与方,实现三维可视化的总体管理,将施工管理与设备管理列为主要业务功能模块,以信息的收集、处理、发布、交换、分析为主线,形成适用不同用户需求的信息管理平台。主要创新功能:

①建设阶段的基于 BIM 的可视化任务派发,通过平台将 BIM 模型与 WBS 进度关联发布任务,现场可运用平台提交任务进度和拍照完成验收。

②施工阶段基于 BIM 的模型可视化交付,通过视口与剖面图及设备绑定,整合交付实物、竣工模型、竣工资料,极大地提高现场验收效率,加快运营接收速度,提高运营系统初始数据的准确性。

③运营阶段基于 BIM 的资产盘点,现场通过场景操作,完成对"实物 + 虚拟物 + 后台数据"的位置编码绑定。脱离传统的清单盘点,进一步提高整个设备系统运行和保养的效率,降低运营成本。

三、主要做法

(一)总体思路

在厦门轨道交通工程中,BIM 技术应用的实施由轨道集团公司主导,总包总体、BIM 咨询管理、各参与方配合,采取循序渐进分阶段进行的方式实施:

①设计阶段,BIM 技术应用点应涵盖土建和机电系统设备全部专业。

②施工阶段,BIM 技术应用将局限在机电设备及系统的施工安装范围内。

③运维阶段,BIM 技术应用亦将局限在机电系统设备维护与管理信息支持方面。

(二)技术应用路线

本项目在工程建设前通过结合自身项目的实际特点、能力和需求,形成"BIM 实施目标""BIM 总体方案""BIM 合同体系";设立符合 BIM 应用管理的组织及团队,制定明确各部门职责;制定项目管理保障性措施、参建单位各阶段 BIM 技术应用管理体系、标准及 BIM 审查办法;在项目建设时期管控 BIM 技术实施全过程,指导全阶段 BIM 技术应用实践及全过程成果审查。在项目竣工阶段验收 BIM 成果、交付 BIM 模型数据,形成数字化资产。

基于对 BIM 技术辅助地位的理解,结合厦门轨道工程建设与管理的实际情况,本着科学、务实和可实施的原则,确定在厦门轨道交通 BIM 技术应用的思路及路线(图 2)。

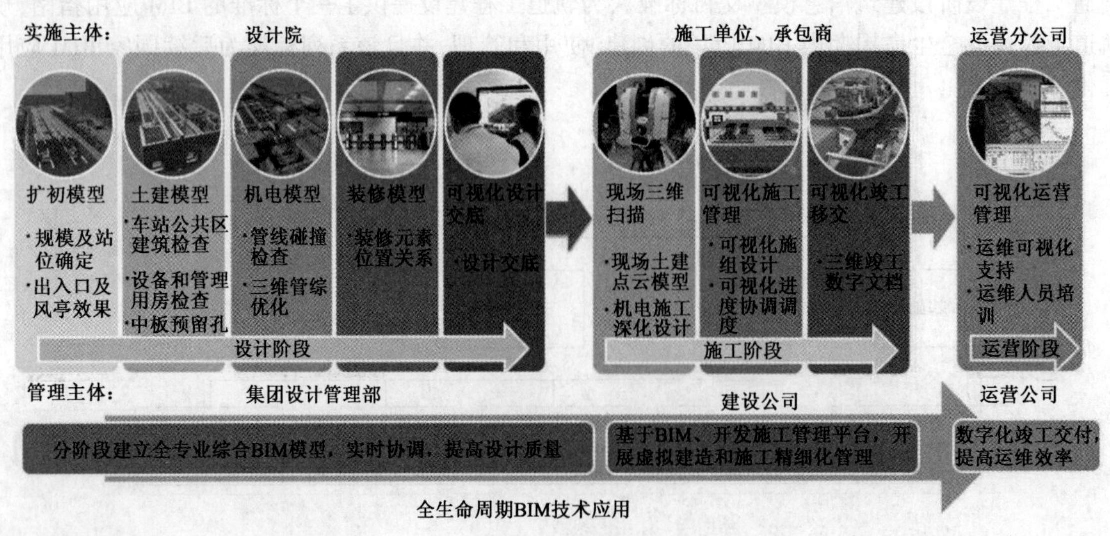

图 2 技术应用路线图

(三)BIM技术应用实施的深度和广度

在厦门轨道交通工程中,BIM技术应用应全面、全程,涵盖所有区域、所有阶段及全部专业,包括:

①应用领域包括:工程设计、施工管理、运营管理。

②涵盖区域包括:车站及其附属建筑、区间、车辆基地(车辆段及停车场)、控制中心。

③过程包括:设计阶段、施工阶段和运营阶段。

④专业包括:建筑结构、车站机电设备(风、水、电)、系统(通信、信号、AFC、ISCS、FAS/BAS、安检、PSD、供变电系统、接触网、电梯、轨道、人防等)。

⑤BIM技术应用重点解决:建筑景观和谐;建筑结构空间冲突检查;构筑物预留预埋沟槽孔洞的冲突与完整性检查;车站及区间机电设备及系统管线碰撞检查;车站、区间机电设备及系统设备安装位置冲突及空间合理性检查;施工临水、临电及安防设施辅助设计;施工场地布局辅助设计;文明安全施工标准化设计辅助(含临边防护);施工材料工厂化制作辅助设计;可视化施工作业讲解与培训;设备及器材信息化录入与完善;数字化竣工移交;可视化资产管理;可视化运维支持;三维可视化培训。

(四)实施技术方案概述

1.设计阶段的BIM技术应用

在设计阶段,利用设计单位、轨道集团公司及设计咨询方间构建的BIM协同平台,在选址及外观环境、方案规划、设计及设计报审、设计成果的验收等环节应用BIM技术,形成三维设计成果,提高设计质量的同时为工程后续工作提供可直接使用的BIM模型,为项目的信息化建设与开发打下坚实基础。

在设计阶段,BIM技术主要应用在以下几个方面:①三维报建;②设计方案三维展示;③车站建筑三维建模与空间布局合理性检查;④车站沟槽管洞及预埋预留条件检查;⑤车站机电管线综合三维设计与冲突检查;⑥车站附属建筑与周边环境协调性检查;⑦车站公共区装修空间合理性检查;⑧可视化施工交底。

2.施工阶段的BIM技术应用

根据需要,引入基于BIM模型的施工管理平台,并与既有的土建安全监控平台融合,为机电系统施工管理提供基于BIM技术应用的综合管理平台。

在施工进场前,施工单位应利用现场三维扫描技术,对已经完工的土建结构进行三维扫描,所获得的数据与设计阶段的BIM成果进行比对,对设计阶段的BIM成果进行修正和优化。

在施工准备阶段,施工承包商应基于设计阶段的BIM成果,深化和细化BIM模型,根据设备供应商、集成商提供的设备实际BIM族库,替换设计阶段BIM成果中的同类BIM模型,并按照施工阶段BIM技术应用交付模型的相关要求,完善各模型非几何属性。

此外,施工承包商还应利用BIM技术完成以下作业:①施工临水、临电及安防设施辅助设计;②施工场地布局辅助设计;③文明安全施工标准化设计辅助(含临边防护);④施工材料工厂化制作辅助设计;⑤可视化施工作业讲解与培训;⑥设备及器材信息化录入与完善;⑦数字化竣工移交;⑧通过施工阶段的BIM技术应用,工程所有BIM模型与建设相关的信息及资料均能实现电子化,为运营维护的信息化打下坚实基础。

3.运营阶段的BIM技术应用

在工程进入运营时(以试运行开始为标志),基于施工阶段形成的BIM数字化竣工模型,开发为运营维护管理提供信息支持的运维平台,或者将施工阶段形成的BIM模型数据导入已经开发成功并上线运行的运维管理平台中,实现工程整体建设信息化数据的自动录入。

施工阶段BIM模型数据将在运营维护管理阶段以下方面发挥作用,包括但不限于:①设备位置信息查询;②设备建设与移交基本信息查询及统计;③设备操作信息支持;④设备维护信息支持。

在运营阶段,施工阶段BIM模型数据为运营维护管理信息化系统及平台的二次开发及运行提供基础数据,提高运维阶段的资产管理、培训及现场维护管理的信息化水平。

（五）BIM 技术应用成果

1. BIM 技术应用模式

厦门轨道交通集团高度重视 BIM 技术在地铁建设、运营管理全生命周期的应用，1 号线工程的建设过程中，对比分析了设计主导模式、施工主导模式及业主主导模式的优缺点，并根据厦门地铁的 BIM 技术应用投入成本、业主组织协调现状、对运营支持程度、业主对于 BIM 能力的要求、BIM 实施整体效益和目前应用情况等方面进行研究，最终依托厦门轨道交通 1 号线工程，首次在国内轨道交通领域创立"全线路、全阶段、全过程、全专业"的"业主主导、BIM 咨询单位牵头协同、各参建方实施"的轨道交通 BIM 应用"厦门模式"，是国内最早采用此模式进行 BIM 技术应用的城市地铁工程。

其中，"业主主导"指由厦门地铁业主提出 BIM 技术应用目标和管理需求，将 BIM 技术应用的工作管理职责纳入轨道集团各部门的日常工作范畴；"BIM 专业咨询"指由 BIM 专业咨询单位针对性地制定 BIM 应用实施方案、编制 BIM 标准、建立 BIM 应用管理平台、进行实施过程管理、整理交付 BIM 成果；"各方具体实施"指设计阶段由设计院设计人员建模完成 BIM 工作，施工阶段由施工单位根据自身施工组织要求完成施工深化 BIM 模型，设计监理和施工监理加入开展设计审查和施工检查验收，统一标准地向业主移交 BIM 成果。

2. BIM 实施流程

为了在项目建设全生命周期中运用 BIM 技术实现项目增值，需要建立相应的 BIM 技术应用流程体系。BIM 应用研究项目制定如图 3 所示的 BIM 技术应用流程，以明确各参与方工作流程与协作关系。同时，该流程也作为 BIM 技术应用研究流程保障性措施。

在该体系的指导下，结合项目推进过程中各相关责任方的工作职责与 BIM 工作目标，根据项目关键里程碑提交 BIM 成果。在项目前期准备阶段，由业主根据项目特点提出 BIM 需求。BIM 应用研究项目部结合业主提出的需求和 BIM 技术实施经验，从制定总体方案、制定实施标准、进行二次开发、搭建 BIM 技术应用管理平台这四个方面入手，为项目的 BIM 技术实施提供技术保障，也为其他 BIM 参与方提供项目的协作平台和技术支持，推动项目顺利进行。明确具体需求并完成前期准备后，项目各参与方在项目各阶段着手实施相应的 BIM 技术应用并完成该阶段需提交的 BIM 成果，通过内审、外审等多种成果审核制度保证成果质量，在各阶段末期由 BIM 应用研究项目部汇总整合 BIM 成果，提交给业主进行成果验收。项目各阶段的成果验收由 BIM 应用研究项目部负责汇总并提交业主，用于保障项目整体进度满足预期要求。各 BIM 参与方需严格遵守项目关键里程碑规定的进度计划完成 BIM 应用实施，并提交符合标准的 BIM 成果。项目竣工进入试运营阶段后，所有完成的 BIM 应用研究应满足业主提出的全部研究需求，并具备一定的拓展性，为后续项目提供技术积累与借鉴依据。

（六）主要应用点成果

1. 设计阶段

设计阶段 BIM 应用点主要有多单位、多专业协同设计、场地仿真、三维报建、三维管线综合、中板预埋留洞孔检查、二维管综出图、结合 VR 技术的装修设计、设计阶段固化模型、机电正向设计等。

其中，首创整条地铁多单位、多专业三维协同创新设计模式。厦门轨道交通工程 BIM 技术应用硬件平台主要由轨道集团公司、BIM 咨询单位、设计承包商（含设计咨询）、施工承包商及工程监理共同出资建设，形成一个贯穿整个工程实施过程的临时网络（图 4），其利用工业现货和本地电信网络资源，由二层网络构成，基于客户/服务器模式，采用 C/S 架构，为 BIM 技术应用协同平台提供硬件支持，同时还可与工程建设管理其他相关系统接口，分享 BIM 信息及数据。利用协同设计平台，使不同工作地点、不同专业的设计人员通过网络基于同一个 BIM 模型进行轨道交通三维协同设计，提高了不同设计专业间信息的传递效率和传递质量，做到设计信息更新及时、准确，达到建筑空间布局优化（机房布置、净高检查）以及系统检查、优化的效果。

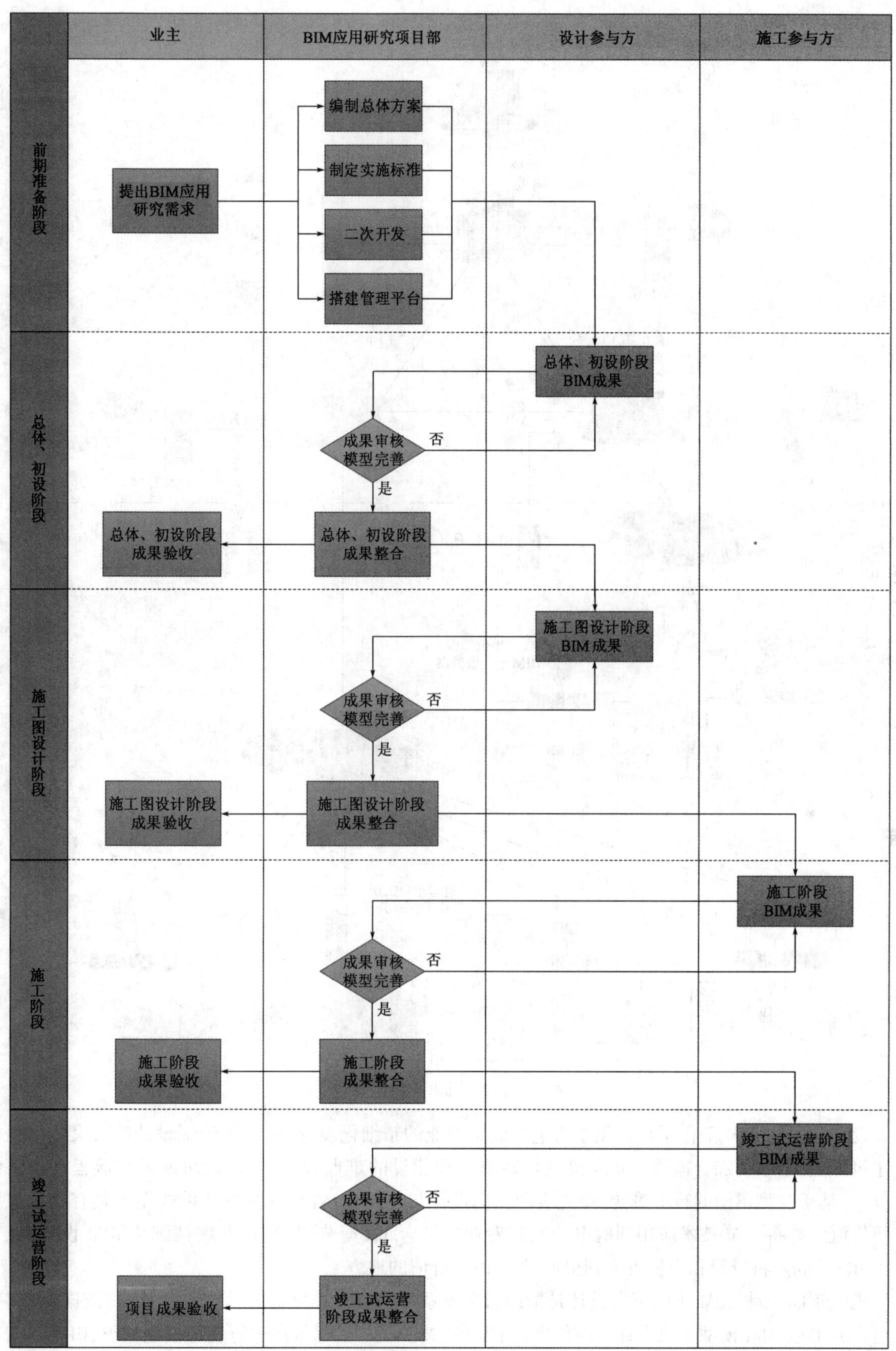

图 3　各参与方各阶段 BIM 技术应用流程

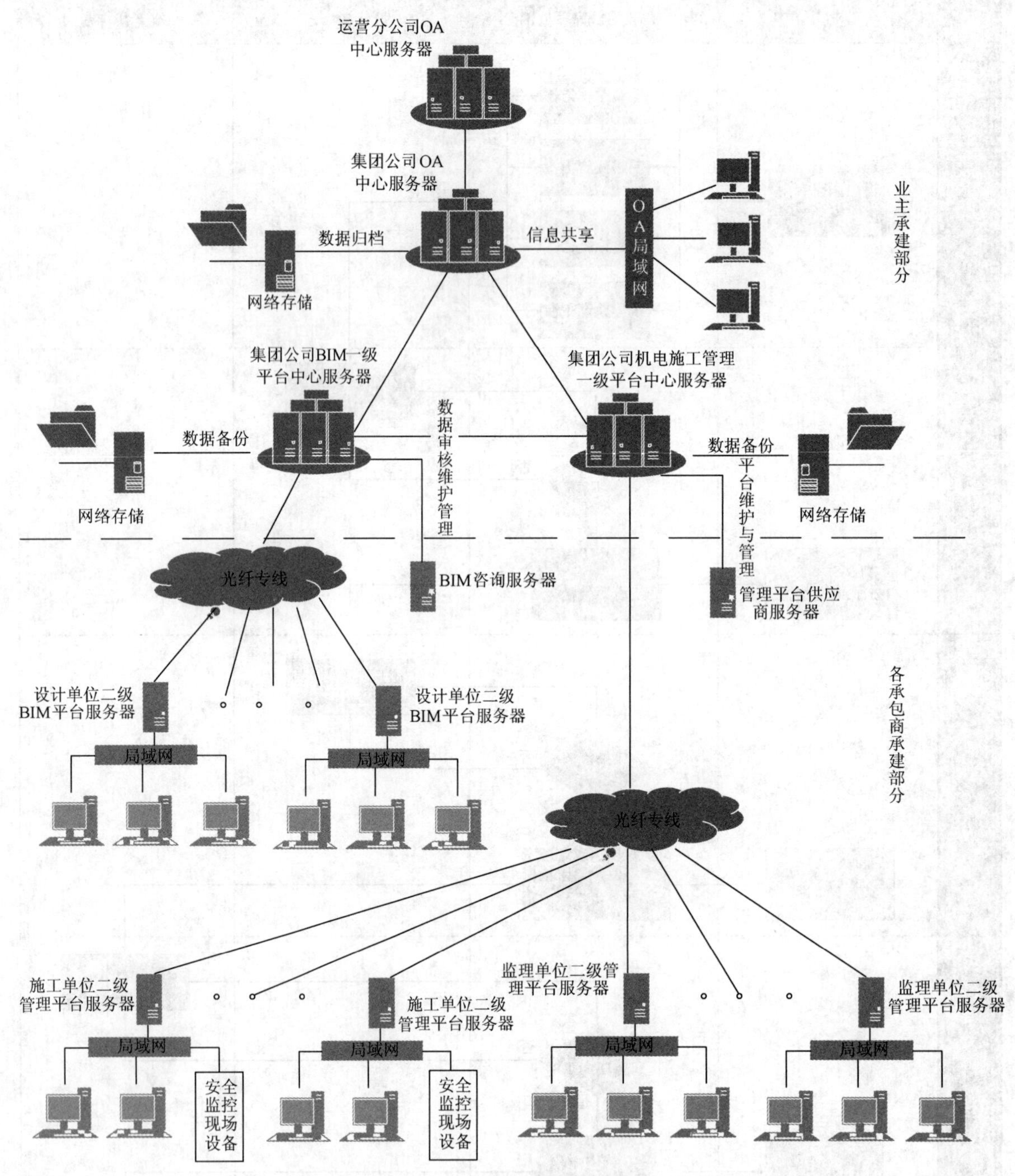

图4 局域网协同平台总体架构图

设计阶段的BIM工作重点聚焦于机电与装修专业的精细化设计,区别于传统设计阶段聚焦于结构与建筑专业,本项目综合地铁车站在机电与装修工程建设的难点和痛点,通过协调管理流程和审图体系,攻克基于模型出图的行业难题,率先实现正向设计与出图,对轨交行业设计模式发展具有重大推广普及价值。并将BIM技术应用到机电与装修专业并结合VR等先进设备,开展精细化BIM设计,充分发挥BIM优势,将资源和力量投入到最能发挥BIM价值的地方。

机电正向设计:BIM机电正向设计是指以机电及系统专业三维提资为基本设计材料,依据《厦门市轨道交通工程BIM模型正向设计实施细则(机电)》,按照设计流程依次进行管综模型调整、BIM咨询审查、支吊架协同深化、管综模型各专业补充、各方审查、三维模型导出二维施工图(图5)。所导出二维施工图纸均经过现有设计图纸审查单位审查,符合设计院出图流程。

厦门市轨道交通工程 BIM 模型
正向设计实施细则（机电）
试行稿

厦门轨道交通集团有限公司
上海市地下空间设计研究总院有限公司
2018 年 12 月

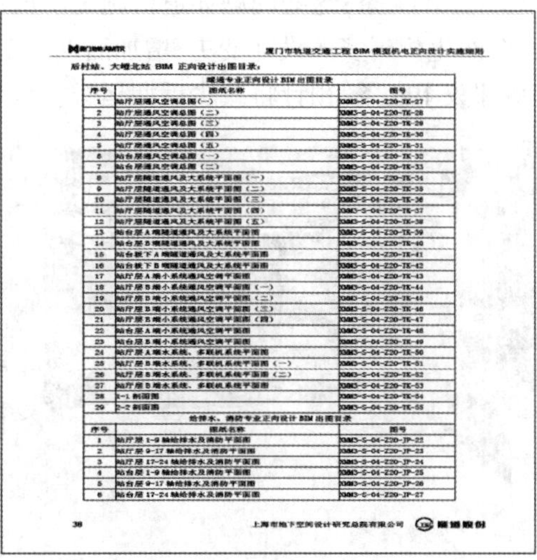

厦门市轨道交通工程 BIM 模型机电正向设计实施细则

后村站、大嶝北站 BIM 正向设计出图目录：

暖通专业正向设计 BIM 出图目录		
序号	图纸名称	图号
1	站厅层通风空调总图(一)	XMM3-S-04-Z20-TK-27
2	站厅层通风空调总图（二）	XMM3-S-04-Z20-TK-28
3	站厅层通风空调总图（三）	XMM3-S-04-Z20-TK-29
4	站厅层通风空调总图（四）	XMM3-S-04-Z20-TK-30
5	站厅层通风空调总图（五）	XMM3-S-04-Z20-TK-31
6	站台层通风空调总图（一）	XMM3-S-04-Z20-TK-32
7	站台层通风空调总图（二）	XMM3-S-04-Z20-TK-33
8	站厅层隧道通风及大系统平面图（一）	XMM3-S-04-Z20-TK-34
9	站厅层隧道通风及大系统平面图（二）	XMM3-S-04-Z20-TK-35
10	站厅层隧道通风及大系统平面图（三）	XMM3-S-04-Z20-TK-36
11	站厅层隧道通风及大系统平面图（四）	XMM3-S-04-Z20-TK-37
12	站厅层隧道通风及大系统平面图（五）	XMM3-S-04-Z20-TK-38
13	站台层A端隧道通风及大系统平面图	XMM3-S-04-Z20-TK-39
14	站台层B端隧道通风及大系统平面图	XMM3-S-04-Z20-TK-40
15	站台板下A端隧道通风及大系统平面图	XMM3-S-04-Z20-TK-41
16	站台板下B端隧道通风及大系统平面图	XMM3-S-04-Z20-TK-42
17	站厅层A端小系统通风空调平面图	XMM3-S-04-Z20-TK-43
18	站厅层B端小系统通风空调平面图（一）	XMM3-S-04-Z20-TK-44
19	站厅层B端小系统通风空调平面图（二）	XMM3-S-04-Z20-TK-45
20	站厅层B端小系统通风空调平面图（三）	XMM3-S-04-Z20-TK-46
21	站厅层B端小系统通风空调平面图（四）	XMM3-S-04-Z20-TK-47
22	站台层A端小系统通风空调平面图	XMM3-S-04-Z20-TK-48
23	站台层B端小系统通风空调平面图	XMM3-S-04-Z20-TK-49
24	站厅层A端水系统、多联机系统平面图	XMM3-S-04-Z20-TK-50
25	站厅层B端水系统、多联机系统平面图（一）	XMM3-S-04-Z20-TK-51
26	站厅层B端水系统、多联机系统平面图（二）	XMM3-S-04-Z20-TK-52
27	站厅层B端水系统、多联机系统平面图	XMM3-S-04-Z20-TK-53
28	1-1 剖面图	XMM3-S-04-Z20-TK-54
29	2-2 剖面图	XMM3-S-04-Z20-TK-55
给排水、消防专业正向设计 BIM 出图目录		
序号	图纸名称	图号
1	站厅层 1-9 轴给排水及消防平面图	XMM3-S-04-Z20-JP-22
2	站厅层 9-17 轴给排水及消防平面图	XMM3-S-04-Z20-JP-23
3	站厅层 17-24 轴给排水及消防平面图	XMM3-S-04-Z20-JP-24
4	站台层 1-9 轴给排水及消防平面图	XMM3-S-04-Z20-JP-25
5	站台层 9-17 轴给排水及消防平面图	XMM3-S-04-Z20-JP-26
6	站台层 17-24 轴给排水及消防平面图	XMM3-S-04-Z20-JP-27

38　上海市地下空间设计研究总院有限公司

图5　正向设计出图目录

同时也实现了正向设计施工落地，厦门地铁机电安装样板站运用 BIM 机电正向设计涵盖车站风水电、电扶梯、屏蔽门、管线综合、供变电、通信信号及装修等 20 余个专业，完成了由 BIM 三维模型导出二维施工图 101 张，并经施工图强审单位强审，直接应用于施工安装。同时建设分公司、运营分公司、机电施工单位、综合支吊架供应商提前介入 BIM 正向设计模型会审，提高了 BIM 模型设计质量和模型颗粒度。机电正向设计站点模型与现场对比如图 6 所示。

图6　机电正向设计站点模型与现场对比图

结合 VR 进行装修设计：对于装饰工程的 BIM 技术应用，不应仅仅停滞在模型碰撞方面，本项目还结合 VR 技术在 BIM 模型中加入装修元素，如吊顶、广告牌、PIS 屏、监控摄像头等，检查装修构件与土建、机电模型的碰撞，可进行交互式设计。

通过云渲染技术直接生成装修设计的预期效果图（图 7），装修设计模型完成后，可基于 VR 技术进行典型车站装修效果比选。

三维管综：全线路应用 BIM 技术解决管线碰撞问题。在机电施工图三维管综设计阶段，利用 BIM 的三维可视性和碰撞校核功能，各机电系统专业在同一个模型下可进行协同设计、碰撞消除，对自动碰撞检查出的问题进行协调修改，完成无碰撞的三维管综模型（图 8）。在保证各专业、各系统设计的工艺流程合理、先进的前提下，使车站空间获得充分、合理、有效的利用，以节省地下空间，同时便于施工安装和运营维护，并为建筑装修设计提供基础资料。

在设计阶段，全线 24 个车站通过 BIM 模型优化土建方案，运营部门、机电施工单位、设备厂商提前介入审查机电设计方案，结合 BIM 咨询、设计总体、设计监理、业主管理部门的各方审查意见发现的直接碰撞数量总计10113条;这些问题如遗留施工阶段解决,将产生3806万元返工费用并造成3个月的工期延误,还会产生相当多的设计变更、增加后期竣工结算的难度。运营管理基于BIM提前介入,提出运维管理有效建议190条,预计将减少后期运维投入812万元。

图7 装修设计模型效果示意图

图8 三维管综调整前后对比

2. 施工阶段

施工阶段BIM创新应用点主要有工程项目信息管理、图纸校对及工程量统计、全质量管理、施工过程管理、施工成本管理及BIM协同管理。在厦门地铁项目中,BIM在施工阶段具体可应用于现场三维扫描、临水临电临边防护临时设备的布置、设备族库模型替换、水暖电等管路深化、综合支吊架深化、装修深化和可视化施工管理等;BIM咨询单位配合业主对BIM技术在机电施工阶段如何应用进行方案策划、建立统一模型交付标准、进行深化BIM模型的进度和质量管控,以及培训和支持施工单位进行基于BIM的机电施工管理系统的实施。在施工阶段,BIM咨询单位的角色定位是业主现场施工管理的辅助者、施工深化实施的管理者、机电施工管理平台实施的支持和监督者。

BIM用于临水临电的施工场地规划:利用BIM技术实现永临结合,全面提高现场安全文明施工质量,避免现场私拉乱接电线和临时设施频繁拆装。机电施工前,根据施工图纸和现场的实际情况进行临时防护设计,包括临水、临电、临时防护及临时设备等,并通过漫游的方式检查临边防护设备布置的合理性,实现文明施工、可视化施工组织管理。施工单位基于BIM模型及现场情况完成"临水、临电及临边防护"三临建模(图9),通过业主、监理及BIM咨询验收后施工,提高施工现场安全文明标准化水平。

基于BIM的预制加工安装:实施防护设施、支吊架和风管(图10)的预制加工安装,降低损耗、绿色环保。结合BIM模型优化、拆模、编码后的数据尺寸,对管道进行切割、打磨、焊接、拼装等工序,完成单个构件的制作加工。

图 9　车站内部三临模型/现场对比图

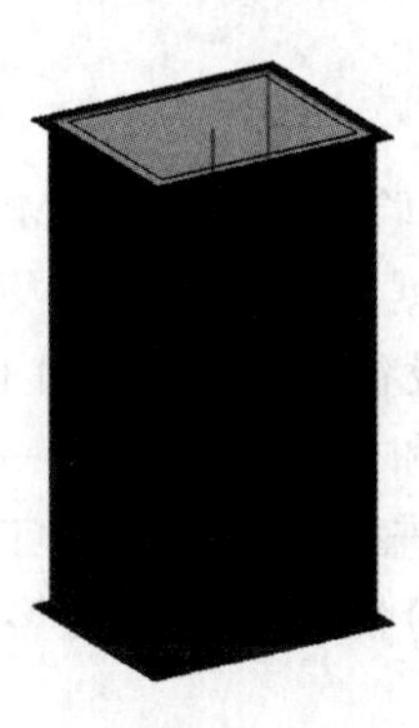

图 10　预制风管构件

机房深化:施工单位在接收设计单位提交的模型后,在收到已供设备 BIM 模型的基础上,即可开展机房深化和优化工作。结合现场实际情况,合理组织调整管线空间位置,满足机房管线空间布置合理、检修便利、安装便捷等功能要求。其中,车站内的冷水机房空间小、设备多、管线杂,特别是当冷水机房和空调机房合建时,管线变得更加错综复杂。为保障现场安全文明施工环境,施工单位将 BIM 技术深入应用到机房深化工作中,为机房施工提供强有力的技术支持(图 11)。

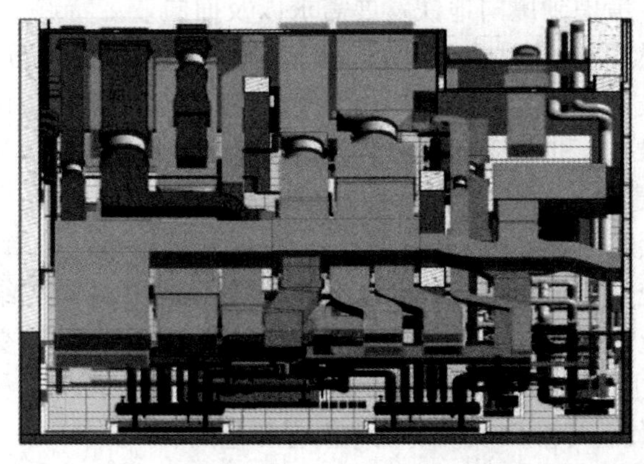

图 11　冷水机房模型

BIM 技术指导施工(图 12):在机电安装过程中,最大化运用 BIM 技术可视化特点,利用 BIM 模型导出任意平面或剖面图形现场指导施工;遵循管线复杂区域“一轴一剖”,常规区域“五轴一剖”原则,出图粘贴。剖面图粘贴并结合移动端指导施工能够为选择综合支架提供方案依据,辅助现场施工人员合理排布避免返工,保证工期。

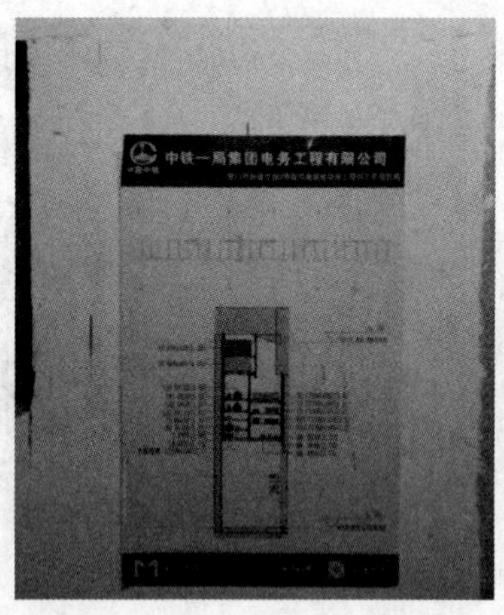

图12　BIM 指导场施工

3. 运营阶段

运营阶段 BIM 应用点主要有设备族库信息整理、竣工模型审查验收、各阶段 BIM 成果的竣工资料归档、数字化竣工移交、运维系统的技术支持等。地铁运营公司根据运营管理需求及运维系统对 BIM 模型的使用要求,对 BIM 模型的数据完整度提出要求,并编制设施设备编码标准;厦门地铁工程管理部门组织施工单位完成二维竣工图和三维竣工模型的完善,竣工图纸和模型的二、三维一致性由设计单位进行确认审核,竣工模型与现场交付实体的一致性由施工监理单位进行确认审核,竣工模型信息录入的完整性由 BIM 咨询单位进行确认审核。所有交付成果在运营公司验收通过后,BIM 咨询单位负责整理所有的交付成果,进行统一的模型归档,并完成数字化竣工交付。

结合二维码技术基于 BIM 技术的数字化竣工移交:是对竣工模型、施工过程数据及运营维护数据进行有效整合,进而实现竣工模型数据涵盖设施设备完整的工程信息、参数信息和资产编码信息等。BIM 技术数字化可为运维平台提供数据接口,让运维平台能使用竣工模型进行可视化展现,同时调用模型中的信息数据用于运维管理。

4. 厦门地铁 BIM 应用标准

经过厦门地铁 1 号线完整的建设过程,形成了一套面向业主的城市轨道交通 BIM 应用标准,对厦门地铁及全国其他城市地铁建设具有重要指导意义。考虑到厦门地铁发展需求以及面向业主特点,厦门地铁 BIM 应用标准应包括基础标准和执行标准两大部分,其中基础标准为《厦门轨道交通 BIM 资产管理编码标准》,执行标准包括《工程建设阶段 BIM 技术应用实施方案》《工程建设阶段 BIM 模型交付标准》《BIM 技术应用协同设计平台技术标准与接入要求》和《工程建设阶段 BIM 设计应用指南》。

《厦门轨道交通 BIM 交付标准》可为厦门地铁参建方各个专业团队提供标准化的 BIM 工作方法,能避免因各方标准不统一而导致交接时的误解和信息丢失,减少变更与返工,最大限度地提高生产效率;确保各方在整个项目中产出高质量、形式统一、符合交付要求的建筑信息模型;确保数字化 BIM 文档结构的正确性,从而实现高效的数据共享,保证多个专业团队在 BIM 环境中进行协同作业。《厦门轨道交通 BIM 交付标准》在编制过程中还遵循了以下基本原则:

①规定建设各阶段各专业需建模与交付的内容,使各专业团队明确工作内容和范围。

②规定了建设各阶段各专业模型中构件的分解和附带信息详细度,使各专业团队明确工作任务。

③规定建模过程中重要方法与规则,如软件平台、资料的输入、模型拆分方法。

④建模方法、线条与色彩使用规则、文件与文件夹命名规则等,确保模型形式统一、高效。

⑤共享与协同工作。

《厦门轨道交通 BIM 交付标准》适用于厦门地铁新建、改建、扩建业务,以及运营线路更新改造的 BIM 建模及工作成果交付。在进行 BIM 建模与交付过程中,除满足该标准的规定外,还符合国家标准和福建省相关标准的规定。在建模过程中，创建的 BIM 模型能够充分考虑到 BIM 模型在工程全生命周期内各阶段、各专业间的传递与应用。在项目实施过程中，可充分利用 BIM 模型所含信息进行协同工作，实现各专业、工程建设各阶段的信息有效传递。

5. 基于 BIM 建设管理系统的研发

厦门轨道交通工程可视化施工信息管理系统、厦门轨道交通基于 BIM 技术的机电施工建设管理系统通过系统计划、作业单派发以及作业面超重冲突检测等功能，提高了管理效率，实现百分百的掌控项目全局的目的；促使业主、总包、施工单位之间的沟通效率提升了 80%，通过作业单、作业面冲突检测合理压缩施工时间，使施工进度提前了 30%；也因为减少了返工率，节约了约 30% 的施工费用。

(1) 模型轻量化展示

①技术：HTML5 + React 技术、Web 端快速加载，不依赖任何浏览器及插件。

②大承载量：模型文件超过 200G、大体量、精细化模型。

③兼容性：兼容所有主流建模软件，输出标准数据，功能基于项目管理需求制定。

④流畅性：优于市面绝大多数平台。

(2) 移动端的模型展示与业务流程

①多端视图：根据现场管理业务场景，提供合适的 BIM 建设管理应用，支持从现场到后端的"一条龙"建设管理体系。

②工作计划：作业班组每天分配的工作在模型中标识出来，现场可结合空间和标签来快速作业。

③成果填报：完工后上传现场图片，模型标识产生变化，后台数据更新。

④隐患提醒：作业对象存在隐患清晰可见，并可结合空间来分析环境的隐患情况，加强现场作业安全防范。

同步 PC 端功能，实现监造节点查看、进度填报、设计联络收发、问题登记反馈、BIM 三维模型查看、工单派发、问题登记反馈、日常巡检、资产盘点等移动功能(图 13)。

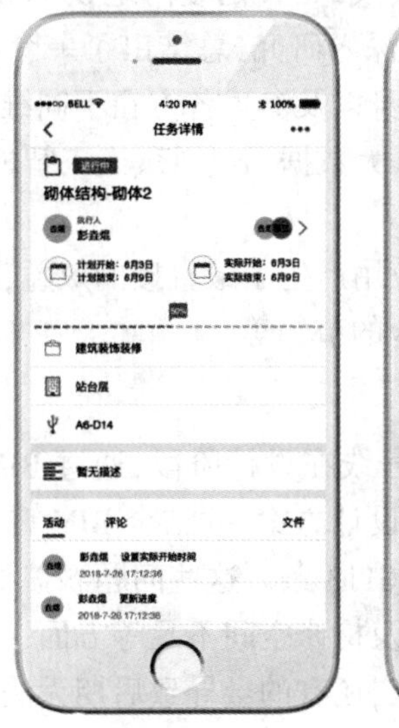

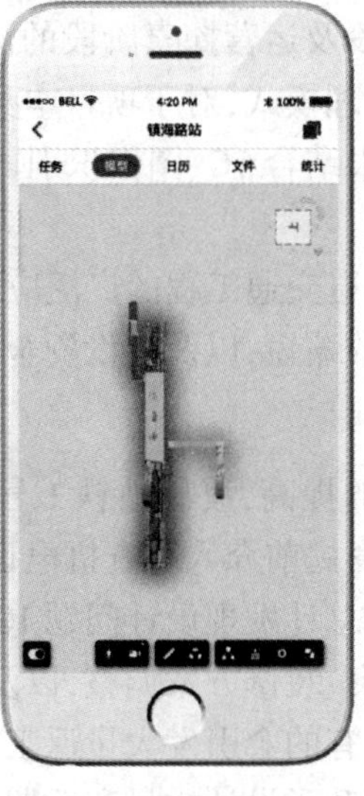

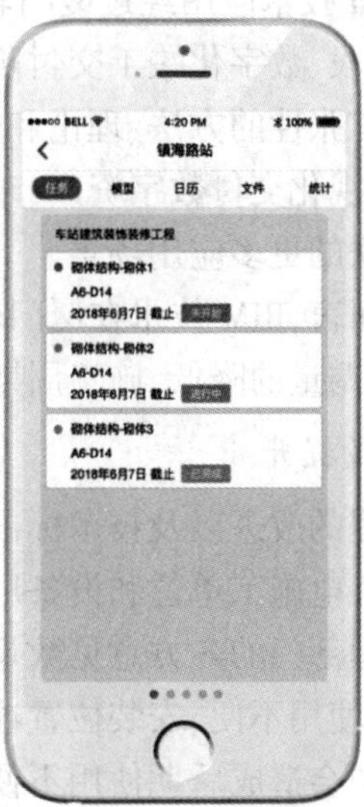

图 13　移动端界面

(3) 可视化信息集成

实现包括资产编码体系、资产类别码管理、设备类别码管理、物资类别码管理的系统化管理；根据规定的编码随时在 BIM 模型上检索资产所在位置、历史信息、实时状态等信息(图 14)。

(4) 创新功能

①轨道交通工程建设阶段基于 BIM 的可视化任务派发：通过平台将 BIM 模型与 WBS 进度关联发布任务，现场人员可运用平台提交任务进度以及通过拍照完成验收。

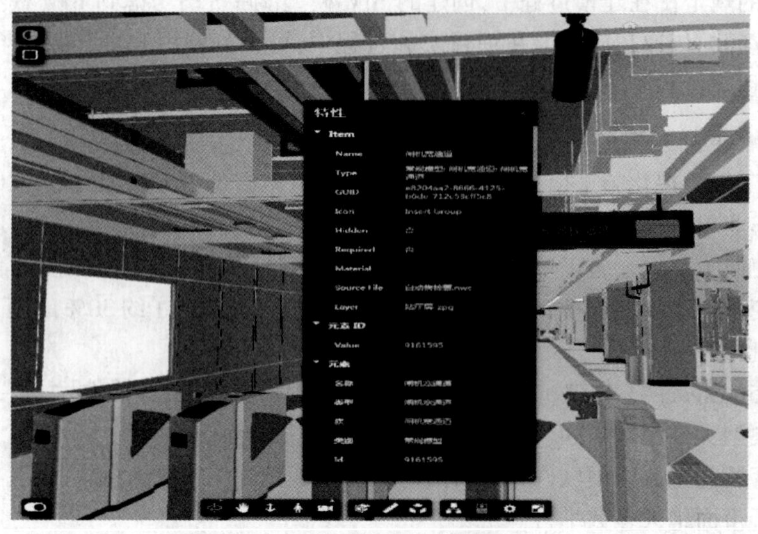

图 14　设备查询界面

②轨道交通工程建设施工阶段基于 BIM 的模型可视化交付:通过视口与剖面图及设备绑定,对交付实物、竣工模型、竣工资料的整合交付,极大地提高现场验收效率,加快运营接收速度,提高运营系统初始数据的准确性。

轨道交通运营阶段基于 BIM 的资产盘点:在现场就能通过业务场景操作,完成对"实物 + 虚拟物 + 后台数据"的位置编码绑定。脱离传统的清单盘点,能进一步提高整个设备系统运行和保养的效率,降低运营成本。

四、实施效果

厦门地铁 BIM 技术应用经过厦门轨道交通工程领域的实践,尤其是厦门地铁 1 号线在前期规划、设计阶段、施工阶段、数字化竣工交付阶段及运营探索阶段的深入研究,总结出了一套切实可行同时兼具适当前瞻性与扩张性的方法、理论和管理模式,对于项目本身以及参建各方在不同维度产生了良好的效益,同时基于可视化交付数字资产,未来结合 5G、图像识别、大数据、云计算、人工智能等技术应用,将支撑厦门智慧地铁的更多应用场景。

从项目本身而言,BIM 技术在厦门轨道交通工程的广泛应用产生了最直接的效益,如设计质量的提升、施工返工及协调量的降低、施工周期的缩短,以及建设资金的节约等。

(一)设计质量提升

通过管理流程的改进以及技术标准的提高,厦门地铁 1 号线在设计阶段,通过 BIM 模型优化土建方案,运营部门、机电施工单位和设备厂商提前介入审查机电设计方案,并结合 BIM 咨询、设计总体、设计监理和业主管理部门的各方意见数量,总计发现设计问题 10113 条。这些问题涵盖土建孔洞预留、消防疏散不足、运营使用不便、安装位置冲突、装修方案调整,以及检修空间不足等方面。

这些问题有的会造成后期使用不便,有的会引发大量返工,还有的会导致后期无法检修。利用 BIM 技术通过提前发现和提前规避,有效地提升了设计质量和后期运营使用的可行性。

(二)施工返工及协调量降低

城市轨道交通工程由于其空间狭小、管线密集、时间紧张及参建单位众多的特点,利用 BIM 模型进行碰撞检查从而优化管线排布和确保检修空间。同时,经过碰撞优化设计方案可以辅助施工单位进行项目协调管理,明显降低了施工阶段由于二维局限性及施工协调管理不细致引起的碰撞冲突以及由工序冲突导致的返工和协调。设计阶段通过利用 BIM 技术开展机电施工图审查的过程中,发现的直接碰撞数量总计 10816 条。

(三)施工周期的节省

机电安装施工单位进场以后,通过采取提前介入设计方案审查、三维扫描修正土建图纸与模型优化,以及机电模型深化和优化等措施手段,并结合前述设计审查发现的问题数,经施工单位内部测算,仅实际施工前所有车站的审查、修正和优化发现的问题所节省的工期累计 3 个月。

(四)建设资金的节约

以上述设计阶段 BIM 审查发现的问题数和机电施工图阶段碰撞优化的碰撞数为依据,并结合机电施工阶段节省的施工工期,经过施工单位的实际测算,上述设计质量提升、返工及协调量的降低、施工周期的节省三项效益在施工阶段节省的资金累计约为 3806 万元,运营管理基于 BIM 提前介入,提出运维管理有效建议 190 条,预计减少后期运维投入 812 万元。还未考虑因返工造成的工期延误、质量影响等损失。

五、应用效益

BIM 技术在厦门轨道交通工程领域的应用所产生的效益不只是项目本身的效益。对于参建各方而言,各自项目合同范围内的成本、质量、进度和企业内部的管理水平、信息化水平、宣传效应,以及与业务上下游客户的协作、配合、评价均有不同程度的改善和提升。可以说,BIM 技术在厦门轨道交通工程的应用是互惠互利的,BIM 技术在城市轨道交通工程全生命周期产生的长远价值也是不可估量的。这些对于行业 BIM 应用水平的提升和工程管理领域 BIM 技术应用,以及管理方面 BIM 人才的持续培养已得到国内轨道交通同行的认可。参建各方 BIM 技术应用效益分析见表 1。

参建各方 BIM 技术应用效益分析 表 1

参建各方	效益分类						
	经济效益	管理效益	质量效益	进度效益	运营效益	信息化效益	企业品牌效益
业主方	√	√	√	√	√	√	√
设计相关方	√	√	√				√
BIM 咨询方	√	√	√	√	√		√
施工相关方	√	√	√	√			√
设备制造及供应方	√	√	√	√			√
运营方	√	√	√	√	√	√	

(一)对业主方

从前期规划直至数字化竣工交付,BIM 技术对于建设单位的效益是贯穿于工程建设项目管理全过程的。设计质量的提升、施工进度的节省、资金投入的节约、员工项目管理水平的提升、企业信息化基础数据建立、运营维护的质量和效率的改善,以及良好的社会和行业宣传效应都是业主方全线路、全阶段、全过程、全专业积极推进 BIM 技术,并努力打造企业管理信息化标杆的动力源泉。

(二)对设计相关方

就设计本身而言,BIM 技术的介入对于传统设计模式的演变会引发阵痛,但对于在厦门轨道交通参与过 BIM 技术辅助设计的单位或员工而言,都是收获满满,且感慨良多。BIM 技术对设计相关方在设计质量的提升、设计效率的提高、设计投入的降低、质量问题导致的损失、管理模式的迭代改进,以及企业长远发展的技术升级等方面产生了诸多效益。因此,无论员工还是企业,都对 BIM 技术的认可度越来越高。

(三)对 BIM 咨询方

BIM 技术的成功探索和应用对于 BIM 咨询方而言,最直接的是经济效益和技术效益。主要体现在:合同业绩的提升、技术探索的进步、管理水平的进步、企业信息化不断突破,以及企业影响力逐步扩大,这些促成了企业投入、技术进步和口碑传播的良性循环。

(四)对施工相关方

施工方一直以来都是BIM技术在工程建设领域的积极实践方,究其原因还是BIM技术在施工阶段效益明显。BIM技术在模拟临时设施布置辅助提升文明施工管理水平、机电优化提高施工水平、方案模拟提高施工协调能力方面表现出色,施工相关方投入的降低、质量的提高、进度管理准确性改进、协调量及返工量降低,BIM技术促使企业管理水平从粗放式及劳动力密集型向精细化和技术密集型转型。

(五)对设备制造及供应方

BIM技术的引入使得设备制造商及供应方打通了从工厂到现场的最后一个粗放式管理环节。BIM技术促进了设备制造从生产、调试、检验、运输、到货签收、方案验证、出库安装、联调联试、成品保护、数字化交付,以及资产管理所有环节都向可视化、信息化和实时化改进,使得设备制造及供应时出现的返厂率、缺货率降低,到货和入库准确性得以改善。库存管理、成品保护成本降低,维保效率提高、投入降低,下游施工管理的精细化从侧面支撑了设备制造供应的精细化。

墩间系梁预制装配式施工关键技术创新及应用

中交第一航务工程局有限公司总承包工程分公司

成果主要创造人:张宝智　赵尚哲

成果参与创造人:张连生　郭华莹　冯宝成　刘德进　李　强　方立志　肖　峰　李　想　武　强

中交第一航务工程局有限公司总承包工程分公司(简称"总承包工程分公司")是世界 500 强企业——中国交通建设股份有限公司下属三级公司。母公司中交第一航务工程局有限公司(简称"中交一航局")创建于 1945 年 11 月 12 日,是新中国第一支筑港队伍,目前拥有各类工程船舶 150 余艘、施工机械 7000 余台(套)。中交一航局拥有 1 项工程总承包特级资质、14 项工程总承包一级资质和 15 项专业承包一级资质,经营领域包括基础设施投资、港口航道、跨海通道、远海深海、船坞船台和高速公路、桥梁、机场、轨道交通、大型成套设备安装、工业民用建筑、市政工程、房地产开发以及各类大中型建设项目。截至目前,中交一航局共获得国家优质工程奖 61 项、鲁班奖 22 项、詹天佑奖 27 项,中国市政工程金杯奖 9 项,省部级优质工程奖 229 项,国家级、省部级科技进步奖 190 项,国家专利 1150 项,国家专利金奖 1 项,多项技术成果均达到国内领先、国际先进水平;8 项工程被评为新中国成立 60 年百项经典工程,8 项工程被评为改革开放 35 年百项经典暨精品工程,9 项成果获国家级企业管理现代化创新成果奖;众多荣誉彰显了公司扎实的管理基础和雄厚的综合实力。

总承包工程分公司于 2007 年 5 月 22 日正式成立;成立十余年来,依托中交一航局资质承揽大中型工程项目并组织施工,一直秉承着"诚信履约,用心浇注您的满意"的服务信条,把"干一流的、做最好的"一航信仰贯穿于工作的始终;逐步落实以公路与市政、风电等新能源两大板块为核心,积极拓展城市管廊、海绵城市、水环境治理综合开发等新型市政、环保业务,投资类项目和经营性资产的委托管理业务,公路及市政养护、桥梁维修加固等业务,不断加快形成"2 + 3"的业务板块布局,依托自身管理及人才核心竞争优势,逐步带动总承包工程分公司走向产业上游。

总承包工程分公司也将继续坚持不断超越自我,为社会提供更多优质、安全、绿色、健康的建筑精品。常见墩柱系梁施工工艺采用现浇法施工,在上节段墩柱混凝土施工完成后采用抱箍法或穿心棒法支撑墩柱系梁混凝土浇筑平台,然后支立模板、绑扎钢筋、浇筑墩系梁混凝土。

墩间系梁预制装配式施工技术特点为:集中在预制场或就近提前预制墩柱系梁,板车运输至施工点位后吊装至设计位置,待本节段墩柱混凝土浇筑时与其浇筑成整体的施工方法。

一、实施背景

G7611 云南都香高速公路守望至红山段 A8 合同段建设项目共包含墩柱 576 根,共有墩间系梁 334 道,施工工期为 15 个月,生产任务繁重,工期紧,项目造价偏低。为了提高墩间系梁施工工作效率,缩短项目施工工期,节约施工成本,如何保质保量地完成墩柱及系梁施工任务成为该项目的关键点。

该项技术创新难度中上,为系梁施工提供了一种新工艺,在现场条件不允许现浇系梁施工工艺的情况下,采用预制装配式施工关键技术不失为一种合理的新型施工工艺。

采用墩间系梁预制装配式施工技术,节省墩柱及系梁施工工期,降低施工材料及人员直接费用,降低系梁施工工人操作安全性,可操作性强,对于类似项目具有借鉴意义。

二、成果内涵和主要做法

常见墩柱系梁施工采用现浇法施工,在上节段墩柱混凝土施工完成后采用抱箍法或穿心棒法支撑墩柱系梁混凝土浇筑平台,然后支立模板、绑扎钢筋、浇筑墩系梁混凝土。

墩间系梁预制装配式施工关键技术特点为:集中在预制场或就近提前预制墩柱系梁,板车运输至施工点位后吊装至设计位置,待本节段墩柱混凝土浇筑时与其浇筑成整体的施工方法。

(一)关键技术特点

相比较传统系梁现浇法施工工艺,预制装配式施工工艺具有节省施工工期、节约施工成本、降低工人高处作业安全风险等优点,具体优缺点如下:

1. 从工期角度分析

相对于现浇法施工工艺,采用预制法施工,因系梁就近或在梁场提前预制并及时运输到现场直接安装,减少了支架平台和系梁模板支立拆除等分项工程施工时间,一道系梁施工循环可节省 2 个工作日。

2. 从成本控制角度分析

减少了抱箍、支架平台及部分模板数量,同时加快施工循环速度,节省了工期,降低了工程施工成本。

3. 从安全控制角度分析

与现浇法施工工艺相比较,因为操作工人不需要站立在系梁位置操作,只需要站立在侧面挂篮平台上进行剩余模板支立及钢筋绑扎,降低了工人操作安全风险。

4. 从可操作性角度分析

由于预制系梁端部支立在墩柱模板侧面牛腿上,搭接长度约 22cm,此节段模板按照承载要求已经充分加强,上节段墩柱混凝土强度满足承载要求时进行预制系梁安装,系梁安装的安全性可以保证。剩余墩柱钢筋绑扎和模板支立均可以按照设计要求施工完成,该施工工艺具备现场可操作性。

(二)适用范围

适用于高速公路桥梁工程墩柱间预制系梁施工。

(三)创新的整体思路

预制装配式施工是提前在预制场或墩柱旁边就近预制系梁,待上节段墩柱混凝土浇筑完成后,将预制系梁吊装至设计位置,后浇筑对应部位墩柱混凝土的施工工艺。

(四)创新的目标

在现浇系梁施工时现场条件困难的情况下,采用预制装配式施工关键技术可为系梁施工提供一种合理的新型施工工艺。

(五)重点创新内容的实施

1. 施工工艺流程(图 1)

桩间底系梁施工完成后,首先将第一节墩柱混凝土浇筑至墩间系梁底部;然后提前在预制场集中预制墩间系梁运输至现场,或者在墩柱施工现场附近空地预制墩间系梁,用吊车将系梁吊装至设计位置;最后绑扎系梁位置墩柱钢筋、支立系梁位置墩柱模板,与墩柱剩余混凝土浇筑成整体的施工方法。循环往复,第二或(三)节墩柱及墩间系梁施工完成,进行最后一节墩柱施工,施工盖梁,进入下道工序。

将第一节墩柱混凝土浇筑至系梁底部高程位置,并且墩柱钢模板继续保持在原有位置,不做拆除。待墩柱混凝土强度达到 50%,将提前预制的系梁吊装至设计位置,系梁端部支撑于第一节牛腿墩柱模板外伸平台砂箱上，吊装前在预制系梁端部底面和侧面位置提前粘贴双面胶条作为止浆措施。系梁吊装至设计位置后，绑扎系梁位置墩柱钢筋，支立系梁位置墩柱模板，浇筑系梁位置墩柱混凝土并及时养护，混凝土强度达到75%后（即系梁位置墩柱混凝土强度达到22.5MPa）开始拆除第一节墩柱模板，以此类推、循环往复，施工第二（三）节墩柱及墩间系梁混凝土。

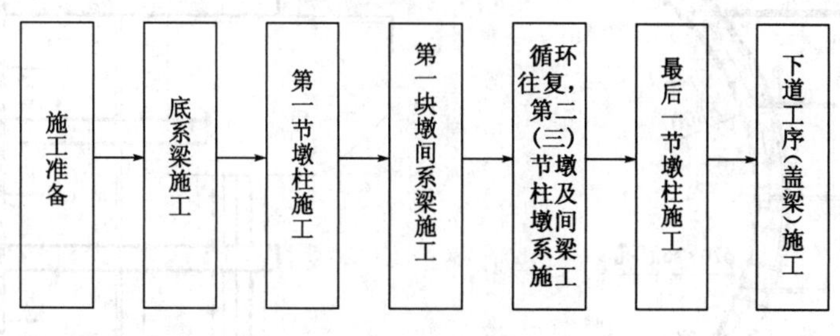

图1　施工工艺流程图

系梁预制时两端预留外露钢筋，待安装完成后与墩柱钢筋绑扎成整体。混凝土浇筑采用泵车泵送入模，分层浇筑，振捣密实。

2. 施工准备

对墩间系梁施工区域进行场地平整，保证吊车吊装系梁时正常工作；确保吊装使用钢丝绳、卡扣、安全绳、测量仪器等工具用具准备充分，测量及吊装指挥人员及时到位；选择天气良好时间，避开大风、大雾天气进行吊装施工。

3. 底系梁施工

底系梁施工采用现浇法施工，首先将底系梁施工范围内场地平整完成，施作10cm混凝土垫层，铺设一层油毡纸作为底系梁底模板。加工钢模板作为底系梁边柱和中柱模板进行施工。模板连接紧密，加固牢靠。

钢筋现场绑扎入模，垫块每平方米不少于4个，梅花形布置。混凝土浇筑采用罐车直接入模，分层布料，布料厚度控制在30～40cm，振捣充分，以混凝土表面均匀露出气泡为宜。

4. 第一节墩柱施工

在底系梁施工完成后，施工墩柱第一节混凝土，施工工艺为常规施工工艺，但需注意两个细节：

第一节墩柱模板底部位置采用M25砂浆＋三角木楔堵缝，砂浆厚度2～3cm，宽度比模板环形肋板略宽，待模板拆除时将其凿除。

第一节墩柱模板顶部位置高程为中系梁底高程，在模板支立时重点控制其高程及轴线，误差控制在施工规范要求以内。

（1）测量放样

底系梁施工完毕后，检查底系梁顶面高程和平面位置，按设计要求，测定墩柱纵横轴线位置进行第一节墩柱位置测量放样。

（2）钢筋施工

在底系梁施工时，一次性将第一节墩柱钢筋安装到位，若第一节墩柱钢筋笼高度大于加工钢筋笼单节长度，则采用机械连接方式予以接高。为了提高预制系梁安装位置精度，避免其端部钢筋与墩柱钢筋在预制系梁吊装时干扰，待预制系梁吊装完成后，再采用机械连接高墩柱钢筋。

同一截面钢筋接头错开布置，受力主筋在同一截面内不得超过50%，错开35d且不少于500mm。为了确保保护层厚度，在钢筋与模板之间设置垫块，按照设计图纸要求均匀布置。

墩柱钢筋绑扎成型自检合格后，监理工程师检查确认后方可进行模板吊装。

（3）模板施工

墩柱模板采用厂家定制钢模板，每节墩柱模板包括3m高带牛腿墩柱模板1节＋3m（或2m）高普通墩柱模板N节,模板采用螺栓连接。模板固定采用四角缆风绳固定牢固。带牛腿墩柱模板平面及立面图如图2、图3所示。

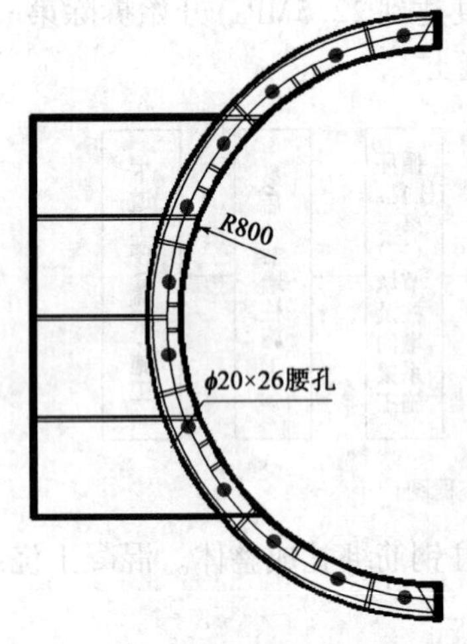

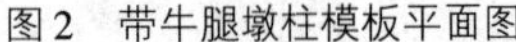

图2　带牛腿墩柱模板平面图

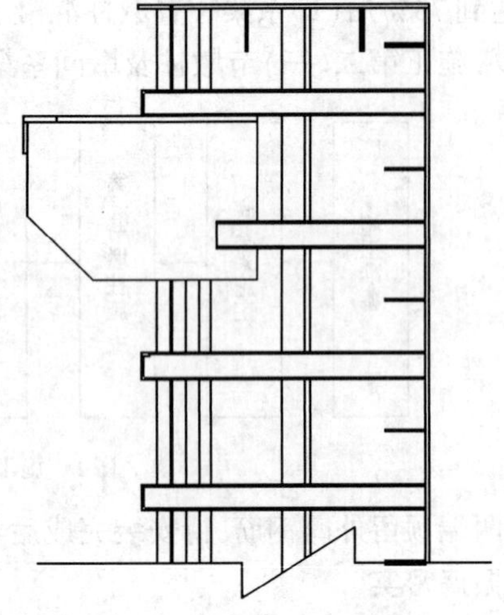

图3　带牛腿墩柱模板立面图

底系梁施工完成后,开始支立第一节墩柱模板,模板顶高程控制在系梁底部位置,模板采用揽风绳加固,顶部作业平台搭设安全网。上下人行通道采用标准组合式Z形爬梯,四周设置安全网,临边设踢脚板。墩柱模板支设示意图及爬梯搭设成品示意图如图4、图5所示。

图4　墩柱模板支设示意图

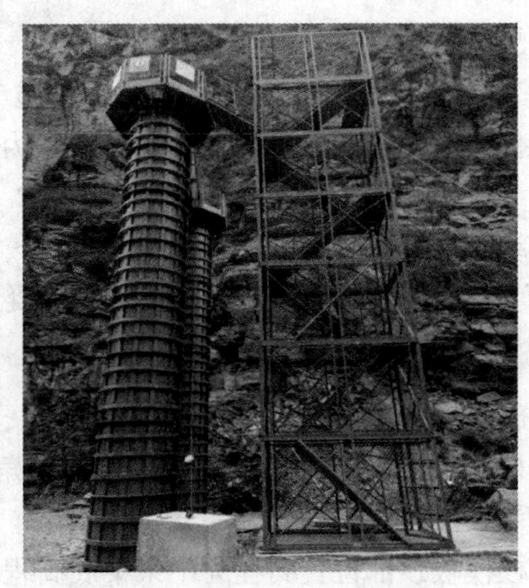

图5　爬梯搭设成品示意图

(4)混凝土施工及养护

混凝土浇筑采用泵车泵送入模施工工艺,分层布料,分层厚度不大于40cm,振捣密实。

5. 第一道墩间系梁施工

1)第一节墩柱混凝土顶部凿毛清理

在第一节墩柱混凝土浇筑时,浇筑高程为设计系梁底部位置,浇筑完成后及时养护,模板暂时不作拆除。

为保证第一节已浇筑混凝土与本节段墩柱剩余混凝土的良好结合,待第一节墩柱混凝土强度达到2.5MPa后进行人工凿毛,凿毛标准为:首先必须将混凝土表面的浮浆凿掉,露出坚硬并连接牢固的石子。凿深1~2cm,凿完后用风枪先吹掉混凝土残渣,再用高压水枪冲洗干净,保证凿毛的混凝土表面清洁。

2)第一道系梁位置测量放样

首先在第一节墩柱模板牛腿平台上,放样系梁中心线,然后根据系梁宽度确定系梁边线位置。测量放样砂箱位置,具体位置参照系梁安装位置立面图(图6)。砂箱顶面高度略高于墩柱模板顶部1cm以上,避免预制系梁压在墩柱模板法兰盘上面。系梁安装位置立面图及砂箱加工大样图如图7、图8所示。

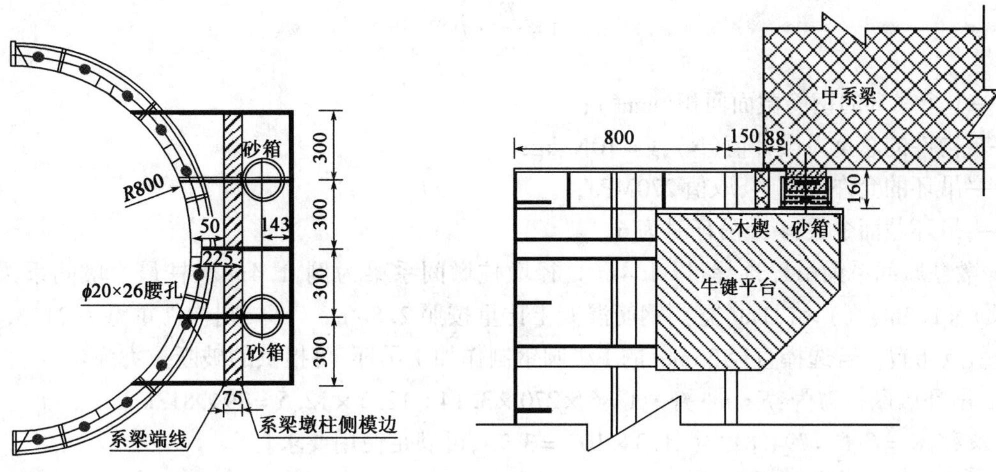

图6　系梁安装位置立面图(尺寸单位:mm)　　图7　系梁安装位置立面图(尺寸单位:mm)

3)第一道系梁预制、运输及吊装

(1)系梁预制(图9)

在预制场内或现场空地位置提前预制系梁,两端钢筋外露,预制系梁长度方向单端缩尺15cm,宽度和高度不变。预制工艺采用常规预制工艺,模板选择钢模板,端部模板需注意外伸钢筋插入孔的预留,拆模后端部混凝土凿毛露出硬石子为宜。在系梁预制时顶部预留4个吊环,吊环采用圆钢热弯而成,禁止冷弯工艺,吊环埋入混凝土深度需大于$25d$(d为吊环直径),吊环孔尺寸大于$3d$,最小需满足卡环插销能顺利穿入。吊环加工大样及布置图如图10所示。

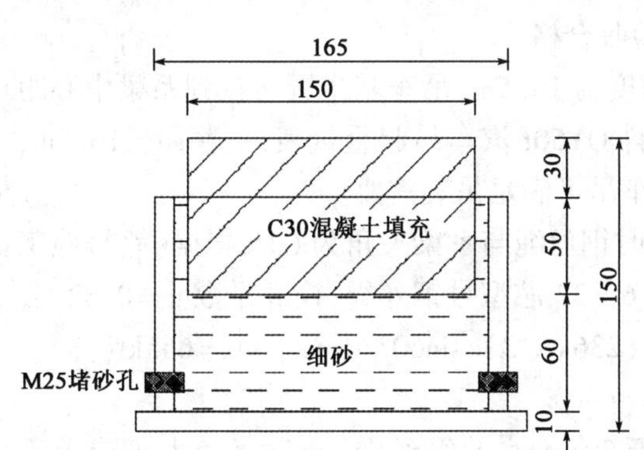

图8　砂箱加工大样图(尺寸单位:mm)

图9　预制系梁

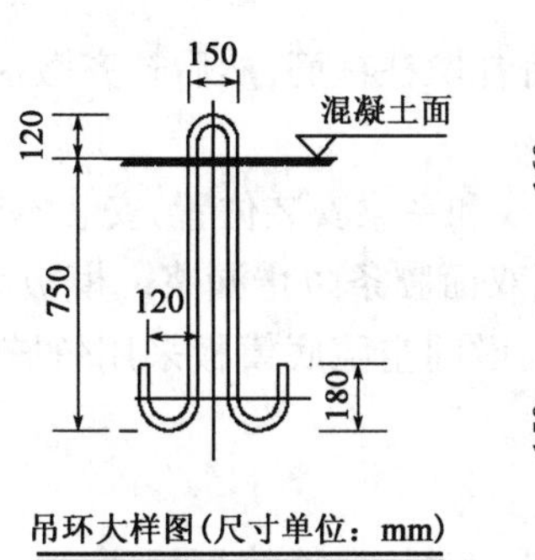

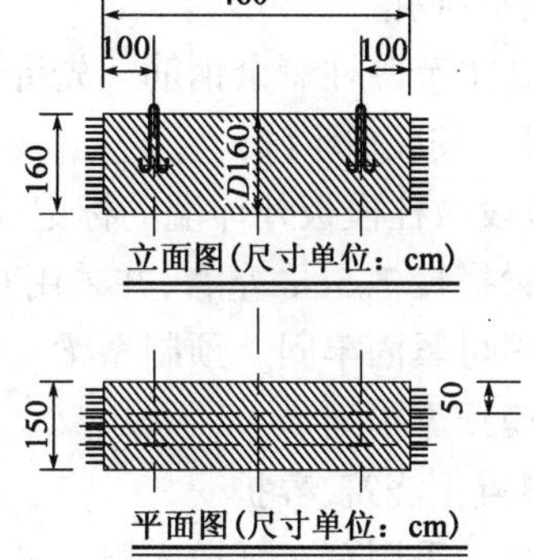

图10　吊环加工大样图

①单个吊环直径计算。

单个吊环钢筋截面面积可按式(1)计算:

$$A=\frac{F}{n}\cdot fy \tag{1}$$

式中:A——1个吊环的钢筋截面面积(mm^2);

F——构件的总重力设计值(N),$g=10N/kg$;

fy——吊环的允许拉应力,取值270MPa;

n——吊环截面个数,4个吊环时为6。

1.4m墩柱墩间系梁吊环选择:以1.4m直径墩柱墩间系梁为例,1.4m墩柱最大墩间系梁尺寸为5.74m(长)×1.3m(高)×1.1m(宽),钢筋混凝土比重按照2.6t/m^3计算,则构件重量为21.3t,该构件按照4个吊点布置。若选择直径25mm的Ⅰ级圆钢制作加工吊环,可提供的破断拉力为:

25mm吊环破断拉力为:$F=n\cdot fy\cdot A=6\times270\times3.14\times12.5\times12.5=794.813kN$

安全系数:$K=F/G=794.813/(21.3\times10)=3.73$,可满足使用要求。

②吊环加工大样及布置形式。

吊环加工时需注意弯曲半径,加工尺寸误差控制在10mm以内。吊环布置按照4个吊点布置,对称布置,且高程为同一高程,高程误差控制在10mm以内。

(2)系梁运输及吊装

系梁运输采用板车运输,最大预制系梁重约24t,每台板车只能运输一件系梁,系梁运输过程中,距梁端1m位置支垫方木,方木高度20cm左右,并且预制系梁需与板车用钢丝绳拉接牢固,防止运输过程中移动或者磕碰。

系梁吊装采用50t汽车吊吊装完成,墩柱直径1.4m和1.6m系梁安装采用1台50t汽车吊起吊安装,系梁吊装前梁端底部和侧面粘贴双面胶条止浆,梁端外伸钢筋位置系上20mm粗安全绳,用以辅助系梁吊装就位。吊装前各准备工作就绪,测量放样完成且验收合格。

①吊车选择:墩柱直径1.4m系梁最大重量为23.6t,高度为15.5m,吊车基本臂转盘到系梁中心距离按照5m计算,则吊车主臂需至少伸长16.5m,查中联重科QY50t汽车吊起重量表,主臂伸长16.5m,水平爬距5m的情况下可吊重31t>23.6t,选用1台50t汽车吊可满足吊装需要。

②钢丝绳选择:系梁自重23.6t,采用4点吊起吊,起吊时钢丝绳与系梁夹角为60°,根据《路桥施工计算手册》,查附表3-36,取安全系数$K=6$,查附表3-35,取6×37芯型号钢丝绳,换算系数$a=0.82$,公称抗拉强度为1700MPa,经过计算钢丝绳破断拉力为:$F=[(236kN/3)/\sin60°/0.82]\times6=665kN$

换算钢丝绳有效截面积$A=665\times1000/1700=391mm^2$

查附表3-34,取6×37芯型号钢丝绳有效截面积大于391mm^2的钢丝绳,选取直径大于或等于32.5mm钢丝绳即可满足吊装需求。

4)第一节墩柱剩余钢筋绑扎

系梁吊装完成后,绑扎本节墩柱剩余钢筋。先绑扎墩柱箍筋,然后补齐墩柱纵向钢筋。

5)第一节墩柱剩余模板安装(图11)

根据测量人员在上节段墩柱模板外伸端的标记线和系梁安装位置,安装本节墩柱模板,一套模板分两块模板组成,模板与系梁搭接7.5cm左右,并采用双面胶条防止漏浆。模板高度为系梁顶高程,上口及下口采用拉杆对拉,双螺母紧固牢固。预制系梁与墩间空隙底模板采用竹胶板深入到上节段墩柱模板顶部,另一端用三角木楔顶靠牢固。

6)第一节墩柱剩余混凝土浇筑、养护

模板安装完成后,混凝土采用泵车泵送入模,分层布料,振捣棒振捣密实。并采用土工布覆盖+洒水方式进行充分养护不少于7d。

7)第一节墩柱模板拆除

待混凝土强度大于75%时拆除本节墩柱模板。首先将墩柱底部三角木楔拆除,确保墩柱模板存在一定高度的泻落空间,然后松动模板连接螺栓,先从顶部模板开始拆除,由上往下依次拆除其他模板。

第一节模板拆除后,进入第二(三)节段墩柱混凝土施工。继续对第一节墩柱混凝土进行养护不少于14d。

6.循环往复,第二(三)节墩柱及墩间系梁施工

依次类推,循环往复,施工第二(三)节段墩柱及墩间系梁混凝土。

7.最后一节墩柱施工

按照同样施工方法,施工最后一节段墩柱混凝土(图12)。在施工过程中,应注意墩柱高程的控制。

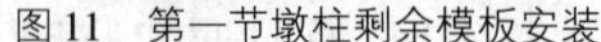

图11 第一节墩柱剩余模板安装

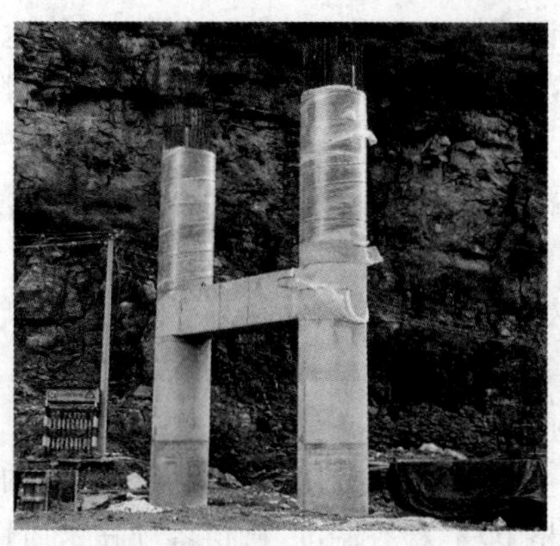

图12 剩余节段墩柱施工

8.下道工序(盖梁)施工

在所有墩柱及墩间系梁施工完成后,进入下道工序,施工盖梁混凝土。

(六)创新组织和支持保障

1.一般保障措施

①严格控制墩柱施工各项工序质量,对钢筋笼焊接及灌注工序旁站监督。

②钢筋焊接操作人员必须持证上岗,试焊检验合格后,才可上岗。现场焊接监督检查搭接长度、焊缝饱满度等焊接指标。

③模板须经设计计算,确保有足够的强度和刚度。安装时要涂脱模剂,并在涂刷时保证均匀、不流不滴,模板接缝加海绵条防止漏浆。

④混凝土拌和阶段要严格监督检查控制原材料、配合比执行情况、称量拌和情况,并制备混凝土试件,确保结构实体质量。

⑤混凝土浇筑,全面清理模板保证混凝土内实外美。浇筑时,要严格控制分层厚度,混凝土自由下落高度。混凝土浇筑作业连续进行,如因故发生中断且超过初凝时间,必须采取相应的处理措施。施工缝的处理,必须将旧混凝土表面凿毛并清洗干净。

2.雨季、高温、夜间施工保障措施

(1)雨期施工保障

①认真踏勘现场,深入调查当地地理、气象、水文环境,安全、经济、合理地确定临建设施、施工场地、施工便道位置,避免水灾侵害。

②雨季施工前,根据现场具体情况确定可进行的雨季施工地段,编制实施性的雨季施工组织计划,提交工程师审查批准。

③做好雨季施工工程材料和必备物资的储备工作。水泥库保证不漏雨,地面不反潮,四周设排水

沟,严禁积水。先进库的水泥先用,水泥垛距离墙面大于30cm,严禁露天堆放水泥。

④尽量避开雨天施工混凝土,无法避免时搭设防雨棚,遇大雨或暴雨时,停止施工。需连续灌注的混凝土,备足雨具作业,并调整施工配合比。做好浆砌工程,为防止雨水冲刷砌缝掏走砂浆,用雨布覆盖。

⑤雨季施工及时测定砂石料的含水率,随时调整配合比,确保混凝土质量。计量秤定期校对精度及灵敏度,确保计量准确。

(2)高温施工保障

①在夏季气温较高时施工,尽量避免高温时刻浇筑混凝土,应选择在早晚气温相对较低的时间段进行。

②混凝土搅拌时可采取冷水(地下水或井水)或中掺入适量减水剂,降低入模温度和延长混凝土初凝时间。

③保证现场道路畅通,减少混凝土运输途中的时间,若混凝土运输距离较远,可适量掺入缓凝剂。

④混凝土浇筑过程中,有条件可搭设遮阳棚,降低环境温度,并保证混凝土连续浇筑,避免出现冷缝。

⑤混凝土浇筑后,及时用湿润的土工布覆盖,并注意洒水养护,延长养护时间,保证混凝土表面缓慢冷却。

(3)夜间施工保障

合理安排施工,尽量避免或减少夜间施工。需要连续作业的工程项目,夜间施工将采取以下措施,确保工程质量。

①建立夜间值班制度,做好周密的组织和技术交底,配备足够的物资,确保夜间施工顺利进行。

②严格复核、检查制度,确保各项技术质量指标准确无误,符合设计和规范的规定。

③严格隐蔽工程检查签证制度,夜间必须进行隐蔽工程施工时,及时通知监理工程师到现场检查,并办理签证手续,未经监理工程师验收签证,不能进行下一道工序施工。

④安装足够的照明设备,保证夜间施工有良好的照明条件。

⑤做好夜间施工防护,在作业地点附近设置警示标志,悬挂红色灯,以提醒行人和司机注意,并安排专人看守。

三、实施效果

(一)工期效益

以1节墩柱+系梁施工单元为研究对象,进行功效分析,见表1、表2。每循环施工可节省工期2d。

传统施工单节墩柱及系梁施工工效分析 表1

项目	工序名称	作业周期(d)
单节段墩柱平均高(8~10m)+1道墩间系梁	单节墩柱钢筋安装	0.5
	模板安装	0.5
	混凝土浇筑	0.5
	养护	3
	支架搭设及防护施工	1
	钢筋绑扎	1
	模板支立	0.5
	系梁及柱头混凝土浇筑	0.5
	混凝土养生	5
	模板拆除	0.5
合计		13

本关键技术单节墩柱及系梁施工工效分析 表2

项　目	工序名称	作业周期(d)
单节段墩柱平均高(8~10m)+1道墩间系梁	单节墩柱钢筋安装	0.5
	模板安装	0.5
	混凝土浇筑	0.5
	养护	3
	系梁安装	0.5
	柱头混凝土浇筑	0.5
	混凝土养生	5
	模板拆除	0.5
合计		11

(二)经济效益

本关键技术从以下几个方面降低成本,提高效益。

减少支架及底模使用数量,按照传统支架及底模配置要求,每1个系梁施工工作面均需配置4套支架体系、4套底模板、1套侧模板,而本关键技术无须配置支架体系,预制系梁时需配置1套侧模板即可满足要求。

①降低模板及支架材料成本:每1个工作面可节约体系支架4套×8000元/套+底模板4套×5000元/套=5.2万元。按照10个工作面计算,可节省支架及模板材料费用52万元。

②降低钢筋、模板及支架安装及拆除人工成本:按每个班组6人,施工时间3天,每人200元,则可节省人工成本6×3×200=3600元。若按照项目全线334道系梁计算,可节省人工费用334×0.36=120.24万元。

③减少钢筋、模板及支架安装及拆除设备成本:每1个工作面可节约汽车吊装等设备工时费用2000元、燃油费用500元,334道系梁合计,可节省设备成本334×0.25=83.5万元。

④减少安全防护投入材料及人员成本:每1个工作面可节约安全防护费用(包含材料、设备、人工费用)3000元,若按照项目全线334道系梁计算,可节省安全防护投入费用334×0.3=100.2万元。

⑤从工期角度考虑,相比较传统现浇工艺,每道系梁施工可节省工期2天,若按项目全线334道系梁,10个工作面考虑,可节省工期66天,按照每天间接费用消耗10万元计算,可节省间接费用660万元。

综合材料及人工成本,项目全线可节省综合费用1016万元。

(三)实施效益

在系梁施工完成后进行质量评定,所有系梁施工尺寸准确,混凝土外观质量良好,分项工程合格率100%,未发现其他质量问题,得到了监理单位和总包单位的一致认可,为墩间系梁施工增加了一种新的施工工艺,施工安全性高、施工效率高,具有可推广性。

打造“四化”高速　深挖运营潜力

中交资产管理有限公司湖北区域管理总部

成果主要创造人:陆　遨　王囿莹

成果参与创造人:余玲玲　杨紫艳

中交资产管理有限公司湖北区域管理总部(简称“湖北区域总部”)是中交资产管理有限公司(世界500强企业——中国交通建设股份有限公司控股一级企业)在湖北地区实行多家公司、多条路段区域合并管理的试点单位,湖北区域总部主要承担咸通高速公路(咸宁市咸安区至通山县)、嘉通高速公路(武深高速公路嘉鱼至通城段)、通界高速公路(通城至湖南界上)、湖北区域内中国交建投资建设并即将投入运营的高速公路运营收费、路产路权维护,以及全国范围内的饮用水生产销售等其他经营开发任务。截至2020年,高速公路管养里程约165公里,下设办公室、人力资源部、党群工作部、纪检工作部、风险管控部、计划财务部、业务发展部、饮用水事业部、信息化管理部、收费管理部、运行稽核部、路产维护部、安全监督管理部13个部门,下辖11个收费站。

湖北区域总部成立以来,秉承“服务至上 履方致远”的企业使命,坚持“同道共进 追求卓越”企业精神,践行“诚信 担当 创新 人本”核心价值观,贯彻“以路为本多元发展 创新经营合作共赢”经营理念,提升高速公路运营管理水平,全力打造“中交高速”服务品牌,为公众提供安全、畅通、便捷的通行服务;倾力打造中交“特色房地产”项目,为公众提供宜居品质楼盘;全力打造“中交蓝”系列饮用水品牌,为公众提供洁净、安全的优质天然饮用水。先后获得“2013—2014年度市级文明单位”“2014年度中国交建青年文明号”“2015年全省高速公路系统先进集体”“2015年咸宁市先进基层党组织”“2016年全省高速公路系统先进集体”“2016年咸宁市先进基层党组织”“2016年湖北全省高路系统第七届职工体能技能竞赛最佳组织奖”“2015—2016年度湖北省青年文明号”“2017年咸宁市五四红旗团委”“2017年咸宁市共青团工作先进单位”“2017年中交资产管理有限公司信息化先进集体”“2017年全国交通运输行业微视频大赛优秀奖”“国资委办公厅熠星创新创意大赛优秀奖”等多项荣誉。

一、实施背景

高速公路作为基础性的公共服务设施,其管养的好坏直接决定着服务能力的高低。如何从根本上提升服务质量、管理水平,确保畅通、安全、便捷、和谐,就必须坚持“品牌化、专业化、集约化、职业化”管理,即“四化”管理,深入挖掘运营潜力,为实现一流运营公司的目标而努力奋斗。

1.实施“四化”管理是落实科学发展观的必然要求

“四化”管理是一个有机的整体,体现在高速公路运营管理中的各个方面,贯穿着以人为本的理念,其根本目的是促进高速公路全面、协调、可持续发展。将“四化”管理与高速公路运营紧密结合在一起,就能把科学发展观的具体要求落实到高速公路运营工作中,取得实实在在的成效。

2.实施“四化”管理是做好高速公路运营工作的客观需要

高速公路运营管理的任务十分繁重,特别是当前,高速公路运营管理模式繁多,面临着由加快发展向高质量发展的转变,任务十分艰巨,管理中的矛盾和问题仍十分突出,运营管理单位自身和社会公众对高速公路加强管理、提升服务的要求十分迫切。

3. 实施"四化"管理是提升文明服务创建水平的重要举措

"四化"管理是进一步拓展创建领域的重要手段,通过整合管理资源,提升管理水平,建设更舒适、更安全、更畅通的高速公路交通环境,创建更文明、更和谐、更向上的行业新风气,为创建文明行业注入新的生机与活力。

二、"四化"管理的主要内容

"四化"管理是各个要素之间相互独立又彼此联系的有机整体,作为一个复杂的工程,可以说,品牌化管理是"四化"管理的前提,专业化作为高速公路运营管理的流程方式需要进一步重视;而集约化是高效统一管理的手段,职业化管理作为管理的最高手段也是核心。通过"四化"管理的实施,实现高速公路的可持续与科学合理发展是可行的。

品牌化,就是将企业不同于其他企业的要素表现出来,"品牌"是一种无形资产;"品牌"就是知名度,有了知名度就具有凝聚力与影响力,成为发展的动力。高速公路运营管理首先就要打造自己的品牌,以品牌效益实现经济效益。

专业化,产业部门或学业领域中根据产品生产或学界层面的不同过程而分成的各业务部分,这个过程就是专业化。人是有才能的人。企业由它的核心理念、资源结构、产业结构及运行方式决定了用什么样的人或人才,它的基本要求就是所需人或人才适合企业的专业化水平程度,适合企业经营管理基本水平程度,适合企业经营多方面需求的程度。企业对人才的需求是从企业根本目的出发来设计和考虑的,从企业人才结构与产业机构相配套角度去招聘和使用的。从这些角度出发,高速公路运营单位就必须要实行人员的专业化。

集约化,集约化管理是指以和谐、集中、高效为价值取向,通过科学有效的管理手段,优化要素和资源配置,以单位的人力、物力、财力投入,获取最大的管理效益。其主要目的是为了加强集约化管理,实现行业集中统一、步调一致、政令畅通、高效管理,提升行业的行政执行力,获取行业发展的明显优势,实现高速公路科学发展。

职业化,职业化就是一种工作状态的标准化、规范化、制度化,包含在工作中应该遵循的职业行为规范职业素养和匹配的职业技能。即在合适的时间、合适的地点,用合适的方式,说合适的话,做合适的事,不为个人感情所左右,冷静且专业。高速公路运营单位通过加强职业化管理,进而构建起有目标、有执行、有考核、有奖惩、有改进的管理机制,实现高速公路的全面与可持续发展。

三、实施"四化"管理的具体做法

(一)品牌化

湖北区域总部从文化引领、标准先行、强化质量、安全为重、智慧领导,大力实施品牌战略、准确把握品牌定位、加强自主创新、提高精致管理水平,增强了企业的凝聚力、吸引力与辐射力,提高了企业的知名度,强化了竞争力,推动了企业发展和社会进步。

1. 文化引领,不断增强企业凝聚力

企业文化是一个企业的价值观念、经营理念、行为规范和形象标准的总和,是在企业核心价值观下一系列思想意识形态的集合,是全体员工共有的价值和理念体系,企业文化也是企业发展的灵魂。

(1)走出去,学习先进经验,制定区域总部文化手册

湖北区域总部在成立后就根据区域化的特点,积极启动文化创建活动,组织人员先后到湖北省京珠管理处、武黄管理处、安徽省合安高速公路等地,实地学习体验各单位文化创建的先进经验,结合自身的实际情况,组织人员编制企业文化手册,从核心价值观、企业精神、标志规范、人才建设、行为规范、社交规范等方面阐述企业的文化理念,经过反复提炼和总结,出台了湖北区域总部企业文化手册。

(2)全员参与,做好企业文化的宣贯,让文化落地

湖北区域总部不断加强企业文化及党建文化的宣传,由综合管理部到各站进行文化手册的宣贯,做

到全员了解,理解企业文化的重要意义,理解企业文化的内涵,做企业文化的倡导者和执行者。

(3)丰富载体,充分展现员工的风采,增强企业凝聚力

湖北区域总部在原有内部报刊的基础上,还要求各业务版块创建不同的文化氛围。收费管理部积极响应行动,创建收费季刊,每季度将收费系统的重大事件、管理创新、员工风采等搜集汇总,在季刊上集中体现,丰富了企业文化内涵,活跃了员工文化生活,增强了企业的凝聚力和向心力。

(4)由心入行,不断升级服务水平,让驾乘人员体验到中交高速优质文明服务

湖北区域总部坚持"以客户需求为导向、以服务客户为中心"的经营理念,要求各收费站强化服务理念,升级服务水平,创建文明服务示范站所,为广大驾乘人员提供安全便捷的服务。在优质文明服务的基础上,马桥收费站荣获咸宁市"2016 年十佳优质服务窗口"、张公、马桥、咸宁东荣获"2016 年咸宁市青年文明号"等荣誉称号,湖北区域总部各站受到 12122 表扬 281 次,收到锦旗 36 面。

通过无形的和有形的系列活动,不断增强品牌创建氛围,不断增强员工争创品牌的意识,为品牌创造打下了坚实的基础。文化实践和创新的最终目的是为了提高企业的核心竞争力,实现企业的健康发展。湖北区域总部企业文化创建始终围绕这一目标,不断强化制度建设,落实全员责任,提升品牌形象。

2. 标准先行,不断提升企业核心竞争力

随着外界因素的不断变化和调整,实施标准化管理显得尤为重要,标准化就是为了在既定范围内获得最佳秩序、提升共同效益,对实际问题或者是潜在的问题确立共同使用和重复使用的条款及编制、发布和应用文件的过程。标准化的本质是统一,就是要在混乱中建立秩序,即在既定范围内获得最佳秩序,也是标准化的目的。

(1)标准化全面推广,实现管理统一

三个路段整合后,以区域化管理模式为框架,以中国交建标准化、中交资管标准化、湖北省高管局行业管理为指导,以收费、监控的日常管理为基础,在管理实践中,通过制定标准、过程实施、定期检查监督等环节实现统一规范的管理。在实施过程中,先制定了标准化推广工作方案,组建标准化推广工作小组,对小组成员进行责任分工,详细制订推广工作计划,对标准推广的各项工作安排、时间节点、责任人及达到的要求和目标予以明确。树立标准化推广示范站所,推动其他站所向标准化示范站所看齐,积极落实推广收费管理标准化,经过将近一年的努力,逐渐实现所有收费站管理上的统一工作要求、统一工作程序、统一服务标准、统一考核标准,实现区域总部收费站的标准化管理。

在收费标准化有效实施的基础上,湖北区域总部按照资管公司的要求有序推进养护标准化和安全标准化,在标准化建设的道路上迈出了坚实的一步,标准化也是品牌化的特征之一。

(2)努力创建省局标准化,打造行业标杆

湖北省高管局每年都要评出省内行业标杆即标准化示范站所,主要是通过管理和硬件建设两大方面来进行综合评比,评比过程十分严格,每年达标率也特别低。湖北区域总部自启动标准化站所创建以来,一手抓硬件设施改造,一手抓管理创新,以制度标准、硬件标准、操作标准、服务标准和队伍建设标准为主要内容"五位一体"的全新标准化创建省局标准化示范站所,并积极与湖北省高管局进行对接明确检查标准,顺利通过了标准化创建验收,得到了高管局领导及行业其他单位的充分肯定,嘉鱼东收费站荣获"2017 年省局标准化示范站所",为湖北区域总部创建行业准化收费站积累了丰富的工作经验。

3. 强化质量,不断提升管理能力

(1)积极开展 QC 质量小组活动,破解管理难题

针对管理过程中存在的问题,湖北区域总部积极开展 QC 质量小组活动,下发了 QC 质量小组管理办法,组织各业务人员成立 QC 质量小组,明确小组的课题和创建目标,以解决现场存在的问题为主,做好 QC 课题的申报。至 2020 年,已经申报了 5 个质量小组,围绕提高质量、降低消耗、改善管理、班组建设、设备改造、提高效率做好课题活动的开展,在不同程度上促进了管理的提升,同时获得了交通运输部

的“优秀 QC 质量小组”(图 1),不断提高湖北区域总部高速公路管理水平。

图 1　优秀 QC 质量小组荣誉证书

(2)创星级现场,提升管理水平

为了提升站所的管理水平,做到“提素质、提质量、强效率、强效益”,在 2018 年湖北区域总部开展了收费现场星级创建活动,成立了由实践经验丰富、学习能力较强、现场指导得法的跨部门人员组成的星级现场领导与工作小组,深入张公、马桥、嘉鱼东 3 个服务型现场,理清工作思路,找薄弱环节,定创建要点,明创建目标,把握创建过程,历时近半年,改变了 3 个服务型现场的面貌,收费现场管理能力和服务水平有了明显的提升。在创建过程中,湖北区域总部以标准为依据,通过摸索实践,积累了一定的经验,取得了一定的效果,张公、马桥收费站分别荣获了四星级以上收费现场荣誉称号。2019 年度,张公收费站荣获全国交通运输文化建设优秀单位,嘉鱼东、咸宁东收费站分别荣获五星级以上收费现场荣誉称号。

(3)强化班组建设,创特色班组

收费站班组建设,是湖北区域总部重点培育的对象,自 2017 年湖北区域总部开展特色班组创建活动以来,积极深入调研,狠抓基层班组建设,打造生产效率高、执行力强、有凝聚力的基层团队,依据特色班组创建活动方案对各收费站特色班组创建进行监督检查。通过检查验收,各收费站特色班组创建取得了实际效果,涌现出许多优秀的特色班组,例如马桥站的“工匠班组”、咸宁东站的“向日葵班组”、通城南站的“彩虹班组”、嘉鱼东的“四 + 班组”,通城南的彩虹班组更是荣获 2018 年“全国最美路姐团队”荣誉称号(图 2),展示出了湖北区域总部良好的工作氛围和员工积极向上的心态。2020 年,收费管理部“缤纷班组”获得中国公路学会“最美路姐”网络票选排名第一的成绩。

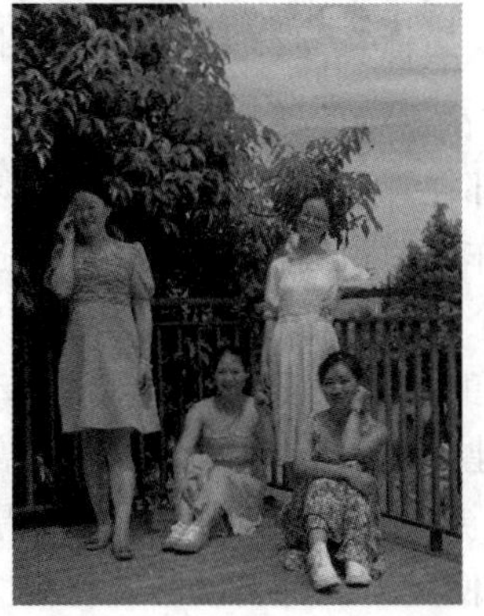

图 2　优秀特色班组创建展示

4. 安全为重,不断夯实安全管理基础

2017 年,湖北区域总部在资管公司安全标准化手册的基础上,结合行业管理规范要求,修编制定了湖北区域总部安全标准化手册及应急预案管理制度。安全标准化手册及应急预案管理制度通过建立安全生产责任制,制定安全生产管理制度和操作规程,排查治理隐患和监控重大危险源,建立预防机制,规范生产行为,使各生产环节符合有关安全生产法律法规和标准规范的要求,并持续改进。湖北区域总部在推广安全标准化过程中取得了突出的成绩,一方面改善了作业条件,提高了劳动效率;另一方面有效地预防和控制了事故及职业危险、有害因素,对湖北区域总部经济效益及生产发展具有长期的积极效益。

5. 智慧引导,加强信息化建设

信息化是实现智慧高速公路的重要载体和主要手段,结合湖北区域总部的实际情况,从信息采集、信息传输、数据汇总和应用、路网管理、应急处置、出行信息服务六个方面进行规划,狠抓落实,努力提高信息化水平。大力开发 OA 自动化办公平台,不仅满足日常办公的需要,还实现了收费业务数据的汇总和统计,便于实时了解运营情况。开发了隧道水位检测报警系统,有效监测隧道消防水位的变化。培训软件试运行,实现了收费人员理论知识在线测试和模拟在线操作,为提升员工的业务水平提供了有力的支撑。

2018 年,收费管理部组织技术人员先后设计开发了"绿通管理系统"和"收费车"两个项目,绿通管理系统由智能终端和计算机后台两部分构成,具备多项功能,绿通验货由原来的较为烦琐的工作流程简化为仅需检查人员通过平板电脑进行现场采集即可,实现绿通查验规范化、业务工作简单化、绿通建档自动化、数据查询快捷化。收费车主要是由移动式机柜、工控机、票据打印机、读卡器等收费设备组成,根据通城南分流潮汐式的车流情况,最大限度节约了对现场的设备投入。

(二)专业化

湖北区域总部从思想政治建设、激励机制、培训机制三个方面着力打造一支政治素养过硬、管理能力和业务能力过强的专业人才队伍,为湖北区域总部的发展增砖添瓦。

1. 加强思想政治建设,塑造一支政治素养过硬的人才队伍

湖北区域总部作为国有企业,人才队伍的培养离不开思想政治工作的引领,湖北区域总部坚持用毛泽东思想、邓小平理论、"三个代表"重要思想、科学发展观、习近平新时代中国特色社会主义思想武装人才队伍的头脑,引导他们坚持正确的政治方向和理想信念,树立符合时代精神、适应企业发展需要的职业道德和工作理念,不仅要在业务能力上高人一筹,工作业绩上争创一流,而且要加强培养良好的职业道德操守,形成勤奋务实、艰苦奋斗的工作作风。湖北区域总部把思想政治素质的统帅作用贯穿于人才的培养、选拔、评价、激励等各个环节,在日常工作中不断强化人才队伍思想政治建设,使企业全体员工统一政治意识和认识,为企业战略目标实现齐心协力、共同努力。

2. 建立人才激励机制,调动人才的积极性、主动性和创造性

(1)建立完善的激励体系

湖北区域总部在管理过程中建立了完善的激励体系,采取多种措施,把激励贯穿于管理的全过程,充分调动员工工作中的积极性、主动性和创造性。一是每年年底通过年度评先评优,评选出当年的总经理特别奖及先进个人,每季度通过收费业务及监控标兵评选,评选出季度业务标兵和监控标兵。二是建立创新奖励机制,鼓励员工开展创新创效活动,对出现的创新创效成果,根据获得的荣誉大小予以奖励。三是完善合理化建议奖励机制,湖北区域总部比较重视合理化建议活动,鼓励员工为公司的发展和管理提出合理化建议,被采纳后予以奖励,充分调动了员工的积极性。通过建立有效激励机制增强员工积极性与创造性,努力使员工提升自己的工作能力和业务能力,打造专业化人才队伍。

(2)鼓励员工一专多能

为避免收费站员工长期固定在一个岗位,导致思想固化和消极处事,也为了多方位培养收费站人才,打造一支业务素质高、思想过硬的优质队伍,在收费站范围内全面实施轮岗制度,实行班长收费人员岗位互换、站务人员轮岗、收费人员竞聘站级机动等方式,定期在站所范围内开展以"争当业务能手、争

做服务标兵,创建标准化站所和创建服务示范窗口”的“双争双创”竞赛活动,以着力打造一支一专多能、全面复合型的专业人才队伍。

3. 建立完善培训机制,打造一支专业化人才队伍

(1)开展实用有效的培训及评定工作

湖北区域总部在日常培训工作中首先梳理岗位需求和人员任职要求,对人员的现有能力和素质进行评估,建立人力资源素质模型。其次确定培训要求,制订培训计划,按计划对人员进行系统培训,湖北区域总部在2018年共计开展10次培训,培训内容有营销管理、安全管理、税务相关知识、Excel应用实操、公文写作技巧、STT内训师培训、团队建设培训,培训人员共计480余人次,累计课时达到78课时。其中高空作业车培训,提高了高空作业车操作人员的操作规范性,增强了特种作业人员的安全操作意识,9人通过考试取得了高处作业操作证;9月开展STT内训师培训,表现优秀的18位学员取得企业内训师(初级)资格证书;2018年为促进职称评价和人才培养使用相结合,提高职称评定人数总量,优化专业技术人员结构,结合公司实际情况共计开展三次职称管理评定工作,至2020年,湖北区域总部共计21人取得相应级别职称,其中高级职称2人、中级职称10人、初级职称9人。

(2)培养建设一支稳定的、专业的内部培训师队伍

企业要做大,员工技能要提升,都离不开培训,培训在企业管理过程中地位也越来越重要,外部培训师即使专业度很高,也无法为企业提供有针对性的培训,培训效果较难保障,而且外部培训师的培训成本也比较高。湖北区域总部充分挖掘现有内部培训资源,制定详细的内训师选拔培训方案,按照选拔方案,面试选拔了一批内训师,共有8名,并安排内训师对各路段进行培训授课(图3)。湖北区域总部通过实践相结合的方式,培养、建设一支优秀的内训师队伍(图4),不仅有利于员工队伍的建设,更有利于推动企业的又好又快发展。

图3　内训师培训

图4　取得内训师资格证书

(3)建立培训基地,构筑教育平台

为了促进高速公路新员工教育培训工作制度化、经常化、规范化,同时为了使培训工作的开展更贴合实际,湖北区域总部在通城南收费站建立了新员工培训基地(图5),培训基地针对每位新员工制订了详细的培训计划,邀请各部门、各单位优秀的内训师,为新员工进行授课(图6),提高了新员工的业务能力和服务水平,也大大节约了培训成本,为新员工上岗打下了坚实的业务基础。

(三)集约化

湖北区域总部通过实施区域化管理来达到集约化的效果,优化管理机构,降低管理成本,逐步推广标准化、精细化管理,达到高效精简,在区域内资源共享,实现效益最大化。

1. 区域化管理模式

湖北区域总部实行扁平化两级管理模式。

图5　培训基地开班仪式

图6　培训基地授课

(1)两级扁平化,垂直管理纵向到底

区域总部各部门(简称"部门")对路段管理中心(简称"路段中心")和各收费站进行纵向垂直管理,路段中心与收费站为平级基层单位。

(2)一路一中心,双重管理横向到边

每个路段设立一个路段中心,主要是负责整个路段的养护、机电、安全应急等方面的日常性工作。部门将日常工作职责下放至路段中心,将日常管理横向到边全覆盖,切实解决日常工作中管不到和管不了的问题。一是根据业务归口对路段各业务口进行指导。二是由部门负责制订工作计划、工作流程、工作标准,路段中心负责严格执行。三是部门对以上内容进行定期的检查考核,确保落实到位。

(3)齐抓共管,目标引导高效执行

针对业务方面(如养护、机电),部门发挥专业技术上的优势,定期对路段养护、机电人员进行指导、培训,负责解决路段中心存在的技术难题。一方面,路段中心按照管理权限,对所属业务人员进行日常考核,确保部门下发工作保质保量地完成;另一方面,对于部门组织实施的专项工程,路段中心安排人员全程配合、监督,确保完成质量。对过程中存在的安全、质量方面的问题及时进行制止和纠正,确保工程安全和质量符合相关要求。

(4)统筹协调,资源共享应急保障到位

部门对三个路段的资源,进行集中化协调管理。对各路段人、财、物以及第三方单位的资源,可根据情况进行统筹调配,确保应急处置工作高效实施,真正实现资源共享、互相补位、高效处置。

2. 区域化管理特点

(1)以总部为主体

湖北区域总部共设置综合管理部、人力资源部、财务资金部、收费管理部、运行稽查部、路产维护部(安全管理部)共6个部门,主要职能是经营决策、业务管理和检查考核,属于管理层。部门对各基层单位进行纵向垂直管理,全面负责并直接归口管理各路段中心、收费站的各项业务,实时掌握各项业务的完成情况并及时进行调整和修正。同时,还负责各单位横向资源集中化协调管理。

(2)以路段中心为抓手

各部门根据自己的分工,及时掌握路段动态。结合每月对各路段中心实际下发的工作,定期对路段进行检查和考核,并将考核结果应用到路段中心。同时,根据存在的问题,各部门按照职责分工定期对路段中心业务人员进行业务培训。此外,为了减少中间环节,针对各收费站归口管理的部分经过细化分工,明确流程,增强了工作效率。

(3)以标准化管理为核心

作为整合型的运营公司,由于历史原因各路段的管理模式和管理制度各有不同,如此,管理模式和制度的规范统一至关重要。三个路段整合后,以区域化管理模式为框架,以中国交建标准化、中交资管标准化、湖北省高管局行业管理为指导，以收费、监控的日常管理为基础，在管理实践中，通过制定标准、过程实施、定期检查监督等环节实现统一规范的管理。经过将近一年的努力，收费标准化、监控标准化已基本形成，12个收费站的收费业务、3个监控中心的监控业务基本实现了规范和统一。

湖北区域总部根据资管公司的要求逐步推进养护标准化和安全标准化的实施。通过不断努力，最终实现最佳的统一，即利用有限的资源，取得尽可能大的社会效益和经济效益。

(4)以运营品牌为引领

湖北区域总部以中交高速品牌为引领，将中交的企业文化深入骨髓。从对内的日常管理到对外的服务形象，都高标准严要求，做好中交品牌的传递者，逐步将中交高速品牌影响力扩大，为驾乘提供安、畅、舒、美的行车环境。组织机构图如图7所示。

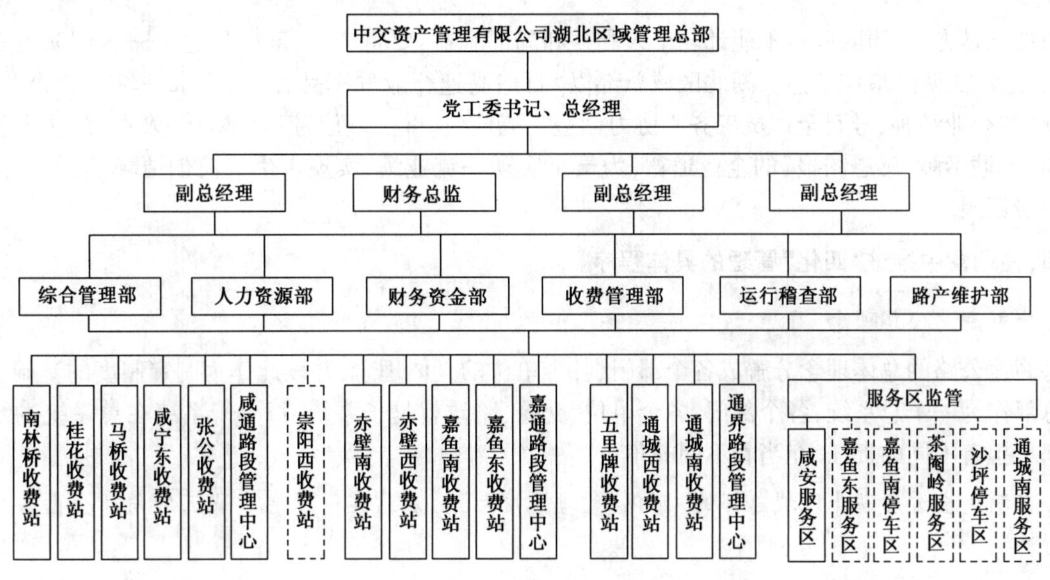

图7　湖北区域总部组织机构图

(四)职业化

湖北区域总部注重强化运营管理队伍职业化建设，从职业能力、职业素养、职业规范三个方面构筑职业化模型，使湖北区域总部形成一个有机的整体，为实现团队的目标而奋斗。

职业道德、职业意识、职业心态是职业化素养的重要内容，同时也是职业化的最根本的内容，如果我们把整个职业化比喻为一棵树，那么职业化素养则是这棵树的树根，职业人应该遵循的职业道德：诚实、正直、守信、忠诚、公平、关心他人、尊重他人、追求卓越、承担责任，这些都是最基本的职业化素养。

湖北区域总部从以下六个方面着手打造职业化管理团队：

1.明确提出团队目标

目标是把人们凝聚在一起的力量，是鼓舞人们团结奋斗的动力，也是督促团队成员的尺度。要注意用切合实际的目标凝聚人、团结人，调动人的积极性。湖北区域总部成立之初就明确了团队目标即打造一支"态度、坚持、务实、高效"的管理团队，持续提高运营管理水平，为驾乘人员创造出畅和舒美的行车环境。

2.健全团队管理制度，打造职业化团队

管理工作使人们的行为制度化、规范化。好的团队都应该有健全完善的制度规范，如果缺乏有效的制度，就无法形成纪律严明、作风过硬的团队。湖北区域总部坚持"三位一体"贯标工作，制定体系文件，涵括综合、人力、财务、收费、机电、养护、稽查、监控八大体系，切实指导了团队的各项业务管理，为管理工作提供了制度依据。

3.创造良好的沟通环境

有效的沟通能及时消除和化解领导与成员之间、各部门之间、成员之间的分歧与矛盾。因此，必须建立良好的沟通环境,以增强团队凝聚力,减少"内耗"。湖北区域总部从制度上就明确规定各部门、各单位要做好沟通,创造出良好的沟通环境,切实解决运营管理中存在的问题,为公司的发展清除障碍,提升运营管理水平。

4. 引导成员参与管理

每个成员都有参与管理的愿望和要求。正确引导和鼓励这种愿望,就会使团队成员积极为团队发展出谋划策,贡献自己的力量与智慧。湖北区域总部建立了良好的信息反馈沟通系统,各部门、各单位针对公司、部门及单位的管理,都可以提出的自己的意见,各级领导都必须重视并予以回复,提高团队成员的工作积极性。

5. 增强成员全局观念

团结就是力量,团队成员不能计较个人利益和局部利益,要将个人、部门的追求融入团队的总体目标中去,达到团队的最佳整体。湖北区域总部以"打造高速行业领军品牌"为追求,坚持"同道共进 追求卓越"的企业精神,号召全体员工齐心协力创造一流佳绩。行"诚信 担当 创新 人本"的企业核心价值观和"忠诚奉献 感恩图报"的企业道德,为员工实现一流业绩、实现人生价值创造环境,努力为员工打造和谐家园。

四、在运营中推进"四化"管理的具体程序

1. 分解高速公路理念

将高速公路的总体理念分解成各个部门、各个单位的具体理念,并以此作为制定制度的基础。湖北区域总部作为一个总系统,各个部门、各个单位、交警、路政就是子系统,每个子系统在总系统的统一管理下都承担着不同的责任、充当着不同的角色。

2. 在制定出适应湖北区域总部的"四化"管理制度后,必须站在管理者和职工的角度全面审视制度的可行性

全面审视制度是加强"四化"管理的一个重要步骤。站在管理者的角度审视,是为了核查"四化"管理制度是不是与公司管理和发展理念相一致的,是不是适用于湖北区域总部高速公路运营模式的,避免犯下"止于知而疏于行"的错误;站在职工的角度审视,是因为进行"四化"管理的过程,实际上就是为了让职工能更好地理解和落实公司管理和发展的理念,最大限度地挖掘职工的潜能,实现公司的总体理念、总体目标,从而达到公司运营发展的目标。

3. 确定"四化"管理的可行性后,必须在实施、执行上下功夫,确保"四化"能有效执行

要加强组织领导、强化组织保障,建立健全党政统一领导、综合人事部门组织协调、业务部门具体实施、相关部门密切配合的领导体制和工作机制。

要建立保障机制以保证"四化"管理工作的有序开展,要加强人员保障,确保对"四化"管理工作指导有力,协调到位;要加强物质保障,加大经费投入,用于开展高速公路"四化"管理研究,落实"四化"管理措施,完善"四化"管理手段,提升"四化"管理水平等。

要建立考评机制。成立"四化"管理考评小组,制定严格的"四化"管理考核办法,定期对各部门、各单位开展"四化"管理进行检查考评,鼓励先进,鞭策后进,考核要与年底奖金挂钩,发挥激励作用,推动"四化"管理顺利开展。

五、小结

加强"四化"管理与促进高速公路运营管理科学化和现代化,提高管理效能有着密不可分的关系,是高速公路运营管理中强化创新观念的保障,也是加快高速公路运营全面、协调、健康、可持续发展的必要途径。湖北区域总部在下一阶段将不断强化"四化"管理,持续提升服务质量,全面提高管理水平,为中交高速的事业作出更大的贡献。

以激发市场主体活力、助力全球抗疫为目标的公铁多式联运物流体系建设

义乌市国际陆港集团有限公司

成果主要创造人:王建伟 张 浪

成果参与创造人:龚 先 陈菁华 王美才 李惠娟 冯翊超 毛鹏飞

企业复工复产、市场内销外贸都离不开物流保障,疫情影响之下,海陆空交通受到不同程度影响。为积极响应国家落实"六稳""六保"工作任务部署,义乌市国际陆港集团有限公司(简称"义乌陆港集团")依托铁路口岸开放优势,积极发挥铁路、公路多式联运优势打出"组合拳",通过"水改陆""陆转铁"等方式,保障物流"动脉畅通""支流通达",为广大企业发展保驾护航,带来一定的经济效益和社会效益。

义乌陆港集团为义乌市属国有企业,注册资金2亿元,总资产120亿元,现有员工400余人,是中国物流与采购联合会评定的中国物流AAAAA企业,被人力资源和社会保障部、中国物流与采购联合会评为"全国物流先进集体"。2014年,伴随着义乌国际贸易综合改革试点的深入推进,义乌陆港集团改制设立,肩负着国内物流园区、保税物流园区、铁路口岸、陆港电商小镇等产业项目的投资、建设、管理,并负责陆港新区约32.14平方公里的基础设施配套工程(道路、综合管线、园林绿化)的投资与建设。为做好"六稳"工作、落实"六保"任务贡献更多陆港力量,化"疫情之危"为"转型之机",义乌陆港集团成立了新的运营平台,进一步完善公铁联运物流体系。

一、实施背景

(一)发展现状

1.义乌拥有全省唯一临时对外开放的陆地口岸

2015年,国家口岸管理办公室正式发文同意义乌铁路西站作为临时口岸对外开放,标志着义乌铁路西站正式成为浙江省唯一的铁路临时对外开放口岸。口岸临时开放,叠加了全球小商品集散中心海量货源优势,每年吸引50多万人次境外客商前来义乌采购商品。这对于深化义乌国际贸易综合改革试点,打通国际贸易通道,构建国际贸易便利化体系,推进全球小商品贸易中心和国际陆港城市建设具有重要意义。与此同时,义乌已开通"义新欧"中欧班列,该班列成为亚欧大陆互联互通的重要纽带,有力地推动了浙江省与"一带一路"沿线国家的全方位交流合作。义乌—宁波北仑港之间还开通了铁海联运集装箱班列。

2.义乌具备物流体系建设得天独厚的优势

一是地理位置优越。义乌位于浙江中心,南接福建,北连上海经济区,东邻东方大港——宁波—舟山港,海陆空交通发达。以公路和铁路为主体框架,依托"义甬舟"与"义新欧"连结点优势,义乌物流可以形成陆海内外联动、东西双向互济的生动格局,因此,完善公铁联运物流体系建设是必然要求。

二是货物吞吐量大,货源充足。近年来,义乌物流量快速增长,义乌物流中心"零距离"服务外贸出

口企业,将口岸服务功能直接延伸到义乌。越来越多的外商,通过国际物流中心把货物输送到世界各地。

三是物流布局科学高效。当前,由义乌陆港集团建设的四大物流园区——国内公路港物流中心、江北下朱物流场站、青口物流中心、福田物流中心相继投入使用,与义乌铁路口岸形成进出口联动的物流布局,能牢牢把握稳内需与扩出口并重的战略基点,为促进义乌市场繁荣提供强有力的物流支撑。

3. 政府为物流体系发展注入信心

义乌坚持走改革开放的道路,致力创新创业,"买全球、卖全球",不断丰富"世界小商品之都"的内涵。2020 年 4 月,义乌综保区获批,这意味着义乌开放层级再上一个台阶,所有外贸进出口企业、跨境电商企业、市场主体都迎来一个"黄金时代",这是百年难遇的重大机遇。另外,义乌市政府也出台了《物流业财政扶持办法》等扶持政策,鼓励义乌物流行业向纵深发展。

(二)制约瓶颈

1. 多式联运耦合程度不高

义乌公路、铁路、海运、航空等不同运输方式之间衔接还不够畅通,部分领域、环节的市场化程度还不高,在一定程度上影响物流效率。

2. 物流成本较高

受新冠肺炎疫情影响,运输通道实施了"硬隔离",物流领域一度出现环节增多、人手不足、供给短缺等情况,在出口领域审批更严、时间更长,在一定程度上阻碍了广大物流企业的经营活动,物流成本处于高位、难以下降。

3. 智慧物流建设滞后

义乌对城市物流业空间布局进行梳理完善,物流场站建设如火如荼,充分发挥了物流战略性、基础性作用。但当前物流信息化建设较为滞后,信息不够透明、匹配不够精准、组织不够科学,造成了物流体系不够智慧高效,对城市交通、城市环境造成了一定的干扰,带来了一定的压力。

4. 缺乏物流拔尖人才

近年来,义乌市场对现代物流需求日益强烈,物流整体作业水平也有所提高,但随着科学技术的进步、观念的更新,也面临着人才匮乏的状况,物流行业的高薪有时候带来的不是高求职率,很多时候是"一将难求"。因此,亟待吸纳众多物流人才,支撑物流体系建设。

二、成果内涵和主要做法

(一)成果内涵

目前,公路转关、铁路转关业务更加壮大,为广大跨境电商企业创造了新的物流通道。"义新欧"(义乌—列日)eWTP 菜鸟号这一长三角区域首条跨境电商中欧班列,实现义乌到比利时列日两大 eWTP 之城的铁路干线直联。2020 年,跨境电子商务监管中心处理 9610 出口票件量突破 1000 万件,同比增长 221.3%。"义新欧"班列往返运行 974 列,发运 80392 个标箱,创历史新高。义乌"世界货架"搭建提速增效。义乌打破进口产品只能依赖沿海沿边和空港口岸转关的现状,真正具备国际物流集散中心的功能,打造全球日用消费品进入中国的桥头堡。疫情期间,通过公铁多式联运,义乌陆港集团积极组建货源,为"一带一路"沿线国家送去抗疫物资和生活用品,很大程度上缓解了疫情压力,助力沿线国家恢复生活秩序、经济发展。另外,也为社会提供了 2000 多个就业岗位。

(二)实施管理创新目标

依托沪昆铁路、浙赣铁路建设,紧抓义乌是全国首个县级、国家级国际贸易综合改革试验区和综合保税区优势的战略机遇,抢抓"义新欧"中欧班列与义甬舟开放大通道连结点优势,以中欧班列、中亚班列和义乌—宁波北仑的铁海联运为载体，充分发挥智能物流服务平台优势，服务制造企业、商贸企业，持续引进、培育、赋能中小物流企业，努力实现区域制造企业、商贸企业、物流企业降本增效，助力区域招商引资及经济快速发展。

1. 打造"节约型"公铁多式联运物流体系

公铁多式联运是复合型的运输组织模式，不仅可以有效提升运输效率、实现长距离绿色安全运输，而且可以降低物流成本、减轻企业负担，是构建综合交通运输体系的关键。铁路口岸、义乌公路港是公铁多式联运物流的重要节点，能很好保障物流园区货运场站发挥铁路运输、信息服务、快速中转等功能，实现公铁联运无缝衔接，进一步缓解城市道路拥挤，确保货物运输高效快捷。

2. 打造"智慧型"公铁多式联运物流体系

积极推进智慧物流建设，开启"大数据 + 公铁联运"模式，加快智能化硬件设施建设与软件系统开发，结合云计算、大数据、移动互联、区块链等先进信息技术的应用和推广，进一步推动信息资源互通共享，实现经营主体、行业部门、货运车辆、场站枢纽之间的有机连接，集聚物流、商流、信息流、资金流等，最大限度提升物流体系运转效率。

3. 打造"集约型"公铁多式联运物流体系

以多式联运监管中心为阵地，加强资源整合，优化功能布局，完善指定口岸集中查验区、出口区、进口中转分拨区、多式联运功能区。多式联运监管中心集政策突破、功能试验、成品宣传于一体，具备总部基地、商务办公、生活休闲、物流金融及辅助服务等功能，并根据区域特色与口岸优势，打造货运代理、信息中心、零担快运、仓储配送、停车场、汽修及汽配、堆场、生产作业调度中心、综合配套服务区等服务性产业链条。

4. 打造"服务型"公铁多式联运物流体系

(1)服务"一带一路"倡议

"一带一路"倡议是义乌依托铁路口岸实现扩大开放的重要举措，公铁多式联运将发挥积极作用，有效促进与沿线国家合作。义乌陆港集团会同义乌海关、市场发展委和铁路部门成立工作专班，以战时状态抓班列运营，化危为机、攻坚克难，组建陆港国际班列公司作为"义新欧"中欧班列义乌平台班列运行主体，变服务商为运营商，全力保障班列"应运尽运、应发尽发"。

(2)服务市场主体发展

科学高效、价廉的物流体系是市场快速发展的关键，既可以扩大内需，又可以增加出口，对培育进口市场、壮大出口市场注入强大动力。

(三)主要做法

1. 夯实基础设施建设，不断提升承载能力

义乌陆港集团把物流业作为战略产业加以重视、培育和发展，通过加快基础设施建设，力求突破瓶颈制约，构建物流高地。义乌铁路口岸规划总占地约 1616 亩，按年吞吐量 40 万 TEU 设计，分为两个阶段建设：一期项目占地 215 亩，投资约 1.5 亿元，于 2015 年 5 月开工，2016 年 11 月正式投入使用，建有联检大楼、查验平台、监管仓库、集装箱空箱重箱堆场、熏蒸场地、停车场等设施；二期目前已开工建设，二期仓储区块以及堆场于 2020 年 8 月建成投用。义乌公路港总占地面积约 744 亩，总建筑面积达 69 万平方米，投资约 28 亿元，其中一期总占地为 557 亩，并于 2019 年 4 月 30 日正式投用；二期目前正在筹建中，预计于 2021 年 4 月完工。目前，义乌公路港(图 1)被评为浙江省级物流示范园区。

义乌国内公路港物流中心，集专线运输、城市配送、集货中转、供应链中心等物流业态于一体，是国内干线物流集疏运中心，是义乌实现国内物流转型升级和物流出城最主要的承载主体，也是全国单体面积最大的物流枢纽项目。截至 2020 年底，已吸纳 245 家干线企业共 423 个档口入驻经营，直达全国大中小城市 499 个，物流"神经末梢"基本遍及全国各地。

图1　义乌公路港

义乌铁路口岸是义乌市落实浙江省"一带一路"倡议的战略支点、是城市向西发展的新增长点、是国际陆港物流园区的多式联运示范点、铁路国际集装箱运输的重要节点。初期采用集约式发展模式,实现铁路集装箱运输、堆存、装卸、口岸通关等基础核心功能。近期逐步实现综合发展模式,积极开展出口监管、进口保税、多式联运和综合配套等功能。下一步将拓展出口集拼、进口分拨、物流金融、贸易、维修和信息等功能,实现全方位发展模式,义乌铁路口岸如图2所示。

图2　义乌铁路口岸

江北下朱货运场(图3)位于310省道与城北路交叉口以东、义乌江以北,占地200多亩,总投资3000多万元。江北下朱货运场建筑面积27000多平方米,有经营用房465间,于2009年7月12日投入运营。江北下朱货运场是义乌国内物流的重要临时站场,现有经营户157家,其中托运处152家、卸货点5家。货运网络齐全,专线达140多条。

图3　江北下朱物流园

青口物流中心(图4)位于义乌市阳光大道与涌金高速公路交叉处西侧白莲塘和观音塘地块,总占地规模约310亩,其中北侧地块约122亩,南侧地块约189亩,总建筑面积约为10.8万平方米,包含集货中转区、零担快运区、辅助及管理用房等。有经营用房约231间,共招入物流企业221家,其中零担快运区211家(南侧137家、北侧74家),卸货点10家。南侧区块设有零担快运区8栋共140间,北侧区块设有零担快运区5栋共76间,卸货点1栋共15间,还设有2层集货中转区,一楼可用于集货中转,二楼可用于仓储。

图4 青口物流中心

福田物流中心位于义乌市阳光大道东侧、天宝路南侧地块,规划总占地约177亩,计划总投资1.5亿元,总建筑面积约5.68万平方米,经营用房137间(零担快运区共10栋118间,卸货点1栋共19间)。共招入物流企业126家,其中零担快运区115家,卸货点11家。

青口物流中心南北两侧和福田物流中心分别设有2栋辅助用房作为配套服务区,主要功能包括办公、商业服务(超市、餐厅)、汽车服务、客户服务中心,面向园区物流企业提供办公、餐饮、汽修汽配等一站式服务。

各大物流园区投入运营后,设立汽车服务中心和客户服务中心。汽车服务中心主要功能有汽车修理、轮胎维护和更换、汽车零配件销售和更换、汽车保养等,满足物流企业汽车服务需求。客户服务中心是园区"一站式"服务窗口,主要提供业务咨询、合同签订、水电费收缴、车辆进场预约、工程维修、纠纷投诉调解等综合服务。

2. 强化运输服务延伸,构建干线分拨网络

一是拓展"义新欧"中欧班列线路。截至2020年底,义乌铁路口岸已开通义乌至中亚、义乌至伊朗、义乌至阿富汗、义乌至拉脱维亚、义乌至俄罗斯、义乌至白俄罗斯、义乌至英国伦敦、捷克布拉格至义乌、义乌至西班牙马德里、义乌至法国杜尔日、义乌至比利时列日共11条线路,主要出口方向在中亚和欧洲,途经哈萨克斯坦、俄罗斯、白俄罗斯、波兰、德国、法国、西班牙7个国家。中欧班列运行线路全长1.3万多公里,从义乌到马德里需17~18天。常态化开行"义新欧"吉利号、温州号、诸暨号,开通了长三角地区首条跨境电商中欧班列——eWTP菜鸟号,实现了铁路运输跨境电商包裹的模式突破,为线上、线下中小企业提供便利、高效、阳光的跨境贸易物流解决方案。

二是加强公铁物流无缝衔接。为提升运输服务质量,强化物流通道建设,延长辐射半径,义乌公路港在"义新欧"回程货物集散中转上,进一步发挥公路干线对周边商贸市场的集聚和分拨功能,其业务基本覆盖全国主要城市,浙江全省89个县级行政区可实现当日"门到门"服务。同时,依托灵活便利的运输特性,通过零担快运服务提供浙江省乃至全国的区域物流分拨,实现"义新欧"回程货物国内段的集中分拨。当前已引进浙江金斯顿供应链集团有限公司、义乌市香罗供应链管理有限公司等企业。

三是提高短驳物流运营效率。为深入把握智慧物流发展趋势,构建交通物流产业新经济的形态,义乌陆港集团经过对国内及义乌同城配送业态做了深入的调研和业务模式分析后,整合多方优势资源,成立"义乌好运"城市配送平台。

以降本增效、服务民生为使命,致力于构建"绿色、高效、集约"的商贸物流同城配送服务体系。"义乌好运"城市配送平台整合线下城配运力、仓储等资源,陆续开通城配专线和即时送达两大主营业务,

服务城市主要商贸区、工业区和物流园区。平台通过区块链、人工智能、大数据、云计算等先进技术,将闲散的货源、同城运力以及干线物流等物流资源进行整合,实现车货匹配、智能调度、动态集拼等智能化功能,提升物流效率,缓减城市拥堵状况。

3. 整合公路干线资源,促进绿色物流发展

一是引进现有公铁联运线路。通过引进现有公铁联运线路,整合公路干线的运力、货物资源,增加优势线路,提升干线物流的服务品质,形成拥有多种运输方式、能满足不同物流需求的干线物流新体系,现已引进义乌至昆明、贵州、拉萨、成都、乌鲁木齐5条公铁联运线路。

二是积极培育干线物流企业公铁联运模式发展。通过在园区管理、场地供应、部门协调等方面提供支持保障,新开公铁联运线路,增加新运力。培育入驻企业开通义乌至石家庄线路,现已完成线路审批,并于2020年9月正式开通。

三是积极配合交通运输部门落实《加快推进老旧营运车辆淘汰实施意见》,加大对淘汰政策宣传,引导入驻企业提前淘汰老旧营运车。截至2020年底,入驻企业已淘汰各型国Ⅲ及以下营运柴油货车共计40余辆,新购营运重型牵引车20余辆,新购新能源货车30余辆。同时,为创建一流绿色物流园区,满足新能源汽车的充电需求,强化场站内新能源汽车的便捷性,公路港内与国家电网合作,建设1处新能源充电桩。

4. 加强交通组织规划,保持物流通道畅通

对义乌铁路口岸及义乌公路港各类进出口进行科学规划,采取控规模、抑需求、优路网、均流量、序内部、严管控的措施。一是将公路港一层372个档口和二层省内物流专线130个档口作为货运经营模式运营,平稳保障高峰时期每小时5500余车次进出。二是优化路网通行,在目前四海大道货车流量较大、东西向主流量远大于交叉口转换流量而龙海路、圣达街利用率不高的情况下,及时对四海大道进行了改造并且将圣达街和龙海路进行合理规划使用。三是对义乌铁路口岸和公路港内部交通组织进行了有序管控,形成主通道双向、大小货车进出分离、横向单向诱导的规则,保障整体交通情况井然有序。

下一步,义乌陆港集团将依托义乌完善的智慧交通体系,智能的路+聪明的车,实现交通流量的全局均衡,交通状况变得更安全、有序、畅通。以智慧物流、智慧交通为切入点,全力打造全球智慧城市样板,实现"绿色、高效、畅通、有序"的城市环境。

5. 加强资源整合配置,降低物流企业成本

依托义乌商贸服务型国家物流枢纽建设的大背景,义乌公路港积极推动义乌物流行业向智能化全面升级,在发挥六大中心功能的基础上,将整合提供现场监管服务、技术支持服务、生活服务,形成平台为进驻单位服务、进驻单位为货主企业服务、货主企业为最终客户服务的服务链条和相互依托关系。在完成智能化新基建体系建设的基础上,积极谋划"智慧园区管理+智能物流+产业互联网+供应链金融"的产业发展模式,形成一站式服务体系,将有效整合义乌及周边地市商流、物流、信息流、资金流,实现供应链一体化、物流电商化、供应链管理外包化、仓储智能化、运输可视化,全面提升供应链的整体运作效率,帮助商贸企业降低物流成本。

搭建1556国内物流信息平台。平台采用区块链、人工智能、物联网、大数据、云计算等新技术,对车辆、货物、道路、驾驶员、商家、物流园区等业务要素进行数字化赋能,将发货需求、社会运力、运输线路等情况进行实时智能化分析与匹配,实现智能调度、订单分单等功能,进一步提升物流智能化服务水平。将传统零散的发货时间、发货地点、物流运力等元素进行聚合,实现车货实时动态匹配、一键智能拼单、在途拼单等功能,进一步加强短驳物流业务车、货、路的集约化管理。

6. 坚持人才发展战略,提升建设管理水平

一是加强物流人才引进。高度重视人才工作,坚持云端招才、线下引智,面向社会与高校吸纳物流专业人才。与恒信人才网、千里马人才网保持紧密联系,与长安大学、西安邮电大学、合肥工业大学等十余所院校签订校企合作协议,为物流体系建设输送人才。

二是加强人才技术培训。把培养培训当成人才素质提升的关键一招,通过常态化开展陆港大讲堂、网络学习,夯实基础知识,指导变革创新。加强教育辅导,积极鼓励员工考证。截至2020年底,陆港集团共有高级物流师28人,中级物流师5人。设置技术岗,让物流师干专业事。

三、公铁多式联运体系建设所取得的成果

(一)经济效益

1.跨境电商行业迎来黄金发展期

进一步做大公路转关、铁路转关业务,为广大跨境电商企业创造新的物流通道,发挥铁路运输"比空运便宜、比海运省时"优势。2020年,"义新欧"班列往返开行974列,发运80392个标箱,同比增长90.2%,呈现逆势强劲增长态势。进口肉类1129车,共计28225吨,总货值约8125.5万美元。

2.义乌"世界货架"搭建提速增效

依托强大的口岸功能,义乌将打破进口产品只能依赖沿海沿边和空港口岸转关的现状,真正具备国际物流集散中心的功能,打造全球日用消费品进入中国的桥头堡,形成出口、进口并重的全方位贸易格局。截至2020年底,义乌B保内货物来自西班牙、德国、格鲁吉亚、日韩、智利、阿根廷等60多个国家,种类达到7000多个。2020年跨境电商(1210)业务逆势而上,累计实现1210跨境进口核放单量超2600万票,同比增长2倍,为浙中地区国际贸易的培育和发展提供了强有力的支撑。

3.物流业发展强劲,出现井喷式增长

开展了干线物流整合试点,以"政企协同、以点带面、精准结对"为原则,开通了线上申报平台和服务专线,牵线搭桥助企抱团拼车。积极调研公铁多式联运的运营模式,设立青口物流中心警企合作示范点,形成园区内部保安"引导"、交警外部协同长效管理机制,有效缓解园区及周边区域的交通拥堵问题。2020年,义乌公路港等四大物流园月均车流量超41000辆,累计货物吞吐量1560万吨,同比增长5.1%。

(二)社会效益

1.深度融入"一带一路"倡议

疫情期间,通过公铁多式联运,义乌陆港集团积极组建货源,为"一带一路"沿线国家送去抗疫物资和生活用品,很大程度缓解了疫情压力,助力沿线国家恢复生活秩序、经济发展。"义新欧"中欧班列不仅成为一条"运输线",也成为加快促进共建、共享、共融、共赢的"贸易线",更是确保沿线国家人民安全稳定的"生命线"。在开放式的公铁多式联运体系下,"义新欧"中欧班列的去程和返程班列数量将进一步增多,义乌与"一带一路"沿线国家合作基础更加扎实。

2.间接增加就业岗位

因跨境物流通道畅通,跨境电商企业恢复生产需求强烈,但遭遇了"用工荒"的困境。义乌陆港集团开启"村企匹配",与城西街道七一、八一等村对接,为企业输送工人2000余人。

MSP平台技术提升车载监控视频传输率，提升企业运营管理水平

杭州市公交集团有限公司第二汽车分公司

成果主要创造人:赵爱芳

成果参与创造人:蔡立群　胡祖良　蔡　炯　王君芳　张　衍　王伟明　王梦洁

车载视频监控,作为视频监控行业的子行业,将地面固定场所的视频监控设备应用到移动的车辆上,是视频监控在交通领域的重要应用。有别于主要应用于商业、工业、社区、家居及平安城市等固定场所的视频监控,车载视频监控需要在复杂的车辆工作环境下(如车辆高速移动、持续振动与冲击、高低温、恶劣电源、人为破坏、防水防火等)保持良好的图像处理和智能分析性能,对技术要求较高。车载视频监控主要服务于车载移动场景的各类商用车辆,包括公交车、出租汽车、班线客车、旅游包车、危化品运输车辆、渣土清运车辆、环卫车辆、校车、警车及货运车辆等。随着公共交通的客货运事业蓬勃发展,商用车辆在营运过程中的安全管理受到公众的普遍关注和监管部门的高度重视,监管部门和营运企业对提升运营安全及管理效率的需求日益增长,车载视频监控设备的市场规模有望进一步提高。除此之外,公交营运人员在日常运营中的安全、管理也越来越被重视。公司较为关注自身人员问题,通过监控设备来了解车内工作情况,如车厢前部的摄像机对准驾驶员,可查看驾驶员是否操作规范、是否有不合规行为等,便于监督驾驶员自律驾驶,促使工作规范化。

一、实施背景

(一)企业面临的外部环境

1.政策环境

工业和信息化部、交通运输部等部委陆续颁布了一系列政策要求加强公共交通安全建设,完善道路运输安全管理,鼓励交通运输业进一步向信息化、智能化发展,具体政策内容如下:

早在2016年,交通运输部就发布了《交通运输信息化"十三五"发展规划》,提出要大力建设智能交通,把视频监控系统升级作为发展重点。在智慧交通以及政策的推动下,车载视频监控行业市场需求持续增长,行业蓬勃发展。车载视频监控作为智能交通的重点组成部分,对公共交通安全性起到一定保障作用,因此备受政府相关部门重视,未来车载视频监控产品的市场规模有望进一步提升。

2017年1月,深圳市交委客运管理局发布《深圳市网络预约出租汽车车载专用设备配置指引(暂行)》。深圳成为国内首个出台网约车车载终端管理政策的地市。"深标"具有合法性、适用性和预测性。合法性:符合《出租汽车服务管理信息系统》(JT/T 905—2014)、《网络预约出租汽车服务规范》(JT/T 1068—2016)等规范要求。适用性:结合深圳网络预约出租汽车行业的特点进行定制。预测性:通过视频智能算法,实现驾驶员面部特征识别和乘客人数统计,进而解决驾驶员合法性验证和网约车巡游等网约车行业特有的监管痛点。继深圳出台有关政策后,广州、福州、郑州、阜阳等地网约车智能车载终端政策纷纷落地,网约车车载终端市场逐步打开。车载监控行业进入加速成长期。

2018年,交通运输部先后发布《交通运输部办公厅关于推广应用智能视频监控报警技术的通知》

(交办运〔2018〕115 号)、《交通运输部关于认真贯彻习近平总书记重要指示批示精神开展冬季公路水路安全生产行动的通知》(交安监发〔2018〕169 号)等文件,明确推动城市公共汽电车和“两客一危”车辆安装智能视频监控装置,实现驾驶员不安全驾驶行为的自动识别、自动监控、实时报警;同时推动城市公共汽电车驾驶区域安装防护隔离设施,有效避免乘客侵扰攻击驾驶员安全驾驶等行为,大幅降低人为因素导致的运输安全事故。交通运输部将道路运输车辆定义为:包括道路旅客运输车辆、道路普通货物运输车辆、道路危险货物运输车辆。要指导运输企业用好智能视频监控报警装置,发挥好智能视频监控报警装置在自动识别、自动提醒、自动纠正驾驶员不安全驾驶行为方面的作用,提升道路运输车辆安全科技保障能力,从源头预防和减少驾驶员违法违规操作导致的道路运输安全生产事故。公共汽电车车载监控市场 2019 年呈高增长态势,“两客一危”三代产品进入密集替换周期。

2019 年 3 月,工信部部长苗圩表示,5G 应用 80% 将用于物和物之间的通信。“移动状态的物联网最大的一个市场可能就是车联网,以无人驾驶汽车为代表的 5G 技术的应用,可能是最早的一个应用。”苗圩表示,工信部正在研究推动车联网的发展,并已与交通运输部部长达成共识,加快推动公路数字化、智能化改造。在 5G 基础设施建设、汽车电子普及、电动汽车快速发展的三大基础之上,车联网市场爆发成为确定性机遇。车联网有望成为 5G 最大的应用市场,产业发展得到政策大力支持,进入快速发展期。

车联网万亿级别市场蓄势待发,全产业链共同受益。据三大运营商信息,5G 在 2019 年进入预商用阶段,2020 年开始规模商用,时点临近。低延时、高密度、高可靠的通信网络为车联网打开突破口。在通信及互联网巨头的推动下,通信技术标准快速进步,应用场景得到明确定义,解决方案逐步成熟。预计到 2025 年,市场规模有望接近万亿级别,利好全产业链。

深度参与 C-V2X 技术标准制定,我国先发优势突出。由于 LTE-V2X 技术标准的研究制定过程中有华为、大唐的深度参与,再加上通信运营商的利益诉求和信息安全方面的考虑,我国车联网市场采用 LTE-V2X 技术标准是大概率事件。我国在 C-V2X 解决方案研发具有先发优势,而国外市场在技术路线选择上仍有分歧,为我国实现弯道超车提供了契机。

2. 市场环境

(1)视频监控行业市场规模

近年来我国视频监控行业市场规模延续增长态势。据有关统计数据显示,2010—2017 年期间,我国视频监控市场规模从 242 亿元增长到 1063 亿元,年均复合增长率达 23.54%。而交通领域是其中最大的下游行业应用市场之一,2016 年占比达 18%。

(2)全球商用车总保有量庞大,下游市场空间广阔

根据国际汽车制造商协会的统计数据,全球商用车保有量超过 3 亿辆,2013—2018 年平均年产量接近 230 万辆,并保持稳定增长的态势。根据中国汽车工业协会的统计数据,2013—2018 年中国商用车平均年产量超过 390 万辆。全球商用车的总保有量庞大,每年更新换代的车辆数量达千万级,作为车载视频监控的主要目标市场具有一定规模和发展潜力。

根据中国汽车工业协会发布的中国汽车产销数据,2019 年 1—8 月,商用车产销分别完成 273.0 万辆和 278.2 万辆,比上年同期分别下降 3.1% 和 4.2%。商用车产销量的小幅下滑主要影响长途客车的新增量,对公司“两客一危”业务线的负面影响较小,对其他业务线没有直接影响。公司业务以定制化后装模式为主,主要面向广阔的商用车存量市场。2019 年商用车产销量的小幅波动,对公司整体的市场发展空间未构成重大不利影响。近年来,全球商用车的总保有量及新增量保持相对稳定,有利于业内企业继续深化开拓下游产业对车载视频监控的需求。

(3)智能化为提升车载监控视频传输率带来新机遇

车载视频监控行业属国家鼓励发展行业,整体市场的发展潜力巨大。随着人工智能技术的快速发展,公司下游新的应用需求不断出现,为企业发展不断开拓新的市场空间,行业发展前景良好。近年全球智能安防产业保持高速增长,已成为人工智能落地应用最好的行业之一,预计到 2020 年,智能安防的

全球产业规模将达到106亿美元。随着我国平安城市、天网工程、雪亮工程建设的不断推进,安防行业整体将快速发展。"十三五"期间,安防行业正逐步向规模化、自动化、智能化转型升级,预计到2020年,安防企业总收入将达到8000亿元左右,年增长率达到10%以上。我国智能安防产业从2016年开始步入快速发展期,受限于智能化设备价格偏高、场景应用局限等问题,大部分安防企业对人工智能还处在尝试使用阶段,超过九成的市场份额仍由传统安防占据,但随着以公安、交通、金融为代表的社会治理领域进一步驱动智能安防快速应用,未来市场发展空间巨大。车载视频监控通过与快速发展中的智能技术相结合,使得视频监控系统从"被动防御"向"主动预防"转变,实时主动发现安全风险并为用户解决问题,为行业发展带来新机遇。

(二)企业面临的内部环境

公司内部创新成果以3G(GPS、GIS、GPRS)+宽带(ADSL)为核心,以智能化实时运营调度系统(DIMS)、车辆信息管理系统(BIMS)、停车场智能化调度系统(PIMS)为基本构架的企业信息化工程正在推广应用建设。以方便市民和中外游客出行,缓解城市交通"两难",创建"低碳城市",解决公交"最后一公里"为目的,完成了2000个服务点、50000辆公共自行车的建设任务,全年共提供租用服务达到3436万人次,日最高租用量达21.16万人次。车辆档次和品位不断提高,截至2019年底,空调车占比已达100%,全部车辆达到国Ⅲ及以上排放标准。同时公司还具备体系化的智能开发能力,已在需求场景、硬件、数据采集及标注、算法、系统验证等人工智能发展关键要素形成闭环,具备体系化的智能开发能力。硬件方面,公司多年积累的终端开发能力,可以较快实现终端硬件更新,有效保障人工智能技术应用所需的硬件设备算力。数据方面,公司针对车载环境设计的专用车载摄像机能够在光线复杂多变的室外环境取得高质量的图像数据。同时公司众多下游客户可提供多种场景的数据源,为公司研发团队提供充足的视频数据并进行数据标注。系统验证方面,公司拥有自动化的场景仿真测试验证系统,能够模拟复杂交通环境中的行人、车辆及道路物体,帮助算法快速迭代成熟。公司自设立以来一直专注于视频图像及相关技术的研发,参与了国内多项行业标准及地方标准的起草及制订,经过大量的研发投入与持续创新,已形成多项相关发明及实用新型专利。公司已在设备可靠性及环境适应性技术、视频图像技术、嵌入式及平台软件技术等方面形成了丰厚的技术积累,使得整体技术水平、功能性达到业内较为领先的水平。设备可靠性及环境适应性技术:主要包括车载电源及电磁兼容技术、硬盘隔振防护技术、设备小型化技术及环境工程技术,能够适应苛刻的车载环境,具备散热、防水、防爆等性能,具有较高的稳定性。

(三)提升车载监控视频传输率的必要性

提升车载监控视频传输率可以有效降低每月在调取车载视频监控上耗费的时间,减少车辆运营成本。城市公共交通是城市的重要基础设施,是维系城市活力的关键。近年来,随着杭州城市经济和社会的发展,以及"公交优先"政策的落实,杭州公共交通总公司本着"公交优先 必须优秀"的经营理念和"公交服务真情伴您行"的服务理念,进一步解放思想、更新观念、抓住机遇,以乘客为中心,以改革为动力,积极推行市场服务营销,实施"科技兴司"战略,坚持发展不放松,通过加大车辆投入、加大科技应用、新辟优化线路、改善服务设施等,努力为乘客营造便捷、安全、舒适、经济、环保的出行条件,初步构筑了具有单机车、双层车、铰接车、大巴车、中巴车等多型谱相配套,快速公交线、普通线、专线、观光旅游线、假日线、夜间线、高峰大站车、小区巴士等相结合,基本能满足不同层次出行需求的客运服务网络体系。

(四)提升车载监控视频传输率的预期目标

目标:缩短车载视频监控调取时间平均达到≤20分钟。

企业员工对车队各类车型视频调取平均时间进行了统计,详见表1。

由上图可看出:车队中各类车型视频监控调取平均时间约为60分钟,新车辆调取平均时间为17.5分钟,为目标值提供了有力依据。

不同车型视频调取平均时间统计表 表1

车　型	车　辆　数	平台上线	平均调取时间(分)
金旅 XML6125JHEV28C	8	0	101
宇通 ZK6126CHEVG2	2	1	53
青年 JNP6105GC	21	14	65
金旅 XML6105J15CN	11	5	58
比亚迪 CK6121LGEV	67	33	96
申沃牌 SWB6121EV60	7	2	77
万向牌 WXB6121GEV2	20	9	55
比亚迪 BYD6101LGEV11	3	3	18
金旅 XML6105JEVY0C7	20	20	17

企业员工对各类车载视频监控主机型号的平均调取时间进行了统计,详见表2。

不同车载视频监控主机型号平均调取时间统计表 表2

监控主机型号	物联网卡类型	平台远程调取	平均调取时间(分)
DS-8104HM	3G	否	65
DS-5504HM	3G	否	55
DS-5504HM－GLE	4G	是	18

可见,DS-8104HM 和 DS-5504HM 受技术限制,未能实现平台远程调取,需将车辆停驶后物理插线调取监控内容,增加了调取时间,远高于公司目标。而 DS-5504HM-GLE 通过 4G 网络传输,能快速有效地利用平台软件进行远程播放。

二、成果内涵和主要做法

(一)成果内涵

提升车载监控视频传输率可以有效降低每月在调取车载视频监控上耗费的时间,减少车辆运营成本,提升了企业运营管理水平,方便了市民乘客的出行需求。车载监控视频平均调取时间缩短的创新可以实现车载监控的高清化、智能化、集成化、标准化、行业化。车载监控视频平均调取时间缩短,可以提高企业经济效益,降低线路营运成本,同时加强驾驶员的安全行车操作及机务例保意识,为乘客提供了更舒适平稳的安全乘车环境,乘客对公交的满意度大大提高。提升车载视频监控上线率后,可以有效避免部分行车事故的发生,提高了驾驶员安全行车的自觉性和服务意识;通过远程实时监控,及时纠正驾驶员驾驶过程中不规范操作;通过远程监控录像及时帮助失主找回重要物品,给客户提供优质服务。

(二)提升车载监控视频传输率的主要做法

1. 清晰的创新思路

(1)要因确定(表3)

要因确定 表3

序号	末端原因	确认内容	确认方法	确认依据	确认人	完成日期
1	规章制度宣教不到位	规章制度知晓率	线路现场驾驶员抽查	视频监控系统管理规定	王伟明	9月
2	机务例保意识淡薄	机务培训达标率	检查驾驶员例保台账	运营驾驶员例行保养检查标准	张衍	9月
3	考核率低	驾驶员月度考核	查看驾驶员月度考核台账	员工薪酬调整实施细则	王君芳	8—10月

续上表

序号	末端原因	确认内容	确认方法	确认依据	确认人	完成日期
4	监控厂家售后服务不到位	设备故障修复率	调取 HDC 后台报修修复记录	车载视频监控服务协议	赵敏骏	8—10月
5	线路站点分散	物理插线调取耗时较长		不可控因素	金鑫	9月
6	通信技术落后	监控视频上线率	车载视频监控检查记录表	车载视频监控在线率全覆盖	王佳	9月

最终通过要因确认发现,线路站点分散、规章制度宣教不到位、考核率低为非要因。而机务例保意识淡薄和通信技术落后为要因。

(2)对策实施

根据要因分析和实地考察试点,我们实施了以下对策(表4):

应对措施 表4

主要原因	对策	目标	措施	地点	责任人	完成期限
机务例保意识淡薄	落实加强驾驶员的机务例保工作,规范操作	宣教面达到100%,驾驶员机务例保工作达标率达到99%以上	①利用驾驶员例会讲实讲细例保操作重点; ②加强机务旬查力度; ③落实责任人,严肃考核机制	车队队部及各站点	张衍	10月30日
通信技术落后	升级监控主机传输模块,优化实时通信技术	①监控实时在线率达到100%; ②下载速度由128KB/S提升至10MB/S	①与企管办及监控厂家进行反馈; ②配合监控厂家升级 DS-5504HM-GLE 无线传输模块及 MSP 实时监控云台的升级	公司本部	王伟明	10月30日

2. 完善的创新组织

公司成员简介:

所在单位:二公司三车队;成立日期:2019.2.15。课题名称:缩短车载视频的平均调取时间;登记日期:2019.2.15。制表人:王伟明。演讲人:胡水丽。参与人员:张衍、王君芳等;完成时间为2020年3月15日。

3. 精确的运营管理

①公司成员利用驾驶员例会讲实讲细例保操作重点,宣教覆盖面达到100%,让驾驶员彻底认识到监控故障所带来的严重后果。

②公司成员对下属线路车辆开展巡检、抽检、联检等多种形式的检查,查找漏洞,补齐缺口,同时警示心存侥幸的驾驶员。

③公司成员与企管办及监控厂家进行视频监控上线率反馈。

④公司成员配合监控厂家更换高速物联网卡及 MSP 实时监控云台的升级。

⑤公司成员再次对三车队 2019 年 11—12 月远程车载视频上线率情况进行汇总统计。

统计结果显示:2019 年 11—12 月,远程车载视频上线率同比 4—7 月提升 70%,大大地缩短了车载视频的平均调取时间。

⑥公司成员 2019 年 7—12 月机务例保达标率及监控平均调取时间调查统计情况见表5。

2019 年 7—12 月机务例保达标率及监控平均调取时间统计表 表5

类别	7月	8月	9月	10月	11月	12月
人行横道违章(件)	16	22	19	27	12	24
寻找失物(件)	35	42	44	37	28	32
突发治安事件(件)	0	0	2	0	1	1
平均调取时间(分)	66	59	62	43	18	19

统计结果显示:2019 年 10—12 月,例保台账达标率平均为 98.1%,车载视频监控上线率已达到 100%,视频监控调取时间平均缩短 46%,基本达到了公司额定的要求。

4. 坚实的技术支撑

随着现代科技的不断进步,车载视频监控的功能多样性和应用广泛性大幅提高。新一代车载监控以人工智能、大数据分析技术、车联网为核心,深度参与商用车的安全监督、运营合规管理,可以从大数据分析中找到各类潜在安全风险的分布及监管重点,大幅降低用户使用成本,提升管理效率。

杭州公交加快了应用先进科学技术的步伐, GPS 卫星定位调度系统、GIS 电子路牌、LED 自动报站系统、LED 电子发车牌、电脑语言报站器、VCD 视频播放系统、传播移动电视、照明式不锈钢候车亭、声讯服务平台等服务设施的不断投入使用,不但提高了公交营运效率和管理水平,而且美化了公交的形象。射频式 IC 卡的全面成功推广应用,以及 3G(GPS、GIS、GPRS) + 宽带(ADSL)为核心的智能化公交运营系统的投入研发,智能调度系统(DIMS)、车辆管理系统(BIMS)、IC 卡加油等信息化管理系统的开发应用,将使杭州公交的调度管理水平提升到一个新的高度。

杭州市公交集团公司第二分公司自设立以来一直专注于视频图像及相关技术的研发,参与了国内多项行业标准及地方标准的起草及制订,经过大量的研发投入与持续创新,已形成多项相关发明及实用新型专利。公司已在设备可靠性及环境适应性技术、视频图像技术、嵌入式及平台软件技术等方面形成了丰厚的技术积累,使产品的整体技术水平、功能性达到业内领先水平。设备可靠性及环境适应性技术:主要包括车载电源及电磁兼容技术、硬盘隔振防护技术、设备小型化技术及环境工程技术,使产品能够适应苛刻的车载环境,具备散热、防水、防爆等性能,使产品具有较高的稳定性。视频图像技术:主要包括车载复杂多变光线条件下的视频采集技术、多路高清编解码技术、存储文件系统技术、视频传输技术,使产品能够实现可靠的视频数据采集、编解码、存储及传输。嵌入式及平台软件技术:主要包括嵌入式及平台软件技术、嵌入式 Linux、Android 技术及大规模视频云平台技术,满足客户多样化的软件功能定制需求。

随着智能手机、平板电脑的发展,车载设备的智能化具备了较好的软硬件基础。例如基于安卓操作系统的车载智能终端已逐渐成为视频监控系统的智能主控设备。该类设备除了能处理采集到的数字化图像信息、GNSS 位置信息、加速度、红外传感及基于 RFID 的身份识别等各类信息外,同时还可以利用 GIS 地图和互联网上丰富多维度的信息。该类设备不但可以对各类信息进行集中的数字化管理,而且可以通过互联网获取视频监控系统与各种电子设备自身的基础信息及状态信息,并通过一定的规则使各类设备协同工作。通过视频监控与车联网等技术的融合,丰富的传感器信息可通过互联网方式聚合,并与数字图像信息一同实现完整的信息化解决方案。

5. 健全的制度保障

提升车载监控视频传输率有着健全的制度保障。坚持以"两新一优"机制为突破口,加快机制变革。为了加快公交发展,近年来,杭州公交在政府优先政策的支持下,积极倡导"公交优先 必须优秀"的经营理念,不断完善"新车新价,新线新价,优质优价"为核心动力的"两新一优"机制,并采取融资租赁、"借鸡生蛋"、投资合作、合资参股等办法,加快公交发展。车辆档次明显提高,空调车占比达到 100%,自动变速装置得到广泛运用。全市公交车拥有量达到 23 辆台/万人,人车比例达到国内先进水平。

杭州公交始终坚持从实际出发,紧紧围绕市委、市政府"构筑大都市、建设新天堂"战略和"大气开放、精致和谐"的文化氛围,结合杭州客运市场环境、政策环境,在加强企业文化建设组织领导,列入"一把手"工程,并结合杭州公交的生产经营发展战略、人才战略、精神文明建设发展战略等的基础上,制订和实施《企业文化建设五年规划》,逐步构建起了有杭州公交特色的企业文化建设框架,形成了具有可操作性的近、中、远三级规划和实施方案,达到与企业发展战略目标同步规划、同步安排、同步实施。通过确立了"以人为本、自我塑造、突出特色、大胆创新"的企业文化建设原则,以员工素质培育和企业环境建设两大文化要素改造为切入点,采取企业文化建设与加强企业管理、强化企业思想政治工作、加大精神文明建设"三位一体"有机结合的方法,积极构筑公交下企业文化模式。

三、实施效果

(一)管理水平和经济效益

1. 车载监控视频平均调取时间缩短

2019 年 10—12 月,例保台账达标率平均为 98.1%,车载视频监控上线率已达到 100%,视频监控调取时间平均缩短 46%,基本达到了公司额定的要求。调取车载视频监控时间已经从活动前的 60 分钟缩短到 18.5 分钟。

2. 线路营运成本的降低

2019 年 11—12 月与上年同比减少因突发治安事件、寻找失物需车辆停运进入指定地点调取监控 78 辆次,按估算停运 151 元一圈综合费用计算,151(元)×78(辆)=11778(元)。提高了经济效益,明显地降低了线路营运成本。

3. 管理成本的降低

提升车载监控视频传输率,提升企业运营管理水平,降低企业管理成本,强化成本管理理念、强化成本管理基础工作、提高车辆配置效率、合理进行长短线的配班等措施,解决目前公交企业成本管理观念落后、成本控制意识不够、成本控制不力等问题,以期达到降低成本,提高企业效益之目的。

(二)社会效益

1. 突发治安事件减少

2019 年 11—12 月,通过远程实时监控,及时纠正驾驶员驾驶过程中不规范操作 121 起,协助交警部门判定事故责任 11 起,有效避免了部分安全行车事故的发生。

2019 年 11—12 月,信访"三来件"表扬件达到 23 起,均是通过远程监控录像及时帮助失主找回重要物品。

2019 年 11—12 月,发生 7 起驾乘纠纷,2 起治安事件,车队利用此项功能帮助公安部门第一时间及时还原真相,妥善解决了相关治安事件,受到一致好评。

提升车载视频监控上线率后,与 2018 年同期相比,驾驶员违章率下降 28%,信访表扬件上升 16%,协助公安部门解决各类治安事件多起,完成了公司所预定的任务目标。

2. 驾驶员的安全行车操作意识增强

加强了驾驶员的安全行车操作及机务例保意识,为乘客提供了更舒适平稳的安全乘车环境,乘客对公交的满意度也大大提高。

3. 驾驶员违章率下降

车载视频监控平均调取时间≤20 分钟,共及时纠正驾驶员违章行为 121 起,为乘客寻找失物 39 件,协助公安部门破获治安案件 2 起。

四、未来展望

在本次活动中,公司成员分工协作,充分发挥各自的主观能动性,提高公司成员的团队精神。同时,通过这次活动增加了公司成员的团队精神,在取得成绩的同时更需要我们持之以恒,长期有效管理;也提高了驾驶员安全行车的自觉性和服务意识。在今后的日子里我们将以百倍的精神迎接挑战,继续加强对驾驶员的宣传教育,做好对车载监控视频上线率的跟踪和整治力度。

伴随着社会的进步和城市的发展,公交车也在不断地向更好服务、更好环境、更高品质方向发展。我们在巩固这次成绩的同时,将在车辆设备的故障、环境、安全、卫生、服务等方面进行改进提升。我们下一次的课题是——提升车载视频监控多角度覆盖率。

舟山公交智慧收银管理系统的应用与实施

舟山市公共交通有限责任公司

成果主要创造人:柏 松 屠 斌

成果参与创造人:应能杰 方红军 郭 庆 郭建国 陈益刚 蒋 涛

林 超 周力波 劳月梅 李明东方

当前,新一代信息技术日新月异,推动新一轮科技产业在世界范围内兴起,智能化日益成为企业发展的大趋势。为积极落实国家"智能+"行动计划,推进供给侧结构性改革,舟山市公共交通有限责任公司(简称"舟山公交")创新经营管理,以"智能+自助收银"模式,推出智慧收银管理系统。

智慧收银管理系统项目自推出以来,凭借其"驾驶员自助收胆、整线清分清算"等特色,带来一定的经济效益、社会效益和生态效益,也成为传统公交企业"以机代人"成功转型的一个突破口。

舟山市公共交通有限责任公司自2008年1月1日起正式运作。2012年底重新组建为一家主要从事公交运营的国有公益性企业,隶属于舟山交通投资集团有限公司。

舟山公交现有10个职能部室:办公室、党群工作部、财务部、纪检审计部、人力资源部、运营业务部、安全生产部、设备技术部、服务稽查部、科技信息部。下设四家运营分公司(第一分公司、第二分公司、第三分公司、第五分公司)及一家修理厂;两家控股公司:朱家尖汽车运输有限公司、舟山普陀自在旅游观光巴士有限公司;三个辅助性分公司:物业管理分公司、广告传媒分公司、站务分公司。舟山公交主营城市公共交通服务。

舟山公交现有员工1964人,其中:一线公交车驾驶员1023人,修理工104人;拥有各类营运车辆819辆(空调车占比为100%),营运线路131条,其中一条为快速公交一号线。舟山公交日承运旅客约21万人次,公交线网覆盖定海、新城、普陀城区主要街道,初步形成了由走廊线、组团间线、组团内线和城乡线组成的线网格局,行政乡村公交通车率达100%。目前,舟山公交在本岛城乡拥有首末站场38个,站点1580个,停保场3个。

舟山公交紧紧围绕"公交优先,必须公交优秀"的经营理念,在舟山市委、市政府的大力扶持下,以适应群岛新区发展要求和满足广大市民出行需求为己任,在构建完善公交系统、增强公交运行能力、改善公交服务质量等方面做了大量工作,在管理体制、线网结构、场站建设、车辆购置、智能公交发展等诸多方面取得了积极的成效,通过深入实施公共交通优先发展战略,为市民提供"安全便捷、经济舒适、智慧环保"的优质公共交通服务,打造"高品质新区公交"。

一、实施背景

(一)企业面临的外部环境

1.政策环境

(1)"智能+"产业政策

2017年2月国务院印发的《"十三五"现代综合交通运输体系发展规划》指出,将信息化智能化发展贯穿于交通建设、运行、服务、监管等全链条各环节,推动云计算、大数据、物联网、移动互联网、智能控制等技术与交通运输深度融合,实现基础设施和载运工具数字化、网络化,运营运行智能化,主动适应和引领经济发展新常态,形成经济发展新动能,对实现中国经济提质增效升级具有重要意义。

2016 年 7 月交通运输部印发的《城市公共交通“十三五”发展纲要》强调,全面推进公交都市建设,深化城市公交行业体制机构改革,全面提升城市公交服务品质,建设与移动互联网深度融合的智能公交系统。

(2)供给侧结构性改革政策

供给侧结构性改革,就是从提高供给质量出发,用改革的办法推进结构调整,矫正要素配置扭曲,扩大有效供给,提高供给结构对需求变化的适应性和灵活性,提高全要素生产率,更好满足广大人民群众的需要,促进经济社会持续健康发展。

2015 年 11 月 10 日,中央财经领导小组第十一次会议上,习近平总书记强调,在适度扩大总需求的同时,着力加强供给侧结构性改革,着力提高供给体系质量和效率。❶ 2015 年 11 月 18 日,国家主席习近平在亚太经合组织(APEC)工商领导人峰会发表演讲时表示:“要解决世界经济深层次问题,单纯靠货币刺激政策是不够的,必须下决心在推进经济结构性改革方面作更大努力,使供给体系更适应需求结构的变化。”❷

(3)深化国企改革,加快转型升级

2015 年 11 月发布的《中共中央关于制定国民经济和社会发展第十三个五年规划的建议》强调,国有企业要深化改革,增强国有经济活力、控制力、影响力、抗风险能力。这对国有企业未来发展提出了新要求。

(4)大众创业,万众创新

2015 年 3 月 5 日,李克强总理在全国两会所作的政府工作报告中,提出要推动“大众创业,万众创新”,强调“让人们在创造财富的过程中,更好地实现精神追求和自身价值”,一时间人们对“双创”的热情得到极大激发,中国社会的“双创”热潮迅速兴起。政府工作报告指出,当前我国发展正处于这样一个关键时期,必须培育壮大新动能,加快发展新经济。运用信息网络等现代技术,推动生产、管理和营销模式变革,重塑产业链、供应链、价值链,改造提升传统动能,使之焕发新的生机与活力。

“大众创业,万众创新”不是一句口号,而是党的富民政策,是政府通过一系列制度安排,释放出的新一轮改革红利。

2. 市场环境

随着社会的发展,公共交通成为城市交通发展不可缺少的一部分,公交票款收入是公交企业重要的收入来源。但公交票款存在分散、币值低的特点,导致公交企业需要付出很大的人力成本完成票款的回收工作。目前公交企业普遍采用的票款收银模式,如图 1 所示。

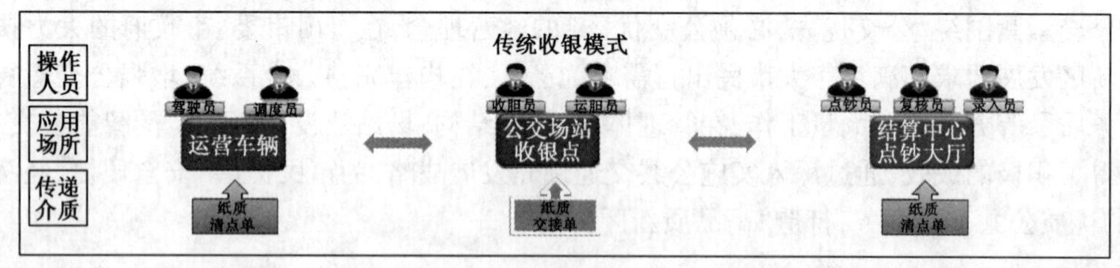

图 1 传统收银模式

传统收银模式,存在几个比较突出的问题:

①人力资源成本浪费严重。在公交场站,需要配置固定的收胆员(一般配两个),每天进行收胆,在车辆少的场站,收胆员工作量不饱和,但是又必须配置,造成人力资源浪费。

---

❶ 源自新华网 2015 年 11 月 10 日新闻《习近平主持召开中央财经领导小组第十一次会议》。

❷ 源自《人民日报》2015 年 11 月 19 日报道《习近平:发挥亚太引领作用 应对世界经济挑战——在亚太经合组织工商领导人峰会上的主旨演讲》。

②票胆安全无法得到保障。原传统收银模式采用机械式内胆、钥匙开锁,安全性差。无法实时记录开胆时间、车号等信息,对收银人"钓鱼"等异常信息无法进行自动报警提示。同时,在结算中心,对各种纸质单据汇总后,再由录入员进行录入,整个过程监管滞后,不便于及时发现问题。对点钞员和复核员的岗位考核缺乏实时数据支撑。

③票款清算不准确。收银过程信息化低。从运营车辆到清算大厅,整个过程都需清点单、交接单等纸质账单。纸质账单容易丢失,导致驾驶员票款数据不准确。且目前大多数公交企业都是一天收一次实胆,而一个实胆往往包含两个或多个驾驶员的收入,以致无法准确核算每个驾驶员的收入。

④无法查看实时账目文件。传统收银模式需要在复核款项后,再次输入 Excel,工作重复且各运营分公司无法实时查看各自账目文件。

(二)企业内部条件

1.企业现有线网、场站等资源支撑

舟山公交作为舟山市本岛唯一的公交经营企业,拥有网络化的线网布局和场站资源,这为'智慧收银管理系统'提供了完善的资源支撑。其中,截至 2020 年 8 月 30 日,舟山公交拥有各类场站 38 个,公交线路 131 条,营运车辆 819 辆。

2.公司智能调度平台的不断完善和普及

舟山公交拥有日趋完善的信息监控中心,且公司所属车辆均装有车载 GPS(全球定位系统),可依据车载 GPS,对车辆进行全程监控,实时显示车辆所在位置、停车站点、停车时间及运行速度,并可对车辆运行轨迹进行回放,实现营运组织的科学化、智能化,并为公交车辆的安全运营提供技术保障。

智能调度系统是通过车辆定位和无线通信等子系统采集获取各种静态和动态数据,并通过智能优化算法进行交通流预测。能够生成实时调度方案或调度建议,从而协助调度员完成运营调度任务。实现公交运营作业计划和配班计划的智能协同安排和自动化辅助调度。舟山公交智能调度系统结合"仿真排班与客流分析系统",产生客流行业数据规律,并根据该规律,对不同时期的客流进行有效预测,提高车辆利用率和出行分担率。

3.自主开发的智能机务系统

舟山公交自主研发智能机务系统,该系统以车联网技术为核心,将机务管理的各个纵深领域(包括故障监控、能耗、维护、物资、报表及空调远程控制等)的工作环节打通,形成上下游互相依赖的工作闭环。通过流程再造,形成高度自动化的工作过程,有效提升部门之间的协作效率,形成单车全生命周期的数据档案,实现企业生产成本精细化管理,为企业生产决策提供数据支撑。

4.企业内部信息化不断完善

自 2013 年舟山公交开始建设信息化系统以来,已经建成并使用智慧 BRT 系统、智能调度系统、智能机务系统、IC 卡(移动支付)系统、安全预警系统、ERP(企业资源计划)系统、协同 OA 办公系统、岗前酒测系统、电子站牌系统、手机 App、数据资源中心、智能车载温控系统和车载视频监控系统等,各信息化系统贯穿舟山公交整个生产环节,在舟山公交各个方面均发挥重要作用。

同时,舟山公交待建的"公交数据大脑",基于互联网多源数据对公交线网和线路现状及问题进行分析,通过互联网全量 OD(交通出行量)数据对城市区域居民出行特征进行分析,结合公交线网及公交 OD 分析线网供需及客流运力是否匹配,为公交线路优化、资源优化、服务优化提供数据支撑和决策依据。

二、成果内涵和主要做法

(一)成果内涵

利用"自助收银"模式将"智能+"概念引入传统公共交通行业,通过 CPU 卡(智能卡)授权技术,实

现驾驶员自助收银,为公交运营提供了新的思路和管理方式。

智慧收银系统与现有城市公交常规收银相比,具有以下特色:

(1)节约

取消收银环节中专职收胆员、录入员的专职岗位,给公交企业降低了人力成本。

(2)安全

在调度、运营、收胆、票胆存储、点钞各环节,实现信息化监管,实时监控票胆流转过程,实现票胆全程监控更加完善。

(3)信息化

数据实时上传,提高信息流转速率,同时对数据进行自动分析,提供异常报表,实现高效管理。

(二)智慧收银创新经营模式的主要做法

舟山公交"智慧收银系统"创新经营模式从2016年5月开始筹划至2020年8月为止,已成功开通19个场站,涉及76条线路、737辆车。它通过采用现有场站放置自助收银终端,实现驾驶员自助收银。为舟山公交带来一定的经济效益、社会效益和生态效益。

而智慧收银系统的成功开通、运营,需要清晰的创新思路、完善的创新组织、精确的运营管理、坚实的技术支撑、健全的制度保障。具体分析如下。

1.清晰的创新思路

智慧收银管理系统经营模式是舟山公交在"大众创业、万众创新"的大背景下充分利用国家"智能+"战略、供给侧结构性改革战略和深化国企改革等大战略,应市场需求而创造的。即抓住互联网与传统公交行业相结合的机遇,在传统公交收银服务的基础上针对收银市场提供品质公交服务,细分传统公交市场,打造传统公交转型的突破口,为公交提供多样化、多层次的收银需求。它具有明确的创新目标和基本的创新原则。

(1)创新经营模式的目标

为进一步提升收胆、点钞过程效率,实现高效收银、规范管理的目标;利用先进、灵活的数据网络技术,通过本项目实现收银一体化运作、管理、监控和服务,与原有收银系统无缝对接,提升智能收银系统管理效率和运营效益;最终实现城市公共交通行业社会效益、生态效益和经济效益的多赢,引领行业发展方向。

(2)创新的基本原则

舟山公交智慧收银管理系统与目前市场上传统收银方式不同,它依然属于城市公共交通的范畴,接受政府主管部门的监管,提高了城市公共交通信息化水平。这是舟山公交坚持的重要原则,也是根本原则。这也让舟山公交不仅走出了城市公共交通细分市场的第一步,也迈出了深化国有企业改革、创新驱动发展、提高企业活力、加快国有企业转型升级的一大步。

(3)创新项目所需资源可获得性分析

智慧收银管理系统创新经营模式的成功运营,不仅需要市场大方向的正确引导,还需要现实支撑。创新项目所需资源的可获得性也直接决定项目的成功与否。对智慧收银管理系统创新经营模式来说,所需资源主要包括投币箱的改造,自助收银柜、智能点钞终端的购置等方面。

①投币箱改造。原投币箱采用机械式内胆、钥匙开锁,安全性差。新系统为电子内胆,用电子钥匙开胆,实时记录开胆时间、车号。胆内还嵌有芯片,便于点钞时读取车号,使系统按车号统计营收。投币箱的投币口采用双"S"弯道燕尾槽加钢针防钓鱼导币板,通过透明上顶与防钓鱼导币板相结合,容易观察并可有效防止强磁铁及其他辅助工具钓钱等现象。投币口采用全封闭式设计,有效保证了通道的安全。

②自助收银柜、智能点钞终端购置方面。传统的收胆模式,在各场区收胆员在运营车辆到达场区后逐车收胆,将收胆的票胆统一存放,待运胆车到达后将票胆装上车,再一起将各场区票胆运达至点钞结

算中心,次日结算中心点钞人员根据票胆内路单对各票胆进行票款清点。传统的点钞模式经常会发生"填错单、漏投单、投错单",导致运营收入无法与驾驶员关联,人工填单、录单的错误会导致公交运营收入数据不准确,信息流转速率低等问题产生。

2. 完善的创新组织

公交车票款收入是公交公司维持运营的主要来源,收银管理在公交业务中具有极其重要的地位。智慧收银管理在运营、存储、点钞等各个环节,加入防盗措施和信息化管理,实时监控票胆流转过程,使票胆的全程监控更加完善。信息化收银模式如图 2 所示,收银系统框图如图 3 所示,票胆流转过程示意图如图 4 所示。

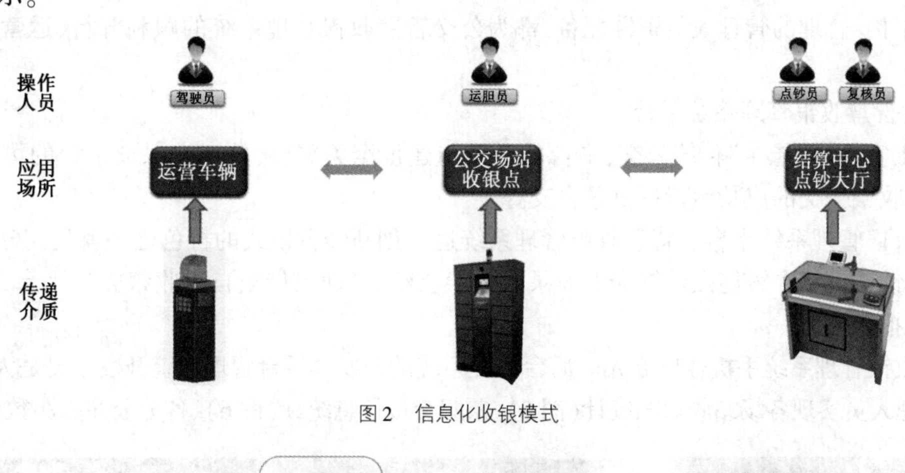

图 2　信息化收银模式

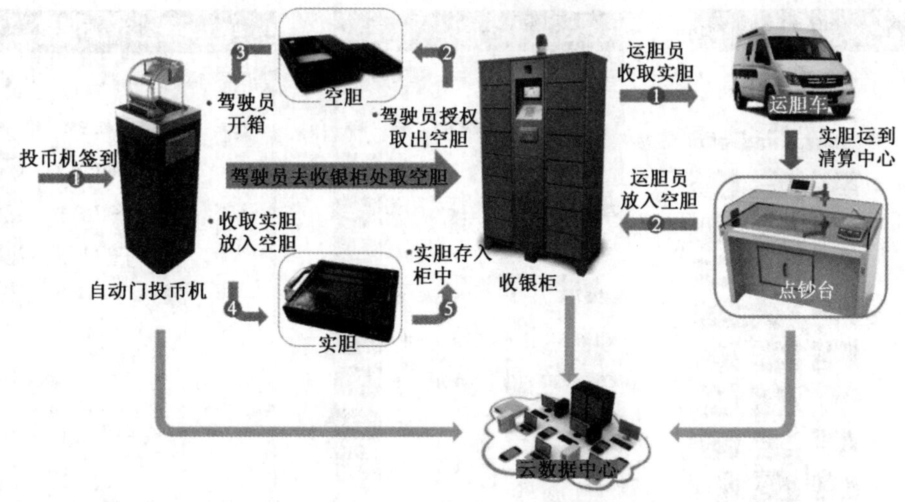

图 3　收银系统框图

图 4　票胆流转过程示意图

(1)组建创新项目实施机构

组建创新项目实施机构,为项目的前期准备、顺利开展、后期运营管理提供机构保障。舟山公交智慧收银管理系统是主要针对公交场站专职收胆、结算中心点钞提供高品质公交收银服务,其运营管理与现有常规收银具有一定的差异性,是舟山公交探索城市公共交通细分市场、提供多样化公交服务迈出的第一步。它需要更精细的管理,更灵敏的反应。因此,舟山公交为保证智慧收银管理系统的顺利开展,特成立智慧收银管理系统公交收银中心,并下设场站线路规划组、运营管理组、结算中心三个职能组。

智慧收银管理系统公交收银中心人员均为在公司内部经推荐、笔试、面试选拔而来,既保证了所选拔人员对公司现有场站、结算中心、线路运营管理的熟知程度,又为公司员工提供了公平公正的晋升工作机会。同时,各分公司、各场站也指定专人负责各自所辖品质公交线路的开展,责任到人,权责明晰。完善的组织架构、合理的管理人员资源配备,都为公交智慧收银管理系统的顺利开行、运营提供了组织机构保障。

(2)开发智慧收银管理系统平台

为了真正实现"智能+"传统公交,平台的开发与建设至关重要,要切实保证平台的可使用性和便利性,为智慧收银公交的成功运营提供平台支撑。

①智慧收银管理系统平台。智慧收银管理系统这一创新经营模式的特色之一就是充分利用驾驶员自助收银,点钞员直接在智能点钞终端上面录入点钞金额,自动上传至自助收银管理平台,自动汇总点钞金额、分析报表。

②智慧收银管理系统手机客户端 App 后台管理系统的开发。后台管理系统开发主要是为了通过后台管理帮助管理人员实现各场站收银柜统计(图5)、票胆交接信息统计(图6)、各分公司点胆数量(图7)。

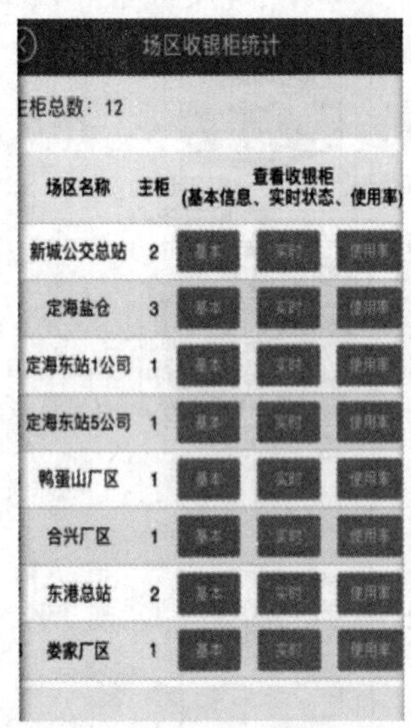

图5 场区收银柜统计

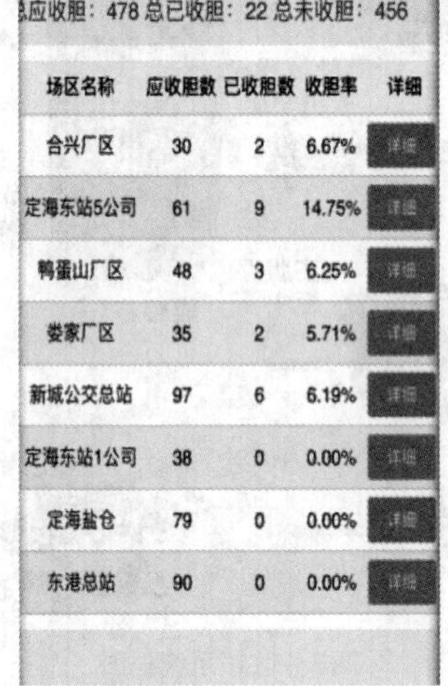

图6 票胆交接信息统计

图7 各分公司点胆数量

3. 精确的运营管理

由于智慧收银管理系统创新经营模式主要面对的是场站收胆、结算中心点钞。因此,为保证准时、安全、可靠的高品质公交服务,舟山公交针对公交线路、场站、结算中心等实现管理模式创新,提高管理水平。

4. 坚实的技术支撑

智慧收银管理系统这一创新经营模式的成功实现,大数据分析平台、App 客户端软件及智能调度平台等关键技术也都是其重要支撑。

(1)"智能+"的强势来袭。"智能+"是创新 2.0 下发展的新业态,"智能+"各个传统行业是利用信息通信技术以及互联网平台,将智能化与传统行业深度融合,创造新的发展生态。

近年来,“智能+”强势来袭,在众多领域广泛应用,技术已趋成熟,如“智能+工业”“智能+金融”“智能+通信”“智能+民生”“智能+旅游”“智能+医疗”“智能+教育”等。“智能+公交”也得到推广应用。

(2)公交车辆智能调度平台。舟山公交所有投入运营的车辆均安装了车载GPS,由此可以通过当天运营车辆数确定当天需要的收胆数,避免造成运营车辆当天未收胆情况。保证车辆票胆的安全性,为高品质公交服务供给的实现提供技术支撑。工作人员通过智能点钞系统App,可以明确知道当前运营车辆票胆是否收齐,没有收到票胆的车辆也会在App地图上进行显示,便于工作人员查找。同时,管理人员通过该App也可以对当前设备情况进行查看,当设备异常时,应第一时间通知相关管理人员。

5. 健全的制度保障

“制度是真正的管理者,一流制度造就一流的执行力”。为了更好地实现智慧收银系统的运营管理,相关的制度保障必不可少。

(1)《智慧收银管理制度》

第一章 总 则

第一条 为实施无人售票公交车票款管理制度,结算各车票款收入,保证票款安全入库,使结算票款流程的各环节顺利进行,特制定本规定。

第二条 结算中心负责钱箱票款收入的接收、运送、清点、复核、存放、保管和解缴银行工作。

第三条 结算中心票款流程是指接收无人售票公交车上投币箱内的钱箱,并通过运款车送至结算中心,将钱箱内票款经过清点、复核、统计、交存银行的全过程。

第四条 结算中心票款流程的运行全过程由结算中心负责。

第二章 结算中心

第五条 结算中心是现金重地,必须装置防火、报警、监控、防盗装置。结算中心内金库的窗户、排气孔必须以铁栏杆加固,安装配有保险锁的专用金属保安门。

第六条 结算中心根据需要应配备金库管理员、收银员、点钞员、复核员、押运员、运款车驾驶员等。

第七条 工作人员进入结算中心必须更换工作服,不得携带钱币、包(包括手机包)等进入工作区间,工作时间不得擅自离开结算中心及会客,待结清当天票款后方能离开结算中心。

第八条 严禁非当班工作人员进入结算中心,确因工作需要,须经结算中心负责人同意,并只准在交易区联系工作。

第三章 结算票款流程

第九条 无人售票公交车在每日车辆收班回场后,由公司收银员负责收取钱箱,钱箱收取时必须有两名及以上收银员负责,收银员工作都应在监控可控范围之内进行。收银员收取钱箱完毕,应立即将钱箱存入钱箱暂存库房。收银员具体工作严格遵守《收银员作业规程》。

第十条 结算中心运款车到达公司各收银点后,由各点收银员取出钱箱,在各点收银员、押运员及运款车驾驶员共同监督下,检查钱箱封口是否牢固,并清点钱箱数量,检查清点完毕后立即将钱箱送入运款车,并当场办理交接手续。

第十一条 押运员与运款车驾驶员在公司各收银点收取钱箱完毕后,应将钱箱直接送到结算中心金库,共同复核钱箱数量并做好入库台账,及时安全入库。

第十二条 押运员与运款车驾驶员运送钱箱期间,应确保运款车监控正常工作,不得关闭监控电源,监控出现故障应及时向有关部门报修。押运员和运款车驾驶员具体工作须严格遵守《押运员岗位职责》及《运款车驾驶员岗位职责》。

第十三条 点钞员接到钱箱后,根据入库台账分别按车号逐只清点,并按不同票面进行归类整理。点钞员具体工作应严格遵守《点钞员岗位职责》。

第十四条 复核员将点钞员清点后的票款进行复核,全部票款复核无误后,由复核员和统计负责填制现金缴款单,并于当天送交银行。复核员具体工作应严格遵守《复核员岗位职责》。

第十五条　金库管理员负责结算中心金库内外各安全保障措施的检查,妥善保管金库钥匙,并负责金库各种设备的清洁、日常维护等工作,确保入库钱箱安全及日常票款清点设备正常运行。金库管理员具体工作须严格遵守《金库管理员岗位职责》。

第十六条　结算中心任何工作人员不得私自兑换钱币(包括外币、纪念币、游戏硬币等)。

第四章　附　则

第十七条　结算中心工作人员应严格遵守公司各项规章制度及各自的岗位职责,对有章不循工作失职而造成的事故应追究责任,严肃处理。

第十八条　公司各收银点收取的钱箱应当日交接完毕,确因特殊情况不能交接完毕的应严加防范,严禁任何单位与个人以任何理由截留。

第十九条　在收银过程中发现问题,及时上报公司安全保卫部、财务审计部门。

第二十条　本规定自文件下达之日起执行,原《舟山市港城公共交通有限责任公司结算中心管理规定》同时作废。本规定由公司财务审计部负责解释。

同时,舟山公交已出台《智能收银管理制度》,对驾驶员、运胆员实施绩效考核管理,加强对智慧收银系统驾驶员、运胆员的日常管理。

(2)《智能收银操作流程》

为规范智能收银岗位操作流程,提高智能收银人员工作效率,从而确保智能收银工作的有序开展,最大限度地满足公司日常经营需要,特制定本操作规程。

①网点收银员需严格遵守上下班作息时间,且有义务监督、提醒、指导驾驶员、押运员及运胆人员规范取胆和投胆行为。

②网点收银员须清点、核对、检查备用内胆的数量、是否完好及净胆情况,并做好记录。

③网点收银员须核对实胆数量,如有差异须查找原因,并做好记录。

④网点收银员如遇异常情况,须第一时间向结算中心负责人汇报,由结算中心负责人第一时间同有关部门、单位做好协调工作。

⑤押运员、运胆员应按有关操作规定做好取胆、投胆工作,同时做好网点内胆总量清点和核对工作,并签字确认,如发现有差异须协同收银员查找原因直至核对准确为止。

⑥押运员和运胆员在运胆途中不得擅自离开运胆车。

⑦押运员和运胆员须把内胆摆放至结算中心指定地点,再次核对数量,确认无遗漏后方可离开结算中心。

⑧点钞按《点钞工作流程细则》操作,点钞人员检录、点钞后录入票款金额数据,再由复核人员进行复核,复核无误后确认录入正确金额。

⑨在检录及数据录入过程中如出现异常,应由结算中心负责人或点钞组负责人联系相关部门人员进行处置。

⑩结算中心负责人及财务人员应时刻关注智能收银系统产生的各类报表数据,特别是现金营收报表和实胆统计报表,发现问题第一时间反馈给相关责任人、部门及单位。

(3)《收银柜现场常见问题解决办法》

收银柜现场常见问题解决办法见表1。

收银柜现场常见问题解决方法　　表1

序号	问题描述	解决方法	备　注
1	收银柜提示无签到	驾驶员在投币机未打卡	
2	箱门自动弹开,提示插好插板	钱胆插板没有插好,取出插好即可	
3	收银柜提示超时	(1)使用解锁卡在收银柜打一下,驾驶员继续操作即可; (2)使用收银平台或者App进行超时解锁	

续上表

序号	问题描述	解决方法	备注
4	打卡成功,没有开门	柜子打卡时间太短	
5	报警	驾驶员多次关门没有关好,关好箱门即可	
6	钱胆放入后显示绿灯	驾驶员插板没有插好,箱门自动弹开,但驾驶员强压箱门,箱门强制锁上,收胆时,用运胆卡将全部箱门打开即可	
7	投币机箱门打开后驾驶员不小心回拧钥匙,箱门关不上	方法1:使用维修卡解锁投币机即可; 方法2:将实胆重新放入投币机,再打驾驶员卡,逆时针转动钥匙即可	
8	驾驶员确定在投币机签到成功,收银柜上打卡也没有问题,但收银柜没有开门	驾驶员在投币机上打卡两次,次数使用完。需要将投币机断电一次,驾驶员再重新刷卡一次,断电、刷卡重复数次,直到投币机出现签到反应(投币机内出现"滴滴滴"连续叫声,同时翻板翻动)	断电几次后会出现"滴"一声,投币机锁打开声音,需继续断电,打驾驶员卡,直到出现"滴滴滴"连续声
9	放入空胆,箱门自动弹开	需要使用平台解除超时	联系相关人员操作
10	收银柜提示无授权	平台没有将该驾驶员卡添加到白名单,现场可以用应急卡在收银柜上打一下卡,驾驶员继续操作即可	
以上均是驾驶员操作不规范导致,现场可立即解决			

联系部门:
科信设备维修中心:　　　　电话:×××××××
结算中心:　　　　　　　　电话:×××××××

(三)智慧收银管理系统创新经营模式理论阐述

(1)先进性和前瞻性:本系统所有的组成要素充分考虑其先进性,使系统的扩充和维护简单化,并满足不断提升的信息化建设与应用要求,保证其在相当长的时间内具有技术优势,能够适应未来技术发展的潮流。

(2)标准性:本系统采用的硬件设备及软件产品均支持国内、国际通用的标准网络协议,选用的设备和技术均符合国标、行标的统一要求,符合总体设计要求,确保在统一的标准下,实现上下级信息网络的互联互通。

(3)开放性:即在遵循标准性原则的基础上,采用开放的技术、结构、系统组件、用户接口,采用开放的通信协议和技术标准,保障系统在互联或以后的扩展过程中能够稳定有效地运行,并做到无缝扩容和升级,以满足业务拓展需求。

(4)安全性和可靠性:充分考虑到国内公交行业及车辆的差异性,确保设备单点故障不影响系统其他组件的正常运行,设备可紧急修复故障而不影响系统的总体工作。并采取一定的预防措施和建立应急处理系统,以保证中心平台系统达到电信基本的规格要求。

(5)可维护性和易管理性:整个系统中的各种设备,使用方便、操作简单易学,并便于维护。针对复杂和庞大的信息化系统,利用强有力的管理手段,合理地管理设备资源,监视设备状态并控制设备的运行。在设计和实现系统时,考虑整个系统的便于维护性,以使系统在万一发生故障时能及时进行恢复,尽量减少损失。

(6)可扩充性:系统的结构具有可扩充性,即设备在系统结构、系统容量与处理能力、物理连接、产品支持等方面具有扩充与升级换代的可能,采用的产品遵循通用的行业标准,以便不同类型的设备能方便灵活地接入,并满足系统规模扩充的要求。

三、实施效果

(一)实施进度

2017年有8个首末场站安装智能收银系统,涉及43条线路、470余辆车(表2)。使用智能收银系统过渡期间,每个场区配置1名收胆工作人员,协助、培训驾驶员开展收胆工作。

2017 年智能收银场站使用情况 表 2

序号	场站名称	使用日期	主柜	副柜
1	舟山汽车客运中心	2017 年 3 月 24 日	3	6
2	定海公交东站一分公司	2017 年 4 月 21 日	1	2
3	定海公交东站五分公司	2017 年 4 月 21 日	1	4
4	东港总站	2017 年 5 月 10 日	2	6
5	新城总站	2017 年 5 月 31 日	2	4
6	鸭蛋山站	2017 年 6 月 21 日	1	3
7	合兴站	2017 年 7 月 12 日	1	2
8	娄家站	2017 年 7 月 28 日	1	2
合计			12	29

2018 年有 7 个首末场站安装智能收银系统,涉及 23 条线路、164 辆车(表 3);2019 年有 2 个首末场站安装智能收银系统,涉及 4 条线路、56 辆车(表 4);2020 年有 2 个首末场站安装智能收银系统,涉及 6 条线路、47 辆车(表 5)。

2018 年智能收银场站使用情况 表 3

序号	场站名称	使用日期	主柜	副柜
1	大展站	2018 年 7 月	1	2
2	鲁家峙	2018 年 8 月	1	2
3	浦西站	2018 年 8 月	1	2
4	白泉站	2018 年 7 月	1	2
5	岑港站	2018 年 8 月	1	2
6	长峙站	2018 年 7 月	1	2
合计			6	12

2019 年智能收银场站使用情况 表 4

序号	场站名称	使用日期	主柜	副柜
1	朱家尖枢纽站	2019 年 5 月	1	2
2	莲花洋停车场	2019 年 9 月	1	2

2020 年智能收银场站使用情况 表 5

序号	场站名称	使用日期	主柜	副柜
1	青垒头停车场	2020 年 7 月	1	2
2	墩头客运站	2020 年 8 月	1	

截至 2020 年底,舟山公交已有 19 个场站、737 台车辆实现智能收银模式。由于场站条件等原因,尚有 72 辆车仍采用原先的收银模式。

(二)经济效益

智能收银系统建设后节约的人力成本见表 6。

人力成本节约情况 表 6

序号	岗位名称	人数(建设前)	人数(建设后)
1	副主任	1	1
2	工作人员	1	1
3	点钞人员	20	17

续上表

序号	岗位名称	人数(建设前)	人数(建设后)
4	收银点位人员	23	10
5	统计员	2	2
6	押运员	10	10
7	驾驶员	3	3
8	合计	60	44

舟山公交实施“智慧收银系统”总计减员 16 人,按人均收入 8 万元计算,2017 年节约人力成本 80 万,2018 年节约人力成本 104 万,2019 年节约人力成本 128 万(2019 年后每年均节约 128 万元),三年累计节约人力成本 312 万元。

四、未来展望

未来,舟山公交将继续牢固树立创新、协调、绿色、开放、共享的发展理念,以创新为驱动,切实发挥创新对企业的统领作用。持续深入动态分析市场需求,以创新的思维,构建多层次、多样化的公交服务体系,提高公交服务水平。

舟山公交将以“点钞”为切入点,将“以机代人”横向拓展至整个公交生态领域(包括车、人等),在公交各个环节都实行智能化,提高公交企业生存能力和服务能力,进而带动传统公交企业的成功转型。

鹤壁浚县"公交+物流"运营模式创新发展之路

浚县惠龙公交有限公司

成果主要创造人:郭玉田 付桂英

成果参与创造人:张育杰 苗俊萍 王雪刚 郭宝峰 许弘光 刘志伟 沈海军 付世行

转变发展观念,创新发展模式,提高发展质量。为认真贯彻落实习近平总书记关于"四好农村路"建设重要指示精神,打赢脱贫攻坚战,助力乡村振兴战略,浚县惠龙公交有限公司(简称"惠龙公交")在全域公交化的基础上,依托"城乡公交+物流配送"基础服务模式,探索出"城乡公交+物流配送+车站+城乡通电商+旅游服务+劳务输出"的"客货同网融合、多站多网合一"城乡交通运输一体化发展模式,为打赢脱贫攻坚战、助推乡村振兴贡献了交通力量。

经过前期运营,浚县已初步形成了以县城为中心、乡镇为节点、建制村为网点,遍布农村、连接城乡、纵横交错、多站合一、资源共享、多方合作的城乡公交和物流配送、农村电商融合发展的网络,破解了农村物流配送"最先和最后一公里"难题,同时通过县级物流中心与干线快递网络有效衔接,并向上下游延伸,有效推动了浚县农村经济快速发展。

浚县位于河南省北部,县域面积966平方公里,总人口71.3万人,辖7镇4个街道办事处,438个行政村、30个居委会。浚县是国家级历史文化名城、中国民间艺术之乡、全国粮食生产先进县、全国食品工业强县、全国农村产业融合发展试点示范县、河南省对外开放先进县、省级电子商务进农村综合示范县。

浚县区位优越、交通便利。浚县北与安阳接壤,东与濮阳毗邻,南与新乡交界,西与鹤壁相连,处于四个省辖市辐射带的中心位置,距首都北京约550公里,距省会郑州约180公里。境内国道3条、省级干线公路5条,公路总里程达到2188公里,路网密度达到5.6公里/平方公里,环绕县城、串联干线、互通乡镇的交通网络基本形成。浚县城市、城乡公交发展良好,先后被评为"河南省城乡道路客运一体化示范县"和"河南省万村通客车提质工程"示范县。

惠龙公交位于浚县卫溪街道黎阳路与八一路交叉口汽车客运总站院内,主要经营城市公交客运、城乡公交客运、汽车客运站、省市际班线客运、城乡物流、快件配送、农村电商、劳务输出、旅游服务、出租汽车网约车服务等多种客货运交通运输服务,是浚县重要的交通运输企业(图1)。目前惠龙公交拥有各类车辆数百台,车辆全部统一经营管理,服务优良,多次被省、市、县行业主管部门评为先进单位,受到群众的广泛赞誉。

一、实施背景

(一)企业面临的外部环境

1.政策环境

(1)打赢脱贫攻坚战

习近平总书记强调,消除贫困、改善民生、逐步实现共同富裕,是社会主义的本质要求,是中国共产党的重要使命。2015年11月29日,《中共中央 国务院关于打赢脱贫攻坚战的决定》发布;2020年5月22日,国务院总理李克强在《2020年政府工作报告》中提出,2020年要优先稳就业保民生,坚决打赢脱贫攻坚战,努力实现全面建成小康社会目标任务。

图1 惠龙公交

2020年是打赢脱贫攻坚战攻坚克难的关键一年,也是收官之年。要深入学习贯彻习近平总书记关于扶贫工作的重要论述,全面落实《中共中央 国务院关于打赢脱贫攻坚战三年行动的指导意见》,坚持脱贫攻坚目标和现行扶贫标准,全面打赢脱贫攻坚战。

(2)乡村振兴战略

乡村振兴战略是习近平同志2017年10月18日在党的十九大报告中提出的战略。十九大报告指出,农业农村农民问题(“三农”问题)是关系国计民生的根本性问题,必须始终把解决好“三农”问题作为全党工作的重中之重,实施乡村振兴战略。

2018年1月2日,国务院公布了2018年中央一号文件,即《中共中央 国务院关于实施乡村振兴战略的意见》。2018年3月5日,国务院总理李克强在《2018年政府工作报告》中讲到,大力实施乡村振兴战略。2018年5月31日,中共中央政治局召开会议,审议《国家乡村振兴战略规划(2018—2022年)》。

(3)运输高质量发展

为深入贯彻习近平总书记视察河南重要讲话精神、落实河南省委十届十一次全会暨省委工作会议精神,面对运输服务发展面临的新形势新任务,加快推进交通运输行业治理体系和治理能力现代化,提高运输服务质量,河南省交通运输厅指出实现运输高质量发展的新任务:要持续抓好常态化疫情防控、持续加强道路运输安全生产工作、持续加强交通强国内陆型多式联运试点建设、持续推进城乡交通运输一体化、持续推动道路客运企业转型、持续提升货运物流效能,持续实施公共交通优先发展战略、深化运输服务领域“放管服”改革,为河南省经济社会发展提供更加安全、便捷、高效、绿色、经济的运输服务保障。

(4)深化改革,加快推进道路客运转型升级

2016年12月31日,交通运输部发布《关于深化改革加快推进道路客运转型升级的指导意见》,要充分发挥道路客运比较优势,进一步提升综合运输整体服务效能,更好满足经济社会发展和人民群众出行需要。

2017年6月21日,河南省交通运输厅出台《关于深化改革加快推进道路客运转型升级的实施意见》,指出要充分发挥道路客运比较优势,积极调整优化道路客运业结构,全面提升道路客运业竞争能力和服务水平,更好满足经济社会发展和人民群众出行需要;要改革创新、激发活力;坚持市场在资源配置中的决定性地位,充分发挥政府的引导与推动作用,扎实推进“简政放权、放管结合、优化服务”,扩大企业经营自主权,积极稳妥推进道路客运重点领域改革,有效激发市场活力。

2.市场环境

(1)市场需求的存在

随着经济和信息化的发展,网络购物在农村也越来越得到普及,农村快递单量也在飞速发展,随之

而来的农村快递配送需求也越来越多。农村也实现了无须出门就能得到更好的产品服务。同时,随着农村电子商务的发展,带动了农村的经济飞速发展,使更多的农产品走出田间地头,使农民有了更高的收入。

(2)传统物流快递成本高,无法实现快递进村

浚县是一个典型的农业大县,具有广阔的农村市场,潜力巨大。但由于农村面积大、人口多而分散,信息闭塞、配送路线长导致农村物流配送成本较高、发展滞后。长期以来,大部分村民寄取快件都需要自己到镇上或县城,十分不便。同时,物流基础设施的不完善和信息滞后使得农村的农产品远没有实现其应有的经济效益。

(二)企业内部条件

1.完成"一县一网一公司"改革

近年来,按照河南省政府、交通运输部、河南省交通运输厅及鹤壁市交通运输局等相关政策,惠龙公交在浚县县委、县政府和交通运输主管部门的大力支持下,克服重重困难,多方筹措资金,先后投入资金6000多万元,通过购买纯电动公交车、回收承包经营车辆和企业兼并重组等方式,逐步取消车辆承包经营,实施公司化经营,落实公司化经营"五统一",真正实现了"一县一网一公司"。

2.全县城乡客运网络全覆盖,实现了全域公交化

浚县城市、城乡公交发展良好,2016年被评为"河南省城乡道路客运一体化"示范县,2020年被评为"河南省万村通客车提质工程"示范县。

惠龙公交按照"以路设线、沿村选点、延伸旧线、补足新线"的原则,重新规划整合城乡公交线路,保证县—乡(镇)—村线路的互联互通。针对个别人口稀少的偏远村,通过调整和延伸部分城乡客运班线,达到了全县城乡客运网络全覆盖,实现了全域公交化。

截至2020年底,惠龙公交共开通城乡公交线路44条,其中,城区公交线路5条,城乡公交线路39条,营运公交车辆254辆,线路总里程达1564公里,全县438个行政村已全部通上公交车,公交通达率达100%。惠龙公交还投资316.5万元在各行政村2公里范围内主要选择村委会、村超市等村民集合点设置候车亭或停车站牌647个,候车厅(停车站牌)的设置比例达到100%。当前,广覆盖、深通达、可持续、惠民生的全域公交化网络已经形成。

二、成果内涵和主要做法

(一)成果内涵

"客货同网融合、多站多网合一",城乡交通运输一体化发展模式是在全域公交化的基础上,利用遍布乡村的公交网络和公交车辆进行农村快件配送,同时,通过在汽车客运总站建设县级物流配送中心、在乡镇建设综合运输服务站、在乡村通过合伙方式建设村级便民服务点的方式,完成县、镇、村三级物流网络体系建设。乡镇综合运输服务站、村级综合运输服务站(点)不仅是农村物流配送、快递收发的分拣、调配中转站,还是群众生活的综合交通运输服务中心。

(二)创新经营模式的主要做法是"客货同网融合、多站多网合一"

1.建设县乡村三级物流网络体系,实现客货同网融合发展。

浚县惠龙公交根据遍布镇村的城乡公交网络资源,通过以下方式建立县、乡、村三级物流配送体系,完善物流配送网络节点。

(1)建设县级物流配送中心

惠龙公交投资1500多万元,在浚县汽车客运总站建立了面积达4100平方米、设施设备齐全的县级物流配送中心(图2)。配送中心对所有"下乡快件"按照乡镇进行集中分拣,通过城乡公交和小型物流车辆进行集包运输,将货物运送至途经的乡镇综合运输服务站、村级综合运输服务站(点)。为了克服

城乡公交车辆配送大件物品的不便，惠龙公交还专门购置了 10 台江铃福特特顺轻型客车、5 台山东凯马 3 米高栏板轻型货车和 5 台纯电动三轮汽车作为专业配送车辆，辅助城乡公交进行农村物流配送。

图 2　县级物流配送中心

(2)建设乡镇综合运输服务站

惠龙公交在浚县县委、县政府和县交通运输局的关心和大力支持下，将全县 7 个镇的原交通管理站升级改造为乡镇综合运输服务站(图 3)，对运送至服务站的物流快件按照到村城乡公交线路进行分拣，由城乡公交车辆或专业配送车辆快速将快件配送至各村综合运输服务站(点)。

图 3　乡镇综合运输服务站

(3)建设村级便民服务站(点)

在全县 438 个行政村主要选择超市、农资服务社、村邮站、移动营业厅等农村群众聚集点，通过合伙方式设置村级便民服务站(点)，如图 4 所示，由村级站(点)将快件配送至村民家中。

(4)实行客货同网融合发展

惠龙公交运用遍布城乡的公交网络资源和县、乡(镇)、村三级农村物流配送体系，通过城乡公交车辆的富余装载空间以及小型专业物流配送车辆进行农村物流配送，以客带货，件到即送，将快件更高效地配送至各镇、各村、各户，实现了客货同网融合发展(图 5)。

与一般物流、快递公司自行将货物运送至乡镇相比，城乡公交物流配送一小时或半日即可到达，更加集约高效，特别是乡与乡、镇与镇、村与村之间短距离的小件货物运输，无须再往返县城，是一般物流、快递公司难以完成的。对于客流量大、小件物流配送需求高的线路，惠龙公交还开通专门的货运公交线路。目前，惠龙公交县、乡、村各级综合运输服务站点日均快递收发单量已达 1 万单左右。

2. 推出“多站多网合一”模式，实现农村综合发展

乡镇综合运输服务站、村级便民服务站(点)不仅是农村物流配送、快递收发的分拣、调配中转站，还是群众生活的综合交通运输服务中心。群众在这里不仅可以收发快件，还可以得到公交卡办理和充

值、长途客运售票、预约定制用车服务、校车服务、旅游服务、出租汽车网约车服务等综合交通运输服务。同时这些服务站(点)还提供农资信息、农产品网上销售与实体展示、农村电商购物等多种综合型服务,实现了农村多站多网合一、综合发展。既方便了农村群众生活,解决农村物流配送“最先和最后一公里难题”,也实现了资源共享,有效降低了成本,增加了收入来源,能够确保镇、村综合运输服务站(点)长远良性发展。

图4　村级便民服务站(点)

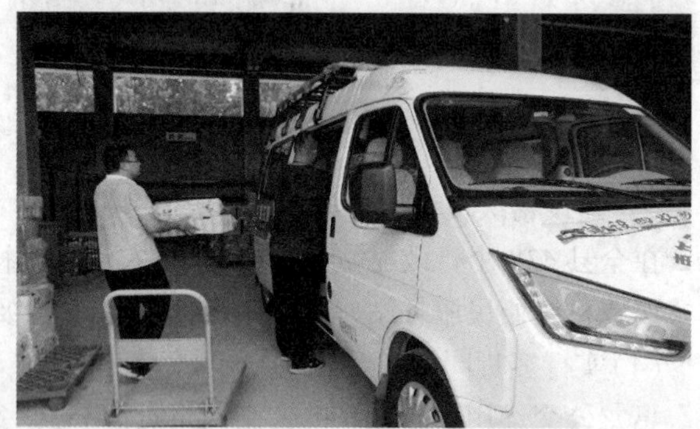

图5　客货同网融合发展

3. 建立客、货、电商合作体系,实现发展共赢

近年来,浚县人民政府出台了多项扶持政策,积极融合公交公司、物流公司和电商企业资源优势,取长补短,实现合作共赢。浚县惠龙公交有限公司、河南众帮新大陆物流有限公司、鹤壁万隆电子商务有限公司以及“三通一达”(圆通、申通、中通、韵达)等快递配送企业达成合作协议,在县、乡、村各个运输网络节点统一物流设施设备的配置标准,统一仓储、包装、分拣、装卸、配送,实现了收件派件集中管理,各类物资有序集散、高质高效配送,促进了农村物流配送的统一发展(图6)。

此外,惠龙公交还同邮政企业合作,整合城乡公交、邮路运行网络,为邮政企业运送快件,提高运输效率,弥补乡村邮政寄递频次不足等问题。

目前，浚县日处理快递6.5万件，日出港快递3.2万件，日分拣物流大件货物400吨，大件货物出港190吨左右。其中，"工业品下乡"日运送180吨，"农产品进城"日运送100吨。

图6 快递驿站

4.提加大科技投入，实现信息化发展

为提高农村物流配送的安全性、便利性、服务性，近年来，惠龙公交加大对农村物流配送科技投入，投资300余万元建设了多个农村物流配送相关信息平台，推动了信息化发展。

(1)建立"浚县交通出行"微信公众号

依托浚县汽车客运总站和浚县惠龙公交公司，建立了"浚县交通出行"微信公众号(图7)，及时发布交通信息，并提供公交实时定位、物流快件查询、长途班线信息查询、电商购物、农产品展示等多种交通信息化服务。

图7 "浚县交通出行"微信公众号

(2)建立浚县"城乡通"物流信息服务平台

群众可以根据需要，在浚县"城乡通"物流信息服务平台上获取各类农村物流配送信息，网上选择普通公交带货、专业货运车辆配送和专业小型货运车辆配送等不同的物流配送方式，可以实时查询公交车辆配送路线、车辆位置和车内实时监控，促进各类农村物流配送信息及时采集、发布。

(3)建立浚县"城乡通"商城电商平台

"城乡通"商城所提供的商品一律超低价、高质量，所有农特产品和其他商家进入电商销售平台，平台不加价，不收取任何费用。同时线下村民可以将拥有的农特产品免费在浚县客运总站实体示范店"城乡通超市"和各镇便民服务站展示销售，切实提高农村群众生活的便捷度和生活质量(图8)。

5.实行政策惠民，提升群众幸福感、获得感

为促进浚县农村物流配送高质量发展，更好地服务广大人民群众，惠龙公交出台了多项惠民政策。

①"城乡通"物流配送在运营期间3年内对全浚县实行免费到村物流快件配送；

②对于劳动模范、贫困户、残疾人、退役军人、两参军人等特殊群体实行终身免费到村物流快件配送；

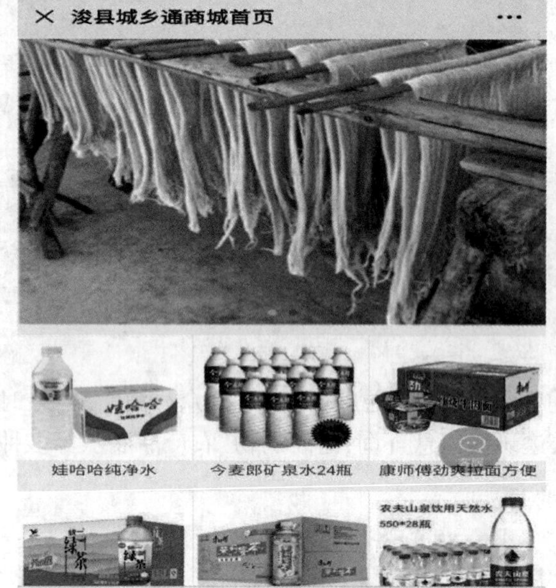

图8　"城乡通"商城及实体示范店

③惠龙公交的公交车驾驶员优先招聘贫困村人员,帮助贫困人员实现就业;

④"城乡通商城"线上平台线下示范店,农特产品和其他商家进入均不加价、不收取任何费用;

⑤对于农村父母外出打工,留守老人接送孩子上下学不方便的情况,提供免费"邮寄儿童"服务;

⑥对于留守老人不会使用智能手机等问题,专门设置400-169-1688全国免费服务电话和本地固定电话0392-5555811,方便老人拨打。

三、实施效果

浚县"公交+物流"运营模式的实施,使浚县初步形成了以县城为中心、乡镇为节点、建制村为网点,遍布农村、连接城乡、纵横交错、多站合一、资源共享、多方合作的"公交+物流配送"多站多网合一融合发展网络,进一步激发了企业创新驱动发展的活力,为城乡客运发展提供了新的经济增长点,也提升了人民群众的满意度和获得感。

1.城乡公交客流回升,农村客运可持续发展能力增强

浚县乡村三级综合运输服务站(点),为农村群众配送农特产品、快件和日用消费品,建立了覆盖全县所有乡镇及行政村的农村物流配送网络,畅通了农村物流配送"最先一公里"和"最后一公里",打开了"农产品进城"和"工业品进村"的双向流通渠道,带动了农民增收脱贫,进一步推动"乡村振兴"战略实现。同时,随着"公交+物流配送"运营模式的实施,农村客运实现多级发展,找到了新的经济增长点。由于其惠民、便民、利民的优点,提升了城乡公交的吸引力,也拉动了城乡公交客流的回升。

2.物流配送成本有效降低,人民群众获得感显著增强

惠龙公交整合了城乡公交、物流快递、邮政、农村电商等各方面资源,完善了县、乡、村三级物流节点网络体系,采取市场化经营模式,规范整治分散的物流配送资源,扬长避短,互惠合作,有效降低了物流配送成本,提高了配送效率,实现了惠民、便民。

3.盘活了闲置的场站资源,提高了资源利用率

河南省城乡公交客运场站建设完备,随着城乡客运市场的不景气,出现了一部分农村客运场站闲置的情况。通过"公交+物流配送"运营模式的实施,浚县交通运输主管部门将一部分闲置客运站以合理

价格租赁给城乡客运企业，作为“公交＋物流配送”运营模式的经营场所，既盘活了闲置资源，也为客运企业提供了便利，实现了双赢。

4. 拉长“公交＋”的服务链条

随着“公交＋物流配送”运营模式的成功实践，激发了浚县客运行业不断拓展延伸服务项目的动力，持续拉长了“公交＋”的产业链条，打造了“车站＋公交＋电商＋旅游＋物流配送＋劳务输出＋……”服务模式，使企业可持续发展能力显著增强，不仅实现了整体运营水平质的提升，也进一步增强了人民群众的获得感、幸福感、安全感。

基于"5G+安全"技术的公路工程建设项目本质安全体系构建与实施

甘肃路桥第四公路工程有限责任公司

成果主要创造人:雒建奎 骆维斌

成果参与创造人:罗宏涛 黄晓涛 宋卫忠 王延文 张占旭 王 军
张建忠 牛思学 郑 冬 范金虎

甘肃路桥第四公路工程有限责任公司(简称"路桥四公司")始建于1973年,系甘肃路桥建设集团有限公司(简称"路桥集团")下属的国有独资公路工程施工企业。具有公路工程施工总承包一级资质,专业方向为隧道工程施工,拥有甘肃省隧道工程技术研究中心等科研平台。企业注册资金3亿元,拥有大中型设备201台(套),设备总功率21459.27千瓦,设备原值8216.05万元,年施工能力20亿元以上。

公司坚持"以诚信拓市场,以项目求生存,以效益谋发展"的经营理念,以"打造路桥品牌,奉献交通事业"为己任,先后完成了兰临高速公路LL14标、临合高速公路LH13标、十天高速公路ST11标、兰州南绕城高速公路7标等30余项国家、省重点工程建设项目,建设大中型桥梁26座、隧道27座,桥梁总长8037.35米,隧道单洞累计总长50085.435米,工程优良率达98%以上。承建项目荣获国家"鲁班奖"1项、甘肃省建设工程"飞天金奖"4项、甘肃省建设工程"飞天奖"6项、"甘肃省建设科技进步奖"4项、"甘肃省建设科技示范工程"3项、"甘肃省建设工程文明工地"9项;获得国家级工法、公路工程部级工法、甘肃工程建设省级工法、专利等40余项。

一、实施背景

(一)安全发展的迫切需要

习近平总书记指出:"人命关天,发展决不能以牺牲人的生命为代价。这必须作为一条不可逾越的红线。"❶

2016年12月18日,《中共中央 国务院关于推进安全生产领域改革发展的意见》(简称《意见》)印发,这是新中国成立以来第一个以党中央、国务院名义出台的安全生产工作纲领性文件。文件提出的一系列改革举措和任务要求,为当前和今后一个时期我国安全生产领域的改革发展指明了方向和路径。

《意见》目标指出,到2020年,安全生产监管体制机制基本成熟,法律制度基本完善,全国生产安全事故总量明显减少,职业病危害防治取得积极进展,重特大生产安全事故频发势头得到有效遏制,安全生产整体水平与全面建成小康社会目标相适应。到2030年,实现安全生产治理体系和治理能力现代化,全民安全文明素质全面提升,安全生产保障能力显著增强,为实现中华民族伟大复兴的中国梦奠定稳固可靠的安全生产基础。

本质安全体系建设的提出,是对安全生产领域安全生产工作的探索尝试,是一次具有标志性的安全管理提升试点工作,对企业的安全发展、可持续性发展具有划时代的意义。持续深入推进企业本质安全体系建设,构建"生命至上、安全第一"的安全文化体系,进一步让安全发展理念深入人心;建设全员覆

---

❶ 源自《人民日报》2013年6月18日报道《习近平:始终把人民生命安全放在首位》。

盖的安全教育培训体系，进一步提升从业人员安全能力；建立科学完备、执行严格的安全生产制度体系，进一步强化企业安全生产主体责任落实；建设先进适用的安全设施设备体系，进一步增强企业安全保障能力；建设严格高效的安全管理体系，进一步提高企业安全管理标准规范。

（二）建设公司安全文化和安全管理的需要

通过本质安全体系建设，从安全生产责任制、安全监管监察体制、依法治理、安全预防控制体系、安全基础保障能力等方面堵塞安全监管漏洞，切实消除安全管理盲区。

甘肃路桥第四公路工程有限责任公司在马桥一标公路工程建设项目依据国家相关法律法规及甘肃省公路交通建设集团（简称“省公交建集团”）、路桥集团标准要求，结合项目工程实际特点。全面实行本质安全体系建设，切实提高安全管理水平，促进项目管理科学化、规范化和标准化，实现人员、设备、系统、管理、环境管理的有机统一。

二、基本内涵

（一）指导思想

以习近平新时代中国特色社会主义思想为指导，深入贯彻党的十九大和十九届二中、三中全会以及中央经济工作会议精神，牢固树立安全发展理念，坚持“安全第一、预防为主、综合治理”方针，宣扬“弘扬生命至上，打造本质安全”的安全理念，着力健全责任体系，着力强化基础保障，加强安全生产过程管理，全面落实安全生产各项措施，提升项目本质安全体系建设水平。

（二）工作目标

全面提升各项目参建人员安全素质，达到“人员无违章、设备无故障、系统无缺陷、管理无漏洞、环境无隐患”的“人、机、料、法、环”和谐统一的本质安全状态。坚决遏制重特大事故，减少一般事故，杜绝责任事故。确保安全生产事故起数、受伤人数、直接财产损失持续下降，进一步促进安全生产形势的持续稳定好转。

通过本质安全体系建设，达到的目标为：①无安全责任事故；②风险管控覆盖率为100%；③隐患排查整改率为100%；④无环境事件。

三、主要做法

本质安全管理体系以“人、机、料、法、环”管理为核心，以安全制度体系建设、安全生产责任体系建设、安全文化体系建设、安全教育培训体系建设、设备设施安全管理、双重预防机制建设、应急管理、智慧安全管理、环水保管理、本质安全体系建设考核为主要内容，以“平安工地”冠名为目标，充分利用“智慧安全”“5G＋安全”技术，营造良好的安全生产氛围，强化设备设施管理，改善生产工艺，提高质量安全意识，使“人的行为”“物的状态”以及“管理”方面达到协调统一，从而达到本质安全。本质安全体系建设思维导图如图1所示。

（一）安全制度体系建设

在项目安全生产过程当中，制度体系建设起着至关重要的作用，通过强制性和激励性的手段，约束、规范从业人员的安全生产行为。通过制度体系建设，可以使安全生产工作有据可依。

1. 成立制度修编小组

为进一步完善项目安全制度体系，使制度更加具有可行性，更加符合项目实际，成立制度修编小组，专门负责项目安全生产管理制度编制、修订、完善、讨论、评审、交底、培训等工作（图2）。

2. 修订完善安全管理制度及安全操作规程

在省公交建集团、路桥集团及路桥四公司安全环保制度框架下，结合项目实际，对安全生产责任制及考核制度、安全生产检查评价制度、安全事故隐患排查治理制度、安全生产教育培训制度、施工安全技术交底制度、施工安全风险评估制度、专项施工方案的编制和审核制度、生产安全应急管理制度、施工设备安全管理制度、施工现场消防安全责任制度、特种设备及作业人员管理制度、安全生产奖罚制度、施工单位项目部主要负责人带班制度、施工作业操作规程制度、班组安全管理制度、应急预案管理制度、安全风险分级管控制度、施工现场临时用电安全管理制度等相关制度进行修订。

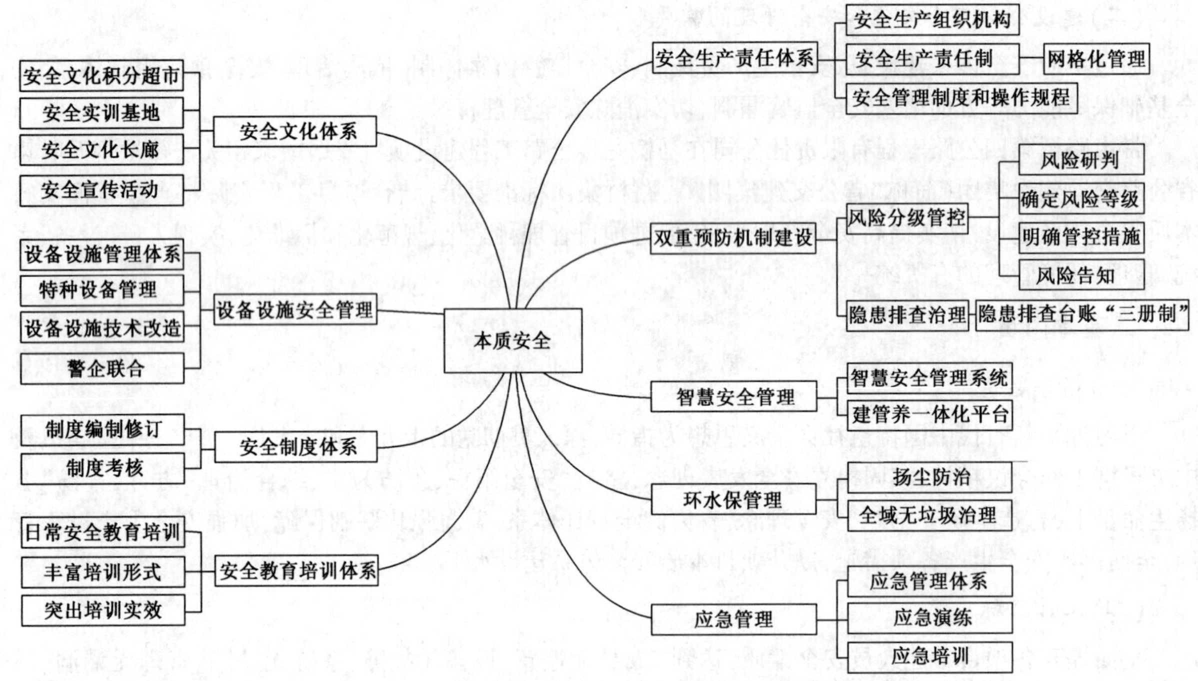

图1 本质安全体系建设思维导图

图2 《安全管理制度》(汇编)

3. 对制度执行情况进行考核

为贯彻落实项目各项安全管理制度与操作规程,确保其执行有效,由综合部牵头,各部门负责人组织成立考核小组,对制度执行情况进行考核。

(二)安全生产责任体系建设

1. 安全生产职责确定

为加强项目安全生产管理工作,明确各级管理人员、各职能部门和各类人员在生产活动中的责任,落实“一岗双责”和“三管三必须”原则,各项目部要建立安全生产责任体系(图3),进一步提高安全管理水平,形成“人人抓安全、人人管安全”的良好局面。

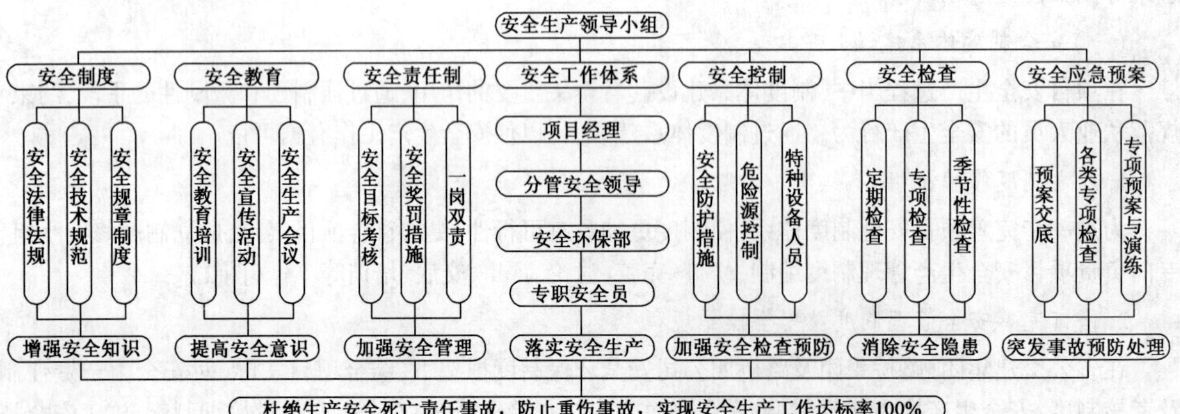

图3 安全生产责任体系

2. 责任落实

按照各部门各岗位安全生产职责，由安全环保部交底，各级人员认领。对项目安全目标进行分解，逐级签订安全生产目标责任书。每季度对照岗位职责情况，由安全生产领导小组对各级人员的履职情况进行量化考核。

为进一步落实各级管理人员安全生产职责，对照责任清单逐一落实，深入贯彻"一岗双责"和"三管三必须"，项目部以"网格化管理"和"委派安全员制"为抓手，全面落实全员安全生产责任制。

3. 网格化管理

根据"网格化"管理要求，按照"横向到边、纵向到底"的原则，对各部门、各劳务公司、各岗位的安全职责、考核标准进行划分。所有人员对本岗位的安全职责进行认领，在工作当中按照"一岗双责"原则开展，由安全环保部监督实施。

4. 委派安全员制

由项目部向各劳务公司委派一名专职安全管理人员，专门负责各班组安全管理工作，主要包括进出场人员、设备的报备，作业人员的教育培训，施工现场安全防护用品及防护设施的监督，安全生产活动的组织与开展等相关安全环保工作，便于衔接项目部与劳务公司的安全管理工作。

项目部根据具体工作开展情况，制定量化考核表，每月底由项目安全环保部对委派安全员进行考核、评比、奖罚，并提出改进意见。

(三)安全文化体系建设

安全文化是项目文化建设的重要组成部分，是协调人与人、人与环境之间关系，防止事故发生抵御灾害，维护健康的文化。安全文化的核心是以人为本，通过培育员工共同认可的安全价值观和安全行为规范，在项目内部营造自我约束、自主管理和团队管理的安全文化氛围，最终实现持续改善安全业绩、建立安全生产长效机制的目标。

确立安全第一的安全文化价值观(图4)，要以"人命关天，发展决不能以牺牲人的生命为代价，这必须作为一条不可逾越的红线"为指引，积极营造安全生产工作"人人皆知、人人参与、人人受益"的良好氛围，逐步提高安全生产工作的主动性和自觉性，实现从"要我安全"向"我要安全""我会安全""我能安全""我爱安全"的彻底转变。

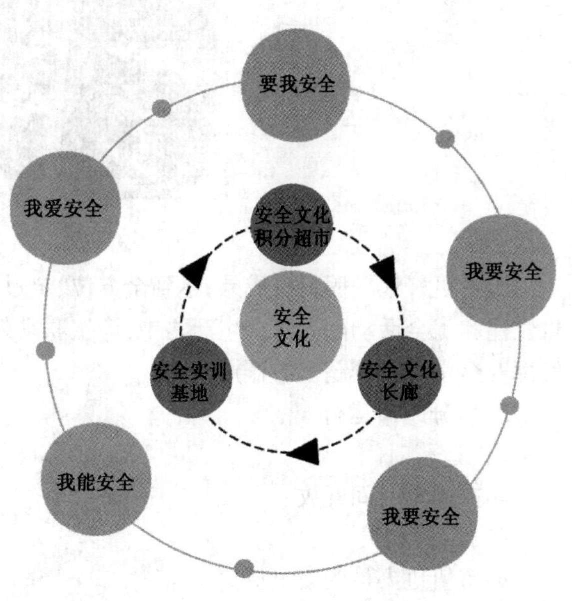

图4 安全文化价值观

项目部积极创办"安全文化积分超市""安全实训基地""安全文化长廊"等，结合安全生产宣传教育"七进"活动，将安全文化的"导向、凝聚、激励、约束"功能体现出来，使从业人员从思想上提高安全意识。

1. 创办"安全文化积分超市"

1) 目的

在以往的项目管理过程中，项目劳务人员安全技能、素养普遍较低，员工参与安全管理的积极性不高，对安全的重视程度也不够，管理中喊得多、罚得多，"三违"(违章指挥、违规作业、违反劳动纪律)行为不断发生，管理效果不好。根据多年的安全管理经验，借鉴以往项目安全文化积分超市试运行效果(图5)，充分发挥了安全文化功能，改变了传统"以罚代管"的模式，项目全体参建人员学习安全知识的主动性、参与安全管理的积极性得到很大提升。

安全积分小程序 — 安全文化积分超市 — 商品 / 安全宣传

图5　安全文化积分超市

为了更好地巩固现有成果,达到全方位、全过程、全员管理,积极推进安全文化积分超市创建工作,将党建和工会活动融入安全生产之中,产生联动效应,积极发挥党的示范引领和工会的监督作用,充分发挥安全文化积分超市的作用。

2)积分超市运行

(1)运行时间

超市固定时间开放。

(2)值班人员

超市值班人员为安全员。

(3)兑换方式

兑换方式为按照积分等级划分进行兑换。

(4)商品内容

①生活用品:毛巾、牙刷、牙膏、脸盆、洗衣粉、衣架、香皂、饭盒、杯子、鞋刷等。

②食品:饮料、茶叶、瓜子、方便面、火腿肠等。

③办公用品:笔记本、订书机、计算器、订书针、回形针、文件袋、墨盒、U盘等。

3)积分系统

(1)系统简介

①扫描二维码,通过微信小程序,进行注册个人"安全文化积分超市"账号(图6)。

图6　积分系统

②每日可通过完成相应任务获得积分。

③可根据获得积分情况到"安全文化积分超市"进行兑换商品。

④系统主要功能:积分获取,查看当前积分,查看历史获取与支出积分明细,可到积分商城兑换商品等。

(2)主要内容及规则

在策划过程中,研发了安全积分超市微信小程序,员工通过扫码完成个人账号注册、积分获取、积分兑换。

通过系统后台大数据分析,直观反映了员工累计获取积分及兑换支出明细。

员工通过系统中安全知识答题、阅读安全文件、观看警示视频、安全教育培训、风险隐患随后拍等方面的日常操作获取积分。

员工凭积分在微信小程序系统"兑换商城"中选择需要兑换的商品后,前往积分超市实体店领取商品。

(3)积分获取

积分获取有日常任务获取、党员先锋岗获取、安全标兵获取、安全生产活动获取四个途径。

①日常任务获取。

a.通过智慧答题获得积分,答对1题得1分,每日上限5分。每日答题的题目会从后台数据库随机获取,题型分为判断题和选择题(图7)。题库由管理员导入。答题成功后会提示答题正确,答题错误会提示答题错误,并告知正确答案。

b.通过知识阅读获得积分,自动奖励时长积分2分/分钟,每日上限6分。管理员每天推荐文章供员工学习,实现定向教育。每天更新的文章会有"最新"标识,引导人员前去阅读。

c.通过视频观看获得积分,自动奖励2积分,每日上限6分。后台管理人员实时更新视频,员工观看完视频可以获取当前视频的积分,视频不可快进。

d.员工可以上传班前教育、安全活动、现场安全防护、安全教育培训等影像资料(图8)。管理员对员工上传的影像资料进行审核,审核通过后可获得相应积分。

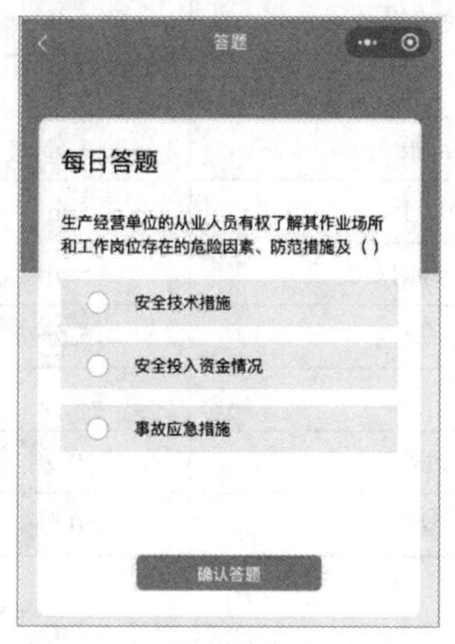

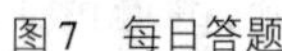
图7 每日答题

图8 教育照片

e.通过风险隐患随手拍,将现场发现的风险隐患照片上传获取积分,积分数量视风险隐患大小而定,上传风险管控照片或隐患整改照片后获得双倍积分。

②党员先锋岗获取。

项目上每个党员每月必须有半天安全志愿者活动,月初到安全环保部领取安全教育培训、安全检查、隐患排查、方案审核等任务,安全环保部根据每个党员工作岗位明确具体任务,任务完成后由安全环保部进行评价,依据评价结果获得相应积分,同时奖励第一名人民币1000元。

图9　安全标兵榜

③安全标兵获取。

项目上每个员工每两月必须有半天安全志愿者活动,具体任务、考核方式和积分获取同"党员先锋岗"。安全标兵每月评选一次,并在"安全标兵榜"上公示(图9),进行积分奖励。对排名末尾人员,按照路桥集团带培制度,由项目经理"一对一"进行"安全帮扶"。

通过开展党员示范岗、安全标兵志愿者活动及末尾帮扶,正面引导、激励,反面教育、惩戒,达到全员共同提高的良好效果。

④安全生产活动获取。

从安全教育培训、隐患整改等17个方面的安全生产活动,获取相应的设定积分,其中"微创新""微改造"方面设定了较高的积分,目的是鼓励员工在技术创新、设备改造方面多研究探讨,用技术进步带动安全管理提高(表1)。

积分获取明细　　表1

序号	事　项	分　值	备　注
1	组织或接受安全教育培训、警示教育并考核合格	1分	
2	组织或接受安全技术交底	1分	
3	参加安全生产相关会议	1分	
4	参加安全相关活动或应急演练	1分	
5	提醒其他人员规范使用安全防护用品	1分	
6	组织开展或参加班前奖评及教育	1分	
7	提出与安全生产有关的合理化建议	2分	
8	发现违章行为立即向管理人员举报或制止	2分	
9	发现现场安全隐患立即向管理人员汇报或整改	2分	
10	积极参与隐患整改、服从管理	2分	
11	发现现场重大安全隐患向相关管理人员汇报	5分	
12	录制与安全生产有关的教育视频15分钟以上	5分	
13	在网站或期刊发表与安全生产有关的宣传报道、诗词及文章	5分	
14	举报管理人员违章指挥等违规行为	5分	
15	获得当月"安全标兵"称号	20分	
16	完成与施工质量安全有关的"微创新""微改造"	30分	
17	"微创新""微改造"实用性强或获得实用新型专利	50分	

⑤积分扣除。

从"三违"等12个方面的不安全行为,扣除相应的设定积分,倒逼员工互相监督,落实安全技术规范、遵守安全操作规程、规范安全行为(表2)。

积分扣除明细　　表2

序号	事　项	分　值	备　注
1	进入施工现场,未正确佩戴安全帽,穿反光马甲	1分	
2	无故不参加安全教育、安全技术交底、安全会议或安全相关活动	1分	
3	在岗期间玩手机、吸烟、乱丢烟头	1分	

续上表

序号	事　项	分　值	备　注
4	进入施工现场，未正确使用安全带、防滑鞋	2分	
5	施工现场嬉戏打闹	2分	
6	存在违章操作或违反劳动纪律	2分	
7	拒不整改安全隐患或不服从管理	2分	
8	小型机具、材料堆放不整齐	2分	
9	施工现场堆放建筑垃圾、生活垃圾	2分	
10	管理人员、班组长存在违章指挥行为	5分	
11	破坏或未经允许拆除安全防护设施	5分	
12	非操作人员私自操作设备	5分	

⑥积分兑换。

积分兑换从30~1000分共设7个分档，提供了贴近员工生活、工作的实用性强的生活用品、办公用品、食品，同时，为督促员工积极获取积分，项目部对部分办公用品予以停发，倒逼员工多学安全知识，获取积分兑换所需用品（表3）。

积分兑换明细 表3

序号	兑换积分	生活用品	办公用品	食　品
1	30分	手套、牙刷、筷子	中性笔、固体胶	方便面、火腿肠、榨菜、饮料
2	50分	洗衣粉（260g）、牙膏、香皂、袜子、鞋刷、鞋垫、挂钩、抽纸、垃圾袋	订书针、回形针、文件袋、签字笔	瓜子、花生、八宝茶、八宝粥
3	100分	毛巾、洗手液、塑料盆、洗洁精、衣架、大宝SOD蜜、蚊香、拖鞋	笔记本、订书机、数据线、计算器、不锈钢尺	辣椒酱、口香糖
4	200分	洗发水、卫生纸（一提）、塑料杯、花露水、雨伞、小盆栽、内裤、垃圾桶	中性笔（一盒）、抽杆夹、燕尾夹、鼠标垫	酸奶、矿泉水（一件）、挂面
5	300分	手电筒、不锈钢饭盒、保温杯、暖瓶、驱蚊喷雾、凉席、坐垫、马克杯、鞋架	复印纸、笔筒、文件盒	坚果礼包、牛肉干、猪肉脯
6	500分	组装衣柜、耳机、床上三件套、洗面奶	鼠标	大米、精致面粉、菜籽油
7	1000分	剃须刀、充电宝、防晒霜、护肤套盒	墨盒、U盘、键盘	茶叶（一罐）

兑换步骤：

a. 由管理员在兑换商城上传商品，设置相应的积分。

b. 员工可前往兑换商城，选择需要兑换的商品。

c. 选择好商品后，到积分超市实体店领取商品，确认兑换。

2. 创建"安全实训基地"

为进一步加强从业人员安全意识，通过创办安全实训基地（图10），提高从业人员对安全生产理论知识和安全生产技能的掌握程度，规范从业人员生产行为，减少甚至避免由"无知无畏"及"三违"造成的各类安全事故。

安全实训基地是根据项目生产建设中的安全管理工作，结合当前安全生产形势，集培训、实操、休闲、娱乐为一体，营造良好的安全文化氛围，树立正面标准引领，突出反面错误示范，使得各项安全管理措施更加深入人心(图 11 ~图 14)。

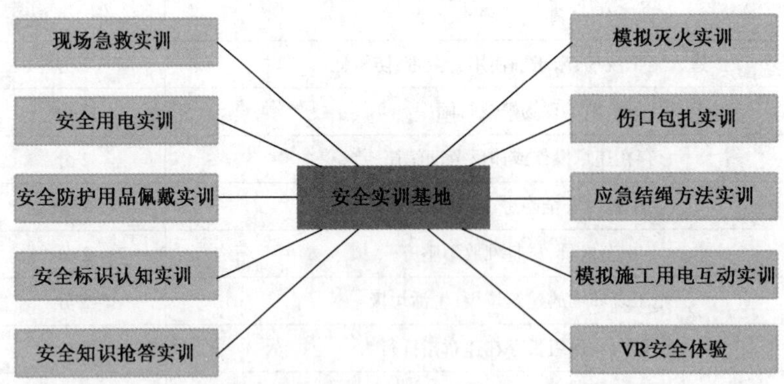

图 10　安全实训基地

图 11　安全防护用品佩戴实训

图 12　安全标识认知实训

图 13　隐患展示区

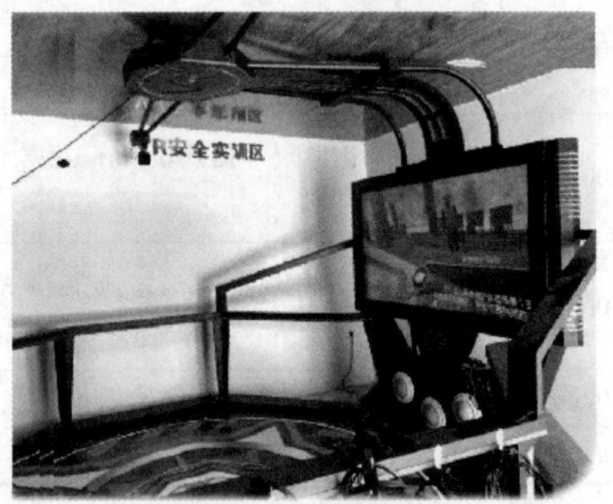

图 14　VR 体验区

3. 打造“安全文化长廊”

积极开展各项安全宣传工作,通过以“安全文化长廊”为平台,强化项目安全文化、安全知识及安全技能宣传,创造良好的安全氛围。

通过打造“安全文化长廊”(图 15),一是发挥安全文化的导向功能,通过潜移默化的作用,使参建人员的安全观念逐步向项目部引导、提倡的安全观念和目标上转变,使参建人员的安全行为逐步向项目所提倡的、要求的方面看齐。二是发挥安全文化的凝聚功能,通过改变从业人员对安全管理的认同感,使其融合于本项目的安全管理工作当中,做到“四不伤害”、形成“处处为安全”的向心力和凝聚力。三是发挥安全文化的激励功能,发挥人的主动性、创造性、积极性、智慧力,使参建人员做到“谋安而后动”。四是发挥安全文化的约束功能,使参建人员对安全文化形成一种“敬畏”之情,不断规范自己的安全行为,在内心深处养成一种安全意识,促使思想和行为都在安全文化倡导的范畴下运行,达到持久的约束效果。

安全文化长廊如图16所示。

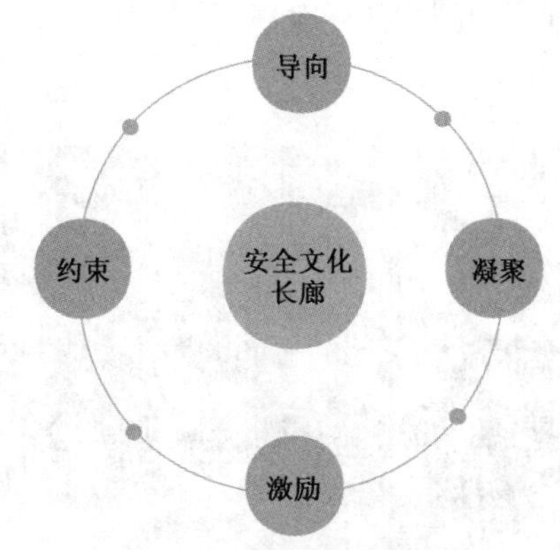

图15 安全文化长廊意义

图16 安全文化长廊

4.广泛开展安全宣传活动

一是按照《国务院安全生产委员会办公室关于印发安全生产宣传教育“七进”活动基本规范的通知》,持续将安全生产宣传教育“七进”活动纳入宣传教育计划和日常培训内容之中(图17),让安全生产宣传教育“七进”活动成为安全生产宣传的重要途径和有力抓手。主要通过“安全宣传咨询日”、安全教育培训等普及安全生产知识与技能,提高员工安全意识,学会安全防范措施。

二是根据当前安全生产形势,多渠道进行安全文化宣传。

三是通过张贴安全标语、挂设条幅、设置安全宣传标牌等,对安全文化进行宣传。

四是通过举办培训班、分享会、研讨会、知识竞赛、演讲比赛等,对参加活动的人员发放奖品,使参建人员更加积极地参与项目安全生产宣传活动当中。

五是制作切合项目生产实际的《安全文化手册》,将安全理念、安全管理要求、安全基础知识、风险防控措施、应急处置措施等灌输并根植于全体员工心中,使安全生产知识、常识逐步渗透到每个人的思想之中,让安全文化内化于心、外化于行、固化于制,让安全成为一种习惯。

六是为持续强化项目安全生产宣传工作,全面普及安全管理制度、安全操作规程等安全生产基础知识,路桥集团马桥一标项目创新宣传形式,将日常饮用水与安全生产宣传相结合(图18),成为业内第一家在饮用水外包装上普及安全生产知识的生产建设项目。

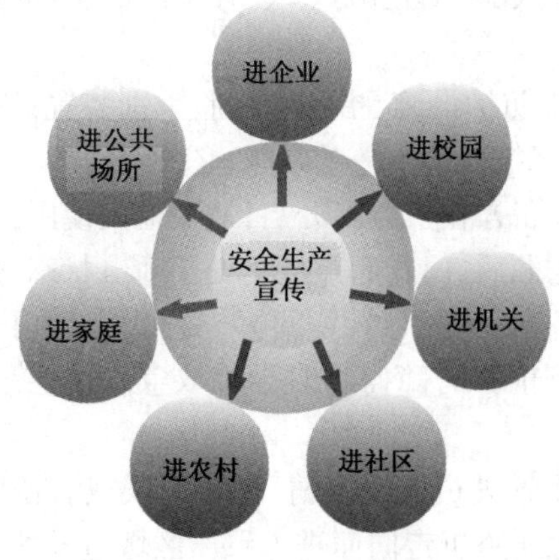

图17 安全生产宣传教育“七进”活动

图18 饮用水与安全生产宣传相结合

(四)安全教育培训体系建设

安全教育培训是安全生产领域一项重要的基础性工作,加强项目的安全教育培训工作(图19),不仅有利于从业人员掌握安全生产知识,提高安全生产技能,强化安全意识,而且对于加强项目的安全生产管理工作、预防事故的发生、促进项目安全生产形势的根本好转,都具有重要意义。根据《安全生产培训管理办法》(国家安全生产监督管理总局令第44号)等规定,按照统一规划、归口管理、分级实施、分类指导、教考分离的原则的原则,认真履行安全教育培训职责。

图19　安全教育培训

(五)设备设施安全管理

以信息化、智能化为管理手段,以5G技术为媒介,以"人防+技防"方式全面提升项目设备设施管理水平。

1. 建立设备设施管理体系

物的不安全状态和人的不安全行为是导致事故发生的直接原因。据资料显示,80%以上的安全事故和设备有关。因此,要从设备设施的采购、验收、安装、使用和维护等方面切实加强管理,努力实现设施设备本质安全。

2. 特种设备安全管理

一是严格按照《特种设备安全监察条例》,做好特种设备的检验、备案和办理使用登记,建立特种设备安全技术档案。做好特种设备的日常维护和定期检查。

二是对本项目的所有特种设备安装指纹识别装置,只有特种设备操作员方可开启,避免他人使用。对门式起重机安装超重限位器,当吊运超过规定限值时,报警并停止工作。

3. 设备设施技术改造

根据省公交建集团及路桥集团的经验、做法,做到"机械化换人,自动化减人"。对关键部位、关键环节和"两区三厂"进行智能远程监控。

①对所有拌和设备安装了人脸(指纹)识别、急停、限位等多重防护设施,指纹和人脸识别装置只有操作员进行脸部识别后才能启动设备,避免因其他人员操作造成机械伤害事故的发生(图20)。

②门式起重机安装指纹识别、红外感应急停装置,只有特种设备操作员方可开启,避免他人使用,从根本上杜绝因非专业人员操作设备引起的机械伤害事故。打开电源后,门式起重机仍处于断电状态,只有设备管理员指纹识别才能打开门式起重机。门式起重机端头安装的是红外线急停装置,当出现门式起重机失控或者操作员操作不当,门式起重机移动时,或是感应到前方有障碍物时会采取急停措施,避免脱轨出现事故。

③所有压路机安装了安全防护栏和急停装置(图21),防止因驾驶员视线不清、操作失误或者压路机失控对现场人员造成伤害。同时也避免现场作业人员因未注意压路机走向而进入碾压区域造成的伤亡,从根本上减少甚至消除了风险。

图20　识别装置

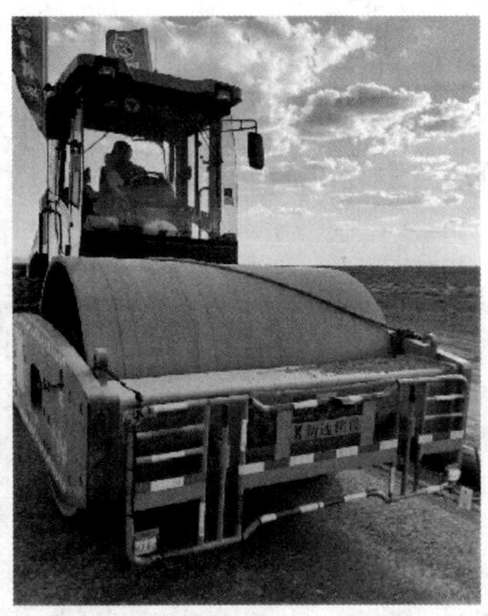

图21　压路机安全防护栏

④针对本项目点多线长面广、运输车辆多的特点，对每一辆运输车辆安装了GPS，设备管理员在后台可以随时掌握车辆的位置、移动的轨迹、活动的地点，从而监督车辆驾驶员是否违反纪律擅自驾驶越界。GPS还开通了超速监测功能，可以随时掌握驾驶员是否超速行驶，设备员、安全员根据记录可以全面整治车辆超速问题。

⑤推动生产工艺规范化，项目自主研发箱涵预制移动轨道底模，从钢筋加工、混凝土浇筑、养护到出厂形成流水线作业。创新小型构件预制生产移动式卸料槽，进一步节约了厂区空间，减少甚至消除了因交叉作业、吊装、搬运等过程中的安全风险及隐患，从而大大提升了施工现场安全管理。

(六)双重预防机制建设

根据《国务院安全生产委员会办公室关于实施遏制重特大事故工作指南构建双重预防机制的意见》(安委办〔2016〕11号)，构建安全风险分级管控和隐患排查治理双重预防机制。要以预防为主、标本兼治、综合治理的原则，着力推进安全风险分级管控和隐患排查治理双重预防机制建设，以把安全风险管控挺在隐患前面、把隐患排查治理挺在事故前面为突破口，扎实构建事故应急救援最后一道防线。

推动落实安全生产主体责任，促进项目提升事故防范和安全管理能力，建立健全建设施工领域安全风险分级分类管控和隐患排查治理体系，完善风险预控、安全投入等保障措施，实现项目安全风险自辨自控、隐患自查自治，提升安全生产整体管控能力。

(七)应急管理

1.建立应急管理体系

①完善项目应急救援体系，明确应急救援领导小组及其职责、应急队伍、应急响应程序和事故报告流程等。结合项目实际，储备应急救援物资。

②完善项目应急预案体系，针对各类可能发生的事故和所有危险源制订专项应急预案和现场应急处置方案，并明确事前、事发、事中、事后各个过程中相关部门和有关人员的职责。

③建立应急联络机制，设置专门的应急联络员，与属地应急管理、公安、路政、气象等部门取得联络，及时掌握当地救援、交通、气象动态，并随时向其上报本项目的应急工作。

④建立预警信息报送机制，通过微信、QQ、电话等平台或媒介，及时将各项预警信息第一时间报送给各劳务公司，要求及时做好应急处置工作(图22)。

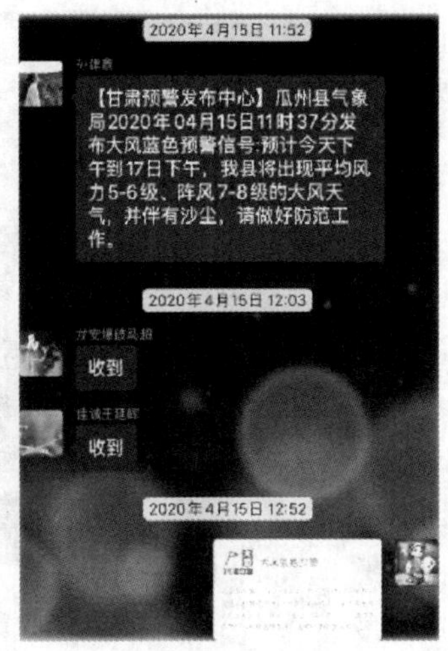

图22　预警信息报送

2. 开展应急演练

为适应突发事故应急救援的需要,通过演练进一步加强应急救援小组与各施工班组之间的协同配合,提高应对突发事故的组织指挥、快速响应及处置能力,营造安全稳定的氛围,在生产过程中适时开展应急演练工作。

3. 加强应急培训

①做好对生产安全事故应急预案的交底、培训,对生产安全事故应急预案的组织机构、职责、应急响应、事故上报流程内容、事故现场处置等方面进行培训,使接受培训的项目人员掌握基本知识与流程。

②为提高项目人员急救能力,加强对突发事故应急救援知识教育,促进心肺复苏等急救知识的普及与推广,7 月 14 日,马桥一标项目邀请马鬃山镇卫生院医务人员,对项目开展了急救知识培训活动(图 23)。

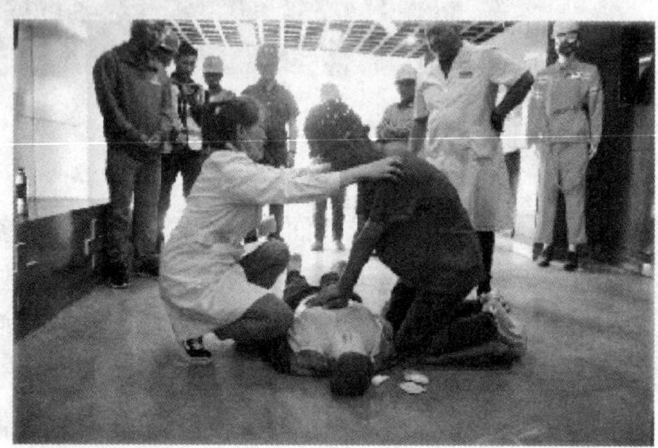

图 23　急救知识培训

(八)推进智慧安全管理

"智慧安全管理"是安全管理过程中新的组成部分,主要表现在是将"智慧"作为管理的手段,通过智慧管理系统平台对外界需求进行智能化处理,实现智能决策,提高智能化水平,实现安全管理的智能化。"智慧安全管理"是对物联网、大数据、云计算、人工智能等先进信息技术进行综合应用,实现管理信息的共享、管理机构的整合,构建智能、人性化、具有效能的管理应用体系,使项目安全管理与服务更加信息化、现代化和智能化。

①"智慧安全管理"主要依托"智慧安全综合管理系统"(图 24)及"建管养一体化"平台,通过对安全内业资料的录入,风险源监控、责任区域划分、隐患排查治理等,通过"大数据"与"云计算",综合分析项目安全管理薄弱环节,提高安全管理水平。

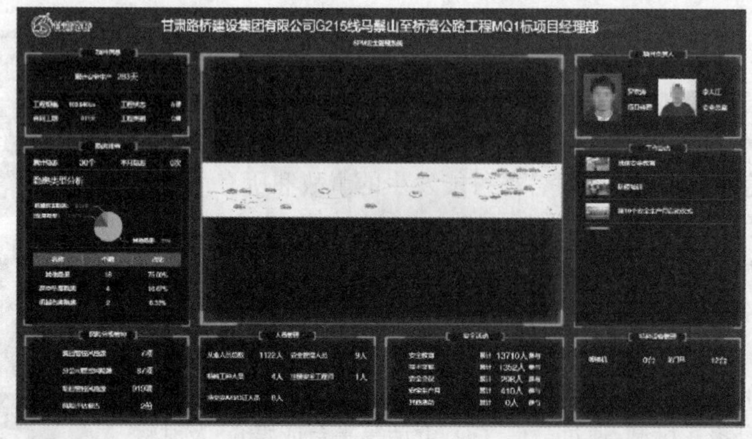

图 24　智慧安全综合管理系统

智慧安全管理系统中,检查人员通过手机 App 直接将检查隐患反馈给整改责任人,整改责任人限期对隐患进行整改，并在 App 中反馈。通过后台“云计算”将检查结果进行统计分析，直观显示出安全管理薄弱环节和重点部位，对项目的安全管理工作具有指导意义。

②安装“电子安全员”智能违章抓拍系统(图 25)，通过各工区、点位的摄像头自动抓拍未戴安全帽和穿反光背心的人员，并将照片反馈到系统中，安全管理人员在手机 App 上及时查看，并对“三违人员”进行教育或者处罚，认真做好“违规和强令冒险作业行为专项整治行动”工作。

图 25　电子安全员

四、实施效果

基于“5G + 安全”技术的公路工程建设项目本质安全体系的构建与实施，切实加强了安全生产基础建设，加快推进了安全生产治理体系和治理能力现代化，保障了人民群众生命财产安全，筑牢了安全生产防线。在实现了预期目标的同时，也为进一步规范公路工程建设项目安全管理作出了有益的探索和实践。

1. 公路工程建设项目本质安全建设示范作用初步显现

甘肃路桥四公司立足公路工程建设项目安全管理的实际需要和难点，本着借鉴、吸收、创新、融合的原则，在认真调研、科学规划的基础上，经过企业积极探索、创新和实践，形成了一套适应公路工程建设项目特点、符合本质安全管理理念的新型安全管理模式和管理体系。是全面落实《中共中央国务院关于推进安全生产领域改革发展的意见》与本质安全建设精神的“排头兵、先行者”，公司构建的基于“5G + 安全”技术的公路工程建设项目本质安全体系具有较强的示范作用，对我国公路工程建设项目的安全管理实践也具有明显的参考及借鉴价值。

2. 全面提升参建人员安全意识

基于“5G + 安全”技术的公路工程建设项目本质安全体系的构建与实施，有效解决了公路工程建设项目安全管理中“人难管”的难题，实现了全体人员由“要我安全”到“我要安全”的意识转变。以积分超市的建立为例，项目建设过程中，员工特别是劳务人员的必备用品较少，为获取积分，学习安全知识的积极性非常高。通过一段时间的运行，员工为获取更多的积分，积极进行智慧答题、知识阅读、视频观看，主动领取教育培训、进行隐患排查、组织或参与方案评审、主动讲授安全课、录制与安全生产有关的教育视频等安全生产工作任务，争创党员示范岗、安全标兵，形成了全员学习的良好氛围，安全基础知识有了很大的积累和提高，并通过风险预知告知(KYT)活动，员工对自己身边风险源的认知和预判比以前有大幅提高。

3. 公司安全文化、安全管理水平得到全面提升

基于“5G + 安全”技术的公路工程建设项目本质安全体系是公司文化建设的重要组成部分，是协调人与人、人与环境之间关系，是防止事故、抵御灾害、维护健康的文化。基于“5G + 安全”技术的公路工程建设项目本质安全体系的构建与实施工作开展以来，路桥四公司保持了安全稳定的良好发展态势，未有安全生产责任事故发生。

基于“5G + 安全”技术的公路工程建设项目本质安全体系的建设，增加了员工学习安全知识的趣味性，并把人文关怀纳入积分超市创建中，使其更加贴近企业安全文化、贴近员工生活、贴近现场管理、贴近员工需求，让安全文化氛围变得更浓，更好地发挥了“导向、凝聚、激励、约束”功能，助力打造企业本质安全。

基于物联网技术的桥梁锚室除湿机智能远程监控系统

浙江舟山跨海大桥有限公司

成果主要创造人:王炳炯　周建峰

成果参与创造人:严风云　戴珂泱　朱梁杰　胡洋洋

浙江舟山跨海大桥有限公司是浙江省交通投资集团有限公司旗下重要成员企业。公司于2004年11月成立,注册资本金36.0669亿元,负责甬舟高速公路(由岑港、响礁门、桃夭门、西堠门、金塘五座跨海大桥及其接线组成)的营运管理。

舟山跨海大桥是由浙江省交通投资集团有限公司投资建设的跨海大桥,起自舟山本岛的329国道鸭蛋山的环岛公路,经舟山群岛中的里钓岛、富翅岛、册子岛、金塘岛至宁波市镇海区,与宁波绕城高速公路和杭州湾大桥相连接。舟山大陆连岛工程跨4座岛屿,翻9个涵洞,穿2个隧道,投资130亿元,由岑港大桥、响礁门大桥、桃夭门大桥、西堠门大桥和金塘大桥5座大桥组成,全长48公里,是中国规模最大的岛陆联络工程。2009年12月25日大桥正式通车,其中多座特大桥跨径均进入世界前10名。其中,跨越西堠门水道、连接金塘岛和册子岛的西堠门大桥,在建成时是世界上仅次于日本明石海峡大桥的大跨度悬索桥。

一、实施背景

(一)项目研究背景

物联网的概念至20世纪一经提出,就带动了互联网之后信息产业的第三次发展浪潮。世界各国都把对物联网的研究放到了国家战略高度,希望在这次新的产业"革命"中走在世界的前沿,占领这个关键技术的战略制高点。随着信息技术和互联网技术的不断发展,物联网已经在生产和生活领域取得了长足的发展,对制造行业也起到了极大的推动作用。

在物联网的网络中,物品变得"有感觉,有思想",能够彼此进行"交流",而无须人的干预。其实质就是将传感器等装置嵌入物体并进行联网最终接入互联网,通过使物体具有"智慧",从而延伸人类感知、控制外部世界的能力。同时,随着科学技术的进步、生产水平的提高,半导体制造企业对信息化、自动化的需要也是日益增加。尤其是对设备运行环境的检测、设备本身情况的实时监控也是企业的重点规划项目,这个发展趋势和物联网的概念不谋而合。

在现代化的生产制造中,机械设备或电子系统在使用过程中的故障诊断和维护是必不可少的环节。传统的故障检测技术往往只停留在"故障检测和诊断"阶段,缺乏预测性的维护判断。其中应用的互联网技术仅局限于进行数据传输,并没有对现场的实时数据进行采集,不能实时对设备的关键参数状态进行监控。

物联网是以互联网为基础,将物与物联系起来进行信息交换和管理。物联网应用到了三项关键的技术:传感器技术、RFID(射频识别)标签技术、嵌入式系统技术。而物联网就是要通过传感器技术和RFID标签技术来采集信号,再通过一个系统来对这些信号进行分析处理。物联网的用途广泛,无论是工业、商业、农业、生活、还是环境、安全都可以用到,而现在大家对物联网也都已经不太陌生。提到物联网的用途,就不得不提到智能家居,现在我们很多的家居设备都有智能产品,而物联网就是将单个的家居设备运用物联网技术链接起来,这样我们就可以随时随地地知道家里的情况,就好像家里随时都有个管家,提前帮你做好一切准备,能让你回到家更温馨,更舒适。

在物联网环境下,安防的应用是必不可缺少的一项工作。利用互联网和物联网技术,结合传统安防实现智能安防,可有效保障人身安全、财产安全、公共财产安全。

目前智能安防系统主要包含了视频监控、门禁警报,还有烟感探测消防等不同的领域应用,最大限度减少了人力物力的投入。一旦安防设备出现任何问题,工作人员可以第一时间及时采取措施解决问题,减少漏洞的出现,预防事件的恶化。

(二)智能物流

物联网是一个系统化的互联生态系统,据估计,2020年将会有500亿的设备连接互联网,也将对运输和物流的影响达到180亿美元。物联网的出现将物流行业推上革命的前沿,实现物流4.0指日可待。

智能物流是利用智能传感器、RFID芯片以及云的GPS追踪器等技术实现实时数据收集、环境监测,提高容量利用率,过程自动化大大提高了整体效率。智能物流相比传统物流的优势是:①先进的交通管理以及减少空闲时间、燃料消耗和事故;②智能物流、车队管理和端到端的可见性;③资产监控,避免食物、药品、敏感物在运输过程中产生损坏而进行温控技术。

(三)智能工业

工业物联网承载现代化智能工厂的数字化转型。随着《中国制造2025》的布局,以智能制造为主导,打造"智能制造+智能工厂"的工业发展模式已成为必然选择。

互联网技术已经渗透到了工业制造领域,建造智能制造工厂需要通过利用新一代信息技术,实现从设计、生产、物流等每个环节的数据连接,打通数据流,实时监测数据,进而简化业务工艺流程和实现资源快速调度。物联网主要是实现了人与设备,设备与设备之间的网络连接,利用多种PLC控制器(可编辑逻辑控制器)和通信协议进行数据采集。

目前,国内外很多学者在设备远程监控系统相关领域展开研究,并且从基于C/S或者B/S模式的系统架构开始着手设计各种工程和电子设备远程监控系统,相关领域的运用软件也已经开发出来。郑尚龙等指出,设备易出现故障是由于工程机械设备处于恶劣的工作环境中,因此随着科学网络相关技术的飞速发展,使得利用无线网络传输用于工程机械设备远程监控系统中变为可能,于是建议对状态监测与故障诊断系统进行组成分析,并对系统实现的步骤也都做了非常详尽的阐述。朱志浩等人在研究了远程监控的技术之后,提出了实现网络化制造的前提和基础是必须实现远程监控。相关人员在全面分析实现设备远程监控系统所需的关键技术后,提出并且设计出了具体实现方案来实现对数控机床远程监控。对工程机械设备进行实时的监控,可以确保工程机械正常高效运行,并对出现的故障进行及时的排查。这些技术手段必须基于工程机械设备远程故障诊断系统的体系结构,使得系统可以快速准确定位设备出现的故障,以完成对故障的快速处理。除此之外,基于GSM通信的压路机远程监控系统,企业集控中心收到通过先进的通信方式传回的数据信息,建立企业的中心信息化管理系统,这一技术手段解决了设备和施工质量的远程动态监控和管理问题,并为企业施工进一步建立集群控制系统奠定了技术基础,同时提高了企业施工的效率和提升了竞争力。韩晓明等对工程机械远程监控系统进行研制,同时提出了系统在实现过程中的技术方案,最后实现了远程监测工程机械设备的工作状态,使远程调度和指挥机械化施工设备也成为可能。

根据国际电信联盟的建议,物联网自底向上按照功能可分为以下的过程。

感知:该层的主要功能是通过各种类型的传感器,对环境的状态、物质的特征、行为特点等包括动态和静态的信息,进行分布式、大规模、全方位地获取和辨识功能。针对某种具体的感知任务,常采用协同合作、共同处理的方式,在线计算与控制多种类、多角度和多尺度的关键信息,并通过接入设备和接入网技术,将获取的信息传输与发布,与网络中的其他设备单元达到信息资源的共享与交互。

接入:该层的主要功能是通过现有的的基础设施和网络,包括移动通信网、无线接入网、无线局域网和卫星网等各个接入技术,将获取自感知层的信息传输到互联网中进行信息的共享。

互联网:该层的主要功能相当于互联网平台,并且以IPv6/IPv4以及后IP(Post-IP)为基础,将网络内的各种信息资源进行整合,从而形成一个可以数据互联的大型智能网络。这种智能网络将建立起一个高效、可靠的基础设施平台,为上层服务管理和应用提供服务。

服务管理:该层的功能是通过让具有高配置而且具有超级计算能力的中心计算机网络群,来实时地对网络中的信息进行管理和控制,以此为基础,为上层应用程序提供一个良好的用户接口。

应用:该层的功能是集成系统底层的各种功能和特点,提供具体的用户程序给面向各类行业的实际应用,例如远程医疗、自然灾害监测与健康监护、生态环境检测等。

从目前世界上物联网技术的发展现状来看,特别从传感器网络的技术复杂性和技术不成熟性出发,深入研究和开发传感网核心技术已成为关键。预计未来将加大对芯片设计、传感器技术、射频识别等技术的发展投入,并继续逐步整合感知层的网络(核心为传感器网络)与后IP网络,同时将扩展服务管理层的信息资源并尝试探索商业模式,并以典型示范应用为基础来推进物联网在各个行业中的应用。同时,在各个层面开展相关标准的制定。

(四)项目研究必要性

物联网公认的三个层次是感知层、网络层、应用层,而感知层是物联网的数据和物理实体基础。没有感知,也就没有物联数据的采集,也就没有了网络上的物体特征数据。因此,感知层是物联网中的先行技术,只有感知层的技术达到了要求,整个物联网才能正常运行。在感知层中以传感器技术最为关键,它不仅是构建感知世界的"生命力",也是构建"物联"概念的硬件"细胞"。传感器属于物联网的神经末梢,是人类全面感知自然的最核心元件,各类传感器的大规模部署和应用是构成物联网不可或缺的基本条件。传感器是物联网中获得环境动态变化信息的唯一手段和途径,依靠传感器才可准确、可靠、实时地采集信息,对传感节点信息进行转化处理与传输,为物联网应用系统提供可供分析处理和应用的实时数据。要构建物联网,就应当首先构建无线传感器网络,而无线传感器网络就是由部署在监测区域内大量的微型传感器节点组成,通过无线通信方式形成的一个多跳的自组织网络系统,其目的是协作地感知、采集和处理网络覆盖区域中被感知对象的信息,并发送给观察者。在物联网构建初期,大量基础设备生产特别是自动化生产过程中,需要用各种传感器来对生产过程中的各个参数进行监视和控制,以此来让生产设备运行在正常状态或最佳状态上,从而使生产产品达到质量标准。由此可得,如果没有先进完善的传感器技术,现代化生产也就失去了基础保障;没有传感器技术支持,物联网构造也将失去基础。

传感器是指那些对被测对象的某一确定的信息具有感受(或响应)与检出功能,并使之按照一定规律转换成与之对应的可输出信号的元器件或装置的总称。传感器一般由三部分组成:敏感元件、转换元件、测量电路。传感器可以直接接触被测对象,也可以不接触被测对象。在对传感器设定的许多技术要求中,有一些是适用于所有类型传感器,也有一些只适用于特定类型传感器。针对传感器的工作原理和结构,在不同场合均需要的基本要求是:抗干扰的稳定性、高灵敏度、容易调节、高精度、无迟滞性、高可靠性、工作寿命长、高响应速率等。

设备管理信息化能够有效地提高设备综合效率和降低设备生命周期费用。基于实时状态的设备预测维护,是现代化设备管理信息化的发展方向之一。预测性维修(PDM)的根本是基于设备的实时状态,是应用状态检测技术和故障诊断手段,按规范化诊断程序来确定设备的健康状况的一种先进维修模式,而不是像传统预防性维修那样按照规定时间计划去进行维修。这种基于设备实时状态信息的维修方式,需要全面掌握设备运行状态,把设备按照一定的逻辑分解成能预测其故障的逻辑构成单元,分别对其进行实时监控和状态检测,应用各种技术和手段进行故障诊断分析,随时采取正确恰当的维修措施,从而维持设备的正常运行和有效合理的维护,实现设备生命周期内无故障运行状态。从防患于未然的角度来说,预测性设备维护是预防性设备维护的进一步阶段发展。是从基于时间的维护(TBM)进步到基于状态的维护(CBM),实质上仍然是一种预防。但是基于状态的预测维修可以达到设备的无故障运行这种理想境界，所以它是设备维修未来的发展方向之一。

二、项目概要

舟山跨海大桥是浙江沪杭甬高速公路股份有限公司下属管辖路段，是舟山市规模最大、最具社会影响力的交通基础设施项目。工程按高速公路标准建设，全长48.16公里，是世界上规模最大的岛陆联络工程。

舟山跨海大桥包括西堠门大桥、金塘大桥、桃夭门大桥、响礁门大桥、岑港大桥五座跨海大桥（图1）。其中西堠门大桥由于跨度较大采用了悬索桥结构。

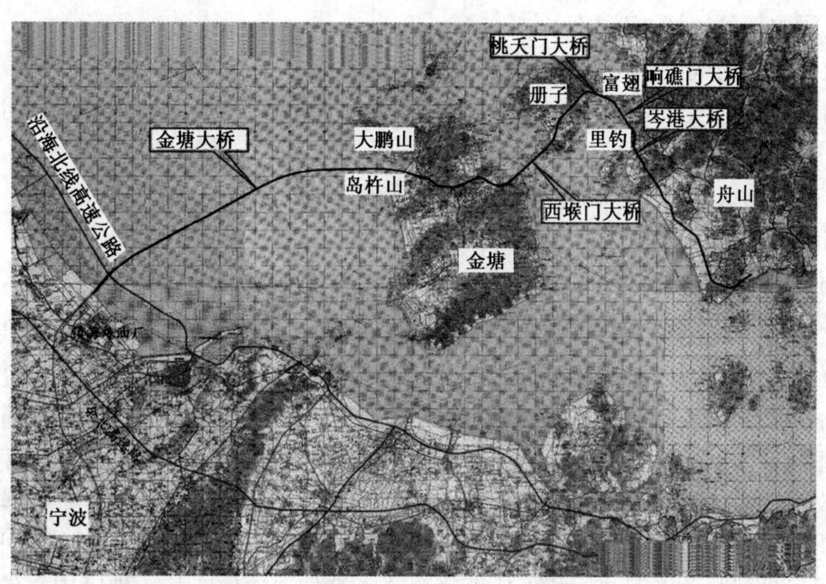

图1　舟山跨海大桥平面布置图

西堠门大桥是连接舟山本岛与宁波的舟山连岛工程五座跨海大桥中技术要求最高的特大型跨海桥梁，主桥为两跨连续钢箱梁悬索桥，主跨1650米，设计通航等级3万吨，使用年限100年，2009年建成通车。分别在西堠门南北侧的册子和金塘设置4座锚室。

（一）痛点问题

引入除湿机远程智能监控系统前，锚室温湿度监控采用人工检测方式，每隔一段时间派人前往现场手动检测并进行记录。这种方式记录容易丢失，不便统计，效率低下，浪费大量人力物力。而且因为每次检测需要进入现场，锚室环境频繁受到外界影响，降低了检测数据准确性。这种主要依靠人工的方式，基础数据前置感知能力不足，除湿机组基本为24小时不间断运行，工作效率和能耗管理无法适应世界级大桥百年维养的使命要求。

锚室是大跨径悬索桥核心结构物，大桥生命线主缆索股锚固集聚，主缆具有不可替代性。锚室全域环境（温湿度）稳定能延长索股和主缆使用寿命。原除湿机组运行方式单一，使锚室内部空气循环不畅，基本上24小时的运行方式，不但电能消耗高也不够绿色环保。

经过十多年的运行，也发现了许多问题和不足，主要有以下几点：

①锚室内部流场、温湿度场分布。由于锚室内部空间巨大，其换气次数极小（一般设计为0.05次/小时），同时锚室整体受热的不均匀和外界环境变化等，导致其温湿度分布也不均匀。

②传感器布局的问题。目前的除湿系统传感器主要是温湿度传感器，布置在除湿机回风口附近，无法准确反应锚室内部环境的真实温湿度参数。

③除湿系统运行控制的问题。锚室内设置多套除湿系统，每套系统单独控制，其监测参数须在现场观察；如手动开启，管理人员须到现场，由于锚室内环境极端恶劣，给实际运行管理带来极大的困难。

因此，需要对于锚室的除湿防腐体系进行评估，在此基础上，对原除湿系统进行改造是十分必要的。

(二)项目创新的基本思路

在对锚室内部流场、温湿度场进行计算机模拟的基础上,优化气流组织,优化传感器的布局。设计远程控制系统,可实现远程对除湿系统适时监控;建立大数据系统,实现现场数据的同时上传。

(三)创新的研究、开发实施方案

通过建立数学模型、计算机模拟和实验等研究方法,掌握钢箱梁内部空气的流动和温湿度场规律,优化气流组织和传感器的分布,建立和完善除湿系统的控制模式,提出相应的技术措施。主要研究内容如下:

①模拟钢箱梁内部的流场、温湿度场。

②优化钢箱梁内部的气流组织和传感器分布。

③研究并确定钢箱梁内部除湿系统的最佳运行参数,包括正确的温湿度、压力、流量等。监测钢箱梁腐蚀的状况。

④开发设备控制系统软件,涉及控制参数、控制模式、参数的监测和诊断。

⑤开发数据库系统。

(四)物联网的应用

由于大桥建造时技术条件的限制,除湿监控系统无法做到远程监控。随着网络的快速发展和应用,信息系统模式的解决方案中以 Web 为核心的应用也逐渐发展成为一种趋势。在全球化信息化建设中,采用 Browser/Server(B/S)架构的软件已经被多数用户所采用。在 B/S 架构下,用户通过 Web 浏览器(Browser)来处理尽量少量的事务逻辑和数据处理,但是软件和程序的主要工作还是由 Web 服务器端(Server)来进行处理和实现的。B/S 架构软件大大降低了用户端事务处理负担和数据处理量,减少了用户需要承担的使用程序负载,这样就大大减轻了系统维护的工作量与升级消耗的费用。Client/Server(C/S)架构,即客户机和服务器的通信和工作连接模式。这种通信模式是一种应用软件系统,使客户端和服务器端的硬件得以充分利用,具体的运算和数据的处理都会在客户端实现,结果就使得客户端的事务处理负担变大,从而变得很“胖”,一般称其为“胖客户机”;相对地,服务器端的任务和处理负担就变得比较轻,称为“瘦服务器”,系统任务通过这种通信方式合理分配到 Client 端和 Server 端来共同实现,降低了系统的通信开销。C/S 架构的优势表现为交互性强、具有专用性、存取数据安全,及网络通信数据量大、速度快等。另一方面,C/S 架构又同时具有明显的缺点,即无论客户端还是服务器端都必须要特定的软件支持来实现,这样就使得系统维护复杂,成本过高,升级麻烦,不利于推广使用等。

根据对系统功能模块的设计,运用数据库编程和页面编程,设备维修信息管理系统最终以 B/S 架构的软件系统展示了出来。在本系统开发过程中,数据库编程主要通过编写存储过程程序来实现,页面程序则采用三层架构模式进行设计。将针对各功能模块,对各部分系统实现的功能进行简单介绍,包括各部分主要实现程序代码展示及页面实现效果。

使用 SHT 温湿度传感芯片,开发实现 modbus 协议的温湿度传感器。每个锚室 13 个传感器组成一个 RS485 物理连接,使用主站模块轮询读取各点的数据,然后通过移动蜂窝网传输到云平台。因此,使用物联网技术将传感器的数据利用移动蜂窝网络传输到云端服务器。

三、项目建设

(一)项目实施

①对锚室温湿度环境进行分析,科学设置温湿度传感器数量及位置。

②建立物联网除湿机监测系统。

a. 改造现有除湿机通信系统,更换带有物联网功能的控制仪表(温湿度传感器、压力、风量等传感器);

b. 建立(4G)远程传输系统;

c. 建立除湿机物联网平台;

d. 上传服务器数据,进行系统分析;

e. 完成远程监测,可视化、图形化实时展示监测系统的主要科目(如温度、湿度,压力等)内容,实现多设备对比等系统分析,实时查看运行状态,最终实现多端应用(手机端和电脑端);

f. 对大桥南北锚室的室内温湿度及气流环境进行了科学的分析,并成功出具了《舟山西堠门大桥南锚室气流分析及通风设计》。

图 2 ~ 图 5 是具体设计图例。

图 2　全流场涡核位置渲染

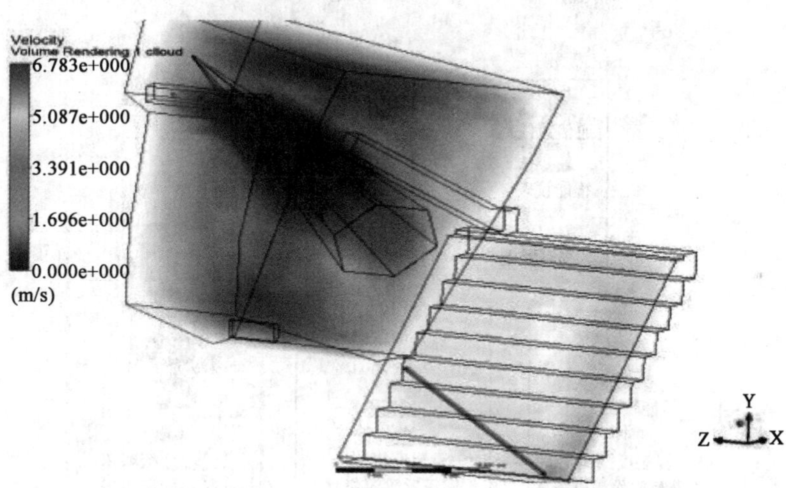

图 3　全流场渲染图

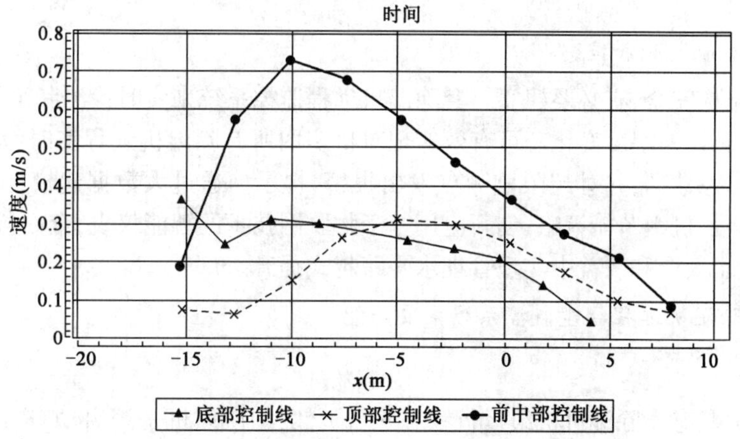

图 4　控制线风速

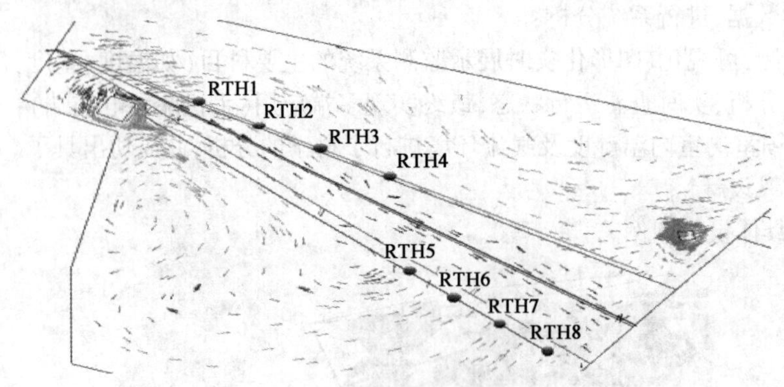

图5　温湿度传感器布置示意图

(二)系统架构

除湿机监控管理系统基于“三层分布,两个网络,一体集成”的架构。即由设备层、通信层及主站层三个不同层次中的设备,通过现场 RS485 总线网及以太网两个网络连接形成一个有机整体。以大桥四个除湿风机房架构为试点,其系统组成结构如图6所示。

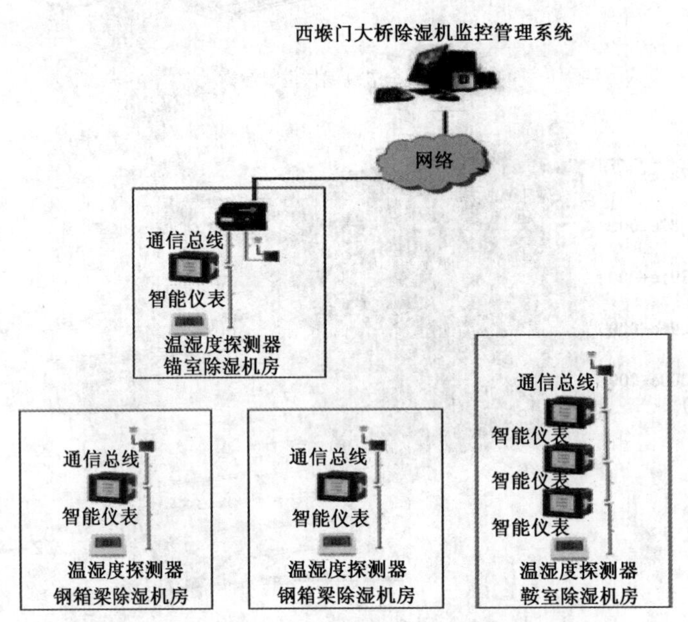

图6　SmartPM3000F 监控管理系统西堠门大桥部分组成结构

(三)实现实时智能监测和控制

为了确保大桥结构安全,有必要建立一套除湿机远程监控系统来实时检测和记录锚室温湿度、设备运行状态,动态分析环境温湿度变化。可有效实现对机房内所有除湿机远程实时、动态监控,实时记录各监测点的温湿度状态数据,并对超限监测点发出报警、提示。通过大数据建模运算优化风管风口设置、温湿度传感器布设、机组节能策略,创新应用基于物联网技术的智能仪表,全面科学动态管控锚室除湿机机组运行,在追求安全和效益中实现管理水平跨越式提升。

(四)大桥锚室除湿机远程智能监控系统主要功能

1. 可观

观机组运行实时状态。除湿机机组运行状态一目了然,加压风机是否启动,进出风压是否正常,均能全面掌握(图7)。

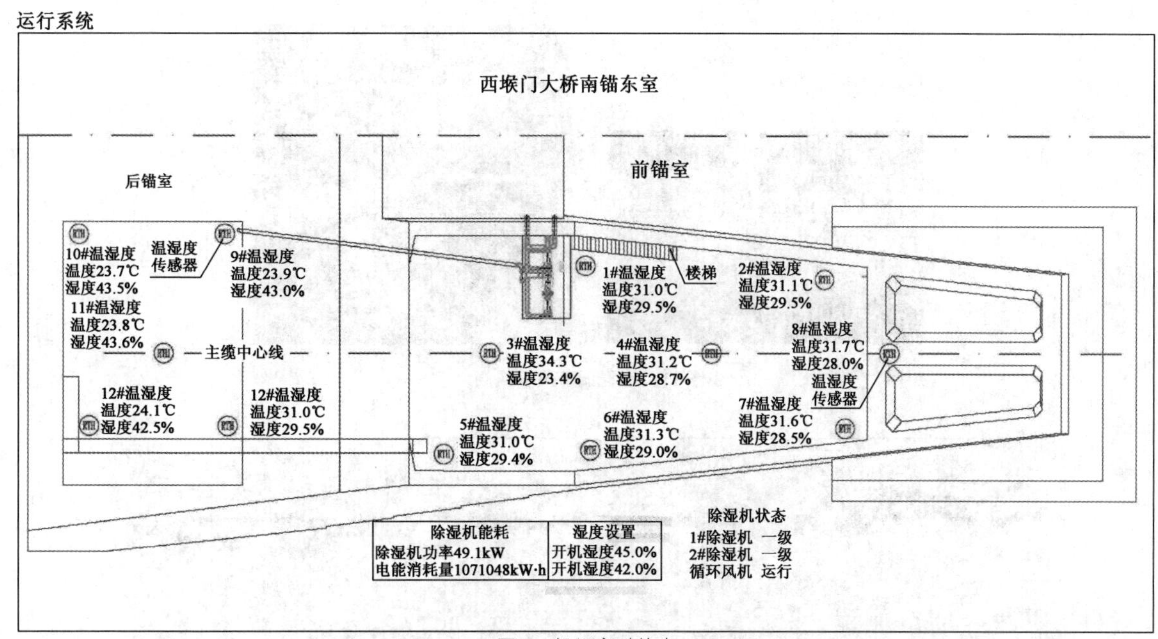

图7 机组实时状态

观系统能耗实时数据。四个锚室的除湿机机组实时能耗数据均能直接获取(图8)。

观传感器实时数据。每个锚室设置有13个温湿度取样传感器(图9),能够实时展示每个传感器数据。

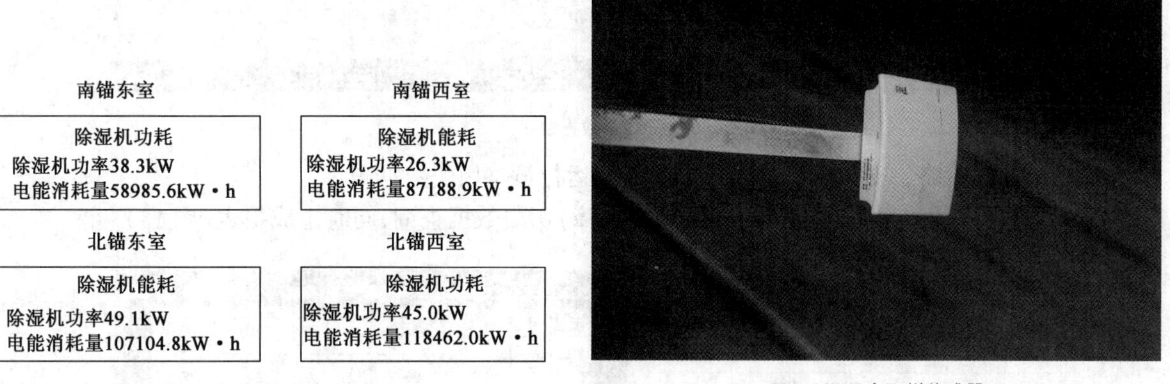

图8 机组实时能耗数据

图9 温湿度取样传感器

观异常事件实时报警。某个前置温湿度传感器数据出现异常,系统会以红色字符闪烁模式来报警提示。

2. 可控

远程操作机组(图10)。通过系统软件对前端除湿机组进行远程启停、重置等操作。

湿度设置
开机湿度45.0%
关机湿度42.0%

除湿机状态
1#除湿机一级
2#除湿机一级
循环风机运行

图10 远程操作机组

远程调节风管风阀(图11)。系统支持风管风阀远程调节,优化个别区域空气微循环。

3. 可溯

查询各传感器历史数据。支持52个温湿度传感器历史数据查询,同时生成数据曲线,供决策分析。

查询机组能耗数据。支持机组任意时间段能耗数据查询,同时生成数据曲线,供决策分析(图12)。

图11　远程调节风管风阀

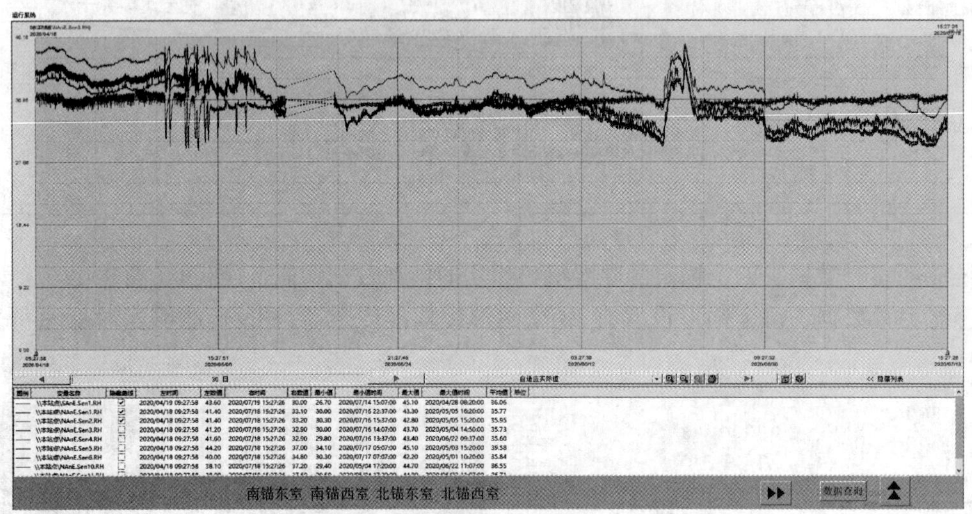

图12　数据曲线

查询机组运行策略。支持系统智能选定的机组运行策略历史数据查询。

查询异常事件(故障)。支持系统异常事件(故障)历史数据查询,同时生成报表(图13)。

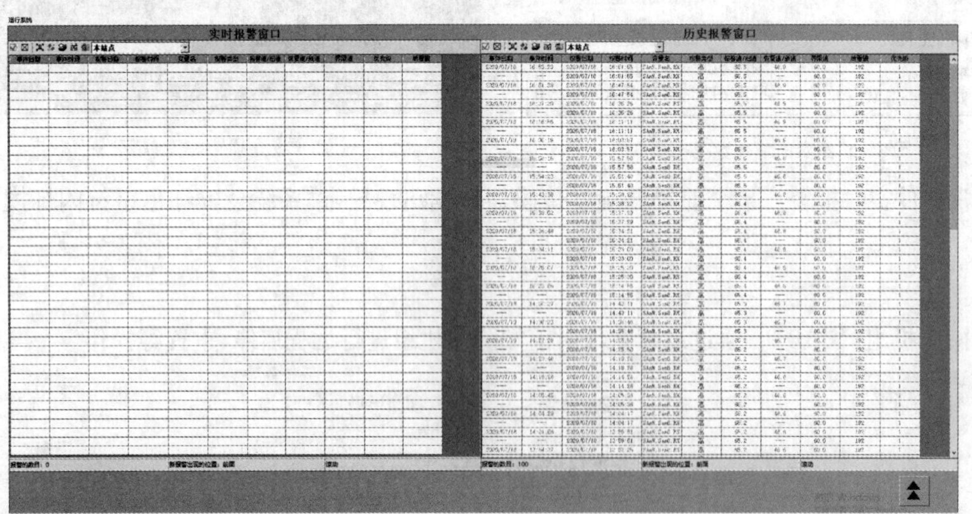

图13　历史数据查询

查询机组运行历史数据。支持机组任意时间段运行状态相关历史数据查询,同时生成报表。

4. 可测

预测机组易耗件更换时间。系统支持滤网、加热器、转轮电机等易耗件的维护及更新时间提示,确保及时科学维护。

测算给定时间段机组能耗。系统可根据当前采用的运行策略测算未来一定时间段的机组能耗情况。

5. 可调

智能优化调节机组运行策略。系统利用大数据挖掘和分析技术,高效处理前端采集的温湿度数据,合理测定机组启停湿度阈值,生成符合各种天气和季节状况的运行策略。

机组能根据外部环境变化智能切换至最合理的运行工况,提高机组用能效率。

四、创新成果

①引入物联网技术,除湿机组增加智能监控模块,串联分布于不同位置机组,实现远程在线监测控制机组运行,代替传统人工巡查,节省了人力物力投入,提高了工作质量和效率。

②通过大数据分析,建立湿度变化和锚室全域空间干湿气体循环交换的动态模型,不断自我优化除湿机机组运行策略和工况,以起到节能降耗作用。

③对锚室内部空气循环进行涡流涡场模型演算,科学精确确定风管最佳路径和温湿度传感器布设位置。

五、推广应用情况

(一)可推广性

除湿机远程监测系统主要采用了基于物联网技术的智能仪表,可有效实现对锚室除湿机远程实时、动态监控,实时记录各监测点的温湿度状态数据,并对超限监测点发出报警提示。通过大数据建模运算优化风管风口设置、温湿度传感器布设、机组节能策略,创新应用基于物联网技术的智能仪表,全面科学动态管控锚室除湿机机组运行,在追求安全和效益中实现管理水平跨越式提升。

该系统可推广应用至所有跨海(江)大桥锚室大桥的除湿机机组智能化运维管理场景;直接在原机组上增设智能监控模块(仪表),对原除湿机改造幅度小;智能仪表支持在线升级和迭代,能够根据运维管理需求不断拓展延伸功能。

(二)痛点解决

传统向现代化转变:传统人工巡检模式向现代化智能远程监控模式转变。

粗放向精细化转变:精准布设温湿度传感器位置采集数据,科学确定风管最佳路径和干湿空气最优循环。

机械向智能化转变:动态智能调节除湿方案,不断优化除湿机机组运行策略和工况。

零星向集成化转变:温湿度感知数据、除湿机组运行状况、耗能情况、运行策略等一目了然,全面掌握。

低效向高效化转变:基于物联网技术串联所有锚室除湿机组,五大功能实现远程监控,节省人力投入。

六、项目成效及前景

基于物联网技术的桥梁锚室除湿机智能远程监控系统运行以来,绿色节能降耗、工作效率提升显著,在追求安全和绿色节能中实现了科学管养水平的跨越式提升。

①2020 年 1—6 月,锚室除湿机组同比减少用电 47.1 万千瓦时(预计全年减少用电近 100 万千瓦时),减少碳排放 272 吨,节省电费支出 40 万元(预计全年节省电费支出近 90 万元),节能效率近 50%;

②除湿机组远程监控完全替代人工巡查模式。每月节省巡查人力投入 20 人次,车辆 4 辆次,全年减少相关费用约 60 万元;

③四个锚室 52 个温湿度传感器湿度数据均在规定限值以下,未出现一次超标。

后续系统会不断优化升级,2.0 版本将推广应用至桃夭门大桥箱梁除湿机上,并视情在舟山跨海大桥除湿机全场景使用。同时该套系统可以扩大推广至有除湿需求的国内外跨海(江)大桥锚室、鞍室、主缆等场景使用。

锚室除湿机远程监测系统的建立有利于科学动态管控锚室全空间环境,检测除湿机组运行状态,动态优化机组耗能,在有效调控桥梁钢结构温湿度指标前提下,最大限度减少除湿机组运行能耗,确保锚室结构物环境安全,实现管理安全和效益双丰收。

高速公路多要素数字化管控平台

浙江绍兴嵊新高速公路有限公司

成果主要创造人:朱建华　何　军

成果参与创造人:丁　爽　蓝伟生　张　勇　郑金霄　张珺霄　黄奎刚

沈陆原　王　浩　王少锋　龚彭军

浙江绍兴嵊新高速公司有限公司(简称"嵊新公司")植根于民营经济,重生于国企收购。2002 年 6 月 25 日,上海民营企业上海茂盛企业发展(集团)有限公司投资成立绍兴市甬金高速公路建设发展有限公司,投资、建设、经营甬金高速公路绍兴段。2010 年 12 月,绍兴市交通投资集团有限公司收购该公司公路资产。2012 年 11 月,绍兴市交通投资集团有限公司与浙江沪杭甬高速公路股份有限公司共同出资成立浙江绍兴嵊新高速公路有限公司,双方各占 50% 股份,负责经营甬金高速公路绍兴段的投资、建设、运营、收费、养护、管理及配套服务。截至 2019 年,嵊新公司总资产达 19.30 亿元,营业收入 4.39 亿元,净利润 0.83 亿元。2015 年 11 月,公司开发了高速公路多要素数字化管控平台,获中华人民共和国国家版权局计算机软件著作权登记证书。2019 年 8 月,公司下属嵊州服务区被中国公路学会授予国家首批"全国品牌服务司机之家"。

一、建设背景

(一)国家层面对"互联网 +"信息化建设的主导

2014 年 11 月,李克强总理出席首届世界互联网大会时指出,互联网是大众创业、万众创新的新工具。其中,"大众创业、万众创新"正是政府工作报告中的重要主题,被称作中国经济提质增效升级的"新引擎",可见其重要作用。2015 年 3 月,全国两会上,全国人大代表马化腾提交了《关于以"互联网 +"为驱动,推进我国经济社会创新发展的建议》的议案,表达了对经济社会创新的建议和看法。他呼吁,我们需要持续以"互联网 +"为驱动,鼓励产业创新、促进跨界融合、惠及社会民生,推动我国经济和社会的创新发展。马化腾表示,"互联网 +"是指利用互联网的平台、信息通信技术把互联网和包括传统行业在内的各行各业结合起来,从而在新领域创造一种新生态。他希望这种生态战略能够被国家采纳,成为国家战略。2015 年 3 月 5 日,李克强总理在政府工作报告中提出,制订"互联网 +"行动计划,推动移动互联网、云计算、大数据、物联网等与现代制造业结合,促进电子商务、工业互联网和互联网金融健康发展,引导互联网企业拓展国际市场。2015 年 7 月 4 日,国务院印发《关于积极推进"互联网 +"行动的指导意见》(以下简称《指导意见》),这是推动互联网由消费领域向生产领域拓展,加速提升产业发展水平,增强各行业创新能力,构筑经济社会发展新优势和新动能的重要举措。

(二)高速公路"科技兴安"对信息化建设的需要

民营企业管理期,G1512 甬金高速公路绍兴段在信息化方面的投入较少,导致高速公路整体智慧化管理建设水平跟不上行业发展,设施设备相对落后。嵊新公司成立后,分析企业的信息管理弊病,问题主要有:一是内容单一。除了收费站出入口、内外广场、隧道内、主线枢纽处安装普通监控设施外,其余地段均无监控设施,监控设施的性能也较为落后;日常办公也是传统的办公方式,没有专属的办公平台。二是系统老化。公路开通初期,隧道有一套完整的管理系统,但民营企业不重视系统的有效利用,随着时间推移,设备老化、损坏加剧,系统逐渐处于半瘫痪状态。三是技术落后。系统数据以模拟为主,没有真正反映即时状态,监控设施多为普通型,而不是高清型,在公路事故中发挥不了监控的作用。四是系统割裂。视频管理系统、应急物资管理系统、养护系统等系统根据工作的实际用途独立存在,没有集成到统一的平台上,达不到系统共享,整体上可谓工作效率低、实际管控难、信息透明度差,企业影响力在同行业中排名靠后。

二、成果内涵

高速公路多要素数字化管控平台,以“高性价比、高自主权、高兼容性”为建设要求,根据信息化建设特征,在内容上追求全覆盖,涵盖高速公路的路面、桥梁、高边坡、高挡墙、山体、隧道等多要素;在技术上追求高集成,以“一套系统集成、一条网络传输、一个用户登录、一个地址访问、一个平台存储、一张地图展示”为实现目标,将各子系统高度集成到办公系统;在手段上追求数字化,用数字“说话”,让数据“活”起来;在状态上追求即时性,将工作日志、公路事件、道路施工等信息通过数字化管控平台自动采集,使物、态联网,实现动态管理。

三、主要做法

嵊新公司立足企业运行现状,着眼企业未来发展,加快企业现代化管理步伐,与软件公司共同开发了高速公路多要素数字化管控平台,并同步建立综合管理信息系统(图1)。

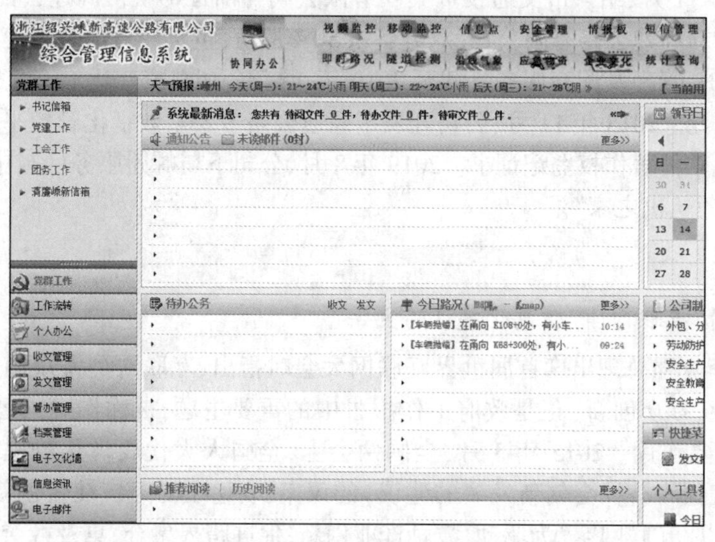

图1 综合管理信息系统

(一)高度集成,推进信息指挥一体化

高速公路多要素数字化管控平台与综合管理信息系统高度集成,将协同办公、视频监控、车道抓拍、隧道环境检测、应急物资管理、交通流量监测、公路事故报告、路产报料等子系统高度集成到一个系统中。建立信息资讯等即时动态模块,每天34篇工作日志,反映基层各班组每班次的工作情况;工作动态及时反映基层单位的工作动向,可使各级管理层及时掌握基层工作动态资讯,在管理上实现从静态管理向动态管理的转变。嵊新公司以公司指挥员及高速公路交通警察、基层保畅中队管理员、监控中心值班员、道路巡查员组成应急处置网络,分别配备了16套物联网卡的对讲机,一旦发现事故,第一时间通过对讲机通报事故情况,指挥员通过高速公路多要素数字化管控平台的“视频监控”“移动监控”模块获取采集到的事故现场视频信息(图2),及时发出调度指挥指令,极大地缩短了赶赴现场指挥的时间,为事故快速抢险赢取时间。

(二)高效建设,推进运营管理科技化

嵊新公司根据实际运行及发展需要,制定信息化三年建设规划。在网络建设上,嵊新公司通过千兆

局域网改造，将前端设备和办公网的数据、主线监控图像以及收费站、主线卡口抓拍的数据对接、上传，统一将数据高度集成至系统平台，从而实现“六个一”（一套系统集成、一条网络传输、一个用户登录、一个地址访问、一个平台存储、一张地图展示）的建设目标，为嵊新公司科学管理、科技保畅提供技术支撑。设施建设上，重点对主线路面，山体、桥梁、隧道等结构物，收费站等高速公路要素实施了信息化建设，截至目前，本路段建成主线监控设备89路、主线卡口18套、主线能见度监测系统1套、GPS山体位移监测系统2套、入口限高装置4套、隧道环境检测系统1套，隧道事件检测系统1套，基本达到全程、全覆盖、全天候、全自动、全高清、全员共享的建设成效，推进公司从传统经验型管理转变为科技型管理。2018年7月12日，G1512甬金高速公路成功岭隧道内一辆核载36人的大型客车追尾一辆大型运输半挂车，导致大型运输半挂车冲上隧道步检道后撞击隧道壁并起火，驾驶员受重伤被卡在车内，大型客车追尾碰撞后车头局部变形，导致10余人受伤。成功岭隧道值班员通过隧道事件检测系统报警主动发现事故，第一时间采取了隧道卡口、初期火情处置、疏散隧道车辆、组织事故车辆人员疏散、开启隧道内风机排风等先期处置措施，预防二次事故发生。本次事故处置，从事故发现到恢复通行仅用了1个多小时，隧道事件检测系统发挥了至关重要的作用（图3）。

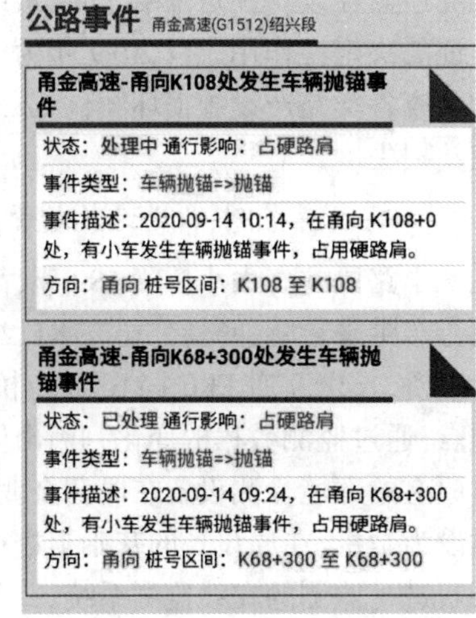

图2 事故信息

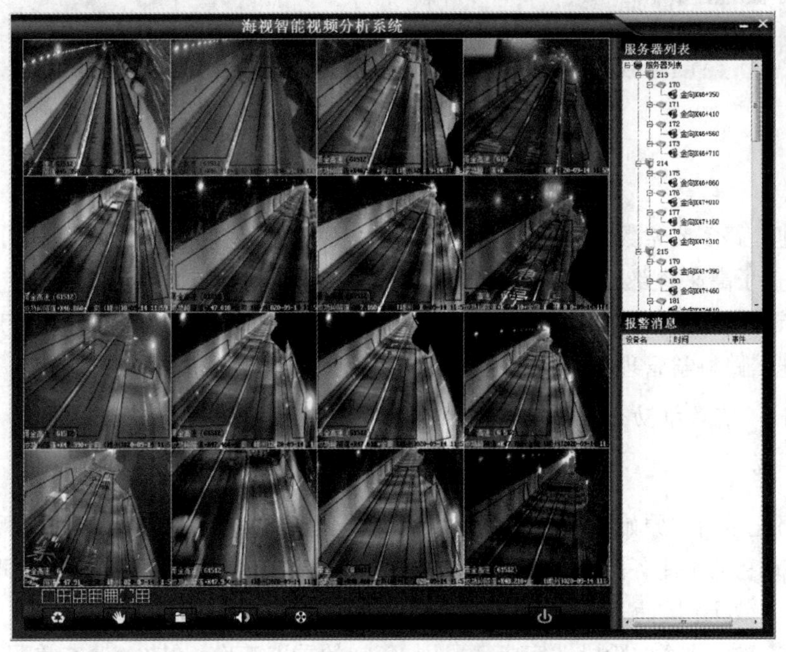

图3 隧道事件监测系统

（三）高端智慧，推进道路监控信息化

信息化建设以来，已建成主线监控设备89路、主线卡口18套，主线监控设备采用一杆双机的模式（双机指枪式网络摄像机和球形摄像机），前后各控制1km，实现本路段全线监控；互通区、服务区、隧道内和G1522上三高速公路枢纽的主线重点部位设置主线卡口，与主线监控设备有效结合，实现辖区内所有车辆都能留下行驶足迹，通过科技手段达到可查可控的效果。嵊新公司通过与当地水利部门积极沟通，共享水文系统平台，建成雨情监测点18个、主线能见度监测系统1套，实时反映各监测点路段的天气变化，监控室及时掌握天气讯息，与公安交管部门及时联系，作出应对措施，保证大众安全出行。2015年5月，两辆满载货物的大型货车途经成功岭隧道，把2块隧道情报板撞落后驶离现场，监控员通过隧道监控设备锁定肇事车辆,最终获赔设备损失23万余元。追查过程中,隧道内的监控设施起到了举证的决定性作用。以2019年为例,G1512甬金高速公路绍兴段通过主线监控设施、主线卡口系统成功追查各类路产设施损坏案件22次,追回损失约17万元,主线路段的信息化建设切实降低了业主路产权益损失度。

(四)高感监测,推进结构物管控智能化

本路段共有大小桥梁189座,高边坡64座,为了及时掌握地壳运动带来的位移变化,避免对主线路面行车带来影响,嵊新公司在K112+500和K113+28处设置了GPS山体位移监测系统,在ZK48+700通道桥、长乐互通FK0+210匝道桥、K107+353桃花山分离桥、K107+710绿溪江沿山桥设置了桥梁观测点,通过监测数据的变化判断山体、桥梁的位移情况,根据变化情况及时作出反应,确保道路安全。隧道原有的环境检测设备在民营企业管理期间长期缺乏管理维护,接近瘫痪状态。嵊新公司以智慧高速建设为契机,在原设备的基础上进行改造修复,重新建立了对隧道内光照度、烟雾和一氧化碳、风速等各要素进行监测的在线监测系统,并开展了甬金高速公路成功岭隧道安全应急演练暨数字化在线监测系统演示,真正让数字"活"起来,实现了隧道内环境动态管理(图4)。

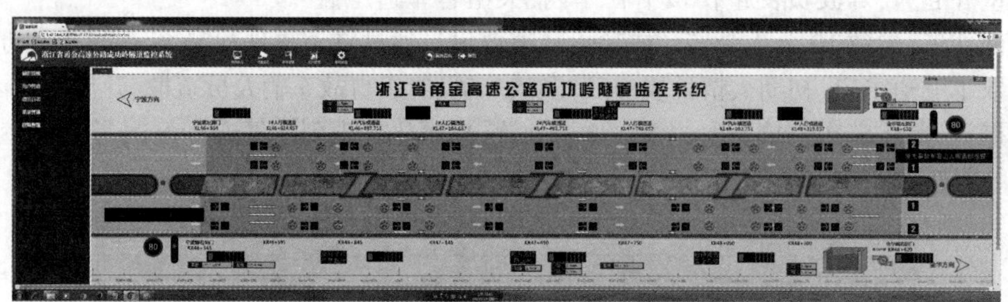

图4　隧道监控系统

四、实施效果

嵊新公司高速公路多要素数字化管控平台建成后,根据实际使用效果,不断地提出新需求并加以完善,目前已基本涵盖了高速公路运行管理各要素。如何合理利用现有的系统软件和信息化设施设备,同时将软硬件进行有效结合,将"互联网+"与日常管理有效结合,是信息化建设重点思考的课题。嵊新公司加快推进高速公路科学管理、科技保畅的步伐,向现代化企业迈进。

(一)"互联网+"有效推动企业管理现代化进程

1. 预算管理网络化

预算管理网络化是指从原始纸质管理向网络管理转变,将各部门全年预算上传嵊新公司综合管理信息系统,随着时间和工作任务的推移,以数字来亮化预算的完成情况,用绿黄红不同颜色显现预算的执行情况,呈现预警效果,从而达到将成本费用指标控制在3%以内的任务要求。预算网络化管理(图5),即时反映各部室预算的阶段性完成情况,与年初的重点工作相结合,动态掌握重点工作的进度,起到提高预算准确性和工作执行力的双重功效。

2. 工作督办动态化

网络办公未推行前,领导层无法及时掌握各部室月度工作的实施情况,出现工作重计划、轻过程,甚至出现有计划却无结果的情况。推行网络办公后,嵊新公司将月度工作例会后,综合办公室为督办部室,将各部室的月度工作计划和领导布置的工作以督办表的形式上传于综合管理信息系统中,各部室再根据督办表形成本部室的月度工作进度表,并每星期更新一次,即时反映各项工作的进展程度,月末形成本月工作完成情况汇总表。通过督办机制的实施,便于领导层及时掌握部室工作情况,使日常工作具有时效性和可控性。

预算管理 天气预报：嵊州 今天(周一)：21～24℃小雨 明天(周二)：22～24℃小雨 后天(周三)：21～28℃阴 » 【当前用户：何军】

您现在的位置：首页>>协同办公系统>>预算管理>>预算执行

检索 2017-12 ✕删除 添加 月预算执行

预算月份	预算名称	汇总日期	操作
2017年12月	资产负债预算表	2018-01-06 16:41:42	修改 查看
2017年12月	利润预算表	2018-01-06 16:41:42	修改 查看
2017年12月	主营业务成本预算表	2018-01-06 16:41:41	修改 查看
2017年12月	公路养护维修成本预算表	2018-01-06 16:41:40	修改 查看
2017年12月	系统维护成本预算表	2018-01-06 16:41:39	修改 查看
2017年12月	营运经费预算表（运、安、工）[运]	2018-01-06 16:41:38	修改 查看
2017年12月	营运经费预算表（运、安、工）[安]	2018-01-06 16:41:38	修改 查看
2017年12月	营运经费预算表（运、安、工）[工]	2018-01-06 16:41:39	修改 查看
2017年12月	行政经费预算表（运、安、工）[运]	2018-01-06 16:41:38	修改 查看
2017年12月	行政经费预算表（运、安、工）[安]	2018-01-06 16:41:38	修改 查看
2017年12月	行政经费预算表（运、安、工）[工]	2018-01-06 16:41:38	修改 查看
2017年12月	营运人员经费预算表 [运]	2018-01-06 16:41:37	修改 查看
2017年12月	营运人员经费预算表 [安]	2018-01-06 16:41:37	修改 查看

预算编制 预算公布 预算执行 预算调整 预算考核

党群工作 工作流转 个人办公 收文管理 发文管理 督办管理 档案管理 电子文化墙

图5 预算网络化管理

3. 考核管理精细化

基于全面预算管理和工作督办机制的实施，部室考核制度逐步完善，最大限度地发挥了考核联动的功效，将预算的执行情况、重点工作的完成情况与月度、年度考核有效结合，逐步凸显考核过程的程序化、科学化，考核结果直接影响年终先进评比，提升了整体工作的有效管理。

4. 车辆管理规范化

综合管理信息系统在“协同办公”模块中建立了“车辆管理”模块，分为车辆使用管理、维护管理、信息管理、费用管理、事故管理和月度统计，规范了公务用车的日常使用、维护、管理程序。嵊新公司公务用车由部室及单位用车人将每月车辆信息输入月度统计中，每月的行驶里程、油费及平均油耗在系统中一目了然。同时，落实专人管理，当各数值出现较大波动时，立即进行询查，实现了车辆参数化管理。嵊新公司在部室公务用车上安装了 GPS 移动监控，在车辆出现事故时起到举证作用，并杜绝了部室公车私用的行为，实现了车辆规范化管理。

（二）“互联网 +”有效优化高速公路运营服务水平

1. 大众出行人性化

建立并完善立体化信息沟通报送体系，完善新媒体发布体系建设，通过微博、微信公众号、网站等新兴媒体，利用收费站入口提示、交通广播平台、辖区内大型可变情报板等多种方式，加强对与群众出行密切相关的施工、封闭、堵塞等方面信息的收集与发布，确保常规动态信息及时发布，既减少公众出行延误时间，也为应急决策提供及时准确的信息支持，使为公众出行提供的服务更具人性化和智能化。

2. 收费运营标准化

收费运营工作以创建服务品牌为目标，开展微笑服务、转体服务、手势服务，推行 6S 管理，全面实施服务标准化建设，规范收费操作流程。2019 年，取消省界收费站建设工程和入口称重系统检测项目同步推进，共完成新增 25 套主线 ETC（电子不停车收费）门架、10 套收费站 ETC 改建车道门架及 5 套入口称重设备的施工安装及联网调试，实现主线、收费站单一设备系列完好率和准确率均高于 95%，ETC 车辆通过率高于 99.6%，收费车道车牌识别系统准确率高于 99.5%。

3. 服务保障品牌化

2018 年，嵊新公司作为浙江省高速公路服务区两家试点单位之一，所辖嵊州服务区全面开展高速公路服务区“司机之家”建设。2019 年 8 月 18 日，交通运输部、中华全国总工会组织的全国“司机之家”建设经验交流会在山东泰安召开，嵊新公司嵊州服务区被中国公路学会正式授牌为全国“品牌服务司机之家”。时任交通运输部副部长刘小明指出，浙江省嵊州服务区“司机之家”针对货车驾驶员“休息场所少、休息时间短”等情况,设置了6间相对独立、私密性较好的“小包间”,受到了驾驶员的一致好评,同时形成了可复制、可推广的经验,树立了全国高速公路服务区“司机之家”建设样板。至此,嵊新公司下属嵊州服务区“司机之家”试点成为浙江省高速公路服务区唯一一家挂牌运营的国家级“品牌服务司机之家”。

(三)“互联网+”有效提升高速公路科技保畅能力

1. 路况巡查电子化

随着主线监控、主线卡口项目的逐步实施,基本实现监控范围的全覆盖,监控员通过每隔一小时的电子巡查,全路段的路况信息随时掌握在可控范围,并与路产巡查员定期巡查相结合,对路面出现的抛洒物、路产设施损坏及各类违规上高速公路的非机动车辆或人畜等异常情况进行及时处置,确保道路平安畅通。

2. 指挥调度智能化

当高速公路出现各类事故时,监控员通过主线监控设备实时了解现场情况,与交通警察、路政员和施救员进行沟通联系,将现场情况及时反馈,便于各单位快速联动,高效处置。另一方面,嵊新公司在路产巡查车上安装车载视频监控,处置事故过程中进行实时摄像并上传于综合信息系统的“移动监控”模块中,便于现场指挥人员近距离地观察现场状况,并作出有针对性的处置指令,极大地提高了应急管控处置能力。

3. 应急管理动态化

嵊新公司及各部室对应急物资实施动态化管理,建立应急物资综合管理库,在主线重点路段及各收费站设立应急物资仓库,各部室指定专人负责应急物资管理,将本辖区内的应急物资、机械设备输入综合管理库中,严格执行出入库登记,安全保畅部组建应急抢险班组和施救服务班组,将人、物信息登记在综合管理库中,当出现严重雨雪、冰雹等恶劣天气时,及时调度、高效处置。

五、下一步建设设想

(一)着力推进网络安全化建设确保数据安全

传统行业一般是专网环境,与互联网基本上物理隔离。“互联网+”的构建首先就是要打通两个网络,就目前嵊新公司应用互联网实现专网运行的模式来看,如何避免敏感数据的外泄至关重要。即使将敏感数据全部隐藏,基于数据挖掘的相关系统平台也可以较为容易地分析出部分敏感数据和信息,故嵊新公司在下一步信息化建设过程中,将注重安全服务器、数据备份与加密、入侵防御系统、安全数据库、数据容灾设备等方面的建设开发。

(二)着力推进智能终端建设保障公众出行

借助百度、高德、凯立德等交通地理信息系统,结合本路段高速公路的运营特点,建立一套以用户等级、事件紧急程度和路况实时发布为服务内容的车载或智能终端公众出行服务系统,保证用户获取道路运输的信息载体、信息推送、信息反馈的易用性、实时性和可交互性。同时实现针对高速公路全域带状无线信号覆盖,结合相关电信运营商、RSU厂商,并结合4G、3G蓝牙4.0、802.11P、WiMAX等无线技术,感知驶入高速公路的车辆、人员,同时结合目前高速公路ETC技术和路径识别点,采用车牌识别、5.8GHz技术,与其他无线技术相结合,实现对车辆、车载设备和终端的精确感知,为各类业务系统提供较为准确和翔实的数据。

(三)着力推进“互联网+”与企业管理的高度融合

嵊新公司通过两期信息化建设,基本实现了网络办公和智慧高速大框架的建设,信息化建设的最终目的在于对其进行利用,从而进一步提升企业高效管理,故今后建设的重点将是网络技术与企业管理的高度融合。通过软硬件的有效结合,在文明服务、安全保畅、科技养护等方面达到标准化建设,利用考核量化管理达到监管考核的目的，以考核联动的方式融合到薪酬体系和年终评比中以有效体现，逐步推进考核程序化、科学化进程，从而实现企业整体管理水平的提升。

（四）着力探索科技兴安新手段推进科学保畅

高速公路监控领域，长期以来都是由固定监控摄像头实现监控视频数据的采集，其监控受到地域、高度、角度和天气等因素的制约，而无人机在空中不受地域限制，其监控的高度和角度可以根据需要随意控制，监控范围宽广。高速公路道路资源有限，尤其是道路出现重大交通事故，导致硬路肩出现时，无人机监控不需要使用车道出入口，可以直接进入封闭的高速公路上空进行监控。无人机沿直线飞行，不受交通堵塞影响，可以最短的事件抵达事故现场。无人机还有隐蔽性高的优点，在执行监控任务时，不干扰驾驶员，除了可用于白天监控外还可以携带热成像设备用于夜间监控。路产巡查职业高危性的弊端越来越突出，高速路况纯人工巡查在互联网日渐发达的今天，越显落后于社会的现代化进程。无人机巡查是一种创新的监控手段，特别是在节假日、春运、低温雨雪天气等特殊时期，应急保畅任务十分繁重，利用无人机全面、及时、立体地对路面情况进行监控，并迅速处置路面拥堵情况显得尤为重要。

（五）着力尝试开发排队预警信息系统保畅通

受城市道路实时拥堵状况情报板的启发，开发收费站、主线车辆排队预警信息系统。收费站出入口、主线重点路段设置道路交通量检测设备，实时反映道路拥堵情况。由检测设备逐级传输至收费站→监控中心→高速交警指挥中心，各级中心根据需求和权限进行信息发布和拥堵疏导。系统可全天24小时不间断分析，及时报警车辆饱和状况，并提供强大的系统管理功能，自动生成多种形式的报表、图表，提供时间、类型、地点等多条件查询，支持多客户浏览、多权限管理，支持中心、分中心联网，同时兼容原有监控管理系统，并可与大屏、信号指示灯、情报板、诱导屏等设备联动。排队预警信息系统的应用，在重大节假日、旅游旺季等出行高峰时段，极大地方便了大众出行路线的预先选择，路上车辆针对主线拥堵情况，可提前作出反应，选择就近收费站驶下高速公路，不会形成更大的主线拥堵，同时缩短了主线拥堵时间，缓解保畅压力。

“互联网+”是在经济“新常态”下的重要发展方向，是我国经济社会发展的大势所趋，是传统各行各业目前发展必须考虑和重视的领域，借助互联网开放、融合的平台，可以实现对传统行业的补充，减少运营成本，拓展传统行业的应用范围，加强各行各业的交流和沟通。而交通行业本来就是以沟通各行各业为宗旨的行业，如何在原有修桥铺路的基础上，在虚拟世界中构建互联网的交通高速公路，也是交通行业未来发展的方向之一，也是“四个交通”发展的必经之路。

由于惯性、业务需要、人员等导致一系列问题出现，需要交通行业积极实现自身的转变，在投入、理念和积累上均需要迎合“互联网+”的发展需要。同时，互联网行业也应积极帮助交通行业进行改造，并在建设初期作出一部分的让利和优惠，保证自身利益的同时，兼顾交通行业的特点，实现“互联网+”在高速公路行业的成功运营。

公交安全运行智能预警监管系统建设与应用

新疆乌鲁木齐市公共交通集团有限公司

成果主要创造人:杨希平

成果参与创造人:张　宇　王　博　陈志燕　阿不来提

乌鲁木齐公交始建于1953年。1965年成立乌鲁木齐市公共汽车公司。1993年成立乌鲁木齐市公共交通总公司。2006年改制为乌鲁木齐市公共交通集团有限公司(简称"公交集团")。自2011年4月起,根据乌鲁木齐市委、市政府决策,公交集团通过两年多时间整合了全市11家民营公交企业并进行线网优化,共投入资金8800余万元,收购民营线路30条、车辆872辆,并安置民营公交从业人员183人。

截至2020年5月末,公交集团在职职工6039人,离退休职工2000人。公司内设15个职能部门,下辖5个主营单位、2个辅业中心、7个全资控股公司。集团公司党委下设8个党总支、61个党支部,党员1107名,其中在职党员760名。公交集团实际运营线路128条(其中常规线路114条、社区巴士11条、大站快线1条、通勤线路2条),运营车辆2224辆,年客运收入2.99亿元。

截至2019年5月末,公交集团资产总额7.48亿元,负债总额3.27亿元,净资产4.21亿元,负债率43.74%。2019年1—5月实现营业收入1.73亿元,其中客运收入1.22亿元,完成客运量1.55亿人次,服务合格率99.2%。

公交集团先后获得全国城市公共交通系统优质服务竞赛优胜单位,全国公用行业规范化服务优质单位,中国城市公交科技创新企业,乌鲁木齐市民族团结进步模范单位,先后五次被乌鲁木齐市委评为"群众满意好班子",荣获全国公交城市"十佳先进企业"。

一、实施背景

公交车作为一种公共交通工具,载客量比较大,其运营安全尤为重要。近年来,由于驾驶员违规、疲劳驾驶等造成的安全事件频发。针对此类问题,交通运输部在发布的多个文件中都涉及建设营运车辆主动安全预警功能的内容,例如2016年底发布的《营运客车安全技术条件》中第4.1.5条明确规定:9米以上的营运客车要求加装车道偏离预警系统(LDWS)以及符合标准的前碰撞预警(FCW)功能。湖南衡阳"6·29"重特大交通事故后发布的(交办运〔2018〕115号)文件中(图1),要求推广应用智能视频监控报警技术,通过自动识别和实时提醒纠正驾驶员不安全驾驶行为,文件中对于检测功能项和检测指标提出了明确要求。重庆万州"10·28"公交车坠江事故后发布的国务院(安委〔2018〕6号)文件中,要求进一步加强公交车安全运行保障,安装智能视频监控、一键报警等技术防范设施。

这些事故引起了中央领导的高度重视,习近平总书记作出重要指示,李克强总理等党中央和国务院领导同志作出重要批示,要求举一反三,落实责任,加强安全生产防范工作,排查消除隐患,堵塞安全漏洞,做好系统性管控,严防事故发生。为深入贯彻落实习近平总书记等党和国家领导同志的重要指示批示精神,坚决遏制交通运输事故多发频发势头,确保安全生产形势稳定,就要以习近平新时代中国特色社会主义思想为指导,认真贯彻落实习近平总书记关于安全生产的重要指示批示精神以及《中共中央国务院关于推进安全生产领域改革发展的意见》《中华人民共和国安全生产法》等中央决策部署和法律法规要求,积极发挥人防物防技防对道路运输安全的支撑保障作用,有效预防和减少公交驾驶员不安全驾驶行为、乘客侵扰攻击公交驾驶员导致的道路运输安全事故发生,才能确保道路运输安全形势持续稳定好转。

①推动城市公共汽电车和"两客一危"车辆安装智能视频监控装置,实现公交驾驶员不安全驾驶行为的自动识别、自动监控、实时报警。

②推动城市公共汽电车驾驶区域安装防护隔离设施,有效避免乘客侵扰攻击公交驾驶员安全驾驶等行为,大幅降低人为因素导致的运输安全事故。

过去的综合监控信息化系统仅通过 GPS 实现了对车辆位置的实时跟踪,超速等行为的报警取证,缺乏安全驾驶碰撞风险、疲劳检测、不良驾驶行为风险模块。

公交安全运行智能预警监管系统以公交车为前端监控点,在监控中心进行管理,建成覆盖面广、系统完整、功能强大的车辆联网视频监控和网络报警系统,为车辆的管理提供可视化服务,为车辆和人员的安全提供安全有力的保障。该系统能够结合当前建设的公交车车载智能终端系统,实现高清移动视频监控、抗恶劣环境存储、4G 无线通信传输、人工智能深度学习等,形成一套对所有车辆进行精确管控的综合监管系统。

公交安全运行智能预警监管系统借助领先的技术手段和方案,大大减少了事故发生率及由此造成的财产损失,是贯彻落实以人为本,全面、协调、可持续的科学发展观,切实加强信息化领导,以智能化建设与转变观念、人才建设、制度建设的同步推进的发展理念,实现车辆现代化管理和整体交通事故发生率不断下降的最佳路径,必将对提升安全出行水平和减少车辆事故所造成的财产损失起到至关重要的作用。

公交安全运行智能预警监管系统的逻辑为:通过前端的智能驾驶辅助摄像机、驾驶员行为识别摄像头、车内高清摄像机采集视频数据后发送给智能终端主机,其内置的智能算法芯片对接收的视频数据进行分析整合,将智能驾驶辅助和驾驶员行为识别的报警结果通过公交车驾驶员提示器提示,主机通过公网发送给平台做最终的平台展现,以及各种报警、证据等信息的后续处理,并整合数据对运输企业、公交车驾驶员进行风险管控,分类管理。

公交安全运行智能预警监管系统通过摄像头和人工智能算法对前方车辆、车道、交通场景进行检测识别,再结合对车辆运动状态、公交车驾驶员行为的分析与驾驶舱情况,有效预测与前车车距过近、车道偏移等危险,并对疲劳驾驶、分神驾驶、接打电话、抽烟、双手脱离转向盘、不在驾驶位置、设备异常、公交车驾驶员身份异常等异常行为予以报警,从而全面减少此类原因所引起的交通事故,大大减少事故发生率及由此造成的财产损失。此外,公交安全运行智能预警监管系统可将预警信号及相关视频资料上传至云端平台,提供实时预警的同时,保留现场视频、图片、报警信息等证据,便于公交运营部门及相关交通部门等对车辆进行监控和管理,车辆事故的大量减少也能为其减轻了很多工作量。

二、成果内涵和主要做法

(一)成果内涵

系统内涵为:以提升公交车辆智能安全管理为核心,响应"互联网+"思维,利用人工智能深度学习技术、进行精确管控的综合监管系统建设。

乌鲁木齐市公交集团借助现代化科技手段改善交通状况,达到"保障安全,提高效率、改善环境、节约能源"的目的,是强化行业安全监管的重要手段。目前运行的公交营运车辆调度和监控系统,监管仅靠运营管理人员,通过在运营中抽查、巡查的人防方式,安全监管范围单一、数据不够准确,尤其是对驾驶人员的行为缺乏动态监控数据。推进公交安全运行智能预警监管技术,建设包含高级驾驶辅助系统、公交驾驶员状态检测系统和智能监控平台的公交安全运行智能预警监管系统,有利于增强现有系统平台功能,对公交车辆实施更精准、更实时的安全监管。

(二)主要做法

1. 整体思路

采用业界主流的人工智能深度学习技术、高清移动视频监控技术、抗恶劣环境存储技术、4G 无线通信传输技术和系统产品,可保证前期所选型的系统与今后系统性能提升在技术上的可延续性、兼容性。同时,在智能驾驶辅助和驾驶员行为分析终端中选用高性能图像 AI(人工智能)处理器,具备业界顶尖的移动计算能力。在设计方面,将智能运算单元集成到车载主机终端中,形成一体机设计方案,确保软硬件的统一性与设备的完整性。

首先,由一套完善的前端设备系统,通过高清摄像头支持,对车内公交车驾驶员、驾驶舱环境和车外各种错综复杂的路况具有强大的感知能力。

其次,数据汇聚、统一分析和调度。将离散在各个前端设备中的数据(视频、图片、位置,事件)等汇聚到云端,实现数据的统一调度。

最后,大数据分析,AI 创新应用。在数据汇聚的基础上,对交通领域的视频和图片进行结构化处理,识别出公交车驾驶员各种违规驾驶违法行为等,并通过大数据分析形成众多的创新应用。

2. 目标

(1)解决缺少主动安全防控设备的状况,在运输中降低安全隐患

公交车行业最大的问题是运输安全形势严峻,城市交通复杂多变,碰撞事故损失严重,亟需促进和提高行业安全生产水平的解决方案,有效降低事故率,降低运输成本,提高运输效率。

(2)实现公交车驾驶员行车过程中不良驾驶行为实时监督管理

对行车过程中公交车驾驶员的疲劳驾驶、走神、吸烟、打电话、超速、急加减速、急转向、不打转向灯等不良驾驶行为,利用图片和视频画面进行取证。减少传统方式下对公交车安全监管所付出的人力物力巨大成本,而且提高了效率。

(3)充实完善车队安全大数据管理平台,降低碰撞风险、疲劳检测、不良驾驶行为

公交车运输安全管理需要信息化系统的支撑,对于事前预防、事中监管、事后取证需要智能化管理,进行智能大数据分析和处理,从而在运输环节中起到规范管理作用,为车队管理人员提供安全监督和管理手段。

公交安全运行智能预警监管系统主要是为了在公交车实际运营环境中验证系统检测疲劳驾驶、打电话、左顾右盼、离岗、抽烟、车道偏离和前向碰撞等 7 项功能的性能、指标是否能够达到行业规范及公交运营和管理部门的相关要求。

《道路运输车辆智能视频监控报警装置技术规范》要求:

①能够结合眨眼和打哈欠动作综合识别分析,实现对疲劳状态的识别准确率在 90% 以上。

②能够结合手持电话物品和接打电话动作综合识别分析,实现对接打电话行为的综合识别率 90% 以上。

③左顾右盼检测准确率在 90% 以上。

④对驾驶员不在驾驶位置的识别准确率在 95% 以上。

⑤能够结合香烟物品和抽烟动作进行综合识别,实现对抽烟行为的综合识别率在 90% 以上。

⑥车道偏离和前向碰撞检测准确率达到 90% 以上。

3. 原则

按照保证"结构的整体性,技术的先进性,运行的可靠性,经济的合理性,操作的友好性,业务的可拓展性,系统的开放性,系统的易维护性"进行设计。

(1)统筹规划、稳步实施

从满足乌鲁木齐公交治安维稳综合信息化及智能化建设需要出发,统筹规划乌鲁木齐公交治安维稳综合信息化工程建设思路和建设内容。同时,在工程实施过程中,结合乌鲁木齐公交信息化系统建设现状,稳扎稳打,严控实施质量,最终实现乌鲁木齐公交车内治安维稳综合整体水平的提高。

(2)结合实际,资源节约

结合乌鲁木齐公交业务和信息化发展现状,充分调研乌鲁木齐现有的硬件设施、软件平台和配套工

程，充分利用已有资源，坚决避免盲目投资、重复建设造成的资源浪费。

(3)资源整合、信息共享

以提高乌鲁木齐公交治安维稳综合信息化及智能化水平为目标，在充分利用已有资源的基础上，根据需要建设新的数据终端，按照"一数一源、共建共用"方式，推进信息资源整合与共享，实现业务协同，探索低成本、高效率的数据资源共享模式，提高城市公交行业信息资源的质量和利用效率。

(4)需求导向、突出重点

紧密结合首府维稳要求、公交行业发展、公众需求和公交集团履责的要求，做好乌鲁木齐公交车治安维稳综合信息化的建设，以点带面、有序推进乌鲁木齐公交整体维稳安保智能化进程。

(5)适度超前，确保安全

坚持观念创新、制度创新、管理创新和技术创新，使乌鲁木齐公交治安维稳综合信息化和智能化水平在全国保持适度超前，同时正确处理安全与发展的关系，在建设中同步考虑系统安全问题，确保系统稳定和数据准确。

(6)服务为本，监管并重

进行建设时，充分体现"服务公众"的理念。要为社会公众乘客、企业及相关从业人员服务。落实这一理念需要贯彻和执行信息化服务"以人为本，监管并重"的原则，在保证行业秩序的前提下，加快服务型政府建设。

4. 基本做法

(1)搭建公交安全运行智能预警监管系统平台框架

公交安全运行智能预警监管系统的框架图如图1所示。

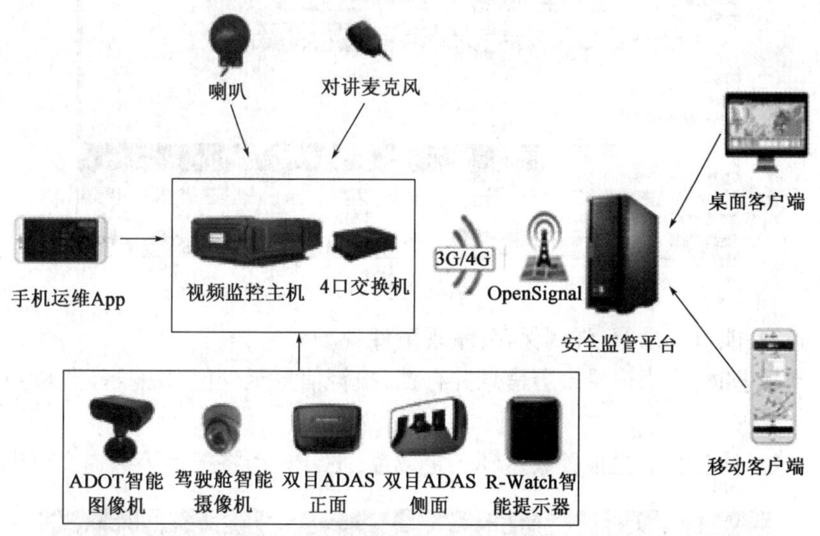

图1　公交安全运行智能预警监管系统框架图

(2)构建智能主动安全报警系统

对公交车辆前期主动安全设备进行安装调试，通过前端的智能驾驶辅助摄像机、驾驶员行为识别摄像头，车内高清摄像机采集视频数据后发送给智能终端主机，主机通过公网发送给平台做最终的平台展现及各种报警、证据等信息的后续处理，并整合数据对运输企业、公交车驾驶员进行风险管控、分类管理。

(3)建立智能高级驾驶辅助系统

通过主动智能监控平台面向过程实现全流程监管、采用事件实时主动提醒、过程痕迹化、事后高清证据链的方式，帮助企业及监管部门形成管理闭环(图2)。

智能监控平台包含企业基础数据、动态数据、综合数据的生成、维护和管理查询；车辆基础数据、动态数据(包括CAN总线数据，不限于紧急制动、急转弯、急加速数据)的生成、系统维护和管理查询；公交车驾驶员基础数据、动态数据的生成。针对各种数据及预警信息,能按照单位、时段、类型、级别或其他维度生成报表以供使用。

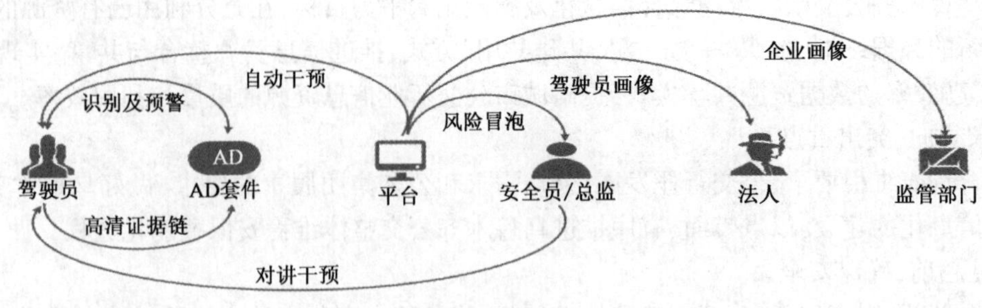

图2　管理闭环

智能监控平台针对报警数据存储及查询、车辆报警信息处理、主动安全态势分析、车辆实时状态监控、车辆安装信息管理、公交车驾驶员安全档案库、多维度信息查询、统计分析功能,实现对车辆主动安全报警信息的实时处理,根据车速与报警参数、危险程度等将报警信息进行分级(图3),具体措施如下:

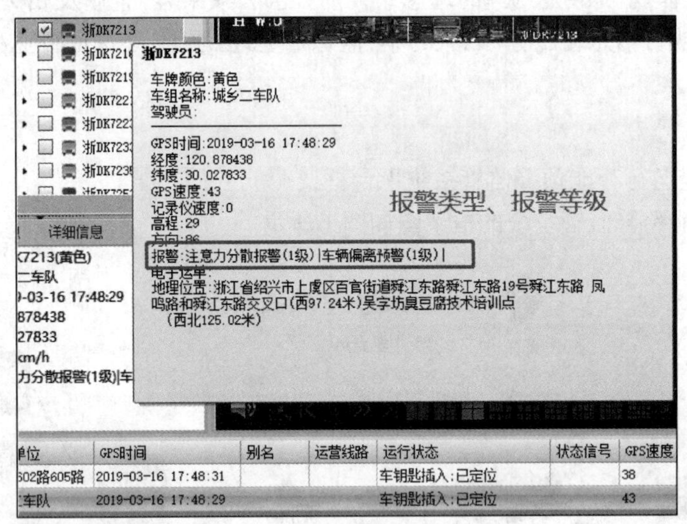

图3　报警信息

①对于剧烈碰撞,能自动录像、强制保存,重现事件现场。

②平台接收到报警时,应当记录报警信息并存档,报警信息至少包含公交车驾驶员面部特征的照片和视频。

③如车辆在单位时间内,上报报警数达到一定数量,平台自动将报警等级提高(图4)。

图4　车辆单位时间内上报报警数统计及报警等级分级

④平台接收到报警等级提高时,应记录报警信息并存档,同时应以声音或图像的方式提醒监控人员。

⑤监控人员可远程通过语言的方式提醒公交车驾驶员。

⑥报警信息包含报警类型、报警等级、报警开始时间、报警结束时间、报警时车速、报警地点、公交车驾驶员相关信息等。

⑦展示报警证据,包括预警时视频与图片,预警视频不少于10秒(图5)。

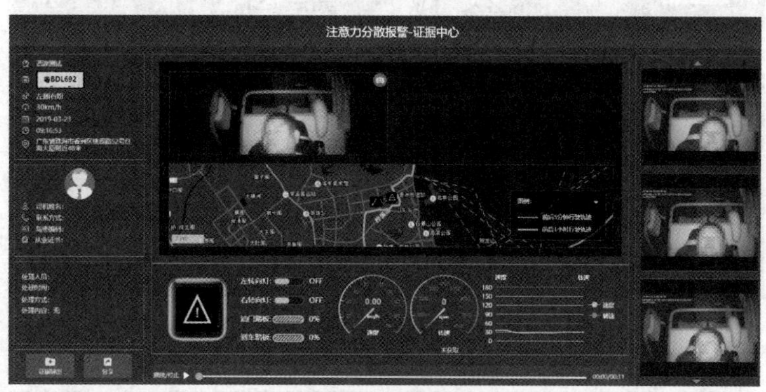

图5 展示报警证据

平台可对车辆运行情况进行实时监控,当产生报警时,客户端支持声光提醒(弹窗加提示音),并展示报警车辆动态信息、位置信息和静态信息及相关信息。

平台具备对终端上报的报警信息和企业平台分析产生的报警信息进行处理的功能,处理过程包括报警信息确认、报警处置、报警处理情况登记和报警信息处理追踪。报警处理可依据不同报警类型进行包括车辆监听、拍照、报警解除和下发信息等的处置,通过下发信息达到提醒公交车驾驶员的目的。

针对不同报警类型的自定义联动设置包含自动录影强制保存等,获取的通道画面可自由配置,车辆单位时间内上报报警数统计及报警等级分级,监控人员远程通过语音的方式提醒公交车驾驶员(图6)。

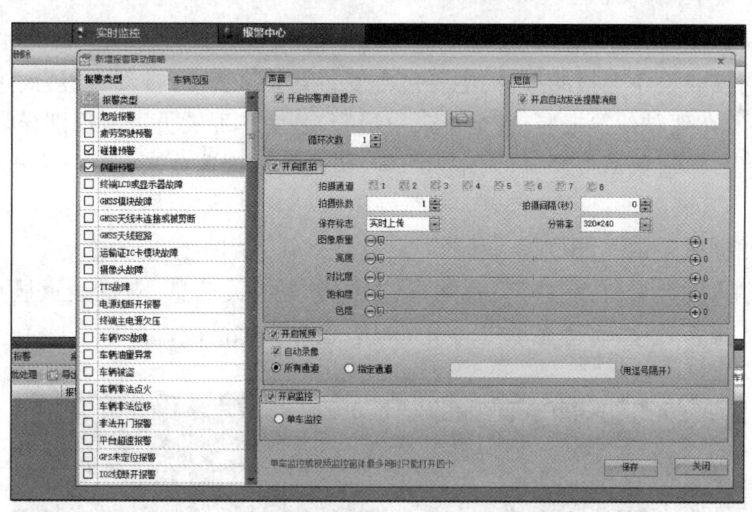

图6 针对不同报警类型的自定义联动设置

平台具备对不同报警信息进行分类处理的功能,主要有以下几点要求:

①支持按照报警类型对报警信息进行分类汇总、展示分析。

②支持按照地区、时段、行业对报警信息进行分类汇总、展示分析。

③支持按照车辆类型对报警信息进行分类汇总、展示分析,形成车辆报警统计分析图。

④支持按照公交车驾驶员对报警信息进行分类汇总、展示分析。

⑤支持按照单位对报警信息进行分类汇总、展示分析。

⑥支持将所有汇总结果、分析结果以直观统计图表展现(图7)。

⑦支持通过报警数据分析对公交驾驶员的驾驶行为进行评分,可形成公交车驾驶员驾驶行为统计报表(图8)。

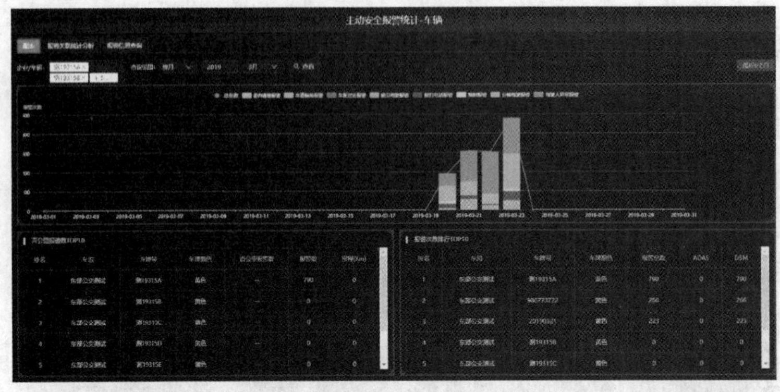

图7　统计分析单位/车辆维度

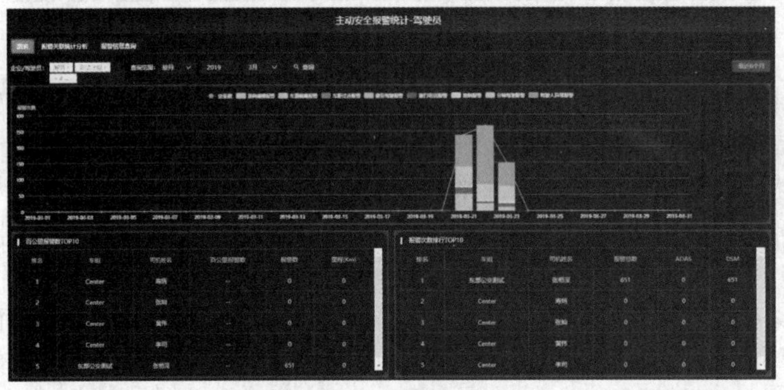

图8　统计分析驾驶员维度

智能监控平台可接收设备上报的报警,主要包含疲劳驾驶报警、分神驾驶报警、接打电话报警、吸烟报警、公交车驾驶员不在驾驶位置报警、安全带未系报警、公交车驾驶员身份识别异常报警、设备异常报警;车辆前向碰撞报警、车道偏离报警、行人碰撞报警、斑马线未减速或未礼让行人报警以及相关附加推荐附加功能报警等。

系统平台迅速掌握风险情况,识别企业风险点,重点解决,帮助企业形成风险管理闭环(图9)。支持显示企业当前车辆入网数量、在线数量、入网率、在线率等相关信息;支持显示显示公交车驾驶员数量、安全监管员数量、报警数量;支持显示主动安全报警趋势变化情况。

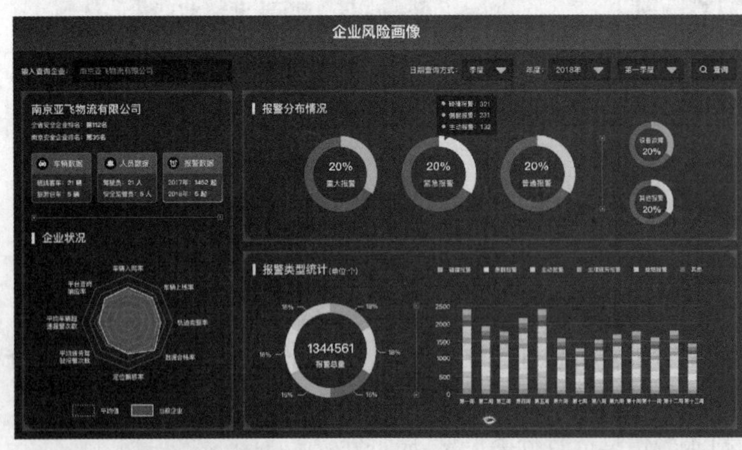

图9　企业风险画像

5. 建立驾驶安全监管机制

高级驾驶辅助系统,可持续本地实时录制视频,并将视频保存,同时支持平台远程实时播放录像视频和下载视频。在触发报警事件时,保存事件发生前后5秒视频作为事件视频上报至平台,同时关联公交车驾驶员状态监测系统的事件前后5秒视频并保存,同时上报至平台(前后时长可根据公交车队管理实际需求自定义配置)。

公交车驾驶员状态监测系统在正常工作时本地实时存储,同时支持平台远程实时播放画面。在触发报警事件时,将事件发生前后一段时间的视频作为事件视频上报至平台。设备支持短信指令和平台指令下发关闭声光报警提示。

在车辆行驶过程中,设备终端能对公交车驾驶员单手或双手同时脱离转向盘的行为进行识别和分析,对公交车驾驶员违规行为进行报警提示,同时保存报警点至少包含公交车驾驶员面部特征的照片和视频,实现本地存储和远程存储,并向平台发送信息。

公交安全运行智能预警监管系统终端具备设备故障自检功能。设备故障分为硬件故障和软件故障。其中硬件故障包含电源电线设备、摄像采集设备、数据存储设备、声光报警设备等故障;软件故障应包含系统瘫痪、算法紊乱等故障。当设备出现故障时,支持通过系统信号传输故障信息至平台,并对故障信息进行分类、标明故障类别、故障原因等,形成保修单。具备人工报修形成报修单功能,对报修、响应、维修的全过程进行记录并形成分类统计报表。具备故障出现时,支持对故障出现前1分钟内的视频影像自动上传至后台。

6. 创新组织和支撑保障

(1)成立组织机构,统筹推进平台建设

乌鲁木齐公交集团通过积极争取世界银行贷款和政府资金支持,大力推进公交智能信息化建设工作。针对公交安全运行智能预警监管系统平台建设,成立了以党政一把手主抓、各部室主要负责人为成员的信息化科研领导小组,下设公交安全运行智能预警监管系统平台建设推进工作组,统一思想、统一步调,自上而下,全面推进平台建设和实施。

(2)明确平台框架设计思路,确立子系统功能模块

乌鲁木齐公交调度指挥信息中心公交安全运行智能预警监管系统平台设计思路:借助现代化科技手段,达到"保障安全,提高效率、改善环境、节约能源"的目的,是强化行业安全监管的重要手段。以视频数据采集为基础、通过人工智能算法对前方车辆、车道、交通场景、驾驶行为进行检测识别,有效预测违规驾驶行为、安全运营环境隐患,通过大数据汇聚,统一分析,智能算法对视频数据进行分析整合,对各种报警、证据等信息进行预警提示及快速处理辅助管理,形成对运营车辆的安全集中监控、集中管理的一体化集成管理服务系统。

(3)确立总体规划,分阶段分步骤实施

乌鲁木齐公交调度指挥信息中心在前期通过整合有限资源,从整体上对平台建设进行规划设计。一是平台体系建设分为搭建主动安全报警系统、高级驾驶辅助系统两个建设阶段。二是平台整体建设分为前端硬件设备的选型和安装测试、后台系统服务器和数据库的搭建、软件程序的研发调测、系统试点运行和推广应用四个实施阶段,并对系统整体建设思路和实施阶段进行多番论证,以确保系统建设整体规划的可行性和有效性。三是平台建设以"实用、适用、好用"为原则,充分利用行业内较为先进的云存储、云计算、云部署和大数据分析挖掘等信息技术,通过技术创新推动公交科技化安全管理创新。同时,充分考虑长远科技应用需求和未来技术变革,在系统规划设计过程中预留接口,为智慧公交云安全平台体系拓展延伸应用奠定基础。

(4)支撑保障

在实施过程中组建专业技术团队提供支撑保障,除此之外系统适用于白天、夜晚和雨雪等大部分天气条件,可安装在公交车辆、中型客运车辆以及出租汽车、普通乘用车等多种车型上。

此外,满足公交智能监控调度领域的大多数主流接口需求,能够实现和车端及云端其他系统的无缝互联互通,实现公共安全、企业运营一体化的建设目标,贯彻落实以人为本,全面、协调、可持续的科学发展观,切实加强信息化领导,以智能化建设与转变观念、人才建设、制度建设同步推进,是借助成熟先进的技术手段和方案,实现车辆现代化管理和整体交通事故发生率不断下降的最佳路径,必将对提高安全出行水平和减少车辆事故所造成的财产损失起到至关重要的作用。

为满足公交车辆视频服务系统和智能监控的要求,达到对车辆监控点进行全方位监控,对车速的全线控制及对车道偏离、前车车距过近等情况具备提前预警能力,并通知监管部门快速作出反应并采取措施,就必须对集中监控、集中维护和集中管理需求提供一体化集成管理服务系统。

(5)驾驶员监控系统(DMS)安装调试方法

①安装步骤:

a. 设备距离驾驶员 80 厘米为最佳,支持 60 ~ 120 厘米,设备安装位置为驾驶员正前方或者偏左 20 度范围内,测试环境避免阳光直射,以免影响测试效果。

b. 设备安装标定规范,保证 DMS 的角度通过手机 App 确保在视频框内,ADAS 标定按照要求进行标定。

c. 测试前确认测试设备工作正常,查看设备版本与需求一致。

d. 实车测试过程中要了解清楚车辆运行的路线和环境,包括测试车辆可以行驶的最高车速,来对设备的启动报警速度和灵敏度进行调整。设备默认报警速度 DMS 为 15 公里/小时(驾驶员异常报警为 30 公里/小时)。ADAS 报警启动速度为 30 公里/小时(车道偏离为 50 公里/小时)。

②驾驶行为分析测试方法:

a. 疲劳驾驶:眼睛紧闭 3 秒再睁开为 1 次动作(若戴眼镜应避免镜片反光导致漏报),张嘴至最大持续 1 秒为 1 次动作。

b. 接打电话报警:单手拿电话至耳边停留 5 秒为一次动作。

c. 分神报警:测试人员向左或者向右转至最大,停留 5 秒为一次动作,测试人员低头(设备识别眼睛睁开)超过 3 秒为一次动作。分神报警需要等设备提示"滴滴"声,标定结束后方可触发,标定结束前需处于正常驾驶状态,以免影响效果。

d. 驾驶员异常报警:用手或者不透明物体遮挡 DMS 摄像头 10 秒为 1 次动作,当驾驶员离开 DMS 检测的画面内 10 秒为一次动作。

e. 抽烟报警:单手持点燃的香烟放入口中做吸烟动作为 1 次动作 。

注:以上设备报警测试,灵敏度可调,报警间隔时间可调。

③前向碰撞预警及车辆偏离预警测试方法:

a. 将二合一设备与终端设备通过串口线连接好,并同时接上电源。

b. 将模拟视频连接到屏幕中,用于查看测试结果。

c. 电脑端下载模拟测试用视频,并播放。

d. 将设备镜头对准播放的视频,对准要求如图 10 所示。

图 10　播放视频

a)黄色光标需要对准两个车道线延长的交叉点处。

b)固定好设备或者稳定的手持设备。

④ADAS(高级驾驶辅助系统)测试项目:

通过终端设备给定模拟速度70公里/小时,所有模块启动工作状态,并将车辆和车道线的检测结果输出到模拟屏幕中。在测试过程中,测试人员需要密切观察模拟屏幕,保持屏幕中画面水平,十字光标平稳。模拟屏幕中,车辆上的十字叉表示检测到的车辆,两条绿线表示识别到的车道线。

a. FCW(前碰撞预警系统):当视频中,车辆快速靠近测试人员时,设备将发出"嘀嘀嘀~"的语音提示(图11)。

图11　FCW测试

b. HMW(车距监测预警系统):保持速度跟踪前方距离较近的车辆时,设备将发出"滴~"的提示音,表示前方有车,再次靠近则会发出"滴滴~"的提示音,表示车距过近(图12)。

c. LDW(车道偏离预警系统):当设备跨过左右两边的车道线时,设备将发出"叮~叮~"的语音提示,表示车辆轧线告警,红色线表示车辆轧到车道线。若通过终端设备的RS232发送转向信号或者制动信号,设备将屏蔽LDW功能(图13)。

d. 行车记录视频关闭电源,拔出SD卡(class 10高速卡),放在电脑中,可以观察到记录的行车视频文件。

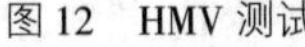

图12　HMV测试

图13　LDW测试

三、实施效果

(一)安全管理效益

公交安全运行智能预警监管系统的使用,对驾驶员异常行为进行监管,并进行智能大数据分析和处理,在运输环节中起到规范作用,为车队管理人员提供安全监督和管理手段,提升管理能力。

(二)经济效益

公交安全运行智能预警监管系统借助领先的技术手段和方案,全面减少因公交车驾驶员异常行为引起的交通事故,比2019年大大减少事故发生率39%及由此造成的财产损失约60万元。智能化建设对实现车辆现代化管理和整体交通事故发生率起到至关重要的作用。

(三)社会效益

通过系统实施运行使公交驾驶员的违规操作行为得到了监管和抑制,交通违章及交通事故明显减少,维护了公交安全文明形象。强化了公交车辆的服务和安全管理,使运营环境安全平稳,提升了公交运营服务,保障了乘客的安全出行。

基于港口物流生态圈建设的提空无纸化项目开发与应用

浙江易港通电子商务有限公司

成果主要创造人:林柯龙　柯冬澄

成果参与创造人:王　强　赖莹浩　郑　飞　张　瑶　张铮辉　徐正航

浙江易港通电子商务有限公司(简称“易港通”)是宁波—舟山港旗下全资子公司,负责筹建和运营宁波—舟山港电子商务平台、智能理货系统、全程物流平台及其他增值服务,涵盖码头经营、商贸物流、金融保险等业务版块。

易港通主营业务包括:①电子商务平台,打造“网上营业厅”和“物流交易厅”,实现信息发布、交易撮合、资源调配、物流跟踪等功能。②智能理货系统,集成摄像机抓拍、PLC(可编程序控制器)位置计算、信息自动识别、作业指令对碰等技术,实现智能化理货。③全程物流平台,以江海联运、河海联运为业务核心,构建水路运输协同平台。④其他增值服务,围绕金融创新和数据增值,推出金融服务产品,开发个性化数据信息服务。

易港通业务范围覆盖宁波—舟山港域7家集装箱码头,服务客户涵盖69家船公司/船代、31家港外堆场、2400余家物流企业及宁波舟山地区超3.2万名活跃集装箱货车(简称集卡)驾驶员。2019年平台资金流量突破7亿元,累计业务交易量达到千万次,无纸化改革成果受到中央电视台、中国交通报等国家、省市级媒体的关注和报道,社会反响极好,在港航物流业中培育起一定的品牌影响力和号召力。

一、实施背景

在浙江省推进“四港”联动、“最多跑一次”、物流降本增效改革的背景下,单证信息作为港口物流行业的数据源头,以单证无纸化为创新切入口,探索集装箱交接全程电子化已是时代潮流。在传统的港口物流生态圈中,船公司、货运代理(简称货代)、货主、车队、堆场及码头等各个物流环节信息链脱节,信息无法及时共享;各类单证的流转参与方多且分布分散,传输复杂、时间长;业务流程烦琐、低效,耗费大量人力物力及时间成本,并由此孕育出非必要的职业——跑单(摩的);而跑单的出现让原本已处于饱和、无序的城市道路交通更加混乱,在进提箱高峰期,堆场、码头附近经常出现拥堵现象。该优化方案针对传统物流港口物流生态圈中的痛点、堵点问题,优化整体物流环境和码头、货代、堆场、驾驶员同等各方的业务环节,通过建立集卡提空预约机制,有效进行业务流控制,实现消峰填谷,达到物流供应链各环节平衡作业,减少集卡空跑,取消跑单,提升了港口整体服务质量,缓解了城市交通压力,并达到了节能环保。

二、成果内涵和主要做法

(一)项目目标

在传统的集装箱出口业务流程中,货主出具货物出口委托单给货代发起业务,货代向船公司或船代申请舱位,订舱成功后向四方物流申购提空条形码。跑单人员按固定时间到货代公司拿取纸质设备交接单(EIR)、装箱单(CLP)、提空条形码以及集卡委托单送到车队。车队单证齐全后将任务指派给集卡驾驶员,由集卡驾驶员到车队或者车队寄单点领取 EIR、CLP 及提空条形码。驾驶员取到纸质单证和条形码后,前往码头/堆场提取空箱,再去工厂/仓库进行装货,然后到现场预录入点将 CLP 完整信息(含件毛体、箱号、铅封号)提交给预录入点人员录入,待信息传输至码头后,才可前往码头完成出口集装箱的进港出运。

整个业务主要涉及货物出口委托单、EIR、CLP、提空条形码及集卡委托单等纸质单证,流转模式如图 1 所示。

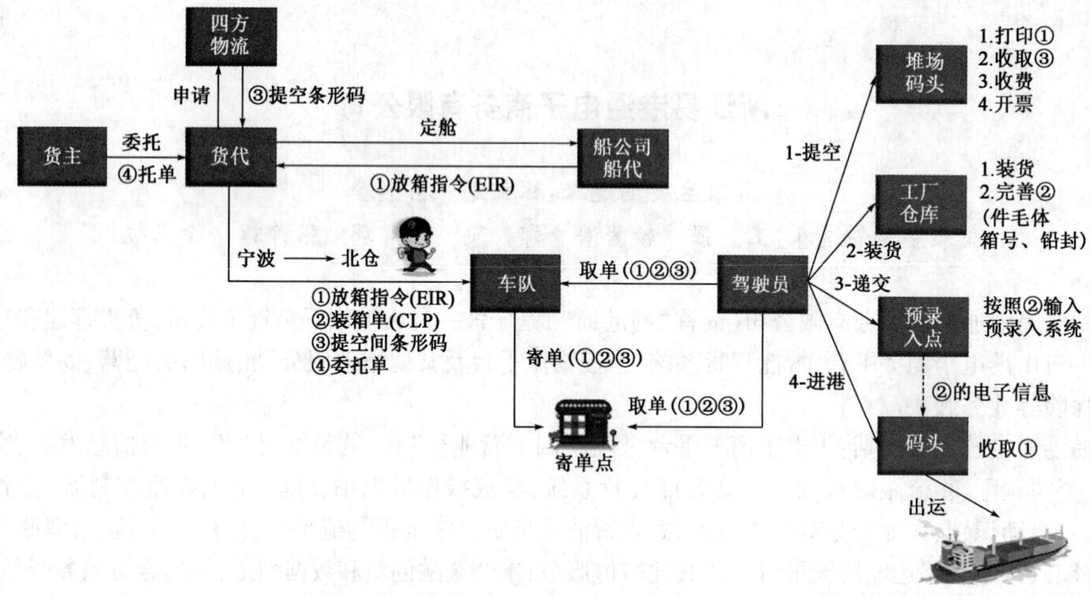

图 1 出口纸质单证流转示意图

由此可见,纸质单证的领取、传递模式环节烦琐、效率低下;寄单点和预录入点集卡随意停靠,安全隐患大;码头无形中又加大了交通拥堵,极大地制约了港口物流的发展。

出口无纸化项目以简化操作环节为目的,对出口业务中货代、驾驶员、堆场的业务操作模式进行整合升级,旨在优化整体物流环境和码头、货代、堆场、驾驶员等各方的业务环节,提升港口服务质量,缓解社会交通压力,实现绿色高效、节能环保。通过电子放箱信息、电子装箱单、电子托单实现单证数据电子化,结合电子支付实现出口业务全程无纸化线上操作。同时,将原本私有化、分散的物流数据通过准确的数字抓取技术,实现数据的有效共享,从而打通物流供应链上下游各环节的信息节点,为港航物流服务从"无纸化"向"可视化"迈进奠定坚实的基础。

(二)项目创新点

项目主要创新点如下。

1. 业务流程创新

利用互联网、大数据等信息技术,提高物流资源优化配置效率,实现港口物流服务高质量发展。针对集装箱出口业务中纸质单证人工流转的主要痛点和瓶颈,即货代到车队、车队到驾驶员两个环节,采用放箱信息和装箱单信息通过电子传输的模式,结合提箱费用电子支付的功能,简化货代预约、支付、对账等流程;集卡驾驶员通过手机选择预约时间和预约提箱点,即可进场提箱,操作高效快捷。

2. 信息管理创新

①打通出口业务中船公司、货代、驾驶员、堆场等物流主体间的信息通道,提升物流信息的透明度,降低物流作业的成本。

②将客户与业务信息数据进行科学关联,对各主体的业务行为进行记录,实现要素模块化、格式化、链条化管理。

③明晰客户查询物流节点信息的权限范围，统一规划信息资源，提升了信息的附加价值，为客户提供全程物流展示，进一步提升了平台数据管理的能力和数据服务的质量。

④多样化数据接入模式，为客户个性化的服务使用提供了较大的选择空间。

3. 业务管理创新

①物流信息的电子流转实现了信息的光速收集、处理和传输，平台通过实时与各集装箱码头、堆场进行信息交换，使得它们提前掌握业务信息，提前安排作业计划，有效提高了生产作业效率。

②相比原先订单与单证分离的纸质管理模式，数据电子化、透明化消除信息碎片难追踪、难保存、难管理的问题，为码头、堆场的业务数据管理提升数据存储容量、时间，提高了数据完整度，为业务运营提供了完整的数据库存。

4. 服务管理创新

①利用信息化、智能化能有效减少人工的重复性劳动。对船公司、货代、驾驶员在生产作业中的常见问题，大数据可以精准抓取，自动化、格式化的应答模式为提升对外服务的质量、提高服务满意度、创设品牌形象有显著帮助。

②利用信息技术协调企业与客户在业务作业的交互，挖掘客户的潜在需求，为建立和提高客户满意度和忠诚度的客户服务管理上提供重要保障。

(三)项目设计

通过调研发现，集装箱出口业务中纸质单证人工流转的主要焦点和瓶颈目前集中在货代到车队、车队到驾驶员这两个环节，经过反复推敲，从业务行为的先后顺序和信息需求点入手，设计出一条完整的出口单证电子流转方案，如图2所示。

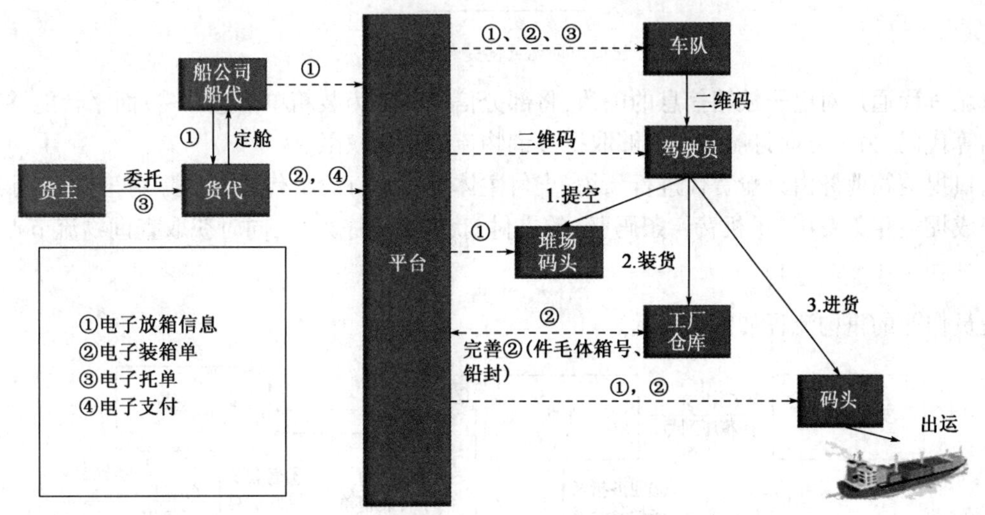

图2 出口单证电子流转示意图

①货代接到货主的出口货物委托单后向船公司(船代)订舱，船公司(船代)业务受理后，将电子放箱信息(EIR 内容)同步发送至货代和平台。货代将预进港信息(箱号、提单号、铅封等信息)传送至平台。

②实际用箱人(货代或车队)在平台上完成提空箱的费用支付后(取消提空条形码，条码费与吊机费合并)，平台生成对应提箱二维码(取消集卡委托单，二维码作为提箱凭证)，并把电子放箱信息转发给码头/堆场。

③驾驶员凭二维码在手机上完成预约后到堆场/码头提箱，再去工厂/仓库装货。完成装货后由工厂/仓库或驾驶员将装箱单补充信息发送至平台，平台实时将电子装箱单信息和电子设备交接单发送至码头，驾驶员即可进港。

整个过程中，平台负责信息的处理和传输，集卡驾驶员通过手机 App 即可完成预约进行作业，物流信息全程可跟踪。

（四）业务流程重构

为使项目成果具有普适性，针对集装箱出口业务环节中货代、驾驶员、堆场的业务流程进行重构，将客户与业务信息数据进行科学关联，对各主体的业务行为进行记录，实现要素模块化、格式化、链条化管理，明晰客户查询物流节点信息的权限范围，提升平台数据管理的能力和数据服务的质量。

1.货代作业流程重构

货代作业的重构流程如图3所示。

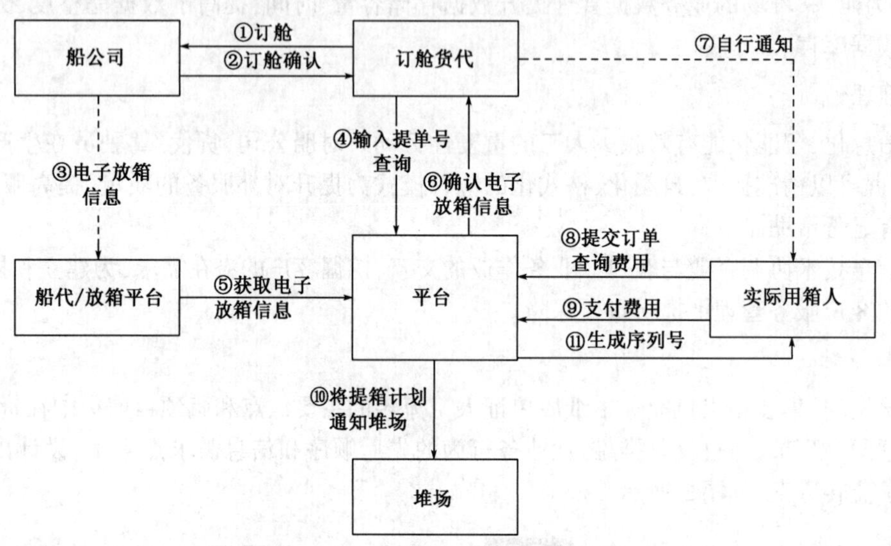

图3　出口单证无纸化货代作业流程示意图

①订舱货代通过对电子放箱信息的确认，将部分信息确认为装箱单信息，一方面平台能够获取装箱单上的结算代码，另一方面订舱货代能够取得查询物流节点的权限。

②出口提空箱业务由订舱货代进行预约，支付主体可以是订舱货代或者实际用箱人，实际用箱人通过平台完成提空相关费用（吊机费+条码费）的支付，获取提箱序列号，同时获取查询物流节点的权限。

2.驾驶员作业流程重构

驾驶员作业的重构流程如图4所示。

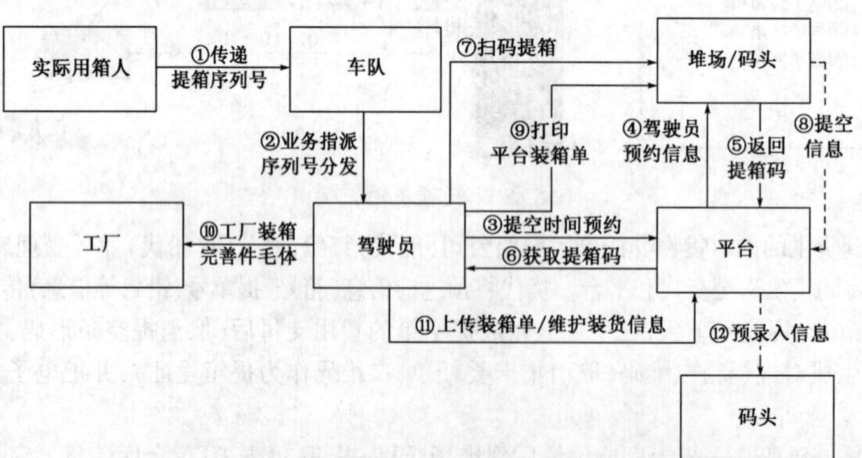

图4　出口单证无纸化驾驶员作业流程示意图

①驾驶员在进行提箱时预约时，系统默认为船公司指定堆场，若堆场返回预约失败时，驾驶员可在该船公司合作堆场中选择一家进行预约。

②驾驶员在装箱完成后,可在纸质单证上修改信息后拍照上传,也可通过 App 对装箱信息进行维护。

③订舱货代可在预录入后查看通过平台预录入的信息。

3. 堆场作业流程重构

堆场作业的重构流程如图5所示。

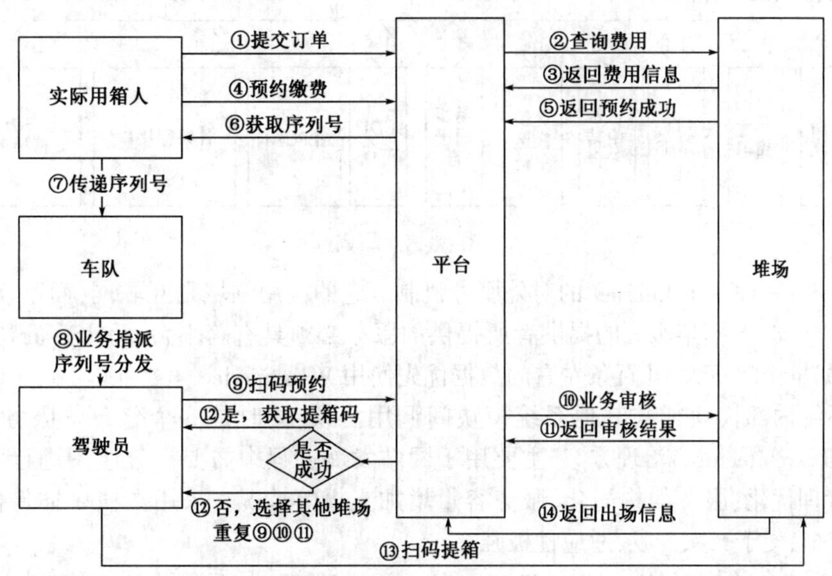

图5 出口单证无纸化堆场作业流程示意图

①实际用箱人的提空预约,仅做提箱费用的缴纳,不校验堆场是否有存箱。

②驾驶员提空时间预约,堆场仅在有满足条件的箱源情况下返回成功,并保留该箱至驾驶员预约时间。

③堆场可根据自身情况制定相应的规则,对驾驶员超出预约时间未进行提箱的情况采取措施;驾驶员按照预约时间到达堆场,堆场需要保证有箱源保留。

(五)项目技术支撑

1. 平台物理部署架构

平台物理部署架构具备高可靠性与稳定性、安全性、先进性和前瞻性、可扩充性,为平台业务的拓展延伸提供基础部署保障。

①高可靠性与稳定性:Redis、FastDFS、ZooKeeper、Elasticsearch、Nginx 系统采用集群和负载均衡的架构。集群中的服务器都是互不影响,互不干涉的,任何一台机器故障,都不会影响其他机器的运行,当用户传来一个请求,由负载均衡器的算法决定由哪台机器来处理,保证了系统的高可靠性与稳定性。

②安全性:网络部署方面,内外网隔离,并有防火墙防护。物理部署方面,配置服务器与应用服务器分离。数据方面,采用数据库安全产品。

③先进性和前瞻性:系统采用集群和负载均衡的架构,符合现代技术发展方向,是当今世界领先的网络技术,能够满足将来业务增长的需要。

④可扩充性:系统为分布式部署,支持横向扩展,采用集群和负载均衡。当服务器达到瓶颈后可以直接增加网络服务器或者应用服务器。只需要简单进行配置,就可以完成性能扩容。

2. 平台数据接口设计

平台数据接口设计如图6所示。

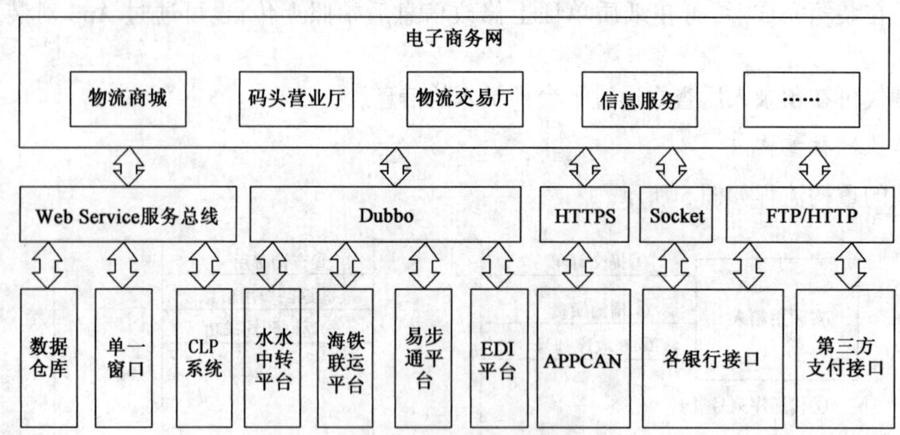

图6　平台数据接口设计图

①Web Service:一种基于Internet的对外服务机制。它的应用领域是互联网,而不仅限于局域网或试验环境。Web Services框架服务的提供者所提供的服务必须具有跨平台、跨语言的特性。对于实时性要求高的,数据量访问不大,几百条左右的数据优先使用Web Service。

②Dubbo:系统内部模块或与其他系统模块间调用协议,同时是一个分布式服务框架以及SOA(Service-Oriented Architecture)治理方案,主要用于网站发展过程中需要拆分应用进行服务优化、服务URL地址配置管理优化、服务架构简化、服务容量增加支撑等情况。采用微核+插件体系,运行JDK 1.5之上,文档齐全,便于二次开发,适应性极强。

③HTTP:超文本传输协议(HyperText Transfer Protocol,HTTP)是互联网上应用最为广泛的一种网络协议。所有的WWW文件都必须遵守这个标准。HTTP最初的设计目的是为了提供一种发布和接收HTML页面的方法。

④HTTPS:以安全为目标的HTTP通道,简单讲是HTTP的安全版。即HTTP下加入SSL层,HTTPS的安全基础是SSL,因此加密的详细内容就需要SSL。它是一个URI scheme(抽象标识符体系),句法类同http:体系。可用于安全的HTTP数据传输。

⑤Socket:网络上的两个程序通过一个双向的通信连接实现数据的交换,这个连接的一端称为一个Socket。建立网络通信连接至少要一对端口号(socket)。socket本质是编程接口(API),对TCP/IP的封装,TCP/IP也要提供可供程序员做网络开发所用的接口,这就是Socket编程接口。

⑥FTP:文件传输协议用于互联网上控制文件的双向传输。同时,它也是一个应用程序(Application)。基于不同的操作系统有不同的FTP应用程序,而所有这些应用程序都遵守同一种协议以传输文件。

3.系统可靠性设计

保证传输信息的准确性,密码空间保证密码输入的安全性。

①通过消息摘要实现信息传输完整性:先通过摘要算法对要传输的信息进行计算并得到摘要信息,之后将摘要信息一并传输给接收方。接收方收到信息后,采用相同的摘要算法对原始信息进行计算得到一个摘要信息,之后和从发送方传递的摘要信息比对,如果相等,则表示信息完整,没有被篡改。

②通过对称加密算法实现,再将对称密码加密后发送到接收方:利用对称加密算法对要传输的信息进行加密,而后利用接收方的公钥对对称秘钥进行加密,得到对称秘钥的密文,将加密后的信息和加密后的对称秘钥一同发送到接收方。接收方利用自己的私钥对加密后的对称秘钥解密,而后利用次对称秘钥对传输来的加密信息进行解密,以此保证信息的保密性。

③利用电子签名:先对传输的信息进行摘要算法处理得到摘要信息,而后利用自己的私钥对摘要信息进行加密,获得电子签名,将此电子签名连同原始信息发送到接收方。接收方收到信息后采用同样的

摘要算法对信息进行处理得到摘要信息,同时利用发送方的公钥对加密后的摘要信息进行解密,将解密的后的摘要信息和自己计算得到的摘要信息进行对比,如果一致,则表示信息是发送方发送的。

4. 数据存储安全设计

①数据保密性:电商系统用户的登录密码采用“MD5 + 随机数 key”方式进行保护登录,使密码不被破解,采用美创 CAPAA 数据库安全产品进行数据保密性防护。

②数据完整性:在本次系统建设中要求系统并发高、数据交易量大、响应时间快,因此对数据访问层的性能提出了很高的要求。所以将数据库划分成了联机库和后线库。联机库主要被核心交换系统使用,后线库主要被清结算和控制台使用。同时,对于数据量较大的表建立分区和索引,从而最大限度地提高数据库访问性能。

③数据存储安全:敏感数据在服务端进行安全存储;敏感数据存储存放在私有文件区域;用户个人的敏感信息必须设置最长的保存时间,一旦超过该时间必须立刻删除;用户密码等数据通过不可逆的加密方式存储,银行卡,身份证号,手机号等敏感信息的末尾用 * 代替。

(六)项目实施进程

出口无纸化项目推广实施历时半年,顺利完成宁波港域 6 家集装箱码头及 31 家港外堆场的全面无纸化提空切换上线。

2018 年 8 月 22 日,在宁波北仑第三集装箱码头有限公司完成首单测试,开始试运行无纸化提空预约;

2018 年 10 月 20 日,第一次在港外堆场完成无纸化提空;

2019 年 12 月底,所有港外堆场完成对接;

2019 年 1 月 7 日,码头管空全面切换上线;

2019 年 3 月 15 日,所有船公司完成对接;

2019 年 3 月 25 日,港外堆场全面切换上线试运行;

2019 年 4 月 29 日,宁波—舟山港全面实现进出口集装箱在工厂、货代、堆场、码头、船公司等各物流节点的信息实时动态可视、可控,由此成为全国首个实现集装箱进出口全程操作无纸化、物流节点可视化的港口。

(七)项目成果展示

1. 预进港信息获取

平台获取预进港信息有三种方式:预进港报文、预进港接口、EXCEL 导入,下面以 EXCEL 导入为例介绍对应功能,界面如图 7 所示。

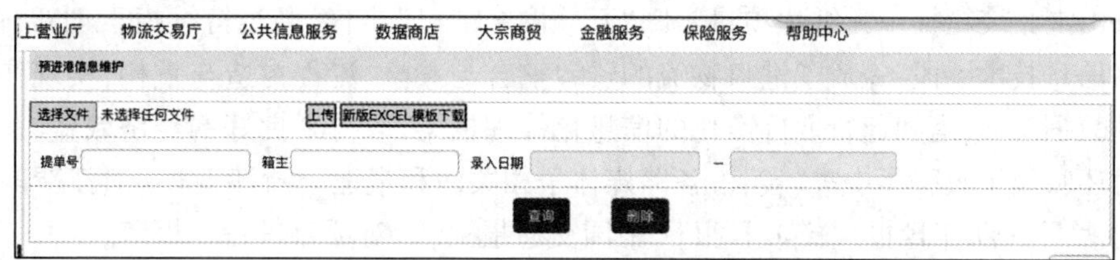

图 7 预进港信息维护界面展示图

客户打开“预进港信息维护”页面,点击“EXCEL 模板下载”,下载预进港信息 EXCEL 模板,手动填入信息,完成后点击“上传”,完成预进港信息导入。输入提单号/箱主/录入时间,可查询出已导入的预进港信息。

2. 放箱信息获取

平台获取放箱信息有三种方式:接口推送、亿通对接、自动获取,下面自动获取为例介绍对应功能,界面如图 8 所示。

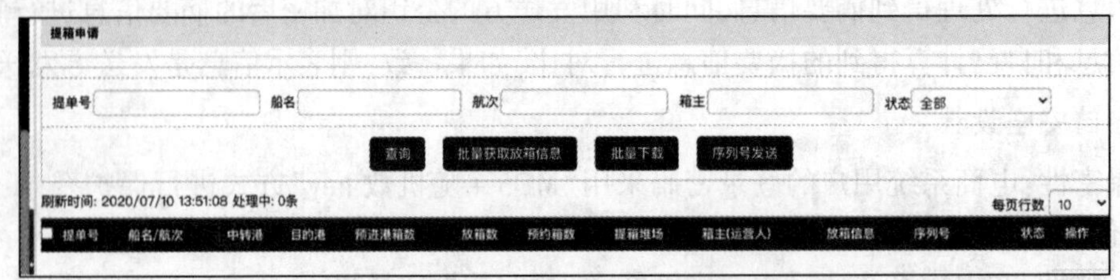

图 8　提箱申请界面展示图

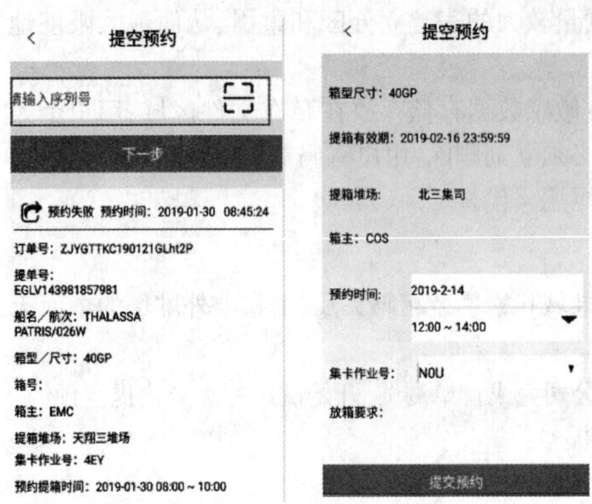

图 9　驾驶员提空预约界面展示图

发送预进港报文或者手工导入后，在提箱申请界面，使用查询字段查询出目标提单号(显示蓝色，光标靠近变成小手)，点击目标提单号获取放箱信息。显示“获取放箱信息成功”的绿色弹框，则获取成功。

3. 提空预约

提空预约完成支付后即可激活序列号获取提箱二维码，如图 9 所示，驾驶员在手机 App 上扫描二维码，按需输入预约信息后，提交预约，提箱堆场返回预约成功后驾驶员便可在预约时间内去提箱。

4. 堆场对账

选择对账周期的时间条件，导出 EXCEL 核对清单明细，确认无误后，点击“开票申请”，完成对账。平台根据核对清单明细和金额与堆场完成商务结算。堆场对账页面如图 10 所示。

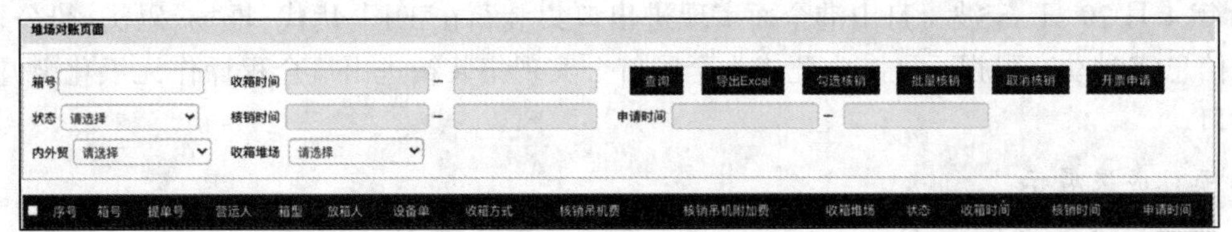

图 10　堆场对账界面展示图

三、实施效果

宁波—舟山港集装箱提空无纸化项目紧跟“互联网＋港口”步伐，经过持续摸索创新，借助大数据、区块链等新兴信息技术手段，完成了港口物流的资源整合与共享、流程再造与重构，实现在港口上下游物流节点上的数据互通，搭建起行业标准化的信息化管理框架，取得了良好的经济效益、社会效益和生态效益。同时还吸引了吸引了中央、省、市各路媒体争相关注和报道。浙江卫视《浙江新闻联播》、东方卫视《看东方》栏目、《浙江日报》《宁波日报》《中国交通报》先后对项目进行了报道。

此外，在 2020 年抗击新冠疫情时，该项目发挥了积极作用，码头和堆场人员无须与驾驶员进行接触即可完成提箱进港作业，实现人员“0 接触”，严控疫情扩散风险。同时，根据宁波市防疫小组的“分类指导、精准施策”的要求，对驾驶员的健康状况进行实时监控，对持红码的驾驶员不允许参与提箱进港作业，确保港航物流企业各环节在安全可控的环境下尽快复工复产。

(一)经济效益

①业务集成化，提高业务处理效率，码头、货代、堆场及驾驶员直接通过平台进行业务的办理、查询及咨询服务。同时解决纸面数据保存容量、时间有限，查阅取证不便的弊端，大幅提升数据存储容量、时间和完整性，为业务运营提供完整的数据库存，降低企业管理成本。

②借助移动互联网,办单、派单、接单不受时间、空间限制,进而减少劳动耗费,降低物流成本支出,节省时间成本,减少车辆空放,提升运输效率,减少空气污染,降低社会治理成本,具有可观的环境保护效益,有效推动了物流业降本增效的进程。按照项目全铺开,宁波—舟山港每年出口600万自然箱来测算:可减少集卡驾驶员作业总时长约200万小时(一个集装箱节省约20分钟);节省燃油成本4260万元(一个集装箱可节省一升油,每升燃油成本7.1元);减少二氧化碳排放1578万千克(节约1升柴油=减排2.63千克二氧化碳);减少用纸5400万张(每套EIR和CLP分别有6联和3联纸),为物流运输的绿色、节能、环保发展作出积极贡献。

(二)行业效益

①数据的信息化传递,有效提高了信息处理的效率和准确度,解决了码头、船代、堆场、船公司、货主、货代等港口业务各环节信息链脱节、无法及时共享的问题,实现了货物实时追踪、全程监控和在线查询,推动集装箱堆场、航运服务平台、物流企业、制造企业等的信息互联互通和共享,有助于提高港口物流链运作效率,为港口物流大数据分析管理奠定基础,服务于宁波港口经济圈建设。

②可实现企业的控员增效。在人工成本逐年大幅度上涨的趋势下,利用信息化、智能化不仅可以减少人工,也降低了人员的培训、管理成本。在企业内货柜的高周转率带动下,企业的利润也会有较大的提升。

③费用即时电子支付,降低支付风险,提高资金流转效率。以物流电子商务为核心,建设用户信息、资金安全体系,保障物流操作和交易的安全;即时响应客户对账需求,降低财务风险,提高财务对账效率,实现信息共享,实现管理协同,财务协同,业务协同。

④规范业务流程,实现平台统一出口提空箱模式,取消纸面流转复杂的环节,精简驾驶员业务办理手续流程,改善集卡驾驶员生存环境;改革驾驶员线下现付的支付模式,省去堆场收费环节,由货代或实际用箱人在平台电子在线支付,无须驾驶员垫付大量资金。

(三)社会效益

①缓解城市交通压力,提空无纸化项目的全面推行能消化社会单证寄存点,有效解决集卡驾驶员在交通要道违章停车取单的问题,降低安全隐患,缓解港区、道路拥堵状况,改善交通环境,提升交通顺畅度。

②实现区域内、跨区域的企业单据信息、车船货源信息等物流业务数据交换,为宁波舟山地区的物流企业提供一套信息化管理标准和信息化样板示范,为行业朝向信息化、智能化发展起到引导、加速的作用,助力宁波示范区建设。

③实现集装箱作业电子化协同,全面提升宁波作为"一带一路"倡议支点的地位,拓展宁波对外开放的"深度"和"广度",推进宁波作为长三角区域物流中心和全国物流节点城市的建设。

④扩大物流业有效供给,提高市场透明度,降低物流成本、改善物流服务、提升物流效率;同时,延伸物流服务功能、扩展港口发展空间、破解物流业发展难题和补齐短板,提升物流业发展能级和辐射带动能力,发挥物流业对区域经济发展的支撑作用。

创新供应链管理,有效应对疫情对物流运输业影响

白银有色铁路运输物流有限责任公司

成果主要创造人:吴　聪　王　巍

成果参与创造人:刘光武

白银有色铁路运输物流有限责任公司(简称"铁运物流公司")是白银有色集团(简称"集团公司")发展现代物流业而成立的子公司,位于兰白都市经济圈的银东工业园区内,具有得天独厚的区位和交通优势,公路与G6高速公路、国道109线、省道217线紧密相连,铁路与包兰线接轨。公司注册资本1.71亿元,总资产4.2亿元人民币,现有员工545人,中高级技术人员68人,占地面积2600亩[1],拥有铁路专用线总延长120公里,各类铁路运输设备843台(套),运输动力完备,体系健全,队伍专业,"五站三场"以及贯穿东西城区的铁路交通已经形成了1000万吨的总运能,公司同时拥有大型公路运输设备150台(套)。是集国内外货运代理、物流贸易、物流金融、运输、装卸、仓储、配送、包装、信息服务以及铁路、公路、物流技术开发服务为一体的大型专业物流企业。物流营业网络已经覆盖31个省(自治区、直辖市)近150多个网点。2016年被中国采购与物流联合会评定为AAAA物流企业。铁运物流公司在兰州新区设立了兰州新区路港物流有限公司,在青海省西藏工业园区设立了西藏白银国际物流有限公司。

铁运物流公司目前在建的白银综合物流园,紧邻公司铁路中心编组车站,这是公司紧抓"一带一路"倡议机遇,以"立足兰白、辐射西北、联通'一带一路'"为发展目标,致力于建设成为大型陆港、公铁联运交通枢纽和工业仓储体系的重要物流商贸平台,也是白银市为发展现代物流而打造的多式联运示范工程。园区规划面积520亩,总投资3.4亿元,具有公铁联运、集装箱作业、甩挂运输、国际班列、物流信息、商贸以及综合服务等十大功能。白银综合物流园作为白银市物流服务公共平台,是发展现代物流业打造的货物集散公铁联运示范工程,也是国家调整运输结构,发展多式联运的主要试点和实践基地。白银综合物流园被列入《交通运输部"十三五"交通货运物流枢纽(物流园)项目建设库》《甘肃省关于深入推进交通提升建设的实施方案》《甘肃省发展通道物流产业基金项目库》。

白银综合物流园项目一期投资1.75亿元,占地220余亩,2015年底建成,2016年正式投入运行。项目二期2018年开始建设,2021年建成投运后,将具备集装箱年吞吐量500万吨、公路铁路等多式联运货运吞吐量500万吨、年装卸作业量500万吨、年仓储量200万吨的作业能力,可实现年收入8亿元以上,达到国家5A级物流企业标准,成为连接甘新青宁、辐射全国、布局"一带一路"的省内知名物流企业和大型货运交通枢纽性园区。

铁运物流公司的前身是伴随白银公司成长起来的白银公司运输部,2005年因破产重组成为白银有色铁路运输有限责任公司。2012年以来,公司按照白银有色集团"十二五""十三五"发展规划提出的加快上市步伐、推进"六个并重"转型发展的要求,依托白银市既有交通枢纽的铁路、公路物流基础,充分发挥区位、交通和自成体系的资源优势,整合地区物流资源,建设省级物流中心节点,以大力发展现代

[1] 1亩≈667平方米。

物流业为任务目标,于2012年通过整合并购组建了现公司。为了布局“一带一路”,进一步融汇中亚、南亚贸易物流大通道,公司按照战略同盟、协同联动、合作共赢总思路,于2014年参股成立兰州陆港物流有限责任公司入驻兰州新区,2017年与中信国安和中国安华公司合资成立了西藏白银国际物流公司。目前,公司已经构建形成了白银工业和兰州新区、青海物流基地,融入全国物流网络和“一带一路”物流网络。

一、实施背景

(一)疫情对公司物流运输业的影响

新冠肺炎疫情对公司物流供应与配送效率的影响是极其严重的。主要表现在:

一是公路运输停滞。2020年2月,通过公路运输的物资基本出不去、进不来,物流供应链基本处于“断链”状态。

二是硫酸胀库。东方钛业、四川江油、绵竹以及山西等下游硫酸需求企业,节后开工期不断延长,硫酸外销和本地销售受到极大影响。东方钛业的生产原料钛精矿因供货方没有复工复产被迫于2020年2月11日“停车”,末端钛白粉需求客户也因未复产导致大量产品积压在库房内,致使东方钛业的物流量急剧下降。同时,集团公司供给东方钛业每月4万吨左右的硫酸不能及时入库,造成集团硫酸涨库。

三是外发业务受到影响。集团外发金属因部分末端库房人员不能到岗或库房内产品积压较多要求停止发货(如:台州南、宁波北、石南广川库、香坊)。集团公司从西藏采购的铜精矿因公路运输受限,不能及时将物料从矿山运输至拉萨货场。加之外来劳务人员不能及时到岗,使矿渣外发业务不能正常开展。钢板到达业务因白银高新科技园未复产不能及时配送,产生二次装卸造成物流成本的增加。

四是原材料供应、物资采购和物流园运行受到影响。2020年3月以前,铜业公司无汽车矿矿粉到达,生产所需矿粉不足,白银有色集团股份有限公司铜业公司闪速炉出渣量减少,导致渣包车炉渣转运量降低,降幅大约为21 %。其他厂矿因生产任务减少,厂内配送车和火工品运输量降低了35%。工程机械车辆、汽车式起重机、装载机生产任务量基本为零。物流园3个日用品仓储不能正常补货、2个工业品仓储没有出货、第三方物流量不足正常月份的30%,园区收入减少。

(二)疫情对公司生产经营造成的冲击和影响。

①公路货运复工复运水平低,致使生产制造物流供应链处于“断链”状态。2020年春节以后,全国公路限行和封堵,集团范围外公司所有公路物流业务停止,包括公铁联运两端汽车短倒配送业务,如集团公司物料汽车运输、正威公司的电铜和产品配送等。

②上下游企业开工不足,造成物流市场“滞动”,进而造成链上其他企业由于原材料供应不是而不得不减产、停产,甚至复工后又停产。如铁运物流公司所服务的集团公司和东方钛白公司等。

③由于隔离限行等防控措施造成务工人员延迟到岗,项目建设不能正常启动。如原定2020年2月3日复工的物流园二期钢结构建设在短期内无法动工。

④由于物流生产不能连续稳定运行,公司固定成本因运量不足而不能摊薄,而运营成本又有了新的增加,造成公司的利润水平下降,流动资金紧张。

总体上,此次疫情对公司造成的影响较为严重,物流运行强度处于不饱和状态。

①公司供应链上下游企业限制开工,在2020年3月中下旬,物流市场才逐步放量,才形成稳定的货源。

②集团公司三大冶炼厂因所需原料不能及时到货以及硫酸滞销胀库问题,冶炼企业只能维持低负荷生产运行,金属发运量减少三分之一左右,主要影响2020年2、3月。

③东方钛白公司因原料供给不足、产品销售不畅,在2020年2月底才能复产并且仍会处于低负荷运行状态,这种情况持续到2020年3月中旬以后。

④兰州新区正威公司、四川海螺水泥、内蒙古临河及西藏矿料基本上较以往迟开工一个多月,在2020年3月底才形成稳定运量。

⑤西藏公司因青海国安科技和五矿盐业停产,2020年一季度处于半停产状态,4月初才形成稳定运量。

总体上,疫情会对2020年一季度的经营运行造成严重影响。一季度公铁联运货运量为165万吨、铁路运输货运量95.5万吨、第三方物流10万吨,分别为预算进度的75%、86%和25%。铁运物流公司第一季度实现净利润201.9万元,完成预算目标的96.25%。

二、成果内涵和主要做法

(一)创新供应链管理内涵

将运输、仓储、装卸、加工、整理、配送、信息等方面有机结合,形成完整的供应链,加速商贸流动,为用户提供多功能、一体化的综合性服务行业。现代物流业在经济全球化和信息网络化带动下迅速成长,成为继生产利润、销售利润后的"第三利润源"。加快发展现代物流业,有利于降低物流成本,提高物流效率,实现集约式发展;有利于满足社会多样化的服务需求,提高经济竞争能力和区域发展质量。

铁运物流公司按照高质量发展规划,链接制造、商贸、物流、信息以及用户的现代供应链体系建设,形成了系统性的方案和行动。主要在物流降本增效、供应链创新应用、运输结构调整、道路运输转型升级、物流枢纽、多式联运、物流高质量发展等政策举措方面与公司业务紧密关联。铁运物流公司主动适应"通道经济"的大趋势,积极融入"一带一路"和全国物流网络,发展以工业物资集散和集装箱运输为特色的多式联运及供应链物流,培育物流增值新业务,打造智慧物流新业态。

铁运物流公司坚持面向市场发挥主体责任,在服务好白银有色集团的同时,抢抓"一带一路"重大机遇,立足自身优势,增强服务能力,延伸服务链条,深入产业链上下游,加快向供应链一体化服务商转型,持续推进质量变革、效率变革、动力变革,提升物流竞争力,向国内外客户提供优质的物流服务,实现了由企业物流向物流企业的转变。坚持创新引领改革助推,以供应链为路径,融合上下游企业协同发展,培育新增长点、形成新动能;积极拓展公铁联运核心业务,支撑当前发展;发展平台经济、物流贸易、智能配送、绿色物流,培育多元化物流增值新业务;实施整合资源、兼并重组、联盟合作,积极布局"一带一路",构建多点多极支撑发展新格局;发展现代供应链,打造"互联网+物流"的智慧物流新业态。

(二)创新供应链管理主要做法

1.落实重点单元精准防控实施方案,加快推进物流园项目复工建设

在分级分区精准防控原则下,铁运物流公司及时与白银市住建、工信等部门加强沟通联系,主动与劳务人员输出输入地的地方街道社区部门对接,协同甘肃铜城工程建设有限公司和白银铜盛建设监理有限责任公司等单位,采取用公司在岗职工替代进城务工人员,用低风险区域的本地劳务人员替代四川、江苏、河南等中风险区域的外来劳务人员,优化项目建设方案等办法,保证了项目工程于2020年2月26日顺利复工建设。截至2020年2月底,已有26名职工和55名本地劳务人员入场到岗,迅速投身到钢结构安装和土建施工之中。另外,铁运物流公司按照重点单元精准防控要求,准备了封闭场所、落实了隔离措施,为后续返银的四川等地省外劳务人员创造了复工条件。

2.主动超前谋划,关注疫情形势,一户一策制订个性化服务方案,开拓增量市场

抓住推进疫情期间复产复工时机,与客户进行一对一线上、网上沟通走访,掌握客户物流需求动态,对受疫情影响而不能按原计划开展的业务有针对性地提出物流改进方案,做到公路不通走铁路,最大限度保证重点生产制造商贸客户物流供应链不"断链",紧急组织了钛白公司5000吨钛精矿、四川海螺水泥6000吨矿渣、华鹭铝业7500吨石油焦以及新增电煤3.35万吨等物流服务,协同解决上下游企业原料供给不足问题,助推他们尽早复工稳产,同时保证了既有客户物流业务不流失,截至2020年3月初,完成合同续签56份,到期合同续签率100%,完成合同内公铁联运货运量123万吨。用实际行动印证了在危机面前与客户共克时艰、协同发展的信心和勇气,为日后业务开展奠定了基础。

3. 主动开展政策研究,争取享受政策红利

认真分析研究疫情期间国家及甘肃省出台的相关物流优惠政策,对接省市发改、商贸、工信、交通、规划、银行等部门,充分利用好这些政策,减少疫情对公司生产经营的影响,争取享受更多政策“红利”。已初步确定利用2020年2—4月养老、失业、工伤保险减半缴纳政策,预计减少缴纳67.6万元;利用2020年2—6月公积金缓缴政策,腾出63.2万元用于生产运营,缓解公司资金紧张的压力。

4. 强化内部协同,服务集团公司生产经营大局

从集团公司冶炼制造和贸易营销稳定大局出发,从自身的生存发展着想,不计条件、不讲价钱,强化责任担当,协同营销中心、口岸港口、相关铁路局、中铁集装箱公司以及末端仓储配送等合作单位,切实制定出保供保稳措施,认真组织落实落细,第一时间保证境外海外物料从口岸港口到三大冶炼厂矿仓的供应链物流畅通,确保物流服务不“滞动”,2020年1月以来,累计组织物料到达13.97万吨,每单货物从港口到料仓平均用时5天,较以往压缩38小时,累计外发金属8.76万吨,做到金属产品发运无延缓、无积压。

5. 开源节流,降本增效,努力提升竞争力

一方面,放大资质资源优势,开拓铁路装备维修市场,为后续重揽经营收益打出“先手牌”,重点在酒钢集团256辆铁路自备车厂修项目上与中车哈尔滨车辆公司达成合作意向、与银光集团签订机车及线路维修合同等,力争增加收益200万元以上。另一方面,内部采取运输作业组织优化、单元成本分析、抓实“两金”压降等一系列降本增效措施,坚持“四效三率五清”和“日清日结”服务承诺兑现模式,不断提升效率和成本管控效益,最大限度压缩一切非生产性费用支出30%以上,“三公”经费降低65%以上。

6. 持续拓展公铁联运核心业务,努力开拓增量市场,不断放大经营收益

重点关注合同总额、毛利率、主要客户合同兑现率、增量市场开发达成率、客户服务满意度等目标,实现增产增效。后续,重点在原煤、矿渣、石灰石、钛矿运输和铁路机车车辆线路维修及物流园平台运营和仓储租赁等方面发力,实现新增铁路货运量50万吨以上,增加收入600万元以上。

7. 创新供应链管理,融合上下游企业协同发展

一是进一步深挖集团公司内部从物料组织到加工制造、产品销售、售后服务全供应链中物流要素的潜在价值,创造时间、空间和生产要素等资源优势,保证集团公司主系统稳产高产所需原料配送、渣类转运、产品外销的物流需求,提高反应速度,实现成本的有效降低,助力“一体”发展。二是与靖煤热电联产、刘化集团和东方钛业等单位建立长久合作关系,以“煤气化”和“钛白粉扩能”项目为载体,以供应链创新应用为路径,以承接其物流总包业务为目的,通过深度融合、流程再造、持续改善、共生共存以及信息共享等创新机制,实现供应链各企业互利共赢。

8. 高质量推动物流项目建设,提升服务能力和“造血”功能

加快推进白银综合物流园、白银煤炭储运物流园和白银工业物流大数据及智慧供应链平台(即“两园区一平台”)项目建设工作,力争年内形成新的经济增量。一是确保综合物流园二期工程建设于2020年10月底全部完工,五个仓储库房在2020年9月底签订租赁合同;二是发挥新建煤炭物流园密封仓功能优势,力争年内铁路外发原煤40万吨以上;三是启动“5G+白银”加快推进公司物流绿色化、信息化、智能化建设;“是跟踪落实交通运输部多式联运货运枢纽7000万元建设补贴资金到位,对接省市发改、工信和商务等部门,争取使申报的“白银物流大数据及中欧班列枢纽建设项目”进入国家“十四五”期间“一带一路”建设重点领域投资需求项目库中。

9. 持续夯实基础管理,深入打好效率改进、质量提升攻坚战

一是深入持久推进以“三多四化”“四效三率五清”为核心内容的提质增效行动,从物流生产组织优化、作业效率管控、内外部协同以及设备“零故障”管控等方面强化落实。二是创新完善“四位一体”新

机制、深入推进“三全”管控,实现横向到边、纵向到底,使管理的深度、广度和力度与目高程度相一致。三是坚持以资金管理为核心,以现金流管理为主线,以预算管理为抓手,抓实“两金”压降具体举措,实现“两金”压降目标。树牢“一切成本皆可控”的思想意识,突破可控成本与不可控成本的界限,从全生命周期管理全成本,力争公司确定的23项一级控制指标和86项二级控制指标100%完成。

10. 以改革推动为激发活力的主线,以创新驱动为增长动力的源泉,建机制提实绩

一是有序稳步推进公司机动车检测和驾驶员培训业务混合所有制改革工作,加强组织领导,拿出诚意积极对接合作方,按照计划推进落实,力争2020年10月底之前实现混改公司的注册登记。二是认真研究谋划公司董事会职权改革工作,以建强董事会、配好经理层、建立完善治理体系和市场化的经营机制为核心内容,拿出实施方案,积极推进落实。三是针对铁运物流公司做专做大物流服务业的使命要求,以更加开放包容的心态,畅通渠道,积极对接具有大资源大市场大实力的相关合作方,以资本为纽带,以项目为载体,梳理出新的混改课题,合作标的一旦确定,将积极推进落实,尽快实现公司规模和竞争能力等综合实力大幅提升。

三、实施效果

按照发展新业态的战略思路,坚持以高目标引领发展为工作方法论,做出了“如何改造提升传统物流服务业,从观念、视野、资源、空间、合作等方面打破发展的局限性,放眼外部市场谋划推进物流转型发展,培育壮大现代物流服务业,实现从传统的企业物流到面向市场的物流企业转变;如何把质量效益作为物流服务和生产经营的核心和关键,不断提升生存能力,实现从生产服务型的二级单位向生产经营型的经营主体单位转变;如何通过物流平台项目建设,增强公司快速整合区域物流资源能力,打破传统单一盈利模式的束缚,形成利润来源多元化;如何联动、融合、协同制造业,从产品竞争上升为全价值链竞争,创新供应链路径,打造发展的新动力”等四个方面的重点思考,形成了拓展支撑公司当期业绩的公铁联运核心业务。培育壮大高成长性的多元化物流增值新兴业务,谋划做优具有优势资质资源技术服务业务,达成质量效益集约增长的工作基调。通过补齐物流价值增值、放大产业链功能、提供人才队伍支撑保障、体制机制创新驱动、管理团队能力持续提升等五个方面的短板,实现传统物流动能提升。坚持将公铁联运提质增效发展现代供应链、基础管理上档升级提升竞争力、项目建设形成支撑发展后劲、改革创新驱动建机制提实绩作为全年生产经营和物流高质量发展的工作方略。通过市场争效、管理争先、服务争优、项目争速行动,推动各项工作不断迈上新台阶,2020年前8个月,实现营业收入4.41亿元,完成进度预算目标的88.61%;净利润599.46万元,完成进度预算目标的110%,较2019年同期增加109.11万元。

发挥好项目建设在经营增长中的关联效应、乘数效应,形成支撑发展后劲。一是在完成白银综合物流园区一期项目建设投入运营取得优异业绩的基础上,又积极争取国家交通货运枢纽项目建设补贴资金,筹划做好物流园二期项目建设工作,完成项目建设补贴资金申请评估,年内重点完成仓储库房和货运与信息中心设施建设。二是利用铁路维修资质,积极推进中核钛白二期铁路建设项目,能够实现全供应链物流服务。强化项目建设发展,支撑公司持续发展的物流平台功能已经逐步形成。

通过开展对标管理、单元成本分析和“三全”管理以及质量效率提升、指标优化等工作,实现了主要生产技术指标稳中有升:2020年前8个月,累计完成公铁联运总货运量475.27万吨,完成进度预算目标的118.81%,较2019年同期增长73.81万吨;集装箱吞吐量66588TEU,同比增加17736TEU,增幅26.63%;铁路运输单位成本指标较预算降低6.32%;国铁货车使用费支出同比降幅15%;综合能耗单耗较考核指标降低1.8%;劳动生产率同比增加29%。

持续推进内部市场化改革,激发了公司发展新活力。进一步提高发展站位,继续完善了高目标体系,实行内部市场化运行新模式。按照各系统占有的市场、资产、资源要素的权重不同,确定出管用、可操作、能执行的内部市场利润目标,赋予各功能单元的市场主体地位,对内能够基本独立运行,对外又能相互协作联动。依托全面预算管理,同时建立以价值创造为总导向,以增长、提高和强化自我管理为目

标的考核评价体系和绩效工资分配机制，最终在公司形成了以内部市场体系、全面预算管理体系、考核评价体系和绩效分配体系"四位一体"为总体框架全力推进落实下的运行机制，从根本上激发基层单位和员工的积极性，劳动生产率和劳动报酬实现翻番，员工的获得感和满意度有了一定程度提升，进一步激发了公司发展新活力，实现了股东与员工双赢，打造出了一个团结担当有战斗力的运营团队，提升了公司软实力。

按照战略同盟、协同联动、合作共赢总思路，持续构建了白银工业物流、兰州新区路港物流和青藏物流基地，积极开拓甘青宁藏新地区物流业务，三地物流贸易业务实现了爆发式增长，在实现走出去向外发展的同时，积极布局"一带一路"，也为进一步融汇中亚、南亚贸易物流大通道奠定基础。

轻量级社区 TOD 助推公交都市建设

台州市公共交通集团有限公司

成果主要创造人:韩克华

成果参与创造人:赵　建　陈华盛　梁　峰

“创新是引领发展的第一动力”。为贯彻落实国家优先发展公共交通的理念,推动浙江省“未来社区”建设,努力构建资源节约型、环境友好型社会,补齐公共交通基础设施短板,进一步提升公交服务品质,满足市民多样化的出行需求,加坚持和践行“公交为民”理念,进一步做好“党建、安全、服务、效益、改革”文章,不断把台州公交品牌打造成为城市文明的“金名片”,台州市公共交通集团有限公司(简称“台州公交集团”)积极创新公交场站的管理经营模式,探索轻量级社区 TOD(以公共交通为导向的开发)场站综合开发模式。

公交集团作为公益性企业,如何增加收入是个困扰已久的问题,而 TOD 场站的综合开发模式既提高了土地率,又通过利用上盖物业建设运营,减少财政的直接投入,还借助公交线网集聚的优势打造公众服务、社区商业中心,提升城市形象,在做大做强公交集团资产的同时,利用上盖物业收益反哺公交事业发展,成为促进公交经济发展的新动力。

台州市公共交通集团成立于 2013 年 11 月 21 日,是在重组整合椒江、黄岩、路桥三区 5 家公交企业的基础上组建成立的国有公益性公交企业。集团注册资本 2 亿元,经营台州市区公交客运业务,服务覆盖市区 150 多万人口。2016 年 5 月,台州公交集团升格为台州市市属企业。2017 年 3 月,经台州市人民政府同意,原台州公交集团成建制地更名为台州市公交巴士有限公司,同时重新组建了台州市公共交通集团有限公司。2019 年 3 月,根据市属国有企业优化整合转型方案,集团出资人变更为台州市国有资本运营集团。台州交通集团主营业务包括:公共汽车客运、汽车租赁、汽车修理、广告业务等,经营期限为长期。截至 2019 年底,集团拥有公交车辆为 1451 辆(新能源车辆占比 61%),公务保障车辆 119 辆,校车 35 辆,在册员工 2121 人,公交线路 133 条,线路总长度 2289.48 公里。2019 年全年共运送乘客 8214.85 万人次,运行 226.98 万班次,实现运营里程 7875.15 万公里,营业收入 20287.56 万元(含政策性补贴)。

一、实施背景

(一)企业面临的外部环境

1. 项目背景

我国城市化进程已步入提速发展阶段,截至 2015 年,我国城镇人口已达到 7.5 亿,约占总人口的 55%。以小汽车为主体的交通系统导致城市建设向郊区扩展和土地开发的无序蔓延。

台州是长三角沿海发展轴重要节点城市,是具有“汽车产业背景”的城市。台州国内生产总值排名位居全浙江省第五,全市城镇化率达 62.2%,中心城区常住人口 137.7 万人。台州公交设施相对薄弱,属典型的组团城市格局。经济的快速发展和城镇化的加快推进,使小汽车飞速普及,2017 年台州市区小汽车保有率为 286 辆/千人(杭州为 280 辆/千人),位居全国前列,道路交通压力与日俱增。

2. 政策环境

(1)城市公交优先发展战略

2013 年 1 月 5 日,国务院印发《关于城市优先发展公共交通的指导意见》,指出城市公共交通具有集约高效、节能环保等优点,优先发展公共交通是缓解交通拥堵、转变城市交通发展方式、提升人民群众生活品质、提高政府基本公共服务水平的必然要求。

在实施城市公共交通优先发展战略的过程中,我们要强化城市总体规划对城市发展建设的综合调控,统筹城市发展布局、功能分区、用地配置和交通发展,倡导公共交通支撑和引导城市发展的规划模式,科学制订城市综合交通规划和公共交通规划。对新建公共交通设施用地的地上、地下空间,按照市场化原则实施土地综合开发。对现有公共交通设施用地,支持原土地使用者在符合规划且不改变用途的前提下进行立体开发。公共交通用地综合开发的收益用于公共交通基础设施建设和弥补运营亏损。

2014 年 5 月 4 日,浙江省发布《关于开展公交优先示范城市创建工作的通知》。提出要确立公共交通引领城市发展(TOD)的规划编制原则,加大城市公共交通枢纽周边和大容量公共交通走廊沿线土地的综合开发利用,促进城市公共交通与土地利用的协调发展。

(2)现代化城市公共交通体系建设

2016 年 7 月 25 日,交通运输部印发《城市公共交通"十三五"发展纲要》,提出要深入贯彻落实公交优先发展战略,以公交都市建设为抓手,以改革创新为动力,全力推进城市公交体制机制改革和供给侧结构性改革。要全面推进公交都市建设,引导建立城市公共交通规划与城市总体规划全过程的协同工作机制,增强城市公交对城市发展的引导作用。并提出,到 2020 年,初步建成适应全面建成小康社会需求的现代化城市公共交通体系。

(3)新型城镇化发展规划

2014 年 3 月 16 日,国务院发布《国家新型城镇化规划(2014—2020 年)》,明确指出发展目标之一是要使城市发展模式科学合理,要让密度较高、功能混用和公交导向的集约紧凑型开发模式成为主导,人均城市建设用地严格控制在 100 平方米以内,建成区人口密度逐步提高。

2016 年 8 月 3 日,浙江省发布《浙江省新型城市化发展"十三五"规划》,其中提出要加强城市总体规划和土地利用总体规划的衔接,推进两图合一,提高土地利用率。科学划定城市开发边界,根据资源禀赋和环境承载能力,引导控制城市规模,优化城市空间形态,加强中心城市存量用地再开发和轨道交通节点 TOD 开发。

《台州市公交都市建设实施方案(2019—2023)》指出要结合公交场站建设探索综合物业开发。在保障换乘枢纽基础使用功能的前提下,加强推进站点用地综合利用、较高强度开发,建立公共交通导向的城市开发模式,形成"土地利用—公共交通"一体化发展的城市空间结构。

3. 市场环境

目前,台州市的交通体系依然是以私家车为主体,造成早、晚高峰的拥堵现象依然较为严重,且台州市没有 TOD 项目工程,缺少一个集工作、购物、文化、教育、居住、娱乐等为一体的"混合用途"空间。因此,TOD 项目的建设能够在一个小区域范围内满足市民多样化的生活需求,实现职住均衡,缩短通勤交通的出行距离,平衡居住成本与出行成本,让居民在不排斥小汽车的同时,方便地选用公交车、自行车、步行等多种出行方式,缓解城市交通拥堵。同时,可以增加土地利用率,提升城市形象,最终达到实现城市良性发展的目的。

(二)企业内部条件

1. 企业运营经验

台州公交集团有着多年公交车及公交场站的运营经验,现有公交车辆为 1451 辆(新能源车辆占比 61%),公交线路 133 条,对于 TOD 项目建成后的后续运营可以有更科学合理的规划。

2. 企业发展需要

为了缓解台州市区交通压力,2013 年起启动为期五年的以公交优先主导的交通治堵工作、"市区公交一体化"改革,积极开创公交发展新局面,规划公交场站建设,取得很好成效。传统的场站建设功能单一,管理和运营需要大量的财政补贴,2014—2018 年,台州公交运营补贴总费用为 97399.64 万元,且从市区土地开发角度来看,利用率比较低,无法适应城市未来发展需求。

同时,以公共交通为引导的土地开发建设模式,会降低人们出行对私家车的过度依赖与使用,缓解城市交通拥堵,改善环境污染,并利用土地综合开发收益反哺公交运营,降低财政负担,最终达到实现城市良性发展的目的。

二、成果内涵和主要做法

(一)成果内涵

台州市东平路 TOD 项目是台州公交集团首个 TOD 项目,项目以公交为中心,抛弃过分注重功能划分,而是集工作、商业、文化、教育、居住等功能于一体的新公交发展模式。以便捷的公共交通改变人们的出行习惯,形成对公共交通网络的依赖,可有效缓解城市交通拥堵和由此带来的环境污染问题,彰显独特的城市文化,提升城市发展软实力。

东平路 TOD 项目与传统公交场站相比,具有以下特色:

1. 功能多样化

传统公交场站功能单一,而 TOD 项目可满足市民的多样化生活需求。

2. 乘坐公交便利

传统公交场站多单独设置,到达场站不便利,而 TOD 项目可缩小居民与公交场站的距离。

3. 创收高

传统公交场站创收方式少,而 TOD 项目可增加物业收入、商业收入等,可反哺公交运营,降低财政负担。

4. 带动人流

传统公交场站车停人走,人流难以汇聚,而 TOD 项目可变"客流"为"客留",带动新兴产业发展,增加经济效益。

5. 塑造城市形象

TOD 项目区域的建筑造型比起传统公交场站更加和谐,更有创意,有助于城市形象塑造。

(二)东平路 TOD 项目创新的主要做法

该 TOD 项目地块位于台州市客运总站南侧,西至海龙路、东至学院路、南至白云山西路、北至东平路,属于葭沚街道辖区,用地面积约 11802 平方米(约 17.7 亩),台州公交集团于 2020 年 1 月 6 日以 7880 万元成功竞拍取得该地块土地使用权。项目的概念设计方案在 2019 年 3 月开始启动,在原概念设计方案的基础上调整了主体建筑的功能定位,于同年 6 月 19 日完成概念设计方案。

项目涵盖公交场站、商务、商业和居住四大功能,定位为轻量级社区型 TOD 示范项目。在确保原城市公共交通场站功能的前提下,兼容住宅、办公、商业等业态功能进行综合性开发。嫁接未来社区理念,建设社区配套的高端公共服务、社区商业和交通中心,凸显社区功能,提升城市形象。既解决了周边公共交通出行问题,又给周边居民带来一个多功能、高品质的城市生活综合体,大幅提升市民出行和便利生活的体验。

而东平路 TOD 项目需要创新的整体思路、目标,精确的运营管理,周密的可行性调研。具体分析如下。

1.清晰的创新思路

东平路TOD项目在落实城市公交优先发展战略、建设公交都市的大背景下,应需而生。抓住机遇,在国家政策的推进下,对传统公交场站进行改革创新,在传统公交场站进行基础上,充分利用土地性质多样化,通过上盖物业,增加土地利用率,实现立体开发,为市民提供功能多样的城市新消费中心。项目具有明确的创新目标和基本的创新原则。

(1)创新的目标

以TOD模式为理论基础,城市公交优先发展战略为政策支持,依靠土地性质多样化,建设东平路TOD项目,推动公交都市建设。通过上盖物业,改变"摊大饼"式的单一集中型城市结构。引导人们选择绿色出行,有效缓解交通拥堵,减少大气和噪声污染。通过完善服务配套设施,充分结合产业功能区规划,发展特色产业,激活城市新动能,重塑城市经济地理,达到"人、城、境、业"高度融合。实现公交都市强调城市公共交通与城市人居、环境、结构功能、空间布局默契协调、共存共促的目标。

(2)创新的基本原则

TOD模式的发展原则是坚持以公共交通为中心,将商业、住宅、办公楼、公园和公共建筑设置在步行可达的公交站点范围内,通过公共交通,主动引导城市发展,TOD更是通过物业开发实现营利,反哺公益性的公交事业,减小政府财政压力,深化国有企业改革,努力做大做强国有资产,增强国有企业活力,提高国有企业的经济效益。

(3)创新项目所需资源可获得性分析

东平路TOD项目的经营管理不仅需要理论、政策的支持,市场需求的引导,还需要创新项目所需的资源支持,所需的资源也是实现项目创新的关键,TOD项目所需资源有人才资源、技术资源、资金资源等。

①人才资源。人才是实现创新的第一资源。台州公交集团有员工2121人,拥有完善的企业运营管理机制和高素质服务人员队伍,满足了项目场站运营所必需的管理人员、驾乘人员等人力资源。同时,集团充分借助外部力量,在台州首次提出项目全过程开发服务理念,引进绿城集团合作开发服务,通过集团工程部与绿城专业人才的配合,为建筑品质、安全以及后续的物业运营提供强有力的保证。

②资金资源。东平路TOD项目预计总投资约4.18亿,资金占用最高值为土地确权后10个月,需求资金高峰约为9600万元,考虑开发住宅及商业可实现快速资金回流,开发周期短,故资金来源考虑全部使用集团自有资金开发。

③公交智能化调度技术。东平路TOD项目集多种功能于一体,公交智能化调度技术就可以有效地保证车辆进出站的安全。通过车载GPS、车辆监控系统,对车辆的位置、车速等进行实时监控,保证车辆进出场站、运行路程中有条不紊,提供安全保障。

④设计技术。在建筑设计上,通过公开招标,与浙大设计院成功合作,为建筑整体设计、建筑结构提供强有力的技术支撑。同时,台州市公交广告传媒有限公司为台州公交集团下属子公司,一直以来为台州公交集团提供广告设计上的技术保障,在东平路TOD项目建设完成后,可为后续招商、物业出售提供可靠的宣传设计技术。

⑤施工技术。东平路TOD项目采用装配式结构,符合《建筑产业现代化发展纲要》的要求,装配式建筑有利于我国建筑工业化的发展,有利于提高和保证建筑工程质量,并且可以提高生产效率、节约能源,发展绿色环保建筑,遵循可持续发展的原则。由于装配式建筑的先进性、重要性,更要关注施工过程及成果的安全问题,因此对施工单位进行公开招标,选取经验充足、技术可靠的施工单位。

2.精确的运营管理

由于东平路TOD项目的特殊性及创新性,对管理人员、施工团队的专业性等要求较高。因此,为保证项目进行顺利、建筑成果安全可靠,台州公交集团针对东平路TOD项目创新工程管理模式,提高管理水平。

(1)全过程开发管理

针对东平路TOD项目,台州公交集团在台州首次提出项目全过程开发服务理念,引进绿城集团合作开发服务,通过集团工程部与绿城专业人才的配合,为建筑品质、安全以及后续的物业运营提供强有力的保证。

传统公交场站由集团自行开发管理,而东平路TOD项目将与绿城集团全过程共同合作管理,由绿城项目组对工程作出整体统筹规划,根据工程进度分派专人专项管理,让工程管理更加专业化、职业化,且能有效控制成本效益。

(2)OA系统

由于东平路TOD项目的独特意义,要求了在项目开发的工作过程中,要时刻保持严谨,不容松懈。因此,台州公交集团针对OA系统也作出了相应的调整,增加了一个专门针对东平路TOD项目的流程。原流程为由部门发起,逐级上报,互不干预,但由于该项目前期招投标由战略发展部负责,中后期建设环节由工程部负责,因此东平路TOD项目的OA流程中需要由工程部和战略发展部副经理共同审批通过,才可上报。实现了两部门的共同协作,让项目执行过程更加严谨。

同时台州公交集团要求,在绿城集团的东平路TOD项目OA流程中,加入台州公交集团分管领导的权限,让台州市公交集团对项目做到环环把控、及时调节。

3.周密的可行性调研

(1)项目概况

①项目位置及规划条件。地块位于台州市高新区西北部、台州市客运总站南侧,属于葭沚街道辖区,具体范围西至海龙路、东至学院路、南至白云山西路、北至东平路,用地面积约11802平方米(约17.7亩)。距离台州市政府2.5公里,中央商务区1.8公里,台州学院1.9公里。根据本地块控规要求地块面积1.22万平方米,容积率3.0,地上建筑面积36600平方米,绿地率10%,建筑密度65%,限高80米,公交枢纽面积不少于3000平方米。

②区域人口。该区域常住人口约2.8万人口,流动人口5747人,合计约3.4万人。人口构成包括机关企事业单位人员、白领阶层、原住民、外来人口等。区域内以新开发住宅小区为主,大量的中高端收入人群在该区域购置房产,消费能力相对较高。

③周边小区。区域内以新开发住宅小区为主(图1),周边共有34个居民小区(在建或未动工的小区3个),房屋均价1.3万~1.5万元/平方米,消费能力较高,出租用房需求较大。

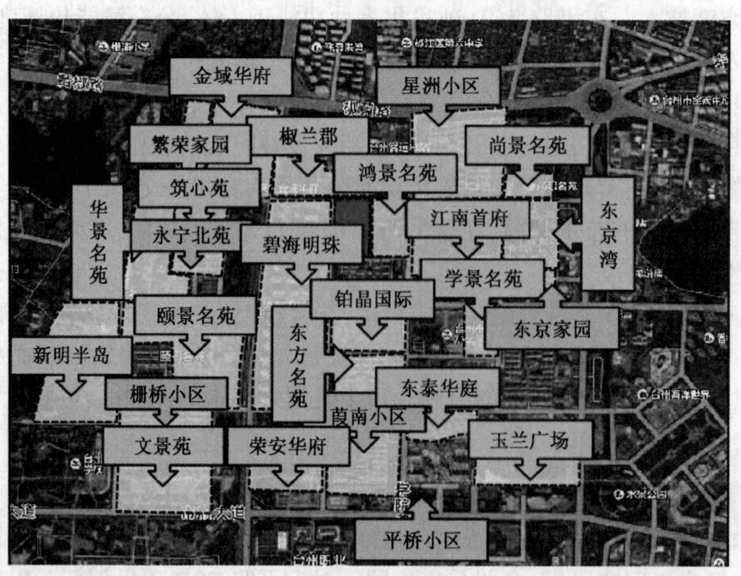

图1　地块周边小区

④区域配套。地块周边人流量巨大,中心大道和市府大道沿线(包括中央商务区)分布着十多家政府机关和事业单位、各类银行大型企业的台州分部,是台州市高端商务集中地。相关配套基本位于区域南侧,周边 2 公里范围内有四所院校及两个城市公园,1 公里内有两家医院(图 2)。

图 2 区域配套

⑤交通配套。该区域内有 10 条公交线路,40 个站点(图 3)。目前只有 151 路直接经过地块,后续规划 4 条路线利用该场地作为首末班发车基地。该地块周边人流量大,未来需要结合 TOD 发展模式,疏解人流压力。

图 3 交通配套

(2)项目 SWOT 分析

以上基础数据显示,该区域是椒江中高档小区的一个聚居区,居民人口整体素质高、消费力强。区域内小学资源优秀,教育培训需求强烈。该区域的商业配置属于传统模式,现有商业服务不能满足区域人口的需求,没有形成一个核心的商业圈。且该区块缺乏高质量的公共空间,各居住小区之间缺乏联系纽带。项目 SWOT 分析如图 4 所示。

(3)项目定位

该地块在优先确保原城市公共交通场站功能的前提下,兼容住宅、办公、商业等业态功能进行综合性开发,定位为轻量级社区级 TOD 示范项目(图 5)。

①社区公交规模确定。按《城市公共汽电车场站配置规范》(JT/T 1202—2018)中第 3.2、第 5.1.2、第 5.2.8 条规定确定。

优势

·基地区位条件优，周边众多高端住区，人流量大。
·周边有学校、医院、居住区等人群密集区域，有利于形成良好的商业氛围。
·基地北邻客运总站，公交线路密布，可以带来较大的商业客流

劣势

·目前公交线路只有一条途经地块

机遇

·区域内只有一家购物中心，一家影院，急缺具有影响力的生活服务配套。
·区域内小学资源优秀，教育培训需求强裂。
·周边出租房少。
·TOD模式的推广。
·商业与交通枢纽的资源整合互惠互利。
·政府的支持。
·只作为交通设施用地，无法体现上述区域价值

威胁

·TOD模式目前国内仍处于探索阶段。
·TOD模式中不同功能在垂直方向上叠加，在技术和管理层面是个严峻的挑战

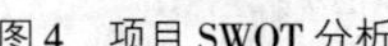

图4　项目SWOT分析

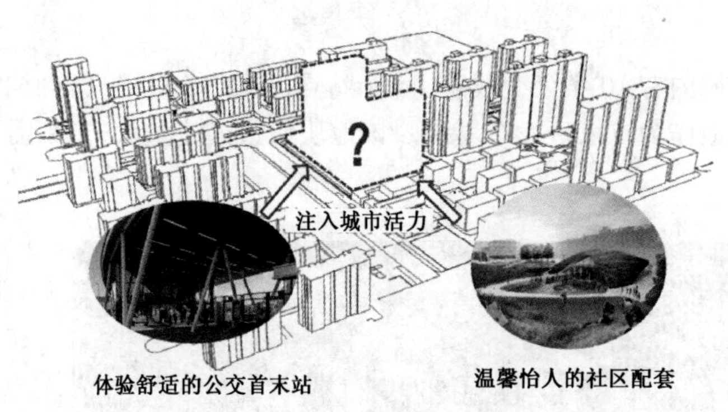

图5　打造轻量级TOD社区生活中心

②社区配套业态划分。根据资料显示,该区域常住人口约2.8万人,流动人口5747人,合计约3.4万人。因此,本次设计的社区服务配套属于居住区商业,商业设置规模小于或等于20000平方米(表1)。

社区商业的功能、业态组合　　表1

分类	业态组合		
	功能定位	必备型业种及业态	选择型业种及业态
邻里商业	保障基本生活需求,提供必需生活服务	菜店、食杂店、报刊亭、餐饮店、理发店、维修、再生资源回收	超市、便利店、图书音像店、美容店、洗衣店、家庭服务等
居住区商业	满足日常生活必要的商品及便利服务	菜市场、超市、报刊亭、餐饮店、维修、美容美发店、洗衣店、再生资源回收、家庭服务、冲印店	便利店、药店、图书音像店、家庭服务、照相馆、洗浴、休闲、文化娱乐、医疗保健、房屋租赁等中介服务等
社区商业中心	满足日常生活综合需求,提供个性化消费和多元化服务	百货店、大型综合超市、便利店、药店、图书音像店、餐饮店、维修、美容美发店、洗衣店、沐浴、再生资源回收、家庭服务、照相馆	专卖店、专业店、旅馆、医疗保健、房屋租赁等中介服务、宠物服务、文化娱乐等

(4)业态体量配比

项目预计总建筑面积约为5万平方米,地上建设面积中住宅面积约1.5万平方米,办公面积约1万平方米,公交中心包括社区等配套服务面积约1.2万平方米。各业态体量配比满足规范要求(图6、表2)。

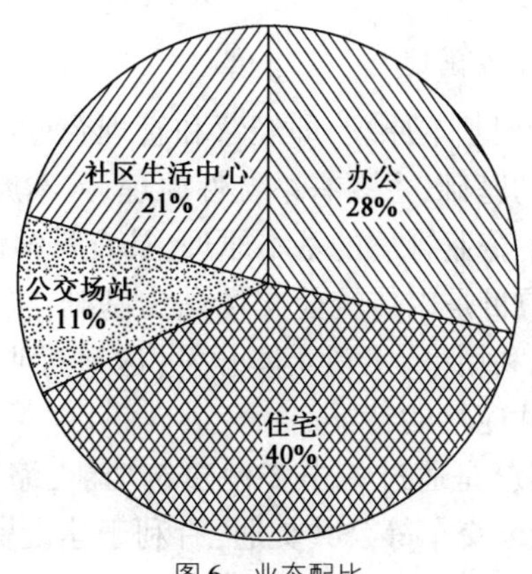

图6 业态配比

业态体量配比 表2

<table>
<tr><th colspan="2">类别</th><th>面积(平方米)</th><th>备注</th></tr>
<tr><td colspan="2">住宅</td><td>14980</td><td>对外出售</td></tr>
<tr><td colspan="2">公交场站及配套商业、办公</td><td>21525</td><td></td></tr>
<tr><td rowspan="3">其中</td><td>办公写字楼</td><td>10080</td><td>公交集团自持</td></tr>
<tr><td>场站及配套服务</td><td>8845</td><td>公交集团自持</td></tr>
<tr><td>商业</td><td>2540</td><td>对外出售</td></tr>
<tr><td colspan="2" rowspan="2">地下机动车库
(总共301个车位)</td><td rowspan="2">12040</td><td>对外销售211个</td></tr>
<tr><td>公交集团自持90个</td></tr>
<tr><td colspan="2">地下非机动车库</td><td>1417</td><td>公用</td></tr>
<tr><td colspan="2">地下设备用房</td><td>1000</td><td>公用</td></tr>
<tr><td colspan="2">合计</td><td>50962</td><td></td></tr>
</table>

(5)投资及测算

基于概念设计的各业态体量的配比,估算项目总投资约3.63亿元(表3)。

项目投资测算 表3

<table>
<tr><td rowspan="6">营收</td><td colspan="2">子项名称</td><td>数量</td><td>售价</td><td>金额(亿元)</td></tr>
<tr><td colspan="2">住宅销售</td><td>14980平方米</td><td>2.1万元/平方米</td><td>3.16</td></tr>
<tr><td rowspan="2">商业销售</td><td>一楼沿街</td><td>1340平方米</td><td>2.5万元/平方米</td><td>0.34</td></tr>
<tr><td>二楼</td><td>1200平方米</td><td>1.1万元/平方米</td><td>0.13</td></tr>
<tr><td colspan="2">车位销售</td><td>211个</td><td>15万元/个</td><td>0.32</td></tr>
<tr><td colspan="4">小 计</td><td>3.95</td></tr>
<tr><td rowspan="5">成本</td><td>各项税费及附加</td><td colspan="3">含销售增值税、土增税、所得税预缴</td><td>0.86</td></tr>
<tr><td>土地费用</td><td colspan="3">300万元/亩</td><td>0.56</td></tr>
<tr><td>建设开发成本</td><td colspan="3">建筑面积50962平方米</td><td>2.18</td></tr>
<tr><td>三项费用</td><td colspan="3">管理费、财务及营销等费用</td><td>0.58</td></tr>
<tr><td colspan="4">小计</td><td>4.18</td></tr>
<tr><td>利润</td><td colspan="4">营收 - 成本</td><td>-0.23</td></tr>
<tr><td rowspan="5">持有物业</td><td>公交场站</td><td colspan="3">3000平方米无偿移交</td><td>0</td></tr>
<tr><td>地下停车位</td><td colspan="3">3612平方米(90个)无偿移交</td><td>0</td></tr>
<tr><td>办公楼</td><td>10000平方米</td><td colspan="2">8012元/平方米(预估成本价)</td><td>0.8012</td></tr>
<tr><td>配套商业</td><td>4784平方米</td><td colspan="2">7612元/平方米(预估成本价)</td><td>0.364</td></tr>
<tr><td colspan="4">小计</td><td>1.1652</td></tr>
<tr><td colspan="5">净收入预估</td><td>0.9352</td></tr>
<tr><td colspan="6">预估土地确权后10个月,需求资金高峰0.96亿元</td></tr>
</table>

(三)东平路 TOD 项目创新的理论阐述

企业管理理论的核心是企业管理基本原理,即经营和管理企业必须遵循的一系列最基本的管理理念和规则,它是实现企业有效管理的基础,主要有系统性原理、人本原理、动态原理和效益原理。而东平路 TOD 创新项目的产生基本遵循了企业管理的基本原理,具有科学性、系统性和可操作性。

①系统性原理。东平路 TOD 项目是以传统公交场站为基础,围绕公交为中心,充分利用土地性质的多样化,通过上盖物业,提高土地利用率,实现立体开发,达到商业资源、交通资源的整合。满足系统性原理的整体性、层次性、目的性、适应性的特征。

②人本原理。TOD 模式的发展就是通过集中多种建筑功能,缩短通勤交通的出行距离,让市民在不排斥小汽车的同时能方便地选用公交车等公共交通,有利于建设资源节约型、环境友好型社会,体现以人为本的理念。

③动态原理。东平路 TOD 项目是以 TOD 模式为理论基础,城市公交优先发展战略为政策支持,依靠土地性质多样化,推动公交都市建设,应对"城市病"等问题,所提出的创新交通模式,符合动态原理的基本特征。

④效益原理。东平路 TOD 项目可以促进消费,带来经济效益;帮助解决"城市病"问题,带来社会效益;减少大气污染排放,保护环境,带来生态效益等,符合效益原理。

三、实施效果

(一)经济效益

1. 物业营收

东平路 TOD 项目包含了公交场站、办公、商业和居住四大功能,除全部的公交场站和部分办公面积自用外,商业部分可进行出租,居住部分可进行售卖,且台州公交集团现用办公楼均为租用,该项目还可解决台州公交集团的办公用地问题,节省租赁费用,创造经济效益。

2. 促进消费

过去的传统场站,多为车停人走,人流难以汇集,而 TOD 项目凭借其功能多样性,可帮助变"客流"为"客留",带动整体市民消费增长,促进国家经济发展。

3. 增加公交营收

私家车依旧是台州市居民出行的主要交通工具,市民认为公交出行不够便捷,场站距离工作地点、住宅及休闲场所等距离远是其中的一个原因。而 TOD 模式可缩短通勤交通距离,促进更多的市民愿意选择以公交方式出行,增加公交集团营收。

(二)社会效益

1. 满足城市高质量发展

我国城市发展已进入高质量发展阶段要统筹空间、规模、产业三大结构,TOD 模式强调对土地的综合开发利用,以立体开发、高度复合的业态规划,融商业、办公、居住、交通等于一体,增加土地利用率,满足城市高质量发展的要求。

2. 帮助解决"城市病"

交通拥堵等"城市病"问题,制约了城市的发展,加剧了政府的负担。而东平路 TOD 项目可吸引更多的居民乘坐公交车,最大限度上帮助解决交通拥堵的问题。

3. 提升城市形象

一改传统公交场站的老旧古板形象,东平路 TOD 项目以一个综合、现代、整体的样貌出现在城市中,塑造具有特色的城市形象,提升了城市软实力。

(三)生态效益

环境恶化也是“城市病”的一大表现之一,TOD 模式通过促进公交出行的方式,减少汽车尾气排放,促进生态环境保护。台州公交集团还有多辆新能源公交,在节约资源的同时减少排放,并且在 TOD 建筑中大规模种植绿植,给市民营造绿色、自然的氛围。

四、未来展望

目前东平路 TOD 项目已经顺利完成拍地、全工程管理服务招标以及设计招标的环节,正处于建筑设计深化阶段。从已有的其他国家、其他城市的 TOD 项目中,我们不难看出其中所具有的巨大经济效益、社会效益。

在国家政策的支持下,台州公交集团顺应发展的需要,找准定位,对公交场站经营模式进行创新,以传统公交场站为基础,通过 TOD 模式,提升公交行业竞争力,以公交主动引导城市发展,促进公交都市的建设。

未来,台州公交集团将会继续深入贯彻落实科学发展观,继续牢固树立创新、协调、绿色、开放、共享的发展理念,把改善城市公共交通条件、方便群众日常出行作为首要原则。以创新推动企业改革,帮助转变城市交通发展模式,推动公交都市的建设。

图形化智能资产建设移交系统在轨道交通行业内的应用

郑州地铁集团有限公司

成果主要创造人:李亚军　李昱见

成果参与创造人:张瑞敏　李　霄　高伟鹏

郑州地铁集团有限公司(简称“郑州地铁”)经郑州市人民政府批准,于2008年2月22日成立,2018年9月11日改制为集团公司,现注册资本金27.79亿元人民币。公司主要负责轨道交通项目的工程投资、建设、运营,商业房屋租赁,物业服务,通信设备租赁,建筑机械设备、建筑材料销售,设计、制作、代理、发布国内广告,货物和技术进出口业务。

截至2019年,郑州地铁员工突破10000人,资产规模超过1400亿元,内设16个部门、6个工程建设项目管理部(工程建设项目管理一至六部),下设1个分公司(郑州地铁集团有限公司运营分公司)、2个全资子公司(郑州市轨道交通置业有限公司、郑州地铁集团颐嘉实业有限公司)、3个控股子公司(郑州市轨道交通设计研究院有限公司、河南中报轨道文化传媒有限公司、河南郑洛城际铁路有限公司),2个参股子公司(郑州城市一卡通有限责任公司、郑州中建深铁轨道交通有限公司)。

为落实中原城市群发展战略,国家发展改革委于2019年3月批复《郑州市城市轨道交通第三期建设规划(2019—2024年)》,规划完成后,郑州市将形成总长约326.54公里的轨道交通网络。已开通运营1号线、2号线一期和城郊铁路一期、5号线、市民文化服务区地下交通市政工程等4条线路,日均客流超120万。在建9条线路,在建里程共计218公里。

郑州地铁倡导和塑造以“厚德载道,大爱致远”为核心价值观的企业文化,以“畅通市民出行,美丽城市生活”为企业使命,坚持提供“安全,高效,优质,精益”的运营服务,企业与员工共同发展。公司2015年荣获“市管企业目标管理先进单位”,2016年荣获“畅通郑州工程建设先进单位”“郑州市平安建设优秀示范单位”“城市轨道交通车地无线(TD-LTE)传输网研究与应用科学技术进步奖”“河南省档案工作规范化管理(省一级)单位”等多项称号,2017年获得“全省重点建设项目先进集体”“轨道交通建设工作先进单位”等荣誉称号。在郑州市加强作风建设优化经济发展环境民主评议工作中,荣获“公共服务行业第二名”。

一、实施背景

轨道交通行业作为重资产型行业,建设期采购大量资产设施,转入运营阶段时,资产移交工作往往成为突出难题,需要耗费巨大的人力成本、时间成本和管理成本。寻找一种轻量化、可视化、协同化的管理工具成为必要的研究课题。

郑州地铁为完成新线资产按时高质量移交的管理目标,研究利用“工程+”的图形化技术手段,对新线机电系统设备到货验收、变更、安装和移交审核的全过程,进行协作化线下线上同步记录,实现设备合同开项清单化整为零、设备验收和移交化零为整、设备合同清单和变更清单线上自动比对,有效规避机电系统因盘点移交缺乏信息化工具支撑带来的数据填报质量下降、因合同变更审核确认造成的效率降低等现实问题,为资产移交难题寻找另外一种可能的信息化解决方案。

单纯基于BIM(建筑信息模型)理念的系统,侧重点在BIM建模与工程进度管理,系统功能解决不了前述需求,新功能研发周期较长,不能满足新线资产移交在时间上的要求。需要注意的是,基于BIM的资产管理方案,面临因竣工图与施工图出入大而导致BIM变更工作量大的客观问题。随着工程管理系统向图形化技术应用的拓展(即"工程+"),利用工程项目管理既有成熟的机制和与图形化的结合,可以创新应用到新线资产建设移交。

二、成果内涵和主要做法

(一)成果内涵

郑州地铁利用BIM+GIS技术的工作思路,开创性地研发了图形化资产移交方案。使用平面图及模型点代替BIM模型,用一种类似"地图+大头针"的方式扬长避短完成设备信息、位置信息、资产信息的融合。跨接在合同管理与资产管理系统之间,贯通了建设—运营的资产清单管理。

图形化界面的应用,大大简化了设备模型的建立及维护流程,降低了操作门槛,而使用手持终端App也同时大大降低了资产盘点的工作量,节约了大量人力成本。建设方、运营方、参建单位、资产归口管理部门通过同一套平台,实现对资产"建设—运营"的全过程监控及协同处理,较之线下纸质台账反复核查有了长足进步。

(二)主要做法

1.图形化技术介绍

图形化技术上主要应用腾讯地图开放平台提供的位置服务这个解决方案,主要使用其提供的Web应用中的JavaScript API。在图形化应用中,调用读取腾讯地图时,首先使用地图方法new qq. maps. Map设置地图的基本信息,例如地图的中心位置、缩放、平移等;之后使用地图的平铺瓦片图方法new qq. maps. ImageMapType设置其最底层的图片信息;再使用创建叠加层的方法new qq. maps. GroundOverlay设置其图纸层的信息;再根据权限判断是否可以通过qq. maps. event. addListener监听事件添加标点,并且设置标点的图标、点击、拖动等事件;最后根据相关参数通过new qq. maps. LatLng加载显示标记点,并设置标记点图标、提示内容、点击、拖动等事件信息。

2.图形化应用定位

研究利用"工程+"的图形化技术手段,对设备到货验收、变更、安装、盘点和移交审核的全过程,进行协作化线下线上同步记录,实现设备合同开项清单化整为零,设备验收、安装和移交化零为整,实现设备安装在图纸上标记的轻量级应用,实现安装清单和盘点清单、安装量和验收量、验收量和合同量、合同清单和变更清单的线上自动比对分析,有效规避因盘点移交滞后带来的数据填报质量问题、因合同变更多且审核确认滞后带来的现实问题、因竣工图与施工图出入大导致BIM变更工作量大的客观问题、因现场盘点设备信息及位置与纸质文件资料查找对比导致的烦琐问题。

3.图形化重点创新内容

①设备进场、安装进度跟踪,根据合同签订信息导入合同清单与设备进场后导入设备验收信息,形成一个待安装库。现场安装过程中,从待安装库中选取,并于待安装库中扣除相应安装数量,从而实现合同清单的离散化——"化整为零"。且可根据待安装库的合同量、验收量及剩余量,计算工程进度,核算设计差异。

②即时生成树状结构,设备安装过程中,根据现场实际情况选取合同清单中资产构成单体设备。实现设备安装完成,该设备树状结构即生成,实现合同清单的结构化重组——"化零为整"。省却后期人为编写设备树的巨大工作量,并有效解决理解偏差造成的数据质量低下问题,且兼容同类设备的单台架构差异,为后期维修奠定基础。

③图形界面直观准确,现场盘点快速定位,根据图形系统,配合PDA(掌上电脑)使用,盘点人员可直观定位设备安装位置,摆脱在纸质表格中逐行搜寻数据的窘境,大大提高盘点效率。

④数据差异一目了然,对于合同清单、变更清单、验收清单、安装清单、盘点清单之间的差异性,线上自动比对分析,并且用红色醒目显示,差异数据调整申请通过后,及时调整差异性,避免后期推诿,加速终版移交表生成签认。

⑤多方协同,打破单线程工作模式,利用图形化资产移交系统,可将资产移交流程线上化,相关部门可有效联动、多方协同,打破传统的单线程工作模式,更加灵活高效。如建设方安装设备时,相关资产、位置体系并不完善,可使用临时编码,后期调整时,可统一更新。

4. 重点创新内容的实施(基本做法)

(1)准备阶段

本阶段主要实现建立项目统一的专业分类、资产目录、线路站点、位置编码功能,可灵活调整各项数据之间关系的树状结构,并支持数据增量导入(图1)。

+新增　删除　保存　刷新　上移　下移　左移　右移　模版下载　导入Excel

序号	编码	名称
1	01	房屋构筑物及轨道设施
86	02	电客车
193	03	车辆运输设备
253	05	办公用具
533	06	AFC系统
599	07	机电系统
987	08	供电系统
1122	09	信号系统
1253	10	专用通信系统
1528	11	警用通信系统
1801	12	民用通信系统
2076	13	通用设备
2312	14	专用设备
2525	15	标准与通用配件
3359	16	生产辅助材料
3724	17	其他非生产型物资

图1　建立编码

可根据当前地铁线路项目站点信息,上传本站点的站场区间平面图(图2)。

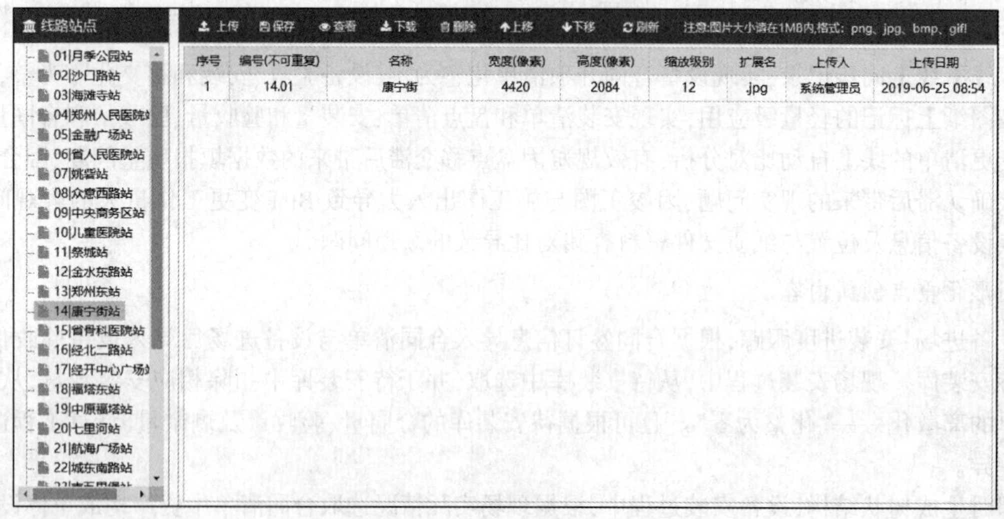

图2　上传本站点站场区间平面图

(2)执行阶段

本阶段主要实现合同清单管理、新增清单管理、合同验收管理、设备安装管理等功能。

①合同清单管理。

按项目专业进行合同清单的导入,生成合同清单,有权限人员可修改、增加、删除(本维护功能只是为了使导入的数据与原版合同或变更清单更加的完美相同),也可导入变更清单,加类别区分,并支持增量导入(图3)。

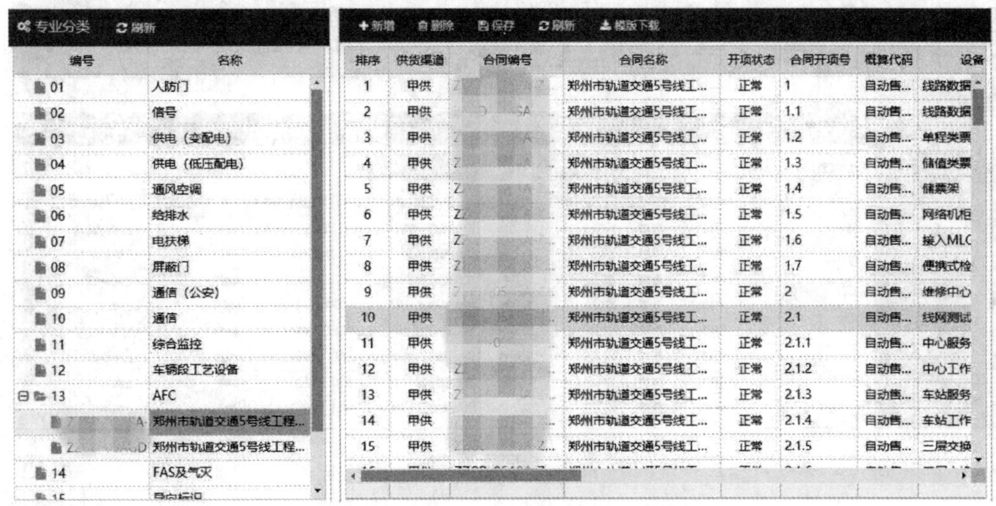

图3 合同清单管理

②新增清单管理。

按项目专业增加在原合同中没有且未变更但已验收的合同物资信息,用于设备安装,无须维护数量(以后会以验收量进行控制与统计)与价格(以后会以变更价进行控制与统计),并支持增量导入(图4)。

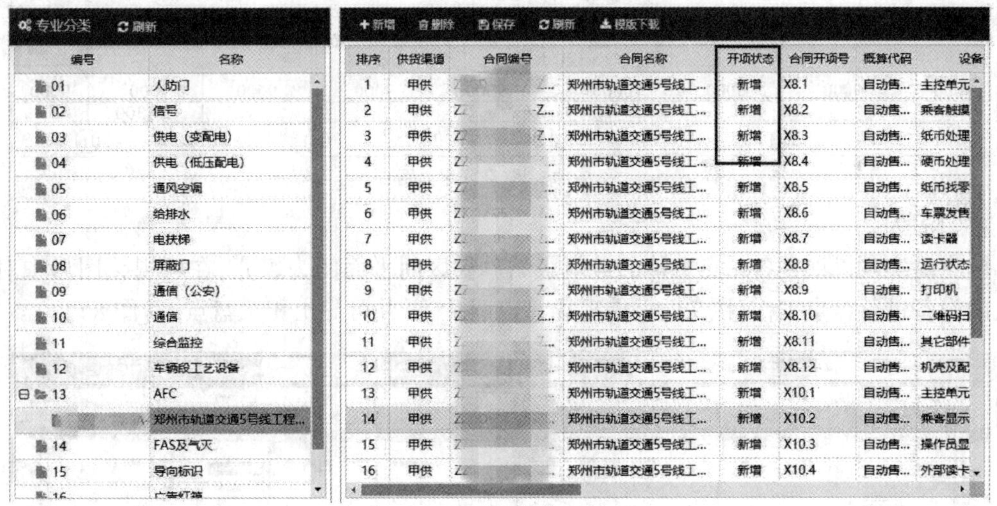

图4 新增清单管理

③合同验收管理。

按批次管理合同、变更、新增物资清单的验收数量,支持批量导入功能,可上传相关验收资料文件(图5)。

④设备安装管理。

以项目各站点上传的最新版站、场、区间平面图为媒介(图6),进行各类专业的设备安装,选取合同、变更、新增物资清单及相关部件,实现合同数量、验收数量、安装数量的控制以保证与现场同步。

根据安装情况,即时生成组合码、层级码,根据设备安装、盘点、移交的状态,在图形中设置的标记,以不同颜色进行显示。安装完成可生成二维码信息。并支持模型数据复制功能。

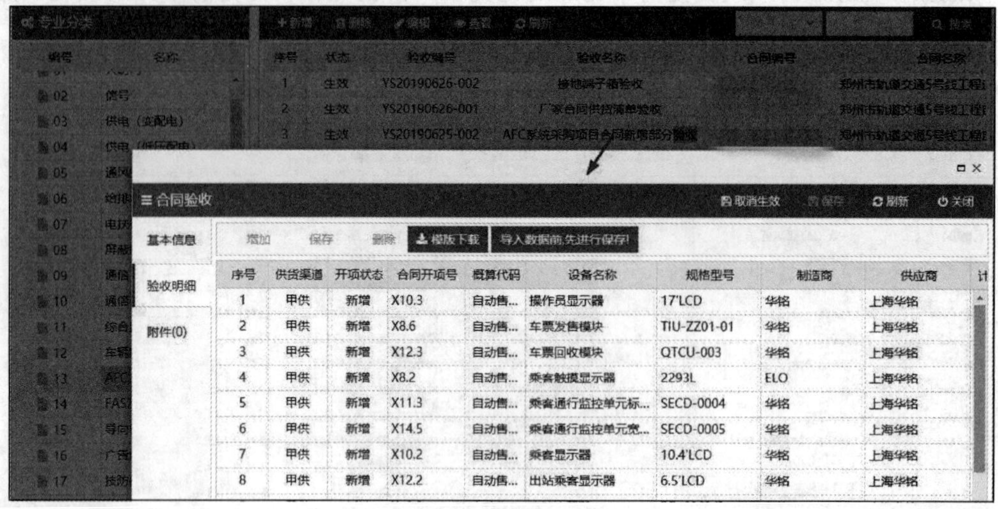

图5　合同验收管理

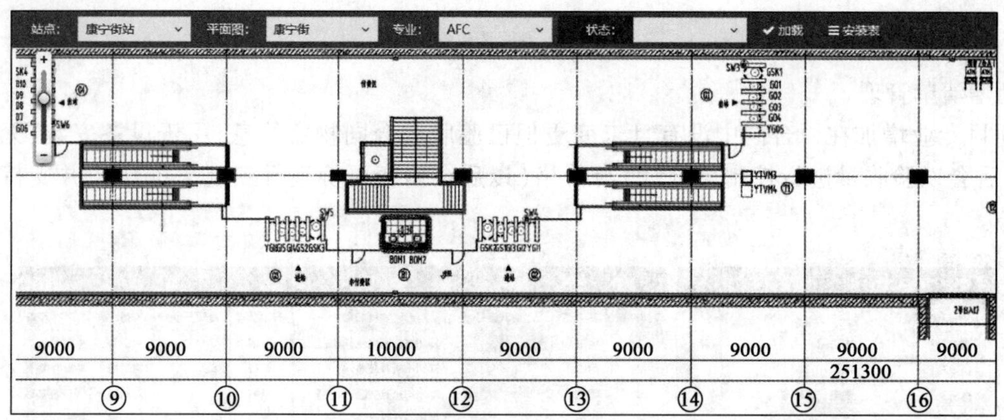

图6　站、场、区间平面图

(3)盘点阶段

本阶段主要实现以项目各站点上传的最新版站、场、区间平面图为媒介,在可视化图形中对各专业下已安装的设备进行盘点工作(图7),上传现场盘点照片等,并可导出相关盘点表(图8)。

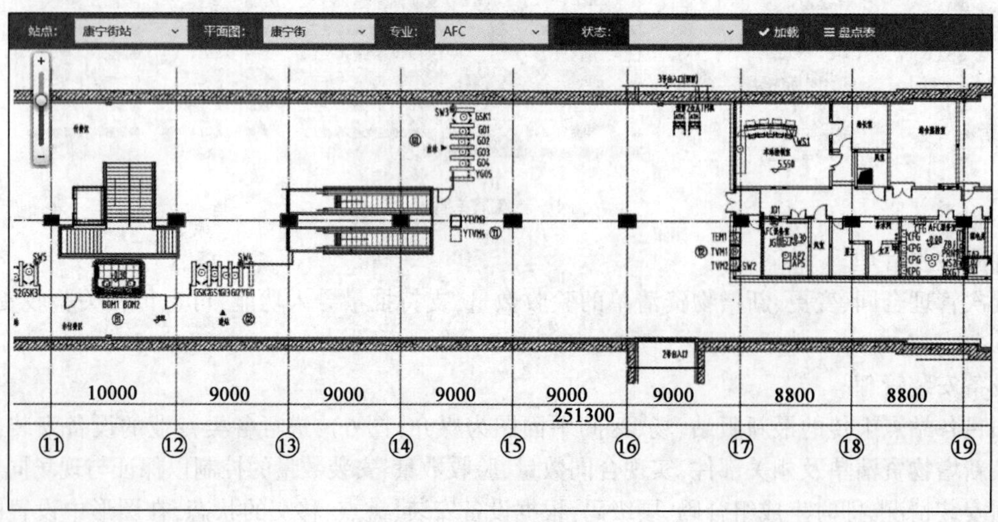

图7　在可视化图形中盘点

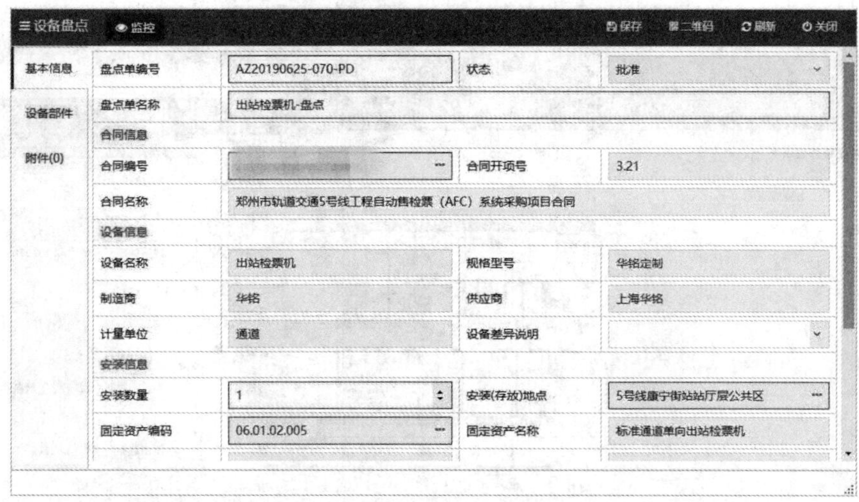

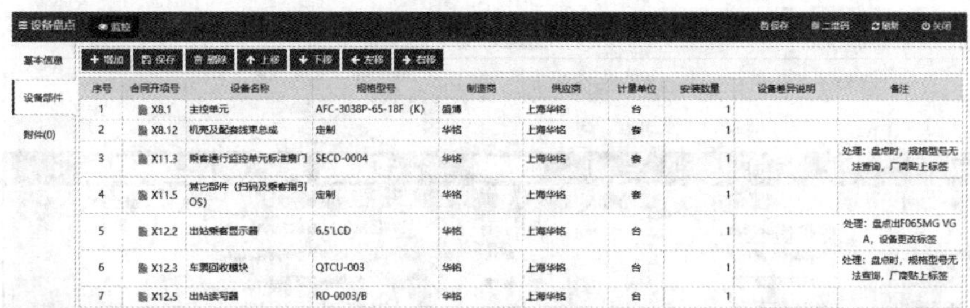

编辑　导出　数据范围：全部　线路站点：　专业分类：　搜索

序号	线路站点	平面图编号	专业分类	单据类别	阶段状态	单据状态	单据编号	单据名称	合同编号
1	康宁街站	14.01	AFC	标记点安装	盘点完成	批准	AZ20190626-038-PD	存放柜-盘点	[illegible]
2	省骨科医...	15.01	AFC	标记点安装	盘点完成	批准	AZ20190626-029-PD	储票柜-盘点	[illegible]
3	康宁街站	14.01	AFC	标记点安装	盘点完成	批准	AZ20190626-030-PD	储票柜-盘点	[illegible]
4	省骨科医...	15.01	AFC	标记点安装	盘点完成	批准	AZ20190626-043-PD	操作台-盘点	[illegible]
5	省骨科医...	15.01	AFC	标记点安装	盘点完成	批准	AZ20190626-031-PD	储票柜-盘点	[illegible]
6	康宁街站	14.01	AFC	标记点安装	盘点完成	批准	AZ20190626-039-PD	操作台-盘点	[illegible]
7	省骨科医...	15.01	AFC	标记点安装	盘点完成	批准	AZ20190626-032-PD	储票柜-盘点	[illegible]
8	省骨科医...	15.01	AFC	标记点安装	盘点完成	批准	AZ20190626-042-PD	操作台-盘点	[illegible]
9	省骨科医...	15.01	AFC	标记点安装	盘点完成	批准	AZ20190626-040-PD	操作台-盘点	[illegible]
10	康宁街站	14.01	AFC	标记点安装	盘点完成	批准	AZ20190626-036-PD	存放柜-盘点	[illegible]
11	康宁街站	14.01	AFC	标记点安装	盘点完成	批准	AZ20190626-034-PD	储票柜-盘点	[illegible]
12	省骨科医...	15.01	AFC	标记点安装	盘点完成	批准	AZ20190626-035-PD	存放柜-盘点	[illegible]
13	康宁街站	14.01	AFC	标记点安装	盘点完成	批准	AZ20190626-041-PD	操作台-盘点	[illegible]
14	省骨科医...	15.01	AFC	标记点安装	盘点完成	批准	AZ20190626-037-PD	存放柜-盘点	[illegible]
15	康宁街站	14.01	AFC	标记点安装	盘点完成	批准	AZ20190626-033-PD	储票柜-盘点	[illegible]

20　1 /7　每页20条,共121条

图8　相关盘点表

相关人员登录手机App,根据地铁站点与专业显示“站场区间平面图”及其在图形上的已安装设备点。选择图形上的已安装设备点,展示设备安装信息,进行盘点工作(图9)。盘点正常,现场发起流程,相关人员确认;盘点异常时,填写异常信息,现场发起流程,相关人员确认。

(4)问题处理阶段

本阶段主要从三种角度处理资产移交问题:盘点结果与已安装的问题、已安装量与验收量的问题、需要合同进行变更的问题,对应三种分析报表,显示差异性,当要进行安装或盘点数据调整时,需在问题处理申请表通过后,方可进行相关数据的调整。

①盘点结果与已安装的问题。

a. 盘点量与安装量不同:修改已安装的数量(验收量满足)与盘点量相同。

b. 物资设备安装的信息不同:规格型号、制造商等不同,可直接切换对应的物资设备(验收量满足),如没有,需先到新增清单管理中增加相关清单,然后更新验收量,方可增加(图10)。

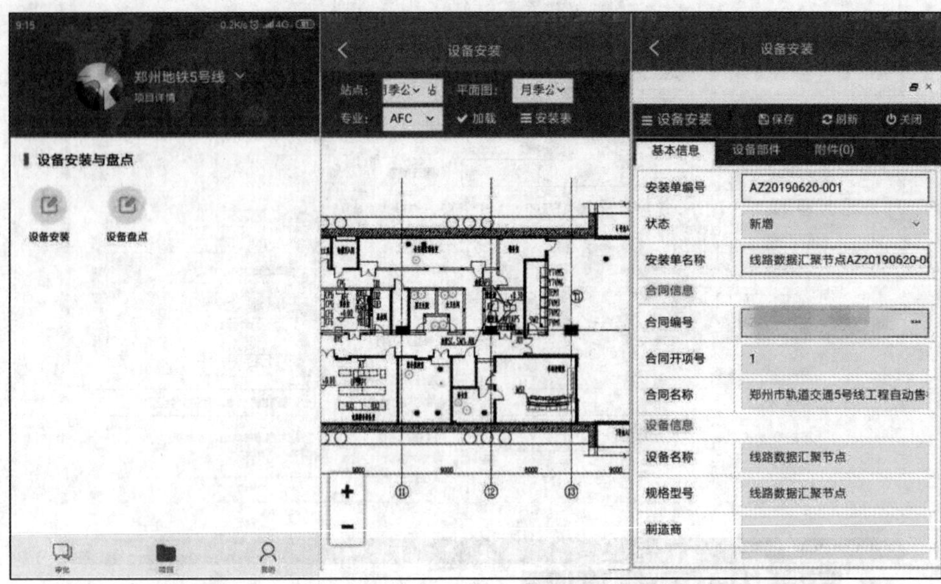

图9　设备安装与盘点

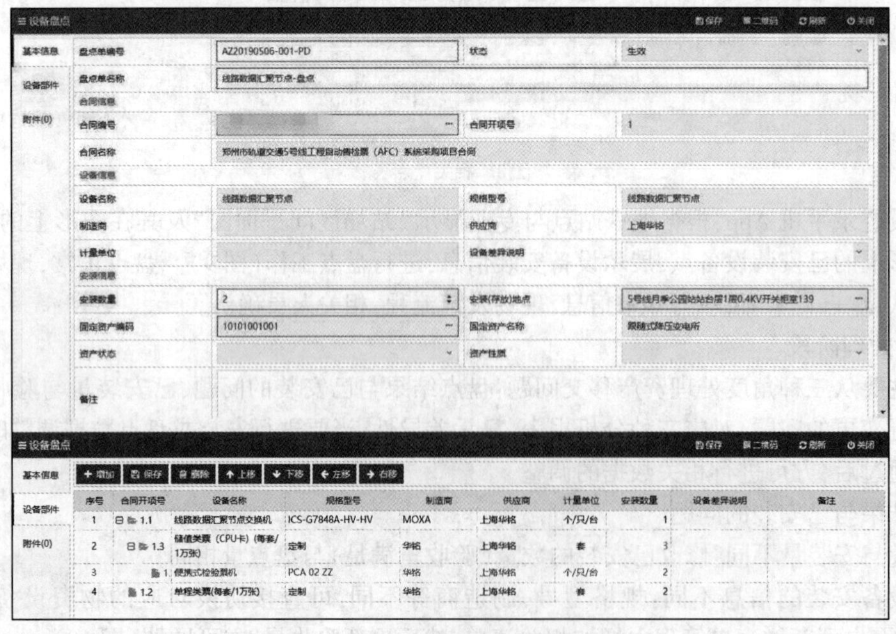

图10　盘点结果与已安装的问题处理

②已安装量与验收量的问题。

进入此步骤，要保证不存在未安装完成的设备、未盘点完成的设备，因为当这些情况存在时，必定存在验收量与已安装量不符（有些设备验收了，但没安装完成，造成误差；有些未盘点完成，也会造成了现场实际量与已安装量的误差）。

然后，处理物资清单累计安装量与累计验收量不相同的异常：

a. 累计验收量多了或少了：查找验收单，调整验收单中数量。

b. 累计安装量少了：判断多余验收的设备是否进入虚拟库验收（例：手持终端等可移动设备、不存在安装点的设备、赠送的物品），保证确实存在的物资已进行了安装（图11）。

注意：当存在未完成的验收单、未完成的安装、未完成的盘点，会影响统计分析效果！ 专业分类： 搜索

设备名称	制造商	供应商	计量单位	累计验收数量	累计安装数量	查询验收单	处理问题的逻辑
线路数据汇聚节点		上海华铭		58.000000	12.000000	查询	因安装与盘点记录的一至性...
线路数据汇聚节点交换机	MOXA	上海华铭	个/只/台	57.000000	8.000000	查询	因安装与盘点记录的一至性...
单程类票(每套/1万张)	华铭	上海华铭	套	56.000000	14.000000	查询	因安装与盘点记录的一至性...
储值类票（CPU卡）(每套...	华铭	上海华铭	套	56.000000	16.000000	查询	因安装与盘点记录的一至性...
储票架	华铭	上海华铭	个/只/台	56.000000	10.000000	查询	因安装与盘点记录的一至性...
网络机柜	华铭	上海华铭	个/只/台	56.000000	6.000000	查询	因安装与盘点记录的一至性...
便携式检验票机	华铭	上海华铭	个/只/台	56.000000	9.000000	查询	因安装与盘点记录的一至性...
维修中心（含维修系统、...		上海华铭		50.000000	5.000000	查询	因安装与盘点记录的一至性...
线网测试中心系统		上海华铭		50.000000	0	查询	因安装与盘点记录的一至性...
中心服务器	浪潮	上海华铭	套	50.000000	3.000000	查询	因安装与盘点记录的一至性...
中心工作站	联想	上海华铭	个/只/台	50.000000	2.000000	查询	因安装与盘点记录的一至性...
车站服务器	浪潮	上海华铭	套	50.000000	1.000000	查询	因安装与盘点记录的一至性...
车站工作站	联想	上海华铭	个/只/台	50.000000	2.000000	查询	因安装与盘点记录的一至性...
三层交换机	MOXA	上海华铭	个/只/台	50.000000	0	查询	因安装与盘点记录的一至性...
二层交换机	MOXA	上海华铭	个/只/台	50.000000	0	查询	因安装与盘点记录的一至性...

20 1 /1 每页 20 条，共 20 条

图11 已安装量与验收量的问题处理

③需要合同进行变更的问题。

保证第二个步骤无问题后，再处理合同清单管理与新增清单管理的异常：

a. 根据合同清单管理中的合同量与累计验收量不同，可生成处理清单（处理量为正是指增加，为负是指减少），可选处理类型：进行变更、强制消除。

b. 根据新增清单管理，生成变更清单，可选处理类型：进行变更、强制消除。

c. 强制消除：本条数据为系统进行异常分析使用，不会与合同相对方进行实际的变更。

d. 当以上数据的可选处理类型全部处理完毕后，则当前需要合同进行变更的问题处理完毕（图12）。

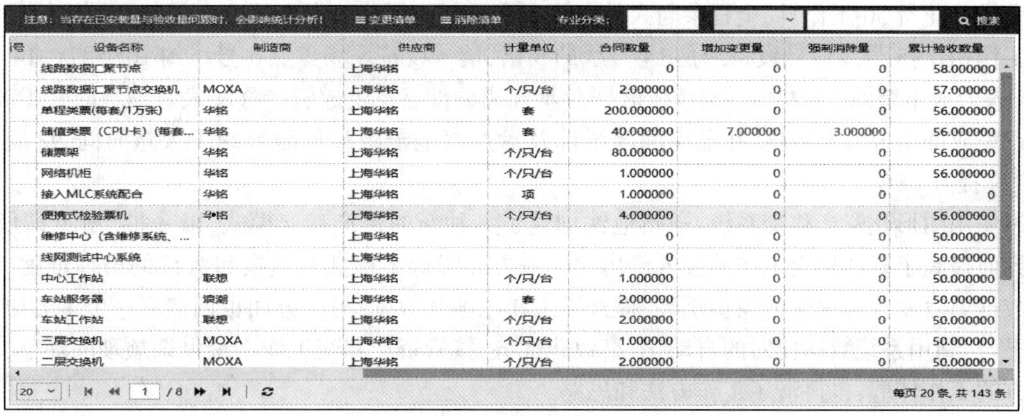

注意：当存在已安装量与验收量问题时，会影响统计分析！ 变更清单 消除清单 专业分类： 搜索

号	设备名称	制造商	供应商	计量单位	合同数量	增加变更量	强制消除量	累计验收数量
	线路数据汇聚节点		上海华铭		0	0	0	58.000000
	线路数据汇聚节点交换机	MOXA	上海华铭	个/只/台	2.000000	0	0	57.000000
	单程类票(每套/1万张)	华铭	上海华铭	套	200.000000	0	0	56.000000
	储值类票（CPU卡）(每套...	华铭	上海华铭	套	40.000000	7.000000	3.000000	56.000000
	储票架	华铭	上海华铭	个/只/台	80.000000	0	0	56.000000
	网络机柜	华铭	上海华铭	个/只/台	1.000000	0	0	56.000000
	接入MLC系统配合	华铭	上海华铭	项	1.000000	0	0	0
	便携式检验票机	华•铭	上海华铭	个/只/台	4.000000	0	0	56.000000
	维修中心（含维修系统、...		上海华铭		0	0	0	50.000000
	线网测试中心系统		上海华铭		0	0	0	50.000000
	中心工作站	联想	上海华铭	个/只/台	1.000000	0	0	50.000000
	车站服务器	浪潮	上海华铭	套	2.000000	0	0	50.000000
	车站工作站	联想	上海华铭	个/只/台	2.000000	0	0	50.000000
	三层交换机	MOXA	上海华铭	个/只/台	1.000000	0	0	50.000000
	二层交换机	MOXA	上海华铭	个/只/台	2.000000	0	0	50.000000

20 1 /8 每页 20 条，共 143 条

图12 需要合同变更的问题处理

(5)成果报送阶段

本阶段可从专业分类、项目位置码角度去统计成果报送报表（图13）。

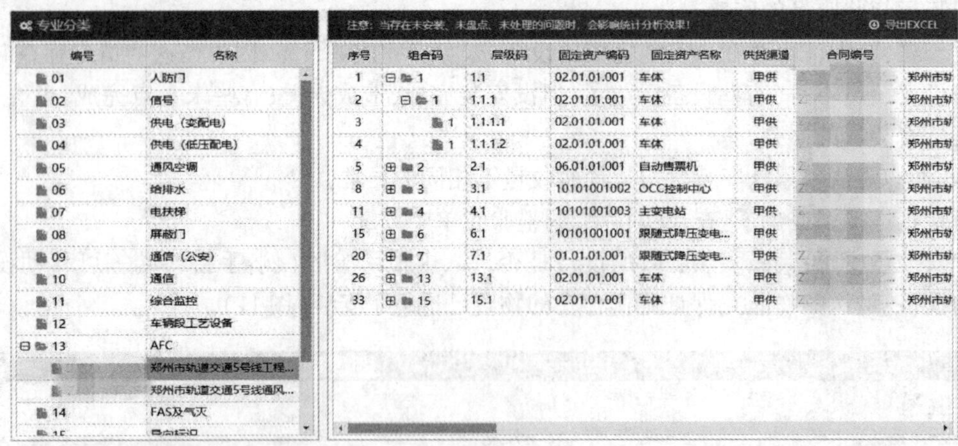

图13　成果报送报表

三、实施效果

该方案应用于郑州地铁5号线自动售检票系统(AFC)专业康平路站和省骨科医院站资产移交工作,从模型建立、现场盘点、差异处理到成果汇报共花费4天时间,较传统的资产移交工作效率有了显著提升;全程参与人数10人次,较传统的资产移交工作动辄数十人的规模有了显著下降。

方案还应用于14号线信号专业全线车站、场、段、区间设备使用图形化资产移交,从模型建立到现场盘点完成共花费30工作日,全程参与人数240人次。与使用传统资产移交方式的5号线信号专业资产移交工作相比:5号线信号设备约是14号线的5倍,信号设备现场盘点5号线约107组次,14号线约16组次,人力成本节约25.23%。5号线信号专业自现场盘点至生成资产移交表总消耗时长158天,14号线盘点完成即生成差异数据,在盘点问题统计及盘点表电子版整理时节约了大量时间,总消耗时长20天,效率提升58%。

通过使用图形化资产移交系统,郑州地铁创建了一种新的资产移交模式,以一种"所见即所得"的可视化界面提高了资产移交工作的投入产出比。一方面降低了移交表填报和修订的培训难度,将枯燥的表格数据填写变为可视化的模型组装,提升了工作乐趣和效率;另一方面也创造出一个多方协同的数据共享平台,利用系统数据比对的自动化、高效化优势,接管资产移交工作中最复杂烦琐的环节,提升了参与各方的工作体验,也捋清了工作方法和思路。

人工智能下的财务职能转型创新

中交上海航道勘察设计研究院有限公司

成果主要创造人:潘 颖 易敬昌

中交上海航道勘察设计研究院有限公司(称“勘察设研公司”)是中国交通建设股份有限公司下属企业——中交上海航道局有限公司旗下的全资子公司。勘察设研公司成立于1977年,经过四十余年的发展,现已成为具有勘察、设计、研究、施工设计总承包、咨询、质量检测、工程造价咨询等综合能力的甲级勘察设计研究院,业务范围涉及填筑工程、航道工程、港口工程、通航建筑物工程、地基处理工程、水上交通管制工程、河道泵闸工程及生态环境工程的设计,水利水运工程规划、评估,工程总承包和监理等多个领域。

近十年来,勘察设研公司累计完成各类设计、研究课题千余项,共获国家、交通运输部、上海市及中国交通建设股份有限公司优秀成果奖数十项,其中国家优秀成果奖11项,交通运输部优秀成果奖22项,上海市及中交公司优秀成果奖25项。作为开始涉足国际水工市场的中国水运设计企业,勘察设研公司在企业国际化发展战略的引领下,提出了“海内外市场并重,设计与施工联动,打造国际工程公司”的战略目标,努力开拓国际市场,为早日跻身于国际水运设计企业先进行列而不懈奋斗。

一、实施背景

(一)方案背景

勘察设研公司财务部是公司董事会领导下的职能机构,下设财务总会计师、财务经理岗位。财务总会计师主要负责企业会计基础管理、财务管理与监督、财会内控机制建设和重大财务事项监管;财务经理协助总会计师制定公司财务发展战略,主要负责公司资金运作管理、日常财务管理与分析、项目成本与核算、提供财务报告和必要的财务分析。财务部下设银行专员岗、初审岗、报表岗和税务岗等岗位。近年来,勘察设研公司财务部在财务制度和财务管理方面推陈出新,致力于提高公司的财务管理水平,提升企业的核心价值。过去,企业财务会计只是负责简单的核算,信息技术时代和金融时代的到来,尤其是近年来大数据和人工智能的快速发展,会计环境发生了巨大的变化,企业的财务会计已经在向管理会计方向转型。为了更好地服务企业的发展,勘察设研公司财务部门在总会计师、部门经理等领导的带领下,在公司各部门的积极配合下,广泛参与到企业的预测、决策和管理当中。但是,企业财务部门在实施财务职能转型的过程中,也碰到了诸如会计基础工作不到位、企业内控不完善、财务复合型人才缺乏等一系列问题,制约着财务职能转型和公司发展。

(二)需要解决的主要问题

影响财务部门长远发展的主要有以下几个方面:

1. 会计基础工作不到位

会计基础工作是会计工作的基本环节,也是经济管理工作的重要基础。会计基础工作是企业财务工作的基石,也是企业进行有效财务管理必须具备的条件。勘察设研公司财务部门在会计基础工作当中还存在会计人员岗位责任不清、会计科目和会计凭证填制错误以及原始凭证存在问题或丢失等情况。这些最基本的会计工作存在问题,势必会耗费大量的人力和物力去纠错,必然会将原本参与到为企业出谋划策的财务人员来进行会计纠错和更正,阻碍财务职能转型。

2. 企业内控制度不完善

内部审计是企业内部财务管理的最后一道防线,而内部控制则贯穿着企业财务管理的全过程。企业有完善的内部控制体系,才能进行良好的财务管理。由前面所述第1点发现,公司财务部在会计基础工作方面还存在一些问题,财务会计工作存在问题,归根结底是企业的内部控制制度不健全造成的。企业内控是企业为保证财务管理活动正常有序运行,采取对财务、资产、工作流程有效监管的系列活动。企业缺乏内控管理制度,会造成会计信息失真,财务管理混乱现象;同样,管理职责不清,势必会造成财务工作频繁出错,没有落实责任人,从而降低整个财务部运行效率。

3. 财务复合型人才缺乏

近年来,勘察设研公司正在实行人工智能大数据背景下的财务职能转型创新,由过去基本的财务核算会计向未来较高级别的财务管理会计方向转型,旨在逐步提高财务会计在企业预测决策中的地位,提高企业核心价值。管理会计是在追求组织目标时确认、计量、分析、解释和传递信息的过程,它是管理过程中不可分割的一部分,而管理会计人员也是一个组织的管理梯队中重要的战略参与者;同时,管理会计人员又是交叉职能管理梯队的成员,通过管理资源、业务活动和人员来实现组织的目标,为组织创造价值。企业若想更好地实行财务会计向管理会计方向转变,高素质、高层次、专业化的财务人员是不可或缺的。而符合此类要求的财务复合型人才正是勘察设研公司财务部门的短板所在,因此,财务部门若想更好地参与到企业决策中去,为企业重大项目提供建议或意见,势必要从内部培养或者从外部招聘高素质、高层次、专业化的财务复合型人才。

(三)方案构想

通过上述的分析,信息技术时代和金融时代的到来,尤其是近年来大数据和人工智能的出现,会计环境发生了巨大的变化,企业的财务会计已经在向管理会计方向转型。勘察设研公司财务部门要想实现人工智能背景下的财务职能转型创新,则必须要夯实财务基础工作、加强企业全面预算管理,同时通过加强企业内部审计来提高企业内部控制水平,扩大企业财务部门复合型人才"蓄水池",从而有力推动财务部门高效运行,更好地发挥决策参谋"智囊团"作用。

二、内涵和做法

(一)成果及内涵

成果及内涵可从以下几个方面体现。

1. 加强全面预算管理

企业对营业收入、营业成本、各项费用和资金的流入流出每月都进行预算管理和上报,并采取季度分析汇总、年度滚动预算等预算管理方式对公司的财务进行预算管理。特别是对于资金收款,部门应加强对重大项目的管理和控制,每个重大项目都有专人负责项目跟踪,以此来将公司坏账损失降到最低。同时,合理安排好对下游供应商和分包方的付款节奏,确保现金流为正。

2. 财务风险把控前移

资金的流出以及重大项目的垫资采取事前控制,财务部参与到招投标前项目信息的判断,形成合理的可行性报告,扮演好重大项目的决策参谋作用。在财务预测过程中,财务人员产融结合意识强,对于垫资项目可以通过部分运用供应链金融平台开具云票、电子银票等支付方式,来延缓资金支付速率。

3. 提高内部控制水平

内部审计是企业内部财务管理的最后一道防线,而内部控制则贯穿企业财务管理的全过程。企业有完善的内部控制体系,才能进行良好的财务管理。近年来,企业的内部审计人员都是通过从财务部内部资历年限较长的人员中进行考核选拔,从而可以避免内审人员对公司业务不熟、具体情况不清所带来的弊端。同时,近两年公司倾向于招聘审计专业高素质人才来弥补企业内部控制的短板,切实提高企业的内部控制质量。而在具体业务方面,财务部设立初审岗、复核岗以及审计岗,通过层层把关来发现问题,从而形成管理制度的"闭环",为企业在今后预测和决策方面提供依据。

(二)主要做法

1. 创新的整体思路

管理创新的概念源于管理的概念。管理是组织为了适应内外部环境变化,对组织的资源进行有效的配置和利用,以达成组织既定目标的动态创造性过程。从经济学的观点看,人类始终面临着稀缺的资源与无限的需要之间的尖锐矛盾,需要做出抉择来恰当配置和充分利用稀缺资源以满足人们的需要,组织在动态的社会经济环境中生存,必须不断调整系统活动的内容和目标,以适应环境变化的要求,这就是管理的创新职能。

管理创新是创造一种新的或更有效的资源整合方式,这种方式可以是新的有效整合资源以达到企业目标的全过程管理,也可是某方面的细节管理,至少可以包括以下五个方面情况:

①提出一种新的经营思路并加以有效实施,如果经营思路可行就是一种管理创新。

②设计一个新的组织机构并使之有效运作。

③提出一个新的管理方式、方法,它能提高生产效率,协调人际关系或能更好地激励员工。

④设计一种新的管理模式。

⑤进行一项制度创新。

2. 管理创新的目标和原则

(1)管理创新的目标

创新是现代企业进步的原动力。知识经济时代的管理者,必须把握管理创新的发展趋势和新要求。应认真分析激发组织创新力的影响因素,不断进行创新实践,以增强企业核心竞争能力,使企业获得跨越式的发展,实现持续成长,发展壮大。

(2)管理创新的原则

反向思维:所谓反向思维是指与一般人、一般企业思考问题的方向不同。人家不想或没有想到的,认为是正常的事情,你却加以思考,从中发现问题,这就是一种反向思维;人家对某一问题通常是这样考虑的,然而你却能从其他角度去考虑,这又是一种反向思维。通过这样一些反向思维,通常可以得到许多创新的灵感。

交叉综合:交叉综合原则,是指创新活动的展开或创新意向的获得可以通过各种学科知识的交叉综合得到。目前,科学发展的趋势是综合和边缘交叉,许多科学家都把目光放在这两个方面,以求创新。管理作为一门科学,它的创新发展过程也呈现了这一态势。

目标原则:企业创新是企业实现目标的手段。企业有很多不同层次的目标,包括研发目标、生产目标、营销目标、财务目标等。这些目标下面又有目标。创新只能是相对创新,而不是绝对创新,因为企业创新的内容是无止境的。不能为了创新而创新,一定要围绕目标而进行创新。这些目标内容不同、层次不同。创新目标应当分清主次。企业的创新目标可能是多元的。在多元的目标中,可能会存在对立和矛盾。企业在确定一项创新目标时,必须分清主次,明确关键性的目标,在实现关键性目标的前提下,再尽量追求其他目标。创新的方面和要素是很多的。人工智能背景下的财务职能转型创新是基于把财务部打造成高效、创新、智能化的部门这个长期的目标而确立的。

3. 重点创新内容的实施

(1)创新内容的理论依据

就其内容来说,管理创新的内容是多方面的,它不仅体现在更新岗位设计和工作流程上,更体现在对经营观念、经营战略、组织结构、激励和约束制度、组织行为、管理规范、管理方法和管理技术及在企业文化整合上进行系统性的调整。

一是管理观念要创新。企业要想在复杂多变的市场竞争中生存和发展,就必须首先在管理观念上不断创新。而要更新观念,管理者必须打破现有的心智模式的束缚,有针对性地进行系统思维、逆向思维、开放式和发散式思维的训练,并通过综合现有的知识、管理技术等,改进和突破原有的管理理论和方法。管理者只有勇于创新,敢于追求新事物,乐于解决新问题,才能使管理活动成为一种乐趣,其产生的社会经济效益也是难以用价值衡量的。而这一局面的创造,其根本在于管理者和管理组织的观念创新。

二是战略管理创新。树立战略思维是企业管理创新的灵魂和核心,战略管理关乎企业的发展方向。面对世界经济一体化进程的加快、信息技术的迅速发展和知识经济兴起所带来的外部环境深刻而巨大的变化,企业要想在激烈的市场竞争中立于不败之地,必须在战略创新方面下功夫。

三是企业文化创新。企业文化是企业发展的灵魂,任何企业都会倡导自己所信奉的价值理念,而且要求自己所倡导的价值理念成为员工的价值理念,得到员工的认可,并且在实践中认真实施,从而使自己所信奉的价值理念成为指导企业及其员工的灵魂。也就是说,企业文化实际上是指导企业及其员工的一种价值理念,这种价值理念体现在每个员工的意识上,当然最终就成为指导员工行为的一种思想,因而企业文化最终作为企业的灵魂存在。纵观世界成功企业的经营实践,人们往往可以看到,一个企业之所以能在激烈的市场竞争中脱颖而出,归根结底是因为在其经营实践中形成和应用了优秀的、独具特色的企业文化。

(2)人工智能背景下的财务职能转型近期、中期及远期计划

人工智能的出现,未来机器人可能会取代重复简单工作的会计人员,因此,企业将来需要更多的则是财务管理人员,而不是财务核算人员。企业若想推陈出新,致力于提高公司的财务管理水平,提升企业的核心价值,则必须通过加强全面预算管理、财务风险把控迁移以及加强和提升企业财务审计和内部控制水平,有效实现财务会计向管理会计方向转型。针对影响财务部门长远发展的主要问题,财务部门首先应建立财务领导第一责任人和财务岗位负责制,夯实财务基础工作特别是规范原始报销单据、会计凭证以及财务报告的真实性、准确性。只有强化、规范、熟练地做好财务基础工作,才能减少财务工作的差错率,提高财务工作效率,将更多的人力、财力、物力从财务会计中"剥离"出来,投入到财务部门管理会计的建设中,实现部门和企业高效发展。对于人工智能背景下的财务职能转型中期计划,在夯实财务基础工作的同时,应该加强企业内部审计力度和内部控制水平,实现由初审→复核→审计→反馈这一流程的"闭环";同时,企业实现人工智能背景下的财务职能转型需要大量的财务复合型才人,财务部门必须加强对高端人才的引入,做好做大人才"蓄水池"。在企业拥有较为充沛的人才储备、健全的财务管理制度和内部控制体系以后,财务部门今后可以实现人工智能化,将简单而复杂的账务处理交由财务机器人完成,这样可以将原本从事财务核算的会计人员"解放"出来,去从事财务预算、决策、参谋等管理职能。

(3)人工智能背景下的财务职能转型实施方式

勘察设研公司为了顺应大数据和人工智能下的时代背景,通过采取强化财务基本核算、发挥管理会计预测职能、财务风险管控、人才队伍建设等措施来实现财务会计向管理会计职能的转变。

第一,强化财务基本核算。财务核算是企业财务部门的基础工作,财务部门要严格遵守财政部颁发的会计政策法规,夯实会计基础工作、提高财务报告信息质量,构建含有财务评价指标和非财务评价指标相结合的财务评价体系,建立信息化、系统化、全面化的财务管理系统并贯彻实施。

夯实会计基础核算:财务核算是企业财务会计的基础工作,财务部门在会计工作中要切实注重日常管理,对每项程序、每个业务和环节均要明确操作规范和基本要求,保证会计工作秩序规范有序。同时要注重会计信息化建设,提高财务管理效能。

提高财务报告信息质量:财务报告信息质量无论对企业内部管理层和其他部门,还是对外部投资者都尤为重要。规范、准确、及时的企业财务报告可以提高财务部门乃至公司的整体形象。财务部门应加大部门人员的培训力度、重视后续教育;完善监督体系,加强治理会计信息失真的监督责任;规范财务会计行为,加强会计基础工作等方式来改进和提高财务报告信息质量。

改善业绩评价体系,转变财务评价理念:公司需要转变原有的财务评价理念,突破传统的财务评价体系,逐步转化为将财务与非财务相结合的评价方式,保证企业内部与外部、企业的短期经营与长期发展相均衡的可持续发展模式,形成一种新的业绩评价理念。

第二,发挥管理会计预测职能。信息技术时代和金融时代的到来,尤其是近年来大数据和人工智能的出现,会计环境发生了巨大的变化,企业的财务会计已经在向管理会计方向转型。通过加强企业预算管理、财务风险把控迁移等实施路径,来提高财务预测的前瞻性和准确性,扮演好公司管理决策的"智囊团"角色。

加强全面预算管理:企业对营业收入、营业成本、各项费用和资金的流入流出每月都进行预算管理和上报,并采取季度分析汇总、年度滚动预算等管理方式对公司的财务进行预算管理。

财务风险把控前移:企业财务风险把控前移,资金的流出以及重大项目的垫资采取事前控制,财务部参与到招投标前项目信息的判断,形成合理的可行性报告,扮演好重大项目的决策参谋作用。

加强成本管理,促进增产节支:成本管理是长期和短期内计划及控制成本的过程,成本管理与公司盈利计划相关联,通过成本规划、成本计算、成本控制和业绩评价 4 项内容和目标成本、作业成本、预算成本、成本性态分析 4 项管理会计分析方法来实现管理会计价值创造能力。

第三,财务风险管控。财务风险存在于企业财务管理工作的各个环节,在资金的筹集、运用、积累和分配等财务活动中均会产生财务风险。在进行财务风险管控时,首先要从财务部门内部出发,全面加强会计稽核工作,组织开展会计基础工作检查,做好财务内部控制制度流程设计工作,监控业务风险;另外,针对投融资活动,审慎进行风险评估工作,针对主业单位和支撑单位也需要开展财务风险评估工作,防范重大财务风险。主要措施如下。

设置会计复核岗位:明确岗位职责,落实好不相容岗位相分离政策,保证稽核人员的独立性。做好复核人员的职业操守培训,要求复核岗位对业务疏忽、错误等及时加以纠正或制止,防止工作差错和舞弊行为,做好对会计核算工作的监督。

完善会计基础工作流程:会计基础工作需要进行规划,相应工作流程应该合理科学,每一笔业务从发生到入账再到报表系统,都要反映会计信息的真实准确完整。另外,对各单位的会计基础工作需要及时进行检查,发现不完善的地方要督促整改。

做好财务内部控制制度的流程设计工作:财务部门人员要与财务内部控制管理人员分离,发挥好财务内部控制管理人员的独立性作用,及时对财务部门的工作进行评估,高层管理人员制定好财务部门的内部控制制度,规划好相关内控流程指导工作,在全面落实过程中也要结合具体风险灵活应用;在各类信息系统建设中积极实现财务内部控制的自动化,减少不必要的成本支出,固化业务操作流程,对重要业务节点实现有效监控。

开展财务风险评估工作:控制好企业的资产负债率,寻求最佳的资本结构。针对投资、筹资等活动,每年开展财务风险评估,通过风险识别、风险评估、风险策略管理等手段,及时甄别出企业重大财务风险,采取应对措施控制重大风险的发生。另外,也需要重点控制货币资金风险,防止舞弊行为的发生。

第四,人才队伍建设。财务部作为贯穿公司各项业务、各个部门的重要职能部门,所选用的人才队伍也是企业发展的核心要素,要顺应时代的发展、经济的进步,培养出勇于创新、工作高效、善于沟通、有跨专业复合背景的高层次人才,逐步杜绝人力资源浪费现象,避免部门人员冗杂、工作效率低下,并且在一定范围内培养可跨部门合作的复合型人才,将管理会计等非基础会计的作用发挥到最大化。主要措施如下。

严控招聘流程:招聘是企业选拔和培养人才的源头,在招聘中,坚持公平公正公开的原则,将社会招聘和校园招聘相结合,保证财务队伍总人数占公司员工总数正常比例;在校园招聘中加强对"211"高校、"双一流"高校等高校的宣传力度,保证校招人员素质处于较高水平,给予员工后期更大的发展空间。

加强入职培训:作为新员工加入部门的第一课,入职培训在员工任职期间具有重要意义。财务部门避免入职培训“走流程”,杜绝形式主义,要开展有针对性的工作岗位培训,并且设置一定的考核机制,将理论和实践更好的结合,让员工通过入职培训了解企业文化和日后的工作内容,并且能以最快的速度开展工作,为部门注入新鲜血液。

发挥“传帮带”作用:因为入职培训受时间限制,所以日常工作中的“传帮带”也很重要。要在日常工作中将“传帮带”作为一项工作任务,规划带教周期,建立导师机制,将老人带新人常态化、规范化、制度化,并且要定期回访新员工的学习情况,确保该项工作能够有较好的落实,达到预期效果。

规范绩效考核:绩效考核可以反映新老员工的工作效果。财务部门的工作目标是完善内部管理机制,适应公司经营管理需要。所以不仅要关注员工的工作过程,也要关注员工的工作成果。规范的绩效考核制度可以保证企业员工的付出与回报成正比,维护薪资待遇的公平性,进一步激励员工将更多的精力投入到工作中,达到一个良性的循环。

建立人才档案:财务部门的发展离不开员工的努力,而员工的努力也是为了自己有更好的发展,所以部门要建立人才档案,为员工规划发展路线,通过提高员工的归属感和责任感来降低财务部门人员的流动性。在员工入职时收集了解员工的未来发展意向,结合部门具体情况帮助其规划在公司的发展道路,并在日常工作中定期修正,让员工有清晰的发展目标和努力方向,也帮助部门今后获得稳定的员工输入,从而保障公司健康、稳定、可持续发展。

4. 管理创新组织和支撑保障

(1)以人为本,保障管理创新

提高自身创新能力。管理者是最具有创新能力和影响力的人,要推动企业管理创新,必须注重管理队伍建设,具有创新精神的管理者必须具备这样的素质:一是创造性思维,善于洞察和想象,使管理工作有合理的前瞻性、科学性;二是风险意识,有远见、不怕失败、敢做超前性的工作,有不达目的誓不罢休的毅力;三是创新的技巧,在创造思维和不怕风险的同时,还必须有科学依据,有可行的操作措施;四是新时代的风格,面对知识经济的挑战,要善于学习,敢于实践,善于团结合作,尤其要善待创新失败者,永不满足,经常自我挑战。培养具有创新精神的管理者是实现企业管理创新的关键。

通过以下几种方式建立有效的激励机制。一是目标激励。通过建立企业目标、部门目标和个人目标体系,激发员工为实现组织目标而努力完成个人目标,从而体现个人价值及其在组织中的地位和作用。目标激励有利于激发员工的进取意识、奉献精神,并在目标体系运行中不断提出新的目标,推动员工向更高的目标努力。二是参与激励。通过合理化建议、员工与各级管理层对话等民主管理方式,给员工某种参与制订计划和进行决策的机会,使其感受到企业对自己的信任,使员工产生主人翁责任感。员工对于组织的信任往往心存感激,因而会努力提高自己的工作能力和绩效,不负组织的厚望。三是关怀激励。企业管理者通过对员工的体贴与关怀,使其工作和生活困难得到重视和有效解决,员工深感组织关怀的温暖,就会把企业当作大家庭,把企业当作自己为之奋斗的归属。现代企业的组织结构正由金字塔型向扁平化转变,企业仅靠职位的升迁、薪资的增加来激发员工的潜能,其效能是微弱的。因此,为每位员工提供成才的发展空间、帮助他们解决工作与生活中的困难,是不可忽视的人性化激励机制。四是认同激励。大多数人在取得一定成绩和进步后,需要得到同事、家庭和社会的承认,所以企业管理者应该在恰当的时间和恰当的场合,以祝贺、表彰、认可、示意等形式承认员工所获得的成就,从而满足员工的成就感,增强他们不断进取的积极性。五是物质奖励。物质奖励是现代企业最常用的激励方式,它对有能力并取得业绩的员工给予可折算为一定价值量货币的物质回报。

推行全员创新。企业管理创新没有员工的理解、合作与参与,是无法取得成功的。团队精神是在共同努力完成组织目标的环境中,形成的心理上相互影响,思想上相互磨合,行为上相互示范,利益上相互依存而步调统一的精神境界。它可以营造和谐的工作氛围,凝聚分散的能量,培植员工对企业的依附感和归属感,为企业内部排除梗阻,开展外部工作增添后劲。

(2)建立制度,保障管理创新

建立持续的创新机制。创新是企业发展的灵魂。创新包括产品创新、技术创新、文化创新和管理创新。其中,最重要的是管理创新,它不仅是管理模式的变革,而是要建立一种创新机制,为企业内员工的创新活动及成果提供激励和保障,提升企业持续的创造力。

提供良好的创新文化环境。先进的管理制度及技术之所以不能在多数企业中得到很快应用,主要是受企业内部权益关系的限制。企业中总是有一部分人想把自身利益凌驾于他人之上,这表明企业内部权益管理关系的调整是困难的,创新管理因此也有一定的难度。企业应充分考虑权益关系,提供良好的创新文化氛围,使员工有强烈的归属感、认同感,为企业的进步增添活力。

三、实施效果

公司财务部门为了更好地实现大数据和人工智能背景下的财务职能转型,使财务会计向管理会计方向发展,采取了强化财务基本核算、发挥管理会计预测职能、财务风险管控、人才队伍建设等系列措施,前期取得的了一定的成果,产生的主要成果有以下几个方面:

(一)全面预算管理稳定推进

财务部门每年年初根据公司生产经营活动确定具体目标,严格按照全面预算管理的编制程序编制。在全面预算的编制过程中,按照"自上而下,自下而上,再自上而下"的总程序反复修订、平衡,完成编制工作。对营业收入、营业成本、各项费用和资金的流入流出每月都进行预算管理和上报,并采取季度分析汇总、年度滚动预算等预算管理方式对公司的财务进行预算管理,不断推进企业财务预算全面化。

(二)决策参谋作用日益明显

在企业财务基础工作得以夯实、全面预算管理的有力支撑下,财务部门特别是具有管理会计职能的高素质、高层次的复合型人才加入到公司重大项目的预测决策当中去。在重大项目的招投标过程中,财务人员可以从现金流的流入流出、工程建造风险、合同履约风险等角度提供可行性建议。

(三)内部控制水平全面提高

在企业引入浪潮财务管理系统和《中交上海航道勘察设计研究院有限公司网上报销审批说明》文件的颁布下,企业的财务管理制度有了较大的改善,企业内部控制水平得以全面提升。浪潮财务管理系统和报销审批说明文件严格的规范了公司各部门及员工,使企业财务报销和审批流程规范化、制度化,同时也降低了财务人员的失误率,为今后公司全面推行财务职能智能化奠定了坚实的基础。

(四)复合型人才"蓄水池"有效搭建

近年来,企业的内部审计人员都是通过从财务部内部资历年限较长的人员中进行选拔,从而可以避免内审人员对公司业务不熟、具体情况不清所带来的弊端。在人才招聘方面,近两年公司倾向于招聘审计专业、本硕学历等高素质人才来弥补企业内部控制方面的短板,同时通过职位轮岗、部门借调、外出培训、脱产学习等方式来培养财务复合型人才,切实提高企业的内部控制质量。

综上,勘察设研公司财务部结合当前社会发展形势,通过一系列的预算管理、事前控制以及内部控制等创新管理手段,综合运用大数据和人工智能等创新技术手段,进一步提升公司财务管理水平,提升企业核心价值。

全球集运平台助推网络货运企业安全管理发展

圆通全球集运有限公司

成果主要创造人：葛程捷　易　超

成果参与创造人：南江龙　陈荣辉　袁福振　韩娇娇　姜晓宇　梁啟菲
凌　利　李　彬　祝　华　黄振东

圆通全球集运有限公司(简称"全球集运")是上海圆通蛟龙投资发展(集团)有限公司旗下全资子公司,也是由圆通速递有限公司承建的"物流信息互通共享技术及应用国家工程实验室"中物流信息互通共享平台项目的实际运营主体。全球集运旨在通过对物流产业的深度研究,结合先进技术的研发与应用搭建覆盖全国乃至国际业务的物流服务平台,支撑开展物流数据融合和分析、物流数据共享与开放、物流仓储运输配送智能协作等技术的研发和工程化,建设覆盖全国的大规模、高度信息化、高品质、多种运输方式并存的示范性物流服务平台。

全球集运公路运力网络已覆盖全国,整合车辆42万多辆,驾驶员41万多名,线路11万多条;航空运力网络覆盖中国、东南亚、日韩、欧美地区,合作航空货代企业190余家,航线2000余条。全球集运平台日均运单数量4500单,日均撮合交易量约1800万。

2017年12月,经国家发展改革委、交通运输部、中央网信办审核,全球集运"运盟"平台入选国家首批骨干物流信息平台。

2018年10月,全球集运平台支撑的"无车承运人"业务在交通运输部关于无车承运人试点综合监测评估中,取得上海市排名第一的成绩。

2019年,"全球集运智能化运输解决方案"入选国家邮政局2019年"邮政业绿色产品、绿色技术、绿色模式名录库"。

一、成果实施背景

近年来,在"互联网+"的大背景下,部分物流运输企业陆续开展网络货运平台(原"无车承运人")的经营活动。作为依托互联网发展而产生的全新物流运输模式,网络货运平台有效整合货物运输市场上的车货信息、实体资源、物流技术和资金流向,解决传统货运存在的信息不对称、诚信缺失、效率低下等问题,提高市场资源利用率,推动道路货运行业集约高效发展。

根据2018年9月发布的《交通运输部办公厅关于无车承运人试点综合监测评估情况的通报》(交办运函〔2018〕1398号)显示,全国229家试点单位中的部分企业仍存在未实现真正意义上的无车承运、未承担全程运输责任、车辆定位异常率高、车辆资质审核不严格等问题。

2020年1月1日正式实施的《网络平台道路货物运输经营管理暂行办法》,明确了对货主、承运人的准入规则、审核规范、诚信合规等信息安全,运单监测、运输全过程跟踪记录等运输过程安全,以及平台交易资金的信息真实性与规范性等一系列要求。该办法的实施,在为网络货运平台实现安全、有序的发展奠定坚实基础的同时,也充分说明了安全管理对于网络货运企业的发展至关重要。

在实际业务开展过程中,网络货运企业从与实际承运人、托运人签订合同,到货物运输结束的各个环节都存在风险,主要为合同风险、货物安全风险、运输安全风险、信息管理风险、信用风险等。

①合同风险。网络货运企业作为托运人和实际承运人的中间桥梁,需要与托运人和实际承运人分

别签订货物运输合同,承担一定的运输责任。在实际业务中,由于存在部分业务员没有及时、全面地对托运人、承运人以及车辆详细信息进行真实性核实,导致合同签订方出现信息及服务不一致、条款不严明、未明确双方权责等问题,给企业带来一定的风险。

②货物安全风险。网络货运企业作为运输活动的主要责任人,对货物的安全承担责任。在整个运输过程中必须注意货物的安全,货物是否能按时到达。一旦出现货损,网络货运企业将承担一定的赔偿责任。

③运输安全风险。由于前期缺乏精准的GPS定位系统,在运输过程中容易出现车辆实际运行轨迹与订单要求轨迹不符,网络货运企业无法实时跟踪掌握实际承运车辆的运输过程。最终可能导致订单里程超标、运送延误、车辆超速等违规或影响运输服务的问题,直接影响用户体验及企业正常经营。

④信息管理风险。网络货运企业建立系统平台,所有业务均通过系统在线完成,这就要求系统具有高度的安全性和稳定性。此外,网络货运平台涉及的数据有很多,包含用户资料、运单数据、轨迹数据、车辆数据、财务相关数据等,平台承载了所有的用户以及业务信息,信息及数据的泄露可能给客户带来巨大损失。网络货运企业需履行网络安全管理职责,保护各类信息安全,防止病毒、攻击、信息泄漏等。

⑤信用风险。《网络平台道路货物运输经营管理暂行办法》要求对网络货运平台(即无车承运人)的车辆和托运企业进行严格审核,并设定了相关处罚条例。但实际操作中,依然有不少平台为了节省成本,在资质审核过程中降低要求,未对托运人信息、货物信息进行严格的审核,或将出现托运人发布虚假订单,发布运送违规物品需求的风险。而对于承运人、驾驶员及车辆信息的审核不严格,将给实际运输过程带来货物丢失、违规运输等潜在的安全风险。

二、成果内涵

全球集运自主研发并运营的全球集运平台,运用移动互联网、大数据、物联网、云计算等先进技术,结合圆通在快递物流行业的丰富实践经验,集约整合和科学调度货源、车辆、站场等零担物流资源,打通供应链各个环节,实现供应链端到端一单到底的业务场景,有效提升运输组织效率、运输服务能力和水平。

全球集运平台以实现货物全链路的业务需求为出发点,横向联通物流上下游企业,提供订单入口、运力协同管理、运输监控、结算管理,并扩展金融保险、加油及ETC优惠等增值服务;纵向开展精细化营运,关注车辆管理、安全管理、合同履约、客户关系处理等营运细节,提供核心数据实时、精准获取,车辆运行轨迹、车辆异常信息、驾驶员操作数据实时反馈等功能。

为满足网络货运业务的安全生产要求,全球集运平台从底层系统建设、用户资质、线上交易、运输过程、信用评价、保险服务等多方面开展安全规范管理,在保障运输效率的同时,全面提高网络货运业务的安全性。

三、主要做法

(一)系统建设安全

全球集运平台从信息安全管理和信息系统运维两个方面着手,建立信息安全管理机构、信息系统建设安全管理、信息安全系统运维管理、信息系统操作规程及应急预案等信息安全管理制度体系,将信息安全管理责任落实到个人,使信息安全管理有章可循。

同时定期进行信息安全培训,提高相关人员信息安全意识及能力;实行"预防为主,应急为辅"的信息安全理念,对可能存在的信息安全隐患进行提前预防性排查和处理,对突发性信息安全事件能够按照应急预案快速响应,将事件影响降到最低;定期对信息系统进行风险评估和控制,将信息安全风险控制在可接受的水平,降低突发性事件出现的概率。

在信息系统安全事件管理方面,将全球集运平台的网络与信息安全事件进行分类分级,对一般事件、较大事件、重大事件和特别重大事件,分别采用不同的应对方式,并明确安全事件的报告、调查及后期教育与培训流程。尤其针对病毒爆发、网页非法篡改、非法入侵、拒绝服务攻击、数据故障等的应急处理,制定明确的处理流程。

在信息的收集、分类、使用等管理方面,严格落实工信部、公安部等发布的个人信息安全保护相关规定,杜绝“私自收集个人信息”“超范围收集个人信息”等行为。并对关键信息、重要信息、一般信息分类分级,制定其保管、使用、传递、复制、销毁、备份与恢复等标准流程。

全球集运对针对上“云”的系统模块,通过使用阿里云安全中心、专有网络 VPC、https 协议访问、开启 SSL 证书等措施,确保信息系统的边界防护、入侵防范、恶意代码防范、身份鉴别、访问控制、安全审计、数据保密性、数据完整性等的安全性,从平台底层为系统信息安全、网络信息安全、用户信息安全提供全方位技术保障。

以阿里云安全中心为例,全球集运平台采用其安全预防、入侵检测、精准防御、网页防篡改等功能。开启了针对 Linux 软件漏洞、Windows 漏洞、Web-CMS 漏洞等的自动检测与一键修复;并通过账号安全检测、系统配置检测、数据库风险检测、合规对标检测等防御措施,可对异地登录、非法账号登录、暴力破解登录等异常登录进行告警与拦截,提供 Webshell 等网站后门查杀,以及敏感数据防篡改,主流勒索病毒、DDoS 木马、挖矿和木马程序、恶意程序、蠕虫病毒、后门程序等病毒的自动查杀功能,全面构建主机安全防线,有效保障平台系统安全。

目前全球集运平台公路运输子平台“运盟集运平台”,已通过上海市网络技术综合应用研究所的检测,取得由上海市公安局颁发的“信息系统安全等级保护备案证明”(第三级,备案证书编号:31011899017-20001)。

(二)用户资质审核

全球集运平台采用实名制注册方式,对托运人、实际承运人注册身份进行登记审核,尤其对实际承运人的道路运输经营许可证、道路运输从业资格证等相关资质进行严格审核,从源头把控,保障托运货物与运力资源的安全性。

1. 托运人信息审核

托运人为法人企业的用户必须提交企业名称、统一社会信用代码、法人代表、联系方式等基本信息(图 1),并上传企业营业执照扫描件或照片。托运人为自然人的用户必须登记姓名、有效证件号码、联系方式等基本信息,并上传有效证件扫描件或照片。

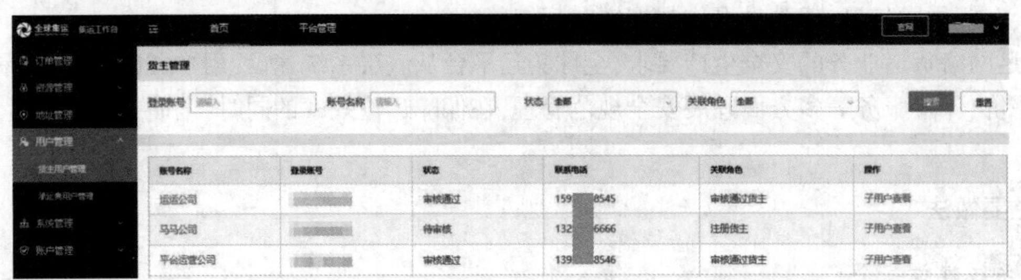

图 1　托运人身份审核功能界面

注:为保护用户信息安全,图中部分信息已做脱敏处理(下同)。

平台将认证信息上传至第三方身份核验平台,对其进行真实性调查核实,用户通过认证审核后才能进行发起托运需求。

2. 实际承运人信息审核

实际承运人为法人企业的用户进行身份认证时,需提交企业名称、道路运输经营许可证号、统一社会信用代码、联系人、联系方式等基本信息,并上传企业营业执照和道路运输许可证照片。个体驾驶员需提交姓名、身份证号、联系方式、道路运输从业资格证号、机动车驾驶证号等基本信息,并上传身份证照片。

实际承运人录入的车辆也必须完成车辆登记审核,提交车辆基本信息、车辆行驶证信息、车辆保险信息、车辆道路运输证信息等。

平台对实际承运人提交的信息进行真实性校验,认证审核通过的承运人、车辆方可进行接单运输服务。

3.举例说明

以运输企业(简称“承运商”)的注册过程为例。用户可使用手机号码、验证码完成前期账号注册环节,浏览全球集运平台公共信息;如需使用“承运商工作台”模块功能承接运单,则需要进行企业认证(图2)。企业认证时需填写:公司基本信息,营业执照信息(统一社会信息信用代码、营业执照扫描件、注册资本、期限起止日期),道路运输许可证信息(许可证号、扫描件、期限起止日期),物流责任险保单(保单扫描件、保单起止日期),企业法人信息(身份证号码、联系方式、身份证照片等),银行开户信息,税务报表或审计报告,项目联络人信息。

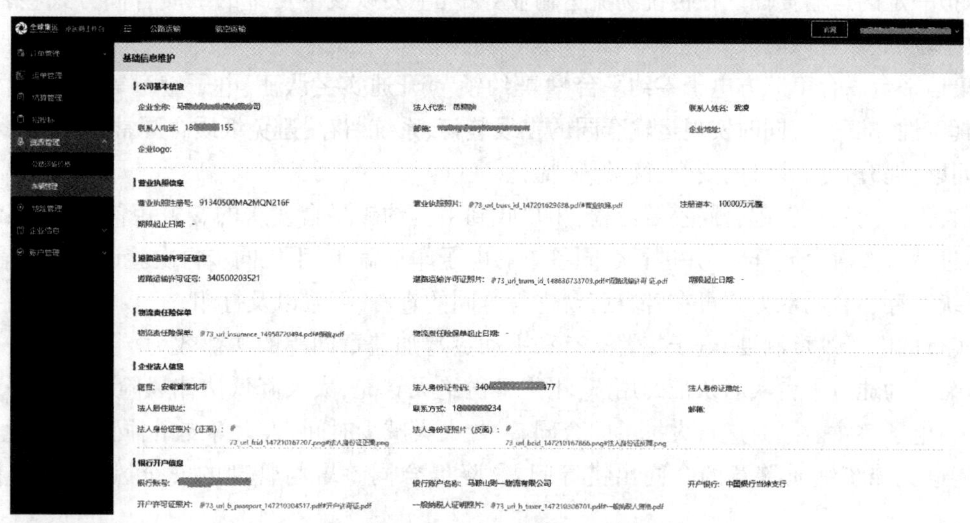

图2　承运商认证信息功能界面

承运商认证完成后,可添加本企业的车辆资源。车辆的登记(图3)包括:车辆信息(车牌号码、车辆类型),车辆登记证(货箱内部尺寸、车厢内径方位、车型、外廓尺寸、登记证发证日期、车辆品牌、车辆识别代码、发动机号、发动机型号、车辆登记证照片等),车辆行驶证(行驶证照片、注册日期、年检有效期、机动车所有人、总质量、核定载质量、核定载人数、整备质量等),车辆道路运输许可证(许可证照片/扫描件、发证日期、年审有效期),车辆保险(交强险保单照片/扫描件、起止日期、交强险总费用、商业险保单、第三方责任险保额、车辆损失险保额等),车辆附加设备(是否安装定位设备)。

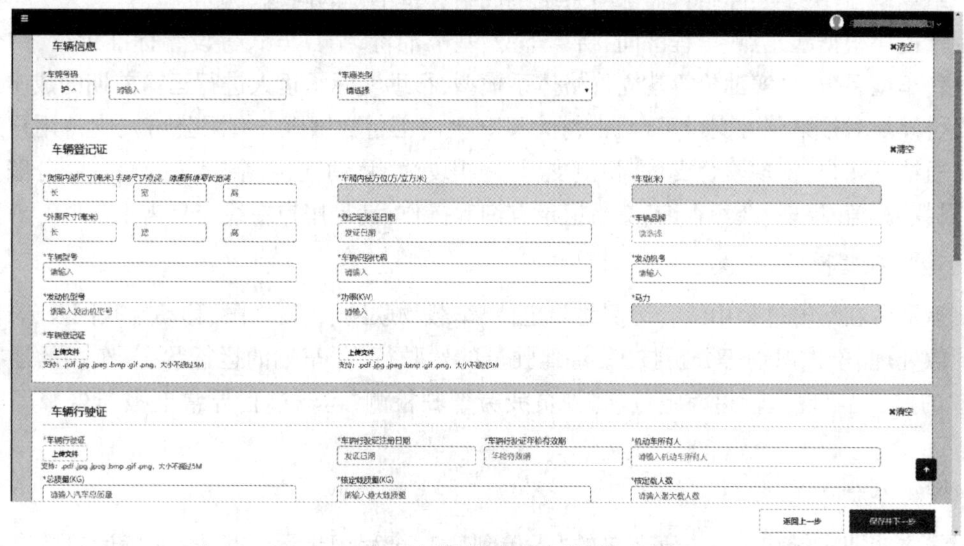

图3　车辆登记信息功能界面

上述信息提交后,全球集运平台将分配财务、法务、采购、运输等运营角色对其进行不同角度的审核,确认无误后承运商方可在平台接单、派车。

此外,驾驶员也需注册并认证通过后方可接单,通过手机 App 绑定车辆及运单号,承接具体的运输任务。

(三)线上交易安全

1. 电子合同

作为托运人和实际承运人的中间桥梁,网络货运平台需要与托运人和实际承运人分别签订货物运输合同,承担一定的运输责任。在传统物流运输业务中,主要以线下传统的纸质合同方式签署合同,流程复杂、效率较低、保管风险大。

全球集运平台联合第三方电子签约平台("契约锁")开通实名认证、电子签章等服务,确保交易双方信息的真实性、准确性,同时实现运输合同的在线签订、系统留存,避免纸质合同常见的丢失、损毁、查找困难等问题,提升合同签订的安全、高效、便捷化。

交易前,平台向用户发起合同签署流程,用户收到由契约锁平台发送的签署短信,进入系统完成实名认证,通过后可查看合同详情,并进行合同签署和电子印章盖印,手机同步再次验证完成签署,合同生效,进入系统留存。合同双方均可在各自后台进行合同的查看、下载以及打印。

平台实行的电子签章制度,电子签署享有和手动签署加盖章同等的法律效力。所有进入电子签章流程的用户,均为通过平台实名认证的用户,用户身份绝无冒充,大大降低法律风险。随着平台业务量的持续扩大,电子签章能同时进行大批量的合同签署,大大减少时间、人力等支出,同时标准化的电子签章流程也能避免传统纸质签章的合同出错等问题,降低合同签署与管理的安全风险,保障在线交易安全。

2. 结算管理

平台提供线上交易的结算管理功能,包括结算单管理、成本预计、结算计费、在线支付等核心模块,打通线上资金流,在提高交易效率、降低交易成本的同时,实现交易记录留存、保障线上交易过程安全性。

结算单生成功能通过结算模块与运输管理模块之间的信息传递、数据共享,有效获取上游运单信息后,系统实时生成结算单(依据运单状态可分为发车结算单、完结结算单)。并提供结算单合并功能,支持人工合并结算单,解决了实际结算需求与系统生成结算单不符的问题。

成本预计模块根据起止点、里程区间、结算车型、基准油价、结算方式等设置标准价格,结合活动价格、基准价格、车型系数、真实油价等建立价格体系模型,帮助实际承运人进行运输前期的成本预估等。

在线支付模块对接第三方支付平台"汇付天下"(上海汇付数据服务有限公司),支持用户通过全球集运平台开通结算账户,实现聚合支付(快捷支付、网银支付、移动支付、余额支付)、延时分账、绑定/解除银行卡、退款、充值/提现、余额查询、交易记录查询等操作,满足用户在线交易需求。

(四)运输过程监控

全球集运平台在运输过程中综合运用北斗定位、车载物联网、百度鹰眼、移动互联网及云计算技术,以及视频图像处理、模式识别等分析技术,对驾驶员的驾驶行为、车辆的运行状态、车辆的运行轨迹进行实时有效的监控,实现车辆追踪定位、驾驶员疲劳驾驶检测、运输过程异常上报与告警等安全管控功能。

1. 运单状态全程可视

平台上线之初即实行基于电子营运单的"一单到底",全程记录运输日志,支持运单状态的实时查询。托运人、实际承运人以及平台运营人员,可分别通过 Web 端或 App 端查看运单详情或反馈运单状态。运单详情中除包括运单状态、货物信息、备注信息、地址信息、承运车辆信息外,还记录着驾驶员通过App上报的异常状态,以及各环节操作日志(图4),便于用户随时掌握货物运输情况。驾驶员运输过程中遭遇堵车、异常天气、缓行、车辆故障、交通事故等异常情况时,均可通过手机App实时上报,提交异常原因描述、照片等以便平台运营人员审核。

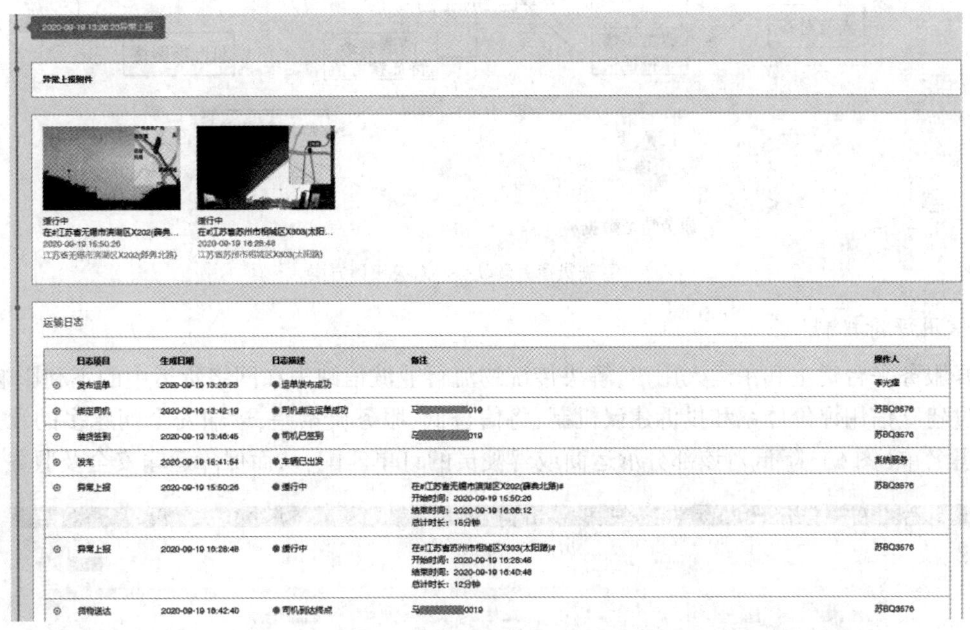

图4 运输日志功能界面部分截图

为保障运输状态的实时反馈,全球集运研发了一套基于地理围栏的车辆时效监控系统,通过在始发地、经停点、目的地等划定虚拟地理区域(地理围栏),利用驾驶员手机App调用驾驶员与车辆实时位置,实时监测其进、出地理围栏的情况,为驾驶员提供运输节点的自动签到功能。对于节省驾驶员与调度人员交接时间,提升运输节点反馈及时性、准确性,完善运输时效考核管理机制,降低网络货运企业运输管理成本,提高运输效率,提供有力帮助。

2. 车辆实时定位与轨迹跟踪

平台实时采集车载终端的北斗定位数据(数据来源于中交兴路接口调用)、结合驾驶员App调用手机GPS定位数据,双重核验确保可准确查询运输车辆的实时位置,并支持按车牌号或运单号查询的车辆行驶轨迹追踪与回放功能。

车辆监控功能不仅有向托运人提供单个运单的车辆实时轨迹查询功能,还为平台管理人员提供地图式的批量监控。管理人员可查询全国范围内的车辆行驶、静止、离线情况,并能够逐层下钻省、市查看局部区域的车辆运行情况、告警(在运输任务中的车辆出现静止超过10分钟等情况)状态等。

此外,平台还提供数据报表功能,为管理人员从全局把控货物运输状态提供支撑。管理人员可查看车辆里程数据(运单号、完成时间、线路、车牌号、运行时长、平均速度、平均里程、承运商信息、驾驶员信息、行驶轨迹回放等)和异常监控数据(运单号、运单创建时间、线路、车牌号、承运商信息、驾驶员信息、异常类型、异常开始时间与持续时长、异常发生地址等)。

3. 驾驶员驾驶行为监测

平台引入由物流国家工程实验室研发的驾驶行为监测系统,利用驾驶室内摄像头采集图像,使用视频图像处理、模式识别等技术对图像进行处理与分析,基于高鲁棒性的疲劳检测算法获取驾驶员实时状态信息。当系统监测到驾驶员疲劳驾驶状态时,将及时触发报警,语音提醒驾驶员及时休息,并在服务端告知平台运营人员,及时发觉违规驾驶行为,预防车辆事故风险(图5)。

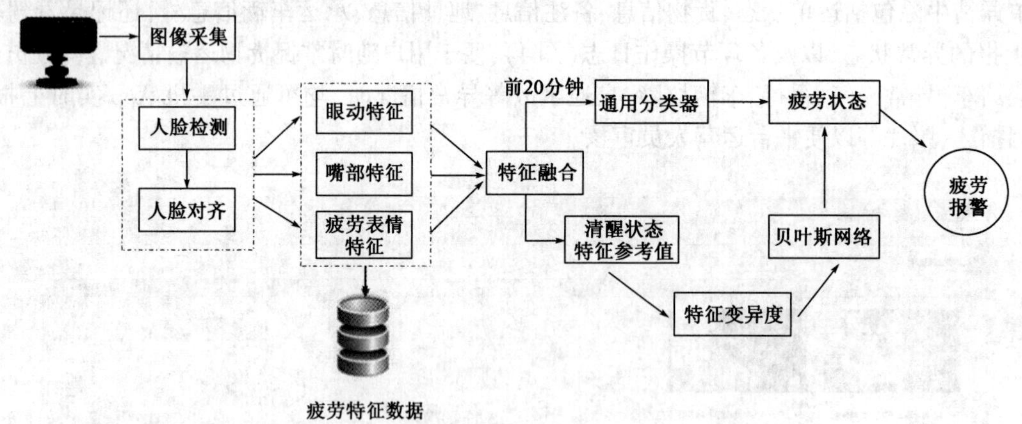

图5 驾驶员疲劳驾驶检测系统设计方案

(五)信用评价机制

为更好服务平台货主和承运人用户,解决传统物流行业诚信缺失在网络货运中的不利影响,全球集运平台通过建立信用评价体系和投诉建议机制,将信誉低、服务质量差、运输安全问题多的承运商或驾驶员列入黑名单(图6),降低对该部分承运商或驾驶员的订单匹配,从而保障运输安全及服务质量。

车牌号码	承运商	车辆类别	录入车型	结算车型	拉黑原因	拉黑人	拉黑时间	操作
[illegible]	[illegible]	挂车头	6.8		车辆扣货	[illegible]	2020-05-18 16:36:59	查看订单
[illegible]	[illegible]	挂车头	6.8		车辆扣货	[illegible]	2020-05-18 16:36:48	查看订单
[illegible]	[illegible]	挂厢	17.5		车辆扣货	[illegible]	2020-05-18 16:36:43	查看订单
[illegible]	[illegible]	挂车头	6.8		车辆扣货	[illegible]	2020-05-18 16:36:37	查看订单
[illegible]	[illegible]	挂厢	17.5		车辆扣货	[illegible]	2020-05-18 16:35:57	查看订单
[illegible]	[illegible]	挂车头	0		车辆扣货	[illegible]	2020-05-18 16:35:51	查看订单
[illegible]	[illegible]	挂厢	17.5		车辆扣货	[illegible]	2020-05-18 16:35:45	查看订单
[illegible]	[illegible]	挂车头			车辆扣货	[illegible]	2020-05-18 16:35:38	查看订单
[illegible]	[illegible]	挂车头			停运	[illegible]	2020-05-15 13:54:30	查看订单
[illegible]	[illegible]	挂车头	0		停运	[illegible]	2020-05-15 13:54:27	查看订单

图6 车辆黑名单功能界面

1. 信用评价体系

平台围绕运输效率、运输安全、服务质量、用户满意度、现场管理等方面,对实际承运人进行综合考核评价。考核采用总分为100分的评分制,其中运输时效占40分,为最重要的考核指标,运输安全为10分,服务质量为10分,用户满意度为20分,现场管理为20分。

以运输安全指标为例,根据系统真实运输数据为承运人打分,如出现货物遗失的,每丢货一件扣1分;如出现货物损毁的,每破损一件扣1分,若货物发生整车损毁或烧毁,则该月本项目得分为0。

此外平台也正逐步搭建并完善托运人信用评价体系,针对托运人公共信用情况、履约等交易行为表现、实际承运人评分等方面进行综合考评,以便为优质货源提供优质运力。

2. 投诉建议机制

为规范用户流程,明确投诉处理责任和原则,使用户投诉能得到及时有效地处理,平台对所有用户开放电话客服、在线客服等多个投诉通道,并成立用户投诉受理部门,由客服部统一承接、受理用户投诉事宜,并制定标准化的用户投诉受理规则。

平台通过设立投诉升级机制、联动机制、回访机制和奖罚机制,客服团队权责分明,全球集运各部门高效联动,切实为用户解决问题,提升用户体验与满意度。

以客服工作为例,全球集运提供7×24小时的客户服务,客服人员需熟练掌握专业知识,及时响应用户需求,保持敏锐的问题发现能力,出现异常问题时能够反馈至技术人员并协助处理,同时用规范话术安抚用户。

通过信用体系建设的不断完善与推广,用诚信约束交易双方的行为,有效提升了平台订单的成功率,降低了用户的投诉率。目前,平台用户纠纷投诉率大幅下降,订单成功率越来越高。

(六)保险增值服务

为最大限度地规避运输风险,平台还注重偿付能力体系建设。平台分别面向货主与实际承运人提供保价服务、货运险、物流责任险等,建立货物安全基金,并积极与平安、人寿等保险公司合作探索适合网络货运平台运营特点的保险产品。

平台以托运货物为标的,为托运人按车次购买货运险,在运输期间发生货物损毁等情况时,托运人可依据保险协议追偿损失。另一方面,面向企业性质的实际承运人提供物流责任险的购买渠道,保障实际承运人的偿付能力;面向个体驾驶员按车辆提供事故担保。同时,参与平台网络货运业务的合同车辆及实际承运企业,统一参加车辆运行安全费用(货物安全基金),按照每行车趟次的里程、车辆方位大小缴纳小额费用,用于快件损毁补贴、相关业务知识培训、规范化管理等。

以货物安全基金为例,加入该保险池的承运商按标准缴纳费用后,当运输货物发生损失时,承运商除获得物流责任险给予的赔偿外,还可对超出部分使用快件损毁补贴,补贴标准根据造成货物损毁的交通事故责任判定情况(以交警责任认定书为准)以及承运商当年申请使用基金补贴次数而定,具体补贴标准见表1。

承运商无责任的交通事故造成货物损毁补贴标准 表1

申请使用风险金次数	货物损失总金额 X(单位:万元)	补贴标准
首次	$X \leqslant 10$	货物损失总金额×35%
	$10 < X \leqslant 20$	货物损失总金额×40%
	$20 < X \leqslant 50$	货物损失总金额×45%
	$X > 50$	货物损失总金额×50%
第二及第三次	$X \leqslant 10$	货物损失总金额×30%
	$10 < X \leqslant 20$	货物损失总金额×35%
	$20 < X \leqslant 50$	货物损失总金额×40%
	$X > 50$	货物损失总金额×45%
第四次以上(含)	$X \leqslant 10$	货物损失总金额×25%
	$10 < X \leqslant 20$	货物损失总金额×30%
	$20 < X \leqslant 50$	货物损失总金额×35%
	$X > 50$	货物损失总金额×40%

此外,平台依托圆通集团旗下上海星达保险经纪有限公司的专业资源,整合中国平安、太平洋保险、中国人寿财险等保险公司,泛华保险、无忧查勘等保险服务商,面向网络货运业务中的人、车、货,提供全方位的保险产品、技术与运营服务。

四、实施成效

全球集运平台以信息技术联通物流要素,以平台技术及运营整合社会物流资源,为网络货运企业的安全管理发展赋能,助推网络货运行业安全、健康发展。

(一)网络货运业务合规化管理效果显著

以全球集运平台为系统支撑的上海圆汇网络技术有限公司,于2017年1月取得无车承运人资质,并由上海市交通委推选成为部级试点单位,参与全国无车承运人试点工作。根据交通运输部无车承运人试点综合监测平台数据推算,试点期间平台车辆定位正常率提升约29.63个百分点,车辆资质符合率、单据接入正常率、运单和资金流水匹配正常率长期稳定在100%。

(二)全球集运安全管理水平稳定提升

基于全球集运平台的系列安全管理举措逐步完善落实后,全球集运以及平台所服务的上海圆汇网络技术有限公司等关键用户企业,保持了安全稳定的良好发展态势,满足交通运输部等监管部门相关要求,近三年未有安全生产责任事故发生。

(三)货物运转效率与安全同步发展

相对于传统的货运经济和货运代理组织模式,网络货运的核心价值在于通过互联网技术促进市场中分散的中小货主企业、货运企业和个体资源的集约整合,优化市场发展格局,促进市场集约化发展,从而有效降低社会物流成本。全球集运平台在整合物流资源的基础上,运用移动互联网、大数据、物联网、云计算等先进技术,进一步提升了货物运转的整体效率和安全水平。

平台订单响应及时率可达99%;基于货量预测模型结合实际运输业务开展,提升调度工作效率可达80%;平均每吨运输费用较之前降低约17%,同时大大提高了平台计费的真实性和有效性;运输过程全程可视,业务流程全程可溯。仅以承运商资质认证为例,承运商提供资质材料到认证完成的线下流程平均耗时约5个工作日,线上认证可在1个工作日内完成。

满足交通运输部等监管部门相关要求,近3年未有安全生产责任事故发生。

(四)全球集运积极保障防疫物资运输

此外,在2020年1月23日至4月8日我国新冠肺炎疫情形势严峻期间,全球集运平台一方面发挥业务流程线上化优势,减少运输过程中的人员接触;另一方面充分调动平台的运力资源,通过系统协同实现跨地区的无缝对接,快速就近调配运力,撮合物资和本地化运力的高效匹配,全力保障对湖北武汉等疫情重点地区的应急救援物资和全国各地人民群众日常基本生活物资运输服务(图7)。在此期间,平台完成汽运运单超过22.5万单,运输物资超过200万吨;航空运单6000余单,运输物资超过1800吨。

图7　新冠肺炎疫情期间平台车辆运输货物抵达

企业工程档案资料数字化管理

中交水利水电建设有限公司

成果主要创造人:吴松华　张心泽

成果参与创造人:李一凡　方　路　王朝晖

中交水利水电建设有限公司成立于1975年,拥有港口与航道工程施工总承包一级、航道工程专业承包一级、水利工程总承包一级、市政公用工程总承包一级、勘察测绘甲级等资质,主要从事国内外港口与航道疏浚工程、海岸与近海工程、筑堤与吹填造地工程、勘察测绘等业务。公司在国内外承建和参建了多项重大港航项目,施工足迹遍布国内沿海港口、内陆江河湖泊,并成功进入亚洲、美洲、非洲等地区。公司拥有以先进的大型耙吸、绞吸船为核心装备的综合船队,建立了SMS(国际/国内)安全管理体系和"三标一体"管理体系,通过持续推进科技创新,多项成果获国家、部、省级科学技术进步奖。公司先后获得全国优秀施工企业、全国五一劳动奖状、全国水运建设行业优秀施工企业、全国交通运输行业文明单位、全国交通运输企业文化建设卓越单位、全国"安康杯"竞赛优胜企业十二连冠、全国施工企业设备管理优秀单位等国家级荣誉;从1990年起连续保持浙江省文明单位称号,获得中国交通建设股份有限公司优秀企业管理金奖、浙江优秀交通企业、浙江省信用管理示范企业、浙江省守合同重信用AAA级企业、浙江省建设工程钱江杯奖、浙江省建设企业文化建设先进单位等荣誉。

一、实施背景

(一)档案资料数字化的背景

近年来,随着信息化的迅猛发展,建设领域电子文件与电子档案大量产生并广泛应用,如何保证信息时代城乡建设活动的真实历史记录长期保存和随时利用,已成为各地施工单位特别是施工单位档案管理部门、施工建设系统各业务管理部门及施工企业下辖的区域公司、工程管理机构、财务管理、投标管理、党建管理、监理等部门所面临的一项紧迫而艰巨的任务。为保证建设电子文件与电子档案的真实性、完整性和有效性,保障建设电子文件和电子档案的安全保管与有效开发利用,2007年11月,建设部办公厅制定并发布了行业标准《建设电子文件与电子档案管理规范》(CJJ/T 117—2007),并于2008年1月1日起实行,2017年发布《建设电子文件与电子档案管理规范》(CJJ/T 117—2007),原标准废止。推行电子档案是顺应施工企业电子化办公的趋势,是进一步提升大数据办公的基石。

(二)工程档案数字化的必要性

建筑工程资料管理工作长期以来一直以工作量大、涉及面广,对应的各种规范标准种类繁多,表格形式多样繁杂而著称,且随着工程体系越来越成熟,工程管理也会越来越严密,反映工程管理的工程档案所承载的信息量也越来越大,需要保存的时间也更久,档案的体系脉络也会更加细致。传统的纸质化档案管理系统已经无法满足施工资料的快速上传、快速整理、密集保存、快速查阅的功能。需要信息量承载力更大,检索更加便捷,体系更加标准且透明的数字化档案管理模式。而档案数字化管理作为信息化建设的一部分,能够极大满足项目资料管理的需求。所以档案管理的数字化就尤为必要。

(三)档案资料数字化的紧迫性

近年来随着社会信息技术、大数据技术、AI人工智能技术的推广普及,工程信息化技术的推进,施工企业的信息化深入建设已迫在眉睫，且早在2007年11月，建设部办公厅制定并发布了行业标准《建设电子文件与电子档案管理规范》(CJJ/T 117—2007)，并于2008年1月1日起实行，工程电子档案早已是施工企业信息化的议题之一。

(四)工程档案资料数字化的应用目标

通过数字化档案管理，提高公司领导—职能部门—项目部之间的信息串联效率，提高档案信息归档的实时性，通过数字化程序规范归档、借阅、检索流程，提高管理效率和管理的严谨性，紧跟国家信息化建设前沿。

二、成果内涵和主要做法

(一)档案管理数字化的内涵

相对于传统模式，档案管理数字化具有经济、高效、规范、查阅简便等优点，具体体现为：

1. 经济性

通过档案管理的数字化，可减少对纸张的依赖、减少不必要的亲临检查及不必要的差旅，避免了反复印制资料而造成的纸张和人力资源的浪费，节省了库房保管费用和存储需要的占地空间，提高企业管理效益和经济效益。

2. 高效性

其信息化基因保证了项目档案管理的实时性和高效运转，其数字化存储、检索和归档起来极为方便迅速。在任何时候，电子文件可以随时适应人们的需要，修改、调阅可以跨越时空界限进行。在一定的条件约束下，登录者可以根据需求随时调阅和上传档案管理资料，极大地提高了工作效率。尤其在当下新冠肺炎疫情形势下，远程督查显得更为必要，档案管理数字化作为项目资料中转平台，可高效用于远程督查中的台账资料检查。

3. 严密性

档案管理数字化的流程更加严谨和透明，保证了归档资料的规范性和可查性以及痕迹的可追溯性。现如今，信息化建设下各类云储存的高保密性更保证了资料储存的可靠性。

(二)档案管理数字化的主要做法

1. 初步管理流程

整个档案管理数字化的初步管理流程可概述为：开工资料准备(工程立项审批、招投标、勘察、设计、项目介绍等)→施工质量管理资料、施工过程管理资料、原始类材料资料、工程分包管理资料、工程其他的管理资料、工程的声像资料→工程竣工资料。整个流程包含的资料流程如图1所示。

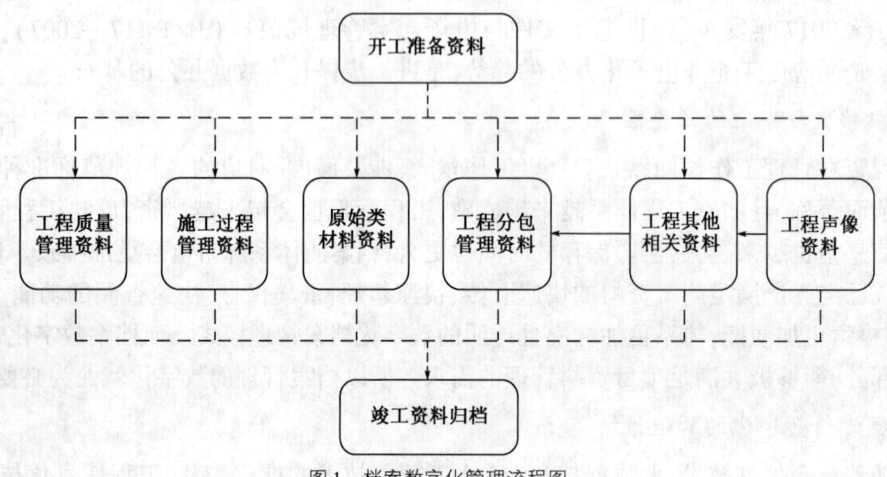

图1　档案数字化管理流程图

2. 总体思路

为了加快档案管理数字化的普及，提高普及后的性能，需要对档案管理数字化前期的数据进行采集。通过对采集的数据及发现的问题进行分析，从而为档案数字化的可靠性提供保障。其总体思路如图2所示。

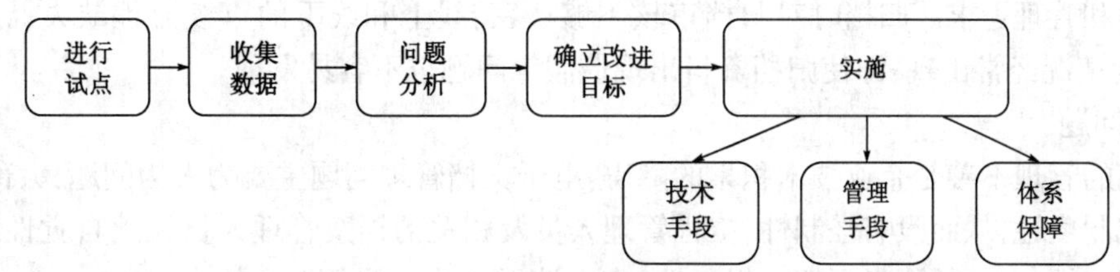

图2　档案数字化管理思路图

3. 如何试点

搜寻具备企业业务典型的代表项目和具有里程碑式意义的项目，具有一定的先进性和前瞻性，涵盖公司水利、市政、港航、航道清淤等业务。业务贯穿项目部—公司机关—领导多方，从而保证对各个档案管理数字化板块进行应用。

项目全过程包含项目投标→项目中标→签订合同→项目准备→项目实施→验收。

步骤全过程包含对项目数字化档案管理的档案资料上传→档案资料审核→档案资料正式归档→档案资料的销毁，以及档案资料的检索、档案资料的督查、档案资料的权限设置等。

4. 如何采集和分析数据样本

数据采集的内容主要包括使用时出现的问题，主要可分为：档案管理数字化的流程问题、档案管理数字化人的问题、档案管理数字化管理问题、档案管理数字化的维护问题四大类。通过定向问题的采集，助力找到档案管理数字化系统运营时的缺陷。

数据采集的模式可分为实时采集法、总体采集法和被动收集采集法等。实时采集法：当档案管理员在使用数字化档案管理系统时对发现的问题和不足进行实时记录。总体采集法：通过走访项目部及企业管理机构逐一收集和记录问题和不足。被动收集采集法：通过使用者主动向数据采集负责人反映来收集和记录问题，以便加速数据采集。

5. 如何分析问题

档案管理数字化系统的问题分析方式可分为以下几种。系统分析法：通过把企业—项目部—管理部门看成一个体系，在运行档案管理数字化系统时，判断系统是否存在问题，是什么原因造成的，涉及管理的深度和广度，在掌握足够数据和对系统运行状态有比较深入了解的情况下，可采用的方法，以判断问题的性质，拟定解决问题措施。

重点分析法：把档案管理数字化存在的众多问题用排列图的方法，依照影响问题的性质或程度大小组合排列；然后将影响程度占总问题的比例大的因素列为解决问题的重点，其他占比较小的也会迎刃而解。

解析分析法：把档案管理数字化的整体，按照管理模式进行分解，通过对这些因素的分析来界定问题的性质，从而深入把握存在问题的原因，为采取相应措施提供依据。

纵向比较法和横向比较法：通过对不同行业企业和同为施工企业的档案管理数字化的实施标准与实际应用情况进行比较，了解主要使用效果和存在的问题及演变过程，从而推测出改进的方向。

6. 改进目标的大致方向

改进方向主要从档案管理数字化的技术方面、管理方面、组织方面、体系方面四方面展开，通过把握准确的改进方向，保证档案管理数字化成果的可应用性。

7. 主要问题及分析

(1)流程问题

档案管理数字化流程不符合实际需求：档案管理数字化刚开始建立时,应用的流程管理模板往往是通过以往其他地方的应用而形成的。在企业应用时往往会出现水土不服的情况,无法满足企业自己内部的管理流程和管理需求。归档时对归档审核不够严密：线上和线下的审核流程缺失,导致归档资料"缺斤少两"的情况经常出现,即使归档资料出现造假等问题也不容易发现。

(2)管理问题

电子文档的管理不善是企业技术积累的障碍：电子文档管理问题主要为人为问题,大部分工程档案上传没有形成制度性,从而没有强制性,工程管理人员及相关的档案管理人员缺乏自觉性,导致电子档案上传的不完整性、上传的资料不符合规范性(在系统无法约束的条件之外)。通常一个项目容易出现一部分工程资料上传,而另一部分工程资料没有上传的情况。

突击整理是技术档案管理的弊端,档案管理往往缺乏上传的实时性。虽然系统能够实时地传达给班组、项目部、机关部室、公司领导。但是项目部往往在突然需要检查或突然有其他需求时才会上传资料,导致原本在纸质资料当中的传统问题——突击性和应付性显现在了档案与资料管理数字化上。

管理方式与保管手段是影响资料再利用效果的根本因素：相对于传统的档案管理手段,档案与资料管理系统的电子管理更加先进,调阅起来也更加方便和系统。但是随之而来的问题是,档案管理相关人员基于原有的档案管理手段和理念上管理现有的系统,导致系统固有的优势无法得以有效发挥,从而影响资料再利用的效果。

(3)人员问题

项目部缺乏专业档案管理人员是普遍存在的问题：缺乏受到专业培训的档案管理人员,档案管理人员往往由刚入职的新员工或者大学生担任,对公司体系认识不足,对档案管理流程认识不足,导致对档案管理的专业性不强。

(4)维护问题

档案资料数字化管理的安全性有待提升：档案管理数字化归档后资料的安全性、隐私性是非常重要的。档案资料的存储系统未设置在本公司对本公司的档案的安全性、隐私性会造成了大的隐患。

(三)流程改进的目标

1. 业务流程内部管理规范化

对档案与资料管理数字化上传、下载、共享、招投标管理、施工管理、部门管理以及检索、督察、销毁等流程进行规范化梳理,编制流程管理文件。规范档案的归档、查阅权限及销毁的审核流程,充分发挥档案管理数字化在流程管理上的优越性。

基于流程管理文件对数字化页面进行定制开发,从而通过数字化极大地提高了施工企业的档案管理规范性和便捷性。在传统的工作模式中出现的工作流程混乱无序、审批流程复杂、缓慢、文档、资料多而杂,容易漏存、错存资料等管理不规范等一系列问题得到有效解决。

2. 档案管理的节点设置、进度可视化

在建设项目实施过程中,如何提高效率、控制进度、掌握项目的资料动态是施工单位管理层及管理部门非常关心的问题。档案与资料管理数字化通过将整个项目按照投标、中标、合同、前期、施工、竣工、运维等步骤进行节点的划分,节点的状态主要分为：档案管理计划时间、办理情况、完成进度、审核意见等,通过节点模块可明确、清楚、形象地了解到项目的进度、各项资料的上传情况,从而让项目负责人、企业管理者和参与者做到心中有数。

3. 形成项目信息集中管理库

形成统一、规范、有序、实时的项目档案信息库。多种分类模式保证了档案资料归类的严谨性和丰富性。

从建设性质分类：市政、水利、港航、房建、交通、机电等。

工程性质分类：施工准备、施工前期、施工中期、竣工、结算等。

具体项目基本信息分类：项目概况、进度、简报、标段、合同、变更、会审会签、资金拨付、造价等。

将一系列数据信息建成综合信息库，更可以在后期形成业务流程网上审批，甚至形成工作相互监督的模式。

4.绿色办公便捷高效

通过档案管理数字化的实施，强化网络办公优势，在新冠肺炎疫情的大环境下，通过实施档案管理数字化，减少不必要的、高成本的差旅，从而大大降低企业成本，节约人力资源，缩短时间距离，减少感染新冠肺炎的风险，保证企业能够正常运行。并通过档案管理的数字化，减少不必要的纸张资源浪费和纸张储存所需要的空间浪费。

5.做到工程简报文档管理集成

对涉及项目管理中的图纸、材料、文件等进行分类管理，方便查找和使用。避免传统办公当中常见的问题，减少分类整理不规范、遗失等情况的发生。

6.数据统计，报表生成自动化

代替人工进行海量的数据储存、统计，省掉大量的人工和不必要的劳动。通过档案管理数字化系统实现报表功能：内部报表，以及向下级项目部、机关各部室、公司导报表系统会存储原有模板进行管理。

7.操作方便简洁，设计人性化

对公司内部的业务流程、工作模式的深入、反复调查及研究，结合实际情况，将总结用于对档案与资料管理数字化的相关需求及管理流程不断改进、完善。让系统更加人性化、操作更加的便捷，通过系统让员工从繁杂的工作中解放出来。

8.建立健全项目档案工作各项管理制度

按国家、行业有关档案管理规定，制定与本档案管理数字化系统相适应的项目档案管理制度，对项目文件的收集、编制、整理及项目档案的验收与移交进行全过程的监督、检查与指导。

建设项目档案管理的主要制度有：分类标准、保管期限、领导责任制、岗位责任制、技术（图纸）资料管理制度、竣工文件编制要求、整理办法、档案移交要求以及工程档案利用借阅制度等。

9.建立适合档案与资料管理数字化的管理体制

统一领导、分级管理。项目建设单位及各参建单位要建立各自的项目档案管理网络，明确一名企业领导分管项目档案工作，设立与项目建设任务相适应的档案专门机构，配备具有相应档案专业知识和业务技能的专、兼职档案管理人员，负责各自项目文件的收集、整理、归档和移交工作。

10.建立企业存储端体系

为企业建立存储端，提高存储端的自主性，保证存储的安全性和可靠性。

（四）电子文件档案管理体系

1.确定管理原则

应将电子文件档案管理数字化工作纳入企业信息化建设和档案工作规划，纳入有关部门和人员岗位职责，配备必要的人员、资金和设施设备，为电子文件归档和电子档案管理提供保障。

2.协调相关管理部门

为加强电子文件归档和电子档案管理工作，成立由档案部门、信息技术部门、保密部门、业务部门组成的电子文件归档工作协调机构，其职责如下：

审定电子文件归档和电子档案管理规章、制度和标准规范；

制订电子文件归档和电子档案管理规划,审定电子文件归档和电子档案管理年度工作计划;

协调电子文件归档和电子档案管理中的有关问题。

3. 明确职责、完善制度、措施到位

根据本单位情况,依据电子文件全程管理、前端控制原则及完整性、真实性、可读性保障原则,制订本单位电子文件归档管理制度。必要时辅以一定的行政、经济手段,保证电子档案的质量。

4. 统一电子文件归档格式

在工程项目中,电子文件管理系统应建立一系列标准,制定统一的格式。由档案管理部门对工程项目电子文件进行编号、著录、刻录、标识,保证归档的电子文件齐全、完整、真实、有效,便于长久利用。

5. 合理配置资源,包括设备和人力资源

电子文件的形成、处理,都是在电子计算机软、硬件平台支持下完成的,因此充分配置电子文件管理所需设备是从事电子文件归档管理的前提。此外,电子文件的整理、保管、鉴定、统计和提供利用,都要由电子文件管理人员负责实施完成,应尽快培训一批档案人员来负责电子文件的管理。

6. 贯彻前端控制思想

对电子文件的形成、积累、整理、归档应实施全过程管理,以保证电子档案的质量。电子文件归档与传统纸质文件归档不同,传统的做法可以不管文件形成过程中的具体细节,只要根据文件的保存价值,在工程项目结束后对其进行收集、整理、归档、保存,但电子文件沿用这种方法行不通的。电子档案的归档从工程项目立项、设计文件形成之时起,档案管理者就要立即介入,进行监督、指导,提出文件运行的环境背景、元数据,划定该归档的文件范围,敦促其适时进行归档,防止电子文件丢失,保证电子文件完整、准确。

7. 重视技术鉴定

工程项目电子文件的归档与验证应同步进行。电子文件的技术性鉴定包括对信息和文件载体的真实、可靠、完整、可读性的认定。

8. 明确具体档案与资料管理数字化的管理措施

①将项目档案管理纳入"项目法人制""投标制""工程合同制"中。

②坚持项目档案工作与项目建设同步进行,即"四同步":下达工程计划任务与提出文件材料归档要求同步;检查计划进度与检查文件材料形成情况同步;工程竣工验收与验收工程竣工档案同步;申报评优及项目有关人员晋职评优时,档案部门同步出具专题归档证明材料。

③建立健全项目档案管理制度、汇总制度、保密制度、利用制度、图纸更改制度、竣工图编制办法、项目文件归档范围、文件收发文登记制度、文件流程控制制度等。

④采取经济制约措施,实行工程档案质量保证金制度(仅适用于建设单位与施工、监理等单位的合同要约),任何国家部门均不得收取工程档案保证金。

(五)技术手段

工程档案管理由项目部工程管理、资料管理、检索和归档管理组成。涵盖了规范档案的收集、入库、整理、发布、归档、查询、借阅、销毁等方面进行全过程控制和档案管理等流程。总体上原本的流程需通过数字化系统编辑对档案管理数字化每个流程的梳理,使得档案管理数字化符合实际需求,能够保证对管理的规范化、便捷化、透明化,从而保证数字化管理的优势得到发挥。具体做法如下:

1. 梳理档案录入

档案录入分为档案目录录入和档案附件录入。通过对档案管理数字化系统进行编码,将目录录入到标准的 Excel 表中,然后批量导入到档案管理数字化系统中。通过编码将档案目录的编制统一完善,若不根据预设的 Excel 模式,便无法导入至档案管理数字化系统当中。相对应的附件录入,通过专门的软件审核,从而保证录入扫描件的原始性和可编辑性,最终扫描件录入在相对应的目录下插入电子文件中。在档案录入完毕后,便可进行成批提交鉴定申请,即向档案管理员提交归档申请。

2. 完善档案归档审核流程

编辑审核流程,对收集、整理的文件或档案由工程档案管理移交过来的档案统一进行审核管理。对不规范的档案,档案审核人写明原因,选择"驳回",系统自动驳回给申请人,让申请人重新整理后上传,对通过的档案选择"通过"予以归档。

档案附件的检测:通过档案管理数字化系统和线下检测机制建设,对检测流程进行设置,将归档电子文件与电子文件应有构成要素进行比较,凡缺少应有构成要素的电子文件均是不完整电子文件。

检测方法:①收集归档前,采用加密算法对待归档电子文件进行确认;②电子档案管理系统接收到归档电子文件后调用加密算法认证,形成认证码。将产生的认证码与原认证码进行比对,如果两次认证码不一致,应确定为电子文件被更改。

3. 加强档案保管网络流程

对工程档案保管功能进一步开发,使档案管理数字化在保管的流程上进一步严谨。通过档案管理数字化系统对原件的借出、归还登记管理和电子档案的鉴定销毁进行流程编辑;电子档案的销毁、借阅、鉴定参照国家关于档案有关规定执行,对于电子件、原件或载体等的销毁、借阅、鉴定,须在系统中提交销毁申请,等待审批通过后方可实施档案销毁、借阅、鉴定。

在入库和出库管理上,档案与资料管理最常见的是入库登记和借阅登记两部分。

入库登记:负责项目的有关人员所跟进的文件完成后,可向该工程项目的文档管理员或系统管理员提交原件入库申请,文档管理员或系统管理员按照《归档文件的质量要求》检查通过后办理原件入库手续。

归档鉴定:将文档上传至数字化管理系统,管理系统对其进行第一步鉴定,若文档被人为修改过而不是原件则被标记,供档案管理员参考,即审核入档案室的档案。经过系统第一道程序时,导入的档案目录可由相关负责人预先审批,导入系统后档案管理员可直接点击"直接归档"对导入的目录一次完成审核。

文档归档:某阶段形成的文件已经跟进完成可申请归档。

销毁鉴定:对于已经过期或因为其他原因等导致某项目停止的档案,由相关负责人提交申请,由档案管理员鉴定销毁。

4. 完善工程借阅体系

通过对借阅功能的改进,用户可以对已归档的工程文档进行申请借阅,由文档管理员审核通过后方可对原件或电子文档进行查询。系统用户可以在借阅列表中找出自己需要借阅的工程文档进行借阅申请;有红色字体描述"不可借阅"的文档是因为已经被借阅或该文档未归档。用户可以从"我的借阅"去了解自己申请借阅的状态。

对已归档的电子文件或已入库的文件原件借阅。申请借阅时,申请人需在系统申请表中注明借阅类型(原件还是电子文件)、借阅时间和借阅原因等。对于电子文档借阅,申请审核通过后系统将在借阅时间完成后自动取消该文件的阅览权限,如需再借阅须重新提交申请。对于原件借阅,用户通过申请后可向文档库登记借阅。

5. 新增档案统计功能

档案管理数字化系统对电子档案数量与容量能够具备一定的统计功能,将档案的数量,每季度录入的时间形成图形报表,便于管理者及相关人员进行阅读。

其统计的门类按照图 3 方式统计。

系统按照每季度对电子档案的接收、整理、保存、鉴定、利用等关键业务过程工作情况进行统计,并能根据需求进行一定的修改。

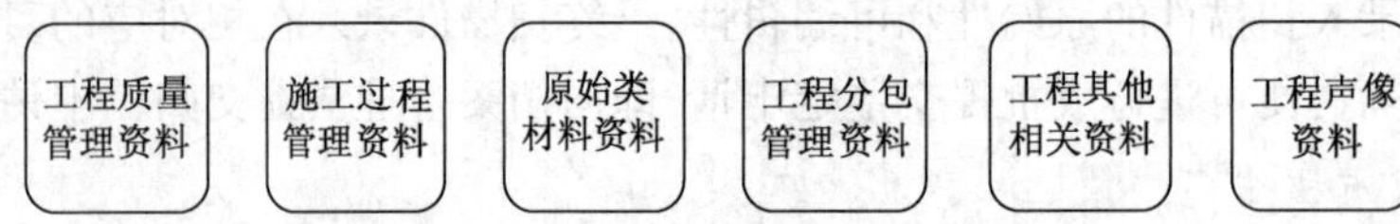

图3　档案统计门类图

6. 改进角色和权限设置

为完善权限管理,在初步设置角色权限时,可根据项目部、机关各部室下设置子账号,并限定子账号权限,保证档案的隐私性,当需要分阅、检索和督查时可向管理员或者具有权限的上级部门提出申请,收到申请后给予回复。

改进后角色权限具体分类如下所示:

用户类别/用户级别

普通用户:指任何有权接收、审核、使用电子档案管理系统中电子档案的人员。这是企业中大多数员工拥有的访问权限的标准级别。

授权用户:指具有特殊访问权限的用户,允许有比普通用户更多访问权的用户,如具有比普通用户访问更多的电子档案的权限,能够使用比普通用户更多的功能。

管理员用户:被指派负责对电子档案管理系统中电子档案的内容及其使用进行设置、监控和管理的人员。负责设定和取消分配给用户及授权用户访问权限的人员。

7. 工程档案检索

检索功能更加严谨,使用者可由档案的档案号、题名、主题词、相关人员的名字和工号、文档中的内容及文字、档案型号或格式、档案归档日期等检索出要求的档案。当使用者需要检索自己分阅不到的内容或者需要查看自己没有权限的内容时,可向档案管理员提出申请。

8. 工程档案管理系统的分类设置多维化

按照工程划分及文件划分要求进行分类,根据工程划分及文件划分标准进行工程划分,如图4所示:

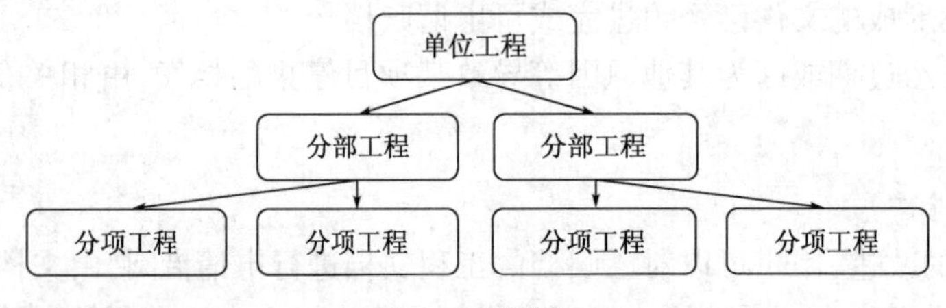

图4　工程划分

作为工程文件的管控和扫描录入、建立索引的基础,档案分类法和工程进度、标段等信息紧密结合,满足工程人员和档案人员的使用要求。

根据已建立的工程划分,由项目部按照单位、分部、分项工程,文件分类进行文件收集、管理。在此基础上项目部进行文件条目管理,其包含文件收集计划管理、文件收集检查、文件条目录入、文件移交/接收管理等。施工方和监理方按阶段将收集的工程文件数据上报业主。

9. 数字化参与工程信息管理

档案与资料管理数字化中的工程管理及上传包含了基本信息、综合管理、进度管理、材料管理、质量管理、测量管理、分包管理、合同管理、设备管理、成本管理、考核管理、验收管理、创优管理、声像材料、纸质档案等。其中基本信息主要介绍了项目部的基本情况包含了工程简称、工程名称、合同总价、合同工期、工程地点、工程规模、项目负责人、项目总工、项目副经理、开工日期、完工日期、施工相关单位信息(建设单位、设计单位、监理单位、质量单位、勘察单位)。工程基本信息的填写当中,会出现自定义工程概况信息按照质量表格填写要求,一次性定义工程概况信息,所有表格中有关信息自动填写完成,大大减轻表格填写工作量。

工程的质量、安全、进度、材料、测量、分包、合同、设备、成本、考核分别对应到相应的管理当中。

这些功能可根据工程实际需求进行选择性使用,相关部门对选择项进行审核,若不符合要求可进行驳回或辅助修改。

(六)后勤保障及安全

1. 建立档案管理系统储存体系

通过购置存储设备减少对外部存储依赖,做好资料隔离措施。通过云端和自主设备双系统保障资料存储的可靠性。

2. 加强电子档案保管

①档案管理部门应每年对电子档案的可读取性进行评估,形成评估报告;如存在因软、硬件或其他技术升级、变动出现电子档案不可读取的风险,应对电子档案进行迁移。

②电子档案迁移:电子档案迁移前应进行迁移可行性评估,包括目标载体、系统、格式的可持续性评估、保管成本评估等,并保证迁移过程电子文件的真实性,过程可控,防止迁移过程中电子文件信息丢失、非法篡改。

③建立安全保密机制。

将电子档案安全中的物理安全、系统安全和保密体系建立起完善的保证体系。档案管理数字化过程中应实施全方位的安全与保密措施。

加强备用电源建设,保证在突然断电的情况下不会导致资料的丢失。加强存储设备保养工作,对存储设备进行定期保养。储备多套杀毒和防火墙软件,加强网络防火墙建设,保证网络安全。定期查杀病毒,保护电子档案及其元数据不受病毒感染。

对于涉密电子档案管理系统部署、运行的网络与互联网物理隔离;而非密电子档案管理系统部署、运行的网络应与互联网逻辑隔离。

三、实施效果

档案与资料管理数字化的实施,极大地提高了相关管理的效益性、经济性和严密性,省去大量的人力、物力和财力资源,更是响应了国家绿色办公、节能减排的号召。网上办公能让文件传递、业务审批、会审会签、统计报表快速完成,形成便捷、高效的办公模式。

档案与资料管理数字化对水利、市政、港航行业项目工程档案的管理,真正实现了工程档案的信息化管理和竣工档案的快速编制,极大提高了工程档案的管理效率和管理水平,全面实现了工程档案、竣工资料管理的统一和标准化;极大地缩短了工程档案、竣工资料的编制时间;大量节省工程档案、竣工资料编制的费用和人力投入;完全实现了工程档案、竣工资料管理信息化;完美体现了工程档案、竣工资料管理的计划性、及时性、完整性和系统性。其不但解决了工程档案的一般管理问题,还为工程档案的信息化提供了一个优秀平台,实现了工程档案全生命周期的信息化管理。

档案管理数字化流程经过适应性改造后,其流程极大地符合公司需求,且档案的各项流程得到了极大的规范。协助企业信息化,实现了工程档案、竣工资料信息化管理。解决了工程档案、竣工资料管理的计划性、及时性、完整性和系统性管理难题。工程项目交工档案资料收集齐全、完整,录音、录像和图片等特殊载体档案资料收集及时,同步整理,能够真实反映工程项目建设和管理全过程。工程项目竣工图编制规范、图面清晰,变更情况得到完整反映,做到图物相符。大量节省工程档案、竣工资料编制的人力投入、物力投入和费用,减少了不必要的办公用材浪费,减少了保管空间,减去了不必要的物流和差旅成本。根据档案管理数字化实际需求,针对线上、线下操作制定相应的管理制度和管理守则,档案管理数字化和相应的管理得到双向促进。

创新驱动绿色发展、研发保障固废利用

山西路桥建设集团有限公司

成果主要创造人:杨志贵　杨建红

成果参与创造人:杨海龙　崔君毅　李殿勤　荆冰寅　张青江　范　瑞　郝松梅　郭子强　梁　博　苗洺源

山西路桥建设集团有限公司(简称"山西路桥集团")组建于2001年5月,是山西省人民政府批准设立的大型国有企业。注册资本72.15亿元,主要从事交通基础设施的投资、建设、施工、运营和房地产开发,以及与之密切相关的设计、咨询、检测、机电、绿化、交安、交通物流、智慧交通等上下游关联产业。

山西路桥集团现有1家A股上市公司(山西路桥,股票代码:000755)。拥有1块国家公路工程施工总承包特级资质、1块公路行业设计甲级资质、9块公路工程施工总承包一级资质、1块市政公用工程施工总承包一级资质;2块融资租赁牌照,1块商业保理牌照;以及公路机电、检测、养护、交安、园林绿化、环保、地基、钢结构、消防设施、特种工程、房地产开发等30余项专业资质,同时具有对外经营权。

在山西交通控股集团有限公司的坚强领导下,山西路桥集团累计投资交通基础设施1100亿元、建设高速公路4810公里、运营管理(含委托)高速公路440公里,成为山西交通项目投融资主体和建设施工主力军,逐步走出了一条现代交通企业做强做优的新路子。

按照山西省委"四为四高两同步"总体思路和要求,在新战略机遇期(2019—2022年),山西路桥集团将致力于成为"国内一流的交通基础设施投资建设施工现代企业集团",实现"营收千亿、利润百亿、进入全国同行业第一阵营"的目标,全力打造"管理科学、经济坚实、文化先进、职工幸福"的卓越企业!

在山西省委、省政府、省国资委、省交控集团的坚强领导下,山西路桥集团紧抓国家交通基础设施供给侧结构性改革的历史机遇,坚持新发展理念和高质量发展要求,成功实施了多项BOT/PPP/TOT/BT项目,高效推进"投资·建设·施工·融资"一体化经营、协同化发展,走出了一条现代交通企业做强做优的新路子。先后2次入选中国企业500强,3次荣获国家优质工程鲁班奖,7次荣获国家优质工程银质奖,多次荣获全国交通运输系统先进集体、全国优秀施工企业、山西省建筑工程汾水杯质量奖、山西省五一劳动奖。

在国家深化国有企业改革,推动国有企业适应市场化、现代化、国际化新形势下,山西路桥集团牢固树立"五大发展"理念,积极履行国有企业的政治、经济、社会责任,以"改革创新、奋发有为"的昂扬姿态奋力开创高质量发展新局面。

交通运输行业科技创新聚焦"综合交通、智慧交通、绿色交通、平安交通"的发展理念,针对基础设施、运输服务、信息化、安全应急、节能环保等重点领域及其主要方向存在的关键技术瓶颈,明确共性技术需求以及未来交通运输科技发展的方向和重点,指引行业开展科技研发,促进交通运输科技进步与创新。

一、实施背景

山西省是国家重要的能源和原材料基地,在向国家经济发展提供重要的煤炭、电力、冶金材料、化工原料、基础建材等基础能源和原辅材料的同时,也产生和堆存了大量的煤矸石、粉煤灰、赤泥、脱硫石膏及冶炼渣等工业固体废弃物(简称"固废"),这些工业固废侵占了土地、污染了环境、存在一定安全隐患,制约了山西的可持续发展和生态文明建设。近年来,山西省坚持“减量化、资源化、再利用”的方针,出台了一系列的政策措施,加大对工业固体废弃物综合利用的管理,工业固废综合利用得到较快发展,2018 年全省工业固废综合利用率达到 62.9%。但山西省在工业固废综合利用方面还存在一些问题,比如,生产者责任延伸制度落实不够、财税政策对综合利用支持力度不大等,这些方面存在的问题制约了山西工业固废综合利用的发展。公路建设作为最大的基础建设项目,公路在国民经济综合运输体系中的位置越来越重要,它会对一个地区的政治、经济、文化等发展起重要的促进作用。但在带来经济和社会效益的同时,其建设和营运将不可避免地对沿线区域的社会环境、生态、水环境、声环境及环境空气质量产生一定的负面影响。伴随着公路的高速发展,公路污染、公路对周边环境影响等问题也大量凸现出来。公路建设和运营过程可能产生各种影响深远的污染,环境保护势在必行。

2014 年全国交通运输工作会议上,时任交通运输部部长杨传堂指出,要“全面深化改革,加快发展‘四个交通’”,并强调“综合交通是核心,智慧交通是关键,绿色交通是引领,平安交通是基础,‘四个交通’相互关联,相辅相成,共同构成了推进交通运输现代化发展的有机体系”。

“十三五”是交通运输基础设施发展、服务水平转型升级的黄金时期,我国将逐步由交通大国向交通强国迈进。《关于实施绿色公路建设的指导意见》明确了绿色公路建设的指导思想和基本原则,提出了五大措施来保证绿色公路建设的顺利开展,任务涉及资源利用、自然生态保护、科技创新、品质优越和功能多元五个方面。绿色公路作为绿色交通的重要组成部分,是公路交通转型升级、提质增效的重要抓手。在生态文明建设上受到高度重视,资源节约、环境友好等要求进一步提高的新形势下,绿色公路必将成为推进绿色交通发展的重要切入点。通过进一步转变公路发展方式,推动公路建设持续健康发展,打造交通行业生态文明建设的靓丽名片。公路工程项目的建设势必消耗资源,最大限度地节约资源和利用固废成为摆在山西交通人面前的难题。

道路交通环境污染治理、利用和保护自然资源、改善生态环境而产生环境污染治理、利用和保护自然资源、改善生态环境是环境工程学的组成部分。山西路桥集团要研究的主要内容是道路交通环境问题的特征、规律,环境污染防治技术与方法,保护和合理利用自然资源、改善生态环境的技术措施,环境影响评价等。

因此,深入研究山西省工业固废综合利用及产业化现状和推进工业固废综合利用发展的政策、存在问题及原因,完善工业固废综合利用管理政策,对于促进工业固废综合利用及产业化,推动山西工业经济实现绿色低碳循环发展具有十分重要的意义。

工业固废综合利用及产业化是发展循环经济、促进节能减排的朝阳产业,逐渐得到全社会高度重视。工业固废综合利用产业具有公益性特点,其发展需要政策的支持、引导和规范。近年来,山西省制定出台了一系列相关法律法规和管理政策措施加速推进,工业固废综合利用取得积极成效。山西路桥集团为了加快工业固废的减量化、资源化、再利用,推进综合利用产业发展,促进工业转型升级和生态文明建设,展开公路固废资源化利用研究的研究和应用。

二、成果内涵和主要做法

成果内涵:固废资源化利用是山西路桥集团深入贯彻落实生态文明建设理念和绿色发展要求,面对深刻变化的行业形势、市场形势和环保形势,科学谋划企业高质量发展的一项重要举措。

山西路桥集团充分发挥“投资、建设、施工一体化经营、协同化发展”优势,掌握工作主导权,聚焦科技创新,聚力固废利用,聚集智慧力量,通过一年的研究、探索、试用,实现了从无到有的转变;2020 年,山西路桥集团在实践的基础上,总结经验、制定标准,正逐渐将固废应用由量变向质变转化。

《交通强国建设纲要》指出:“加强老旧设施更新利用,推广施工材料、废旧材料再生和综合利用,推进邮件快件包装绿色化、减量化,提高资源再利用和循环利用水平,推进交通资源循环利用产业发展。”

山西是工业大省,也是固废资源大省,每年排放的工业固废高达 2 亿吨,同时伴随山西交通基础设施高速建设,道路弃渣的大量堆放,进一步造成了环境污染、水源污染,产生安全隐患。2019 年以来,山西路桥集团牢牢把握新发展理念和高质量发展的实质,结合"矿产资源丰富、工业固废排放量大、综合利用率低"的特点,聚焦科技创新,聚力固废利用,坚持"产学研用相结合,推进产业革命",集中开展固废利用关键技术研究及产业化应用,实现了固废应用零的突破。

(一)实践探索

固废科学利用,重在科学,旨在利用。固废材料具有分布广、数量大、化学成分杂、性能不稳定等特点,尤其是气化炉渣、CFB(循环流化床)锅炉灰渣等大宗工业固废,受生产工艺、生产原材影响,化学成分、技术性能的变异性更大,无法直接应用于公路工程。为此,山西路桥集团联合国内外知名院校,本着"整体规划、突出利用、讲求实效"原则,用科学的态度和创新的理念推动固废利用,实事求是、深入细致地研究固废特性、组成设计、路用性能、工艺参数、耐久性能、环境影响等内容,经过反复调查、研究、试验、论证、评审,有规划、有步骤地实现工业固废在公路工程建设中的应用。2019 年 5 月 18 日,在太行一号旅游路成功试铺了水泥稳定气化炉渣底基层;8 月 30 日,在阳蟒高速公路成功试铺了钢渣耐磨沥青混凝土上面层;9 月 24—27 日,通过第五届全国绿色公路技术交流会暨环境与可持续发展分会 2019 年学术年会与同行企业进行了分享、交流,得到参会领导和代表的一致好评。

1. 实行研究"三评审",夯实理论基础

固废资源应用首要前提是利用理论科学。山西路桥集团结合山西工业固废资源丰富的优势,通过开展系列固废材料路用性能、加工处置、"无害化"应用等的研究,开发出铁尾矿、气化炉渣、钢渣等大宗固废在公路工程中的成套应用技术。通过立项、大纲、成果"三评审",保障了固废在公路工程中资源化应用理论基础的科学、严谨。

①研究内容评审。针对不同固废物理特性(粒径、密度、含水率等)和化学特性(元素含量、成分组成等)的差异性,提出固废材料在工程实体中的适宜应用部位,在立项阶段评审应用方向、研究内容,确保方向明确、内容全面。

②研究方案评审。在确定各类固废的研究方向和研究内容的基础上,结合固废产品的检测指标及现有试验检测方法,提出固废研究技术路线、试验验证项目、对比试件数量,在大纲阶段评审技术路线、试验方案,确保路线可行、方案合理。

③研究成果评审。立足项目全生命周期,组织建设、施工、运营等全方面专家,对配合比、强度、耐久性的研究结论进行评审,确保研究结论科学、严谨。

2. 推行试用"两论证",保证科学利用

试验段论证是固废应用由理论转向实践的重要保障。受施工环境、施工工艺、人员操作影响,室内研究结论与现场试铺结果并不具有一致性。为此,山西路桥集团通过试前、试后"两论证",顺利实现了固废应用由理论研究向实际应用的转化。

①试用前技术方案论证。试验段铺筑前组织专家从人员配置、设备组合、工艺流程、施工工艺参数、质量控制方法及指标等方面对施工技术方案进行论证,保障现场验证效果。

②试用后应用效果论证。试验段铺筑完成后,按照《公路工程质量检验评定标准》(JTG F80/1—2017),对试验段的铺筑效果,尤其是强度、压实度、矿料级配等关键指标进行检测论证,同时增加环境影响、耐久性论证,有效保障了固废材料在公路工程中的应用效果。

3. 落实应用"三保障",实现规模推广

①落实体系机构保障。建立完善的责任体系和组织机构,是固废利用落地生根的根本保证。山西路桥集团结合工程项目管理特点,成立再生资源公司,分级制定固废应用责任体系,明确工作分工。集团负责年度目标策划、研究利用协调、技术支持保障、目标绩效考核等工作;建设单位是固废利用责任主体单位,负责编制固废应用策划方案、积极开展课题立项、研究,履行固废利用相关变更程序,分解固废应用总体目标,创造固废规模应用条件,谋划固废利用总体布局并稳步推进;再生资源公司负责固废资源整合、固废材料技术研究、固废资源产业布局及供应方面;施工单位是固废利用的实施责任单位,负责

施工策划、料源调查、材料运输、材料加工、生产工艺、质量控制等各个环节提前谋划，确保固废利用目标的最终落实。

②落实材料设备保障。材料质量是工程质量的第一道保障，为此，山西路桥集团实行多措并举，严格控制材料质量。在料源选择阶段，由建设单位、监理单位、施工单位、技术支撑单位联合对料源进行综合检测，确定固废料源的检测项目、控制指标，严控料源质量；在材料进场、二次加工阶段，加强施工自检、监理抽检，杜绝使用不合格材料，严控过程质量，实现固废材料质量全过程可控。根据固废应用规划及需求，投入满足产能的机械设备，同时及时、合法、合规办理相应的生产加工许可手续，行业变更手续，确保大规模应用。

③落实技术标准保障。固废材料的控制指标、施工参数、验评标准确定，需要依据针对性、指导性强的固废利用技术标准。在标准制定方面，山西路桥集团实施分步研究、分步制定策略，成熟一项，编制一项，发布一项，逐渐形成工业固废系列地方标准。《工业固废　煤气化炉渣路面基层施工技术指南》（DB 14/T 2121—2020）、《工业固废　CFB 灰渣注浆充填采空区施工技术指南》（DB 14/T 2120—2020）已正式发布；煤矸石路基填筑、风化岩路面基层标准也已通过省交通厅标委会立项审查，正有序加紧推进后续各项工作；钢渣路面上面层、铁尾矿混凝土及路面基层、CFB 灰渣改良土及路面基层已开始立项准备工作。

（二）固废应用的主要研发方向

固废应用以山西路桥集团承建的各类项目为依托，以道路桥梁工程绿色建筑材料各方面的需求为主线，瞄准国内外绿色建养材料的研究前沿，通过整合承担单位的科研资源和吸收国内外的优势资源，组建一个多领域交叉的新型道路绿色材料创新研究平台。围绕循环型建筑应用技术、节能型绿色材料技术、废旧材料高值化利用研究等方面的关键技术进行攻关，将技术中心建设成为科研水平国内领先，部分领域国际上具有一定影响力的山西省绿色公路产业技术工程研究中心。

依据承担单位在道路材料研发、生产、施工和道路工程设计、检测、施工、建设等方面的优势和特色，工程研究中心建设重点方向分为四项。

煤基固废材料的应用与研究，主要包括粉煤灰、汽化炉渣，CFB 灰渣、煤矸石等，在公路建设中具有广泛的应用前景，其优越性能相对于其他材料有其独特的竞争力，故进行煤基固废应用技术的研究与开发成为当务之急，具有十分迫切且重大的战略意义。

冶金化工废料的应用与研究，主要包括脱硫石膏、钢渣、尾矿等。通过实用性改造，也是一种理想的替代自然砂石材料的道路材料。节约能源，具有显著的经济效益、社会效益和环保效益。

石油基质废旧材料的应用与研究，主要包括旧沥青的再生、废旧橡塑合金在公路建设和养护产业中的应用。

废旧材料高值化利用研究，主要包括工业固体废弃物制备烧胀陶粒或用于海绵城市的透蓄水材料的研究与规模化应用；钢渣粉煤灰等人造彩砂及彩色路面等的研究；基于废弃物资源化的新型复合隔声板及隔声材料等研究。

（三）主要科研课题

本项目根据依托工程，共分为以下 11 个子课题开展研究：

①《铁尾矿在国道 207 项目（混凝土、路面基层）中的资源化应用研究》；

②《铁尾矿在国道 108 项目中的资源化应用研究》；

③《煤化工气化炉渣在太行一号项目路面基层中的资源化应用研究》；

④《CFB 炉渣在国道 209 项目（混凝土、路面基层）中的资源化应用研究》；

⑤《钢渣在阳蟒高速沥青混凝土上面层中的资源化应用研究》；

⑥《钢渣在太原东二环项目路面基层中的资源化应用研究》；

⑦《煤矸石在隰吉项目（混凝土、路面基层）中的资源化应用研究》；

⑧《电石渣在古县连接线项目中的资源化应用研究》;

⑨《山西三维固体废弃物资源化技术研究及推广应用》;

⑩《高掺量粉煤灰路面基层路用性能及指标评价体系研究》;

⑪《废旧沥青混合料高效原位再生利用关键成套技术研究》。

(四)具体研究与试验内容

1.气化炉渣路面基层材料的组成设计与性能研究

①气化炉渣的物理化学特性研究;

②气化炉渣集料制备技术、性能指标及其在路面基层中使用的可行性研究;

③气化炉渣路面基层材料组成设计与性能研究;

④气化炉渣路面基层的施工工艺、关键技术及质量评定标准研究;

⑤气化炉渣路面基层的耐久性研究与环境影响评估。

2.铁尾矿道路材料的组成设计与路用性能研究

①铁尾矿中有害元素对材料影响的评价技术研究;

②铁尾矿集料的制备技术与性能指标研究;

③铁尾矿路面基层材料、水泥混凝土、沥青混凝土的组成设计与性能研究;

④铁尾矿路面基层、水泥混凝土、沥青混凝土的施工技术与质量评定标准研究;

⑤铁尾矿道路材料的耐久性研究和环境影响评估。

3.钢渣道路材料的组成设计与路用性能研究

①钢渣的物理化学特性研究(太钢、中阳钢、晋钢);

②钢渣集料的制备技术与性能指标研究;

③钢渣路面基层、耐磨沥青混凝土的组成与性能研究;

④钢渣路面基层、耐磨沥青混凝土施工技术与质量检验评定标准研究;

⑤钢渣路面基层、耐磨沥青混凝土的耐久性研究与环境影响评估。

4.CFB炉渣道路材料的组成设计与性能研究

①CFB炉渣的物理化学特性与膨胀性研究;

②CFB炉渣集料的制备技术与性能指标研究;

③CFB炉渣路面基层材料、水泥混凝土的组成设计与性能研究;

④CFB炉渣路面基层材料、水泥混凝土的施工技术和质量评定标准研究;

⑤CFB炉渣路面基层材料、水泥混凝土的耐久性研究与环境影响评估。

5.煤矸石道路材料的制备与路用性能研究

①煤矸石稳定性与风化特性快速评价技术研究;

②煤矸石集料制备技术与性能评价指标研究;

③煤矸石路面基层材料、水泥混凝土的组成设计与性能研究;

④煤矸石路面基层与煤矸石水泥混凝土的施工技术和质量评定标准研究;

⑤煤矸石道路材料的耐久性研究与环境影响评估。

6.高掺量粉煤灰路面基层路用性能及指标评价体系研究

①粉煤灰活化技术的基础理论研究;

②固废处治功能性材料的应用技术研究;

③高掺量粉煤灰道路路面基层结构设计理论和方法研究;

④高掺量粉煤灰道路路面基层结构路用性能研究;

⑤高掺量粉煤灰道路路面基层结构指标体系及检验评定标准研究。

7. 电石渣在公路工程中的资源化应用技术研究

①电石渣活化技术的理论研究；

②电石渣固废处治功能性材料的应用技术研究；

③电石渣道路工程结构设计理论和方法研究；

④电石渣道路工程结构路用性能研究和环境评价；

⑤电石渣道路施工技术和质量检验评定标准研究。

8. 三维固体废弃物的资源化应用研究

①循环流化床锅炉燃烧产生的粉煤灰综合利用技术研究；

②电石渣综合利用技术研究；

③循环流化床锅炉燃烧产生的炉底渣综合利用技术研究。

9. 废旧沥青混合料高效再生利用关键技术研究

①废旧沥青混合料的性能评价；

②废旧沥青混合料热再生材料组成设计与性能研究；

③废旧沥青混合料温拌再生材料组成设计与性能研究；

④再生沥青混凝土的路用性能研究与环境评价；

⑤再生沥青混凝土制备技术与质量检验评定标准研究。

(五)项目的主要创新点及其对应的关键技术

本项目主要针对粉煤灰、煤矸石、铁尾矿、钢渣、CFB 炉渣、气化炉渣、电石渣、废旧沥青混凝土等大宗工业固废在公路工程中利用存在的主要技术问题，开展创新性研究，并开发出 7 项关键技术，从而有效保证上述工业固废在公路工程中的高效、安全利用。项目的主要创新点及其对应的关键技术如下：

1. 工业固废集料的破碎分选与梯级利用技术

工业固废均匀性差，一般含有软弱颗粒与有害成分，且破碎后易出现较多针片状颗粒。因此，与以往研究将工业固废统一破碎、统一使用(容易造成破碎能耗高且集料品质低等一系列问题)不同，本项目拟开发工业固废集料的破碎分选与梯级利用技术，在工业固废破碎加工过程，既将软弱颗粒分选出来，又改进集料粒型，同时也可将分选的物质根据各自特性梯级利用，从而实现工业固废高效全组分利用。

2. 路面基层用集料的压碎值要求与施工防压碎技术

路面基层强度较低，其对压碎值的要求主要是基于施工时防止压碎而提出的。基于此，不同于以往的研究与实践，本项目拟从施工技术的角度，针对路面基层用工业固废集料提出压碎值技术要求，并开发施工防压碎相关技术，有效实现高压碎值骨料用于路面基层的技术目的。

3. 煤矸石稳定性快速评价技术

煤矸石的稳定性是煤矸石在道路材料中利用的基础。为此，本项目拟通过建立煤矸石物理化学特性 - 快速评价性能 - 稳定性检测结构三者之间的对应关系，开发快速、简便的煤矸石稳定性评价技术，从而实现煤矸石在路堤填筑、路面基层等公路工程材料中的高效、安全应用，有效保证煤矸石制备道路材料的长期路用性能。

4. 铁尾矿中有害元素分析及其对道路材料性能的影响

铁尾矿的压碎值基本满足要求，可用作集料。但其中是否含硫铁矿或氧化铁等有害物质及其对道路材料性能的影响，是铁尾矿用于道路材料的关键。当前，相关领域的研究内容还鲜有报道。为此，本项目拟系统研究铁尾矿中有害元素对道路材料各项性能的影响规律，并开发出铁尾矿中有害元素对道路材料性能影响的分析评价技术，从而甄选出适用于道路材料应用的铁尾矿。

5. 钢渣与 CFB 粉煤灰的膨胀性控制协同利用技术

钢渣难以用于水泥、混凝土领域的一个关键原因在于安定性不良,且膨胀性物质分布不均匀。事实上,适量膨胀有利于水泥基材料性能的改善,而过大地膨胀才会产生破坏作用。钢渣、CFB 粉煤灰均含有一定膨胀性元素,本项目拟开发基于预处理和加工改性以及与另外一些吸能性固体废弃物复合利用的钢渣与 CFB 粉煤灰膨胀性控制协同技术,从而解决钢渣、CFB 粉煤灰在道路材料中应用的关键问题。

6. 废旧沥青混合料高效原位再生利用

针对废旧沥青混合料成分复杂,材料变异性大,老化严重,原位高效再生利用难的特点,通过对旧料合理分级、旧沥青老化再生还原和特种改性剂全面提高再生沥青混合料性能,充分利用旧料品质和使用层位力学特点,采用不同再生方式和添加剂,高效 100% 原位再生利用废旧沥青混合料,并形成成套关键技术。

7. 工业固废协同复合利用技术

不同的工业固废,其物理化学特性并不相同。有些可以用作胶凝材料,有些则可以用作激励集料;在可用作胶凝材料的工业固废中,有些可以作为硅、铝质胶凝原料,而有些则可用作碱或硫酸盐类激发材料。因此,与以往研究单一工业固废在胶凝材料体系中的应用不同,本项目拟开发工业固废协同复合利用技术,使不同工业固废之间产生协同复合作用,从而解决工业固废在道路材料中利用的关键技术问题。

(六)开展工作内容

1. 开展现场调查,形成省内工业固废分布报告

对集团在建项目工程概况、固废拟用部位的工程量进行统计汇总,对项目所在地周边所有固体废料的种类、分布、储量进行详细调查,并取样试验,掌握废料的材料性能,初步编制省内工业固废分布报告,并随着集团新建项目的增加逐步完善分布报告。通过对山西省 11 个地市固废分布情况进行调查,见表 1。

山西省工业固废分布情况

表 1

地市	固废分类																小计	
	钢渣		粉煤灰		煤矸石		赤泥		尾矿		气化炉渣		脱硫石膏		CFB 灰渣			
	储量	现产	储量	现产	储量	现产	储量	现产	储量	现产	储量	现产	储量	现产	储量	现产	储量	现产
太原市	56	72		80													56	152
晋中市				40	1	1345	800	300	29	11							830	1696
大同市			53415		11583												64998	0
阳泉市			213		9399	263											9612	263
长治市			998		3003				294								4295	0
晋城市		100		200		1100					100	70					100	1470
朔州市			6000	896		1107								119			6000	2121
忻州市			35	101				312	85	25							120	438
吕梁市	20		51		371		156		29						239		865	0
临汾市	4		120		23	171			4								151	171
运城市	4		469	3					13	72				4			486	79
合计	84	172	61301	1320	24379	3986	956	612	454	108	100	70	0	122	239	0	87514	6389

说明:表格中工业固废统计数量单位分别为:储量(万吨),现产(万吨/年)。

2. 细化主要目标,制订责任清单,明确完成时间、责任人

在前期调研的基础上,以项目整体进度计划为依据,将行动目标具体细化的每个建设项目,实行单独考核。项目应用时间作为控制时间节点,倒排试验研究期限及试验段铺筑时间。签订目标责任清单,

明确各项目完成时间及责任人。工业固废推广应用责任清单见表2。

工业固废推广应用责任清单 表2

<table>
<tr><th>阶段</th><th>步骤目标</th><th>具体任务</th><th>提交成果</th><th>建设单位（总承包）</th><th>科研协作单位</th><th>施工标段</th><th>集团主管部门</th></tr>
<tr><td rowspan="4">可用性研究</td><td>原材分析</td><td>成分组成与有害元素分析、物理性能、耐久性能分析</td><td>原材分析报告</td><td>督促、备案</td><td>研究</td><td></td><td rowspan="4"></td></tr>
<tr><td>试验配合比组成设计</td><td>组成材料对混合料性能的影响分析、混合料配合比设计及性能评价、环境影响评价</td><td>试验配合比及性能、环境分析报告</td><td>督促、备案</td><td>研究，提供设计配合比</td><td></td></tr>
<tr><td>施工配合比设计</td><td>确定原材产地及施工配合比</td><td>施工配合比</td><td>督促、备案</td><td>提供施工配合比</td><td>验证配合比</td></tr>
<tr><td>试验段铺筑</td><td>编制试验段施工方案、组织专家评审、试验段数据收集整理</td><td>可用性结论及试验段总结</td><td>组织方案评审</td><td>方案编写、试验段数据收集</td><td>试验段铺筑工艺总结</td></tr>
<tr><td rowspan="3">应用技术研究</td><td>原材进场检测及加工工艺设计</td><td>明确原材进场检测参数及指标、固废材料的加工工艺</td><td>原材进场检测指标清单及加工工艺图纸</td><td>原材加工</td><td>检测指标工艺设计</td><td>进场检测</td><td rowspan="4">质量安全环保监督部技术中心（总工办）</td></tr>
<tr><td>外部协调</td><td>与固废所有人协商、与环保部门协调</td><td>固废采购协议、环保手续</td><td>负责协调</td><td rowspan="2">相关指导</td><td></td></tr>
<tr><td>设计变更</td><td>完成变更手续</td><td></td><td>变更审核、批复</td><td>完善变更后续</td></tr>
<tr><td>总结推广</td><td>总结报告</td><td>总结成套管理、技术、施工经验、有效措施，具体推广实施</td><td>提交应用总结报告</td><td>应用管理总结、具体推广实施</td><td>技术总结及最终总结报告、推广技术服务</td><td>施工总结、具体推广实施</td></tr>
</table>

3.开展室内试验研究，形成固废可用性分析报告

在对工业固废的原材料进行检测、混合料的组成设计、耐久性、环境影响评价等进行室内研究的基础上，铺筑试验路段，对室内研究进行验证，并为规模化应用提供基础施工数据。

4.开展施工关键技术研究，奠定工业固废的规模化应用基础

对工业固废集料的分选及二次加工技术进行研究，设计加工工艺；对工业固废混合料现场施工工艺、控制参数进行研究，保证工业固废规模化应用的可实现性。

5.编制地方标准，实现工业固废资源化应用

通过试验路段的数据总结、分析及应用评价，掌握工业固废应用的原材检测、工艺参数、检测评定等指标，制订地方标准，为工业固废在建设项目中的应用提供依据。

固废材料应用推广计划见表3。

固废材料应用推广计划 表3

<table>
<tr><th>序号</th><th>工程名称</th><th>拟研究材料</th><th>拟应用部位</th></tr>
<tr><td rowspan="2">1</td><td rowspan="2">国道207项目</td><td>铁尾矿</td><td>水泥混凝土、路面基层、辅助工程</td></tr>
<tr><td>粉煤灰</td><td>水泥混凝土、路面基层、辅助工程</td></tr>
<tr><td rowspan="3">2</td><td rowspan="3">国道209项目</td><td>钢渣</td><td>路面上面层、辅助工程</td></tr>
<tr><td>CFB灰渣</td><td>路基、路面基层、辅助工程</td></tr>
<tr><td>粉煤灰</td><td>水泥混凝土、路面基层、辅助工程</td></tr>
</table>

续上表

序号	工程名称	拟研究材料	拟应用部位
3	太行一号旅游路	焦化炉渣	路面基层
4	长治环城改扩建	钢渣	路面上面层试验段
		粉煤灰	路面基层
		煤矸石	路面基层试验段
5	隰吉高速公路	煤矸石	辅助工程、低标号混凝土、底基层
		钢渣	路面上面层
6	东二环	钢渣	路面上面层试验段、路面基层
7	阳蟒高速公路	钢渣	路面上面层试验段
8	古县连接线	电石渣	路面基层
9	国道108项目	铁尾矿	路基、路面基层

(七)建设实例

1.钢渣在阳蟒高速公路、太原东二环高速公路等进行应用

结合当地钢渣资源分布特征以及材料物化性能特点,提出钢渣耐磨沥青混凝土设计与制备工艺方法,通过阐述钢渣与沥青之间的黏附作用机理,以实现钢渣在上述项100%资源化利用为研究目的。为山西地区高速公路新建、改扩建以及养护工程提供优质原材料奠定理论基础,解决钢渣耐磨沥青混凝土应用关键技术问题。既实现了在资源匮乏的前提条件下保证了工程进度与工程质量,同时又对资源综合利用与保护自然资源起到促进作用。

钢渣加工前后对比图及其在公路路面中的实际应用如图1~图4所示。

图1 加工前钢渣原料

图2 加工后钢渣集料

图3 钢渣沥青路面施工

图4 钢渣沥青路面芯样

2. 铁尾矿在左涉207国道水泥混凝土中的应用

《工业固废(铁尾矿)在公路工程中的资源化利用研究》从2018年11月开始进行可行性调研,2019年3月通过专家评审立项。课题主要研究铁尾矿在水泥混凝土中的应用和铁尾矿在水泥稳定基层中的应用两部分。

通过对左涉207国道新建项目沿线铁尾矿资源的调查,研究铁尾矿的物理化学特性,研究铁尾矿在水泥混凝土中的应用,通过铁尾矿在水泥混凝土中的工程应用试验等,铁尾矿在水泥混凝土中的应用已具备推广价值和应用基础。

铁尾矿混凝土挡墙及试件如图5、图6所示。

图5 铁尾矿混凝土挡墙

图6 铁尾矿混凝土试件

3. 开展气化渣路面基层材料的研究与应用

山西路桥集团晋城太行旅游公路施工总承包项目部开展气化渣路面基层材料的研究与应用。将晋丰煤化工气化渣破碎加工成砂石集料,利用水泥进行稳定固化,作路面底基层材料。

该课题研究成果不仅能使晋丰煤化工气化渣得到全部资源化利用,从根本上解决其排放与环境污染问题,而且可替代大量天然砂石料从而缓解砂石紧缺,价格高涨带来的公路施工成本增加的局面,真正起到降本增效的目的,并减少因砂石料开采加工所造成的环境问题。因此,本项目研究有利于资源节约和环境保护;有利于降本增效,有利于促进公路建设的可持续发展,具有显著的社会效益和经济效益。

气化渣加工前后对比图及其在公路路面中的实际应用如图7~图10所示。

图7 汽化炉渣原材

图8 加工后的汽化炉渣集料

4. 粉煤灰路面基层底基层的应用

粉煤灰是一种具有良好火山灰活性物质,围绕粉煤灰在水泥基材中的应用开展了大量研究,使粉煤灰广泛用于水泥混凝土、粉煤灰砖、路面基层。

图9　汽化炉渣基层摊铺

图10　汽化炉渣芯样

粉煤灰在公路路面中的应用见图11～图14所法。

图11　粉煤灰原材

图12　粉煤灰路面摊铺

图13　粉煤灰路面施工

图14　粉煤灰路面芯样

5. 风化岩、砂岩在路面施工中的应用

风化岩、砂岩可分为钙质、砂质、铁质、黏土质等几类,主要特点为强度较低,砂率高,吸水率大,易风化崩解,且成分波动性太大,均质性差,导致其无法像石如灰石等硬质岩类一样直接破碎使用,亟待提出一种合理有效的资源化利用途径。因此,有必要分析砂岩类弃渣的特性,评价分析其稳定性,并将其分级破碎加工成不同品质的集料分别用于混凝土、路面基层等公路工程中,实现沿线弃渣在高速公路中的高效利用。风化岩、砂岩应用于山西路桥集团承建的偏关旅游路、榆昔高速公路等路面基层及底基层中。

风化岩加工前后对比及其在公路路面中的实际应用如图15～图18所示。

图15 风化岩原材料

图16 加工后风化岩集料

图17 风化岩基层施工

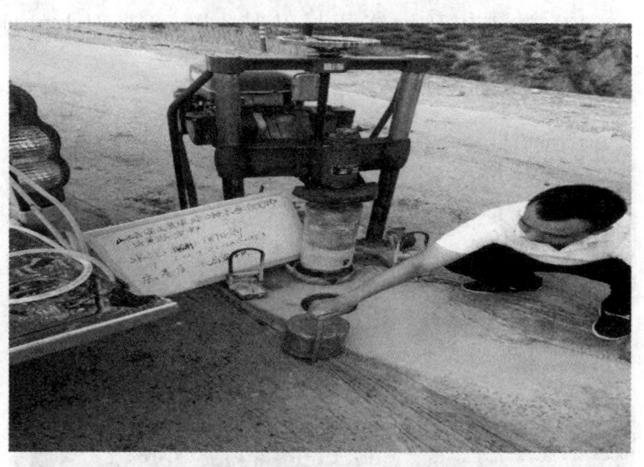

图18 风化岩基层芯样

6. 煤矸石资源化利用

山西路桥集团联合武汉理工大学开展了煤矸石路面基层材料和煤矸石水泥混凝土的研究，在隰吉高速公路进行了煤矸石混凝土浇筑并取得了初步成功。将煤矸石集料应用于制备路面基层材料、水泥混凝土材料等公路工程材料，既能大量消纳工业固废煤矸石，降低固废堆存对环境的影响，又能降低工程造价，具有重要意义。

煤矸石加工前后对比及其在公路工程中的实际应用如图19～图22所示。

图19 煤矸石原料

图20 加工后煤矸石材料

7. CFB灰渣

针对CFB粉煤灰及炉渣独特的物理化学特性，结合各类路用工程材料自身的性能特点，开展CFB

灰渣在路用工程材料中的应用关键技术研究,从而实现 CFB 灰渣的科学、高效、大规模利用。

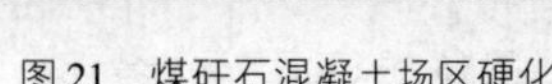

图 21　煤矸石混凝土场区硬化

图 22　煤矸石混凝土试件

CFB 粉煤灰及炉渣原材及其在公路工程中的实际应用如图 23 ~ 图 26 所示。

图 23　CFB 原材

图 24　CFB 基层成型

图 25　CFB 基层施工

图 26　CFB 基层芯样

8. 电石渣资源化利用

电石渣原材料及其在公路工程中的实际应用如图 27 ~ 图 30 所示。

三、实施效果

山西路桥集团深入践行高质量发展理念,实现固废在公路建设中资源化、规模化利用质的飞跃,本成果实施过程中,建立了一整套完善的固废标准体系,并进行了大量的试验,通过对各种固废的利用技术及设备进行深入研究、推广应用,将整个固废利用体系建设成一个符合循环经济模式的产业链。目前,整套体系的实施效果明显,具有显著的经济效益和社会效益。

图27　电石渣原材料

图28　电石渣基层施工

图29　电石渣路面基层成型

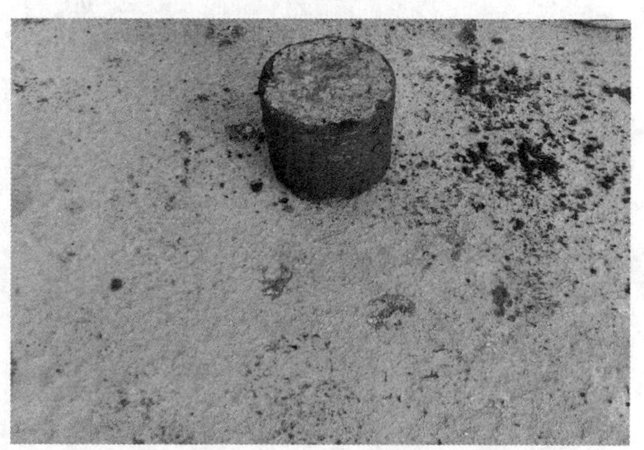

图30　电石渣路面芯样

2019年以来,山西路桥集团以“固废资源化应用”为重心,攻关行动为方式,通过不断完善工作机制,拓宽固废应用范围,取得了良好的实际效果。

一是提升了科技创新实力,通过开展“固废资源化应用”攻关行动,完善了企业与科研院校的“产学研用”合作机制,带动企业科技管理人员、施工项目技术人员直接参与“固废资源化应用”科技创新,提升了企业人员的科技创新工作参与度,营造了“人人参与、人人创新”的良好氛围。

二是促进了科技成果转化。“固废资源化应用”以现场应用为导向,在完善固废应用理论的同时,通过试用论证,解决了材料加工、指标检测、施工工艺等实际应用问题,避免了研究、应用两张皮现象,有效提高了企业科技成果的转化率。山西路桥集团已成功在太行一号旅游路项目、左涉国道207项目、偏关旅游公路项目、阳蟒高速公路项目、隰吉高速公路项目、国道209项目将水泥稳定气化炉渣、铁尾矿水泥混凝土、复合稳定风化岩弃渣、钢渣耐磨沥青混凝土、CFB灰渣改良土应用于工程实体。

三是减少了生态环境破坏。固废资源化应用不仅节约大量砂、石等建筑原材料消耗,避免砂石过度开采对环境的破坏,同时可减少气化炉渣、铁尾矿等大宗工业固废堆放对当地环境的影响,最大限度降低环保压力,而且避免了道路弃渣大量堆放导致的占地。2019年,山西路桥集团通过开展“固废资源化应用”行动,减少砂、石等建筑原材料消耗160余万方,有效保护了项目建设当地的生态环境。

四是改善了工程实体质量。与水稳碎石相比,太行一号旅游路项目的水泥稳定气化炉渣底基层质量明显提升,提高了后期强度,解决了基层裂缝;铁尾矿尤其是铁尾矿砂在混凝土中的应用,提高了实体结构的密实性、耐久性和强度,改善了混凝土的工作性能;钢渣的多孔结构和碱性特质带来了与沥青的良好吸附性能,且其棱角丰富、耐磨性能好,大大提高了面层结构的耐久性和安全性。

五是降低了项目施工成本。与砂、石等建筑原材料相比,固废材料价格更低,使用固废材料代替碎石、砂,可明显降低工程实体造价,2019 年通过固废资源化应用,山西路桥集团实现经济效益 5200 余万元。

未来,山西路桥将以市场需求为导向,以循环经济利用为基础,继续优化管理模式,将绿色施工、建设、运营、养护体系打造成国内一流的新型路桥施工模式,为行业的可持续发展作出应有的贡献!

船舶安全监督综合支持系统执法助手

中华人民共和国杨浦海事局

成果主要创造人:卜　勇

成果参与创造人:蒋兆明　钱　雁　官　兵　王前进　邱学刚　李　巍
张云峰　黄　莹　姚　彪　金汉山

为落实好交通强国海事篇建设任务,杨浦海事局坚持以海事"三化"建设为统领,以科技创新为抓手,以破解难题为导向,不断深化"智慧海事"建设,针对现场执法中信息查询困难、文书制作烦琐、执法效率不高、调查取证不规范、证据材料交接不及时相对人等待时间长等问题,杨浦海事局依托移动执法平台、船舶安全监督综合支持系统等系统,利用"互联网+海事"、大数据等信息技术,将多平台数据进行融合,努力破解海事现场管理瓶颈,研发了"船舶安全监督综合支持系统执法助手"(简称"执法助手"),有力提升海事监管效能,并且该系统荣获2018年度上海市职工合理化建议创新奖。

一、实施背景

1.是为强化事中事后监管,提高低标准船舶的精准管理,提升海事现场监管效能的需要

随着行政审批制度改革的不断深化和"放管服"工作的不断推进,海事监管重心将从以往的重事前监管转为重事中事后监管转变,尤其是签证取消后,对重点船舶尤其是高风险、低标准船舶的难以进行即时监控和精准管理。

2.是深入推进海事"三化"建设、实现"国际一流海事强局"的需要

按照"互联网+海事"的理念和"智慧海事"的建设要求,实现海事监管智能化、效能化、精准化有必要开发便利现场执法、提高监管效能的执法助手。

3.是解决执法困扰,提高执法效能的需要

在传统海事现场执法时,现场无法即时查询船舶或船员信息,经常需要借助指挥中心和政务中心等部门岸基支持,通过多系统查询才能了解目标船舶基本信息、进出港报告、船员任解职、违章、安检以及货物装载情况等动、静态信息,耗时比较长,效率不高;在查处违章行为时,执法人员需要现场填写《海事违法行为告知单》《现场笔录》等多份执法文书,船舶基本信息、违章行为描述等内容需要重复填写,耗时较长,而且受执法人员业务水平以及熟练程度等因素影响,文书制作经常不统一、不规范;此外,查处违章后,由于证据材料无法及时移交政务中心,时常造成相对人到政务中心后因证据材料尚未送达需较长时间等待。

二、成果内涵和主要做法

(一)成果内涵

针对上述现场执法中存在的问题,杨浦海事局组织开展了"执法助手",应用大数据技术抓取、融合多平台信息,执法人员只要输入船名即可查询到船舶基本信息、进出港报告信息、专项报告信息、安检和处罚等信息,输入船员身份证号码可即时查询船员持证、培训等信息。同时通过建立违章行为规范描述数据库、询问笔录问题库(金山海事局参与)和调查取证标准,执法人员只要选择违章类型就能自动生

成询问笔录模版、《海事行政调查现场笔录》《海事违法行为告知单》等多份文书,实现执法文书自动生成、一键打印,同时统一、规范现场违章调查文书制作。现场制作的文件和证据材料即时上传到执法助手中,政务中心可以即时查询、下载。

(二)主要做法

"执法助手"系统设置了违章处罚、事故险情、全面履职、黑烟浓度对比图、三基资料查询、风险管控、危险货物及应急处置等功能模块。

1."违章处罚模块"

该模块建立违章行为规范描述数据库、询问笔录问题库(金山海事局参与)和调查取证标准,实现登轮检查和非登轮检查违章的查处、违章取证以及远程在线处罚等功能。根据违法行为数据,通过违法行为核心引擎生成规范化处理流程,引导现场执法人员按照流程对船舶进行执法操作。通过进行历史行政处罚信息比对,对首次违章的船舶予以免处罚,完成取证流程并积累数据信息。

(1)建立违章行为库

违章行为库主要为对违章行为进行规范化管理,建立违章行为初次处罚方法管理库和多次违章行为处罚方法管理库。当船舶发生违章行为时,执法人员将船舶输入系统后,系统会根据违章行为库信息进行信息比对,如果船舶属于初次违章,则直接进行取证和完成整改通知;如果船舶属于多次违章行为的情况,则在政务大厅管理系统界面可以查到相应的记录,并进入多次违章处理流程。

(2)违章取证操作

违章取证分为现场登轮查处和非登轮查处两种情况。一是现场登轮查处违章。主要通过船舶安全监督综合支持系统1.0选择目标船、建立任务并实施现场检查时发现违章行为的,规范化的违章取证流程,从移动执法终端界面直接进行违章单制作界面,现场执法人员只需选择违章行为类型系统会根据违章行为库,生成相应的违法行为告知单、授权委托书、海事行政调查现场笔录、责令改正通知书;二是非登轮查处违章。主要通过指挥中心或政务中心等非现场执法人员通过AIS、视频等方式发现船舶违章行为的,则在执法助手中录入船舶基本信息、选择违章行为类型系统会根据违章行为库,生成相应的违法行为告知单、违法行为告知单、授权委托书、责令改正通知书。

(3)移交证书信息

现场执法人员根据需要,如果有证书的移交,需要通过移交证书信息管理功能保留移交证书的过程记录,并完成线下的证书移交,移交证书时,需要双方确认。

(4)违章信息流程查看

现场执法人员根据调查取证,移交政务中心,立案调查、协查、处理完毕等状态对违章行为的处理过程进行查询。查询结果展示内容包括违章船舶信息、违章行为、取证信息、相关经手人、违章后续操作等。在违章相关信息移交政务大厅的条件下,政务大厅人员更新成为违章行为立案调查状态。

(5)远程自动处罚

船舶违章并现场取证后,政务中心人员经审核后将执法助手中的证据材料等信息导入处罚系统,符合要求的直接实现远程在线处罚,并实现处罚状态和结果的适时共享,在执法助手中自动显示违章案件的处理状态和结果,实现闭环管理。

2."水工作业管理"模块

该模块即时查询每项执法项目权责要求、执法流程和履职标准。

(1)水工许可信息录入管理

从网上政务中心导入辖区水工作业的船舶名称、作业地点、作业时间、责任人、责任人联系方式等许可信息,执法人员可以通过现场检查支持系统查询,其他人员如有需求也可以在政务管理系统中查询,保持数据同步。现场水工作业完成后,系统自动对水工作业的状态信息进行更新,以便现场执法人员及相关人员对作业动态及时掌握。如果水工作业的结束状态信息未能及时更新,采用自动延迟到第2天过期方法进行处理。

(2)显示辖区当前水工作业信息

该系统自动显示辖区当前(24 小时内)船舶水工作业情况,方便执法人员对当前本辖区的船舶水工信息进行查阅,方便对船舶动态的关注。其中,对于水工信息结束的船舶,时刻保持作业状态更新,便于执法人员进行监管。

(3)查询辖区历史水工作业信息

即将所有历史上经过本辖区的船舶水工信息进行保留,方便事后追查与分析。执法人员可以通过时间、船舶、辖区等信息对船舶历史上的水工作业情况进行及时了解和查询。

(4)实现水工作业单位诚信管理

通过对检查结果及受理审批情况等自动评定水工作业单位的诚信等级认定,根据设定的各等级监管措施,自动提醒水工检查部门和人员实施相应监管措施。

3."船舶综合信息查询"模块

该模块实现了对船舶基本信息、船舶最后一次的船舶进出港报告、船舶配员信息、船舶违章信息、船员证书、船舶历史 3 年内的安全检查报告、现场监督检查报告等信息查询功能。

4."三基资料查询"模块

涵盖码头、航道设施及航运管理公司等基础数据信息,方便执法人员即时查询和更新。

5."全面履职"模块

根据我局权责事项,建立每项权责的权责清单、业务流程和履职标准库,方便执法人员即时查询、了解权责事项、工作流程和履职标准,做到全面履职。

6."黑烟浓度对比图"模块

该模块便于精确比对判断船舶是否违法排放黑烟。

7."事故险情"模块

该模块可自动统计分析辖区内发生事故险情,自动诊断辖区事故特点和规律,为及时采取针对性监管措施提供决策支持。

8."风险管控"模块

该模块方便执法人员了解、掌握各自辖区风险源及管控措施,提醒、记录管控措施落实情况,实行闭环管理。

9."危险货物及应急处置"模块

该模块实现即时查询危险品的理化性质和应急处置措施。

三、实施效果

1.实现执法文书自动生成、一键打印

该系统实现执法文书自动生成、一键打印,原来近半个小时才能完成的工作,现在仅需三四分钟即可完成,按今年以来查获 790 艘次违章行为测算,可节约 329 小时,41 个工作日。

2.实现船舶信息、船员信息即时查询

以前需要通过电话高频让办公室或指挥中心人员帮忙从多系统查询的信息,现在通过手机几秒钟就可以查到。该系统在第二届中国国际进口博览会管控现场发挥出了巨大的作用,执法人员轻松获取并核查船舶信息,共完成 2000 余艘船舶的现场核查,发现、查处、驱离未按要求进行安检等问题船舶 50 余艘,确保了水上的交通安全。

3.实现违章证据即时传输,避免相对人长时间等待

原来需等现场执法人员将证据材料移交政务中心后才能实施处罚,现场违章证据即时传输,相对人

到政务中心后无须等待现场证据移交即可进行处理,大大减少相对人等待时间。

4. 实施精准管理、全面履职

功能丰富,助力现场执法人员实施精准管理、全面履职,现场执法通过该系统可以即时查询风险管控、水上水下活动、事故险情、危险货物信息、权责清单、执法流程和履职标准等信息,为现场执法人员实施精准管理、全面履职,提供有力支撑。

5. 实现 AIS 数据自动比对和智能监管

该系统解决了部分船舶船载 AIS 设备未保持正常开启、AIS 设备船舶静态数据设置有误、船载设备型号与登记设备型号不一致,以及码头负责人没有如实报告码头停靠泊船舶而造成一些低标准船舶从事经营并对水上交通环境造成安全隐患等问题,实现了人工智能自动比对、判断、甄别和筛选,诊断出船载 AIS 设备失效船舶,并实现诊断数据与船舶安全监督综合支持系统共享,确保辖区 AIS 正常开启全覆盖,消除安全隐患,营造良好的水上交通安全形势。

6. 实现远程自助处罚,为船方节省运营成本

该系统解决了违章船舶违章处罚等待时间长,增加航运营运成本的问题,实现了现场执法证据完整取证、即时传输、违章处理网上审核审批、相对人远程自助处罚等功能,实现行政处罚"零跑路、零等待""零延误",大大便利行政相对人。

沥青及改性沥青快速检测、评价与应用研究

山西省交通建设工程质量检测中心（有限公司）

成果主要创造人：杨喜英　胡国鹏

成果参与创造人：陈　梦　史文秀　刘鹏飞　韩之江　宿　静　樊慧平
刘　伟　周亚军　张　晓　裴　强

山西省交通建设工程质量检测中心（有限公司）（简称“交科检测”）前身为山西省公路工程质量检测中心站，成立于1991年，是山西省交通科学研究院下属的非独立法人检测机构，1999年，更名为“山西省交通建设工程质量检测中心”。为了强化体制改革、扩大经营规模，于2013年4月注册成为独立法人机构，注册资本金为5000万元。交科检测下设公路工程检测室、桥梁工程检测室、岩土与地下工程检测室、化学工程检测室，利用人才优势、尖端设备、先进技术，积极开展专家技术咨询、中心试验室、第三方检测、桥梁监控及健康监测、隧道质量监控及地质超前预报、地质灾害治理等工作，同时充分发挥公司综合检测及旧路、旧桥健康评价体系，为省内、外公路建设提供多方位的技术服务。

交科检测于1999年取得交通部公路工程甲级试验检测机构资质（2013年更名变更批复），2007年通过交通部公路工程综合甲级试验检测机构资质，2009年取得桥隧专项试验检测机构资质，目前能承担16大类，530项公路工程试验检测项目。

一、实施背景

沥青作为公路建设的重要材料，对其进行研发检测、质量监控一直是道路工作者重点关注的问题。我国现行沥青材料的检测方法主要为《公路工程沥青及沥青混合料试验规程》（JTG E20—2011），存在的问题有：

①该方法无法甄别目前市场上的假沥青。因沥青需求量增加，市场上开始出现调制沥青，它是采用轻质油分、填料及其他助剂将一些不合格的沥青进行物理改性制得，此调制沥青可满足《公路沥青路面施工技术规范》（JTG F40—2004）相关技术要求，但是在服役过程中随着轻质油分的挥发，加剧沥青老化程度，使得路面提早出现各种病害，更有甚者在施工期就出现石料松散、推移等现象。

②该方法所需设备体积大，测试周期长，不适合施工现场对沥青材料进行及时检测监控。目前《公路工程沥青及沥青混合料试验规程》（JTG E20—2011）试验方法主要集中在力学宏观性能上，所需设备全套占地面积需30平方米左右，且对于沥青样品的测试从取样到送样直至试验室检测出具结果至少需3天时间，试验周期长，因此不适合施工现场的及时检测。

随着分析仪器表征技术的快速发展和市场对沥青质量检测要求的提高，快速准确的沥青质量检测、评价方法及应用研究相应而生。

众所周知，物质的宏观性能的差异取决于微观结构的不同，如成分、相结构、分子量、官能团、尺寸等。现已有大量科研人员把目光投向使用一些微观结构表征手段，如红外光谱、示差扫描量热法、荧光显微镜等对沥青材料的检测技术中，其中红外光谱分析作为有机化合物结构鉴定的重要手段之一，其可提供的结构信息丰富、适用范围广、仪器使用方便，因此在沥青化学组成、结构分析中受到了一定程度的关注。已有文献报道了对多种基质沥青红外光谱的分析，并将所有出现的谱峰进行了归属。然后通过谱峰位置、峰高和峰面积的不同，可以定性、半定量的分析聚合物改性沥青。学者们也尝试利用不同时

间沥青的红外光谱,分析沥青的老化规律。这类研究均停留于沥青本身结构的分析,而通过不同沥青的特征结构识别沥青,进而应用于沥青材料的检测技术,目前相关研究较少,数据积累不够,不能明确地将沥青品质、性能与微观结构建立相应关系。

沥青指纹识别快速检测系统(主要硬件为傅里叶变换红外光谱仪)可在获得大量沥青和改性沥青谱图的基础上,建立品牌、牌号、改性剂等显著标识与特征峰间的关系,通过自带的数据分析系统分析特征峰面积的变化,实现沥青的快速检测与识别。利用上述仪器,本项目可建立沥青与改性沥青相关标准谱图库,通过样品与标样的对比分析快速检测、评价沥青质量,并通过实体工程验证,提供咨询意见与决策依据。

沥青具有良好的可塑性、粘附性和黏弹性,一直是世界各国道路铺筑最主要的有机黏结材料。随着高速公路的快速发展,沥青使用量剧增,沥青材料结构、性能方面的研究也在不断增加。沥青的路用性能研究多数较为成熟,我国的《公路沥青路面施工技术规范》和《公路工程沥青及沥青混合料试验规程》对道路使用沥青的技术指标和评价方法有严格要求,美国的SHRP计划、欧洲CEN沥青标准和世界上其他国家各有相应的不同规范规程。目前研究者的目光多数集中在沥青的宏观性能,鲜少涉及沥青微观结构,主要是因为沥青的组成和结构十分复杂。

随着微观分析技术的快速发展和沥青材料开发检测的需求,越来越多的微观结构分析手段逐渐被应用于沥青的微观结构组成和机理方面的探索中。光谱法分析沥青中官能团的分布情况,色谱－质谱、能谱测试沥青化合物、元素组成,扫描电镜和荧光显微镜观察沥青表面颗粒形貌,差示扫描量热、热重法解释沥青的热稳定性。其中部分新技术仍难准确表征沥青特性,但部分微观表征技术如红外光谱法的研究已初见成果。

二、成果内涵和主要做法

(一)成果内涵

本项目采用衰减全反射红外光谱法结合化学计量学分析技术,深入研究了沥青微观结构与宏观性能指标的关系;攻克了沥青微观结构数据、信息的精准识别、挖掘、提取与宏观性能指标深度融合技术难题;建立了基质沥青红外光谱标准谱图数据库,提出了沥青质量快速检测技术方法及评价指标,解决了传统沥青检测方法无法快速甄别沥青品质技术难题;构建了改性沥青标准谱图单点比对快速测定改性剂含量技术方法;分析揭示了沥青微观结构和老化宏观性能指标关系,实现了采用红外光谱技术结合化学计量学进行模型的建立和未知样品性能预测的构想,填补了从微观结构领域快速鉴别、评价沥青品质、关联沥青微观结构与宏观性能指标的研究空白;集成了基质沥青、改性沥青快速检测、评价体系。

(二)总体思路

本项目从沥青微观结构出发,利用沥青指纹识别快速检测系统,在分析多种品牌、牌号沥青和聚合物改性沥青的大量谱图基础上,重点开展以下工作:

(1)确定沥青品牌

通过关联沥青种类与谱图中的"指纹"特征峰,判断样品谱图和标准谱图的拟合程度以实现基质沥青的快速鉴别。

(2)筛选混兑掺假沥青

有些不法商家将不合格沥青加入改性剂和轻质油简单改性后,沥青宏观性能指标可能达标。通过对沥青样品谱图的分析,可以筛选出此类混兑掺假沥青,结合微观结构与宏观性能,对沥青质量的把关实现"双保险"。

(3)确定改性沥青中改性剂的掺量

通过确定改性剂剂量与谱图中特征峰峰面积变化间的数量关系,确定二者的相关性,从而根据改性沥青特征峰面积实现改性剂掺量的快速测定。

(4)建立沥青老化微观结构与宏观性能的关系

研究不同老化时间的傅里叶变换红外光谱图,通过相关"指纹"特征峰峰面积的变化,判断沥青老化程度,结合其他路面监控数据,为沥青路面预防性养护时机的决策提供依据。

主要技术路线如图1所示。

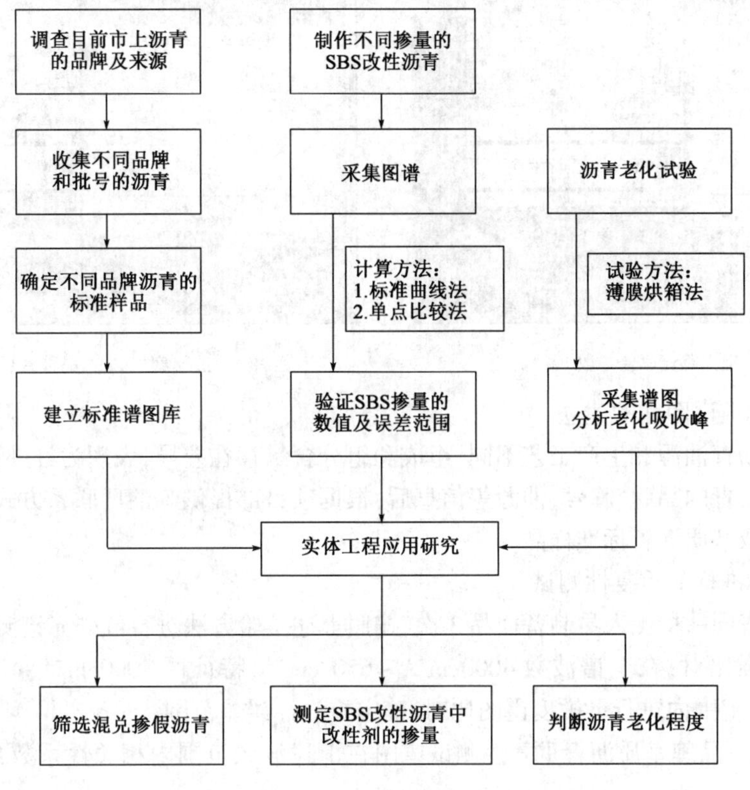

图1　技术路线

(三)具体实施

1.基质沥青红外光谱快速检测方法的研究

(1)试验设备选择

本研究选用傅里叶红外光谱仪(FT-IR)进行试验,并且需要满足沥青快速检测这一主要条件,因此,需要选择外观尺寸小巧、操作便捷、携带方便的仪器。课题组经过广泛的调查,选择了 Nicole iS 5 FT-IR 光谱仪(美国 ThermoFisher,图2),该仪器使用 omnic 软件进行数据采集及分析。

(2)试验材料

本成果收集了全国多个不同品牌和牌号的基质沥青样品进行检测。包括东海 70#、东海 90#、壳牌70#、壳牌 90#、SK70#、SK90#、加德士 70#、加德士 90#、克拉玛依 90#、埃索 70#、中海 90#、镇海70#、盘锦 90#、伦特 70#等 100 多个样品。

(3)试验方案

工作条件:工作温度为 16~25℃,相对湿度≤50%。

谱图采集参数:光谱分辨率4cm^{-1},仪器内部扫描次数 32 次,扫描时自动扣除大气背景。

光学台参数:仪器采用衰减全反射(ATR)附件,扫描范围为全谱4000 cm^{-1}~650cm^{-1},增益值为1;空光路

图2　Nicole iS 5 FT-IR 光谱仪

干涉峰最大值为:5.0 ~ 9.8(图 3);放置 ZnSe 晶体片后干涉峰最大值为:0.7 ~ 1.1,若干涉峰最大值小于 0.7,说明 ZnSe 晶体片磨损严重,所得红外谱图强度衰减严重,需重新更换晶体片(图 4)。

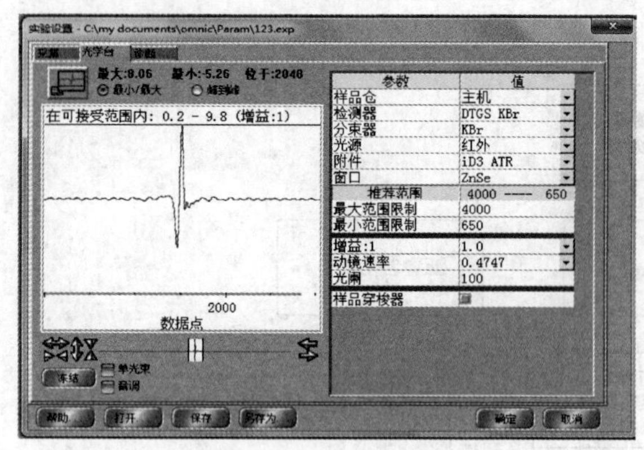

图 3 空光路光学台参数

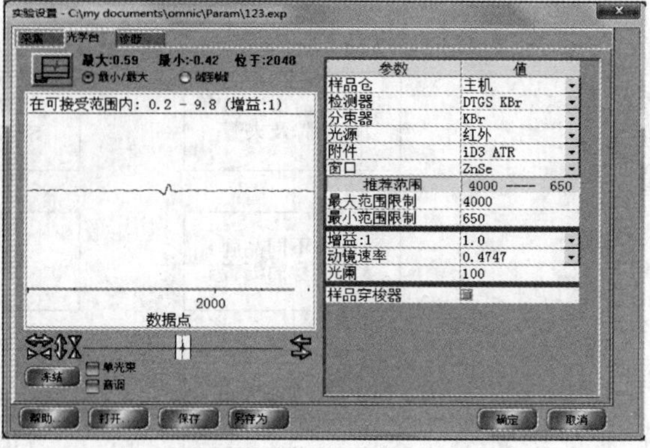

图 4 放置磨损 ZnSe 晶体片后光学台参数

(4)基质沥青标准谱图库的建立

不同品牌基质沥青油源和生产工艺不同,组成和组分含量存在差异,表现为红外谱图不同。在确定工地项目所用基质沥青的品牌、牌号、油源等信息后,根据项目部提供炼油厂联系方式,对基质沥青厂家进行实际考察并获取基质沥青标准样品。

(5)基质沥青标准样品重复性测试

对同一基质沥青同一检测人员制备样品 3 次,按照上述实验方法进行红外光谱测试,采集 3 次谱图进行峰位、峰形、峰强比对,在全谱波数 $4000cm^{-1}$ ~ $650\ cm^{-1}$、特征区 $4000cm^{-1}$ ~ $1350\ cm^{-1}$、指纹区 $1350cm^{-1}$ ~ $650cm^{-1}$范围内进行灵敏度谱图比对,确定重复性误差范围。

经数据比对,同一品牌基质沥青重复性测试谱图在上述波数范围内相关性系数≥99.00%,标准偏差≤0.5%。

(6)基质沥青标准样品再现性测试

对同一基质沥青样品采用两个不同检测人员、不同时间进行制样,利用不同的红外光谱仪按照上述实验方法进行红外光谱测试,分别采集 3 次谱图共 6 组红外谱图进行峰位、峰形、峰强比对,在全谱波数 $4000cm^{-1}$ ~ $650cm^{-1}$、特征区 $4000cm^{-1}$ ~ $1350cm^{-1}$、指纹区 $1350cm^{-1}$ ~ $650cm^{-1}$范围内进行灵敏度谱图比对,确定再现性误差范围。

经数据比对,同一品牌基质沥青再现性测试谱图在上述波数范围内相关性系数≥99.00%,标准偏差≤5.0%。

(7)基质沥青标准谱图的确定

通过对所有收集的同一品牌基质沥青标准样品重复性测试红外比对谱图与再现性测试红外比对谱图分析,在全谱波数 $4000cm^{-1}$ ~ $650\ cm^{-1}$、特征区 $4000cm^{-1}$ ~ $1350cm^{-1}$、指纹区 $1350cm^{-1}$ ~ $650cm^{-1}$相关性系数均大于 99.00%,标准偏差≤5.0%,说明利用衰减全发射红外光谱法快速检测沥青质量方法准确可靠,见图 5。

将基质沥青重复性测试红外谱图(3 组)与再现性测试红外谱图(6 组)共 9 组进行谱图的统计计算,取其平均谱图作为该品牌基质沥青的标准红外谱图(图 6)。

选择基质沥青标准红外谱图波数 $2050cm^{-1}$ ~ $1950cm^{-1}$范围进行噪声测量,测量结果用峰-峰噪声或均方根(RMS)噪声表示,若二者数值表示的信噪比大于红外光谱仪信噪比,说明在上述实验过程中,光谱仪、检测器、实验参数设置和系统的物理性能均良好,信噪比大,所得谱图信息稳定,可以区分所有的试验数据中的谱图特征和噪声,可将该品牌基质沥青平均谱图纳入基质沥青标准谱图数据库,对工程应用中的基质沥青进行比对鉴别,参见表 1。

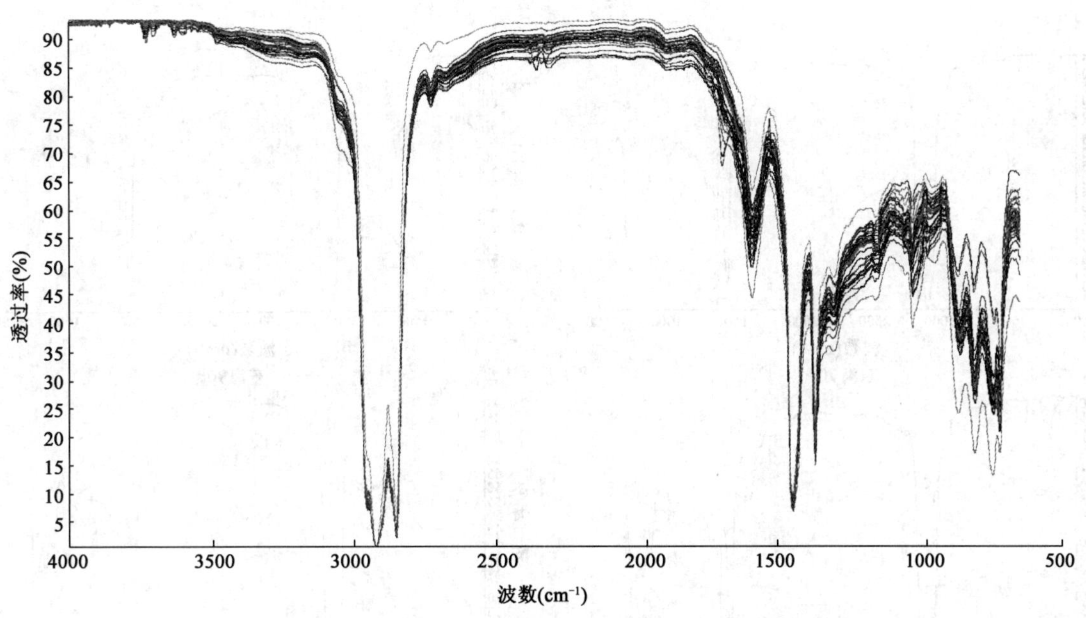

图5 不同品牌基质沥青标准红外谱图

基质沥青样品信息 表1

编号	品牌	样品来源	编号	品牌	样品来源
1	SK70#	疑似	22	壳牌 70-1	甘肃标样
2	SK70#	甘肃标样	23	壳牌 70-2	甘肃标样
3	SK90#	魏建明	24	壳牌 90#	疑似
4	SK90#	甘肃标样	25	壳牌 90#	修文宇通 4 月
5	埃索 70#	公路所(厦门)	26	壳牌 90#	北院
6	东海 100#	洛阳代理商	27	克拉玛依 90#	公路所
7	东海 70#	公路所(005)	28	克拉玛依 90#	魏建明
8	东海 70#	中石化(山西)	29	昆仑	魏建明
9	东海 70#	公路所(027)	30	辽河 90#	北院
10	东海 70#	公路所(013)	31	伦特	公路所(023)
11	东海 70#	公路所(021)	32	伦特 70#	2017.5.18
12	东海 70#	齐鲁石化 9 月	33	盘锦 90#	北院
13	东海 70#	齐鲁石化 11 月	34	盘锦 90#	公路所
14	东海 90#	中石化(山西)	35	秦皇岛 90#	公路所
15	东海 90#	魏建明	36	亚通 70#	公路所(026)
16	东海 90#	齐鲁石化 9 月	37	镇海 70#	北院
17	东海 90#	齐鲁石化 11 月	38	镇海 90#	公路所
18	弘润 70#	公路所(016)	39	镇海 90#	北院
19	加德士	疑似	40	中海 90#	320
20	加德士 70#	神岢高速	41	中海 90#	魏建明
21	加德士 70#	北院			

(8)基质沥青快速检测方法的确立

对于基质沥青质量的鉴别,待测样品的红外谱图和标准谱图比对的相关性系数是判断结果的重要依据。通过分析比对标准谱图库中不同品牌、不同油源地的基质沥青红外谱图,对数据进行统计分析,确定基质沥青质量判定的相关性系数阈值。

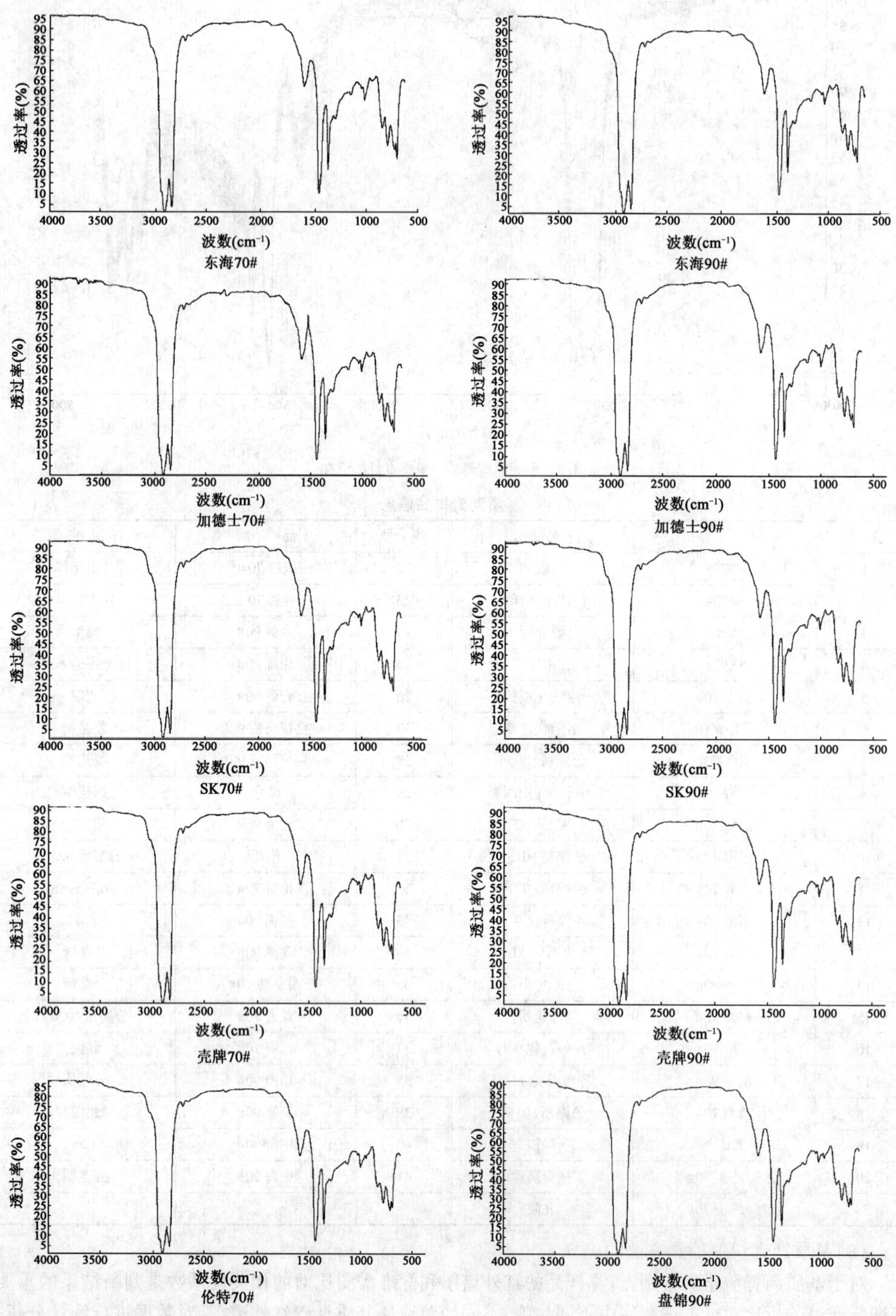
透过率(%)
波数(cm⁻¹)
东海70#
东海90#
加德士70#
加德士90#
SK70#
SK90#
壳牌70#
壳牌90#
伦特70#
盘锦90#

图 6

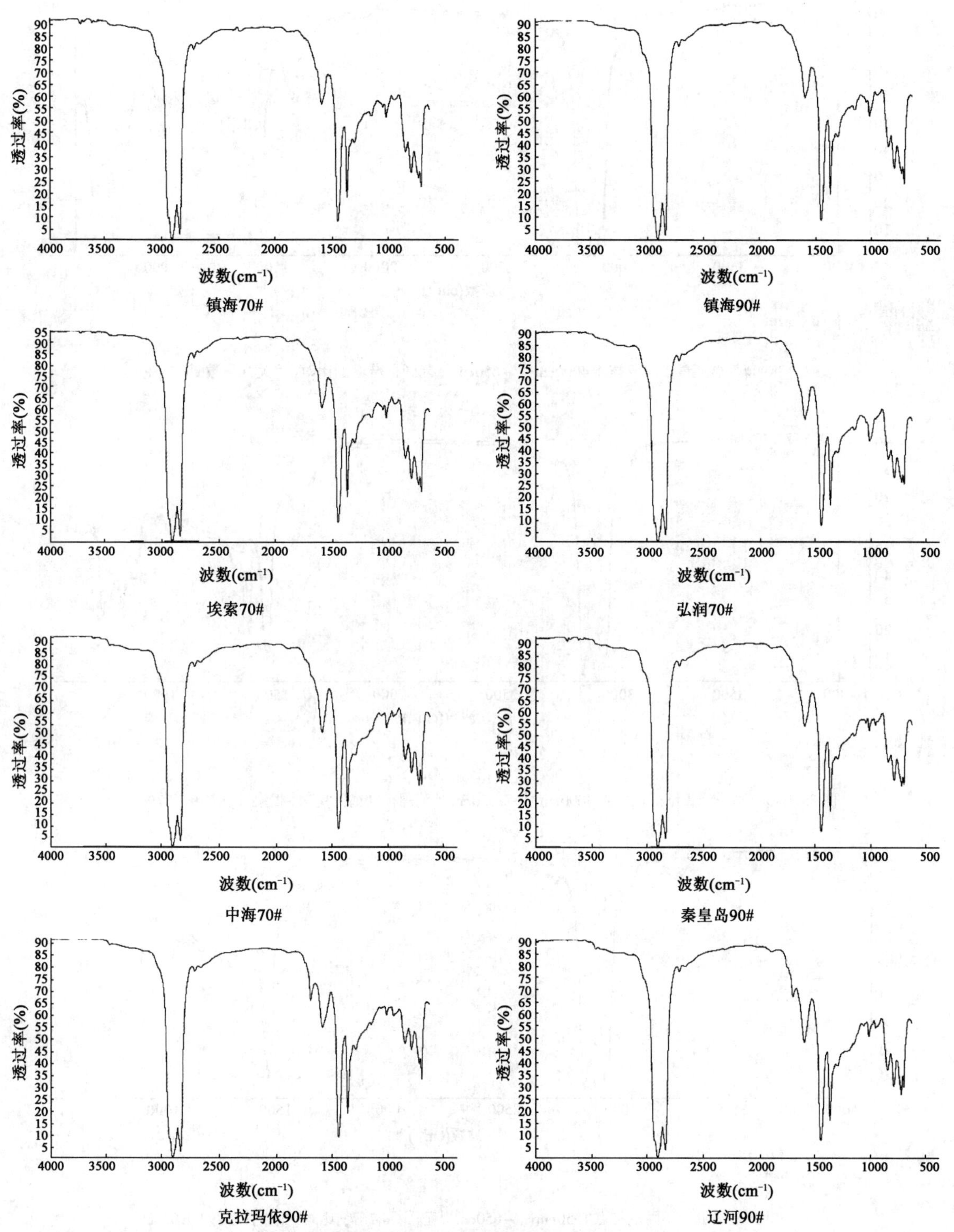

图6 部分基质沥青的标准谱图

以SK90#基质沥青为例，通过获取不同取样点的标准样品，按照确定的试验方法分析标准谱图，在全谱波数4000cm^{-1} ~650cm^{-1}、特征区4000cm^{-1} ~1350cm^{-1}、指纹区1350cm^{-1} ~650cm^{-1}范围内进行谱图比对，确定相关性系数，见图7~图9。

以壳牌90#和克拉玛依90#基质沥青为例，通过获取不同品牌沥青的标准样品，按照确定的试验方法分析得到标准谱图，在全谱波数4000cm^{-1} ~650cm^{-1}、特征区4000cm^{-1} ~1350cm^{-1}、指纹区1350cm^{-1} ~650cm^{-1}范围内进行谱图比对，确定相关性系数。

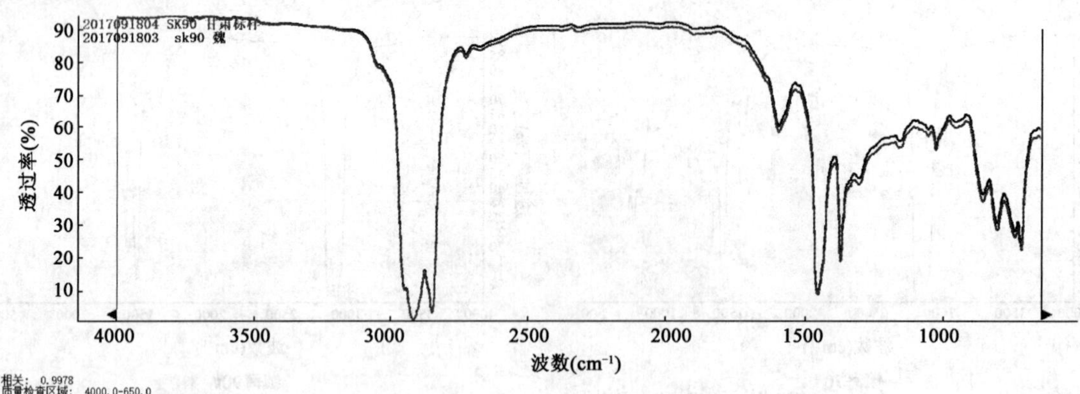

图7　SK90#基质沥青不同取样点 $4000cm^{-1}$ ~ $650cm^{-1}$ 范围标准谱图比对(相关性系数99.78%)

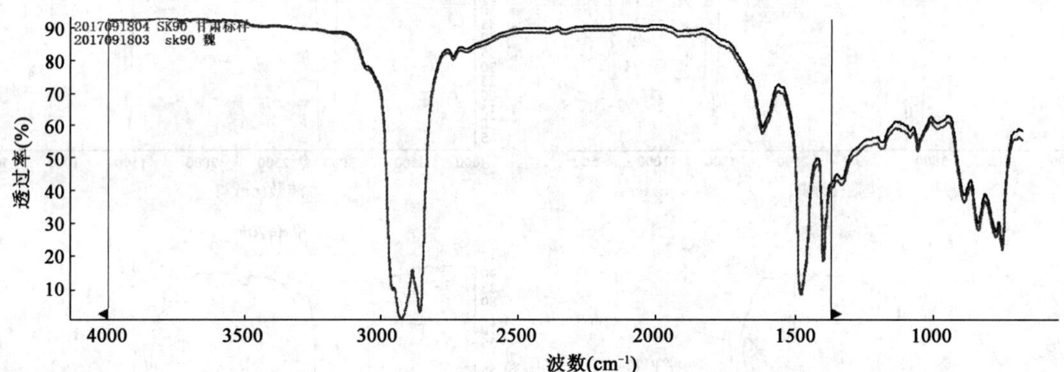

图8　SK90#基质沥青不同取样点 $4000cm^{-1}$ ~ $1350cm^{-1}$ 范围标准谱图比对(相关性系数99.77%)

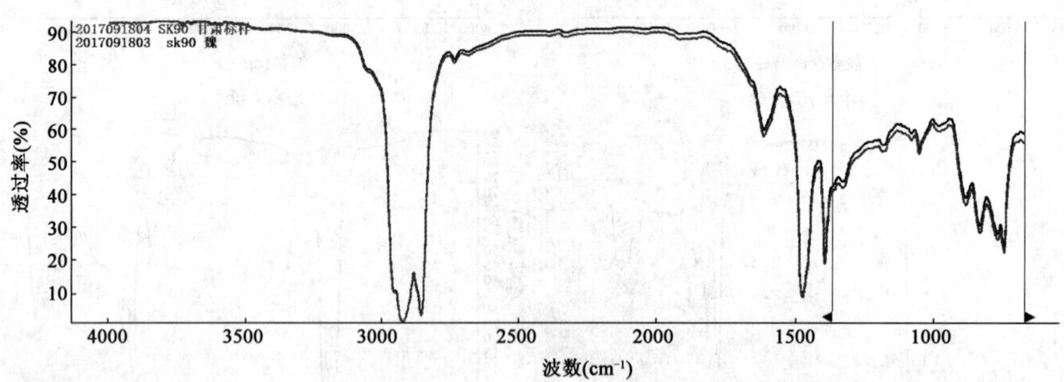

图9　SK90#基质沥青不同取样点 $1350cm^{-1}$ ~ $650cm^{-1}$ 范围标准谱图比对(相关性系数99.92%)

根据研究结果可知:同一品牌基质沥青无论取样点是否相同,标准谱图在全谱波数 $4000cm^{-1}$ ~ $650cm^{-1}$、特征区 $4000cm^{-1}$ ~ $1350cm^{-1}$、指纹区 $1350cm^{-1}$ ~ $650cm^{-1}$ 相关性系数均≥99.00%;不同品牌基质沥青标准谱图在全谱波数 $4000cm^{-1}$ ~ $650cm^{-1}$、特征区 $4000cm^{-1}$ ~ $1350cm^{-1}$、指纹区 $1350cm^{-1}$ ~ $650cm^{-1}$ 相关性系数均<99.00%。因此确定待测样品红外谱图与标准谱图在全谱波数 $4000cm^{-1}$ ~ $650cm^{-1}$、特征区 $4000cm^{-1}$ ~ $1350\ cm^{-1}$、指纹区 $1350cm^{-1}$ ~ $650cm^{-1}$ 相关性系数阈值为99.00%,见图10~图12。

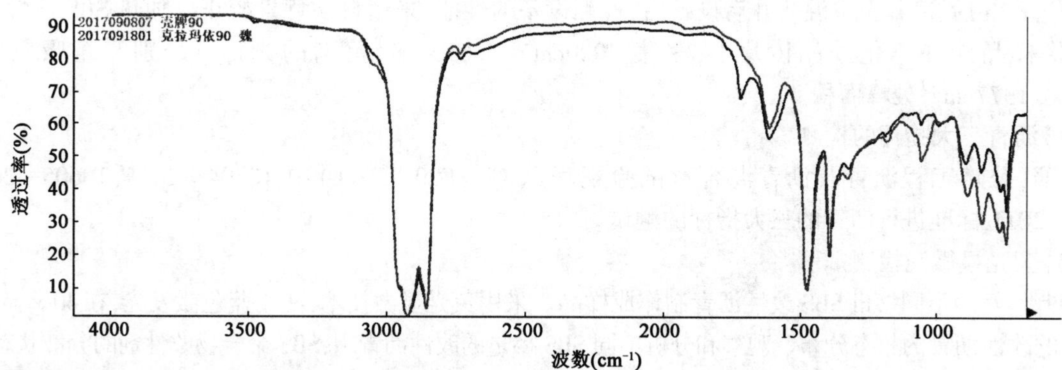

图 10 壳牌 90#基质沥青与克拉玛依 90#基质沥青在 4000cm^{-1} ~650cm^{-1}范围标准谱图比对(相关性系数 98.02%)

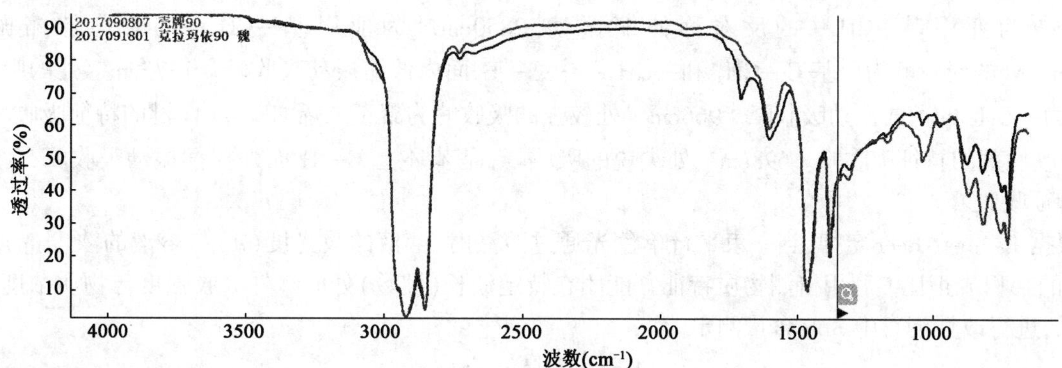

图 11 壳牌 90#基质沥青与克拉玛依 90#基质沥青在 4000cm^{-1} ~1350cm^{-1}范围标准谱图比对(相关性系数 98.26%)

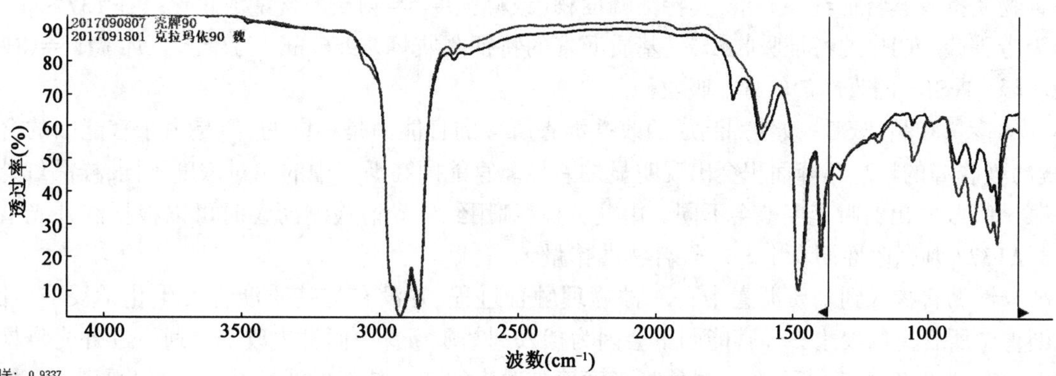

图 12 壳牌 90#基质沥青与克拉玛依 90#基质沥青在 1350cm^{-1} ~650cm^{-1}范围标准谱图比对(相关性系数 93.37%)

2. SBS 改性沥青中改性剂含量的测定

(1)试验设备

Nicole iS 5 FT-IR 光谱仪(美国 ThermoFish)、高速剪切机、电热炉、温度计。

(2)试验材料

基质沥青为东海 90#(中国石化齐鲁石化公司生产),壳牌 90#(长临高速项目部提供),SBS 改性剂。

(3)试验方法

将基质沥青加热到 160 ~170℃后缓慢掺入不同剂量的 SBS 改性剂,采用低速搅拌机搅拌。将掺入 SBS 改性剂的沥青在 170 ~180℃下,采用高速剪切机在 4000 ~5000r/min 的转速剪切 40min。在 170 ~

180℃发育2h后,冷却至室温。开启设备后,检测设备的性能,采用自动背景校正。加热SBS改性沥青样品,将样品涂在硒化锌晶体片上,采集4000cm^{-1} ~ 650cm^{-1}范围的光谱。分别测量吸收峰为966cm^{-1}、1377cm^{-1}处峰面积。

(4)沥青三大指标的检测

按照《公路工程沥青及沥青混合料试验规程》(JTG E20—2011)中T0604—2011、T0605—2011、T0606—2011标准进行沥青的三大指标的测试。

(5)荧光显微镜检测

将制作好的不同掺量SBS改性沥青制作成样品。采用荧光显微技术,使用蓝色激发光,在40×显微镜下观察的改性沥青的相态分布。观察和分析不同SBS掺量的改性沥青中,SBS聚合物改性剂的分散状态。

(6)试验结果与分析

基于掺入SBS改性剂制成的改性沥青中,改性沥青的结构及特征吸收峰都具有共同的特征吸收峰。在波数为2800 ~ 3000cm^{-1}左右的吸收峰主要是饱和烷烃C—H键振动引起的吸收峰,其中2920cm^{-1}为亚甲基—CH_2—的反对称伸缩振动,2850cm^{-1}为亚甲基—CH_2—的对称伸缩振动。1450cm^{-1}处的吸收峰为甲基C—CH_3和—CH_2—中C—H面内伸缩振动吸收峰。1375cm^{-1}处的吸收峰较强,为—CH_3的剪式振动吸收峰。966cm^{-1}处较强的吸收峰为聚丁二烯CH═CH键的特征吸收峰,是SBS的改性剂的特征吸收峰。698cm^{-1}处尖锐的吸收峰,是苯环上C—H面外摇摆振动吸收峰,为苯乙烯的特征吸收峰。

根据Lambert-Beer定律,当一束平行单色光通过溶液时,溶液的吸光度(A)与溶液的浓度(c)和厚度(b)的乘积成正比。利用待测物质特征官能团在特定波长(波数)处的红外吸收强度与物质浓度的正比关系,进行改性沥青中SBS含量测定。

$$A = \ln(I_0/I_t) = \alpha bc \tag{1}$$

式中:A为吸光度;I_0为入射光强度;I_t为透射光强度;α为物质的光衰减系数;b为光程长(即样品的厚度,mm);c为样品的浓度(%)。

每种物质都有其特征红外光谱,其特征峰面积(或峰强度)与物质的含量成正比。在1377cm^{-1}处的吸收峰为芳香族—CH_3的特征吸收峰,是基质沥青的特征吸收峰。966cm^{-1}为聚丁二烯CH═CH键的特征吸收峰,是SBS的改性剂的特征吸收峰。

不同的掺量和品牌SBS改性剂制成的改性沥青所含的官能团是相同的,但是由于官能团的含量不同,出现的吸收峰的峰高和峰面积会出现明显的差异。官能团在沥青中的相对浓度不同,样品红外谱图显示在某一吸收峰出的吸光度就会不同。由此分析,利用红外光谱检测沥青时可以根据红外光谱图中的A966/A1377判断改性沥青中SBS聚合物的掺量。

SBS改性沥青掺入到基质沥青中是一种物理融合过程,并没有与基质沥青发生化学反应。因此,SBS该沥青中所含有的聚丁二烯官能团不会因为掺入到基质沥青中而发生改变。通过红外光谱检测不同掺量的SBS改性沥青,分析966cm^{-1}处吸光度值与对应的SBS掺量的线性关系,可以得到一条标准曲线,见图13。在今后的检测中,只要通过对应标准曲线,即可得到改性沥青中SBS的掺量。

利用Lam-bert-Beer定律,利用待测物质特征官能团在特定波长(波数)处的红外吸收强度与物质浓度的正比关系,进行改性沥青中SBS含量测定。选取改性沥青红外光谱图中966cm^{-1}处的C═C基团上碳氢键弯曲振动特征吸收峰,和1377cm^{-1}处的CH_3基团上碳氢键弯曲振动特征吸收峰,作为SBS含量测定的特征吸收峰。分别测量特征吸收峰面积(S966和S1377),计算两峰面积的比值(A),以比值(A)与SBS含量建立线性标准曲线。计算公式:

$$峰面积比\ A = S966/S1377 \tag{2}$$

式中:A——吸收峰966cm^{-1}、1377cm^{-1}的峰面积比值;

S966——966cm^{-1}吸收峰的峰面积;

S1377——1377cm^{-1}吸收峰的峰面积。

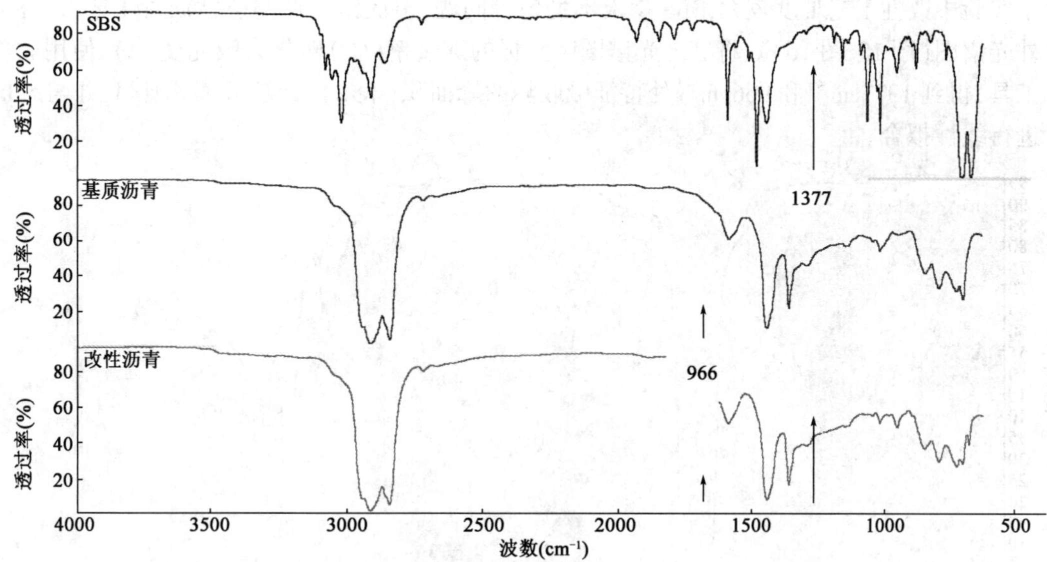

图 13 SBS 改性剂与基质沥青在 4000cm^{-1} ~ 650cm^{-1} 的红外谱图

制作 SBS 掺量分别为 0%、3.0%、3.5%、4.0%、4.5%、5.0%、5.5% 的改性沥青。分别对不同掺量的 SBS 改性沥青进行红外光谱测试(图 14),计算后制作标准曲线。

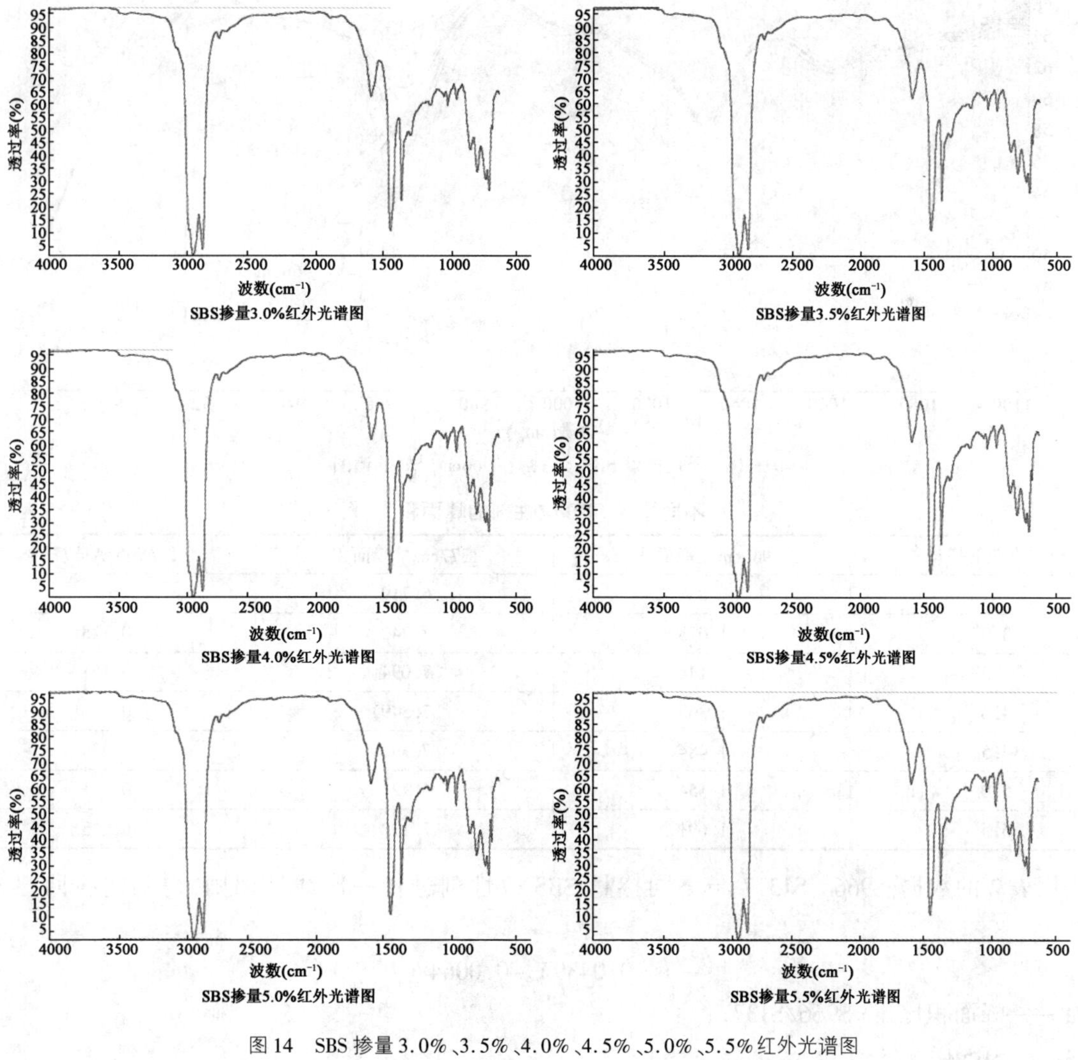

SBS掺量3.0%红外光谱图

SBS掺量3.5%红外光谱图

SBS掺量4.0%红外光谱图

SBS掺量4.5%红外光谱图

SBS掺量5.0%红外光谱图

SBS掺量5.5%红外光谱图

图 14 SBS 掺量 3.0%、3.5%、4.0%、4.5%、5.0%、5.5% 红外光谱图

由于实验中改性工艺难度较大,SBS 掺入不均匀等问题,多次试验调整改性沥青工艺,最终得到稳定的红外光谱图(图 15、图 16)。将红外光谱图竖坐标的透过率(%)转化为吸光度(A),使用软件峰面积计算工具,得到 $1377cm^{-1}$ 和 $966cm^{-1}$ 处特征吸收峰的峰面积(表 2),计算峰面积比 A,并与 SBS 改性剂掺量进行线性拟合。

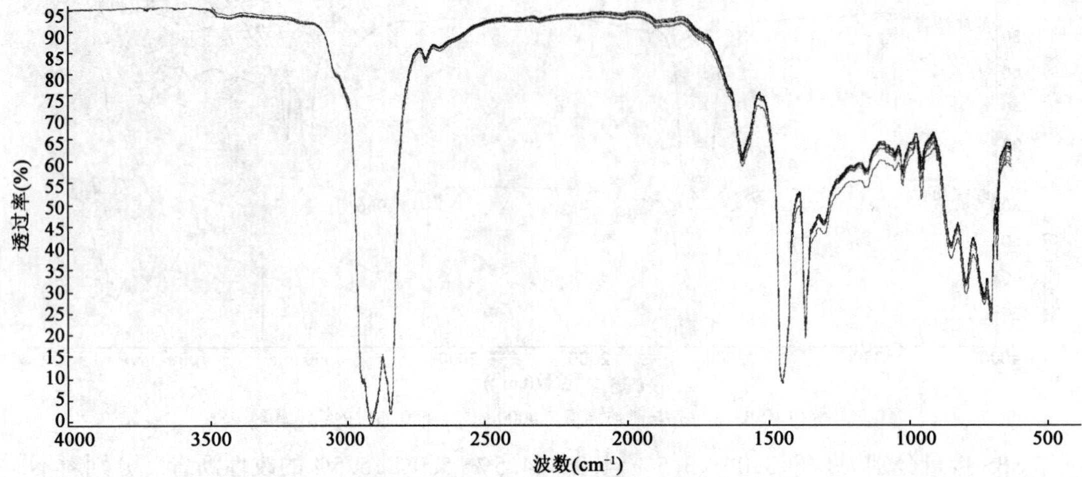

图 15　不同掺量 SBS 改性剂在 $4000cm^{-1}$ ~ $650cm^{-1}$ 的红外谱图

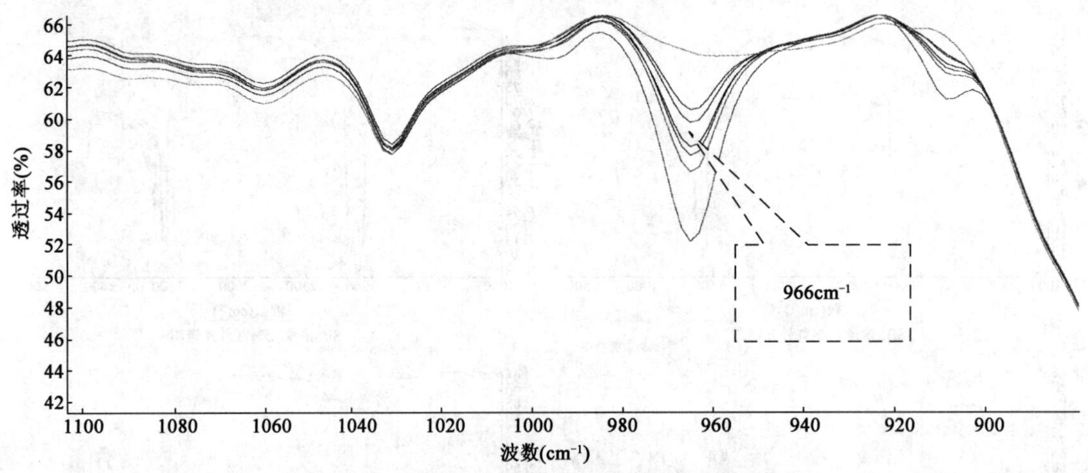

图 16　不同掺量 SBS 改性剂在 $966cm^{-1}$ 处的谱图

不同掺量 SBS 改性剂的峰面积　　表 2

SBS 改性剂掺量	$966cm^{-1}$ 峰面积	$1377cm^{-1}$ 峰面积	A966/A1377
0	0	6.719	0
3.0	1.073	7.242	0.148
3.5	1.144	7.094	0.161
4.0	1.368	7.349	0.186
4.5	1.484	7.392	0.200
5.0	1.554	6.721	0.231
5.5	1.691	7.192	0.235

利用表 2 的数据,S966 /S1377 与不同掺量 SBS 改性剂进行一次线性回归,得到曲线回归方程(图 17):

$$Y = 0.0439X + 0.0064 \tag{3}$$

式中:Y——峰面积比 A = S966/S1377;

X——SBS 掺量(%)。

式3相关系数 $R^2=0.990$,线性关系良好。通过对待测改性沥青试样进行红外光谱检测、两特征峰面积测量以及比值(A)的计算,对照标准曲线,确定试样中SBS的含量。

(7)SBS改性沥青荧光显微镜分析

荧光显微镜利用紫外线为光源,可以利用不同材料被检测后反射出不同的荧光对微观物质进行检测。对于SBS改性沥青而言,在蓝光区的沥青无法被激发出荧光,而改性沥青中SBS改性剂的黄绿色荧光可以被激发出来。因此,选择蓝光作为激发光,在荧光显微镜下就可以观察到黑色沥青和黄绿色的SBS改性剂。通过荧光显微镜可以对SBS改性剂的微观形态进行观察和分析,也可以对沥青和SBS改性两相的分散状态进行分析。

通过荧光显微镜观察4.5%、5.0%和6.0%的改性沥青,在40×放大倍数下观察沥青和改性剂两相均处于联系状态(图18、图19、图20)。改性剂掺量为4.5%时,聚合物SBS改性剂以小颗粒均匀分布在基质沥青中,沥青为连续相,改性剂为分散相。改性剂掺量为5.0%时,聚合物SBS改性剂的颗粒变大,以细长的条状分散于基质沥青中,改性剂即将形成网状结构。

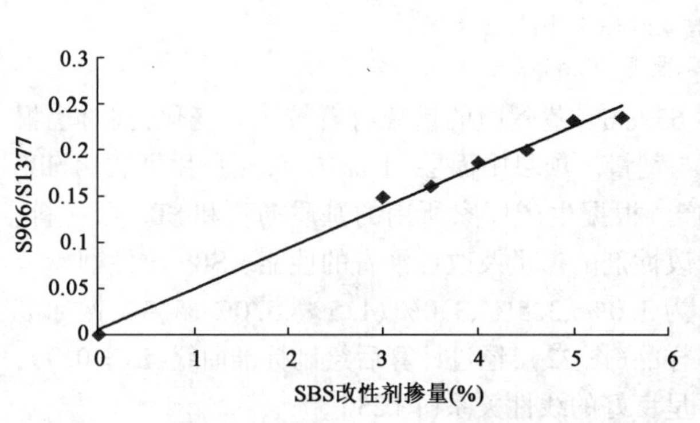

图17 不同掺量SBS改性剂的标准曲线

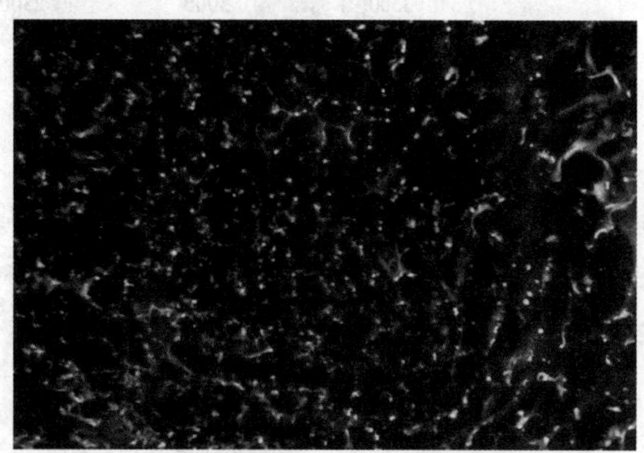

图18 SBS掺量4.5%的荧光显微图像

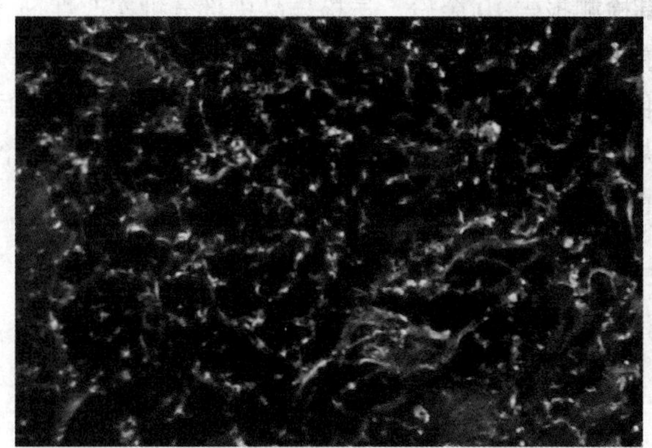

图19 SBS掺量5.0%的荧光显微图像

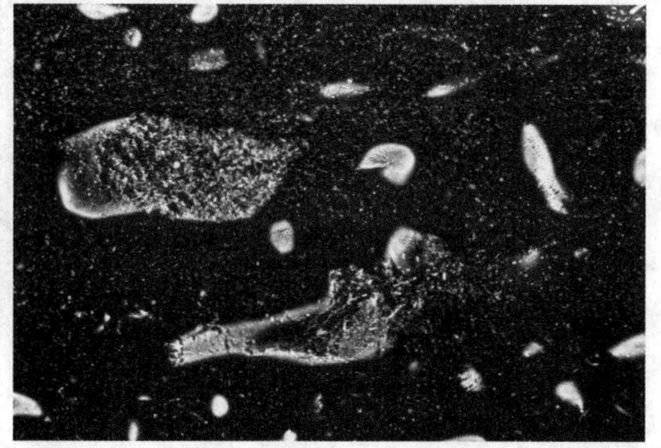

图20 SBS掺量6.0%的荧光显微图像

改性沥青掺量过高,SBS改性剂可能出现聚集现象,也就是在宏观上的"离析"现象。改性剂的聚集在很大程度上会影响沥青的宏观性能指标。因此,利用荧光显微镜可以直观的观察沥青相态分布状况。当沥青的红外光谱计算出改性剂掺量出现偏差或者宏观性能指标出现不合格时,通过荧光显微镜可以观察改性剂的分散状态,从而对改性沥青的状态进行验证和判断,该技术作为检测沥青中聚合物改性剂掺和状态是可行的。大量研究表明:SBS掺量为4.0%~5.5%时,SBS和基质沥青处于两相连续的状态。

3.实体工程推广及应用

(1)霍永高速公路永和段沥青质量控制快速检测项目

霍永高速公路永和段沥青路面工程项目下面层、封层、透层所用沥青为伦特70#基质沥青,于2017

年5月从河北伦特石油化工有限公司取沥青标准样品,同时与数据库的谱图进行比对分析,建立该项目基质沥青标准谱图库。项目实施过程中,检测沥青40余批次,出具检测报告20余份。送检样品中与标准样品全谱图对比相似度均>99.00%(图21)。

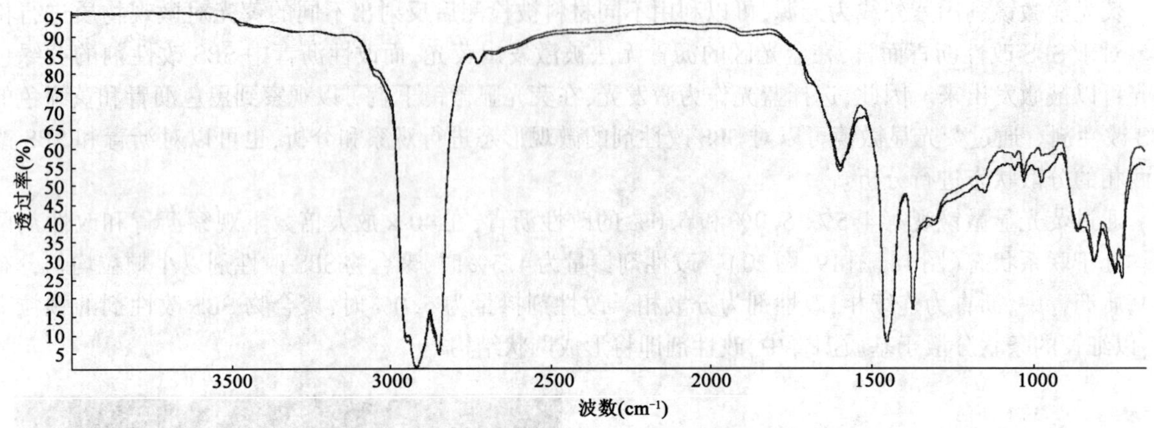

图21　伦特沥青送检样品与标准样品红外谱图比对图

(注:红线为伦特沥青标准样品红外谱图,蓝线为伦特沥青送检样品红外谱图)

通过红外谱图可以发现改性沥青在1000cm^{-1}~650cm^{-1}范围内的谱峰有着较大的变化;同时也根据这些特征谱峰的位置和面积变化推算改性剂类型与剂量。项目中面层、上面层、黏层所用沥青为SBS改性沥青,由中国石化股份有限公司齐鲁分公司生产。根据生产厂家所用的基质沥青和SBS原材料、生产工艺,在实验室中进行了样品小试,以监测SBS改性剂的掺量及改性沥青的性能。SBS改性剂掺量为3.0%、3.5%、4.0%、4.5%、5.0%、5.5%做标准样品(图22),经过计算后绘制标准曲线,$R_2=0.99$,呈良好的线性关系(图23)。

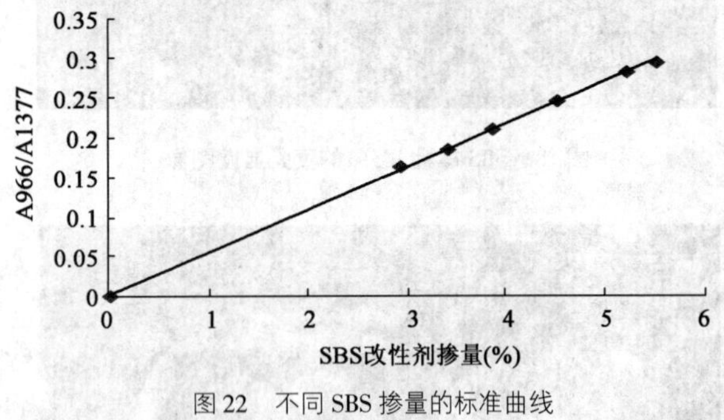

图22　不同SBS掺量的标准曲线

项目实施过程中,共检测改性沥青30余批次,出具检测报告10余份。送检样品中部分批次改性剂含量较高,可能是由于沥青改性前所用的基质沥青性能不良导致,该批次的样品进行沥青三大指标的检测后决定是否继续使用。检测合格的样品SBS改性的含量为(4.5±0.3)%,SBS掺量相对稳定。

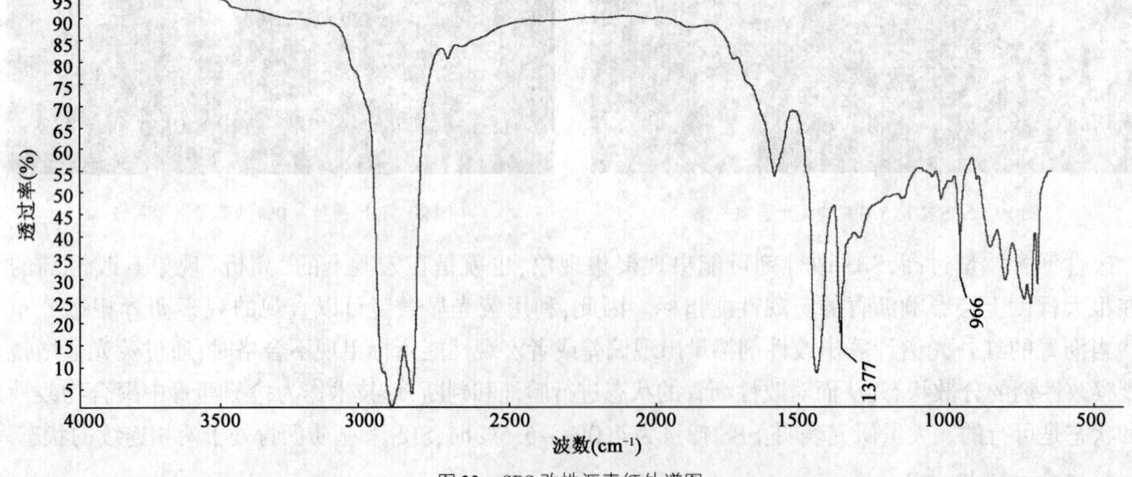

图23　SBS改性沥青红外谱图

霍永高速公路永和段路面工程部应用沥青指纹识别系统对基质沥青和改性沥青的质量进行快速检测。项目中检测基质沥青40余批次,SBS改性沥青30余批次,出具30余份检测报告。该技术制样、检测、分析可在几分钟内完成,可快速完成与标样沥青的对比检测、评价沥青的质量;同时检测了SBS改性沥青中改性剂的含量,取得了良好的效果。沥青指纹快速检测对到场沥青进行实时动态监控,为沥青施工现场提供咨询意见(图24、图25)。

图24 霍永高速公路项目沥青留样

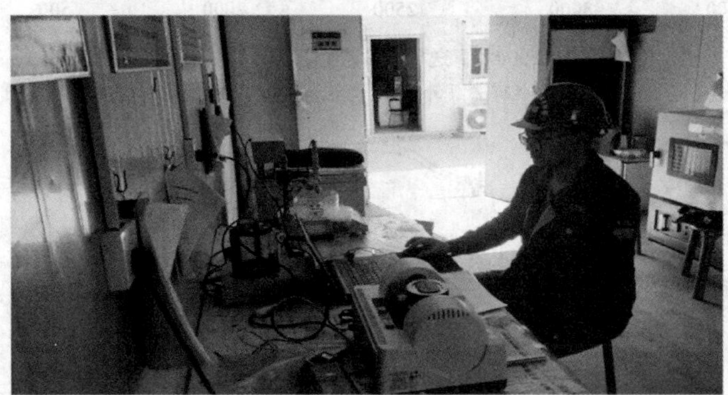

图25 霍永高速公路项目现场检测

(2)长临高速公路沥青质量控制快速检测项目

该项目覆盖长临高速公路全线166公里,共3个路面总承包,7个工区。全线设置了两个检测点,一个是位于长治屯留的检测一中心试验室,另一个是位于临汾洪洞的检测二中心试验室。

长临高速公路沥青路面工程项目中面层用东海70#基质沥青,上面层用东海90#和壳牌90#作为基质沥青,分别添加4.5%和5.0%的SBS改性剂。该项目于2017年下半年进场,2017年10月和11月主要对各个标段进场的基质沥青进行实时检测。由于线路长,项目组每3天为一抽样周期,对各工区下面层进场沥青集中抽样检测,实时监控沥青质量,以确定是否符合入罐条件,见图26~图28。

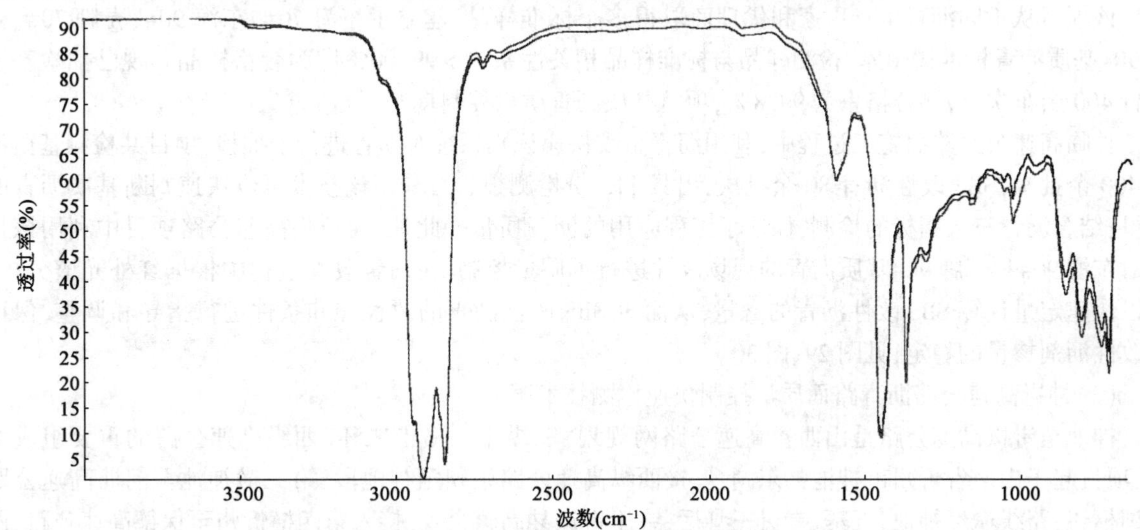

图26 东海70#沥青送检样品与标准样品红外谱图比对图

(红线:东海70#沥青标准样品红外谱图;蓝线:东海70#沥青送检样品红外谱图)

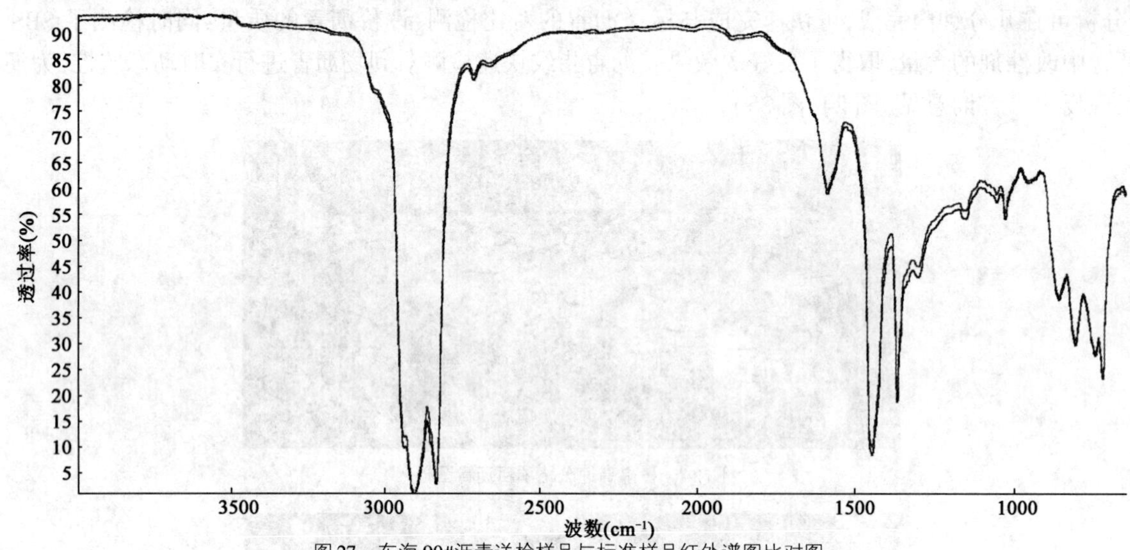

图27　东海90#沥青送检样品与标准样品红外谱图比对图

(红线:东海90#沥青标准样品红外谱图;蓝线:东海90#沥青送检样品红外谱图)

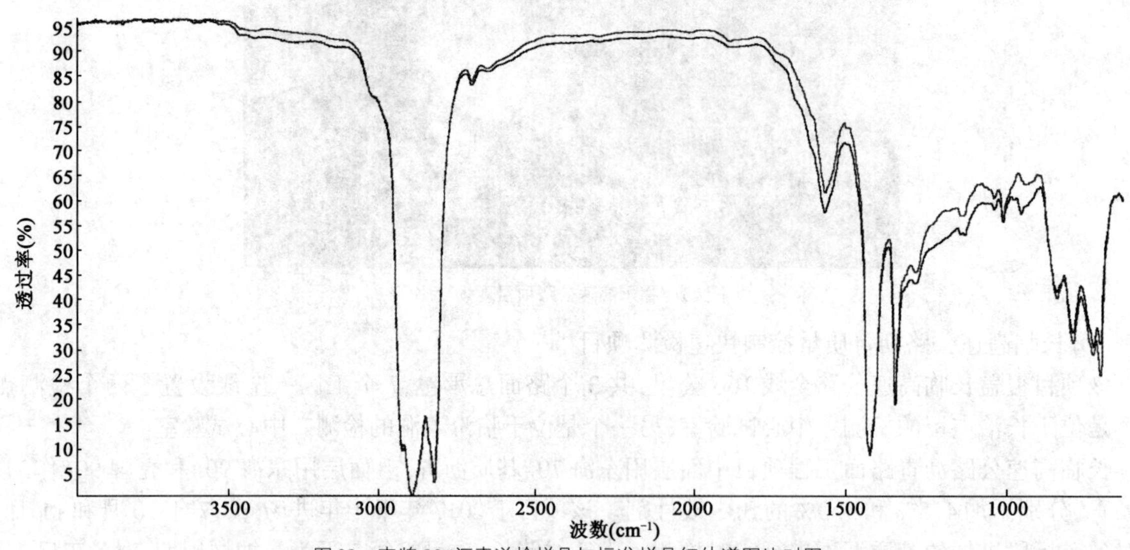

图28　壳牌90#沥青送检样品与标准样品红外谱图比对图

(红线:壳牌90#沥青标准样品红外谱图;蓝线:壳牌90#沥青送检样品红外谱图)

该项目从不同沥青生产厂家和代理商取得多个标准样品,建立了东海70#、东海90#、壳牌70#、壳牌90#基质沥青标准谱图库,检测样品与标准样品相关性系数>99.00%即为合格样品。现已抽检基质沥青400余车次,检测合格率为99.8%,项目基质沥青质量控制良好。

长临高速公路路面施工过程中,利用沥青指纹快速识别系统对沥青进行了抽检,项目共检测基质沥青400余批次,SBS改性沥青80余批次,出具115份检测报告。利用该技术可以快速判断基质沥青的质量,结合沥青三大指标的检测,保证了工程应用的沥青质量。此外,在长临高速公路项目中利用该技术对东海90#和壳牌90#基质沥青的现场改性进行了质量控制,在沥青改性过程中根据红外光谱分析,可以快速定量计算SBS改性沥青的含量,从而对SBS改性沥青的改性拌和条件进行指导和调整,保证了改性沥剂掺量的稳定,见图29、图30。

(3)神岢高速公路沥青路面质量控制快速检测技术服务

神池至岢岚高速公路是山西省高速公路网规划"三纵十二横十二环"西纵高速公路的重要组成部分,项目起于山西省忻州市神池县东湖乡,接西纵高速公路朔州至神池段、第三横神池至河曲高速公路东湖枢纽,路线途经神池、五寨、岢岚三县后,终于岢岚县高家会乡,接入第四横忻州至保德高速公路、西纵高速公路岢岚至临县段岢岚枢纽,路线全长63.8公里。

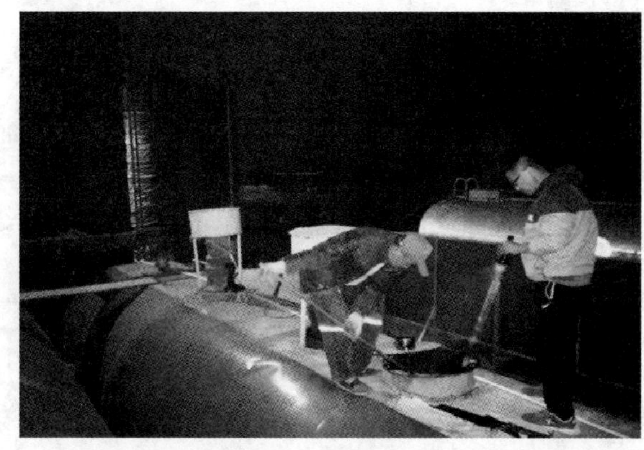

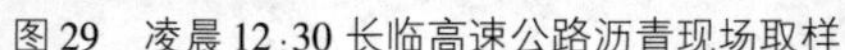

图 29　凌晨 12:30 长临高速公路沥青现场取样

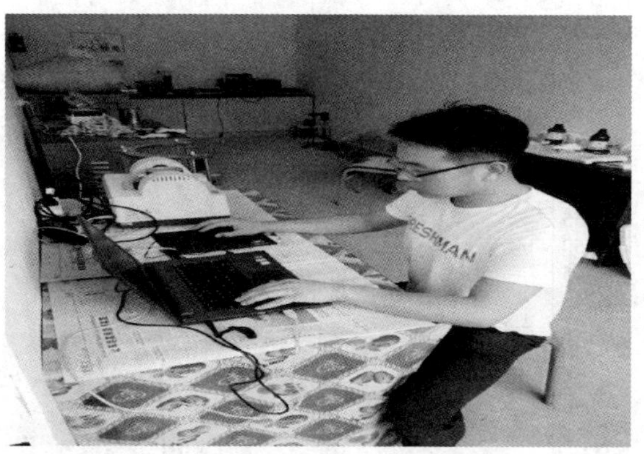

图 30　长临高速公路项目现场沥青检测

神岢高速公路沥青路面工程项目中下面层采用加德士 70#基质沥青和壳牌 70#基质沥青，上面层采用 SBS 改性加德士 90#沥青和 SBS 改性壳牌 90#沥青。该项目于 2018 年 5 月进场，两次去天津港采集壳牌沥青标样以及两次去日照岚山港采集加德士标样，建立了基质沥青的标准谱图库；同时，根据项目要求，多次测试改性沥青中 SBS 改性剂的掺量，确定标准掺量的红外谱图，对神岢高速沥青改性站点进行了沥青质量监控，见图 31 ~ 图 34。

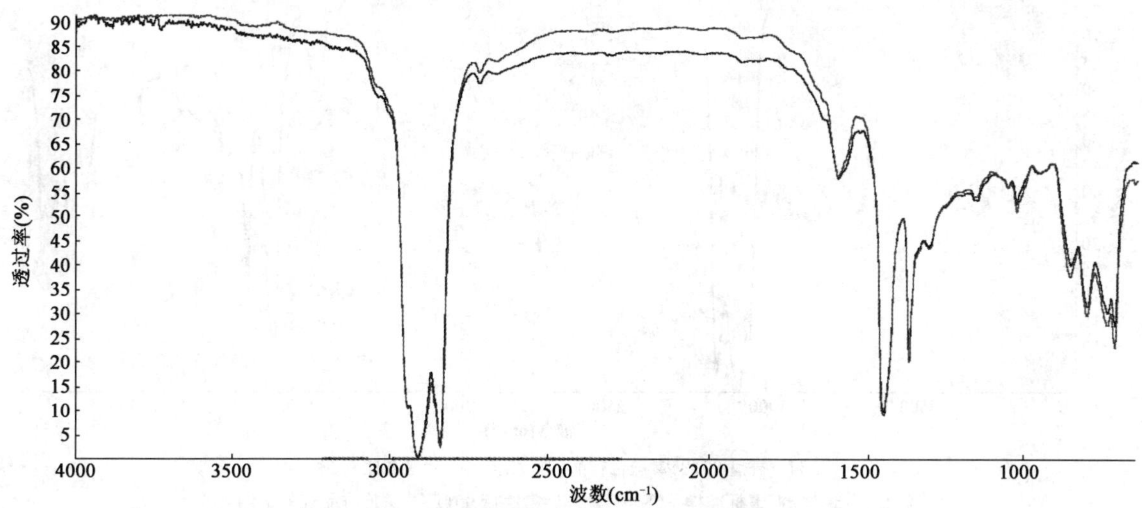

图 31　加德士 70#沥青送检样品与标准样品红外谱图比对图

（红线：加德士 70#沥青标准样品红外谱图；蓝线：加德士 70#沥青送检样品红外谱图）

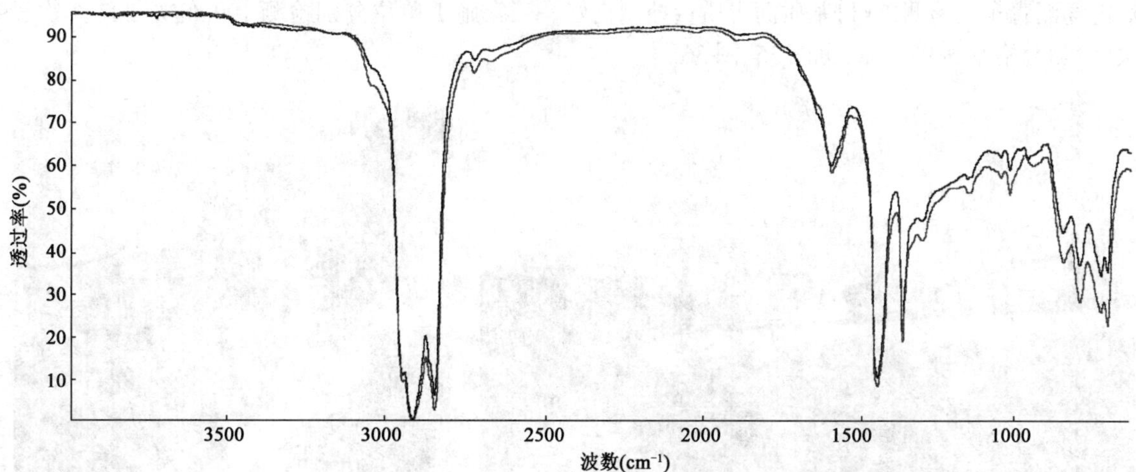

图 32　加德士 90#沥青送检样品与标准样品红外谱图比对图

（红线：加德士 90#沥青标准样品红外谱图；蓝线：加德士 90#沥青送检样品红外谱图）

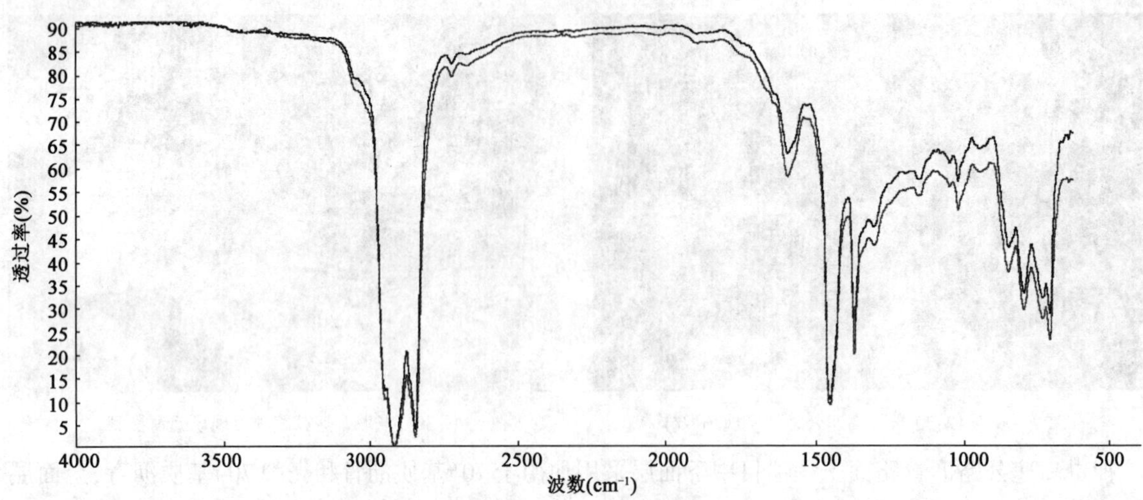

图33 壳牌70#沥青送检样品与标准样品红外谱图比对图

(红线:壳牌70#沥青标准样品红外谱图;蓝线:壳牌70#沥青送检样品红外谱图)

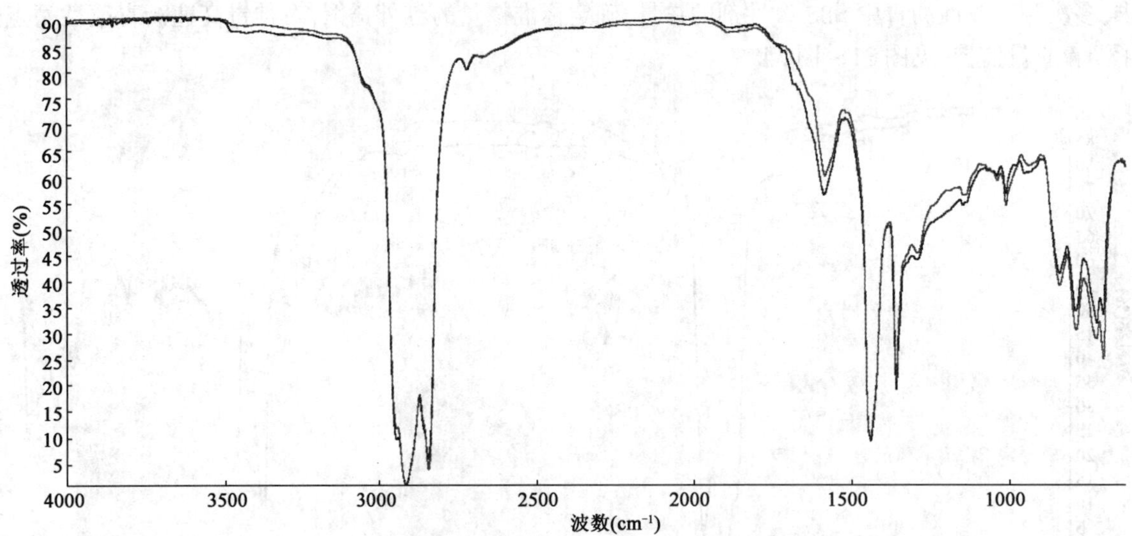

图34 壳牌90#沥青送检样品与标准样品红外谱图比对图

(红线:壳牌90#沥青标准样品红外谱图;蓝线:壳牌90#沥青送检样品红外谱图)

该项目从不同沥青生产厂家和代理商取得多个标准样品,建立了基质沥青标准谱图库,按照业主要求对进场沥青车车检测,项目基质沥青质量控制良好。三家施工单位分别检测199车次、207车次、291车次,检测合格率为99.8%,见图35、图36。

图35 神岢高速公路沥青现场取样

图36 神岢高速公路沥青现场检测

三、实施效果

(一)经济效益

目前,该项目成果已经在长临高速公路、神岢高速公路、阳蟒高速公路、广东中山西环高速公路、京藏高速公路石嘴山至中宁段改扩建工程及安徽合肥市 S319 军二路改建工程等 5 个省份 11 个沥青质量快速检测技术项目推广应用,直接产生经济效益 514.1 万元,节支总额 5903.8 万元,实现了基质沥青质量及改性沥青 SBS 含量及时、快速、有效的监控。

(二)社会效益

本项目将沥青微观技术——红外光谱技术引入到沥青质量检测中,通过建立的标准谱图数据库、基质沥青快速检测技术方法、SBS 改性沥青改性剂含量检测方法及沥青老化程度的评价方法,实现了沥青及改性沥青的快速检测与评价,该技术实现了 3 分钟快速鉴别沥青品牌、筛选混兑调和沥青的目标,重点解决了国内公路建设中原材料沥青的质量控制问题,确保了沥青的稳定供应,严格控制了施工质量及路面质量。本成果涉及的技术取样量少(代表试样 10 克左右),采样试验量只需 1 克左右,无须加热沥青,不产生有害气体,基本属于常量无损化学分析技术,对试验人员无危害,对环境无污染,是环保节能的沥青材料检测分析新方法、新手段。并且本成果的研究为进一步关联沥青微观结构和宏观性能的研究奠定了良好的基础,必将引起沥青性能检测由宏观物理性能检测到微观结构性能分析的技术革新。

四、结束语

本项目填补了从微观结构领域快速鉴别、评价沥青品质、关联沥青微观结构与宏观性能指标的研究空白;集成了基质沥青、改性沥青快速检测、评价体系。项目于 2019 年鉴定为国际先进水平,依托项目成果申报国家专利 14 项,发表论文 6 篇,主编标准 2 项,为本项目技术的推广应用提供了标准化支撑!项目成果成功应用于国内 5 个省份 11 个沥青质量快速检测技术项目,解决了传统沥青质量检测方法无法对基质沥青及改性沥青进行快速检测分析评价技术难题,具有广阔的推广应用前景!

抗"疫"保"畅"统筹推进疫情防控和经济发展海事管理经验

中华人民共和国沧州海事局

成果主要创造人:佟海森

成果参与创造人:刘凤良 于江华 张 莹 刘 鹏 李海良 杨全杰

沧州海事局成立于2000年12月,是交通运输部直属驻沧单位,河北海事局分支机构之一,是沧州海域水上交通安全监督管理的主管机关。目前我局共有10个内设机构、3个处室办事机构和2个副处级派出机构,局机关坐落于黄骅市,2个派出机构位于黄骅港。核定编制160人,现有在编职工153人。其中本科以上学历141人,占总人数的92%;45岁以下130人,占总人数的85%;党员127人,占总人数的83%,是一支朝气蓬勃、全心全意为港航经济发展服务的年轻队伍。

沧州海事局所辖水域北起歧口,南至大口河,水域面积2248平方公里,岸线92.46公里,主要包括黄骅港和南排河附近水域。其中,黄骅港由煤炭港区、综合港区、散货港区和河口港区4个港区所组成;南排河附近水域覆盖了赵东油田(有2个固定式平台)、歧口油田(沧州海事局辖区部分有4个固定式平台)等水域。辖区海域具有风天多、潮差大、冰灾重、团雾频、暗流急、航道回淤严重等自然环境特点。港口货轮、油轮、渔船、旅游船穿梭,海上交通运输、渔业生产、海上石油开采、旅游观光交织叠加,安全生产管理情况复杂、监管难度较大。海上监管总体呈现出"海上安全监管任务重,应急保障任务重,服务发展任务重"的特点。

一、成果实施背景

今年以来,一场突如其来的新冠肺炎疫情让我们经历了极为艰辛和很不容易的特殊时期。水上交通运输是我国运输结构中的重要组成部分,而船舶又具有流动性大的特点,必须集中精力抓好疫情防控和船舶运输保障工作。

黄骅港主要由煤炭港区、综合港区、散货港区和河口港区4个港区组成,拥有两条挖入式人工长航道,可供20万吨级船舶满载进出港,生产性泊位38个,其中万吨级以上泊位35个,是雄安新区出海口之一和"一带一路"重要枢纽。2019年黄骅港完成货物吞吐量2.87亿吨,作为沧州海域水上交通安全监督管理的主要机关,沧州海事局在承担着沧州海域水上交通安全和防治船舶污染海洋环境监督管理职能的同时,也代表沧州市人民政府履行海上搜救和船舶污染应急反应职能,是辖区水运经济发展的基础性、服务性部门。

面对疫情防控和海事监管双重重压,如何坚决贯彻党中央、国务院决策部署,全面落实交通运输部、河北省和部海事局工作要求,在坚决做到阻断疫情传播渠道的同时,积极服务港口经济发展,全力支持港航企业复工复产,保障黄骅港作为国家北煤南运能源运输"大动脉"安全畅通,保障黄骅港作为雄安新区出海口的安全高效运营,成为沧州海事局亟待解决的难题。

二、成果内涵

防控新冠状肺炎疫情以来,沧州海事局认真贯彻落实习近平总书记"坚定信心、同舟共济、科学防治、精准施策”的要求和党中央决策部署以及交通运输部“一断三不断”防控原则,在河北海事局党组坚强领导下,沧州海事局讲政治、敢担当、勇斗争、善作为,牢固树立“果敢战疫、精准防疫、同心抗疫”意识,在海上交通安全和疫情防控工作中,“两手抓,两不误”,双线攻坚,周密部署、精准施策、迅速行动、主动作为,统筹推进疫情防控和经济社会发展,集中全力做细做实疫情内外部防控工作,全面加强疫情信息收集、跟踪和研判,进一步强化口岸疫情联防联控,坚决做到阻断疫情传播渠道,全力做好疫情内防扩散、外防输入工作,千方百计落实服务港航经济发展举措,鼎力支持港航企业复工复产,大力提升港口通航效率,全力保障黄骅港作为国家北煤南运能源运输“大动脉”安全畅通,全力保障黄骅港作为雄安新区出海口的安全高效运营,统筹推进疫情防控和助力经济社会发展,全面融入服务地方经济发展大局,为夺取疫情防控和经济社会发展双胜利贡献坚实力量。

三、主要做法

(一)千方百计抓细抓实,全力做好内部防控

1. 强化落实主体责任

明确基层各单位、机关各部门主要负责人为本单位、部门疫情防控的第一责任人。结合实际,建立内部疫情防控组织体系,发布了群体性活动管控制度、外来人员管控制度、公共场所消杀制度、体温检测制度、物资采购管理使用制度等5项内部防控制度,从制度上进一步规范了疫情防控措施和个人具体行为并严格落实,明确疫情防控应急措施和处置流程,切实做好疫情内部防控工作。

2. 加强疫情排查报告

进一步落实新冠肺炎排查和报告制度,按照人、岗、身体三符合的要求,对全体工作人员进行全面排查,做到底数清、数字准、情况明。严格督促落实居家或集中观察14天等有关规定,要求职工积极配合居住地社区(村)做好防控工作。优化职工上岗安排,鼓励使用网络平台和移动办公,在满足日常工作的前提下尽量减少到岗工作人员数量。督促物业服务公司对派驻单位服务人员实施严格管理,确保物业人员健康。

3. 加强办公场所日常防护

加强人员出入管理,做好测温排查,关闭院落内非必要通道,控制人员流动,对进出办公楼等办公场所的人员,一律要求佩戴口罩,在入口处进行发热筛查,无异常方可进入。充分利用视频会议系统、企业微信等平台工具,开展远程、非面对面的工作沟通,保持联络畅通。确需召开的聚集性会议,会议期间座位保持1米以上间隔,会后应立即对使用过的会议用品进行清洗消毒。严格控制出差。除因疫情防控工作需要,原则上不安排出差。确需出差的,出差人员返回后一律按照疫情防控要求进行排查或隔离后返岗工作。加强食堂安全管理,严格实行分时、分区、错峰、延长就餐时间等方式就餐,及时进行餐厅、餐具消毒,设置脚踏式餐盒回收桶,规范处理厨余垃圾。对会议室、电梯、卫生间、走廊、楼梯通道等公共区域根据疫情防疫要求做好消毒工作,坚持公共场所每日消杀2次。加强内部垃圾分类管理,设置专用的废弃口罩收集容器,并及时清运,按规定销毁。对所有公务车辆开展消毒工作,保证每天不少于两次消毒,并于每次使用后及时消毒。印发《在疫情防控阻击战中大力开展爱国卫生运动工作方案》,组织开展室内外环境卫生大扫除,清除卫生死角,改善公共环境,要求取快件一律在门卫拆包,严禁将外包装带入院内,阻断病毒传播途径。

4. 加强一线员工安全防护

加强现场执法人员防护,充分运用信息化手段,加强对船舶的远程核查和电子巡查,对远程信息核查无误的,原则上不登轮进行现场检查,确需进行登轮检查的,在当地卫生健康部门、检验检疫部门检疫合格或在其指导下,按照要求做好防护后实施,检查过程中,要求尽量避免前往人群密集尤其是空气流动性差的场所,减少接触时间,确需面对面交流时,离开至少一米的水平距离。政务中心(窗口单位)建立外来人员登记台账,做好体温测量及登记工作;在柜台外侧划定距离1米以上的警示线,引导行政相

对人在线外等候且互相之间保持1米以上的间隔距离。配备消毒设施设备,定时对办公场所进行通风消毒。引导相对人优先选择网上申办、邮寄等非接触办理方式办理业务,对于确需现场办理提供预约服务。充分利用互联网等信息化手段,加强政务审批网上办理,及时高效完成各项审批业务;畅通海事热线电话及网上咨询渠道,积极开展远程咨询和指导,推进网上申报,及时解决民众关切。做好物资保障,尽最大努力多渠道申领、采购防疫物资,突出对一线和窗口单位、部门的物资保障。

(二)坚决守好口岸入境"国门",全力防范境外疫情输入

1. 高度重视,层层压实责任

将严防境外疫情输入工作作为工作的重中之重。在抓好国内疫情防控的基础上,进一步完善组织指挥体系,针对疫情防控形势变化,多次传达上级关于境外疫情防控工作部署和文件要求,对全力做好境外疫情海上输入防控和国际航行船舶中国籍船员换班工作进行再强调、再部署、再动员。进一步加强组织领导,根据境外疫情发展形势,及时在现有疫情防控领导小组中增设外防输入组,实行专班专岗,从实施海上救助人员自身防护、境外归国船员信息报送等方面深入落实境外疫情输入防控工作;强化责任落实,完善口岸疫情处置工作方案,制定《抓紧抓实抓细境外疫情输入防控工作任务清单》,进一步明确责任分工,确保口岸疫情防控工作有效推进。

2. 牵头抓总,深化联防联控机制

积极参与当地政府联防联控工作,充分发挥属地疫情联防联控机制作用,加强与交通、海关、外事、边检、农业、引航以及港口的沟通协调,建立应急联络和信息通报机制,主动配合地方政府落实疫情防控责任。畅通联络渠道,及时获取国际航行船舶进出辖区港口动态和来自境外疫情高风险地区船舶检疫、靠泊计划等信息,实行辖区境外疫情防控工作动态日报告、突发事件随时报告制度。根据到港船舶的不同作业类型和风险点,制定针对性联合防控工作流程。与海关、卫健委,共享船员发热症状(体温超过37.3℃)报告、境外疫情高风险地区船舶险情报警信息,并协助做好相关处置工作。细致研判辖区通航环境和气象条件等因素,临时调整辖区部分船舶引航员登离轮点位置,缩短引航员在船时间。落实抵港国际航行船舶船员境内换班、船舶污染物排放控制及海事安全保障履职等管理要求和标准,规范开展各项疫情防控工作。

3. 先行先试,成立沧州市口岸单位疫情防控临时党支部

联合黄骅港海关、黄骅出入境边防检查站成立沧州市口岸单位疫情防控临时党支部,重点对船舶疫情风险评估、涉疫船舶轨迹和疫情相关线索的通报、疑似或确诊人员以及有症状人员的处置等方面的合作内容和职责分工进行了明确,责任到岗到人。口岸单位临时党支部成立六支党员突击队,抽调40多名党员干部,按照"逢船必查、逢车必查、逢人必查、不漏一人"的要求,对到港船舶船员、在港船舶船员、停航船舶值守船员、引航员和进出港区人员进行全面排查。口岸临时党支部围绕"口岸大通关"等服务,组织开展了多次联合检查。行动中,各口岸单位相互配合,开展了船员信息核查、船员船舶防疫检查、船体安全状况检查、货物核对、文书查验等重点项目检查工作,同时加强对船舶进港前、在港、出港后全程掌控,开通防疫物资和重要民生物资通关"绿色通道"。

4. 精准摸排,织密织牢防控网络

通过进出口岸系统、"单一窗口"平台、AIS系统等全面核查船舶14天内停靠港口轨迹、船员健康监测情况以及预计换班计划等详细信息,根据疫情变化情况做好动态调整跟踪。针对国际航行船舶,要求其在预计抵达口岸7日前(航程不足7日的,在驶离上一口岸时)报告船舶动态信息,包含船舶基本情况、前十个挂靠港口信息、船员信息及健康情况等内容。建立信息通报和应急联络机制,第一时间将外籍船舶船员信息通报渤海新区应对办、海关、边检等单位,在收到船舶、船员、代理、码头、相关部门等单位或个人报告船上疫情信息时,第一时间按程序及时向口岸检疫部门和卫生健康部门做好通报,评估来港船舶疫情传播风险,采取针对性防疫措施。对外国籍船舶特别是来自疫情严重国家船舶加强航行、锚

泊、作业的动态跟踪,在国际航线船舶进出港环节,做好对来自疫情严重国家船舶盯防,对载运重要民生物资的船舶予以重点保障,守护航线安全。加强船舶进出港报告制要求,充分利用 VTS、AIS 等多种手段加强对国际航行船舶,特别是来自疫情高发国家和地区船舶的监控。对所有进出港船舶实施“三询问一提醒一核实”,即问来处、问发热情况、问船员情况、提醒船员不要下船流动、船舶申请离港时核实。严格执行国际航行船舶船员在港期间实行体温自测“日报告”和异常情况“随时报”制度,落实专人专岗对重点船舶疫情防控信息进行跟踪核查。畅通与各码头企业、船舶代理、引航等单位信息联动,加强船舶信息的搜集和传递。配合边检部门,运用 VTS 系统、电子巡航以及巡逻艇现场巡航等方式,加强对锚地水域的排查,严防交通艇、渔船、“三无”船违规进行国际航行船舶人员违规上下船情况。

5. 科学施策,保障船员换班安全有序

落实上级文件精神,严格按照最新版《船舶船员新冠肺炎疫情防控操作指南(V2.0)》做好船舶船员疫情防控工作。对接相关部门,配合船员换班地人民政府落实转运、治疗、隔离、留观等防控措施。采取精准防控措施,严格落实船员换班提前报告制度和隔离管控要求,做好上船船员健康码信息核实工作。严格落实国际航行船舶入境管控工作要求,严禁搭载非本船船员以外人员。实行“一船一案”,确定入境船员包联人,提出从入境到出境、从船上到岸上的“点对点”初步处置意见,严控符合下船换班的船员管理。严把船员换班关口,及时向来港船舶传达宣贯市政府、渤海新区管委会有关要求,严格做好信息排查,准确掌握换班船员信息,对符合换班条件的船员,配合黄骅港海关、黄骅出入境边防检查站并通报渤海新区应对办,采取“点对点”交通方式对下船船员采取隔离和处置,协调渤海新区人民医院调派专用救护车将解职船员直接转移到指定医学隔离观察点进行医学隔离观察。落实船员换班群防群控措施,通过严格的管控和识别措施,对入境船员的身体健康情况进行准确识别和密切跟踪,做到“零死角、零盲区、零疏漏”,形成了一套涉及多部门的从船员换班申请开始的完整处置流程。密切关注船员健康异常情况,加强协同配合,做好疫情期间国际航行船舶船员伤病救助应急处置,保障伤病船员生命线。

6. 科学指导,加强船岸界面管理

采取多项针对性防控措施提醒港航企业、船舶和船员做好疫情防控工作。加强与码头企业、船舶代理等单位信息联动,及时掌握船舶始发港、途经港等基础信息,将过去 14 日内经停疫情流行重点区域、出现船员发热症状等异常情况的船舶列为高风险船舶,加强其航行、锚泊、作业的动态跟踪,实施重点监控。对经营国际航线的航运公司发布防控境外输入的要求,加强航运公司主体责任的落实。对辖区国际航线船舶加强管理,严格按照交通运输部海事局《船舶船员新冠肺炎疫情防控操作指南 2.0 版》的要求,密切关注各船舶航经境外港口疫情动态。督促港航企业认真落实主体责任,做好内部管控和外来人员防控,做好靠泊外轮 24 小时“梯口监控”,密切关注上下外轮人员情况,尽量减少船岸人员接触。组织实施港区卫生清洁和消毒消杀工作,认真落实人员密集区域、码头设施设备的消毒、通风措施。督促来港船舶定期监测船员体温,加强船舶梯口控制,避免船舶输入性疫情发生。组织开展复工复产阶段安全生产大检查,重点检查航运企业、船舶安全管理制度落实情况和船舶疫情防控措施落实情况。及时传达疫情防控操作指南、告知书以及针对伤病船员紧急救助处置的指导意见,督促、指导航运公司、船舶和船员做好船员任解职、船舶垃圾污染物处置、船舶补给等防控工作,落实企业安全生产主体责任。在做好“非接触”式执法工作的同时,抓实抓细口岸从业人员特别是一线工作人员的自身防护,重点加强对海事一线工作人员的自我防护,为其配备防护装备,并组织执法人员开展防护服等装备使用专项培训,确保一线工作人员身体健康;对登临国际航行船舶检查的海事人员实行备案管理,人员相对固定,定期检查;从防护装备、传递信息、及时报告等方面对做好实施海上救助人员自身防护工作做出部署,申领口罩、防护服、护目镜等防护物资,分发给辖区主要搜救力量。加强对船舶代理、油料供受作业单位、船舶污染清除作业单位的专业指导,督促相关单位充分利用网络办理业务,减少船员接触。

(三)优化服务举措,有效助力港航企业复工复产

1. 重要物资运输“加急办”

保障重点物资三优两畅,严格落实“交通不中断、客流不中断、货流不中断”的总体目标,在综合考

量进出港航行环境实际基础上,对运输煤炭、原油等重点民生物资的船舶,实行行政许可优先办理,进出港航道优先使用,航行安全优先保障,对防疫物资、重点物资运输船舶提前了解相关信息,开辟运输防疫、农耕所需物资以及民生物资的船舶进出港"绿色通道",优先使用航道、优先靠离泊、优先提供交通服务、优先办审批,做到"直靠直离"。制定安全保障方案,通过交通组织疏导、全方位海事巡航服务,确保防疫物资运输船舶优先安排进出港计划、优先靠泊、优先作业。开展辖区水上交通安全集中整治,采取现场巡查与远程监控相结合的方式,推进辖区水上交通安全风险防控和隐患治理监督,为辖区重要物资运输营造安全稳定的水上交通安全环境。通过强化通航保障功能,在不良天气情况下采取重点水域电子监控、海巡艇全程护航的特别管控措施,利用 VTS 系统、VHF 等系统严密监视运输重要物资船舶进出港,通过 CCTV 加强对运输重要物资船舶的作业期间的电子巡查,实时掌握船舶装卸货进度,及时防范安全风险,确保安全生产底线。

2. 重点船舶时间"三缩短"

发挥海事智能监管指挥系统中枢作用,实现了船舶锚地等待时间、船舶排队进出港时间、船舶靠离泊时间"三缩短"。支持煤炭港区 5 万吨级船舶双向通航,科学安排法规允许的超码头设计靠泊能力的减载船舶靠泊,极大提升了码头、船舶的周转效率,大幅释放了港口吞吐能力。实施 24 小时交通流组织,实现港区一体化船舶交通组织,对进出港船舶实施精准调度。维护水域通航秩序,优化海事巡航资源,充分利用海巡船艇、无人机、电子巡航等"三位一体"立体巡航手段,实现现场巡航的全方位、立体化有效覆盖,及时清理碍航船舶,保证航路通畅。加强水域巡航检查工作力度,重点强化对航道、锚地、航标等通航设施的全方位、立体化监控,保持水道畅通,助航设施完好,维护良好的船舶航行环境。与气象部门建立沟通协作机制,针对寒潮大风、能见度不良等恶劣天气,及时发布相关预警,同时加强值班值守力量,科学调度组织船舶有序进出港,在确保安全的前提下,见缝插针式开放船舶管控窗口,过闸式单向集中放行。利用港池水域待泊,提高船舶周转率。在保障安全的前提下,支持船舶自引进出港。减少限硫令对外贸船舶的影响,在疫情防控期间,对仍留存有高硫燃油的国际航行船舶,允许船舶将不合规燃油在船留存,以提供不在我国管辖水域使用不合规燃油承诺书的方式满足限硫令要求,避免卸载燃油带来人员接触风险,以及给船舶造成船期延误。牵头海警、公安边防等部门集中内河船涉海运输联合执法行动,对黄骅港锚地、航道及周边水域进行巡航执法,协同做好参与涉海运输内河船的处置和移交,保持打击内河船涉海运输行为的高压态势,有效维护辖区通航环境。

3. 重大工程复工"优先办"

全力支持沧州黄骅港拟建涉水工程项目建设和运营,靠前服务,密切跟踪项目进展情况,主动走访调研辖区重点涉水单位,详细了解涉水工程企业复工复产时间计划,听取施工单位存在困难及对海事监管服务需求,全面梳理沧州水域在建、待建涉水工程,制定全方位服务保障举措。固化海事部门与建设单位沟通联络、信息通报、施工动态报告、海空立体巡航工作机制,综合实施每项工程一个档案、一个服务团队的管理模式,切实提升监管和服务质量。精准服务每一项需求,为涉水工程建设单位提供点对点的个性化服务,及时帮助解决不同单位的不同困难,建立水工项目线上咨询"直通车",对重点工程进行重点跟踪,组织成立线上宣讲小组向施工企业宣讲上级疫情防控政策,指导施工船舶有效落实施工通航安全保障措施,熟悉应急预案和开展应急演练。对涉水工程通航安全保障方案实施网上评审,将专家集中技术评审改为网上视频会议、专家远程函询等方式开展。组织业务骨干实施对口帮扶,及时将调整后的水上水下活动许可办理政策告知行政相对人,逐项指导行政相对人修改完善申请材料。创新性的开展网上预审,连续加班加点满足涉水工程复工复产需求,缩减水工项目审批时限,将原 15 个工作日办结的水上水下活动许可压缩至平均 2 个工作日办结。推行水工项目许可证自动延续服务,对许可即将到期的项目,通航安全风险较小的,在审批事项未发生明显变化并且企业安全生产主体责任得到有效落实的前提下,许可证可自动延期至疫情结束。密切关注天气变化,及时收集辖区气象预警信息,精准发布海事安全信息,利用电话、短信、微信群、VHF 等信息手段与施工单位和施工船舶间建立无缝对接,实现点到点、点到面、全方位的信息服务，确保将疫情防控信息和天气海况等安全预警信息及时传递到位，保障施工安全、防疫安全。优化进出港船舶交通组织，强化施工现场交通组织，支持航道疏浚企业满负荷施工，组织施工船舶抢抓航道空档期抓紧施工、及时扫除航道浅点，保持航道满足船舶通航要求。加强疫情期间24小时值班值守，统筹辖区水上搜救和防污染应急资源，保障应急力量随时处于“战时待命”状态。

4. 政务服务受理“智慧办”

拓宽海事政务线上办理渠道。实现疫情防控期间服务不打烊，对已经实现全流程网上办理的海事政务事项严格实行“不见面办理”，对疫情防控期间到期或需要进行备案的书面信息材料，鼓励行政行对人通过递交扫描件或邮寄的方式提交相关材料，并联系执法人员对材料进行“线上网络”预审，确保材料无错漏后再邮寄，让数据多“跑路”，群众、材料少“跑腿”，尽最大可能实现“非接触式”海事政务办理服务；通过船舶报告系统、船员电子申报系统远程办理船员任解职；通过“单一窗口”系统实行国际航行船舶出口岸查验全流程电子办理。主动服务行政相对人业务办理，各项业务能办尽办，行政审批“容缺后补”，于符合条件的海事业务，实行“容缺办理”，行政相对人可先行在网上进行申报，业务受理人员通过网络进行核验确认后，最大限度满足行政相对人办理需求，能容尽容，按照《交通运输部海事局关于做好疫情防控期间海事监管工作的通知》中关于法定证书延期可办的要求，最大限度满足企业群众办证需求，梳理了涉及通航、船舶、船员、危防、公司管理等各类海事监管事项，形成延期交验原件的事项及材料清单，同时根据规章制度的更新调整、工作实际以及相对人的需求实行动态管理，提供承诺书的示范文本，申请人可通过填写承诺书的方式，承诺原件在疫情结束后规定时间内进行补核，便可申请相关的证书。对于船舶产权登记等必须到现场办理的海事政务项目实施“预约办”，明确预约办理的事项和途径，制定《政务中心预约办理工作流程》，对预约人员的相关身份信息、健康码信息进行登记，做好政务大厅的各项防控措施。对航运公司新建安全管理体系（含新增船种、体系重大变化的）或新增船舶的临时证书实行“直接办”，相关材料通过事中事后监管进行核实。同时，船员相关证书如在疫情防控期间到期且无法按期办理换发的、国内航行海船船员健康证明有效期期满者、需要进行符合证明年度审核、换证审核或安全管理证书中间审核、换证审核的均可“延期办”，有效化解疫情防控期间船员线下培训、考试业务无法正常开展与船员换证实际需求之间的矛盾，全力保障疫情期间辖区航运公司和船舶的正常营运。

5. 营商环境优化“不间断”

持续优化缴费方式，对水路运输货物征收港口建设费、船舶油污损害赔偿基金，允许缴费人采取信用担保、远程申报、网上缴费等便利缴费举措，确保水路货物运输畅通。落实减税降费政策，降低物流成本，贯彻执行国务院外贸货物免征港建费等阶段性减免政策，暂停该类货物的开票、缴费工作，落实财政部交通运输部关于阶段性减免港口建设费、船舶油污损害赔偿基金政策部署，减轻企业负担，激发市场运输需求，保持市场稳定。推进行政决策科学化、民主化、法治化，让市场主体充分参与行政政策或规则的制定，确保出台的政策充分遵循市场规律、反应市场主体的实际需求，开展规范性文件清理工作，废止与“放管服”改革、优化营商环境不相适应的规范性文件。发布《沧州海事局海事政务服务指南(2020)》层层落实信息公开责任，有效保障市场主体的知情权，消除其与海事管理机构之间的“信息不对称”问题。推行“简约”化监管，大力实施海事处现场综合执法、信用监管等执法机制，减少行政执法对市场主体正常经营活动的干扰。提供简约高效的政务服务，全面降低市场主体的办事成本，进一步规范窗口执法人员的政务服务“基本功”，进行文明规范执法、微笑服务，增强执法人员服务意识和服务能力。紧紧抓住京津冀协同发展机遇，支持沧州港务集团与天津港联合推出集装箱环渤海内支线“天天班”海上巴士，优先支持船舶靠离泊。

四、实施效果

新冠疫情防控工作开展以来，在河北海事局和地方政府的坚强领导下，沧州海事局提高政治站位，增强使命担当,以“起步就是冲刺”的战斗状态全力抓好疫情防控工作。在紧跟上级部署将工作重点转到外防输入和服务复工复产后,牵头黄骅港海关、黄骅出入境边防检查站成立沧州市口岸单位疫情防控临时党支部,坚持联防联控无缝对接,对所有进出港船舶“三询问一提醒一核实”。精准实施“一船一案”,严控下船换班的船员管理,全力守住海上防疫情输入大门,有效确保了黄骅港口岸疫情“零输入”。千方百计创新服务举措,采取重要物资运输“加急办”、重大工程复工“优先办”、政务服务受理“智慧办”、港口建设费“远程办”等一系列创新举措,积极支持港航企业复工复产,取得了联防联控、复工复产阶段性“双胜利”。

沧州海事局坚持疫情防控和港口生产建设“两手抓、两不误”的主基调,采用通航的智能化管控,顺利实现20万吨级船舶夜航,极大地缩短了20万吨级船舶完货后在港非生产性停泊时间,20万吨级船舶完工到离泊平均用时较之前可缩短近8个小时,最高可缩短约14个小时,显著提高了航道和泊位利用率,有效缓解了船舶压港情况,提高了20万吨级航道通航效率和可靠性、安全性,有力保障了港口吞吐量逆势增长。

作为雄安新区出海口和“一带一路”重要枢纽,黄骅港综合港区、散货港区2020年1至6月份完成吞吐量4302.79万吨,同比增长10.78%,其中,矿石3177.41万吨,同比增长34.11%;外贸3239.44万吨,同比增长40.39%,均创沧州黄骅港综合港区、散货港区开港以来历史新高。集装箱完成33.2123万标箱,同比增长22.40%,增速位居全国沿海主要港口前列。作为我国重要的“西煤东运”“北煤南运”大通道的重要节点,黄骅港煤炭港区煤炭下水量占2020年上半年渤海湾煤炭下水总量的30.4%。

截至2020年7月3日,沧州海事局对进出港船舶实施“三询问一提醒一核实”排查船舶4413艘次,排查进出港船舶船员86475人次。黄骅港口岸临时党支部督促各港口单位排查进出港船舶17360艘次,排查人员49.81万人次。加强排查来港国际航行船舶累计635艘次、来港国际航行船舶进出港船员13634人次。妥善处置49艘次国际航行船舶、313名船员换班上船、313名船员换班入境转运、隔离等工作;妥善安排1名俄罗斯籍国际航行船舶随船人员入境返俄事宜;妥善安排3名伤病船员下船就医事宜(其中,包含1名希腊籍伤病船员)。截至2020年7月3日,黄骅港口岸无疑似或确诊病例及境外输入病例。

沧州海事局一系列卓有成效的疫情防控和支持港航企业复工复产工作得到了各级领导的肯定和称赞。河北省副省长夏延军在讲话中指出“黄骅港防疫防控和入境管控工作很到位”。沧州市人民政府市长梅世彤、副市长梁英华等领导对沧州海事局做好外防输入、服务复工复产工作给予了肯定性批示,梁英华副市长在批示中指出“沧州海事局在守住防海上疫情输入的大门和支持港航企业复工复产工作中做出了突出贡献、主动作用、细化措施,与海关、边检和渤海新区联防联动,取得了防疫情和复工复产的阶段性成就,值得肯定”,梅世彤市长在批示中指出“同意英华市长意见,望海事局再接再厉,做出更大贡献”。沧州渤海新区应对新冠肺炎疫情工作领导小组向河北海事局发出表扬信,对沧州海事局在疫情防控和港口生产发展中发挥的重要作用给予了充分肯定。

悦己达人　心手和融

——企业管理现代化文化建设与和谐党群关系的自主创新

河北锐驰交通工程咨询有限公司

成果主要创造人：刘桂霞　王子鹏

成果参与创造人：肖富永　张艳梅　王喜刚　赵建红　孙　倩　段学功
玄少鹏　李　翾　韩红科　张　轩

河北锐驰交通工程咨询有限公司(简称“锐驰公司”)成立于2007年，是河北省交通规划设计院旗下全资子公司。拥有新建、改建、扩建公路工程咨询、设计、养护、建设管理服务于一体的公路综合服务能力，拥有国家公路工程资信甲级、公路专业设计甲级和交通工程设计乙级资质，并通过ISO 9001、ISO 14001、ISO 45001三项国际体系认证。锐驰公司经营范围涉及公路建设项目的规划、可行性研究、勘察设计、评估咨询、项目管理、科学研究、专利技术推广等业务。锐驰公司现有全资子公司1个。

锐驰公司常年为河北省内、外近4000公里高速公路提供全方位的咨询、设计、养护服务，完成的多个项目已成为业界标杆。截至2018年，锐驰公司总资产达0.25亿元，营业收入0.31亿元，净利润0.02亿元。工程项目班组荣获河北省安康杯竞赛优胜班组、河北省优秀企业班组称号；2019年以来，锐驰公司曾获得省部级荣誉1项、市厅级荣誉4项、县(处)级荣誉1项。

一、实施背景

(一)为什么实施企业管理现代化文化建设自主创新

1.实现公司健康发展的需要

企业的发展，根本的因素是人，是企业的职工。职工主观能动性的发挥，在很大程度上影响着企业的发展。而企业文化的精髓就是强调人的价值，注重人的因素，注重在更高层次上挖掘人的潜力和潜能。企业文化在企业长期的生产经营和管理活动中，引导干部职工深刻理解企业宗旨、企业精神和企业理念，正确把握前进方向，勇于拼搏奋斗，增强了企业的凝聚力和向心力。

企业文化中所包容的共同理想、价值观念和行为准则作为一个群体心理定式及氛围，存在于员工中。在这种企业文化面前，员工会自觉地按照企业的共同价值及行为准则去工作、学习、生活，从而保证企业健康发展。

2.提升员工自身积极性的需要

锐驰公司始终恪守“铸造良品，止于至善”的产品质量信念，秉承“锐意进取，驰骋由怀”的文化理念，弘扬“以人为本，悦己达人”的文化追求，努力打造快乐和谐的企业班组。

锐驰公司认识到，需要充分展示公司的企业文化、服务理念，为企业的整体形象添加色彩。为了更好地记录公司勇于创新、开拓进取、不断成长的脚步，体现员工饱满热情的精神面貌和与时俱进的工作情怀，加强各部门协作，发扬集体主义精神，锐驰公司创建了《驰畅》电子期刊；设计了以小鹿为原型的公司吉祥物LULU及微表情包、彰显公司文化理念的系列办公用品。秉承“快乐”主题，倡导快乐学习、快乐工作和快乐生活，努力推进学习型、服务型和创新型班组建设，从而保证公司健康发展。

加快企业文化建设的步伐。企业文化是凝聚力、激励力、约束力、导向力、纽带力及辐射力的综合表现。要坚持公司特色的企业形象、创新理念、经营理念、核心价值观,不断完善企业文化的内容,最终形成具有鲜明公司特色的企业文化体系。

(二)为什么实施企业管理现代化和谐党群关系自主创新

1. 促进党群沟通的需要

和谐的党群关系是公司健康发展的重要基石,是营造和谐环境的有力保障,更是公司创新管理的重中之重。公司致力于公路交通事业的科技进步与科学发展,应接不暇的工作任务、通宵达旦的工作模式使得"白+黑""5+2"已成为员工们的工作常态。锐驰公司现有群众76名、党员48名,其中生产部门有群众57名、党员38名,分别占全体的75%、79%,占比较高,拿出专门的大块时间组织党群活动、密切党群关系非常困难。如何将党建工作与生产经营管理进行深度融合、促进党群沟通就显得尤为迫切。为此,党总支决定改变党组织生活的传统观念,探索组织生活运行新机制,充分结合业务开展和党建工作开展,将实现现代化文化建设与和谐党群关系的自主创新作为提升改善企业管理工作的重点。

创新公司管理形式、构建和谐党群关系是提高党员素质、促使党员更好地发挥先锋模范作用的重要措施,同时也是使党员同志更好地为大众服务的有效方式。

2. 互联网时代发展的需要

互联网时代,网络空间党群交往呈现量的增长与质的提升,推动着企业现代化文化建设与和谐党群关系建设实践创新。

快速兴起的互联网作为信息传输通道,成为加快企业文化连接与党群关系的新桥梁和纽带。在新形势下,应充分认识到现阶段企业文化和党群关系的新特征以及互联网带来的机遇和挑战。让更多的人感受到公司的朝气蓬勃,紧跟时代的步伐,体现出中小企业在快速成长的道路上付出的心血。

二、项目内涵

(一)企业管理现代化文化建设自主创新的内涵

锐驰公司始终以员工的内心需求为工作出发点。以人为本是企业发展的源泉,和谐的氛围是企业发展的推动力。为增强企业的凝聚力、向心力,公司工会分会不断完善企业文化内涵,创建成立职工快乐之家,帮助困难职工,及时了解职工疾苦,丰富职工业余文化生活。

(二)企业管理现代化和谐党群关系自主创新的内涵

企业员工是企业文化和党建工作的基石,构建和谐的党群关系是国家长治久安的重要保证,更是企业健康成长的基础条件。和谐党群关系主要指党与社群、社区、民间组织、媒体等机构和人民群众之间相互依赖、相互协调、彼此促进的过程。通过党群关系的建立与公司企业文化相结合,相互促进、发展,形成良性循环,互助、互利发展共赢。

三、主要做法

(一)企业管理现代化文化建设自主创新的做法

1. 文化宣传的窗口——公司电子期刊《驰畅》

为了更好地记录公司勇于创新、开拓进取、不断成长的脚步,体现员工饱满热情的精神面貌与与时俱进的工作情怀,加强各部门协作,发扬集体主义精神,锐驰公司于2014年春天创办了汇聚智慧与思想、反映公司蓬勃发展的电子内刊——《驰畅》。

满怀着创新的精神和探索的勇气,在公司领导的正确指引下,在编辑部及通讯员的协力配合下,在公司全体员工的鼎力支持下,《驰畅》已经走过了六个春夏秋冬,积累了宝贵的经验,为团队注入了一分文化的色彩。《驰畅》以朴实无华的语言,准确、真实地记录了公司的发展脚步,笔下的点点滴滴都蕴含公司难忘的记忆。至2020年,《驰畅》杂志共发行27期,一年发行6期,发行时间为春分、小满、大暑、秋分、小雪、大寒,累计刊登文章一千多篇,参与投稿百余人,见证了公司的发展历程和辉煌成就,感受到全体员工加快公司发展步伐的强烈愿望和满腔热忱。

2019年8月,在平山召开了《驰畅》杂志5周年颁奖晚会。公司领导、编辑部成员和全体员工欢聚一堂,一起见证《驰畅》杂志创办5周年的成长。

自杂志创办以来,涌现出许多优秀的作品和人才。编辑组根据5年内投稿情况的整理,按栏目归纳,制定出摄影达人、读书达人、技术达人、最佳撰稿、最佳评论员等10个特别奖项,得奖人数共计14人,此外还有投稿积极分子奖若干名。公司领导分别为获奖员工颁发了奖状及奖品,以资鼓励。颁奖结束后,又组织进行了一些趣味横生的现场互动游戏,定做了造型新颖又美味的《驰畅》5周年生日蛋糕,晚会在一片欢声笑语中落幕。

2. 文化宣传的标识——锐驰公司卡通形象微表情

为充分展示公司的企业文化与服务理念,为企业的整体形象添加色彩,锐驰公司于2017年设计了以小鹿为原型憨厚可爱的卡通吉祥物LULU,又陆续改进推出了线条简洁、标识突出、深受大家喜爱的一系列LULU卡通微表情包。表情包适用于微信手机端,便于公司品牌推广和员工使用,在公司内部广泛应用,记录了公司成长历程,并促进了公司企业文化发展。图1与图2分别为第一版与改版后卡通吉祥物LULU,图3为部分LULU卡通微表情。

图1　第一版卡通形象LULU

图2　改版后卡通形象LULU

图3　部分LULU卡通微表情

3. 文化宣传的名片——海报、宣传品的制作与推广

锐驰公司对品牌文化的把控一直走在交通行业的前沿,以良好的文化宣传快速而有效地传播公司文化理念、提高公司知名度。锐驰公司内部每个角落都悬挂或张贴有员工设计的企业文化、应季生活常识、党建文化知识、外业生产展示等宣传栏海报。公司的宣传品(图4),小到一张名片,大到一面背景

墙，都有自己的文化理念与设计。手提袋、纸箱、笔记本、雨伞、U 盘、钥匙扣、胸牌、一次性纸杯、保温杯、先锋队队服等，多到数不清的办公用品都经过精心设计；公司宣传手册、委员会手册三年一更新，紧跟公司飞速发展的步伐。这些宣传品看似微不足道，但它就是企业宣传最好的名片，可以更有效地推广企业文化，也可以给人带来耳目一新的视觉效果，在吸引人眼球的同时能够提升企业好感度。

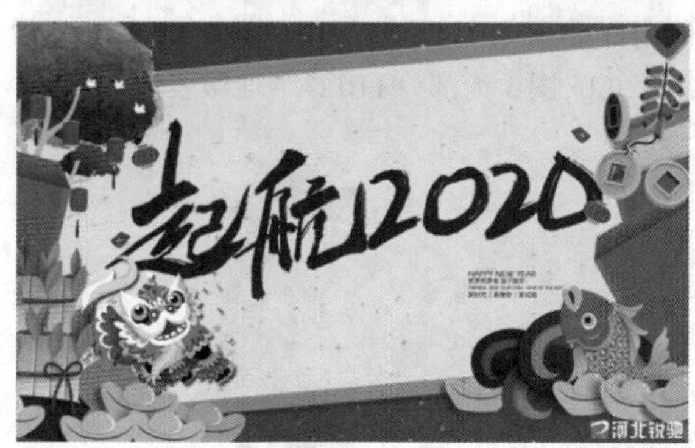

图4　锐驰公司部分宣传品

4. 文化宣传明星——企业文化大使

锐驰班组人才济济，通过公司层层选拔，最终选出这么一位能言善辩、口齿伶俐的员工。她曾代表锐驰公司两次参加河北省交投集团组织的演讲比赛，均取得了优异的成绩，被集团授予企业文化大使称号，她就是锐驰公司企业文化大使——胡晨霞（图5）。

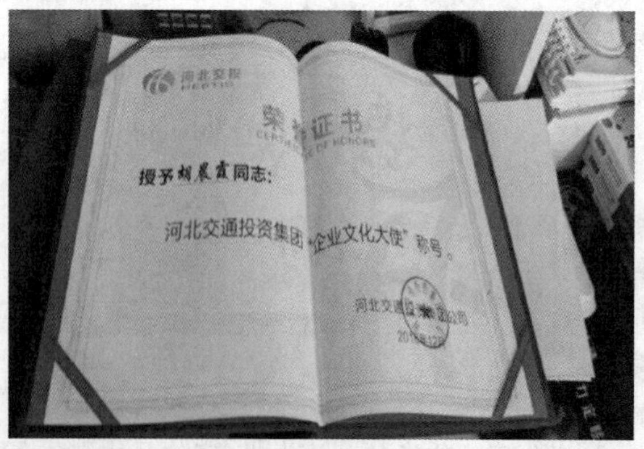

图5　演讲比赛展风采

5. 快乐文化建设——用成长与成就实现快乐

锐驰公司始终以员工的内心需求为工作出发点，营造温馨的工作氛围。每年通过对员工满意度调查的更改创新，增加不同类型的题目，有“您对目前的岗位是否满意？”“您希望锐驰公司用什么样的方式奖励您？”“作为锐驰公司的一员，您是否有自豪感？”等题目（图6）。问卷从自我认知、薪酬福利、上级领导、管理与服务、企业文化、信任度等8个方面进行了调查，对提出的意见建议件件有说法、桩桩有回声，“只有不断地了解员工真实想法和需求，才能让员工感受到公司的成长，激发员工的奋斗精神，快乐工作”。

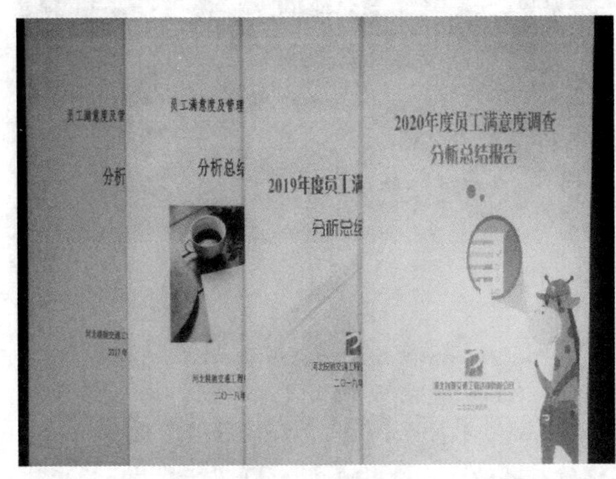

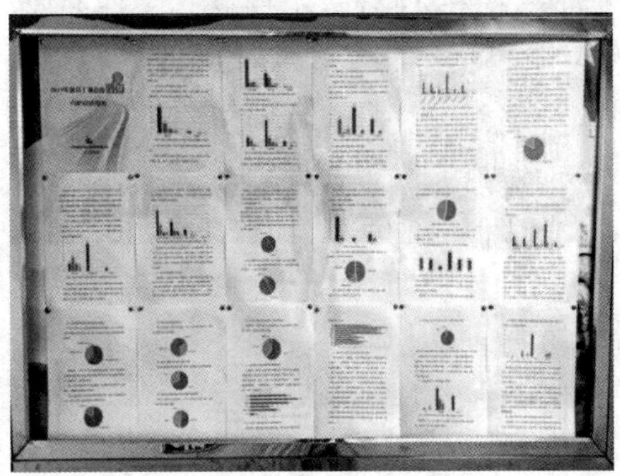

图6　满意度调查报告

锐驰公司每年夏末组织员工进行素质拓展培训，注重激发员工创新活力、促进团队文化建设、增强凝聚力、磨炼意志，并以在公司内形成积极向上、携手奋进的良好氛围为出发点，让员工感受到团队力量、理解与沟通的重要性，共同克服困难完成项目的荣誉感和自豪感，展现出公司“锐意进取，驰畅由怀”的企业文化理念。

“河北省交投集团秉承以人为本、以‘心’为本、立足职工的精神文化需求，这与公司多年来一直奉行的‘以人为本’的管理理念不谋而合。”

锐驰公司员工在整体企业文化的氛围里工作，从上班伴有激扬向上的音乐，下班则有轻柔温馨的乐曲相随，到生日时有温馨的贺卡和香甜的蛋糕，暑热期有冰镇西瓜和酸奶，生病时有组织的关心和慰问。锐驰员工用实际行动践行着公司文化理念。

6. 职工文化建设——以人为本，营造温馨和谐的快乐班组

以人为本是企业发展的源泉，和谐的氛围是企业发展的推动力。为增强企业的凝聚力、向心力，公司工会分会不断完善企业文化内涵，创建成立职工快乐之家，帮助困难职工，及时了解职工疾苦，丰富职工业余文化生活。为增强员工体质，鼓励职工健身，工会小组积极参与院工会各项文体活动，支持各兴趣小组开展活动，因地制宜，为每个办公室配备了毽子、哑铃、跳绳等小型运动器械，并设立职工健身房，配置了跑步机、健腹器、乒乓球桌等健身器材，让职工能更加自主地安排运动时间。职工久坐电脑桌前，眼、腰、颈易疲劳，为此工会小组开展每日工间操活动，在每天上午和下午固定时间播放眼保健操和广播体操音乐；组织职工健步走、素质拓展训练（图7）等多种形式的户外活动比赛，使职工的身心健康得到了锻炼，公司的凝聚力和战斗力得到进一步提升。

按照省直工会、省交通工会的要求，锐驰公司于2016年11月获得省直工委“王子鹏公路养护技术创新工作室”称号，2019年获得省总工会、省科技厅“河北省劳模和工匠人才创新工作室”荣誉称号。自创建以来，组织开展了技术攻关、管理创新、科学研究、成果展示等活动，推广普及先进的创新理念、技术方法、科研成果，促进企业科技进步、自主创新，助力锐驰公司2017年获得“河北省科技型中小企业”荣誉称号。至2020年，创新工作室已经完成课题4项，在研课题1项，拟研课题2项，完结课题获河北省交通运输厅优秀科技成果二等奖1项、三等奖1项；工程项目获省优秀工程勘察设计奖2项，省优秀工程咨询成果一等奖1项、二等奖1项、三等奖1项；软件著作权2项；在核心刊物发表论文35篇；主编地方标准5项，参编行业标准3项；出版专业技术书籍7部。图8为锐驰公司所获部分荣誉奖项。

图7 开展素质拓展团建

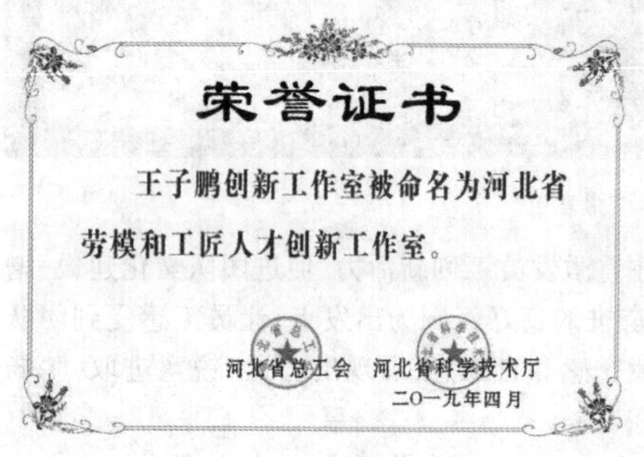

荣誉证书

王子鹏创新工作室被命名为河北省劳模和工匠人才创新工作室。

河北省总工会 河北省科学技术厅

二〇一九年四月

河北省科技型中小企业

企业名称：河北锐驰交通工程咨询有限公司

认定编号： KZX201701010510

有效期： 3 年

河北省科学技术厅

2017年01月04日

图8 部分荣誉奖项

公司关爱员工,送温暖,建设“快乐班组”,追求“我的同胞我来爱”这种大爱的幸福感最大化,始终坚持“以人为本”的理念,依靠员工,凝聚力量,努力为员工办实事、做好事、解难事,引领大家快乐学习、快乐工作和快乐生活,让每一位员工心中都萌生出一颗快乐的种子,进一步增强广大职工的幸福感、归属感和自豪感!

7. 人才文化建设——着力人才强企,提升企业形象

根据公司的发展目标,进一步加强人力资源管理,建立能上能下、能进能出的人才流动体制,形成适应市场竞争要求的人才动力机制,是锐驰公司吸引人才、用好人才所面临的紧迫任务。

全面实施“人才强企”战略,坚持人才培养与人才引进相结合,以强化人才能力建设为核心。加强技术人员的培训,加强内部、外部技术交流,定期开展技术讨论,努力提高技术人员的工作能力,加强工作经验,开拓设计思维。储备专项人才,招揽急需人才,积极建立全面科学的人才队伍(图9)。

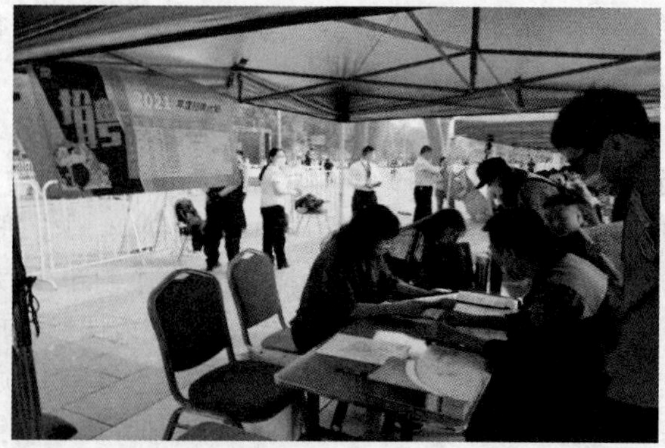

图9 加强人才队伍建设

加快企业文化建设的步伐。企业文化是凝聚力、激励力、约束力、导向力、纽带力及辐射力的综合表现。要坚持公司特色的企业形象、创新理念、经营理念、核心价值观，结合实际，紧跟企业成长步伐，不断填充企业文化的内容，为企业的壮大添砖加瓦，最终形成具有鲜明特色的企业文化体系。

8. 营造学习氛围——自我超越，构建学习型企业文化

开办“大学习”课堂，建立职工读书小组，营造良好的学习氛围，以广播形式开展“半小时晨读”活动（图10）。成立由公司分会主席为组长、宣传委员为副组长、工会小组长为成员的读书指导小组，以各工会小组为单位的读书学习小组。研究制订学习计划，每周固定“半小时晨读”学习、每月固定半天时间开展读书活动、每年度组织“大学习”读书演讲比赛。同时结合建党日、世界读书日、国际劳动节等重大节日，采取“比学赶帮超”的形式，组织专题读书活动。

图10　每周“半小时晨读”活动

职工读书小组针对一篇文章或一本好书，阐述其内容，用精练的语言分享精华段落，带领大家学习，分享推荐好书。每年根据各小组读书学习交流的情况，依照公司分会制定的方案和评选办法，推选年度学习先进，作为锐驰公司读书学习达人推广大使。

9. 展示发展历程——制作公司微视频、宣传片

为更好地展示公司良好的品牌形象，进一步提升公司微视频宣传的能力与水平，提高公司品牌的整体形象，加强受众对公司的好感。近年来，锐驰公司制作“守心”“书记讲党课”“迎七一献礼”等方面的微视频，树立公司的社会形象，通过影像让受众形成印象深刻的视觉符号，增强企业文化宣传及企业品牌塑造。同时，培养员工对公司的荣誉感，激发员工工作的积极性，提高公司的团队凝聚力。并在微视频拍摄及后期制作的过程中，使员工形成明确的人生观与价值观。

竞争社会下，公司通过企业微视频、宣传片的对内宣传，培养员工的使命感与荣誉感，提升企业在同行业中的竞争力。优秀的企业宣传片能够很好地叙述企业文化、精神内涵，可以激励员工进行积极的创造，拥有团队意识，增强了企业的团队凝聚力，为企业的发展提供了前进的动力。

一部优秀企业宣传片是进行深层次文化传播的最好工具。锐驰公司将历史发展过程中所形成的文化底蕴通过企业宣传片深层次地传播、展现,根据公益主题传播社会精神文明,根据法治主题传播企业精神和理念,增强了企业凝聚力,提高了企业软实力,对企业的品牌塑造产生了巨大作用。

(二)企业管理现代化和谐党群关系自主创新的做法

1. 突破党员教育形式,融合日常教育计划

党员教育是党建工作的重要内容,如果单"就党建抓党建",不仅加重党员工作负担,也不利于提高党员参与度。公司党员教育的开展可以在会议室,可以在文件上,更可以体现在活动上,融入公司常规工作的各个方面,跳出"只有党员"的框框,管理部门联合开展工作,开拓了工作思路,找准了契入点,就会得到更圆满的效果。管理部门联合组织开展工作具体方案:

开展图文故事宣讲、才艺表演等员工展示活动。党员可以通过畅谈自己对职业的使命感和责任感,通过自己擅长的艺术手段演绎生活细节,用鲜活的故事传播正能量,充分调动和激发大家的工作热情,展现了积极向上的精神风貌。党总支还将他们的精彩发言摘录下来,放于宣传展板上,时刻激励着员工奋发作为!

开展共建绿美家园活动。通过组织员工前往石家庄市小壁林场植树基地开展绿化植树活动,使大家暂时放下手中的工作,回归自然,放空心灵,同时也增强了大家保护环境的意识。

开展"缅怀先烈,砥砺前行"清明网上祭扫活动。考虑到新冠肺炎疫情发展形势,一改以往前去河北省英烈纪念园开展清明祭扫活动,在网上进行绿色祭扫,学习先烈们无私无畏的精神和战胜困难的勇气,号召党员同志学习先烈们不忘使命、一往无前的责任担当。

开展廉政微视频拍摄活动。通过将身边潜在的廉政风险以艺术化的手段演绎出来的方式,创新廉洁教育手段,使党员亲身体验和感悟生活案例,以小见大,防微杜渐,正面引导党员坚守克己慎行的道德底线,筑牢反腐倡廉的思想壁垒,营造风清气正的政治风气。

开展"以考促学"党建知识普及考核活动。以考试形式促进全体党员对新时期党建理论知识的学习,激发同志们学习党建知识的热情,为进一步凝聚全党攻坚合力、迸发党内奋进活力发挥了积极作用。

开展实地参观先进单位学习优秀经验。党总支陆续组织全体员工前往河北邯郸涉县、山西大寨等地进行实地考察,切实感受当地先进单位优秀工作成果,深刻感悟当地优秀集体宝贵精神传承,使得教育更加形象、更加深刻、更加深入人心。

近年来,在公司党总支的带领下,支部开展了丰富多彩、特色鲜明的支部活动(图11),一系列活动的开展旨在激发全体党员的参与意识,充分发挥先锋模范作用,让全体党员从活动中汲取精神养分,坚定理想信念,增强宗旨意识,强化党员责任,激发党员创先争优的主观能动性。

图11　党群工作活动风采

2. 充分倾听员工声音,倡导自主创新管理

以人为本、人和第一的管理才能实现企业平稳健康发展,不能充分了解员工的想法,注定导致公司

难以汇聚奋进力量。锐驰公司在进行各项活动时均以员工意愿为准则，尊重员工的选择，如物品采购、员工体检等事项都会进行事前比选。此外，为了了解员工对党总支的客观评价，公司党总支结合公司满意度调查的员工反馈建议，通过微信群和QQ群开展了党总支工作满意度调查及征集意见活动。调查内容包括对总支开展的活动是否满意、希望总支开展何种类型的活动和对总支的意见和建议等。大部分员工建议要开展符合公司实际的、形式多样的组织生活。本次调查对今后提高和改进党建工作提供了帮助，也为今后创新组织生活指明了方向。总支表示今后会根据公司发展结合员工实际需求开展更加生动活泼和充满活力的党群生活。

3. 畅通党群交流平台，回望生产经营点滴

网络微信公众号、《驰畅》电子期刊、公司网站、行业会议等平台都是锐驰公司展示和宣传的窗口，也是党群交流沟通的有效途径，员工可以借此来了解整个公司内部的大小事项，有助于培养职工主人翁意识，增强公司凝聚力。公司还会定期制作公司活动或党建工作特刊（图12），回顾公司过去的工作，将公司开展的各项生活通过特刊的形式记录留存，使全体党群一起回顾这一年来的成长和进步，进一步激发和展现员工创造性。

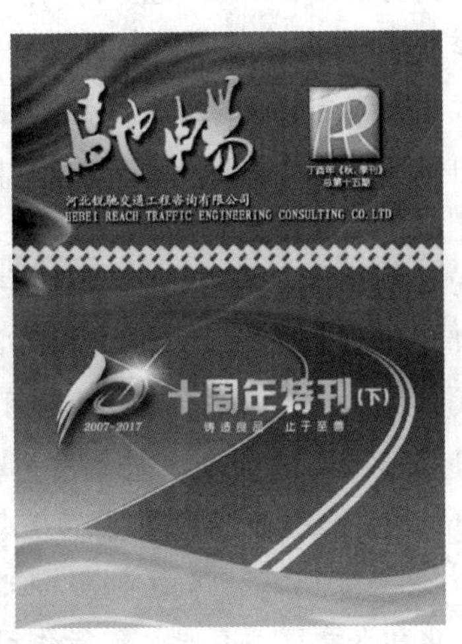

图12　开展电子刊宣传工作

四、实施效果

（一）企业管理现代化文化建设自主创新的实施效果

着力人才强企，提升企业形象，加快企业文化建设的步伐。企业文化是凝聚力、激励力、约束力、导向力、纽带力及辐射力的综合表现。坚持公司特色的企业形象、创新理念、经营理念、核心价值观，不断完善企业文化的内容，最终形成具有鲜明公司特色的企业文化体系。

1. 企业管理现代化文化建设自主创新作用的初步显现

近几年，锐驰公司依托高速公路养护及衍生项目逐步发展到重点开拓省内干线市场、省外市场兼顾的局面。秉承“铸造良品，止于至善；以人为本，悦己达人”的企业管理方针，积极探索制度化、科学化的管理方法，各项管理严格执行公司“质量、环境、职业健康安全”三标管理体系相关要求。严抓产品质量管理，做好留痕工作，实现责任问题可追溯性。运用先进的办公自动化系统、专业的管理系统，降成本、提效率，大大减少资金、物料、产品周转周期，持续不断地推动企业健康、快速、和谐发展。

2. 企业管理现代化文化建设自主创新作用的进一步提升

根据锐驰公司的发展目标，进一步加强人力资源管理，建立能上能下、能进能出的人才流动体制，逐步形成适应市场竞争要求的人才动力机制。理顺了“经营是龙头、质量是生命、技术是核心、资金是血液、服务是保障、质量是根本、效益是源泉”的管理逻辑，建立了“前期咨询、勘察设计、评估咨询、项目管

理、科技研发、专利技术、后期服务"一条龙的管理链条,职责分明,运转顺畅,保障有力。

促进了公司内生动力,激发职工的积极性和创造性,充分发挥员工的聪明才智,力争用得好、待遇优、留得住、业绩佳,助力公司稳步、健康发展。

3. 企业管理现代化文化建设自主创新作用的显著提高

锐驰公司在基础建设、队伍建设、科技创新、精益化管理、风险管控等方面的能力显著加强,企业核心竞争力明显提升,思想政治工作、党群工作、企业文化建设围绕中心,服务大局,凝聚人心,团结向上,企业充满生机和活力。

有力地夯实了企业文化建设的基础,构建和谐劳动关系企业,创造适宜拴心留人的人文环境。实现人与事最佳融合、人才资源配置优化。树立尊重知识、尊重人才观念,提高人才对公司的向心力和认可度,增强员工的归属感和幸福感。

(二)企业管理现代化和谐党群关系自主创新的实施效果

大部分党员忙于业务工作,拓宽党群活动形式,不拘泥于思想固态,将教育融入员工工作生活的各个方面,活动全员参与,打破了传统组织生活只有党员参与的现象,让他们能有所得、有所分享,激发全体员工的归属感和参与意识,让全体党群从活动中汲取精神养分,增强责任意识。

1. 企业管理现代化和谐党群关系自主创新作用的初步显现

锐驰公司领导自党支部成立起就十分重视党建工作,重视党员教育工作,按规定有序执行"三会一课"制度,规范党员组织生活,以党员教育工作影响员工思想意识,以党员先进性引领员工进步发展,开展党内组织生活不局限于党员参加,公司群众也可按需求选择性参加,这提供了党群交流的平台,增加了党群沟通的机会,使得初步和谐的党群关系开始显现。

2. 企业管理现代化和谐党群关系自主创新作用的进一步提升

随后,党建工作逐渐融入"自主管理"的理念,倾听党员内心的真实声音,尊重党员内心的真实想法,虚心吸取员工的意见和看法,不断改进工作方式和方法,以"以人为本"的管理方法来寻求最温暖的企业氛围,进一步提升党员群众的归属感和责任感,促进和谐党群关系的深入发展。

3. 企业管理现代化和谐党群关系自主创新作用的显著提高

近几年,公司领导不断探索将党建工作与业务工作深度融合的方式,不再是"单就党建搞党建",党建工作的规范性和实效性显著提高。将党建工作融入日常生产经营中,充分发挥企业文化指引作用,使得党建工作适应实际的需要,创新工作方法,提升企业党组织的战斗力,创建工作新载体,激发国有企业党建工作的内在活力。

加强国有企业党建工作,就要坚持抓好党的思想、组织、作风和制度建设,加强党风廉政建设,充分发挥党组织的政治核心作用,用优秀的企业文化为党的建设服务,解放思想与时俱进,创新党建工作方法和载体,只有这样才能推动党建工作在新形势下迈上新台阶。

创建以"知识管理"为核心的学习型企业

中裕铁信交通科技股份有限公司

成果主要创造人:郭 勇 武晓玲

成果参与创造人:张 静 李明晓 梁晶晶 刘 佳 车晓亮 石新英 韩瑞云 刘志超

中裕铁信交通科技股份有限公司(原衡水中铁建工程橡胶有限责任公司,简称"中裕铁信")始建于1994年,坐落于河北省衡水市桃城区北方工业基地橡塑路1号,是一家集公路、铁路、水利、市政工程用桥梁支座、减隔震支座、止水带、桥梁伸缩装置研发和制造于一体的高新技术企业。

公司现有员工约700人,主要从事交通工程用桥梁抗震隔震装置、吸音降噪装置、隧道止水防水材料、铁路车辆勾缓系统、重型装备链式行走系统等产品的研发、制造和服务。主营产品包括桥梁支座、减隔震支座、橡胶止水带、桥梁伸缩装置等十大系列、近3000个规格品种。公司产品在青藏铁路、郑西铁路、北京地铁、京珠高速公路、大广高速公路、长江三峡工程等国家重点工程得到广泛应用。

作为交通工程配套产品设施制造的龙头企业,中裕铁信在新形势下,坚定不移地走"加快转型、绿色发展、跨越提升"的发展新路,与多家科研机构和大学建立了紧密的合作关系。公司首批通过铁路支座产品CRCC认证。"群力"商标被认定为"中国驰名商标"。产品被评为"中国交通企业名牌产品""河北省名牌产品",企业被评为"高新技术企业""河北省优秀企业技术中心""河北省两化融合示范企业""河北省科技创新示范企业",中心试验室通过CNAS认证。公司始终坚持科技引领,累计获157项国家专利、16项省科技成果、1项省技术发明奖,参与12项国家标准和铁路标准的起草和制定工作,相继承担了19项省部级重大科研项目,被批准为清华大学博士生实习基地、多所大学的研究生实训基地及成果孵化中心;承办了河北省减振降噪工程技术研究中心、河北省交通工程配套产品产业技术研究院。

一、实施背景

党的十九大中指出,我国经济已经由高速增长阶段转向高质量发展阶段。中国经济需要夯实自我的发展根基为以后的长久发展奠定基础的时代已经到来,所以在市场和政策要求的背景下企业更加注重内部挖潜,修炼内功,提升自身抵抗市场竞争的素质并为以后的发展打好基础。什么样的企业是能够实现内部挖潜和不断修炼的企业?从这次国内万众一心抗击疫情到企业不断复工及转型的一系列变化中,我们可知顺应社会发展和自身进步的企业一定是学习型的企业,能够不满足于现状的企业,能够不断接受新事物并不断在自我学习过程中进步的企业,在向所有先进企业学习的同时结合中国文化和企业实际、客户及市场需求寻找适合自身发展模式的企业,定能够实现内部挖潜和不断修炼。

近年来,一种新的企业管理理念——知识管理正在形成并不断完善,其中心内容便是通过知识共享、运用集体的智慧提高应变和创新能力。知识管理的实施在于建立激励雇员参与知识共享的机制,培养知识创新和集体创造力。总结和研究知识管理的做法和成功经验,将有利于企业管理的创新,有利于引导企业进入知识经济时代。

所谓知识管理,是指在组织中建构一个量化与质化的知识系统,让组织中的资讯与知识,透过获得、创造、分享、整合、记录、存取、更新、创新等过程,不断地回馈到知识系统内,形成永不间断地累积个人与组织的知识成为组织智慧的循环,在企业组织中成为管理与应用的智慧资本,有助于企业做出正确的决策,以适应市场的变迁。

(一)满足知识经济时代对企业发展的要求

21世纪企业的成功越来越依赖于企业所拥有知识的质量,利用企业所拥有的知识为企业创造竞争优势和持续竞争优势对企业来说始终是一个挑战。

知识型组织的理想状态是什么？正是学习型组织的建立。学习型组织是通过培养弥漫于整个组织的学习气氛、充分发挥员工的创造性思维能力而建立起来的一种有机的、高度柔性的、扁平的、符合人性的、能持续发展的组织。这正是组织的实践目标,这种学习型组织具有持续学习的能力,具有高于个人绩效总和的综合绩效的效应。

知识的管理是企业经济社会发展的主要驱动力和提高企业竞争的重要手段。知识和信息正在取代资本和能源成为最主要的资源,知识经济迫切要求管理创新,将知识和信息资本与人力资本组合并相互渗透,成为打造公司学习型组织的关键,是满足知识经济时代企业发展的迫切要求。

(二)满足企业长远发展需要

企业长远的发展需要持续的创新能力,而持续的创新能力来源于企业员工持续的学习能力。为满足企业长远发展的需要,企业要将内外部各类知识纳为己有,让员工掌握的同时灵活运用;同时,中裕铁信企业"公约"中要求员工:绝不允许不学习、不担当、不思进取的懒惰懈怠行为,公司"心担当"文化中"企业要担当起培养人、成就人的职责,关爱员工;员工要担当起自身岗位职责,提升绩效"的思想也要求企业要利用知识管理等手段实现学习型组织的创建,为企业长远的高质量发展提供充足动力。

(三)加强员工自身不断学习的需要

员工是学习型组织创建的主体和关键,当前社会快速发展,员工自身不断学习提升的需要成为员工在企业中的重要诉求,用知识武装自己,是企业打造学习型组织的关键,采用知识管理模式,让隐性知识显性化并不断得到传承,使员工获得更多层次的知识并转化为思想和技能成为企业帮助员工不断学习的重要需求部分。

(四)解决公司隐性知识管理及使用不到位的问题

员工的丰富工作经验、个人阅历、个人工作技巧等隐性知识会随着员工的流失而流失;即使是员工未流失,但因为员工自主判断及传递性差、不成规律不成系统,导致知识传递和使用效果差。

考虑到以上种种必要性及迫切性要求,中裕铁信开始逐步调整学习型组织的创建模式,并不断探索出"知识管理"思维下的学习型组织创建方法,最终实现用知识管理的思维打造学习型组织,实现组织的创新力和创造力的提升,持续激发组织内部不断的学习能力。

二、成果内涵和主要做法

所谓知识管理,首先是将知识积累起来,构建企业知识库,对纷杂的知识内容(方案、策划、制度等)和格式(图片、word、excel、ppt、pdf等)分门别类管理。充分发动每个部门、每个员工,贡献自己所掌握的企业知识,积少成多,聚沙成塔。重视企业原有知识数据,进行批量导入,纳入管理范畴。

其次是将知识管理起来,创建企业知识地图,清晰了解企业知识分布状况,提高管理决策依据;构建知识权限体系,对不同角色的员工开放不同级别的知识库,保证企业知识安全。注重版本管理,文件资料从初稿到最后一版,均有版本记录保存并可查。

最后是将知识应用起来,让知识查询调用更加简单,充分利用知识成果,提高工作效率,减少重复劳动。依据知识库构建各部门各岗位的学习培训计划,随时自我充电,成为学习型团队。提供知识问答模式,将一些知识库中缺少的经验性知识,从员工头脑中挖掘出来。

用知识管理创建学习型组织,简单而言就是将知识从员工头脑中挖掘出来,形成显性知识并成系统的管理好,面对不同的员工群体开放不同的知识层面进行再培训的传递,从而实现学习型组织的创建目的。

(一)打造公司内部学习交流平台

面对新形势、新任务的挑战,中裕铁信持续实施人才强企战略,将职工能力及素质工程融入企业总体发展战略之中,不断地追求“使员工人力资本更高,使公司竞争能力更强”。中裕铁信始终坚持“位以授能,薪以酬功”的用人理念,为企业内部员工间知识及经验交流提供平台保障。

从2010年起,成立中裕铁信大学,旨在提升员工的职业技能和管理才能,创建学习型组织,满足员工终身学习的目的。图1为中裕铁信大学第一期合影。一般情况下,每个企业都有对新进员工的培训、转岗培训和新技术、新产品、新工艺的培训,以及管理理念、企业文化等的相关培训。企业发展到一定的规模,培训就成了一个长期的、连续的工作,教学内容越来越广,受训人员越来越多。为了规范各种教学工作,促进员工间经验知识的相互交流和学习,企业就会把这种培训中心改造成大学,企业大学就是在这种环境下诞生的。

图1 中裕铁信大学第一期留影

中裕铁信大学的课程结合中裕铁信企业自身实际,分别设立了企业文化教研室、管理教研室、信息化教研室、技能提升教研室、市场营销教研室、精品课程教研室等,为企业解决现实存在的战略、管理、质量、效率、安全、环保、职业健康、市场营销、设备、技能、新技术应用、新产品策划、企业文化建设等方面的综合问题,员工通过学习进而学习知识、提高技能,迅速成为有用之才。

1.教研室设置

企业文化教研室:主要教学目的就是传递企业的价值观、企业的信念、愿景、用人理念、服务理念、安全理念、员工守则等,通过学习使企业文化得到培植、生根、落地。在企业中营造一种积极向上、奋发进取、和谐快乐的工作环境和做事准则。企业文化是企业发展的灵魂,是企业发展的源动力。新入职员工一定要经过企业文化的培训学习,让员工认同企业文化,才能有归属感,才能激发员工身上的潜在力量。

管理教研室:解决的是人力资源管理、财务管理、预算管理、采购管理、设备管理、安全管理、生产管理、质量管理、信息管理等与企业实际相结合的管理理念、方法、经验等,通过学习达到提高分析问题和解决问题能力的目的。

信息化教研室:解决信息化建设中的实际应用问题,工业化带动信息化,信息化促进工业化。无论是ERP还是PLM、DNC在实际应用中都会存在与企业实际不一致的地方,如何让企业的流程符合信息化的要求,让信息化的标准模板不死板、不刻板是企业信息化教研室研究的课题。使用技巧、经验分享,让企业的信息化建设成为企业发展的新生动力。

技能提升教研室:是有效解决实际操作技能的教学单位。一线员工是实现公司战略目标的最基层,员工素质的高低、工作态度的好坏、质量意识的强弱等诸多因素都直接影响着最终的产品质量、交货周期。提高操作技能,能有效地降低成本、提高劳动生产率。讲师主要为来自生产一线的技师。实践发现,很多本科及以上学历人员理论知识很丰富,但是缺少实际的操作,动手能力差,教学中只是照本宣科,一线员工听起来乏味,不感兴趣,教学效果很差。但是让一线技术能力强的员工做讲师往往是会做不会讲,不能形成完整的教学方案。培养一线技师的逻辑思维能力、语言组织能力及表达能力,就能先把技工培养成讲师,然后顺利完成教学任务。

市场营销教研室:把市场营销从管理教研室拿出来重点设置,也是强调市场营销在管理中的突出地位。市场营销教研室是解决如何做市场推广、产品营销、渠道开拓、售前、售中、售后服务一系列内容的教学单位,通过教学,使业务人员资源共享相互学习,从服务开始做产品推广,引入不做产品做服务的理念。改变传统单一靠推销打市场的局面。业务员既是企业文化的传播员又是技术员,让用户感到企业的增值服务。

图 2　北京大学 CFO 财务总监高级研修班走进中裕铁信

精品课程教研室的主要任务就是把社会上适合企业自身发展需要的大师讲座、企业家讲座引入到企业大学的教学中,让学员开阔视野,拓展思路(图 2)。也可以根据需要让员工到清华、北大等知名院校深造学习,也可以针对企业教学实际把著名培训机构的讲师请到企业大学中授课。这类课程一般是管理类、文化类的。

2. 大学讲师来源

企业自己的讲师来自企业内部的各个岗位,大多在公司工作了几年的时间,有一定的特长经验或某一领域的知识储备,并对企业文化有一定的认同感,共同的价值观和愿景、使命使讲师跟学生之间形成心灵的交相呼应,教学效果较好。

企业自己的讲师对在实际工作中摸索出来的经验或个人所学习整理及归纳的精华知识有着深层次的理解,在工作中哪里是关键项、哪里是容易犯错误的地方等都非常清楚,讲起课来更能有的放矢。因为工作过一段时间,讲课的管理人员和工程技术人员既有一定的理论功底,又有一定的实践基础,案例源于企业自身实际,沟通方便,在教学过程中还能找出许多解决实际问题的方法,一举多得。

为避免员工内部知识的瓶颈化,企业通过两种方式解决和避免内部员工这种知识型夜郎自大情况的发生。一是引进其他企业的技术人员、管理人员、企业家担当客座教授,和企业自己的讲师形成优势互补。在引进客座教授时,值得注意的是不能违背企业的文化理念,更不能把消极负面的东西引入到教学当中。二是坚持与外部培训机构、行业协会、科研机构间的合作式培训,时刻洞悉行业动态,随时了解外部新知识、新理念,利用中裕铁信大学这个平台,让接受外部培训的员工回到企业后将个人所学的新知识进行分享式教学,向同事传达新思维、新理念、新方法等,在保持员工的知识储备不被社会淘汰的同时,保持员工外部培训的效果性。

3. 教学方式方法

企业大学的目的是培养员工应用知识的能力,分享经验知识,传递外部先进理念和知识。面对不同学历层级的人群,不能过度讲述理论知识。

互动式教学:课堂上强调讲师与学员之间的互动,通过教学让学员提高分析问题、解决问题的能力。

案例式教学:在课堂上要多引用身边的实际案例,增加授课的趣味性,紧紧吸引住学员的注意力,活泼易记。

多媒体教学:多媒体能带给学员们直接、冲击性较强的信息传递,图文并茂地讲解,使之生动易理解。

分享式教学:分享式教学能有效提高学员共鸣式思考问题的能力,同时也能拓展个人思路。

4. 教学结果考评

讲师授课的水平可通过同事或领导听课打分、学生下课打分、学生业绩提升等形式,对授课讲师进行综合评价,评价结果可分为优秀、中等、一般、较差 4 个等级。2 次被评为“较差”的讲师取消讲师资格;连续4年被评为"优秀"的讲师可晋升为中裕铁信大学的金牌讲师。

对内部学员的考评,通过课上考评、结业考试、毕业论文、答辩等方式。学员成绩可在升迁、晋级、福利等方面予以参考。优秀学员可晋升为学校讲师。

为打造企业内部员工的学习氛围,公司采用积分制引导员工不断自我学习、向他人学习、向外学习等。

外部学习员工要真正将知识带回来,管理类学习形成心得体会在公司内部网上发表分享,技能及方法类学习则通过531行动计划表(图3)及企业管理部联合部门的跟踪真正将适用于企业发展的知识融入实际,并在合适的时间将所接触的外部新管理思路、新方法及技能在中裕铁信大学平台上以讲课的方式分享给同事。

531 行动计划表			
学员姓名		培训时间	
培训师		课程名称	
5 我学习到的五点 (课程内容中5点最重要的)		3 我立即学以致用的三点 (上述中3点最重要的)	
1.			
2.			
3.			
4.			
5.			
1 我承诺未来10天内立即使用的一点			
实施步骤	1		
	2		
	3		
	4		
本人宣言	我承诺未来10天内立即学以致用,并乐意与其他人分享学习心得		
学习心得(150字以内):			

荣誉证书
HONORARY CREDENTIAL

郭勇 郑乃伏 王磊 石新英同志:

你们参与实施的《创办企业大学 打造核心竞争力》项目,荣获2011年度衡水市思想政治工作案例创新奖二等奖。特发此证,以资鼓励。

中共衡水市委宣传部

图3 531行动计划表

企业大学体现了最完美的人力资源培训体系,是企业最有效的学习型组织的实现手段,更是公司规模与实力的有力证明。企业大学是一个员工发展的平台,通过"讲师""学员"身份的不断转换,实现教学相长,促使员工的技能水平和管理水平等都得到提高,解决员工间知识交流的常规化问题。

(二)创新师徒模式

中裕铁信在衡水裕菖控股集团的统筹下,利用知识管理思维创新了师徒模式,将师傅的有效经验转化为徒弟的知识,有效培训人才和有效使用人才成为中裕铁信在创建学习型企业过程中的重点。在企业内部通过师徒模式的薪火传承方式发挥企业内部师者传播公司文化理念之道,授岗位知识、操作技能及历史经验之业,解员工成长过程之惑的教育功能,为企业打造学习型组织提供具体解决办法和措施。

1. 建立健全企业师者传授制度

所谓企业师者,是在特定的时期内周期性地对指定的对象员工进行指导,使得公司文化价值观得到有效传承的同时,使对象员工融入公司文化,并在知识、技能、工作方法及思维层面等取得显著提高,成为公司发展的骨干人才或后备新生力量。新事物在企业员工群体中推行起效最快的是制度的保障,只有制度框架及体系的先行搭建,后续执行才会顺畅,在学习型企业创建过程中用制度约束、保障、监督、激励资深员工和各级管理者的带教流程及效果的检验环节是必不可少的。

2. 确定师者的职责及入选条件

在企业中负责教导员工的角色不止师者,比如员工的直接经理、一起共事的同事等,其中直接领导的作用比较突出,但师者和直接经理在教导员工方面侧重点不同,对比见表1。

师者和直接经理教导对比表 表1

类　别	师　　者	直接经理
组织机构	非正式	正式
目标	主要以员工成长为导向	主要以业绩为导向
指导方式	影响为主,包括倾听、分享、反馈、提供资源等	管理为主,包括分配工作、听取汇报、绩效指导、激励等
指导内容	侧重于知识、经验交流和工作思路指点	侧重于工作方法、技能和技巧
心理距离	比较平等,交流开放	有上下级的距离感

企业直接经理与师者对员工共同作用的情况下,才能缩短员工成长时间,加快企业的人才培养,提升创建学习型组织的文化氛围,所以师者的角色不可或缺。韩愈的"无贵无贱,无长无少,道之所存,师之所存也"也从另一个方面说明只要有适合公司培养员工的某个方面的资质,就可以成为师者,所以在企业中明确师者的职责是让员工明白什么条件、资质可以做何种层级的师者并应该履行何种职责,以确保前期制度的有效推行,举例见表2。

不同层级师者的入选条件及职责 表2

<table>
<tr><th>师者分类</th><th>入选基本条件</th><th>指导对象</th><th>资质要求</th><th>职　责</th><th>对应选择方式</th></tr>
<tr><td>新员工师者</td><td rowspan="3">对公司文化有强烈的认同感和深刻的理解;在某一领域具有专长;具备熟练的沟通和指导技巧;有分享传承意志,并愿意将传道授业解惑的过程视为个人发展的机会……</td><td>新员工、换岗员工</td><td>从事专职岗位2年以上,上年度绩效得分80分以上</td><td rowspan="3">明确公司及指导对象的指导目标;根据指导对象岗位要求及发展需要,制订有针对性的指导计划;整理提炼相关知识及经验,有计划地进行指导工作……</td><td>由直接经理推荐,企管部审核同意后为每名新员工配备1名师者在指导期限内全程参与指导;同时,新员工在其他部门实习期间可由所在部门制定骨干员工进行业务指导</td></tr>
<tr><td>管理岗位师者</td><td>有管理潜质的员工</td><td>5年以上团队管理经验,上年度绩效得分85分以上</td><td>由员工自主或与部门负责人沟通后,从师者库(每位管理岗位师者期限内限带3名)中双向选择</td></tr>
<tr><td>专业岗位师者</td><td>在岗员工</td><td>3年以上工作经验,中级以上职称或上年度计件薪酬收入超15万元</td><td>由员工自主或与部门负责人沟通后,从师者库中双向选择</td></tr>
</table>

企业在明确师者职责及条件的同时,规定相关教导期限。期限的设定,更容易让企业师者在有限的时间内对自己的徒弟加速知识、经验及技能的输出,有利于公司员工的快速成长。从另一角度而言,教导并非无期限,而且在大文化背景下也必须有教导期限,否则会形成小的团队文化反而不利于公司整体的学习型组织的建设及后期文化的打造,更不利于员工自身的成长。

3. 规范带教实施流程

无规矩不成方圆,企业也是如此,教师可以因材施教,但带教流程不能因材而设,流程是规范各环节动作按总体目标执行的统一性要求。中裕铁信的带教流程如图4所示。

在带教流程中,用人部门将实施对象及建议的师者人选报相关人力资源部,由企管/人力资源相关部门组织双方确认并签订《培养协议》确定其的培养关系;同时注重培养计划的制订,根据企业人才发展需求及职业生涯个人规划所制定的培养目标制订培养计划,并经教学双方及员工所在部门负责人确认后公司备案;最后注重辅导的效果体现,并通过月度的学习总结及结束后双方的《师徒协议期总结报告》等方式展现辅导效果。图5所示为第一届"拜师典礼"仪式图。

4. 注重教和学的考核评价及激励

在企业师者传授制度中必须体现教、学结果的考核评价及激励。中裕铁信对培养对象的考核,主要考察其在辅导期内工作、学习表现和技术水平的提高等方面,参考依据有个人月度工作总结、月度培养总结等。新员工或调岗人员的学习结果考核与直接经理的实习期评价结果各占50%,不合格人员可予以调岗或辞退。公司对师者的考核主要考察其在《培养协议》中的培养目标达成情况、对培养对象辅导的主动性和积极性、培养对象提升情况等,并主要参考《半年度总结报告》《师徒协议期总结报告》等。公司对培养对象的激励主要体现在晋级、评优等过程中,而对传授者的激励体现在荣誉、奖金等方面,如建立评选机制和程序设置评选条件、程序及不同比例的最佳、优秀师者或企业园丁奖等,并根据不同奖项设置不同奖励标准,使企业师者传授成为一个完整全链条机制,从而实现在企业中培育人才、打造学习型组织的目的。

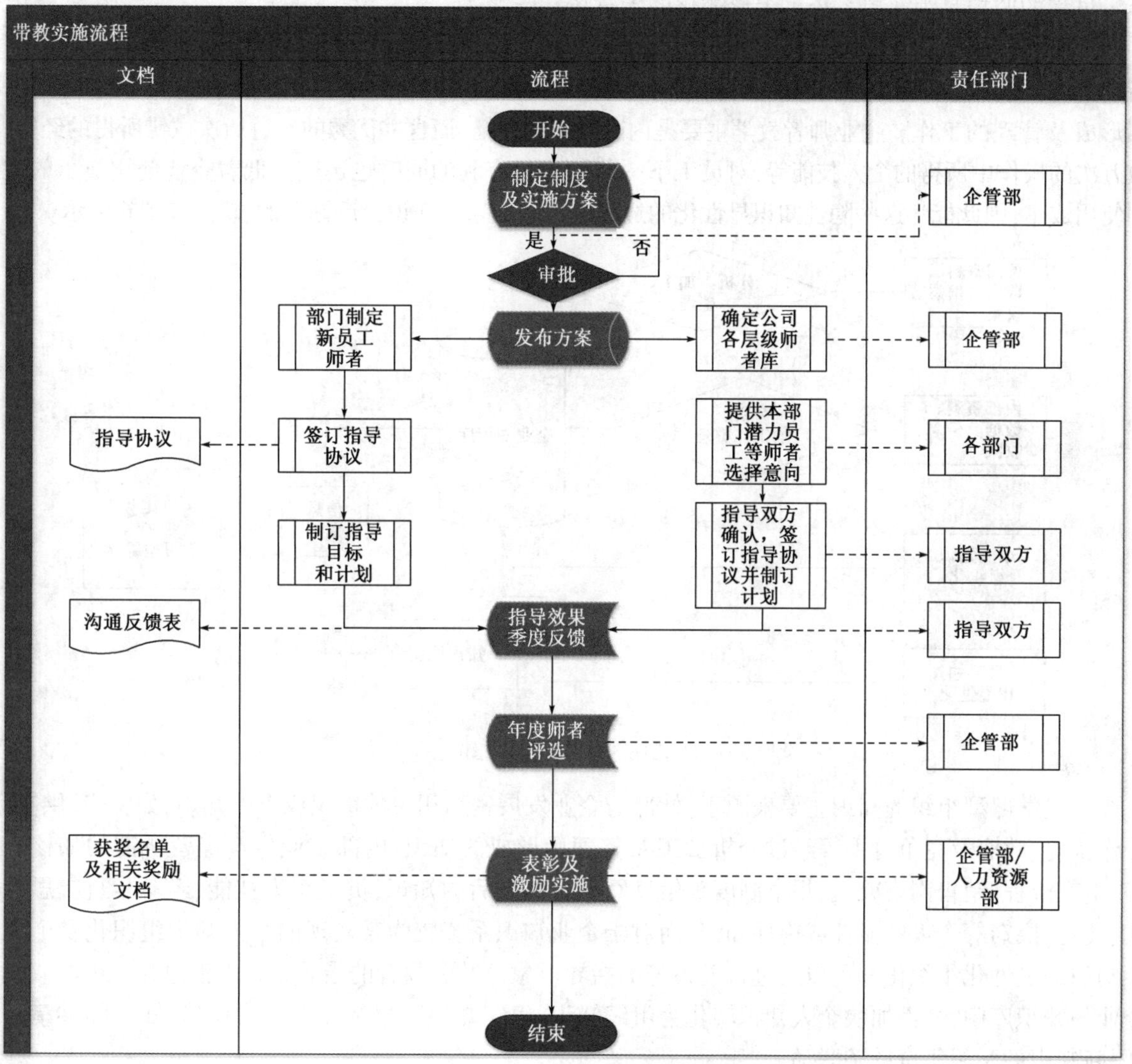

带教实施流程

文档 | 流程 | 责任部门

开始
制定制度及实施方案 —— 企管部
是 / 否
审批
发布方案
部门制定新员工师者
确定公司各层级师者库 —— 企管部
签订指导协议 —— 指导协议
提供本部门潜力员工等师者选择意向 —— 各部门
制订指导目标和计划
指导双方确认,签订指导协议并制订计划 —— 指导双方
指导效果季度反馈 —— 沟通反馈表 —— 指导双方
年度师者评选 —— 企管部
表彰及激励实施 —— 获奖名单及相关奖励文档 —— 企管部/人力资源部
结束

图4　中裕铁信带教流程

5. 监管过程及最终结果的落实

企业在整个师者传授机制的打造过程中最为关键的一环是效果的评价及落实,任何与工作相关的培训效果都能体现在工作中,只不过是时间的早晚而已,传授的任何结果都可以形成企业的知识,中裕铁信主要落实好了3点。

图5　第一届"拜师典礼"仪式

一是做好了员工协议期内的效果评价工作,员工协议期内的学习效果需经过测评,从而验证学习效果。实习期人员学习效果评价重点从企业文化、

工作相关流程、制度了解等方面通过考试及面谈沟通等方式测评;专业性学习员工重点突出技术、质量、成本、效率等方面比试体现协议期内的学习成果;管理型则重点突出思维方式、工作思路等方面评委评价反映学习结果;而企业师者的评价则通过指导员工的成绩来反映。

二是做好了过程的监控工作,在整个带教过程中,作为公司不能顺其自然,但也不是参与其中的指手画脚,而是由人力资源部等相关部门做好带教过程中教没教、学没学,教学过程中是否存在疑问或需求点需要公司协调或配置资源,教学过程中存在异常情况的解决如老师换离岗后续培养计划调整问题等。过程的监控是为教授系统不走形式化的走过场。

三是做好了传教知识结果的落实工作,真正让隐性知识显性化。企业在教授结果的落实方面不单指员工及师者教、学结果的兑现落实,而是对更重要的教学结果知识的存储落实,是做好教学的知识积累形成及管理的工作。企业师者教学主要是内隐知识的传播,而这些优秀的经过历次试错所得的经验、在数万次的操作中所得的个人技能等,对员工下一步的成长有利的同时也迅速降低着企业使用员工的试错和使用成本,因此能将这些隐性知识显性化的过程则是企业增加知识资产储备的过程,如图6所示。

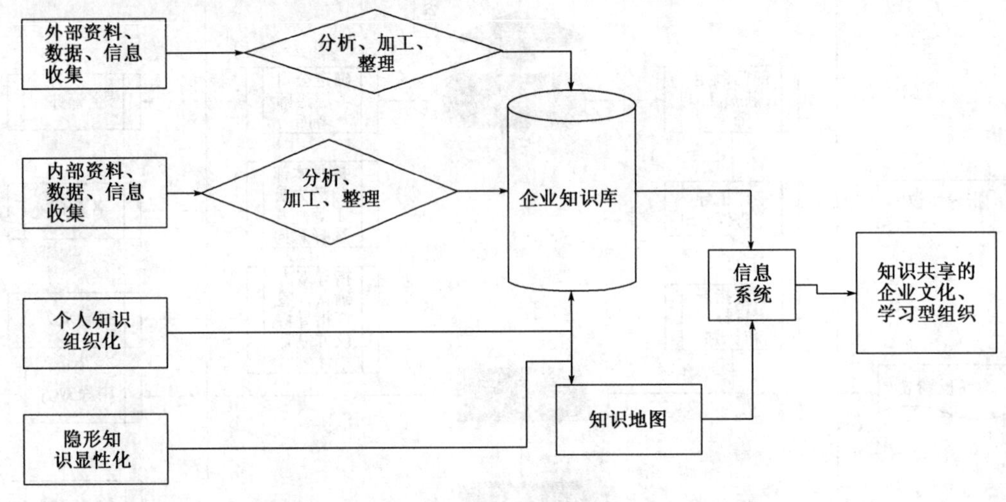

图6　知识共享路径图

创建学习型组织的知识主要来源于:外部与企业发展密切相关的组织或个人知识,如客户、供应商、合作伙伴、政府及竞争对手等经过分析加工及整理后形成的知识;内部企业生产经营所需的如核心技术、生产流程、销售网络渠道、规章制度等信息经加工整理后的知识;员工个人技能、经验、习惯、思维方式、技巧、诀窍等个人的显性或隐性知识;而对于企业知识系统较为难实现的个人知识组织化及个人隐性知识的显性化组织化都可以通过带教系统的指导对象总结和师者的指导记录表汇总相关内容收集到企业的知识库中,从而加快个人知识转化为组织知识、组织知识积累及知识库的构建、知识的共享和传递、新知识的学习等全链条联动。

企业师者教授体系的创建及全链条的实施,并不是实施过程中的一个点或一个仪式,而是通过有效实施企业师者机制,打造一种实现学习型企业的机制和方法,解决新员工试错成本高、公司新员工培训成本高的问题,有效实现企业知识资本的迅速积累,从而实现企业的内部挖潜和自身竞争力的提升,对企业的学习型组织创建具有重要的指导和借鉴意义。

(三)创建"创新型"知识转化及推广模式

围绕激发全体员工的创新意识及创新经验的传递和传播,推动知识向企业技术创新、市场创新、产品创新、工艺创新、管理创新转移,打造公司学习型组织的创建。中裕铁信从2018年开始,每年举办一届"高质量发展创新论坛"(图7),并利用这种模式进行各项创新知识的交流,各创新项目负责人全面总结一年度的创新成果及经验传播推广材料,全方位、立体展现创新成果的实现及推广的全过程。创新论坛交流内容主要涵盖:降低成本的创新成果;节约各类主辅材料、节能降耗的创新成果;提高产量、质量的创新成果;安全生产、环境保护、劳动保护技术的创新成果;设备、仪器、工具改进的创新成果;推广应用新技术的创新成果;规范日常管理、提高效率的管理创新成果;提升员工满意度的具体改进措施和综合创新成果。经过企业内部专家组对创新项目的经济效益、社会效益等方面综合评价层层筛选,形成各类奖项,促使员工将知识转化为技能并得以推广。

图7 中裕铁信“第二届高质量发展论坛”

这种形式,可以让公司内部创新的氛围更加浓厚,创新应用更具有可操作性和应用性。员工对于创新的参与度更高,知识转化能力更强,员工间知识及经验的交流更加充分,也更加速了企业学习型组织的构建,满足员工不断学习进步的需要和公司不断发展的需要,是公司知识转化为技能为实际服务的重要手段和途径。

(四)建立和完善知识管理模式下的激励及考评机制

任何措施的实施都离不开激励模式的引导和考评机制的监管,中裕铁信为打造学习型组织,在上述举措并举的同时,支撑性保障工作也同时展开,主要有三大方面支撑措施。

1. 建立积分管理制,引导员工学习知识、传授知识和应用知识

积分管理是将个人的知识分享(授课)、自主学习(培训考试)、传帮带(新员工培养)、效益贡献(改革创新)、思想道德(行为典范)因素实行积分量化统计,然后将其结果与晋升、外出进修学习、参观旅行、带薪休假等各项福利待遇挂钩,借以充分调动员工的积极性,丰富员工的精神追求,创新型管理模式。为成就员工梦想,培养学习型、创新型的卓越团队,建设公平、共享、提升、创新的企业发展环境,实现个人和企业发展的共赢。积分的有效期为3年,可跨年累计使用,也可分阶段随时自行兑现,中裕铁信会定期在现有基础上更新或调整积分项目,积分项目见表3。

中裕铁信积分项目及依据 表3

项 目	项目描述	积分标准	积分依据	可获积分
知识共享	员工通过公开课的形式进行知识分享	通过……达到……五个等级,分别是1~5分	课件及听课人员不记名综合评分结果	5分
		通过……达到……三个等级,分别是1~3分	课件及听课人员不记名综合评分结果	3分
	实操技术共享(主要为专业技能实操方面,如检测方法、设备操作方法等)	通过……达到……五个等级,分别是1~5分	综合评分结果	5分
		通过……达到……三个等级,分别是1~3分	综合评分结果	3分
自主学习	内部组织培训	通过……达到……五个等级,分别是0~2分	签到表及成绩单	2分
	专业性论文(期刊是指可以在知网查询的)	通过……达到……10个等级,分别是5~20分	相关证明复印件	20分

续上表

项 目	项目描述	积分标准	积分依据	可获积分
自主学习	学历或职称提升	通过……达到……三个等级,分别是4~10分	相关证明复印件	10分
	岗位相关技能	通过……达到……五个等级,分别是0~2分	相关技能鉴定证书	2分
企业文化建设	高质量文化沉淀	内部文章达到……标准,积分标准为1分	经通讯社主编审核通过发表	1分
		内部新闻达到……标准,积分标准为0.5分	经通讯社主编审核通过发表	0.5分
		外部行业交流达到……标准,分别是1~3分	在行业论坛发表专题讲话	3分
		外部荣誉达到……五个等级,分别是2~10分	荣誉证书	10分
	文化活动	积极参加集团及公司活动	参与报名	1分
		在活动中表现积极活跃	拿到活动奖项	2分
		在行业中担任专家或任职	聘书或其他证明	3分
效益贡献	降低成本	成本降低达到原成本的5%为等级,分别是1分或以上	财务部核算企管部审核经济效益每10万元/1分,上不封顶	1分及以上
	经营管理	经营结果实现……等结果,积分标准为2分	意见被采纳并实施	2分
	品质改善	项目品质结果实现评委评定的……等结果,积分标准为2~5分	项目提前备案,企管部审核	5分
思想道德	传播正能量	内部通报表扬等级为积分标准1分,外部表扬等级为2分	公司通报表扬,或受到客户表扬,相关证明	2分
	坚守正义、正直行事	内部通报……等级为积分标准1~5分	经查实属实	5分
	诚实守信	公司内部……两个等级,积分标准1~2分	全年诚信无不良记录	2分
新员工培养	在新员工、新岗位培养和师傅带徒弟表现突出师傅或导师可获积分(时间为6个月)	通过员工的考试成绩及绩效业绩,考评员工出徒等级,积分标准3~5分	企管部对新晋级员工的评级	5分

申请人积分3年内使用完,到期自动清零。

自主学习支持:员工也可自选学习课程,费用每××元抵减××积分;

带薪休假:每×天带薪休假可抵减×分,一次最高抵减×分;

参观旅游:有积分员工可自主参加公司组织的参观旅游,每次减×分;

评优评先、晋级加分:在评优评先、职级晋升时,每×分积分兑换×分,加在评价总分数中;

其他福利获得:×分积分可获春节……,×分积分可获一个月小食堂……,每×分积分可兑换……;

团队建设支持:部门积分每×积分兑换×元团队活动奖励或每×积分兑换×分用于部门评优评先中。

积分通过既定的程序获得和使用能够有效保障员工不断学习和转化知识并积极创新的主动性,解决企业持续性学习能力的保障问题。

2. 注重物质奖励和精神奖励并重，让员工享有成就感

中裕铁信在设立各类奖励机制时，注重物质奖励与精神奖励并重，注重内涵质量与外在仪式感。中裕铁信大学的模式已经运行10年，属于相当成熟的员工学习交流平台；改革后的师徒模式也较为注重除物质奖励外的精神奖励。

中裕铁信注重员工对知识的应用和传递，对于将知识转化为创新的员工，在予以奖励的同时更是将其视为重要的荣誉，让员工享有成就感，让隐性知识显性化。创新论坛的运行结果则是形成创新论坛获奖项目的知识汇编，形成知识图的一部分，真正让员工的知识成为企业的知识资产，并不断得到推广。

3. 有效使用绩效管理体系为学习型组织的创建提供基础保障

健全的后续考核是企业种种措施得以有效实施的保障，为了确保学习型组织创建各项措施的有效实施，企业将各类实施效果等纳入企业内部绩效评价体系，并为确保绩效考核的效果，企业制定适合各个岗位的具有可操作性的《绩效考核办法》，力求考核内容、标准更具有针对性；力求通过有效的考核，对每个岗位、每个人的工作业绩作出科学公正的评价。整个绩效考核的过程紧密结合各岗位的工作职责标准，各环节的考核环环相扣。

为了达到通过考核促进工作质量和效率的提高，充分调动员工学习积极性的目的，将绩效考核的结果作为各项工作年度考核奖励和评先评优的重要指标，实行奖惩兑现。考核结果成为真实反映和评价员工素质能力、工作业绩的重要指标，成为员工年度考核、工作目标责任制奖励、评先评优的主要依据，有效地激发了全体员工的工作积极性、主动性，增强了干部的工作责任意识。

通过对全员岗位职责、工作标准和考核指标的进一步明确细化，迫使大家产生了工作的紧迫感和责任感，每个人都在自觉地审视和纠正自己工作中存在的问题，一些存在得过且过、混日子思想的员工感到了前所未有的压力。与此同时，绩效考核结果与任用、评先评优、目标责任制奖励的挂钩，使平常工作认真、踏实肯干的同志的积极性更加高涨，主动寻找差距，时刻紧跟公司发展步伐，其工作积极性、主动性被充分调动起来。

（五）凝结成企业文化并固化机制

企业文化是一个企业在长期经营过程中经过沉淀凝结而成的能够诠释"企业性格"和"做事方式"的价值观和行为，是所有模式和机制的精华提炼。所有的制度、行为等经过长时间的沉淀都将会成为企业文化的一部分，并通过内刊、厂内广播等多种途径宣传公司内部文化，让企业文化真正渗透到员工的心里，落实到员工的行为中，用优秀的企业文化规范员工的活动。

中裕铁信高度重视企业文化建设，将实施与时俱进的文化创新作为推进企业科学发展的法宝。公司自成立之初至稳步发展阶段，逐步积淀形成了特色鲜明的"担当"企业文化，"铁肩担大道、砥柱定中流"作为中裕铁信的企业信念，牢牢凝聚了大量员工中坚力量。特别是进入21世纪以来，公司牢牢把握先进文化的发展方向，把企业文化贯穿到生产经营的全过程，运用先进文化生产力对企业进行全方位的规范整合，树立鲜明的企业形象，打造强大的核心竞争力，对企业发展起到了至关重要的推动作用。

企业文化是企业内员工共同认可的价值规范。优秀的企业文化能够形成较强的企业凝聚力，让员工产生强烈的归属感和荣誉感。优秀企业文化的塑造是从物质、制度及精神等各层面入手不断循序渐进的过程。文化渗透到公司的各个角落，完善的顶层文化设计让员工的行为更加规范、制度更加健全，且是员工活动的精神支柱。习近平总书记明确提出要坚持"文化自信"，面对新坐标、新引擎、新动能，中裕铁信顺势而为、与时俱进，积极实施企业文化升级项目，以企业文化升级为契机，聚核铸魂，以企业文化引领为基本思路，统筹兼顾管理工具落地，将意识形态的生产力转化为物质形态的创造力，营造同心同德的团队氛围，以文化升级的导向性促进企业管理的实效性提升，同时提升公司核心竞争力和品牌竞争力，对构建学习型组织起到至关重要的助推作用。

将中裕铁信大学、师徒培训（图8）机制及创新论坛等模式提炼后融入企业文化中，保障中裕铁信长期有效以此运行，在形成企业文化的过程中不断收集中裕铁信大学内部教育典范、师者成功的典型案例

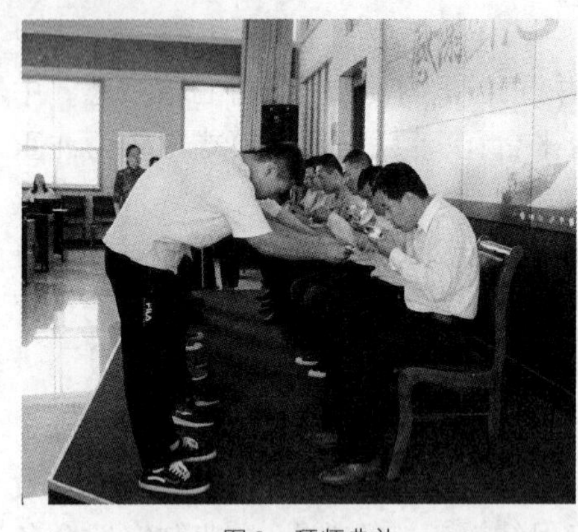

图8　拜师典礼

及创新项目典型等赋予魂魄,打造知识管理型学习组织的氛围,激发热情;策划各类型活动过程中的仪式关键点,营造文化的仪式感,塑造双方的责任感和使命感;树立员工成功学习和创新推广的典型,创造全员学习、乐于分享、勇于创新的文化氛围。

三、实施效果

学习型组织是企业永续发展的不竭动力,也是企业在市场竞争中保持竞争优势的内在条件。企业要生存、要有竞争力,就要善于学习、善于创新,利用知识管理的模式积极创建学习型组织。

(一)提升内部创新水平,增强经济效益

通过开展创新论坛等各类知识交流活动,中裕铁信2019年的主营业务收入及利润总额增长,单位产品能耗下降了8.3%,原材料利用率提高了5.11%,操作岗位新员工废品损失率降到0,非操作岗位员工工作效率等也有大幅度提升和改进,产品一次交验合格率提高了1.3%。年度创新项目270项,其中3项创新申报发明专利,15项创新申报实用新型专利,在为企业节约巨额资金的同时,员工效率、产品工艺、产品工装等都得到不同程度的提升。以上数据成为企业创建学习型组织的显性成效,更让我们看到了知识管理思维下学习型团队给企业发展带来的巨大生机和活力。

(二)打造学习型文化,提升企业形象

通过知识管理思维下的学习型组织的创建,公司上下形成了以学习知识、传递知识和使用知识为导向的企业文化,将学习和应用知识贯穿企业生产经营的所有过程和所有环节,让生产力各个要素的能量充分释放和奔涌起来,大大提升了员工的执行力和工作效率,增强了企业核心竞争力,为企业可持续发展赢得新的动力和支持。

全体员工确立了以学习知识、运用知识和传递知识为目标,以不断提升和进步为价值观导向的企业共同语言和准则,快速提高运作效率,塑造整体形象,增强精益企业核心竞争力。

企业通过形成优秀的企业文化,打造高素质的管理团队,从而形成了企业独特的核心竞争力。从实践中提炼和形成的企业文化,不仅可以通过优化业务和管理流程提升组织效率,降低经营管理成本,提升企业竞争力;同时,作为一种先进的企业文化,可以为企业塑造良好的整体形象,提高企业信誉,扩大企业影响力。

以知识管理思想指导的学习型文化理念不只是写在文件中、挂在墙壁上、留在口头上的口号,更成为企业全体员工的坚实执行力。

(三)实现战略目标,保持企业核心竞争力

企业通过学习型组织的创建,不仅看到了自身存在的优势,同时也清晰认识到自身存在的不足,增强了员工对于工作和学习的责任感和紧迫感,企业在不断实现战略目标的同时走出了一条以学习和创新为驱动力的可持续发展道路。

基于“互联网+”思维提升高速公路运营安全管理的创新实践

山西中交翼侯高速公路有限公司

成果主要创造人：姜中石　申红军

成果参与创造人：卫克艳　王秋明

山西翼侯高速公路由山西中交翼侯高速公路有限公司（简称“山西翼侯”）运营管理。翼侯高速公路位于山西省南部，是省道S80陵侯高速公路的组成部分，东承阳翼高速公路，起于翼城县桥上镇关门，西接侯禹高速公路，终点位于运城市新绛县店头镇，与大运高速公路相交于赵康枢纽，是交通运输部规划并重点建设的促进中部崛起项目，是山西省公路网发展规划“三纵十二横十二环”第十一横陵川—侯马高速公路的组成部分，也是山西省南部地区通往中原、西北、华北及东南沿海地区的主要通道之一，对加强晋陕豫三省经济文化交流、促进黄河“金三角”地区的经济互动和共同发展、扩大对外开放，有着重大意义。山西翼侯高速公路是中国交建在山西的第一个BOT（建设-经营-转让）项目，也是山西省的第一个高速公路BOT项目，全长66.8公里，双向四车道，建设投资23.98亿元。2005年2月26日开工建设，2007年11月26日通车运营，特许经营权30年。

山西翼侯现属中交资产管理有限公司统一运营管理，共设置桥上、翼城、曲沃、侯马互通式立交4处和翼城服务区1处。设职能部门“五部、一大队”，即综合管理部、收费管理部、路产维护部、财务资金部、安全监督管理部和路政大队，下辖“四站一区”，即翼城东收费站、翼城收费站、曲沃收费站、侯马北收费站、养护工区。山西翼侯以“和畅翼侯”为企业文化品牌，以“心存敬畏　守护安全”为安全文化理念，打造“平安、绿色、温馨、智慧、人文”的高速公路服务品牌，从道路使用者的角度出发，履行主体责任、强化规矩意识、注重全员参与、突出防范治理，向社会展示“中交高速”的品牌，真正让驾乘享受“美丽中交路”，感受“美丽中交人”。同时，山西翼侯融入地方高速公路行业，服务属地经济社会发展，奋发有为，奋勇争先，走在山西高速公路及中交高速公路行业的前列。

一、实施背景

安全生产事关职工群众生命财产安全，事关企业生死存亡，近几年来，我国各级政府、各行业都将安全生产当作首要工作来抓，多次在各类会议中强调安全生产“底线意识，红线思维”“抓生产经营的同时必须抓安全”。我国相继发生多起较大以上安全事故，其中有“5·23张石高速公路爆炸事故”（隧道内车辆爆炸致13人死亡）、“5·27京台高速公路货车追尾爆炸事故”（造成1死21伤，直接经济损失巨大）这类涉及道路交通的，也有“5·2成贵铁路隧道施工瓦斯爆炸”（12人死亡、12人受伤）这类涉及隧道作业施工的等等。安全发展是企业永恒的主题，高速公路行业是极易发生安全事故的高风险行业，而安全生产是事关职工群众生命财产安全、事关企业生死存亡的大事，安全生产管理面临着越来越严峻的新形势。

（一）党中央、国务院对安全生产工作的要求越来越严

习近平总书记多次对安全生产工作发表重要讲话，反复强调“发展决不能逾越以牺牲人的生命为代价”这条红线，必须要坚持“管行业必须管安全、管业务必须管安全、管生产经营必须管安全”；要把安全责任落实到岗位、落实到人头；要“查明事故原因，追究责任人责任，汲取血的教训，强化安全生产责任制”。

(二)人民群众对安全生产的关注度和期望值越来越高

近年来,广大驾乘对高速公路出行服务要求升级,特别是在发生极端恶劣天气、重大交通事故等突发事件时,社会公众期望值与要求会更高,高速公路经常成为社会群体和新闻媒体关注的焦点,随之而来的法律纠纷凸显,如果处理不当,极易引发群体性事件,形成舆情危机,对公司经营带来经济与名誉的双重损失。

(三)党纪国法对安全生产的追责力度越来越大

从近几年的安全事故案例中可以发现,对于安全管理不履职、不尽责的行为,无论是党纪还是国法,均给予了严厉的惩处。因此,企业全员一定要保持清醒的认识,必须要有如履薄冰、如临深渊的警觉,认真履职尽责,时刻绷紧安全这根弦。

安全生产是企业运营的基础保证,是一项持续而艰巨的任务。提升全员安全素质、强化全员履职尽责是安全生产的保障,可如何让安全生产真正入心入脑,并切实付诸行动,是每个企业的重点,也是难点。山西翼侯高速公路涉及的点多、线长、面广,存在20余公里的连续下坡路段,东段为海拔较高的山岭重丘区,西段为海拔较低的平原微丘区,相对高差700多米;且东西两段存在不同的小气候,东段经常局部段落降雪,路面结冰,夏季局部暴雨,西段存在汾河小气候,经常出现团雾。山西翼侯已运营十余年,员工存在麻痹思想、博弈思想等,安全管理方面各种不确定风险因素叠加,无疑增大了安全管理的难度。同时,2020年受新冠肺炎疫情影响,面对新形势新要求,安全监管难度升级,安全复工复产难度加大。

在安全管理中,如何采取新手段、新方法,有效强化安全监管,每个岗位、每个环节到底存在哪些安全隐患?可能发生哪些安全事故?每一名员工是否都清楚地知道自身在安全生产方面的责任、范围?是否真正做到安全生产工作的“明白人”?因此,提升全员安全素质、强化全员履职尽责将是提高安全管理水平的侧重点和突破口,也是提升高速公路运营企业安全管理能力的迫切需要。

二、成果内涵和主要做法

(一)成果内涵

山西翼侯在基于“互联网+”思维模式下,通过远程督查、安全大数据分析、安全电波+安全直播间等途径,实现了安全管理由全员参与向全员负责转变、由被动要求向主动追求转变,让每一位高速公路人将“安全第一”的管理思维真正入心、入脑,且都能清楚地知道自身在安全生产方面的责任、范围、可能遭受的事故、伤害方式以及预防措施等,做真正安全生产工作的“明白人”,进而提升高速公路运营企业安全管理水平。

(二)主要做法

1.远程安全督查

通过远程督查形式,采取新手段、新方法,较好地利用信息化平台、互动网络视频、无人机、智能安全帽等开展远程督查检查,最大限度减少人员流动和聚集,同时满足安全检查效果,且节省人力物力财力,来提高安全督查的针对性,及时准确地了解和掌握生产现场的安全情况,安全有序推进复工复产,进一步提升高速公路运营企业安全管控效果。

远程安全督查主要做法见表1。

远程安全督查主要做法 表1

序号	步　骤	主 要 做 法
1	检查前准备	①确定检查对象、目的、任务。 ②查阅、掌握有关法规、标准、规程的要求。 ③了解检查对象的工艺流程、生产情况、可能出现危险和危害的情况。 ④制订检查计划,安排检查内容、方法、步骤。 ⑤编写安全检查表或检查提纲。 ⑥准备远程督查相关设备及软件平台

续上表

序号	步　骤	主要做法
2	实施检查	①访谈。通过各单位现有的好视通软件平台,检查组和被检查单位均进入平台,实施网络访谈,并做好访谈记录。 ②查阅文件和记录。由被检查单位通过好视通软件或佩戴智能安全帽形式,针对检查组检查的文件和记录按要求翻阅检查,好视通软件或智能安全帽均开启录像状态,确保影像资料可查。 ③远程督查检查。利用好视通软件或智能安全帽或无人机对作业现场的生产设备、安全防护设施、作业环境、人员操作等进行检查
3	检查结果信息的汇总处理	检查组针对检查中存在的问题,整理汇总
4	下达隐患整改任务通知单	针对检查的问题,明确整改单位、整改时限、整改要求,下发隐患整改通知书
5	复查隐患整改结果并评估整改措施的有效性	①各单位结合存在的问题整改反馈。 ②检查组通过好视通软件或智能安全帽对整改的隐患进行复查验证
6	持续改进	从规章制度的健全和完善、从业人员的安全教育培训、设备设施的更新改造、安全监督管理等环节,持续改进

2. 安全大数据分析

通过交通事故"安全大数据"分析,在"互联网+"思维下,搜寻高速公路交警对社会公布的历年事故情况,通过通行流量、交通事故、交通中断、路况指数、收支费用等相关要素数据,形成年度交通流量与交通事故综合分析、年度费收与交通事故综合分析、百万辆车交通事故率、百万元费收交通事故率、安全投入与路况指数对比等,提出高速公路运营企业需重点关注防范的路段、季节、时间段及车型等,具体如下。

(1)安全大数据综合分析情况

山西翼侯高速公路为双向4车道沥青混凝土路面,分上面层4厘米、中面层5厘米、下面层6厘米。东段为海拔较高的山岭重丘区,山岭区(K161+817~K179+771)设计速度80公里/小时,路基宽度23.0米,西段为海拔较低的平原微丘区,平微区(K179+771~K228+608)设计速度100公里/小时,路基宽度24.5米;设计最小平曲线半径2000米,最大纵坡4%。

山西翼侯高速公路于2007年11月通车,时与其相连的阳翼高速公路还在建设中,作为断头路的翼侯高速公路,2008年车流量206万辆;2009年,受二级公路撤销收费站、公路养路费取消等相关政策的影响,通行量下降,年度车流量仅157.84万辆。2010年,与之相连的阳翼高速公路建成通车,翼侯高速公路车流逐渐增多,特别是近些年,车流量增速较快,2019年创历年最高,年度车流量达到514.25万辆。山西翼侯路段出入口通行流量呈逐年上升趋势,到2019年,较历年平均车流量增长半数有余。

交通量严重影响着高速公路的技术状况,特别是对路面的技术状况影响最大,交通量越大,路面车辙、破损等病害越严重,安全管控难度越大。翼侯高速公路2008—2019年MQI及各分项指标见图1,2008—2019年交通量与路面技术状况见图2。

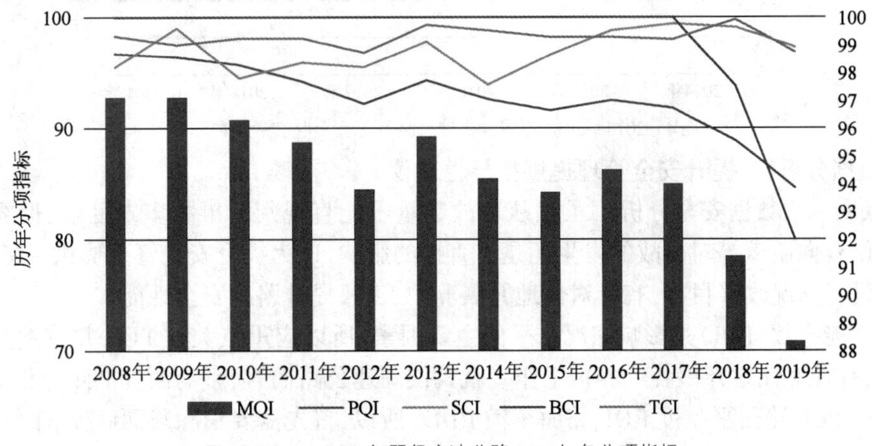

图1　2008—2019年翼侯高速公路MQI与各分项指标

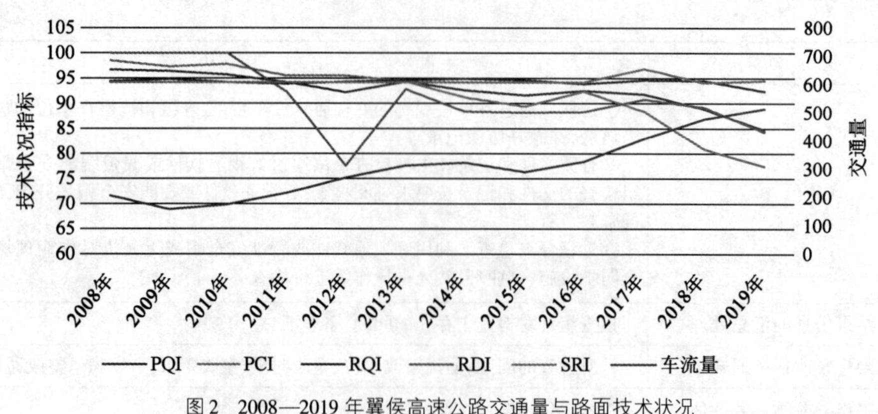

图 2　2008—2019 年翼侯高速公路交通量与路面技术状况

随着运营年限的增长,山西翼侯高速公路每年不同程度地出现路基、台背沉降病害,造成跳车等安全隐患。路面病害也发生了明显的变化,平整度和车辙不再是影响路面技术状况的主要原因,而路面整体强度下降、老化变脆,破损程度严重,成为影响山西翼侯高速公路技术状况的重要因素。路况的衰减,随之而来导致交通事故的增多,安全管理难度升级。

如图 3、图 4 所示,2014—2019 年翼侯高速公路百万辆车交通事故率依次是 19.24、13.80、17.46、12.73、12.56、13.34,百万元费收交通事故率依次是 0.83、0.54、0.75、0.52、0.40、0.41,可以看出 2017 年、2018 年、2019 年三年的指数基本均衡,远低于 2014—2016 年。分析原因,2017 年起随着交通量的增加,山西翼侯审时度势,采取了增加标识标牌、增划振动标线、增加方向指示标线、安装爆闪灯、黄慢闪灯等措施,有效控制了事故的增加。

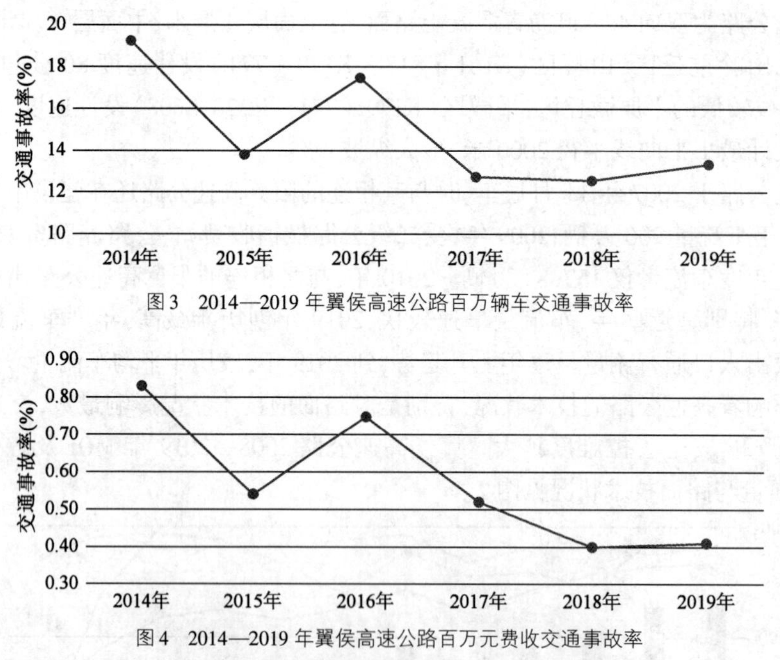

图 3　2014—2019 年翼侯高速公路百万辆车交通事故率

图 4　2014—2019 年翼侯高速公路百万元费收交通事故率

(2)以大数据分析,为提升安全管理提供指导性建议

通过“互联网 + 大数据安全分析”,虽然从事故数量不能直观判断事故多发区段,但客观上的连续下坡、斜坡弯桥、双向匝道等对事故的发生还是有直接的影响,这为提升安全管理提供了指导性建议。

一是合理设置路况改善目标,有针对性地开展养护工程,提升路况安全性能。

路面使用性能指数(PQI)是影响路况水平的主要因素,所以应重点关注 PQI,并持续实施小修养护和预防性养护,有针对性地开展各项养护工作。就翼侯高速公路而言,影响沥青 PQI 评价的主要技术内容包括路面破损 PCI、路面平整度 RQI、路面车辙 RDI。所以,首先需要消除路面破损、平整度、车辙中次差路段,而且在下一步养护分析及实施中也要着重考虑这几项路况主要控制指标。

目前，山西翼侯已运营十余年，从 MQI 分析，路况养护质量相对较好，可有效延缓山西翼侯高速公路大修周期，进而节省全寿命周期养护成本。在山西翼侯运营 10～15 年之间，翼侯高速公路将持续以预防性养护为主，对养护路段进行筛选，并分轻重缓急实施，通过预防性养护，尽可能地将大修周期延缓至运营 15 年之后。通过合理设置路况改善目标，并从长远角度考虑，每年在关键指标项目上投入足够的养护费用，避免资金投入不到位，病害因未及时处治，越积越多，病害发展越严重，养护资金投入将越大的恶性循环。只有稳定并按需投入养护费用，才能较好地保持翼侯高速公路整体路况水平优良。

二是把握养护合适时机和养护最佳方案的选择，保障高速公路始终处于安全通行状态。

在山西翼侯高速公路运营未来 5 年，从保障安全的角度，为养护方面提供指导性建议。养护专项工程以预防性养护工程为主，铣刨重铺为辅，日常养护维修以小修保养为主（图 5），根据不同病害，分析病害成因，把握养护有效时机，并选择最佳的养护方案，在达到经济效益最大化的同时，可有效保障高速公路的安全畅通。

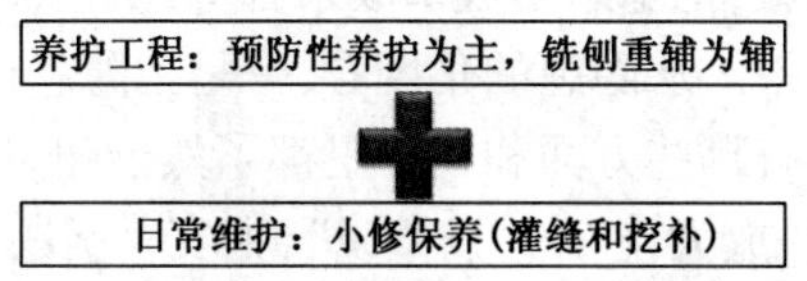

图 5　山西翼侯高速公路未来 5 年养护实施方案

以小修预防性养护——裂缝为例，应先对裂缝发生的原因进行分析，是因疲劳开裂、车辙病害引起，还是施工缝反射开裂等造成，针对裂缝的不同原因，选择有效的处治方案及时修补，若不能及时有效地进行修补，随着时间的推移会发展为裂缝区域，在雨水等的作用下将造成大面积路面破坏。因此，应该重视预防性养护和纠正性养护工作的重要性，把握养护合适时机和养护最佳方案的选择，有效提高路况指标水平。常用预防性养护措施分类情况见图 6、表 2。

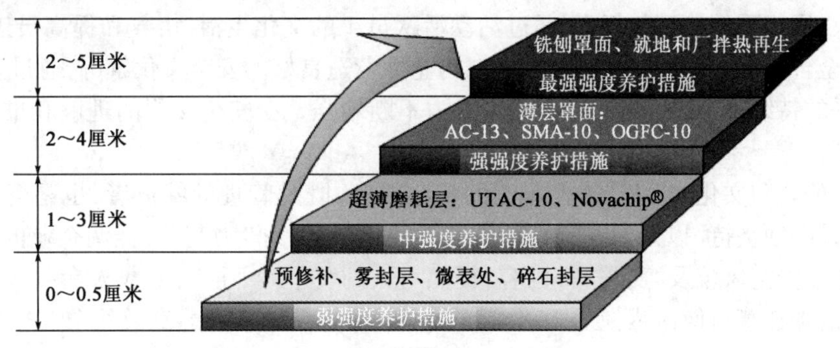

图 6　常用预防性养护措施分类情况

路面典型预防性、大中修养护方案　　表 2

路面类型	养护方案	养护性质
沥青路面	微表处	预防性
	薄层罩面 2.5 厘米	预防性
	铣刨重铺一层 4 厘米	中修
	铣刨重铺三层 15 厘米	大修
水泥路面	水泥板换板（26 厘米）	中修

三是涉路三方集中办公，齐抓共管，联合管控。

山西翼侯自实行养护、路政联合巡查以来，在办公效率、经济效益和社会效益方面，均得到大家认可。推动一路三方（即高速交警、路政、养护）经常性的集中办公，一是从源头上把控重载车辆对山西翼侯路桥的承载控制，从而保障路桥的使用寿命；二是从源头上对货运车辆未进行篷布遮盖造成路面抛洒的现象进行综合整治；三是继续分析事故多发路段及其原因，就如何有效避免交通事故频发的现象，商谈最行之有效的解决办法；四是针对突发事件，齐抓共管，进一步提升应急保畅能力。通过实行一路三方协同办公形式，对山西翼侯高速公路路段齐抓共管，联合进行管控，可进一步保障翼侯高速公路的安全畅通。

四是邀请专业机构进行诊断分析与安全评价。

通过邀请专业机构,逐年有重点地对翼侯高速公路病害进行诊断,并进行需求分析,同时对已经完成的养护项目从项目措施是否合理、治理目标是否达到、效益指标是否实现等方面,通过"回头看"、安全评价找出原因,总结经验教训,拓展思路、开放视野,对未来项目的决策、提高养护项目管理水平提出建议,可更好地实现高速公路的安全畅通。

通过安全大数据分析,从事故的角度看,可以让员工把过去的事故当成今天的事故来看待,做到警钟长鸣;把别人的事故当成自己的事故来看待,做到引以为戒;把小事故当成重大事故来看待,做到谨小慎微;把隐患当成事故来看待,防止侥幸心理酿成大祸。时刻告诫全员安全生产只有结果和后果,没有如果。从隐患的角度看,一是把隐患摸清,根据实际,查找安全管理的薄弱点、风险点、危险源,对安全隐患有哪些方面和在哪里都了然于胸。二是把问题找准,问题无处不在、无时不在,以实事求是的态度,拿出"放大镜"和"显微镜",把安全问题看细看微。三是把措施谋实,摸清隐患、查找问题,根本目的在于解决问题,解决问题的措施要实,深入开展调查研究,对问题"望、闻、问、切",在此基础上建立整改清单,权责明晰、要求明确、激励约束并举,有效助推安全管理大幅提升。

3. 通过"安全电波+安全直播间"等形式,提升安全文化"软"实力

安全文化是一种无形的力量,影响着人的思维方法和行为方式。相对于设施设备安全标准和强制性安全操作规程这些"硬"要求来说,安全文化建设是事故预防的一种"软"力量,是一种人性化管理的手段。安全文化的成果只有通过大的活动或事件才能展示出来。同时,通过展示出来的行为才能不断深化和改进工作,促进安全文化建设的提高与升华。用正确的理论武装人,用先进的思想教育人,用鲜活的案例警示人,用优秀的典型鼓舞人,通过活动活跃员工的文化生活,培养和提高员工的安全文化素养,增强团队安全合作意识,夯实安全文化基础,为企业营造良好的安全文化氛围,通过全员参与实现企业安全生产水平的持续提高,使安全文化"软"实力不断增强。在安全文化的理解和推进过程中,倡导的理念如下:

①以人为本的管理文化。"人"是企业中的核心要素,既是管理的缔造者,也是管理的执行者,因此,安全文化建设必须坚持"以人为本"的原则,以人的"灵性管理"为基础,强调企业的安全奋斗目标、安全价值观和企业安全风貌及"商誉"等内容,提倡对人的"爱"与"护",形成人命关天、尊重生命的价值观,激发员工的责任感与使命感,使员工在心灵深处树立起安全、健康、高效的个人和集体的共同奋斗意识。

②不断进步的科技文化。"管理"和"科技"是推进安全生产工作的两个轮子,也是安全文化建设的重要内容。生产工艺的科技含量、技术装备的先进程度、抢险救援的技术手段等科学技术水平与安全生产有直接的关系,因此,科技进步是安全生产的实力、支撑与根本,依靠安全科技进步和提高人的安全科技文化素质是振兴安全生产和职业安全健康事业的根本途径。

③健全完善的制度文化。制度文化是安全文化的重要组成部分,是安全文化建设的中坚和桥梁。因此,在制度文化建设中,我们突出创新、严于落实,通过质量、环境、职业健康安全三个管理体系的建立,构建精干高效的组织架构,制定安全生产规章制度,使各项工作衔接紧密,保证企业安全生产目标的顺利实现。

④与时俱进的学习文化。随着全球经济环境的不断发展变化,企业面临着越来越多的危机和挑战。提升企业竞争力与抗风险能力就必须建设学习型企业,要充分发挥员工的聪明才智,鼓励集体学习、知识创新和知识共享,使员工在个人事业发展上最大限度实现自我价值,最终实现组织与员工共同发展。

安全警钟需长鸣!无论各行各业,人们不是没有安全意识,而是大多数情况下听到的都是别人的故事,切肤之痛没有那么明显,对于自身而言都存在着侥幸心理。但就在听别人故事的同时,无形中也是安全意识提升的一种途径。如果从自身的故事、案例、岗位安全注意事项等开始讲起,比如"安全电波""安全直播间""安全总监讲安全""人人都是安全员""路姐讲安全""安全三十六忌""安全生产青年说"等,采用"微电波""微视频"等创新载体,以听、说、读、拍的方式,在有初步安全文化的基础上,进一

步提升全员主动作为的安全意识,同时将很好地助推企业安全文化初步积累向深层次沉淀转变。具体做法如下:

(1)以"安全电波"的形式对安全管理标准化和安全法律法规等进行宣读

宣读策划:首先以选取某个收费站为试点先期开展,结合每个岗位合理分配朗读任务,明确到人,在学习的同时以朗读的形式展现。后续以各部门、各单位为单元,每个部门、单位结合每个岗位相关安全管理规定,以朗读形式展现。

宣读重点:公司下发的安全管理标准化相关制度、预案、现场处置方案、安全法律法规等。

推送安排:由安委办统筹安排,前期结合每个部门、单位特点,按月录制,每周至少两次在公司微信公众号推送,并分不同时间段在收费岗亭内播放。后期内容交替穿插展示、播放。

(2)以"安全直播间"的形式,以案例说安全

前期制作:包括收费安全篇、施工安全篇、路产安全篇、机电安全篇、消防安全篇、综治安全篇、财务安全篇、服务区安全篇、食堂安全篇、人员密集场所安全篇等,前期以某个收费站为试点推进"收费安全篇",以案例说安全的重要性,起到安全提示、警示作用。

制作要求:针对相应的每篇安全内容,从细微的点、不同的点展开,比如,收费安全篇中,可以针对岗前安全讲话的点、岗中安全巡检的点、及时反锁岗亭门的点、横穿岗亭车道安全的点等进行录制。将每一篇中可能涉及引发事故的、需要提醒注意的点,均通过实际案例,拍摄展示。后期针对各专项应急演练和现场处置方案的演练,全部录制。

推送宣传:通过公司微信公众号进行展播。前期,针对每篇的每个小点,进行直播;中期,对每篇安排进行整合后每周推送;在每一个版块全部制作完成后,整合公司所有点的安全进行剪辑,修改完善,随后推广至各高速公路运营管理单位。

反复学习:各部门、各单位至少每季度集中学习一次安全视频,让安全管理内化于心。

(3)采用户外拓展等活动形成安全文化大网

在基于"互联网＋"的基础上,将路警民深度融合,形成线下安全文化大网,以联合开展户外拓展活动、应急演练活动、集中宣传活动等,体现路警民协同效应,把服务群众同教育引导群众结合起来,把满足需求同提高素养结合起来,与群众产生良性互动,增强吸引力和感染力,大大提升安全文化"软"实力。

(4)借助载体,提升安全全方位管理

山西翼侯充分依托"互联网＋"的优势,在OA办公协同网拓展功能,确保安全应急资料报送的可追溯性。隧道增设监控摄像头,监控人员随时掌握隧道通行情况和洞口异常情况,及时发现和处置多起特殊事件。同时积极运行安全应急管理平台,融入快速发展的大数据时代,提高安全管理的效能与效率。通过日常的全方位管理与"互联网＋"的有效结合,逐步培育具有山西翼侯特色的安全文化。

三、实施效果

(一)现有应用成果

山西翼侯在基于"互联网＋"思维下,以"安全电波＋安全直播间"为载体,《提高全员主动作为的安全意识》的课题曾在2019年山西省质量管理小组活动成果中获得质量管理小组活动三等成果。

在2020年深度挖掘的"安全直播间"收费员安全培训课件,目前已基本在中交高速公路各运营公司作为收费人员岗前安全培训课件进行推广,效果甚好。

从2018年延续至2020年,"安全电波＋安全直播间"持续开展,全员积极主动参与,安全意识明显提升,对进一步提升安全管理起到很大的推进作用。

(二)"互联网＋"思维下远程安全督查成效

创新安全管理模式,开展安全生产远程视频督查,通过全面、全线、全覆盖自查自纠工作,强化风险分类分级动态管控,及时消除各类问题隐患,切实打通安全生产"最后一公里",管到每个岗位、每台设

备、每个人,管到每间宿舍、每间食堂、每台车辆,且结合督查情况,针对存在问题以远程督查形式展开复查,达到"检查一个点、触动一条线、带动一个面",真正实现了安全检查"PDCA"动态循环管理模式。利用信息化、科技化手段开展远程安全督查,不仅解决了人员流动和聚集的问题,同时满足了安全检查的需要,并节省了一定的人力物力财力。远程督查,是完善和提升公司安全生产治理体系和治理能力的重要举措。在远程安全督查的基础上,可进一步提升安全监督检查力度,以查促改,并持续改进,提高安全生产管理水平,有效防范或减少生产安全事故的发生。

(三)"互联网+"思维下安全大数据分析成效

以安全大数据的融合,重点突出了安全管理的"落实""治本"。"重在落实"就是严格落实要求,避免"两张皮"现象,通过大数据分析,将目标、投入、规章制度、操作规程等的相关法规要求融入并在实际工作中得以有效执行。"重在治本"就是不放过任何小问题,通过现象看本质,真正将预防为主落到实处。通过历年的大数据分析,为运营安全管理出谋划策,为提质增效提供遵循,为科学运用找到支撑,为数字化、智能化、智慧化运营做好铺垫,同时可为杜绝一般及以上生产安全责任事故、杜绝职业病危害责任事故、杜绝道路交通责任事故,实现各类生产安全责任事故为零的总目标进行指导和指引。通过自我检查、自我纠正和自我完善,及时发现和解决安全生产问题,建立安全绩效持续改进的安全生产长效机制,不断提高安全生产水平,推进山西翼侯向本质安全化目标迈进。

(四)"互联网+"思维下"安全电波"成效

①由被动学向主动学转变。每位员工在接到自己任务的同时会认真备课,由被动学习向主动学习转变。

②无形中的带动作用。公司微信公众号上展播,每位员工肯定都想以好的姿态展现自己,首先会认真聆听自己读的内容,并对其他人读的内容进行评价,在聆听的带动中学习,也是一种促进。

③竞争优势体现明显。通过各站区朗读内容的播放,进行评比,形成比学赶超的良好氛围。

(五)"互联网+"思维下"安全直播间"成效

①在拍摄每个版块的风险点的同时,也是提升安全意识的一种手段。

②公司全员通过反复学习,对各岗位存在的安全隐患可牢记于心。

③可作为新员工的三级安全教育培训的课件,所从事工种的安全职责、可能遭受的事故和伤害模式以及预防措施等,视频内容一目了然。

通过开展"安全电波+安全直播间"活动,真正将"安全到人""安全到岗""安全到动作""安全到现场"的理念渗透到日常工作中,让安全生产真正入心入脑,并切实付诸行动,进一步提升了全员主动作为的安全意识,实现安全管理由全员参与向全员负责转变、由被动要求向主动追求转变,助推企业安全文化的深层次沉淀。

四、结束语

抓好安全管理工作,关键还是抓好日常安全事务,抓基础工作,把安全融入各项工作中并切实做到位。只有将安全基础打牢、夯实,各项安全生产才有保障。安全管理的目标是安全无事故,围绕目标,在安全管理方面抓制度、抓学习、抓培训、抓落实,注重事前预防,做到警钟长鸣。同时,将高速公路安全管理落实到每个细微处,让每一位高速公路人将"安全第一"的管理思维真正入心、入脑,且都能清楚地知道自身在安全生产方面的责任、范围、可能遭受的事故、伤害方式以及预防措施等,做真正安全生产工作的"明白人"。

安全是企业发展的前提。安全工作永远是第一位的,没有安全这个"1",所有工作都是"0"。所以说,安全怎么强调都不过分,这就必须在抓安全工作中提高认识,在提高认识中强化安全工作。常打思想"免疫针",筑牢制度"防火墙",念好监督"紧箍咒",用好惩戒"杀手锏",压实企业安全主体责任,不断提升全员安全素质,助力平安交通纵深发展。

港口设备全生命周期管理系统的设计与应用

唐山曹妃甸钢铁物流有限公司

成果主要创造人:王永奎　唐光明

成果参与创造人:孙重安　周广利　王晓波　张岳文　刘晓彬　栾昆玉　张文强　杨树林

唐山曹妃甸钢铁物流有限公司(简称"河钢物流曹妃甸公司")是由河钢集团国际物流公司控股的国有企业,是河钢集团二级子公司。河钢物流曹妃甸公司通用码头项目是河钢集团响应省委、省政府关于加快曹妃甸工业区建设的战略部署,以促进腹地经济和后方工业区发展,同时为优化集团物流结构,降低物流成本,提高企业综合竞争力而采取的重要举措。

河钢物流曹妃甸公司位于曹妃甸港区二港池东岸段北端,建有两个5万吨级和两个2万吨级通用码头,共占用岸线893米,堆场纵深500米,占地782.75亩,投资15.5亿元。码头设计吞吐量为1010万吨/年,其中成品钢材760万吨/年,石灰石100万吨/年,白云石100万吨/年,废钢50万吨/年。主要业务为,大宗原燃料接卸、存储、配送;国内煤炭、焦炭运输中转;辐射河钢集团及周边钢厂铁前配料;钢材仓储、加工、配送;工程机械出口中转;现货贸易、电子交易、自动报关、保税等多项服务功能,并配备完善的物流服务设施。

主要生产设备为:门座式起重机12台,轨道式双梁起重机12台,龙门式起重机4台及部分叉车、牵引车、轮胎吊等流动机具。

在投产之初,设备管理工作面临着检修人员疲于应对各种突发事故,检修维护工作缺乏计划性、条理性,设备存在诸多隐患,各类维修费用居高不下的困难局面。这就对设备管理工作提出了现实的要求,需要尽快建立起一套能够从设备全生命周期管理为出发点,通盘考虑技术与经济因素,最大限度减少故障停机时间的管理体系。

一、实施背景

(一)设备日常维检的需求

河钢物流曹妃甸公司码头投产之后吞吐量很快就超过了设计吞吐能力,各种装卸工作繁忙,设备日常维检管理难度较大,而且设备工作环境恶劣,这也是各码头设备都存在诸多共性问题,而这些问题均难以彻底解决。这些问题已经成为制约提升设备管理水平的瓶颈,同时由于曹妃甸地区码头林立,竞争极为激烈,各码头利润率均处于较低水平。这就要求设备必须能够安全、高效、低成本、低故障率的运行,建立起一套完善可靠的日常维检管理体系势在必行。

(二)设备全生命周期过程管理的需求

自投产之初,设备管理工作就面临着人员缺少,对港口设备管理毫无经验的困难局面。设备管理工作仅限于简单的设备档案记录,及点检维修工作。设备检修工作处于发现故障—维修的简单模式,检修工作缺乏计划性,对于设备全周期运行成本完全没有概念。而稳定、可靠的设备是企业生产经营的基础,科学合理的设备管理是设备稳定运行的保障。企业设备稳定、可靠、经济运行离不开一个好的设备管理模式,简而言之建立起良好的设备管理模式是企业设备管理的首要工作。在市场竞争激烈,利润空间不断被压缩的情况下顺应公司发展战略,遵循规范化、科学化的发展思路,摸索建立起一套适应自己企业发展的管理模式尤为重要。必须建立起一套设备管控体系,让员工遵循科学的工作程序,而不是凭"想当然"或个人经验。在设备管控体系中实现基于全生命周期管理的闭环管理,注重用数据说明事实。通过科学分析的方法来处理设备管理过程中出现的问题,找出原因从而解决问题。设备管理存在问题:

1. 缺乏设备前期管理

设备全生命周期管理应起始于设备采购立项,结束于设备报废。设备前期管理主要包含了设备采购立项、招标评标、采购合同签订、设计及图纸审核、设备制造这一系列过程。通常的设备管理思路中经常忽略这一过程。

2. 设备中期管理混乱

这一阶段是设备管理的核心,只有做好设备中期管理才能使设备始终处于一个良好的工作状态,保证其稳定运行。设备中期管理主要包含了设备调试、安装、试运行、日常点检、维修、大中修等内容。通常意义上的设备中期管理只能被动的针对事故进行处理,对可能发生的情况缺乏预见性。对已经完成的润滑、维修、部件更换等工作缺乏汇总整理,对设备运行情况、部件损坏周期等设备维检关键参数缺乏汇总总结及预知性判断。

3. 后期管理

设备后期管理主要包含设备报废审批,及报废设备管理两项内容,现有设备管理模式对设备立项采购及设备报废后管理不足。档案管理较为混乱,全部以纸质档案形式存放,查询耗时较长。

设备管理工作,不能只局限于设备的日常运行维护,应当具备预判性和成本管理机制,具有完善的基于全生命周期管理思路的设备技术、经济管理,能够对历史数据的分析汇总工作,针对性地提出改进意见。

二、成果内涵

设备全生命周期管理系统是以设备管理实际需求为出发点,整合了设备基础资料管理,点检、润滑任务自动提示,点检、润滑结果记录,设备维修任务自动生成,设备维修部件更换成本分析,固定资产档案管理,日常管理信息存储等功能的设备管理系统。系统涵盖了资产管理和设备管理的双重概念,包含了资产和设备管理的全过程,既包括设备管理,也渗透着全过程的价值变动过程,综合考虑设备的可靠性和经济性。河钢物流曹妃甸公司自主研发的港口设备全生命周期管理系统立足于生产实际,建立起了一套集点检定修、技术改造、经济分析于一体的设备管理体系。随着设备管理系统软件的运行,将检修工作的着力点从简单的点检、维修转变为对设备实施全方位、全周期的管理,降低了运行成本、提高了运行效率。

该系统集设备基础信息管理,点检润滑任务自动提示,点检结果自动存储并将点检指令自动发送给检修人员,周期性定修任务自动生成,设备维修信息存储等功能于一体,极大的便利了设备管理工作。采用 Java 语言面向用户编程,以 Oracle 数据库作为支撑,从实际工作需要出发,将设备管理各项任务及需求整合在一个系统平台内,便于数据的分析整理。主要创新点如下:

(一)通过数据库建立动态 BOM 系统将全部设备信息录入系统

BOM 表是整个设备全生命周期管理系统的核心基础,润滑、点检、维修、固定资产管理等所有管理功能都立足于 BOM 表,都是依据 BOM 表中所蕴含的信息进行运算、判别然后形成润滑、点检任务单,进而根据点检、润滑结果形成维修任务单。可以说 BOM 表是整个管理系统的根本,离开了它整个设备管理就是无源之水、无本之木。设备全生命周期管理系统建立起了动态 BOM 表,即保障了数据结构的稳定,又可以随时根据实际情况对 BOM 表进行维护,实现了动态中的稳定。

(二)自动按照周期生成润滑任务列表

自动进行提示,逐级下发润滑任务工单。润滑是设备管理最基本也是最重要的工序,没有良好的润滑,就没有良好的设备状态,以往的设备管理模式都是根据设备手册上的要求人工做出润滑工单。这样的管理模式即容易形成各种疏漏,又对润滑结果缺乏汇总记录,设备全生命周期管理系统根据 BOM 表中的基础数据,自动进行计算每日自动生成当天润滑工单,完成润滑任务后将润滑结果输入计算机,系统将自动进行存档分析,根据本次润滑结果生成下次润滑工单,并且可以对润滑情况进行汇总分析,分析润滑油脂用量及成本。

(三)自动按照点检任务列表

自动进行提示,逐级下发点检任务工单。设备点检是一种先进的设备维护管理制度,是实现设备管理信息化的基础,它的指导思想是推行全员和全面设备状态管理,以"预防维修"来取代"计划维修"。其作用和意义体现在以下几个方面:

1. 提高设备完好率和利用率

实行设备点检制度能使设备隐患和异常及时得到发现和解决,保证设备经常处于良好的技术状态,提高了完好率和利用率。

2. 降低事故发生率

由于每项检查作业都有明确、量化的检测评定标准,既保证了每次检查和维护的质量,使突发性事故的可能性降到最低限度,又减少了事后抢修工作量,有利下增加生产和降低维修费用。

3. 提高工作效率

设备点检工作目标明确、考核具体、管理规范,有利于推行各种经济责任制,提高工作效率,减少专职检修人员。

4. 便于建立完整的资料档案

有利于建立完整的设备技术资料档案,便于信息反馈和实现计算机辅助管理,提高设备管理现代化的水平。

管理系统依照 BOM 表内的点检周期、点检内容等基础信息,自动进行计算,生成点检任务清单,设备管理人员根据工作情况对点检任务进行划分,分派给相关点检人员,点检员根据点检工单逐条实施点检工作。

(四)系统具备强大的查询管理能力

工作人员对工作结果进行反馈,将情况录入系统,设备检修润滑更换等信息录入数据库,建立点检档案、润滑档案,管理系统具备强大的查询管理能力,可以选择查询任意时间段、任意工作人员、任意设备的点检润滑情况。

(五)完整的设备档案功能

设备全生命周期管理系统具备完善的设备管理能力,点检、润滑、维修、部件更换等数据全部记录在案,并且形成数据的交互对接,自动归纳预测部件寿命接近使用寿命时自动发出报警,并且自动生成维修任务清单。

(六)系统采用 Java 语言编程

以 Oracle 数据库作为支撑,可以与 ERP、SAP 等管理系统良好对接,升级拓展空间较大。数据库具备以下特点:

1. 开放性

Oracle 数据库能在所有主流平台上运行,完全支持所有的工业标准,采用完全开放策略。

2. 可伸缩性

并行性,Oracle 的并行服务器通过使一组节点共享同一簇中的工作来扩展 Windownt 的能力,提供高可用性和高伸缩性的簇的解决方案。

3. 功能强大

Oracle 几乎是性能最强的关系型数据库,保持开放平台下的 TPC-D 和 TPC-C 的世界纪录。

4. 客户端支持及应用模式

Oracle 支持多层次网络计算,支持多种工业标准,可以用 ODBC、JDBC、OCI 等网络客户连接。

5. 使用性能良好

Oracle 具有相当长时间的开发经验,完全向下兼容。得到广泛的认可与应用,完全没有风险。

6. 安全可靠

Oracle 获得了最高认证级别的 ISO 标准认证。它提供多层安全性,包括用于评估风险、防止未授权的数据泄露、检测和报告数据库活动,以及通过数据驱动的安全性在数据库中实施数据访问控制的控制。

前台操作界面采用 Java 语言编写,界面友好操作简便,可移植性好,软件所有源代码均为自行编写,具备更大的升级改进空间。

三、主要做法

根据设备管理实际需求,编写了《设备全生命周期管理系统》软件,该软件能够及时统计各设备维修、部件更换信息,根据历史工作记录自动生成检修、润滑任务单,针对各设备、各部件维护费用建立完整的数据库,为设备管理工作奠定了基础。

传统的设备管理主要是指设备在役期间的运行维修管理,其出发点是设备的可靠性,具有为保障设备稳定可靠运行而且进行的维修管理的相关内涵。包括设备资产的物质运动形态,即设备的安装、使用、维修、报废,体现出的是设备的物质运动状态。

资产管理更侧重于整个设备相关价值运动状态,涵盖采购、折旧、维修支出、报废等一系列资产寿命周期的概念,其出发点是整个企业运营的经济性,具为有降低成本,增加收入而管理的内涵,体现出的是资产的价值运动状态。

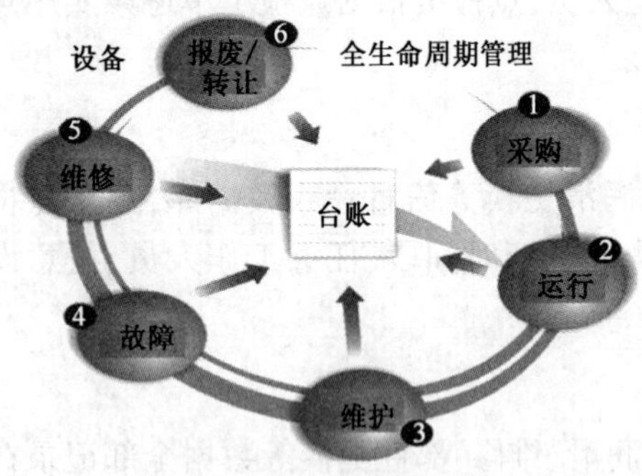

图1 设备全生命周期管理软件运行示意图

现代意义上的设备全生命周期管理,涵盖了资产管理和设备管理的双重概念,包含了资产和设备管理的全过程,既包括设备管理,也渗透着全过程的价值变动过程,必须综合考虑设备的可靠性和经济性。

随着软件的运行将检修工作的着力点从简单的点检、维修转变为全生命周期管理,以技术改造为出发点,以降低运行成本、提高运行效率为核心,对设备实施全方位、全周期的管理。立足于生产实际,建立起一套经济、技术系统管理的设备管理体系。图 1 为设备全生命周期管理软件运行示意图。

整个软件按照其基本使用功能分为以下几个模块:

(一)主 BOM(Bill of Material)表

由于是采用计算机辅助管理进而实现设备全生命周期管理,必须让计算机能够读懂设备所有部件的信息及其从属结构,为了便于计算机识别,必须把产品结构转化成某种数据格式,这种以数据格式来描述产品结构的文件就是物料清单,即是 BOM 表,它是整个设备全生命周期管理系统的核心基础,润滑、点检、维修、固定资产管理等所有管理功能都立足于 BOM 表,都是依据 BOM 表进行运算、判别然后形成润滑、点检任务单,进而根据点检、润滑结果形成维修任务单。可以说 BOM 表是整个管理系统的根本,离开了它整个设备管理系统就无法运行。设备全生命周期管理系统建立起了动态 BOM 表,即保障了数据结构的稳定,又可以随时根据实际情况对 BOM 表进行维护,实现了动态中的稳定。

在设备全生命周期管理系统中以树状图形式显示各设备装配及包含关系,点击图中任一节点即可将其展开显示该节点下属所有设备,整个设备结构一目了然。点击选择任一节点即可选中该节点所表示的设备/部件,点击相应按钮后即可进行相关操作。

(二)"信息录入"模块

设备信息需要录入计算机才能被有效识别,信息录入模块是支撑整个系统运行的基础,没有信息录入模块的稳定运行就无法建立起 BOM 表,其他管理功能更是无从谈起。在图 2 所示的树状关系图中选择需要信息的层级,然后点击新增部件就会弹出如图 3 所示对话框,按照信息层级结构及相关信息填写后点击"添加信息"后完成信息录入工作。考虑到新增设备整体数据量比较大,逐条手工输入较为烦琐,设置了数据导入功能,可以将 Excel 表格中的数据批量导入设备管理系统,数万条数据可以在几分钟内完成导入。数据基本结构见图 4 所示。

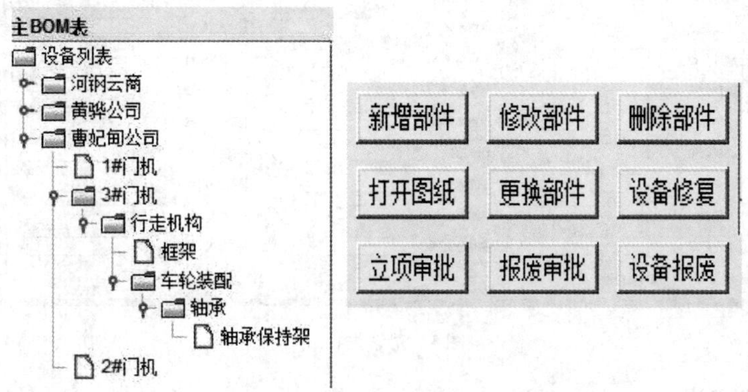

图 2 主 BOM 表

部件更换记录窗口

部件更换信息

序号		是否需点检		是否需润滑	
根目录	曹妃甸公司	点检内容		润滑油脂型号	
二级目录	3#门机	点检日期		上次加注量	
三级目录	行走机构	点检结果		加注单位	
四级目录	车轮装配	点检周期		加注日期	
五级目录	轴承	更换日期		加注周期	
六级目录	轴承保持架	更换数量		油脂单价	
部件名称		更换单价		油脂总价	
部件型号		更换总价		维护说明	
单位		平均更换周期		固定资产编码	
装机数量		维修日期		固定资产原值	
单价		维修数量		固定资增加值	
总价		维修单价		折旧里	
生产厂家		维修总价		固定资产残值	

添加部件更换信息

图 3 对话框(一)

序号	根目录	二级目录	三级目录	四级目录	五级目录	六级目录	部件名称
1	曹妃甸公司	5#通用门式起重机	通用门式起重机总图	小车	主动车轮组 ø600		主动车轮组 ø600
2	曹妃甸公司	5#通用门式起重机	通用门式起重机总图	小车	轴 ø80×1700		轴 ø80×1700
3	曹妃甸公司	5#通用门式起重机	通用门式起重机总图	小车	制动器座子-220		制动器座子-220
4	曹妃甸公司	5#通用门式起重机	通用门式起重机总图	小车	小车栏杆		小车栏杆

图 4 数据基本结构表

(三)"信息修改"模块

在进行技术改造或者零部件迭代升级后,或者发现基础数据录入有错误的情况下,需要及时更新 BOM 中的数据,"信息修改"模块就是对这一情况设置的功能模块,用于对错误或者需要更改的信息进行修改。如图 2 所示,在树状图中选择相应设备后点击“修改部件”按钮后,将弹出如图 5 所示对话框,对话框内包含该部件全部信息,选择需要修改的部件信息栏目后对其进行修改,信息修改完成后点击“添加设备信息”完成信息修改。该步操作涉及对 BOM 表内信息的修改,只有设备管理员才有资格进行该步操作,需要核对用户名和密码。

图 5　对话框(二)

(四)“信息删除”模块

在进行设备技术改造后某些部件或者设备有可能不在使用,也有可能由于操作措施在 BOM 表中添加了错误的信息,此时需要对信息进行删除操作,由在树状图中点击“删除部件”按钮后将弹出该部件全部信息,并且可以通过弹出窗口对其进行删除。如图 2 所示,在树状图中选择相应设备后点击“删除部件”按钮后将弹出如图 6 所示对话框,对话框内包含该部件全部信息,点击“删除设备信息”后删除该部件所有信息,该操作涉及对 BOM 表的删除,只有设备管理员才有资格进行该步操作,需要核对用户名和密码。

图 6　对话框(三)

(五)“润滑任务”模块

润滑是设备管理最基本也是最重要的工序,没有良好的润滑,就没有良好的设备状态,以往的设备管理模式都是根据设备手册上的要求人工作出润滑工单。这样的管理模式即容易形成各种疏漏,又对润滑结果缺乏汇总记录,设备全生命周期管理系统根据 BOM 表中的基础数据,自动进行计算每日自动生成当天润滑工单,每天点击"润滑任务"按钮后自动弹出"润滑任务"对话框,对话框内列出当天润滑任务清单,包含油脂型号、加注数量、加注部位、油脂单价等信息。完成润滑任务后将润滑结果输入计算机,系统将自动进行存档分析,根据本次润滑结果生成下次润滑工单,并且可以对润滑情况进行汇总分析,分析润滑油脂用量及成本。

(六)"点检任务"模块

点检工作是整个设备管理工作的基础,也是设备管理工作最重要的组成部分。实行设备点检制度能使设备隐患和异常及时发现和得到解决,保证设备经常处于良好的技术状态,提高了完好率和利用率。在 BOM 表中针对每项检查作业都有明确、量化的检测评定标准,既保证了每次检查和维护的质量,使突发性事故的可能性降到最低限度,又减少了事后抢修工作量,有利下增加生产和降低维修费用。在设备管理系统中,设备点检工作目标明确、考核具体、管理规范,有利于推行各种经济责任制,提高工作效率,减少专职检修人员。能够支撑建立完整的设备技术资料档案,便于信息反馈和实现计算机辅助管理,提高设备管理现代化的水平。

点击"点检任务"按钮后,系统将自动计算到期点检项目并且在对话框中显示。

点检工作完成后,输入点检情况及结果,点击确认后,所有点检信息录入数据库,作为存档并用于自动计算点检任务。

(七)"维修任务"模块

维修是设备维护和修理的简称。维护是为了保持延长或改善提高销毁设备的机械性能而实施的技术活动;修理则是为了恢复或改善提高销毁设备性能而实施的技术活动。从实际情况理解,设备维修的作用可以概括为"增加利润、节省材料、延长销毁设备的使用寿命、减少维护费用、避免事故"。维修为设备的顺利工作作出了重要的保障,可以说,随着维修技术的提高和进步,可以确保设备无故障运行,保证设备经常处于良好的工作状态。就维修的性质来说,维修也是为了将来的投资。维修不只是排除故障,而是一种长期连续的投资。做好这项工作,对于提高生产稳定性、降低成本都有重要的意义。

设备管理系统中的维修任务单是根据点检、润滑结果自动分析汇总而成,包括维修部位、维修部件型号、维修内容、维修方法、安全注意事项等维修内容。设备管理员将自动生成的维修任务单划分给各班组,维修人员依据工单内容实施维修作业,完成维修作业后将维修结果输入计算机,即完成维修任务。系统将保存维修数据,作为进一步分析汇总的依据。

(八)"更换部件"模块

在设备运行过程中必然会有部分零部件因为摩擦、疲劳断裂、绝缘介质变质等原因引起零部件老化、变形、断裂、甚至彻底损坏,对老化、损坏的零部件进行更换时设备管理的一项重要工作,同时对老化、损坏的原因进行综合分析找出原因提出改进意见也是完善设备管理、降低运行成本的关键性举措。同时跟踪所有备件流向,将成本分析细化到单台设备,进而完成对设备全生命周期内运行成本的分析也是设备全生命周期管理的主要目标之一。

完成部件更换后在树状图中选中所更换部件后,点击"更换部件"按钮后将弹出该部件全部信息,填写相关更换数量、更换单价等信息后点击确认,所有数据输入数据库存档,作为进一步分析汇总的依据。

"部件寿命预测管理"模块:部件寿命预测管理是保证机械装备与零件使用安全及使用寿命的关键因素,同时也是现代机械制造与设计方面重要的研究课题。对于设备使用、管理者而言,能够提前预知零部件寿命,在零部件接近失效的时候进行及时的更换能够大幅度降低故障时间,提高劳动效率,将出现故障—被动维修的设备管理模式,转变为预测部件寿命—主动更换的全新模式,能够大幅度提高设备可靠性。而设备可靠性的提高,就是要通过提升员工的技能水平和实施严密细致的设备管理规范,使设备存在的缺陷能做到及时消除、不能消除的要做到可控在控,并利用调停、机组检修等机会彻底消除,确保设备能够长周期处于健康运行的良好状态。

所以部件寿命预测与及时更换是设备可靠性管理与提高的重要举措,部件寿命预测主要依据以下方法:

1. 工作次数测算

例如继电器,接触器等零部件在出厂时已经对工作次数做出了预测,在设备全生命周期管理系统中,对这样的零部件动作次数做出累积计算,达到预估次数的0.9倍时自动发出报警。部件更换后累积数字清零,开始新的循环。

2. 工作量测算

例如门机主起升钢丝绳,厂家给出的更换周期为总起升量100万吨,系统对总起升量进行累积计算接近100万吨时系统发出报警,提示应及时进行更换,完成更换后累积数字清零,开始新的循环。

3. 工作时间测算

例如门机铰点轴承设计工作时间为5年,接近使用寿命时系统发出警报提示检查更换,完成更换后累积时间清零,开始新的循环。

以上三种寿命预测模式均为零部件厂家提供的基础数据,在实际使用当中由于润滑保养、气候、工况、设备负荷等情况的影响实际寿命有可能较理论寿命有较大的差距,所以根据每个零部件的实际更换时间,又对上述数据做出了回归性分析和矫正,使预期寿命最大程度上切合实际,能够提前做出科学、准确的判断。

(九)"成本分析控制"模块

成本控制就是在企业生产经营全过程中对影响成本的各种因素加以管理。它贯穿于整个经营过程。通过成本控制使生产活动按照人们事先测算确定的成本水平进行,防止与克服生产过程中损失和浪费的发生,从而使企业的人力、物力、财力得到合理利用,达到节约生产耗费、降低成本、提高经济效益的目的。成本分析控制的意义如下:

1. 成本分析与控制是设备管理的重要手段

成本分析与控制包括成本的预测、决策、计划、控制、核算和分析等环节,在这些环节中,成本的预测、决策和计划为成本控制提供了依据。而成本控制既要保证成本目标的实现,同时还要渗透到成本预测、决策和计划之中。现代化成本管理中的成本控制,着眼于成本形成的全过程,在设备整个生命周期内综合考虑判断得出成本控制的最优解。

2. 成本控制是推动改善企业经营管理的动力

企业的生产经营活动和管理水平对产品成本水平有直接影响。实行成本控制,建立成本分析与控制模块的同时,建立起了相应的控制标准和控制制度,如材料消耗定额和领发制度,工时定额、费用定额等。将设备运行成本控制的各个方面通盘考虑做出综合性的分析与判断。

3. 成本控制是建立经济责任制的重要条件

而经济责任制又是实行成本控制的重要保证。实行成本控制,首先需要成本指标层层分解落实到各个部门和各个环节,将成本分析与管理细化到每一个部件。要求各部门、各环节对经济指标承担经济责任,以促使职工主动考虑节约消耗、降低成本、以保证成本指标的完成,使成本控制顺利进行,收到实效。

成本分析控制模块,将成本控制细化到每一个部件,从采购计划申报、备件入库管理、备件领用安装、备件报废整个流程全部做到有迹可循,在全生命周期内记录所有相关数据。在汇总分析过程中可以按照任意设备、任意部件、任意时间段进行综合性的分析汇总,得出设备运行成本,单个部件消耗情况,单个部件工作寿命等关键性数据,并对异常消耗情况做出报警,自动分析设备运行的薄弱点得出技术改造依据。这一模块在整个设备管理当中起着指导性的作用。

(十)"固定资产管理"模块

企业的固定资产管理,对于保证固定资产安全完整,提高企业的生产能力,推动技术进步有着重要意义。只有正确认识固定资产的构成及固定资产管理的重要性,才能帮助我们在实际工作中强化固定资产管理,提升设备管理水平。固定资产管理主要完成了以下工作:

1. 提高认识,转变观念

长期以来,固定资产管理都是企业管理中较为薄弱、容易忽视的地方。管理上往往是重钱轻物,降低了资产的使用效率,造成了资产闲置。充分认识加强固定资产管理的必要性、重要性,对规范管理制度、提高企业管理质量起着积极作用。"固定资产管理"模块的使用就强制性地提升了整个企业对固定资产管理的重视性。将固定资产管理列入日常管理中来,成为日常设备管理的重要组成部分。

2. 建章立制,明确职责

通过程序化的流程来建章立制,以规范固定资产管理工作,明确财务部门、资产管理部门、生产使用部门在固定资产管理过程中各自的职责,规定各部门必须配备专人负责,固定资产管理工作责任落实到个人。

3. 清产核资,摸清家底

由于固定资产包含内容很多,使用部分分散,在不出现任何疏漏和重复的情况下完成固定资产管理是一件十份棘手的工作,在固定资产管理模块运行中做到从签订合同伊始就开启固定资产管理,自动生成唯一的固定资产编号,做到不重复、无疏漏。

4. 固定资产折旧自动进行

根据财务提供的固定资产折旧计算方法,按照年度自动完成固定资产折旧计算,并将结果反馈给财务部门。

(十一)点检明细表等表格

1. 点检明细表

是对全部点检结果的记录,软件每天自动生成点检任务,完成点检后将点检结果输入,所有点检结果记录在点检明细表(图7)中。可以根据任意设备、任意时间段、任意完成人对结果进行查询。

点检明细表

序号	根目录	二级目录	三级目录	四级目录	五级目录	六级目录	部件名称	部件型号	单位	装机数量	点检内容
	曹妃甸公司	1#门机	行走机构	车轮			车轮	车轮			检查螺栓及
	曹妃甸公司	1#门机	行走机构	车轮			车轮	车轮			检查螺栓及
	曹妃甸公司	1#门机	行走机构				行走机构	行走机构			
	曹妃甸公司	1#门机	行走机构	车轮	轴		轴	轴			检查磨损情况
	曹妃甸公司	1#门机	行走机构	车轮	轴		轴	轴			检查磨损情况
	曹妃甸公司	1#门机	行走机构				行走机构	行走机构			

图7 点检明细表

2. 润滑明细表

是对全部润滑结果的记录,软件每天自动生成润滑任务,完成润滑任务后将润滑结果输入,所有润滑结果记录在润滑明细表中。可以根据任意设备、任意时间段、任意完成人对结果进行查询。

3. 部件更换明细表

是对全部部件更换结果的记录,完成部件更换工作后,将部件更换相关数据输入,所有部件更换结果记录在部件更换明细表中。可以根据任意设备、任意时间段、任意完成人对结果进行查询。

4. 设备修复明细表

是对所有设备修复结果的记录,完成部件修复工作后,将相关数据输入,所有设备修复明细记录在设备修复明细表中。可以根据任意设备、任意时间段、任意完成人对结果进行查询。

点击图 8 中按钮可以在上述表格之间切换选择。

点检明细表	润滑表明细	部件更换明细表	设备修复明细表	固定资产明细表	报废设备明细表

图 8 设备修复按钮

（十二）设备前期管理

“设备前期管理”全生命周期管理起始于设备采购立项，结束于设备报废。设备前期管理主要包含了设备采购立项、招标评标、采购合同签订、设计及图纸审核、设备制造这一系列过程。每完成一个步骤均在管理系统做出相应记录，并将相关文档电子版录入系统。完成一个步骤后才可以继续下一个步骤，从程序上规范了整个流程。

（十三）后期管理

设备后期管理主要包含设备报废审批，及报废设备管理两项内容，每完成一个步骤均在管理系统做出相应记录，并将相关文档电子版录入系统。完成一个步骤后才可以继续下一个步骤，从程序上规范了整个流程。并对报废的设备最终流向做出最后记录。完成整个设备全生命周期管理流程。

四、应用情况

港口设备全生命周期管理系统通过以提高设备可靠性为目标，以设备台账管理为基础，以设备定期工作管理、点检管理、技术监督等预防性、预警性管理为核心，以检修管理、技改管理等计划性、项目性管理为依托，以设备缺陷管理、运行值班管理等日常运营性管理为抓手，以设备定值、设备异动、设备评级等管理为补充，建立了一个系统化、立体化、动态化的设备管理体系。将原来静态的、片面的设备台账管理上升到动态的、系统化的设备健康档案管理，将原来事后抢救、疲于奔命式的设备管理转变为事前预防性、预警性的设备管理，并与预算管理、物资管理实现互联，将设备管理统一纳入企业价值链管理之中，最终实现了设备管理水平的全面提升。

港口设备全生命周期管理系统 2018 年在河钢物流曹妃甸公司试运行以来，取得了良好的使用效果。日常图纸资料查询方便快捷，点检润滑及维修任务自动生成，结果记录自动存储，数据汇总分析能力强大，极大地提高了设备管理效率。2019 年在沧州黄骅港钢铁物流有限公司推广并投入应用。

通过设备管理系统的应用，规范了检修内容。电脑自动生产当天检修、润滑计划，检修完毕后输入检修结果。所有检修工作的出发点均结合技术经济分析，实现低成本与高效率的结合。

构建"四色"党建+平安客运工作体系

广安广顺运业有限公司

成果主要创造人:廖长寿

成果参与创造人:杨陆君　胡　林　王海龙　贺　靖

广安广顺运业有限公司(简称"广顺运业")于2000年1月成立,系广安交通投资建设开发集团有限责任公司直属国有企业,是一家专业从事汽车客运站经营和旅游业经营综合服务的企业。广顺运业坚持"安全第一、预防为主、综合治理"的方针和"关口前移、源头管控、强化责任"的原则,以实施系统风险分级管控和隐患排查治理为导向,以"四色"党建+平安客运为目标,以机制创新为动力,以信息化为引领,以基础建设为支撑,逐步建立格局完善、系统完备、运行顺畅、保障高效、手段科学的"四色"党建+平安客运双重预防机制体系,形成全公司安全生产风险自辨自控、隐患自查自改自报,公司领导有力、部门监管有效、基层责任落实、社会广泛参与的工作格局,事故预控能力整体提升,实现重大安全风险管控和重大事故隐患治理清单化、信息化、闭环化,推动全公司安全生产工作向系统化、规范化、精细化转变,将不同程度的风险划为红、黄、橙、绿四个等级,形成"四色"党建+平安客运的精细化管理制度,让规范落地、落实,为广安经济社会和谐稳定发展提供了有力的安全保障。

一、实施背景

"有没有创新能力,能不能创新,是当今世界范围内经济和科技竞争的决定性因素。"广顺运业作为交通运输企业,特别是作为公益性的汽车客运站,其宗旨是为旅客服务、为经营者服务,服务的主要对象是旅客。

作为一个为乘客提供运输服务的产业,道路客运行业有其不同于一般制造业的特殊性,它是一个特殊的生产部门,主要表现在以下几个方面:第一,道路交通客运提供的是服务,而不是实物形态的产品,作为交通运输工具的车辆只是其提供服务的载体,并不是产品:第二,服务产品的提供只有通过位移才能够得以实现,其成本主要是实现位移的过程中消耗的人力、物力等;第三,道路交通客运投资大,建设周期长,并且由于行业同时具有企业和社会公共服务双重性质,对国家的经济和社会发展有着比较重要的影响;第四,道路客运行业具有自身高危、高风险、点多面广战线长的特性,导致企业安全监管工作困难等。

作为服务性企业,进行安全管理与服务创新,提高安全管理水平与服务质量,是其实现可持续发展的首要职责。道路交通客运行业发展缓慢,很大一部分原因是客运班线设置不合理,车辆运营过程不规范现象多,服务质量低,安全问题令人担忧,导致旅客出行更倾向于乘坐火车、飞机、自驾等,使道路客运企业市场占有率低,发展停滞不前。因此,随着经济的发展和社会文明程度的提高,无论是旅客的消费需求,还是企业市场竞争,都要求广顺运业及道路运输企业必须不断创新安全管理与服务措施,提高安全创新管理、服务质量和服务水平,以推动企业持续稳定发展。

二、成果内涵和主要做法

(一)成果内涵

广顺运业自成立以来,始终坚持以"四色"党建+平安客运为引领,坚持"安全第一、预防为主,以人为本、服务至上”的工作方针,以实施系统的风险分级管控和隐患排查治理为导向,以机制创新为动力,以基础建设为支撑,将构筑安全、快捷、优质、文明交通运输网络作为首要工作任务,通过建立一系列长效科学的“四色”党建 + 平安客运安全生产管理制度与机制和“优质文明”服务体系,逐步建立格局完善、系统完备、运行顺畅、保障高效、手段科学的“四色”党建 + 平安客运双重预防机制体系,形成全公司安全生产风险自辨自控、隐患自查自改自报,公司领导有力、部门监管有效、基层责任落实、社会广泛参与的工作格局,事故预控能力整体大提升,实现重大安全风险管控和重大事故隐患治理清单化、信息化、闭环化,推动全公司安全生产工作向系统化、规范化、精细化转变;同时,广顺运业广泛开展“党员示范岗”“党员责任区”“党员奉献日”“党员承诺制”等党性实践活动,并结合党员自身特点、兴趣爱好,积极引导其在安全生产经营活动中学技术、当标兵、比贡献,发挥先锋模范作用。20 余年来,广顺运业无一起安全责任事故发生,赢得了各级领导和社会各界的好评。先后荣获全国“巾帼文明示范岗”单位、四川省“十优客运站”“文明汽车客运站”、省道路运输行业诚信服务站、省安全生产优秀车站等荣誉。2017 年更是被交通运输部、公安部、国家安监总局、中华全国总工会、共青团中央联合表彰为春运“情满旅途”活动先进集体。

(二)主要做法

广顺运业坚持以“四色”党建 + 平安客运为目标,牢固树立“隐患不容忽视,生命高于一切”和“安全来自长期警惕、事故源于瞬间麻痹”安全理念。广顺运业制定《“四色”党建安全管理办法》,将安全工作重心落在基层,夯实安全生产工作基础,公司领导干部带头带领员工学《中华人民共和国安全生产法》《中华人民共和国道路运输条例》《道路旅客运输及客运站管理规定》等一系列法律、法规及行业规范性文件,时常和员工进行一些安全工作的交流探讨,并根据法律、法规、规范性文件要求结合岗位工作特性有效开展工作,将不同程度的风险划为红、黄、橙、绿四个等级,形成“四色”党建 + 平安客运(图 1)双重预防机制建设各项工作,让规范落地、落实。广顺运业先后荣获全国“巾帼文明示范岗”单位、四川省“文明汽车客运站”、省安全生产优秀车站等荣誉。

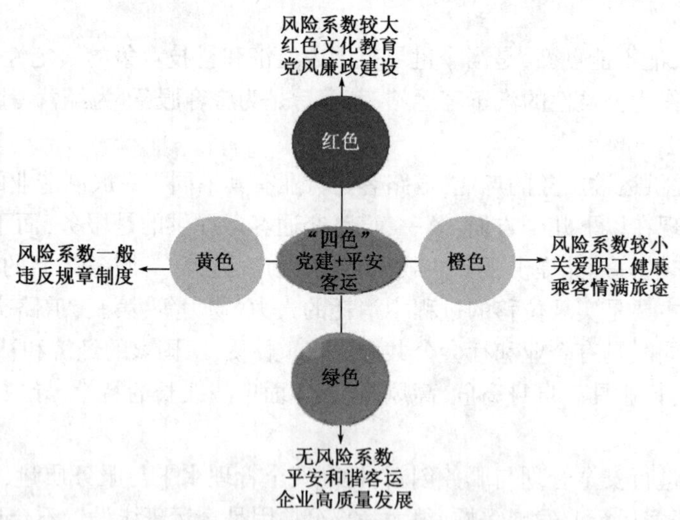

图 1 “四色”党建 + 平安客运示意图

1.“四色”党建 + 平安客运双重预防机制建设

为了切实做好“四色”党建 + 平安客运双重预防机制客运安全生产风险分析管理工作,特成立广顺运业“四色”党建 + 平安客运双重预防机制建设领导小组:

组　长:廖长寿　党支部书记、董事长

副组长:杨陆君　党支部副书记、总经理

　　　　胡　林　支部委员、副总经理

成　员:王海龙　支部委员、站长

贺　靖　支部委员、综合部经理

罗　靖　客运部经理

柏林均　安全保卫部经理

戴　维　注安师、安全保卫部副经理

领导小组的主要职责是：履行双重预防机制建设、安全风险管理决策、组织协调、指挥控制、监督检查和责任追究等职责，研究部署全公司双重预防机制建设与安全风险管理工作。

领导小组办公室设在广顺运业客运枢纽站站长办公室，主任由王海龙担任，具体负责此项工作的汇总与上报工作。

(1)党建引领，创建平安客运

为确保工作有序开展，取得实效，公司党支部成立以党支部书记、董事长为组长，各部门党员领导干部负责人为成员的“四色”党建＋平安客运双重预防机制建设领导小组，制定印发实施方案，确定工作任务，压实工作责任。各部门也结合各自实际，制定了活动方案，有力地保障了“四色”党建＋平安客运双重预防机制建设工作扎实开展。

同时，推出了“党建强、凝企业之魂，发展强、助企业腾飞”主题活动，组织公司党员和入党积极分子开展“三个一”活动，即：寻访一次党的踪迹、重温一次党的誓词、聆听一堂党的讲座，领悟“开天辟地，百折不挠”的革命精神。同时，在企业内部开展“党员示范岗”“党员责任区”“党员奉献日”“党员承诺制”等党性实践活动，用红色行动全面提升员工思想道德，普及法律法规，化解员工、旅客之间的矛盾，让社会主义核心价值观融入企业的生产生活中，让红色文化深入企业每个角落。

(2)党建助推企业构建平安客运

把倡导安全高效生产与“双强”争先活动结合起来，群策群力、齐抓共管做好党建工作。扎实开展“争做平安客运”评选活动，举办“平安客运”先进事迹报告会；在企业内部广泛开展“平安客运——我献一计”活动；收集促进企业安全生产经营的“金点子”，定期开展宣传教育活动，提高员工安全意识与服务意识；建立平安客运细化考核体系，由企业党支部3名委员与风险系数较大的部门结对挂钩，帮助企业构建高效的平安客运。2017年，广顺运业被交通运输部、公安部、国家安监总局、中华全国总工会、共青团中央联合表彰为春运“情满旅途”活动先进集体。

(3)排查风险点

根据实施方案，确定危险源辨识程序、辨识方法、安全风险分级方法、管控层级及控制措施等要求，积极开展作业场所安全风险辨识工作，全方位、全过程排查可能导致事故发生的风险点，包括设施设备、作业过程、作业环境、人员行为和安全管理体系等方面存在的风险，做到系统、全面、无遗漏。

(4)确定风险等级

对辨识出的安全风险进行分类梳理，综合考虑起因物、引起事故的诱导性原因、致害物、伤害方式等，确定安全风险类别，对安全风险登记建档，对不同类别的安全风险，按照危险程度及可能造成后果的严重性，采用相应的风险评估方法确定安全风险等级，建立风险点基础数据库，将安全风险等级从高到低划分为重大风险、较大风险、一般风险和低风险，分别用红、黄、橙、绿四种颜色进行标示。

(5)明确管控措施

依据安全风险类别和等级，绘制红、黄、橙、绿“四色”党建安全风险点分布图，建立风险管控责任清单和风险管控措施清单，将风险点逐一明确到各部门、班组、岗位、人员，落实具体的责任部门、责任人和具体的管控措施(包括制度管理措施、监测监控措施、应急管理措施、教育措施和个体防护措施等)，形成“一企一册”。在日常工作中时刻关注运行状况和危险源变化后的风险状况，动态评估、调整风险等级和管控措施，确保安全风险始终处于受控范围内。

(6)排查消除隐患

建立并落实“一患一策一档”隐患排查治理清单式管理，做到责任、措施、资金、时限和预案“五落实”，建立全员参与、全岗位覆盖、全过程衔接的“四色”党建＋平安客运隐患排查治理闭环管理机制，实现隐患自查自改自报常态化。

2."四色"党建 + 平安客运双重预防控制体系建设

(1)安全会议

利用每月召开的安全例会会议、每个季度召开的安委会会议,反复强调"四色"党建 + 平安客运双重预防机制建设的重要意义,总结、分析机制建设中存在的问题,制定解决方案。

(2)考核机制

将"四色"党建 + 平安客运双重预防机制建设列为年度重点工作任务,建立情况通报、跟踪督办、工作交流、考核奖惩等工作机制,对工作成效显著的予以表彰,对消极应付、工作落后的,予以通报批评、督促整改,对因风险管控不力、隐患排查治理不到位而引发的系统性风险并酿成事故的追究相关责任人责任。

(3)人员培训与物力财力投入

定期组织党员领导干部、安全管理人员及技术骨干参加专项培训,鼓励员工考取注册安全工程师,加大安全管理经费的投入,保障"四色"党建 + 平安客运双重预防机制建设所需人力资源、设施设备和资金投入。

(4)规范风险等级

公布主要风险点、风险类别、风险等级、管控措施和应急措施,并加强风险教育和技能培训,使领导干部和职工都了解风险点的基本情况及防范应急对策。对存在安全风险的岗位设置告知牌,标明本岗位主要危险危害因素与后果、事故预防及应急措施、报告电话等内容。对可能导致事故的工作场所、工作岗位,设置报警装置,配置现场应急设施设备和疏散通道等。将风险点的有关信息及应急处置措施告知相邻企业单位。

(5)安全生产应急预案演练

制定《"党建 + "年度安全生产应急预案演练工作计划》,以党建为引领,完善各类应急预案,规范应急管理和响应程序,积极开展各类应急处置演练活动,不断提高领导干部、职工安全防范意识和应急处置能力,有效预防突发安全事故发生,将突发性事故所带来的危害降到最低点。

(6)强化宣传,保障职工权益

充分利用微信平台、内部报刊、电子屏、板报、标语等形式加大职业病危害、防治宣传。在企业内部重点区域、醒目位置,以"党建 + "的形式设置警示标识,明确可能产生职业病危害的种类、后果、预防措施,以及应急救治措施等内容。依法为从业人员配备符合国家或行业标准的防护用品用具,并监督从业人员正确佩戴和使用。加强作业场所职业危害防治,定期组织职业危害因素检测和现状评价,切实保障职工安全健康权益。

(7)安全风险辨识

面向全公司全面展开"四色"党建 + 平安客运的安全风险辨识活动。充分考虑人的不安全行为、物的不安全状态、作业环境、管理缺陷四种因素,采用企业职工伤亡事故分类、安全检查表法(SCA)等对安全风险进行辨识。

具体做法:一是向各级管理人员和全体员工做好宣传培训工作,使大家明确安全风险辨识的目的、必要性、指导思想、基本原则和具体开展的方法,解决为什么要开展、怎样进行的问题,为企业正确而顺利地开展安全风险辨识创造有利条件。二是各部门、班组将辨识项目层层分解,明确各自应辨识的项目、依据、标准和方法。三是组织各部门、班组进行自查,发现的问题如实登记在《安全检查登记表》和《危险源辨识登记表》等表格上,汇总后上报,领导干部批示后,立即整改到位。四是安全管理部门提前组织对各单位安全风险辨识人员进行培训,编制下发模板,专人负责日常指导,填写《风险管控责任和管控措施清单》,清单包括风险点名称、位置、类别、可能导致的危害、责任部门、责任人、管控措施、处置措施等内容。

广顺运业危险源辨识与风险管控防范清单见表1。

广顺运业危险源辨识与风险管控防范清单 表1

分类名称	具体名称	风险特征简述	风险点管控部门		潜在风险	管控措施及应急处置措施	风险等级
			部门名称	负责人			
安全例检	客车例检	车辆伤害	安全保卫部	柏林均	安检人员未按操作规程和要求检查应班车辆技术状况，把关不严，可能导致车辆带"病"运行，发生安全运输事故	①要求安检人员严格按照交通运输部（交运发〔2012〕762号）"两个规范"的标准，认真检查应班车辆技术状况，对车况不合格的，督促车方整改，合格后放行。 ②在安检岗位配备口罩等劳动防护用品，要求安检人员佩戴口罩作业。 ③在安检场所设置完善警告、禁令标志，并在车检地沟上加装防跌落设施，阻止无关人员进入安检场所。 ④要求证照检查人员认真查验应班车辆和驾驶员证照、证牌等应班手续，对应班手续不符合要求的，取消其应班资格。 ⑤在证照检查岗位配置酒精检测设备，要求证照检查人员认真检测应班驾驶员饮酒情况，对酒精检测未过关的，取消其应班资格。 ⑥要求员工规范用电，禁止私拉乱接电源线或使用与工作无关的电器设备。 ⑦加强培训教育，提高例检人员业务技能和安全意识。 ⑧要求安全例检岗位班组长和所属部门负责人加强日常监督检查，对违章操作、把关不严、未按规定使用劳动防护用品以及用电不规范的员工，及时予以纠正或报请部门处理	黄
	车辆废气、灰尘	中毒或其他伤害	安全保卫部	柏林均	应班客车在安检过程中产生的废气、灰尘，安检人员吸入后，可能影响身体健康		橙
	安检地沟	坠落	安全保卫部	柏林均	安检人员、驾乘人员或其他人员在安检场所活动时，可能不小心掉进地沟摔伤		黄
	证照检查	车辆伤害	安全保卫部	柏林均	证照检查人员未按要求检查应班车辆和驾驶员证照、证牌，把关不严，可能导致不具备发车条件的车辆或驾驶员应班，发生安全事故		绿
	驾驶员酒精检测	车辆伤害	安全保卫部	柏林均	证照检查人员未按要求对应班驾驶员进行酒精检测，可能导致驾驶员酒驾或醉驾，发生安全事故		橙
	用电	触电或火灾	安全保卫部	柏林均	安检人员私拉乱接，用电不规范，可能导致触电事故或火灾事故发生		黄
车辆进站口、场坝	无关人员或车辆进站	车辆伤害或其他伤害	安全保卫部	柏林均	进站口工作人员未按"三不进站"要求履行岗位职责，把关不严，致使无关人员或无关车辆进入车场，可能发生交通事故或其他突发事件	①要求进站口工作人员严格按照"三不进站"规定，阻止无关人员、无关车辆和危险品进入车场，对不听劝阻的，立即通知保卫人员到场处置。同时，改造进站口道闸，采用蓝牙感应自动起落式道闸，一车一杆进站，以加强无关人员和无关车辆的管控。 ②要求场坝工作人员加强巡查，及时劝阻无关人员勿在场坝内逗留、穿行。 ③在站场通道上安装减速带和限速标志，对超速车辆按规定严肃处理；规定随车乘务员必须指挥驾驶员倒车，要求场坝工作人员加强巡查，及时纠正驾驶员倒车无人指挥的行为；在每个发车位前端安装防撞柱。	橙
	危险品进站	其他伤害	安全保卫部	柏林均	进站口工作人员未按"三不进站"要求履行岗位职责，把关不严，致使易燃、易爆、易腐蚀等危险品进入车场，可能发生危险品上车事件或安全生产事故		黄
	人员在场坝（发车区）逗留、穿行	车辆伤害或其他伤害	安全保卫部	柏林均	场坝工作人员不按要求履行岗位职责，未劝阻无关人员勿在场坝内逗留、穿行，可能导致交通事故或其他突发事件发生		黄
	旅客乘车	挤压、踩踏	安全保卫部	柏林均	旅客未依次序排队乘车，可能发生挤压、踩踏事件		绿

续上表

分类名称	具体名称	风险特征简述	风险点管控部门		潜在风险	管控措施及应急处置措施	风险等级
			部门名称	负责人			
车辆进站口、场坝	驾驶员在车场内驾车作业	车辆伤害	安全保卫部	柏林均	车辆在站场内超速行驶,以及应班客车发车时随车乘务员未指挥驾驶员倒车,可能导致交通事故发生;应班客车在驶入发车位时,可能由于突发性机械故障或驾驶员操作不当,导致车辆冲上站台,撞到乘客	④要求场坝工作人员和发车现场的运输企业、运输协会工作人员,在客流高峰期间积极引导旅客依次序排队乘车。 ⑤要求员工规范用电,禁止私拉乱接电源线或使用与工作无关的电器设备。 ⑥要求进站口、场坝岗位班组长和所属部门负责人加强日常监督检查,对违章操作、把关不严、履职不到位以及用电不规范的员工,及时予以纠正或报请部门处理	橙
	用电	触电或火灾	安全保卫部	柏林均	进站口、场坝工作人员私拉乱接,用电不规范,可能导致触电事故或火灾事故发生		黄
"三品"检查	行包检查	其他伤害	客运部	罗靖	"三品"检查人员未按要求履行岗位职责,把关不严,未督促、引导旅客行包过机接受检查或行包检查不认真,可能导致违禁物品进站,发生安全生产事故或其他突发事件	①要求"三品"检查人员积极引导、督促旅客接受行包安检,认真仔细查看过机行包图像,对未接受检查或查出有问题的行包,不准携带进站。 ②在安检机上安装报警器,要求"三品"检查人员在检查行包或收缴违禁品过程中,积极做好宣传解释工作。对不予配合或强行闯关的旅客,立即报警通知内保人员到场处置。 ③要求"三品"检查人员收缴违禁物品后,及时上交到安全科登记,接收人员收货后妥善保管,及时处理。 ④要求员工规范用电,禁止私拉乱接电源线或使用与工作无关的电器设备。 ⑤加强培训教育,提高"三品"检查人员业务技能和安全意识。 ⑥要求"三品"检查岗位班组长和所属部门负责人加强日常监督检查,对违章操作、把关不严、履职不到位以及用电不规范的员工,及时予以纠正或报请部门处理	橙
	"三品"检查服务	其他伤害	客运部	罗靖	在行包检查或危禁品收缴过程中,"三品"检查人员未做好宣传解释或旅客不配合工作,可能导致服务纠纷或治安事件发生		黄
	违禁品处理	其他伤害	客运部	罗靖	"三品"检查人员收缴违禁物品后,未按规定上交,或上交后接收人员未妥善处置物品,可能致安全事故或其他突发事件发生		橙
	用电	触电或火灾	客运部	罗靖	"三品"检查人员私拉乱接,用电不规范,可能导致触电事故或火灾事故发生		黄
出站检查	出站客车装载核查	车辆伤害或其他伤害	安全保卫部	柏林均	出站检查人员未按规程和要求核查出站客车安检和装载情况,把关不严,可能导致装载不符合出站要求,以及未安检或安检不合格的客车载客出站,发生安全生产事故或造成严重后果	①要求出站检查人员严格按照交通运输部(交运发〔2012〕762号)"两个规范"的标准,认真核查发班车辆安检和装载情况,对不符合出站要求的,严禁其载客出站,并督促车方整改,合格后放行。 ②规定应班车辆严禁在站内私自调换驾驶员,要求出站检查人员认真核对发班车辆驾驶员情况,对出站驾驶员与报班驾驶员不一致的,督促车方改正,达到要求后放行。	橙
	出站客车驾驶员核对	车辆伤害或其他伤害	安全保卫部	柏林均	出站检查人员未认真核对发班车辆驾驶员,可能导致出站驾驶员与报班驾驶员不一致,发生安全事故或其他突发事件		黄

续上表

分类名称	具体名称	风险特征简述	风险点管控部门		潜在风险	管控措施及应急处置措施	风险等级
			部门名称	负责人			
出站检查	旅客系扣安全带	车辆伤害	安全保卫部	柏林均	出站检查人员未按要求检查旅客系扣安全带的情况,可能导致旅客出站后发生伤亡事故	③要求出站检查人员上车提醒、督促旅客系扣安全带,对不予配合的责令车方当场整改,达到要求后放行并对车辆按规定进行处理。 ④要求员工规范用电,禁止私拉乱接电源线或使用与工作无关的电器设备。 ⑤要求出站检查岗位班组长和所属部门负责人加强日常监督检查,对违章操作、把关不严、履职不到位以及用电不规范的员工,及时予以纠正或报请部门处理	绿
	用电	触电或火灾	安全保卫部	柏林均	出站检查人员私拉乱接,用电不规范,可能导致触电事故或火灾事故发生		黄
小件快运	行包检查	其他伤害	客运部	罗靖	小件快运工作人员未按三个100%和五个步骤的规定办理托运,可能致使“三品”上车,导致货物运输途中发生安全事故或其他突发事件	①要求小件快运工作人员严格按川交函79号文件规定,认真检查旅客托运物品,对不符合相关托运要求的物品,不予收货。 ②要求小件快运工作人员严格做到营收款日结日清,按财务管理规定正确使用票据,当班周转金和票据须存放在指定地点,禁止随身携带。 ③要求员工规范用电,禁止私拉乱接电源线或使用与工作无关的电器设备。 ④加强培训教育,提高小件快运工作人员业务技能和安全意识。 ⑤要求小件快运岗位班组长和所属部门负责人加强日常监督检查,对违章操作、把关不严、履职不到位以及用电不规范的员工,及时予以纠正或报请科室处理	橙
	现金、票据使用	丢失或挪用	客运部	罗靖	小件快运工作人员未按车站规定做到营收款日结日清,或周转金、票据没有存放在车站指定地点,可能导致资金及票据丢失或被挪用		黄
	用电	触电或火灾	客运部	罗靖	小件快运工作人员私拉乱接,用电不规范,可能导致触电事故或火灾事故发生		黄
检票	用电	触电或火灾	客运部	罗靖	检票人员私拉乱接,用电不规范,可能导致触电事故或火灾事故发生	①要求员工规范用电,禁止私拉乱接电源线或使用与工作无关的电器设备。 ②要求检票岗位班组长和所属部门负责人加强日常监督检查,对用电不规范的员工,及时予以纠正或报请科室处理	黄

续上表

分类名称	具体名称	风险特征简述	风险点管控部门		潜在风险	管控措施及应急处置措施	风险等级
			部门名称	负责人			
调度	资料录入、证牌查验	车辆伤害	客运部	罗靖	调度工作人员未按岗位工作要求履行岗位职责,把关不严,可能导致不具备发车条件的车辆或驾驶员应班,发生安全事故	①在录入车辆资料时,要严格审核其车辆资料,收复印件,凭原件比对录入,凡新增车辆及新增驾驶员的,一律报驻站办同意后,方可录入资料。 ②报班检查人员认真查验应班车辆和驾驶员证照、证牌等应班手续,监督驾驶员运行趟次和运行时间,对应班手续不符合要求和驾驶员超驾驶时间的,取消其应班资格。 ③要求员工规范用电,禁止私拉乱接电源线或使用与工作无关的电器设备。 ④要求调度岗位班组长和所属部门负责人加强日常监督检查,对用电不规范的员工,及时予以纠正或报请科室处理	黄
	用电	触电或火灾	客运部	罗靖	调度人员私拉乱接,用电不规范,可能导致触电事故或火灾事故发生		黄
售票	现金、票据使用	丢失或挪用	客运部	罗靖	售票人员未按车站规定做到营收款日结日清,或周转金、票据没有存放在车站指定地点,可能导致资金及票据丢失或被挪用	①要求售票人员严格做到营收款日结日清,按财务管理规定正确使用票据,当班周转金和票据须存放在指定地点,禁止随身携带。 ②要求员工规范用电,禁止私拉乱接电源线或使用与工作无关的电器设备。 ③要求售票岗位班组长和所属部门负责人加强日常监督检查,对违章操作、履职不到位以及用电不规范的员工,及时予以纠正或报请部门处理	绿
	用电	触电或火灾	客运部	罗靖	售票人员私拉乱接,用电不规范,可能导致触电事故或火灾事故发生		黄
服务总台	用电	触电或火灾	客运部	罗靖	服务总台工作人员私拉乱接,用电不规范,可能导致触电事故或火灾事故发生	①要求员工规范用电,禁止私拉乱接电源线或使用与工作无关的电器设备。 ②要求服务总台岗位班组长和所属部门负责人加强日常监督检查,对用电不规范的员工,及时予以纠正或报请科室处理	黄
消防管理	消防安全管理	火灾	安全保卫部	柏林均	车站消防管理人员未按相关规定对车站及出租门市消防设施设备进行安全检查和维护保养,以及消防管理人员自身违章操作,可能导致火灾事故发生	①要求消防管理人员严格按规定对车站及出租门市消防设施设备进行安全检查和维护保养,发现损坏、挪用或擅自拆除、停用消防设施器材,埋压、圈占、遮挡消火栓,占用、堵塞、封闭消防通道的行为,须及时纠正处理,消除安全隐患。 ②加强消防培训教育和应急演练,提高员工安全意识和应急处置能力。 ③要求消防管理岗位所属部门负责人加强日常监督检查,对违章操作、把关不严、履职不到位的员工,及时予以纠正处理	红

续上表

分类名称	具体名称	风险特征简述	风险点管控部门		潜在风险	管控措施及应急处置措施	风险等级
			部门名称	负责人			
视频监控	视频监控	人员伤亡或财产损失	安全保卫部	柏林均	监控人员未按要求查看车站监控视频，或者发现异常情况隐瞒不报、处置不及时，可能导致安全事故或其他突发事件发生	①要求监控人员认真查看监控视频，发现异常情况，及时报告有关职能部门或领导进行处置，消除不安全因素。 ②要求监控岗位班组长和所属部门负责人加强日常监督检查，对违章操作、履职不到位的员工，及时予以纠正或报请科室处理	橙
内保	防盗、防暴恐	人员伤亡或财产损失	安全保卫部	柏林均	内保人员未按要求对站场进行治安巡逻，不能做到及时发现不法分子，或者发生暴力恐怖袭击时，没有进行处置或处置不当，可能导致人员伤亡或财产损失	②要求内保人员加强站场治安巡逻，发现不法分子，及时予以控制并报警；发生暴恐袭击时，立即利用防暴装备进行处置并报警，同时及时疏散群众。 ②加强防恐培训教育和应急处置演练，提高员工防恐防暴意识和应急处置能力。 ③要求内保岗位班组长和所属部门负责人加强日常监督检查，对违章操作、履职不到位的内保人员，及时予以纠正或报请部门处理	橙
用电管理	用电安全管理	触电或火灾	综合部	贺靖	车站电工未按相关规定对车站及出租门市用电设施设备进行安全检查和维护保养，以及电工自身违规操作、私拉乱接、用电不规范等，可能导致触电事故或火灾事故发生	①要求电工严格按操作规程作业，认真对车站及出租门市用电设施设备进行安全检查和维护保养，及时纠正处理私拉乱接、用电不规范的行为，禁止用电设施设备带病或超负荷运行，消除安全隐患。 ②要求用电管理岗位班组长和所属部门负责人加强日常监督检查，对违章操作、把关不严、履职不到位的电工，及时予以纠正或报请部门处理	红
公务车管理	车辆安全管理	车辆伤害	综合部	贺靖	公务车管理人员未按要求对车站公务车辆进行维护保养、审验和使用管理，可能导致车辆在使用过程中发生安全事故	①要求公务车管理人员严格按车站规定对车辆进行维护保养、审验和使用管理，对存在安全隐患或审验到期的车辆，不予派车。严禁无证人员驾车。 ②要求公务车管理岗位所属部门负责人加强日常监督检查，对把关不严、履职不到位的员工，及时予以纠正处理	橙
财务管理	现金、票据管理	丢失或挪用	财务部	贺靖	财务管理人员不按车站财务管理规定作业，未做到营收款日结日清，或库存金、票据没有存放在指定地点，可能导致资金及票据丢失或被挪用	①要求财务管理人员严格按财务制度管理现金和票据，营收款须日结日清并存入银行，库存金和票据须存放在指定地点，禁止随身携带。 ②要求员工规范用电，禁止私拉乱接电源线或使用与工作无关的电器设备。 ③要求财务管理岗位所属部门负责人加强日常监督检查，对违章操作、履职不到位以及用电不规范的员工，及时予以纠正处理	绿
	用电	触电或火灾	财务部	贺靖	财务管理人员私拉乱接，用电不规范，可能导致触电事故或火灾事故发生		黄

3. 安全风险评估与分级

广顺运业聘请专业人士,抽调党员技术骨干,成立"党建"查评组,采用"危险源辨识、评价半定量分析LECD评价法"对各部门、班组辨识出的结果进行专业评价,将危险源分为Ⅰ级、Ⅱ级、Ⅲ级、Ⅳ级风险,Ⅰ级为重大风险,Ⅳ级为低风险,分别用红、黄、橙、绿四色对应标示,制定场站风险分布图、班线运营线路风险点一览图、各区域安全风险等级四色分布图等。共辨识出Ⅰ级风险、危险源10处,Ⅱ级风险、危险源15处,Ⅲ级风险、危险源30处,Ⅳ级风险、危险源35处,合计90处,全公司无重大危险源。

4. 安全风险管控

广顺运业结合道路旅客运输行业特点与企业实际,狠抓日常"四色"党建+平安客运的安全管理工作,不断突出管控措施对降低安全风险的有效性和可行性,具体措施有以下几个方面。

(1)"四色"党建+平安客运的清单管理制度

依据安全风险类别和等级绘制"一图"("红黄橙绿"四色安全风险点分布图),建立"四色"党建"两清单"(风险管控责任清单和风险管控措施清单)、将风险点逐一明确管控层级,按照"谁主管、谁负责"的原则实行分类管理、分级管控,落实具体的责任单位、责任人和具体的管控措施,编制《"四色"党建安全风险分级管控措施清单及责任清单》《道路旅客运输行车危险源辨识及风险控制》《"四色"党建+安全生产风险管控责任和管控措施清单》等。

(2)成立"四色"党建+平安客运安全风险管控机构

按照"四色"党建+平安客运的双重预防机制建设要求完善基础工作。如:组织专人编制适合企业实际情况的"四色"党建+平安客运双重预防机制执行文件;编制管理工作标准指导安全生产管理工作;编制岗位操作规程指导生产作业活动;指导全公司干部职工将"四色"党建+平安客运双重预防机制建设要求切实地和日常工作联系在一起;及时填写各种安全记录表、检查表等;制定奖罚分明的考核细则,营造全员参与"四色"党建+平安客运双重预防机制建设的热烈氛围。

(3)实行"公司、部门、班组"三级宣传教育模式

定期开展宣传教育活动,不断提高全公司干部职工风险意识和对安全风险分级管控工作的认识,有效掌握识别危险因素及危害分析评价方法和提高控制风险的能力;通过各单位内部显眼处的宣传栏、微信平台等,使全公司干部职工能够方便地获取企业"四色"党建+平安客运双重预防机制建设的最新信息;聘请专家对全公司干部职工进行不同层次的"四色"党建+平安客运双重预防机制教育培训,并对培训效果进行考核,使全公司干部职工从思想上认识到"四色"党建+平安客运双重预防机制的重要性,把"四色"党建+平安客运双重预防机制建设融入自己的日常工作中。

(4)加强车辆管理,确保技术状况良好

按时督促参营车辆参加车辆综合性能检测和年度审验、技术等级评定工作,确保无逾期检测、审验或脱检、脱审事件发生。

(5)设置风险等级

公布主要风险点、风险类别、风险等级、管控措施和应急措施,对存在安全生产风险的岗位设置告知卡,标明本岗位主要危险危害因素、后果、事故预防及应急措施、报告电话等内容。在可能导致事故的场所、岗位,设置报警装置,配置现场应急设施设备和疏散通道等。如:向乘客播放安全告知视频;乘务员向乘客口头告知行车途中可能出现的风险及预防措施;驾驶员向乘客做出"九不一确保"安全承诺;出车前安全管理人员向驾乘人员进行安全告诫;设置安全风险公告栏,制作发放岗位风险告知卡,告知车辆应急设施设备分布图暨应急疏散线路图等。

(6)成立"四色"党建+平安客运应急管理组织机构

明确职责,全公司加强应急管理各项工作;完善相关管理制度,落实责任,制定《专职应急管理人员岗位责任制》《安全生产事故应急事件处置制度》等,对人员责任、应急值守、应急响应、工作程序提出具体要求;制订计划,落实经费,将应急演练列入年度工作计划,落实专项经费,购置应急救援装备,明确应

急避难场所,完善应急疏散标识,为有效应对突发事件提供物资保障;修订预案,完善应急预防机制,先后制订突发安全事件、道路交通事故、旅客运输高峰期、消防安全、重特大自然灾害、突发公共卫生事件、反恐防暴应急处置预案等;积极开展预案演练活动,每年定期组织各类专项应急演练10余场。通过应急演练,及时发现预案中存在的问题和缺陷,适时进行预案的修订和完善,保证预案的实用性、可操作性。

5.健全“四色”党建+平安客运隐患排查治理体系

在“四色”党建+平安客运安全生产风险分级管控体系、安全生产标准化等安全管理体系基础上,进一步建立完善“四色”党建+平安客运隐患排查治理制度,明确内部各部门、各岗位、各设施设备排查范围、内容和要求,建立并落实“一患一策一档”隐患排查治理清单式管理,做到责任、措施、资金、时限和预案“五落实”,建立全员参与、全岗位覆盖、全过程衔接的“四色”党建+平安客运隐患排查治理闭环管理机制,确保隐患有人查,现场有人改,整改完有人复查,安全隐患得以及时消除,整改措施能真正落到实处,实现隐患自查自改自报常态化,隐患排查治理氛围良好。

6.“四色”党建+平安客运安全预防控制体系建设持续改进

通过“四色”党建+平安客运安全预防控制体系建设,广顺运业不断推进安全生产关口前移,持续改进,实现安全形势的良好局面。一是每一轮风险辨识和评价后,使原有管控措施得到改进,或者通过增加新的管控措施,以提高安全可靠性;二是员工对所从事岗位的风险有更充分的认识,安全技能和应急处置能力进一步提高;三是保证风险控制措施持续有效的制度得到改进和完善,风险管控能力得到加强;四是根据改进的风险控制措施,完善隐患排查项目清单,使隐患排查工作更有针对性;五是员工安全意识进一步得到提升,应急能力得到进一步提高,现场隐患处置能力得到进一步加强。

三、实施效果

广顺运业始终坚持“安全第一、预防为主,以人为本、服务至上”的工作方针,以“四色”党建+平安客运为目标,坚持把构筑安全、快捷、优质、文明交通运输网络作为首要工作任务来抓,通过建立一系列长效科学的安全生产管理制度与机制和“优质文明”服务体系,力促三大转变,树立小平故里交通客运服务窗口的新形象。

1.观念的转变

广顺运业深知运输市场已由卖方市场向买方市场转变,不断提高道路运输安全管理与客运服务水平,树立安全管理和服务质量就是效益的观念,加强安全管理与服务管理创新,提高安全管理水平与服务质量。第一,坚持从“旅客要我服务”向“我要为旅客服务”的观念转变。把车票当请柬,旅客当亲人,以服务第一、旅客至上为公司的服务宗旨。第二,服务监督由上级监督变为由旅客监督的观念转变。优质服务的落脚点要落在广顺运业的服务对象——广大旅客上,由旅客来评价。第三,由“害怕旅客提意见”变为“主动向旅客收集意见”的观念转变。高度重视旅客的意见,把旅客的意见当作改进广顺运业服务工作的依据。第四,由以罚为主向以奖为主的观念转变。在服务创新过程中,广顺运业积极鼓励,加强引导,对有利的创新要鼓励,对消极的要及时纠正。

2.内容的转变

广顺运业作为公益性服务企业,其服务内容存在特殊性,接其服务对象区分包括三个方面的内容:一是对旅客的服务工作;二是对车属驾乘人员的服务工作;三是对站务服务人员的服务工作。其中对旅客的服务工作是广顺运业的中心任务,也是广顺运业主要的服务工作内容。做好对车属驾乘人员和站务服务人员的服务工作,是为了更好地服务旅客。以往,广顺运业服务工作仅限于售票、验票、签发路单发车等内容,现在的旅客已不满足于能买到车票、坐上车,而是要求方便、舒适、安全等,公司通过增加服务项目,提供更舒适的服务内容,实现服务内容的突破。如增加咨询、导乘、一分钟宣传、小件寄存、茶水供应和提供晕车药品等服务项目,以及增加送票服务 、接送服务(旅客的接进等)。此外,还把为旅客提供温馨的候车环境、保障旅客的生命和财产安全作为公司的服务内容进行细化,在增加服务项目时,更加注意服务内容的定位,避免服务内容庸俗化。

3. 形式的转变

广顺运业全体员工的思路与服务内容的改变,通过具体形式体现出来。第一,在公司客运服务过程中,由于服务观念和服务内容的变化,旅客的服务满足程度不断提高,服务形式和服务手段也必须随之变化。首先,服务手段由低级手工操作向高智能的电脑化操作转变,要加快科技技改进度,逐步实现售票、检票、车辆报班、出站、结算等电脑化操作,提高工作效率,从而达到提高服务水平的目的。第二,服务由单一形式向多种形式相结合的复合服务转变,如售票服务,已经由单纯的窗口售票向预定、送票、窗口售票相结合的服务转变;在旅客候车服务方面,采取重点茶座式候车与普通候车相结合的服务形式,满足不同的旅客需求。第三,实行派生服务形式,如在候车中为旅客提供茶水、药品,设置阅报栏、城市浏览图、公交线路图以及其他时刻表等无偿服务。

20 余年来,广顺运业通过一系列构建"四色"党建 + 平安客运的精细化管理制度,无一起安全责任事故发生,赢得了各级领导和社会各界的好评。先后荣获全国"巾帼文明示范岗"单位、四川省"十优客运站""文明汽车客运站"、省道路运输行业诚信服务站、省安全生产优秀车站等荣誉。2017 年更是被国家交通运输部、公安部、国家安监总局、中华全国总工会、共青团中央联合表彰为春运"情满旅途"活动先进集体。

基于"科技打逃"的高速公路企业智能收费稽查管理系统建设与应用

广西计算中心有限责任公司
广西交通投资集团钦州高速公路运营有限公司

成果主要创造人:罗志伟　陈凌霄
成果参与创造人:谢国鹏　卢颖莉　杨　程　梁　晖　冯　硕　覃　琳
肖　杨　林　河　陆波亮　刘钱丰

项目成果由广西计算中心有限责任公司与广西交通投资集团钦州高速公路运营有限公司联合实施开展,两家单位是广西交通投资集团有限公司下属的全资子公司。广西交通投资集团是广西高速公路、铁路建设的主力军,截至2019年12月底,高速公路管养里程4087公里,占全区的66.13%;铁路建设里程5141公里,其中高铁运营里程达到1771公里,位居全国各省(区、市)第一。

广西计算中心有限责任公司成立于1978年,是广西最早从事计算机研究和应用的专业机构之一,2000年被列为自治区首批改革转制的27个技术开发类科研院所之一,2004年转制注册登记为科技型国有企业,2017年12月由广西科学院成建制划转并入广西交通投资集团,2018年12月完成公司制改革,注册资本2亿元。

广西计算中心有限公司是从科研机构转制而来的IT国有企业、高新技术企业、广西瞪羚企业,始终保持对科技创新、科研开发的重视。40多年来,通过自建和共建的方式,打造了广西软件新技术实验室、广西数字化工程技术研究中心、广西大数据协同创新中心、广西计算中心企业技术中心、智慧高速大数据工程技术研究中心等省部级和市级科研创新平台。承担完成科研项目超过230项,包括"863"计划、国家自然科学基金、电子信息产业发展基金、科技型中小企业创新基金、火炬计划、广西创新驱动发展资金专项等。通过项目研究,取得专利等各类科技成果超过150个,获得广西科技进步奖49项。

随着并入广西交通投资集团,广西计算中心有限责任公司确立了"成为全国一流的交通信息技术企业"的发展目标,开展大数据、人工智能、物联网、区块链等新兴技术研究,开展智慧交通行业高端软件、交通大数据、交通智能硬件研发与服务。并入两年多来,计算中心研发了交通数据资产管理系统、视频联网监测系统、视频云网关等一批交通软硬件成果,承担实施完成了广西公路水路安全畅通与应急处置系统工程(二期)项目、取消省界高速公路收费站安全等保项目、广西取消高速公路省界收费站车道系统及国产密码算法迁移改造项目、广西交通投资集团一体化服务区智慧化硬件配套及网络升级改造工程项目、高速公路收费稽查系统建设项目、高速公路应急管理系统建设项目等一批重大智慧交通项目。

广西交通投资集团钦州高速公路运营有限公司成立于2010年6月,是广西交通投资集团有限公司下属全资子公司,注册资本为3000万元。公司现有员工573人,建立了董事会、监事会、经理层等完善的法人治理结构,是北部湾地区快速成长、蓬勃发展的高速公路专业运营管理企业。公司主要从事钦州至崇左、六景至钦州港2条高速公路的收费管理、服务区管理、公路养护、出行信息管理、应急保畅管理等运营管理工作。

钦州至崇左高速公路于2012年12月31日通车运营,是国内首条引入东盟文化元素的风情路,主线全长129.56公里。连通了广西出边大通道与出海大通道,对于改善区域交通运输条件、促进沿线经济社会发展、完善广西高速公路网络布局、构筑中国-东盟国际大通道具有重要意义。

六景至钦州港高速公路于2013年4月9日通车运营,是广西区内第一条引入海洋文化主题的高速公路,主线全长139.134公里,是全州(黄沙河)至友谊关高速公路的重要支线。对完善西南地区出海通道网络,提升广西出海出边国际大通道地位,发挥北部湾经济区连接多区域重要通道、交流桥梁和合作平台作用,促进北部湾经济区开放开发具有重要而深远的意义。

一、建设背景

(一)保障高速公路企业收费管理健康有序的需要

高速公路是一项投资巨大的基础性工程,对使用高速公路的车辆进行适当的收费是国内外都采取的一项收回投资、创造效益的措施。但是,随着高速公路路网的不断扩大、全国联网收费的推进以及货车按车型收费和绿色通道免费等政策推行,一些不法车主在巨大的经济利益驱使下,不断采取各式各样的逃费方式来少交或者逃交车辆通行费,偷逃车辆通行费的行为屡禁不止。尤其是随着互联网技术的发展,各类信息技术手段被不法分子用于高速公路偷逃费,如通过运用篡改IC卡信息的非法软件修改高速公路通行卡信息等,高速公路偷逃费行为愈演愈烈,逐渐呈现出集团化、专业化、隐蔽化的特点,并形成了黑色产业链,每年数以亿计的通行费损失给高速公路运营企业和国家带来巨额的经济损失,更严重破坏了高速公路运营管理秩序。打击高速公路偷逃通行费、保障收费管理健康有序成为高速公路企业一项重要工作。

广西交通投资集团把打逃作为一项长期工作来抓,要求各个高速公路运营公司严厉打击偷逃通行费行为,确保高速公路通行费不出现损失,保障通行费收费管理健康有序。

(二)提升公司“科技打逃”管理能力的需要

在集团公司的要求下,钦州高速公路运营有限公司所运营的高速公路长期以来面临打击偷逃通行费违法行为的巨大压力,其中主要原因是采取人工为主的传统打逃模式,导致现场查处逃费车辆时取证困难。传统的查处逃费车主要有两种方式:人工进行数据筛查和现场收费人员的检查拍照取证,没有一个统一的软件针对后台数据进行有效的筛选和预警,单纯依靠人工稽查、运用单一的科技手段开展收费稽查,不仅科技水平低且没有有效的取证手段,导致打逃工作效率低,成效有限。

广西交通投资集团在2018年高速公路运营管理工作报告中提出要加强信息科技技术应用,让运营管理工作插上“科技的翅膀”,“科技打逃”成为其中一项重要工作提出。在集团公司“科技打逃”的指引下,钦州高速公路运营有限公司与广西计算中心有限责任公司开始一起探索通过大数据、人工智能等新一代信息技术手段,建设一个智能的高速公路收费稽查系统平台,提供异常车辆识别、特征比对、偷逃费行为研判、逃费告警、查询车辆轨迹、数据分析等智能化应用,提供有效的电子打逃证据,降低传统收费稽查耗费的时间、人力、财力成本,提高科技打逃管理能力和水平。

二、成果内涵

围绕高速公路企业“科技打逃、增收堵漏”的应用需求,通过攻克所需的大数据、人工智能关键技术及关键收费稽查算法模型,建设高速公路智能收费稽查系统。系统通过对高速公路收费、卡口、应用系统、道路监控、车辆特征等多源数据的融合处理,搭建高清车辆信息数据库,提取异常数据特征信息,建立各类偷逃数据模型,进行历史规律、行为轨迹、行为逻辑分析,并形成相应的策略,快速锁定嫌疑车辆和分析依据,全面收集逃费车辆进入高速公路后整个通行数据、图片、录像等,形成逃费的证据链条,更直观地体现整个逃费过程。成果实现了新的打逃业务管理现代化模式建立,智能、高效、精准锁定逃费车辆,极大降低传统收费稽查耗费的时间、人力、财力成本,全面堵塞收费“漏洞”,实现科技打逃、增收堵漏、降本增效的运营管理现代化目标。

三、主要做法

(一)破解现有难题,提出系统建设总体思路

项目按照“现状和需求调研→确定技术路线和系统方案→开发系统→示范验证→全面推广应用”的思路开展。首先在前期开展一系列调研工作,包括对项目技术开展文献调研、组织现场勘察、多方需求分析、打逃经验交流等,在总结分析现行偷逃通行费行为基础上,整体规划项目的总体目标。其次,根据项目总体目标,考虑到未来收费稽查发展趋势和国内优秀管理经验,同时对项目平台总体架构、功能框架、软件系统架构等进行前瞻性方案设计,确定系统的技术路线、技术构架、网络架构、系统安全措施等。最后,充分发挥广西计算中心有限责任公司在信息化项目方面积累的实力和经验,规范性完成项目架构搭建和研发测试,达到上线条件后迅速在钦州高速公路运营有限公司开展试点应用,调试完善平台各项功能,应用成熟后在广西交通投资集团高速运营公司全面推广应用,实现高速公路科技打逃、增收堵漏、降本增效的营运管理目标。未来会逐步实现智能收费稽查系统与公安机关、交警、路政、港口等部门的数据交互,推进司法打逃合作体系和社会诚信体系建设,使收费稽查和辅助智能分析的功能更加齐全。

(二)创新研发管理模式,建立业务与技术融合协同机制

针对以往技术与业务融合不够,研发出来的技术成果不能满足实际应用场景需求的问题,采取业务牵头、技术协同的模式实施研发,即钦州高速公路运营有限公司着眼于“用”,大胆推进业务模式创新,组织业务骨干研究并提出适合新形势新变化的打逃管理新需求,在系统开发过程中全过程参与,随时检视收费稽查系统实现与业务需求上的偏差并即时纠正,在系统开发完成后强力排除新旧模式过渡期可能遇到的巨大阻力,以政令与绩效手段强制推广应用,在应用过程中及时组织收集系统完善建议与意见,分派技术单位限期修改升级等;广西计算中心有限责任公司依托优势予以积极技术支持,1 个月内就完成了逃费行为分析、模型建立、系统功能完善、新打逃模式施行、系统推广应用等一系列任务,并且研发的系统能够满足打逃工作需求,建立新打逃业务管理现代化模式。

(三)聚焦核心关键技术攻关,确保管理系统行业领先

为了使系统能够达到更好的效果和行业水平,对目前行业的已有技术与系统进行查新、调研分析,提出了系统研发过程的核心关键技术,包括高速公路多源异构数据融合、存储和管理技术、基于计算机视觉的车辆行为轨迹分析、基于深度学习的高速公路智能收费稽查引擎库集中力量攻关,并取得了突破。尤其是在国家取消高速公路省界收费站后,积极主动研究新的收费管理模式,分析打逃新形势,集中开展了对基于 ETC 车道的收费全证据链采集、收费稽查技术及新的逃费类型收费稽查算法模型研究,确保了系统能够满足取消省界收费站后的应用需求。

(四)深度调研分析,开展前瞻性功能设计

根据高速公路智能收费稽查系统的总体目标,项目实施人员对国内的收费稽查现状进行了调研,并深入调研了广西交通投资集团在通行费稽查上的现状和需求,结合取消省界收费站的发展趋势,对平台各项功能需求进行了前瞻性分析,主要设计以下功能。

1. 异常车辆分析功能

偷逃费车辆在收费系统中一般会产生数据异常情况,存在数据异常的车辆暂定为偷逃费嫌疑车辆,用以支持下一步稽查判定其数据异常情况主要有:伪报车型、假冒鲜活、一车多卡、UJ 逃费、假冒轴数、只入不出、不入不出等。稽查员通过系统能够筛选分析出数据异常的对象,可设定时间区间、出口收费站范围,系统平台按照此异常情况分类从收费系统数据库中将数据异常车辆筛选出来并显示车辆信息。此功能是系统实现偷逃费稽查的关键,异常车辆分析是支持偷逃费嫌疑车辆确认的基础数据指标。

2. 车辆轨迹分析和路径查询功能

在车辆智能识别和特征比对的基础上,通过车牌信息和通行卡卡号能够查询检索统计全路网车辆行驶轨迹及抓拍图片等信息,基于计算机视觉、特征识别等技术,提供高精准的车辆身份识别、行为轨迹推演等,对车辆行为轨迹分析并建立车辆收费预判模型,可实现在出口收费站车道坏卡、无卡等无法判定入口的情况下精确识别入口,在部分系统未能自动判定的偷逃费车辆的确认工作中可通过路径查询功能调取查看车辆出入口信息及偷逃通行费金额等。

3. 偷逃费车辆确认功能

根据车辆所产生的异常特征,通过研究分析异常特征和偷逃费行为之间存在的一定关系,从海量高速公路数据中抽象提取现实世界中的实体关系,应用大数据深度学习探索收费稽查业务科学决策的人工智能引擎库,辅助高速公路收费稽查决策系统实现自动分析,此功能通常与异常数据分析功能组合使用,是系统对偷逃费嫌疑车辆进行稽查判定的算法和逻辑核心。收费站将已确认偷逃费车辆上报并将其导入黑名单。

4. 灰黑名单管理功能

稽查工作主要为事后分析,多数已确认的偷逃费车辆无法第一时间发现和处理,系统针对已确认但未处理的偷逃费车辆实现名单管理,即灰黑名单管理,集成灰名单列表显示功能,业务人员可在该模块进行稽查业务,完成灰黑名单的稽核及确认追缴处理;嫌疑逃费记录名单的维护管理,包括名单的批量稽核、作废、撤回处理;对已复核的名单进行维护管理,包括批量处理追缴、撤回操作处理。

5. 逃费案综证据管理

打逃证据链是实施追缴的关键,因此需要有一个针对证据链的系统管理功能,实现对处理追缴的稽核名单进行证据收集、确认及归档的处理,包括证据收集、确认归档、生成证据链、撤回处理,还可以对案综档案进行维护管理,包括证据修改及证据链下载等。

6. 报表统计和榜单功能

该功能是为方便高速公路运营公司进行逃费统计、业绩排行等设置,如逃费车型、逃费类型等均可根据公司、逃费地点、客货、类型、入口时间、出口时间、报告时间进行筛选和统计;榜单可显示各运营公司打逃业绩分布图、逃费数据统计、每月打逃金额统计等。

7. 系统管理功能

对于稽查管理系统而言,在业务功能需求之外,用户分为三类:省中心稽查员、收费站稽查员及系统管理员,稽查员可依据所在层级及权限进行功能操作,系统管理员是对系统非业务性功能进行管理,包括用户管理、角色管理、权限设置、日志管理、站点管理等管理操作。

(五)坚持标准化实施,进行规范性系统平台研发

平台各项功能明确后,按照标准的软件开发流程,设计平台总体架构、技术架构及数据架构,完成各项开发和测试工作,实现高速公路智能收费稽查系统的成功研发。

1. 总体架构

项目平台的建设基于大数据架构,按照数据层、技术层、应用层三个核心层进行架构设计,建成一个开放的、构件化、面向对象、可灵活扩展的多层架构体系的系统。整个架构体系中的基础设施层是整个系统运行的基础环境层,实战应用层为系统的操作和访问层。

平台软件主要由基础设施层、数据资源层、技术支撑层、实战应用层四部分组成,总体架构如图1所示。

平台技术支撑主要利用车辆图像的层次化结构分析、多区域块的联合图像匹配、稀疏特征点的图像匹配等技术来实现对车辆图像特征点的智能化比对分析。

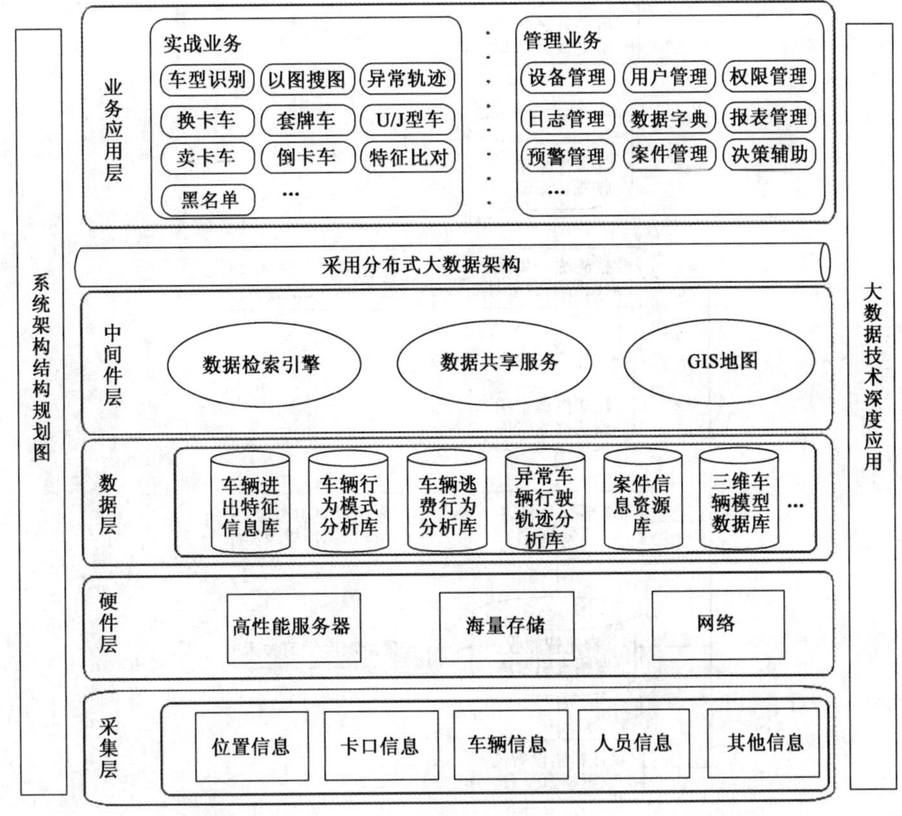

图1　平台总体架构

数据资源层采用大数据架构来保存和处理车辆图片信息,利用大数据架构可扩展性的优势去实现PB级的存储,每秒可以处理上亿条数据记录。

实战应用层可以实现对车辆信息进行智能识别、智能检索,最终形成汇总化的统计报表,实现对数据的深度挖掘。

2. 技术路线

成果主要技术流程设计为数据采集→数据预处理→数据建模分析→数据挖掘应用。在海量数据支撑基础上,将来自不同智能感知设备和业务系统的多源、多维、异构的数据进行数据采集、清洗、集成、变换、归约等数据融合预处理操作,实现数据从非结构化到结构化的转换,采用HBase、Hive、Storm、Spark、MPP等基于Hadoop生态的大数据分布式存储及计算框架,实现海量数据的管理,结合采集融合处理的基础数据,通过以图搜图、特征识别等技术,开展异常车辆行为轨迹分析、智能收费稽查引擎库等技术攻关,最终构建高速公路智能收费稽查系统,并应用示范检验平台功能和技术,反馈改进技术。采取的技术路线如图2所示。

(1)确定所需的数据来源及进行采集入库

在调研分析的基础上,确定智能收费稽查的数据来源,具体包括:

收费数据:高速公路基础信息数据、二义性点位、出入口流水数据及图片、轴重数据、异常事件数据、完整路径数据等,撤销省界收费站后,收费数据将来自改造后的沿途ETC门架系统数据。

主线、服务区数据及图片数据:主线、服务区智能卡口数据。

应用系统数据:稽查软件、收费管理系统,也包括结算中心反馈的拆分数据等。

道路监控数据:道路监控产生的视频图像、封道分流事件数据、事故处置相关数据等。

车辆特征数据:车辆的类型(包括大货车、大客车)、品牌、颜色、过车时间、车辆号牌等车辆要素,以及车辆的年检标签、摆饰、遮阳板、开车打电话、未系安全带等标志物,具体如图3所示。

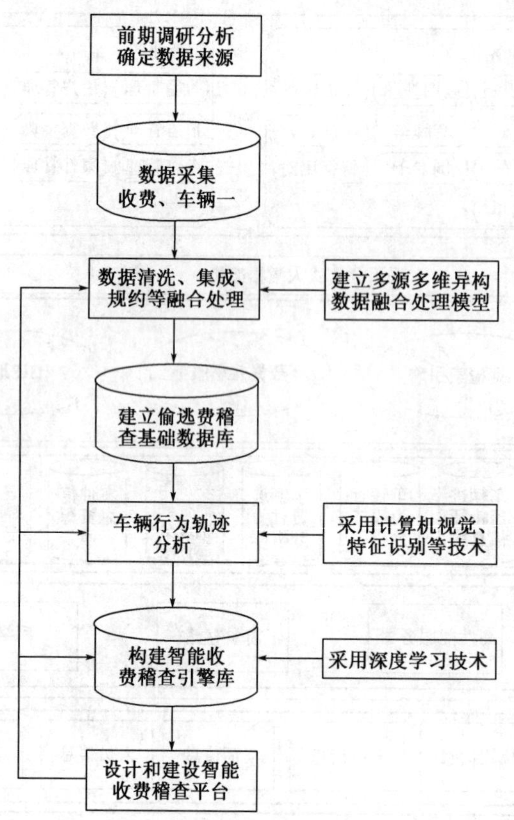

图2　平台技术路线图

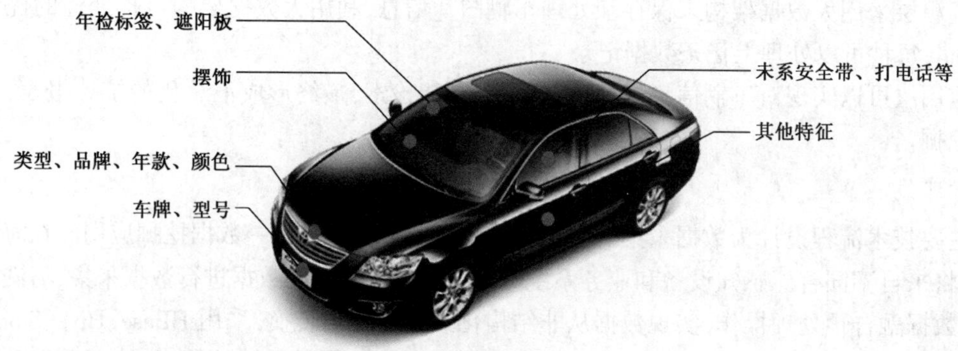

图3　车辆特征数据示意图

(2)对采集的数据进行融合处理及存储

将高速公路不同智能感知设备和业务系统的多源、多维、异构的海量数据进行数据采集、清洗、集成、变换、归约等数据融合预处理操作,实现数据从非结构化到结构化的转换,构建高速公路基础信息、车辆信息、业务收费数据、主线/服务区数据、应用系统数据、道路监控数据等智能收费稽查的基础和分析数据库。

(3)基于融合处理后的基础数据库进行车辆行为轨迹分析

一是车辆行驶轨迹分析。对时间段内出口流水路径标识信息进行分析,对路径全部缺失、频繁缺失、不合理路标等异常车辆结合车辆行为信息库进行车辆行为分析,识别异常车辆数据,形成车辆轨迹。

二是车辆进出特征分析。以车牌和车牌颜色为唯一标识建立车辆基础特征库,可先通过对历史数据分析,以数据最大化初定车辆基础信息,主要信息包括车牌、车型等,并联网对接高速公路车辆信息基础数据。

三是车辆行为分析。建立车辆行为信息库,包括设立常规路线、月通行频率、月均通行费、月平均行驶速度、月车型误判率、月服务区停留次数等,对历史数据进行分析得到车辆行为模式,根据分析的结果,可以在营运分析、新业务制定等方面提供数据参考,也可为异常数据挖掘提供辅助。

(4)建立稽查分析算法模型并融合分析

对高速公路中存在的常见逃费案例进行分析,设计稽查方案并开展论证,研究开展"伪报车型、假冒鲜活、一车多卡、UJ 逃费、假冒轴数、只入不出、不入不出"等稽查分析算法模型的建设,如图 4 所示。

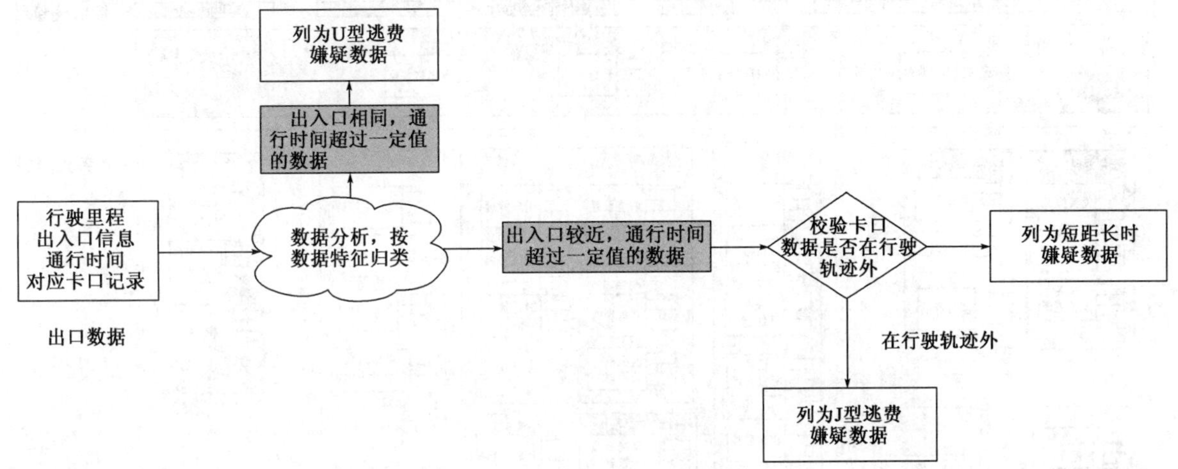

图 4 UJ 逃费稽查模型设计

在对营运数据的处理、分析的基础上,系统可以实现快速智能识别、筛选营运数据中有关异常车辆的信息,基于生成异常车辆信息管理库,结合收费稽查分析算法模型,比对车辆的逃费类型,如图 5 所示。

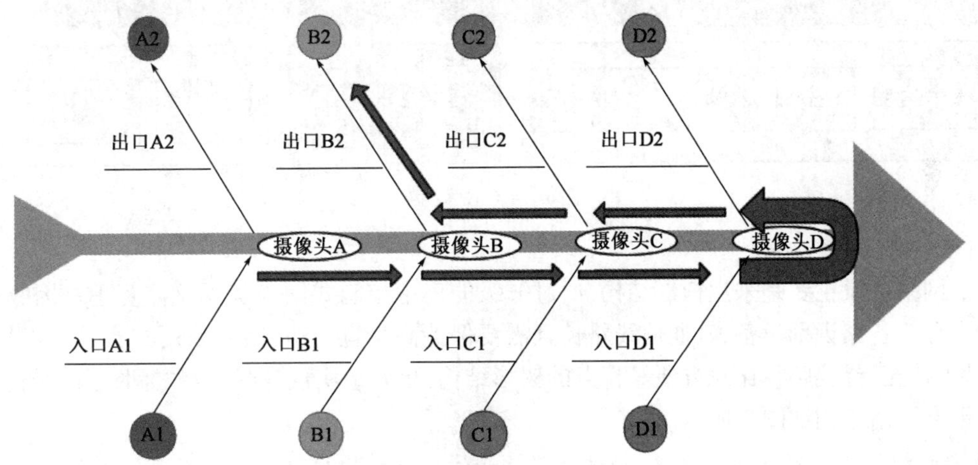

图 5 UJ 逃费案例分析

3. 技术构架

(1)平台技术构架

平台采用分层的方法构建收费稽查平台,具体分为持久层、业务处理层、接口校验层及展现层。采用 MyBatis 持久层框架及 FastDFS 分布式文件存储,实现对过车数据的高可用数据库管理、SQL 查询、高级映射等;业务处理层中细分设备管理、定时分析、MQ 子系统、业务子系统、第三方对接五大块子系统,每个子系统均拥有独立的业务功能及分析处理能力,同时数据可进行交互运算,既独立又相互联系;为解决不同系统间交互问题,接口校验层主要采用 http + json/websocket 实现数据的接入,兼容性高且独立于语言文本格式,加快了接口校验层中对用户鉴权、数据安全、数据校验、数据格式化等数据处理速度。平台的技术构架如图 6 所示。

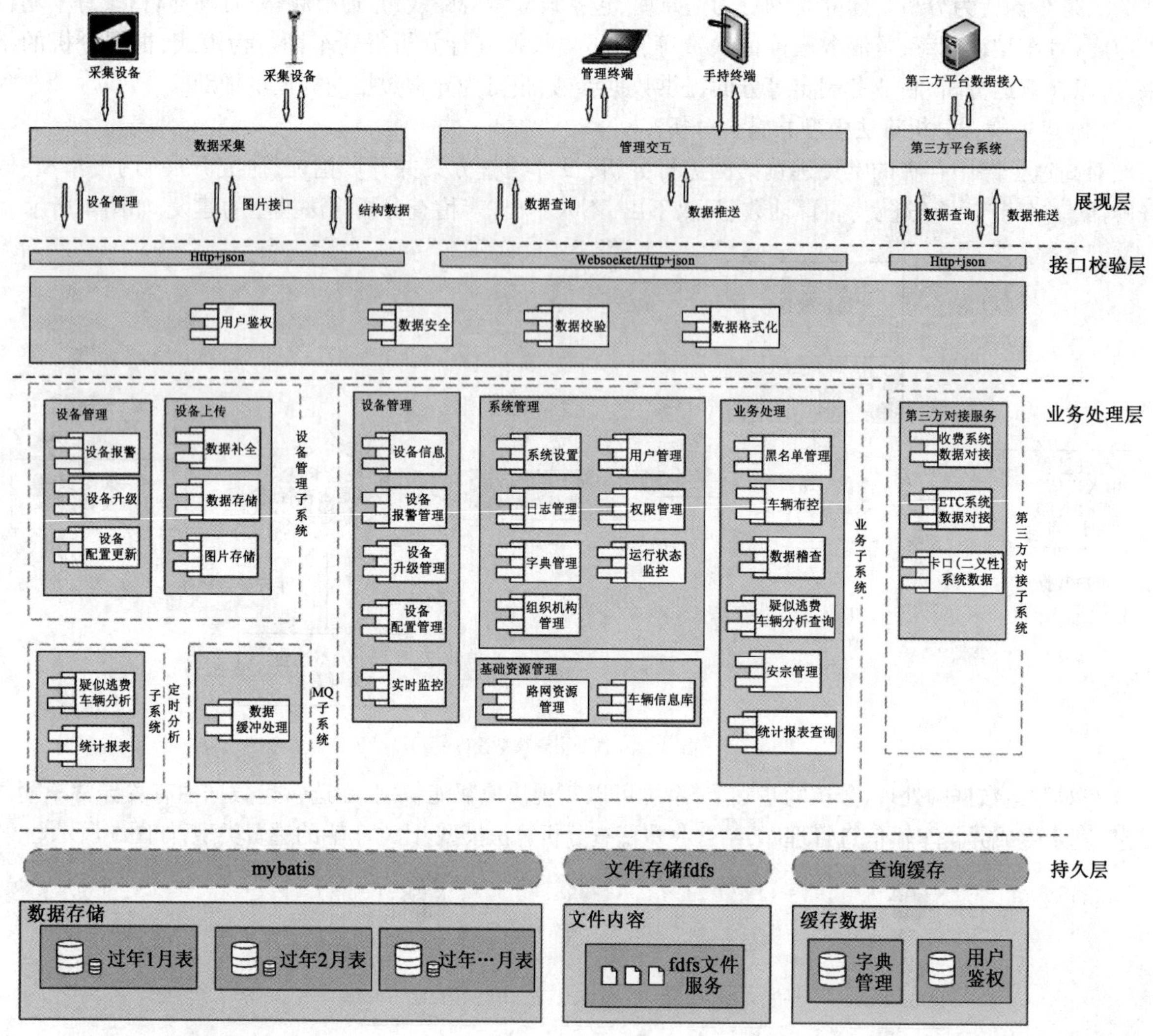

图6 平台技术构架

(2)平台网络架构

平台的网络建设主要是采用树形结构,通过分级的集中控制式网络实现整体管理。因收费稽查平台的数据来源于各路识别设备,其通信线路长且需要保持高带宽通信,因此采用具有总长度短、成本较低、节点易于扩充、寻找路径比较方便等特点的树形结构,更好地实现各服务器之间、不同载体之间的通信要求。平台网络架构如图7所示。

(六)建成智能收费稽查管理系统,推进公司收费管理智能化建设

1. 建成系统效果

完成了系统用户界面的搭建和基础功能的建设,主要包含数据看板、龙虎榜管理、车辆信息管理、稽查分析、灰名单管理、稽查布控、逃费案综管理、报表统计、文件管理、系统管理等功能应用,能够智能高效打击伪报车型、假冒鲜活、一车多卡、UJ逃费、伪报轴数、只入不出、不入不出、换牌换卡、长途轻车等偷逃费类别。

2. 获得自主知识产权

本项目经多次技术攻关、升级建设,已经形成具有自主知识产权的技术成果,目前已在国家版权局申请登记计算机软件著作权3项;同时向国家知识产权局申请实用新型专利1项,已获受理。具体如表1所示。

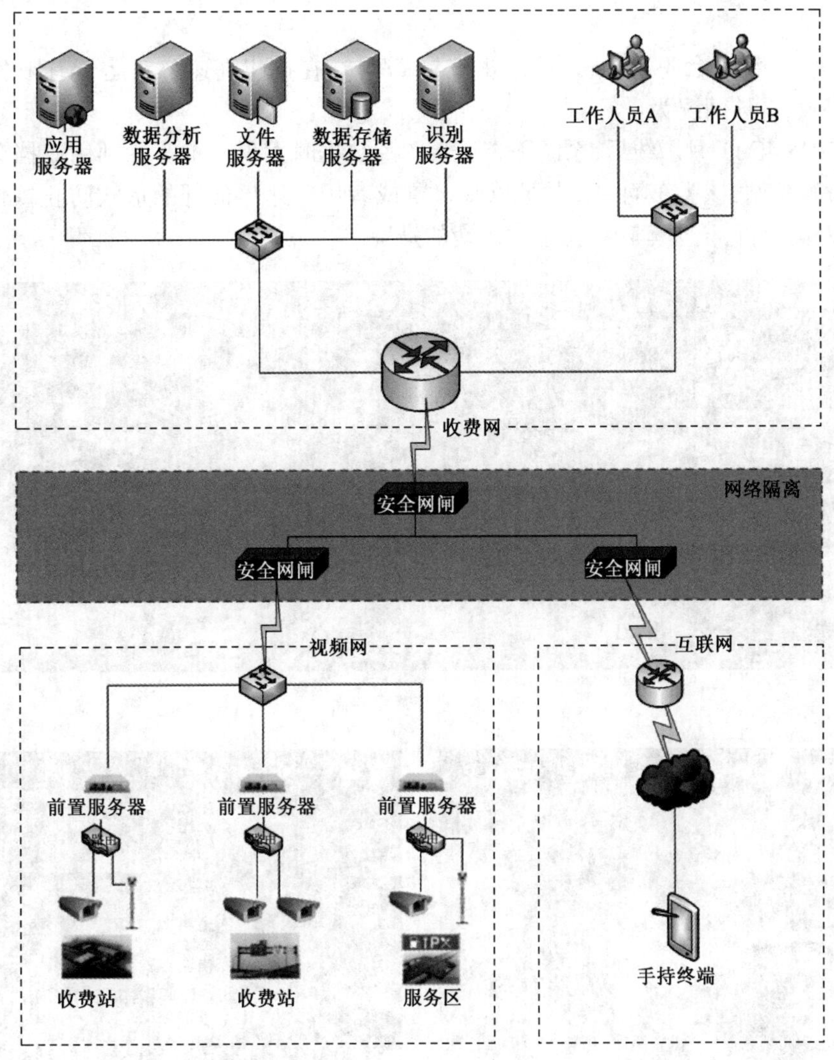

图7　平台网络架构

申请的知识产权一览表　　表1

序号	知识产权名称	类　别	登记号/受理号
1	基于ETC车道的收费全证据链采集系统及收费稽查系统	实用新型专利	202020987454.3
2	高速公路防逃费管理平台(App)	计算机软件著作权	2020SR0444145
3	高速公路收费稽查分析系统 V1.0	计算机软件著作权	2020SR0475636
4	打逃大师应用软件 V2.0	计算机软件著作权	2020SR0475321

3. 获奖情况

2020年,广西壮族自治区交通运输厅开展“科技示范”创新典型案例征集评选活动,本成果积极参选并通过了专家的评选和公示,列入《广西壮族自治区交通运输领域“科技示范”2020创新典型案例选编》,在行业内宣传推广应用。

四、实施效果

(一)高速公路企业收费稽查智能化管理示范作用显现

本成果在实施过程中,建立了一套智能收费稽查系统,促进了科技打逃业务流程的重构,建立新打逃业务管理模式,通过示范验证后实现了全面的推广应用。

1. 成果试点应用

2018 年 11 月,系统平台一期建成,开始进行上线测试,在钦州高速公路运营有限公司开展试点应用并取得重大成效,具体情况为:

数据线索:2018 年 11 月上线后,系统筛查后台图片数据时发现一批车辆利用遮挡车牌或不挂车牌的形式进入柳桥收费站,该类车辆的驾驶员以戴口罩或者用手遮挡面部的形式防止摄像头拍照(图 8、图 9)。经稽查人员分析,该类车辆存在恶意逃费的嫌疑。

图 8　系统筛查界面

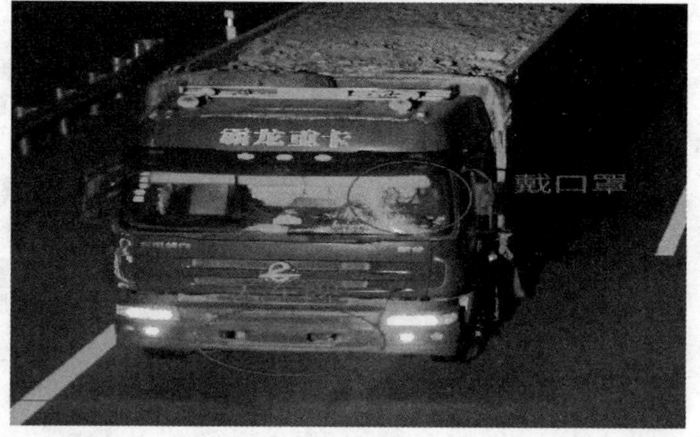

图 9　嫌疑车辆图片

线索挖掘:通过系统深入排查,发现该类逃费车辆共计 18 辆,随即开展车辆行车轨迹跟踪。经统计,该类车辆每车次最高逃费金额近 7000 元。

联合司法机关:2018 年 12 月 13 日,钦州高速公路运营有限公司前往钦州市公安局对 18 台逃费车辆进行报案,公安机关于 12 月 24 日实施抓捕行动,抓获涉案嫌疑人 15 人,涉案车辆 11 辆,涉案逃费金额达百万元。

稽查成果:据不完全统计,钦州高速公路运营有限公司运用系统平台完成堵漏增收金额约 300 万元,并利用该平台发现一起重大逃费案件,在司法机关的支持下,批捕 29 人,判决 27 人,挽回通行费 200 余万元。

项目成果在钦州高速公路运营有限公司开展逃费稽查、配合公安机关完成涉案人员、车辆的抓捕工作中起到重要作用,且该案件震慑了社会车辆逃费行为,在净化高速公路收费环境上有非常明显的效果。

2. 成果推广应用

鉴于智能收费稽查系统在试点应用中取得的重大成效,2019 年 4 月 28 日,系统正式在广西交通投资集团下属的 9 家运营公司、4000 多公里高速公路上推广应用。据平台数据统计,在 2019 年 5 月 20—26 日一周内的堵漏业绩中,非当次车辆 413 辆,非当次金额达到了 74.4 万元。同时,据不完全统计,2019 年广西交通投资集团有限公司利用稽查系统完成堵漏增收近 600 万元。

项目成果在识别查处可疑车辆、追缴偷逃费等方面成效显著、效益巨大，在帮助高速公路建设运营管理单位挽回巨大经济损失的同时，也给司法部门提供了逃费车辆进入高速公路后的通行数据、图片、录像等证据链条。

(二)收费稽查管理系统的建设和应用取得显著效益

1. 经济效益

至2020年9月，钦州高速公路运营公司通过运用成果完成堵漏增收金额约300万元。2019年4月正式在广西交通投资集团有限公司运营管理的高速公路路段中全面推广使用以来，据不完全统计，2019年广西交通投资集团有限公司利用稽查系统完成堵漏增收近600万元。同时，极大地减少了人力、资金等各方面的投入。

2. 社会效益

成果的社会效益是多方面的，如驱动了国内行业技术发展，提升了高速公路运营管理的信息化、智能化水平，加快建设运营管理现代化。更重要的是，极大地净化了高速公路，提升了高速公路的通行秩序，为公众出行创建了健康有序的路网环境。系统实现了与公、检、法的打逃合作，在证据量搜集阶段，按照公安办案标准，注重相关证据保存，将系统采集数据列为有效证据依据，使公、检、法等执法部门对系统分析结果真实性充分认可，为司法打逃提供更多有力的逃费数据链，以便追回更多的逃费金额，构建了多方联动的打逃，极大地打击了偷逃行为。据记录，钦州高速公路运营有限公司运用首次利用成果就发现一起重大逃费案件，在司法机关的支持下，批捕29人，判决27人，挽回通行费200余万元。

(三)成果评价

综上分析，从创新性来说，该成果融入大数据、AI等先进技术，探索信息技术与业务协同、融合的研发管理模式，建立新的打逃业务管理现代化模式，对交通企业运营管理现代化创新工作有着积极的参考意义；从实践性来说，本成果在实际应用过程中，可以作为高速公路交通行业的一次探索实践，为行业管理工作提供了宝贵经验；从科学性来说，成果在实施过程中，由业务骨干、专业IT技术骨干协同全程完成，既有现场经验，也有专业技术、专业管理，真正实现了科学打逃管理的目标；从效益性来说，运用该成果可以挽回偷逃的通行费，做到堵漏增收，可以有效降低成本，做到提质增效；对于示范性来说，该成果通过示范验证后实现了全面的推广应用，且实施效果显著，并入选《广西壮族自治区交通运输领域“科技示范”2020创新典型案例选编》，能有效证明该项成果值得国内交通运输行业学习与参考。

基于分布式风力发电系统在港口中的创新管理应用

江苏江阴港港口集团股份有限公司

成果主要创造人:华　江　王正福

成果参与创造人:李　增　张云峰　方　杰　李　琼

江苏江阴港港口集团股份有限公司(简称“江阴港口集团”)是无锡地区最大的社会公用码头的经营管理实体,已通过质量、环境、职业健康安全、能源管理体系等“四体系”认证,系江苏省重点物流企业、国家“4A”级物流企业,曾多次被评为长航双文明先进单位、长江诚信港航企业、“全国交通运输行业企业节能减排贡献奖”“交通运输企业低碳节能环保示范企业”“江苏省交通运输节能减排先进集体”“无锡市‘十二五’节能工作先进集体”等荣誉称号。

江阴港口集团目前拥有生产性泊位13个,其中万吨级以上泊位5个,最大靠泊能力为15万吨级,港区占地面积120万平方米,2019年完成货物吞吐量8560万吨,连续两年接卸外贸货物和接卸开普船艘次居长江港口第一位,以不到江阴4%的岸线完成了全市40%的货物吞吐量和80%的外贸货物吞吐量。

一、实施背景

近年来,为响应交通运输行业“资源节约型、环境友好型”的号召,江阴港口集团立足自身发展需要,以“节能减排、低碳环保、打造绿色港口”的理念大力推进生态港口建设。党的十八大以来,公司以习近平总书记“共抓大保护,不搞大开发”的战略思想,牢固树立绿色发展导向,坚持系统思维,加快转型、优化生态,积极将绿色循环低碳理念融入企业生产经营的各个环节,在港口建设和运营中加大节能减排投入,通过与专业节能技术咨询服务公司合作、与国内外节能设备供应商的技术交流、投资低碳环保类企业等多种方式,培育发掘并积极实施多个节能减排项目,切实当好生态长江的维护者、清洁长江的防控者、美丽长江的建设者,全力打造长江绿色低碳示范港。

(一)立足长远,制定规划

2013年,无锡市政府编制《无锡市创建绿色交通城市实施方案(2013—2020年)》,江阴港口集团共有9个重点支撑项目纳入其中,并于2016年通过了交通运输部的考核验收。2013年,根据各级政府和交通管理部门要求,结合企业自身实际发展需要,编制了《绿色循环低碳港口主题性项目建设实施方案(2013—2017)》。方案确定了绿色低碳意识和理念、低碳基础设施建设、低碳装卸运输装备应用、港口智能化信息公司建设绿色循环低碳港口的指导思想、基本原则和目标,并从优化港口布局和功能、树立建设等五方面明确了建设低碳港口的重要任务,形成了正式的低碳港口创建指南,并于2018年通过了交通运输部的考核验收。

(二)项目引领,形成特色

江阴港口集团一直以来践行绿色低碳发展的理念,在港口建设和运营中形成了以“清洁能源应用”为特色的港口绿色低碳发展思路,将自身打造成江苏省具有独特亮点的绿色循环低碳示范港口。充分利用了风能、太阳能等可再生能源及 LNG、电能等清洁能源，在港区内建设了风光互补供电系统路灯、光伏发电系统、分布式风力发电系统、LNG 装载机和短驳车、电动轮胎吊等项目，同时建设了配套电动汽车充电桩和 LNG 加气站设施。

江阴港口集团在生辅区域、港区道路、码头引桥等处安装了 154 套风光互补供电系统路灯。在综合楼、宿舍楼等建筑物顶部的所有可用区域安装了光伏发电系统，装机容量为 381.72kW·h，屋顶覆盖率几乎达到了 100%。配套建设了 16 套电动汽车充电桩。拥有 LNG 装载机 25 辆、LNG 自卸车 47 辆并配套建设了 LNG 撬装加气三级站一座(60 立方米储罐)。2019 年度电能和 LNG 的能源消费量(等价值)占港口总能源消耗量的比例为 68.99%。

(三)建章立制，强化落实

为保障"绿色循环低碳港口"创建工作的顺利实施，公司进一步制定了《推进公司绿色循环低碳港口创建工作的指导意见》《港区环境保护管理办法》等系列配套制度，以保证创建工作制度化、规范化、科学化。每年制定发布低碳港口创建工作分解目标任务计划，对标《绿色港口等级评价指南》和《江苏省绿色港口评价指标体系》要求进行阶段性自评，及时寻找差距和不足，督促责任部门和单位及时整改。

从 2012 年起，公司开始每年聘请第三方开展能源审计工作，建立了能源管理体系并每年邀请中国船级社开展认证工作。

(四)绿色发展，严控排放

为了提高绿色低碳港口创建成果，公司审时度势，从布局上优化整合，将港区功能重新定位并结合绿色低碳港口建设的要求，累计投入近亿元，用于节能减排项目的新建、技改和环保设备设施工作。

江阴港口集团牢固确立"绿水青山就是金山银山"理念，从"治粉尘、治污水、控排放、治垃圾、复造绿"五个方面着手，重点做好以下方面的工作：

1. 治粉尘：严格控制污染源

港区的粉尘污染源主要是道路扬尘、散货装卸及堆场扬尘等。

控制码头扬尘：雾炮设备安装在门机上，从高空往下喷雾控制漏斗和码头扬尘。

控制转运站扬尘：通过对码头前沿皮带机旁设置挡风板，其余皮带机采用廊道封闭；港区转运站的转接点处布置湿式喷淋除尘系统，有多个喷头进行不间断喷洒。转运站内配备袋式除尘设施，有效控制粉尘。

控制道路扬尘：道路洗扫车全天 24 小时对港区内的所有道路进行清扫、洒水抑尘。对短驳汽车的车厢板加装盖网装置，保持短驳汽车的车厢完好。对短驳车辆实行限载，装货高度必须低于车厢板，严禁溢出车厢板。所有提货车辆必须经冲水槽冲洗后才能放行出港。

堆场防尘：坚持每堆必盖，喷淋设施进行喷淋洒水。在港区厂界建设了 2 公里的防风抑尘网，控制粉尘飞扬。

强化日常监测：按照江苏省交通运输厅、生态环保厅和江阴市政府要求，本公司还在港区内增加 15 台粉尘在线监测仪，采取了连续自动监测的方式，将数据实时上报至省级交通运输相关监管系统、省级污染防治综合监管平台和市级环保监测系统，同时还与公司的喷淋系统无缝对接，若出现监测数据异常情况，喷淋自动开启，避免出现扬尘的情况，真正做到环保监测无死角。

2. 治污水：生产污水零排放

港区的污水主要生活污水、冲洗废水和堆场喷洒水、初期雨水等，江阴港口集团大澄分公司共有污水处理设备 2 台，处理能力为 200 吨/小时和 30 吨/小时；大港分公司共有 3 台，处理能力为 150 吨/小时、100 吨/小时和 50 吨/小时。

港区生活污水接入市政污水管网，最终排送到污水厂统一处置。

码头冲洗水、堆场喷洒水、初期雨水经港区沉淀池初步沉淀，再经污水处理装置净化处理后，全部回用于码头冲洗及堆场喷淋，使整个港区污水处理能力和用水量达到平衡，实现了零排放。

3. 控排放：多措并举保达标

在港汽车和船舶是港区控制排放的重点。

规范短驳汽车管理：坚决淘汰性能不符合环保要求的港作机械，在生产过程中尽量多使用电动轮胎吊车和 LNG 装载机。

保证岸电供应：港区内已建成的岸电系统，基本可以满足本公司靠港船舶的岸电使用需求。

4. 治垃圾："一零两全"创行业样板

从 2019 年 8 月开始，江阴港口集团按照海事部门关于沿江港口率先在江苏省范围内实现全港区"一零两全"目标（到港船舶污染物"零排放""全接收"、航行中排放"全达标"）的要求，公司建设了船舶生活垃圾收集箱、生活污水收集储罐、购买了吸污车等设施。

收集的生活垃圾放入垃圾桶后，每天由环卫所统一接收处理；生活污水通过新购的吸污车转运至公司化粪池并最终通过市政污水管网送至污水厂处理。

为保证接收工作的顺利进行，本公司主动向到港内贸船舶推送码头免费接收生活垃圾、生活污水的短信，在港区内的显眼位置张贴免费接收生活垃圾、生活污水的告示、流程，全力为到港船舶提供免费接收服务。

外贸船舶由有资质的第三方接收生活污水和生活垃圾、油污水。

5. 广泛复绿：可绿化率百分百

每年投资上百万元，在港区内积极实施"见缝插绿"工程，在港区周边建设了长约 1000 多米的意杨防风防尘林，在港区内大量种植花草树木，使港区可绿化区域绿化率达到 100%。

二、成果内涵和主要做法

（一）成果内涵

为深化绿色港口改革，在用能方面，港口面临以下挑战：一是港口能源供给主要以柴油、传统火电、天然气为主，需要提升可再生能源占比，优化供给侧机构，降低污染物排放量；二是岸桥、岸电、港作机械等日常生产所需用电量消耗巨大，电费支出高昂，需要有效降低用电成本。

港口作为高耗能物流企业，为降低污染物排放及用能成本，可充分利用港口的天然风资源，在港区范围内建设分布式风力发电系统，其生产的电能供港口生产直接使用。通过因地制宜的机位选址及机型选择规则保证容量和发电量，适配港口定制的电气接入设计方案及系统监控方案，保证建设和生产的高效性。综合布局分布式可再生综合能源，形成多能互补，进一步推进港口绿色智能化转型。该系统可降低港口用电成本 10% ~20%，降低污染物及碳排放量 50% 以上，推进港口能源消费供给系统在向智能化转型。

分布式风力发电系统作为近年来国内兴起的可再生能源形式，具有环保、经济、先进、实用等特点，可有效助力港口减排、降低用能成本、优化能源结构，打造绿色先进的新时代港口。江阴港口集团在这方面经过充分的研究和论证，率先在港区内布置分布式风力发电系统，进行了尝试，取得了较好的经济效益和社会效益。

分布式风力发电系统具有：

（1）环境友好性

相比中东部地区的火电、热电和燃气发电，分布式风电的碳排放为零；占地面积小，利用港区或工业园区的闲散空地，最大化利用土地资源，保护青山绿水。

（2）经济性

风能资源免费，就地消纳电量充分利用，节省远距离输电的损耗和过高的建设成本，显著降低当地用电电价。

(3)就近消纳

缩短了电力生产和消费的距离,能够做到需求快速响应、及时调整,满足用户实时变化的用电用能需求。

(4)社会资本广泛参与

吸引社会资本进入,形成星星之火可以燎原之势。自发自用模式使开发主体和用电主体合二为一,将会对我国能源生产和消费的整体格局产生深远影响。

(二)主要做法

1. 项目原理

风力发电是指利用风机发电机,将风的动能转化为机械能,再将机械能转化为电能利用的能源方式(图1)。

风吹过叶片时形成正反面的压差,该压差会产生升力,令叶轮旋转并不断横切风流。机舱上安装的探测器探测风向,并通过转向机械装置令机舱和叶轮自动转向对风。叶轮的旋转运动通过齿轮箱传递到机舱内的发电机并带动发电机发电,变压器可提升发电机的电压到配电网电压。

图1 风力发电

2. 项目概念

分布式风力发电系统一般是指利用小型风力电站直接面对用户,就近建设于用户周边,所产生电力可直接自用,也可上网并在配电系统平衡调节。其对土地资源和电网设施要求较低,前期资本投入相对较小,可建设在田间地头、园区工厂等闲置土地上。分布式发电的利好是既能降低发电的碳排放量,又可降低用电成本。

3. 项目模式

该系统可采用“自发自用,余电上网”模式,风力发电机组所发清洁电力主要由企业日常生产使用,多余电量馈入电网。

4. 项目构成

分布式风力发电系统的风机选用水平轴、上风向式、三叶片、变速变桨风力机型。风机安全等级为IECIIIB类及以上。风机的机头罩内装备有精密激光测风雷达,具有超低转速叶片安全静音运行、机器视觉24小时智能监测叶片质量与运行状态、智能传感确保关键承载结构连接安全、叶片融冰功能等智能技术确保分布式风电绝对安全。

配置了前馈激光雷达测风,通过测量风轮前一定距离的风况信息,提前感知自由来流风的各种变化,在传统反馈控制环的基础上引入前馈控制环。

配置了叶片在线健康监测,直接输出的物理量为风机运行的声音信息,基于该数据,通过算法分析,可实现对三支叶片健康状态的实时监测,为风机故障预防预警提供有效输入。

配置了塔基及塔筒在线监测,利用独特技术满足基础不均匀沉降监测和塔筒安全监测的要求,并可预测风电机塔基及塔筒的趋势,做到及时预警及在线监控健康状况。

配置了齿轮箱油液颗粒计数传感,通过采用磨粒探测计数,实时监测齿轮油中的金属磨损颗粒变化情况,及时发现齿轮箱磨损隐患。

配置了关键连接机器视觉巡检,通过脉冲机器视觉的监测方案,实时反馈关键连接部位连接状况。

5. 应用关键点

主要需要考虑风资源、土地、安全、电网接入等问题。需确认风力资源情况,土地可利用闲置地,基础的牢靠性。项目建设前充分考虑安全性问题,建设阶段把控好现场安全质量问题,生产运营阶段需要注意维护保养与检修。

6. 技术可靠性

随着风电市场规模的迅速扩大,我国风电设备制造技术进一步提高,一个具有竞争力的较为完整的产业链体系已初步形成,涵盖原材料加工、零部件制造、整机制造、开发建设、技术研发、标准和检测认证体系等各个环节。风电机组设备制造基本上实现了系列化、标准化和型谱化,机型涵盖双馈、直驱和混合式,单机容量从 1.5MW 迅速发展到目前最大的 6MW 级,并实现了从陆地风电到海上风电的跨域。

图 2　风电机组

7. 对安全的影响

建设期间风机基础土建施工、风机机组吊装、场内继电线路施工会对港口内部生产带来影响,项目建设开始前对设备进场路线、吊装方案、施工周期进行严格评估,提前做好各类突发状况的应急预案,项目建设期间严格把控各建设时间节点,严格执行风电场建设 EHS 管理,安全文明施工,将建设期间给港口的生产带来的影响降低到最低等级。

风电机组(图 2)发电运行阶段,采用的风电机组具有技术成熟、故障率低、噪声低、安全性高等特点,每台风机的选址与港口生产密集区保持一定的安全距离,项目建成之后对港口的正常生产基本无影响。

8. 可建设性

分布式风力发电系统属于发电工程,其生产期为 20 ~ 25 年,需要长期占据一定的土地。港口陆地土地常设置厂桥、堆场、仓库、运输车辆、通行道路等设备设施,其堆场通常占据港口 80% 以上的土地,属于露天空旷的可建设土地。

分布式风力发电系统占地分为长期占地和临时占地。长期占地主要是风机地面基础占地,为半径 10 米的圆,面积约为 0.5 亩。风机建成后地下为基础,地面塔筒占地仅 20 平方米,基础地面区域不承受重压可满足常规使用。大中型港口堆场面积通常数千亩,分布式风力发电系统的建设占地不到千分之一,港口建设具备可行性。

临时占地主要是风机安装过程中的占地,主要包括吊车占地、塔筒及风机大部件堆放占地。临时占地约 5 ~ 7 天,占地面积约 2.2 亩,临时占地由于时间短占地少不会对港口的生产作业造成影响。

从建设角度出发,港口场区满足分布式风电建设要求,分布式风力发电系统的建设也不会对港口工作造成影响。

9. 设计方法

港口建设分布式风力发电系统需要根据港口的具体场地条件、风资源条件及配电条件选择适宜的机位及机型,机位和机型决定风电场容量及发电量;接入方案决定电气接入的适应性;系统监控方案影响运维生产质量,见图 3。

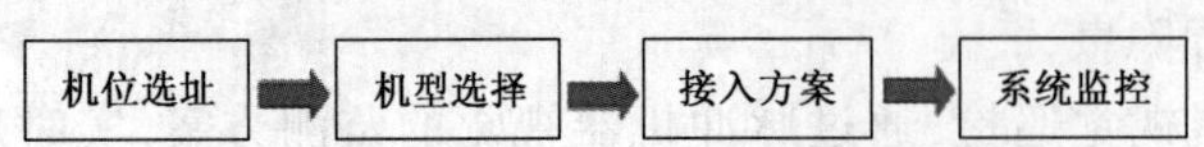

图 3　分布式风力发电系统主要设计逻辑示意图

10. 机位选址

在港口堆场选择分布式风机机位需满足以下原则:

①满足港口规划,不占用已规划建设土地;

②所选机位土地面积满足基础320平方米的长期占地及近1600平方米的临时施工占地;

③考虑机位间安全性及尾流损失,两机位间间距在300~350米距离以上;

④为保证生产稳定性及相关公共单位规定,机位选择需考虑构建物建议避让距离。

江阴港口集团港口堆场主要用于堆放矿石,共选出7台机位,长期占地2.6亩,利用土地占比仅0.14%。

11. 机型选择

风机作为港口分布式风力发电系统的核心组成,其厂家及型号选择直接决定了发电量、项目收益、可靠性等重要指标,面对不同的场景需对应选择相应的机型,实现港口自发自用收益最大化。通过风资源评估,在计算出机位年平均风速、极限风速等参数的情况下,在机型及配置选择上主要参考以下方法:

①根据机位年平均风速、极限风速选择相对应设计值的机型,在该设计风速值左右,该机型具备最佳发电性能及经济性;港口风速区间内,适配的国内主流优秀风机机型,型号前端数字代表风机叶轮直径(米),型号后端数字代表风机单机容量MW,例如机型131/2.2表示叶轮直径131米,单机容量2.2MW的风机。

②根据机位风切变选择对应塔筒高度,常用塔筒高度包括90米、100米、120米、140米、150米;风切变表征了风速在空中垂直距离上的变化,风切变越大,风速随高度增长的增加越明显。通常在高剪切地方选用更高的塔筒,以获得更好的收益,我国平原高剪切地区包括江苏、安徽、山东、河北等省份。

③风机应配置除传统监控传感器以外的先进传感技术,全方位实时监控风机的运行状态及健康状态,保证生产的可靠性及稳定性。

三、效益分析

(一)收益性

分布式风力发电系统作为投资电场的一种形式,其20~25年生产期的经济性主要由项目发电量和工程造价决定。项目规模及特性一定程度上决定了工程造价,发电量由港口年平均风速及所选机型发电能力决定。

我国在沿海及内河分布着数百个港口,由于陆地土壤热容量比海水、江河热容量小,陆地与海洋、河流由于热容量差异造成的气压差形成的海陆风使得港口在风资源上有着先天优势。目前可利用的年平均风速在4.8米/秒以上,根据风资源专用平台格林威治全国风资源图谱图4显示,山东、辽宁、江苏、浙江、广东等港口密集省份沿海港口年平均风速多介于5.5~8米/秒,内陆沿江港口风速也大多在5米/秒以上,属于低风速区域优质风资源,相应年平均满发小时数在2500~3800小时,适配单机容量2500千瓦的机型每年单机生产电量可达到625万~875万千瓦时。

从收益角度出发,不论是港口自行投资建设,或是通过合同能源管理的形式零投资受电,建设分布式风力发电系统具有良好的经济效益与社会效益,可实现:

①大幅降低用电成本10%~20%;

②降低用能污染物及碳排放量50%以上;

③丰富能源结构,提升绿色能源占比;

④定制化外观设计可带来宣传示范效应。

(二)节能效益

分布式风力发电系统:江阴港口集团先后实施安装了7台分布式风力发电系统(4台2.2兆瓦、2台2.5兆瓦、1台3兆瓦),该项目总装机容量为16.8兆瓦。

大港港区内建设单机容量为2.2兆瓦的风力发电机组2台和单机容量为3.0兆瓦的风力发电机组1台,共7.4兆瓦。

大澄港区内建设单机容量为2.2兆瓦的风力发电机组2台和2.5兆瓦的风力发电机组2台,共9.4兆瓦。

并网后稳定运行,统计1年的时间分析,完成发电量3646.32万千瓦时,折合12032.86tce/年。

(三)经济效益

分布式风力发电系统:参照江阴港口集团实施合同能源管理模式16.8MW项目,并网后稳定运行,统计1年时间的数据分析,年累计发电3646.32万千瓦时,其中1978.86万千瓦时由港口消纳,自发自用率为54.27%。

(四)社会效益

开发利用风力资源是调整能源结构、实施能源可持续发展的有效手段。同时既没有燃料的消耗,又没有废水、废气和废渣的排放,充分利用了可再生能源,促进了当地经济发展的同时,不会破坏原有的生态环境和人居环境,是解决能源紧缺最佳电源选择。

四、结语

多种类可再生能源、清洁能源的开发利用,是江阴港绿色港口建设工作的夺目亮点。江阴港通过分布式风力发电系统、光伏发电系统、风光互补供电系统、LNG装载机等一批绿色示范项目的实施运行,充分开发利用了港区风能、太阳能等可再生能源和清洁能源。未来,江阴港将再接再厉,持续强化可再生能源和清洁能源应用领域的亮点,以认真夯实原有基础、积极投建新项目的方式,继续加大可再生能源和清洁能源在港口用能的占比,进一步优化港口能源消费结构,加强现代化创新管理,向更高程度的绿色发展迈进。

BIM 技术在施工项目管理中的应用创新

江苏润扬交通工程集团有限公司

成果主要创造人:陈海清　高　毅

成果参与创造人:耿　武　王　静　王　敏　王国富　徐　振　刘瑞定　刘　东

江苏润扬交通工程集团有限公司(简称"江苏润扬交通")由扬州市路桥工程总公司(创建于1953年)改制而成,并于2019年完成混合所有制改革,成为扬州市交通产业集团有限责任公司国有控股企业。江苏润扬交通具有公路工程施工总承包一级资质、市政公用工程总承包二级资质及桥梁、路基、路面专业承包一级资质,公司现拥有各类专业技术人员580人,其中高、中级以上160人;国家一级建造师45人;注册资金52000万元;并拥有能满足各等级路基、路面、桥梁工程施工的近10000万元的现代化配套设备;年施工能力约20亿元。

江苏润扬交通先后多次获得詹天佑奖、建设部优质样板工程、江苏省优质工程、交通部全国公路工程二等奖、省级优质工程、交通优质工程一等奖等奖项。业务范围涉足江苏省全境和浙江、安徽、广东、云南、四川等省(区、市),形成了立足江苏辐射全国的业务布局。

一、成果构建背景

1. BIM 的概念

BIM(Building Information Modeling)最早起源于美国,国内常见的叫法是:建筑信息模型。建筑信息模型的研究对象是建筑物,它是一种提高管理效率的技术。BIM建筑信息模型是对建筑物实体与功能特性的数字表达形式,它通过数字信息仿真模拟建筑物所具有的真实信息。建设项目的各参与方可以通过模型在项目全生命周期中获取各自所需的管理信息并且可以更新、插入、提取、共享项目各项数据,从而实现协同管理,提高项目管理的效率。简单地说,BIM就是工程项目管理中使用的一种信息化管理技术。

2. BIM 的优势

BIM作为信息化发展的成果,除了具有可视化、协调性、模拟性、优化性、可出图性等优点外它最核心的竞争力在于其强大的信息整合能力。传统的信息交换方式是一种分散的信息传递模式,各个参与方必须与其他所有参与方进行信息交换才能获取自己所需的信息以及将信息传递出去。而在BIM中,各参与方只需将信息数据提交至BIM信息数据库,同时也可以在BIM数据库中获取自己相关的信息,这种信息交换模式简化了信息的传递路径,提高了信息传递效率。

3. BIM 技术构建外部政策

2015年6月16日,国家住房和城乡建设部发布《关于印发推进建筑信息模型应用指导意见的通知》,提出五年发展目标:到2020年末,建筑行业甲级勘察、设计单位及特级、一级房屋建筑工程施工企业应掌握并实现BIM与企业管理体系和其他信息技术的一体化集成应用。

4. 在施工管理过程中 BIM 技术构建理由

公路工程施工基本特点是协作要求高、干扰因素众多、场地流动性大。协作要求高:是指公路工程的施工技术复杂,公路形式战线长且变化多样,往往一项大工程中包含多个分项工程。技术人员、所需材料、所需机械、施工方式、施工进度等等诸多元素集中在一个现场,这样多工种配合、多单位交叉作业,施工组织和施工技术管理就变得非常复杂,工程的质量控制难度就增加了。另外在具体的施工期间还会涉及社会上的其他行业和部门。比如交管部门配合封闭道路;水利部门配合工程用水;电力部门配合工程用电等这些具体的问题都需要施工企业的协调,任何一个部门和任何一个环节,都可能对整体施工造成制约和障碍。干扰因素众多:是指道路施工项目有大有小,工期有长有短,一些不确定因素随时出现并形成干扰施工的因素,变数大于定数。尤其工程地处在北方,其气候条件多变更是一个不可抗因素,另外在一些大型项目建设中,征地、拆迁、环保等问题都是掣肘项目进展的绊脚石,所以说公路工程建设是最容易受外来因素干扰的工程。场地流动性大:是指道路工程是个线形工程,作业点和作业面是随着工程进度而不断变化的。工序进行到哪里,人员和施工机具就跟随移动到哪里,同一道工序随着进度的推进,施工现场情况也是不一样的,一些不安全因素和事故隐患就在这样复杂多变的情况下悄悄地隐藏着,给施工人员及管理者的工作带来了很大的困难。以上公路工程施工特点对施工项目管理而言必须要解决一个难题。江苏润扬交通认识到要化解公路工程施工项目管理难题,需要针对公路工程特点,积极探索并建立一个专门 BIM 技术使得项目在实现过程中提高科学管理技术水平。

二、施工管理中 BIM 技术构建

1. 公路构件建模

首先根据公路图纸,将整个公路工程分解为各类构件,并通过三维构件模型,将它们的尺寸、体积、重量直接测量下来,以及采用的材料类型、型号记录下来。

其次针对主要构件选择施工设备、机具,确定施工方法,通过公路构件建模,最主要的流程是根据桥梁所在位置的地质勘测资料和设计图纸,通过软件和 Revit 平台,确定桥梁(道路)中心线、主体结构族和绘制桥梁上部结构的附属设施,最后在 Revit 结构项目样板中,最后根据高程控制和构件的逻辑关系组装桥梁大致模型,使用 Revit 内置结构,绘出桥梁剩余构件,建立桥梁三维可视化模型,参见图 1。

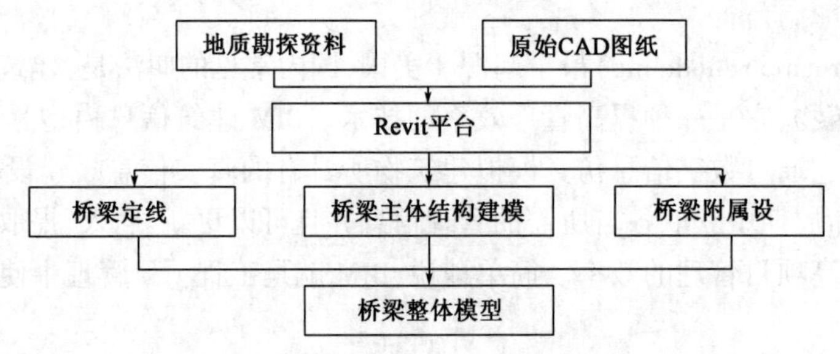

图 1 公路构件模型流程

2. 多专业协调

各专业之间的组织协调是公路(市政)工程施工顺利实施的关键,是加快施工进度的保障,其重要性毋庸置疑。目前暖通、给排水、消防、强弱电等各专业由于受施工现场、专业协调、技术差异等因素的影响,缺乏协调配合,不可避免地存在很多局部的、隐性的、难以预见的问题,容易造成各专业在公路某些平面、立面位置上产生交叉、重叠,无法按施工图作业。通过 BIM 技术的可视化、参数化、智能化特性,进行多专业碰撞检查、净高控制检查和精确预留预埋,或者利用基于 BIM 技术的 4D 施工管理,对施工过程进行预模拟,根据问题进行各专业的事先协调等措施,可以减少因技术错误和沟通错误带来的协调问题,大大减少返工,节约施工成本。

3. 现场布置优化

随着公路行业的发展,对项目的组织协调要求越来越高,项目周边环境的复杂往往会带来场地狭小、基坑深度大、周边公路物距离近、绿色施工和安全文明施工要求高等问题,并且加上有时施工现场作业面大,各个分区施工存在高低差,现场复杂多变,容易造成现场平面布置不断变化,且变化的频率越来越高,给项目现场合理布置带来困难。BIM 技术的出现给平面布置工作提供了一个很好的方式,通过应用工程现场设备设施族资源,在创建好工程场地模型与公路模型后,将工程周边及现场的实际环境以数据信息的方式挂接到模型中,建立三维的现场场地平面布置,并通过参照工程进度计划,可以形象直观地模拟各个阶段的现场情况,灵活地进行现场平面布置,实现现场平面布置合理、高效。

4. 进度优化

比选公路工程项目进度管理在项目管理中占有重要地位,而进度优化是进度控制的关键。基于 BIM 技术可实现进度计划与工程构件的动态链接,可通过甘特图、网络图及三维动画等多种形式直观表达进度计划和施工过程,为工程项目的施工方、监理方与业主等不同参与方直观了解工程项目情况提供便捷的工具。形象直观、动态模拟施工阶段过程和重要环节施工工艺,将多种施工及工艺方案的可实施性进行比较,为最终方案优选决策提供支持。基于 BIM 技术对施工进度可实现精确计划、跟踪和控制,动态地分配各种施工资源和场地,实时跟踪工程项目的实际进度,并通过计划进度与实际进度进行比较,及时分析偏差对工期的影响程度以及产生的原因,采取有效措施,实现对项目进度的控制,保证项目能按时竣工。

5. 工作面管理

在施工现场,不同专业在同一区域、同一施工层交叉施工的情况难以避免,对于一些大型公路项目,分包单位众多、专业间频繁交叉工作多,不同专业、资源、分包之间的协同和合理工作搭接显得尤为重要。基于 BIM 技术以工作面为关联对象,自动统计任意时间点各专业在同一工作面的所有施工作业,并依据逻辑规则或时间先后,规范项目每天各专业各部门的工作内容,工作出现超期可及时预警。流水段管理可以结合工作面的概念,将整个工程按照施工工艺或工序要求划分为一个可管理的工作面单元,在工作面之间合理安排施工顺序,在这些工作面内部,合理划分进度计划、资源供给、施工流水等,使得基于工作面内外工作协调一致。BIM 技术可提高施工组织协调的有效性,BIM 模型是具有参数化的模型,可以集成工程资源、进度、成本等信息,在进行施工过程的模拟中,实现合理的施工流水划分,并基于模型完成施工的分包管理,为各专业施工方建立良好的工作面协调管理而提供支持和依据,见图 2。

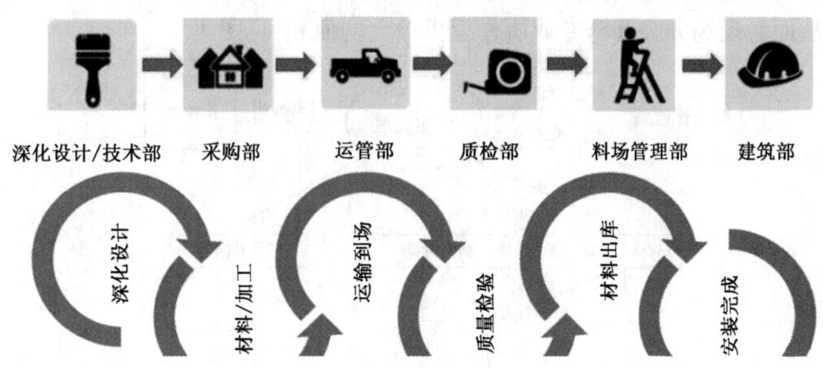

图2 工作界面图

6. 现场质量管理

在施工过程中,现场出现的错误不可避免,如果能够将错误尽早发现并整改,对减少返工、降低成本具有非常大的意义和价值。在现场将 BIM 模型与施工作业结果进行比对验证,可以有效地、及时地避免错误的发生。传统的现场质量检查,质量人员一般采用目测、实测等方法进行,针对那些需要与设计数据校核的内容,经常要去查找相关的图纸或文档资料等,为现场工作带来很多的不便。同时,质量检查记录一般是以表格或文字的方式存在,也为后续的审核、归档、查找等管理过程带来很大的不便。BIM 技术的出现丰富了项目质量检查和管理方式,将质量信息挂接到 BIM 模型上,通过模型浏览,让质量问题能在各个层面上实现高效流转。这种方式相比传统的文档记录,可以摆脱文字的抽象,促进质量问题协调工作的开展。同时,将BIM技术与现代化新技术相结合,可以进一步优化质量检查和控制手段,见图3。

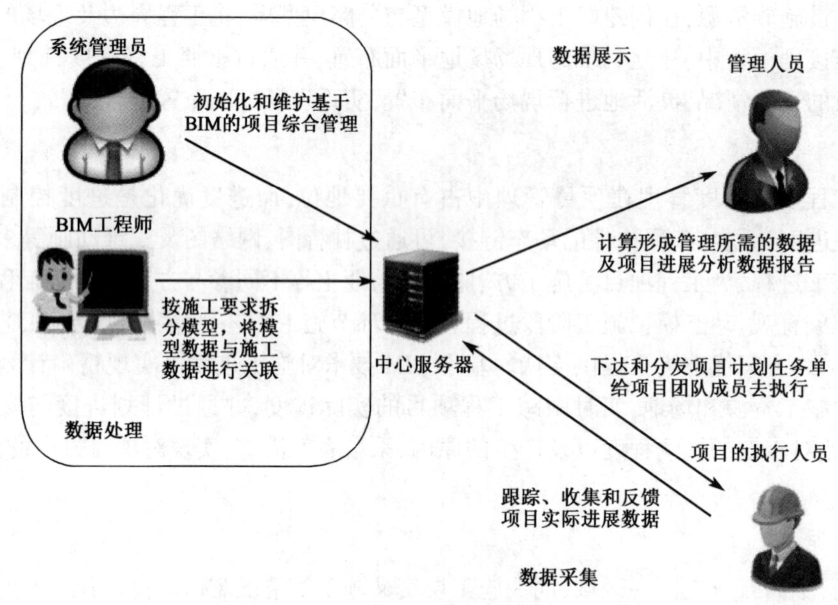

图3 现场管理图

7.图纸及文档管理

在项目管理中,基于BIM技术的图档协同平台是图档管理的基础。不同专业的模型通过BIM集成技术进行多专业整合,并把不同专业设计图纸、二次深化设计、变更、合同、文档资料等信息与专业模型构件进行关联,能够查询或自动汇总任意时间点的模型状态、模型中各构件对应的图纸和变更信息,以及各个施工阶段的文档资料。结合云技术和移动技术,项目人员还可将公路信息模型及相关图档文件同步保存至云端,并通过精细的权限控制及多种协作功能,确保工程文档快速、安全、便捷、受控地在项目中流通和共享。同时能够通过浏览器和移动设备随时随地浏览工程模型,进行相关图档的查询、审批、标记及沟通,从而为现场办公和跨专业协作提供极大的便利,见图4。

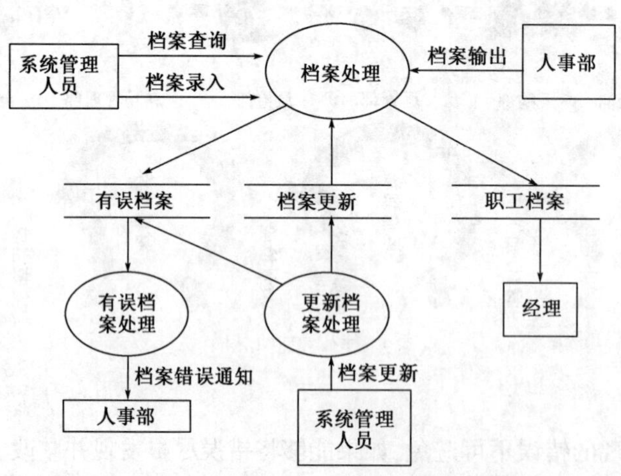

图4 现场管理界面图

8.工作库建立及应用

企业工作库建立可以为投标报价、成本管理提供计算依据,客观反映企业的技术、管理水平与核心竞争力。打造结合自身企业特点的工作库,是施工企业取得管理改革成果的重要体现。工作库建立思路是适当选取工程样本,再针对样本工程实地测定或测算相应工作库的数据,逐步累积形成庞大的数据集，并通过科学的统计计算，最终形成符合自身特色的企业工作库。

9. 安全文明管理

传统的安全管理、危险源的判断和防护设施的布置都需要依靠管理人员的经验来进行，而 BIM 技术在安全管理方面可以发挥其独特的作用，从场容场貌、安全防护、安全措施、外脚手架、机械设备、模板等方面建立文明管理方案指导安全文明施工。在项目中利用 BIM 建立三维模型让各项目管理人员提前对施工面的危险源进行判断，在危险源附近快速地进行防护设施模型的布置，比较直观地将安全死角进行提前排查。将防护设施模型的布置给项目管理人员进行模型和仿真模拟交底，确保现场按照布置模型执行。利用 BIM 及相应灾害分析模拟软件，提前对灾害发生过程进行模拟，分析灾害发生的原因，制定相应措施避免灾害的再次发生，并编制人员疏散、救援的灾害应急预案。基于 BIM 技术将智能芯片植入项目现场劳务人员安全帽中，对其进出场控制、工作面布置等方面进行动态查询和调整，有利于安全文明管理。总之，安全文明施工是项目管理中的重中之重，结合 BIM 技术可发挥其更大的作用，见图 5。

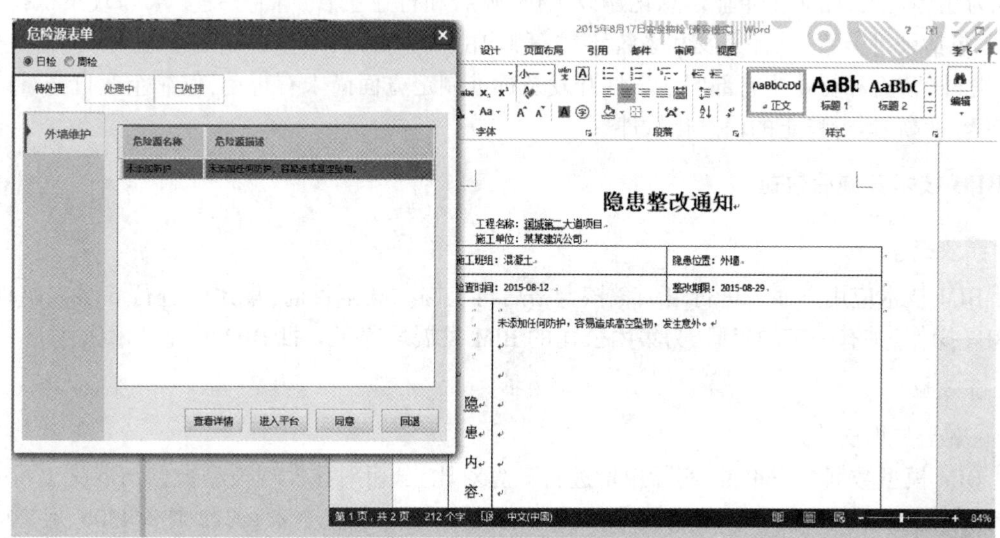

图 5 安全文明管理界面图

10. 资源计划及成本管理

资源及成本计划控制是项目管理中的重要组成部分，基于 BIM 技术的成本控制的基础是建立 5D 公路信息模型，它是将进度信息和成本信息与三维模型进行关联整合。通过该模型，计算、模拟和优化对应于项目各施工阶段的劳务、材料、设备等的需用量，从而建立劳动力计划、材料需求计划和机械计划等，在此基础上形成项目成本计划，其中材料需求计划的准确性、及时性对于实现精细化成本管理和控制至关重要，它可通过 5D 模型自动提取需求计划，并以此为依据指导采购，避免材料资源堆积和超支。根据形象进度，利用 5D 模型自动计算完成的工程量并向业主报量，与分包核算，提高计量工作效率，方便根据总包收入控制支出进行。在施工过程中，及时将分包结算、材料消耗、机械结算在施工过程中周期地对施工实际支出进行统计，将实际成本及时统计和归集，与预算成本、合同收入进行三算对比分析，获得项目超支和盈亏情况，对于超支的成本找出原因，采取针对性的成本控制措施将成本控制在计划成本内，有效实现成本动态分析控制。

三、主要问题

1. 对信息化建设的认识和信息化意识有待加强

公路施工企业信息化建设是国家公路业信息化的基础之一也是企业管理转型、升级的关键工作，是企业管理的新鲜事物。但是,在实际工作中,企业决策层、管理层和作业层的人员对此项工作普遍存在认识不足、意识不强、动力欠缺的现象。

2. 对信息化建设的资金投入不足

目前,公路施工企业开展信息化建设,包括硬件的投入和软件的开发,需要较大的资金投入,特别是企业在首期建设中,需要很大的资金投入量,通过机房改造、硬件升级、软件开发和采购等,才能形成企业信息系统和发挥效用,但公路施工企业是微利行业,产值利润率、资产利润率均远远低于其他产业,难以筹措大量资金进行信息化建设和维护。

3. 专业技术人员数量不足、质量不高

在公路施工企业内部,从事计算机应用和管理的专业属小众业务。人员配备少,开发能力弱。特别是既懂计算机技术、又懂公路专业技术的复合型人才更为缺乏,难以满足企业信息化建设的需要。

4. 政府和行业主管部门的政策支持缺失

迄今为止,对于公路施工企业信息化建设工作,政府和行业主管部门只提要求和政策扶持,所有的资金投入(包括硬件升级、软件开发和系统维护等)均由企业自筹,严重打击了企业开展信息化建设的积极性。此外,政府和行业主管部门在软件开发及标准制定方面尚未有行动,仅靠企业自身难以开发易用性好、兼容度高、运行稳定的信息化软件。

四、BIM 技术实施后效益

1. 管理效益

项目 BIM 技术应用方面先进行培训考核合格后再上岗。截至目前,集团已进行 6 多人培训可以独立完成 BIM 操作,并有一定的经验,为集团公司的 BIM 发展培养了一批 BIM 专业技术人才。

2. 经济效益

(1)混凝土与钢筋节余

通过 BIM 模型数据与清单量、实际用量进行三算对比,分析对比发现模型数据与混凝土量差近 313 立方米,钢筋量差 272 多吨,预估节余成本:313 立方米 ×560 元/立方米 +272 吨 ×4300 元/吨 =134.5 万元。

(2)提前发现图纸问题,减少签证变更

通过前期建模过程,发现结构图纸问题 20 个,钢筋图纸问题 28 个。

(3)碰撞检查节余

BIM 最直观的特点在于三维可视化,利用 BIM 的三维技术在前期进行碰撞检查、优化工程设计、减少在施工阶段可能存在的错误、避免返工、优化净空及排布方案。以一个基坑为例,节省人工约 4 个人工至少 2 个月(按个 2 个月计算),一个人工按 0.9 万元/月,预估节余成本:4 个 ×0.9 万元/(月个数) ×2 月 =7.2 万元。

3. 社会效益

利用 BIM 技术在施工项目管理中的应用创新的推广得到了设计、业主及监理的高度认可,多次迎接扬州市交通行业同行企业观摩学习交流,也得到了扬州市交通局及交通质量监督站等单位高度认可。2019 年江苏润扬交通工程市政项目现场观摩交流会中本项目 BIM 技术管理为项目打造智慧化工地作为亮点展示并推广。

"和美绕城"书写安畅舒美新篇

苏州绕城高速公路有限公司

成果主要创造人:赵志良 于玲玲

成果参与创造人:葛继民 田亚东 俞红妹 李 亮 徐 琳

岳颖娜 张巩轶

苏州绕城高速公路有限公司(简称"绕城公司")成立于2002年10月17日,是一家按照现代企业管理制度组建的国有企业,主要经营苏州绕城高速公路通行费征收、与高速公路相关广告、商贸和加油站等业务。公司实行二级扁平化组织管理模式,下设9个职能部门,10个建制收费站,2个建制服务区,3个排障大队,3个路巡大队,1个稽查大队,现有员工1164人。

苏州绕城高速公路为苏州市域"一纵三横一环五射三联"高速公路网络中的"一环四射",是江苏省第一条低路堤,集景观、旅游、生态为一体的双向六车道高速公路,全长216公里(含代管的常昆高速公路)。由常嘉高速公路(G15W2)、苏绍高速公路(S9)、沪宜高速公路(S48)、沪常高速公路(S58)、太仓港南疏港高速公路(S81)、无锡支线(S83)六部分组成,设有互通出入口26个,服务区3个,枢纽9处,与沪宁高速公路(G42)、苏嘉杭高速公路(G1522)、沿江高速公路(G15)、苏嘉甬高速公路(G1521)共同构成了"覆盖全面,便捷高效"的苏州市域高速公路网。它的建成,进一步缓解了苏州过境交通压力,完善了区域干线公路网;进一步加强了苏州地区与上海、浙江等地的交通经济联系,促进了沿江经济产业带形成,推动了沿太湖旅游资源开发,对苏州地方经济社会发展作出了突出贡献。

一、"和美绕城"萌发

文化是一个行业最闪亮、最有魅力的金字招牌,承载着行业精神品格和理想追求,蕴含着发展后劲和比较优势。绕城公司自2004年10月28日开通营运以来,深刻认知企业文化重要性,高度重视企业文化建设,并通过一系列思考、探索和建设,形成了独具特色的"和美绕城"企业文化品牌。

(一)学习贯彻习近平新时代中国特色社会主义思想的实践要求

党的十八大以来,以习近平同志为核心的党中央在推进社会主义文化发展方面,形成了一套具有全局和长远指导意义的大智慧、大战略和大思路,党的十九大将文化自信的重要性提升到一个新的高度,构成了习近平治国理政思想体系中的一项重要内容。主要包括以"六个一"为主体内容的基本框架。一面伟大旗帜:高举马克思列宁主义、毛泽东思想和中国特色社会主义伟大旗帜。一个价值引领:培育和践行社会主义核心价值观。一个文化根基:弘扬中华民族优秀传统文化。一项战略任务:加强社会主义意识形态建设。一条发展道路:中国特色社会主义文化发展道路。一个奋斗目标:建设社会主义文化强国。对于绕城公司而言,深入学习践行习近平总书记关于社会主义文化建设、交通运输系列重要论述精神,认真学习领会习近平总书记关于加快建设交通强国、现代综合交通运输体系、加强交通运输安全生产治理等系列重要论述,为建设"三个绕城"提供理论支撑、营造浓厚氛围、强化转化运用具有高度的实践意义。

(二)进一步服务地方经济和社会发展、履行社会责任的现实要求

至2020年,苏州市高速公路通车总里程突破了598公里,里程居江苏省第一,高速公路路网密度达到

中等发达国家水平。苏州绕城高速公路的建成使得苏州所有街道(乡镇)15分钟上高速公路的目标基本实现,让苏州12个国家级开发区、5个省级开发区、6个综合保税区连线成网,更让苏州有了通江达海的完美跑道,它连接起了光福、天池山、穹窿山、太湖、东山、西山、同里、角直、周庄等众多名胜古迹和旅游风景点,仿佛一条璀璨的珍珠项链,把苏州吴文化和沿线的湖光山色展示在世人面前。它还用102公里的392座桥梁,将"小桥流水"的内涵进一步升华,有效保护了沿线水体和生态环境,更方便了群众出行。近16年来,苏州绕城高速公路全线年度车流量由300多万辆到数以亿辆计,尤其是2017年以来,绕城高速公路全线流量迎来了快速增长,年均增长超过19%。

一直以来,绕城公司用实际行动诠释了苏州交通人与祖国同呼吸、共成长的铮铮誓言,用担当作为诠释了交通人不负时代召唤、不负寸寸光阴的家国情怀。如2008年,在抗击百年一遇的特大雪灾中,组建了五支党员突击队有效应对,支援了各干线公路抗雪救灾工作。在令人悲痛的汶川地震中,绕城公司全体员工伸出援手、竭尽全力援助灾区,60名党员交纳特殊党费24200元。在2008年奥运盛会、2010年上海世博会、2012年中非民间合作论坛、2018年上海进博会等活动中,绕城公司都作出了应有的贡献,更参与见证了中华人民共和国成立60周年、70周年的壮丽新篇。相较于苏州绕城高速在地方经济和社会发展中的突出作用,以及社会责任的不断深入履行,绕城公司需要一个更加强有力的文化品牌支撑,积淀凝聚企业精神、体现服务本质、彰显责任使命的更基本、更深层、更持久的力量。

(三)高速公路行业改革创新、进一步推动高质量发展的目标要求

习近平总书记反复强调"交通基础设施建设具有很强的先导作用",深刻阐明了交通运输在国民经济中先导性、基础性、战略性和服务性的功能属性,提出了交通运输发展先行官的历史新定位。2019年5月16日,国务院办公厅印发了《深化收费公路制度改革取消高速公路省界收费站实施方案》。2019年9月19日,中共中央、国务院印发实施《交通强国建设纲要》。2020年4月16日,江苏省政府发布《交通强国江苏方案》。2020年7月25日,苏州市委召开会议,专题研究交通建设工作。强调苏州要积极构建"开放立体、创新高效、协调共享、便捷优质、绿色智能、安全经济"的具有苏州特色现代综合立体交通运输体系,为苏州建设独具魅力的"现代国际大都市、美丽幸福新天堂",为"人民享有美好交通服务"提供综合交通运输支撑。而放眼全球,以云、5G、AI、大数据等ICT技术为代表的"算力"与交通业务日渐深度融合,正在实现交通行业从"运力"时代进入"算力"时代的转变。与之相应的是2020年1月1日,苏州绕城高速淀山湖主线收费站正式取消,接入全国高速公路"一张网","自由流"时代全面到来。

面对新形势、新要求,面对制度、技术的不断革新,进一步探索实践高速公路行业在基础运营业态上的升级转型具有十分重要的意义。而企业文化是企业的灵魂,是企业管理最重要的内容,只有拥有了自己的企业文化,才能使企业获得更持久的生存、发展和壮大。绕城公司立足转型升级的业态基础,以新时代文化建设为航标,进一步传承交通"两路"精神,弘扬苏州"三大法宝",自觉打造行业内外高度认同、全体员工自觉践行的"和美绕城"企业文化,形成了一系列企业文化建设经验。

二、主要内涵和实施路径

企业文化是源远流长的,是企业发展的不断积淀,构建符合行业特色的"和美绕城"企业文化,是牢牢把握企业文化建设的着力点,需要明确的价值引领、内涵表达以及实施路径。

(一)因企制宜,深挖内涵,铸就"和美绕城"企业文化体系

1."和美绕城"主要内涵

绕城公司紧紧围绕"和美绕城"企业文化品牌,树立"安畅舒美、满意信赖"的品牌核心。她以自身优秀的服务和管理,打造具有鲜明特征的品牌,为远道而来的客人呈现富含空间张力与线条表现力的湖光山色,留下回味不尽的美好印象:道路平顺畅通、车行安全快速、服务亲和规范、生态绿色环保、景观通透自然、信息集约高效、管理规范有效、党建全面过硬,并不断丰富企业文化内涵,通过安全文化、服务文化、制度文化、道德文化、党建文化和廉洁文化的深刻实践,精心塑造服务苏州经济发展、服务大众交通

的窗口形象，展现了苏州城市精神，成为一张亮丽的城市名片。

在深挖内涵、系统总结的基础上，绕城公司提炼出“和谐、敬业、创新、卓越”的核心价值理念，“实干奉献、合智共进”的企业精神，“同筑绕城乐途、共享和美人生”的共同愿景，“服务至上、安畅致远”的使命。明确以“成为最美苏州一张亮丽的城市名片”为企业文化品牌理念，“以人为本、预防为主”为安全理念，以“用心服务、至真至诚”为服务理念，以“岗位成才、人尽其才”为人才理念，以“执行无借口、落实无折扣”为执行理念，以“精细降本、科技增效”为成本理念，并制定了经营者、管理者和员工的行为准则，充盈了企业文化内蕴。

2.“和美绕城”萌发因子

绕城高速公路首尾呼应，周而复始，体现了永不停息、和谐包容的文化气质。绕城公司在统筹整合了“四季歌文化”“向日葵文化”“竹林文化”的基础上，提炼、浓缩并培育形成了符合行业发展要求，又具有绕城特色的和谐文化。首先形成的是内部和谐，即以“个人和谐、家庭和谐、班组和谐、站区和谐、绕城和谐”为主要内容的“五和谐”，个人身心和谐为基石，家庭和谐为支撑，班组和站区和谐为纽带，绕城和谐为目标。再从管理上迈进一步，追求公司人、财、物的和谐、企业氛围的和谐，再到收费站、服务区、路巡大队、排障大队等之间配合的和谐，公司与协作单位间的和谐不断扩展延伸，深入每一个绕城人的心间。

随着苏州绕城和谐文化的生成发展，便自然外化出了和美文化的雏形和气质。苏州绕城如珍珠项链般闪亮美丽，一路行来，月月有花，季季有果，美不胜收，小桥划水剪荷花，两岸西风晕晚霞。美景之外，亦有美食，“更将荷叶包鱼蟹，老死江南不怨天”成了许多驾车而来食客的共同感言。而苏州绕城高速公路作为一条低路堤，集景观、旅游、生态为一体的双向六车道高速公路，堪称路美；苏州绕城人作为一个低姿态，集敬业、奉献于一身的服务性群体，秉持“用心服务、至真至诚”的服务理念、“三个一”的服务标准、“五心”的服务准则，感动了多少司乘人员，可谓人美。苏州绕城的“和谐且路美人美”的文化积淀便孕育出“和美”的内蕴。而今，“和美绕城”企业文化体系已经成为打造“和谐、规范、现代”绕城强有力的文化支撑。

3.“和美绕城”发展历程

2004年至2010年，苏州绕城高速逐段建设，逐段开通，形成了“一环四射”的格局。同时，苏州绕城公司的企业文化与服务理念在不断地酝酿和孕育。从“四季歌文化”到“向日葵文化”再到“竹林文化”，从“三和谐”到“四和谐”再到“五和谐”，从“三个一”服务标准到“五心”服务准则，从“三位一体”的贯标认证到以“现场管理”为基础的“标杆管理”，苏州绕城公司的管理举措不断丰富，窗口服务的业务技能和操作水平不断提升。这期间，义务献血、慈善募捐和志愿者服务等承担社会责任的举措，已经成为公司日常经营管理活动中的重要组成部分。

2011年，苏州绕城公司提出了以文化引领和谐绕城建设、以制度引领规范绕城建设、以科技引领现代绕城建设为内容的“三个绕城”建设。在“三个绕城”的框架下，文化品牌逐渐形成体系，并在工作中发挥着越来越重要的作用。苏州绕城公司先后开展了“安畅舒美行绕城，满意信赖在绕城”服务提升活动和“对标”行业先进的收费窗口文明服务提升活动，窗口服务的理念、规范、流程、文明用语、肢体语言不断优化。从服务品牌到文化品牌，“社会评绕城”的社会监督和评价机制不断完善，“和美绕城”的内涵不断丰富和延展，成为公司文化体系的代言。

2018年至今，随着“和美绕城”文化品牌的不断丰富和完善，如何更好地挖掘其潜在的社会作用，真正践行品牌理念，成为苏州绕城公司品牌建设的又一个课题。为此，苏州绕城公司从绕城高速所处的环境和需要承担的社会责任出发，提出以“和美绕城”文化品牌为依托，打造“珍珠项链”特色文化的发展思路。在新思路下，绕城高速如珍珠项链般将苏州周边的自然风景和人文景观串联在一起，打造独特的“高速+旅游”“高速+人文”“高速+区域特色”“高速+司乘文化”，为司乘提供“人在车中坐，车在画中行”的和美享受。

4."和美绕城"宣贯实践

软件上,公司在2016年8月24日颁布了阐述公司企业文化体系知识的专著《和美绕城,服务至上(苏州绕城企业文化手册)》后,开展了为期三年的集中宣贯和实践活动,将社会主义核心价值观编入企业文化手册,为党的十九大精神在基层落地生根提供支持。"五好站区""五型班组"建设持续推进,企业网站、"和美绕城"微信公众号、《苏州绕城》内刊成为企业文化宣贯的重要渠道,浓厚的企业文化氛围已孕育如林,员工对企业文化理念、内容、体系的了解、理解和认同也达到了新高度。

硬件上,公司结合实际,以"我们的节日"为主线,在春节、元宵、端午、中秋等传统节日期间开展喜闻乐见的活动,增添节日氛围,丰富节庆化;公司每年还组织一些传统的文体活动,如三八妇女春游踏青、五四青年联谊、七一系列活动、周年庆系列活动、和美绕城杯(登山、篮球摄影等)趣味运动会、服务礼仪表演竞赛、征文演讲比赛和员工书画才艺展等,切实丰富员工业余文化生活,承担企业责任,共享发展成果,凝聚使命担当。

(二)组织有序,全员参与,筑牢"和美绕城"企业文化根基

领导高度重视、工作机制完善、员工高度认同,是绕线公司企业文化建设的根基。

1.领导重视,组织有序

公司主要领导高度重视企业文化建设,亲自规划部署,督促落实推进。建立由公司党委书记、总经理负总责,公司分管领导具体负责,各职能部门负责人共同参与,各站区队协同配合的组织领导制度,公司党政联席会是企业文化建设管理的决策统领机构,党群工作部为企业文化建设管理的日常工作部门,形成了公司上下齐心聚力的工作抓手。

2.机制健全,措施到位

公司自创建伊始,就积极培育创建独具特色的企业文化,经过近几年的宣贯实践,通过制定《苏州绕城高速企业文化纲领》《苏州绕城高速企业文化愿景行动方案》《苏州绕城高速企业文化核心理念》《苏州绕城高速企业文化宣传布置方案》《苏州绕城高速子品牌文化搭建》等以保障企业文化建设的有序开展。每年制定公司精神文明创建工作计划,明确目标要求,落实方案行动,涉及企业文化建设所需人力物力财力,公司全力保证。

3.员工参与,集智广议

绕城公司企业文化在内涵和外延上具有鲜明的高速公路企业特色和苏州地域特点,且内容不断丰富,以满足员工自身发展需要、企业高质量发展需求和司乘人员对美好出行愿景。通过企业文化征集、企业文化理念要素采集、企业文化宣贯队伍组建与培训等举措,从企业文化访谈调研、理念研讨、知识竞赛、网上测评等不同维度,集智广议,引导全体员工广泛参与。实践证明,只有凝结全体员工智慧,充分发挥其参与者、创造者、实践者的角色,企业文化建设才有蓬勃生机。

(三)深度融合,突出特色,不断推动六大行为文化生动实践

多年来,绕城公司不断丰富企业行为文化内涵,结合公司经营业务和发展实际,不断推动安全文化、服务文化、制度文化、道德文化、党建文化和廉洁文化的生动实践。

1.以安全文化为抓手,深入宣贯安全意识

安全是公司发展永恒的主题,安全文化是企业文化的重要组成部分,是企业持续高质量发展的重要基础。绕城公司从安全物质文化、制度文化、理念文化、行为文化等方面入手,切实推进安全文化建设。

(1)安全物质文化

根据上级交通部门、高速公路行业管理等社会主体要求,绕城公司针对行业特点进行物质设施、装备的不断改进和完善,从硬件上加强安全程度。一方面,按照规定设置车道分界线、减速标线、振荡标线、导流线等,根据路网及时更新指示路牌,通过可变情报板、诱导屏发布文明行车及安全提醒等信息;2018年,实施了S58沪常高速甪直枢纽至苏沪省界淀山湖收费站段限速调整,并在全省率先实施了客

货车分车道限行限速项目，并在吴淞江特大桥、胥江特大桥等桥梁安装了太阳能助航标，减少了船只对桥梁碰擦、撞击的安全隐患。另一方面，要求员工规范使用安全服、安全帽、反光背心（马夹）等安全设备，在公司各部门、各站区队合理配置消防设施设备，首辆防撞缓冲车上路作业，为养护人员“压阵”。

（2）安全制度文化

绕城公司严格执行安全生产法律、法规、条例及有关的安全卫生技术标准等。经过15年的发展，现在已经形成了较为完善的各种安全规章制度、操作规程、防范措施、安全教育培训制度、安全生产管理责任制及遵章守纪的自律安全规章等。目前，公司安全生产标准化体系的基本框架已初步形成，标准化台账目录及内容已逐步明确，梳理、编制了68个岗位安全责任制、52个安全生产管理制度和操作规程，并进行修改和完善，使各项制度、操作规程内容更加科学，更加切实可行。与此同时，对照《高速公路运营企业安全生产标准化评价实施细则》中的100余项评分指标，进行16个台账分类整理工作。

（3）安全理念文化

绕城公司坚持“以人为本、预防为主”的安全理念，秉承“人民至上、生命至上”的工作准则，努力保障高速公路的行车安全，最大限度地减少和避免人员伤亡和财产损失。明晰安全理念渗透和安全行为养成的工作目标，积极推动管理人员践行有感领导，深度切入制度设计、责任落实和习惯养成过程，以情感人，以理服人，把“亲情化管理、人性化管理、合理化管理”运用到安全管理工作中。

（4）安全行为文化

绕城公司建立党委统一领导，班子成员各负其责，基层全面实施、职能部门协调配合，全员广泛参与的安全行为文化工作体系，齐抓共管，形成合力。目前在全公司范围内已形成了“遵守安全法规、执行安全标准、履行安全职责、遵守安全操作规程、学习安全技术知识、广泛开展安全文化主题活动”的安全行为文化体系。

2. 以服务文化为核心，多向践行服务理念

绕城公司以服务文化为企业文化核心，“用心服务、至真至诚”已经成为服务的流行用语、员工的工作口号。

（1）服务司乘

一是坚守“用心服务、至真至诚”的服务理念。绕城公司奉行“五心”服务准则，即真心、热心、专心、虚心和耐心，来体现对司乘人员一以贯之、始终不渝的热忱和关怀，如履薄冰、尽心尽力地维护好这一份信任，不辞辛劳、各尽所能地提升用心服务的境界。各窗口单位在重大节假日、流量高峰节点等结合实际需求设立便民服务台、志愿服务亭，为司乘人员无偿提供出行咨询、地图、开水、常用药品、修车工具等服务，并开展“走动式”服务，做好安全行驶提醒和文明交通文明出行宣传。公司各站区队每年都涌现出一批拾金不昧、助人为乐的好人好事，赢得了广大司乘人员和社会各界的一致好评，在每年组织的“社会评绕城”活动中，满意率始终在99%以上。

二是广泛开展优质文明服务提升活动。目前，绕城公司各窗口文明服务提升活动从试点阶段转入全面实施阶段，考评体系、激励机制不断完善，通过评选月度服务明星等方式，大大激发了员工参与活动的积极性，活动成果得到了有效的巩固提升。各收费站在文明服务提升活动的基础上正在积极开展“五优”收费文明服务专项提升活动。从“收费优、把关优、保畅优、服务优、形象优”等方面入手，充分调动全体收费人员的工作积极性和服务热情。2019年共1044人次获得服务明星称号。各服务区启动了文明服务提升活动，通过试行阶段的尝试和优化，进一步完善了服务标准，细化了服务规范，对各岗位的操作流程进行了重构，制订了有较强操作性的考评细则，服务区文明服务工作逐步进入新阶段。道路救援体系进一步优化，构建以排障队为现场指挥中心，以TOCC为信息中心的清障救援“双中心”制度，完成了东桥、北桥、巴城三个清障驻点的增设，清障救援30分钟达到率和60分钟抢通率有了明显的提升。

三是积极组织开展服务技能提升活动。公司大力开展岗位练兵、员工业务技能提升竞赛活动。近年来，先后打造了董瑶劳模工作室、顾玉凤打逃工作室、陈法树技师工作室、文明服务工作室和智能营运管理中心等，激发员工学先进、赶先进的创先争优热情，并在新员工教育培训、窗口文明服务、营运秩序

维护、QC 小组活动、开源节流等方面取得了突出成绩。如 QC 小组建设方面,公司的工程养护探索者 QC 小组的《超高段路面积水监测系统的研制》被确立为"2018 年江苏省优秀 QC 小组活动二级技术成果",淀山湖收费站 QC 小组被确定为"江苏省优秀质量管理小组",北桥收费站 QC 小组荣获"全国交通运输行业 2018 年度优秀企业管理小组的荣誉称号";此三个 QC 小组也全部获评"江苏省交通运输行业优秀 QC 小组"。

四是"司乘文化"建设成为窗口服务新亮点。绕城公司着重启动"司乘文化"建设工程,打造人、车、路协调发展的外部环境。广泛开展"礼仪驾驶,文明出行"主题活动,通过赠送印有文明出行的矿泉水、钥匙扣、绕城地图和讲解交通安全常识等服务,积极倡导规范文明行车理念,获得了司乘人员的广泛好评。此外公司将二维码技术运用于高速公路应急救援工作中,通过 4000 个二维码完成了对绕城高速全线的精确定位,突发事件下司乘人员报警的准确性得到了明显的提升,施救的精准度和交通事故处置率进一步提高。

(2)服务员工

员工是企业发展和竞争的重要财富,公司围绕"岗位成才,人尽其才"的理念,不断优化人才队伍建设,努力锻造一支"能干事、敢干事、会干事、干成事"的人才队伍,着力构建"快乐工作、幸福生活"的和谐企业氛围。

一是切实关心员工工作生活。公司为站区队添置电子阅览室、按摩椅、卡拉 OK 机、体育运动用具,使站区队工作和生活环境进一步改善。夏送清凉、冬送温暖、赠送生日贺卡和生日蛋糕,为夜班员工提供加餐服务,配备羊毛衫等,让员工无时无刻感受和美。加强"七五"普法宣传,强化法律专业管理人员的配置,开展法治培训活动,对员工普遍关心的工伤认定、履职过程中的风险防范等问题进行解答,对部分员工遇到的实际问题,积极开展法律援助服务。建立了企业帮困基金,为困难职工和突发事件造成困难的职工及时给予资助;逢年过节,公司领导班子按照联系点到困难家庭逐个登门拜访,送上慰问品及帮困金,使员工和家人充分感受到公司的关爱。

二是积极开展员工队伍建设。针对岗位对人才的迫切需求,公司有重点、有层次的开展各类教育培训活动。同时,依托于岗位交流、公开竞聘、挂职锻炼等举措,激发员工干事创业的积极性和主动性。近两年,公司累计组织开展培训 50 余期,共有 5500 余人次参与培训。干部队伍的架构也日趋向高学历、年轻化发展。

三是民主管理得到较好实施。公司通过开设领导信箱、落实党员领导干部联系走访群众、组织开展"四掌握,四走进"活动等举措,积极倾听员工心声,帮助解决员工实际困难;每年召开职代会,落实员工提案工作,就员工关心的热点、难点问题,公司领导与员工面对面沟通和协商,员工对企业管理的知情权、参与权和监督权得到了切实有效的保障。

3. 以制度文化为保障,不断提升管理水平

企业文化是让员工内化于心、外化于行的过程,通过制定符合实际的制度,来发扬优秀企业文化。在企业文化建设中,绕城公司在通过"三位一体"管理体系国家认证的基础上,不断加强管理水平建设,公司制度文化得到进一步的规范和提升。

(1)夯实管理制度

逐步建立起了自动化办公、养护与营运管理、人力资源管理、财务管理等系统,制定完善了包括工程、营运、人事、财务管理等 66 项制度,持续推进"三标一体"贯标工作和"内控"体系建设双融合。坚持用制度文化潜移默化的影响、规范员工行为,树立良好的工作作风。

(2)加强管理规范

进一步厘清部门职责,构建权责更为清晰的组织架构,保障各项工作的有序开展。着重建立了《风险与机遇控制程序》,梳理法律法规目录 82 部,建立了较为完整的法律法规清单。对 260 余条规范性条款进行了法律符合性评价,基本形成了有效的法律法规符合性评价机制,为公司依法依规开展各项经营管理工作奠定扎实基础。根据企业经营管理的需要,绕城公司对原有的绩效考核体系进行了优化完善,

构建了科学合理,评价系统的二级考评体系,将全员纳入绩效考评体系中。充分发挥稽查大队的作用,查漏补缺,配合好职能部门开展考核工作,各级评价体系得到较好的梳理和落实。

(3)注重日常管理

在日常管理中,公司扎实推进准军事化管理和6S现场管理,营造安全、整洁、统一、优美的工作、生活和服务环境。

4. 以道德文化为引擎,夯实坚守信仰基石

“和美绕城”在道德文化层面体现为“路美人和”,绕城公司从塑造全体员工良好形象、加强职业道德建设入手,以道德文化建设为引擎,提振精气神。

(1)营造道德文化氛围

一方面依托内刊、微信公众号以及宣传橱窗、宣传栏、宣传展板等渠道,在员工中间广泛开展社会主义核心价值观等宣传教育;另一方面在户外广告设施、可变情报板、收费亭灯箱广告等平台上开展面向社会的文化风尚、道德公益宣传,共设置讲文明树新风、社会主义核心价值观和政治宣传类广告等公益广告230幅,多角度、全方位地营造浓厚的道德文化,并使之内化为广大职工的精神追求,外化为广大职工的自觉行动。

(2)加强思想道德教育

绕城公司倡导全体员工从我做起、从小事做起,大力践行社会主义核心价值观,广泛开展理想信念教育,深化中国特色社会主义和中国梦宣传教育,弘扬民族精神、时代精神、新时代交通精神和伟大抗疫精神。通过进一步建立完善职工思想政治工作制度,健全公司思想政治网络,加强思想政治工作骨干队伍建设,改进思想政治教育工作方法和手段,每季度开展道德讲堂、劳模讲堂等思想道德教育活动,切实增强思想道德建设工作的主动性、针对性和有效性。

5. 以党建文化为引领,充分发挥“党建+”效用

绕城公司以“抓党建、创品牌、促发展”为党建建设思路,绽放出“先进高速、锋行绕城”党建品牌之花,相继实施“一支部一品牌”、支部书记工作室、党员群英谱等项目,开展“海棠花红”先锋阵地及行动支部建设,切实推行“1+N”党建合作共建模式,与苏州大学马克思主义学院创新校企党建合作新模式。绕城公司不断强化思想引领、树立理想信念、严格落实党内政治生活制度、做好党员日常学习教育管理、选树党员和基层组织先锋、健全党内激励关怀帮扶机制、营造党建文化阵地可视化可感化氛围、规范党工团活动平台等,以党建文化为引领,不断丰富和美绕城企业文化,做好企业精神文明创建工作。

6. 以廉洁文化为切入,切实营造风清绕城

廉洁文化是企业实现改革发展的“精神指南”和“文化灯塔”,在企业发展过程中发挥着极具特色的重要作用,一旦植根于每一名职工心中,就会形成内在有力的约束,进而提升企业的核心竞争力。近年来,公司大力提升廉洁文化建设水平。

(1)强化廉洁文化思想教育

公司把坚定理想信念作为党的思想建设的首要任务,教育引导全体党员牢记党的宗旨。开展“不忘初心、牢记使命”主题教育、解放思想大讨论和解放思想、开拓创新、担当作为主题活动等。加强对国家法律、党纪党规、从政道德和社会公德知识的经常性学习教育。公司结合《监察法》和《中国共产党纪律处分条例》学习教育,切实引导公司广大党员干部正风肃纪、勤奋工作。

(2)营造廉洁文化浓厚氛围

在醒目位置,设置勤廉文化宣传专栏、橱窗,以文字、图片等形式,广泛宣传廉洁知识和勤廉文化动态。开设企业微信公众号“廉洁教育”专栏,节前发布廉洁提醒,同时定期推送廉政要闻、警示案例、廉洁文化等信息,把严肃的内容,用形象生动直观的方式传递给广大职工。

(3)创新廉洁文化活动载体

组织观看廉洁警示教育片、勤政、廉洁读书和廉洁文化文学和摄影作品征集活动等,并通过座谈讨

论、专题党课、写心得体会,为实现高质量发展蓄积了廉洁力量。

(四)突出特色,追求卓越,挖掘"和美绕城"企业文化品牌

如果说企业文化的内涵能够潜移默化地影响员工成长、企业壮大,那么企业文化的品牌则能够汇聚力量,彰显企业特色,反哺地方经济社会发展。绕城公司在企业文化建设过程中,高度重视企业文化品牌提炼和打造。通过近几年的深刻实践,相继形成了"锋行绕城"党建文化品牌,"绕城驿家"工会服务品牌,"绕城微笑"志愿服务品牌。

1. 打造"先进高速,锋行绕城"党建品牌

以"党员突击队""一支部一品牌""支部书记工作室""1 + N"党建联建、"海棠花红"先锋阵地和"行动支部"等为载体,不断营造党建文化建设氛围。以"1234"落实为主线:一个承诺即党员承诺固化清单二个责任,即联系身边人,做好手头事。三个引领,即模范引领、典型引领、示范引领四个合格,即政治合格、执行纪律合格、品德合格、发挥作用合格。

2. 打造"绕城驿家"工会服务品牌

以"职工驿家"为基础,升华服务员工和司乘内涵。截至目前,绕城公司已建成天池山、甪直、甪直南、西山、东桥、张浦、双凤、渭塘、黄埭收费站等9个"绕城驿家"。"绕城驿家"以服务一线职工和过往司乘为功能定位,按功能分为休息区、洗漱区和用餐区三个区域,配备了空调、电冰箱、微波炉、饮水机、桌椅等设施,突出细节关爱,提供一站式服务。"绕城驿家"24小时免费对外开放,为司乘人员提供道路咨询、政策解答、应急救助等志愿服务,并充分发挥其作为休息室、宣传站、连心桥的作用,使之成为展示"和美绕城"企业文化品牌的一道亮丽风景。近年,在"驿家"原有功能的基础上,一方面增加礼仪培训相关内容,请专业礼仪培训老师,从衣服穿着、言行举止、站立坐姿等方面讲授公共服务中的礼仪知识。另一方面增加"心灵驿站"的功能,为职工提供心理咨询、个体心理辅导、团体辅导、小组活动等专业的心理咨询服务。

3. 打造"绕城微笑"志愿服务品牌

"绕城微笑"志愿服务队组建于2004年,现人数已达570人,在"奉献、友爱、互助、进步"志愿精神指引下,立足公司、面向社会,常态化开展"学雷锋"、义务献血、慈善募捐、走访敬老院、帮扶困难社区及群众等服务活动,专项开展收费保畅、文明创建、抗击冰雪等形式多样的突击行动,每年累计服务时间超过3万小时。2016年至今,绕城公司组织各类捐款累计约20万元,共有691人次参与无偿献血19.62万毫升,据不完全统计,近16年来,绕城公司献血量超过60万毫升,其中一名同志献血量超过7000毫升,近20名同志献血量超过4000毫升,自2011年起连续八年获评为"苏州市无偿献血促进奖"。先后荣获"江苏青年志愿者服务春运暖冬行动先进集体""苏州市优秀志愿服务组织""苏州市十佳巾帼志愿者团队"等荣誉称号。

三、企业文化建设的硕果和前瞻

多年来,通过积极开展具有特色的"和美绕城"企业文化建设和品牌打造,绕城公司精神文明、政治文明和物质文明建设协调发展,得到了各级领导、社会公众的充分肯定。通过历年实践,取得了令人瞩目的成绩,先后荣获了"全国用户满意工程先进单位""全国模范职工小家""全国巾帼文明岗""全国工人先锋号""江苏省文明单位"(2016年起连续两届获评)"江苏省文明样板路""江苏省交通行业和谐企业示范基地""江苏省五一劳动奖状""江苏省青年文明号""江苏省五四红旗团支部""江苏省交通运输系统先进集体""江苏省交通运输文化建设示范单位""江苏省交通运输行业先进基层党支部""江苏省交通运输行业十佳诚信单位""苏州市文明单位"(2006年起连续四届获评)"苏州市先进基层党组织""苏州市标兵行动支部""苏州市五四红旗团委"等百余项国家级、省部级和市级荣誉称号,社会知名度和美誉度不断提升。

近年来,绕城公司涌现出一大批获得市级及以上荣誉的先进个人,其中,2人获评"江苏省劳动模

范",3人获评"苏州市劳动模范"和"五一劳动奖状";1人获评"全国交通技能能手",9人获评"江苏省交通技术能手";1人获评全省交通运输行业"两聚一高"擎旗手称号,2人粉笔获评江苏省交通运输行业"优秀共产党员"和"先锋模范党员"。

"和美绕城"也正在书写着绕城公司安畅舒美的发展新篇。2016年1月1日至2020年8月31日,绕城高速公路全线出入口总流量为50329.06万辆(其中绕城48381.44万辆,日均28.4万辆,常昆高速公路1947.62万辆,日均1.14万辆),平均日出入口流量为29.54万辆。其中出口流量为25199.36万辆,入口流量为25129.70万辆。实收通行费为86.96亿元(其中绕城82.35亿元,日均473.28万元,常昆高速公路4.61亿元,日均26.49万元),平均每日499.77万元。拆分通行费为69.99亿元(其中绕城62.53亿元,日均366.96万元,常昆高速公路7.46亿元,日均43.80万元),平均每日410.76万元。公司未发生因工重伤、死亡责任事故、火灾责任事故、因管理不善造成的财产失窃事件(5000元以上)、收费系统人为网络病毒事故、食物中毒(5人以上)以及重大影响的稳定事件。根据最新检测评定数据,全线公路技术状况指数MQI为96.86,路面PQI为95.68(PCI 95.90,RQI 95.32,RDI 96.34),路基SCI为99.39,桥隧构造物BCI为100,沿线设施TCI为99.29。一、二类桥梁比例100%。

下一步,绕城公司将在"和美绕城"企业文化的建设中,让党旗高扬,让安全同行,让服务更优,让制度落实,让道德标杆,让廉洁更美,在思想大解放的时代大潮中,为深入实践"三个绕城""交通强国示范先行区""交通强国"提供新动能,为苏州勇当"两个标杆"、落实"四个突出"、建设"四个名城",争做"强富美高"新江苏排头兵作出新贡献。

创新船舶污水管理　推动长江生态保护

江苏通沙汽渡有限公司

成果主要创造人:朱广明　陈松涛

成果参与创造人:陈　兵　薛　军　耿拥民　陆霄舟　朱祥飞　郭　蔚

江苏通沙汽渡有限公司于1984年成立,现为江苏交通控股有限公司旗下生产性企业单位。经过35年的发展,逐步确立以汽车渡运、港口装卸和沥青研发储销三元并进,专业发展的方向。

渡运管理公司是通沙汽渡有限公司内设的分公司,负责具体汽车渡运业务的管理。公司拥有8艘大型汽车渡轮,管理南通、张家港各1个码头管理站,日渡运能力10000辆次。2019年安全开航73892航次,渡运车辆190.75万辆次,行费收入1.32亿元。

渡运管理公司内设"三部一室",即综合部、安全质量部、机务管理部、调度室。综合部主要负责行政综合、用工分配等工作,安全质量部主要负责海务管理,指导两站渡轮安全工作;机务管理部主要负责机务管理,指导渡轮轮机部工作;调度室主要负责渡运生产的调度指挥和渡运经营管理。

渡运管理公司恪守"为客户创造便捷,为客户创造价值"的社会使命,坚持以信息化推进管理科学化,以体系化推进管理规范化,各项工作处于行业领先位置。通沙汽渡有限公司担任江苏省轮渡协会副会长,参与江苏海事局组织的《江苏省渡口渡船管理办法》的调研和起草。国家海事局授予通沙汽渡安全诚信公司称号,被江苏交通控股公司(党委)表彰为2017年度先进基层集体,2016年度、2018年度先进基层党组织。

一、实施背景

(一)外部环境

(船舶生活污水:船舶生活污水主要是指由船员、旅客以及船舶所载动物任何形式的厕所和小便池的排出物和其他废物。)

加强船舶污染防治是修复长江生态环境的重要内容。为了保护内河水域生态环境,国家新颁布了《船舶水污染物排放控制标准》(GB 3552—2018),该标准参照国际海事组织(IMO)污水处理装置国际排放标准制定,对船舶生活污水的排放提出了更高的要求。《船舶水污染物排放控制标准》对经处理过的船舶污水排放规定了9条硬指标,见表1。

船舶生活污水污染物排放限值(三)　表1

序号	污染物项目	限　值	污染物排放监控位置
1	五日生化需氧量(BOD_5)(mg/L)	20	生活污水处理装置出水口
2	悬浮物(SS)(mg/L)	20	
3	耐热大肠菌群数(个/L)	1000	
4	化学需氧量(COD_{Cr})(mg/L)	60	
5	pH值(无量纲)	6~8.5	
6	总氯(总余氯)(mg/L)	<0.5	

续上表

序号	污染物项目	限　　值	污染物排放监控位置
7	总氮(mg/L)	20	生活污水处理装置出水口
8	氨氮(mg/L)	15	
9	总磷(mg/L)	1.0	

该标准贯彻《中华人民共和国环境保护法》《中华人民共和国水污染防治法》《中华人民共和国海洋环境保护法》《中华人民共和国防治船舶污染海洋环境管理条例》等法律法规,保护环境,防治污染,促进船舶水污染物排放控制技术的进步,推进船舶污染物接收与处理设施建设,推动船舶及相关装置制造业绿色发展。

(二)内部环境

渡运管理公司渡运航线处于南通港水域管制段,属于内河一级水污染管控水域,虽然渡运管理公司所有的渡轮早就安装了生活污水处理装置,但对照新标准,排放仍不达标(经调研东南大学、南京林业大学,国内污水处理装置目前都处于这个状况),该污水处理装置在应用中主要存在如下问题:

①污染物排放限值达不到新《标准》规定限值;

②装置通过化学、生物方法处理过程中,难免存在臭气外溢,影响在船顾客休息。

(三)领导作用

在目前渡轮污水处理装置处理能力无法达到国家排放标准,不适环境需求的情况下,领导高度重视,及时整改调整工作思路,要求对污水处理问题要细化清单,落实方案,夯实责任,明确要求,确保有结果。特别强调:

①可以通过 QC 工具来分析和解决问题,按照 PDCA 程序进行,调整好解决问题思路的逻辑性,运用新工具来解决老问题。

②船舶污水处理问题一直存在,原先是通过:污水收集—投药处理—直排水体这个老模式进行的。而老模式容易出现很多问题,比如:排污设备的更新换代、排放标准的不断提高和船舶的违规排放等,思考是否可以通过新模式进行解决问题。

③力争走在船舶行业的前端,通过建立新的污水管理标准,树立污水排放标准,引领整个船舶行业规范污水管理。

④要深刻理解"绿水青山就是金山银山"理念的科学内涵,要维系好经济发展与生态保护的关系,在为大家创造渡运便利的同时也要保护好"母亲河"长江的生态环境。

为此渡运管理公司通过多种途径进行了多次研讨。始终对照"六个坚定不移"要求,坚持问题导向、注重学用结合、抓好成果转化,通过科学的方法、有力的措施、务实的作风,把讨论活动引向深入,为助推船舶污水管理工作提供了坚强的思想保障。

公司最终讨论提出:能否通过借鉴飞机、高铁火车厕所污水处理原理,研制一种生活污水集排装置,解决向长江不达标排放问题,切实保护长江水体环境?

二、成果内涵和主要做法

(一)成果内涵

渡运管理公司通过查新内容分析、提炼创新思路借鉴了飞机、高铁火车厕所污水处理原理,研制出现在的生活污水集排装置,解决向长江不达标排放问题,切实保护了长江水体环境。

该装置的设计方案包含三个主要功能:收集功能、排放功能和防腐功能。在收集功能的方案选择上,在渡轮舵桨舱用 Q345 钢材制作一个容积为 12 立方米的长方体收集柜,柜体采用壁厚 6 毫米、加强筋 50×50 毫米角钢,加强其强度;并在柜体上安装液位报警装置,采用的是电极式液位开关。在排放功能的方案选择上,采用两台 CWF30-25-7.5 型号的粉碎泵安装在收集柜底部,泵组的控制方式为自动,实现自动切换和停止功能;排岸接头采用国际标准通用接头,且连接用排水管路均为8毫米镀锌无缝钢管。在防腐功能的方案选择上,考虑到到施工方便减少装置的质量,决定使用两层环氧防腐漆(JL831黑棕沥青船底防锈漆),并给管路镀锌的同时加装冲洗系统,来进一步提高该装置的防腐性能。

渡运管理公司根据方案,明确目标、制定对策、落实措施和效果检查,打破船舶污水自行处理再排入长江的传统处理方式,成功实现了通过收集柜收集船舶产生的生活污水,集中贮存后用粉碎泵将收集的生活污水通过排岸接头和管路排放上岸,进入城市污水管网,向长江"0"排放目标。同时在制作和设计过程中实现了与渡轮加装柴油的周期相匹配,完全不影响正常的渡运生产。

该装置可以根据各类船舶不同的吨位、功能和靠泊周期,制作不同储量的生活污水收集柜,可以满足不同条件下生活污水的收集处理与排放,该装置不仅可以运用到渡轮船舶上,其他运营船舶或长时间无法靠泊的水上设施均可应用,同时也适用于容易产生各种污水无法直接排放的路用设施,应用前景相当广泛。

(二)主要做法

1.污水管理新要求

渡运管理公司在研讨中明确要求,并提出了适合长江内河船舶的管理目标:

①要求:有效收集处理渡轮日常所产生的生活污水;减少臭气对旅客的影响;向长江"0"排放污水。

②目标:研制一种生活污水收集、排放装置,代替现有的生活污水处理装置,让污水纳入城市污水管网,实现向长江"0"排放目标。

2.污水管理新探索

渡运管理公司对飞机、火车生活污水收集排放装置相关产品及文献进行网络查阅,并进行学习探索:

①未查到飞机污水收集、排放专利、论文;

②查到《Z17、Z18次直达列车抽污排放及处理系统的设计解析》及图片(百度网,见图1)及《一种列车厕所污物储运后能快速自动对接排放的处理装置》(中国知网,见图2、图3),两个论文对渡运管理公司研究课题具有参考借鉴意义。

图1　百度文库搜索

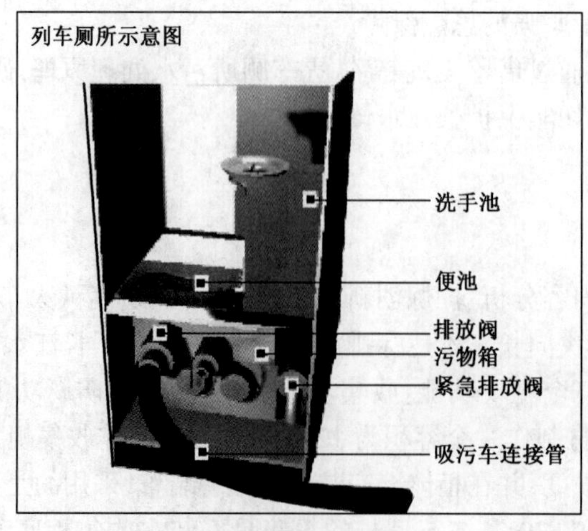

图2　列车厕所示意图

CNKI中国知网
www.cnki.net
中国知识基础设施工程

中国专利数据库（知网版）

知网节

一种列车厕所污物储运后能快速自动对接排放的处理装置

【申请号】	CN200720177347.9	【申请日】	2007-09-14
【公开号】	CN201102550	【公开日】	2008-08-20
【申请人】	何国苗	【地址】	322203浙江省浦江县岩头镇岩头陈8区45号
【发明人】	何国苗		
【国省代码】	33		
【摘要】	一种列车厕所污物储运后能快速自动对接排放的处理装置,其半圆形 的不锈钢蹬便器的圆心上,安装一根中轴,并在半圆不锈钢蹬便器内安装 一块压板。中轴的外头转轮上连接一条拉丝,拉丝的另一头连接于厕所门 上。不锈钢蹬便器的排污口与储污箱的接污口相连接,储污箱的排污口用 软管连接在升降吻接装置吻接面板的排污管口上。吻接面板上有长条形带 圆角的压缩气吻口、冲洗水吻口和排污口。污物输送管道安装在两铁道之 间,面板比较平整,有直线排列较密匀称的圆形排污出口、压缩气出口和 冲洗水出口,在每只压缩气出口和冲洗水出口上,都独立安装一只压感阀 门,达到列车厕所污物自动对接后快速排放冲洗的目的。		
【主权项】	1. 一种列车厕所污物储运后能快速自动对接排放的处理装置,由吻接面板(1)、排污口(2)、排污管道(3)、压缩气吻口(4)、压缩气出 口(5)、冲洗水吻口(6)、冲洗水出口(7)、电机(8)、吻接器(9)、蜗杆、 蜗轮(10)、压感阀门(11)、齿条吻接杆(12)、压缩弹簧(13)、行程控制 开关(14)、电磁阀开关(15)、储污箱(16)、单向阻回阀(17)、冲洗口(18)、 压缩气进口(19)、电磁阀门(20)、不锈钢蹬便器(21)、中轴助动轮(22)、 压板(23)、水阀门(24)、阀门压板(25)、厕所联合拉丝(26)、管道接污 口(27)、拉簧(28)、排污连接软管(29)、橡胶密封垫(30)所组成,其特 征在于:排污管道(3)安装在两铁道之间,排污管道(3)上的管道接污 口(27)、压缩气出口(5)和冲洗水出口(7)都直线等距离规则排列,都独 立安装一只压感阀门(11)。		
【页数】	15		
【主分类号】	B61D35/00		
【专利分类号】	B61D35/00		

图3　中国知网

3. 污水管理新思路

(1)根据查阅内容分析

《Z17、Z18次直达列车抽污排放及处理系统的设计解析》及《一种列车厕所污物储运后能快速自动对接排放的处理装置》的技术原理基本一致。

收集装置:在列车每节车厢的厕所下方位置,各独立设置一只集便箱,容积0.5立方米左右,集便箱的上方开一只进污口,一个压缩空气进口(其上安装一块单向阻回阀门),当厕所内蹲便器排污时产生一定压力后,使单向阻回阀门打开向集便箱内排放。

图4为列车抽污排放系统装置组合图。

排放处理:车载污水抽吸装置管道阀门与列车集便箱阀门对接,用污水泵将集便器污水抽入车载污水容器,再转排入地面污水处理装置或市政污水管网(图5)。

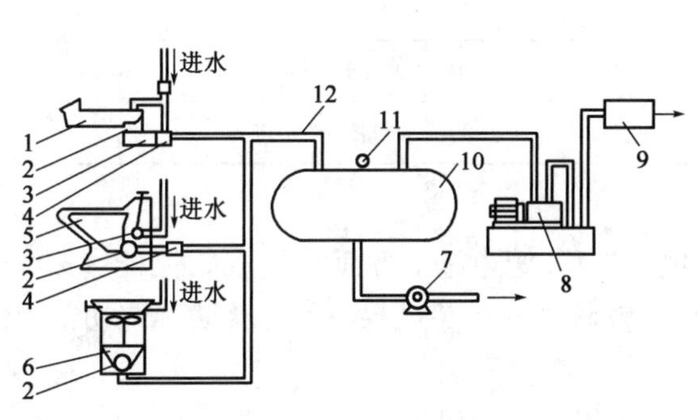

图4　列车抽污排放系统装置组合图

1-真空蹲便器;2-真空界面阀;3-真空控制阀;4-真空隔离阀;5-真空坐便器;6-破碎-真空抽吸器;7-强力排污泵;8-真空泵;9-除臭过滤器;10-真空罐;11-真空监测表;12-真空管道

图5　排放处理

(2)提炼创新思路(表2)

列车污水收集排放技术理原理借鉴表　表2

内　　容		可否借鉴	思路借鉴和延伸
处理方式	收集	√	充分利用船舱空间,收集柜扩容,存储时间更长,利用船舶停靠期间处理一次(至少7天)
	暂时储存	√	
	每班次处理一次	√	

续上表

内　容		可否借鉴	思路借鉴和延伸
装置构成要素	污水收集箱	√	增大污水收集箱,选择承载大容量污水箱体形状及材质
	真空泵	×	取消
	粉碎泵	√	增加大功率粉碎泵
	各类管道、阀门	√	根据污水排放流量设计,增加透气阀
	污水收集车及罐	×	取消
排放目标	地面"0"排放	√	直接排入市政污水管网,实现"0"排放

渡运管理公司借鉴列车污水处理模式提出了本课题思路:

①收集功能:制作一个一定体积的收集柜,安装在船舱内。

②排放功能:能够与岸基管路对接,通过机械输送,具备一定流量和扬程要求以提高效率。

③防腐功能:通过加厚板材、后期防腐处理及设计冲洗系统,保证设备寿命。

同时渡运管理公司设想了所需要的生活污水收集排放的工作示意图,如图6。

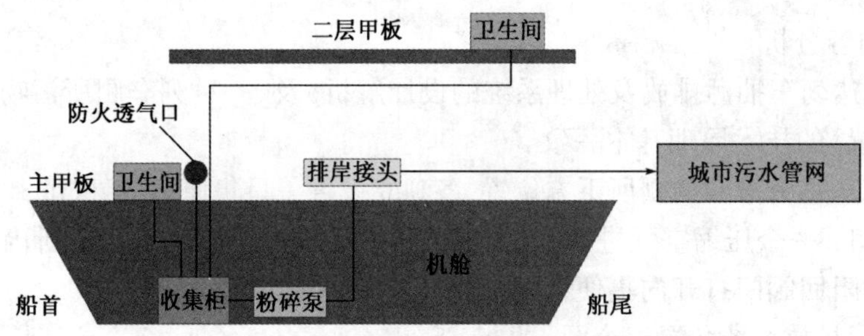

图6　船舶生活污水收集排放示意图

4. 管理方案可行性

数据分析比对见表3。

数据分析比对　　表3

列车污水收集排放装置	轮渡生活污水集排装置
生活污水向地面"0"排放	生活污水向长江"0"排放

能力、资源分析:

①渡运管理公司技术力量雄厚,成员有船舶修造、电气工程、管道施工方面的专业人才,能够熟练运用CAD制作三维立体图、焊接零件部件和进行机械加工,曾研制的相关成果有"舵桨防缠绕切割刀的研制""增加发电原动机江水泵使用寿命"等。

②通沙汽渡有限公司提供专项资金六万元,为项目实施提供资金保障。

③渡运管理公司码头污水排放已经接入城市污水管路,船舶靠岸后船上生活污可直接接入城市污水管网,省去污水处理接驳车辆,可保障污水处理无后续问题。

渡运管理公司由此分析,实现"0"排放可行。

5. 污水管理总体方案

根据之前的借鉴分析,渡运管理公司决定在渡轮上制作一个收集柜,收集船舶产生的生活污水,集中贮存后通过泵和管路将收集的生活污水排入城市污水管网(图7)。

针对确定的课题和目标,渡运管理公司对设想方案进行了细化,并绘制了树图8加以细化。

(1)收集装置

渡运管理公司确定收集装置细化方案,如树图9。

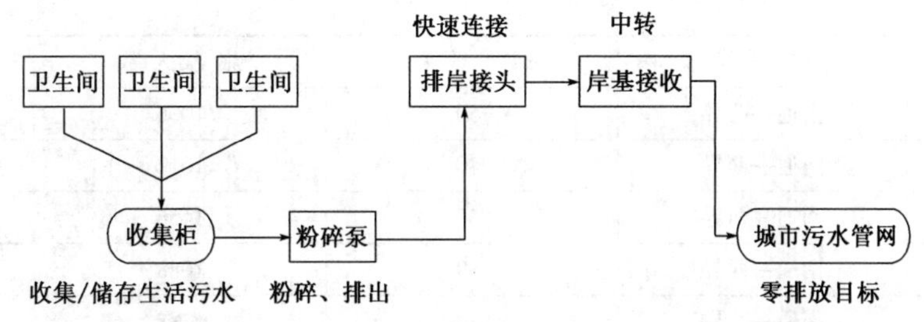

图7 总体方案流程图

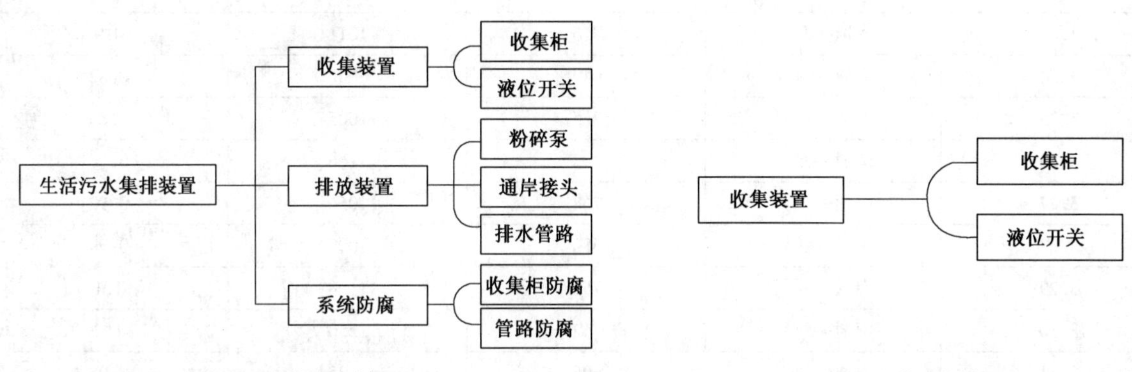

图8 设想方案树图

图9 细化方案树图

①收集柜方案

收集柜是用来储存船上生活污水的设备,设计收集柜要从满足他的使用功能进行。为此,渡运管理公司确定收集柜细化方案,如树图10。

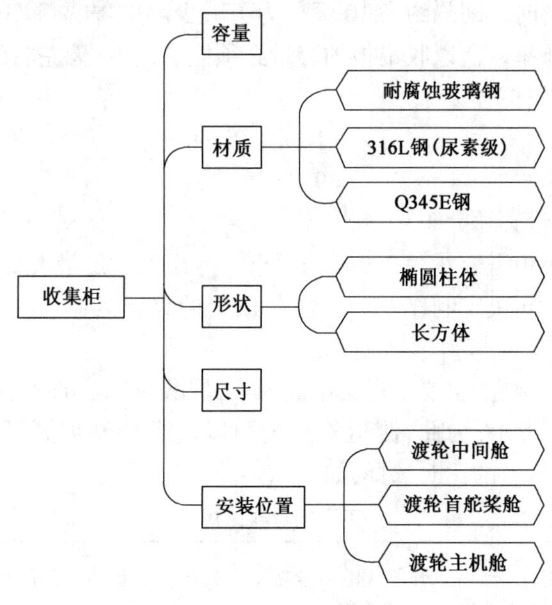

图10 确定方案树图

A. 容量

渡运管理公司对渡轮生活污水日排放量进行了统计,如表4。

生活污水日排放量统计 表4

日 期	航 线	载车辆数	旅客人数	排放污水量(m^3)
3.15	南通—西界	797	1105	0.88
3.16	南通—西界	815	1322	1.1

续上表

日　期	航　线	载车辆数	旅客人数	排放污水量(m^3)
3.17	南通—西界	750	1006	0.85
3.18	南通—西界	780	1012	0.89
3.19	南通—西界	850	1456	1.2
3.20	南通—西界	789	1088	1.1
3.21	南通—西界	820	1288	1.2
3.22	南通—西界	635	952	0.95
3.23	南通—西界	756	1011	0.9
3.24	南通—西界	649	988	0.82
3.25	南通—西界	725	1005	0.83
3.26	南通—西界	802	1166	0.96
3.27	南通—西界	768	1056	0.92
3.28	南通—西界	688	1009	0.99
3.29	南通—西界	752	1158	1.1
3.30	南通—西界	752	1256	1.2
3.31	南通—西界	696	1125	0.98
合计				16.87
平均				0.99

经统计,渡轮平均日产生生活污水 0.99m^3,最高日产生生活污水 1.2m^3。

通过调查,渡轮补充燃料时间间隔约为 10 天。为了减少船舶停靠频率,排放生活污水和补充燃料可同时进行,以保证渡轮在航率。所以收集柜的容量必须能满足 10 天左右的存储要求。通过统计表的调查统计结果可以计算出收集柜容量 :

$$
\begin{aligned}
V &= 10 \times 0.99\text{m}^3 \\
&= 9.9\text{m}^3
\end{aligned}
$$

因此所制作的收集柜容量必须大于 9.9m^3。

结论:通过计算得出收集柜需容量为 9.9m^3的要求。考虑到满足最大日产生量 1.2m^3 的要求,尽量留有一定的余量,渡运管理公司决定制作一个容量为 12m^3的收集柜。

B. 材质

众所周知,人体便液的腐蚀性,主要是指其中的尿素,尿酸对构建的腐蚀性,为湿性腐蚀。一般腐蚀速率 V 以每年的腐蚀深度来表示,为此,渡运管理公司以这个特性展开了对耐腐蚀玻璃钢、不锈钢、316L 钢(尿素级)、Q345E 钢材料的比对选择,如表 5。

不同钢材料比对　　表 5

<table>
<tr><td>方案需求</td><td colspan="3">1. 结构稳定,具有一定的强度(屈服强度高、拉伸破坏力大、弹性变形小、抗一定的冲击负荷)
2. 有一定耐高温性和抗高温变形能力
3. 有一定耐腐蚀性,有一定使用寿命
4. 价格适中</td></tr>
<tr><td>方案分解</td><td colspan="3">材质 → 耐腐蚀玻璃钢 / 316L钢(尿素级) / Q345E钢</td></tr>
<tr><td>待选材质</td><td>耐腐蚀玻璃钢</td><td>316L 钢(尿素级)</td><td>Q345E 钢</td></tr>
</table>

续上表

数值来源及依据	百度网:《玻璃钢与不锈钢对比报告》《玻璃钢的性能特点》	百度学术:《金属材料的耐腐蚀性能》《尿素合成塔腐蚀缺陷的产生及对策》、万方数据:《浅析尿素合成塔腐蚀原因及预防措施》	
价格(元/m^2,厚 5mm 价)	280	900	220
腐蚀速率(V)	其主要成分是环氧气天然树脂等,具有良好的耐腐蚀性,在 10% HCl、10% H_2SO_4, 10% HAc、10% NH_3、10% H_3PO_4 和 30% Na_2CO_3 中可以用两年;但因为玻璃钢的特别性,直到现在国内尚未制订一统的耐腐蚀性能测试办法	0.0003 ~ 0.003	0.003 ~ 0.031
耐高温性	≤100℃	≤1000℃	≤1400℃
屈服强度(N/mm^2)	无指标	170	235
抗拉强度(N/mm^2)	290.77	485	400 ~ 520
弹性模量(E\GPa)	20.6	206	206
比较分析	优点:耐腐蚀性好,可设计性强,质量轻 缺点:玻璃钢的刚性不足,容易变形;耐温性差;不能在高温下长期使用	优点:在大气和一般介质中具有很高的耐腐蚀性,硬度强,抗压性好 缺点:焊接难,容易出现焊缝发黑疏松、焊缝区腐蚀、气孔、垢下腐蚀等	优点:硬度较高,抗压性较好 缺点:价格较高,重量较重
结论	不采用	不采用	采用
结论:通过咨询,选择 Q345E 船用钢材,并内部做防腐处理增强耐腐蚀性			

C. 形状

渡运管理公司提出椭圆柱体、长方体两种方案,选择过程如下:

根据容积,计算表面积,并进行比较(表6)。

表面积计算比较　　表6

<table>
<tr><td colspan="2">方案需求</td><td colspan="2">选择方便制作,适合在船舱安装的柜体形状</td></tr>
<tr><td colspan="2">方案分解</td><td colspan="2">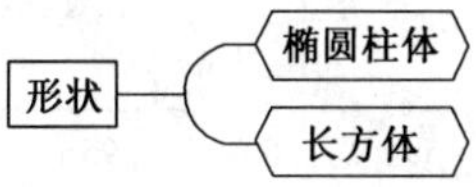</td></tr>
<tr><td colspan="2">待选方案</td><td>椭圆柱体</td><td>长方体</td></tr>
<tr><td colspan="2">形状</td><td>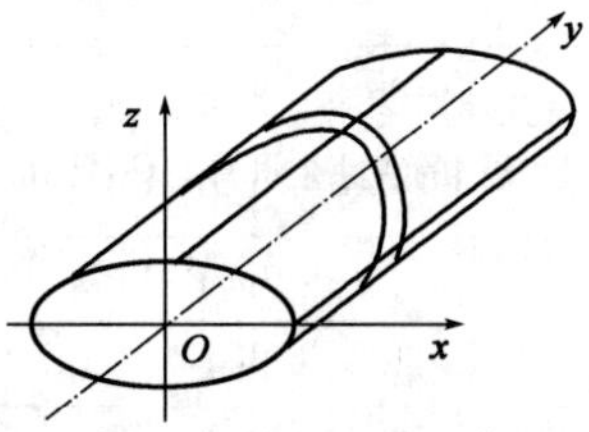</td><td>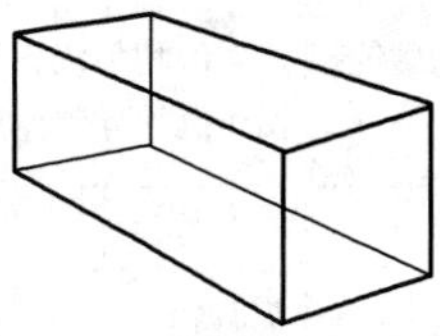</td></tr>
<tr><td rowspan="2">面积</td><td>计算方式</td><td>椭圆面积公式:$S = \pi$(圆周率)$\times a \times b$(a,b 分别是椭圆的长半轴,短半轴的长)
椭圆柱体表面积:$S_{表} = 2\pi ab + \pi 2^{1/2}(a^2 + b^2)h$($h$ 为椭圆柱体的高)
椭圆柱体体积:$V = \pi abh$</td><td>长方体面积:$S = (ab + bc + ca) \times 2$($a,b,c$ 分别为长方体长宽高)
长方体体积:$V = a \times b \times c$</td></tr>
<tr><td>按 $12m^3$ 容量测量计算(m^2)</td><td>理论最小表面积为:$(12/2\pi)^{2/3} \times 6\pi = 29.01$</td><td>理论最小表面积为:$12^{2/3} \times 6 = 31.44$</td></tr>
</table>

续上表

拼接制作试验	时间	2018年5月17日	
拼接制作试验	地点	渡运管理公司到上海玄明环保科技有限公司进行拼板试验	
拼接制作试验	取样	1m×1m两块进行弧度 $R=25°$ 卷板后焊接	1m×1m两块平板焊接
拼接制作试验	制作时间	27分钟	4分钟
拼接制作试验	接缝质量	有疏松	焊接牢固
拼接制作试验	样板焊接后变形情况	焊接处弧度变大为32°,另两板间平整度较差,安装困难	材料拼接容易,两板间平整度良好,安装方便
综合分析		容积率大,相对占空间小,耗材少,耐压性好,但制作困难、安装困难,质量难控制	容积率小,占空间大;但制作、安装方便,柜体表面平整度好

结论:渡运管理公司选择现场制作长方体容器。

D.尺寸(表7)

尺　寸　表　　表7

方案需求			1.容量达到 $12m^3$ 的收集柜 2.有足够的强度、刚性和抗一定的冲击负荷能力 3.有一定耐高温性和抗高温变形能力 4.保证使用寿命,有一定耐腐蚀余量 5.重量适中		
柜体尺寸	选择条件		满足 $12m^3$ 容积柜体安装		
柜体尺寸	船舱位置		渡轮中间舱	渡轮首舵桨舱	渡轮主机舱
柜体尺寸	船舱尺寸		长5m、宽3m、高2.2m	长4.5m、宽2.5m、高1.9m	长5m、宽3.5m、高2.2m
柜体尺寸	可制作收集柜容量		$33m^3$	$21.37m^3$	$38.5m^3$
柜体尺寸	是否满足		满足	满足	满足
柜体尺寸	地点比选		优点:空间大,环境温度不高,通风好 缺点:工作区走动多,管路较长且复杂,施工难度较大	优点:收集污水管路原本就有,施工方便。 缺点:空间小,通风不好	优点:安装空间富裕,操作方便 缺点:主要设备安装区,内部油水管路多,施工复杂,环境温度高
柜体尺寸	确定尺寸		总体尺寸为长3.95m、宽1.6m、高1.95m		
柜体厚度	选择依据		渡运管理公司向江苏船舶设计研究所进行了咨询,"小于5m的钢质柜体不用考虑钢板的拉伸破坏强度,主要考虑弹性变形、腐蚀余量及便于焊接,应选板厚不小于3mm船用钢板制作"		
柜体厚度	碳钢的腐蚀余量		查阅相关资料后发现 船舶生活污水介于弱腐蚀性工艺介质与强腐蚀性工艺介质之间,为了方式容器及原件由于腐蚀导致厚度削弱减薄,应考虑腐蚀裕量,碳钢的腐蚀余量有三种:1.5mm,3mm,4.5mm		
柜体厚度	厚度比选	标准厚度	3mm	3mm	3mm
柜体厚度	厚度比选	腐蚀裕量	2mm	3mm	4mm
柜体厚度	厚度比选	钢板厚度	5mm	6mm	7mm
柜体厚度	厚度比选	计算重量	1.9t	2.3t	2.7t
柜体厚度	厚度比选	综合分析	满足强度要求,重量较轻,有一定的腐蚀余量,但船舱内工作温度较高,会加速粪便腐蚀速度	满足设计要求,留有一定的腐蚀余量,但重量增加	满足设计要求,腐蚀余量充足,但箱柜质量过重
柜体厚度	比选结果		不采用	采用	不采用

续上表

<table>
<tr><td rowspan="3">加强筋</td><td>选择依据</td><td>江苏船舶设计研究咨询结果：依据《钢质内河船舶建造规范》，角钢稳定性优于板材，优选角钢为加强筋，采用L50×50mm角钢作为加强型材合适。
2.13.1　一般要求
2.13.1.1　本节所述的深舱是指用于装载液体（如水、燃油、植物油、泥浆等）的舱，其在舱室或甲板间构成船体的一部分。
2.13.1.2　对于采用溢流法压载水交换的压载舱，计算压头 h 除应满足本节要求外，还应不小于计算点至溢流点的垂直距离。
2.13.2　平面舱壁
2.13.2.1　平面舱壁板厚度 t 应不小于按下式计算所得之值：
$t=3.95s\sqrt{\rho hK}+2.5$ mm
式中：s——扶强材间距，m；
h——由舱壁板列下缘量至深舱顶的垂直距离，或量至溢流管顶垂直距离的一半，取较大者，m；
ρ——液体密度，t/m^3，计算时取值应不小于1.025；
K——材料系数。
板的厚度应不小于：当 $L \geqslant 90$m 时为8mm；当 $60m \leqslant L < 90$m 时为7mm；当 $L < 60$m 时为6mm。
2.13.2.2　污水沟或污水井处的舱壁板应增厚2.5mm。
2.13.2.3　舱壁扶强材的剖面模数 W 应不小于按下式计算所得之值：
$W=8s\rho hl^2K$ cm^3
式中：s——扶强材间距，m；
l——扶强材跨距，m；
h——由扶强材跨距中点量到深舱顶的垂直距离，或量至溢流管顶垂直距离的一半，取较大者，m。扶强材端部应用肘板连接，肘板的尺寸应符合本篇1.2.6的有关要求。扶强材端部也可同甲板或桁材直接连接，但甲板或桁材另一边应具有与之连接且与该扶强材在同一直线上的至少为相同剖面的相邻构件；
ρ——液体密度，t/m^3，计算时取值应不小于1.025；
K——材料系数。
扶强材剖面惯性矩 I 应不小于按下式计算所得之值：
$I=2.3Wl/K$ cm^4
式中：W、l 同上。</td></tr>
<tr><td>选择尺寸</td><td>L50×50mm</td></tr>
<tr><td>布置档距</td><td>委托江苏船舶设计研究所对加强角钢布置档距进行了计算，计算值取60cm</td></tr>
</table>

结论：总体尺寸为长3.95m、宽1.6m、高1.95m；壁板6mm钢板；加强筋L50×50mm角钢，布置档距为60cm，如图11。

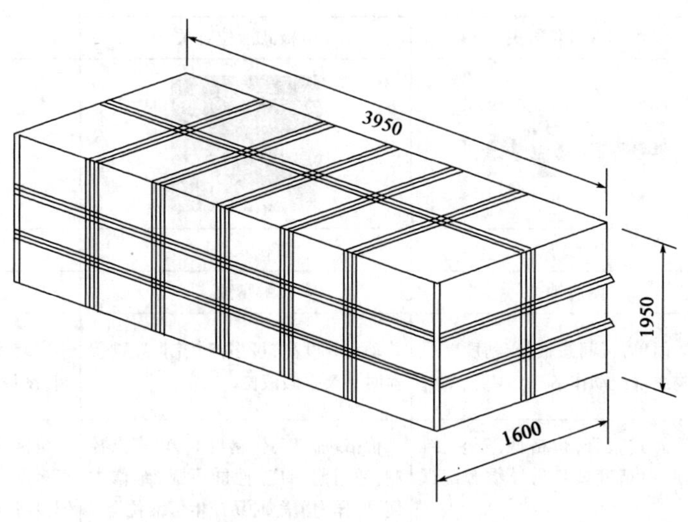

图11　总体尺寸图（尺寸单位：mm）

E. 安装位置(表8)

安 装 位 置 表 表8

方案需求		制作、安装方便,维修方便,不影响其他作业动作,有利于臭气排放		
方案分解		安装位置 渡轮中间舱 渡轮首舵桨舱 渡轮主机舱		
位置选择		渡轮中间舱	渡轮首舵桨舱	渡轮主机舱
安装空间		长5m、宽3m、高2.2m	长4.5m、宽2.5m、高1.9m	长5m、宽3.5m、高2.2m
		满足	满足	满足
通风条件		通风好	通风不好	通风好
环境温度(实测)	最高	22℃	21℃	31℃
	最低	10℃	10℃	22℃
设备、工具		大油舱、水舱、仓库、二只压水柜、传动轴系、二台变压器	舵桨	二台主机、二台齿轮箱、二台发电机、集控室、二台空压机、二只日用油柜
水、电等管路		低压燃油管系、日用水管系、江水管系、380V、220V用电线路	舵桨冷却管系、舵桨控制线路	柴油机冷却管系、低压燃油管系、日用水管系、江水管系、空气管路、消防管系、380V、220V、24V用电线路
综合分析		空间大,环境温度不高,通风好,但工作区走动多,管路较长且复杂,施工难度较大	收集污水管路原本就有,施工方便,但空间小,通风不好	安装空间富裕,操作方便,主要设备安装区,内部油水管路多,施工复杂,环境温度高
		不采用	采用	不采用

②液位显示开关(表9)

安 装 位 置 表 表9

选择条件		安装方便,便于维修,耐腐蚀		
方案分解		液位开关 浮球式液位开关 电极式液位开关 光电式液位开关		
安装空间		浮球式液位开关	电极式液位开关	光电液位开关
价格		90元/只	260元/只	598元/只
性能测试	耐腐蚀性	耐腐蚀	耐腐蚀	耐腐蚀
	测试情况	安装简单,区间式报警,精度差且易异物缠绕误动作	动作精度高,可多点控制,异物覆盖时易产生假液位	安装简单,动作精度高,可多点控制,设备安装硬件要求高
综合分析		为区间式报警,价格低,安装、维护方便,但精度差且易异物缠绕误动作	价格较高,动作精度高,可多点控制,适用范围广,性能可靠,维修方便,但异物覆盖时易产生假液位	价格很高,安装简单,动作精度高,可多点控制,适用范围广,性能可靠,但设备安装硬件要求高,价格高
		不采用	采用	不采用

结论：渡运管理公司通过比选决定使用性能可靠，维修方便，性能相对可靠的电极式液位开关。

(2)排放装置

渡运管理公司确定排放装置细化方案，如树图12。

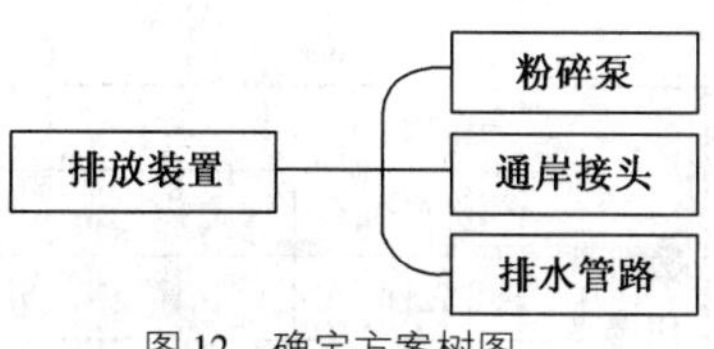

图12　确定方案树图

①粉碎泵(表10)

粉　碎　泵　　表10

<table>
<tr><td colspan="2">方案需求</td><td colspan="3">1. 具有一定扬程，满足排放高度和克服输送阻力
2. 渡轮补充燃料时长35分钟，需要30分钟内排尽污水</td></tr>
<tr><td colspan="2">方案分解</td><td colspan="3">粉碎泵
— 型号
— 数量：1台；2台
— 启动方式：人工；自动
— 位置：收集柜下部；收集柜底部</td></tr>
<tr><td rowspan="6">选择条件</td><td>扬程计算</td><td colspan="3">18.26m</td></tr>
<tr><td rowspan="3">扬程</td><td>计算扬程</td><td colspan="2">$H = (Z_2 - Z_1) + 1.2SLQ^2$
式中：H——水泵扬程m；
Z_1——水泵吸水池水面高程m；
Z_2——水泵出水池水面高程m；
S——管道的比阻；
$S = 10.3n^2/D^{5.33}$，n为管内壁糙率，D为管内径。
L——吸水管和压水管总长m；
Q——流量m^3/s。
1.2——系数，由局部损失占总损失的百分数而定，式中设想局部损失占20%，故取1.2。
水泵出水面与吸水池高程差$Z_2 - Z_1 = 18m$，流量$Q = 8.33L/S = 0.0083m^3/s$，管总长$L = 85m$，选用管内径$D = 150mm$，管内壁糙率$n = 0.012$。
管道的比阻$S = 10.3 \times 0.012^2/0.15^{5.33} = 36.53$
水泵扬程$H = 18 + 1.2 \times 36.53 \times 85 \times 0.0083^2 = 18.26m$</td></tr>
<tr><td>裕量</td><td colspan="2">考虑到管道弯头损耗和摩擦损耗，上浮20%</td></tr>
<tr><td>确定扬程</td><td colspan="2">≥22m</td></tr>
<tr><td>流量</td><td colspan="3">$30m^3/h$</td></tr>
<tr><td>粉碎功能</td><td colspan="3">有粉碎功能</td></tr>
<tr><td rowspan="6">型号比选</td><td>待选型号</td><td colspan="2">CWF30-25-7.5</td><td>65UHB-30-25</td></tr>
<tr><td>参数</td><td colspan="2">流量$30m^3/h$，扬程25m</td><td>流量$30m^3/h$，扬程25m</td></tr>
<tr><td>价格</td><td colspan="2">8000元/台</td><td>6600元/台</td></tr>
<tr><td>尺寸</td><td colspan="2">长度90cm</td><td>长度120cm</td></tr>
<tr><td>综合比选</td><td colspan="2">价格高，性能可靠，体积小，便于安装</td><td>价格稍低，体积大，安装位置受限</td></tr>
<tr><td>结果</td><td colspan="2">采用</td><td>不采用</td></tr>
<tr><td rowspan="4">启动方式比选</td><td>控制方法</td><td colspan="2">自动控制</td><td>手动控制</td></tr>
<tr><td>价格</td><td colspan="2">3500元</td><td>2800元</td></tr>
<tr><td>综合比选</td><td colspan="2">减少操作劳动强度，自动化，但硬件设备要求高、价格高</td><td>按需使用，硬件设备简单，检修方便，但需要人工操作</td></tr>
<tr><td>结果</td><td colspan="2">采用</td><td>不采用</td></tr>
</table>

续上表

<table>
<tr><td rowspan="5">数量比选</td><td>台数</td><td>1台</td><td>2台</td></tr>
<tr><td>价格</td><td>8000元</td><td>16000元</td></tr>
<tr><td>可靠性</td><td>损坏后会造成停机</td><td>互为备用、可靠性高</td></tr>
<tr><td>综合比选</td><td>费用低,安装方便,但损坏后无备用,影响生产</td><td>一次投入费用高,安装复杂,但互为备用、可靠性高</td></tr>
<tr><td>结果</td><td>不采用</td><td>采用</td></tr>
<tr><td rowspan="5">安装位置比选</td><td>位置</td><td>贮存柜下部</td><td>贮存柜底部</td></tr>
<tr><td>吸高</td><td>40cm</td><td>-15cm</td></tr>
<tr><td>排除残留高度</td><td>15cm</td><td>0</td></tr>
<tr><td>综合分析</td><td>泵和管路安装位置方便,但吸入阻力大、柜体不易排空污水</td><td>吸入性能好,便于排空柜体污水,但泵和管路安装位置困难</td></tr>
<tr><td>结果</td><td>不采用</td><td>采用</td></tr>
</table>

结论:通过综合分析与对比,CWF30-25-7.5 型号粉碎泵体积小,便于安装,因此采用振华泵厂CWF30-25-7.5 型号的粉碎泵,启动方式自动控制、两台泵互为备用,安装在贮存柜底部。

②通岸接头(表11)

通 岸 接 头 表11

<table>
<tr><td colspan="2">方案需求</td><td colspan="2">通畅,与岸上管路对接</td></tr>
<tr><td colspan="2">方案分解</td><td colspan="2">通岸接头:普通连接头;国际标准连接头</td></tr>
<tr><td rowspan="5">型号比选</td><td></td><td>普通连接接头</td><td>国际标准通用接头</td></tr>
<tr><td>类别</td><td></td><td></td></tr>
<tr><td>尺寸</td><td>没有固定标准,可根据管路配置</td><td>外径:178mm,内径:64mm,孔槽:4个(19mm),法兰厚度:14.5mm</td></tr>
<tr><td>综合比选</td><td>匹配管径接头就可以,尺寸较小,但通用性不强</td><td>通用性强,停靠其他港口时也可连接,但尺寸大占用主甲板空间</td></tr>
<tr><td>结果</td><td>不采用</td><td>采用</td></tr>
</table>

结论:渡运管理公司考虑到通用性,选择国际标准接头。

③排水管路(表12)

排 水 管 路 表12

<table>
<tr><td>方案依据</td><td>根据国标《工业金属管道设计规范》(GB 50316—2000,2008年版)</td></tr>
<tr><td>方案分解</td><td>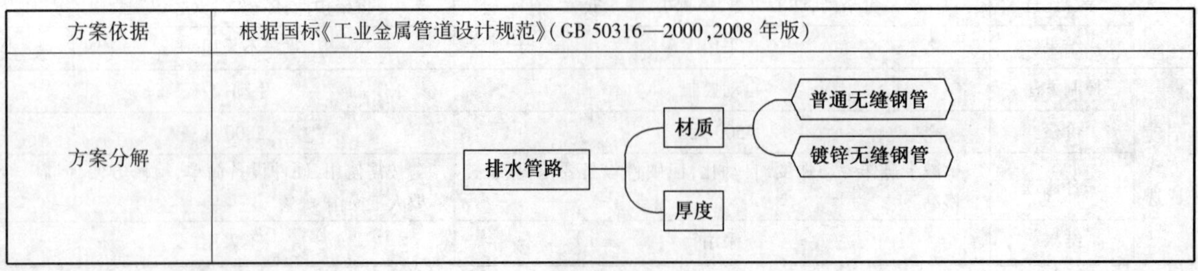</td></tr>
</table>

续上表

<table>
<tr><td rowspan="6">材料比选</td><td colspan="2">类别</td><td>普通无缝钢管</td><td>镀锌无缝钢管</td></tr>
<tr><td colspan="2">材质</td><td>Q345C</td><td>Q345C＋内外镀锌</td></tr>
<tr><td colspan="2">价格
(壁厚8mm价)</td><td>3440元/吨</td><td>4050元/吨</td></tr>
<tr><td colspan="2">综合分析</td><td>价格便宜、耐腐蚀性差</td><td>耐腐蚀性好</td></tr>
<tr><td colspan="2">结果</td><td>不采用</td><td>采用</td></tr>
<tr></tr>
<tr><td rowspan="5">壁厚选择</td><td rowspan="2">规范要求</td><td>厚度</td><td colspan="2">《工业金属管道设计规范》规定,0.25MPa的设计压力管道壁厚应选择5mm。
(3)焊接钢管壁厚
<table>
<tr><td rowspan="2">材料</td><td>PN</td><td colspan="16">DN(mm)</td></tr>
<tr><td>MPa</td><td>200</td><td>250</td><td>300</td><td>350</td><td>400</td><td>450</td><td>500</td><td>600</td><td>700</td><td>800</td><td>900</td><td>1000</td><td>1100</td><td>1200</td><td>1400</td><td>1600</td></tr>
<tr><td rowspan="5">焊接碳钢管
(Q235A20)</td><td>0.25</td><td>5</td><td>5</td><td>5</td><td>5</td><td>5</td><td>5</td><td>6</td><td>6</td><td>6</td><td>6</td><td>6</td><td>6</td><td>6</td><td>7</td><td>7</td><td>7</td></tr>
<tr><td>0.6</td><td>5</td><td>5</td><td>6</td><td>6</td><td>6</td><td>6</td><td>6</td><td>7</td><td>7</td><td>7</td><td>7</td><td>8</td><td>8</td><td>8</td><td>9</td><td>10</td></tr>
<tr><td>1</td><td>5</td><td>5</td><td>6</td><td>6</td><td>6</td><td>7</td><td>7</td><td>8</td><td>8</td><td>9</td><td>9</td><td>10</td><td>11</td><td>11</td><td>12</td><td></td></tr>
<tr><td>1.6</td><td>6</td><td>6</td><td>7</td><td>7</td><td>8</td><td>8</td><td>9</td><td>10</td><td>11</td><td>12</td><td>13</td><td>14</td><td>15</td><td>16</td><td></td><td></td></tr>
<tr><td>2.5</td><td>7</td><td>8</td><td>9</td><td>9</td><td>10</td><td>11</td><td>12</td><td>13</td><td>15</td><td>16</td><td></td><td></td><td></td><td></td><td></td><td></td></tr>
</table></td></tr>
<tr><td>腐蚀裕量</td><td colspan="2">《工业金属管道设计规范》规定,0.25MPa的设计压力管道腐蚀裕量应选择3.2mm。
5.3.2　腐蚀余量
腐蚀余量是考虑因介质对管道的腐蚀而造成的管道壁厚减薄,从而增加的管道壁厚值。它的大小直接影响到管道壁厚的取值,或者说直接影响到壁厚等级的确定。
目前我国尚没有一套有关各种腐蚀介质在不同条件下对各种材料的腐蚀速率数据,因此,工程上大多数情况下仍是凭经验来确定其腐蚀余量的。许多国内外的工程公司或设计院通常都将腐蚀余量分为如下四级:
a.无腐蚀余量。对一般的不锈钢管道多取该值;
b.1.6mm腐蚀余量。对于腐蚀不严重的碳素钢和铬钼钢多取该值;
c.3.2mm腐蚀余量。对于腐蚀比较严重的碳素钢和铬钼钢管道多取该值</td></tr>
<tr><td rowspan="3">厚度选择</td><td>壁厚</td><td>8mm</td><td>9mm</td></tr>
<tr><td>特性</td><td>符合1.5倍压力试验要求(泵设计压力0.25MPa);腐蚀余量稍有不足,因采用镀锌工艺,符合腐蚀余量要求</td><td>符合1.5倍压力试验要求(泵设计压力0.25MPa);留有充足的腐蚀余量,但重量偏大造成材质浪费</td></tr>
<tr><td>结果</td><td>采用</td><td>不采用</td></tr>
</table>

结论:渡运管理公司选择镀锌无缝钢管材料,8mm壁厚。

(3)系统防腐

①收集柜防腐处理(表13)

收集柜防腐　　表13

方案分解	收集柜防腐 → 防腐漆；水泥涂层	
方案	环氧防腐漆 (JL831黑棕沥青船底防锈漆)	水泥涂层
特性	附着性、耐水性、耐碱性、防腐性好,施工方便,可以根据需要增加油漆度数增厚涂层	防腐性能较好,但附着性差,需附加钢丝内网,抗冲击性能差,易开裂脱落
结果	采用	不采用

结论:渡运管理公司考虑到施工方便减少装置的质量,决定使用两层环氧防腐漆加强防腐性能。

②管路防腐处理(表14)

管路防腐　表14

方案依据	根据国标《工业金属管道设计规范》(GB 50316—2000,2008年版)	
方案分解	管路防腐：镀锌；冲洗系统	
方案	镀锌	冲洗系统
特性	抗氧化性能好,使用寿命长,也容易加工处理	装置排岸使用后可以进行冲洗,避免残留造成腐烂
结论	采用	采用

结论:渡运管理公司发现这两个方案可并行使用,进一步提高防腐性能,所以决定在给管路镀锌的同时加装冲洗系统。

(4)最优方案

主甲板、二层甲板卫生间产生的生活污水通过管路进入收集柜贮存,利用船舶加装燃料时间,用粉碎泵将收集柜的生活污水在30分钟内通过管路排入城市污水管网,见图13。

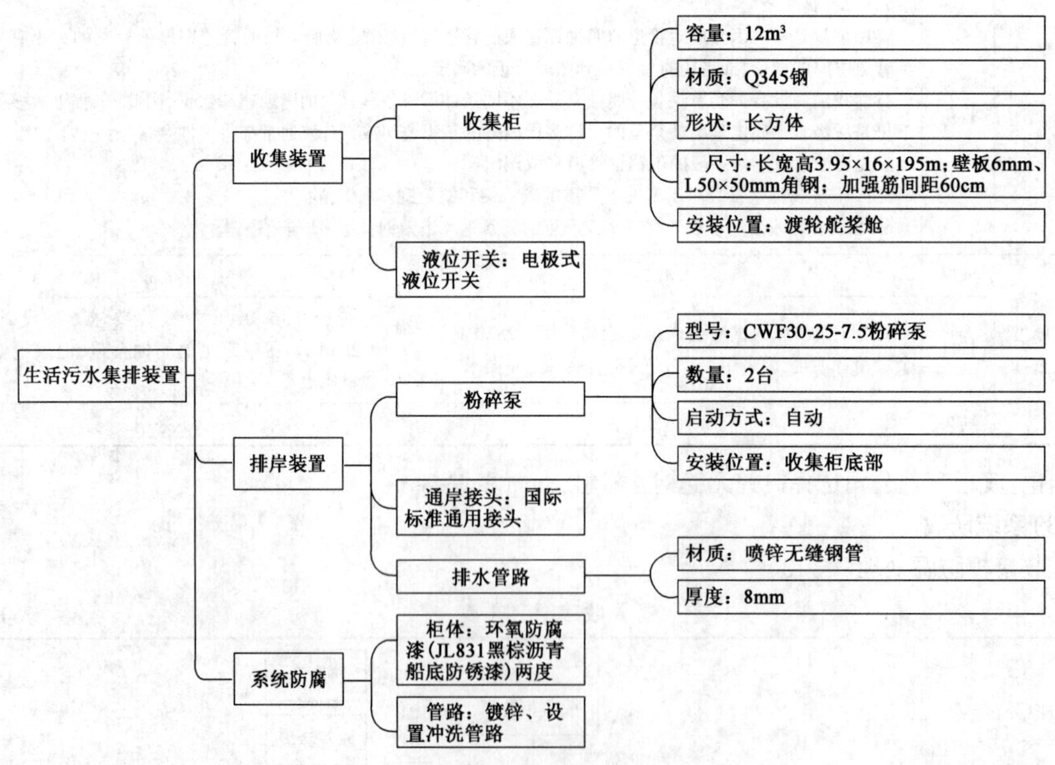

图13　最优方案树图

6.污水管理实施

(1)制定方案对策

渡运管理公司根据最佳方案制定了对策表(表15),明确目标及措施。

对策、目标、措施　表 15

序号	对策	目标	措施
1	图纸设计	设计满足最佳方案要求，并报海事部门审图通过	由小组进行讨论，机务技术部进行设计
2	收集柜制作方案实施	1. 收集柜满足收集储存 $12m^3$；形状为长方体，能够安装在渡轮首舵桨舱内 2. 板材采用 6mmQ345E 钢板；加强筋采用 L50 × 50mm 角钢，每 60cm 设置一根加强筋 3. 方便在舱内制作，制作工艺不宜复杂	1. 采购钢板、角钢和防腐漆 2. 根据图纸委托上海玄明环保科技有限公司现场制作 3. 针对目标进行检查、验收
3	液位开关的采购和安装	1. 自动液位显示，高位报警 2. 灵敏度高 3. 不易被异物缠绕 4. 检修方便	1. 向仓库申请购买 2. 进行安装验收
4	粉碎泵采购和安装	1. CWF30-25-7.5 泵流量满足 30 分钟内排空 $12m^3$，扬程大于 18m，具有粉碎功能；设置两台泵 2. 泵控制为自动控制 3. 泵吸口在柜体底部	1. 采购 2 台船用卧式粉碎泵，采购电路元器件 2. 根据图纸委托上海玄明环保科技有限公司现场制作 3. 进行验收
5	通岸接头采购和安装	符合国际标准通用排岸接头	1. 向仓库申请购买 2. 进行安装验收
6	排水管路加工	1. 镀锌无缝钢管、管路壁厚 8mm 2. 按设计图采购相关阀门 3. 管路制作符合图纸要求 4. 通过管路 1.5 倍设计压力（0.25MPa）30 分钟保压试验	1. 采购钢管、阀门并进行验收 2. 根据图纸委托上海玄明环保科技有限公司现场加工 3. 保压试验
7	柜体防腐	1. 内部防腐层，减少钢板腐蚀 2. 板材具有 3mm 防腐余量	1. 采购防腐漆 2. 采用环氧防腐漆（JL831 黑棕沥青船底防锈漆）两遍 3. 效果检查
8	管路防腐	1. 减少钢板腐蚀 2. 管路冲洗 3. 板材具有 3.2mm 防腐余量	1. 采购镀锌无缝钢管 2. 进行验收
9	组装测试	1. 通过收集柜 2m 水柱静负荷强度 2 小时耐压测试 2. 通过管路系统设计压力（0.25MPa）30 分钟保压试验 3. 通过 1kV 电气柜工频耐压试验和冷态绝缘试验 4. 自动液位显示，高位报警，排空自动停泵 5. 无泄漏，30 分钟内排尽	1. 对收集柜进行强度试验 2. 对管路进行保压试验 3. 对电气柜进行耐压和绝缘试验 4. 全系统排放试验

（2）污水管理方案实施

①图纸设计

A. 箱体。

B. 管路。

C. 电气控制系统。

设计收集柜、管路和电气控制图，报送江苏镇江船舶检验局，检验合格，见图 14。

②收集柜制作

A. 采购钢板、角钢（图 15）。渡运管理公司购买镀锌无缝钢管。

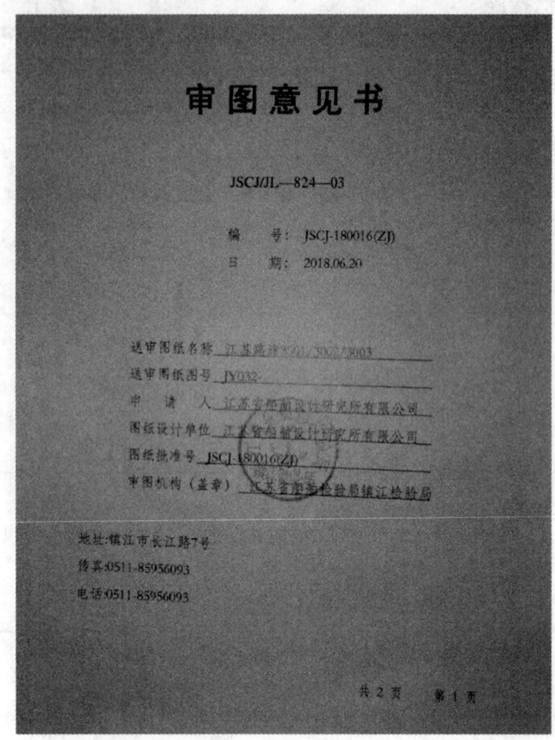

审图意见书

JSCJ/JL—824—03

编　　号: JSCJ-180016(ZJ)

日　　期: 2018.06.20

送审图纸名称 江苏路渡3001/3002/3003

送审图纸图号 JY032

申　请　人 江苏省船舶设计研究所有限公司

图纸设计单位 江苏省船舶设计研究所有限公司

图纸批准号 JSCJ-180016(ZJ)

审图机构(盖章) 江苏省船舶检验局镇江检验局

地址:镇江市长江路7号

传真:0511-85956093

电话:0511-85956093

共 2 页　第 1 页

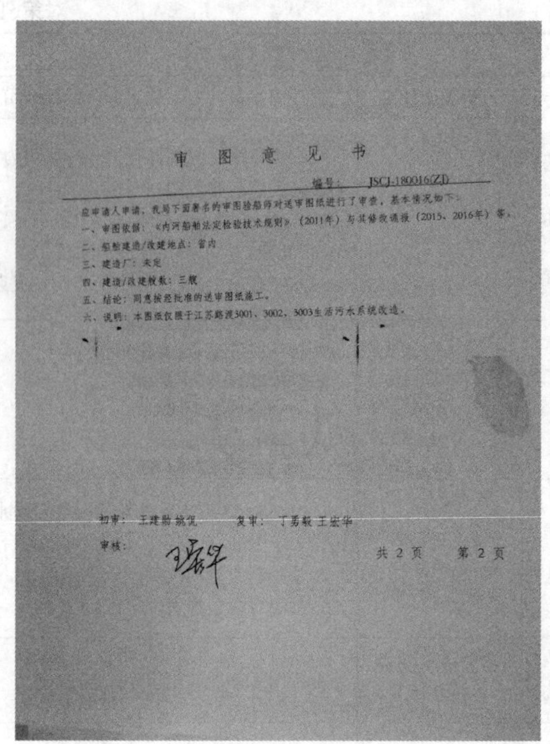

审　图　意　见　书

编号: JSCJ-180016(ZJ)

应申请人申请,我局下面署名的审图验船师对送审图纸进行了审查,基本情况如下:

一、审图依据:《内河船舶法定检验技术规则》(2011年)与其修改通报(2015、2016年)等。

二、船舶建造/改建地点:省内

三、建造厂:未定

四、建造/改建艘数:三艘

五、结论:同意按经批准的送审图纸施工。

六、说明:本图纸仅限于江苏路渡3001、3002、3003生活污水系统改造。

初审:王建勋 姚优　　复审:丁勇毅 王宏华

审核:

共 2 页　第 2 页

图 14　审图意见书

图 15　钢板、角钢

B. 现场制作收集柜。现场测量确定安装位置并委托上海玄明环保科技有限公司现场制作收集柜;封闭原有排污口,见图 16。

C. 针对目标进行现场检查,验收。

a. 钢板、角钢检查(图 17)。

b. 制作效果检查(表 16)。

制作效果检查　　表 16

收集柜实测尺寸	计 算 容 量
3.95m × 1.6m × 1.95m	12.32m^3(除去 0.5mm 涂层 +6mm 壁厚后约为 12.1m^3)

③液位开关采购和安装

购买电极式液位开关(图 18)。

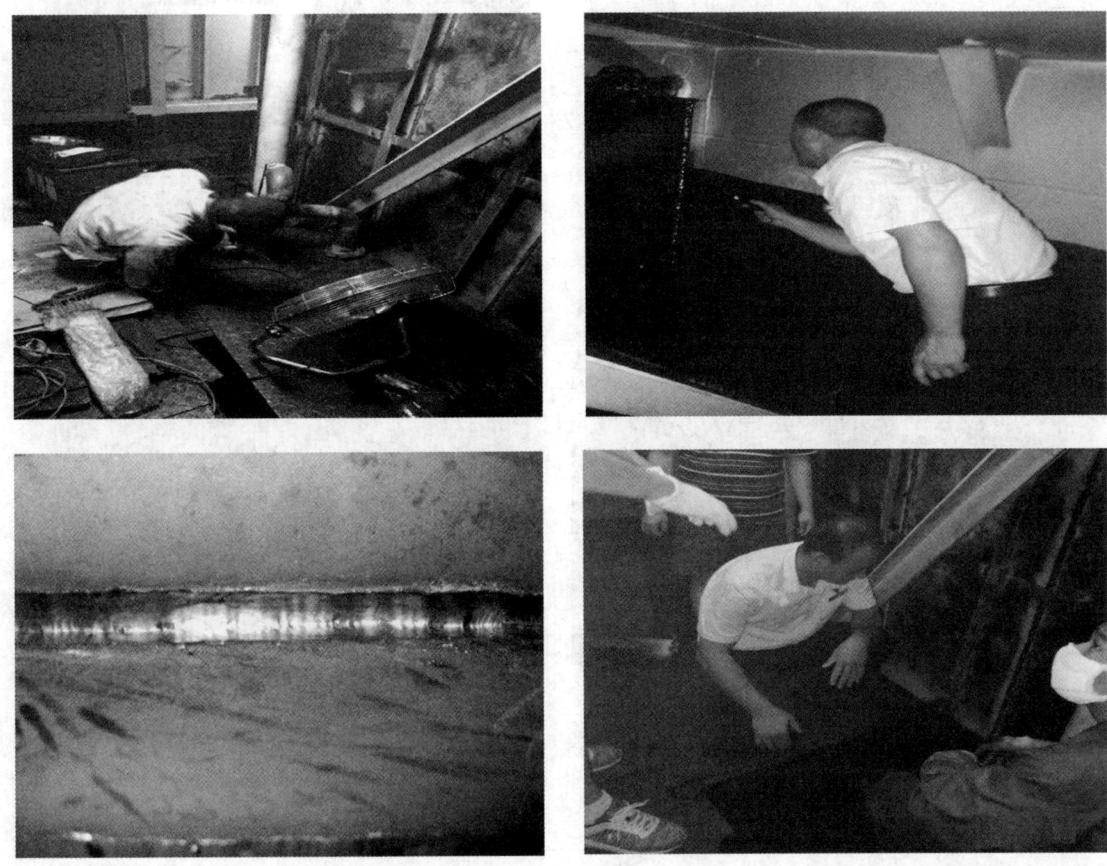

图 16　制作收集柜

江苏沙钢集团有限公司
Jiangsu Shagang Group CO., LTD.
热轧卷板质量证明书
QUALITY CERTIFICATE OF HOT STRIP

江苏省张家港市锦丰镇　邮编：215625
Jinfeng, Zhangjiagang, Jiangsu, P. R. CHINA
TEL: (0512) 58568866, 58568829
FAX: (0512) 58550366, 58550818

订货单位 CUSTOMER		用户代码 CUSTOMER CODE	12330	签发日期 DATE OF ISSUE	20180423
产品名称 PRODUCT		合同号 CONTRACT NO.	H72A15Q00	交货日期 DATE OF DELIVERY	20180328
牌号 STEEL GRADE	Q235B	原证书号 CERTIFICATE NO.		出库单号 DELIVERY ID	
标准 SPECIFICATION	GB/T 3274-2007	许可证号 LICENSE NO.		交货状态 CONDITION OF SUPPLY	AR

合格 PASS

钢制板材	实测厚度	角钢	实测厚度
Q345E	6mm(+0.02)	Q345E	5mm(+0.01)

图 17　钢板、角钢检查

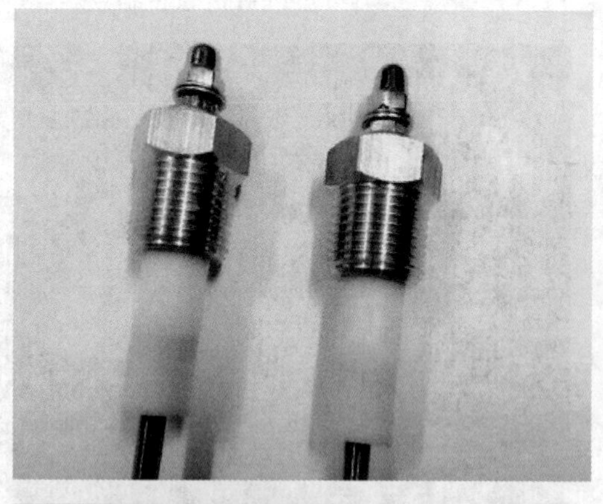

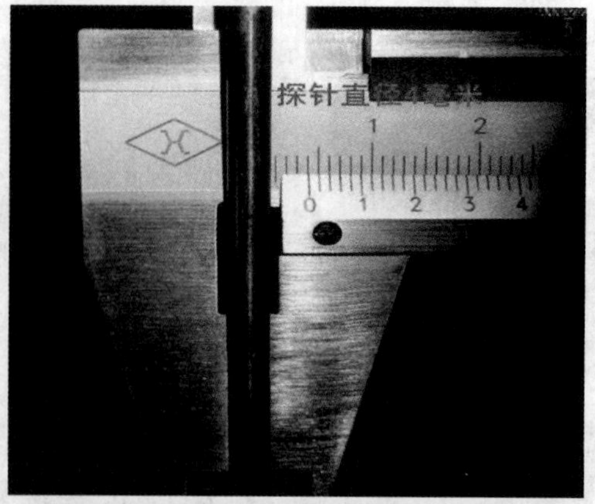

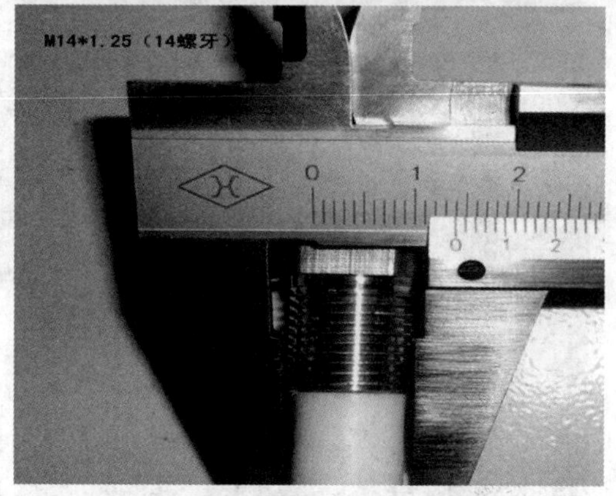

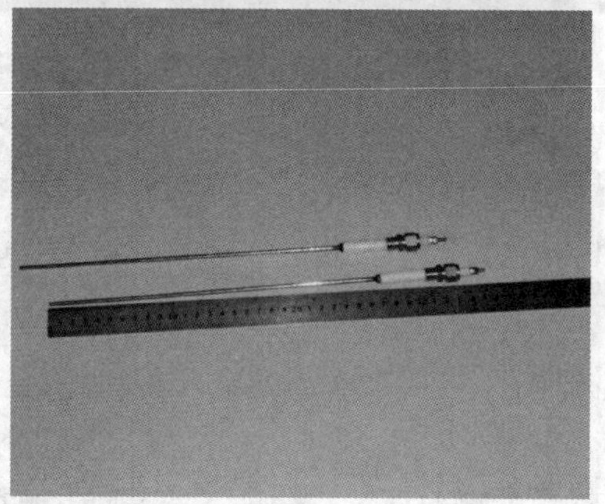

参　数	数　量
螺纹接头材质：黄铜、探头材质：316 不锈钢(耐腐蚀)、使用温度：≤200℃、密封压力 1.6MPa、绝缘材质：聚四氟乙烯(PTFE)、长度：300mm	5

图 18　电极式液位开关

④粉碎泵采购和安装

A. 购买 2 台 CWF30-25-7.5 船用卧式粉碎泵(图 19),采购电路元器件。

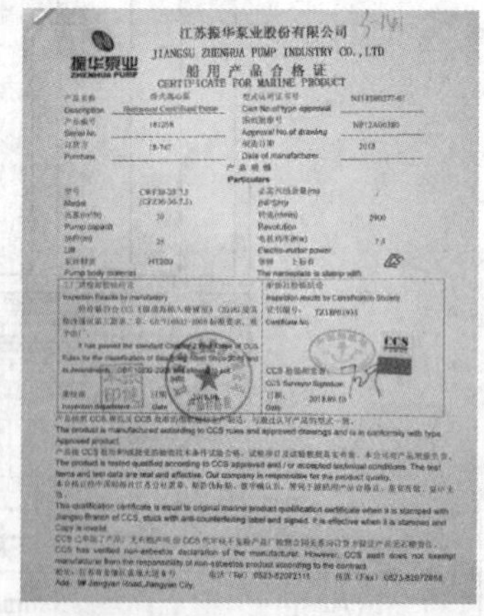

江苏振华泵业股份有限公司

JIANGSU ZHENGHUA PUMP INDUSTRY CO., LTD

船用产品合格证

CERTIFICATE FOR MARINE PRODUCT

图 19　粉碎泵

B. 安装粉碎泵。粉碎泵现场安装到收集柜底部(图 20)。

C. 对策实施检查(表 17)。

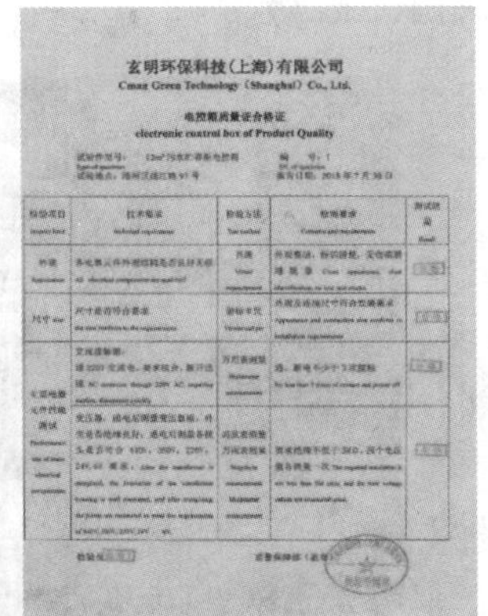

玄明环保科技(上海)有限公司

electronic control box of Product Quality

图 20　粉碎泵安装

型 号 参 数　　表 17

型号参数	数　量
CWF30-25-7.5 水泵铸铁材质,泵轴为卧式,叶轮吸入方式为单吸式,轴功率 7.5kW,流量 $30m^3/h$,扬程 25m,吸入管径 80mm,排出管径 50mm	2

⑤通岸接头采购和安装

A. 购买通岸接头(图 21)。

B. 对策实施检查(表 18)。

尺 寸 参 数　　表 18

参　数	数　量
尺寸为外径:178mm、内径:64mm、孔槽:4 个(19mm)、法兰厚度:14.5mm	1

⑥排水管路加工

A. 购买镀锌无缝钢管(图 22)。

图 21　通岸接头

图 22　无缝钢管

B. 采购相关阀门(图 23)。

图 23　阀门

C. 现场制作:委托上海玄明环保科技有限公司现场制作,见图 24。

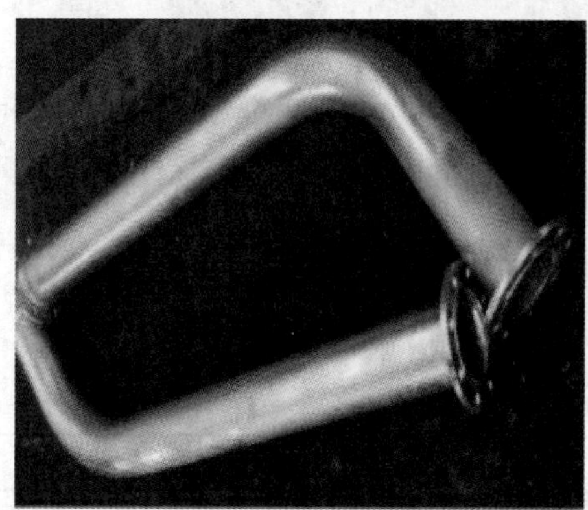
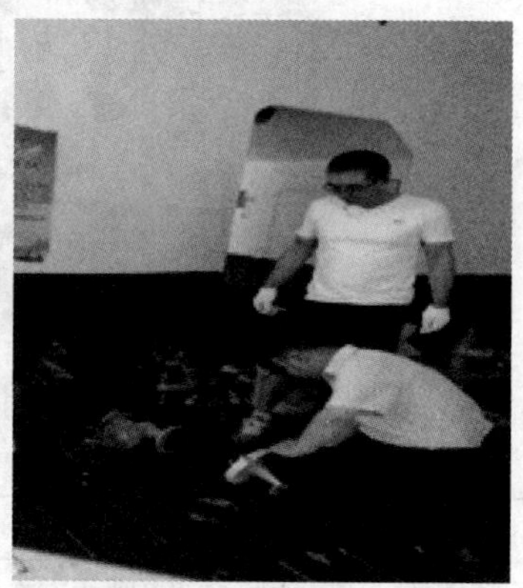

图 24　现场制作

D. 对策实施检查(图 25)。渡运管理公司联合针上海玄明环保科技有限公司进行了 1.5 倍设计压力试压,并对目标进行检查。

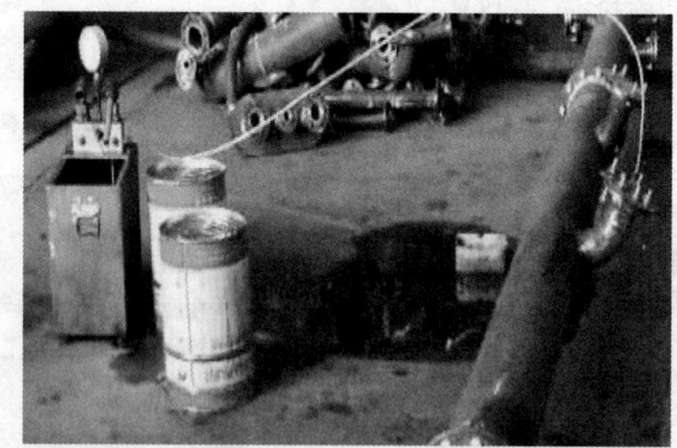

图 25　实施检查

验收统计(表 19)。

验收统计　　表 19

用途名称	种　类	型　号	件　数	通径 mm	压力 MPa	材　料
通岸接头阀	截止阀	B250250	1	50	2.5	铸钢
粉碎泵冲洗阀	截止止回阀	A10080	2	80	1.0	铸钢

续上表

用途名称	种　类	型　号	件　数	通径 mm	压力 MPa	材　料
污水进柜阀	闸阀	A10100	1	100	0.6	铸钢
收集柜冲洗阀	截止止回阀	A10080	1	80	1.0	铸钢
污水泵进口阀	闸阀	A10080	4	80	1.0	铸钢
污水泵出口阀	闸阀	A10050	2	50	1.0	铸钢
污水进出口阀	闸阀	A10040	4	40	1.0	铸钢
实测管路壁厚		8mm(+0.01)				
防腐处理		镀锌				

⑦柜体防腐

A. 采购防腐漆(图 26)。

图 26　防腐漆

B. 柜体内部采用环氧防腐漆(JL831 黑棕沥青船底防锈漆)两度,外部普通防锈漆两度面漆一度(图 27)。

图 27　涂防腐漆

C. 对策实施检查。内壁 JL831 黑棕沥青船底防锈漆两度、外部普通防锈漆两度面漆一度,验收合格。

⑧管路防腐

A. 安装冲洗管路系统(图 28),钢管加厚(8mm)。

B. 对策实施检查。管路壁厚测量实际 8mm,防腐裕量满足 3mm。

⑨组装测试

箱体进行 2m 水柱试验,与管路、阀门进行连接,控制箱安装并进行线路连接和调试,见图 29。

图28　管路安装

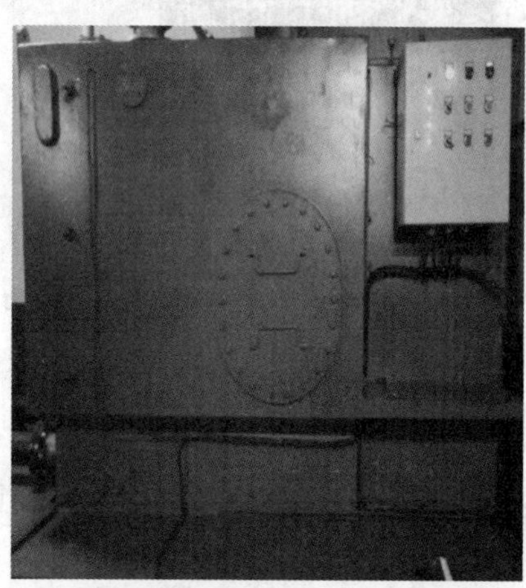

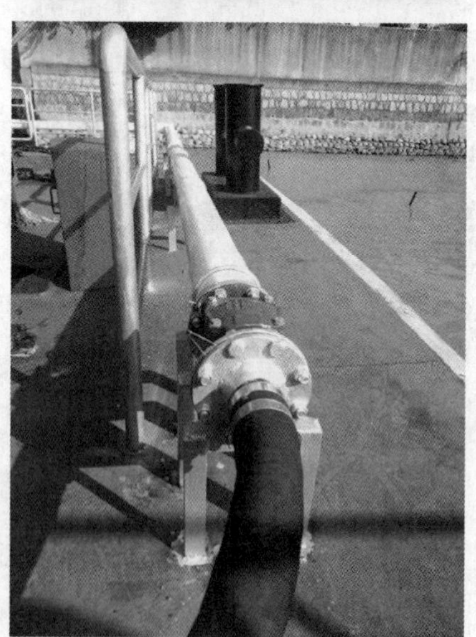

图29　组装测试

效果检查：

a. 通过水压试验,注水12立方米,各水位指示准确,加压2米水柱,2小时耐压测试。

b. 通过管路系统设计压力(0.25MPa)30分钟保压试验,管路系统无泄漏。

c. 通过1kV电气柜工频耐压试验和冷态绝缘试验,电气柜无电流击穿,实测冷态绝缘为20MΩ。

d. 自动液位显示正常,高位报警正常,排空后泵自动停止。

e. 通过效用试验,人工连接管路,开启水泵排水,26 分钟内水全部排入城市污水管网内。

f. 人工进行了冲洗系统效用,管路冲洗正常,拆管处无滴漏。

检查结果:通过压力试验箱体、管路耐压良好,0 漏水;电气柜 0 电流无击穿;管路冲洗正常,拆管处 0 滴漏,排水完成后拆除管路时连接处无残水;液位到达 90% 高位报警;开启水泵排水,26 分钟内水全部排入城市污水管网内。

三、实施效果

渡运管理公司组织员工进行实验,确认装置运行正常。并长期进行跟踪观察,并对污水收集和排岸效果进行了统计,参见表 20。

效果统计　表 20

序号	污水向长江排放(m^3)	污水排入城市管网(m^3)	单次排岸时间(分钟)
1	0	10	26
2	0	11	26
3	0	11	27
4	0	10	26
5	0	12	28
6	0	10	26
7	0	12	27
8	0	11	26
平均值	0	1.09	26.5

渡轮生活污水集排装置进入使用阶段,渡轮生活污水通过粉碎泵全部排入城市污水管网内,且排放过程中无滴漏,确认达到“0”排放,并且每次排放时间均控制在 30 分钟内。本装置在渡运管理公司 5 艘渡轮上平均投入改造费用约为 55000 元,节约修理费用 57.9 万元。因直接排入城市污水管网无需处理,故运行及维护费用年平均仅为 1000 元。虽初期投入大,但维护成本低,使用更经济。

渡轮生活污水集中排放装置解决了内河老旧船舶生活污水处理不达标和设备新购、维护成本高等难题,适用于各类型运营船舶生活污水的收集处理与排放,是船舶生活污水处置的优选方案。

渡运管理公司全面安装渡轮生活污水集中排放装置后,取得海事和环保部门的认可,向渡运管理公司发放了《内河船舶防止生活污水污染证书》,率先实现生活污水“0”排放。人民网、凤凰网、南通电视台、江海晚报等多家媒体广泛进行报道,南通海事局组织召开现场专题推广会,江苏交通企业协会组织在全行业推广。

南通市海事局召开了现场推广会议后,各家公司迅速行动,把成果应用在公司渡轮生活污水集排装置改造上。至今有反馈表反馈的公司有 9 家共有 31 艘船舶组织应用改造,达到生活污水达到了“0”排放,同时节约了改造费用 185.6 万元,见表 21。

反馈表　表 21

序号	应用单位	应用船舶数量(艘)	应用时间	节约费用(万元)	改造施工单位
1	常熟通达汽渡有限公司	3	2019 年 4 月—8 月	24.3	南通东海船舶有限公司
2	江苏皋张汽渡有限公司	3	2019 年 2 月—6 月	24.9	玄明环保科技(上海)有限公司
3	南通市海洋水建工程有限公司	4	2019 年 1 月—6 月	10	南通东海船舶有限公司
4	太仓市汽车轮渡有限公司	4	2019 年 1 月—10 月	34.8	南通东海船舶有限公司
5	南通市通常汽渡有限公司	4	2019 年 1 月—9 月	46	南通东海船舶有限公司

续上表

序号	应用单位	应用船舶数量(艘)	应用时间	节约费用(万元)	改造施工单位
6	南通港口轮驳有限公司	3	2019 年 3 月—4 月	9.9	玄明环保科技(上海)有限公司
7	张家港港务集团有限公司船务分公司	4	2019 年 6 月—7 月	8.7	玄明环保科技(上海)有限公司
8	江苏张皋汽渡有限公司	3	2019 年 5 月—7 月	18.6	江阴博泰船务有限公司
9	如皋中港拖轮船务有限公司	3	2019 年 8 月—9 月	8.4	玄明环保科技(上海)有限公司
10	公司内部推广	5	2018 年 11 月—2019 年 10 月	57.9	玄明环保科技(上海)有限公司
合计	10	36		243.5	

注:截至 2019 年 11 月 27 日。

到 2019 年底,该装置在 36 艘长江渡船、港口拖轮上得到运用,节约改造费用 243.5 万元。并从 2020 年起,经海事部门推广作为行业标准参照,所有内河船舶需按该方案进行改造,取得了较好的社会效益和经济效益。

"智慧高速"引领下高速公路资产数字化管理模式探索

江苏沿江高速公路有限公司

成果主要创造人:李春雷 翟 锐

成果参与创造人:张 天 马亦斌 刘子铭

江苏沿江高速公路有限公司成立于2002年,交通行业,企业性质为省属国有企业,主要业务是收费路桥的投资、建设、营运和管理,下辖沿江高速公路、沪苏浙高速公路、太仓港疏港高速公路、张家港疏港高速公路等四条高速公路,核心资产沿江高速公路是江苏省高速公路规划中"四纵四横四联"主骨架网"联三"(常州至太仓段)的重要组成部分,途经全国百强县中前10名的江阴、张家港、常熟、太仓等市、区,是江苏省与上海市的主要出入通道之一,具有得天独厚的地域优势。作为省属国有企业,公司目前经营管理的总里程达到222公里,设7个部门,下辖3个路段管理中心、26个收费站和4个服务区,共有员工1700余人。仅2018年一年,沿江公司便实现了收费收入20.61亿元,多种经营收入1.1亿元,公司利润创下8.8亿元新高,经济效益明显。公司还拥有苏州南林饭店有限责任公司、江苏省高速公路联网收费技术服务有限公司、江苏现代路桥有限公司的部分权益,现有资产规模达120亿元。

一、实施背景

(一)国家推广公路信息化发展的宏观政策和行业发展需求

1.公路运营养护信息化、数字化、智慧化是国家政策导向

根据《国家公路网规划(2013年—2030年)》,未来我国公路网总规模约580万公里,其中国家公路约40.1万公里,占总规模的7%;省级公路占9%;乡村公路占84%。40.1万公里的国家公路将由普通国道和高速公路两个层次构成,其中普通国道规模将增加至26.5万公里、高速公路里程将增加至11.8万公里,并且规划了1.8万公里的高速公路远期展望线。我国公路建设保持快速稳定的增长势头,以高速公路为骨架的干线公路网络基本形成,国省干线公路等级逐步提升,农村公路行车条件不断改善。

因此,结合国家总体战略,针对公路运营养护行业的问题及公路信息化发展的需求,交通运输部2017年1月发布《推进智能交通发展行动计划(2017—2020年)》中提出:运维阶段,建设BIM+GIS可视化平台,依托建设期形成的BIM数据库,加强在建造、养护、运营、监测、应急、管理等方面的应用;加强公路养护决策,路网运行监测,应急调度指挥等核心业务系统建设和应用,有效提升路网建管养智能化水平。

综上所述,进行公路全维度管理信息化、数字化、智慧化的研究,基于BIM+GIS+物联网传感结合云、大、物、移、智技术的应用,是解决公路建造、养护、运营痛点,落实《推进智能交通发展行动计划(2017—2020年)》等政策的重要举措。

2.公路运营养护信息化、可视化、智慧化的研究是行业发展需求

根据2017年12月4日麦肯锡发布的《中国数字经济报告》:土木工程行业数字化程度落后,排名倒数第一,行业信息化发展空间巨大;2018年党的十九大报告提出建设数字中国。

随着我国"十三五"规划供给侧结构性改革政策的提出,现代综合交通运输体系发展总体目标为:安全、便捷、高效、绿色,这对公路养护发展提出了新的要求,即路网覆盖加密扩展、综合衔接一体高效、运输服务体质升级、智能技术广泛应用,绿色安全水平提升。

因此,进行公路运营养护信息化、数字化、智慧化的研究,是公路运营养护领域,乃至土木行业信息化发展的必然趋势,也是我国"数字交通"建设重点。

(二)提高我国公路运营养护技术水平,引领新技术发展的有效方式

随着我国经济快速、稳定的发展,交通基础设施建设得到了大力投入。截至2017年底,我国公路总里程为477.35万公里,其中,国道35.84万公里,省道33.38万公里,农村公路里程400.93万公里,公路桥梁83.25万座,公路隧道16229处,公路养护里程为467.46万公里。

但我国公路运营养护的发展远远不及公路建设的速度,存在信息化水平较低、养护专业化水平较低等问题。

在公路养护方面:自20世纪90年代中期我国提出了公路养护市场化改革,开始了公路养护管理管理模式及运行机制的探索。在不同的区域、不同管养单位、养护业务的不同环节,通过横向联系,至今仍在不断尝试中,但大多数养护企业机构复杂,效益不高,具体表现为以下几个方面:①养护维修的计划与内容不健全,缺乏科学性:由于数量不足或数据可靠性差,或者道路使用性能评价预估系统不健全,尚不足以制定科学的、寿命周期内养护费用最低的养护计划;②信息化水平较低:主要表现在公路养护存在数据孤岛、养护监督不及时、养护决策无数据支撑、养护报表繁多、报表格式不规范、养护成本难控制、养护考核问题不公平、养护办公不及时等问题;③养护专业化程度不高:专业技术性人才严重匮乏,缺乏养护工程施工人才,在工程质量监管、技术指导上依赖程度较大。

在公路运营管理方面,公路经营涉及"一路三方",主体多元化,致使公路运营管理信息化的建设比较分散,未形成有机体。收费、通信、监控作为公路建设的一部分,公路运营也面临数据的利用程度不同,存在数据孤岛,公路数字化资产的价值利用不够等问题。

(三)进一步提高江苏省公路养护领域地位的必然途径

截至2017年底,江苏全省公路里程达15.8万公里,其中,高速公路里程4688公里,密度约为4.42公里/百平方公里,2018年新改建道路4838公里,改造桥梁2874座,2018年10月,江苏省政府公布《江苏省高速公路网规划(2017—2035年)》,到2035年全省高速公路网总里程将达到6666公里,江苏省乃至我国已经进入一个大规模公路养护时代。

近年来,江苏着力打造"交通强省",在公路运营与养护方面,一直走在全国的前列。在养护方面:江苏省公路养护体量大,养护密度居全国前列;养护信息化程度较高,江苏省养护业务信息化水平在全国范围内已逐渐成熟,由江苏省高管局印发的《江苏省高速公路管理局信息化发展规划》(以下简称《规划》),是全面指导我省高速公路管理系统信息化工作的指导文件,《规划》围绕国家"四个全面"战略布局、"强富美高"新江苏和现代综合交通运输体系建设总目标,按照"统一标准、资源共享,架构开放、良性扩展,适用为主、适度超前,统筹规划、机制完善"的基本原则,结合全系统高速公路营运安全、真情服务、廉洁高效等工作目标,强化"互联网+高速公路管理"运用,提出江苏省"智慧高速"体系框架,通过实施基础环境、数据资源、应用系统等三大工程,建设协同办公、执法管理、养护管理、安全监管、路网调度、服务管理等六大系统,以信息化手段进一步提升高速公路管理效能,增强高速公路通行保障能力,改进高速公路运营服务水平,推进高速公路治理体系和治理能力现代化。江苏沿江高速公路有限公司与江苏燕宁工程科技集团有限公司合作,以G50高速公路(江苏段)为试点,实施高速公路资产数字化工程项目。

二、成果内涵

(一)高速公路资产数字化含义

高速公路资产数字化管理,是基于三维的高速公路资产设施数字化管理系统。该系统由江苏燕宁

工程科技集团有限公司自主研发，江苏沿江高速公路有限公司落地实际应用，系统运用 GIS 技术、BIM 技术、无人机航拍技术、倾斜摄影技术、三维可视化展示与交互技术、物联网、大数据分析技术等，将高速公路地理环境（地形地貌）、高速公路主体、高速公路结构物（桥隧涵、互通立交、出入口匝道）、服务区、收费站、交安及附属设施等，快速构建三维空间数据库，搭建"高速公路资产数字底座"，实现高速公路全资产的三维可视化展示、动态和数字化管理，为高速公路资产动态管理和决策提供数据支撑，同时为高速公路资产数字化管理提供数据汇聚、数据智能、实现数据化运营的载体。后期融合接入高速公路资产动态业务数据（如高速公路路面技术状况数据、养护数据、巡检数据、营运数据及物联设备监测数据等），将接入的动态业务数据在三维空间中分层、直观、动态的展示与对比分析，全面提升高速公路数字化和智能化管理水平，提供基于可视化场景下的辅助决策支持。

（二）高速公路资产数字化管理意义

①构建高速公路三维实景（宏观），还原高速公路实体对象：基于高速公路实体构建"高速公路三维数字模型"，一方面，能够较逼真直观地查看高速公路沿线地形地貌，高速公路主体路面面貌及高速公路全要素实体对象地理位置分布，帮助管理层实现高速公路全要素的三维数字化和可视化管理。另一方面，基于"高速公路三维数字模型搭建的数字底座"为高速公路资产数字化管理提供了数据汇聚、数据智能、实现数据化运营的载体。

②实现高速公路实体对象可视化、动态化、精细化管理：平台支持在三维数字模型中对所有的模型对象便捷地实现增加、修改、删除、查询、定位、汇总统计、导出、运行状态管理等功能，与高速公路实体对象保持同步更新。

③实现高速公路资产管理，同时基于高速公路各类档案的数字化及集中统一管理，将当前纸质档案生成电子档案，实现档案数字化（结构化）存储与查询，有效解决当前查阅资料难、耗时等现象。实现高速公路全生命周期档案信息资源的在线汇总查询统计及共享。

④基于三维技术的虚拟巡检，探索巡检新模式，对后续巡检新技术应用提供基础。

⑤响应交通运输部《数字交通发展规划纲要》中的第一阶段发展目标：到 2025 年，交通运输基础设施和运载装备全要素、全周期的数字化升级迈出新步伐，数字化采集体系和网络化传输体系基本形成。基于数字化技术的运用，提升江苏高速公路数字化应用水平。

三、主要做法

（一）数字化总体建设规划图（图 1）

图1　建设规划图

(二)项目概述

G50 高速公路(江苏段)起点位于苏州市吴江区芦墟镇北的苏沪交界,与上海沪青平高速相接,经莘塔、北厍、古池荡、八都,终点位于苏州市吴江区震泽镇八都北的苏浙交界,与浙江省申苏浙皖高速公路相接,江苏段路线全长 49.947 公里。全线为双向六车道,全封闭、全立交,路基宽度 35 米,设计行车速度 120 公里/小时。

沪苏浙高速公路江苏段共设汾湖互通、北厍互通、黎里互通、平望枢纽互通、平望互通、横扇互通、七都互通、苏沪主线收费站、汾湖收费站、北厍收费站、黎里收费站、平望收费站、平望服务区、横扇收费站、七都收费站、苏浙主线收费站等重要节点。

摄区范围为:

①自起点吴江区芦墟镇北的苏沪交界至终点吴江区震泽镇八都北的苏浙交界,全长 49.947 公里。

②以苏浙沪高速公路中心线两侧各延伸约 500 米范围内的三维模型与高清正射影像。互通匝道、服务区、收费站等沿线设施处的航摄幅宽不受两侧 500 米限制,以保证重要节点的整体完整性(图 2、图3)。

图 2　苏浙沪高速沿线设施摄区范围示意图(平望枢纽)

图 3　苏浙沪高速三维摄区范围示意图(平望服务区)

(三)项目建设内容

1. 基础设施数字化建设

①G50 江苏段全路段无人机倾斜测量三维模型数据制作与发布:

航摄范围:自起点吴江区芦墟镇北的苏沪交界至终点吴江区震泽镇八都北的苏浙交界,全长 49.947 公里。航摄范围以苏浙沪高速公路中心线两侧各延伸约 1000 米,其中互通匝道、服务区、收费站等设施处的航摄幅宽不受两侧 1000 米限制,以保证重要节点的整体完整性。

航摄精度:三维模型平面精度优于 0.03 米,高程精度 0.1 米。

采集对象:高速公路地理环境(地形地貌)、高速公路主体、桥隧涵、互通立交、出入口匝道、服务区、收费站、公里桩(百米桩)交安及附属设施。

②人工 BIM 建模:桥梁(大桥 14 座)、互通/匝道(19 座)、分离式立交(3 座)、标志标牌(全线 565 个标志标牌,64 种标志标牌类型)、太浦河特大桥主桥墩钢筋级建模(试验)、软基路段地质建模(试验)。

③档案数字化:太浦河大桥(13 号至 16 号左右幅桥墩)档案数字化、软基路段(500 余段)档案数字化。

2. 业务功能开发

①搭建高速公路三维数字底座,实现数据处理与平台发布:包括高速公路三维地理信息模型计算、标志标牌构件单体化、三维 GIS 地图与 BIM 模型融合、三维数字成果发布。

②标志标牌管理:建立标志标牌资产台账及全线标志标牌模型库。系统支持标志标牌基于版面内容实现快速检索、地理位置定位、净空高度可量测,支持标志标牌类型及版面内容以贴图方式在线可视维护与更新等。

③服务区管理:系统支持服务区多角度查看,支持服务区名称在线检索与查询、地理位置快速定位、三维实景多角度展示、长度与面积量测。

④桥梁互通管理:实现全线大型互通桥梁名称检索与查询、快速定位,结构信息查询、立面多角度查看功能。

⑤软基路段管理:实现权限段落桩号检索与查询、快速定位、原设计方案在线查阅。

⑥虚拟巡检(试验):第一人称视角模拟日常道路养护巡检过程,支持用户自定义巡检路线方向、车道、车速、巡检视角(车巡视角、航摄视角)。

⑦独柱墩管理:实现全线独柱墩统计、高亮显示及快速定位。

⑧档案数据关联:太浦河特大桥主桥墩档案数字化并与人工 BIM 模型关联,支持在线实时查阅各构件设计资料、施工资料及管养资料。

⑨物联集成:太浦河特大桥桥下视频监控集成(共安装 5 个监控点位,分别位于 13 号右幅墩柱、16 号墩柱、17 号墩柱、20 号墩柱、23 号墩柱 5 个重要部位),支持实时在在线查看视频监控实时数据。利用网络对桥梁下部空间及结构物进行实时远程全过程动态管控,能够实时并高清查看桥梁下部空间的画面,加强桥下空间健康及空间占用排查,同时对桥梁下部结构进行全方位、全覆盖、全天候的监控,确保桥梁运行安全。

四、项目成果

(一)桥梁互通管理(24 座大型桥梁、互通)

①可视化:实现大型互通桥梁可视化、快速定位,立面多角度查看。

②档案数字化:桥梁设计、建造、运维数据电子化、档案数据化。

③物联集成:桥下视频监控集成,对桥下空间实行全方位、全覆盖、全天候的网络监控,加强桥下空间排查,辅助桥梁日常巡检工作。

④独柱墩管理:桥梁方面运用 BIM 技术首次实现独柱墩可视化管理,将全线 18 座桥梁独柱墩数据结构化充分与 BIM 技术进行融合,精确定位独柱墩,实现快速定位、查询、监控等管理,后期将独柱墩验算、维养、监控等信息深化与细化,创新独柱墩管理新标杆,进一步丰富"苏式养护"的品牌精髓。

已完成 G50 高速公路江苏段 1300 余份设计、建造、管养各阶段档案的档案整理、建立目录数据库、档案扫描及命名、AI 图像处理、数据链接及数据质检工作,通过结构化数据及数据归类,实现将数字文档与 BIM 模型相结合,达到直观、快速、便捷地进行可视化档案管理,强力推动了资产数字化前进的步伐参见图 4 ~ 图 8。

(二)特殊路段管理(软基路段)

①可视化:实现全线软基路段可视化、快速定位,一键总览。

②档案数字化:软基路段设计、建造数据电子化、档案数据化,实现全线530余段软基路段设计资料与模型挂接,平望段软基建造资料档案数字化,见图9、图10。

图4　G50高速公路江苏段全线数字化

图5　G50太浦河大桥档案数字化

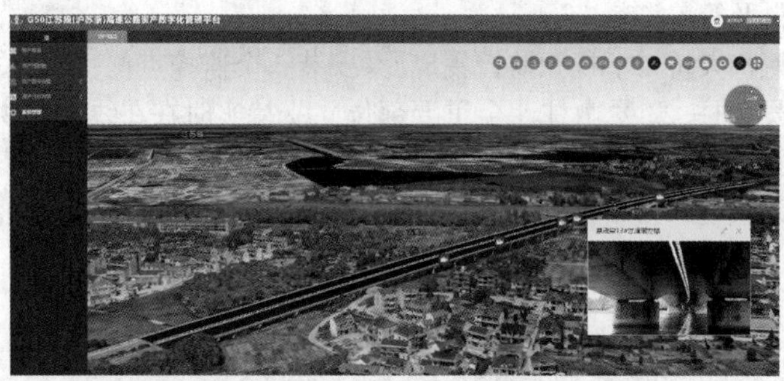

图6　太浦河大桥视频监控与BIM融合

图7　基于GIS+BIM技术的航摄视角巡检

(三)标志标牌管理

①可视化:实现全线标志标牌单体化、内容查询。

②数字化:标志标牌版面内容在线自定义更换,净空高度量测。

③实现全线565处标志标牌可视化，在线进行标志标牌管理，对标志标牌精准定位，更换版面，达到在线可视化管理目的，见图11、图12。

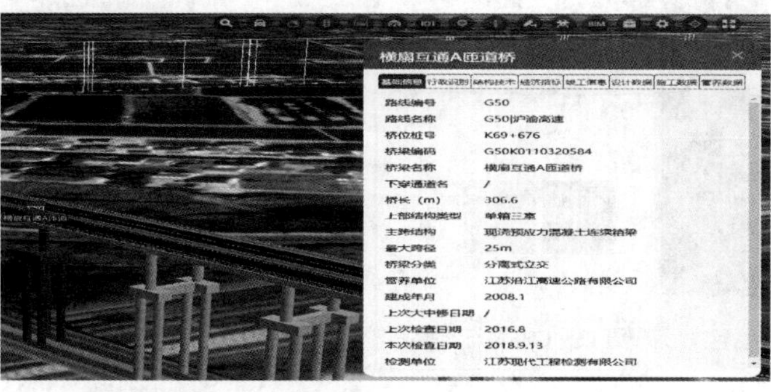

图8 独柱墩管理

图9 G50高速公路江苏段软基路段数字化

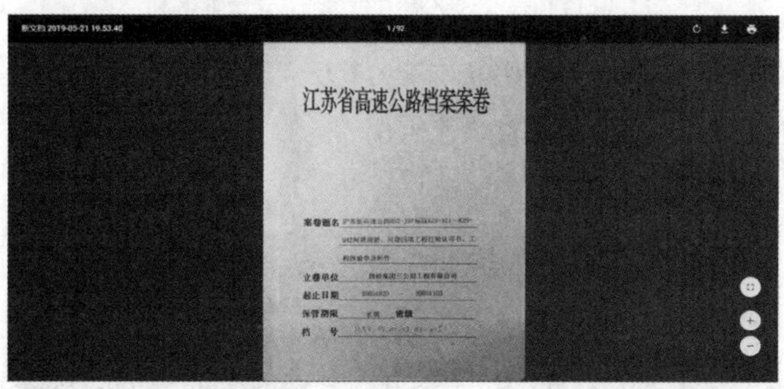

图10 G50高速公路江苏段软基路段档案数字化

图11 G50高速公路江苏段标志标牌数字化

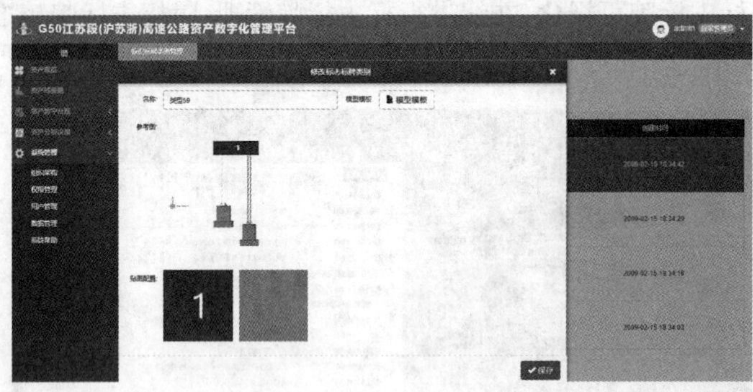

图 12　G50 高速公路江苏段标志标牌在线管理

(四)服务区可视化

①可视化:实现服务区实景、地理位置快速定位。

②数字化:快速定位,尺寸量测,见图 13。

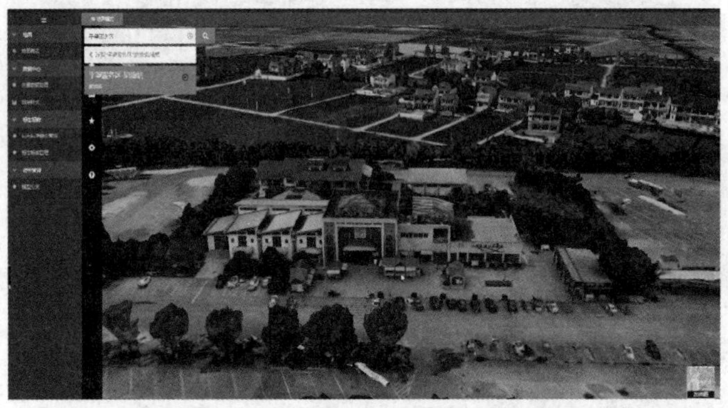

图 13　G50 高速公路江苏段服务区数字化

(五)BIM + 物联传感技术首次实现独柱墩可视化管理

①可视化:实现单柱桥梁实景、地理位置快速定位。

②数字化:快速定位,尺寸量测,见图 14 ~ 图 17。

图 14　G50 高速公路江苏段单柱桥梁在线实时一览

(六)公里桩、百米桩可视化

①可视化:公里桩和百米桩实时查看、地理位置快速定位。

②数字化:快速定位,支持在线便捷调整,见图 18、图 19。

(七)全线护栏数字化、可视化

①可视化:平台支持护栏实时查看、地理位置快速定位。

图 15 G50 高速公路江苏段单柱桥梁在线快速定位

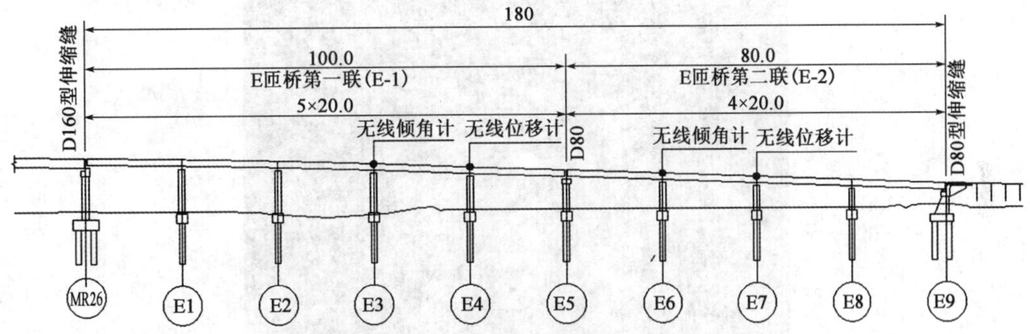

图 16 G50 高速公路江苏段单柱桥梁传感器布置示意图

图 17 独柱墩专项监测传感器安装位置示意图

图 18　G50 高速公路江苏段公里桩在线快速定位

图 19　G50 高速公路江苏段百米桩在线快速定位

②数字化:快速定位,尺寸量测、支持在线便捷调整,见图 20、图 21。

图 20　G50 高速公路江苏段全线护栏在线快速定位

(八)物联网 + AI 技术实现桥梁智能化、主动监测

试点桥梁:太浦河特大桥。

安装位置:基于桥下空间管控需要,在桥梁河道东西两侧,共安装 5 个视频监控点。鉴于现桥梁河道西侧桥下面积和管理难度较于桥梁河道东侧大和复杂,分别于桥梁河道东侧安装 1 个视频监控点,西侧安装 4 个视频监控点。

图 21 G50 高速公路江苏段全线护栏在线快速量测

功能简介：现通过在道路重点监测的桥梁桥下重要部位安装视频监控点，不受时空因素影响，随时随地对桥梁下部空间及结构物进行远程全过程动态管控，实时查看桥梁下部空间高清画面，加强桥下空间健康及空间占用排查，有效整治桥下空间，消除桥梁安全隐患，确保桥梁安全畅通运行。视频监控点接入江苏沿江高速公路有限公司沪苏浙管理中心，系统将桥下视频点位实时视频流数据与三维地理信息模型相结合，基于对桥下空间事件全天候、实时地主动监测，实时感知桥下安全隐患，并将安全隐患在桥梁 BIM 模型中快速定位与可视化预警，有效解决当前桥梁日常管养过程中普遍存在的“被动式”管养及桥梁财产损失追责难现象，实现桥梁智能化、主动监测，见图 22。

图 22 太浦河特大桥桥下视频监控实时画面

（九）虚拟巡检

一期目标：技术实现可行性预研。用户通过自定义巡检路线方向、车道、车速、巡检视角（车巡视角、航摄视角），以第一人称视角开展日常道路巡检工作及模拟日常道路养护巡检过程中发生的事件信息，见图 23、图 24。

图23　车巡视角

图24　航摄视角

五、项目效益分析

(一)积极响应相关政策号召

积极响应《交通强国建设纲要》《交通强国江苏方案》《数字交通发展规划纲要》等文件的号召,在G50沪苏浙高速公路(江苏段)率先试点开展"高速公路资产数字化"技术探索及项目应用,搭建"高速公路数字底座",打造"高速公路数字孪生",争做全国第一条实现"高速公路资产全要素数字化管理"的高速公路。运用数字化技术,提升G50沪苏浙高速公路(江苏段)数字化应用水平,以信息化手段进一步提升高速公路管理效能,增强高速公路通行保障能力,改进高速公路运营服务水平,推进高速公路治理体系和治理能力现代化。助力交通行业数字化、智能化、智慧化建设,助力交通行业数字化升级,提升高速公路数字化和智能化管理水平,敢于争做"中国智慧交通先行者"。

(二)试点探索运用新技术提质降本增效

运用物联网技术,试点开展桥下空间全过程动态实时管控技术运用,探索"苏式养护之桥梁在线新型巡检与管养模式"。项目一期率先在太浦河特大桥开展桥下空间视频监控系统试点应用,通过在桥下空间重要部分安装高清视频监控点,借助视频监控实现桥梁在线巡检,不受时空因素影响,随时随地对桥梁下部空间及结构物进行远程全过程动态管控,实时查看桥梁下部空间高清画面,加强桥下空间健康及空间占用排查,有效整治桥下空间,消除桥梁安全隐患,确保桥梁安全畅通运行,提升日常巡检效率。计划在项目二期开展运用物联网+AI技术实现桥梁智能化、主动监测,如桥下空间周界入侵主动识别与预警、桥下空间火焰与烟雾主动识别与预警、桥下裂缝、航道桥墩撞击、船舶顶部剐蹭监测等功能。

运用图像数字化技术,实现高速公路档案数字化管理,基于高速公路各类档案的数字化及集中统一管理,有效解决当前查阅资料难、耗时等现象,同时有效预防档案丢失、缺失现象的发生。项目一期率先试点将太浦河特大桥主墩建管养纸质档案全部建立数字化档案,且将建立的各类数字化档案与太浦河大桥主墩相对应的人工 BIM 模型进行关联,实现档案信息资源的数据在线精准实时联动、查阅与下载。该应用可辅助 2020 年高速公路国检资料准备工作的开展。

探索"基于视频监控技术在高速公路数字底座中的融合应用",开展高速公路实时在线巡检新模式,使得高速公路日常巡检工作地开展不受天气、时空因素影响。项目一期探索在高速公路数字底座中以第一人称视角模拟日常道路养护巡检过程,支持用户自定义巡检路线方向、车道、车速、巡检视角(车巡视角、航摄视角)。该技术探索为项目二期开展"道路在线新型巡检"技术应用落地做好预研工作。计划在项目二期开展:支持巡检养护人员通过在 PC 端在线开展道路日常巡检工作,在项目一期基础上除支持巡检人员自定义巡检路线方向、车道、车速、巡检视角(车巡视角、航摄视角)外,融合道路实时视频数据,巡检人员在漫游过程中借助视频监控点位实时视频流辅助巡检人员开展日常道路巡检工作,如查阅道路抛洒物、事故事件等,帮助道路日常巡检人员实时掌握道路全线路况。通过探索运用新型道路巡检技术,突破传统道路巡检模式,叠加运用新型在线巡检技术提升道路巡检工作效率,降低日常道路巡检成本投入,提升道路管理的实时性,保障道路安全通畅,实现提质降本增效。

浅析复盘在房地产项目开发中的应用及效果

中交一航局城市投资发展(天津)有限公司

成果主要创造人:董宏宇　高瑜山

成果参与创造人:柯　涛　张向成

中交一航局城市投资发展(天津)有限公司(简称"一航局城投(天津)")是世界500强企业中交集团下属中交第一航务工程局有限公司的全资子公司,前身为中交一航局房地产开发有限公司,是中交一航局强化服务主业、拓展投资业务、延伸产业价值链的重要组成部分,旨在打造"特色鲜明的城市综合开发商"的中交一航新名片。

一航局城投(天津)下设3个项目部(公司),代管公司2个。截至2020年9月,公司长期在岗职工50余人,拥有一支素质优良、专业齐备、业务熟练、运作规范、乐于奉献、纪律严明的高效运作团队。

一航局城投(天津)拥有房地产开发二级资质,经营范围为:城市公用设施项目投资及管理,房地产开发、销售,停车场服务,房屋租赁,土地整理。依托中交集团及中交一航局品牌效应,一航局城投(天津)具有良好的银行资信和投融资能力。

一航局城投(天津)立足于"紧随一航局投资业务为主,一二级联动开发为辅"的土地拓展方针,先后主导或参与开发中交启航嘉园、中交樾公馆、陈塘商务科技园、中交一航局玉林总部基地等项目。

其中,中交启航嘉园已清盘并于2013年6月顺利交房入住;中交樾公馆项目为中高端商住综合项目,一二期已顺利交房,三期于2017年11月11日开盘,并于2019年12月集中交房;陈塘商务科技园是一航局城投(天津)首次通过合作开发模式,联合绿城中国、中交集团京津冀区域总部共同打造的集住宅、商业、办公、教育等多种元素于一体的城市综合开发项目,总投资额超过70亿元,至2020年9月,仍处于开发建设中;广西玉林总部基地项目开启了一航局城投(天津)与地方政府合作新路径,也是公司首个津外项目。

一航局城投(天津)另有可供开发的自有土地近百万平方米,广泛分布于天津、青岛、大连、秦皇岛等环渤海区域大中城市,区位优势显著;同时紧跟中交一航局主业投资,借助局外部资源优势,积极延伸PPP等各类合作机遇,谋划布局海南、武汉、玉林等高潜力地区,前景广阔。

一航局城投(天津)所开发项目始终坚持规划起点高、设计理念先进、施工品质精良:中交启航嘉园项目获评"中国人居低碳典范·绿色宜居健康住宅大奖"和"2013年度天津市城市园林绿化优质工程二等奖",中交樾公馆项目连续多年荣获"海河杯"等天津市建筑行业最高奖项。

一航局城投(天津)成立以来,根植中交集团与中交一航局的深厚底蕴,循法尚德、诚信经营,用心浇注精品,用诚铸就品牌,以卓越的产品践行"干一流的,做最好的"核心价值观和"建家"文化,展现国力央企的社会责任,团队奋发进取,以综合实力锻造精英之师,公司先后获得天津市五一劳动奖状、天津市工人先锋号、中国交建先进基层党组织、中交一航局文明单位等荣誉称号。

复盘是围棋术语,是指棋局完毕后,对弈双方复演棋局记录,以检查对局中的招法优劣得失。复盘是行动后的深刻反思和经验总结,复盘应用有助于组织的自我演化、自我完善、自我提高。

某地产项目是一航局城投(天津)近年开发上市项目,定位高端住宅,采取意式建筑风格。为更好地对该地产项目进行总结,一航局城投(天津)应用复盘方法,先后共计召开5次复盘会议,所有业务和管理部门均撰写书面报告,参加研讨。

在各部门复盘报告的基础上,一航局城投(天津)对报告中反映的各类现象与问题进行了汇总、提炼与分析,以期从中发现一般性规律,找到共性问题和普遍原因,挖掘经营管理中的深层次问题,找准"正确的事";建立问题解决机制,打通沟通壁垒,改善工作绩效,让复盘成果真正变为后续工作执行指引,有效提高公司的经营管理水平与团队战斗力,极大提升公司的经济效益、管理效益、社会效益和综合效益。

一、复盘目标

1. 找共性

找出共性问题并分析背后的原因,挖掘经营管理中的深层次问题。

2. 定行动

通过对原因的解读,找到下一步行动方案;方案至少要包括行动目标、具体措施、执行人与责任人。

3. 促落实

跟进落实上述行动方案,必要时积极协调跨部门行动方案的落实。

复盘汇报评分标准及加分项如下:

一、查找问题方面(30分,以下每项满分10分)

1. 问题描述是否清晰明确(把问题要写明白,不含糊):比较清晰明确(8~10分);基本清晰明确(5~8分);不太清晰明确(1~5分)。

2. 问题描述是否完整真实(把问题写全面,不漏项):比较完整真实(8~10分);基本完整真实(5~8分);不太完整真实(1~5分)。

3. 问题描述是否深入有见地(把问题写深刻,不肤浅):比较深入有见地(8~10分);基本深入有见地(5~8分);不太深入有见地(1~5分)。

二、分析问题方面(30分,以下每项满分10分)

1. 原因分析是否具体可视(把原因写具体,不抽象):比较具体可视(8~10分);基本具体可视(5~8分);不太具体可视(1~5分)。

2. 原因分析是否全面客观(把原因找全面,不漏项):比较全面客观(8~10分);基本全面客观(5~8分);不太全面客观(1~5分)。

3. 原因分析是否精辟得当(把原因说透彻,不浅显):比较精辟得当(8~10分);基本精辟得当(5~8分);不太精辟得当(1~5分)。

三、解决问题方面(30分,以下每项满分10分)

1. 解决措施是否恰当准确(提出的解决措施表达准确,不含糊):比较恰当准确(8~10分);基本恰当准确(5~8分);不太恰当准确(1~5分)。

2. 解决措施是否量化可操作(提出的解决措施易于操作,不生硬):比较量化可操作(8~10分);基本量化可操作(5~8分);不太量化可操作(1~5分)。

3. 解决措施是否形成流程标准化(提出的解决措施形成流程,有规律性):比较有规律(8~10分);基本有规律(5~8分);不太恰当准确(1~5分)。

加分项(10分,以下每项满分2.5分)

1. 汇报材料按时完成并汇报。

2. 汇报形式新颖有吸引力。

3. 汇报材料内容有典型案例。

4. 对公司及其他部门提出中肯的建议和意见。

二、复盘的逻辑框架

(一)问题归类

通过观察各部门提出的现象与问题,按照能力问题、经验问题、沟通问题、态度问题、流程机制问题5个种类辨识分类,探求各问题背后的共性联系。

(二)因果辨识

注意识别复盘总结中问题的原因,是否为真实原因或是否有因果联系(即有可能部门提出的因与果并不对应);此环节较复杂,需根据对材料的研判具体考虑。

(三)分类施策

结合问题的共性因素,在各部门已有的解决方案、行动建议之外,结合上述分类,尝试再提出相应的、可操作的、符合现状的措施办法:属于能力问题的,开展专业培训、内训+外训、经验分享+知识学习、考试考核;属于经验问题的,系统梳理、外部调研考察、经验分享;属于沟通问题的,责成相关部门间形成有效的乃至制度化的沟通机制,培养沟通意识和沟通技巧;属于态度问题的,谈话教育,挖掘原因,积极解决;属于流程机制问题的,对流程方面,提出流程优化建议,明确合理的操作措施,对机制方面,与相关部门确认,分管领导沟通,提请领导班子研究解决。

复盘过程中,本着"五求"原则:求真,不是自己骗自己、证明自己对,而是实事求是;求实,不是流于形式、走过场,而是分析内容和找原因;求学,不是追究责任、开批判会,而是重在改进和提高;求内,不是强调客观、推卸责任,而是反思和自我剖析;求道,不是简单下结论、刻舟求剑,而是找出本质和规律,以达到"回头看""不贰过"的目的。

三、复盘的具体情况

(一)复盘项目简介

该项目位于天津市西青区南站高铁板块核心区域,东至辛老路祥和大道,南至丰产河,西至晨曦路,北至枣林大道,距天津南站仅1.5公里,周边生活、教育等配套健全,既适合城市改善型需求,又是一次性置业的首选。项目可规划用地面积17.8万平方米,规划总建筑面积27.3万平方米,绿地率45%,容积率1.5,由高层、小高层、洋房叠拼组成。项目户型新颖、组合灵活、选择性多,建筑和景观相辅相成。

该项目秉承新城市主义思想理念,定义"后南开、新意风、醇墅境"的产品理念,借鉴意大利传统建筑形式,仿效天津五大道新意街,以新意式的建筑风格整体呈现。景观设计将借鉴意大利四大名园(埃斯特花园、冈贝里亚花园、法尔奈斯花园、卡斯特洛花园)的风格,通过高密度多层次的植被以及大量从意大利进口的石材,形成胜景园林,隔绝城市喧嚣,保障社区尊贵感和私密性,给业主营造安静、悠闲的生活环境。

项目采用的同层排水、建筑太阳能系统、地库防根刺、园林透水、循环水、外墙涂料仿砖、电子巡更系统、绿色环保建材红彩瓦等技术和材料,在行业内均有一定特色。

2012年9月,一航局城投(天津)通过挂牌土地交易获取该地块。2013年11月开工建设,2014年底对外销售。项目分多期开发,连续多年荣获天津市"海河杯"大奖和"文明工地"称号。

(二)复盘问题提炼

如表1和图1所示,按问题归属划分,部门内问题62项,部门间协同问题53项,公司层面问题20项,分别占比为46%、39%、15%。按问题性质划分,属于能力问题的70项,属于经验问题的57项,属于沟通问题的35项,属于流程机制问题的42项,属于态度问题的5项(有的问题项既属于能力问题,也属于经验问题或沟通问题，即可以“一对多”对应），分别占比52%、42%、26%、31%、4%。

复盘问题整合统计表 表1

部门及问题		问题归属			问题性质				
部门	问题个数	部门内	部门协同	公司层面	能力问题	经验问题	沟通问题	流程机制问题	态度问题
开发	12	3	8	1	11	2	7	2	1
研发	19	10	9	0	7	14	3	5	0
工程	21	10	8	3	15	4	4	1	0
营销	36	21	11	4	19	19	8	13	0
成本	9	1	7	1	2	6	2	2	0
采购	22	12	6	4	8	7	8	12	1
客服	8	2	2	4	5	5	1	2	2
财务	8	3	2	3	3	0	2	5	1
合计	135	62	53	20	70	57	35	42	5

图1 项目复盘问题提炼示意

(三)复盘问题结论

结论一：部门协同和公司层面协调的问题较多，占比达到一半以上(54%)，说明公司在理顺内部管理机制、各部门协同工作方面，有较多的短板。

结论二：沟通和流程机制问题合计占比达到57%，说明公司在内部运作上尚有不顺畅之处，与结论一可相互对应。

结论三：部门内部问题(包含对供应商、合作单位的管控)、能力问题和经验问题3个单项方面数量最多，说明在专业能力和工作经验积累方面需要加大提升。

(四)典型问题分析

1. 能力问题

能力问题主要体现在两方面，一方面是对合作资源的管控能力不足，另一方面是自身专业能力有所欠缺。

(1)合作资源管控能力不足

如工程管理部提到的，“总包单位的劳务分包现场管理混乱，工序安排不合理”“施工单位工种配合不合理，钢筋工少，造成主体各层施工进度缓慢”“总包单位以合同未签订为理由，拒绝施工”等。

如成本部提到的，“对设计院管控不足，设计院未出地下图纸，多次沟通后仍未满足需求”“措施费用高于市场标准”等。

如开发部提到的,“设计指标管控不足,项目一、二期在设计初期缺乏明确的分项管控指标,造成部分项目指标超过市场常规标准”等 。

通过分析发现,工程、研发、开发、成本等相关部门都提到,对合作机构的专业把控、现场配合、责任感和服从性方面,都有着管控不足的问题。

(2)自身专业能力有所欠缺

如研发部对设计方案的审查,“室内装饰方案较随意,缺乏细节、温馨感”“项目很多户型存在一个共同的问题,宽深比不合理造成空间不好用”等,这些设计缺陷都未在图纸审核阶段发现。

如开发部申报销许和商业消防验收的问题,“在办理销许过程中,由于销售数据的填报错误,导致多次沟通及报件,影响了销许办理进度”“对新的消防技术标准不熟悉”等,说明相关人员不掌握商业消防报建基本流程,不熟悉新旧消防验收流程的差别,对报件的时间节点不敏感,这些都是专业能力不足的表现。

如财务管理部提到,“财务反映与监督未完全发挥”“财务人员的能力急待提升”“税务筹划能力不够”等,都是专业能力不足的具体表现。

2. 经验问题

经验问题主要是指在房地产开发的过往历史上,或者同行的经验教训都曾经发生过,若是熟悉业务,则依靠经验完全可以避免的那些问题。

如研发部,“空调机位百叶窗间隙过小的问题”“商业配套公建的组合形式,增加了住宅公摊,占用了容积率”“五重屋顶等住宅造型太过复杂,导致施工困难、成本增加”等。

如营销部,对渠道公司人员的培训、渠道公司门店物料投放、案场办公用品采购和入住时产权证办理等方面出现的问题,都与经验不足有关。

3. 沟通问题

受沟通不畅困扰较多的部门是采购合约部、开发部与营销部;沟通问题既有内部沟通不顺畅,也有外部沟通不力。

如采购合约部,“因采购标准描述不精准、方案不明确,造成采购时限延误”“对履约单位的管控上,整体组织欠缺。公司虽有补救措施,但实际呈现效果不理想,没有发挥作用,最终造成开标中止”等。

如开发部,“设计对一、二期外墙及屋面保温材料进行变更,相关信息未与开发部及时沟通,造成竣工验收时又重新申报节能备案变更,导致竣工验收时间滞后”“自来水、燃气等配套项目滞后,前期与专业局、专业局设计院沟通不力,专业设计阶段间隔时间过长,加之对新出台的管理规定未全面掌握,与跟进不到位有直接关系”等。

如营销部,“商业招租方面,对招租商业的现状信息掌握不全面”“交房管理方面,两书附图出现变更没有及时掌握,两书与物业交接过程出现过扯皮现象”等。

4. 流程机制问题

受流程机制方面影响较多的部门,主要有营销部、采购合约部、研发部、财务管理部等。在合同审批、财务付款、招标采购、设计方案决策方面的流程问题较为突出。

如财务管理部,提到“部门间信息传递不及时”“部分部门对财务的建议执行力不够”,这些都是典型的流程问题。而“公司自有资金不足”等主要是企业机制造成的问题。

如采购合约部,“受企业项目数量少的限制,稳定的合作资源越来越少,导致不能满足流程的规范动作,集采、战采无法实施”“流程的调整,经办人员不能及时掌握,对工作中产生的偏差不能结合调整要求进行变动,造成时间的延误”“招标过程延长,头绪过多,临时工作的调整等因素产生的时间管理问题”等,都说明现在的流程机制存在问题。

5. 态度问题

态度问题总共只归类了 5 件,数量较少,说明公司员工在工作态度上的良好风貌。

开发部“填报销售数据错误多次与房管局沟通”；采购合约部在对履约单位的管控上，存在“前期的策划准备不足，对存在的问题重视程度不够，过分依赖代理公司，没有对落实措施具体谋划，冒然行动，从而造成不利的局面”；客服部“维保复验工作不到位，没有很好地执行复验程序，出现多次返工，造成业主不满情绪”。

（五）找出解决问题的方法

通过对典型问题的分析，找出解决问题的方法，提出整改建议。

1. 转变思维，加强总包单位管控

该项目总承包方和项目开发商隶属同一个上级单位。这种模式固然在公司资金相对紧张的项目开发前期，为项目开发提供了有力的先期支持。但随着施工深入，工作协作中不可避免会出现各种短期矛盾和纠纷，如总包合同的内容及具体事项、各种成本税费的取值等。对此，一航局城投（天津）主要从三个方面确定了更具针对性的管理原则。一是转变工程管理的思路，充分认识总承包方作为兄弟单位的特殊性，特别是面对项目参建人员新人较多、工民建施工经验相对缺乏的实际，从纯粹的“指令性要求”转变为“监督”与“帮扶”相结合的管理方式，共同努力提高工程质量。二是为避免兄弟单位合作中常见的怠工拖慢现象，以保证施工进度为目标，一航局城投（天津）建立并实施了以奖励为主的月度施工进度考核激励机制，在总费用可控的情况下，适当拿出部分比例用于对完成施工进度的单独奖励。这种主动适当控制企业对利益最大化诉求的方式，以“让小利”确保了工程进度这个大局。三是加强对总包之下各分包方的主动全面联系，掌握第一手信息，确保存在问题的真实反映和及时解决。

2. 体现差异，加强外部资源管控

在目前市场整体低迷、前景不够明朗的情况下，一航局城投（天津）和合作单位在管理目标上存在着“大方向一致，小方向差异”的现实。以营销代理公司为例，其主要关注点是尽快履约完毕，使得人员及其精力进入下一个周期，折价销售是其在市场低迷情况下给出的最主要营销策略。而一航局城投（天津）则追求利益的最大化，短期增加销售额而损失项目整体利润的方式势必难以接受。因此，一航局城投（天津）始终坚持“宏观掌控，微观督促，务显其能，为我所用”的总体原则，在适度降低价格之外，更多地采用了抓住机遇，适时适量推出新品和转变营销渠道重点，加强企业巡展等方式进行营销，既做多做大了销售，也确保了项目总体利润的实现。

与合作公司的差异性还体现在管理的根本逻辑上。一航局城投（天津）作为合作单位的管理方，必然更多地强调程序化和稳定性，而合作单位则追求一种体现自我的自主性和空间感，双方在管理手段上存在着“趋繁”和“趋简”的客观差异。为缩小差异、确保利益，一航局城投（天津）除以销售案场管理、监理考核协议等制度形式约束外，还建立了定期沟通协调原则，要求各对应部门定期组织合作单位沟通工作进展，做好阶段性和重点性工作总结和分析，严格按照合同要求落实，奖惩并举，确保执行效果。

尤其是近年一航局城投（天津）提出了总结开发经验的专项工作，对项目开发做全程回顾，理得失，问是非，把好的经验推广至新项目的开发建设中，其中把对合作资源的管理总结作为重点，从而在符合要求的情况下，选择那些沟通顺利、工作负责、经历愉快的已有合作方作为新项目的参建单位，减少了解过程和磨合周期。一航局城投（天津）还从工作教训中发现管理疏漏，并在项目开发中予以弥补，从而实现“1 +1 大于2”的良好效果。例如，规划设计是项目运作的重要因素。一航局城投（天津）目前已经确定，出于区域市场熟悉程度及配合方便程度的考虑，新项目的规划设计将与首个项目不同，计划采取方案设计和施工图设计分开招标的形式进行。方案设计将选取理念先进、风格创新、技术成熟的合作方承担，施工图设计将选取本区域内的知名公司承担。这是一航局城投（天津）以新的管理理念对合作资源选取的合理性改造。

3. 因地制宜，做好内部机制管控

（1）完善组织架构

一是坚持“精简、高效”的原则推进组织架构改革，以构建“总部平台—项目部（公司）”两级架构为目标,实现职能分离,突出公司总部的决策、管控与服务职能和项目部(公司)的业务执行职能,做到职能清晰、分工合理、权责分明、有效管控。

二是实现与上级总部部门和政府相关部门的有效、高效对接。明确总部和项目部(公司)定岗定编定员,要因需设岗、因岗定人;总部人员严控数量、严把质量,提高总部价值创造能力,打造"最强大脑"。

三是明确部门职能,结合公司各部门工作实践,提炼完善部门职能,明确部门工作界限,健全部门员工岗位说明书。

(2)进行流程变革

搭建有效的沟通机制,特别是重要信息的传递、共享机制。全面升级管理体系,创新流程再造,建立与异地多项目开发模式相适应的管控流程;着力优化招标采购、营销推广、文件会签、报销等内部审批流程,提高办事效率;配合降本增效工作,增强现场签证、成本造价等费用支出流程的严谨性与规范性。加快推动业财一体化,促进信息化系统与管理深度融合;加大信息化手段在项目拓展、项目管理、远程监控等领域的应用,降低管理成本,提升管理效率。

在新时期,要坚持"确保工期不是耽误在内部沟通的路上"的理念,使之成为每一个部门的工作口头禅。提高内部协作效率的关键在于五点:一是各个岗位的专业能力,二是沟通能力,三是补台意识,四是担当意识,五是奉献精神。每个部门上到管理者,下到普通员工,都从这五个方面自查自省、查漏补缺,共同打造一支专业、乐业、敬业的团队。

(3)推动人力资源改革

坚持"以价值创造者为本、以奋斗者为本"价值导向,充分调动公司各级员工积极性。一是完善薪酬分配体系,在薪酬分配上要体现人才价值和战略导向,对重点岗位和关键人才要逐步向市场化水平靠拢;综合考量岗位价值与业绩贡献,灵活运用奖金、调薪等多种手段进行激励,拓宽员工激励通道;遵循稳步推进的原则开展薪酬体系改革,采取新人新办法、老人老办法的方式,在落实薪酬改革的同时保持现有团队的稳定。二是鼓励总部人员到异地项目建功立业,对外派人员要予以收入倾斜,发挥薪酬分配的杠杆效用;原则上异地项目的人员补充应以属地化为主,当地员工的薪酬标准应参照当地市场水平确定;加大公司总部与项目部(公司)人员交流力度,为人才成长提供丰富阅历和多元化路径。三是拓宽人才晋升通道,改革公司传统职级体系与晋升办法,细化职级体系;在补充高级岗位人员时,优先考察现有存量人员,以满足员工职业发展的需要。

四、复盘的效果

管理大师彼得·德鲁克说:"最重要、最艰难的工作从来不是找到对的答案,而是提出正确的问题。因为世界上最无用,甚至最危险的情况,就是虽然答对了,但是一开始问错了。"

复盘突出的是对经验的梳理固化,以及对问题的谈深晓透,关键是形成对未来工作的指导性意见,不再摸着石头过河。因此,复盘工作追求的是"事不贰过",讲究的是"对症下药"。通过复盘,一航局城投(天津)把这个项目中出现的问题和短板,变成下一个项目的优势和特色。

通过复盘和应用,一航局城投(天津)初步达到预期目的,取得预期效果。

(一)从经济效益上看

1. 优化设计控制成本

通过优化设计,节省开发成本。如外檐窗及保温体系的优化节约320万元;采暖体系优化节省50万元;项目一二期地库停车位优化,比现状车位可多出30多个标准车位和40多个子车位,预计能实现挖潜效益近200万元。通过B级保温+耐火窗改为A级保温+普通窗、取消地下车库混凝土结构抹灰层、优化景观电缆型号等措施,共节约成本200余万元。三期配电柜箱通过优化方案最终在确定价格的基础上再压减了60万元。与供应商反复谈判,在价格不变的情况下,通过壁纸升级为壁布(20元/平米)、不锈钢台面灶具升级为钢化玻璃台面灶具等措施,既控制了精装修成本,又提升了产品品质。三期钢筋含量、地下车库成本等指标通过优化后,分别节约1000万元和2160万元,有效控制了成本。

2. 工程管理保障进度

受政府各类停工政策影响,2017 年项目三期全年有效施工时间不足 5 个月。严峻形势下,一航局城投(天津)积极协调政府主管部门、总包单位、专业施工单位等资源,抓计划抢工期,在没有产生政府罚款的前提下,确保工程进度满足销售要求,顺利实现三期开盘。

3. 营销创新强化效果

严格执行营销奖惩激励机制,设定团队 PK,形成良性竞争。2020 年全年累计完成售房 135 套,销售面积 1.72 万平方米,地下车位 257 组。自销团队建设实现初衷,2020 年全年达成销售额 1.8 亿元,占总销售额的 60%,而对应佣金仅占总销售额的 0.6%,成本优势明显;自销团队不仅展现出良好的执行力和战斗力,更在满足客户体验、建立客户信心、提升企业形象等方面发挥了重要作用。加大渠道创新,首次拓展一批具有优质客户资源的社区微型渠道,短期内实现成交 10 余套。

4. 招标采购效率攀升

2020 年全年完成了 48 项重大采购工作,完成 48 份合同审核与 330 份合同资料自查工作。工作效率大幅提升,尤其是玉林项目前策与设计单位招标工作表现明显,仅用 20 天时间就完成了两项重要招标的考察、汇报、发标、提报、开标和定标等全流程工作,以最低的成本,用最高的效率,选取最优的单位,而这些工作常规下需要 2 ~ 3 个月时间才能完成。

(二)从管理效益上看

1. 提升总部统筹管控能力

为更好适应总部—项目公司两级管理模式,顺应多项目管理需要,一航局城投(天津)调整总部组织机构:一是撤销开发部、采购合约部,以适应两级管理需要;二是成立运营管理部,承接原采购合约部职能,并负责公司所有项目的整体运营流程管理;三是整合原开发部资产管理职能和综合办公室相关职能,划归客服部。同时,一航局城投(天津)于 6 月中旬启动人力资源咨询成果落地,分 7 个模块逐步落实,目前该公司总部所有部门的部门职能梳理和调整已经完成,尤其是对合作项目管理职能进行了研讨和分析,总部统筹管控能力不断提升。

2. 提升总部基础管理能力

按照一航局城投(天津)现行制度体系"立废改释"三年计划,2020 年上半年系统梳理了成立十年来的所有现行有效制度共 126 个,覆盖整个开发全流程。对公司业务流程也进行了盘点,73 项业务全部线上流转。积极开展信息化安全建设,顺利完成中交集团和一航局"护网"行动演练。

3. 提升防风险守底线能力

一是严控法律风险。一航局城投(天津)坚持法律审查前置,认真落实总法律顾问制度,妥善防范各类法律风险,实现经济合同审核率 100%。二是严控资金风险。监管账户全部销户,现存银行账户网银移交局财务共享中心,银行账户全部开通银行直连,资金实现最大程度归集;对外付款交叉复核,核算验证三级核对,收支两条线管理;无现金交易往来,收支活动全部无现金接触,售楼处现金不过夜,客户收款全部刷 POS 机,没有第三方支付机构。与售楼处收银员签订资金安全管理目标责任书;编制岗位操作指引,规避错误操作、少收款、收错款等情况出现。充分利用浪潮、明源、辅助台账等方式记录对比相关信息。三是严控廉政风险。公司领导、中层干部、主管岗及关键岗位人员(财务出纳、采购专员等)全部签订《廉洁从业承诺》,承诺内容在平台上公示,接受监督。组织全体党员观看《双面人生》等警示教育片,警钟长鸣。组织全体职工签订《保密承诺书》。四是严控疫情风险。新冠肺炎疫情发生以来,一航局城投(天津)快速反应严防死守,确保所有项目部有序推进,职工身心健康、安全,疫情防控和复工复产总体受控。一航局城投(天津)积极倡导员工居家办公、远程办公、在线学习教育,迅速回归工作状态。按照天津市和中交一航局有关规定,履行央企社会责任,配合办公地政府防疫工作,做好电力供应服务,收到居委会感谢信。一航局城投(天津)先后给 3 家租户减免 3 个月租金,实现企业和租户双赢,展示公司形象,提升企业口碑。

(三)从社会效益上看

1. 政府沟通顺畅得力

在项目三期开发过程中,政府沟通顺畅,政企关系良好,在多项事务中为公司提供了便利和支持,保证了项目开发进度与效率,成功实现土地延期28个月;快速获取施工许可证;突破备案价格限价;停工期间有效规避施工处罚等。

2. 贴心服务,业主满意

一航局城投(天津)坚持"客户满意,业主至上"的理念,不忘"为业主营造美好生活"的初心,开展客服和售后维保工作,召集总包、分包、三方维保单位,明确维保修流程,明确维保不及时不合格的处理办法。针对三期维保,一航局城投(天津)委派专人跟进、梳理、查看、回访,确保问题及时处理满意关闭;针对商业租售,一航局城投(天津)统一收集、反馈信息,加紧派单、处理,为商业租售提供基本保障;针对销售余房,一航局城投(天津)定期查验,发现问题进行加急维修。2020年上半年共接待客户报修151单,关闭129单,关闭率高达85%,得到业主的一致好评。一航局城投(天津)客服部、营销部、工程管理等部门多次收到业主赠送的锦旗,有的部门甚至收到业主的感谢信和邀请函。全年客户投诉关闭率100%。

(四)从综合效益上看

1. 克服疫情,提升实力

虽受到新冠肺炎疫情的影响冲击非常大,但一航局城投(天津)主要经济指标完成良好:2020年上半年新签合同额完成0.85亿元,营业额完成0.7亿元,较去年同期有大幅提升。两金占用总额度为5.35亿元,较期初7.74亿元占用额度大幅降低。

2. 党建融合,爱企如家

通过开展党委书记集中讲党课、党组织夏送清凉到一线、建立职工活动室、女职工先锋岗建功立业等党建活动,增强公司向心力和凝聚力,提升员工荣誉感和归属感,"建家"文化从公司总部延伸到项目公司,公司上下"一家人"思想浓厚,"一条心"意识强烈。

3. 管理创效,满载荣誉

一航局城投(天津)还获取一系列重要荣誉:该项目再次荣获天津市"海河杯"大奖;公司被评为2019年度局文明单位,并连续4年获此荣誉;公司论文《构建公司"建家"文化体系》荣获第十六届部级全国交通企业管理现代化创新成果二等奖,也是公司第7年获得此项省部级大奖,体现出公司在管理方面的丰硕成果。

航运业务服务平台在航运中的应用与实践

珠海港信息技术股份有限公司

成果主要创造人：钟振洋　李小华

成果参与创造人：豆建双　巫凯平　张　涛　张欣晨　崔锋赫　林　喆　沙　彤　陶美龙　刘宇皓

珠海港信息技术股份有限公司(简称“珠海港信息”)成立于2009年9月，注册资本5100万元，是珠海港控股集团有限公司控股的国家级高新技术企业。

珠海港信息的主营业务是提供港口、航运、物流领域的信息化服务，包括软件开发、系统集成、信息技术咨询和服务等。在过去的10年中，珠海港信息先后研发了集装箱码头管理系统、散杂货码头管理系统、集装箱协同服务平台、智能闸口、EDI数据交换、船舶代理系统、船舶调度管理系统、船舶动态监控系统、引航综合业务管理系统、航运业务管理系统、港口物资管理系等港航领域全产品线的软件产品，积累了丰富的港航物流信息化建设经验。

2015年以来，珠海港信息在全面推进珠海港智慧港口建设的同时，积极落实珠海港集团的西江战略，把珠海港信息的港口、航运软件产品向茂名、西江流域的港口推广，覆盖了西江流域的15个港口，取得了良好的经济效益，并确立了珠海港信息在西江流域港航信息资源方面的领先地位。

一、实施背景

在过去的几十年中，中国经济的蓬勃发展为中国的港口和航运发展提供了难得的机遇和动力，形成了沿海25个枢纽大港，航运承担着84%的出口货物运输，航运在国民经济发展中发挥了巨大的作用。

在航运运输体系中，中远海等航运公司承担干线航线的货物运输，而在长江流域、珠江流域等内河水运发达的地区，有众多的区域性的小型航运公司，他们拥有数量众多的小型驳船，承担着枢纽海港与内河港口间的货物集、疏运输任务。在船队运营的过程中，大型航运公司管理的重点在船务管理，并且都已建设了完善的系统。而区域性的航运公司，他们的船舶吨位小、周转时间短、业务量大而复杂，因而航运业务管理是这些航运公司在经营中管理的难点和重点。同时这些航运公司信息化程度低，管理方式粗放，基本都是使用人工的传统方式管理公司的业务，这种管理水平严重制约了业务的发展。

珠海港信息依托珠海港，以区域内的港口、航运联动、协调发展为出发点，应用最新的互联网信息技术建设公共的航运业务服务平台，面向区域内的航运企业提供服务。

航运业务服务平台实现了对商务合同、业务订单、船舶调度、计费结算、成本核算等航运公司经营过程的全面管理，全面提高航运企业的管理水平和运营效益，帮助航运企业实现以下目标：

①通过灵活的运价管理方案实现对不同客户的运价管理；

②通过业务流程控制实现对驳运业务数据的精确管理；

③通过优化船舶调度模式，实现对公司运营船队的统筹调度，提高船队运营收益；

④以商务合同和业务订单数据为基础，实现高效、准确的计费结算；

⑤以船舶的固定成本和日常费用数据为基础，实现对船舶的航次成本核算及月度、年度经营效益的分析；

⑥通过电子数据交换实现与港口的信息交换，实现港航企业间的数据共享和业务协同。

二、成果内涵和主要做法

(一)成果内涵

航运业务服务平台是由珠海港信息在总结航运信息化建设经验的基础上开发的一个技术先进、功能强大、B/S 架构的公共服务平台,面向区域内的航运企业提供服务。航运业务服务平台由基于桌面应用船舶运营管理系统和微信小程序 SOMS 驳运通组成,其中,船舶运营管理系统是项目的核心,在功能上涵盖商务合同、业务订单、船舶调度、计费结算、成本核算、数据接口和数据分析等功能,主要由航运企业的业务部门及管理部门使用;微信小程序 SOMS 驳运通为船舶上的管理人员或业务人员使用,主要用于对航运业务过程的精确管理。

航运业务服务平台通过严谨的业务流程实现跨部门的业务协作,通过智能算法提高船舶调度的效率和质量,借助信息化提高航运企业的管理水平和服务能力,实现对航运业务的全面管理,最终提高航运企业的竞争能力和运营效益。

(二)主要做法

担负集疏运功能的航运企业在经营管理中遇到的难题主要有:商务(运价)合同管理、业务订单管理、船舶调度、计费结算、成本核算和决策分析等六个方面,航运业务服务平台为此提供了一套具体、高效的解决方案。

1. 商务(运价)合同管理

在商务合同管理方面,特点是:客户不同收费标准不同;同一客户,航线不同,收费标准不同;同一客户,同一航线,不同流向,收费标准不同;同一客户,同一航线,同流向,在不同的时间,收费标准不同。这些特点反映到航运企业的日常管理当中,就会出现随着航线的增多,船队规模的扩大及客户数量的增加,管理工作会成倍增加。特别是在没有信息系统的情况下,工作难度、管理成本和工作量极大。对于在珠江流域运营的航运企业,对一个客户完整运价合同会涉及多达 3000 多个具体运价条款,即便是在有信息系统管理的情况下,初始化一个客户的运价也是一项复杂的工作。

针对以上问题,航运业务服务平台在商务合同管理方面设计了完善的运价管理方法,支持航运企业按照客户、业务类型(集装箱或散货)、运输类型、箱尺寸、箱型、自重、起运码头、目的码头、货类等条件设定运价。同时,支持对一个客户设立多个运价合同,比如针对甲客户签订了 2020 年的商务合同,又签订了 2020 年 6 月的淡季商务合同。那么在生成结算单的时候,航运业务服务平台将根据业务订单完成的时间和商务合同的有效时间确定具体适用的合同。考虑到初始化商务合同的复杂性,航运企业可设定标准商务合同,将新引进的客户的商务合同先一键操作初始化为标准商务合同,在此基础上修改后作为针对该客户的商务合同。航运业务服务平台提供了商务合同导出功能,方便备案以及纸质合同的处理。图 1 是航运业务服务平台商务合同管理的具体界面。

图 1　合同管理界面

2. 业务订单管理

航运企业的运营的过程中,会持续不断地接到干线航运企业或货主委托的业务订单,而接到业务订单后,经过船舶调度、装船、运输、卸船再到与客户结算,可能会经过十几天甚至更长的时间,在这个过程中特别是在货物装船前,订单涉及的货物数量会经常变化。对于一个运营30艘驳船的航运公司,一个月内要处理的业务订单多达2000份,在完成与客户结算前,如何准确管理业务订单是航运企业面临的一个重大难题。

航运业务服务平台设计了一个完善的业务流程,通过桌面应用程序和小程序,在航运业务的过程中的关键节点由具体的执行人进行有效的业务确认,实现各业务部门和船上人员的业务协作,保证业务数据的正确性和完整性。具体的业务流程是:①业务部门接到业务订单后,在系统中录入订单信息;②商务部门对业务订单进行审核,主要是审核订单的内容以及现有的商务合同是否已经涵盖了本业务订单(审核的过程中,系统会订单的内容和商务合同自动提示);③订单经审核后,船舶调度部门在系统的协助提醒下安排运输该订单的船舶,建立航次;④航次建立后,船上人员通过小程序可接收业务订单信息及航次安排;⑤船舶在码头装货的过程中,船上人员通过小程序确认装货进度,装船完毕后确认订单装船的最终结果;⑥船舶抵达卸货港后,船上人员根据卸船情况确认卸船结果;⑦商务部门根据已完成业务订单,在系统的辅助下制作结算单。在这个业务流程的支持下,一年来的时间证明,航运业务服务平台上业务订单在结算前的数据准确性达到了100%。航运业务服务平台的主业务流程图见图2。

考虑到大量的业务订单输入工作,航运业务服务平台根据业务订单的特点在业务订单管理功能中设计了便捷的信息录入界面,便于业务人员快速、准确地录入数据。业务订单的管理界面如下。

3. 船舶调度

船舶调度是航运企业管理中最关键、最核心的工作,调度结果的优劣直接决定了船队的运营效率和运营效率。目前,航运企业主要是通过传统的人工方式做船舶的调度管理,普遍的做法是将船舶分组后交由调度员调度。而调度员要完成船舶调度,首先要掌握各船准确动态信息,目前主要是通过电话问询或短信告知的方式,信息不及时且效率不高;其次,在缺少信息系统支持的情况下,调度员无法及时了解业务订单的准确情况;再次,调度员在做船舶调度时主要是依据个人经验。综合上述情况,航运企业在船舶调度方面存在的难题是:①调度员无法及时掌握实时、全面的业务信息,导致调度效率不高及调度效益不好的结果。调度效率不高指的是调度员未能及时完成船舶调度造成船舶不必要的等待。调度效益不好指的是依靠调度员经验完成的调度容易产生较低的配载率和不必要的空载调船,浪费了运力资源;②将船舶分组调度的方式,特别是在船队规模较大而分成多个组的情况下,难以统筹考虑整个船队的情况而不能充分整个船队的运力。

船舶调度的问题是一个典型的序列决策问题,在当前的信息技术条件下,通过具有经验学习能力的人工智能算法可以高效解决船舶调度问题。具体实现过程如下:

(1)基本思路

在实际的船舶调度中,为了提高配载率,在保证按时完成运输任务的前提下,调度遵循的主题原则可概括为:能整则整、能顺则顺和能拼则拼、能远则远。

能整则整:船舶在始发港的时候,如果业务订单的货量较大,则优先按照船舶的最大运力配载,然后直接运输到目的港。

能拼则拼:船舶始发港的时候,如果有多个订单且货量较少,则拼装多个订单尽量使船舶满载,以最大程度发挥运力。

能顺则顺:船舶在始发港的货源较少,无法满载的情况下,则尽可能地将沿途挂靠港的订单配载到该船上,以尽可能地发挥运力。

能远则远:在以上三个调度原则的情况下,尽可能将距离相对远的订单配载到一起,参见图2和图3。

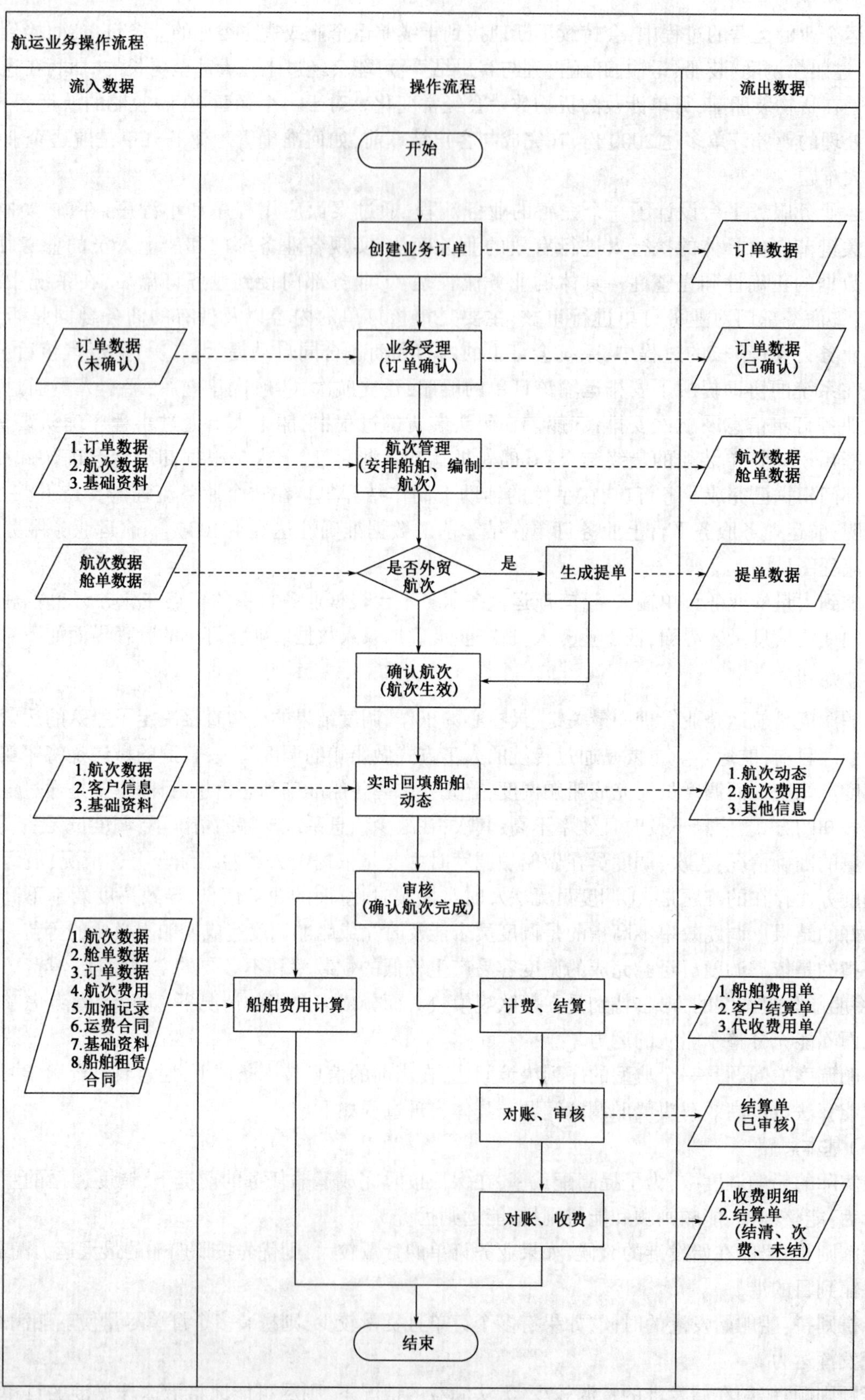
航运业务操作流程
流入数据
操作流程
流出数据
开始
创建业务订单
订单数据
订单数据
(未确认)
业务受理
(订单确认)
订单数据
(已确认)
1.订单数据
2.航次数据
3.基础资料
航次管理
(安排船舶、编制航次)
航次数据
舱单数据
航次数据
舱单数据
是否外贸航次
是
生成提单
提单数据
确认航次
(航次生效)
1.航次数据
2.客户信息
3.基础资料
实时回填船舶动态
1.航次动态
2.航次费用
3.其他信息
审核
(确认航次完成)
1.航次数据
2.舱单数据
3.订单数据
4.航次费用
5.加油记录
6.运费合同
7.基础资料
8.船舶租赁合同
船舶费用计算
计费、结算
1.船舶费用单
2.客户结算单
3.代收费用单
对账、审核
结算单
(已审核)
对账、收费
1.收费明细
2.结算单
(结清、次费、未结)
结束

图2　航运业务操作流程

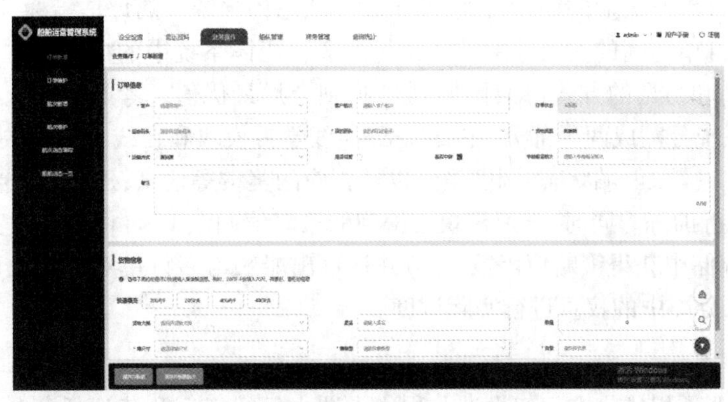

图3　业务订单管理界面

(2)具体解决措施

首先,区域内港口之间的相互关系使实现智能调度的关键因素,港口之间的相互关系包括上下游关系、距离。在航运业务服务平台中应用 NEO4J 图数据库技术实现对区域内港口之间的相互关系的处理与存储。

在此“图”中,节点是基本单位,代表港口, 它包含具有键值对的属性;关系是连接两个节点的有方向的线,代表港口之间的上下游关系;属性:用于描述节点和关系的键值对,可以代表港口之间的距离。图 4 是珠江流域部分港口之间的关系以“图”表现出来的例子。

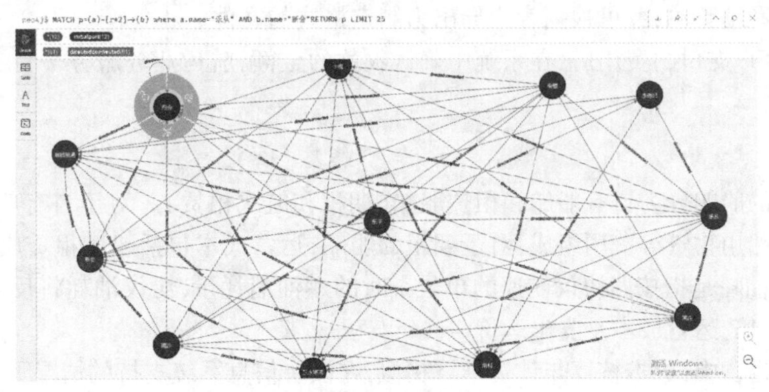

图4　关系图

航运企业的船舶调度问题是一个典型的序列决策问题。航运业务服务平台在半马尔科夫决策过程(SMDP)模型的基础上,结合深度学习神经网络解决了高效率、高质量船舶调度的问题。具体实现过程如下:

在实际解决问题中,如果把船舶看作智能体(Agent)、把订单看作环境(Environment),则订单的运输问题可以被视为典型的顺序决策问题(Sequential Decision-makingProblem):

①当订单产生时,Agent 做出相应的运输决策,选择合适的船舶运输货物;

②Agent 接收反馈信号,在新的订单产生时做出新的排序决策;

③这样的过程将一直持续下去,直到所有订单都完成了运输。

以前向视角(Forward View)来看,调度方式和 Agent 的行为有着必然的因果关系,同一批订单中 Agent 采取的不同匹配策略将使得整体得配载率朝着不同的方向演进;反过来,以后向视角(Backward View)来看,在遇到相同的订单情况时 Agent 就可以根据历史演进的结果对匹配策略进行调整。将调度引导到产生更高配载率的情况 中去。Agent 每一次策略的选择可以看成一次试错(Trial and Error),在这种反复不断的试错过程中,Agent 将逐步学习到最优的匹配策略。而这种在与环境交互的过程中进行试错的学习,正是强化学习(Reinforcement Learning,RL)的根本思想。

根据历史数据中订单对船舶的调度模式,基于时空状态构建统一的评估指标,以量化调度过程中的配载率。多个船舶和订单之间的实时匹配被公式化为多智能体系统中的决策问题,并使用组合优化算法解决,该算法以集中和协调的方式(即计划步骤)找到全局最优值。考虑到系统实现的可能性,把船舶-订单分配的调度系统分割成两个部分,主要包括:离线学习模块和在线分配模块。其中,学习模块是从系统历史调度轨迹中提取船舶状态、调度策略以及相应的奖赏等信息,建立基于半马尔科夫决策过程(SMDP)的模型、并进行训练。同时,学习模块中得到的策略值函数 $V(s)$ 将会放到实时储存中。在在线匹配模块中,从实时存储中获得策略值函数 $V(s)$ 并计算出船舶与多订单对应的效用指标 ρ_{ij},将该指标作为船舶-订单匹配二分图中的权重进行实际调度。

4. 计费结算

区域性的航运企业承担货物在枢纽大港与周边小港之间的集运和疏运任务,它的上游客户都是大船公司。在运费的计费结算方面往往采取月结或更长周期的结算模式。因为当前这些区域性的航运企业尚未建设完备的信息系统,业务管理尚为人工处理的方式,而不同的客户往往又采用不同格式对账单和结算单格式,因此在费用结算的时间节点,整理业务订单并根据商务(运价)合同的运价制作对账单和结算单是一项耗时、费力的艰巨工作,是航运企业经营过程中的一个管理难点。

航运业务服务平台在实现商务(运价)合同和业务订单管理的基础上,充分利用计算机系统的高效计算能力,可快速地完成对账、计费、结算,极大程度地减少了航运企业在计费结算方面的人力投入。

首先,航运企业的用户通过系统按客户审核已经完成业务订单。在审核的时候,系统根据订单的具体内容匹配商务(运价)合同,如未匹配到合同条款,则发出提示,提醒业务人员检查、设置运价条款。审核后生成对账单和结算单,并可根据客户导出为制定格式的文件。

其次,在收到客户支付的费用后,在系统中确认收款的金额,航运业务服务平台支持一个结算单多次收款的模式。

5. 成本核算

航运企业运营的船舶分为自有船舶和租赁船舶(期租和航次租赁)。对于自有船舶,运营成本由船员薪酬、燃油费用、船用物资等费用组成;对于期租的船舶,运营成本包括船舶租赁成本和燃油费用(协议油耗)组成,协议油耗是指按照协议航速的单位小时的燃油消耗量,协议油耗将反映到航次运营成本的计算;对于航次租船,运营成本是支出运价。

在航运企业的运营中,成本核算与计费结算相似,在没有信息系统支持的情况下,也是一项耗时、费力的艰巨工作,是航运企业经营过程中的一个管理难点。

航运业务服务平台涵盖了成本核算的功能。通过以下过程实现高效的成本管理。

①在船舶资料和租船合同中记录了其协议油耗,在成本核算时可根据该船在核算周期内完成的航次,自动计算消耗的燃油费用;

②在船舶资料中记录了船舶的固定成本支出,在租船合同中记录租船费用,相关费用可自动体现在实时的分析报表中;

③在成本支付申请中,航运业务服务平台根据选定的客户和计算周期,依据协议业务订单、油耗及航次数据快速生成结算单,极大地提高了成本核算的效率。

6. 决策分析

在航运企业运营的过程中,企业的管理者需要实时掌握企业的运营状态,在缺少信息系统支持的情况下,目前行业企业缺少决策分析数据。

航运业务服务平台为用户提供了丰富的分析图表为企业管理者的管理决策提供数据支持。主要体现在以下几个方面:

①综合详细、具体的业务收入和成本支出情况,为管理者提供企业当前运营状态情况;

②利用平台的数据资源优势,在不涉及其他企业具体业务信息的情况下,为管理者提供决策数据支

持,比如通过大数据分析某港口的作业效率,以此评估开展业务的成本投入;

③利用平台的数据资源优势,为管理者提供行业发展趋势的分析。

(三)航运业务服务平台功能介绍

1.产品定位

为珠江流域、长江流域的区域性航运企业提供云端信息服务,解决航运企业在船队运营过程中的业务管理难题,提高管理效率和对客户的服务能力。

2.产品特点

航运服务平台采取桌面应用 + 小程序的模式,涵盖航运公司运营过程中的商务合同、业务订单、船队调度、船舶监控、成本管理、计费结算、统计分析等,形成商务、业务、调度、财务等部门间的协作,实现对船队运输业务的全面管理。

①通过业务流程控制实现对航运业务的精确管理;

②以灵活的价格方案实现对不同客户的商务管理;

③以商务合同和业务订单数据为基础,实现高效、准确的计费结算;

④以船舶的固定成本和日常费用为基础,实现对公司运营和船舶的成本核算及月度、年度经营效益的分析;

⑤以船舶调度优化模型为基础,通过实时运算,实现对公司运营船队的统筹调度,提高船队运营收益;

⑥在平台数据优势的基础上,为企业的运营决策提供数据支持;

⑦采用微服务架构,高内聚低耦合,便于系统的扩展和维护。

3.产品的主业务流程(图5)

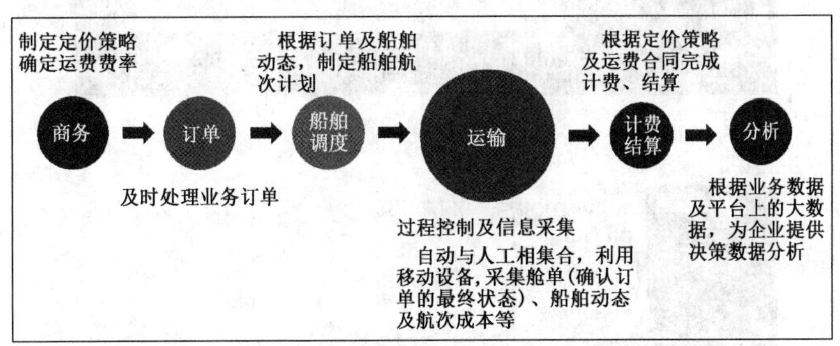

图5 主业务流程

4.产品功能(图6)

企业设置

设定企业的部门架构及岗位角色;根据角色权限模型控制各用户的操作权限,控制精确到按钮操作(图7)。

运营资料

管理船舶、码头和码头间距离等基础资料,其码头间距离是管理航次成本的关键,包括自有船和期租船(图8)。

业务操作

根据航运业务的特点,实现便捷的订单管理模式和基于人工智能的船舶调度,显著的降低了调度工作强度,提高调度效率和船队运营效益(图9)。

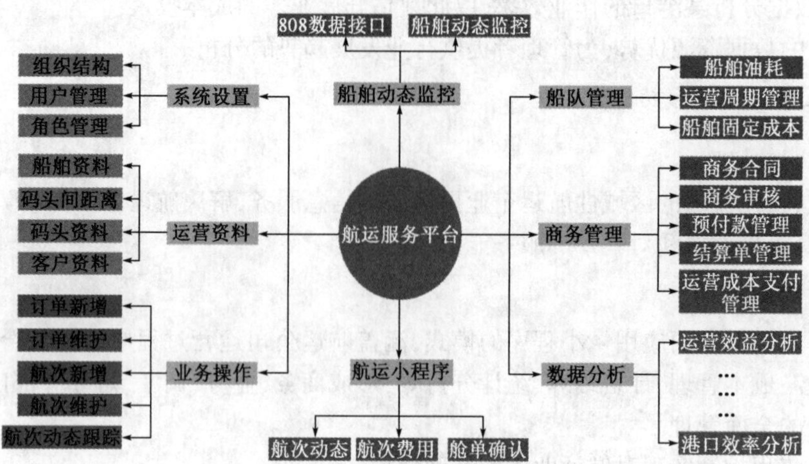

图6　产品功能

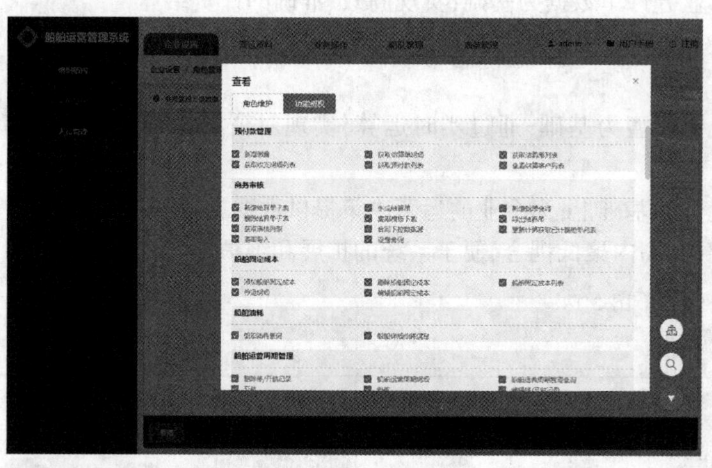

图7　企业设置

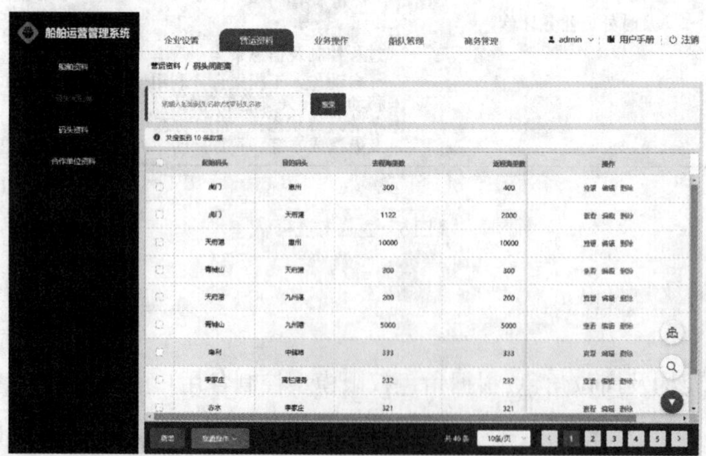

图8　运营资料

航次动态跟踪是船队管理的关键(图9),包括船舶在本航次各个码头的动态(抵港、靠泊、装卸船等)、加油登记、航次油耗、舱单信息和航次费用(港建费、代理费、装卸费、理货费,见图10)等。

船队管理实现对涉及船舶运营成本的油耗、停航以及固定成本的管理,其中停航涉及是否扣除船舶租金。

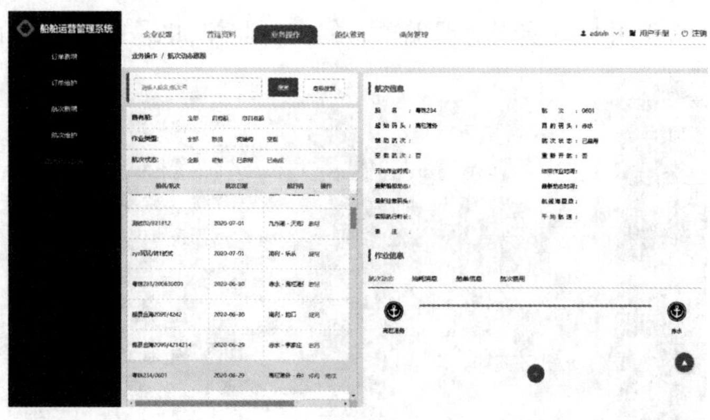

图9 航次动态

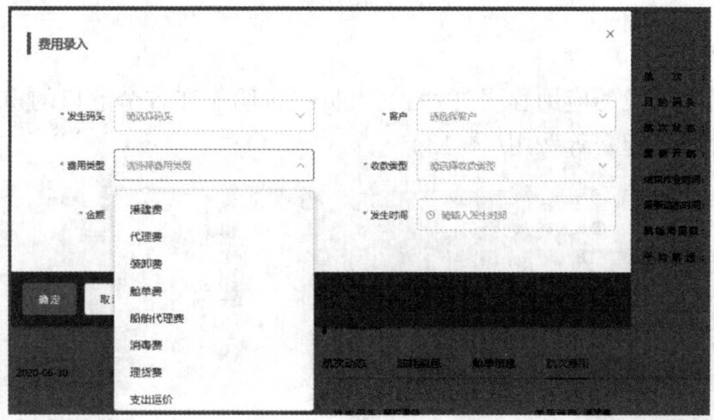

图10 航次费用

商务管理(图11)

图11 商务管理

合同管理包括租船合同和运价合同。运价合同按客户、业务类型、运输类型、尺寸、箱型、起运码头、目的码头等条件设定运费。支持灵活的定价策略,例如年度合同、淡季合同、特惠合同等。

计费结算实现对对账单、结算单等的管理。完成的业务订单经审核后生成结算单,结算单经审核及收款确认后业务流程完结。

在船队运营过程中,会有船舶租金、油耗、加油、港建费等成本支出。成本支付管理实现对这些成本的支付的审批管理。

船舶航行动态(图12)监控

结合北斗定位终端和移动网络,实现对船舶动态的实时监控,也是智能调度的基础。

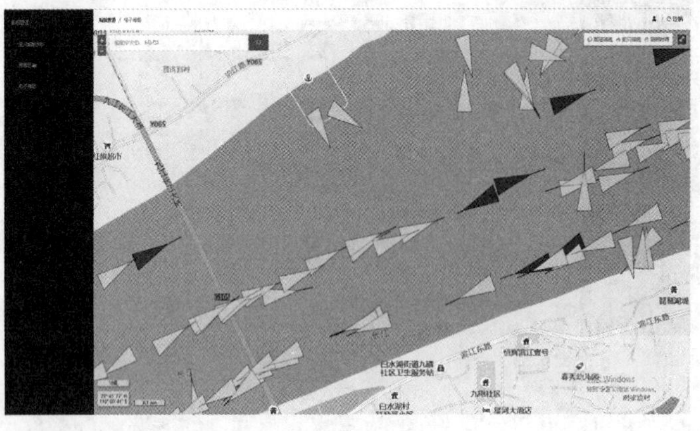

图12　船舶航行动态

船舶港口动态监控

航运小程序是为船端开发的应用程序,由船上人员报告船舶在各个港口的重要动态、确认业务订单的最终完成情况以及管理港建费等费用(图13)。

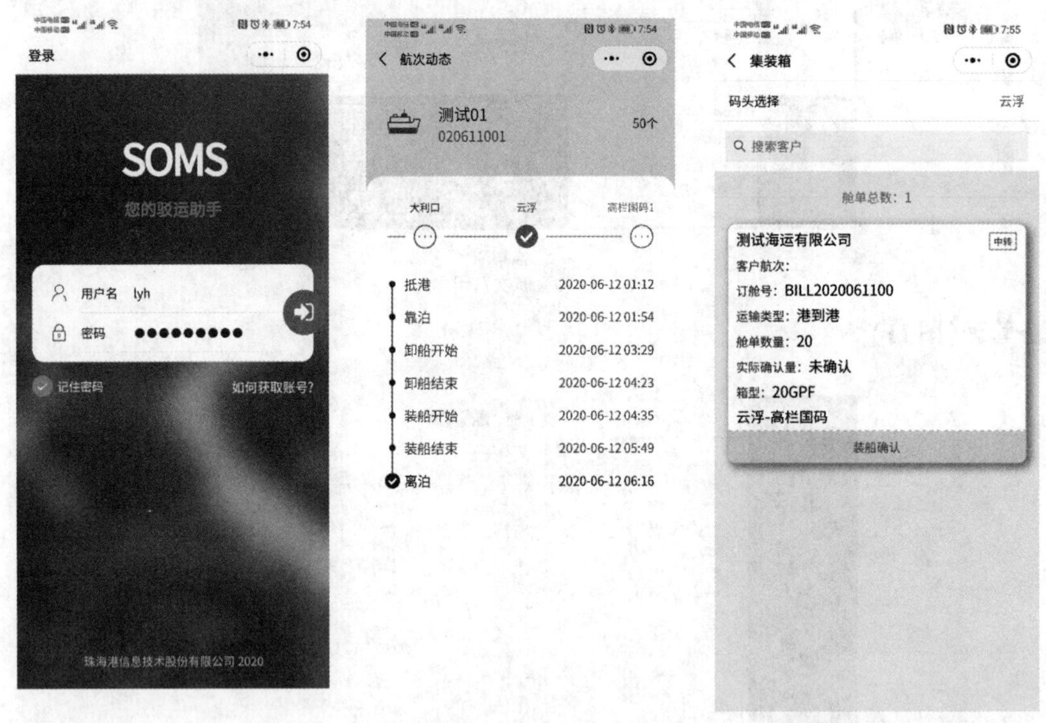

图13　船舶港口动态

三、实施效果

航运业务服务平台采用云端部署的模式,为航运企业提供SASS服务,项目实施以来取得的效益主要是体现在以下几个方面:

①对于区域性的航运企业来说实现了从传统粗放的管理模式向信息化精益管理的转变,显著提高了航运企业的管理效率和服务能力,随着推广范围扩大,势必提高整个区域内航运企业的整体管理水平,促进航运的发展;

②航运业务服务平台采用SASS服务的模式,航运企业按其船队规模购买服务,而不需要定制开发软件,大幅度降低了航运企业信息化成本投入,在得到优质服务的情况下,减轻了企业的负担;

③航运业务服务平台采用云端部署的模式,航运企业无须建设机房和购买服务器设备,减少了企业的硬件投入,也降低了社会的能源消耗;

④航运企业在航运业务服务平台智能调度的支持下,不但降低了企业的成本投入,还提高了船队的整体配载率,提高船队的运营效益,整体上提高了航运企业的核心竞争力;

⑤航运业务服务平台通过数据接口与区域内的枢纽港口的生产系统进行数据对接,实现港口与航运的业务协同,降低了整个区域的物流成本,从社会的较大看,有利于节能减排,绿色发展;

⑥基于航运业务服务平台,珠海港信息预计将实现200万元/年的销售收入。

岸基船舶岸电系统研究示范管理创新

赤湾集装箱码头有限公司

成果主要创造人:刘　彬　刘敏毅

成果参与创造人:杨少华　孔维平　覃韩江　蔡国强　王　林　李　鹏
李　刚　芦小军

赤湾集装箱码头有限公司(CCT)位于深圳西部的南头半岛,珠江入海口东岸,距离香港仅20海里,地理位置得天独厚,是连接世界各地与珠江三角洲经济圈乃至中国内陆腹地的"海上门户"。

赤湾集装箱码头有限公司是深圳港三大集装箱码头之一,经过15年的发展,赤湾集装箱码头已经成为一个设施先进,管理完善的国际性专业集装箱码头。其管理的泊位数量共达9个,泊位总长度3400米,可提供365天24小时全天候的优质服务。已经投入使用的"三40′"(岸桥可以一次性完成三个40′集装箱或六个20′集装箱)的操作,作业效率大幅度得到提高。

得益于中国经济高速稳定的增长以及客户的长期支持,赤湾集装箱码头有限公司已成为华南地区重要的集装箱码头之一。目前,赤湾与全球众多船公司建立了长期合作关系,多达60余条的班轮航线覆盖全球各主要地区,其2007年集装箱吞吐量超过573万TEU。

赤湾集装箱码头有限公司依托母公司,为客户提供全面的物流服务,包括进出口货物的报关,国际国内中转货物转关和报关等服务;货物保税仓储服务;拖车服务;拖轮、泊船、货运代理等多项服务。依托水运发达的珠江水系,码头开辟了连接珠江三角洲主要货物出口区域的"华南驳船快线",并在此基础上,建立了"珠江三角洲水路运输网络系统",为班轮公司及货主提供了一条高效、经济、环保的水上运输通路,使珠江水系的强大优势得到了充分的发挥。

赤湾集装箱码头将根据客户需求及不断变革的技术来提升码头的服务质量,秉承"用心服务,因您而变"的服务理念,提供优质专业的服务,在持续繁荣的中国经济环境中与客户共同发展,进步。

一、研究背景

国际海事组织(IMO)数据表明:全球以柴油为动力的船舶每年向大气排放1000万吨氮氧化物,850万吨硫化物,污染物通过气候作用可以传播至1000公里以外的地区,此外,船舶使用柴油发电机产生的噪声也会对环境造成污染。

港口CO_2排放主要来源于船舶在港区内航行、靠离泊操作、靠港船舶辅机发电、码头燃油装卸设备操作和水平运输车辆的运行这三部分。据美国西雅图港公布的CO_2排放来源分析结果表明,靠港船舶辅机发电排放的CO_2占全港CO_2排放的35%,同期港口装卸设备排放的CO_2占全港CO_2排放的33%。燃油设备运行消耗燃油的同时,也伴随着CO_2和污染物的排放。

燃油设备和燃油品质的差异使得污染物的排放因子也有所差异,据《英国船舶排放清单》提供的数据显示:英国靠港船舶辅机发电每消耗1吨燃料油排放氮氧化物59.2千克、硫氧化物20.3千克、CO_2 3178.8千克、挥发性有机化合物(VOC)3.0千克、可入肺颗粒物(PM2.5)2.4千克和可吸入颗粒物(PM10)2.5千克。

发展低碳经济,减少二氧化碳排放,有效应对气候变化是发展绿色水运的重要内容。如果在船舶靠港期间,关闭船舶辅机而采用陆地电源对靠港船舶供电,则会大大降低船舶废气的排放量,减轻对附近环境的污染。另外,由于小规模船舶的自备发电机发电效率低,使用船舶岸电技术,以港口电网供电代替传统的自备柴油发电机供电,可以提高综合能源利用水平。

我国是世界上最大的水运国家,港口年货物吞吐量达80多亿吨,居世界之首,每年在我国沿海和内河港口靠泊装卸货物的船舶数量巨大。由于全世界几乎所有的船舶均使用以轻质或重质柴油为燃料的发电机自行发电,因此每艘船舶基本相当于一个小型发电厂,一个移动的烟囱,既造成污染,又浪费能源。据测算,如果船舶在港口靠泊期间关停自身的燃油发电机而改用船舶岸电,每年能减少排放氮氧化物19.5万吨;减少排放$CO_2$917万吨,相当于180万人口一年的排放量;减少排放$SO_2$12.6万吨,相当于720万人口一年的排放量。

船舶岸电是一个利国、利民、利船、利港的新技术,靠港船舶在接用岸电后,可以在靠港期间关闭辅机,船方可以节省燃料费用,并且减少排放和噪音,船员可以减轻值班劳动强度,同时增强了港口的竞争力,优化了港口所在城市环境。发展低碳经济,减少二氧化碳排放,有效应对气候变化是当前全人类共同的责任。

交通运输部是港口船舶岸电推动应用的行业主导单位,交通运输部发布《船舶与港口污染防治专项行动实施方案(2015—2020年)》,该方案内明确提出大力推进生态文明建设,依法推进船舶与港口污染防治工作,以减少污染物排放和强化污染物处置为核心,以完善法规、标准、规范为基础,以推进排放控制区试点示范为抓手,港航联动,河海并举,标本兼治,协同推进,努力实现水运绿色、循环、低碳、可持续发展;明确提出我国港口船舶岸电建设规划,分阶段、分步骤、分层次地推进此项工作,该规划将港口船舶岸电建设由单一行为上升为集体行为,由企业行为上升为国家行为,由自愿行为上升为强制行为,同时,建议政府出台相应的政策扶持措施,推动此项工作在全国范围内尽早实施。

交通运输部印发《珠三角长三角环渤海(京津冀)水域船舶排放控制区实施方案》的通知,其计划通过设立船舶大气污染物排放控制区控制我国船舶硫氧化物、氮氧化物和颗粒物排放,改善我国沿海和沿河区域特别是港口城市的环境空气质量,为全面控制船舶大气污染奠定基础。

为加快推进深圳市以细颗粒物(PM2.5)为特性的复合型大气污染防治工作,进一步改善环境空气质量,保障市民身体健康,提升城市竞争力,建设绿色宜居的生态文明示范城市,促进城市可持续发展,根据《国务院关于大气污染防治行动计划的通知》的要求,深圳市政府发布了《深圳市大气环境质量提升计划》,计划中提出开展大气环境质量提升工作,促进船舶岸电、低硫油推广使用工作,大力提升空气质量。

赤湾集装箱码头有限公司为响应《深圳市大气环境质量提升计划》的号召,在深圳市政府、南山区政府的大力支持下,2016年9月开始建设船舶岸电一期工程,完成了赤湾集装箱码头有限公司11#、12#、13#、13#A泊位的靠港船舶岸电建设工作,于2017年12月底完成建设任务,并圆满地完成了岸电一期工程的船舶接泊试运行工作。目前,建设的码头船舶岸电一期工程已正式投入运行。

二、成果内涵和主要做法

(一)理论依据与实践依据

1.研究原理简述

大型船舶特别是集装箱船靠港后,船员的生活、照明以及船上的水泵、锚揽机等部分设备运转仍然需要船上的辅机发电机提供电源。发电机通常使用的燃油制品多为重油、柴油,不仅能耗高,而且污染大,包括因重油和柴油在燃烧过程中所产生的大量硫化物和氮氧化物对周边环境造成的污染。随着绿色发展理念的深入人心,港口区域的污染问题备受社会各界的关注。多个港口城市的研究表明,船舶污染是港口城市最大的空气污染源之一,我们国家将船舶岸电作为推动绿色低碳港区建设的重点项目,相关职能部门都有具体的措施要求。比如:交通运输部在2011年发布的《建设低碳交通运输体系指导意见》《公路水路交通运输节能减排“十二五”规划》以及《“十二五”水运节能减排总体推进实施方案》等规范性文件中均提出推广应用靠岸船舶使用岸电技术;将“推广靠港船舶使用岸电”列入十大重点工程之一。

2.研究的理论与实践依据

(1)研究的理论依据

船舶电网通常是60Hz,美国、日本等少数亚洲国家港口电网制式是60Hz,中国和欧洲港口电网制式通常是50Hz,所以研制50Hz大功率转换装置。在船舶靠港停泊期间停止使用船舶发电系统,通过岸基变频电源供电,满足6.6kV/60Hz船舶各种电气设备的用电需求,变频电源容量适应港口高压变电站容量。

(2)研究的实践依据

2015年以后,随着西门子、ABB等一线品牌海内外应用案例的不断增加,其连船时间短、使用频率高、船岸同步并网成功率高和稳定性好等特点的逐步体现,以及深圳市政府2015年开始强制试点(指有明确的验收时间节点的岸电试点)深圳妈湾电力有限公司、盐田国际集装箱码头三期国际工程等两个国家级重点岸电项目的成功,西门子OPS系列岸电专用变频电源整体解决方案逐步获得深圳港口圈认可,其性价比更高、服务本地化和可定制化方案的特点在周边的盐田国际集装箱码头2×4MVA岸电、大铲湾现代港口码头2×2.5MVA岸电等几个集装箱码头岸电项目中非常有借鉴意义,完全符合赤湾集装箱码头对岸电的定位需求。

赤湾集装箱码头工程技术部通过进一步调研,确认了以盐田、大铲湾项目作为参考的一套电源覆盖多个泊位的设计思路,在现阶段船舶可靠泊接插岸电装置覆盖率不高、单船岸电容量使用容量不高的情况下,提高岸电覆盖率,采用一套岸电覆盖多个泊位的设计思路,并充分考虑现阶段集装箱船舶大型化的整体趋势,设计预留一套岸电位置,为将来并联扩容预留充分接口,其方案可扩展型极强,为了更好地布局未来,所有码头泊位均考虑按照两套岸电(包括预留)设计容量敷设高压电缆,并要求一期工程预留二期并网扩容接口,其设计可谓在国内即做到了满足现阶段使用需求,又充分考虑面向未来,达到极高的性价比。

(二)研究内容

1.综述

港口岸电工程规模的不断扩大,有效降低了靠港船舶的污染排放,提升了港口的绿色化水平,但使用过程中也存在一些问题。

一是缺少科学的顶层设计。由于缺少系统规划和统一布局,现有的港口岸电工程没有全面覆盖主要运输航线和船舶排放控制区;目前港口岸电工程主要依靠港口企业自发建设,短期难以形成规模。

二是建设成本高且回收困难。港口岸电设施建设与改造投资成本较高,并且近期国际油价相对低迷,油电价格倒挂,船东改造和使用岸电的积极性普遍不高,港口企业岸电设施的建设成本短期内也难以收回。

三是配套制度不完善。港口岸电设施用电量大,港口企业在岸电系统建设过程中需要进行电力增容时手续较为烦琐,部分港口申请电力增容困难;国家尚未出台收费标准,港口无法直接向船舶收取电费;岸电运营模式不规范,尚未对岸电操作流程和安全责任认定等问题进行规范。

四是船岸并网技术尚不成熟。目前岸上供电设施和船舶受电设施间的带载转移技术仍需完善,部分船舶带载转移过程中可能会对船舶电力系统造成冲击,威胁船舶电力系统的安全性和稳定性,并对船载精密仪器造成损害。

(1)需求分析

为顺应党的十三五规划和深圳市政府发展规划蓝图,赤湾集装箱码头有限公司作为有责任的大型港口企业,对改善港口环境,推动港口船舶岸电发展有着义不容辞的义务和责任。因此,其设计规划的3MVA港口船舶岸电在设计使用之初就充分考虑赤湾集装箱码头有限公司港口布局情况,因地制宜,提出建设有贴近自身港口业务需求的岸电专用整体解决方案,并最终选择岸电专用变频电源OPS为核心的岸电整体解决方案。

(2)研究内容

主要研究内容：

针对项目研究拟解决的问题，主要研究内容如下：

• 输出电压稳压率：0~100%负载变化时，输出电压稳压率＜2.5%。

• 电压突变恢复到额定输出电压时间＜0.1秒。

• 输出电压波形总谐波失真度：THDu＜3%。

• 输出频率稳定度：0~100%负载变化时，输出频率不变。

• 变频电源整体效率≥95%(100%负荷)。

• 变频电源装置功率因素最大可到1，并可以调整。

• 提供自动调整相序功能。

• 变频电源过载能力：1.1倍过载电流可以长时间运行，1.5倍过载电流一分钟，1.8倍过载电流瞬间保护。

• 通过控制具备与船上电源并网同步功能，同步屏位于船上。变频电源具有承受能量回馈的能力。

• 装置滤波功能：能消除网侧25次以下谐波，提高网侧功率因数，同时装置必须配备有源滤波装置，具备消除负荷侧谐波总含量15%的能力，有效滤除2次–25次内特征电流谐波，改善电网总谐波畸变率，满足国标GB/T14599—93要求。同时具有补偿各次谐波、抑制闪变、自动跟踪补偿变化的谐波电流等技术特性。

• 变频电源提供完善的保护功能：对输入输出电源有完善的缺相、过压、欠压、过流、短路、超温，逆变器和变压器过热等保护功能及报警装置，(保护阈值任意设定)考虑对不同船舶的用电负荷的控制，当输出负荷容量达到任意设定值时发出预报警信号，以便控制用电负荷；当输出电压、频率连续超出CCS规范要求达5秒时，自动切断输出回路。

• 具备船舶电气发生故障，通过船上控制信号，可断开变频装置主开关，切断供船舶的6.6kV电源；包括如下保护功能：

—船舶岸电装置过流保护；

—船舶岸电装置欠、过压保护；

—船舶岸电装置频率异常保护；

—船舶主配电屏，岸电连接屏上应急切断按钮动作。

• 显示功能：可对输出电源的频率、三相电压平均值、三相电流平均值、三相线(相)电压、三相线电流、三相不平衡度、有功功率、无功功率、功率因素等参数显示并对有功功率电度、无功功率电度进行统计计量。所有数据可以在装置屏上显示，且具有至少100小时以上的连续供电参数(包括不限于频率、电压、电流等参数)等记录和回放功能，随时在电脑管理系统中查询。

• 提供全面的智能化管理系统，保证操作和数据的安全完整。

• 提供方便快捷的人机界面服务。

• 提供远程开停、跳闸、告警等控制信号端口。

• 变频岸电电源设备及降压供电装置安放在室外码头现场使用，设计时考虑防潮、防腐、通风、冷却等要求。

• 各电气柜体为金属外壳、防护等级IP20，内设照明灯、防冷凝加热器及温控开关。

• 变频电源在其容量允许的范围下，考虑船上电气设备保护选择性。

主要创新点：

通过每套变频电源系统的低压进线开关柜LCM连接到变频系统的有源纯净电源滤波器AIM模块，通过电源模块ALM进行整流，ALM电源模块由IGBT构成，高速开断的IGBT提供了一个可调、稳定的直流母线电压，而纯净电源滤波器使得回馈电网的电压波形接近于正弦波。

由于ALM同时配备了纯净电源滤波器，并在软件设计上也提供了谐波控制器，因此对电网谐波的影响几乎不存在,各次谐波电流、电压的含量都低于1%。

因此,使用ALM时作为供电方案时任何时候输入侧THD(V)都小于3%。

负载侧同样采用ALM逆变器模块实现DC/AC转换,并通过输出AIM纯净电源滤波器使得电源输出的电压波形接近完美正弦波。在纯净电源滤波器和负载之间设计有隔离变压器,发挥隔离/负荷冲击缓冲等功能。

负载侧逆变模块ALM具有用于孤岛电网中发电需要的特殊的"电网稳态控制"功能,该ALM可对输出电源频率和电压进行控制,确保输出侧电源运行稳定。

电网稳态控制包含以下功能:

- 输出电源频率和电源电压的控制以及负载的分配,以保持输出电源稳定运行。
- 顺序控制和电流限制控制,用于消除电网电压骤降和短路故障。
- 占空比控制,用于达到最佳占空比,使发电设备对电网干扰降至最低。
- 直流分量清除,确保电网电流没有直流分量,以避免变压器中的饱和效应。
- 电压控制,用于补偿变压器上的压降。

如果负载侧没有变频器驱动的负载,通常在额定负载情况下:输出侧THD(V)小于2.5%(某些工况甚至可以控制在2%以下)。如果负载侧有变频器驱动的负载,输出侧的电源质量与负载的实际组成有关。

系统采集输出正弦波电压信号形成闭环PID控制,控制电压频率稳定。电源经过隔离变压器,能有效地防止船上负载电网和岸电电网的相互干扰,保护变频电源装置不会由于负载设备地故障而造成损坏。

2. 主要技术难点

①同步并车:要求岸电系统必须具备船并岸的同步并车功能,实现在线切换。

②抑制电网电压扰动:要求岸电系统对网侧电源扰动具备抑制和抵消能力,保证输出电源质量。

③短路电流支持能力:岸电系统应具备短路电流支持能力,当船侧出线短路故障时,保证故障点前端保护系统先跳闸保护,避免电源因过流所产生自我保护而停机。同时,如果故障点前端保护系统不起作用时,应具备报警、自我保护功能,保护其他设备安全。

④电源三相不平衡能力:电源应具备三相不平衡耐受能力,至少达到单相50%不平衡以上,并可人工调节报警上下限。现场实际测试验证。

⑤负载均衡控制:岸电变频电源应具备负载均衡控制能力,每个模组可以均衡分配负载,并具备实时显示。

⑥大负载启动冲击:整个系统应能确保大负载陡增陡减的冲击能力,快速响应,保证电源输出质量。

⑦扩容接口:系统应预留可扩容并联接口,便于后续扩容升级。变频电源厂家必须具备实际并联业绩以验证其可扩容并联能力和控制策略。

(三)研究技术路线

1. 总体技术路线

岸基供电系统需具备以下特性:

①安全、可靠、方便地接入船舶;

②综合考虑供电接点数量、安装位置、供电容量、走线等因素;

③较宽的电压和频率调节范围,恒压恒频输出;

④对岸上电网和船舶内网无谐波干扰影响;

⑤保证船用电与岸电相序和线制的一致性;

⑥具备缺相、短路、过流、过压、欠压、负载不平衡、绝缘低等各种保护,可靠安全供电;

⑦方便对靠港船舶接用岸电情况进行准确计量、结算;

⑧适应码头高温、高湿、高腐蚀性等恶劣的环境；

⑨集装箱式设计,方便安装、搬运；

⑩操作简单,维护方便；

⑪符合节能、环保、安全等要求；

⑫关于移动式集成系统应满足便于维护、快速移动、并网使用。

系统电源主要技术指标须满足：

①输出电压稳压率：0～100%负载变化时,输出电压稳压率＜2.5%。

②电压突变恢复到额定输出电压时间＜0.1秒。

③输出电压波形总谐波失真度:THDu＜3%。

④输出频率稳定度:0～100%负载变化时,输出频率不变。

⑤变频电源整体效率≥95%(100%负荷)。

⑥变频电源装置功率因素最大可到1,并可以调整。

⑦提供自动调整相序功能。

⑧变频电源过载能力：1.1倍过载电流可以长时间运行,1.5倍过载电流一分钟,1.8倍过载电流瞬间保护。

⑨通过控制具备与船上电源并网同步功能,同步屏位于船上。变频电源具有承受能量回馈的能力。

⑩装置滤波功能:能消除网侧25次以下谐波,提高网侧功率因数,同时装置必须配备有源滤波装置,具备消除负荷侧谐波总含量15%的能力,有效滤除2～25次内特征电流谐波,改善电网总谐波畸变率,满足国标GB/T14599—93要求。同时具有补偿各次谐波、抑制闪变、自动跟踪补偿变化的谐波电流等技术特性。

⑪变频电源提供完善的保护功能:对输入输出电源有完善的缺相、过压、欠压、过流、短路、超温,逆变器和变压器过热等保护功能及报警装置,(保护阈值任意设定)考虑对不同船舶的用电负荷的控制,当输出负荷容量达到任意设定值时发出预报警信号,以便控制用电负荷;当输出电压、频率连续超出CCS规范要求达5秒时,自动切断输出回路。

⑫具备船舶电气发生故障,通过船上控制信号,可断开变频装置主开关,切断供船舶的6.6kV电源;包括如下保护功能：

—船舶岸电装置过流保护；

—船舶岸电装置欠、过压保护；

—船舶岸电装置频率异常保护；

—船舶主配电屏,岸电连接屏上应急切断按钮动作。

⑬显示功能:可对输出电源的频率、三相电压平均值、三相电流平均值、三相线(相)电压、三相线电流、三相不平衡度、有功功率、无功功率、功率因素等参数显示并对有功功率电度、无功功率电度进行统计计量。(显示和计量精度为0.2级),所有数据可以在装置屏上显示,且具有至少100小时以上的连续供电参数(包括不限于频率、电压、电流等参数)等记录和回放功能,随时在电脑管理系统中查询。

⑭提供全面的智能化管理系统,保证操作和数据的安全完整。

⑮提供方便快捷的人机界面服务。

⑯提供远程开停、跳闸、告警等控制信号端口。

⑰变频岸电电源设备及降压供电装置安放在室外码头现场使用,设计时考虑防潮、防腐、通风、冷却等要求。

⑱各电气柜体为金属外壳、防护等级IP20,内设照明灯、防冷凝加热器及温控开关。

⑲变频电源在其容量允许的范围下,考虑船上电气设备保护选择性。

2.研究方法和系统理论

岸电变频电源系统的基本性能/功能如下：

①变频电源系统具备6.6kV/60Hz电源制式船舶接入岸电电源的功能,并能持续稳定的运行,变频电源的具体性能参数可详见变频的性能描述。

②岸电系统将预留与船舶对接的通讯光纤接口,岸基与船侧可在双方通信协议协商一致的情况下实现通信对接,当船舶电气发生故障时,通过船上的连锁控制信号,可断开岸电的输出断路器,切断岸基供电。

③在岸电变频电源容量范围内,能为各种性质的负载(电容性、电感性、混合型负载)提供稳定可靠的供电,在三相不平衡时,系统也能正常运行,保证供电的稳定与可靠。

④岸电变频电源系统具有完善的通信和信号接口,能自动对系统各设备的运行状态进行监视,并可实现对岸电变频电源的控制,系统配套有上位操作界面,能提供设备运行状态和完善的报警、故障信息,方便工作人员的操作和维护。

⑤岸电系统具有完善的保护功能,确保船岸对接和系统运行时操作人员的安全。

⑥系统配置有输出隔离变压器,并对其高压侧中性点接地,当船岸对接时对船舶设备起到隔离保护作用。

变频电源多组模块之间互相独立,通过输出侧变压器进行耦合并联,每组模块均能独立检测输出侧电网电压和频率,并进行跟踪和调整,以保证同步输出。变频电源具备容错能力,当并联的某一整流模块或者逆变模块发生故障并停止时,系统自动控制故障组模块的进出线开关分开,使故障组模块脱离变频电源系统,其余剩余模块继续运行,保持变频电源输出的稳定,同时,系统会自动将减少的负荷平滑地转移至剩余的工作模块上,重新进行负荷平衡控制,在整个过程中,不会产生稳态输出电压和频率精度下降及三相不平衡度和谐波含量的上升。

系统保护功能:

船岸供电系统供电环节较多,涉及岸基及船舶两部分的电力系统,为了保证设备安全运行,减少人工操作的危险,因此岸电变频电源系统设计有完善可靠的保护系统,包括配电保护;操作联锁保护;变频电源系统设备保护。

该保护系统考虑到岸基供电变频电源运行的特殊性。对输入输出电源有完善的缺相、过压、欠压、过流、短路、超温,逆变器和输入变压器过热等保护功能,考虑对不同船舶的用电负荷的控制,当输出负荷容量达到任意设定值时发出预报警信号,以便控制用电负荷。

配电保护:

当岸电供电系统在发生故障或异常工况时,系统能确保在最短时间切除故障设备,避免设备损伤扩大以及保障人身安全,根据系统设计需求在进出线分别设置了西门子空气断路器实现以下的基本保护功能:

- 短路保护
- 过载保护

同时为了保证送电质量的安全,在系统输出馈线柜中设置有相序、过压/欠压、过频/欠频、逆功率的保护措施,确保连接到船上的岸电质量。

操作联锁保护:

为确保在船舶接岸电时操作人员安全,并需要在操作过程中设置设备联锁保护(同时包含机械连锁和电气联锁),防止操作人员由于操作不当或未按照规定程序操作造成人员及设备的重大责任事故。联锁保护包括以下功能:

- 电缆插头与出线开关设置互锁,当插头插座没有接通时,变频电源将禁止输出;
- 插座箱箱门与出线开关设置互锁,插座箱门打开时,变频电源将禁止输出。

变频模块系统保护:

对系统电源有完善的保护功能及报警装置,保护阈值限幅可以灵活设定,考虑对不同船舶的用电负荷的控制,当输出负荷容量达到任意设定值时发出预报警信号,以便控制用电负荷;系统还具有逆功率

保护功能,保证船电不会倒送到变频电源系统。变频系统具有下列保护功能:

- 短路电流保护
- 过载保护
- 欠/过压保护
- 欠/过频保护
- 相序保护
- 变压器超温保护
- 逆功率保护

接地与防雷:

- 变频电源系统本身是 IT 电网,系统各电气设备之间将进行等电位连接后与专用接地极可靠连接。
- 码头前沿的插座箱外壳可靠地与码头接地网连接。
- 输出的中压开关柜内将设置避雷装置确保外接设备安全。

系统可扩容特点:

本系统在设计和设备选型时已经考虑系统的增容需求,整个系统从主回路和控制系统均采用开放性的设计,方便系统的扩展。

- 开关柜短路容量、开关分断能力和对应的 PT/CT 等在设计时在保证功能和精度的情况下以已考虑后期单插座箱供电扩容的需求。
- 岸基插座箱和高压动力电缆选型已满足后期扩容的需求。
- PLC 控制系统信号点和通信接口均预留了相关裕量和扩展能力。
- 安全回路已设计预留端口以保证系统扩容的安全回路接入。
- 变频电源装置的性能满足系统扩容的需求,扩容系统的容量可任意设计,在原系统与扩容系统并网运行时,系统能根据系统自身容量进行负荷平衡控制,保证系统均衡,而且系统扩容后不会对系统的性能造成影响。

3. 技术方案

船舶岸电电源设计总容量为 3MVA,设置一套单机容量为 3MVA 的变频电源装置,变频电源装置需安装在集装箱式电控房体内,供电制式为输入 10kV/50Hz 输出 6.6kV/60Hz 以满足岸电上船需求。

本工程新建一座集装箱式户外岸电变电站,负责岸电系统的供电。其两路 10kV 电源均引自 13#变电所,供电电源为一用一备,将放置在码头 5B 场,经变压变频装置,通过高-低-高的方式将电源(10kV、50Hz)转化成船舶所需电源的制式(6kV、50Hz 或 6.6kV、60Hz),再通过高压电缆送至位于码头前沿的高压接电箱内,利用国际标准的高压电缆连接设备 AMP(船用岸电连接系统)从码头高压接电箱取电,向靠港船舶供电。

在码头 11#、12#、13#,13A#号泊位前沿预留的位置设置 8 套 6.6kV/60Hz 接电箱,覆盖码头四个泊位。

4. 研究过程

本系统从码头变电站接入 10kV/50Hz 电源,10kV 进入变频电站内的高压开关柜,由进线高压开关柜控制整流变压器的高压电源通断。10kV/50Hz 经整流变压器降压至 690V/50Hz。

690V/50Hz 电源通过变频电源系统的低压进线开关柜 LCM 连接到变频系统的纯净电源滤波模块,通过调节型电源模块进行整流实现 AC/DC 转换,电源模块由 IGBT 构成,高速开断的 IGBT 提供了一个可调、稳定的直流母线电压,而纯净电源滤波器使得回馈电网的电压波形接近于正弦波。

负载侧同样采用调节型电源模块实现 DC/AC 转换,并通过输出纯净电源滤波模块使得电源输出的电压波形接近完美正弦波。在纯净电源滤波模块和负载之间设计有输出变压器,发挥升压/隔离/负荷冲击缓冲等功能(图1、图2)。

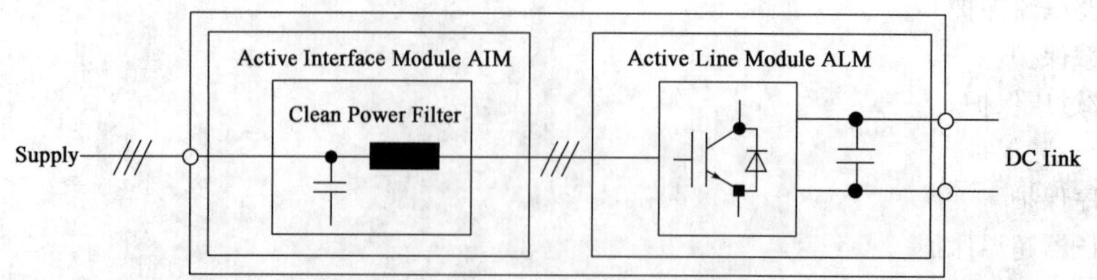

图1 采用有源整流模块供电方案系统图(1)

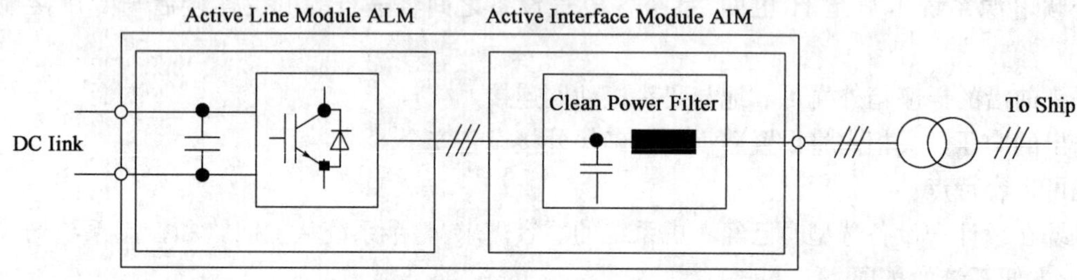

图2 采用有源整流模块供电方案系统图(2)

系统采集输出正弦波电压信号形成闭环PID控制,控制电压、频率稳定。电源经过输出变压器,能有效地防止船上负载电网和岸电电网的相互干扰,保护变频电源装置不会由于负载设备地故障而造成损坏。输出变压器将变频模块输出的690V 60Hz电源升压至6.6kV/60Hz,然后经并网高压开关并入开关柜,6.6kV/60Hz电源通过预埋高压电缆到达经过前沿岸电接线箱接至船舶的岸电主电气室,供船舶设施用电。

负载侧调节型电源模块具有用于孤岛电网中发电需要的特殊的"电网稳态控制"功能,该模块可对输出电源频率和电压进行控制,确保输出侧电源运行稳定。

电网稳态控制功能包含以下功能:

●输出电源频率和电源电压的控制以及负载的分配,以保持输出电源稳定运行。

●顺序控制和电流限制控制,用于消除电网电压骤降和短路故障。

●占空比控制,用于达到最佳占空比,使负载设备对电网干扰降至最低。

●直流分量清除,确保电网电流没有直流分量,以避免变压器中的饱和效应电压控制,用于补偿变压器上的压降。

5.研究成果

(1)关键技术及创新点

在变频岸电工程中,输送到船侧的电压由于船侧负载的变化比较大,这样会影响船侧使用电源的稳定性、安全性。本工程采用的变频单元柜内安装了逆变单元ALM模块以及逆变单元的控制器CU320-2DP。有源整流装置为受控的整流/回馈装置(整流和回馈均采用IGBT元件),使变频输出的电源实时反馈,并自动调节。输出端还配置了输出隔离变压器,当船侧负载突变时,使变频输出的电源得到有效的缓冲和隔离,减小对变频电源系统的冲击,大大地提高了变频电源的安全性和稳定性。

◆关键技术突破情况

①同步并车:要求岸电系统必须具备船并岸的同步并车功能,实现在线切换。

②抑制电网电压扰动:要求岸电系统对网侧电源扰动具备抑制和抵消能力,保证输出电源质量。

③短路电流支持能力:岸电系统应具备短路电流支持能力,当船侧出现短路故障时,保证故障点前端保护系统先跳闸保护,避免电源因过流所产生自我保护而停机。同时,如果故障点前端保护系统不起

作用时,应具备报警、自我保护功能,保护其他设备安全。

④电源三相不平衡能力:电源应具备三相不平衡耐受能力,至少达到单相50%不平衡以上,并可人工调节报警上下限。现场实际测试验证。

⑤负载均衡控制:岸电变频电源应具备负载均衡控制能力,每个模组可以均衡分配负载,并具备实时显示。

⑥大负载启动冲击:整个系统应能确保大负载陡增陡减的冲击能力,快速响应,保证电源输出质量。

⑦扩容接口:系统已预留可扩容并联接口,便于后续扩容升级。

◆主要创新点

①整体方案的布局。

以一套电源覆盖多个泊位的设计思路,在现阶段船舶可靠泊接插岸电装置覆盖率不高、单船岸电容量使用容量不高的情况下,提高岸电装置覆盖率,并充分考虑现阶段集装箱船舶大型化的整体趋势,设计预留一套岸电位置,为将来并联扩容预留充分接口,其方案可扩展性极强,为了更好地布局未来,所有码头泊位均考虑按照两套岸电(包括预留)设计容量敷设高压电缆,并要求一期工程预留二期并网扩容接口,其设计可谓在国内做到了既满足现阶段使用需求,又充分考虑面向未来。

②船岸连接及双向自动并网无缝转移负载技术。

船岸连接按照国际标准均采用快速大容量插接头的方式进行,岸侧采用中压插座箱,中压插座箱内装有中压插座、电缆、铜排,并含有空间加热器以防止水汽凝结。船侧配有电缆卷盘和插头,待船舶靠港后可从船侧放下至岸侧插接箱以完成船岸两侧电气的连接。岸侧及船侧的连接系统均采用国际通用的标准船舶上岸电设施,符合《ISO-IEC-IEEE 80005-1—2012》高压岸电上船要求。在船岸连接回路中设计有安全回路,任意一侧有故障均可触发对侧的安全回路动作,保护系统的用电安全。

船岸并网负荷无缝转移是岸电系统的关键技术,目前为了保证船侧用电设备的安全,均是采用岸侧送电上船,由船侧采用并网柜同期并网的方式进行,船侧并网柜可以自动进行电源检测和跟踪,并动态调整船侧发电机输出,在较短的时间内完成并网后逐步降载,由岸侧电源逐步完成对船侧负载的拖动直至船侧发电机完全切除,船侧负载切换为岸电供电。当船舶需要离港,船侧供电由岸侧改为船侧时,同样由船侧并网柜实现发电机输出与岸电电源的同步,并逐步转移船侧负载至船侧电网拖动直至船岸电电源完全切除,船侧负载切换为船侧发电机供电。在整改船岸连接过程中均需保证岸侧电源的供电质量以确保船侧并网柜的正常工作,实现系统负载供电的无扰切换。

(2)技术标准

技术标准指标:

①岸电电源系统输出额定总容量:3MVA(单台),6MVA(与一期并联扩容后);

②输入电压:交流10kV ±10%、50Hz ±10%;

③输出电压:交流6.6kV、60Hz;

④额定输出电流:1400A(6.6kV 60Hz时);

⑤工作稳定性:输出电压6.6kV,0 ~ 100%负载变化时;

⑥输出电压稳压率:-3% ≤动态≤3%;

⑦输出频率60Hz,0 ~ 100%负载变化时,输出频率变化率≤0.1%;

⑧输出电压波形总谐波失真度:THDu≤3% ;

⑨输入电流总谐波失真度:THDi≤5%;

⑩岸电电源系统总效率(满载):≥95%;

⑪变频模块自身效率≥98.1%;

⑫输出频率分辨率:0.01Hz;

⑬输出电压分辨率:0.5%;

⑭变频电源装置功率因数:1 > 功率因数≥0.95;

⑮输出电压瞬变响应恢复时间：≤0.5s；

⑯输出频率瞬变响应恢复时间：≤0.5s；

⑰电源装置无故障工作时间：≥20000h；

⑱噪声等级：≤85DB(1m 处测试)；

⑲辅助动力/控制电源：AC 380V 三相/AC 220V；

⑳保护功能：包括但不限于过流、过压、欠压、短路、接地、超温；

㉑通信故障、逆功率容量限制保护等；

㉒通信接口：国际标准通信接口 PROFINET/PROFIBUS；

㉓状态监控：带有 LCD 显示、存储功能、中文操作；

㉔变频电源设备工作制：室外环境运行温度 0～50℃能满负荷长时间 24 小时不停机连续运行，参见图 3。

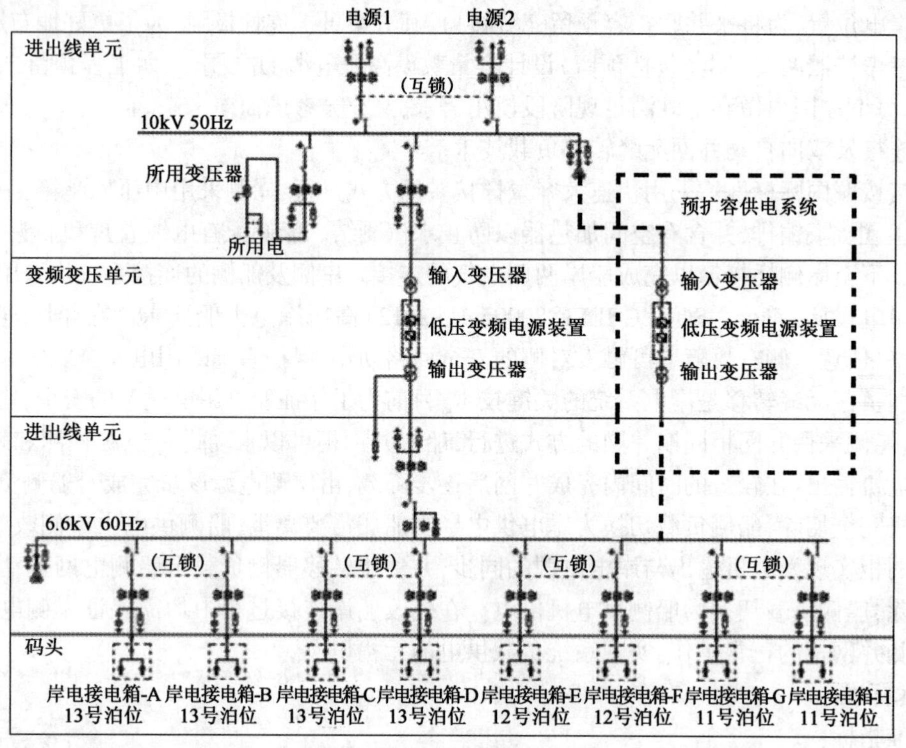

图3 进出线图

关键技术指标见表 1 和表 2。

变频电源主要技术参数 表1

项　目	单　位	技术参数
额定总容量	MVA	≥3
输入侧额定电压	kV	10±10%
输入侧额定绝缘水平:1 分钟工频耐压(有效值)	kV	42
雷电冲击耐压(峰值)	kV	75
输入侧额定频率	Hz	50±2%
输出侧额定电压	kV	6.6/6
输出侧额定频率	Hz	60/50
频率瞬变响应恢复时间	秒	<1
电压波动恢复时间	秒	<1.5
平均无故障时间	小时	≥72
系统运行总体效率	%	≥95

岸电电能质量技术要求 表2

变频电源设备	IEC 60092 船上电能质量要求	IEC 80005-1 岸电电能质量要求
电压范围	+6%/-10%	+6%/-3.5%
电压不平衡	3%	3%
电压暂态波动	+20%/—20%	+20%/-15%
电压暂态恢复时间	1.5s(最大)	1.5s(最大)
电压谐波总畸变率	小于5%	小于5%（空载）
电压谐波单次畸变率	小于3%	小于3%（空载）
频率范围	+5%/-5%	+5%/-5%
频率暂态波动	+10/-10%	+10/-10%
频率暂态恢复时间	5s(最大)	5s(最大)

（四）方案验证及应用示范

1.变频电源系统空载测试

闭合电源10kV进线开关柜，将电源送至690V低压进线开关柜，通过操作界面启动变频电源系统，经整流逆变和出线隔离变压器后输出6.6kV/60Hz至601进线高压开关柜，对各电源质量和变频电源性能进行测试，参见表3。

电源质量和变频电源性能测试 表3

测试内容	测试方法	测试结论
岸电箱中变频电源系统单套变频电源装置功能测试	通过操作界面和低压柜检修按钮选择欲启动的变频电源装置并进行启动停止测试	双机并联系统启停运行正常
		三机并联系统启停运行正常
系统安全及逻辑功能测试	在系统运行过程中测试急停等安全回路	安全回路运行正常，拍下急停时，系统自动分开所有开关，并触发变频电源外部故障

采用FLUKE435在6.6kV开关柜侧经PT记录岸电电源输出波形，记录如下。

岸电6.6kV/60Hz电源电压输出波形见图4。

岸电6.6kV/60Hz电源相序记录见图5。

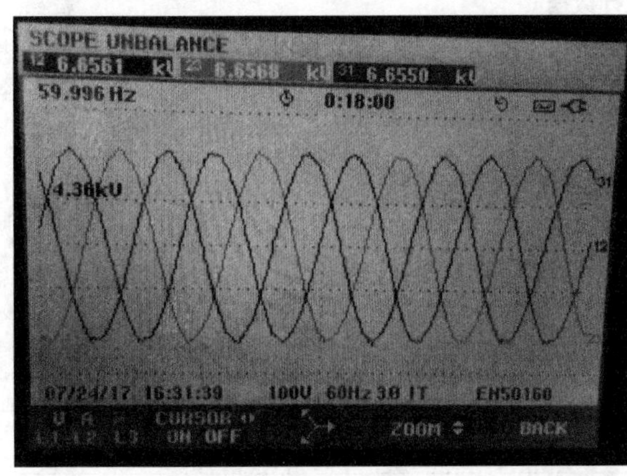

图4 电源电压输出波形

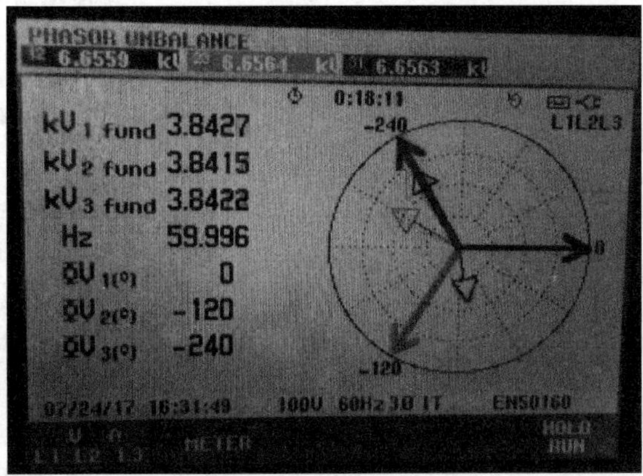

图5 电源相序记录

岸电6.6kV/60Hz电源空载输出电压谐波见图6。

岸电6.6kV/60Hz电源空载线电压/相电压/频率见图7。

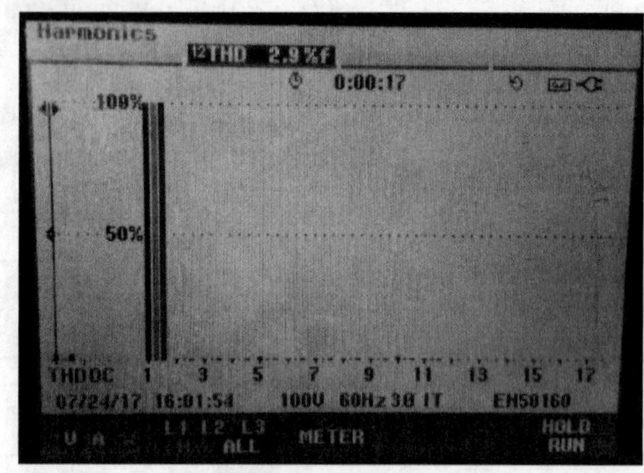

图6　电源空载输出电压谐波

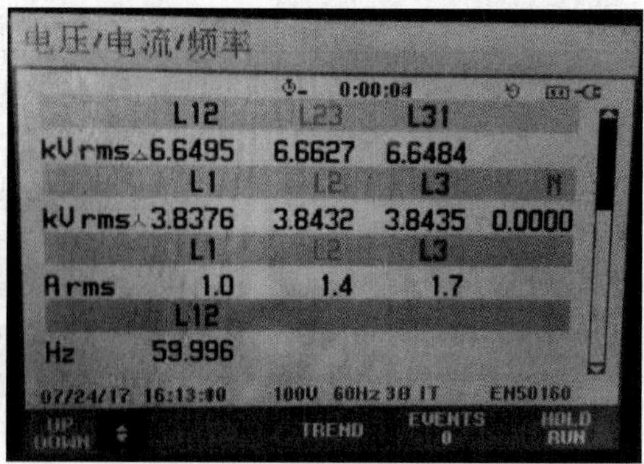

图7　电源空载线电压/相电压/频率

岸电 6.6kV/60Hz 电源空载电压不平衡记录见图 8。

在 10kV 进线侧高压开关柜智能电表查看数据见图 9。

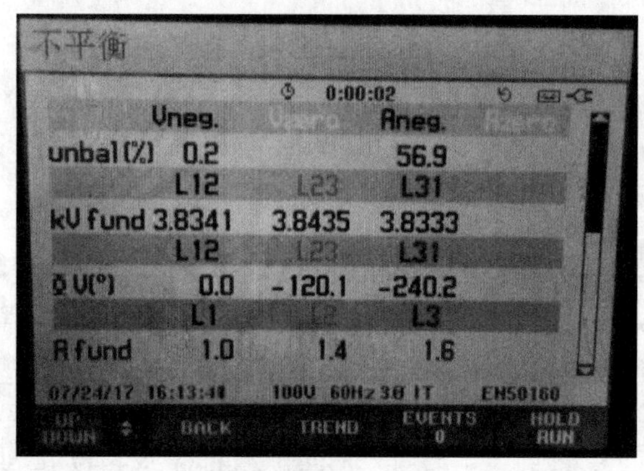

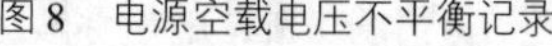

图8　电源空载电压不平衡记录

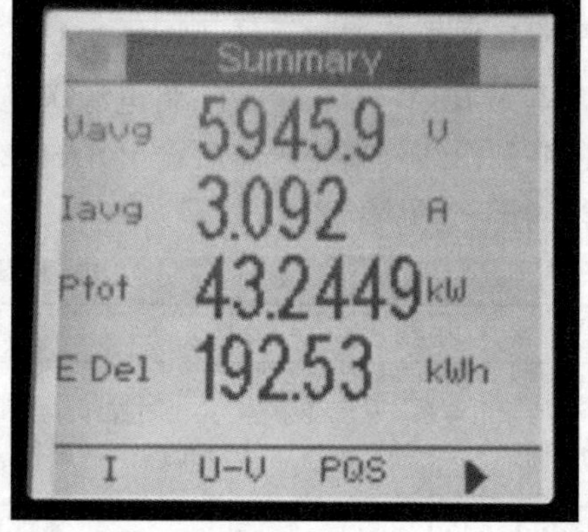

图9　进线侧高压开关柜智能电表

此时系统主回路的空载运行功率为 43.25kW 左右,此为系统的空载运行损耗(不包括系统的控制及辅助用电损耗),此时系统的运行的视在功率为 55.15kVA,系统的功率因数约为:0.785。

根据测试波形及数据记录可知系统在空载运行时岸电电源相关运行数据见表 4。

岸电空载运行数据　　表 4

项　目	数据记录	设计额定值	备　注
输出线电压	6.656	6.6	kV
输出相电压	3.84	3.81	kV
输出频率	59.996	60	Hz
相序	正相序	正相序	
空载运行电压谐波	2.9	NN	%
三相电压不平衡度	0.2	NN	%
系统空载运行损耗	43.25	NN	kW

由测试可知,变频电源空载输出电压相序为正相序,输出电压、频率幅值均与设计值一致满足系统使用需求,系统的空载运行谐波和电压不平衡度也在规定允许的范围内,系统输出电源正常。

2. 系统带载功能测试

在码头 6.6kV 岸电接线箱处连接降压变压器和电阻负载对系统进行加载测试,系统加载容量1500kW,对系统进行长时间运行并记录相关数据。

为了降低负载侧降压变压器合闸冲击对岸电电源及开关柜的影响,在启动系统时,先将 6.6kV 侧进线柜、母联柜和负载侧馈线柜闭合,利用岸电电源变压器预充磁功能对负载降压变压器进行预充磁送电,待系统启动完毕后,在按照测试要求逐渐增加电阻负载容量至计划值,进行带载运行测试。

相关负载和测试环境数据:

负载降压变压器:

容量:2500kVA

高压侧:6600V/218.7A

低压侧:400V/3608.4A

短路阻抗:6.31%

负载电阻:1500kW@400V 电阻负载

岸电进线电压:10.3kV

岸电进线频率:50Hz

1 号箱变空调相关:

开启数量:10 台(进线变压器 2 台,变频电源室 6 台,出线变压器室 2 台)。

温度设定:进出线变压器室 20℃,变频电源室 16℃。

3. 变频电源系统电压及频率输出性能

通过电阻负载投切改变岸电电源负载并加载至 1500kW,记录输出电压、频率、功率等电能质量数据,对变频电源输出特性进行测试。

在加载情况下,采用 FLUKE435 在负载馈线柜经 PT/CT 电压/频率采样电源波形,相关记录数据及波形如下:

岸电系统带载 1500kW 时 6.6kV/60Hz 电源电压输出波形见图 10。

岸电系统带载 1500kW 时 6.6kV/60Hz 电源相序输出波形见图 11。

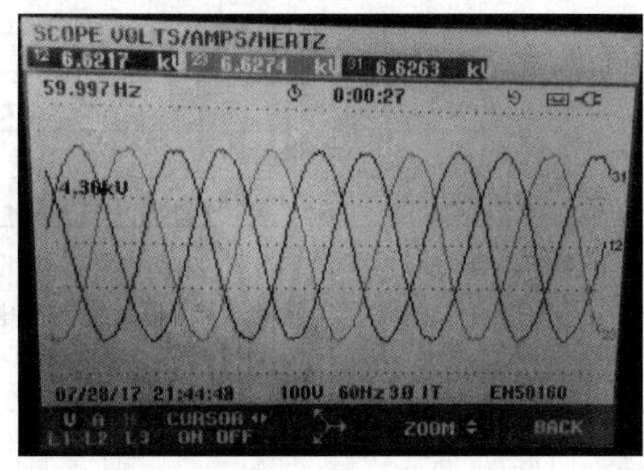

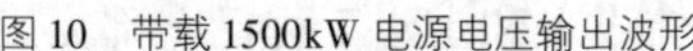
图 10 带载 1500kW 电源电压输出波形

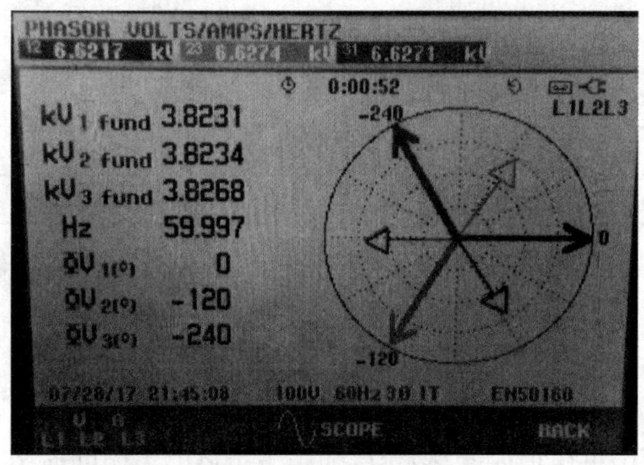

图 11 带载 1500kW 电源相序输出波形

岸电系统带载 1500kW 时 6.6kV/60Hz 电源输出电压/电流/频率记录见图 12。

岸电系统带载 1500kW 时 6.6kV/60Hz 电源输出功率/电能记录见图 13。

岸电系统带载 1500kW 时 6.6kV/60Hz 电源输出电压谐波记录见图 14。

根据测试波形及数据记录,将系统在空载运行和带载 1500kW 电阻负载时岸电电源相关运行数据统计对比见表 5。

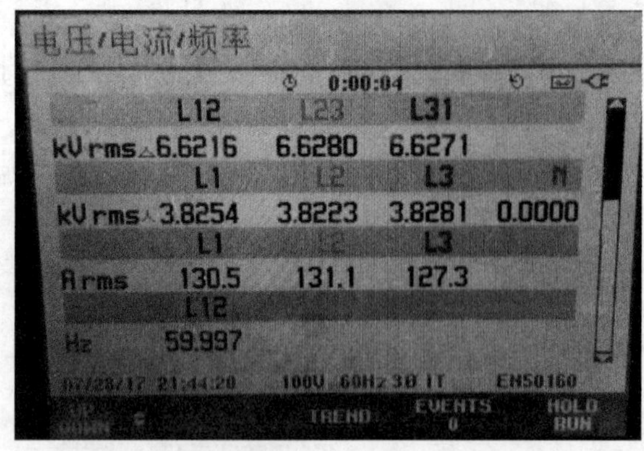

图12 带载1500kW 电源输出电压/电流/频率

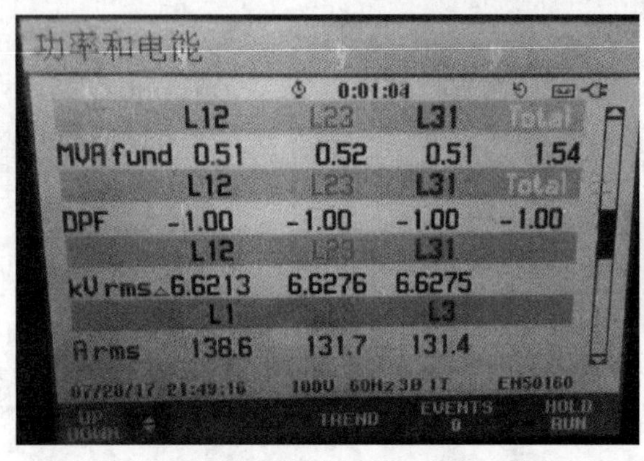

图13 带载1500kW 电源输出功率/电能

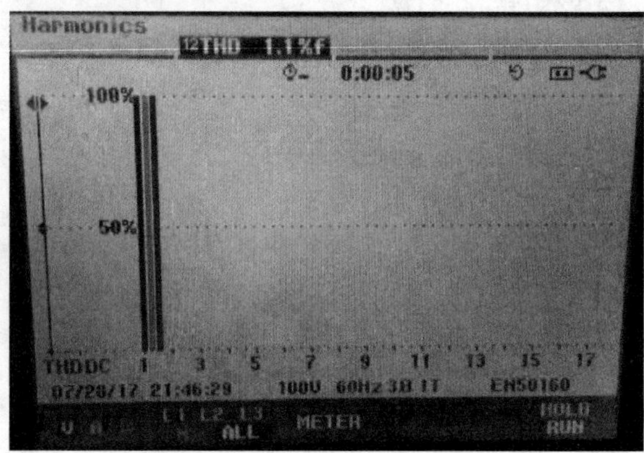

图14 带载1500kW 电源输出电压谐波

带载1500kW 电阻负载电源相关运行数据 表5

项　目	空载运行数据记录	带载1500kW 数据记录	备　注
输出线电压	6.656	6.622	kV
输出相电压	3.84	3.825	kV
输出频率	59.996	59.997	Hz
相序	正相序	正相序	
电压谐波	2.9	1.1	%
系统功率(10kV 进线侧)	43.25	1583.33	kW

由测试可知,变频电源在带载1500kW时系统输出电压相序为正相序,输出电压、频率幅值均与设计值一致满足系统使用需求,系统的空载运行谐波和电压不平衡度也在规定允许的范围内,系统输出电源正常。

相比于空载运行带载运行时,6.6kV 馈线侧约有34V 的压降(出线变压器电压降),频率保持不变,输出电压谐波降低,系统输出满足送电上船的需求。

岸电工程在深圳赤湾港开展岸电技术实现和示范应用,主体设备和土建工程已全部完工,完成了船级社的相关研究论证和带负载能力测试运行及岸电系统专家验收会通过,整个岸电系统性能正常,与设计一致,系统的输出电源质量满足相关要求,带载运行稳定,满足船岸连接的要求。

2017年11月1日凌晨06:10,招商局港口母港之一——赤湾集装箱码头有限公司(CCT)船舶岸电一期工程完成和地中海航运(简称"MSC")"JEONGMIN"轮的顺利接驳,首次联船并网成功,实现船电岸电无缝切换。整个供电过程共10小时,供电15675 kWh,供电质量良好,带载运行稳定,完全满足船舶的供电需求。地中海航运检测专家以及岸电系统实施商康必达、凯伏特、西门子等多方技术专家高度肯定了 CCT 岸电设备的先进性和可靠性,参见图 15、图 16。

图 15　岸电联船并网供电

图 16　岸电供电系统配电箱

三、实施效果

船舶靠泊期间,需要使用大量电力,如果没有岸基供电,船舶就需使用船上发电机发电以满足生产生活需求,但船用柴油机发电,油耗大、经济效益差,振动噪音大也一定程度影响船员的生活。同时船舶发电柴油机靠港期间低负荷运行,污染物排放量比正常行驶时更加严重,柴油机发电的废气排放产生的氮氧化物、硫氧化物及 PM10 颗粒等对港区周围环境产生了深远的影响。“岸电”,就是为船舶靠港期间提供岸电供电,停止使用船舶上的发电机,码头的岸电通过岸电接电箱和连接电缆对船上的电气设备供电,满足船舶各种电气设备的用电需求。集装箱船舶对大气带来的污染物主要集中在二氧化硫和氮氧化物,其中,远洋船的排放量尤为巨大。使用岸基电源,能使船舶每次靠港减少高达 95% 的柴油颗粒物、氮氧化物、硫氧化物的排放量。

船舶岸电系统的研制与应用是一项复杂的系统工程,集变频、配电、保护、监控、船舶改造于一体,其节能减排效益已倍受国际国内环境组织和政府部门的关注,船舶靠泊码头时使用岸电必将是未来发展的趋势。通过整合使用国内外成熟的技术,完善岸电系统的建设,为未来的环保事业多贡献一份力量。

新沙二期工程 BIM 信息化管理的运用

广州港新沙港务有限公司

成果主要创造人:李明忠　许小波

成果参与创造人:方家坤　曾　楷　林树盖　郭　莉　封　华　廖利梅
黄梓沛　丁　创

广州港新沙港务有限公司(简称“新沙公司”)建成投产于 1992 年 12 月,是广州港股份属下的一家全资子公司。

新沙公司属于交通运输行业,地处东莞麻涌。新沙公司港区总面积超过 150 万平方米,库场堆存面积超过 100 万平方米,可承接散货、滚装汽车、集装箱、件杂货等各货类的装卸和仓储业务,目前港区年货物吞吐量接近 7000 万吨,是珠江口规模最大的综合性码头。新沙港区是国务院批准的首批“国家煤炭应急储备基地”、华南地区重要的煤矿集疏运中心,是中国三大商品车整车进口口岸之一,也是国家进境粮食首批 A 类指定口岸。

新沙公司正在紧锣密鼓地推进广州港新沙港区 11 号 12 号通用泊位及驳船泊位工程项目(简称“新沙二期项目”)的建设,投产后将增加 2 个深水泊位和 9 个驳船泊位。新沙二期项目是广州港集团、股份公司港口项目中首次引用 BIM 技术, BIM 技术应用的成功开展不仅有利于本工程的投资、质量、进度以及安全控制,同时能够为后续新建工程提供有力可靠的经验。

新沙二期项目依托广州港新沙港区 11 号 12 号通用泊位及驳船泊位工程 BIM 技术应用,对设计 BIM 模型建设和施工阶段 BIM 深化应用进行深入研究,通过建立完善的 BIM 模型,利用其进行碰撞检测、校核工程量、施工工艺仿真等方法控制工程质量,推进工程建设。

一、实施背景

(一)国家政策

从国家政策来看,国家发布 BIM 政策,要求推进建筑信息模型(BIM)等信息技术在工程设计、施工和运行维护全过程的应用,是大势所趋。住建部 2015 年 6 月 16 日出台《关于推进建筑信息模型 BIM 应用的指导意见》建设部文件内容:到 2020 年末,建筑行业甲级勘察、设计单位以及特级、一级房屋建筑工程施工企业应掌握并实现 BIM 与企业管理系统和其他信息技术的一体化集成应用。到 2020 年末,以国有资金投资为主的大中型建筑新立项项目勘察设计、施工、运营维护中,集成应用 BIM 的项目比率达到 90%。

(二)工程管理的需求

据统计,我国 1.3 万亿美元的工程建设费用,有近 30% 近 4000 亿美元在过程中被浪费掉。新沙公司为减少项目建设的总体投入,运用 BIM 技术进行三维审图、各专业碰撞检查与施工工序工艺模拟等应用,找到可能存在的问题,并进行变更与优化,减少过程中返工所造成的成本与工期的浪费,从而减少建设单位的总体投入。

对于建设单位来说,现有的施工过程管控受限于模式与技术手段的限制。现场信息层层传递,现场管理人员除非长期驻扎施工一线,不然难以获取施工现场的第一手资料。信息的不及时、不对称与不清晰,往往就会导致建设单位决策的不及时与不准确。因而以数据为中心、以模型为载体的项目管理平台是解决问题的有效手段,采用无人机等先进设备实现信息的快速采集与集中收集,并采用模型的可视化手段表达,确保信息的及时与清晰,提升管理的效率与效益。

为了便于建设单位在后期的维护管理工作,BIM 技术基于模型的可视化运维管理成为近几年来设施设备管理的主要发展方向。其中全专业竣工模型是一切的基础,鉴于新沙二期项目的复杂程度,竣工模型的工作量巨大,如果不与工程建设同步开展并归集数据,后期由于已完成工作互相覆盖、管理人员变动、资料太多查找不便等原因,工作难度和工作量都将大幅提升,增加不必要的成本,让项目竣工结算工作处于被动。

(三)BIM 的价值

BIM 技术作为数字化转型核心技术,与其他数字技术融合应用将是推动企业数字化转型升级的核心技术支撑。"BIM + 云平台"、BIM 与大数据、物联网、移动技术、人工智能等集成应用,将改变项目参建各方的交互方式、工作方式和管理模式,形成"BIM + 项目管理"的创新管理模式,大大减少建设单位项目管理的难度。

对于项目建设单位而言,BIM 技术在工程项目规划、勘察、设计、施工、运营维护、改建及拆除等各方面的运用,实现了建筑全生命期内各参与方在同一建筑信息模型基础上的数据共享,极大地方便了建设单位后期对于设备设施的维护、保养、改造等工作;支持对工程环境、能耗、经济、质量、安全等方面的分析、检查和模拟,为项目全过程的方案优化和科学决策提供依据,让项目管理不再仅仅依靠管理者的经验水平;支持各专业协同工作、项目的虚拟建造和精细化管理,为项目的提质增效、节能环保创造条件。

从数字技术的发展来看,随着物联网、移动应用等新的客户端技术的迅速发展与普及,依托于云计算和大数据等服务端技术实现了真正的协同,满足了工程现场数据和信息的实时采集、高效分析、及时发布和随时获取,进而形成了"云加端"的应用模式。这种基于网络的多方协同应用方式与 BIM 技术集成应用,形成优势互补,为实现工地现场不同参与者之间的实时协同与共享,以及对现场管理过程的实时监控都起到了显著作用,为项目管理者获得第一手项目建设信息提供技术支持。BIM 与项目管理系统的集成应用,将提高工程项目管理过程中的各业务单元之间的数据集成和共享,有效促进技术、生产和商务三条管线的打通与协同,更好地支持方案优化,有力地保证执行过程中造价的快速确定、控制设计变更、减少返工、降低成本、提高质量,减少建设单位与各方的沟通难度,降低项目管理难度。

二、成果内涵和主要做法

(一)成果内涵

随着科技的发展,工程建设的复杂性、功能的多样性越来越高。对于大型项目,涉及的专业多,各专业复杂程度高,建设单位管理项目的难度也越来越大,通过 BIM 技术优化项目管理已经成为一种必然的趋势。通过 BIM 技术设计的成果不再是二维的图纸,而是带着大量信息的三维模型,模型中的信息不仅可以有设备型号、性能指标等传统的标注,甚至还可以包含供货商的联系人和联系方式。图纸的设计过程也由一笔笔描绘,变成由三维模型实时、自动的生成,极大地减少了项目管理者读图的难度。通过 BIM 技术的运用,可以有效地帮助我们达到以下要求:

1. 理解设计意图

通过 BIM 技术设计可视化的三维设计图纸,能帮助项目管理人员更快更好地解读工程信息,更方便的理解设计意图,便于各方参建单位的沟通联络。

2. 校核工程量

利用模型输入的工艺等直接导出工程量,于原工程量进行复核,可以有效减少工程漏项、重复计算等问题,减少后期的设计变更。

3. 优化质量管理

通过 BIM 技术在设计方提供的模型基础上进行施工深化设计,解决设计信息中没有体现的细节问题和施工细部做法,让项目管理者更加细致的了解施工工艺工序,便于对施工质量的管理。

4. 明确进度管理

利用模型进行的"预施工",可以让项目管理人员更加直观的了解工程的推进过程,更加精准的把控项目管理情况。

5. 提供便捷的管理手段

实现在网页端对 BIM 模型进行浏览,通过简单的操作就能的实现按工程划分查看模型、信息查看、剖切等功能,便于对项目的管理。

(二)整体思路

新沙二期项目建设规模大、建设难度高,为简化项目管理难度、提升项目管理质量,新沙公司基于 BIM、无人机与信息化等技术,推进项目信息化管理。在施工前找到可能的存在的问题及时进行优化与整理,基于网络化、可视化的手段提升工程管理水平,为项目提质增效打下基础;施工过程中以数据为中心以模型为载体,确保信息的及时、清晰,提升管理的效率与效益;基于模型的可视化运维管理,建立全专业竣工模型,与工程建设同步开展并归集数据,保障建设单位运营管理的需求。主要创新点及核心内容分为项目前期规划、模型创建及应用、施工技术辅助、施工管理辅助及竣工成果五个部分。新沙二期项目建设过程中运用 BIM 技术将达到以下目标:

①在施工阶段开展 BIM 技术的研究与应用,将 BIM 技术的运用深化到参建各方,建立 BIM 交流平台,降低信息传递过程中的衰减。

②要求参建各方推广应用工程施工组织设计、施工过程变形监测、施工深化设计、大体积混凝土计算机测温等应用系统,以简化管理手段。

③向施工单位推广应用虚拟现实和仿真模拟技术,辅助大型复杂工程施工过程管理和控制,实现事前控制和动态管理,降低施工风险;通过 VR 技术对工程进行可视化表达,让现场人员在虚拟环境下了解项目的各处安全隐患与处理方法,增强安全防范意识,保障施工零事故。

④在工程项目现场管理中应用无人机与信息化技术,以实现工程远程监控和管理,保证项目管理者能实时掌控施工现状。

⑤研究基于 BIM 技术的 4-D 项目管理信息系统在大型复杂工程施工过程中的应用,实现对建筑工程有效的可视化管理。

⑥研究工程测量与定位信息技术在大型复杂超高建筑工程以及高支模、深基坑施工中的应用,实现对工程施工进度、质量、安全的有效控制。

⑦要求施工单位依据施工情况绘制竣工模型,完整的记录施工过程数据,作为建成后项目运维的可视化基础。

(三)创新内容的实施

1. 项目前期规划

在项目前期规划过程中,由于项目的复杂程度高,难以准确划分各工程段分界点、重要节点等信息,对于各个阶段工程工期、作业面、成本等的评估困难,准确度不高,会对施工造成较大影响。建设单位通过推广 BIM 技术,将 BIM 信息模型快速导入工程图模型,并对施工项目快速分类,信息化总体应用规划,可大幅提高建设单位前期规划的效率。

(1)BIM 信息化应用规划

项目前期的规划是项目推进的基础,一个科学完善的规划方案对项目推进有很大的促进作用。为确保前期规划的合理性,新沙公司推广了 BIM 信息化应用规划功能,通过信息化规划,对项目实施过程中将要遇到的重点难点提前反应,并借助模拟分析能力,提出需用材料数额进行安排备料与编制预算工作。依据工程特点与管理模式,编制信息化总体应用规划,充分调研分析后确定实施阶段及各阶段应用点,确保的工作有序推进(图1)。

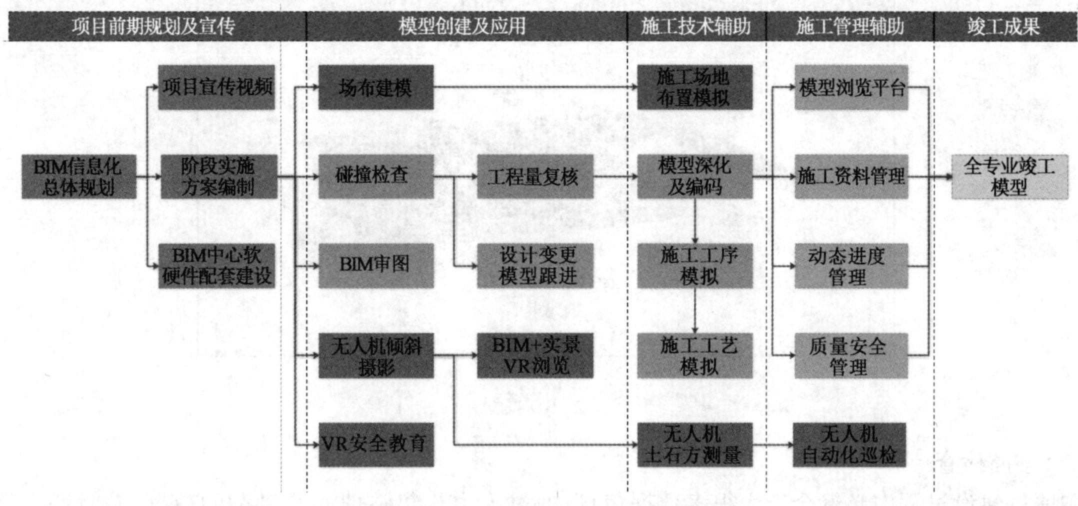

图1 BIM 信息规划图

(2)阶段实施方案编制

依据总体规划来编制各阶段与应用点的实施方案,包括模型划分、建模与交付要求、工作流程、操作手册等文件,确保各项工作的稳步落实,保障项目平稳开展。

在项目管理中过程中,为了顾及工程施工进度,对于施工特性以及工程料表的建置往往借由过去工程项目资料加以扩充建置,受限于项目管理者的经验以及项目管理能力。

新沙公司为了优化这一过程,为项目提质提效,通过 BIM 信息模型将工程图模型化,使施工项目快速分类,迅速建立以及修正工程料表,大幅提升工程项目的效率以及效益。

2. 模型创建与应用

在项目实施过程中,往往会遇到现场管理难,难以得到实时信息;设计审查难,难以提前检查设计错漏;工程量校核难,难以避免出现漏项情况;安全管理难,工人安全意识普遍偏低等问题。

为了解决上述问题,新沙二期项目通过推广运用 BIM 技术,在施工阶段检验并模拟组织设计,帮助施工人员整体控制操作流程,还可以找出存在的问题,促使整体工程管理质量和管理水平全面提升;可以做到对整个工程各施工环节消耗量进行全面的分析,完成数据汇总、数据传输并加以分析,大大降低重复性施工;通过模型可预拼装项目结构,准确测量目标结构以后结合实际情况,有效地完成虚拟拼装操作,提升精准性,避免出现失误。通过 BIM 模型的创建,可以实现以下功能:

(1)BIM 建模

传统图纸基本上是以点、线、面及模块来表现建筑工程属性。新沙二期项目涉及面广、专业多,对于项目管理者的专业知识、管理经验等要求非常严格。新沙二期项目通过建立 BIM 模型,将点、线、面转化成为工程中的实体构件,这些构件可以纳入真实的数据信息系统,极大地简化了项目管理者读图的难度,便于项目管理者的沟通管理工作。依据施工图进行 BIM 建模将设计成果三维化,提升识图效率。通过 BIM 信息系统的视觉便利性协助项目管理成员迅速地融入项目计划中,加速项目计划执行进度。而且通过时间参数的设定,使得工程图层产生冲突的概率变少,减少资源成本的浪费,降低项目建设成本。

同时对于项目进度管理方面,一般工程进度的预估往往通过工作项目以及成本累积的进度来表示,但这样抽象的概念对于工程项目的管理以及进度检讨帮助有限,往往还是需要通过项目管理者的经验以及小组会议讨论来辅助工程项目进度的管理。但是通过导入 BIM 信息或是 3D 模型(图2)的方式,结合工程组件规格以及设计图说明让工程实际进度图像化和具体化将对工程项目的管理提供更具效益的帮助。

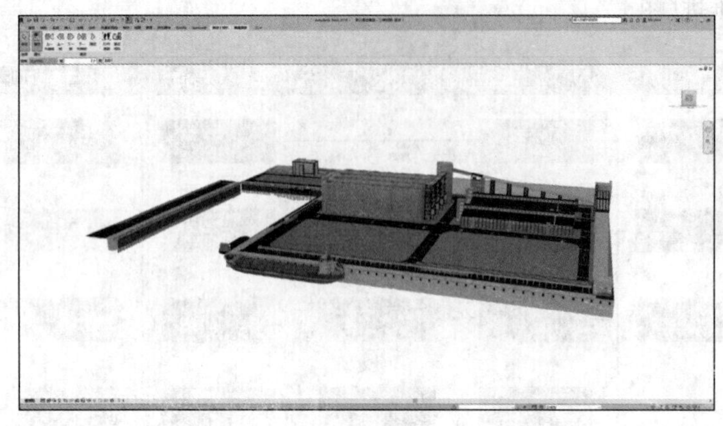

图2 3D 模型

(2)碰撞检查

在项目建设过程中必然会产生很多数据信息,通过人力收集整理如此复杂的数据,费时费力,同时也容易产生错误,不利于项目的推进。

为了减少因为信息的不对称而造成的成本、时间的浪费,新沙二期项目通过运用 BIM 模型,把传统 2D 设计图纸中为了展示结果而所隐藏的内容(例如线段的重叠)呈现出来,把 2D 图纸所设计出的成果通过 BIM 软件转变成为 3D 可视化模型,建立起数字化模型的同时实现不同信息的有效辨别,经过甄别后,将各种不同性质的数据进行统计,并有效存储于信息库模型中。这样极大地保证了数据的统一性,在工程项目施工的安全可靠性增强方面具有重要意义。

基于 BIM 模型对设计成果进行碰撞检查(图 3),在施工前找到设计中可能存在的结构碰撞点,并协助进行问题申报,避免返工造成成本与工期的浪费。

新沙二期项目在实施过程中通过 BIM 模型发现多起结构碰撞点,如胸墙未预留照明电缆预埋孔、管线冲突等,为工程施工节省直接成本 500 多万元。

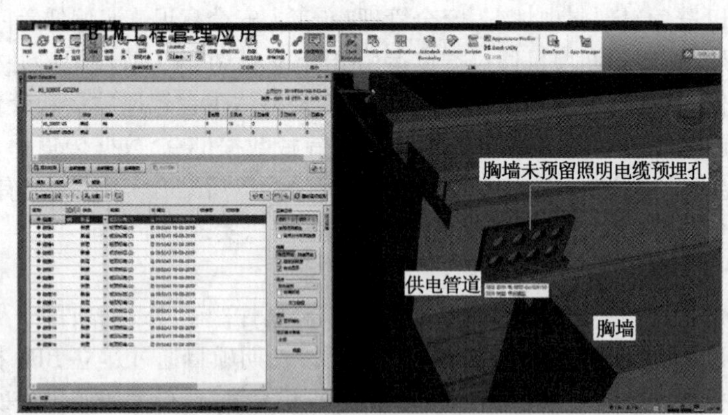

图3 BIM 模型对设计成果进行碰撞检查

(3)工程量复核

新沙二期项目规模较大,工程量大、校核难度高、时间长。新沙二期项目通过 BIM 模型对工程量清单进行复核(图 4),可通过系统直接导出工程量,可在保障准确性的程度上大大节省时间。

在 BIM 模型建设的过程中,对模型设置相应的技术参数要求,可以直接生成相应工艺工序,并可导出工程量清单,保证不出现错漏。

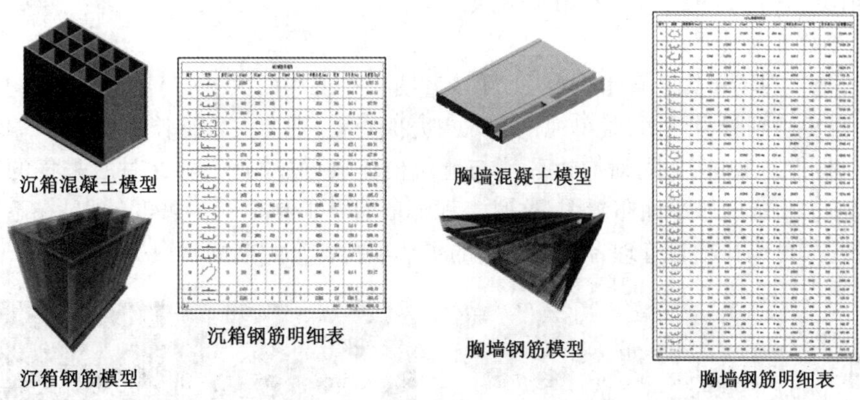

图4　对工程量清单进行复核

(4)模型深化

新沙公司为更加深入地把控项目管理、加强沟通效率,通过施工单位运用 BIM 系统对 BIM 3D 模型附加时间、成本等要素,拓展其更多的应用特性。通过附加时间要素生成 BIM 4D 模型,进行施工进度模拟,运用 BIM 5D 模型对项目工程成本进行把控,对工程中的人力、物料、成本、现场设备摆放等进行真实模拟,更加深入地把控项目情况。同时配合云端技术上传到云平台,可以让项目参与各方随意调取和观察项目的各方面状况,大大提高了各阶段、各专业、各单位之间的沟通效率,达成协同统一。基于工程工序划分情况对模型进行深化细分与编制,确保模型可用于进度、安全、质量等方面的应用,还可以化解交代不清楚的死角。以往利用二维图形去描述设计图,有些视觉死角会比较难沟通甚至造成误会,导致施工后工地现场和图纸不一,拖慢工程进度。在项目建设过程上应用了 BIM 三维建筑信息模型,三维的空间可以清楚地交代设计图,减少沟通上面的误解,并且在设计时间上轻易地察觉到冲突断面,如管线冲突、钢筋冲突等,并加以改善,不至于到了施工后才发现问题,可以厘清责任。

(5)VR 模型浏览

为加强工程可视化程度、提升人员安全防范意识,新沙二期项目实施 VR 体验式管理(图5)。

a)VR模型浏览

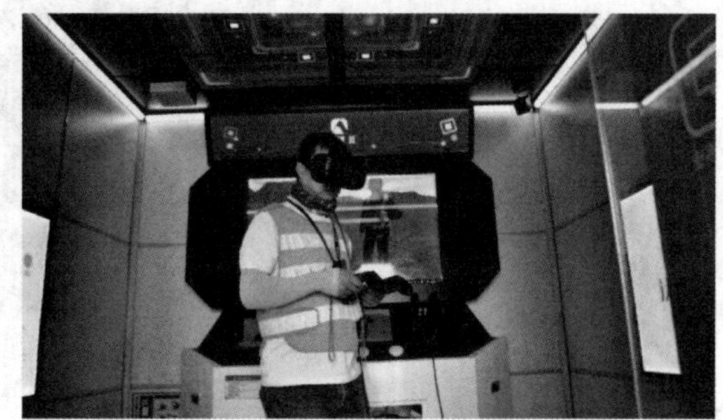

b)VR安全教育

图5　VR 体验

通过运用 VR 沉浸式体验,加强具象性及交互功能,大大提升 BIM 应用效果,从而在项目建设过程中加速推广使用。通过 VR 技术对工程进行可视化表达,工程人员在虚拟现实环境下能快速了解工程的建设效果与结构构成。并基于 IBOX 等设备开展 VR 安全教育,让现场人员在虚拟环境下了解项目的各处安全隐患与处理方法,增强安全防范意识,保障施工零事故。

3. 施工技术辅助

在项目管理过程中,为避免实际的施工工作情况与原计划产生出入,造成返工、复工情况,从而延误工期,新沙二期项目通过 BIM 技术对施工方案提前进行仿真处理,提前规避施工过程中可能出现的各种问题,大大避免了施工单位交叉作业、工序颠倒、返工等情况,同时让项目管理者更加细致的了解到方案的各个细节情况,有利于对施工工艺、工序的把控。

(1)施工总平面布置模拟

大型工程的施工现场布置一直是重难点,新沙二期项目工程面大、内容烦琐,周边的环境也相对复杂,这让工程师难免感到分身乏术,若单纯依靠人力完成布置,则会大大延长工期。

新沙二期项目借助 BIM 技术,对周边环境与建筑楼体进行数据采集,这时所采集的信息会自动通过建模处理,软件会生成三维平面布置图,这时工程师依照要求制定施工进度计划,在不同阶段模拟各个现场的施工情况,可以让项目管理者更加清晰的了解项目各个时期的状况,见图 6。

a)施工现场照片

b)场布模拟

图 6　施工总平面布置模拟

基于 BIM 技术结合《广东省水运工程施工标准化指南-场地布设》开展了施工总平面布置模拟分析,优化了道路与材料堆放位置等内容,减少材料转运等问题的发生。

(2)施工工序模拟(4D 模拟,图 7)

为避免施工过程中出现返工、窝工等问题,对工程进度造成影响,新沙二期项目施工前对施工进度计划开展模拟,在施工前找到可能存在的工作面交叉与前后工序颠倒等问题,并协助进行计划修编,确保的进度计划可确实落实。

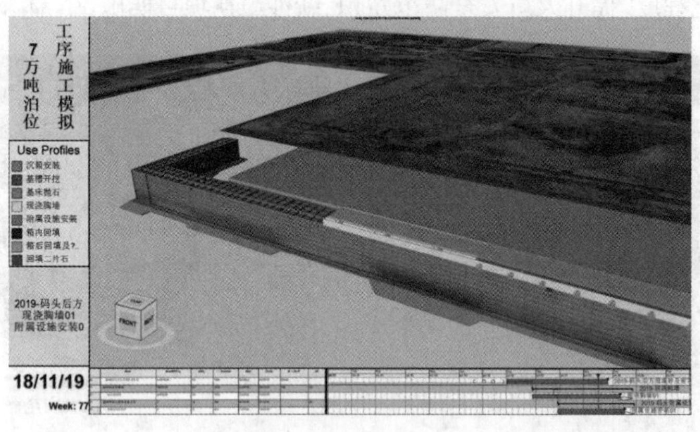

图 7　4D 施工模拟

在新沙二期项目中,码头前沿 7 万吨级泊位施工工序较为复杂,在同一地点多道工序相继施工,通过 BIM 技术,用动画形式展现出有限空间内各施工工序进出场的合理性,进而提供技术支持。与现阶段结构特征、可施工空间、设计情况等多项因素相结合,利用 BIM 技术进行模拟施工,并对施工工序进行优化设计,事先将各类施工工序中存在的矛盾与碰撞等问题进行解决,大大缩短施工工期,节约成本。

(3)施工工艺模拟

为确保重难点施工顺利进行,不延误工期,新沙二期项目对重难点施工工艺开展仿真模拟(图 8),以模型动画的形式进行表达,确保施工方案的确实落实。

在新沙二期项目中,汽车吊吊装轨道式吊架时,内模板和沉箱模板对吊装有较大影响,通过 BIM 技术开展仿真处理,对各个方案的安全性及难度进行综合评估,确保施工方案的安全顺利落实。

图8 施工工艺模拟

(4)无人土方测量

由于新沙二期项目涉及大范围围堰吹填,土方测量是其中的重点难点工作。为确保土方测量的安全、可靠、高效,新沙公司会同各参建单位研究采用无人土方测量法。

传统的土石方测量方法有水准仪量法、全站仪测量法和 GPS 测量法。水准仪测量法是通过使用水准仪测量事先在测区布设方格网的每个角点高程来计算土石方量的。该方法适用性单一,若测区不适合布设方格网,该方法就不适用了,且费时费力。全站仪测量法具有操作简单,仪器要求低等优点,适合测量面积较小和通视良好的区域,反之,则会非常烦琐,且效率低下。同时绝大部分施工项目采用测量人员进场布点测量高程。新沙二期项目施工作业面大、场地危险源多,通过人员进场布点测量,人员工作量大、危险性高。

针对这个现状,结合大量国内外优秀的摄影成像软件已具备了一定的模型分析和计算的能力,新沙二期项目决定采用无人机结合无人机基站对现场进行测量,见图9。

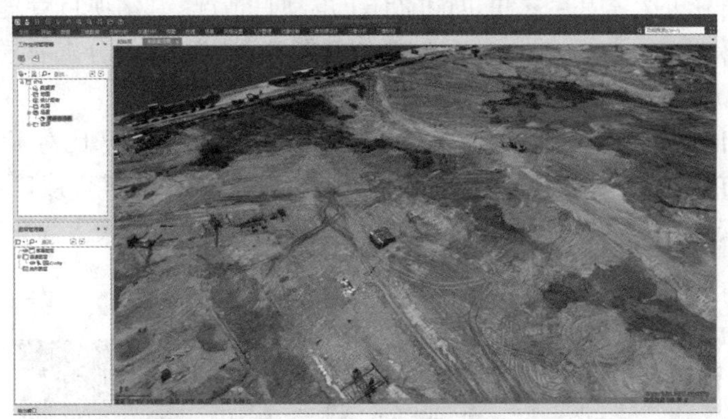

图9 无人机地形模型

采用 RTK 无人机 + PPK 基站对陆域形成等危险区域进行土方测量,实现高效精确的土方进度控制,该方式与传统的人工土方测量相比效率可提升 500%,与传统的无人机测量相比精度可提升 100%,在保证作业安全的同时实现了效率与精度的双提升,参见图 10、图 11。

4. 施工管理辅助

项目推进过程中,建设单位往往难以对项目的实时进度进行把控,对于项目的进展情况、项目现场的施工情况等经常难以第一时间反馈。

新沙二期项目通过 BIM 平台进行信息交互,可以随时查看项目进展,及时了解施工任务及完成情况,可以足不出户就查看到工地现场的作业情况,大大加强项目管理者对现场的管理。

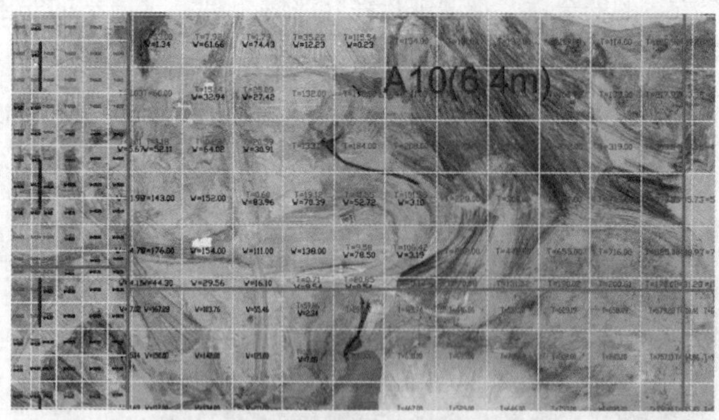

图 10　土方计算

实测与实景三维模型采集校核点平面、高程精度对比表（单位：m）									
点号	实测X	实测Y	实测Z	模型X	模型Y	模型Z	△X	△Y	△Z
ZH1	452222.399	2545836.863	5.347	452222.397	2545836.887	5.368	0.002	-0.024	-0.021
ZH2	452026.365	2545657.560	5.600	452026.308	2545657.570	5.499	0.057	-0.010	0.101
ZH3	452076.118	2545519.519	5.665	452076.170	2545519.535	5.693	-0.052	-0.016	-0.028
ZH4	452175.862	2545273.717	5.848	452175.822	2545273.715	5.867	0.040	0.002	-0.019
ZH5	452214.158	2545179.836	6.039	452214.132	2545179.790	6.126	0.026	0.046	-0.087
ZH6	452547.683	2545616.614	4.008	452547.630	2545616.617	3.937	0.053	-0.003	0.071
ZH7	452607.041	2545421.376	4.887	452607.015	2545421.306	4.815	0.026	0.070	0.072
ZH8	452159.275	2545729.251	3.737	452159.253	2545729.275	3.758	0.022	-0.024	-0.021
ZH9	451944.782	2545840.617	4.501	451944.745	2545840.627	4.44	0.037	-0.010	0.061
ZH10	452353.188	2545950.643	4.077	452353.22	2545950.679	4.105	-0.032	-0.036	-0.028
ZH11	452581.242	2545498.372	4.215	452581.222	2545498.37	4.234	0.020	0.002	-0.019
ZH12	452134.382	2545375.626	5.475	452134.346	2545375.61	5.532	0.036	0.016	-0.057
ZH13	452095.255	2545466.962	5.065	452095.222	2545466.965	5.024	0.033	-0.003	0.041
ZH14	452624.052	2545393.229	4.318	452624.036	2545393.159	4.246	0.016	0.070	0.072
ZH15	452159.275	2545729.251	3.737	452159.253	2545729.275	3.758	0.022	-0.024	-0.021
中误差				高程：4.2CM；　平面：2.9CM					

图 11　精度对比表

(1)模型浏览平台

为便于项目管理者在办公室甚至家里也能随时了解项目情况,简化项目管理模式。新沙二期项目实现在网页端对 BIM 模型进行浏览,通过简单的操作就能实现按工程划分查看模型、信息查看、剖切等功能,实现 BIM 模型使用的普及化,见图 12。

有了此接口,对于信息的更新更为便利,各单位可以直接利用手机,来比对工程是否有按图施工,如果有彼此不兼容的地方,便马上做记号标记,整个讯息便会传到 BIM 的整合接口中,结构工程师再进行检核是否影响建筑的安全性,考虑是否要更改设计,缩减了沟通的时间,大大简化项目管理难度,提高管理效率。

图 12　模型浏览平台

(2)施工资料管理

由于新沙二期项目工程覆盖面大、工艺复杂、项目数据含量大,各种平面图、立面图、结构图等,都处于不同专业、标段档案，对于建设单位的资料管理以及后期对设备设施维修维护及查询资料等带来很大的困难。为便于资料的整理归档工作，新沙二期项目利用 BIM 建筑信息模型，将所有信息归纳到同一个模型当中，如有变更设计，所有的信息都会跟着变更而自动更新，陆续的各种平面图、立面图、结构图也都会一起变动，省去了大量的沟通查询时间，减少错误及遗漏的可能性。

同时 BIM 系统基于网络化云盘实现施工资料的网络化存储、共享与查阅，大大避免了文件的丢失，同时实现模型与建设资料对接，可基于模型查看项目建设资料，项目建设情况更加清晰。

(3)动态进度管理

为便于把控项目的进度，新沙二期项目通过该模块实现对施工情况展示与对施工任务的动态化分析预测及预警。为便于选择最优的施工方案，通过直观真实、动态可视的全程模拟和关键环节的施工模拟，可以展示多种施工计划和工艺方案的实操性，择优选择最合适的方案；为避免是施工遗漏，新沙二期项目利用模型对建筑信息的特征进行真实描述，进行构件和管件的碰撞检测并优化，对施工机械的布置进行合理规划，在施工前尽早发现设计中存在的矛盾以及施工现场布置的不合理，避免“错、缺、漏、碰”和方案变更，提高施工效率和质量；为更好地规划布局，新沙公司通过推广施工模拟技术，要求施工单位按照施工计划对项目施工全过程进行计算机模拟，在模拟的过程中会暴露很多问题，如结构设计、安全措施、场地布局等各种不合理问题，这些问题都会影响实际工程进度，早发现早解决，并在模型中做相应的修改，可以达到缩短工期的目的。动态进度管理模块共包括监控中心、电子沙盘、管理中心等模块。

监控中心：其作用是让项目管理人员快速了解工程总体进度情况，内容包括 BIM 进度模型、单位工程进度完成情况、产值完成情况、现场设备及人员投入情况等，见图 13。通过项目实获值系统来掌控项目计划进度，与传统项目管理进度与成本控制分开的方式相比，实获值管理系统的创新之处在于引入成本费用的预计完成价值和实际成本值建立实获价值的概念。借助 BIM 在项目管理上的帮助，任何时刻的进度与成本的差异，都可以清清楚楚地显示出来。项目管理者就可以依据 BIM 系统的实获值获得这些显示结果，作出应该调整进度还是控制成本的决定。

图 13　监控中心

电子沙盘：其作用是通过无人机信息采集技术让项目管理者足不出户就能看到施工现场的实际情况。内容包括实景三维模型、拟建工程模型、照片、视频与全景图、正摄影像实时对比与实时监控(图 14)。

任务状态分析：通过不同颜色让管理人员快速了解施工任务及实施情况(图 15)。

进度驾驶舱：实现对工程进度的动态预测与分析。内容包括了项目总体完成情况分析、单位工程工期预测，关键任务工期预测等；并可直接导出周报表和月度报表，见图 16。

(4)质量安全管理

在项目管理过程中，安全一直是项目管理的红线。为加强安全管理工作，加强对项目现场的监督检查，新沙二期项目运用 BIM 技术实现质量安全管理的网络化与流程化；功能主要包括定时定线自动化巡检、基于模型的巡检任务发布、电脑端移动端的现场记录、网络化协助整改等内容。

图 14　电子沙盘

任务图例：
- 正常进行
- 超前进行
- 滞后完成
- 正常未开工
- 未开工但预测延迟
- 已完成

图 15　任务状态分析

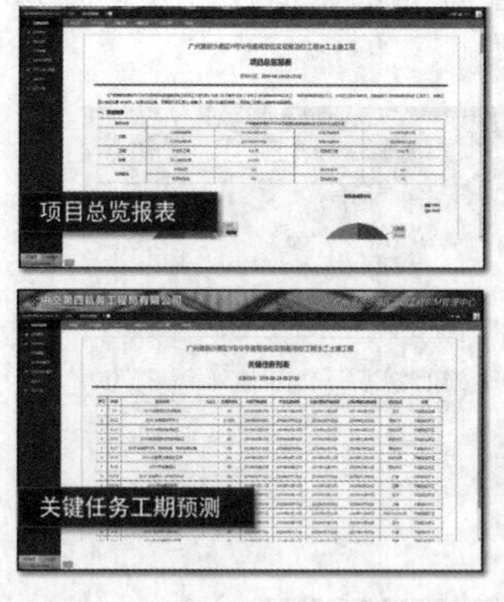

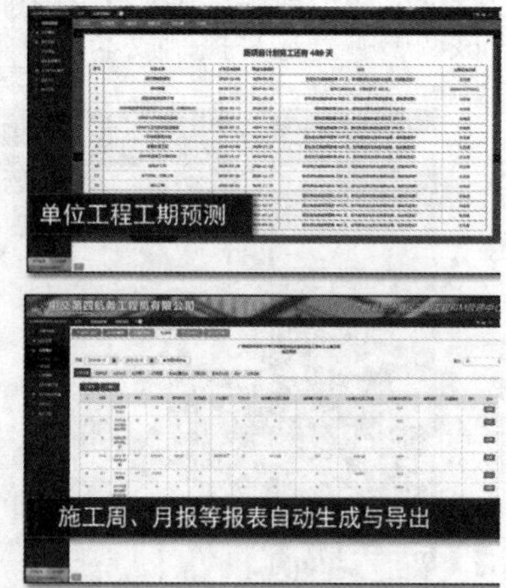

图 16　任务驾驶舱截图

人工巡检任务制定发布：在模型中选定相关的巡检区域形成巡检路径，通知到相关责任人，确保巡检任务及要求的确实落实(图 17)。

现场问题记录：基于电脑端、移动端问题实时记录，避免缺记漏记，并可直接发起协助整改任务(图 18)。

整改任务的发起、接收、完成汇报与验收：包含整改问题的模型位置、相关责任人、现场情况描述、照片、整改期限、任务通知、整改后的现场情况描述、照片、流程表单等，确保质量安全问题的确实整改(图 19)。

(5)无人机自动化巡检

新沙公司为加强现场把控，增加巡查力度，要求施工单位通过无人机自动化基站实现无人机自动定点定线定时巡检，用于进度巡查、日常安全巡查与质量巡查，实现项目管理者足不出户就能直观快速地了解施工现场情况，见图 20。

图 17　巡检任务发布

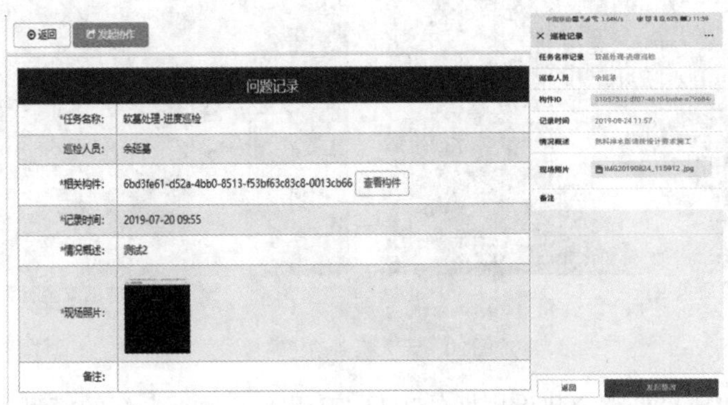

图 18　电脑端、手机端现场问题记录

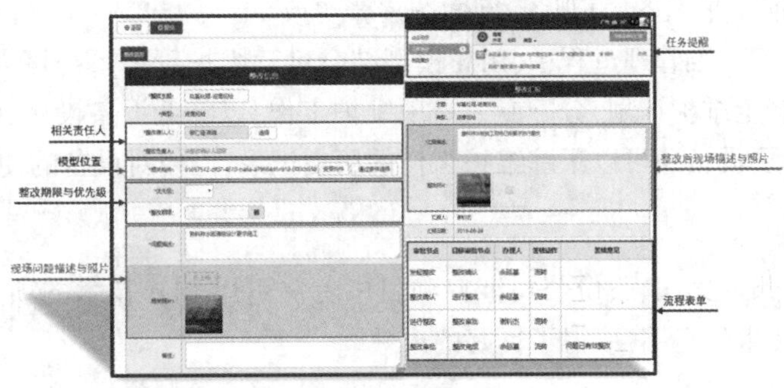

图 19　协助整改

5. 竣工成果

为减少后期设备设施管理难度，规范化文件管理归档工作，新沙二期项目运用 BIM 技术绘制竣工模型，完整的记录施工过程数据，作为后期项目运维的可视化基础。

由于原有竣工图资料查找困难、可视化程度低、图纸抽象，不便于后期的运行维护。因此新沙二期项目采用 BIM 竣工模型，摒弃了传统 CAD 用点、线、符号等简单元素表示某元件的理念，而采用面向对象的数据表达形式来描述项目的每一个组成部分，例如，不再用平行的线段表示电缆，而是在设计工具中创建一个电缆类的实例，每个实例都有它的属性，包括位置、尺寸、组成和型号等。这样的模型承载的信息比平面图要更加丰富得多。对比传统的竣工图纸，竣工模型能更直观、准确、快速找寻物件的所有相关信息，理解现场环境；能省去不必要的找寻翻阅资料，查阅图形和学习认识的时间。所以对比传统

2D 的竣工图与文档模式,竣工模型在实现共享信息,协同管理,提高运营效率上更有优势。因为施工周期从设计到施工完成,中间产生的海量变更信息,都可以事无巨细的存储在模型中,并且是实时更新的。

a)无人人机自动化基站　b)三维航线规划

c)质量巡查　d)施工安全行为监控

图 20　无人机自动化巡检

对于一开始就用 BIM 贯彻整个建设周期的项目,工程竣工时所更新的模型,就是竣工模型,而且用模型更新更改信息,保证了各个平面图、直观图、断面图的一致性,省去了查验比对一致性的一个复杂环节。而传统的 2D 图只能显平面图、直观图、剖面图逐张更改。

同时在新沙公司后期运维管理过程中,BIM 模型结合运营维护管理系统可以充分发挥空间定位和数据记录的优势,合理制定维护计划,分配专人专项维护工作,以降低设备设施在使用过程中出现突发状况的概率。对一些重要设备还可以跟踪维护工作的历史记录,以便对设备的使用状态提前作出判断。

三、实施效果

新沙二期项目是广州港集团、股份公司港口项目中首次引用 BIM 技术的项目,在该项目水工土建标段建设过程中,BIM 技术的运用,取得了良好的成效。

(一)强化设计交流,加快项目节奏

由于项目建设过程中往往是分标段分专业进行,不同标段、专业之间沟通较少,对于建设单位进行项目管理造成很大困扰。因此新沙二期项目通过建立 BIM 信息化平台,改变了传统各自为政的局面,通过将各专业数据信息运用 BIM 软件建立模型,纳入统一的数据平台之中,实现多专业协同设计,打破信息传递壁垒,提供数据交流及沟通的流畅度。

新沙公司要求设计单位基于 BIM 平台进行多专业协同设计,在设计过程实现数据之间的实时交流与互通,对于各专业间的问题做到及时反应,提前处理,大大避免了后期频繁的设计变更,可以让所有参与设计的人员跨专业、跨领域共同查看项目整体的 BIM 模型,对设计不合理之处可以做即时修改,通过联动效果保持模型的统一与一致性。

同时新沙二期项目通过建立 BIM 3D 可视化模型可以高效的通过对设计结果的模拟与演示,准确的生成施工图纸,再基于 BIM 的参数化特性,将各构件的具体信息及属性反映在施工图之中,准确指导

施工，提高施工效率。

在新沙二期项目中，筒仓外壁采用滑模技术施工，因技术特征，该区域为危险源，滑模平台的搭设施工要求较高，施工技术交底尤为重要，故采用施工模拟可视化交底与传统技术交底相结合的方式。降低了因对技术理解不到位造成的施工风险，大大提高效率。

通过建立协同服务器，使设计各专业间参与效率提升 40%；编制标准化执行手册和计算系统，规范项目 BIM 正向设计，实施效率提升 30%；建立标准化企业级族库管理，提升建模效率 20%。

（二）细化模型建设，落实成本管理

由于基于 CAD 等软件的二维设计图纸较为抽象，图纸解读难度高，对项目推进不利，新沙二期项目为优化设计工作、强化成本管理工作，建设 BIM 模型实现可视化管理。

因为 BIM 具有参数化的特点，可以将现实中结构、构件的信息纳入 BIM 模型之中，让每一个构件不但可以看，还可以用，例如门窗的尺寸、价格、数量等都可以通过参数化来表现，而且与现实完全一致。这样就大大方便了造价及工程量统计工作。有助于快速生成工程量清单、设备器材表以及物料清单等等，还可进行造价预算与管理，大大提高了建设单位成本把控的能力。

为进一步加强施工管理，新沙公司要求各参建单位通过 BIM 软件对模型进行碰撞检查，排查各专业与结构之间的冲突点。新沙二期项目通过碰撞检测提前发现问题，发现如胸墙未预留照明电缆预埋孔、管线冲突等，为工程施工节省直接成本五百多万元。通过对设计模型的校正以及深化设计，对施工进行细部调整，再通过施工模拟，进度模拟等等，优化施工方案，调整成本投入策略，加强项目管理，最终提高项目的品质。

通过 BIM 技术进行项目深化设计，减少设计错误约 200 项；碰撞检测，合理优化排布，发现碰撞约 500 处；通过细部建模，直观检查工序的合理性和科学性，减少设计工期 20 天；通过 BIM 导出工程量减少不必要的设计错误，工程量误差减少 40%，精确度提升 60%，参见图 21、图 22。

（三）实时进度把控，加强管理水平

为加强进度把控，落实质量管理工作，新沙二期项目通过 BIM 系统和无人机对接的方式对项目现场进行实时监控，可以实现原地面"扫描式"记录、过程实时监控日常化、安全质量管理无死角，具有更快、更广、更细致、更全面、更安全、效率更高、费用更低的优势。

目前新沙二期项目已实现通过手机连接 BIM 系统，可以随时随地监控现场情况，发现现场问题可以基于电脑端、移动端问题及时记录，并可直接发起协助整改任务。在 BIM 系统进行整改任务的发起、接收、完成汇报与验收，可以包含整改问题的模型位置、相关责任人、现场情况描述、照片、整改期限、任务通知、整改后的现场情况描述、照片、流程表单等，确保质量安全问题的确实整改，简化现场管理难度。

新沙二期项目水工部分主要工程量对比

新沙11号12号泊位项目BIM工程量校核

序号	专业	单位工程	分部工程	分项工程	工程量分项	设计提交量	BIM模型量	偏差（%）	单位	备注
1	总图	水域疏浚	-	-	水域疏浚网格量	2147985	2169973	1.02	m³	
		陆域形成	吹填	吹填砂土	陆域回填量	1129406	1169321	3.56	m³	
2	水工	11号、12号通用泊位码头	B墙身	预制沉箱	个数	21	21	0	件	
					混凝土量（C40）	21352	21351.85	0	m³	
				沉箱内回填砂	中粗砂，含泥量≤10%	82760.178	82257.62	-0.61	m³	
				沉箱内二片石垫层	石料	1508.22	1507.83	-0.03	m³	
				沉箱内砼垫层	混凝土量（C20）	2010.96	2004.38	-0.33	m³	
				预制墙板	件数	42	42	0	件	
					混凝土量（C40）	101.33	99.9	-1.43	m³	
				沉箱接缝倒滤结构	沉箱倒滤井内回填块石	941.71	881.79	-6.36	m³	原提交工程量多计算了墙板部分的回填量
					沉箱倒滤井二片石	1057.57	1054.38	-0.3	m³	
					沉箱倒滤井混合倒滤层	1056.01	993.99	-5.87	m³	原提交工程量多计算了墙板部分的回填量
			C上部结构	现浇胸墙	混凝土量（C35）	38872.7	38805.37	-0.4	m³	
					胸墙管沟预埋DN250钢管（DN250、单根长2m）	48	48	0	根	
					胸墙管沟预埋DN200钢管（DN200、单根长2m）	48	48	0	根	
					胸墙管沟预埋UPVC150管（UPVC150、单根长2m）	720	688	-	根	
			D后方回填与面层	胸墙结构倒滤结构	工程量	427.12	425.25	-0.27	m³	
			E轨道	钢轨	工程量	974	974	0	m	
			F停靠船与防护设施	不锈钢爬梯	不锈钢	175.40	392.5	-	Kg	BIM模型对原设计中不合理处进行了修改
				现浇护轮坎	混凝土量（C35）	35.89	37.1	3.37	m³	
				系网环	钢筋量	1298.68	1271.7	-2.08	Kg	
				系船柱	个数	22	22	0	个	
				系船柱基础	混凝土量（C35）	11.3	9.981	-11.44	m³	扣空了系船柱底座与基础接触部分
				橡胶护舷	SC1450一鼓一板标准反力型	45	45	0	套	
					H300x2400L	2	2	0	套	
			G电气照明	管沟盖板	件数	213	213	0	件	
					混凝土量（C40）	117.2	98.925	[illegible]	m³	原图纸中部分管沟板的尺寸错误
			H给排水、消防系统	现浇岸电箱基础	混凝土量（C30）	0.3	0.4	[illegible]	m³	原计算未考虑岸电箱左侧部分混凝土
				现浇防撞墩	混凝土量（C30）	1.1	1.131	-0.79	m³	
				现浇排水箱涵	混凝土量（C40）	118.13	118.13	0	m³	

图 21

新沙管线综合碰撞表

序号	问题说明
G-1	工作船泊位后方右边电缆隧道与给排水管线冲突
G-2	辅建区电气管线与给排水管线碰撞
G-3	辅建区电缆隧道与污水管碰撞
G-4	2000吨泊位雨水管线与电气管线碰撞，中杆灯基础尺寸需核实
G-5	集污池处给排水管线与电气管线碰撞
G-6	堆场中间上方电气专业管线与给排水专业管线碰撞
G-7	堆场中间电气管线与给排水雨水管线碰撞
G-8	堆场右边电气管线与给排水管线碰撞
G-9	高杆灯基础尺寸是否有误
G-10	堆场中间下方电气管线与给排水管线碰撞

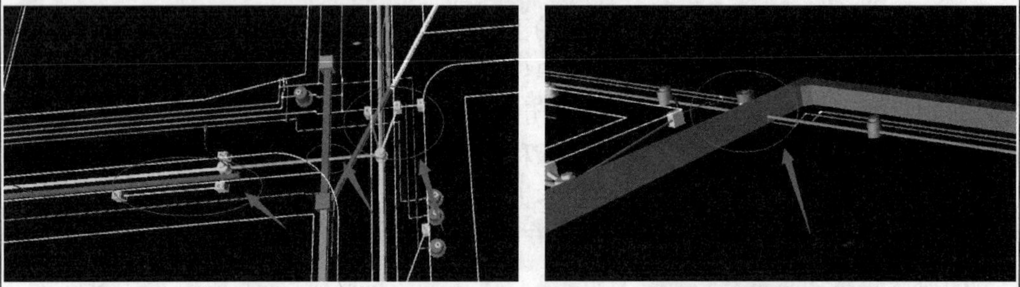

辅建区电气管线与给排水管线碰撞　　辅建区电缆隧道与污水管碰撞

图21　细化模型建设　落实成本管理

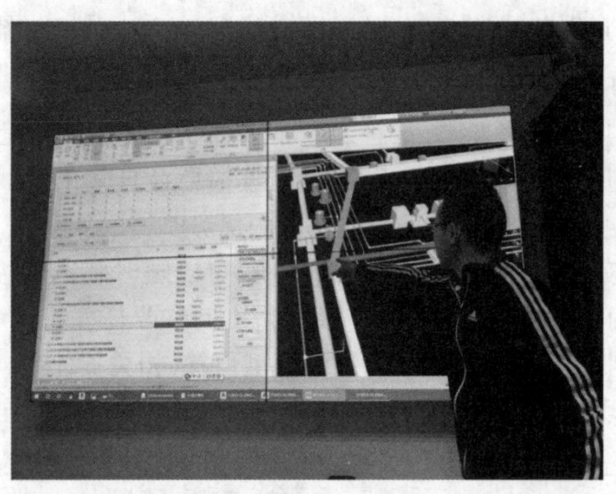

图22　开展方案优化会议

(四)优化施工工艺,落实生态防护

由于新沙二期项目涉及填海围堰工作,对环境有一定的影响。如何落实生态防护工作,尽量减少对环境的影响一直是新沙公司考虑的重点。

新沙二期项目通过BIM技术对项目相关资料、合同等信息进行收集,制定出合理的总体目标方案,涉及质量、进度、安全等多方面目标,并制定出相应的合同措施、组织措施、经济措施。根据项目特征利用BIM技术进行模拟分析,对施工方案的合理性进行验证,确定最终的施工方法。

通过基于BIM模型进行绿色节能分析,提升项目的绿色可持续性50%。在新沙二期项目中,通过BIM技术在靠近市政道路的施工过程中,通过优化施工工艺,增加洒水等方案,落实施工现场扬尘治理,保护了生态环境;在3000T泊位与70000T泊位衔接段,为防止漏砂和海水倒灌,新沙二期项目采用模拟施工仿真技术进行多种方案的比较,确定最终的施工方案并进行可视化交底,有效遏制了港池疏浚及陆域吹填过程中围堰内沙土坍陷进入江水的情况；在 3000T 泊位、筒仓、TH6 转运站和 ZQ108 栈桥等多个施工段存在大部分交叉施工，各施工段工序复杂，容易发生冲突、滞后等现象，故采用施工进度模拟，优化调整工期并指导施工，大大节省工期以及人力物力成本。

附件　管理创新获奖情况

CERTIFICATE
OF HONOR
2019"智建中国"国际BIM大赛
International BIM Competition "China Smart" in 2019
一等奖
The First Prize
设计组
Design Group
BIM技术在广州港新沙港区11号12号通用泊位及驳船泊位工程中的应用
The Application of BIM Technology in No. 11 and No. 12 Berths (General and Barge Berths) Project of Xinsha District, Port of Guangzhou
获奖单位：
Award-winning units:
中交第四航务工程勘察设计院有限公司
广州港股份有限公司
中交第四航务工程局有限公司
编号/NO.：GBIM2019QY001
查询网站/Query Web：www.guas.org.cn

附件图 1

编号：2019A13
荣誉证书
第五届"科创杯"中国BIM技术交流暨优秀案例作品展示会大赛
二等奖（设计组）
作品名称：BIM技术在广州港新沙港区11号12号通用泊位及驳船泊位工程中的应用
主要成员：李明忠、方家坤、曾楷、李家华、陈家悦、冯刚
参赛单位：中交第四航务工程勘察设计院有限公司　广州港股份有限公司
中交第四航务工程局有限公司
浙江省建筑信息模型(BIM)服务中心

附件图 2

荣誉证书
2019 年首届全国水利行业 BIM 应用大赛
铜　奖
作品名称：BIM 技术在广州港新沙港区 11 号 12 号通用泊位及驳船泊位工程中的应用
单位名称：中交第四航务工程勘察设计院有限公司　广州港股份有限公司
中交第四航务工程局有限公司
主要完成人：方家坤 曾楷 黄梓涛 廖利梅 冯刚 李家华 陈家悦 黄黎明 刘泓 邹志年
二〇一九年十月二十六日

附件图 3

创新策划,质效提升为港区产业发展提供源动力

大连港北岸投资开发有限公司

成果主要创造人:杨三林 常 旭

成果参与创造人:王 猛 王汝翀 王 丹 隋 宇 孙文超 陶 锋 刘金子 纪 文

大连港北岸投资开发有限公司(简称"北岸公司")为辽宁港口集团成员企业,注册资本15亿元,是大窑湾北岸区域的开拓者和先行者。作为大窑湾北岸的开发建设主体,负责大窑湾北岸区域15平方公里的规划、建设与开发,是具体综合开发、融资投资、资产运营等功能的区域综合开发商。

承载着时代使命的大窑湾北岸,依托大连东北亚国际航运中心、中国(辽宁)自由贸易区建设两大历史机遇,矢志于通过港城互动,双引擎推动大连港口能力与城市功能的提升,将大窑湾北岸地区打造成为自由贸易区为主要特征、具备国际航运中心核心功能的新型国际化港口城市。

一、实施背景

(一)全面贯彻十九大精神的要求

以习近平新时代中国特色社会主义思想为指导,坚持创新、协调、绿色、开放、共享的新发展理念,树立底线思维,坚持保护优先、集约节约,推动形成绿色发展方式和生活方式,注重高品质、高质量发展,努力探索高质量港产城融合发展之路。

(二)完成集团职代会要求

集团职代会要求,根据自贸试验区总体发展规划,结合北岸实际,制定切实可行的北岸产业发展规划。

(三)辽宁港口集团整合成立提出新需求

2017年1月4日,辽宁港口集团有限公司在大连正式挂牌成立,招商局集团与辽宁省政府在港口运营、物流运输、园区开发、金融服务等多个领域开展深入合作,对现有各港口功能、业务进行重组。大连大窑湾北岸未来的区域定位也面临重新调整,将依托招商局产业资源,转型升级综合开发,依托招商局集团"商业推动社会进步"的理念,提升营商环境,集聚创新人才,促进产业发展。

招商局集团董事长李建红在政协经济组讨论时建议,因东北亚国际航运中心的规划时间点较早,应积极拥抱变化,在顶层设计上做好规划、调整和修改; 2017年3月13日,招商局集团启动了质效提升工程,统筹集团总体工作,积极应对内外部形势变化、提升战略落地能力和综合竞争力。

(四)扩大开放,加快自贸区建设的要求

随着大连自贸区的设立,北岸区域开发所面临的宏观政策环境已发生重大变化,大连港北岸隶属国家级金普新区,并叠加自由贸易试验区、东北工业基地振兴、国际航运中心建设、沿海经济带开放等多重优势政策,成为大连最前沿的政策开放高地。按照集团领导要求,需开展大窑湾北岸产业规划工作,尽快确定北岸产业发展方向。

（五）适应市场变化与现实需求

世界范围内各城市航运中心的发展发生了巨大变化，参照国内外先进航运中心案例，以新兴产业促港航新城，以人才集聚促航运中心，以多元产业促商港发展，以高效集约促资产增值成为新的航运中心建设标杆。因此，北岸公司，作为大连市东北亚航运中心核心商务区，其建设也面临变化与调整。

随着北岸区域一级土地开发及基础设施建设的深入，已吸引了若干企业前来洽谈合作。为了科学利用区域内资源，实现区域产业良性发展，北岸需制定产业规划及招商目录，甄选合适的企业共同开展合作。

二、成果内涵

质效提升，是指围绕计划指标研究可行性举措并强化执行，达到区域开发的质量和经济效益共同提升。质效提升工程是实现集团战略目标的重要举措，是统筹集团总体工作的一项系统工程，是集团今年及今后一段时期的重点工作，是集团应对内外部形势变化、提升战略落地能力和综合竞争力的一项重要抓手。

质效提升中的质量提升主要指提升产业质量以及城市开发质量，打造区域产业升级的“新高地”，港产城有机融合，利用优质山海资源，打造北岸宜居新城。

质效提升中的效益提升主要指经济效益、社会效益的提升以及搭建良好的运营平台，实现短期现金流与长期收益最大化平衡，为项目顺利开发提供有力保障。

本成果运用价值链分析法、案例分析法以及构建经营价值－开发策略矩阵、构建产业选择模型等方法，确定了北岸商业模式，明确了北岸的开发策略，优化了北岸产业规划及布局，在提高北岸产业质量及城市开发质量的同时提升经济效益和社会效益，实现短期现金流与长期收益最大化平衡，实现北岸区域开发质效提升，打造北岸港产城融合的“新典范”。

价值链分析法是由美国哈佛商学院教授迈克尔波特提出来的，是一种寻求确定企业竞争优势的工具。即运用系统性方法来考察企业各项活动和相互关系，从而找寻具有竞争优势的资源。将基本的原材料到最终用户之间的价值链分解成与战略相关的活动，以便理解成本的性质和差异产生的原因，是确定竞争对手成本的工具，也是 SCM 制定本公司竞争策略的基础，从内部、纵向和横向三个角度展开分析，构建区域开发价值链。

三、主要做法

（一）搭建区域开发价值链，确定北岸商业模式

根据北岸公司打造区域产业升级的“新高地”，港产城融合的新典范的整体定位，从价值链的分析出发，区域新城开发建设，通常有四种可能的商业模式，见图 1。

不同的商业模式下对项目开发关键能力也存在差异，见图 2。

不同的商业模式对关键要素的依赖程度以及把控能力不同，取决于特定商业模式运作中的主要活动形式和参与者类型。

例如：运营管理商在商业模式运作中主要涉及的是项目管理领域，这就要求其有较强的项目管理能力；而项目管理活动过程中需要政府参与的情境较少，所以其运营管理商对政府关系的依赖程度就相对较低。

案例分析：上海张江集团，集团由政府土地入股的方式成立，现已发展成为张江园区区域开发、科技产业投资、创新服务集成商。

张江集团作为上海国资委下属的园区开发运营的重点企业，是推动上海高科技园区发展的重要载体，集团在“双自联动”背景下定位于科技园区的开发运营、科技产业投资、创新服务集成商，见图 3。

在园区开发过程中，充分利用集团平台的资源优势，由下属专业子公司完成项目开发、产业引入及集群打造等工作，见图 4。

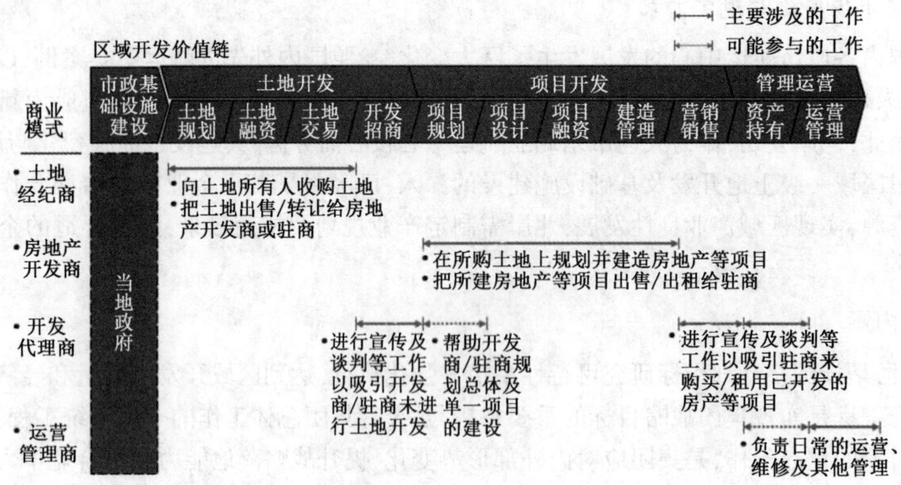

图1 商业模式

商业模式	融资能力	项目管理	市场营销/关键驻商	政府关系
•土地经纪商	高	中	较低	较高
•房地产开发商	高	高	中	中
•开发代理商	低	中	高	中
•运营管理商	低	高	中	较低

图2 存在差异

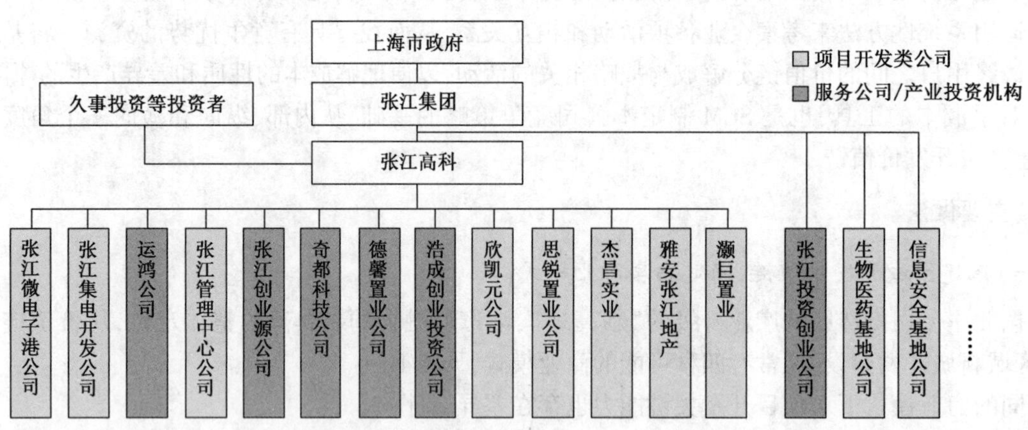

图3 集团结构

按照区域开发价值链,在市政基础设施建设、土地开发、项目开发、管理运营四大环节开展分工协作,见图5。

从价值链来看,集团内部各子公司在开发运营过程中担任了不同的角色,提升了产业质量并取得了丰厚的经济效益。

综上,北岸公司在开发过程中,同样应充分结合北岸公司及子公司的功能定位,实现专业化运作,投资公司与子公司可按照区域开发价值链,在土地、项目开发及运营管理三大方面开展分工协作,见图6。

北岸公司负责区域开发价值链中的市政基础设施建设以及土地开发中的土地规划、土地融资及土地交易等,主要负责地产开发,获得土地;寻求合作,共同规划土地;寻求融资贷款等,商业模式定位为土地经济商。

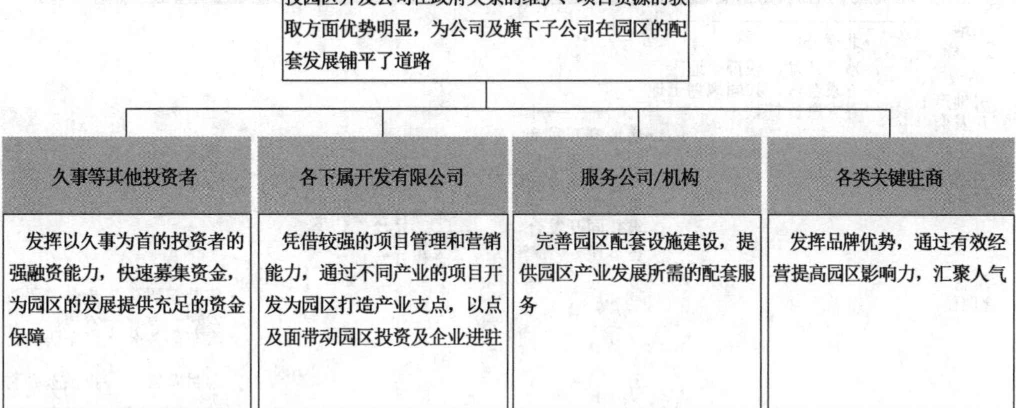

图4　集团子公司

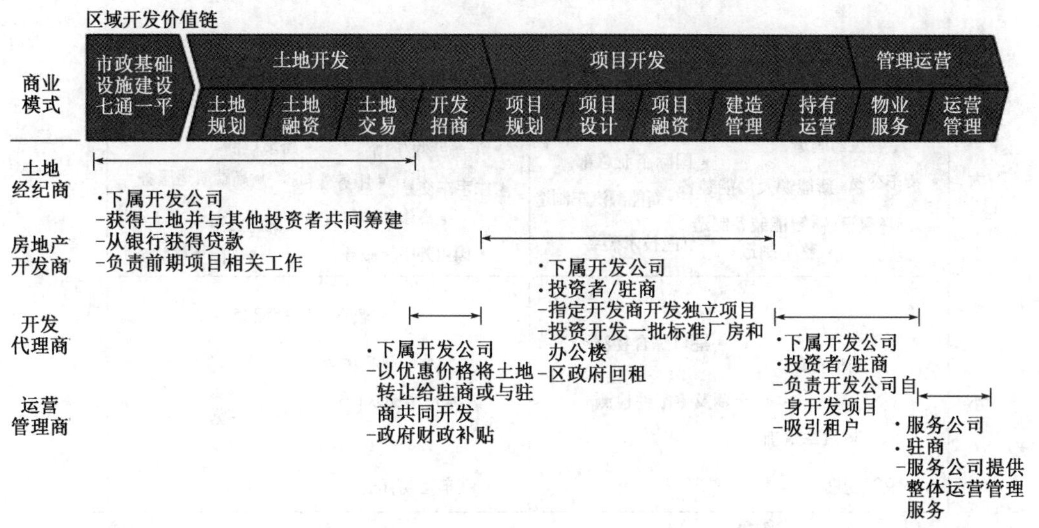

图5　区域开发价值链

北岸投资成立或合作成立北岸房地产开发商,负责土地开发招商,主要负责园区总体规划,项目投资控制,营销宣传,寻求共同开发合作伙伴。

投资成立或合作成立北岸地产开发代理商,负责项目开发中的项目规划、项目设计、项目融资、建造管理、营销销售等工作,负责项目投资开发,项目建造监督,项目合作开发等,商业定位为开发代理商。

北岸公司下设的大连港北岸集装箱码头有限公司、大连港北岸汽车码头有限公司,负责区域开发价值链中的资产持有以及运营管理等,商业模式定位为运营管理商。

土地经纪商、房地产开发商、开发代理商、运营管理商四种商业模式在区域开发价值链上开展分工协作,提升土地开发价值。

(二)构建经营价值-开发策略矩阵,明确北岸开发策略

对产业的发展潜力进行分析,根据经营价值的大小明确可能项目的经营价值,结合所需的专业能力以及对资金的需求等,确定开发策略,构建经营价值-开发策略矩阵(图7)。

北岸公司通过土地入股与外部专业公司合作完成区域开发,降低自身资金投入,并通过土地转让、物业销售/租赁获取项目利润,见图8。

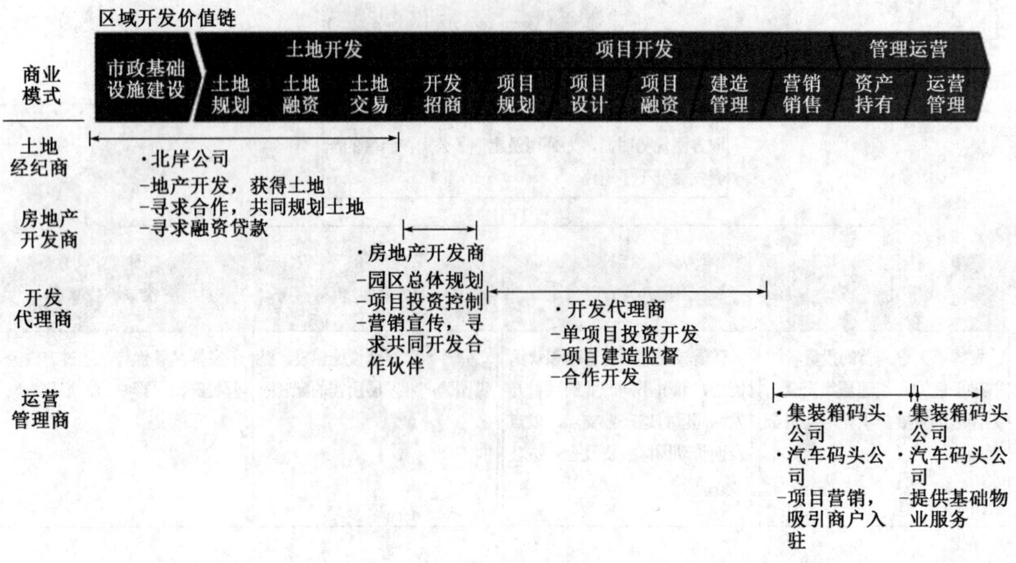

图6　分工协作

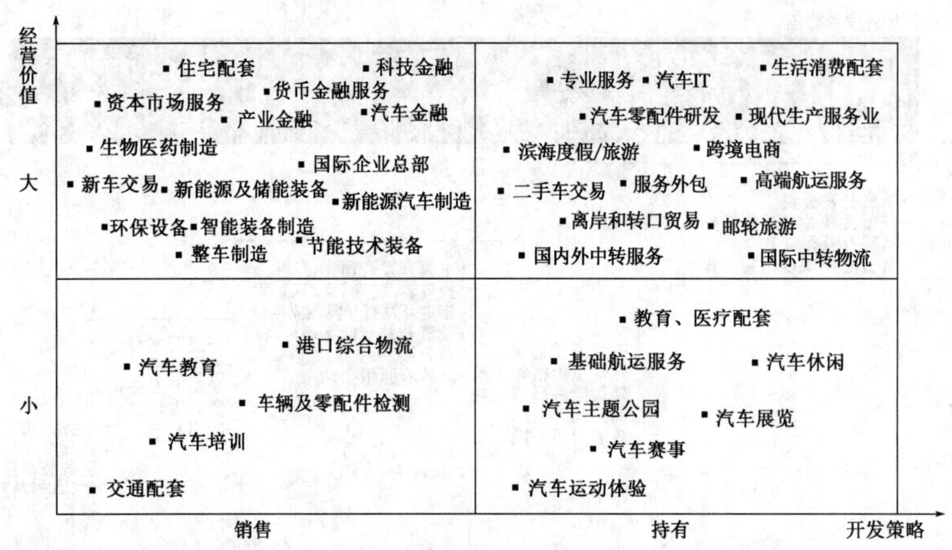

图7　矩阵

其中,可联合外部资本完成土地一级开发获取土地转让收益,或通过一二级联动的方式,以物业项目变现获取投资收益。一级开发业务前期投入规模较大,北岸公司可联合外部企业在完成土地整理和基础设施建设,在获取土地转让收益后,分享区域土地价值提升带来的房地产项目开发收益,见图9。

业务模式:由北岸公司进行项目融资,以完成土地的基础设施建设,北岸以土地转让或作价入股的方式,与外部专业公司联合成立合资公司。

模式特点:

优点:可通过前期基础设施建设提升土地价值,提升自身在合资公司的股权比例。

缺点:基础设施投入较大,前期需自身承担融资成本。

收入模式:土地转让的收入、入股合资公司后的经营收益。

对于持有经营价值较小的项目,可通过考虑与经营价值较大的项目联动开发,实现现金流平衡。

对于经营价值较高的项目,可结合北岸公司自身现金流状况选择独立开发或合作开发。

此外,可通过成立发展基金的方式,创新北岸公司区域开发的融资模式,支持产业发展,降低自身融资压力,见表1。

业务1:城市基础设施建设及销售型物业开发

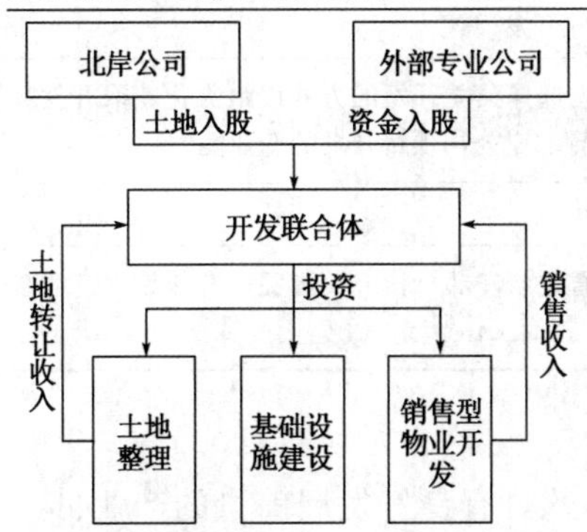

北岸公司可通过以土地作价入股的方式,联合外部专业公司,完成区域土地一级开发和基础设施建设,通过配套的销售型物业或土地转让获取收入

业务2:持有型物业开发

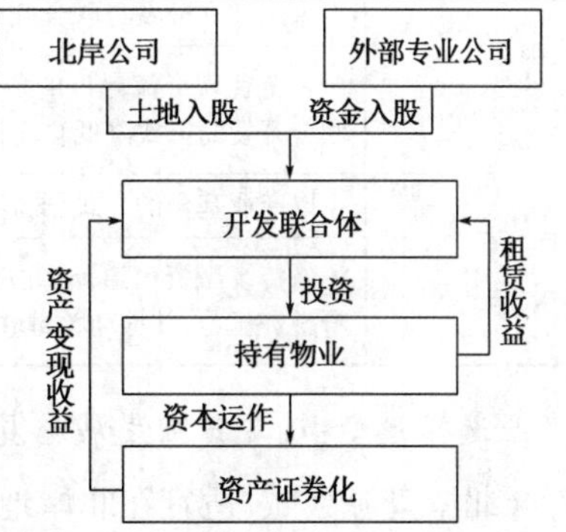

持有型物业开发前期可通过合作开发的模式,充分利用专业公司的开发运营能力,在后期区域价值充分显现后,可考虑通过资产证券化实现轻资产运营

图8 业务开发

土地整理可采取一二级联动的方式

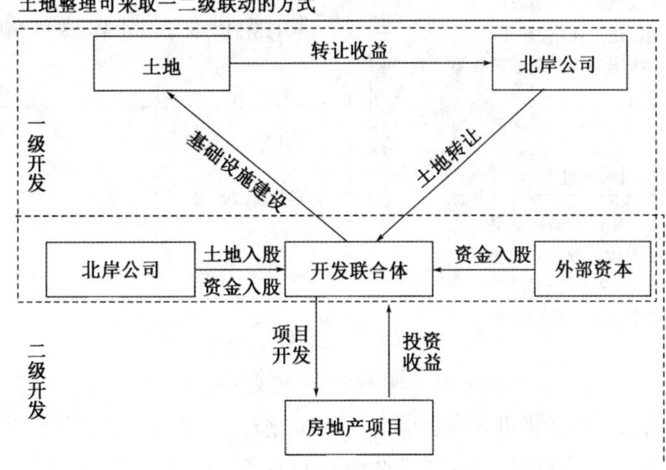

图9 一二级联动方式

不同开发模式详细说明 表1

整体开发模式	构建专业化分工的协作开发模式
	围绕区域开发价值链,建议强化北岸公司在土地开发的资源整合能力,并培育下属子公司在项目开发、管理运营的专业能力
开发策略选择	依据二级产业特点,建立销售/持有相结合的开发策略
	对于经营价值大、区域亮点型的项目采取持有运营策略;对于有助于北岸公司实现短期与长期收益平衡,稳定现金流的项目采取销售策略
一级开发 开发模式	以联合开发的方式降低北岸公司自身资金压力
	通过土地入股与外部专业公司合作完成区域开发,降低自身资金投入,并通过土地转让、物业销售/租赁获取项目利润
低经营价值项目 开发模式	以项目捆绑打包的方式实现项目内部现金流平衡
	采用低经营价值的项目与自偿性较好的项目捆绑开发的方式,由北岸公司与外部企业联合开发,补偿前期资金投入,提升企业资产规模

续上表

高经营价值项目开发模式	采用独立开发与联合开发相结合的开发模式
	在企业现金流允许的条件下，优先选择独立开发的方式以最大化获取开发收益，必要时可通过联合开发的方式降低自身投入并培育北岸公司项目开发的专业能力
创新项目融资模式	以产业基金的方式创新项目融资模式
	除传统融资渠道外，北岸公司可通过与外部机构或关键驻商合作设立产业基金的方式，降低自身融资压力，并推动关键驻商的产业招商工作

(三)构建产业选择模型，确定产业发展格局

为甄选出符合北岸资源禀赋、适宜在北岸地区发展的具有良好发展前景的产业，构建一个"可行性－吸引力"产业选择模型，以产业吸引力高低作为纵轴，产业可行性强弱作为横轴，根据吸引力高低及可行性强弱构建了一个"可行性-吸引力"产业选择模型(图10)。

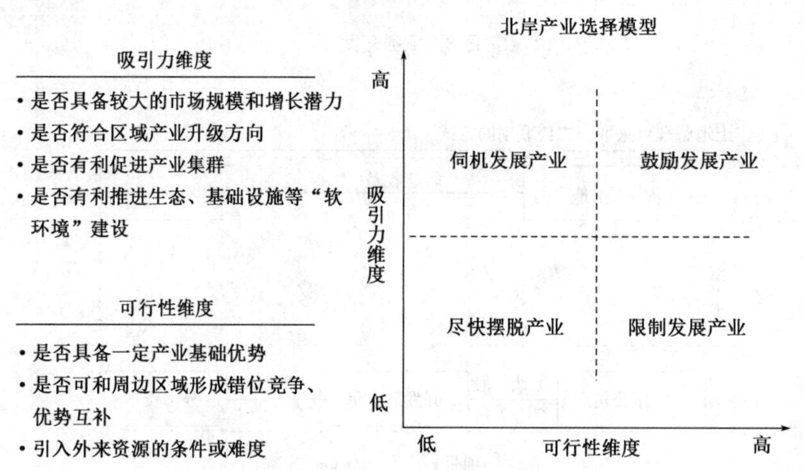

图10　"可行性-吸引力"模型

将四个产业发展方向，即城市北进主题产业、汽车主题产业、自贸区主题产业、航运主题产业4大领域，27个产业归纳分析，导入"可行性-吸引力"产业选择模型，针对每个细分产业分别对其行业市场吸引力以及行业发展可行性进行剖析打分，见图11。

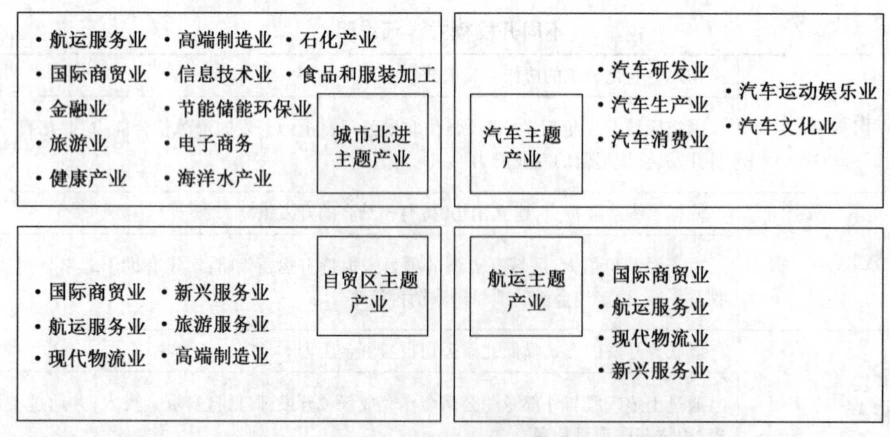

图11　产业细分模型

将对应的细分产业导入到"可行性-吸引力"产业选择模型。甄别出四种产业类型：可行性强吸引力高的为鼓励发展产业，可行性弱吸引力高的为伺机发展产业、可行性强吸引力低的为限制发展产业、可行性弱吸引力低的为尽快摆脱产业，见图12。

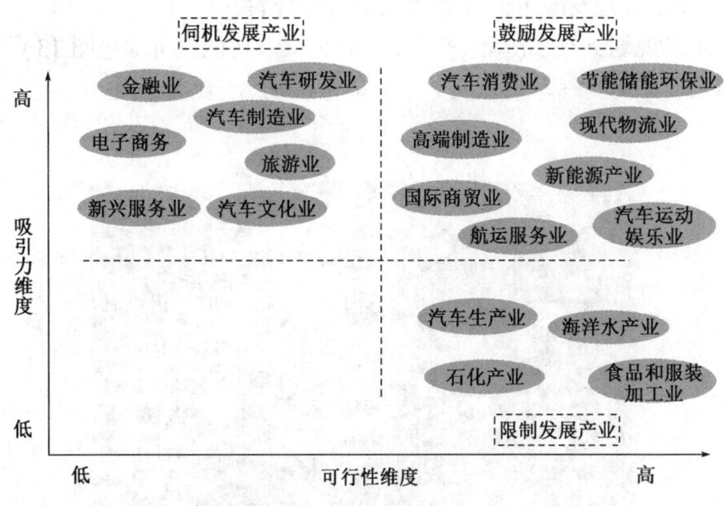

图12　模型甄别

筛选出鼓励发展产业8个：节能储能环保业、现代物流业、新能源产业、汽车运动娱乐业、汽车消费业、高端制造业、国际商贸业、航运服务业等。伺机发展产业7个，汽车研发业、汽车制造业、旅游业、汽车文化业、金融业、电子商务、新兴服务业等。

（四）科学布局，打造港产城融合的新典范

1. 发展策略

（1）区域竞合

打破原有的各种行政障碍，推动东北亚港口间各种资源高效流动，优化产业发展类型，协同产业布局，强化区域联系，在竞争中求合作，实现差异化发展。

（2）复合集聚

即强化优势功能，提升产业能级，形成区域中心。强化不同产业功能的复合集聚，构建功能核心组团，形成产业链和集群优势，增强地区辐射能级，带动更大区域的升级发展。

（3）多元共生

充分协调规划区域生产、生活、游憩、交通各大系统与自然的山体、绿地、海域等生态系统要素的相互关系，营造产业创新、自然环境与文化休闲三元的和谐共生。

（4）弹性控制

为了在“四大功能”的基础上，进一步完善各功能板块之间的联系，强化其主导产业特征，并考虑到将来的客观环境的多变性，为北岸地区现代物流、集装箱国际贸易、港航服务和港口发展预留空间。规划以“港口功能延伸区”及“发展预留区”的功能形式来明确北岸地区的港口相关功能，同时给予四大主导功能预留生长空间，也给北岸赋予足够的发展空间和平台。

2. 功能分区

功能分区对北岸地区未来的运作效率起到至关重要的作用，规划遵循以下功能分区原则：

协调一致。各个功能片区的平面布局应与港区总体规划相协调，并充分考虑和利用周边已有产业的带动发展。

关系密切。依据各个功能片区之间业务的密切程度进行布局，关系密切的功能片区尽量紧邻布局。

最小交通流量。尽量减少区内交通流量，避免车辆和货物的交叉性流动和不必要的内部流动。

适度的前瞻性。在产业规模方面，充分考虑国家和大连对东北亚航运中心建设的发展以及社会经济的发展趋势。

足够的弹性。在已确定的主导产业功能区外，充分考虑未来客观环境的多变性及多元化发展，结合市场规律经济下的开发模式、开发的可变性和规划的可操作性。

结合北岸控制性详细规划,形成北岸未来发展的“5+2”功能区布局(图13),在原有汽车产业区、码头及现代物流区基础上,发展汽车后服务、汽车文化运动、产业升级先导、航运综合服务、城市宜居5区。

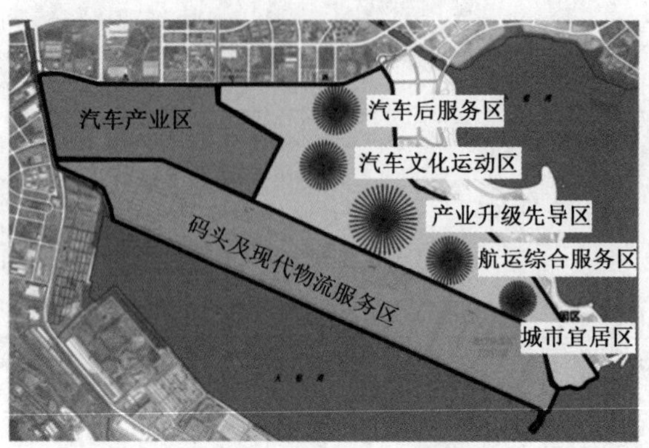

图13　“5+2”功能区布局

功能:集成商务配套、生活配套、城市基础设施配套、都市休闲旅游配套为一体的城市板块;

服务:提供完善的生产性服务和生活性服务;

产业:占据区域产业价值链的较高层次;

空间:整合多维动力的开放结构;

形象:港-产-城一体的活力半岛。

将北岸打造成区域产业升级的“新高地”,港-产-城融合的“新典范”。

3. 引领性项目

航运服务大厦:城市地标,总部办公。

在中心区结合科技研发社区布置航运服务大厦,以具有强烈城市意象的挺拔高层建筑勾勒城市天际线,塑造场地地标。

塔楼+裙房的建筑组合形式。塔楼轮廓鲜明、简洁大气,为企业总部办公。裙房为商业、展览、餐饮、休闲和文化等功能。并设置庭院绿化和屋顶绿化,打造共享空间(图14)。

图14　航运服务大厦

科研办公:活力开敞、形象舒展。

在临近集装箱码头区域布置科技研发社区,以现代的科研办公建筑提升港区形象,并形成功能联动的产业片区。以鲜明的建筑体量设计手法塑造滨水办公区的特色,同时沿水岸打造连续的步行空间,形成城市新的活力开敞空间(图15)。

图15　科研办公

中央公园：城市客厅、魅力核心。

在核心区内布置一处中央公园，组织商务办公、商业与研发等功能区块，塑造景观性强，功能简捷的开敞空间节点。

位于城市中心地带，周边项目包括住宅、酒店、商业等；以复合草坪、水池、树阵为主要涉及元素，划分了包括儿童公园、休闲娱乐区和文化广场等功能板块(图16)。

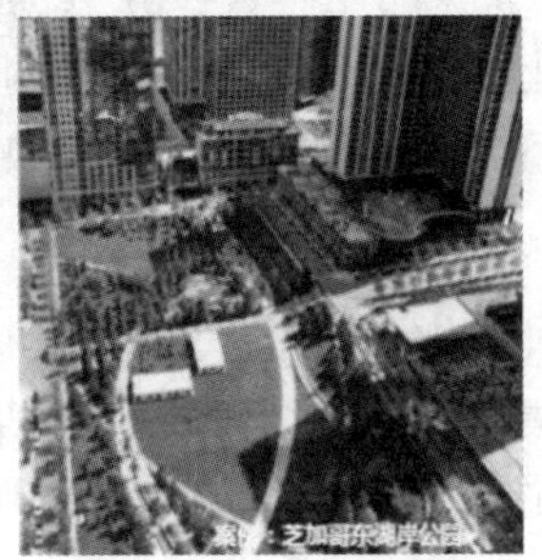

图16　中央公园

特色商业街：休闲购物、一站式目的地。

在中央公园北侧布置特色商业街，以展现滨海的活力形象和核心区的门户形象为主要目标，打造适宜步行的商业街区(图17)。

宜居社区：地北部靠近城市建成区部分宜居社区，现代化的城市住宅以优质的滨海景观资源为特色(图18)。

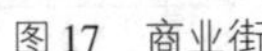

图17　商业街

图18　社区

滨海小镇:依托山面海的优质自然资源,从自然、文化、配套设施、生活氛围等方面,因地制宜根据自身资源、文化等进行衡量和打造特色海滨小镇(图19)。

图19　滨海小镇

度假社区:低密度城市滨海度假区,融高尚社区、休闲健康活动、都市生活一体的混合度假社区。

山地观海公园:开放、自然的山地观海公园,不管是轻松的休闲活动还是露营野餐活动都可以在这里举办,成为大窑湾区观海休闲旅游节点。

四、实施效果

成果运用质效提升法,使区域开发的质量和经济效益得到了共同提升。采用价值链分析法、案例分析法以及构建经营价值-开发策略矩阵、构建产业选择模型等方法,确定了北岸商业模式,明确了北岸的开发策略,优化了北岸产业规划及布局,在提升产业的质量及城市开发质量的同时,提高了经济效益和社会效益,质效提升,打造北岸港产城融合的"新典范"。

(一)提升产业质量及城市开发质量

构建了产业选择模型,优化了北岸产业规划,提升了北岸的产业质量,打造区域产业升级的"新高地",以区域竞合、复合聚集、多元共生、弹性控制四大原则,合理布局,在保护了优质山海资源的同时,使港产城有机融合,打造北岸宜居新城。

(二)经济效益

成果采用价值链分析法、案例分析法以及构建经营价值-开发策略矩阵等方法,确定了北岸商业模式,明确了北岸的开发策略,在保障短期现金流的同时,实现了收益最大化的平衡,提高了经济效益。

经济效益总体评价主要依据大连大开房地产土地评估咨询有限公司出具的评估报告。主要如下:

1. 可出让建设用地

北岸区域可出让土地面积为958.4万平方米,见表2。

大窑湾北岸可出让建设用地明细表　　表2

序　号	土地用途	平均容积率	可出让土地面积(平方米)	占可出让面积的比例
1	备用地		1136567	11.86%
2	港口用地		5289824	55.19%
3	金融保险	3.4	718692	7.50%
4	居住用地	2.7	218497	2.28%
5	其他商务	2.5	239272	2.50%
6	娱乐用地	1.5	2729	0.03%
7	铁路		380047	3.97%
8	物流仓储用地		1598823	16.68%
9	总计		9584451	100%

2. 地价确定

(1)物流仓储用地价格

基于自贸区预期批准、交通条件的不断完善及区内可供物流仓储用地的减少,港区物流仓储用地市场价格为850元/平方米。

(2) 经营性用地价格

经营性用地采用剩余法进行评估,测算出各宗地价格,测算地价与周边类似用途的进行比较,最后确定土地价格。

(3)发展用地价格

发展用地的价格取所有已规划地块的平均值。

(4)铁路用地

铁路用地按国有划拨用地价格计为215元/平方米。

(5)港口码头用地

港口码头用地主要参照土地开发成本,取1400元/平方米。

3. 估价结果

经估价人员现场查勘和市场分析,按照地价评估的基本原则和估价程序,选择合适的评估方法,待估宗地在设定的用途及开发程度(即宗地红线外通路、通电、通上水、通排水、通信、通暖、通燃气及红线内场地平整)条件下,设定法定最高出让年期(即商用40年、住宅70年、工业50年)的国有土地使用权市场价格为:

(1)土地价格

评估可出让土地面积:958.4万平方米;

总地价:1672069万元;

(2)扣除四项资金后的土地价格

评估可出让土地面积:958.4万平方米;

总地价:1486749万元;

4. 预期收益

通过分析测算,可能实现的静态利润和利润水平见表3。

大窑湾北岸土地开发成本及预期利润表 表3

序号	项目	数值	备注
1	土地评估价格(万元)	1672069	
2	一级土地开发成本(万元)	1076141	
3	农业土地开发资金(万元)	9344	
4	纯收益(万元)	586584	
5	廉租住房保障资金(万元)	58658	
6	农田水利建设资金(万元)	58658	
7	教育资金(万元)	58658	
8	各项基金总值(万元)	185318	
9	土地开发利润(万元)	410610	
10	开发利润水平(%)	38.16	

5. 经济效益指标

截至2019年,按照开发策略矩阵等方法,确定了北岸商业模式,明确了北岸的开发策略,在保障短期现金流的同时,实现了收益最大化的平衡,提高了经济效益。经大连大开房地产土地评估咨询有限公司出具的评估报告,大窑湾土地评估价格能达到167.2亿元,预计可实现土地开发利润为41亿元,开发利润水平可达38.16%。

(三)社会效益

通过提质增效,调整了北岸规划方案,更好地保护了北岸的自然海岸线及山海资源,推动形成了北岸绿色发展方式和生活方式,并充分发挥政策叠加优势,综合调配港产城开发资源,提升北岸的产业质量的同时,聚集创新人才,促进产业升级,形成以新兴产业促港航新城、以人才聚集促航运中心、以多元产业促商港发展、以高效集约促资产增值的新格局,创新策划,质效提升为港区产业发展提供源动力。

基于数字大脑规划的码头数字化改造基础建设

宁波大榭招商国际码头有限公司

成果主要创造人:赵　强　黄良丰

成果参与创造人:严翀宇　张　冉　武　海　袁　雷　尉仲毅　徐　静　林　麒　顾卞杰

宁波大榭招商国际码头有限公司成立于2003年6月,是最早进入大榭岛的中外合资企业之一。经过十多年的艰苦创业,大榭招商码头成为宁波—舟山港不可分割的重要组成部分,为浙江省的经济发展奉献力量。

宁波大榭招商国际码头有限公司有招商局港口控股有限公司、宁波舟山港股份有限公司、中信港口投资有限公司三家股东,分别占45%、35%和20%的权益。项目总投资额34.5454亿元,注册资本12.0909亿元。

优越的地理环境是宁波大榭招商国际码头有限公司迈向国际一流集装箱码头的有力保障,港区位于浙江省宁波市东部、中国海岸线中端、长江三角洲南翼、长江黄金海道和中国海岸线"T"形的交汇点。港区濒临国际深水航道,有舟山群岛作天然屏障,码头水域宽阔,河岸沿线地势平坦,不冻不淤,基本上满足全年作业的需要。

宁波大榭招商国际码头有限公司已建成4个集装箱专用泊位及相应的配套设施,其中1号泊位长度330米,可靠泊10万吨船舶,2号、3号泊位长度810米,可减载靠泊22.5万吨船舶,4号泊位长度360米,可靠泊7万吨船舶。码头建成并投入使用的堆场和道路面积为127.57万平方米,此外还有近万平方米的CFS(集装箱货运站)仓库。码头岸线全长1500米,水深17.5米。整个港区建成后总面积达165.7万平方米。

宁波大榭招商国际码头有限公司有员工690多人,主营业务是集装箱装卸、堆放、仓储、拆箱服务。

一、项目背景和必要性

传统集装箱码头的自动化、智能化、数字化改造是码头未来发展的趋势,宁波大榭招商国际码头有限公司通过数字大脑规划,推进码头数字化改造具体的项目建设,解决了业务部门最为迫切的安全风险管控需求,同时也降低了生产作业的用工需求,节省了用工成本,同时以此类项目为基础,支撑码头数字大脑的规划与实施。

在码头数字化改造基础建设中,最为关键的是业务部门优化或重塑了已有的生产工艺、流程,并基于智能化系统的融合将各类作业场景、环节进行抽象、提炼,高度规则化。IT部门则负责技术实现工作,打通、融合各个生产系统、作业设备控制节点,串联整体业务流程。两者合力,真正为码头数字化改造铺平道路,实现自动化、智能化改造最为迫切的安全管控需求,进而实现降本增效的目标。

二、项目建设情况

以数字化建设理念推进码头自动化建设项目,码头的数字化改造主要有以下4点作用:

数据采集,实时采集码头日常生产作业的各种数据,按照码头实际需求,即时存储采集数据:通过智能理货、语音播报(智能调度云服务)、智能闸口等系统的各个节点进行自动化数据采集,获取海量真实数据。

可视化管理,建立符合码头管理需要的可视化管理模型,以可视化图形方式展现数据:目前我们从现有的系统中,已能获取到大部分流程节点的作业数据,从作业指令开始到水平运输、垂直作业的各主要环节,包括中间的运输耗时、作业耗时、等待耗时、AI 识别(人工干预)耗时等作业场景都可较为准确地进行采集。

数据分析模型建立,根据码头生产管理逻辑,确定数据分析模型,智能预测未来码头吞吐量、物流管理和流程管理等,动态监管码头生产流程,提升码头日常运营效率:基于相关的大数据分析模型和数字孪生的架构模型来搭建自动化码头的数字孪生系统,仿真码头实际业务运行,发现码头业务生产的局限。

智能决策预警,挖掘数据之间的内在联系,通过挖掘诸如短期内堆场拥挤、码头面拥堵、车辆多、安全事故多等异常数据,并进行多层次分析,建立相关数据关联关系:在虚拟的条件下,提前对码头的各项作业进行规划,提前预判下阶段生产过程当中可能会出现的瓶颈,实现安全管理、应急预警等功能,为领导及时地做出规划调整做好准备,并提供依据,进而提升港口服务质量。

(一)岸边智能化

1. 智能理货

目前,宁波大榭招商国际码头有限公司的码头面数字化改造建设,主要围绕智能理货、桥吊大车移动监控、集中装卸锁三大系统展开,其中智能理货系统实现了将理货人员后撤,桥吊大车移动监控系统取消了桥面手配置,集中装卸锁系统将捆扎工后撤,从而在根本上解决了岸边作业的安全隐患。

集装箱码头的理货是岸边人员数量最多、作业工况最杂的岗位之一,理货人员需要配合不间断作业,风吹日晒,人机混杂,存在极大的安全隐患。此外,噪声、车辆尾气等恶劣的作业环境严重影响理货人员身心健康。而码头理货人员的职责是对进出口货物的把关和责任划分证明,目标是推动港口装卸效率,维护客户正当权益。他们工作的要求高、责任重。

在码头面处理集装箱货轮这种装卸周期短、周转率高的船舶,每一个环节都需要分秒必争。而根据数据统计分析,码头面的传统生产作业模式严重影响集装箱的装卸效率。如何通过智能化的改造,获取第一手的生产作业数据,从而分析业务瓶颈,制定相关的运营决策以提高理货的作业效率,这是当前集装箱码头的关注重点。

宁波大榭招商国际码头有限公司的智能理货系统从理货角度出发,主要实现了理货人员后撤、一人多路以及自动识别箱号并确认记录的目标,目前已完成所有桥式起重机上设备的软硬件安装部署,理货人员全部后撤到候工楼的办公室进行作业,同时采用第三代智能识别技术方案(基于卷积神经网络算法的图像识别技术进行高速动态计算的纯图像识别方案)实现箱号箱型自动识别。

宁波大榭招商国际码头有限公司的智能理货系统与其他同行解决方案不同点在于:

①得益于长期的积累,敢于第一个"吃螃蟹",将新一代基于卷积神经网络算法的图像识别技术引入到系统中,克服各种技术难度后充分发挥深度学习算法的能力,让系统在识别过程中看得既快又准,远优于其他同行解决方案中所使用的传统 OCR 图像识别技术。

②通过对业务需求的精准分析,自主设计系统分层架构。好处是对各模块的技术和产品有了主导权,避免被一家厂商所"绑架"。并且业务流程可以灵活调整,对于探索性的系统,配合敏捷项目管理方法,让低成本试错和快速原型呈现成为可能。

③内外理统筹考虑,数据模型和功能模块最大化复用,让内外理角色融合在系统层面提前成为可能。

宁波大榭招商国际码头有限公司的智能理货系统,不仅在方案和技术上优于其他同行方案,更重要的是通过项目的实践,总结出类似创新系统的设计和管理模式。IT 作为项目集成者,利用苹果手机设计理念,采用通用技术,改变集成模式,让这些技术适应码头行业特定环境与业务要求,并掌握核心集成技术,解决关键技术集成难度,形成一定技术门槛。

宁波大榭招商国际码头有限公司的智能理货系统主要技术特性如下：

(1)快速、精准的信息采集与识别

①基于实时视频流进行识别，以毫秒级对箱号、箱型、集卡号进行采集和识别，还能对动作信息进行识别。

②箱号识别率 >95%。

③基于计算机视觉技术，只需要 4 个摄像头，通过联动控制技术覆盖桥式起重机下的 7 个车道，减少了对桥式起重机 PLC(可编程逻辑控制器)的依赖，且不依赖于其他传感器。

④在地面进行箱号识别，装船业务时在箱起吊前 3 秒内识别完成，卸船业务时在箱压车后 3 秒内识别完成，所以无需改变桥式起重机操作员的操作习惯。

⑤基于 CNN(卷积神经网络)深度学习算法，拥有图像识别的学习能力。

(2)处理流程可按模型自定义

①数据流和控制流分离，数据类型和控制节点模型化，使得指令自动确认和语音播报的时机可以自由定制。

②作业周期识别模型化，独立桥式起重机作业特征识别模块，根据技术发展兼容基于 PLC 的动作识别和基于视觉的动作识别。

③灵活支持正常、随装等作业模式。

④客户端有人性化的异常提示，比如超时等待的语音提示等。

(3)简易便捷的用户体验

通过自主设计的控制台，理货人员只需在系统提示异常时进行干预，操作简便。

(4)完整的箱体快照记录与集中化验残功能

①得益于箱号地面识别和基于流程的整体设计，可以抓取当前作业箱前、后、左、右、上 5 个面的非拼接的完全图像。

②对于作业箱铅封的有无，有专门的箱体的铅封位置的图像抓取。

③通过箱体集中化验残功能，将箱体验残与控制管理的角色分离，箱体验残的任务实现多对多模式，并且支持卸船干预模式，即在卸船过程中将残损信息直接反馈给码头操作管理系统(CTOS)。

(5)作业车道和装船箱位置自动播报(理货指令播报无声化)

①支持万级并发，消息时延 500 毫秒内。

②支持设备逻辑分组管理。

③网络传输内容为文本，终端实现 TTS(从文本到语音)转换，兼容各种语音引擎。

(6)船图核销无纸化

①通过颜色实时区分作业箱状态。

②支持无指令作业，能够记录无指令箱的作业情况。

(7)关键指标

①箱号识别率：93.5%(所有箱子，包括平板箱、危险品箱、罐装箱等)。

②集卡号指令率：97.2%。

③语音播报准确率：100%。

④自动率：82.7%(完全无人工干预的指令比例)。

总体而言，智能理货的价值在于：

减少人工：只需原来一半不到的人员，即可完成相同的工作量。作业指令自动确认，人工干预率不到 15%。一日三班倒，实际已减少作业人数 16 名以上。如果码头方与船公司达成共识，借助第三方公正机构，对作业过程视频、抓取的图片做统一保存和鉴权，可以实现内外理合并，可以再进一步减少一半理货人员。码头方与船公司都可以受益。

提高设备利用率：兼容各类摄像头，且无需其他传感器，用最少(单桥 4 摄像机)的设备，通过联动技术覆盖桥式起重机下的7个车道,实现最优的效果。

增加数据价值:该平台将港口所使用的各类信息系统进行数据整合,从海量生产业务数据中提炼出有决策价值的信息,对数据进行筛选、建模分析、融合计算等处理,满足各类不同的展示需求,为管理层提供决策辅助。

技术设计先进:通过系统模块化设计、分层架构模式,避免对单一产品与特定技术依赖,可以保证较低的运维成本,可以快速替换新技术保证系统的长生命周期。自主拥有关键业务逻辑层,可以快速应对业务变化与关键技术迭代更新。

2. 桥吊大车移动监控

桥吊大车移动监控系统综合考虑了行车过程中各个安全环节,用最优理论模型测算结果选型出的摄像机,在不改变桥式起重机操作员的操作习惯的情况下,创新地与PLC进行联动,实现最优显示效果(响应速度<500毫秒),同时通过人性化考虑,只在大车移动时进行显示,其他时间息屏,避免随意分散桥式起重机操作员的注意力,提高了操作员生产作业的安全性。

项目效益方面,通过采用监控技术手段代替人工现场监管方式,极大地减少了安全风险性。

3. 集中装卸锁

集装箱海运过程中,为确保安全,运输时集装箱与集装箱之间需要通过扭锁进行绑扎固定。因此,在装船作业时将集装箱装上扭锁,或在卸船作业时将集装箱对应的扭锁卸除是不可缺少的环节,一旦出现遗漏的情况,集装箱在运输过程中安放不稳,出现滑动掉落,将会给作业带来极大的安全风险。传统的解决方案是在每个装卸点位安置2名捆扎工负责装卸锁的工作。宁波大榭招商国际码头有限公司通过一系列的手段,将码头面上各个点位的装卸锁业务合并起来,进行了流程优化:首先按每艘船为单位,在车辆统一路过的位置设置集中装卸锁系统,系统针对集装箱4个底角设置4个拆装卸点,可以安置负责拆卸的人员。该艘船作业的所有桥式起重机下的集卡,都统一开往该装卸锁系统进行装卸锁操作,采用这种方式,减少了部分人力成本。例如:一艘船需要3路桥式起重机同时进行装卸作业,则需要安排至少6个捆扎工负责装卸作业,设置了集中装卸锁点位后,最多只需要4个捆扎工,即可完成同类业务。相应减少了捆扎工的工作量,并且提高了作业效率。同时,每个点位都安装了用于保护安全的岗亭,更好地减少了捆扎工的作业风险。

集中装卸锁系统以业务部门为主导,通过对生产工艺流程的变更、优化,结合IT部门自主设计的定制化设备设施与技术方案,在保障生产作业效率的前提下,将捆扎工从码头后撤至港区并集约化,同时还可适配以后的无人驾驶集卡作业模式,为码头水平面的各类设备运输无人化的目标解决了关键性难题。

用人成本方面,待集中装卸锁功能整体上线后,极大地提高了单人作业效率和整体装卸锁效率,预计可减少捆扎工10%~15%的工作量,同时也减少了现场工作的安全风险。后续上线自动装锁机,可以做进一步的优化。

(二)堆场智能化

1. 智能堆场收箱

宁波大榭招商国际码头有限公司强化与海事大学合作,完成了基于高水平堆场管理人员经验规则模型的自动堆场收箱功能,实现进箱实时计算最佳给位的关键功能,降低堆场人员工作强度,提高堆场管理的基准线。智能收箱系统从海量历史收箱数据中提炼收箱作业规律,并将其存储为高阶先验知识,为智能收箱的选位和决策提供可靠的参考依据;随着系统的长期运行,其收集并提炼的数据持续增长,从而使系统计算的合理性和准确性不断提高,达到有效利用作业资源、减少装船因堆场处理发箱的安排而产生的冲突。

从2019年初到2020年,运行效果良好,2020年上半年度已有13条航线(共283艘次)应用智能收箱系统进行进闸重箱选位,智能收箱系统使用率已达73%。2019年上半年度比2018年上半年度进闸重箱失位箱的比例下降13%。经半年试运行建立的原始规则模型对1500箱左右的航线收箱效果最好,选取NEU4-OA(欧洲4线)进行统计装船翻箱率减少3%。

智能堆场收箱的设计价值在于:

①实时动态规划,提高场地资源利用率。

②提炼历史数据价值。

③实现多工艺装卸模式下的选位策略。

④减轻员工工作强度,固化员工经验。

2. 无人驾驶

无人集卡驾驶项目是宁波大榭招商国际码头有限公司的年度重点项目,至2020年,已完成项目可行性分析报告;完成封闭场区测试用例70余项,除车道保持、自动避障等常规用例外,也包含路径规划、自动对位停位、跟车等作业相关的用例;后续补充完成了公共道路的测试场景与要求(保密等级1级),传统集装箱码头通用的测试场景与要求(保密等级2级),以及宁波大榭招商国际码头有限公司特有的业务场景与要求(保密等级3级),总计用例数量达610条;完成无人集卡与TOS系统的对接验证,实现无人集卡的指令分发;完成无人集卡与大型作业设备的对位和作业衔接方案;完成无人集卡与桥式起重机CPS的对接,实现无人集卡在桥式起重机下的精确停位;完成了码头面的现场实际测试和风险辨识,经过持久不懈的努力,项目通过专家会议评审,即将进入港区外部车辆和内部车辆混流的关键阶段。

宁波大榭招商国际码头有限公司通过无人集卡驾驶项目制定入门准则与标准,并在《港口科技》第六期发表《集装箱码头无人驾驶车入门标准》的文章推广相关理念。整体的推进方案支持市面上多种无人驾驶解决方案厂商,允许多家厂商同时提供无人驾驶车辆或者服务,为码头提供作业运输服务。

3. 语音播报(智能调度云服务)

当前的码头设备调度管理存在很多痛点,从IT角度看,人力和设备成本高;从业务角度看,驾驶员边开车边看屏幕,没有安全保障,而码头中控人员不了解设备当前状态、位置,也难以进行有效的管控和调度;从管理角度看,巧妇难为无米之炊,没有数据谈何精细化管理。

随着App模式的集卡语音播报作业系统的全面部署,改变驾驶员看指令为听指令,降低安全风险,及时感知指令变化,提高异常情况响应能力。目前的产品对比传统模式,简单说是价格十倍低,功能十倍好。其中用三防手机代替原有终端,不仅设备成本低,通过实现手机和集卡车辆的动态绑定,不会因为终端坏了导致车辆无法作业,更容易更换维护,而且手机自带了多种传感器可以采集GPS、加速度等作业底层数据,这些状态数据反映的就是集卡的作业状态数据,而且实现了基于作业位置、状态的智能化语音播报,提高了生产安全,保障了作业效率。

通过语音播报系统建立的智能调度云服务来落地堆场数字化,可以利用集卡作业时空大数据分析堆场与码头面作业瓶颈、作业热点分布、桥式起重机等集卡分析模型。传统CTOS产品无线终端模块的并发量一直是一个公认的瓶颈,宁波大榭招商国际码头有限公司通过构建语音调度系统的分发模块,实现了该模块的云端部署,可实现根据用户终端数量对并发能力进行弹性扩展,同时也可以实现多租户完全独立部署。目前招商局有上云入湖的计划,智能调度云服务系统可以先CTOS一步在云上进行部署。

各港口集团多已建成基于业务量分析的数据系统,但是对于作业细节、运营流程细节的数据缺少有效的关注手段,招商港口所辖码头分布广泛,有天然获得各种场景经验的条件,但目前没能有效吸收和打造招商港口对码头的运营经验,而借助智能调度云服务,集团可以综合吸收各码头优秀经验和模式,真正打造招商港口对于码头运营的核心能力,在港口扩张时提供可快速复制的运营能力。

该项目的价值效益在于:

节约终端维护人力成本:现有的语音播报手机终端几乎无需人员进行软硬件维护,可减少2名终端维护人员,节约人力成本约30万元。

节约终端采购成本:码头目前使用的集卡共134辆,备用分体式终端6台,原分体式终端每台约4500元(税前),新终端每台约1800元(税前),节约直接采购成本(134+6)×2700=37.8万元(税前)。如果推广到其他采用传统终端的同等规模的集装箱码头,传统终端每台3万元/台(税后),按140台计算,每个码头可节约420万元左右,极具推广价值。

提高集卡驾驶安全性:集卡车驾驶员通过语音方式获取指令信息,使其的视觉和听觉感官的信息接收负载更均衡,而无需不停切换视线去查看终端屏幕,使驾驶员将视觉注意力更集中于驾驶,提高了集卡驾驶的安全性。

提高作业生产效率:根据历史数据统计,91%的集卡车驾驶员单位小时作业量在2.5~3.5之间。语音播报系统实时通知指令信息,一出现作业指令变化立即语音通知驾驶员,语音播报方式比原终端的视觉显示方式更及时有效,避免驾驶员因未注意到屏幕指令信息而产生无谓的时间等待,预计可提升集卡车驾驶员单位小时作业量至3.5~4之间,可提升整体作业效率约30%;生产效率的提升也增加了驾驶员的箱量收入,提高了驾驶员的幸福感指数。

利用手机GPS功能,可以实时定位集卡位置,为集卡全场调度提供位置的算法决策数据,中控人员可以看到全场集卡分布和位置,为生产调度提供全景决策信息;利用手机多种传感器,特别是加速度传感器,可以收集集卡等待和运行时间,进一步分析集卡作业的效率分布,为提升生产效率提供数据依据。

充分利用运营商4G网络覆盖广的特性,实现集卡跨港区作业,港区内部的集卡直接装卸集装箱至外堆场等新业务模式,可提升整体运输效率。

(三)闸口智能化

目前的闸口系统采用传统OCR图像识别技术,需要安装摄像头、红外触发器、时序控制器、RFID(射频识别)读卡器和车检器等多项传感器作为技术支持。

通过集装箱遮挡红外触发器来触发摄像头拍照,对照片的特定区域进行抠图,然后与系统中的字库进行比对识别出箱号。由于图像识别效果受制于天气、光线、车速等客观因素影响,导致识别效果差、不稳定。且由于传感器多,导致故障节点相应增多,系统会经常出现故障,所以需要对系统维护提出更高的要求。而且传统的OCR图像识别技术无法对集装箱上的属性进行识别,无法满足智能闸口的要求。

针对现有技术中的不足,宁波大榭招商国际码头有限公司研发了基于AI的智能闸口系统,通过AI系统直接和网络摄像机对接,并通过VLC解码技术截取视频流中的每一帧图像信息,对每一帧图像信息分析每一个像素,提取图像特征点,然后利用集卡车、集装箱模型进行识别判断;并通过文字识别最优化识别出集装箱的箱号。

当前基于人工智能识别的进出门闸口改造已经完成,使得人工介入率小于2%左右。实现了所有监控值守统一化,仅保留1人负责监管事宜,简化了智能闸口系统。同时改造费用和维护费用远低于行业平均,分别为13万元每道和8万元每道。智能闸口的改造,降低了智能闸口系统出现报故的事件数量,优化了地磅和RFID的读取方式,提升了地磅和RFID采集数据的准确性。由于支持多种AI识别引擎同时识别,也避免被单一的识别厂商绑架,同时提升了箱号的识别率,实现业务系统的冗余,保证业务的连续性。

闸口实现无人值守后,需要配套智能安防监控系统,以避免无关人员和车辆通过闸口闯入码头监管区域。目前已完成智能安防的相关配套功能,调试智能箱体验残和智能安防闸口的算法达到最佳方案,智能安防闸口漏报率为0,误报率小于0.5%,真正实现闸口的智能化、无人化。

投资价值情况:

①减少闸口工作量和人员成本。当前公司闸口进出门各有7道,安排1人负责监控,1人负责验残。项目完成后可节省4人,每个人按12万元/年的人工成本计算,每年可以节省48万元。

②根据估算,目前因人为误差造成的缓冲区业务量大约为30%,以上对应的工作量也会因误差的减少而节省。

③项目完成后智能安防闸口漏报率为0,误报率小于0.5%。

④该系统还有助于效率的提升,有助于促进公司解决方案在行业内的进一步推广,产生额外效益。

三、结论和展望

实现码头数字化各个项目改造的功能仅仅只是规划中的第一步,宁波大榭招商国际码头有限公司更为关注的是如何挖掘数据宝藏,发挥数据能量进而提升业务。通过智能理货等系统的各作业节点的自动化数据采集,杜绝了人工操作可能存在的不精准问题,最大限度地保留了数据的真实性,而有了最真实的作业数据后,对码头生产作业的瓶颈问题分析,得出的结论也才是最真实的。采集并分析每一个桥式起重机作业指令周期的变化,不同的船舶、舱内舱面结构变化,每个驾驶员的操作习惯、作业的轨迹等数据,都为后续设计桥式起重机自动化控制的最佳运行轨迹提供有效的支撑。对于集装箱码头来说,码头的作业效率就决定了整个码头对外的作业效率,码头作业效率保证最佳,就能达到整个码头作业效率的最佳,港区内门式起重机可以通过增加设备来提高,而岸桥则不行,对于这个瓶颈节点的分析、处理、优化,是整个码头调度算法、效率的最大保证,也是成本最大的节省。

目前公司已经能从现有的系统中,获取到大部分流程节点的作业数据,从作业指令开始到水平运输、垂直作业的各主要环节,包括中间的运输耗时、作业耗时、等待耗时、AI识别(人工干预)耗时等都可较为准确地进行描绘。比如以码头作业为例,正常作业率将近52%,等待小于2分钟的作业情况占比略超32%,2~5分钟的略超10%,其中等待作业又分为桥式起重机等待集卡或者集卡等待桥式起重机,并且还可以与作业司机、单双箱、大小箱、作业船舶、干支类型进行关联,极大地丰富了数据维度,较真实地反映了作业数据,给业务部门的生产工艺、流程优化提供最精细而又直观的决策依据,同时也能为IT系统的改进优化指明方向。

通过上线智能理货系统,发现通过智能化的技术手段,可以实现流程节点的自动化,只要知道关键的节点,通过传感器反馈,后面所有流程的指挥、调度、操作都可以自动化,不需要人工介入。智能理货系统就是把很多业务规则固化到系统中,全部自动化实现,只要是规则化的东西,都可以通过触发的方式来实现自动化处理。

码头的数字化改造结合闸口智能化、堆场智慧化、码头水平面运输无人化等自动化改造项目,就可以将整个码头的数据串联起来,将物理世界通过数字化的方式形成镜像,在此基础上做仿真模拟测算,再将好的测算结果反馈到真实物理世界进行优化,这种方式并不需要真实设备投入,实验成本低,只需投入和增加计算机的运算能力即可。这就是码头的数字孪生,是数字化码头的建设模式。

在数字孪生的基础之上,宁波大榭招商国际码头有限公司希望建立一个真正支撑码头调度的数字化大脑,这才是进行一系列自动化改造项目的最大意义所在。同时,希望不单只是宁波大榭招商国际码头有限公司建立数字化大脑,更希望招商港口旗下各码头打造具有各自码头特征的数字化大脑,由此推进传统码头行业的数字化建设,建立以数字大脑为核心、生产系统为基础、各个智能系统为支撑的智慧港区,这不仅可以有效提升传统码头生产效率,还可以打造良性循环的数字化生态体系,形成集装箱码头行业的数字产业化。

港口企业内部控制体系升级项目管理与创新

广州港股份有限公司

成果主要创造人:李益波　黄　波

成果参与创造人:宋小明　邓国生　马楚江　马素英　林镜秋　刘晓宇
陈　惠　陈　敏　锁颍馨　林　超

广州港股份有限公司(简称"广州港股份")成立于2010年12月28日,由广州港集团、国投交通控股、广州发展共同发起设立;2014年5月,引进中远集团、上海中海码头作为战略投资者。2017年3月29日,广州港股份(股票简称:广州港,股票代码:601228.SH)正式登陆上海证券交易所A股主板市场。广州港股份所属广州港是珠三角和华南地区综合性主枢纽港,是国家"一带一路"倡议、粤港澳大湾区建设、广州国际航运枢纽建设的重要参与者,政策叠加优势明显,发展环境十分优越。作为综合型码头运营商,广州港股份集货物装卸、仓储、物流、拖轮、理货、融资、贸易等平台于一体,为客户提供多元化增值服务;积极响产业链上下游延伸,推动与船公司、货主、物流企业的战略合作,具备强大的航运要素集聚和辐射带动能力。

广州港股份共拥有生产性泊位170个,其中集装箱专用泊位25个、煤炭专用泊位5个、粮食专用泊位4个、汽车滚装泊位4个、油品及液体化工专用泊位6个、通用泊位126个、配套驳船泊位76个;拥有拖轮船队、穿梭巴士船队以及连接内陆腹地的港口专用铁路;拥有内外贸集装箱班轮航线163条,其中外贸航线118条。

一、实施背景

(一)上海证券交易所相关监管要求

根据上海证券交易所对上市公司内部控制体系建设的要求,上市公司应当按照法律、行政法规、部门规章以及本所股票上市规则的规定建立健全内部控制制度(简称"内部控制制度"),保证内部控制制度的完整性、合理性及实施的有效性,以提高公司经营效果与效率,增强公司信息披露的可靠性,确保公司行为合法合规。

(二)内部控制体系升级必要性

1.行业现状

港口行业属于长周期、重资产的大物流行业,在当前政治、经济、技术等外部环境发生复杂变化的情况下,可能面临市场竞争、安全生产、廉洁自律、成本管控、资金安全、信息系统等管理风险。广州港股份作为港口行业的排头兵,也可能面临上述主要风险,需根据自身业务特点和管理基础,综合运用风险规避、风险降低、风险分担和风险承受等风险应对策略,实现对风险的有效控制。

2.企业实际

广州港股份于2011年IPO阶段曾开展过内控体系风险识别与评价项目,形成风险数据库。但伴随着广州港股份上市、业务规模发展、业务类型增加、组织架构变更、人力资源和信息变动等因素的影响,广州港股份面临的内外部风险也相应发生了变化,需对风险点进行重新梳理和识别,针对性地制定管控措施。同时,按照部委相关规定,编制内部控制手册、明确各管理模块、业务类别的审批流程,进一步规范各项决策的审批。通过实施内部控制体系与全面风险管理体系全面升级项目,来满足广州港股份在规范企业管控、促进业务发展、防范重大经营风险方面的需求。

3. 项目目标

此次广州港股份内部控制体系升级项目,将紧紧围绕"战略规划引领、部门职能定位、权责利匹配、流程制度简化、管理标准对标、重要风险受控、内部监督到位"等八个方面展开,促进广州港股份作为上市公司的新身份下"融合、减耗、增效",提升管控和业务管理水平,快速提高其综合实力和市场竞争力。

二、项目内容和创新点

(一)项目内容

为进一步完善内部控制体系,有效规避管理风险,着实提高管理效益,广州港股份通过开展修订规章制度、明确授权程序、调整管理职能、识别管理风险等工作,全面提升公司治理水平。具体如下。

1. 内部控制诊断

内部控制体系建设是一个"内部控制现状诊断—内部控制成果设计—内部控制体系运行—内部控制有效性评价"的系统工程。在对广州港股份的内控体系进行调整之前,首先进行内部控制诊断,通过与企业领导、各职能部门负责人的反复访谈,结合现有规章制度和组织架构,了解内控体系存在的突出问题,如部分责权设置不合理、部分职能模糊、审批程序重叠复杂等。

2. 内部控制体系梳理与升级

本次广州港股份内部控制体系升级项目,共形成以下四项主要成果:

(1)梳理规章制度

组织各部门对广州港股份2013年印发的规章制度汇编进行重新梳理。一方面,搭建内部制度层次体系,按照"章程/规则—管理规定—管理办法—细则",对制度体系进行重新梳理、归类;另一方面,结合组织架构、管理情境等的变化及以往内控体系评价发现的内控缺陷,组织专题会审查现有规章制度的合理性。

(2)明确常规授权

考虑到现有规章制度所涉及的审批程序复杂、庞大,为了便于了解和掌握各事项的决策要求,在对公司章程、监管部门要求及其业务特点进行充分调研的基础上,对其主要管理模块的授权进行全面梳理、列示,改进原有不同制度规范程序冲突或不完善的地方,搭建各事项的审批流程及权限。

(3)完善风险数据库

梳理所有重要的职能管理模块和流程,包括组织架构设置、薪酬管理、股东大会管理、物资采购管理、港口设施运行维护管理等,明确各部门的职责分工、关键环节、风险点及相对应制度列示的风险防范措施、建议。针对每个模块流程化,进一步改进、精简、优化,同时制订风险防范措施。

(4)调整部门职能

结合运作现状、上市公司监管要求等,重新梳理各部门职能,理清职能边界,对投资项目后评价等诸多职责进行明确。

(二)项目创新点

实现制度体系层次化,创新原有规章制度的汇编体系,将157项制度按照"纵向分类、横向分层"的方式,梳理、归类。横向上,制度分为了"章程/规则—管理规定—管理办法—细则"四个层级,逐级管控;纵向上,分为四大篇章,对生产技术、业务等各大类制度进行梳理。实现授权审批直观化,将公司主要事项的审批决策程序进行直观化,使得授权明确、责权匹配、主要风险可控、运转高效,大幅提升公司经营效率与效果。实现职能管理模块化,将公司职能管理的各个方面梳理成23大类、76个子模块,通过模块化,直观地反映公司各项经营管理活动,发现业务流程、审批决策等环节,提高管理和决策的效率。实现管控文件规范化,编制内控手册、常规授权指引、风险数据库等多份成果文件,为内部规范化管理提供重要依据,如图1所示。

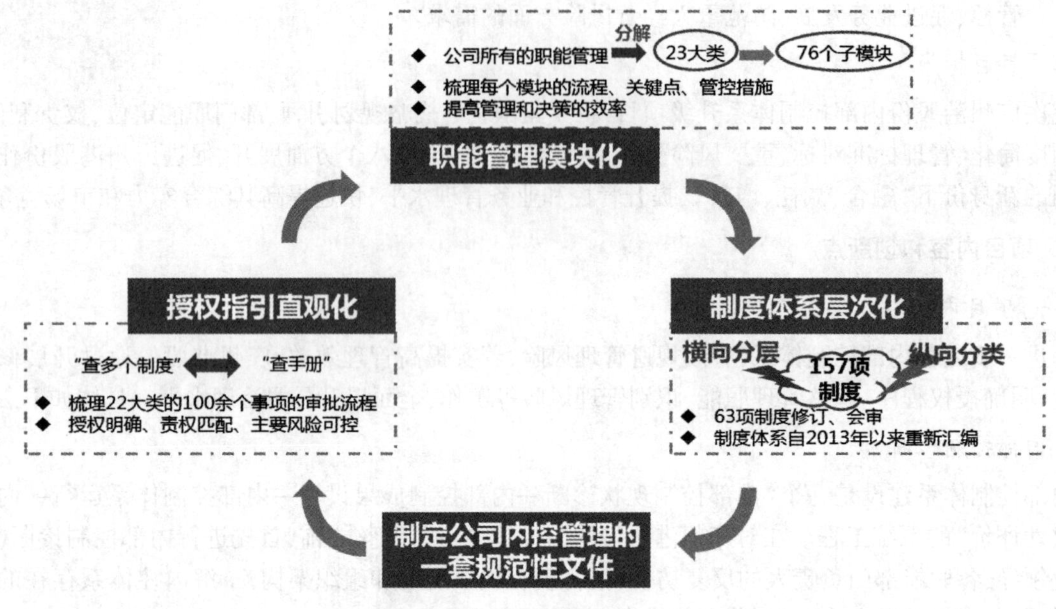

图1　项目创新点

三、项目方案设计

(一)项目建设总体思路

为构建有效的内部控制体系并落地实施,根据广州港股份的业务特点以及内部控制体系建设的相关要求,明确了"系统设计、自上而下、分步推进、分类实施"的总体思路 。

1.系统设计

①严格遵循PDCA循环原则。

②具备高度的系统性:内部控制体系建设是一个"内部控制现状诊断—内部控制成果设计—内部控制体系运行—内部控制有效性评价"的系统工程。

2.自上而下

基于系统设计的要求,广州港股份的内部控制体系建设必须采取"自上而下"的策略,先做好公司本部层面的顶层管控设计,垂直管理的职能部门管控要求将覆盖到各所属单位的业务前沿,实现与在授权设计和管理要求方面的无缝对接。

3.分步推进

基于广州港股份业务板块较多,各业务板块的风险特征、管理成熟度不同,大家对内部控制体系需要有逐步认识与熟悉的过程,需在开展内部控制体系建设时,采取"公司→主业/高风险子公司→其他子公司"的形式分步推进,积累经验,稳步推进。

4.分类实施

①基于不同类型的分子公司面临的风险不同,所以内控设计不同。

②对于同一类型的子公司,如对港口主业,梳理出核心业务流程,进行规范化、标准化与流程优化设计,为信息化建设打基础,求大同存小异。

(二)项目实施的方法论和技术路线

1.项目实施的方法论

本项目实施遵循"目标—风险—控制"的方法论,主要依据的法规和技术规范包括不限于:《中华人民共和国公司法》《中华人民共和国证券法》《上市公司治理准则》,中共中央办公厅、国务院办公厅印发的《关于进一步推进国有企业贯彻落实"三重一大"决策制度的意见》,美国 COSO 制定发布的《企业风险管理:整合框架》,广州港股份章程及管理制度等,如图 2 所示。

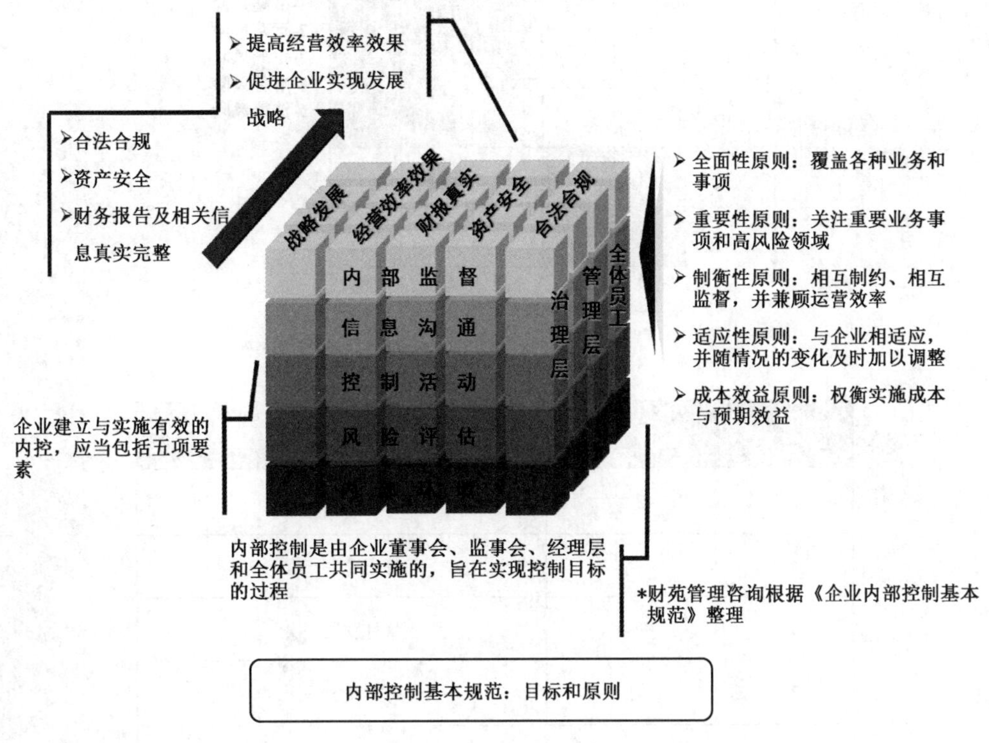

图 2 项目实施的方法论

2. 项目风险管理流程

项目风险管理流程包括了"建立环境—风险评估—风险应对—沟通与咨询—监测与评审"五个要素,如图 3 所示。

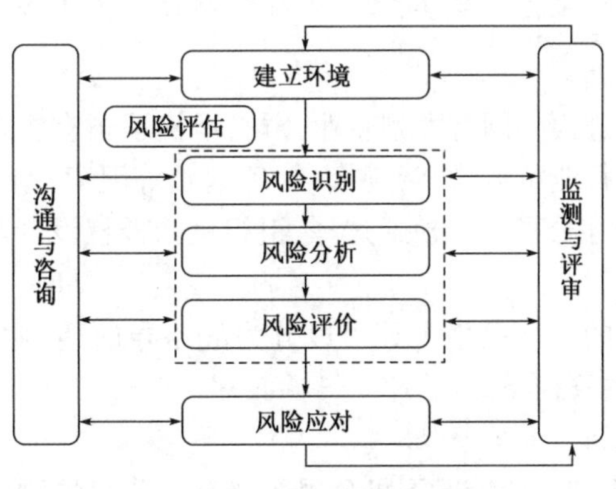

图 3 项目风险管理示意图

3. 风险识别与风险评估的主要方法

按照"目标—风险—控制"的风险管理逻辑,识别企业面临的风险之前,必须明确企业的目标,包括战略目标、经营目标等。风险识别的方法很多,包括目标与流程分析法、故障树法、事件树法、失效模式、鱼骨图法、头脑风暴法等。

根据风险评估的目的、可获得的数据可靠性以及组织的决策需要,可以采用定性、半定量和定量的方法或方法组合来进行风险评估。

定性评估可通过重要性等级“高、中、低”这样的表述来界定风险事件的后果、可能性及风险等级，然后将后果和可能性结合起来，并与定性的风险准则相比较，即可评估最终的风险等级，见图4、图5。

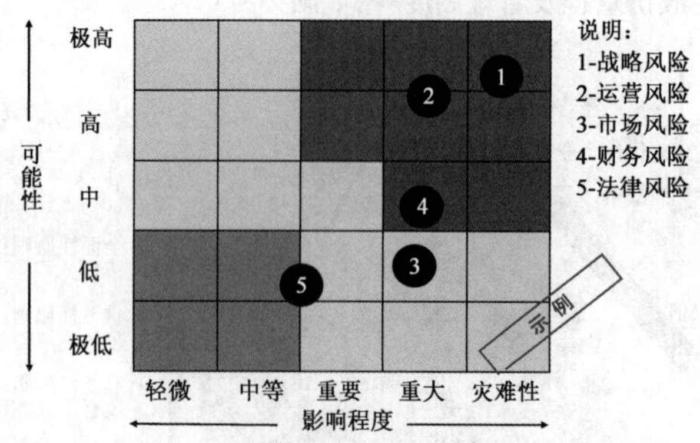

图4 风险评级 风险矩阵

分 值	频 率	定 义
5	很高	每天发生
4	高	每周发生一次
3	一般	每月发生一次
2	低	每年发生一次
1	很低	几乎不发生，只在特定时期发生

图5 风险事件频率的建议标准

定量分析则可估计出风险后果及其可能性的实际数值，结合具体情境，计算出风险等级的数值。常用的风险评估定量分析方法包括蒙特卡罗、失效模式和影响分析、事件树分析、均值-方差模型等。

4. 管控模式设计

广州港股份作为具有较大规模的国有大型企业公司，承担了国有企业改革的使命。作为市场经济的主体，公司下属子公司众多，行业特点、经营规模、管理基础等因素，始终面临着“集中与授权”“效率与效果”的考量和平衡。所以，在公司管控模式选择、组织机构授权设计与风险管理策略方面显得尤为重要。

按对广州港股份下属企业的管理风格大致可以分为战略导向型、财务导向型、运营导向型三种模式，可按照以下标准选择相应的管控模式：

(1)产权关系

除非有正式的委托协议，否则一般情况下母公司所持有子公司的股份比例将会直接影响母公司所能够选择的控制权利。

(2)企业战略

广州港股份的企业战略中有两个最为根本的影响管控模式设计的影响因子，那就是子公司业务相关性与业务战略地位。

一个非相关多元化战略与单一经营战略的企业在管控模式的选择上肯定有很大差异。前者往往强调分权管控与分层运作风格，资源经营与控制往往大部分由子公司实施；后者往往强调集约化的专业一体化运作，资源的经营与控制往往是由企业实施。

(3)企业规模

如果企业规模大,面临跨地域、多层次、大规模的组织架构,则必须对管控资源、权力实现分层次的配置。在这种情况下如果企业单一强调集约化管控,肯定是不现实的,其结果只能导致企业不堪重负,决策缓慢,最终损毁价值创造。

5. 组织机构常规授权

组织机构常规授权是基于企业管控模式和快速响应市场之考虑,明确各项主要业务在各级组织机构的职权,做到责权利一致,激发经营活力,规范管理,防范风险,提升经营效率与效果。

常规业务授权应遵循"合规、重要、客户导向、审慎"原则,即组织机构授权依据《公司章程》的规定,必须符合《中华人民共和国公司法》《企业国有资产监督管理暂行条例》等法律法规的规定;组织机构常规授权是对公司重要业务事项作业流程的规定,重要业务事项提升决策层级,集体决策;组织机构内的运营管理流程设计必须支持高效、高质量的客户服务,提高客户满意度,获取市场竞争优势;重要业务事项的授权需风险可控、谨慎授权、兼顾效率。

6. 风险控制与业务流程优化

风险控制按照"固有风险①—内控措施—剩余风险②"的逻辑思路,风险控制的目标是将剩余风险控制在企业风险承受度以内,如图6 所示。

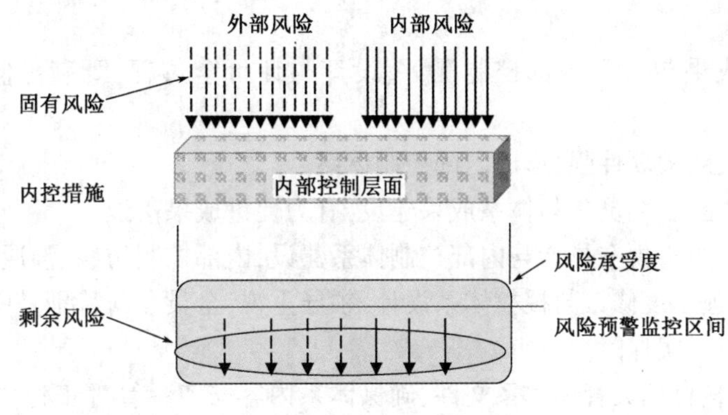

图6 风险控制示意图

在设计风险控制措施时,不仅要考虑风险控制的效果,更要关注业务经营的工作效率。设计有效的控制措施,需要考虑以下三个因素:

①业务事项影响的重要程度:对于影响重大的经济业务事项,如投融资业务,则更多考虑控制效果。

②业务事项发生的频率:如果是频繁发生的日常工作事项,如订单管理、生产管理,则更多考虑工作效率。日常事项可设置标准作业流程,通过信息系统来实现自动控制。

③控制方法的选择:不同企业的经济业务事项有其特殊性,控制方法的选择要因地制宜。如存货管理,是采取准时制(JIT)、库存定额管理还是供应商库存管理,都需要根据该企业业务性质、存货特点、信息化程度、管理水平来确定,不可照搬照抄。

四、项目主要做法及成果

(一)汇编规章制度

组织各部门对广州港股份2013 年印发的规章制度汇编进行重新梳理。一方面,搭建内部制度层次体系,按照"章程/规则—管理规定—管理办法—细则",对制度体系进行重新梳理、归类;另一方面,结合组织架构、管理实际等变化,落实规章制度修订、完善工作,并完成157 项制度汇编入册,包括公司治理篇、生产技术管理篇、职能管理篇、社会责任篇。

(二)制定常规授权指引

制度汇编中157 项制度所涉及的审批程序复杂、庞大,为了便于了解和掌握各事项的决策要求,在对公司章程、监管部门要求、公司业务特点进行充分调研的基础上,对公司主要管理模块的授权进行全面梳理、列示,改进原有不同制度规范程序冲突或不完善的地方,搭建了22大类的100余个事项的审批流程和权限。

(三)搭建风险数据库

梳理现有职能管理模块和流程,明确各部门的职责分工、关键环节、风险点及相对应制度列示的风险防范措施、建议等。共梳理了公司治理、发展战略、组织架构等23大类的76个管理模块,包括薪酬管理、组织架构设置、股东大会管理、物资采购管理、港口设施运行维护管理等。针对每个模块流程化,进一步改进、精简、优化,同时制定风险防范措施。

(四)设计部门职能

结合运作现状、上市公司监管要求等,重新梳理各部门职能,理清职能边界,对投资项目后评价等诸多职责进行明确,重新印发部门职责分工。

五、项目成果落地保障

为确保项目成果顺利落地并有效应用,广州港股份在以下四方面做了相应保障:

一是项目成果结构简明,可视化、系统性强,易学易看,便于成果应用落地。

项目成果明晰性:《内部控制手册》将风险与管控措施进行一一对应,避免翻阅大量制度之苦,简明易行。

项目成果完整性:成果包含了内部控制测评、设计与评价全过程,既满足监管要求,更侧重管理提升。

成果体系性:成果之间关联性强,形成内部控制体系。

二是强调全员内部控制,全员参与体系成果建设,有力促进成果落地。

不仅实施全员培训,更重视全员参与内部控制体系建设,内部控制访谈、沟通讨论密集开展;

管理层全面参与管理制度修订与授权体系设计;领导重视,全员参与特别是中高层管理者的深度参与,为内部控制落地提供坚实保障。

三是体系建设全面整合相关管理体系文件,确保体系内容与实际管理工作内容相符。将内部控制制度与其他管理标准体系文件有机整合,简化、优化融合各管理体系文件、而非推倒或重起炉灶。不搞"两张皮""三张皮",确保体系内容与实际业务操作规定一致,确保体系落地。

四是信息化的高度结合,逐步推进内部控制信息化,努力实现风险管理和内部控制自动化。在内部控制体系建设过程中,将业务流程梳理、关键控制措施与标准化、信息系统相结合,以便未来将内部控制措施嵌入标准化、信息系统,努力实现风险管理和内部控制自动化,促进体系落地。

六、项目实施效果

(一)提升管理水平

1. 对公司内控体系的全面梳理

广州港股份仅在2011年为适应IPO要求开展过风险数据库识别的工作。上市后,结合上市公司治理的新要求、部门职责职能的调整、监管政策调整等,对公司内部控制体系进行一次重新的全面梳理,发现了责权不匹配、审批程序冲突、制度体系混乱复杂等诸多问题,并予以改进和完善。

2. 对公司内控体系的全面升级

一方面,通过借助第三方咨询公司的平台,对比行业先进管理企业,客观地评价公司内控体系,发现漏洞和不足;另一方面,通过借鉴外资企业、同行业先进企业的管理经验,对内控体系进行模块化、层次化、精简化的重构,科学设计公司管控需要的组织架构,部门职能与职责,优化管理和作业流程,有助于健全公司治理结构、提高治理水平。

3. 对公司风险防机制的完善

通过流程化的梳理，识别广州港股份在技术、业务、投资等领域管控的主要风险，关注高风险的流程点，相应完善风险管控措施，夯实管理基础，提高公司防范风险的能力。

(二)创造管理效益

本项目通过对广州港股份内控体系的梳理与升级，优化管控策略，提升管理水平，可进一步促进其经营效益。虽未能反映直观的经济效益，但作为一家上市公司和港口行业的重要领军者，需要同步在公司治理、管控等方面夯实基础，搭建良好的公司治理和现代企业制度，具有较好的社会效益。

此外，通过梳理规章制度、制定常规授权指引、设计管控策略及部门职能等方式，实现对广州港股份的规范化、精细化管理，减少企业管理成本。同时，结合业务发展及实际管理需要，对经营管理中所面临的战略、财务、法律、市场等风险进行识别、分析及评估，形成风险数据库，制定有效的风险防范措施，确保企业面临的风险在可承受范围内，项目具有显著的管理效益。

隔离区进出物品管控系统在民航业中创新及应用

昆明长水国际机场有限责任公司

成果主要创造人:黄　鑑　李　姜

成果参与创造人:杨永兴　蔡　俊　马　坤　甘胜磊　赵刚晶　何润磊　李梦晓　木　磊　李　富　张　妍

昆明长水国际机场(简称"昆明机场")是国家"十一五"期间批准新建的大型门户枢纽机场,是实施中国面向东南亚、南亚国际大通道战略和云南民航强省战略与云南省"面向西南开放桥头堡"战略的标志性工程,同时也是国家民航局实施绿色机场理念的示范性机场。2019 年,昆明机场完成旅客吞吐量 4807.61 万人次,完成航班起降架 35.70 万架次,完成货邮吞吐量 41.59 万吨,全国排名第六。《昆明国际航空枢纽战略规划》提出,着力将昆明机场打造成为安全高效、通达通畅、衔接一体、绿色智能的国际航空枢纽。

昆明机场近年来以智慧机场建设为目标,分别从旅客服务及机场管理等多方面的信息化、数字化为切入点,力求通过运用信息技术解决交通事业发展中遇到的问题,以信息技术手段对广泛的资源进行统筹管理,并以之服务于交通业,以数字化、智能化方式为旅客提供最广泛的交通运输服务。为规范昆明机场及驻场单位工作人员携带物品进出隔离区的办理流程,使昆明机场的安全管理工作更加快捷、高效、规范,通过研发隔离区基础物品管控系统,实现对隔离区进出物品、人员的安全管控。

一、实施背景

随着昆明机场的高速发展,需要在楼内进行施工建设的项目也越来越多。如何高效、便捷、有序的对工作人员携带物品出入机场隔离区进行管理,是昆明机场面临的新挑战。

(一)隔离区物品管控存在的问题

传统业务流程下,昆明机场的各部门,各驻场单位人员携带特殊物品、一般物品进入隔离区的时候,需要本单位和机场职能部门的审核签批,采用的是填写纸质单据、人工签字盖章的业务流程模式。传统模式在业务办理过程中存在的问题,主要体现在以下几方面:

1. 流程烦琐、费时费力

昆明机场各单位人员在办理隔离区进场物品申请时,需要到机场职能管理部门现场咨询了解业务规章制度流程,并领取纸质申报单据,在整个业务办理过程中会耗费较多的人力、物力。若各单位为了一个业务流程,可能需要来回跑几趟准备资料。

2. 无法控制申请进度

纸质单据需要申请单位领导手写签字,并需要机场二级机构或者机场职能部门领导签字。在领导临时有会或者外地出差时,无法及时有效地进行签字审批,导致携带物品进出隔离区的申请、进场时间无法控制。

3. 物品精准管控困难

申请单据为纸质单据，管理人员和工作人员需要查找进入隔离区的物品时，无法快速判断物品当前所在位置。对于已经存放在隔离区的物品，当超出存放时限时无法及时提醒相应人员进行处理。

4. 历史记录难以回查

申请单据为纸质单据，需要人工手工保存，并在指定位置存放，查找记录时需要人工逐一查找，费时费力且很难找到。

业务承办单位安全护卫消防部、安全检查站、航站区管理部等单位需要耗费较多的人力物力来解决用户遇到的上述问题，还需要花费不菲的费用进行纸质单据的使用、存放、归档等。为了加速进出效率，节省申报时间，加强机场、驻场各单位协作沟通，迫切需要进行隔离区安全管控领域的技术研究。

(二)隔离区进出物品管控系统的目标

为优化隔离区安全管控业务流程，缩短管理单位业务处理时间，提高工作效率，提升管理能力，昆明机场建立了一套对进出隔离区的物品进行审核和管理的信息系统。隔离区进出物品管控系统的建设目标是“绿色节能、便捷高效、精准管理”。

1. 绿色节能

用户通过微信小程序进行业务办理，不再需要进行纸质材料的填写。管理人员通过微信小程序进行手写签批，并自动加盖电子印章。申请、审核、查验、监管、销单的所有环节操作通过系统自动记录和存储，不再需要工作人员手工记录和存档，减少纸张的使用，实现绿色节能。

2. 便捷高效

用户通过微信小程序的业务提示信息填写并提交申请信息，对照审批流程进行申请单申报，实时查看申请单的审批状态。审核单位通过微信小程序实时接收申请信息，查看申请资料是否满足要求，申请时间和地点信息是否和其他申请冲突。填写反馈信息给申请用户，提示用户进行下一步的操作。避免用户人员现场提交资料后，在办公现场等待结果，造成现场拥堵，提高工作效率。缩短业务办理的时间，减少沟通差错审批通过后，按照申请的时间，直接携带物品到申请进入地点进行查验进场，从而缩短业务办理的时间，减少沟通差错。

3. 精准管理

管理人员和工作人员需要查找进入隔离区的物品时，可通过时间、物品等判断条件，在系统上面快速判断物品当前所在位置。对于已经存放在隔离区的物品，当超出存放时限时，系统自动提醒工作人员进行处理。

加入信用积分惩罚机制，对于不按规定时间对带入隔离区的物品进行消单处理的用户单位，对其进行限制申请单操作。对于不按申请地点对物品进行存放的用户单位，做出相应的信用积分处罚，并责令其进行整改。对信用积分不满足规定的用户单位，取消其携带物品进入隔离区的资格。加入信用积分惩罚机制，增强管理能力。

二、成果内涵和主要做法

(一)成果内涵

安全是机场运行的重中之重，隔离区进出物品管控系统通过信息化手段优化进入隔离区特殊物品、一般物品的申报、审批、查验、监管、销项等业务管理流程，提升用户的服务感受，全面提升昆明机场管理和业务服务水平。

通过将隔离区进出物品管控系统集成到昆明机场统一的管理平台——统一登录系统，打通隔离区进出物品管控系统与机场多级管理体系及用户之间的通道。运用平板、手机等移动终端设备，通过使用微信小程序等信息化手段，实现优化进入隔离区特殊物品、一般物品的申报、审核、查验、监管、销项等业务管理流程,解决用户对业务流程不熟悉、找人签字困难、进出物品管控不到位,业务历史数据难以回查、统计等问题。缩短用户办理业务的时间,提高工作效率,提升管理能力。系统符合建设"智慧机场"的智慧要求,体现了"服务向前"的服务理念,提升用户的服务感受。

(二)组织和支撑保障

隔离区进出物品管控系统由昆明机场安全护卫消防部(综合监察支队)与信息技术中心联合研发,日常运维运营主要由信息技术中心志宇创新工作室负责。

隔离区进出物品安全管控系统以《民用航空安全检查工作手册》《民用航空运输机场航空安全保卫规则》《昆明长水国际机场控制区道口通行管理办法》(云机场昆发〔2017〕164 号)为依据,明确了隔离区业务管理制度、控制点、行为管控等核心内容,让系统做到有法可依。针对昆明机场进出物品管理的主要业务过程——进场审批流程、进场现场处理流程、出场现场处理流程、延期或提前撤场申请,通过隔离区进出物品系统进行管理。

在日常业务中,由安全护卫消防部(综合监察支队)对业务问题进行协调,信息技术中心志宇创新工作室人员主要负责系统的研发、运维和技术支持。志宇创新工作室与隔离区进出物品业务部门,进行多次沟通,熟悉业务流程,细化进场审批流程、进场现场处理流程、出场现场处理流程、延期或提前撤场申请流程等几个主要的业务场景,并讨论了微信小程序在业务场景中的主要方式和可行性。具体业务使用部门包括:昆明机场党委工作部、场区管理部、航站区管理部、飞行区管理部、机电设备中心、信息技术中心、综合保障中心、安全检查站、动力能源中心、经营管理部、医疗急救部、安全服务管理部、工程设备管理部等。隔离区进出物品管控系统目前取得的运行成果,离不开完善的组织保障和各部门的积极配合,如图 1 所示。

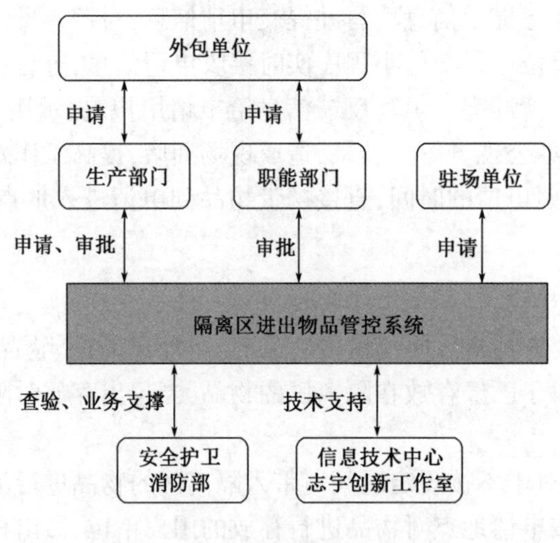

图 1　组织流程图

(三)主要做法

1. 创新的整体思路、目标

隔离区进出物品管控系统迎合了当前昆明机场职能部门和业务部门的迫切需求,通过信息化手段建立与工作相关的信息管理系统,切实解决目前业务管理中存在的问题。实现移动办公,业务涉及的特殊物品申报,审核,查验、监管、销项等操作,都通过微信小程序实现。用户不用到办公地点领取并填写纸质单据,只需要在移动端上将特殊物品信息填写完整并拍照上传,工作人员也通过移动端现场检查核对进出隔离区的物品信息;通过在线预约,用户携带特殊物品进出隔离区的时间,提前通过系统向管理部门申请,避免了到达现场时间与工作人员时间冲突的问题;利用在线签批方式,管理者通过微信小程序进行签批,解决了因用户找不到管理者手工签批,业务办理时间拖延的问题。

通过使用隔离区进出物品管控系统:减少纸张的使用,绿色节能;缩短业务办理的时间,减少沟通差错,提高工作效率;通过提前预约,避免现场拥堵;加入信用积分惩罚机制,增强管理能力。

2. 基本做法

(1)一站式统一认证接入

随着昆明机场业务系统的增加,统一的用户、权限管理平台是打破信息孤岛,实现各业务部门、系统协同工作的基础前提。为了实现机场各业务部门、系统协同工作,昆明机场建立了管理系统的统一入口:昆明机场统一登录系统。

根据业务需求及机场信息化发展的内在要求,在保证信息安全的前提下,利用微信成熟的实时通信、良好的用户体验和丰富的移动应用工具等优势,大幅度提升用户认可度,并在昆明机场范围内推广应用,为员工提供便捷、高效、安全的沟通与协作平台,成为融合企业统一入口、统一身份管理、统一移动门户、统一系统管理的移动应用平台。系统融合主流移动协作、智能办公、移动安全等成熟技术,打造便捷、高效、经济的移动办公平台,实现昆明机场内部良好的沟通体验。统一登录系统以昆明机场内部业务应用门户为目标。在提供基本的全局用户、角色权限认证的基础上,提供了未来各业务系统统一发布、更新的入口,同时,从传输介质、传输内容、传输机制上多层次的安全设计,为内网、外网的一致性用户审核提供了必备的支持。通过统一登录系统将隔离区进出物品管控系统进行集成,通过微信小程序和网页进行访问使用,如图2所示。

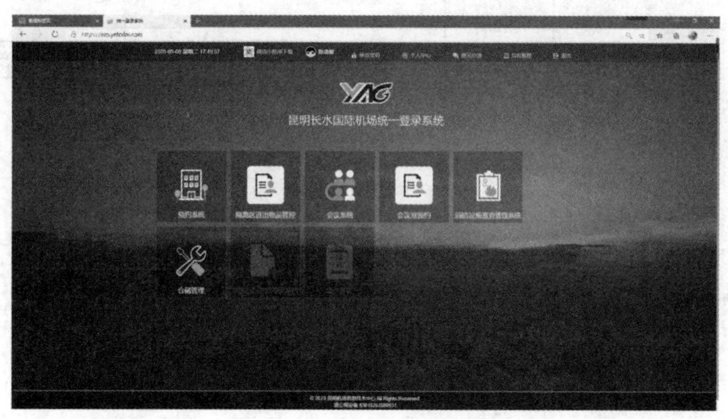

图2　系统网页端首页

同时,与当代社会信息化发展水平看齐,在传统应用模式的基础上,统一登录系统打通了多种系统入口渠道。昆明机场工作人员可直接扫码统一登录系统微信小程序,使用隔离区进出物品管控系统。

通过微信与统一登陆系统的认证授权,实现隔离区进出物品管控系统的用户认证,达到一个账号,访问多个系统的目的,如图3所示。

(2)业务流程梳理

传统特殊物品、一般物品进出隔离区的业务流程较为复杂,每种业务流程需要提交的审核资料,管理审核的职能部门,审核流程都不一样。用户人员对于繁杂的业务流程无法适从,需要耗费较多的人力、物力来办理。

通过隔离区进出物品管控系统,对昆明机场隔离区进出物品的业务过程进行梳理,对流程进行规范化、标准化处理,形成四个标准流程:进场审批流程、进场现场处理流程、出场现场处理流程、延期或提前撤场申请流程。用户人员按照流程进行业务办理。

进场审批流程如图4所示。

①申请人进入“隔离区进出物品管控”系统填写申请表单(填写用户信息、预进入时间、预出来时间、携带物品种类和数量、物品存放位置等),自动识别内外部人员,相应提交给相关部门负责人或单位领导审核。

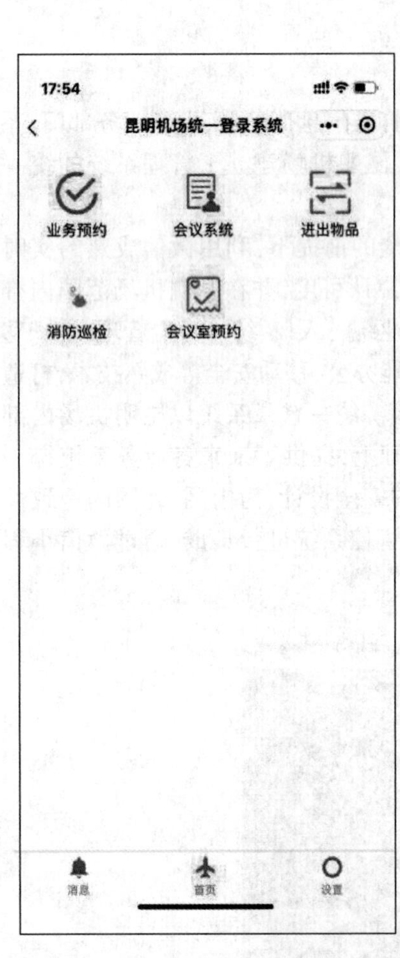

图3 微信小程序首页

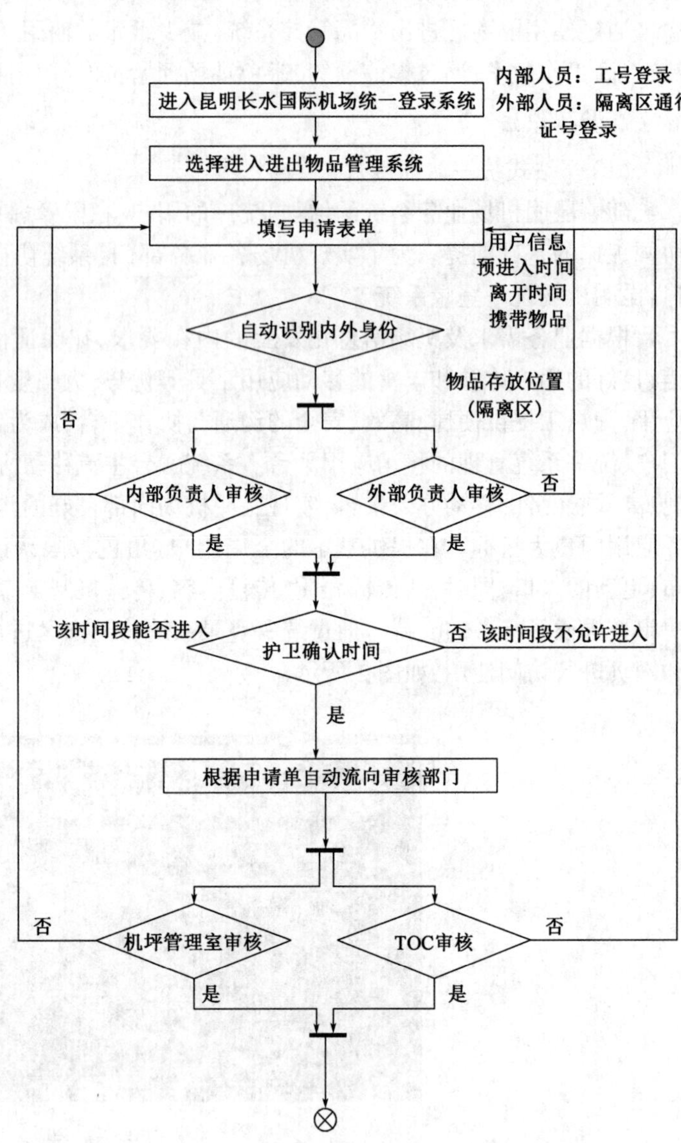

图4 进场审批流程图

②部门负责人或单位领导审核后流程流向护卫队进行进场时间确定。

③护卫队确定进入时间段(当前预约进入时间段是否可以进入)可以进入,流程根据选择的入场范围自动流向主管部门(机坪管理室或安全检查审核室)进行审核。

④申请表单自动流入相关部门(机坪管理室或航站区管理部审核室),相关部门同意后可进行入场。

注:流程每个审核节点系统都会推送消息给相关人员。

进场流程如图5所示。

申请人抵达通行道口或安全检查口,申请人用微信小程序出示申请单二维码,护卫队进行扫码,核对申请人身份,身份验证通过后逐一核对物品。

护卫队核对物品种类,物品种类审核通过进入核对物品数量环节,查看所携带物品种类,有以下三种情况:

a.若携带物品种类超过申请单预携带物品种类禁止入场;

b.若携带物品种类与申请单预携带物品种类一致则进入数量检查;

c.携带物品种类少于申请单预携带物品种类,进入数量检查。

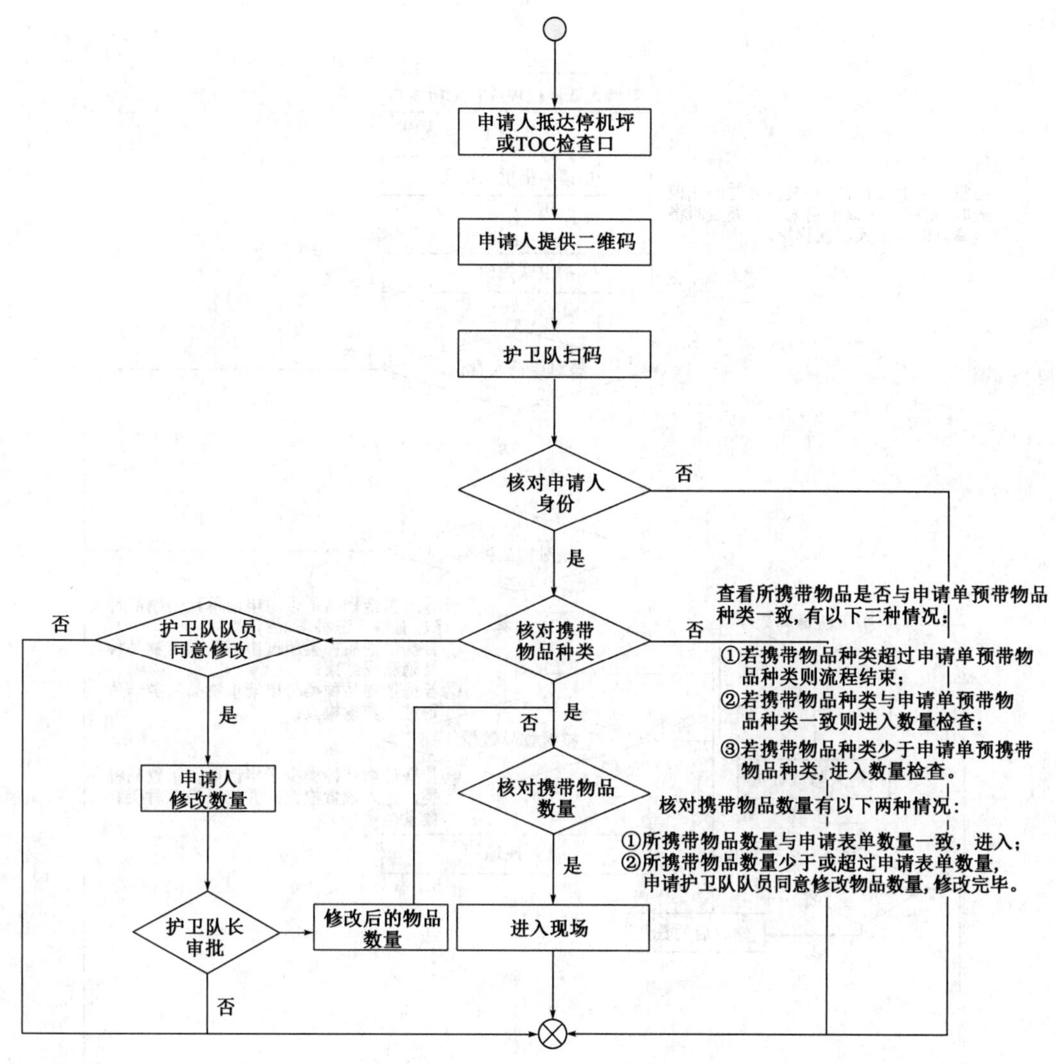

图5 进场流程图

进入护卫队核对物品数量，审核通过进入现场，核对物品数量，有以下两种情况：

a. 所携带物品数量与申请表单一致进入现场；

b. 所携带物品数量少于或超过申请表单数量，申请护卫队队员同意修改物品数量，修改完毕后有护卫队队长审核，审核通过进入现场（未通过将不允许进入现场）。

出场流程如图6所示。通过移动端系统，距离申请离开时间相差一天时，申请人将收到消息提醒该，在一天后即将到达离开时间，当天再次收到提醒。

①申请人抵达通行道口或安全检查口，申请人提供二维码，护卫队进行扫码，核对申请人身份，身份验证通过（身份验证未通过流程结束）进入核对物品种类流程。

②护卫队核对物品种类，物品种类审核通过进入核对物品数量流程，查看所携带物品种类与申请表单预携带物品种类，有以下三种情况：

a. 若携带物品种类超过申请单预携带物品种类禁止出场；

b. 若携带物品种类申请单与预携带物品种类一致则进入数量检查；

c. 携带物品种类少于申请单预携带物品种类，进入数量检查当前种类和数量。

③护卫队核对物品数量，审核通过，离开现场。核对物品数量，有以下两种情况：

a. 所携带物品数量与申请表单一致离开现场；

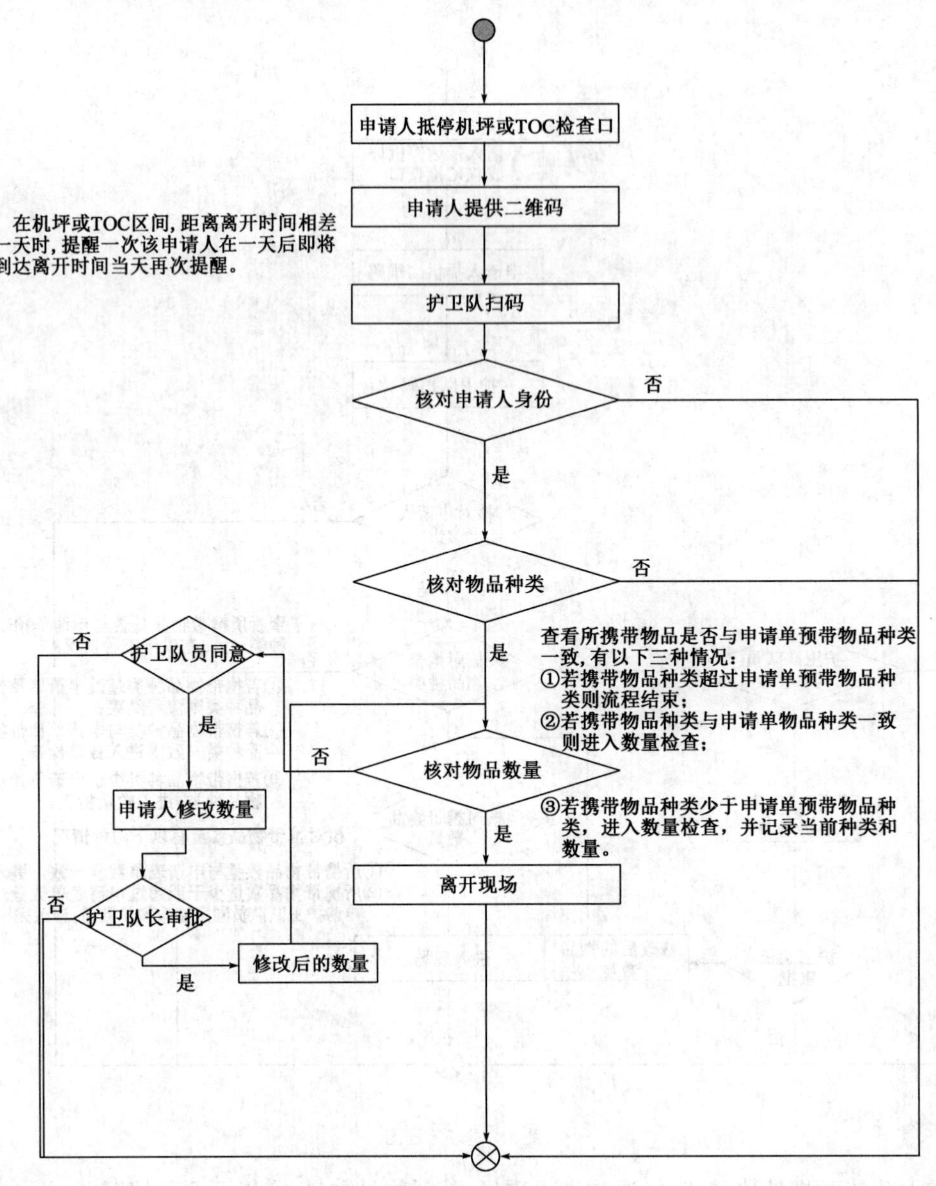
申请人抵停机坪或TOC检查口
申请人提供二维码
在机坪或TOC区间,距离离开时间相差一天时,提醒一次该申请人在一天后即将到达离开时间当天再次提醒。
护卫队扫码
核对申请人身份
否
是
核对物品种类
否
是
查看所携带物品是否与申请单预带物品种类一致,有以下三种情况:
①若携带物品种类超过申请单预带物品种类则流程结束;
②若携带物品种类与申请单物品种类一致则进入数量检查;
③若携带物品种类少于申请单预带物品种类,进入数量检查,并记录当前种类和数量。
护卫队员同意
否
是
申请人修改数量
核对物品数量
否
是
离开现场
护卫队长审批
否
是
修改后的数量

图6　出场流程图

b. 所携带物品数量少于或超过申请表单数量,申请护卫队队员同意修改物品数量,修改完毕后有护卫队队长审核 ,审核通过离开现场(未通过将不允许离开现场)。

延期或提前出场流程如图7所示。

①进入隔离区进出物品管控系统选择延期离开或提前离开,填写申请表。

②选择延期离开,填写延期申请表单,提交给业务主管部门审核,审核通过,通知护卫队,系统将修改计划离开时间,(审核未通过进入离开现场流程)。

③选择提前离开,填写提前离开申请表单,业务主管部门审核,审核通过,通知护卫队,系统修改计划离开时间后,申请人走出场流程(审核未通过则流程结束)离开现场。

(3)业务工作台

传统特殊物品、一般物品进出隔离区业务流程较多,管理员每天需要翻阅大量纸质申请单,才能了解到当日有多少人提交申请进入隔离区,更不能及时跟踪进出隔离区的纸质申请进度,不能及时统计当前隔离区进出人数的数量,导致昆明机场工作人员办事效率较低。通过隔离区进出物品管控系统(图8),管理员可在后台管理系统的业务工作台中实时查看申请进入隔离区的申请单信息、审核记录、进场及出场记录。

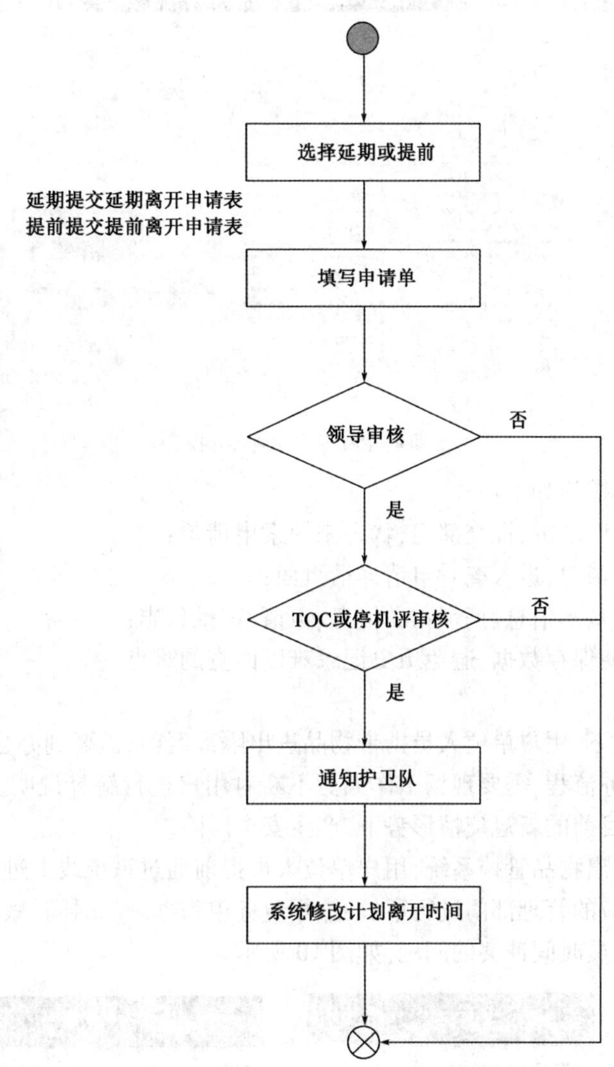

图7 延期或提前出场流程图

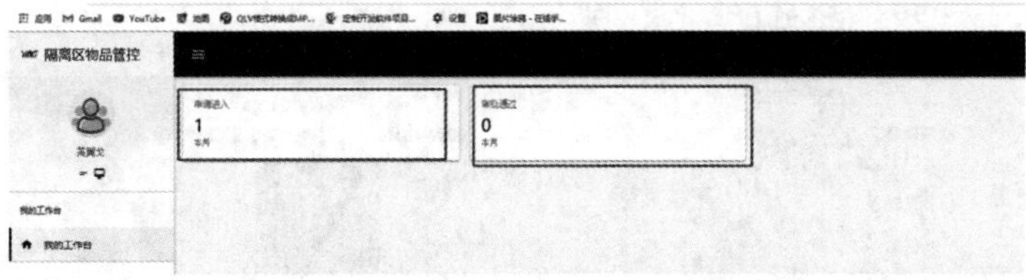

图8 隔离区进出物品管控系统

业务工作台的具体措施如下：

①管理人员在系统首页，通过“业务工作台”查看当月申请单记录。

②查看审核通过的申请。直观了解当前还需处理的隔离区申请数量和完成情况。

(4)申请单查询

传统业务流程模式下，昆明机场各个部门进入隔离区提交的都是纸质申请，导致大量的纸质申请单堆积，管理员无法立刻回查历史数据，产生无法统计历史数据、纸质申请单不易保存等问题。

通过隔离区进出物品管控系统(图9)，管理员如需查看申请单，在系统后台申请单查询功能中，就可以查询以往的历史数据和导出所需要的历史数据，提高了管理员的工作效率。

图9　隔离区进出物品管控系统

申请单查询的具体措施如下：

①通过关键词、类型、范围、提交部门、状态来搜索申请单；

②点击列表中的申请单，进入查看申请详情页面；

③在详情页面查看基本信息、携带物品信息、申请、审批日志；

④导出申请单，方便保存数据，避免历史记录难以回查的难点。

(5)申请单申请

传统业务流程模式下，用户单位人员携带物品进出隔离区前，需要到办公现场领取纸质单据进行申请填写，由于不了解业务流程，需要现场工作人员不断对用户进行解释说明。现场工作场所面积有限，容易造成人员密集，在目前的新冠疫情形势下，产生安全风险。

通过使用隔离区进出物品管控系统，用户单位人员提前通过系统线上进行申请单的填写，携带物品资料的上传，提交到对应的管理部门进行审核，缩短业务申请办理的时间，减少人员接触。同时，避免了到达现场时间与工作人员时间冲突的问题，如图10所示。

图10　申请单申请

特殊物品、一般物品出入隔离区申请的具体措施如下：通过隔离区进出物品微信小程序，进行申请单的新增，待提交申请单信息的修改、提交审核，申请单状态查询，已过期申请单重新申请、提交审核等操作。

(6)申请单审核

传统业务流程模式下,用户单位人员填写完纸质申请单后,需要找相关负责人进行人工审核,手工签字。如果不能及时找到相关负责人审核,申请单则无效,人员和携带物品就不能进入隔离区,导致业务被拖延。

通过隔离区进出物品管控系统,用户单位人员在线提交申请单后,昆明机场相关负责人登录系统,通过微信小程序进行在线审核签批,解决了因用户找不到管理者手工签批,业务办理时间拖延的问题,如图11所示。

图11　申请单审核

(7)申请单查验

传统业务流程模式下,现场工作人员管控进出隔离区的物品,都是通过查看纸质申请单,对比现场物品,查验是否能进入隔离区,由于手写的字迹不容易识别,工作人员反复查看纸质申请单需花费时间,导致进出隔离区的许多业务被延误,物品管控有困难。

通过隔离区进出物品管控系统,现场工作人员使用平板、手机终端等在线查验申请单,在线核对物品,对物品进行监督点验。查验通过后,手写签字确认,减少检验单据的时间,提高工作效率。

具体操作流程如下:登录隔离区进出物品管控微信小程序,扫描申请单二维码,查看相关信息后点击"点验物品入场"进入物品清单,核对物品数量后点击"生成差异报告"生成差异报告,点击"同意入场"后签名,查验结束,如图12所示。

(8)申请单监管

传统业务流程模式下,对于已经进入隔离区的特殊物品、一般物品,工作人员要想查验物品是否按照规定进行使用和存放,需要到存放纸质申请单的现场,搜寻需要的纸质申请单。工作人员反复查找纸质申请单需花费时间,导致工作效率低下,甚至无法确认物品的使用和存放是否违规,物品管控有困难。

通过隔离区进出物品管控系统,工作人员在系统后台申请单查询功能中,实时查询以往的历史申请单数据,查看物品的使用人员,存放地点等信息,并根据信息到现场进行确认,提高了工作人员的工作效率和管控能力。

(9)超期、未销项申请单管理

传统业务流程模式下,对于进入隔离区的特殊物品、一般物品,已经超过申请存放时间还未带出;对于离开隔离区的特殊物品、一般物品,还没有进行销项操作。工作人员只能通过口头,或者手机等联系方式,告知用户单位人员进行处理,物品管控有困难。

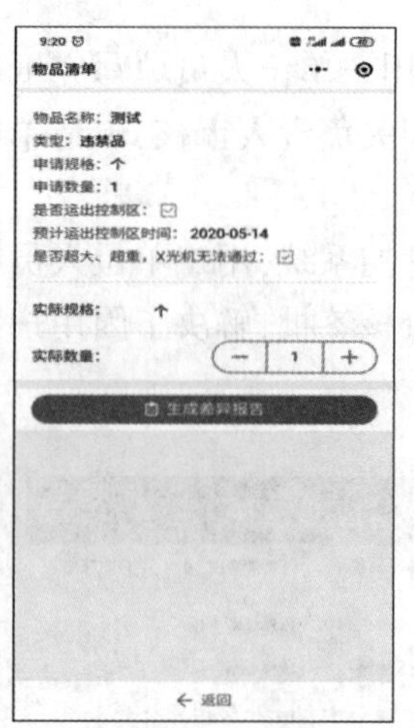

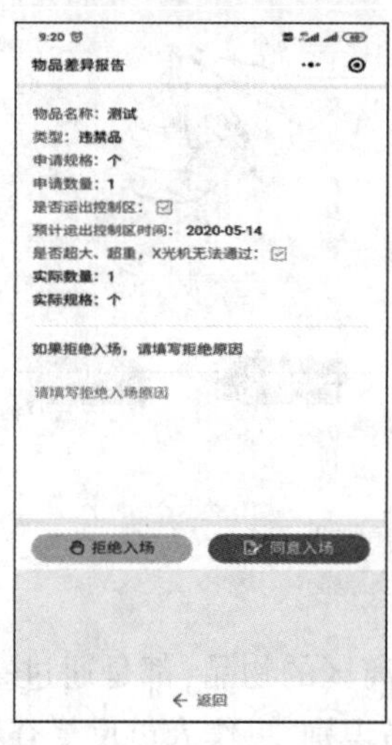

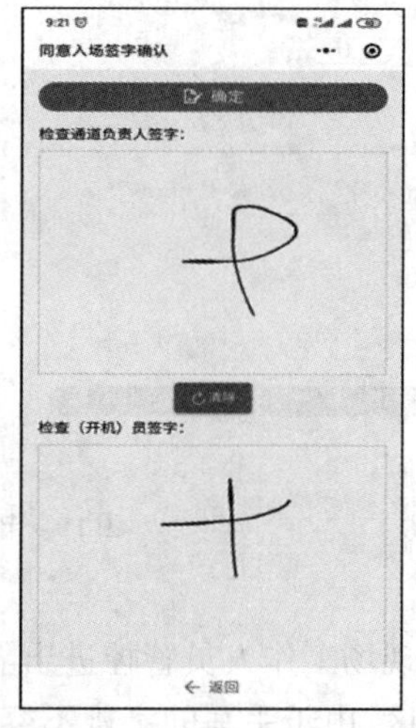

图12　申请单查验

通过隔离区进出物品管控系统,工作人员在系统后台申请单查询功能中,实时查询各种状态的申请单信息,对于将要超期的申请单,系统自动发送消息给用户,提醒对方进行处理。对于已经离开隔离区还未进行销项的物品,在该申请单还未进行销项处理之前,申请单位将无法再继续提交申请单。通过系统的惩罚机制,提高了工作人员的物品管控能力。

(10)系统管理

系统管理后台是针对隔离区进出物品管控系统数据线上化后容易出现数据外泄或被其他组织窃取使用的情况,解决各个部门各个职级间的数据如何区分而设置的功能。

针对昆明机场岗位多、职级多、地域分布广的特点,通过丰富的用户管理体系保证了隔离区进出物品系统用户申请、审批、查验工作的有序进行,通过分类管理体系保证分类的新建、删除、保存等功能,通过通道管理体系保证了通道的及时新建、修改、删除、启用等功能,通过丰富的权限管理保证了用户角色和菜单的创建功能。让每个部门针对自己的权限各司其职,同时各个部门间的数据也能相互独立执行,如图13所示。

系统管理具体措施如下:

①提供分类管理:可支持新建分类、删除分类、保存分类、刷新分类。

②提供通道管理:可支持查询通道、新建通道、修改通道、删除通道、启用通道。

③提供用户管理:支持系统管理员通过员工名字和员工工号来查询员工信息,给用户分配角色。

④提供权限管理:支持新建角色、管理菜单。

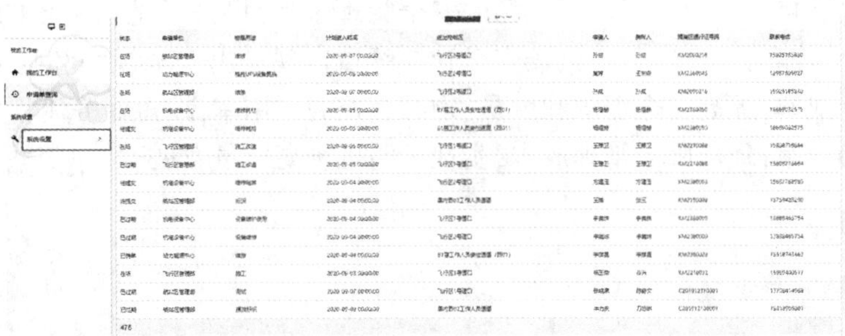

图13 申请单监管

三、实施效果

(一)节能减排提升生态效益

传统业务流程下,昆明机场各部门,各驻场单位的申请单,需要相关领导和部门进行逐级、逐层的审批,每一步流程都需要耗费大量的纸张。为了保证申请单及资料的真实有效,还需要在申请单上加盖公章,需要在进入隔离区之前对特定携带物品进行拍照打印、装订,这些材料不仅造成一定程度的纸张浪费,而且难以留存和查阅。

隔离区进出物品管控系统将所有线下流程迁移到线上,用无纸化流程代替纸质化流转,大大地节约了纸张、墨盒等耗材的使用,节约能源、生态环保。

(二)管理创新提升管理效率

隔离区进出物品管控系统解决了在昆明机场隔离区进出物品管控业务中,信息化建设不全面、信息化程度不高、服务保障管理过多的依赖于人、管理成本过高及管理效率低下的问题。实现了昆明机场进出隔离区特殊物品、一般物品高效率、低成本的管控。基于统一登录系统的组织机构和人员数据,将机场各业务管理系统数据打通,大大提高运行效率,实现跨部门的自动化信息传递,优化了服务业务流程,提高了生产运行效率。隔离区特殊物品、一般物品信息、数据资源共享、融合,降低运行管理成本。通过信息化手段促进机场运行层和作业层等各层面的应用者都能够基于统一、准确、及时的数据了解机场隔离区特殊物品、一般物品的实时情况,在信息全面的情况下做出正确的管理决策,提高管理效率和资源的利用效率,从而最终降低管理成本。

(三)方式创新提升社会效益

隔离区进出物品管控系统通过互联网平台的业务系统的开发、数据的整合,使得跨部门、跨区域、跨管理的多方可以通过微信小程序等渠道对进出昆明机场隔离区的特殊物品、一般物品进行管理,利用信息化手段优化进入隔离区物品的全生命周期管理。

新技术的应用是“未来机场”信息化建设的必备条件,隔离区进出物品管控系统打破传统机场封闭式系统的使用方式。同时,隔离区进出物品管控系统的建设也为机场的其他信息化建设起到了重要的示范作用,为机场的其他信息化建设提供了很好的建设经验。因此,隔离区进出物品管控系统信息化建设带动了整个昆明机场的管理服务信息化建设,对社会的经济增加做出直接贡献。

(四)提升安全促进平安机场建设

通过隔离区进出物品管控系统的建设,落实了《民用航空运输机场航空安全保卫规则》。维护控制区道口通行秩序,提高现场管控效率,实现昆明机场对候机隔离区、航空器活动区和维修区的控制区道口实施统一设置和管理,同时接受局方的指导和监督。促进了昆明机场平安机场的建设过程,围绕空防安全、运行安全、消防安全和公共安全等民航安全的基本要求,贯彻执行“安全第一、预防为主、综合治理”的安全方针,运用系统安全理念,强化信息技术支撑,丰富人防、物防、技防等防范手段,全面提升安全综合管理能力。

隔离区进出物品管控系统提高了昆明机场的安全管理水平,提升了昆明机场的安全管理等级。通过隔离区物品、人员管控和行为分析,在机场安全管控领域实现进出安全规划和物品追溯管理,能够降低管理、流程、协调等成本,提高安全资源和人员、物品管控的利用率,缩短业务流程周转时间,显著提高昆明机场的服务保障效率,降低服务管理成本,实现昆明机场高质量发展。

以科技为引领构建客滚综合安保信息管理平台

大连港客运总公司

成果主要创造人:鲍雨新　于　渤

成果参与创造人:王岐军　赵佳帅　耿　亮

大连港客运总公司(简称"公司")隶属于大连港股份有限公司,是从事旅客、车辆滚装运输服务的专业化公司,是辽港集团港口物流业务的重要组成部分。公司始建于1924年10月,具有百年客运服务历史。20世纪80年代末期,公司在渤海湾又率先从事滚装运输,坚持"安全、优质、高效、便捷"的原则,在发展中不断积累了丰富的经营、管理和服务经验。公司曾多次被交通运输部评为"全国一级文明客运站"(首位),被辽宁省、大连市评为"文明示范窗口"单位。

公司现承担国际、国内共4条航线的港口客滚运输业务及邮轮业务。其中,国际航线1条:中国/大连—韩国/仁川;国内省际航线2条:大连—烟台、大连—威海;国内陆岛运输航线1条:大连—长海县。公司现有在岗员工420余人,大型专用客运滚装泊位9个,拥有大港客运站候船厅、大连湾综合交通枢纽客运站、大连港国际候船厅、大连港国际邮轮候船厅及全封闭的滚装车停车场地等现代化码头设施。目前,年运送旅客200余万人次,滚装车40余万辆,每天航次多达30个。2015年8月,随着"中华泰山"号邮轮在大连港始发,标志着大连港跻身国际邮轮始发港行列,2019年完成邮轮运营近40艘次、进出境旅客8万余人次;成功引入国际邮轮中心开港以来吨位最大、单船载客人数最多的11.4万吨"赛琳娜"号,实现国际邮轮中心开港以来首次"两船同靠"作业,彰显了大连港在船舶作业方面的实力。

目前,公司分别为中远海运客运有限公司、威海海大客运有限公司、大仁轮渡有限公司、长海县獐子岛客运有限公司4家船公司及其所属的10余艘现代化客/客滚/客箱船,提供客、车运输的港口业务代理服务。同时,公司还与皇家加勒比邮轮公司、MSC地中海邮轮公司、钻石邮轮公司、渤海邮轮公司、公主邮轮公司等海内外著名邮轮公司合作,提供邮轮靠泊及始发港服务。

公司始终秉承"心与您同行,有困难找我"的服务理念,着力打造"真情有我"服务品牌,弘扬新时期"老码头精神",努力提升服务质量,使旅客的出行体验更加温馨舒适,宾至如归。

一、实施背景

(一)项目背景

客运滚装码头不同于集装箱、油品、矿石、散杂货等码头主要以货物为作业对象,客滚码头作业的主要对象为旅客和滚装客货车,属于典型的"人员密集型""车流密集型"场所且经常存在旅客和滚装车同时作业等情况,如何确保旅客、车辆的安全成为公司安全生产管理的"第一要务"。因此,如何高效、实时、准确、完整地获取现场作业动态信息、记录并核验旅客信息和乘船滚装车辆信息成为"客滚安保"管理中首先需要解决的问题。

一是现场安全管理。除了传统的"人工"巡查外,现场作业动态信息的获取主要依靠覆盖候船厅室内外、滚装作业场地的视频监控系统来完成。公司视频监控系统历经十余年、分多个阶段建设完成且大多情况下按照使用区域分别建设,监控设备和客户端分散于多个地点,彼此之间没有互联,无形之中形成一个个“数据孤岛”;而且由于建设周期较长,不同生产厂家、不同批次、不同型号、不同性能参数的监控探头、硬盘录像机、服务器等设备和管理软件客户端给日常使用、维护以及未来的扩展升级带来了很大影响,一些早期的“模拟信号”设备已经无法满足现场安全生产监管要求。

二是实名制验票。已有的“实名制验票系统”是完成旅客信息获取及核验的主要方式,“实名制验票系统”是以人工比对为主,配以辅助摄像头,实现“人、票、证”三者信息一致,但“人脸比对”环节仍然是依靠人工来完成。随着全国及交通运输行业安保安检形式日益严峻,加之出港旅客人数的日益增多,通过“人工方式实现的人脸比对”愈发满足不了现场实际需求,主要表现为“比对速度慢、精度低、经常需要反复多次比对”等问题,过长的验票通过时间,在客流高峰期极易引起旅客不满和投诉,为港口生产作业秩序和公众形象带来极大的负面影响。

三是上下船车辆监管。由于作业及场地限制,滚装车出港的“最后一个环节”——上船及进港的“第一个环节”——下船,没有相应系统、设备对车辆号牌信息进行“实时、自动”记录,不利于生产管理中实时、精确掌握进出港车辆信息的搜集及后续查询。

进入“十三五”后,公司完成了内外网逻辑隔离,实现了部分重要系统的整合,加强了两港区之间的通信保障,实现了重要应用数据的异地备份、完善了对整体信息系统的检测与管理等,为下一步信息系统的发展打下了良好的基础。“客滚综合安保信息管理平台”从公司生产实际出发,以“提质增效”为目标、以“科技”为引领,应用“互联网+”的思想,力求打造一个综合性、全流程、一体化的生产作业和安全管理平台,以提升客滚码头生产管理水平,为港口安全生产保驾护航。

(二)项目目标

“客滚综合安保信息管理平台”基于“互联网+”的思想,建立一个涵盖生产作业和安全管理的统一指挥体系,实现从生产计划、作业组织、协调管理、监控、统计的全流程化管理,充分应用数字化监控、电子地图显示、车号识别、人脸识别等功能,对售票厅、候船厅、旅客检票口、泊位现场生产情况进行实时、动态监控管理。同时,对旅客实名制验票、上下船车辆等信息进行实时、精确地记录、统计,以提升企业安全管理水平。本平台的建设,实现了船舶安全管理、旅客安全管理、车辆安全管理、业务管理、客滚动态管理等系统的一体化应用集成,为客滚码头安全生产保驾护航,提升行业内的企业竞争力。

系统应用框架如图1所示。

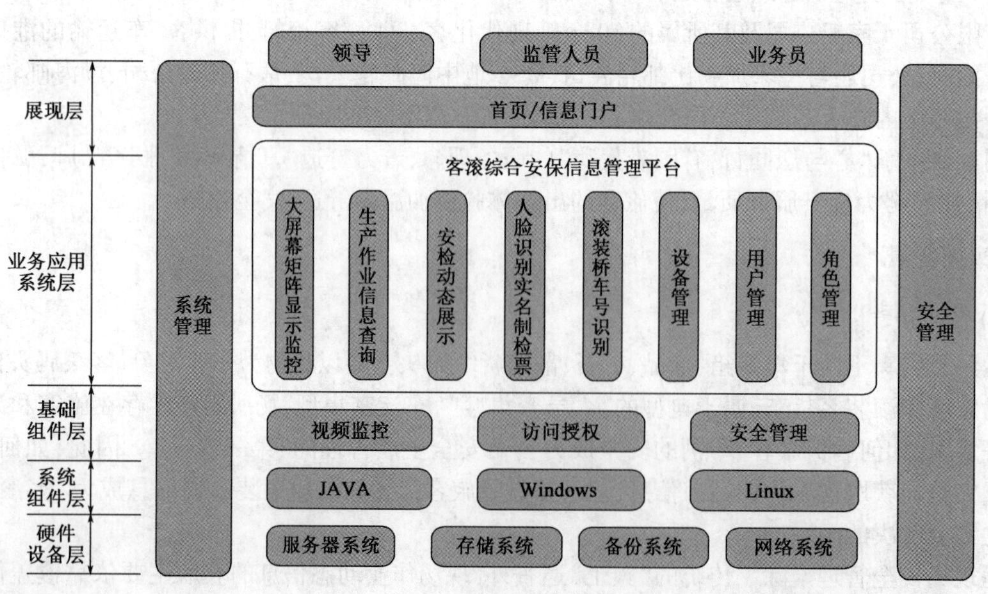

图1　系统应用框架

（三）管理创新

1. 管理模式创新

运用协同管理理论，进行跨部门交汇集成，将客运调度、售票、检票、监管、分析合一，创新生产作业调度和管控模式，促进管理系统升级再造，实现精细化管理和服务。

2. 集成应用创新

本平台采用成熟技术开发，通过合理的功能模块和逻辑结构的划分，可以集成屏幕展示、可视化管理、生产指挥调度管理、船舶动态跟踪管理、安全管理（包括旅客、车辆、人流安防等）及对外服务等内容，为客运生产作业及调度指挥提供有力支持，加强安全基础管理，协调资源有效运用。

3. 技术应用创新

本平台基于"互联网+"思想，采用云计算、物联网、移动技术、ArcGIS应用于客运售检票、自动监控、大屏显示，为展示客运站风貌及生产动态提供了较好的平台和技术手段，在提升企业管理水平的同时，也提升企业形象，能更好地向社会宣传企业，推动港口业务健康快速发展，逐步建立"智能港口"。

（四）港口示范应用

本平台的建设加快了港口信息化建设应用，推进科技示范港口建设，进一步增强客运生产管理能力，提升港口现代化管理水平。本系统为我国逐步建立"智慧港口"做了有益的尝试，推进港口从提高基础设施能力向完善服务功能转变，拓展现代物流综合服务功能，为沿海地区发展战略提供有力支撑。

本系统实施经验和最终成果可以在其他港口或类似的行业中推广应用，从而产生一定的市场效应和技术扩散效果，起到很好的行业示范作用。

二、项目建设内容

（一）作业监控管理

本平台以网络展现方式发布，并以地理信息系统（GIS）为核心技术平台，将视频监控、船舶调度、售票、检票、车号识别、人脸识别等信息整合到一张卫星地图中，监控码头售票厅、候船厅、旅客检票口、泊位现场生产情况，实现安全生产动态监控。GIS平台可以实现顺畅的无级缩放，对不同系统的数据信息进行分层可视化、图形化展现和调用。各层次图形可以根据需要实现分别展现和叠加展现。

1. GIS平台部署

本平台采用Esri ArcGis产品作为本系统的GIS服务平台。ArcGis10.1版产品套件，包括：ArcMap Desktop、ArcGis Server及Image Server组件。硬件运行环境为惠普64位24核心高性能PC服务器，并安装有64位Windows2008服务器版操作系统。

矢量图：根据当前业务范围并结合大连港未来的拓展规划，GIS地图范围将定义为整个辽东半岛。底图包括陆域、海域、市政区界、公路、铁路等。大连港GIS数据以大连港设施系统平台的测绘数据为基础，整理各港区矢量数据，滤除与生产展示无关的专业化矢量数据及杂线，再与辽东半岛公共底图叠加合并，达到边界对齐效果，公差范围小于100米，最后修改矢量数据配色标准，并使其与辽东半岛底图的显示效果一致。

影像图：大连港所属各个码头公司数据达到21级影像；辽东半岛其他市政公共区域采用19级影像；国家政区部分下载16级影像。

2. 生产信息动态展示

在电子地图上直观显示客运安全生产信息动态，动态显示气象信息、安全指标、驾驶舱、视频监控，监控码头现场作业及售票厅、候船厅、旅客检票口、车辆安检仪、泊位现场生产情况，其生产信息来源于客运综合业务平台、自助售票、自助检票、车号识别、人脸识别等系统，对生产信息进行初步分析。

3. 客运船舶作业动态

根据客运船舶作业动态明细,实时显示在泊船作业动态,包括船下锚时间、靠泊时间、上下旅客时间等,通过视频点击可查看船舶在港现状,见表1。

客运船舶作业动态　表1

船舶序号	432621	船舶名称	飞龙	船舶类型	滚装船	船舶国籍	巴拿马
代理公司	外运	承租公司		承租公司			
船长	159	船宽	22	船吊	0	满载吃水	
总吨位	14614	净吨位	4403	载重吨位	360	舱口数	0
航线		出发港		开往港	韩车仁川	泊位	大16
运输性质	外贸进出口	目的港		开来港	韩车仁川	状态	等待
前吃水	4	预低时间	2020/08/15 07:04	下锚时间			
后吃水	5	抵港时间	2020/08/08 08:04	离港时间			
卸货货类	集装箱	卸计划吨/T	200	卸实际吨	148	卸完时间	2020/08/08 10:04
装货货类	集装箱	装计划吨/T	200	装实际吨	0	装完时间	
装结余吨				卸结余吨			

次序	泊位	时间	开舱	配工数	装卸	动态
1	大16	2020-08-08 08:50:00	0	0		靠好
2	大16	2020-08-08 08:50:00	0	0		等待
3	大16	2020-08-08 09:45:00	0	0	卸	开卸
4	大16	2020-08-08 10:35:26	0	0	卸	卸完
5	大16	2020-08-08 10:36:00	0	0		等待

4. 安检动态展示

系统将旅客安检大厅及候船大厅以图形或图标方式,标绘在平台上。同时与检票管理系统建立数据链路,实现实时查询及监控应用。交互地图上的图形可以开启检票口的视频监控,包括:检票口及行李安检口两个视频点。过检旅客的实名信息、船票信息通过数据窗口实时展示在大屏,如图2所示。

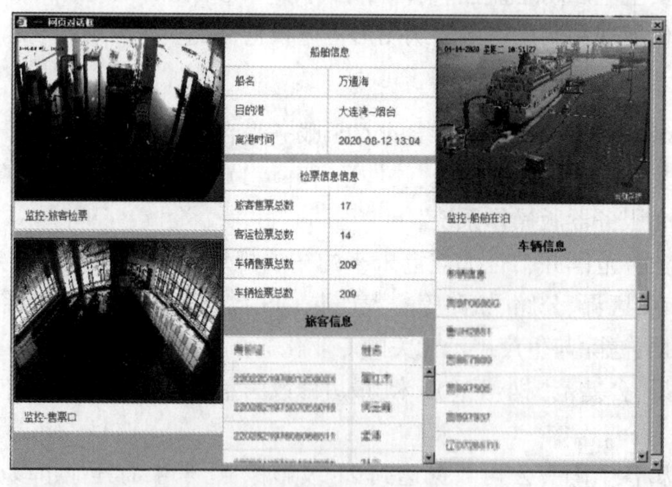

图2　安检动态展示

5. 生产信息采集

与公司现有综合业务信息系统、检票系统、人脸识别系统、车号识别等系统实现信息集成,相关生产信息主要为吞吐量计划信息、船舶计划信息、船舶作业信息(船舶动态卡片等)、客运滚装售票、检票信息、车号识别信息等。

6. 作业信息查询

①进出港航班生产作业信息查询(日期:月/日)见表2。

进出港航班生产作业信息查询 表2

序号	船名	船公司	始发港	到达港	计划到离港时间	旅客人数	车辆人数	状态	备注
1	葫芦岛	中海	烟台	大连港	09:30	88	30	已到港	
2	永兴岛	中海	大连	威海	13:30			计划	

②当日航班查询见表3。

当日航班查询 表3

船名	始发港	到达港	计划始发时间	预计始发时间	实际始发时间	计划到达时间	预计到达时间	实际到达时间	状态	备注
葫芦岛	烟台	大连港	09:30	10:40	10:45	15:30	16:50		离港	天气原因
永兴岛	大连	威海	13:30						计划	

查询条件:船名、船公司、始发港、到达港。

③客运检票动态查询见表4。

客运检票动态查询 表4

序号	船名	船公司	始发港	到达港	计划到离港时间	旅客人数	检票数	车辆人数	检票数	状态	备注
1	葫芦岛	中海	烟台	大连港	09:30	88	80	30	28	离港	天气原因
2	永兴岛	中海	大连	威海	13:30					计划	

查询条件:船名、船公司、始发港、到达港。

(二)视频监控管理

1. 多功能视频浏览矩阵管理

随着桌面显示器分辨率及尺寸的增大,以及调试大屏幕系统的展示需要,视频监控画面分配模式需要与时俱进,以满足各种场景的浏览需要。用户可以选择监视的视频图像,完成手动、自动切换以及定时轮巡等要求。以画中画、1、4、9、16、25、36、64 画面及任意组合次序等方式管理矩阵效果,如图 3 所示。

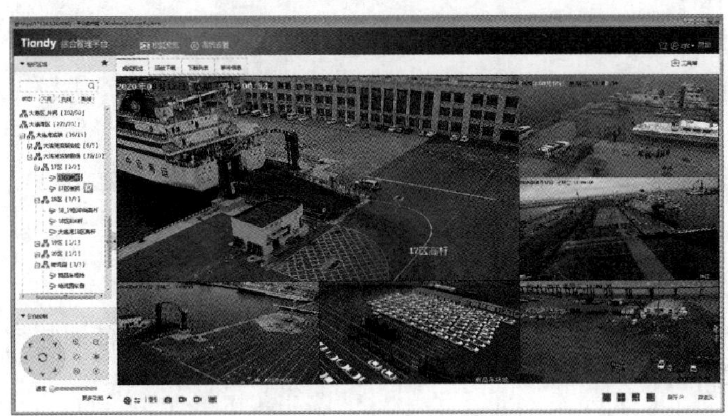

图3 综合管理平台

界面中还包括控制云台的转动,摄像机的变焦,调整图像监视窗口的亮度、对比度、色调等参数,详细功能指标包括:

①可自定义不同通道组合的个性化视频预览模式;

②支持手动/自动/分组/定时等多种切换预览方式；

③可同步监听前端设备采集的声音,并与现场进行语音对讲和广播；

④可控制前端设备的云台镜头和辅助开关,支持矢量定位功能；

⑤支持视频通道名称关键词和拼音首字母快速检索；

⑥支持多标签视频通道浏览,扩展同时浏览的摄像头数量；

⑦支持多屏/分屏显示视频预览；

⑧支持窗口模式、最大化模式的显示方式；

⑨支持视频图像组轮巡、支持视图组轮巡、支持跨服务器图像轮巡；

⑩可直接在电子地图中嵌入显示窗口,用来显示电子地图中任意视频的实时画面。

2. 可视化视频监控

将视频监控摄像头布置与码头售票厅、候船厅、旅客检票口、车辆安检仪、泊位现场生产情况,实现监控现场安全生产作业动态,如图 4 所示。

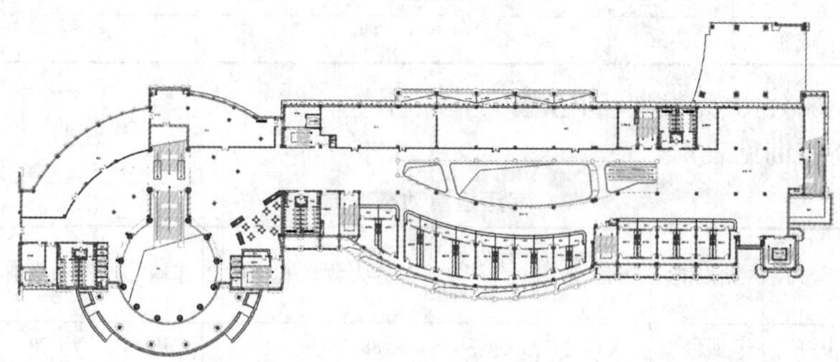

图4　可视化视频监控

3. 设备管理

实现设备位置、型号、所属部门及其他设备参数等基本信息的管理。设备的管理包括设备的编辑、设备所属组管理、设备的功能管理,如图 5 所示。

选择	服务器名称	服务器IP	子网ID	服务器类型	通道数量	输入报警路数	输出报警路数	资产编号	通道信息
□	2码头3区登船梯	10.9.100.101	0	TC-NS621S	1	1	1	1	查看
□	2码头4区楼顶	10.9.100.102	0	TC-NS621S	1	1	1	1	查看
□	7号泊位登船梯	10.9.100.109	0	TC-NS621S	1	1	1	2	查看
□	8号泊位登船梯	10.9.100.110	0	TC-NS621S	1	1	1	2	查看
□	9号泊位登船梯	10.9.100.111	0	TC-NS621S	1	1	1	2	查看
□	陆域一期11号高杆灯	10.9.100.117	0	TC-NS621S	1	1	1	2	查看
□	陆域一期5号高杆灯	10.9.100.118	0	TC-NS621S	1	1	1	2	查看
□	陆域一期6号高杆灯	10.9.100.120	0	TC-NS621S	1	1	1	2	查看
□	陆域一期8号高杆灯	10.9.100.122	0	TC-NS621S	1	1	1	2	查看
□	陆域一期10号高杆灯	10.9.100.124	0	TC-NS621S	1	1	1	2	查看

12345678910...

图5　设备管理

①设备的编辑:设备的添加、删除、保存和修改设备信息。

②设备所属组的管理:根据设备位置不同、性能不同、用途不同将设备划归到不同的设备组中,一个设备可以属于多个设备组。

③设备的功能管理:实现设备所具有功能的管理配置。

4. 设备组管理

实现根据其位置不同、性能不同、用途不同等灵活设定设备组。首先按照地域可以将设备组分为各作业区,再按照部门或职能分为业务、安全、海关、边防等,形成一个多级的设备组管理。设备组的管理包括设备组的编辑、设备组内设备的管理。

设备组的编辑:设备组的添加、删除、保存和修改设备组信息。

设备组内设备的管理:实现组内设备的添加、删除。同一个设备可以分属不同的设备组。

5.角色管理

系统可以无限添加角色模板,并对角色模板设置功能。实现根据其岗位不同、工作性质不同等灵活设定角色。首先按照地域可以将基本角色分为总部及部门,按照部门或职能可以分为管理领导、普通用户等等。这些角色由系统管理员负责定义。角色管理主要功能包括:角色定义、给角色分配人员、查看角色的权限设置信息、角色的功能操作设置。

系统增加多级管理员的功能,并建立多级的功能管理体系。定义最高级系统管理员账号以便可以管理整个应用系统。系统管理员可在应用系统中添加子区域,并在子区域内增加部门、科室。系统管理员可直接添加用户,且用户必须被隶属到某个子区域中。被添加的用户角色由系统管理员指定。如果被赋予了二级管理员角色,则该用户也具有管理功能,但只可以在所属子区域内有效。由二级管理员添加的用户,也可以被赋予三级管理员角色,但只在所属范围内有效。

6.组织结构管理

实现根据其岗位不同、工作性质不同等灵活设定用户组。首先按照地域可以将用户组分为机关及各作业区,再按照部门或职能分为管理领导、业务、安全、海关、边防等,形成一个多级的用户组管理。用户组管理包括:用户组编辑、用户组内用户管理、用户组的功能权限设置、用户组的操作权限设置、用户组的设备权限设置。

7.用户管理

实现用户功能设定,以及用户在职状态、所属部门等基本信息的管理。用户的管理包括用户编辑、用户功能权限和操作权限管理、用户所属组管理、用户的设备权限管理,见表5。

用户管理 表5

用户账户	姓　名	用户级别	移动电话	角　色
kyz	客运站	管理员		管理
yubo	于渤	管理员		管理
wangl	王磊	调度员		管理

(三)人脸识别实名制验票系统建设

公司作为社会公共交通服务窗口,承担着社会发展、旅客运输及平安社会的重要职能。为进一步提高生产管理效率,加强旅客检票、验票通行效率,以信息化手段为基础,建设基于人脸识别的旅客自助通道管理体系。

随着企业信息化系统的建立和完善,人脸识别技术广泛应用于安全检查系统,利用计算机通信技术、图像采集识别等技术,提供相关的应用软件,将人脸识别与检票业务系统整合,可高效准确地完成信息的处理。

目前,公司已设有人工检票、验票通道,实现了票面扫描、旅客身份证信息采集及人脸抓拍采集功能,并通过人工方式完成检票、核对。以上成果为本次项目的实施建设提供了基础条件,并在现有的数据系统上,通过开发人脸分析服务,实现候船厅旅客自助通道功能。

1.建设内容

建设内容包括:硬件设备采购、部署及软件功能和相关接口开发。

(1)硬件设备部署

①建设自动管理通道设施;

②安装、部署、调试摆闸设备;

③安装具备人脸识别功能的高清视频采集、识别设备；

④安装后端识别分析软件。

(2)软件开发

①人脸识别服务平台部署、调试。

②开发检票数据同步接口。实现将检票信息及抓拍数据同步到识别数据库。

③人脸视频数据采集及识别服务。该服务完成数据识别比对,并联动摆闸控制接口,实现人员放行及报警处理。

(3)系统功能特点

①以人脸识别技术为核心,在客运站部署人证合一通道闸机,对进入客运站乘客身份证件及人脸采集,利用行业领先的人脸识别比对技术,对“人”“证”进行比对并且留痕,提高了客运站安全防范能力；

②系统与客运票务系统对接,可真正意义上的实现“一票、一人、一证、一关卡”的核查放行模式；

③只进不出,限制反向通行,进站与出站分流,优化站务管理。

2. 系统架构

如图6所示,系统主要由人脸采集摄像机、人脸识别服务器、录像存储设备、客户端电脑和网络交换设备组成,是一种后端智能的分析处理机制。系统采用人脸检测与识别技术,实现对前端采集视频中的人脸进行识别。

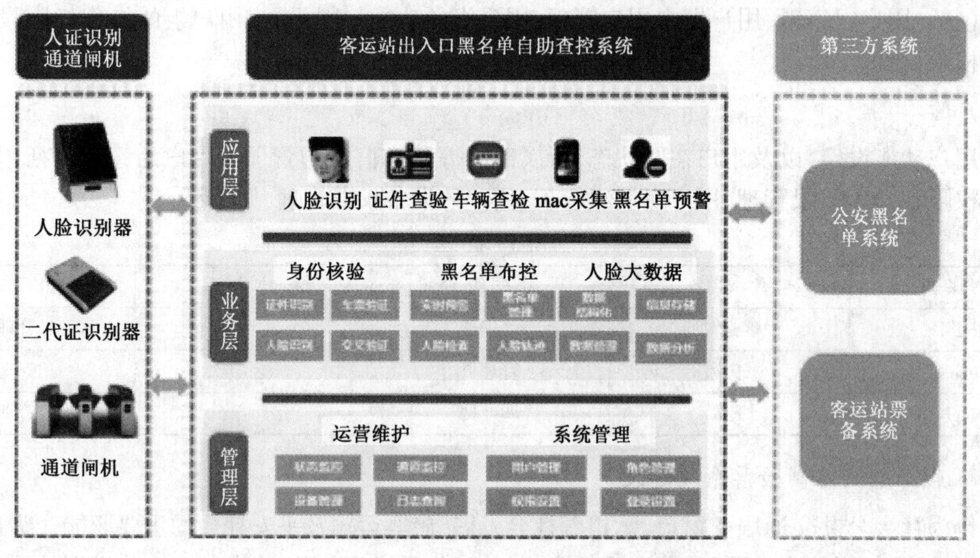

图6 人证识别系统拓扑图

人脸采集摄像机用于采集布控区域人员的高清人脸视频,并通过传输网络实时传输至人脸识别服务器；人脸识别服务器对实时人脸视频进行人脸特征采集、识别、比对,并输出比对结果。

3. 系统功能设计

(1)数据同步接口

改造现有的检票系统程序,并开发网络数据接口服务。检票程序将每名旅客的票面信息、身份证信息及人脸抓拍图像,主动推送到接口服务。实名制验票流程见图7。

(2)人脸采集识别服务

该服务以事件方式实时从抓拍设备采集人脸图像,将图像与同步接口的图像数据库进行比对(图像数据库数据从检票环节获得),获得最相似的旅客信息,并根据该旅客关联票面信息,判断旅客是否允许在当前时间登船,并联动到摆闸完成放行动作。

包括以下3种情况：

①旅客面部识别失败。在该情况下,系统界面显示“验证失败”提示信息,旅客可重新尝试;若多次比对仍无法通过验证,则由现场安检人员进行人工核对,必要时交由值班民警进行处理。

②旅客面部识别成功,但非有效班期。该情况说明旅客所持船票的班期非当日班期或船舶已离港(即旅客迟到),系统将提示“无效班期”。

③旅客面部识别成功,且在此时间登船。该情况说明旅客已完成“人、证、票”核验步骤且信息无误,可以通过实名制验票环节,系统将提示“验证成功”并自动联动到摆闸设备放行。

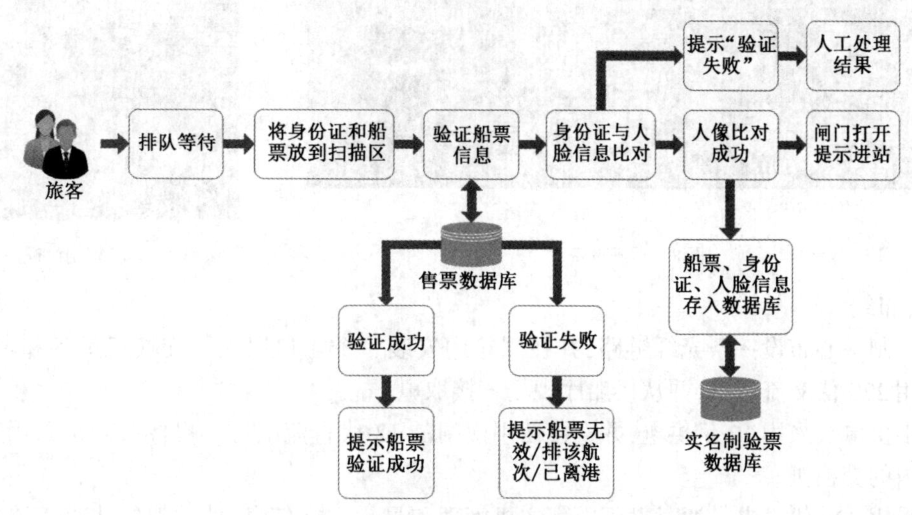

图7　实名制验票流程图

4. 实施方案

在自动通道位置安装一套人脸识别高清摄像头,通过网络接入服务器、存储 NVR 以及客户端电脑,实现将现场采集的视频信息、人脸图像实时传递到后台控制中心进行存储、显示、判断,同时与检票通道的摆闸进行联动。

施工内容如下:

①自助旅客通道设施布局;

②摆闸设备安装;

③立杆安装;

④摄像头、LED 屏安装;

⑤综合布线。

5. 施工方案

(1)通道设施布局

通道设施布局采用两列平行不锈钢栅栏,隔离出宽度约 900 毫米的通道,并在通道的末端安装摆闸设备,如图 8 所示。

(2)摆闸安装

采用挡杆式摆闸设备,该设备结构简单,耐用,挡杆可根据管理需要人工落下或抬起。摆闸可设置为单向流通,且每次只能通过一名旅客。

摆闸内置语音提示及指示灯设备,以便于引导旅客通行。

(3)人脸识别设备调试

摆闸设备集成人脸识别摄像头采用高清 300 万像素、低照度数字智能设备。具备人脸检测、跟踪能力,并提取人脸图像的结构数据,发送到服务器端进行比对处理,显示屏用于显示通行提示信息及旅客信息,如图 9 所示。

图8　摆闸设备

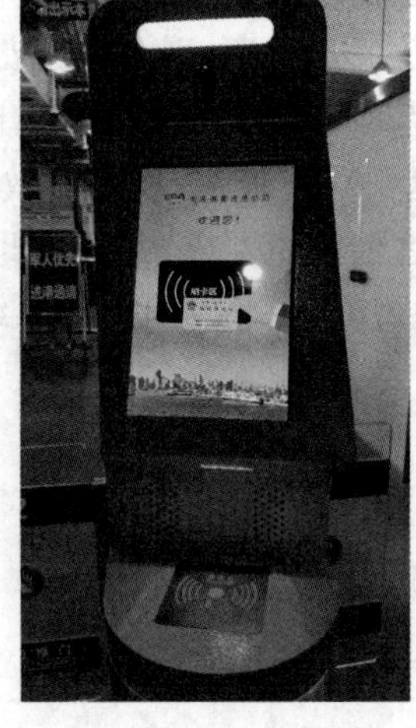

图9　人脸识别设备

(4)综合布线

摆闸到控制中心布设一条光纤链路,并在闸箱内安装一个 4 口以太网交换机设备和 12 伏开关电源。摆闸使用 220 伏交流市电,并从候船厅现场直接取电。

人脸识别摄像头采用 12 伏供电,并直接使用摆闸的 12 伏直流电源。摄像头网络采用双绞线直接连接到摆闸内的交换机。

显示屏采用 220 伏供电。通过摆闸内部主机管理和显示文字信息,使用双绞线直接连接到摆闸内的交换机。

(5)控制中心

控制中心部署一套服务器设备,用于安装相关的软件环境,包括:

①识别接口数据库;

②人脸识别服务;

③采集、联动管理服务;

④网络应用管理服务。

6. 人工实名制验票

人脸识别自助实名制验票通道系统的建设,有力地促进了传统人工验票方式向智能化验票方式的转型升级,是客滚码头智慧化港口建设的典型代表。但是,从旅客服务方式全覆盖的角度出发,公司仍然保留了人工实名制验票通道,与自助通道实现"互补"。

人工实名制验票通道除了拥有自助通道包含的船票核验、人脸比对功能外,还增加特殊证件拍照功能,能够完成户口簿、护照、临时身份证明等身份证读卡器无法识别的有效证件(图 10)。

图10　人工实名制验票

两种验票方式的应用，能够满足不同旅客的使用需求，也使得验票候船流程更加高效化、人性化。

(四)滚装桥车号识别存储

1. 车号识别

在客运滚装桥上安装车号识别设备，当车辆通行时自动读取车号信息，将车号信息记录采集。

车号识别包括如下内容：客运滚装车辆经过岸桥登船，系统识别车号、登船时间等信息。

2. 船舶登船管理

车号识别系统与客运综合业务系统集成，将获得的车号、登船时间等数据格式化与当前船舶售票情况进行匹配，统计登船情况，进行展示。

三、项目实施效果

本项目自2018—2019年陆续投入使用以来，经过实际运行，已经在客运生产及安全管理等多方面取得了显著成效。

第一，系统广泛应用物联网技术，实现了海量物流数据的实时采集。本项目依托平台海量物联网设备的数据采集、传输及信息集成，相关部门可第一手获取客运物流相关的船舶、票务信息、旅客及车辆位置信息和登船状态等关键信息，为生产调度、现场操作、资源管理、客户服务、统计分析等相关功能奠定基础。

第二，通过图形化、电子化等手段，实现"智慧型港口"客运管理。系统大量运用生产可视化与数据分析相结合的理念，将将视频监控、船舶调度、售票、检票、车号识别、人脸识别等全过程数据纳入统一管理。同时，应用电子化操作取代手工操作，使港口相关制度得以落实，使各种监督机制更加明晰，加强事前、事中的控制，提高管理效率、提高生产安全。

第三，通过信息化平台建设，带动业务流程和管理水平的提升。以系统平台应用为基础，港口生产管理进一步向集约化协同化发展，统一协调并制订生产计划，合理安排公共资源，进而减少了中间环节，实现车、船、人的顺畅衔接和快速周转，提高对外联络效率，提升客户服务水平，提高决策的科学性。

第四，依托可视化监控服务体系，提升港口服务水平。系统平台的应用，进一步加强了港口与客户的联系和交流，提供丰富的港口信息服务，提升港口信誉和满意度，营造方便快捷和谐的物流软环境。

第五，建立了科学的数据统计和决策支持体系。系统通过对各种数据进行实时提取、分析，经过人工智能算法的处理，得到科学有效的分析结论，为港口决策的科学性、时效性提供重要的依据。

"客滚综合安保信息管理平台"处于国内客滚码头计算机综合应用系统的前列，是大连港在业务需求指导下自行研发的软件，拥有独立的知识产权。本系统使公司的信息化管理水平走上了一个新的台阶，大大提升了企业核心竞争力，有力地推动了港口生产业务管理和安全管理健康快速发展，在建设世界一流强港、打造智能港口的征程上迈出了坚实步伐。

集团公司安全管理队伍建设的创新实践

珠海港控股集团有限公司

成果主要创造人:欧辉生　徐海东

成果参与创造人:宋锴林　周国强　雷昌明　余　刚　田运添

珠海港控股集团有限公司(简称"珠海港集团"或"集团公司")是2008年7月25日成立的珠海市市属国有独资企业,主要从事港口、土地及其配套设施的开发、建设、管理和经营,承担着推动珠海市港口跨越发展、带动区域经济崛起的重要历史使命。经过十余年奋力拼搏,珠海港集团年货物吞吐量从3712万吨增至1.27亿吨、集装箱吞吐量增长至268.83万标准箱。珠海港集团成为珠西地区最大的港航企业,资产规模由28亿元增长至300亿元,被评为"国家AAAAA级综合服务型物流企业"。

珠海港集团大力实施国际化战略、西江战略、物流中心战略、智慧绿色战略,构建港口航运、物流供应链、能源环保、港城建设和航运金融五大业务板块。目前拥有全资、控股、参股、合营企业122家,其中包括一家A股上市公司(珠海港股份有限公司)、两家新三板挂牌企业(珠海港信息技术股份有限公司、珠海港昇新能源股份有限公司)和珠海市首家AAAAA级物流企业(珠海港物流发展有限公司)。珠海港集团业务覆盖码头与航运及其配套服务、物流、供应链管理、电力能源、管道燃气供应、环保、码头建设及航道疏浚、软件开发与维护、港城开发及其配套服务、航运金融等行业的投资、营运。

新时代下,面对国家深入推进"一带一路"倡议、港珠澳大桥建成通车、粤港澳大湾区规划发布等重大机遇,珠海港集团大力发挥珠海港坐拥西江主出海口、毗邻港澳、铁路直达港区等独特优势,秉承"因您而在—联结世界"的核心文化理念,积极参与国家"一带一路"倡议,坚持特色发展,全力推进海港枢纽建设,加快打造华南地区重要的国际港口物流中心,力争到2021年,实现资产总额330亿元,推动全港和集团货物通过能力均超1.8亿吨、珠海全港和珠海港集团集装箱吞吐量均超400万标准箱,把集团打造成卓越的现代化国际港口运营商,推动珠海港迈进世界集装箱港口50强❶。

一、项目背景

(一)指导思想

深入贯彻习近平总书记系列重要讲话精神和治国理政新理念新思想新战略,坚持安全发展,坚守"发展决不能以牺牲安全为代价"这条不可逾越的红线,以防范遏制重特大生产安全事故为重点,坚持安全第一、预防为主、综合治理的方针,加强领导、改革创新,协调联动、齐抓共管,着力强化企业安全生产主体责任,着力堵塞监督管理漏洞,着力解决不遵守法律法规的问题,依靠严密的责任体系、严格的法治措施、有效的体制机制、有力的基础保障和完善的系统治理,切实增强安全防范治理能力。党中央、国务院历来高度重视安全生产工作,2016年12月18日《中共中央　国务院关于推进安全生产领域改革发展的意见》发布,就推进安全生产领域改革发展提出若干意见,推动全国安全生产工作取得积极进展。党的十八大以来作出一系列重大决策部署,关于新时代国企年轻干部队伍建设。习近平总书记在

❶ 以上数据来源于珠海港集团官网。

全国组织工作会议中强调,实现中华民族伟大复兴,坚持和发展中国特色社会主义,关键在党,关键在人,归根到底在培养造就一代又一代可靠接班人。这是党和国家事业发展的百年大计。要建设一支忠实贯彻新时代中国特色社会主义思想、符合新时期好干部标准、忠诚干净担当、数量充足、充满活力的高素质专业化年轻干部队伍❶。在2020年6月29日中共中央政治局第二十一次集体学习时,习近平总书记强调,要把提高治理能力作为新时代干部队伍建设的重大任务,通过加强思想淬炼、政治历练、实践锻炼、专业训练,推动广大干部严格按照制度履行职责、行使权力、开展工作。

(二)企业存在的问题分析

当前我国正处在工业化、城镇化持续推进过程中,生产经营规模不断扩大,传统和新型生产经营方式并存,各类事故隐患和安全风险交织叠加,安全生产基础薄弱、监管体制机制和法律制度不完善、企业主体责任落实不力等问题依然突出,生产安全事故易发多发,尤其是重特大安全事故频发势头尚未得到有效遏制,一些事故发生呈现由高危行业领域向其他行业领域蔓延趋势,直接危及生产安全和公共安全。深入企业了解,企业目前存在的安全生产困局表现为部分领导干部和员工责任认识不够,繁重的作业任务下安全管理举措没有执行落实到位。安全管理碎片化的现象时有发生。劳务外包、租赁承包单位安全管理水平参差不齐,事故隐患排查治理不到位,监督管理欠缺;港口码头作业劳动强度大,作业环境差,人员流动性大,文化素质相对较低,应急能力不足等问题,对企业安全管理人员素质要求高,按照企业传统的安全管理模式及方法已经不能适应现有需求,缺少对危险源的辨识和有效管控,安全管理人在事故防范显得不自信。

(三)企业安全管理的思路

为加强安全生产管理人才队伍建设,提高安全生产管理人才能力素质,适应珠海港集团生产经营规模不断扩大的要求,2016年2月,《珠海港集团安全生产与消防中长期发展规划(2016—2020年)》发布,提出了安全组织保障率达到100%,建立安全管理人才梯队建设的目标任务。5年来,珠海港集团大力实施安全发展战略,夯实安全管理基础,提供坚强组织保证和安全安全管理人才支撑,系统性防范潜在安全风险,完善作业现场的目视化与防错管理,强化作业人员风险意识,完善标准化作业程序,切实提高企业安全管理能力。限于篇幅,本文仅从集团公司安全管理队伍建设创新实践的角度进行分析探讨,提出问题解决方案和从实践中总结可复制推广的经验。

二、项目内涵与主要做法

珠海港集团大力实施安全发展战略,聚焦安全管理队伍的专业化培养,开展安全管理人才梯队建设,搭建学习型平台,强化职业训练,在实践中锻炼,让安全管理队伍实现从“我要安全”到“我会安全”的转变,以推动企业安全生产持续改进,确保战略落地。主要做法如下。

(一)制定整体推进规划,建立组织架构

珠海港集团的安全管理需要打造一支专业化精干的安全管理人员队伍,建立完善安全生产管理人才培养体系。为此,珠海港集团2016年2月制定了并发布《珠海港集团安全生产与消防中长期发展规划(2016—2020年)》,提出安全组织保障率达到100%,达成安全管理人才梯队建设的目标任务。

1.珠海港集团安全管理队伍5年建设目标、指标

①打造一个支撑珠海港集团发展战略的高效安全管理职业化人才团队。

②建立珠海港集团内部各层级安全管理职业化人才储备库,适时跟进能力施展、能力变化情况。

③建立安全管理人才梯队建设培训体系,制定所跟踪人才的培训、培养计划,持续提供人才土壤“肥力”。

---

❶ 源自《人民日报》2018年7月5日01版报道《习近平:切实贯彻落实新时代党的组织路线 全党努力把党建设得更加坚强有力》。

④制定安全管理人员向职业安全经理人转化的职业生涯规划政策,引导员工根据自己的能力、职业兴趣规划职业道路和公司的发展需求相结合,以实现公司发展和员工发展双赢。

具体指标如下:

——建立一个专业分工、业务精干的集团公司安全专家库。

——安全管理队伍中,安全工程师、消防工程师、安全评价师持证率30%以上。

——安全管理人员在岗培训合格率达100%。

2. 适用范围

珠海港集团及子公司专职、兼职安全管理人员。

3. 组织设置及职责

①集团公司董事长是集团公司安全管理人才梯队建设的决策者,负责集团公司安全管理人才梯队建设方案的审批。

②集团公司安全分管领导是集团公司安全管理人才梯队建设的监督者,负责集团安全管理人才梯队建设方案实施的监管。

③集团公司人力资源管理中心是集团公司安全管理人才梯队建设的组织管理认定者,负责指导、监督集团公司安全管理人才梯队建设的实施。

④集团公司安全管理部门是集团公司安全管理人才梯队建设的培养基地,负责集团公司安全管理人才梯队建设的具体管理、实施。

⑤子公司是企业安全管理人才梯队建设的实施主体,负责安全管理人员的招聘、后备人才初步甄别,安全管理人员的岗位安排、绩效管控。

4. 组织形式

(1)集团公司安全专家库

为加强安全技术管理,提升珠海港集团安全管理专业水平,强化重要环节风险控制,防范各类事故发生,2018年,珠海港集团制定并实施《珠海港集团安全专家库管理办法(试行版)》,建立了集团公司安全专家库。第一届专家库聘任28名安全专家,其中3名为社会安全管理咨询机构的外聘安全专家。其主要作用有:一是安全专家库以解决集团公司安全生产方面的实际问题为着力点,以加速打造高素质人才队伍为目标,为进一步提高集团公司安全管理水平储备人才资源。二是安全专家库是建立完善可靠的生产经营管理机制的重要环节,是形成"发现问题有机制,解决问题有人才"的高效管理局面的保证手段。三是通过安全专家库管理机制,充分利用集团公司现有安全管理人才资源,同时吸纳社会安全管理专家,及时解决在安全生产工作中存在的问题,并通过项目攻关和管理创新,有效提高集团公司安全生产与经营管理水平。四是通过设立安全专家库,不断加强高素质人才队伍建设,引导各类专业人员扎根岗位、积极进取、充分发挥积极性和创造性,在实现个人岗位成才的同时,为企业的长远发展做出积极的贡献。

(2)安全人才储备库

从2019年开始,集团公司从企业选拔一批基层安全管理人员,每年举办一期安全管理业务特别训练班"安全管理优才班",推行安全管理后备人才发展计划。这个层次的安全管理班主要有企业一些年轻的、安全管理经验不足的年轻人组成,正是这些年轻人,没资历,有闯劲,有年轻的资本,敢于大胆探索实践,始终保持朝气蓬勃、奋发有为的精神状态。用年轻安全管理人员干劲闯劲的"鲶鱼效应",激发整个安全管理队伍的生机与活力。

(二)人才甄别与培养路径

1. 人才分级

珠海港集团将安全管理人才培养的专业能力等级分为五个等级。依次为一、二、三、四、五级,其中一级为最高级,五级为最低级。设定高级注册安全工程师为三级,集团公司安全专家库专家成员、已获得中级注册安全工程师的安全管理人员为四级,初级注册安全工程师及其他专职、兼职安全管理人员为五级。

2. 资源调查

为全面掌握集团公司现在安全管理人员的基本情况,精准选拔安全特别训练的对象,集团公司安全管理部门对安全管理人员进行全员问卷调查,收集筛选有效样本86份问卷,分析结果如下:

(1)男女比例(表1)

男女比例 表1

选项	小计(人)	比例
男	77	89.53%
女	9	10.47%

企业的安全管理以现场安全监管为主,港口码头的作业条件艰苦,女性安全管理人员主要是负责职业卫生、环境保护、体系建设、台账管理等文职类工作。

(2)年龄结构(表2)

年龄结构 表2

选项	小计(人)	比例
25岁以下	4	4.65%
25~40岁	44	51.16%
41~55岁	32	37.21%
56~60岁	6	6.98%

通过数据来看,国有企业内从事安全管理工作的,老中青三个年龄层次的都有,其中25~45岁者居多。发挥老同志的管理经验资历优势,吃苦耐劳的优良品德以及对企业的忠诚,是企业安全管理队伍的定海神针;发挥中年安全管理人员的年富力强优势,是企业安全管理的核心力量,起到企业安全生产主体责任落实中流砥柱的作用;发挥年轻后辈的安全管理新人,为企业安全管理带来新鲜血液,引领新思想和办公系统的高效操作、信息化的优势。按照"干什么学什么、缺什么补什么"的原则,着力弥补年轻安全管理人员的专业知识空白、管理经验盲区、治理能力短板,帮助年轻安全管理人员全面提升专业能力、培养专业精神,使其尽快成为所在领域的行家里手,是集团公司安全管理队伍建设的重点。

(3)学历情况(表3)

通过数据来看,近年来,珠海港集团,不断优化安全管理人才结构,提高了安全管理人员的从业门槛,同时,企业也鼓励在职的安全管理人员通过学历教育、技能培训,提升安全管理胜任能力。

(4)工作年限(表4)

通过数据来看,1~5年以内的安全管理人员占比50%,这个工作年限的安全管理者,还在适应调整阶段,大都思维活跃,可塑性强,但也容易左顾右盼,导致人才流失,出现安全管理人才青黄不接的现象,这也是集团公司安全管理队伍培养的主要目标人群。

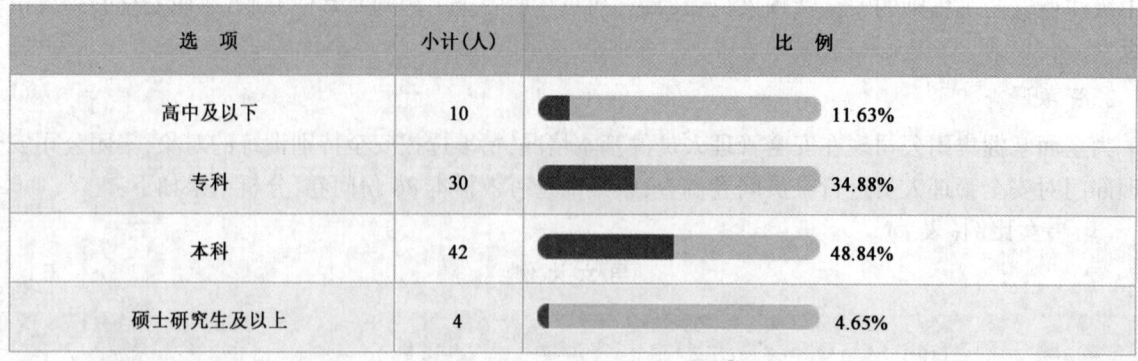

学历情况 表3

选 项	小计(人)	比 例
高中及以下	10	11.63%
专科	30	34.88%
本科	42	48.84%
硕士研究生及以上	4	4.65%

工作年限 表4

选 项	小计(人)	比 例
1年以内	3	3.49%
1~2年	12	13.95%
3~5年	22	25.58%
6~8年	10	11.63%
8年以上	39	45.35%

3. 后备选拔

进入集团公司安全管理人才储备库的安全管理人员人才甄别要求如下基本条件:

①年龄在20岁以上、45岁以下;

②进入集团公司半年以上的正式员工;

③绩效考核成绩为良好及以上。

4. 甄别流程

①集团公司安全管理部门发出安全管理人才甄别安排,包括甄别人数、人选要求、上报资料等要求。

②子公司提名,提出申请表。

③集团公司安全管理部门甄别符合条件的人选名单,经人力资源管理中心同意,报集团公司经营负责人审批,并公布。

(三)培养方式

1. 培养周期

集团公司每年举办一期安全管理优才班,参加的学员人数不超过30名,特别培训时间为1年。

2. 管理设置

具有高效执行力的精英一定是一个富有团队精神的队员,安全优才班这个团队就需要明确分工,高效执行。为此,在组织管理上做了一些设计。集团公司安全管理部门负责人兼任辅导员,学习班设置班长、副班长、安全委员、学习委员、组织委员、纪律委员6位管理者,另外设置安全生产、消防安全、职业卫生、环境保护、应急管理等课程的课代表,30人分成6个小组,每组设1名组长。图1为安全优才班的结构小屋图。

3. 学习方式

珠海港集团是跨行业、跨地区多元化经营的组合体，怎么把集团公司各地、不同行业的安全管理人员组织起来进行高效的学习？珠海港集团安全优才班学员的学习采用互联网线上学习和线下教学、实践两种方式。其中，互联网线上学习包括网络直播、讨论群、线上考试每日安全分享等，线下实践包括线下教学、集中脱产学习、集团公司到安全管理部门跟班学习、每月结合企业安全生产工作的实际完成学习任务包，户外拓展训练。

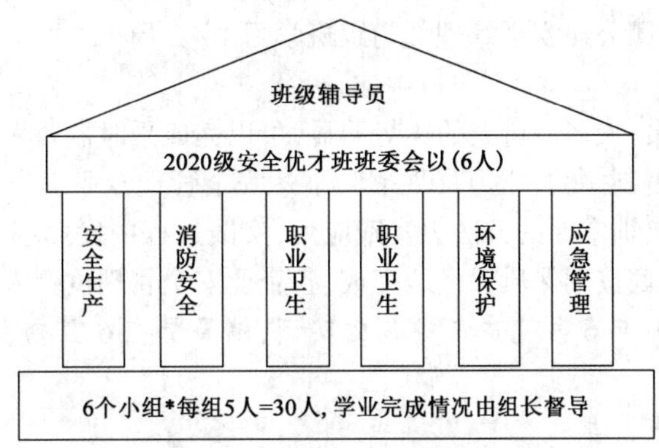

图1 安全优才班的结构小屋图

(1)互联网线上学习

通过网络直播的方式，学习安全管理专业的精品课程，素材来源主要通过珠海港集团企业大学以及各类安全生产服务第三方机构的网络资源，提供网络学习的机会。

(2)建立微信讨论群

微信群聊无疑是现在常用的沟通交流的社交手段，通过开设群论坛的方式，安全优才班组织符合考证条件的学员组成兴趣小组，报考注册安全工程师、注册消防工程师、安全培训师，共同学习、交流心得。

(3)线上考试

运用安全管理系统线上考试功能，珠海港集团开展如安康杯安全知识竞赛活动，安全管理人员业务能力考试，安全优才班期中、期末考试等。

(4)每日分享

亚里士多德曾说："我们很难通过智力去影响别人，情感故事却能做到。"生活中，通过辩论说教很难获得他人真的认同，开启情感故事思维，却可以通过一个生动故事、一则经典的短语引起巨大的认同，价值观也由此共识。安全生产工作不仅仅是一个个有目的的活动和一条条刻板的规则，同时也是一种情感经历，一种价值认同，安全是一件快乐且值得分享的事。

珠海港集团安全优才班的安全管理培训团队学员来自各不相同企业的安全管理骨干学员，各有所长，年轻有为。他山之石，可以攻玉，学员们每天借鉴分享一个安全小故事或者经典的安全短语，全面诠释安全生产工作。短语敏锐简洁，令人印象深刻；故事生动幽默，使人情感共鸣；短语蕴含哲思，发人深省；故事庞杂包容，引人想象激发。

珠海港集团安全管理部门把这些关乎安全的短语和故事汇集起来，累积成册——《珠海港集团安全优才班学习分享材料之每日安全分享》，把好故事讲给每一个人听。期望读者从中受益，警示违章违纪行为，引导全员参与安全，能让珠海港集团安全文化建设再上新的台阶。

2019 年底以来的新冠肺炎疫情暴发，组织集中安全教育培训的方式，防疫防控的风险大，乘借线上培训的大趋势，采用上述四种方式，发挥了安全优才班近期培训的最大功能，且有利于跨区域企业学员的交流，节省时间和成本。

(5)线下教学、实践

方式包括集中脱产学习,增加近距离交流的机会。珠海港集团经常邀请行业安全管理专家、集团公司内训师举办安全教育培训、知识讲座、应急救援演练。

(6)集团公司跟班学习

集团公司安全管理部门根据安全管理业务需要,邀请企业安全管理学员来集团公司跟班学习,一起工作,一起学习,一起走访企业,开阔了跟班学员的视野,同时也能快速的学习到安全管理先进标杆企业的做法。跟班学员,主要培养学员关键资质,具体包括:沟通能力、分析判断能力,计划组织能力,管理控制能力,应变能力,执行力,创新能力,领导能力,决断力,人际关系能力,团队合作能力,承受压力的能力。一般安排每个学员来集团公司安全管理部门跟班学习1~2周。

(7)完成任务包

安全优才班有30名学员,人多力量大的优势明显,可以完成平时需要大量人手,耗时耗力的工作任务。为此,辅导员每月定期编制"每月学习计划书",下达安全管理专业工作任务包,要求学员结合自己企业的安全生产实际,通过培训掌握的方法去实践应用,实践过程中发挥小组的优势,进行群策群力地讨论,最后形成作品,每月月底按期保质保量地完成,各企业安全管理负责人作为监督者。

【实例】这里举一个2019年6月完成任务包的实例,辅导员在6月初发布了当月"每月学习计划书"。

学习主题:进行隐患排查治理。

学习目标:学员掌握国家有关隐患排查治理的法规要求和排查依据,熟悉危险源、一般隐患、重大隐患等相关概念,会编制安全检查表,能组织开展隐患排查,能提供隐患治理的措施意见,会协调督促相关责任部门完成隐患治理。会编制隐患排查治理台账及归档。

工作包任务:以组为单位提交《隐患排查治理指南分册》,其中第1组机械设备部分,第2组建筑施工部分,第3组电气部分、第4组化学品管理部分,第5组安全标识部分,第6组消防部分。

经过多次修改,最后由珠海港集团安全管理部门汇编成册《珠海港集团隐患排查治理指南》,并向集团公司各企业进行发布,共享学习成果,指导企业安全管理。

拓展训练。开展户外拓展、到生命安全体验馆实践等活动。

4. 结业条件

(1)培训要求

参训学员出勤率不少于95%以上课程(由集团公司安全管理部门下发通知组织的课程)。

(2)考试要求

通过集团公司安全管理部门组织的培训统一考试。分每月安全知识专项内容考试,半年期间的期中考试、结业期间的期末考试。集团公司安全管理部门提供学习材料,并通过安全管理系统进行闭卷考试,学员可通过系统查询考试成绩以及排名情况。

(3)项目要求

参训学员要进行项目管理且在该项目进行中起到主导的作用结合集团公司的精益管理项目以及自主改进项目,参与的安全管理持续改进,通过了集团公司有关部门组织的项目评审,并经过集团公司安全管理部门评价获得75分以上。

【实例】这里举一个2019年级安全优才班自主完成项目"码头企业桥吊起重作业中掉箱事故预防"来说明:

精益安全管理区别与传统安全管理在于基于现场思维的过程管理模式。为了将精益安全管理落实,集团公司企业在推进过程中,运用DMAIC循环科学合理推进绿带项目。按照严谨的精益六西格玛管理方法,分为DMAIC(定义、测量、分析、改进、控制)五个阶段逐步推进。下面以码头企业桥吊起重作业中掉箱事故预防来说明具体的推进步骤:

D阶段(定义阶段):本阶段的任务是确定项目方向。明确企业需要解决的安全管理问题,解决码头桥吊起重作业掉箱事故,确保无事故无伤亡。所需要被解决的问题的影响、相关流程范围、现有管理水平和目标水平都将需要被填入《集团精益六西格玛持续改进项目立项书》中,并报精益持改委审批完成。成立了以企业主要负责人为组长的项目团队,由安全管理部负责人为主的执行运营项目小组,成员包括安全管理部全员,工程技术部、操作部、商务部、行政部的精益管理内训师、绿带成员组成。

M阶段(测量阶段):本阶段的主要任务是了解现状。改善都必须是基于现状的改善,只有对现状了如指掌之后,才能洞察问题的症结所在。本阶段项目组运用流程图、跨职能流程图、合理化判定等定性分析方法,同时也运用数据采集、统计分析等定量分析的方法重新多角度审视各自的工作流程。在精益管理咨询机构顾问的指导下,以安全生产标准化建设为抓手,企业开展SOP作业标准化建设。以桥吊起重机吊装作业为例,分为司索、指挥、操作三个工种,吊装作业操作工序分解为绑扎、起吊、移动、下降、松绑五步,每个工种每道工序都有动作分解,并建立标准规范的安全操作规程。

A阶段(分析阶段):本阶段的任务是确定关键影响因子,识别根本原因,挖掘对问题症结根因的系统管控措施是本阶段核心工作。解决措施主要有两类:

①预防性的措施能尽可能避免问题的发生,从根源上杜绝风险机会;

②查侦性的措施能帮助及时发现流程变异的发生,及时作出反应。

本轮工作将首先邀请包括一线操作者在内的项目组成员,结合专业能力、经验、系统能力和逻辑能力,然后依据讨论的结论到现场确认并适当收集数据验证根本原因,确认影响的严重度、根因的发生频率和对根因的当前控制措施的有效性,以决定本次项目的攻关方向。为此,码头企业导入基层班组危险预知活动。在精益管理咨询机构顾问的指导下,各项目组成员运用头脑风暴、失效树结构、5个Why、防错、失效模式与影响分析(FMEA)等管理工具开展广泛的讨论,梳理因果关系,推进基层班组开展现场危险作业分析,实行隐患排查与风险防控相结合。危险预知主要是让员工在作业前预先知道什么是危险,主要是以班组为单位开展危险预知能力评价等多种形式的工作安全分析(JSA)活动。为提高员工危险预知能力,对已经发生的事故案例,哪怕是一起非常轻微的事故都图文并茂分析事故原因,采取改善措施,认真按照他们规定的表格形式打印出来,一目了然。同时,通过各种途径了解到的其他企业发生的事故,也通过灾害情报的形式及时公布给员工。

通过危险预知活动,找到桥吊起重作业中掉箱事故的根本原因是机械在集装箱装卸过程中,因集装箱脱离吊具或其紧固件下落,以及钢丝绳断丝导致吊具坠落,并且因为人货没有分离,行人进入作业区域起吊的集装箱正下方或集装箱与吊具的行走路线范围而造成事故的发生。

I阶段(改进阶段):本阶段的任务是执行上一阶段制定的管控措施,并验证对策的有效性。第一,项目组将被要求提出综合性的系统解决方案,而非单一经验式的对策。如此能避免陷入无谓的争论,原因和系统解决方案都呈现在纸上,能使参与者清晰认清问题的核心。第二,召开项目评审会议。会议邀请相关领导和流程相关部门共同就项目所寻找的根本原因和对策进行评审,以便取得共识。同时,恰当地争取各级领导的支持。第三,协同各部门开展对策的实施。第四,持续监控相关可量化数据,随时验证对策的有效性。从问题发生的频率和风险识别能力上判断对策的有效性。第五,如果在本阶段确实发现有效对策,也可以尽快安排推广复制。

为此,项目改进组为钢丝绳以及吊具的完好监测建立数据库管理,并将日常维护保养定期进行,实行日日点检记录.场所环境方面,实行人、车、货道三者分离,减少行人的暴露率,从根本上消除能量失控造成人员受伤的可能性和严重性。

C阶段(控制阶段):最后这一阶段的主要任务是对改善成果进行监控、固化及推广。

①完善数据统计系统,以便持续监控流程的变异和效果的变化;

②标准化最优的操作流程;

③完整执行风险控制措施;

④对关键岗位或环节开展必要的点检;

⑤把成功经验推广到项目开展企业类似的流程和设备上;

⑥由集团组织成功经验分享会,把有效对策和项目管理的成功经验推广到其他成员企业。

5. 退出机制

为促进人才培养的进取意识,建立人才管理动态管理机制,出现下列情况之一的学员立即淘汰:一是绩效考核等级为不合格;二是不配合集团公司安全管理部门学习安排;三是擅自离岗、离职。

6. 激励机制

①达到合格的优才班学员,安全管理专业能力等级晋级为四级;若安全管理学员专业能力等级已经是四级的,当企业安全管理岗位有空缺时,优先被安排。

②外派安全教育培训、交流的机会,优先被安排。

③集团公司安全管理部门每年评选优秀学员,并予以表彰奖励。

④正式公布的安全管理优才班学员,可获得每月100~400元的人才津贴,按月发放。

7. 人才管理

①子公司安全管理人才建设费用应保障成本预算。安全管理人才培养计划需要上报总部人才资源管理和安全管理部门审批。

②子公司人力资源部门应为每名安全管理人员建立人才档案,记录其提名、竞选、培训等情况。

8. 组织实施

①落实组织保障,建立人才档案。企业安全管理人才建设费用应保障成本预算。企业人力资源部门应为每名安全管理人员建立人才档案,记录其提名、竞选、培训等情况。

②强化责任担当,严格考核。相关部门应按照职能分工负责,严格执行人员编制有关规定和纪律,做到令行禁止。

三、管理效果

2016年2月,珠海港集团发布《珠海港集团安全生产与消防中长期发展规划(2016—2020年)》,提出了安全组织保障率达到100%、建立安全管理人才梯队建设的目标任务。5年以来,珠海港集团大力实施安全发展战略,夯实安全管理基础,提供坚强组织保证和安全安全管理人才支撑,成果效益贡献显著。

①全面提高了企业安全管理水平,保证了企业的战略执行。珠海港集团经过五年的安全管理队伍建设的探索与实践,逐步形成了安全管理创新的文化,客户意识、价值意识和流程思想成为企业安全管理的基本理念,养成了以数据说话、以安全管理系统分析问题、持续改进的习惯,较大地提高了工作效率,不仅优化了企业内部管理,有力地推动企业的战略执行落实。确保了全集团公司未发生一般及以上等级生产安全责任事故和火灾事故,无职业病确诊病例、无新冠疫情确诊病例和疑似病例,无安全违法受罚记录和被查出重大事故隐患。

②为企业赢得了荣誉。珠海港集团荣获2016—2017年度全国"安康杯"竞赛优胜集体称号。2016年以来,珠海港集团在市国资委组织的国资系统年度安全生产责任制考核中表现优异,均获取"优秀"等次。

③通过安全管理队伍建设,加大了专业化人才培养力度,建立了集团公司安全管理人才梯队,目前,珠海港集团具有国家一级注册消防工程师2人,一级安全评价师1人,注册安全工程师18人。安全管理类专业资质持证人员的数量和证书含金量同比优势明显。另外,通过安全优才班培养了60名基层安全管理人员。各港口码头、燃气和电力、建筑施工、交通运输等安全生产重点企业应通过社会化招聘或内部培养考证的方式,应至少保有一名国家安全类注册工程师。鼓励企业给予取得安全类注册资格工程师证书的员工培训补贴和职业补贴。

④探索出一套具有科学性、系统性和可操作性的集团公司安全管理人才培养模式,完善人才培养机制。近年来,珠海港集团印发了《珠海港集团安全管理人才梯队建设方案》,组建了集团公司安全专家

库,建设安全优才班学习平台,编制《每月学习计划书》《课题立项清单》《珠海港人安全管理手册》内部培训教材,实施了安全管理人员跟班学习制度。通过制订有效的安全管理关键岗位继任者和后备人才甄选计划以及岗位跟班学习计划、完成工作任务包、在职辅导、在职培训等人才培养与开发计划,合理地挖掘、开发、培养后备人才队伍,为珠海港集团可持续发展和安全稳定经营提供安全管理人才支撑。

翼流四海、货通天下,构建"智能+"航空物流信息服务平台

海航货运有限公司

成果主要创造人:艾兆元 李 杳

成果参与创造人:陈 晨 郑秋实 王海林 史晓明 孙荣帅 石陆瑜 罗 萧 黄 颖 钟少雄 吴香仑

海航货运有限公司(简称"海航货运")隶属于海航集团,成立于2011年,总部位于海口,主要依托海航集团完善的航班网络资源及强大的飞机腹舱运力资源,为全球客户提供专业化的航空运输、多元化的综合物流和标准化的机场地面保障等服务。

海航货运作为国内第四大航空货运公司,承接国内外多家航空运输企业的货运销售和保障业务,具有相当规模的航线网络优势。目前,海航货运在全国设有30多家驻外机构或分公司,在海口、三亚、天津具有专业、完善的货物运输保障设备以及仓储场所,已形成一个拥有600余架飞机腹舱运力、2000多条航线、覆盖国内外300多个城市的强大运输网络。

海航货运自成立之日起就以"货通天下"为企业发展愿景,秉承海航"为社会做点事、为他人做点事"的文化理念,注重借助信息技术推动公司的业务流程变革,创建了一套高标准、严要求的航空货运销售和服务的IT管控体系,其自主研发的航空物流信息平台在实现企业内部信息化管理的基础上,2019至2020年度在销售模式创新、航空货运电子化、客改货业务支持、数据可视化和财务结算集成等方面取得重大突破,为航空货运数字化插上了"智能+"的翅膀。

一、实施背景

(一)宏观经济形势

①国际航空运输协会(IATA)发布2019年全年全球航空货运市场的数据显示,2019年航空货运总量下滑3.3%,以货运吨公里(FTK)衡量的需求与2018年相比下降了3.3%,运力则增长了2.1%。

②根据民航局发布数据显示,2019年中国民航完成货邮运输量753.2万吨,居世界第二位。"十三五"期间,我国航空货邮运输量年均增长4.6%,客机腹舱运输依然是我国航空货运的主要运输方式,约占航空货运总量的70%。

③受2020年全球新冠肺炎疫情影响,航空货运面临新的挑战和机遇。一方面,为落实国务院相关要求,客运航班锐减,客机腹舱带货能力受到极大削弱;另一方面,航空货运在运输防疫物资及救援物资中发挥了重要作用,为既保通保运保供,又增强物流国际竞争力,国务院、国家发展改革委陆续出台多项政策鼓励各地积极发展航空货运,大力发展航空物流业成为国家发展战略方向之一。

④《海南自由贸易港建设总体方案》的发布标志着海南自贸港建设进入全面实施阶段,航空物流对于自贸港发展举足轻重。2019年,海南全岛航空货邮吞吐量为28万吨;预计到2025年,海南全岛航空货邮吞吐量将达到50万吨;至2030年,航空货邮吞吐量达到100万吨。

⑤"十三五"以来,互联网技术下的新商业模式发展势头猛烈,近些年电子商务持续保持30%左右的年增长速度,呈现跨越式发展;2018年5月,《民航局关于促进航空物流业发展的指导意见》印发,明

确提出“全面提高航空物流信息化水平”主要任务。

⑥受美国贸易保护主义和单边主义影响，中国对外出口贸易受较大冲击，传统的航空货运企业面临生存空间变小以及议价能力弱化的局面，转型成为必然。同时，国外先进航空运输及物流企业具有经营管理运输物流和快件业务的先进经验，特别是拥有先进信息系统的支撑，这些企业进入中国市场，必然会对我国的运输物流企业造成一定的冲击。为此，航空货运信息化建设需尽快提升，把握发展机遇，利用数字化推动物流效率、销售水平、服务品质和管理能力升级，构建航空物流核心竞争力。

(二)海航货运自身的发展

①2011年成立至今，海航货运整体的航空运力成倍数增长，但相比于航空运力并没实现成业务规模倍数的增长速度，因此，如何打破传统壁垒、充分利用闲置运力产生效益成为横在企业发展的一道难题。

②依托海航集团战略规划，将逐步整合航空物流资源，立足海南自贸港，充分发挥基地航空的优势，构建“全货机+腹舱+货站”一体化航空服务体系。海航货运作为海航航空集团下唯一且最大的航空腹舱货运公司，亟须紧抓物流资源，突破发展模式。

为顺应趋势，海航货运借助信息技术推动公司的业务模式变革，逐渐加大货运信息建设投入，紧跟行业形势并借鉴多年航空物流系统建设经验及自身优势，统一规划实施具备高度信息化的航空物流管理信息平台，以适应海航航空货运国内、国际业务发展需求，通过创新商业模式，技术赋能，海航货运立志成为中国领先、世界知名的航空物流综合服务商，引领航空物流行业实现市场升级和产业升级。

二、成果内涵和主要做法

(一)成果内涵

海航货运利用高新技术持续创新，深耕业务与互联网技术(IT)融合，搭建“智能+”航空物流信息服务平台，致力于打造一流航空综合物流服务品牌。

“智能+”航空物流信息服务平台按照精益、生态运营和平台化的思维方式设计和实施。平台立足市场，深度剖析市场现状，构建航空货运新型商业模式，引领消费模式改变；平台立足行业，不断加强与上下游资源交互，集成航空货运完整物流链，推进航空货运电子化；平台立足数据，通过信息流、资金流、物流三流合一的平台整合生态圈，打造以数据为中导向核心价值产品；平台立足企业，通过统一平台整合集团内各航司航空运力优势资源，并将IT技术贯穿于市场销售、运行保障、财务结算等各环节，实现企业高度信息化。

平台架构主要组成如下(图1)：

①平台由“渠道管理层”“运输管理层”“数据服务层”三层设计组成，对内实现各层面子系统高度内聚，对外实现统一平台的低度耦合，支持客机、货机多航司平台化的服务。

②渠道管理层以传统面向B端大客户的代理人子系统为依托，创新地引入电子商城概念，构建航空物流共享分销平台(翼流平台)，帮助大型货运代理实现产品发布和客户发展，为中小货运代理提供最优舱运力解决方案。

③运输管理层在不断完善舱位销售子系统和保障服务子系统相关功能的基础上，新增财务结算子系统，实现完整航空货运流的闭环管理，创新财务结算模式。

④数据服务层通过构建数据交换平台，规范EDI交换标准和接口规范，并结合物联网技术，支持多种形式的外部数据接入，为行业互联和电子货运实施提供前提。通过构建云数据平台，实现数据沉淀、数据挖掘、展示分析、决策支持等，即时呈现隐藏在瞬息万变且庞杂数据背后的业务洞察，打造数据价值链。

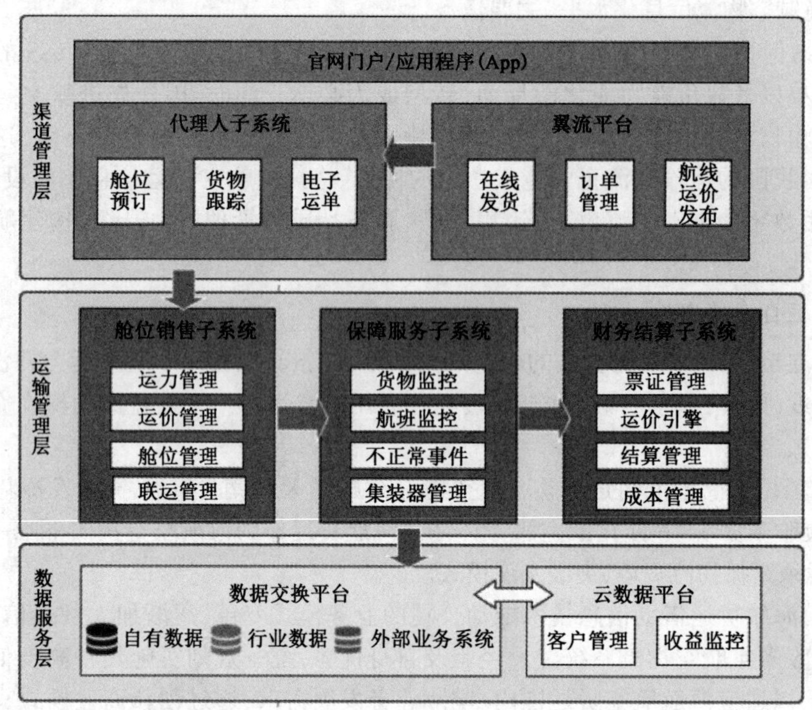

图1　"智能＋"航空物流信息服务平台系统架构图

(二)主要做法

1. 自主研发航空物流共享分销平台,构建航空货运新型商业模式

(1)整体思路

航空物流行业普遍存在代理层级多、行业透明度低、受众范围小、物流成本高、信息化程度低等痛点,海航货运结合行业现状和自身需求,探索并创新商业模式,建立"航空货运＋互联网"新形态,引入电子商城的概念,自主创新研发航空物流共享分销平台——翼流平台,帮助大型货运代理实现产品发布和客户发展,为中小货运代理提供最优舱运力解决方案。

翼流平台将航空运输链条上各节点纳入同一生态,实现线下"物流"、线上"信息流"及"资金流"的有机流转,形成高效的、现代化的航空物流生态群,将传统的航空货运行业转型为以信息为主导、高新技术为辅助的新型产业链。在新型产业链中,以上游货主和供应商为主体,将航空公司的市场销售充分赋能供应商,并注重满足货主的运输体验,在渠道拓展、物流效率和服务体验等方面均有极大提升,如图2所示。

(2)实现目标

翼流平台以"翼流四海、货通天下"为愿景,将分为三个阶段目标开展建设。第一阶段是实现线上化,目标实现核心分销功能,覆盖运价发布→票证管理→客户订舱→航空制单→电子运单→货物跟踪等订单全流程;第二阶段是实现产品化,在第一阶段的基础上,建立运价体系、会员体系并拓展支付和结算功能,推出外航舱位、SPA联程、货主拼货、舱位分级等多种形式的产品;第三阶段是实现智能化,结合互联网最新技术发展,实现智能批舱、路由规划、商业智能分析、电子货运和多式联运等,最终使平台真正完成"智能＋"的终极目标,如图3所示。

(3)基本做法

功能方面,翼流引入电子商城概念,延伸代理分销,V1.0实现货主端"我要发货""我的订单""货物跟踪"等功能,支持货主在平台一键下单,实时查询货物状态信息;供应商端实现"客户分级""运价发布""订单管理""航空制单""运力管理""电子运单""货物跟踪"等功能,覆盖订单运转全流程,如图4所示。

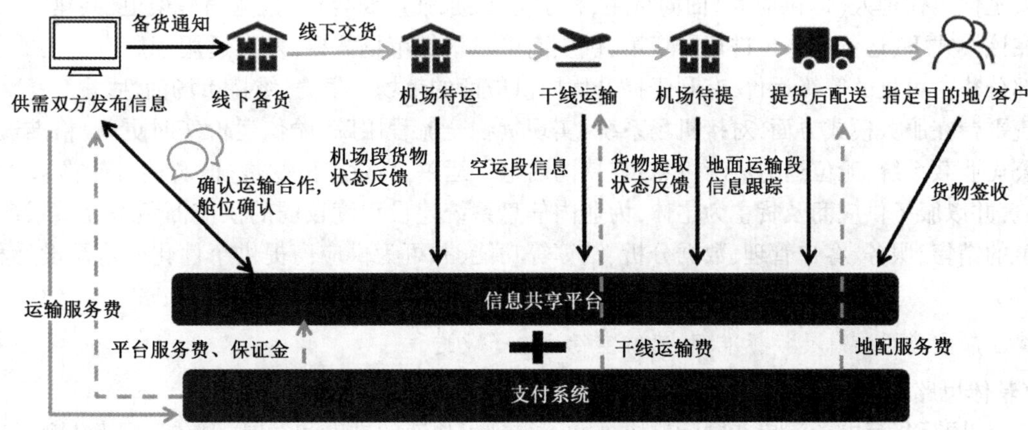

图2　翼流平台物流、信息流、资金流的融合和统一

图3　翼流平台门户首页

图4　翼流平台订单管理页面

操作流程上,供应商由平台引进,在平台上发布运价信息;货主使用手机号自主在平台完成注册后,即可看到供应商发布对应的等级运价并进行舱位预订,待供应商批复后,即可进入发货流程。货主可以通过平台实时监控货物信息,了解货物动态。

(4)创新内涵

翼流平台在销售方式方面,与传统销售方式不同,首先,创新地将货运舱位产品化,引入电子商城的概念,打造航空货运的电子商务平台以实现市场营销;其次,平台采用分销的方式,使销售从航空公司面向代理人延伸至代理人(即供应商)面向货主,科学分工,加强厂商合作,拓宽销售渠道,共建市场,实现多赢。在该模式下,运价体系也进行了变革,供应商可以根据市场需要,发布适用于所有货主的公布运价或者部分货主可见的等级运价,有利于提升优质供应商的市场竞争力,维持市场活性。

翼流平台在服务模式方面,对接机场系统,实现货物全流程跟踪;舱位运价实时更新,精准透明;对接航空公司业载系统,舱位运力清晰可见;支持国内电子运单,高效、环保、准确;智能订舱推送,"掌"上一键订舱,并以服务供应商及货主为主体,为业内信息系统建设程度较弱的供应商免费提供系统,系统具备完善的销售、服务、客户管理、数据分析、结算等功能,并可为供应商提供个性化的产品设计和信息支持。

2. 建立航空货运信息交换标准,加速航空货运电子化进程

(1)整体思路

近年来,国际货运电子运单在国际航协推动下得到了快速的推广和发展,但在我国尚未普及。国内各地区差异较大,呈现发展不均衡的态势。行业"信息孤岛"严重,各单位数字化水平参差不齐,部分渠道尚未完全打通。电子运单标准不统一,导致航空公司、机场货站数据交互成本高,货运代理人无法及时查到所托运货物的全程信息,导致代理人无法提高服务质量。面对其他运输方式不断加剧的竞争压力,国内航空货运电子运单的推广和发展需求日益迫切。

航空货运电子化进程离不开各参与方的信息交互和数据共享,海航货运数据交换平台作为"智能+"航空物流信息服务平台的重要组成部分,致力于解决信息标准差异化,降低数据交换成本,提升运输信息处理能力,联动业务流程,为海航货运推动电子运单夯实数据服务基础,逐步完善航空货运电子化进程。

(2)实现目标

打造海航货运数据交换平台,实现海航货运数据价值链。建设工作分三个阶段展开。阶段一:制定统一的数据传输形式、数据标准和校验规则。阶段二:与机场、代理信息互联,实现数据安全监控,并将数据应用至翼流平台实现全流程货物跟踪,支持电子运单。阶段三:联动机场业务流程,推动电子运单为基础的全方位货运电子化。

(3)基本做法

参考国际航协 CIMP 标准,定义国内数据交换规范。从航空货运业务流程出发,梳理各个环节所需的数据流,并以国际航协 CIMP 标准为基底,定义海航货运数据交换内容,主要包括舱单、主运单、分运单、货物跟踪状态、集装器进出港装载等。搭建数据交换平台,提供数据交换服务,并根据数据交换渠道,实现数据入口的安全监控、数据清洗以及数据归集。

数据交换平台架构共分为五层(图5):最上层为服务输出层,最底层为数据采集层,中间为数据存储层。按数据处理流程又可分为三层,ODS 源数据层,用来存放采集的源数据;DW 数据仓库层,用来存放清洗治理后的数据;DM 数据集市层,用来存放支撑业务系统及辅助决策的数据。

加强行业上下游交互,实现与国内主流机场的数据对接。目前,海航货运已完成与北京、上海、深圳等 10 家国内机场货站的对接,数据交换内容包括:国际、国内航班舱单、运单、货物跟踪等,截至 2020 年 8 月,经数据中心流转数据逾 160 万份。

大力推进国际电子运单,探索新模式的国内电子运单。利用数据交换平台资源,联合机场货站推动电子运单项目,海航电子运单取得重大进展。北京、上海、深圳三地国际电子运单率均已达到 90%,位列全球航空公司前列;深圳国内电子运单成功试运行标志着海航成为深圳第一家在没有自营货站支持下,实现国内电子运单的航司。

(4)创新内涵

基于海航货运定义的数据标准以及接口传输的方式,全面支持中文字符,并拓展了国际航协 CIMP 规则的信息长度以及字符类型,为海航货运推动电子运单夯实数据服务基础,推动了航空货运电子化进程。另外,以往通过 SITA 通道传输信息,需要支付高额的信息服务费,并且该通道仅支持英文字符传

输，海航货运数据交换平台扩展了数据传输渠道，降低了数据传输成本。

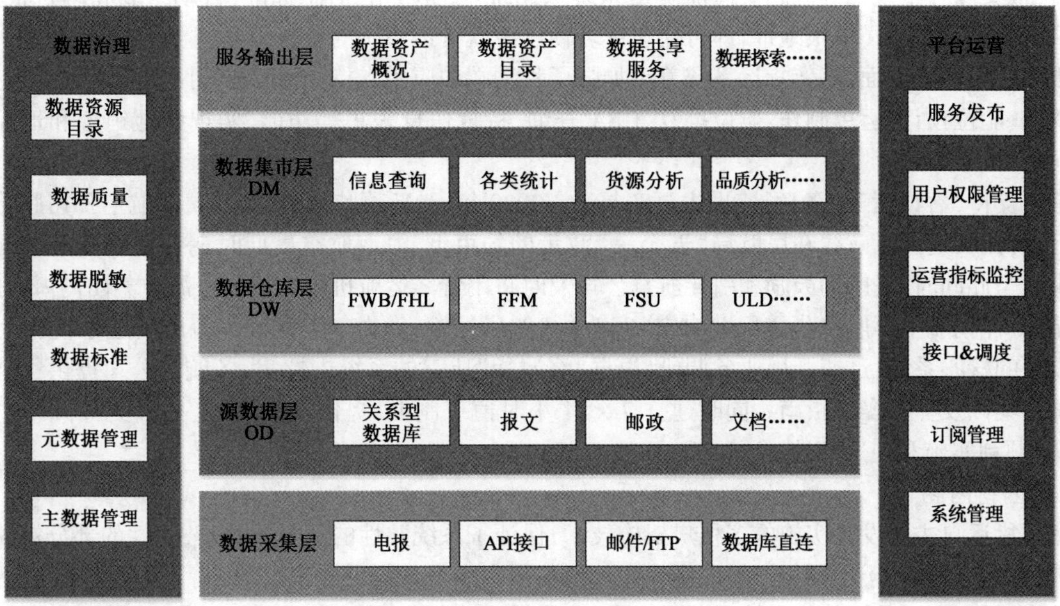

数据治理：数据资源目录、数据质量、数据脱敏、数据标准、元数据管理、主数据管理

服务输出层：数据资产概况、数据资产目录、数据共享服务、数据探索……

数据集市层 DM：信息查询、各类统计、货源分析、品质分析……

数据仓库层 DW：FWB/FHL、FFM、FSU、ULD……

源数据层 OD：关系型数据库、报文、邮政、文档……

数据采集层：电报、API接口、邮件/FTP、数据库直连

平台运营：服务发布、用户权限管理、运营指标监控、接口&调度、订阅管理、系统管理

图 5　数据交换平台架构图

3. 重构航空货运生产运营系统，实现集团体系平台统一

(1) 整体思路

随着海航集团货运战略的不断优化调整，2019 年原客运航空公司的国内、国际腹舱运力被拆分运营，4 家货运航空公司包括金鹏航空、天津货航、香港货航、Mycargo 独立运营。各经营主体面临着互联网技术水平不一、资源重复投入、信息标准不统一、运输保障流程不规范等问题。

为降低成本，避免重复建设并集中优势资源搭建符合航空货运未来业务发展的 IT 平台，2019 年按集团“聚焦航空主业、健康发展”工作要求，海航货运作为管理公司主导航空货运系统平台整合与建设工作。

(2) 实现目标

①重构现有货运系统，实现单一系统向平台转变，支持多航空公司用户使用，既保持管理独立性又实现平台统一性；

②升级系统功能，在原只为腹舱业务支持的基础上，新增支持全货机、客改货等全流程业务；

③优势资源共享，提升集团航空货运体系整体 IT 建设水平；

④利用互联网平台（IT 平台）实现集团体系业务流程升级再造，规范、统一现有流程。

(3) 基本做法

完成货运系统重构和功能升级，统一海航集团货运 IT 平台。2019 年 3 月，通过完成海航货运系统平台式架构升级，海航货运系统由原来单一为海航货运腹舱业务服务的系统转变为可为多航空公司用户服务的平台；2019 年 5 月，实现了天津货航租户的试运行上线，为天津货航提供从无到有的 IT 全流程支持；2019 年 7 月，开展了与金鹏航空的 IT 深度调研和融合，拓展全货机服务功能，完成金鹏航空的货运系统正式切换；2019 年 10 月，完成金鹏航空旧系统数据全面迁移。至此，海航货运系统已全面实现多租户化应用。当前系统服务于海航货运、海航速运以及天津货航和金鹏航空等四家公司主体，同时还拓展至集团外俄罗斯航星航空、圆通航空等。

规范货运流程，统一信息标准，提高现场保障能力。流程方面，海航货运系统通过对腹舱和全货机的货运业务调研，梳理并建立了一套完整的货运销售及保障操作流程，规范了各航空货运租户的业务流程，避免流程上的操作疏漏，不正常事件率大幅下降。国际电报业务方面，由于各运输环节和运输单位

之间需要大量的电报传递信息,且报文种类繁多,各货运航空公司自行拍发报文容易出现流程节点拍送不及时,报文内容不规范等问题。海航货运系统采用统一的CIMP信息标准,自动组装和解析报文,各租户只需申请航空公司电报地址,即可快速部署使用海航货运系统的电报服务,避免人为拍报的内容错误。货运现场保障方面,海航货运系统着重加强了移动端的应用支持,升级微信小程序,新增航班查询、运价查询、舱位预订、运单制作、舱位批复、CBA查询、特货信息采集等功能,实现线上销售和地面保障的协同。

全面支持"客改货"业务落地,助力复产复工。2020年,受新冠肺炎疫情影响,各航空公司腹舱运力大幅下降,尤其是国际航线在民航局"五个一"政策的约束下,海南航空最低时期每周仅剩两条国际客运航班。与此同时,民航局鼓励和引导航空公司及时将闲置客运航班用于货运。海航集团内海南航空、首都航空、祥鹏航空等航空公司积极响应"客改货"航班运输,助力复工复产。海航货运系统作为海航货运业务的核心系统,迅速开展业务调研,根据"客改货"所需的系统支持,为各航空公司提供了个性化的配置方案以及业务操作指南。同时建立7×24小时值班制度,提供全流程IT平台支持,帮助"客改货"业务顺利实施和快速落地。

(4)创新内涵

海航货运自主研发并实施的多租户架构技术,保证了系统共性的部分被共享,个性的部分被单独隔离。其实现的重点在于不同租户间应用程序环境的隔离以及数据的隔离,以维持不同租户间应用程序不会相互干扰,同时数据的保密性强,附加防篡改措施。通过在多个租户之间的资源复用,可有效节省软件开发成本和硬件运维成本。更重要的是,通过平台优势资源的整合,对于市场的反应和运输规范方面明显提升,尤其今年疫情期间,有效支持了客改货业务,实现快速复产复工,极大提升收入水平。

4. 财务结算系统全新上线,结算水平大幅提升

(1)整体思路

企业的经营活动离不开财务结算,财务结算水平影响了企业的生存和发展。财务信息的高效集成处理,能够提高企业的财务管理能力,为其他业务领域的信息化提供基础和保障,从而使企业资源达到最佳配置状态。

海航货运财务结算系统(简称"结算系统")作为构建"智能+"航空物流信息服务平台中服务支撑的一环,实现对销售的闭环管理。针对目前手工结算审核难度大、错误率高且时效性差等问题,提供一整套完备的系统服务,实现结算数据采集自动化、运价计算智能化,从而降低人工结算难度、提高结算准确率、缩短结算周期。同时推动结算业务变革,实现承运人开账法,加快资金回笼速度,为海航货运的持续发展营造良性的资金循环环境。

(2)实现目标

海航货运财务结算系统,主要实现以下目标:

①实现财务结算业务线上化。支持航空货运国内、国际进出港货邮运单的结算,优化财务结算流程,升级财务结算模式,大力推广"承运人开账法"。

②实现财务数据的拓展应用,包括为生产经营决策提供基础数据支持、为国际货运结算系统CASS生成匹配的格式账单等。

(3)基本做法

完成结算系统V1.0开发,实现"管好钱、算好账"。结算系统支持国内、国际业务票据管理、运价管理、结算以及账单管理等结算需求,可实现集团化管理。根据海航货运业务特征,结算系统支持多票证、多承运公司的业务处理;实现了票证流转状态、运价与报表结算之间的动态联动管理;通过票证全过程的跟踪管理、多重信息匹配、结果追溯、快速循环处理、多级差异预警、信息分类与细化等功能,规避了票证风险,确保颗粒归仓;并与海航货运系统对接,实现业务销售数据与财务结算数据的双向复核校验,确保数据一致性。结算系统功能与销售业务模式适配度高,能够支持复杂的运价政策规则,具体运费计算流程如图6所示。

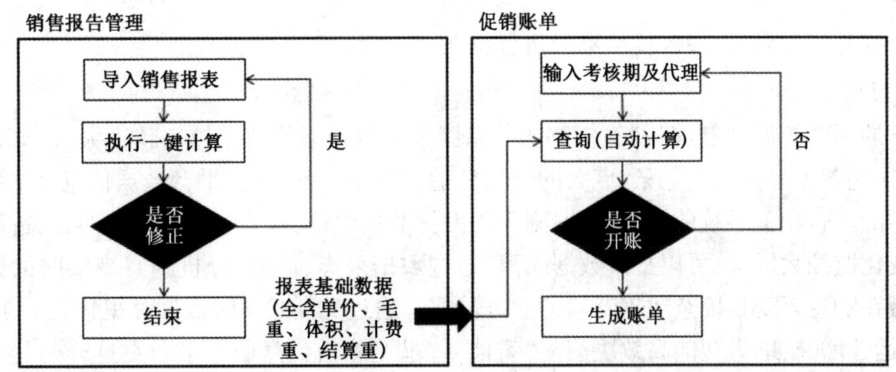

图6 航空货运账单计算流程(代理人开账法)

结算系统功能关系如图7所示。

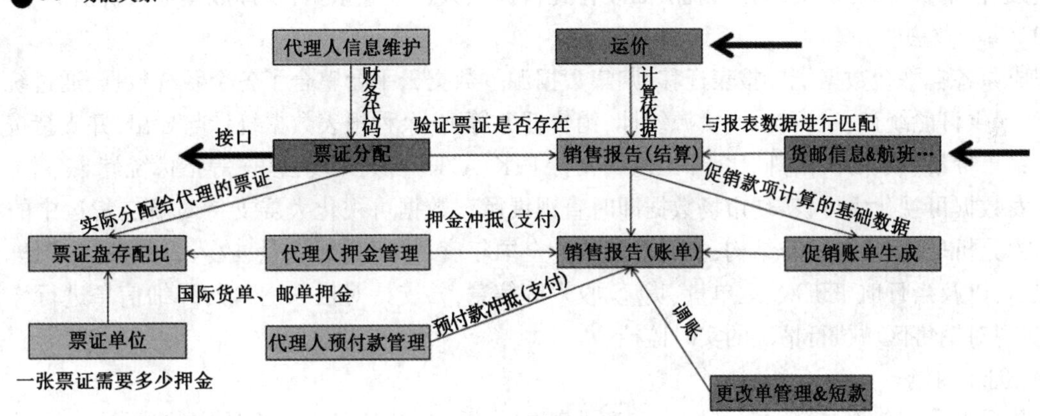

图7 结算系统功能关系图

分阶段推进结算系统在国内、国际结算的全面应用。目前财务结算系统已在全面30余个站点全面应用，结算系统的上线，解决了手工结算的弊端，结算人员通过系统计算运费与代理人报表进行比对后，无须二次收集整理提交给经理，经理通过结算系统即可查看账单的计算过程。在结算系统的支持下，海航货运财务部启用了"总部集中结算"或"总部+分布点结算"的新模式，并完成了结算业务线上化的迁移。截至2020年8月，结算系统已实现国际票证近10万单的入库管理，以及224份账单的结算，提升财务结算效率70%以上。

驱动财务模式升级，变革结算流程。海航货运结算工作长期受到多头管理，因系统原因，往往受制于航空公司财务；结算模式采用较为原始的代理人提交法，结算周期长且被动。结算系统的上线，使得海航货运结束多头管理自主结算成为可能，同时，进行结算模式升级，推动承运人结算法开展，由结算人员主动发送账单给代理，缩短结算周期，掌握结算主动权。

财务数据联动，实时展示财务数据。结算系统将已完成结算的运单信息传递给云数据平台，为公司经营决策提供实时的财务数据，经营层及销售部门通过财务数据所反映的市场情况对经营方向做出合理的决策，客观上提升公司收益。

(4)创新内涵

依托结算系统，海航货运实现了结算信息化管理，即结算数据采集自动化、运价计算智能化；在结算系统丰富的运价模式支持下，销售部门可根据市场需求开发更多的产品组合；首次实现全航空公司的结算管理，结束了多年的多头管理模式；升级财务结算模式，促进资金的快速回笼，为海航货运的持续发展营造良性的资金循环环境。

5. 打造数据可视化大屏,实时监控市场运营情况

(1)整体思路

随着业务的不断扩展,“智能+”航空物流信息服务平台积累的数据越来越庞大,例如销售数据、财务数据、运输轨迹数据等多达上亿条,庞大的数据分散在各个业务系统,平台数据信息无法实现融合、信息共享。而不能进行相关系统的系统联动,则无法发挥数据价值,日常工作效率也难以提高。

数据可视化监控大屏幕,可以打破数据隔离,通过数据采集、清洗、分析到直观实时的数据可视化,即时呈现隐藏在瞬息万变且庞杂数据背后的业务洞察。通过交互式实时数据可视化大屏来实时监测企业数据,洞悉运营增长,助力智能高效决策。“智能+”航空物流信息服务平台在这样的趋势下,搭建云数据平台、开发可视化数据面板,实现多部门、多系统、多维度的经营指标数据展示,满足日常运行监测与管理的不同层级需求。

(2)实现目标

云数据平台整合海航货运所有系统数据,对各项生产运营指标进行多维度实时的可视化展示和分析,洞悉运营增长,为海航货运在宏观层面改善经营提供数据决策依据,发挥数据最大价值。

(3)基本做法

完成原各自平台数据统计报表迁移,归集数据源。数据云平台整合了各个系统数据,通过统一的平台入口,提供订舱统计、航班统计、货源统计、销售任务等10余种报表数据统计与导出,并支持按日、周、月统计销售货量、收入并计算同比、环比以及飞行FTK、ATK(可利用吨公里)等指标统计。

开发数据可视化大屏,实现市场数据即时直观展示。数据可视化大屏支持对航空货运中的各要素进行可视分析呈现,按总—分结构,实时动态统计全国年度、月度累计货量、收入,通过趋势图进行同比环比展示,以及当日航班班次、运单量、货量、收入等信息,并支持对任一港口的详细信息进行详情下钻查看,实现对销售区域执行情况的实时监控。

(4)创新内涵

云数据平台创新地结合数据可视化和商业智能分析BI将静态展示无法容纳、无法表现的各类数据,如文本、数字等传统枯燥的操作界面和单一数据,以图形化方式呈现。此种方式清晰直观,颠覆了传统报表展示的方式,可以多方位、多角度、全景展现企业的各项指标,实时数据监控,企业动态一目了然,并可延伸性化定制,布局灵活,样式丰富,极大发挥了数据价值,在企业经营和决策中发挥举足轻重的作用。

(三)产品优势

与国内外同行(境外主要以德国汉莎航空货运系统为代表,境内以南航唐翼系统为代表)相比,虽在功能完整性方面可能不及(受制于海航货运业务范围,例如无自营货站,因此暂不存在货站相关系统),但在主营的市场销售、运输管理、财务结算、数据服务等方面却表现得更加智能、更加精细、更加友好、更多便捷、更多服务、更多连接。

1. 更加智能

①借鉴客运GDS和先进OTA平台,引入电子商城概念,创新地实现航空物流分销平台,构建新的商业模式。

②结合物流网OCR技术、GIS地理信息系统、EDI对接技术等,弥补机场货物状态盲区,实现全球货物跟踪。

③依赖云计算和大数据技术,构建航空货运云数据平台,打造数据可视化大屏,提供智能分析BI报表,实时监控市场运营情况。

④支持国际、国内电子运单,高效、环保、准确。

2. 更加精细

①清晰的舱位进度条、全面的航班运行信息、灵活的舱位调整、准确的运价计算,便利的议价审批使得舱位销售精细化管理成为现实。

②相对于其他航空公司系统,在多中转航线的情况下,根据市场情况和收益可对中转建议进行人工干预是系统一大亮点。

③航班实时动态及货物载量动态查询,精细计划航班可供运力,合理管控航班货量。

④航班报文的监控面板,精准提示异常信息和修改建议,最大程度内避免不正常事件发生。

3. 更加友好

①与国内同行(南航唐翼系统、东航货运系统等)大多 C/S 模式的系统相比,海航货运订舱界面友好、便捷、易用,客户可通过浏览器直接访问,并在 1 分钟内完成订舱操作。

②通过数据收集、挖掘和分析,为客户订舱提供友好的航班推荐和中转建议。

③平台运价实时更新,精准透明;对接航空公司业载系统,舱位运力清晰可见。

4. 更多便捷

①客户和航线管理员可分别通过微小程序订舱和审批,随时随地进行舱位申请和批复。

②根据境内外不同用户习惯设计多航班批复、电报订舱和 Excel 批量订舱最大限度地满足了用户便利。

③微小程序版 CBA 查询和集装器管理,联动销售开展航班保障并随时更新集装器状态。

5. 更多服务

①根据用户需求,为内外用户提供多种消息中心和短信提醒定制服务。

②为信息化能力薄弱的用户,提供完善的销售、服务、客户管理、数据分析、结算等信息管理服务。

③延伸中小代理和 C 端,提供物流收运及派送服务。

6. 更多连接

①对外,和中航信订座、离岗系统、各地机场、美国海关、欧盟海关、中国海关、载货汽车/SPA 航空公司、京东物流等系统连接。

②对内,和航空云数据平台、ODS 平台、FOC、运行网、签派放行系统、美兰机场、进出口公司等系统连接。

(四)技术支持

1. 平台架构图

平台架构图如图 8 所示。

2. 技术方案

(1)翼流平台

开发框架:采用 c#、asp. net core mvc、OAuth2、Entityframework, Vue(element), Redis、SQLServer、Quartz. Net 技术方案搭建。

服务部署:Web 服务通过 F5 实现负载均衡部署,数据库采用 SQLServer 2012 AlwaysOn 高可用群集部署方式,所有服务均采用热备实现容灾机制。

(2)货运平台(代理人子系统+运输管理子系统+服务保障子系统)

开发框架:采用 c#、. net Webform、JQuery、Enterprise Library、Redis、SQLServer、Quartz. Net、MSMQ 技术方案搭建。

服务部署:Web 服务通过 F5 实现负载均衡部署,数据库采用 SQLServer 2012 AlwaysOn 高可用群集部署方式,所有服务均采用冷备或热备并异地灾备方式实现容灾机制。

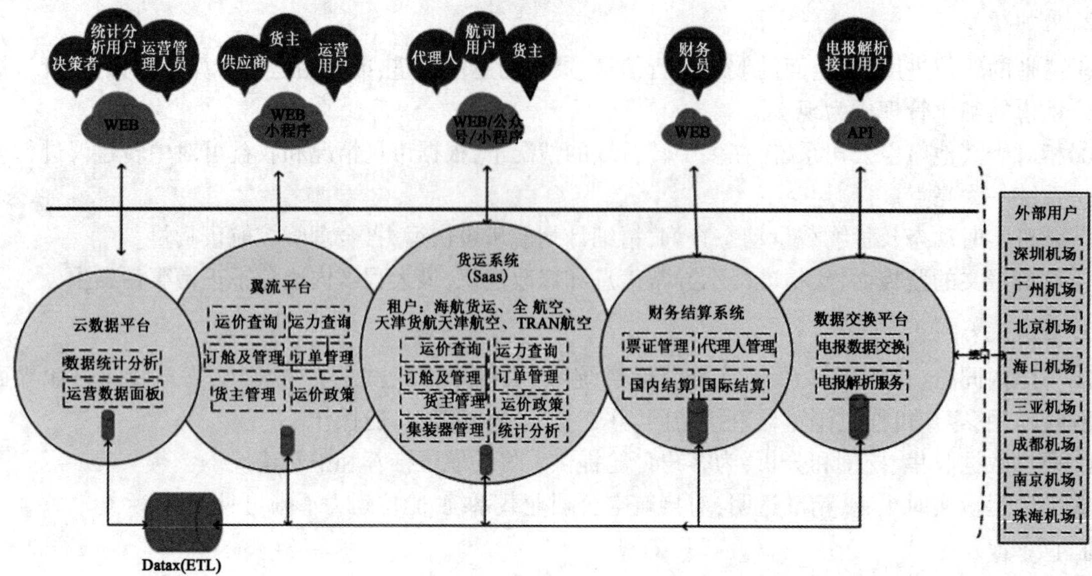

图8 "智能+"航空物流信息服务平台架构图

(3)财务结算系统

开发框架:采用 java、spring mvc、jquery、mycat、mysql、MongoDB、ActiveMQ 技术方案搭建。

服务部署:web 通过 F5 实现负载均衡,数据库采用集群(主从节点)方式部署,ActiveMQ 使用冷备方式部署。

(4)数据交换平台

开发框架:采用 python、flask、react、nginx、xxl-job、rabbitmq、mysql、redis、datax 技术方案搭建。

服务部署:通过 docker 将 web、数据库、作业、队列服务分开部署,web 通过 nginx 实现负载均衡,数据库集群(主从节点),作业和队列分布式部署。

(5)云数据平台

开发框架:采用 java、spring boot、vue、nginx、datax、redis、mysql 技术方案搭建。

服务部署:通过 docker 将 web、数据库、作业、队列服务分开部署,web 通过 nginx 实现负载均衡,数据库集群(主从节点),作业和队列分布式部署。

3. 技术特点

(1)充分拥抱开源成熟技术

涉及 java、. net、python 三大技术体系,充分利用前端优秀框架(vue, react),缓存(redis),队列(msmq, rabbitmq, ActiveMQ),调度(quartz,xxl-job),轻量级 ETL 工具(datax),全面提升技术适用性、稳定性,提高系统性能。

(2)充分拥抱高可用技术

利用 SqlServer AlwaysOn、MyCat 部署数据库高可用群集,利用 F5、Nginx 实现 Web 负载均衡部署,利用 SyncTrayzor 自动监测同步相关文件到冷备或灾备服务器上,多手段应对系统可用性异常的挑战,全面提升系统的稳定性。

4. 运维特点

(1)用户行为动态防控

建立动态安全防控机制,根据用户的访问特征结合用户历史访问数据,动态判断请求安全性,及时对恶意方案进行主动拦截。

(2)业务风险点监控

针对可能造成业务影响的关键点,根据其数据或服务特征,对业务表、应用服务、缓存数据等进行监控并及时预警，对所有服务器 CPU、内存、网络、硬盘、端口、网络请求等数据进行监控并及时预警。

(3)全天候客服支持

实行 7×24 小时值班制，通过微信群、电话、邮件等多种渠道受理用户反馈的业务及技术问题，全面保障货运业务安全生产运行。

(五)拓展方向

未来，海航货运将落实国家关于航空物流的发展政策，深化行业改革，全面服务于海南自由贸易港建设，以"智能＋"航空物流信息服务平台为基础，聚焦航空物流上下游力量，通过技术创新、规则创新，不断完善航空物流服务平台功能，以翼流平台为起点引领货运电子商务平台建设，以电子货运、数据共享共赢为突破口，打通货主、代理、航空公司、机场、安检、海关货运信息流，构建完整的航空物流供应链，实现市场升级和产业升级，如图 9 所示。

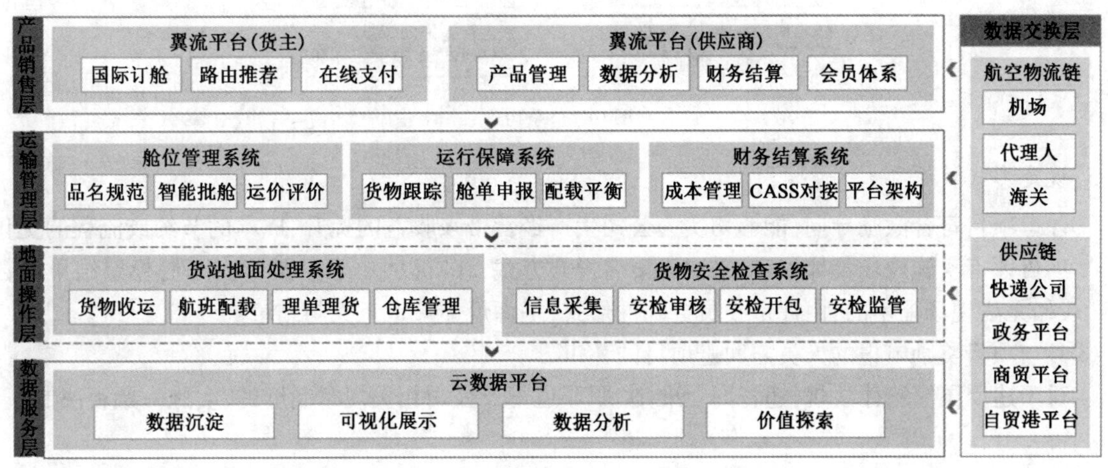

图 9 "智能＋"航空物流信息服务平台 V2.0 中期规划

(六)创新机制

为激发全员创新意识，引导和激励全员创新，提升企业效益，优化管理流程，弘扬"大众参与、大众成就、大众分享"的企业文化理念，海航货运下发全员创新激励方案，鼓励全体员工群策群力参与创新、突破。鼓励并奖励一切创新并能够为公司带来实际收益的项目、方案和点子(鼓励新引进客户、拓展新货源)。以多创造、多收获，少创造、少收获，不创造、不收获为分配原则。以下是激励方案细则。

1. 体系构建

体系构建如图 10 所示。

2. 实施办法

海航货运成立营销委员会由公司经营团队、各业务部门指定人员构成，同时人资行政部作为常设办公室机构。

3. 营销委工作职责

①负责创新激励项目及奖项的评审；

②负责创新业务项目执行的监控；

③负责创新激励项目及奖项奖励的核定。

4. 常设办公室工作职责

①收集整理创新激励申报材料，并提交至营销委员会审核；

②负责创新激励工作的组织。

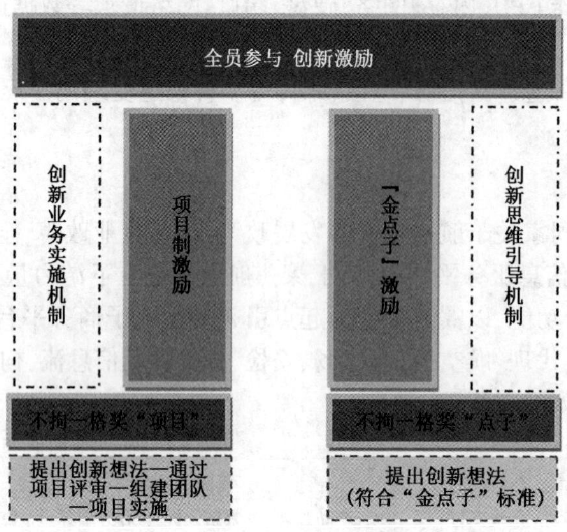

图10　体系构建

5. 议定形式及原则

①评审项目符合激励导向,能够切实为公司生产经营带来收益的提升、成本的节约或流程的优化。

②项目评审实施现场集体议定,采取无记名投票方式,评审以"单数投票"为原则,投票结果少数服从多数;如无法现场评审的,由评审委员会邮件形式,书面反馈评审意见与结论。

③参与项目奖励申报的人员需回避项目的评审。

④对于违反国家法律法规,违背商业准则、职业道德及公司相关规章制度的,实施一票否决制。

6. 申报及评审

申请者在深入研究和广泛进行市场调查的基础上,提交详细创新项目申报表。项目范围如下:

①突破现有市场及产品结构,能够直接创造收益,例如新货源的开发、减免/补贴优惠政策的争取等。

②促进企业人力资本开发,人才培养体系搭建,有利于提高人均效能。

③以生产、销售、安全服务和盈利为目的,产品或服务有明确的市场需求和较强的市场竞争力,可以产生较好的经济效益。

④技术含量高,创新性较强,促进工作流程改造与企业管理变革。

⑤项目申报及评审流程如图11所示。

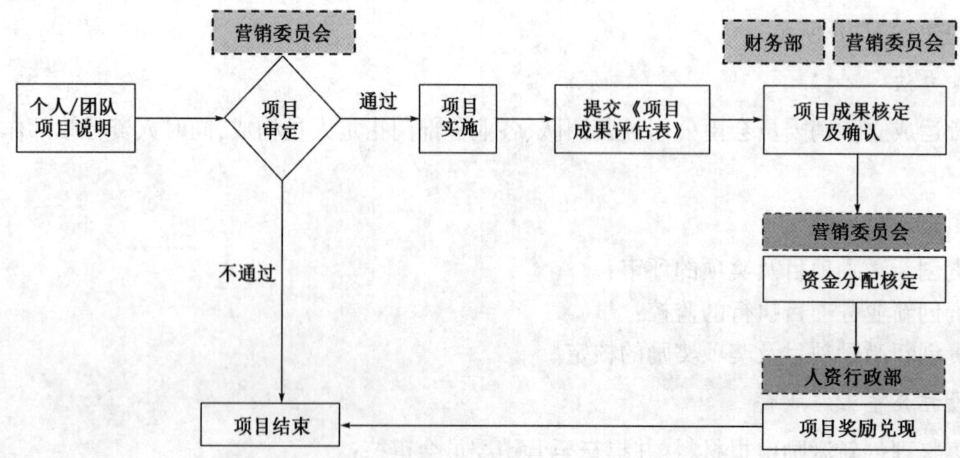

图11　项目申报及评审流程

项目申报必须严格按照申报模版提交相关信息，营销委常设办公室负责核定相关申报内容的完整性。

⑥项目评审原则。由发起人提前向营销委员会提交相关项目申请，提交内容应包括但不限于对项目的可行性、成本支出（直接和间接成本，如与项目有关的业务活动费、差旅费等）、预计收益（包含预估毛利润，不能预估的以财务最终核定数据为准）等情况进行说明，所提供材料必须遵循客观、数据化原则。

营销委员会对申报项目进行评审，审核内容包括申报项目的市场前景、创新性、可行性、风险性、收益性、可持续发展性等关键要素。

7. 项目实施

①项目发起人可根据实际情况组建项目团队并开始项目实施。

②项目发起人可向公司营销委员会申请资源调配及项目实施相关的协助。

③项目发起人及团队成员必须为海航货运在册员工，含公司经营团队及其他所有干部员工。

④项目成果核定。项目实施团队向海航货运营销委员会提交《海航货运××项目成果评估表》，由财务部和营销委共同审核项目创收数据的真实性和有效性，最终确定项目成果及创收数据。

8. 项目奖励

（1）奖励原则

针对创收类项目，按照项目创收毛利的比例进行奖励，针对非创收类项目，由营销委员会根据项目预计成果、可持续性等因素进行判定，并进行定额奖励（表1）。

项目奖励 表1

分　类	项目毛利范围	奖励比例（按照毛利的百分比）
创收类项目	100万元以下	5%
	100万～500万元	4%
	500万元以上	3%
非创收类项目	不超过10000元/项目	

（2）项目毛利计算原则

项目毛利＝项目收入－运营成本，其中运营成本包括直接成本、直接的相关税费、间接的业务活动费、差旅费、广告费、会议费、邮递费等。

（3）兑现周期

项目周期在1年以内的，在项目实施结束后次月兑现，周期跨年的项目分两次兑现，在项目实施开始后的年终（12月31日）进行第一次兑现，在项目实施结束时进行第二次兑现。项目兑现周期最长不超过1个日历年。

9. 项目奖金分配

经营销委和财务部确认项目成果及整体奖励金额后，由项目组组长根据组员对项目实施的贡献度进行内部分配，奖金内部分配应遵循“公平、公正、多劳多得”的原则，同时邮件发送营销委审核，同意后转人资行政部备案并进行奖励兑现。

对参与项目的相关辅助单位，由项目组明确具体辅助单位的参与人员，统一由项目组内部做二次分配；个人奖励的，由被奖励人视情给予配合单位或个人予以奖励分配。

10. 适用范围

“金点子”激励适用于任何给公司项目创收、业务流程优化、变革创新、系统优化提出创新想法的个人，同时符合以下条件之一者：

①可以是创新项目发起人，只要提出的想法或理念符合“金点子”的标准及定义；

②可以是非参与创新项目的个人,但是在创新项目实施过程中有创新 idea 的贡献,并且对项目实施产生一定影响;

③提出"金点子"的个人,但因为资源有限等客观条件暂无法实施具体项目的;

④提出"金点子" 的个人,但因为公司现阶段发展形势暂无法实施具体项目的,同时对未来公司发展有一定的指引性,并经审核委员会审议通过;

申报流程如图 12 所示。

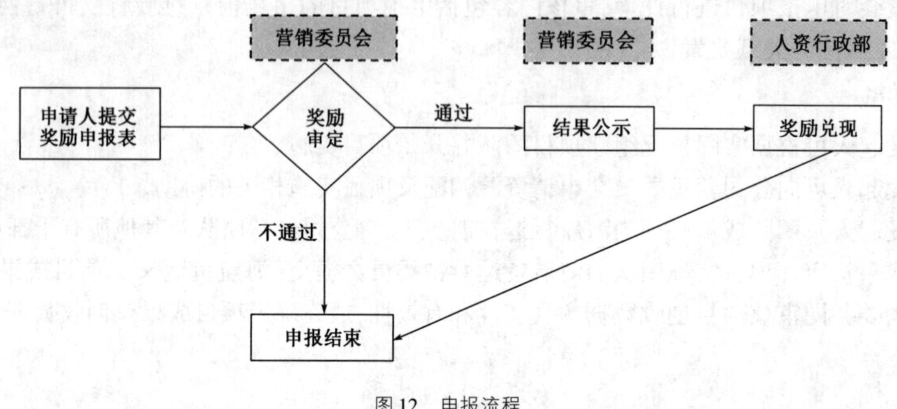

图 12　申报流程

11. 评定原则

针对个人设立"金点子"奖项若干名,名额不受限制,由海航货运营销委员会参考如下原则进行评比:

①申请人所提出的"金点子"应不拘泥于现有公司业务发展模式,有突破、有创新、有新意;

②申请人所提出的"金点子"有助于公司收益提升,同时具备可操作性,可有效落地;

③申请人所提出的"金点子" 围绕公司产品及服务的提升、技术革新、流程优化、人才培养战略的落地等。

三、实施效果

(一)管理水平

"智能 +"航空物流信息服务平台的完善,构建了行业新的市场格局和行业典范,并为海航货运精细化管理提供了有力的信息化支撑。通过搭建航空物流共享分销平台,实现商业模式创新;建立航空货运信息交换标准,加速了航空货运电子化进程;统一集团各货运企业所有 IT 平台,支持"客改货"复工复产的销售模式;新建财务结算系统,大幅提升效率的同时升级财务结算模式;结合云结算和大数据技术,形成数据可视化面板,实现航空销售渠道、销售方式、运输保障、承运结算、市场预测分析等各个环节的精细化管理,加速航空物流一体化管理的变革。

同时,信息化管理随着海航货运管理由整体到局部,再由局部到整体的意识,注重信息安全,在风险源头进行严格控制、责任到人,使生产流程各操作环节更加规范、细致、科学、可控。

(二)社会效益

①秉承互惠共赢的设计理念,搭建航空物流共享分销平台,服务于广大货运代理及货主,降低了航空货运门槛,帮助客户实现订单线上管理,拓宽销售渠道,提高航空货运服务品质,加速了市场升级和消费观念转变。

②数据交换标准与规范的制定、国内主流机场的数据对接和电子运单的推广成效,为电子货运夯实了信息基础,树立了行业典范,引导行业向更加绿色、环保、高效的方向转变。

③依托着海航货运丰富的航线网络,围绕着航空业务上下游提供完整的运输链服务,集成航空干线及配送资源,为其他下游运输企业提供合作平台,实现航空物流链向智能供应链升级。

（三）经济效益

①海航货运自主创新研发的航空物流共享分销平台—翼流平台在全国范围实施推广，截至2020年8月30日，已成功吸纳81家货主货源，产生36898个订单，累积货量9941吨，预估收入1591万元。

②在数据价值链上，海航货运实现了与北京、深圳等10家机场接口对接货运相关舱单、运单、货物状态数据，基于合作共赢、互惠互利原则，截至2020年8月，通过接口交换429MB，并有效减少SITA费用116442美元。

③2020年受新冠肺炎疫情影响，为支持"客改货"复工复产的销售模式，配置海航货运统一平台，提供用户培训指导，为海南航空、祥鹏航空等航空公司提供全流程IT平台支持，助力"客改货"业务顺利实施和快速落地，平台支撑下运行的"客改货"航班总收入逾10亿元。

④为降低成本，避免货运平台重复建设并集中优势资源，实施集团货运IT平台整合，海航货运系统已成功应用于海航集团所有货运企业海航货运、海航速运以及天津货航和金鹏航空使用，每年预估可缩减IT研发、运维成本500万元。

⑤财务结算系统上线有效提升财务结算效率70%以上，预计可提高航班收益0.1%，每年约新增航班收益130万元。同时使用承运人结算法因缩短账单周期带来的现金流预计增加100万元/年的收益，并减少传统代理人提交法产生的每年20万元左右的货款流失风险。

全面提升新码头服务,开辟发展新局面

大连集装箱码头有限公司

成果主要创造人:黎晓光　张　浩

成果参与创造人:于　冰　韩雪梅　王　冲　许琳琳　孟　亮　孙元鹏
赵　强　董海坤　邢政豪　张　鹏

大连集装箱码头有限公司于1996年成立,随着全球航运企业联盟化、集装箱船舶大型化趋势的不断加快,大连港持续深入推进供给侧结构性改革及国有企业改革。2017年11月,大连原有三个集装箱码头公司完成整合,以大连集装箱码头有限公司为主体,吸收合并另外两个集装箱码头公司。

新大连集装箱码头有限公司由大连港集装箱发展有限公司(48.15%)、新加坡国际港务集团(26%)、中国远洋海运集团有限公司(19%)、日本邮船株式会社共同出资组建(6.85%),总投资额101.9亿元,注册资本34.8亿元。

新公司的经营范围涵盖了原三家集装箱码头全部业务类型,保税货物、散杂货装卸、集装箱特殊货物作业等特色业务也包含其中,旨在为客户提供更加全面、多元化的集装箱装卸服务体验。新公司岸线总长4390米,最大水深17.8米,2020年顺岸布置14个集装箱泊位,2021年还有4个泊位计划投入使用,其中可挂靠20万吨级集装箱船舶的深水泊位5个,拥有集装箱岸桥35台,堆场面积293.5万平方米,是我国北方规模最大的专业集装箱码头之一。拥有覆盖全球的100多条航线,遍布160个国家和地区的300余个港口,码头操作单机效率最高可达121自然箱/小时,单船效率可达422自然箱/小时。腹地优势明显,东北地区98.5%以上的外贸集装箱均在此中转,无论是接待能力,还是服务能力,都堪称北方集装箱码头中的“航空母舰”。

一、实施背景

2017年11月28日经过百余天的运营筹备,大连口岸原三家集装箱码头公司正式“合三为一”。整合后的大连集装箱码头有限公司由大连港集团、新加坡港务集团、中国远洋海运集团和日本邮船株式会社四大顶级港航企业经营人共同出资组建,经营范围涵盖原三家集装箱码头公司的全部业务类型。通过整合,大连集装箱码头有限公司对大窑湾南岸集装箱码头资源实施统一管理和运营,能够最大化地提升码头运营效率,统一服务标准、优化资源配置、发挥规模效应,对加快港口发展新旧动能转换、做强做优港口主业、开创对外开放发展新格局具有重要而深远的意义。而此次采用的股权整合模式也开创了全国港口股权整合之先河。

码头整合后,大连集装箱码头有限公司内部紧锣密鼓的完善规章制度,统一操作流程,加快融合进度。为快速赢得整合效益,满足客户期望,服务质量提升变得迫在眉睫。但码头各项服务指标因新公司在各方面的融合而面临艰巨挑战,为快速赢得整合效益,满足客户期望,服务质量提升变得势在必行如何利用现有资源,提升资源利用率,使得资源利用最大化,发挥整合的效益,是整合后码头面临的新问题,也是急需解决的问题。

(一)内部管理的需要

码头业务整合在内部管理提升层面上是机遇与挑战并存。一方面,利用业务整合契机可以消除操作层面上的“差异”与“冗余”，建立一套完整的客户服务体系，共享内外部资源，为客户提供稳定的、可行的综合解决方案；另一方面，业务整合带给操作方面一定的冲击，相关服务水平、人员工作状态等都有一定下滑，如何稳定操作效果并实现“1+1>2”的公司预期是亟待解决的问题。

(二)外部客户的需求

码头整合前，由于各码头分属不同的公司，独立运营，不能发挥最大优势，部分客户需求无法完全满足。整合后，客户对新码头的期望也随着整合提升，需要码头提供更便捷和更高效的服务。

二、服务提升原则

(一)安全平稳原则

安全工作是一切工作的前提条件，码头现场作业环境相对复杂，就更要抓好安全工作。因此，资源优化提升的前提是要继续加强安全管理，重点管控作业各环节的风险点，在保障安全的情况下稳步推进各项优化措施，确保安全万无一失。

(二)服务平稳原则

集装箱码头对外提供集装箱装卸服务，而资源优化不仅需要保持对外服务的平稳，而且还应通过资源优化，达到作业效率提升等对外服务的提升，确保码头为船公司等客户提供更加有保障的服务。

(三)员工平稳原则

在资源优化的各项措施实施过程中，首先要让员工充分了解资源优化的目的，使员工真正与企业的思路保持一致，做到劲往一起使，确保员工思想的稳定。

三、码头服务提升措施

(一)提升核心干线效率

1. 干线船收箱模板

通过对干线班轮挂靠港口进出口箱量及舱位分布进行数据收集分析，摸索出其中的规律性，用于指导公司微观堆场制订收箱计划。一方面，合理布局堆场机械的使用，对应机械收箱会提高收箱效率降低车辆在港时间；另一方面，能够将将堆场收箱与船舶配载紧密联系，收箱相对规律、集中，使得配载船、场思路更清晰，节省配载时间，降低堆场翻捣率(图1)。

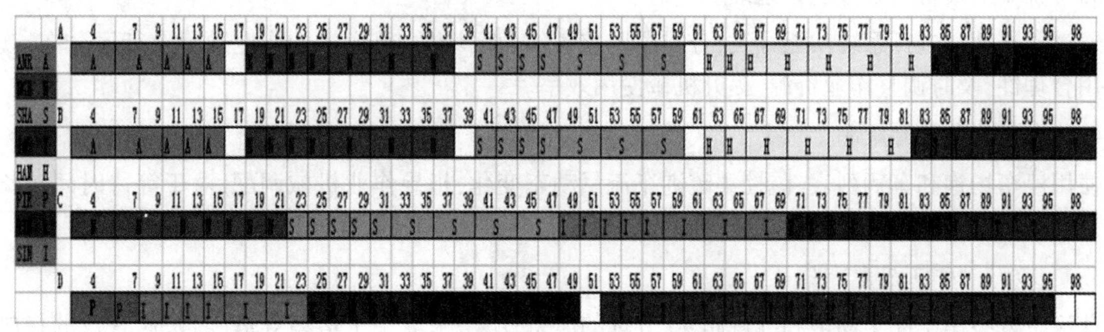

图1 干线船收箱模板

2. 作业线全卸全装模式

作业线全卸全装，是指根据船舶作业分头划定的作业线作业范围，实行卸船完毕后再装船的模式，改变传统模式岸桥装卸同步、集中装卸而产生作业交叉、场桥配置需求量大的弊端，减少了场桥配置，平衡船场作业，适应新形势下作业需求。

3. 岸桥逻辑绑定关系应用

岸桥逻辑绑定是指将每一个岸桥作为一个计划分组条件制作卸船计划，实现岸桥与街区及场桥绑定。该作业模式将卸船落箱等同于出口收箱进行规划,强化提升了配载中心与调度中心作业思路的统一度,具有三大优点:它解决了码头操作无序分配造成的拖车交叉作业难题;释放出了场桥资源,缓解了机械配置压力;减少了场桥频繁跑贝作业,能够更好地降低能耗成本、提升作业效率。

4. 干线作业效率对标分析表

对标分析表是针对干线作业全过程跟踪、记录、分析的一项表格工具,包含基础数据和作业写实两部分内容。它的使用能够让班组管理人员对单船作业的优缺点有更加系统的认识,实现对症下药、有的放矢,以此不断优化作业环节,提升船舶作业效率。

5. 配载中心设立干线配载计划员

为确保干线操作配载质量,配载中心每个班组确立2+1模式,即每个班组确定两名干线配载计划员,其中一名作为后备进行培养。干线配载计划员必须具备丰富的干线配载经验和出色的配载技能,是班组的精英力量。

6. 调度中心实行调度员大衍牌制度

集中办公后,调度中心为实现绩效考核的公平、公正,提升调度员的工作积极性,实施大衍牌制度,打破原各区调度只负责本区船舶的作业模式。并在干线班轮作业激励方面,进行了针对性的绩效考评细则调整,以此让更多的调度员积极参与到干线船舶作业中来,分解原二区调度员的工作压力,提升团队活力。

(二)缩短车辆在港时间

1. 场地设备作业指令时时监控

运用码头ITOS及SmartGate系统,对集疏港指令进行实时监控,合理安排人机资源,保障作业指令快速高效完成,有效压缩车辆在港时间,控制车辆超时数量,并通过指令监控,及时发现港内车辆拥堵等异常情况,采取有效措施进行应急处置。

2. 超时车辆原因分析

建立车辆超时(超60分钟)记录表,进行数据统计,并逐车分析超时原因,针对超时情况寻找业务提升点,完善相关操作,有效管控超时车辆。

3. 场桥作业及街区分布统计系统

通过资讯部门进行系统功能开发,分时段监控各作业区场桥、轨道吊的作业数量及街区分布,观察期使用合理性,及时调整作业资源,提升机械使用效率。

4. 停车场饱和待时跟踪

使用停车场饱和车辆列表,监控集疏港车流量动态变化,指导作业机械调配,对于等待时间较长等异常情况,及时采取有效措施予以处理,有效降低车辆饱和等待时间,提升集疏港作业效率。

5. 超90分钟手工应急方案

此应急方案用于停车场饱和等待超90分钟的应急处置,采取手工落箱等措施,快速有效的释放拖车,避免客户持续等待,提升客户满意度。

6. 走访宣传解答

针对新公司成立以来的相关服务举措及与客户业务相关的发展规划,对场站客户进行走访,以此进行服务举措的宣传推广及问题解答,同时听取客户意见及建议,制定相关对策,提升服务质量,实现互利共赢。

7. 调度中心与客户作业沟通微信群

通过微信群,搭建码头与客户直接沟通平台,实现双方的高效配合,使得业务操作更加顺畅,异常情况及时互通、快速处理,为客户提供方便,让码头赢得口碑(图2)。

图2 微信群

(三)空箱预约疏港

操作运营部以调研客户个性化需求为前提,以沟通协商共享为基础,以预约错峰疏港为主线,以考核兑现为手段,推行空箱预约疏港操作。

通过每日与场站召开空箱疏港沟通协调会议,明确各场站夜间及第二天日间空箱提箱数量;码头根据空箱疏港数量及各作业区船舶空箱作业情况,合理安排空叉出机量及场站、车队提箱时间段,制订提空作业计划。生产作业组织部门根据提空箱计划,合理组织场站实施提空箱,兑现作业计划。

作业后及时总结计划兑现情况,并将未兑现情况进行分析,根据考评细则进行记录,作为调整场站、车队提箱安排优先级因素。通过考核机制的建立推行,引导客户在空箱预约疏港作业方面达成劲儿往一处使的效果,让客户在空箱疏港方面充满信心,从内心深处相信码头的目的是为了双方的共同利益,最终形成客户进港有箱及时提,码头有设备支持提箱的良好氛围(图3)。

图3 空箱预约疏港

(四)服务风险管控

①全面实时跟踪关检监管政策的变化动态情况,明确指导性文件的指导意义,结合政策及文件的要求,对现有操作流程(系统)进行及时更新,杜绝关检管控风险的发生,及时变更流程与操作标准。

②对的服务风险进行前期梳理,按照关检失控、质量事故、投诉三个方面分类,明确风险管控点,并制订相应的管控办法,并在实际操作中推行,并结合PDCA对效果进行跟踪,逐步革新,总结输出结果。

③高度契合风险点管理,对操作流程(系统)进行梳理,结合现有的实际业务,对操作流程(系统)进行判定,制订操作(系统)风险点的管控措施,杜绝流程漏洞,对流程进行更新完善并建立长久循环推行机制。

④根据整合前码头之间的操作流与业务流的差异化,对操作流程及操作规程进行标准统一,结合服务风险、流程管控、政策变化带来的流程更新,最终形成有效的指导性操作文件,形成统一的汇编材料。

(五)无纸化放箱

1. 设立并开通网上支付

(1)开发网上支付功能

梳理现有支付方式及客户需求,通过对国内其他港口开展网上支付情况进行调研,提出网上支付系统需求,形成具有特色的网上支付业务模式和系统功能。

(2)对网上支付功能进行推介,逐步扩展客户群体

完成网上支付的功能测试,首先的大窑湾单证中心窗口试点网上支付功能验证,在功能验证的同时,与部分客户进行推介,推广网上支付的开展,再根据客户反馈,逐步完善功能。

(3)设立市内受理中心

在单证中心窗口试点的基础上,在市内开设受理中心,进行单据的受理,并与客户进行更广泛的沟通,加大网上支付的应用程度。

2. 实现口岸电子放箱、放货

大连口岸不断推进电子化进展,在开展网上支付的基础上,探索和研究电子放箱、电子放货的新模式,通过电子化的手段,减少客户在进出口业务中的中间环节,减少人员往来市区和港口的时间成本。在口岸相关职能部门的大力支持下,集装箱码头顺利实现电子放箱和电子放货新模式。随着电子放货进程,越来越多船公司选择电子放货手段进行电子放货、放箱,进口整提业务的电子放货比例已达到98.55%(不包含主场站),大连口岸所有船公司及船代已全部实现电子放货。2018年6月,在口岸电子放货进程推动下,网付平台良性稳步增长。持续进行电子放货与网付的结合工作,在单证中心加强窗口推广,尤其是电子放货相关业务的网上支付,以此促进网付业务发展。促进大连口岸物流企业无纸化快速缴费提箱,为客户提供良好顺畅的提箱体验。

3. 进出港电子操作条

(1)明确操作条电子化业务流程与重进重出业务流程

根据现有业务,项目组设计符合码头现状的重进重出业务流程,拟通过改造现有TOS系统或通过其他辅助程序与操作系统对接实现重进重出流程。

(2)试点使用测试

通过项目组与个别车队的沟通,使其了解到码头为提高提箱效率进行的努力,同意为电子操作条及重进重出业务进行真实环境下的试点使用。

项目组制订详细的使用说明,为客户提供简单易懂的培训,并反复确定系统的稳定性,保障在试点使用期间系统的可靠性。

(3)推广应用

根据试点使用的情况全面推广电子操作条及重进重出业务,全面提升码头服务水平。

(六)运营管理大数据

1. 明确责任人

确定操作运营部各组第一负责人为大数据项目的负责人。

2. 明确数据标准及口径

对现有数据进行汇总,明确各数据记录标准、计算方法和输出原则;对标准和口径不一致的数据项,

逐一明确口径，确定标准。

3. 还原过往数据

将整合前各组数据按照确定的标准、整合后码头可用的原则，进行数据统一还原，由三个数据表合并成一个标准统一的数据表，使得数据具备可对比性、可分析性。

4. 确定新增数据项

根据整合后各组的定位及职位描述，对作业过程进行分析，通过数据反映问题，通过数据解释问题，通过数据解决问题。对目前无数据的项目提出数据记录项目及内容，使得生产、服务各环节有针对性。

5. 月度分析汇总

月度对生产作业数据进行汇总和分析，对结果的变化进行分析，并且需要通过数据进行说明，并反馈在各组的月度报告中。

针对生产作业及服务作业过程中的问题，进行数据分析后，提出有针对性的解决措施，提高生产作业效率和服务水平。

6. 提出系统需求

利用数据池技术，对数据进行抽取、清洗、整合等进一步处理，实现基础应用系统的数据，由原来分散的、无规则或规则不强的业务数据的集成，形成分业务主题的各主题数据库。最后运用数据挖掘技术，通过大量的数据分析，得到对港口企业决策有一定指导作用的信息，从而达到大数据和应用的集成。

7. 数据应用总结

定期对大数据应用情况进行总结，对大数据项目过程中的问题进行讨论，对大数据项目中的数据及系统进行优化。

（七）堆场自动化

通过一条街的堆场自动化试验性改造，为后续实施整个堆场自动化码头做好准备和铺垫，通过项目的实施积累经验，培养人才，查找问题并完善方案。

堆场自动化通过对原轨道吊街区的三台轨道吊实施设备改造，升级电控系统、梳理原有作业流程，设计符合自动化操作特点的新业务流程、对码头操作系统进行优化，引入智能调度算法等，完成软硬件的改造，以符合自动化生产的条件。

（八）客户满意度

①强化客户作业服务保障，及时解决客户在作业中遇到的难题，贯彻“满足客户需要，超越客户期望”服务理念，打造“DCT值得您信赖”服务品牌。

②通过建立“DCT24小时客户服务反馈平台”，每季度开展客户服务需求调研与满意度调查、加强业务微信群管理与维护、市场部与操作运营部联合走访重点客户等举措，开拓客户需求调研与客户诉求反馈渠道，多渠道了解客户需求，以客户服务需求为导向全面提升服务质量。

③推进落实“首问责任制”与“一站式服务”服务举措，提高服务窗口的服务能力与业务办理效率，提升客户服务感受。

④落实整改措施与服务监督检查机制，加强服务质量及服务制度落实情况检查力度，对发现问题及时提出整改建议，促进客户服务质量的不断提升。

⑤健全客户服务管理制度，推进客户服务工作制度化、标准化建设。

四、取得效益

（一）提升核心干线效率

2019年三条主要干线班轮作业单机效率平均33.23箱/小时，超过2018年31.75箱/小时，提升幅度4.66%（图4）。

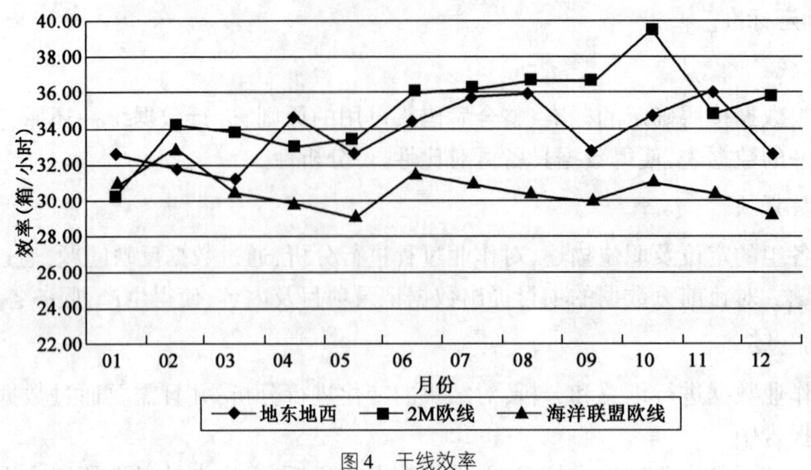

图4　干线效率

(二)缩短车辆在港时间

2019 年车辆在港时间持续下降,稳定在 22 分钟指标以下,为 20.74 分钟/车,较 2018 年 21.06 分钟/车下降 1.52%(图5)。

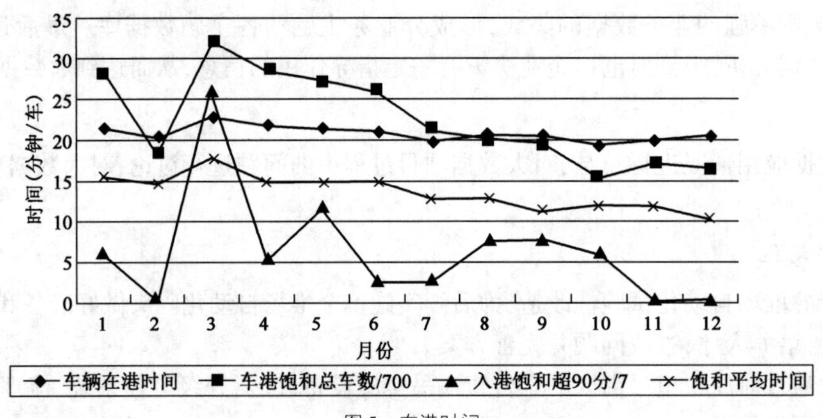

图5　在港时间

(三)空箱预约疏港

通过优化资源配置,共享港口作业信息,主动引导周边场站、车队按计划有序进港提箱,从根本上改变了以往车队集中提箱及与船舶作业之间的双重冲突状况,保障了各场站、车队在港作业的高效顺畅。每天 15 点综合计划组织周边场站、车队及码头值班组、单证中心召开空箱疏港协调会,根据各场站、车队提空计划合理安排码头机械出勤、场站及车队的具体进港时间、提箱车辆数量等信息,落实“错时、错位、错峰”提箱。

①提空车辆在港停时已经明显下降,以 2019 年为例,提空车辆平均在港时间为 10.31 分钟/车,而 2018 年同期则为 12.81 分钟/车,同比缩短 2.5 分钟/车,大大提升了码头的对外服务质量。

②提空车辆在港停时减少,且协调会到位,场站、车队提空疏港效率提升明显,投入的运力随之减少,能耗及人员安排成本降低,各方认可并积极参与协作。

③提空疏港协调会也促进了入港分时段的进港作业,提空与入港进行的错时作业,即缓解了提空压力,同时缓解了入港的压力,整体互动进一步优化。

④2019 年,码头空叉人机出勤较 2019 年同期下降 0.7 台/班次。

(四)服务风险管控

①完成检查桥、单证中心、配载中心、调度中心、系统资讯 5 个专业组收集汇总的关检风险 32 项、质量事故风险 84 项、投诉风险 31 项,全部制定对应措施进行管控,无遗漏。

②发现业务流程漏洞18项，全部完成流程规范并下达执行。

③已发现业务差异化达128处（单证14处、检查桥39处、配载中心21处、调度中心54处），目前已经全部完成统一。

④完成码头整体《操作流程》《操作规范》的汇编下达。其中操作流程方面72项，全部实现系统内的立体化跟踪管控；操作规范方面涵盖港内全部机种人员和作业环境。

⑤实时关注海关监管政策的变化情况，全年累计处置关检事件53次，并全部做好妥善应对。

⑥完成5项系统一体化升级改造并投入使用。

⑦全年无关检失控、无质量事故及投诉事件发生次数均为“0”。

（五）无纸化放箱

1. 网上支付

①自2018年8月试运行至今，网上支付客户已增长至每月330余家，同比增长113%，2019年累计开展网付物流企业470家（表1）。广大客户已经接纳并选择网付，越来越多的客户缴费模式已经逐步从窗口向网付平台转变。

网上支付客户数（单位：家） 表1

有效计费客户	已开通网付	已开通网付占比	未开通网付	未开通网付占比
950	470	49.5%	480	50.5%

②网上支付的业务量始终呈持续稳定增加状态，平均每月涨幅为500票左右。2019年底，网上支付的业务量7300余笔，占码头可网付业务的30.29%，较去年同比增长156.4%，增加4500余笔支付订单。

③网上支付受理中心的设立，给了客户多样化的计费选择，尤其是市内网付受理点的设立，让客户在换单放行之后便能完成进口提箱计费，降低客户运营成本，2019年，优化升级网付平台，研发了自动审单功能，有效提升了网付审单效率，降低了网付审单人员83%的工作量，有效缓解码头单证中心窗口压力，提升了客户与码头的工作效率。

④手机移动端支付的推出，有效解决了东区业务需要至西区缴费的难题，使得司机师傅不用下车便能完成相关进出口费用缴纳，并且，系统会自动推送场地作业位置，受到广大客户的积极响应与好评。

2. 电子操作条

①通过电子操作条的实施，消除了通道偶尔卡纸情况、打印机出纸时间等因素，入港通道通过效率及顺畅程度较打印纸面操作条提升10%。

②重进重出车辆的平均港内停时下降约3分钟/车次，其中收箱时间为20.4分钟，提箱时间为19.8分钟。与同期车辆在港时间相比较提箱时间下降约3分钟，收箱时间基本持平。

（六）大数据应用

1. 码头作业主要数据指标统一还原

对码头作业生产的主要数据进行大码头合并，并按照统一口径进行还原和输出，使得整合后的码头相关指标具备可对比性，从而查找码头整合后的各生产环节的变化情况，从而有针对性地解决问题。

主要还原指标：船舶即到即靠率、泊位计划兑现率、保班率、泊位利用率、车辆在港时间、船舶作业效率和单机效率、人机平均出勤和作业量数据、场地利用率和集装箱在港周转时间。

2. 确认生产作业服务过程中重要数据项

结合各组职位描述的梳理，与各组进行深入沟通，对无法满足目前职位描述中的数据内容进行整理，各组负责人根据管理需要，提出新增数据项目。

操作运营部各组共新增数据项目51项，主要涉及作业效率分析、运营成本分析、计划合理性等方面，见表2。

数　据　项　表2

定　位	数据名称	意义或反映问题
服务	车辆入港作业时间(从入门至作业完成)	场地作业组织能力及场地作业效率
	非作业停时分析	影响作业因素分析
	场桥小时作业量	设备作业饱和程度及作业组织能力
效益	通道流量统计,按下列类型:分区、分通道、按时段(可任意设置分段间隔时间)、纯区、跨区、船名/航次、空重、街区等	合理控制通道数量,降低成本
	出口翻捣率	减少成本支出,提高作业效率
	装船场桥作业效率	

3. 数据应用

按照大数据应用的思路和方向,各组总结、新增了与生产相关的部分数据项,并将数据应用到日常生产过程中,发挥大数据的功能。

(七)堆场自动化

1. 完成设备技术改造及优化

该项目通过在轨道吊上加装单机自动控制系统、自动着箱系统、目标检测系统、集卡引导系统、车号识别系统、集卡防吊起系统、大车自动锚定系统等实现了在堆场内和海侧悬臂下内集卡轨道吊自动化作业和陆侧悬臂下外集卡远程半自动化作业(安全高度下介入)。同时,通过这些子系统的联锁保护,实现了防打保龄、拖头防砸、集卡防吊起、设备及障碍物防撞等安全防护,有效地保证了装卸生产安全。

2. 完成系统开发及应用

该项目自动化调度系统是DPN和韩国MOVEX在原有iTOS基础上共同开发的可插拔的自动化模块,具有风险小、投资低等特点,具体内容包括:在保证任务按时完成的前提下,充分利用任务的搭配,合理调度任务的执行次序,降低轨道吊的空驶距离;充分利用和管理轨道吊的任务触发和预动作,减少轨道吊与集卡之间的相互等待时间;根据轨道吊各自任务的紧急程度以及综合执行任务量与避让规则,自行判断开展轨道吊之间的作业。

3. 自动化设备进入生产阶段

通过多轮讨论及实际应用总结,打造了DCT堆场自动化操作工艺路线,制订了大连口岸独有的包括大门收提箱、装卸船、翻捣、搬移、过街、异常处理等各类作业工况的自动化集装箱码头操作工艺流程。目前,该项目已累计作业集装箱50000余箱,单机最高效率的达到30.9箱/小时、多类型作业工况平均作业效率达到21.1箱/小时。改善司机工作环境的同时降低了码头运行成本,提升集装箱堆场的综合运行效率的同时保障了码头生产的安全性、可靠性,并通过24小时全天候作业,提升了码头对外服务形象。

4. 自动化人才队伍建设

通过选拔部门骨干成员及核心年轻人才,成立了DCT堆场自动化小组推进落实项目工作。各小组成员通过实际参与项目,了解并掌握了自动化码头相关技术技能和管理能力,为后续DCT全面推进自动化码头升级后运营管理做好了充足的准备。

(八)客户满意度

①2019年共计回收客户需求调研与满意度调查问卷样本454份,征集客户服务需求与建议96条,服务需求与建议反馈率达到100%,客户满意度为99.86%。

②2019年共计收到客户感谢信16封、锦旗13面,“DCT值得您信赖”的服务理念逐步获得口岸客

户的普遍认可。

③开展重点客户走访48家次，使客户服务专员、网付平台、设备交接单与放箱单无纸化、预约分时段收提箱等服务机制得到有效推行。

④“DCT调度中心与客户作业沟通微信群”“DCT收提箱业务微信群”“DCT预约分时段收提箱沟通群”三项业务微信群日均业务交流量超过10条，高峰期达到30多条，客户服务咨询答复率达到100%，对梳理现场作业关系、及时解决客户服务需求发挥了重要作用。

⑤2019年完成服务质量检查12次，发现并完成整改服务问题10余项，保障了全年客户投诉0起，各项年度服务指标达成。

⑥完成DCT客户需求调研及满意度调查工作制度》《DCT客户投诉管理制度》《DCT首问责任制》等6项客户服务管理制度及相对应的操作流程的修订与完善，确保客户服务工作有据可依、有章可循。

五、疫情防控

自新冠肺炎疫情暴发以来，为保障广大员工生命和健康安全，确保企业生产经营平稳有序，认真贯彻、落实国家、省市、招商局集团、辽港集团等主管部门关于疫情防控工作的各项决策部署，切实担当起属地防疫的重要职责，科学制订措施、迅速部署实施、建立健全防控体系，以强有力的举措筑起“外防输入，内防扩散”的防护屏障。

1.多种形式，全面覆盖，宣传防疫正能量

①疫情发生以来，为消除员工的恐慌心理，提高员工对疫情的认识，强化自我防控意识。公司以权威机构发布的防疫信息为依据，收集整理防控知识，通过长图文、短视频等形式在微信公众号、抖音视频等媒介进行推送，及时做好疫情防控期间的宣传报道和舆情监管。

②针对人员交接班、休息用餐时人员聚集的特点，全面、科学地进行了防疫知识的普及和宣贯，连续推出“DCT防疫工作举措及进展情况通告”“新型冠状病毒防护知识手册”“新型冠状病毒感染肺炎的症状”“疫情防控知识小视频”等主题宣传，引导广大员工理性认识，科学防控，消除恐慌，不信谣、不传谣，进一步提高广大员工的防护意识和能力。

2.未雨绸缪，硬核筹备，防疫物资有保障

①线下线上积极通过与药房、医院、医药代表、供应商等多渠道建立联系，采购储备医用口罩、消毒液、酒精和防护服等紧俏物资，确保公司1800名员工所需的防疫物资供应充足。同时努力拓宽防疫物资进货渠道，做好防疫物资长期、连续性储备工作，并设置独立、专门的危险化学品安全保管仓库。

②通过自主采购、爱心捐赠、上级单位派发累计筹集医用口罩8.1万只，同时筹集了560升医用酒精、550升消毒液、290升洗手液、450件防护服以及110个护目镜。并在2020年2月10日复工后每周为二线员工发放两个口罩，一线员工则保证每个班次发放一个口罩，对于窗口和有外部接触的一线员工发放N95口罩，目前已累计各类发放口罩6.5万只。

3.严密布控，狠抓落实，筑牢防疫安全墙

在疫情防控的关键时期，坚持在“严、实、准、细、狠”五个方面下功夫，压实责任、落实举措，用疫情防控的实际成效来增强广大员工的安全感、信心度。

①先后迎接国务院联防联控指导组、省交通运输厅、市政府领导、市交通运输局、保税区物流局、股份公司疫情防控工作检查组等上级单位对公司防疫工作的实地督导、检查。

②组织各部门建立疫情防控联络上报机制，通过组建的40余个微信联络群，汇总、整理每日疫情防控信息：员工动态、联防联控工作、境外船舶靠泊作业信息、船员上下船防疫管控、防疫措施标准和落实检查以及复工人员登记备案等内容上报政府和上级单位，推动防疫工作有序进行，实现上下联动。

③更好地掌握公司隔离人员信息情况,有效阻止疫情输入,在保证信息全面、准确的前提下,制作公司现有隔离观察人员信息情况跟踪表,对隔离观察人员当日身体状况、出现动态和就诊信息进行记录,要求员工上报从外省来连亲属信息,并在公司防疫联络群进行信息共享。

④提前制订复工后防疫措施落实、监督、检查细则,包括员工通勤、体温检测、员工就餐、消毒通风、工作区要求等十项措施,每项措施明确责任人,网格化监督闭环管理。

⑤要求全员从乘坐班车到办公区内戴口罩,工位之间间隔一米以上,会议采取视频会议形式,避免聚集。外来人员,事先通知戴口罩,否则不许入港、入楼办公。口罩回收至专用垃圾箱,统一处理。

⑥员工入楼前进行体温检测并记录,每日两次。外来人员入办公楼、检查桥行政通道都要测体温,并登记进出港时间,体温超过37.2℃,不得入港,并按照属地化管理要求进行上报。4月24日起,健康打卡上线全面代替了内部员工体温检测,进而实现实时掌握员工健康状况和行程动态的防疫工作目标。

⑦公共区域及办公区每日坚持四次消毒,采用84消毒剂喷洒和拖地等方式,并及时通风。业务楼内电梯停用,建议员工楼梯步行,浴室、活动室疫情期间均停用。并要求现场员工在换班时对机械设备驾驶室进行消毒通风。

⑧防疫期间所有餐厅每张餐桌同向仅保留一把餐椅,保证员工就餐时一人一桌,同向而坐,间距保证1.5米。地面粘贴间距提示贴,提醒员工排队打餐时保持足够间距。取消凉菜,提供一次性筷子,餐具和餐食均由供餐公司专人盛取。配餐人员必须佩戴护目镜、帽子、口罩、手套,每日检查供餐公司员工体温检测及消毒情况。

4.外防输入,严防死守,重点防控境外船舶

①加强外籍船舶管控,港内靠泊或作业前,需提前进行两次申报,提供相关检疫材料,落实“一船一策”,做到精准防护。对到港的外籍船舶,双方办理交接及业务交流时,如非必要,避免直接接触船方人员。对14天内境外更换过船员等高风险船舶,提高一线作业人员防护等级,加配护目镜,安排单独班车和用餐等。除就医以外,禁止在大连港区更换船员,外来人员登船时需出具7日内核酸检测结果。

②升级港区防疫举措,设立防疫督查管理专员,每日对生产一线人员防护、防疫值守情况进行巡检,避免防疫漏洞,形成一线防疫闭环管理。启用“安全管理系统”班前会模块,通过线上方式进行开工前的工作部署和安全教育,避免聚集带来的疫情风险。严格做好员工出行出差管控。停止使用各种海鲜冷冻食品,把好餐饮食品安全关。开展全员健康筛查。进行全面的人员排查,掌握所有员工行程和身体状况,落实跟踪、隔离及预防工作。组织全员进行核酸检测,做到应检必检,不漏一人,实现全员核酸检测率100%。

5.履行责任,稳定生产,确保口岸正常运转

①面对复杂的新冠肺炎疫情防控形势,为确保防疫物资的运输时效,及时开启防疫物资绿色转运通道,协调优势资源向运载防疫物资船舶倾斜,确保船舶靠泊“零等待”、作业“无阻碍”,为疫情防控阻击战持续提供助力。

②排查冷链运输风险点,将涉及冷链及查验操作环节的人员、货物接触风险进行重新研判,制定《DCT防疫生产保障方案》。对进口落场冷藏箱的线缆筐增加消毒环节;要求冷藏业务员完成卸船及外提冷藏箱电源插拔后,进入办公场所之前严格进行消毒记录;在海关进行货物开箱核酸检测时,要求查验工人穿着全套防护设备,完成作业后进行消毒,并统一处理防护废弃物。

③稳定口岸集疏运体系,码头切实做好客户解释和服务保障工作,对口岸公路集疏运面临的风险进行研判,积极引导客户采取“公路转海运”“公路转铁路”的运输模式,为客户解决拖车资源不足及异地送货限制问题,保障口岸运输通道顺畅。

④加强常态化应急处置,坚持底线思维,制定包括业务、操作、冷链等方面的应急预案。针对疫情可能带来的减员状况,建立人员加串班、班次调整、驻场机制三级应急机制,增设防疫隔离点和应急休息室。在做好疫情防控的基础上,进一步提升班组应急处置能力,以良好的机制建设增强码头服务保障核

心竞争力。

六、结语

伴随着辽宁省港口集团整合逐步深入，大连集装箱码头有限公司将依托招商港口的优质平台，以“超越顾客期望”为目标，持续创新工作开展，打造成本低、效率高、服务优的世界一流集装箱码头。

基于项目的绩效评价与绩效利润管理实践

大连口岸物流网股份有限公司

成果主要创造人:张　健

成果参与创造人:刘　军　刘　瑛　薛　明　潘瑶瑶　郝　冰　肖　玉
张　乔　林　红　康立利

大连口岸物流网股份有限公司(简称"DPN")成立于2000年,是由大连港集团和大连市建设投资集团联合设立的国有资本高新技术企业,注册资本3200万元。DPN作为交通运输部指定的"交通电子口岸"大连分中心平台、辽宁省交通运输物流公共信息平台的建设运营主体,同时经大连市政府授权独家建设并运营"大连口岸公共信息平台",目前已经发展成为现代物流领域领先的公共平台运营商和大数据应用服务提供商,是大连市建设东北亚国际航运中心、物流中心及融入"一带一路"倡议的重要数字化基础设施支撑。

2015年4月,大连港集团为促进互联网技术(IT)板块业务发展,对集团内IT企业进行重组。重组后,DPN下属投资公司含大连口岸物流科技有限公司(简称"PLT")、辽宁电子口岸有限公司、大连港隆科技有限公司、大连港通信公司,员工300余人,汇集IT、咨询、大数据、平台运营等各方面专业人才,拥有自主知识产权软件产品120余项,已形成全面服务于港航物流、通关、电子政务以及贸易金融领域日渐完备的数字化综合服务体系。

重组后的DPN核心能力进一步增强,持续致力于利用领先的信息技术整合港口、物流、口岸通关监管及区域物流体系的关键信息资源,优化业务流程、创新口岸业务新模式,依托公共信息平台为工贸、物流、金融、监管等各类别客户提供公共及定制信息服务,为港航物流企业提供IT整体解决方案及信息系统,帮助实现通关监管的信息协同、物流操作管理及服务的智能化以及通关监管与口岸物流的有机交互。

DPN已取得以下资质及荣誉:

①高新技术企业;

②ISO9001:2008质量管理体系认证;

③CMMI DEV v1.3成熟度三级;

④信息系统集成及服务资质;

⑤交通电子口岸大连分中心;

⑥大连口岸公共信息平台;

⑦大连市第一批软件和服务外包企业;

⑧大连第一批信息化与工业化深度融合示范企业;

⑨中国港口协会会员;

⑩辽宁省流通领域现代物流示范企业;

⑪辽宁省、大连市著名商标。

获得国家级奖项情况如下:

①2007年中国港口科技进步奖二等奖;

②2009 年中国航海科技奖三等奖；

③2012 年中国信息化(质检领域)成果二等奖；

④2015 年中国港口科技进步奖二等奖；

⑤2017 年中国港口科技进步奖一等奖；

⑥2018 年中国港口科技进步奖二等奖；

⑦2019 年中国港口科技进步奖三等奖。

一、实施背景

(一)企业自身发展和参与竞争的需要

“兵无常势,水无常形”,时代、行业、人才都发生巨大的前所未有的变化,随着近些年行业发展及 IT 业人才竞争,企业原有产品和技术都受到外部的强烈冲击,技术亟待升级,产品急需改进,客户需求也日益提升,企业人才也出现了不稳定的危机。面对激烈竞争的市场环境,企业要谋求生存与发展,需要不断地进行技术创新、制度创新和管理创新,寻求变革以适应外部的变化,而走在企业变革前沿的就是公司管理模式的变化。

近年来,诸多企业基本都在寻求从传统的直线型组织机构到职能型组织机构,从事业部制的利润中心、成本中心到自主经营体的这种能够让员工自发工作,管理相对扁平化的组织机构。而划小核算单位,将企业划分为“小团队”,就像自由重复进行细胞分裂的单元——以各个单元为核心,自行制订计划,独立核算,持续自主成长,全员共同管理,实现可持续发展的目标。这一全员经营的创新组织模式恰好符合公司当前组织变革的需要,充分调动员工项目参与积极性及对项目质量,客户满意度的关注,推动企业取得更佳的管理绩效。

(二)全新管理模式落地尝试的需要

“划小核算单位的经营模式”绝非一天能建成,为避免水土不服流于形式,谨慎的分析企业运营中的特点及难点,找出企业发展瓶颈出现的环节,寻找适合突破点尝试推进,是保证管理模式本土化、能够实施落地的关键。结合 DPN 目前经营分析,总结企业经营的关键点——项目管理,DPN 成立项目绩效管理小组,从项目绩效评价着手,以“项目绩效利润管理”理念核心为指引,进行项目绩效评价与绩效利润管理实践。

(三)切实满足客户需求,更好地为客户服务的需要

DPN 的经营理念是为客户提供更加高效、便捷、经济的服务,一切从客户需求出发,为客户提供过硬的产品及优质的服务。那么,如何才能打造出满足客户需求的高质量产品和服务呢?这就需要通过创新项目管理模式,规范项目管理流程,并实施一系列的项目激励政策,全方位的推动项目的成功实施,才能保证为客户提供优质的产品和服务。

二、实施目的

项目绩效评价与绩效利润管理的深层目标是通过细分组织的项目绩效评价,引导创建全员经营的创新组织模式,搭建共有利他文化平台,推进员工创建反复觉知的自我精进系统,培养经营者的人才运营平台,创建与市场挂钩的经营核算机制。在项目绩效评价与绩效利润管理实施中,兼收并蓄过去项目管理的经验,用程序文件规范项目管理的基本内容,监督验证软件质量体系运行,利用内部定价与交易规则,促进组织合作,激励大家更好的工作,多做项目,多做贡献,以服众的数据说话,让有能力的人得到施展和认可,得到应有的回报,让每个人、每个团队都能获得他们应有的认可,更好地满足客户需求,让 DPN 朝着良性的、好的方向发展,创造更多效益,吸引更多优秀的人才,实现良性循环。

三、实施过程

(一)项目绩效评价与绩效利润管理实施的时间

项目绩效管理于 2017 年底首次提出,通过梳理 2017 年 DPN 全年项目情况,初步确立了项目定义、

项目类型、奖励原则等方面,并于当年年终绩效奖励中进行激励兑现。为进一步做好这项工作,2018 年 DPN 成立了项目绩效评价与绩效利润管理小组,共同研究分析如何合理地进行项目绩效评价,以及如何进行项目绩效利润的核算。同年开始以项目周期为脉络,对项目类型、项目立项、项目过程、项目质量、客户满意度等进行全面分析,对应阶段、对应岗位人员贡献进行评价。8 月,根据 DPN2018 年上半年项目的实际完成情况,整理、收集并形成项目绩效基础评价数据,并在此基础上进行奖金激励分析,并开始让员工参与项目绩效研讨的过程中,让员工进一步了解项目激励的目标和原则,鼓励员工多做项目,做好项目,基本达成阶段预期的激励效果。2018 年底,结合全年项目实际情况及当年 DPN 的经营效益完成情况,进一步对项目绩效评价与绩效利润管理办法进行了改进和完善,而且加大了年终奖中项目奖励的兑现比重,项目绩效评价与绩效利润管理正式全面实施。2019 年,DPN 结合实际业务及项目情况,在逐步完善项目绩效激励方案基础上再次进行优化和提升,为了真正实现项目激励的目标,尝试引进项目过程奖励,实现即时激励,让项目评价更加清晰、明确、易衡量,操作简便,员工能清晰地了解到自己项目绩效奖励的组成,充分调动大家做项目的积极性、能动性和创新性。

(二)项目绩效评价与绩效利润管理小组建设

项目绩效评价与绩效利润管理小组成员由 DPN 市场部、质保部、财务部、综合部人力资源人员共同组成,通过 SVN、统计系统等形式,对不同类型项目的项目周期,项目质量、项目绩效利润、项目人员贡献度等数据进行统一管理及记录,并组织部门对项目成员绩效进行评价并激励,主要职责分工如下:

①DPN 市场部负责根据《项目管理办法》确定 DPN 当年立项并参与评价的项目梳理,形成项目列表,并随时更新,而且比照项目计划对项目实施进程的完成情况进行评估打分。

②DPN 质保部负责根据《项目质量管理办法》及项目计划,对项目质量和进度完成情况进行评估打分。

③DPN 财务部负责制定项目绩效利润核算方法,并根据《项目绩效利润考核办法》对每个项目的绩效利润进行测算及评估。

④DPN 综合部人力资源负责统筹推进项目绩效评价的实施,以及项目绩效评价结果的应用。

⑤DPN 各部门负责提供本部门每个项目组成员绩效及贡献度的评价。

(三)历年项目数量与年度分布

项目绩效评价与绩效利润管理实施已有 3 年多,通过这几年的不断改进与调整,对项目类型及过程的划分管理逐步准确与精细,对项目的范围和内涵进行了重新定义,从而进一步规避了项目的重复奖励,更加突出项目的实际贡献,同时也对项目评价考核原则提出了更为细致且有针对性的指标和要求,有效促进了 DPN 各个项目保质保量地按期验收结项,从而保证了客户需求的及时响应,进一步提高了项目质量和客户满意度。

2017 年度项目划分维度及数量见表 1。

2017 年度项目划分维度及数量 表 1

序 号	项目类型	项目数量
1	重点项目	3
2	软件类项目	97
3	平台类项目	85
4	硬件类项目	93
5	一线运维类项目	9
6	研发类项目	2
7	方案类项目	187
合计		476

2018 年度项目划分维度及数量见表 2。

2018 年度项目划分维度及数量 表 2

序号	项目类型	项目数量
1	重点项目	4
2	建设类项目	100
3	运维类项目	111
4	运营推广类项目	32
5	研发类项目	27
6	管理类	42
合计		316

2019 年度项目划分维度及数量见表 3。

2019 年度项目划分维度及数量 表 3

序号	项目类型	项目数量
1	建设类项目	119
2	运维期建设项目	38
3	运维类项目	85
4	平台运营类项目	29
5	申报类项目	42
合计		313

（四）项目绩效评价与绩效利润管理维度

1. 项目类型维度

DPN 项目分为两大类别，即产品及服务类项目，管理与发展类项目。根据项目分类的不同，有针对性的制订相应的项目绩效评估管理办法，见表 4。

项目类型维度 表 4

项目分类	项目类型	评价维度
产品及服务	重点项目 建设类 运维类 运营推广类	项目绩效利润 项目质量 项目进度 人员贡献度
管理与发展	研发类 管理类 项目申报类	质量 进度 影响范围 人员贡献度

2. 项目职能维度

项目绩效评价与绩效利润管理小组，结合每个项目生命周期阶段对应岗位人员及相应贡献，划分项目职能维度，明确不同岗位的职责和考核方向和评价内容，见表 5。

项目职能维度　表5

职能维度	考核方向	评价内容
项目经理	项目管控工作	①项目计划制定和管理完成情况; ②项目范围界定和管理完成情况; ③项目进度跟进和管理完成情况; ④项目质量规划和管理完成情况; ⑤项目沟通规划和管理完成情况; ⑥项目风险规划和管理完成情况; ⑦项目实施规划和管理完成情况; ⑧项目整体管理完成情况; ⑨认真总结项目管理工作,项目经理间沟通交流情况
研发人员	项目研发管理及开发工作	①项目架构设计、系统设计、功能模块设计实现完成情况; ②对需求很好地理解、业务很好地抽离、弥补需求遗漏的情况; ③功能模块代码实现及其 Bug 修复,按时保质、保量完成项目的情况; ④功能模块的单元测试完成情况; ⑤项目技术研究学习、技术攻坚的情况; ⑥研发技术运用总结以及组内分享的情况; ⑦辅导协助资历浅的研发同事共同成长、团队配合的情况
实施人员	项目实施工作	①用户现场支持及日常维护,推动项目上线和验收的完成情况; ②项目安装部署、升级维护、数据备份、数据迁移等完成情况; ③编写实施文档、操作手册、发布手册、培训文档等完成情况; ④用户培训,制订培训计划、培训教程、培训问题解答等完成情况; ⑤用户使用系统的问题收集、整理、跟踪的完成情况; ⑥项目实施方法和工作总结的情况

3. 项目生命周期维度

围绕项目生命周期,根据项目立项时,项目经理和 QA 共同确认的《项目定义过程 PDP》,对项目生命周期维度进行综合评价,见表6。

项目生命周期维度　表6

项目生命周期维度	主要执行人	主要评价标准
项目立项	项目经理	①项目总计划编写完善性、有效性; ②项目风险计划编写完善性、有效性; ③项目沟通计划编写完善性、有效性; ④项目实施计划编写完善性、有效性; ⑤甲方和乙方变更申请流程明确性; ⑥甲方和乙方问题升级流程明确性
项目需求	项目经理 需求工程师	①项目需求计划完善性、有效性、修改次数; ②项目需求调研报告编写完善性、有效性; ③项目需求规格说明书完善性、有效性、修改次数; ④项目需求规格说明书与客户真实需求的切合度; ⑤项目需求规格说明书中需求范围和主要交付物的明确性; ⑥项目需求变更次数和高中低影响; ⑦WBS 拆解和制订的合理性

续上表

项目生命周期维度	主要执行人	主要评价标准
项目系统设计	系统架构师 系统分析员 软件工程师 项目经理	①项目系统设计计划编写完善性、有效性、修改次数； ②项目系统概要设计编写完善性、有效性、修改次数； ③项目系统详细设计编写完善性、有效性、修改次数； ④项目系统需求拆解和功能业务设计切合度； ⑤项目系统功能业务抽离、交互设计合理性； ⑥项目系统设计中算法和逻辑清晰、易理解
项目开发编码	系统分析员 软件工程师 项目经理	①项目研发计划编写完善性、有效性、修改次数； ②项目研发任务分配的合理性、可操作性、调整次数； ③项目开发编码规范不遵守项数； ④项目功能模块实现设计草稿数； ⑤项目功能模块自测场景草稿数； ⑥项目功能模块交付延迟数； ⑦项目承担技术攻关研究数； ⑧项目承担功能模块开发数； ⑨项目承接外部反馈问题数； ⑩项目功能模块产生 Bug 数，高中低 Bug 分布
项目测试	系统分析员 软件工程师 项目经理	①项目测试计划编写完善性、有效性、修改次数； ②项目测试任务分配的合理性、可操作性、调整次数； ③项目测试用例编写有效性，场景覆盖率、测试用例数、用例修改次数； ④项目测试用例执行有效性，用例执行数、工作延迟数； ⑤项目冒烟测试，一次通过率； ⑥项目功能测试，产生 Bug 总数，高中低 Bug 分布； ⑦项目集成测试，产生 Bug 总数，高中低 Bug 分布； ⑧项目提交 Bug 有效性，提交 Bug 质量、提交 Bug 数； ⑨项目测试小结、测试报告编写准确性、完善性； ⑩项目 UAT 测试，产生 Bug 总数，高中低 Bug 分布
项目上线	项目经理 实施工程师	①项目基础配置编写完善性、有效性； ②项目发布手册编写完善性、有效性； ③项目培训手册编写完善性、有效性； ④项目试运行报告编写完善性、有效性； ⑤项目上线报告编写完善性、有效性； ⑥客户满意度调查表完善性、有效性

4. 项目绩效利润管理维度

采用项目绩效利润核算方法，打破传统的财务账面数据统计的方式，重新确定项目内部定价与评价规则。更加关注项目绩效收入、各项成本分摊等维度，将人工成本投入、总工时投入、综合成本分摊、折旧摊销分摊等成本费用都核算到项目绩效利润当中。项目绩效利润的核算方法如下：

项目绩效利润 = 项目绩效收入 - 人工成本分摊 - 综合成本分摊 - 折旧摊销分摊 - 其他分摊

其中：

(1) 项目绩效收入

项目绩效收入 = 项目预计净收入 × 完工百分比

项目预计净收入 = 项目预计收入 - 项目预计外付

完工百分比 = 项目实际完成工作量/项目预计工作量 × 100%

(2)人工成本分摊

$$人工成本分摊 = \sum[(J_i/22) \times K_{人工i}]$$

式中：J_i——该等级该项目的人工工时合计，人·天；

$K_{人工i}$——该等级人工成本由综合部人力资源每年年初发布，万元·人/月，赋值见表7。

$K_{人工i}$赋值表　　表7

职级	J_7	J_6	J_5	J_4	J_3	J_2	J_1
$K_{人工i}$	$K_{人工7}$	$K_{人工6}$	$K_{人工5}$	$K_{人工4}$	$K_{人工3}$	$K_{人工2}$	$K_{人工1}$
$K_{人工i}$值	2.4	2.3	2.1	1.5	1.1	0.8	0.8

(3)综合成本分摊

$$综合成本分摊 = \sum_{4}^{7}[(J_i/22) \times K_{综合1}] + \sum_{1}^{3}[(J_i/22) \times K_{综合2}]$$

式中：J_i——该等级该项目的人工工时合计，人·天；

$K_{综合1}$——J_4 以上(包含 J_4)等级分摊综合成本系数，万元·人/月，由财务部根据实际情况发布，目前的赋值为0.23万元·人/月；

$K_{综合2}$——J_4 以下(不包含 J_4)等级分摊综合成本系数，万元·人/月，由财务部根据实际情况发布，目前的赋值为0.20万元·人/月。

(4)折旧摊销分摊

折旧摊销分摊为部门根据财务提供的部门资产每月折旧摊销金额对每个项目占用资产的折旧摊销分摊金额的确认，由部门经理每月进行分摊确认，单位为万元。

(5)其他成本分摊

每月财务部根据财务月度支出情况填写的各项目可单独核算的费用，包括差旅费、招待费等，但不包括项目外付，项目外付在项目绩效收入核算中进行计算。

(五)项目绩效评价过程及奖励方法

项目管理小组围绕上述项目绩效评价管理维度，对项目进行持续的跟踪评价。项目管理小组每月汇总、更新完善项目相关数据，形成月度项目绩效评价报表。综合部人力资源根据项目管理小组提供的绩效评价数据进行综合评价，并依据评价结果进行项目绩效奖金的核算与发放。

对不同类型项目的实施过程，找出项目管理过程中的关键节点和里程碑，并制定相应的评估标准及奖励方法，项目奖励实行动态管理。

1. 建设类项目(表8)

建设类项目　　表8

关键节点	评估标准	激励目标	奖励方法
项目合同签署	销售合同签署情况	鼓励售前协作，多签合同，多创收入	项目绩效利润 × 计提比例% × 10%
项目质量进度	根据上述项目生命周期维度，提炼出关键里程碑点，并对每个里程碑点进行评价	鼓励按期保质保量完成项目实施的各个阶段	项目绩效利润 × 计提比例% × 40%
项目回款额	按照项目合同约定的付款进度，以财务实际到账收入评价	鼓励按期交付，尽快资金回笼	项目绩效利润 × 计提比例% × 50%

具体应用范例见表 9。

（建设类）单项目绩效奖金核算表　　表 9

单位：万元

项目编号	***	项目名称	***	结项质量分数 Q	100
项目部门	***	项目经理	***	项目成员	***
过程奖金额 X_1	0.64	实际奖金额 X	0.96	结项奖金额 X_2	0.32

<table>
<tr><td rowspan="16">过程奖励</td><td colspan="8">X_1（过程奖金额）= Y_1 × 计提比例%
其中：Y_1 为预计项目绩效利润
C_1：预计项目净收入
D_1：预计成本分摊</td></tr>
<tr><td>C_1</td><td>10</td><td>D_1</td><td>2</td><td>Y_1</td><td>8</td><td>X_1：</td><td>0.64</td></tr>
<tr><td colspan="3">合同签署奖励</td><td colspan="4">项目进度奖励</td><td>回款奖励</td></tr>
<tr><td colspan="3">10%</td><td colspan="4">40%</td><td>50%</td></tr>
<tr><td colspan="2">合同签署情况</td><td>是/否</td><td colspan="4">方案一</td><td>回款额/C_1%</td></tr>
<tr><td colspan="3">是</td><td>需求</td><td>上线</td><td>测试　结项</td><td>回款 1</td><td>回款 2</td></tr>
<tr><td rowspan="8">0.064</td><td>10%</td><td>10%</td><td>10%</td><td>10%</td><td>2</td><td colspan="2">3</td></tr>
<tr><td>完成</td><td>完成</td><td>完成</td><td>完成</td><td>奖金 1</td><td colspan="2">奖金 2</td></tr>
<tr><td>0.064</td><td>0.064</td><td>0.064</td><td>0.064</td><td>0.064</td><td colspan="2">0.096</td></tr>
<tr><td colspan="4">方案二</td><td>回款 3</td><td colspan="2">回款 4</td></tr>
<tr><td>阶段一</td><td>阶段二</td><td>验收</td><td>结项</td><td>3</td><td colspan="2">2</td></tr>
<tr><td>10%</td><td>10%</td><td>10%</td><td>10%</td><td>奖金 3</td><td colspan="2">奖金 4</td></tr>
<tr><td></td><td></td><td></td><td></td><td rowspan="2">0.096</td><td colspan="2" rowspan="2">0.064</td></tr>
<tr><td>0</td><td>0</td><td>0</td><td>0</td></tr>
<tr><td colspan="3">当期奖金</td><td colspan="5">0.64</td></tr>
<tr><td colspan="8"></td></tr>
<tr><td rowspan="3">结果奖励</td><td colspan="8">X_2（结项奖金额）= X（实际奖金额）− X_1（过程奖金额）
其中：X（实际奖金额）= Y（实际项目绩效利润）× 计提比例% × Q%
C：实际项目净收入
D：实际项目成本分摊</td></tr>
<tr><td>C</td><td>15</td><td>D</td><td>3</td><td>Y</td><td>12</td><td>X</td><td>0.96</td></tr>
<tr><td>X_2</td><td colspan="7">0.32</td></tr>
</table>

2. 运维/运营类项目（表 10）

运维/运营类项目　　表 10

关键节点	评估标准	激励目标	奖励方法
项目合同签署	销售合同签署情况	鼓励售前协作，多签合同，多创收入	A 类：项目绩效利润 × 计提比例 × 10%
系统稳定性	质保部每月对运维/运营类项目的系统稳定性进行评价打分	保证产品和系统的稳定性，每月零故障发生	项目绩效利润 × 计提比例 × 35%
客户满意度	质保部每季度对运维/运营类项目的客户满意度进行评价	鼓励从客户需求出发，提供优质的产品和服务，稳定客户关系	项目绩效利润 × 计提比例 × 35%
项目回款额	按照项目合同约定的付款进度，以财务实际到账收入评价	鼓励按期交付，尽快资金回笼	项目绩效利润 × 计提比例 × 20%

具体应用范例见表11。

(运维/运营类)单项目绩效奖金核算　　表11

单位:万元

项目编号	***	项目名称	***	总体服务质量分数Q	100
项目部门	***	项目经理	***	项目成员	***
过程奖金额X_1	0.32	实际奖金额X	0.64	服务期满奖金额X_2	0.32

<table>
<tr><td rowspan="2">项目类型</td><td>项目类型:</td><td>B</td><td colspan="7"></td></tr>
<tr><td colspan="9">A类:大合同
B类:除A类之外的运维类项目
C类:除A类之外的运营类项目</td></tr>
<tr><td rowspan="11">过程奖励</td><td colspan="9">A类:X_1(过程奖金额)=Y_1×计提比例%　B类、C类:X_1(过程奖金额)=Y_1×计提比例%;
其中:Y_1为预计项目绩效利润</td></tr>
<tr><td>C_1</td><td>10</td><td>D_1</td><td>2</td><td>Y_1</td><td>8</td><td>X_1</td><td>0.32</td><td></td></tr>
<tr><td colspan="2">合同签署奖励</td><td colspan="3">系统稳定性(SLA)奖励</td><td colspan="2">客户满意度奖励</td><td colspan="2">回款奖励</td></tr>
<tr><td colspan="2">10%</td><td colspan="3">35%</td><td colspan="2">35%</td><td colspan="2">20%</td></tr>
<tr><td colspan="2" rowspan="6">0.032</td><td colspan="3">(月度)服务质量分数</td><td colspan="2">(月度)客户投诉次数</td><td colspan="2">回款额/C1　%</td></tr>
<tr><td colspan="3">100</td><td colspan="2">0</td><td colspan="2">回款</td></tr>
<tr><td colspan="3">服务进度(月份)</td><td colspan="2">客户满意度奖金</td><td colspan="2">10</td></tr>
<tr><td colspan="3">12</td><td colspan="2" rowspan="3">0.11</td><td colspan="2">奖金</td></tr>
<tr><td colspan="3">系统稳定奖金</td><td colspan="2" rowspan="2">0.064</td></tr>
<tr><td colspan="3">0.11</td></tr>
<tr><td colspan="2">当期奖金</td><td colspan="7">0.32</td></tr>
<tr><td rowspan="3">服务期满奖励</td><td colspan="9">X_2(服务期满奖金额)=X(实际奖金额)-X_1(过程奖金额)
其中:
A类:X(实际奖金额)=Y(实际项目绩效利润)×计提比例%×Q%
B、C类:X(实际奖金额)=Y(实际项目绩效利润)×计提比例%×Q%</td></tr>
<tr><td>C</td><td>10</td><td>D</td><td>2</td><td>Y</td><td>8</td><td>X</td><td>0.64</td><td></td></tr>
<tr><td>X_2</td><td colspan="8">0.32</td></tr>
</table>

(六)项目评价结果应用

1. 项目绩效评价结果作为奖金核算及薪酬分配的主要依据

DPN的工资结构由基本薪酬和绩效奖金组成。其中,项目绩效奖金约占总体绩效奖金的60%左右,项目绩效评价的结果将直接应用于项目奖金的核算。建立与绩效考核结果对等的绩效工资体系和薪酬体系,才能为企业发展和员工成长提供持续激励。

2. 项目绩效评价结果将为员工职位调整与变动提供一定的参考和依据

通过连续的项目绩效评价结果分析,发现员工的能力、态度、综合素质等方面的特点,并将岗位任职资格要求与这些特点相结合,作为员工职位调整与发展的依据,为加快核心关键人才的成长步伐。

3. 项目绩效评价结果将作为员工培训开发的有效性依据

员工项目绩效不佳的原因往往来自态度、知识、能力等方面,企业可以通过项目绩效考核结果分析发现员工的弱项和不足所在,并有针对性地开展培训,为培训提供合理的需求和方向,避免了盲目培训的发生。

4. 项目绩效评价结果可作为招聘选拔合适人才的重要参考依据或录取条件

通过对项目绩效的评价,可以发现在项目实施过程中的岗位缺失和人才短板,有针对性地进行招聘甄选,以补充合适的人力资源。同时项目绩效评价结果也可作为新员工成长的目标,清楚告诉新员工工作达到的标准或结果,把项目做得好的优秀员工绩效特征和结果作为工作岗位的优化目标。

5. 项目绩效评价结果为员工职业生涯发展方向提供指引

将项目绩效与员工的职业生涯规划发展相结合,可以强化员工对企业文化的认同,使员工个人职业生涯规划发展与企业价值取向保持高度一致,同时促进公司管理的发展。

四、实施效果

(一)管理效益

1. 进一步理顺内部分工及协作

DPN 通过内部定价规则流程及项目绩效利润核算,逐渐打破了部门间的壁垒,化解了部门间彼此"争利"的现象,通过共有的"利他文化平台"将项目人员及部门的关注点从个利转到"贯彻客户至上主义""为团队伙伴而工作,为团队伙伴而尽力,重视团队伙伴关系""优先考虑公司整体利益"上面。

2. 进一步促进项目管理质量的提升

DPN 引入项目绩效评价与绩效利润管理,一方面提高了管理部门对项目的管控要求和能力,完善了项目过程管理及项目质量管理;另一方面,也因为与项目绩效相关,让项目经理及项目参与人员对项目实施规范、项目质量进度有了更多的关注和追求,一定程度上推行了 PDCA 螺旋上升的改善系统,促使项目人员不断追求高目标,促进 DPN 整体项目管理质量的提升,同时实现个人与组织的共同进步。

3. 进一步提升人员素质和能力

现代管理学认为,人才不是企业的核心竞争力,对人才进行有效管理的能力才是企业的核心竞争力。创建培养经营者意识人才的教育体系,搭建一个凝聚和管理人才的运营平台是人才管理的核心。通过先进的项目管理模式,使得项目经理人员的工作思维模式,从员工立场转变为从团队领导立场,从"干多少时间,得到多少报酬"变成"自己赚钱、向组内其他人员支付报酬"的立场,从"利润与我无关"变成了"像老板一样关注利润"的立场。从而充分调动了员工的主动性和积极性,也在项目实战中促进了项目人员素质和能力的提升。

4. 进一步强化优秀人才的稳定和吸引

DPN 推行的项目绩效评价与绩效利润管理,确保参与项目的每个人都有奖励,项目做的越多,项目成效越好,在项目中贡献比例越大,项目激励回报就越高。对于 DPN 核心项目及技术人员,其收入分配直接与项目贡献挂钩,一是对公司项目贡献的肯定,同时也保证了其薪酬水平在市场上的竞争力,对公司优秀核心关键人员的稳定及吸引起了很大作用,近几年人员流失率降低了 10%。

5. 进一步促进降本增效实施

DPN 通过绩效利润,实施内部定价和建立盈利指标,来量化部门、流程上的价值,细化到操作环节,让管理人员能够清楚地看到,哪里有脂肪,需要瘦身,努力建设"肌肉型"组织。通过成本分析,可以找到人工成本和综合成本的投入是否科学,是否符合市场规律,从而找到哪些环节是浪费的,哪里还有降本的空间,为开展降本增效做到有的放矢,实现业绩指标量化考核,从而保证企业效益目标的实现。通过近几年项目绩效评价和绩效利润的实施,公司单项目的平均收益比以往增加了 15%。

(二)经营效益

1. 降低项目成本,提升客户满意度

项目绩效评价与绩效利润管理实施以来,公司项目成本由 2017 年的 1233 万元降低至 2019 年 1093

万元,项目成本降幅12%;客户满意度由2017年的74分提升至2018年的88分,2019年更达到94.03分,提升了27个百分点。项目绩效评价与绩效利润管理实践的推行,有效降低了项目成本,大幅度提升了客户满意度。

2. 积极对外合作,促进技术提升

DPN通过绩效评价与绩效利润管理的应用,推动各部门及员工变被动工作为主动工作,变被动提升为主动提升,有效加强了员工和团队的技术精进学习、自我价值提升的意识。2018年以来,DPN各部门及员工积极寻求外部机构合作交流机会,与大连华信、美创等知名科技企业进行多次技术交流,掌握了多项港口口岸领域业务相关的新技术、新方法;与韩国现代公司就码头自动化技术进行了深入研讨与合作,为DPN下一步码头自动化项目的开展做好技术储备。同时,也推动公司的客户和业务成功的推广到至山东潍坊、湖北黄石等口岸及码头。

3. 标准制定,奖项取得,稳固行业地位

项目绩效评价及绩效利润管理实践推动了DPN项目管理迈上一个新台阶,同时也侧面推动了DPN在行业标准制定以及奖项评选上获得成功。至2020年,DPN采用和宣贯UN国际标准;编制企业标准154项、行业标准1项、辽宁省地方标准21项;参与编制的国家标准6项。

2018年,获得中国港口协会科学技术进步奖两项,大连港科技进步奖一等奖;大连口岸公共信息平台获评为“大连名牌服务”;《大连口岸集疏运云服务平台》获批为“大连市物流业发展专项”;《多式联运综合物流信息消费示范项目》被工信部评为“2018年新型信息消费示范项目”;获得国家及市级各项补贴资助共计358万元。

2019年,获得中国港口协会科学技术进步奖三等奖项,大连市科学技术进步奖一等奖;《基于人工智能的集装箱码头堆场自动化系统研究》获批为大连市重点科技研发计划项目;《有效提升口岸信息平台稳定性》荣获大连市优秀质量管理小组一等奖、辽宁省优秀质量管理小组;《大连口岸公共信息服务平台》获批为“大连市物流业发展专项”;新申办DPN 18项计算机软件著作权,获得国家及市级各项补贴资助共计453万元。

(三)社会效益

1. 为客户更好地服务,提高客户收益

项目绩效评价与绩效利润管理的推广和应用,盘活了公司人力资源,同时也为公司市场拓展、提升客户满意度奠定了良好的基础。项目绩效评价与绩效利润管理实施后项目产品的交付质量明显提高,客户变更的需求能够得到快速满足,大大提高了客户满意度,减少客户端系统应用风险,提高客户工作效率,在无形中为客户增加了企业收益。

2. 助力智慧城市建设,推进东北振兴

DPN通过产品的精进研发,业务流程的提升改进,以技术促进业务提升,以技术引领业务变革,提高码头业务操作水平,改变纸面单据流转为电子数据传输模式,构建智慧物流新业态,信息的有效沟通使物流企业资金周转顺畅,拓展物流企业增值服务途径,开拓新的利润来源,推动物联网技术的发展,建立协同化的区域物流网络,助力大连智慧城市建设,推进东北振兴。

传统大宗公路运输向多元化运输服务转型的探索与实践

云南宝象物流集团有限公司

成果主要创造人:杨再锋 周 洁

成果参与创造人:彭利昌 靳劲松 吴建坤 惠春梅 宁 景 李仕茂
居 瑜 杨鹏超 郑 沆 秦翠平

云南宝象物流集团有限公司(简称"宝象物流集团")成立于2009年,是昆明钢铁控股有限公司旗下云南省物流投资集团下属全资子公司。公司注册资本7.7亿元,总资产55亿元,年销售额100亿元以上,拥有仓储面积100余万平方米,管控运输车辆30000余辆,运输规模达3000万吨/年(其中多式联运600万元/年)以上,物流运输网络覆盖云南16个州市、西南地区及中老泰通道。

随着国家"一带一路"倡议、运输结构调整、"互联网+"、云南建设面向南亚东南亚辐射中心等系列政策的部署推进,现代物流已成为云南省八大重点支柱性产业之一,云南省物流业迎来千载难逢的发展机遇。当前,云南综合交通运输体系建设已进入关键时期,以交通运输业的转型升级带动云南省物流大通道建设成为带动云南经济增长的重要力量。为抢抓物流运输业发展机遇,促进企业转型升级,助力云南省综合交通运输体系构建和发展,宝象物流集团主动服务云南省综合交通运输体系建设,积极探索多元化运输服务组织模式,充分发挥企业运输设施设备、运输资源、物流网络等优势,积极构建公路运输、多式联运、城市配送、跨境运输等运输新模式,打通云南物流大通道,促进云南省综合物流运输体系的持续健康发展。

一、成果实施背景

(一)融入国家、云南省战略的需要

国务院印发《推进运输结构调整三年行动计划(2018—2020年)》,提出重点开展多式联运、城市绿色配送等行动计划。2018年,国家发展改革委与交通运输部共同发布《国家物流枢纽布局和建设规划》,云南省共布局了7个国家物流枢纽,昆明王家营片区将重点布局建成商贸服务型物流枢纽,形成集快消品配送、供应链服务、先进装备制造、国际物流和智慧物流等于一体的物流功能体系,主要服务于区域百货商品流通和粮食流通等。2019年,云南省政府办公厅发布《云南省加快推进现代物流产业发展10条措施》,明确提出统筹规划布局和建设以综合物流园区(物流中心)、公共配送(分拨)中心、末端配送网点为支撑的城市配送网络,在昆明开展城市物流配送试点。《昆明市建设区域性国际物流枢纽行动计划(2019—2035)》提出要创新城市配送模式,大力发展统一配送、集中配送、共同配送等多种形式的集约化配送,加快发展共享物流、智慧供应链等新业态。打造商贸服务型国家物流枢纽,发展城市配送业务已上升至国家战略。目前,昆明市已形成以生活日用品、粮油、工业品、高原特色农产品、果蔬、医药、烟草等产业为主的城市(城际)物流配送中心。

(二)适应新兴经济形态发展的需要

近年来,人工智能、云计算、物联网、金融科技等信息技术与物流深度融合,推动物流业乃至中国经

济的转型升级,促进物流业发生新的变革。产业互联网、新零售等新形式重塑物流行业生态,行业整合加速,服务范围向供应链两端延伸,物流企业加速向供应链服务商转型,行业呈现智慧化、网络化、国际化、链条式等新趋势新特征。市场不集中、信息不对称的货运市场潜力催生了"互联网+车货匹配""互联网+甩挂运输""互联网+合同物流""互联网+高效运输"等的"互联网+"创新模式企业,数据在线化、运力社会化、资源平台化正在助推产业新变革。在此背景下,搭建能够实现货运供需信息的在线对接和实时共享,促进运输组织模式革新的互联网平台是宝象物流集团主动适应新兴经济形态发展关键举措。

(三)云南综合交通运输体系发展的需要

交通运输是国民经济中基础性、先导性、战略性产业,是重要的服务性行业。构建现代综合交通运输体系,是适应把握引领经济发展新常态,推进供给侧结构性改革,推动国家重大战略实施,支撑全面建成小康社会的客观要求。当前,云南省正大力推进综合交通运输通道和枢纽节点规划布局,重点聚焦短板弱项,"高质量"建设交通枢纽基础设施。聚焦提质增效,"高质量"构建运输服务体系,加快推进运输结构调整,鼓励发展"互联网+货运物流"新业态新模式,逐步推动运输服务从"走得了、运得出"向"走得安全舒适、运得经济高效"转变,不断提升交通运输支撑、服务、引领经济社会发展的能力和水平。构建多元化运输服务体系是宝象物流集团推进云南综合立体交通网络体系的建设关键驱动力。

(四)宝象物流集团做强物流服务网的需要

按照昆钢公司及云南省物流投资集团做强物流服务网的战略规划,宝象物流集团为主体打造园区投资运营及智慧物流业务板块,主要负责拓展物流运输、物流园区等基础物流相关业务,其中运输作为物流首要功能要素,是做强物流服务网的重要支撑。为贯彻落实昆钢公司和云南物流发展规划,宝象物流集团不断拓宽运输服务模式,在以大宗运输服务为主的同时积极拓展城市配送、跨境运输业务,优化运输组织模式,创新运输服务模式。

二、成果目标

(一)创新运输服务模式,提升效益

在全面服务昆钢基础上,拓展社会化运输,构建以大宗物资运输为主,快销品运输、粮油运输、跨境物流运输等多元化运输资源与渠道,输出多模式运力解决方案,增加货物运输体量,扩大外部运输经营占比。同时,通过管理体制、激励机制、联动机制改革,降低总体运营成本,实现效益最大化。

(二)构建区域内供应链示范企业

通过"网络+平台+运输服务"战略,建立产业物流服务能力和供应链资源整合平台,提供从采购到运输业务的流程优化、多角色在线协同、运费在线支付结算等服务,实现供应链数字化管理,同时通过扩大与区域内企业合作,实现区域内物流供应链管理和协同水平的提高,供应链技术和模式创新的加强,实现在全省乃至南亚、东南亚大通道范围内协调运输需求和运力资源,形成网络循环,实现资源对流,构建区域内供应链示范企业。

三、实施方案

(一)构建基础物流服务网络

构建"一中心、三支点、四通道"物流服务网络。其中,一中心:昆明(昆明王家营商贸服务型物流枢纽、昆明宝象临空空港型物流枢纽、安宁草铺陆港型物流枢纽);三支点:红河(河口)、西双版纳(磨憨)、德宏(瑞丽)三个边境口岸型国家物流枢纽;四通道:昆明—大理—瑞丽、昆明—普洱—磨憨、昆明—曲靖/昭通、昆明—弥勒/蒙自—河口、昆明—开远—文山/砚山—富宁。以云南省各重要城市为节点,以宝象物流集团2000余条运输线路为线,依托点线结合的基础物流网络拓展城市配送、生活快消业务领域。

同时,宝象物流集团在"一中心、三支点、四通道"物流节点网络基础上,围绕云南省公路、铁路规划推进物流配送中转网点建设，进一步细化物流节点服务区域，细化各节点服务功能，基本形成了区域枢纽城市+节点城市的物流网络体系，支撑了城市配送业务的发展，促进宝象物流向社会物流的转型升级。宝象物流集团物流网络布局见表1。

宝象物流集团物流网络布局表 表1

网 点	服务区域	货 类
王家营物流中心	呈贡、官渡、嵩明、澄江、宜良、石林、江川、通海、华宁、新平、弥勒	钢材加工品、消费品、快递、蔬菜、粮食、啤酒、鲜花等
新区物流园	安宁、西山、盘龙、五华、晋宁、玉溪、禄丰、峨山、易门、富民、禄劝	钢原料、钢材及加工品、消费品、快递、蔬菜、粮食、化肥等
曲靖库	曲靖、马龙、宣威、富源、沾益、会泽、东川、寻甸	消费品、快递、蔬菜、粮食、药材、肉和水产等
昭通库	昭通、彝良、盐津、巧家、威信、永善、大关、鲁甸、镇雄、绥江、水富	钢材及加工、快递、消费品、蔬菜、肉类等
大理库	大理、维西、兰坪、施甸、洱源、漾濞、鹤庆、云龙、永平、华坪	钢材及加工品、消费品、快递、蔬菜、核桃、禽蛋、水果等
保山库	保山、施甸、龙陵、腾冲、梁河、盈江、瑞丽、陇川	钢材及加工品、消费品、快递、核桃等
祥云库	祥云、弥渡、南涧、宾川、巍山、永胜、昌宁、云县、凤庆、景东	钢材及加工品、消费品等
丽江库	丽江、香格里拉、宁蒗、德钦	钢材及加工品、消费品、快递、水果等
普洱库	普洱、宁洱、江城、澜沧、孟连、西盟、景谷	钢材及加工品、消费品、快递、水产等
楚雄库	楚雄、南华、大姚、姚安、双柏、永仁、元谋、牟定、武定	钢材及加工品、消费品、快递、酒类、蔬菜、粮食等
泸水库	泸水、贡山、福贡	钢材及加工品、快递、消费品
红河库	蒙自、开远、绿春、元阳、建水、个旧、屏边、金平、河口、石屏、泸西、红河	钢材及加工、消费品、快递、蔬菜、水果、粮食、禽蛋等
文山库	文山、砚山、西畴、麻栗坡、马关、丘北、广南、富宁	钢材加工、消费品、快递、白酒、蔬菜、猪肉、粮食等
临沧库	临沧、沧源、耿马、双江、镇康、云县、凤庆、永德	钢材及加工品、消费品、快递、白酒、糖类、核桃等
景洪库	景洪、勐海、勐腊	钢材及加工品、消费品、快递、水果等

(二)建设资源共享信息平台

建设"敏捷—精准—可定制"、以服务用户为核心、以服务多样化业务场景为使命的资源共享信息平台——宝象智慧供应链云平台，并探索引入区块链技术、路径优化模型等实现平台功能迭代升级，为生产制造、商贸流通、物流、金融等各类供应链上下游企业打造开放协同平台，实现向物流与供应链一体化综合服务企业转型发展。宝象智慧供应链云平台主要由现货交易平台、运力交易平台、智慧园区综合管理平台、智能云仓平台、智慧物流大数据平台以及配套商城服务平台和供应链金融服务平台等子系统构成，实现"运输+追踪+信用+金融+商贸"等业务的有机融合，打造供应链信息系统生态圈。

(三)优化整合物流配送资源

王家营物流聚集区是昆明中心地区综合性的城市物流基地，具有铁路集装箱公铁联运、甩挂运输，战略物资仓储、特货运输、城市配送、高铁快运、小商品商贸物流，粮食仓储(转运、中转、配送)物流，口岸作业的功能，也是商贸服务型国家物流枢纽重要承载片区，片区大宗、城市配送、电商快递占比超过70%，聚集效应明显。目前，宝象物流集团已启动王家营片区物流资源整合规划实施方案，整合片区物流基础设施资源和干线运输、配送资源，改善王家营片区物流资源零散、发展方式粗放等问题，推动资源优化整合。

（四）构建多式联运服务体系

构建以"一核、三轴、多节点"为骨架，以重要城市为支点，以边境口岸为前沿，以新技术应用、新模式引领为手段，形成以公铁联运为主、水航为辅的"南亚东南亚辐射中心"重要多式联运集疏运网络体系，建立"铁路干线运输＋公路短途接驳"的运输组织模式，采用专业化运输，充分发挥各种运输方式的比较优势。与昆明铁路局合作共计在以昆明、玉溪、蒙自、曲靖为核心区域在云南范围运营近90条公铁联运线路，2019年开展公铁联运业务350.85万吨，累计组织大宗物资公铁联运运量超2000万吨。

（五）构建跨境供应链服务体系

依托磨憨跨境综合现代物流园，以"境内园区＋跨境采购＋跨境运输"模式，为园区橡胶木加工企业制订跨境供应链综合解决方案，提供采购—跨境—多式联运—流通加工—销售等供应链一体化服务，成功构建并打通泰国—老挝—中国（云南）—欧美，从橡胶木原料采购—橡胶木拼板加工—橡胶木家具产品生产销售的跨境供应链服务模式，实现跨境物流运输新突破。

（六）构建仓配一体服务体系

推进"线下物流园区＋线上智慧供应链云平台"双网络建设，全链路无缝连接仓储资源和配送资源，打通仓配一体服务全流程，同时通过宝象智慧供应链云平台提供数据分析、供应链金融、配套商城等供应链延伸服务。仓储端建设宝象智慧云仓，主要包含云仓在线、云仓管理、云仓监管、云仓智助、试点仓库改造等方面内容，货主通过客户协同向仓储方下达出库、入库、移库、盘点等指令，云仓系统接受相应指令，并按照分工将指令信息匹配到对应的工作人员，通过自动分拣、AGV智能叉车、PDA等物流设备，完成仓储全流程。配送端打通干线运输，并通过宝象运网进行运输管理，宝象运网接收宝象云仓运输任务信息，生成对应的电子单据，取缔传统纸质单据，加快信息传递效率，并实现单据流转全流程可视可控。宝象运网通过多种运力交易模式完成云仓运力订单的配置，并且自运输任务开始，宝象运网通过依靠云计算、大数据等信息基础，结合GIS（地理信息系统）、GPS（卫星定位终端）、北斗定位等技术的应用，对运输全流程进行透明化监控、管理，确保货物的安全到达并反馈至平台，宝象运网综合定位成功率达到96%以上。目前，宝象物流集团城配包含快消品、快递等业务形态，通过获取京东、沃尔玛、益海嘉里等上游企业仓配服务指令，提供对应的仓配服务。宝象物流集团仓配一体服务架构如图1所示。

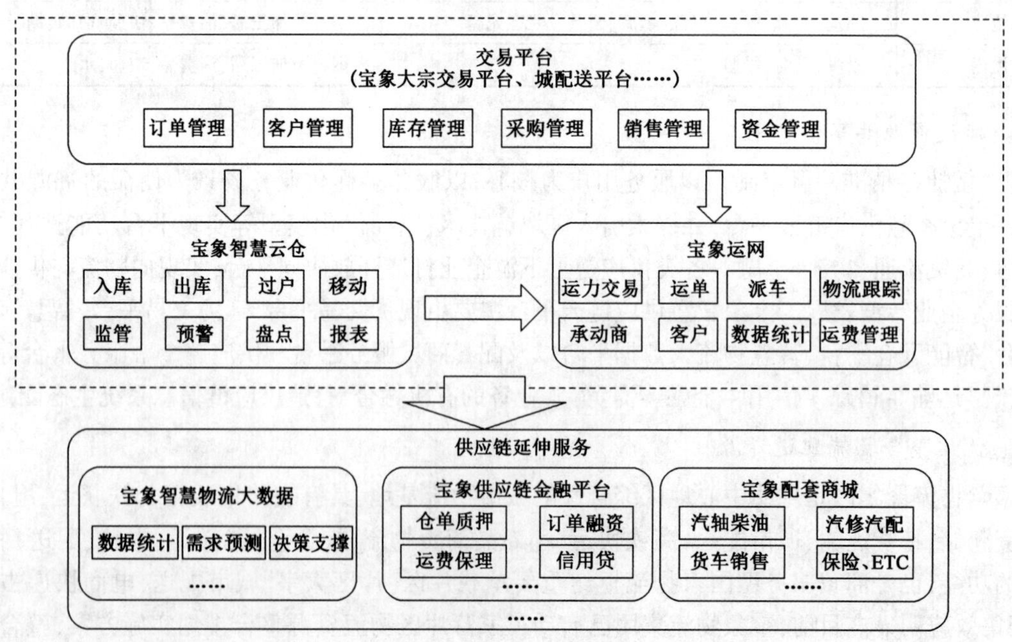

图1　宝象物流仓配一体服务架构

(七)优化物流配送路径

物流运输市场会随着供求双方的需求变化而不断变化,借助宝象大数据平台能够实时记录相关数据,通过真实而有效的数据反映市场的需求变化,帮助企业分析客户的行为和需求信息,从而对产品进入市场后的各个阶段作出预测,进而合理管理物流企业存货库存并制定运输方案。宝象物流集团与高等院校合作,通过大数据技术,在充分考虑自身的经营特点、商品特点和交通状况等因素的基础上,对宝象物流整体网点布局进行综合分析,使配送成本和匿定成本等之和达到最小。运用大数据来分析商品的特性和规格、运输方式、客户的不同需求(时间和资金)等问题,从而用最快的速度对这些影响配送计划的因素作出反映,制订最合理的运输方式和运输线路,同时对运输配送过程中实时产生的数据进行分析,做出提前预警。

(八)创新服务机制体制

宝象物流集团践行阿米巴模式,划小核算单元,实现资源优化配置,释放内在管理活力,真正落实员工职责,不断创新经营模式,按照自主经营、自负盈亏、自我约束、自我发展、自担风险的"五自方针",明确员工的"责、权、利",推进运输服务机制体制创新,从而降低企业成本,提高经济效益。同时,创新宝象物流集团承运商管理制度和客户管理制度,建立良好的运输经营管理机制,优化运输管理结构,为客户建立一企一档,站在客户的立场上,为客户设计、开发和提供能够有效解决问题的方案和措施,更好地服务市场及客户。

(九)开拓吸纳合作对象

积极推进与云南石化、交投、广垦集团等战略合作伙伴的深层次合作,共拟物流运输、仓储配送、贸易和金融合作。拓宽运输渠道,加强泰源集团、京东集团、顺丰集团、亿莱澳工贸、新欣物资等优质民营企业的合作,在风险可控的条件下,开展公路运输、城市配送、质押监管等物流业务,充分利用双方的优势,形成互补和共赢。同时,建立"政产学研"合作机制,与云南省交通运输厅、重庆交通大学、昆明理工大学等广泛合作,共同探索创新运输管理服务模式。

四、运输模式创新服务案例

(一)智慧供应链运输服务案例

1. 项目背景

云南联恒物流有限公司(简称"联恒物流")成立于2017年,主要从事普通货运、货运配载、物流信息咨询、国内贸易和物资供销。目前是"宝象智慧供应链云平台"上注册的最大的承运商,主要负责承运昆钢生产的钢材,运往云南省各地州,至2020年,已产生运量90多万吨。

2. 服务方案及效果

"宝象智慧供应链云平台"为联恒物流提供交易、运输、结算支付、供应链金融等全流程一体化服务。货主方及联恒物流在"宝象智慧物流云平台"注册会员后,开通各自操作员权限。通过"宝运"搭建多模式运力交易,贸易方在运力服务中发布货源,联恒物流发布运力,通过挂摘单、撮合、竞价(订单竞价、线路竞价)、定向委托等方式达成运输交易,联恒物流在接到运单时将运单分配给驾驶员。驾驶员接到任务时在App端按实际流程操作,开展运输活动。平台通过"宝视",应用北斗定位对运输车辆的运输轨迹做到透明化、动态监管,管控货物流向的风险。运输完成后自动生产回单,承运商及货主方审核后进入货主方财务审核,审核无误生成账单。通过"宝通"进行资金支付,做到及时支付,为用户解决运费结算的困难。通过"宝通"支付解决了长久以来物流运输行业运费支付的痛点,极大地调动驾驶员积极性,同时通过"宝通"账期的设定,延长资金的时间和空间价值,增加资金的使用效益。

宝象物流集团在云南省各重点区域均设有现货仓库,借助"智慧供应链云平台",服务宝象物流集团内外部企业客户运输需求,有效降低供应链上下游链条企业物流运输成本,为链属中小企业提供全方位供应链金融服务,实现集交易、仓储、运输、增值配套、结算支付、融资等全流程一体化服务。目前,该平台已实现由支付手段(宝通)和融资服务(宝融)为主要核心,链接交易、仓储、运输、商城配套为一体的运营体系。2020年,该平台“宝通”账期120天,生成宝通117632.47万元,产生直接经济效益776.67万元;宝融为平台开展供应链融资服务,为平台用户实现融资金额12795.13万元,融资利息311.17万元。

(二)仓配一体化服务案例

1.项目背景

益海嘉里是世界500强企业新加坡丰益国际有限公司在中国投资的以粮油加工、油脂化工、物流船代、内外贸易及种业研发为主的多元化企业集团,总部位于上海市陆家嘴金融贸易区。益海嘉里总投资已超过300亿元人民币,现有员工2.5万人,在全国26个省(自治区、直辖市)建成和在建生产基地70多个,生产型实体企业100多家,拥有200个以上的综合加工车间,主要涉足油籽压榨、食用油精炼、专用油脂、油脂科技、玉米深加工、大豆精深加工、水稻循环经济、小麦深加工、食品原辅料、粮油科技研发等产业。

2.合作内容概述

借助宝象物流集团大理滇西物流商贸城物流园区,为益海嘉里提供辐射滇西片区的仓配一体化解决方案,负责益海嘉里粮油等商品在进入大理火车站后,按客户要求对货物提供运输仓储配送等物流服务。

3.定制化物流服务

成立益海嘉里项目组,针对益海嘉里货物特点,在合理合规范围内对仓库进行改造升级,将原先的透明采光树脂瓦更换为遮阴避光的彩钢瓦,提升仓库的防鼠防潮等技术水平;针对货物性质加强员工素质培训,尽最大努力让客户对服务更加满意;学习客户物流方面的先进管理经验,提升服务管理水平;注重客户评价,保持与客户沟通频率,按客户要求不断提升服务能力。

4.“一站式”物流解决方案

具体流程:益海嘉里在广西将货物装车发货,并将货物清单信息发送至大理滇西物流商贸城信息中心,信息中心将货物信息发送给园区益海嘉里项目组,项目组安排专人到大理火车站接驳货物至园区仓库存储。在接到益海嘉里的货物配送信息后,项目组及时安排货物出库运输配送,快速准确地将货物送达客户手中,并且将相关单据签收返回给益海嘉里,并且宝象大理滇西物流商贸城全流程负责益海嘉里在云南十个地州33个站点的货物仓储配送服务,如图2所示。

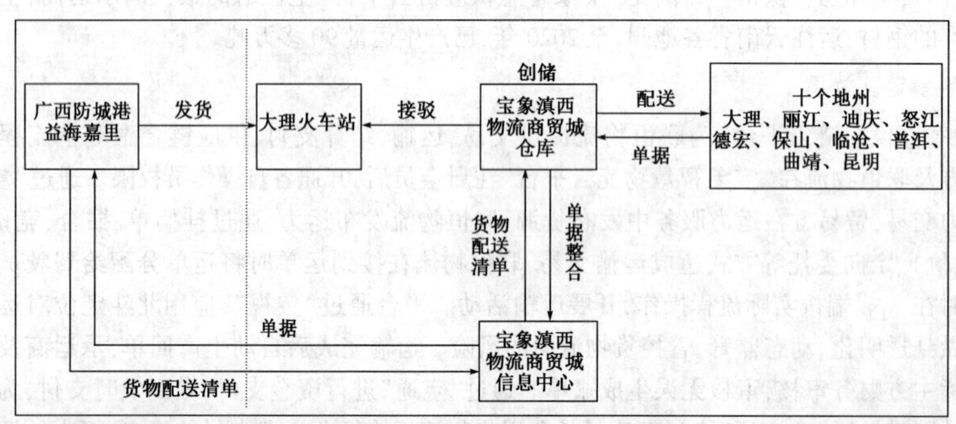

图2　宝象滇西物流商贸城一站式物流解决方案

2019年,宝象滇西物流商贸城累计为益海嘉里周转货物6.2万吨,货物品类规格达300多种,货物配送范围覆盖云南省10个地州33个站点。宝象云仓作为仓配一体化服务重要支撑,现已服务于昆明、安宁、大理等多地25个仓库,服务京东、沃尔玛、益海嘉里等企业,覆盖大宗物资、快消品、快递等业务形态,包含750多种产品,云仓实现货物吞吐量191.5吨。

五、成果创新点

(一)运输模式创新

为降低物流运输成本,宝象物流集团借助运输管理、改革创新政策,充分发挥自身物流网络、信息平台、运输资源整合优势,建立多式联运、城市配送、跨境运输、仓配一体化运输等运输组织模式,输出多模式运力解决方案,细化运输服务领域,拓宽运输服务范围,提升物流效率,降低物流成本。通过资源整合,把闲置的仓库与运力利用起来,优化资源配置,从而降低运输成本和仓储成本,通过宝象智慧供应链云平台中心运营,让物流的每一个环节都更专业、更简单、更高效。

(二)运输技术管理创新

现代电子信息技术是现代物流业发展的重要部分,为不断拓展以公路运输物流业务,减少总运输成本,提高对社会车辆的管理控制能力,规范整体运输管理流程,宝象物流集团加快对企业物流信息管理系统进行建设。将宝象智慧供应链云平台全力打造为集团的线上品牌,平台依托集团优势,结合线下物流网络资源,利用互联网、大数据、云计算等技术,已建成满足用户需求多样化、交易便捷化的TMS运输管理系统,实现运力高效配置、运价充分竞争、运输资源充分共享。同时,运网协同各角色主体,满足订单基于北斗与GPS系统实现运输全流程可视化管理,提升物流效率。

(三)运输经营决策创新

在运输服务创新的各个阶段,决策者都需要根据工作的实际具体进展情况,在各部门的积极配合下,才能适时果断的作出正确的决策。宝象物流集团在各级领导的支持和帮助下,协同财务、生产指挥中心、行政、物流发展中心等机关部门和各分子公司,筛选运输市场信息,确保各个阶段的决策都贴近公路运输及客户的真实需要,真正实现提质提量,降本增效,避免由于不正确决策而给企业带来的巨大损失。

六、实施效果

(一)直接经济效益

2019年,通过多模式运输组织管理创新,宝象物流集团运输板块收入17亿元,服务运量近3000万吨,同比分别增加11.7%和5.4%。此外,开辟外部公路运输业务线路超过200条,完成外部公路运输业务222万吨,增加外部公路运输收入14545万元,利润398万元。新拓展运输线路见表2。

新拓展运输线路情况 表2

物资名称	新拓展运输线路	物资名称	新拓展运输线路
钢材	曲靖至蒲缥	钢材	重铁巨龙至梨树湾
	蒲缥至曲靖		重铁巨龙至石桥铺星光汇
	重铁巨龙至彭水新城		重铁巨龙至金渝大道
	重铁巨龙至宝环路		重铁巨龙至白马小区
	重铁巨龙至湖彩路		重铁巨龙至水土两江民居
	重铁巨龙至同茂大道		重铁巨龙至悦来大道
	重铁巨龙至约克郡		重铁巨龙至白欣路
	重铁巨龙至临达盐村		重铁巨龙至蔡家
	重铁巨龙至东林大道		重铁巨龙至大渡口
	重铁巨龙至锡山路		重铁巨龙沙坪坝大学城
	重铁巨龙至江津区		重铁巨龙至观音桥

续上表

物资名称	新拓展运输线路
钢材	重铁巨龙至合川下高速路口
	重铁巨龙至界碑景观
	重铁巨龙至金融街融府
	重铁巨龙至垄安大道
	重铁巨龙至西尊路58号
	重铁巨龙至顺庆区
	重铁巨龙至桐梓林
	重铁巨龙至渝北回兴复地花屿城
	重铁巨龙至重庆江津双福
	重铁巨龙至重庆交通职业学院
	重铁巨龙至重庆市梁平区
	重铁巨龙至重庆市秀山县
	重铁巨龙至重庆鱼嘴分公司
	重铁巨龙至遵义市
	重铁巨龙至复盛高铁站
	重铁巨龙至江北复盛
	重铁巨龙至江北金融城四期
	重铁巨龙至泸州
	重铁巨龙至沙坪坝华岩寺
	重铁巨龙至重庆大学城
	重铁巨龙至北碚
	重铁巨龙至璧山
	重铁巨龙至二纵线
	重铁巨龙至轨道18号线
	重铁巨龙至合川
	重铁巨龙至黔江区石会
	重铁巨龙至四川成都双流区
	重铁巨龙至天誉智慧城
	重铁巨龙至巫溪县白鹿镇
	重铁巨龙至巫溪县宁厂古镇
	重铁巨龙至西彭
	重铁巨龙至新牌坊
	重铁巨龙至重庆江北区
	重铁巨龙至重庆巴南区
	重铁巨龙至重庆市石黔县城
	重铁巨龙至重庆市石柱县
	重铁巨龙至重庆市秀山县
	重铁巨龙至重庆市渝北区
	重铁巨龙至重庆市渝中区
	重铁巨龙至重庆潼南区
钢材	重铁巨龙至重庆巫山
	重铁巨龙至重庆巫山桂花村
	重铁巨龙至宜宾市临港区
	重铁巨龙至巴南李家沱
	重铁巨龙至巴南渝南大道
	重铁巨龙至九号线鲤鱼池
	重铁巨龙至渝北龙兴
	重铁巨龙至邻水一号公路
	重铁巨龙至约克郡
	重铁巨龙至重庆邻水县
	重铁巨龙至重庆临达盐村
	重铁巨龙至重庆市巴南区融汇大道
	重铁巨龙至重庆市蔡家两江民居
	重铁巨龙至凯恩国际佳恩名都
	重铁巨龙至垄安大道
	重铁巨龙至西尊路58号
	重铁巨龙至桐梓林
	重铁巨龙至璧山印象
	重铁巨龙至蔡家
	重铁巨龙至恒大御龙天峰
	重铁巨龙至龙兴博林特
	重铁巨龙至黔江郁江河
	重铁巨龙至铜仁沿河
	重铁巨龙至潼南恒大绿洲
	重铁巨龙至宜宾市叙州区
	重铁巨龙至沙坪坝西物
	重铁巨龙至渝北龙兴
	重铁巨龙至渝北区金开大道
	成铁物资库至安顺市
	成铁物资库至白云区
	成铁物资库至毕节市
	成铁物资库至昌明
	成铁物资库至都匀市
	成铁物资库至独山县
	成铁物资库至福泉市
	成铁物资库至观山湖
	成铁物资库至观山湖金朱路1号
	成铁物资库至贵安新区
	成铁物资库至贵阳市云岩区六广门
	成铁物资库至国际旅游体育休闲度假中心太阳谷

续上表

物资名称	新拓展运输线路	物资名称	新拓展运输线路
钢材	成铁物资库至花溪大道	大米、食用油、面粉	大理市至临沧市
	成铁物资库至黄平县		大理市至临沧耿马县孟定镇
	成铁物资库至惠水县		大理市至怒江泸水市六库镇
	成铁物资库至火车站		大理市至迪庆香格里拉市
	成铁物资库至剑河县		大理市至丽江市
	成铁物资库至金阳		大理市至大理下关镇
	成铁物资库至金阳新区		大理市至临沧云县
	成铁物资库至凯里		大理市至迪庆德钦县
	成铁物资库至荔波县		大理市至大理宾川县
	成铁物资库至龙里朵花大道		大理市至丽江宁蒗县
	成铁物资库至龙里县谷脚镇		大理市至大理鹤庆县
	成铁物资库至孟关		大理市至丽江永胜县
	成铁物资库至南明区抗滑桩		大理市至临沧永德县
	成铁物资库至南明御府		大理市至保山昌宁县
	成铁物资库至牛郎关		大理市至保山施甸县
	成铁物资库至平坝		大理市至丽江华坪县
	成铁物资库至黔西县		大理市至临沧镇康县
	成铁物资库至青岩古镇		大理市至大理永平县
	成铁物资库至清镇		大理市至普洱景谷县
	成铁物资库至仁怀市		大理市至大理巍山县
	成铁物资库至榕江县		大理市至普洱景东县
	成铁物资库至水东路		大理市至曲靖市
	成铁物资库至瓮安县		大理市至临沧沧源县勐董镇
	成铁物资库至乌当区	京东快递	大理市至临沧市临翔区
	成铁物资库至息烽县城		大理市至临沧云县
	成铁物资库至兴义路与黔灵山路交叉口		大理市至临沧镇康县
	成铁物资库至修文县		大理市至临沧双江县
	成铁物资库至野鸭塘		大理市至临沧耿马县
	成铁物资库至云岩区		大理市至临沧沧源县
	成铁物资库至遵义		大理市至临沧凤庆县
	成铁物资库至镇宁自治县		大理市至临沧永德县
大米、食用油、面粉	大理市至德宏州瑞丽市		大理市至保山隆阳区
	大理市至保山市		大理市至保山腾冲市
	大理市至保山腾冲市		大理市至保山昌宁县
	大理市至德宏盈江县		大理市至保山施甸县
	大理市至德宏芒市		大理市至保山龙陵县
	大理市至大理祥云县		大理市至德宏瑞丽市
	大理市至怒江兰坪县		大理市至德宏芒市
	大理市至迪庆维西县		大理市至德宏盈江县
	大理市至昆明市		大理市至德宏陇川县

续上表

物资名称	新拓展运输线路	物资名称	新拓展运输线路
京东快递	大理市至德宏梁河县	橡胶	景洪市嘎洒镇(福顺胶厂)至昆明王家营
铁矿石	景洪大勐龙至玉溪仙福料场		景洪市嘎洒镇(曼播胶厂)至昆明王家营
	景洪大勐龙至玉溪玉昆料场		景洪市勐龙镇(坝卡胶厂)至昆明王家营
	景洪大勐龙至玉溪瑢鑫(汇钢)料场	水泥	拉法基(富民)水泥至富民县东村
	亿莱澳料场至昆钢本部综合料场		昆钢嘉华水泥建材至富民县东村
	亿莱澳料场至昆钢新区		云南拉法基东骏水泥至富民县东村
	腾冲祥源公司至安宁草铺料场		拉法基(富民)水泥至富民县鸡街
橡胶	勐腊县关累镇(勐远胶厂)至昆明王家营		昆钢嘉华水泥建材至富民县鸡街
	景洪市景哈乡(华源胶厂)至昆明王家营		云南拉法基东骏水泥至富民县鸡街
	景洪市勐龙镇(曼龙叫胶厂)至昆明王家营	泰国橡胶木	老挝海诚货场至中国磨憨物流园
	景洪市勐龙镇(小街胶厂)至昆明王家营		

(二)品牌效益

通过构建多元化运输服务体系,宝象物流集团运输计划执行率从2017年的93%提高至2019年的96%,客户投诉大幅下降,满意率显著提升,已发展成为区域内具有较强影响力的供应链服务企业。

(三)模式效益

经过不断努力,宝象物流集团进入京东快递业务、嘉里粮油运输业务,还通过与西双版纳地区橡胶木加工厂商合作开展关于泰国进口橡胶木供应链业务,开创出供应链金融+贸易+园区+报关报检+国际运输的全链条国际业务,初步打通宝象物流国际物流运输业务的各环节,盘活磨憨物流园区的固定资产,开创新的行业局面。

七、发展规划

今后,宝象物流集团将积极融入国家、云南和昆钢公司各级物流产业发展战略规划,把握跨境经济合作区、自贸区建设时机,加快线下物流节点、枢纽园区和线上智慧供应链云平台的联动布局建设,加大供应链业务和人才体系培育力度,打造成为区域内最具影响力的供应链服务示范企业。聚焦运输主业,以需求和产业布局为引领,以商贸物流和铁路口岸物流为支撑,重点打造建设功能完备、要素集聚、特色鲜明的王家营商贸服务型物流枢纽,以商贸制造业物流集成、区域分拨及配送组织、多式联运转运、干线物流组织、供应链物流服务、国际物流服务为重点,拓展商品采购、展示和供应链金融服务。通过多元化运输服务模式创新,实现大宗物资运输向农产品冷链物流、跨境物流和电商物流的综合转型发展,不断创新供应链服务模式,为现代物流产业增值赋能,服务云南,辐射西部,连接南亚东南亚。

基于路景交融,开拓公路旅游管理体系的构建

云南交投市政园林工程有限公司

成果主要创造人:徐　芳　吴朝辉

成果参与创造人:蒋汶江　眭　辉　黄国安　杨巧娟　段霄祥　沙　举
金　淦　严　云　廖　原　付　萌

云南交投市政园林工程有限公司(简称"公司")成立于2015年4月1日,是在原云南云岭高速公路养护绿化工有公司昆明市政园林分公司基础上成立起来的,为云南交投经营开发有限公司的全资子公司,注册资本金5000万元。

公司具有环保工程专业承包一级资质、市政公用工程总承包二级资质、建筑工程施工总承包三级资质、公路工程施工总承包三级资质、云南省环境保护行业污染治理乙级资质、建筑装修装饰工程专业承包二级资质、风景园林工程设计专项乙级资质、钢结构工程专业承包二级、特种工程(结构补强)专业承包不分等级、石油化工工程施工总承包三级、机电工程施工总承包三级、建筑机电安装工程专业承包三级、消防设施工程专业承包二级资质的国有企业。

2016年,公司完成产值7.5亿元,先后获取了ISO 9001质量管理体系、ISO 14001环境管理体系、MSAS职业健康三体系认证、国家级高新技术企业、省级林业产业龙头企业、西山区文明单位,拥有4项发明专利,由公司编写的《石质边坡废旧轮胎客土绿化施工工法》获得省部级工法,参与云南省交通运输行业QC活动多次获得一等奖及持续改进奖。

凭借专业的技术团队、良好的信誉,公司承接了大批国家和省、市级重点建设项目的设计和施工任务,业务已遍布云南省各地市,并成功开拓了西藏、贵州、内蒙古等园林绿化行业市场,建设项目涉及综合公园、主题公园、城市广场、住宅小区、城市道路、高速公路、花园别墅、矿山(荒山)生态恢复、湿地生态建设等类型,先后获得国家建设部、云南省住房和城乡建设厅、云南省建筑业协会、昆明市工商行政管理局的嘉奖,包括中国建筑工程鲁班奖、云南省优质工程一等奖、"守合同、重信用"企业称号等一系列殊荣。

近年来,公司多渠道的筹融资在多个项目实现EPC及PPP等投资建设模式,在城市规划、园林景观设计、绿化施工及养护总承包等方面有较高的市场占有率,公司秉承生态环保发展理念,具有功能完备的生态产业链和生态环保技术体系,业务范围涵盖园林绿化施工及植物资源开发、生态修复、环境治理,市政基础设施建设,公路施工及养护,以及相关技术咨询、课题研究等,是一家管理规范、成长性优良的现代化、综合型的高新技术企业。

公司以"敢于承担,勇于追求"的企业精神,以强烈的历史责任感,抓住园林绿化企业振兴的历史机遇,争做"绿色革命"的急先锋,以专业和实干为人居环境的不断改善而持续努力奋斗。

一、成果背景

(一)打造美丽云南助力云南全域旅游

2019年4月中旬,云南省政府在昆明召开专题会议,对昆明至丽江、昆明至西双版纳和昆明长水机场高速公路绿化美化工作进行动员部署。

会议旨在全面贯彻落实2019年云南省政府工作报告中明确的建设美丽公路，打造中国最美丽省份靓丽风景线的目标任务，通过大规模、高标准增绿，建设公路沿线高品质绿化带、景观带，让人民群众在绿色长廊、鲜花大道、景点式服务区时刻感受到“路景交融、轻松舒畅”。

2019年，云南省两会做出了建设“美丽公路”的决策部署，对此，省委、省政府主要领导高度重视、高位推动，分管省领导多次组织开展实地调研，多次召集专题研究。云南省林业和草原局多次开展调查研究，全面摸清了路域环境现状，会同云南省交通运输厅、财政厅等部门，编制完成《昆明至大理至丽江、昆明至西双版纳景洪至磨憨高速公路绿化美化实施方案》。这个方案以建设绿色生态廊道和智慧之路为主要内容，以景观提升改造、绿色廊道工程、增绿复绿为重点建设任务。

云南省林业和草原局建议，各地要结合实际，精心做好施工设计，在方案的基础上，按照适地适树原则，合理搭配树种，打造最具特色的示范点；严把整地关、严把种苗关、严把验收关、严把管护关，抓好技术服务，抓住造林黄金时节，确保种植一片、成活一片，美化一片、成景一片；统一思想认识，强化协同配合，创新项目管理，夯实资金保障，集中力量推进美丽公路建设。

(二)行业发展创新的需求

随着我国社会经济的迅速增长，高速公路已成为国民经济与现代生活的重要交通枢纽。高速公路绿化是国土绿化的重要组成部分，是公路建设中不可缺少的主要内容。高速公路绿化的首要任务是保护防护，要达到稳定路基、保护路面、坡面防护、固土防沙等功能；其次是保证安全，要具有诱导交通、减轻噪声、缓解驾乘人员疲劳等作用；再有是生态美化，要实现美丽舒适、景观与自然相协调的目的。中国园林绿化行业市场规模(按工程来源划分)如图1所示。

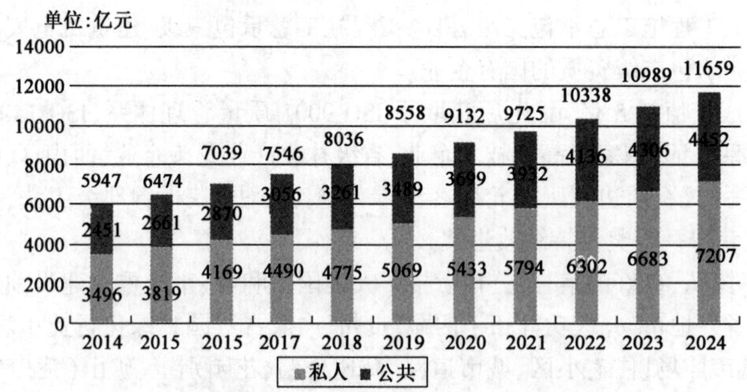

图1　中国园林绿化行业市场规模(按工程来源划分)

数据来源:弗若斯特沙利文、中商产业研究院整理

在政府支持性政策的推动下，生态修复行业呈现可持续发展势态。在此背景下，许多绿化公司计划将其业务进一步扩展至此新兴市场以保持竞争优势。为了满足地方政府的高要求，道路绿化行业必须向着高品质、高质量、高效率的方向创新发展。结合不同地域环境特点和文化差异形成不一样的道路绿化特色，打造“一路一景”的路景交融的道路文化景观。

(三)企业发展竞争力的需要

当前，在市场经济条件下，市场变化莫测，竞争异常激烈，提升企业市场竞争力变得尤为关键，且成为关乎企业转型升级、获取效益的关键筹码。

提升市场竞争力要做研判市场的“智者”。在复杂的国内外市场环境下，企业要树立“市场与环境同步”的思维，未雨绸缪研判市场，根据世界形势变化和市场供应需求的“晴雨表”，甘做市场调研的“开拓者”，只有不断适应、不断创新，才能增加企业竞争力。

提升市场竞争力需要质量入门的“通行证”。质量是品牌的基础，质量是素质的体现，质量是市场的保证。市场是检验产品的唯一标准。一个企业，产品质量的优劣是进军市场门槛的“通行证”。随着市场的不断发展,市场需求已经从高速度发展向着高质量发展转型,只有拿出质量这块“通行证”,与市场相协调,才能不断增加企业竞争力。

在云南省“十三五高速公路规划”的大环境下,更需要抓住机会与市场需求相结合,立足传统的基础上,不断创新。

(四)云南特殊地理环境下的发展趋势

云南地处低纬度高原,地理位置特殊,地形地貌复杂,使云南成为高原山地立体气候。

主要受南孟加拉高压气流影响形成的高原季风气候,全省大部分地区冬暖夏凉,四季如春的气候特征。全省气候类型丰富多样,有北热带、南亚热带、中亚热带、北亚热带、南温带、中温带和高原气候区共7个气候类型。

云南气候的区域差异和垂直变化十分明显。这一现象与云南的纬度和海拔这两个因素密切相关,所以不同的气候条件会拥有着不同的风景是必然的,在不同的地域、不同的气候条件下,结合当地的生态环境构建出适合当地的公路生态系统是必然的趋势。在不同的生态环境下因地制宜,适地选择种植乡土植物是必不可少的课题。

二、成果内涵、目标与主要做法

(一)成果内涵

营造路景交融,开拓公路旅游是坚持五个原则的基础下进行公路绿化生态防护。

(1)生态原则

结合当地的生态环境,因地制宜,以乡土树种为主,尽可能采用乔灌草相结合的生态化设计,与植被恢复、生态修复相结合。

(2)安全原则

在景观改造提升的同时应充分发挥植物绿化在视线诱导,防眩光,道路线形预告,不良景观遮蔽,隧道口明暗过渡,稳固边坡,丰富景观、消除驾驶员疲劳等方面的安全功能。

(3)景观原则

强调绿化景观的统一性和多样性,合理选择绿化植物,增加色叶树种和开花乔灌木,对植物进行合理配置,强调植物的季相色彩变化,注重景观提升与周边环境协调,营造优美的公路绿化景观。

(4)经济原则

尽可能保留和利用原有绿化植物,以补植补种和改造提升为主,节约资金成本。

(5)创新原则

在少数的施工条件艰难,环境恶劣的地方,采用彩绘填补的方式,结合当地的地域文化,绘制当地文化标志物,形成一道风俗文化展点。

(二)成果目标

应用增色—造景—添彩的手法,结合云南地域特色,尊重生态环境自身肌理,最终形成为云南高原特色公路旅游景观。

(三)主要做法

1.安全管理措施

①大幅提升安全管理标准及措施。项目保通依据《高速公路养护安全作业规程》(JTG H30—2015)编写保通方案,为加强现场安全管理,保通方案标准超过《高速公路养护安全作业规程》(简称《规程》)标准要求。例如,《规程》要求:施工点位前1600米开始摆放警示标识,项目要求2600米前开始摆放,并增加多个警示标识牌。又如,《规程》要求:每个施工点位配置一名保通员、一名专职安全员;项目要求配置一名专职安全员、两名保通员。根据现场实践来看,保通人员对过往驾驶员起到了极强的提示警示作用。再如,《规程》要求:每个施工点位摆放一道防撞墙,我们要求摆放三道防撞墙(水马或防撞桶),高

标准严要求,保障施工人员人身安全。

②而在常规安全管控方面,同步进行了超常规作业。例如,安全技术交底频次为每天一次,能够确保100%覆盖施工人员,同时通过不断的、重复性的要求施工人员注意现场风险点,大大加强了施工人员的安全意识。安全教育培训频次为每天一次;安全例检频次为每天三次。

③运用大数据,为安全管理做好基础。在参考了信息监控中心提供的车流量监测大数据后,得出滇南高速公路,每天车流开始增多的具体时间是每天7:15。于是,要求每日保通措施在6:30前完成;工人于7:00前必须开始施工。同样,我们在调查了过往三年滇南高速公路事故统计后,得出:化念坡、南溪27公里长下坡、老苍坡等地点事故率异常高。这几个点位的下坡路段我们仅进行简单栽植,未进行砌花池等长期作业。

④为确保人人都能在工作前掌握工作要点及安全注意事项,要求施工人员在每天工作前做到三件事:安全技术交底;班前会;两分钟思考法。两分钟思考法,指的是每天开工之前,要求施工人员用两分钟时间想一下今天工作的具体流程、作业的风险点在哪些地方,以及应对风险的措施。

⑤将心理学运用到安全工作中。一个人形成固定的习惯需要21天。我们在管理过程中,充分应用项目最初21天。通过高频次的教育培训及检查,让施工人员养成良好安全习惯,让"要我安全"顺利过渡到"我要安全"。

2. 设计核心策略

(1)重塑美感

加强景观带绿化植物的季相和层次:增添路侧植物灌木色带造景,补充中分带开花植被。梳理林冠线,清理桉树,替换死株,整改效果不好植株。

(2)更新提档

加强道路重要节点的景观特色:加植观叶观花灌木,对三角地以组团式种植方式,体现色调。部分节点进行新的植物色带造景设计。

(3)立体织补

加强景观植物垂直空间季相性:有针对性地调整适宜的乔、灌、草比例,调整景观带的绿化模式。增加边坡绿化开花灌木,丰富驾乘人员的不同季节观赏效果。

(4)传承文化

加强道路景观的文化内涵:增加设置赋予文化内涵的景观小品、县市界碑、欢迎标语等。完善服务区基础、标识系统,拓展升级服务创新。

3. 植物选择原则

①因地制宜,适地适树;以乡土植物为主,适应项目所在地气候环境且引种多年、长势良好的外地品种为辅,以确保生态安全,本地生态系统不受侵害;严禁使用外来有害物种。

②植物配置应充分考虑季相变化效果,观姿、观叶、观果、观花相结合,营造四季皆景的公路景观效果。

③在干旱少雨地区应尽量选择耐旱、耐瘠薄品种,以提高成活率及景观效果;冬季有霜冻区域应选择耐寒、能露地越冬品种。

④风力较大的区域应充分考虑植物的抗风性,避免倒伏影响安全,避免出现偏冠、落叶等情况影响景观效果。

⑤选取的品种应具备较强抗污染、滞尘降噪能力,从而起到改善路域范围内小环境的作用。

⑥充分考虑植物自然生长、无修剪状态下的景观形态。尽量选择粗放型管养品种。

⑦主景树应选择树形优美、枝条完整、生命周期长、长势较好的乔木;常绿品种尽量选用骨架苗,确保景观效果;严禁使用截杆苗。

⑧灌木应选择色彩丰富、寿命较长、多年生、易于管养的品种;地被植物应选择茎叶茂密、繁殖力强、

病虫害少、抗性较强、易修剪成型的品种。

4. 设计理念

设计理念见表1。

设计理念　表1

分　类	设计选点	设计方式	设计原则
边坡	硬质边坡——坡脚	做带状花池，灌木地被品种覆盖、开花小乔木间隔点缀，上垂下爬栽植攀缘植物	①增加开花色叶树种，四季开花交替；②清理桉树，局部组团点缀；③种植效果要有一定体量、规模，选取视线好长度长的提升
	土质边坡——路侧	穿插种植开花色叶植物 增加开花色叶地被层次	
中分带	路基中分带	按照所在原有段落补植植物，增加开花植物	①拆除防眩板种植植物的种植槽类型不补植；②路基中分带植物长势不好死株需要补植；③分离式中分带增加开花色叶树种
	分离式中分带	组团点缀开花色叶植物	
隧道三角区	重点提升	增加开花色叶地被，增加自然式植物造景组团	①保留原有全部植物；②点缀组团开花色叶植物为主
互通立交区	一般提升	做满足安全要求的植物梳理，绿化全覆盖、不露土	

5. 植物配比

根据开花色叶树种的花、叶、茎的四季开花交替，选择苗木进行搭配，通过组团或者列植的方式进行种植，清晰体现四季变化，且四季均有色彩。

乔木可选择蓝花楹、冬樱花、栾树、清香木、黄连木、五角枫等。

灌木可选择三角梅、扶桑、黄金榕、凌霄、千层金、红叶石楠球、木槿、红花继木、锦绣杜鹃等。

地被可选择波斯菊、孔雀草、金鸡菊、蜀葵等。

对于一些土层较薄，不利于苗木种植的区域，采用藤本进行覆盖，如炮仗花、爬山虎等。

三、实施效果

（一）专业能力的提升

1. 精细化管理能力的提升

通过设计施工联合体模式，充分发挥设计施工之间管理协调作用，使设计充分介入施工全过程，积极配合现场动态设计调整，形成高效的互动、互促，更好地保障施工质量；优化施工流程、高效沟通协调机制，从源头出发进行造价控制，有效地缩短沟通成本、节省工程费用、保证景观效果。

2. 设计技术能力的提升

高速公路景观设计强调安全性，同时保证景观效果的序列性。高速公路景观与自然景观、城市景观不同，它更多的是服务于过往驾乘人群，因此景观功能只是停留于“绿起来”是远远不够的，还应该满足驾乘人员对景观空间的视觉要求。动态设计大大提升景观环境的地域性，也充分体现景观带给驾乘人员带来舒适性的价值。

3. 施工质量的控制

高速公路绿化的作用归根到底就是对当地环境的生态保护作用、对驾驶环境的构建引导作用和对高速公路行驶的安全作用。通过大量使用当地本土植物能很好地保证植物的粗活率和生长状况，通过层层筛选种苗，步步把控栽种工艺，能很好地控制施工质量。

4. 施工工艺的提高与创新

对使用的各种植物进行深入了解,通过观姿、观叶、观果、观花相结合把不同的植物根据它本身的特点和生长环境种植在最恰当的地方,能很好地提高施工工艺的专业性与适用性,有利于施工工艺的创新。

(二)经济效益

项目实施中以乡土树种为主,尽可能采用乔灌草相结合的生态化设计,与植被恢复、生态修复相结合。尽可能保留和利用原有绿化植物,以补植补种和改造提升为主,节约建设资金。使用乡土植物绿化提高了植物存活率,避免了从异地运输来的运输成本,降低了苗木采购的难度,强化了绿化效果。

(三)社会效益

以"一地一风景,一路一特色"为核心思想进行的项目,连接在一起,构成了多元化的公路景观,拓展公路旅游,为打造最美省份、建造美丽云南奠定基础。以一线一路为基础,贯穿全云南,对云南省多元化气候条件下的植被情况进行归类整理,经验总结,形成针对不同气候条件下的公路绿化植被配比方案,随着"十三五公路规划"的推进,最后形成行业指导手册,具有意义深远的社会效益。

(四)生态效益

项目实施以乡土树种为主,适应项目所在地气候环境且引种多年、长势良好的外地品种为辅,保证了生态安全,本地生态系统不受侵害,避免了使用外来有害物种造成的生态破坏,具有长远的生态效益。

基于“互联网+”的集装箱物流信息平台

广州港数据科技有限公司

成果主要创造人：李益波 朱帮银

成果参与创造人：冯洪德 孙邦成 庞红云 范健文 何天元 陈 华
杨 毅 梁一锋 余 飞 苗 鑫

广州港数据科技有限公司(简称“数据公司”)是广州港股份有限公司(简称“股份公司”)旗下国有全资子公司，是智慧广州港的信息化专业建设主力。广州港数据科技有限公司。法人代表：庞红云；注册地址及办公地址：广州市黄埔区港前路531号大院31号第三层；社会组织机构代码(组织机构代码)：91440101MA59E42P94；注册时间：2016年7月29日；注册资本：2000万元；公司总人数：79人，其中信息技术研发人员数量61人。

围绕股份公司主营业务方向，数据公司先后承担建设了广州港大数据中心、港口生产一体化调度指挥平台、港口危险货物全程在线动态监管平台、集装箱物流信息平台、港口无纸化网上营业厅、港口散杂货码头物联网集成应用平台等多个项目。

数据公司立足于港口核心资源，以打造具有软件开发、系统集成相应资质和自主开发能力的高科技企业为目标，围绕广州港集团公司生产业务发展和经营管理需要，运用云计算、人工智能、物联网、大数据等信息技术，构建港口信息化平台，推动信息互联互通，增强港口物流服务功能，提升企业综合竞争力，推动港口向智能化、智慧化方向发展。

一、实施背景

为了深入贯彻落实党的十八大精神和市委十届六次全会精神，紧紧抓住国家“一带一路”倡议和自贸试验区战略机遇，积极响应广州市提出“构建国际航运中心”目标要求，股份公司将建设智慧型国际航运物流枢纽和“互联网+航运+金融”新业态发展作为建设广州国际航运中心的两大战略支点，并制订“建设广州国际航运中心”三年行动计划。在计划中，明确提出建立航运大数据，建设航运物流信息平台。整合物流信息资源，推动信息互联互通，提供舱位、货源、代理、通航信息、口岸通关、运输和物流状态等信息服务，提升航运物流“一站式”信息服务水平，逐步实现海运、公路、铁路、航空、内河水运等运输方式信息资源的共享和全程业务联动。

股份公司在“十二五”发展规划中明确要求“大力推进港航信息化建设”促进“港航业实现转型升级”“对于港口、航运相关的物流与信息进行整合，逐步实现政府、物流服务企业、工商企业之间的实时、可靠地信息交互和共享，拓展港口物流信息服务功能，增强港口服务能力”“打造数字港口，实现港口信息化由内部管理为主向内部管理和公共服务并重的转变”。

为响应国家“一带一路”倡议全面实施，服务广州国际航运中心建设，促进“三中心一体系”战略格局形成，巩固股份公司在广东省港航业的引领者地位，全面提升客户服务能力，降低行业物流成本，进一步提高股份公司集装箱生产管理的信息化程度，实现内、外部单位间的数据共享与应用提升，数据公司承建了广州港集装箱物流信息平台项目。

(一)项目需求分析

1. 项目应用范围概况

股份公司位于珠江入海口,是泛三角洲经济区域的出海通道和中国最重要的对外贸易口岸之一。作为全沿主港集装箱干线,股份公司是华南沿海功能最全、规模大辐射范围广的综合性枢纽,由依次分布在广州珠江两岸至出海口的内港、黄埔、新沙、南沙四大港区组成 。南沙港区是股份公司重点发展的核心港区,是以集装箱运输为主兼顾能源、粮食和滚汽车服务临港工业、现代物流和航的化大型综合性区;新沙港区是以煤炭集装箱、粮食滚汽车运输为主,服务临港产业的大型综合性区;黄埔港区是以沿海近洋集装箱运输和煤炭、粮食成品油件杂货为主,服务临港产业及城市生活的综合性港区;内港港区将结合城市规划逐步推进综开发,目前服务生产生活的集装箱喂给、件杂货运输码头将逐步退出功能。

股份公司目前从事集装箱作业的分子公司有 8 个,分别是广州港南沙港务有限公司(南沙一期)、广州南沙海港集装箱码头有限公司(南沙二期)、广州南沙三期集装箱码头有限公司(南沙三期)、广州港新沙港务有限公司东莞集装箱分公司(新沙码头)、广州集装箱码头有限公司(GCT)、广州港股份有限公司黄埔港务分公司、广州港股份有限公司河南分公司、广州港股份有限公司中交龙沙物流有限公司(广浚码头)。

股份公司总部设有生产业务部,负责监管各单位生产业务,下设集装箱科,负责整个股份公司集装箱运输的协调管理。

2. 项目建设必要性

目前,南沙一期、三期、黄埔老港、新沙港、广浚码头、河南码头用等码头作业系统相对独立,不同码头之间的信息分散,不能实现共享互用,数据对接、数据交互等工作实现难度比较大,易形成数据孤岛。业务部想要查询码头生产数据:箱状态、船状态等,无信息化通道,只能通过电话告诉生产部门,由生产部门再反馈(图 1)。

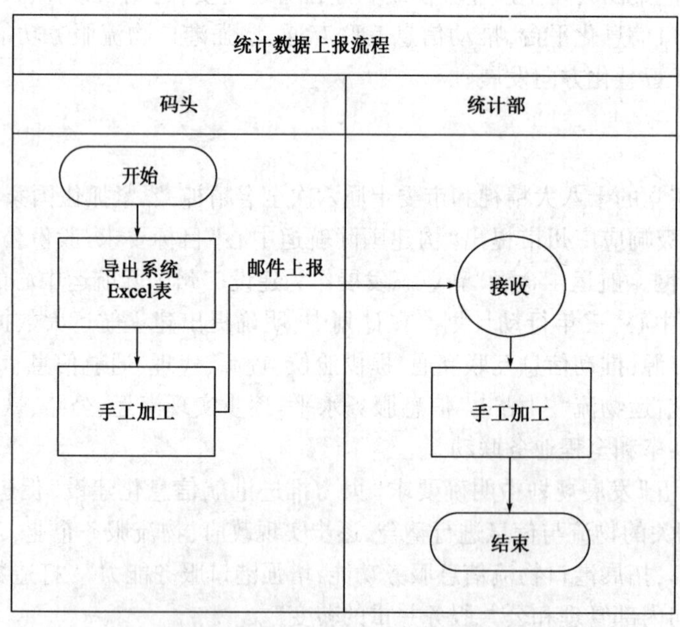

图 1　统计数据上报流程

3. 项目建设目标

数据公司承建的广州港集装箱物流信息平台项目是以提高业务运作效率、提升客户服务能力、促进物流业务协作、强化业务监管和宏观调控为最终目标,以信息集成、业务协同、信息服务为着力点,利用现代技术手段,解决港口集装箱运输所面临的信息共享困难、物流成本高等方面的难题。

具体而言,就是要实现以下五个方面的目标:

①深度集成:实现从单一码头作业管理向集装箱综合物流、跨单位业务协同、口岸监管、客户服务和互联网应用方面集成的深化应用。推动信息互联互通,降低口岸物流成本,提升股份公司管理效率及监管调控能力。

②内外协同:广州港各集装箱相关单位之间在集装箱物流各环节数据共享程度不高,数据交换不畅通,严重影响了集装箱物流效率。平台建设不仅要提高港口单位、部门的业务协同水平,还要整合并打通港口及上下游涉及集装箱物流业务相关单位的信息资源,促进广州港及周边集装箱业务大范围协同,从而降低广州口岸全行业物流成本。

③综合管控:通过本项目,建立"一站式"客户服务平台,建立网站、微信、移动 App 多种途径的信息查询、实时发布机制,提供直观动态监控、业务统计、决策分析户端功能,推动股份公司集装箱一体化管理。

④规范标准:广州港集装箱物流信息平台内部管理系统依托于平台数据中心,在数据标准化和业务标准化的前提下各业务单位按照统一的标准规范,进行数据整合,实现股份公司的规范化、标准化管理。

⑤集约管理:在以往的集装箱系统,多以解决码头生产为首要任务。系统对于业务协同、数据共享考虑较少,导致信息脱节、产生"信息孤岛",严重影响了各类管理统计数据的及时性、准确性、客观性。

集装箱物流信息平台项目建设从集装箱业务调度指挥,全方位客户服务,业务单位之间、监管单位的数据及系统对接,智能化互联网应用等方面进行综合考虑,在管理者、业务单位、客户、协作方之间开辟顺畅的信息交流通道,实现港口业务参与者彼此互动,促进股份公司向集约化管理转型。

(二)项目建设原则

根据广州港的现状、需求和未来的发展规划,以及相关项目的实施经验,对该项目的系统总体建设遵循以下原则。

(1)整体性原则

系统是作为统一整体而存在的,要从整个系统的角度考虑系统的设计,系统的代码要统一,设计规范要标准,传递语言要尽可能一致,对系统的数据采集要做到数出一处、一次输入多次利用。

(2)模块化原则

系统应具有较好的开放性和结构可变性,在设计中应当尽可能地采用模块化设计结构,提高各模块的独立性,降低模块间的藕荷度,使各子系统间的数据依赖减少到最低程度,以便于模块的修改和新内容的增加,提高系统适应环境的能力。

(3)可靠性原则

系统应具有抵御外界的干扰能力和受外界干扰时的恢复能力,应具有较高的可靠性、安全保密性、检错纠错能力、抗病毒能力。统一的用户认证和权限管理、基于角色和基于资源的授权方式:支持用户到角色的映射,并采用角色的身份用来控制对特定操作的访问权,并支持层次化、结构化和区域化的角色设定;系统内所有的资源都应是受保护的,系统能够通过相应的机制决定哪些角色允许访问哪些资源和哪类操作(如读、写、删除、显示等)。支持多级管理员,不同组织的用户自动与其他组织的数据隔离,除非授权否则不能查看其他组织的数据,以避免非法操作带来的数据安全性困扰,并应设有数据备份和恢复机制,保证意外事故后的数据全面恢复。

(4)实用性原则

输入设计应在采用新技术和良好的输入模式的基础上,为使用者提供友好的界面,简化输入过程、控制输入总量,提高输入效率。应能支持用户调用 Excel、Word、画笔等自由编辑各种图文资料,支持利用手持机等各种输入设备实现信息录入的功能。自由统计报表的功能,该功能能将当前数据窗口中的数据按照用户自定义的条件来统计数据,统计出来的数据可以以各种图形样式显示出来。

(5)灵活性原则

输出设计时,应在满足现有工作报表要求的前提下,不仅能够根据报表数目的增减、报表中数据项的变化,满足使用者定义新报表的需求,具有较好的可扩展、可定义的灵活性;而且还应满足图形、输出到文件或导出(Export)到其他系统的输出多样性需求。

(6)接口预留原则

对相关的其他横向业务系统要求留有接口,可实现关联数据的下载、导入、查询。

(7)先进性和成熟性原则

系统设计采用先进的、成熟的、可持续发展的技术方法,把先进的数据集成思想和理念与实际工作相结合,具有前瞻性。所有的数据都存放在数据库服务器上,进行集中维护和管理,应用程序都存放在应用服务器上。

(8)前瞻性原则

设计方案中的系统要能够提供高效、安全、稳定的运行环境,必须有一定的先进性和前瞻性,保证满足一定时期内的应用需求。

(9)可扩展性和可维护性原则

在业务处理功能上具备组件化的方式提高软件适应变化的能力,以及软件的自动重组能力。系统结构良好,易于调整、扩展和维护。系统平台要具有良好的兼容性,在未来要易于扩展、修改模块、增加新的功能以及重组;系统允许用户自己维护人员在应用系统中的权限;允许对应用模块进行扩展,包括增加功能模块和用户数量;软件本身必须随着需求的提升可以柔性地适应需求的变化;系统的建设应遵循易于维护的原则。要求系统在设计开发时,充分考虑其维护的难易程度。

(10)易用性原则

系统人机界面友好。操作简单方便,简洁明了,易学易用,符合用户的使用习惯。计算机能够处理的要实现计算机处理,尽量减少人工处理;录入数据要实现一次录入后全系统共用,避免数据重复录入;查询数据要方便、快捷。

(11)处理及响应能力原则

处理能力主要考虑系统能承载的最大并发用户数。系统在分布式架构下能承载的最大并发用户数可以达到2000个。

为了能够快捷地提供查询统计服务,系统应能够快速地响应查询统计请求。用户最终得到结果的响应时间除了与系统响应速度有关外,还与网络状况有关。对查询响应速度的响应见表1。

对查询响应速度的响应 表1

时 间 段	查 询 种 类	响应时间(秒)
平时	简单查询	1
	复杂查询	3
查询高峰	简单查询	3
	复杂查询	5

注:简单查询是指涉及单个条件的严格匹配查询;复杂查询是指涉及多个条件,或者使用模糊匹配的查询及统计;查询高峰指并发用户数高于系统支持最大并发用户数的60%时。

(12)数据接口整合原则

根据标准接口(RFC 、IDOC Adaptor、Web Service 等)规范实现与各业务单位系统间的数据传递。接口数据格式上兼容EDIFACT、XML、JSON等主流数据格式。

二、内涵和主要做法

(一)成果内涵

基于"互联网+"的集装箱物流信息平台,业务覆盖了集团公司下属8个集装箱码头,实现集装箱内部管理要求,实现广州港集装箱物流业务全面管理,提供涵盖全港的作业动态、现场情况等各类数据,为管理层分析、决策分析提供数据依据,有效提升政策支持的保障水平,促进生产经营发展。

平台以信息共享、业务协同、优质服务为着力点,利用现代化技术手段,整合沉淀在各业务单位的数据资源,打通广州港及上下游涉及集装箱物流业务的相关单位的信息化资源,推动信息互联互通,为各单位提供集装箱业务管理、客户服务、与监管单位的数据及系统对接、单位之间的业务协同等物流信息,提高港口单位、部门的业务协同水平,打造"一站式"客户服务平台,降低口岸物流成本,提升集团公司管理效率及监管调控能力。

(二)主要创新点

1. 服务新模式

集装箱物流信息平台以港口物流"一单制"无纸化网上营业厅建设为切入点,通过数据中心、信息网络、移动互联网、企业自建网络等信息技术手段,解决港口业务各环节码头、船代、堆场、拖车、船公司、货主、货代、报关行、政府监管单位等的业务信息共享的问题,在公共服务层面建立了全程"一单制"的服务新模式。

2. 视频数据融合技术

视频数据融合技术广泛应用于平台功能中,该技术打通了视频与数据的壁垒,实现了业务数据与视频监控图像的有机融合,业务系统可实时调用视频监控信号,视频监控图像可实时调用可展示业务数据。通过上述方案可以直观地掌握码头现场生产业务的动态情况,为码头生产指挥、安全管理、应急协调提供强有力的技术支持。

3. 区块链技术

集装箱物流信息平台中 EIR 打单系统应用了区块链技术,通过应用区块链的分布式存储,使数据保持一致性和不可篡改,同时各环节有着严格的数据权限,通过区块链的非对称加密等安全技术,有效保证各环节数据的独立性和安全性。技术应用试点在南沙二期码头,以联盟链方式搭建区块链基础平台,将南沙二期码头的出口业务流程的相关数据实时上链,进行数据分析,同时通过大屏进行宏观的数据展现。

4. 移动互联技术

移动互联技术普遍应用于平台多个相关子系统中。移动互联技术的应用为示范工程的用户带来了极大的便利。

5. 图形化监控技术

集装箱物流信息平台中实现了图形化监控方式与应用系统的融合。平台应用中,实现泊位及堆场图形化、AIS 海图、港区视频转码接入、"互联网+"等技术与业务系统的全面融合,提供直观、形象、远程移动化的管理手段,促进管理提升。

(三)创新思路

集装箱物流信息平台项目建设从集装箱业务调度指挥,全方位客户服务,业务单位之间、监管单位的数据及系统对接,智能化互联网应用等方面进行综合考虑,在管理者、业务单位、客户、协作方之间开辟顺畅的信息交流通道,实现港口业务参与者彼此互动,促进股份公司向集约化管理转型。

广州港集装箱物流信息平台内部管理系统依托于平台数据中心,在平台数据中心的基础上实现建设需求的功能,无论从性能或者技术规格方面,还是安全方面都有较高的要求。该系统将基于港口业务系统采集相关的业务数据,并通过专门的信息交换平台传输到数据中心信息资源平台,专门针对股份公司管控需要开发跨业务单位综合管理体系。

通过整合港口业务系统的相关业务数据,组织建设集装箱物流信息平台,组成集装箱物流信息平台的子系统主要有:内部管理系统、放箱平台、业务系统拖车营运平台、网上营业厅统一门户、网上统一支付平台、客户服务系统、EDI数据交换系统之水运舱单系统、EDI数据交换系统之海事数据交换系统,见表2。

集装箱物流信息平台子系统

表2

序　号	子系统名称	主要功能	备　注
1	内部管理系统	图形化作业监控、客户管理、合同管理、码头作业动态查询、海关信息查询、生产快报、统计分析、移动服务、系统管理、数据对接	
2	放箱平台	基础信息管理、集装箱放箱管理、EIR打单系统、统计与分析、押金管理、平台管理	
3	业务系统拖车营运平台	权限管理、日志监控、数据接口整合、认证管理、报表分析、移动端业务系统	
4	网上营业厅统一门户	内部管理、客户服务办单、生产调度、散杂货、集装箱、拖车调度	
5	客户服务系统	综合查询、预约办理、账单结算服务、移动服务、用户注册/登录、账号管理	
6	网上统一支付平台	支付网关、服务后台、支付平台管理端	
7	EDI数据交换系统之水运舱单系统	码头对接、预配舱单设计、运抵报告、在场箱查询	
8	EDI数据交换系统之海事数据交换系统	船舶进港、装卸船、装卸火车、拖车进出闸、在场箱盘存、货物出入库、货物出运、在场货盘存	

(四)设计遵循规范

国内外信息化和智能化的实践经验证明,信息化和智能化建设必须有标准化的支持,尤其是要发挥标准化的导向作用,以确保其技术上的协调一致和整体效能的实现。规范化和标准化是本项目建设的基础性工作,是项目各系统实现互联互通、信息共享、业务协同、安全可靠的前提,并为彼此间的协同工作提供技术准则。

通过标准化的协调和优化功能,保证项目建设少走弯路,提高效率,确保项目的顺利实施和系统的安全可靠运行。

(五)重点创新内容实施

1.服务新模式

集装箱物流信息平台以港口物流"一单制"无纸化网上营业厅建设为切入点,通过数据中心、信息网络、移动互联网、企业自建网络等信息技术手段,解决港口业务各环节码头、船代、堆场、拖车、船公司、货主、货代、报关行、政府监管单位等的业务信息共享的问题,在公共服务层面建立了全程"一单制"的服务新模式。

(1)问题描述

广州港集团下属的各公司、各货类、各类货运客户的业务办理流程较为烦琐,大部分以线下的现场办单为主,导致提卸货办理申请、费收及发票办理申请等业务流程办理时间较长、工作量较大、效率也不高,从一定程度上影响了码头的装卸作业、物流中转等效率。

信息共享效率低。系统建设前工作方式还处于传统的数据共享方式,效率低下,各业务部门信息不畅,也难以与外部客户、监管单位进行数据交互,数据共享程度差,业务历史信息查询困难,相关文档混乱,遗失现象严重,很难从作业数据中很提取有价值的信息,很难为以后的决策提供参考依据。

(2)创新思路

①实现现在客户到业务大厅办理的大多数业务向网上的迁移。在与生产业务管理系统紧密结合的基础上,总结归纳各公司、各种散杂货类网上业务办理的共性化和个性化需求,面向各公司、各货类、各

类货运客户,将生产业务管理系统的相关业务办理校核逻辑迁移至网上办单申请、提卸货办理申请、费收及发票办理申请。网上办理提货业务使客户不必跑现场,减少了客户排队时间。

②实现与客户交互的部分单证电子化。可电子化的单证包括:单船合同、船方合同、出库单、入库单、地磅单、收发货计划、预收通知书、结算清单。

③支持 PC 端与移动端,客户 24 小时全天候自助办单。本项目为货主和驾驶员提供移动端的业务查询及受理,同时也为内部业务人员实现移动端业务审核处理等手段,在充分保障业务安全、货物安全、信息安全与系统安全的前提下,努力实现"24 小时全天候自助办单",实现"让信息多跑路,让客户少跑路"的目标。

④实现通过第三方支付进行客户网上支付及退款的功能。本系统为客户提供网上支付功能,客户只需要登录网上营业厅就能通过网银通道或第三方支付实现网上费用支付结算。

⑤实现网上营业厅电子商务与码头现场生产业务的无缝衔接。

⑥为客户提供信息查询功能。为客户提供港口费用预估,与自身相关的港口船舶作业、提卸货作业、货物堆存实时动态信息查询,以及财务账户管理与费收查询等功能。本项目为客户提供公共查询功能,客户访问网上营业厅就能查询办单状态、现场作业进度、货物状态等。

(3)创新实施

"一单制"无纸化网上营业厅采用简洁的网站架构、内容、表现形式围绕客户使用需求及使用习惯建设,旨在通过网上平台,为客户在广州港股份公司下属 6 家作业公司提供统一的业务办单、网上支付等相关业务办理。目前,网上营业厅已推广至 126 家公司进行使用,包括 84 家货主、23 家货代、14 家船代、5 家驳船公司。

用"互联网+"实现面向港口客户服务的创新:集装箱物流平台着力打造互联网+港口"广州港网上营业厅"(online. gzport. com +微信公众号),建设面向客户提供一体化服务的广州港统一门户,结合网上电子收付平台,实现客户服务方式的全新改变。

广州港网上营业厅整合了集装箱和散杂货业务对外服务功能,提供统一服务入口。集装箱业务服务功能包含船舶申报、南沙港区拖车平台及放箱系统、集装箱客户服务系统等,散杂货业务服务功能包含散杂货网上营业厅(客户信息查询、网上办单及结算)、驳船疏运平台等。广州港网上营业厅实现的功能,为客户提供便利的港口信息服务,散杂货网上营业厅提供的网上办单功能可使货主足不出户即可完成港口业务的办理及完成结算;驳船疏运平台提供了驳船报到、水路运单网上办理和结算等功能,免去驳船代理及驳船主的往返船岸的交互成本,提升了码头的驳船计划效率;拖车平台提供的南沙高速路路桥费补贴功能,使南沙港区拖车企业便利享受政府及港口补贴,提升货主和拖车企业的黏合度;统一备案及进港预约功能,为拖车提供了南沙港区一体化服务;放箱系统提供的 EIR 打单功能,为南沙港区用户提供了便捷的在线打单功能,提供了多家船东的出口业务线上办理服务。

网上电子收付平台依据统一规划、节约资源、避免重复开发的原则建设,可实现与散杂货网上营业厅、拖车平台、放箱系统、拖轮调度系统、驳船疏运平台、水产电子商务等众多业务系统的无缝对接,已完成与散杂货网上营业厅的对接,实现支持跨行对公账户收付(网银收付、快捷收付、预存收付)、银行卡收付(网银收付、快捷收付)、第三方收付(收付宝、微信)等互联网收付方式。

本项目的应用为改善生产效率、优化管理模式提供了有力的数据支持,大大提升了企业软实力,有助于实现公司的持续健康发展。打造基于"互联网+港口"的全程物流服务体系,面向全程物流与供应链协同化运作服务,推进智慧港口物流参与方全流程协作和整合管理,实现高效的运输组织与一体化供应链协作。通过数字化、自动化技术,提升码头作业运作能力,推动货主、货代、运输公司、船公司、港口、口岸单位间有效的信息交互与协作,保证整体运营水平。主动对接国家"一带一路"倡议,充分发挥广州港口作为"一带一路"重要门户港和华南地区重要枢纽港战略地位,发挥信息化、智能化的引领和支撑作用,全面推进广州港业务与新一代信息技术深度融合,推进以广州港为核心枢纽的智慧物流枢纽,创新港口发展新模式、新业态,构建互联互通的全程智慧物流服务体系,更好地服务珠三角区域经济的发展。

2. 视频数据融合技术

视频数据融合技术广泛应用于平台功能中,该技术打通了视频与数据的壁垒,实现了业务数据与视频监控图像的有机融合,业务系统可实时调用视频监控信号,视频监控图像可实时调用可展示业务数据,通过上述方案可以直观掌握码头现场生产业务的动态情况,为码头生产指挥、安全管理、应急协调提供强有力的技术支持。

(1)问题描述

传统的信息系统中视频与数据查看往往独立存在,在业务系统中一般难以查看到码头堆场、前沿作业区域的实时视频;而在视频系统中无法查看具体的作业统计报表、作业动态数据等信息。视频与数据信息不统一对港口操作人员、管理层带来较大的不便,一项数据常需要多系统多平台进行人工查找,增加了操作人员的工作量,提高了管理成本。

(2)创新思路

为了进一步提高管理效率与集装箱码头智能化水平,通过堆场图形化设计建模、视频信号接入等技术结合集装箱码头核心作业数据等方式,将复杂的堆场、作业前沿现场情况展现在系统上,现场情况一目了然,高清视频信号的实时接入并且与前沿作业数据动态对碰融合,能全方位、立体式的将全港作业情况及时反馈,为管理人员把控作业进度提供足够的信息支撑。

(3)解决问题的具体措施

通过2D图形化引擎绘制港区内码头堆场的视频设备分布情况,并与堆场图形化合并使用,可通过鼠标点击视频设备图标可调出实时的视频监控画面,并可通过单击上下左右不同按钮,实现对视频设备的云台操作等功能,包括码头前沿的图形化,堆场图形化,同时实现堆场视频信号的接入。为了保证在整个平台中调用堆场图及视频信号,进行API封装,提供统一的、便捷的调用接口。

码头泊位视频信息接入:在图形化泊位监控界面上,提供用户自由选择泊位相应视频信息显示的功能,弹出码头视频监控探头列表,用户可以在里面选择自己需要的监控画面。

该技术采用前瞻性和实用性相结合设计思维,建立规范、统一标准。该技术依托于实施高清视频,充分利用视频开展多方业务的融合应用,实现岸桥前沿作业资源整合汇聚,打通各系统平台间的通信接口,在视频实画面中直观的展示作业情况,提取对应急指挥、港口装卸、理货作业有价值的各方数据,给用户以视频实时查看、智能化应用、与业务数据紧密结合的操作体验。

3. 区块链技术

集装箱物流信息平台中EIR打单系统应用了区块链技术,通过应用区块链的分布式存储,使数据保持一致性和不可篡改,同时各环节有着严格的数据权限,通过区块链的非对称加密等安全技术,有效保证各环节数据的独立性和安全性。技术应用试点在南沙二期码头,以联盟链方式搭建区块链基础平台,将南沙二期码头的出口业务流程的相关数据实时上链,进行数据分析,同时通过大屏进行宏观的数据展现。

(1)针对什么问题

①箱单格式不统一,标准化困难,更无法无纸化。各家船公司和船代的箱单格式都存在差异,没有统一标准。

②一式六联套打纸张浪费。EIR打印,传统一式六联,纸张浪费严重。

③船公司一体化系统,对本地化放箱的支持比较缺少。船公司系都是一体化系统,对于口岸的具体放箱需求,没有很好的支持,无法对当地的特殊情况进行定制开发。

④单证传递以人工为主,跑单成本高、效率低下。单证的传统,以人工跑单为主,需要从船公司(代)—货代—车队,多级衔接,效率较低。

⑤提箱信息滞后,货代和船公司都无法及时获取提箱动态。大部分的码头和堆场的提箱反馈信息,

都是通过进出场报文来进行发送。由于报文发送的时间间隔较长，导致提箱信息的获取比较滞后，人工沟通的成本较高。

(2)创新思路

为了进一步提升智慧港口的信息化水平，解决以上存在的提箱信息之后、纸质化程度高、数据安全性有限等问题，通过区块链技术数据安全权限与加密技术，实现数据的一致性与不可篡改性十分必要。同时在业务层面也能进一步统一放箱业务模式和作业流程，建立放箱协同操作平台，提升物流信息化水平；及时获取放箱、提箱信息，做到物流数据的透明和可视化；通过平台线上打印和传递 EIR 的方式，减少人工跑单成本；减少传统 EIR 的纸张浪费，实现绿色环保。

(3)创新思路

为了加快落实广州市政府关于优化口岸营商环境提效降费促进跨境贸易便利化相关实施方案中推行口岸作业单证电子化流转的工作，基于区块链技术，推出数字化、无接触进口提货方案，为客户提供更加便捷的低成本无接触提货服务。区块链技术结合各码头公司业务应用，在试点工作中已完多批次集装箱的进口放货操作，平均每个集装箱为客户节省提货时间近 24 小时。广州港集团通过数据中心，构建"一个窗口、一个平台"的一站式业务受理模式，使得客户可以在链上一次完成贯穿船公司和港方的进口单证无纸化操作流程，作业数据防篡改、可溯源，更加实时、安全、可靠。

广州港数据公司将持续推进与其他船公司开展作业单证电子化流转业务，运用"互联网+"创新思维和先进信息技术，推行网上受理特色服务模式，进一步优化业务流程，持续提升作业效率和港口客户体验、加快口岸集装箱货物转运速度、助力广州国际航运中心建设。

4. *移动互联技术*

移动互联技术普遍应用于平台多个相关子系统中。移动互联技术的应用为示范工程的用户带来了极大的便利。

(1)问题描述

①监管难度大。传统情况下，业务部门对全港区的作业监管、把控依赖于数据报表和业务系统，在没有移动互联技术支撑的时候，只能通过 PC 端的业务系统才能即使了解到港区作业情况，外出工作或者出差时，及时了解并监管港区作业情况难度较大，对实时监管造成了较大的不便。

②消息获取途径单一。对于港区生产作业的管理者来说，传统的作业情况获取方式、获取途径较为单一，一般只能通过主动查询了解到关键信息。这种信息获取方式往往会导致消息获取不畅、关键业务部门信息不对等、核心信息滞后等问题，为管理者的科学决策带来了阻滞。

③业务服务质量不高，单证办理效率低下。对于船代、货代、货主等客户来说，对作业计划、作业进度、船舶动态、货物库存情况等各类信息的查询是比较麻烦的事情，这类信息的获取往往是客户最关心的事情。代理、报关行、司机等预约进港提货等工作也极为不便，办理单证效率比较低下，灵活性不高。

(2)创新思路

基于港口生产智能化、信息化、灵活化的需求，移动服务能够给港口客户提供各项灵活方便的移动端查询服务，客户可以通过手机终端随时随地了解掌握港口的作业动态、进度，掌握码头货物和作业情况，了解货运市场动态，因此根据 PC 端服务内容，相应的推出移动端服务能够很好地提高服务质量，势在必行。

通过建立"一站式"客户服务平台，建立网站、微信、移动 App 多种途径的信息查询、实时发布机制，提供直观动态监控、业务统计、决策分析户端功能，推动股份公司集装箱一体化管理。移动端服务设计提供生产动态信息、关键指标数据等查询，同时支持消息的定制以及自动推送，可根据用户的需要，定制信息，并自动发送到指定邮箱或手机号。需求调研时并未提出具体需求，待内部系统运行后，根据需要再提出明确需求开发。

通过客户业务办理的线上化，简化业务流程、减少业务成本、优化业务流程、保障业务办理安全性、提升业务质量与效率、提高客户体验,最终实现广州港核心竞争力的提升。

(3)采取的具体措施(图2)

图2　采取的具体措施

①提供移动端信息查询、订阅服务,可以通过短信或者微信平台实现消息推送。

移动服务内容主要包括:箱货跟踪、在场箱查询、海关放行信息查询、船期查询、外集卡动态、VGM、拆装箱、放行信息等一系列查询和信息订阅服务(表3)。

移动端信息查询　　表3

序　　号	功能名称	功能简述
1	海图监控	手机版海图监控,查询船舶及定位
2	大船船期查询	查询各码头大船船期情况
3	驳船船期查询	查询各码头驳船船期
4	在场箱数据查询	查询堆场箱数据信息
5	箱动态查询	查询箱拆装箱、进出门、装卸船、装卸火车等各种作业动态
6	海关放行查询	海关放行信息明细查询
7	船舶泊位计划	查询各码头船舶泊位计划情况
8	生产消息定制推送	定时推送定制的生产消息

通过移动技术的应用,利用微信公众平台,使股份公司业务部对业务的监管管理脱离办公桌的限制,业务监管不再局限于空间和时间,随时随地都可以查看码头生产情况。另外,通过移动服务,实现重要的消息推送,改变当前消息途径单一的现状,业务部可以主动查询,也可以制定规则,每天提醒、推送消息,为业务部的业务监管提供了最便捷的管理工具。

②移动端业务办理。为用户提供了便捷的移动端业务办理方式,保证用户可以24小时进行单证办理,进一步提升了业务办理的便携性,提升用户体验(表4)。

移动端业务办理　　表4

序　　号	功能分类	主要功能
1	船舶类	船舶计划、昼夜计划、在港船舶、航线挂靠
2		船舶查询、船期申报、船舶规范申报
3	集装箱类	箱货跟踪、在场箱查询、查验放行、海关放行
4		箱货信息、在场空箱、在场箱汇总、CFS在港货物
5		进出闸查询、船舶装卸清单、船公司吞吐量、在场箱量、历史箱信息、委托单查询、港内拆装箱、查验结果
6	驳船类	微信绑定、驳船托运单、驳船主在线支付、散杂货系统
7	拖车类	拖车货物跟踪、车辆备案查询、路费减免、进港预约

③实现了通过第三方支付进行客户网上支付及退款的功能。客户服务系统主要通过银联进行支付及退款,同时也将预留支付宝、微信支付及退款的第三方支付功能。

5. 图形化监控技术

集装箱物流信息平台中实现了图形化监控方式与应用系统的融合。平台应用中,实现泊位及堆场图形化、AIS海图、港区视频转码接入、“互联网+”等技术与业务系统的全面融合,提供直观、形象、远程移动化的管理手段,促进管理提升(表5)。

图形化监控技术 表5

序号	功能名称	功能简述
1	堆场图形化	码头堆场(包含码头前沿)示意图展示
2	在场箱过滤	按照堆场类别过滤需要的箱区信息展示
3	视频接口	码头布局图直接调出指定位置视频监控

(1)问题描述

传统的作业操作模式无法对码头作业前沿堆场、岸桥布设位置、船舶实际位置等大型机械船舶等进行实时定位,对现场监管造成了较大的不便。港口管理者对前沿的图形化、堆场图形化、作业动态主要涉及船舶、泊位、桥吊、潮水的图形化显示,船舶作业监控、桥吊作业监控、泊位视频接入等有着比较大的需求。系统需要能自动显示各个码头的泊位使用情况、计划与实际开离靠船舶信息等。

(2)创新思路

通过图形化监控技术需要实现堆场图形化,包括码头前沿的图形化,同时实现堆场视频信号的接入。通过电子港区图部署港口热点的方式快速进入到相应码头的堆场布局图,图形直观展示港区内作业情况,包括进出门闸口、堆场、泊位信息。通过图形化绘制港区内集装箱箱区,展现堆场箱货摆放情况、泊位信息等,可单击箱区上相应的贝位,可展示贝位的集装箱展示,再单击集装箱可展示具体的货物信息及动态信息。图形化引擎还支持地图的放大、缩小、平移、全屏、测距等相关功能。通过图形化引擎绘制港区内码头堆场的视频设备分布情况,并与堆场图形化合并使用,可通过鼠标点击视频设备图标可调出实时的视频监控画面,并可通过单击上下左右不同按钮,实现对视频设备的云台操作等功能。

(3)创新实施

图形化是对生产实现全局、计时监控的主要方式。堆场图形化主要采用示意图的方式,将各个码头的堆场布局、泊位、闸口、在场箱、在港船等形象直观的展示。堆场视频接入到应用系统,在布局图可以直接调用打开。

①码头船舶作业情况显示:该模块使用图形化的方法,为使用者提供了码头泊位的当前使用情况、计划使用情况以及历史使用情况。用户可以在该窗口中,直观地了解每条船的计划开完工情况、计划靠泊泊位尺码、实际开完工情况、实际靠泊泊位尺码等。

②码头泊位缆桩显示:图形化显示码头缆桩信息,便于调度员指泊作业,考虑到泊位显示地方较小,可不显示缆桩尺码,用户鼠标移动上或点击缆桩图标时,显示其对应的尺码。

③码头潮水信息显示:图形化显示显示潮水图层,潮水图层位于船舶作业时间图层后,可使用较淡的颜色显示。

④显示桥吊维护信息:图形化显示桥吊维护信息,在指定泊位尺码与时间段的区域内画矩形框,使用紫色网格标示。

⑤码头桥吊作业状态监控:图形化显示码头所有桥吊信息(绿色表示正在作业,灰色表示停工,红色表示保养维修状态)。

⑥码头作业路情况:显示当前码头中的所有作业路的平均安排集卡数,同时显示桥吊台时量。

⑦驳船等泊信息显示:显示码头驳船等泊的情况信息,包括船名、航次、船代、预报时间、确报时间、

长度、等待时间、箱量情况、停工原因(停工原因为等待船期、等待泊位、船舶故障、海事原因等)。

⑧驳船实时作业进度:显示驳船实时作业进度(计划作业箱量、已完成箱量、未完成箱量)。如果不能按计划完成作业,需要提前预警。预警的方式需要与集团调度协商后,最后确定。

⑨码头泊位视频信息接入:在图形化泊位监控界面上,提供用户自由选择泊位相应视频信息显示的功能,弹出码头视频监控探头列表,用户可以在里面选择自己需要的监控画面。

三、实施效果

当前,港口信息化建设正处于从孤立封闭转向共享开放、从以政府推动为主转向政企合作推进的重要转型期,即将迈入全面联网、业务协同、智能应用的新阶段。然而,广州港周边配套企业信息化发展不平衡、不协调、不深入、不可持续等问题仍较为突出,资源共享难、互联互通难、业务协同难等问题仍然存在。

港口的功能从单纯的装卸作业发展到集装卸、仓储、集疏运、包装为一体,为客户提供更多增值服务的综合物流枢纽。而且,随着竞争的加剧、市场和客户需求的不断变化,港口企业的业务流程也必须不断改变以适应不断变化的市场。因此,港口必须提高疏运速度,缩减疏运流程的周期,进而提高港口资源使用效率,同时降低提货成本、提高港口的作业效率和服务质量。在港口物流迅猛发展的今天,如何在现代物流理念的指引下,把港口打造成具备物流供应链系统策划能力和物流管理能力的商品策划物流旗舰,是港口物流发展的重点。

通过开展互联网+港口物流智能服务示范工程,充分利用云计算、大数据、物联网、移动应用、人工智能等新一代技术,“连接一切、跨界融合”将持续催生广州港新模式、新业态,提升广州港生产要素,利用“互联网+”思维,对行业转型升级形成倒逼机制,搭建公共平台,大力推动互联网与行业融合创新发展,打造全新的广州港服务平台,更好地服务于广州国际航运物流枢纽,服务与珠三角区域经济的发展。

(一)社会效益

①根据《交通运输部关于开展智慧港口示范工程的通知》相关要求,主要从推进港口智慧物流建设、港口危险货物安全管理两个方向开展示范,本项目七大平台系统包含这两个方向的研究,符合交通运输部政策的要求。

②较好的社会、经济效益,服务国家“一带一路”倡议和自贸区战略,为企业“走出去”提供战略支点。运用信息技术,改善广州航运物流企业运营环境,促进港航物流企业转型升级。优化港航要素资源,为广州国际航运中心和国际航运枢纽建设提供核心载体。

③通过引领示范,发挥区域内龙头作用,带动港航物流领域深入应用信息技术,提供更全面更高的综合服务,加快资源整合,为粤港澳大湾区发展和广东港口资源整合提供基础,同时也为其他地区的智慧港口建设提供示范效应,推动整个行业的迅速发展。

④项目建设单位具备研发和推广应用港航“互联网+”、物联网、大数据等技术的良好条件,实施项目已具备实施条件,项目所需资金也已基本落实。

(二)服务与管理创新

1. 管理创新

集装箱物流平台的建设对集装箱码头的数据进行实时同步,并经标准转化形成集装箱业务数据中心,打破了长期以来集装箱业务存在的数据孤岛。在数据中心的基础上,根据管理层、决策层生产经营管理的实际需要,提供集装箱现场生产动态的实时查询、经营活动情况的统计分析,并通过码头堆场可视化、图形化等方式,将生产情况及经营趋势进行有效展现,满足生产业务管控需求。

在集装箱物流信息平台的应用中,实现泊位及堆场图形化、AIS 海图、港区视频转码接入、“互联网+”等技术与业务系统的全面融合,向管理者提供直观、形象、远程移动化的管理手段,促进管理提升。

2. 服务创新

用“互联网+”实现面向港口客户服务的创新:集装箱物流平台着力打造“互联网+”港口“广州港

网上营业厅”(online. gzport. com +微信公众号),建设面向客户提供一体化服务的广州港统一门户,结合网上电子收付平台,实现客户服务方式的全新改变。

广州港网上营业厅整合了集装箱和散杂货业务对外服务功能,提供统一服务入口。集装箱业务服务功能包含船舶申报、南沙港区拖车平台及放箱系统、集装箱客户服务系统等,散杂货业务服务功能包含散杂货网上营业厅(客户信息查询、网上办单及结算)、驳船疏运平台等。广州港网上营业厅实现的功能,为客户提供便利的港口信息服务,散杂货网上营业厅提供的网上办单功能可使货主足不出户即可完成港口业务的办理及完成结算;驳船疏运平台提供了驳船报到、水路运单网上办理和结算等功能,免去驳船代理及驳船主的往返船岸的交互成本,提升了码头的驳船计划效率;拖车平台提供的南沙高速路路桥费补贴功能,使南沙港区拖车企业便利享受政府及港口补贴,提升货主和拖车企业的黏合度;统一备案及进港预约功能,为拖车提供了南沙港区一体化服务;放箱系统提供的EIR打单功能,为南沙港区用户提供了便捷的在线打单功能,提供了多家船东的出口业务线上办理服务。

网上电子收付平台依据统一规划、节约资源、避免重复开发的原则建设,可实现与散杂货网上营业厅、拖车平台、放箱系统、拖轮调度系统、驳船疏运平台、水产电子商务等众多业务系统的无缝对接,已完成与散杂货网上营业厅的对接,实现支持跨行对公账户收付(网银收付、快捷收付、预存收付)、银行卡收付(网银收付、快捷收付)、第三方收付(收付宝、微信)等互联网收付方式。

面向信息化互联互通的数据开放共享创新:通过集装箱物流平台数据中心的建设,为股份公司通过统一的方式为监管单位的监管要求提供数据支持。2018年以来,为配合海关进一步压缩口岸通关时间、提高口岸查验效能、优化口岸营商环境等,数据公司与海关稳步推进关港信息方面的合作,主要有:广州港南沙港区集装箱物流信息监控平台、黄埔关港通平台、拖车进港预约与海关联动功能、南沙港区外贸出口业务“无纸化”、海关云防系统(正在二期试点实施)、运抵报告发送系统(正在南沙二期试点)。

华佳 Mos 智慧地铁大脑管理与创新

佳都新太科技股份有限公司

成果主要创造人:贾建平 陈朝晖

成果参与创造人:赵 刚 巫朝平 刘文娟 李 博 康鸿亮 吴达培
叶 阳 刘卓其 陈 讯 梁志宇

佳都新太科技股份有限公司(简称"佳都科技",PCITECH)创立于1992年,总部位于中国广州,在中国30多个区域设有分公司或办事处,员工超过2000人,拥有国际一流的科学家研发团队。佳都科技设立了佳都全球智能技术研究院和交通大脑研究院,拥有2个国家级联合实验室、1个国家企业技术中心、4个省级工程技术中心。2019年,佳都科技入选工信部"新一代人工智能产业创新重点任务的入围揭榜单位",并被授予智慧交通广东省新一代人工智能开放创新平台,获批建立广州市首批院士专家工作站。2020年,佳都科技再次入选工信部"大数据产业发展试点示范项目名单"。公司累计申请、获得国家发明专利、软件著作权超过800项。

公司坚持自主创新,专注于智能化技术和产品在智慧城市的应用。佳都科技设立了具有前瞻性技术产品研发体系的国家级企业技术中心和全球人工智能技术研究院,拥有1个国家级企业技术中心和2个省级工程技术中心,2个省级企业技术中心、省级安防重点实验室等研究机构,拥有40多种适用于城市公共安全和综合治理的各类应用平台,并和中国工程院、中山大学等科研院所紧密合作。公司30年来持续投入技术创新和产品研发,承担了科技部"云计算和大数据"专项等数十个国家及省部级重大科研项目。

2019年,佳都科技在轨道交通领域加大全国布局力度,新增2个城市案例,业务累计覆盖22个城市、62条地铁线路和1278个地铁站;在广州,先后中标了118亿元和29亿元广州地铁智能化项目订单,涵盖未来5年广州地铁的10条新线建设以及后续10~15年的整体运营服务,不仅为公司奠定业绩腾飞的基石,同时也将为轨道交通新一代智能化技术的应用提供重要"试验田"。公共安全业务稳扎稳打,聚焦高价值商机,拓展应急、海关等行业领域,业务层次进一步丰富;城市交通业务在一线和准一线城市落地试点,为未来的全国推广树立标杆。

一、实施背景

(一)行业背景

近年来我国城市轨道交通迎来了高速发展,作为城市发展的重要一环,轨道交通在缓解城市拥堵、改善城市环境、缓解资源压力、促进低碳经济的过程中发挥了重要作用。2019年末,全国城市轨道交通(不含有轨电车)运营线路达到6426.84公里,成为世界城市轨道交通大国。其中拥有地铁运营线路的城市38个,城市之多和线路之长都位居世界首位。到2020年末全国城市轨道交通运营线路预计7000多公里,2025年末将超过1万公里,2030年末接近1.5万公里。截至2020年6月,我国地铁运营线路规模、在建线路规模以及客流规模均已稳居全球第一,我国成为名副其实的"城轨大国"。在我国城市轨道交通系统大规模、高速度发展的形式下,如何实现从"城轨大国"到"城轨强国"的转化,推动现代信息技术、物联网、人工智能、大数据等技术在城市轨道交通行业的应用起着关键作用。在现有地铁业务中,各系统简单集成、烟囱建设,数据分散于各个子系统,形成了大量的信息孤岛。同时,由于大量采集的数据缺乏有效利用,数据无法转换为信息与知识,从而提高地铁运行安全性与效率,也难以做到各子系统实时、高效地智能联动。对此,利用大数据和人工智能技术,实施"智慧地铁"工程建设,将可以有效解决地铁系统信息孤岛难题、提升系统智能化程度。

(二)技术背景

21 世纪以来,信息通信技术创新与迭代演进速度不断加快,信息、生物、新能源、新材料等技术呈现显著的交叉融合趋势,这被广泛视为全球新一轮科技革命和产业变革的重要标志。在 2008 年全球金融危机之后,为加速经济复苏并进一步抢占新产业革命带来的发展机遇,欧美日等发达国家纷纷推出以制造业为主的刺激政策,推动信息技术与工业加快融合,其中工业互联网和工业 4.0 成为最具代表性的创新模式。

城市轨道交通作为满足城市居民出行的重要手段,是城市智慧交通体系的重要组成。近年来,我国城市轨道交通快速发展,为满足人民群众出行需求、优化城市结构布局、缓解城市交通拥堵、促进经济社会发展等发挥了越来越重要的作用。工业互联网在城市轨道交通虽然已有广泛的运用,但是依然存在很多不足,如数据的感知能力不足、对感知后数据的分析能力不足、对数据运用与展示能力不足、对场景化的联动能力不足,随着工业 4.0、工业互联网技术的发展浪潮,基于工业互联网技术的城市轨道交通系统,必将迎来新的一轮技术革新。华佳 Mos 作为新一代信息技术驱动下的智慧地铁应用平台,通过融合工业互联网、人工智能、大数据等技术,以工业 4.0 的建设内涵推动地铁业务系统智能化建设,这已经成为未来智慧城市发展的方向。

(三)研究意义

1. 对运营的意义

(1)实现地铁运营减员增效

华佳 Mos 智慧地铁大脑通过实现对地铁运营的智慧化、智能化和自动化,革新了传统运营手段,使得很多重复的工作原来需要人力完成的,都可由系统自动完成,大大降低传统运营的人力投入,从而减少运营人力成本。

(2)实现地铁运营节能减排

华佳 Mos 智慧地铁大脑利用边缘计算计算,可以实现对地铁运营环境的智能感知,从而适配各机电设备的运行模式,并自动根据环境调节机电设备运行模式,实现地铁的节能运行,另外通过对用电大数据的分析,及时发现异常用电情况,从而达到地铁节能的目的。

(3)打破数据孤岛、实现应用创新

华佳 Mos 智慧地铁大脑作为线路级生产数据的汇聚中心,打破了地铁各业务系统的"数据孤岛"。通过充分利用大数据技术,跨专业数据的有效整合和深度应用,实现多专业异构数据融合后的应用创新

(4)助力地铁全自动运行

通过华佳 Mos 智慧地铁大脑构建地铁行车服务保障体系,协同信号系统支撑列车全自动运行。全自动运行是基于现代计算机、通信、控制和系统集成等技术,由信号、车辆、综合监控、通信、站台门等与列车运行相关的设备组成,实现列车全过程的自动化运行。华佳 Mos 智慧地铁大脑作为链接地铁所有设备的基础支撑平台,基于工业互联网设计,通过数据中台、业务中台和 AI 中台的建设,使其具备更高的安全性、可靠性、可用性和可维护性。

(5)提升地铁运营安全

提高地铁运行的安全性,通过 AI、视频分析、大数据等技术的全景感知,系统能及时感知地铁内的人的行为、设备状态的变化、环境的变化,并分析可能的安全事件,一旦发生安全事件,系统根据事件类型启动对应的紧急预案,联动各系统、设备、安防、消防单位甚至警力进行安全事件的处置。

2. 对乘客的意义

(1)提升乘客出行服务体验

基于华佳 Mos 智慧地铁大脑,乘客乘坐地铁时可以通过客服机器人进行自助问询服务,可以通过站内导航寻找站内设备设施具体位置,乘客可以根据地铁 App 规划的选择最佳出行路劲。通过无感通行、刷脸过闸、智慧安检等服务,乘客可以享受最快捷、便利的智慧出行体验。

(2)提升乘客出行安全保障

华佳 Mos 全息感知技术,赋予地铁运营出色的安全感知能力,使得地铁内的安全事件能及时被发现。通过华佳 Mos 的智能管控能力,使得被发现的安全事件能及时地通过多种途径被传递给管理人员和乘客。而精确的场景联动能力,使得各种安全事件能被作出正确、及时的处置,从而保障了乘客的出行安全。

二、成果内涵和主要做法

(一)成果简介

华佳 Mos 智慧地铁大脑基于 CPS 技术体系,广泛运用大数据、云计算、人工智能、物联网、5G 等新兴信息技术,搭建支持迭代开发、知识积累、生态开放的智慧城轨运行平台,打破各专业系统竖井式建设导致的困境,实现城轨智能运行系统资源融合、数据融合、技术融合、知识融合,进而实现业务融合。

华佳 Mos 智慧地铁大脑定位于成为开放、可持续发展的智慧城市轨道交通(简称"城轨")的"操作系统"和大脑,城轨数字化转型的数字和技术底座,赋能城轨智慧运营和"两化"融合的工业互联网平台。

其基于 CPS 技术体系为城轨智慧运营构建一套赛博空间与物理空间之间基于数据自动流动的状态感知、实时分析、科学决策、精准执行的闭环赋能体系。

智慧城轨以前端感知与执行为核心,辅以智能视觉、智能传感技术,实现对城市轨道交通运营的全面感知,提升感知能力;以数据融合为手段,利用云计算、大数据、人工智能等对感知信息进行智能处理和挖掘分析,对运营、运维、乘客服务、安全、管理作出智能化决策,进而实现精准执行和智能化响应,实现数据驱动的运营生产和运营能效的提升,达到分析精准、效率提升、决策科学、管理精细的目的;以业务融合为抓手,通过流程化、智能化、平台化,搭建智能高效的运营管控体系;以工业互联网为支撑,完善智慧运营系统框架,建成全息感知、实时分析、科学决策、精准执行、业务智能联动的智慧运营管理系统,并实现生产系统与管理系统联动。最终实现更安全的运营、更优质的服务、更高效的管理和更优质的绩效。

智慧城轨的建设是一个长期、持续的过程。华佳 Mos 智慧地铁大脑并不是提供一套单一的城轨业务系统的建设方案,而是基于智慧城市轨道交通建设的大背景,提供一套可靠的、通用的、开放的、支持可迭代开发和应用创新的智慧城轨建设框架和基座,也就是操作系统(图 1)。

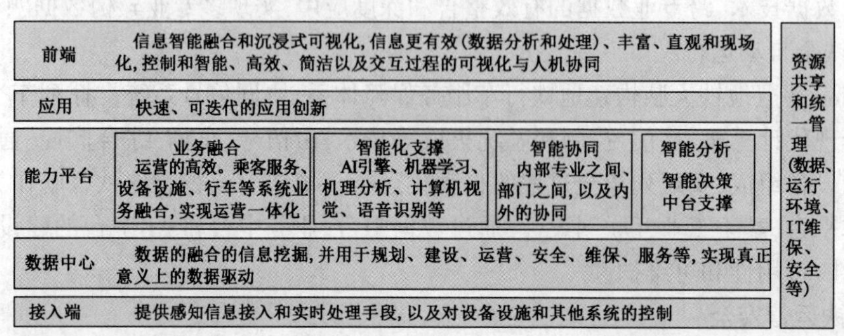

图 1 华佳 Mos 智慧轨道交通架构和解决之道

华佳 Mos 智慧地铁大脑通过开放式架构和积木式框架,形成开放、多方参与、各施其能的可循序渐进的智慧城市轨道交通的协作共赢的开发生态,支持产业创新和孵化。其完全基于开放的技术和架构设计,以此为基础搭建国产化或本地化的产业生态圈,可以实现智慧城轨信息系统的完全国产化或本地化。

华佳 Mos 智慧地铁大脑也带来城轨信息系统运营模式的变化。由传统车站—线路两层管理,向车站—线路—线网,甚至更高层次(如区域轨道交通甚至综合交通)的数据融合和业务协同,形成点、线、面的智慧轨交整体方案演绎,由单专业和系统分设,向跨专业、业务融合演绎,由生产、管理、建设等分立,向全面融合演绎,并形成来自各业务部分的数据、知识滋养平台能力、平台能力又反哺各业务部分这样一个自主进化循环,最终实现运营模式从被动、局部、粗放、低效、事后处理转向主动、整体、精准、高效、事前处理进行转变。

(二)成果内涵

1. 基于边缘计算的全息感知技术

通过边缘计算技术实现对车站的全景的感知能力,包括人员感知、设备感知、环境感知、事件感知、外部感知五大感知。通过全景感知,车站就具有了类似人的感受能力。

2. 基于全时空全场景的智慧地铁场景管控技术

主要建设内容包括:运营管理综合看板、设备数字巡检、全景监视、场景化的车站管理、数字施工监管、应急预案、车站视频巡检、客运联控、自动化运营、车站微观客流热力图、移动站务、安全管理等。

3. 基于数字孪生的设备智能运维技术

通过智能运维技术手段促使传统的故障修到状态修的转变、人工现场巡检到虚拟远程巡检的转变,极大的提升设备运维工作的效率和主动性。

4. 基于云平台的 CPS 架构技术

基于 CPS 架构体系的设计,通过自感知、自记忆、自认知、自决策、自进化以及智能支持实现地铁运营的全面智能化。

5. 基于深度学习的客流预测技术

针对客流大数据运用深度学习技术,并建立各种预测模型,为地铁运营的行车密度、客控管理等工作提供有效的数据支撑,同时也为乘客出行提供建议方案。

6. 基于智能视频分析、人行轨迹挖掘的智能安防技术

通过对视频的智能分析,提供行为布控、特征布控、堵点布控、阈值布控等功能,基于视频挖掘实现特定人员站内视频轨迹分析。

7. 基于机器学习、大数据分析的主动进化技术

广泛应用人工智能、大数据技术,实现对车站乘客高质量自助服务于车站精细化自动管理(图 2)。

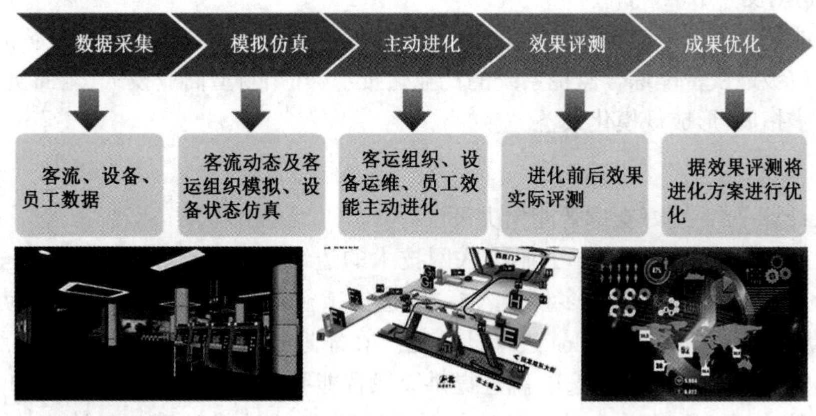

图 2　主动进化示意图

(三)主要做法

1. 目标

华佳 Mos 智慧地铁大脑的建设目标,包括以下内容:

①构建一个开放的、可持续迭代开发的智慧城轨操作系统及开发生态。智慧城轨对全面融合(数据融合、能力融合、业务融合)提出了更高要求,传统的业务系统建设模式从高度和广度都无法适应,因此,一套类似于操作系统的智慧城轨"操作系统"就成为必然选择。通过"操作系统",实现资源统一管理、能力可共享并可持续发展、开发生态的以共同打造能力和应用。

②构建一个协同开发的支持地铁生产的中台,能力沉淀赋能前台业务应用。通过把数据能力、技术能力、业务能力、知识积累等沉淀到平台层,打造"大平台"架构,基于平台层的前端业务应用开发更灵活。借助平台化可以实现业务的协同,更好地为业务创新赋能,进行全链路、端到端的整合服务。

③构建一个资源共享和业务融合的运行平台。资源共享已经成为共识,而基于资源共享去深化业务融合,则是智慧城轨需求背景下,新时代城轨信息化建设的目标之一。

④构建一个数据融合和支持信息深度挖掘的数据平台。海量多源异构数据的采集、汇聚、分析,是智慧城轨的基础。

⑤构建一个支持"两化"融合的工业互联网平台。

⑥构建一个支持知识、技术积累以支撑业务应用和业务创新的技术平台。

⑦构建一个支持泛在连接的数据接入平台。

⑧构建一个基于 CPS 的 5C 架构的智能生产平台。

2. 整体思路

(1)前期准备

梳理城市轨道交通与综合监控系统相关理论内涵与发展趋势,从人工智能技术、视频大数据等技术视角,深入调研与分析当代地铁综合监控系统的产业化需求与市场前景。

(2)技术攻关与产品研发

基于已有的平台研发成果和计算机视觉等人工智能领域的技术积累,攻关全息感知、CPS 架构、客流预测等技术,重点基于边缘计算的全系感知技术、基于全时空全场景的智慧地铁场景管控技术、基于数字孪生的设备智能运维技术、基于云平台的 CPS 架构技术等人工智能核心技术。

(3)智能综合监控系统产品创新与系统集成

基于上述市场调研与技术研发成果,以综合监控应用与人工智能技术应用作为建设重点,建立起各种计算机视觉技术、神经网络技术、大数据智能分析技术等为核心的地铁综合监控业务系统。

(4)项目产业化及应用推广

基于人工智能技术的发展趋势,继承部分传统产品与系统,集成新技术与设备、智能服务产品,进行国家级、省级、城市级地铁智能综合监控系统的产业化推广,开拓新型商业模式,全面实现只能综合监控系统市场的进一步拓展,形成规模化效益。

3. 实施方案

1)采用边缘计算平台,更好支撑智能化决策

华佳 Mos 智慧地铁大脑采用基于工业物联网技术的边缘计算平台,其主要包括全息感知(人、设备、环境)与各专业的数据接入;支持多种接入标准,包括工业协议、IoT 协议等;全自动的车站管理、智能巡视、智能联动、智能分析。华佳 Mos 边缘计算通过在靠近物或数据源头的网络边缘侧,融合网络、计算、存储、应用核心能力的分布式架构,就近提供边缘智能服务。华佳 Mos 智慧地铁大脑采用基于云平台的 CPS 架构技术,通过云平台与边缘计算的融合协同,放大边缘计算与云计算的应用价值。边缘计算平台利用智能传感技术、视频分析(AI)技术等感知技术,实现车站内部、外部"人、机、环"的全方位

动态感知。边缘计算既接近执行单元,又是云平台数据的采集和初步处理单元。云平台通过大数据分析优化输出的业务规则或模型,下发至边缘层,边缘计算基于新的业务规则或模型运行,以更好地支撑本地业务的实时智能化决策与执行。

(1)边云协同实现方案

边缘计算不是单一的部件,也不是单一的层次,而是涉及 EC-laaS、EC-PaaS、EC-SaaS 的端到端开放平台。边云协同的能力与内涵涉及 laaS、PaaS、SaaS 各层面的全面协同,主要包括六种协同:资源协同、数据协同、智能协同、应用管理协同、业务管理协同、服务协同(图 3)。

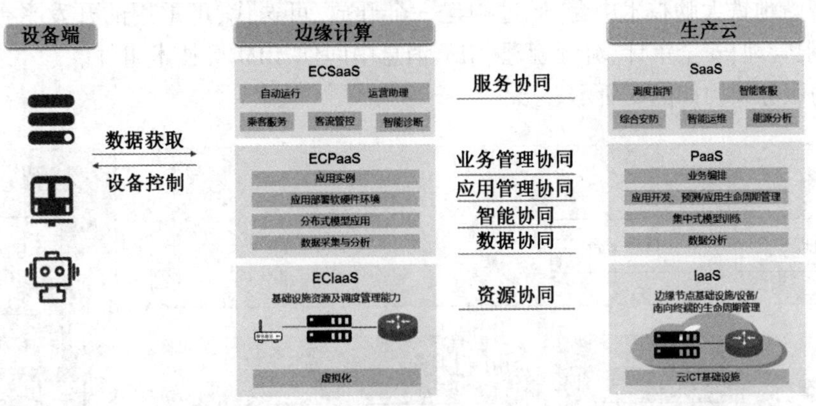

图 3　边云协同示意图

边缘云计算的统一协同能力包括统一控制管理、管控通道的高可用和稳定性、业务调度协同、大数据处理协同、云边一体化安全能力和统一开放的服务接口。

边缘云计算的服务能力包括:边缘云计算基础设施服务,如计算、存储、网络、加速器等;边缘云计算平台服务,如容器服务、大数据服务、人工智能服务、vCDN、即时通信服务 RTC、视频 AI、音视频通信等。

(2)边缘技术总体框架

边缘计算平台架构基于模型驱动的工程方法设计。基于模型将物理和数字世界的知识模型化,以实现物理世界和数字世界的协作,跨产业的生态协作,减少系统异构性、简化跨平台移植,支撑系统的全生命周期活动(图 4)。

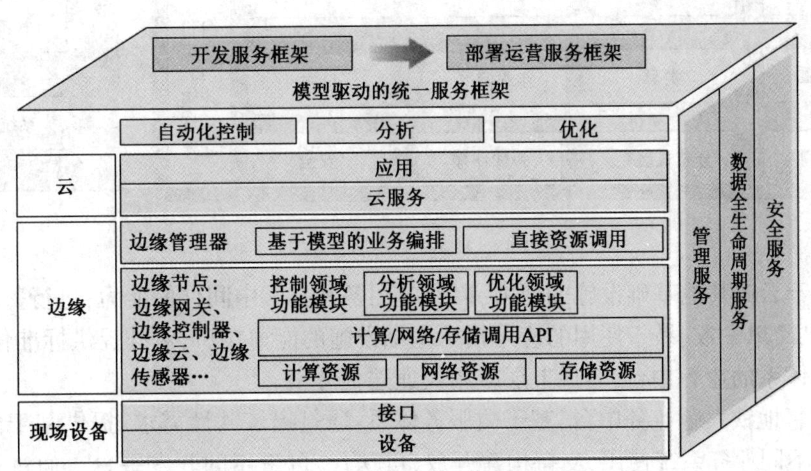

图 4　华佳 Mos 智慧地铁大脑边缘计算平台架构

总体分为云、边缘和现场三层,边缘计算位于云和现场层之间,边缘层向下支持各种现场设备的接入,向上可以与云端对接;边缘层包括边缘节点和边缘管理器两个主要部分。边缘节点是硬件实体,是承载边缘计算业务的核心。边缘计算节点根据业务侧重点和硬件特点不同,包括以网络协议处理和转换为重点的边缘网关、以支持实时闭环控制业务为重点的边缘控制器、以大规模数据处理为重点的边缘云、以低功耗信息采集和处理为重点的边缘传感器等。边缘管理器的呈现核心是软件,主要功能是对边缘节点进行统一的管理。

边缘计算节点一般具有计算、网络和存储资源,边缘计算系统对资源的使用有两种方式:第一,直接将计算、网络和存储资源进行封装,提供调用接口,边缘管理器以代码下载、网络策略配置和数据库操作等方式使用边缘节点资源;第二,进一步将边缘节点的资源按功能领域封装成功能模块,边缘管理器通过模型驱动的业务编排的方式组合和调用功能模块,实现边缘计算业务的一体化开发和敏捷部署。

2)构建开放的技术中台,提供标准化的技术应用

华佳 Mos 智慧地铁大脑技术中台,通过构建一个开放、可迭代、可重用的开发平台,为应用开发提供安全管理、权限管理、安全审计、流程管理、GIS、消息中间件、BIM 等技术组件。

技术中台的服务架构如图 5 所示。

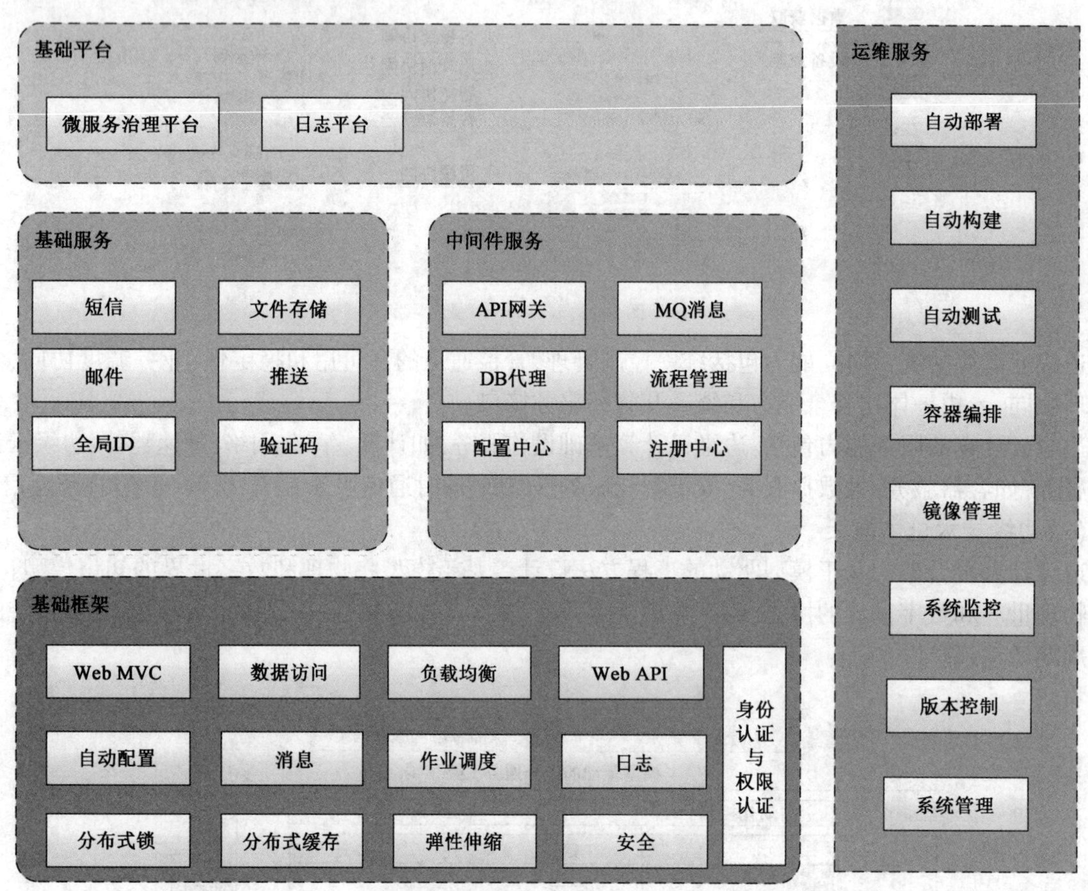

图 5　技术中台的服务架构

技术中台基于云或其他基础设施的能力,以及应用各种技术中间件的能力,进行整合和包装。过滤掉技术细节,提供简单一致、易于使用的应用技术基础设施的能力接口,对外提供标准化的技术应用。

3)基于微服体系的业务中台,实现上层应用快速迭代开发

华佳 Mos 智慧地铁大脑业务中台,基于微服务体系,通过提炼共性需求、提供基于微服务的业务服务组件给前端和不同业务系统使用,支持构建开放、可迭代、可重用的开发平台。通过业务中台实现各业务板块之间的融合、协同,确保关键业务链路的稳定和高效。业务中台实现了后端业务资源到前台易用能力的转化。通过抽象地铁系统各条业务线,把共用服务抽象出来共享,不限于专业、用户等基础模块服务,还包括具体业务的抽象。上层业务通过抽象并以微服务的形式实现,避免重复投入资源。

业务中台通过构建设备中心、乘客服务中心、行车组织中心、调度指挥中心、车站管理中心、运营维护中心、安全保障及应急处置,完成对上层应用的支撑。业务中台通过与已建立的对应主体库、专

题库等进行联动，对上层应用开放数据调用、数据控制、二次开发等接口，实现上层应用的快速迭代开发。

(1)乘客服务中心

该模块需做到开放、数据共享，提供标准 API 接口、软件编程接口等，并根据采集信息情况提供与乘客服务类相关上层业务功能开发所需的数据服务。

乘客服务中心基于大数据综合应用采集互联网电子票务的乘客身份、路径、交易等相关的信息。基于生物特征识别票务的乘客身份、路径、交易等相关的信息。采集区域间联乘信息。采集线下车站现场票务自助处理服务的服务数据、人员数据等。采集线上票务自助处理服务的服务数据、人员数据等。采集票务系统深度挖掘的数据。采集后台网络化集中式乘客服务的乘客服务数据等。采集现场自助"一站式"乘客服务的乘客服务数据等。根据乘客服务相关信息，进行服务类 KPI 指标计算，对服务质量有效监控提供数据服务。

(2)行车组织中心

该模块需做到开放、数据共享，提供标准 API 接口、软件编程接口等，并根据采集信息情况提供与行车组织类相关上层业务功能开发所需的数据服务。

行车组织中心结合清分、安检、CCTV 等的客流相关数据进行客流预测，实现线网客流滚动预测。根据车辆、视频等信息，对列车内客流进行实时监测和预警。根据视频等信息，对站内客流进行实时监测和预警。根据采集的客流相关数据情况，提供预测数据及相关数据，为行车间隔实时调整功能提供数据服务。

行车组织中心根据大数据采集信息的情况，为行车交路动态调整提供数据服务，为快慢线运行提供数据服务，为区域内开行跨线运行提供数据服务，为 24 小时运营提供数据服务，为 GOA2 功能场景提供数据服务，为 GOA3 功能场景提供数据服务，为 GOA4 功能场景提供数据服务。

(3)车站管理中心

该模块需做到开放、数据共享，提供标准 API 接口、软件编程接口等，并根据采集的信息情况提供与车站管理类相关上层业务功能开发所需的数据服务。

车站管理中心基于采集到的视频、客服、安检、公安黑名单、门禁、AFC 等人员行为数据，为人员行为智能监管提供数据服务。通过采集设备的历史状态、故障等信息，为设备安全智能监管提供数据服务。通过采集环境相关信息，为环境安全智能监管提供数据服务，为智能环境控制提供数据服务和环境参数值优化建议。

车站管理中心根据采集的客流数据情况和视频系统提供的局部热力数据，为车站流线仿真提供数据服务。根据采集的线网客流相关数据情况，提供预测数据及相关数据，提供线网拥堵诱导建议。根据采集的设备信息情况，为设备集成化管理提供数据服务。根据采集的设备信息情况，为区域集成化管理提供数据服务。根据采集的信息情况，为站务移动化运作提供数据服务。

车站管理中心通过采集设备信息、CCTV 调用、移动报送等数据，为车站自动化巡视提供数据服务。通过采集门禁监控和授权管理信息，为门禁智能化管理提供数据服务。通过采集电子化应急处置预案、流程等信息，为办公无纸化运作提供数据服务。

(4)安全保障及应急处置

该模块需做到开放、数据共享，提供标准 API 接口、软件编程接口等，并根据采集的信息情况提供与安全保障及应急处置类相关上层业务功能开发所需的数据服务。

基于采集安检相关信息，为网络化安检信息集成提供数据服务，为集中判图提供数据服务，为智能判图提供数据服务，为人物分检提供数据服务。

通过采集视频、安检、安防、AFC 等安全类相关信息，为安防信息集成及管理提供数据服务。通过采集视频相关数据，为全覆盖智能化视频监控提供数据服务。采集地保智能巡检相关数据，为地保智能巡检提供数据服务。基于采集的地铁运行环境智能监测相关数据，为地铁运行环境智能监测提供数据服务。通过采集相关消防数据,为智能化消防安全管理提供数据服务。通过采集重要设备故障及灾害、阻塞等事故报警和自然灾害、社会安全事件、大型公务活动等信息,为智能应急监测及预测提供数据服务。采集突发事件风险等信息,为智能灾情研判提供数据服务。基于应急资源、应急处置等信息,为应急处置提供数据服务。

4)基于人工智能技术的AI中台,真正落地业务应用

AI中台大量使用人工智能技术,广泛采用视频分析、设备智能化、乘客服务、预测/预警(客流、事件、故障)、指挥调度与决策、应急指挥与处理、设备全生命周期管理的故障预测和诊断。AI中台是一个一站式机器学习服务平台,为用户提供从数据预处理、模型构建、模型训练、模型评估、模型部署的全流程开发及部署支持。平台内置丰富的算法组件,支持多种算法框架,配合以拖拽式的图形化操作界面,使用户无须机器学习相关背景也可通过机器学习挖掘数据价值,让机器学习技术真正落地于业务应用。

AI中台定位为企业级机器学习算法与模型的构建、训练、运行、发布、共享平台,为各企业的机器学习模型构建提供环境支撑。

AI平台是面向数据挖掘和机器学习的数据洞察建模工具。平台使用JAVA语言开发,采用B/S结构,用户不需要下载客户端,可通过浏览器进行访问。用户可在没有Python编程基础的情况下,通过拖拽的方式进行操作,将数据输入输出、数据预处理、挖掘建模、模型评估等环节通过流程化的方式进行连接。

AI中台的架构如图6所示。

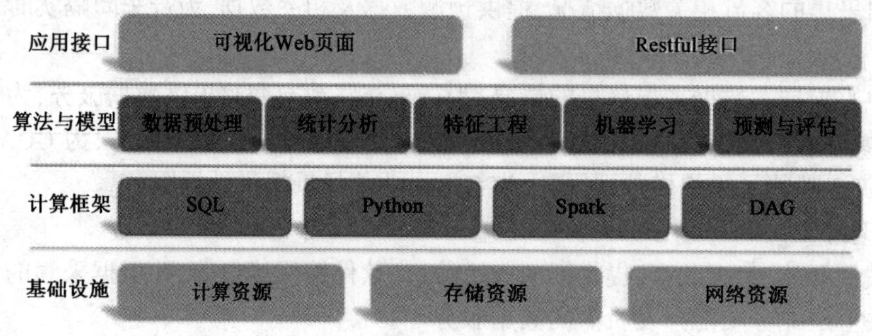

图6　AI中台的架构

(1)基础设施层

提供各种硬件资源,如计算资源、存储资源、网络资源。

(2)计算框架层

提供SQL、Python、DAG等计算方式,分布式计算架构主要执行并行化计算分发任务。

(3)算法与模型层

提供数据预处理、统计分析、特征工程、机器学习、预测与评估等基本组件。

(4)应用接口层

提供可视化WEB页面和Restful接口。

5)可迭代开发和业务智慧应用创新的开放生态

华佳Mos智慧地铁大脑基于工业互联网体系架构的设计为地铁OT和IT的连通、地铁企业和上下游企业数据和连接打通、设备设施的全生命周期管理和智能运维等提供了基础。基于CPS架构体系的设计,产生与实际设备、系统、人、运营环境等深度融合、实时交互、互相更新的具有多维度属性的系统虚拟运营模型。基于华佳Mos智慧地铁大脑微服务架构的设计,打造了一个支持可迭代开发和业务智慧应用创新的开放生态。

(1)智慧车站

面向车站站长、站务、乘务以及乘客提供全景监视、场景管控、客流预警、电子导引等功能。

(2)智能运维

面向地铁运营维护人员提供设备全生命周期管理、故障回溯、健康评估、维修管理、数字孪生等

功能。

(3)综合安防

面向地铁运营人员提供三景融合、视频巡检、人脸布控、行为分析等功能。

(4)应急指挥

基于全息感知能力对应急事件做到事前预警、事中智能预案处理和全程可视化监控、事后分析评估以及改进。当发生应急事件后,通过预案管理器可以快速切换到相应的预案界面,实现对应急事件的智能处理。

(5)乘客服务

面向乘客提供无感过闸、语音购票、电子导引、乘客画像、智能客服等功能。

实现方案如下:

①乘客服务。

基于智慧新车站的建设,充分利用地铁大数据和社会大数据实现乘客画像,利用“画像”信息向乘客提供“线上+线下”的增值服务,站内提供丰富的资讯信息服务,提供多元的支付手段,线上提供功能强大的手机 App 进行信息推送服务,在生活维度打造地铁车站服务大商圈,吸引更多商家入驻,面向乘客提供商业、餐饮、景点、购物等增值管理。

乘客增值服务包含生活增值服务、车站 TOD、地铁智慧商圈、线下新零售、线上营销和大数据应用。

②智能运维。

列车智能运维包含单车状态监测、单车部件监测、全网车辆监测、故障预测、故障回溯、故障原因分析、故障统计分析、设备管理、生命周期管理。

系统应能提供路网级、线路级、单车辆故障报警信息、基本信息及设备相应位置信息,具备规则引擎的预警信息。基于地图的路线、车辆信息,实时展示列车移动,根据列车实时速度在地图上展示列车实时运行方向与轨迹,点击列车时可以显示列车编号、车速、网压、下一站等信息,并提供可视化的检修管理流程。同时,系统还可通过短信、邮件、微信等方式进行工单下发。支持知识库管理,提供检修指导功能。系统应提供故障管理功能。包含故障历史查询、故障状态回溯、规则引擎(原有规则优化、可视化新增规则)、隐患挖掘和机器视觉几方面。

系统应能提供检修计划管理功能。通过设置计划进行自动提示,并根据检修过程数据,动态调整检修计划;通过检修工单等维护过程信息,预测备品备件最低库存;对接备品备件系统,可进行最低备品备件库存提示。

系统应可根据维修工单、跟踪更换部件、维修指导文件等自动生成知识,以及手动录入或导入方式进行知识图谱的建立,从而使系统做到从感知计算到达认知计算的智能升级。依据可靠度计算,对车辆—系统—部件进行寿命预测,提供检修部件寿命到期建议。系统可建立车辆电子履历档案,根据工单进行履历更新,提供车辆健康度评估为运营管理部门综合输出多维度的运力及运能情况。

系统应根据检修工单、更换件跟踪单等进行人员、时效、工具磨损、更换备件等进行综合成本评估计算,输出本年度的成本及预测下一年度成本。

系统统应能提供两种故障分析报表:一种为基于固定统计方法的报表,另一种为根据需求支持自定义统计维度的报表。固定统计方法的报表,通过定制开发,将报表预置于系统中,直接使用。自定义统计维度的报表,基于 FineBI 等成熟报表系统,提供自定义界面,由使用者灵活定义报表。可按照线路、车型、车号、系统、部件、供应商、时间等多个维度报表呈现。

③乘客服务新应用。

根据当前及预测的未来短期地铁线路段拥挤度,结合乘客提供的起终点信息提供相应的线路段拥挤信息,同时支持推送地铁线网中拥挤度较高的线路段,建议乘客修改换乘方案以规避过度拥挤的线路段。

根据当前及预测的未来地铁线路段拥挤度,提供个性化的延迟出行建议方便乘客规避客流量高峰时段。

收集服务热线、媒体、公众等投诉建议,汇总投诉情况,按有责、无责分析投诉,并输出建议规整,形成按类别、按责任部门、责任人,考核关联,整改任务下发,巡视巡检。通过大数据技术进一步挖掘官网、App、服务监督热线、窗口等部分服务质量监督和考核。

汇聚车辆、视频、乘客轨迹、客流、行车、客服等数据,采用大数据多维关联技术,如提供客流提醒、出行路径建议、躲避拥堵建议、车站拥挤度、车厢拥挤度、车厢温度等智能温馨的服务建议。为乘客提供更舒心、精准、人性化的服务,提高乘客出行的品质和舒适度。

④客流分析新应用。

通过对进站量、出站量、换乘量、客运量、断面客流量、区间满载率等数据采集,利用精细化清分系统数据,实现对线网、线路、区间、车站的客流指标的实时监测,并通过图示展示,实时客流监测界面包含线网图展示、线路图展示、区间图展示、车站图展示4个功能。

城市轨道交通客流是随着时间、日期、季节以及地区的变化而动态变化的,这种变化是城市社会经济活动和生活方式以及交通系统本身特征的反映。通常,城市轨道交通客流具有不均衡性和随机性。不均衡性主要体现在早晚高峰以及城市功能区的分布上,而随机性主要是大型集会、节假日等引起的客流变化。

通过采集汇总地铁系统当前多种数据源,利用实时客流预测模型和算法计算涵盖线网、线路、区间、车站的客流指标,包含进站量、出站量、换乘量、客运量、断面客流量、区间满载率,实现对网络中客流分布的实时监测。预测未来5m/30m/1h/1d的网络中客流分布数据。

客流预测对于城市轨道交通是非常重要的,做好客流预测,不仅是合理的线网规划的基础,还是运营管理和行车组织的重要依据。面对海量的跟客流相关的数据,大数据技术能够进行有效挖掘,获取关键信息,然后迅速且较准确地找出其内部规律,分析城市轨道交通客流的变化趋势,给出未来年的客流,即可帮助规划、运营人员做出相应决策。

4. 创新组织机构和支撑条件

佳都科技创新中心由创新技术研发中心、应用技术研发中心、研发测试中心和行政管理中心4个一级中心组成。

创新技术研发中心主要从事基础前沿技术研究,主要包括云计算、大数据挖掘、云视链、关系分析等新兴技术和产品的研发工作,并且承担公司新兴业务系统和产品的研究和合作。

轨道交通研发中心主要从轨道交通行业的自动售检票系统、屏蔽门系统、综合监控系统、视频综合监控系统四大系统的研发工作,并且承担交通行业移动支付产品的研发。

同时,佳都科技设立了全球人工智能技术研究院和交通大脑研究院,建设或参与建设2个国家联合实验室、1个国家企业技术中心、2个省级工程技术中心,承担了数十个国家及省部级重大科研项目,累计申请国家发明专利、软件著作权超过800项。

三、实施效果

(一)经济效益分析

截至2020年6月,华佳Mos智慧地铁大脑,除了在广州智慧地铁示范站应用外,已广泛应用于广州地铁十四号线一期、广州地铁知识城支线、广州地铁二十一号线、佛山二号线、广州八号线北延段等项目中。

广州地铁十四号线一期,项目合同额约6930.8万元。全线设13座车站、1座车辆段、1座停车场、3座主变电站、9座区间变电所。集成9个子系统,互联10个子系统;车站间距离长,区间变电所较多;支持快慢车运营模式;与知识城支线共用一套ISCS,十四号线一期及知识城支线的规模约55万点。

广州地铁知识城支线,项目合同额约2778.5万元。全线设9座车站、1个停车场、1座主变电站。集成8个子系统,互联10个子系统;新增供电运行安全管理(五防)、集中UPS、杂散电流、蓄电池在线均衡系统接口功能;同时实现了车辆信息管理功能。

广州地铁二十一号线,项目合同额约 9323.6 万元。全线设 21 座车站、1 座车辆段、2 座停车场、3 座主变电站、6 座区间变电所。集成 8 个子系统,互联 10 个子系统;系统规模约 50 万点;支持快慢车、大小交路混跑的运营模式。该线已于 2019 年 12 月 20 日全线开通运营。

佛山地铁二号线,项目合同额约 5448.8 万元。佛山 2 号线整体呈东西走向,一期工程西起南庄站,东至广州南站,共设 17 座车站、1 座车辆段、1 座停车场、1 座主变电站。系统规模约 47 万点。

广州地铁八号线北延段,项目合同额约 8198.1 万元。广州八号线北延线从北部的白云湖站,经亭岗站、石井站、小坪站、石潭站、聚龙站,止于凤凰新村站,共设 15 座车站和 1 座车辆段(白云湖)。该线已于 2019 年 12 月 28 日开通运营。

除已投入使用的线路外,2019 年 1 月底,新科佳都中标广州市轨道交通十一号线及十三五新线车站设备及运维服务采购项目,中标金额高达人民币 118.89 亿元。项目建设期间为 2019—2023 年,线路全长 279.3 公里,覆盖站点 140 个,建设内容包括综合监控、自动售检票、站台门、车站设备监控等多项智能化系统和设备。根据总体设计规划,华佳 Mos 智慧地铁大脑作为支撑智慧地铁的新一代应用系统,将全面应用于广州地铁十三五项目中(表 1)。

广州地铁十三五项目建设规划 表 1

线　路	建设周期(年)	线路长度(公里)	车站数量(站)
三号线东延线	2019—2022	9.55	4
五号线东延线	2018—2022	9.8	6
七号线二期	2018—2022	21.9	11
十号线	2018—2023	19.15	14
十一号线	2017—2022	44.1	32
十二号线	2018—2023	37.6	25
十三号线二期	2017—2022	33.5	23
十四号线二期	2018—2022	11.9	8
十八号线	首通段:万顷沙至冼村 2017—2020	61.3	9
	后通段:冼村至广州东站 2018—2022		
二十二号线	首通段:番禺广场至陈头岗 2017—2020	30.5	8
	后通段:陈头岗至白鹅潭 2018—2022		

(二)社会效益分析

1. 乘客服务更加精准便捷

乘客乘坐地铁可以通过客服机器人进行自助问询服务,可以通过站内导航寻找站内设备设施具体位置,乘客可以根据 App 规划的选择最佳出行路径,通过无感同行、刷脸支付、智慧安检乘客可以享受最快捷、便利的乘车服务。

2. 地铁运行的安全性提升

通过 AI、视频分析、大数据等技术的全景感知,系统能及时感知地铁内的人的行为、设备状态的变化、环境的变化,并分析可能的安全事件,一旦发生安全事件,系统根据事件类型启动对应的紧急预案,联动各系统、设备、安防、消防单位甚至警力进行安全事件的处置。

3. 促进城市轨道交通行业智慧化

通过华佳 Mos 智慧地铁大脑的逐步推广和普及使用,在整个行业中起到带头和示范作用,带动全国城市轨道交通行业的智慧化发展。

4. 促进社会科技的进步

智慧地铁广泛应用了当代最先进的物联网、大数据、人工智能、视频分析等前沿技术,一方面先进的信息技术促使了地铁智慧化的程度,另一方面先进技术在智慧地铁的运用和实践,也反向推动了新型信息技术的实际运用和整个信息科技行业的进步。

5. 促使行业人才结构的升级

传统的地铁运营人员较多,需重复执行同类工作。智慧地铁的运用使得部分工作可以实现自动化、无人化,可以减少地铁基础性、重复性工作人员的数量,同时对智慧地铁相关产品的开发、运用的新型人才要求越来越多,最终实现轨道交通行业的人才结构向科技型人才转变。

党建引领用"心"擦亮爱国品牌

广东虎门大桥有限公司

成果主要创造人:郭业权　涂常卫

成果参与创造人:黄先泉　姚跃凯　文方针　屈　正　邱绿梅　李会强
李　辉　吴沛贤　黄　璜

虎门大桥作为改革开放的重要产物,位于粤港澳大湾区核心地带,东连东莞市虎门镇,西通广州市南沙区,是珠江三角洲高速公路网的重要组成部分,是沟通珠江出海口两岸的粤东与粤西、深圳与珠海两个经济特区的大型跨江悬索桥,是贯穿深圳、珠海、香港、澳门的咽喉要道,对广东省的经济发展和粤港澳大湾区的腾飞有着十分重要的意义。

虎门大桥是我国自行设计建造的第一座特大型大跨径悬索桥,被誉为"中国第一跨"。虎门大桥全长15.76公里,共有桥梁29座,其中特大桥3座、大桥20座、中桥6座,桥梁总长9.92公里,短隧道3座,总长1065米,主桥长4.6公里,引道长11.16公里,桥面双向六车道,设计昼夜通车量为8万标准小客车。大桥主跨为888米的钢箱梁悬索桥,净空高度60米,桥下可通行10万吨级海轮。其悬索桥部分均采用钢箱焊接,共用钢材2万多吨。桥的主缆长16.4公里,每根主缆由13970根直径为5.2毫米的镀锌高强钢丝组成。如果将两根主缆的钢丝拉成一条钢绳,足可绕地球一圈。

虎门大桥工程于1992年5月27日奠基,同年10月28日开工,1997年6月9日正式通车,1999年4月20日通过竣工验收。广东虎门大桥有限公司(简称"虎门大桥公司")是大桥的投资建设单位和经营管理单位,注册资本27390万元,是港澳台与境内合作的有限责任公司,由新粤虎门有限公司、越秀(中国)交通基建投资有限公司、广东省公路建设有限公司、广州市穗桥发展有限公司、广州市番禺交通建设投资有限公司、东莞发展控股股份有限公司6家股东出资组成。

虎门大桥的建成,填补了国内大跨径钢箱梁悬索桥自主建设的技术空白,为我国修建大跨度桥梁积累了丰富的经验,也标志着我国桥梁建设进入了世界先进行列。虎门大桥先后荣获2002年第二届詹天佑土木工程大奖、国家科学技术进步奖二等奖、全国交通运输系统先进单位、中华全国总工会"模范职工之家"、全国交通运输文化建设卓越单位、交通运输部"情满旅途"活动先进集体、全国交通运输党建文化建设优秀单位、广东省和谐劳动关系先进企业、广东省交通运输最具社会责任感企业等省部级荣誉二十多项。

一、实施背景

爱国主义精神是中华民族的精神基因,维系着中华民族的团结统一,激励着一代又一代中华儿女为祖国发展繁荣而不懈奋斗。中共中央、国务院印发的《新时代爱国主义教育实施纲要》指出:"广大党员干部要以身作则,牢记初心使命,勇于担当作为,发挥模范带头作用,做爱国主义的坚定弘扬者和实践者,同违背爱国主义的言行作坚决斗争。"2019年9月,中央"不忘初心、牢记使命"主题教育领导小组印发《关于在"不忘初心、牢记使命"主题教育中加强爱国主义教育、弘扬爱国主义精神的通知》,指出在"不忘初心、牢记使命"主题教育中,要加强爱国主义教育,弘扬爱国主义精神,激发广大党员干部和人民群众的爱国热情,凝聚奋进新时代的磅礴伟力。近年来,虎门大桥公司组织引导全体员工深入学习党领导人民进行革命、建设、改革的光辉历程和光荣传统,了解新中国成立以来特别是改革开放以来党和国家事业发展的伟大成就和宝贵经验,切实做到知史爱党、知史爱国,自觉践行初心和使命。坚持把党员的理想信念教育放在首位,加强爱党爱国爱社会主义教育以及新时代公民道德建设、优秀传统文化和诚信建设,广泛开展党史、新中国史、改革开放史、社会主义发展史等国情和形势政策教育,走出一条"党建+文化建设"的新路子,重点突出"四个一",强化"抓学习、强教育、促发展"三大理念,打造了"爱国于心,责任于行"党建品牌,持续提升"人民满意交通"。

二、成果内涵

(一)倾力打造"爱国于心,责任于行"党建品牌

爱国主义是中华民族精神的核心,是千百年来中华民族生生不息、薪火相传的精神血脉。国乃立家之本,业为养身之基。虎门大桥公司党总支部始终发挥党总支部的政治核心作用、党支部的战斗堡垒作用和党员的先锋模范作用作为党建工作的出发点,积极创新工作思路,拓展工作路径,倾力打造"爱国于心,责任于行"党建品牌,增强党员意识,提振队伍干事创业精气神。

虎门大桥公司着力打响"爱国"与"责任"两大要素,爱国于心,使国家长治久安,诠释了中国特色社会主义核心价值观的基本内涵;责任于行,使责任感发自内心,付诸行动。知史爱党、知史爱国,自觉践行初心使命。虎门大桥公司把"爱国于心,责任于行" 党建品牌理念引入党组织建设,以开展学习型、服务型党组织建设作为党建品牌创建的重要载体,利用虎门大桥作为广东省爱国主义教育基地和东莞市首批爱国主义教育基地的平台,以及毗邻海战博物馆、威远炮台管理所等爱国主义教育基地的优势,积极开展党建共建,进一步激活红色元素,争当红色先锋,把品牌创建过程转化为全体员工爱国敬业、责任担当的过程,增强党组织的创造力、凝聚力、战斗力,锻造一支党性强、业务精、服务优、作风硬的党员队伍。使党建品牌成为促进企业高质量发展的"动力工程"和服务党员群众的"民心工程"。

党建品牌创建目标。一是坚持以"创特色、树品牌、强引领"为原则,推动虎门大桥公司各党支部全面进步、全面过硬,形成特色鲜明、代表性强、示范效应明显的党建品牌,引领各党支部和全体党员内强素质、外树形象,进一步提党组织的组织力,推动公司党建工作整体水平的提升。二是坚持以"服务员工、服务大局、服务社会"为出发点和落脚点,进一步增强党建工作的长效创新机制,将"爱国于心 责任于行"党建品牌打造成特色鲜明、富有成效、党员群众认可的品牌,并成为促进公司高质量发展的强大引擎。

(二)突出"四个一"

一寸"丹心",筑牢爱国基底。对国忠诚,捍卫就是爱国。全体员工的一寸爱国丹心,是忠诚于国家、忠诚于党、忠诚于人民、忠诚于事业。

一片"红心",渲染爱国色彩。位卑未敢忘忧国,要时刻站稳红色立场,立足岗位发光发热,要将爱国根植于祖国大地上,工作岗位上。

一份"初心",传承爱国字号。爱国"初心",就是要讲团结,同甘共苦谋发展,做社会主义核心价值观的践行者。

一颗"真心",坚守爱国招牌。精诚所至金石为开,爱国不能停留在口号上,要引导全体员工把个人梦融入国家梦、民族梦。

(三)强化"三大理念"

抓学习,切实提高党员理论素养。坚持用党的最新理论成果武装党员头脑,指导工作实践,推动工作落实。

强教育,传递和厚植爱国主义正能量。让全体员工主动践行爱国主义,自觉担当爱国主义的布道者。

促发展,大力推进党建工作与业务工作的深度融合。充分发挥党组织在推动党建工作发展过程中的组织引领、统筹协调作用,引导党员充分发挥先锋模范作用,始终把责任扛在肩上、把使命记在心上、

把工作抓在手上。

三、主要做法

(一)立足企业实际,深度挖掘企业文化,探寻党建品牌之源

文化是一个企业的根脉和灵魂,每个企业的文化都有其个性化的标签,不同的文化有不同的表达方式,需要不断地激活和提炼,才能永葆企业发展的生命力。近年来,虎门大桥深入挖掘历史传统文化、红色文化等文化资源,提炼出具有虎门大桥特色的“爱国”文化主脉。从文化自信的政治高度、文化自觉的责任担当出发,整合各类资源,调动多方力量,不断丰富其文化内涵,提升群众认同感。

“这片水域,曾见识过鸦片战争的硝烟。虎门大桥位于珠江入海口。1840年,桥下的水面,曾经布下长长的铁链,用来阻止英国的军舰。仅仅数天的战斗,虎门附近的炮台全部失陷,战争后,香港被割让给了英国。1997年香港回归,虎门大桥也在这一年建成通车。桥上,每天有十几万辆汽车通行;而桥下,可以通过五万吨级的轮船。”这是2019年3月份播出的《航拍中国》(第二季)广东篇中讲述虎门大桥的解说词。矗立江岸,手抚残炮,1840年,林则徐所指挥的虎门销烟,写下了中国近代史上最光辉的一页。而今,硝烟不再,天青海阔,波澜不惊,大桥飞架,天堑变通途。桥下的威远炮台代表过去,桥上的世纪大桥通往未来,一个强大的中国正阔步走向世界。这说明虎门大桥是孕育革命精神的土壤,拥有着丰富的红色教育资源,虎门大桥公司党总支部深入开展“不忘初心、牢记使命”主题教育过程中,找准品牌创建与学习教育的契合点,深度挖掘爱国文化内涵,怀思革命精神,传承光荣传统,打造精神高地,积极引导广大党员和员工立足本职、开拓进取,努力把虎门大桥建成为爱国之桥、和谐之桥、便民之桥。

以文化人,润物无声。一个企业最持久、最深厚的力量是全员认可的文化理念,只有建立共同的价值目标,才会有赖以维系的精神纽带,产生强大的凝聚力和向心力。近年来,虎门大桥公司将“广东省爱国主义教育基地”和“东莞市首批爱国主义教育基地”两块牌子擦亮,大力推进“爱国爱岗”理念与各项管理、制度建设、行为规范有效融合起来,传承“红色基因”,营造“爱国、爱企、爱岗”的浓厚氛围,激发广大员工以饱满的热情投入到工作中去,为企业更好更快的发展提供源源不断的正能量。

(二)打造企业亮点,弘扬共同价值理念,擦亮党建品牌之路

虎门大桥公司党总支部把“让职工群众更满意”“让社会司乘更满意”两个“更”作为党建工作、党员教育的落脚点。以抓学习、强教育、促发展“三步曲”聚焦点,通过抓好党建带工建、团建工作,使群团组织成为提升职工素养的讲台、弘扬爱国主义教育的展台、岗位技能比赛的擂台、助力职工成长的梯台、开展文体活动的舞台、关爱职工群众的平台,引导员工坚守爱国之心,自觉把自己的小我融入祖国的大我之中,做到“胸中有家国,须臾不曾离”。积极培养爱国之情、砥砺强国之志、坚定文化自信,做传承发展、传播弘扬中华优秀传统文化的火炬手。

1.抓学习,切实提高党员理论素养

虎门大桥公司坚持用党的最新理论成果武装党员头脑,指导工作实践,推动工作落实,把党建树起来,把事业干起来,旗帜鲜明把讲政治摆放在首要位置,培育作风优良、业绩精湛的党员先锋队伍。重点要抓好四个方面的学习与实践活动。

一是坚持党员教育培训全覆盖。虎门大桥公司实施党总支部委员和各党支部书记讲党课制度,推动全体党员时时叩问初心、守护初心。党总支部理论学习中心组和党支部委员会围绕《习近平谈治国理政(第三卷)》《习近平新时代中国特色社会主义思想学习纲要》《习近平关于“不忘初心、牢记使命”论述摘编》《领导干部必读的党史国史经典》《中国共产党重要党内法规学习汇编》等内容学习,坚持读原著学原文悟原理,深入学习习近平总书记最新系列讲话精神,重点学习总书记关于国有企业改革发展和党的建设的重要论述。

二是突出思想引领,将“爱国教学”“情景教育”融入主题党日活动。虎门大桥公司大力推进和加强基层党支部工作,探索开展了符合企业特点的“一支部一特色”载体活动,充分体现出国企改革攻坚新

形势下,基层党组织围绕中心、服务大局,凝心聚力、创新实践的旗帜作用,增强了党支部的活力和战斗力。坚持把开展"一支部一特色"活动作为推动企业又好又快发展的载体和链条,确立"党总支部引导、党支部负责、全体党员参与"的党支部活动指导思想,按照"服务企业中心工作,体现交通行业特色、打造特色党建品牌"的工作要求,创造性开展特色活动,推进企业中心工作深入开展。各党支部坚持"减少规定动作,注重自选特色",各党支部围绕"爱国于心,责任于行"党建品牌创建过程中,加大推广力度,拓展学习深度,增加品牌亮度方面下功夫,相继开展了"主题党日+实地革命传统教育""主题党日+情景教学"等特色主题党日活动,深入开展学"四史"(党史、新中国史、改革开放史、社会主义发展史)教育。深入开展"党建+"活动,营造了员工工作和生活氛围"新生态",虎门大桥公司第一党支部以"党建+家文化",增设宣传栏、标语牌,改建职工书屋、党员活动室,将管理中心打造成具有活力、智慧、创新与和谐的"家文化"体系。虎门大桥公司第二党支部以"党建+活力班组""党建+业务先锋"建设,大力建设"管理文化优、业务技能优、员工素质优"和"甜美微笑好、便民惠民好、诚信服务好"的"三优三好"收费站和路政队。厚植爱国主义情怀,提升立德树人成效,虎门大桥公司党总支部在每月开展主题党日活动上讲党性、讲爱国、讲担当,使活动有温度、有跨度、有深度。

三是精准打造"开路先锋"工程。为了更好地传播先进文化,丰富员工的业余生活,助力职工素质提升,推动精神文明和物质文明共同发展,营造良好的人文环境,针对当前员工存在读书资源少、学习环境不足等问题,同时让员工走下网络,走出宿舍,走进运动场和图书室,虎门大桥公司将"开路先锋"工程建设过程与深入开展"不忘初心、牢记使命"主题教育相结合,多次深入一线调研,决定利用现有的文化阵地,重点将"职工书屋"打造成为提高员工思想道德建设、促进员工综合素质的平台,开展以"打造学习教育平台,助力员工素质提升"为主题的"开路先锋"工程,详细制订计划,具体制订措施,通过改建职工书屋硬件、增加藏书数量、完善书屋功能、建立读书机制,让"职工书屋"真正成为职工的"充电站"。2020年,"职工书屋"藏书累计近10000册,图书涵盖政治、经济、文学、历史、哲学、艺术、人物传记、互联网、育儿知识、家风家教等方面,确保了不同层次阅读者的需求。同时还开展了经典诵读、文化沙龙、道德讲堂、读书论坛、专题讲座、好书分享会等丰富多彩的阅读学习活动,发挥了职工书屋"大学校"的作用。当前,职工书屋作为服务职工、凝聚职工、组织职工的阵地作用日益显现,文化内涵和载体功能不断拓展延伸,并已成为爱国主义教育的主要阵地。

2. 强教育,传递和厚植爱国主义正能量

"忘记历史就是忘本",通过开展"爱国于心,责任于行"党建品牌创建,让全体党员主动践行爱国主义,自觉担当爱国主义的布道者,让一份份精神食粮滋养了全体虎桥人,造就一支业务精、服务优、作风硬、和谐高效的员工队伍。

(1)红色观影,缅怀先烈守初心

聆听爱国故事,感受爱国精神,虎门大桥公司每年开展"红色电影文化周"活动,通过播放《太行山上》《筑梦中国》《百团大战》《中国1978》《八佰》等爱国影片和纪录片,在观影中弘扬爱国主义、英雄主义精神,铭记历史和传承英雄事迹,增强爱国主义情感,激励动员广大党员干部和群众紧密团结在以习近平同志为核心的党中央周围,提高党组织凝聚力和号召力,以坚定的理想信念坚守初心、以真挚的人民情怀滋养初心、以牢固的岗位意识践行初心,进一步唱响爱国主义时代主旋律,将爱国品质内化于心、外化与行。

(2)强化宣传,丰富党建品牌内涵

一是在OA新闻动态开设"爱国于心,责任于行"党建品牌进行时栏目,刊发创建过程中的重大事件,以及党员撰写的学习心得、感悟等文章;二是利用管理中心宣传栏,在卢沟桥事变、九一八事变纪念日、中国人民抗日战争暨世界反法西斯战争胜利75周年、国庆节等重大历史纪念节点,制作主题宣传栏,激发全体员工强烈的爱国热情,在潜移默化中培养和升华爱国情感。

(3)锤炼文化,耕耘虎桥峥嵘岁月

组织全体员工观看电视连续剧《虎门大桥》和歌唱公司主题歌曲《腾飞吧,跨世纪的龙》。电视连续剧《虎门大桥》是中共广东省委宣传部、中央电视台影视部、珠江电影制片厂联合摄制,共八集,由中国著名导演、编剧吴子牛导演,由颜丙燕、刘琳、高明等饰演,该片于1999年荣获广东省精神文明建设第三届“五个一工程”奖。《虎门大桥》全景再现了虎门大桥筹备、建设全过程,讴歌了全体虎桥人不屈不挠的奋斗精神。通过观看该片,再次重温那段峥嵘岁月,重新感受改革开放的激情、理想和精神。歌曲《腾飞吧,跨世纪的龙》由曾荣获广东省五个一工程奖,入选羊城交通广播电台庆祝新中国成立70周年推荐歌曲。通过观影和歌唱,引导全体员工爱国家、爱企业、爱岗位。

(4)传承基因,讴歌党的丰功伟绩

2018年以来,虎门大桥公司党总支部每年开展以“重温革命史、共筑中国梦”为主题的知识竞赛,公司团委开展以“爱祖国、知国情”为主题的知识竞赛,检验学习“学习强国”的效果。同时,通过开展主题朗诵、品读爱国主义经典文章分享会、学习强国“积极分子”评选、“最美虎桥志愿者”评选等活动,引导全体员工不忘初心、继续前进。

(5)志愿服务,传承和谐文明新风

为更好地传承红色基因、弘扬虎桥光荣光荣传统,履行广东省交通集团“大责任”文化,近年来,虎门大桥公司把志愿服务贯穿于“和谐虎门”“责任虎桥”过程中,使用党员、团员志愿者成为改进服务、推进发展的先锋模范,在各收费广场、治超站推出路网查询、志愿服务站、车辆维修站等一系列贴心的服务,驾乘人员的体验得到进一步改善。此外,广泛开展融入社会、融入驾乘活动,每年均开展“关爱自闭症儿童”活动、无偿献血活动、“厕所革命”志愿服务活动、“绿色人生,健康无毒”禁毒宣传、“路边,水边”环保志愿者活动等。2019年来,共累计开展志愿服务63次,参加志愿服务1000多人次,服务时长共计2460小时。公司志愿服务队连续三年被上级单位评为志愿服务先进集体。

3.促发展,大力推进党建工作与业务工作的深度融合

虎门大桥公司立足政治路、民生路和黄金旅游路三大特性,全体党员勇于担当、主动作为,全力打造“欢畅同道”营运品牌,“爱国于心,责任于行”特色党建品牌,将党的建设内化于心,外化于行,融入日常,让党员走在事业发展的前列,筑战斗堡垒,做模范先锋,起到聚人心、提信心、扬正气的作用。

及时迅速处置涡振事件。2020年5月5日15时20分,虎门大桥悬索桥发生明显竖向弯曲振动现象。虎门大桥公司迅速启动应急预案,联合交警部门及时采取了双向交通管制措施,全体党员紧急行动起来,全力以赴,通宵达旦打好这场涡振攻坚战。在事件发生后,立即组织设计、检测、施工等单位对悬索桥进行全面检查、检测和安全评估,委托三所高校平行开展抗风研究,并由设计单位牵头会同检测、三所高校、施工等单位对悬索桥振动原因进行深入分析,研究论证抑振措施。在危难险重的任务面前,虎门大桥公司全体共产党员充分发挥先锋作用,始终把责任扛在肩上、把使命记在心上、把工作抓在手上,有效检验了“两学一做”成效。根据研究成果和专家组建议,虎门大桥公司及时采取抑振措施,主要包括在外侧护栏上安装抑流板、改善钢箱梁气动外形,增设水箱压重提高阻尼比,抑振效果良好。5月15日,虎门大桥恢复交通。此次对特定风况下涡振的应急处置,为悬索桥的设计和管养等方面积累经验。

做好“保畅服务”大文章。近年来,虎门大桥车流量以年均8%的增长速度递增,最高达到18万标准车次,远超日均标准8万辆饱和值。车流量的增长折射了广东经济的腾飞,也使虎门大桥交通压力日益严重。全体虎桥人不断学习、积累、创造,按照“党建引领、联勤联动、流程优化”的管理思路,不断在软硬件管理上更新举措,延伸服务,立足驾乘人员实际需求,提出了“每天都是春运”的保畅要求,全国首个主线红绿灯、第一个主线治超站、全线装配286套“大声公”、制定快处快赔机制,建设指挥保畅体系、编制多项工作手册等一系列有效措施,保障了虎门大桥安全畅通,践行了人民满意交通的目标。

战“疫”一线验党性。疫情防控是没有硝烟的战场,也是检验党员干部初心使命的考场。面对疫情,虎门大桥公司所有党员主动请战,奋勇争先,挺身而出。各党支部均成立了党员先锋队,每天安排党员志愿者在南沙站出口和南沙停车区开展疫情防控,24小时轮值坚守在一线,依次对驾乘人员开展测量体温和信息登记,做到不漏一车一人,对没有佩戴口罩的驾乘人员现场耐心劝导,同时还将印有新型冠状病毒感染的肺炎疫情防控宣传单发给过往驾乘人员,提醒大家做好疫情防控。虎门大桥南沙收费

站是虎门大桥往南沙区疫情防控的第一条防线,虎门大桥公司党总支部在疫情发生的第一时间,就指导路警在南沙站成立防控检疫点,对过往车辆人员查验体温,共同扎紧防线,还与广州高速交警五大队红岭党支部在虎门大桥联合检疫点“帐篷”成立临时党支部,把战斗堡垒驻在了防控最前沿,做到关键时刻有组织在、关键岗位有党员在。临时党支部成立当天,全体党员面向党旗宣誓,将不忘初心,牢记使命,挺身而出、英勇奋斗,共同建设疫情防控坚强的堡垒。疫情检视的是党员的为民情怀,考验的是党员的责任担当。在疫情最关键的时期,虎门大桥公司的全部党员坚守在疫情防控第一线,以实际行动诠释共产党员“平常时候看得出来、关键时刻站得出来、危急关头豁得出来”的优良作风,用党旗筑起了横向到底纵向到边的一道道群防群控“防火墙”,共检查过往车辆 4.5 万台次,共对近 10 万驾乘人员进行了体温检测。

四、实施效果

虎门大桥公司基于爱国主义教育的进一步深化,推动“爱国于心,责任于行”特色党建品牌在营运工作中不断取得实实在在的成效。

(一)激发爱国热情,凝聚磅礴伟力

“爱国,是人世间最深层、最持久的情感,是一个人立德之源、立功之本。”爱国主义既是中华民族优良传统和民族精神的核心,也是实现中华民族伟大复兴中国梦的重要精神力量。爱国主义既表现为热爱祖国的深厚感情,也表现为矢志不渝的报国之志和脚踏实地的爱国之行。虎门大桥公司进一步擦亮“广东省爱国主义教育基地”和“东莞市首批爱国主义教育基地”两块牌子,深化内涵研究,充分发挥了虎桥文化的文明传承功能。

(二)理念文化铸魂,营造和谐氛围

在十九大报告中,习近平总书记指出:“文化自信是一个国家、一个民族发展中更基本、更深沉、更持久的力量。”[1]文化是一个组织成熟和繁荣的标志,先进的文化对组织的发展壮大具有持久的、强大的推动力量。真正的爱国是“先天下之忧而忧,后天下之乐而乐”,是“居庙堂之高则忧其民,处江湖之远则忧其君”。爱国与责任不是口号,而是置身其中,是一种发自内心的付出。虎门大桥“爱国于心,责任于行”党建文化必将成为企业发展壮大过程中深沉而又强劲的推动力量,显示出蓬勃向上的生命力量。近年来,虎门大桥公司开展了“生态宜居、文明和谐职工之家”建设,着力构建生态文明建设和先进企业文化建设,持续改善职工集体生活环境、淬炼企业文化、厚植民主氛围,实现人与自然、人与企业、人与集体的和谐共生。

(三)筑牢“战斗堡垒”,推进党建与业务深度融合

坚持党的领导、加强党的建设,是国有企业的“根”和“魂”,是国有企业的独特优势。虎门大桥公司围绕企业中心工作,实现党建工作与生产经营业务的深度融合,将“爱国”理念融入 ETC 发行、保安全保畅通保服务工作、取消省界收费站、环境整治等各项工作中,让“虎门大桥”成为一张闪亮的名片,有效促进了企业生产经营、实现企业稳步发展。

圆满完成 ETC 发行推广目标任务。2019 年下半年以来,虎门大桥公司将 ETC 发行推广工作作为当前一项重要政治任务,提出“识大势、顾大局、高站位、明责任”的工作要求,做到“调动一切、深入一线”,动员全体员工立即行动起来,汇聚全员的智慧和力量,采取一切可以采取的措施,争取一切可以争取的资源,最大限度地挖掘内部潜力,最大程度地拓展自有空间,织密 ETC 发行关系网,坚决打好 ETC 发行推广“冲刺攻坚战”。一是充分运用员工微信、《东莞日报》等媒体网络载体,精心编制推广指南、办理流程图,全面铺开宣传,形成网络宣传强大攻势,在南沙停车区、收费站广场设立现场服务点,讲解

---

[1] 习近平. 决胜全面建成小康社会 夺取新时代中国特色社会主义伟大胜利——在中国共产党第十九次全国代表大会上的报告[M]. 北京:人民出版社,2017.

ETC 服务功能，让广大驾乘人员充分认可 ETC 的便捷性和优越性，引导驾乘人员现场扫码办理。二是深入周边村镇、社区、集贸市场、停车场等，采取“面对面、手把手、点对点”的方式，走村入户，挨家挨户上门推广。据统计，共有计划有组织外拓推广 1133 人次，“三进入”场所 412 处。三是聚焦发行总目标，打好“线上 + 地推”组合拳，虎门大桥公司党总支部通过“总支抓支部、支部抓党员、党员带群众”的模式，一级带一级，比进度，晒成绩，提效率，有效激发全员推广工作活力，营造了人人互学互比、处处争先争优的推广氛围。通过近 3 个月的共同努力，虎门大桥公司完成上级单位规定的 ETC 发行推广任务数 107.05%，率先完成既定的推广目标任务。

践行保畅标准不放松。构建粤港澳大湾区一小时交通圈营运服务体系是营造大湾区优质生活圈的目标导向，虎门大桥公司深化路网联动机制，优化疏堵联勤方案和路政、拯救业务，进一步提升过江通行效率，全力助推宜居宜业宜游湾区生活圈建设，尤其是在南沙大桥、番莞高速公路开通前，虎门大桥公司继续执行“每天都是春运，分秒都是责任”的保畅要求，结合路段车流高峰特点和保畅难点，摸索、总结出交通信号灯使用时间的合理设置；充分发挥好广播系统的作用，促进轻微事故快速处理工作的开展；密切配合交警部门落实好分流措施，联动相近路段，分流疏导，充分发挥监控中心统一指挥的核心作用。2019 年上半年（南沙大桥通车前），虎门大桥实现了交通事故同比下降 34%，日均双向合计拥堵时长同比下降 46%，过桥时间同比缩短 5.2 分钟的成效。春节期间，保畅工作实现了“四降一提升”。在南沙大桥开通后，珠三角过江通道车流形势发生新变化，虎门大桥公司深入分析南沙大桥的开通对车流的影响，重新梳理完善限流、截流位置和分流措施，整合预案、合理分流。

率先实施取消省界收费站工程。取消省界收费站工程的推进是提升粤港澳大湾区路网通行效率的有效举措，同时也是粤港澳大湾区绿色低碳、节能减排发展模式的必由之路。虎门大桥公司在党总支部领导下，全体党员全力以赴，经过 3 个多月的紧张施工，于 2019 年 10 月 26 日提前完成门架系统建设。由于进度较快，虎门大桥公司还被利通科技公司和广东省公路建设有限公司指定为门架系统联调测试试点路段，通过先行先试方法查找并解决门架软件系统存在的问题，同时积极协调集成单位和设备供应商技术人员开展联调测试，编写联调技术手册，为其他路段全面部署门架系统、加快项目推进提供经验。在工程实施过程中，公司通过对技术方案及虚拟站设置多次研讨，解决了差异化收费难题，通过适时调整收费管理相关流程和规范，切实发挥试点路段的表率作用。

开展大湾区环境整治专项行动。虎门大桥公司推行“内强基础，外树形象”，通过服务区规范化管理和路面专项整治全面打造营运品牌，营造大湾区优质生活圈。一是持续深入开展停车区“厕所革命”和“垃圾分类”，升级改造停车区排污系统；二是开展路边、水边专项清理工作，对路侧路肩、急流槽、排水沟、边坡杂草进行全方位清理和修整，确保道路环境舒适整洁；三是将主线波形护栏更换为三波形护栏板，对匝道波形护栏进行锌铝镁合金涂料涂装，对主线防撞墙、主桥主塔进行防腐涂装，进一步提升公路环境美观舒适度。

五、结束语

积跬步以至千里，汇涓流而成江海。近年来，虎门大桥公司先后荣获全国交通运输系统先进集体、中华全国总工会“模范职工之家”、全国交通运输文化建设卓越单位、交通运输部“情满旅途”活动先进集体、全国交通运输党建文化建设优秀单位、广东省和谐劳动关系先进企业、广东省交通运输最具社会责任感企业等省部级荣誉二十多项。今后，虎门大桥公司将继续坚持“至臻建设，欢畅同道”核心价值观，努力践行“构建和谐交通，延伸美好生活”企业使命，用心坚守“平安大桥，责任如山”安全理念，用优质服务唱响“阳光服务，欢畅同道”服务口号，实现员工与大桥、大桥与社会的相互依存、和谐发展。继续将“爱国敬业、责任担当”贯穿在日常工作当中。一条玉带舞盘旋，蜿蜒巨龙挥东西，虎门大桥这座凝聚汗水与奉献的桥梁，必将以其独特的魅力和韵律，融入粤港澳大湾区发展的大潮，闪耀出熠熠夺目的光彩！虎门大桥成就了引以为豪的今天，必将谱写辉煌灿烂的明天！

高速公路工程绿色施工体系的理论与实践

云南交投集团云岭建设有限公司

成果主要创造人:张兴波　魏龙生

成果参与创造人:王在杭　王云忠　马加春　李庆达　潘昱颖　王建仓
李宏刚　王丽军　刘拥民　钟建华

云南交投集团云岭建设有限公司(简称“云岭建设公司”)成立于2006年11月,是云南省省属国有骨干企业——云南交通投资建设集团有限公司出资设立的国有控股企业,属云南省高新技术企业,云南省创新型企业,注册资本金50亿元。

云岭建设公司产业结构合理,职能齐全,运转协调,灵活高效,目前公司机关设立职能部门10个,组建成立了10个分(子)公司、1个绿化事业部、1个后勤服务中心,其中10个分(子)公司分别为云南交投集团云岭建设有限公司桥梁工程、路面工程、机械化工程、市政工程4个分公司和云岭桥隧科技、云岭高原养护、云岭高原检测、云岭高速矿业、云岭公大公司、云岭天炬公司6个子公司。公司拥有公路工程施工总承包一级、市政公用工程施工总承包一级及建设施工、养护、试验检测、对外经营承包等各类资质17项。公司现有人员结构不断优化,现有人员1479人,其中研究生学历58人,本科学历756人,专科学历521人;正高级工程师7人,高级工程师164人,工程师189人,助理工程师205人;一级建造师71人,二级建造师176人,注册造价工程师5人,注册监理工程师8人,甲级造价工程师13人,乙级造价工程师12人。

云岭建设公司经营范围:公路工程、交通工程的勘察、设计与施工;公路养护工程、市政公用工程的设计与施工;水利水电与港口工程的勘察设计与施工;岩土工程勘察、设计、施工;桥梁隧道加固设计、施工、检测、研发,“四新”技术推广应用,科技成果转化;公路工程试验检测;机械设备的销售、维修、租赁;建筑材料的生产(限分公司经营);商品混凝土、混凝土制品、普通机械及配件、建筑材料、装饰材料的销售;房屋建筑工程、市政公用工程施工;公路工程、市政工程投资开发、管理及咨询;公路项目投资开发及管理;公路工程代建管理。公路沿线设施的开发、建设、经营、管理;高速公路服务区投资、建设、经营、管理;承办会议及商品展示展览活动(演出除外);园林绿化工程、公路绿化工程设计、施工和养护;绿化苗木种植及销售(种植限分支机构经营);噪声治理、污水处理和环境污染治理(依法须经批准的项目,经相关部门批准后方可开展经营活动)等。

云岭建设公司遵循“路畅人和”的核心价值观,发扬“创新尽责、务实争先”的企业精神,始终坚持“发展中求改进、开拓中谋发展”的方针,全面贯彻“人本化、专业化、标准化、信息化、精细化”要求,通过了质量、安全、环境三标体系认证,获得“云岭新路桥”注册商标。公司立足主营业务,致力系统集成,承担了滇东北片区和大理片区高速公路的日常养护任务,广泛参与云南高速公路工程建设,开拓了项目代建、BT、BOT、EPC、PPP等新型业务领域,顺利完成了一系列省属重点工程,建设“专、精、特、强”的行业标杆企业。公司积极履行国有企业政治责任和社会责任,积极开展路地共建,多次参与各类抢险救灾。公司是全国交通运输行业和云南省文明单位,是全国交通行业诚信建设十佳先进单位,获得全国青年文明号荣誉称号,获得云南省2016年度五一劳动奖、承建的项目获国家优质工程银质奖、全国市政金杯示范工程、连续3年实现了承建项目均获得云南省优质工程奖,被评为全国优秀施工企业。

一、实施背景

随着我国高速公路建设的快速发展,人们在生产和生活活动中对公路基础设施的依赖程度越来越高。高速公路在促进社会经济发展,满足人民群众对交通运输服务需求的同时,如果在规划、设计、施工、运营过程中对施工周边环境、资源保护不重视,施工完成后恢复、绿化不到位,势必对周边生态环境造成一定程度的破坏。为贯彻落实建设交通强国重大战略部署,改变传统施工理念,弘扬绿色施工可持续发展理念实施绿色公路势在必行。

云南"面向三亚""肩挑两洋"是中国面向南亚、东南亚、中东、南欧和非洲五大区域开放的前沿通道,是国家西南生态安全屏障。2015 年 1 月,习近平总书记到云南考察,要求加快基础设施建设,形成有效支撑云南发展、更好服务国家战略的综合基础设施体系。习总书记还指出,要把生态环境保护放在更加突出位置,像保护眼睛一样保护生态环境,像对待生命一样对待生态环境,在生态环境保护上一定要算大账,算长远账,算整体账、算综合账,不能因小失大、顾此失彼、寅吃卯粮、急功近利。❶ 为了深入贯彻落实习总书记视察云南时重要指示精神,省委、省政府提出了建设"美丽公路"的重要决策部署,通过对公路沿线进行增色增绿及施工环境保护政治工作,打造公路沿线高品质绿化带、景观带,建设让人民群众真实感受到"路景交融、轻松舒畅"的交通通行环境。

在这样的大背景下,要求我们在高速公路建设过程中,牢固树立并忠实践行"绿水青山就是金山银山"的理念,落实交通强国战略部署,从高速公路的规划设计、施工到运营养护,全寿命周期内着力推进绿色公路建设,实施绿色公路、科技攻关,完善绿色公路建设制度标准体系,建设以质量优良为前提,以资源节约、生态环保、节能高效、服务提升为主要特征的绿色公路工程,实现安全、便捷、高效、绿色和经济的可持续发展目标。统筹资源利用,实现集约节约;加强生态保护,注重自然和谐;大力推广既有工程材料再生和循环利用技术,降低项目建设能源消耗水平,已成为高速公路建设的必然趋势,也是当前国家战略和绿色交通发展的要求。

近年来,云岭建设公司作为高速公路施工的主体单位,为积极响应党中央、云南省委、省政府以及云南交投集团党委建设绿色公路、美丽公路的号召和要求,在绿色公路施工领域作出了不少探索和实践。云岭建设公司以全面推行标准化建设、品质工程示范创建为抓手,通过学习同行业的优秀经验,在推行标准化建设的基础上结合绿色施工理念,经过先期试点到面上推广、由总结摸索到探索创新的一系列发展过程,不断建立、完善相关绿色施工制度、标准。通过践行绿色施工体系,云岭建设公司在行业内树立了良好的社会形象,也为云南省交通行业形象、云南形象、国家形象的提升作出了贡献。

经过不断积累及科学总结,绿色施工体系的完善与大范围推广,不仅提升了云岭建设公司内部工作质量和管理水平,也最大限度地保护了生态环境,有效体现了可持续发展的基本理念,顺应了时代发展的要求并引领着高速公路施工走向生态优先、绿色发展之路。

二、成果内涵和主要做法

(一)成果内涵

绿色公路是按照系统论和周期成本思想,以工程质量、安全、耐久、服务为根本,以创新、协调、绿色、开放、共享新发展理念为指导,一方面要坚持统筹公路资源利用、能源消耗、污染排放、生态影响、运行效率、功能服务之间的关系,寻求公路、环境、社会等方面的系统平衡与协调;另一方面要坚持统筹公路规划、设计、建设、运营、管理、服务全过程,以最少的资源占用、能源耗用、污染排放、环境影响,实现外部刚性约束与公路内在供给之间均衡与协调。绿色公路建设的关键是在"资源节约、生态环保、节能高效、服务提升"四方面实现突破,以控制资源占用、减少能源消耗、降低污染排放、保护生态环境、拓展公路功能、提升服务水平,全面提高公路工程建设水平。

---

❶ 源自《人民日报》2015 年 1 月 22 日报道《习近平在云南考察工作时强调:坚决打好扶贫开发攻坚战 加快民族地区经济社会发展》。

绿色公路施工,就是在低碳理念的指导下,以碳平衡为基本原则,应用绿色技术,综合应用各种绿色技术与环保措施,在高速公路施工过程中力求达到经济效益和环境效益和谐可持续发展。绿色公路不仅是对环境舒适度的改善,而且能降低能源成本,实现环境保护最大化和资源配置最优化。绿色公路的内涵可以概括为:从规划、设计、建设和运营维护全生命周期内,最大限度地利用各项资源,减少能耗和污染,与环境友好及协调。将对人体的安全和健康影响降到最低,同时确保运营安全、行车舒适,公路维护成本低,各种灾害的影响低,行车通畅和舒适,对生态无害或危害极小。因此,绿色公路除了满足公路公共产品的基本功能外,还更应当体现以人为本的可持续发展理念,充分利用先进的技术,体现了各种影响因素对公路系统的综合反映。

(二)主要做法

为了践行绿色发展理念,并保证其有效开展,云岭建设公司从多个方面来进行了大量富有创造性的工作:标准化建设、品质工程、绿色工程制度办法、实施方案的制订;积极培训、宣传绿色施工理念;落实业主绿色公路建设相关要求;打造资源节约型临建设施;积极在项目践行绿色施工理念。

1. 基本原则

坚持可持续发展的基本方针,提高资源利用率,把保护放在优先位置,在发展中践行保护、在保护中实现发展,以限定的资源消耗,实现公路建设与生态环境保护的均衡发展。

2. 总体思路

顺利实现绿色施工体系的布局,首先企业转变传统施工管理的思维模式,公路施工由传统施工向科学施工转变,全面推行绿色环保的养护模式,从而建立起具有主动性、预见性和系统性的绿色施工体系。

围绕建设绿色示范公路项目的清晰定位,按照“尊重自然、爱护自然、融入自然、自然而然”的思路,云岭建设公司确立“创新协调、绿色精品”的项目管理思路,实现若干“建设绿色示范公路项目”作为总体管理目标,不断强化创新意识、能源节约意识、施工环境保护意识和绿色公路建设意识,持续推进全过程绿色示范公路建设,努力打造绿色示范公路项目。

云岭建设公司在推进生态文明建设的大背景下,通过大量的调研分析,首先加大对全体员工进行绿色公路施工理念培训、宣贯的力度,全面提升员工的绿色施工意识,着重从固体废弃物无害化处理、控制扬尘等污染物气体排放、加强水污染防治、控制噪声污染、保护原生植被、减少水土流失、洞渣加工利用、施工后绿化恢复等方面做好生态文明建设,确保绿色施工体系在项目覆盖率逐年提升。

3. 实施方案

(1)绿色施工体系的形成

2016年,云岭建设公司先后印发了《云岭高速建设集团项目经理部宣传标准化方案》《施工标准化建设管理办法》《公路施工标准化操作手册——工地标准化(试行)》《节能减排工作管理办法》(图1),要求公司项目全面推行施工标准化建设,建设过程中形成场地布设集中化、施工工艺和施工安全标准化、管理行为规范化的标准化施工体系,工厂化生产、装配化施工广泛实现,公司高速公路项目施工标准化覆盖率达到100%。

通过按照云岭建设公司《节能减排工作管理办法》来执行节能减排监管,对日常工作中的用水、用电、车辆油耗、“四新技术应用”等作相关要求,每月按时收集各分(子)公司节能减排报表,不定期对各分(子)公司节能减排工作情况进行检查、督促,切实抓好节电、节水、节约资源、能源工作,促进形成全体员工节能减排的良好风气。

在全面推行标准化建设的基础上,云岭建设公司于2019年先后印发了《绿色公路实施方案》《品质工程实施方案》(图2),明确了实施目标、实施重点及实施步骤。其中的实施目标就包括推广应用绿色低碳新材料,实现绿色防护和排水。以环境友好、生态文明和可持续发展为建设目标,取得生态环保、资源节约、节能减排等“三个成效”。着力打造绿色交通,高速公路沿线可绿化路段绿化率100%,植被恢复率和临时占地复原率达98%以上;大力推进周转材料循环利用,提高工程剩余材料回收率(含回收和就地利用)和循环利用率(含回收后再利用和就地利用)。

云南云岭高速公路建设集团有限公司文件

云岭建设发〔2016〕186号

云南云岭高速公路建设集团有限公司关于印发《云岭高速建设集团项目经理部宣传标准化方案(试行)》的通知

公司机关各部门、所属各单位(项目部):

为增强企业内部凝聚力,强化对外形象辨识度,推进公司企业文化建设,塑造企业品牌形象,促进集团公司项目经理部宣传工作的标准化和规范化,根据省公路投资公司和集团公司视觉识别系统相关要求,结合实际,制定了《云岭高速建设集团项目经理部宣传标准化方案(试行)》,现将方案印发给你们,

- 1 -

云南云岭高速公路建设集团有限公司文件

云岭建设发〔2016〕305号

云南云岭高速公路建设集团有限公司关于印发施工标准化建设管理办法(试行)的通知

集团公司机关各部室、所属各单位(项目部):

为大力推进公司高速公路施工标准化建设,规范各项目工地建设、工程施工、安全文明等各项工作,树立云岭建设集团新形象,制定《云南云岭高速公路建设集团有限公司施工标准化建设管理办法(试行)》,现印发给各部室、各单位(项目部),请结合自身实际工作情况认真学习并贯彻实施。

在实施过程中有何建议、意见,请及时反馈集团公司技术

- 1 -

云南云岭高速公路建设集团有限公司

云南云岭高速公路建设集团有限公司

公路施工标准化操作手册

工地标准化

(试行)

2016年8月

云南交投集团云岭建设有限公司能减排工作管理办法(试行)

第一章 总则

第一条 为加强云南交投集团云岭建设有限公司(以下简称公司)节能减排管理工作,提高能源利用效率,实现节能减排、保护环境、降本增效的绿色发展目标,公司根据《中华人民共和国节约能源法》及国家、交通运输部、省政府、省国资委、省交通运输厅、省交投集团的有关规定和管理要求,结合公司实际,制定本办法。

第二条 指导思想

以"五位一体"发展战略为指导,贯彻落实节约资源的基本国策,加强管理、强化全员节能意识,推进科技进步和技术改造,完善节能考核评价机制,提高能源利用效率,实现公司中长期和年度节能目标,降本增效,促进公司持续高效发展。

第三条 基本原则

(一)坚持开发与节约并举、节约优先、效益为本的基本原则。

(二)坚持优化结构、多能互补的原则,依靠加强管理、结构调整、科技创新、技术改造,实现节能工作的持续有效开展。

(三)坚持节能减排与降本增效相结合,源头控制与存量挖潜相结合,依法管理与政策激励相结合,突出重点与全面推进相结合。

图1 绿色施工体系的形成1

实施步骤为首先于2018年在大永二期项目、召泸项目、临双项目、腾陇项目进行试点;2019年在武倘寻项目、墨临项目、临清项目、南景项目、宁永项目、鹤关项目、腾猴项目、保泸项目、腊满项目、思澜项目、景海项目等大面积推广应用;最后,于2020年进行全面总结,形成《绿色公路施工指南》,并在新建项目进行全面推广应用。

2018年初,云岭建设公司对绿色施工试点项目进行了交底;下半年,对试点项目进行了全面检查,指出了存在问题及改进措施。在检查过程中,再次对高速公路绿色施工理念进行培训、宣贯,要求各项目部全面树立绿色施工理念,在施工过程中坚持以绿色、低碳、环保为目标,最大程度地减少对生态环境的破坏,实现高速公路建设经济效益与环境效益的和谐统一。

(2)建立绿色施工体系组织机构

云岭建设公司建立了以党委书记、董事长为组长、其他领导班子成员为副组长、各部门负责人为组

员的绿色施工工作领导小组。在领导小组的领导下,统筹、协调开展公司绿色施工工作,贯彻执行国家、地方、行业主管部门、云南交投集团的有关方针政策、法规、标准。分(子)公司、项目部负责绿色施工工作的具体安排和实施。云岭建设公司绿色施工体系组织机构图如图3所示。

云南交投集团云岭建设有限公司

交投云建技质便〔2019〕3号

云南交投集团云岭建设有限公司关于印发
绿色公路实施方案的通知

各分(子)公司、各项目部:

为贯彻落实习近平总书记生态文明思想、牢固树立并践行绿水青山就是金山银山的理念,以及省委、省政府关于建设云南美丽公路的部署要求,全面提升公司绿色施工理念,公司研究制定了《云南交投集团云岭建设有限公司绿色公路实施方案》,现印发给你们,请各分(子)公司、项目部结合实际,认真组织实施,抓好落实。

云南交投集团云岭建设有限公司
技术质量管理部
2019年3月6日

云南交投集团云岭建设有限公司文件

交投云建发〔2019〕416号

云南交投集团云岭建设有限公司关于印发
高速公路建设品质工程实施方案的通知

公司机关各部门、各分(子)公司、绿化事业部、各项目部:

为贯彻落实交通运输部、云南省交通运输厅、集团公司关于"品质工程"的部署要求,全面提升公司品质工程理念,公司研究制定了《云南交投集团云岭建设有限公司高速公路建设品质工程实施方案》,现印发给你们,请各分(子)公司、项目部结合实际,认真组织实施,抓好落实。

云南交投集团云岭建设有限公司
2019年10月15日

— 1 —

图2　绿色施工体系的形成2

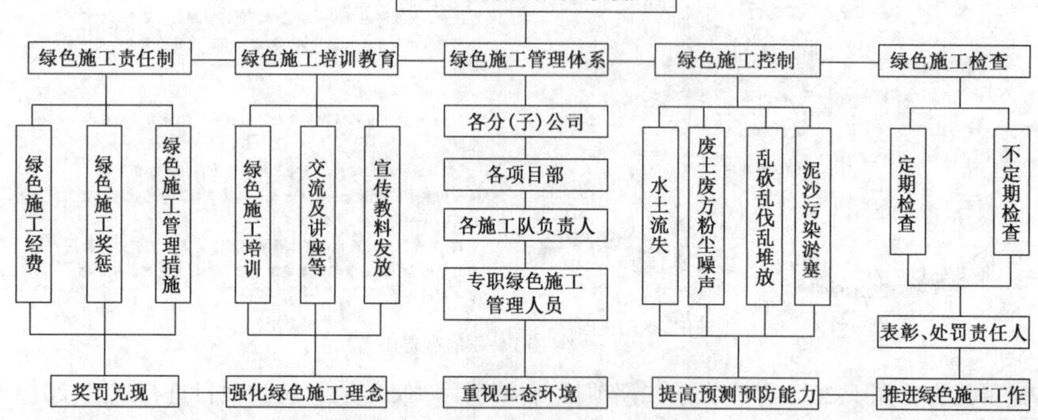

图3　绿色施工体系组织机构图

(3)绿色公路施工的培训和宣传

制度规范如何落到实处,需要在日常管理工作中加强执行力的建设,否则,再科学的制度、规范都只是纸上谈兵,并不能转化为实际的生产力。云岭建设公司系列办法、实施方案的确立在很大程度上使员工有了明确的指引,使得员工的施工管理行为有了严格的规范性。

为全面树立绿色施工理念,云岭建设公司积极开展绿色施工宣传活动。宣传的形式包括会议、讲座、观看视频、粘贴海报、播放电子屏标语、微信群、微信公众平台、向各分(子)公司发放宣传画等多种形式,深入宣传绿色施工、资源节约方针、政策、法规。提升管理人员和现场作业人员对绿色公路建设的认识,培养日常行为中建设绿色公路的意识和主动性(图4)。

a)公司组织开展标准化建设宣传和教育、交流会

b)公司门口张贴宣传画

c)思澜项目绿色发展宣传标语

d)景海项目节约用电宣传

e)武倘寻项目组织节能周、低碳日学习

f)对劳务队伍进行节能宣传交流培训

g)昆楚广通试验段项目悬挂节能宣传标语

图　4

h) 组织开展节能减排活动会议

i) 保泸九合同段悬挂节能减排宣传标语

j) 腾陇项目宣传海报

k) 保泸十合同段驻地宣传标语

l) 腾猴项目电子屏宣传绿色发展

m) 墨临项目悬挂节能宣传标语

n) 云凤项目宣传“绿色发展，节能先行”

o) 腾陇房建项目悬挂横幅宣

图　4

p)玉楚高速开展环境保护、水土保持培训

q)施工现场拉横幅宣传环境保护

r)项目驻地展板宣传环境保护

s)项目驻地宣传绿色、低碳

图4 绿色公路施工的培训和宣传

4.落实业主绿色公路建设相关要求

云岭建设公司在施工过程中，积极响应业主关于表土剥离利用、植被恢复、弃方利用、隧道洞渣利用等各项措施，编制绿色施工专项方案，积极推进绿色公路建设工作。

(1)表土剥离利用

表土是一种十分可贵的自然资源，其中含有丰富的种子库，包括氮、磷、钾等营养元素，因此施工过程将扰动的表土资源进行剥离保护与利用，对公路两侧的取土坑、弃土场进行复垦，可提高种植率，有利于缓和高速公路建设与耕地占用之间的矛盾，从而有利于稳定当地农民的生产生活，构建和谐交通事业的发展，对于提高植被恢复与土地复垦成效、防止石漠化的加剧具有重要的意义(图5)。

图5 表土剥离再利用

(2)植被恢复

在云南地区，高速公路沿线往往植被茂盛。为贯彻“绿色、环保”的宗旨，在施工前，结合当地树木生长情况及大树移植后的利用价值等因素综合考虑,事先组织人员将沿线施工范围内的较大树木进行移植,以达到节约资源、保护环境的目的,尽量避免对原生植被产生破坏(图6)。施工完成后再进行植被恢复,尽量保持原貌。

(3)弃方利用

施工项目进场后,首先根据设计图纸及现场实际情况以及绿色公路的相关要求,对全线弃土场进行初步选址,选址要求以不破坏当地自然环境和土地资源为目标,采取分段集中堆放的原则,弃土场设置一般选择路线附近山丘间垭口坡脚地,弃渣前采用浆砌片石挡墙进行围挡,遵循先拦后弃,弃土场周边布设截水沟或排水沟,达到一定高度时,按要求设置边坡平台,边坡采用喷播草籽绿化。施工完毕后,根据占地类型进行恢复;对于占用林地和果园的,进行绿化整地后恢复植被,对于占用旱地和水田的,进行复耕整地恢复耕地,以保证弃土后可达到变废为宝的目标(图7)。

图6　对移植树木进行养护

图7　施工完成后对弃土场进行种植、恢复

(4)隧道洞渣利用

结合隧道洞渣质量情况,在隧道口设置石料加工场,将满足工程使用要求的砂岩及石灰岩废方作为机制砂和碎石的原料,以缓解项目天然砂资源短缺的状况,科学合理地提高隧道洞渣利用率,变废为宝,提高经济效益。

5. 打造资源节约型临建设施

(1)驻地建设

驻地建设应体现以人为本的理念,着力改善项目各参建单位的生产、生活环境。驻地选址要因地制宜,满足安全、实用、环保的要求,以工作方便为原则,具备便利的交通条件和通电、通水、通信条件。尽量减少对环境的影响,生产、生活污水及垃圾应集中收集处理(图8)。

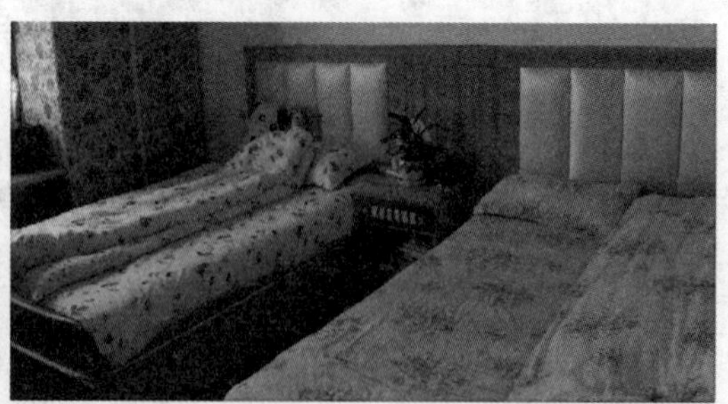

图8　项目驻地标准化建设,兼顾环保、低碳

(2)拌和站建设

拌和站采用沉淀池对生产废水进行沉淀,澄清后的清水用于罐车清洗及洗车池用水,通过对污水的回收利用,既减少拌和站对水资源的需求,又可大大减少生产污水对当地水系的污染,切实实现环境友好、绿色公路建设的初衷(图9)。拌和站设置水循环利用沉淀池,经回收沉淀后的施工废水可用于洗

车、绿化、降尘等,使水资源重复利用。

图9 拌和站标准化建设

(3)预制梁场建设

预制梁场养生系统采用自动喷淋设备养护预制梁,喷淋设备水管采用暗铺法施工,在硬化场地地坪时提前铺设,在每个横向预制区留设2～3个接口以便连接喷淋设备。自动喷淋设备可根据施工需要、天气情况定时、定量调节养护喷头,实现节电节水目标(图10)。

图10 预制场自动喷淋系统

(4)钢筋加工场建设

钢筋加工场的数量和大小应根据项目工程量大小统筹规划确定,避免占用过多临时用地造成浪费。钢筋加工场明确原材料存放区、加工区、待检半成品存放区、已检半成品存放区、成品合格区、废料收集区。原材料存放区砌筑高出地面30厘米的支墩,间距2.0米,分规格、型号隔离堆放。钢筋加工场设置废水、废油、废渣处理存放池。临近居民区钢筋加工区施工产生的噪声不能大于《建筑施工场界噪声排放标准》(GB 12523—2011)的规定。每次作业完成后,及时清洗机具、清理现场,保持加工场地整洁卫生(图11)。

图 11　钢筋加工场标准化建设

6. 积极在项目践行绿色施工理念

云岭建设公司在公司高速公路施工项目施工过程中，积极、全面落实生态环境保护要求，重点推进施工扬尘防治、水土保持、施工废水管理、施工垃圾管理、机械尾气排放、噪声控制等，降低施工对生态环境的影响(图 12、图 13)。

a)安装一体化混凝设备处理废水

b)进场道路设置排水沟

c)弃土场进行分台处理，设置拦砂坝、排水沟，防水水土流失

d)使用气保焊焊接钢筋产生废料废气少

e)隧道洞渣加工后作级配料，节约资源

图 12　绿色施工

a)防护网隔离

b)隧道出口碎石站设置防尘网防尘

c)隧道仰坡绿化，恢复生态

d)隧道采用湿喷工艺，减少扬尘

e)回收旧闸门，提高旧物回收利用效率

f)施工作业区与外环境隔离

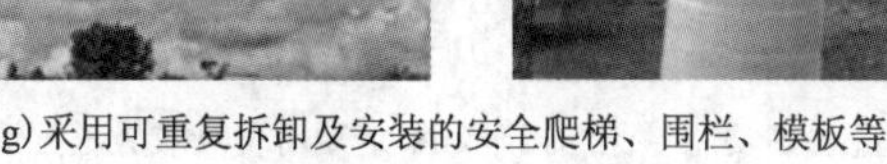

g)采用可重复拆卸及安装的安全爬梯、围栏、模板等

图 13

h)隧道洞渣经碎石机和筛分机筛分出来后用作路基级配料

i)梁场生产废水经三级沉淀池汇集、沉淀处理后用于场地清洗、洒水

j)龙门塔采用吊滑触线装置

k)配备多功能专业清扫车，不定期对现场垃圾进行清扫

图 13

l)完工后对弃土场进行绿化恢复

m)泥浆池开挖规则，四周刚性围护

图13　绿色施工

施工便道尽可能利用已有乡村道路,新开便道尽量设在征地红线内,在红线外的便道选择植被相对稀疏的土地;便道硬化且设置必要的排水系统,防止泥水流入农田。定时对便道进行洒水除尘,以减少对附近农作物的影响(图14)。

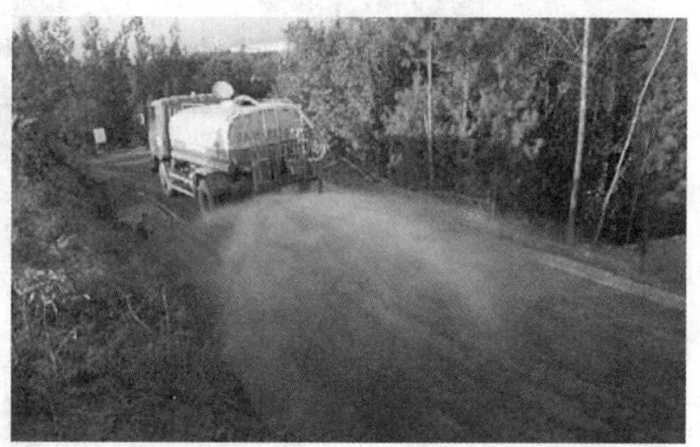

图14　施工便道

隧道尽可能零开挖进洞,减少对洞口地表自然植物的破坏,尽可能保持洞口生态原貌。编制零开挖进洞专项方案,做好零开挖进洞的安全、技术保障措施,及时进行明洞回填和边坡绿化,使隧道融合自然(图15)。

隧道采用湿喷工艺,减少降尘,确保喷射混凝土的施工质量,改善洞内施工环境,减少对作业人员的健康影响(图16)。

定期养护和清理施工现场排水沟,防止堵塞(图17)。

碎石站及碎石场设置见图18。

施工现场路侧安设遮阳网防尘,减少对生态环境影响(图19)。

边坡防护、绿化施工见图20。

图 15　开挖进洞

图 16　采用湿喷工艺

图 17　养护和清理

a)碎石站设置淋喷设施进行扬尘治理

b)碎石站设置雾炮机进行抑尘

图 18　碎石设备

图19　遮阳网

图20　边坡防护、绿化施工

梁板场移动临时雨棚，可以重复使用，节约材料、低碳环保，已形成企业级工法（图21）。

云南交投集团云岭建设有限公司文件

交投云建发〔2020〕240号

云南交投集团云岭建设有限公司关于要求各建设项目梁板预制场广泛应用《预制梁场移动雨棚施工工法》的通知

公司所属各分（子）公司、各项目部（总包部）：

为加快雨季期间梁板预制场梁板预制进度，提高梁板混凝土浇筑质量，创造项目管理效益，公司根据宁永项目移动雨棚的使用情况，编制了《预制梁场移动雨棚施工工法》（以下简称《工法》），要求各建设项目广泛应用该《工法》。雨季期间通过采用移动雨棚，降低降雨对梁板预制施工的影响，全面加快梁板预制进度。

图21　临时雨棚

服务区改扩建工程，以高速路服务区作为打造全域旅游的抓手，努力提高服务区服务品质和整体形象，打造美丽、绿色、生态环保服务区（图22）。

施工前后的怒江美丽公路对比图，施工完成后不仅安全，而且美观、生态优美；怒江美丽公路已于2019年底建成通车（图23）。

规划建设中的怒江美丽公路绿道建设工程，总规模将近300公里，云岭建设公司承建近150公里。公司将全面围绕“增色、添彩、造景”的工作思路，深入贯彻落实好省委、省政府关于美丽公路建设部署要求，推进“三美三好三化”美丽公路建设（图24）。

云岭建设公司充分利用高速公路沿线资源，着眼未来，于安丰营枢纽将179822平方米荒地规划、建设成生态苗圃基地，目前已竣工（图25）。

图22　服务区改扩建

图23　怒江美丽公路施工前后对比图

图24　美丽公路建设

图25　竣工

云岭建设公司承建的昆明至丽江高速公路第二阶段的景观提升工程，截至2020年6月15日，已完成清理场地76000平方米、回填种植土11000立方米、种植乔木2064株、灌木16736株、地被500平方米、砌筑花池1073立方米，把昆明至丽江高速公路全面管养成为“常绿常青、四季花开、路景交融”的靓丽风景线(图26)。

图26　景观提升工程

三、实施效果

“十三五”以来，云岭建设公司为深入贯彻落实习近平总书记关于生态文明建设的重要指示精神，经过努力和积极探索，对绿色施工体系进行了全面的构建与实施，助力云南建设成为中国最美丽省份和交通强国试点省份建设，综合交通运输生态文明建设成效显著。本成果实施过程中，建立了一整套完善的绿色施工体系，并在公司范围内施工项目广泛推广应用，将整个绿色施工体系建设成一个符合循环经济模式的产业链。目前，整套体系的实施效果明显，具有显著的管理效益、经济效益、社会效益和生态效益。

(一)管理效益

1. 进一步提升了企业管理理念

绿色施工体系的建立，进一步提升了企业管理理念，促使企业员工树立了“以环境保护为核心的施工组织体系和施工方法”的思想，要“通过切实有效的管理制度和绿色技术，最大程度地减少施工活动对环境的不利影响，减少资源与能源的消耗，实现公路工程施工的可持续发展。

2. 为企业的可持续发展提供有力保障

通过建立绿色施工体系，是响应国家推进生态文明建设与交通强国建设的有力号召，同时，也是推进品质工程示范创建的重要体现，为企业的可持续发展提供有力保障。

(二)经济效益

与传统的施工体系相比，绿色施工体系可有效减少资源消耗，节省材料费用。如自动喷淋养生，可以节约用水及人工成本；隧道洞渣加工，可以变废为宝、节约资源；拌和站沉淀池，澄清后的清水重复利用可以节约用水等。通过应用绿色施工体系，与传统施工相比，可有效降低石料、水、电等资源的消耗，产生巨大的经济效益。

(三)社会效益

绿色施工体系的建立，可为我国公路工程施工行业在绿色环保方面的总体规划提供技术支撑，使绿色环保的理念深入人心。在采用绿色施工体系进行施工过程中，由于最大程度上的保护了生态环境及当地居民的生活环境，获得了施工现场当地村民的一致好评，取得了较大的社会效益。

(四)生态效益

绿色施工体系的建立，促使施工现场沿线环保取得新成效。以环境友好、生态文明和可持续发展为建设目标,取得生态环保、资源节约、节能减排等"三个成效"。高速公路沿线可绿化路段绿化率100%,植被恢复率和临时占地复原率达98%以上;通过提高材料、旧料回收率和循环利用率,有效节约了资源,减少了废弃,产生了较大的生态效益(图27、图28)。

图27　建成通车的召泸高速公路

图28　建成通车的大永高速公路

(五)成果评价

综上所述,通过推广、应用绿色施工体系,可实现四新技术的更高层次发展,并将科技成果有效转化,推动绿色环保施工技术的进一步发展,为公路交通行业带来巨大改变。因此,绿色施工体系在今后的公路施工中将具有不可比拟的潜力,加强绿色施工体系的建设也势在必行。下一步,云岭建设公司将组织专家对公司绿色施工成果进行验收,将成果进行进一步总结、升华、推广。未来,云岭建设公司将以市场需求为导向,以循环经济利用为基础,继续优化管理模式,将绿色施工体系打造成国内领先的新型施工模式,为行业的可持续发展作出应有的贡献!

地面服务资源管理体系创新性建设研究与应用

中国南方航空股份有限公司

成果主要创造人:黄　娅　陈创希

成果参与创造人:马均亮　欧阳玲　李满山　林少昂　刘　冬　马　莉
张　斌　李　亨

中国南方航空股份有限公司(简称"南航"),总部设在广州,以蓝色垂直尾翼镶红色木棉花为公司标志,是中国运输飞机最多、航线网络最发达、年客运量最大的航空公司,拥有18家分公司,在杭州、青岛等地设有23个国内营业部,在新加坡、纽约等地设有69个国外营业部。此外,南航还投资了雄安航空、厦门航空等21家全资、控股子公司,14家联营参股公司,3家合营公司。

南航以"阳光南航"为文化品格,以"连通世界各地 创造美好生活"为企业使命,以"顾客至上、尊重人才、追求卓越、持续创新、爱心回报"为核心价值观,大力弘扬"勤奋、务实、包容、创新"的南航精神,致力于建设具有中国特色的世界一流航空运输企业。

2019年,南航旅客运输量达1.5亿人次,连续40年居中国各航空公司之首。截至2019年10月,南航运营包括波音787、777、737系列和空客A380、A330、A320系列等型号客货运输飞机超过850架,机队规模居亚洲第一、世界第三。2019年9月25日,南航A380直飞大兴机场收个航班,伴随着首航圆满成功,南航正式迈入南北呼应、比翼齐飞的广州—北京"双枢纽"时代。

南航安全飞行纪录卓越,保持着中国航空公司最好的安全纪录,安全纪录和安全管理水平处于国际领先地位。2018年6月,南航荣获中国民航飞行安全最高奖"飞行安全钻石二星奖",是中国国内安全星级最高的航空公司。

南航积极响应国家倡议,为推动"一带一路"建设提供有力支撑。在"一带一路"重点涉及的南亚、东南亚、南太平洋、中西亚等区域,南航已经建立起完善的航线网络,航线数量、航班频率、市场份额均在国内航空公司中居于首位,已成为中国与沿线国家和地区航空互联互通的主力军。目前,南航在"一带一路"沿线38个国家和地区的68个城市开通了172条航线,年承运旅客1500多万人次。

通过真情服务和人文关怀,追求空地服务标准化、人性化和南航特色化,南航致力满足并超越顾客的期望。截至2019年1月,南航明珠俱乐部会员超过4000万人,并以里程累积机会最多、增值最快而持续增长。2011年,南航被国际航空服务认证权威机构SKYTRAX授予"四星级航空公司"称号;2016年获评SKYTRAX"全球最受喜爱航空公司"第13名,居中国内地航空公司之首。2017年南航被评为中国质量协会全国"用户满意标杆"企业,并获得中国国家顾客推荐指数航空服务第一名。2018年,南航获评SKYTRAX"全球最杰出进步航空公司奖"。

南航从2000年以来已获得18项民航科技进步奖,现在每年科研投入2亿多,承担过民航计划项目十多项,培养了大批科研人员,拥有第一届民航特聘专家2名以及中青年技术带头人多名。

一、成果研究背景

2014年,南航旅客运输量首次突破1亿人次,截至2019年,全年旅客运输量达1.5亿人次,其中,广州2019年进出港旅客量达到2600万人次。航空公司伴随着旅客量、航班量的不断攀升,地面服务人员的数量也逐年增长。同时,由于人力资源个体成本逐年上升,人力资源在成本结构中的占比也在逐年上升,人力成本已经成为国内外众多航空公司地面服务部门和机场地面服务供应商最主要的成本构成。不断通过增加员工数量来支持快速增加的业务量上升这一手段逐步凸现出人力成本和保障效率失控的问题,因此改善资源规划,合理管理绩效,高效安排工作,灵活调配任务,管控工作进程,成为提高人力资源使用效率,控制人力资源成本,进而成为地面服务部门人力资源管理的重要工作。

南航枢纽管理体系的建设要求对地面资源进行有效管控和调配,保证在需要的时间、需要的地点、为需要的任务派遣有资质保证的人力资源、提供符合规范和标准的服务。因此资源的合理高效调度是地面服务部实现枢纽高效运行的必要保证。

提高航班保障正常率和机场高峰小时的资源覆盖能力,是资源管理的另一项重要任务,也是体现地面保障业务管理能力的重要标志。为实现这样的目标,需要资源的集中和全面管控,达到目标资源可视化和可根据实际需要进行优化的能力。

二、成果内涵

本项目通过量化分析南航地面服务资源管理业务,研究基于现代运筹学的资源优化模型与高效求解算法,建立并投产具有自主知识产权的地服资源管理系统,以支持南航持续发展与战略转型,提高人力资源使用效率,节省人力成本,把地服资源管理从主要依赖人工经验的粗放管理模式,转变为信息化、科学化、精细化的现代管理模式。

本项目成果创新的主要内容:

①本项目基于整数线性规划建立了自主研发的新型数学模型,平衡了模型的合理性、模型规模与求解难度等因素,从而解决业务上带来的多级任务排班问题,最终取得较好的排班结果。

②实现系统排班过程模块化,通过参数配置、算法选型等方式就可以支持业务上灵活多变的排班需求,为系统快速推广应用奠定技术基础。

③量化现场服务标准,根据现场调研测算与系统模拟评估,分析出合理的现场服务标准水平,此项量化成果是系统进行标准化、统一化排班的基石。

④实现长期人力资源预测,系统一方面能够计算出下一个航季的各阶层人力数量的需求,另外一方面能够分析和优化现有的人员技能结构。

⑤打破传统作业模式中的区域化管理,优化班次任务安排方式,使员工不会固化在一定区域、一定岗位中,提高人员利用率。

⑥围绕资源管理为核心,建设贯穿排班前后全方位的信息化管理平台,精细化工时管理,提升生产管理水平。

⑦打破传统组织架构,建立一人多能、一人多岗的可能性,确立任务匹配技能的原则,对人员进行统一管理调度。

⑧根植于中国国情和南航特色进行创新,在具有深厚班组管理文化的国有企业和极具中国特色的其他所有制企业中具有更强的生命力,整套资源管理体系更适于在中国的航空运输和其他劳动密集型企业推广实施。

三、主要做法

(一)项目概述

地服资源管理系统分为4个子系统,包括人员管理、资源规划、资源排班、生产报表,4个子系统相互结合、紧密联系,构成一个以资源管理为核心的服务整体。系统协助地服部对人力资源进行长期规划和人员结构调,实现中短期的自动化排班管理,同时通过报表分析历史数据,不断优化服务标准和排班规则,让人力预测和排班达到更好的效果。人员管理子系统支持业务对人员的考勤、加班、资质、绩效进行管理。整个产品结构如图1所示。

地服资源管理系统的功能结构图如图2所示。

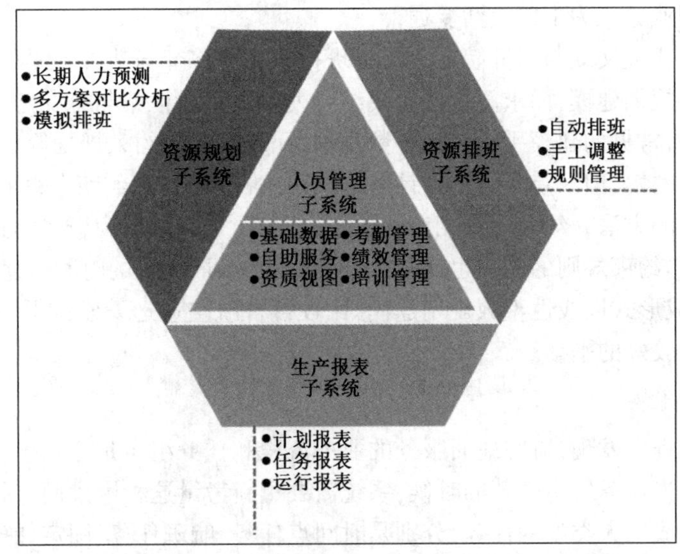

图1 整个产品结构

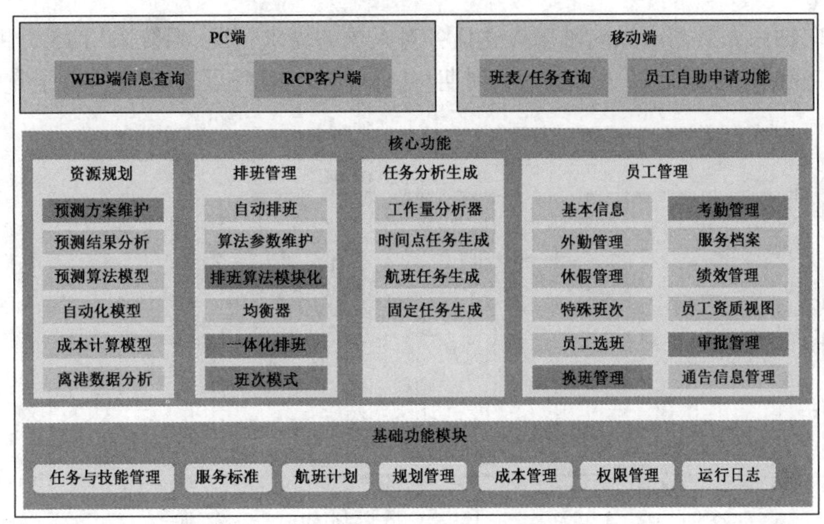

图2 地服资源管理系统功能结构图

(二)排班核心算法

排班算法的建模与求解是整个系统的核心所在,本项目第一个调研对象是国际值机科,该科室拥有接近200名员工,涉及的不同资质种类和等级有56种,每个员工个体拥有的技能各种各样,在现有的复杂的业务场景上无法做到归类和统一,这给排班的求解过程带来了巨大的难度。

从业务层面上说,排班问题是要解决这样一个问题,即什么任务应当安排给什么人来处理。而列生成法并不从任务的角度进行建模,而是把多个可合法连接的任务形成一个任务串,问题改为什么“任务串”应当安排给什么人来处理。显而易见的是,所有这样的任务串的数量将会是天文数据,因此枚举全部的任务串不光费时费力,而且很可能规模大得无法求解甚至无法放进内存。

从技术层面上说,排班要解决的问题,一是需要建立能合理模拟实际需求的数学模型,二是需要寻找并不断优化。航空地服资源优化的过程中,需要考虑以下因素:

①任务的覆盖率,即待分配的任务成功分配到员工上的比例。

②任务有严格的资质要求,要求任务分配到员工必须有相应的资质。

③员工每天、每周、每月的工作时长是否合理合法。

④困难任务均衡分配与好坏班的公平性。

⑤考虑班次间休息间隔,餐食时间等人性化因素。

⑥任务标准在不同业务压力下的灵活变通。

通过查阅国外学界相关文献与研究院在机组搭班排班系统多年开发中积累的经验,本项目主要采用运筹学中的线性整数规划建模,而求解算法主要结合列生成算法框架与分支定界算法框架进行设计。

在排班优化问题中,常见的建模手段包括整数规划、元启发式与约束规划等。元启发式算法有望能在较短时间内得到较优的解,但缺点是无法估计解的质量情况,而且在约束条件很多的情况下,很难设计出能保证找到可行解的方法。约束规划相对整数规划而言,是一种较为新兴的技术,有望在较短时间内得到可行解,并且表达约束规则的能力也比较强;但缺点是求最优解的时间不稳定且较长。参考文献与实践经验,使用列生成形式以线性整数规划建模,比较符合航空业运筹学问题的实际情况,在求解时间与求解质量上能得到较好的平衡。

(三)算法模型模块化

本项目在调研的过程中发现,航空地面服务的业务流程和任务组合是会在生产过程中不断优化、不断发生变更的。为解决当业务发生变革的时候,系统需要重新考量这种因素而进行调整开发的问题,本项目把排班的任务抽象成三大类型的任务,分别是时间点任务、航班任务、固定任务。

1. 时间点任务

通过时间横向轴和人员需求纵向轴来描述任务对人员的需求情况,系统采用15分钟颗粒度为一个时间点,根据航空业的特性选定以7天为一个周期,共计672个时间点来定制一个任务的总体需求,如图3所示。

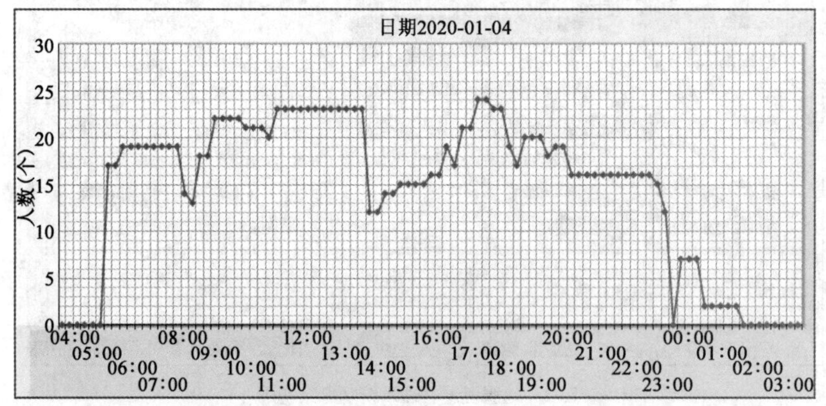

图3　时间点任务

2. 航班任务

航空公司地面服务部门的很多工作是跟随着航班的出现产生的航前、航后的工作任务,系统通过航班计划、航班动态、服务标准等信息产生大量与航班相关联的任务,如图4所示。

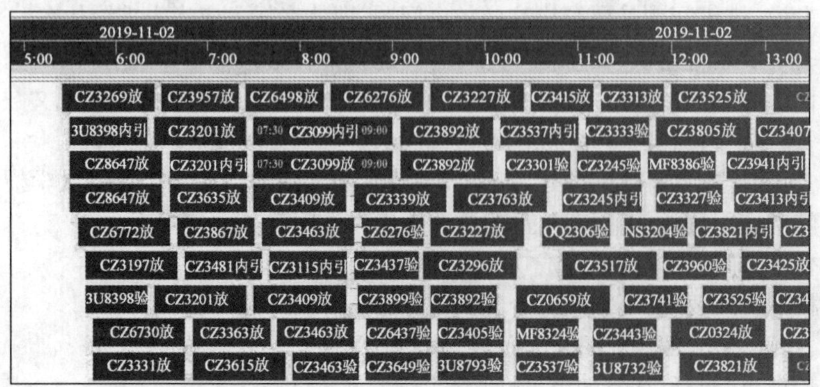

图4　航班任务

3. 固定任务

这种任务主要是面向值守型的任务岗位,如调度岗位、文书、后勤等任务岗位,这些任务的特点是一个班次就是一个任务,不去细化任务内的具体工作。

系统抽象任务类型后,以任务覆盖率为核心的算法核心进行模块化,模块化后能够快速的配置出若干个模型,使用这些模型去解决实际遇到的不同种类的业务问题(图5)。

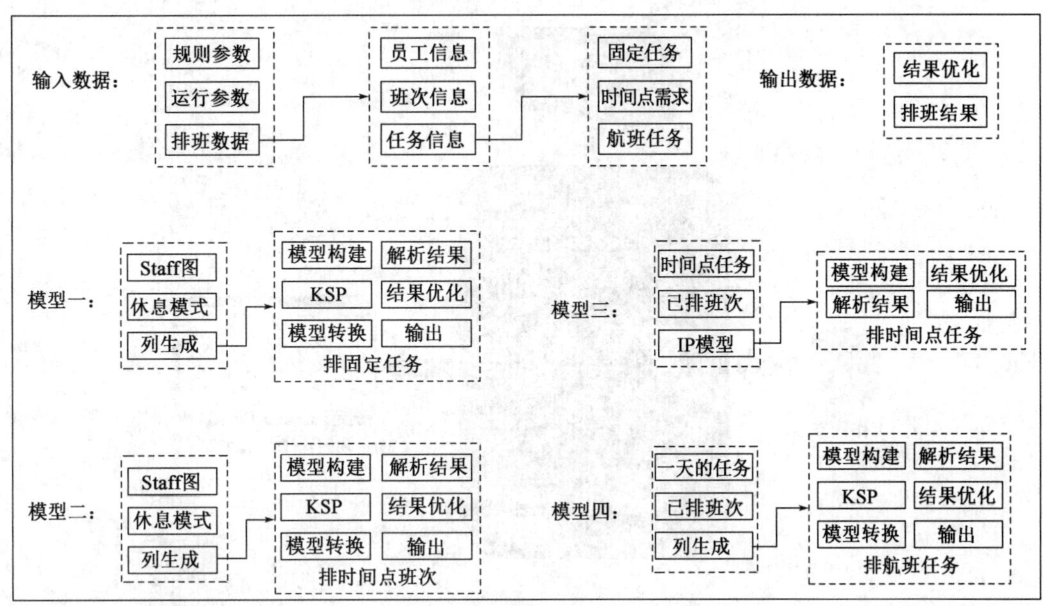

图5 固定任务

系统使用核心算法计算出最优的排班结果,并通过甘特图的形式展示排班数据,甘特图的横向轴是时间轴,而纵向轴是员工信息列表,使用这样的甘特图表现形式,能够清晰地表达出大量的排班结果数据,以及支持排班员能够使用系统功能快速地进行人员调整(图6)。

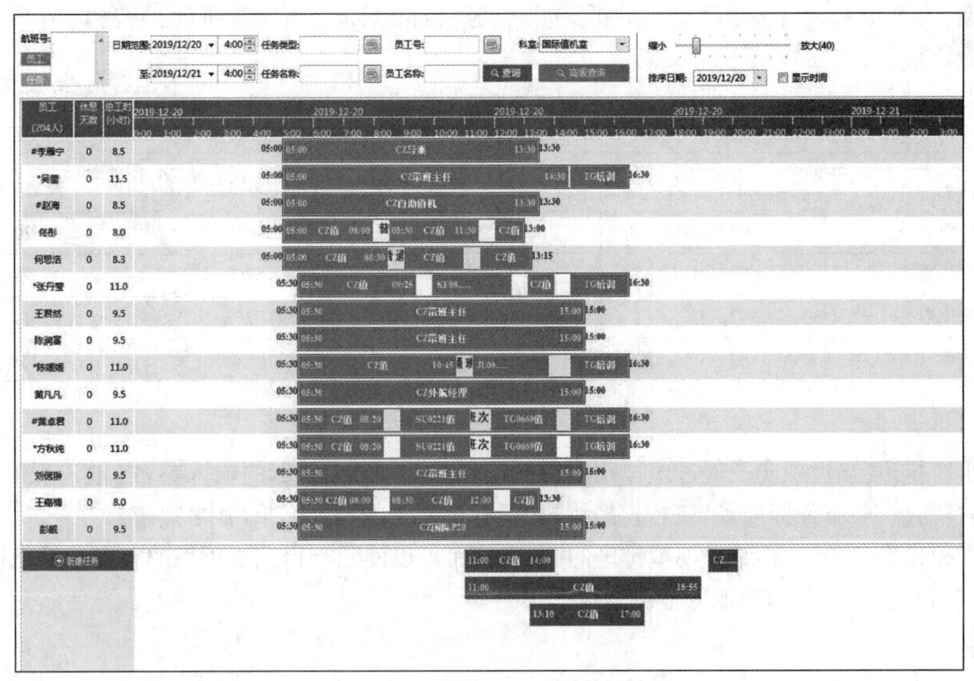

图6 甘特图形式排班数据

(四)实现人力资源预测

随着南航航班量和旅客量的不断变化,南航地服部在人力资源规划上如何响应这些变化也将是一个挑战。因此,科学合理的人力资源预测,提供有效的资源方案则非常关键。为解决这种人力需求变化带来的排班影响,系统提供了人力资源预测模块,通过建立预测方案,结合航班计划、旅客行为数据等输入条件,最终通过模型计算获得人力资源方案。人力资源预测流程如图7所示。

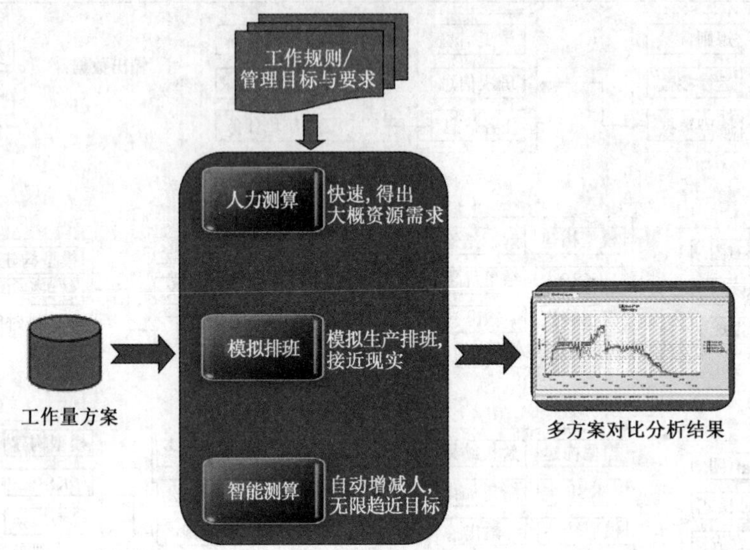

图7 人力资源预测流程

人力资源预测提供三种预测方法,分别是人力测算、模拟排班和智能测算,其中:

1. 人力测算

测算速度快,得出大概的资源需求。通过建立预测方案,包括输入参数(航班数据、预估旅客量、旅客行为数据等)和预测的目标(如总体任务覆盖率、高峰区间任务覆盖率等),由系统预测得出符合既定目标的方案,测算结果提供多维度进行分析,包括任务、技能、工时、班次等维度,见表1,由系统输出的测算结果分析报表。

测算结果分析表 表1

预测方案一				
技能名称	全天	高峰区间一	高峰区间二	测算人数
高级登机服务	91.22%	75.55%	80.90%	20
中级登机服务	93.42%	76.98%	80.67%	95
初级登机服务	92.47%	74.63%	84.32%	44
总计	92.37%	75.72%	81.96%	159

2. 模拟排班

模拟生产排班,接近现实。通过虚拟预测得到的结果,由系统设定的输入参数(航班数据、预估旅客量、旅客行为数据、服务标准等)进行模拟排班,得到更直观的预测结果(图8)。

通过模拟排班的预测,再结合模拟排班的调整,从而可以使预测得到更可靠的方案。系统可支持旅客服务(旅客行为数据)和航班服务业务维度的预测。

3. 智能测算

系统自动增减人力,无限趋近目标。根据目标覆盖率进行测算各级资质员工的数量,仅靠人力测算和模拟排班这种测算模型不能做到精确计算,过程中无法考虑复杂的规则和任务详细的需求,为解决问题,系统引入人力测算和模拟排班迭代循环进行的设计方式,逐步靠近测算目标,最后出来的方案结果是可以直接投产与排班的精细方案(图9)。

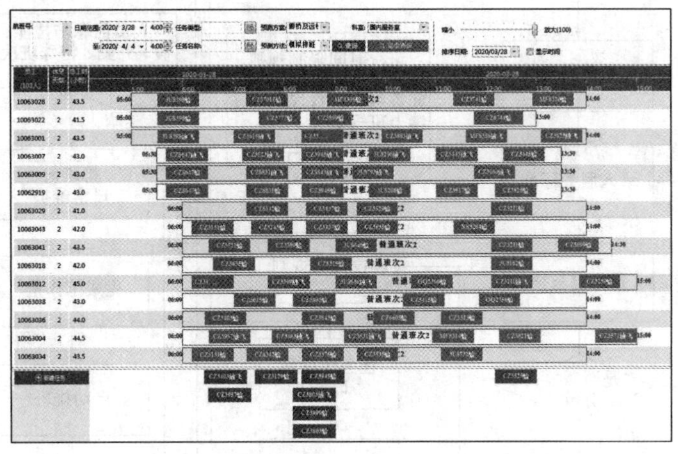

图8 模拟排班

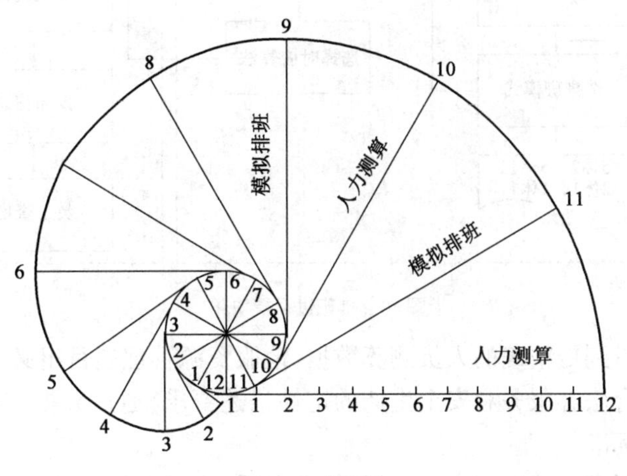

图9 智能测算

(五)排班过程模块化

通过参数配置、算法选型等方式就可以支持业务上灵活多变的排班需求,为系统快速推广应用奠定技术基础,如图10所示。

(六)量化技能和服务标准,优化人员结构,制定人员发展规划

1. 量化员工技能,明确人员资质

员工技能量化即需要明确每一名员工能够胜任哪一类工作,只有清晰的员工技能描述才能量化安排员工班次任务。这将使每一名员工技能“透明化”,并要求具有某一项或一类技能的员工集合的每一个个体都能够独立胜任系统安排的工作。

在实际生产中,具有某项技能的不同员工客观上存在一定的能力高低,产出质量参差的问题。在项目实施过程中,根据实际业务需求,需要重新梳理业务流程,合理划分业务技能分类,明确所有员工的技能资质。

2. 量化服务标准,开展人员测算

为了将定性的服务要求转化为量化的服务标准,地服资源管理项目组首先需要根据各个业务部门提供的信息、资料统一整理,然后通过实际调研后与生产单位、主管服务质量的质管处、主管对外协议的协议处和主管安全的安全处共同讨论确定可量化的服务标准,并将此规范化和格式化。

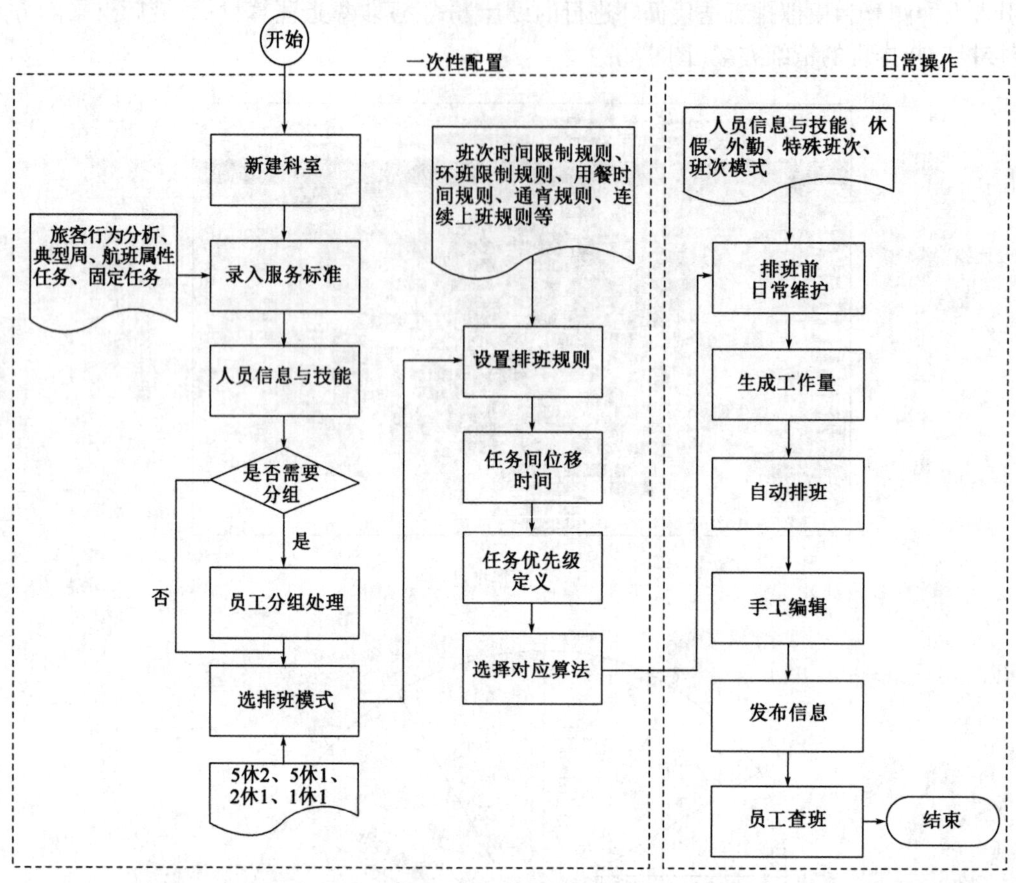

图10　排班过程模块化

在实施过程中,为了得到更精确的人员测算数据,地服资源管理项目组必然需要经过反复测算和长时间的实地调研分析,结合旅客服务和安全生产的定性描述要求,通过数据与各单位充分沟通,最终达成共识,得到合理的服务标准。

最后,以合理的服务标准为基础,根据员工的技能资质,应用系统支持工具测算各单位所需人员及其结构。

(七)优化班次安排,提高人员利用率

1. 多样化的班次类型

原有的人员排班模式采用轮休的固定上班制度,造成了人员工时长且人员利用率低,需要利用系统工具,根据实际任务需求灵活安排人员班次时间,并适当添加延时班、两头班等班次,提高人员利用率和任务覆盖率,班次时间安排更灵活。

2. 打破区域划分、条块分割的作业方式

在传统作业模式中,某些岗位的员工被固化在一定区域,或者一定的空间,进行区域化管理和局域化管理,这不利于提升员工的有效工作时间。例如,高端休息室的员工只固定做休息室内的任务,即使在空闲时期也不会执行高端接送机的任务。因此,需要基于人员测算结果,逐步打破区域化管理和局域化管理,使得工作人员能够在更大的空间运作,提高员工的使用效率。

3. 以任务需求为基础,划分任务保障最小颗粒度

受限于广州白云机场的停机位资源,航班的停机位变动大且远机位所占比例超过50%,国内和国际登离机业务需要在提高人员利用率的同时确保安全生产,由此需要根据人员技能结构需求和实际任务,将国内登离机服务人员划分为15人的一个保障组,保障一个班次时间范围内的航班;国际登离机服

务按照5个人为一个小组,保障单个航班的登离机任务。而其他单位根据实际任务特点,则采用单兵作战的模式安排班次和任务。

(八)围绕人员管理为核心,建设员工自助管理平台

员工排班作为计划排班数据,除了以服务标准、排班规则等基础数据作为输入之外,员工的休假、外勤等非在岗数据也影响着计划排班同样,计划排班后,员工的换班、考勤等,与排班也息息相关。围绕着员工管理这个核心,系统建设了员工自助管理平台,将休假申请、换班申请、考勤管理等与排班相关的环节打通,实现在线审批流程,减少手工干预排班的环节(图11)。

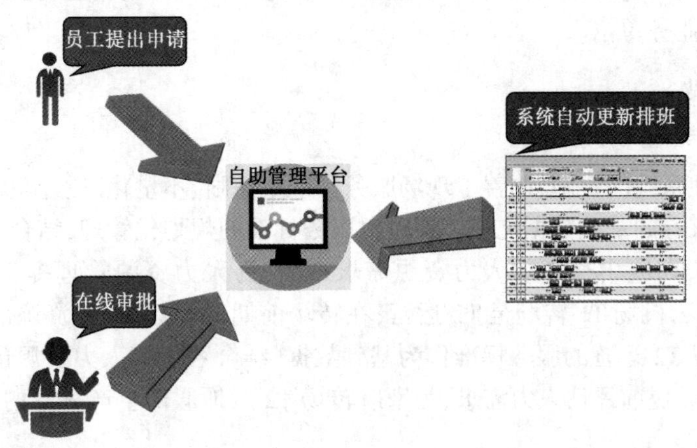

图11 自助管理平台

通过自助管理平台的实施,员工的休假、换班和考勤等方面都得到了规范管理,尤其在考勤管理方面,通过对考勤机的联网部署,可以实时获取员工的打卡数据,动态掌握员工的出勤状态。同时,考勤数据是员工实际出勤的数据,是排班的实际反映,通过员工考勤数据的分析,有助调整或完善服务标准,将计划排班和生产实施形成一个闭环管理过程。

(九)组建统一排班队伍,制定管理方案

1. 培养基层领导干部会排班

从三个层级来规范基层领导干部需要掌握的人员排班技能,构建一支可以持续推进并优化地服资源管理体系的基层管理队伍。层级一需要理解计划排班的基本原理、规则,具备一定的理论基础,并且可利用系统工具合理有效安排人员;层级二需要深入理解计划排班原理,掌握资源规划核心思想,全面掌握资源规划的方法和流程,熟练应用资源规划功能,根据生产需求应用系统完成人力资源测算分析,提出资源优化方案;层级三需要深入理解计划排班和资源规划基本原理,具备一定的讲解能力,并且要掌握计划排班结果和资源规划结果数据分析技能,具备数据分析、应用能力,及时发现问题,结合自身管理经验提出有效解决方案。

2. 组建统一排班队伍,制订管理方案

作为排班员,通过资源整合、科学排班等手段,提高劳动效率,控制人工成本的增长,实现对航班计划工作量中高峰和低谷进行削峰填谷式的操作是其基本职责。此外,利用历史数据进行长期分析和推算,实现人力资源配置和服务能力需求的有机管理,对人员需求进行总体的规划和配置,优化人力资源管理体系也是其核心职责。

针对员工排班工作,地服资源管理项目组需要制订排班员所需的基本素质要求,规范排班员选聘程序,组建一支高素质的统一排班队伍。与此同时,坚持正向激励、实事求是、客观公正、民主公开注重实绩的原则,选取任务覆盖率、有效利用率、人均月工时、员工工时标准差和称职度5项指标,建立考评体系,动态综合考评各排班员的工作成效。

四、实施效果

(一)实施概况

地服资源管理系统于 2015 年 7 月正式投产使用,截至 2020 年 5 月,在南航广州地服部实际应用近 5 年,共计服务 18 个生产科室近 2600 名员工的排班。

经过研发部门对系统的持续优化,特别是 2019 年完善了休假申请、考勤管理、一专多能工时自动统计等功能,系统已满足绝大多数一线生产单位的需求,极大提升了地服部的劳动效率管控。

除广州地服部以外,系统正尝试在南航其他业务单位进行推广试用,包括机务工程部、新疆地服部、北京地服部等近 10 个业务单位。

(二)制度效益评价

1. 量化服务标准,规范人力资源规划

通过地服资源管理系统的实施,改善了现场服务标准不清晰、不量化、凭经验实施等情况。目前,服务标准已成为排班最核心的基础数据之一。通过对服务标准的规划化管理,结合系统的人力预测功能,人力资源部定期制定长期或中长期的人力资源需求方案,为人力资源管理提供了有效的决策支持。2018 年,南航从广州白云机场 T1 转场至 T2 运营,在转场前期,地服部人力资源部联合一线生产科室、信息中心等相关部门以 T2 运营的服务标准作为基础数据,结合系统的人力资源预测模块,完成转场人力资源需求方案的预测,提前评估人力需求,为南航转场 T2 后地服部生产科室的正常排班及服务保障提供了有力决策支持。

2. 打破区域划分,按需分配任务

系统的实施优化了排班模式,打破了原有采用轮休的固定上班制度,改变了在技能结构复杂的情况下无法通过手工灵活安排任务的局面,借助系统,实现根据实际任务灵活安排班次时间。同时,打破区域划分,某些岗位,如登机服务岗,传统作业模式下,只能被固化在一定区域进行区域化管理,借助系统已逐步实现员工跨区域作业,大大提高员工利用率和任务覆盖率,使得班次时间安排也更加灵活。

2020 年新冠肺炎疫情突袭而来,航班量及旅客量自 2 月底以来大幅下滑,地服部根据实际情况优化排班,通过地服资源管理系统,地服的工时得以实时掌握,各生产部门之间,甚至同一部门不同科室之间,工时存在较大差距,以国内部两个科室为例,平均工时分别达到 131.8 和 146.6,而国际部和高端部等部门工时较低,只有不到 100,同样的情况在其他部门也有体现。地服部依据系统数据,及时作出相关应对措施,如开展“同质化”培训,打破岗位壁垒;跨部门支援,均衡各部门工时等。

(三)安全效益评价

地服资源管理系统针对任务有严格的技能匹配,通过设置各岗位员工不同的技能,并关联至地服部的实时调度系统,确保各岗位根据员工技能进行派工,最大限度保障安全作业,特别是远机位作业时,严格设定员工技能资质,保证翼下作业安全,2019 年全年,地服部没有发生因为远机位错上旅客等无后果违章(及以上)的不安全事件。

(四)经济效益评价

1. 提升利用率,降低人力成本

地服资源管理系统建设自动化员工排班,通过不断优化算法模型和结合业务推行人力混排,依据实施效果的估算,对于非值守型岗位,系统排班平均约可提高 6% 的人员利用率。截至 2019 年,系统排班覆盖地服部 18 个生产科室近 2600 名员工,其中非值守型岗位约 1600 名,根据地服部的人力成本 10 万元/年/人估算,每年约可节约成本 960 万元/年。

2. 科学管控工时,节省加班费

过往,由于地服部无法对各生产单位的工时进行实时管理,工时均以生产单位的上报为准,2019 年地服部结合公司薪酬体制改革，通过地服资源管理系统考勤管理功能，实现员工考勤数据自动统计，延时加班费计算口径已由原有的打卡工时顺利转换为考勤工时。

依据2019年6—12月的实施结果分析，预估未来每年可至少节省加班费约120万元。

加班费的减少也体现了劳动效率的提升，严格规范工时统计，也为后续依据业务趋势合理预测人员配置提供依据。

五、结语

南航地服资源管理系统是国内首家由航空公司自主研发的针对地面服务排班的系统，在2016年获得过第十五届部级全国交通企业管理现代化创新成果奖，2017年荣获中央企业侨联首届归侨侨眷及留学人员“优秀创新成果奖”。

系统设计基于航空业地面服务保障业务，同时具有南航的业务特色，符合国内航空公司的运营特点，在其他航司的推广应用上，相比国外产品也更具优势。

构建大型机场航班运行协同决策机制，全面提高运行品质

广州白云国际机场股份有限公司

成果主要创造人:雷 刚

成果参与创造人:邓松武 谈 伟 尹照明 任 燕

民航运输是我国交通运输的重要组成部分,其主要优势在于安全、舒适和快捷。随着我们民航运输业的迅猛发展,我国的大型机场均面临空中时刻资源和地面保障资源瓶颈突出问题。航班运行管理是一个系统性工程,涉及机场、空管、航空公司和地面服务保障单位等众多管理主体和利益相关方。如何联合各方力量,建立一套大家均能够共同遵守和维护的运行规则,统一目标,协同决策,实现航班总体运行效率和品质的最大化,是目前我国机场面临的普遍问题。

广州白云国际机场(简称"白云机场")是我国三大国际性航空事枢纽之一,2019 年其旅客吞吐量已达到7337.8 万人次,同比增幅达到5.2%,全球机场排名第11 位。白云机场当前正在实施三期建设,建设范围包括:新建两条跑道、一座大型航站楼、若干个卫星厅以及相关配套设施,总投资规模超过500亿元,计划到2025 年完成建设。目前,白云机场正在推进世界一流航空枢纽战略,提出了实现六个一流的战略目标:一流通达能力、一流运行品质、一流创新能力、一流管理成效、一流效益贡献、一流组织队伍。

因此,在上述背景下,白云机场通过一系列的管理创新和变革,以满足公司未来发展战略的要求。其中,"搭建广州白云机场运行协调管理委员会,构建广州白云机场航班运行协同决策机制,全面提升运行品质"是白云机场实施管理创新方式之一。

一、实施背景

(一)社会公众和行业主管部门对民航运输产业的"品质出行"提出更高要求

民航运输的最大优势在于安全、舒适和快捷,由于我们民航运输业发展过快,管理能力与产业快速发展不够匹配,导致近些年航班延误和旅客服务问题较为突出。机场作为旅客集散点,需要以"民航真情服务"为底线、以打造最准点机场为追求目标、以统筹协同航班运行保障各方为抓手,来统筹考虑旅客地面保障组织、航班运行协调和保障资源统筹配置等问题。航班准点是关乎旅客出行体验的核心问题,也是民航重点攻坚的一大难题。民航局提出"航班正常是服务品质的核心牵引,是民航真情服务的底线"。就机场发展而言,航班正常是评判机场运行品质的关键指标,是关乎机场发展的关键所在。在民航考核体系中,航班正常与机场时刻资源的增减紧密关联,而航班时刻是白云机场建设"世界一流航空枢纽"不可或缺的核心资源。

(二)粤港澳大湾区建设对白云机场品质管理能力提出更高要求

民航局在"十四五"期间要着力提升北、上、广机场国际枢纽竞争力,建设包括粤港澳机场群在内的世界级机场群。在此背景下,如何充分发挥白云机场在湾区民航运输的引领作用,对于白云机场管理能力提出更高要求。

（三）白云机场运行环境日趋复杂，运行管理难度不断加大

伴随着白云机场二号航站楼在2018年4月正式投入使用，白云机场进入到多跑道双航站楼运行时代，同时随着三期扩建不断推进，白云机场远期规划建设5条平行跑道、2个航站区和3个大型航站楼，对于体量和规模如此庞大的机场来说，航空器地面滑行效率、航班保障协调、运行资源统筹优化等等工作均要在更加复杂的运行环境下开展，如何在可控安全风险条件下确保机场"高品质"、"高效率"运行，对于机场而言将是一项考验。

（四）白云机场航空运输的快速发展对"提质增效"提质更高要求

白云机场在"十三五"期间航空运输发展迅猛，每年航空运输旅客增长量超过5%，2019年达到了7338万人次，在全球机场中排名第11位。按照白云机场总体规划，到2025年，年旅客吞吐量将达到1.2亿人次。在这样规模条件下，需要经历从量变到质变过程，需要通过管理创新，提升运行能力和管控水平，以满足旅客品质出行需求（图1）。

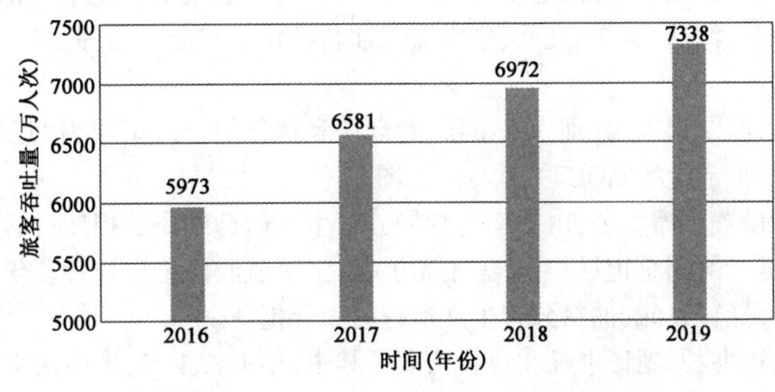

图1 旅客吞吐量

二、成果内涵

为适应新形势发展需求，白云机场经过近几年的管理变革，在2019年5月完成白云机场运行协调管理委员会（简称"运管委"）的构建，搭建了以机场、空管和主要基地航空公司为核心的三层管理架构，出台了管理制度和运作机制，编制统一的运行规则和运行标准，强化各单位数据共享和协同，共同开发系统平台，推行运管委的常态化、席位化运行，推广应用航班运行提质增效措施。通过上述一系列的管理创新，白云机场参与运行各方，深度合作，运行品质得到极大提升，白云机场运管委品牌的行业影响力不断提升，成为我国其他机场学习标杆。2019年11月，民航局主办的"中欧民航合作项目：A-CDM对比和差异化项目研讨活动"在白云机场举行，白云机场运管委的组织架构、运作机制、系统支撑和管理成效获得了欧方专家的高度评价。

三、主要做法

白云机场以构建航班运行协同决策机制为抓手，通过组织机构创新、管理制度和运作机制创新、管理流程和标准创新、技术手段应用创新、提质增效举措创新等主要做法，来全面提高运行品质。

（一）组织机构创新

航班运行协同是多组织协同问题，为此，白云机场以民航局行业规范为指导，创新性组建了具有"白云特色"的运管委组织架构，搭建了跨越组织边界的协同平台。

1.运行架构

（1）协同理念

以"共商、共建、共享"为理念，构建"白云特色"运管委，持续改善运行环境，提高运行效率，为旅客出行提供安全、准点的真情服务。

(2)协同平台

构建以机场 AOC(Airport Operations Center,机场营运中心)为核心的运行管理平台和以 ACDM 系统为手段的信息共享平台,支撑跨越组织边界的协同运行。

(3)协同原则

一是聚焦运行,围绕运行效率和运行品质两大主题,推进各单位从松散协同到紧密协同、从粗放管理到精细管理转变;二是问题导向,立足于解决白云机场空地资源不足、运行信息交互不畅和保障流程衔接不紧密等共性、突出问题;三是公平高效:建立公平、公正的管理体制和运作机制;四是规范运作,在国家和行业有关规章标准框架下,按照白云机场自身运行环境和特点,制定适用的、统一的运行程序和运行标准,协同各运行单位共同执行,确保机场运行有章可依、有规可循。

2. 组织架构

(1)成员单位构成

白云机场运管委共 9 家成员单位,包括:民航中南地区空中交通管理局、广州白云国际机场股份有限公司、南航、国航、东航、海航、深航、九元、华南蓝天油料公司广东分公司等。

(2)管理结构

实行三层协同运行组织架构,分别为决策层、管理层和执行层。决策层为"运管委领导小组",管理层为"运管委秘书处",执行层为"AOC 联席人员"(图 2)。

运管委领导小组,设置主席 1 名,由中南空管局分管生产运行副局长担任;执行主席 1 名,由白云机场股份公司分管生产运行的副总担任;常务副主席 1 名,由南航股份公司分管领导担任;副主席若干,分别由国航、东航、海航、深航、九元、油料分管生产运行的领导担任。

运管委秘书处,由秘书长、副秘书长和成员构成。其中,秘书长 1 名,由中南空管局空管部主要领导担任;副秘书长 2 名,分别由白云机场股份公司运行控制中心和南航股份公司运行指挥中心主要领导担任;成员由运管委各成员运行控制部门分管领导担任。

执行层,由各成员单位派驻到机场 AOC 大厅参与联席的人员组成。

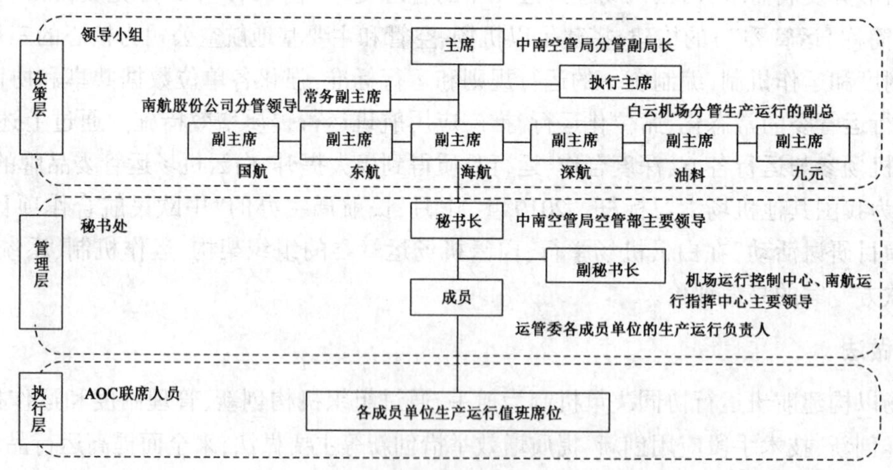

图2 组织架构

3. 组织目标

白云机场运管委组织机构的主要工作目标包括以下六个方面:

①以提升运行效率和运行品质为目标,建立统一的运行标准和运行程序。

②建立、优化并实施常态运行及特情条件下的协同运作机制及运行规则。

③对机场关键资源进行统筹调配和高效利用。

④开展流程效率优化和专项课题研究工作。

⑤协调解决运行中的重点和难点问题。

⑥研究制定运行管理监督检查以及绩效考核奖惩等制度或规则。

(二)管理制度和运作机制创新

为规范白云机场运管委运作,制定了完整的制度和机制体系,包括四个层级:第一个层级是运管委章程和合作框架协议,第二个层级是运管委管理办法,第三个层级是运行机制,第四个层级是岗位作业指导书(图3)。

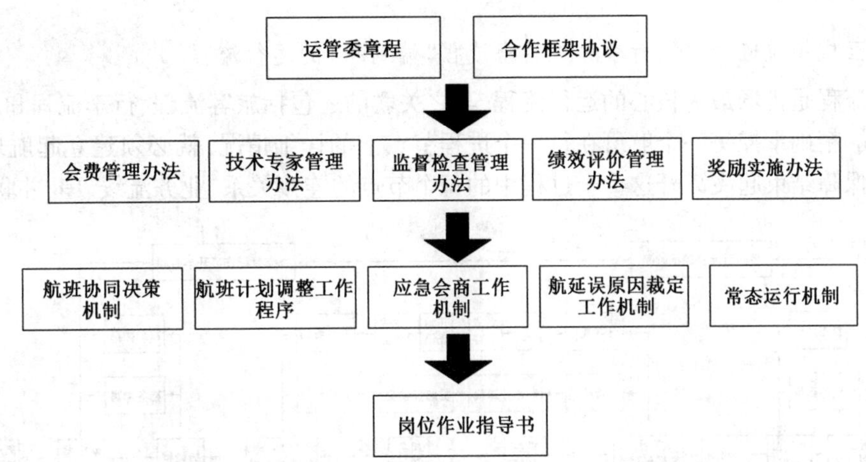

图3　广州白云机场运管委制度机制体系

①运管委章程是明确运管委组建目标和原则、成员构成、组织架构、权利和义务等纲领性文件,是指导白云机场运管委各项工作的“宪法”。

②合作框架协议主要用于明确运管委各成员单位的合作内容、权利和义务。

③会费管理办法主要用于规范运管委会费的构成、分担、收取、管理、支用。

④技术专家管理办法主要用于明确运管委技术专家的专业分类、选聘程序、工作职责、权利义务、专家管理等相关内容。

⑤监督检查管理办法主要用于明确运管委对于各成员单位以及各常态化岗位有关工作推进落实情况的检查要求。

⑥绩效评价管理办法主要用于评价机场总体运行指标和各成员单位运行指标、协同效率指标等,以及评价结果的应用。

⑦奖励实施办法主要用于明确运管委奖励项目构成、奖励标准、奖励兑现等相关条款内容。

⑧航班协同决策机制是运管委最为核心的运行机制,主要用于明确航班运行协同的流程、技术标准、实施监控和统一目标管理的要求。

⑨航班计划调整程序主要用于明确运管委在不利条件下(天气、关键设施或损坏以及其他造成大面积航班延误条件),运管委动态调整航班计划,实现航班运行流量与机场容量相互匹配的工作程序、技术标准和相关要求。

⑩应急会商工作机制主要用于明确运管委面对不同影响范围和程度的应急条件下,各单位参与会商的形式、人员构成要求以及主要工作任务。

⑪航班延误原因裁定工作机制主要用于明确运管委在裁定航班延误原因的工作原则、工作流程、工作标准、申诉机制等。

⑫常态运行机制主要明确运管委开展常态运行的岗位构成、岗位工作职责、工作流程和要求等。

⑬岗位作业指导书是用于明确运管委常态运行岗位的详细工作职责、标准和要求的指导性文件。

(三)管理流程和标准创新

以往机场的运行流程是片段式的、段到段的,流程中的每个环节没有很好的衔接,每个环节的上游、下游没有规范和统一接口,接口标准也不明确,缺乏全流程管理概念。上述这些运行流程管理问题也是我国机场普遍存在的问题。

2017 年机场运控中心成立后,提出了机场运行管理"全区域覆盖、全流程监控"的理念。为了落实上述理念,白云机场 2019 年开始以运管委为平台,以全流程效率最大化为目标,建立端到端的航班运行流程和标准。

1. 建立白云机场航班、旅客、行李和货物全流程"端到端"的运行流程

航班运行流程是机场最为核心的运行流程,与之关联的还包括旅客流程、行李流程和货物流程。为确保运管委能够精确掌控每一个航班在每一个进程节点上的详细情况,就必须建立起航班从前站起飞到航班在本站保障结束起飞离开这个全过程中的每个节点的连接关系、业务流线、串/并联关系(图 4)。

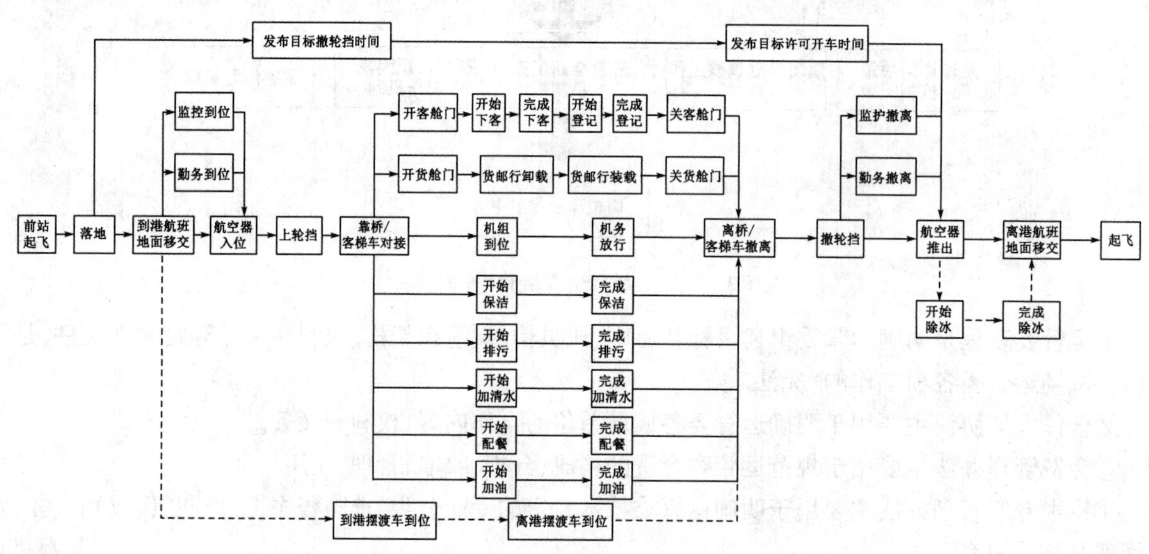

图 4 运行流程

2. 以一流机场运行效率为目标,建立航班保障的"白云标准"

以航班的预计进港时间(ETA)为基准,建立摆渡车到位、接机人员到位、上轮档、锥筒摆放、靠桥/靠客梯、开客舱、下客、卸行李/货物、客舱清洁等项目保障标准。以航班预计离港时间(ETD)为基准,建立登机服务员到位、开始登机/结束登机、最后一辆摆渡车到位、关客/货舱门、加油完成、廊桥/客梯撤离、撤轮挡、撤锥筒、完成推出准备等项目保障标准。

(四)技术手段应用创新

为满足航班运行协同决策和统一目标管理需要,白云机场运管委在 2019 年 7 月完成了 A-CDM 系统(机场协同决策系统)功能的升级改造,8 月完成了与空管和航空公司系统的交互和数据共享,为运管委开展航班运行协同决策提供了强有力的技术支持。A-CDM 系统技术手段创新内容主要包括以下方面:

1. 建立了科学合理的航班目标离港时间(TOBT)推算规则

一是在航班 TOBT 计算中,要综合考虑航班动态的变化、拼接关系变化、可变滑行时间、保障能力评估、航班正常性需求以及在不利条件下的协同运行等因素,确保 A-CDM 系统自动计算 TOBT 质量。二是在 TOBT 计算中引入"DELTA 值"。华南地区每年 3—9 月是雷雨天气高发季节。雷雨天气带来的限

制是变化的,而地面资源的调度以及机组、旅客的安排也是变化的。如何综合满足流量管理、航空公司、机场的航班管理需求,充分融合三方变量,是一个难点问题。为解决此问题,就需要对航班 TOBT 算法进行改进,通过“DELTA 值”综合评价地面保障能力,A-CDM 基于“DELTA 值”每分钟完成一次 TOBT 的计算更新,实时发送给空管 CDM 系统,CDM 系统根据实时更新的 TOBT 为航班动态挑选最优时序(CTOT),如图 5 所示。

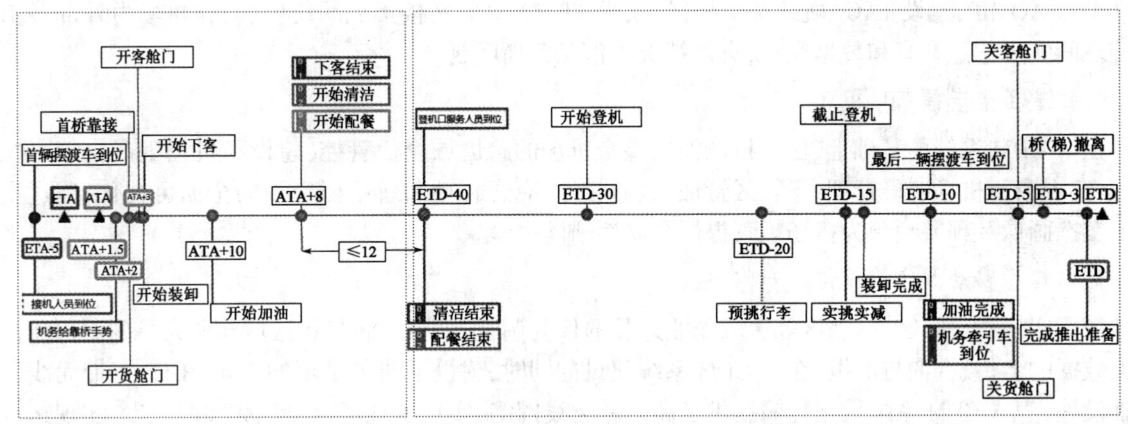

图 5 保障标准

2. 实现航班保障全流程监控

白云机场 A-CDM 系统,通过更为广泛的数据共享,在不同维度、不同渠道收集航班保障作业信息,实现了航班保障全过程、全岗位、全节点保障信息监控,系统数据覆盖了 4 个工作过程、38 个保障节点、59 个业务岗位,实现了航班运行全要素(飞机、人员、车辆、机位、旅客、行李、货邮)全过程(前站起飞至本站起飞)实况监控。

3. 建立高效的空地协同决策

白云机场 A-CDM 系统与空管 CDM 以高质量的 TOBT 交互为核心,通过 TOBT 的统筹管理,将空管、航司、机场拧成了一股绳。航空公司可以实时掌握空中流量实时情况以及预计变化趋势,做好旅客安排、内部运行调整决策,并将决策结果通过 TOBT 反馈至 A-CDM 系统;空管可以随时掌握地面每一个出港航班的保障情况,为空中流量管理措施的制定及优化提供参考;机场可以准确掌握每一个航班的预计出港时间,为运行态势的调控、保障资源的合理调配提供支持。

4. 运管委实施航班 TOBT 的统一管理

在机场实施 TOBT 全面统筹之前,各航司在空管的 CDM 系统上录入、修改航班的 TOBT,这种情况下 TOBT 质量不高,甚至部分航班没有向 CDM 提供 TOBT。在运管委实施 TOBT 全面统筹之后,各航司在 A-CDM 系统上管理航班的 TOBT 数据,经运管委审核通过后,再通过 A-CDM 系统发送至 CDM 系统,参与航班起飞排序,这样就确保了 TOBT 有一个统一的监管机构,数据质量能够得到有效保证,CDM 根据 TOBT 计算的航班起飞时序(CTOT)更可执行,理顺了航班空地运行秩序。

5. 实现多系统数据融合及发布

A-CDM 除完成项目本身的信息共享、进程监控、CDM 协同、预警预测等功能外,还实现了系统多源数据共享与融合:分别接入空管航班数据、CDM 协同数据、ADS-B 数据、ACARS 数据、航空气象数据、全国机场特情数据、民航运行监控中心数据、南航/东航/海航/春秋/九元等航空公司数据、北上广三大机场数据、货邮数据、旅客进出港(值机/安检/登机)数据、行李数据、车辆位置及报警数据等。系统与一系列专业支撑系统数据对接,实现航班、旅客、行李、货物等生产信息的融合并按需发布。

6. 实现了服务监管及绩效考核

通过不断收集航班服务保障节点数据,形成某一节点服务保障信息更为准确的周期数据积累,从而建立运行保障服务标准,结合航班地面保障服务代理合约关系,以系统数据比对为抓手,实现了服务合约管理、业务流程定制、电子排班调度、服务标准监管预警与服务绩效考核。

7. 打造了数据共享平台,实现双航站楼联合运营

白云机场 A-CDM 系统的建设始终贯彻平台化策略,通过一系列重构和建设,一方面实现 A-CDM 系统自身的建设目标,一方面打通机场内外部单位的信息壁垒,为此,建设了总线型的机场生产管理信息共享平台 AOMIP,建设 TAG(航站楼适配器)实现 T1、T2 双航站楼集成系统整合,在机场内外部各信息系统之间实现信息共享和数据交互,有效解决了信息孤岛问题。

8. 打造了生产信息可视化系统

在 A-CDM 系统的基础上,白云机场面向整个机场的跨区域全面管控,建设了机场生产决策可视化系统,实现白云机场航班管理、飞行区管理、交通管理、应急管理和航站楼管理的全面可视化,通过实现机场实态画像及预警预测为机场运营提供全局性辅助决策。

9. 组建了移动调度数据传输专网

为了实现对飞行区、航站区等区域作业人员的任务调度与监控,满足各区域作业人员的对保障作业相关数据的上传、查询与汇报,在 A-CDM 系统建设的同时,建设了覆盖全场的 1.4G LTE 宽带无线网等基础设施,为 A-CDM 系统数据传输提供了高速率无线网络,实现了现场保障视频实时收发,实现运行调度的全面移动化。

(五)提质增效举措创新

白云机场运管委以航班协同运行和运行品质最大为目标,开展了一系列提质增效创新举措,包括:

一是实施进港航班的就近落地。AMAN 系统可提供进场航班的跑道分配、次序安排和延误策略等辅助信息,是提升运行效率的有效辅助工具。广州管制中心 AMAN 系统于 2019 年 3 月 8 日正式启动试运行。通过使用 AMAN 系统,优化了跑道选择,平衡了进出港流量,达到降低管制员工作负荷、提升机场运行效率、提升机场就近落地率、减少空中延误时间、减少地面等待起飞时间、减少地面滑行时间等效果。根据近 3 个月的数据统计,进港航班地面滑行时间平均减少 3 分钟,就近落地率超过 9 成,出港航班地面滑行平均减少 2 分钟。

二是实施缩小尾流间隔(RECAT)。为缓解中南地区主要机场的跑道容量瓶颈,努力推动空管运行质量和服务品质向国际先进水平靠拢,中南空管局联合中国民航大学研究团队,研究欧美基于机型重新分类的尾流间隔标准可行性与安全性,并制定了在广州和深圳机场开展航空器尾流重新分类实验运行的详细方案,设定时间节点,稳步有序推进各项工作。先后完成管制模拟机验证、管制员培训考核、设备升级改造、航空情报资料上报等准备工作,并于 2019 年 12 月 5 日在广深两场正式实验运行。

三是实施航班快速过站。为减少航班到港延误对于出港航班准点影响,白云机场 2019 年开始制定并全面推广实施航班快速过站保障程序,压缩航班过站保障时间,提高保障效率,以运管委为平台,各成员单位共同配合,强化快速过站保障的组织协调。2019 年以来,共保障"快速过站航班"近 6000 班,其中窄体飞机从进港到离港的整个过站时间最快可以做到 28 分钟,为白云机场航班准点率提升作出了积极贡献。

四是优化地面运行程序。优化航空器接送机程序、"闪灯即推"运行程序、"边推边开车"程序以及优化启动点设置等,11 月完成程序的印发,指导各作业单位优化作业规程,提高作业效率。实施"同进同出"滑行通道运行规则,优化航班推出程序,充分利用滑行通道的长度和宽度,调整通道使用规则,从原有的单一进出模式调整为"单通道一进一出、双通道独立并滑"模式,提高了航空器机坪运行效率。

五是推行始发航班二次靠桥。我国大型机场普遍存在夜间停场飞机超负荷问题,夜间大量飞机停放在机场,由于近机位数量有限,导致大量停场飞机停放在远机位,在次日早上航班始发阶段,存在大量

远机位保障的航班。为了提高运行效率和旅客服务，白云机场研究采取飞机拖曳方式，将停放在这些远机位的航班拖行靠桥，以提高航班保障效率以及旅客服务水平。该措施自2019年开始实施以来，每日飞机拖曳数量稳步增长，从开始的每日拖行15班靠桥到2020年高峰时达到30多班靠桥，每日增加廊桥服务旅客超过4000人次。

四、实施效果

白云机场通过实施上述一系列管理创新举措，自2019年以来，在航班准点、运行效率、旅客服务、降本增效和公众出行等方面成效显著。

（一）航班准点，为旅客品质出行保驾护航

通过一系列的管理创新，白云机场航班准点率水平从2019年以来，不断创造历史最好水平。2019年全年，白云机场航班准点率达到89.10%，同比2018年提高4.15%，其中，2019年9月准点率首次月度突破90%，10月和11月分别达到95.04%和94.44%，根据飞常准公布数据，白云机场准点率水平位列全球大型机场准点TOP5和TOP4。

2020年以来，受新冠肺炎疫情防控影响，白云机场航班准点率水平在2—3月有所下滑，但通过采取疫情防控和流程优化等有效措施，航班准点率很快得到恢复。按照民航局公布数据，白云机场在2020年1—8月准点率创造了91.69%的历史最好成绩（图6）。

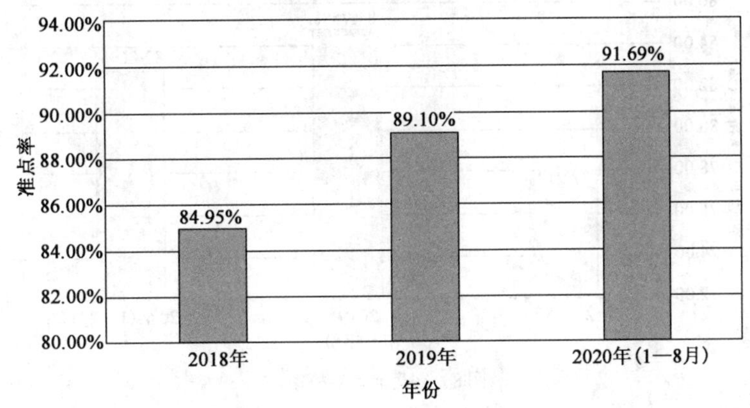

图6　广州白云机场航班准点率

（二）提质增效，为机场主要客户创造良好运营环境

衡量机场运行效率的指标有：飞机进港和出港平均滑行时间、航班的靠桥率等。白云机场通过一系列提质增效举措，使得机场运行效率得到显著提升。

在飞机滑行效率方面，2019年全年，平均每架飞机进港滑行时间为7.93分钟，同比减少1.43分钟/架，效率提升值为15.28%；平均每架飞机出港滑行时间为17.03分钟，同比减少1.69分钟/架，效率提升值为9.03%。2020年1—8月，白云机场飞机滑行效率得到进一步提升，其中，均每架飞机进港滑行时间为6.82分钟，同比减少1.11分钟/架，效率提升值为14.00%；平均每架飞机出港滑行时间为14.45分钟，同比减少2.58分钟/架，效率提升值为15.15%（图7）。

在航班靠桥率方面，2019年全年，白云机场旅客运输航班靠桥率为84.75%，同比2018年提升了7.54%。2020年，由于受新冠肺炎疫情防控影响，大量航空公司飞机停航，给机场机位周转带来极大压力，但是经白云机场有效调控和资源挖潜，1—8月的航班靠桥率82.86%（图8）。

（三）减少延误，体现民航“真情服务”

白云机场创新建立了航班运行协同决策机制，将原有为航班提供保障服务的松散组织联合起来，促成了一个紧密协同组织的构建，航班保障更加高效，实施航班保障过程的更加精确管控，实现航班保障资源的精准配置。自从实施上述管理创新工作以来，一方面是，白云机场出港航班延误情况下降显著，

2019 年 8 月—2020 年 8 月,出港航班平均延误时长为 12 分 32 秒,同比减少 6 分 20 秒,降幅超过 50%;另一方面是,长时间延误航班大幅减少,2019 年旅客在飞机上等待延误 1 小时以上航班为 794 班次,同比 2018 年减少了 40.78%,等待延误超过两小时的航班为 25 班次,同比 2018 年减少了 41.67%。上述航班延误程度的明显下降,带来的是旅客服务水平的明显提升。

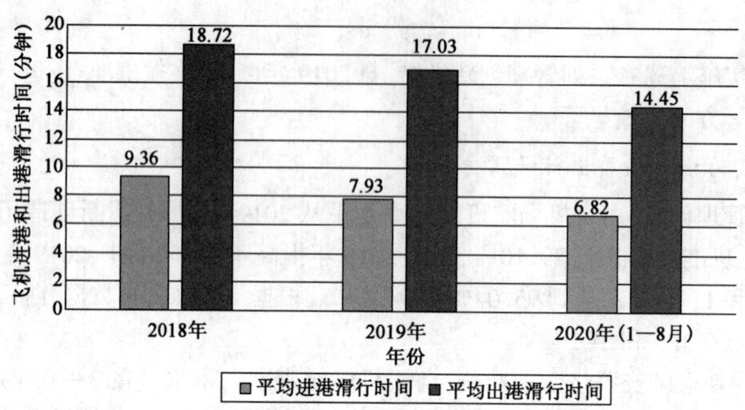

图 7　飞机进港和出港滑行时间

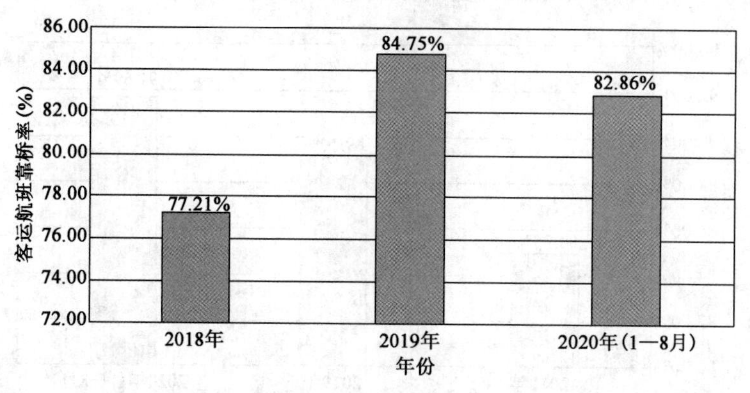

图 8　客运航班靠桥率

(四)降本增效,为航空公司提供良好营收环境

降本增效主要体现在延误成本、燃油成本和资源成本这三个方面。

延误成本方面,2019 年 8 月—2020 年 8 月,白云机场保障客运出港航班 179086 班次,平均每个出港航班减少延误 6 分 20 秒,按照国际航协(IATA)航班延误成本测算标准,单位航班延误成本为 47 美元/分钟,2019 年 8 月以来,白云机场为航空公司节约航班延误成本 5303 万美元,如美元与人民币汇率按照 6.7 计算,则节约的航班延误成本达到 3.55 亿元。

燃油成本方面,2019 年 8 月—2020 年 8 月,白云机场进港航班 184383 班次,平均进港滑行时长为 6.73 分钟,平均减少进港滑行时间 2.16 分钟;出港航班 188335 班次,平均出港滑行时长为 15.21 分钟,平均减少出港滑行时间 2.50 分钟。总节约滑行时间为 869105 分钟,按照每架飞机每分钟耗油 18 公斤计算,以及燃油成本按照 4875 元/吨计算,共节约燃油成本 7626 万元。

资源成本方面,通过精确的协同决策,减少了航班延误,提高了飞机利用率,对于机组资源、保障设备资源、航班 APU 以及航材资源和维修成本等间接带来了巨大的资源成本节约。

(五)减少碳排,助力打造"绿色机场"

减少碳排主要体现在两个方面,一个是在飞机滑行阶段,通过缩短飞机滑行时间、降低燃油消耗、减少滑行碳排放;另一个是始发航班二次靠桥,采用桥载电源和空调来替代飞机的 APU,减少飞机 APU 燃油消耗和碳排放。

在减少飞机滑行碳排放方面,2019 年 8 月—2020 年 8 月,白云机场减少飞机燃油消耗 15643 吨,每吨航空煤油产生的碳排放量按照 3.15 吨估算,减少的碳排放估算值为 49278 吨。

在减少飞机 APU 碳排放方面,2019 年 8 月—2020 年 8 月,白云机场采用飞机拖曳方式,将 10256 架次飞机从远机位拖至近机位停放,每个架次减少的 APU 碳排放量估值为 50 公斤,则飞机拖曳靠桥减少的 APU 碳排量为 513 吨。

白云机场在 2019 年 8 月—2020 年 8 月期间共减少碳排放 49791 吨。

基于共治共建共享的公共交通城市客厅平台应用与实践

广州羊城通有限公司

成果主要创造人:谢振东 李 婧

成果参与创造人:顾裕波 温晓丽 邹大毕 罗思舒 程世勇 吴 单

广州羊城通有限公司成立(简称"羊城通公司")成立于1999年,由广州市公交集团、地铁集团投资,是广州市公共交通电子支付系统的建设和运营单位,更是广东省公共交通支付互联互通系统的基础建设和核心技术支持单位。羊城通公司以"让大众生活更轻松,帮伙伴经营更高效,助政府管理更科学,促经济发展更协调"为使命,致力提供方便快捷的电子支付服务。迄今,羊城通卡已通行广东省内21个地市,与香港、澳门、新加坡实现了互联互通,并发行了具有全国一卡通功能的羊城通卡,可在国内275个城市中使用,是广州市民最重要的交通出行支付工具。

截至2019年,系统累计发卡(码)量超过1亿张,在线实名用户超过3000万,羊城通公司人脸库数据超过500万,累计服务425亿人次以上,位列全国第三,华南第一;系统内应用消费超过100万次,合作商家约1400家,应用范围全面覆盖广州市内所有公共交通应用,并拓展到连锁便利店、超市、校园、大型赛事和展会及公共事务等行业的小额支付领域,日均交易量超过1800万笔。

羊城通公司获得了广东省智慧交通支付工程技术研究中心、广州市企业技术中心、广州市企业研究开发机构、广州市院士专家工作站等认证,拥有专利及软著70多件,在国内外专业期刊发表论文50多篇,承担20多个省(区、市)政府科研和产学研课题。

一、实施背景

随着城市生活移动互联网化的改变,出行和生活的边界日益模糊,羊城通公司服务于城市公共交通行业,业务触点已经从电子支付延伸至一站式出行、城市生活服务等泛交通领域,帮助公交企业提质增效、提升服务既是移动互联网时代下的企业多元化发展需要,也是保障和提升公交电子支付体量和服务体验的需要。

广州市常规公交日均客运量(疫情前)超过600万人次,中长途出行需求随着地铁线网建设逐渐被轨道交通满足,城市公共交通体系转变成以轨道交通为骨干、常规公交为主体、其他出行工具为补充的多层次体系。对公交企业而言,在公交出行需求渐趋饱和的趋势下,投放车辆和运营服务的成本仅从普惠票价收入和有限的财政补贴难以达到收支平衡。社会大众对公交的定位是出行工具,缺少文化基础、加之出行群体的多样性以及交通拥堵等因素,使得乘坐公交出行的体验日渐下降,服务创新和经营收入下降是公交企业当前面临的主要管理矛盾之一。

解决公交出行体验、引导公交出行需要从多个方面入手,包括路权优先、车辆升级、柔性调度、服务治理等,而创新服务治理则是其中一种投入少、实施难度低、成效高的性价比显著的措施。党的十九大报告提出"打造共建共治共享的社会治理格局",是在新时代加快推进社会治理现代化的必然道路。这意味着在社会各行业的公共治理中,利益相关人的参与和互动都是非常重要的,公交服务在改进治理方式的同时,应更加重视公共引导和公共参与,使发展成果更加公平地惠及公众。

要理解共建共治共享对提升公交服务的意义,需要先理清公交服务的三个属性。公交承载着重要的公共交通和公共服务功能。对公交企业而言,寻求经营效益决定了其首先具备经济属性。从政府管理部门和社会大众的角度,公交服务的对象是无限制、最广泛的出行群体,是城市重要的基础服务,具有公共属性。交通信息技术应用,例如智能调度、电子支付、视频监控等的运用,则为其增添了科技属性。经济属性、公共属性、科技属性的交织,决定了其服务体验的提升遵循"木桶原理",需要从整个治理层面实现多方协同,文化认可来提升,而不是单个维度的功能优化可以实现的。

广州公交大数据已有一定基础,公交基础数据、GPS 数据、调度数据、移动应用数据、电子支付数据等移动互联、多源、异构数据体量达到 PB 级别,能够实现乘客社会属性信息与公交系统运行信息、公众出行信息、移动互联网行为信息等之间的关联。公交大数据的沉淀,则为公交治理创新提供了智能化的工具支持,为共建共治共享的公交管理合作机制建立提供了可能。

共建共治共享的机制建立目标体现在三个方面:一是从公交企业角度,打造城市客厅平台,实现公交车辆驾乘质量、服务可获得性的精细化治理,依托大数据运用实现更多柔性化服务,提升公交吸引力;二是从政府角度,将对公共交通的"硬"制度要求和引导行业自主优化的"软"服务约束结合起来,并引入第三方组织和智能化技术辅助行业监督、服务升级,实现智慧治理;三是从乘客角度,以交通服务享受者的角色监督企业行为和政府行为,以交通数据提供者和分享者的身份为服务治理发声。

二、成果内涵和主要做法

(一)成果内涵

移动互联网环境下,信息高度聚合使得出行和生活越加便利,但城市自身却正在成为异质性的不同社群的组合,城市中人际间的线下社交、实体空间中的社会关系却日渐疏离。广州交通城市客厅的建设,是为了重新构建公交出行环境中人与人之间的社会关系,通过构建乘客画像,动态组建虚拟社群实现乘客为出行体验自主发声;引入志愿者群体,构建由乘客、公交企业、政府管理部门多方协同、共建共治共享的公交管理合作机制;利用大数据技术升级公交智能化服务体验;借助客厅平台连接线上服务平台及线下的出行和生活服务场景,培育出行服务新产品、新业态、新模式。城市客厅具备城市管理、企业运营、服务市民的能力,提供公共交通出行服务、环保积分服务、志愿者公益服务、大数据信息服务等,通过平台化运营实现公交企业和市民共享平台服务和权益成果,提升城市形象、提高本地公交企业竞争力,优化市民在城市服务和公共交通场景的服务体验。

(二)主要做法

1. 整体思路和原则

(1)共建、共治、共享

交通城市客厅建设,首先要明确共建、共治、共享的基本原则,政府要公开数据和规划,要让社会公众了解整体规划并能发表意见,形成社会共识;企业要落地与政府规划配套的城市服务,促进企业资源与城市管理需求的整合,政企合作,与民共建,最终共享城市发展的繁荣成果。

(2)公共服务均等化

过往的城市服务平台建设以服务项目的多、广、全为重点,但体验门槛较高,需要用户有一定的信息技术知识,对信息技术知识不足的群体不够友好,城市客厅的建设改善这一局面,尽量地将技术平民化,让全体城市居民均能享受更多的公共服务。

(3)突出城市文化特色

城市是文化的空间,城市文化是城市的灵魂,有文化特色的城市才有魅力。当下的城市信息化建设,往往过于注重技术化和数字化的直接效益,忽略了各个城市的文化特性和感性维度,城市客厅旨在建立一个主打城市标志性文化的综合空间,努力推动城市建设的特色化,促进地区经济的个性化、多样化发展。

2. 重点创新内容

(1)建立出行个体的数字化映射，搭建广州交通城市客厅实现乘客用户化、线上化

传统公交服务线下乘客，乘客下车服务结束。公交企业既不“认识”乘客，也无法留存乘客提供更多服务，使得公交只能成为出行代步工具。建设广州交通城市客厅首先需要将公交“看不见摸不着”的线下乘客转化为运输企业能够连接得上的线上用户，这是共建共治共享模式创新的基础。即实现乘客用户化，对公交服务用户的精准识别；实现用户在线化，与用户的实时连接。

随着电子支付技术应用，广州公交超过80%乘客使用羊城通支付乘车。羊城通支付成为乘客使用广州公交服务的“指定动作”。广州的公交乘客用户化、线上化以电子支付服务作为切入点，依托高频出行服务将城市主要的公交出行乘客转化为用户。具体地，广州建设羊城通App，提供电子支付的线上服务能力，推出乘车码、电子车票、空中发卡、实名登记等多元化服务，引导公交乘客通过移动互联网进行身份注册，并整合乘客出行大数据，勾勒用户画像，实现将原来非记名的公交乘客转化为具备身份特征的记名用户。同时，通过羊城通App、羊城通微信小程序、羊城通支付宝小程序等多个移动互联网入口，提供在线挂失、在线咨询、广州学生乘车优惠在线身板等多种线上服务，借助移动互联网实现了与公交用户的实时连接和随时互动，更清晰地掌握用户需求。此外，建立以乘车码、电子车票为核心形态的交易和流通体系，实现公交、地铁、出租、共享单车、租车服务等运输方式的虚拟化，通过运输票证化和交易化，为用户提供联程运输、运游结合等全新的一站式出行体验，引导更多用户通过羊城通App购买出行服务、满足出行需求。出行个体的数字化映射和服务交易的线上化，帮助公交企业精确区分不同特征用户的差异化需求，以匹配个性化的出行服务和内容。目前，城市客厅依托羊城通App作为服务入口，累计注册用户超180万，成为广州本地规模较大的城市出行与生活服务综合平台。

(2)建立以政、企、乘客、志愿者为主体的共建共治共享的公交监督网络

传统交通采用的是从上(政府)而下(企业)的治理模式，乘客作为公交服务的用户对可获得性、服务质量缺少话语权。在公交设施环境升级和个人出行体验日渐被重视的新发展形势下，公交服务“马斯洛需求规律”开始发挥作用，乘客更加期待公交发展成果能够更加公平地惠及自身，更加期待通过合理渠道参与到公交服务治理过程。

广州在乘客用户化、线上化的应用成果基础上，建设交通城市客厅，通过出行大数据为用户匹配最常乘坐的出行线路，为公交线路常客自动组群，通过羊城通App等建立线上社群，在社群中发布实时交通路况、线路调整公告，提供旅行时间大数据预测，使公交企业能够直接触达用户；使每位社群用户可针对司机行车作风、线路服务质量及车内拥挤度等进行评价和意见反馈，让用户做到“我的公交我做主”，使得公交服务的利益者都能充分参与到公交服务治理的互动、协商过程中，促进公交服务质量提高；为社群用户提供一个自助发布失物招领、寻人寻物启事、出行好人好事的线上互动空间，打造“友爱在车厢”的公交文化，激发乘客的主体意识和责任意识。

引入车厢义务安全员机制，协助公交企业开展乘车安全、服务质量管理，维护公交正常运营服务秩序，提升乘客满意度、降低客诉率，让公交成为市民出行首选。义务安全员提供行车安全监督服务，包括监督车厢安全(安全设施设备、车厢安全秩序等)、监督驾驶员的安全驾驶行为、监督乘客乘车行为(乘车行为安全、文明搭乘等)；主动帮助公交服务提质，包括对公交线路的司机行车作风、线路服务质量、准点率、语音播报设备和车内拥挤度等内容进行评价，通过在平台传播乘车驾驶出行等安全规范及常识等进行线上安全教育，优化公交服务质量。

招募“城市客厅达人”，打造公益志愿者服务，为公交提供线上线下友爱车厢服务，包括关爱需要乘车的老幼病残等弱势群体，在平台内发布传播寻人助力、寻物助力、公交线路调整公告等信息或倡导友爱互助、绿色出行、环保低碳等理念。

车厢义务安全员与公益志愿者不定期在城市客厅内发布行车安全监督服务、公交服务及友爱车厢服务的相关内容，利用平台渠道与乘客互动，协助政府管理部门搜集乘客的意见建议，发挥行业与乘客之间的桥梁纽带作用，逐渐形成自上而下引导与自下而上参与的多元化、多中心的共建共治共享治理格

局。对于在一定周期内评选活跃度较高的义务安全员与公益志愿者,给予出行、生活等方面权益奖励,促进公交服务公共问题的解决。

(3)建立公交低碳出行服务引导和正向激励机制,深化绿色公交内涵

我国2019年碳排放总量为103亿吨,绿色、低碳、可持续发展已是社会共识。2016年,广东省在全国率先开展碳普惠制研究和探索,确定广州、东莞、中山、惠州、韶关、河源6市为碳普惠制首批试点,并列入《粤港澳大湾区发展规划纲要》。交通是与社会大众生活密切相关的领域,据统计,每乘坐一次地铁平均可减少碳排放0.569千克,每乘坐一次公交可减少碳排放0.428千克,在碳交易机制建设和碳普惠制试点方面具有较强可操作性和可推广性。公交企业试点碳普惠既能增加业务吸引力,更是符合政策发展的需要。目前行业内,研究低碳出行方法学的居多,建立和实施低碳生活引导机制的很少。

广州创新实践个人公交出行的碳排放计算和激励机制,从减排行为核算和低碳出行奖励两个方面入手,着力解决碳普惠机制建立中面临的记录个人减排活动困难、碳排放计算复杂、多信息源对接和个人隐私等问题。

减排行为核算方面,公交碳普惠从乘客出行支付环节入手,通过羊城通App获取用户乘坐公交和地铁出行的数据,记录个人减碳行为。具体地,城市客厅以乘车支付数据、公交GPS、公交进出站等动态数据和公交车辆、公交线路、公交站点等静态数据的出行关键主体数据为基础,通过大数据处理技术结合机器学习,运用循环神经网络算法,分析每个乘客出行的起点和终点,依据碳积分计算方法科学地计算出每个乘客的单次行程的减碳量,向用户发放羊城通碳币。

社会大众对低碳生活理念的接受程度,除了反映在个人是否自觉践行低碳出行外,还体现在个人是否能够对社区家庭的低碳行为进行引导和影响。因此,广州公交在低碳出行行为核算规则的设计上,核算标准除了公共交通出行外,还考虑了对公共交通出行环境的贡献度。乘客可通过助力广州公共交通建设获得羊城通碳币,参加公交志愿者活动或义务安全员活动时,完成对应任务即可获得个数不等的碳币奖励,活动内容包括发布本地生活相关话题、发布安全监督或安全教育等内容,发布线路点评等。

借助羊城通App、在出行环节连接线上和线下资源服务,建立低碳出行激励机制。目前,羊城通碳币可以用于在羊城通平台兑换碳币权益、出行金、车票或参与各种碳币活动等,未来更将与更多餐饮、娱乐、公共服务等与社会大众日常生活相关的商业企业合作建立低碳生活商家联盟,为公众提供更多的低碳优惠,通过平台或线下活动兑换出行、餐饮、娱乐、电商等各类权益。

(4)提供动态需求响应式公交服务,满足个性化的长尾出行需求

通勤客流是城市公交出行的主要群体,随着经济发展和居民收入水平的提升,以及通勤半径增大,以通勤群体代表的公交出行客流对出行的时效性、舒适性要求越来越高。传统公交定线运营、定时定点发班,模式相对单一,产生的"挤公交,抢座位"现象影响舒适度。通勤群体以中等收入为主,不被满足的出行服务需求被私家车、网约车等替代,影响公交服务效益。

针对居民对公交出行舒适、快捷的追求日益增强,结合道路资源有限以及常规公交、出租/网约车服务的定价空白,提出了响应式公交的思路。基于该思路,羊城通公司联合广州公交企业整合公交服务供给能力实现柔性化公交调度,推出定制公交、拼BUS等响应式公交服务,通过不定线行驶的动态响应式公交"车找人"模式,变传统的"挤公交,抢座位"为"一人一座、准时高效"的专属公交,满足多样化、多层次、人性化公交出行需求的多元化公交服务,以平台方式面向个性化的、零散的小量的长尾需求提供满足动态需求的解决方案。

定制公交,采用基于预约数据的精准定线模式。在广州交通城市客厅中推出定制公交功能,为社会大众提供更加便捷的公交定制出行服务,由原来的公交延伸出来,通过一个App信息进行聚合,提供公交出行的需求征集、线路开通、票务预订、服务监管等交通出行服务,实现公交出行的"按需定制",为用户提供高端的出行服务。针对公交站点较长的线路、无公交接驳的地铁区域、征求意见用户强烈要求的线路,开通定制公交路线,倡导集约乘车的绿色出行理念,推出全新的定制公交体系。用户可通过定制公交功能,选择订购的线路,按照提示操作填写上车地点、乘车日期等相关信息购买定制公交票,购票方

式方便快捷;购票即预留座位,一人一座,安全舒适;线路站点少、定时定点乘车,极大节省出行时间;手机端自带发车提醒,避免乘车延误;线路所用车辆具有相关营运资质,符合公交企业相关安全要求;支持手机二维码验票乘车;提供了针对疫情后师生返校的助学专线、面向通勤人员服务的地铁平行线等多项特色服务,较好地满足了目前基础线网不能有效覆盖的低密度、低客流场景和高峰期、大客流场景。

"拼 BUS",与静态预约式公交不同,是更为灵活的动态公交服务。"拼 BUS"结合了出租汽车与公交车的优点。固定站点,灵活线路是"拼 BUS"模式的特点。每天的指定时间段内,用户只需提前 10 分钟在线上平台预约,公交企业将根据准实时的出行请求数量决定线路数量、车辆数量、车辆经停站点等,通过系统自动派送车辆,就能像打车一样打"公交"了,风雨无阻为用户提供"一站式"便捷、安全公交服务。"拼 BUS"已在广州大学城岛内设置 68 个上车点,100 个下车点,覆盖高校及生活区、4 个自然村、2 个旅游景点,全面覆盖大学城全岛,随约随到。"拼 BUS"的上线运营有助于提升城市公共交通领域智能调度、定制出行、线网优化、绿色出行能力,满足和整合高度分散和随机的用户出行需求,实现公交资源共享、特色运营,倡导集约乘车的绿色、低碳化出行理念。

(5)建立数字公交孪生系统,智慧出行大脑支撑城市客厅服务

公交数据资源丰富,然而由于种种原因,不同主体产生产生的数据对于开放共享与协作考虑不足,"信息孤岛"导致数据资源无法被高效利用,影响数据时代下的公交服务创新发展。

羊城通公司以电子支付服务和数据开放为基础,通过广州交通城市客厅与公交企业合作,建立起广州公交大数据共享与管理机制,实现了业务接入、数据互动。基于多源异构的公交大数据,将出行个体、运行车辆、周边环境、服务商家等信息进行一致性的数字化描述,建立智慧出行大脑,在数字空间构建出一个表征真实环境下的公交出行系统的虚拟实体,提供客流分析、用户画像、商圈分析、信用管理、运营指数分析等能力,对实际公交出行进行虚实同步,支撑数字业务建设。

面向政府管理部门,通过大数据统合组织管理,研究资源调度的优化方法,分析公交客流分布、出行轨迹的特征及规律,为短周期、低成本、高时效的公交出行调查提供技术支撑,为公交线网规划、公交优先协同保障提供决策支持,解决传统社会大众出行调查方法周期长成本高、公交优先政策决策信息有限等问题。

面向公交企业,在企业传统掌握的公交运营静态数据基础上,智慧出行大脑通过对数据的融合分析和知识挖掘,输出公交客流 OD、出行需求预测等信息,分析广州公交客流分布、出行轨迹的特征及规律,为短周期、低成本、高时效的公交出行调查提供技术支撑,为公交线网规划、公交优先协同保障提供决策支持;进行公交客流预测分析,为动态掌握公交线路服务质量、优化车辆调度管理提供参考依据,实现集规划、服务、调控一体化的智慧公交新模式,形成公交服务应用闭环,打破政府、企业、乘客三大主体在过去公交出行中相对割裂的状态。

面向社会大众,传统公交服务中大众往往作为服务被动的接收方,难以通过自身反馈,获得交互式、个性化的公交服务等问题。在移动互联网环境下,融合公交运行数据、电子支付数据等信息资源,建设城市客厅实现个体出行的信息流和出行轨迹的融合,提供个性化公交信息场景推送、友爱在车厢等功能。此外,智慧出行大脑依托人、车、路等数据,开展常规公交和轨道公交线路、实时地理位置信息、站点等动态和静态信息查询服务;进行公交线网健康诊断服务,计算线路公交服务指数,判断公交线路的健康状况,提供实时公交拥堵指数等参考数据;在整合多种出行工具的基础上,基于用户的起始地址及目的地址及用户出行偏好设置(时间最短、费用最少、换乘少、步行少、不坐地铁),通过建立线路规划模型,结合实时路况、天气等因素影响进行大数据综合分析和计算,提供给用户合理化的出行线路方案,并按用户偏好排序,提供最优的实时公交出行规划方案,实现乘客需求与公交线路供给的直接衔接。

(6)建立多方协同的组织和保障机制

公交服务的经济、公共、科技属性交织,这意味着对服务的治理是一项涉及大多数人利益的公共议题,这就决定了当市场自我调节、自我纠偏失效时,政府需要进行疏导,提供政策供给、环境塑造、技术支持等手段给市场创造解决问题的条件和机会。政府行动之前需要关注乘客需求、了解公交企业诉求,处

理好企业与乘客、市场与社会之间的关系，才能实施全局化、有针对性地的措施。因此，共建共治共享各方的参与程度、有效信息彼此互通程度，是决定多方协作机制成效的重要保障。

广州交通城市客厅的运营机制设计上，围绕政府、企业、社会、市民的需求进行建设和运营管理，以社会服务 + 用户服务为主旋律，以交通 + 环保为主题，始终坚持召集交通、环保、公安、共青团、志愿者、羊城通、碳积分、社会企业等多方机构与单位共同参与，打造“共建、共治、共享”的公共交通行业生态。首先，城市客厅陆续从公交行业乘客代表、广州各志愿者群体中招募一批志愿者，在平台内提交或发布乘车体验及评价，分享实时路况、车况等信息；了解社会大众的意见和建议，并及时反馈；宣扬在公共交通工具或站场等场所出现的见义勇为、助人为乐等事迹，为见义勇为者、助人为乐者给予必要的帮助，同时在平台上进行相关情况报道反馈，强化交通文化建设，发挥引导示范作用。其次，组建由广州的交通、公安、环保、团市委、市志愿者等行业管理部门、单位和市公交集团、市地铁集团、各公交企业指导和协作的项目运营组，定期总结城市客厅情况，开展定期工作汇报和不定期的行业交流、调研、权益互动等活动。市交通管理部门，指导城市客厅建设运营，倡导社会企业和公众共同参与；市环保部门，指导合作实现低碳出行的行为认定和权益兑换；各交通运输企业，提供运营信息共享和技术对接，通过城市客厅获取社会大众的出行服务需求和提供响应式交通服务等。再次，将逐步完善政策保障，酝酿将城市客厅纳入广州交通乘客监督服务管理体系中，逐步将义务安全员和志愿者整合至广州交通官方志愿服务平台，在社会大众监督下，以志愿服务为宗旨，为广州交通建设和发展提供优质的管理和交流的平台。

三、实施效果

广州交通城市客厅随羊城通 App 2.0 版本在 2018 年发布上线，运行至今已近两年，经过多次功能升级迭代后产品形态、服务机制渐趋完善。目前，广州交通城市客厅注册用户已超 180 万人，以“城市沉淀文化，客厅融汇温暖”的理念，提供多项公交出行服务。包括车厢义务安全员，为公共交通提供安全监督服务，并在平台上开展线上安全宣贯服务，协助安全管理部门开展安全协管工作；公交志愿者，为公共交通提供线下友爱车厢服务，包括寻人助力、寻物助力、公交线路调整公告等，并通过平台宣扬友爱互助、绿色出行、环保低碳等理念；聚合支付，实现多种出行支付载体的标签化迁移和支付交易统一清分结算；羊城通碳币，与碳普惠中心合作，通过科学量化的方法计算出行减排量并以碳积分的方式呈现，并共同建立常态化公众参与机制，用户可通过广州交通城市客厅平台兑换出行、餐饮、电商等各类权益；定制公交、“拼 BUS”，打造的无缝衔接的品质高、安全度高的出行服务，凸显广州公交个性化服务；公交出行规划，帮助用户实现城市旅行规划，根据用户地理位置，推送显示附近站点及线路资讯，方便用户提前安排行程；出行融合生活服务，作为开放平台持续接入电讯、教育、旅游、娱乐等围绕城市生活的各类服务，立体式地满足城市居民的多元服务需求。城市客厅在社会大众的公共交通出行环节实现了 10 个以上典型场景的应用案例，承载的线上业务日均超过 100 万笔，成为广州本地规模较大的城市出行与生活服务综合平台。

在公交服务治理方面，广州交通城市客厅建立了快速获取用户反馈意见的通道，帮助公交企业有针对性地对话用户，化解矛盾，大幅降低客诉率；通过 App、小程序、公众号等线上渠道输出能力，提供精准的精品线路推荐、组合优惠线路推荐、个性定制公交、实时公交服务，协助乘客科学合理地进行行程管理，留存公交用户，拉升上座率；提供线上线下相结合的全方位用户服务，拉近客企关系，提升服务满意度，提升公共交通品牌形象。

在城市交通生态建设方面，广州交通城市客厅实现了人与公共出行网络、生活消费网络的连接，促进了政企部门在交通管理、城市规划方面的协作，推动了乘客用户化和组群化、运输票证化和交易化、出行商圈化和场景化、里程积分化和行为信用化、出行定制化和个性化，面向用户提供了“订单式”出行交付和碳积分出行 + 城市生活服务，面向政企提供了交通大数据分析和决策支持，构建了低碳出行 + 生活服务新生态：

①乘客用户化和组群化。依托高频出行服务将城市主要出行乘客转化为用户，实现了用户精确识

别和实时连接,并对用户分群、建立用户画像,精确区分不同特征用户的不同需求,以对不同需求的用户匹配不同的出行服务和内容,从而满足其个性化的出行需求。

②运输票证化和交易化。建立了以乘车码、电子车票为核心形态的交易和流通体系,实现公交、地铁、出租、共享单车、租车服务等运输方式的虚拟化,为用户提供相对一致的出行体验,为联程运输、运游结合等多种运输形态的整合、共享提供支撑。

③出行场景化和商圈化。基于用户线路、位置标签,建立了出行网络与生活网络相互转化场景,实现公共出行网络与生活消费网络的精准融合,将生活服务精准触达到出行用户,培育出行服务新产品、新业态、新模式,打造出行+支付+生活消费的公共交通生态圈。

④里程积分化和行为信用化。基于碳积分账户,汇聚的用户出行大数据,建立了用户出行积分体系和出行行为信用体系,实现乘客出行里程积分奖励、里程积分与生活消费积分兑换、公共出行服务的共建、共治、共享,进而提升出行服务运营质量。

构建以文化为内驱动力以精益生产为管理平台的子公司高质量发展经营模式

武汉中车长客轨道车辆有限公司

成果主要创造人：李宝安　赵春来

成果参与创造人：侯　波　赵胜涛　于瑞平　袁相轶　隋娟娟　李明扬
王兴洋　李　捷　程兆忠　肖　超

武汉中车长客轨道车辆有限公司（简称"武汉长客"）是中车长春轨道客车股份有限公司（简称"中车长客公司"）投资建设的第一个从零做起的国内区域化生产基地，是中车长客公司实施区域化经营、集团化管控的战略决策。就当时而言，是南北车抢夺武汉市场的产物，是在国内少有的同一个城市有两个生产基地的子公司。

武汉长客成立于2013年2月，是由中车长客公司、武汉地铁集团、湖北省联投联合出资成立的合资公司，位于武汉市黄陂区。一期工程计划投资10亿元（分两步建设）。项目占地387亩，建设有面积达32000平方米的钢结构联合组装调试厂房、2公里直线试验线及厂内存车线等厂区配套设施。基地建设于2013年5月开工，2014年3月开始生产，2014年5月16日首列车产品下线，在一年内实现了规划建设完工、开工投产和产品下线，创造同行业同规模建设生产的奇迹，创造出中车长客速度，填补了武汉城市轨道装备行业发展的空白，打造了首列汉车汉造"木兰号"地铁车。

武汉长客打造车辆造修、转向架检修、配件生产、售后、维保等五大平台，具备400辆城轨车辆的组装调试能力和150辆车的转向架检修能力。

如今，武汉长客已经进入成熟生产运营阶段，在2015年1月通过了环境/职业健康安全管理体系认证，2015年8月通过了IRIS（国际铁路行业标准）体系的认证工作，2016年被评定为高新技术企业，入选湖北省两化融合试点示范企业。同时，武汉长客获评2013年武汉重大项目建设先进单位、2013年度全市推进工业发展倍增计划优秀投资企业，2015—2019年连续五年获评武汉地铁项目开通立功单位。

一、实施背景

交通运输事业是兴国之利器、利国之基石、强国之先导。中共十八大以来，以习近平同志为核心的党中央高度关注交通运输事业。建设交通强国，是一项重大的系统工程，作为中国交通运输行业的大动脉、生命线工程的轨道交通行业，中国中车股份有限公司担负起"领头羊"使命，须积极响应。习近平总书记在中车长客公司考察时强调，高铁动车体现了中国装备制造业水平，在"走出去""一带一路"建设方面也是"抢手货"，是一张亮丽的名片。习总书记希望高铁建设再接再厉、创新驱动，继续领跑、勇攀高峰，带动整个装备制造业形成比学赶超帮的局面。❶

同时，建设生态文明、实现绿色发展，事关党和国家千秋基业，事关人民群众根本利益，事关经济社会可持续发展，事关区域和全球治理体系完善、长期繁荣稳定。党的十八大以来，以习近平同志为核心的党中央高度重视生态文明建设，习近平总书记就生态文明、绿色发展作出一系列重要讲话、重要论述，

❶ 源自新华网2015年7月17日新闻《习近平：中央领导是人民的大勤务员》。

需要我们认真学习领会,深入研究阐释。

在生态文明建设和交通强国建设背景下,在中车长客公司推行跨国经营和区域经营的战略布局中,作为中车长客公司在华中地区全资子公司,武汉长客承担使命,提前进行战略谋划,并在子公司发展模式实践中进行探索。武汉长客探索绿色发展模式,提出了"一二三四"发展愿景,同时,在"十三五"期间提出了"两步走"发展战略,即利用2~3年时间实现城铁新造平台精造,达到制造工艺科学先进、严谨合理,生产过程精细规范、高效可控,员工理论功底扎实深厚、操作技艺精湛娴熟,产品质量精益求精,用户满意,行业口碑最好;利用3~5年时间掌握轨道前沿核心技术,具备一流的研发能力,实现关键零部件的研发生产,实现武汉长客创造。

二、成果内涵

武汉长客奋斗者的家文化内涵就是以人为本,"厂兴我兴,厂荣我荣",培育员工"以企为家、爱厂如家、担当兴家、奋斗兴家"的主人翁情怀,增强员工的自豪感、亲切感和荣誉感,提升企业的凝聚力、向心力、执行力和战斗力。企业从上到下每一个人都要立足岗位、永不懈怠、精业精品、追求卓越,争当奋斗者,为家多奉献,实现企业的高质量发展,为社会提供更多的优质产品,满足员工对幸福生活的美好追求,为国家作出更大的贡献。

"65432"精益生产管理平台围绕服务用户的宗旨,紧跟终端客户的需求,将生产管理过程直接指向产品生产的质量和过程的制造环节,以问题为导向,通过过程管控,持续改善,不断标准化,实现精益生产高质量、高效率。

信息化建设是精益生产管理平台实现的一大支柱,是确保"65432"精益生产管理平台的有力支撑和保障。通过两化融合建设,利用信息化高速公路,打通各项管理流程,形成互联互通,使各项管理环节无堵点,从而实现武汉长客新型能力的打造。

三、主要做法

(一)培育奋斗者、打造家文化,建设武汉长客特有的以艰苦奋斗为底色的家文化

资源是会枯竭的,唯有文化才会生生不息。武汉长客的企业文化就是以长武精神为核心的家文化,是武汉长客永不懈怠向前发展的内生动力。

1. 四"炼"赋能,培育奋斗者

(1)劳动锤炼,掌握看家本领

所有新员工入职教育的第一课就是园区劳动;生产空余时间,公司上下全体员工齐上阵,参加园区劳动,建设美好家园。

劳动是个大熔炉,在增强体魄的同时,能够磨炼人的意志。累过,方得闲;苦过,方知甜。在物质文化生活日益丰富的今天,担负着新时代重任的年轻人,尤其要有能吃苦、敢吃苦的精神,工作上、生活中吃得苦中苦,境界往往更高。从一定意义上讲,一个年轻人是否能吃苦,往往影响着个人成长。只有经历逆境和挫折,才能练就宠辱不惊的心理素质、百折不挠的进取意志、乐观向上的精神状态,用挫折中吸取的教训启迪人生,自会升华和超越,实现自身的不断成长,为企业发展作出新的更大贡献。

(2)政治修炼,确立家国情怀

①提高政治站位,坚定政治信仰。一是组织领导干部、党员和职工深入学习党的十九大精神和习近平新时代中国特色社会主义思想,增强"四个意识"、坚定"四个自信"、做到"两个维护";二是邀请十九大代表李万君及黄陂区委书记等来公司做十九大精神宣讲报告,深刻领会十九大报告的思想精髓和精神实质;三是组织召开座谈研讨会,用十九大精神指导工作实践,谋划企业发展规划,制订企业"两步走"发展战略,擘画未来三十年宏伟蓝图。四是开展"不忘初心,牢记使命"主题教育,汲取持续奋斗的精神力量。

②守初心,担使命,争做表率。中国共产党人的初心和使命就是为中国人民谋幸福,为中华民族谋

复兴。武汉长客党支部的目标和任务就是要充分发挥政治核心作用和战斗堡垒作用，带领全体员工，积极发挥主人翁作用，把党的奋斗目标转化为企业的实际行动，转化为每一名党员和职工的实际行动，把企业建设好、做精做强，为国家创造更多的财富，为员工创造美好生活，为实现中华民族伟大复兴中国梦而不懈奋斗。

(3)思想淬炼，树立五种意识

一是树立政治意识。要与党中央、上级党委、公司党组织保持高度一致，与公司战略、步伐、部署保持高度一致。在思想上、行动上与公司保持一致，同心同德、坚定不移、身体力行地贯彻执行公司的每一个决定、每一项要求。二是树立大局意识。个体和部门必须服从整体、全局利益，个人服从组织，下级服从上级。在公司发展过程中，找准自己的定位，全力协作配合，服从整体。三是树立纪律意识。时刻把纪律挺在前面。党员干部和职工要带头遵章守纪，遵守组织纪律、工作纪律、生活纪律、群众纪律、廉洁纪律，做到令行禁止、政令畅通、纪律严明，真正能打硬仗、打胜仗，使武汉长客成为一支高素质、强能力并且具有超高执行力的管理团队。四是树立奉献意识。在狭义层面，奉献是一种自愿、虔诚的呈现；在广义层面，奉献是不计较的付出，是不畏辛劳、不怕辛苦，只为把工作做好、把事业干好的一种精神境界。五是树立担当意识。担当是一种使命和责任，是一种挑重担、攻难关的勇气和行动。武汉长客发展到今天实属不易，正是有一批敢于担当的人，他们艰苦奋斗，有履职尽责的责任意识，有人在阵地在、不怕流血牺牲的献身精神，有排除万难夺取胜利的钢铁意志，有舍我其谁、奋勇向前的豪迈气概和英雄壮举。

(4)实践锻炼，齐心奋斗兴家

①提能攻坚，传承勤俭持家法宝。提能攻坚，可歌可泣。2015 年以来，面对武汉城市轨道交通发展对车辆的快速增长需求，武汉长客产能严重不足，资金严重短缺等诸多困难，公司领导带领全体员工弘扬“铁人”精神，艰苦创业、顽强拼搏、不等不靠、主动作为，有条件要上，没有条件创造条件也要上。“日夜奋战抢工期，争分夺秒保节点”，自己设计，自己施工，自力更生，开展提能攻坚，上能力、上产量，先后实施了存车线一、二期扩建、专用线提速、物流料棚、有轨电车地沟改造、预组 A 生产厂房、联络线等10 余项工程建设，在极其困难的条件和环境下完成建设任务，节约资金 4500 多万元，在公司的建设发展史上留下了浓墨重彩的篇章和十分丰厚的精神财富。

②精工细作，建设绿色生态园区。昔日的武汉长客所在地黄陂小王墩，一片荒芜沼泽，杂草丛生、人烟稀少、一片荒凉。7 年来，一个个汗流浃背的身影，一件件沾满泥土的衣裳，公司领导带领长武人以永不懈怠的奋斗精神和一往无前的战斗姿态，以敢教日月换新天的豪迈气概，战天斗地、不怕吃苦、艰苦奋斗，冒风雨，战酷暑，充分利用生产空余时间，精雕细刻，设计建成绿色生态园区，提升了公司的颜值和气质。先后建成莲花池、百果园、乐亭、湖心岛、湖心亭、爽风亭、行者园、望远楼、健身泳池、职工之家专列、森林公园、银河瀑布等园区美丽景点。打造工业旅游胜地、绿色发展样板，传承奋斗者精神，打造企业精神圣地，实现公司基业长青。

员工自己动手，建设和打造自己的家园。通过辛勤付出，洒下汗水，收获劳动成果，焕发员工以企为家、我爱我家的情感，培育了员工的自豪感、成就感和对公司的亲近感。

2. 建设职工之家

努力将武汉长客建成职工之家、党员之家，增强企业的凝聚力和向心力。

建设篮球场、排球场、足球场、健康泳池，购买健身器材，建设职工之家专列，鼓励员工健身运动，提高健康水平；购买书籍和娱乐设施，建立“怡苑”，为职工提供充电和娱乐场所；每年举行向劳模和首代员工赠桃等活动，评选百名长武奋斗者，年底捕肥鱼、杀年猪，员工共享丰收成果。丛林植树等活动的开展，极大鼓舞了长武人的工作干劲和热情，增加了职工的自豪感和获得感，打造团结向上、和睦友爱、充满正能量的企业之家、党员之家。提高员工的幸福指数，我奋斗我幸福已成为长武人的自觉行动。

3. 健全法治家规

国有国法，家有家规。武汉长客非常重视依法治企工作，将建立健全公司制度体系作为加强企业管理、提升管理水平的中心工作来抓。武汉长客成立以来,逐步制订了300多项规章制度,制订了武汉公司"八荣八耻""十要十不"和杜绝"十大陋习"等行为要求,建立了"三按四早""四个必须""四个准时"等工作准则。2018年为武汉长客的管理提升年,开展了全员学制度、用制度活动,梳理优化升级了265项制度,针对34项管理薄弱项点开展攻关,各项管理工作有了长足的进步。2019年又建立健全制度38项,实现了管理制度化、制度流程化、流程表单化、表单信息化,大大提升了公司管理水平。

4. 传承优良家风

在建立健全规章制度的基础上,狠抓制度落实,提高执行力,严格按流程办事、按制度办事、按职责办事。加强产品质量管控,认真践行"一点也不能差、差一点也不行"的质量理念,严格落实产品质量责任追究制度,制定实施站台思过处罚办法,一人站台交学费,全员反思受教育,强化执行力的落实,有效地提高了产品质量,提升了客户满意度。

大力宣传弘扬劳模精神和工匠精神,设置劳模墙,开展向劳模和首代员工等赠桃活动,宣传展示历年劳模和先进人物事迹,做到劳模精神代代相传;成立工匠工作站,为培育人才搭建平台,树立榜样和标杆,学技练功,提高技能技艺,在全体党员和员工中掀起"比学赶帮超"的氛围和热潮,带动大家共同进步、共同提高,努力奔跑、筑梦追梦。

(二)建设"65432"精益生产管理平台

精益生产是现代企业的生产方式,是企业提高生产效率、提升产品质量、提高经济效益的不二之选。面对轨道车辆制造周期长,数百道工序、数千个零部件的生产格局,面对订单启动生产,多品种、小批量、交付周期短、配件供应资源有限的市场态势,在2014年5月16号成功交付首列汉造"木兰号"地铁车,2015年实现3号线批量生产能力之后,武汉长客,这个全员平均年龄不到25岁的年轻企业,整装出发,踏上了精益生产的征程。

2015年以来,为实现精益生产,长武人勇于创新,铺就精益之路,通过不断摸索,武汉长客建设完成"65432"精益生产管理平台。

构建"65432"精益生产管理平台(图1),要把握"客户、需求、协同"内涵,要以客户需求为导向,上工序服务下工序,各工位同步协同,各项管理工作同步协同,以保证生产线的正常运行。

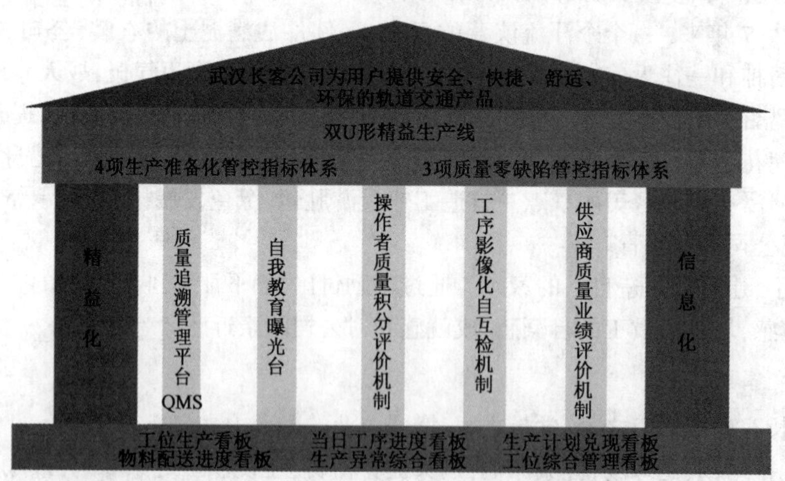

图1　武汉长客"65432"精益生产管理平台模型

①6个信息化管理看板是指工位生产看板、当日工序进度看板、生产计划兑现看板、物料配送进度看板、生产异常综合看板、工位综合管理看板,是精益生产信息化管控的平台,是工位制节拍化流水生产线的运行基础。

②5大质量管控机制是指质量追溯管理平台(QMS)、"一人站台、全员受教"自我教育曝光台机制、操作者质量积分评价机制、工序影像化自互检机制、供应商质量业绩评价机制。

a. 质量追溯管理平台(QMS)。

为进一步推进公司信息化建设,打造可靠质量保证能力,确保质量问题整改过程可追溯性、整改结果及时性,武汉长客自主开发质量追溯平台,对质量问题全过程进行跟踪,直至解决关闭。

b. “一人站台、全员受教”自我教育曝光台机制。

对严重违反工艺纪律和现场管理制度、严重施工质量问题予以曝光,一人站台,全员受教。通过典型问题的曝光,切实提高每位员工的精细施工质量意识,强化铁路车辆制造属高危行业及岗位的认识,牢固树立一点也不能差、差一点也不行的职业操守,时刻牢记一人的过失,千万人也难以补救的深刻教训,改变自己的粗糙病,切实做到精细施工,提升产品质量、提升企业形象,推进企业快速健康发展。

c. 操作者质量积分评价机制。

为进一步提升公司产品精造质量水平,针对一线操作员工采取质量积分评价管理机制,将质量问题分等分级,不同等级质量问题对应相应积分,与当月质量工资挂钩,有效激励各生产单位生产优质产品的积极性。

d. 工序影像化自互检机制。

产品质量是企业的生命线,是精益生产的关键的关键,自互检是保证产品质量的重要措施,为加强公司生产过程中产品质量管控,提升操作者自身质量意识,将自互检工作落到实处,公司为一下操作员工配备影像采集工具,由下工序作为上工序的互检人,对工序施工质量进行检查,并拍摄影像留档备查。

③4 项生产准时化管控指标体系是指:准时上岗开工、准时自检互检、准时完工报工、准时检查验收。

④3 项质量零缺陷管控指标体系是指:工位转工位质量问题为零,装配转调试质量问题为零,车辆出厂质量问题为零。

⑤2 条工位制节拍化流水生产线。建设工位制节拍化流水生产线的主要做法如下:节拍设计、工艺布局 5S 设计、台位设计、生产时序图设计、精益物流配送设计、精益生产持续改善机制建设。

a. 综合精准考量,建设柔性化节拍生产线。

以客户总体需求为遵循,以生产现场为核心,结合公司人、机、料、法、环、测六要素资源进行测算,在“SQDC”指标体系框架下,综合均衡计算满足客户交期的生产节拍。结合武汉长客实际资源情况,已规划设计完成 1 辆/天、1.5 辆/天以及 2 辆/天的柔性化节拍化流水生产线。

b. 科学工艺布局,建设双 U 形生产线台位。

梳理新造车辆生产工序内在逻辑关系,将装配和调试单元内工序进行拆分、细化并固化,确定硬性逻辑,结合公司现场生产资源,进行工序分割确定生产线工位作业内容,运用山积图、时间观察表等工具,对工位进行科学分割设计,按照生产流程要求,基于有利于操作、确保生产过程管理高效原则,充分考虑人流、物流的合理性,将台位按照生产流程排布为 U 形线,实现节拍流动。目前武汉公司根据现场时间情况,建设完成 18 个装配台位、3 个调试台位的两条 U 形精益生产线。

c. 精细设计工序,规划工序操作时序标准。

根据科学的工艺布局,按照工序逻辑关系,在已固化的工序的基础上,统一序命名原则,全面地铁车辆工序生产工时,按照“4 小时最小工步”原则,进一步拆分工序单元,对应分割到台位。以工序为最小单位,实现 MBOM 与工序、工位、节拍对应一致,作业人员、工艺资源与工序、工位匹配,编制对应到台位和操作者的作业顺序时序图。经运行,针对城铁车辆武汉公司已全面实现了 2 条 U 形精益生产线均衡的节拍化流水设置。

d. 精益物流配送设计。

基于工位制节拍化的精益生产的主导性、均衡性、连续性和单向性的特点,与之匹配的物流配送也必须具备协同性、准时性。按照以生产现场需求为中心、准时性、精准性的原则,将物流配送分为大件和小件两种形式进行,根据工序生产的标准化时序图,编制物流配送作业时序图,大件在开工前半小时送达生产现场定置位置,小件有机器人在当日节拍开工前半小时送达定置位置。

e. 建设"双通道"精益生产持续改善机制。

为持续深化精益管理,针对拉动式的精益生产过程进行评价,对生产异常处理、生产均衡、产品质量、工艺优化、生产效率、物流配送、现场5S管理等方面进行全面评价,以问题为导向,武汉长客建立了"双通道"持续改善机制,针对一线操作人员形成了精益改善申报通道,针对管理人员形成了管理改善评审通道,持续深化管理,增强内生动力,使企业运行更加顺畅有效,让企业发展更有活力,鼓励各类积极开动脑筋,改变思维定式,善用知识和智慧的大脑发现并解决日常管理工作中的问题,推动企业高质量发展。同时,为弘扬先进、鼓励后进,在生产现场建立"红蓝榜"宣传平台,在规定时间内通过双通道持续改善的员工,在红榜进行宣传,对未提改善提案的员工,通过蓝榜进行激励,在全公司范围内形成了全员精益、全员改善的良好氛围。

(三)推行两化融合建设,助推企业高质量发展

为进一步提升精益生产的准时化和自动化,促进信息化与工业化融合,走新型工业化道路,通过两化融合达到公司发展规划——全面建设一个全新的现代化轨道交通装备制造企业,靠技术做强,靠管理做大,靠创新做精;通过精益生产与信息化融合,为公司能力打造奠定基础;通过多系统集成,建立强大的数据收集中心,支撑公司多元化业务需求分析;通过现代信息技术,实现数据的共享,为公司发展开辟新空间、创造新业务(车辆检修);通过利用多业务平台软件协同化办公,提高公司员工技能水平,提高产品质量管理,提高公司成本预算管控等能力,实现技术及产品区域领先,创国内一流的水平;通过运用信息深度自感知,智能优化自决策的制造装备,实现智能制造;最终将公司打造成为华中地区第一轨道装备制造基地。

基于精益制造理念,通过实施生产管控平台(定制MES、ERP)系统并与自动化、智能化的半成品周转(遥控气垫船)、物料配送(AGV智能运输小车)等信息化工业设备、OA等系统协同集成,实现产品生产全程受控的可视化、数字化生产、快速应对生产现场紧急状况的敏捷生产,形成基于工位制的节拍化、流水化精益生产模式,提高生产效率、降低生产成本并保证产品质量。根据公司两化融合总体规划,建立了公司互联互通总体蓝图,如图2所示。

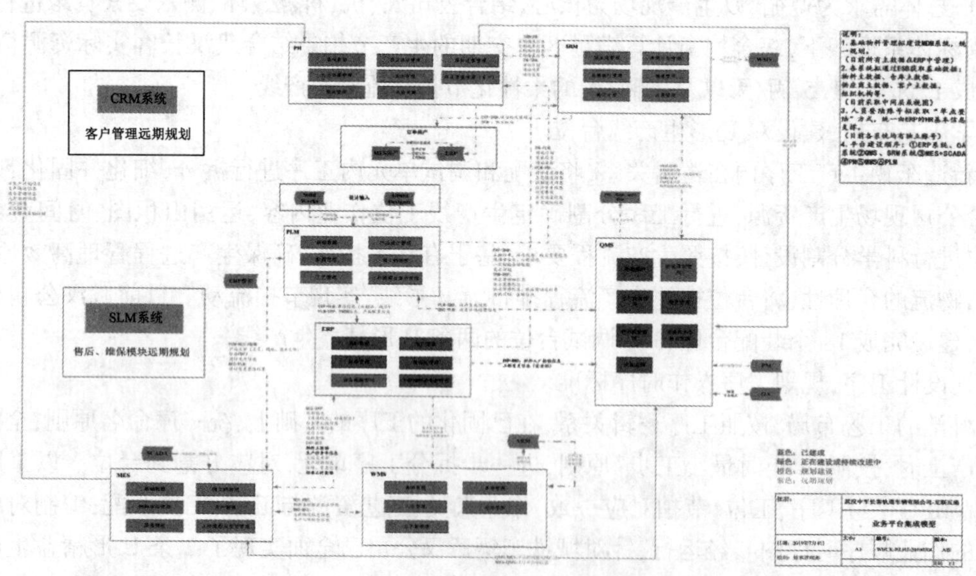

图2　互联互通接口建设—规划总图

两化融合具体做法如下:

1. 可视化生产建设

通过实时的数据采集和电子看板,及时了解车间生产进度、物料配送、生产异常、工序质量等,将生产计划的执行及时反馈ERP,实现拉动式生产。

2. 数字化生产建设

实时呈现生产进度、物料库存、员工绩效、质量缺陷分布、产品追踪等数据信息，监控生产作业、工序质量、物料出库等参数，调整校准生产和检验设备参数，能进行关键工序过程质量数据的统计、分析并能生产异常自动预警或停线。

3. 敏捷生产建设

建立了生产监控中心，掌控包括设备、人员、物料等生产资源信息，快速应对生产现场紧急状况，及时调整生产作业计划并合理调度资源保证生产顺利进行。

4. 及时预警机制建设

建立各项生产监控指标体系，上线调度指挥中心通过视频、图形看板、二维图表等方式综合，形成调度“驾驶舱”，提升公司信息化管理水平，实时监控指标执行情况，以短信、看板等多种方式实时主动知会生产中的异常状况，提前发现、及时处理、减少损失。

四、实施效果

（一）打造子公司创业高质量发展样板

通过“培育奋斗者，打造家文化”一系列举措，培养了员工“严细精实”的工作态度和雷厉风行的工作作风，职工队伍精神面貌好，斗志昂扬、作风顽强、勇于担当，打造了一支特别能吃苦、特别能战斗、特别能奉献的铁军团队。武汉长客每年从全体员工中评出百名奋斗者、二十名先进个人、十名劳动模范。

湖北省及武汉市、中车主要领导，多次莅临武汉基地考察。对武汉长客的建设发展给予了好评和赞扬。中国中车主要领导莅临武汉长客调研工作，给予武汉长客高度评价：武汉长客是中车子公司创业发展的样板，是投资回报快、经济效益优、现场管理好、园区景色美、企业文化独具特色的子公司。

（二）产品业务平台丰富，市场业绩突飞猛进

精益生产取得了令人欣喜的成绩，产品质量明显提升，产能大幅提高，劳动生产率大幅增长，由2014年人均产值60余万元，到2017年直线上升，达到了440余万元。新造车辆生产周期27天，创同行业、同规模企业最好水平。良好的经济效益助推了公司的持续快速发展，城铁车辆新造、售后服务、车辆维保、转向架检修、零配件生产五大平台齐头并进，色彩纷呈。

自武汉长客2013年成立以来，武汉市场占有率由建厂初期的11%，跃升到64%，累计实现销售收入40亿元，累计缴税1.8亿元，公司生产效率和产能已居华中地区领先地位，在城市轨道车辆领域已稳居华中地区行业领先地位。

（三）建设实现长武愿景：“一二三四”

随着企业的发展，武汉长客提出并建设完成了“一二三四”发展愿景。长武人追求一个梦想、打造两轴（四区）、实现三个和谐、推进四个文明建设。

追求一个梦想：员工的幸福生活。打造精品车，做强做精企业，满足员工对美好生活的追求。将个人梦、企业梦、中国梦三位一体、有机统一。

打造两轴（四区）：打造高端装备制造主轴。实现精造创造，打造华中轨道交通装备龙头企业。打造绿色生态园区主轴。建设工业旅游胜地。

构建四区：一是精益制造区；二是生态公园区；三是有机果园区；四是文体运动区。

实现三个和谐：培育以奋斗为核心的家文化，以企为家、我爱我家，实现人与企业和谐；培育工匠精神，推进精益生产，实现企业与客户和谐；建设美好家园，打造绿色生态园区，实现企业与自然和谐共生。

推进四个文明建设：美化靓化生态园区，推进生态文明建设；实施“两步走”发展战略，实现精造创造，推进物质文明建设；建设企业良好的小气候区，推进社会文明建设；培育奋斗文化，弘扬企业精神，永不懈怠，追求卓越，推进精神文明建设。

美景与文化并茂,谱写华美篇章。生态园区各处景点中,都题写了碑文,整体设导视图,饱含深厚的企业文化底蕴,反映员工的豪情壮志、精神面貌和追求,反映企业的精气神。

(四)打造完成基于可视化、数字化的轨道车辆精益生产管控能力

在武汉长客互联互通建设蓝图的统领下,将两化融合管理体系提升到企业的战略高度,依据两化融合管理体系的总体要求,立足武汉长客发展战略和信息化所处的发展阶段,形成了流程、组织、技术、数据四要素互动创新和持续优化的协调和改进机制,建立起集信息化、管理变革、模式转型及业务流程优化等职能为一体的两化融合组织保障,也为武汉长客建立起一套适应信息化环境下的高效管理体制和机制。

通过两化融合的建设,武汉长客打造完成了基于可视化、数字化的轨道车辆精益生产管控能力。具体体现在以下几个方面:

1. 生产计划流程自动化、信息化

在标准时序图的基础上,通过在信息化 MES 系统导入,实现系统自动识别、分析、并按时序图及工厂日历完成排产,并将排产计划时间写入工作任务单,完成快速排产。不仅如此,由于工厂日历调整可实现配置,因此,在计划变更时,亦可快速变更后续计划。利用算法逻辑,提高计划员日常办公效率。

2. 调度指挥流程可视化、及时化

进一步提升在制品可视化状态展示,通过视频、图形看板、二维图表等方式综合,形成调度"驾驶舱",进一步促进生产效率效益。

3. 精益物料集配流程优化

通过两化融合建设,极大提高精益物流劳动效率,减少人员浪费无效走动,改善后设备软件逻辑,做到快速、准确定位,完成物料到配送至人单次仅需 37 秒,极大减少捡料消耗时长,如图 3 所示。

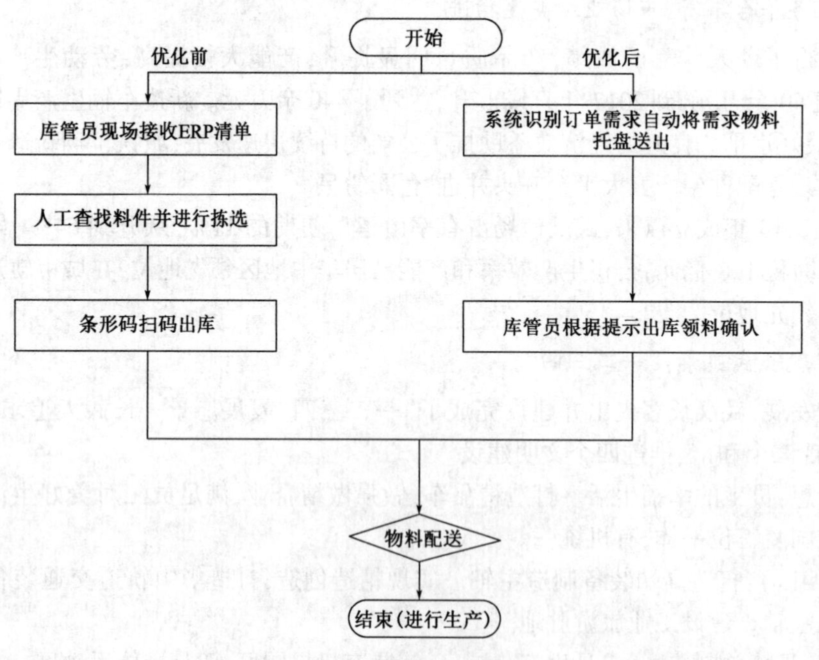

图 3　物料拣选流程优化

4. 技术工艺图文档管理流程精准定位

通过信息化与技术工艺文件管理相融合,改善传统人工劳作模式,实现文档在系统中快速查阅、版本保留、权限控制等,有效减少流程审批、无效走动带来的时间浪费,同时在线按工序查阅,实现精准定位文件,提高检索效率。

工程实操试验学习、培训及考核网络应用一体化

中交路桥华南工程有限公司

成果主要创造人：肖向荣　赵升辉

成果参与创造人：程　威　王金梁　雷志琼　阳志奇　赵乾静　熊　刚　刘　斌

中交路桥华南工程有限公司(简称"华南公司")，是中交路桥建设有限公司旗下的子公司，前身为交通部第二公路工程局第二工程处，成立于1963年，于2002年改制成为路桥华南工程有限公司，2012年更名为中交路桥华南工程有限公司，公司注册资本为3.001亿元，现有员工1200余人，各类专业技术人员900余人，其中工程试验人员236人。

工程技术人员尤其是工程试验人员的业务技术能力，直接关系到工程公司能否得到更好的运行和发展。华南公司拓展创新思维，运用信息时代新媒体、互联网及时性，广泛传播性的特点，以现有的人员技术条件，创新教学形式，拍摄制作了试验检测规范操作教学视频，并以二维码形式进行推广。以此为基础建立了创新、可持续、合规范、更直观的业务知识技能培养方案，且初步取得了良好成果，如图1所示。

1 水泥混凝土类(N01-***)

001 混凝土配合比设计	002 混凝土试件制作	003 混凝土坍落度试验	004 水泥混凝土拌合物表观密度试验	005 混凝土含气量试验
006 混凝土凝结时间试验	007 水泥混凝土拌合物泌水试验	008 混凝土立方体抗压强度	009 棱柱体抗压弹性模型	010 混凝土抗弯拉强度试验

图1　标准试验示范视频二维码导图

课题小组在将不同的试验实操项目分类后，组织专业知识扎实、经验丰富的试验人员分工制作规范实操视频，经小组汇总研究及专家审核后定稿，制作成二维码，以电子版和纸质版并行的方式传送到各个项目。全体工程试验人员均可以通过二维码"扫一扫"的方式随时随地进行有针对性的实操视频学习。实操视频学习结束后，还有附带的习题考核，以考核的方式加深试验人员的对知识点的记忆与掌握；实时考核成绩也将上传至后台终端进行保存，为华南公司培养及储备人才提供了详细有效的参考依据。

一、实施背景

随着国家"十三五"规划的推进,当前正是交通运输基础设施发展、服务水平提高和转型发展的黄金时期。与此同时,国家标准化建设在不断地推进,对工程试验人员的要求不断提高,很多省份对试验人员的业务素质都有明确的考核要求,在历次试验工作检查中基本都会考核试验人员的实操能力。

目前,华南公司所承接的业务量在不断增长,对专业人才,尤其是工程试验人才的需求也越来越大。而现有试验人员的业务素质参差不齐,主动学习的积极性不高,旧有的培训方式效果达不到预期,无法适应当下华南公司的发展脚步。故需要拓展思路,创新形式,着力研究出一套完善的可持续培养试验人员业务素质的方案,以此应对内外部环境的需求变化。

(一)业务技能提升面临的问题

华南公司在建项目52个,试验人员有236人,在针对工程试验人员相关信息进行统计所获得的数据显示,工程试验人员的业务技能培养面临以下几个问题。

1. 培养对象工作年限短

信息统计数据表明,现有工程试验人员中,工作三年以下的工程试验人员占总人数的31.5%,工作五年以下的人员占比为43%。近半数试验人员工作年限不长,如图2所示。

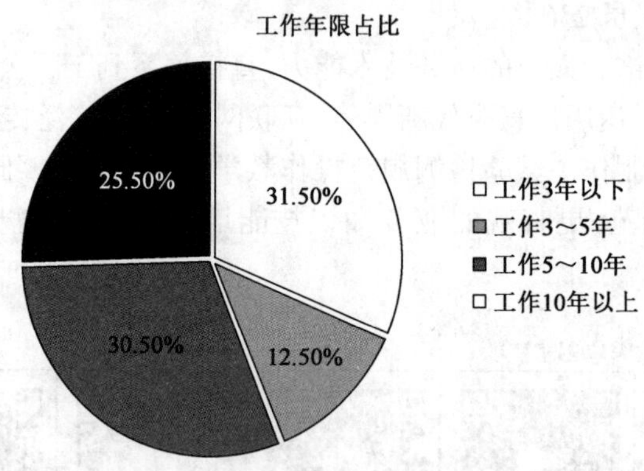

图2　华南公司试验人员年龄组成占比

2. 培养对象普遍年纪轻

信息统计数据表明,现有工程试验人员中,年龄在20~25岁之间的人数占总体的15.5%,而30岁以下的人数占总体比重的52.7%,超总人数的一半。时代更迭,大批青年新鲜血液的注入给企业发展带来了无限活力的同时也对公司旧有的技能培养方式带来了挑战,如图3所示。

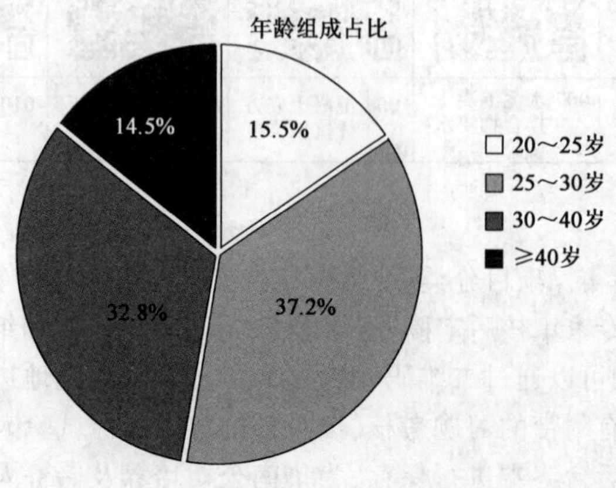

图3　华南公司试验人员年龄组成占比

3. 培养对象基础素质不齐

信息统计数据表明，现有工程试验人员中，拥有本科学历的人员占总人数的 44.9%，拥有大专学历的试验人员是 33.6%。中专及高中学历人员占比为 21.5%。由此可见大部分试验人员的学历较高，具备较好的基本学术素养，但基础素质的差异仍旧存在。因此需要制定能够整体兼顾，有效面对不同基础素质层次培训对象的方案，如图 4 所示。

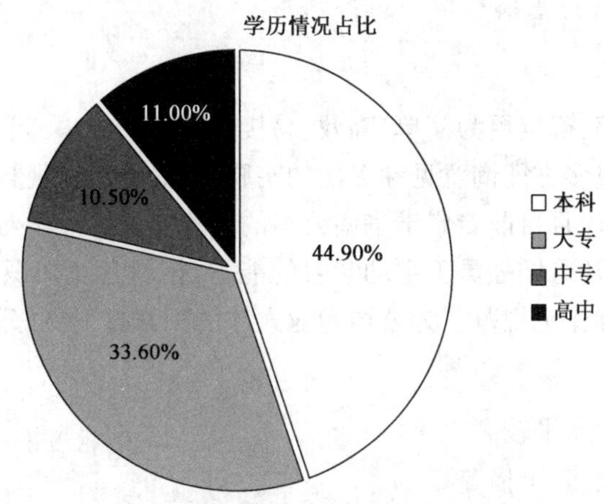

图 4　华南公司试验人员学历情况占比

从以上的信息统计数据分析可以看出，华南公司目前试验人员大部分的基础素质较高，但工作年限较短，缺少必要的施工管理经验，而且从年龄构成上也可看出目前岗位人员普遍比较年轻，其接受新事物的能力较强。尤其是在如今自媒体时代大环境下，年轻人接收外部各类娱乐资源的渠道越来越多，导致其自主学习的能力下降，自我成长、自我积累的效果不佳。在以往对各项目试验人员业务能力考核和培养过程中发现人员的业务素质普遍存在欠缺，具体表现在实操不规范、理论知识理解不透彻、缺乏发现问题和解决问题的能力，而当下参加工作的年轻人对传统的书本化学习教育培训形式接受程度较低，培训效果不高，他们更易接受直观的、形象的教育培训方式。

试验人员的成长历程其实就是业务知识不断积累的过程，更注重实际经验，如何提高工程试验人员的理论及实操水平，以适应当下公司不断发展的脚步是目前迫切需要解决的问题。为此，研究适应时代的创新型学习、培训及考核方式，是我们当下着重要做的事。

(二)人员培训教育常见的做法

1. 各项目自行组织培训

该培训适用于人数较少且要求项目有具备经验丰富且表达能力突出的试验人员，该种培训方式制约性很大，对人员素质要求较高，不适合公司范围内推广。

2. 聘请外部老师集体培训

在日常工作中，各项目试验人员基本为项目骨干，很难抽出时间集中到公司进行培训，且集中培训组织工作繁重，协调难度大，时间和经济成本较高，无法持续性开展。

3. 组织有经验的人员到项目进行培训

该种培训方式受众面小，且受制于老师的业务水平，短期培训后仍旧需要依靠学员后期的独立自主学习，人为因素较大。且有经验的人员多在关键岗位任职，无法抽出足够的时间给各项目试验人员进行辅导培训，可行性低。

二、主要做法

(一)课题研究的主要目标与原则

以现有的技术人员为基础、依靠专业技术水平和设备条件，结合新媒体，新型信息传播方式开展专业知识教学。力求做到：

①采用高效的形式提高试验人员的理论和实操水平。

②让培训更易被年轻人所接受。

③学员能随时随地都能学,学习的内容全面可选择。

④充分调动员工的学习积极性,实现自我提升。

(二)课题的研究思路和理论基础

1. 研究思路

摒弃传统的管理培训思路,确定更为简单、高效、易接受的培训方法,问题的核心是采用何种更易接受直观的学习、培训方式,通过多方征询意见和多次的头脑风暴,总结出视频教学的方式更直观,可操作性强,具有一定的可实施性。而且目前专属于华南公司的试验实操标准学习视频尚属空白,该研究除可以有效完善内部学习资料外,还可增强员工主动学习的能力,拓展专业知识信息获取渠道,在这种有参考样板的学习环境下可以让操作更规范。为公司专业人才的积累打下良好的基础。

2. 理论基础

①公司试验人员整体学历水平较高。

②网络上相关试验视频较多,可借鉴。

③视频录制可依托项目工地试验室,且各项目几乎均有视频录制设备。

④公司有专业人才对视频进行后期剪辑和处理。

⑤二维码生成较为简单,可操作性强。

⑥由公司"老牌"试验室主任组成的专家组出具每个视频对应的考题。

⑦联合人力部搭建视频学习和考核手持终端,公司有网络专业人才。

(三)研究方法

先选取个别项目进行试点编制,讨论确定视频编制的格式与要求,了解视频编制的难点,并予以解决。然后,根据项目的实际施工情况和人员、设备特点,在公司范围内安排各项目进行实操视频编制。再后,对已录制完成的视频进行后期处理,并提交专家组审核定稿。最后,随着国内试验工艺的不断改进,持续升级试验实操视频录制工作,并与时俱进的对视频学习方式进行优化提升,如图5所示。

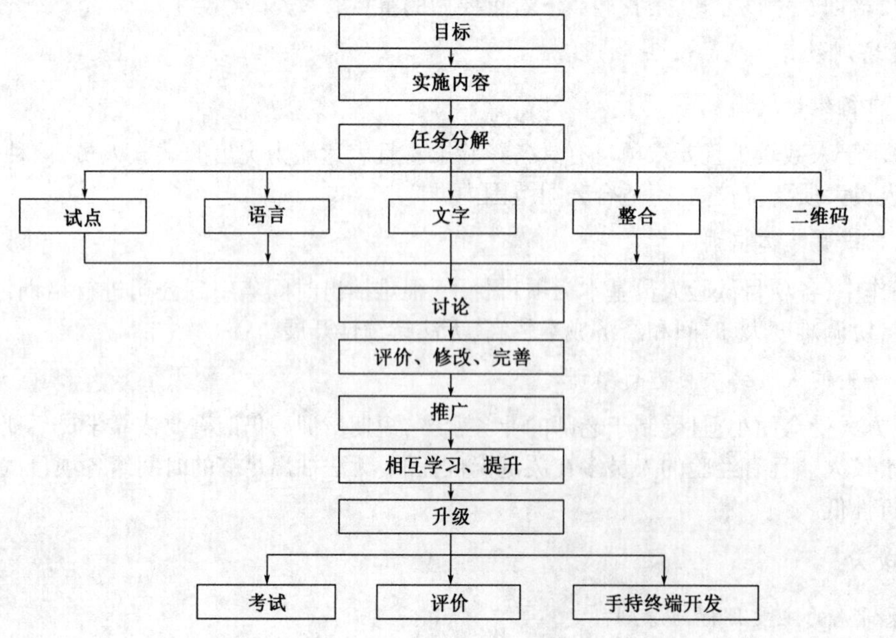

图5　课题研究技术路线

(四)研究方向

1. 采用何种形式提高试验人员的理论和实操水平

研究方向:公司试验人员整体学历水平较高,且目前项目各类软硬件设施可以满足试验实操视频录制的要求,故让项目试验人员亲自动手录制试验标准实操视频,是提高人员业务能力的有效手段,在录制的过程中不断纠正不规范的操作,同时也加强了对理论知识和标准的掌握。

2. 如何让培训更易被年轻人所接受

研究方向:培训的主体是年轻人,而现在的年轻人几乎人手一部智能手机。视频制作出来后如何可以让年轻人随时随地的学习,这就需要在手机上下文章。我们想到了二维码,将线下的每一个视频对应生成线上的二维码,要学习的时候识别一下二维码就可以随时随地进行,同时也可将二维码放置在试验设备旁,在人员进行试验操作时,如碰到不清楚的地方也可扫码学习。

3. 如何调动员工的学习积极性,实现自我提升

研究方向:将学习成果与待遇相挂钩是提高员工学习积极性的有效手段,如何检验学习成果——考试,考试的形式也可分为线下和线上考核两部分,线下主要以现场答题并对答题优秀人员奖励一些小礼品为主,线上以每个员工对应的员工编码及姓名登录,限时逐题作答,考试成绩实时上传管理后台。同时,根据华南公司实际发展需求,制定相应薪酬管理制度激励员工积极参与试验检测员的国家取证考试,彻底激发试验人员自主学习的积极性。

(五)课题创新点

1. 学习方式的创新

调整了以往纯靠阅读书本规范的学习方式,加入视频教学方式,让技术知识点的学习变得有声音、有画面。让员工亲自动手制作标准视频,增强员工对实操试验标准化、规范化程度的掌握,同时将视频制作成二维码,以便于其他试验人员随时随地利用手持移动端进行视频学习,教学更直观形象。

2. 培训思路的创新

一改以往一对一传授知识点和看操作手册的方式,项目及员工自己就可以随时随地开展培训,并提高有效学习时间,增强试验人员的主动学习能力。

3. 考核方式的创新

摆脱以往纸质试卷考试的方式,采用在线考核。试验人员在观看实操视频完成学习后,直接进入手机在线答题环节,并将答题成绩实时上传至后台终端保存,为以后人才的选用提供了充分的参考依据。

(六)基本做法

1. 前期准备

①首先课题小组经过研究讨论确定了准备制作实操视频课程的试验内容,包含水泥凝结时间、安定性,水泥密度试验等共计66个试验项目。

②确定实操视频的录制程序为,先期试点→各项目分工→后期统一编辑→审核定稿。进一步确定每一个实操视频的片头信息、背景模板、基本内容等事项。并对实操示范人员的着装进行了一定的要求,除正确佩戴标准护具以外,要求穿着项目工服或者试验外套。

③其后选取了水泥凝结时间、安定性试验,水泥密度试验,水泥胶砂流动度试验,水泥细度试验4个试验项目进行实操视频试点编制。通过视频编制的试点,找寻出视频制作过程中可能出现的问题和难点,并采取和制定相应措施予以解决。

例如,视频是采用现场收音或者后期剪辑配音的方式。在试点过程中对比两种录制方式后,发现现场收音的方式对于录制设备的要求较高,现场容易产生杂音导致音质不清晰,而后期配音可以很好地解决这个问题,最终实操视频选用现场录像后期配画外音讲解的制作方式,效果良好。诸如此类,在实操

视频编制过程中,视频的录制方式,信息内容及讲解方法等都进行过多次不同方式的尝试和修改,经讨论研究、比对,最终获取最优化选择,为接下来其他项目实操视频得正式分工制作树立了范本,奠定了良好基础(表1)。

试点后的实操视频编制目录　　表1

序　号	试验操作视频名称	序　号	试验操作视频名称
1	混凝土配合比设计	32	有机制含量
2	混凝土试件制作	33	云母含量
3	坍落度试验	34	表观密度试验
4	表观密度试验	35	细集料堆积密度及紧装密度试验
5	含气量	36	钢筋-拉伸试验
6	凝结时间	37	钢筋-冷弯试验
7	泌水试验	38	钢筋-重量偏差
8	混凝土立方体抗压强度	39	粉煤灰-细度
9	棱柱体体抗压弹性模量	40	粉煤灰-需水比
10	标准砂标定	41	粉煤灰-烧失量
11	颗粒分析	42	灰剂量 EDTA 滴定
12	液限塑限联合测定法	43	振动压实试验
13	击实试验	44	马歇尔稳定试验
14	承载比(CBR)试验	45	马歇尔击实试验
15	混凝土抗弯拉强度试验	46	马歇尔试件密度试验
16	混凝土抗渗试验	47	针入度
17	电通量	48	延度
18	氯离子扩散系数	49	软化点
19	粗集料筛分	50	沥青含量
20	粗集料含水量	51	车辙试验
21	粗集料堆积密度及空隙率	52	冻融劈裂试验
22	粗集料含泥量及泥块含量	53	矿粉加热安定性试验
23	粗集料密度及吸水量试验	54	矿粉亲水试验
24	粗集料针片状	55	压实度(灌砂法)
25	粗集料压碎值试验	56	回弹
26	粗集料磨耗试验	57	钢筋保护层
27	筛分试验	58	K30
28	含泥量及泥块含量	59	EV2
29	砂当量	60	喷射混凝土抗压强度试验
30	亚甲蓝试验	61	锚杆拉拔试验
31	压碎值试验(细集料)		

2. 分工制作

根据华南公司各在建项目设备状态和人员素质的实际情况,研究小组经过充分调研,选出设备运行状态好且试验人员素质高的项目,将既定的各类型工程试验实操视频进行分解后,按其工程特点,人员设备的相应能力进行安排分工并落实责任人。

各项目收到任务后,立即组织项目工程试验人员参考试点视频,核对试验规范,进行讨论学习,确定准备录制的实操视频知识点的正确规范性。安排场地及设备进行录制。录制过程中,试验人员相互监督提醒,指出问题并反复修改,以避免一些习惯性和容易被忽视的细节问题。例如混凝土试件制作时人工插捣深度与次数,在平常工作中,容易出现插捣次数不正确,或者深度过浅等细节问题。

3. 审核修改

对已录制完成的实操视频经过制作小组人员的讨论修改完善后,进行后期处理,提交专家组审核定稿。最终成型视频内容组成为：

①试验项目名称，对应标准规范，附总策划、技术指导、编辑、试验规范操作演示人员信息；

②说明试验目的及适用范围，介绍相关使用仪器设备，及使用时注意事项；

③介绍试验准备及样品制备；

④试验操作步骤的详细介绍及演示；

⑤试验结果计算、推定、修正等。

视频结束后，附带相应试验项目的知识点考题，通过完成题目来加深试验人员的知识点记忆，掌握规范操作。考核结果会实时上传后台终端，形成数据库（图6），为公司掌握人员学习情况，培训效果分析，以及人员培养考察等提供了重要的数据。

图6　手持终端在线答题页面

4. 完善定稿

实操视频录制完成，并经专家审核通过后，形成定稿。为增强录制人员的成就感和荣誉感，尊重录制人员的知识成果，华南公司特制作试验视频录制人员名录，将参与视频制作人员的个人照片列入其中并留档存储，同时将最终定稿和名录下发至各项目。既表彰了实操视频制作人员的奉献，又树立了学习榜样，激发工程试验人员的学习赶超意识，促进试验人员实操水平的提高，如图7所示。

图7　试验规范实操视频宣传书册

5. 推广学习

经过研究讨论，为提高相关人员学习效果，顺应"互联网+"的时代需求，将实操视频逐一制成二维码，以纸质版和电子版两种形式向项目下发推广。并举办"扫一扫，学一学"等系列活动，组织项目进行现场学习,以知识抢答的形式对相关人员进行现场考核,培养学习氛围,激发学习积极性。

将实操视频转化生成二维码的学习推广方式是对以往培训方案落实方法的一种创新。试验人员可以利用手机随时随地进行扫码学习,接受指导;也可将二维码放置在试验设备旁,在人员进行试验操作时,如碰到不清楚的地方也可扫码学习,真正做到了培训学习可持续,如图8、图9所示。

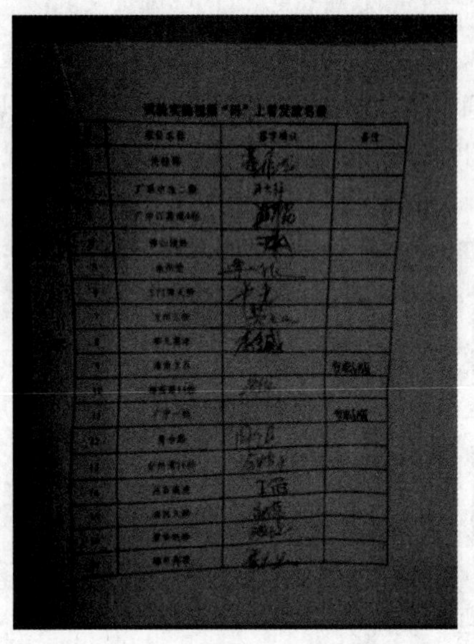

图8　试验实操视频二维码发放推广名册

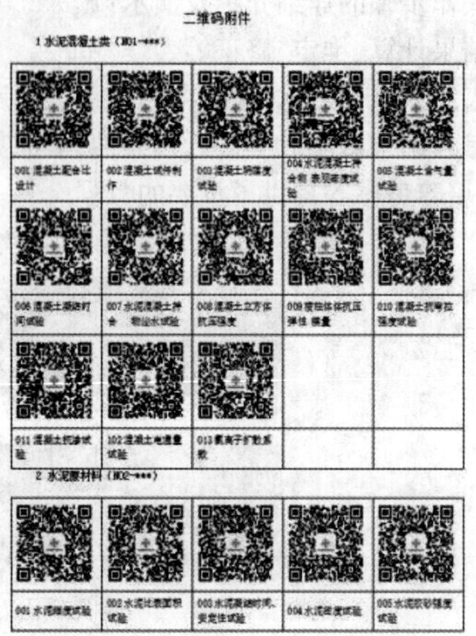

图9　实操视频二维码电子版

6. 考核评价

为详细了解员工的学习效果,将实操视频及对应考题录入手持终端平台,由员工唯一账号登录进行学习和考试,考试成绩实时传输至后台,考试不合格者还可进行再次学习。员工的学习和考试情况可从后台统一调取,作为员工岗位调整的参考依据之一。

7. 其他措施

制定相应薪酬管理制度激励员工积极参与试验检测员/师的国家取证考试,激发试验人员自主学习的积极性。

华南公司以发布红头文件的方式,明确了在岗试验室主任任职条件及薪酬待遇。按照所持证件数量,以及工作年限、项目经历等条件,将试验室主任划分为4类任职类别,并依据任职类别对应薪酬待遇。例如符合以下条件,经华南公司安质部同意推荐,从事试验检测工作10年以上,具有突出的工作能力,持公路水运试验检测师证书,专科及以上文化程度,有2个及以上的完整项目试验室主任工作经历,且当前任在岗的试验室主任。则可划分为1类试验室主任。该试验室主任对应能够享受到项目副经理工资待遇,并且参与项目班子年终绩效考核。通过提高待遇,加强重视等方式,极大地激发了项目员工报名参与考取试验检测国家证书的热情,有力地增强了工程试验人员的从业热情和自主学习提升的意识。

三、实施效果

(一)数据统计

数据表明,实操视频推广近一年来,在客户端的视频观看次数总计4873人次。其中集料类、水泥原材类、水混凝土类试验实操视频观看次数比例排列在前三位,分别为24.6%、21.9%、21.8%。通过整体数据可以看出,新型的视频培训方式,获得了工程试验人员的认可和欢迎,并且逐步成为试验操作学习的重要方式。从数据占比可知,试验人员可依据自己工作需要,项目特点进行有针对性的学习,体现了新培养方案的适用性强,如图10所示。

为了验证实操视频培训效果和当下试验人员业务技能情况,华南公司在2017年10月举办了试验检测人员技能大比武活动，其中试验检测技能比赛分为理论知识考核和实际操作两部分。实际操作部分主要考察选手根据相关试验检测规程规范实际操作的能力，共分4个实操项目，每个项目均由选手使用指定仪器设备及样品进行试验操作，独立完成，每项比赛均为50分钟（包括试验操作和数据处理时间），每个项目基本分100分。

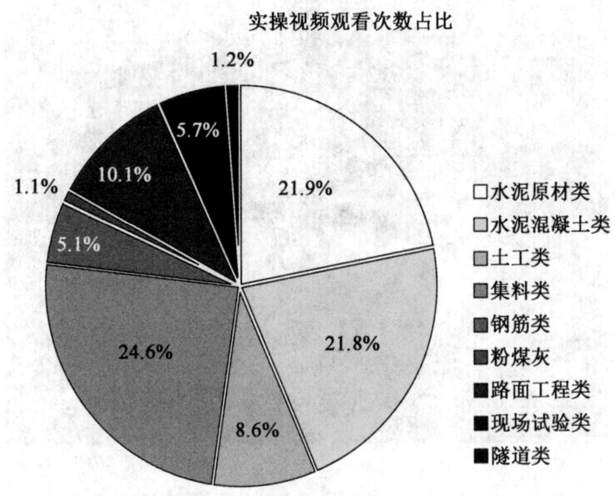

图10 推广一年后，实操视频观看次数比例统计

工程试验人员反响热烈，报名积极，经过筛选共有34人参加集中的最终比武考核。经过激烈角逐，白荣荣、常艳媛等获得优异成绩，四项实操考核中，水泥标准稠度用水量试验参考人员平均得分最高，达91.4分。技能比武的考核情况表明，试验人员的实操水平有了很大的提升，新的培训方案取得了良好的效果。

同年11月中交路建组织的集团技能比武中，华南公司刘斌、陈国森在实操考核项目中以93.6、92.1的高分包揽了路建的第一、第二名。

实操考核的优秀得分情况体现了华南公司工程试验人员良好的基础素养和不错的实际操作能力。这也从另一方面反映出，新推广的试验人员培养方案取得了不错的效果，如图11所示。

（二）培训效果

1. 员工提升

日常工作有例可循。各项目工地试验室将视频二维码分类在对应的功能室粘贴上墙，试验人员随时可以"扫一扫"进行参照学习，纠正平时实操工作中的细节问题，达到很好的持续性培训效果，如图12所示。

【企业要闻】2银1铜，公司参赛选手在中交路建第七届员工技能大赛中表现优异！

图11 中交路建第七届员工技能大赛获奖新闻

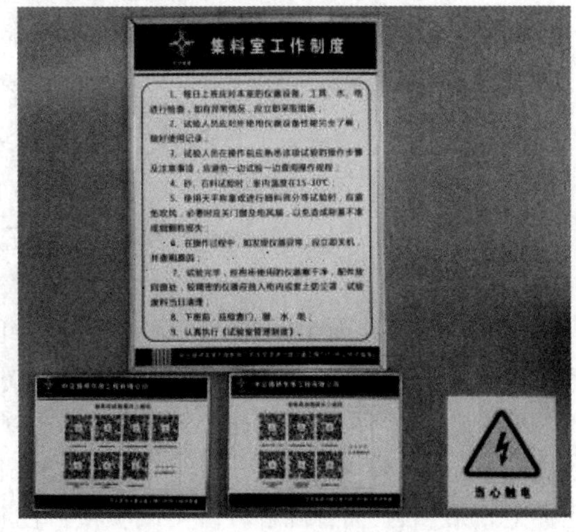

图12 工地试验室将二维码张贴至功能室

自主意识得到提升。视频教学的方式更直接、易懂,既统一了培训思路,且受员工欢迎程度高。从而试验人员的学习兴趣增大,激发了积极自主学习的意识,降低了项目自主培训的组织难度,如图13所示。

图13　工作间隙,试验员工主动向资深检师请教学习

培训效果加强。二维码视频演示,效果直观,形式新颖,比书本化教学要容易被试验人员接受。同时,也给从事试验检测岗位的"传帮带"导师提供了优秀的教学材料,同时降低了新学员的学习难度。极为有效地使华南公司"传帮带"人才培养体系制度在各项目中的落实推进。

2. 收获人才

人才培养体系得到优化。新方案的推广实施,既顺应了时代的发展,又节省了公司集中统一培训的时间和经济成本,降低了培训的组织难度。

人员业务素质得到提高。通过一系列的活动("扫一扫"视频学习活动、技能比武等),夯实了工程试验人员的专业基础,提升了技术素养。从而降低了工作失误的概率,把好了质量控制的第一关,且优化了成本投入,又很好地保证了工程质量,创造了更多的生产效益。

人才团队得到提升和稳固。规范的实操视频制作及推广过程中,提升了优秀技术人才的参与感与荣誉感,增强了核心凝聚力,有助于稳定技术人才,有力应对市场竞争。

人员的其他技能素养得到锻炼和展示。实操视频制作过程中,全部内容如视频录制、剪辑配音、后期处理等等均由华南公司内部人员自主完成。因此试验人员在专业知识技能得到进一步巩固提升的同时,也锻炼了新媒体视频制作宣传、演讲口才等能力,切实做到多方面发展。

3. 获得荣誉

(1)市级质监站的肯定

华南公司花都至东莞高速公路SG10合同段工地试验室在2018年7月广州市质监站组织的公路工程项目工地试验室水泥比对试验中,操作规范,完成度高,获得通报表扬。

(2)业主的表扬

华南公司龙怀路面5标工地试验室在2017年4月由业主联合总监办以及试验检测中心举办的"工程试验检测技能比赛"比赛项目分别为沥青含量(燃烧炉法)、沥青混合料击实试验、沥青混合料理论密度3个项目,经过一番激烈的比拼,龙怀LM5标项目部参赛团队凭借良好姿态和精神风貌以及优异的业务技能、技术水平,在各参赛单位中脱颖而出,取得了沥青含量(燃烧炉法)、沥青混合料理论密度项目比赛个人第一名,沥青混合料击实试验项目比赛个人第二名,最终以277分(总分300分)的高分夺得龙怀高速公路工程试验检测技能比赛综合第一名,如图14所示。

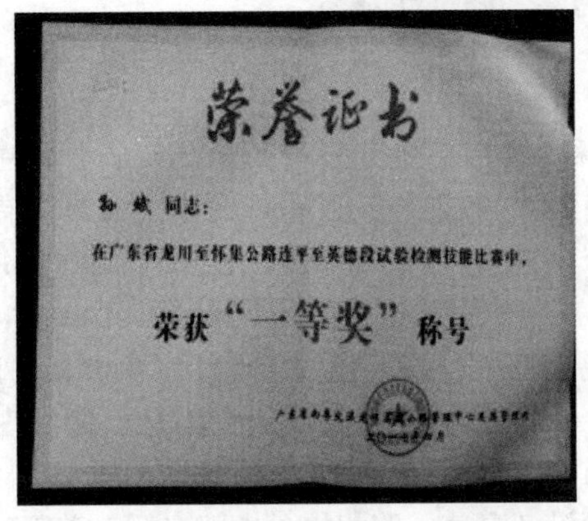

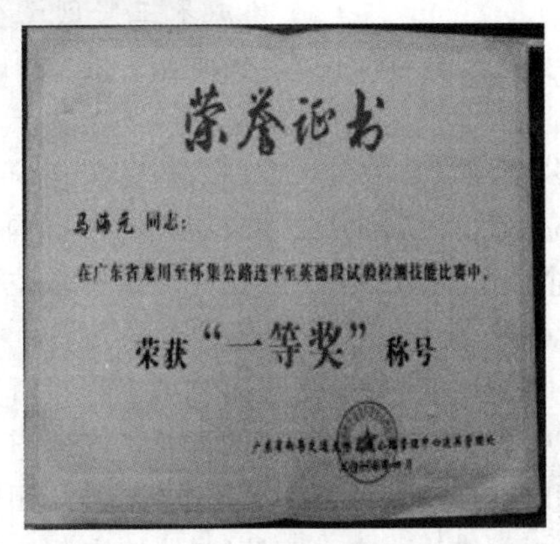

图14　华南公司广东省龙怀高速路面5标项目及个人获奖证书

质监站和业主的肯定和表扬，印证了项目和工程试验人员在实操视频持续的实践推广过程中，技能素养得到极大的提升，各个项目工地试验室整体运行情况得到很好的改善，从而为华南公司塑造了更好的企业形象，获取更多的肯定和赞誉。

（三）需改进的地方

视频的规范操作上还有一些小细节可以完善，例如视频的清晰度还可以加强。随着新规范的发行实施，相对应的试验检测规范操作内容，以及考核题库均需要同步更新。华南公司将在后续工作中不断改进和完善实操视频的内容，确保规范性、准确性、及时性，必要时将聘请相关专家协助指导完善，并建立实操视频的案例库，对其进行及时的更新、存档。

基于建筑信息模型(BIM)的超大型桥梁项目的管理实践

广东省公路建设有限公司虎门二桥分公司

成果主要创造人:崖　岗　李彦兵

成果参与创造人:代希华　张太科　周旭东　李全晖　杨燕春　凌思威

广东省公路建设有限公司虎门二桥分公司(简称"虎门二桥分公司")由广东省公路建设有限公司单独出资成立。虎门二桥分公司隶属于广东省国有资产管理委员会,为广东省交通集团有限公司下属的三级国有企业。虎门二桥分公司建设指挥部位于广东省广州市番禺区,下设7个职能部门,员工总数为58人。

虎门二桥分公司主要负责虎门二桥工程投资建设任务。该工程位于珠江三角洲核心区域,为连接珠江口东西两岸广州市和东莞市的重要过江通道。项目起于广州市南沙区东涌镇,顺接珠二环南环段高速公路,同时与广珠北段高速公路连接,经广州市南沙区、番禺区,并先后跨越大沙水道、海鸥岛、坭洲水道后,穿越虎门港进入东莞市沙田镇,终点与广深沿江高速公路相接。虎门二桥上游距珠江黄埔大桥约20公里,下游距虎门大桥约10公里。项目路线全长12.89公里,采用设计速度为100公里/小时的双向八车道高速公路标准。虎门二桥主线全线均采用桥梁方式建设,包括两座超千米级特大跨度悬索桥,属世界首次。其中坭洲水道桥采用主跨658米+1688米双塔双跨悬索桥,跨径为世界第二国内第一;大沙水道桥采用主跨1200米双塔单跨悬索桥;引桥主要采用30~62.5米跨径预应力混凝土桥。大桥主体工程于2014年8月开工,2019年4月2日建成通车。

一、项目背景

本项目将建筑信息模型(以下简称"BIM技术")应用在虎门二桥的施工管理中,通过三维信息模型实现工程协同化管理,项目背景分别从工程特点、BIM应用需求、项目来源三个方面阐述。

(一)虎门二桥工程特点

虎门二桥主桥是两座世界级的超大悬索桥,其中坭洲水道桥双塔双跨,1688米,创钢箱梁悬索桥世界第一。其设计的艰辛性,施工的艰难性,维护的艰巨性不言而喻。虎门二桥的全线9座桥梁,其中有4座互通立交。互通立交错综复杂,主要体现在层级关系多达4层,净空是个控制难点;施工工艺的复杂多变,包括悬臂拼装、挂篮施工、满堂支架等,几乎囊括了国内外现有的各种施工工艺。

虎门二桥是国内首次大规模采用短线法预制拼装的工程,全线桥梁有3500多榀预制梁段,数量很多;短线法预制拼装技术相对于长线法预制拼装技术而言,工法比较新颖,而且大规模的使用短线法预制拼装也是国内首例,具有很强的挑战性。工程规模宏大,结构复杂使得整个工程的进度,质量安全等问题信息沟通不流畅,难以得到有效把控。这就造成整个管理过程极具挑战性,亟待探索新的管理模式和新的管理机制。

(二)BIM应用需求及现状分析

1.应用需求

以往超大型桥梁建设的各个阶段的项目信息互相隔离,形成一个个"信息孤岛",对于管理者来说如果想要得到桥梁从设计开始到运营阶段的所有资料比较困难。如果有一条链条可以把建设的三个阶段的所有资料串联在一起,实现全寿命周期管理,问题就迎刃而解。BIM 就是通过将三维数字模型传递到规划、设计、施工、养护的各个阶段,有效的集成不同专业、不同用户、不同领域的信息,实现全寿命周期的大数据平台。当前我国已经进入大数据时代,据相关数据显示,工程建设行业可谓是数据量最大、业务规模最大的大数据行业之一,但是工程建设行业在过去近三十年的时间里基本与互联网和大数据割裂,又可以称得上是当前各行各业中最没有数据的行业。科技是第一生产力,信息化促进工程行业生产效率与管理效益极大的提升,工程信息化已是发展的必然趋势。

2. 现状分析

目前,交通运输行业 BIM 技术的应用还处于起步阶段,在技术标准、核心软件和人才储备等方面都与房建领域在较大差距。在大跨桥梁工程,BIM 应用案例较少,比较有代表性的是虎门二桥(在建公路桥梁)与沪通长江大桥(在建公铁两用桥),这两座大桥开发具有自主知识产权的 BIM 施工协同管理平台,其他一些桥梁主要将 BIM 应用在设计校核与施工模拟,具体见表 1。

BIM 应用 表 1

序号	名　称	桥 梁 概 况	BIM 应用
1	虎门二桥	包括:两座千米级悬索桥、三座大型互通立交桥、四座引桥,全线 12.89 公里	①建立全线的 BIM 模型,并进行了碰撞检测、施工模拟、净空测算等多项辅助设计工作; ②开发了基于 BIM 的展示平台、业务平台两个 BIM 系统,实现了模型交互、形象进度、质量安全、监控监测等多项业务的集成。为实现大桥全生命周期建管养一体化奠定基础; ③开了预制节段梁工厂管理系统,实现了预制梁生产信息流程化管理并实时与模型关联; ④开发了手机 App、微信公众号等 BIM 信息采集端
2	上海浙江路大桥	钢结构的浙江路桥始建于 1908 年,至今已有 107 岁	应用 BIM 技术在桥梁大修时,把整个移桥的过程在三维空间全部模拟出来,将各种数据关联到模型上,实现三维化的运营养护
3	新白沙沱大桥(重庆)	81 米 + 162 米 + 432 米 + 162 米 + 81 米双层六线铁路钢桁梁斜拉桥	建立主桥范围内结构的三维信息模型,对拉索和钢梁部分进行详细模拟,进行碰撞检查等设计检查,优化检修、人行等辅助功能,模拟主要结构的施工工程,桩、塔座、桥塔、钢梁架设等;桥梁行车漫游、行走漫游、检修漫游
4	济南黄河公铁两用桥	桥上部为公路,城市快速道路标准,双向六车道;下部为四线铁路,石济客专双线,普速双线,长度为 1.792 公里,主跨为 180 米的连续钢桁梁	通过 BIM 技术实现主跨顶推钢梁前端导梁杆件拼装的施工模拟,钢桁梁带加劲弦顶推施工技术 BIM 模拟在公铁两用特大钢桥上属首次应用
5	叶盛黄河公路大桥	叶盛黄河公路大桥长 1.3 公里,两岸连接线长 9 公里,全线设灵武互通式立交 1 处	工程建造时,BIM 技术的运用,实现了事先对叶盛黄河大桥的施工质量、安全和进度的有效管控。通过建筑信息模型和形象视觉效果,将每一道施工工序、施工方法呈现在施工人员眼前,更加直观,帮助施工人员及时发现设计、施工中存在的一些问题,提高施工效率
6	肇庆阅江大桥	横跨西江连接端州区与高要区,是当地第三条跨西江桥梁,于 2017 年建成通车	BIM 技术在肇庆阅江大桥的施工过程中,主要在以下方面进行了运用: ①施工过程动态模拟以及方案比选; ②干涉检查; ③对永久结构进行材料工程量的统计

续上表

序号	名　称	桥梁概况	BIM应用
7	沪通长江大桥	2014年开工,主跨1092米,最大跨度的公铁两用斜拉桥,连接上海与南通	应用规模较大,计划贯穿于设计施工运维全生命周期
8	团结特大桥	2018年开工,为410米大跨径钢管混凝土拱桥,设计为同类型桥梁宽度世界之最	针对团结特大桥的施工特点和难点,项目施工阶段主要从BIM模型的建立和BIM模型技术应用两方面,来对BIM技术开展应用研究
9	瓯江北口大桥	2016年开工,全长7913米,其中跨瓯江主桥2090米。主桥桥型方案为215米+2×800米+275米三塔四跨双层钢桁梁悬索桥	构建了基于BIM+GIS的移动信息化协同管理平台,打通工地试验室、混凝土拌和站、预应力张拉、大体积混凝土温控、沉井监控等设备接口,打造"智慧物联网工地"

3.行业政策

BIM技术已被交通运输部列为交通运输重大技术方向和技术政策的首位;同时在《关于推进公路钢结构桥梁建设的指导意见(征求意见稿)》中第四大点中的第七条中提出:省级交通运输主管部门,公路项目建设单位应积极推进建筑信息模型技术(BIM)在钢结构桥梁设计制造和管理养护中的应用等,这充分体现出BIM将是未来长大桥建设的一个趋势。近期具体政策文件见表2。

具体政策文件 表2

序号	发布单位	时　间	政策文件名称	内容要点
1	交通运输部	2015.4	中国桥梁技术发展战略	①研发基于BIM技术的桥梁设计系统,推动我国公路桥梁设计技术的升级换代; ②研发基于BIM的桥梁管养系统,推动我国公路桥梁养护管理技术的发展
2	交通运输部	2016.1	关于印发交通运输标准化"十三五"发展规划的通知	明确指出在工程建设和养护重点领域,建立公路水运工程建筑信息模型(BIM)和信息数据编码标准
3	交通运输部	2016.3	交通运输"十三五"十大重点方向和政策	BIM技术位列第一
4	交通运输部	2016.4	2016年全国公路建设管理标准规范技术宣贯会	交通部公路司制定相关政策促进BIM在公路建设中的应用
5	交通运输部	2016.7	关于推进公路钢结构桥梁建设的指导意见	第五条　推广应用建筑信息模型(BIM)技术,推动钢结构桥梁设计、制造、安装和管养各类信息的共享利用
6	交通运输部	2016.7	关于实施绿色公路建设的指导意见	第17条　积极应用建筑信息模型(BIM)新技术
7	交通运输部	2016.12	交通运输部关于打造公路水运品质工程的指导意见	推进建筑信息模型(BIM)技术,积极推广工艺监测、安全预警、隐蔽工程数据采集、远程视频监控等设施设备在施工管理中的集成应用,推行"智慧工地"建设,提升项目管理信息化水平

续上表

序号	发布单位	时间	政策文件名称	内容要点
8	交通运输部	2017.1	推进智慧交通发展行动计划(2017—2020年)	提出针对基础设施的第一项重点任务,即为深化BIM技术在公路、水运领域应用鼓励企业在设计、建设、运维等阶段开展BIM技术应用
9	交通运输部	2017.9	关于开展公路BIM技术应用示范工程建设的通知	明确示范工程任务为:在公路项目设计、施工、养护、运营管理全过程开展BIM技术应用示范
10	交通运输部	2018.3	关于推进公路水运工程应用BIM技术的指导意见	提出"到2020年,相关标准体系初步建立,示范项目取得明显成果,公路水运行业BIM技术应用深度、广度明显提升。"的总体发展目标
11	交通运输部	2018.5	2018年深化交通运输供给侧结构性改革任务解读	明确利用"互联网+"、物联网、云计算、大数据等新一代信息技术,加强科技创新、绿色发展和对外开放,推动交通与产业融合发展

(三)项目来源

2014年11月,虎门二桥第一次专家技术委员会提出了在虎门二桥开展BIM技术应用的专题研究,总体目标为建立基于BIM的全寿命周期建养一体化平台,分两个阶段进行,第一阶段侧重于建设期施工管理平台,第二阶段侧重于运维期的管养平台。本项目于2015年初正式启动,由广东省公路建设有限公司与交通运输部公路科学研究院牵头组织,成果成功应用在虎门二桥建设管理中,2019年4月大桥通车,工程管理取得了质量、安全、进度、造价控制等各方面全优的佳绩。

二、项目内涵与主要做法

(一)项目内涵

虎门二桥基于BIM技术打造桥梁全寿命周期的管理平台,旨在探索超大型桥梁的新的管理模式和新的管理机制。该平台成功于建设阶段做出五条产品线,即形象进度产品线,现场质量隐患排查产品线,预制梁厂动态管理产品线,钢箱梁智能制造产品线,监控测量一体化产品线。

该信息平台不断深化和完善"程序化、信息化、精细化、专业化、人本化"的五化管理和全面推行"标准化管理、标杆管理"的双标管理的理念,最终实现"安全耐久、环保节约、科技创新、至臻建设"的目标,创鲁班奖、詹天佑奖。具体而言:

(1)至臻建设

以虎门二桥"至臻建设"为核心指导思想,努力做到"精心策划,恒心践行,诚心付出,匠心建造,安心工程"。

(2)一种手段

以BIM平台为主要手段,进行全线桥梁设计,建造,运维的系统化集成,打造建管养一体化的平台。

(3)一个核心

三维模型是一切数据的载体,同时对三维模型进行相应的编码,做到每个构件有一个唯一的"ID",这个ID也是构件贯穿整个生命周期的唯一标识。

(4)全寿命周期的管理

利用BIM技术,实现桥梁从建造开始到养护阶段数据的采集,存储和管理,真正实现建管养一体化。达到虎门二桥"安全耐久、环保节约、科技创新、至臻建设"的建设要求。

(二)主要思路

根据我国现阶段桥梁建设的管理现状,针对管理中信息沟通不通畅,各个阶段信息互相隔离等问题,以三维可视化模型为基础载体和核心,并对结构单元和设备进行独立唯一的编码,搭建业务平台(BIM数字化协同管理平台)。结合物联网技术,通过移动端的手机应用程序App进行质量安全隐患、进度等数据的实时采集;结合云平台技术,进行数据的存储,管理并将相应的数据关联到模型上。与此同时,业务平台将业主现有的各种系统进行集成,通过系统接口读取各系统的数据。实现了构件现场进度的实时查询,质量安全问题的现场排查,预制梁段的动态管理,钢箱梁的智能制造和监控测量一体化,见图1。

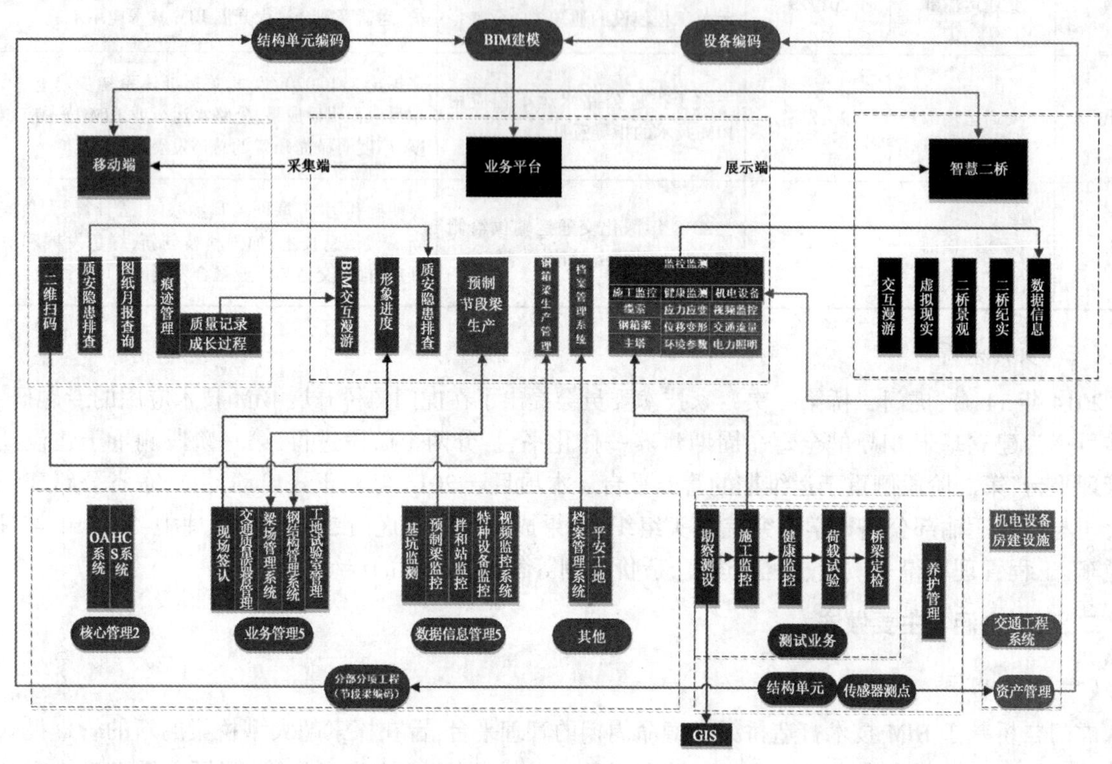

图1　该项目实施的技术路线

(三)组织架构

由业主统筹,发挥专业单位优势,对各项工作进行分工合作。在BIM平台的搭建上,先由业主结合本身以及施工单位,监理单位等的现场需求,提出总体思路及组织实施方案,再由科研单位进行整体系统框架的搭建和平台的研发;在数据采集方面由施工单位监理单位共同完成,相应的数据的存储及与模型的关联由科研单位操作(图2)。

三、具体步骤

BIM数字化协同管理平台系统是以三维可视化模型为载体,并对全桥的每个构件进行编号,作为全寿命周期的唯一标识。在此基础上,利用手机App和物联网扫码技术进行现场实时数据的采集。最后将全寿命周期的数据集成到云平台,实现数据的存储传递,进而实现可视化动态的管理。下面以虎门二桥为例进行说明。

(一)一个核心:建立虎门二桥全桥的三维可视化模型,并对全桥模型的每个构件进行相应的编号

1.三维模型的建立

本项目摆脱以前的二维图纸的束缚,建立三维可视化模型,整个模型严格按照设计图纸进行建立。

在三维模型的基础上进行各种业务数据的集成。以前的二维图纸所表达出来的几何信息和业务数据是相互割裂的,没办法进行相应的关联,而三维可视化模型的建立就可以实现了三个方面:

①通过三维可视化模型可以直接看到构件的体型轮廓和相应的尺寸；

②以三维可视化的模型进行施工前的技术交底,对于工人来说具有很大的指导意义,解决了工人由于读图不正确而造成的返工等问题；

③在模型上不仅可以看到构件基本的几何物理信息,还可以看到构件所携带的各种业务数据,见图3。

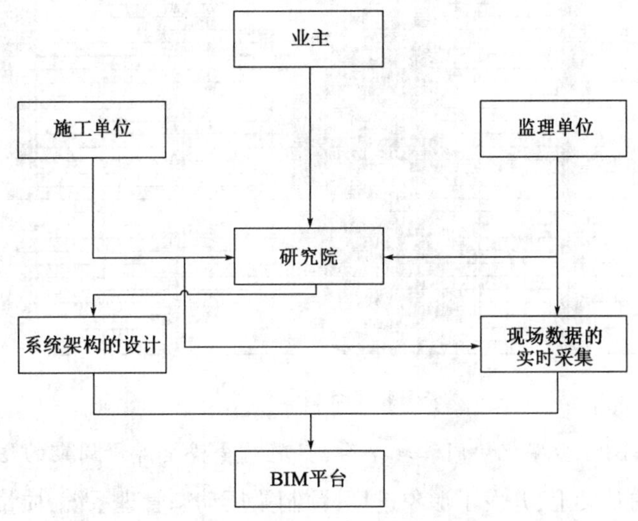

图2 项目实施的组织架构

图3 预制梁段的三维可视化模型

2. 对全桥模型的每个构件进行编号

随着科学技术的进步,国家建设的步伐在不断加快,桥梁的建设在向着大跨度的方向发展,与之而来的设计过程,施工工艺等都会变得越来越复杂。在这些大型化,复杂化的结构面前,需要更高的管理水平,集成化的管理一定建立在科学的系统分析的基础上。所谓的项目系统分析就是根据项目的结构和系统特征在分部分项的基础上将项目分成很多小块,方便管理和控制,分解的结果就是形成一套 EBS 编码体系。首先在分部分项的基础上,按照不同的功能将整个桥梁进行 EBS 体系分解,再进行编号。EBS 编码就是根据项目的结构和系统特征在分部分项的基础上将项目分成很多小块,方便管理和控制,分解的结果就是形成一套 EBS 编码体系,EBS 是面向对象的分解,EBS 分解的对象是工程(对象)系统。EBS 的分解是假设工程已经建成,对它进行的系统分解,只能从工程对象系统的空间和功能结构上进行分解,不能按过程进行分解。

具体的 EBS 分解要遵循整体性,系统性,有序性和可追溯性,整个虎门二桥单元构件划分后有 3 万多个构件,但是每个构件确保有独立的 ID,这个 ID 是全寿命周期的唯一标识,见图4。

J	L	M	N	P
位置	构件	构件名称	映射原代码	构件类型
第1跨				
	21#梁段	中引桥左幅上部结构箱梁第1跨21#梁段	S3-3-1-LW-21	预制箱梁
	20#梁段	中引桥左幅上部结构箱梁第1跨20#梁段	S3-3-1-LW-20	预制箱梁
	19#梁段	中引桥左幅上部结构箱梁第1跨19#梁段	S3-3-1-LW-19	预制箱梁
	18#梁段	中引桥左幅上部结构箱梁第1跨18#梁段	S3-3-1-LW-18	预制箱梁
	17#梁段	中引桥左幅上部结构箱梁第1跨17#梁段	S3-3-1-LW-17	预制箱梁
	16#梁段	中引桥左幅上部结构箱梁第1跨16#梁段	S3-3-1-LW-16	预制箱梁
	15#梁段	中引桥左幅上部结构箱梁第1跨15#梁段	S3-3-1-LW-15	预制箱梁
	14#梁段	中引桥左幅上部结构箱梁第1跨14#梁段	S3-3-1-LW-14	预制箱梁
	13#梁段	中引桥左幅上部结构箱梁第1跨13#梁段	S3-3-1-LW-13	预制箱梁
	12#梁段	中引桥左幅上部结构箱梁第1跨12#梁段	S3-3-1-LW-12	预制箱梁
	11#梁段	中引桥左幅上部结构箱梁第1跨11#梁段	S3-3-1-LW-11	预制箱梁
	湿接缝	中引桥左幅上部结构箱梁第1跨湿接缝		湿接缝
	10#梁段	中引桥左幅上部结构箱梁第1跨10#梁段	S3-3-1-LW-10	预制箱梁
	9#梁段	中引桥左幅上部结构箱梁第1跨9#梁段	S3-3-1-LW-9	预制箱梁
	8#梁段	中引桥左幅上部结构箱梁第1跨8#梁段	S3-3-1-LW-8	预制箱梁
	7#梁段	中引桥左幅上部结构箱梁第1跨7#梁段	S3-3-1-LW-7	预制箱梁
	6#梁段	中引桥左幅上部结构箱梁第1跨6#梁段	S3-3-1-LW-6	预制箱梁
	5#梁段	中引桥左幅上部结构箱梁第1跨5#梁段	S3-3-1-LW-5	预制箱梁
	4#梁段	中引桥左幅上部结构箱梁第1跨4#梁段	S3-3-1-LW-4	预制箱梁
	3#梁段	中引桥左幅上部结构箱梁第1跨3#梁段	S3-3-1-LW-3	预制箱梁
	2#梁段	中引桥左幅上部结构箱梁第1跨2#梁段	S3-3-1-LW-2	预制箱梁
	1#梁段	中引桥左幅上部结构箱梁第1跨1#梁段	S3-3-1-LW-1	预制箱梁
第2跨				
	0#梁段	中引桥左幅上部结构箱梁第2跨0#梁段	S3-3-1-L-0	预制箱梁
	1#梁段	中引桥左幅上部结构箱梁第2跨西1#梁段	S3-3-1-LE-01	预制箱梁
	2#梁段	中引桥左幅上部结构箱梁第2跨西2#梁段	S3-3-1-LE-02	预制箱梁
	3#梁段	中引桥左幅上部结构箱梁第2跨西3#梁段	S3-3-1-LE-03	预制箱梁
	4#梁段	中引桥左幅上部结构箱梁第2跨西4#梁段	S3-3-1-LE-04	预制箱梁
	5#梁段	中引桥左幅上部结构箱梁第2跨西5#梁段	S3-3-1-LE-05	预制箱梁
	6#梁段	中引桥左幅上部结构箱梁第2跨西6#梁段	S3-3-1-LE-06	预制箱梁
	7#梁段	中引桥左幅上部结构箱梁第2跨西7#梁段	S3-3-1-LE-07	预制箱梁
	8#梁段	中引桥左幅上部结构箱梁第2跨西8#梁段	S3-3-1-LE-08	预制箱梁
	9#梁段	中引桥左幅上部结构箱梁第2跨西9#梁段	S3-3-1-LE-09	预制箱梁
	10#梁段	中引桥左幅上部结构箱梁第2跨西10#梁段	S3-3-1-LE-10	预制箱梁

图4　EBS编码体系

(二)一种手段:利用BIM数字化协同管理平台,实现对全桥全寿命周期的信息化管理

本项目在上述工作的基础上,开发了形象进度,预制梁厂动态管理系统,质量安全隐患现场排查,钢箱梁智能制造,监控测量一体化五条产品线。这五条产品线实现了对虎门二桥质量,安全以及进度的全方位把控。并通过手机App和物联网技术实现现场数据的实时采集,将其集成到BIM数字化协同管理平台上,进行信息的存储转存,实现全寿命周期的信息化管理,见图5。

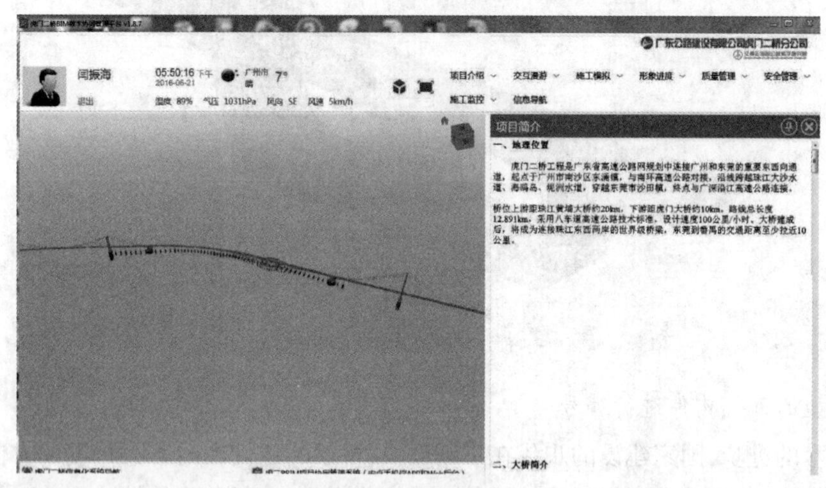

图5　BIM数字化协同管理平台

(三)全寿命周期管理

在BIM数字化管理平台解决了超大型桥梁信息沟通不流畅的问题,业主、设计单位、施工方、监理单位等可以在统一的平台上进行信息的共享,使得整个沟通更加的快速高效;同时所有的数据都会被存储起来,传到养护期,整个建设周期的数据就可以被串联起来,尤其是对后期的健康监测养护有很强的参考意义。

BIM在虎门二桥的"五条产品线"应用如下。

1. BIM在形象进度中的应用

进度是施工管理的重要内容之一,虎门二桥属于超大型桥梁工程,线路长,工程量大,开发出一个直

观、及时、准确的形象进度系统是参见各方的共同需求。

目前,形象进度主要采用涂鸦横道图的方式,这样做会存在两个方面的问题:

①这些采集的信息比真正的施工进度落后的多,这样就没有太大的指导意义;再则由于大多数都是通过打电话的各种通话工具去询问相关人员,这样可能会导致信息错误,虚假等;

②每次信息采集完之后还要专门的人去涂鸦,但是如果相关人员太忙,可能就忘了去涂鸦;而且安排专门人员去做这件事也不太现实。

基于这些问题,项目组开发了现场签认及进度管控系统,该系统由手机签任 App 和 BIM 平台进度管控两部分组成。手机 App 通过现场签任实现完工信息的准确采集并及时传到云端数据库,这样就解决了人为因素对数据及时性和准确性的干扰。以预制节段梁为例,通过现场扫码可以实现节段梁的动态可视化管理,具体如下:

在此平台上中引桥上部的预制梁段可以看到三种状态,第一种白色透明状态代表施工未完成,第二种黄色透明状态代表在预制梁厂预制完成,未拉到现场进行架设;第三种状态是实体蓝色状态,代表已架设完成,见图 6。而对于直接在现场浇筑的构件,只有两种状态,白色透明表示未施工,实体表示施工完成。

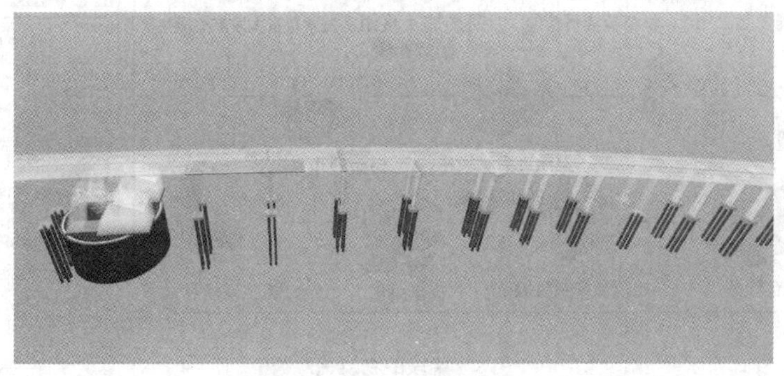

图 6 预制梁段的形象进度

2. BIM 在现场质量隐患排查中的应用

虎门二桥工程规模大,全线 12.89 公里,全桥质量安全的管理是一想艰巨的任务。现场隐患排查是质安管理的一项重要内容,如何实现隐患快速发布与处理是工程管理的一个重要需求。因此,项目开发出适用于隐患排查的手机 App,通过在手机端实现了发现问题,处理问题,验收整改的全部流程。同时,在手机端数据采集完成后,会上传到数据库,所有隐患都会按构件位置显示到 BIM 数字化协同管理平台上,工程各方都可以在此平台上看到相关的问题,这就对问题处理方形成了一定的督促功能。大大提高安全质量问题的发现和处理效率,见图 7。

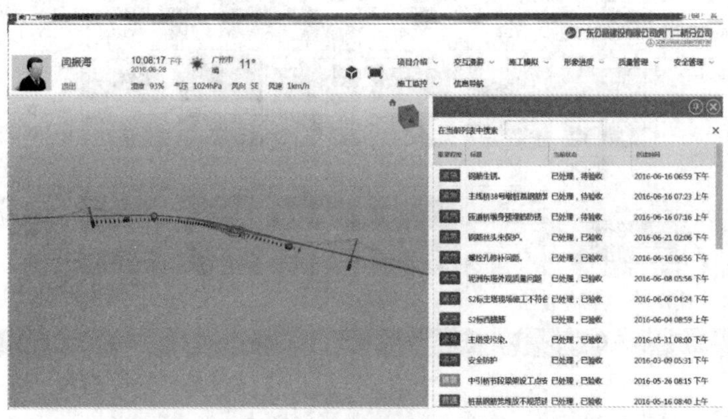

图 7 BIM 平台的质量安全问题

3. 预制梁段的信息化管理

虎门二桥全线4座互通立交桥、3座引桥、2座悬索桥。其中包括引桥和互通主线桥在内的5座桥采用了预制梁段短线法拼装,如此大规模的预制梁段使用让预制梁段的质量安全以及进度都显得尤为重要。借助BIM、云计算和二维码等技术,以预制节段梁为基本要素,实现节段梁生产、仓储、出厂、运输的全过程信息化管理,支持材料、质量验收等工程信息的集成和追溯,为预制梁厂的信息共享和协同工作提供平台,见图8。

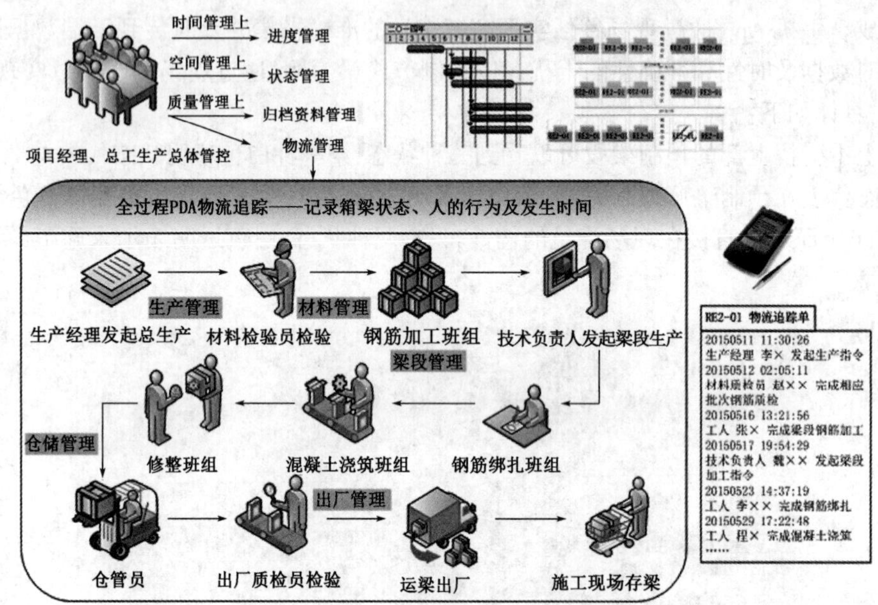

图8　梁段的物流追踪

BIM数字化协同管理平台实现了对预制梁段的信息化管理,具体体现在以下方面:

①二维图纸化管理模式下,对于预制梁厂预制台座,钢筋绑扎区,存梁区等不能合理的利用,再则就是在要进行梁段吊装时找梁段存放在哪个存梁区很难找。利用预制梁厂动态可视化管理系统实现了预制台座,钢筋绑扎区,存梁区的可视化,以预制台座为例可以看到现在每个预制台座的状态,见图9,以及每个台座现在是哪个梁段在预制,管理者可以依据此做出更好的决策,合理使用预制台座,使得整个场地和设备的合理利用。同时与预制台座类似,可以看到存梁区的使用状况和该存梁区存的是哪几榀梁,在梁段架设时及时,快捷,大大提高工作效率。

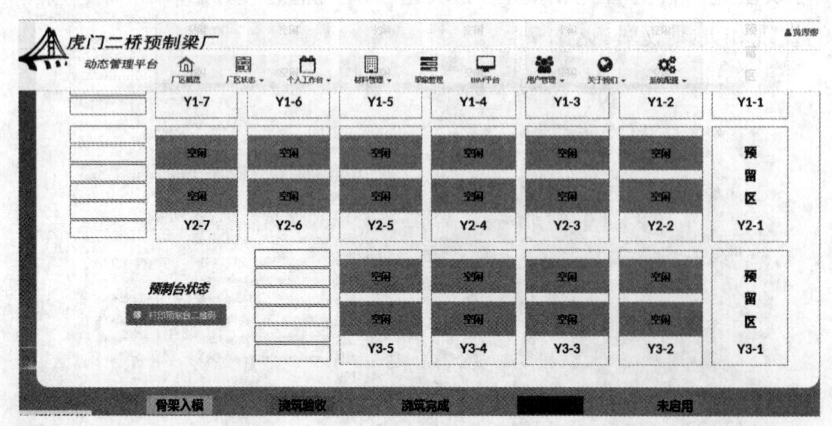

图9　预制台座状态

②以前预制梁厂梁段的生产过程的每个环节都比较混乱,不能形成体系化的生产,再则如果梁段出

现质量问题也不能很快的追究到人,这样使得整个管理比较松散。预制梁厂动态可视化管理系统实现预制梁段的追踪管理,对于梁段生产过程通过不同的人进行扫码对质量各方面进行管控,使得整个过程标准化,流水化生产。预制梁段的管理见图10。

编号	梁段位置	所属任务	状态	操作
S3-7-18-LE-4	东引桥（左幅）第1#跨 4#梁段	2016年05月生产任务	存放	[编辑状态][追踪][材料][添加][查看]
S3-7-20-R-0	东引桥（右幅）20 0#块	2016年05月生产任务	存放	[编辑状态][追踪][材料][添加][查看]
S3-4-6-R-0	海鸥岛互通(右幅) 6 0#块	2016年05月生产任务	成品检查合格	[编辑状态][追踪][材料][添加][查看]
S3-7-19-R-0	东引桥（右幅）19 0#块	2016年05月生产任务	成品检查合格	[编辑状态][追踪][材料][添加][查看]
S3-4-6-RE-1	海鸥岛互通(右幅) 第7#跨 1#梁段	2016年05月生产任务	成品检查合格	[编辑状态][追踪][材料][添加][查看]
S3-4-6-RE-2	海鸥岛互通(右幅) 第7#跨 2#梁段	2016年05月生产任务	成品检查合格	[编辑状态][追踪][材料][添加][查看]
S3-4-6-RE-3	海鸥岛互通(右幅) 第7#跨 3#梁段	2016年05月生产任务	成品检查合格	[编辑状态][追踪][材料][添加][查看]
S3-4-7-R-0	海鸥岛互通(右幅) 7 0#块	2016年05月生产任务	成品检查合格	[编辑状态][追踪][材料][添加][查看]
S3-6-2-LE-17	西引桥（左幅）3 17#梁段	2016年05月生产任务	成品检查合格	[编辑状态][追踪][材料][添加][查看]
S3-6-4-LW-21	西引桥（左幅）3 21#梁段	2016年05月生产任务	成品检查合格	[编辑状态][追踪][材料][添加][查看]
S3-4-1-RW-13	海鸥岛互通(右幅) 0 13#梁段	2016年05月生产任务	成品检查合格	[编辑状态][追踪][材料][添加][查看]
S3-5-19-R-0	辐东互通（右幅）19 0#块	2016年05月生产任务	成品检查合格	[编辑状态][追踪][材料][添加][查看]
S3-4-6-RE-4	海鸥岛互通(右幅) 第7#跨 4#梁段	2016年05月生产任务	钢筋未加工	[编辑状态][追踪][材料][添加][查看]
S3-6-OA-LW-17	西引桥（左幅）0 17#梁段	2016年05月生产任务	钢筋未加工	[编辑状态][追踪][材料][添加][查看]
S3-4-1-LW-13	海鸥岛互通（左幅）0 13#梁段	2016年05月生产任务	钢筋未加工	[编辑状态][追踪][材料][添加][查看]
S3-3-12-L-0	中引桥（左幅）12 0#块	2015年03月生产任务	存放	[编辑状态][追踪][材料][添加][查看]

图10　预制梁段的管理

③对于以往预制梁段,生产过程中的材料管理也是比较松散,甚至梁段生产完成后再想去找该梁段用了那一批的材料都很困难。预制梁厂动态可视化管理系统通过物联网技术和影像技术实现材料的管理,即每批材料是什么时候进场,什么人验收,材料的规格,质检表等都进行管控,见图11;与此同时,在对每批材料进行盘点之后,每榀梁使用的材料批次也可以进行追踪,这样大大提高梁段的质量。

盘点时间	盘点人	操作
2015-11-09	张文	[查看盘点]
2015-11-20	张文	[查看盘点]
2015-11-30	张文	[查看盘点]
2015-12-10	张文	[查看盘点]
2015-12-18	张文	[查看盘点]
2015-12-29	张文	[查看盘点]
2016-03-04	张文	[查看盘点]
2016-03-17	张文	[查看盘点]
2016-04-04	张文	[查看盘点]
2016-04-14	张文	[查看盘点]
2016-04-26	张文	[查看盘点]
2016-05-09	张文	[查看盘点]
2016-05-18	张文	[查看盘点]
2016-05-28	张文	[查看盘点]
2016-06-13	张文	[查看盘点]
2016-07-01	张文	[查看盘点]

图11　材料的管理

④以前的大桥建设过程设计,施工,养护管理的数据彼此是割裂的,而BIM技术恰好是建管养一体化的有效手段。预制梁厂动态管理系统实现了两个功能,一方面就是对梁厂进行科学有效的管理,另一方面就是通过物联网技术将每榀预制梁段生产过程中的所有信息进行采集传到数据库,将信息集成到BIM数字化系统管理平台上,实现全寿命周期的管理,见图12。

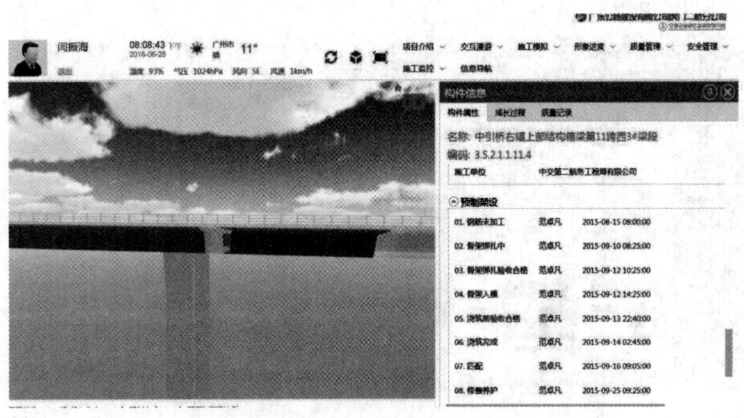

图12　预制梁段在BIM平台的信息集成

4. BIM 在监控检测一体化中的应用

施工监控、健康监测、荷载试验、桥梁检测都是针对某一构件的特定参数进行测试,通过 BIM 构件将这些数据分阶段的关联起来,打通各自业务的信息孤岛,可以实现基于构件的全寿命周期管理。根据工程进度,目前系统开发了施工监控模块,建立了测点数据库,为后续健康监测等业务预留了数据接口。施工监控模块可以实现数据的实时查看,并且能生成相应的监控报表,这些数据可以传到健康监测,对于健康监测有很大的指导意义,见图 13。

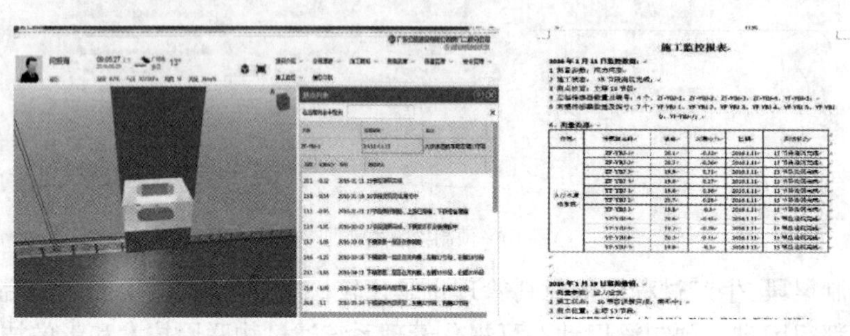

图 13　BIM 平台的施工监控

5. BIM 在钢箱梁智能制造中的应用

应用 BIM 技术,可以实现钢箱梁设计、制造、安装和管养各类信息的共享利用, 将 BIM 模型与数控设备相连,可以实现钢结构的智能制造。

虎门二桥两座悬索桥均采用 49.7 米宽的钢箱梁,其中大沙水道桥共 6 种钢箱梁类型,坭洲水道桥 11 种箱梁类型。对于不同类型的钢箱梁,传统的做法是钢箱梁厂家拿到设计图纸之后,需要深化设计,考虑焊接残余变形等的影响,在切割板单元时需要人工多留出来一定的尺寸,耗时费力,效率比较低。而对于钢箱梁来说焊缝的质量是整体钢箱梁质量的重要指标,传统的做法是钢箱梁做完之后,焊缝质量的资料较多,查找比较困难。如果后期对桥梁钢箱梁巡检的话,钢箱梁就不能有针对性的快速检查,而需要批量的进行检查,整个工作量大大增加。

BIM 技术利用专业的软件按照设计图纸把钢箱梁三维模型建完之后,首先可以直接出各种材料清单,进行材料的采购;再则在原有软件的基础上进行二次开发,能自动把余料添加上,不需要再人工预留尺寸;最后直接从软件中导出数控文件,将文件导入下料系统中,智能化的进行板单元的切割,见图 14。而对于钢箱梁制造过程中的焊缝的质量信息,会附着在三维模型的每条焊缝上,这些焊缝信息可以追溯到焊接人,焊接的时间等,同时针对这些数据可以进行统计的分析,如果某个工人的焊接出问题的机率较大,那么就可以对此工人进行警告和培训。最后将有关数据集成到 BIM 平台,进行存储和管理并传递到养护阶段,供养护阶段参考。

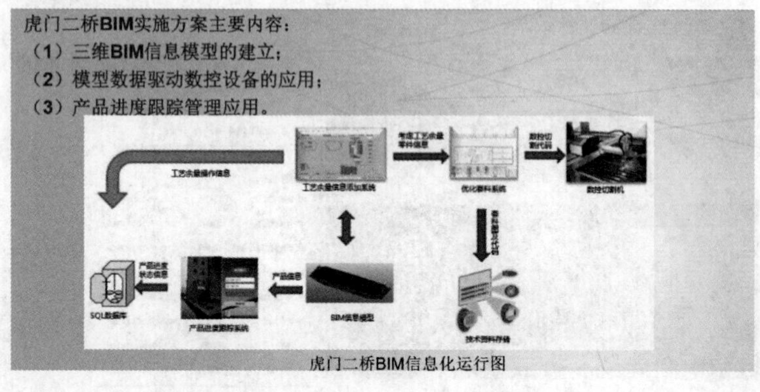

图 14　钢箱梁智能制造

四、项目建设效果

虎门二桥 BIM 数字化协同管理平台,实现了形象进度的展示,预制梁段的动态管理,现场质量安全隐患的排查,钢箱梁的智能制造和监控测量一体化。这对于整个虎门二桥来说是管理上的一个重大突破。目前,本项目的 BIM 数字化协同管理平台已基本成型,取得了很好的项目效益和社会效益。

(一)项目效益明显

1. 实现了现场形象进度的实时显示,通过 BIM 平台即可实时查看现场的实时的进度

整个虎门二桥全线的"三维"形象进度在 BIM 数字化协同管理平台上可以实时的查询,通过监理在现场进行工序查验电子签证,实时更新进度信息,解决了传统"二维"人工涂鸦横道图信息的不及时性和不真实性。工程各方可以在统一的平台开展相应的工作。

2. 质量安全隐患现场的排查

虎门二桥全线推广使用手机 App,进行现场质量安全隐患的排查,快速完成问题处理的闭环。大大提高了现场隐患排查的效率,同时透明化的流程处理,敦促施工单位严把质量安全问题,同时实现了隐患分类、统计功能,实现了对问题的科学研判、精准施策。

3. 预制梁段动态管理系统

预制梁厂可视化动态管理系统 2016 年 2 月成功应用梁厂后,使得梁段生产预制过程标准化、工厂化,大大提高了梁厂的生产效率:

2016 年 2 月,计划完成 37 榀梁,实际完成 37 榀;

2016 年 3 月,计划完成 122 榀梁,实际完成 121 榀;

2016 年 4 月,计划完成 110 榀梁,实际完成 105 榀;

2016 年 5 月,计划完成 15 榀梁,实际完成 12 榀。

从以上数据可以看出,在预制梁厂可视化动态管理系统正式运行以后,整个梁厂的完成比例都控制在 90% 以上,大大提高了整个梁厂的生产管理水平,同时对于整个虎门二桥的工期而言,缩短了工期。同时将预制梁段的数据统一集成到 BIM 平台,传递到运维节段。

4. 监控测量一体化

现阶段只有悬索桥的索塔进行施工监控,其他的施工监控还未开始。针对索塔的施工监控,已经可以在 BIM 平台进行施工监控数据的实时查询和相应施工监控报表的下载打印。

5. 钢箱梁智能制造

钢箱梁智能建造已经实现了三维模型的自动出材料的报表清单并指导材料的采购;再则三维模型可以直接导出相应的数控文件,进行板单元的自动切割;同时对于钢箱梁的焊缝质量信息录入并将数据传递到养护阶段。

以上 5 条产品线产生的经济效益明显,见表 3。

虎门二桥信息化费用统计表 表 3

功　能	费用(万元)
OA 办公协同系统	72
档案管理	28
HCS	200
试验数据	20.1
视频监控	316
现场签证	28
拌和站信息采集	26

续上表

功　能	费用(万元)
特种设备安全	24.8
工程质量监督系统	76
BIM	249
钢结构管理系统	150
合计	1189.9

从表3中可以看到,虎门二桥信息化的费用将近1200多万元,实际上BIM将可以几乎完全覆盖所有的系统,将所有的系统集成。这样只花费了BIM的249万元资金可完成1200万元系统的功能及作用,可节约940.9万元的资金。而且BIM数字化协同管理平台大大提高了生产效率,产生的经济效益也不言而喻。

(二)社会效益明显,树立行业标杆

1. 形成了超大型桥梁"标准化"的BIM模式

虎门二桥BIM数字化协同管理平台形成了一套全寿命周期的完整的解决方案,其适用范围不仅仅局限于某个超大型桥梁,可以推广到其他的长大桥中使用。

2. 开启了三维可视化动态管理的新模式

这种新的管理模式直观,形象,高效,同时对工程的质量等各方面进行了把控。BIM技术在虎门二桥的应用是国内路桥界的首例,它的成功试用,为虎门二桥工程的开启了新的管理模式,使得工程各方可以在统一的平台上进行工程的管理,使得工程管理透明化,信息化,效率化。在此平台上实现了对工程的质量、安全、形象进度等进行有效把控。

3. BIM数字化协同化管理平台的搭建,为建管养一体化打下了坚实的基础

BIM平台也是建管养一体化的唯一有效的手段,在此平台上实现建管养一体化将是整个路桥界,乃至土木界的一场技术革命。为桥梁的建设注入新的技术动力,将桥梁建设推向一个又一个巅峰。虎门二桥BIM的成功试用,将为其他长大桥的建设树立行业标杆,实现BIM价值的最大化,实现为工程服务,为行业服务,为社会服务的美好愿景。

4. 预制装配化紧紧围绕着"绿色环保"的理念去开展工作

预制装配式混凝土结构主要特点有工厂化生产化特点,效率高、质量好、经济合理特点;满足标准化、规模化的技术要求;满足节能减排、清洁生产、绿色施工等节能减排的环保要求等。

产业化流水预制构件工业化程度高;成型模具和生产设备一次性投入后可重复使用,耗材少,节约资源和费用;现场装配、连接可避免或减轻施工对周边环境的影响;预制装配工艺的运用,使劳动力资源投入相对减少;机械化程度有明显提高,操作人员劳动强度得到有效缓解;预制构件外装饰工厂化制作,直接浇捣于混凝土中,建筑物外墙无湿作业,不采用外脚手,不产生落地灰,扬尘得到有效抑制;预制构件的装配化,使工程施工周期缩短;工厂化预制混凝土构件,不采用湿作业,从而减少了现场混凝土浇捣和"垃圾源"的产生,同时减少了搅拌车、固定泵等操作工具的洗清,大量废水、废浆等污染源得到有效控制,与传统施工方式相比,节水节电均超过30%;采用预制混凝土构件,使建筑材料在运输、装卸、堆放、控料过程中,减少了各种扬尘污染;工厂化预制构件采用吊装装配工艺,无须泵送混凝土,避免了固定泵所产生的施工噪声;模板安装、拼装时,在工艺上避免了铁锤敲击产生的噪声;预制装配施工,基本不需要夜间施工,减少了夜间照明对附近生活环境的影响,降低了光污染。

建设平台型人力资源管理体系，加快推进企业转型升级发展

大连港集装箱发展有限公司

成果主要创造人:邵　丽

成果参与创造人:王依娜　李小妹　初　磊　宿　韬　杜　波　李　艳

大连港集装箱发展有限公司(简称“大港集箱”),成立于2002年,是大连港股份有限公司的全资子公司,是从事港口集装箱码头业务和集装箱物流服务与发展的专业化投资运营管理公司,资产总额53亿元人民币。大港集箱下设码头主业、多式联运、航运物流、专项物流四大业务板块。致力于为客户提供安全、高效、低成本、便捷以及专业化的全程综合物流服务。经过多年经营,通过合资合作、共同发展的模式,大港集箱已拥有包括码头、物流企业、内陆港、支线公司等在内的30多家投资企业,广泛分布于集装箱港口物流各环节。未来,大港集箱将以码头主业为核心,打造专业、高效、无缝的全程供应链服务体系。

一、建设背景

近年来,大港集箱结合东北亚航运中心建设的发展需要,根据当前经济形势及时调整产业结构,统筹制定业务战略,以“质效提升、转型升级”为管理方向,持续推动集装箱港口物流供应链的全面建设与快速发展。随之匹配的企业管理模式和经营结构发生较大的变化,为保证企业战略布局的稳步推进,顺利完成各项发展任务,持续达成业务的快速而稳定增长,实现企业总体战略目标,大港集箱以增强人力资源优势竞争力为核心,以提升人力资源素质为导向,积极探索人力资源管理的新思路、新方法,逐步搭建起战略导向的平台型人力资源管理体系,从而强化团队建设,推动人才可持续发展,为组织创造价值,加快推进企业的转型升级发展。

平台型人力资源管理体系源于大港集箱总体战略,服务于企业发展与管理,是自上而下贯穿组织战略实现过程的人力资源管理模式,是大港集箱多年来对四大业务板块、三十多家投资企业,将原有的人力资源模块化管理模式与企业战略相结合的重组升级。它以助推企业经营战略为指引,以经济效益提升为核心目标,秉承人力资源能力贡献和价值创造的理念,致力于将原有人力资源管控模式进行优化整合,形成以“中心层、支持层、服务层”体系为平台的全新、专业、高效的人力资源管理体系。即在大港集箱本部建立人力资源“中心层”,各企业人力资源业务伙伴作为“支持层”,将人力资源事务性工作运用信息化平台进行流程化、标准化规范运行形成“服务层”。同时,大港集箱综合运用科学的人才盘点技术优化各企业、各职类、各职级人才结构,对各级管理人员实施全员全程的绩效考核体系管理;优化激励对接,搭建业绩导向的薪酬管理体系;通过“三层级八职类”的人才培养矩阵及在线学习平台完善人才培养机制,从而强化学习型组织建设,激发出员工的工作热情和创造力。总体上,通过组织战略的牵引,将人力资源与市场营销、生产运营等职能战略有机协同,确定“一三五”总体管理思路,围绕“人力资源战略”一个工作核心,构建起由“支持层、中心层、服务层”三个层面构成的平台型人力资源管理体系,基于“人员配置、绩效考核、薪酬福利、人才培养、员工关系”五个专业模块方向,全面推进人力资源战略的实践与落地,助力大港集箱及各投资企业可持续的高质量快速发展。大港集箱平台型人力资源管理体

系的架构设计如图1所示。

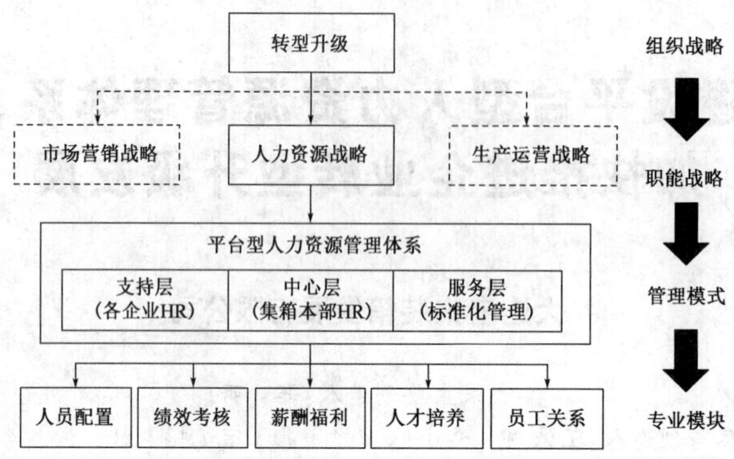

图1　人力资源管理体系架构

二、成果内涵与主要做法

大港集箱拥有包括码头、物流企业、内陆港、支线公司等在内的三十多家投资企业,广泛分布于集装箱港口物流各环节,产业链条相对较为复杂,汇聚不同专业领域的管理和业务人才。为提升人力资源效能,激发组织活力,推进人尽其才,不断强化各投资企业的竞争力与竞争优势,推动集装箱产业战略的深入贯彻和有效执行,大港集箱亟须进一步优化人力资源管理体系,实施一体化人才管理战略,全面增强人力资源的竞争优势。

按照大港集箱管控架构,大港集箱构建平台型人力资源管理,将传统人事管理模块重新组合,形成了"中心层、支持层、服务层"的管理模式。其中,"中心层"是大港集箱本部人力资源管理,大港集箱作为集装箱产业链的中枢神经系统,承担总体的人力资源战略描绘、体系搭建、方案设计等管理和督办,完成工作任务统化集成的过程,是集装箱产业体系的人力战略指挥部;"支持层"是贯彻中心层统筹政策的基层人力资源管理,由大港集箱各投资企业人力资源构成,各企业将大港集箱统一部署落实到实际工作与业务中,是更加基于业务导向、更加贴近集装箱产业的各板块、各领域具体业务需求的人力资源解决方案提供和执行者;"服务层"是管理流程的标准化管理,主要由大港集箱制定规范,建立标准化流程制定并借助信息化平台,协助各企业人力资源高效完成日常管理工作处理,提升人力资源管理的工作效率和效能。

(一)人力资源模块式管理向平台型人力资源管理模式转变思路

大港集箱成立初期,在多元化经营与快速扩张阶段,根据企业发展需要对投资企业主要实施以人力资源模块化为依托的管控模式,按照人力资源模块化对接各投资企业实施管理。随着近年来快速发展,发展目标升级为打造以全流程集装箱供应链产业体系、"投资 + 运营"的集装箱港口物流供应链服务经营人战略,传统型人力资源管理模式已无法满足大港集箱的发展战略,人力资源管理由人力资源模块式管控架构向平台型人力资源管理模式转变势在必行。平台型组织是一种创新型的组织模式,重构组织存在的价值及运营模式;并基于共享与协同,强化资源自由流动与调配,推进组织内外部信息与资源自由交互、相互支撑的统筹化管理模式。

平台型人力资源管理模式对企业现有的管理模式造成的冲击与应变思路,主要体现在如下方面:一是管理边界扩大。传统的人力资源管理边界基本等同于组织边界,主要功能在于为组织及时提供满足需求的人力资源,保证组织目标的实现及员工的成长发展。而平台型组织的人力资源不仅限于组织内部,而扩展为凡是能促进组织发展的客体都是人力资源的管理对象,从而人力资源管理难度相应增加。

相应地，需要分析确定平台型人力资源管理体系的管理范畴，以此才能精确定位不同对象的管理需求及匹配的管理举措。二是参与者流动性强。平台型人力资源管理者转变为一种资源协调者，而平台的开放性导致人力资源流动性的增强，也给人力资源管理带来极大困难，提升组织的管理成本。对此，则需要适时调整工作思路，推动组织的体系化机制与标准化流程管理，以保障组织的可持续性发展。三是激励模式改变。现今时代的组织管理中，作为知识载体的人力资本是支撑产业发展的基础，而员工个体更为注重对于自我实现需求的激励与满足。传统的人力资源管理中的激励模式必须创新，以适应时代变革与个体发展的特征。因此，大港集箱在不断创新人力资源管理模式的过程中，以员工核心需求为导向，优化组织管理结构，提供广阔的发展平台，赋予员工较大的自主权，激励员工为组织充分发挥其潜能，从而更大程度上提升人力资本效益，实现企业和员工的双赢发展。

（二）科学优化人员配置模式，打造高效人才供应链

大港集箱平台型人力资源管理体系于人员配置方面的管理模式表现：首先在中心层，大港集箱基于体制、机制建设两个方面，根据业务发展目标，结合产业重组需要，整合企业资源，科学优化人员配置模式；同时，以“控制总量、优化结构”为总体原则，通过“统一规划、统一调配、统一使用”的人力资源管理模式，建立“内部盘活、灵活管理、有效输出”的人员配置与使用机制，打造集装箱系统的人才发展供应链。其次，在支持层，则是着力研究将人力资源配置与规划发展、流程再造、客户服务等业务需求紧密契合，在中心层的统筹指导下制定具体的人员配置实施计划。再次，在服务层，即通过规范人力资源需求与配置管理，建立“需求分析、配置计划、申报审批、执行落实”的标准化流程管理，同时推进人力资源管理系统的信息化数据上报与应用，为人力资源配置实现平台的一体化统筹管理提供有力支持与服务保障。

大港集箱平台型人力资源管理体系于人员配置方面的操作实践表现，主要包括以下几方面：第一，根据战略布局与组织建设规划，推动组织建设。为助推组织战略的落地，研究优化传统职能部门制架构模式，指导投资企业进行内部组织架构的整合、压缩、精简管理；同时，顺应业务一体化发展需要，推行职能划分的垂直管理与项目划分的横向管理相结合的矩阵型组织架构模式，指导投资企业进行架构融合及重置，推进企业基于业务需求的组织设计与优化建设。第二，统筹人力资源配置计划的“统一规划”。规划各板块发展方向、明确业务分工，从而统筹制定整体的人力资源规划目标，自上而下地指导各投资企业进行“统一规划”的人力资源配置计划。一是，根据各业务板块及各投资企业的未来发展规划及业务量进行科学测算，指导投资企业确定组织结构设置需求及人员配置需求；并结合管理模式、作业流程优化、口岸环境变化等需求因素，指导投资企业匹配具体的定岗定编策略；二是，通过建立标准化管理模式，指导投资企业根据岗位编制、任职资格及绩效目标达成需求，确定基本的定员标准；三是，结合现有人员素质匹配情况及人员结构优化需求，统筹考虑年龄、工作经验、学历构成及员工发展需求，进行合理定员与团队构建。第三，建立“统一调配与统一使用”机制。结合集装箱产业的后备人才培养体系建设要求，大港集箱整体规划系统内人员发展及补充渠道，明确各企业用人需求，为企业间搭建起人员交流培养平台，统筹实行人员的供需调节及补充输送，打造集装箱系统的高效人才发展供应链，实现产业内部人才的有序盘点流动与有效成长发展。

（三）全面推行全员全程绩效体系，为企业管理与人员激励提供有效管理手段

科学合理的绩效体系是企业战略实现的关键支持及主要承载媒介，对企业实现战略目标具有重要意义。大港集箱平台型人力资源管理体系于绩效考核方面的管理模式总体原则是，大港集箱中心层负责统筹绩效体系的设计与搭建；各企业构成的支持层，则是结合组织发展与业务需求、细化并落实绩效要求；基于服务层面，推行绩效考核流程标准化、绩效数据库建立与对标分析、绩效结果的统筹薪酬兑现与职业生涯发展应用，为企业管理与人员激励提供有效保障。

大港集箱平台型人力资源管理体系于绩效考核方面的管理思路，具体表现：经过近年发展，已构建起以“本部＋投资企业”为考核层级，以“财务表现＋客户服务＋内部管理＋创新成长”为绩效理念、以“经营考评、党建考评、能力评估”为主要维度、以“月度＋年度”为输出周期、以“薪酬激励＋职业发展”

为激励机制的全面绩效管理体系。一方面,在大港集箱本部中心层面的基于"理念、体系、机制"三方面牵引管理。一是绩效理念的深入传导。围绕上级公司下达的年度业绩指标,综合企业发展实际需求,以促进战略和经营计划达成为总体目标,以业绩增长为导向,以绩效管理为重要抓手和保障手段,引导企业聚焦产出价值,立足业绩贡献而实践绩效管理。二是绩效体系统筹建设。按照"本部、业务板块、投资企业、部门、职能组"等各层面组织指标分解,强化业绩指标和重点项目层层分解的深度与广度,实现从分管高管到各投资企业负责人、到基层员工的全面覆盖,将指标实施从上到下、从整体到局部、从宏观到具体的递进式逻辑分解,逐步渗透,逐级传递。通过绩效指标的层层分解、绩效任务的逐层落地,指导核心投资企业加速绩效管理体系的构建和优化进程,打造以增强人力资源优势竞争力为核心,以实现考评科学、激励有效、奖罚分明为目标,以构建企业员工共赢发展为目标的全员全程绩效管理体系。三是绩效管理机制保障。通过绩效合约签订、委派人员管理办法、班子成员责任制、绩效反馈与绩效改进等手段,实现人人都有能够将企业战略目标传导至管理末梢的专项指标,确保战略目标的切实落地。四是绩效结果应用。逐步完善员工激励机制,将绩效考核结果在绩效工资分配、岗位调整、员工培训、职业生涯设计等方面推进应用,持续提高组织绩效水平和运营效率,有力保障企业与员工的双向共赢发展。另一方面,在投资企业支持层面基于绩效要求的细化与落实。匹配板块业务需要,细化战略目标为具体行动方案,循序渐进地确保企业的绩效管理目标落地,进而为整体"战略目标"传导提供有效途径,为实现转型升级的发展目标打下夯实基础,确保集装箱战略的全面实现与达成。

大港集箱平台型人力资源管理体系于绩效考核方面的操作实践,主要表现在以下几方面:第一,大港集箱围绕组织的功能定位与业务需求,推行多元化、差异化导向的绩效考核模式。结合板块业务特点与企业管控需要,针对投资企业的绩效划分不同类型考核重点,围绕企业运营管理、投资收益回报、市场拓展等重点,实施不同定位导向的绩效考核管理。第二,强化全面全程的考核落地。根据年度考核指标及工作重点,推行"经营业绩和企业管理"全面兼顾、"结果与过程"全程并重的管理原则,结合利润实现与质效提升等工作重点,调整经营业绩类指标与管理类指标总体权重,引导企业的经营行为;同时,通过月度、半年度、年度不同周期的考核管理,实现过程落实的跟踪管理与指标达成的结果考核。第三,落实岗位职责的工作要求管理。根据组织架构优化调整后的部门职能定位,按照岗位职责、重点项目、风险防控等多方面工作要求分解管理类指标,助推企业提升管理指标的执行力度。第四,建立并优化绩效指标数据库。梳理各年度、各板块、各类别的绩效指标数据对标与分析,为管理决策提供支持;细化分解财务和业务类各级指标,选取核心指标进行考核;结合绩效导向原则,调整各指标评分细则和考核周期。第五,细化激励管理办法。根据质效提升的发展目标,针对财务效益指标,建立"保底线、达标线、超额线"以及"T1、T2"两个目标的"三线两值"考核管理办法,提高绩效指标的导向效用,同时实行不同指标设置对应不同标准的奖酬激励管理。

此外,大港集箱根据发展战略及业务规划,结合转型发展及经营管理需要,重点推行项目管理机制。根据年度工作重点,组织本部各职能部门与投资企业立足"战略发展、提质增效与创新管理",引导聚焦核心绩效、明确工作方向,提炼重点项目。其中,"战略发展项目",是为推进组织的长期发展战略落地而实施的业务规划与拓展工作;"提质增效项目",是在增收、降本、减亏与赋能等方面促进组织经营产生收益的工作;"创新管理项目",是在业务协同、成本管理、管理机制等方面实施的管理体系建设、创新管理举措等重点工作。通过重点项目的牵引管理机制,有效整合企业资源、拓展业务协同,推进经营与管理创新、持续提高企业的经营与管理水平,更好匹配组织绩效与业务转型及经营战略调整变化,并满足组织发展与员工激励需要。同时,针对重点项目的管理举措,采用项目的里程碑分解、各阶段工作任务要求细化、责任人明确与分工、按阶段定期跟踪评价与督办改进、内部公示及考核激励等多种方式,以此推动重点项目的顺利推进完成以及企业战略目标的落地达成。

(四)搭建贡献与价值导向的薪酬体系,有力助推绩效管理落地

大港集箱平台型人力资源管理体系于薪酬福利方面的管理模式,总体原则是大港集箱中心层负责统筹薪酬体系的设计与优化、薪酬政策的统筹制定、成本总量的调节与管控、成本管控与效用提升、重点

考核要素的薪酬激励兑现;各企业构成的支持层,则是围绕绩效管理与推进业务需求、细化并落实薪酬管理要求与办法;基于服务层面,推行薪酬报批流程标准化、薪酬报表分析与应用、薪酬数据库建立与对标分析,为企业经营与管理决策、人员有效激励提供有力支持。

大港集箱平台型人力资源管理体系于薪酬福利方面的操作实践,首先表现为薪酬体系的设计与优化。根据投资企业的发展定位,大港集箱基于"项目、结构、水平、体系"等方面,开展投资企业的薪酬统筹规划与管理。第一,综合投资企业年度经营情况、企业发展阶段与管理需要,梳理薪资项目与规范管理定义;第二,指导投资企业通过底薪工资与绩效奖金的分配比重、月度收入和年终奖金的分配比重、一线与二线人员的成本配比系数、管理及生产成本要素分布等结构的整理与分析,进一步明确导向绩效薪酬、年终薪酬、倾斜一线等薪酬管理原则,相应进行员工成本的配置结构与比重调整,形成不同项目、不同周期、不同层级与岗位的员工薪酬成本差异定位建议;第三,整理各年度、各板块、各层级的薪酬水平分析,指导同一层级、同类岗位的薪酬水平区间定位;第四,完善薪酬支出的有效配置,实现全年人工成本的合理使用,同时优化福利项目,在合理费用管控前提下,增强薪酬成本的支出效用,提升统一业务导向的薪酬体系激励性。

其次,薪酬政策的统筹制定。传达国家、地方各类薪酬相关的法律法规与政策,解读政策文件,对投资企业实施规范操作提供指导意见;同时,结合大港集箱对投资企业的发展规划,统筹制定人力资源相关政策,形成相对统一的整体薪酬管理原则。

再次,成本总量的调节与管控。根据业务发展及企业经营等因素,确定并推行成本总量的调控管理原则。一是,明确薪酬总量管理重点。根据战略布局与业务需要,在预算指引、工资总额统控、年终决算、薪资调整等方面对投资企业予以指导与管理,实施人工成本及工资总额与各企业绩效完成值关联兑现的"可量化"管控,实现集装箱系统薪酬管理的体系化、标准化。二是,建立总量调节激励机制。本着"业绩导向、差异考核、奖罚兼顾、即时激励、全面应用"的绩效管理原则,结合企业的年度绩效结果,确定各投资企业工资总额的调整幅度。

再有,成本管控与效用提升。根据降本增效的管理需要,采用"一企一策、专项计划"相结合的管理方式,统筹开展投资企业的成本管控。一方面,结合业务发展需要,探讨重点业务板块、重点企业的成本管控措施;另一方面,根据成本管控重点,制定不同的专题专项计划,研究解决成本的有效管控,同时围绕成本支出效用进行分析并制定管理举措有效提升。

此外,重点考核要素的薪酬激励兑现。围绕组织考核重点,按照管控模式设定企业类别,结合投资企业的综合考评排名及企业经营方面的重大管理创新举措或阶段性突出贡献,面向企业委派负责人实行经营结果关联兑现绩效薪酬的激励机制,体现"贡献与价值"导向,强化绩效与薪酬激励的有效对接,推动本部与投资企业责任共担、企业与员工利益共享、组织与个体业绩共推的双赢式管理。

(五)构建人才培养体系,保障后备人才的全面储备与发展

大港集箱平台型人力资源管理体系于人才培养方面的管理模式,总体原则是,大港集箱中心层负责后备管理人才、专业人才、专项人才梯队的总体规划、建设与培养;各企业构成的支持层,则是聚焦业务发展需求与人才培养需求、跟进并落实后备人才的日常培养安排与辅导跟踪管理、推进岗位交流与实践锻炼计划;基于服务层面,包括推行后备人才发展计划、人才发展测评与数据分析、后备人才库信息管理、培养学分制管理、人才档案系统管理等流程化、信息化管理规范,为企业人才发展提供服务保障。

大港集箱平台型人力资源管理体系于人才培养方面的操作实践,整体管控思路是根据集装箱业务发展战略及人才发展需要,逐步完善以"三层级"为横向、以"八职类"为纵向的横纵线管理团队后备梯队及专项人才培养体系,通过系统化的职业生涯规划培养,建立人才继任与发展系统,开展人才选拔、培养模式、动态考核等管理,搭建各级管理人员各领域专业人才后备梯队,保障集装箱人才的全面储备与发展。

第一,在横向方面,立足于后备干部培养储备。将集装箱系统的管理团队规划为三层级,即"基层储备、中层储备、高管储备",针对不同发展阶段不同储备层级,成立由潜才员工、主管级员工构成的后

备人才库,由部门经理级以上人员构成的核心人才库,形成集装箱系统的“人才池”。围绕后备人才的管理能力、管理潜质、胜任力准备度分析等维度组织人才测评,并通过投资企业与集装箱本部的两层级导师制职涯规划辅导、精品课程培训、项目行动学习、岗位交流实践等模式,组织后备人才系统性的管理知识学习储备与管理技能提升锻炼;同时,分阶段开展人才职业生涯发展规划,为大港集箱管理梯队培养发展提供持续支持。

第二,在纵向方面,立足于专业人才培养储备。基于系统内全员职业生涯发展需求,将集装箱系统员工按专业类别与工作属性划分为“业务类、操作类、市场类、安全类、技术类、人力资源类、财务类、综合类”八大职类,立足“人员盘点、岗位规划、人员规划”三方面,设计“管理通道、技能通道、外部输出、岗位交流”等员工晋升发展基本路径,指导各投资企业依此开展员工职业生涯发展规划,一方面保持企业内部人才发展通道畅通,后备力量储备充足;另一方面实现投资企业可持续化地向大港集箱“人才池”输送人才,保障“人才池”中的人员合理流动和储备补充。

第三,在专项人才方面,推进专业人才培养储备。围绕集装箱业务发展对专业化人才的需求,打破投资企业间界限,针对管理型人才、市场型人才及冷链、汽车、木材、供应链等专项物流人才,进行公开选拔、配置使用与交流培养,对其成长发展在大港集箱层面进行系统规划,满足专项人才的需求补充及可持续发展。

(六)建立各类人才发展学习地图,持续加大人才队伍的培养力度

培训和发展是企业在人力资本方面的战略性投资。培训不仅是人力资源流程,而且是企业的核心职能之一,关乎企业整体成败。只有把培训当作企业战略的核心元素之一,并且在合适的时机向合适的对象进行合适的培训,企业才能获得最大的成功。围绕培训和发展项目的精心规划、有效的教学传承及体系化管理,推动企业核心竞争力的全面提升。

大港集箱围绕业务发展规划和管理模式,建立以战略目标为导向,以岗位人才能力模型为基础,符合组织战略和人才核心能力发展的培训体系,逐步为业务开展提供支持。经过近年发展,现已构建起“一个目标、三层面、五深化”的培训管理体系,即围绕大港集箱整体战略为一个核心目标,基于“制度、资源、运营”三个层面,深化“完善化的制度体系、梯次化的课程体系、品牌化的讲师体系、专业化的教材体系、系统化的运营体系”等五项机制,建立以员工岗位核心胜任力提升为导向的“人才发展学习地图”培训项目,以助推大港集箱发展战略目标。同时,根据战略规划,立足管理类、专业类、通用类三个方向规划人才培养思路,重点从以下几方面设计与实施培训项目,见表1。

课程体系与培训项目　　表1

<table>
<tr><th>类　型</th><th colspan="8">课 程 体 系</th><th>培 训 项 目</th></tr>
<tr><td rowspan="3">管理类</td><td colspan="8">决策者与领导者课程</td><td rowspan="3">高端精品外部培训
转型升级与创新发展培训
后备人才培养</td></tr>
<tr><td colspan="8">中、高层经理者课程</td></tr>
<tr><td colspan="8">一般管理人员课程</td></tr>
<tr><td>专业类</td><td>市场系列</td><td>业务系列</td><td>操作系列</td><td>安全系列</td><td>技术系列</td><td>人力资源系列</td><td>财务系列</td><td>综合系列</td><td>市场营销团队培训
安全管理队伍人才培训
专业人才能力提升培训
技能大赛系列培训</td></tr>
<tr><td rowspan="2">通用类</td><td colspan="8">职业素养与技能提升课程</td><td rowspan="2">通用能力提升系列培训
新员工系列培训
年度员工读书系列活动</td></tr>
<tr><td colspan="8">新员工岗位课程</td></tr>
<tr><td colspan="10">培训管理＆在线学习平台</td></tr>
</table>

近年来,随着线上培训平台的广泛推广和应用,各企业逐渐形成了线下培训为主,线上培训为辅的培训模式。依托大连市政府推出的企业线上职业技能培训平台及在线培训补贴政策,推动指导十余家

投资企业,充分利用线上平台现有课程资源,从管理类、专业类、通用类以及党课等方面选取优质课程资源,实施线上培训计划。同时,实施相应激励机制,转化线上培训文化为常态化,形成企业内部全员全年持续线上培训的良好学习氛围。

(七)创新管理机制,建设具有大港集箱特色的学习型组织

匹配、支持人才培养管理体系建设,设计并开展以战略为导向的培训系列项目,强化培训效果,提升员工素质及绩效表现,积极推动主动适应、快速迭代、持续自我超越能力的学习型组织建设。围绕"提质增效、转型升级"的管理方向,大港集箱以增强人力资源优势竞争力为核心,以构建企业员工共赢发展关系为目标,通过促进员工个体成长助推企业的改革发展。

在保障关怀方面,以维护员工合法权益为出发点,完善保障体系,实现管理规范。通过规范管理制度,指导投资企业积极为员工提供多元化的福利政策,将社会保障、劳动保护和员工福利落到实处,夯实了和谐稳定的劳动关系基础。在激励培养方面,以员工职业生涯成长为出发点,深化激励机制、推动投资企业建立各类学习平台,通过技能大赛、专业培训、读书活动、知识竞赛、创新工作室、交流论坛等方式,实现综合素质、知识技能等软实力的长足发展。经过多年的实践,大港集箱及所属各投资企业员工队伍素质得到显著提升,大港集箱也荣获市人社局、市总工会等五家机关单位联合颁发的"大连市模范劳动关系和谐企业"称号,为员工营造了和谐的精神家园,潜移默化地引导着企业、员工双方共享共赢的意识理念形成,有力地促进了企业管理水平提升。

三、建设效果

(一)大港集箱经营效益显著提升

近年来,大港集箱上级公司、各级领导对于人力资源管理战略、工作理念方面给予的高度重视与大力支持,为人力资源转型管理工作的顺利开展和有效落地,创造了良好的条件并提供了必要的实践保障。通过对本部与投资企业人力资源管理体系的不断探索,大港集箱在企业员工整体规模相对控制的情况下,企业经济效益与劳动生产率稳步攀升,集装箱各业务板块、各投资企业的运营管理与发展态势良好。大港集箱主要经济指标连创新高,整体管理水平持续提升,企业文化引领企业发展效果彰显,企业实力不断增强,大港集箱经营效益取得了显著提升。

(二)人才梯队建设得到稳步完善

大港集箱立足于人才的可持续发展,将企业人才队伍建设作为一项长远规划,科学的人员配置及高效的人才培养使大港集箱各板块和各投资企业的人才队伍结构建设与规划发展更趋合理。围绕各投资企业经营特点,大港集箱倾注全力加快加强内部人力资源的潜力挖掘、培养使用,不断丰富和更新各企业人才梯队结构,逐步完善企业人才梯队建设,在人才数量上和质量上为企业发展提供有效保障,奠定充足的人才储备基础,满足企业的可持续性长远发展需求。

(三)各类人才队伍能力明显提高

围绕转型发展战略和管理模式,以及各级管理人员、各职类专业人员的培训需求,大港集箱分别组织开展"后备管理人才培养项目""国际化人才培养项目""专项物流人才培养项目"等重点培训项目,按照管理层级和专业类别搭建培训课程矩阵,将人才培养系统化、模式化,为大港集箱进一步开拓国内外航运市场,开展专项物流项目,深化国际化合作,实施各类重点项目提供坚实的专业化人才储备。

(四)学习型组织建设目标达成

以学习型组织建设为目标,经过多年实践,大港集箱内部营造出重视学习、崇尚学习、坚持学习的良好氛围。结合大港集箱各年度工作重点,通过开展"读书达人知识竞赛""集箱朗读者""管理类图书拆书会""读书征文活动""学习文化俱乐部""大港集箱图书角建设""读书分享会"等创新学习活动项目,将年度重点项目、企业文化、港情知识、安全要求、环境保护、大港集箱制度、生活常识等相关知识,融入读书活动,持续营造学习文化氛围。对于提升员工综合素质、增强组织凝聚力、汇聚大港集箱正能量及

组织文化建设方面起到了积极推动作用,为员工提供了自主学习、快速提升的高质量发展平台。

(五)企业美誉度与行业影响力逐年提升

大港集箱经过多年快速发展,通过平台型人力资源管理体系的构建与推广,有效培养了各类专业人才团队,增强了以人力资源为核心的人才竞争力优势,实现人才梯队的全面发展,助推企业专业化管理效能不断提升。大港集箱荣获"大连市模范劳动关系和谐企业"称号,多式联运项目荣获"国家多式联运示范工程"称号。投资企业连续多年获得"最佳集疏运服务集装箱码头"、中国物流与供应链产业区块链应用"双链奖"等荣誉称号 。大港集箱及投资企业行业影响力逐年提升。

平台型人力资源管理体系建设工作,在企业的多个管理维度中发挥着积极的管理作用,体现了大港集箱人力资源管理的核心价值,在大港集箱战略推行、管理提升、团队建设、员工队伍打造等多方面都起到了重要推动作用,企业凝聚力、员工向心力、企业风貌、员工素质等软实力建设显著提升,员工利益得到保障,整体素质不断提高,有力地促进了企业管理水平提升及经营创新发展。未来,大港集箱将继续致力于平台型人力资源管理体系的建设与优化,与员工共谋企业发展、共享发展成果,努力实现企业与员工的共享共赢共成长!

加强港口土壤污染防治,推动绿色生态港口建设

大连港股份有限公司

成果主要创造人:姚　媛

成果参与创造人:浦家飞　霍新自　周发凯　孙　虎

大连港地属辽宁省大连市。随着国家港口管理体制改革的不断深入,2002 年 4 月,大连港告别了昔日受交通部和市政府双重领导的港口管理体制,彻底下放地方,交由大连市政府管理。2003 年 4 月,大连市市委、市政府决定大连港实施政企分开管理体制改革,组建大连港口管理局和大连港集团有限公司,同年 5 月 8 日,大连港集团有限公司正式挂牌。2005 年,大连港股份有限公司(简称"大连港")成立,并于 2006 年和 2010 年分别在香港、上海两地上市,成为国内首家拥有 A + H 双融资平台的港口类上市公司。

目前,大连港拥有生产泊位超过 100 个,其中万吨级以泊位上 75 个,可停靠世界最大的 45 万吨级原油船舶、40 万吨级矿石船舶、3E 级(19200TEU)集装箱船舶和世界最大的汽车滚装船舶,已与世界上 160 多个国家和地区、300 多个港口建立了经贸航运关系。2017 年,大连港货物吞吐量突破 3.72 亿吨,实现营业收入 145 亿元。

一、实施背景

2019 年,国家九部委联合下发《关于建设世界一流港口的指导意见》(简称"《意见》"),《意见》中指出:到 2025 年,世界一流港口建设取得重要进展,主要港口绿色、智慧、安全发展实现重大突破,地区性重要港口和一般港口专业化、规模化水平明显提升。到 2035 年,全国港口发展水平整体跃升,主要港口总体达到世界一流水平,若干个枢纽港口建成世界一流港口,引领全球港口绿色发展、智慧发展。到 2050 年,全面建成世界一流港口,形成若干个世界级港口群,发展水平位居世界前列。

《意见》在"加快绿色港口建设"中着重对"污染防治""构建清洁低碳的港口用能体系"和"加强资源节约循环利用和生态保护"进行了强调。

为此,大连港大力开展生态环境保护,对水土进行专项污染防治。

二、成果内涵

一般说来,当外来污染物进入土壤,就认为发生了"土壤污染"。然而,由于土壤对外来污染具有一定的吸附 - 固定能力、化学氧化-还原作用及土壤微生物分解作用,可缓冲外来污染物所造成的危害,降低外来污染物进入自然生态系统的风险,只有外来污染超过自净作用的负荷才成为土壤污染。当人为活动产生的污染物进入土壤并积累到一定程度,引起土壤环境质量恶化,并进行造成农作物中某些指标超过国家标准的现象,称为土壤污染。

土壤污染不像大气与水体污染那样容易为人们所发现,因为土壤是更复杂的共存体系。各种有害物质在土壤中,总是与土壤相结合,有的为土壤生物所分解或吸收,从而改变其本来面目而被隐藏在土体里,或自土体排出,且不被发现。当土壤将有害物输送给农作物,在通过食物链而损害人畜健康时,土壤本身可能还继续保持其生产能力而经久不衰,这就充分体现了土壤污染危害的隐蔽性。这使认识土

壤污染问题的难度增加了,以致污染危害持续发展。

土壤污染及其发生危害的特点有二:一是土壤对污染物的富集作用;二是土壤污染主要是通过它的产品——植物表现其危害。

土壤对污染物的富集作用,就是土壤对污染物的吸附、固定作用,也包括植物吸收与残落,从而聚集于土壤中。多数无机污染物,特别是金属和微量元素,都能与土壤有机质或矿质相结合,并长久的保存在土壤中。无论它们怎样转化,也无法使其重新离开土壤,成为一种最顽固的环境污染问题。而有机污染物在土壤中,则可能受到微生物的分解而逐渐失去毒性,其中有些成分还可能成为微生物的营养源。但药物类的成分也会毒害有益的微生物,成为破坏土壤生态系统的祸源。不过,它们迟早会分解并从土壤中消失。

由于土壤对污染物具有吸附固定作用,它使污染物通过土壤后减轻了毒害,应为它们的有效性(浓度)被降低了,这就是土壤的自净作用。这个作用是大气和水体都无法与之相比的。因此,土壤成为污染物的"过滤器"从而被广泛地用来处理废水和废渣。于是让废物中的有害物质日积月累,使土壤成为二次污染源。

植物从土壤中选择吸收必需的营养物,同时也被动地、甚至被迫地吸收土壤释放出来的有害物质。植物的吸收作用,有时能使污染物浓度达到危害自身或危害人、畜的水平。即使没有达到毒害水平的含毒植物性食品,只要为人畜食用,当它们在动物体内排出率低时,也可以逐日积累,由量变到质变,最后引起动物病变。

因此,实行水土污染防治势在必行。

三、主要做法

大连港"从自身做起、强化内功",针对污染源采取多管齐下、多方同步实施的做法,进行港口水土污染防治。主要实施内容如下:

(一)严格管控新建项目、从始点做好土壤保护

根据项目的需求、使用的功能、工艺的要求等因素,在设计的源头就将污染土壤的因素一并考虑,在施工中采取隔离防渗漏等措施,实现保护土壤目的。例如,新建一处车间,其功能系对出现故障的机械进行检修,存在电焊作业、机加工作业,需氧气、乙炔为热源,检修中会产生变压器油。根据以上工艺要求及作业需求,将新建车间分为三个区域:车间区、仓库区、办公区。其中,车间区和仓库区的地面做特殊处理。

(二)开展收储土壤检测、在终点做好土壤修复

针对收储开发土地,大连港大力开展土壤检测、修复、再检测的工作,从而确保交出去的土地无污染、安全可靠。例如针对某某收储地块,依据其历史使用数据、历年演变过程和未来规划利用情况,有针对性地对土壤进行检测,并对检测发现的部分指标超标(表1~表3)土壤确定修复目标值、制定修复方案进行修复,如图1所示。

土壤污染物超标情况统计表

表1

污染物	调查阶段	超标点位	深度(米)	监测值 毫克/千克	筛选值 毫克/千克	超筛选值倍数	管控值 毫克/千克	超管控值倍数	超标位置
苯并[a]芘	详细调查	4号	4.0	2	1.5	0.33	15	—	原污水处理站半地下油泥池
			4.2	2.4	1.5	0.6	15	—	
		6号	3.9	2.2	1.5	0.47	15	—	原污水处理站油泥脱水罐
		27号	4.0	1.9	1.5	0.27	15	—	港北界
		38号	5.5	4	1.5	1.67	15	—	原柴油储罐

续上表

污染物	调查阶段	超标点位	深度(米)	监测值 毫克/千克	筛选值 毫克/千克	超筛选值倍数	管控值 毫克/千克	超管控值倍数	超标位置
苯并[a]芘	详细调查	48号	5.2	2.2	1.5	0.47	15	—	铁路运输线
			5.4	2.5	1.5	0.67	15	—	
			5.6	1.7	1.5	0.13	15	—	
		49号	6.6	1.7	1.5	0.13	15	—	
		51号	6.6	4.3	1.5	1.87	15	—	
	初步调查	1号	3.5	3.64	1.5	1.43	15	—	原污水处理站半地下油泥池
			4	11.7	1.5	6.8	15	—	
		2号	3.5	5.93	1.5	2.95	15	—	原油污水除油罐
			4.5	1.52	1.5	0.01	15	—	
		5号	5	2.85	1.5	0.9	15	—	原柴油储罐
		7号	4.5	4.71	1.5	2.14	15	—	原污水处理站油泥脱水罐
			5.5	1.65	1.5	0.1	15	—	
		11号	3.5	3.43	1.5	1.29	15	—	3号装卸保温库
			5	23.7	1.5	14.8	15	0.58	
苯并[b]荧蒽	初步调查	11号	5	36.9	15	1.46	151	—	
二苯并[a,h]蒽	初步调查	11号	5	10.8	1.5	6.2	15	—	
石油烃(C10-40)	初步调查	11号	5	5070	4500	0.13	9000	—	

场地土壤风险控制值与标准比较(单位:毫克/千克) 表2

序号	污染物	风险控制值	筛选值	修复目标值
1	苯并[a]芘	1.52	1.5	1.5
2	苯并[b]荧蒽	15.2	15	15
3	二苯并[a,h]蒽	1.51	1.5	1.5
4	石油烃	4490	4500	4500

施工区设施建设情况统计表 表3

序号	建设内容	具体建设情况
1	污染土暂存区	一次性铺设完成约1200平方米,污染土壤暂存区用于修复前污染土壤暂存
2	污染土壤待检区	待检区防渗膜铺设分两次施工完成,第一次铺设完成约900平方米,JK2基坑验收合格后回填扩大待检区范围,进行二次铺设防渗膜,总面积约3300平方米
3	重污染土临时堆放区	用于临时堆放本修复工程异地阻隔填埋处置的污染土壤暂存,该区域面积约300平方米,临时堆放时暴露面采用HDPE两布一膜苫盖
4	建筑垃圾暂存区	用于清挖过程中沾染污染土壤的建筑垃圾暂存,建筑垃圾暂存区面积约400平方米
5	土壤修复车间	由双排ϕ50钢管搭建,车间顶棚为PE篷布,修复车间地面硬化施工于2020年5月21日完成,现场硬化防渗层采用200毫米厚C_{25}商混凝土作为防渗材料,硬化面积约900平方米

续上表

序号	建设内容	具体建设情况
6	防渗坑	本项目现场设 2 个防渗坑,用于经污水处理设备处理后的废水暂存。单个防渗坑约 30 米 ×30 米,深度约 3 米,防渗坑底部及四周采用厚度为 1.5 毫米的 HDPE 两布一膜热熔焊而成,现场无明显焊缝,能够满足施工期间处理后的废水暂存需求
7	污水处理设施	修复工程场地地块各设置一套污水处理设施,冲洗废水引入污水处理设施,现场进水池、水平沉淀池和回用水池使用支架水池,每个单元容积为 25 立方米,回用水池出水优先用于药剂配置及场地抑尘洒水使用

a)地块平整清理过程

b)场内道路测量放线

c)土壤修复车间主体建设完成

d)土壤暂存区防渗膜施工作业

e)土壤待检区防渗膜施工作业

f)暂存区防渗膜焊接作业

图　1

g）防渗坑开挖建设

h）防渗膜铺设过程

i）修复车间配套吸附装置

j）开展二次污染控制监测

k）重污染土浸出测试取样现场

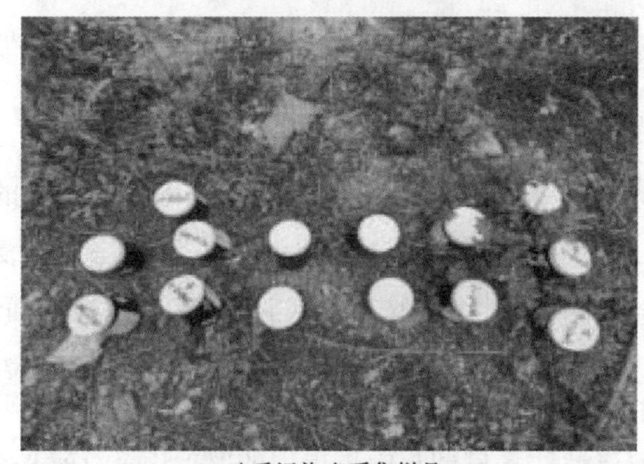

l）重污染土采集样品

m）基坑浸出测试取样现场

n）基坑浸出测试采集样品

图 1

o)基坑清挖过程批深度测量

p)基坑深度环境监理复核

q)基坑回填施工

r)回填平整后的地块

图1　土壤污染防治

四、建成后的效果

1. 严格管控新建项目、从始点做好土壤保护

从始点对新建项目进行管控,力争将导致污染的因素扼杀在摇篮里。

2. 开展收储地块土壤检测、在终点做好土壤修复

经检测确认,土壤修复治理后满足《土壤环境质量　建设用地土壤污染风险管控标准(试行)》(GB 36600—2018)第二类用地筛选值的要求,可用于后续商业服务用地、文化用地及商务办公用地的开发建设工作(图2)。

大连港认真贯彻党中央提倡的"绿水青山就是金山银山",投入高成本进行绿色港口建设,以不危及子孙后代的利益为底线,创造可取的最大价值。

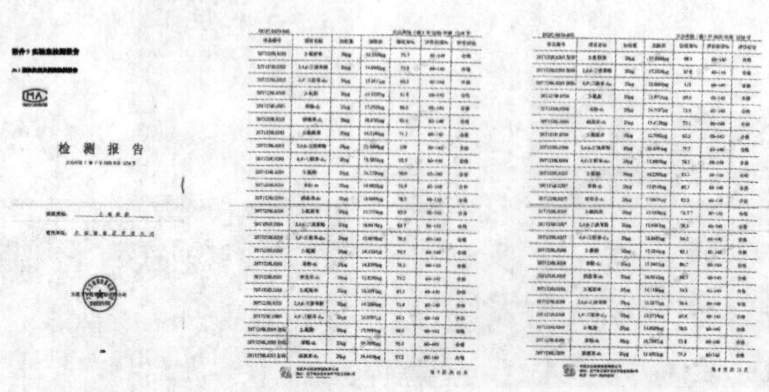
检 测 报 告

图　2

图2 土壤检测

基于数据驱动的高速公路成品油品精细化运营模型构建与实践

安徽省高速石化有限公司

成果主要创造人:曹　洋　杨爱民

成果参与创造人:陶国华　郭　成　范文博　王　越　杨　颖

安徽省高速石化有限公司(简称"石化公司")成立于2011年5月,注册资本10.4亿元,是经省政府同意、省国资委批复,由安徽省交通控股集团有限公司和中国石化销售有限公司整合各自优势资源通过强强联合共同出资组建的一家合资公司。石化公司主要经营范围为高速公路服务区加油站成品油零售、润滑油、汽车用品及装饰品等。石化公司先后荣获"安徽企业100强""安徽省服务业100强""合肥企业50强""合肥服务业企业20强"等称号。目前,石化公司拥有加油站198座,占安徽高速公路加油站总数的90.9%。2019年,全年实现营业收入64.30亿元。

一、实施背景

1998年国家组建了中国石油、中国石化两大集团,使得国内成品油零售业短时间内实现规模经营。2004年成品油零售市场放开后,国外公司通过各种途径、方式进入中国并积极拓展市场。此外,中国海油和民营企业也积极扩张,内资、外资、国有、民营、各路资本加快进入,国内成品油市场逐渐形成了中国石油、中国石化两大集团强势发展、外资石油巨头借机进入、民营加油站也有了长足的发展。截至2016年,中国石化有3万多座加油站,约占国内加油站总数的32%,中国石油约有2万座加油站,约占21%,而社会加油站已占国内加油站总数的47%,还不包括各种流动性的、无证经营的黑加油站,三足鼎立局面初步形成,国内成品油市场进入区域性垄断竞争阶段。

2014年以来,国内成品油销售形势发生巨大变革,受世界经济发展不景气、地缘政治不稳定等影响,国际油价因需求下降导致持续震荡走低,更是创出26美元/桶的近十年最低价。2016年,政府放开地方炼厂的原油进口资质和使用权,加上我国"40美元地板价"政策的保护下,地方炼厂通过技术改造和扩建,产能迅速提升,盈利能力和经济实力也大幅跃升。低油价环境下,供给大增而需求疲软,竞争压力与产销压力导致成品油批发降价促销的力度大大地增加,成品油批发环节的市场价格从原来的供需关系及领导者决定转变成了局部区域市场领降者决定,进而传导至终端零售,成品油零售环节的市场价格从原来相对稳定的阶段转入了实施促销的常态化阶段。2017年1月,国内柴油全面升级至国V,但普通柴油并没有完全退出流通,市场存在不同成本油品同台竞争,局部地区的成品油市场竞争十分惨烈,导致许多加油站的柴油价格呈现大幅度的降低,无序价格竞争激烈。

随着经济步入新常态,国内经济转型和政府来越严格的环保监管,成品油消费增速的下降;截至2017年底,国内已经在建或有计划建设的千万吨级以上炼化项目已经超过10个,仅民资炼化项目就有7个,炼油能力正以超过预期的速度扩张,这将进一步加剧国内成品油市场供需矛盾,资源严重过剩。2017年,国内成品油产量34617万吨,同比增长6.9%;成品油消费量30661万吨,同比增长5.9%,需求缺口高达3956万吨,达到12.9%,从供需增速看,缺口仍在扩大。2018年1~3月,成品油产量9078万吨,增长6.6%,消费量7653万吨,增长6.2%,需求缺口扩大到18.7%。此外,电动汽车、天然气、高铁、轨道交通、共享单车等潜在替代行业的快速兴起等,都在加速倒逼成品油销售行业洗牌,再平衡过程不会一蹴而就,激烈的竞争将是未来很长一段时间内行业的主题。

二、成果内涵

短期内成品油需求具有较强刚性,市场规模由总供给和总需求需共同决定,但在区域性市场,规模除受供需影响,还受到外部环境的巨大影响,对于市场参与者的竞争策略不是为增加总需求,而是在所处市场内外部获取更多的份额。市场中的每个参与者都面临自己的供需曲线,其销售规模受供需两方面的影响。影响需求的因素包括:所处道路的车辆通行量,加油站综合服务能力,与市场均价的相对水平,网点的分布状况,消费者偏好(信任)以及各类促销的有效性等。影响供给的因素包括:加油站所提供的油品种类,油品供应保障能力,场地规模,设备设施的完备程度以及员工的服务能力等(图1)。

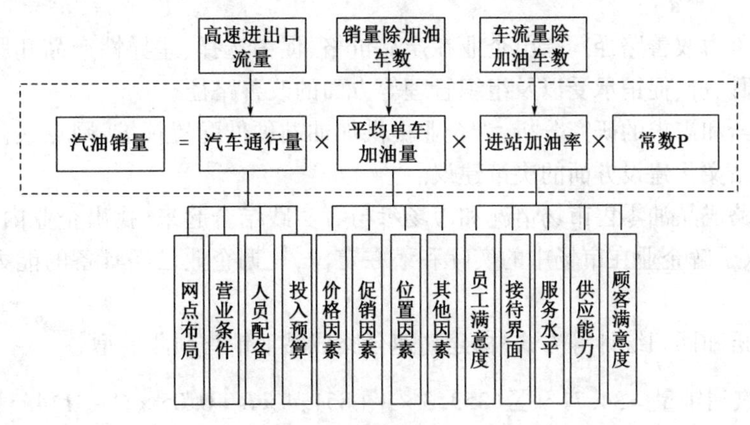

图1 影响因素

依托大数据的研究方法,逐一分析中短期内影响需求和供给的因素,研究其互动机制,并对其进行定量和定性的分析,进而构建高速成品油的需求模型,从而在微观层面对加油站新建设计、维修改造、员工管理、标准化建设等方面提供依据;在中观层面的改进制度和竞争策略,从而对石化公司成品油经营及管理政策提供指导性的建议,达到提升石化公司经营业绩和改善管理水平的目标。

三、主要做法

(一)创新的整体思路

1. 创新点

①运用大数据的方式,多维度的估算出区域性成品油市场的潜在规模;

②构建高速公路成品油市场的需求函数模型,并分析模型中各因子的影响因素;

③基于数据分析的企业竞争策略与服务改进的路径。

2. 创新程度

目前,文献资料并没有基于数据和实际案例的企业经营策略的案例,尤其是高速公路成品油企业销售影响因素的定量分析,属于完全创新性的研究项目。

3. 创新难度

成品油销售及经营策略,文献资料中虽然有少数案例,但大多属于MBA教育类的,基于波特竞争理论或者SWOT模型进行的分析,多为定性类的分析类型。本文研究的是基于博弈理论下的企业与客户、企业与竞争对手形成的复杂关系下的定量分析,涉及大量的数据,以及回归分析。创新的难度在于数据的获取、原始数据处理(仅加油数据条目即有1.5亿条)以及相关关系的确立以及验证。

(二)目的和意义

石化公司主营业务是成品油销售,近在山东地炼辐射范围内,且受制于集团化的运作模式,销售价格没有竞争优势,利润空间持续压缩,市场份额面临被挤占的风险,经营压力进一步加大。研究行业剧烈变动对安徽高速成品油市场的影响,以及公司与各参与主体之间的竞争及博弈关系成为当务之急,进而为石化公司在网点布局、设备改造、设施完善、竞争策略以及服务实践提供政策建议。

(三)主要研究内容

①准确分析安徽高速成品油零售市场的特点和概况。包括市场的集中度、垄断竞争的激烈程度、市场需求不均衡性以及市场整体规模。

②确定市场需求模型。为参与者的经营目标提供理论依据,为石化公司成品油销售业务发展提供数据支撑。

③提供经营策略选择依据。因参与者经营策略选择,取决于其是否切合市场的本身特点,是否接近市场容纳的可能。

④提出核心竞争力改善路径。指出企业在产品价格、促销选择、差异性产品和服务所应采取措施,以及市场控制、资源议价、促销承受以及组织管理等方面的改善路径。

⑤通过市场供给和需求的研究分析,为企业提供加油站硬件配置标准、网点最优分布、营销要素重点、员工配置、加油站文化建设方面的决策建议。

将安徽高速公路成品油零售市场情况和市场参与者实践结合起来,找出企业内部能力和外部环境的最佳结合点,深入了解企业在市场中的实际和潜在定位,挖掘企业已经具备的能力,并提出建设性的建议。

⑥采用数据分析和回归统计等方式,构建高速公路成品油销售预测模型。

$$\text{汽油销量} = 34.71 \times \sum_{i=1}^{n}(353.3 \times A + 851.4 \times B + 0.05 \times C - 3114.3) \tag{1}$$

式中:A——加油通道;

B——所处位置;

C——站前流量。

$$\text{柴油销量} = \sum_{i=1}^{n}\{(21762 + 0.025Ai + 359Bi - 256Ci + 199Di + 223Ei) \times (636 - 5.99Ci + 5.92Bi)\} \tag{2}$$

式中:A——站前流量;

B——价格;

C——价差;

D——位置;

E——加油机数量。

(四)主要用途及应用范围

主要用于预测和解释高速公路成品油市场的规模及参与企业销售的状况及改善策略;同时对区域性的成品油企业具有一定的适用性。

(五)基本做法

1. 安徽高速公路汽油市场分析及政策建议

(1)总体情况分析

安徽首条高速公路合宁高速公路于1986年10月动工,1991年4月建成通车(其中大蜀山至龙塘段于1995年通车),合宁高速公路是安徽交通史上第一条高速公路,是全国第三条高速公路。随后,安徽高速公路建设与全国一道进入快车道,2000年达到404公里。

进入21世纪,安徽高速公路建设开始发力,2000—2010年,安徽高速公路通车里程从470公里提升到2929公里,十年时间通车里程增加了5.2倍,通车里程年均增长245.9公里,年均增幅高达20.52%。

2011 年后,安徽高速公路建成通车速度虽略有下降,但仍保持较高的增长速度,2011—2018 年间,年均增加通车里程 238 公里,年均增速达到 6.51%,截至 2017 年底,全省高速公路通车总里程达到 4673 公里,预计 2018 年将达到 4833 公里。

作为高速公路配套的附属设施,高速公路加油站随之设立,按照《成品油市场管理办法》,高速公路加油站的设置应在高速公路服务区内,每百公里不超过 2 对,特殊情况下,可根据国家和省交通部门对服务区设置的要求适当增加。安徽高速公路最早的高速公路加油站随着 123 公里的合宁高速公路建成通车而开始建成对外营业,分别为文集、大墅和吴庄服务区加油站。

随着安徽高速公路建成通车里程不断增加,高速公路加油站的数量也随之增加,2009 年安徽高速公路通车里程达到 2810 公里,加油站在营数量也达到 111 座,随后以逐年增加。因为加油站实行许可经营制,需取得危险化学品经营许可和成品油零售许可,其间涉及各类材料的收集和报批,很难和高速公路保持同期营业,2010—2018 年间,累计新增加油站 81 座,平均每年新增 9 座加油站对外营业,其中 2014 年增加 19 座,2017 年增加 24 座,合计增幅达到 72.97%,同期高速公路通车里程从 2810 公里增至 4833 公里,合计增幅为 71.99%。

随着安徽高速公路网络从线不断织构成网,通车里程不断提升,高速公路加油站数量的逐年增加,省内高速公路汽油市场也持续扩大,从 1991 年的 0.2 万吨,增长至 2017 年的 53.1 万吨,26 年时间市场规模扩大 266 倍。自 2009 年至 2019 年的 10 年期间,高速公路汽油销量从 10.56 万吨,增加到 57.59 万吨,增幅高达 445.36%;单站平均销量也从 2009 年的 951 吨/年增长至 2019 年的 2999 吨/年,增幅高达 215.29%。所以,销量的增长来自站点平均加油量的大幅增长,也来自网点数量的增加。此外,随着汽车保有量的提升,高速公路每公里销量也取得了长足的提升,从 2009 年的 37.58 吨/公里,提升到 2019 年的 119.16 吨/公里,增长 217.08%,这与单站销量的增幅基本上保持了一致(表 1)。

安徽高速公路汽油市场相关统计指标 表 1

年份(年)	2009	2010	2011	2012	2013	2014	2015	2016	2017	2018	增幅
里程(公里)	2810	2929	3009	3210	3521	3752	4249	4543	4673	4833	72.0%
站点数(座)	111	115	122	124	131	150	151	163	187	192	73.0%
销量(万吨)	10.6	13.8	17.9	21.5	25.8	33.0	38.5	44.8	53.1	57.6	445.4%
站销量(吨)	951	1198	1470	1733	1966	2198	2550	2747	2838	2999	215.3%
站距(公里)	50.6	50.9	49.3	51.8	53.8	50.0	56.3	55.7	50.0	50.3	-0.6%
每公里销量(吨)	37.6	47.1	59.6	67.0	73.2	87.9	90.6	98.6	113.6	119.2	217.1%

虽然 2018 年安徽高速公路市场汽油销售预计规模达到 57.59 万吨,但仍没有达到与实际需求水平。安徽高速公路一类车收费标准为 0.45 元/公里,按照现行的汽油均价(7.5 元/升),百公里平均 7 升的油耗,汽油消费标准为 0.53 元/公里,通行成本中每公里费用中过路费和油料费比约为 1:1.2,根据 2018 年上半年一类车收费总额达到 39.64 亿元,对应油料的需求约为 46.38 亿元,实际上安徽高速公路汽油上半年销售额约 31.36 亿元,仅为实际需求量的 67.60%,按照高速公路全年的通行车辆及汽油需求结构,预计全年一类车通行费用将达到 73.5 亿元,对应的汽油需求规模约为 85.89 亿元,而全年预计汽油销售额为 57.21 亿元,缺口达到 28.68 亿元。理论上,2018 年安徽高速公路汽油市场的需求达到 85.80 万吨,但预计销售仅有 57.26 万吨,造成缺口的因素较多,但也为各参与改善主体业绩提供了拓展空间。

(2)政策建议

安徽高速公路汽油客户,主要不是流动客户,而是重复流动的固定客户为主,本文所统计的 1.23 亿次的高速公路通行汽油车量,是由不到 0.2 亿车辆产生的,而一年内重复 10 次以上高速公路通行的固定车辆和超过 200 公里行程的刚需车辆所产生的汽油需求目前基本上等于安徽高速公路的汽油销售总量,说明还有较大的需求空间可以挖掘,可以通过服务、CRM 管理以及市场营销方式锁定顾客,扩大市场份额。

加油站汽油加油通道数量直接影响销量,在保持现有汽油通道的基础上,尽快改造出更多的汽油通道,特别是在安徽省内中部区域站点或者站前车流量较大的站点可以有效增加汽油销售总量。

随着安徽高速路网的扩展和互通,一方面会分流原有高速路段通行流量,进而减少成熟站点的汽油销量,另一方面因为安徽高速公路仍有比较多的加油站未能与高速公路同步开通,造成安徽高速公路汽油市场的整体不经济。新开站点具有较高的加油车辆进站率,也会带来可观的外省通行车流量,因此应该积极推进新开站点的进度,获取流量的红利,是有效提升安徽高速汽油市场规模的有效举措。

区域位置对于汽油销量的影响至关重要,而区位的优劣势次序并非一成不变的,可以通过增加营销措施,强化客户管理,提升服务质量加以改善,随着汽油车辆的进站率的提升,销量也会随着增加。

2. 安徽高速公路柴油市场分析及政策建议

随着安徽高速路网不断完善,通车里程逐年增加,高速公路加油站数量的逐年增加,安徽高速公路柴油市场规模也随着通行车辆的增加而扩大,从1991年的0.3万吨,增长至2017年的54.7万吨,26年时间市场规模扩大182倍。但最近10年,柴油销售的增幅开始放缓,自2009年至2019年的10年期间,高速公路柴油销量从34.75万吨,增加到2007年的55.30万吨,增幅仅为70.71%,甚至分别低于高速公路通车里程71.99%,以及加油站点72.97%的增幅。单站销量也从2009年的3131吨/年下降至2019年的3090吨年(汽油销量为2999吨/年),降幅为1.31%。高速公路每公里销量从2009年的123.7吨/公里,下降到2019年的122.7吨/公里,降幅为0.75%,这与单站销量的降幅基本上保持了一致(表2)。

安徽高速公路柴油市场相关统计指标

表2

年份(年)	2009	2010	2011	2012	2013	2014	2015	2016	2017	2018	增幅
里程(公里)	2810	2929	3009	3210	3521	3752	4249	4543	4673	4833	71.99%
站点数(座)	111	115	122	124	131	150	151	163	187	192	72.97%
销量(万吨)	34.75	41.21	42.39	45.19	59.18	65.81	60.45	62.25	55.30	59.32	70.71%
站销量(吨)	3131	3584	3475	3644	4518	4387	4004	3819	2957	3090	-1.31%
站距(公里)	50.6	50.9	49.3	51.8	53.8	50.0	56.3	55.7	50.0	50.3	-0.57%
每公里销量(吨)	123.7	140.7	140.9	140.8	168.1	175.4	142.3	137.0	118.3	122.7	-0.75%

2014年,安徽高速公路柴油销量达到了近10年来的峰值65.81万吨,相对于2009年增长了89.38%,随后增幅逐年下降到2017年的59.14%。分析安徽柴油销量仅看高速自身是不全面的,至少还可以从市场总体变化情况、货车保有量变化、高速货车通行车辆变化等三个角度来进行对比。

全国的货车保有量决定了柴油市场的总体规模。全国货车保有量从2009年的1368.6万辆,逐步增加到2016年的2171.9万辆,增幅达到58.68%。通过比对每年货车保有量与柴油销量数据,可以发现一个相对稳定的关系:一辆货车每年的柴油消费量约为5吨,全国均值为5.3吨,安徽为5.4吨,随着节能技术的进步,单车油耗呈下降趋势。因此,货车保有量的提升比例应该与柴油消费量保持同步,且总体略高于柴油消费量的增长幅度。统计年鉴的数据也反映了这一趋势:2009—2016年,全国货车保有量增长58.68%,柴油消费量增长43.41%。同期,安徽货车保有量也从56.6万辆增加至91.86万辆,增幅62.30%,柴油同比增长88.22%,安徽的单车有油量整体仍呈上升趋势,从2009年的4.61吨/车,上升到2016年的5.35吨/车。

货车的保有量提升缓慢、单车柴油需求量相对固定且略有降低,决定了柴油市场总体规模稳定,增长缓慢。这与汽油市场差异巨大,2009—2016年,全国小型汽车增长到2.2倍,安徽增长了3.6倍,汽油市场规模增长了1.8倍。因此,相对于增量竞争的汽油市场,柴油市场属于存量竞争。

存量竞争意味着在一定时间内各级柴油市场,受到区域性货车存量变化、政策促销以及其他因素影响,而产生此消彼长的情况。表3是2009年以来全国、安徽、安徽高速以及高速石化四级柴油市场的变化情况,安徽货车保有量累计增长62.30%,高于全国58.69%的增幅,且安徽货车平均年消费水平也高于全国平均水平,使得安徽柴油销售规模增长了88.22%,远高于全国43.74%的平均水平。安徽高速公路因为通行车辆中约50%的车辆属于全国各省车辆,因此受全国整体影响较多,柴油销售规模增长略低于安徽平均水平,达到79.13%;而高速石化作为安徽高速公路主要的市场参与者,其网点占有率达到79%,因受到油气回收改造、油品升级以及其他区域竞争性促销的影响,柴油销售规模增长缓慢,仅有43.41%,甚至低于全国的平均水平。

2010—2016年货车数量及柴油销量的变化关系 表3

项　目	变　化	2010	2011	2012	2013	2014	2015	2016	累计
货车数量	安徽车辆	17.2%	12.3%	-0.4%	7.7%	7.8%	1.6%	4.9%	62.3%
	全国车辆	16.7%	11.9%	6.0%	6.1%	5.7%	-2.8%	5.1%	58.7%
柴油销量（环比及2009年基准）	高速石化	10.1%	-6.4%	11.1%	31.0%	9.7%	-13.6%	0.9%	43.4%
	安徽高速	18.6%	2.9%	6.6%	31.0%	11.2%	-8.1%	3.0%	79.1%
	安徽省	16.5%	5.6%	16.1%	33.7%	23.3%	-10.5%	-10.7%	88.2%
	全国	3.2%	20.2%	13.1%	1.8%	1.1%	1.1%	-1.5%	43.7%
	高速石化	10.1%	3.1%	14.6%	50.0%	64.6%	42.2%	43.4%	28.7%
	安徽高速	18.6%	22.0%	30.1%	70.3%	89.4%	74.0%	79.1%	59.1%
	安徽省	16.5%	23.0%	42.8%	90.9%	135.4%	110.7%	88.2%	88.2%
	全国	3.2%	24.0%	40.2%	42.8%	44.4%	45.9%	43.7%	46.6%

注:因国家统计年鉴中的能源之交通运输、仓储和邮政行业的柴油消费量仅更新到2015年(2017年版国家统计年鉴),而国家发展改革委经济运行调节局在2016年、2017年成品油运行简报中给出了两年的柴油消费量同比变化率分别是-1.5%、2%,本文用此指标予以代替,尽管柴油消费量增减并不完全等于分行业中交通运输、仓储和邮政业的变化情况。

2018年,安徽高速公路柴油市场的规模达到59.32万吨,按照目前安徽高速公路柴油销售均价,全年的销售额约为45.9亿元,但是否受存量竞争影响而导致柴油销量流失,需要参考安徽高速货车通行费总体收入。因货车是计吨收费,通过通行费来估算市场容量,还需要区分货车的结构,以及结构的稳定性。高速公路通行的柴油车按照重量和类型可以分为客车、10吨以下货车、10~40吨货车以及40吨以上货车四类,图2为安徽高速公路2016—2018年通行柴油车的分布。

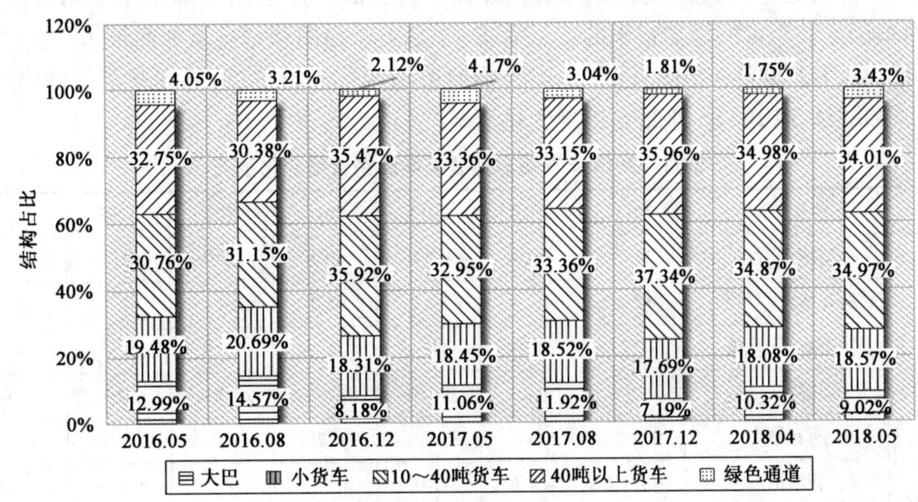

图2　2016—2018年安徽高速公路通行柴油车辆结构

安徽高速公路通行的货车70%左右的都是中大型货车,而且这一趋势还在逐步上升,绿色通道车辆也多为中大型货车,两者合计超过80%,而且结构相对稳定(图3)。

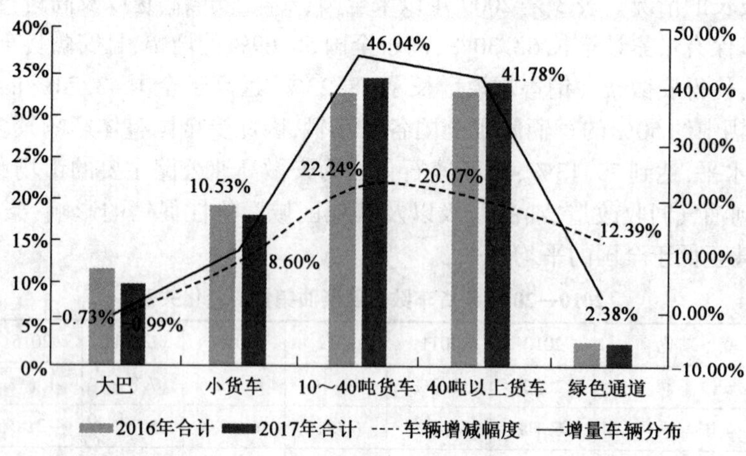

图3　2016—2017 年安徽高速公路通行柴油车辆结构变化

安徽高速公路柴油车辆的结构分布特征以及相对的稳定性,使得利用收费额估算销量是可行的。通过 ETC 的大数据通行费用和柴油加注费用对比统计分析,结合无车承运企业运费结算的通常做法,在现有的价格水平下,货车高速公路通行费与柴油消费之间的比例约为 1:1.2。2018 年 1—6 月安徽高速公路柴油车辆通行费约为 49.3 亿元,预计全年柴油车辆通行费收费总额将达到 103.7 亿元,对应的柴油需求约 124.4 亿元,按照安徽高速公路柴油销售均价,对应的需求接近 160.8 万吨,而实际上 2018 年安徽高速公路柴油预计销量不到 60 万吨,即通行于安徽高速公路柴油车辆柴油需求仅有 36.89% 选择在途经的高速公路加油站补给。实际上,2014 年安徽高速公路柴油市场规模就已经接近 70 万吨,4 年来安徽高速公路货车通行费每年都在增长,2018 年上半年货车通行费增幅超过 9%,此外高速公路通行里程在增长,加油站网点数量在增长,而柴油市场规模却萎缩至不到 60 万吨。安徽高速公路柴油市场远没有到达饱和需求,对应的高速加油站点在与路下站点及外省高速站点进行的存量竞争中处于非常不利的地位。

2009—2014 年,安徽高速公路通车里程和网点数量持续增加,受益于物流行业的快速发展,柴油通行车辆持续增长,而高速公路柴油市场规模也持续增长,市场规模从 34.75 万吨增长至 65.81 万吨,增幅 89.38%,2015 年至今,由于受到行业政策、油品升级、市场竞争恶化等因素的影响,市场规模有所减少,但预计 2018 年仍能达到 59.32 万吨,增幅 70.10%。安徽高速公路柴油销量的增长主要有两个来源:一是柴油车辆加油需求的增加带来的增量需求;二是由于路网和站点增加而带来的引置需求。为量化二者的贡献,我们以 2009—2018 年近 10 年的柴油市场变化进行分析,并列举了 2009 年安徽高速在营站点 107 座和陆续新增的 85 座站点销量变化情况(表 4)。

2011—2018 年安徽高速公路柴油销售量变化情况　　表 4

项　目	年份(年)	2011	2012	2013	2014	2015	2016	2017	2018
分类	存续站点(万吨)	34.7	36.3	47.6	49.8	40.7	41.3	36.0	39.4
	所有站点(万吨)	42.4	45.2	59.2	65.8	60.5	62.3	55.3	59.3
	新增站点(万吨)	7.7	8.9	11.6	16.0	19.7	21.0	19.3	19.9
环比	存续站点	52.9%	16.8%	29.2%	38.5%	23.3%	6.2%	-7.9%	3.3%
	所有站点	2.9%	6.6%	31.0%	11.2%	-8.1%	3.0%	-11.2%	7.3%
	新增站点	-4.1%	4.4%	31.4%	4.6%	-18.3%	1.4%	-12.8%	9.4%
同比	存续站点	52.9%	78.7%	130.7%	219.7%	294.3%	318.8%	285.8%	298.5%
	所有站点	22.0%	30.0%	70.3%	89.4%	74.0%	79.1%	59.1%	70.7%
	新增站点	0.0%	4.3%	37.1%	43.4%	17.2%	18.8%	3.6%	13.3%

截至2017年,安徽高速公路柴油销量从在2009年规模基础上扩张了59.14%,其中原有的站点贡献了3.59%,新增站点贡献剩下的55.55%。新增站点的柴油销量从2010年的5万吨,增加到2017年的19.30万吨,累计增幅高达285.80%,新增站点对安徽高速公路柴油市场规模贡献率为93.93%,预计2018年存续站点的柴油销售有所恢复,但新站销量的贡献率依然超过80%。因此,通过安徽高速公路近10年来的柴油销量提升主要来自新增站点的贡献,高速公路货运车辆带来的增量红利,基本上没有享受到。

3. 石化公司经营和服务策略

(1)石化公司成品油经营策略

①实施客户为导向的经营策略。作为安徽高速公路成品油的主要参与者,其网点占有率随着新站开业和新增路网站点的开通,凭借母公司的高速路网经营的优势,最终会达到甚至超过90%,将成为安徽高速公路成品油市场主导者,安徽高速公路通行车辆90%都将是公司的潜在顾客。

对于安徽高速公路成品油市场而言,大客户虽然只占客户总数的10%,但是其消费额或潜在的业务收入甚至超过80%甚至更多,因此通过建立客户管理系统,为核心客户提供个性化的以及优质的售前、售中和售后服务,就显得十分重要。一是提高客户的满意度和忠诚度。在竞争日益激烈的成品油零售市场上,如何将客户和企业有机地结合在一起,使客户感到自己受到企业的关注,企业提供的服务是专门为其定制的,并且不断增加使客户感到满意的服务,将成为公司取得业绩的重要因素。二是提高管理水平,降低服务成本。建立由信息系统集成的综合客户数据和服务中心来改善与客户接触的方式已成为客户服务的一种有效手段,也能使得对促销资源的管理更加有效。三是保持并增强现有市场渠道,挖掘新的市场资源。在现代市场竞争中,利用客户关系管理系统,收集和制定行之有效的促销策略,综合运用多种销售手段并灵活组合是取胜的有力武器,这在高速公路成品油零售竞争中已经淋漓尽致地体现。四是提供对企业市场分析的数据。利用数据挖掘技术将这些市场数据加以统计分析,有助于企业对其业务运营状况及营销活动成效做出正确的评价,同样也有助于企业借助积累的历史数据,了解客户行为及其需求趋势,这些结论将对企业开展业务起到巨大的促进作用。

综上所述,建立公司自己的客户管理体系,提供全方位的客户服务并有效地处理客户关系,通过客户信息的收集和分析实施有效的营销策略,是公司进一步提高综合竞争能力的首选策略。

②打造企业级的数据处理中心。高速石化每年经营系统每年产生2000多万条、几亿组有效的经营数据,但这些数据都是建立在财务和技术系统基础上的,比如金额、销量、TTC记录、油品、抢号等,主要目的是为企业内部服务,并不能建立起与客户的有效连接,不能提供市场的预测,不能筛选重复性顾客,不能认定核心客户;监控系统也是如此,只能被动的记录视频数据,核心也是为企业内部服务,并不能建立客户连接,不能识别客户,提供客户信息的记录,虽然提供实时的视频传输和时候的查询,但监控和事后回放同样需要耗费人力,无法实现信息系统最为强大的核心优势,即高效的计算和判断。况且这两者提供的数据还不齐全,大数据并非只有海量的数据一个指标,更加核心指标就是全数据。我们的经营信息系统,并不能提供完整的客户信息,尤其是对于现金或其他非加油卡支付方式,无法得知任何信息,这个占到70%。除此以外,公司根据信息系统提供的基础信息,在此基础上汇总和编制的数据也都分散在各自的孤岛,无法进行有效的利用。

以上所列举的事例都表明,公司现有的信息系统都是围绕公司既有的经营管理目标而设立的,而不是经营管理按照信息系统带来的高效和精确来组织开展。因此,建立大数据处理中心,通过智能化的数据采集设备,收集用户信息,建立基于大数据基础上的客户信息系统,综合智能监控、经营数据采集和汇总的数据处理中心,提供经营管理信息和趋势判断的数据信息处理中心,是企业提升核心竞争力的重要策略。

③实施数据驱动的企业策略。对于公司来说,数据驱动主要体现在三个核心九类数据。一是以客户为核心,包括全方位的客户数据画像,全方位的了解市场状况,寻找新的市场。二是以产品/服务为核

心,包括个性化的服务及产品,提升服务效率的边界,共同创造和创新。三是以企业内部管理为核心,包括降低管理风险,避免道德风险的行为,更好地管理企业以及了解企业面临的核心管理问题。实际上这些数据公司相关部门一直在收集和运用,但没有系统的开展或者开始时间很短,数据取样并不完整,实时性不高,因而无法体现对经营和管理的持续的改进,本文将列举石化公司数据应用方面的案例以及存在的不足之处。

④加快网点布局,提升网络占有率。前文关于提升安徽高速公路成品油市场规模和企业经营业绩的影响因素分析中,已经非常明确的显示,无论汽、柴油市场,增加网点的绝对数量,将带来销售规模的绝对增长。十年的销售数据显示,汽油的新增站点对于销售规模绝对增量贡献率超过30%,而柴油销售规模的增长则完全由新增站点带来。因此,尽快增加加油站点成为扩大石化公司销售规模最直接有效的策略。石化公司目前在营站点146座,市场的网点占有率不到80%,准备开业和储蓄的站点累计超过50座,而且每年新增4~6座的加油站点,最终石化公司的网点占有率将超过90%,依托新增网点带来的分流效应和引致效应,带来绝对销量的增长,这将会极大地提高石化公司的成品油经营规模,并提升安徽高速公路成品油市场的整体规模。

(2)实施顾客满意的服务体系

①以顾客满意为导向的改善加油站界面管理。通过前文的分析,随着民用车保有量的迅速提升,排队变成越来越制约经营量的主要影响因素。高速公路尤其如此,这一方面因为高速通行后对于时间的敏感,另一方面来自对快速到达目的地的目标感。而公司大多加油站点设计遵循于以往的加油站设计理念,柴油通道占到一半或以上,汽油车辆通道严重不足,家假日或免费通行期间,大量的车辆排成一队,等待加油时间超过半个小时,而加油站一半的通道都空无一车。随着高速公路通行车辆主体的深刻变化,民用汽油车成为绝对的主角,车主在加油消费过程中,接受服务产品、感知服务要素、形成服务体验的过程是与服务企业密切交互接触的过程,它构成一个整体上的服务消费感知界面,而顾客对服务交互要素的期望水平和感知水平决定了顾客对服务界面的评价方向,它们是顾客形成界面质量评价和体验质量评价的基础,研究表明顾客对于界面有着明确、清晰的感知和评价。因此,加油站的顾客界面必须与顾客期望相适应,主要体现在四个方面:一是保证所有通道都可以加注汽油,节假日通行期间,大幅节省客户排队加油时间,有效提升顾客的满意度;二是保证所有车辆靠近加油机能够加注所需的任何油品,不同车辆对于油品标号有不同的需求,绝不能让加注不同标号油品的车辆绕道,进而影响顾客的加油体验;三是增加辅助划线和指引标识,这不仅能够提高车辆通行的效率,也能创造出良好的客户体验;四是友好和高效的支付方式,通过客户交易数据分析,客户卡、诸如微信、支付宝等第三方支付单车加油量明显提升,其中加油卡平均加油量甚至高过平均值20%。

调查研究显示,顾客希望加油站点能够提供多种支付手段,方便出行;加油车道的增加以及通车效率的提升,根据汽柴油销售模型相关性的分析,对于加油站成品油销量也有较大的提升作用;而辅助划线和指引标识是增加顾客界面感知有效手段。

②构建以效率为导向的员工服务体系。目前,加油站员工服务走入一个瓶颈,在现有的管理条件下难有大幅的提升,服务管理处于一种脆弱的状态,稍有外力干扰就可能打破平衡。主要表现在三个方面:一是顾客和管理部门对现有的服务状况不满意,顾客体验不佳,无论是加油排队、发票开具以及顾客界面管理都达不到预期的效果;二是任何外在因素干扰都能引起服务质量的波动,包括薪酬考核、人员调整、新站开业等,随着劳动力短缺时代的到来,这一因素将持续对现有的服务体系造成冲击;三是公司实施的服务质量管理更多的侧重于员工,而没有深入了解客户的需求,也没有对公司层面的服务理念进行反思。尤其是后者,对于打破服务质量改善的瓶颈至关重要。

加大对顾客诉求的理解和挖掘,将为改善服务质量拓展空间。员工服务质量体系构建的参与者有顾客、员工和企业的管理人员,而顾客是目标也是服务体验的主体,顾客的诉求决定了服务质量的高低。通过大量的问卷调查发现,顾客对于高速公路加油站的服务质量主要体现在三个方面:一是加油效率,加油效率体现在加油速度和便利性,影响加油效率的因素包括排队时间过长,加油通道过少以及同一个加油位置只能加一种油品，员工行动迟缓，顾客界面拖沓等，这是顾客对加油站服务不满意的最核心要素；二是加油站的友好度，友好度体现在员工对顾客是否友善，顾客的诉求能不能得到及时的反馈，加油站的用户体验是否以顾客为中心，影响友好度的因素主要包括员工冷漠，漠视顾客要求，提出问题不能及时反馈，不以顾客方便为目标的服务流程；三是顾客的分级管理，主要体现在老顾客，重复加油顾客是否可以享受额外的福利或奖励，影响顾客体验的包括所有客户一视同仁，企业或加油站的冷漠或无视老客户的价值。

四、实施效果

根据对安徽高速公路成品油市场竞争及服务策略的研究，进一步提高竞争和博弈优势，衍生出以下成果应用形式，为网点布局、设备设施改造、竞争策略及服务实践提供政策建议。

1. 掌上石化 App

基于移动互联网技术驱动加油站日常管理系统，是将加油站日常管理和移动互联网技术应用结合的一种创新管理体系。该应用包括三项核心内容：一是技术驱动的管理理念，改变以往管理提需求，技术来实现的传统方式，而是直接将信息技术实现的可能性融入加油站日常管理中，并通过数据反馈不断地改进和拓展管理的边界；二是研发基于移动互联网的管理平台，实现包括安全、督察、考勤、销售、客户、油料及物品分发等的实时管理；三是信息技术和管理融合互动的开放式机制，通过平台收集、汇总和分析的数据信息，指导管理实践，改进制度流程，并根据管理需要适时增减平台管理模块。该管理体系在三年来的实施过程中，有效地推动了企业劳动生产率和管理水平的提升，广泛应用于区域管理 PPV、KSF 考核体系以及费用结算管理等，并被系统内其他企业采纳和应用。

2. BI 管理系统

结合大数据、AI 以及 IoT 等技术，开发的数据管理系统平台。它分为两级：第一级是运营服务中心的大数据平台，汇总了所有加油站的数据，是个总的平台；第二级是单个加油站监管平台，运行在各个加油站。两级平台相结合，通过可视化技术和大数据挖掘技术，最终实现管理可视化、决策智能化。

平台可以实时采集车辆数据、经营数据和安全数据。车辆数据包括进出加油站的车辆总数、车辆的平均加油时间、车辆在该加油站的回头率以及车辆在该站加油的总次数等；在经营数据方面，采集油罐液位仪数据、加油机数据以及管控系统的数据，获取各标号油品实时储量、销售速度、单加油机的加油量、加油金额以及油品损耗情况等(图 4)。

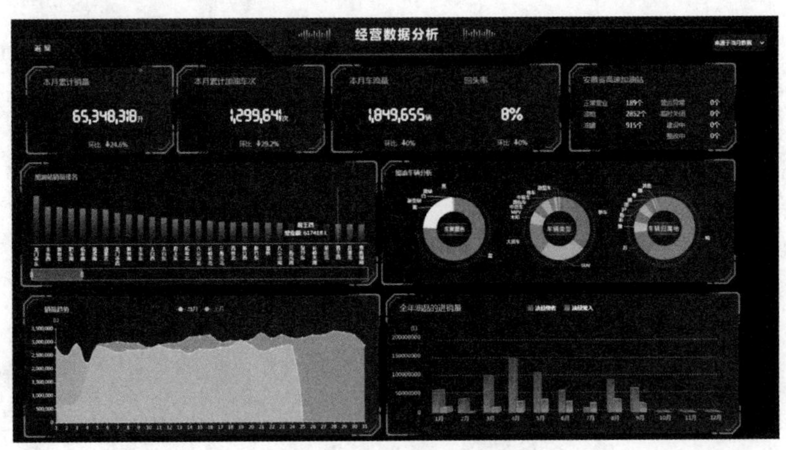

图 4　经营数据分析

在安全监控方面，平台可以接入加油站的所有视频信息，同时在重点安全区域配备烟火识别、入侵检测等设备，提供异常情况的实时报警，快速定位报警地点和报警类型，并将报警信息推送到加油站监管平台和后台运营服务中心(图 5)。

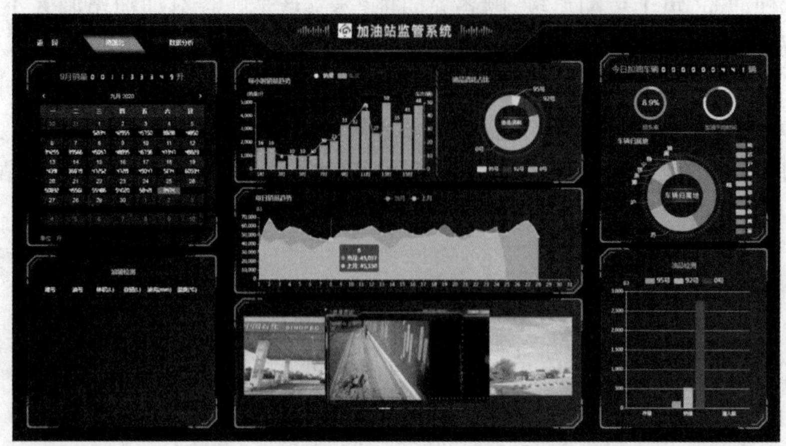

图 5 加油站监管系统

各管理职能层级,通过 BI 系统提供的各项数据功能模块,结合管理实践制定精准的监督、管理和考核体系,开展广泛的经营和管理创新,在销量预测、班次安排以及营销决策支持方面起到了重要的作用,对深化安徽高速成品油市场的认知、促销资源的合理配置、完善服务策略及服务质量提升均起到了重要的作用,同时提升了整体的经营和管理效率。目前,该系统得到了较多单位的认可并达成了合作的意向。

基于空间和时间轴实现离散型数据汇聚的监控中心信息化平台

安徽省交通控股集团有限公司合安公路管理处

成果主要创造人:汪小文　汪文潮

成果参与创造人:蔡立彬　王森林　张茂壮　刘彬彬　贺　芳　叶庆移

安徽省交通控股集团有限公司合安公路管理处(简称"合安处")管辖里程174.1公里,职工人数392人,设5个党支部,党员81人。合安高速公路北起包公故里合肥,南至黄梅飘香的宜城安庆,路段管理处位于六尺巷所在地、具有文都美誉的安徽省桐城市,文化底蕴深厚、沿途风景秀丽、人文景观众多,是安徽省"四纵八横"高速路网的重要组成部分。近年来,合安处紧紧围绕安徽交控集团"12351"发展战略,坚持"健康合安—美好合安—新合安"总体发展思路,以"合安心"品牌创建和营运管理品质提升为主要抓手,坚持以人为本、改革创新,全力激发和释放内生动力,实现党建和营运管理高质量发展。

2015年,省内高速公路行业第一位收费一线的全国劳模在这里诞生,"最美中国路姐团队"从这里走出,"五心"理念深入人心,微笑服务成效鲜明,温馨交通美名远扬。2017年,合安处荣获第五届"全国文明单位";"陈青劳模创新工作室"荣获省级劳模创新工作室荣誉称号。2017年、2018年,合安处企业管理现代化创新成果《服务品牌创建与营运管理创新的融合与发展》《基于企业社会责任和效益提升的档案资源深度开发的档案信息化管理》连续两年荣获中交企协颁发的全国交通企业管理现代化创新成果部级二等奖。企业的影响力和"合安心"品牌美誉度进一步增强,这也更加坚定了合安人坚持创新,实现高质量发展的信心和信念。

一、实施背景

合安处监控中心在合安高速公路运营中承担着信息枢纽的作用,对合安高速公路发生的交通事故、涉路施工、交通管制、其他突发事件监控中心必须按规定的流程进行处置;比如接到事故报警,监控中心要依次通知交警、路政、路产、施救单位、摆拍单位、值班领导、发布情报板、上报集团客服,根据事故的具体情况还可能通知相关收费站、服务区、处领导、120、119、当地应急办等。在事件处置过程中监控中心值机员的各项操作步骤都需要在监控日志上进行纸质记录,记录内容也只能是几点几分通知了谁,通知内容实际上无法详细准确记录;而管理者若需要对事件处置过程进行回溯,必须先询问当班值机员处置过程,然后对照监控记录到电话录音中去一一查找电话录音,还要在不同的平台软件上翻看短信发布记录和情报板发布记录,过程非常烦琐给管理带来极大的困扰。导致这种现象的根本原因是监控中心流转的信息(如电话录音、短信、GPS信息、微信文字图片视频等信息)实际上呈离散状态,也就是说难以进行数据汇聚和结构化存储,更别说进行统计分析和数据挖掘。为此,合安处中控室进行了深入的思考和创造性思维:交通事件处置实际就是一个以时间顺序推进的处置过程的动态集合,在整个处置过程中包含了事件的启动触发信号,事件处置流程规定的各种处置动作,事件处置过程中各方反馈的信息以及监控中心动态应对等动作,直至事件处置结束触发信号。针对交通事件的这一特性,我们原创地提出空间轴和时间轴概念,以空间轴和时间轴来实现监控中心流转的离散型数据的汇聚和结构化存储;即在地图中以图标代表事件的空间位置(具体桩号和事件基本信息),点击图标即会以时间轴的形式按时间顺序依次展示事件处置的各个处置动作及动作内容;在事件轴中将电话录音、短信发布对象及短信内容、情报板发布位置及内容、上报客服的信息、微信文字图片视频等信息与相应的处置动作一一对应,使得事件处置以全息方式全过程展示。

二、平台基本情况展示

(一)空间轴和时间轴设计

事件空间轴展示是以百度地图为底图,不同事件按具体桩号以相应的按钮形式标注于地图上,地图界面上展示的是同一时刻尚在处理中的各类事件。点击某个事件按钮,就可以显示该事件相关信息,并在其侧以时间轴形式弹出事件处置过程。时间轴上的处置动作就是监控中心值机员处置该事件过程中所做的动作或采集的相关信息,并由系统自动挂载到时间轴上。点击时间轴上某个处置动作,就可以全息方式还原该动作内容或过程。展示细粒度平台系统的权限只能达到菜单模块级别的,并不能对菜单模块中的操作按钮进行细粒度的控制。这样,管理人员在管理某菜单模块中的权限时,无法操作。

通过在平台系统添加细粒度权限管理,可以使得管理人员对同一个菜单模块,针对不同用户给出不同的操作权限,以便于管理。该权限细粒,本次针对路况信息在不同的角色下时,根据不同角色的需要,可以针对路况信息功能中的短信发送、微信上传、路况上传、录音上传、查看详情、事件车辆信息、协同指挥、情报板发布、事件填报、续报、处置流程图、处置流程、情报板发布这些功能进行细粒度权限的分配。让不同角色拥有在同一个模块中不同的功能。

空间轴展示内容包含车载 GPS 的地理信息位置轨迹、交通事件四类事件(事故、管制、施工、其他)的地理信息位置。平台上在空间轴显示时,也会显示交通事件的处理的图片、电话录音、文字描述等,以便于用户查看事件具体情况。时间轴展示内容是以交通事件发生的时间为显示基础原点,以时间倒序的方式。

(二)数据格式化及集成

两根轴的展示方式和具体显示内容为通过车载 GPS 的厂商提供的 API,获取每辆车 GPS 的数据,平台对这些数据进行格式化。

1. 单点数据格式化

对每辆车的数据分为:原厂商 GPS 数据、转为百度的坐标数据、接收时间、车辆所属机构、车辆驾驶人员。数据的接收和存储,以独立的服务运行,和平台分离,这样使平台松耦合。

2. 车辆数据和事件绑定设计

车辆到达现场后利用手机中的微信小程序进行操作,操作分为有事件记录和无事件记录两类。

(1)对于有事件记录的操作

现场人员到达现场后,点击查询相应类型的当前事件,根据手机的定位返回地理数据,反向查询交通事件的记录。在查询出的记录选择,现场人员根据桩号、路段、方向自己选择一条记录。点击这条事件记录,出现应急处置界面:签到、拍照、视频、录音、撤离。签到是表示现场人到场的记录,向平台发送现场人员的地理位置;拍照是利用手机的拍照功能上传现场照片;视频是利用手机上传现场的视频记录;录音是上传现场录音记录;撤离是现场人员在完成了现场事件后,点击撤离后,表示现场人员离开的时间。

(2)对于无事件记录的操作

直接出现应急处置界面:签到、拍照、视频、录音、撤离。签到是表示现场人到场的记录,向平台发送现场人员的地理位置;拍照是利用手机的拍照功能上传现场照片;视频是利用手机上传现场的视频记录;录音是上传现场录音记录;撤离是现场人员在完成了现场事件后,点击撤离后,表示现场人员离开的时间。

记录操作完成后,后台向中控室人员发送一条提醒消息,然后再由中控室人员对现场反馈的信息进行事件分类。GPS 信息的处理主要是通过 GPS 接口先接受 GPS 的数据,并且保存,在通过地图显示这些保存 GPS 的数据,并且绘制一条路线图,显示在地图上。

三、主要做法

(一)基础信息采集管理

交通事件信息初始来源是多种多样的。交警、路政、路产、110、施工单位、过往驾乘、管理处内部员工等都可能成为信息初始来源;监控中心作为交通事件初始信息接收者需要完成交通事件相关信息尽可能详细地采集;初始信息的采集既是交通事件信息数据结构化的开始,同时也是事件处置流程启动的触发信号。

基础信息为主要是高速公路事件发生时所有介质产生的信息,包括:电话、系统中填报信息、微信里面上报的信息、施救车辆的行驶轨迹等。在信息获取时,多采用 HTTPClient 技术和 TCP/IP 协议来获取信息数据,HttpClient 相比传统 JDK 自带的 URLConnection,增加了易用性和灵活性,它不仅使客户端发送 Http 请求变得容易,而且也方便开发人员测试接口(基于 Http 协议的),提高了开发的效率,也方便提高代码的健壮性。因此熟练掌握 HttpClient 是很重要的必修内容,掌握 HttpClient 后,相信对于 Http 协议的了解会更加深入。

当保持长连接时,如何判断一次请求已经完成? Content-Length 表示实体内容的长度。浏览器通过这个字段来判断当前请求的数据是否已经全部接收。因此,当浏览器请求的是一个静态资源时,即服务器能明确知道返回内容的长度时,可以设置 Content-Length 来控制请求的结束。但当服务器并不知道请求结果的长度时,如一个动态的页面或者数据,Content-Length 就无法解决上面的问题,这个时候就需要用到 Transfer-Encoding 字段。

Httpd 守护进程,一般都提供了 Keep-alive Timeout 时间设置参数。比如 nginx 的 keepalive_timeout,和 Apache 的 KeepAliveTimeout。这个 keepalive_timout 时间值意味着:一个 http 产生的 tcp 连接在传送完最后一个响应后,还需要 hold 住 keepalive_timeout 秒后,才开始关闭这个连接。当 httpd 守护进程发送完一个响应后,理应马上主动关闭相应的 tcp 连接,设置 keepalive_timeout 后,httpd 守护进程会认为:“再等等吧,看看浏览器还有没有请求过来。”这一等,便是 keepalive_timeout 时间。如果守护进程在这个等待的时间里,一直没有收到浏览器发过来 http 请求,则关闭这个 http 连接。Keep-Alive 模式更加高效,因为避免了连接建立和释放的开销,图 1 所示为基础信息采集管理。

图 1　基础信息采集管理

表 1 是交通事故信息记录表 TB_AccInfo,用于记录交通事故的相关信息。

交通事故信息记录表 表 1

字 段 名	字段中文名	类型	主键	为空	备 注
UUID	唯一标识	VarChar(32)	PK	N	
DWName	所属单位名称	VarChar(50)		N	PM _Company 关联
DW_ID	所属单位 ID	VarChar(32)		N	
RoadID	路段 ID	VarChar(32)		N	PM _Road 关联
RoadName	路段名称	VarChar(50)		N	
DirectionID	路段方向 ID	VarChar(32)		N	PM _Direction 关联
DirectionName	路段方向名称	VarChar(32)		N	
SourceID	事故来源 ID	VarChar(32)		N	编码字典中的事故来源关联
SourceName	事故来源名称	VarChar(32)		N	
AccID	通行状态 ID	VarChar(32)		N	为事件诱因,编码字典中的通行状态关联,分别:正常通行、缓慢通行、道路阻断、局部封闭
AccName	通行状态名称	VarChar(32)		N	
TypeID	事故类型 ID	VarChar(32)		N	为事件诱因,编码字典中的事故类型关联,分为:车辆追尾、车辆撞护栏、车辆故障、隧道事故、危化品车辆事故
TypeName	事故类型名称	VarChar(32)		N	
Isleak	危化品泄漏可能性	Int			为事件诱因,当事故类型为危化品车辆事故,前台显示,并且必填,0 没有泄漏、1 可能泄漏、2 泄漏
Isturncar	是否有翻车	Int			为事件诱因,2 为没翻车,1 为翻车
Isburning	是否有燃烧车辆	Int			为事件诱因,2 为没,1 为有
Isbigcar	是否有大客车	Int			为事件诱因,2 为没,1 为有
Sgzrid	事故责任类型 ID	VarChar(32)		N	编码字典中的事故责任类型关联
Sgzrname	事故责任类型名称	VarChar(32)		N	
BTime	发生时间	Datetime		N	开始时,不为空
ETime	结束时间	Datetime		Y	结束时不为空
Address	事故地点描述	VarChar(20)		Y	
Stake	发生桩号	VarChar(32)		N	
lanenumber	车道类型	Varchar(32)			与道路类型关联
UseLane	占道情况	VarChar(50)		N	为事件诱因
Blocktimeopen	阻断时间	Int			为事件诱因,阻断的时长,以分钟为单位
ydlength	拥堵公里数	Int			为事件诱因
Arearange	是否通知安庆长江大桥	Int			为事件诱因
OperatorID	报送人员 ID	VarChar(32)		N	PM _Operator 关联
OperatorName	填报人名称	VarChar(32)		N	
OpTime	操作时间	Datetime		N	系统保存数据时间
Tel	联系方式	VarChar(32)		N	
AccContent	事故描述	VarChar(2000)		N	
BackReason	打回原因	VarChar(50)		Y	打回时获取

续上表

字　段　名	字段中文名	类型	主键	为空	备　　注
Status	数据状态	Smallint		N	0 待上报;1 已上报
IsEnd	是否解除	Smallint		N	0 未解除;1 已解除
ismajor	是否可以重大变更	Int			0 为初始状态;1 为事件已解除时,可以再续报一次;2 为重大变更续报了成功
InjuryCnt	受伤人员数量	Int		Y	为事件诱因
DieCnt	死亡人数	Int		Y	为事件诱因
DelCnt	滞留人数	Int		Y	
Involvenum	事故涉及车辆数	Int			为事件诱因
DesCarCnt	毁坏车辆数	Int		Y	
DelCarCnt	滞留车辆数	Int		Y	
JamContent	拥堵情况	VarChar(20)		Y	
PassLoss	路产损失	VarChar(20)		Y	
Acclevelid	事件等级	VarChar(32)		Y	Pm_Bmzd 关联
Acclevelname	事件等级名称	VarChar(50)		Y	
FirstTime	首次填报时间	Datetime		Y	第一次填报信息的 OpTime,后续修改数据时,无需修改
AccInfo	事故简述	VarChar(100)		Y	事故简述
CmsInfo	情报板信息内容	Varchar(200)		Y	注意安全谨慎驾驶前方事故减速慢行
Summary	匝道描述概述	Varchar(1000)			
xheight	百度 X	Varchar(100)			
Ycoordinate	百度 Y	Varchar(100)			

(二)事件处置管理

从交通信息采集开始时,整个事件的处置过程实际就已经开始了,这里实际有两个进程在同步推进,一个是事件本身的信息按流程通过各种途径进行传输,如事件信息需要上传到上级客服、通知交警路政路产施救等各相关单位、给各相关人员发送事件信息、发送情报板等;另一个进程是整个事件处置过程中所做的所有操作和交互的信息(如向谁打电话及录音,向谁发信息及内容,向那块情报板发送了信息及内容)将被系统按时间顺序记录并挂载到时间轴上。这里面实际解决几块信息的结构化,事件信息自身的结构化和处置过程或操作的结构化。

事件信息自身的结构化(我们以交通事故为例)前面的交通事故信息记录表 TB_AccInfo 已经初步实现了,后续会随事件的处置过程不断更新和完善直至事件处置结束,以"已解除"为信息更新结束标志,每次更新内容将在更新日志表中 TB_AccLog 中记录。整个事件处置过程的结构化进而实现离散型数据的汇聚是本系统的核心设计所在。这里面有三层结构化:第一层机构化是对每种操作定义。第二层机构化是每个处置操作的结构化存储,我们建立了一个处置过程记录表用于结构化存储监控中心并发的所有事件处置过程中所作的各种操作,每个操作记录都有一个与事件对应的唯一标示,在时间轴上将依据唯一标示按操作发生的时间顺序进行挂载,这样就在形式上实现了离散性数据的汇聚和结构化存储。第三层结构化是对动作的内容进行结构化存储,这是按各种操作类型建立不同的操作内容记录表比如电话录音,短信,微信上所发的文字图片视频,GPS 坐标记录表,表中的每条记录与对应的操作进行关联,而在时间轴上每个操作都有相关控件,点击控件即可全息回溯信息内容。

(三)应急预案管理

应急预案是针对可能发生的交通事件,为迅速、有序地开展应急行动而预先制定的客服人员处理行动方案。

该系统对应急预案提供预案管理功能,管理功能分为:诱因管理、触发单元管理、预案管理、处置步骤管理(图2)。用户在通过这一套应急预案管理后,能够在填报交通事件后生成处置预案。

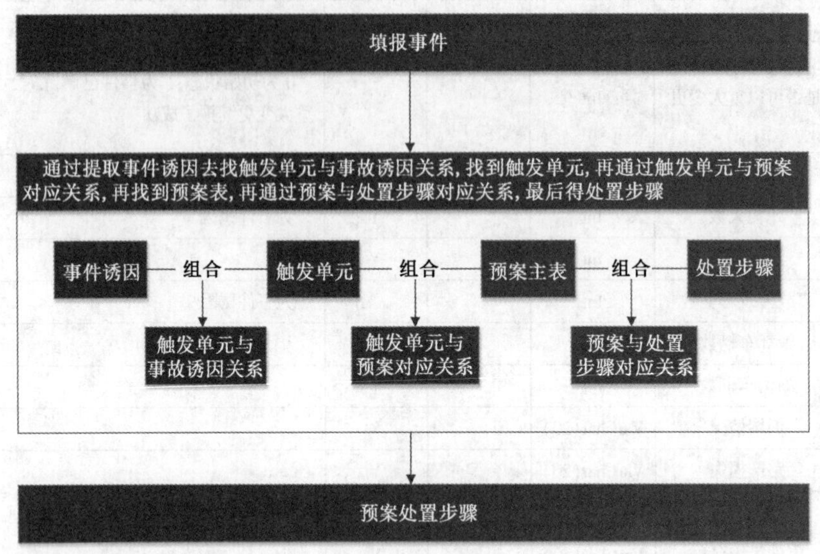

图2 应急预案管理

以下说明一下设计的功能:分为诱因对比条件管理、触发单元管理、预案管理、处置步骤管理。

1. 诱因对比条件管理

本功能是通过系统在设计阶段对各个交通事件设计的诱因元素,设定诱因元素的比对条件,以便于在用户填报时通过找到诱因元素,并且通过填报的条件,找到对应的诱因条件。平台通过诱因管理界面,来添加诱因基础数据,添加内容包括:诱因名称、事件类型、诱因原因、对比类型、对比范围等。系统使用时,会把各类交通事件的诱因条件录入到系统中。

2. 处置步骤管理

本功能是用来添加应急处理步骤,并以交通事件的类型分类,比如按交通事故、交通管制等。交通事件在填报后,通过系统设定生成处置流程的算法生成交通事件的处理步骤。处理步骤就是提醒中控人员要做什么事的说明。

3. 触发单元管理

本功能是提供一个诱因小集合,也就是通过本功能把诱因对比条件组成预案诱发的条件,这样组合的诱因小集合是并集的关系,诱因小集合触发条件是集合里包括的诱因必须同时符合。

4. 预案设置管理

本功能是设置预案,添加预案名称,把处置步骤汇聚到某个预案中,还要设置预案在什么触发单元中触发这个预案。

客服人员填报路况、事故、施工和管制等信息的工作。具体的业务流程如图3所示。

交通事件由不同的信息源通知到中控室值机人员,再由值机人员通过系统填报到系统中。并且在值机人员在每一次续报或者首报时,系统都将自动上报到集团的客服管理平台。

值机人员在对某事件进行了解除操作(表示事件结束)后,则这个事件将无法进行续报,并且也无法修改。每一个事件的操作,系统都将作日志保存记录。要按照预定义预案进行处理。

路况管理的分为填报、查询、上报等功能。

需要对4种交通事件,要有填报的功能、查询主记录、查询事件填报详细日志、事件处理预案的流程化处理、续报、自动生成事件描述等功能、事件聊天记录查看、上报时对于上报失败要提示(图4)。

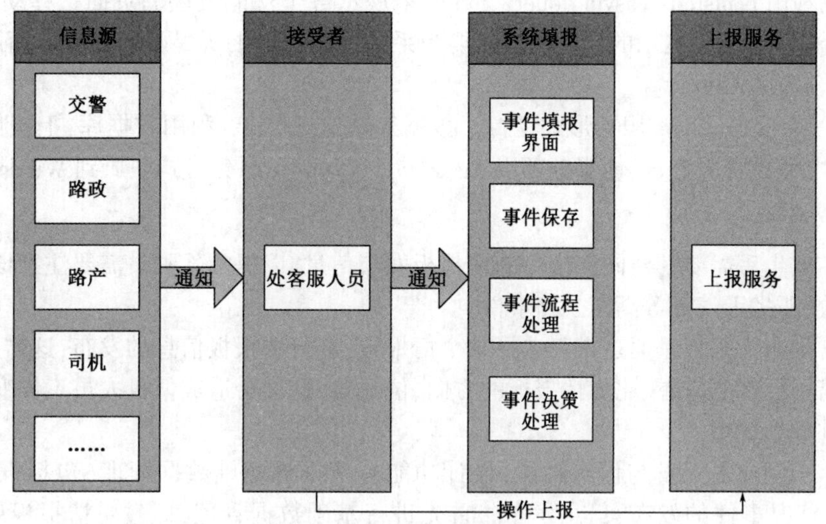

图3　业务流程

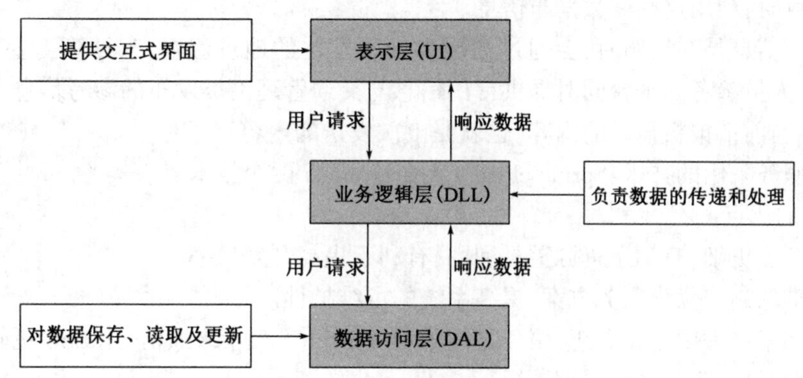

图4　系统交互架构

平台系统为MVC设计架构,基于B/S和App两种模式展示系统功能,在用户前端即表示层,主要是通过JS、Flex和HTML5进行页面展示,系统的主体功能实现放在业务层,主要是通过Java语音开发,整合各个业务功能,同时通过驱动的形式(JDBC)访问后端的数据库,如图5所示。

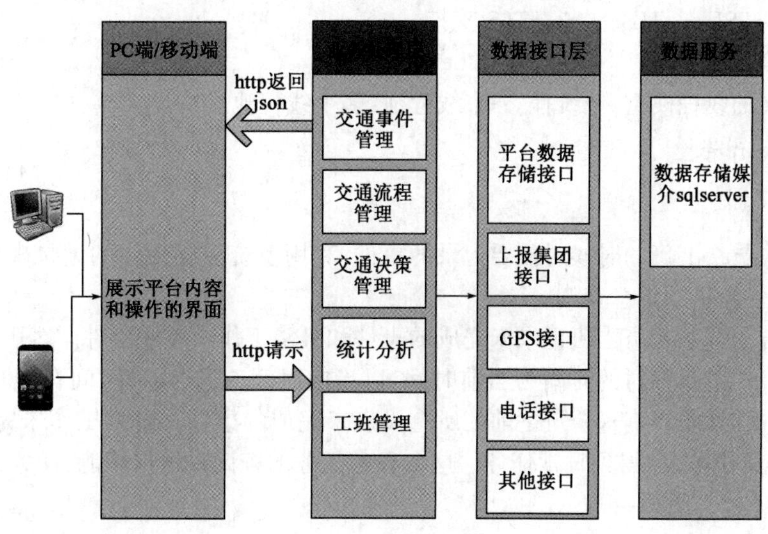

图5　平台系统设计架构

从图5可以知道:平台系统是通过不同的客户端来访问,但访问方式都是http的方式,应用展示界面分别为:PC端利用bootstrap、easyui、jquery、html5来展示各个功能模块的页面。移动端利用html5和mui来展示功能模块。所要展示的功能模块主要为系统功能架构中所提及的功能。而两种客户端共享同一种后台,后台为Java设计。

对于接口,平台是windows服务形式运行。数据存储服务,平台利用数据库,上报服务、GPS服务、短信服务、获取电话录音服务、其他服务都以JavaServiceWrapper服务形式注册到Windows里面。

(四)信息发布管理

交通事件在发生后需要针对同向来车的情报板发布信息,以提醒驾驶员需要注意该交通事件,交通事件包含了事故、恶劣天气等等高速公路事件。

值机员通常发布情报板是通过人工选择某个情报板,进行情报板信息的发布,这样发布情报板需要对整个路段的情报板都要掌握,比如情报板的方向、位置等,这样会造成值机人员工作变大,无法全身心地投入交通事件的处理中。

平台通过需求问题去开发与设计功能,设计功能有情报板基础数据管理(包括设备类型、设备型号、设备管理)、路况事件的发布、信息发布。首先进行基础数据管理,通过对情报板属性:名称、设备高、设备宽、字体颜色、字体大小、型号、支持字体、设备IP、设备端口等,平台在使用时先录入基础数据,在发布情报板信息时,利用这些参数发布信息。

路况事件发布信息是在发布时,会通过路况事件中发生的地理位置,来计算需要发布的情报板设备,以提供给值机人员参考。平台同时提供常用信息与交通管理两类发布的参考信息,且在点击某个情报板时,能够查询当前情报板显示的内容(也就是上次发送的内容)。

情报板发布服务采用的技术:Spring cloud + Apaceh mina两个技术点。

Spring cloud的优点:

①服务拆分粒度更细,有利于资源重复利用,有利于提高开发效率。

②可以更精准的制定优化服务方案,提高系统的可维护性。

③微服务架构采用去中心化思想,服务之间采用Restful等轻量级通信,比ESB更轻量。

④适于互联网时代,产品迭代周期更短。

Apache mina是一个简单而特性强大的网络应用框架,它的优点:

①提供针对多种传输类型的API,包含:TCP/IP & UDP/IP (通过 Java NIO)、串口通信 (RS232)(通过RXTX)、JVM内部管道通信。

②使用过滤器接口(Filter)作为扩展点。

③开包即用的SSL · TLS · StartTLS支持。

④过载保护 & 交通节流。

⑤高度自定义的线程模型,单线程、一个线程池、多个线程池。

(五)值机员工作管理

1. 工班管理

是为了客服人员在上班的时候对需要记录的事件,利用系统保存工作的记录事件。系统提供未完成事件的查询、提供当班的信息查询。

未完成事件分为客服人员当班记录未完成的事件和日常工作未完成事件。客服人员当班记录未完成的事件,查询方法:以查询时的时间为当前时间,以当前时间,查询当前时间在《班次表》里是哪个班次,在根据这个班次时间,查询这个班之前的所有没有未完成的事件。日常工作未完成事件:查询数据是从《职能预订定义任务表》得到日常任务。这个日常任务的查询是根据职能、任务工作时间。

2. 当班信息查询

查找方法为当前时间在班次表里是哪个班次,找到这个班次的开始时间和结束时间,在当班流水表按这个时间范围查找。用户打开当班管理模块,模块应该显示两块:一块是显示未完成的事件,另一块显示当前班次的完成和未完成的事件。对未完成的事件的操作,未完成的事件分为上班次未完成事件的移交事项和本班次日常任务没有完成的事件。

(1)点击查询

点击的事件是上班次未完成事件的移交事项,则显示的内容:信息来源(不可以修改,只有第一次添加时可以填报)、来源电话(不可以修改,只有第一次添加时可以填报)、来源时间(不可以修改,只有第一次添加时可以填报)、回馈时间、所属班次(首报时,为源所属班次,后面为处理所属工班)、工班日期(首报时,为源所属日期,后面为处理工班日期),是否完成、回馈内容、处理情况、描述内容(首报时填报,后面不能改)。

点击的事件是本班次日常任务没有完成的事件,则显示的内容:描述内容(首报时填报,后面不能改),所属班次(首报时,为源所属班次,后面为处理所属工班)、工班日期(首报时,为源所属日期,后面为处理工班日期)、处理情况。

(2)保存记录

保存的记录显示在当班班次事件里,显示的记录应该分为两类:一类为工班流水,另一类为日常任务。第一类又列表显示事件流水类型、描述内容、处理内容、回馈内容、创建时间、是否完成。

3.交班管理

通过填写的班次时,需要判断当前时间是否在填写的班次时间中,如果不在,则提示用户,让用户重新选择。

(1)生成交班ID

通过填写的班次、当前时间,判断工班交班表中,是否已经有记录了,则修改这条记录,但要在工班交班日志表中保存日志。通过填写的班次和工班日期,去查询当班的流水记录,回填交班时生成的交班ID,回填到当班流水中。

(2)补交管理

对没有交班的班次进行补交班记录处理,用户进入模块,模块分为二块,一块为交班记录,一块为工班流水记录。模块有查询、补班两个按钮,查询的条件:班次、工班日期。用户在点击补班按钮后,再填写完成内容后,补班时要确认所填的交班是不是在《工班交班表》里是否有记录,有记录则提示用户,不能补班。若没有,则在到《当班流水表》中,查询所补工班记录的所有流水记录,并对这些流水记录回填工班ID。

(3)短信管理

短信管理功能是提供给用户发送短信的界面、管理发送对象的界面。发送短信的界面,用户可以对自定义的对象发送短信,也可以自定义手机号码发送短信。自定义的对象在管理发送对象的模块里面可以进行修改、添加。短信功能是提供给用户发短信的功能模块,发短信时,平台提供了两个发送类型:一类是用户自定义的对象,另一类是直接输入自定义的手机号。

短信的发送是利用了集团的短信服务进行短信的发送。发送结果返回到平台,平台通过推送功能,平台只把发送失败的结果推送的前台。对于发送失败后,平台提供一键重新发送,把失败的重新一下。

根据以上描述,平台需要提供给用户管理短信接受对象的模块。本模块是为用户添加、删除、修改短信接受对象的功能功能分为日常预计任务管理模块、事件操作规范模块。日常预计任务管理模块,主要是为用户添加日常任务,这些任务记录是按岗位分类。

模块实现的流程说明:以中控室人员的岗位为例,由于中控室人员当班是按班次来的,也就是按时间分的,比如早班为9点到21点,晚班是21点到第二天9点。这样,日常任务需要按时间显示,不到工作时间,则不需显示班次外时间的日常任务,也就是早班是9点到21点,那早上7点的日常任务则不显示。操作方法,客服人员在打开当班管理后,上半部显示未完成的事件,未完成的事件分为上个班未完成的事件流转下来的、日常任务事件没有完成的。日常任务事件的查询是根据上班人员的所属什么岗位去查询日常任务,还要加上班人员是哪个班次的,通过日常任务的显示时间字段和岗位得到日常任务记录,并且还要和当前班次中日常任务记录比较。如果有记录,则表示完成了,则上半部的里面不显示这个日常任务,在下半部显示这个完成的日常任务。

(六)呼叫中心管理

呼叫中心就是在一个相对集中的场所,由一批服务人员组成的服务机构。通常利用计算机通信技术,处理来自企业、顾客的电话垂询,尤其具备同时处理大量来话的能力,还具备主叫号码显示,可将来电自动分配给具备相应技能的人员处理,并能记录和储存所有来话信息。高速公路事件协同管理系统主要提供高速公路相关基础信息和路况等实时动态信息服务,提供路径规划、信息咨询服务,接受突发事件报警,同时还进行高速公路事件的处置信息串连服务,可以将服务分为路况信息、高速公路信息咨询、接警处理、客服工班四类。

呼叫中心的座席数目在50以下的小型呼叫中心的系统结构与中型呼叫中心类似,不过其主要部分如PBX、CTI服务器、人工座席、应用服务器在数量上均可做相应减少。

呼叫中心要实现的功能:实现软拨打电话功能、来电弹屏、ACD智能分配电话,对座席管理,在平台中实现工号的登入、登出、置忙,并且能够呼叫数据进行分析。

1. 登入、登出

目前,管理处的电话接听和拨打电话都传统方式的,比如拨打电话只能通过传统的电话按钮的方式拨打电话,这样拨打电话,一是要熟悉电话,二是要手动进行拨打,工作效率低下。通过与呼叫中心的融合,通过在现有的监控分中心信息化管理系统中加入软拨号功能。在加入后,客服人员可以在处理交通事件时,通过系统提供的电话,直接利用在系统中提供的拨打电话按钮进行电话拨打。

2. 一键置忙

管理处呼救电话来电只能看到电话号码,并且不能知道来电人的相关信息,这样,对于解决问题的针对性效率低下。通过与呼叫中心融合,通过来电时的状态,呼叫中心系统推送来电的信号给监控分中心信息化管理系统,本系统通过得到来电的状态信息,在系统中找到相关信息的来电人员,并且对来电号码与交通事件进行智能匹配,得到相应的交通事件,以便于客服人员人工对应上交通事件。对于新的交通事件,可以在来电时,进行填报操作。一键置忙主要是在特殊情况下,管理处客服可以让电话处于不接听的情况,比如,有事走开时;也可以为了让所有电话都从某个电话接入,可以让别的座机全部置忙。

3. 呼叫数据分析

客服人员在接听和去电的电话数据,传统中的座席电话,是没有这方面的电话数据的分析的,平台通过获取呼叫中心的指标数据,可以对座席话务统计、呼入呼出统计。可以通过线性、饼图、柱图等多种图表显示。

呼叫数据分析:座席呼入统计分析、座席在线使用统计分析。座席呼入统计分析,分析内容为人员、呼入总数、呼入未接数、15内接起数、呼入通话总时长、呼入平均通话时长。该分析包含可以对某客服人员在某个时间范围内的分析,也可以对全部客服人员在某个时间范围内的分析。

座席在线使用统计分析,分析内容为人员、登入时长、置忙时长、置忙次数、平均置忙时长、使用率、置忙率。

(七)故障信息管理

平台系统增加故障信息上报功能,该功能使用对象为客服人员。上报的内容:报障人、故障时间、故障地点、故障描述、短信通知、添加图片。

故障维修人员如何得到维修的信息,一是可以是在故障上报时由客服人员向维修人员发送短信通知;二是可以登录系统平台,进行故障维修模块,查看最新或者没有维修的记录。故障维修完后,需要在系统平台中手动录入:维修设备的编号、维修单位类型、维修人、维修状态、维修开始时间、维修结束时间、维修描述、车辆费、人工费、材料费。

故障维修确认是维修人员提交了已维修的维修单后,由具有确认权限的人员登录系统,以查看故障维修的信息,确认人也可以打回维修单。打回维修单后,故障维修人员可以重新修改后再次申请确认。

(八)提示功能附加

系统根据用户的要求会对某些信息进行信息的推送提示。系统会根据系统设计的提示类型,提示不同的声音。提示类型分类:事故事件、管制事件、施工事件、路况事件、恶劣天气等类型,用户可以根据需求指定事件的某个处理流程是否需要提示。

系统信息提示分为固定信息的提示和动态信息的提示。固定信息的提示是指平台在某个肯定的时间范围提示某个范围内的用户。动态信息的提示是平台根据业务的需求,动态生成提示信息。比如,某个应急预案步骤在生成后,需要在一定的时间内提醒用户。

四、实施效果

合安处结合工作实际,建设完成监控分中心信息化管理系统,实现监控分中心各类信息记录的结构化存储,并建立基于 BS 系统以时间轴为核心的营运信息管理平台,在高速公路营运管理中发挥了重要的作用。

(一)实现营运事件处置流程的标准化

平台对每种营运事件的处置流程进行标准化处理,在填报信息时,会触发该事件的标准化处置流程,提醒工作人员需电话通知交警、路产部门,发布情报板信息,上报客服系统等,做到不漏项,进一步规范了营运事件的处置流程。并且可根据业务需要自定义处置流程,做到及时更新。建立并管理营运事件标准流程的完整节点,在营运事件处置的每一个关键节点,都可以实现对相关信息的采集、上传。在交通事故处置中,与现场人员的电话录音,微信图片或视频都可以实时上传到管理系统中。

(二)实现营运管理数据的互联互通

平台以时间轴为主线,构建营运事件流水的数据结构,以时间轴作为事件流水数据录入依据,建立从时间轴录入结构化数据的新模式,进而实现对某一事件流水的结构化数据存储。管理系统按照业务需要与电话录音系统、集团公司信息服务综合平台、微信公众号、GPS、短信发布、情报板信息发布等系统平台间的数据交互接口实现互通,充分满足营运需要。

(三)实现营运管理成本的提质增效

管理系统可在线实施交接班工作,并自动生成监控分中心信息处置登记表、情报板信息发布记录表、值班日志等,基本实现监控分中心工作无纸化,进一步节省了管理成本。根据某一个时间段内的事故等营运数据,并按照路段进行占比分析,且可形成报表,方便管理者进行分析研判,为绩效考核提供真实数据基础,同时也为 KPI 绩效管理的目标导向和考核指标库的设定提供科学依据,实现管理的提质增效。

该平台的成功运行,大幅提升了监控分中心工作人员的工作效率,为管理人员提供了管理和决策依据,同时为非收费业务的信息化操作提供了一个新的思路。下一步,合安处将积极探索路产、养护巡查等业务板块内容,依托管理系统,打造一个集信息传递、路产养护巡查、机电维护等为一体的大营运管理平台,更好地为营运管理工作服务。

公交企业知识产权管理体系构建和创新

北京公共交通控股(集团)有限公司

成果主要创造人:王春杰 朱 凯

成果参与创造人:徐正祥 胡利文 白 岩 纪沛龙 赵柳茵

北京公共交通控股(集团)有限公司(简称"北京公交集团")是以经营地面公共交通客运业务为依托,多元化投资,多种经济类型并存,集客运、汽车修理、旅游、汽车租赁、广告等为一体的大型公交企业集团。根据"十三五"发展规划,北京公交集团确立了城市公共交通运输、公交资产投融资与管理和汽车服务贸易三大主业板块(图1),立足首都,服务京津冀,努力打造国内领先、世界一流的现代公共交通综合服务企业。

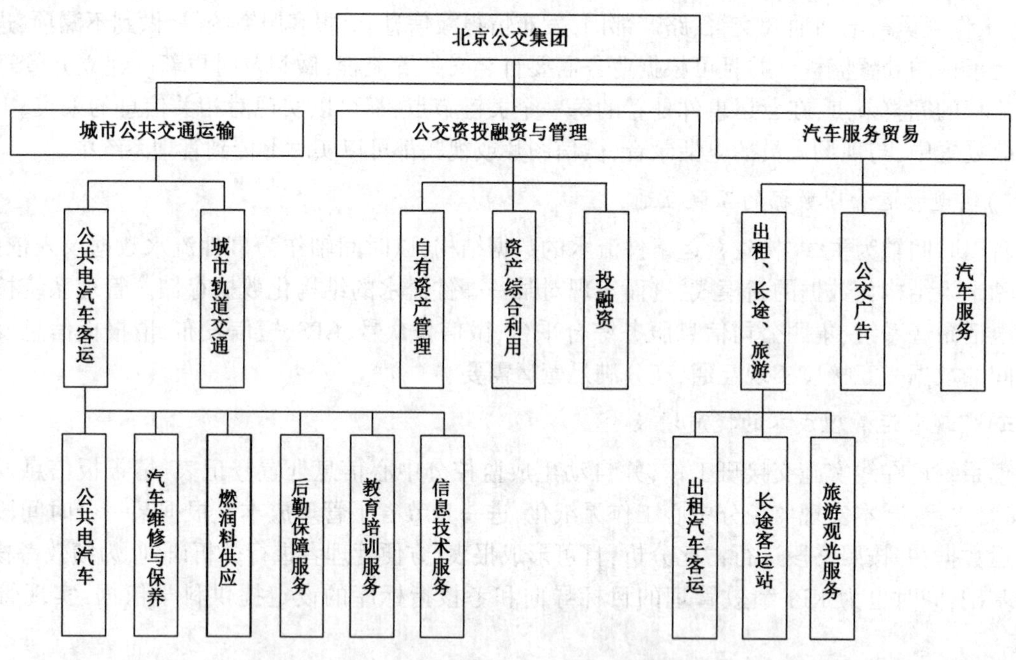

图1 公交集团"十三五"期间主业划分

北京公交集团承担着北京地面公交的主体任务,在北京城市公共交通发展中发挥着重要作用。截至2019年底,北京公交集团总资产579.46亿元,净资产387.03亿元,共有员工97168人。在册运营车辆31959辆,其中,公共电汽车23685辆。公共电汽车常规运营线路1158条,线路总长27632.10公里,运营多样化线路455条次,年客运量31.34亿人次,日均客运量858.54万人次,行驶总里程12.79亿公里。同时,运营1条现代有轨电车线路——西郊线。

北京公交集团始建于1921年,至2020年已有99年的历史。其间的发展经历了恢复发展、创业发展、持续发展和快速发展4个阶段。1980年8月,北京市公共交通局改为北京市公共交通总公司。2005年1月,改制更名为北京公共交通控股(集团)有限公司。

多年来,北京公交集团深入学习贯彻中央和北京市委市政府精神,贯彻落实新发展理念,围绕首都城市战略定位,从供给侧结构性改革入手,以推进城市公共交通运输、公交资产投融资与管理、汽车服务贸易三大主业协调发展为主线,按照"立足首都、服务京津冀,努力实现打造国内领先、世界一流的现代公共交通综合服务企业"的企业目标,全面推进集团公司改革创新发展。

北京公交集团以乘客为中心,合理规划线网布局,不断调整运营结构,坚持科技创新,不断促进运营服务标准化和内部管理精细化、数字化,公交运营服务质量持续提升。不断推进治理体系和治理能力现代化,努力打造国内领先、世界一流的城市客运出行综合服务商。

一、成果实施背景

知识产权是体现创新规律、国际通用的创新创意管理和品牌管理的话语体系与制度安排。实施知识产权战略,开展知识产权贯标是降低生产经营风险、提升无形资产价值、增强自主创新能力、加速智慧公交建设的必然选择,是适应经济和社会发展新常态、提升企业综合实力、从经验型公交企业发展成为创新型公交企业,进而实现现代化企业的必然要求。

"互联网+公交"创新驱动发展战略是北京公交集团在"十三五"时期六大战略之一,同时提出以市场需求为导向、以有效运用为关键、以精准管理为保障,提升知识产权工作能力和水平,形成知识产权竞争优势,增强核心竞争力,把知识产权工作作为重点工作之一,为北京公交集团建设成为创新型公益企业提供支撑。以知识产权纲要作为战略指导思想,将知识产权的管理保护纳入到研发、产品、服务的全过程,产生并形成企业自我创新优势。

《企业知识产权管理规范》(GB/T 29490—2013)是国家标准委2013年3月颁布实施的推荐性国家标准,对提升企业知识产权综合管理能力,尤其是在生产经营活动的全过程对知识产权实施科学化、规范化管理提供了基本遵循。知识产权贯标对北京公交集团建立和完善知识产权管理体系起到了重要促进作用。

按照《企业知识产权管理规范》建立北京公交集团知识产权管理体系,是践行"创新成为第一动力、协调成为内生特点、绿色成为普遍形态、开放成为必由之路、共享成为根本目的"高质量发展的新发展理念的必然要求。对发展智慧公交、创造运用无形资产和建设现代化企业具有十分重要的意义。

为此,北京公交集团越来越重视知识产权工作,在具体工作中也针对知识产权工作做出了明确要求。2016年提出,主动运用法律规则开发和利用知识资源,提升公交的传统产业形象,改善公交集团公司的商业模式和盈利结构,促进国有无形资产生成、保值和增值;广泛深入开展专利挖掘工作,实现专利申请量跃升,积极注册商标,宣贯《企业知识产权管理规范》国家标准,建立知识产权管理体系和工作机构,全面提升知识产权创造、运用、保护、管理和服务水平;结合公交新技术、新产业、新业态和新模式,实施智慧公交知识产权战略,超前布局和规划公共交通领域的知识产权;探索知识产权创造与运营的新模式,以知识产权为纽带,积极谋定与利益相关方共享或分享收益;创新知识产权投融资产品,提升知识产权运营能力,切实增强北京公交集团的核心竞争力和综合实力,实现公交传统企业向现代企业的凤凰涅槃。

二、成果内涵及创新点

(一)知识产权管理体系构建的内涵

北京公交集团知识产权管理体系建设坚持战略导向原则。统一部署企业经营发展、科技创新和知识产权战略,使三者互相支撑、互相促进,做到知识产权战略与北京公交集团"互联网+公交"创新驱动发展战略相衔接,与国家知识产权发展战略和法律法规的要求相衔接,与国家和首都创新发展战略和科技政策相衔接。

(二)知识产权管理体系构建的创新点

遵循激励创造、统分管理、灵活运用、全面保护的基本原则。北京公交集团知识产权管理实行制度统一、分类分级、各司其职、各负其责的体制。北京公交集团法务部,对全集团公司知识产权工作实施统一监督管理,行使制度设计、统筹协调、综合管理、指导监督、专业支持的职能。集团公司技术、信息、宣传、保密、资产、基建、采购、财务、人力、组织等相关专业管理部门,对本专业、本领域的知识产权实施具体管理工作。

北京公交集团知识产权管理创新主要体现以下方面:

一是推行国标,建设现代化公交企业。推行《企业知识产权管理规范》国家标准的目的就是要在北京公交集团建立起一套既适应经济和社会发展又符合企业自身发展需求的知识产权管理体系,在企业中运行并持续改进这一管理体系,努力夯实知识产权这一"基础设施"。同时,推行《企业知识产权管理规范》国家标准有助于提升北京公交集团无形资产价值,避免国有资产流失,降低生产经营风险;有助于现代化智慧公交建设,培育创新文化,把北京公交集团从经验型公交企业发展成为创新型公交企业,进而实现现代化企业。此外,推行《企业知识产权管理规范》国家标准有助于提升企业资质,享受相关政策优惠。把贯彻《企业知识产权管理规范》国家标准与建设现代化企业相结合,有利于将知识产权管理的要求,传达到企业经营管理的各个领域和环节。

二是先行先试,夯实基础。第一,按照"唤醒意识、战略谋划、重点突破、跨越发展"的北京公交集团知识产权发展思路,自 2016 年以来,通过广泛培训、广泛宣传,基本树立了知识产权申请和保护意识,特别是北京公交集团"4 · 26"世界知识产权日宣传活动,得到了北京公交集团上下、内外的广泛关注,众多媒体报道,有效提升北京公交集团上下知识产权意识。第二,北京公交集团"1 + 4"知识产权管理制度发布实施为北京公交集团知识产权管理体系建立奠定了制度基础。北京公交集团知识产权管理办法和商标管理办法、专利管理办法、著作权管理办法、商业秘密管理办法,从制度上明确了北京公交集团知识产权管理的组织体系和工作机制,明确了各单位、各部门的职责权限,为北京公交集团智慧财产的管理提供了制度依据和基础。第三,北京公交集团商标、专利、著作权等知识产权管理实践为建立知识产权管理体系积累了宝贵的经验,奠定了实践基础。

三是兼容并蓄,融会贯通。《企业知识产权管理规范》国家标准大量借鉴了国际标准化组织(ISO)的标准编写思想和范式,《企业知识产权管理规范》和质量管理体系高度相容。因此,在建立和完善知识产权管理体系过程中,依据《企业知识产权管理规范》国家标准,与北京公交集团建立多年的质量管理体系相融合,发挥集成效应,降低管理成本,放大管理成效,不是"另起炉灶",在宣传、贯彻、理解、应用方面也水到渠成。破除了"公共电汽车的相关技术革新可推广性较差,市场上不存在竞争""在经验的推广传承主要靠老师傅"等观念,把握时机,结合北京公交集团信息化建设,构建知识产权管理体系,形成了比较系统的管理流程(图 2),实施效果良好,知识产权管理实现了突破。

三、成果构建过程

(一)明确并坚持四项基本原则

一是坚持战略导向原则。知识产权已经成为企业发展的重要战略性资源。紧扣公交集团公司发展。坚持问题导向,面向科技前沿、面向生产运营需求,明确创新发展的主攻方向,在关键领域尽快实现突破,力争形成更多服务运营生产的优势知识产权。

二是坚持全过程原则。通过管理创新,既注重结果又关注过程。在知识产权体系构建过程中,不断在系统性管理和精细化管理上下功夫,将知识产权基础管理同设计研发、采购、合同管理、人力资源、审核改进等多维度、多角度的过程管理结合起来,把知识产权管理方针和目标要求,分解到日常经营管理全过程。

三是坚持领导重视原则。北京公交集团主要领导是知识产权管理的第一责任人。最高管理者的支持和参与是知识产权管理的关键,最高管理层全面负责知识产权管理。北京公交集团高层领导通过制定知识产权方针和知识产权目标、明确知识产权管理职责和权限及确保有效沟通、确保资源的配备、组织管理评审等活动实现知识产权管理体系的有效性。

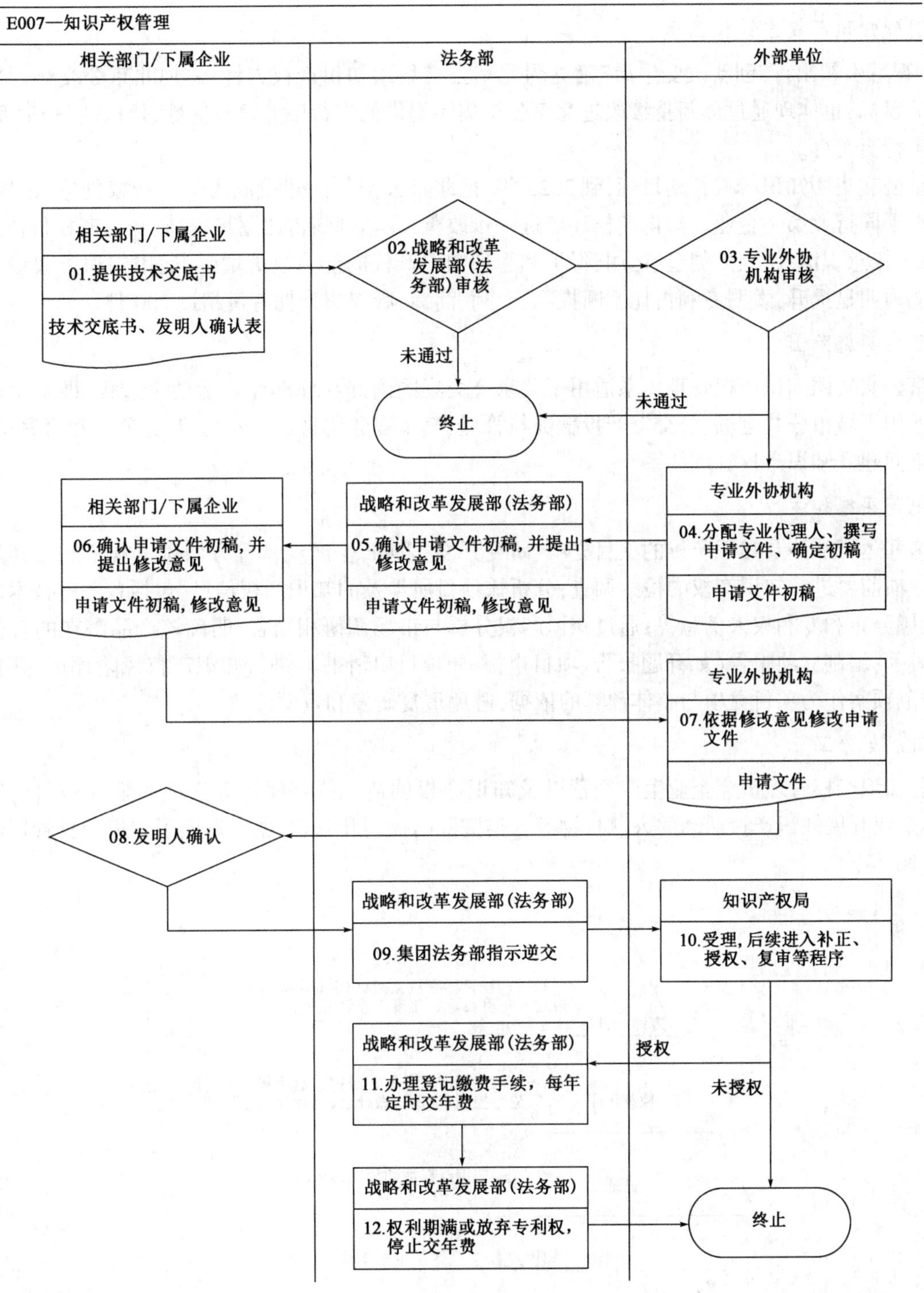

图2　北京公交集团知识产权管理流程

四是坚持全员参与原则。北京公交集团法务部是知识产权管理机构,配备专职工作人员统筹知识产权管理。各部门、各单位按照职责分工识别所涉及的知识产权种类及其在北京公交集团生产经营中所起的作用,并严格管理,确保知识产权创造、运用、保护和管理的有效运行和控制,形成完善的知识产权管理记录,按照计划开展检查、分析、评价,确保持续改进。严格保持与知识产权管理有关的各项活动的记录,形成档案,为评价知识产权管理体系有效运行提供客观依据。

(二)扎实做好基础性工作

1. 明确知识产权方针和目标

把"智慧引领出行,创新改变生活"确立为北京公交集团知识产权方针,体现北京公交集团发展智慧公交的目标,也体现通过创新持续改进北京公交集团提供的出行服务之快捷性、便捷性、舒适度,让城市公共出行更美好。

北京公交集团知识产权长期目标,到2025年,把北京公交集团建设成为知识产权创造、运用、保护和管理水平同行业第一企业。知识产权环境进一步改善,原始创新占比逐步提高,知识产权价值逐步显现,知识产权意识深入人心,创造、运用、保护和管理知识产权的能力显著增强,运用知识产权参与市场竞争的能力明显提升,发明专利占比不断提高,专利、商标、版权累计拥有量超过200件。

2. 确定实施范围

北京公交集团知识产权管理体系适用于北京公交集团内部和外部经营活动全过程,即知识产权管理体系适用于城市公共运输、公交资产投融资与管理、汽车服务贸易板块各公司、分公司和直属单位,在全系统全面建立知识产权管理体系。

3. 规范实施和运行

实施和运行从涉及知识产权的项目立项、研究开发、采购、生产经营等方面做了规定。尤其是明确了项目立项前要进行知识产权的检索调查,分析该项目所涉及的知识产权信息,包括各关键技术的专利数量、地域分布和专利权人信息等;通过知识产权分析与市场调研相结合,明确该产品潜在的合作伙伴和竞争对手;编制立项报告(如开题报告、项目申报书、项目申请书);进行知识产权风险评估,并将评估结果、防范预案作为项目立项与整体预算的依据,避免重复研发和资源浪费。

4. 组织与分工

企业知识产权管理贯穿企业生产经营以及知识产权创造、运用、保护等活动的全过程和全生命周期,包括企业开展知识产权活动的人、财、物等各类资源的控制和管理,据此形成了知识产权管理体系基础架构(图3)。

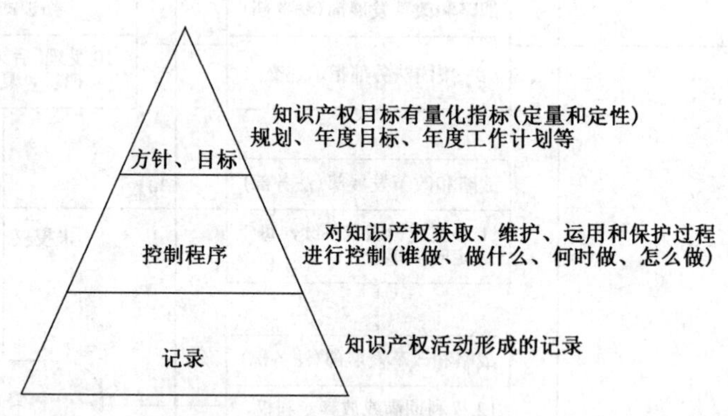

图3　知识产权管理体系基础架构

(三)主要环节和基本经验

一是开展知识产权管理诊断。自2016年初起,共组织召开座谈会、进行内外部调研、开展相关培训等30余次,形成了"唤醒意识、战略谋划、重点突破、跨越发展"的工作思路。为增强专业力量,北京公交集团邀请知识产权方面的专家组成课题组,用了近3个月的时间,通过深入一线、深入基层,与各部门各单位进行座谈、开展问卷调查和分析历史资料,做了一次集团范围内的知识产权摸底,了解了北京公交集团知识产权现状、知识产权管理的需求、知识产权管理机制和主要问题,为找出最优的解决方案做好基础性工作。

在调研的同时，北京公交集团给一线员工普及知识产权相关知识，告诉他们什么项目可以申报，申报的流程有哪些。并举办多次培训课程，培养企业员工对知识的责任感，让每个员工都认识到知识的重要价值，从而激励员工主动地识别、保护和扩展自身的知识资源，参与到知识的更新和共享活动中去。

二是管理实践与体系构建并行。2016 年初在论证北京公交集团推行的《企业知识产权管理规范》国家标准时，北京公交集团知识产权管理工作的基础薄弱。为了迅速打开知识产权工作局面，通过对所属保修分公司及其各厂、第二保修分公司、电车分公司、资产分公司、天路公司、北巴传媒公司及电车供电所等单位进行科技管理和知识产权实地调研，召开各部室、各单位、技师工作室和创新工室的知识产权培训会，组织开展公交大工匠知识产权管理座谈会，摸清北京公交集团上下知识产权管理现状，全面梳理北京公交集团知识产权相关制度文件，尤其是按照“先行先试”的原则全面推进北京公交集团专利挖掘、商标和著作权保护工作，同时根据实践经验，研究和制定北京公交集团知识产权管理制度和工作流程。

三是适时将经验以制度形式固化。2016 年以前，北京公交集团作为有近百年历史的国有独资公益性企业，申报的专利项目不足 20 项，还有相当一部分因为没有缴纳专利费而“过期”了。这些项目大部分是跟其他单位合作、以外单位为主申报专利的，缺乏企业生产经营过程中知识产权的保护意识和制度体系。通过两年左右的探索，2018 年初，北京公交集团“1 +4”知识产权管理制度发布实施，填补了北京公交集团无形资产管理制度的空白，使北京公交集团知识产权工作进入了一个全新的阶段。“1 +4”知识产权管理制度，其中“1”是指《知识产权管理办法》，这是北京公交集团知识产权工作的“母法”，对北京公交集团知识产权基本原则、基本制度、管理体系等基本问题进行了规定。“4”是指根据《知识产权管理办法》，从专利、商标、著作权、商业秘密等知识产权分项制定了《专利管理办法》《商标管理办法》《著作权管理办法》《商业秘密管理办法》4 项具体管理制度。“1 +4”知识产权管理制度是以价值创造与保护为导向，以《知识产权管理办法》为核心，以《专利管理办法》《商标管理办法》《著作权管理办法》《商业秘密管理办法》为主干，形成有机统一整体的知识产权管理制度体系。

管理实践与体系构建并行推进，节约了宝贵的时间，也避免了制度与实践脱节的现象。

四是知识产权质量结合，融入业务。知识产权首先要以数量为基础，在数量的基础上如何让知识产权为业务作出更大的贡献是接下来要考虑的。北京公交集团主要的知识产权优势是在保修等技术领域，通过技术革新、知识产权申请可以有效地降低保修的成本，提高保修的工作效率等，对业务的发展起到了很大的促进作用。

(四)知识产权管理体系建立过程的关键点

北京公交集团着力推进全流程知识产权管理模式，实现知识产权的体系化管理。

1. 明确知识产权工作归口管理部门

由北京公交集团法务部负责全集团层面与知识产权相关的各个部门、单位之间的组织协调工作，将原来分散的知识产权管理变为集权式的知识产权管理，有利于对知识产权的全面把控与战略规划，有利于全系统知识产权的培育和保护。

2. 率先构建部分特殊业务领域知识产权的管理流程

①在保修、信息领域，明确了知识产权在管理开发中的整体流程，特别是保修和信息领域，相关部门在北京公交集团法务部总体职能的指导下建设了有特色的符合保修和信息特色的知识产权管理流程。

②在线网设计领域，研究和制定北京公交集团线网布局、站点设置及多样化出行线路、优化及调整等工作的保护方案和发布流程，保护企业的商业秘密及核心利益。

3. 设置知识产权管理专员

建立北京公交集团法务部与子公司、分公司等二级单位在知识产权方面的有效联系，以便更好地了解二级单位知识产权工作的动态，并对其进行指导。建立知识产权管理联系人机制，专员隶属于北京公交集团法务部，在日常工作中注意二级单位所遇到的知识产权申请等问题，及时向有关法务部反映，充分做到"深入基层、直接对接"。这样既能够让总部对二级单位的知识产权进行良好的管理与控制,又可以切实考虑到二级单位的实际情况。

4.健全修订内部各类与知识产权工作相关的政策文件

研究制定完善《公交集团知识产权管理办法》《公交集团专利管理办法》等知识产权管理相关规定。充分落实管理制度,在执行阶段严格按照管理流程与管理办法,建立集团的知识产权管理标准化管理流程(SOP),通过标准化流程提高效率。

5.建立与外部其他机构的协作机制

北京公交集团建立了与知识产权行政管理部门、司法部门的沟通机制,加强协同服务。与合作的律师事务所、专利代理机构、商标代理机构积极进行知识产权方面的协同合作,组织三方会议或者培训,共同配合解决集团面临的疑难知识产权问题。

6.完善知识产权人才的管理培养

不断加强专利保护意识,培养专利管理人才,建立创新激励机制,建立专利工作的档案管理。全系统内各单位不断将有经验的人员调整到知识产权工作岗位上,同时吸收部分有专业知识产权管理经验的员工;另外,对现有的相关工作人员进行培训,培养一批熟悉专利制度、掌握申报程序、了解监督管理的人才。从源头做起,让近距离接触知识产权管理工作的员工深入了解知识产权的管理,从而更有效地为北京公交集团的知识产权工作服务。

7.进一步提高一般员工的知识产权意识

北京公交集团相关专业协同合作,通过对员工进行商标、专利、版权保护等方面的培训,产品服务及关键技术科技展板的宣传普及,以及组织专业人员编写知识产权实务手册和典型案例分析等,并充分利用"4·26世界知识产权日"等重要普法节点,集团内网、微信公众号等全方位、多渠道,开展形式多样的知识产权宣传普及活动(图4),大力提高高层领导和研发人员的产权意识,激发员工的创新思维及创造力,全面提升北京公交集团竞争力。

图4 北京公交集团开展多种形式知识产权宣传教育

8.项目中的全流程知识产权管理

①在项目管理方面,各个业务环节(产品的立项、研究开发、采购、生产、销售和售后)都在不断加强知识产权的保护。对检索与分析、预警、申请、诉讼、侵权调查与鉴定、管理咨询等知识产权对外、委外业务签订书面合同,并约定知识产权权属、保密等内容;在委托开发或合作开发时,签订书面合同,约定知识产权权属、许可及利益分配、后续改进的权属和使用等。避免产生北京公交集团进行资金研发的产品

或者技术被合作企业无偿获取并以此为优势将技术或产品直接用于其产品的生产及销售。

②在企业合并、分立、重组、股权转让等重大事项、投融资活动前，对相关知识产权开展尽职调查，进行风险和价值评估，保证北京公交集团权益最大化。

9. 对合作伙伴的知识产权风险予以控制

①在广告、宣传等对外业务中，特别是涉及著作权相关问题等，对合作伙伴的知识产权风险予以控制。

②在采购过程中，收集相关知识产权信息，以免采购知识产权侵权产品，必要时要求供方提供知识产权权属证明。同时做好供方信息、送货渠道、进价策略等信息资料的管理和保密工作。

10. 设立项目的知识产权产出指标

通过设立指标的方式定义项目的完成形式和完成程度，既可以有效激励，又可以促进知识产权形成，保证投入有产出，实现保值增值，有效防止国有资产的流失。

11. 强化内部商业秘密的管理和保护

①完善本专业、本领域的专利开发和保护流程。建立内部保密机制。明确企业内部的保密范围和项目；设置保密等级，对不同的商业秘密实行分级管理；明确每个职务对应的保密义务；北京公交集团逐步制订了员工守则，明确了每一个岗位、职务对应的保密义务，使员工明确自己的义务，防止泄密事件发生。

②明确涉密人员，设定保密等级和接触权限；明确可能造成知识产权流失的设备，规定使用目的、人员方式；明确涉密信息，规定保密等级、期限和传递、保存及销毁的要求；明确涉密区域，规定客户与参访人员活动范围等。

12. 对入职、离职人员加强管理

①对新入职员工进行适当的知识产权背景调查，以免侵犯他人知识产权。对研究开发等与知识产权关系密切的岗位，应与相关人员签署知识产权声明文件。

②对离职的员工进行相应的知识产权事项提醒，涉及核心知识产权的员工离职时，签署离职知识产权协议或执行竞业限制协议。

13. 鼓励激励创造创新

北京公交集团制定了“十三五”时期打造现代公交企业的目标，就是要基于知识产权保护，建设智慧公交。北京公交集团的知识产权运营管理理念也在发生着质变。把国有企业的无形资产，通过知识产权申报，起到保值作用，可以为企业创造新的价值。下一步，北京公交集团会适时出台《公交集团知识产权发展纲要》，在企业内部建立起更为完善的知识产权管理规范和运行机制，不断完善知识产权发明人的奖励办法。

(五)推动管理流程信息化

为提高全集团知识产权管理水平，建设智慧公交，促进企业转型升级，实现国有无形财产保值增值，推动高质量发展，根据《企业知识产权管理规范》编制了《北京公交集团知识产权管理手册》(图5)，核心工作是通过访谈、座谈等多种形式对北京公交集团各个部门现有业务和管理活动进行梳理，系统汇总北京公交集团涉及知识产权管理的各个环节和流程，编制北京公交集团知识产权管理制度、控制程序、记录表单，这也是开展知识产权工作的指导性文件。

《北京公交集团知识产权管理手册》确定知识产权管理核心制度13项、主要控制程序30项、记录表单50项，覆盖北京公交集团知识产权管理的全部环节(图6)。同时，手册确立了北京公交集团知识产权管理工作的方针、目标、管理程序、责任分工等内容，是北京公交集团知识产权管理工作指引。

同时，为使新技术应用助推现代企业管理水平提升，逐步探索建立信息化管理系统，实现线上申报、审批。

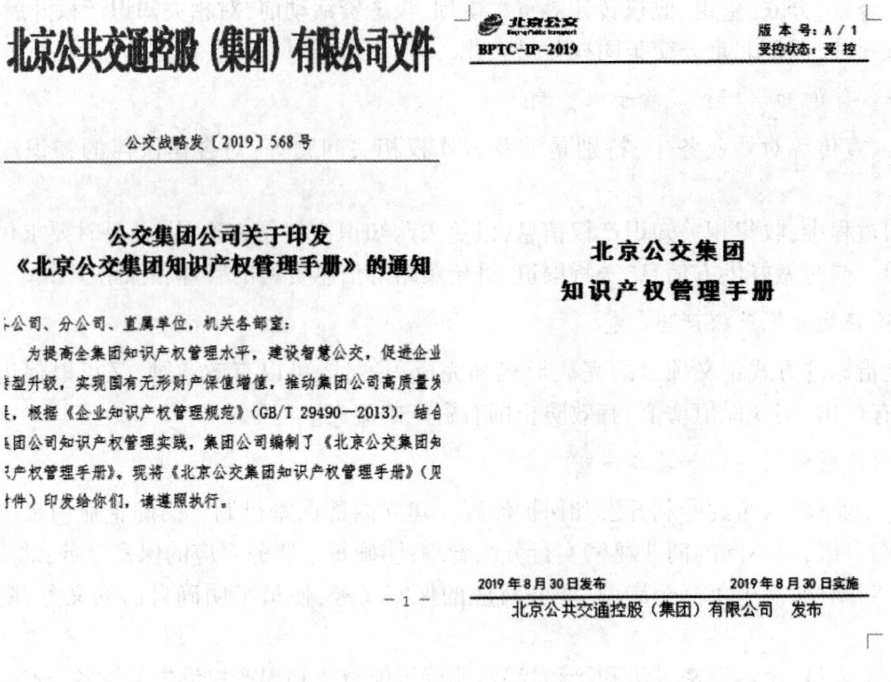

北京公共交通控股(集团)有限公司文件

公交战略发〔2019〕568号

公交集团公司关于印发
《北京公交集团知识产权管理手册》的通知

各公司、分公司、直属单位，机关各部室：

为提高全集团知识产权管理水平，建设智慧公交，促进企业转型升级，实现国有无形财产保值增值，推动集团公司高质量发展，根据《企业知识产权管理规范》(GB/T 29490—2013)，结合集团公司知识产权管理实践，集团公司编制了《北京公交集团知识产权管理手册》。现将《北京公交集团知识产权管理手册》(见附件)印发给你们，请遵照执行。

— 1 —

北京公交
BPTC-IP-2019
版本号：A/1
受控状态：受控

北京公交集团
知识产权管理手册

2019年8月30日发布　　2019年8月30日实施

北京公共交通控股(集团)有限公司　发布

图5　印发《北京公交集团知识产权管理手册》

专利申请审批表

编号：	
申请日：	

发明初拟名称			
申请单位			
发明人	第一发明人姓名	姓名	
		身份证号	
	其他发明人(按实质性贡献大小顺序填写)		
检索查新	□是　□否	检索查新方式	□自行
申请类型	□发明　□实用新型　□外观设计		
申请级别	□核心　□重点　□一般		
是否已发表论文	□是　□否	产品是否已销	
项目起止时间			
采取专利保护的原因	(主要包括：逆向工程获取该专利技		
申请专利的主要内容			
技术特点			
新颖性和创造性			

商标注册申请审批表

部门		申报人	
商标名称			
商标申请人			
类别	按《类似商标与服务区分表》		
商标说明			
商标图样			
产品内容			
使用原因			
集团公司宣传部审查意见	负责人：		
集团公司法务部审查意见	负责人：		
执行情况	负责人：		

著作权登记申请审批表

申请编号：

作品名称			
是否署名	□是　□否	若是，署名	
所属(单位)部门			
作品性质	□法人作品　□职务作品　□委		
作品类型	□软件　□文字作品　□美术		
作品创作性质	□原创　□改编　□翻译　□汇编　说明：		
是否已申请专利(论文发表)	□是　□否	首次创作完成时间	
是否已发表	□是　□否	首次发表时间	
权利归属	□集团公司　□集团公司与__　□其他____		
经办人信息	联系人		手机
	E-mail		电话
部门审核意见	负责人：		
法务部审核意见	负责人：		
备注			

图6　北京公交集团专利申请、商标注册、著作权登记表

流程是管理的基础工作，知识产权管理系统的建设要制定一套系统操作的科学、合理、简洁、有效的管理流程。在北京公交集团合同管理系统的基础上，把知识产权管理系统嵌入集团公司OA系统，便于操作和使用。

知识产权管理信息化系统如图7、图8所示。

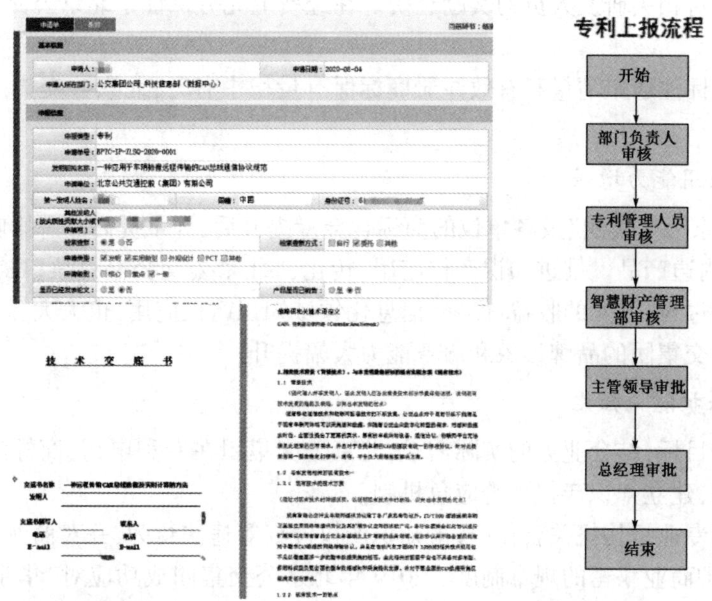

图7　知识产权管理信息化系统——专利申报流程

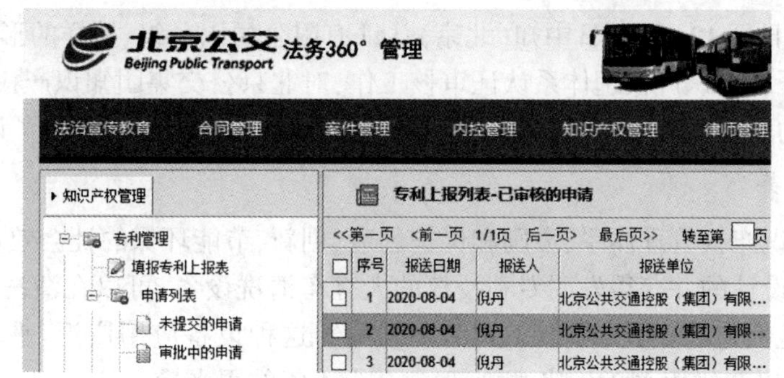

图8　知识产权管理信息化系统

四、实施效果

（一）知识产权管理水平提高

推行《企业知识产权管理规范》(GB/T 29490—2013)国家标准，结合北京公交集团现有的架构，搭建集团知识产权管理体系，强化了归口部门的统筹协调功能。

知识产权配套基础设施的建设增强，初步建成北京公交集团知识产权综合信息系统。及时收集、分析研究专利信息，为北京公交集团技术创新投入、经营管理等活动提供决策依据。

全面落实《知识产权管理办法》等“1＋4”知识产权管理相关制度，将知识产权工作纳入制度管理轨道，实现规范化管理。进一步完善知识产权管理机构，配备专(兼)职知识产权管理人员；建立健全知识产权管理制度，对科研成果、新产品、新工艺、新技术研发实行知识产权目标管理制度。努力构建自主知识产权培育体系，深入开展知识产权保护行动，切实提高了全体员工的知识产权意识和知识产权创造和保护能力。

（二）知识产权开发能力提升

专利的申请量和授权量与北京公交集团经济增长相适应。其中，自2018年以来获得发明专利授权4项、实用新型专利授权48项。

在经费投入上，对知识产权的经费投入占全部研发资金投入比例逐年上升，其中包括专利挖掘、申请及维护、开发,以及对相关研发人员的奖励经费。在经费上充分保证了北京公交集团对知识产权的研究开发。

北京公交集团商标注册申请量和有效注册商标保有量稳中有升,北京公交集团影响力和竞争力不断提升。

(三)知识产权应用能力增强

"北京公交""北京公交集团"及各单位的商标含金量提升后,为了提高品牌影响力、竞争力,开发了吉祥物、车辆模型等周边产品。推进知识产权应用、转化,"北京公交公交月票"IC 卡著作权授权,已为北京公交集团带来超过 50 万元的收益;保修、信息化领域知识产权应用,也大大提升了工作效率。知识产权的应用使北京公交集团的品牌形象和服务能力大幅提升。

(四)知识产权保护能力强化

根据发展思路和目标,结合业务的实际需求,北京公交集团在专利申请、商标注册等方面采取措施进行知识产权的布局,建立知识产权预警应急机制。

北京公交集团与专业机构机关合作,打击知识产权侵权等违法行为,并对商业秘密全部实行规范化管理,建有相应的保护商业秘密的规章制度。2019 年北京公交集团成功应对"华宇"商标"撤三"事件,有力维护了集团的权益。

(五)知识产权管理体系获得第三方认证

2019 年 12 月 26 日至 12 月 27 日中知(北京)认证有限公司以分组、抽样的形式对北京公交集团机关、部分核心层单位开展知识产权理体系认证审核工作,对北京公交集团知识产权管理体系实施的适宜性、充分性和有效性的监督、验证,并于 2020 年 1 月 10 日向北京公交集团颁发了认证证书。

(六)社会效益显著

通过不断完善知识产权管理体系,激励和保护创造、创新,节能环保的社会效益也不断增强。比如,北京公交集团保修工设计的并获得发明专利授权的大客车清洗设备,可以在清洗大客车后机舱时避免粉尘污染,对大客车地面进行清洗,降低工人劳动强度。这种设备应用广泛,平均一台设备一年清洗 600 辆公交车,一年可以节约用水 240 吨,相当于一个人 4 年的用水量。

知识产权正在日益成为商业伙伴、甚至竞争对手之间的合作纽带,开启了一种全新的知识产权化生存方式,同时这种纽带关系也可以帮助北京公交集团塑造一种有利于企业发展的产业内部的生态体系。

综上所述,北京公交集团知识产权管理体系的构建和创新切实提升了全集团知识产权工作水平,促进了技术创新,激励了职工创造,提升了品牌价值,保障和维护了北京公交集团的经济利益和合法权益,提高了知识产权开发、应用、保护、管理能力和水平,发挥了知识产权在建设现代化、数字化、智能化综合公共交通服务企业过程中的创新驱动作用。

城市轨道交通网络化客流管理的创新实践

北京市地铁运营有限公司运营二分公司

成果主要创造人:刘克伟　李子卿

成果参与创造人:马　博　陈艳红　王　莹　蒋子媛　吴　桐

北京市地铁运营有限公司运营二分公司(简称"运二分公司")成立于2009年6月15日,是北京市地铁运营有限公司的下属二级分公司,是从事轨道交通运营服务的专业客运服务商。主要负责北京地铁1号线、八通线、房山线、9号线、S1线5条线路的运营服务、客运组织、行车管理、电动客车的维修保养等工作。运营线路全长113.1公里,日均客运量近200万人次,约占路网客运量的20%;所辖63座车站和古城、四惠、土桥、阎村、郭公庄、石门营6个车辆段。

运二分公司始终坚持以专业、规范、高效的管理方法和管理手段,以"畅通北京,让首都更美好"为使命,以建设"平安型地铁、人文型地铁、高效型地铁、节约型地铁、法治型地铁、创新型地铁"为战略目标,强化安全管理,发挥技术优势,落实服务质量标准,提高服务水平;加强基础管理,发挥职能作用,提高经营管理能力,通过扎实有效的工作,提高乘客满意度,赢得媒体和社会各界好评。

运二分公司近年来获得的主要荣誉:2014年"首都绿化美化花园式单位";2014年度北京地铁公司五四红旗团委;2015年"北京市安全文化建设示范企业";北京地铁公司2015年度劳动竞赛先进集体;2016年北京市第四届职业技能大赛优胜奖;2013—2015年度北京市安全生产先进单位;2016年北京市首都劳动奖状;2016年北京地铁劳动奖状;2016年北京市国有企业安全生产工作创新奖(1号线车辆客室门驱动气缸自主维修创新项目);2018年全国国企管理创新成果二等奖;第十七届全国交通企业管理现代化创新成果一等奖、二等奖;2019年第三十四届北京市企业管理现代化创新成果一等奖。

一、实施背景

1.北京市轨道交通快速发展,进入网络化运营阶段,网络化效应带来的客流管理难度日益增加

随着北京市轨道交通建设的发展,北京地铁由原来若干车站组成的单一线路,逐步发展形成覆盖度强、通达性高的轨道交通网络。截至2019年底,北京市轨道交通路网运营总里程达699.3公里,共23条运营线路,405座运营车站,62座换乘车站。

不同的轨道交通线路通过换乘车站相互衔接,形成网络,通过可持续的运输组织方法满足乘客需求的过程即实现网络化运营。但随着路网的服务水平、出行环境、资源配置不断提升,路网客流逐步攀升,网络化效应带来的问题日益突出,如车站能力、线路运力与运量间的矛盾加剧、客流交织严重等,为客流管理工作增加了难度。

2.千万客流已成常态,传统的管控手段弊端凸显,客流管理方式急需优化

网络化运营下的轨道交通系统表现出较强的交通吸引力和运输能力,北京市的轨道交通网络日客运量经常突破千万,成为城市交通系统的骨干力量。在网络化运营的背景下,多数现有的客流管理模式仅从单站、单线的角度进行客流控制,只注重自身的控制效果,忽视了客流在路网中动态传播后不同线路间产生的关联和影响,未制定系统、综合、全面的管控措施。例如早高峰时段的远郊线与中心线,远郊线乘客多数直接灌入中心线,中心线车站客流压力增大后,如果只在中心线车站采取客流控制措施,将

会持续延长中心区域乘客的乘车时间,无法控制郊区线路的灌入速度,两线整体的运输效率降低,不能从整体上缓解运输压力。

传统的管控手段已与路网脱节,没有形成系统性的管理方法。在网络化运营格局下,传统的管控方式急需转变,需结合路网特点进行全面的客流管控,统筹路网资源,分摊客流压力,提高全网运输效率成为趋势。

3. 大数据时代背景下,引入大数据技术,提高客流管控的准确性势在必行

随着信息时代的全面来临,信息数据技术迅猛发展,对轨道交通运营企业来说既是新的发展机遇,也是具有竞争性的挑战。运营企业在网络运输环境、客流管理方面的创新,离不开信息化管理手段,特别是要顺应大数据时代的发展要求。将大数据等信息化技术应用到客流管理中,能突破通过人工或常用办公软件进行简单数据处理的局限,快速挖掘隐藏在数据中的规律与联系,为网络化客流管理工作提供有效指导,最大程度发挥路网的社会效益和经济效益。

二、成果内涵和主要做法

(一)成果内涵

以网络化运营为主导,安全运营为基础的客流管理创新需要适应网络化客流的动态变化规律,打破以车站为主体的传统控制方式,突破单一、固定的控制模式,建立新型的客流管理体系。该体系由客流控制系统、信息化系统、效果评估机制三部分组成,如图1所示,三者相辅相成,形成管理工作的闭环。

①客流控制系统分三级,对路网、线路、车站进行综合考量,分层级约束管理措施,分散客流压力,均衡路网资源,是网络化客流管理的主要手段。

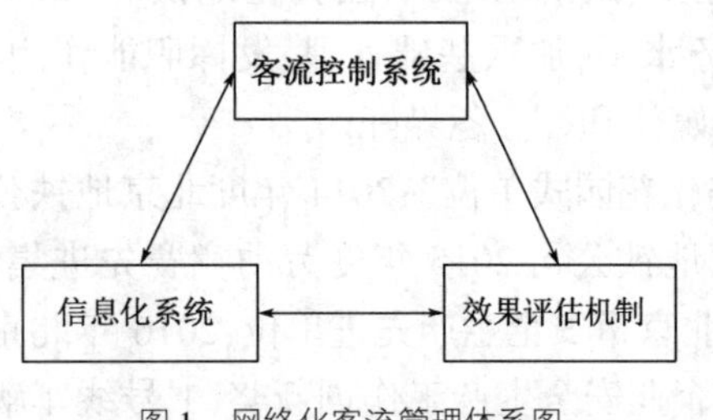

图1　网络化客流管理体系图

②信息化系统借助数据库技术,建立客流信息平台,实现快速查找数据及分析数据规律等功能,为客流管理体系中管理措施的制定提供依据。

③效果评估机制根据现场运营情况对各项管理措施的执行及实施效果进行评估,及时调整管理措施,确保在客流管理体系下措施有效、现场实用。

网络化客流管理体系下,客流控制系统制定管控措施,客流信息系统起到辅助作用,管理与评估机制检验管控效果,如有偏差则体系将立即对其进行修正,三个环节使管理工作形成一个闭环,十分有效。

(二)主要做法

1. 建立 NLN 三级客流控制系统

搭建网络级(Network)、线路级(Line)、节点级(Node)的三级 NLN 控制系统,从网络、线路、节点分层次进行全面的客流管控。

(1)网络级

从路网的角度进行运力与运量的调整,主要措施包括路网运力匹配、远端车站客流控制及路网分流引导,以达到网络运输动平衡。

路网运力匹配。日常客流组织过程中,各条线路信号条件、运用车数量存在差异,导致可实现的最小运行间隔不尽相同,且因车型不同,还会导致列车定员差异,这些均可影响线路的实际运力。网络运输条件下,实现客流的平衡运输,线路之间的运力匹配尤为关键。根据线路的客流承载情况,调整运行间隔,实现衔接线路间的运力平衡;通过顶层的运力匹配,均衡线路间客流压力,减少换乘节点产生的乘客滞留。例如,突发情况时,当某换乘站衔接一条线路出现故障导致运力降低时,可通过暂时停止或减少另一条线路列车在该站停车的次数,缓解换乘客流压力。

远端车站客流控制。网络运输环境下,当路网中心车站、线路出现故障导致运营中断时,仅靠对中心区域单站、单线的控制难以有效控制路网远端客流灌入,此时,需要启动远端车站客流控制措施,引导

乘客调整出行路径,控制运量,以达到路网平衡。

路网分流引导。充分利用线路成网条件,减少乘客在单站、单线故障情况下的出行延误。车站通过制定路网分流方案,向乘客提供路网分流建议,引导乘客乘坐其他线路绕行至目的站,减少对乘客出行的影响。同时,关注分流后的“再分配”客流,提前判断影响,做好应对组织,合理引导乘客出行。

(2)线路级

从线路的角度进行运力与运量的调整,以达到线路运输动平衡。主要措施包括运力调整、沿线车站动态控流等。

运力调整。因线路地理位置特性采用传统的大交路行车组织方式后,出现线路客流不均衡、部分区段满载率过高。在无法缩短运行间隔的情况下,可通过改变行车组织方式来平衡线路客流压力。具体措施包括采用大小交路运行、大站快车等。大小交路运行即小交路列车在指定的中间站清客后,经渡线折返到另一方向线路运行,这部分列车只在线路的某一区段内运行,以加速车辆周转,提高车辆运用效率,使客流较大区段的运能满足运量的需求。大站快车是列车在运行期间“跳过”部分车站,列车以较小的满载率达到指定车站进行乘客乘降作业,以缓解客流较大车站的乘降压力,平衡整体线路的客流分布。

沿线车站动态控流。线路间车站、同线上下游车站并不独立存在于路网,两者往往相互关联,相互影响。线路间不同车站通过配合限流缓解线路间的运营压力。由于运力相对紧张,同一运营线路上的上游车站通过限流控制进站乘客数量,降低发出列车满载率,以提高下游车站运力,达到线路上各车站均衡运输目的。

(3)节点级

针对车站,动态调整现场客流控制措施,适应客流变化,实现精细化管理,主要措施包括车站限流控制、限流时间管理。

车站限流控制。车站客流控制方式主要分为4类,即导流、分流、截流和封闭。导流是通过利用车站内外空间和设备设施条件,改变车站原有客流流线,通过延长乘客走行距离,扩大缓冲区域,以达到控制客流流速和流量的限流目的。根据引导客流的种类不同,可分为进站客流导流和换乘客流导流。分流是指客流集中到达某一出入口或在某一通道中交叉混行时,为避免客流拥堵和冲突,提高客流通行速度,将部分客流引导至其他出入口或通道。截流是当车站采取导流或分流方式进行限流而力度不足时,通过降低导流设施或服务设施的通行能力,控制单位时间客流量的限流方式,暂停乘客进站或换乘限流的方式较为常用。封闭车站是在车站或路网内发生较大影响运营的事件或根据市政府要求需在特定时间暂停车站运营时使用。

限流时间管理。限流势必会造成乘客的出行延误,为减少延误,轨道交通车站需提前对外发布限流时间,提前告知乘客,以便乘客合理安排出行计划。目前,多数车站对外公布的限流时间较为固定,而客流呈现出一种动态变化的规律。针对不同的客流特点,制定差异化的限流时间,减少乘客不必要的绕行,进一步引导乘客错峰出行,实现限流时间的精细化管理。

2. 开发客流信息化系统

路网中的轨道交通线路密集,车站繁多,客流在路网中运行会产生大量的数据,依靠车站工作人员的直观感受已无法准确描述客流特点,简单的数据处理也无法挖掘多条线路、多个车站间的关联。利用数据库及信息化手段对数据进行整合、分析,已成为现代化企业管理的有效手段。

通过对每日路网产生的进站、出站、换乘等客流数据进行分类,设计5个模块,使用数据库技术及编程语言实现客流信息化系统的开发。管理者每日将统一采集的数据按照模板分别导入不同的模块后,即可实现客流数据的查询、统计、分析功能。系统界面包括的5个模块,如图2所示,分别为:分票种进出站量、换乘车站分时客流量、客流信息汇总、路网客流量日统计、线路分时进出站量。

客流信息化系统主要可以对历史数据进行快速查询,对选定时间段的数据进行统计、对比,对各线的满载情况、运距等关键指标进行识别等,管理者还可以借助历史数据规律梳理的功能,为未来数据预测提供依据。通过数据表或图形两种方式体现数据处理结果,并将结果数据与原始数据导出,方便管理者使用。在客流管理体系中,需借助客流信息系统对路网中的客流数据进行计算,可用于判断满载区段与满载率,形成指定时段客流规律的图像显示等。

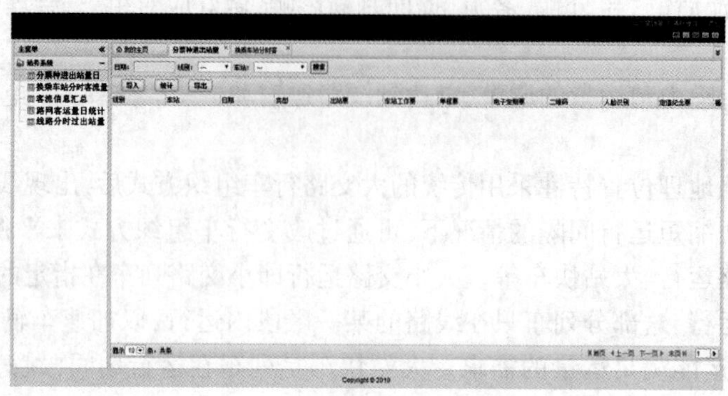

图2 客流信息化系统主要界面图

(1)满载情况查询功能

图3所示为运二分公司所辖线路2019年4月24日的满载情况,各线的满载率为满载程度的量化结果,其中,9号线、八通线早高峰最大满载区段的满载率较高,说明该区段线路运力与运量间的矛盾突出,后续的客流控制措施应该能缓解最大满载区段的满载率。

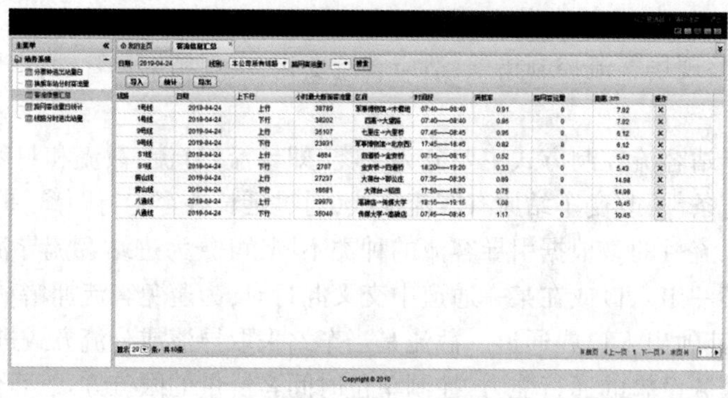

图3 2019年4月24日运二分公司所辖线路满载率统计情况界面图

(2)数据对比功能

任选两日数据进行对比,包括进站量、出站量、换乘量。例如,选取北京西站2019年4月30日与5月7日的出站数据进行对比,如图4所示。两天均为周二,图形显示有明显变化,尤其在17:00—21:00区段,因4月30日为五一小长假的前一天,由地铁站出站前往国铁北京西站乘客较多,造成数据上有较大浮动,这些为后续管控措施的制定提供了直观依据。

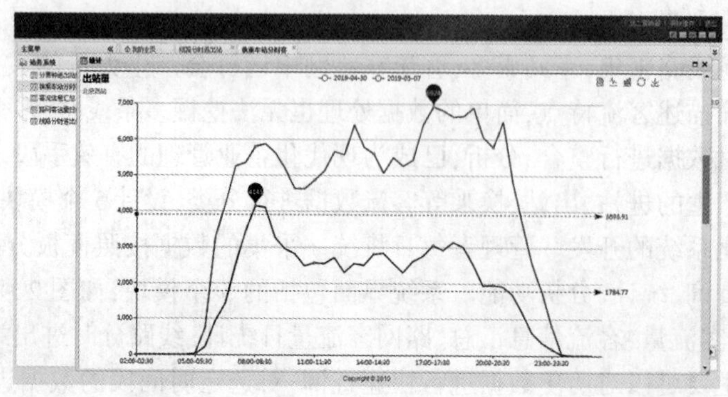

图4 北京西站任两日(4月30日、5月7日)出站量数据对比界面图

3. 制定效果评估机制

客流管控措施制定后,需要包括落实与效果评估的流程,才能确保管控措施到位,适应现场组织需要,使客流管理工作形成一个闭环。效果评估机制包括以下环节:

(1)使用客流信息化系统进行数据对比

利用 NLN 管理系统制定一系列的客流管控措施后,在客流数据上应能体现出差异及效果。通过信息化系统对措施实施前的历史数据及实施后的现有数据进行对比分析,即可得到量化的结果。如果关键指标有明显改善,说明措施有效。

(2)定期开展动态评估

每月组织各站区对所辖车站开展现场组织工作的动态评估,主要针对限流等组织措施,观察现场客流状态与措施间的匹配性、措施是否需要变更,例如,限流时间是否有冗余或需延长,及时对现场效果进行动态评估,如需变化,经反馈后及时调整。

(3)组织现场检查

针对管理效果每月开展分层级检查,包括公司级、站区级(公司内部多个车站划分为 1 个站区)、班组级。公司级评估以现场抽查和录像调取方式进行,每月每个站区至少覆盖 1 座车站;站区级以现场抽查为主,每月每座车站至少覆盖 1 次;班组级由值班站长负责在现场巡视时随时检查,每天至少 1 次。各层级检查着重排查管控措施的落实及实施效果,随时发现问题,随时更改。

4. 客流管理创新应用

随着新型网络化客流管理方式的建立,各项创新成果逐步在运二分公司所辖各线内推广应用。八通线作为路网的边缘线路,客运量大,高峰时段客流集中、满载率高,乘客运距长,由四惠站、四惠东站集中与 1 号线及路网其他线路集散,客流传播的叠加效应明显。但 2020 年因疫情原因,八通线客流下降明显,运营组织方式产生相应变化。因此,以疫情前的八通线为例,能够更好地阐述客流管理的运用,验证管理体系的有效性和实用性。

(1)线路基本情况

北京地铁八通线作为北京东部的通州新城与中心城区的连接线路,全长 23.4 公里,西起四惠站,东至环球度假区站(暂缓开通),设有 15 座车站和 1 座车辆段。随着城市规划的逐步发展,通州区作为城市副中心加快建设,八通线的吸引力日益增强,成为通州区及东部地区的骨干线路,客流逐步上涨,疫情前日均客运量达 27 万人次,工作日客运量达 30 万人次。沿线各站工作日客流情况如图 5 所示。

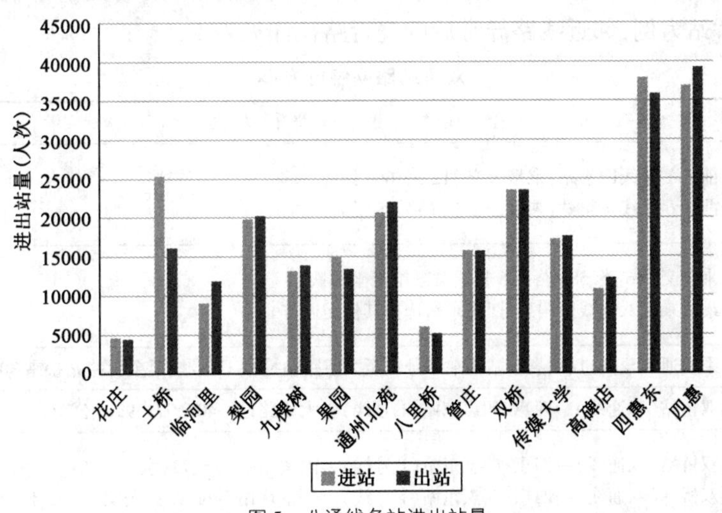

图 5 八通线各站进出站量

沿线各站中,四惠、四惠东、双桥、通州北苑、梨园、土桥、传媒大学等站的进出站量均较高。各站工作日以通勤通学客流为主,线路客流潮汐性特征突出,以梨园站为例,全天的进出站量变化如图 6 所示。

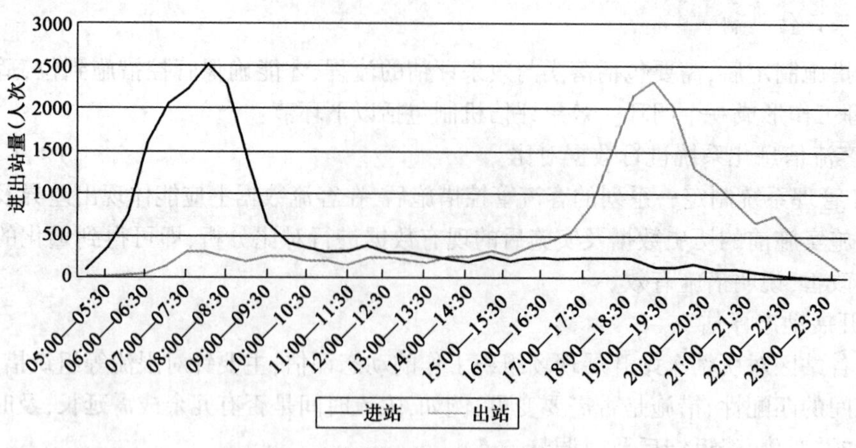

图6　梨园站工作日全天进出站量

与梨园站相同,沿线各站早晚高峰明显,早晚高峰期间的进出站量约占全天总进出站量的50%。但由于八通线沿线各站乘客乘车后,集中前往四惠、四惠东两站进行换乘,换乘比例高达83%,沿线客流的叠加效应使得列车运力一直被占用,多区段满载率超高,最大满载率经常超过100%,尤其早高峰八里桥至高碑店区段乘客上车困难,运力与运量间的矛盾突出。同时,四惠站、四惠东站由于换乘量过于集中,不仅造成两站换乘压力大、组织难度增加,客流冲击还使1号线的运力提前被占用,后续车站出现乘客上车困难等问题。

(2)NLN三级客流控制系统的应用

网络级:八通线作为路网的边缘线路,1号线作为与之相连的中心线路,两线的运力如能合理匹配,才能保证通过换乘车站灌入的客流与本线客流叠加后及时被列车疏散。受信号及线路条件限制,2019年八通线列车的最小运行间隔为2分50秒,1号线最小列车间隔为2分钟,两线运力间的差距以及乘客集中换乘(八通线乘客平均运距大,集中在四惠、四惠东换乘)导致2座换乘车站压力过大。为缓解运力间的不平衡,两线衔接的换乘车站四惠站、四惠东站在站厅启用换乘限流,延长换乘乘客的走行时间,减缓对对方线路的冲击。同时,为缓解1号线沿线的客流压力,八通线从临河里、梨园等远端车站开始限流,达到远端控制的目的。为充分利用轨道交通网络及地面交通资源,减少路网线路故障等突发情况下对乘客出行的影响,各站制定了路网分流方案,明确了八通线本线异常及1号线、6号线等路网邻近线路异常后乘客的组织及绕行路线,确保能够及时对客流进行疏导,增强了车站、线路面对突发情况的应对能力。以双桥站为例,邻近线路异常后的绕行路径详见表1。

双桥站路网绕行方案　　表1

故障线路	绕行方案
八通线	前往1号线四惠站:乘坐公交312路、666路 前往6号线黄渠站:乘坐公交506路、583路
1号线	乘公交506路、583路至6号线黄渠站乘坐地铁 继续乘坐八通线至四惠、四惠东站选择其他交通方式
6号线	乘八通线至四惠、四惠东站换乘1号线至大望路站换乘14号线至金台路站换乘306、675公交
14号线	双桥站(八通线)→四惠/四惠东站(1号线)→大望路站→405、973、998(公交)
10号线	双桥站(八通线)→四惠/四惠东站(1号线)→国贸站→特8、72(公交) 双桥站(八通线)→四惠/四惠东站(1号线)→公主坟站→74、968(公交)
7号线	双桥站(八通线)→四惠/四惠东站(1号线)→大望路站(14号线)→九龙山站→348、677、11路(公交) 双桥站(八通线)→四惠/四惠东站(1号线)→西单站(4号线)→菜市口站→57、109、133路(公交)

续上表

故障线路	绕行方案
房山线	双桥站(八通线)→四惠/四惠东站(1号线)→军事博物馆站(9号线)→郭公庄→969、912、840、967、480(公交) 双桥站(八通线)→四惠/四惠东站(1号线)→八宝山站→967(公交) 双桥站(八通线)→四惠/四惠东站(1号线)→公主坟站→969、840、967(公交)
大兴线	双桥站(八通线)→四惠/四惠东站(1号线)→西单站(4号线)→公益西桥站→829、兴46、兴45、兴22(公交) 双桥站(八通线)→四惠/四惠东站(1号线)→南礼士路站→844、937(公交)
亦庄线	双桥站(八通线)→四惠/四惠东站(1号线)→东单站(5号线)→宋家庄站→927、599、821、665(公交) 双桥站(八通线)→四惠站(1号线)→四惠公交枢纽→865
昌平线	双桥站(八通线)→四惠/四惠东站(1号线)→国贸站(10号线)→知春路站(13号线)→西二旗站→运通114、636(公交) 双桥站(八通线)→四惠/四惠东站(1号线)→建国门站(2号线)→积水潭站→886、872、27(公交)
15号线	双桥站(八通线)→四惠/四惠东站(1号线)→大望路站(14号线)→望京站→696、983(公交) 双桥站(八通线)→四惠站(1号线)→四惠公交枢纽→988、989
机场线	双桥站乘公交(666、615、667、668)→通州北苑(机场大巴接泊点) 双桥站(八通线)→四惠(机场大巴接泊点) 双桥站(八通线)→四惠/四惠东站(1号线)→大望路站(14号线)→望京(机场大巴接泊点)

线路级:为缓解量力矛盾,八通线在线路级层面主要采取了调整列车运行方式及区域联动限流2种措施。结合线路道岔设置条件及客流情况,早高峰7:00—8:50在四惠至果园区段以3:1(大交路:小交路)比例开行小圈车,如图7所示。该时段运行车辆共计6列,车站可引导乘客乘坐小圈车这趟“空车”,以缓解早高峰下行西段车站乘客上车困难的问题。八通线、1号线采用区域联动,早高峰八通线大量乘客换入1号线,1号线下行列车在四惠、四惠东2站已被占用大量的运力,沿线国贸、大望路等站乘客上车困难,站台滞留压力较大。为预留运输能力,八通线沿线的所有限流车站与四惠、四惠东站同时采取限流措施,且形成信息及时沟通机制,如管庄至高碑店区段客流压力较大,双桥站将及时与通州北苑站进行联系,通州北苑将协调后续车站加大限流力度;如四惠、四惠东站换乘压力较大,高碑店至临河里各站将共同加大限流力度,控制乘客换入的速度。

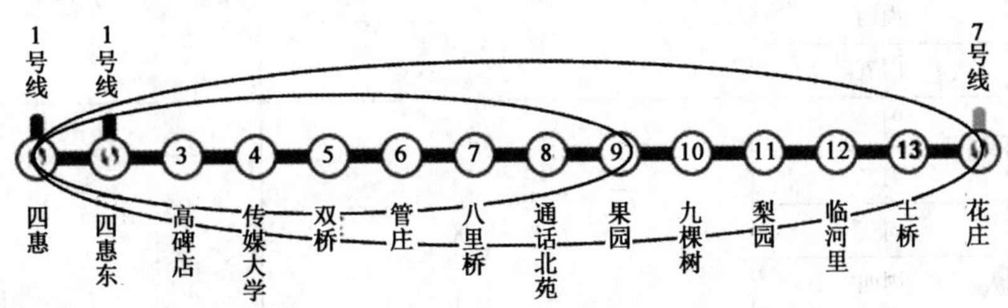

图7　八通线大小交路套跑情况(疫情前)

节点级:除四惠、四惠东站为站内换乘限流外,八通线沿线的9座车站均设为常态限流车站,在出入口采取限流措施,通过口外的限流围栏,分批进站或延长乘客的进站走行时间。为适应客流动态变化规律,利用客流信息化系统对所有常态限流车站周一至周五高峰时段的客流数据进行分析,梳理每日的客流特点,制定差异化的限流时间,不再使用周一至周五统一的限流时间,实现限流时间的精细化管理。各站的传统限流时间与精细化限流时间对比详见表2。

八通线常态限流车站限流时间表(除四惠、四惠东)　表2

车　站	日　期	原有固定限流时间	精细化限流时间
传媒大学	周一	7:00—9:00	7:30—8:50
	周二		7:30—8:30
	周三		7:40—8:30
	周四		
	周五		7:40—8:30
双桥	周一	7:00—9:00	7:10—8:50
	周二		7:10—8:45
	周三		7:15—8:45
	周四		
	周五		7:10—8:45
管庄	周一	7:00—9:00	7:15—8:45
	周二		7:20—8:45
	周三		7:15—8:40
	周四		
	周五		7:15—8:45
八里桥	周一	7:00—9:00	7:25—8:35
	周二		7:25—8:30
	周三		7:35—8:30
	周四		7:35—8:35
	周五		7:25—8:35
通州北苑	周一	7:00—9:00	7:15—8:50
	周二		7:20—8:40
	周三		
	周四		
	周五		7:15—8:50
果园	周一	7:00—9:00	7:45—8:00
	周二		7:10—8:40
	周三		
	周四		
	周五		
九棵树	周一	7:00—9:00	7:00—8:35
	周二		7:15—8:30
	周三		
	周四		
	周五		7:10—8:30
梨园	周一	7:00—9:00	7:00—8:50
	周二		7:00—8:35
	周三		
	周四		
	周五		7:00—8:50

续上表

<table>
<tr><th>车　站</th><th>日　期</th><th>原有固定限流时间</th><th>精细化限流时间</th></tr>
<tr><td rowspan="5">临河里</td><td>周一</td><td rowspan="5">7:00—9:00</td><td>7:10—8:30</td></tr>
<tr><td>周二</td><td rowspan="3">7:15—8:20</td></tr>
<tr><td>周三</td></tr>
<tr><td>周四</td></tr>
<tr><td>周五</td><td>7:10—8:30</td></tr>
</table>

(3)基于客流信息化系统的客流分析

在 NLN 三级客流控制系统的网络级、线路级、节点级措施制定中,均依托客流信息系统进行客流分析。如图 8 所示,在网络级措施中通过查询客流规律和平均运距,明确 1 号线与八通线换乘车站的换乘压力;在线路级中利用系统查询线路的满载情况,比较不同时段的满载率;如图 9 所示,在节点级措施中比较沿线各车站不同时段的进、出站客流情况,从图中的折线变化可筛选客流集中时段。

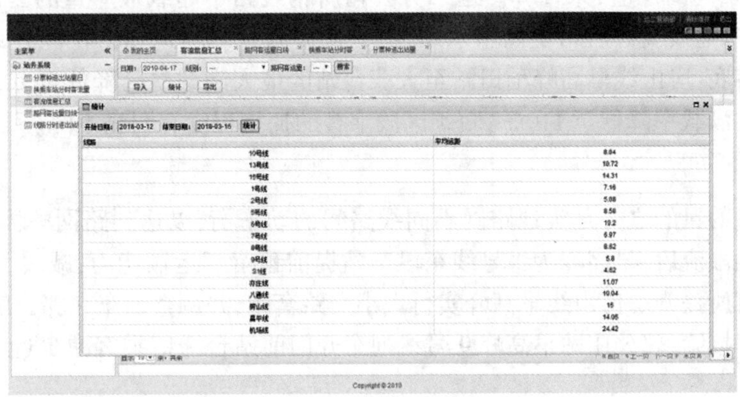

图 8　平均运距查询

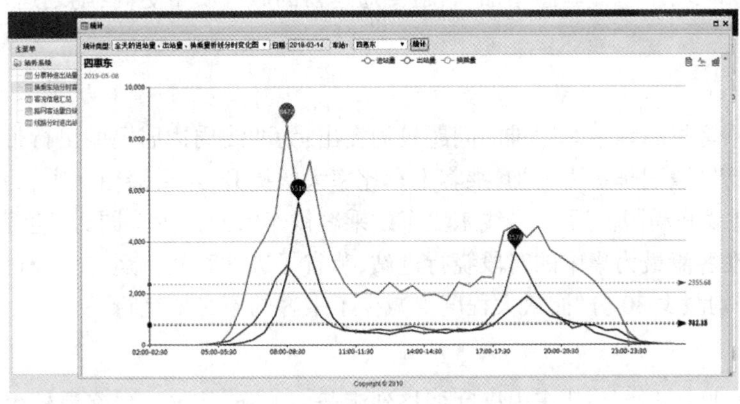

图 9　车站客流查询(以四惠东站为例)

(4)效果评估机制的实施

利用信息化系统对八通线实施大小交路后瓶颈区段的满载率进行计算,与实施前进行比较,得出实施效果。八通线所属车站每月对车站的组织状态及限流时间进行评估,尤其是早高峰的进站情况,八通线所属车站将乘客进站时间与原有时间进行对比,对部分乘客进行现场调研,获取乘客的真实体验,如遇变化及时反馈公司进行调整。如遇节假日等特殊日期,可通过信息化系统查询历史数据变化规律,预测未来客流变化,调整管控措施。同时,公司、站区、班组开展三级检查,确保客流管理措施落实到位,实施有效。

三、实施效果

新型的客流管理模式在运二分公司所辖线路内实施。疫情前,除上文所述八通线采取的相关措施外,典型措施还包括:1 号线早高峰实行大站快车(部分列车在古城、八角游乐园、八宝山 3 站通过不停车),房山线早高峰实行大小交路套跑(小交路车为篱笆房至郭公庄区段),所有常态限流车站实行限流时间精细化管理等。通过对客流管理进行创新,取得了显著效果。但 2020 年因疫情原因,客流下降明显,已取消或调整部分措施。

(一)网络化运营效率提高

通过各线管控手段的实施,运二分公司各线的拥挤度明显下降,不仅提高了线路间运输均衡性,也提高了运营效率。

1. 线路拥挤程度

线路拥挤度能够描述列车承载乘客的数量、状态,即乘客在车内的拥挤程度,一般使用满载率指标(乘客人数与列车定员间的比值)来计算。运二分公司所辖线路中超载最严重的区段为早高峰房山线稻田站至大葆台站、八通线高碑店站至四惠东站,历史最大满载率均达到 130%;网络化客流管理体系应用后,截至 2019 年底,房山线早高峰稻田站至大葆台站的最大满载率已降低至 105%;八通线高碑店站至四惠东站的最大满载率降低至 110%,瓶颈区段乘客的拥挤程度有明显下降。

2. 运输均衡性

网络化客流管理的目的之一是实现路网不同线路间的动平衡,以达到路网整体的运输均衡。1 号线与八通线实施联动限流后,早高峰为 1 号线东段车站提前预留了运输能力,减缓了对 1 号线的冲击,双方的运输均衡性有所提升。房山线早高峰实行大小交路套跑,并调整列车在郭公庄站的到达时间,确保与 9 号线发出列车接续,郭公庄站早高峰 9 号线列车开门前站台滞留乘客减少近 1/4,双方运输更加均衡。

(二)乘客服务质量提升

乘客的候车时间减少,出行体验感增加,轨道交通运营的服务质量更高,随之运营企业的社会形象、品牌效应得到提升。

1. 候车时间

房山线、八通线乘客早高峰乘车困难的问题较为突出,为两线周边居民的出行带来很多不便。优化列车运行方式后,拥挤区段列车运力增加,乘客上车比率大幅提升,站台滞留减少,为现场组织带来一定的便利。1 号线、八通线联动限流后,1 号线东段车站乘客候车时间减少。同时,随着精细化限流管理的实施,乘客每日只需在客流最为集中的时段绕行进站,节省了进站时间。运二分公司所辖各常态限流车站每日的限流时间平均减少 30 分钟,最大程度上减少了乘客的不必要绕行。

2. 出行体验

乘客从上车困难到顺利上车,从车内极度拥挤到满载率下降,从出入口客流较少仍需绕行到直接进站,乘客的出行环境得到改善,出行体验感大幅提升。随着轨道交通服务质量的增加,线路吸引力增强,乘客反响较好,媒体多次报道相关举措,企业的社会形象和品牌效应也随之提升。

(三)运营安全更有保障

在轨道交通网络化客流的日常管理工作中,安全问题最为突出,庞大的轨道交通网络使得小故障易产生大影响。客流管理成体系后,车站可以随时根据客流的状态预判对车站、其他线路及路网的影响,制定相应的措施;随着联动机制的推进,线路间信息共享,公司各线、各站应对突发大客流、车辆路障等路网异常情况的能力更强。同时,各站针对路网异常情况下的现场组织制定了明确的方案,能够在路网异常情况后及时疏散客流,为乘客提供绕行路线,不仅减少了对乘客出行的影响,也确保了安全运营。

(四)管控灵活,节约成本

新型管理体系建立实施后,企业客流管理成本和效率有所提升。管理人员可依托体系随时制定、调整客流控制方案,不再需要大量的人力深入车站调研并对调研结果进行人工汇总。系统可对客流数据自动进行处理,节省了大量人力和时间。同时,随着管理方法的推行,客流管理工作形成了一个完整的体系,现场组织有章可循,员工的相关学习、培训变得更加便利。管理人员可将更多精力转移至现场检查、评估、优化方案中,节约了一定的管理成本。

基于"运营生产管理系统"的城市轨道交通运营企业数字资产构建与应用

北京市地铁运营有限公司运营四分公司

成果主要创造人:李　威　杨　帆

成果参与创造人:张　晶　姜　帆　黄　山　周　琮　付雪华　王　彬　李　然　侯　宇　任博迪　詹延军

北京市地铁运营有限公司运营四分公司(简称"运四分公司")于2009年6月15日正式挂牌成立。运四分公司隶属北京市地铁运营有限公司,是国有独资的大型专门经营城市轨道交通运营线网的专业运营商。

运四分公司管辖北京地铁15号线和昌平线,共设有16个管理部室、7个客运站区、2个乘务中心、2个检修中心,全线设有32个车站、2个车辆段和2个停车场。现阶段,运四分公司操作类人员持证上岗总数达到2442人。其中:技师3人、高级工61人、中级工866人、初级工1512人。伴随着北京地铁新线经营权的拓展,未来运四分公司线路经营权将不断扩大,运营里程预计达到73.3公里以上。

运四分公司管辖的15号线将中关村综合服务区、奥运村与顺义副中心相连通,昌平线将昌平副中心与中关村综合服务区相连通,这两条线路成为北京轨道交通网络的组成部分,对城市中心与副中心相结合、市区与多个新城相联系的交通安全畅通出行起着重要的作用。如果对线路周边环境出现的不可控因素掌握不充分,超前防范措施略有欠缺、处置过程稍有不当,就可能会对城市路网的安全稳定秩序产生影响,也会使其安全问题逐渐暴露在人们的视野之中。不同于其他行业,由于轨道交通面对的最终用户是"老百姓",所以安全问题则更敏感,同时增加了更多的不确定性。

运四分公司作为大型国企,管理着几千名员工和几十万种物料、资产设备。公司设立之初建设的办公自动化系统、视频会议系统和财务管理软件,仅能初步实现无纸化办公、远程会议管理等功能,其在软件功能上相对简单,无法实现业务层的互联互通,无法支撑公司业务流程的优化,各部门的管理工作均面临着较大的压力,无法为公司领导的决策提供强有力的支撑,已经不能满足现代化企业管理和办公的需要。如何消除因此而产生的"信息孤岛",将是运四分公司下一阶段面临的巨大挑战。

运四分公司所辖线路及站区具有分散性,运四分公司经营总部与线路之间、线路与线路之间、站区与站区之间的无法做到实时的信息交流与共享,现有的安全生产管理体系还不足以支撑对多线路、多站区的统一调度指挥管理,无法实现对生产运营管理的"高效、节能、安全、环保"的"管、控、营"一体化。随着近10年新体制的有效良性运行及运营服务管理经验的积累,运四分公司经营管理能力不断提升,信息化建设大力发展。2014年运四分公司运营生产管理系统建成初期积累的管理成果,曾荣获第二十九届北京市企业管理现代化创新成果二等奖。近几年,运四分公司在此系统的基础上不断探索、延伸信息化融入企业主业管理,形成了宝贵的管理经验。

一、成果实施背景

1. 通过自动化科技手段提高基础管理效率

①运营生产现场管理工作任务繁多,时间紧凑,上级要求越来越高。目前运四分公司运营现场的各

种管理记录需要手工填写和统计,既不方便也容易出错,同时保存这些记录需要占用较多空间。

②基层领导及班组长对管辖区域内进行各种检查的项目繁多,巡视检查的位置多,每个处所的检查内容各异。有经验管理者与新入职管理者因个人经验和习惯不同,检查的路线和检查的内容都不统一,有潜在安全风险,极易出现检查不到位的问题。特别是巡视检查,一般要等到回到办公地点再补录检查记录,当检查内容和地点多时,或检查中发生突发事件,易出现忘记填写检查记录或检查内容的问题,检查记录的真实性与准确性不能得到保证。

2. 借助信息化科技手段及时了解运营现场第一手真实信息和资料

①公司管辖两条线点多、线长、分散,车站、场区运营生产现场管理工作信息反馈渠道单一。发生突发事件时,现场情况的反馈只能通过电话向生产调度室汇报,多个站点、场区工作点同时汇报时就会出现信息反馈渠道堵塞,导致信息倒流。

②公司领导及机关部室管理者对每条线路现场进行监督检查时,由于路途遥远耗时长,挤占了大量时间。特别是当运营线路上车辆、车站发生突发事件或紧急情况,公司领导层及主管部门管理者不能第一时间及时掌握现场真实信息,制约了管理效率。

3. 确保地铁运行安全的基础要求

地铁运营是一个复杂联动系统的统一运作,所涉及的专业多,自动化程度高,运营安全可靠度要求高,要想实现安全可靠运营,提供快捷、舒适、正点、大客运量服务,安全是基础,是保证。随着近年来地铁运营里程迅速增加、线网规模不断扩大,地铁安全运行压力日趋加大。为切实保障地铁安全运行,国务院办公厅于2018年3月印发《关于保障城市轨道交通安全运行的意见》,以切实保障城市轨道交通安全运行为目标,从完善体制机制、健全法规标准、创新管理制度、强化技术支撑等方面提出了有关政策举措。地铁运营公司与公众、员工的人身安全攸关,又是一个资产密集型企业,构建运营安全管理体系、提高运营安全水平,是地铁运营公司最重要的工作之一。

4. 提升人民群众幸福感和安全感的主动选择

自1969年北京开通第一条城市轨道交通线路以来,我国城市轨道交通用不到50年时间走过了国外发达国家150年的发展历程。截至2017年底,全国内地开通运营城市轨道交通的城市共33个,开通线路150多条,运营里程超过4500公里,位居世界第一;初步统计,2017年完成客运量185.3亿人次,同比增长14.8%。城市轨道交通在引领和支撑城市发展、满足人民群众出行、缓解交通拥堵、减少环境污染等方面发挥着越来越重要的作用,已成为大城市人民群众日常出行的重要方式。

运四分公司所辖运营的线路主要分布于郊区,具有站点及车辆段比较分散及偏远的特点,公司原有信息管理系统不足以支撑分散线路、站点及车辆段的统一运营指挥。因无法为公司所辖线路的乘客提供主动、高效、有针对性的服务,如何提升指挥调度能力,如何提升生产运营管理和综合服务的效率,将是运四分公司面临的另一个巨大的挑战。

5. 建设"六型地铁",夯实运营管理之基的客观需求

"六型地铁"是北京地铁公司企业文化建设的主题,2010年北京地铁公司总结提炼并颁布实施了《北京地铁公司安全文化手册》,确立了"以人为本创平安,永远追求零风险"的安全理念;确立了"安全第一、预防为主、综合治理"的安全生产方针;始终坚持建设安全可靠、长治久安的"平安型地铁",使北京地铁成为"国内领先、世界一流"的城市轨道交通运营商的安全发展目标。并形成了由"人、机、环、管"四大要素和"治、控、救"三道防线组成的矩阵式安全控制体系和突发事件事故应急体系;强化科技强安、管理固安、文化兴安的安全战略举措。

二、成果内涵和主要做法

北京地铁运营生产信息化管理平台的建设是一项全员参与、涵盖企业各类生产要素、贯穿企业经营全过程的系统工程。在管理者渴望通过自动化科技手段提高基础管理效率、公司领导及机关管理者需

要借助信息化科技手段及时了解运营现场第一手真实信息和资料、确保地铁运行安全的基础要求、提升人民群众幸福感和安全感的主动选择、夯实运营管理之基的客观需求、管理标准不统一的背景下,运四分公司通过梳理整合内外部业务,规范统一工作标准和流程,建立和完善安全管理体系,重点强化事前控制、事中监督和事后评价工作,运用信息化管理技术,构建一个能够适用管控一体化管理要求,支持各部门工作需要,对各类事件做出快速响应,对内部管理实现高效沟通、快速决策的内部门户系统。减轻物资部门工作压力,提高物资运转效率和信息共享度。提高公司安全质量管理精细度,提高安全信息共享度,支持随时监控安全状况。提高运四分公司人力资源管理效率,提高服务响应效率,减轻人力资源部门工作压力。实现办公信息化和无纸化办公,支撑各类管理及办公需求。通过地铁运营生产信息化管理平台的有效实施,不断完成运营安全管理工作,强化了红线意识,保障了地铁的安全运行,提升了运营效率,企业经济效益和社会效益显著。

运四分公司构建北京地铁运营生产信息化管理平台采取了以下主要做法:

1. 确定安全生产理念,搭建运营生产指标体系,建立信息化建设的组织保障

运四分公司始终坚持"安全第一,预防为主,综合治理"的安全工作方针,根据自身运营线网的实际情况,不断细化并强化"人、机、环、管"四大要素和"治、控、救"三道防线相结合的矩阵式安全控制体系,保障了安全运营及公司各项安全生产工作的顺利开展落实。

运四分公司结合运营实际情况,依托 CoMET 指标体系,通过梳理运四分公司各类业务管理流程框架,收集新建指标,对指标进行评估取舍及按流程归类,搭建符合运四分公司经营实际的指标体系。

信息化建设素有"一把手工程"之称,只有领导高度重视,亲自决策、亲自推动,才能在人力、物力、财力上得到保障,处理好重点项目、难点项目的协调,保证建设的顺利进行。为切实加强信息化建设工作的组织领导,运四分公司成立以经理为组长,分管经理为副组长,各相关部门负责人为成员的信息化建设工作领导小组。领导小组结合公司的发展战略,制定信息化建设发展规划,指导和督促信息化建设项目的实施。

2. 制度化、规范化、标准化的评价体系,为信息化平台建设提供制度保障

为了保障运营生产信息化管理平台上线后可以稳定运行,运四分公司通过建立并不断完善安全管理责任体系,制定并下发了《安全生产责任制》等规章制度,其中明确了公司安全生产委员会、各部门、各单位及各级岗位人员的安全管理责任,做到"横向到边、纵向到底、全面覆盖""一岗双责,党政同责",杜绝安全责任死角。运四分公司党政主要领导与各单位党政负责人签订年度安全责任书。

运四分公司制定安全生产责任制,主要包含:安全教育、安全检查、办公区安全、生产区安全、车站安全、特种设备安全、消防安全、事故处理规则、应急处置、隐患排查等方面,共修订 9 类安全生产管理制度。修订、完善管理制度,为信息化平台建设提供制度保障。

3. 加强全员信息化培训,确保全体员工适应信息化建设发展的要求

为提高企业管理信息化标准,实施运四分公司信息化建设,运四分公司通过加强员工信息化知识技术培训、提高全员信息化意识和信息技术应用水平。全员信息化意识和信息技术的运用能力是运四分公司信息化建设发展的一个瓶颈。因此,运四分公司将对各级各类人员的信息技术应用能力做出明确、具体的要求,通过建立计算机网络教室改善培训条件,采取多种渠道和方式加强对各类人员信息化知识技术的培训。努力使全体员工的信息化意识和信息技术应用水平适应运四分公司信息化建设发展的要求。

4. 研究各专业数据结构,确立系统整体架构

针对新时期地铁安全运营生产的需求,结合物联网、大数据和人工智能等新兴技术,对车辆运行过程中产生的状态数据、车辆外围检测中产生的体检数据、管理及作业人员产生的作业数据等方面进行研究,将站区基础管理、车站班组基础管理、乘务行车管理、车辆检修管理等相关内容整合在一起,搭建起地铁运营生产信息化管理平台整体架构,如图 1 所示。

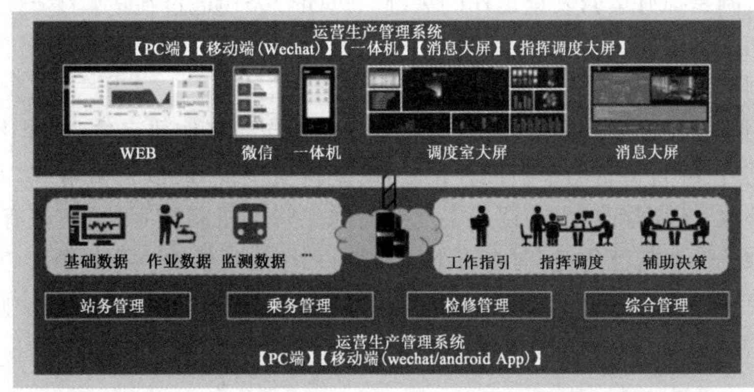

图1　北京地铁运营生产信息化管理平台整体架构图

5. 以信息技术为支撑,加强执行监控反馈

运营生产的执行、控制与反馈是地铁运营的核心环节,运四分公司立足公司运营生产"高度集中、大联动机"特点和企业管理实际,科学编制信息化子规划和建设方案,利用自主开发的运营生产管理系统动态监控地铁运营安全执行情况。

①提高运四分公司安全质量管理精细度,提高安全信息共享度,支持随时监控安全状况。运四分公司运用运营生产管理系统中建立安全检查相关的巡检计划管理,支持安全检查内容的信息化和规范化,支持安全相关档案(消防设备、特种设备、安全记录奖惩等信息)的更新和查询,以及对安全巡检过程中发现的问题的汇总、分析和优化;实现安全操作检查标准的信息共享等功能。

②提高员工安全意识和技能是抓好运营安全工作的基础。借助计算机技术,全面认真开展安全生产知识培训教育工作。运四分公司通过运用运营生产管理系统的培训考试模块和知识园地模块,定期组织各单位负责人和安全生产管理人员参加《中华人民共和国安全生产法》培训,取得安全生产资格证;对新进员工实行三级(公司级、中心级、岗位级)安全教育。对一线作业人员,运四分公司自主研发了运营生产管理系统智能一体机模块,对特种作业人员进行岗前测评、酒精检测,不断提高广大一线员工的安全意识,如图2所示。通过广泛开展各类安全生产培训教育活动,有效地提高各级干部职工的安全文化素质。

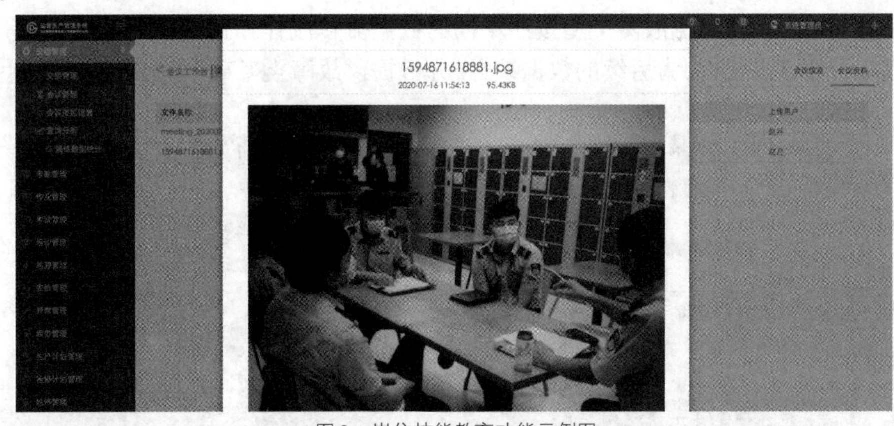

图2　岗位技能教育功能示例图

③根据国内外地铁运营救援抢险的经验和突发事件的特点,以计算机技术、物联网技术和大数据技术为基础,建立健全应急预案体系,针对地铁运营线路发生火灾、列车脱轨、列车冲突、大面积停电、爆炸、自然灾害以及因设备故障、客流冲击、恐怖袭击等其他异常原因造成影响运营的非常情况制定相应的应急预案。定期组织员工对各种预案进行学习,按计划进行演练,并使用音频、视频、图片对演练过程进行记录,以便定期对预案进行回顾优化,增强员工对事故事件的应急处理能力。

④提高公司运营生产管理精细度和及时性,提高生产效率,支持公司领导随时随地了解运营生产情

况。加强监督检查机制是抓好运营安全工作的关键。运四分公司通过在运营生产管理系统中建立针对公司运营生产业务相关的检修计划管理,通过与物资管理业务、安全质量管理业务的有效结合,支持建立各类运营生产计划及计划下达,并实现运营生产信息的收集分析。

运四分公司运用运营生产管理系统,将安全检查和运营作业工作数字化、标准化、规范化,将定期检查与不定期抽查相结合、综合检查与专项抽查相结合,坚持安全检查,以自查自纠为重点,自下而上,查找不足。严抓隐患整改,按期整改完成,逐步实现安全隐患管理机制数字化,实施有效监控。通过专业智能终端设备实现乘务作业规范化,实时查看上岗人数,列车运行情况。通过智能终端设备规范员工标准化作业,实现实时查看当班人员工作情况、主要运行指标。通过智能终端实现检修作业数字化,实现日检、列检、月修、架修等各阶段工艺规程标准化监控及指导,并自动生成标准的工艺规程文件,如图3所示。

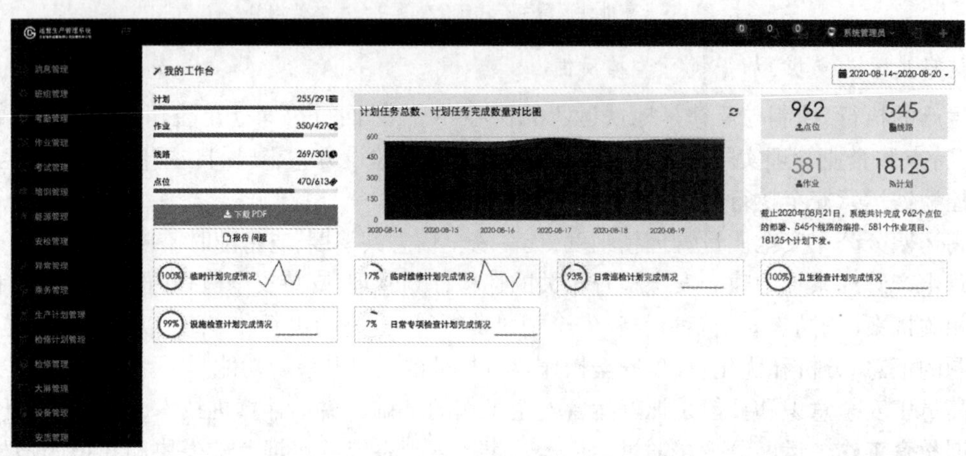

图3　运营生产整体情况展现功能示例图

⑤建立车辆设备故障追踪长效机制,优化安全生产控制手段和管理流程,提高车辆维修水平,使车辆故障率逐年下降。运四分公司通过运营生产管理系统,借助移动智能终端,通过对各专业的现场作业任务进行抽象,并根据分散在各部室的业务与业务之间的内在联系,建立相应的逻辑关系,实现作业人员在执行作业任务过程中运用移动智能终端在作业现场完成故障隐患信息的登记,并由系统自动创建相应的故障报修单据。系统依据故障类型按照不同的数据流转流程,对各类故障进行跟踪管理,并生成详细的故障跟踪管理日志文件,为后续的数据统计、分析提供故障类基础数据,如图4所示。

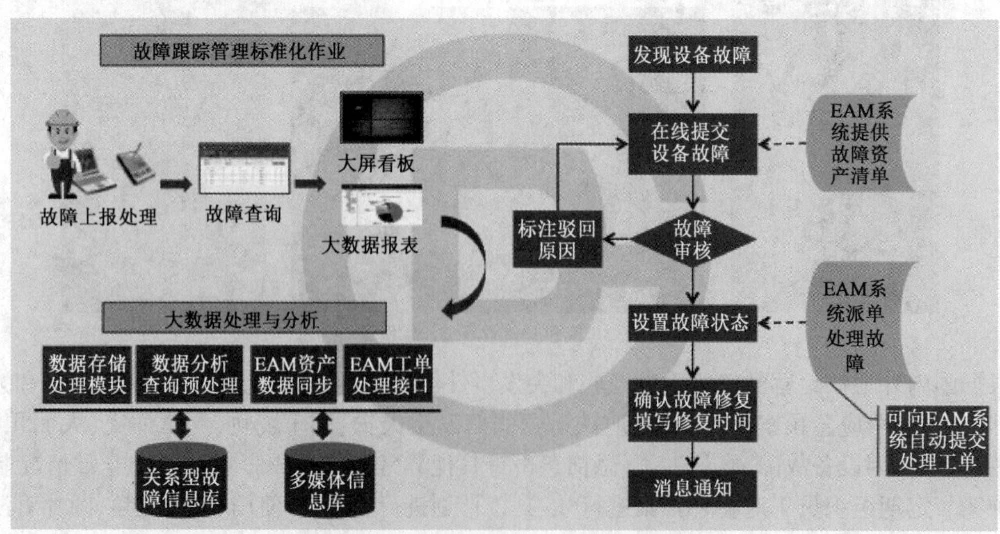

图4　故障跟踪管理功能示例图

⑥伴随着北京地铁运营生产信息化管理平台的建设，系统积累了越来越丰富的数字化信息，它们种类繁多、数量巨大，这些数据形成了宝贵的数字资产。自2017年运营生产管理系统首次实施以来，运四分公司地铁运营生产管理系统共完成32个功能模块、951个功能的研发，涵盖10个部室、24类业务，通过5款客户端软件、4款专用设备及大数据技术的运用，对各类数据按其特征进行提取，创建相应的数学模型，由运营生产信息化管理平台的大数据模块自动生成分析报告，为各级管理者提供直观的图表、报告，如图5所示。

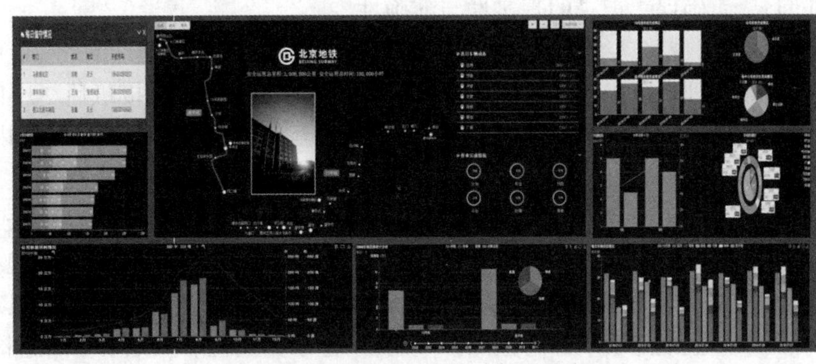

图5　运营生产信息化管理平台生产调度全景视图示例图

三、运行效果

1. 实现了各级管理人员的专业水平和综合素质的提升

运四分公司运用运营生产管理系统进行的各种安全教育培训和企业内部开展的各种安全学习教育工作，是保证各级管理者和操作者具有相应资质和技能的重要手段。运用信息技术定期开展的实战演练可以及时暴露预案的缺陷，发现救援设备是否充足、运营设备是否完好、员工是否熟悉掌握各种规章，改善各部门间的协调作战的能力，增强员工的熟练程度和信心，提高员工的安全意识。通过演练检查规章、设备和预案，可以提高员工的业务技能，增强员工对事故事件的应急处理能力，有效地防范安全问题的发生。还可以有效提升地铁员工综合素质，不断进行技术改造，确保车辆和设备处于良好状况，改善运营环境，营造良好氛围和提高安全管理水平，从而大大降低地铁运营的风险。

2. 实现了改革创新降本增效

随着运营生产管理系统的实施运行，积累了越来越多的运行监控数据，随着这些数据的积累，可以采用深度学习技术对这些数据进行时间维度、空间维度、时空维度、以及各因素之间的相关性分析。根据这些分析的反馈结果，可以进一步地修正数据模型，让数据模型更符合电动客车故障诊断及预测，从而做出更准确的评估及预测。

电动客车安全运营各类危险源关系模型和预测模型，让电动客车整车正线故障率降低85%，有效降低了重大安全事故发生概率，减少了损失。

人为因素和环境因素对地铁电动客车安全运营的影响关系模型，大幅提高了危险源识别与预警的准确率，检修作业准确率提升1倍，备品备件库存周转率提升60%，有效提升了地铁运营精细化管理能力。

电动客车消耗件与故障时间关系模型，为管理者提供了更精准的部件消耗趋势数据，提升部件采购预测的准确性，预计作业效率提升2倍，备品备件库存周转率提升60%，有效降低了运营成本。

3. 实现了运营管理工作无纸化信息化方式转变，强化了科学管理

运营生产信息管理平台替代过去烦琐的手工填报、人工汇总和审批的工作方式，借助计算机、网络等信息化手段，完成填报、审批、汇总、分析功能，使系统能够直观显示每个专业、每个岗位与地铁运营数据间的关系，固化了地铁运营安全管理工作流程，强化监督、控制和分析功能，进一步提高了各专业一线

员工的工作效率,将数据统计分析效率提升了50%,巡查作业所需整改问题"0"遗漏,为领导决策提供了及时、系统的信息和数据支持。

运四分公司运营生产现场管理平台系统的限定功能,在实际工作中杜绝了填写纸质版记录时提前记和补记录的现象。系统中记录的生成时间是不能修改的,没有按规定时间建立的记录能直观反映出来;班前会管理中,上班日期被限定,值班站长登录系统时间不对时是无法进行新建的;车站事务交接管理中,交班值班站长/主任及岗位人员与接班人员进行签字确认记录保存后,该交接班记录的内容不能修改,只能进行查询,从而确保了记录的真实性与准确性。

值班站长/主任通过携带移动终端设备采集巡检数据,完成对车站的巡检任务,运四分公司运营生产现场管理平台系统的管理规定中明确规定:班前巡检是指值班站长应在接班后2小时内完成本班次第一次全程巡检;班中巡检是指值班站长应在接班2小时后至交班2小时前的时间段内,完成1次班中全程巡检;班后巡检是指值班站长应在交班前2小时内完成本班次最后1次全程巡检。若在巡检过程中发生突发事件或遇有紧急事务需要处理时,值班站长可中断巡检,待处理完毕后完成后续巡检工作。处理的突发事件或紧急事务,需在车站交接班记录中的"未尽事宜及特别提示内容"记载相关处置时间及相关内容。如在规定时间内无巡查记录,系统自动记录为脱岗;上传数据为准,在规定时间内有巡查记录,但巡查不到位、未覆盖规定要求的巡检点,系统自动记录为漏检。杜绝了车站巡检工作走过场、敷衍了事的行为,增强员工的责任心,使员工职岗行为更加的规范化。

往年运四分公司所属基层单位及班组管理记录,每年印刷费共需10万多元,公司运营生产现场管理平台系统运行后,2019年下半年公司逐步取消了站区班组、乘务班组及检修班组相关管理纸质版记录,它们主要包括:站区日常检查记录、站区专项检查记录、车站事务交接记录、班前教育记录、卫生检查记录、车站设施检查记录、班组检查记录、班组学习及演练记录、班组会议记录、列检工艺卡等。至2020年底,乘务、检修专业的相关管理纸质版记录逐步取消,从而给公司节约表报记录的印刷费用,降低办公成本。

4. 实现了消灭"信息孤岛",构建企业数字资产

在运营生产现场基础管理中,信息量琐碎且复杂,人工进行数据统计费时耗力。运四分公司运营生产现场管理平台系统,可以将查询巡检结果、车站事务交接管理、班前会管理、卫生检查管理、车站设施检查管理、班组检查记录管理、班组学习及演练管理、班组会议管理、站区日常检查管理、站区专项检查管理、票务台账管理、轮乘日志管理、检修排表管理、生产月计划管理、生产日动态管理、调度日志管理、车辆运行里程管理、物料领料管理、故障维修单管理、车载信号设备故障报修管理、轮缘轮径测量管理故障维修管理等子模块的数据导出表格,导出方式为:全部导出、选择某条线路、选择某站区导出、选择某站导出、选择某段时间导出。导出的各种记录数据可以很直观、迅速地进行统计分析,这是原来纸质版记录根本无法实现的。

巡检任务管理中,巡检工作中脱岗统计和漏检统计可以很直观地反映出值班站长/主任巡检工作是否到位,脱岗或者漏检的次数、具体时间及内容,具有可追溯性。

地铁运营生产信息化管理平台的建立和信息化技术的应用,实现了不同层面、领域、范畴,多元化管控目的的集成。有效整合了生产经营管理、人力资源管理等地铁运营公司内部业务需求,将地铁运营管理各项业务标准化、数字化,全方位、立体式统筹分散在各个单元的数据,打破了传统管控模式下的"信息孤岛",形成了一体化地铁运营的信息管理平台,初步实现了相关信息的快速高效传递,实现了实时、点对点信息查询,实现了多角度、多层次的数据分析评估,最终汇聚成运四分公司的数字资产。

疫情防控视角下技校精细化创新管理实践

北京市公共交通高级技工学校

成果主要创造人:吴松涛　李金刚

成果参与创造人:刘　伟　谢亚平　白志勇

北京市公共交通高级技工学校(简称"公交技校")隶属于北京公共交通控股(集团)有限公司(简称"集团公司"),创建于1979年,是由北京市人力资源和社会保障局主管、北京市财政全额拨款的事业单位。近年,学校先后荣获"全国中等职业学校德育工作先进单位"和"市民满意学校"等称号。

公交技校是北京市指定的汽车修理工技师、高级技师培训单位和鉴定考评单位,每年为企业培养输送技能人才1万余人。公交技校始终全面贯彻落实党的十九大和十九届二中、三中、四中、五中全会精神,深入贯彻落实习近平总书记系列讲话精神,准确把握上级单位指示精神,坚持"改革创新、提质增效、安全稳定、从严治党"十六字方针,以缓解结构性就业矛盾、服务社会经济发展、服务企业改革创新为出发点和落脚点,以培养公共交通运输领域的高技能人才为核心,以城市公共交通运输、汽车技术、城市公共服务三大专业群建设为主线,以制度建设、师资队伍建设、基础设施建设为保障,实施"多途径、多层次、多元化"技能人才培养,是集学历教育、职业培训、技能鉴定为一体的国家重点技工学校。

一、实施背景

习近平总书记强调,实体经济是我国经济的重要支撑,做强实体经济需要大量技能型人才,需要大力弘扬工匠精神,发展职业教育前景广阔、大有可为。习总书记的重要指示,为进一步提高职业教育水平和教育教学质量指明了前进方向,注入了强大动力。

公交技校积极贯彻落实北京市委书记专题会议精神,努力建设成全国一流的、具有鲜明公交特色的高水平、高质量技师学院,增加高精尖技术课程和师资力量建设,为推动公交运营技术发展打好基础,让职业培训切实有效提升企业员工职业素质和职业能力,让学校更好地服务企业,助力北京公交集团打造城市客运出行综合服务商,推动公共交通事业发展。

新冠肺炎疫情防控期间,公交技校坚决贯彻落实中央和北京市关于疫情防控工作的决策部署,坚持"停课不停教、停课不停学、停课不停培",在严格落实各项防控措施的前提下,统筹做好教育教学、培训和复学准备等各项工作,抓细抓实,坚定信心共同打赢疫情防控阻击战。在集团领导的督查、指导和关怀下,公交技校疫情防控工作领导小组研究决定,将2019—2020年春季学期学制教育学生在返校前的教学形式普遍调整为线上教学,同时,将原定培训计划中的线下培训及新型学徒制培训转变为线上培训。

在严格落实各项疫情防控措施的前提下,如何在确保全校学生与教职员工的生命安全和身体健康,保证校园安全稳定的前提下,统筹做好教育教学和复学准备各项工作,抓细抓实,在短时间内高质量完成线上教学及各项培训任务,顺利推进技师学院筹设工作是当时公交技校亟待解决的重点问题。

二、成果内涵和主要做法

公交技校坚决贯彻落实中央和北京市关于疫情防控工作的决策部署,坚持"停课不停教、停课不停学、停课不停培"。为进一步提升学校管理能力,推动学校党建和教学工作再上新台阶,学校愈发重视精细化管理这一管理模式的全面化。全面化即指将精细化管理的思想和作风贯彻整个学校的所有管理活动中,在常规管理的基础上将其引向深入。

精细化管理是一种理念,一种文化。将精细化管理引入学校,不仅是对企业精细化管理内容、方法的照搬和移植,同时也要有其自身的特点。精细化管理是源于20世纪50年代日本的一种企业管理理念,它是社会分工的精细化和服务质量的精细化对现代管理的必然要求,是建立在常规管理的基础上,将常规管理引向深入的管理模式,是一种以最大限度减少管理所占用资源和降低管理成本为主要目标的管理方式。

疫情防控视角下公交技校的精细化管理,就是将每一项工作都抓细、量化,使之有利于落实到行动中,依据管理责任的落实,将管理责任具体化、明确化,要求学校全体教职员工都要做到工作到位,发现问题及时纠正、及时处理等。

(一)对标重点任务,坚定改革步伐

公交技校依据企业量化管理理论,从经营目标出发,确定筹设技师学院这一阶段性重点工作任务。通过对学校发展战略规划和工作任务目标分解、细化和落实,让公交技校的战略规划能有效贯彻到每个环节并发挥作用,同时提升学校整体执行能力。

以"功成不必在我、功成必定有我"的使命感和责任感,以坚定的进取心和必胜心,以高效的执行力和行动力,各部门齐发力、互配合,对标对表筹设技师学院工作任务,吃透摸准相关工作要求,层层传导压力,压紧压实责任,以完成公司的改革。在集团公司领导及相关部室的关注和指导下,在学校全体教职员工的共同努力下,疫情防控期间,筹设技师学院工作做到扎实有序开展,取得了较好的阶段性成果。

1. 广泛动员部署,凝聚思想共识

一是年初召开党员大会和职工代表动员会,以"只争朝夕开创公交技校工作新局面"为主题,进一步统一思想,明确任务,将集团公司筹设技师学院的决心和要求,层层传导,使全员知晓,明确了学校未来两年的中心工作和首要任务。

二是在关键节点召开筹设技师学院思想动员会,集团公司党委常委、副总经理洪崇月,人力资源部经理高原、副经理谢静,以及学校主要领导发表了讲话,对参会的学校全体班子成员、管理人员和一线教师进行了深入动员。尤其洪总贴近基层,从"筹设学院是一项什么样的工作,与技校、与个人是什么关系,技校怎么做好筹设工作"三个方面对筹设技师学院工作进行了真实、全面、生动的解读,切实提高了教职员工的政治站位、思想达到了前所未有的高度统一,使命感进一步增强。

2. 对标重点任务,压实责任分工

疫情防控期间,公交技校实行刚性制度以规范人的行为,强化责任落实,进一步形成优良的执行文化,激发员工深层次的成就导向和内在驱动力。

一是在前期对筹设工作充分调研的基础上,2020年初,公交技校多次召开专题会,研究制定了2020年技师学院筹设工作折子工程,按照部门职责对工作任务进行了分解,明确责任部门责任人和完成时限,确定折子工程任务共134项,制定每月绩效考核汇报制度,建立第三方考核机制和督查督办机制,压实责任,不留死角。

二是集团公司党委于2020年4月17日组织召开公交技校升格技师学院专题会议,把技师学院筹设工作列为集团重大改革工程之一。公交技校根据这一重大决定,立即组建了技师学院筹设工作小组,全力配合集团人力资源部共同完成技师学院筹设工作报告,筹设技师学院必要性可行性论证报告等文件,为筹设为技师学院夯实基础工作。

三是制定了《公交技校筹建技师学院责任状》,列出了"五个做到",明确工作任务,细化分工,责任到人,倒排工期,挂图作战。组织中层以上管理人员开展了筹建技师学院责任状签订暨启动仪式,学校党政一把手与主管副校长签订了责任状,正式拉开了学校全面推进升级改革各项工作的帷幕。

3. 深入解读目标,明确工作要求

一是集团公司于 2020 年 5 月 20 日召开公交大学技师学院筹建项目启动大会,将技师学院筹建项目列为企业高技能人才队伍建设的重大改革工程,并制定了集团公司关于公交大学技师学院筹建项目实施方案和公交集团公司关于公交技校筹设技师学院折子工程。学校领导班子高度重视,组织班子成员认真深入学习集团文件,并在中层干部会上传达了集团公司会议精神,提出了工作要求,为工作顺利开展指明方向。

二是根据《集团公司关于公交大学技师学院筹建项目实施方案》和《公交集团公司关于公交技校筹设技师学院折子工程》,学校研究制定了《公交技校升格技师学院千分制折子实施方案》,要求各部室结合技师学院验收标准,按照时间节点再次开展自评自查工作,确保自评 772 分无遗漏、不扣分、无丢分。同时,方案就技师学院组织机构、确定人员编制;聘任内部兼职教师、组织相关人员考取教师资格证、成立校企合作指导委员会和校企合作专业建设委员会、增设专业、加强教科研管理,培养专业带头人、完善管理体系等 29 项重点任务进行了分解,明确牵头领导、责任领导、主责部门、协助部门和完成时限,按照挂图作战的要求,强势推进筹设技师学院工作的落实。

(二)全面依法治校,优化基础管理

公交技校以"精细化、标准化、信息化"为统领,坚持在强内功、重细节、抓管理方面下工夫,不断强化内控体系和制度流程建设,全面依法治校,不断提升综合管理水平。

1. 坚持依法治校,提升法治管理能力

深入贯彻落实集团公司《法制公交实施纲要》精神,全面推进依法治校,注重发挥法治在学校改革发展中的引领和推动作用。

一是通过多种渠道开展形式多样的法治宣传工作。建立微信群及时传达上级指示精神和相关法律法规,尤其是在疫情期间,对疫情防控相关法律法规和工作要求的宣传落实起到了良好的效果;通过新媒体推送、视频展播、张贴海报、云班会、线上知识答卷等方式,开展了世界标准日、知识产权日、国家安全日、信访条例、国际禁毒日等法治宣传活动。

二是认真落实集团公司合同管理"放管服"试行办法,专业人员深入学习文件,切实提高业务水平,加强合同管理工作。

三是严格落实法务 360 度合同审核要求,按层级明确责任,严格审核程序,校领导对每一份网上提交的合同进行认真审核把关。截至 2020 年 6 月 15 日,公交技校共对 60 个合同进行了审核。

2. 加强制度建设,提升内控管理水平

按照建立现代职业学校制度,推进学校治理能力的要求,加强基础管理工作,对规章制度进行梳理完善,上半年印发了公交技校专兼职教师培训课时费管理办法(试行)、公交技校采购管理办法、公交技校违规经营投资责任追究暂行办法、公交技校中职国家奖学金评审办法、公交技校全面预算管理实施细则(试行)等制度,对各项工作的有序运行提供了制度保证,内控标准化建设水平进一步提升。

3. 积极启动质量体系建设,提升核心竞争力

为夯实技师学院筹设工作基础,进一步提升竞争力,公交技校成立了质量管理体系认证工作领导小组,聘请专业机构,全面启动质量体系建设工作。现已完成了对各部门质量管理体系的访谈,并对中层以上管理人员和内审员进行了第一次质量管理体系培训,根据各部门提供的职责、流程和制度开展文件编制工作。

4. 严格绩效管理,提高工作执行力

公交技校建立完善了考核指标库,印发了 2020 年党政工作折子,与各部门签订工作目标责任书,与招生办、培训部和司训队签订经营任务指标责任书。每月组织召开月绩效考核工作会,根据工作完成情况及人员岗位责任落实情况进行考核评定,考核的结果作为当月绩效工资的发放依据。在绩效考核管

理过程中,严格执行《考核细则》,截至 2020 年 6 月,共发生扣罚 10 人次:其中中级管理人员 7 人次,一般管理人员及教师 3 人次,共计扣罚 7996 元。

5. 建立良性机制,信息化建设水平进一步提升

一是完成了校园网络接入服务、服务器杀毒软件等合同的签订,保证了校园网络的畅通和安全。二是按照集团公司软件正版化工作要求,制定了《公交技校 2020 年软件正版化工作实施方案》,组织开展了校内软件正版化测试,进一步规范软件使用标准。

(三)强化预算管理,优化资源调配

1. 硬化预算约束,提升精细化管理水平

围绕制约学校提质增效的重点难点问题,开展重要指标、重大事项的专项分析,制定了《北京市公共交通高级技工学校全面预算管理实施细则(试行)》,强化了预算管理的严肃性和权威性,严格约束可控成本增长,切实提高了资金使用效益和预算执行力,为筹设技师学院工作提供坚实财力保障。

2. 发挥集中管理优势,降低管理成本

为了严格管控成本,压缩非生产性支出,结合公交技校工作实际,从点滴做起,制定了《公交技校集中采购管理实施细则(试行)》《公交技校办公用品管理办法(试行)》《公交技校复印室使用管理规定》等文件,一是进一步加强了公交技校集中采购管理,规范采购流程和范围,提高采购效率,防范采购风险,保证采购质量,降低采购成本;二是对非生产性支出进行了更严格的管控,牢固树立厉行节约、避免浪费的工作意识。

(四)加强人才队伍建设,拓展校企合作

1. 多举措,深化新形势下教师队伍建设

一是完成公交技校 22 位教师参加人社部主办的"第一期信息化培训"报名工作和教师学习管理工作,22 位教师均通过考试取得结业证书。二是完成全体教师参加国家职业技能提升行动公共服务平台"教师职业能力提升培训"。三是公交技校 17 位教师参加了由北京市人社局主办的"北京市技工院校教师综合素养提升培训"。四是组织教师进行企业实践。安排 14 名教师开展了第一期的汽车维修、汽车驾驶及交通客运服务(道路运输调度员方向)3 个专业企业实践。五是按照筹设技师学院师资队伍数量要求和专业建设要求,制定了 2020 年教师招聘方案,目前共组织招聘会 2 场,确定招聘教师意向 2 名,其中研究生学历 1 名、大学本科学历 1 名,为构建一支教学和研发水平较高、锐意进取、年龄结构合理的师资力量打下良好基础。

2. 加强管理人员队伍建设,推进管理水平提升

修订了《公交技校中级经营管理人员选拔任用工作办法》和《公交技校党总支贯彻〈推进领导干部能上能下若干规定(试行)〉的实施办法》,进一步推动干部选拔任用工作制度化、规范化、科学化,完善了能上能下的选人用人机制,建设信念坚定、为民服务、勤政务实、敢于担当、清正廉洁的高素质干部队伍。上半年从公交企业引进管理人员 3 人,由信科分公司转入管理人员 2 人;对 1 名中级副职试用期进行考察,结束试用期,正式任职;选拔任用中级管理正职 2 人、副职 2 人;根据工作实际,对中级正职 3 人调整了工作岗位。解聘一般管理人员岗位职务,1 人转为工人岗位。对 20 名副高级职称人员档案完成了审核工作。

3. 以改革创新为引领,拓展校企合作新路径

面临"打造城市客运出行综合服务商""十四五"开局、以及筹设技师学院的前所未有的机遇和发展任务,公交技校立足北京,服务京津冀,面向全国,在校企合作的道路上谋创新、谋发展、谋共赢,做出了不懈的努力。

①与北汽福田汽车股份有限公司北京欧辉客车分公司校企合作战略研讨会。议定校企合作分两个

阶段推进，首先开展技术对接，解决公交集团职工培训的需求；最后签订校企合作协议，形成长效机制，全方位开展合作。

②与公交协会、公交联盟、公交研究院召开了拓展京津冀校企合作研讨会。围绕未来公共交通人才培养、新能源基地建设、区域智能调度、京津冀校企合作等问题进行了深度研讨，共同到石家庄公交、保定公交、天津公交开战了调研走访，了解企业生产经营和人才需求情况。学校明确了"立足北京，服务京津冀，面向全国"的发展目标，并正式加入公交联盟，为更好地服务京津冀发展，发挥首都公交高技能人才培训基地的示范引领作用搭建了更广阔的平台。

③与公交研究院、北汽福田欧辉客车分公司就建设新能源实训基地事宜召开战略合作洽谈会，公交技校秉承"共育人才、共同发展"的战略合作宗旨，以满足企业用工需求和满足学员个人提升需求并行为目标，就建设新能源实训基地的相关事宜进行了研讨，共商为社会和企业培养技术过硬、品质优良的人才队伍，为建成"高素质、技能型、应用型、创新型"实训基地创造良好开端。

④邀请集团各运营分公司、保修分公司、第二保修分公司、鸿运承物业管理中心和电车公司供电所的人力资源部主管人员，参加"北京市公共交通高级技工学校国家级高技能人才培训基地校企合作培训研讨会"。对标企业标准、抓住企业实际需求、挖掘培训潜力，有针对性地介绍课程研发工作和网络学习平台的使用，并向各单位解读了北京市人力资源和社会保障局、北京市财政局的相关培训补贴文件（京人社能字〔2020〕47 号）。各分公司对开发的授课视频充分认可，既提升员工的技能水平，更解决了分公司目前面临的网络课程资源匮乏的难题。截至 2020 年 5 月底，已有 9 家客运单位、2 家保修单位、鸿运承物业、有轨电车公司、北巴传媒、资产公司等 15 家分公司达成购买授课视频意向。

4. 牢记育人之本，抓好教育工作不放松

建立合理的运行机制是实施精细化管理的重要基础。公交技校实施教学运行、学生管理、后勤服务等各项工作的高效运转都需要一套完善的管理制度来"固化"，并且真正做到有"法"可依、有"法"必依、依"法"必严。在疫情防控视角下，公交技校根据所处环境和情况的变化不断地调整完善制度，同时也根据自身特点和业务流程，科学地对制度进行更新。管理制度的量化指工作的目标、要求和完成的效果都要用数据来评价，公交技校发展理念层面提到的高标准、高质量、高效率、高效益都要依靠量化来明确、用数据来表示。

①面对疫情下对开展教育的新考验、新要求、新任务，公交技校利用国家级高技能人才培训基地建设的在线学习平台，组织完成在校 4 个年级、13 个班级、23 门课程的在线教学工作。充分发挥班主任、任课教师和教学教务管理人员作用，及时督促学生完成在线学习任务，保证在线学习率达到 100%。组织开展教学检查和在线教学家长和学生反馈，家长参与率 87%，学生有效参与率 92.7%，家长对在线教学满意度 97.39%，学生满意度 98.53%。同时为方便学生使用教材，提高疫情期间学生居家线上学习的质量，学校组织力量及时联系快递单位，共为全校 434 名学生邮寄了 3349 册教材。

②按照 2020 年学生技能等级认定工作安排，制定了过程性考核和结果性评价相结合的技能等级认定方式，整理 234 名毕业生的技能等级认定成绩，目前统计的学生技能等级认定合格率为 100%。

③结合 2020 年学徒制培训工作要求，走访各客运分公司，针对售转驾人员开展调研，制订 2020 年学徒制培训售转人员的人才培养方案。起草完成学徒制培训《学分管理办法》《导师管理办法》《学徒成绩考核管理办法》等文件，为开展学徒制培训做好准备。同时，积极与集团公司人力资源部沟通，做好开展学徒制培训各项准备。根据学徒制培训工作要求，为做好线上教学各项工作，便于利用公交在线学习平台开展学徒制在线培训，组织相关人员与党校进行沟通交流，探讨"公交在线平台"的使用与管理，与党校签订在线平台委托协议。组织教师开展在线学习视频课程资源的录制，截至 2020 年 6 月 10 日，已经完成通用素质课程、专业基础课程等课程资源的录制工作，累计录制课程资源 118 个、2794 分钟。

④为进一步提升公交职工保障服务专业能力、提高专业驾驶员安全行车技能，建设一支具有良好职业道德、团队合作精神、扎实的专业知识和高超驾驶技能的驾驶员队伍，切实推进国家级高技能人才培训基地"区域调度与安全驾驶"的培训工作，公交技校多次深入公交客运、保修企业，了解运营车辆基本

情况、公司运营的相关规章制度、交通事故应急处理等专业问题,实现与企业在培训考评方式、区域智能调度跨线运营情况等方面的深入沟通与合作,在培训中能够更好地满足一线企业的需求,增进校企深度合作。真正做到了以调促研、以研促教、以教促学、以学促效,发挥公交技校在提升集团职工素质和技能的主体作用。

(五)做好防控工作,确保校园安全

1.压实责任,严防松懈,打好疫情防控攻坚战

新冠肺炎疫情发生以来,公交技校始终把学生和职工的生命安全和身体健康放在首要位置,认真贯彻落实北京市教委和集团公司党委决策部署,把疫情防控作为今年以来全面工作的首要政治任务,统一思想、压实责任、积极应对、精准施策、精细管理,全力做好疫情防控各项工作,确保学校师生健康安全。

一是对学生开展居家网课学习的教学安排,落实学生每日健康日报、每周电话寻访制度,加强对学生日常活动的管控力度,严格进京离京返校聚集等活动的监管与排查,杜绝出现失联失控学生,杜绝出现私自打工实习等从事社会性工作的现象。

二是严格遵守防疫要求,教职员工每日上报体温和来访人员情况,办公环境进行定期通风消杀,人员进出校进行体温监测,开会聚集佩戴口罩等防控措施,配齐、配全防疫物资,叮嘱外来人员全程佩戴口罩,做好防护。

三是加强教职员工就餐保障工作,食堂实行分餐制,针对疫情制定了《公交技校学生就餐管理规定》和《食堂工作人员健康监测制度》,从制度上确保食品安全、杜绝感染风险。

四是积极应对疫情,做好物资储备。公交技校根据疫情实际,按要求先后多批次采购防疫物资,主要采购厢式隔离室2套,口罩22700只(集团调拨2700只),接受北京至诚恒业有限公司捐赠外科口罩500只、消毒液1200公斤(集团调拨2100公斤)、防护服10件,一次性手套10600双、医用手套600双、护目镜14副、体温计102只、喷壶76个、药皂800块、白大褂10件、口罩回收箱39个、购药品4899.60元、采购矿泉水18353.00元等,并为职工配发消毒大礼包约200份,先后为职工发放口罩13200余只等防疫物品,保障教职员工安全。截至2020年6月,防疫物资投入金额累计达到296715元。

2.拧紧思想,做好保障,确保学校安全和谐稳定

一是针对节假日和两会等重点时期,均组织召开工作部署会,遵循"精精益求精、万万无一失"的原则,明确分工、责任到人,研究制定工作方案及预案,开展安全检查,严格落实相关工作要求,重点时期增加学校班子成员、专业部室30人次在校值班值守。

二是组织全体教职员工分别签订了《公交技校2020年安全稳定责任书》《迎保两会安全维稳责任书》《"从我做起保安全,遵章守纪消隐患"安全承诺责任书》,责任书的签订保证已实现全员覆盖。

三是通过微信群、QQ等媒介对安全维稳工作开展宣传教育(含学生)1300余人次,安全隐患专项检查10次,行车安全、交通安全专项教育25人次,外聘人员政审30人次,新调人员工政审6人次。

四是开展"消除事故隐患,筑牢安全防线"安全生产主题活动,通过印发安全宣传材料、张贴安全生产宣传画、悬挂宣传横幅、开展知识竞赛,对安全生产方针政策、法律法规以及安全常识进行反复的宣传。

五是开展了义务消防队灭火演练、反恐防暴安全演练和消防报警器的使用培训,完善应急处置预案,进一步提升应急反恐处置能力。

六是对全体教职员工进行五知五会教育,即:知行事、知任务、知责任、知岗位、知标准,会发现可疑、会及时报警、会应急疏散、会快速救援、会配合处置,教职员工安全意识进一步强化,应急处置能力得到有效提升。

3.改造升级,落实政策,营造美好校园环境

一是坚持以学生为中心的教育理念,进一步提高办学条件,以及学生在校生活条件,为教学楼22间教室安装空调44台,为学生宿舍采购洗衣机4台。

二是为配合公交技校新型学徒制培训工作的开展，在学校大客车实训楼改造2间教室，并对主线路进行了维护和更新升级。

三是积极响应北京市和集团公司关于垃圾分类工作方案，制定了《公交技校垃圾分类活动方案》，充分利用电子显示屏、局域网、短信平台、微信群等宣传工具，在教职员工和学生中加强对垃圾分类的宣传教育，普及垃圾分类知识，引导在校师生和人员，按照垃圾分类标准落实垃圾分类相关工作。

（六）推进党建与中心工作深度融合，提升组织保障能力

1. 加强党的政治建设

以习近平新时代中国特色社会主义思想为指导，全面贯彻党的十九大和十九届二中、三中、四中、五中全会精神，贯彻党章要求，加强对贯彻执行党组织决议情况的督促检查，严格落实《北京市公共交通高级技工学校"三重一大"决策制度实施细则》《党总支议事规则》和《校长办公会议事规则》，设立了督查督办专员，建立了对学校重大决策部署和重要工作贯彻落实的督查问责机制。

2. 党建与中心工作互促并进

紧密围绕国家、集团公司和公交技校中心工作的内容，开展了2020年寒假全员培训，对技师学院筹设工作动员及宣讲、解读十九届四中全会精神、邀请专家对补充医疗保险讲解、开展安全教育、参观北京消费扶贫双创中心等，实现以党建工作激发中心工作的良好效果；按照集团公司党委统一部署，制定印发开展"贯彻落实市委书记专题会议精神打造城市客运出行综合服务商"学习大讨论的通知，对标重点任务，紧密围绕中心工作，分层次开展相关活动，公交技校党员和管理人员全员参与。召开了专题学习研讨会，班子成员结合当前重点工作进行了有的放矢的深入研讨，得到了与会集团公司领导的充分肯定。会后公交技校印发了集团公司领导在研讨会上的讲话，引导全体教职员工将讲话精神贯彻到推动改革发展工作中。

3. 建设一支高素质干部和人才队伍

2020年上半年，调入一般管理人员5人，选拔中层正职干部2人、副职2人。组织新任中层干部任职廉政宣誓仪式，进行了任职廉政宣誓并签订了廉政承诺，树立廉洁自律意识和接受监督意识，自觉坚持道德高线，坚守纪律底线。

4. 加强基层组织建设

以提升组织力为重点，充分发挥基层党组织政治功能，开展了给党员过政治生日的主题党日活动，重温入党诗词，主动承诺践诺，教育引导党员不忘初心，牢记使命，增强党员集体荣誉感，激发党组织的凝聚力、组织力、号召力，使党员教育管理既有力度，又有温度。

5. 夯实主体责任，强化警示教育

学校党政主要领导与主管领导、主管领导与各部门负责人层层签订《全面从严治党责任书》，明确责任，保证工作落实。严格落实领导干部履职待遇要求，组织开展警示教育和岗位廉政风险教育。开展专项整治，解决突出问题，组织开展了班子成员超发薪酬、党员领导干部考核兑现情况专项整治工作，领导班子成员将超发的薪酬全部按规定进行了清退；开展了规划自然资源领域突出问题专项清理整治，对违规建设情况进行了全面自查，制订了整改措施；开展了针对巡视央企发现问题自查自纠工作，认真对标对表，查找自身存在的问题，制订整改措施，做到立知立改。公交技校加强对各科室、部门和中级管理人员落实疫情防控职责和筹建技师学院工作落实情况的监督检查，保障了学校各项工作规范运作、有效开展。

6. 强化宣传工作，夯实意识形态阵地建设

顺利完成集团公司对公交技校意识形态专项工作检查，接受了集团公司对我校中心组学习巡视旁听，2020年上半年理论学习中心组学习开展10次；上半年完成公交报信息上稿5篇，外宣信息上稿4篇，上报集团办公室信息34篇，法治信息6篇，公众号信息45篇，企业号信息31篇，犀牛云企业新闻24

篇;围绕筹设技师学院整体工作,利用 OA 新闻简报模块开辟专刊,形成工作历史印迹,扩大宣传影响范围和力度。

7. 激发内生动力,积极发挥工团作用

2020 年元旦、春节期间,全面开展慰问工作,走访生活困难职工,体现公交技校的人文关怀;以网络会议形式召开了学校七届八次职代会、学校七届九次职代会和七届七次会代会,顺利完成了大会的各项议程;做好先进集体、先进个人的评选表彰工作;在防控疫情工作中公交技校工会为全体教职工购置发放消毒防护品,为共同打赢这场防疫阻击战发挥好工会组织的作用;按照北京市和集团公司关于做好 2020 年度北京市劳动模范推荐评选工作的部署安排,完成劳模推荐工作;开展"凝聚巾帼力量,助力打赢疫情防控阻击战"主题活动、"巾帼建功竞赛"活动、"建设和谐美丽校园合理化建议征集"活动、以及"相伴悦读,智慧人生"女职工读书活动,建和谐校园;关爱职工生活,开展夏日送凉爽工作,凝聚全体教职员工力量。

突出思想引领,组织广大青年团员开展"青年大学习"网络主题团课、"传承五四薪火 展现青春风采"系列活动、"知无止境 书香致远"读书分享活动,围绕学校筹设技师学院工作,按照学校党总支统一部署组织全体团员开展"贯彻落实市委书记专题会议精神,打造城市客运出行综合服务商"学习大讨论活动,全校团员青年共撰写优秀学习心得 50 篇。打造一支坚定不移跟党走,为筹设技师学院贡献青春力量的英勇之师。

三、实施效果

2020 年上半年疫情防控期间,通过实施本项管理创新,公交技校保质保量完成了"停课不停教、停课不停学、停课不停培"工作,与此同时,学校管理能力得到进一步提升,学校党建和教学工作因精细化管理再上新台阶。

2019 年公交技校营业收入为 7338.96 万元,较 2018 年相比增加了 10.98%,成功扭亏为盈,利润总额增加了 658.63 万元,增长率为 335.97%,充分证明公交技校在精细化管理理论的实践过程中,取得了优异效果。

"基于 BIM 技术的工程管理状态即时监控系统"在首都高速公路建设项目建设管理中的应用

北京市首发高速公路建设管理有限责任公司

成果主要创造人:陈建峰　何历超

成果参与创造人:张　志　李世英　王岳松　王珊珊　展　飞　黎　翔
李浩梁　于小兵　乔泽源

北京市首发高速公路建设管理有限责任公司(简称"首发建设公司")成立于2000年,为北京市首都公路发展集团有限公司(简称"集团公司")的全资子公司,主要承担高速公路建设管理、区域公路代建和已建高速公路的大修管理等任务。二十年来,公司共管理高速公路建设工程17项,特大桥20座、隧道28座,总里程近1000公里,完成总投资近千亿元。首发建设公司拥有一支具有丰富建设管理经验、高素质、高水平的管理队伍。截至2020年6月底,首发建设公司共有119名管理人员,其中,本科以上学历106人;获得正高级职称2人、高级职称32人、中级职称40人;获得建造师、监理、造价、安全等各类执业资格的62人次。

未来,在"十四五"发展期间,首发建设公司将立足首都,着眼津冀,通过集团公司投资带动业务发展。以服务政府,完成集团公司高速公路、城市道路及配套设施工程建设任务为重点,以集团公司工程建设项目前期工作下沉为契机,以信息化技术为手段,在现有产业发展基础上,强管理、重咨询,由传统型项目管理单位向集技术、投资、管理等要素于一体的全周期、综合性、智慧化管理平台迈进,通过自主开展或联合开展的方式,努力成为一流的全过程工程咨询服务商。这要求首发建设公司必须在高速公路建设管理的重点、难点环节寻求突破,提高代建工作的质量和效率,打造领先于同行业的核心竞争力。从多年的管理实践看,高速公路建设项目具有管理重点部位多、建设里程长、参建单位多、现场人员裁量权大等特点。传统的工程管理方式和施工现场管控方式工作量大、强度高、参建各方信息传递效率慢、信息共享程度低,迫切需要用有效的手段加强对施工现场的监控和现场人员行为的控制。为此,首发建设公司组织研发了"基于BIM技术的工程管理状态即时监控系统"(简称"管理系统")并在首都高速公路代建中成功应用,该成果自2019年起已在东六环(京哈高速公路—潞苑北大街)改造工程项目中投入使用,取得了良好的效果。

一、成果产生背景

随着建筑行业逐渐步入数字化时代,信息技术的引入帮助解决了工程建设项目过程中流程烦琐、信息传递效率低、信息不对称导致的成本增加等问题,实现了各参建方管理信息的有效整合。国家层面陆续出台了相关政策和指引性文件,以此推动建设行业高速、创新发展,在《交通运输部办公厅关于印发推进智慧交通发展行动计划(2017—2020年)的通知》中指出,到2020年,在基础设施智能化方面,逐步推进建筑信息模型(BIM)技术在重大交通基础设施项目规划、设计、建设、施工、运营、检测维护管理全生命周期的应用,实现基础设施建设和管理水平大幅度提升。

在《北京市发展和改革委员会　北京市财政局关于印发加强市级政府性投资建设项目成本管控若干规定(试行)的通知》中提到:市级政府性投资项目中工程投资额3亿元以上的市政基础设施、单体建筑面积2万平方米以上的建筑等大型复杂工程,原则上应在勘察、设计、施工和生产运营维护全生命周期应用BIM技术。"'基于BIM技术的工程管理状态即时监控系统'在首都高速公路建设管理中的应用"成果就是在建设管理的定位下,为提升建设项目管理水平,加强现场质量安全监控,保证施工进度,提高参建各方沟通协作效率,充分发挥BIM技术在可视化沟通、数据共享和协同管理方面的优势,为逐步实现公路工程建设项目智慧化管理而进行的一种有益尝试。

(一)适应交通运输系统深化体制改革变化

在科技与经济高速发展的当下,我国城市交通运输体系已经从基础设施覆盖迈入追求效率的时代,不再是比马路有多宽,而是看交通智能化程度有多高。智慧交通已经成为城市管理"智慧化"的重要组成部分。2019年,中共中央、国务院及国家相关部委相继出台了相关政策,规范和引导智慧交通领域的健康发展。交通运输部印发的《数字交通发展规划纲要》,旨在贯彻落实党中央、国务院关于促进数字经济发展的决策部署,促进先进信息技术与交通运输深度融合,从而构建数字化的采集体系、网络化的传输体系和智能化的应用体系,加快交通运输信息化向数字化、网络化、智能化发展,为交通强国建设提供支撑。

(二)适应高速公路项目建设管理特点

高速公路建设项目概括起来讲有以下三个方面特点:一是由于高速公路项目属线性工程,重点部位多,工程空间跨度大,要达到全面掌握工程和监理、施工单位管理情况信息,代建单位人员每天要开展大量的现场巡查,工作强度高且常会顾此失彼;二是现场管理主要通过监理实现,代建单位进行监控,现场监理人员裁量权大,但监理单位管理水平和人员素质参差不齐,部分履职不到位,未严格执行验收、巡视和旁站等职责,对质量、安全、环境保护管理把关不严,增加了代建单位的管理难度;三是公路项目施工参建单位多,以往多通过电话、文件等方式进行信息沟通,经常造成重复汇报、信息滞后、信息安全等问题,工作过程缺少有效的沟通、管理工具,沟通效率不高。

随着工程项目规模日益扩大,结构形式越加复杂,尤其是超大型工程项目层出不穷,使政府和企业都面临巨大的投资风险、技术风险和管理风险。为创新管理模式,有效利用信息化手段满足现代化建设需要,引入BIM技术,解决高速公路建设全生命期各阶段和各专业系统间信息断层问题,从设计、施工技术到管理全面提高信息化水平,已成为建设企业的迫切需求。

(三)提高首发建设公司行业竞争力

BIM是以建筑工程项目的各项相关信息数据作为基础,建立起三维的建筑模型,通过数字信息仿真模拟建筑物所具有的真实信息。它具有信息完备性、信息关联性、信息一致性、可视化、协调性、模拟性、优化性和可出图性八大特点。它不是简单地将数字信息进行集成,而是一种数字信息的应用,并可以用于设计、建造、管理的数字化方法。

如今,BIM技术已成为建筑行业竞争力的基本门槛,并已渐纳入政府公共工程的要求中,近年来,BIM在国内也已经逐渐发展,国内已经有多个地方政府应用BIM技术于重大基础设施建设工程。BIM技术通过三维的共同工作平台及三维的信息传递方式,可以为实现设计、施工一体化提供良好的技术平台和解决思路,为解决建设工程领域目前存在的协调性差、整体性不强等问题提供可能。

现阶段,北京市高速公路建设项目的投资方式已引入包括PPP在内的多元投资模式。投资主体由"集团公司"变为集团公司与投资方联合成立的"项目公司",使建设公司不再具有依托"集团公司"的内部市场优势,首发建设公司需通过充分的市场竞争争取委托方的代建委托。因此必须加强自身各方面管控水平,树立服务意识、提高代建服务质量和效率、创新管理手段、增强核心竞争力、打造"首发建设"管理品牌。

"数字化建设、智慧化管理"在公路建设领域的落地是大势所趋。首发建设公司要实现健康持续发展,就必须顺应新的发展趋势,构建基于现代化手段的工程施工现场管理模式,提高工程管理质量,打造领先于同行业的核心竞争力。

二、成果内涵和主要做法

(一)成果内涵

"'基于 BIM 技术的工程管理状态即时监控系统'在首都高速公路建设项目建设管理中的应用"成果,将大数据、云计算、建筑信息模型(BIM)、地理信息模型(GIS)、物联网(IoT)接入等技术综合运用于公路建设现场管理中,搭建供业主方、设计方、监理方、施工方等多个参建单位协同管理的工作平台,实现了基于"互联网 + BIM + GIS"的新型管理模式。现已在东六环(京哈高速—潞苑北大街)改造工程项目中得到了良好应用。

该管理系统分为两个层级,第一层为实时监测层,该层主页集成了项目信息、施工现场的视频监控信息、盾构信息、天气预警信息等各类工程管理数据,如图 1 所示,有助于管理人员全面掌握工程建设整体情况。通过点击地图上的标段位置,进入该项目的标段看板,勾选需要显示的 GIS 图层,场布模型、环境模型,以及不同类别管理要素或物联网设备,如监控摄像头、危险源、巡检点、旁站点等,该要素及相关管理信息就会在 BIM 模型上的相应位置显示。

图 1 实时监测层主页看板

实时监测层提供的 BIM 模型看板页面(图 2),可通过模型部位颜色的变化区分工程进度的完成情况。实际进度中,工程不同的部位分为未开工、进行中、已完成 3 个阶段,每个阶段都有对应的颜色,不同的完成度以颜色渐变进行区分;通过颜色的差异,管理人员可以及时掌握工程进度超前、正常、滞后等不同状态,必要时可采取相应的干预措施。系统提供的进度推演功能,可进行施工方案模拟推演,按照时间轴递进方式计算当前标段工程完成进度。此外,点击不同的功能按钮,可查看工程当前问题在 BIM 模型上的分布信息,监理人员、质量安全巡查人员的空间巡视信息,隐蔽工程、关键部位的施工信息,已验收部位信息,危险源信息等,提高了工程建设项目精细化管理水平。

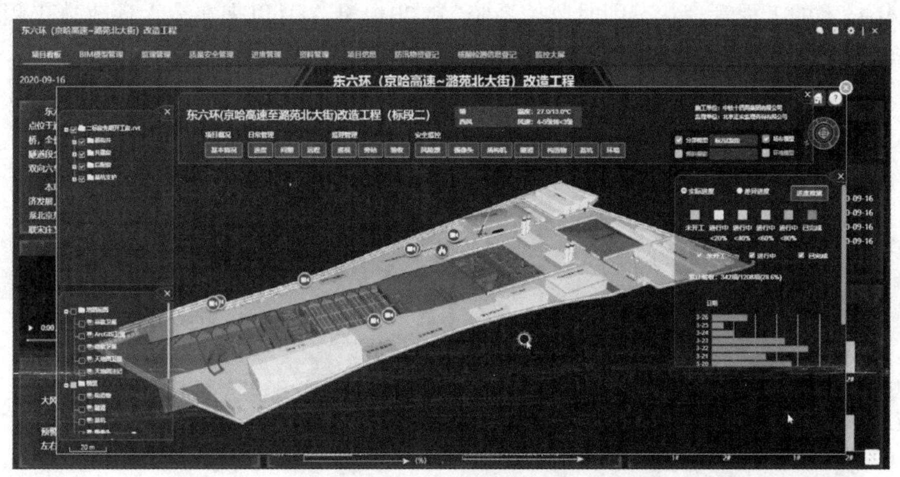

图 2 实时监测层 BIM 模型看板

第二个层级为业务协作层,是在首发建设公司原有即时监控、务工人员工资支付管理等信息系统的基础上,结合工程项目施工图管理、监理管理、质量安全管理、进度管理、资料管理等要求,搭建的由建设单位、设计、监理、施工各参建单位协同参与的工作平台。

其中,施工图管理模块实现了工程可行性研究阶段、初步设计阶段、施工图阶段、施工阶段及竣工阶段的 BIM 模型优化与协商,报审及下发功能。工程前期,设计单位利用平台提供的 BIM 模型轻量化工具,将需要进一步优化设计或征求意见的模型进行上传,各参建方可发起在线协商会议,也可直接在模型构件上标注设计缺陷或修改意见。正式施工图模型、施工模型、竣工模型等成果文件能够通过上传和下发功能在建设方、施工方等单位之间传递使用,为设计方案优化建立了完善的沟通协作机制。

在施工阶段,监理管理模块利用移动手持设备,通过空间定位技术实时掌握监理人员身份位置,记录工作行为信息,使代建管理人员实时掌握一线的施工组织和工程进展情况,第一时间发现文明安全施工、环保等方面隐患并及时纠正,产生的相关巡视、旁站、验收和现场问题记录实时传送至实时监测层,与 BIM 模型信息相关联,进行分类展示。此外,进度管理模块数据信息与实时监测层"进度产值"板块相关联,直观展示当前施工进度、形象进度、计划产值完成情况等内容;质量安全管理模块为质安监督人员提供了相关质安文档及问题的汇总管理功能。

工程竣工后,资料管理模块可将整个工程项目建设过程中产生的电子文档集中规范管理,以自定义目录树的形式进行分类,对已上传的文档可进行分享、协作、下载、历史版本查看等操作,帮助项目管理人员在海量的工程项目资料中快速查找定位文件,同时运用互联网 + 技术,支持跨企业、跨专业、多人线上协同审查、批阅同一个模型或文档,有效提高了协作管理效率,为竣工资料整合及数字化归档提供支持。

(二)主要做法

1. 东六环项目情况简介

东六环(京哈高速公路—潞苑北大街)改造工程项目,建设地点位于通州区,南起京哈高速公路施园桥,北至潞苑北大街疃里桥,全长约 16 公里。本项目按照高速公路标准建设,采用双向六车道,全线设置互通式立交 4 座。东六环(京哈高速公路—潞苑北大街)改造工程项目由万盛南街至潞苑二街为地下隧道段,隧道段全长约 9.16 公里,是全国采用盾构法施工的最长高速公路隧道,也是目前国内最大直径盾构隧道,隧道下穿道路、轨道、河道及重要管线,地下空间环境复杂,控制因素众多,施工难度大。

本项目由北至南贯穿城市副中心,可以促进沿线区域经济发展,沿六环路形成创新发展轴。创新发展轴向外纵向联系北京东部地区和北京首都国际机场、北京大兴国际机场,对内串联宋庄文化创意产业集聚区、行政办公区、城市绿心、北京环球主题公园及度假区等多个功能中心,形成鼓励创新、充满活力的现代城市空间。

"基于 BIM 技术的工程管理状态即时监控系统"自 2019 年 7 月以来在东六环改造工程项目持续应用,并在项目部质量安全监测中心成功部署。图 3 所示为成果应用现场。

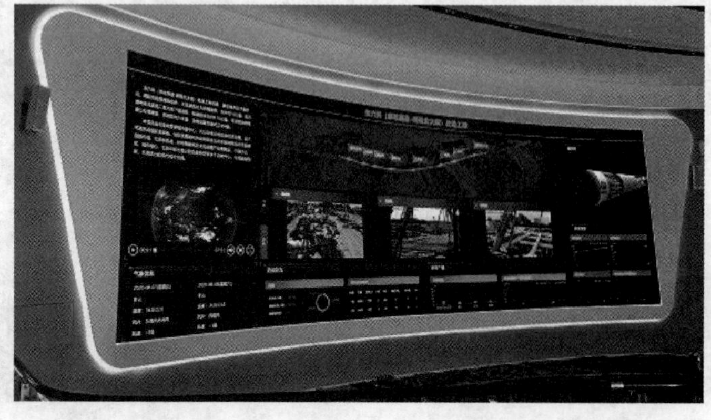

图 3　成果应用现场示意图

2. 控制业务及标准的确定

管理系统中的现场管理模块按照行业主管部门对代建单位职责的界定,结合《公路工程施工监理规范》和《公路工程质量检验评定标准》对监理工作的要求,选择验收、旁站和巡视工作进行控制。

管理系统中的BIM技术应用依据交通运输部《公路工程设计信息模型应用标准》和《公路工程信息模型应用统一标准》(以上两标准为"总校稿")内容,确定模型架构、分类编码、和数据存储要求,确保设计模型、施工模型衔接顺畅、标准格式以及编码统一。由于模型按构件对工程实体划分,而项目管理按分部分项划分,为做好两方面的衔接,组织开发了模型编码、构件与分部分项检验批关联专用插件(为国内首个依托交通运输部BIM标准开发的专业插件),极大地提高了模型赋码的效率。

在系统推广使用阶段,为协助各参建方尽快熟悉系统应用,首发建设公司结合系统操作手册和项目管理规范,制定了《管理系统操作规程》,并纳入《工程管理项目实施细则》中,规范了各参建单位系统使用行为,提高了系统应用效益,为后续推广应用奠定了基础。

3. 系统架构

管理系统整体技术架构由一个综合应用大平台、四个技术支撑平台、多个业务子系统和多个数据库组成。

目前,云环境采用第三方服务云(部署在阿里云上)加集团公司私有云的混合云架构,现场监控系统数据,CIM平台管理数据以及IoT设备监测等数据部署在私有云上,第三方服务云端承载并融合BIM、GIS、MIS、云计算、大数据、IoT接入等技术,满足公司级、项目级多级项目管理要求以及各参建单位共同参与,跨组织协作的需求,同时作为统一的项目管理入口和展示项目平台,提供基础的业务流程管理及数据分析展示能力。

四个技术支撑平台,BIM平台、CIM平台、MIS平台、IoT平台,分别用于BIM模型集成展示应用、GIS+BIM综合展示及应用、业务流程管理以及利用各类设备对施工现场进行监测监控。各个子平台通过多个子业务系统采集与接入各类项目管理数据,用于项目的多维度流程管理和数据分析展示。数据类型包括监测设备主动采集的数据及项目管理流程中生成的数据,如现场IoT设备的数据以及施工单位的盾构数据、第三方监测单位的数据、设计单位提供的模型数据、监理单位旁站验收等管理数据。

通过应用物联网技术,平台可通过无人机、闸机、视频监控、环境监测、塔吊监控、智能安全帽等各类IoT设备,进行施工项目的远程监控,实时采集现场人员、质量、安全、进度等工程建设数据,并按项目管理要求进行预警。

以上多个平台支撑与各类技术手段的融合,打通了项目信息展示、现场监控、CIM模型综合应用与展示、BIM模型管理、监理管理、质量安全管理、进度管理、资料管理等管理流程环节,有效地提高了协作管理效率,大幅降低了时间和空间上的管理成本。系统整体架构如图4所示。

4. 运行保障体系的建立

(1)梳理业务标准

首发建设公司在原有信息化建设成果的基础上,联合软件开发单位成立项目组,开展BIM技术应用研究,将BIM技术融入设计阶段、施工阶段工程管理当中。管理系统建设项目由公司信息化管理组织机构牵头,各相关部门协调配合,统筹规划,分步实施,先后制定了管理系统建设实施方案、管理系统建设进度计划、东六环工程项目BIM模型编码标准、BIM应用标准等规范文件,保证系统建设的顺利开展。

(2)准备基础数据

以东六环改建工程项目为例,为实现现场监控、盾构机数据监测、验收管理和形象进度展示的需要,由各参建单位按照统一原则对数据进行了集成。充分利用BIM技术的信息采集功能,实现了构件信息的整合,通过点击BIM模型构件,即可查看当前构件属性信息、检验批信息、验收信息及二维码,为后期追溯构件信息提供详尽的真实资料。

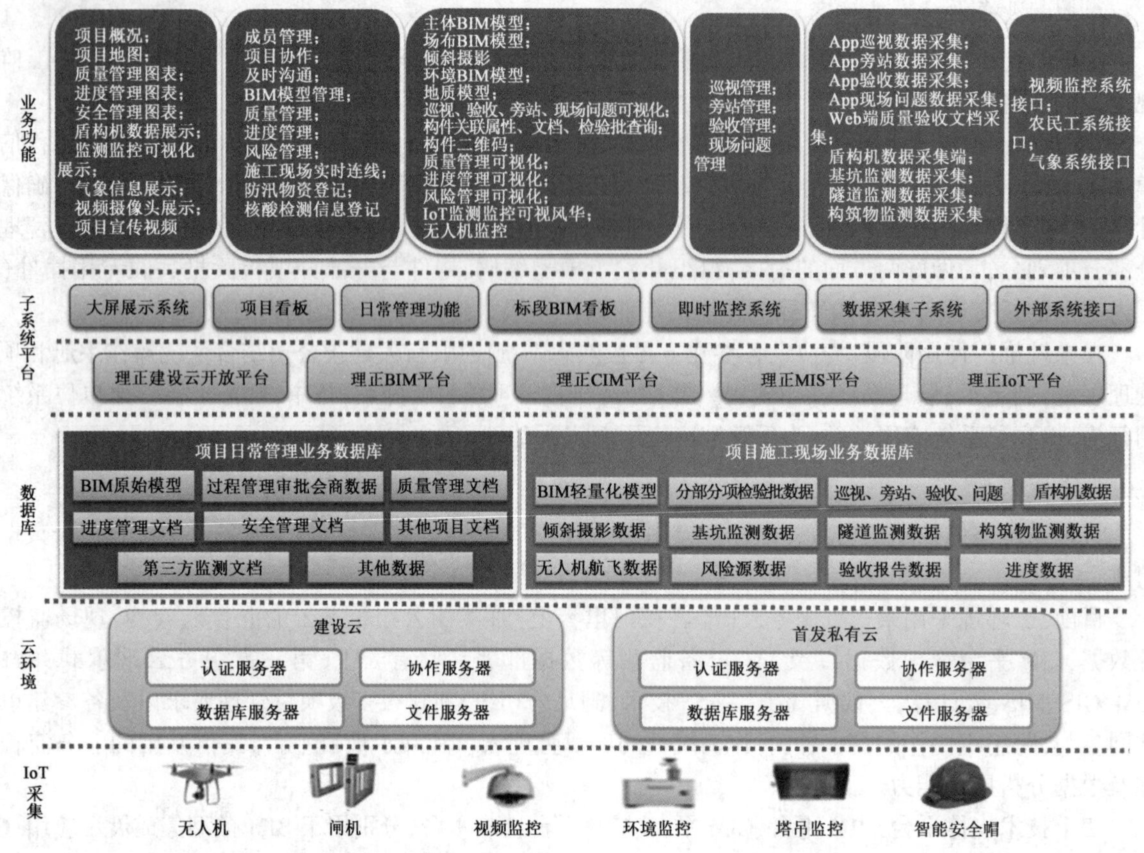

图4 系统整体架构

(3)系统应用与优化

在开发过程中,先后组织相关人员进行4次调研座谈、3次系统建设推进会。充分听取系统使用人员对软件易用性、界面友好性等方面的意见和建议。管理系统正式启用后,先后5次组织开发单位到东六环改建项目工程一线召开现场协调会,与相关人员一同在一线进行各项测试,发现问题并及时解决。

(4)系统应用考核

本成果在开创新的工作模式带来许多积极效果的同时,现场人员习惯的工作方式也产生较大变化,需通过有效手段提高相关人员的主观能动性。通过前期调研,各施工参建单位均建立了自己基于BIM的各类管理标准和应用系统,但首发建设公司作为项目代建方,不能直接利用施工、监测等参建单位既有系统来实现自身管理需求,也无法要求各单位统一使用对方的某一应用平台。建设管理单位需明确自身管理需求,以数据集成方式整合各施工单位系统数据,建立满足自身业务需要的管理系统,实现管理目标。

为确保成果的良好应用,首发建设公司将信息化应用要求纳入招标文件,以及对内考核和对监理、施工单位的履约评价体系。首发建设公司与东六环改建项目工程就系统使用和推广情况签订目标责任书,检查结果直接与项目处绩效奖金挂钩。同时,责成项目管理处每月检查施工、监理单位系统使用情况,结果纳入月度履约评价体系,直接与月度计量、支付挂钩。通过以上手段,有效提高了相关人员的工作积极性。

三、实施效果

管理系统成功上线以来,通过不断的实践与优化完善,在应用上取得了良好的效果。具体如下:

(一)及时反映施工现场情况

通过视频监控功能,可以实时掌握现场施工组织、安全环保措施等的落实情况,对发现的问题可以抓拍取证,作为履约评价的重要依据;依托移动端的旁站、巡视功能,对监理人员现场工作情况进行了检查,并利用拍摄的照片对工程施工项目细部的控制情况进行记录,特别是可实现对混凝土浇筑、钢筋绑扎等重点过程的追溯;通过验收环节的控制,提高了质量控制水平,同时能够及时反映工程进度,提高代建管理的决策分析水平。

(二)促进参建各方信息共享

参建各方在统一的信息化平台下按职责开展相关工作,可以有效实现信息共享,建立参建各方高效协商机制。首发建设公司可通过BIM模型管理功能与设计单位发起在线图纸会审与协商,并将正式模型及时下发至监理及施工单位,已完成的初步设计优化意见中,总体设计18项、路基路面11项、桥梁涵洞7项、隧道工程16项、路线交叉10项,提高了前期工程设计阶段的优化效率。通过监理管理模块可以根据监理人员的工作情况,有选择性地对现场进行检查,使管理工作更具有针对性。监理单位人员可以通过系统向施工单位人员提出现场存在的问题并责令限期整改。施工单位整改完成后可以通过系统向监理人员提交整改证据,由其验证闭合。信息化手段的引入,大大提高了上述工作的效率。

(三)有效控制监理人员行为

信息系统在东六环项目处应用期间,实现现场巡视管理应用561次、旁站管理337次、验收管理256项,问题反馈91条,对相关人员行为进行了整改。首发建设公司按照有关制度、规范规定和监理合同约定,进行了履约处理。以上手段有效地规范了监理人员现场工作的行为,使监理人员履职到位,确保了工程建设管理体系处于受控状态。

(四)提升代建工作效率

系统应用以来,东六环项目质量、进度、安全、环保等各项代建管理目标均达到委托方要求,平台现已接入2个施工准备标共16路现场施工视频,工程建设管理体系整体处于受控状态。代建管理工作上,首发建设公司较以往同等规模工程管理人员压缩13.5%,车辆使用费用降低1.5%,办公费用降低3%。首发建设公司人员月均减少不必要的现场往返7人次,在有效降低各项成本的同时,也降低了各项职业健康安全事件发生的概率。

(五)取得良好的社会效果

2020年9月,“基于BIM技术的工程管理状态即时监控系统”作为首发建设公司管理创新成果在第二十三届中国北京国际科技产业博览会上展出,受到了参观人员的广泛好评。

综上所述,从“‘基于BIM技术的工程管理状态即时监控系统’在首都高速公路代建中的应用”成果的实施效果看,不但有效地促进了目管理水平的提高,降低了管理成本,提高了现场管控的规范性,同时也树立起大型国有企业的良好形象,为促进企业转型、打造领先于同行业的核心竞争力提供了强有力的保障。该成果不仅适用于高速公路建设,同时也适用于其他类型公路建设管理工作,具有较高的推广价值和应用前景。未来,首发建设公司也将继续深化系统应用,挖掘BIM技术在公路建设领域的应用价值,以BIM作为信息载体,逐步实现工程建设数据资产的建立,促进BIM成果在全生命周期中的传递与应用,逐步实现公路工程建设领域智慧化管理。

风控AI云平台和UBI保险技术在货运物流行业中的创新应用

北京中交兴路信息科技有限公司

成果主要创造人:夏曙东　张志平

成果参与创造人:王　芳　邓彬峰　郭永峰　杨　健　马　琪　刘甲子
雷一可　李　钢　杨海朋

作为业内领先的物流科技和服务平台企业,北京中交兴路信息科技有限公司(简称"中交兴路")为公路货运行业数字化转型提供了多元化的产品与解决方案。中交兴路通过聚焦创新产品与服务赋能行业,帮助客户实现数字化、互联网化和智能化转型,让物流更简单。2018年12月,中交兴路获蚂蚁金服领投的7亿元A轮融资。2019年10月,中交兴路获阳光保险新一轮融资。

中交兴路是全国道路货运车辆公共监管与服务平台(简称"全国货运平台")的建设和运营单位。全国货运平台由交通运输部、公安部、应急管理部推出,是12吨以上重载货车唯一的国家级监管平台,为主管部门和从业者提供自动化监管、舆情信息提醒、精准信息下发、位置轨迹查询等多项服务。截至2020年10月,全国货运平台入网车辆超过650万辆,占全国重载货车的96%以上。"车旺大卡"App是全国货运平台的手机端,专注公路货运物流场景,为车主和驾驶员提供生产生活基础服务,累计下载量达950万次,注册用户超过650万人次。

中交兴路依托车联网大数据技术、人工智能、物联网云通信及基于时空大数据的地理信息系统等领先科技,通过数字平台、保险服务、油品服务、车旺大卡和北斗车联等产品和服务为广大物流企业及供应链货主方赋能,助力行业数字化转型。

一、实施背景

(一)行业现状及发展趋势

近年来,随着互联网+产业的高度发展,各省市网络货运平台开始兴起。互联网+货运的实施方式为:车辆、货主及驾驶员信息共享的同时,通过智能化实现了合理匹配,从而提高物流行业运输效率。从而满足了用户多元化和个性化的货运新需求,解决传统物流行业供需不匹配的行业困境。

2020年1月1日,交通运输部、国家税务总局发布的《网络平台道路货物运输经营管理暂行办法》正式实施,标志着网络物流行业开始步入了一个全新的发展时代,为平台型物流企业实现健康、有序的发展奠定了坚实的基础。同时,《网络平台道路货物运输经营管理暂行办法》也为传统货运行业开辟了转型升级的通道。

在这种趋势下,基于平台型物流企业搭建完善的货运生态体系,深度融合AI技术、大数据、云计算、卫星定位等先进技术,为货运行业群体带来完善的服务和效益是未来发展的核心方向。

(二)网络货运行业痛点

1.运输安全管理漏洞较大

(1)从业资质缺乏监管手段

据权威部门调查,部分平台运营企业内部管理混乱,缺乏行之有效的车辆、人员管理制度和手段,相当数量的驾驶员和车辆仍未取得道路货物运输资质,无法做到有效源头管理,导致运输安全风险居高不下。

(2)运输过程缺乏安全性监控

随着经济快速发展,物流运输过程中的可靠性和安全性有了更高的要求,一些贵重物品的运输和仓储管理一直是关注的重点。由于运输计划复杂,货主没有渠道进行车辆的监管,导致运输过程的安全性无法有效跟踪。

2. 运输效率和成本管控手段缺乏

(1)时效性监控缺乏

车辆运输过程不透明,导致车辆是否晚发晚点通常不可获知,而这类风险的发生将降低运输效率,造成资源不能高效利用。

(2)车辆等货时间长,空置率高、运价难以下降

根据数据统计,目前中国汽车物流企业公路运输车辆空驶率高达39%,由于货物运输量大且货杂,造成难以快速匹配驾驶员和车辆,导致货运行业成本居高不下,环境、交能耗浪费严重。

(3)运输计划复杂,结算规则烦琐

货物运输整体流程较为复杂,在运输过程中涉及等货拼车、整车串点运输、多点卸货等各种运输场景,监管困难,难以跟踪整体运输进程,且结算过程无节点跟踪,未形成统一计算流程。

3. 平台用户黏性不高

(1)生态圈不完善

尽管平台型物流企业兴起,但整体生态圈不完善,除了解决车货匹配等运输效率问题外,网络物流(包括货车风控监管、金融服务、油卡、ETC等面向货主、车主、驾驶员的增值服务)也有待开发和解决。

(2)保障缺失

由于目前货运行业的经营主体普遍为个人和单位,难以承担安全监管责任,更无力承担货运行业的高风险,故货运保险尤为重要。又由于车辆流动性较大,运输线路随机,无论是货运车辆还是货运行业从业人员都处于无组织的游离状态,加之利益驱动,大货车驾驶员超载、超速、疲劳驾驶现象普遍。货运行业"多、小、散、乱",使大货车承保逐渐边缘化,导致保险企业与投保主体之间的矛盾难以调和。

(三)货运大数据成功应用于货运车辆保险风控业务

2014年,交通运输部、公安部、国家安全生产监督管理总局联合发布《道路运输车辆动态监督管理办法》,在部令中要求全部重型载货汽车和半挂牵车在2015年12月31日前要安装卫星定装置,并接入全国道路货运车辆公共监管与服务平台。第三十五条规定:"道路运输管理机构对未按照要求安装卫星定位装置,或者已安装卫星定位装置但未能在联网联控系统(重型载货汽车和半挂牵车未能在道路货运车辆公共平台)正常显示的车辆,不予发放或者审验《道路运输证》。"同时,第三十六条、三十七条,对运输企业和个人不符合部令规定的进行处罚约定。

作为全国货运平台的建设和运营方,中交兴路积极拓展平台功能,为驾驶员和车主提供相关服务,确保货运车辆公共平台长期、安全、稳定运行。截至2020年10月,已接入货运车辆600余万,基本实现了全国重载普货车辆与半挂牵引车辆的全覆盖,动态数据接入3万亿条。全国货运平台结合大数据技术、智能分析、实时计算技术,对车辆行驶行为、驾驶员行为进行分析,并实时提醒,可有效纠正驾驶者的不良驾驶习惯,提高驾驶安全系数。

基于全国货运平台海量数据,中交兴路在法律法规框架内展开了一系列运输过程管控和驾驶行为数据挖掘和市场应用,并在车险定价方面做了大量创新研究。

2018年依托神经网络深度学习技术及大数据存储及分析技术开发和部署了商用车风险管理AI云平台,该平台向国内外的保险公司提供从承保到理赔的全方位的风险管理服务,包括车辆风险评测、运营安全管理、事故时预判及理赔调查支持等多种服务,有效帮助保险公司在保前识别和量化风险、保中

监控和防范风险、保后及时核查风险,可大幅降低全行业重载货车保险的出险频率和赔付率,进一步提高全社会商用车安全生产管理水平。截至2020年10月,保险风控服务已累计服务于100余万车辆、300多家运输企业、20多家保险公司,取得了良好的经济效益和社会效益。

二、成果内涵

凭借对网络货运市场参与者的深入研究和深刻理解,鉴于网络货运行业现状及其痛点,中交兴路引入大数据、云计算、神经网络等先进技术,面向平台型物流企业打造了基于风控AI云平台及UBI保险为核心的全方位安全保障服务体系,解决货物运输流程中的安全性、时效性等行业难题,降低平台运营成本和风险,助力网络货运产业快速健康发展。

三、主要做法

(一)整体思路

本项目通过中交兴路风控AI云平台,赋能平台型运输企业,解决车辆运输不透明、风险难管控的难题。实现了对运输、交易全过程的实时监控和动态管理,并生成安全报告供车主评估车辆风险,包括对运输货物轨迹、货物在途状态、货单在途明细等数据进行追踪记录。不仅具备全面管控和全自动风控功能,而且进一步提高了信息安全管理能力。

本项目打造的基于货运行业的智能UBI保险体系,包括UBI保险、保障托管、快速理赔的一体化线上服务。其核心为通过风控大数据,以车辆画像为切入点,创建一个基于驾驶风险和其他风险的保险定价模型。以运输风险低则保费低的产品模式,打破传统保险行业单一定价、风险难把控的行业现状。

智能保险体系在获得数据的基础上,支持提供更加丰富的产品和产品组合。为保险公司加强风险管控、提供精准营销、有效降低赔付成本提供数据支持。同时,用户在购买产品后,可根据运输途中的驾驶行为决定是否有资格从保险中获得折扣,既监控了车辆风险,又通过保险打折模式,促进驾驶员改善驾驶行为,达到规避风险的目的。UBI保险体系解决了货运行业中保险公司和投保主体之间的矛盾,降低保险公司损失,获取优质的货车投保消费群体,满足货车投保的主要诉求和定制化保险服务。

(二)创新研究

当前货运行业不乏创新优秀的平台型物流企业,如G7向物流企业提供的SaaS平台,协助客户进行干线运力管理,易流科技专注于供应链与需求链之间的信息透明,基于主动安全系列产品建设车辆实时监控和管理平台,保障货物运输安全。经综合分析国内外面向平台型运输企业提供的网络货运平台解决方案,尚未发现同时向平台型运输企业提供UBI保险产品和风控云平台开放接口服务,本项目创新性将区块链、AI、大数据、风控模型深度融合,并创新性应用于网络货运行业。

总体来说,本项目属于国内领先水平,具体表现在:

1. 将区块链技术应用货运行业,创建分布式记账

着眼于中交兴路的SaaS平台,中交兴路根据四大货运场景分析,运用智运AI组件,在时效、安全、结算方面协助客户进行智能管控。包括货、车、人的智能调度,运输途中时效监控,人、车、企资质识别,透明运输、智能计费等全方位货运干线管理。首次将区块链技术应用到货运行业,采用区块链技术互联并分布式记账,每个驾驶员的行车记录都记录到统一账本。用真实可靠、不可篡改的详细运单记录信息,替代中心化的结算中心,降低现有清算中心负担,提升运营效率,降低运营成本。

2. 基于海量货运数据和云计算技术实现信息共享化

此外中交兴路基于全国货运平台大数据、智能卫星定位系统,已拥有超过460万车辆用户,货车覆盖率在行业内首屈一指,可对车辆进行24小时数据采集,研发了基于货运大数据的各类风控服务产品,包括线路偏离预警、运输延误预警、高风险行为报警、事故实时发现、危险天气路段预警、反欺诈评测模型等一系列基于人工智能、机器学习的数据算法,把轨迹监控技术提升到了产品服务层面。

3. 首创基于UBI保险的互联网货运生态体系

鉴于货运行业的高风险、高赔付特征,大货车承保逐渐边缘化。中交兴路基于货运大数据及风控服务,打造了UBI智能保险体系,并与中国平安财产保险有限公司合作,推出了基于用户行为的货运险产品:优驾保UBI网络货运物流责任险。基于"开车技术好的人发生事故的可能性较小,而且这些人应该少交保险费"这样一个信念,中交兴路开发了根据车辆信息、天气因素、驾驶行为、道路情况、运输里程的保费定价模型,为每一位投保用户打造专属保单。用户可根据改善和规避风险,例如降低和减少急刹车、急转弯、超速、疲劳等危险行为,从而获取折扣保费。

与传统车险相比,UBI保险将计费方式从固定方案价格转变为按行驶情况计价,从静态历史数据风险评估转变为按驾驶行为度量风险。同时,UBI保险更将物联网技术、大数据分析技术与传统精算技术充分融合,实现对单体车辆风险的刻画,促进车险运营和服务模式的革新,彻底改进客户体验。而国外基于用户行为的保险产品市场份额已达20%左右,每年占比的增多也体现了消费者的青睐度。而国内在互联网+货运的革新阶段,UBI保险将成为保险科技应用最为密集的险种之一。而全新的保险产品,中交兴路也开发出多种对接方式,不仅可支持第三方渠道接口对接,也支持H5嵌入,满足平台型物流企业定制化需求。

4. 开辟创新保险体系,引入风险监控与AI闪赔技术

此外对于UBI保险,中交兴路也打造了车辆风险管控和快速理赔的增值服务,创建智能科技保险的生态闭环,为投保客户打造一条龙便捷服务。

(1)风险管控

所有投保用户均可享受免费风控托管服务,通过全链路数据监控网络,客户可以追踪到旗下车队、车辆的动态信息。包括运输途中的异常情况报警、疲劳超速危险行为提醒、恶劣天气和危险路段预警等。通过人工智能技术模拟车辆实时行驶轨迹,快速创建最优路线,降低运输风险。另一方面,为保险公司监控车辆运输状态,降低事故率和赔付率,达到经济收益。

(2)快速理赔

传统理赔流程复杂且流程烦琐,而基于车辆数据采集和区块链技术,可将车辆行驶信息,驾驶行为信息,事故信息等记录在区块链分布式账本中。基于区块链分布式存储,不可篡改的特点,确保了信息的真实可靠,达到理赔快速查勘、定损,提高理赔效率。因此中交兴路不仅打造UBI科技保险,也着眼于提升用户理赔服务,并推出了智能化AI理赔助手,帮助用户发起理赔,指引客户拍摄事故现场照片,帮助客户尽快获得赔款。并利用机器学习(Machine learning)技术塑造了反欺诈算法模型(Fraud Detection Model),使其能够独立处理理赔流程的各环节,提升理赔效率。该模型可以读取车辆设备中的各项数据,用来重建事故现场,用户无须自己去进行举证,从而加速了理赔流程的推进。AI智能理赔体系如图1所示。

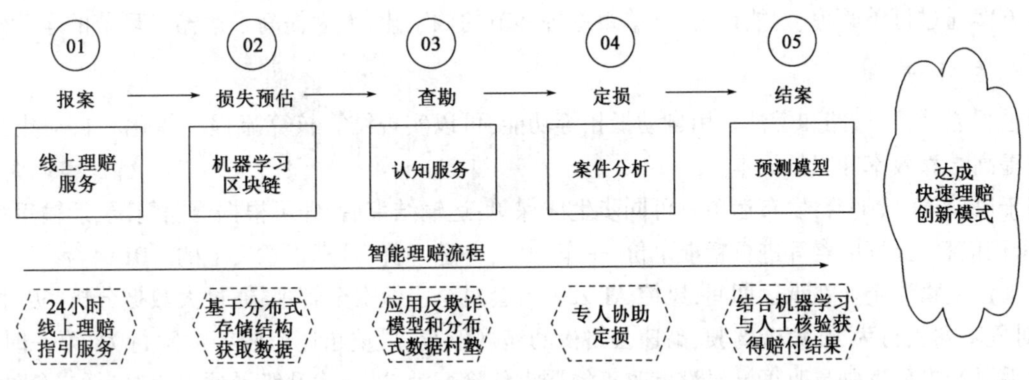

图1 AI智能理赔体系

(三)业务架构

中交兴路作为国内领先的网络货运平台产品供应商,紧盯网络货运平台核心业务流程和市场参与者的核心需求,为国内各个细分行业提供高性价比软件产品和稳定可靠的动静态车辆信息服务。

本项目以中交兴路货运大数据和数据中台服务为底层支撑,结合风控 AI 云平台以及 UBI 保险产品系,围绕平台型物流企业提供软件产品服务、UBI 保险服务和保中风控服务,助力平台型物流企业打造自己的生态圈。本项目业务架构如图 2 所示。

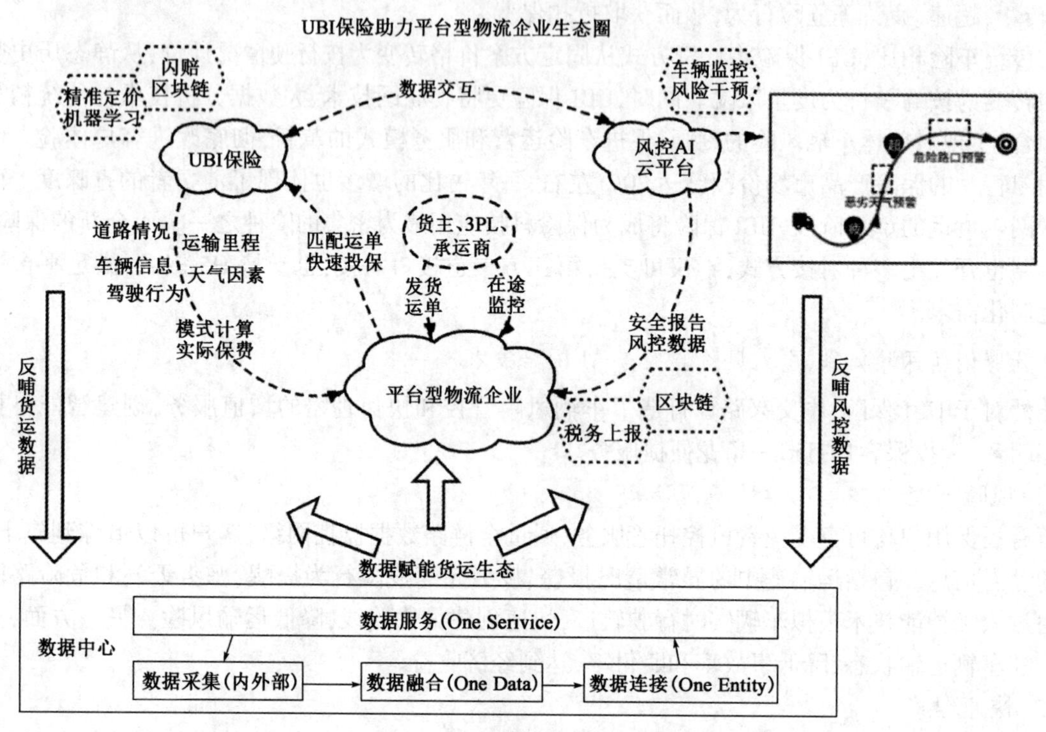

图 2 保险助力平台型物流业生态圈

中交兴路风控 AI 云平台,通过功能模块的动态组合,根据企业的具体业务情况,灵活配置出一套解决方案,具体可从安全、时效、结算三个方面为其物流运输带来升级:

1. AI—安全

基于智能识别认证、在途监控、合同管理、保险等功能,帮助企业实现了整个运输流程透明可视化,并实时监控并干预路线偏离、异常停车等情况,提升企业对运输过程的管理能力和安全防范能力。

2. 智运 AI—时效

该方案通过订单管理、智能调度、订单跟踪等环节的数字化,大大提高了运输各环节的运营效率。

3. 智运 AI—结算

通过智能计费、过路和燃油费用自动抵扣等功能,可以实现结算核算流程一体化和自动化,有效帮助企业提高结算效率和降低成本。

基于风控 AI 云平台,发布运单时可同步生成保单;运输结束后,即可根据道路情况、运输里程、驾驶行为、车辆信息、天气因素等进行精准定价,一车一价,一趟一价,是真正意义上的 UBI 保险。

在平台型物流企业在承运期间,风控 AI 云平台会对全程做安全管理,通过大数据分析、实时通信等技术,对危险驾驶行为,如疲劳驾驶、高速公路夜间违规停车、严重超速行驶等危险行为,第一时间通过智能助手语音提醒驾驶员改正。对没有改正的严重危险行为,进一步升级干预手段,包括应急处理小组通知车主、安全管理员等相关负责人。从而保证运输过程的安全性,降低出险率。

（四）技术架构

本项目系统架构主要分为3层：数据层、计算层和业务支撑层，技术架构如图3所示。

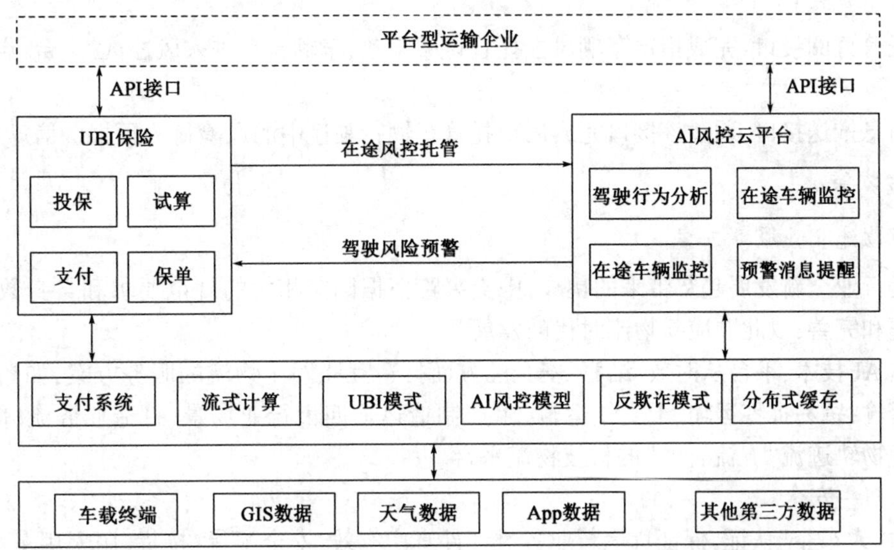

图3　项目系统总体架构

①数据层：从车辆、App、第三方渠道采集的车辆位置及状态数据、天气数据、GIS数据、UGC数据、征信数据等。

②计算层：基于海量数据和分析模型进行实时计算和T+1运算，为业务支撑层提供分析结果，包括UBI模型、保前风控模型、反欺诈模型、事故发现引擎等。

③业务支撑层：主要由UBI保险业务支撑系统和AI风控云平台系统构成，其中UBI保险业务支撑系统提供投保、试算、支付和保单管理等应用功能和API接口服务，AI风控云平台提供在途车辆监控、在途货物跟踪、预警消息提醒、行为分析统计等应用工和API接口服务。

对保险业务的实时分析业务流程进行抽象后，保险业务的实时分析整体架构如下，其中实时计算引擎考虑到业务特点，采用的是业务比较流行的Spark Streaming和Flink Streaming2套计算引擎，对准实时业务，用Spark Streaming引擎，对实施要求高的业务用Flink Streaming引擎计算，计算结果根据不同业务特点进入相应的存储系统。

风控AI云平台系统构建基于GAM算法的保险风险预测模型，基于Flink的流式计算平台的AI实时风控计算模型，实时分析和计算超速、疲劳、高速公路违停、高速公路低速行驶等报警，并通过终端语音和电话方式提醒驾驶员注意安全。对一些影响驾驶安全的包括危险路口、易滑路段、急转弯等危险路段进行驾驶预警，并对施工路段和恶劣天气的预警，降低驾驶风险。

（五）接口方案

本项目面向国内平台型物流企业的信息系统提供开放服务接口，采用https API方式对外提供接口服务。

系统为开发者提供安全证书，开发者在客户端开发中导入证书，遵循API接口规范，发送https请求，支持POST、GET两种，接口将验证API用户的合法性和安全性，然后提供接口服务，接口数据采用UTF-8格式编码。

基于中交兴路成熟的“智运开放”系统框架，定制开发了UBI保险接口和风控服务接口，UBI接口清单如下所述：

1. UBI接口

①投保接口：通过提供投保必要的数据信息，完成订单信息记录，生成订单；投保成功，返回保单号。

②保单查询接口:根据保单号下载电子保单。

③支付对账接口:UBI 模型完成保费计算后,调用该接口完成支付。

2. 风控云平台接口

①车辆托管订阅接口:完成指定车辆风控托管订阅服务,车辆自动进入风控 AI 平台,启动实施在途风控。

②报警消息推送接口:通过该接口完成用户托管车辆行驶途中的风险行为预报警信息的推送。

(六)平台方案

1. 平台型物流企业服务方案

针对货运行业全新发展趋势带来的挑战,中交兴路根据国家相关的规范要求和自身数据价值对平台进行了改进和完善,以此顺应新物流时代的发展。

基于智运 AI 技术,平台从时效、结算、安全三方面打造互联网 + 物流的服务方案,如图 9 所示。针对大宗行业运输、贸易批零运输、干支线运输、生产制造运输四大行业场景,打造业务流、信息流、资金流、票据流、货物轨迹流“五流合一”的科技物流平台。

(1)智运 AI—安全

包括自动“人车企”认证,保证货运行业各类证件真实有效,安全配货、拉货、用人用车;智能预警看板,支持智能监控业务动态,客户可查看车辆实时状态(如车辆未入网、离线、偏离、超速、疲劳、晚发、晚到、订单审核、违约审核、变更目的地、证件到期等提醒);车辆在途监控,支持运输全流程透明管理,及异常事件在途监控(偏航,离线,异常停车,预计到达等);科技保险服务体系:UBI 保险赋能货运行业,开辟基于驾驶行为的定制化保险。

(2)智运 AI—时效

通过智能调度,支持任务区域抢单和发布到指定车队,实现客户自由灵活设置任务分配机制;进园区排队管理,引导驾驶员停车等候有序进入,分流管理;数据大屏,涵盖运输相关各项指标,并支持按照指定模板进行任意模块组合,灵活配置大屏幕展示内容。

(3)智运 AI—结算

包括智能计费,支持多货主、多计费方式、多产品形态,供客户灵活配置,自动计费;财务管理,自动生成对账单、自动对接税务,支持客户在线支付,全方位保障客户信息安全、资金安全;油卡服务,对接虚拟油卡,驾驶员通过手机端直接进行加油,平台进行进项抵扣,有效降低企业运营成本;ETC 开票,ETC 发卡方无差别票务处理,针对运单能够开取外协车及自有车 ETC 通行费发票,提供便捷高效开票服务。

2. 运单 + 保单全程可视化

车辆调度生成运单,同步生成保单。全程透明高效,运输过程可以实时查看。

3. 风控 AI 云平台服务方案

风控 AI 云平台是中交兴路根据全国货运平台 500 万多辆重载货运车辆 5 年的行驶数据积累,面向保险公司/企业/车主/驾驶人开放的风险管控系统。以 GAM/GBM 算法为基础,建立风险模型,通过风险评测、运行管控、理赔评估 3 个关键环节,科学、多维、准确、快速。在车辆承保前,预测三者期望出险频率;在承保过程中,采取动态干预手段降低货运车辆风险发生;在理赔发生后,提供实时车辆信息辅助判定结果。满足保险公司/企业/车主/驾驶人的差异性需求。风控 AI 云平台作为风控数据的核心体系,可通过 API 对接形式,实现大数据技术与共享模式的深度融合,赋能平台型物流企业,反哺物流生态圈。

(1)首页可视化

此服务环节面向保险公司的管理层、销售等工作人员。用户可通过 PC 端登录查看,可以直观看到托管车辆各维度数据直观呈现效果,包括实时报警预警提醒、违规提醒数趋势分析、省内外运营车辆分析、车辆风险等级分布等各维度数据分析图标。

(2)风险评测

此服务环节面向保险公司的精算、核保、销售等工作人员。基于人工智能技术打造的GAM/GBM风控模型,可精准推测车辆在承保前的运营情况、驾驶习惯、常跑路段等驾驶行为特征,也可获知车辆的风险评级,及各项驾驶行为因子对风险水平的影响,基于此制定中交兴路重载货车的定价、核保政策。

(3)安全服务管理

基于车辆卫星定位系统,风控AI云平台采集车辆实时位置、速度等行驶信息,检测车辆潜在的高风险驾驶行为,并在车辆行驶过程中提供消息提醒。同时可以通过系统后台的行车数据分析、安全报告、高危驾驶明细等运行管理工具及时了解车辆驾驶情况,进行安全管理。包括安全服务介绍、安全行驶提醒、安全提醒明细、安全行驶查询、单车安全行驶报告、多车安全行驶报告、车辆运营分析、车辆安全报告、安全托管跟踪菜单功能选项。给客户提供全面,多维度的车辆风险展示。

(七)关键技术

1.基于货运大数据的UBI保险分析模型

作为一款面向市场的、真正意义上根据用户实时行驶情况来定价的保险产品,UBI保险基于多种风险因子的计算模型,从多个维度对货车每趟行驶过程进行实时的分析,计算相应分数,依据模型权重,最终得出实际应付保费。在整个模型中计算模块对整个运输过程实时分析得出各种特征因子,如运输距离,天气因素、驾驶行为、道路因素等。在模型中,各种特征因子分为主要因子、次要因子,辅助因子等,最后调用模型计算,得出最终保费。

传统保险只能在承保前根据用户历史赔付情况判断大概的风险情况,UBI保险可精准识别用户每趟行程的实时风险,做到千人千面、精准定价。实时风险判断所考虑的因素包括:

①疲劳、超速、违规停车等危险驾驶行为;

②道路拥堵情况;

③是否按照既定路线行驶;

④常跑路线;

⑤行驶过程当时的天气情况。

中交兴路基于深度学习XGBoost、GAM等领先的机器学习算法,独创车联网货运风险模型,该分析模型是结合路线特征,天气特征等开发的货运险专属模型,使用驾驶行为、路况条件、运营特征、天气情况等多维度100多项数据因子,将安全评分、出险频率预测深度绑定,从而给出更低保费报价,进一步降低车主和司机的运营成本,实现了车主和保险公司的双赢。

该车险模型已经保险公司全面应用,日查询量超40万,已成全行业标杆产品。

2.基于GAM算法的保险风险成本预测模型

广义可加模型(Generalized Addictive Model,简称GAM)是对广义线性模型(Generalized Linear Model,简称GLM)的扩展。GLM要求自变量x(车联网驾驶行为数据因子)与因变量y(保险风险)之间必须是线性关系,或者可转化为线性关系。GAM突破了这一限制,在自变量x与因变量y之间的关系不确定时,采用非参数拟合算法,用一组样条基(knots)函数代替原自变量,使拟合后的曲线连续且至少具有二阶导数,并通过对惩罚系数的调节,调整曲线的平滑度,减缓过度拟合。

由于保险风险的发生具有偶然性和不确定性,车联网驾驶行为数据因子具有连续性和动态性,二者之间的关系是低信噪比(Signal-noise ratio)的复杂非线性关系,因此,GAM算法比深度学习、支持向量回归等其他高级统计学习算法更适用于保险风险预测场景。使用该算法可以很好地拟合出驾驶行为数据因子与保险风险之间复杂的非线性关系,并使拟合结果具有可解释性。

3.基于马尔科夫模型的车辆位置点道路匹配算法

道路匹配是一种基于软件技术的定位修正方法,其基本思想是将车辆定位轨迹与数字地图中的道路网信息联系起来,将行车轨迹的经纬度采样序列与数字地图路网匹配的过程,其本质上是平面线段序列的模式匹配问题,目的就是有效地提高车辆定位目标的精度,并保持定位结果的稳定性。

道路匹配算法是基于以下2个先期假设条件:一是车辆总是行驶在道路上,二是采用的道路数据精度要高于车载定位导航系统的定位精度。当上述条件满足时,就可以把定位数据和车辆运行轨迹同数字化地图所提供的道路位置信息相比较,通过适当的匹配过程确定出车辆最可能的行驶路段及车辆在该路段中的最大可能位置。

本算法核心技术采用隐马尔科夫模型将GPS点采样数据作为观察值,认为该点所属道路为隐藏值,核心问题即转换为在一系列观察值前提下,找到可联通的隐藏值序列,满足该隐藏值(即匹配的道路集合)代价和最小。每个GPS点对应的可能隐藏值(即可选匹配道路)有多个,自概率和点到道路距离的对数相关,转移概率为前一个GPS点某个可匹配道路到当前GPS点某个可匹配道路的距离和的cost,该cost值与途经道路距离和的对数相关,这样建立起整张状态转移图之后,采用viterbi动态规划算法,计算从第一个GPS点到最后一个GPS点的可选道路集合中cost最小的解,即为该GPS点集所对应的道路匹配解。

(八)关键参数

云平台入网车辆数≥1000万辆;

并发监控服务车辆数≥300万辆;

车辆定位数据并发处理能力≥10万条/秒;

云平台并发在线用户量≥5000个;

接口服务并发在线用户量≥10000次/秒;

系统登录平均响应时间≤5秒;

报警信息处理时间≤10秒;

复杂业务平均响应时间≤8秒;

月统计业务的平均响应时间≤20秒;

年统计业务的平均响应时间≤30秒;

系统可靠性≥99.95%;

系统运行环境linux + mysql;

用户终端兼容Chrome、IE9以上、火狐等主流浏览器;

地图服务中交兴路Transmap和百度地图。

(九)应用前景

1.推广应用情况

中交兴路是国内领先的数据科技公司,已为3000多家道路运输相关单位提供各类信息服务,并与300多家平台型物流企业建立深度合作关系。除了提供网络货运平台产品和数据服务外,还提供科技保险服务与风险管控服务,可通过智能化理赔助手实现快速赔付,针对货损事故,通过反欺诈模型计算以及AI技术分析可实现1个工作日内协助平安财险完成事故定性,从而助力中小企业搭建网络物流生态闭环。

截至2020年,已交付并投入使用的网络货运平台数量接近200家,2019年为近10000家货主企业提供运力服务,累计风控AI云平台收入8500万元,UBI保险投保数突破100万单,保费规模逾5000万元。

2.预期应用前景

面对全新的发展趋势及市场需求,物流平台不仅要实现线上线下深度融合,用服务补齐互联网技术场景。用互联网技术提高场景服务效率的同时,车联网大数据还要具备反哺物流生态的能力。中交兴路通过搭建基于平台型物流企业、融合科技保险服务与风险管控的生态体系,为货运行业群体提供了信息共享、资源互换、车货匹配、风控监管、保险服务的全面平台,在满足基础货物运输需求的同时，提供各类增值服务提升用户体验与满意程度。

中交兴路打造的物流生态圈未来应用场景巨大。随着《网络平台道路货物运输经营管理暂行办法》的正式实施，中交兴路网络货运平台用户和其承接运单数快速增长，UBI保险产品服务和风控服务也将快速增长，预计从2020年10月开始，未来三年内，每年可带来3亿~5亿元直接保费收入，并带来5亿~10亿元风控服务收入，其中UBI保险占货运险市场的20%左右。

四、实施效果

(一)经济效益

1.建立货运生态圈，多举措赋能实体经济，降本增效

融合UBI科技保险与风控AI云平台，无疑给平台型物流企业附加了更高的经济价值。建立完善的物流生态闭环，不仅为客户提供车货匹配和资源智能分配服务，同时通过提升各环节服务体验感，如油卡、ETC、保险金融服务解决货运主体的行业痛点，满足货运市场需求。中交兴路产品应用以来，货车驾驶员月收入增加30% ~40%，较传统货运降低交易成本6% ~8%，其带来的经济效益是非常显著的，如图4所示。

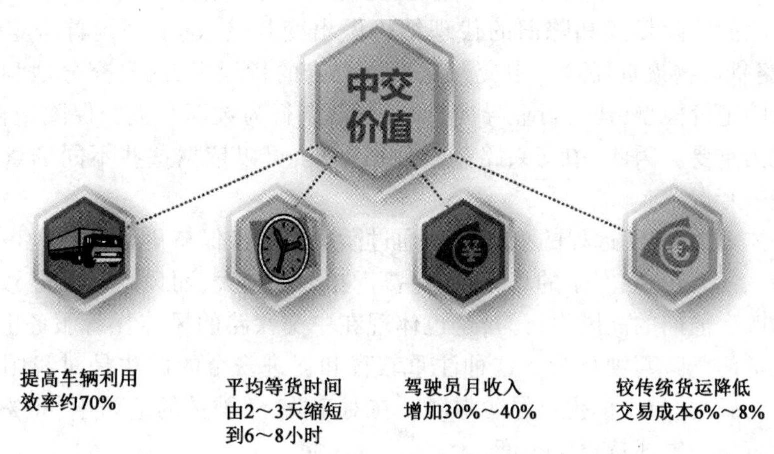
中交
价值
提高车辆利用
效率约70%
平均等货时间
由2～3天缩短
到6～8小时
驾驶员月收入
增加30%～40%
较传统货运降低
交易成本6%～8%

图4　中交兴路产品经济价值

2.开辟保险新模式，为投保主体和保险公司建立共赢关系

此外中交兴路在UBI智能保险体系的创新，又为货运行业开辟了新的发展方向。UBI智能保险是将驾驶员行为与定价捆绑在一起，通过风控AI云平台监控评估货车运输风险，这也使合作保险公司能够更好地监控和控制他们的风险敞口，潜在地提高他们的风险承受力，并使他们能够接触到新的客户群。而对投保主体而言，基于中交兴路的UBI保险体系，合作保险公司有能力向驾驶员收取更低的安全驾驶费用，这为消费者提供了强大的购买动力，促使他们通过改善驾驶行为，以达到降低保费的目的，满足消费者获取低价的消费心理。这使得保险公司可以利用UBI科技保险来获得一些竞争优势，首先，基于中交兴路AI云平台可以根据驾驶行为数据，识别低风险投保人群，从而协助保险公司进行风险把控。其次，行为定价的保险模式可通过为所有投保主体提供定制化的保险来赢得新客户群体青睐，其市场潜力巨大。尤其对货运群体有明显帮助，他们驾驶风险远高于轿车群体，保费更高于汽车市场平均水平，因此可以推断保费折扣和控制保费的能力为中交兴路赋予强有力的行业竞争力，也是消费者采用基于远程的UBI创新保险的主要驱动因素。

(二)社会效益

1.结合风控科技手段，实现车货资源高效利用

互联网+货运时代的兴起，无疑驱动了货运行业的发展，满足了用户更加多元化和个性化的货

运新需求。而中交兴路打造的平台型物流企业生态闭环,以货运群体的需求点出发,响应国家政策,创建了结合风控大数据、人工智能、云计算、科技保险为一体的物流生态网络。中交兴路创建货运生态圈以来,已能提高车辆利用率效率约70%;平均等货时间由2~3天缩短至6~8小时,极大提高了货运行业运输效率。

2. 应用AI安全技术实现健康、有序的物流行业发展

通过智运AI安全体系,建立"人车企"认证流程,以国家税务总局发布的《网络平台道路货物运输经营管理暂行办法》为核心,保证互联网货运环境的健康与有序发展。其一,企业层面,保证企业各类证件的真实有效,保证平台货源真实可靠;其二,人员层面,保证人员、人车匹配真实有效,保证平台人员用车安全;其三,车辆层面,确保车辆已接入全国货运平台,降低套牌、假证等车辆风险,保证用户用车安全。因此通过中交兴路打造的资质认证监管制度,对全国货运行业健康发展做了强有力的支撑。

3. 打破传统保险模式,重塑货运行业保险新秩序

中交兴路为了完善货运生态圈,以用户需求为核心导向,致力创建一个公平的保险秩序。通过携手行业内领先保险企业——中国平安财险,以重塑传统货车保险行业为目的,对传统的根据历史统计数据来分配费率的保险模式和陈旧的代理结构做出变革,创建了国内首个定价模式的保险产品:优驾保UBI网络货运物流责任险。中交兴路借助自身的货运大数据,充分地利用了个体用户的驾驶数据来创建保险定价模型,建立行业导向,即车辆动态行为数据在提交保险报价时,比静态基础信息和保障方案更为重要。因此,中交兴路基于数据采集,可以依据这些不同场景下的真实驾车数据为用户量身打造一套保单。

对货运投保主体来说,基于远程的UBI项目通过激励消费者保持更好的驾驶习惯来提高他们的安全性,从而使消费者受益。更安全的驾驶员,保费折扣力度越大,而风险较高导致保费更高的驾驶员则被教育和激励改变他们的高风险行为,这也体现在中交兴路的风控托管服务上——通过车机语音播报来纠正驾驶员的危险驾驶行为。这种注重教育和促进安全的做法是对我国货运运输提供了安全监督手段,同时为驾驶员主体提供风险保障。在对车队、驾驶员的造访中,80%的受访者表示对风险监督和风险定价保险模式持肯定态度。

基于里程桩号定位的高速公路可视化综合管理平台

福建省高速公路集团有限公司漳州管理分公司

成果主要创造人:李文海　钟建荣

成果参与创造人:吴　铠　徐建德　林长平　陈志清　李贵英　陈雄峰　林加辉　黄春英

福建省高速公路集团有限公司漳州管理分公司(简称"漳州公司")于2007年1月成立,系国有企业福建省高速公路集团有限公司的下属单位,负责漳州市境内所有已通车运营高速公路的征费、综合执法、养护、机电、经营开发等运营管理工作。机关本部设办公室、人力资源部、党群工作部(纪检监察室)、财务管理部、征费管理部、工程技术部、企业管理部、资产投资部、安全监督部、宣传工作部等9部1室,此外还有1个综合执法支队。现管辖48个征管所(分10个管理片区),机电维护中心(设6个机电维护站)、养护中心(设3个一级养护站、8个二级养护站)、清障服务中心(设5个清障服务站)、信息中心、ETC分中心各1个,自营服务区(停车区)8对,专业公司4个,现有员工1450人,管辖的通车高速公路里程682公里。主营业务收入为车辆通行费收入,2019年度营业收入21.5亿元,实现利润6.6亿元。

一、实施背景

(一)新时代"互联网+公路养护管理"的需要

公路养护管理是公路交通工作的基础,对保障路网整体效能,促进公路交通更好适应经济社会发展和人民群众安全便捷出行具有十分重要的意义。近年来,我国从多方面大力推动公路养护管理的优化和创新。国务院《关于积极推进"互联网+"行动的指导意见》中的"互联网+便捷交通",交通运输部《"十三五"公路养护管理发展纲要》等重要文件,都提到民生、转型发展、提质增效等关键核心问题。2019年,国务院印发《交通强国建设纲要》,提出要统筹推进交通强国建设,注重一体化融合发展,构建安全、便捷、高效、绿色、经济的现代化综合交通体系。随着国家不断推进治理体系和治理能力现代化,"十四五"期间公路交通将面临新的发展形势和环境。面对新的发展形势和群众出行的新需求,公路养护管理还存在一些短板和问题。总体上看,公路建设任务依然繁重,养护管理压力快速上升,这些将是当前和今后一段时期公路发展面临的主要矛盾。党的十八届五中全会提出创新、协调、绿色、开放、共享的新发展理念。这是适应和引领经济发展新常态的重大理念创新,也是推动我国公路养护管理转型发展的方向指引。因此,根据公路养护管理特点,借助先进的互联网技术着力改革攻坚,强化管理升级、促进服务提质,努力构建更加畅通、安全、智慧、绿色的公路交通网络是养护管理发展的必然趋势。

(二)公路养护管理目前存在的问题

截至2018年底,我国高速公路通车里程已达14.3万公里,位列世界第一。至2020年1月,漳州公司管辖的通车高速公路主线里程已达682公里。美国公路战略研究计划的研究表明:一条质量合格的道路,在使用寿命75%的时间内性能下降40%,这一阶段称之为预防性养护阶段;如不能及时养护,在随后12%的使用寿命时间内,性能再次下降40%,而养护成本却要增加3~10倍。近年来,全寿命周期养护理念在我国的公路养护中得到了越来越多的重视,科学制定预防性养护计划,采用适宜的技术手段,保证路面养护的及时性,避免错过"最佳时机",对节约养护成本,延长公路使用寿命具有重要意义。然而,现有的路面养护管理普遍采用传统作业方式,存在以下不足:

①从调查路面病害到设计单位根据病害情况制定维修方案,再到出具设计图,往往耗时数个月。在此期间,在行车荷载和气候条件作用下,路面病害程度可能已经加深,施工单位进场后若直接按图施工,可能导致病害处治不到位,影响养护工程质量。

②在进行路面养护施工时,施工数据及影像资料的存档、处理、分析,仍主要采用人工处理。该方法效率低、易出错,施工量等统计数据无法随时查看。同时,施工过程中拍摄的大量施工影像资料存档工作量大且难以规范化,不利于后续的工程档案整理和应对审工作。

③路面病害调查、维修方案、施工数据互通度低,路面维修改造后,若路面再次出现损坏,则无法查看改造前的路面病害情况和维修施工时的施工数据及影像,阻碍了对路面再次损坏原因的分析,不利于制定针对性的处治方案。

为贯彻落实交通运输部《关于开展国家高速公路网命名编号调整工作的通知》,漳州公司积极开展路网命名编号调整和交通标志改造工作,对高速公路路线编号、指路标志、地点距离标志、里程牌等进行调整。在改造时,里程桩号的确定往往采用以下方法:首先对控制点进行放样,确定其准确桩号,然后以控制点为基础采用人工滑滚轮、拉皮尺等方式确定其他位置的桩号。该方法不仅耗时长,而且易出错。由于长短链、弯道等因素,采用该方法得到的非控制点里程桩号可能与实际桩号存在较大偏差。

按照交通运输部提出的建设"四个交通"目标要求,漳州公司积极贯彻落实,大抓公路养护质量,及时对损坏的道路设施进行维修,保障高速公路运营安全。然而,在日常养护中,对路损(路面、路基、桥梁、涵洞、隧道、安全设施、绿化等损坏)的调查、修复往往遵循以下流程:①养护人员到高速公路上进行路损调查,人工记录路损信息并收集相关影像资料;②整理后形成书面文件上报给上级管理部门;③根据上级管理部门的指令,维修人员到路上查找指定的路损进行维修。由于路损数量往往较多,确定路损位置、收集路损及施工信息、整理影像资料往往需要耗费大量的人力和时间,并且在整理过程中易出错、遗漏。路损维修后,其路损数据、施工资料归档缺乏规范化,当特定位置再次出现损坏时,难以调取该位置的历史损坏情况、维修记录等信息,不利于后续的分析及养护工作的进行。

近年来极端天气灾害频发,台风等自然灾害侵袭时,漳州公司所辖高速公路上的指路标志、里程牌等难以避免受到一定程度的损毁。灾后修复时,由于缺乏数字化、可视化信息,需要恢复标志时,查找原来的版面内容及结构类型资料往往较为困难,耗时耗力。

(三)促进养护管理信息化的需要

近年来电子信息技术和移动互联网技术快速发展,4G网络的普及率超90%,仅2019年,我国智能手机出货量就达到3.7亿台,同时国家还积极发展5G网络。在互联网+时代,为了优化传统的作业流程、推进养护转型、促进管理升级、提高养护管理智能化水平,漳州公司积极探索研究,充分利用日趋完善的移动互联网基础设施及先进的信息技术,结合公路养护特点,研发并运用了基于里程桩号定位的高速公路可视化综合管理平台。

二、成果内涵

基于里程桩号定位的高速公路可视化综合管理平台采用高精度的GPS定位、人工智能、计算机图形学等先进信息技术,结合工程测绘原理研发而成。管理平台包含服务器端后台、网页版前端和手机App端三大模块。服务器端后台基于Spring MVC框架,采用具备高稳定性的大型网站主流开发语言 Java 编写,搭载性能卓越服务稳定开源 MySQL 数据库。网页版前端采用 HTML5 + CSS3 + JavaScript 等语言开发实现。手机端基于谷歌发布的集成开发工具 Android Studio,采用 Java、XML 等语言构建。

为实现高速公路里程桩号的快速精准定位,首先,利用 Android 系统的原生 API 获取精准的位置信息;然后,引入高速公路工程图纸中的线形要素,与谷歌的高精度电子地图结合;最后,通过平台自研的核心算法,快速准确地计算出所在 GPS 位置信息对应的里程桩号,并利用大数据分析对计算桩号进行再次校正,进一步提升稳定性和可靠性。

为提升公路养护中维修方案制定的及时性、科学性、准确性,提高参与养护各方的沟通效率,该平台根据《公路沥青路面养护设计规范》(JTG 5421—2018)和《公路技术状况评定标准》(JTG 5210—2018),定制研发了一套集快速的人工病害调查、自动化的路面破损指标 PCI 计算、智能化的维修方案推荐、即时精准的消息提醒、高效化的报表整理导出等模块的跨平台软件。

在电脑 PC 端采用 BS(浏览器—服务器)架构,主要利用了 Bootstrap、Bootstrap Table、G2Plot 等主流开源 Web 端框架以及阿里巴巴旗下蚂蚁金服开发的 G6 图可视化引擎,软件维护和升级方便,只要能上网就能升级且不需要安装额外的软件,通过 PC 端浏览器就能够使用该平台的各个功能。

在手机 App 端,由于需要频繁使用桩号实时定位功能,为避免服务器压力过大,该平台采用了 CS(客户机—服务器)架构,大部分的运算在个人智能手机上运行,一方面降低了服务器的计算压力,另一方面减少了网络通信的时间消耗,该平台的使用流畅性也得到了提高,改善了用户的使用体验。利用个人智能手机搭载的 GPS 定位芯片,配合基站、WLAN 位置配合平台自带的桩号转换算法进行里程桩号的实时高精度定位。采用了 Luban 图片压缩算法,能在保证图片清晰度的条件下,将几个 MB 甚至几十个 MB 的图片压缩至 200KB 左右,节省大量的存储空间,同时避免大量的应用数据导致的个人手机卡顿。此外,该平台还使用了大量的移动端主流框架如:Fastjson、Picasso、OkHttp、Smart Table、GlideImageLoader 等,来提高移动 App 端应用的稳定性、可靠性以及美观性,提高用户的使用体验。

为提升公路资产管理的数字化、信息化水平,提高养护工作效率,该平台通过收集主要构造物及标志牌等资产的影像、GPS 位置、施工参数及图纸等信息,结合腾讯的高精度电子地图,既实现了公路资产的数字化管理,又实现了公路资产在电子地图上(手机电脑均可随时访问)的可视化。

该平台主要包含路网改造、路损调查、动态设计、施工管理、工程量统计和变更管理、主要构造物及标志牌可视化等六大模块,如图 1 所示。该平台操作简单、易于使用,且支持电脑端浏览器和手机移动端等多种方式访问,仅需使用现成的电脑和个人智能手机即可接入该平台,无须额外采购设备。该平台的主要目的是:提高路网改造、日常养护、路面养护的工作效率和质量,同时实现辖区内桥梁、涵洞、隧道等主要构造物及各类标志牌的数字化、可视化精准管理,打破养护管理各个环节"信息孤岛",实现数据互联互通,推进养护转型升级,实现养护管理的数字化、信息化、智能化。

图 1　平台功能概览

三、主要做法

(一)实现实时高精度定位,促进桩号调整精准化

1. 针对的问题

路网里程桩号调整时,一般采用先对主要控制点进行放样,确定其准确桩号,再采用人工滑滚轮、拉皮尺等方式确定其他位置的桩号。存在以下问题:①对控制点进行放样耗时长、成本高;②对非控制点采用人工方式确定位置需要消耗大量的人力和时间,由于长短链、弯道等客观因素及人工操作不够准确等主观因素,采用该方法得到的非控制点里程桩号可能与实际桩号存在较大偏差(可能存在调整完2个相邻百米牌之间的距离仅有10~20米,或2个相邻百米牌间的距离达到200米以上的情况)。

2. 解决方案

漳州公司通过积极研究探索后发现,利用高速公路的路线平面图中的平曲线要素,依托定时测距导航卫星全球定位系统(GPS)及我国完善的4G网络,结合个人智能手机即可实现高速公路里程桩号的实时、精准定位。一方面,该方法以高速公路路线平面图为基础,确保了公路里程桩号的精准性;另一方面,由于无需额外采购设备就可以实现实时精准定位,大大提高了路网里程桩号调整的效率,并节约大量的人力成本和时间成本。

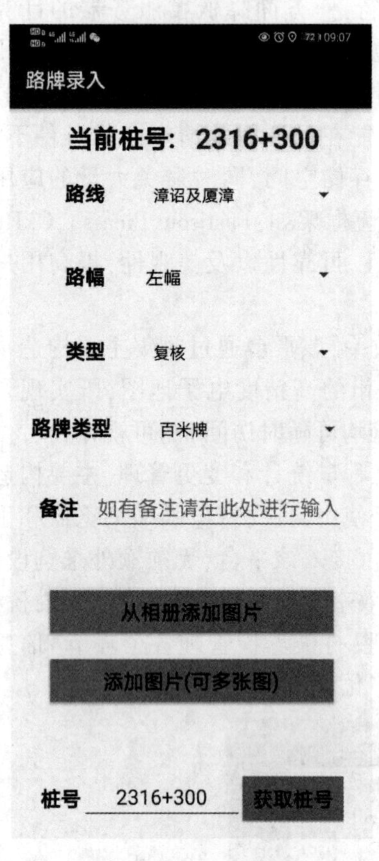

图2　里程桩号实时精准定位

3. 技术实现

由于该方法以高速公路路线平面图中的平曲线要素为基础,故需要提前熟悉路线平面图,掌握直线、曲线、转角等要素。该方法需要人工手持智能手机,到部分控制点(桥梁、隧道)收集点位的经纬度信息——区别于复杂的放样流程,该方法操作简单,仅需操作人员站在控制点上,打开已安装在个人智能手机的App相应模块即可,无须使用其他专业设备。得到控制点的位置信息(经度、纬度)及公路路线的直线、曲线、转角后,该平台能够在地图(如谷歌地图、腾讯地图、百度地图、高德地图等)上面绘制出高速公路路线图,实现路线上所有点位的里程桩号的精准定位。

采用传统的滑滚轮确定路线里程桩号,需要操作人员在通车的高速公路上手持滚轮,步行逐个确定公里牌、百米桩的位置。而采用基于里程桩号定位的高速公路可视化管理平台,操作人员仅需打开手机App,即可查看所处位置桩号,大大提高了路网桩号调整的效率,同时可避免传统作业方法中由于定位里程桩号偏差大,导致的返工问题,作业时间也可以大幅度缩短,保证了操作人员的安全。

如图2所示,在高速公路上,使用个人智能手机接入基于里程桩号定位的高速公路可视化综合管理平台后,选择路线、路幅后,平台将实时显示当前所处位置的准确桩号。

(二)实现便捷录入和自动归档,促进日常养护规范化

1. 针对的问题

在高速公路日常养护中,对高速公路各部位(路面、路基、桥梁、涵洞、隧道、安全设施、绿化等)的损坏情况调查、修复往往采用以下流程:①养护人员到高速公路上进行路损调查,人工记录各个部位的损坏情况信息并收集相关影像资料;②整理收集到的道路设施损坏情况,书面提交上级管理部门;③根据

上级管理部门的指令，维修人员到高速公路上找到指定位置对路损进行维修。这种传统方式存在几方面问题：一方面，路损数量往往较多，确定路损位置、收集路损及施工信息、整理影像资料需要消耗大量的人力和时间，且在整理过程中易出错、遗漏；另一方面，路损维修后，其路损数据、施工数据存档往往缺乏规范化，当特定位置再次出现损坏时，难以调取该位置的历史损坏情况、维修记录等信息，不利于后续的病害分析及养护对策的制定。

2. 解决方案

漳州公司在日常养护管理中发现了上述问题，并积极探索解决方案，在基于里程桩号定位的养护管理可视化综合管理平台中植入路损调查模块。首先，该平台准确的里程桩号定位功能够省去路损调查中，确定路损里程桩号所消耗的时间；同时在确定处治方案后，能快速准确定位需要施工的位置，提高了效率。其次，该平台具备路损报表自动生成功能，调查人员完成路损调查后，平台将自动生成路损调查表（包含路损的里程桩号信息、路损内容、对应的影像资料等），省去了大量整理报表的时间，实现路损的规范化、永久性存档。最后，该平台还支持生成《养护管理工作检查意见通知书》，养护管理部门仅需在平台上勾选已调查的路损，填写检查通知书内容，该平台会自动整合路损数据、影像及检查意见，并实时通知相应的养护单位。维修人员便可根据通知书对路损进行维修，省去了路损报送管理部门，管理部门制定检查意见及再次通知路损维修人员的流程，使得路损的维修更加及时，避免因路损维修不及时而影响通行或发生交通事故。

3. 技术实现

在未使用该平台之前，养护人员在巡查时发现道路设施损坏，需要先找到附近的公里牌或百米桩，再人工推算路损所在的具体桩号位置，然后记录路损的相关信息，拍摄影像资料。该过程需消耗数分钟时间，由于路损数量较多，养护人员完成巡查后，需要花费数十分钟时间对相关数据和资料进行整理，再报送上级部门。在施工时，维修人员需要根据巡查人员提供的信息去查找路损，由于巡查人员对路损位置的描述可能不够准确，维修人员可能需要进一步扩大搜索范围仔细查看后才能找到正确的位置。

漳州公司使用该平台后，养护巡查人员发现路损时，只需打开手机 App，一键即可获取路损对应的里程桩号，利用该平台的智能提示进行路损情况描述，这样记录一处路损只需要十几秒的时间。巡查结束后，从该平台导出路损巡查报表或直接在平台上提交给上级部门即可，省去了巡查人员完成巡查后人工整理报表的时间。管理人员可在平台上直接查看路损数据，一键生成《养护管理工作检查意见通知书》，维修人员可根据该通知书对路损进行修复，省去了路损报送管理部门，管理部门再将处治方案通知维修部门的时间。基于该平台的高精度桩号定位，维修人员在施工时可以快速准确地定位到路损的准确位置，大大缩短了定位时间，提高了巡查人员、管理人员、维修人员的工作效率。

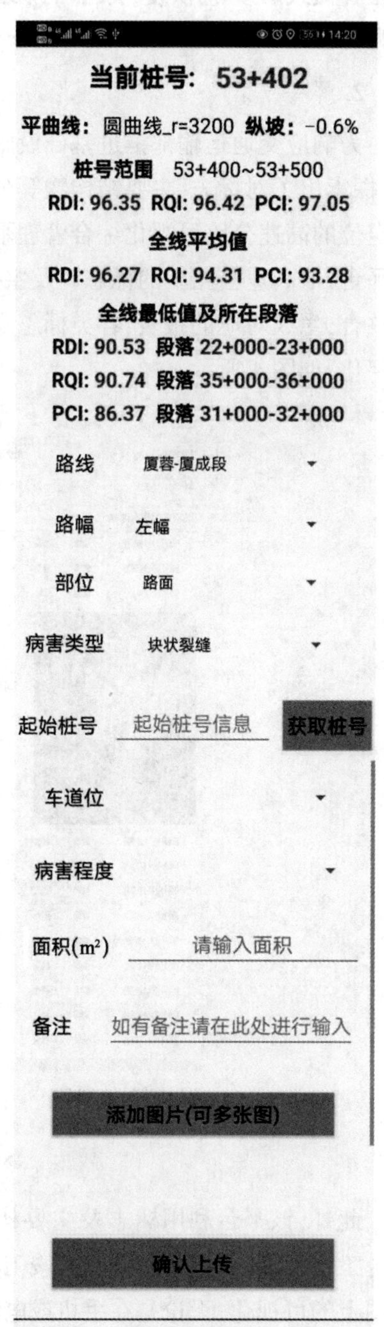

图3　路损调查录入界面

如图 3 所示：路损调查人员在高速公路上，打开 App 接入该平台,选择路线、选择路幅后,平台将实时显示:①调查人员所处位置的里程桩号;②该位置对应的平曲线要素(前缓和曲线、圆曲线、后缓和曲线及相关参数);③该位置百米范围内的路面检测指标 RDI、RQI、PCI;④路段全线的路面指标统计值及该路线的路面检测指标最低的段落。路损调查人员挑选路损的部位及对应的路损类型,对损坏内容进行描述和影像拍摄,便可完成病害的录入。

(三)实现资产数字化和可视化,促进养护管理信息化

1. 针对的问题

目前国内对高速公路上的标志及桥梁、涵洞、隧道等主要构造物的管理方法还较为传统,缺乏有效的数字化、可视化管理。而且高速公路易受台风等自然灾害侵袭,由于缺乏数字化、可视化资料,标志和里程牌损毁后要想恢复,原本的版面内容及结构,需要查找原有的档案资料,存在一定难度,耗时耗力。

2. 解决方案

为响应交通运输部推进基础设施数字化建设,推进路网管理智能化水平,漳州公司通过试点、实践后,探索出了对标志、主要结构物等公路资产进行数字化、可视化管理的方法。该方法利用基于里程桩号定位的高速公路可视化综合管理平台,依托辖区内的各个养护站的养护人员,在日常巡查过程中接入该平台,对高速公路上的标志牌及主要构造物进行桩号定位,拍摄实物影像并上传。平台自动对数据进行整合,生成对应的报表,各类标志及主要构造物的数量、位置、影像资料一目了然,实现了路网资产的数字化,如图 4 所示。

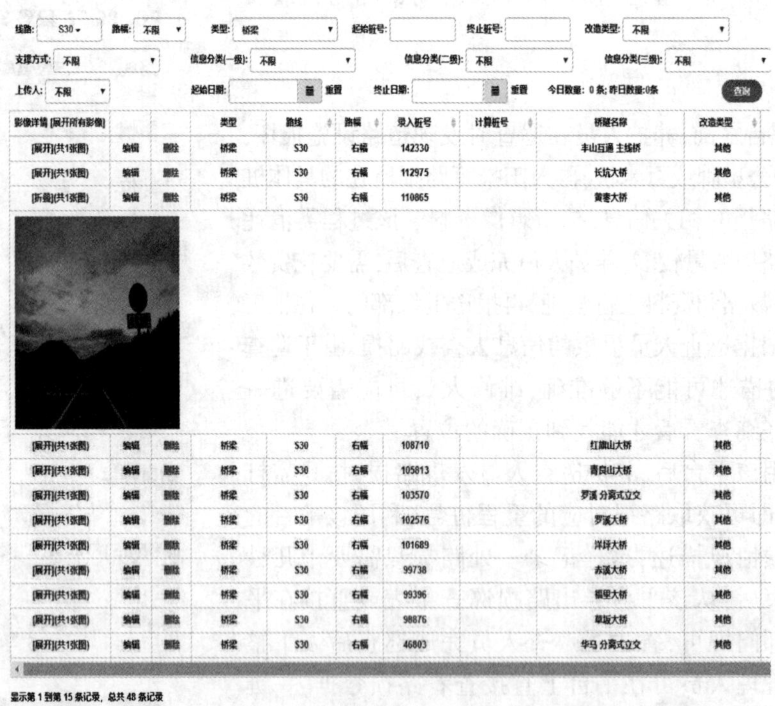

影像详情 [展开所有影像]			类型	路线	路幅	录入桩号	计算桩号	桥隧名称	改造类型
[展开](共1张图)	编辑	删除	桥梁	S30	右幅	142330		丰山互通 主线桥	其他
[展开](共1张图)	编辑	删除	桥梁	S30	右幅	112975		长坑大桥	其他
[折叠](共1张图)	编辑	删除	桥梁	S30	右幅	110865		黄枣大桥	其他
[展开](共1张图)	编辑	删除	桥梁	S30	右幅	108710		红旗山大桥	其他
[展开](共1张图)	编辑	删除	桥梁	S30	右幅	105813		青良山大桥	其他
[展开](共1张图)	编辑	删除	桥梁	S30	右幅	103570		罗溪 分离式立交	其他
[展开](共1张图)	编辑	删除	桥梁	S30	右幅	102576		罗溪大桥	其他
[展开](共1张图)	编辑	删除	桥梁	S30	右幅	101689		洋坪大桥	其他
[展开](共1张图)	编辑	删除	桥梁	S30	右幅	99738		赤溪大桥	其他
[展开](共1张图)	编辑	删除	桥梁	S30	右幅	99396		福里大桥	其他
[展开](共1张图)	编辑	删除	桥梁	S30	右幅	98876		草坂大桥	其他
[展开](共1张图)	编辑	删除	桥梁	S30	右幅	46803		华马 分离式立交	其他

显示第 1 到第 15 条记录,总共 48 条记录

图4　公路资产管理数字化

此外,该平台利用标志及主要构造物的 GPS 位置信息、现场拍摄的影像资料、高精度电子地图,结合工程图纸,不仅将实物与其竣工图进行了数据关联,还创新地实现了各类标志及主要构造物在电子地图上的可视化,无论是在手机或电脑上都可以随时查看任意标志牌所在的位置、描述及影像资料,如图 5所示。

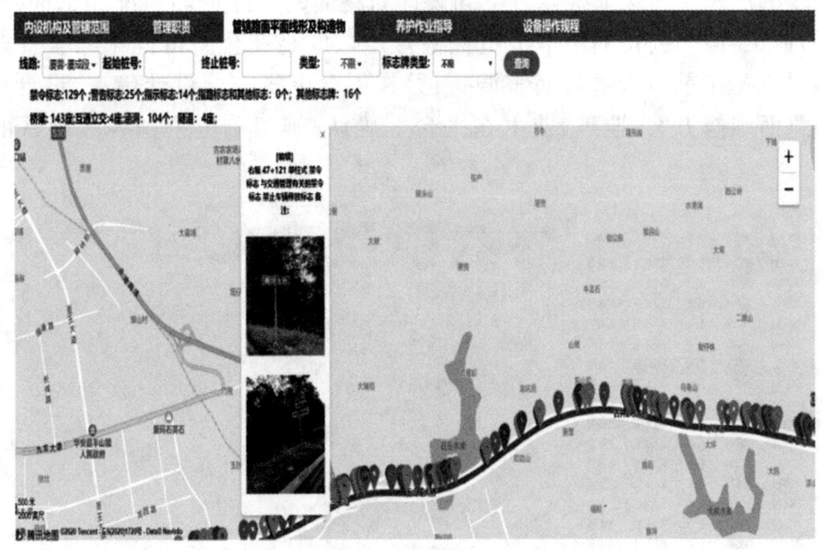

图5 公路资产在电子地图上的可视化

3. 实施示例

2020 年 8 月 10 日,第六号台风“米克拉”在福建漳浦沿海登陆,登陆时中心附近最大风力 12 级,造成漳州公司辖区内大量交通标志、里程牌等公路资产严重损毁,特别是禁令和警告标志的损毁,对高速公路行车安全造成不利影响。采用传统的方法难以迅速、准确恢复被损毁的各类标志牌。然而,借助该平台的可视化功能及竣工图的关联功能,可随时查看到各类标志牌被损毁前的版面信息、结构类型及对应的设计图,极大加快了灾后各类标志牌恢复重建工作的速度。

(四)实现养护工程动态设计,促进养护管理精细化

1. 针对的问题

目前多数的路面修复性养护采用这样的流程:①设计单位提前数月进行路面检测和病害调查;②设计单位根据病害调查数据进行维修方案设计;③施工单位根据设计图施工。然而,该流程存在以下问题:从开始病害调查到施工单位进场施工隔了几个月的时间,在此期间,如果是南方地区长达数个月炎热多雨的夏季,在持续高温和雨水的共同作用下,路面病害常出现很大程度的加深。在这种情况下,根据几个月之前的病害调查结果制定维修方案,显然缺乏针对性。

2. 解决方案

为了解决病害调查、确定维修方案、施工周期长的问题,依托“基于里程桩号定位的高速公路可视化综合管理平台”,漳州公司积极探索,在实践中总结出了一套行之有效的方案:为保证病害调查信息能真实反映当前的路面损坏情况,调查人员在施工的数天前,开展徒步病害调查,将病害调查信息上传到该平台。该平台对上传的病害调查数据进行自动整合归档,并结合《公路沥青路面养护设计规范》及《公路技术状况评定标准》,自动计算出路面损坏指标 PCI,同时提供相应的病害调查数据和影像资料作为支撑,如图 6 和图 7 所示。设计人员可参考平台计算出的路面损坏指标和路面的现场影像,动态、科学地确定维修方案并上传到平台,监理、业主单位确认后,施工单位便可按此方案进行施工。从病害调查开始到施工单位开始施工的流程可以缩短到几个小时内。

3. 实施示例

以福银高速公路等路段路面提升改造工程为例:2018 年 9 月完成路面病害调查,设计单位制定维修方案,出施工设计图。但是,受到施工单位选择、设备进场、材料供应及天气等因素影响,该工程于 2019 年 6 月才开始大规模施工,在夏季高温、降水及行车的共同作用下,几个月的时间内,路面病

害发生了很大程度的加深。为保证维修方案的设计与路面的实际损坏情况相适应，保证路面维修质量、避免不必要的返工，漳州公司利用基于里程桩号定位的高速公路可视化综合管理平台，开展“动态设计”：调查人员在施工前一天进行病害调查，并在平台上提交给设计代表，设计代表在平台上选择具有针对性的路面维修方案，监理、业主在平台上确认，施工单位根据各方确认的方案组织路面维修。

第3车道																												
pci	段落长度(m)	起始桩号	终止桩号	路幅	车道	层面	龟裂(m2)			块状裂缝(m2)		纵向裂缝(m)		横向裂缝(m)		沉陷(m2)		车辙(m)		波浪拥包(m2)		坑槽(m2)		松散(m2)		泛油(m2)	修补	
							轻	中	重	轻	重	轻	重	轻	重	轻	重	轻	重	轻	重	轻	重	轻	重		块状(m2)	条状(m)
93.01	34	30000	30034	右幅	第3车道	上面层									1.0													
40.89	40	30034	30074	右幅	第3车道	上面层									1.0										41.25		4.0	
29.60	50	30074	30124	右幅	第3车道	上面层							6.0												78.75			
82.31	50	30124	30174	右幅	第3车道	上面层							14.0															
92.95	50	30174	30224	右幅	第3车道	上面层									1.5													
96.63	50	30224	30274	右幅	第3车道	上面层																					0.5	
84.85	50	30274	30324	右幅	第3车道	上面层						16.0																
100.00	50	30324	30374	右幅	第3车道	上面层																						
95.59	50	30374	30424	右幅	第3车道	上面层																0.12						
79.44	50	30424	30474	右幅	第3车道	上面层							20.0									0.04						
79.50	50	30474	30524	右幅	第3车道	上面层							20.0															
77.53	50	30524	30574	右幅	第3车道	上面层							25.0															
100.00	50	30574	30624	右幅	第3车道	上面层																						
100.00	35	30624	30659	右幅	第3车道	上面层																						
100.00	40	30659	30699	右幅	第3车道	上面层																						
100.00	182	30699	30881	右幅	第3车道	上面层																						
100.00	40	30881	30921	右幅	第3车道	上面层																						
100.00	50	30921	30971	右幅	第3车道	上面层																						
100.00	29	30971	31000	右幅	第3车道	上面层																						

图6　对病害调查数据自动整合，计算路面损坏指标 PCI

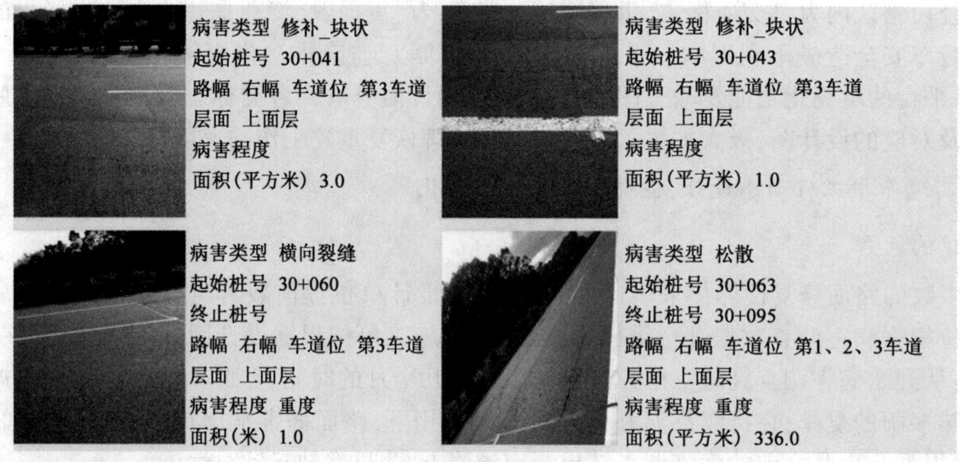

病害类型 修补_块状
起始桩号 30+041
路幅 右幅 车道位 第3车道
层面 上面层
病害程度
面积（平方米） 3.0
病害类型 修补_块状
起始桩号 30+043
路幅 右幅 车道位 第3车道
层面 上面层
病害程度
面积（平方米） 1.0
病害类型 横向裂缝
起始桩号 30+060
终止桩号
路幅 右幅 车道位 第3车道
层面 上面层
病害程度 重度
面积（米） 1.0
病害类型 松散
起始桩号 30+063
终止桩号 30+095
路幅 右幅 车道位 第1、2、3车道
层面 上面层
病害程度 重度
面积（平方米） 336.0

图7　病害调查数据及影像

（五）实现自动数据整合，促进变更和数量统计智能化

1. 针对的问题

①在路面修复性养护过程中，由于病害调查、维修方案设计、施工各个环节独立进行，数据没有进行规范化、信息化归档，在生成工程变更相关表格时，需要耗费大量的人力整理病害调查数据、维修方案和施工数据等。采用人工整理方式时，制作工程变更数量表不仅容易出错，而且难以提供准确、完整的病害调查、施工数据及影像来支撑工程数量变更。

②在路面施工时，业主、监理、设计、施工单位无法实时掌握施工量、设计量、完成百分比等关键统计数据，不利于工程的进度管理。

2. 解决方案

漳州公司推进路面养护施工项目管理向数字化、一体化、智能化转型，打破传统作业方式存在的“信息孤岛”。首先，将病害调查数据、路面维修方案、施工数据等全部录入到基于里程桩号定位的高速公路可视化综合管理平台中。然后，利用该平台的数据整合功能，以桩号作为纽带，实现病害调查、维修方案、施工数据的关联。最后,利用该平台的报表导出功能,实现工程变更整套表格的自动化导出,导出的报表如图8所示。

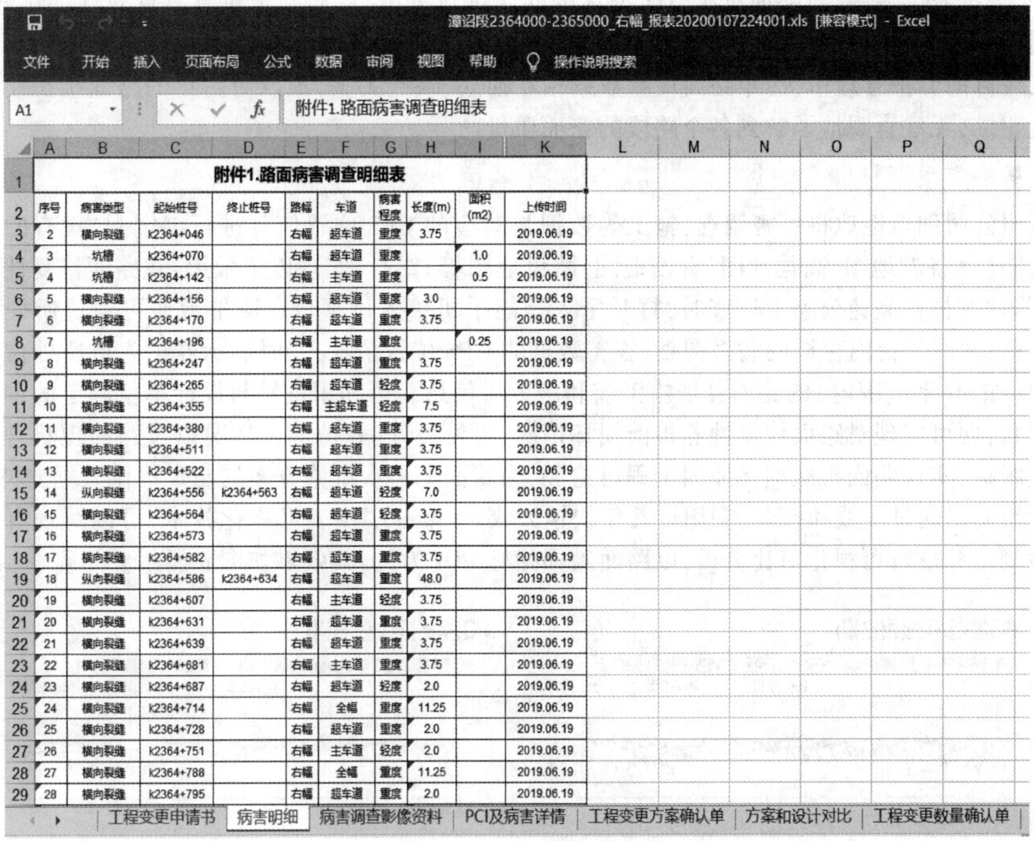

附件1.路面病害调查明细表

序号	病害类型	起始桩号	终止桩号	路幅	车道	病害程度	长度(m)	面积(m2)	上传时间
2	横向裂缝	k2364+046		右幅	超车道	重度	3.75		2019.06.19
3	坑槽	k2364+070		右幅	超车道	重度		1.0	2019.06.19
4	坑槽	k2364+142		右幅	主车道	重度		0.5	2019.06.19
5	横向裂缝	k2364+156		右幅	超车道	重度	3.0		2019.06.19
6	横向裂缝	k2364+170		右幅	超车道	重度	3.75		2019.06.19
7	坑槽	k2364+196		右幅	主车道	重度		0.25	2019.06.19
8	横向裂缝	k2364+247		右幅	超车道	重度	3.75		2019.06.19
9	横向裂缝	k2364+265		右幅	超车道	轻度	3.75		2019.06.19
10	横向裂缝	k2364+355		右幅	主超车道	轻度	7.5		2019.06.19
11	横向裂缝	k2364+380		右幅	超车道	重度	3.75		2019.06.19
12	横向裂缝	k2364+511		右幅	超车道	重度	3.75		2019.06.19
13	横向裂缝	k2364+522		右幅	超车道	重度	3.75		2019.06.19
14	纵向裂缝	k2364+556	k2364+563	右幅	超车道	轻度	7.0		2019.06.19
15	横向裂缝	k2364+564		右幅	超车道	轻度	3.75		2019.06.19
16	横向裂缝	k2364+573		右幅	超车道	重度	3.75		2019.06.19
17	横向裂缝	k2364+582		右幅	超车道	重度	3.75		2019.06.19
18	纵向裂缝	k2364+586	k2364+634	右幅	超车道	重度	48.0		2019.06.19
19	横向裂缝	k2364+607		右幅	主车道	轻度	3.75		2019.06.19
20	横向裂缝	k2364+631		右幅	超车道	重度	3.75		2019.06.19
21	横向裂缝	k2364+639		右幅	超车道	重度	3.75		2019.06.19
22	横向裂缝	k2364+681		右幅	主车道	重度	3.75		2019.06.19
23	横向裂缝	k2364+687		右幅	超车道	轻度	2.0		2019.06.19
24	横向裂缝	k2364+714		右幅	全幅	重度	11.25		2019.06.19
25	横向裂缝	k2364+728		右幅	超车道	重度	2.0		2019.06.19
26	横向裂缝	k2364+751		右幅	主车道	轻度	2.0		2019.06.19
27	横向裂缝	k2364+788		右幅	全幅	重度	11.25		2019.06.19
28	横向裂缝	k2364+795		右幅	超车道	重度	2.0		2019.06.19

图8　平台导出的工程变更表格

该报表包含:工程变更申请书、病害明细表、病害调查影像资料、各段落的路面破损指标PCI及对应的病害统计数据、工程变更方案确认单、现场维修方案与原设计图纸的对比表、工程变更数量确认单、施工数量与维修方案对比表、局部病害处治数量表、工程数量表以及对应的影像资料、工程变更令、新增单价申请批复单、工程变更费用申请批复单等。

为了让参建各方随时能了解各类关键工程量统计数据和施工设计对比数据、工程完成进度等,该平台添加了施工工程量分类及实时统计功能,只要接入该平台,便可随时查看到各类关键统计数据,从而帮助更好把握工程的进度。

3. 实施示例

在路面养护管理过程中,若采用传统的作业方法生成工程变更各类表格大致需要以下流程:①人工整理病害调查数据及相关的影像资料;②人工整理施工数据及对应的施工影像,并对施工数据按类别进行划分;③整理工程变更相关依据文件;④将施工数据、设计提供的工程数量表、工程变更文件进行整理对比;⑤根据各个类目的单价统计出各个施工项的金额;⑥人工制作工程变更各类表格。在福银高速公路等路段路面提升改造工程中,漳州公司采用了基于里程桩号定位的高速公路可视化综合管理平台后,仅需登录该平台网站,便可一键导出特定桩号范围内的工程变更各类表格。与传统的人工整理方法相比,该方法既保证了数据的完整性和可靠性,又节约了大量的人力和时间。

(六)实现数据互联互通,促进路面维修高质化

1. 针对的问题

①路面修复性养护后,随着时间的推移,在车辆和自然环境的作用下,路面可能再次出现损坏。

另外,也可能由于局部路面因修复性养护施工过程时存在质量问题而在短短数月内就再次出现严重的路面损坏。此时,有必要调取出路面修复性养护前对应位置的病害调查数据及影像、设计维修方案、施工数据及影像等,对路面再次发生损坏的问题进行分析,从而制定更具有针对性的维修方案,保证路面维修质量。

②在目前养护管理中,历年路面检测数据相互独立、缺乏关联,难以对历年的路面维护质量进行可视化跟踪,无法直观地了解到各个路段的路面质量。

2. 解决方案

漳州公司创新性地将病害调查、施工等数据与对应的 GPS 位置信息进行绑定,与现有的高精度电子地图(如谷歌地图、高德地图、百度地图、腾讯地图等)结合,实现以下效果:在路面修复性养护完成后,养护人员在高速公路上巡查时,打开个人智能手机接入该平台。该平台便可通过所处位置的 GPS 信息,调取平台内存档的病害调查、施工数据的 GPS 位置信息,实时显示养护人员所处位置一定范围内(如 50 米范围内)的路面养护施工前和施工后信息。再利用桩号与设计单位制定的维修方案进行关联,便可实现对路面修复性养护前损坏情况、维修设计、养护施工情况以及路面现状进行全程可视化跟踪,实现路面再次损坏原因全程可追溯,为路面的再次维修方案的制定提供数据支持。

漳州公司通过实践和探索,利用近几年快速发展的 Web 端图表可视化技术,可以对现有的路面历年检测指标进行可视化对比分析,以路面破损指标 PQI 为例,其效果如图 9 所示。

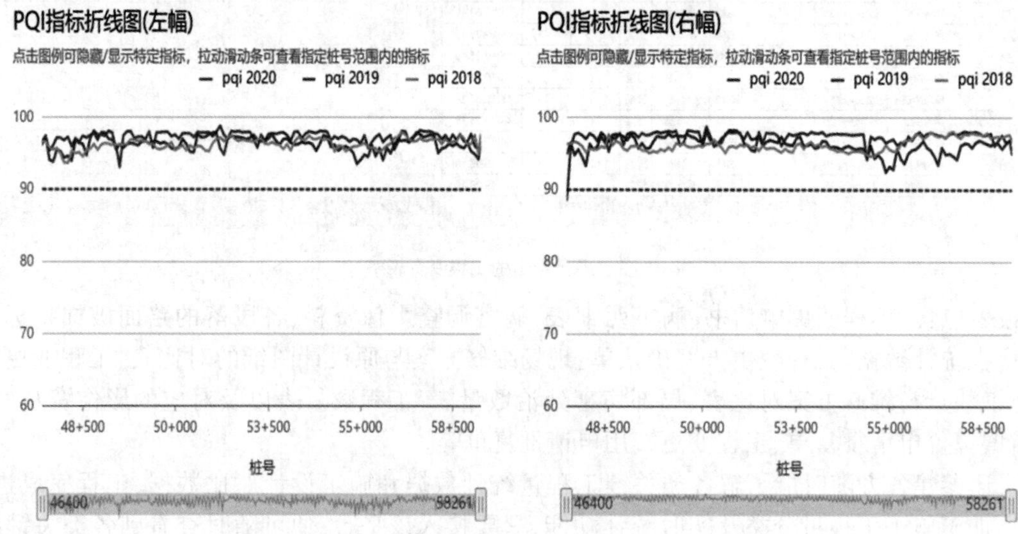

图 9　某高速历年路面破损指标 PQI 的可视化对比

在该平台上可以看到历年的路面检测指标 PQI、PCI、RDI、SRI、PBI 等,图 9 中仅以 PQI 为例,通过历年数据对比,可以对路面的维护质量实现可视化跟踪。在该显示界面上,通过滑动下方的按钮,可查看特定桩号范围内的相应路面指标。

四、实施效果

基于里程桩号定位的高速公路可视化管理平台已在福建省高速公路集团有限公司下属的漳州管理分公司、福泉管理分公司等公司的日常养护、路面养护施工中得到了广泛的运用。

利用该平台,实现了公路交通标志和主要结构物的资产可视化,提高了公路养护管理信息化水平。

利用该平台,养护人员仅需打开手机 App,即可实时查看所处位置准确的里程桩号,无须花费时间通过找现场的公里牌和百米牌来推算桩号,提高了工作效率。

利用该平台,养护人员发现路损时,可一键获取里程桩号,智能提醒记录路损情况,节省了现场记录时间和事后整理上报时间，路损登记及修复流程运转更为快速、便捷，提高了工作效率。

利用该平台，在路面养护施工时，病害调查、维修方案制定及确认、指导施工整个流程更为迅速快捷，节省了工期。可实现对路面修复性养护前损坏情况、维修设计、养护施工及路面现状进行全程可视化跟踪，实现路面再次损坏原因全程可追溯，为路面养护决策提供技术支持。

利用该平台，可一键导出特定桩号范围内的工程变更报表，节约了大量的人力和时间，同时保证了数据的完整性和可靠性，为后期审计工作提供便利。

借助该平台的可视化功能，可随时查看交通标志的历史信息，提高损毁重建工作的效率和质量。

该平台的运用，已经取得了较为显著的经济效益。据统计，仅在漳州公司辖区，养护部门运用平台人数达 136 人，每年平均节约 520 个工时/人，合计可节约 8840 个工日，仅提高工效一项，每年可产生经济效益 265 万元。

五、发展前景

我国公路经历三十年左右的快速建设后，正迎来一个公路养护维修高峰。我国长期以来的“重建轻养”观念，导致公路养护基础十分薄弱，养护任务艰巨，大量早期修建的公路陆续进入改扩建及大中修养护阶段，养护费用的投入正在快速增长，养护费用将逐步超过建造费用。发展公路，必须坚持建、管、养并重原则。开展科学规范的养护管理，贯彻全寿命周期成本理念，积极推进四新技术运用，才能提高公路的运行质量和经济效益。

实践证明，利用卫星定位、大数据、人工智能等先进信息技术开发的基于里程桩号定位的高速公路可视化管理平台，能够推动养护管理的转型升级，对公路养护效率的提高、养护成本的降低、养护质量的保障有极大促进作用。此外，国家正从多角度大力推动公路养护管理的优化和创新，包括国务院《关于积极推进“互联网 + ”行动的指导意见》中的“互联网 + 便捷交通”、交通运输部《“十三五”公路养护管理发展纲要》等重要文件为养护信息化指明了方向。因此，该平台具有广阔的发展前景。

基于 ERP 系统的城市公交安全事故重点监测与应用

阜阳市公共交通总公司

成果主要创造人:任　鑫　王　林

成果参与创造人:张祥军　何　飞　徐峰源　崔　明

阜阳市公共交通总公司(简称"阜阳公交")始建于1972年,是阜阳市唯一一家经营城市公共客运的国有公益性服务企业。历经多年发展、变革、创新,阜阳公交现已发展为以城市公交客运服务为主体,集保修、保洁、驾校、旅游汽车出租、公交IC卡为依托的产业多元化、服务标准化、管理精细化、品牌形象化的创新型、学习型和开放型企业,是安全标准化一级企业。现有营运车辆634台(776.2标台),职工2213人,公交线路52条,线路总长767公里,年营运里程近3410万公里,年运送乘客近亿人次,并拥有5家营运分公司,企业规模在省内同行业中名列前茅。

近年来,阜阳公交全体职工团结一致,抢抓机遇,乘势而为,积极奉献,以服务市民出行为己任,深化企业改革,强化企业管理,加大科技创新,努力在优化线路网络、狠抓增收节支上下功夫,为阜阳市经济社会发展作出了积极贡献。特别是自"十三五"以来,随着公交优先政策的出台和企业内部改革的不断深化,阜阳公交各项事业发展又有了新的提升。全力优化线路资源,提高线网服务范围,深入推进星级体系建设,全面打造优质化、人性化、亲情化的公交服务品牌,为乘客提供有品质、有温度的优质公交服务;严格落实安全生产主体责任,创新安全生产工作举措,强化源头防范和隐患治理,为人民群众的公交安全出行和社会和谐稳定不懈地努力着;新增节能环保车型,相继投入应用气电混合动力公交车、油电混合动力公交车等新能源公交车辆500余台,有效提升了服务能力和乘客出行质量;加大科技化投入,所有公交线路实现智能化调度,注重乘客体验,开通微博、微信,实现实时互动,开发建设阜阳公交App、微信公众号出行查询模块和智能公交电子站牌,使群众公交出行更加高效便捷。

近年来,阜阳公交先后荣获第五届全国文明单位、全国工人先锋号、全国文明交通示范单位、全国敬老文明号、全国交通运输节能减排先进企业、全国交通运输企业文化建设优秀单位、全国交通运输企业文化建设优秀单位等国家、省、市数十项荣誉称号;涌现出全国劳动模范、十七大代表答朝荣,省、市级劳动模范陈燕、喻明、孟红、江福立、陈文亮和1个国家级、3个省级、4个市级示范线路等一大批先进个人和先进集体。

一、实施背景

(一)安全管理精准化的需要

城市公交的运营特点是点多、线长、面广,公交安全管理难度相对较大,这对安全管理的重点、方向和管理力量分配提出了更高的要求。

城市公交道路交通事故(包括责任事故、无责事故和轻微事故)相较其他行业事故具有多发性特点,其大量的事故数据可以反映事故重点突出的问题。比如驾驶人的违法违规次数、责任事故次数,甚至无责事故次数,都能反映出驾驶人在安全行车中的突出问题。

阜阳公交在安全管理工作中坚持“抓住安全重点、管好安全重点”的安全管理理念，强化重点人、重点时段、重点路段的安全管理，对安全管理精准化提出了要求。突出重点问题，仔细统计、排查安全管理重点，采取针对性的管理措施，做到有的放矢，这些都是提高安全管理效果的有效途径。

（二）安全管理科学化的需要

应该坚持和传承阜阳公交在安全运营管理中形成的很多宝贵的安全管理经验。但是，社会发展日新月异，在新技术的大量运用、员工的结构性变化、以及新安全管理理念的冲击下，有些经验已经不合时宜，有些经验有待创新升级。比如，对一些重点人的排查，过去往往凭主观经验进行判断，难免会有偏颇，缺乏科学性和规范性。现在利用信息化技术对大量的安全运营生产数据进行梳理，能更真实、全面地反映问题，也更具说服力。

（三）安全管理信息化的必然

2018 年，阜阳公交开始推进信息化管理，安全管理工作也乘势而为。公司把在安全运营生产过程中产生的大量数据用“活”，最大程度体现了安全管理服务的数据价值。基于 ERP 信息化管理系统，建立了事故管理、动态监控管理、违法违规管理、稽查管理等安全管理基础模块，有了信息化的安全管理“数据库”，城市公交安全事故重点监测才具备了实现的条件。

（四）坚决防范遏制重特大安全事故的安全形势需要

国家高度重视安全生产工作，多次对坚决防范遏制重特大事故发生作重要指示和批示。2015 年 8 月 15 日，国家领导人习近平就切实做好安全生产工作作出重要指示，要求各级党委和政府牢固树立安全发展理念，坚决遏制重特大安全生产事故发生。2019 年 3 月，国务院安委会发出紧急通知，部署认真贯彻落实习近平总书记重要指示精神，坚决防范遏制重特大事故。坚决防范遏制重特大安全事故，是人民群众幸福感、获得感、安全感的重要保障。城市公交安全事故重点监测实现“抓重点、管重点”的安全管理思路，对道路运输行业安全发展起到积极作用。

二、城市公交安全事故重点监测创新特点

1. 深挖数据

利用 ERP 信息平台已录入的数据，实现信息数据的再挖掘、再利用，服务安全管理。

2. 动态监测

通过设置监测周期，反映不同阶段的事故发生特点和一般规律的变化，研判事故发展趋势，发现重点监测等级列表的变化，为安全管理提供监管的重点和方向。

3. 精准施策

排查和发现重点人、重点时段和重点路段，为安全管理提供数据支撑，结合风险排查与管控、隐患排查与治理和安全教育培训，实现抓重点、管重点的安全管理。

4. 突破传统

重点人等安全重点管理方法在城市客运中普遍存在，但以往多凭借经验来判断，排查重点的标准不清晰，数据利用不足，精准性差，针对性不强。城市公交安全事故重点监测技术突破传统方式，提高了效率，实现了质量和效果的提升。

三、成果内涵和主要做法

阜阳公交始终坚持“安全第一、预防为主、综合治理”的安全方针，提出“抓住安全重点、管好安全重点”的安全管理思路，创新了城市公交安全事故重点监测技术。城市公交安全事故重点监测系统主要是基于本企业 ERP 系统，提取事故统计分析数据，从道路交通事故肇（当）事人、事故发生路段和事故发生时间段等方面排查和发现重点人、重点时段和重点路段，为安全管理提供数据支撑，结合

安全风险排查与管控、事故隐患排查与治理和安全教育培训,实现抓重点、管重点的安全管理。

(一)紧盯行业安全形势,提出安全管理新思路

2018 年,阜阳公交在汲取"10 · 28"重庆万州公交坠江事件的安委会全体会议上,针对该起事件中暴露出的驾驶人、路段(桥梁)等突出的安全问题,提出了"抓住安全重点、管好安全重点"的安全工作思路,明确了"重点排查、重点监测、重点管控"的安全工作方法,强调了对重点人、重点时段和重点路段的安全监管,坚决防范遏制重特大事故的发生。

(二)成立专项攻关小组,主动出击、有效突破

阜阳公交安委会主任亲自抓城市公交安全事故重点监测攻关工作,抽调 1 名注册安全工程师和多位安全管理精英,协调山东恒宇电子有限公司技术人员,成立了攻关小组。并明确分工:一是由阜阳公交进行城市公交安全事故重点监测系统的设计和构建,并完善对监测结果的应用;二是由山东恒宇电子有限公司提供技术支撑,实现城市公交安全事故重点监测系统信息化,并进行技术维护。

阜阳公交专项攻关小组总结以往安全管理经验,通过大量的基层安全工作调研,结合信息化管理推进工作,确定了"全面监测、规范标准、动态监测"的城市公交安全事故重点监测系统设计思路。

全面监测。就是要解决数据少、信息不全的问题。阜阳公交基于 ERP 信息化管理系统,建立了违法违规、动态监控、稽查信息、事故信息等基础模块,录入了大量安全生产信息作为监测对象数据。

规范标准。一是合理设置监测参考项,主要依据"要把违法违规行为和不安全行为当作事故来看待,要把小事故当作大事故来看待,要把伤人事故当作亡人事故来看待"的监测原则,将违法违规情况和安全运营事故情况作为主要监测参考项。其中,把无责任事故作为"重点人监测"参考项,是通过对基层安全管理人员调研后提出来的,即"要把无责事故当作有责事故来看待"。从实际的道路交通事故处理工作来看,无责任事故多,反映驾驶人在贯彻道交法"安全行车、文明行车"过程中存在的突出问题,主要表现在驾驶人的安全运营态度、安全驾驶经验技能和个人性格脾气上。这是对城市公交安全事故重点监测工作原则的进一步完善。二是结合阜阳公交安全工作实际,通过反复测试合理设置监测标准,把城市公交安全事故重点监测的灵敏度,调整在一个合适的水平上,既能够真正反映出安全重点问题,又能够分得清轻重缓急。

动态监测。阜阳公交的安全运营生产是长期的过程,也是不断变化的过程。安全运营环境的变化、安全技术的运用、安全管理能力的提高和人员结构的变化等,都对阜阳公交安全形势的变化产生影响。这就需要对"重点人、重点路段、重点时段"实施连续动态的监测,紧紧抓住在长期安全运营生产过程中变化的点。让排查出的每一个安全重点问题都反映在重点等级列表上,体现在"进入等级列表、等级升降和退出等级列表"这几种情况上面,为实施针对性管控措施提供依据。

(三)城市公交安全事故重点监测系统设计与构建

1. 城市公交安全事故重点监测系统设计思路

城市安全事故监测系统由安全事故信息模块、违法违规信息模块、动态监控信息模块和安全事故重点监测模块等组成。其设计思路是"全面监测、规范标准、动态监测",是基于 ERP 信息化平台,通过对安全检查、动态监控、稽查信息、事故信息等数据进行提取、判断,形成重点人、重点时段、重点路段等的等级列表,并自动监测和动态调整。若重点监测等级列表变化,应相应调整安全管理措施以促进、改善和提升安全管理效果,形成闭环管理。如图 1 所示。

2. 城市公交安全事故重点监测模块的构建

以重点人(驾驶员)监测为例进行说明。

重点人,是指由于人的工作态度、安全意识、安全技能和安全经验的欠缺,及人的性格缺陷,造成安全行车工作中事故多、违法违规多等的少数驾驶员。

道路交通运输事故 90% 以上都是人的违法违规行为和不安全行为造成的。重点人的排查与监

测尤为必要,从而强化驾驶人的重点管理。阜阳公交以事故信息、违法违规信息等作为安全事故重点排查参考项,按照不同阈值条件,将驾驶员按照红、黄、蓝设置 3 种重点人等级,红色为最高等级,黄色为较高等级,蓝色最低。其中需要说明的是,把无责任事故也作为参考条件,是因为无责事故多发的驾驶员可能在文明驾驶、安全经验或者性格方面存在问题,如图 2 所示。

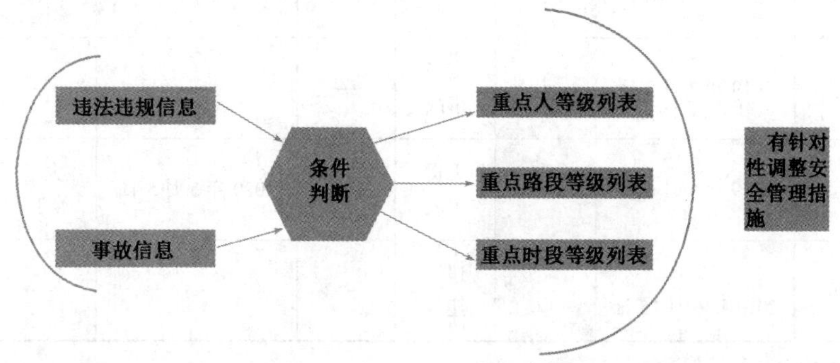

图 1 重点监测工作机制设计思路

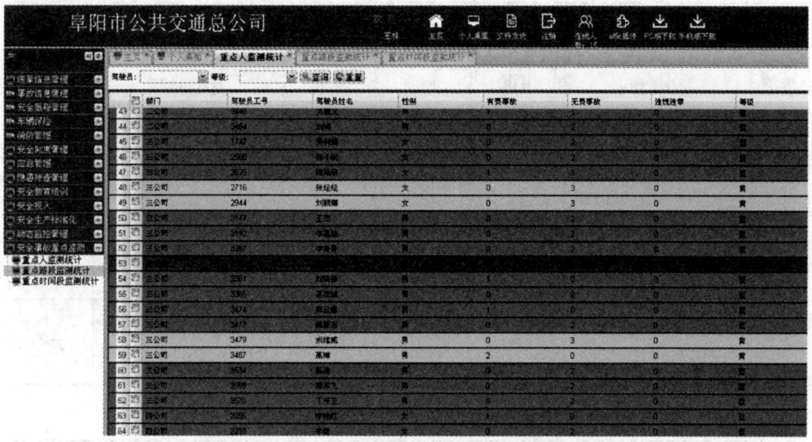

图 2 重点人等级列表分色示意图

重点人监测标准条件设置:

蓝色等级:责任事故 1 起;或无责任事故 2 起;或违法违章 2 起。

黄色等级:责任事故 2 起;或无责任事故起数大于等于 3 且小于 5;或违法违章起数大于等于 3 且小于 5。

红色等级:责任事故大于 3 起;或无责任事故起数大于等于 5;或违法违章起数大于等于 5。

动态监测周期设置。每位驾驶员的重点动态监测周期为 1 年,即:该驾驶员距上次等级变化时,在 1 年内等级未上升的自动下调 1 个等级;若该驾驶员距上次等级变化,在 1 年内发生问题符合上调等级条件的,即时上调,如表 1 ~ 表 4 所示。

重点人的动态监测过程演示 1 表 1

驾驶员	事件情况			等级情况	动态监测周期内(1 年)事件情况					实时等级
	事件类别	起数	发生时间		类别	起数	发生时间	条件变化	等级变化	
张三	责任事故	1 起	2019 年 7 月 2 日	蓝	责任事故	1 起	2020 年 5 月 6 日	大于等于 2	黄	黄(取最高等级)
	无责事故	1 起	2019 年 5 月 6 日	—	无责事故	1 起	2020 年 5 月 5 日	大于等于 2	蓝	
	违法违规	1 起	2019 年 6 月 15 日	—	违法违规	—	—	—	—	

重点人的动态监测过程演示 2 表 2

驾驶员	事件情况			等级情况	动态监测周期内(1 年)事件情况					实时等级
	事件类别	起数	发生时间		类别	起数	发生时间	条件变化	等级变化	
张三	责任事故	1 起	2019 年 7 月 2 日	蓝	责任事故	—	—	—	—	蓝(取最高等级)
	无责事故	1 起	2019 年 5 月 6 日	—	无责事故	1 起	2020 年 5 月 5 日	大于等于 2	蓝	
	违法违规	1 起	2019 年 6 月 15 日	—	违法违规	—	—	—	—	

重点人的动态监测过程演示 3 表 3

驾驶员	事件情况			等级情况	动态监测周期内(1 年)事件情况					实时等级
	事件类别	起数	发生时间		类别	起数	发生时间	条件变化	等级变化	
张三	责任事故	1 起	2019 年 7 月 2 日	蓝	责任事故	—	—	—	—	蓝(取最高等级)
	无责事故	1 起	2019 年 5 月 6 日	—	无责事故	—	—	—	—	
	违法违规	1 起	2019 年 6 月 15 日	—	违法违规	2 起	2020 年 5 月 5 日 2020 年 6 月 1 日	大于等于 3	蓝	

重点人的动态监测过程演示 4 表 4

驾驶员	事件情况			等级情况	动态监测周期内(1 年)事件情况					实时等级
	事件类别	起数	发生时间		类别	起数	发生时间	条件变化	等级变化	
张三	责任事故	1 起	2019 年 7 月 2 日	蓝	责任事故	—	—	—	—	(退出重点监测等级列表)
	无责事故	1 起	2019 年 5 月 6 日	—	无责事故	—	—	—	—	
	违法违规	1 起	2019 年 6 月 15 日	—	违法违规	—	—	—	—	

动态监测,可反映驾驶员在阶段时间内(1 年内)安全工作进步与否,从而可对驾驶员作出针对性安全管理措施的调整。

重点路段、重点时段的监测与重点人监测原理相同、标准相似、周期相同,不再赘述。

3. 城市公交安全事故监测结果的应用

阜阳公交进行安全事故重点监测与排查,是为了实施更好、更精准的安全管理,为此制定了城市公交安全事故重点监测与管控的相关制度,对进入"重点人、重点时间段、重点路段"等级列表的,采取针对性的安全管控措施。

(1)重点人的安全监管

①蓝色等级驾驶员安全监管。

给予关注。了解其安全技能和经验的不足,以及安全法律法规的熟悉程度和正确运用与否,加强安全教育培训和安全叮嘱。

②黄色等级驾驶员安全监管。

高度关注。除按照蓝色等级加强安全教育培训和安全叮嘱外,要摸排驾驶员基本情况,包括家庭基本情况、个人心理和生理健康情况及性格、爱好情况,完善驾驶员档案信息。注重与驾驶员谈心交流,引导驾驶员积极向上、快乐工作。剖析驾驶员的思想和行为,及时解决影响驾驶员安全行车的问题。

③红色等级驾驶员安全监管。

重点关注。除按照蓝色和黄色等级措施进行安全管理外,给予停班学习。充分从思想认识、规章制度、行为纠正等方面再教育。安排重新实习,严格考核,必要时心理疏导介入,直至有较大改观。仍无法促进改观的建议解除劳动合同或调整工作岗位。

(2)重点路段的安全监管

①蓝色等级重点路段安全监管。

重新对该路段进行安全风险排查,制定针对性管控措施,修订线路风险告知卡并对驾驶员进行安全叮嘱。

②黄色等级重点路段安全监管。

除按照蓝色等级进行安全监管外,收集该路段事故发生案例,组织驾驶员进行警示教育,充分吸取事故教训。

③红色等级重点路段安全监管。

除按照蓝色和黄色等级进行安全监管外,由总公司安全应急部联合营运管理部、稽查管理部及相关分公司组织专项调研,从风险排查与管控、隐患排查与治理等方面细致开展工作,制定切实可行的管控和整改措施,并加强对该路段驾驶员行为安全检查,强化驾驶员遵法守规意识。

(3)重点时间段安全监管

①蓝色等级重点时间段安全监管。

给予关注。研究该时段交通出行特点,修订安全风险告知卡。

②黄色等级重点时间段安全监管。

高度关注。除按照蓝色等级进行安全监管外,提取交通出行高低峰数据,由总公司安全应急部协同营运管理部研究营运调度是否存在不合理的问题,并及时解决。

③黄色等级重点时间段安全监管。

重点关注。除按照蓝色和黄色等级进行安全监管外,研究该时段和交通环境对驾驶人心理和生理的影响,采取必要的防范措施,并加强该时段现场安全监管。

四、实施效果

1.城市公交安全事故重点监测实现“抓重点、管重点”的安全管理效果初步显现

阜阳公交通过对安全生产中的大量数据和事故信息数据的整合、分析,排查安全监管重点,使各运营分公司能够及时获取安全事故监测的动态结果,并采取相应的针对性措施,提高了安全管理效果。自2019年初实施城市公交安全事故重点监测以来,累计监测出重点驾驶员171人次,重点路段95个,重点时间段12次。其中,重点驾驶员由初期120人次下降到现阶段103人;重点路段由初期93个下降到现阶段89个;重点时间段由初期13个下降到现阶段12个。截至2020年7月,责任事故35起(今年受疫情影响2月份车辆停运1个月),与去年同期(75起)相比下降53.3%。

2.城市公交安全事故重点监测对公交企业具有普遍的借鉴意义

公交企业共同的安全管理难点在于流动性强,点多、线长、面广,环境因素影响大。通过城市公交安全事故重点监测,全面真实排查出安全重点问题,能够有效分配安全管理力量,有的放矢,做到

精准管控,实现"抓重点、管重点"的安全管理方法在公交行业具有普遍的借鉴意义。

3. 城市公交安全事故重点监测对道路交通运输行业防范遏制重特大事故起到积极作用

道路交通运输行业安全生产形势严峻,2017 年秦岭一号隧道"8·10"特大交通事故、2018 年重庆万州公交坠江事件、2020 年贵州安顺公交坠湖事件等,无不警示道路交通运输防范遏制重特大事故任重道远。城市公交属于道路交通运输行业,安全管理工作具有相似性,城市公交安全事故重点监测对道路运输行业强化安全重点管理具有启发意义,能够对道路交通运输行业安全发展起到积极作用。

江西高速公路服务区“一六三”信息化体系的建设与实施

江西畅行高速公路服务区开发经营有限公司

成果主要创造人：韩　峰　傅　峻

成果参与创造人：汪　帆　邱　晟　邱丹岳

江西畅行高速公路服务区开发经营有限公司（简称“畅行公司”）经江西省交通运输厅批准，于2009年1月16日注册成立，注册资本为2.5亿元，隶属于江西省高速公路投资集团有限责任公司。

公司的主要经营范围是省内高速公路服务区投资、建设与经营管理，物业管理，物流，高速公路排障，高速公路广告策划设计与媒体发布，餐饮，百货及预包装食品、散装食品、卷烟及雪茄烟、电子产品、通信器材、珠宝首饰、家居用品、服饰、纺织用品、五金交电、机电设备、出版物（凭有效许可证经营）零售，汽车用品的批发、零售，汽车维修，工艺美术品、花木、药品、保健食品、农产品、粮油、文体用品、化妆品、蔬菜水果销售（从百货至此项均限下属分公司凭有效许可证经营），运动场馆经营，旅游商务咨询，网上贸易代理，农业开发，住宿。公司本部设党委办公室、综合事务部、商业规划部、招商管理部、运营督导部、财务审计部、人力资源部、工程技术部、纪检监察室9个部门。目前，公司共管辖90对服务区和5对停车区，基本实现了全省高速公路服务区的统一经营管理，现有管理人员600余人，疏导、保洁等工勤人员1800余人。公司按三级架构进行管理，设有南昌、九江、景德镇、赣州、宜春、上饶、抚州、吉安8个地域分公司，驿购便利店、物业管理、物流管理3个专业经营管理公司，高速传媒、驿美餐饮2个子公司，江西畅发、江西驿博、江西交投生态环保3个合资公司，以及信息中心。

一直以来，畅行公司秉承“畅行天下、驿站如家”“温馨驿站、用心服务”的宗旨，立足于服务广大驾乘人员和当地社会经济，取得了社会效益与经济效益的双赢。近年来，公司及所辖服务区荣获了第一、二、三届中国高速公路优秀服务区管理公司、全国交通运输文化建设优秀单位、全国“百佳示范服务区”、百姓满意服务区等近百项荣誉称号。

一、构建背景

当前时代发展的大趋势体现在信息化和智能化上，各行各业都充满着信息化与智能化的科技应用，包括我国的高速公路交通行业。我国高速公路管理部门着重强调，要求对当前已经设置在公路上的信息资源进行整合，逐步建设路网信息平台，实现对高速公路的全面覆盖，要求高速公路服务区运营管理部门加强运行监管公路网络，使路网管理平台最终实现可视化、数字化、智能化，使高速公路服务区信息化智能水平真正提高。

（一）符合国家发展政策的需要

十八大以来，中共中央、国务院先后印发的《国家创新驱动发展战略纲要》《新一代人工智能发展规划》等系列文件，都要求加快推动互联网、大数据、人工智能与交通运输深度融合，充分释放出信息化巨大的创新驱动能量，引领交通运输转型升级，满足人民日益增长的美好生活需要和不平衡不充分的发展之间的矛盾。2019年7月交通运输部印发了《数字交通发展规划纲要》，提出要以数据为关键要素和核心驱动,构建数字化的采集体系、网络化的传输体系和智能化的应用体系,明确了交通运输信息化的总体框架。2020年,以习近平同志为核心的党中央立足当前,着眼长远,多次部署加快推动我国新型基础设施建设。2020年4月,交通运输部印发了《2020年全国公路服务区工作要点》,明确要求聚焦打造"一流技术",推进智慧服务区建设。《江西省交通运输信息化"十三五"发展规划》也明确提出建设高速公路智慧服务区,构建多种途径的高速公路对外服务体系。

(二)满足人民群众出行需求的需要

高速公路服务区是高速公路的重要组成部分,承载着不可或缺的服务和保障功能,是塑造高速公路行业社会形象和提供综合服务的重要窗口,也是提高高速公路经济效益的重要支撑。2018年,江西省收费公路通行费收入213.8亿元,支出247.9亿元,通行费收支缺口达34.1亿元,总体经营压力较大。随着经济社会发展和消费升级,高速公路出行者及各类驾乘人员对服务区的服务需求在快速提升,除了基础功能之外,还需要进一步提供购物、休闲、资讯、旅游等增值服务。同时,省界收费站已全面取消,高速公路运营部门与出行者的交互在服务区更加集中,服务区运营水平高低对驾乘人员出行体验和消费水平的影响更加显著,日益增长的高速公路车流量也对服务区综合运营能力提出较大考验。面对高速公路服务区日益增长的客流量和公众服务需求,畅行公司积极应用信息技术促进服务区提质增效,开展新型高速公路服务区基础设施建设,从而提高服务区管理能力和经营效益,提升服务水平与发展质量。

(三)满足向公众提供全方位出行信息服务的需要

就一个地区高速公路交通系统而言,对其服务水平进行衡量的重要标志体现在其出行信息服务水平上。高速公路出行者的需要涉及高速公路交通、路况等综合信息服务,这些信息分属不同的部门管理。建立信息化和综合管理信息平台,是整合分散各部门的信息,把全方位公路出行信息服务提供给高速公路出行者的唯一有效途径。因此,建立高速公路服务区信息网络平台,是为推进高速公路服务区信息化建设和提高管理水平,让旅客运用现有的网站、手机App等渠道能够查询到常规道路连通信息、江西省高速公路服务区分布信息等情况,并将冰雪等交通阻断信息和高速公路动态路况等多项综合出行服务信息快捷、迅速、可靠地提供给公众的必要举措。

(四)实现公司长远发展的需要

为更好地适应高速公路服务区的发展形势,畅行公司开展高速公路服务区"一六三"信息化体系建设工程,以明确江西省内高速公路服务区信息化的发展方向、总体架构、主要任务及实施安排,从而更好地利用信息化手段支撑企业的综合管理和业务经营,整体提升服务区的现代化管理水平,为广大驾乘人员提供更加便捷、高效、人性化的服务,构建新型高速公路服务区基础设施体系,为建设"特色鲜明、形象优美,业态丰富、效益优良,管理精细、服务优质"的高速公路服务区提供有力支撑。

二、成果内涵

通过建设高速公路服务区"一六三"信息化体系,进一步夯实服务区信息化基础设施,增强服务区动态感知能力,有效提升服务区数据处理、分析、展示和共享能力,逐步形成一体化管理和服务应用体系。

(一)构建高速公路服务区数据资源体系

通过本体系的建设,整合全省高速公路服务区的动静态数据,形成基础、业务、主题3类数据库,打通与行业内单位、互联网企业之间的数据接口,建成交互式数据中台,构建集约统一、动态更新、开放共享的高速公路服务区数据资源体系,有效提升服务区数据的处理、分析、展示和共享能力。

(二)构建高速公路服务区动态感知体系

高速公路服务区内外场重点部位视频监控覆盖率达到100%,服务区车流量检测率达到100%,收银数据接入率达到100%,用户评价及投诉数据实现统一接入。实现车流感知、客流感知、热成像监测、人脸识别、停车位预警、自动报警等智慧服务区功能,实现服务区运行状态的实时动态监测。初步形成高速公路服务区动态感知体系,有效提升全省服务区的运行监测能力。

(三)构建"掌上服务区"融合应用体系

以移动应用为核心,通过线上线下资源融合,面向商业经营、运行管理、驾乘服务等业务需求,建成商业管理、物业管理、驾乘服务、信息发布、视频监控、应用保障六大系统,实现服务区物业巡检、消费支付、运营分析、信息查询、用户评价等全业务全过程的数字化,实现基于动态数据的辅助决策支撑,构建基于移动互联网的"掌上服务区"融合应用体系,提升管理服务能力。

三、主要做法

(一)破解业务难题,提出信息化管理新思路

近年来,江西省高速公路服务区随着道路的延伸而增多,客流量不断增长,但是管理能力和服务水平与服务区发展需求和人民群众美好出行需要仍有一定距离,主要表现在:

收银规范性不足,经营效率有待提高,商业管理缺乏决策支撑。服务区商户经营联动性较差,收银模式单一,效率低,现场客流易出现高峰密集情况,导致现场收银拥堵,影响服务区消费体验。合作收银存在不按管理流程规范操作的隐患,难以在日常管理中实施监督检查。缺乏服务区消费者画像、档口商业热度统计分析结果来支撑服务区商业招商。

驾乘服务体验有待提升,信息服务及时性、准确性不足。服务区缺乏对驾乘用户从进入到离开服务区期间的信息发布途径,服务区前置、内场和外场信息提示屏配置不足,移动端信息整合发布能力不足,无法满足丰富的信息告知需求;公司本部无法对服务区广播进行统一管理,"孤岛"现象普遍。高速公路服务区作为高速公路主要服务窗口,承载着驾乘人员出行的主要意见接收职能,目前缺乏有效、便捷的采集系统,对服务区的社会评价感知较为滞后。

物业管理效率较低,日常维护与巡检难以考核。服务区物业维护、巡检、指令与信息上报未电子化,现场人员工作强度大,工作效率和及时性不高,管理者难以实时追踪每项维修巡检工作的完成情况。

应急保障体系尚未健全,协调联动效率不高。服务区距离"无死角"监控尚有差距,难以实时追踪服务区现场情况,未形成完备的监控保障体系,缺乏 IP 语音覆盖,无法对服务区现场进行音视频交互和垂直连线现场指挥。服务区之间缺乏应急物资调配信息管理机制,与其他单位联动效率不高。

基于此,畅行公司提出构建"一六三"信息化体系,通过服务区信息化建设,达到江西省高速公路服务区超市、餐厅、油品等经营性统计分析;水、电、暖等日常物业数据统计分析;人流量、车流量与经营、物业关系分析;剩余车位、空闲充电桩数量、空闲房车驿站数量、超市产品存货量、餐厅菜品清单、油品供应量等信息发布;污水处理系统、锅炉等运行情况实时监控;人力绩效考核分析;升级改造服务区项目实施的全过程监控;所在路段的实际路况及天气状况等,从而加快服务提质升级,实现服务区"三个统一"(统一管理体制、统一经营方针、统一数据分析),优化服务区产能结构,达到服务区信息综合化处理等目标。

(二)完善管理机构,形成有效组织保障

本项目建设是在畅行公司的领导下,会同公司信息中心共同成立项目建设领导小组,明确项目参与人员、项目负责人员及联系人,进而组建项目控制组与项目管理组,并聘请公路及信息工程方面的专家、顾问组成专家顾问组,专门负责项目建设的决策管理、组织协调、技术审核等各项工作,力保项目建设的顺利进行。

项目建设领导小组主要负责从宏观上把握本项目的建设方向;协调平台建设过程中各相关单位间的高层沟通及资源调用;各项行政事务和重大技术问题的决策以及项目建设过程中的建设方案、

建设内容变更、资金拨付的审查与批复,保证按时、高质量地完成项目建设任务。项目建设组织机构如图1所示。

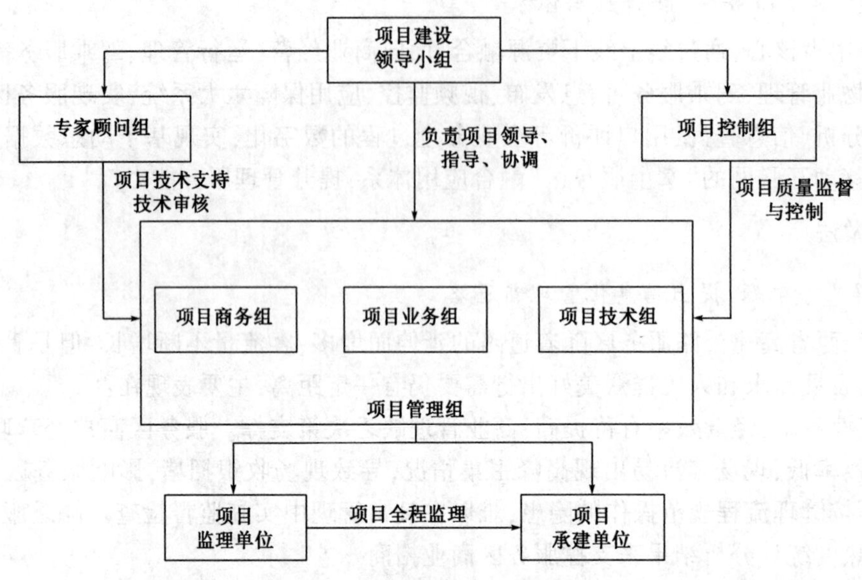

图1　项目建设组织机构图

依据项目的实际情况,由畅行公司信息中心牵头组织项目的实施机构,实施机构的具体组成如下:

项目控制组:项目控制组由畅行公司的相关管理及业务人员组成。主要负责制定和跟踪质量计划;及时通报项目建设的具体进度及质量问题;建立和保持项目的建设标准;负责制定项目的文档规范并负责进行项目文档的整理与归档以及相关文件的上传与下达。

项目管理组:项目建设领导小组的下设办公机构,应由畅行公司和项目承建单位的相关业务和技术人员组成,下设商务组、业务组和技术组。实行项目经理负责制,下设项目经理一人,商务组、业务组和技术组组长各一人。在项目的建设期间,由项目管理组负责项目的具体管理工作,其工作职责如下:负责向项目建设领导小组汇报项目的进展情况及重点问题;负责制定和实施项目建设的各项管理制度及项目建设计划;负责与工程相关的招标工作、商务谈判及合同的签订、执行和公证;负责项目变更的报批、批复及相关的验收工作;负责与项目相关单位进行业务和关系协调;负责项目建设期间各类文档和固定资产的管理工作;负责组织与项目相关的各类会议及技术沟通与交流;负责与项目相关的科研课题的提出及项目建成后的项目推进;负责项目建成后的人员培训工作;负责与项目相关的其他各项工作。

专家顾问组:专家顾问组由智能化、信息化相关领域的专家和法律顾问组成。主要职责是及时了解项目的进展情况,对项目涉及的技术路线、设计方案和技术方案提供相关的指导;对项目所涉及的重大技术调整和变更提出相应的咨询意见和建议。

项目承建单位:本项目的项目承建单位应根据项目需要和相关规定协商确定,并接受项目监理单位的全程监督。项目承建单位应具备以下条件:必须具备国家规定的公路交通工程专业承包通信、监控、收费综合系统工程相关资质;进行过类似项目的建设,具备进行项目实施的技术、组织、管理能力;具备进行项目开发的经验及技术队伍;具备较好的财务状况和资金实力。

项目监理单位:项目监理单位负责对项目承建单位的项目的实施行为进行监督和管理。工程监理单位应具备以下条件:公司本部负责制定系统运行、维护、使用、考核等相关指导办法,同时委托公司信息中心负责维护厅机关所建的各应用系统。服务区信息化设施由服务区管理单位负责运行维护。

(三)构建“一六三”信息化体系总体框架

建设服务区基础数据库、业务数据库和主题数据库,形成江西高速公路服务区数据资源总体框架,建设标准化对外数据接口及数据资源池,打通与互联网企业之间的数据接口,构建整合集约、开放共享的数据资源平台,为服务区管理、信息服务、数据挖掘与分析提供数据支撑。

根据项目建设思路、建设目标和建设任务,本信息化体系将建设一个中台、六个应用系统,总体逻辑架构分为数据层、中台层、应用层三个层级(即“一六三”信息化建设),总体构架如图2所示。

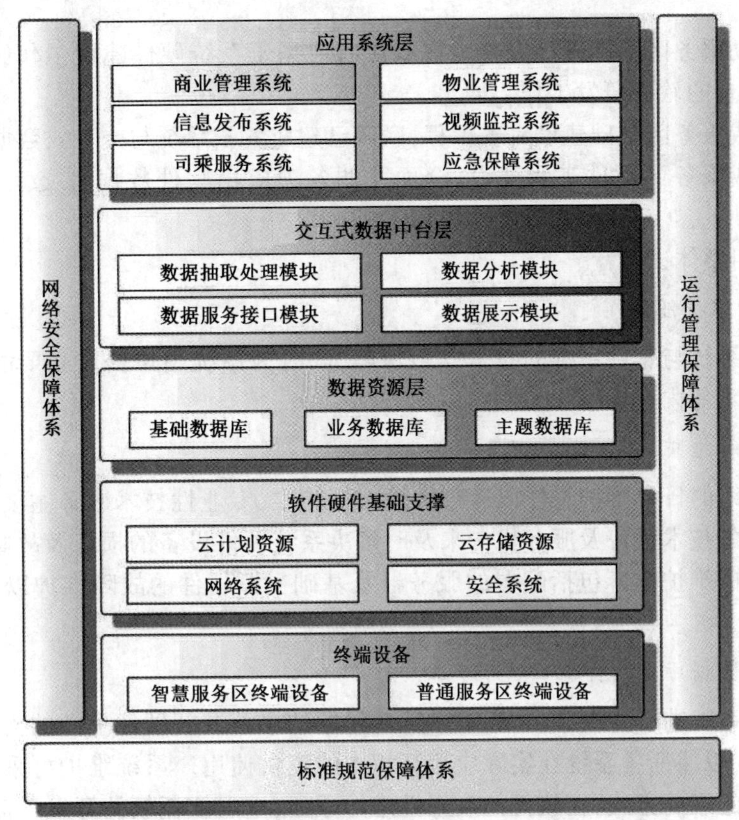

图2 “一六三”信息化建设规划总体框架

数据层主要为业务应用层提供数据支撑,包括基础数据库、业务数据库、主题数据库。

中台层即交互式数据中台,通过数据技术应用,可在应用系统基础上实现车流、客流、消费、商户、设施、评价等多类服务区重点数据流的汇聚、处理、分析、共享及展示,实现基于服务区管理与服务重要决策场景的各类重要指标的动态监测与综合展示,包括数据抽取处理模块、数据分析模块、数据服务接口模块、数据展示模块。

应用层主要包括信息发布、商业管理、物业管理、视频监控、驾乘服务、应急保障六大系统。信息发布系统可通过语音广播、服务区前置信息屏、内外场信息提示屏、外场提示屏对社会公众及驾乘发布出行相关资讯,满足出行及旅游等信息要求;商业管理系统,主要包括经营管理、支付、自助服务、商户管理、经营分析等功能,可提供PC端及移动端应用,助力服务区商业服务能力,提供便捷的消费体验;物业管理系统主要是针对服务区内部的基础设施设备进行资产管理、资产巡查及异常维修和更换等,实现物业设施管理的信息化,简化设备设施管理复杂度,实现精细化管理和维修;视频监控系统可充分利用服务区内外场建设视频监控终端设备,实现基于视频分析技术的服务区运行状态监测;驾乘服务系统包括出行信息便捷查询模块、在线预订及支付、服务评价、紧急联系等功能,以移动应用服务为主,方便驾乘第一时间对服务区进行信息反馈和获取高速出行信息;应急保障系统包括收银报警模块、事件上报模块、热感监测模块,为服务区经营管理提供应急保障措施。通过6大系统的打造,深化服务区大数据分析挖掘,实现服务区综合管理、驾乘服务区的科技化、智能化、高效化。

(四)确定"一六三"信息化体系构建阶段目标

"智慧服务区"建设是一项艰巨、长期的任务,根据畅行公司"一六三"信息化建设发展目标,整个建设过程可以分为以下几个阶段:

第一阶段:项目需求调研和系统功能分析。充分调研江西省高速公路服务区运营、管理、使用和服务中存在的弊端,初步提出建设所要达到的目标,按软件和硬件、改造项目和新增项目分别设计情况和需求说明书。

第二阶段:启动服务区基础建设完善工程及所有应用子系统硬件建设工作,同步启动应用子系统及交互式数据中台的软件研发工作。

第三阶段:完成服务区基础建设完善工程,联调已建成各子系统与交互式数据中台对接。

第四阶段:完成服务区硬件工程建设,全面联调各项应用软件数据与交互式数据中台的集成工作。

第五阶段:项目整体试运行。

(五)执行运行维护任务

主要包括硬件系统与软件系统的技术支持保障,同时为系统用户提供必要的技术支持和服务,以及后续的技术培训等内容。

1.硬件设备运行维护

硬件及支撑系统的日常维护工作以运行维护人员为主,专业性技术服务主要依靠设备厂商。应充分利用设备厂商的技术优势及服务机构来及时解决系统硬件设备的损坏及故障问题,使整个系统稳键的运行。主要的维护内容包括配置的服务器及基础支撑软件的故障维护以及相应的硬件配置和系统配置等内容。

2.应用系统及数据库运行维护

应定期对应用系统进行升级,以适应对已发现问题的修正及新硬件平台的支持。同时加强对新的软件版本的测试,以保证各系统在实际应用环境中的正常使用。系统维护可采用软件开发商与自有专业力量相结合的维护方式,在软件的改正性维护方面,重点依托软件开发厂商,同时做好软件开发过程的质量控制;在适应性维护方面,应深入了解系统环境的变化,与系统开发厂商紧密合作,根据系统业务的发展需要,积极主动的进行系统的升级;在完善性维护方面,应组织各级人员,根据各级用户的应用需求,及时调整系统的功能或增加新的功能,以满足业务管理和信息服务的要求。

3.技术支持和服务

在系统的应用过程中,当发生系统技术支持请求或故障报告后,应立即了解系统在运行过程中出现的故障及其详细信息,召集相关技术人员,联系开发厂商请求技术支持,制定相应的技术解决方案,并指导用户解决问题。

(六)建设服务区信息化基础设施

按照服务区实际情况分类开展高速公路服务区的信息化基础设施建设。

82个普通服务区信息化基础设施建设分别包含卡口车流量监测系统、外场监控系统、内场监控系统、云广播系统、自助收银系统、控制机房、网络改造等,建成后依托集团IPRAN环网传输能力,实现所有服务区数据的互联互通。

7个智慧服务区信息化基础设施建设分别包括卡口车流量监测系统、360全景视频监控系统、外场监控系统、内场监控系统、客流监控系统、热成像检测系统、人脸识别系统、停车位预警系统、停车诱导系统、信息发布屏、云广播系统、智慧洗手间、自助收银系统、物业管理终端、报警系统、控制机房、网络改造等。

（七）强化信息共享和协调机制

高速公路服务区“一六三”信息化体系建设是现有高速公路服务区运营、管理方法质的提高，为公众出行提供优质服务的保障。畅行公司抓住社会经济飞速发展的良好机遇，积极应对挑战，通过自身的努力和国内外技术模式的借鉴再创新，尽快建立起省内完整的高速公路服务区信息化体系，充分发挥江西省的高速公路服务区服务能力，提高业务管理和公众出行服务水平。

“一六三”信息化体系建设是一项建设时间长、困难大、投入高、回报多、利国利民的大工程，这需要多方面的支持与配合，建设成果资源共享才能使信息化高速服务区建设的价值实现最大化。为保证江西省高速公路服务区“一六三”信息化体系建设顺利完成，可采取以下方法：

加强与省厅、集团智能交通发展的组织建设的合作，其支持、建设性的建议和发展经验是畅行公司“一六三”信息化体系建设的有力支撑。建立其他单位信息共享和协调机制，实现信息资源共享。地方政府单位、银行金融机构、气象部门、公安交警、通信运营商等单位建立合作制，改变业务份额的局面，建设完善的信息共享和服务平台，提升信息利用效率和协调合作是“一六三”信息化体系建设的重要保证。

（八）加强信息化人才队伍建设

注意复合型人才的培养，这些人才对服务区业务和信息技术都能熟练掌握。同时，有计划地扩大各种渠道，旨在把高水平信息技术专门人才引进来，注重人才激励制度的建立。把切入点放在岗位培训和继续教育上，在高速服务区系统的培训重点放在信息化知识培训上，以各类、各层次人员为目标对象，开展具有针对性的培训，为他们把信息技术尽快掌握创造有利条件，促进应用水平的提高。在各级人员中，建立计算机水平持证上岗制度，并逐步实施，从而提高从业人员整体素质。

技术管理及维护人员，除需要对应用系统的使用、技术架构、常见故障排除等内容进行培训外，还应重点进行数据库、中间件等支撑软件平台的运行维护培训。该类培训必须按照系统管理员级别进行特殊培训，务必使技术人员掌握系统所提供的各项管理维护工具，并尽量了解一些底层调式及操作知识。此外，所有系统维护人员必须强制接受信息安全培训，熟悉安全管理方针、制度及预案。

针对系统用户，应在应用系统试运行的同时，对其进行以系统应用操作为主要内容的培训，并编写用户手册、制作培训 Flash 动画，对没有参加现场培训的统计业务人员进行操作培训。

为达到理想的培训效果，针对运维人员与系统用户，均采用实际操作和重点讲解结合的培训方式。运维人员培训是采用集中授课的方式，并现场实地讲解，使参加学习的学员能够理论结合实际进行操作，快速理解和掌握所学课程；系统用户培训是在软件现场安装实施后，对全体平台用户进行培训，重点讲解日常使用的功能模块，并指导操作人员现场操作。

四、实施效果

构建高速公路服务区“一六三”信息化体系，实现了对高速公路服务区的全面覆盖，满足了“更好地为公众服务”价值观的客观要求，完善了高速公路服务区安全保障体系，提高了路网运行监管，加强了服务区应急处理能力，向社会公众提供全方位高速公路出行信息，同时支持了服务区多业态、多类型业务的集成化管理。此外，通过对积累的经营数据进行科学的统计分析和深入挖掘，发现经营中的问题或业务发展的机会，对服务区的经营决策提供支持，并且通过信息化管理，高效服务公众，实现经济效益与社会效益的双赢。

（一）整合数据资源，提升数据应用能力

搭建综合信息管理平台，依托信息的全方位集成，对数据进行整合，解决了服务区信息系统“数据孤岛”困境，对数据进行全方位分析和挖掘，发挥数据资源价值，为公司经营管理提供辅助决策支持，并更好地服务于社会公众。

通过数据资源整合，借助网络和微信平台等，通过开发微商城、微服务等微信功能，建立集宣传推广、商品销售和公众服务于一体的移动互联网平台,给驾乘人员、潜在客户等带来全新的产品与服务体验。

(二)健全服务区运行监测体系

解决服务区存在的外场监控、进出匝道卡口抓拍系统不完备、重点区域监控缺失,客流车辆情况无法及时掌握的情况,全面获取驾乘人员对服务区的评价和投诉信息。

通过对大数据的分析和挖掘,实现对服务区吃、住、行等服务设施资源的供给情况、服务区安全运营情况、主流各服务区车流人流的动态变化情况等的可视化在线分析与预警。分析后的成果数据能够共享给行业监管部门、经营业主等,便于服务区管理部随时掌握服务区资源的供给情况以及安全运营状态,实现对全网服务区的运营及安全监管。

通过对服务区车流数据、车辆分布数据、服务区车流量、人流量预测数据以及应急物资储备数据等进行关联分析和挖掘,在发生重大突发事件时,可为管理者对服务区停车、餐饮、加油、住宿、人员配置、应急物资的调配和调度决策等提供精准的数据支撑,并为实现道路滞留车辆行驶到可用服务区的引导、道路的提前分流等提供决策依据。

实现快速高效处理突发事件,提前预警处置突发事件,发布紧急事件预案、预警与预报公路气象,及时发布路况出行信息等,给旅客提供最贴心、最便利的服务。

(三)提升经济效益

通过高速公路服务区"一六三"信息化体系构建,进一步提高驾乘服务能力,满足公众出行的多元化信息需求,提升驾乘出行的体验,从而提高驾乘人员驻留服务区时间和消费意愿,提高服务区经营效益。以山东泰安服务区为例,2017 年,该服务区完成智慧化升级和整体改造后,用户停留时长提高了约 50%,商超销售额增长了约 30%,餐饮销售额增长了约 50%,接待能力提升了约 10%,取得了较好的经营成效。

作为高速公路路衍经济的重要组成部分,服务区产业的经济和社会效益为投资主体的经营提供了强力的支撑。通过信息系统建设,在服务区的经营管理、收银管理和自助服务方面,全方位提升服务区商业经营水平,打造更加规范、便捷、高效的商业经营管理新模式,从而降低运营成本,提高经济效益。

通过本系统的建设,可为驾乘人员及时发布交通诱导信息,帮助驾乘人员在高峰期合理选择可接纳的服务区,从而平衡高峰期服务区的接待能力,提高服务区总流量,从而提高服务区消费量。

(四)打造社会效益

高速公路服务区是交通运输行业服务群众的重要窗口,其智能化程度将直接影响驾乘用户获取信息的效率和服务体验。通过信息化手段,满足用户在出行全过程中的需求,方便用户查询获取信息,及时为公众提供多元、及时、丰富的出行信息,可满足公众的热切需要,提升消费体验,打通联系反馈途径,建设人民满意的服务区。

服务区日常运行监测和应急保障工作坚持"安全第一、预防为主、综合治理"方针,需要基层管理服务和应急指挥具备较强的信息化支持保障力度。打造信息化智能服务区,建立健全服务区运行监测机制、服务区之间和多单位之间的联动机制,充分共享应急物资储备情况和调配方案,为日常运行监测和应急管理提供了支撑,全面提升了应急处置能力,树立起江西高速公路服务区的良好形象。

"文化融合"助推高速公路"美好出行"

江西省高速公路投资集团有限责任公司景德镇管理中心三清山收费所

成果主要创造人:万　静

成果参与创造人:毕研伟　饶　勤　王　森　周夏欢

江西省高速公路投资集团有限责任公司景德镇管理中心三清山收费所(简称"三清山收费所")隶属于江西省大型国有独资企业江西省高速公路投资集团有限责任公司,属于交通运输企业,目前由集团下属路段管理单位景德镇管理中心管辖,位于江西省上饶市玉山县怀玉乡,成立于2012年12月,主要负责德上高速公路(江西境内德兴至上饶段)全长61.222公里的费收经营管理工作,每年的费收额在3000万元左右,经济效益良好。三清山收费所下辖3个三星级收费站,分别为大茅山收费站、三清山西收费站和玉山西收费站。现有干部员工67人,其中中共党员13名、共青团员11名,平均年龄29岁,是一支政治素质过硬、业务能力突出、朝气蓬勃、开拓进取的年轻团队。

德上高速公路南衔赣东北红色老区上饶市,北携中国铜都德兴市,纵贯南北,辐射东西,毗邻国家AAAAA级旅游景区三清山和名胜风景区怀玉山、大茅山、灵山。同时,沿高速公路延伸回环,周边地区还围聚了上饶武夷山、弋阳龟峰、鹰潭龙虎山、德兴市大茅山梧风洞、上饶婺源等大量著名风景名胜区。沿线周边分布有怀玉山全国爱国主义传统教育基地、怀玉书院、三清山道教文化园、上饶集中营、弋阳县方志敏烈士故里纪念馆、德兴市大茅山方志敏烈士纪念馆等革命传统教育基地,红色文化、旅游文化和传统文化底蕴深厚。

自成立以来,三清山收费所一直致力于将路域窗口服务与地方特色文化融合,积极探索高速公路窗口服务与路域特色文化融合的新模式、新途径,在传承、弘扬地域优秀文化的基础上,培育、打造具有本路域特色的企业文化。通过高速+文化的持续发力,改善窗口面貌,提升服务品质,为三清山收费所的发展赋能增效,有效推动了路域服务窗口的创新发展,受到社会大众的广泛赞誉,先后获得国家级职工书屋、省级青年文明号、景德镇管理中心先进单位等大量荣誉称号。

一、实施背景

党的十八大以来,习近平总书记多次在不同的场合,就国家文化软实力阐发了一系列重要论述。习近平总书记在十八届中央政治局第十二次集体学习时就指出,提高国家文化软实力,关系"两个一百年"奋斗目标和中华民族伟大复兴中国梦的实现。

实践和经验都已经充分证明,文化作为一种软实力,在企业发展的进程中,有着举足轻重的作用。一方面,弘扬优秀传统文化并融入企业发展的各个环节,可以活跃氛围,催生动能,激发活力,增加助力;另一方面,优秀文化可以为发展提供借鉴,引领方向,纠偏纠错,同时还可以为创新提供源泉。

鉴此,在发展中,三清山收费所利用得天独厚的路域优势,大胆创新,把优秀传统文化与经营管理、队伍建设、品牌打造、党建工作等深度融合,综合施策,系统推进,以"组合拳"方式,蹚出了一条新的发展道路和模式,取得了良好的成效。

二、主要做法

文化是一种变成了习惯的生活方式和精神价值,最后的结果是形成了一群人的集体意识。在高速公路与所经路域特色文化融合的基础上,量身打造具有自身特色的企业文化,是提升高速公路窗口服务品质的重要举措,也是新时代推动企业发展的一种新动能、新趋势,对企业的可持续发展具有十分重大的意义。

在推进上述文化融合和构建特色文化的实践中,三清山收费所主要围绕"四个融入"全面展开并深入推进。

(一)融入红色文化,培育窗口"先进基因"

1. 从红色文化中提炼服务品牌

怀玉山曾经是方志敏烈士壮怀激烈、浴血奋战过的主战场,他在这里为后人留下了大量宝贵的红色教育资源。如今,怀玉山是全国青少年教育基地、全国爱国主义教育基地,山上有清贫园、方志敏清贫事迹陈列馆和中国工农红军北上抗日先遣队纪念馆。"爱国、创造、清贫、奉献"的志敏精神,更是对这种红色基因的凝练。

三清山收费所位于怀玉山脚下,临近上饶、弋阳、横峰、大茅山等革命老区,对传承和弘扬红色文化具有得天独厚的条件。在文化融合进程中,三清山收费所始终把窗口服务的提升与这种历久弥新的红色文化深度融合,把对外窗口作为红色文化传承的"加油站",作为弘扬红色文化的"播种机",大力传承和弘扬"志敏精神"和革命老区精神,培育窗口服务的先进基因,为高速 + 文化推动路域服务窗口创新发展奠定了坚实的基础。

在红色文化的引领下,三清山收费所以方志敏烈士的名字命名,在 2014 年 9 月成立了"志敏班组",以志敏班组的高品质窗口服务,彰显高速 + 文化融合的实际效果,为社会大众提供"美好出行"的服务体验,着力打造江西高速集团景德镇管理中心"美好出行"服务品牌的优秀子品牌。

2. 从红色文化中萃取品牌内涵

在融入红色文化过程中,三清山收费所坚持以教育深融,以活动促融。每逢清明节、党的周年诞辰等重要纪念日,三清山收费所都会带领党团员,前往怀玉山、上饶集中营或者弋阳方志敏烈士故居、大茅山方志敏烈士纪念馆,组织开展"党(团)员活动日"活动,对党(团)员进行红色文化洗礼,厚植党(团)员先进性基因。同时,积极组织员工开展爱国主义传统教育和红色家国情怀教育,每年开展各种寓教于乐的文体活动,在活动中植入红色元素,唱《我的祖国》等红歌,读《可爱的中国》等红色经典诗歌,在当地及周边,联合当地党委政府,组织开展各种扶贫助学、探望养老院等"红色行动",在所部大院打造"红色学习长廊",建设清莲亭和"志敏"廉政文化园等,把各种红色文化充分融入党员干部员工的日常生活和工作中,使全体党员干部员工在耳濡目染中,真切感受红色文化的无穷魅力,深切体会红色文化的丰富内涵,"爱红,尚红,传红",并立足自己窗口主阵地服务驾乘人员美好出行的实际行动,传播美丽红色文化,弘扬悠久红色传统,打造窗口服务的红色亮丽名片。

(二)融入旅游文化,打造窗口"美丽颜值"

1. 明确定位,大力推广旅游文化

德上高速公路的建成通车,打通了赣粤皖闽浙五省的梗阻。三清山收费所作为对外服务窗口,每天都会迎来全国各地成千上万观光旅游的游客,如果能把高速窗口的服务与旅游文化有机融合,必将迎来更多的人流物流,催生更加明显的经济效益和社会效益。根据这种实际,三清山收费所以"高速 + 旅游 + N"的方式,与三清山和大茅山风景区管委会联合,大力推广三清山、大茅山梧风洞风景区旅游线路。组建"清风骑行队",以一种崇尚乡村、简单生态的独特方式,宣传高速 + 旅游文化,推介高速旅游景点。在各收费站收费广场设立便民服务点,组织开展旅游便民服务和志愿者活动,广发旅游景区传单,既向南来北往的游客和驾乘人员推介特色旅游,又宣传通行德上高速公路的便捷快速和温馨暖心的特色服务。制定沿着德上高速公路前往周边各旅游景区的旅游线路,指引最佳的旅游路径,组织自驾游活动,吸引社会大众广泛参与互动,提升窗口的知名度,增加窗口的费收率和通行率，不断提高经济效益。从2017年开始，每年的收费额都以同比1%的速度递增，实现了较好的经济效益。

2. 强化措施，打造“窗口颜值”

以打造旅游高速公路、融入旅游文化为契机，进一步提升窗口形象。按照旅游高速公路的标准，加强环境改造，提升窗口形象，坚持窗口岗亭每日一小扫，每周一大扫清洗，做到岗亭周边无杂草，收费车道、收费广场无杂物，收费窗台、岗亭玻璃无灰尘，收费窗口时刻保持清爽整洁。及时修缮、更换损坏的改造窗口的服务设施，保证各项收费设施完好无缺，车道通行快速高效。强化收费岗亭绿化亮化举措，安装含“美好出行”Logo标志的激光灯，打造窗口“亮点”。每年开展两次以上窗口人员微笑礼仪培训，提升员工的仪容仪表，提高微笑服务水平，每日都能给过往驾乘人员一种耳目一新的感受，为过往驾乘人员创造“洁、畅、美、安、舒”的通行服务环境。

（三）融入传统文化，涵养窗口“创新动能”

1. 深度融入，弘扬传统文化

三清山是中国传统文化道教的发源地之一，道教文化源远流长。《老子》云：“上善若水，水善利万物而不争，处众人之所恶，故几于道。”弘扬不与世人一般见识、不与世人争一时之长短，做到至柔却能容天下的胸襟和气度。

三清山收费所结合社会主义核心价值观及“高速高效，同行同德”的江西高速企业精神，融入该传统文化精髓，在文明用语、微笑服务、窗口礼仪等方面花费了很多心思，教育引导窗口服务人员，坚持上善若水，厚德载物，以礼待人，以德服人，以传统文化的熏陶，规范员工的举止行为，提升员工的素质涵养。同时，每年坚持组织开展“道德讲堂”活动，把优秀传统文化充分融入“道德讲堂”，为员工灌输优秀传统文化理念。大力挖掘宣传“身边好人”，使上善若水、崇贤尚德的传统文化成为激发员工争做“好人”、争当标兵最好的“催化剂”，以员工文明素养的提升，促进路域窗口服务质量的增效，把传统文化融入企业经营管理的每一个角落，融入路域窗口服务的每一个环节，形成共同的价值理念和从业价值观，不断涵养可持续的窗口，创新发展新动能。

2. 积极创新，涵养发展动能

对这种传统文化诠释最为深刻的是三清山收费所“志敏班组”的“志于德，敏于行”的班组精神。这种班组精神的释义既取材于传统文化的丰富内涵，又拓展了传统文化的无限外延。“志于德”的工作目标，要求“志敏班组”成员应做到“志向高远，以德为先”。《易经》有云：“地势坤，君子以厚德载物。”作为“志敏班组”的每一位成员也应该始终坚持“热情、文明、周到、快速”的服务要求和“勤能补拙，奋勇争先”的工作理念，树立良好的道德品质，“志于德”，在为人处世、履职履责过程中，做到“以德服人”“以德服务”，以优质的服务，得到了过往驾乘人员和社会大众的一致认可。“敏于行”的工作要求，要求“志敏班组”成员应做到“知行合一，执行有力”。《论语》曰：“君子欲讷于言而敏于行。”志敏班组成员要在工作中善于创造，在坚持基本服务原则和服务要求的基础上，行动上力求一个“敏”字，要开拓创新，锐意进取，工作执行有力，行动迅速高效，为过往驾乘人员提供360度全方位无死角的“畅、洁、绿、美、安”的美好出行服务。

（四）融入制度文化，提升窗口“执行能力”

1. 完善制度，强化制度建设

制度是企业实现可持续发展的“硬核”。历年来，三清山收费所一直秉持“以制度管人管事”的管理理念，厚植制度文化沃土，在上级制度框架内，结合基层所站窗口服务的实际，不断细化、完善、充实、提高，形成一个对路域窗口实操性更强的制度体系，如《微笑服务标准化规范化手册》《“志敏”班组工作手册》等；并从补短板方面入手，对日常管理、履职、考核、激励等方面进行了系统的制度规范，特别是在财务、人事、后勤、工程、党建等重点领域，反复查、反复整，不断补充完善制度。至今已经形成一整套内控管理、收费经营和党的建设的标准化规范化制度汇编和操作性强的制度流程。

2. 落实职责,强化制度执行

厘清岗位职责,明确工作要求,结合作风纪律集中整治,自我加压,提高标准,务求不折不扣地落实好上级的要求及相关制度规范。同时,全所员工,不论老少、男女、岗位、身份对制度的执行做到"先守规矩,再讲方法,后谈人情",制度规定面前一视同仁,不搞特殊化,不设特殊人群,确保各项制度执行的刚性原则落地见效。

三、实施成效

实践证明,高速+文化的深入探索、持续推进,对三清山收费所发展理念的创新、管理思路的创新、容貌的改观、队伍素质的提升,对推动路域窗口服务的创新发展,都取得了良好的成效。

(一)高速+文化助推了理念创新

高速与文化的深度融合,为三清山收费所的创新发展带来最明显的一个变化,就是发展理念的创新。

一方面,高速与文化的融合,从深层次改变了三清山收费所全体上下对发展的认知。通过文化融合的长期实践,无论是党员干部,还是普通员工,无论是从收费所的顶层设计还是各收费站的具体执行层面,每年年底都要在不同范围内开展一次关于文化与高速融合的大讨论,通过集思广益的探讨,形成对文化为发展赋能提质增效的共识:要实现高速公路基层收费所站的可持续发展,必须要有深厚的文化支撑,否则,发展就会失去韧性。

另一方面,文化与高速融合实践的不断深入,也引起了三清山收费所全体上下的深思,那就是发展要不要创新的问题和如何实现创新的问题。针对这些问题,三清山收费所又从企业文化的培育、涵养和打造中寻找最佳答案,无疑,他们从对文化深层次的思考中,找到了答案,那就是要推进发展的创新,就必须从中华悠久文化丰富的营养中不断汲取养分,这样,创新才不至于偏离方向,也只有从文化中寻找答案,发展才不至于停滞不前、缺乏生机和活力。

(二)高速+文化助推了管理创新

思路一新天地宽。高速+文化的融合,带来的可喜变化之一,就是三清山所在高速公路与文化的融合中,助推了管理上的创新。由于企业文化"软实力"的贡献,管理层在坚持制度刚性约束的前提下,利用企业文化无形的力量来感召人,推进企业的管理创新,做到在经营管理工作中,制度与文化刚柔并济。

一方面行动上建立了规范的"硬约束",各项管理规章制度更加完善。特别是近年来,《党支部工作制度汇编》和《收费经营管理制度汇编》的不断修订和完善,对各种事权职责,都有明确的底线和红线约束,三清山收费所各项工作实现了标准化、规范化和精细化管理。

另一方面意识上形成了一致的"软约束",始终坚持"以文育人""以文化人",加大以理服人、以德服人的传统文化灌输。对外,打出"美好出行""志敏班组"的涵盖路域丰富文化内涵的响亮品牌,为路域窗口服务环境、服务品质的大幅提升,增添了一抹崭新的"文化亮色"。对内,利用中华民族传统佳节和纪念建党、新中国成立周年等时间节点,大力开展一系列丰富多彩、形式多样、寓教于乐的群体活动,利用优秀文化陶冶员工的情操,丰富员工的生活,活跃路域服务窗口的氛围,提升队伍的思想境界,让每位干部员工做到以所为家、爱家护家。

(三)高速+文化助推了服务创新

一方面在传承和弘扬"志敏精神"基础上,2014 年 9 月成立了"志敏班组",成立近 6 年时间来,"志敏班组"大力倡导"志于德,敏于行"的班组精神和"爱国,敬业、清廉、奉献"的班组价值观,始终秉持"勤能补拙,奋勇争先"的工作理念和"亮身份、换角度、用真心、求满意"的服务理念,推出了"流程规范化、现场标准化、服务优质化、效益品牌化"的管理目标和"从需求到服务到客户回访和满意度测评再到总结提高"闭环式的"七步工作法",坚持窗口"五心"服务标准和"五零"服务内容,为过往驾乘人员提供"菜单式"的"美好出行"服务,在此基础上,"志敏班组"还定期组织开展各种志愿服务和便民服务,让驾乘人员出行"一路无忧",畅享开心开怀的美好出行体验。

另一方面,"志敏班组"窗口服务品牌的推出,对"志敏精神"红色文化作出了最好诠释,也是三清山收费所实现路域窗口服务创新中最主要的一种形式,实践已经证明,高速+文化在推动高速公路路域窗口服务的创新方面,已经起到了强大的赋能效果,自2020年5月6日全国高速公路恢复收费的短短3个月里,"志敏班组"就收到驾乘人员赠送锦旗两面,满意度回访表80余份,驾乘人员的满意度达到100%,服务的创新不但增强了三清山收费所的营收能力,还大大提升了社会公众形象。

(四)高速+文化助推了发展创新

"红色""绿色""古色"三色文化如今已经成为三清山收费所推进路域窗口服务创新驱动发展的主色调。"三色文化"的相互交融与路域窗口服务的相融并促,更是推动新时代下的三清山收费所路域窗口的创新发展站到达全面创新的高度,这种发展创新,主要反映在环境面貌的改观和人的面貌提振方面。

所容站貌的改观上,从收费岗亭收费广场到所站各工作区生活区,在高速+文化的催生下,环境面貌都发生了日新月异的变化,其中一个最显著的特点就是三清山收费所及各收费站大院的改造,整体呈现出一种与路域文化高度融合的特征。

以所部大院改造为例。从2017年开始,三清山收费所就借助打造"志敏班组"窗口服务品牌及创星级收费站的东风,对大院的布局、环境等进行了大幅改造。一是受到"绿色文化"的启发,结合旅游高速公路的定位,大力改善大院环境,结合地处风景名胜区的实际,对院内的各种绿植,进行全面重新布局,营造层次分明、布局有序、四季各异的特色美景。春天,樱花、桃花、梨花、月季、杜鹃等百花齐放;入夏,鱼跃池塘,鸟鸣枝头,荷花绽放,柳条低垂,晚霞下,桥廊亭阁相映成趣,闲庭信步笑看云卷云舒;秋天,桃子、梨子、柚子、葡萄等应季瓜果飘香,"落霞与孤鹜齐飞,秋水共长天一色",与周围群山相映成趣;冬日,百合、梅花等迎冬而立,暖阳满园,不显丝毫萧瑟寒冷。二是从"红色文化""古色文化"中接受启发,弘扬和传承"志敏精神"、道教文化和传统文化,在池塘上种植荷花,借喻荷花"出淤泥而不染,濯清涟而不妖"的美德,命名为"清廉池",与旁边的"清廉亭"遥相呼应,构成一个较为完整的廉政教育园地。同时在院内打造红色"学习走廊",营造"红色文化"、党建文化及业务知识学习宣传的浓厚氛围。未来,三清山收费所还将进一步融合"志敏精神"、道教文化、旅游文化,以"清贫、清廉、清正"三大板块,着力打造所部大院的"三清廉政文化园"。

人的面貌提振上。队伍的面貌发生了翻天覆地的变化。一是着力加强队伍的红色文化学习灌输教育。大力传承弘扬"爱国、创造、清贫,奉献"的"志敏精神",常态化组织党团员前往怀玉山革命传统教育基地开展"党团员主题教育"实践活动,开展廉政教育,培育党团员的红色基因。二是着力加强队伍的业务培训,包括新收费业务知识、窗口服务礼仪、微笑便民服务、新收费政策解读等,每年培训次数都在10次以上,积极组织收费员集团星级考试,现所有收费员都是星级收费员。不断提升队伍应对路域窗口服务、解决路域窗口服务问题的业务素养。三是着力加强队伍的道德素质教育,大力培育和弘扬社会主义核心价值观,增强员工核心价值观的认同感,增强队伍企业精神的认同感,增强队伍步调一致、团结进取的团队精神,增强队伍遵纪守法、严守底线、不碰红线的行为自觉。

总之,文化是一个国家、一个民族、一个企业的灵魂。在高速+文化的融合中,三清山收费所高举中国特色社会主义伟大旗帜,以自己的独特思维方式,体现了一个路域服务窗口企业充分的文化自信,正是这种独特的思维方式和精准契合的"高速+文化"融合模式,推动了三清山收费所路域窗口服务的创新发展,成为路段单位发展的一个标杆,同时,窗口服务创新发展的不断推进和从地域文化中的受益和启发,又为地域文化的深入传承和弘扬提供了更大的动力源。

国有大型建筑企业持续领先行业的试车场建设创新管理

中铁四局集团第一工程有限公司

成果主要创造人:潘吉洪　范　伟

成果参与创造人:熊选爱　李　峰　张杰胜　徐书国　王时根　陈　艳
何　斌　徐　琦　刘文秀　郑海明

中铁四局集团第一工程有限公司(简称“中铁四局一公司”)前身是1953年成立的铁道部第四工程局机械筑路大队(工程处),改革开放后为适应市场竞争的需要,经整合重组,于1994年将原机械筑路工程处改造成为具备综合施工总承包能力的铁道部第四工程局第一工程处,并取得了铁路、市政工用、公路工程施工总承包一级资质和交通部公路一级资信。2000年在建立现代企业制度的背景下,铁道部第四工程局第一工程处改组成立中铁四局一公司。公司现有员工2248名,专业技术人员1618名,其中教授级高工5人、副高级职称105人、中级职称395人,年施工生产能力100亿元以上。公司参建了上海大众汽车试验场、解放军总后勤部定远汽车试验场、交通运输部通州汽车试验场、上海F1国际赛车场等项目的施工建设。截至2019年底,在建的有一汽·大众长春汽车试验场、上海·大众新疆吐鲁番干热区汽车试验场、宁波国际赛车场、浙江天马F2赛车场和福特(南京)汽车试验场。2012年出资设立的合肥中铁四局日铺试车场建设有限公司,成为拥有全世界第三家、国内唯一掌握汽车试验场高速环道沥青混凝土路面曲面摊铺设备和技术的中国企业。目前,我国包含各厂商、研究机构专业的试车场、测试道共近40座,中铁四局一公司共参建项目32个,开累完成营业额近60亿元,仅2015年以来就完成营销额约13亿元,公司在国内汽车试验场施工领域市场占有率近80%。

一、实施背景

(一)适应全球汽车赛车行业发展的需要

据中国汽车工业协会发布的2017年中国汽车产销大数据显示,2017年我国汽车产销量分别为2901.54万辆和2887.89万辆,同比增长3.19%和3.04%。自2009年起,我国成为全球汽车消费第一大市场,同时随着2015年国家全面实施一对夫妇可生育两个孩子政策的开放,出生人口数量增加,间接促进了汽车需求。而汽车试验场地建设,在汽车行业发展中有着举足轻重的地位,有了整车试验场,汽车制造公司就可以形成完整开发环节的闭环控制。在硬件设施上,整车试验场建成之后,汽车制造公司将具备整车开发的全部能力,而整车试验场的建设,将进一步强化整车试验试制和自主研发能力。试验场建有高速试验跑道、综合性能试验路、耐久交变试验路等试验跑道及完善的配套试验辅助设施,能够全面满足产品质量鉴定试验以及汽车新产品开发、鉴定和认证试验的需求,为汽车制造企业未来的整车开发提供重要的试验和数据库支持。近年来,各汽车公司进行密集的研发投入,作为全球最大汽车消费市场,我国成为世界汽车企业获取利润的最佳市场,在试车场(赛车场)方面的投入不断加大。

(二)适应国家新能源战略对汽车行业的需要

近年来,31个省(自治区、直辖市)相继出台详细的新能源汽车补贴相关政策,多项新能源政策的出台,使得2018年新能源汽车销售不断走暖,新能源汽车销售成为车市一大亮点。近年来新能源汽车继续保持较高增长态势,销量达77.7万辆,同比增长53.3%。未来,我国车市将保持微弱的正增长,其中新能源汽车有望实现较大幅度增长,而传统的轿车、商用车或将出现负增长。未来,新能源汽车业发展迅速,前景广阔,汽车试验场建设市场需求越来越大,新能源试车场建设的需求不断加大。

(三)适应试车场(赛车场)品牌传承与发展的需要

中铁四局一公司"十三五"战略规划中指出:紧紧抓住国家作为新兴产业大力发展新能源汽车战略和大力扶持自主开发产业力度,鼓励汽车生产企业提高研发技能和技术创新能力,实现中国汽车工业由大变强的转变。以在建汽车试验场工程项目为载体,充分发挥汽车试验场施工过程中多项技术成果均处于国内道路施工领先水平的优势,持续研究试车场特种道路的新技术、新工艺等,进一步筑强试车场施工品牌,充分发挥中铁四局一公司作为国家汽车协会试车场分会唯一一家施工企业会员单位的优势,加强公共关系建设,扩大和提升公司品牌的知名度,借力发展,以开阔的眼光和思路,审视资源,寻求国际上实力强劲的合作伙伴,优势互补,精诚合作,实施强强联合,充分利用合资公司NIPPO株式会社的优势,进一步巩固和提升汽车试验场工程施工市场占有率。做好试车场(赛车场)品牌传承与维护,对中铁四局一公司可持续发展具有重要意义。

二、成果内涵和主要做法

(一)创新体系建设,为试车场品牌创新提供体系保证

1.组织机构创新

新成立"试车场技术研究室""沥青路面研究所""精测大队"等组织机构,结合公司试车场战略发展规划,拟定、修订公司试车场施工技术管理、科技管理制度和办法。收集国内外试车场工程施工技术发展情况及信息,了解最新技术发展动态,为公司试车场项目提供技术支持。开展试车场新技术、新工艺、新材料、新设备的研究工作,积极推广新技术,为公司试车场发展做好技术储备。提出试车场立项科研申报课题,围绕承担的科研课题,积极组织技术人员做好分工协作,完成项目、课题的任务要求,加强公司试车场施工技术的理论和实践研究,进一步增强公司核心竞争力。

2.人员配置加强

在新成立的研究机构管理上,实行公司主要领导负责、分管领导参与,公司总工程师主抓、研究所主任主责并开展全面工作的体制。配置教授级高级工程师3名、高级工程师4名、工程师13名参与研究,"试车场技术研究室"和"沥青路面研究所"研究所各设主任1名、专业技术人员2名,并有其他精测人员若干。中铁四局一公司在建试车场项目、沥青路面项目的总工程师、工程部长和实验室主任列为科研组成员,以进一步加强人员配置,增强核心专业科研实力。

3.强强携手联合

中铁四局一公司在全国试车场领域市场占有率为80%。考虑进入我国的具有试验场高速环道曲线段沥青混凝土摊铺能力的只有德国SMB公司和日本株式会社NIPPO,公司于2012年与日本株式会社NIPPO合作成立合肥中铁四局日铺试车场建设有限公司。该公司属于中外合资企业,合资双方各出资1600万元,各占50%股份,主要合作内容是试车场高速环道、特色路面铺装工程的施工(包括工程项目的新建、改建和扩建)、咨询养护及技术咨询。这一强强携手联合,进一步提升了公司的核心竞争力,继续保持和扩大了公司的市场占有率。

4.产品覆盖面广

根据统计,1986年初,公司承建了当时中国第一座军用汽车试验场——安徽定远汽车试验场,由

此开始进入国内汽车试验场施工领域。截至2019年底,公司承建大型试车场(赛车场)12座、中小型试车场20座,涉及军用汽车试车场、商用汽车试车场、科研院校试车场等类型,包括F1及F2赛车场、轮胎试验场、摩托车试车场、拖拉机试车场、新能源汽车试车场等各种产品,覆盖了试车场(赛车场)所包含的各种领域。30多年来,公司先后建成了北京通州、上海大众、通用广德、重庆长安、长城徐水、丰田常熟、广汽本田、博世东海、一汽长春、新疆吐鲁番等10多个大型综合汽车试验场;承建了上海F1赛车场、长城一期、昆山正新轮胎、深圳比亚迪汽车测试道、常州铃木、安徽江淮、郑州宇通、一汽农安汽车试验场改造工程、中汽重庆测试道、福建戴姆勒试车道、长城天津试车场、华晨宝马试车道、深圳雪铁龙等近30多座试验场和测试道,目前在建的有上海大众拓展测试道、南京福特、一汽长春、新疆吐鲁番、天马F2、宁波F2共4个试验场和2个赛车场项目。

(二)创新机制改革,提高核心竞争能力

1. 市场机制创新

一是紧跟建筑业市场变化,在试车场领域,从施工总承包走向工程总承包。2017年承建的中铁四局一公司襄阳汽车试验场扩建项目是中铁四局中标的又一大型综合性汽车试验场项目,由东风汽车公司投资建设,以EPC(Engineering Procurement Construction,设计采购施工)总承包方式合作。建设市场本身的变化正在孕育总承包市场。市场集中度日趋提升,尤其是PPP(Public-Private Partnership,政治和社会资本合作)+EPC模式的推行,更让强者获得更大的生存空间;大多数工业领域已经逐步成为大企业之间的较量,大企业集团垄断的形成,推动建设领域市场的进一步集中,每一个细分领域的建设市场也逐步被综合能力强的建设企业占据,大型企业集团的形成导致市场的集中,推动建设模式的改变,建设方不会只考虑建设阶段的成本,他们会更多考虑工程整个生命周期的总成本,价值链割裂的设计、采购、施工模式已经很难满足他们的需要;价值链整合的工程总承包模式逐步显示出生命力。2017年,国务院办公厅印发《关于促进建筑业持续健康发展的意见》(国办发〔2017〕19号),将"加快推行工程总承包"作为建筑业改革发展的重点之一,省、市层面也纷纷出台文件,积极推进工程总承包模式,完善总承包制度:2017年国家标准《建设项目工程总承包管理规范》(GB/T 50358—2017)发布,对总承包相关的承发包管理、合同和结算、参建单位的责任和义务等方面作出了具体规定,随后又相继出台了针对总承包施工许可、工程造价等方面的政策法规。从发布的政策可以看到,政府主管部门对工程总承包模式价值的认识在逐步深入,推进的措施也越来越具体。在实际建设市场中,政府采用工程总承包发出来的项目越来越多,正成为推动工程总承包市场发展的主要力量,工程总承包将成为未来建筑企业竞相争夺的高端市场。而在试车场领域,公司利用先发优势,已经在工程总承包市场开花结果。

二是持续关注新能源试车场。新能源汽车项目是国家产业转型的重要举措,在拉动产业链、形成产业集群、带动就业等方面显现出引领作用。伴随着新能源市场的不断壮大,越来越多的传统汽车企业也在加大新能源生产基地的建设,在新能源试车场上崭露头角。2016年,公司承建安庆新能源试车场,包括成品车停车场、厂区道路及停车场等项目,决算价7452万元,为新能源试车场建设打下基础。今后,公司还将持续关注并参与新能源汽车试验场的建设。

2. 核心技术创新

中铁四局一公司在试车场核心技术上不断创新。

一是在路基施工机械智能控制3D技术研究上,研究出一套适应于路基智能机械控制3D技术施工的测量控制网,建立了路基施工三维数字模型,通过推平、碾压、修整工作试验,设定各种情况下路基施工智能控制的目标值,实现高精度智能路基无桩化推平、碾压、修整智能化作业,并开发了路基智能控制机械推平、碾压、修整的系统软件,具备国内领先水平。

二是开展高精度沥青摊铺智能控制技术研究。研发了高精度智能摊铺控制系统及控制网测量技术,建立了数据模型,实现了高精度沥青混凝土无桩化智能摊铺;形成了机、电、光、液技术一体化的高精度沥青混凝土智能摊铺系统；形成了适用于高精度沥青混凝土智能摊铺“边角挤压法”“热辐法”等工法；该项技术总体上达到了国际先进水平。

三是开展试车场高速环道模板空间定位精调系统（SAS系统）数据分析施工技术研究，自主研发了试车场高速环道曲面混凝土施工的SAS系统，首次建立了三维空间定位测量基准控制网（GNE控制网），实现了测量放样的自动化和数字化；首次建立了试车场高速环道数字三维模型并开发了相应软件，研发的曲面模板放样的棱镜基座和高速环道平顺性检测方法，解决了曲面模板空间定位和曲面混凝土平顺性量测的技术难题，并首创了运用曲线正矢法及正矢变化率验收曲面混凝土的方法，总体达到国际先进水平。

四是开展曲面沥青摊铺施工技术研究。针对试车场高速环道曲面沥青路面的特点，开展了曲面施工测控、三维实体建模、曲面摊铺关键设备以及高陡曲面沥青混合料配合比和施工质量控制技术等方面的研究工作，形成了试车场高速环道曲面沥青路面施工成套技术；首次构建了复杂高速环道曲面三维实体模型，建立了高精度三维测控网，实现了高速环道曲面摊铺的精确控制；研制了可调节熨平板弧度的摊铺机、曲面追从性的压路机和连续补给功能的转料机，开发了曲面摊铺自动控制系统，形成了具有自主知识产权且组装灵活、经济高效的曲面环道沥青路面施工成套装备；设计了适用于高陡曲面环道的沥青混合料，研究提出了摊铺碾压施工工艺及快速检测技术，该研究填补了国内空白，打破了国外的技术垄断，成果整体达到国际领先水平。

五是开展试车场打鼓音路与噪声路关键技术研究。基于特定噪声的功率谱和实测路面数据，研究了满足噪声要求的路面平面度功率谱特征及与特定噪声的关系，探讨了符合特定噪声要求的试车道路面平面度施工设计方法；研究了满足噪声要求的路面平面度功率谱特征与特定噪声的关系，确定了符合打鼓音路面噪声要求的平面度数据；研究了路面平面度统计特征与符合噪声要求实测路面形态之间的关系，优化了平面度统计特征，形成打鼓音路面施工工艺；依据频率-噪声曲线，采用“微凸体”参数、构造深度、空隙率等技术指标，提出了SMA-13改进型沥青混凝土最优组成设计，使路面构造深度和空隙率满足特定噪声路面要求，确保了噪声路表面粗糙的几何特征，该成果总体上达到了国际先进水平。

3.科研机制创新

一是在与国内高校合作方面，公司先后同中南大学、河海大学、长安大学等国内高校进行了产学研合作，有力推动了公司试车场科研工作的发展，先后3次邀请高校教授到公司项目指导培训，创新驱动引擎新持续发力，进一步推动了科研成果质量的提高。尤其是在2017年在中国施工企业管理协会成果评审会上上，公司“试车场打鼓音路与噪音路施工技术”课题荣获一等奖，弥补了在试车场特殊道路领域的技术空白。

二是由中铁四局一公司和日本株式会社NIPPO共同投资设立合资公司，主要从事试车场高速环道、特殊路面铺装工程的施工和维护。NIPPO株式会社是日本最大的铺路专业公司，也是全球仅有的两家拥有汽车试验场高速环道专业施工设备和技术的公司之一，在日本汽车试验场施工领域所占市场份额达90%以上。合资公司的成立将为各专业汽车生产厂家进行汽车新产品开发、新车定型及产品质量控制提供试验手段，更对公司进一步发挥在国内试车场领域的品牌优势起到了积极的推动作用。

三是及时总结科研创新成果，促进成果转化。“试车场环道曲面沥青路面施工技术”突破了国外技术的封锁，公司也成为拥有全世界第三家、国内唯一掌握汽车试验场高速环道沥青混凝土路面曲面摊铺设备和技术的企业，该技术获评“国际领先技术水平”。

同时，公司在试车场（赛车场）领域还取得“国际先进技术水平”3项；取得安徽省科技进步二等奖1项、三等奖1项；中国铁路工程总公司科技进步特等奖1项、一等奖4项、二等奖1项、三等奖1项；中国施工企业协会科技创新一等奖2项、二等奖3项；中国质量评价协会科技创新二等奖1项、优秀奖3项；获得国家级工法3项、省级工法10项；取得国家专利授权27项，其中发明专利20项，软件著作权 1 项。

4. 标准化创新

随着试车场(赛车场)的建设,中铁四局一公司积累了丰富的施工经验和施工技术。为形成标准,填补国内试车场施工标准缺失的空白,中铁四局一公司在 2012 年 3 月针对《试车场特殊路面企业标准》项目开展了可行性调研,编写了科研项目可行性研究报告,对项目相关技术国内外发展现状、趋势,以及项目的产业化前景进行分析,并确立了"编制一套《试车场特殊路面企业标准》,用于指导及规范各类特殊路面的施工"这一研究开发目标,2012 年 7 月与中铁四局签订《试车场特种路面企业标准》开发研究合同,要求形成一套试车场特种路面施工技术及验收标准,即《试车场特种路面企业标准》,用于指导和规范公司试车场特种路面的施工及验收。《试车场特种路面企业标准》形成后,通过检验及完善,具备上报部颁《试车场特种路面施工技术规范》的条件。该课题被中国中铁股份有限公司列为重点课题,中铁四局集团科学技术委员会召开了《试车场特种路面施工技术规范》审查会,对项目进行验收,专家组通过认真讨论提出修改意见并一致同意验收通过,形成企业标准,在中国中铁股份有限公司内推广应用。

(三)创新人才培养,为品牌管理提供人才保障

1. 营造养好环境

一是推进幸福项目部创建工作,增强员工队伍归属感。在公司试车场(赛车场)项目中开展幸福项目部创建工作,此项目工作提升了员工幸福指数,取得了较好成效,增强了员工对企业的认同感和亲和力,减轻了员工精神上的压力,维护了其身心健康,有助于员工更好地履行岗位职责,激发员工的工作热情和工作的积极性、主动性、创造性。为了让所有员工在轻松、自由的环境中工作、生活,创造良好的发展"软"环境,公司持续关注试车场(赛车场)人才培养,不断完善用人机制,创造公正、公平的发展环境,为每一位试车场(赛车场)项目工作员工,制定职业生涯发展规划,通过考试选拔、竞聘上岗等方式,不断拓宽员工成长渠道。

二是积极搭建智慧平台,营造成才的良好氛围。开展了"导师带徒"活动,为新分配来的试车场员工找"师傅",对他们在生活上予以照顾,让他们感受到"家"的温暖,工作上交任务、压担子,使他们在工作上可以迅速成才。通过在工作和生活中"心贴心地谈、手把手地教、面对面地传",有效地激发了新进青年员工的工作热情和发展潜能。活动自开展以来,取得了显著成效,一汽大众试车场项目部何生云和宋宇宸师徒二人获得公司评选的"明星师徒"荣誉称号。

三是对试车场职工进行了业务技能培训,特别是对试车场技术人员进行施工、技术一体化培训。通过培训考核,选拔优秀工程技术人员担任片区工号技术主管和队长职务,减少了管理环节,提高了年轻技术人员的工作热情,强化了施工过程的质量控制,促进了年轻技术人才的迅速成长。

2. 激发队伍活力

一是在试车场领域创新轮岗制度。在逐步深化人事制度改革的基础上,出台了轮岗任职管理办法,明确了轮岗对象、条件、流程和纪律,确保员工"派得进、调得出、流得动"。

二是创新轮岗形式。以新疆吐鲁番试车场等项目部为试点开展项目员工轮岗。

三是创新轮岗考核机制。公司以一年为考核周期,对所有轮岗人员进行全过程跟踪,由公司和项目部对基本素质、工作态度、工作能力、团结协作等进行等级评价,考核结果优秀的,优先提拔使用;考核结果较差的,进行诫勉谈话、调整工作岗位;对于考核中不能够胜任现有工作岗位的,进行降级使用,促进人才队伍能力素质提升,为企业发展提供人才保证。

3. 注重梯队建设

一是创新公开竞聘工作的制度建设,进一步深化干部选拔制度改革,下发了选人用人的管理办法,详细规定了竞聘人员的报名条件、笔试和面试要求、纪律及程序。在试车场项目开展公开竞聘是

改良干部选拔任用“封闭化”的运作方式的新尝试。

二是创新公开竞聘工作的形式，通过项目初评、资格审查、理论考试、演讲答辩等一系列环节，在面试现场，竞聘者从企业大局和自身工作的角度，阐述了对竞聘工作的理解，并对竞聘者现场出题进行竞聘演讲，评委组对应聘人员进行不记名评分，全程公开透明，得到全体员工的一致认可。通过公开选人，确保了选人用人的科学性，达到通过竞聘引入竞争机制、选拔优秀人才的目的，为试车场储备了梯队人才。

4. 强化用人导向

一是在试车场板块坚持正确的选人用人标准，大力倡导和树立“讲诚信、重业绩”的选人用人良好风气。不拘一格选拔人才，打破条条框框，向德才兼备的人压担子，为成绩突出的人搭台子，真正把政治上靠得住、工作上有本事、作风上过得硬、员工群众信得过的干部选拔上来，努力形成试车场板块人才脱颖而出、充分施展才能的良好风尚。

二是改进试车场干部考核工作。在试车场板块范围内推广全员考核及干部考核，根据考核排名和民主推荐情况，不断充实试车场板块后备干部资源库。通过考核充分发挥了对干部队伍的激励性，为准确评价干部、正确使用干部奠定基础，为试车场人才培养发挥导向作用。

三、实施效果

中铁四局一公司自实施试车场（赛车场）品牌管理以来取得了显著效果，持续引领试车场（赛车场）建设。

（一）科研能力持续领先

截至2019年底，在试车场领域已经获得国家级工法3项、省级工法10项；取得国家专利授权27项，其中发明专利20项，软件著作权1项。“试车场环道曲面沥青路面施工技术”突破了国外技术的封锁，公司成为拥有全世界第三家、国内唯一掌握汽车试验场高速环道沥青混凝土路面曲面摊铺设备和技术的企业，该技术获评“国际领先技术水平”。

（二）市场地位牢固树立

凭借着过硬的施工技术，公司共参建项目41个，涉及军用汽车试车场、F1赛车场，轮胎试验场，摩托车试车场、拖拉机试车场、新能源汽车试车场等各种产品，覆盖了试车场（赛车场）所包含的各种领域，并且成为第一家施工单位的全国试车场协会成员，2019年公司已经占据国内试车场建设领域80%以上的份额，市场龙头地位牢固树立。

（三）经济效益贡献显著

通过品牌管理建设，公司自2019年以来先后参与高温（新疆吐鲁番试车场）和高寒（吉林长春试车场）项目建设，试车场板块开累完成营业额近60亿元，盈利数亿元，仅2015年以来就完成营销额约13亿元，为公司创造了卓越的利润，为公司可持续发展奠定了坚持基础。

公司继续注重试车场（赛车场）领域的品牌管理，紧紧抓住国家大力发展新能源汽车等新兴产业机遇期，以在建汽车试验场工程项目为载体，充分发挥施工技术优势，持续研究试车场特种道路的新技术、新工艺等，进一步筑强试车场施工品牌，在国内汽车试车场的建设领域提前储备相关技术，为国内新建试车场的投标和施工奠定基础，同时关注中国“一带一路”的大环境跟中国的汽车制造商在沿线国家建造带有高环曲面汽车试车场的可能，积极参与“一带一路”试车场建设，以技术、创新、人才为动力，持续引领试车场（赛车场）建设领域。

基于区域经营的项目组织变革管理

中铁四局集团第一工程有限公司

成果主要创造人:潘吉洪 范 伟

成果参与创造人:赵卫华 丁亚文 程多全 阮仁义 徐步挺 姚永富
李 勇 李 峰 徐 琦 何 斌

京张高速铁路是北京2022年冬奥会的交通保障线、京津冀一体化发展的经济服务线、传承京张铁路百年历史的文化线、全面展示高速铁路建设成果的示范线、落实“一带一路”引领高速铁路走出去的政治使命线。崇礼铁路是我国华北区域铁路网中京张铁路的支线铁路,是京张高速铁路的重要组成部分,是北京至冬奥会崇礼赛场的必经之路,对于构建内蒙古东部地区至京津冀地区快速客运新通道,进一步完善华北地区铁路网具有重要意义。2016年12月,中铁四局集团有限公司(简称“中铁四局”)中标了国家重点工程崇礼铁路三标段,主要工程内容包括“一站、二隧、三桥”,分别为太子城站场、青羊隧道、太子城隧道、鹰窝沟大桥、青羊沟大桥和太子城特大桥。

一、实施背景

(一)适应建筑业市场形势的客观要求

近年来,我国建筑业产值、新签合同额、建筑业增加值逐年攀升,国内建筑施工企业由此迎来了前所未有的发展,同时行业竞争也越来越激烈。竞争加剧的主要原因有三点:一是建筑业总体数量增加,近十年来建筑业企业数量总体年均复合增长率为3.56%;二是建筑业人工成本增长,人工日益短缺,建筑业适龄人员逐渐减少;三是国家环保要求日益提高,各省(自治区、直辖市)出招最大限度减少环境污染导致原材料涨价,使工程项目的利润空间越来越小。面对这样的市场环境,传统的每个项目单独成立团队进行管理的模式已失去成本优势,要在竞争激励的市场中求生存、谋发展,就必须要改变传统管理模式,对区域内工程项目的各类要素进行集约化管理,才能有效降低区域内项目的整体成本,从而形成低成本竞争优势。为实现企业的可持续发展,以及企业资产的保值增值,区域经理部管理模式应运而生,此模式能有效整合施工企业的区域资源,使其发挥整体优势,有利于施工企业实现区域规模扩充带来的最佳效益。

(二)适应中国中铁股份有限公司区域经营管理的需要

施工企业同质化严重,加重了竞争程度,施工企业如何在新常态下依托在建项目不断拓展区域经营主阵地,从而有效提升企业创效增利能力。实行区域集约化管理是企业扩大市场占有率、获取利润的重要途径。中国中铁股份有限公司(简称“中国中铁”)在全系统推行生产经营体制改革,作出“中国中铁股份有限公司重在产业管理,集团公司重在市场经营,工程公司重在生产组织”的定位。作为中国中铁下属的工程公司,只有通过组织好项目施工生产,干好现场,以干促揽,树立形象,赢得政府和建设单位的信任,才能促进区域市场滚动发展。推行工程项目区域集约化管理既能发挥区域优势,形成协同作战能力,快速突击确保项目工期,又能在相对时间较长的项目建设期间,与业主和地方政府建立良好的公共关系,树立央企良好的外部形象,打造知名品牌,从而实现滚动经营,同时还可以借助与业主和政府之间通过长期合作建立的良好外部关系,收集更多的市场信息,实质性地落实好三级公司辅助经营的要求。

目前,中铁四局已逐渐在部分区域发展生根,如在淮安、盐城、崇礼、南京等地区实行生产经营一体化模式,努力探索区域组织管理模式,解决在现有的人力资源条件下实现企业规模发展的问题。

(三)适应企业高质量发展的需要

目前建筑企业一般采取每个项目对应成立项目部的方式进行管理,在项目相对集中的区域,这种常规管理方式,无法实现资源的充分利用,如管理人员工作任务不饱满、机具设备使用效率低、周转材料无法多次重复使用造成摊销成本大、对外关系重复协调成本高、劳务班组管理规模小成本大等,使得项目成本难以降低。随着企业规模不断扩大,基层项目管理人才紧缺,从根本上解决基层项目管理人才紧缺一般有两种方式:一是通过校园招聘和社会招聘等方式大量引进人才,但这种方法受到员工总量控制政策、用工风险等多方面制约,不可能无限制进人;二是立足现有资源,不断创新管理方式,优化资源配置,最大限度释放有限资源效能,打破现有项目管理组织机构,创新项目组织结构,优化企业资源配置,化解企业规模不断扩张与人力资源紧张的矛盾。实行工程项目区域集约化管理,成立区域经理部,对同一区域内各类资源实行集中、统一管理,可以解决单个项目资源利用不充分问题,避免施工过程中重复投入和浪费,发挥管理最大效能,从而降低成本、提高效益。此外,实行工程项目区域集约管理,还可以通过区域工程经理部实施标前策划提升项目经营质量,利用规模效应降低采购成本。

二、成果内涵和主要做法

(一)创新组织模式,实行标准化管理

1.建立区域管理机构

根据公司总体战略部署,张家口地区以崇礼铁路项目项为依托,按照"精干高效"原则,实行"一套班子 + N 个分部"管理,组建了区域管理机构,2019 年末,此区域涵盖 8 个在建项目,为全面推行集约化管理奠定了组织基础。区域经理由现场分管崇礼铁路的公司副总经理兼任,区域经理部"五部两室"配置齐全,分部不在单独设立"五部二室",统一由区域经理部管理具体业务,最大限度实现项目资源共享。在对外沟通及迎接各级检查方面,区域经理部一套班子成员统一负责。在对内管理方面,根据区域内工程项目的数量、规模、施工技术难度等特点,指定一名生产副经理负责分部综合管理,合理配置区域经理部其他管理人员。在劳务队伍管理方面区域经理部引入主体队伍 16 家,其中隧道队伍 4 家、桥涵结构物队伍 4 家、路基土石方队伍 3 家、路基附属队伍 2 家、钢筋加工队伍 1 家、无砟轨道队伍 2 家。区域经理部根据内部管理需要,可在各分部之间灵活调配劳务人员。

2.明晰权责标准化管理

一是明确区域经理部项目管理和市场营销的双重职能,崇礼经理部既是实体经理部,负责崇礼铁路及 7 个分部的项目管理工作,同时又兼具市场营销职能,通过干好在建项目,以干促揽。

二是明确区域经理部和所属分部之间的责权利关系,实行一套班子管理,绩效考核统一进行考核,每个分部对自己的生产进度负责。

三是明确标准化、现场管理、过程控制等各项管理。

区域经理部根据公司标准化建设要求,从抓源头、抓过程、抓细节上下功夫,大力推进项目"四个标准化"建设工作。

在管理制度标准化方面,根据公司标准化管理要求,崇礼三标结合京张公司对标准化建设要求,同时根据《中铁四局集团项目施工管理标准化指导手册》的要求,项目部制定了《标准化建设手册》《隧道精细化施工管理办法》等各类管理制度 108 项,同时完善了对应考核奖惩措施,将全线划分成 8 个不同的标准化考核单元,加大了管理制度的执行、落实力度,确保各项工作有章可循。

在人员配备标准化方面,根据投标承诺、业主要求和项目实际,项目部下设"五部两室",负责项目部的日常管理和对分部的计划、组织、指导、监督和协调。区域项目部坚持走专业化道路,配齐配强有相关经验项目管理人员25人,隧道、桥梁等工程技术人员23人,以及专业架子队502人,以作业班组为单元,以工序为控制对象,以效率和效果为主要考核指标,划分责任区域,明确责任目标,使各级管理职责落实到施工现场,确保项目施工管理专业化水平。

在现场管理标准化方面,区域项目部严格落实开工标准化要求。开工标准化是项目实现良好开局的有力抓手,也是实现"一次达标"的必然要求。一是依据标准化施组模块,从制度体系、人员配备、资源配置、工效指标、临建布局等内容上进行了系统研究,制订科学合理的施工组织方案,为标准化实施提供有力保障。二是编制专项的临建方案,对项目部驻地、拌和站、钢筋加工场、炸药库等进行合理布置,分区明确。三是明确场地场容和作业环境要求,统一各类标识图样,统一制作防护围栏,统一订制施工爬梯,统一购置临边防护钢丝网,规范施工通道防护标准。四是统一施工现场用电要求,配电房(室)、变压器等固定电力设备均设安全防护屏障或围栏。配电箱内多路配电有标记,并由专人进行管理。

在过程控制标准化方面,一是强化作业标准制定,规范作业流程。项目部在详细的现场调查基础上,编制了切实可行的施工方案和作业指导书,明确了作业流程、技术参数、控制要点、质量标准等。施工过程中严格执行技术交底制度,技术人员不仅要对作业人员进行书面交底,还要进行现场指导和过程监控,切实将作业标准规范落实到现场操作中。二是推行首件工程验收评估制度,实现样板引路。经理部对首件工程实行验收评估,通过对各工序质量验收评价,用于指导后续施工生产、克服质量通病,以实现"样板先行,典型引路"的目的。三是采用信息化管理平台,提升项目管理水平。项目部搭建了微信、QQ信息平台,确保生产指挥迅速精准;采用成本管理信息平台,实现成本管理过程可控;采用物资过磅影像系统,提高物资管理水平;采用门禁管理和视频监控系统,实现远程风险监控;搭建站、室管理信息平台,实现试验信息实时上传;使用安全质量隐患排查治理系统,促进安全质量隐患及时排查治理。

(二)生产要素实行"三个集中"

施工项目的生产管理要素是指生产力作用于施工项目的有关要素,也可以说是投入施工项目的人、财、物等诸要素。加强区域性项目建设,必须对施工项目的生产要素进行集中,强化其管理。区域经理部与原来的单个项目的最大区别就是各种生产要素更加丰富,要想实现区域经理部优势,核心内容是做好区域内工程项目各类资源要素的集中管理,为此区域经理部在管理人员、成本财务、物资设备上要进行集中管理,充分发挥区域经理部资源调配优势。

1. 管理劳务人员集中

区域经理部建立管理人员集中管理平台,对区域内项目管理人员实行统筹调配。一是人员高度兼职。区域内所有人员根据具体工作情况实行有序兼职,工资和绩效均根据兼职情况予以发放。崇礼铁路区域经理部管辖8个项目,8个项目的项目经理均由经理部领导班子兼任,整个区域只设一名党工委书记,经理部在职管理人员按照职能分工需要同时兼任在建项目及收尾项目的相关职务。据统计,经理部人员兼职率达53%,兼职最多的崇礼铁路常务副经理兼职滚动发展8个项目的项目经理岗位。全标段所有分部的管理人员,统一下令,各分部人员由区域经理部根据现场实际动态调整。在分部设置上,分部不是固定不变的刚性组织,而是根据生产推进情况随时调整。随着重点工序的完成或进入冬休期,分部又可以动态裁撤、合并、分流,避免出现人员、设备闲置,确保各分部生产任务饱满。8个分部合计减少管理人员至少20人,每月仅节约工资支出近22万元,推算节约经费超过600万元。二是调配灵活机动。在项目管理过程中,结合各项目施组推进情况和剩余工程量,区域经理部及时对各项目人员进行调整,以保证各项目正常高效运转,避免造成人力资源浪费,同时促进管理人员快速成长。比如区域经理部安全质量管理人员,负责所有项目危险源辨识、安全质量教育培训工作,这些工作要求安全质量管理人员素质较高,可以在区域内实现共享,区域内每个分部再根据安全质量管理的需要配置安全员,负责分部的安全质量管理工作。

区域经理部建立劳务队伍集中管理机制,对区域内所有劳务队伍实行统筹安排和集中管理。各项目劳务队伍必须由区域经理部招标确定,劳务工进场由区域经理部综合办公室统一进行实名制备案登记，劳务班组支付结算由区域经理部统一进行，劳务工工资由区域经理部财务统一支付，对劳务班组的考核评价由区域经理部牵头组织，各分部配合进行。区域经理部负责劳务队伍的培训、施工组织、合同内验工、用工考勤、信用评价等日常管理工作。劳务分包单价由区域经理部统一制定，项目主要采取多工序分包、专业分包、劳务分包等方式进行工程分包工作，钢材、水泥、混凝土等主要材料由区域经理部供应。在分包各个环节严格执行中铁四局和一公司关于协作队伍准入、择优选用、合同评审及费用结算等规定。同时，在中铁四局和一公司指导价或限价的基础上，实行公开招标，在确保队伍讲诚信、有实力的前提下优中选优，合理控制分包价格。

2. 成本财经管理集中

成本管理信息系统作为项目精细化管理的重要抓手，在区域经理部得到了彻底运用。崇礼区域经理部分部未设立工经部、财务部，由区域经理部指统一负责各分部的成本管理和结算工作。并要求各分部劳务结算必须使用工程建设成本管理信息系统 V5.0 系统，由区域经理部进行统一复核、付款。区域项目经理部 5.0 系统的成功试点，为公司所有在建项目推广应用 5.0 系统进行劳务管理和结算提供了经验。例如崇礼铁路项目，16 家劳务队伍集中结算劳务费 30297 万元。区域经理部建立财务资金集中管理平台，对区域内项目资金实行统筹管理。区域经理部设财务部对区域内所有项目的资金进行集中管理，各分部不再设财务部，所有财务人员在区域经理部集中办公。在资金管理方面，一是对所有项目的资金由区域经理部统一进行归集、集中管控；二是各项目的资金支付由区域经理部统一进行；三是项目之间的资金使用由区域经理部统一调配。

3. 物资设备采供集中

在物资采购方面，各分部根据现场需要提报采购计划，由区域经理部统一组织网购或招标采购。在物资材料方面，现场所需各类物资材料均由区域经理部统一采购。截至 2019 年底，经理部共网购二、三项料价值 609 万元，与市场信息价相比，节约成本 58.4 万元。主要材料由经理部统一招标采购，利用规模优势，以量换价，降低采购成本。目前，区域经理部经理部组织主要材料招标 3 次，招标金额 1168 万元，与市场信息价相比，节约成本 16.5 万元。崇礼区域经理部根据需要购置超前预报多功能钻机、锚杆台车、拱架拼装机、液压仰拱栈桥、水沟电缆槽台车等 28 台，在智能装备上投入 1224 万元。月租机械单机油耗指标考核均在规定油耗范围内，月租机械的利用率整体控制较好，总体发生月租费用 342 万元，较零星租赁节约 51 万元。

（三）资源集约实行“四个统一”

崇礼三标实行实体区域经理部，区域经理部以崇礼铁路项目为主，同时负责其他 7 个具体项目的工作，负责整个张家口崇礼区域资源调配、生产指挥和经济管理等方面的实际管理，区域各分部主要负责自身管段安全、质量、工期等具体生产工作，按照区域经理部的资源配置和统一指挥，组织落实施工生产和现场管理，分部在组织生产、经济管理中也必须发挥自身能动性，把项目干好、管好，并产生好的效益。具体来说，区域经理部主要做到了“四个统一”，即变更索赔、对外协调、生产要素配置、办公用品购置均由区域经理部横向到边、纵向到底地进行全面、统一管理。

1. 统一变更索赔

区域经理部是变更索赔的责任主体，负责确定变更索赔的主攻方向，制订并实施总体策划方案，负责与建设、监理、设计等单位的联系沟通；各分部则是配合区域经理部做好变更索赔基础资料的收集、整理。区域经理部成立了变更索赔工作小组，对区域内的变更索赔情况进行梳理，根据各分部具体情况，策划具体变更内容并循序推进。各分部变更思路、变更点、工作方式可能均有所不同，在区域经理部模式下，二次经营由区域经理部统一策划和实施，同时分部又会根据分部实际情况参与意见，实现了“区域经理部或某个分部出一个点子，区域内相应变更内容均受益”的结果，充分利用好区域各项政策和制度，实现区域效益最大化。至 2019 年底，崇礼区域经理部区域策划Ⅰ类变更 3 项、Ⅱ类变更 6 项、材料调差政策 1 项、征地拆迁政策 2 项和其他类政策变更 5 项。

2. 统一对外协调

在对外协调方面,对于镇级以上单位,由区域经理部统一沟通协调,分部仅负责行政村一级沟通协调。至2019年底,主要需要协调的有崇礼区政府、崇礼区交通运输局、张家口市政府、河北省政府、京张城际铁路有限公司、监理单位(西安铁一院工程咨询监理有限责任公司)和设计单位(中铁工程设计咨询集团有限公司)。各类外、内接待也由区域经理部统一牵头组织。在对外协调方面,按照以往管理模式,对外协调均由各分部自行实施,每个分部均要与地方政府、业主、设计院等进行沟通联系,不仅存在重复投入,甚至存在口径不一致、分部之间相互拆台等现象。在区域经理部模式下,由区域经理部统一对外协调,不但减轻了分部对外协调压力,使其专心专注抓生产,同时还降低了成本,树立了中铁四局"一盘棋"的良好形象。

3. 统一配置资源

为加强机械化建设,做好"设备配套、创新引领"工作,根据适用、匹配的要求,崇礼区域经理部积极选用成套的施工装备,积极推广应用。拌和站、机械设备等生产要素,由区域经理部根据现场实际统一、动态配置。区域经理部模式下,机械设备由区域经理部根据全线需要统一租赁或配置,并实时监控现场情况,根据各分部生产进度情况动态在分部间调配,杜绝机械设备出现忙闲不均现象的发生,确保了利用效率最大化。在周转料使用上,本着"通盘掌控、充分调剂、降低成本"原则,根据各分部施工进展及工期要求,将模板等周转材料在各分部间动态调配,提高周转利用次数。

4. 统一办公用品采购

集中采购办公用品可以节约费用,也不需要耗费大量的人力与物力,尤其是在网上订购办公用品,批量采购,在价格上能够享受到优惠。集中采购办公用品方便管理,定期采购也能实现办公用品统一的管理,从而避免了浪费。各分部根据需要,提报购置计划,由区域经理部统一采购。在办公用品管理方面,由各分部每月25日提报下月采购计划,区域经理部统一采购配发,有效降低了物品采购价格及采购所需人力、车辆消耗等。崇礼区域经理部及7个分部开工累计购置办公资源66.8万元,节约成本10.02万元。

"四个统一"最大限度地发挥了区域经理部的变更索赔、对外协调、资源配置、办公用品集中采购等规模优势,既使得资源效能得以最大化发挥,又最大限度降低了现场管理费用,减少了不必要的成本支出。

三、实施效果

(一)资源管理集约高效

实行区域经理部管理后,区域经理部和分部各司其职、紧密配合、动态调配资源,既可以做到在具备大规模施工条件的作业面上集中资源推进生产组织,又可以随时根据现场情况分散资源做到齐头并进;而对外等各类事务由区域经理部统一牵头,保证了分部专心干活,有力保证了项目进度。崇礼区域通过推行工程项目区域集约管理,使项目各类资源得到高效利用。人力资源集约管理效果明显,如崇礼铁路项目部下辖8个在建项目,按照常规定员定编要配置领导班子成员32人、管理人员120人;实行区域集约管理后,通过人员高度兼职,项目与项目之间合理调配,整个区域只有领导班子成员14人、管理人员56人,减少了领导班子成员18人、管理人员64人,减少管理费用约2880万元。智能装备的投入极大地节约了人力成本,解放了生产,实现了施工进度有序管理,项目的V级围岩隧道掘进创造了88.3米的记录,也突破了全局V级围岩隧道掘进记录。

(二)变更索赔成果显著

由于区域经理部统一对外开展变更索赔工作,崇礼区域变更索赔工作取得较好成果。其中,崇礼铁路项目Ⅰ类及重大变更设计3项,包含太子城隧道保障工期Ⅰ类变更、太子城站因站房工程引起站前Ⅰ类变更设计及有砟轨道改无砟轨道Ⅰ类变更设计。Ⅱ类变更设计6项,包含太子城站路堑左侧支挡Ⅱ

类变更设计、太子城隧道保温排水措施调整、太子城站路基填料调整、太子城隧道出口洞门景观绿化及车站景观绿化Ⅱ类变更。崇礼铁路项目已形成合同外验工计价 16341.85 万元,占验工计价的 18.8%。此外,还有两项变更业主方已批复,涉及金额 1524.21 万元,正在完善签认工作。另有 3 项变更业主暂未批复,涉及金额 3821 万元,正在跟踪批复流程,变更索赔工作取得了阶段性成果。

(三)品牌影响深入区域

项目是施工企业的基础,是施工企业的窗口,是施工企业展示实力的舞台。项目部通过先进文化感染人、通过科学管理吸引人,赢得了崇礼区、张家口市甚至河北省领导的高度认可和赞誉,为中铁四局能够从铁路建设领域延伸滚动到公路领域奠定了坚实的基础。崇礼项目于 2019 年按期完成各项施工任务,并按时通过各阶段验收,顺利开通运营,如期完成了中国国家铁路集团有限公司和京张城际铁路有限公司下达的各项建设目标。项目始终把质量作为检验一切工作的出发点和落脚点,把"京张有我,我为京张,创京张世界品牌"的价值导向作为检验工作的根本标准。所有参建人员都用匠心铸就品质,所有行动、标准、形象都要服从品牌、服务品牌、维护品牌、创造品牌,发挥品牌的聚集效应和扩散效应,实现品牌价值。项目部荣获河北省"安康杯"竞赛优胜单位荣誉,荣获京张公司"建功新时代、京张做贡献"主题活动"先进集体"荣誉称号,2018 年获评京张公司优秀党组织,项目常务副经理程多金荣获铁路总公司"火车头奖章",项目总工程师阮仁义荣获"优秀共产党员"荣誉称号。

(四)实现区域滚动发展

中铁四局一公司以项目为依托,以优质工程为宣传,对市场进行深耕细作。以生产促进营销,以营销拉动生产,实现了生产营销一体化。以崇礼铁路 CLSG-3 标为依托,充分展现了品牌优势和企业形象;强化管理优势,打造了企业信誉,推广了企业品牌,得到了当地政府领导和业主的充分信赖。通过一系列的品牌营销策略,中铁四局集团第一工程有限公司于 2017 年成功中标了崇礼城区至红旗营公路项目,2018 年又接连中标崇礼区太子城冰雪小镇项目 1 号路综合管线管廊及道路工程、太子城至古杨树至棋盘梁公路工程,2019 又先后相继中标太子城市政等 5 个项目。通过滚动发展,截至 2019 年底,中铁四局一公司在崇礼地区有 9 个在建项目,合计中标额 17.4 亿元。

区域化管理在区域市场滚动发展、企业信誉品牌、区域资源优化配置、项目降本增效、释放人力资源等方面效果显著。崇礼大力推行区域化管理,取得了良好的效果,保障了企业可持续发展,其经验也被逐渐推广到公司安徽、河南片区,其中安徽片区近三年实现区域滚动营销 92 亿元,营销贡献度在中铁四局各子分公司中连续两年排名第一。

区域经营组织变革适应了企业规模扩张、建筑业集中化的行业发展形势,开辟更多稳定根据地,通过区域经营组织变革使劳动生产率得到了提高,化解了人力资源不足的矛盾,同时因为区域经营具有长期性、稳定性、资源集中配置等特点,扩大了企业在区域的影响,取得了区域内经营滚动发展,营销质量不断提高,区域关系稳固深入,实现了规模经济效益持续提升的良好成效。

高速公路桥下安全综合防治体系的构建

山东高速股份有限公司泰安运管中心

成果主要创造人:闫新亭　丰海霞

成果参与创造人:张海忠　郭绍立　臧庆国　娄松营

山东高速股份有限公司泰安运管中心济宁养护分中心(简称"济宁分中心")隶属于山东高速股份有限公司(简称"山东高速公司"),成立于2014年9月,位于儒家思想创始人孔子故乡曲阜,主要承担着G3京台高速公路K510+723—K575+490段的日常维修保养和专项维修工程等的管理工作,主线里程64.767公里,养护里程76.267公里,有桥梁190座,涵洞96座。济宁分中心现有员工4名,设有主任1名、职员3名,均为本科以上学历,其中工程硕士1名、高级工程师1名、桥梁工程师1名、安全工程师1名。

自成立以来,济宁分中心在山东高速公司和运管中心的正确领导下,积极适应山东高速集团有限公司(简称"集团公司")机构改革后新形势,积极探索以提升自主管理能力为目的的考评机制,推动运营管理工作的持续有效提升。自成立以来,济宁分中心先后获得山东高速公司示范窗口、优秀卓越绩效管理单元和全国交通行业质量信得过班组等荣誉称号。

一、成果构建背景

(一)适应交通强国建设发展新形式的需要

中共中央、国务院于2019年9月印发的《交通强国建设纲要》明确指出:完善交通基础设施安全技术标准规范,持续加大基础设施安全防护投入,提升关键基础设施安全防护能力。高速公路作为交通强国建设的组成部分,以其安全、舒适、便捷等强大优势及其灵活性成为交通运输网的主体。而近年来,由于高速公路桥下空间被沿线居民、企业、附近村庄把此地当成天然的垃圾倾倒场、杂物的堆放场,给高速公路安全和畅通带来了极大的安全隐患,因此急需创新桥下安全管控机制,提升桥下安全管控工作水平,确保高速公路的安全、畅通。

(二)省和交通运输主管部门对高速公路桥梁养护安全目标控制提出新要求

山东省政府于2014年11月批复的《山东省高速公路网中长期规划(2014—2030)》确立了"八纵四横一环八连"(简称"8418网")高速公路网总体布局,后修改确立了全省高速公路网布局"九纵五横一环七连"(简称"9517网"),总里程约8300公里,实现高速公路网的升级提速。高速公路已逐渐成为国民经济发展的重要支撑,山东省在高速公路建设方面取得了越来越多的成就,畅通运营管理优化和升级成为政府和交通主管部门的重点关注工作任务,对高速公路安全畅通目标控制更加具体和严格,以切实提高高速公路安全管理水平。桥梁是高速公路的重要组成部分,桥梁安全是确保高速公路安全畅通的关键。养护部门要切实把危害桥梁安全的安全隐患及时清除,落实养护管理责任,实行追责制度。伴随养护部门责任压力越来越大,创新桥下安全保障管理模式,提升桥梁安全保畅管理水平迫在眉睫。

(三)桥下倾倒垃圾、堆积杂物问题日益突出

高速公路桥梁众多,特别是大型、特大型桥梁由于桥梁长度比较长,桥下空间宽广加之周边行人稀少,极容易成为垃圾、渣土、杂物的堆放场地。从多年的高速公路巡查检查统计数据来看,高速公路桥下

最常见的堆积物是易燃的柴草和秸秆,此类堆积物会随着季节变化同步变化,夏季主要是堆放麦秸、地膜,到了秋季主要是堆放玉米和棉花秸秆。堆积的原因主要是沿线居民法律意识淡薄、图方便等原因,把秸秆堆放在距离自己家较近的桥涵下,久而久之桥下的环境可想而知(图1)。

a)桥下堆满的垃圾

b)养护员正在灭桥下火

c)"赶不走"的养殖场

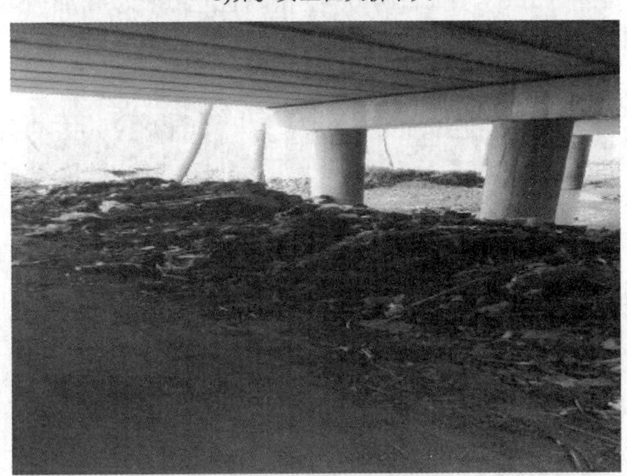
d)"清"不尽的垃圾

图1 高速公路桥下恶劣的环境

在高速公路桥下堆放杂物,存在着很大隐患,极易引发火灾。火灾对桥梁的危害非常大,燃烧产生的高温会导致桥梁板混凝土剥落、混凝土强度降低,钢筋、钢绞线软化,严重的会造成桥梁主体结构变形甚至垮塌。燃烧产生的烟雾在公路上弥漫,也会影响行车安全。建立起适合高速公路特点的桥下安全综合防治体系,成为当前环境下保障桥梁安全的至关重要的焦点问题,也成为高速公路养护管理所面临的新课题。

(四)实现桥下综合防治长效机制,是高速公路桥梁养护安全管理最大化的需要和必然选择

桥下空间管控经常会陷入"整治—反弹—再整治—再反弹"的怪圈,这就是在提醒我们老的管控模式是有缺陷的,而必须解放思想、敢于创新尝试新的更有效的管控办法。高速公路桥下安全综合防治体系形成的联动机制要求及时与地方政府、高速公路交警、山东高速股份有限公司济宁路管分中心取得联系,共享资源、互通有无,利用当地村干部对当地环境人员熟悉、影响力大的优势,相互配合尽快、尽早地把问题消灭在萌芽状态,实现高效管控的目的。

二、成果内涵

济宁分中心为实现集团"让公众走最好最舒适的路、享受到高品质的出行服务"的发展理念,在实现精准、高效养护管理的思想指导下,进一步分类梳理桥下空间安全管理级别,转变宣传模式,强化桥梁巡查,加设安全防护设施及监视设施,加大与政府、路管分中心、高速公路交警"资源共享、相互协作"的原则,及时与沿线村庄、安监、公安、消防等单位和部门进行沟通,打造实现的高速公路桥下安全综合防治体系的长效机制。

三、主要做法

(一)分类管理,侧重难点

济宁分中心首先对辖区桥涵下的空间进行摸底调查,分类梳理出存在问题的桥涵,结合以往巡查检查的数据资料,将桥涵划分为一般管理的桥涵和重点管理的桥涵。一般管理的桥涵是指高速公路沿线管理难度小、存在问题少或者存在的问题影响小的桥涵;重点管理桥涵是指大、中型桥涵,特别是在城市周边土地比较紧张区域的桥涵或者存在问题比较严重、危害性大的桥涵。针对不同的桥涵管控措施应该有所区分,做到有的放矢、突出重点。

(二)科学分工,定期巡查

济宁分中心坚持桥下定期巡查机制,即对重点桥梁实行养护员每日检查,路政员和养护巡查员每日巡查,桥梁工程师每周抽查(图2)。济宁分中心对辖区内桥梁进行了划片包干,明确养护巡查员、路政管理巡查人员、养护员各自负责的桥梁,加大对桥下的管控力度。对发现的安全隐患及时登记汇总,分类排查整治,并与路管分中心和高速公路交警加强联动,对周边百姓乱堆乱放的现象及时予以制止和教育。

a)日常巡查

b)专项检查

图2　桥下定期巡查

根据集团公司、股份公司的有关规定,济宁分中心为加强和规范桥梁养护管理工作,保证公路畅通和桥梁运行安全,结合养护分中心所辖高速公路的实际情况,制定了《济宁养护分中心桥梁“四个一”管理制度》(图3),以加强桥梁管控,尤其是对桥下空间的安全管控的力度。

(三)逐桥建档,分类管理

为了进一步规范高速公路桥梁养护领域养护安全,结合公司开展道路交通安全隐患排查治理工作,济宁分中心每季度对辖区内的大、中、小桥开展徒步桥梁巡查(图4)。

徒步巡查由桥梁工程师带队,分为四组,采用目测和简单仪器检测相结合的方式进行全面徒步勘查。对桥梁病害类型、尺寸、桩号等信息现场测量,拍照并详细记录,同时对各类病害进行整理、归档,为桥梁养护工作提供科学详细的原始数据支撑。此次巡查不留盲区和死角,对于巡查中发现的问题,要求详细记录具体位置,准确描述问题的状况。

及时建立健全桥梁技术档案,及时更新桥梁技术数据,将对桥梁进行核定与维护的数据记录在册,全面提升管护水平。对桥梁的评定等级、长度、跨径、设计荷载、桥梁性质、建设情况等参数指标及相关病害统计情况及时进行桥梁管理系统的数据更新,确保数据库的完整、准确和有效。

针对排查时少数桥梁因公路超载等因素不同程度的存在变形、老化、破损等病害,个别止水带损坏,个别桥梁墩柱盖梁存在混凝土胀裂、露筋锈蚀等病害,养济宁分中心将进行科学处治,保证沿线桥梁性能良好、安全运营,确保车辆安全通行。

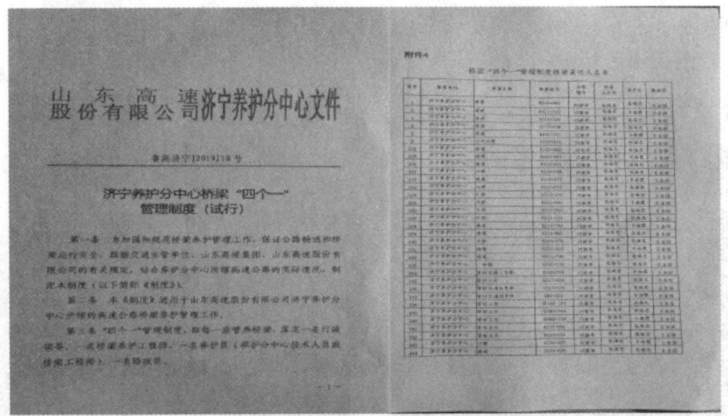

山东高速股份有限公司济宁养护分中心文件

鲁高济宁[2019]10号

济宁养护分中心桥梁"四个一"管理制度（试行）

a)《济宁养护分中心桥梁“四个一”管理制度》文件

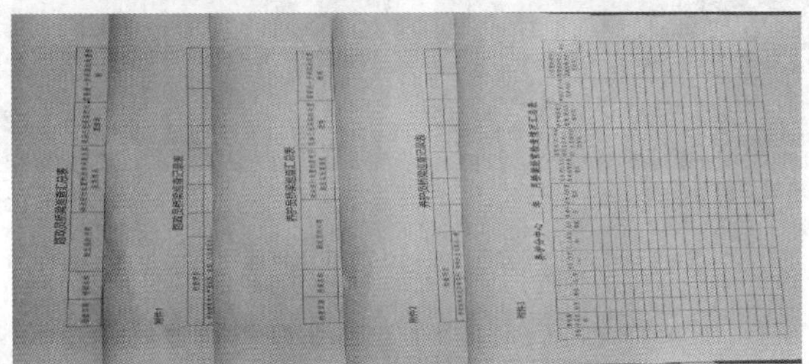

b)《济宁养护分中心桥梁“四个一”管理制度》中职责分工

图3　《济宁养护分中心桥梁“四个一”管理制度》

a)

b)

图4　济宁分中心进行徒步桥梁巡查

(四)广泛宣传,齐抓共管

济宁分中心在前期摸底调查的基础上结合近几年桥涵巡查的统计数据进行研判,列出桥下易出现的问题和桥涵所处的乡镇村庄,并将存在的问题进行归纳梳理,然后有针对性地开展走访宣传(图5)。走访过程中,济宁分中心不仅宣传高速公路管理的法律法规,也把问题所涉及的其他行政管理部门职责和法律法规也作为重点向群众宣传,比如《中华人民共和国消防法》《中华人民共和国安全生产法》等,给当事人形成一种齐抓共管的氛围。

原来,济宁中心和沿线乡镇、重点村庄的联系主要是通过电话联络,这种方式能够系统地沟通工作,但是存在时效性差的弊端。后期济宁分中心联合高速公路交警、路政部门和沿线村街定期当面沟通,使整治做到有的放矢、高效精确(图6)。

(五)提前预防,强化管控

济宁养护分中心对辖区内对桥下容易堆放、倾倒垃圾的桥梁采取加装围挡、隔离栅等封闭设施进行封闭，并喷涂防止倾倒垃圾、堆放杂物之类的标语，对不方便检查的桥梁加装高清摄像头实现电子巡查。定期对泗河大桥、兖石公铁立交、管村互通立交Ⅰ桥、曲阜互通立交Ⅱ号桥等重点桥梁进行专项清理。在桥梁桥台或墩柱位置喷涂警告标识500余处（图7），预防倾倒垃圾杂物现象，对容易堆放垃圾的桥下进行封闭，共封闭隔离栅1118平方米（图8）。

a）与沿线村街负责人交流

b）张贴宣传纸、明白纸

图5　济宁分中心开展走访宣传

a）与当地政府、村街领导实地查看

b）与当地政府、村街领导召开研讨会

图6　济宁分中心开展实地查看与组织召开研讨会

a）

b）

图7　养护员在桥梁桥台或墩柱位置喷涂警告标识

（六）多方联动，互通互助

济宁分中心抓住地方创建卫生村街、文明村镇的契机，多方联合，对长期向桥下堆入杂物的群众进行谈话沟通，详细讲解高速公路管理规定，劝说群众自行清理。对于“钉子户”，济宁分中心及时向当地地方政府、安监、公安、消防等单位和部门发函，请求协助治理（图9）。与所在村的村干部建立良好的联系，发现高速公路桥下问题，及时与所在村的村干部取得联系，利用当地村干部对当地环境人员熟悉、影响力大的优势，相互配合尽快、尽早地把问题消灭在萌芽状态，实现高效管控的目的。

a)

b)

图8　加装护栏、隔离栅

a)

b)

图9　济宁分中心与当地政府、公安、安监等部门联合行动

（七）应急防范，措施到位

济宁分中心根据山东高速公司及分公司应急预案，对辖区内15座大桥制定了桥下应急处置方案，提前做好桥下突发危机状况的应急准备工作，并进一步完善了桥梁突发事件应急预案（图10），做好桥下突发状况的安全管控工作，进一步保障了桥下突发事件的应急处置能力。

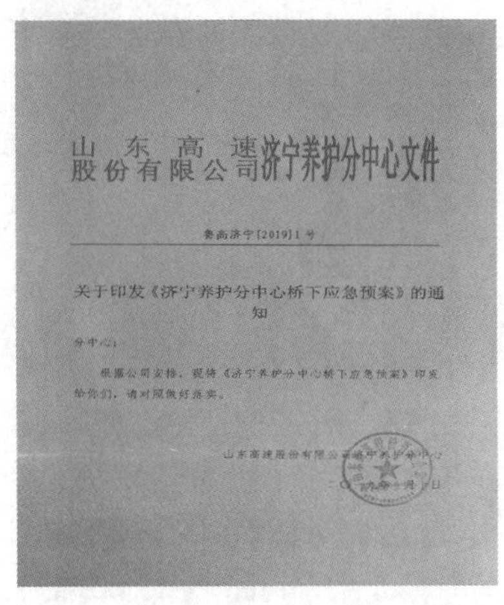

山东高速股份有限公司济宁养护分中心文件

鲁高济宁〔2019〕1号

关于印发《济宁养护分中心桥下应急预案》的通知

分中心：

根据公司安排，现将《济宁养护分中心桥下应急预案》印发给你们，请对照做好落实。

山东高速股份有限公司济宁养护分中心

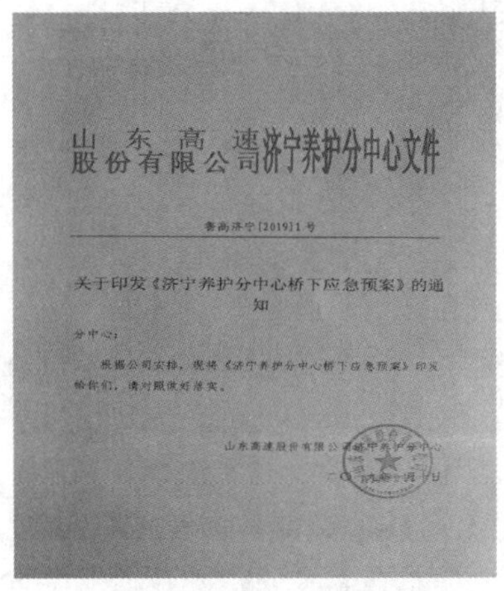

山东高速股份有限公司济宁养护分中心文件

鲁高济宁〔2019〕1号

关于印发《济宁养护分中心桥下应急预案》的通知

分中心：

根据公司安排，现将《济宁养护分中心桥下应急预案》印发给你们，请对照做好落实。

山东高速股份有限公司济宁养护分中心

图10　济宁分中心桥下安全相关预案

四、实施效果

(一)提高了分中心桥梁技术状况水平

通过桥下安全综合防治等安全管理工作的开展,济宁段桥梁技术状况良好。桥梁主要技术指标情况见表1。

桥梁主要技术指标情况　　表1

主要测量指标	目标值	2018年	2019年	2020年
桥梁技术状况	≥98%	100%	100%	100%
路面使用性能(PQI)	≥93.5	93.44	94.39	94.65

由表1可知,济宁段桥梁技术状况总体处在一个良好的状态,路面使用性能、行车舒适性都达到了目标要求。

(二)取得了良好的经济效益

2016—2020年桥梁维修费用明细表见表2。

2016—2020年桥梁维修费用明细表　　表2

项　目	2016年 实际发生	2017年 实际发生	2018年 实际发生	2019年 实际发生	2020年 实际发生
桥梁下部结构维修费用(万元)	11.26	19.84	0	0	0
桥下隔离栅维修费用(万元)	0	7.04	0.3	0.2	0

高速公路桥下安全综合防治体系建立前后,桥梁养护维修费用的对比见表3。

高速公路桥下安全综合防治体系建立前后桥梁养护维修费用对比　　表3

项　目	建立前	建立后	节约费用
桥梁下部结构维修费用(万元)	31.1	0	31.1
桥下隔离栅维修费用(万元)	7.04	0.5	6.54

由表3可知,桥下安全综合防治体系的建立与综合管控措施的实施,因桥下杂物、易燃物堆积造成桥梁下部结构受外来因素破损的现象基本不存在,桥下安全形势大幅改善。维修费用大幅减少,养护成本降低,年维修费用由原来的15万元左右下降为0.2万元左右,保证了高速公路桥梁安全和技术状况的完好。

高速公路桥下安全管控工作是一项艰巨且长期的系统工程,需要我们不断努力、不断探索和不断适应新的变化。针对不同问题,要集思广益,利用科技、组织、舆论的力量,进一步完善管理体系,多措并举,多方联动,这样才能切实保障高速公路桥梁的安全运营,为高速公路的安全畅通、长治久安打下坚实的基础。

公交企业安全生产双重预防体系建设

济南公共交通集团有限公司

成果主要创造人：石　军　周建国

成果参与创造人：姜　良　李　峰　李玉涛　张兆强　姜　迪　王逢宝
杜元正　苗子伦　崔浩然

济南公共交通集团有限公司（简称"济南公交"）是市属国有独资的有限责任公司，经营范围涵盖济南市辖区公共交通客运、出租客运、包车客运、班车客运等领域，下辖干线公司、东部公司、西部公司、南部公司、北部公司、中部公司共6个运营分公司，以及恒通出租汽车公司、维修公司、能源保障公司、物业公司、职工学校、职工医院、恒舜置业公司等12个直属单位。济南公交至今已有70余年的历史。经过几十年的发展，济南市公交线网不断延伸优化，公交服务领域持续扩展，服务质量和装备水平大幅提高。截至2019年底，济南公交职工总人数为13495人，资产总额948802万元，纳税总额1321.96万元，运营车辆5819部，客运出租汽车车辆1760部，常规公交线路346条，日均运送乘客204万人次，较好地满足了城市现代化建设发展的需求，为城市经济社会发展作出了积极贡献。

一、成果建设背景

（一）适应国家和地方安全生产新要求的需要

《中华人民共和国安全生产法》第四十条、第四十一条对生产经营单位重大危险源管理、隐患排查方面的责任进行了规定。《山东省安全生产条例》第十九条、第二十条对生产经营单位安全生产风险分级管控及生产安全事故隐患排查治理工作进行了明确界定。《山东省生产经营单位安全生产主体责任规定》第二十七条、第二十九条更为具体地阐述了隐患排查和安全风险管控方面企业需要承担的职责，并制定了具体的考核办法。构建双重预防体系，是落实党中央、国务院关于建立风险管控和隐患排查治理预防机制的重大决策部署，是实现纵深防御、关口前移、源头治理的有效手段，是落实企业安全生产主体责任的根本途径。

（二）提高公交行业安全管理水平的需要

城市公共交通安全工作事关人民群众的生命财产安全，以及公共安全和社会稳定。城市公交行业安全风险具有鲜明的行业特点：首先是人的因素方面，因人的不安全行为而导致事故的发生，占事故总数的80%以上，驾驶员未按操作规程执行产生的误操作行为、存在侥幸麻痹心理发生的违法驾驶行为或因驾驶员情绪不稳定造成的开斗气车等行为，都属于人的不安全行为导致的风险因素；其次是物的因素方面，所用的车辆包括LNG（Liquefied Natural Gas，液化天然气）、CNG（Compressed Natural Gas，压缩天然气）、纯电动等不同能源介质的公交车辆，不同的车辆可能导致不同的安全风险，如柴油、天然气等介质可能引起火灾和爆炸，而电动车辆也可能引起触电等事故，加油（气）站、充电站等固定场所在加油加气、充电作业时也很容易发生风险；再次是环境因素方面，城市公交行业具有点多、线长、面广、客流量大的行业特点，交通参与者复杂，部分路段人车混行严重，环境带来的风险因素多变；最后是管理因素方面，城市公交企业多数是传统国有企业，规模大，成立时间长，企业安全管理模式大多从经验出发，缺乏创新性、科学性的管理方法。综合以上因素，城市公交安全管理难度较大，导致城市公交方面的重特大事故时有发生,尤其是2018年重庆万州"10·28"城市公交车坠江事件、2020年7月7日贵州安顺公交车坠湖事件,造成重大人员伤亡和财产损失,产生了恶劣的社会影响。如何有效管控风险、加强隐患治理,降低责任事故,保障城市公交安全运行,是全国公交行业普遍面临的迫切需要解决的问题。

(三)完善公交企业安全生产标准化体系的需要

长期以来,济南公交安全管理工作存在管理制度交叉重复、权责不清、管理体系衔接不畅等问题。为了解决这些问题,济南公交注重推动安全生产标准化体系建设,并且于2014年通过了全国交通运输企业一级达标。风险分级管控是安全生产标准化体系的核心,而隐患排查治理则是安全生产标准化体系落地的基础,但是这两部分内容在安全生产标准化体系中均未明确制定相关措施。双重预防体系建设为济南公交安全管理工作提供了有力抓手,有助于企业以双重预防体系建设为中心,抓好风险分级管控和隐患排查治理两个重点,对企业相关岗位、业务流程、设施设备、固定场所等的危险源进行辨识、评价、管控和排查,与安全生产标准化体系进一步融合,建立健全企业安全生产管理体系,提升安全管理水平。

二、成果内涵和主要做法

济南公交遵循现代安全生产管理理论中的系统原理、预防原理、强制原理、人本原理的要求,牢固树立安全风险意识,从城市公交行业管理特点和企业实际出发,明确不同层级岗位的安全职责,强化一岗双责,建立健全组织机构,制定完善体系文件,加强各岗位各层次安全培训,开展风险点排查和危险源辨识工作,进行科学的风险评估并分级,严格按照分级结果进行管控,同时广泛开展隐患排查工作,检查管控措施的落实情况,科学严谨管控各类风险,精准治理事故隐患,构筑起"管控源头风险、治理事故隐患"双重安全防线,有效防范各类生产安全事故,减少或避免人员伤亡和财产损失,努力实现零伤害的最终目标,路径示意图见图1。

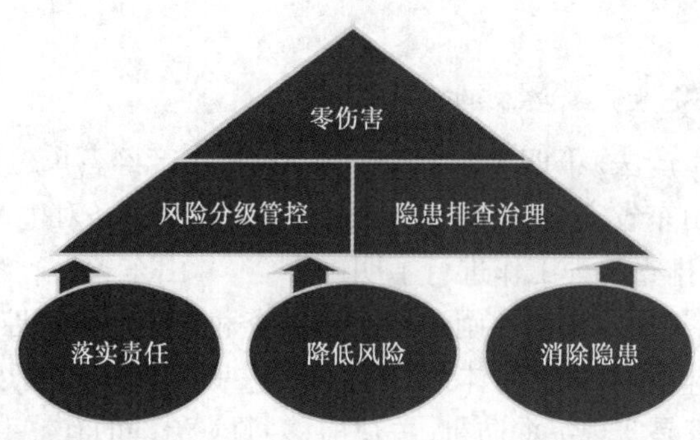

图1 风险隐患双重预防体系最终目标实现路径示意图

(一)牢固树立风险意识,明确指导思想和目标

为加快推进企业安全生产风险分级管控与隐患排查治理双重预防体系建设,强化安全工作源头管理、系统治理,济南公交明确了双重预防体系建设的指导思想:坚持安全发展理念,弘扬"生命至上、安全第一"的思想,坚持关口前移、预防为主,将双重预防体系建设作为新时代抓好安全生产工作的重大举措,作为建立安全生产长效机制的治本之策,按照安全生产工作要一切基于双重预防体系、一切贯穿双重预防体系、一切围绕双重预防体系的总体要求,深化企业安全生产标准化,推动安全生产从治标为主向标本兼治、重在治本转变,从事后的调查处理向事前的预防、源头治理转变,从注重隐患排查治理向以针对风险点、危险源的风险管控为主的系统治理转变,从传统安全管理方式向运用信息化、数字化、智能化等现代方式转变,全面提高安全生产防控能力和水平。

双重预防体系建设的目标是:制定完善企业双重预防体系制度文件,全员开展安全风险辨识;按照岗位责任,落实各级安全风险管控措施;全面排查、治理消除安全隐患,实施隐患闭环管理,事故预防工作取得明显成效。形成健全完善的双重预防体系,各级、各单位及各部门建立起双重预防体系并有效运行,安全生产管理工作专业化、标准化、精准化、智能化及安全生产整体预控能力明显提升,有效防范各类安全生产事故。

(二)加强组织制度建设,保障双重预防体系建设顺利开展

1. 健全完善组织机构

为确保双重预防体系建设工作的顺利开展,济南公交健全完善双重预防体系组织机构,成立了由企业主要负责人任组长,企业分管负责人任副组长,各部门、各基层单位负责人及重要岗位人员代表任成员的双重预防体系建设领导小组,定期对机制建设工作进行督导和考核。领导小组下设工作办公室,工作办公室设在安全保卫部,负责双重预防体系工作的推进及落实,安全保卫部部长兼任办公室主任。各基层单位根据本单位组织架构,分别建立本单位双重预防体系组织机构。明确了各单位、各部门、各级管理人员及重要岗位人员在双重预防体系建设中的安全责任,全方位、全过程、全领域开展安全风险辨识,按照岗位职责,落实各级管控措施,为双重预防体系建设提供强有力的组织保障。

2. 制定完善规章制度体系

按照《山东省人民政府办公厅关于建立完善风险分级管控和隐患排查治理双重预防机制的通知》(鲁政办字〔2016〕36 号)提出的双重预防体系建设的总体要求,2016 年 5 月 25 日,济南公交印发《加快推进安全生产风险分级管控与隐患排查治理双重预防体系建设实施方案》,明确了双重预防体系建设目标与基本原则,制定了具体的体系建设工作步骤及完成的时间节点,并在人员组织、宣传教育、考核奖惩方面提出了具体要求。2016 年 8 月 5 日,济南公交印发《安全生产风险分级管控与隐患排查治理双重预防体系建设推进方案》,在实施方案的基础上,进一步明确了推进双重预防体系建设相关工作的时间节点,在各岗位、工作场所、作业过程中分别建立安全风险管控措施,根据确立的风险等级,开展隐患排查治理,实施闭环管理。

济南公交在制订双重预防体系实施方案的基础上,建立完善了《安全生产风险分级管控制度》《隐患排查治理制度》《安全生产风险分级管控与隐患排查治理双重预防体系奖惩考核规定》,明确了风险点排查、危险源辨识与风险评价的方法、风险管控层级、落实管控措施等,以及隐患排查治理的要求、整改措施的落实,将双重预防体系建设与职业卫生健康工作纳入每月的安全绩效考核内容,切实将双重预防体系建设工作融合到生产经营管理全过程,做到同部署、同运行、同检查、同考核、同奖惩,为双重预防体系的建设提供了坚实的制度保障。

(三)加强宣传教育与培训,凝聚全员参与合力

1. 开展全员教育培训

济南公交将双重预防体系纳入年度安全教育培训计划,分阶段、分层级对全体职工开展教育培训学习,使所有岗位人员了解掌握本岗位涉及的风险类别、危险源辨识、风险评价的方法、风险评价结果、风险管控措施及本单位隐患排查清单、隐患排查的要求、隐患治理等工作方法及流程。培训结束后,组织参加培训人员进行闭卷考试,并留存档案,加强全体员工对双重预防体系建设工作深刻认识,进一步增强风险防控意识。

2. 编制全员岗位培训教材和考核题库

为进一步夯实企业全员培训主体责任,加快推进安全风险分级管控与隐患排查治理体系建设,济南公交组织专业人员编制了《城市公共汽电车客运企业全员岗位安全培训教材》(简称《教材》)和《城市公共汽电车客运企业全员岗位培训考核题库》(简称《考核题库》)。《教材》结合公交行业特点,共划分为公共安全知识、通用安全知识和岗位安全知识三大模块,以基本应知应会安全技能为重点,细化梳理驾驶员、维修工、现场调度员、值班员等共计 23 个岗位的安全风险点,组织编制由 1000 余道题组成的《考核题库》,极大地丰富了一线员工对各岗位风险点、危险源、管控措施和应急处理等知识的储备,提升一线员工的安全培训效果,深化双重预防体系建设成效。

3. 加强企业安全文化建设

济南公交为推动双重预防体系建设,全面落实安全生产责任制,定期举办安全知识竞赛、安全知识讲座、“我是安全培训师”演讲比赛、安全生产月主题活动等一系列活动,调动基层员工参与双重预防体系建设的积极性,实施EAP(Emplogee Assistance Program,员工帮扶计划),开设网上课堂,加强班组建设,打造浓厚的安全文化氛围,让员工在工作中做到学安全、懂安全、聊安全,让双重预防体系建设深入人心。

(四)全面辨识安全风险,强化落实风险分级管控措施

1. 全面辨识安全风险

济南公交按照“客观存在、相对独立、环节清晰、易于管控”的原则,对风险点按照作业活动、设施设备、固定场所、区域等单元进行划分。作业活动类包括运营驾驶作业、车辆检修作业、加油(气)作业、运营调度作业、车辆技术维护作业等;设施设备类包括公交车辆、加油(气)机、充电桩、车辆维修设备等;固定场所、区域类包括公交停车场、车辆检修区、办公区等。

对确定的风险点组织相关人员自下而上,逐一进行全面排查,逐级汇总,组织安全管理人员编制《作业活动清单》《设施设备清单》。确定风险点后,组织一线从业人员辨识风险点中存在的危险源,对作业活动的危险源辨识采用JHA法(Job Hazard Analysis,工作危害分析法),对设备设施、固定场所的危险源辨识采用SCL(Safety Check List,安全检查表法),围绕人、物、环境及管理因素(图2),全方位、全过程排查和预判本单位作业活动、设施设备、工作场所、操作行为、工作环境和安全管理等方面存在的安全风险。

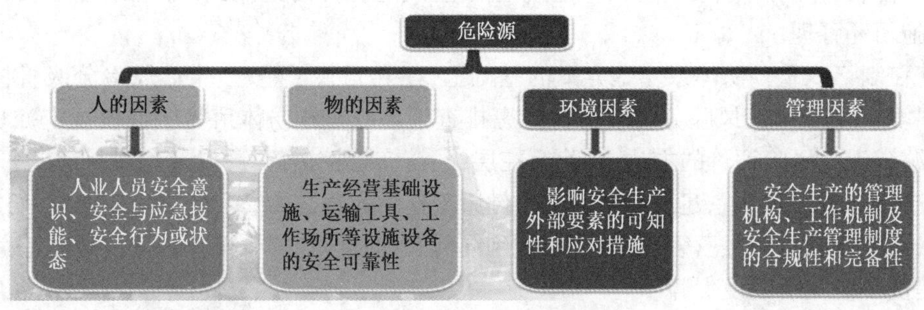

图2 危险源因素

2. 风险评价与分级

济南公交根据企业实际,采用LEC法(作业条件危险性分析法)作为风险评价方法,组建由熟悉相关业务的管理人员、相关岗位员工代表等组成的评价小组,对辨识出的危险源进行风险评价。按照可能造成的事故等级后果及社会影响大小,将辨识出的风险划分为重大风险、较大风险、一般风险和低风险四个等级,分别用红、橙、黄、蓝四种颜色表示(图3)。

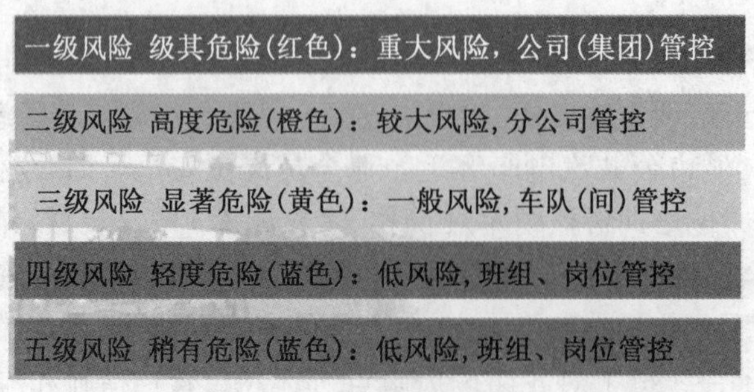

图3 风险分级管控

3. 科学严密管控风险

济南公交从工程技术措施、培训教育措施、管理措施、个体防护措施、应急处置措施五个方面编制科学严密、操作性强的管控措施，对风险点实施有效管控。工程技术措施主要包括安全技术设施、标志标线等，培训教育措施主要指对各层级员工进行的不同阶段、不同内容的安全教育培训，管理措施主要指安全操作规程、安全制度规范等规定的内容，个体防护措施侧重于员工个人劳保用品防护方面的内容，应急处置措施则是指一旦发生事故或有明显事故征兆时为了减少人员和财产损失所应该采取的现场处置措施。

4. 实行风险分级管控

济南公交对辨识出的风险实行分级管控，遵循风险越高管控层级越高的原则，对每一风险按照四级管控层级的标准落实到具体的岗位和人员。重大风险由集团公司级进行管控，较大风险由分公司级进行管控，一般风险由车队（车间）级进行管控，低风险由班组、岗位级进行管控。风险分级管控遵循上一级负责管控的风险，下一级必须同时管控，并逐级落实具体措施，最终形成《作业活动风险分级管控清单》和《设备设施风险分级管控清单》。

5. 实施风险清单管理和风险告知

济南公交各单位、各部门对风险点的管控责任、措施等相关信息进行汇总，建立风险分级管控清单，内容包括风险点名称、类别、等级、管控措施、管控层级、责任单位及部门、责任人等，作为风险管控台账进行动态管理。集团公司、分公司、车队（间）、岗位分层级对较大以上风险进行告知，并设置明显警示标志。为职工制作“岗位安全风险告知卡”（图4），简明扼要表述岗位安全风险、管控措施、应急处置及报告方式等，使职工知晓、了解本岗位存在的危险源及控制措施，为隐患排查治理工作打下坚实基础。

图4　驾驶员安全风险识别卡

（五）切实抓好安全隐患排查整改，建立隐患治理闭环管理长效机制

济南公交遵循全员参与、分级负责、重在落实的原则，开展隐患排查治理工作。从企业基层操作人员到最高管理层，都参与到隐患排查治理中来。根据企业辨识出的《作业活动风险分级管控清单》和《设施设备风险分级管控清单》，按照隐患排查治理制度的相关规定，将排查清单的危险源与管控措施“对号入座”，明确隐患排查单位及排查周期，落实相关责任人，建立《生产现场类隐患排查清单》和《设施设备风险分级管控清单》，做到全员有责任，全岗查隐患。根据隐患排查清单，分类制订各类隐患排查表，制订排查计划，对查出的隐患建立台账，确定整改责任单位、责任人，隐患整改完毕后进行复查验收，实现闭环管理（图5）。

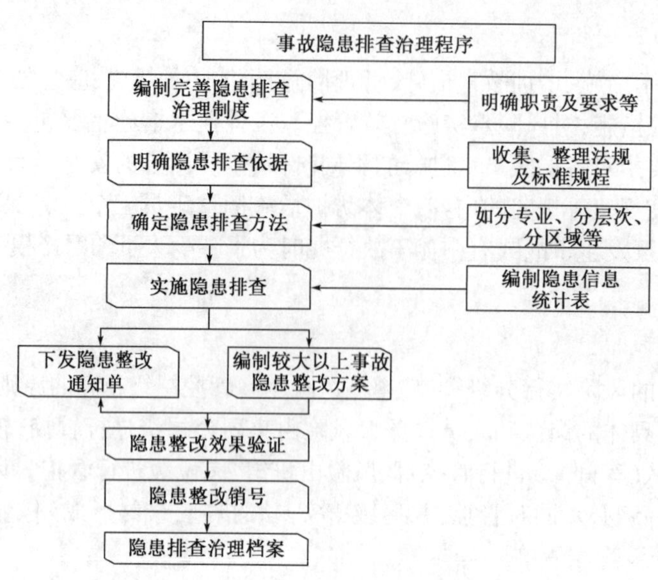

图5　事故隐患排查治理闭环管理

1. 开展多层级的隐患排查

济南公交的隐患排查计划包括集团公司、分公司、车队(车间)、班组等各层级的内容,各层级的隐患排查内容与其管控风险基本一致,部分风险管控层级可以根据需要进行提级管理。

2. 开展多岗位的隐患排查

济南公交的隐患排查计划包含各岗位进行的隐患排查,不只是局限在安全管理人员和一线从业人员,很多职能岗位人员也需要按照一岗双责的要求进行隐患排查,如机务员负责车辆技术与维护的相关排查,现场调度员负责对调度日志及驾驶员有无明显不适的身体状况、有无饮酒情况等的检查,以及进行特殊天气下注意事项的叮嘱。

3. 开展多样化的隐患排查

济南公交的隐患排查类型包括日常排查、专项排查和综合性排查,形式包括查台账、查原始记录、查现场等。日常排查主要是指各级管理人员和岗位员工巡回检查,包括驾驶员对车辆的一日三检,调度员对驾驶行为的检查、安全员对线路状况的路查等。专项检查由特定部门人员实施,是指针对某一特定对象、某次特定事件、某种特殊环境条件的检查,包括车辆技术部门对车辆状况进行的定期检测,节假日、大型活动、冬运期间开展的安全检查,雨雪、冰雹等特殊天气条件下的安全检查等。综合性排查主要由济南公交安委会办公室组织实施,其他相关职能部室配合,包括每年由济南公交安委会组织实施的安全资质证照、安全管理机构设置、责任制落实情况综合性审查等。

4. 不断消除事故隐患,持续筑牢安全防线

济南公交通过悬挂横幅、宣传栏、电子屏、黑板报比赛等方式,对安全生产月活动开展多方位宣传,营造"消除事故隐患,筑牢安全防线"的浓厚安全生产工作氛围。广泛开展"安全进社区""安全进学校"活动,重点围绕安全注意事项进行宣传讲解,向市民发放安全乘车手册,普及安全常识。汲取"6·13"浙江温岭槽罐车爆炸事故教训,紧密结合"安全生产专项整治三年行动"明确的工作任务,组织安全生产月期间的隐患排查工作,对重点场所、关键环节安全风险隐患进行全面深入排查整治,从源头上防范生产安全事故发生。

(六)积极推进信息平台建设,实现风险隐患信息化管理

1. 构建信息平台

2016年5月,济南公交在安全管理工作中不断实践、探索、论证,打造"双重预防体系信息平台",共

分为安全网格化责任分工、工作情况汇报模块、生产任务模块、安全风险分级管控模块、隐患排查治理模块、安全知识库模块、操作流程视频模块、维修公司动态模块、工作交流模块、安全网格化构架模块十大模块。通过微信公众号平台实现职工安全操作，方便使用和管理。另外，济南公交还切实加强对山东省应急管理厅双重预防体系信息平台的应用，及时将企业组织结构、作业活动清单、设施设备清单、辨识的风险点、危险源及管控措施全部录入信息平台，实现信息化管理。济南公交实行安全网格化管理（图6），通过信息平台的应用，辅助企业双重预防体系建设，是实现安全生产源头治理、风险管控、隐患整治、建立长效机制的治本之策。

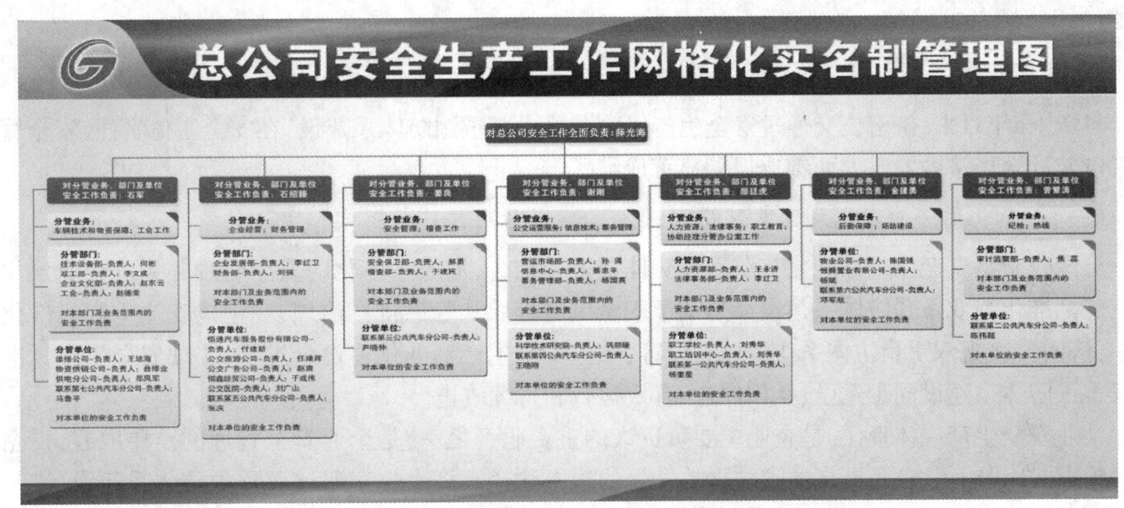

图6 济南公交安全生产网格化管理图

2. 充分发挥技术手段，实现监控系统互联互通

针对南部山区线路里程长、辐射范围广、安全风险高、管理难度大的特点，建立基于视联网的山区线路安全综合管理平台项目。截至2020年8月，已实现对南部公司109部车辆、22条支线、12处山区副站，以及干线公司、西部公司加装安全主动防御系统的80部车辆的远程监控。初步搭建安全管理的三级监控管理平台，实现"精准发现、精准干预、精准分析、精准处置"的闭环式安全管理模式，有效提高山区线路的隐患排查能力和综合治理能力。

（七）强化动态风险管理，实现体系运行持续改进提升

1. 加强动态安全管控

双重预防体系建设的本质是过程管理，需要根据动态风险要素的变化进行及时更新。对驾驶作业、加油（气）作业、维修作业、危险品运输作业等动态作业、临时性作业，加强现场管理，制定专项作业方案和专项应急处置预案。在重点作业环节和作业岗位，大力推行"手指口述、书面确认、专人确认"等多种安全确认、动态监管方式，有效掌控各类风险的安全管控状态。

2. 以评促建，开展双重预防体系内审

在运行过程中，济南公交定期对体系运行的可靠性和有效性进行评估，发现问题及时纠偏、调整，做到持续改进、不断提升。当企业运营组织、线路调整、工作流程发生变化时，及时进行风险辨识，更新风险信息和管控清单。济南公交还建立了定期评审制度，对下属11个分公司双重预防体系建设工作定期进行内部评审，对内部评审中发现的问题列出清单，并列出整改期限，要求各分公司进行统一整改，推动双重预防体系在企业的应用不断深入，综合分析各分公司双重预防体系的建设情况和存在的问题，作为体系建设持续改进提升的依据。

3. 深化落实双重预防体系

2020年，为进一步管控道路交通事故发生，以个性化问题为导向，运用"精细化、精心化、精准化"思

维解决共性问题，济南公交创新系列安全管理模式，制定《安全生产红黑榜考核结果运用管理办法》，增强基层单位安全管理的自觉性和主动性；提炼出安全距离管理“315 工作法”，实现追尾事故、路口事故大幅下降；针对5起运行中出现的因驾驶员身体健康问题导致的安全意识缺失的驾驶现象，出台了《“三三制一单据”安全前端管理办法》，有效堵塞安全管理漏洞；编制《“一线一档、一人一书、一季一考”安全行车导则》，将易发事故路段安全提示音植入语音播报系统，并实时提醒，提高驾驶员防御性驾驶技能；制定《关于整顿“三猛”，塑造“三稳”驾驶行为的通知》，营造“起步稳、制动稳、转弯稳”的良好驾驶氛围，车内摔伤、追尾事故下降45%。通过上述措施的制定与实施，进一步推动双重预防体系全面落地。

三、实施效果

自2016年以来，济南公交通过安全生产风险和隐患双重预防体系建设，在安全主体责任、安全管理水平以及社会经济效益等方面都取得了显著成绩。

(一)一体化安全管理体系逐步形成，企业安全主体责任进一步落实

济南公交将安全生产标准化与双重预防体系紧密结合，形成一体化的安全管理体系。企业建立安全生产标准化与双重预防体系建设都是基于安全风险管控和隐患排查治理，在创建安全生产标准化工作中，济南公交把双重预防体系作为核心内容，融入安全生产标准化建设全过程，实现安全生产标准化与双重预防体系建设同步建设、互相促进、有效运行和持续改进。

企业安全生产主体责任，是企业主要负责人的重要职责之一，是企业安全管理的重要内容，是企业自我约束、自我纠正、自我提高的预防事故发生的根本途径。济南公交通过双重预防体系建设，进一步细化岗位安全责任，落实一岗双责，推行分层级管理，安全责任制得到进一步落实。通过双重预防体系的建设，安全责任推诿扯皮的事件明显减少，安全责任分工更加清晰，安全工作开展也更加协调、有序。

(二)工作成效显著，安全管理水平不断提高

通过近四年的实践，济南公交初步建立了一套科学有效的双重预防体系，形成了完善的制度和流程。2016年，济南公交被山东省人民政府安委会办公室确定为山东省城市公共汽电车客运企业安全生产风险分级管控和隐患排查治理双重预防体系标杆企业。2018年，济南公交顺利通过山东省应急管理厅组织的双重预防体系建设评估(图7)，并取得交通运输行业省级标杆第一名的好成绩。2019年，济南公交实现安全间隔里程535.4万公里，事故起数较去年同期下降4%，千公里事故费用较同期下降52%，治安消防、后方安全生产实现零事故。2020年上半年，济南公交共发生事故42起，较2019年同期下降24%；事故费用384.7万元，较2019年同期下降10%；千公里事故费用44.8元，较2019年同期上升25%；安全间隔里程504.6万公里，较2019年同期上升2%；安全投诉237起，较2019年同期559起下降58%。2016—2019年企业安全形势稳定，顺利完成了党的十九大、“三级两会”、上合组织峰会等重大活动期间的安全保障任务。同时组织编制了行业内首部培训教材和考核题库，从业人员的安全意识大幅提高，从被动的“要我安全”转变为主动的“我要安全”，职业健康水平明显提高。

(三)行业示范意义重大，树立了良好的企业社会形象

济南公交在双重预防体系建设过程中，边建设、边实践、边总结、边完善，结合城市公共汽电车客运企业工作实际及典型经验做法，主导起草制定了《城市公共汽电车客运企业安全生产风险分级管控体系实施指南》《城市公共汽电车客运企业安全生产隐患排查治理体系实施指南》两项山东省地方标准，并正在主导制定全国交通运输行业标准《城市公共汽电车安全生产隐患排查规范》，为全行业开展双重预防体系建设提供了指导依据，起到了行业引领示范作用。

济南公交双重预防体系建设，走在了全国同行业前列，受到了社会各界的关注和高度肯定。济南公交打造的双重预防体系建设“济南样板”，得到了交通运输部公交都市验收专家组和山东省、济南市交通运输及应急部门的充分肯定和高度评价；接待全国各地市行业主管部门和公交企业参观考察数十次，

并在交通运输部管理干部学院、中国道路运输协会城市客运分会等主办的全国性会议上多次作典型交流发言。济南公交积极发挥省级标杆企业示范引领的作用，以济南公交研究院为实体，注资成立了第三方服务机构，在山东、河南、河北等省市积极开展双重预防体系建设的技术咨询与评估服务，已服务单位超过20余家，已服务的企业达110余家，累计创收100余万元。

图7 济南公交省级标杆企业验收评估现场会

近年来，济南公交已连续十年荣获全国"安康杯"竞赛活动优胜单位，并先后荣获"中国用户满意鼎""全国五一劳动奖状""全国文明单位""全国城市公共交通十佳企业""全国十大见义勇为好司机评选活动单位奖""交通运输部安全生产标准化一级达标企业"等荣誉称号，行业知名度和社会影响力持续提升。

都市沥青混凝土拌合站绿色环保技术及现代化管理

杭州湾绿色养护(嘉兴)股份有限公司

成果主要创造人:陈常杰　吕　彬

成果参与创造人:林树明　邢锋锋　孙怀波　张　帆　刘　盖　熊贵超　吕惠成　邢广庭　李　云

杭州湾绿色养护(嘉兴)有限公司(图1,简称"杭州湾绿色养护")注册成立于2016年9月,注册资金12000万元,其中山东省路桥集团有限公司出资60%,嘉兴滨海控股集团有限公司出资40%。杭州湾绿色养护致力于把可持续发展理念运用到公路的养护管理、养护设计、养护施工及运营的各个阶段,在公路运营的全寿命周期内,最大限度合理保护环境、有效利用资源,为人们提供安全、舒适、快速、便捷的出行条件,打造与自然和谐共生的公路。杭州湾绿色养护的主营业务为:绿色循环型混合料的存储、加工、生产与销售;公路、桥梁、市政工程及园林绿化工程的建设和养护;钢结构工程施工和养护;筑路工程技术咨询、试验检测;筑路设备租赁;沥青混合料、再生沥青混合料、水稳混合料、沥青冷补料、交通用普通沥青、改性沥青、乳化沥青、碎石、道路材料的生产和销售。

图1　杭州湾绿色养护全景照

杭州湾绿色养护是贯彻落实国家建设"资源节约型、环境友好型"社会的发展战略,综合考虑周边区域的公路建养需求,集绿色办公生活、绿色生产和科研为一体的大型管养中心。采用绿色环保的都市型拌合站,运行时采用天然气、电等清洁能源,并对粉尘、噪声、烟气等污染源进行高效处理,以期达到清洁、绿色、环保的要求。拌合站采用全封闭处理,并设有中央除尘装置。通过负压管道收集粉尘,然后进行加温过滤处理,确保气体的无尘排放。采用国际先进的骨料筒仓替代传统的配料机,确保了沥青混合生产过程的绿色环保、节能高效。对场区内的物料输送系统进行全封闭处理,有效防止了粉尘外溢,确保了粉尘的低排放。公司采用智能化管理方式,在中心控制室可实现场区全方位监控和机械、材料的智能化管理。

杭州湾绿色养护具备公路、市政基建和养护的领先技术,在浙江省乃至长三角区域具备相对技术优势,能够引领并提高该区域养护技术水平。杭州湾绿色养护于2019年实现营业总收入6796.35万元,与2018年同期相比增长了326.27%;资产总计19905.48万元,利润总额185.38万元。公司于2017年被评为嘉兴港区年度工业生产性投入先进企业;于2019年被认定为浙江省科技型中小企业。

在发展过程中,公司秉承"打造国内一流、具有国际竞争力的专业化、信息化、科技化、可持续化的路面基础设施建设养护综合投资商和工程承包商"的企业愿景,"绿色环保、通达天下"的企业使命,全体杭州湾绿色养护人本着高效、求实、精工的精神,包容合作,齐心奋斗,力求实现"引领绿色公路建养的发展方向,为公路建养持续发展创立标杆"的发展目标。

一、实施背景

在传统沥青路面养护维修工程中,产生了大量的铣刨沥青混合废料,一方面会造成环境污染,另一方面对于我国这种优质沥青资源较为匮乏的国家来说是一种极大的浪费。同时,大量天然石料的需求势必进一步引起森林植被减少、水土流失等生态环境的破坏,特别是随着道路材料价格不断上涨,成本越来越高。

因此,需要建立一种新型的公路养护体系,使其能够节约养护成本,保证公路使用性能,同时对环境的污染最小。应用"绿色养护"体系正是解决这一问题的有效手段。

"绿色养护"是将可持续发展的理念运用到公路养护的各个阶段,在道路的全寿命周期内,通过实施合理的养护计划,最大限度利用资源(节能、节地、节水、节材),保护环境和减少污染,提高公路的使用寿命和服务水平,为人们提供安全、高效的公路出行,使公路养护与自然和谐共生。

因此,在国家的大力倡导和支持下,绿色低碳的公路养护方式成为公路养护的必然趋势。建立合理的绿色养护体系,是现阶段公路交通从业者必须坚持且为之努力的方向。

近年来,国内对绿色养护的体系的研究与构建刚刚开始。随着经济和技术的发展,绿色养护体系的构建必将成为今后养护工作的重点。基于此现象,山东路桥根据公路交通养护现状,对绿色养护体系进行构建和实施,并实施战略布局,进行全局协调。本项目在实施期间,整体思路是通过整合公司内技术资源,搭建科研平台,对绿色养护技术及设备进行研发、推广、应用,并进行大范围的绿色养护体系布局,将绿色养护理念和措施真正落到实处。

养护中心致力于把可持续发展理念运用到公路的养护管理、养护设计、养护施工及运营的各个阶段,以绿色、环保、低碳、循环经济为理念,以省部级研发中心为平台,强化产学研的强强联合,推动新技术、新材料、新工艺、新装备的研发与推广应用,服务于交通行业基础设施建设和维护。通过结合国际领先的养护技术以及管理经验,打造全封闭、无尘化、无噪声、零污染排放的生产场区,成为具有先进的养护技术、养护设备、研发能力强,集研发与生产为一体的中心。都市沥青混凝土拌合站绿色环保技术及现代化管理运营中全方位体现绿色、循环、低碳等环保理念及"互联网+",推动产业数字化和智能化转型等,能够全方位提升公路养护手段、公路养护方式,为国内养护基地的发展提供一体化解决方案,为公路养护的可持续发展创立标杆。

二、成果内涵和主要做法

(一)成果内涵

对绿色养护中心场区进行了总体优化设计,将绿色养护中心示范基地生产、研发试验、办公生活和附属设施四大主要区域按照功能,合理布局;对新旧沥青混合料筛分、配给系统进行了优化升级;对厂区设备和建筑进行了节能、环保方面的改进;对不同设备之间的混合供料系统进行合理高效的改进,实现了智能化厂区库存管理计量控制为一体的数字化管理;实现了物联网技术的沥青仓库智能管理控制。

(二)主要做法

贯彻落实国家建设"资源节约型、环境友好型"社会的发展战略,综合考虑周边区域的公路建养需求,建成集绿色生产和科研为一体的大型管养中心。

1. 绿色养护中心场区总体优化设计

绿色养护中心示范基地应包括生产、研发试验、办公生活和附属设施四大主要区域。四个区域按照功能,合理布局。

①原材料堆场和存储库。a.沥青存储库区分批建设多个专用沥青罐,主要包括基质沥青、改性沥青、乳化沥青、特种沥青、特殊胶结料等。根据生产要求,足量提供所需型号胶结料。b.矿粉、水泥有足量专用罐体存放,纤维及各种添加剂有足量存放场地。所有罐体和场地均满足防火、防潮、防粉尘等环保安全要求。c.集料和铣刨料根据规格、材质、用量,分类存放于封闭筒仓或封闭厂房。

②多用途都市型环保拌合站。可实现常规沥青混凝土拌和;可用于批量生产各类商品沥青混凝土;可实现旧沥青再生拌和,用于冷拌、热拌、温拌废旧回收料;可用于拌和各类无机类材料;且满足国家环保要求。

③研发试验区。建立标准试验室,形成试验验证体系,可以进行常规沥青全系列试验、美国SHRP试验、改性沥青试验、乳化沥青全系列试验、常规沥青混合料试验、各类非常规试验、无机类材料试验、废旧回收材料再生试验等;也可进行新材料、新产品的研发。研发试验区满足国家环保安全要求。

④大型养护设备库房。该库房可停放就地冷再生设备、就地热再生设备、现场自动养护车、同步碎石封层车、微表处摊铺车、纤维封层专用车等。

⑤花园式厂区综合利用厂区内空闲面积建设绿色植被,绿化用地总面积占厂区建成区总用地面积的比例高达40%,真正做到绿色厂区、绿色生产。

⑥利用各种现代化技术,实现工厂办公、管理、生产自动化,达到加强及规范企业管理、减少工作失误、堵塞各种漏洞、提高工作效率、进行安全生产、提供决策参考、加强外界联系、拓宽国际市场等目标。

⑦公司的智能化厂区建设具体由楼宇自控系统、生产过程监控系统、工业电视监视及保安电视监视系统、一卡通智能化管理系统、综合布线系统、计算机网络系统、系统综合以及测控技术与仪器专业系统集成。

⑧厂区统一铺设透水沥青。透水沥青路面采用大空隙沥青混合料作表层,将降雨渗入排水功能层,并通过层内将雨水横向排出,从而消除了带来诸多行车不利作用的路表水膜,显著提高了雨天行车的安全性、舒适性;同时,排水沥青路面的多孔特征,也可以大幅降低交通噪声。

2.设备

在沥青混凝土搅拌设备中,能耗及排放最为突出的地方主要集中在集料加热系统及沥青加热保温系统。通过采用高效的燃烧系统及使用清洁能源,可有效地降低能耗并减轻对周边环境的污染。

(1)采用高性能燃烧器

相比一般厂家采用通用型燃烧器,使用专为沥青混凝土搅拌设备研制开发燃气燃烧器,采用独创的低空气比技术,在保证燃料充分燃烧的同时,通过减少过量送风量,使排气总量得到有效控制,4000型沥青搅拌站排气量仅为1465立方米/分钟,相比其他厂家减少废气排量10%~35%。由于减少了废气总排量,故而降低了尾气的热量损失,提高了干燥滚筒的热效率,同时氮氧化合物等有害物气体的排放量也大为减少。

(2)干燥滚筒

滚筒刮料板采用独特的排列,使集料在滚筒的不同的位置呈现不同的运行方式,在远离火焰处使集料形成料帘,而在近火焰处使集料包住火焰,避免热量散失,配合低空气比燃烧器,热效率高达90%。

(3)电加热沥青罐的采用

电加热沥青罐是一种新型、安全、高效节能的,用于沥青储存、加热和保温的设备。罐体采用立式圆筒形结构,沥青罐体外围由保温材料覆裹,以防止热量散失;在罐体下部设有自动调控加热温度的专用电加热器,可安全均匀地加热沥青,其主要特点如下:

①效率高。目前,常用沥青储罐都采用导热油加热方式,需配备一套导热油炉系统,首先燃烧器将导热油加热,然后通过导热油的循环,将热能间接地传导给沥青。而电加热罐则完全通过专用电加热器进行加热,相比传统导热油加热方式,其从电能到热能的转移更为直接、更为高效。一般导热油炉热效率为80%~85%,而电加热罐几乎没有热能损失。

②零排放。电加热沥青罐以电为能源，通过电加热器将电能转换成热能，无须消耗燃油，在节省运行成本的同时实现无污染、无排放、无噪声，对周边生态环境无任何伤害。电加热沥青罐运行过程中不排放任何有害气体，不会将废气和噪声排放在人口密集的区域内，绿色环保。

3. 沥青热再生技术

沥青混凝土再生料能够节约大量的沥青和砂石材料，节省工程投资，同时有利于处置废料、节省能耗、保护环境，具有显著的经济效益和社会效益。采用热再生技术可以有效地循环利用旧料中的沥青，减少对新的优质沥青资源的占用，对于缓解我国作为石油进口大国（路用沥青进口大国）的资源压力尤其有重要意义。余热利用再生料干燥滚筒烘干工程中产生的高温烟气，通过排风机返回至新集料干燥滚筒内进行二次燃烧，不仅利用了高温对新集料加热，同时减少了沥青烟气的产生，节省燃油消耗20%以上。

4. 清洁能源

发展清洁能源，利用材料库区空置房顶、停车棚、灯杆等建设分布式光伏发电系统。光伏能源以光伏效应为原理将太阳辐射能转换为电能，光伏发电对环境没有污染，发电过程中没有温室气体排放。光伏发电系统运行后，完全实现"零排放"。光伏发电具有无污染、无噪声、维护成本低、使用寿命长等优点。白天光伏发电期间属于电价高峰时段或用电高峰期，本厂区内的光伏发电可并入生产用电系统共同使用，实现厂区空间利用效益最大化。

5. 材料的储存及配料

沥青混凝土所用的粗细集料的堆放存储采用库房加集料筒仓模式。集料筒仓技术真正体现了绿色、环保、低碳、节能的绿色养护理念，真正适应了国家对于发展资源节约型和环境友好型社会的要求。

集料筒仓技术节约了土地，同时也解决了装载机上料消耗大量燃油的问题，从长远看能够节约经济成本，增强企业效益，增加企业核心竞争力，符合企业长期发展的利益。集料筒仓技术集集料卸料、集料储存、集料进入拌合机完成自动配料为一体的整套集料管理系统，该技术不仅很好地解决了集料占用大面积场地堆放的问题，也彻底解决了集料卸料、堆放、沥青混合料生产过程中的粉尘污染问题，不仅是一项真正把集料使用全过程的粉尘无组织排放全部变为粉尘有组织排放的最优环保技术，还利于生产自动化、智能化。

6. 粉尘控制

(1)设备粉尘

拌合站采用全封闭处理，并设有中央除尘装置，通过负压管道收集粉尘，然后进行加温过滤处理，确保气体的无尘排放。采用国际先进的集料筒仓替代传统的配料机，确保了沥青混合生产过程的绿色环保、节能高效。对场区内的物料输送系统进行全封闭处理，有效防止了粉尘外溢，确保了粉尘的低排放。公司采用智能化管理方式，在中心控制室可实现场区全方位监控和机械、材料的智能化管理。

①主楼和除尘装置采用封闭式结构。主楼和除尘装置采用钢结构框架彩钢板外装封闭，封闭外围与主楼分离，不会影响主楼散热并预留足够的维修空间。同时在筛分、计量、搅拌等扬尘部位配有专门吸尘烟道，并通过一台专用排风装置，将内部粉尘导入主机除尘装置内，有效避免了主楼粉尘逸出。

②主机除尘装置采用一次重力除尘与二次布袋除尘一体化设计。重力除尘可分离出直径0.075毫米以上的粗颗粒粉尘，并可通过热料提升机作为细集料再利用。二次除尘采用布袋除尘方式，主要收集直径0.075毫米以下的细颗粒粉尘。除尘布袋采用高温纤维材料，可耐高温达到220摄氏度。布袋清洁为气动脉冲方式，相比大气反吹式，布袋不宜结露，清洁效果更好，可延长布袋使用寿命。

为达到都市安装要求，配备了高一级别布袋除尘，增大了布袋面积增强设备除尘的处理能力，烟尘排放浓度可进一步降低。

③采用除尘装置安置于干燥滚筒上方的布局，烘干除尘一体化，烟道为所有厂家中最短，具有散热少、省燃料、占地面积小、维修费用低等优点。

④搅拌机下方设置过渡仓和吸尘系统。为了避免热集料排放时产生扬尘,在搅拌机下方设置存料过渡仓,使热集料在存料仓内稳定一下,减少扬尘产生量;同时通过专用吸尘烟道,将粉尘导入主机干燥滚筒装置内。在卸料时,通过在排放口处设置的强力吸风装置将飞散的粉尘收集至主楼环保专用除尘系统内。

⑤卸料通道采用封闭式结构。为了防止成品料排放时产生的烟尘扩散,主机和热再生架台下方的卸料通道采用封闭式结构,在通道前后装有自动感应卷帘门,当装载货车接近通道入口时,卷帘门自动打开,车辆进入后可自行关闭。通道内还设置有抽风系统,将内部烟尘收集至主楼环保专用除尘系统内。

⑥主楼内部设置方便日常清扫的中央吸尘系统。为了方便清除堆积在主楼各平台上的尘埃,独立设置了专用中央吸尘器,在各楼层设有标准清扫接口,只要连接专用配管(软管)、管棒等专用附件即可进行清扫作业。

⑦皮带输送机加装防尘罩,在皮带交错处设置负压吸尘装置,将扬尘收集至环保专用除尘系统内。

(2)厂区粉尘

专门研发智能化厂区自动空气质量监测降尘综合控制系统,该系统能够有效地解决工厂产生粉尘的问题,极大改善了人员在沥青混凝土拌合站的工作环境。系统通过智能控制系统及屋顶雾化散射喷头协同工作,实现全自动定时或遥控雾化喷淋,从而有效抑制粉尘颗粒物扩散,并实现 24 小时无人值守智能化降尘目标。

系统的技术内容如下:

①可通过手机 App 或 PC 端遥控以及集中控制。

②每一路可以设置单独的喷淋计划。

③可以手动和自动随意调节设置。

④自动喷淋控制柜可根据空气中 PM2.5 及扬尘检测情况自动运行。当设定为自动喷淋时,系统将根据厂区空气状况自动运行实现高效节水,达到最佳降尘效果。

⑤具有断电后记忆保护功能,可大面积统一后台管理。

⑥拥有开放的 API(Application Programming Interface,应用程序接口),可快速接入电信运营商平台,实现系统深度整合。

⑦该系统作为智慧厂区的标准配置,通过无线互联网,可以实现手机 App 遥控及电脑集中管理。全自动喷淋系统通过预埋水管,预装洒水喷头、雾炮(喷头选用地埋式自动升降喷头,地埋式自动升降喷头套件,持久耐用。地埋式自动升降喷头安装完成后,隐藏于地表以下,当浇水开启时喷头将升起 10 厘米左右,扇形洒水或旋转洒水,覆盖范围自由调节;喷淋完毕后,喷头自动降落,恢复隐藏,地面平整如初)。

⑧系统设定完成之后,可全天候 24 小时自动工作。

7. 烟气处理

沥青储存罐在加热保温以及卸料时会产生一定的烟气,通过设置吸烟罩和管道,将烟气导入烟雾集尘系统进行处理,采用两层载电型电气集尘方式,将烟气吸取、液化后,油从吸入口下方的排油口排出,油烟吸取效率可达到 99%。除去油烟后的气体再通过活性炭箱进一步除去气味以达到排放的要求。

8. 噪声处理

主楼和除尘装置采用封闭式结构,烟囱中下部加消音装置。主机引风机加装隔音外罩并采用变频控制;燃烧器风机配备大型消音器并整体封闭;振动筛加装隔音外罩。

(三)管理创新

引入数字化、网络化、智能化生产管理方式,形成"互联网 + 工业"发展趋势、数据管控一体化等创新点,建设成为安防设施先进、自动化控制程度高、信息化建设全面的新型智能化工厂,降低企业运营成本,减少能耗,提高企业能源利用率,同时提升公司的监管手段、服务能力和管理水平,促进业务快速发展。

路面质量是影响道路整体质量的关键参数。随着我国经济的发展,我国城市道路建设进度不断加快,沥青混凝土路面以其独特的优势受到业内关注。杭州湾绿色养护致力于成为高度智能化的绿色循环型混合料生产、销售和服务一体化企业,主动顺应"互联网+工业"发展趋势,推进工厂智能化建设,实现生产及运营智能化处理,从而提升工厂的生产运行效率和智能化管理水平,并达到与智慧中国全面接轨的目标,进行智能工厂建设一体化解决方案设计。此外,杭州湾绿色养护还立足于工厂一体化管控平台建设,进行数据管控一体化,涵盖企业安全、生产和管理信息化等方面的应用系统建设。

1.一体化管控平台建设

①大车门禁系统、红绿灯、地磅称重、车牌自动识别协同。

②建立适合企业进出厂物资管理的信息化计量平台,实现所有计量、计量调度业务数据的网络化、规范化、标准化、电子化和集成化。

③网络化集中计量管理系统,实现与其他信息管理系统的无缝对接,实现数据的快速交互。

④集中管理各个计量点,流程规范,业务部门统一管理、调度,实现快速自动计量,保证企业材料进出场的顺畅。

⑤自动计量降低了计量人员的工作强度和技术要求,计量过程无人参与,杜绝人为串通作弊现象。

⑥计量过程实现视频实时监控,视频信息与物流信息、车辆信息一一对应,实时掌握车辆和计量的全过程,利用先进的空载识别、图像识别技术确保车辆完全上秤,达到准确计量。

⑦实现计量现场无人值守,并可根据管理需求灵活设置。

⑧实现一车一单,计量过程实行管理,指定的物资入指定的库房,出库物资必须与入库物资相一致,并全程可监控,保证出入库物资的准确性和可控性。

⑨业务逻辑控制严密、设置灵活,各种业务实现闭环管理;每车业务从开始到结束要完成所有的操作步骤,否则无法完成本车计量。

⑩对计量业务、设备状态、视频等集中监控,对异常情况可实时报警(该系统的运行在正常情况下无须人工干预,全自动运行;出现系统无法自动处理的异常情况时,系统报警提示人工处理)。

⑪可以与其他系统进行无缝对接。建立以信息系统为支撑的自动计量管理系统,通过对计量及物流的管控达到强化物流及计量管理、提高效率、降低成本的目标,通过信息系统使物流及计量责任明确,计量过程受控,事后可追溯,提高流程运行效率和质量。

⑫计量数据自动存入公司数据库,各部门之间业务办理过程全部实现网络化、电子化,共享数据信息,各部门间既相互协作又相互监督。

⑬厂区建立车辆进出库自动指引、物料匹配、物料进出场验收、运输地管理等系统及手持机(物料验收、机配输入、出场运输地输入等)功能。

2.产、学、研、用同步发展

①与高校共同成立道路绿色养护技术与新型材料研发试验基地,共同研发、推广新型绿色道路养护技术与材料。各方在合作中以目标为导向,优势互补,实现科技创新成果研发成功和产业化落地,重点开展合作研究。

②以基地实验室为平台,共同开展道路绿色养护新技术、新模式、新应用、新材料的研究开发;其次,在人才培养方面开展全方位合作。

③按照"应用领先、基础突破、协调发展"的科技发展方略,逐步构建起覆盖基础研究层、高新技术研究层、技术开发层、产业转化层四个层次的科技创新和产业转化体系。

④建设能够满足杭州湾区域及周边道路养护需求的集绿色办公生活、绿色循环性混合料生产、密封式运输、密封式材料储存、绿色养护施工和绿色养护科研为一体的大型智能化基地。

三、实现效果

公司的建设和运营以绿色、环保、低碳、循环经济为理念,以省部级研发中心为平台,强化产学研的强强联合,推动新技术、新材料、新工艺、新装备的研发与推广应用,服务于交通行业基础设施建设和维护。通过结合国际领先的养护技术以及管理经验,打造全封闭、无尘化、无噪声、零污染排放的生产场区,成为具有先进的养护技术、养护设备,研发能力强,集研发与生产为一体的公司。

(一)经济效益

有关数据表明,利用沥青路面再生技术,可节约直接成本10%~20%,经济效益可观。本项目建成后即可投产使用,年额定生产能力达8亿~10亿元。项目建成初期,年均营业收入约0.8亿~2亿元,年均利润约1000~2000万元,从长期来看,年均营业收入约3.5亿元,年均利润约3500万元。本创新成果的应用每年将为企业节约成本达600多万元。

(二)社会效益

厂拌再生技术通过重复利用沥青混合料,免去了沥青混凝土废料对弃置场所及其周边环境的污染,同时通过减少石料的开采,能有效保护林地,维护自然景观和生态环境,具有良好的社会效益。

大力发展循环经济,推行行业间废物循环,推进企业清洁生产,实现由末端治理向污染预防和生产全过程控制转变,促进企业能源消费、固体废弃物的减量化与资源化利用,控制和减少污染物排放,提高资源利用效率。

在智慧厂区建设和智能办公方面,提高了工作效率,节约了人力资源。

四、结语

当前,我国处于工业化和城镇化加速发展阶段,面临严峻的资源和环境形势。因此必须大力发展循环经济,按照“减量化、再利用、资源化”原则,采取各种有效措施,以尽可能少的资源消耗和尽可能小的环境代价,取得最大的经济产出和最少的废物排放,实现经济、环境和社会效益相统一,建设资源节约型和环境友好型社会。因此,集绿色环保、节能减排、智慧管理办公于一体的公路养护方式将成为公路养护的必然趋势。

风险分级管控和隐患排查治理双重体系建设在高速公路运营管理企业的构建与实施

山东高速股份有限公司夏津运管中心

成果主要创造人:孙绪亮　张明军

成果参与创造人:尹鸿鹏　张庆新　于忠胜　岳福华

山东高速股份有限公司夏津运管中心(简称“夏津运管中心”)是山东高速股份有限公司道路交通运营产业的下属单位,成立于2017年12月,是由原山东高速集团有限公司青银分公司(2005年12月开通运营)、山东高速运营管理有限公司京台分公司德州管理处(1997年10月开通运营)通过扁平化机构改革整合的高速公路运营管理单位。夏津运管中心设机关3个科室,一线8个基层单位现有员工200人,对区域内各单位、各部门的运管管理工作全面负责。区域内G20青银高速公路齐河至夏津段全长全程105.448公里,年累计通行车流量1500万辆次。在运营过程中,夏津运管中心不断提升全员安全意识、细化完善安全管理标准,优化安全操作规程,转变隐患治理思路,创新安全管理模式,力求安全管理工作全新化、规范化和标准化,安全管理水平全面提高;推进了“平安高速”“和谐高速”建设步伐,为做强做优山东高速公路品牌营造了良好的企业运营环境。2018年,夏津运管中心获得四好领导班子、先进单位、安全管理先进单位、标准化党支部等荣誉称号,多人荣获集团公司、股份公司、德州市安全管理先进个人。

一、成果构建背景

(一)国家安全生产顶层设计和法律法规的需要

从法规层面来看,《中共中央　国务院关于推进安全生产领域改革发展的意见》指出:构建风险分级管控和隐患排查治理双重预防工作机制,严防风险演变、隐患升级导致生产安全事故发生。中共中央、国务院在安全生产顶层设计上,把“两个体系”提到了重要位置,是今后安全生产工作的重要任务。

《山东省安全生产条例》第十九条规定:生产经营单位应当建立安全生产风险分级管控制度,定期进行安全生产风险排查,对排查出的风险点按照危险性确定风险等级,对风险点进行公告警示,并采取相应的风险管控措施,实施风险动态管理。第四十二条规定,违反《山东省安全生产条例》规定,生产经营单位未按照规定建立落实安全生产风险分级管控制度的,责令限期整改,可以处一万元以上五万元以下罚款;逾期未改正的,责令停产停业整顿,并处于五万元以上十万元以下罚款。这就把“两个体系”建设上升到了法规的高度。

此后,各省(区、市)相继制定发布了《煤矿企业风险分级管控和隐患排查治理双重体系建设实施指南》《危化品企业风险分级管控和隐患排查治理双重体系建设实施指南》等标准,并积极推动燃气系统、加油站企业风险分级管控和隐患排查治理双重体系建设标准的制定报批等工作,但高速公路运管管理企业风险分级管控和隐患排查治理双重体系建设标准的建设工作还是空白。

(二)规范高速公路企业安全管理的需要

高速公路运管管理企业安全管理的基本特点是点多、线长、面广、管理难度大。点多,指高速公路安全管理重点部位多且分散,如桥梁、收费站、变电设备、特种作业设备、特种人员等;线长,指高速公路安全管理战线长,且线上作业人员数量众多;面广,指高速公路安全管理涵盖人员、资产、现场、运营管理等全业务链,涉及范围包括消防、卫生防疫、食品安全、高低压用电、特种人员设备、公共安全等行业和领域,存在跨行业、跨人群、跨地域的特点,安全风险存在于日常管理的方方面面。这对于安全管理难度和复杂程度不断提高的高速公路运营企业而言,无疑是亟待解决的一个难题。

(三)提升运营服务管理安全标准的要求

公司积极推行运营管理服务标准提升工程,对收费、养护、路管、信息等运营管理安全工作中存在安全风险管控针对性不强、管理标准不统一、员工安全意识不强等问题提出了更高的要求和标准。夏津运管中心积极构建与实施风险分级管控和隐患排查治理双重体系在高速公路运管管理企业的建设,全面加强对安全风险的管控,实现安全管理的系统化、规范化、标准化,持续提升全员安全意识,达到精准控制危险源、及时消除隐患的目的;是建立安全生产长效机制的重要措施,是"不忘初心、牢记使命"的具体落实;并以期为高速公路运营管理企业开展"两个体系建设"提供一定的借鉴。

二、成果内涵

高速公路运管管理企业通过强化组织领导、激发全员参与意识、优化安全管理标准,分类、分级全面精准管控风险点;同时,严格落实安全责任考核和事故问责。一是从源头解决高速公路运管管理企业安全生产管理中"想不到"的安全根源问题;二是强化全面、全员安全隐患排查、分级治理,把好事故发生前的最后一道关,实现关口前移和双层防护,彻底改变被动管理的安全管理模式。

三、主要做法

(一)强化思想引领和目标指引,提出创新工作思路和工作目标

以公司"以人为本、安全第一、预防为主、综合治理"的安全思想为引领,针对高速公路运管管理企业行业特点,构建与实施适合高速公路运管管理企业的风险分级管控和隐患排查治理体系建设,以期有效解决高速公路运管管理企业安全风险管控针对性不强、安全管理标准不统一、员工安全意识不足等难题;明确提出"全面、全员、全流程辨识、排查风险和隐患点,并实施分类、分级精准管"的总体思路和工作流程(图1),全面实现安全风险管控的"关口前移"和安全隐患"分级治理",实施双层安全防护,推动安全管理水平的全面提升。

"关口前移"是指通过对安全风险点的查找、评价、管控,把不安全因素消灭在萌芽状态,达到事前预防事故的效果,从而提高安全管理的主动性、科学性和有效性;"分级治理"是指以安全风险的排查、评价为基础,以事故风险分析和危险性评价为手段,对风险管控所需资源、管控能力、管控措施复杂及难易程度进行详细分析,将风险分层、分类、分级进行管理。

(二)强化组织领导,形成完善的组织领导体系

为确保双体系建设取得实效,夏津运管中心成立风险分级管控和隐患排查治理双重体系建设领导小组,由运管中心总经理任组长,对体系建设进行全面组织、指导和检查。安全综合科牵头负责安全管理体系的建设工作,具体负责体系建设的组织、开展、协调、考核、总结工作;收费、路政、养护、信息四大业务部门作为小组重要成员,分别负责收费业务安全、路政业务安全、养护业务安全、信息业务安全方面的具体工作。

夏津运管中心双体系建设领导小组如图2所示。

(三)持续修订相关安全管理标准,形成完善的制度保障体系

为解决安全风险分级管控和隐患排查治理双重体系建设工作怎么干、谁来干、干什么的问题,夏津运管中心修订完善了《危险源辨识、风险评价和风险控制程序》《安全监督检查、隐患排查治理管理办法》《安全生产奖惩管理办法》等管理标准,明确了《风险点清单》《作业活动清单》《设施设备清单》《重

大危险源清单》等格式记录清单；为保障双体系建设工作基础管理制度标准和相关格式记录清单的时效性和适用性，夏津运管中心编制了《安全风险分级管控和隐患排查治理双重体系建设工作指导手册》，为两个体系建设建立了完善的制度保障体系，明确了符合运管中心安全现状的危险源辨识的范围、方法，分级管控的类别和层级，安全监督检查的方式、范围、频次，隐患排查治理的要求和举措，安全考评的标准和奖惩兑现机制，达到有效建立全员参与、全岗位覆盖、全过程衔接闭环管理机制的目的，从而实现风险分级管控的动态化、可行性、有效管理和隐患排查治理工作自查自改的常态化管理。

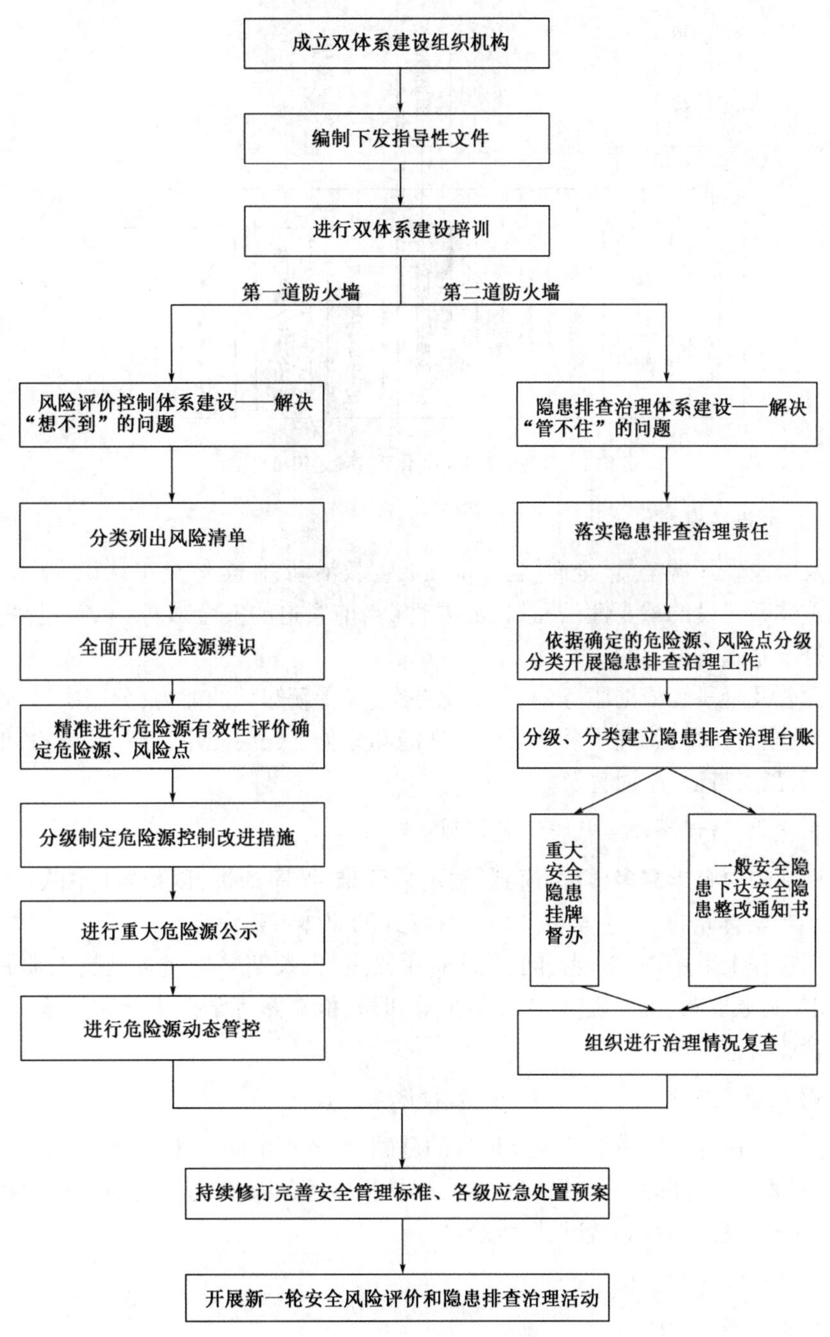

图1　风险分级管理和隐患排查治理工作流程

（四）构建系统的安全宣教平台，推进双体系落地

为保障安全风险分级管控和隐患排查治理双重体系建设工作在运管中心的全面实施落地，夏津运管中心分阶段、分层次，采用多层次、多类型的培训方式，构建了系统的安全宣教平台。

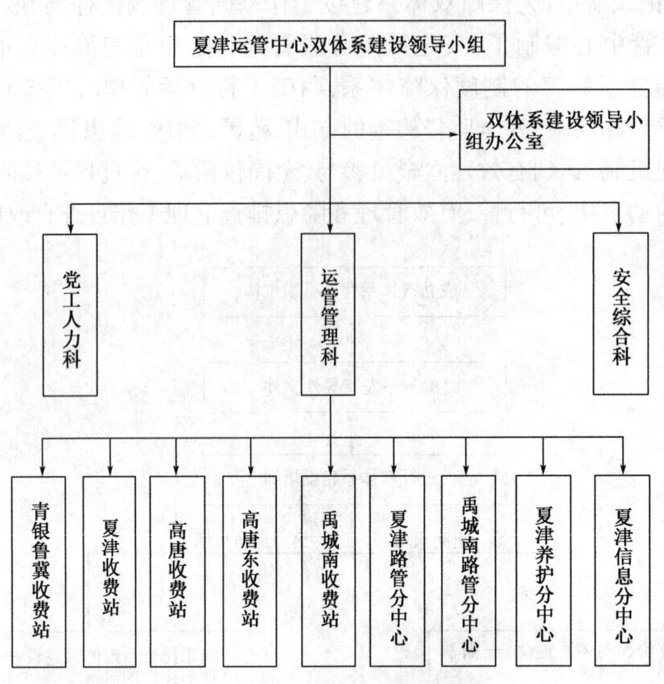

图2　夏津运管中心双体系建设组织机构图

1. 分阶段、分层次开展宣贯

一是认识普及阶段。开展全员、全面、全方位开展宣教活动,使全体员工认识安全风险分级管控和隐患排查治理双重体系建设的重要性(背景)、必要性(当前紧迫的安全形势)和实用性(具体应用),为工作的全面推进打下基础。

二是深入全面普及阶段。根据职务分工、文化层次、接受新知识的能力,分层次进行:决策层先了解重要性,取得领导的全力支持;管理层及学习能力强的部分员工先会先用,逐步开展;其他员工要逐渐学会、掌握;自上而下、以点带面、全面普及。

2. 培训层次多样化、培训手段多花样开展培训

一是宣教培训活动内容丰富多样、由简到繁、由易到难、循序渐进,以班组(中队)为单位通过班组活动、班前(班)后会、集体培训、自主学习开展多种形式的双体系建设活动。

二是宣教培训过程中采用讲、学、考、问、惩多种手段进行,长期坚持使各级员工掌握了安全管理体系构建的工作要求、实施步骤、操作规范、作业防护等知识,能够熟练掌握本岗位风险识别的方法,通过隐患排查来保障管控措施的有效性。

(五)高速公路运管管理企业安全风险分级管控体系建设

风险分级管控是指在危险源辨识和风险评价的基础上,依据危险源辨识和风险评价的结果,按照不同风险级别、管控资源、管控能力、管控措施复杂及难易程度等因素确定不同的风险管控层级。不同的风险对应不同的管控层级,风险越大管控层级越高。

1. 明确细化风险分级管控流程

风险分级管控流程如图3所示。

2. 识别风险点

风险点指伴随风险的部位、设施、场所和区域,以及在特定部位、设施、场所和区域实施的伴随风险的作业过程,或以上两者的组合。例如桥梁、隧道、收费区、食堂、供用电机房、施工现场、发电机、变压器等是风险点,在施工现场进行的施工作业、交通疏导、发电机维护等作业活动也是风险点。

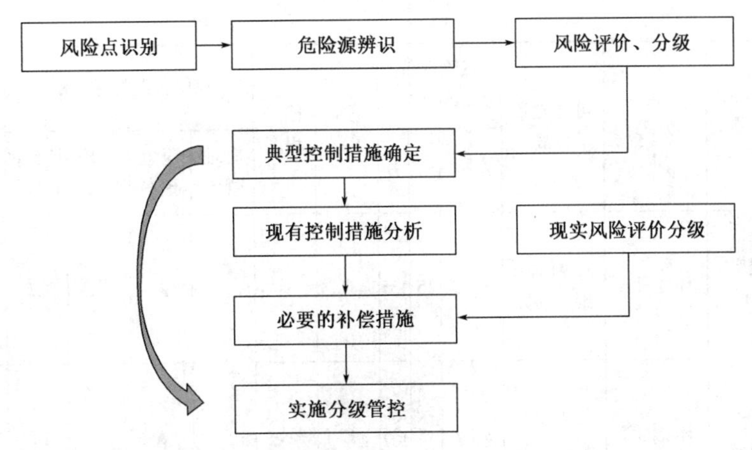

图3　风险分级管控流程

风险点划分的原则是：对于风险点的划分，在收费作业、养护作业、信息维护作业、路管作业、后勤保障作业等功能分区的基础上，按照大小适中、便与分类、功能独立、易于管理、范围清晰的原则进行。例如部位风险有桥梁、隧道；场所或区域风险有收费区、施工区、食堂、发电机房、办公区等。对操作及作业活动等风险点的划分，应当涵盖生产经营全过程所有常规和非常规状态的作业活动。以收费区为例，包括常规收费作业、设施设备维护、收费区保洁等；非常规收费作业如车辆拥堵、收费区火灾、盗抢事件等应急处置流程，预警、报告、自身防护、应急处置等作业流程，形成《收费区作业活动清单》(表1)。

收费区作业活动清单　　表1

编制：安全综合科　　时间：　年　月　日

序号	作业活动名称	作业活动内容	岗位	活动频次
1	收费作业	收取通行费	收费员	全天
2	保洁作业	清扫收费区及边沟垃圾	保洁员	8次/天
3	……			
……				

填表人：　　审核人：

3. 辨识危险源

按照“横向到边、纵向到底、全面有效、不留死角”的原则，围绕能量主体，从人、机、料、环、管和《企业职工伤亡事故分类》(GB 6441—86)中规定的20类事故分类入手，对通行费收取、路产路权维护、养护施工、信息机电系统维护等全部作业活动，对收费监控设施、路桥巡查设备、信息备品备件、养护物资等全部设施、设备、材料，对常规、非常规(雨、雪、雾等恶劣天气车辆通行受限、道路交通事故引起的道路拥堵等)作业环境，对收费、养护 、路政 、信息 、后勤保障及相关方(驾驶员、工程施工人员、驻站交警等)所有作业人员及作业场所进行全面的危险源辨识活动，形成本企业《危险源评价和控制措施表》(表2)。

山东高速股份有限公司2019年危险源评价和控制措施表　　表2

序号	作业活动/人员/设备/环境	危险源	分类	可能导致事故	风险评价 $D=L\cdot E\cdot C$				危险等级	危险程度	风险控制措施(▲)				管理规定、应急预案、管理方案名称	责任人
					L	E	C	D			管理规定	应急预案	管理方案	控制效果D值		
1	车辆行驶	超速行驶	行为性	人身伤害、财产损失	3	3	15	135	C	黄	▲			45	车辆管理办法	驾驶员所在部门负责人

续上表

序号	作业活动/人员/设备/环境	危险源	分类	可能导致事故	风险评价 $D=L\cdot E\cdot C$				危险等级	危险程度	风险控制措施(▲)				管理规定、应急预案、管理方案名称	责任人
					L	E	C	D			管理规定	应急预案	管理方案	控制效果D值		
2	收费作业	车辆强行闯岗	环境因素	人身伤害、财产损失	3	3	15	135	C	黄		▲		27	收费站突发事件应急预案	中队长、收费员
3	收费作业	车辆车道内自燃	环境因素	人身伤害、财产损失	3	3	15	135	C	黄		▲		27	收费站突发事件应急预案	中队长、收费员
4	收费作业	稽查人员安全防护不到位	物理性	人身伤害	3	3	15	135	C	黄		▲		42	工作场所员工意外伤害应急处置预案	稽查人员
5	隧道管理	危险品运输车辆隧道内发生事故、起火	物理性/化学性	人身伤害、财产损失	3	3	15	135	C	黄		▲		42	隧道事故处置专项应急预案	隧道管理所负责人
6	现场管理	施工人员擅自超出作业范围	行为性	人的伤亡、意外事故	3	3	15	135	C	黄	▲			45	养护作业安全管理规定	各养护分中心负责人
7	现场管理	施工人员随意横穿公路	行为性	人的伤亡、意外事故	3	3	15	135	C	黄	▲			45	养护作业安全管理规定	各养护分中心负责人

4. 风险排查

在危险源辨识的基础上，全过程、全方位、全天候排查可能导致事故发生的风险。以高速公路运营管理企业为例，主要但不限于安全生产基础管理、应急救援系统、隧道作业、路政巡查、现场布控、收费作业、信息机电维护、用电安全、特种设备管理、交通班车、食堂安全、消防安全等方面存在的风险。

5. 风险分级

在危险源辨识、风险评价的基础上，按照可能导致事故发生的直接原因确定安全风险的类别，然后按照危险程度及可能造成后果的严重性，将风险划分为4级：1级危险程度最高、4级风险程度最低，并对应红、橙、黄、蓝4级进行标识；同时，确定本企业的重大风险例如收费区车辆强行闯岗、养护员面对来车方向违规作业、桥梁伸缩缝损坏、危化品车辆违规上路、隧道照明不足等，建立《重要危险源清单》。2019年重要危险源清单见表3。

2019 年重要危险源清单 表 3

序号	作业活动	危 险 源	风险级别	控 制 措 施
1	路政巡查	事故现场安全标志摆放不规范、距离不够	C	路政业务安全操作规程/交通事故处置专项应急预案
2	路政巡查	车辆追尾、侧翻、驶入边沟	C	路政业务安全操作规程/路政巡查事故专项应急预案
3	养护施工	施工人员随意横穿公路	C	养护作业安全管理规定
4	养护施工	施工人员擅自超出作业范围	C	养护作业安全管理规定
5	养护施工	安全管控时不注意观察车辆	C	养护基建管理办法养护、路政安全作业规程
6	施工管理	养路员未逆行逆扫	C	养护基建管理办法

6. 分级管控

根据明确的安全风险等级和类别，明确不同的管控层级[运管中心、基层部门（收费站）、班组、一线岗位等]，形成《风险等级对照表》（表 4）。按照消除、预防、减弱、隔离、连锁、警告的优先顺序明确具体的管控措施。例如，针对养护专项工程、小修保养、机电信息维护等工程施工技术措施的管理措施，针对养护人员面对来车方向违规作业、施工人员超范围作业、事故现场布控不规范、收费人员违规穿越车道等不规范作业的教育培训措施，为一线作业人员配备并监督使用的施工现场自动报警器、肩灯、反光衣等个体防护措施，针对道路交通事故、路面水毁、桥梁突发事件、收费区盗抢应急处置措施等。每项措施都明确总体管控目标、管控方案，明确具体的责任部门和责任人。

风险等级对照表 表 4

风险等级	重大危险	较大风险	一般风险	低风险
对应颜色	红	橙	黄	蓝
管控层级	运管中心	基层部门	中队（班组）	岗位

7. 风险告知

通过设立高速公路风险公告栏、发放岗位风险警示牌、编制《岗位安全说明书》及风险识别卡、开展岗位风险教育培训等方式公布本企业的风险点及风险点类别、等级、管控措施等内容，使收费、养护、路政、信息及机关后勤各岗位员工明确本岗位存在的风险点基本情况，掌握本岗位风险点的具体处置措施，并能熟练应对本岗位的风险，确保安全生产。

8. 动态管控

针对企业风险点及制定的控制措施，通过开展道路交通安全管理基础数据分析、开展季度综合检查、月度不定期专项检查，每周基层班组自查及公布监督检查信息（监督电话、邮箱、微信号等），建立隐患动态管控台账，强化隐患治理效益验证和复查，实现全面覆盖、全员参与、全过程衔接的隐患排查治理机制。

（六）高速公路运管管理企业隐患排查治理体系建设

1. 完善隐患排查治理制度

摘录、细化《中华人民共和国安全生产法》《安全生产事故隐患排查治理暂行规定》等法律、法规、标准、规范中的隐患管理要求，结合夏津运管中心现有安全生产工作机制，修订运管中心《安全生产检查及隐患治理管理办法》；明确了隐患排查治理体系的框架（图 4）、隐患排查治理五步流程（图 5）、职责、隐患排查形式、频次、管理与考核要求。

2. 明确隐患排查治理标准

依据有关法律法规、标准规程、公司及运管中心安全管理制度，按照科学性、全面性和系统性的原则，细化隐患排查标准（基础管理标准、现场管理标准、设备管理标准 3 大类，32 项隐患排查治理标准，图 6），明确具体标准和要求，使各单位、各岗位知道“做什么、怎么做，管什么、怎么管”，实现事故隐患排查治理工作有章可循、有据可依。

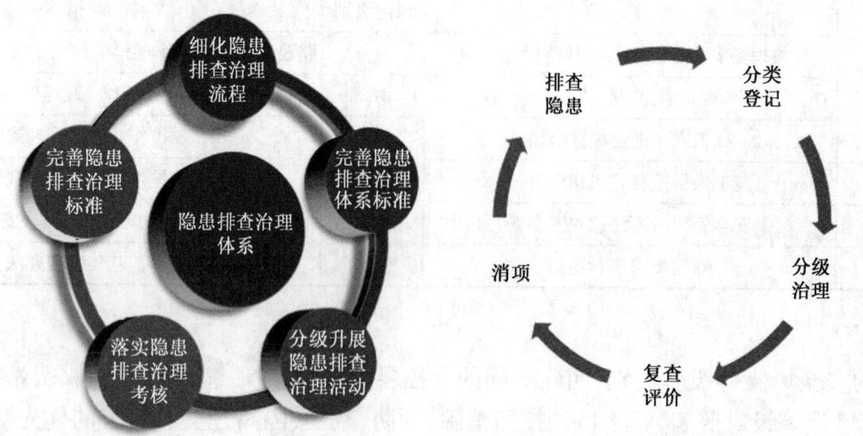

图4　治理体系框架　　　图5　隐患排查治理流程

基础管理标准	现场管理标准	设备管理标准
(1)安全组织机构;	(1)收费作业区安全;	(1)配电室安全;
(2)安全管理人员配置;	(2)路政作业区安全;	(2)食堂安全;
(3)安全责任落实;	(3)养护作业区安全;	(3)一般车辆安全;
(4)安全规章制度;	(4)信息作业区安全;	(4)专业车辆安全;
(5)安全会议;	(5)库房安全;	(5)起重机械安全;
(6)安全检查;	(6)办公院区安全	(6)养护专业设备安全;
(7)安全培训;		(7)发电机组安全;
(8)安全经费投入;		(8)锅炉与铺装安全;
(9)安全保障;		(9)压力容器安全;
(10)应急管理;		(10)炊事机械安全;
(11)安全档案;		(11)变电系统安全;
(12)安全考核;		(12)输配电安全;
(13)安全生产报告		(13)避雷检测设备安全

图6　隐患排查标准(细化)

3. 落实隐患排查治理主体责任,实现隐患闭环管理

制定隐患排查治理制度,建立责任机制,对照排查清单,实施公司、运管中心、基层单位、岗位全员参与、自主排查隐患,并对隐患进行排查、登记、治理、验收、消项全过程闭环管理;采取综合检查、日常检查、节假日检查、专项检查、季节检查“五位一体”的检查方法(图7)开展全面安全检查。通过开展全员“轮值安全员”专项活动、随手拍等实施全员、全流程安全检查;对发现的安全隐患进行分级管控,治理难度越大,对应的负责治理的组织和领导级别也越高 ,便于集中人力、财力、技术、装备及协调各方力量,及时消除安全隐患。

4. 建立隐患排查治理的考核机制

一是设立隐患查处及隐患整改效果保持的量化指标(图8),通过签订责任书的形式分解到各部门,并纳入年度安全目标绩效考核。二是制定运管中心《安全生产奖惩考核办法》《安全问责管理办法》,对安全隐患的排查和治理情况进行问责和奖惩。

(七)风险分级管控与隐患排查治理之间的关系

风险分级管控是隐患排查治理的基础;隐患排查治理体系的核心是对风险分级管控措施的充分应用。根据风险分级管控体系的要求,组织实施危险源辨识、风险评价、典型措施制定、风险分级,确定危险源、风险点为隐患排查治理的对象,即“排查点”;围绕“排查点”及“排查点”的控制措施进行全面排查,能真正实现隐患排查治理的系统化、规范化,才能真正实现隐患排查治理不留盲区、不留死角;同时全面隐患排查治理还将会发现新的风险点、危险源,进而对现有的风险点和危险源信息进行补充和完善;两者是相互促进、互为补充的,是企业安全生产管理的核心,是"PDCA"质量管理原则和过程方法的体现。危险源与隐患的关系如图9所示。

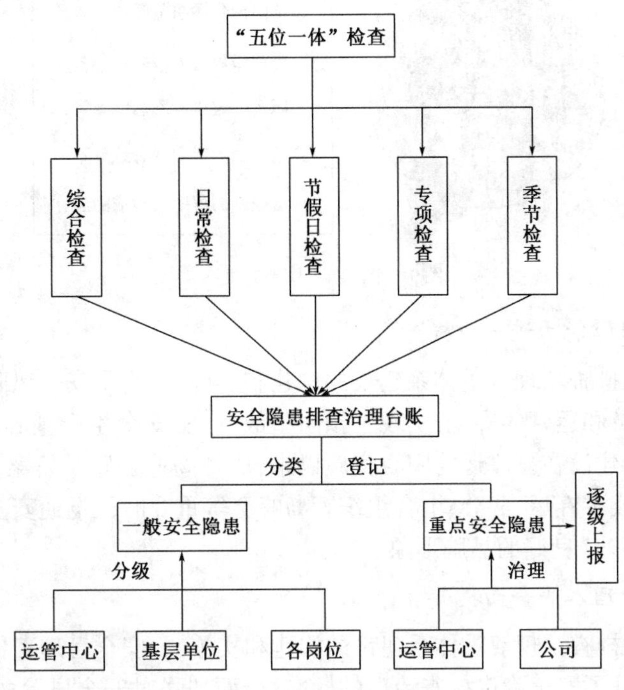

图7　"五位一体"检查法流程图

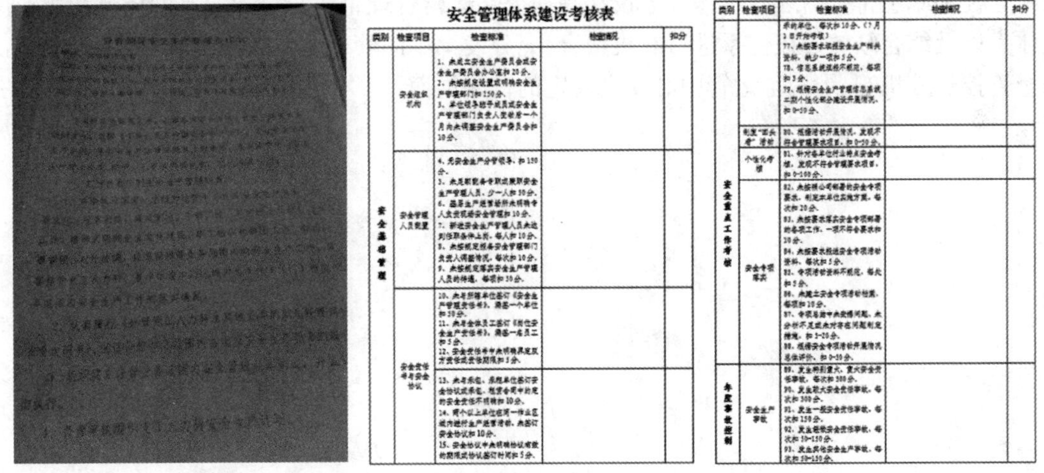

安全管理体系建设考核表

类别	检查项目	检查标准	检查情况	扣分

图8　已有的量化指标及考核表

通过全面、深入推进"两个体系建设"工作,逐步修订、完善企业"两个体系建设"工作规范标准和制度体系,并将其纳入企业安全生产标准化建设的重要内容进行固化,从而建立"两个体系建设"的长效机制,促使各相关主体形成抓安全生产工作应有动力、压力和合力的"有形的手",从根本上解决事故隐患排查治理工作存在的动力不足、压力不够、合力不强的问题。

四、实施效果

高速公路运营管理企业风险分级管控和隐患排查治理双重体系构建与实施,是转变企业安全管理模式、提升企业安全管理水平的系统工程;是实现企业安全生产零目标的有效手段和维护企业安全稳定的重要保障。夏津运管中心通过构建与实施风险分级管控和隐患排查治理双重体系,全员积极参与、全过程精准管控的预防性安全管理模式逐步形成,安全运行环境明显改善,达到了预期管理目标,也为其他高速公路企业构建与实施风险分级管控和隐患排查治理双重体系建设进行了有益的探索和实践。

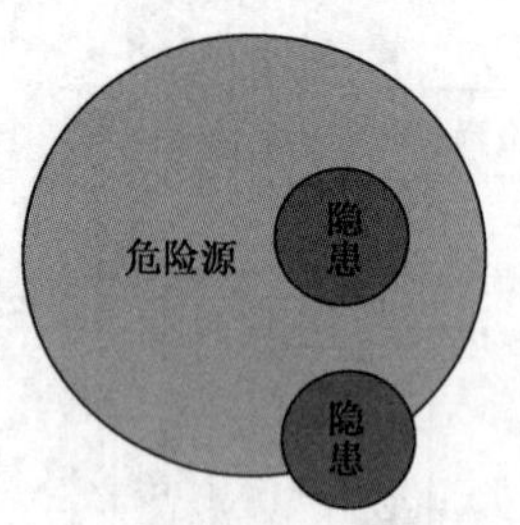

(1)危险源包涵事故隐患;

(2)事故隐患是危险源,危险源不一定事故隐患;

(3)危险源的现实状态达到不可控制的程序则构成隐患

图9 危险源与隐患的关系

(一)路桥运营安全保障能力进一步提升

风险分级管控和隐患排查治理双重体系建设的构建和实施,增强了安全风险防控和应对能力,有效保障了所辖路桥资产、人员和运营的安全,实现了预防事故、夯实安全生产基础的目的。风险分级管控和隐患排查治理双重体系建设在夏津运管中心实施以来,所辖高速公路及桥梁未发生因管理原因导致的安全责任事故,顺利完成了春运、两会、上合组织青岛峰会等重要时段畅通安全保障任务,顾客满意度持续提升,维护了“山东高速”良好的品牌形象。

(二)路桥运营安全管理水平全面提升

风险分级管控和隐患排查治理双重体系建设的构建和实施,为安全管理工作明确了理念导向,厘清了思路和目标和流程,明确了安全隐患排查治理的标准,全面加强对安全风险的管控,实现安全管理的系统化、规范化、标准化,持续提升全员安全意识,达到精准控制危险源、及时消除隐患的目的;同时,将风险分级管控和隐患排查治理双重体系建设在高速公路运营管理企业与企业原有的质量和职业健康安全管理体系以及综合绩效考核体系进行有机融合,充分发挥不同管理体系的功能和作用并形成合力,形成了安全管控长效机制,维护了运管中心安全稳定的良好局面。

基于联网收费模式下的高速公路立体化收费现场管理体系

山东高速股份有限公司夏津运管中心

成果主要创造人:岳福华　孙绪亮

成果参与创造人:常志宏　崔　建　康传刚　李　琰　李　镇　尹鸿鹏　于忠胜　尉　超　张明军　张　凯

山东高速股份有限公司夏津运管中心(简称"夏津运管中心")成立于2017年12月,是山东高速股份有限公司(简称"山东高速公司")所辖的路桥运营管理单位,是由原山东高速集团有限公司(简称"集团公司")青银分公司(2005年12月开通运营)通过机构改革整合的高速公路运营管理单位,主要职责是承担所辖路段的党政工团、队伍建设、安全廉政、信访稳定、管理创新、对内对外协调以及运营收费、基建养护、路产保护、清障救援以及综合管理、配套服务等工作。夏津运管中心下设3个机关科室和8个一线单位(图1),现有员工200人。管辖G20青银高速公路齐河至夏津段105.448公里高速公路,累计通行车流量10808.71万辆次。

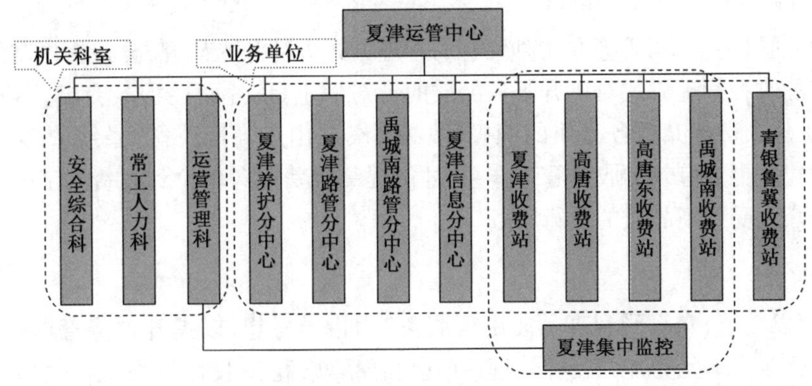

图1　夏津运管中心区域组织机构网络图

一、成果构建背景

(一)满足交通强国战略和全国联网收费全新机遇的需要

近年来,我国交通基础设施建设突飞猛进、日新月异,多层次、多节点、全覆盖的高速公路网络初步形成,"五纵五横"综合运输大通道已经贯通。自2020年1月1日起,全国共有29个省(自治区、直辖市)取消了高速公路省界收费站,实行了全国联网收费新模式。各省(自治区、直辖市)在高速公路沿线不同位置增设了相当于虚拟收费站的ETC(Electric Toll Collection,电子不停车收费)门架设施,在收费站实现了不停车收费,原有以全额现金为主的收费方式逐步转变为非现金的无感支付,我国正在从交通大国向交通强国迈进。

夏津运管中心牢牢把握交通"先行官"定位,适度超前,进一步解放思想、开拓进取,以习近平新时代中国特色社会主义思想为指导,深入贯彻党的十九大和十九届二中、三中、四中全会精神,紧紧围绕统筹推进“五位一体”总体布局和协调推进“四个全面”战略布局,坚持“为公众提供高品质出行服务”的中心发展理念,把相对平行发展的收费管理向更加注重一体化融合发展转变,为全面建设社会主义现代化国家、实现中华民族伟大复兴中国梦提供坚强支撑。

(二)满足集团公司让公众享受到高品质出行服务的需要

集团公司全面贯彻习近平总书记“坚持以人民为中心”的发展思想,结合公司工作实际,提出了“坚持以人为本,突出交通主业,努力让公众走最好最舒适的路、享受到高品质的出行服务,实现高质量发展,为社会创造价值,为企业增加效益,为员工带来福祉”的新发展理念,力求在抓好交通主业的基础上,把交通主业上的产业链价值链和国家、省鼓励支持的产业做好,达到为企业增加效益、为员工带来福祉的目的。

夏津运管中心认识到,要让公众享受到高品质的出行服务,需要针对机构改革后的行业管理实际,积极探索建立一套完善的收费效能管理体系,使运管中心区域内各个收费岗位、各项收费工作流程符合高效能的要求,提升为公众提供高品质出行服务的效率和能力,从而满足集团公司让公众享受到高品质出行服务的需要,也可以为高速公路行业在提升服务品质、提高收费运营管理水平提供有益的思路和借鉴。

(三)实现收费管理工作改进,提高收费工作效率的需要

近年来,夏津运管中心在山东高速公司的改革驱动下,先后进行了3次不同程度的机构改革,机关部室及人员的一减再减,导致区域内收费单元在管理上松散,在效率上下滑,在服务上泄劲。夏津运管中心清醒地认识到,仅靠考核方式来促进收费管理和服务的提升是不够的,只有探索建立更为有效的收费管理体系,全面加强对区域内收费工作的管理,提高收费业务单位及收费工作人员为公众提供高品质出行服务的效率和能力,才能满足社会公众日益增长的高速公路出行服务需求。

(四)提升收费员工服务品质的需要

夏津运管中心通过座谈、调研等方式对现有的管理方式进行深入研究,分析探讨制约收费管理工作的因素,发现现有的收费管理方式对提升服务品质的针对性不足,片面性特点突出,不能有效调动收费业务单位和收费工作人员提升服务品质的积极性。因此,在山东高速公司“条线管理,重心下移”新要求的基础上,探索建立更为有效的收费管理体系,才能提高收费业务单位和收费员工全身心投入收费服务的积极性,让公众享受到高品质的出行服务。

二、成果内涵

夏津运管中心以“让公众享受到高品质出行服务”为指导思想,以提升收费管理效能为目标,以制度、考核、素能、文化四个单元为加强目标管理、强化责任落实、稳固收费行为、增进协调配合的发力点,通过完善管理制度和流程、改进考核标准和方式、优化素能培训和评价、创新收费文化和载体,并把制度、考核、素能、文化“四股”力量发挥的动力作用进行凝聚、共和,形成了立体化收费效能提升的管理新格局,达到提高收费管理流程效率、强化收费责任落实根基、增进收费队伍协作能力、提升收费服务工作水平的目的,实现了收费效能管理。

三、主要做法

(一)明确体系总体规划思路,设计“四维一体”收费效能管理体系

为让公众享受到高品质出行服务,有效解决机构改革后收费站管理水平不均衡、收费人员服务意识淡化、工作协调配合力度减弱等问题和难题,夏津运管中心提出“提升收费管理水平、提高收费工作效率、强化收费服务意识和增强协调配合能力”的整体思路,在制度、考核、素能和文化上进行改革创新,构建立体化的收费效能管理体系,全面实现收费管理工作的“关口前移”,对收费管理由被动监管到积极事先入手,推动收费管理工作效率和能力的全面提升。

(二)分析识别各单元的改进点,构建"四维"同步施力新格局

针对原有收费管理模式已不再适应山东高速公司机构改革后收费管理的实际情况,夏津运管中心作为机构改革的第一个试点单位,打破"等、要、靠"的思想,积极探索适应机构改革后的收费管理新方法,率先勇于屏弃仅依靠制度或考核等方式规范收费管理的传统思维,把企业文化、员工素能等阶段性活动的提升作用同步融入制度约束、考核规范中,形成四股力量同步施力、同步见效的收费管理新格局。

1. 完善收费管理结构关系,建立"全等三角"的制度维

山东高速公司机构改革后,收费业务管理由山东高速公司、分公司、收费站三级管理缩减至山东高速公司、收费站两级管理,原分公司收费管理中心的票据、通行卡和业务数据等部分业务职能转移至运管中心,由运管中心负责统计,致使收费业务管理比重加大,在人、财、物等方面的管理力度减弱。

针对这种情况,山东高速公司在收费管理上进行了再改革,推出了"条线融合,重心下移"的管理方式。夏津运管中心在此基础上对收费管理结构关系进行了优化,采用对收费站的人、财、物进行全面监管并获取执行结果的方式,形成了收费业务及人、财、物管理的全等三角管理模式,实现了收费业务和人、财、物管理的双管齐下和"两手抓"的收费管理格局;山东高速公司对运管中心的人、财、物及收费业务进行管理,并获取执行结果信息;山东高速公司对收费站的收费业务进行监督管理和指导,并获取执行结果信息;夏津运管中心对收费站的收费管理及人财物进行全面管理,并获取执行结果信息。

收费管理结构体系"全等三角"制度维完善机理图如图2所示。

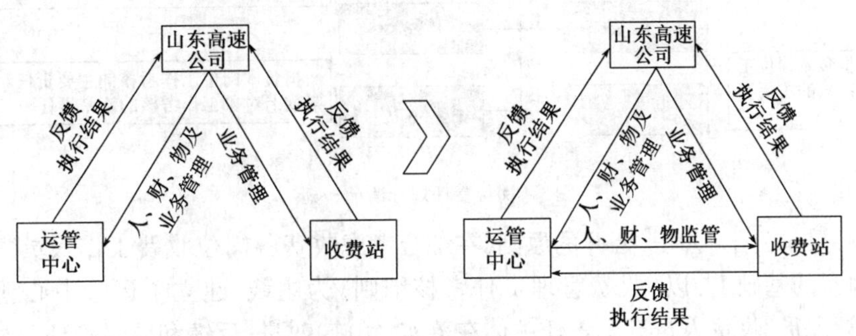

图2 收费管理结构体系"全等三角"制度维完善机理图

为加强收费细节管控的稳定性,夏津运管中心通过组织召开座谈会,对优化后的管理进行调研,在结合收费管理工作实际的基础上,将优化后的管理内容融入各项收费管理制度中,并对各项收费管理流程进行补充和完善,实现了收费管理工作各个环节、各项内容的有效衔接,收费管理质量和管理水平大幅提升(表1)。

制度改进调研一览表

表1

调研内容	调研对象	改进需求	改进方式	需求程度
运管中心对收费工作人员的监管	收费管理人员、收费员代表	人员由收费站进行管理存在力度小、难度大等问题,需要运管中心进行管理	纳入制度	较迫切
运管中心对收费站资金的监管	收费管理人员、收费员代表	资金使用缺乏监督环节,存在大额资金使用监管不到位的现象,需要运管中心监管	纳入制度	迫切
运管中心对收费站基础设施及设备的监管	收费管理人员、收费员代表	设施、设备维修保养协调难度大,需要运管中心进行管理	纳入制度	较迫切
运管中心对收费业务、服务等监管	收费管理人员、收费员代表	收费业务和服务水平不均衡,需要运管中心进行统一监管	纳入制度	较迫切

2. 改进收费管理责任落实,建立"一主五环"的考核维

夏津运管中心以加强责任落实、完善责任关系、清晰责任主体为出发点,改变原有"谁出问题谁负责"的单一责任追究方式,根据收费管理人员(站长、副站长、管理员)、收费人员(中队长、票据员、监控员、收费员)职责,把考核划分为主要责任、分管责任和连带责任:收费站长负责收费站全面管理工作,担负收费站各项工作考核的主要责任;副站长、管理员担负值班期间工作考核的主要责任、分管工作考核的分管责任;中队长担负本岗位工作考核的主要责任、本中队成员工作考核的连带责任;收费员担负本岗位工作考核的主要责任;监控员担负本岗位工作考核的主要责任、监控对象工作考核的连带责任;票据员担负本岗位工作考核的主要责任、票款卡对象工作考核的连带责任(图3)。

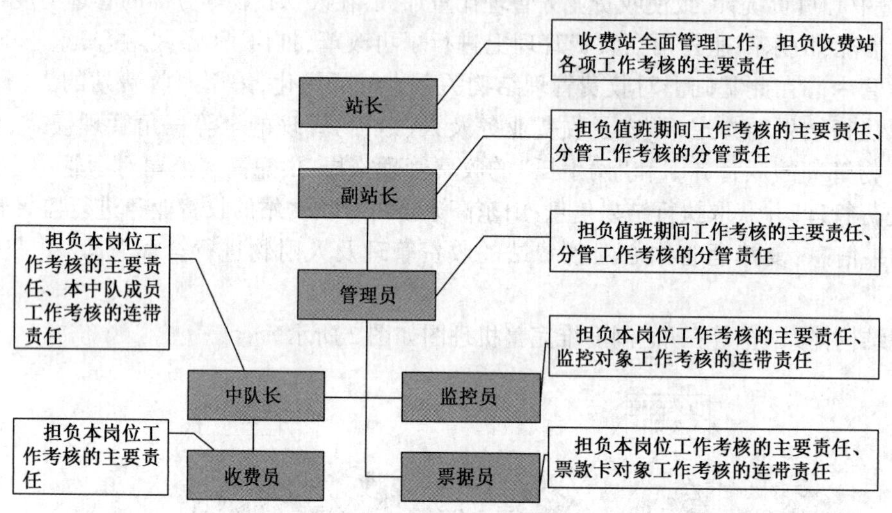

图3　岗位责任划分情况一览

夏津运管中心秉承公平、公正、公开的原则,在综合考虑收费各岗位收费工作人员责任、贡献、工作量、劳动强度等因素的基础上,以《收费管理责任考核细则》为主线,建立了运管中心、收费站、收费站长、收费副站长/管理员、收费人员五个责任主体在落实、实施、改进、反馈和监督等环节相互发挥各自作用的"一主五环"考核方式(图4)。

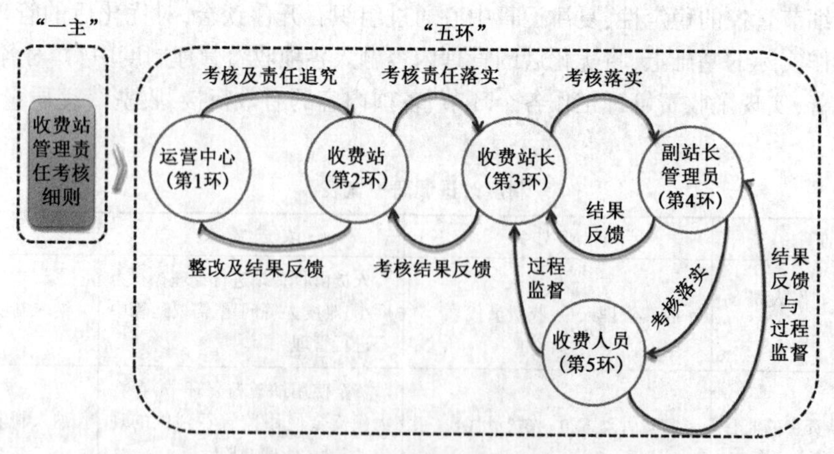

图4　"一主五环"考核情况示意图

3. 优化服务素养评价机制,建立"四渠提升"的素能维

夏津运管中心把持续改进服务素养评价机制作为提升收费服务品质的手段,改变原有顾客将收费员服务素养评价结果反馈至收费站,收费站对收费员服务素养进行考核的方式,建立"四个渠道"提升

服务品质的循环评价机制：运管中心对顾客进行走访，收集顾客对服务品质的诉求，制定相应的改进措施并落实到收费站，收费站在收费员队伍中执行提升；收费站通过座谈，听取顾客在服务方面的建议，采取相应措施并在收费队伍中执行提升；收费员向顾客提供服务，接受顾客对所提供服务的评价；顾客对收费员的服务进行有效评价，并向运管中心、收费站分别提出改进诉求和改进建议(图5)。

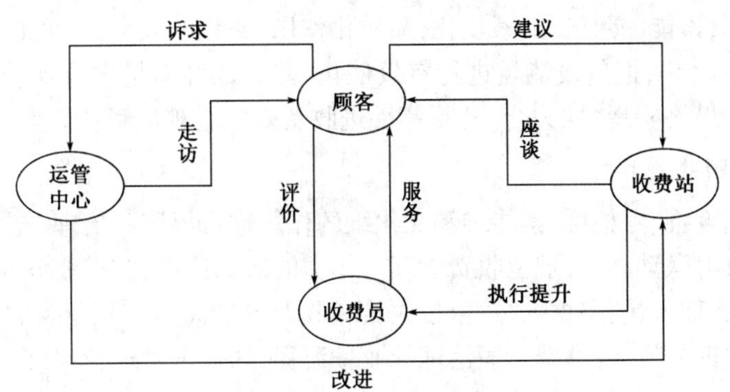

图5　素养评价机制

在优化服务素养评价机制的基础上，夏津运管中心组织收费管理人员、收费人员进行服务经验交流、现场观摩等，并积极开展收费岗位业务知识、服务礼仪及职业素养等培训，激发了收费人员由被动服务向主动提供服务的素质养成，形成了一种长效的循环服务机制为顾客提供高品质的出行服务。

4. 打造凝心聚力导向氛围，建立“上抚下托”的文化维

随着高速公路开通运营年限的不断增长，“老龄化”现象在收费队伍中日益凸显，收费人员出现了被动意识强、主动意识弱，对集体的忠诚感、荣誉感和归属感逐渐下降的情况。一部分新招聘的收费员把高速公路当作“跳板”，短则半年、多则一年就辞职，收费员数量“入不敷出”。

针对这种情况，夏津运管中心以运用好企业文化的凝聚、引力、导向、激励和约束作用为前提，探索和总结出具有收费站特色的“鹰雁”“水德”等企业子文化，对由上到下的文化力量进行二次“补力”，形成“上抚下托”的合力，规范收费人员的服务行为、巩固收费人员的价值观念、强化收费人员的群体意识、提升收费人员的职业素质，把收费员的目光聚集在实现自我价值、提升忠诚度上，收费员凝心聚力的思想意识明显增强(图6)。

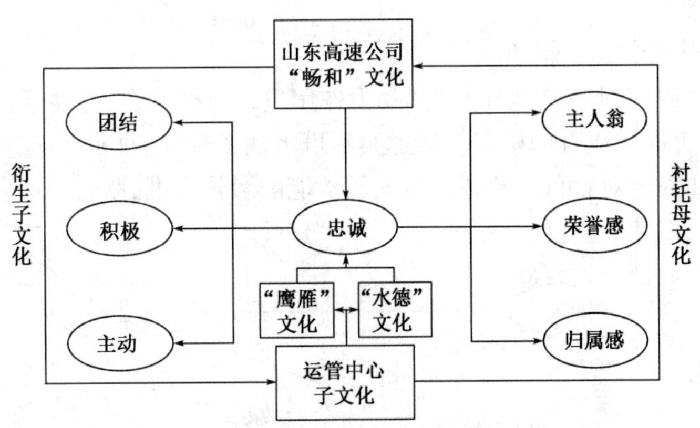

图6　文化维工作机理图

夏津运管中心把建立“荣誉库”“精英库”作为固化收费员归属感的门径，通过开展乒乓球、篮球比赛以及趣味运动会、开心互助菜园、技能比武、《感恩·工作》系列大讲堂等活动，把收费员的个人意愿和远景有效融入收费管理工作中。同时，加大了对获取荣誉以及获得上级奖励各岗位收费人员的表彰奖励力度，实现了“有惩有奖，奖罚分明”的良好工作氛围，激发了收费员的使命感，凝聚了收费员的归

属感,加强了收费员的责任感,满足了收费员的荣誉感,实现了收费员的成就感。

(三)突出"四维"互动融合,实现"一体化"提高促进

针对实施制度维、考核维、素能维和文化维单项创新所产生的独有力量不能全面实现"为公众提供高品质出行服务"目标要求的情况,夏津运管中心把制度的程序化、流程化、行为化作用,考核的标准化、责任化、规范化作用,素能的效能化、素质化、品质化作用,文化的人文化、价值化、品牌化作用所产生的四种力量进行有机"揉合",把单线能量进行有效催化,并让四种力量进行互动,形成相互关联、相互作用、相互配合的局面,最终实现"四力合一"提高促进收费效能管理的目的。

1."一维三辅",清晰收费目标管理

夏津运管中心把制度维、考核维、素能维和文化维的作用进行界定和梳理,充分发挥制度维的约束、权威、稳定作用,催生放射联动动力,规范收费管理工作中的票据业务、监控业务、收费稽查、业务操作与处理等,强化了收费站管理人员、票据人员、监控人员和收费员的岗位责任落实,规范了票证管理、绿通核验、业务稽核、异常数据分析、偷逃费车辆治理等业务流程,加强了目标管理(图7)。

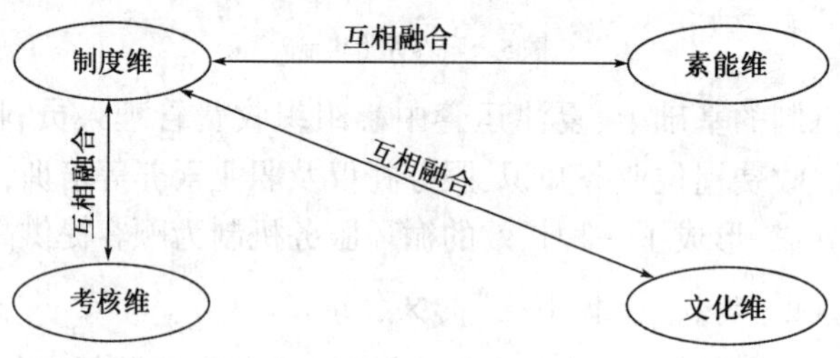

图7　制度维放射联动动力情况

2."双抓互促",强化收费责任落实

夏津运管中心把"一维三射"动力作用进行延伸,将考核维的作用交叉融入制度维中,形成驱动双轮同步提升的格局,并成立了收费管理责任制考核领导小组,采取现场检查、定期巡查、不定期抽查、夜间稽查、视频稽查、社会反馈调查等方式,对各收费站在文明服务、收费指标、车道收费业务、通行费增收、监控业务、票据业务、统计报表、稽查、职业纪律、廉政建设、安全保障、站务管理、内业资料等方面的责任落实情况进行考核,并将考核结果纳入部门和个人薪酬管理,与制度维形成相互交叉的动力作用,加强了责任落实。

3."三维鼎立",稳固收费行为能力

夏津运管中心把"一维三射"和"双抓互促"动力作用进行有机融合,并将素能维的作用交叉融入制度维、考核维中,形成三力同步提升的格局。通过实施班组现场管理、收费站稽查管理、运管中心考核管理的三级管理的方式,加强了对收费运营各岗位人员素能的考核力度,激发了收费人员的积极性和主动性,提高了收费工作的效率和效益(图8)。

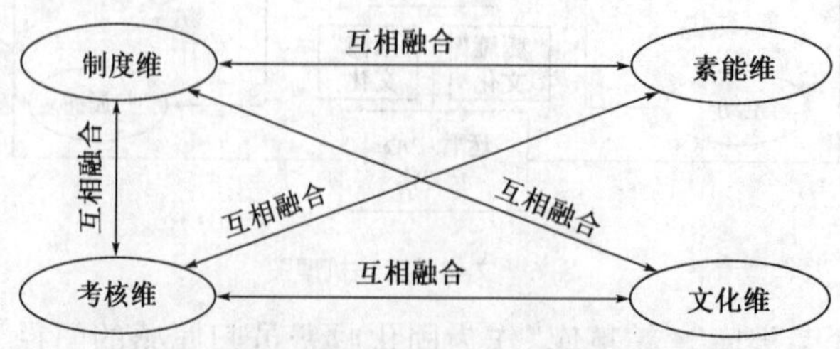

图8　制度维、考核维、素能维、文化维联动情况

4."四维合体",提升收费效能管理

夏津运管中心把"一维三射""双抓互促"和"三维鼎立"的动力作用进行有机融合,并将文化维的

作用交叉融入制度维、考核维和素能维中,形成四力合一同步提升收费效能管理的格局(图8)。着力推进收费子文化建设,强化收费子文化理念培育,建设文化型收费管理团队,并通过开展收费人员开展文化活动、举办文化竞赛、开设文化讲堂等,增强了全体收费人员学文化、知文化、用文化的责任意识,收费人员用实际行动践行企业文化、运用企业文化和推广企业文化的氛围日益浓厚。制度维、考核维、素能维和文化维的合力作用得到有效发挥和运用,运管中心收费效能管理取得明显效果。

夏津运管中心收费现场管理效能体系如图9所示。

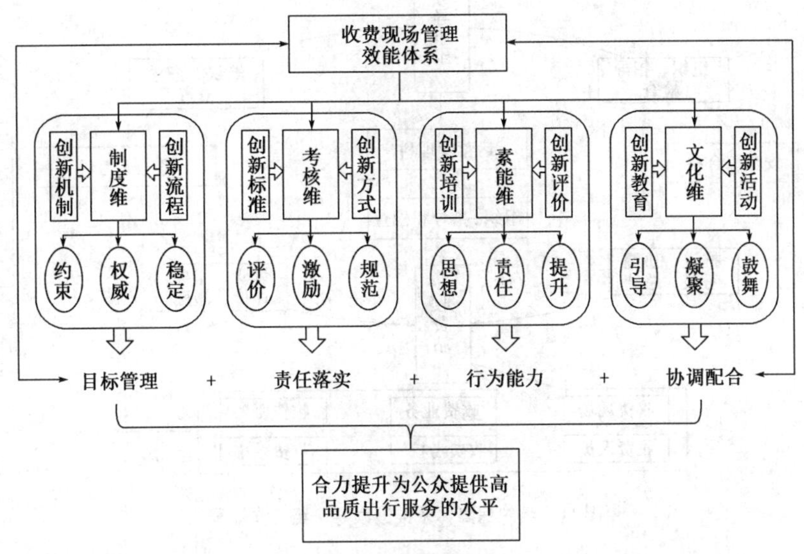

图9 收费现场管理效能体系

(四)建立"五同时"的协同推进机制,打造高效运作的组织保障体系

为保障体系扎实、有序推进,夏津运管中心结合工作实际,建立"五同时"的体系协同推进机制:在制订年度工作计划的同时,制定体系推进工作计划;在布置生产经营任务的同时,布置体系推进工作任务;在开展生产经营检查的同时,检查体系推进进展情况;在总结生产经营工作的同时,总结体系推进取得的效果;在评比生产经营工作的同时,对体系推进落实和执行进行评比。"五同时"的协同推进机制,确保了体系横向到边、纵向延伸、稳步推进,并形成上下互动、全员参与、落实到位、执行有力的良好局面。

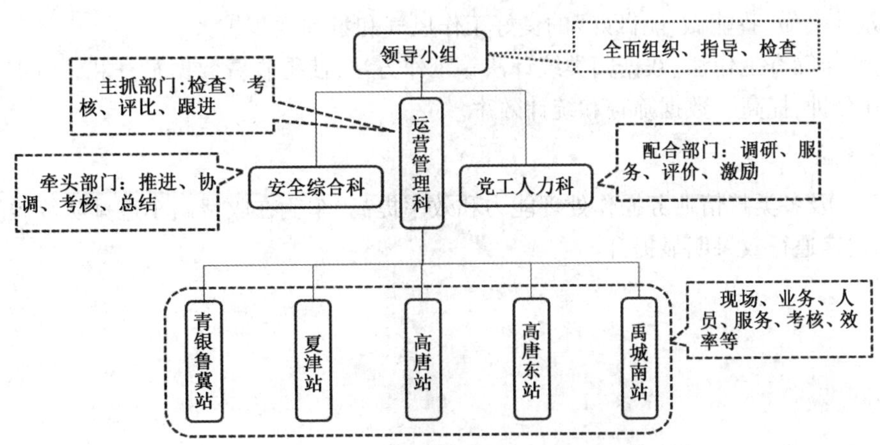

图10 组织保障体系推进领导小组架构

为加强体系建设工作,确保体系建设取得实效,夏津运管中心成立"收费现场管理效能体系"推进领导小组(图10),由运管中心总经理任组长,副总经理任副组长,对体系推进进行全面组织、指导和检查。其中,安全综合科全面牵头负责体系的推进工作,具体负责体系的推进、协调、考核、总结工作;党工

人力科配合负责体系的保障工作,具体负责体系的调研、服务、评价、激励工作;运营管理科主抓收费现场管理的检查、考核、评比、改进跟踪等工作;各收费站作为小组重要成员,负责体系在收费现场、收费业务、收费人员、收费服务、收费考核、收费效率等具体环节中的落实和执行,并成立收费现场体系实施落实组织机构,最终将推进结果反馈至体系推进领导小组(图11)。

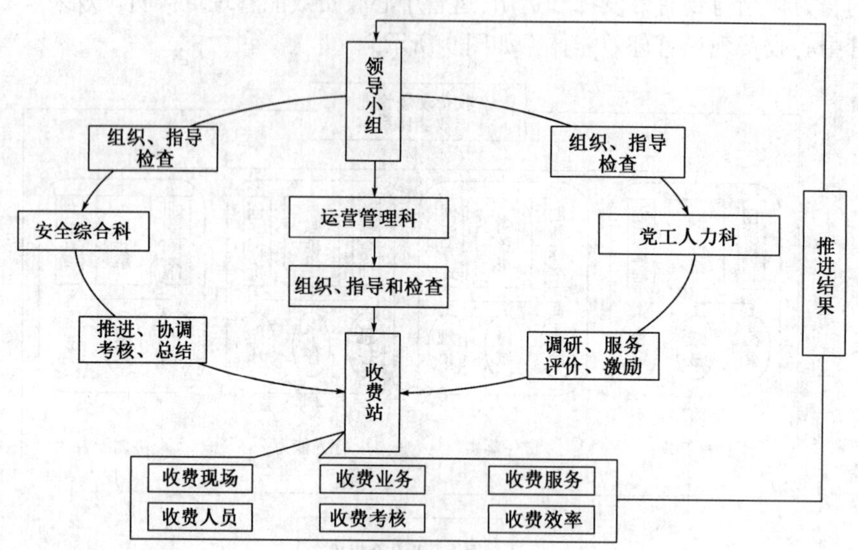

图11　组织保障体系推进领导小组工作流程

四、实施效果

(一)经济效益

各岗位收费工作人员爱集体、护单位、遵纪律的意识不断强化,“节约1度电,节省1张纸”的节俭风气蔚然形成。收费站在体系的动力作用下,把140个顶棚灯和192个广场高杆大功率照明灯改为LED(Light Emitted Diode,发光二极管)灯,累计节约水电费及各类办公费用18万余元。

(二)管理效益

收费人员发现问题、分析问题、解决问题的能力不断提升,工作作风得到有效改进,收费管理工作逐步向制度化、规范化方向转变。收费人员落实岗位职责、履行岗位职责、执行岗位工作的责任意识明显增强,“我要做、我会做、我能做、能做好”的良好工作风气和氛围逐步扩大。

总结出的快速筛查工作法、数据归类统计法等工作方法,使得收费数据筛查和统计时间由原来的2小时缩短至10分钟,提高了数据筛查和统计效率。

(三)社会效益

发卡、收费以及各类特情业务操作处理能力和效率提高,车辆在收费站车道排队等候的时间大大缩短,节能减排、快速通行效果明显提升。

以信息化为基础的矩阵式施工项目管理

山东省高速路桥养护有限公司

成果主要创造人:邹　泰　冯勋红

成果参与创造人:裴文晶　郭怀亮　刘凤涛　王琳华　张　林

山东省高速路桥养护有限公司(简称“养护公司”)成立于2007年,是山东高速路桥集团股份有限公司全资子公司,是山东高速集团有限公司旗下专业从事公路养护施工的企业。养护公司注册资本金人民币5亿元,具有公路工程施工总承包一级、桥梁工程专业承包一级、公路路面工程专业承包一级、公路路基工程专业承包一级、公路交通工程(公路安全设施)专业承包一级、特种工程(结构补强)专业承包、城市园林绿化资质二级、钢结构工程专业承包三级、建筑工程总承包三级以及云南省交通厅颁发的养护一类、二类甲级、三类甲级等施工资质。

养护公司以高速公路养护施工为主业,主要从事高速公路日常维修保养、预防性养护、沥青路面再生、路面专项维修、桥梁维修加固、绿化交安施工,以及道路养护新材料、新工艺研发应用等。自成立以来,养护公司积极鼓励创新,不断提高管理水平和施工技术含量,提升企业核心竞争力,规模不断发展壮大,在立足山东省省内市场的基础上,公司积极开拓省外市场,先后在内蒙古、天津、重庆、浙江、江苏、湖南、湖北、河南、四川、云南等省(自治区、直辖市)承担养护施工项目。综合施工资质、施工业绩、项目组织管理、绿色养护基地建设等各方面指标,在道路养护综合实力方面,公司在山东省内具有明显竞争优势,在全国范围内名列前茅。

一、项目构建背景

(一)提升公司项目管理效能的需要

随着施工企业规模的提升,养护公司管理的工程项目数量越来越多。为提高公司对项目安全、质量、环保、进度、成本等方面的管控能力,满足项目业主方及社会发展对项目管理提出的高标准要求,公司必须采用实用、高效的管理模式,而且养护项目与一般施工项目相比,具有合同规模小、地域分散的特点,造成公司管理的项目数量远高于一般施工企业,更加凸显出管理人员不足、管理效率不高的难题。

养护公司原有管理模式为直线-职能制,管理层级为三级,即公司总部管理事业部、事业部管理项目经理部。公司总部在公司管理层下设置职能部室,协助管理层从事管理工作,各职能部室在各自职责范围管理事业部相关业务;事业部是从事生产管理的具体机构,其下设置项目经理部进行具体项目管理,同时设置职能部室对接公司层级职能部室业务管理,并在各自职责范围管理项目经理部相关业务,公司层级职能部室的管理并不直接触达项目管理层级。目前管理模式的优点是职责分工比较明晰,事业部在一定程度上实现了独立经营、单独核算,但缺点是公司层级和事业部层级均设置职能部室,两个层级职能部室人员配备、管理能力均显不足,事业部层级职能部室对项目层级安全、质量、环保、进度、成本等方面的管控较弱,而公司层级职能部室的管理不能直达项目层级,容易造成项目层级安全、质量、环保、进度、成本等方面的管理水平不高。另一方面,公司层级对事业部的管理与事业部对项目经理部的管理上下脱节,造成管理效率低、灵活性低,对项目实施过程中不断发生的变化适应性差。

(二)适应信息化技术革命的需要

随着信息技术、互联网技术的发展,社会各行各业都在经历一场信息化变革,新一轮产业革命已经发生,为企业快速发展提供了新的机遇。善于利用这些技术,可以促使企业提高管理效率,降低管理成本,突破空间和时间的限制,取得更快更好的发展。同时,信息技术、互联网技术在施工行业也逐渐广泛渗透,固守传统的管理手段,必然面临更大压力、更多挑战,施工企业若想在未来竞争中胜出,也需要不断推进技术升级、服务升级、流程升级、管理升级与模式升级,而信息技术、互联网技术为施工企业应对挑战、解决问题、推进升级找到了一条切实有效的途径。

(三)矩阵式管理引入施工项目管理具有可行性

矩阵式管理并不算新生事物,早在20世纪60年代,美国诸多大型企业就在不断地向这个方向调整,在现代管理提倡从金字塔模式走向扁平化管理的背景下,以及大型企业从高度集权逐步走向权力下放的事业部制的驱使下,事业部与职能部室相结合的矩阵组织结构应运而生。在高新技术行业,比如国外的IBM、微软,国内的华为、美的、春兰、中联重科等企业都实施了矩阵式管理,取得了非常大的成功。矩阵式管理模式的优点在于,信息沟通链条较短、信息反馈较快,可以提升企业快速反应能力和管理效率;有利于企业管理资源共享,提高管理质量,降低企业管理成本。矩阵式管理模式的缺点在于,基层管理单元同时接受生产管理部门和业务管理部门两个维度的管理,在两方面的管理意见冲突时,容易造成基层管理单元无所适从;高度依赖生产管理部门和业务管理部门之间的良好沟通和协调,要求较高的信息传递和反馈效率。因此,一旦发生上述情况,容易造成对基层管理单元的管理失控。

项目化是矩阵式管理的本质,施工企业以项目经理部为管理单元的模式与矩阵式管理具有天然的适应性,原有的施工企业管理受限于传统的管理手段,基本上为松散的项目制,而信息技术、互联网技术提供的管理效率和信息传递效率的提升,为施工企业采用矩阵式管理提供了可行性。

二、成果内涵和具体做法

(一)成果内涵

将矩阵式管理模式与信息技术、互联网技术深度融合,充分发挥矩阵式管理的优点,规避矩阵式管理的缺点。一是在施工项目管理中发挥公司层级职能部门的专业优势,在项目整体布局、重大技术方案制定、成本费用控制、安全质量目标和招标采购等方面提供全方位的支持和指导加强资源统筹调度,最大限度地弥补和杜绝因项目经理能力不足、管理知识欠缺、经验不丰富和信息不对称造成的决策失误和管理失控等问题,减轻项目经理部的负担和压力;二是建立公司职能部门对项目经理部强有力的指挥、指导、监督机制,缩短监控链条,从制度层面明确上级职能部门的监督和监控功能,健全内控制度,规范和强化项目管理流程,堵塞管理漏洞,推进企业廉政建设;三是推动项目成本管理定额化、项目管理信息化和项目全面绩效考核等三方面工作,提高管理效率,逐步实现员工收入与绩效考核充分挂钩,提升项目管理技术人员降本增效积极性,有效降低施工成本,提高项目盈利水平和企业竞争实力,达到最佳经营效果。

(二)具体做法

1.对企业组织机构进行调整,以适应矩阵式管理的需要

①对各管理部室职能进行梳理和优化,减少职能交叉,明确管理重点。公司总部设置10个职能部室,分别为综合办公室、党委组织部、人力资源部、企业管理部、财务管理部、经营开发部、工程管理部、安全管理部、招标采购部、技术中心(中心试验室),从事专业化业务管理,提高公司对施工项目的管控能力。

②施工生产设置9个事业部,其下根据需要设置项目经理部,具体从事施工项目生产管理,事业部实行独立核算,并承担一定比例的市场经营开发任务。提高各事业部的综合施工能力,逐步将专业化事业部打造为综合性事业部,在提高事业部管理效率的同时,强化竞争在管理中的基础作用,促进管理技术人员交流,避免人才结构僵化。

③在人力资源配置方面,强化公司总部职能部室的专业化管理能力,强化事业部在施工生产方面的组织管理能力,做到各有重心、各有侧重。

④建立矩阵式管理体系。矩阵式管理体系如图1所示。

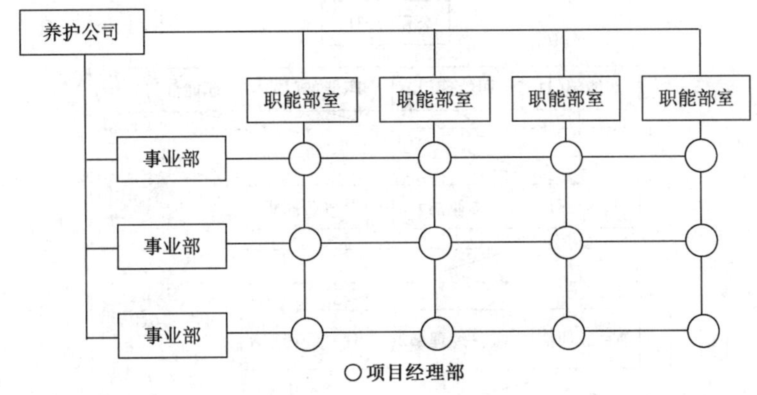

图1 矩阵式管理体系

2. 对企业管理制度进行修订,以适应矩阵式管理的需要

对公司各项管理制度进行全面梳理和修订,明确公司职能部室和事业部的权利和职责。在业务管理方面,公司职能部室的管理直接触达项目经理部,实现对项目经理部的安全、质量、环保、进度、成本的直接监督和指导,加强项目的过程管理。

3. 适应矩阵式管理的信息管理系统开发

目前就施工行业来说,大、中型企业一般都在管理中引入了信息化管理技术,如各类MIS(Management Information System,管理信息系统)、项目管理、成本管理、材料管理及设备管理系统等,但这些系统大部分并没有进行有机整合,形成了一个个信息孤岛,其中的数据很难有效地为管理决策服务,企业内部数据收集和信息共享仍然依靠网络传输电子表格、电子文档来完成,工作重复、效率低下,而且容易出现错误。此外,这些统一定制的系统大部分并不能够真正适合施工企业的需求,系统运行与实际管理脱节,增加了一线员工的工作量却并没有提高管理效率和质量,造成其中只有部分功能得到利用或者被逐步弃用,提高管理效率效果不明显。

经过考察和比选,目前市场上存在的信息化管理系统并不能适应矩阵式管理的要求,因此,养护公司决定根据矩阵式管理的要求,利用互联网、数据库、云计算等技术自主研发信息化管理系统,该系统深度融合公司管理模式,采用模块化设计,具有优良的适应性。

系统应用的目的在于解决公司项目管理面临的难点、痛点,结合矩阵式管理需要,将重复劳动、效率较低、容易出错的工作交给信息化技术与互联网完成,系统具有数据一次填报、各层级自动汇总分析以及项目成本预算、招标计划、成本统计、成本结算、成本支付、成本核算等管理功能,提高管理规范性,推进降本增效,并为管理决策、绩效考核等工作提供坚实的数据支撑。

①适应矩阵式管理要求,确定信息化管理基本单元。

养护公司目前组织架构分为三个层级:第一层级为公司层级,包括公司管理层和按照业务类型划分的职能部门;第二层级为事业部;第三层级为项目经理部,项目经理部管理的对象主体是施工项目合同段(图2)。

在公司项目管理中,普遍存在一个施工项目合同段由多个部门共同实施的情况。为便于信息数据的收集和整合,公司在信息管理系统中引入分项目的概念,作为信息化基本管理单元。每个“施工项目合同段”包括一个或多个“分项目”。

②信息管理系统共分为4个权限层级,分别为员工、部门、公司、设置。员工层级只能查看并操作授权其查看操作的项目;部门层级可以查看并操作本部门的所有项目;公司层级可以查看并操作公司所有项目;设置层级用于设置系统的基本信息,主要由系统管理员操作。

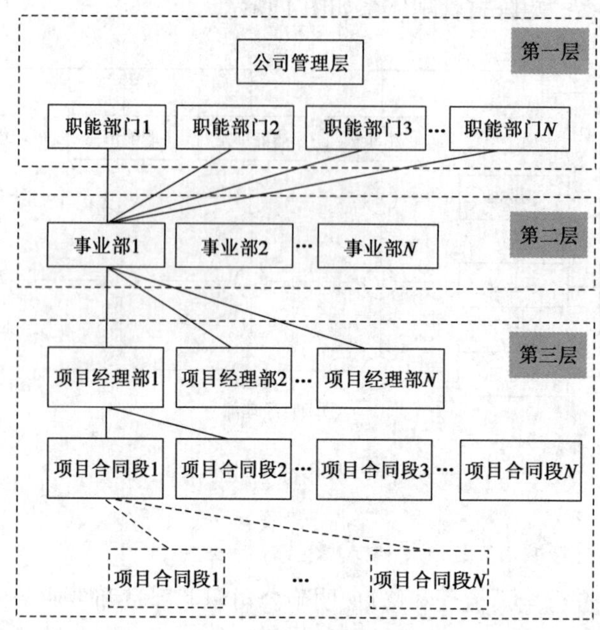

图2　公司组织架构

③系统数据库平台采用 FileMaker 数据库软件,易于二次开发,使我们不用配备专业的 IT(Internet Technology,互联网技术)人员,即可开发符合实际需求的系统,实现系统在应用过程中的不断发展优化。该平台具有移动性、安全性、可扩展性,使用 AES256 位加密存储数据,SSL 加密传输数据,可以采用 PC 客户端、浏览器访问(为提高安全性,目前禁止浏览器访问),系统同时支持采用 iPhone、iPad 客户端访问。

④系统部署的平台采用阿里云计算平台,依靠云服务器,实现了安全、稳定、弹性、低成本的计算和网络连接能力,所有管理部门、项目均可随时、随地接入信息管理系统。

4. 信息管理系统主要管理模块

系统功能包括"项目管理""统计数据""预算定额""供应商管理""通知与资料"5 个管理模块。

(1)项目管理

"项目管理"模块是系统最主要的模块。在"总项目"管理层级下,有"项目信息""计量收款""项目清单""项目档案"4 个分模块;在"分项目"管理层级下,有"分项信息""分项清单""统计数据""预算管理""结算管理" "分项档案"6 个分模块。

(2)统计数据

"统计数据"模块主要对"项目管理"模块产生的数据进行汇总分析,采用表格、图表等形式展示。在"公司权限"层级,可以看到整个公司的统计数据及分析图表,在"部门权限"层级,可以看到所在部门的统计数据及分析图表。

(3)预算定额

"预算定额"模块主要用于录入公司企业定额,为"分项目"管理的"预算管理"功能提供支持。

(4)供应商管理

"供应商管理"模块主要用于供应商档案管理,跟踪供应商合同记录,兼具合同档案管理功能,并为"分项目"管理的"结算管理"功能提供支持。只有录入系统的供应商才能进行结算。

(5)通知与资料

"通知与资料"模块主要用于发布通知公告,共享法律法规、规范标准、公司制度等文件,分"通知栏目""公告栏目""法律法规""规范标准"4 个分模块,每个分模块下又细分为"工程管理""质量管理""安全管理""环保管理"4 个子模块。

5. 分阶段稳步推进矩阵式管理与信息化管理系统的应用

得益于自行开发系统的可扩展性和不断进化的能力，在信息系统的应用过程中，公司总结吸收其他公司采用信息化管理系统大而全、一拥而上却最终失败的经验教训，采用开发一个模块、测试一个模块、推广一个模块的策略分阶段稳步推进，与公司矩阵式管理的推进紧密结合，兼具实用性和先进性，在不增加员工工作量的基础上实现平缓过渡，员工的工作强度降低，工作效率提升，自然乐于采用新系统，并对新系统提出建设性的意见，从而实现以信息化为基础的矩阵式管理稳步推进。

6. 矩阵式管理与信息化的融合

利用信息化手段，信息传递和反馈的效率取得质的飞跃，彻底突破管理层级壁垒，使公司职能部室的管理可以直达项目经理部。各管理层级一方面可以方便地对各项目的进展情况进行跟踪管理，根据预警指标及时调度，另一方面大幅提高了各层级统计报表效率，各项目每个月自行填报一次数据，在其他管理层级自动汇总分析，不需人工参与，提高了效率和减少了中间错误，同时实现了数据在各管理部门之间的共享和统一，避免各部门重复统计数据或口径不统一造成数据矛盾，降低了报表统计人员工作强度。

(1)项目基本信息管理

项目基本信息录入信息化系统后，各层级管理部门不需下级上报具体资料，通过系统即可了解每个项目的基本信息，比如合同名称、业主单位、中标日期、合同金额、项目经理、项目总工、质保金比例、质保期限以及各分段的分段合同金额、具体管理人员、开工日期、完工日期、最终审计金额等，即使在项目完成多年后，也可方便地查询相关信息，避免每次查询都需查看相关资料。

上报信息是指项目经理部报送的反映项目实施情况的文字说明，比如存在的问题、需公司协调的事项等，上报信息实时传递并在事业部层级和公司层级自动汇总成文，不需要人工将多个文件拷贝整合成一个文件，方便打印处理，事业部、公司层级对上报信息的编辑、对相关问题处理也实时反馈到各报送部门，实现了实时的信息传递，各报送项目经理部再次上报相关或类似信息时，以修改后的上报信息为基础，便于统一文字风格和规范格式。

(2)产值计划、产值统计管理

在项目起始，按月度制订项目实施的期初计划。随着项目进行，在每季度初和每月度初可以对期初计划进行调整，制订季初计划或月初计划，使计划更贴近项目动态管理的实际情况。

在项目实施过程中，每月统计当月完成的实际产值，系统自动对各期完成产值汇总，计算完成比例，并分析实际完成产值和计划完成产值的差距，使各管理层级及时了解管辖范围内各项目产值计划完成情况，完成比例低于计划数据85%的项目自动在系统中标红，提示重点关注。

(3)工程计量支付管理

工程计量支付申请发起后，将当期计量支付录入系统，并根据计量审批进展，随时更新计量状态，比如至监理、至业主代表、至业主、业主已批复、发票已开具、资金已支付等，在公司层面可以及时了解每个项目每笔计量支付申请的进展情况，方便在公司层面进行统一协调，与业主单位进行对接和沟通，加快资金支付速度。

资金支付后，将支付金额录入相关计量支付，每期计量支付的申请金额、扣预付款金额、扣质保金金额、申请支付金额、开具发票金额、实际支付金额被完整地记录，相当于建立了工程管理部门和财务管理部门统一的计量台账，可以随时查询，有利于日后财务对账、询证，并对计量支付申请、支付证书、发票等文件的电子版或扫描件进行备案存储，可有效推进项目资金回收工作进展。

系统自动汇总各期计量产值并与实际完成产值进行对比，计算计量比例，使公司可以对计量比例偏低的项目进行重点关注。

此外，通过对每期计量支付进展情况的分析，可以对计量资金的到账金额、到账时间进行预估，有利于公司资金的总体统筹利用。

(4)项目成本管理

项目成本管理包括成本预算、成本统计和对比分析等。成本预算功能集成内部施工定额和分地域工机料指导价,采用预算软件的方式预算项目成本,提高预算、审核效率,统一预算水平,有利于项目成本控制和考核,逐渐实现项目管理人员收入与考核结果挂钩,提高项目效益;预算完成后,自动生成招标采购计划和招标限价。成本统计功能可以自动对材料管理、劳务管理、设备管理以及结算录入的其他直接费用、间接费用和管理费用进行归集统计,方便跟踪项目实际成本;通过对比分析每月产值完成、成本预算和成本统计等各项数据,分析项目利润、预算成本与实际成本差异,及时掌握项目成本控制情况,有利于项目预算水平和成本管理的持续改进。

(5)供应商管理

供应商管理实现对供应商实现建档和评级管理,分劳务、材料和设备供应商三类,有利于优质供应商选择和提高供应商与公司合作质量。同时,供应商自动与招标管理模块中的合作业绩以及劳务、设备管理模块中的结算记录关联,方便以供应商为单位查询合作记录。

(6)招标管理

招标管理实现建立招标过程和资料档案,对招标审批、开标、评标进行过程监管,以加快招标流程进度。同时,招标管理具有网络评标、自动计算评标得分等功能。

(7)劳务管理

劳务管理实现对劳务合同和清单进行电子化存档。录入劳务清单后,可以实现在系统中结算和审批,对劳务队伍领用的材料自动归集扣款,出现结算与合同不符时,及时进行预警,各管理层可以通过系统对劳务结算情况进行检查和抽查。

(8)材料管理

材料管理利用具有完整材料管理功能的材料管理系统,实现了材料库存动态管理,可以方便快捷地进行收料、领料、打印单据等操作,自动生成材料动态表、收发动态明细表、采购信息公示表等报表。

材料收料、领料数据与施工项目自动关联,便于项目根据已采购数量、库存数量和前期采购价格制订采购计划,领料数据自动汇总进入项目成本,便于项目进行成本管理。

(9)设备管理

设备管理实现对设备合同进行电子化存档,建立设备使用记录,有利于设备单机核算。对于租用设备,可以实现在系统中结算和审批,各管理层可以通过系统对劳务结算情况进行检查、抽查;对于自有设备,可以制订保养计划、记录保养记录和计提折旧。

(10)档案管理

档案管理实现公司总部、事业部和项目部档案管理的一体化,各部门、项目需存档资料的电子版可以按类别在系统中进行存档,与实体文件结合,实现档案的系统化、电子化管理,建立公司统一管理的电子档案库。相关部门可以根据权限查看或下载电子档案文件,打通了资料共享的壁垒。需要实体档案时,也可以快捷查询存档部门、存档地点,方便借阅。

7. 以信息化为基础的矩阵式施工项目管理绩效考核体系的建立

在项目管理信息化的基础上,采用项目成本管理定额化、和项目全面绩效考核两方面措施,建立矩阵式施工项目管理绩效考核体系。

(1)公司企业定额的确定

企业定额是施工企业根据本企业的技术水平和管理水平,结合专业施工的作业对象和工艺,编制制定的完成单位合格产品所需人工、机械、材料消耗的数量标准,反映了企业的总体施工管理水平。企业定额是施工企业进行成本管理和投标报价的基础和依据,是企业核心竞争力的具体表现。企业定额由公司工程管理部结合公司实际管理和社会平均水平编制,作为公司控制成本、提高投标报价竞争力、形成项目管理与经营开发良性循环的重要基础。

（2）公司全面绩效考核体系的建立

实行项目全面绩效考核，建立科学合理的薪酬分配机制，充分激励项目一线管理技术人员工作积极性和降本增效主观能动性，保障项目管理目标顺利完成。结合公司实际制定《项目绩效考核管理办法》，该办法规定了公司各施工项目签订目标责任书的具体要求、依据目标进行考核奖惩的标准，推行项目超额利润提成，拉开收入档次，扭转部分员工争先意识、危机意识不强的现象。

按照该办法要求，事业部应以项目合同段为单元，与所属项目经理部签订项目管理目标责任书，明确考核指标及相关要求，当同一项目经理部负责多个项目合同段施工任务时，应分别签订管理目标责任书、统筹考核，项目绩效考核指标由项目收入、利润率指标和项目管理指标两部分构成。

公司层级成立项目绩效考核领导小组，结合信息化系统的应用，负责项目绩效考核工作的监督与审核，项目管理目标责任书、考核过程资料均通过信息化系统备案。

项目通过交工验收后，经核算完成预定目标，且债权债务明确，由事业部申请，经公司批准，按资金收回比例兑现超额奖励，最高比例不超过70%；项目缺陷责任期结束，债权债务完全清算，重新核算后再发放剩余超额利润奖励。如后期因质量缺陷、财务纠纷等原因造成前期超发提成奖励，对超发部分予以扣回。

事业部年度利润超出年度利润指标5%的，超额利润奖励由公司承担；事业部完成利润低于年度利润指标85%的，所有超额利润奖励由事业部承担（在本单位工资总额中列支）；中间比例按照线性内插法计算。事业部各项目总体考核结果应与公司对事业部的考核结果相匹配。超额利润奖励分配，项目经理所占比例不低于30%，项目管理团队其他成员分配比例由项目经理确定。

三、实施效果

随着以信息化为基础的矩阵式施工项目管理逐步推进，公司管理效率和项目平均利润水平明显提升。

①项目经理部每月总体报表数量减少30%～40%，降低报表填报的工作压力，数据传递层级由项目填报、部门审核汇总、公司层面审核汇总精简为项目填报，其他层级审核，报表周期有原来的3天缩短为1天，而且在数据的准确性方面大幅提高。

②分析项目各类指标时，不再需要耗费大量时间精力将不同部门的数据进行整合，实现各部门之间的信息共享，并可以直接导出相关报表，大幅提高工作效率。

③公司层面通过系统及时掌握各项目的计量进展情况，如各项目的总体计量金额、每期计量的进度，方便公司领导集中催收，缩短自计量发起到资金支付的时间周期，并掌握资金预期到位时间和到位金额，有利于资金统筹利用，提高资金利用效率。

④为公司层面对项目成本进行过程监管提供有力的支持，项目成本从预算审核到每月统计，再到最终结算，每一步都留有记录，确保成本管控措施落到实处，有效推进降本增效，并为项目考核、市场经营提供重要的基础数据。在信息化管理系统的支持下，公司层级通过企业定额控制、限价审核、绩效考核等手段，每年提高利润总额2000万元以上。

⑤对出现较大进度、利润偏差的项目及时提醒显示，方便公司层面重点关注，实时调整管理架构和人员，避免出现重大损失。

⑥公司档案管理进一步规范，需要的原件时可以通过系统进行查询存档部门和地点，需要电子版、扫描件时可根据授权直接下载，实现档案管理的信息化。

⑦通过系统对项目进行各项管理检查，特别是内业资料的检查，不必再耗费大量的资源和时间到分散各地的项目经理部检查，在办公室即可完成这些工作，而且检查频率从定期检查变成经常性审核，更加有利于提高项目管理的规范性。

高速公路企业党支部以"七色阳光"党建品牌为引领的"党建+运营"融合体系的构建与实施

山东高速股份有限公司德州运管中心

成果主要创造人:崔红芬 王茂辉

成果参与创造人:潘兴国 王 玮 舒 敏 王玉振 任 军 孟 楠
裴少雪 杨志波 孙洪昌 邹 卫

山东高速股份有限公司(简称"山东高速公司")成立于1999年,主要从事交通基础设施的投资运营,以及地产、金融、环保、新能源等领域的股权投资。截至2019年,山东高速公司总资产达803.6亿元。2019年营业收入74.45亿元,利润总额30.44亿元。至2020年,山东高速公司运营管理的公路总里程2502公里,其中公司所辖自有路桥资产里程1241公里。为适应快速发展需要,山东高速公司不断完善管理体制和组织结构,优化整合路桥管理单位,逐步形成以高速公路、城市运营为核心,集地产、能源、环保、金融等产业为一体的现代化企业集团,先后入选上证180指数、沪深300指数、最佳管理上市公司100强,荣获中国上市公司市值管理百佳奖;先后2次获得山东省质量奖,2013年成为国内首家获得全国质量奖的路桥运营企业。

德州收费站地处德州经济技术开发区,是进出德州市区的重要出入口,日均车流量约7500辆,年通行费收入超过5500万元。自2018年以来,德州收费站党支部全面落实公司的发展理念,以党建为引领,以收费运营管理为主线,践行"为社会公众提供高品质出行服务"的初心和使命,党支部战斗堡垒作用充分加强,政治领导力、员工凝聚力、发展推动力持续提升,充分展现了支部党建工作的精、新、实。

一、实施背景

(一)加强党的建设是国有企业的独特优势

习近平总书记在全国国有企业党的建设工作会议上强调,新形势下,国有企业坚持党的领导、加强党的建设,总的要求是:坚持党要管党、从严治党,紧紧围绕全面解决党的领导、党的建设弱化、淡化、虚化、边缘化问题,坚持党对国有企业的领导不动摇,发挥企业党组织的领导核心和政治核心作用,保证党和国家方针政策、重大部署在国有企业贯彻执行;坚持服务生产经营不偏离,把提高企业效益、增强企业竞争实力、实现国有资产保值增值作为国有企业党组织工作的出发点和落脚点,以企业改革发展成果检验党组织的工作和战斗力;坚持党组织对国有企业选人用人的领导和把关作用不能变,着力培养一支宏大的高素质企业领导人员队伍;坚持建强国有企业基层党组织不放松,确保企业发展到哪里、党的建设就跟进到哪里、党支部的战斗堡垒作用就体现在哪里,为做强做优做大国有企业提供坚强组织保证。习总书记还指出,国有企业党组织发挥领导核心和政治核心作用,归结到一点,就是把方向、管大局、保落实。要明确党组织在决策、执行、监督各环节的权责和工作方式,使党组织发挥作用组织化、制度化、具体化[1]。

---

[1] 源自新华网2016年10月11日新闻《习近平在全国国有企业党的建设工作会议上强调:坚持党对国企的领导不动摇》。

(二)"党建+运营"融合是山东省国有企业党建工作的要求

牢固树立一切工作到支部的鲜明导向,以提升组织力为重点,突出政治功能,进一步加强基本组织、基本队伍、基本制度,提升政治领导力、组织覆盖力、群众凝聚力、社会号召力、发展推动力、自我革新力,切实把党支部建设成为教育党员的学校、团结群众的核心、攻坚克难的堡垒,为省属企业深化供给侧结构性改革、加快新旧动能转换、实现高质量发展提供坚强的组织保证。山东高速公司将党的领导嵌入路桥运营管理体制优化、提高高速公路运营管理标准规范、省界收费站撤销等各个方面,融入保安全、保畅通、保稳定等任务中,党员干部要发挥统筹推进、协调四方的领导作用,普通党员要网格化嵌入每个生产单元、项目组、施工队中,身先士卒、奋斗在前,推动党建与各项工作对接融合,切实以党建工作引领和保障公司高质量发展。

(三)"党建+运营"融合是企业不断提高党建管理水平的需要

改革发展的关键时期,党支部的功能定位以完成任务、解决问题为根本目标,具体来说就是推动发展、服务群众、凝聚人心、促进和谐。完成工作目标不仅需要依靠每位员工的努力,更需要依靠每位党员充分发挥自身的带动和引领作用。山东高速公司全面提升基层党组织组织力,推动党建工作与生产经营深度融合。在实际工作中,党建工作的方法载体缺乏创新,活动方式陈旧,活动效果欠佳,党建工作的标准化、规范化水平需持续提升。在党组织发挥政治核心作用的一些关键性环节和具体途径上,没有具体可操作的制度保证,企业的经营发展中体现党组织的工作成果和作用不明显。

二、成果内涵

山东高速公司结合高速公路企业管理实际,按照"围绕发展抓党建,抓好党建促发展"的总体要求,坚持党要管党、从严治党,以"围绕中心,服务大局;聚焦问题,精准发力;以点带面,整体推进;求真务实,常抓不懈"为基本原则,以德州收费站党支部为示范点,以"政治过硬、班子过硬、队伍过硬、作风过硬、制度过硬、业绩过硬"为目标,以"强化政治担当,着力打造坚强在战斗堡垒;注重品牌引领,着力打造七色阳光党建品牌;全面融入大局,党建与运营管理深度融合"为手段,不断强化支部建设,促进党建工作规范化,发挥党支部在推动发展、服务群众、凝聚人心、促进和谐方面的作用,实现党建与企业运营管理的深度融合(图1)。

强化政治担当,着力
打造坚强政治堡垒
精
新
实
注重品牌引领,着力
打造特色党建品牌
全面融入大局,党建
与运营管理深度融合

图1 "党建+运营"融合示意图

三、主要做法

(一)明确基本原则

1. 明确思想,为运营管理提供坚强的组织保证

全面落实全国、全省国有企业党的建设的工作会议精神,牢固树立一切工作到支部的鲜明导向,进一步提升政治领导力、组织覆盖力、发展推动力,切实把党支部建设成为攻坚克难的堡垒,为公司贯彻集团发展理念、抢抓新旧动能转换机遇、实现高质量发展提供坚强的组织保证。

2. 明确原则,以问题为导向精准发力

围绕中心,服务大局,围绕公司发展理念,发挥党建引领作用,凝聚发展合力,以发展实绩检验体系建设的成效;坚持问题导向,把发现问题、分析问题、解决问题贯穿始终,把问题点作为发力点,明确目标靶向、突破薄弱环节,确保体系建设有的放矢;以点带面,全面推进,以德州收费站党支部为示范点,典型引路,示范帮带,整体提升;求真务实,常抓不懈,以严、细、实的标准抓好每个环节,形成常态长效机制,全面提升公司的运营管理水平和服务品质。

(二)明确建设思路

1. 加强领导,建设"党建+运营"融合体系的组织体系

"党建+运营"融合体系的建设在公司党委的统一领导下,由运管中心党委负责,党支部具体实施。党支部书记对体系建设负总责,支部委员分工协作,形成组织健全、责任明确、领导有力的工作机制,确保将"党建+运营"融合体系的各项措施落到实处。

2. 明确思路,设定"党建+运营"融合体系的实施步骤

"党建+运营"融合体系的构建(图2)对照山东省国有企业党建"六个过硬"的要求,夯实基础,找准问题、补齐短板、全面发力、重点突破,着力从加强"基本组织、基本队伍、基本制度"和提升"政治领导力、员工凝聚力、发展推动力"上下功夫,按照"以法律法规为依据,四突出四精准,力求规范;以党建品牌为引领,七层次七维度,力求创新;以运营管理为中心,多层次四融合,力求突破"的三个步骤实施。

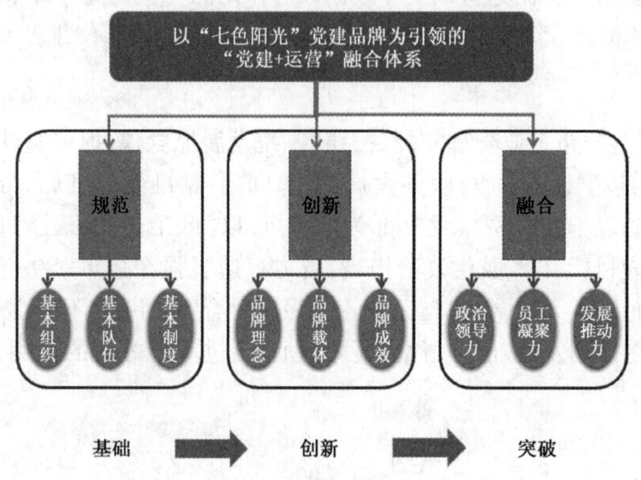

图2　"党建+运营"融合体系构建图

(三)强化政治担当,着力打造坚强战斗堡垒

德州收费站党支部将党建工作嵌入每个生产环节,进一步强化政治功能,积极探索"党建+运营"融合体系,初步形成了以"四突出四精准"为支撑的党建工作新局面,战斗堡垒作用得到充分发挥,组织凝聚力、号召力、战斗力进一步提升。

1. 突出党建主体,精准落实责任

支部严格按照党要管党、从严治党的要求,明确国有企业党支部工作任务,教育、管理、监督党员,组织、宣传、凝聚、服务群众,创造过硬业绩。严格落实党建主体责任,研究制定支部党建工作责任清单,按照党员在运营管理的岗位分工,搭建5个党员责任区;根据收费站运营管理重点任务,成立1个党员突击队;结合收费站运营管理综合绩效考核和党员积分,设置5个党员示范岗。准确把握党员、关键岗位、重要环节"三个防控重点",构筑思想、制度、监督"三条防线",压实党建责任,确保各项工作扎实有序开展。精准落实廉政责任图如图3所示。

2. 突出政治功能,精准提升质量

支部严格落实党内组织生活制度,切实做到组织生活会开展从严从实、民主评议党员程序规范、"三会一课"扎实有效、发展党员标准严格、党费收缴主动及时。支部大力探索"党建+运营"体系,全面

摸清党支部组织现状，准确把握党支部建设重点、难点、薄弱点，以党内组织生活为抓手，开展"学提通议"四项工作，全方位提升党员党性素养，将党建和生产经营工作有机结合，促进了收费站工作的全面健康发展。

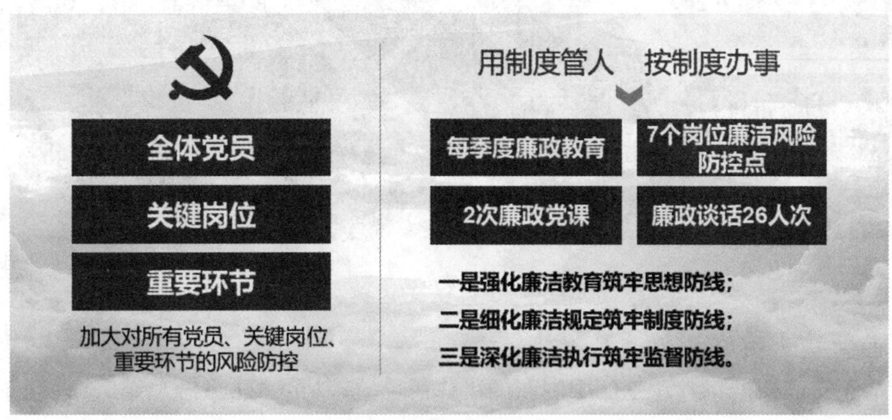

图3 精准落实廉政责任图

3. 突出党员教育，精准推动工作

支部以党员活动室、党员书屋、学习强国、灯塔大课堂为依托，搭建了集中教育、网络学习、个人自学3个学习平台，建立起党员学习教育阵地，探索推行线上与线下学习相结合常态化机制。同时结合"不忘初心、牢记使命"主题教育，积极组织开展"铭记历史缅怀先烈""学党史国史""品质服务、情暖高速"、重温入党誓词、传唱红色歌曲等主题党日活动26次，录制党员微视频4个，为党员党性教育搭建新平台，传承好红色基因。党员教育管理内容如图4所示。

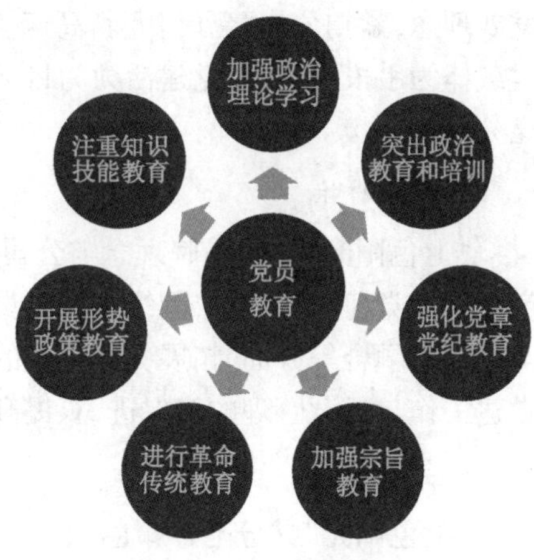

图4 党员教育管理内容

4. 突出常态长效，精准规范程序

支部针对过硬党支部建设，搜集与党支部工作相关的规章制度12项（表1），结合过硬党支部建设标准、公司党建制度汇编，建立党建规章制度14项、工作程序14项，完善党建资料45册，设置党建展板48处，确保党建工作开展有章可循、有据可依，并将好的工作经验以制度形式固化，促进党建工作水平持续提升（图5）。

与党支部工作相关规章制度 表1

序号	规章制度名称	实施时间	备注
1	中国共产党发展党员工作细则	2014年	
2	中国共产党廉洁自律准则	2016年1月1日	
3	中国共产党问责条例	2016年7月8日	
4	信访工作责任制实施办法	2016年10月8日	
5	关于新形势下党内政治生活的若干准则	2016年10月27日	
6	中国共产党党内监督条例	2016年10月27日	
7	中国共产党章程	2017年10月24日	
8	中国共产党党务公开条例（试行）	2017年12月20日	
9	中国共产党纪律处分条例	2018年10月1日	
10	中国共产党支部工作条例	2018年10月28日	
11	中国共产党重大事项请示报告条例	2019年1月31日	
12	中国共产党党员教育管理工作条例	2019年5月6日	

图5　规范工作程序概括图

(四)注重品牌引领,着力打造"七色阳光"品牌

德州收费站党支部积极将党建工作中创新的工作思路、成功的方法系统总结升华,创新理念、载体、形式、机制,努力培育出了导向鲜明、特色突出、结合实际的"七色阳光"党建工作品牌,找准了党建工作与业务经营的结合点,建立了相应的标准准则和行为规范。

1. 指导思想

以习近平新时代中国特色社会主义思想和党的十九大会议精神为指导,深入贯彻集团和公司新的发展理念,紧扣公司"新时代、新高速、e路前行"总党建特色品牌,以党的先进性建设为核心,以创新党建载体为手段,以激发党建活力为目标,展示良好形象,促进支部战斗堡垒作用和党员先锋模范作用的充分发挥。

2. 创建标准

"七色阳光"党建品牌理念与公司发展理念高度契合,体现自身业务特点和党建工作特色,紧扣生产经营和党建中心任务,围绕创新党员教育、党员考核、党员模范作用发挥、党支部战斗力提升、党建与生产经营融合等方面,拓展党建工作的新途径、新方法、新手段,团结带动广大党员职工凝聚力量,实现党建工作与运营管理的双促进、双提升。

3. 品牌理念

"七色阳光"共分七种颜色、七个主题。红色主题:政治坚定,永葆党员初心本色;橙色主题:以人为本,构建温暖和谐支部;金色主题:奋力争先,争创一流工作业绩;绿色主题:生机勃勃,党员队伍活力迸发;青色主题:风清气正,营造廉洁奉公环境;蓝色主题:担当奉献,密切凝聚党群人心;紫色主题:强化执行,打造坚强战斗堡垒。"七色阳光"党建代表了党支部建设的各个方面,涵盖了"党建+运营"融合的措施、目标和成效。

4. 品牌徽标

"七色阳光"的设计,以党徽为中央,代表党的核心领导地位,周围按照红、橙、黄、绿、青、蓝、紫的色谱分布代表七色阳光。七色阳光的红色为基础,代表充分发挥党员的先锋模范作用;紫色为目的,代表发挥党支部的战斗堡垒作用;其他颜色代表了支部的各个方面的措施、成效。"七色阳光"设计理念图如图6所示。

5. 品牌成效

①红色主题:政治坚定,永葆党员初心本色。通过设立党员先锋岗、党员突击队、党员责任区,引导广大党员"不忘初心、牢记使命",时刻发挥先锋模范作用,深入开展党员积分管理,结合收费站的实际,开展"亮、比、晒、做、评"活动,在保收费、促增收、提质量上冲锋陷阵、奋勇争先。在党员的带动下,收费站的每名员工,都闪耀着震撼人心的光芒,用实际行动诠释着党旗的风采(图7)。

有理念
有载体
有方案
有亮点
有成效
有名称
要求
七色阳光
QI SE YANG GUANG
标准党建贻扬帆
七色阳光促发展
红色主题：政治坚定，永葆党员初心本色；
橙色主题：以人为本，构建温暖和谐支部；
金色主题：奋力争先，勇创一流工作业绩；
绿色主题：生机勃勃，党员队伍活力迸发；
青色主题：风清气正，营造廉洁奉公环境；
蓝色主题：担当奉献，密切凝聚党群人心；
紫色主题：强化执行，打造坚强战斗堡垒。

图6 “七色阳光”设计理念图

图7 党员发挥先锋模范作用

②橙色主题:以人为本,构建温暖和谐支部。深入贯彻山东高速集团有限公司(简称“集团”)、山东高速公司“以人为本”的发展理念,探索实施情绪宣泄、环境暗示、注意力转移、排忧解难等方法,做到员工有病必访、困难必帮、矛盾必解(图8)。收费站党支部利用移动网络,提供有效的情绪宣泄渠道,建立微信群、飞信群,讨论工作,分享生活。2019年,支部累计走访7次,向员工发送生日祝福33次。这些温情关怀使员工感受到单位的温暖,增强了员工的幸福感和心理归属感,提高了员工的工作效率,培养了员工的忠诚度。

③金色主题:奋力争先,勇创一流工作业绩。树立“走在前列、争创一流”的鲜明导向,严格落实集团《高速公路运营管理服务标准和规范》,强化堵漏增收,推进“八型八好”团队建设(图9)、“十化十美”最美服务窗口,通过“亮、比、晒、做、评”努力创先争优。德州收费站党支部连续多年被上级评为先进基层党组织、党员模范区,安全管理先进单位、收费管理先进单位,各项工作名列前茅;以党员为骨干的QC(质量控制)小组创新成果分别获得15项省、市级奖项。2019年,德州收费站党支部被评为山东省省属企业首批过硬党支部示范点、山东省先进基层党组织。

图8　温暖和谐支部展示

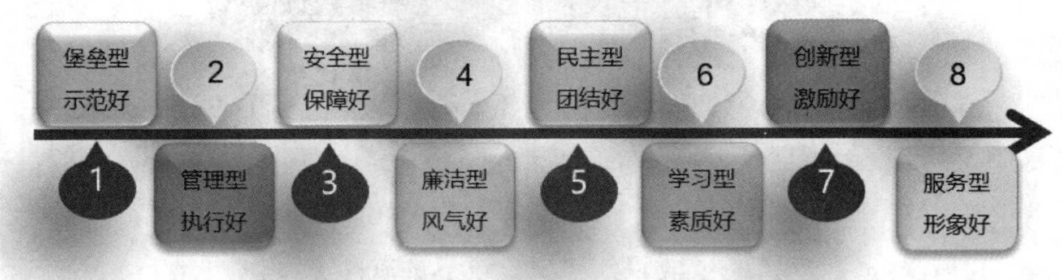

图9　团队建设示意图

④绿色主题:生机勃勃,党员队伍活力迸发。收费站以“定位精确、控制精细、结果精益”为管理思路,进一步完善目标导向、制度建设、流程控制、细节管理,制定了一套“以制度规范行为、以标准衡量奖惩”的制度体系,激发了队伍活力(图10)。岗位和流程的细分,使烦琐的工作条理化、清晰化,每个岗位明确自己的工作内容、质量、时限,确保每个岗位均在受控状态,监督的常态化、数据化、公开化,保证了制度的落实,工作效果不断改进。

⑤青色主题:风清气正,营造廉洁奉公环境。一是收费站认真梳理管理人员、收费人员、票据人员等岗位的廉洁风险防控点,建立行之有效的惩防体系;二是通过支委会、党员大会、全体职工大会等形式,开展不同频次、不同层次、不同内容的廉政教育(图11),构筑员工思想防线;三是通过廉政文化墙、红色革命教育、廉政警示教育等形式,营造廉洁奉公的氛围;四是加强员工监督考核,及时兑现奖惩,切实做到清正廉洁作表率,遵纪守法走在前,红线底线不逾越。

⑥蓝色主题:担当奉献,密切凝聚党群人心。收费站党支部充分尊重和保障党员的知情权、参与权、表达权和监督权,鼓励员工知站情、议站事、参站政、督站行。利用党支部“三会一课”的“学、提、通、议”的功能,拟订方案,召开党群座谈会,群策群力,使员工真正融入站务管理中。建立民情日记制度,畅通信息渠道,及时解决员工诉求。利用上级党委调研的机会,及时反映收费站管理中存在的困难(图12)。提升站容站貌,改造办公楼、购置净水机、更换篮球架等,改善了员工的工作生活环境,进一步拉近了党群关系。

图10 高效团队展示图

图11 廉洁教育

图12 现场调研

⑦紫色主题:强化执行,打造坚强战斗堡垒。以工作执行落实情况作为检验工作成效的重要标准,建设坚强有力的支部班子,本领过硬的党员队伍,团结和谐的高效团队,创新丰富的服务载体,健全完善的服务机制,打造群众满意的工作业绩。以党建为引领,以收费运营为主线,创建学习型、先锋型、高效型、和谐型、服务型、创新型"六型"党支部(图13),努力实现"畅安、舒美、和谐、智慧"的运营目标,持续提升政治领导力、员工凝聚力、发展推动力。

图13 六型党支部展示图

(五)全面融入大局,党建与运营管理深度融合

收费站党建工作从有形辐射到有效辐射,多维度反映党员围绕中心发挥作用的具体实践,使党支部工作融入运营管理工作的途径更加清晰,从四个方面做好深度融合(图14)。

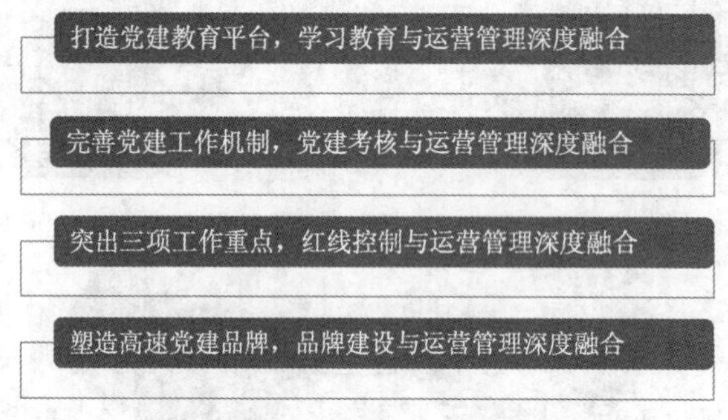

图14 深度融合内涵

1. 打造党建教育平台,学习教育与运营管理深度融合

(1)线上线下融合,打造两个阵地

一是高标准建设宣传阵地(图15),通过在收费现场、站区、走廊、党员活动室等场所,设置党建展板增加党建元素,营造浓厚的宣传氛围,站区成为党员学习的中心,走廊成为思想教育的阵地,党员活动室成为议事参政的场所。二是打造高质量网络宣传阵地,以灯塔——党建在线、党员教育网、学习强国App、微信公众号为依托,建设"流动"课堂,广泛开展自学互学、查阅资料、浏览视频、学习答题等,坚持每日打卡学习,提升党员理论修养和道德涵养,促进党员学习教育常态化。

(2)学提通议结合,发挥四项职能

开展"学、提、通、议"工作,"学"就是组织党员集中学习,包括学习党的理论知识、时事形势、业务技能等;"提"就是党员提交收集到的群众问题、困难和诉求,并对收费站的相关工作提出意见和建议;"通"就是由党支部通报工作进展情况和主要任务;"议"就是对全站的重大事项、中心工作和重点任务进行讨论和商议,研究落实办法。通过四项职能,实现党建工作对运营管理的引领。

图15 宣传阵地

(3)丰富教育载体,开展四项活动

一是以志愿服务活动为载体,结合业务实际,相继开展了“沿着高速公路去旅行”、ETC(Electric Toll Collection,电子不停车收费)推广、救助自闭症儿童等志愿者活动,树立了企业的良好形象;二是以红色革命传统教育为载体,在清明、“七一”、抗战胜利纪念日、“十一”等重大节假日期间,组织党员参观红色教育基地,开展“不忘初心,我想对党说”“颂歌献祖国”等系列活动,激发员工爱党爱国的情怀;三是以对标学习为载体,与德州华鲁恒升碳一党支部、齐鲁交通德州北收费站党支部结对子,共同探讨支部党建工作;四是以主题教育为载体,围绕收费站生产运营中心任务,将学习教育、调查研究、检视问题、整改落实贯穿主题教育始终,从严从实提升运营服务水平。

2. 完善党建工作机制,党建考核与运营管理深度融合

(1)量化党建工作,完善支部考核机制

对照“政治过硬、班子过硬、队伍过硬、作风过硬、制度过硬、业绩过硬”的标准,建立了以过硬党支部建设反映基础工作,以工作落实反映党建水平,以经营目标反映单位绩效,以安全目标反映安全管理,以民主考评反映班子建设组成的6大项31小项内容的考核体系,对党支部进行量化考核。通过量化支部工作的内容、标准、目标、过程、结果等环节,持续推进党支部工作规范化建设。

(2)突出工作落实,加强党员绩效管理

一是围绕企业生产经营任务,调整支部重点工作落实和各项考核指标,建立“四优”党员积分管理制度,以定性评价与量化考评的方式,从政治素质、履职尽责、业务实绩、工作作风4个方面设置18项考核标准44项考评内容,将对党员的考核融入生产经营中,引导党员亮出身份、冲锋在前,完成生产经营目标。二是党支部围绕企业的重点任务,通过搭建党员示范岗等方式,引导党员立足岗位履职尽责,发挥先锋模范作用,争做业务骨干、安全标兵、创新模范。党建考核机制如图16所示。

3. 突出三项工作重点,红线控制与运营管理深度融合

在过硬党支部建设中,明确了生产经营目标,设置了安全、廉政、稳定三个一票否决的指标,突出了党支部和党员在承诺目标中的责任,通过行政、党建“双目标”体现出来,确保业绩过硬。

(1)重视安全指标,安全责任重于泰山

一是党支部进一步强化安全生产的首位意识、红线意识,与每位党员签订安全生产责任书,强化安全意识;二是通过学习培训、预案演练,提高员工的安全技能;三是通过有效提示,控制员工的安全行为;四是对安全隐患进行有效控制,实现持续稳定发展的基本保障。

(2)重视廉政指标,构筑全面防控体系

针对业务管理的特点,制定了前期预防、中期监控、后期处置的防控体系。一是针对思想道德风险,设置了廉政教育、谈心活动、人文关怀等措施;针对制度机制风险,设置了征求群众意见、政务公开、党务

公开等程序;针对岗位职责风险,设置了公开承诺、述职述廉、民主测评等程序。通过信息监测、定期自查、随机抽查等方式进行中期监控。对于发现的问题采用警示提醒、诫勉纠错、责令整改等方式,将处置结果与考核挂钩。

图16　党建考核机制展示图

(3)重视稳定指标,为公司发展保驾护航

一是建立"民情日记",搭建联系职工群众暖心桥梁。支部日常征集季度汇总民情日记的征集、落实、反馈情况,积极引导职工群众主动参与站务管理;二是党支部设立了兼职信访员,每名党员既是业务工作的骨干,也是个人与支部交流的桥梁纽带,充分尊重和保障各位党员依法享有的知情权、参与权、表达权和监督权,鼓励员工知站情、议站事、参站政、督站行;三是通过党员责任区,利用征集合理化建议、召开座谈等方式了解员工意见,改善员工的工作生活环境,进一步拉近党群关系。注重发挥群众的智慧,建立和谐密切的党群关系,切实提升了支部的组织力和凝聚力。

4.塑造高速党建品牌,推进品牌建设与运营管理的深度融合

品牌机制健全:一是围绕服务窗口特点,开展"亮标准、亮身份、亮承诺"活动,提升服务水平;二是围绕收费工作质量,开展"比技能、比作风、比业绩"活动,营造赶超氛围;三是围绕管理考核指标,开展"晒成绩、晒亮点、晒问题"活动,聚焦工作落实;四是围绕支部党员形象,开展"党员形象上做表率、履职尽责上作表率、纪律作风上作表率"活动,发挥模范作用;五是围绕支部民主建设,开展"领导点评、党员自评、群众评议"活动,推动工作改进。品牌成效显著,党建促进运营管理。支部好人好事、工作动态等不断见诸报端。自2019年以来,共发布支部动态26次,媒体报道11次,树立了党员、支部、企业三个层面的良好形象。

四、实施效果

德州收费站党支部坚持党建抓精就是凝聚力,抓新就是竞争力,抓实就是生产力,聚力打造政治引领型的收费站,以政治引领树立正确导向、聚集新动能,切实把党的政治优势转化为推动发展的经济优势。德州收费站党支部做到了党建融入生产"主角化"、党建阵地"标准化"、组织生活"常态化",使支部和党员发挥作用组织化、制度化、具体化。

(一)打造了"七色阳光"特色党建品牌

德州收费站党支部把品牌意识植入党建工作,将党建嵌入收费站管理的各个环节,把"无形"的党建工作成效转化为"有形"的企业发展优势。以"七色阳光"党建品牌为引领,从七个层次、七个维度加

强支部建设，发挥品牌的凝聚力与向心力，持续增强党建工作的创新创造活力。“七色阳光”党建品牌在公司内部、集团内部广为宣传，先后在腾讯网、今日头条、大众网、山东广播电台、山东电视台等媒体上宣传（图17）。

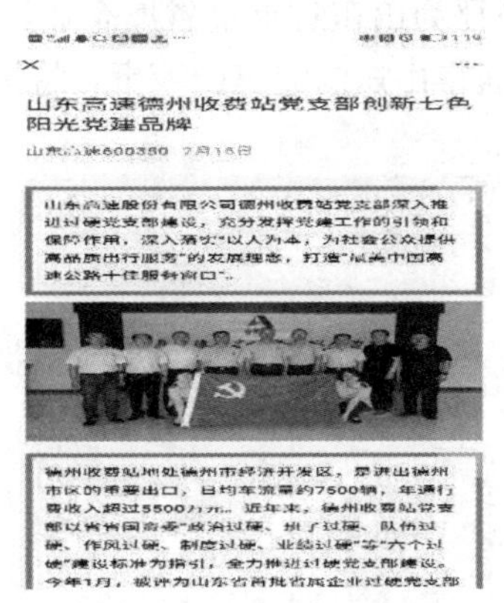
山东高速德州收费站党支部创新七色阳光党建品牌

山东高速600350

山东高速股份有限公司德州收费站党支部深入推进过硬党支部建设，充分发挥党建工作的引领和保障作用，深入落实"以人为本，为社会公众提供高品质出行服务"的发展理念，打造"最美中国高速公路十佳服务窗口"。

德州收费站地处德州市经济开发区，是进出德州市区的重要出口，日均车流量约7500辆，年通行费收入超过5500万元。近年来，德州收费站党支部以省国资委"政治过硬、班子过硬、队伍过硬、作风过硬、制度过硬、业绩过硬"等"六个过硬"建设标准为指引，全力推进过硬党支部建设。今年1月，被评为山东省首批省属企业过硬党支部

图17 “七色阳光”党建宣传展示图

（二）带动了公司过硬党支部建设

2019年1月，德州收费站党支部被山东省人民政府国有资产监督管理委员会选树为首批省属企业过硬党支部示范点，形成“七色阳光”特色党建文化和党建内业标准，提供了一套可复制的经验，累计8个运管中心42个党支部先后到支部交流（图18）。2019年6月，德州收费站党支部在公司党建交流会议中进行经验介绍，同年6月30日，在集团进行《党建引领促发展　七色阳光聚动能》的过硬党支部经验交流。同年11月，德州收费站党支部书记王茂辉在省属国有企业基层党支部书记示范培训班上作典型发言。目前公司共有119个党支部通过了过硬党支部验收。

图18 德州收费站党支部交流

（三）形成一套党建融入生产的管理体系

德州收费站党支部建设真正做到了与收费运营融合，巩固了基层党建基础，做到了组织坚强有力，制度机制完善、党务工作规范、党员作用突出、工作有效促进、党员群众满意。“党建＋运营”融合体系，突出“为社会公众提供高品质出行服务”的发展理念，围绕“提升服务运营管理水平”一个核心，聚焦“提供安畅、舒美的通行环境”两个定位，抓好“外部协调、内部协同、狠抓落实”三个主线，明确“强化作风、优化环境、强化技能、优化服务”四个任务，实现“基础更实、环境更美、效率更高、队伍更强、作风更硬”五个目标，通过“七快一提高”，大力提升服务品质。2019年9月9日，山东省电视台《齐鲁先锋》栏目组对德州收费站为驾乘人员提供高品质出行服务进行了专题报道。

（四）推进了收费站的业绩

截至 2020 年 9 月，德州收费站荣获全国首届“最美中国高速公路十佳服务窗口”“全国公路交通系统模范班组”“山东省质量信得过班组”“先进基层党组织”“党员模范区”等荣誉称号。德州收费站五项管理创新成果获得省部级荣誉；2019 年德州收费站党支部被评为山东省首批省属企业过硬党支部示范点，同年 6 月，被评为山东省先进基层党组织；2020 年 1 月，获得山东高速集团董事长特别奖。

高速公路运营企业"收路养信"一体化管理模式的构建与实施

山东高速河南发展有限公司

成果主要创造人:赵凤金　李莎莎

成果参与创造人:石　强　王玉河　韩延全　邱　敏　张文亭　胡晓东

山东高速河南发展有限公司(简称"河南发展公司")成立于2013年9月26日,注册地在河南省郑州市,注册资本金6.1382亿元,属于山东高速股份有限公司在河南省设立的区域性投资类公司。现持有山东高速集团河南许禹公路有限公司100%股权和济源市济晋高速公路有限公司90%股权,代管山东高速集团河南许亳公路有限公司。公司主营业务是交通基础设施的投资、建设和运营,目前拥有盐洛高速公路(G1516)许禹段、许亳段和二广高速公路(G55)济源至晋城段三部分高速公路的特许经营权,总计管辖里程177.276公里,共设有9个收费站。

截至2019年底,河南发展公司(合并)资产总额30.11亿元,负债总额19.49亿元,所有者权益总额10.62亿元,资产负债率为64.73%。2019年,通行费收入4.56亿元,净利润1.37亿元。

公司严格按照现代企业制度的要求,强化管理,规范运作,追求卓越,连续多年被河南省高管中心、山东高速股份有限公司授予"先进单位"荣誉称号,所辖9个收费站中有4个收费站被评为"省级青年文明号",5个收费站被评为"市级青年文明号"荣誉称号;4个收费站被评为"五星级收费站",3个收费站被评为"四星级收费站",塑造了山东高速公路区域发展品牌形象,逐步发展壮大为高速股份深耕中原大地运营管理的一颗闪亮明星。

一、成果构建背景

(一)应对行业变革,提升品牌形象的必然选择

2019年5月16日,国务院办公厅印发了《深化收费公路制度改革取消高速公路省界收费站实施方案》(国办发〔2019〕23号),部署了"力争2019年底前基本取消全国高速公路省界收费站"的目标任务,自此,"撤站"成为2019年高速公路运营管理行业热度最高的关键词。随着ETC(Electric Toll Collection,电子不停车收费)普及、自由流收费等观点深入人心,一脚加速踏板踩到底、无感支付、快速通行成为驾乘人员在高速公路行驶的刚性要求。

针对此行业变革,山东高速集团有限公司迅速提出"为驾乘人员提供最好最舒适的路和高品质的出行服务"的战略目标,河南发展公司从顾客需求出发,通过收费、路管、养护、信息四线业务高度融合、跨界业务培训,最大限度发挥资源整合优势,充分激发团队活力与干事动力,从提升路容路貌、路桥现场管控、全路域安全畅通等公众最为关注的通行体验入手,四线业务同时发力,实现运营服务质量、服务效率双提升,全力打造"畅安高速""舒美高速""和谐高速""智慧高速"服务品牌。

(二)实现业务协同,提升服务效率的必要手段

当前高速公路运营大多分为收费、路产、养护、信息四个业务管理部门,各业务模块独立运作,存在业务协同效率低下、资源配置重复等问题。收路养信一体化建设旨在树立"全路一盘棋"的大局意识和

"路上的事就是我的事""事事有人管、人人全负责"的主人翁意识,以高度负责、勇于担当的精神,克服本位主义、打破业务边界、强化主体责任、凝聚运营发展共识,增强问题处理前瞻性,有效缓解和解决管理部门多、协调任务重、资源配置浪费、处置效率偏低等问题。

(三)迎合时代发展,实现战略目标的内在要求

在科技变革和信息技术发展日新月异的时代,"互联网+"、大数据应用成为引领、推动企业发展的核心要素,如何实现运营管理与当前"互联网+"、大数据运用、GIS(Geographic Information System,地理信息系统)等信息技术深度融合成为高速公路运营行业可持续、快速、高效发展的前提条件。同时,信息技术的发展也为一体化工作的组织实施提供了技术保障。河南发展公司积极应对行业发展新态势,通过抢先对收路养信业务进行重新整合、重构和优化,打破行业发展瓶颈,达到内部管理最精、工作流程最简、指挥调度最快、资源配置最优的目的,争取成为行业标杆,践行公司做大做强高速公路运营主业,通过管理输出和产业并购,实现"起源山东、立足河南、面向全国"的战略目标。

二、成果内涵和主要做法

针对"收路养信"四大业务独立运作时存在的业务协同效率低下、资源重复配置等问题,高速公路运营企业"收路养信"一体化管理(图1)拟通过组织机构一体化、业务流程一体化、规章制度一体化、岗位职责一体化构建,通过人员、技术、考核激励和持续提升等保障机制建设,实现人流、物流、信息流、资金流的有效协同整合,达到管养能力、路况水平、服务质量、顾客满意度"四个提高"和人员编制、运营成本、特情处理时间、顾客投诉"四个降低"目标。

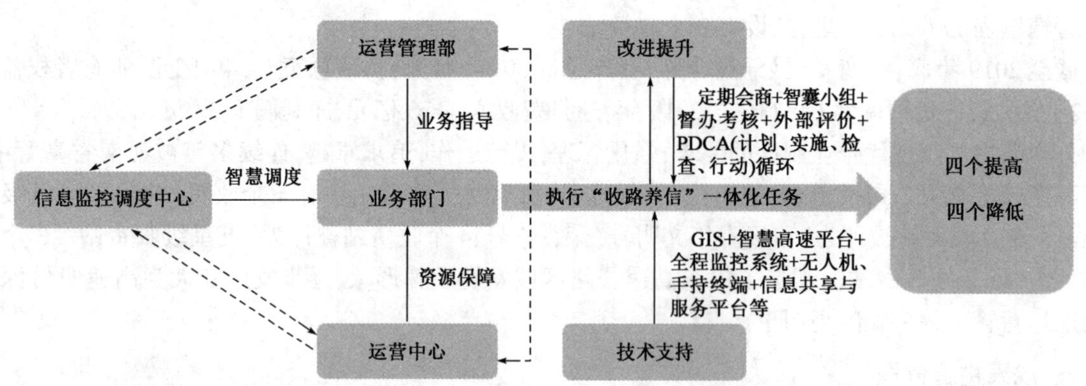

图1 "收路养信"一体化工作流程图

实施路径可以概括为"一个中心、两个依托和三重保障"。具体来说:"一个中心"是以满足顾客需求为中心;"两个依托"是依托"互联网+"、大数据应用技术和运行高效、权责明晰的组织体系;"三重保障"是指纵向贯通、横向协同的一体化技术服务平台,一专多能、一岗多责的人才保障体系和一体化工作提升及考核机制。

(一)明确整体思路,构建"收路养信"一体化体系框架

通过详细梳理收费、路产、养护、信息业务职能,明确一体化工作方向;以"职能部门纵向贯通、业务部门横向协同、支撑保障坚强有力"为指引,坚持组织机构调整、工作流程再造、保障体系建设统筹推进,保障"收路养信"一体化模式落地。其中"职能部门纵向贯通"是指运营管理部门提供战略指导及业务支持,运管中心提供资源保障,监控调度中心充分发挥综合协调调度职能,保障指令传递及时、到位;"业务部门横向协同"是指通过优化业务流程,强化业务融合,整合各业务部门资源,形成一体化协同运作合力,提高工作质量和工作效率;"支撑保障坚强有力"是指通过组织机构调整、培训形式改革、智慧高速建设,为一体化建设提供组织保障、人才保障和技术保障。

"收路养信"一体化管理体系框架如图2所示。

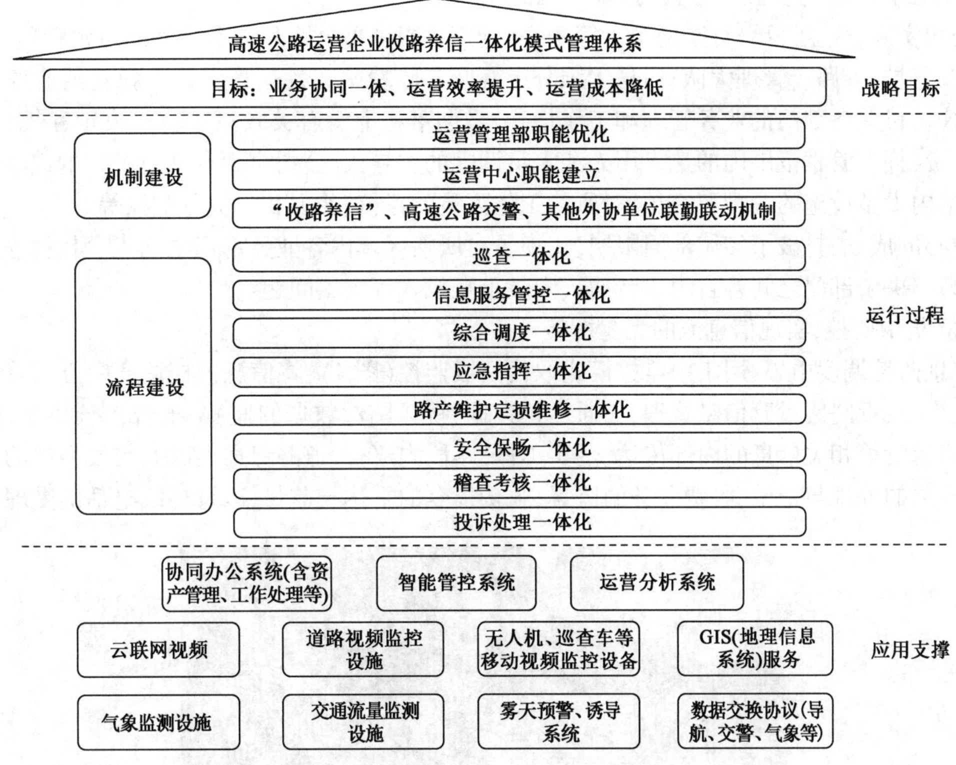

图 2 "收路养信"一体化管理体系框架

(二)全面组织实施,重构"收路养信"一体化工作流程

1. 组织机构一体化

建立以运营管理部为控制中心、信息监控调度中心为神经中枢,各运管中心为运作平台的组织框架。

(1)调整运营管理部职责,实施"大运营"全面管理

公司组织机构变革情况如图 3 所示。一是转变运营管理部职责,从主抓收费管理调整为收路养信全业务管理。将收费、路产、养护、信息、监控调度等业务划归运营管理部统一管理,运营管理部设置副主任 4 人,分别兼职信息监控调度中心主任、养护所主任、路产管理大队长和收费业务主管。二是各收费站、路产大队、养护所、信息监控调度中心保持相对独立性,同时接受运营管理部的业务指导。

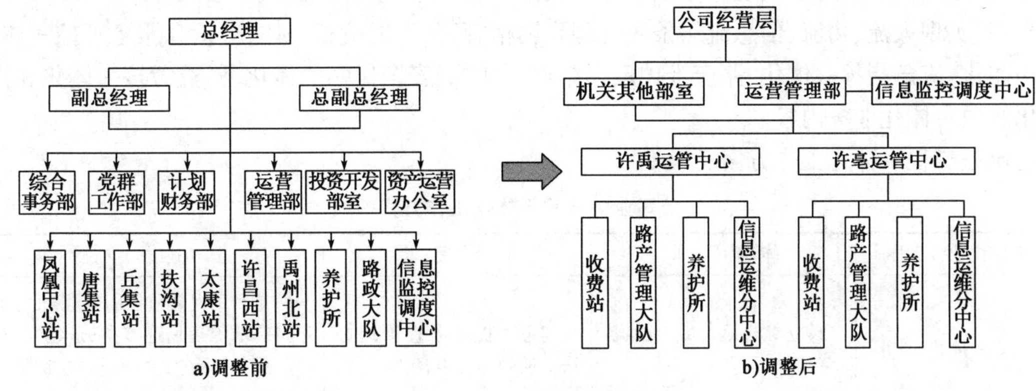

图 3 公司组织机构变革情况

通过以上职能调整,增强了运营管理部战略规划和业务指导能力,提高了一体化设计的有效性,增强了一体化培训的针对性,减少了各部门协同运作的摩擦。

(2)成立运管中心,实现"人、财、物"统一调配

根据公司实际,成立许禹、许亳两个运管中心,分别负责许禹公路和许亳公路的运营管理工作,下设综合办公室、养护所、路产管理大队、信息运维分中心及各收费站。各运管中心为独立的业务综合管理单位,接受公司机关各部门的业务管理和工作指导,贯彻落实上级有关政策、决议、决定和规章制度,对运营结果负责,拥有管辖范围内的选人用人和人员调配的主导权、公司全面预算范围内的成本费用控制权、管理范围内设备设施的调配权,以及对所管工作人员的考核、奖惩和工资分配权等。

运管中心的成立,打破了传统部门限制,实现了对所辖区域内各业务部门之间人、财、物等资源的统一调配,有力解决了部门之间各自为政,资源、人员重复投入等突出问题。

(3)建立集中监控,实现信息流的无缝衔接

设立信息监控调度中心,用集中监控模式取代站级监控(图4);将信息监控调度中心调整为运营管理部直属机构,负责路网运营信息管理,交通运行数据、视频图像数据的监测、报告,交通阻断信息的报送工作,道路运营等相关信息的内部传达、落实工作,路段内巡查、道路保通、养护、突发事件的统一调度指挥,收费特情的处理与记录,收费业务的监督,收费指令的下达与监督,以及热线电话的受理等。

图4　信息监控调度中心集中监控大厅

运营管理部依托信息监控调度中心履行应急管理职能,遇有突发、应急事件负责沟通、汇报公司应急部门,发布相关指令,调度指挥公司各类资源进行处置;须协调外部单位时,做好与政府、安监、交警等部门的沟通联系,并根据上级组织指示开展突发、应急事件的调度指挥及相关工作。

2. 业务流程一体化

公司通过对传统收费管理、路产管理、养护管理和信息管理四个业务模块职能梳理,将各业务按照信息来源、业务决策、业务执行、业务考核和整改提升五个环节进行划分,对各业务、各环节工作内容进行同类合并,实现人流、物流、信息流从条线管理到网格管理,形成巡查一体化、信息服务管控一体化、综合调度一体化、应急指挥一体化、路产维护定损维修一体化、安全保畅一体化、稽查考核一体化和投诉处理一体化八项一体化业务内容。

公司业务流程一体化工作方案见表1。

公司业务流程一体化工作方案　　表1

序号	一体化业务名称	体制需求	机制需求	技术支持
1	巡查一体化	设立综合巡查员,兼顾各部门巡查需求	建立"联合巡查管理办法",明确巡查内容、频次等	一是利用视频监控图像巡查;二是利用手持终端等现场巡查;三是建立"信息共享与服务平台",及时反馈、处理、整改巡查问题
2	信息服务管控一体化	将信息获取与发布职能赋予信息监控调度中心,其他部门按照指令要求具体执行	明确信息涉及部门、内容,确保信息流上传下达的及时性、准确性	建立"信息共享与服务平台",实现信息的上报、汇总、分析和按需求对象进行展示

续上表

序号	一体化业务名称	体制需求	机制需求	技术支持
3	综合调度一体化	运管中心兼职“综合调度”部门	明确资源调度内容及要求,实现人流、物流、资金流的协同整合	建立“资源调度系统”,保障人员、物资、车辆等数据准确
4	应急指挥一体化	运营管理部依托信息监控调度中心完成应急指挥工作	建立应急指挥工作指南及流程图,明确应急指挥工作流程及要求	建立“应急指挥系统”,保障调度指令在线透明;相关责任人反应及时准确
5	路产维护定损维修一体化	运管中心为主管部门,各部门联勤联动,保障路产完好	建立路产维护定损维修工作流程,第一发现人为责任人,根据实际明确各环节具体责任人、时限要求及效果检验	依托“信息共享与服务平台”,保障相关责任人反应及时准确
6	安全保畅一体化	运管中心为主管部门,各部门联勤联动,保障道路安全畅通	建立安全保畅工作指南,明确具体工作流程,明确相关责任人职责、补位顺序及工作要求等内容	依托微信群、实时监控、集中监控等系统,实现信息传递及时,处置到位
7	稽查考核一体化	运营管理部联合信息监控调度中心成立“稽查考核”工作小组	建立涵盖各业务的考核办法,明确考核方法和标准要求	建立稽查问题实时沟通系统,相关人员按需设置,实现稽查考核问题实时上传、整改及时反馈
8	投诉处理一体化	信息监控调度中心为投诉处理主要责任部门,其他具体单位协作配合	建立“投诉处理工作机制”,明确相关内容、要求	建立“投诉管理系统”,相关人员按需设置,实现投诉资料留存齐全

(1)巡查一体化

通过职能整合、职责调整,依托综合巡查人员,成立“收路养信联合巡查小组”,建立《联合巡查管理办法》,巡查内容包括但不限于:收费车道与广场通行管控、各类设备设施质量与收费人员文明服务、广场及责任段行车可视可感范围养护质量、养护员到位与作业质量、苗木管护、路产自然与人为损毁、广告治理与路权维护、施工与事故处理作业区管理、道路畅安管控等,并对巡查方法、巡查要求和巡查频次等内容作出规定。制定《“收路养信”联合巡查记录表》,采用电子巡查和现场巡查的形式,按照问题类型分别处理。对于可以自行处置的问题,综合巡查人员现场处理;对于需相关部门处置且能够立行立改的问题,及时在“收路养信一体化工作群”中发布,明确整改责任人和整改期限,相关责任人整改完毕后发布整改效果照片,形成闭环;对于牵涉部门较多、解决过程较复杂的问题,通过“巡查问题督办系统”解决,各处理流程需分管领导审批审核,保障各层级信息畅通,并作为对相关责任人的考核依据。

巡查一体化业务流程如图5所示。

(2)路产维护定损维修一体化

路域环境全员齐抓共管,路产损失、损坏第一发现人为责任人,将路产损失情况及时通报路产管理人员。建立联合协查制度,根据肇事车辆是否逃逸、路产损失有无明确定价等节点,合理设置相关协助单位,完成肇事车辆协查、路产损失定损等工作。路产管理大队依托“信息共享与服务平台”,下发维修通知单,合理设置工作流程,系统自动通过短信、微信等渠道将信息传送至相关责任部门具体责任人。维修完成后责任人员将证明材料通过系统上传,验证修复效果。通过自主查看系统内视频、图片等有效资料,合理减少人为沟通,明确工作责任,提高路产维护定损维修工作效率。

路产维护定损维修一体化业务流程如图6所示。

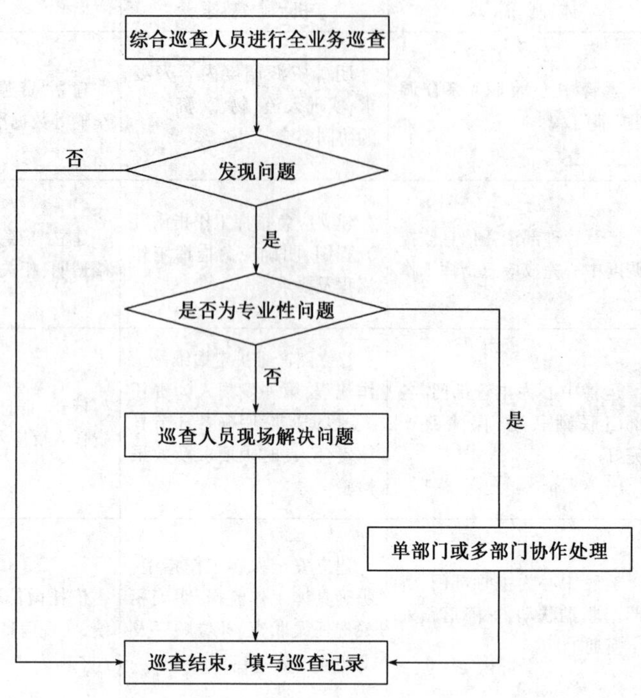

图5　巡查一体化业务流程

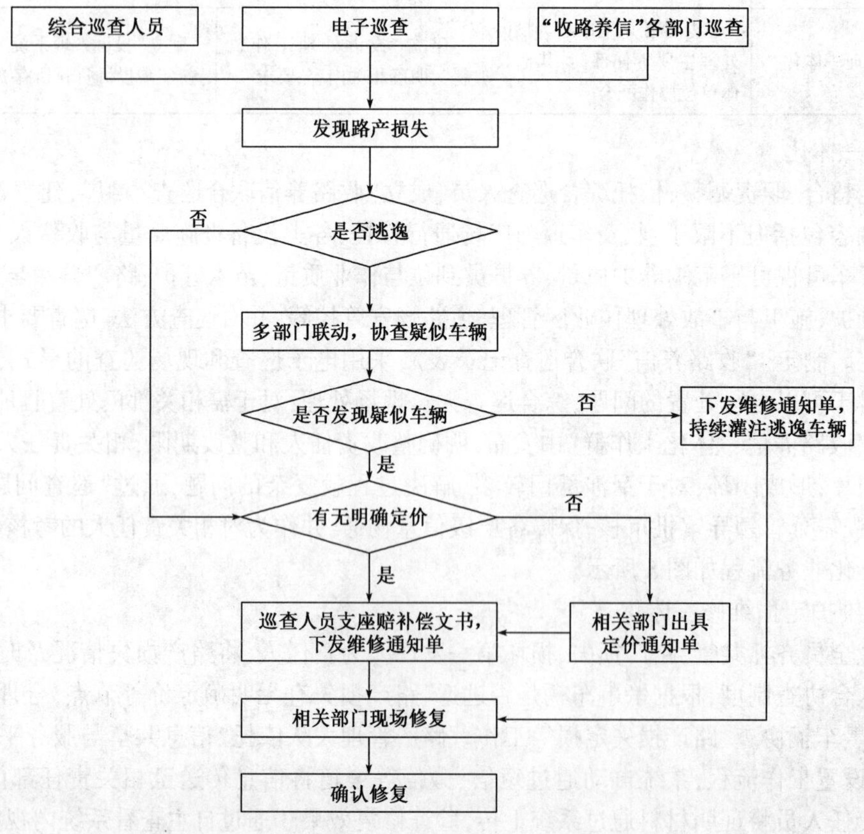

图6　路产维护定损维修一体化业务流程

(3)安全保畅一体化

安全保畅一体化分内部联动和内外部协同联动两种情况。一是收费站、道路主线发生交通事故或者出现车流量激增导致拥堵后,第一发现人2分钟内将现场情况推送监控中心和应急指挥调度群,现场信息内容多部门共享,同时报告所在位置,信息监控调度中心进行综合调度。在做好现场保护和安全防护的条件下,收费、路产、养护、运营维护等部门第一时间联动,认领任务,根据各自职责,安排后续处理工作,第一时间响应,第一时间处置,提高现场处置效率。二是现场情况需外部单位协助处置时,将外协清障单位纳入公司应急编制,按照既定工作流程,实现收路养信及道路清障等外协部门的联勤联动。

安全保畅一体化业务流程如图7所示。

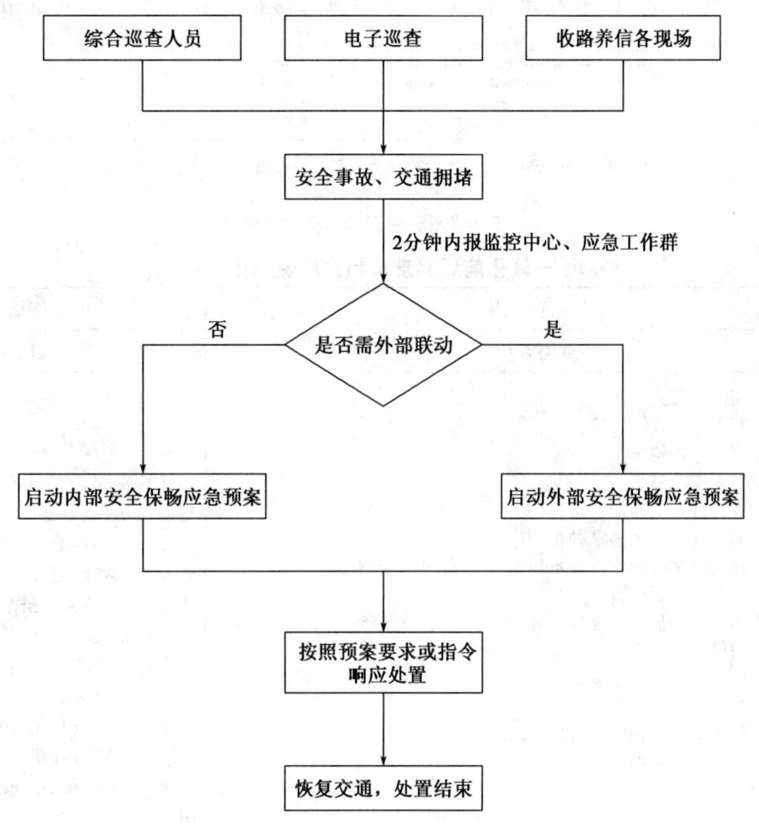

图7 安全保畅一体化业务流程

3. 规章制度一体化

制度整合是业务流程整合、工作内容融合的必然结果,是巩固一体化成果的必要手段。公司对各业务规章制度进行逐项梳理,在保留《收费管理》《路产管理》《养护管理》和《信息管理》专业部分的基础上,针对一体化业务新建了《运营管理》规章制度,具体包含稽查稽核管理办法、档案资料管理办法、服务投诉处理规定、服装管理规定、巡查管理制度等(图8)。

4. 岗位职责一体化

根据业务流程一体化工作需求,对岗位职责进行重新梳理,针对一体化内容,拓展岗位职责,实现各业务接口的科学对接,确保授权范围与工作职责的统一。主要对运营管理部稽查岗位职责、路产管理巡查工作职责、养护管理巡查工作职责、信息运维巡查工作职责进行了修订,新增了稽查稽核岗位职责、综合巡查岗位职责等。一体化前后巡查员岗位职责对比见表2。

河南许禹公司运营管理制度清单

序号	制度名称	制定部室	制定时间
1	稽查管理办法	运营管理部	2019.11.21
2	档案资料管理办法	运营管理部	2019.11.21
3	服务投诉处理规定	运营管理部	2019.11.21
4	运营服务标准及规范	运营管理部	2019.11.21
5	巡查管理规定	运营管理部	2019.11.21
6	路产维修管理办法	运营管理部	2019.11.21
7	损坏路产肇事逃逸车辆处置管理规定	运营管理部	2019.11.21
8	路产许可管理规定	运营管理部	2019.11.21
9	入口劝返管理办法	运营管理部	2019.11.21
10	应急指挥调度管理规定	运营管理部	2019.11.21
11	交通阻断信息报送管理规定	运营管理部	2019.11.21
12	服装管理规定	运营管理部	2019.11.21

运营管理　收费管理　路产管理　养护管理　信息管理

图8　河南许禹公司运营管理制度清单

一体化前后巡查员岗位职责对比　表2

<table>
<tr><th rowspan="2">内容</th><th>一体化前(4人)</th><th>一体化后(2人)</th></tr>
<tr><th>专业巡查员</th><th>综合巡查员</th></tr>
<tr><td>路产管理</td><td>①所辖路段路面有无障碍物;
②所辖路段有无违章放牧现象;
③所辖路段有无违章停车;
④所辖路段有无违章施工;
⑤所辖路段有无行人上高速公路;
⑥所辖路段隔离栅内有无违章种植;
⑦所辖路段建筑控制区内有无违章建筑和挖坑、取土现象;
⑧所辖路段内有无违章广告;
⑨所辖路段施工现场是否符合规范和施工手续是否齐全;
⑩所辖路段附属设施是否完好;
⑪所辖路段广告是否存在安全隐患;
⑫所辖路段有无交通事故发生;
⑬所辖路段桥下有无堆积物、乱搭乱建现象;
⑭所辖路段收费站是否拥堵;
⑮所辖路段是否有其他特情发生</td><td rowspan="3">①所辖路段路面有无障碍物、违章放牧、违章停车、违章施工、行人上高速公路;
②所辖路段建筑控制区内有无违章建筑和挖坑、取土、违章种植、违章广告、路段桥下有无堆积物、乱搭乱建现象;
③所辖路段施工现场是否符合规范和施工手续是否齐全、广告牌及道路桥梁附属设施是否安全完好;
④所辖路段有无交通事故发生;
⑤所辖路段收费站是否拥堵、外勤人员是否满足保通要求、收费车道是否按要求开启;
⑥所辖路段路基、桥梁、路面情况是否存在病害;
⑦所辖路段路容路貌情况是否符合要求、保洁人员是否按要求作业;
⑧所辖路段绿化管护情况是否符合要求;
⑨所辖路段收费站收费设备有无异常;
⑩所辖路段外场可变情报板、外场监控系统、气象检测装置供电、能见度检测器、车辆检测器供电、运行有无异常;
⑪所辖路段 ETC 门架系统,机房、机柜供电有无异常,设备运行有无异常,有无盗窃、被破坏现象;
⑫所辖路段供电设施,线缆、传输光缆有无破坏现象;
⑬所辖路段是否有其他特情发生</td></tr>
<tr><td>养护管理</td><td>①所辖路段附属设施情况(护栏板、防眩板、标志牌、标线、隔离栅、隔音墙等);
②所辖路段路基情况(路基水毁、排水设施等);
③所辖路段桥梁情况(防抛网、伸缩缝、桥梁护栏、桥下污染物堆积等);
④所辖路段路面情况(坑槽、裂缝、拥包、积水等);
⑤所辖路段路容路貌情况(中分带、路面、边坡、小广告等);
⑥所辖路段绿化管护情况(枯死苗木、缘石杂草、中分带苗木杂树、苗木病虫害情况等)</td></tr>
<tr><td>信息管理</td><td>①所辖路段收费设备(栏杆机、车道控制器、收费键盘、车道摄像机、费额显示器、车道信号灯、雾灯)有无异常;
②所辖路段外场可变情报板供电、运行有异常;
③所辖路段气象检测装置供电、运行有无异常;
④所辖路段 ETC 门架系统,机房、机柜供电有无异常,设备运行有无异常,有无盗窃、被破坏现象;
⑤所辖路段外场监控系统供电、设备运行有无异常;
⑥所辖路段能见度检测器、车辆检测器运行有无异常,有无破坏现象;
⑦所辖路段供电设施,线缆、传输光缆有无破坏现象</td></tr>
</table>

(三)强化保障措施,促使一体化工作目标顺利实现

公司从人员保障、技术保障、持续提升、考核激励四方面,推动一体化建设。

1. 加强员工培训,培养"一岗多能、一人多责"型员工

运营管理部承担"收路养信全业务员工"孵化职责,紧紧围绕融合管理,结合工作实际需求,负责全业务管理的课程设计、培训计划制订、培训组织和效果验证。组建交叉协同型培训团队,合理编制培训教材,打破部门限制,培养"一岗多能、一人多责"的员工;建立健全业务培训考核机制,明确培训、考核方法、频次、内容和要求,营造跨部门的"比学赶帮超"氛围;建立网上学习平台,不断更新完善规章制度、音视频资料,推广好的经验做法,为员工自我提升提供保障基础;适度增加对标学习频次,在学习实践中成长,在勇挑重担中提升,使员工的综合素质和业务能力不断提高。

2. 推行集中监控改造,实现业务监督与指挥调度相统一

一是进行集中监控改造,包括全程监控、微波车检系统、气象监测系统、事件自动检测摄像机、移动终端、可变情报板等子项目。升级改造后的监控监视大屏长 9.6 米、高 2.88 米,采用 COB 封装(Chips On Board,板上芯片封装)技术,同时实现 128 路高清信号输入,最高可扩展至 512 路高清信号输入,可随时掌握道路通行情况和收费站各重点区域运转情况。

二是将集中监控基础设施数据纳入路网内智能设备建设,提供丰富高效的现场状况数据,主要包括数字高清摄像机、车流量检测设备、气象监测设备、信息发布设备、无人机、桥梁健康检测设备等实时数据,同时与其他行业数据(信令数据、地图服务商数据),如消防、医院、道路排障等部门建立协同在线平台,为路网运营服务提供准确可靠数据,为实现信息监控调度中心对各业务板块的精准调度、实时纠偏,与外部协同单位的高效协作、联勤联动提供技术平台。

3. 实施信息化建设,打造智能化运营管控系统平台

一是基于多部门协同办公、业务管理全方位一体化的管理需求,建立统一、全面、集成、实时管控的智能化信息平台,将人、财、物、事、图相结合,构建以 GIS 地图和云视频为支撑,融合日常管理,涵盖个人办公平台、政工人事、资产管控、财报预算、业务运营、路政养护、机电运维、安全隐患、路网监测、应急调度、辅助决策分析等应用的综合性高速公路运营企业智能化运营管控平台,实现各类数据、业务流程无障碍流通,满足各类决策分析和业务管理,达到资源整合、协同管理的目标。

二是坚持问题导向和结果导向,借助手持终端、智能手机,建立了收费、养护、路管、信息、高速公路交警以及机关相关人员在内的安全保畅应急管理群,建立了收费、养护、路管、信息及运营管理部相关人员在内的巡查稽查一体化工作群,所有巡查人员及时将巡查情况以及发现的问题按照类型在不同的工作群中反馈,相关责任人随即认领、处置,并将处置结果在群内及时反馈,与"信息共享与服务平台"相结合,形成"事事有人管、处置有结果"的运营管控实时保障格局。

4. 实行定期沟通研讨,促进一体化内容迭代优化

从最初实行"日协调、周例会"制度逐步过渡到"月汇报、月总结"制度,逐步优化、完善一体化工作流程,保障一体化工作有效推进。

"日协调"是指一体化实施初始,运营管理部每日实时追踪一体化存在的问题事项,通过企业微信、电话沟通等形式,把控关键节点,及时完善一体化流程;"周例会"是指运营管理部每周组织各运管中心、业务部门相关人员,根据掌控的一体化推进情况,分析一体化流程中存在的问题,通过共同研讨,制订可行的解决方案,修订工作流程。

随着流程的完善,逐步过渡到"月汇报、月总结"制度。"月汇报、月总结"是指按月总结和汇报一体化工作情况,总结一体化工作进展,分析一体化工作优势与不足,研讨解决一体化工作中存在的困难和问题,制定可行的解决措施,并提出一体化工作拓展建议。

5. 实行"督办+考核",确保一体化工作有效落实

一是制定《收路养信一体化业务考核标准》,以"业务协同、考核分化"为原则,按业务流程分别对各责任部门设置考核标准,对每一关键过程都设置一一对应的评价表和关键过程赋分表,确保关键过程评价到位,对长期的、重要的一体化工作设置督办任务。

二是每月汇总一体化工作开展情况,对协同部门之间的工作配合情况进行量化考核,定期发布、公示业务一体化工作情况通报,并与综合绩效考核、绩效工资、岗位晋升等挂钩。

三是引入第三方评价,通过不定期组织顾客满意度测评、对大客户座谈、神秘顾客体验等方式,及时收集相关信息,评估各环节工作完成质量。通过问题倒查、责任倒追,对一体化协同工作不力的相关责任人进行约谈、扣除绩效工资或者暂停工作岗位,倒逼工作水平和工作效率提升。

三、实施效果

(一)内部融合成效显著,员工综合素质不断提升

"收路养信"一体化工作的实施,打破了收费、路管、养护、信息之间的业务边界,促使广大员工主动对标学习,担当尽责,实现了由原来各自为战,到目前的连线成网、聚点成面。全业务员工比例由2018年的13.80%提升至69.31%,基本实现一岗多能、一人多责,员工的观念、能力、作风等综合素质得到不断提升。

(二)沟通协调更加畅通,管养质量明显上升

将高速公路交警、养护公司、信息工程公司、道路救援等相关单位全部纳入一体化工作平台,一般性问题各业务线按职责及时认领处理,较大问题通过集中监控调度指挥平台进行调度,运营管理部相关领导全天候关注、亲自靠前指挥、督办,提高了联动响应速度。机电设施设备平均修复时间由4.5小时缩短至4小时;道路病害从发现到处置完毕时间由一周缩短至2.5天;路赔路损维修比由1.15提升至1.29,肇事逃逸车辆为0,平均事故处置时间由40分钟下降为30分钟,路桥管养水平明显上升(表3)。

"收路养信"一体化改革成果——管养质量 表3

项　目	改革前(2018年1—9月)	改革后(2019年1—9月)	变化率	备　注
巡查次数(次/周)	30	49	63.33%	改革前路产巡查每日4次,养护每周1次,信息机电每周1次;改革后每日现场巡查3次,电子巡查4次
车辆巡查里程(公里/周)	9660	6762	-30.00%	
事案处置平均时间(分钟)	40	30	-25.00%	
故障修复平均时间(小时)	4.5	4	-11.11%	
收费站拥堵次数(次)	75	60	-20.00%	道路拥堵0次,无因管理原因造成的交通堵塞。收费站拥堵数据指高峰时间段拥堵
事故发生次数(次)	59	62	5.08%	
路赔路损维修比	1.15	1.29	12.17%	

(三)服务水平改进明显,顾客评价持续向好

线上与线下相结合,全员齐抓共管,实现了全天巡查不间断、全覆盖,尤其是养护、信息机电巡查频次由每周1次提高为每天至少2次,使问题暴露得更充分,异常情况处置更及时。在断面交通流量和出入口车流量均增加10%以上的条件下,道路主线畅通率始终保持100%,收费站拥堵次数较往年下降20%;日均事故数量从1.2起下降为0.8起,有效避免了事故纠纷和投诉。顾客投诉及抱怨明显下降,全年有理投诉数量为0,综合满意率由96.24%提升为98.29%,安全责任事故为0,服务水平明显上升(表4)。

“收路养信”一体化改革成果——服务水平 表4

项　　目	改革前(2018 年 1—9 月)	改革后(2019 年 1—9 月)	变化率	备　　注
顾客投诉及抱怨(次)	20	8	-60.00%	
顾客有理投诉(次)	0	0	0	
顾客满意率	96.24%	98.29%	2.05%	

(四)人员结构更加精简,降本增效成果显著

通过设立运管中心、实施集中监控,推行联合巡查稽查,公司各业务部门(含运管中心)人员数量由2018 年的326 人精简至现在的290 人,在人均收入平均增长5%的前提下,人工成本下降了6.60%。业务相关管理成本下降15.11%,其中车辆使用费降低112.68 万元,制装费降低7.2 万元,降本增效取得显著成果(表5)。

“收路养信”一体化改革成果——降本增效 表5

项　　目	改革前(2018 年 1—9 月)	改革后(2019 年 1—9 月)	变化率	备　　注
业务部门人员数量(人)	326	290	-11.04%	人均收入增长5%
人工成本(万元)	1494.74	1396.16	-6.60%	
管理成本(万元)	930.27	789.71	-15.11%	

新形势下高速公路运营企业党建工作新模式的构建与实施

山东高速河南发展有限公司

成果主要创造人:赵凤金　周　伟

成果参与创造人:李　强　郝亚冰　徐　珂　常　江

山东高速河南发展有限公司(简称"河南发展公司")由山东高速股份有限公司全资发起设立,于2013年9月6日在河南省工商行政管理局注册成立,注册资本6.1382亿元。公司主要从事公路、桥梁、铁路、港口等的建设、管理、经营、开发,房地产投资,矿产资源投资,旅游开发、物流园区建设开发,进出口贸易,矿产品、化工产品、电缆相关材料的销售等业务,是山东高速股份有限公司投资成立的河南省区域性全资子公司,目前主要业务方向是高速公路的运营管理及相关产业链、价值链多元化投资。

河南发展公司拥有山东高速集团河南许禹公路有限公司100%股权和济源市济晋高速公路有限公司90%股权。公司管辖主线里程合计177.29公里,大、中桥共91座,隧道11座,涵洞90道,通道61道,停车区1对,服务区3对,收费站11个,省界收费站2个,员工495名。管辖道路运营通车10多年来,先后获得了"河南省交通劳动奖状""河南省高速公路优秀项目法人""周口市重点项目建设先进单位"等荣誉称号,多次被河南省交通运输厅授予"年度先进单位"。自成立以来,河南发展公司秉承"服务大众、奉献社会,努力为驾乘人员提供快捷、畅通、优美、文明的平安大道"的宗旨,致力于山东高速省外品牌建设和河南省交通运输事业的发展,同时,按照现代企业制度的要求,锐意进取,求实创新,科学管理,规范运作,不断提高综合服务质量。

一、成果实施背景

(一)顺应国企党建工作新形势的必然要求

国有企业多数处在国民经济发展的重要部门和关键领域,在促进经济发展、安置职工就业、提高居民收入、维护社会稳定等方面发挥着重要作用。在新形势下坚持党对国有企业的政治领导,切实加强和改进国有企业党建工作,对于促进国有企业改革发展,增强党执政的阶级基础、经济基础和提高党的执政能力,具有十分重要的意义。作为国有企业的高速公路运营企业在交通运输方面,既具有十分重要的资源优势,也拥有一定的政治地位。新形势下高速公路运营企业的党建工作,是企业整体工作中重要的组成部分,加强高速公路运营企业党建工作,能够提升高速公路运营企业的软实力,将企业党组织的政治优势转化为企业的竞争优势,能够有效增强企业的核心竞争力。

(二)高速公路企业党建工作创新发展的切实选择

党建工作应围绕中心、服务大局,与业务工作相辅相成,这是做好党建工作的重要前提。然而,面对激烈的市场竞争压力,高速公路企业仍然存在重业务、轻党建的现象,部分党员领导干部思想上不重视党建工作,片面认为党建工作不能直接创造经济效益,"讲起来重要、做起来次要、忙起来不要"的情况还不同程度存在,没有真正树牢"把抓好党建作为最大的政绩"的理念。在履行党建工作责任上,一些工作还只是停留表面上,致使基础工作存在薄弱环节,党建考核评价机制还未有效形成。始终坚持党的核心领导地位,与时俱进增强党建,已然成为国企的优良传统与独特优势。高速公路企业作为国有企业的基层单位,同样拥有国有企业的发展地位与基础,肩负着经济发展新常态下的历史使命。高速公路运营企业开展党建创新,无疑能够在当前已经取得的成绩基础上大有作为,真正优化并提升现阶段企业发展的现状,从而使整个行业领域营造更加健康的运营氛围。面对更加复杂严峻的经济竞争局势,高速公路企业更应加强党建工作的创新探索,不断优化党建工作方式方法,更充分地发挥企业党组织的作用,推动企业全面健康可持续发展。

(三)提升公司党建工作水平的内在需求

在河南发展公司发展壮大的过程中,党组织作为公司生产经营工作的桥头堡,发挥了不可替代的重要作用。然而,社会改革的不断深化和公司发展环境的变化,对公司党建工作的开展带来了较大的冲击,公司各级党组织未能紧跟社会变革脚步,没有根据公司发展环境变化及时创新工作思路,对于新形势下党组织如何开展工作研究不够,解决新问题、新矛盾能力不足,在生产经营工作、维护员工权益、员工队伍管理、引导员工成长成才方面的影响有所降低,作用有所弱化。此外,公司内部存在基层党组织设置不合理、部分党员思想意识薄弱、党建工作意识不强、不同程度存在理想信念不够坚定、组织纪律淡薄等问题,如果这些问题得不到解决,必将制约公司基层党组织作用的发挥,削弱党组织的领导力、凝聚力和战斗力。因此,河南发展公司必须不断加强基层党组织建设,不断探索党建工作新模式,才能为公司发展提供强大的政治保证和组织保障。

二、成果内涵

始终按照党要管党、从严治党的总体要求,坚持国有企业党建工作"四同步""四对接"原则,结合河南发展公司实际,不断强化党的意识、坚持党的领导、加强党的建设,以提升履职能力为重点,以完善机制为保障,以打造平台为抓手,持续强化基层党组织建设,切实加强和改善党对企业的领导,充分发挥领导核心、政治核心以及战斗堡垒作用,通过党的建设与生产经营工作同步谋划、党的组织与生产行政机构同步设置、党组织负责人与生产行政干部同步配备、党建工作与生产经营工作同步开展等,形成了新形势下党建工作与企业经营发展深度融合的工作新模式,并建立新模式长效机制。

三、主要做法

(一)以组织设置为突破口,实现党的基层组织与生产行政组织同步建立

1. 本着精简高效、合理科学、切实可行的原则实现运营管理体制改革

河南发展公司为促进运营管理提质增效、改进组织模式、完善管理机制,设立许禹路、许亳路两个运营管理中心,负责各路段全面运营管理,包括具体业务管理和人员管理。各运管中心下设综合办公室、养护所、路产管理大队、信息运维分中心及各收费站。每个运管中心设主任1名,负责运管中心全面工作,是运管中心第一责任人。副主任1名,同时兼任综合办公室主任,综合办公室根据不同路段设2~3名工作人员。两个养护所设1名主任,每个养护所各设1名执行副主任。两个路产管理大队设1名大队长,每个路产管理大队各设1名执行副大队长。每个信息运维分中心各设1名执行副主任。收费站不再按每站1名站长的配置,相对施行集中统一管理,1名站长负责管理临近的几个收费站。设立运管中心后,信息监控调度中心设1名主任、1名执行副主任,信息监控调度中心是隶属于资产运营管理部的直属机构,不属于两个运管中心。

各运管中心和机关各部室是管理决策和执行的关系,机关部门更多是宏观规划和综合管理。运管中心是具体的执行单位,存在管理与执行的关系、业务指导和被指导的关系,运管中心接受机关部门工作业务考核。运营管理部负责对各运管中心进行业务指导,从业务方面来讲,养护所、路产管理大队、信息运维分中心及各收费站接受运营管理部业务指导和检查考核。

公司运营体制改革机构设置如图1所示。

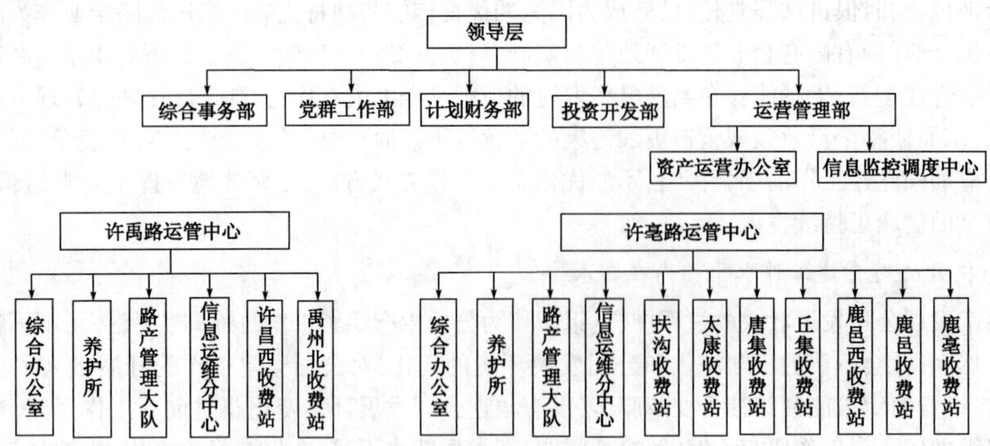

图1　公司运营体制改革机构设置

2. 结合运营管理体制改革同步推进党、工、团组织优化

为适应河南发展公司运营管理体制改革,进一步加强党支部、工会、团支部的组织建设,推动工作顺利开展,同步推进党、工、团组织优化,实现党、工、团基层组织与生产行政组织同步建立。

一是同步推进党支部整合重组。在公司运营管理体制改革新模式下,为便于开展党支部工作,持续强化基层党组织建设,公司党委研究对公司内部原5个党支部进行重组。将原太康党支部、唐集党支部等3个党支部整合重组成许亳路党支部,保留原机关党支部、许禹路党支部。重组后机关党支部负责机关各部门、信息监控调度中心全体党员的教育、管理工作;许禹路党支部、许亳路党支部负责各自运管中心全体党员的教育、管理工作。两个运管中心设立两个党支部,使运管中心成为党建与生产经营共同的责任主体,充分发挥党组织的两个核心作用,促进运营管理提质增效。

二是扎实推进工会小组调整。结合党支部重组情况,对公司内工会小组重新调整。撤销原机关第一工会小组、机关第二工会小组、禹州北收费站工会小组、许昌西收费站工会小组、扶沟收费站工会小组、太康收费站工会小组、唐集收费站工会小组等11个工会小组,调整成机关工会小组、许禹路工会小组、许亳路工会小组3个工会小组,具体负责各自工会小组日常性工作,进一步精简工会组织机构,更好匹配运营体制改革机构设置,为工会工作扎实开展奠定坚实基础。

三是同步开展团支部重组。为更好地开展公司共青团工作,适应公司运营体制改革,公司团委撤销了原路产管理大队团支部、信息监控调度中心团支部、禹州北收费站团支部、许昌西收费站团支部、扶沟收费站团支部、太康收费站团支部、唐集收费站团支部等9个团支部,参照党支部、工会小组设置情况重新组建机关团支部、许禹路团支部、许亳路团支部。机关团支部,具体负责机关各部门、信息监控调度中心全体团员的教育、管理工作;许禹路团支部、许亳路团支部具体负责各自运管中心全体团员的教育、管理工作。

(二)以人员选配为关键,实现党务干部和生产行政干部同步配备

1. 结合运营机制改革机构设置情况选聘相关岗位人员

河南发展公司为完善管理机制,满足工作需要,结合运营改革机构设置实际情况对部分岗位进行选拔配备。严格按照河南发展公司机构改革人员选聘实施方案进行干部选拔,选拔任命了运管中心主任2名、副主任2名,各运管中心路产管理大队执行副主任2名,养护所执行副主任2名,信息运维分中心执行副主任1名,综合办公室工作人员5名,配齐配足两个运管中心管理人员及工作人员。公司运营管理部新增设兼职副主任4名,同时分别兼任公司信息监控调度中心主任、各运管中心养护所主任、各运管中心路产管理大队长和公司资产运营办公室主任。运营管理部所属信息监控调度中心增设值班副主任1名。

2. 选优配齐支部班子，提升组织基础

公司为进一步加强公司基层党组织建设，增强党支部的凝聚力和战斗力，充分发挥战斗堡垒作用，结合各党支部实际扎实推进支部委员改选补选工作。各党支部严格按照改选方案要求，精心组织、认真酝酿，充分发扬党内民主，在尊重和保障党员民主权利的基础上开展改选工作。经过民主推荐、组织提名、征求纪委意见、组织考察及公示等环节，将9名政治素质好、群众威信高、组织能力强的同志入选各党支部领导班子。经改选各运管中心主任任各党支部书记，各综合办公室主任、部门负责人任各党支部委员，同时将投资开发部单设党小组，投资部门负责人担任小组长，通过交叉任职，实现党建工作与生产经营、投资开发工作无缝对接。公司各党支部班子成员补齐配备到位，优化了支部班子结构，提升了公司基层党组织基础，为各项工作更好地开展提供了组织保障。

3. 完善工团组织体系，激发公司群团活力

工会、团组织是党的助手和后备军，要真正发挥群团工作作用，就要打造一支"党性强、作风正、肯干事、有能力"的群团队伍，为更好地开展群团工作提供坚实的组织支撑。公司党委首先从思想上提升对群团组织的重视程度，将基层群团组织建设摆放在重要位置，使群团组织切实感受到使命在肩、责任重大，员工参与群团工作的热情不断提高。其次结合工会小组、团支部重组设置情况，建立健全工团组织机构，选配好工团组织领导干部。严格按照改选方案及程序，选配出3名工会小组长、3名副组长；选举出3名团支部书记、3名宣传委员、3名组织委员，配足配齐工团组织领导干部，为促进基层群团工作开展提供重要力量，进一步激发公司群团组织的强大活力。

（三）以职能完善为核心，实现党建工作"四对接"

河南发展公司积极探索创新，提出以抓党建统筹抓管理，把全面从严治党与公司经营发展紧密结合、把党的领导融入公司治理各环节、把公司党组织内嵌入公司治理结构之中，在体制、机制、制度和工作"四个对接"方面进行了深入实践。

1. 体制上对接

一是明确党组织在企业治理结构中的地位。在公司章程中明确党建工作要求，明确公司党组织在公司法人治理结构中的法定地位，按照党章规定履行职责，确保党的领导落实到公司改革发展全过程；明确党组织在公司决策、执行、监督各环节的权责和工作方式以及与其他治理主体的关系，使党组织成为公司法人治理结构的有机组成部分。二是完善公司领导体制。落实中央、山东省人民政府国有资产监督管理委员会及山东高速集团有限公司的要求，形成党委、董事会和经理层三位一体的领导体制。建立重大决策党委会前置程序，不断完善党委工作规则、议事规则和决策机制，凡属重大决策、重要人事任免、重大项目安排和大额资金使用等事项，必须由党委前置研究，确保企业发展保持正确的政治方向。三是优化党建工作管理体制。明确公司党委的工作机构和职能部门为党群工作部。党群工作部牵头落实公司党的政治建设、思想建设、基层组织建设以及党的政策路线方针宣传，落实公司干部管理和人才队伍建设，公司内外党建新闻信息宣传，公司党的纪律建设、作风建设、反腐败工作及监察等方面的工作。公司纪委在公司党委和上级纪委双重领导下，协助党委开展工作。

2. 机制上对接

一是在运行机制上"四同步"。明确提出党建工作与公司经营管理工作不是物理捆绑，而是化学反应。始终坚持党建工作与公司中心工作同计划、同安排、同落实、同考核、同奖惩，真正做到党的建设同步谋划、党的组织和工作机构同步设置、党组织负责人及党务工作人员同步配备、党建工作同步开展。二是在激励机制上"四同样"。树立"抓好党建是最大的政绩"和"抓好党建是本职、不抓党建是失职、抓不好党建是不称职"理念。坚持政治素养与业务能力同样考评，做到思想领先、德才兼备；坚持党建工作与经营业绩同样考评，做到党政同责、一岗双责；坚持党建工作与经营业绩考评同样权重，做到全面评价、综合奖惩；坚持党建先进与业绩突出同样奖励，做到物质奖励与精神激励相统一。三是在考评机制

上"三同考"。建立党建工作过程考核、党建工作结果考评、党建工作成效考察的"三同考"工作机制,对党建工作进行全面系统评价。进一步落实并不断优化党建工作责任制实施细则和党建工作考核办法,切实发挥考核的作用和结果的应用。

3. 制度上对接

党的组织制度和公司生产经营的管理制度,组织形式不同、活动方法各异,但主体相近、内容相通、目标一致,必然能够统一于公司改革发展全过程。一是建立统一的公司制度管理体系。结合公司实际认真梳理完善10项党建工作制度,并认真贯彻执行,做到依规治党。统筹公司管理制度,实现党建工作制度和企业管理制度的全面融合,公司各部门常态化对各自业务部门规章制度进行梳理、评估和修订。加强制度落地的监督检查,确保各项制度有效管用、真正落地。二是党委领导作用与公司重大问题决策制度对接。党委参与重大问题决策要谋全局、议大事、抓重点。制定和完善"三重一大"决策清单、明确党委重大问题决策的主要内容、严格公司党委参与重大问题决策的主要程序、抓好公司重大决策部署的落实,从制度层面确保党的领导与经营管理工作的深度融合。三是嵌入式廉洁风险防控体系与公司风险防控体系对接。按照中央和集团有关巡视巡察的制度要求,持续完善公司巡察制度、优化嵌入式廉洁风险防控体系建设,构建更加全面的公司内部风险防控机制。在廉洁风险防控与公司风险防控制度内容上融合对接,党内监督制度、公司风险防控制度和合规经营制度在内容上一致、层次上清晰、对象上明确、作用上协同。在廉洁风险防控与公司风险防控制度落地上融合对接,做到了计划上同案、执行上同步、检查上同行、结果上同用。

4. 工作上对接

一是经营管理中的重大问题、关键难题列为党建工作的重要内容。党建工作坚持围绕生产经营不偏离,把解决经营管理工作中的"重点、难点和痛点"问题,作为各级党组织安排党建工作的重点,确保党建围绕公司的经营管理这一中心任务开展工作。落实党委议事制度、民主生活会制度、党委理论中心组学习制度、"三会一课"制度等,做到有的放矢实打实,杜绝形式主义空对空。二是党的工作方法应用到经营管理的环节和干部管理过程中。明确要求各党支部和党员干部要善于把党的思想方法和工作方法贯穿于公司生产管理的全过程,渗透到公司生产管理和一切业务活动的各个环节、方方面面。三是运用组织手段解决经营管理的问题和突破难点。坚持问题导向,紧密结合公司生产经营中心工作摆表现、找问题、谈思想、挖根源、订措施。积极通过党组织解决上访信访等难点问题。全面发挥基层党委、党支部的政治功能,提升组织力,提振公司基层单位的精气神。四是将现代管理工具应用在党建工作中。学习借鉴现代管理科学方法,推进党建工作创新,探索党建质量管理体系、党建精细化管理体系、党建目标管理体系、党建标杆管理体系等工作模式,要求基层党组织学会运用PDCA法、5W2H分析法、波士顿矩阵法、关键业绩指标法(KPI)、任务管理法、人本管理法等方法推进党建工作,实现党建工作的科学化、规范化、制度化、标准化。同时,充分运用现代网络技术,构建"互联网+党建"模式,通过微党课、微学习、微活动等方式激发党建活力,形成网络化、平台化党建工作体系。

(四)以流程优化为基础,实现党建工作与生产管理有序运转

工作业务流程再造不是一般的修修补补,而是一次更高阶段的改革创新、更深层次的自我革命,涉及公司机关各部门和工作人员的观念、习惯、能力、作风、规矩等方方面面,必须以党的建设领导、推动、保障流程再造,把流程再造作为公司党委主责,切实把广大党员干部的思想认识提高起来、工作热情调动起来、聪明才智激发出来。

1. 编制流程

河南发展公司通过对现有执行的党建工作制度进行分析、整理、归纳,对梳理完善的10项党建制度,制定党建工作流程及图解共计4类20项,进行张贴公布,让每一项党建工作都能达到统一规范、有章可循的目的。通过单个业务流程的制定,综合要点,编制了公司的党建工作标准流程:确定工作目标→划分工作步骤→量化工作指标→制定考核标准→明确时间节点责任人→组织检查验收→总结完善

提高,形成固化制度,这8个环节形成了党建工作一体化模式,而且环环相扣、相辅相成,使每一项工作在执行过程中都形成了计划、执行、检查、总结的闭合管理模式(图2)。

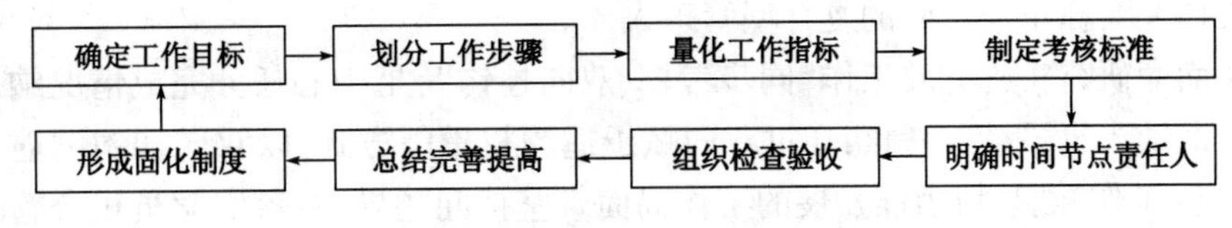

图2 公司党建工作标准流程

2. 实施运用

按照量化→规范化→制度化→优化固化的整体思路,在实际工作中实施运用,起到示范引导作用。如党委理论中心组学习:首先选确定全年学习12个方面,做到季有安排、月有重点、周有篇目。其次规范了学习程序:确定学习内容、讨论主题→事先发放学习资料→个人提前自学,做好讨论准备→集中学习,讨论学后心得体会→学习后落实下次重点发言人,以及学习内容。再有确立考核项目3个:学习出勤情况、学习笔记、心得体会。明确党委书记为考核责任人,定期公示通报情况。

3. 确定标准

通过流程再造和实施运作,逐步健全了公司党建工作"五化"标准,即目标任务量化、工作措施程序化、操作标准规范化、考核项目数字化、总结提高长效化。

(五)以制度建设为保障,实现党建工作制度与生产管理制度同步制定

在新形势下,将公司的党建工作与生产经营管理工作融为一体,是公司在市场化进程中增强竞争力、实现和谐发展的坚强保证。河南发展公司通过党建制度与生产制度同步制定完善,规范党建工作有序开展,促进生产经营发展。一方面,党建制度是建设领导班子科学规范运行的先决条件,保障班子的各项工作有章可循;另一方面,通过企业党建完善的制度建设弥补生产经营管理制度的缺陷。公司党委领导班子认真落实集团、股份公司"三重一大"集体决策制度实施办法,严格执行民主集中制,建立健全了党委会、班子例会等议事决策机制,落实党内生活准则和议事规则,领导班子议事程序民主、规范,服务生产经营工作。在党风廉政监察制度上,紧紧围绕生产经营中心工作,以促进和保证干部廉洁自律为目标,以深化监督机制和防控廉洁风险为手段,将反腐倡廉工作同加强企业管理、规范经营行为相结合,将领导干部廉洁自律同关键环节权力运行监督相结合,营造公司的廉洁清正之风。在领导干部选拔制度上,公司坚持"能者上,平者让,庸者退"的思路,坚持有为才有位的原则,坚持选拔德才兼备、党建生产经验都丰富的用人标准,打造领导干部一兼两职、一岗双责的领导体制。公司还定期同步开展党建规章制度和生产管理制度回头看活动,认真梳理公司党建工作各项规章制度和生产管理制度,保证制度的完善、规范和可操作性。

(六)以考核评价为导向,实现党建工作与生产经营工作同步考核

河南发展公司科学设置综合考评指标,把生产经营指标、党建管理指标纳入综合绩效考核体系,把党建考核与生产经营考核结合起来。在考核公司党委班子成员及各党支部书记时,综合考核履行"一岗双责"的责任,不仅考核生产经营指标,同时考核党建工作责任落实的情况,充分发挥好考核"指挥棒"的正向激励作用,推动党建工作与生产经营的考核激励同频共振、互融互促。

在党委层面。统筹布局"二级联动考核",坚持从公司党委到基层党支部、党支部到党员层层考核,并坚持"考核效益看党建、考核党建看效益",把安全生产、经济效益、科技创新、和谐稳定等与生产经营息息相关的内容纳入党建工作考核指标,同时,在日常工作考核的基础上,建立健全党建工作现场检查考核机制,实施党建工作成效与生产经营绩效按2:8比例考核,保证考核结果与班子奖惩、干部任用、评先评优挂钩,推动党建责任制落实。坚持开展效能监察,发挥基层党委和纪委监督监察作用,加强对重点工程、物资采购等领域的监督监察,建立纪检、法律、财务、审计、群众和舆论监督相结合的"大监督"格局,深化项目监察、专项监察、指标监察和日常监督,确保国有资产不流失、领导干部不变质,营造风清

气正干事创业的政治生态和管理生态。坚持把基层支部工作经历成为选拔领导干部的重要台阶,把党支部书记岗位经历作为选用中层正职领导干部的基本条件、选用行政中层领导干部的优先条件,培养一批既会抓党建工作又会抓生产经营的复合型管理人才。

在党支部层面。研究实施党政工作"同步考核、双向挂钩",把中心任务完成情况纳入党支部考核,把党支部工作情况纳入班子绩效考核,通过双向赋予适当权重等方式,以双向挂钩倒逼双向融合,推动形成"一体两面"做工作、党政协力谋发展的工作局面。坚持问题导向,落实党员积分管理办法,细化党员积分考核,建立完善党员积分管理与全员绩效考核挂钩"双纳入"激励机制,引导党员围绕安全、生产、管理、急难险重任务发挥先锋模范作用,做到党员身边无事故、经济效益最大化,党员积分作为党员评先推优的重要依据。

四、实施效果

(一)提升了公司党建工作管理能力和水平,夯实了管理基础

一是党的领导全面加强。落实了"双向进入、交叉任职"要求,公司总经理与党组织书记实现"一肩挑",公司法人治理结构不断完善。全面落实党组织在公司治理中的法定地位,实现公司党组织"把方向、管大局、保落实"功能,保证领导核心和政治核心作用的发挥。二是党委主体责任全面落实。扎实开展党组织书记述职评议,层层签订党建工作目标责任书,实现党建与公司改革同步谋划、党的组织及工作机构同步配备、党组织负责人及党务工作人员同步配备、党建工作同步开展,推动党建工作抓在平时、严在经常。三是党基层组织坚强有力。一手抓阵地标准化打造,一手抓工作规范化运行,打造标准化党支部3个、过硬党支部2个,涌现了许亳路党支部"支部标准化建设"、机关党支部"移动党支部微党课"、许禹路党支部"微活动"等一大批先进典型。实现党员积分制管理,加强对党员和入党积极分子的日常监管,推动党员政治合格、执行纪律合格、品德合格、发挥作用合格。四是党员干部素质明显提升。公司严把选人用人政治关,梳理班子结构短板,找准空缺岗位需求,全面进行比选,精准匹配干部,优化干部队伍结构,公司党员干部整体素质明显提升。五是廉洁意识入脑入心。全面构建基础监督、决策监督、内控监督、专项监督、纪检监督、社会监督"六位一体"系统化惩治预防腐败体系,建立健全不敢腐、不能腐、不想腐的长效机制。公司"庸、懒、散、浮、拖"问题得到整治,工作作风得到转变,群众满意度大幅提高。

(二)探索形成了公司党建工作的新模式

河南发展公司党委积极主动应对高速公路行业复杂多变的形势,在"围绕中心抓党建,抓好党建促发展"方针指引下,始终遵循"党建做实了就是生产力、做强了就是竞争力、做细了就是凝聚力"的思路稳步前行,公司从指导思想、决策部署、人才培养、组织建设、改革变革、作风督导六个方面入手,将党的思想优势、政治优势、组织优势、人才优势、纪律优势等延伸到公司日常管理的各个层面和各个领域,把党建工作与生产经营工作同谋划、同部署、同检查、同考核,使两者相辅相成、互促互融,真正实现了党政同频共振、工作深度融合,推动公司优质高效完成各项任务,逐步探索形成了党建工作与生产经营工作深度融合的党建工作新模式。

(三)实现了党建工作与生产经营协同发展、深度融合

一是公司党建与生产经营在战略目标上同向一体,实现决策融合。公司全面贯彻落实党委会决策"三重一大"问题前置程序要求,使党组织的意见在公司治理主体中得到尊重和实现,确保党建工作在顶层设计和决策上与公司生产经营同步,并在不断探索和实践中,进一步完善制度保障,让基层党组织有制可依、有章可循。截至2019年9月底,公司利润总额18631.28万元,与2018年同期相比增长129.15%;净利润16126.32万元,与2018年同期相比增长144.42%;混改工作、投资开发、取消省界收费站等45项重点任务扎实有序推进,助推公司全年各项经营目标的圆满实现。二是公司党建与生产经营在工作落实上同步同频,实现执行融合。公司党委围绕党支部"五化"建设要求,做好党建工作模块

的分类设计,使不同类别、不同层级的党建工作有可参照、可复制的标准和经验,推进党建工作压实在一线、落实在基层、渗透到公司生产经营管理的各个层面。牢牢筑起了4个战斗堡垒、树起了82面鲜艳旗帜,党员干部干事创业、攻坚克难的坚定性和自觉性日益增强。三是公司党建与生产经营在作用发挥上同步合力,实现监督融合。公司积极推进党的监督体系与公司监督体系的深度融合,推进党的监督覆盖到生产经营和监督工作的全环节,建立事前、事中和事后全过程监督体系,形成监督合力。把依法依纪行使对党员干部的监督权与尊重公司人员的经营决策权统一起来,加强容错纠错机制建设,进一步细化界定生产经营过程中的合规与违规行为,营造了风清气正、鼓励创新、宽容失误的良好氛围。四是公司党建与生产经营在体制机制上协同加强,实现建制融合。公司将党建工作制度融入生产经营制度的相关流程之中,纳入企业管理制度体系,成为企业管理体系中的关键部分,与生产经营制度同步修订,同步实施。公司党委结合工作实际,进一步细化、量化各项工作,制定了公司党政一体化考核奖惩办法,并积极探索创新,大力开展有特色的党建活动,形成了“一支部一品牌一亮点”“抓党建、促发展”的基层服务型党组织格局,为推进公司改革转型,实现高质量发展提供了强劲动力。

大数据运用条件下多方协调联动的高速公路安全畅通保障系统构建与实施

山东高速河南发展有限公司

成果主要创造人:赵凤金　卢家洁

成果参与创造人:郝亚冰　徐　航　常　江　李　阳

山东高速河南发展有限公司(简称"河南发展公司")由山东高速股份有限公司(简称"山东高速公司")全资发起设立,于2013年9月6日在河南省工商行政管理局注册成立,注册资本6.1382亿元。公司主要从事公路、桥梁、铁路、港口等的建设、管理、经营、开发,房地产投资,矿产资源投资,旅游开发、物流园区建设开发,进出口贸易,矿产品、化工产品、电缆相关材料的销售等业务,是山东高速公司投资成立的河南省区域性全资子公司,目前主要业务方向是高速公路的运营管理及相关产业链、价值链多元化投资。

河南发展公司拥有山东高速集团河南许禹公路有限公司100%股权和济源市济晋高速公路有限公司90%股权,管辖主线里程合计177.29公里,大、中桥共91座,隧道11座,涵洞90道,通道61道,停车区1对,服务区3对,收费站10个,省级收费站2个,员工495名。管辖道路运营通车10多年来,先后获得了"河南省交通劳动奖状""河南省高速公路优秀项目法人""周口市重点项目建设先进单位"等荣誉,多次被河南省交通运输厅授予"年度先进单位"。自成立以来,河南发展公司秉承"服务大众、奉献社会,努力为驾乘人员提供快捷、畅通、优美、文明的平安大道"的宗旨,致力于山东高速省外品牌建设和河南省交通运输事业的发展,同时,按照现代企业制度的要求,锐意进取,求实创新,科学管理,规范运作,不断提高综合服务质量。

一、成果实施背景

(一)保障道路安全畅通是践行企业社会责任的需要

在高速公路网逐渐成形的情况下,人、车、路之间的矛盾进一步加剧,交通事故造成的损失持续增大,因局部交通堵塞引发大范围长时间的交通堵塞(社会称之为交通堵塞的"蝴蝶效应")也日益突出。截至2018年12月,河南省高速公路总里程达到6600公里,位于全国前列,交通枢纽地位突出,一旦境内高速公路发生严重拥堵,势必造成大面积交通中断,导致大量车辆、人员滞留。河南发展公司作为山东高速公司唯一在河南省运行的高速公路运营企业,有责任、有义务保障管辖高速公路安全畅通,为社会公众提供优质出行服务。

(二)保障道路安全畅通是行业发展的外在要求

当前我国社会各个方面及各个层面都在发生深刻变化,高速公路行业也不例外。高速公路在国民经济、社会发展、人民出行以及国家战略安全等方面的基础性作用正在日益增强,但是高速公路突发事件的发生频率也在不断增加,其对道路安全造成的危害也越来越明显。随着高速公路安全保畅工作面临的风险压力不断增大,迫切需要从管理创新的角度,寻找突破口,构建安全畅通保畅体系。因此,在新时代、新形势背景下,构建安全畅通保障体系已成为高速公路行业的必然选择,通过构建安全畅通保障体系能够有效预防交通拥堵,降低交通事故率,保障高速公路的安全畅通,对促进高速公路行业健康稳定发展起到了关键的推动作用。

(三)保障道路安全畅通是公司运营管理的内在需要

伴随着高速公路的快速发展,安全保畅工作面临着许多新情况、新问题,高速公路运营企业安全管理的广度、深度、难度都在日渐增大,尤其是近年来河南发展公司主营业务不断拓展,路段内桥梁、隧道、高边坡占比逐渐增高,车流量也在不断增加,安全畅通保障体系的构建显得尤其重要。通过构建安全畅通保障体系,强化跨部门、跨区域业务联动,促进安全信息化建设,不断提升高速公路通行能力,打造"畅安舒美"高速公路,对提高河南发展公司核心竞争力,树立优秀品牌形象具有重要意义。

(四)信息化技术为安全畅通提供了有力支撑

随着企业信息化技术水平的不断提升,大量数据的收集与分析为安全管理提供了强有力的保障,促使企业开启创新管理模式。传统模式靠人为统计分析数据,收集的数据信息分散,数据之间不互通,不能很好地整合利用现有数据资源,这就造成了数据的统计分析需要耗费大量时间、人力成本,而且结果的准确性也不能保证。但伴随着大数据、云计算等技术的广泛运用,企业可以充分利用信息化设备进行运行监测和数据统计分析,进而获取精确判断,采取科学决策应对各类拥堵事件,这为缓解拥堵、提高交通运行效率和安全水平提供了有力支撑。

二、成果内涵

河南发展公司坚持"安全第一、预防为主、综合治理"的思想,遵循"系统化部署防范、智能化实时监测、网格化应急管理、多方化协同联动"的整体思路,以信息化、智能化建设为基础,充分运用大数据统计分析,从组织框架、大数据运用平台、内外部联动、应急管理体系、安全设备设施、新型养护管理模式等方面入手,通过研究各方面安全管理现状,摸清在安全畅通保障各方面存在的问题,利用大数据、信息化技术,挖掘整合公司内外部应急管理资源,加强应急联动规范化建设,创新管理模式和工作机制,达到风险精准预警预测,隐患主动防范出击、事故科学有序应对,全面构建实施具有系统化、立体化、智能化特征的安全畅通保障系统。

三、主要做法

(一)明确整体思路,构建安全畅通应急保障组织框架

河南发展公司通过梳理统计管辖高速公路路段自2007年运营开通以来道路拥堵次数、易堵路段、时间点、应急处置时间等信息,充分了解掌握道路交通拥堵各类因素,做到了底数清、情况明。从加强应急保通能力、提升安全管理水平、履行社会责任的大局出发,构建涵盖"三个阶段"梯次推进(道路拥堵提前预警防范、道路拥堵信息实时掌控、道路拥堵一体联动快速处置)的高速公路应急保障组织,有力指导开展安全畅通保障工作,最大限度保障高速公路的安全畅通。

为有效解决道路拥堵时传统应急指挥体系瓶颈,河南发展公司按照"打破部门界限、加强统一指挥、强化协调配合、提升应急处置效率"的原则,适应性调整应急保障指挥体系,成立以公司总经理为组长,安全分管领导为副组长,其他公司领导、各部门负责人为成员的领导小组,负责统一领导安全畅通应急保障工作。

应急组织体系主要由应急救援指挥部及其办公室、现场指挥部、各应急救援组组成。公司应急救援指挥部由公司总经理担任总指挥,安全分管领导和相关业务分管领导担任副总指挥,公司各部门负责人任成员。公司总经理因特殊原因不能担任总指挥时,可由总经理指定一名公司领导担任。应急救援指挥部办公室设在安全主管部门,由安全主管部门主任担任办公室主任。同时进一步根据应急救援现场处置需要,应急救援组细分为了专家组、综合协调组、信息联络组、抢险救援组、后勤保障组、善后工作组、新闻发布组7个应急处置工作组(图1)。

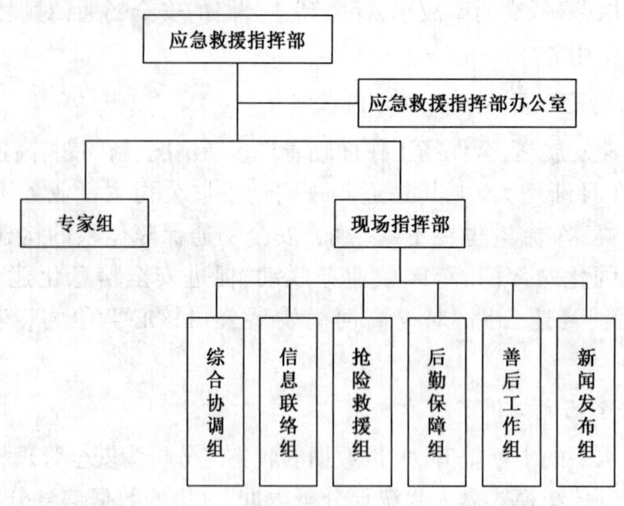

图1 应急组织体系

在此基础上,进一步分级分层建立应急指挥机构,分别成立安全、收费、路产、养护、信息协同的片区现场指挥部,建立"五位一体联合巡查,片区指挥协同作战"的工作机制,进一步明确职责权限。各基层单位参照公司配置,相应成立基层一级的应急指挥中心,建成了"横向全业务协同、纵向层级贯通"的组织体系,并根据实际协调执法局、交警、消防、医疗、安监、应急办等机构参与应急救援,紧密对接加强沟通,做到横向对接、上下联动、内外结合,应急处置效率得到了明显提升。

(二)以智能化建设为依托,建立大数据应用分析平台

河南发展公司以企业智能化运营管控系统建设为依托,进一步优化各项安全管理流程和制度,完善整合路网运行监测、动态信息监测、气象信息监测、事件动态监测、应急资源库监测、无人机监测、基础设施监测等系统,结合交通流量分析、气象数据分析、路网运行状态评估等数据信息,构建大数据应用分析平台,充分做到精准预警、科学应对、及时调度,保障公司所辖道路的安全畅通。

1. 建立预警体系,形成事故监测、预警网络

建立预警机制,对可能造成公路桥梁设施损毁、影响高速公路正常通行及其他需要提供应急保障的紧急事件信息进行分类,从监测预警内容、责任部门、监控与应急措施、上报方法等方面构建预警信息监测体系(表1)。

预警信息监测体系

表1

监测预警内容	责任部门	监控与应急措施	上报方法
重大恶性交通事故影响信息	运管中心路产管理大队牵头,信息监控调度中心、运管中心养护所、信息运维分中心参与	路况巡查制度、巡查管理规定、隐患排查整治、定期技术检测桥梁监测、信息共享机制、应急物资设备储备、协调联动机制、24 小时值守应急、路况、出行信息发布、车辆、人员分流方案	通过电话、传真、网络、应急移动通信设备等向上级部门汇报或口头报告
水灾监测预报、预警信息;洪水、堤防决口与库区垮坝信息;突发地质灾害监测预报、预警信息;环境污染事件影响信息	运管中心养护所牵头,信息监控调度中心、运管中心路产管理大队、信息运维分中心参与		
极端天气灾害监测预报、预警信息;国家紧急物资运输信息;车流量信息	信息监控调度中心牵头,运管中心路产管理大队、养护所、信息运维分中心参与		

对突发事件进行预警分级(表2),由业务部门提出预警状态启动建议,应急救援指挥部在2小时内决定是否启动相应级别预警,如同意启动,则发布启动指令,同时按规定向上级公司应急指挥部和政府

有关部门报告。应急调度指挥中心于1小时内,向各部门、运管中心下达指令并电话确认,应急救援指挥部办公室根据应急救援指挥部指示,通知成立现场指挥部和应急救援组,现场指挥部、应急救援组和各部门、运管中心进入应急准备状态。

突发事件预警分级 表2

预警级别	级别描述	颜色标示	事件情形
Ⅰ级	特别严重	红色	当遇下列情况之一,拟发出Ⅰ级预警:①交通事故导致路桥预测交通堵塞中断6小时以上或堵车15公里以上;②24小时降雨量10厘米以上;③24小时积雪深度达16厘米以上或公司所辖范围内路面普遍出现结冰现象;④多单位多路段浓雾天气且水平能见度低于50米;⑤风力等级达到9级;⑥需要发出Ⅰ级预警的其他特殊情况
Ⅱ级	严重	橙色	当遇下列情况之一,拟发出Ⅱ级预警:①交通事故导致路桥预测交通堵塞中断1.5小时以上、6小时之内或堵车3公里以上、15公里以内;②24小时降雨量5~10厘米;③24小时积雪深度达8~16厘米或多单位多路段大范围出现结冰现象;④多单位多路段浓雾天气且水平能见度在50~200米;⑤风力等级达到8级;⑥需要发出Ⅱ级预警的其他特殊情况
Ⅲ级	较重	黄色	当遇下列情况之一,拟发出Ⅲ级预警:①交通事故导致路桥预测交通堵塞中断0.5小时以上、1.5小时之内或堵车1公里以上、3公里以内;②24小时降雨量2.5~5厘米;③24小时积雪深度达5~8厘米或个别单位多路段范围内出现结冰现象;④个别单位浓雾天气且水平能见度在50~200米;⑤风力等级达到7级;⑥需要发出Ⅲ级预警的其他特殊情况
Ⅳ级	一般	蓝色	当遇下列情况之一,拟发出Ⅳ级预警:①交通事故等导致路桥预测交通堵塞中断0.5小时或堵车1公里以内;②24小时降雨量小于2.5厘米;③24小时积雪深度达5厘米以下或单一路段范围内出现结冰现象;④个别单位大雾天气且水平能见度在200~500米;⑤风力等级达到6级;⑥需要发出Ⅳ级预警的其他特殊情况

2. 建立以一个中心两个支撑为基础,全方位一体化运作为保障的智能化数据分析管控平台

一是整合管辖各部门的基础信息资源,建立基础数据库、主题数据库群、应用数据库、共享数据库等组成的数据库群,引入GIS(Geographic Information System,地理信息系统)、BIM(Building Information Modeling,建筑信息模型)系统,实现基础属性数据与空间数据结合,建立空间三维数据,形成高速公路数据中心,对内满足业务管理、决策分析,对外服务公众,为出行信息服务提供帮助。

二是以GIS平台和视频云联网平台为支撑,通过整合道路监控、收费站图像、路产巡逻车、无人机等视频和图像资源,对视频和图像进行深入学习分析与自动巡检,获取流量分析、能见度分析、事故事件分析、车辆轨迹分析等结果。

三是利用全程监控、电子地图等设备锁定路域易堵路段,采用电话、对讲机、微信等通信方式与现场人员取得联络,随时关注道路通行变化情况。充分应用无人机、大数据、云计算等新兴技术,开展无人机遥测查勘,实现风险识别和路段信息精准定位,通过观察分析无人机获取的高清晰度图片、摄像以及点云数据,指导工作人员找出拥堵原因,进而第一时间采取预防和处置措施。

四是平台可以图形化、数据化地实时监测全路网交通流量状态、设备运行状况、交通事件状况、应急处置资源分布情况、重大安全风险状况,统计分析各类相关数据,通过不同业务之间的信息共享,实现跨模块、跨层级、跨部门、跨业务的协同应用和处理。在出现极端天气、重大交通事故等紧急状况下,平台支持各部门间协同应急事件处置,提供较优解决方案辅助决策。高速公路用户也可通过PC终端、移动智能终端、车载智能终端等设备访问平台客户端,实时了解高速公路状况、天气状况、交通管制、交通事件等信息,并获得路径诱导和导航、紧急救援、咨询投诉等服务,提升高速公路出行的安全性和便捷性。

（三）加强内外部联动，健全应急处置多方协同保障机制

在互联网大数据时代，大量信息的收集和整合是一方面需要密切关注的，另一方面如何将各业务数据进行互通融合，灵活运用到安全畅通保障方面，这是需要高速公路运营企业重点考虑和研究的。河南发展公司通过与外部单位共享数据平台和信息资源，建立事故快速处理机制和突发事件应急联动体制，同时进一步创新管理模式，灵活运用大数据、信息化设备资源，完善各项制度和流程，切实提升了数据应用价值。

1. 实施事故快速处理机制，减少事故处置时间

一是在安全保畅工作中，河南发展公司、高速公路交警、地方路政、120 救援中心、清障公司达成了打造一条平安畅通高速公路的共识，并建立了各个层级事故快速处理机制。当地交警、路政均进驻河南发展公司应急救援指挥中心，共享大数据应用分析平台，通过监测路网数据信息，共同研究分析道路拥堵情况，统一发布高速公路管理指令，共同快速处置各类事故，实现快速反应、快速救援。

二是通过信息化技术合理分化普通和特殊路段关键点。各单位实施靠前管理靠前指挥，在各个收费站入口广场建立交警执法岗亭，在节假日、恶劣天气等特殊时段交警进驻到各关键点，到隧道监控室直接参与监控指挥，清障车直接停放于关键点路段随时待命等措施，有效减少了事故处置时间。

三是与高速公路交警、路政积极探索，针对发生的事故中大部分是轻微事故的特点，根据《道路交通事故处理程序规定》中"对发生事实清楚的财产损失事故，要求当事人先撤离再协商"的规定，对未造成人员伤亡或虽造成人员轻微受伤或轻微路产损失的，但事故事实清楚，责任明确的，一律要求先撤离现场再处理，改变过去必须要等高速公路交警到达现场并取证后再撤离的做法。授权应急保通人员、清障施救队员一旦先赶到现场，也可以进行前期处置，让事故车辆及时撤离现场。

2. 加强政企协作，建立突发事件应急联动体制

在地方政府和各联动单位的大力配合下，河南发展公司推动制订了《高速公路突发事件应急处置方案》，形成政府主导的高速公路突发事件应急机制，并大力配合支持 12328 应急救援中心建设，整合地方交通运输局、高速公路交警、地方路政、其他高速公路运营单位的数据信息资源，通过各方紧密配合，建立统一指挥、协调有序、高效运转的指挥调度体系，做到在发生突发事件、事故时，将监控处置、交通卡口、清障施救、事故调查等工作进行流程化联动，所有处置联动单位均由应急救援中心统一调度。同时面对路段的复杂性和多面性建立了联席会议制度，定期召开联席会议，通报联勤联动工作开展情况，分析道路事故原因，总结事故处置经验，查找不足，增强联勤联动管理效率。

3. 创新管理模式，加强公司内部多方协同

一是在原有高速路产、养护、信息、收费、安全"五位一体"联合巡查制度的基础上，通过统一的视频共享管理、预置位设置、弹幕视频联动等应用，推动收费、巡视、养护一体化进程，实现信息共享、行动协调一致，减少沟通环节，降低各部门日常运营成本。

二是积极探索大数据分析系统功能与实际管理应用，通过设置重点关注的相机分组、预置点位，实现视频资源的有效利用，任何部门发现道路异常情况都可以添加到路况组中，并根据职责分工安排部署应急小组采取应对措施，同时提醒其他部门做好协调配合工作，随时根据需求调配人员、设备等资源。

三是在大数据运用基础上建立了"51560"工作制度。通过路段视频监控及拥堵点分析统计，提前在各个关键路段附近设置路产巡查执勤点，发现异常或接到报警后，应急指挥中心及时通过电话、微信等工具将监测到的情况及位置反馈至附近路产巡查人员，值班路产人员接到通知后 5 分钟内过岗，15 分钟内到达现场，根据不同的事故（故障）类型和车型，在规定的时限内（最长不超过 60 分钟）恢复通行。特殊情况下，不能在 60 分钟处理完毕的，及时上报应急指挥中心，通知相关部门采取对应紧急措施，确保第一时间疏通道路。道路拥堵处置时限目标见表 3。

道路拥堵处置时限目标 表3

类型		车型	特殊情况	时限目标
故障车		一类、二类客货运输车	无	≤20 分钟
		三类及以上客货运输车	无解制动、卸半轴等情况	≤30 分钟
			有解制动、卸半轴等情况	≤50 分钟
事故车	单方	一类、二类客货运输车	无	≤30 分钟
		三类及以上客货运输车	一般都解制动、卸半轴	≤50 分钟
	双方或多方	一类、二类客货运输车	无	≤40 分钟
		三类及以上客货运输车	一般都解制动、卸半轴	≤60 分钟

(四)打造网格化应急管理体系,全面提高道路事故应急处置效率

根据以往高速公路拥堵事件处置实例,各单位、各部门都启动了应急预案,但是通过实践检验,应急预案制订与应用中仍然存在问题。主要反映在:一是应急预案涵盖范围不全,只是单一的某一项应急保障,但往往高速公路拥堵是多方面因素共同造成的,需要多方面考虑,并融入相关应急预案中。二是应急预案内容制订不细。有些应急预案内容过于原则和笼统,实际操作性不强。三是现场处置方案设定过于简单。特别是一些恶劣天气引发的大面积交通事故,往往伴随着爆炸、有害物质或气体泄漏、桥梁坍塌等危险情况,应急预案中没有充分估计到事故严重的情况。四是应急预案演练缺少大数据分析和信息化技术支撑。现在是大数据、信息化时代,抛开这些开展演练很难取得实质性效果,更不能做到与时俱进、面面俱到。

河南发展公司充分运用大数据分析构建网格化应急管理体系,从应急准备、响应程序、演练模拟程序化等方面对现有三级应急体系(综合应急预案、专项应急预案、现场处置方案)进行完善优化,使应急预案体系具备"全(覆盖全面)、细(可操作性)、练(情景模拟演练)、改(经常更新)、精(科学精准)、通(融会贯通)"等特性,为应急演练的精准有效实施提供了方针指南。

1.运用大数据分析改进应急准备的针对性

根据《中华人民共和国突发事件应对法》的要求,应急准备主要包括应急预案体系建设、应急物资储备、应急队伍建设、应急演练和培训等。河南发展公司运用大数据分析达到了优化应急物资储备,改进救援疏导方式,提升应急演练和培训效果的目的,有效提高了应急准备的针对性。例如:通过对交通拥堵事件条件下应急物资需求的关联分析,合理配置应急物资储备数量和存储位置;通过对交通拥堵条件下大规模人群行为规律的统计分析,有针对性地改进救援疏导方式;通过对交通拥堵条件下应急小组反应和处置流程的深度分析,有针对性地开展应急演练和培训。

2.运用大数据分析提高应急响应的及时性

应急救援的响应程序按过程不同,可分为接警、响应级别确定、应急启动、救援行动、应急恢复和应急结束等几个过程,其中警情判断、指挥与协调、信息发布、人员及应急物资调度、损失评估等对信息高度敏感,都可以通过大数据分析来加以改进。

一是接警与响应级别确定。接到事故报警后,针对事故现场进行数据采集,视频跟踪监测,信息化系统结合数据分析结果对警情作出预判,确定相应的响应级别。如果事故不足以启动应急救援体系的最低响应级别,响应关闭。

二是应急启动。应急响应级别确定后,信息化系统启动应急程序,将相关人员、设备、资源等信息反馈至指挥中心,按所确定的响应级别启动应急程序。

三是救援行动。指挥中心根据信息化系统数据和监测情况调配人员、设备进入救援现场,迅速开展事故侦测、警戒、疏散、人员救助、工程抢险等有关应急救援工作,当事态超出响应级别无法得到有效控制时,实施更高级别的应急响应。

四是应急恢复。信息化系统对应急现场处置进行监测,实时对人员、物资、周边环境、道路状况等信息进行评估,达到恢复通行的标准后将信息反馈给指挥中心,指挥中心结合反馈信息,下达恢复通行命令。该阶段包含现场清理、人员清点和撤离、警戒解除、善后处理和事故调查等工作。

五是应急结束。当事故现场得到控制,事件条件已经消除后,信息化系统将整个应急处置过程的所有相关信息进行汇总分析,形成事故统计报告,供指挥中心评审研究。

应急响应程序如图2所示。

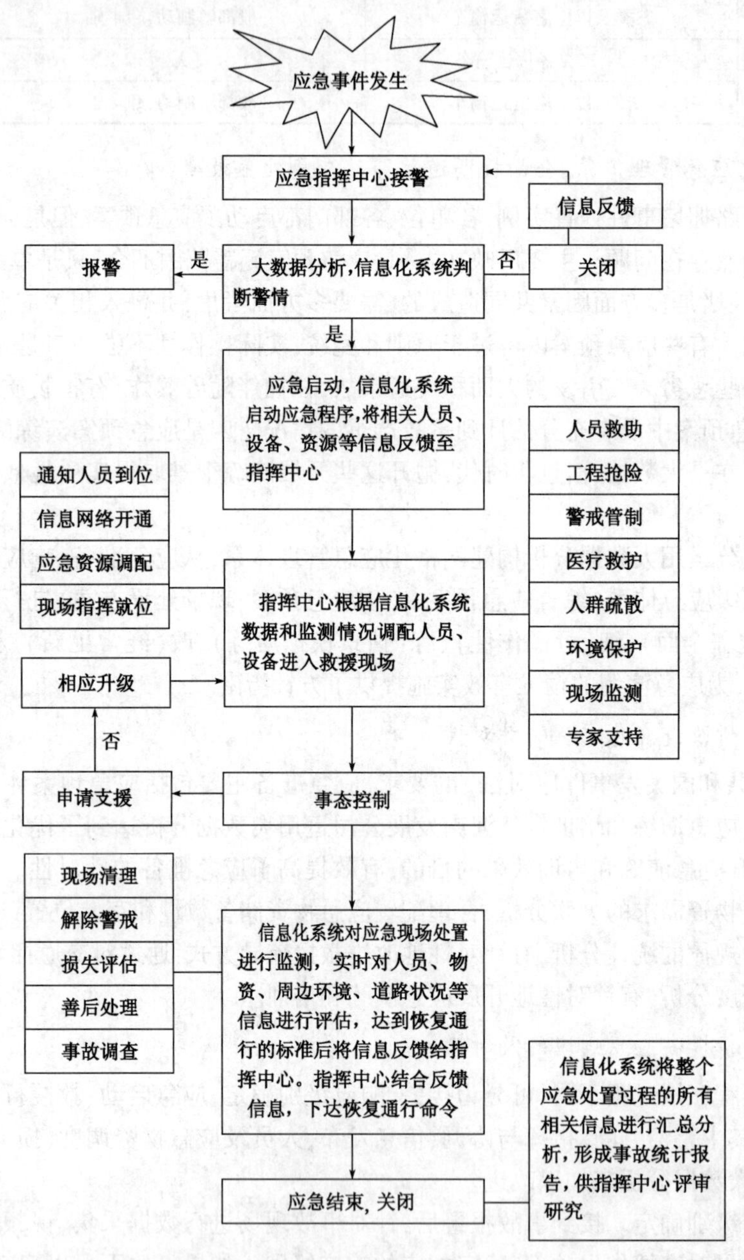

图2　应急响应程序

3.运用大数据分析提升预案演练的科学精确性

根据应急预案演练的内容、目的和作用的不同,演练方式一般分为桌面演练、实战演练、单项演练、综合演练、示范性演练、检验性演练等。为解决复杂突发事件演化过程不好预测,进而导致事件应急缺少针对性、较为被动的问题,河南发展公司提出在现有应急预案指导、事故模拟仿真、事故案例经验总结等方法基础上,引入基于大数据分析与预测的道路拥堵事件应急情景推演方法,将突发事件情景构建的结果(情景-任务列表)与相关大数据预测模型相结合,使预案模型与信息产生联动,提出具有普适性的突发事件情景演化规则的获取方法与技术路线,为复杂拥堵事件条件下应急预案的可操作性、应急演练与培训的实战性、应急处置的主动性提供科学方法与精确模拟。

大数据在应急管理体系的运用,增进了应急管理的信息能力,进而提高了应急管理的适应能力,很好地应对了高速公路交通拥堵的新风险、极端灾害和跨界危机挑战。2018—2019 年,河南发展公司在运用大数据信息技术基础上组织开展了多次跨路段、跨部门大型联合演练,覆盖全路段重点部位,模拟各类交通拥堵事故 10 余种,参与演练人员 1200 余人次,应急处置效率得到了明显提升。

(五)实施安全设备设施、安全警示标识标准化,营造有序安全的道路运行环境

高速公路安全设备设施和警示标志对降低交通事故的伤害、排除各种道路干扰、提高道路服务质量、保障高速公路安全畅通等方面发挥着巨大作用。高速公路安全畅通的保障离不开安全设备设施和警示标志的支持,通过合理设置安全设备设施和警示标志,能够有效预防交通拥堵事件发生,安全设备设施和警示标志是安全畅通保障系统不可或缺的组成部分。

1. 实施设备设施标准化,提升安全设备设施管理的规范性、有效性

针对高速公路设备设施资产规模多、使用频次较高、故障危害大等特点,对一般车辆、应急车辆、清障运输车辆、起重机械、养护施工专用设备、发电机组、压力容器、变配电系统、防雷设施、消防系统、防护用品等主要设施设备按照功能性进行划分,明确各类设施设备的安全保障功能,对这部分设备在操作人员、规范、保养、维护、工作制度等各个方面进行固化,并进行精细化、标准化规范和考评。通过设备安全管理标准化的实施,全面提升安全设备设施管理的规范性、有效性。

2. 推进警示标识标准化,充分发挥安全警示标识的警示作用

安全警示标识标准化主要是对管辖范围内安全管理部位的警示标识进行统一规划,按照国家相关行业标准,结合企业实际以及现场管理需要,按照统一尺寸、统一标识、统一图案、统一规格的原则,对企业范围内的安全警示标示进行规范,实现警示标识管理标准化,充分发挥安全警示标识在安全生产中的警示作用,减少道路交通事故的发生。

3. 通过大数据分析和智能监管,保障安全设备设施、安全警示标志标准化有效运行

借助大数据分析智能管控平台,统计汇总现有安全设备设施和警示标志配置情况,实时采集和反馈设备状态信息,将设备运行状态与监控图表、关键部位信息、管理业务有机结合起来,对设备的种类、备品备件、所在位置、更新时间、维护维修历史、运行状况等进行动态监管,跨区域信息共享,根据标准要求及时发出设备维护、维修、更换、补充、更新等信息提醒提示,同时结合故障案例库、智能搜索引擎、人员专家管理和设备能效管理等,辅助管理和决策者对设备运行状态进行全面把控,充分做到设备设施的科学配置、合理维护、适时更新、安全运转,保障安全设备设施及安全警示标志标准化的有效运行。

(六)创新养护管理模式,改善道路服务质量,提升道路畅通率

高速公路道路质量的好坏、施工时间的长短直接影响道路的安全畅通性。河南发展公司通过对道路养护和施工相关数据进行分析,利用车辆荷载和交通流量的发展规律,再结合现路面技术状况和日常养护工作的数据积累,建立路面、路基、设施等高速公路养护信息数据库,以大数据分析为基础,通过对各项道路、桥梁、隧道及交安设施等状况的分析,形成路段维修信息和道路状况精准信息台账,并结合科学决策和养护经验,构建了"运营管理部统筹协调指挥,运管中心直接管理,养护部门具体负责,专业维护单位协助配合"的新型养护管理模式,解决了体制不顺、管养不分、监管不力等问题,提升了养护管养水平,改善了道路服务质量。

通过对养护施工类型与工程量、施工总时间、道路车流量、季节性等特点进行统计分析,得出最优养护施工日期和时段,从而降低了养护施工对道路通行带来的影响。河南发展公司根据数据统计分析结果将专项和大中修养护施工日期安排在每年 4—10 月进行,施工时间则安排在车流量只有全天流量

17.8%的晚上11时至早上7时进行,同时把该路段的大规模养护施工、隧道清洗、机电维修、道路大中修等需要封道实施的施工集中在一起,以最大限度减少施工对交通的影响,确保道路的安全畅通。

四、实施效果

(一)高速公路安全畅通保障水平不断提高

自高速公路安全畅通保障系统推行以来,河南发展公司范围内发生的各类拥堵事件从往年平均53次降低为16次;超过1个小时以上的严重交通拥堵事件从往年平均发生11次降低为1次。指挥处置高速公路突发事件的效率明显提高,处理时间进一步缩短,影响和损失得到有效控制,未发生任何次生或衍生事件。

河南发展公司安全管理工作日臻成熟,制度体系更加完善,业务流程科学高效,大大改变了以往安全保畅工作的被动性和局限性,赢得了交通运输主管部门、同行业及广大驾乘人员对公司安全保畅工作能力的信任。

(二)高速公路安全畅通保障系统经济和社会效益分析

1. 经济效益明显提升

通过实施安全畅通保障系统,河南发展公司管辖路段交通事故及拥堵事件大幅降低,有效提高了车辆通行速度和效率。经过大数据统计分析,拥堵1小时会造成河南发展公司通行费损失9.54万元。由于安全畅通保障系统的实施和运用,2019年减少拥堵时间约43小时,挽回通行费损失410.22万元,经济效益明显提升。

2. 出行公众的生命财产安全得到更好保障

高速公路安全畅通保障系统实施后,河南发展公司能够实时掌握管辖路段通行情况,统筹多方力量进行应急处置,通行环境保持良好,满足了社会公众的出行安全、畅通等关键需求,保障高速公路交通安全的能力得到了明显提升。2019年,公司管辖路段未发生一起死亡3人以上的交通事故,出行公众的生命财产安全得到更好保障,受到了出行者的普遍好评。

3. 顾客满意度提高

根据河南发展公司《顾客满意监测控制程序》规定,每半年需要组织相关部门在所辖路段服务区和收费站进行顾客满意度调查。高速公路安全畅通保障系统实施后,公司共组织了两次顾客满意度调查,参与调查车次500次,按百分比计算平均满意度为99.22分,较2018年满意度调查结果提升了4.85%。

4. 品牌形象进一步得到提升

目前,河南发展公司高水平的道路质量、良好的通行环境和高效的拥堵事件处置能力,已成为在河南高速公路各运营单位中的典范,山东高速品牌得到广大驾乘人员的进一步认可,受到了社会公众的普遍欢迎,品牌形象和美誉度不断得到提升。

5. 有力推动新时代绿色发展和生态文明建设

通过提高拥堵事件处置效率、缩短道路恢复通行时间,道路交通拥堵现象得到极大缓解,通行车辆尾气排放量大大降低,高速公路安全畅通保障系统在减少大气环境污染、降低气候"温室效应"、履行大气环境保护上发挥了积极的作用,有力推动了新时代绿色发展和生态文明建设。

高速公路运营企业收费照明系统智能化运维管理

山东高速股份有限公司威海运管中心

成果主要创造人:张贵欣

成果参与创造人:刘明友　潘文选　董云彪　荆从环　于雪菲

山东高速股份有限公司(简称"山东高速公司")成立于1999年,自成立以来,公司坚持以人为本,聚焦路桥主业,以路桥运营主业为工作主线,以新旧动能转换为抓手,以让社会公众走最安全、最畅通、最舒适的路,享受到高品质的出行服务为目标,努力打造全国一流的路桥运营服务商。山东高速股份有限公司威乳信息分中心(简称"威乳信息分中心"),隶属于山东高速股份有限公司威海运管中心(简称"威海运管中心"),成立于2007年8月,负责威乳高速公路沿线79.6公里、6个收费站和1个监控分中心的信息机电系统保障工作。

自威乳高速公路2007年12月通车运营以来,威乳信息分中心始终坚持"文明服务、安全畅通、智能管控,优质高效"的工作理念,持续开展精细化、标准化管理和智能化技术创新,推动管理提升和服务升级;坚持走可持续发展道路,以节能降耗为目标,加强新旧动能转换,推动管理创新,打造"智慧高速"品牌,为收费运营提供保障,威乳高速公路收费额逐年稳步提升,取得了良好的经济效益和社会效益。威乳信息分中心获得交通运输行业"五星级管理现场"、省级"巾帼文明示范岗"、公司"信息管理示范窗口""卓越绩效管理优秀业务单元"等称号,有10多项QC(质量控制小组)成果取得省部级以上奖项,获得国家专利2项。

一、实施背景

随着信息技术的飞速发展,高速公路信息化水平不断提高,而机电系统是高速公路信息化、智能化水平的集中体现。智能化、智慧化的高速公路,既是社会各界不断提高的通行高速公路畅、安、舒、美标准的迫切需要,也是高速公路行业自身发展提升服务质量的内生需求。

(一)打造智慧高速品牌的需要

随着社会经济的发展和人民生活水平的提高,社会公众出行需求连年大幅增加,特别是部分节假日免费通行高速公路政策的实行,既给高速公路通行造成了较大压力,也对高速公路出行智能化、个性化、贴心化服务提出了更高的要求。

高速公路收费站照明系统是收费设施的重要组成部分,主要是安装在各高速公路收费站收费广场及雨棚上方的照明装置,用于向过往车辆提供照明,对收费监控管理和通行安全都有重要的意义。当前,高速公路收费站每天开关的设备有广场高杆灯、收费站标识灯和收费雨棚灯,特别是收费雨棚灯采用每个岗亭控制一条车道的方式,照明开关频繁。同时,在长期使用的过程中,随着年限的增加,灯具及线路的老化,断路、跳闸等故障时有发生,简单、机械的雨棚灯开关管控模式,既不利于车道通行安全,又影响了高速公路品牌形象。

在国家取消省界收费站、推进车辆收费站不停车快速通行的新形势下,高速公路运营管理单位要顺应社会公众期望,着力提高高速公路运营管理规范和服务水平。因此,改造原有的收费照明系统、建设收费站智能照明系统,对提高高速公路智能管控水平、展现山东省高速公路良好的形象、提高山东高速公司智慧高速公路的品牌影响力具有非常重要的意义。

(二)提升行业管理水平的内生需求

近年来,在山东省要求加快新旧动能转换、实现高质量发展的新战略下,山东高速集团有限公司(简称"集团公司")加快推进智慧高速公路建设的步伐,提出了"让人民群众走最好最舒适的路,享受高品质的出行服务"的目标,着力提高管理标准规范,要求所属运管单位切实解决社会公众对高速公路关注的热点、难点、痛点问题,不断提升管理服务水平。

针对收费站原有收费照明灯功耗较高、人工控制开关不便、安全隐患多等现状,威乳信息分中心立足实际,大胆创新,探索构建收费站智能照明管理系统。以威乳高速公路威海收费站为例,收费站设计广场高杆灯 28 盏,由 8 个开关控制,收费站标识灯由 1 个开关控制,雨棚照明灯 17 排 51 盏,由 16 个开关控制,开关分布在 16 条车道上,收费人员每天重复开关,特别是开关雨棚照明灯的时候要穿越车道到每个岗亭开锁、开灯,直至全部开关照明灯,平均每天开关灯的时间要超过 40 分钟,操作流程烦琐、劳动强度较大、安全隐患较高(图 1)。因此,解决收费站照明开关问题,探索构建智能照明系统的管理,做到能根据光线的强弱和车辆的到来自动感应和开启、关闭雨棚照明灯,在满足收费照明和车辆监控亮度的情况下,提高收费站管理的智能化水平,降低电能消耗,降低收费人员的劳动强度,减少安全隐患,提高车道安全通行能力,从而提高收费运营管理水平,成为收费站当前收费运营工作的迫切需要,也是高速公路运营管理单位亟待解决的重要课题。

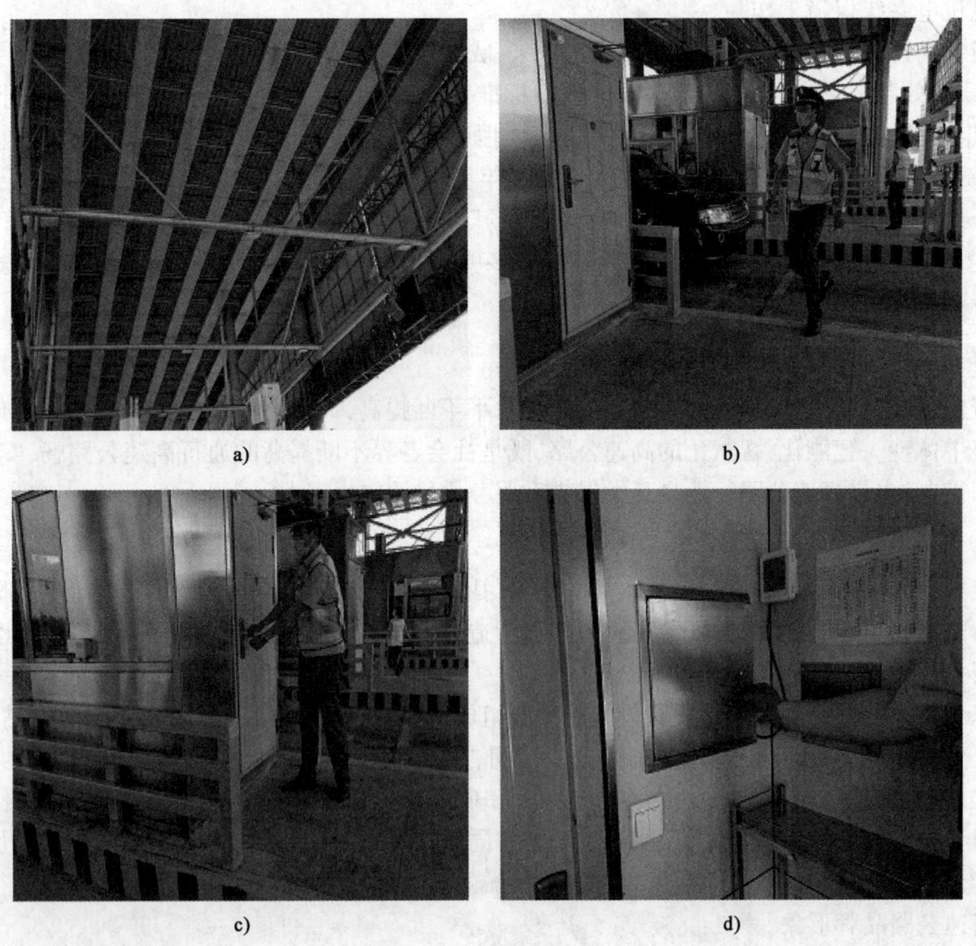

a)　b)　c)　d)

图 1

e)

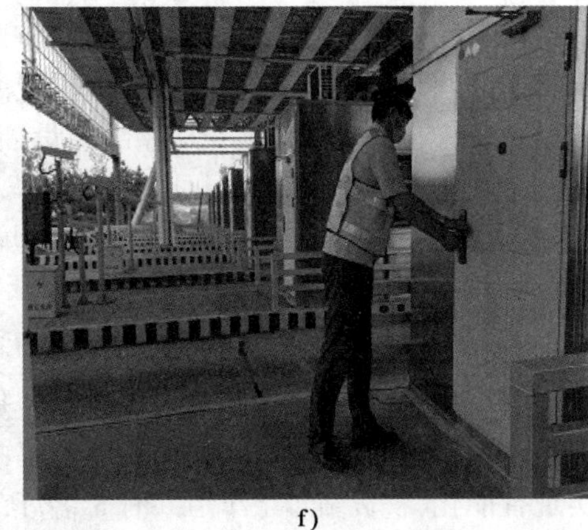
f)

图1　开关雨棚照明灯操作流程烦琐

二、智能照明系统的内涵

为了顺应山东省委和集团公司加快新旧动能转换、实现高质量发展的重大部署安排，按照山东高速公司“智慧高速”建设的顶层设计，威乳信息分中心针对无人化收费站建设这一行业发展趋势，坚持需求导向，积极探索，以收费照明系统为突破口，立足实际，大胆创新，探索构建收费站智能照明管理系统。该系统采用“三个整合”，把广场照明开关、收费站标识光亮开关、收费雨棚照明设备全部整合优化到一个控制平台上，当外界因素影响达到系统设定的条件时，照明系统会自动开关。另外，智能照明系统利用车道内通行的车辆作为开启当前车道雨棚灯的开关，从而实现“三个自动”，即根据光线强弱自动控制灯具开关；根据车道开启需求自动控制灯具开启数量；根据车流量自动控制灯具开启时间。优化后的智能照明系统同时具备移动端远程自动控制功能和应急抢修手动控制功能，不仅提高了高速公路智能管控水平，节约能源消耗，而且很大程度降低了安全管理隐患和员工劳动强度。收费照明系统实行智能化管理，充分展现了公司“智慧高速公路”的品牌形象。

三、主要做法

（一）明确照明系统智能化运维管理的工作思路和目标

为适应取消省界收费站后高速公路收费站“无人化”管理的趋势和全省新旧动能转换的新形势，威乳信息分中心以高速公路收费照明系统，作为智能控制和节能降耗研究的突破口，对目前收费站照明系统进行优化改造。

鉴于目前收费站照明灯开关需要人工操作、费时费力、智能化程度较低的弊端，威乳信息分中心成立收费站照明系统运维管理课题小组进行攻关，研制收费站智能照明系统，以智能、安全为前提，以智能控制的方式代替人工开关，从而提高雨棚灯管控的智能化水平。通过网上查询和查阅多方面的书籍，并进行同行业调查、市场调查，未发现市场上有智能照明雨棚系统的同类产品（图2）。因此，确立了构建一套智能照明运维管理系统的目标。

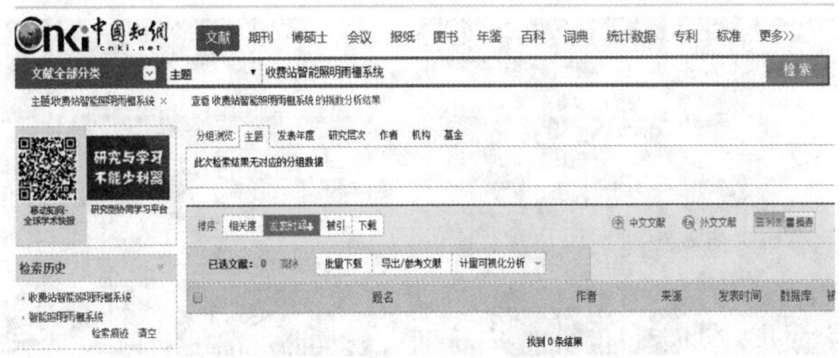

图2　“中国知网”查询结果表明无同类产品

(二)完善工作机制,建立协调高效的组织保障体系

为确保智能照明系统建设工作的顺利推进,威海运管中心成立了以主要领导为组长、威乳信息分中心和各收费站负责人为成员的智能照明系统建设领导小组,同时成立了以威乳信息分中心负责人任组长、威乳信息分中心小组成员及相关机电工程技术人员为组员的系统建设技术攻关小组,确保组织体系贯通、工作机构完善。在工作中,领导小组定期调度,提供人、财、物等方面资源保障,解决工作中的问题,为系统构建提供了有力的组织领导保障。

(三)优化线路设计,构建智能照明控制系统

对收费照明设备进行开关、线路改造优化。一是通过技术改造把广场高杆灯、收费站标识灯、雨棚照明灯的开关全部接入一个平台,实现照明设备集中控制,集中管理,开关标准统一。二是通过技术创新雨棚灯实现智能化,收费站每条车道共有 3 盏灯,基本雨棚照明灯在天黑以后光控开关自动开启,当有车辆经过车道时触发另外 2 盏智能灯开启,设定时间内有车通行的车道 3 盏灯全部保持常亮状态,如果设定的时间没有来车通行,车道的 2 盏智能灯自动熄灭,只保留 1 盏灯进行基本照明。收费照明系统平时自动化运行,在紧急及维修等情况下可以实施人工管理。

收费站雨棚照明灯开关示意图如图 3 所示。

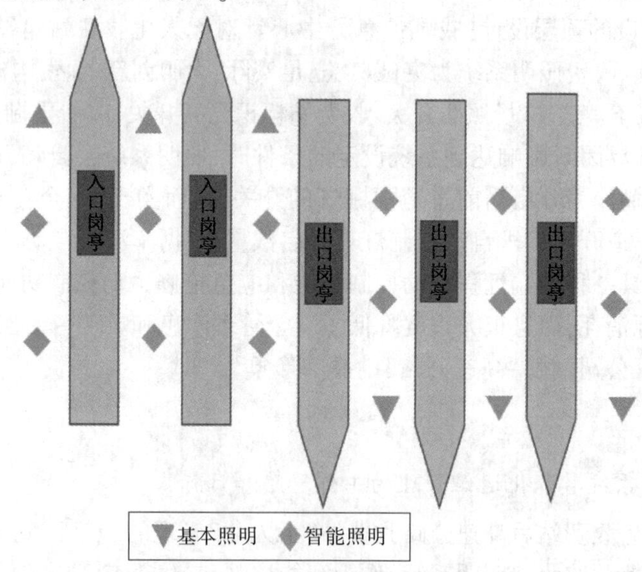

图 3　收费站雨棚照明灯智能开关示意图

(四)运用信息化技术,搭建智能管控平台

针对在用照明系统多元化、功耗较高、人工控制开关不便的现状,确定研发智能照明管理,实现精确自动开启和关闭照明灯时间,并且根据车道开启的数量增加或减少雨棚照明灯的亮灭盏数,达到节约能源、减少电费的目的;同时减少收费人员开关车道雨棚照明灯的次数,降低工作强度。优化收费站照明系统总控平台(图 4),自动控制所有收费照明设备,同时该设备具有使用 4G 网络或无线网络进行传输,能远程通过手机 App 或者是桌面 PC 机控制照明灯的开启和关闭(图 5)。

图 4　雨棚灯本地应急控制模块

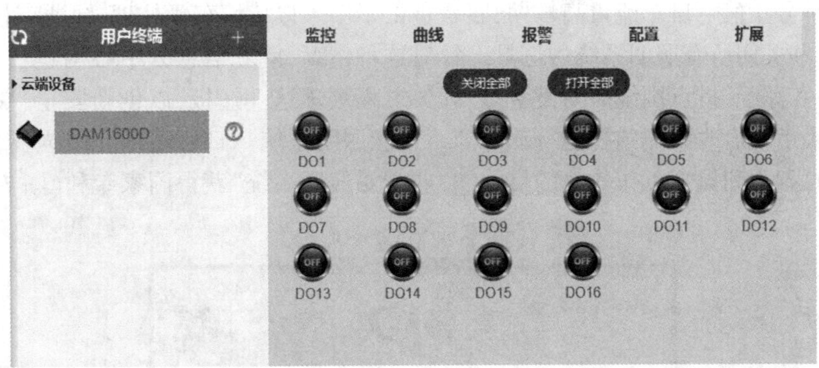

图5 PC端远程平台操作界面

(五)强化宣传与培训,提升运维管理能力

为更好地掌握智慧高速公路建设先进理念和当前信息化前沿科技知识,威乳信息分中心组织人员到江苏、浙江、上海等省市学习交通企业智慧高速公路建设的先进经验,通过对标学习,总结经验、取长补短,进一步解放思想、更新观念。威乳信息分中心技术小组成员购买了《轻松学电子电路》《电路学习指导》《电磁学》等专业教材,并在网络上搜集整理了部分无线电方面的材料,利用业余时间学习了《电子电路学》等教材,邀请哈尔滨工业大学威海分校专业人员授课,基本掌握了电子设备内部构造原理,提高了专业理论水平和研发能力。

(六)完善考核激励机制,提高运维管理效率

为了更好地对该系统进行推广,威乳信息分中心经过实际应用跟踪监测,不断优化完善,编写了《收费站智能照明系统使用说明书》,并组织对收费班长进行了操作培训,同时加强对传感器等敏感部位的日常清洁、保养工作,能根据需要适当地调试开启、关闭时间,使设备的稳定性显著提高,使用效果达到最佳。

该系统经过在威海收费站经过一段时间的实践应用,效果良好。此后,威海运管中心在威乳高速公路对所辖6个收费站的照明灯全部进行了改造和推广应用,并进一步修订完善了《威海运管中心绩效考核办法》(图6),对节能降耗成效显著的收费站给予绩效奖励。

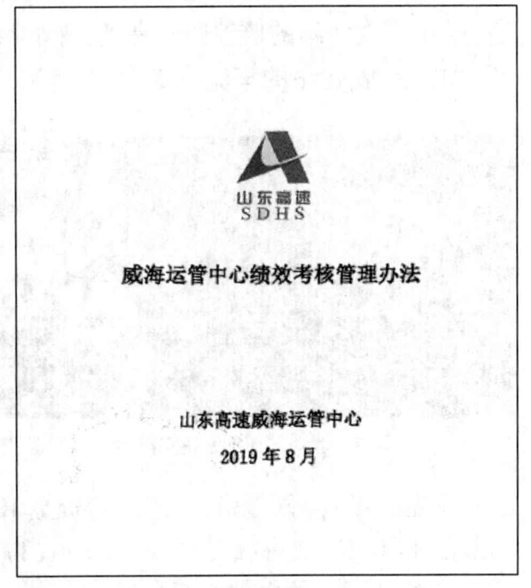
山东高速
SDHS

威海运管中心绩效考核管理办法

山东高速威海运管中心
2019年8月

图6 绩效考核办法

四、实施效果

(一)稳定运行提升了智慧高速品牌影响力

智能照明系统的实践应用,产生了良好的管理效益和社会效益。一是减少了安全生产隐患,收费人员不用穿越车道开关灯,特别是雨、雪、雾天等恶劣天气下,有效保障了人身安全和收费车道畅通。二是有效提高了工作效能,由于简化了收费人员每天现场重复开关雨棚灯的工作流程,大大降低了收费人员的劳动强度,有效提高了工作效率,保障了收费车道的安全畅通。三是智慧管控的照明系统、人性化的管理方式,受到社会各界好评,树立了公司"畅安·智行"的品牌形象。

(二)提高了企业智能化管理水平

智能照明系统的开发应用,主要是为提高收费站照明系统智能化管理水平。随着全国高速公路取消省界收费站工作的实施,大部分人工车道改为ETC(Electric Toll Collection,电子不停车收费)专用车道,多数岗亭变为无人值守,高速公路对人员的使用逐步在减少,造成目前收费站存在人员不充足的情

况,尤其是傍晚时分正值下班车流量高峰期,收费员忙于出入口特情车辆处理、绿通审核拍照等工作,往往不能及时开启和关闭所有照明系统的灯具。针对这种情况,威乳信息分中心构建智慧高速信息技术管理体系的思路和路径,重点围绕照明设备多、开关过程烦琐这一短板,以创新安全、快速、便捷的照明灯为突破口,将人工开启改为光感智能自动开启。智能照明系统每日可根据光线强弱自动控制灯具的开关,达到了省时省力和提高工作效率的目的。"收费站照明系统"获得国家专利(图7)。

证书号第8173975号

实用新型专利证书

实用新型名称:收费站照明系统

发　明　人:张贵欣;刘松峰

专　利　号:ZL 2018 2 0864709.X

专利申请日:2018年06月05日

专 利 权 人:山东高速股份有限公司

地　　址:250014 山东省济南市历下区文化东路29号七星吉祥大厦A座

授权公告日:2018年12月04日　　授权公告号:CN 208190988 U

国家知识产权局依照中华人民共和国专利法经过初步审查,决定授予专利权,颁发实用新型专利证书并在专利登记簿上予以登记。专利权自授权公告之日起生效。专利权期限为十年,自申请日起算。

专利证书记载专利权登记时的法律状况。专利权的转移、质押、无效、终止、恢复和专利权人的姓名或名称、国籍、地址变更等事项记载在专利登记簿上。

局长
申长雨

2018年12月04日

第1页(共2页)

图7　"收费站照明系统"获得国家专利

以威海收费站为例,威海收费站共安装了51盏雨棚灯,每天傍晚时分,第一排1盏基本照明灯开启,保证了收费站的监控照明亮度;有车辆通行的车道另外2盏灯开启,车道内的3盏灯全部点亮;晚上10时以后,收费站的车流量变少,收费站减少出入口的数量,30分钟以后,无车辆通行的车道内的雨棚照明灯2盏熄灭,只保留1盏基本照明灯,有效节约了电能(图8)。

图8　收费站照明系统实行智能化管理

(三)节能减排效果显著,具有良好的示范推广价值

收费照明系统的管理优化具有良好的经济效益,有效节约了电能消耗,降低了生产运营成本。威海收费站雨棚照明灯经过10多年的使用,线缆和灯具老化严重,威乳信息分中心以该系统建设为契机,自行组织力量,更换了新的线缆和LED(Light Emitted Diode,发光二极管)雨棚灯,节约改造资金12万余元。经统计,收费站雨棚照明灯将原来的高压钠灯改造为节能LED灯,威海收费站16条车道(17排灯)每年可节约电费约3万余元。威乳高速公路6个收费站每年共计可节约电费5万余元。

具体测算如下:

①威海收费站一共有5个入口、11个出口,合计16条车道,一共安装17排照明灯,每排3盏,合计51盏。以前安装的是250瓦的高压钠灯,收费站每年的电费约365×10×0.25×51×0.89=41418.375元。

改造为LED灯每年电费约为365×10×0.1×51×0.89=16567.35元,改造智能雨棚照明系统后每年的电费约为365×10×0.1×21(17盏常亮+4盏控制照明)×0.89=6821.85元。

综上所述，改造为LED灯后，威海收费站雨棚照明每年电费为6821.85元，比改造前节约41418.375－6821.85＝34596.53元。

②威乳高速公路其他5个收费站共45条车道135盏灯，实行智能照明系统(基本照明灯45盏＋智能灯16盏)以后，每年节约电费365×10×0.1×(135－61)×0.89＝24038.9元。

城市轨道交通法律风险防控体系建设

青岛地铁集团有限公司

成果主要创造人:王松山　张　潇

成果参与创造人:丁智国

青岛地铁集团有限公司(简称"集团")作为市属大型国有企业,与青岛市地铁工程建设指挥部办公室合署办公,具体承担青岛市轨道交通的建设、运营、投融资以及资源开发职能。截至2020年9月,国家共批复青岛市城市轨道交通9条线路。2019年,青岛地铁新开工两条线,在建5条线188公里,2号线全线贯通,运营线路4条共176公里。全年安全运送乘客1.88亿人次。全年完成投资216亿元,连续四年超额完成投资任务。资产总额1628亿元,较年初增长77.2%。资产负债率61.7%,保持在合理稳定水平。集团职工总数达11391人,较2019年初增长33.2%。荣获"争创全国巾帼文明岗"1项、全国总工会专项经费资助1项、"山东省富民兴鲁劳动奖章"等省级荣誉2项、"青岛市工人先锋号"等市级荣誉15项。未来,集团将按照青岛市委、市政府统一部署,以《交通强国建设纲要》为总抓手,持续推进城市轨道交通建设,构筑起便捷高效、安全舒适、节能环保的城市轨道交通服务体系,全面进入地铁网络化运营时代。

一、实施背景

党的十八届四中全会审议通过《中共中央关于全面推进依法治国若干重大问题的决定》,全面推进依法治国被提升到了国家战略层面。中央和省、市出台了许多文件和政策,部署和落实依法治国、依法治企的重大决策。承担国家战略布局使命及重大社会责任的国有企业,是贯彻依法治国方略、推动自我依法治理的重要力量。

随着青岛地铁建设、运营、投融资和资源开发等多元板块的全面铺开,集团规模快速增大、机构日趋庞杂,面临的法律风险也不断出现并大幅攀升,一定程度上影响着自身的可持续发展,对法律风险管理工作也提出了更高的要求。为了全面、清晰、准确地揭示集团各业务领域的法律风险,实现集团法律风险控制的全方位前移,集团在全国地铁行业开创性地启动了法律风险防控体系建设工作,仔细梳理并认真排查集团整体面临的法律风险,研究提出应对措施,在实践中不断地完善,将法律风险控制在最低限度。

二、成果内涵

(一)在地铁行业内开创了法律风险管理体系建设的先河

目前全国地铁行业中还没有系统研究法律风险管理体系的先例。该项目立足长远,面向全局,勇于尝试,聚焦行业特点,历经三年多的时间,最终建成了地铁行业甚至交通行业可操作性、可复制的法律风险管理体系的"样板工程"。

(二)创新性提出"动静结合"的体系建设与运行的思路

实现法律风险管理体系建设的预期目标,必须要做好两方面的工作:一是要在建设中形成的各种规范、制度、操作指引、基础信息库,为体系建设提供基本依据;二是建立各类保障机制,为体系自我运转提供有效支撑。据此,集团法律事务部将体系建设划分"静态"与"动态"两个层面,并统筹建立了"一制度、三系统、四数据库"为基础的"静态规范体系"和以"监测与预警、报告与处置、检查与整改"为核心的"动态运行体系”,最终完成一整套具有自身特色的可扩充、可复制体系建设标准(即体系建设的“地铁模式”)。

(三)把系统理论、管理理论与工具引入法务管理工作

①本项目通过对风险控制职责的分解,在纵向上将风险控制引申到生产经营的各个环节,在横向上将风险控制落实到各个部门和岗位,实现全面管理、全体管理和全过程管理。

②本项目的突出特点在于把定量分析引入法务管理领域。在体系建设中,集团会同相关咨询机构、行业专家、各业务板块负责人,共同制定了一套科学风险识别、分析与控制方法,为法律风险设定了统一的度量指标,并细化了各个指标的评估维度,对全部风险进行了量化测评,在此基础上划定风险等级,确定重大法律风险,提出结构化应对措施,进而促进管理手段的优化与管理水平的提升。

三、主要做法

2015 年,经集团领导专题研究,作出了开展法律风险管理体系建设的重大部署。在行业内无实践先例、行业外成熟经验不足的情况下,集团法律事务部在充分调研的基础上,先后撰写完成了《集团法律风险调研报告》《中国地铁行业法律风险分析报告》,确定体系建设指导意见,制定具体工作方案,形成了法律风险管理体系建设工作的“路线图”。2016 年,围绕地铁建设、运营、资源开发、投融资等重点领域,逐一开展访谈、梳理法律法规与相关案例,全面铺开体系建设工作,形成基础数据库。2017 年,进行调整、完善、深化,同时制定出台了《法律风险管理制度》。2018 年,组织对该体系进行深度完善,全面更新相关工作成果,完成法律风险防控主指引以及专项指引库、相关图表数据库、法律法规库、案例解析库,配套建立了信息传递系统、数据更新系统、防控措施追踪评价系统,同时着力加强体系自运行能力,实现了法律风险信息的实时监测、动态更新、精准预警,法律风险事件的报告与及时处置,法律风险年度检查、评估与整改提升,最终形成以“一制度、三系统、四数据库”为基础的“静态规范体系”和以“监测与预警、报告与处置、检查与整改”为核心的“动态运行体系”,形成了地铁行业首个可复制、可扩充的全面、完整的法律风险管理体系,体系建设成果得到了国内权威法律专家的高度认可。2019 年,集团为深入推进法律风险防控工作落地实施,根据集团法律风险管理的现状,修改《法律风险管理制度》,使其更贴合于法律风险管理工作实际及集团发展需要。梳理确定集团各部门法律风险清单,选取部分单位对法律风险管理工作进行抽查,督促整改。2020 年上半年,以增强防控实效为目标,反复与各业务部门对接沟通,基本达成一致意见,形成了通用法律风险清单和各部门专用法律风险清单。清单中包含各风险点所属的一级业务和二级业务,以及每条风险点的风险名称、风险行为描述、引发的法律责任与后果、风险等级、风险应对策略与建议等。通过由集团主要负责人和各部门负责人签订法律风险防控责任书的形式,可进一步压实各部门法律风险管理责任,实现法律风险管控到岗到人的目的,切实提高集团法律风险管理水平。同时,责任书附件中明确列明了各业务部门常见的法律风险点,为各部门自上而下逐级落实法律风险防控要求,并在日常工作中快速查找和对照提供了参考和依据。集团每年更新法律风险防控指引,定期开展专项检查,强化检查整改,跟进集团实际梳理建设单位主体责任及法律风险,有序组织运营分公司、集团各部门开展防控责任落实工作,力图使得法律风险管理理念更加科学、合理,以最小的成本获得最大的法律安全保障。

此外,集团在建立了全面法律风险防控体系的基础上,为推进法治工作与经营管理工作之间有效协同,形成助推集团快速发展的强大合力,针对业务领域中突出的专项业务问题,积极开展了一系列的专题研究工作,近两年来陆续进行了知识产权管理、人力资源管理、房地产开发、公司治理、高管合规、客伤纠纷预防与处置等许多业务领域问题研究与风险应对措施研究。例如在知识产权管理方面,存在着系统管理体系缺失、缺乏主管部门以及对现有相关知识产权归属约定不明的问题;在人力资源管理方面,存在着运营公司对委外单位管理不规范的问题;在房地产开发方面,存在着项目尽职调查报告不够完善、资源开发公司与项目公司人员混同的问题;在公司治理方面,存在着章程模板化、个性化不足的问题,缺乏完善的股东会议事规则,缺少外派的董、监、高的任免与监督机制;在高管合规方面,存在着董事未充分知悉和遵守公司章程及规定、监事职位形同虚设,监事履职缺失的问题;在客伤纠纷预防与处置

方面,存在着缺乏事先的纠纷预防及管理内容、客伤处置技能提升问题、客伤诉讼处置经验不足,案件协调处置机制尚未建立等问题。上述对相关法律问题的专项研究工作,提出了实践中具有可操作性的解决路径和思路,有效破解了制约地铁建设的诸多难题。尤其是针对建设过程中频发的安全生产及工程分包事件,为有效防范相关法律风险,集团对青岛地铁工程现状进行了专项评估。通过审查涉及青岛地铁工程分包、安全生产事故主体责任相关合同、制度、招标材料、往来函件等资料,就有关问题进行调研访谈,检索全国地铁建设工程典型案例,分析全国建设工程安全生产及违法分包综述,提出保障青岛地铁建设工程安全的防范建议和违法分包现象整改意见。

集团针对城市轨道交通法律风险防控相关课题研究清单见表1。

城市轨道交通法律风险防控相关课题研究清单　表1

序号	工作项目	工作内容	研究发现问题	工作建议	完成时间
1	进行集团知识产权管理法律调研	对集团知识产权现状以及管理中的问题进行调研分析,完成集团知识产权诊断报告,提出改进工作的意见和建议	1.各类知识产权方面 ①商标方面:商标申请数量偏少;怠于及时注册和续展商标;商标使用流程不明确;内容不规范;缺少商标管理制度和应急预案;集团商标存在被相关主体侵权情形。 ②专利方面:专利申请量偏低,专利不受重视;专利撰写缺少案前审核和可专利性分析;未与员工约定知识产权归属,专利申请策略不当;专利在未申请前就以发表论文专著的形式公开;专利说明书及权利要求书撰写不规范;对专利缺乏有效监测。 ③著作权方面:未及时进行著作权登记;与员工之间未约定著作权归属;缺少著作权管理制度和应急预案;使用的个别软件涉嫌侵犯著作权。 ④技术合同方面:缺少项目立项调查;技术开发风险责任约定不明确。 ⑤域名方面:域名被他人抢注;工作人员对域名知识不了解。 2.知识产权管理方面 ①系统的知识产权管理体系缺失。 ②没有明确知识产权管理的主管部门,导致知识产权管理中权责不明,管理无法落地,存在较大知识产权管理法律风险。 ③各层级管理人员知识产权意识薄弱,缺乏对相关知识产权基础知识的必要了解	①逐步建立健全知识产权各项管理制度。 ②初步搭建集团知识产权管理架构,结合集团实际,明确知识产权归口管理部门,负责统筹、规划、管理知识产权的申请、维护、使用和风险管控工作。 ③目前阶段可将具体的知识产权事务如知识产权的申请、维护、知识产权纠纷解决、专项课题研究等工作外包给律师事务所或知识产权服务机构,凝聚企业和外部机构合力,统筹做好知识产权管理的相关工作。 ④对集团知识产权管理涉及的各部门及下属公司各层级管理人员定期进行知识产权专项培训,强化管理人员知识产权意识,提升知识产权管理工作"软件"实力	2018年6月30日
2	开展施工影响类诉讼案件专项法律研究	对房损、经营性补偿等诉讼案件进行全面分析,提出预防建议和该类案件处置方案	①相关机构出具的鉴定报告往往对损害后果与地铁施工影响的因果关系表述模糊。 ②建设单位和施工单位缺乏证据意识。 ③在纠纷前期处理过程中,个别建设单位没有划清与施工单位的管理界限。 ④有些建设单位作为被告,在庭审抗辩时未能强调地铁工程作为公共基础设施建设的"社会公益性"以及公民对该类工程施工应承担一定的"容忍义务"	1.进一步加强施工管理工作,从根本上预防和减少诉讼案件的产生 ①强化施工过程管控。 ②提升证据意识,及时做好证据收集工作。 ③明确主体责任。 2.进一步完善涉诉事务处置机制,全面保障集团合法权益 ①结合集团案件管理实践,健全诉讼管理制度。 ②积极汇报,争取司法机关支持。 ③及时总结指导工作。 3.进一步细化应诉措施,降低诉讼风险 ①严格按规定成立应诉组织。 ②依法主动参与诉讼活动。 ③积极行使诉权	2018年8月31日

续上表

序号	工作项目	工作内容	研究发现问题	工作建议	完成时间
3	开展集团法治建设课题研究	进行企业法治建设识别与评价,形成企业法治现状分析报告,提出推进依法治企工作的指导思想和工作方案	①制度顶层设计尚未发挥应有的促进作用。 ②集团整体法律意识有待加强。 ③集团业务的规模化扩张与法律风险的防控工作不同步。 ④集团尚未形成有效的法务管理体制。 ⑤集团法务工作总体深度不够,仍处于被动应对状态	①法律事务部全面充分履职,支持集团的全方位发展。 ②深入推进法治企业建设,保障集团的可持续发展。 ③有预见性地开展前瞻性法律问题研究,助推集团的创新发展。 ④发挥法律监督作用,推动集团合规化发展	2018年12月30日
4	集团合规管理体系构建研究	参照《中央企业合规管理指引(试行)》,跟踪中央企业合规管理建设动态,结合青岛地铁实际,形成集团合规管理体系构建研究报告	①合规意识有待进一步提高。公司整体对合规的认识存在偏差,更没有形成统一的认识,普遍存在着"三重三轻":重业务,轻规范;重事后补救,轻事前防范;重基层人员管理,轻管理层人员约束。 ②架构体系有待进一步完善。公司尚未建立合规管理组织架构,没有明确的合规管理机构,无法保证合规管理部门的独立性。 ③违规惩罚有待进一步加强。各单位业务工作中存在以感情代替制度、以信任代替监督等现象,工作事项处理中掺杂同事关系、领导要求等情形,对规章制度的执行不到位	1.应尽快完善合规管理制度体系 ①制定合规管理专项制度。 ②进一步制定合规管理配套制度。 ③实现重点领域合规要求标准化。 ④制定业务合规指引。 2.应逐步健全合规管理组织体系 ①集团董事会设立合规委员会。 ②集团设立合规总监(首席合规官)。 ③集团成立法律合规部。 3.应多措厚植合规管理文化体系 ①深化合规理念宣导。 ②发挥领导干部"关键少数"引领带动作用。 ③开展多样化合规培训。 4.应科学构建合规管理运行体系 ①合规风险识别和评估。 ②合规咨询与合规审查。 ③合规监督检查与监控。 ④合规举报、问责与考核。 ⑤合规处理和持续改进	2019年10月30日
5	专题研究房地产开发管理法律风险问题	对集团房地产开发过程中面临的法律风险进行全面调研分析,形成专题报告	1.投资项目决策方面 房地产项目投资决策制度与集团相关办法之间的衔接度不够,管理界面不够清晰。项目尽调报告等不够完善,导致风险研判和应对措施制定不够全面。 2.合同管控方面 目前已签署的房地产开发合资合作合同中,对青岛地铁名称的使用标准及要求约定不够明确,也缺乏相应的监督管理措施。 3.人员及业务管理方面 资源开发公司与其投资的项目公司之间存在人员交叉任职、业务合并推进、办公场地及设备混同等现象,尚未真正建立起风险隔离制度。 4.制度及业务管控方面 制度内容较为简单,在实务操作中存在事先确定股权受让方等问题。 5.人员派驻方面 《委派人员履职规范指引》虽明确了委派人员的权利义务、履职汇报决策流程、工作报告制度等,但针对不同类型委派人员的管理要求不够细致、责任追究力度不足	①进一步完善投资项目决策有关要求。 ②进一步加强对合作协议签署及项目公司设立的管控措施。 ③进一步完善投后管理措施。 ④进一步完善项目转让及退出管控措施。 ⑤进一步完善内部法务及外聘律师全程参与机制。 ⑥进一步完善合同履约全过程管控机制	2019年11月30日

续上表

序号	工作项目	工作内容	研究发现问题	工作建议	完成时间
6	开展集团公司治理法律问题研究	对集团及下属公司注册登记、章程文本、股权和股东结构、董监事履职等情况开展全面深入调研,分析存在的问题或风险,提出改进或者应对的意见建议,从而对集团和分子公司的治理现状作出明确的剖析与指引	①章程模板化,条款趋同化,难以适应实际治理需求。 ②子公司缺乏完善的股东会议事规则。 ③可能存在人格混同等股东承担责任的问题。 ④缺少董事会风险控制专门委员会等决策咨询机构。 ⑤缺少外派的董、监、高的任免与监督机制	①根据公司性质及控制权情况,设置有特色的公司章程。 ②完善风险隔离墙制度,避免公司承担连带责任。 ③建立健全董事会专门委员会制度,规范公司治理指令发布的议事规则。 ④完善外派董监高的任免、行为规范、履职监督和绩效考核激励机制。 ⑤完善公司董监高任免及兼任职务申报制度。 ⑥充分发挥党委会、纪委会在公司治理中的重要作用	2020年4月30日
7	开展地铁客伤纠纷专项法律研究	针对地铁开通以来客伤频发以及部分乘客诉诸法律的情况,开展地铁客伤纠纷全面法律分析,提出预防和处置措施,形成专项报告或意见建议书	1.体制机制方面 ①现有客伤管理制度主要规定了客伤发生后的现场处置工作内容,整体上缺乏事先的纠纷预防及管理内容。 ②尚未针对各车站客伤现场处置工作建立综合评价机制。 2.设备设施环境方面 ①监控盲区问题。 ②现有防护措施设置必要性、合理性、充分性问题。 ③设备设施质量问题。 3.员工方面 ①人员、服务稳定性问题。 ②客伤处置技能提升问题。 ③客伤演练实效问题。 4.客运安全检查方面 从客伤预防或乘客安全保障角度缺乏专门的客运安全检查安排。 5.乘客调查及宣传方面 在乘客地铁安全知识水平了解掌握方面,尚未开展过有关调查分析,未制定相应安全防护宣传措施。 6.事后处置方面 ①目前部分线路未严格按照制度规定配齐配全记录仪等取证设备,如遇监控盲点,则可能导致取证不利。 ②存在对部分无理索赔进行赔付的情况,一定程度上助长部分乘客肆意索赔的风险。 ③从当前和解协议书内容上,无法判断地铁方有责还是无责。 ④客伤结案分析工作尚未纳入制度之中,形成长效机制。 ⑤目前客伤诉讼处置经验不足,案件协调处置机制尚未建立	1.预防措施方面 ①建立健全客伤管理体制机制,提高客伤管理工作的系统性、规范性。 ②优化完善车站设备设施及环境,依法合理设置安全保障措施。 ③增强工作人员客伤现场处置能力,提高安全保障工作的持续性、稳定性。 ④定期开展客运安全检查、客运安全演练。 ⑤加强对乘客安全乘车素质的调查,开展有针对性宣传活动。 2.处置措施方面 ①进一步做好证据的收集和留存工作。 ②合理选择解决途径,最大限度维护地铁方权益。 ③建立健全客伤案件应诉机制,成立案件协调处置小组。 ④加强案件研判,争取司法部门支持。 ⑤强化案件闭环管理,及时改进现有工作	2020年6月30日

续上表

序号	工作项目	工作内容	研究发现问题	工作建议	完成时间
8	开展多元化解地铁矛盾纠纷机制研究	随着地铁建设、运营的不断深入，各类地铁矛盾纠纷逐年呈上升趋势，探索多元化解地铁矛盾纠纷的相应机制有助于完善矛盾纠纷的化解途径，维护集团的合法权益	①信访矛盾纠纷主体成分复杂。 ②信访矛盾纠纷反映的途径及形式多样。 ③信访矛盾纠纷引发的原因和诉求多元。 ④现有矛盾纠纷化解方式较为单一，缺少多元化的矛盾纠纷化解机制	①加强矛盾纠纷源头治理。 ②多渠道推广地铁热线品牌，提高信访投诉办理效率。 ③加强地铁工程建设方面的舆论正向引导。 ④加强与沿线区市政府沟通协调。 ⑤律师参与信访矛盾纠纷化解。 ⑥建立地铁建设相关矛盾纠纷专业调解委员会。 ⑦建立集团信访听证工作程序	2020年7月31日
9	开展集团公司董监高合规履职风险专项研究	梳理董监高合规履职责任内容，结合集团实际和经营管理活动中可能存在合规风险，提出应对措施和建议，形成专项研究报告或意见建议书	1. 董事履职的不合规表现 ①董事未充分知悉和遵守公司章程及规定。 ②董事在参加会议、提出建议时，未充分发表意见。 ③董事的日常履职行为缺乏规范性，怠于履行对公司的忠实义务。 2. 监事履职的不合规表现 ①监事职位形同虚设，监事履职缺失/不到位。 ②监事怠于履行忠实义务和勤勉义务。 3. 高级管理人员履职的不合规表现 未完全遵循公司章程和董事会授权，执行股东大会或股东会、董事会和监事会决议	①增强人员结构的合规化管理。 ②以考核机制促进董监高履职合规。 ③推进高级管理人员工作界限合规化。 ④完善派驻董事、监事的任免、日常管理与监督、绩效考核激励机制	2020年8月31日
10	开展地铁工程保险法律问题专项研究	对地铁工程保险合同签订主体、合同内容、合同履行情况以及争议解决等法律问题进行全面梳理研究，提出应对措施，为青岛地铁工程保险管理提出具体可行的优化建议	1. 青岛地铁工程前期风险防控问题 ①前期风险查勘工作落实不到位。 ②风险查勘范围存疑。 ③入户调查难。 2. 青岛地铁工程保险理赔问题 ①保险责任认定难。 ②快速理赔机制未完全建立。 3. 青岛地铁工程保险合同适用问题 ①保险合同条款适用情况分析。 ②保险合同约定与内部规章制度不衔接	1. 强化工程风险管理，做好前期风险防控 ①树立风险管理思维，提高风险防控意识。 ②解决风险查勘难点，做好前期风险防控。 2. 多措并举，化解保险理赔难点 ①明确保险责任，统一保险理赔标准。 ②加快建立快速理赔机制。 ③建立工程保险典型案例库。 3. 优化保险合同，推动合同条款适用 ①调整、完善保险合同条款。 ②加强保险公司履约管理。 ③加强内部规章制度与保险合同的衔接。 4. 多方联动，助力工程保险完善	2020年9月30日

总体来说，法律风险管理体系为集团业务和管理工作合法合规开展提供了坚实保障，形成了法律风险防控的长效机制。该体系实施后，法律风险管理的体制与机制进一步捋顺，整体法律风险防控水平稳步提升，全员的法律风险意识显著增强，最大限度减少了因法律风险防控不到位引发的损失。法律风险管理体系的建成，使得青岛地铁集团成为国内第一家系统实现法律风险体系化管理的地铁企业，填补了

国内行业空白,并在行业内外产生了积极而广泛的影响。南昌地铁、乌鲁木齐地铁、青岛西海岸发展集团、青岛双星集团等企业纷纷前来学习相关经验,为地铁行业全面推进相关工作提供了有益参考。

四、工作成果

(一)构建了法律风险的全景图

通过持续的完善与深化工作,最终确定法律风险点数量为1450项,其中高等级风险200项,构建了集团法律风险的全景图。集团法律风险的总体数量、分布特征、年度演变规律越加清晰,为今后全面强化法律风险管理工作、更精准地把握管理重点、提高重大决策的科学化水平,提供了强有力的实证支撑。

(二)全方位更新了法律风险防控模式

该项目构建起了集团法律风险防控的三道防线,从根本上改变了法律风险应对模式。通过体系建设与实施,集团重塑了法律风险管理层级架构:业务部门为第一道防线,法律事务部(法律风险管理归口部门)为第二道防线,董事会为最后一道防线。借助三道防线,把内部控制与法律风险管理的流程融入各业务环节,使法律风险管理工作成为集团全员的共同行动,产生了较好的"协同效应"。

(三)重大法律风险防控责任书签署工作顺利完成

在试点阶段,集团选取运营分公司作为重大法律风险防控责任制试点单位,指导其与涉及职能管理、生产技术、标准化及其他岗位40余个具体岗位员工签署防控责任书,详细约定了岗位职责、法律风险、责任约定等内容,进一步落实具体岗位风控要求。

在试点工作完成后,集团陆续组织集团其他单位岗位防控责任书签署工作,通过由集团主要负责人和各部门负责人签订法律风险防控责任书的形式,进一步压实各部门法律风险管理责任,实现法律风险管控到岗到人,有序完成法律风险管理成果深化。

(四)构筑了法律风险管理的长效机制

1.将静态规范体系和动态运行体系有机结合起来

构建"监测与预警机制",使法律风险管理活动可以根据内外部环境变化和运营周期,持续进行调整优化,始终适应青岛地铁的发展需要;通过"报告与处置机制",要求定期上报法律风险事件的发生情况、可能转化为法律风险事件的情况,及早了解法律风险演化动态,指导法律纠纷的前期排查、应对,防止法律风险事件升级;通过"检查与整改机制",对防控措施落实情况进行跟踪、指导与监督,督促业务部门主动进行整改完善,提高实施效率和质量。

2.将法律风险管理各环节有机结合起来

通过设置法律风险识别、分析与控制三个相互作用、循环往复的模块,实现了对法律风险的闭环管理,使得员工可以根据内外部环境的变化,持续进行调整与优化,适应集团的发展需要。

(五)法律风险防控的相关成果更为完善、成效更为突出

根据集团法律风险管理的整体要求,由法律事务部牵头负责进一步深化法律风险管理工作。首先,结合实际工作完成对原有法律风险信息的实时更新。其次,对重点领域开展专项法律风险识别与评估。比如开展了公司治理、知识产权、人力资源、涉诉案件等领域的研究,分析问题、提出建议,形成专报,供领导决策。再次,进一步挖掘该项工作的深层次功能。将建设影响、运营服务投诉等问题纳入法治化处置轨道,指导相关部门、单位运用法治思维和法治方法化解大量矛盾纠纷,既维护了公众利益,又营造了和谐的地铁建设运营环境,彰显集团负责任大企业的形象。最后,完善法律法规库、优化图表数据库、整合案例解析库,实现了对法律风险的直观、深入、全面掌控。

五、工作经验

(一)做好基础工作,稳步扎实推进

针对法律风险管理体系建设工作系统性强、涉及面广的特点,2014年集团经过研究明确了"分步

走、三年完成”的工作目标和思路,2015 年在综合调研的基础上,制定具体工作方案,形成了法律风险管理体系建设工作的“路线图”:2016 年围绕重点领域,全面铺开,2017 年进行调整、完善、深化,同时制定出台了制度;2018 年进一步丰富体系建设内容,通过组织培训、开展试点、引入操作工具,积极探索成果应用、制度有效实施模式。

(二)为业务工作服务,突出工作实用性

本着实现业务与管理领域全覆盖、全面融入工作流程的原则,在体系建设过程中着力突出地铁行业的特色,分领域分步骤推进各项具体工作。

例如在法律风险信息表的设计过程之中,将法律风险信息明确到岗位、关联到业务活动;将法律风险管理要求与岗位职责挂钩,尤其是加强对重点涉法岗位的监控力度,编制可嵌入业务流程的系列表单,紧跟日常业务活动的需求,利用好法律风险管理体系的成果为企业高层提供决策支持,配合集团长期以及阶段性工作目标的实现。

(三)完善配套制度,持续抓好落实

《集团法律风险管理制度》颁布后,2018 年集团开展了面向集团全员的制度培训以及体系建设成果宣贯,分别对各领域核心业务人员分批次进行业务培训,结合合同审核以及重大事项研究,提出风险预警,按照法律风险处置流程,落实处置措施,还专门对运营分公司部分涉法岗位风控责任落实情况进行监督检查以及指导其开展法律风险防控责任书的签署工作。通过以上工作,稳步实现法律风险管理体系建设成果向实践层面的转化。

(四)注重深化与落实,持续进行改进与提升

一是通过建标准、定架构、调内容、增专项、强化与岗位业务关联,完成对体系的完整构建以及系统性提升。二是在集团《法律风险管理制度》的基础上,形成若干支撑性的标准、规范、表单,如法律风险信息表编写规范、岗位防控责任书、岗位法律风险告知书、招标采购以及合同管理法律风险指引图等,以此推动法律风险管理工作常态化运行。一方面把法律风险管理体系运行常态化、固定化;另一方面通过嵌入流程、进入管理,增强了法律风险管理制度刚性,减少制度的疏漏,保持制度执行上的一致性,形成法律风险管理制度在面、线、点上的全面布局。

六、实施效果

(一)整体法律风险防控水平有了较大提升

1. 法律风险总体防控方面

自 2018 年法律风险管理体系最终完善并实施以来,法律风险总体形势平稳,法律风险防控措施有效落实,法律风险总体严重程度大幅降低,重大法律风险可防可控,整体法律风险处于较低水平范围内。

2. 具体法律风险防控方面

(1)法律纠纷处置成效明显

依照法律风险管理制度的要求,结合专项防控的要求,针对已发生的诉讼案件,及时成立专案组,经庭上据理力争,庭外反复斡旋,8 起案件以集团胜诉结案,3 起案件经与法院及时沟通,现已制订了明确的应对思路与对策。截至 2020 年底,所有案件均在预计之中,暂无不可控因素发生。与此同时,因法律风险防控不到位引发的投诉、信访事件呈大幅下降趋势。

(2)送审合同水平显著提升

通过制作指引图,对合同等重要法律文件的法律风险、防控措施进行直观展示,同时对合同法律审核要点进行专题讲解,极大提升了各部门的合同合法合规化水平。常规合同中容易出现的法律风险得以充分关注,法律风险点的数量持续降低,合同文本愈加规范,利用合同条款保障我方权益的能力快速提升。

(3)行政违规风险大为减少

违规类风险在地铁企业的总体法律风险中占比最高,导致的后果也最为严重。经过法律风险的识别、分析,集团会同业务部门共同拟订严密的防控计划。体系的实施避免了行政违规类法律风险的发生,减少了因行政处罚给集团造成的经济损失。

(4)重大法律事项把控得力

依据公司治理相关法律风险识别成果,地铁集团牵头起草并发布了《董事会议事规则》,全面加强对董事会上会议题等重大事项的合法合规审核,加大对重大法律风险的管控力度。截至目前,未发生重大法律风险演化重大法律事件的案例。

(5)重要规章制度的制修订水平再上新台阶

2018 年法律风险管理体系正式落地后,地铁集团相关部门加强了人力资源、投资、融资、招标采购管理等重要规章制度的合法合规审查,主动对照最新法律规定,删减部分不适宜的章节条款,增强了制度的合规化水平。

(二)节约了大量法律咨询服务成本

法律风险管理体系实施后,多数日常法律风险问题都可以通过法律风险信息库的查询、应用来解决,极大减少了法律咨询服务方面的工作量,节约了工作成本。

(三)完善了业务管理的工作流程

在体系建设中,地铁集团全面梳理了一批与法律风险有关的关键制度流程,发现了其中的问题与缺陷,并通过风险控制措施,完善相关管理制度、优化现有流程、明确岗位能力要求,推动了相关制度流程的优化,进而深度规范了相关业务活动。

(四)全员法律风险防范意识增强

法律风险管理体系建设将大量隐性层面的法律工作提升到了显性层面,使得集团全员更加清楚地认识到了法律工作的机制,提升了对法律工作的关注度与支持度。2017 年 12 月、2018 年 9 月围绕法律风险管理制度的落实,集团法律事务部组织开展了全面的法律风险防范与甄别的培训与宣贯、全面覆盖体系建设的成果、风险防范、合规经营等,推进成果共享与典型经验推广,组织面向全员的依法治企现状调查,在介绍法律知识的同时,引导员工关注在业务、管理工作中的法律风险点,主动尊法、学法、守法、用法,增强了法律风险防范意识。

(五)赢得了国内企业法制研究权威机构和专家团队的充分肯定

西南政法大学等法学院院长和中国法治企业研究院等科研机构负责人组成的专家组一致认为,集团法律管理成果体系完整、内容全面、流程清晰,能切实起到依法遵章"指导书"的作用,有助于集团国有资产保值增值和企业持续、健康、稳定发展。

(六)在地铁行业内产生良好的示范带动作用

集团法律风险管理体系建设工作在行业内产生了较大影响力,赢得了相关兄弟单位的广泛认可。2018 年 9 月,南昌地铁董事长一行专程就法律风险管理体系建设情况进行学习、交流,就如何建立完善法律风险信息库、如何开展具体法律风险把控等方面达成了共识。

七、成果实施意义

(一)开辟了地铁行业法律风险管理体系的建设之路

在体系建设中,集团结合轨道交通行业的自身特点、青岛地铁的工作实际,在遵循《企业法律风险管理指南》(GB/T 27914—2011)的基础上,形成了具有行业特点、自身特色的一系列指导标准,并探索出了相关工作成果应用与转化的基本模式。这一模式中既有对现有规范的有效转化,也有对于行业外实践经验的充分吸收,还有对三年以来的体系建设工作的深度提炼,为地铁行业全面开启法律风险管理体系建设的新时代提供了“导引图”。

（二）实现了集团法律风险控制由被动应对到主动防范的全方位前移

法律风险管理体系最终建成并有序实施，是对传统法律工作内容和手段的深刻革命。这场革命贯穿了“预防为主”的理念，旨在实现法律问题处理从被动处理向主动的事先防范和事中控制的转变，使得大量法律隐患化解于前端，更好地发挥固根本、稳预期、利长远的保障作用，保障了集团经营管理活动的“大安全”。集团在2009—2015年诉讼方面的纠纷较多，涉诉标的额高达3亿元。自法律风险防控工作开展以来，诉讼案件数量大幅减少，涉诉标的额显著降低至300万元以下，诉讼案件质量不断提高，为集团挽回了较大规模损失。

（三）实现了业务、管理与法律的有机融合

通过设置三道防线，构建约束与激励机制，增强了员工的参与度，发挥了业务部门的主体作用，合理设置了法律风险管理的层级链条，使之成为集团全员的共同行动准则，实现了法律与业务、管理之间的有机融合。与此同时，体系建设也推动集团法律事务工作从较为单一的纠纷解决、合同审核转向支撑企业的正常运营并为企业的发展保驾护航。法律风险管理工作促使集团各方面管理趋于规范，集团的各项制度日趋完善，风险管理具体到部门、到岗位，落实到个人，风险管理工作紧密嵌入业务管理之中。

高速动车组悬挂部件智慧制造体系建设与创新

株洲时代新材料科技股份有限公司

成果主要创造人:蒋富林 罗 婵

成果参与创造人:王荣勇 张友南 刘海斌 王婷婷 钱海建 周 贝 王晓旭

株洲时代新材料科技股份有限公司(简称"时代新材")是中国中车股份有限公司(简称"中国中车")旗下株洲电力机车研究所有限公司控股的A股上市企业,是中国中车的新材料产业平台。公司始建于1984年,其前身为原铁道部株洲电力机车研究所橡胶试验室,2002年12月在上海证券交易所上市。时代新材现总资产134.07亿元,2019年实现销售收入112.46亿元,总纳税额5.99亿元。

时代新材主要从事减振降噪、轻量化等高分子材料的研究开发及工程化应用,产品延伸到橡胶、塑料、复合材料、功能材料等多个领域,主要应用于轨道交通、汽车、新能源和特种装备等领域。公司生产基地遍布全球,在五大洲、十个国家建有海外研发和制造基地,成为销售规模过百亿元的创新型、全球化、信息化的高科技制造企业。

时代新材已跻身《财富》中国企业500强排行榜,是全球最大的轨道交通弹性元件产品制造企业,曾位列全球非轮胎橡胶制品行业第15位(国内排名第1位),汽车减振及轻量化业务在全球销售规模排名第三,风电叶片业务居国内行业前三,ACCA(特许公认会计师公会)中国企业未来100强位列17位,并荣获了第五届"湖南省省长质量奖"。

时代新材是国内高速动车组悬挂部件的主要供应商,高速动车组悬挂部件的典型产品有空气弹簧、抗侧滚扭杆、一系定位节点、叠层橡胶弹簧、牵引拉杆节点及横向止挡等,其生产制造特点为多品种、小批量、顾客定制、结构形式多样化、质量要求高、检测控制严格等,制造体系主要采取传统的单件生产、人工操作等方式,该生产方式一直制约着该类型产品生产效率和产品质量稳定性的提升。"十二五"期间,时代新材借助上线SAP系统(为企业管理应用软件),运用电子化看板、虚拟连续流等探究轨道交通零部件产品的智慧制造体系建设。"十三五"期间,时代新材主要通过上线MES(Manufacturing Execution System,制造执行系统)、MES与APS集成、MES多基地扩展等手段,着力构建制造智能化、控制数字化、管理精益化的"三位一体"的智慧制造体系,经过多年的探索与实践,成功构建了一套先进、完整、高效的高速动车组悬挂部件智慧制造体系,有效提升了时代新材的效率和产品质量以及在国际国内轨道交通行业领域的竞争力和影响力,使时代新材广受国内外客户的赞誉和推崇。

一、实施背景

(一)是落实国家两化融合工作、促进产业转型升级的需要

两化融合是指信息化和工业化的高层次和深度结合,是以信息化带动工业化、以工业化促进信息化,向智能制造转变,是党和政府多次强调的重要举措。我国正处于工业化加速发展的重要阶段,走新型工业化道路,推进信息化和工业化融合,是推进高新技术与传统工业改造相结合,促进工业由"大"变"强",谋求由"中国制造"向"中国智造"转变,实现产业升级的必由之路。

高速动车组悬挂部件智慧制造体系建设与创新运用的是先进的企业信息化管理与制造技术相结合的思想和理念,对企业过去和当前的诸多行之有效的技术、系统、流程、实施方法和企业智力资产进行继

承和集成,在正确的企业战略思想和商业原则的指导下,将其提炼为符合企业实际的解决方案,让智能制造变得更加现实和更易实施。

时代新材作为轨道交通行业的大型国有企业之一,同时作为我国轨道交通减振降噪领域的领军企业,有责任、有义务,也有条件结合自身的优势和特点,开展产品全寿命周期管理的探索与实践,贯彻时代新材"创新引领,管理求精,协同增效,持续改进"的两化融合方针,促进我国轨道交通行业的转型升级,为实现轨道交通这一民族工业早日登顶世界领先地位而努力。

(二)是提升企业核心竞争力、实现信息化发展战略的需要

"十三五"期间,一方面,在国家"一带一路"倡议和"高铁外交"方式的强力支持下,我国各类轨道交通新产品陆续出口海外各地,一大批国际重大工程项目接踵而来;另一方面,随着劳动成本的增加,"中国制造"的低成本优势正在逐渐消失,面临发达国家和低成本发展中国家企业的双面夹击;随着行业集中度的变化,可能有新的竞争者加入,"高速铁路走出去"面临贸易保护及国际对手的打压,并且客户的交付和质量要求不断提高。

在这机遇与威胁并存的大环境里,时代新材发展战略的定位是:成为业务遍布全球、产业高度协同、规模雄踞前列、技术领先同行的国际化、信息化、高科技企业。提升企业竞争力,实现企业信息化是其重要内涵之一。"三位一体"的智慧制造体系通过建立扁平化生产组织和实施高级排程,对工作任务进行合理分配,实现缩短制造提前期、削减库存、缩短交货期。同时,通过拉动和推动方式并行,满足现场各工序工位物料的配送需求;通过异常管理平台,提高异常处理及时率;通过设备采集优化,对设备进行实时监控;通过对质量信息的采集、检测,及时发现并处理质量问题,杜绝因质量缺陷流入下道工序所带来的风险,以此推动企业核心竞争力的提升,实现信息化发展。

(三)是创新管理方式、提升管理效率的需要

目前,国际制造业版图正处于新一轮的深度调整之中,随着美国以"互联网+"为代表的先进制造业计划的实施,中高端制造业逐渐回流;同时,由于我国人口红利慢慢消失,东南亚劳动力优势越来越明显,进一步加大了中低端制造业的承接趋势。在这种新常态下,我国企业若要继续获取并保持稳定的竞争力,必须要创新管理方式,提升管理效率。

在这种国内外形势下,时代新材面临生产成本较高、生产制造能力有待进一步提升,管控成本亟待稳步降低,组织架构需进一步优化,IT 国际化需进一步加强,国际化专业人才缺乏、储备不足,人才引进与培养速度难以满足发展的需要等诸多现实难题。通过"三位一体"的智慧制造体系的建设与创新,实现透明管控、高效执行、系统互通和工厂互联,即实现从目视化、数字化向敏捷化、智能化的转型升级,极大地创新了轨道交通零部件产品的生产组织和实现方式,提升了管理效率和组织绩效。

二、成果内涵

高速动车组悬挂部件智慧制造体系是由制造智能化、控制数字化、管理精益化为主要基础建成的满足轨道交通零部件产品生产特点的"三位一体"的智能制造体系。

(1)制造智能化

通过制造技术、装备技术、可靠性技术的应用升级,实现高速动车组悬挂部件产品生产的自动化配料、自动化喷胶、自动化装配。其中装备技术升级包括自动化模具、自动化设备、自动化检测等;可靠性技术手段主要包括仿真技术、RAMS(可靠性、可用性、维修性和安全性)技术、失效分析技术等。

(2)控制数字化

通过 CRM-SAP/ERP-APS-MES-QMS(故障处理系统)-SRM(供应商关系管理系统)-SPC(过程控制与分析系统)等信息系统的集成运用,以适应多品种、小批量的生产,满足用户需求;打开生产过程中"黑盒子",通过信息技术实现生产过程的全过程透明,即计划管理透明、执行过程透明、模具管理透明、质量管理透明、异常处理透明、绩效管理透明。

(3)管理精益化

推进管理机构扁平化,优化岗位精简人员,通过安全管理标准化、生产作业标准化、层级会议制、精益大讲堂、绩效管理标准等手段全面升级高速动车组悬挂部件智慧制造体系的精益管理水平和效率。高速动车组悬挂部件产品"三位一体"的智慧制造体系核心架构如图1所示。

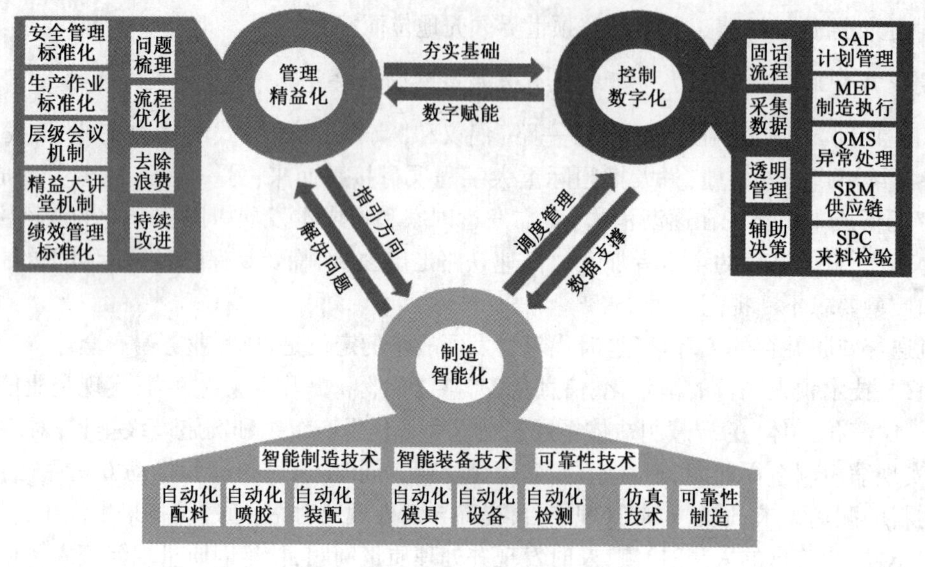

图1　"三位一体"的智慧制造体系核心架构

三、主要做法

(一)策划并推进制造技术升级

制造技术是智能化制造的核心支柱之一。"十三五"期间,时代新材大力推进制造技术升级,从原料配制、半成品生产、成品组装等整个生产过程考虑,在关键的工序均有突破,实现从自动化配料,再到自动化喷胶,到自动化装配的轨道交通零部件产品的主要生产工序的自动化,极大地保证了生产过程的稳定性,大幅提高了产品制造质量和生产效率。

1. 自动化配料技术

胶料配方研究及炼胶过程是轨道交通弹性元件产品的核心技术。2018年,时代新材建成全自动配料生产线(图2),该生产线具备高效、精准、环保,可减少有害气体、粉尘等对人员的直接危害,环境整洁等众多优点。

图2　全自动配料生产线

时代新材全自动配料生产线配备有24个物料仓位,可用于各类化工原材料称量,每种物料均有相应的独立称重系统,能满足颗粒状、粉状物料的配置称量。其适用范围广,且配料速度快,单班可生产130袋物料以上;配料精度高,单品种物料称量精度可达1克。该全自动配料生产线实现了自动制袋、自动套袋、自动称量、自动复核、自动纠错、自动标识、自动封包和自动取袋,配料过程无须人工干预,提高了生产平台智能化与自动化水平,自动化程度高,大幅降低了生产人员的劳动强度,配料人员减少2人,生产效率提高30%以上。

2. 自动化喷胶技术

时代新材簧类产品年订单量超过12万件,以往该类型产品前处理涂胶工艺为手工涂刷和手工喷涂,带来一系列问题,如生产效率低下、质量可靠性低、操作环境恶劣、易引发高层及客户抱怨等。针对上述问题,时代新材将簧类自动喷胶工艺研究及装备引进列入2019年固定资产投资计划,并成立公司级科研项目,于2019年底完成自动化喷胶生产线的建设,实现全自动预热,底胶喷涂,底胶烘干,底胶漏涂影像识别、检测与预警,面胶喷涂,面交烘干,冷却等工序的全自动化。同时,实现了产品信息扫码自动采集,减少了产品搬运,降低了劳动强度,改善了劳动环境,提高了产品合格率和质量稳定性,生产速率从120秒/件提升至40秒/件,单件生产减少搬运3次/件,一次涂胶合格率从85%提升至99.78%,减少用工4人,年节约人工成本约45万元。

自动化喷胶生产线主要由机架、输送传动系统、水帘喷涂室、六轴搬运机器人、四轴联动喷涂、伺服装置、底胶检查区、视觉引导、干燥系统和电气控制系统等组成,实现了轨道交通零部件产品前处理涂胶工艺的重大革新,例如,上料工位上部配有智能引导式视觉系统,使用该系统对工件进行识别,然后调用指定工件的程序让喷涂机器人根据程序进行喷涂,可以保证喷涂的准确性。同时,该系统具有以下主要几个特点:①具有轮廓搜索功能,该系统具有很高的稳定性,在恶劣的条件下能够根据工件轮廓进行准确地搜索。对于不同工件能够准确地识别并调出程序。②具有自动校正功能,能够一键完成校正。③内置了多种标准的检测算法,保证了在工作过程中的识别准确率。④该系统可结合扫码系统使用,上料前工人扫码订单卡,输入产品编码,上料后视觉识别系统识别工件,并与扫码输入信息核对,两者一致则调取对应喷涂程序,不一致则停机报警。

3. 自动化装配技术

系统杆件产品在扭杆镦粗、扭杆折弯、扭杆强化抛丸、扭杆热套组装等工序均采用了自动化智能生产,具备生产效率高、劳动强度低、质量控制稳定、人员需求低等优势。

(1)扭杆镦粗

扭杆镦粗自动生产线(图3)实现扭杆从圆钢上线到成品下线过程搬运自动进行,覆盖长度800~3500毫米、直径30~85毫米范围内所有扭杆项目;中频加热系统自动定位和加热圆钢,实现1000摄氏度以上全流程自动控温;采用Simufact软件对镦粗过程进行全程工艺分析,为镦粗工艺和模具设计提供支持。

图3 扭杆镦粗自动生产线

(2)扭杆折弯

扭杆采用双头同时加热和折弯,精准控制弯扭杆整体平面度、臂长、中心距等尺寸,较单头折弯效率提升100%以上。覆盖直径30~80毫米、长度560~2600毫米、折弯角度0~180度、弯曲半径35~300毫米的扭杆。弯曲精度达0.1度,轴向定位精度达0.1毫米。配合中部压弯工艺,可实现三维弯扭杆制造。采用Simufact软件对折弯过程进行全程工艺分析,为折弯工艺和模具设计提供支持。2名操作工人连续折弯产能达 15 ~ 18 件/班。利用 Simufact 软件进行工艺分析,提前分析风险;双头折弯,生产效率高,尺寸控制精度高;结合中部压弯工艺,可实现三维弯扭杆制造。扭杆折弯自动生产线如图 4 所示。

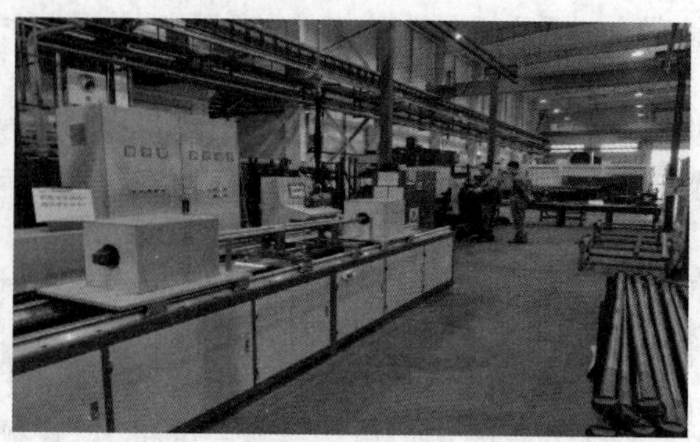

图4　扭杆折弯自动生产线

(3)扭杆强化抛丸

2018 年,时代新材建成国内首次采用旋转通过方式对扭杆进行强化抛丸的生产线(图 5)。此方法在扭杆自转的同时沿轴向方向移动,可实现无死角抛丸,仅布置少量的抛丸器,就可以达到很高的抛丸强度,并且整周强度一致性非常好,差异率低于 2%。利用机器人实现自动上料,助力吊辅助下料,抛丸效率高,2 名操作工人连续抛丸产能达 100 件/班。旋转通过式强化抛丸,整周强度一致性非常好;抛丸器数量少,设备损耗小,能耗低;半自动上下料,生产效率高,劳动强度低。后续将向设备小型化、通用性和数控化等方向改进,进一步降低设备损耗,提高生产效率,实现抛丸全自动化。

图5　扭杆强化抛丸生产线

(4)扭杆热套组装

2018 年,时代新材建成扭转臂自动感应加热生产线(图 6),该生产线控温精度高,连续加热平均速度 3 分钟/件,全流程的温度监控,可有效控制加热质量,并具备超温自动声光报警功能。同时,时代新材建成国内首条扭杆环形自动组装生产线,由机器人自动搬运工件,100% 自动荷载试验,100% 自动全尺寸测量,测量精度达 0.2 毫米,自动判定测试结果并做标记,70% 以上工步实现全自动化,2 名操作工人连续组装产能达 50 套/班。整个扭杆热套组装过程,操作工人劳动强度低、能耗低,技术和工序集成度高、自动化程度高、生产效率高、质量稳定性好。后续改进扭转臂组装操作工步,由现在的人工组装操作改进为机器人自动组装,实现整条扭杆组装生产线全自动化运行,进一步降低了人员劳动强度和用人需求。

(二)策划并推进装备技术升级

装备技术是智能化制造的另一核心支柱。“十三五”期间,时代新材大力推进装备技术升级,主要是自动化模具、自动化模具、自动化检测装置等方面的应用,使生产效率提升 20%,有效解决了以往产量剧增、型号多、劳动强度大、生产效率低、依赖人工、误判多、信息化程度低、防错差等问题。

图6 扭杆热套组装自动生产线

1. 自动化模具技术

经过在橡胶模具领域的不断探索与研究,近年来时代新材攻克多项技术难题,模具自动化技术实现较大突破,对产品成型的工艺保障能力明显增强。经过工装设计与模具、设备改造,目前已成功在锥形簧、V形簧、金属橡胶叠簧多腔模等产品上全部或部分实现自动化出模技术。

在锥形簧模具自动化方面,转变以往通过模具自带自动出模机构思维,对硫化设备进行升级;开发标准化通用辅助自动出模装置,简化模具结构,提升效率。上、下吊模设计成导轨+滑动式框架结构,采用极限位液压自锁+销钉限位双重安全装置,实现注胶筒和注胶板自动开模和机外清胶;设备设计定位机构,模具接口标准化,实现模具安装快速精确定位。通过原创一种滑块+弯销全自动复合式扣机,完成自动打开与复位,结合托板与活动顶块机构,实现金属橡胶叠簧多腔模按顺序脱模,以及脱模时自动断浇口与直接撕边。该技术使生产效率提升20%。

2. 自动化设备技术

随着时代新材在金属表面处理技术领域基础研究的不断延展与深入,金属骨架的新型自动化处理工艺技术获得突破,自动化装备技术能力显著提升。真空自动清洗、智能识别、自动喷涂工艺的应用不仅提高了产品生产过程质控能力,更为产品的标准化生产、疲劳寿命提高保驾护航。

金属表面处理工艺过程质量直接关系产品的黏接质量,工件喷涂前表面的清洁度直接影响胶黏剂与金属基材的黏接稳定性。2018年,时代新材通过成功开创真空自动清洗工艺,实现金属骨架喷涂前表面清洁度达到ISO 8502-3清洁度1级标准。

真空自动清洗设备图如图7所示。

簧类产品作为公司重点开发种类产品,其产品种类多、结构复杂的特点给自动喷涂技术的应用带来了极大困难。时代新材通过对产品类型和尺寸进行逐层筛选和分类,对产品组件喷涂工艺进行标准化工艺验证和整合,以热插板快速换型结构革新传统喷涂工装设计理念,搭载智能识别、机械手装卸、自动喷涂等技术,实现了不同种类的簧类产品组件成套式混线自动喷涂生产(图8),搬运强度从7次降低至2次,胶黏剂膜厚控制精度从7.5微米缩小到3微米,生产效率提升30%。

3. 自动化检测技术

在车体用橡胶件的性能检测、刻字方面,针对一系悬挂轴箱簧类产品、空簧辅助簧类产品、高速车橡胶垫产品,共79种规格,在国内率先成功搭建该类型橡胶件制品的自动化检测系统,实现年检测量达17万件、产值1.5亿元以上的自动化检测能力。

(1)一系簧自动化检测线

一系簧产品是时代新材的主型产品之一,年产量约20万件,需100%进行性能检测并刻录较长标记(物料信息+检测信息)至本体。由于传统检测效率难以满足要求,且存在劳动强度大,容易造成工人腰肌劳损,信息化程度低、防错机制不完善等问题,而一系簧自动化检测线(图9)则可将黏结性能检测、压缩高检测、刚度性能检测、刻字标识四个工序集成在一起，产品经扫码后推送上线，通过机械手自动抓取、搬运、定位，设备自动调用相应程序，自动切换工装，进行试验、判定、刻标并自动采集结果至MES，全过程防呆、防错，各工序信息交互共享，检测结果自动SPC分析预警，大幅提升检测效率及检测准确率。

图7 真空自动清洗设备图

图8 簧类自动喷涂设备图

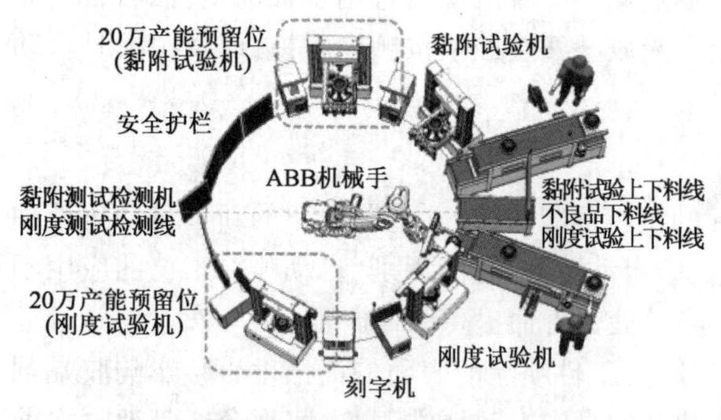

a)智能化检测装备组成及布置效果图

b)智能化检测装备图

c)机械手布置中心联动各工位

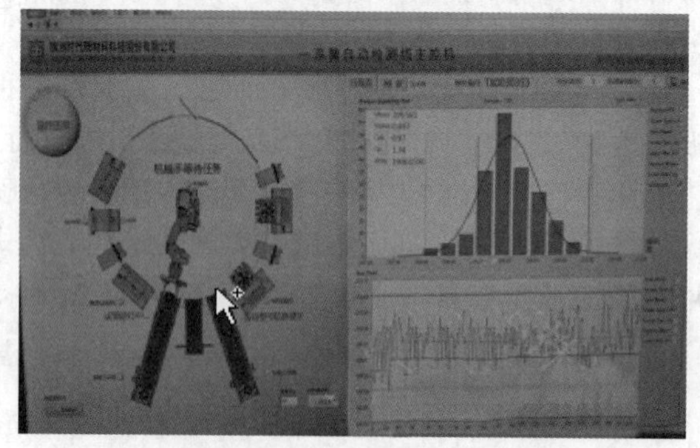

d)控制图

图9 一系簧自动化检测线

(2)空气弹簧钢圈自动化检测

空气弹簧气囊上下子口处缠绕有钢丝圈，由于硫化在内部，无法肉眼直接观察到钢圈分布情况。时代新材引进X光探伤机，可以方便、快捷地检测钢丝圈在子口橡胶内的分布情况。设备可自动检测，检测图案可根据需要呈现正负片效果，可调整显示参数突出图像局部，并可按时间顺序储存检测图案，方便后续查阅。

(3)扣件无损检测

为完成随订单量增长而激增的检测任务，同时也为减少破坏性试验造成的质量成本的浪费，扣件生产线组建项目组，通过分析、调研，新上线无损探伤检测设备。该设备目前可实现0.5毫米及以上的气泡、裂纹和密集缺陷的检测，平均1～3秒即可检测一件产品。该设备还具有缺陷样本、裂纹及气泡的学习功能，可由人工制造不同的缺陷样本提供给设备进行标识与学习，识别率高。该无损检测设备的运用，使检测效率提高800%以上，并节省人工3人，识别结果可靠性高，检测结果查询方便。

(三)升级智能制造过程中的可靠性技术应用

为保证产品在客户端的稳定可靠，时代新材按照EN 50126(GB/T 21562)搭建可靠性管理体系并全面应用国际先进的ABAQUS、ANSYS、I-DEAS参数化结构设计与计算仿真手段。“十三五”期间，时代新材着力打造以高速动车组悬挂部件为核心的机械结构强度、系统动力学、流体、结构疲劳寿命预测、成型工艺和振动噪声等专业领域的仿真平台，并建立了独有的高分子材料仿真基础数据库和仿真流程自动化模版，达到了国内领先水平。

系统结构仿真分析实现了对金属和橡胶结构制品疲劳寿命的精准预测，解决了产品性能参数与整机性能的匹配性问题和部分现场工艺问题，在橡胶弹性元件的硫化工艺过程参数、流道优化和模具设计中逐步发挥作用。仿真工作的开展提高了产品设计开发效率和试制成功率，从而缩短了产品开发周期、降低了开发成本、提升了产品研发质量，建立了与客户技术层面沟通交流。

同时，基于产品全过程对公司既有信息系统的质量数据进行集成、挖掘和重构，面向客户、决策层和管理层构建一个集数据展示、监控预警、决策分析于一体的质量数据监控中心。围绕产品质量大数据形成贯穿产品全寿命周期质量信息链，为新产品研发、质量改进、企业决策提供数据支持。提前感知风险，保证安全稳定，通过外场数据的分析，挖掘产品的质量隐患预警。通过可视化分析，直观发现最优路径，快速高效响应客质量户请求；搭建产品故障知识库，实现基于数据模型的快速故障诊断和基于历史故障大数据的统计分析，为现场用户现场的可靠性实例数据，为设计部门进行可靠性分析及预防性维护设计提供依据。通过质量大数据的智能化应用+产品履历管理，以及完善的BOM(Bill of Material，物料清单)结构+条码采集技术+大数据技术构建产品全生命周期动态质量追溯体系，帮助故障快速定位，精准锁定影响范围，实现对于重大质量缺陷可快速实施产品召回处理，将损失和影响降至最低。

(四)推进MES与APS的集成应用

“十三五期间”，时代新材重点推进MES与APS的集成应用，建立MES总控室，实现对生产异常、生产情况和资源的动态跟踪，集中实现生产调度、实时生产状况跟踪监控、智能化决策指挥。通过高级排程，对工作任务进行合理分配，实现缩短制造提前期，削减库存，提前交货期。建立扁平化生产组织，优化管理岗位人员28人，根据产品工艺特点，细化计划管理粒度，增加中间件物料层级，开发多资源约束的SAP系统排产平台，与MES计划排程互联，取代人工排产，使排产更加科学。明确月、周、日的三级计划体系，设计单套配送方案保证物料齐套性，提高计划执行率，实现硫化完成率从37.87%提升至79.8%，硫化有效工时利用率从43%提升至52%，销售订单交付及时率提升4%；异常处理及时率提升45%。

同时，采用SAP系统同步销售订单，将产品BOM和工艺标准同步到APS排程系统，交由MES执行，实现从原材料入库到成品出库全过程数据采集信息化、条形码报工及质量数据实时采集、工装防错及配组防错、在线检测、不良品隔离、原材料至系统双向质量追溯等，生产数据透明真实有效，生产流程卡电子化，打造了高效执行、无纸化质量追溯、透明管控的工厂。实行工单目视化，产品组装实行单套配送，同步夯实基础(在线检测、精益工位、“5S”等)管理提升。MES大数据深化应用，提取MES大数据，从四个维度(原始计件、个人合格率、葡萄图奖罚、特殊奖罚)核算员工计件薪资，产品计件到个人，合格率到个人，助使效率提升又保证了质量，打造了一支高效守纪的制造队伍。

(五)SPC 与 SRM 助力供应链管理升级

"十三五"期间,时代新材建立了 SRM(Supplier Relationship Management,供应商关系管理系统),实现采购管理的透明化、规范化、标准化,持续降低采购成本;并将 SAP、图纸分发、QMS、SPS 等系统进行集成,确保多系统流程的闭环,实现采购业务全流程电子化,配送及时率提升 7%。

SRM 供应链管理系统聚焦质量(Quality)、成本(Cost)、交货(Delivery)、服务(Service)4 个关键指标,主要围绕供应商检测能力、产品追溯等质量提升,采购管理平台信息化项目搭建、上线,供应商关键工序管控深化推广、国际化供应质量管控与多径业务管理等多维度、方面开展工作。主导完成 SRM 采购供应商管理系统平台建设,整合供应商资源并完善管理制度;整合优化《重要产品关键原材料(工序)备案信息管理办法》要求,建立了《供应商产品信息备案表》,从源头预防批量质量问题的发生。对 312 家供应商的基本资质进行了全面的清查,对发现的问题已在 SRM 系统中并完成整改。

(六)智慧工厂标准化升级与应用

1. 安全管理标准化

编制工厂安全管理纲领性文件安全管理手册,建立适合工厂内部管理的安全标准执行与考核制度,安全员每日开展 SOP(Standard Operating Procedure,标准作业程序)安全审计,进行隐患排查整改;每周开展"安全日日清"每主题活动;员工操作证、上岗证、培训记录等车间原始记录数据按制度管理,分类存档并目视化;积极参与公司班前会演练竞赛、应急预案演练等安全活动,提高安全意识。

2. 生产作业标准化

固化工艺要求,形成上百份标准作业指导书,不间断培训学习,建立产品标准工时数据库,制订设备操作规程、设备点检基准表、设备点检表百余份,提升生产现场的标准化作业水平。

3. 现场管理标准化

编制工厂目视化标准管理手册,规定车间各工序的区域、设备、物料、工装模具、文件等的定置、标识目视化要求,现场定置率达 100%,营造简洁、有序、高效的作业环境;建立管理层分层审核机制,从影响质量的人、机、料、法、环六要素制定分层审核标准及管理层审核频次,对过程审核问题进行记录,形成持续改善闭环改进机制,提升现场管理水平。

4. 流程管理标准化

规范及标准化质量问题报警及升级流程,利用 MES 异常模块实现生产过程中异常问题的快速响应及即时处理,利用 QMS 实现问题整改闭环。

(七)知识共享与生产绩效管理实践

1. 绩效管理标准化

按照精益工位"七要素"[基础、5S、TPM(全员生产维护系统)、物流、JIT(实时生产系统)、品质、成本、安全],结合车间实际编制了葡萄图作业标准 160 项,实行员工日绩效管理目视化,从管理上助推员工行为标准规范化。建立每位员工每日葡萄图电子档案,按月度核算绩效,按工序分小组进行绩效考评,组长绩效与组员绩效挂钩,营造个人及班组赶、学、比、超的氛围,打造了一支高效守纪的制造队伍。

每月在各工序内评比出"最佳员工",予以特殊奖励,并发布光荣榜目视化到现场。年终按照葡萄图电子台账将葡萄颜色换算成积分,分工序罗列出每人的年度积分和排序并进行年终绩效考评、评优评先。形成公正、透明的员工绩效管理,人人自主遵守葡萄图管理制度的文化氛围。每年度组织全员对现有的葡萄图考评标准修订一次,提交条款被采纳者给予奖励进行鼓励,实现绩效管理持续改进。

2. 层级会议

每日定时举行各层级晨会,监控车间各项指标达成状态,减少质量隐患,提高效率效益。导入精益运营管理体系,建立以工厂运营绩效与目视化指标管理体系。工厂绩效指标分解为安全(S)、质量

(Q)、交付(D)、成本(C)、存货(I)六大指标,指标工厂级指标按分厂(车间)按产线(车间)按班组进行层层分解落地,各级指标通过看板目视化展示,并与一定周期的实时数据进行对标跟踪纠偏,确保指标完成;建立并实施每日层级会议制度,通过结构化的每日分层会议,针对分层绩效指标出现的偏差采取必要的行动计划并跟踪落地,以消除实际结果与预期之间的差距,助力工厂运营效率提升。

3. 内外部培训学习

每年组织人员到行业领先企业学习交流会,并分享学习心得。加强内部培训,建立高效的培训体系,管理人员组自主开发课件,以"精益大讲堂"的形式,组织全员对工艺文件、过程质量、精益基础知识的培训学习及考试,对不合格人员进行再培训和考试,使其能满足岗位要求。

四、实施效果

(一)基本建成高速动车组悬挂部件智慧制造体系,提升了效益

为持续获取制造优势和质量优势,公司打造了基于用户需求的弹性元件制造能力。该能力通过CRM/SAP/ERP/MES集成运用,以适应多品种、小批量的生产,满足用户需求。通过该能力的打造,取得了如下成效:推进管理机构扁平化,精简人员优化岗位,共计优化管理岗位人员22人;通过数据分析和改善生产节奏,硫化有效工时利用率提升至80%;建立能源绩效指标,能源有效利用率指标提升10%;建立MES总控室,实现生产集中调度、实时生产状况跟踪监控、智能化决策指挥;优化生产异常管理平台,异常处理及时率提升至90%;优化铁件配送管理,减少现场在制品金额约2000万元;优化胶料配送,集成SAP按单发料,快速定位和配送,确保产品追溯;推行APS高级自动排程,交付及时率提升至92.5%,内部客户满意度提升30%。

为持续获取业务协同优势,公司打造了集团协同与管控能力。该能力以SAP、ERP(Enterprise Resource Planning,企业资源计划)为核心,集成FSS/SRM/CRM/LSC/BI等信息系统,并通过流程优化、资源整合、数据利用等有效推进职能管理向业务协同与管控转型,提升公司在财务管理、供应链管理、营销管理的能力。通过该能力的打造,成本费用占营业收入比例从99.75%降低至95.65%,财务核算准确率从90%提升至92%,集中采购比例从35%提升至50%。

(二)促进了企业行业地位的提升与经济效益的持续增长

通过推行高速动车组悬挂部件智慧制造体系建设与创新,极大地提升了时代新材在国际、国内轨道交通行业的竞争力和影响力。2016年,时代新材跻身《财富》中国企业500强企业排行榜、ACCA(特许公认会计师公会)中国企业未来100强位列17位,2017年荣登全球非轮胎橡胶制品行业第15位(国内排名第1位),国际行业影响力持续提升。

凭借一流的技术、优质的产品、精良的服务,多年来时代新材广受国内外客户的赞誉和推崇,多次荣获Bombardier(庞巴迪公司)战略合作伙伴、ALSTOM(阿尔斯通公司)A级供应商、GE(通用电气公司)最佳交付供应商等荣誉。BOGE(博戈)获得保时捷A级供应商称号;斯洛伐克和澳大利亚工厂荣获通用汽车2015年度供应商质量卓越奖;上海和巴西工厂获得福特Q1质量奖;保时捷和宾利塑料制动踏板箱项目获得材料工程师协会(SPE)授予的设计一等奖;风电产品事业部获得金风科技"4A级供应商",并荣获第四届"全国顾客满意行业十大品牌"荣誉称号以及第五届湖南省省长质量奖。

企业形象的提升,加之离散型制造企业通过虚拟手段打造虚拟连续流工厂,使公司距离工业4.0模范标杆企业又近了一步。客户满意度提升,管理过程向客户开放,客户更加放心企业的生产制造过程控制,对产品质量信心有了极大的提升。通过透明管控,生产与交付信息无缝对接,客户随时都可以获取产品的交期。

(三)社会效益显著

提升了企业形象。通过高速动车组悬挂部件智慧制造体系建设与创新,基于信息化和先进检测、控制技术的应用,进一步落实了智能制造和两化融合的要求。在"第十三届中国两化融合岁末盘点颁奖

典礼”上,“MES 实现株洲时代新材透明管控”荣膺年度中国两化融合杰出应用奖,弹性元件车间荣获“湖南省智能制造示范车间”荣誉。

提升了客户满意度。通过高速动车组悬挂部件智慧制造体系建设,将客户要求分解到产品全寿命周期的每一个阶段,并通过高效、透明的管理手段进行管控,满足并超出客户要求,顾客综合满意度连续三年达 98% 以上,居行业前列。

提升了员工满意度。通过高速动车组悬挂部件智慧制造体系建设,提升了生产和管理效率、降低了员工工作强度,提升了人均劳动效率;对于员工的绩效评价更加公正、公开、公平,促进了员工满意度的持续提升。

"走出去"企业所得税税收筹划

中国山东对外经济技术合作集团有限公司

成果主要创造人:李梅林　任衍涛

成果参与创造人:孙启宁　程子勤　罗慧洁　姚　尧　刘　明

中国山东国际经济技术合作有限公司(简称"山东国际")是依照山东省人民政府关于省属国有企业改革和实施集团化战略的部署,按照现代企业制度要求组建的大型外经企业集团,业务涵盖国际承包工程、对外经济技术援助、境外投资、人力资源合作与交流等多个领域,是山东高速集团有限公司的国际化战略平台,也是山东省重要的对外交流合作窗口。

30多年来,山东国际凭借一批优秀的国际商务、工程、投资管理人才,以及丰富的对外合作经验,相继在106个国家和地区实施200多项国际工程承包和我国政府对外援助项目,项目领域涉及房建、公路、码头、隧道、体育场馆、机场跑道、市政工程、供排水和污水处理等;在塞尔维亚、加纳、苏丹、加拿大、斐济、几内亚等国家开展交通、房地产、农业、能源、矿产领域投资合作;向日本、韩国、新加坡、德国等国家,派出各类劳务人员及研修生达10余万人次。

山东国际已经形成了完整的经营体系,在国际市场赢得了较高声誉,先后获得"中国500家最大服务企业第41名""海关信得过企业""中国对外承包工程商会承包工程和劳务合作AAA信用等级企业""中国对外承包劳务最大50家公司之一""山东省最佳对外承包劳务企业"等荣誉称号,入选ENR全球最大250家国家承包商榜单,担任山东省国际承包劳务商会会长、中国对外承包工程商会常务理事、中国对外承包工程商会国际公司工作委员会副会长,为推动中国与世界各国经济技术合作作出重要贡献。

一、成果实施背景

随着国际经济交流的深化推进,中国"走出去"企业已成为对外经济交流的结构性窗口,是连通本国与世界各国经济协作的重要纽带。国家"一带一路"倡议的实施为中国"走出去"企业营造了前所未有的海外拓展契机,海外施工项目总金额达到了一个前所未有的高度。然而,不同国家的税收种类、税收规则和课税方式、税率等存在差异,法规认知及筹划意识不清使得中国"走出去"企业在国际税收方面遭遇了许多挫折,极大地抵消了政策释放的收益红利,这就需要尽早做好税收筹划工作,防范税务风险,实现利润最大化。

首先,中国"走出去"企业的税务问题较开展境内业务的本土企业更为严重。在国际税收方面,致使中国"走出去"企业遭遇税务挫折主要源自两个层面的要素:一是外部要素,主要包括多重征税、税收协定不恰当、国家间税务协调机制不顺畅、各地区税收执法力度参差不齐等问题;二是内部要素,如企业海外税收筹划意识较差、税务人才紧缺、海外税收政策理解不完善、筹划方案设置缺乏科学性、纳税政策调整不及时、对境外项目重视及监管不到位等问题。如若不加以解决,企业的"跨国梦"便难以实现。

其次,我国政府已着手解决"走出去"企业的海外税负过重问题。考虑到海外施工企业税收环境的复杂性,为帮助其尽快渡过税务难关、提高竞争力,我国政府已经与世界上大部分合作国家签订了双边或多边税收管理协议,明确了各国对税源的划分,竭力为海外施工企业营造良好的征税环境。因此,在政府宏观政策支持下,如果不能乘搭国家税收政策的"便车",那么"走出去"企业海外规模扩展的计划将寸步难行。

最后,部分"走出去"企业已开始积极筹备海外税收筹划工作。"一带一路"倡议的提出给予中国"走出去"企业拓展海外业务的绝佳契机,为适应海外施工业务扩张的需求,部分跨国公司已越来越重视税收筹划管理的高效性和科学性,包括承担享受施工国家免税待遇的援外工程等措施。因此,如果不积极开展税收筹划的革新,势必会丧失比较竞争优势,限制可开发资源的扩张。

综上可知,为走出海外税务困境,"走出去"企业必须积极进行税收筹划策略的革新,强化对国际税收政策的认知,认真分析影响企业海外税负的各项因素,统筹安排各项经济活动程序,为税收筹划创造出可靠、广阔的空间,帮助实现企业利润的最大化。

二、成果内涵

税务成本中的企业所得税属于直接税,不同于流转税可以在流转过程中进行抵扣,所得税对企业税负的影响是最直接、最重要的,它与企业最终效益指标息息相关。同时,因为"走出去"企业所得来源国际化,所得税征收管理权在各国之间也存在交错,容易出现重复征税、国际协调难度大等问题,带来国与国之间的财权利益关系矛盾。因此,对"走出去"企业所得税的研究是涉外企业管理创新研究的重要组成部分。

山东国际在借鉴其他中资企业走出去过程中税务管理经验的基础上,结合自身项目实际,运用现代税务管理的思想及理论,从投资框架选择、差异化税务管理、国内外项目成本统筹、属地化管理和税收政策选择等方面进行创新。通过梳理各个国家的税务风险和制定规避措施,将税务风险降至最低,达到合理减轻企业税负、助力企业顺利走出去、提高利润水平、增强国际竞争力的目的。

三、主要做法

(一)企业所得税税收筹划的总体目标

近年来,随着国家"一带一路"倡议和"走出去"战略的提出,越来越多的企业在境外投资经营,面临的市场竞争也越来越激烈,合理筹划税负、节约成本、提高竞争力和利润率,成为"走出去"企业必须面对的课题。但是境内企业在境外投资时,往往很少能够关注到税制差异所带来的影响,税收筹划意识普遍不高。而境外国家和地区的税收政策与我国境内税制有着较大的差异,企业遇到的税收问题比单纯在我国境内经营复杂。在企业开展境外活动的过程中,税收筹划是财务管理很重要的一环,企业通过有效的税收筹划,设计合理的控股架构,能够达到减轻企业税负、控制税务风险的目的,从而助力企业顺利"走出去",提高利润水平,增强国际竞争力。

(二)企业所得税税收筹划的主要做法

1.投资项目基于多种控股框架下的税务筹划

开展海外工程项目投资,可以选择总分机构模式,即中国居民企业在项目所在国或地区设立分公司或者项目组进行运营,也可以选择母子公司模式,即中国居民企业在项目所在国或地区设立子公司运作项目。根据我国所得税制度相关规定,中国居民企业来源于中国境外的应税所得已在境外缴纳的所得税税额,可以从其应纳税额中抵免,总分机构模式几乎没有税收筹划的空间,因此,海外工程项目投资多采取母公司对子公司的投资,根据投资的层级,将投资划分为直接投资和间接投资。

直接投资是单层级的投资,即中国居民企业对境外子公司直接控制。在这种投资框架下,中国居民企业方便直接控制海外项目公司,且投资成本较低,涉及的税务问题较少,税务风险相对不高。直接投资的缺陷在于,在当前经济全球化的趋势下,不利于全球化管理和经营,且税务筹划空间不大。另外,在项目结束后,中国居民企业转让或者注销海外项目公司灵活性也较小。在直接投资模式下,项目的综合税负受所在国或地区所得税规定制约,如果所在国或地区有较低的所得税税率和预提所得税税率,那么项目所得税税负会较低,反之会较高;另外,项目结束后,清算所得和转让所得也直接受制于项目所在国或地区和中国境内所得税制度的有关规定。因此,直接投资的税收筹划空间较小,但相应的企业管理成本并不高。如果海外承包工程项目的利润留在当地继续用于生产经营或开发其他业务,有合理商业目的而不进行利润分配,可以不适用项目所在国或地区预提所得税以及中国境内所得税特别纳税调整的有关规定,或许能降低综合税负。

间接投资是一种多层级的投资,即中国居民企业在其他国家或地区设立中间控股公司,再由一个或多个控股公司在项目所在国或地区投资设立子公司,形成对项目公司的间接控制。在这种投资框架下,中国居民企业可以开展全球化管理和经营,税务筹划空间较大,在项目结束后,转让或者注销海外项目公司灵活性较大。间接投资的缺陷在于,其涉及的税收问题较多,涉及中间控股公司所在国或地区以及项目所在国或地区的税收协定及反避税有关条款,且公司架构复杂,运营成本和管理成本较高。在间接投资框架下,项目的综合税负受所在国或地区所得税规定制约,也受到中间控股公司所在国或地区所得税规定的制约,如果中间控股公司所在国或地区与项目所在国或地区存在较优惠的协定税率,而且中间控股公司对中国的预提所得税规定较低的话,税负会降低;另外,项目结束后,清算所得和转让所得可以通过项目所在国或地区以及中间控股公司所在国或地区的所得税规定进行相应筹划。目前看来,间接投资的税收筹划空间较大,但需要考虑额外的管理费用。如果选定的中间控股公司所在国或地区具有较优惠的所得税政策,那么中国居民企业完全可以将中间控股公司作为经营平台,这样既能促进国际运营管理,也使得税收筹划更具有灵活性,相比直接投资框架可以降低综合税负。

以山东国际的孟加拉国达卡高架快速路 PPP(Public-Private Partnership,政府和企业资本合作)项目("DEE 项目")为例。该项目位于孟加拉国首都达卡,意大利-泰开发公共有限公司已于 2011 年与孟加拉国政府就针对 DEE 项目签署了特许经营权协议,并新设立了一家孟加拉国特殊目的公司——第一达卡高架快速路有限公司(简称"项目公司"),该项目公司作为项目的特许经营权实体。项目特许经营期为 25 年,其中建设期为 3.5 年,运营期为 21.5 年。意大利-泰开发公共有限公司、中国水电建设集团国际工程有限公司和山东国际于 2017 年签订了股东合作协议,约定中方股东通过增资扩股的方式认购项目公司股权参与项目,股权交割后三方所占股比依次为 51%、34%、15%。山东国际需根据股权交易的具体情况,从税务优化的角度设计出具有税务效益的控股架构方案。

基于山东国际海外投资计划,可以设计 3 套控股架构方案。

方案一:山东国际利用其香港控股公司投资目标公司,香港公司持有项目公司 34% 的股权;

方案二:山东国际利用其阿联酋控股公司投资目标公司,阿联酋公司持有项目公司 34% 的股权;

方案三:山东国际直接投资项目公司,持有项目公司 34% 的股权。

其中方案一及方案二的主要优势为:山东国际可以直接利用其现有海外投资平台,无须另外搭建海外控股平台,架构简单且无额外海外平台设立维护及管理费用。一方面,这有利于山东国际对海外投资项目进行集中管理;另一方面,可以提高山东国际海外资金的利用效率,满足未来的投资融资需求。如果山东国际有充足的商业实质性及合理的商业理由(如海外再投资计划),则可以考虑将目标公司分配的利润对应留在中国香港及阿联酋层面,而不将其汇回中国境内。

方案三的主要优势为:山东国际无须搭建海外控股平台,架构简单且无海外平台设立维护及管理费用;如果未来利润以股息形式汇回中国境内,根据中国与孟加拉国双边税收协定,可以将孟加拉国股息预提税由 20% 降至 10%。

三种控股架构方案对比情况见表 1。

三种控股架构方案对比情况表(单位:万元) 表 1

项 目	方 案 一	方 案 二	方 案 三
孟加拉国目标公司			
目标公司税前利润	100.00	100.00	100.00
目标公司税前利润按控股比例分摊(34%)	34.00	34.00	34.00
对应孟加拉国企业所得税(35%)	11.90	11.90	11.90
对应目标公司税后利润	22.10	22.10	22.10

续上表

项　目	方　案　一	方　案　二	方　案　三
对应孟加拉国股息预提税(20%,5%,10%)	4.42	1.11	2.21
山东国际阿联酋			
阿联酋收到的股息	—	20.99	—
阿联酋企业所得税	—	—	—
阿联酋股息预提税	—	—	—
山东国际香港			
中国香港收到的股息	17.68	—	—
中国香港企业所得税	—	—	—
中国香港股息预提税	—	—	—
中国母公司			
收到股息	17.68	20.99	19.89
中国企业所得税(25%)	8.50	8.50	8.50
中国境外已缴纳企业所得税	16.32	13.01	14.11
在中国境内应补缴的企业所得税	—	—	—
利润汇回至中国境内层面的税务成本合计	16.32	13.01	14.11
股息汇回至中国境内层面的实际有效税率	48.00%	38.26%	41.50%
股息停留在海外的实际有效税率	48.00%	38.26%	41.50%

注:因保密要求,表中数据仅为示意数据。

通过对比可以看出,假设目标企业税前利润为100元,则山东国际按照控股比例可分摊34元,孟加拉国所得税税率为35%,则应交所得税为11.9元,税后利润为22.1元;在考虑不同控股框架后,三种方案股息汇回至中国境内层面的实际有效税率及股息停留在海外的实际有效税率分别为48%、38.26%、41.5%。方案二税负最低,因此应选择方案二(山东国际利用其阿联酋控股公司投资目标公司,阿联酋公司持有项目公司34%的股权)作为投资该项目的投资架构。

2. 根据项目所在国或地区税收政策实行差异化管理

由于各国或地区政治体制、经济发展水平等不同,各国或地区税制及征管方式存在较大的差异,在进入某个国家或地区市场时,必须对项目当地的税收体制等进行详细研究,充分了解当地税务征管的特点和具体要求,及时获得相关信息,使相关税收安排能够顺利地施行。由于不同国家或地区鼓励行业和税收优惠政策的不同,"走出去"企业在开拓自身业务板块的同时,必须根据项目所在国或地区税收政策的不同,实行差异化管理,争取尽可能地享受税收优惠政策,减轻企业税负压力。

1999年,山东国际依托中国石油天然气集团有限公司(简称"中石油")进入苏丹,从事油区筑路服务项目。在油区项目实施过程中,山东国际积极探索其他发展商机。经过调研,苏丹分公司了解到苏丹的行业性税务政策差别明显,在行业适用所得税税率方面,苏丹石油相关企业如油区项目适用的所得税率为35%,并且规定由付款方即业主,根据营业额预先代扣代缴5%;一般企业如工程施工企业适用的所得税率为15%,根据年末利润总额计算缴纳;农业作为政府鼓励发展的行业,则不需缴纳企业所得税。因此,山东国际于2012年成立专门农业公司从事棉花业务,专责开展棉花种植、生产、加工及出口业务,根据当地税法,该农业公司无须缴纳企业所得税,较好地享受到了零税率优惠政策。为避免与适用35%高税率油区项目相互影响,山东国际于2013年成立工程公司,实行独立建账、单独核算、自行报税,成为公司在苏丹运营工程承包项目的实际载体。山东国际在苏丹实行的差异化税务安排,保证实现了稳妥的收益,减少、避免了相互的税务影响,降低了税务风险,取得了较好的经济效益。

3. 统筹境内与境外项目成本,防止利润虚高

中国境内总部代付的相关费用在当地所得税税前列支的问题,是中国"走出去"企业普遍面临的一个问题。因中国境内总部代海外分公司支付的人员工资、采购费用、管理费用、保函费用等项目费用发生在中国境内,而两地实行的税务政策、发票及语言方面存在差异,中国境内发生的费用发票难以直接在当地入账,成本未全额记入当地项目成本,使得当地项目利润虚高,所得税金额巨大,加重项目税负压力。同时,因中国境内总部代付费用属于境外项目支出,在计算中国境内所得税时也不能作为境内成本税前列支,因此必须根据各国或地区法规,合理统筹境内与境外项目成本,防止利润虚高。

现在以塞尔维亚分公司建设的 E763 高速公路项目为例进行具体说明。塞尔维亚分公司成立于2013 年,负责 E763 高速公路项目的建设。该项目为中国进出口银行优惠贷款项目,项目主体在塞尔维亚进行核算,山东国际代塞尔维亚分公司支付的采购费用、管理费用、保函费用等大量项目支出发生在中国境内,这些费用的发票难以直接在塞尔维亚入账,项目利润虚高导致企业所得税费用虚高,极大地增加了企业负担。

通过咨询当地税务机关及专业机构,塞尔维亚分公司了解到,针对国内发生的项目费用,可以通过与总部签订费用代付协议的方式,将中国境内发生的费用计入当地账务,抵减企业所得税。为了准确核算项目利润,根据当地法律要求,国内总部与塞尔维亚分公司签订费用代付协议,协议规定由国内总部代为支付国内发生的保函费用、人员工资等相关管理费用。每年在年度审计前,塞尔维亚分公司聘请专业的第三方机构对代付内容进行审计,以确保业务的合理性及真实性。

将中国境内总部发生费用记入当地账务,保证了当地账务完整,准确地核算项目实际成本情况,得到更加符合实际的项目利润,避免了因成本核算不完整导致的虚增利润及所得税的情况。

4. 基于当地税法有关或有支出的递延纳税筹划

目前世界上大多数国家或地区的企业所得税均采用定期预缴、年终进行汇算清缴的方式。部分国家或地区企业所得税预缴税额根据上年度缴纳金额确定,预缴金额巨大,从而造成资金占用问题。利用当地税收政策,合理筹划,递延纳税,将有利于减轻企业资金占用压力,节约资金成本。

塞尔维亚当地企业所得税税率为 15%,每年 1 月 1 日至 6 月 29 日为所得税汇算清缴期间,在此期间企业向税务局提交上年度报表,汇算清缴上年度所得税并按照上年度标准预缴本年所得税。若企业在运营期间,由于经营情况变动预测当年盈利不及去年,可向税务局提交当年截至某月份的报表,税务局将以此报表显示盈利情况计算所得税,企业可以此达到变更预缴所得税金额的目的;根据税法规定,该变更一年内允许变更两次。因次年所得税需要按照本年所得税预缴,本年所得税金额巨大,如果按照本年所得税标准预缴,造成预缴金额较大,占用大额资金。针对上述情况,塞尔维亚分公司实施了相应的税收筹划。

根据塞尔维亚当地法律的要求,公司内部会计管理制度可对或有事项记入成本的比例作详细规定,经管理层批准的内部会计管理制度可作为将或有事项记入成本的依据。因此,塞尔维亚分公司根据当地法律,起草了内部会计管理制度。根据具体的或有支出金额,例如,E763 高速公路项目的工程质量保证金、超过收款期限 60 天的应收款项,将其累计金额按照一定比例(按照经批准的内部会计管理制度)记入当期成本,减少当年的利率总额及所得税金额,同时减少次年预缴所得税金额。在项目完工的当年,将以前年度记入成本的或有事项支出转回,并于次年 1 月提交本年纳税申报表,提交本年纳税申报表的同时提交次年 1 月的纳税申报表,次年 1 月的纳税申报表可覆盖本年纳税申报表作为预缴所得税依据,即可按照项目完工后的收入水平预缴所得税。

塞尔维亚分公司将项目或有支出按照一定比例记入当年的成本,减少当年所得税支出金额,并在项目结束的最后一年将其转回,起到了递延纳税的效果,极大地降低了执行项目过程中的所得税纳税负担,减少了资金占用,节约了资金成本,对项目的执行起到了积极的促进作用。

5. 企业涉税工作探索属地化管理

中国"走出去"企业进行对外承包工程建设,很大比例是在经济落后的第三世界国家,这些国家政

府财政收入紧张,管理混乱,对“走出去”企业在当地的发展产生了很大的政治和法律风险。在这些国家进行所得税筹划,最重要的是如何进行风险应对,规避境外税务风险,为企业的运营和发展提供有力支持。而属地化原则,是规避此类风险的有效手段,企业除安排合格的海外财务管理人员外,可聘请熟悉当地税法、工作严谨、恪守职业道德的会计师,按照项目所在国税法要求进行相关业务处理。从税务登记、账簿凭证处理到相关票据开具、收取等严格进行管理,做到按时申报、正确申报并纳税。

乍得共和国是非洲中部的一个内陆国家,北接利比亚,东邻苏丹,南与中非共和国接壤,是世界最不发达国家之一。按照当地税法规定,乍得企业所得税税率为35%,计税依据为应纳税所得额,由年度利润总额通过各类调整计算得出。实行汇算清缴,每年5月、8月、11月按上年应纳税所得额为依据预缴,年应纳税额中扣除最低收入所得税及预缴税款,少缴补税,多缴税款以后抵免。上述最低收入所得税税率1.5%,计税依据为月含税营业额。乍得当地税务审计一般每年3次,分为报表审计、阶段性审计、最终审计。

山东国际于2009年进驻乍得,在乍得境内注册成立乍得分公司,并依照乍得当地法律法规依法经营,主要业务是油区建设项目和工程承包项目。近年来,乍得当局资金紧张,税收征管混乱。每一次税务审计中,乍得分公司经常需要面临各种莫须有的质疑和刁难。审计一般会经过多轮会谈,谈判过程极其艰难,经过漫长过程双方才能达成一致意见。为此,一方面需要公司员工对当地税法有着比较深入的了解,另一方面当地事务所的配合也尤为重要。

为应对当地税务风险,乍得分公司经过近十年的探索,从了解乍得税法体系本身做起,积极做好税务管理实践。根据乍得企业所得税管理要求,在乍得成立的公司应建立独立完善的、符合当地税法的财务体系,也就说需要建立独立账套。乍得税务工作一般需要当地事务所协助,目前综合专业、口碑、敬业等方面看来,乍得分公司选择安永事务所作为税务顾问。安永事务所具有一批熟悉当地税法、工作严谨、恪守职业道德的当地会计师,从税务登记、账簿凭证处理到相关票据开具、收取等都可以做到严格管理,可以协助审核和编制当地税务部门要求报送的各种税务报表,并按时申报、正确申报并纳税。进行日常账务处理时,安永事务所定期将收入和日常支出的相关单据计入财务系统,年底将进口物资、当地结算收款、发票等汇总入账,出具外账年报,进而进行企业所得税汇算清缴。乍得分公司将日常收入、成本类单据按月提供给事务所人员做账,同时应打印出银行对账单交其核对,并对其提出疑问的单据或者业务进行解释。安永事务所会在次年5月15日之前,协助乍得分公司进行企业所得税的清算。

通过对当地税收制度的研究,同时结合乍得当地税务顾问的默契配合,乍得分公司在2020年5月基本顺利完成了2019年的企业所得税汇算清缴。同时,在2019年应对税务机关的检查中,由于分公司人员据理力争,以及事务所的专业指导,乍得分公司避免了超额缴纳税款的风险,较好地降低了运营成本及税务成本,为企业平稳运营作出了重要贡献。

6. 选择更有利于企业发展的税收政策

中国“走出去”企业的企业所得税年度汇算清缴的本年应纳所得税额,主要包括境内所得应纳税额和境外所得应纳税额两部分。境内所得应纳税额除受利润总额影响外,还受到境外所得额、纳税调整额影响。境外所得应纳税额主要受境外税前所得及调整项、境外以前年度亏损和境外所得抵免所得税额影响。其中,境外所得税收抵免方式的选择,对境外所得应纳税额产生重要影响。

《财政部　国家税务总局关于企业境外所得税收抵免有关问题的通知》(财税〔2009〕125号)规定:企业所得税境外所得税税款扣除限额=境内外所得按税法计算的应纳税总额×来源于某外国的所得额/境内、境外所得总额。根据《中华人民共和国企业所得税法实施条例》第七十八条的规定,在分国(地区)不分项计算抵免限额的前提下,境外不同国家(地区)之间的盈亏应不允许相互弥补,同时,超限额结转只能限于分国(地区)进行,而不能以一国(地区)的抵免限额余额去抵补另一国(地区)的超限额部分。另外还应注意的是,超限额是由于境外已纳税款高于用本国税法计算的抵免限额而产生的,如果该税率相对保持不变,那么我国的税率将始终高于境外国税率;如果企业在该国(地区)每年都有所得收入,按照抵免限额计算,该企业每年都将出现超限额,当年应以抵免限额作为境外所得税抵免额进行抵免,超过抵免限额的余额允许从次年起在连续五个纳税年度内,用每年度抵免限额抵免当年应抵税额后的余额进行抵补。而在税率低于我国税率的国家或地区,还应该按照我国的税率补缴企业所得税。分国(地区)不分项限额抵免法不能使企业来自不同非居住国(地区)的所得相加后再抵免,不利于企业海外经营。

随着国家"一带一路"倡议的实施以及我国企业境外投资日益增加,分国(地区)不分项抵免法已经难以完全适应新的发展形势需要:一是对于同时在多个国家或地区投资的企业可能存在抵免不足问题。分国(地区)抵免法下,不同国家或地区的抵免限额不能相互调剂使用,纳税人在低税国(地区)的抵免余额无法调剂给高税国(地区)使用,其高税国(地区)超过抵免限额的部分无法抵免,而来自低税国(地区)的所得还需要在境内补缴税款,因此部分"走出去"企业存在抵免不够充分的问题,影响企业现金流。

在此背景下,财政部、国家税务总局于 2017 年 12 月 28 日出台了《关于完善企业境外所得税收抵免政策问题的通知》(财税〔2017〕84 号),该通知中规定企业可以选择按国(地区)别分别计算[即"分国(地区)不分项"],或者不按国(地区)别汇总计算[即"不分国(地区)不分项"]其来源于境外的应纳税所得额,并按照财税〔2009〕125 号文件第八条规定的税率,分别计算其可抵免境外所得税税额和抵免限额。

按照财税〔2017〕84 号文件规定,不分国(地区)不分项,合并计算境外企业的应纳税所得额,解决了境外企业之间有盈亏可以互相弥补的问题,同时可以将在高税率国家(地区)交的税分摊计入低税率国家(地区),从而减少企业的税负。

经计算,山东国际 2017 年度境外所得分不同方法缴纳企业所得税情况如下:按分国(地区)不分项法抵免所得税,境外所得应补缴企业所得税 530 万元,结转以后年度可抵免税款 4162 万元。按不分国(地区)不分项法抵免所得税,境外所得不需补缴企业所得税,结转以后年度可抵免税款 4826 万元。由此可见,采用不分国(地区)不分项法抵免所得税,不同国家(地区)的抵免限额能够相互调剂使用,从而减少补缴税款金额,可以解决企业在分国(地区)不分项抵免法下所存在抵免不够充分的问题,增加企业现金流。同时,增加了不同国家(地区)间相互弥补亏损和抵免税款的机会,降低了弥补或抵免超期问题发生的可能性。

四、实施效果

通过实施税收筹划管理创新,企业能够更好地利用"一带一路"倡议带来的海外拓展契机,释放政策红利,降低税收负担,防范税务风险,确保实现利润最大化的管理目标;同时,该项管理创新也能够帮助企业确保对外经济交流的结构性窗口地位,成为我国与其他合作国家或地区经济协作的重要纽带;最后,该项管理创新也能够帮助国家又快又好地实现"一带一路"倡议的规划目标,巩固我国同中亚和东南亚的合作基础,为建立政治互信、经济融合、文化包容的利益共同体、命运共同体和责任共同体的国家规划贡献力量。该项管理创新实施效果主要表现在以下方面:

在企业层面,一方面,缓解税收负担、释放盈利空间。通过实施本项管理创新,对企业税制安排作出结构性调整,直接降低了企业税负成本,增强了其在外部经济环境不确定情况下应对市场风险与成本变动的能力,在释放盈利空间的同时,也帮助其谋求新的经济增长点;另一方面,增强比较优势、焕发竞争活力。税收筹划创新策略能够更好地依附于合作国家(地区)之间签订的税收管理协定,借助政策"便车",企业能够建立起强有力的比较优势,进而在拓展海外业务方面占得先机,扩张可开发资源。

在世界层面,一方面,巩固扩大我国在世界范围内的影响力。"走出去"企业效益的提升能够强化我国对东南亚、东欧、南美、非洲等地区的国际影响力,有助于形成新的欧亚、亚非、南亚等商贸通道及经济发展带;另一方面,加快推进人类命运共同体目标的实现。海外经济协作的提升有助于我国与其他合作国家或地区分享优质产能、共享发展成果,利用企业间的紧密协作打通不同国家或地区间合作与对话通道,帮助建立更加平等均衡的新型全球合作伙伴关系,夯实世界经济长期稳定发展的基础。

强化项目绩效考核　提升项目自主管理能力

山东省公路桥梁建设有限公司

成果主要创造人:陈　雷　王　浩

成果参与创造人:安智博　王立江　郑茂源　王少文　丁志浩　迟晓楠

绩效考核管理能够更好地把绩效考核与新台高速公路一合同项目规划战略、总体计划目标紧密联系起来,充分调动各部室人员的工作积极性和责任感,科学合理地与薪酬挂钩,形成有效的绩效考核管理机制,推动项目进展,实现项目经理部管理水平和业务水平的提升。

作为项目部人力资源管理体系的重要组成部分,绩效考核管理制度是确定员工职级调整、岗位变动、薪资调整、奖惩等人事决策的客观准绳,同时也是员工职业生涯发展规划与教育培训的计划制度的重要依据。

绩效考核管理应遵循如下原则:

①提升绩效考核管理的策略重要性,强化绩效考核管理与策略规划的关系,同时整合绩效考核管理的重要流程与机制,使绩效指标能上下协调一致,拥有足够的资源实现绩效指标。

②通过将绩效奖励和员工绩效表现相挂钩,将项目整体的利益和员工的个人利益整合在一起,建立一套科学合理和富有激励性的绩效考核管理体制。

③采用定期回顾和周期考评的方式,将绩效跟踪、考评、绩效指导等内容,形成周期性循环的过程,构成绩效考核管理体系的重要环节。

④绩效考核不是为了制造员工间的差距,而是实事求是地发现员工工作的长处、短处,以扬长避短,有所改进、提高。

⑤绩效考核将以规定的考核项目及其事实为依据;以确认的事实或者可靠的材料为依据;自始至终应以公正、公平、公开为原则。

⑥绩效考核采取层级评估的原则,职能上级考核和跨级上级根据权重分别考核。

⑦绩效考核采取授权和监督的原则。为遵循此原则,项目部绩效考核管理部门将在绩效考核管理总体要求下将考核权利放至各职能部门,并进行采用随机抽取与员工面谈或查阅考核档案等方式进行监督。

新泰至台儿庄(鲁苏界)高速公路一合同全长 18.952 公里,起讫桩号为:K0+048—K19+000,有效合同价约 10.73 亿元。总工期 27 个月,合同工期 2018 年 8 月至 2020 年 10 月,双向四车道高速公路标准,路基宽 27 米、设计速度 120 公里/小时,线路整体走向为由北向南,横跨两市三县四镇,主要结构物包括隧道 1 座、桥梁 13 座(特大桥 1 座、大桥 11 座、分离立交 1 座)、互通立交 2 处。此外,设有通道 6 座、涵洞 54 道、天桥 11 座。路基填方 244 万立方米、路基挖方 213 万立方米、路面垫层 21 万平方米,底基层 42 万平方米,基层 83 万平方米,面层 153 万平方米,混凝土总量约 24.1 万立方米,钢筋总量约 2.7 万吨,全线墩柱主要为圆形墩柱,共 577 根。

新台高速公路一合同项目经理部设置 6 部 2 室,分别设综合办公室、工程技术部、财务部、计划合同部、物资设备部、质检部、安全环保部和工地试验室。

项目部驻地和工地试验室同场区布置,分区独立办公,一分部设置试验分室,负责一分部所有工程的检测工作;工地试验室负责全线试验管理工作及二分部所有工程的检测工作,各场站根据实际情况设置力学室、养护室等分室及试验办公室。

项目部对施工全线进行统筹管理,汶南施工队负责 K0+039—K6+089 区间段的施工;联城施工队负责 K6+289—K11+986 的施工;平邑施工队负责 K11+986—K19+000 区间段的施工。

目前新台高速公路一合同项目经理部已在各职能部门落实绩效考核管理创新机制,取得良好成效。

一、实施背景

绩效考核,就是按照一定的标准,采用科学的方法,对员工的品德、工作绩效、能力和态度进行综合的检查和评定,以确定其工作成绩和潜力的管理方法。通过综合分析与评价现有员工的信息,为员工的报酬、晋升、调配、培训、激励、辞退和职业生涯管理等工作提供科学的依据。

现阶段,一个具有规范性、竞争性和更加经济的关键市场正发生着戏剧性的变化,企业要节约成本、减少开支,同时面临着业务增长和内部透明度的严峻压力,这就需要寻求技术方面的支持以实现利益最大化。为管理并监控业务绩效而设计的绩效管理软件可以帮助企业实现利益最大化,而传统的绩效执行管理方法主要集中在绩效方法论,不成系统。因此,创建科学的绩效考核管理体系是克服企业绩效考核弊端的根本出路。

新台高速公路一合同项目经理部所属新台高速公路,是山东省"九纵五横一环七连"高速公路网规划中的"纵五"无棣(鲁冀界)—莱芜—台儿庄(鲁苏界)的重要组成部分。新台高速公路的贯通,对带动沿线旅游观光等产业发展,提升周边地区交通运输能力,促进沿线地区经济社会高质量发展具有重大意义。新台高速公路一合同项目经理部有着艰巨的任务,面临着巨大压力,在时间紧、任务重的情况下,更需要科学可行的制度保障,通过绩效考核形成激励机制,保证人力支持。考核的目的不仅局限于为奖惩提供依据,其更重要的用途是树立企业的价值观、为员工的职业发展指明方向,为项目的顺利贯通以及企业的快速发展保驾护航。

二、现有制度

(一)项目科室负责人考核制度

项目科室负责人考核主要分三个指标模块:工作业绩、工作效率、服务意识。在此三项指标评分的基础上,综合本季度出勤率、病(休)假等情况进行综合考量。

1. 工作业绩

主要考核对本部门、本岗位工作基本任务的完成情况。把本考核期内部门的工作与项目要求的(计划的)、会议布置的相关工作标准、劳动定额等指标作比较(包括质量、安全、进度),按难易程度、完成数量酌情评分;考核在岗位中是否有行之有效的管理、创新、学习、借鉴、应用能力,以及考核期内出勤情况综合考虑评价。

2. 工作效率

主要考核项目各部门对工作的响应程度、工作领会程度;部门完成各项工作的规划水平、耗用时间、精力、资金等的情况;对部门职责内的工作成本和预算进行对比评价。综合评价岗位员工的工作积极性、行动力、团队意识;对需要部门之间相互配合完成的工作的认知度、配合效率进行评价。

3. 服务意识

主要考核部门各岗工作的时间、纪律意识;工作制度、流程熟练程度;部门各岗日常对工作的责任心、态度、品德、沟通协调能力等。

(二)项目科室员工考核制度

项目科室员工考核主要分三个指标模块:工作业绩、工作效率、服务意识。在此三项指标评分的基础上,综合本季度出勤率、病(休)假等情况进行综合考量。

1. 工作业绩

主要考核对岗位工作基本任务的完成情况。将所在部门的工作计划落实到个人的部分与实际完成情况进行考量对比,以数据为基准,按难易程度、完成数量酌情评分;对岗位工作中的规划、细致、落实程度进行考量;考量工作思路是否有序、清晰并顺利实施,工作过程中是否有行之有效的管理、创新、学习、借鉴、应用能力,以及考核期内出勤情况。

2. 工作效率

主要考核该员工对工作的响应程度、工作领会程度;员工完成各项工作的规划水平、耗用时间、精力、资金等的情况;对岗位职责内的工作成本和预算进行对比评价。综合评价岗位员工的工作积极性、行动力、团队意识;对需要部门之间相互配合完成的工作的认知度、配合效率进行评价。

3. 服务意识

主要考核员工工作的时间、纪律意识;工作制度、流程熟练程度;员工日常工作中的责任心、态度、品德、沟通协调能力等表现。

(三)新进人员考核制度

项目有新入职人员或上季度因离岗、请假、病假等情况无考核的人员,新员工入职因绩效工资较低,当季度考核值按1.0计算;病、休假、待岗复岗人员考核系数按0.9计算,下季度项目考核时总体考虑。

三、存在的不足

①考核易混淆。项目人员相对流动性较大,岗位调动频繁,岗位界定易混淆,存在副职干正职工作,职员干副职工作的情况。

②考核目的不明确。项目的绩效考核应该与岗位晋升挂钩,当达到一定的考核目标后可以进行岗位晋升申请,拓宽晋升渠道,提升职工的工作积极性,刺激工作热情。

③考核缺乏反馈。从绩效考核系统的角度来看,绩效考核的最终目的应该是帮助员工认识到自己工作中的长处和不足,从而有针对性地制订绩效改进方案,实现员工绩效的改进和提升,最终使得企业整体的绩效得到改善。绩效反馈就是将企业绩效考核的结果和员工进行沟通,帮助员工认识到自己的长处和有待改进之处,并和员工一起制订绩效改进计划,从而促进员工绩效的提升。

四、成果内涵和主要做法

基于对项目现有各项考核制度的认真研究,按照简单易行、管事管用的原则设置考核指标,取消了累计月度考核的方式,全部采用简单易行、可操作的月度考核。

绩效考核管理创新机制强化了绩效反馈和绩效沟通,及时总结分析指标管控完成的原因,要求指标管控各部门从体制、机制、政策、人员四方面着手加强内部管理,对影响安全、生产、材料、设备等事故深入分析,广泛运用确保项目生产、经营工作走上健康发展之路的管理手段。

绩效考核管理创新机制围绕“静态的职责+动态的目标”两条主线展开,建立起目标与职责协调一致的责任评价体系。评价实施体系的框架包括四个部分:部门职责分解、计划目标分解、目标与职责结合、评价实施。

为保障绩效考核管理创新机制的有效运行,项目部主要围绕以下四个方面展开。

1. 静态职责分解

静态职责分解是以职责和目标为两条主线,建立以“工作流程”和“目标管理”为核心,适应调整后的组织结构和管理模式的责任体系。部门职责指部门为实现其宗旨而应履行的工作责任和应承担的工作项目,它确定了部门在管理流程中的工作范围和职责边界。

2. 动态目标分解

一个部门仅仅知道“做什么”“怎么做”还不够,还要知道什么时间要做到什么程度、达成什么目标。

动态目标分解就是按照职责这条横线，与时间、目标这条纵线的有机整合，使各部门之间的职责和工作关系有机地协调起来。项目部整体动态目标分解按照"三级目标"的原则层层分解年度计划目标，建立"目标-时间"分解树，实现管理压力层层传递，确保目标完成与时间的紧密结合，实现全年安全、生产、管理一体化。

3. 目标与职责结合

绩效考核管理创新机制就是将计划目标和部门职责相结合的过程，将计划目标转化为考核指标，各职能部门对照年度分解目标编制部门职责进行目标管理，针对管理过程的关键环节、重要步骤以及薄弱环节制定改进措施，以确保完成项目整体计划目标。

(1)评价指标设置

在目标与职责之间建立清晰的分解和对应关系。为了有效建立、维护这种关系，各牵头部门在与相关部门进行沟通与交流的基础上，将评价指标按管理职责分解到相关部门，形成"纵到底、横到边"的指标考核体系。指标调整分为权重指标和非权重指标。权重指标体现项目整体计划导向。权重指标包括过程指标和结果指标，注重工作结果，通过过程指标的设计实现了对施工等工作过程关键节点的监控。非权重指标包括否决指标、加分指标、减分指标。非权重指标对员工提出清晰要求，使员工清楚哪些节点计划的完成会得到组织奖励，哪些行为和结果会得到组织的惩罚。通过指标设置，使"安全、生产、质量、管理"的任务分解到每一个部门，落实到每项具体指标。

(2)绩效评价的周期、力度与幅度

绩效评价的考核周期设置后，一般不作调整，只有出现新设立的指标时才需要重新确定和衡量。新设立的指标要根据不同的评价周期，考虑放在何时评价更合适。一般而言，注重过程的指标放在月度、季度上评价，注重结果的指标放在半年度、年度上评价。绩效评价的力度和幅度根据每个年度的工作重点和难点进行调整。

(3)绩效评价指标的目标值设定

目标值一年作一次调整，为了防止中期可能出现波动过大的情况，目标初定后对其加以备注。

4. 评价实施

当部门职责界定清楚、项目整体目标落实到项目每一个部门、施工队时，为了对其管理过程监控，对管理成果及时进行量化，需要从以下几方面入手。

(1)上报项目领导班子，形成绩效评价方案

按照以上思路形成管理绩效评价方案后，为了得到项目各级管理者和员工的理解和认同，减少以后为了各自的利益而争论不休的局面，由综合办公室将绩效评价方案与各部门负责人一对一地进行交流确认后，提交领导班子正式形成内部文件公布执行。

(2)组织各部门负责人学习方案

为了让各部门负责人充分了解评价方案的内容、目的以及掌握绩效管理相关工具、方法和技能，提高绩效管理操作人员对整个体系的深入理解和具体应用能力，项目部通过工地例会等多种形式开展了培训，使各部门负责人更加清楚本部门的计划目标、工作标准，在全项目范围内营造绩效评价的氛围，使绩效评价工作更有效地开展。

(3)优化评价数据报送流程，及时准确收集绩效数据

因为不同部门之间、各工作流程之间存在"数据壁垒"，因此绩效评价数据的收集不仅是综合办公室的工作，还关系到各个部门的切身利益，也是项目整体计划目标能否完成的重要保证。为确保收集数据的时效性，做了以下工作：一是提高部门负责人对绩效数据收集及绩效管理系统运行的重视度，增强大局意识；二是优化了考核数据收集的流程图、数据报送表及重要节点的时间要求；三是明确了流程的相应负责人。

(4)合理处理绩效评价差异

由于部门间工作性质不同,很难在部门间进行横向对比,而部门绩效评价的结果直接与薪酬奖金挂钩,绩效评价结果的公平性就显得尤其重要。为此,项目部建立了绩效评价指标仲裁机构,对管理过程中,由指标目标值设定、客观环境变化等原因导致没有完成评价指标的情况进行确认、仲裁,及时调整目标值或者完成值,从而确保了绩效评价结果的公平性。

(5)建立绩效评价定期沟通制度

定期由综合办公室主任主持,综合办公室负责组织、评价部门与被评价部门参与的绩效评价协调会,对当月及累计指标管控情况逐个进行分析,通过对绩效评价结果的分析,找出未完成指标的原因,同时结合客观环境及时、准确调整项目内部计划目标,引导管理改进工作业绩。

(6)强化绩效管理与薪酬挂钩制度

在不改变项目部工资总额的基础上,通过绩效评价系统科学地反映部门绩效水平,并将绩效评价结果与当月薪酬浮动部分挂钩,增强企业绩效工资的激励作用。同时将评价结果与工资调整、奖金发放、组织结构调整、流程再造、评先评优、人员配置等方面相结合,最大限度发挥绩效考核的积极作用。

五、实施效果

通过对绩效考核管理建立实时的评价机制,重点把握每个环节的成果状态,针对管理过程中出现的问题能够及时制定整改措施,取得了良好的运行效果。

1.促进了项目部各级各部门履职尽责,提高了工作执行力

通过有效的部门职责界定和目标分解,使各部门更加清楚自己的工作职能和工作目标,使部门权利和责任得到较好的区分,减少了日常工作中部门之间推诿现象的发生,使各部门能够较好地掌握工作标准和工作要求,促进各部门之间的工作沟通和协作,提高了工作执行力。

2.提高了日常管控水平,为计划目标的及时调整提供了决策依据

通过定期召开绩效评价会议,对各部门指标、项目部整体运行情况进行研究分析,并与年度分解目标进行对比,找出管理过程中影响整体目标实现的关键环节,从安全、生产、质量等方面能够及时调整现有政策,确保能够完成计划目标。

3.有效督促各部门完成指标,确保了项目部整体目标实现

通过每月对各部门组织开展绩效评价,并将结果和当月工资分配挂钩,有效督促了各部门完成指标工作,提高了管理意识,每月将考核结果进行公布,让各部门充分了解本月部门人员加减分情况。了解本部门考核得分情况的同时也能够了解其他部门考核情况,能够较好地进行横向对比,及时发现存在的不足,和全年指标进行对比并制定针对性的措施,确保部门完成考核指标,进而确保项目部计划目标的完成。总之,该绩效考核管理创新机制通过职责分解、目标分解、职责和目标结合、评价实施四个环节,重点把握每个环节的工作内容和特点,有针对性地按照评价机制分阶段开展管理成果动态评价,建立了管理预警体系,使管理过程中出现的各种问题能够及时通过制定针对性措施加以改进,提高了项目部管理运行质量,实现了绩效管理的良性循环,为项目部实现全年计划目标和建立长效的管理评价机制提供了制度保障。

改扩建工程"高效利用永久桥兼做保通桥、科学优化施工方案、合理降低工程成本"管理创新与实施

山东省公路桥梁建设有限公司

成果主要创造人：周高军　安智博

成果参与创造人：邵坤厚　许恩宾　张　勇　张金昌　孙衍臣　宗旭旭
曹波涛　马娇峰　岳　新

京台高速公路连接了北京、天津、济南、合肥、福州、台北等城市，构成了从北京向南辐射的快速主干通道，为扩大首都辐射作用、促进沿线经济发展作出了极大贡献，取得了显著的社会效益和经济效益；快速通道的形成对区域经济的发展起到了极大的推动作用。京台高速公路山东段位于山东省中西部，纵贯山东省南北。京台高速公路德州（鲁冀界）至齐河段改扩建工程起点山东省与河北省分界处的主线收费站 K298 + 967.417 处，经德州市德城区、德州市经济开发区、德州市陵城区、德州市禹城市、德州市齐河县，到齐河县晏城枢纽立交 K392 + 105.383 处，路线全长 93.138 公里，采用"原位双侧拼宽为主、局部分离为辅"的加宽方式，按双向八车道高速公路技术标准扩建，设计速度 120 公里/小时；整体式路基扩宽至 42 米。

一、成果实施背景

根据交通运输部发布的《关于实施绿色公路建设的指导意见》（交办公路〔2016〕93 号），提出"统筹资源利用，实现集约节约"等五大具体任务和"零弃方、少借方""实施改扩建工程绿色升级"等五个专项。实施绿色公路建设是公路行业落实创新、协调、绿色、开放、共享五大发展理念，全面推进"绿色交通"发展的生动实践和公路转型发展的有力抓手。

针对本合同段的施工特点，在工程实施期间，现有交通的通行需通过倒改交通、局部封道或改道等交通组织来实现。本合同段主要有路基施工、软基施工、涵洞施工、桥梁拆除新建施工、桥梁拼宽利用施工、路面施工、互通立交施工等阶段。交通组织在不同的施工阶段又有其特殊性，为确保施工顺利和现有交通畅通，并针对性地制定合理的交通组织方案和强有力的保证措施。

至 2020 年，公路桥梁公司京台高速公路德州（鲁冀界）至齐河段改扩建工程三标项目部已完成第一阶段的施工转序，在施工过程中未发生一起安全生产责任事故。

（一）成果所在项目简介

京台高速公路德州（鲁冀界）至齐河段改扩建工程标段起讫桩号为：K351 + 189—K376 + 000，路线全长 24.8 公里，位于德州市禹城市境内。主要工程量为：路基填方 261.7 万立方米，大桥 3 座共 1263 米，中桥 9 座共 451 米，小桥 15 座共 299 米，涵洞 21 道，互通立交 2 处（禹城互通及新增禹城东互通），服务区 1 处（禹城服务区），分离立交 4 处，通道 3 处，箱式通道 31 道，沥青面层 250.2 万平方米，合同总价 22.1 亿元（含暂定金）。K365 + 605 徒骇河大桥为本标段控制性工程，全长 997 米，主桥拆除新建为波形钢腹板变截面预应力混凝土连续梁，主桥采用（75 + 130 + 75）米波形钢腹板悬浇变截面预应力混

凝土连续梁,全桥总体跨径布置为 2×(4×30)米预应力混凝土小箱梁 +(3×30 +25)米预应力混凝土小箱梁 +(75 +130 +75)米波形钢腹板悬浇变截面预应力混凝土连续梁 +55 米钢-混凝土组合箱梁 +(4×30)米 +2×(3×30)米预应力混凝土小箱梁;下部结构采用柱式墩,桩基础;全桥共 288 根桩基、188 根墩柱、46 座盖梁、4 座台帽、308 片小箱梁。

(二)当前面临的问题

①A 幅转序后,施工 B 幅旧路病害维修、加铺。受高速公路车辆正常通行制约,旧路病害维修、加铺紧邻高速公路危险性大;段落零散无法集中施工,需多次调运设备,施工效率低;机械设备作业空间有限,无法多作业点同时施工。

②K365 +605 徒骇河大桥,主墩桩基共 48 根,单根设计桩长 110 米,桩径 2.0 米,属于超长桩基,主桥 13、14 号墩桩基现在已全部完成,正在安装钢板桩、深基坑围囹、开挖。受厄尔尼诺现象影响,年内极端气候多,汛期防汛压力大,深基坑承台施工难度加大。主墩钢筋设计为直径 32 毫米的双肢螺纹钢,大大增加了主墩钢筋与预埋件的连接难度。上部结构主桥拆除新建为波形钢腹板变截面预应力混凝土连续梁,主桥单跨跨越徒骇河,体量较大、监控点较多,引桥由 25 米、30 米预应力混凝土预制箱梁及 55 米钢混组合梁构成,挂篮需跨冬季施工,体外预应力钢束长、孔数多,波形钢腹板定位精度要求高、工艺烦琐、难度较大。

③转序后 K361 +070 梁庄分离立交、K373 +710 一支河大桥,两座拆除新建工程均上跨地方道路。拆除需分跨进行,改路导改地方交通,地方道路交通流不可控,且桥梁拆除属于危险性较大的工程,大大增加了保证安全难度。

④转序后路面中上面层有效施工工期较短,且中面层为岩沥青 +SBS 改性沥青,施工工艺较普通沥青复杂,沥青站需同时储存普通沥青、岩沥青、改性沥青 3 种沥青,管理难度较大,岩沥青 +SBS 改性沥青质量控制难度大大增加,施工紧张。

⑤旧桥加固施工,部分旧梁板需拆除更换新板,中板拆除难度大且极易伤害相邻旧板;旧桥支座更换空间狭小,整体顶升难度较大,3 厘米千斤顶较难放入有限空间内。

(三)现阶段成本创新管理的必要性、迫切性

1. 目标成本管理

目标成本管理就是将对项目成本的进行严格、科学把控作为总体目标,通过设置目标机制的方式实现对建设成本的科学管控的管理理念与管理模式。这一管理思想和模式已经得到了广泛应用,集中凸显出以下特点:

(1)责任制特质

在项目管理中,责任制是切实可行的约束方法,责任制的制定与落实不仅可以提高参与者的自律性,同时有利于项目管理目标的达成。基于此,在目标成本管理中必须要将责任制整合其中,制定统一化的"责任归属书",在其中明确责任的归属范围以及责任未完成需要接受的处罚,做到奖惩分明,使得参与者可以发挥主观能动性完善成本目标。

(2)持续性特质

持续性是指目标成本管理活动一旦开始,就必须要从始至终的按照目标去做好成本的控制。在项目中从事施工活动的每个部门、每一位参与者都需要重视目标成本管控,发挥各自主动性相互协作,最终达到节约成本、提高经济效益的目的。

(3)技术性要求

技术性要求是指目标成本管理实践中,必须要实现管理理念、管理技术的高度统一,将经济型管理与技术性管理结合起来,综合应用现代管理技术,如电子计算机技术、自动化系统等,提高成本管控的效率。

(4)全面性实施

全面性实施是指在开展管理活动的过程中需要全体参与者的同心同德、齐抓共管,每一项业务活动都必须要执行管理目标,所以在成本目标管理实践中,需要全体参与者树立成本意识,认识管理制度,执行管理标准,最终达到成本高效管控、经济效益有效提升的目的。

2. 成本创新管理指导原则

围绕绿色建造内容实施,通过示范工程建设,打造一条以旧路资源综合利用和施工保通系统时限为核心,以信息化服务和交通服务功能提升为两翼,以绿色服务品质全面强化为基础的高速公路改扩建样板工程,形成可复制、可推广的重点项目建造之“道”。

注重资源节能利用、节能减排、生态环保建设与改造施工,把项目建设纳入绿色交通发展体系。

按照旧路结构资源的利用、防护材料综合利用、集中保障正常通行的原则做好实施规模和预期效果。

3. 成本创新管理的思路

为保证改扩建施工的顺利进行,切实保证“边通车边施工”交通组织下不出现安全事故,在施工工期紧、交通流量大且受转序时间节点制约的前提下,项目部只有建立新组织、开拓新思路、利用新设备、优化新方案才能保证整个施工期间的安全、进度、效益目标处于可控状态。项目部成立创新领导小组,全员动员、责任到人,有目标有思路,不断研究,不断改进,在多个方面取得了创新成果,达到了预期目标。

4. 成本创新管理模式

全面的成本控制是整个项目,以及整个项目的员工和施工全过程的成本管理模式。项目成本全面控制的监督者包括各个管理部门、各个责任人以及经济核算部门等。在实施全面控制的过程中,成本控制监督者要防止出现职能不清晰、管理不到位的现象,使整个施工项目的成本管理自始至终处于有效控制下实施。

全员发现困难、有效地解决困难就是创新的目标。不违反规范和法律、可操作、高效、简单、低成本、经过事实检验等就是创新的原则。成本控制包括项目成本目标的制定和实施、成本目标的责任实施和执行、项目评定目标的结果分析以及修正目标的制定等。

路桥施工项目是一次性的,所以在实施成本控制的时候要注重加强对项目的中间控制,即所说的动态的控制。既要在项目施工的准备阶段进行成本控制,也要在项目施工的实施阶段和项目的结束阶段进行成本的控制。

二、成本创新管理的内涵和主要做法

(一)成立科研创新领导小组

为深入实施创新驱动战略,全面加强科研创新管理工作,提高项目科技创新能力,提升项目管理水平,建立协调统一的科研创新管理机制,落实职责分工,成立以项目经理为组长,项目书记、项目副经理、项目总工、安全总监为副组长,机料部、工程部、财务部,综合办、施工处等部门负责人为组员的科研创新领导小组。

企业获得利润的关键在于进行行之有效的成本管理,在公路桥梁公司施工项目中,成本是项目管理中的关键因素,包括员工薪酬、劳务费、材料费、机械费、管理费、税费等各项费用开支,如果没有高效的成本管理体系及制度,会造成严重的资金浪费,很难实现项目的利润最大化。成本管理与项目部所有人员都息息相关,主要由工程部、机料部、财务部完成成本归集工作。

施工项目部是以项目经理为核心的相对独立经济实体,形成以项目经理为核心的成本管理体系,成本管理的主体是项目全体管理人员及施工作业队全体施工人员。对项目施工费、管理费、利润等费用,分别进行全额细化和量化,层层分解到管理和施工的每个部位、每个阶段、每个环节、每道工序上,对成本管理体系中的每个部门,每个人的工作职责和范围赋予相应的权利,以充分有效地履行职责;在责任支配下完成工作任务,指标到人,控制到位,从而形成一个全员、全方位的成本控制网络和群管群策格局。

结合日常工作安排,组织开展科研创新活动,研究解决项目科研创新工作中的重大问题,部署项目部科研创新工作。

(二)优化徒骇河大桥保通桥设计

本标段 K365 +632.320 徒骇河大桥保通桥原设计为钢筋混凝土桥梁,为加快施工进度、响应环保政策、倡导节约能源理念、提高桥梁拆除后的利用率,在项目部多次召开专题会、组织专项方案专家评审等努力下变更为钢管桩工字钢下部结构桥梁。

在施工之前,项目领导班子与现场技术人员沟通过程中普遍认为建钢筋混凝土桥梁浪费材料,施工周期长,保通利用周期短,仅仅服役一年多时间就要拆除,产生建筑垃圾,同时会产生拆除外运、存放等费用,拆除过程中容易产生扬尘、污染环境。

之所以考虑变更为钢管桩桥梁,主要是因为钢管桩、工字钢桥梁建设周期短,有利于加快施工进度,同时钢管桩、工字钢等构件公司储备有部分材料,使用完成后可重复利用归为周转材料,有利于资源重复利用。最终利用完后,拆除简单,不污染环境,结构质量较轻、运输难度低,能够做到多方面最终节约成本。

桥梁上部结构为装配式钢筋混凝土简支空心板,中心桩号 K365 +632.791,跨径组合为(5 ×12.5)米 +2 ×(6 ×12.5)米 +(5 ×12.5)米,桥面连续,总跨径长为 275 米,桥面全宽为 21.5 米。

全桥共 4 联,上部结构采用装配式钢筋混凝土简支空心板,下部结构桥台采用钢筋混凝土盖梁接直径 1020 ×10 毫米钢管桩,桥墩采用双拼 H588 毫米 ×300 毫米 ×12 毫米 ×20 毫米型钢盖梁和直径 820 ×10 毫米钢管桩。

桥台桩基为纵向单排桩,横向 8 根,伸缩缝处桥墩及每联中桥墩纵向均为双排桩,其余桥墩纵向均为单排桩,所有桥墩横向均为 8 根。

全桥除桥台盖梁、垫石、上部结构为钢筋混凝土结构,其余下部结构及基础均为钢结构。

钢筋混凝土桥梁成本为 2164.11 万元,钢管桩工字钢下部结构桥梁成本为 1457.09 万元,节约成本 707.02 万元。

(三)利用永久桥兼做保通桥

本标段优化交通组织方案,组织专家评审,取消 K367 +096.6 禹城互通主线 1 号桥保通桥、K373 +675.67 禹城东互通一支河大桥保通桥,利用永久桥兼作保通桥。

在图纸审核过程中发现,禹城互通 K367 +096.6 主线 1 号桥保通桥、禹城东互通 K373 +675.67 一支河大桥保通桥均上跨收费站匝道及地方主要交通干道,保通桥施工及拆除危险系数高,经过多次组织专家论证,并且普遍认为施工周期长,保通利用周期短,仅服役不足一年时间就要拆除,产生建筑垃圾,同时会产生拆除外运、存放等费用,拆除过程中容易产生扬尘、污染环境。

初期考虑取消禹城互通 K367 +096.6 主线 1 号桥保通桥、禹城东互通 K373 +675.67 一支河大桥保通桥,利用拼宽新做永久桥兼作保通桥。通过优化交通组织方案、优化施工方案,可以在第一阶段有效施工时间内突击完成这两座桥的拼宽永久部分施工,利用永久桥兼作保通桥有利于加快施工进度,不会产生建筑拆除费用,能够做到多方面节约成本,且可以将下两阶段的工作任务提前至第一阶段施工,做到前紧后松,有效保证全线工程按计划贯通。

取消两座保通桥工程,建设及拆除费用共计节约成本 298.64 万元。

(四)优化施工顺序,变借土填方为利用方

全线利用挖红线内匝道圈,提前挖蒸发池、改沟、改渠等土方作为利用方填筑路基,可提供利用方为 56000 立方米,共计节约成本 32.5 万元。

禹城地区湿地较多,地下水位较高,设计仅提供唯一一处施女湖取土场,含水率较高、土质较差,无法直接用于路基填筑,需要掺灰改良后才能用于路基填筑,处理成本较高。项目部进场后一直受土源制约,施工进度缓慢,路基队伍人员、机械窝工严重,严重制约整体工程进度。

考虑利用挖红线内匝道圈土方,提前挖蒸发池、改沟、改渠等土方作为利用方填筑路基,降低取土场含水率高、土质差对路基施工的制约程度。共计节约成本 32.5 万元。

(五)其他创新内容的实施

1. 项目驻地选择

项目部进场之前积极寻找项目驻地,目前租赁项目驻地自带场棚共有 10488 平方米,其中 7888 平方米作为料仓使用、2160 平方米作为小构件预制场使用,为项目驻地减少临建工程,共计节约成本 209.6 万元。

2. 综合场站方案优化

徒骇河场站内小构件预制场本着节约成本及提高工作效率的原则,采用天车代替传统龙门施工。宝世达钢筋场为整场租赁,场地自带场棚 5031 平方米,减少钢筋场临建工程,节约成本 100.6 万元。

3. 六项费用

项目部进场使用办公桌(18 套)、空调(53 台)等办公用品以及部分结构模板从济青项目调拨,重复利用,共计节约成本 17.5 万元。

4. 劳务管理

项目管桩工程均为内部单位租赁事业部及基础公司施工,以提高施工效率,降低管理风险及施工成本。

5. 项目管理

本标段混凝土站采用承包制,降低混凝土浪费,提高混凝土生产效率,降低成本。

6. 环保建设

施工便道、场站内主要道路全部采用喷淋设施,预制场养护采用喷雾设备,减少水车租赁同时节约水资源,降低成本,环保效果同时得到有效提升。

7. 施工间接费用

本项目测量仪器有 5 台中海达 GPS(Global Positioning System,全球定位系统)、1 台拓普康全站仪、3 台苏州一光水准仪,均为济青项目调拨,重复利用,测量仪器共节约成本 19.3 万元。

8. 从工艺、工序上控制成本

对项目成本的管理,很大程度上取决于现场的管理力度,这是项目成本控制的关键所在。结合工程任务的实际情况,以施工定额为标准,以施工队或班组为最基本的核算单元,对施工过程中的每道工序严格把关,可制定相应的大干考核办法,让员工个人经济收入与完成工作量相联系,调动挖潜降耗的积极性。通过合理组织施工队伍,积极提出合理化建议,优化施工方案等达到控制和降低成本的目的。

9. 从质量、进度上控制成本

在施工过程中,应注重质量和工期的管理,正确处理质量控制、工期控制与成本控制的相互关系。由项目的三大目标组成的目标系统,是一个相互制约、相互影响的统一体,其中任何一个目标的变化,都势必引起另外两个目标的变化,并受到它们的影响和制约。在制定项目建设目标时,应先对建设项目各种客观因素和执行人可以采取的可能行动及这些可能后果进行综合研究,经过对具体情况分析,制定项目建设的具体目标。

三、实施效果和成果推广

通过实施项目管理创新,企业在成本管理方面有了显著的提高,全员成本管理的理念深入人心,通过优化施工工序,高效利用永久桥兼作保通桥;不仅提高了施工质量,合理缩短了施工工期,同时节约了生产成本。

随着市场经济的快速发展,在建筑业获得良好发展环境和空间的同时,行业竞争特别是造价竞争也越加激烈。就路桥施工项目而言,想要更好地走向市场,取得更高的经济效益,必须强化企业内部成本管理,把项目施工成本控制在计划范围之内。因此路桥施工企业要克服当前项目成本管理中存在的问题,采取措施完善成本管理体系,加强技术管理和材料设备管理,在保证施工质量的前提下,尽可能获得更多的利润,不断增强施工企业的市场竞争力。

将成本管理创新应用于路桥工程管理是进一步提高路桥工程成本控制水平的需要,是全面提升路桥工程建设经济效益的需要。希望通过创新可以使得相关管理人员认识到成本目标管理的特征与价值,结合路桥工程成本管理的要求有效应用到项目管理中,积极树立全面成本管理理念,将目标成管理作为载体,开展全程、全员、全要素的成本管理,提高路桥项目成本管理效率。

北京市轨道交通站点一体化商业资源开发创新与实践

北京京投轨道交通置业开发有限公司

成果主要创造人:王　耀　许　鑫

成果参与创造人:李笑凡　李静芳　许志君　何　洋　王　冬　王丹妮　王志强　彭　涛　刘雅丹　黄　垚

北京京投轨道交通置业开发有限公司(简称“置业公司”)是北京市基础设施投资有限公司(简称“京投公司”)的全资子公司,以轨道交通沿线物业资源的开发经营和物业管理为发展核心,重点围绕办公物业、商业物业、住宅物业等自持物业资源,通过优化整合资源、市场化运作,进而实现轨道交通沿线资源的专业化、规模化、系统化、品牌化战略目标,为京投公司“一体两翼、双轮驱动”发展规划提供支撑服务。

置业公司作为轨道交通自持物业专业化经营管理平台,不断提高项目经营管理水平、拓展项目数量及规模,现涉及在管商业项目共计12个,物业面积约13万平方米,年实现利润千万元以上。

一、实施背景

我国城市轨道交通建设速度已居世界首位,北京市作为我国的首都,其轨道交通建设规模及运营水平一直处于国际领先行列。同时,为提高城市土地集约化利用水平,解决城市交通和环境等问题,在轨道交通规划时除了考虑轨道线路空间外,往往更需要考虑轨道交通多种功能综合开发利用:一是综合交通功能,二是市政公建功能,三是一体化便民服务功能。

一体化便民服务功能在站点一体化商业资源中分为站内付费区商业和站外非付费区商业,根据资源类型又分为自持物业类商业及多种经营类商业,如何深入挖潜轨道交通沿线自持物业商业资源,为轨道交通过往乘客与周边居民提供高质量便民服务,一直是置业公司最为重要的企业愿景。

(一)集约利用轨道交通站点衍生空间的需要

轨道交通在设计建设时,根据行车模式及客流安全疏散、站台层站厅层分布等需求,出现了一批闲置或可利用区域,轨道交通沿线资源作为重要的城市空间资源更有着得天独厚的优势,其伴随着轨道交通建设过程而产生,既是对城市土地资源集约利用的结果,也是轨道交通引导城市空间形态调整、带动城市立体开发、促进轨道交通沿线区域综合发展的重要基础性资源平台。

为贯彻中央和北京市政府关于加强交通用地的集约节约利用政策精神,京投公司就如何围绕轨道交通的快速发展,合理开发实现轨道交通一体化便民服务功能做了大量的前期工作,积极与政府相关委办局沟通,使相关部门认同轨道交通一体化便民服务功能开发利用的理念,并给予理解和支持。在此基础上,置业公司针对轨道交通沿线闲置或可利用区域物业资源,结合便民服务功能需求进行了全面开发,从规划性质、消防设计、交通评估、运营管理等多个方面开展工作。目前,自持物业类商业可分为附属空间、地下空间、织补、综合体等四大类,本文主要就轨道交通沿线资源挖掘利用较为显著的附属空间、地下空间、织补类商业项目进行说明。

1. 附属空间

因部分站台层站厅层分布需要,涉及一些高架线路及相关风亭、设备机房等设置问题,相应车站站厅下地面正负零上及高架车站旁桥下空间,均形成了一定闲置及可利用开发空间资源,示意图见图1。

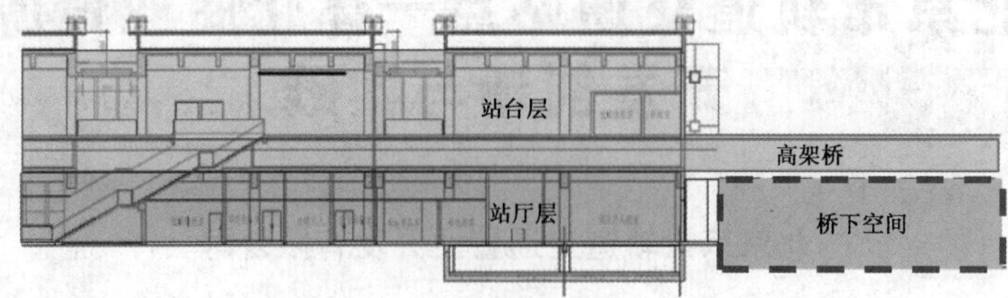

图1 附属空间类示意图

2. 地下空间

部分车站在站台层因折返线、渡线等的设置或施工工法的需要而加长100米甚至300米以上,车站此段范围的施工工法大多采用大开挖方式。轨道交通施工大开挖之后,为节省工程投资和集约利用资源,以构筑结构空间的方式代替传统的土方回填,除轨道交通必须使用的站厅、站台两层空间外,相应形成了地面以下的地下空间资源,示意图见图2。

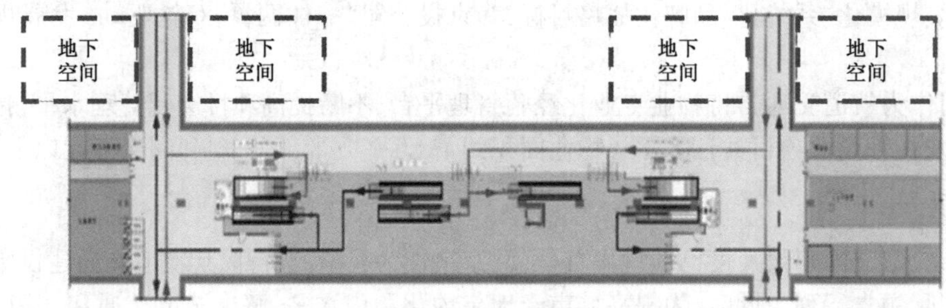

图2 地下空间类示意图

3. 织补

因征地拆迁出现了地面部分需扩征扩拆的土地,按照"肌理织补、历史复现"的中心城区规划建设理念而建设开发,对原有的城市肌理进行恢复(图3),不但能有效地修复中心城区历史文化名城风貌,还能改善城市公共服务功能,提升首都世界城市的形象。

图3 织补类示意图

(二)提高城市轨道交通出行服务质量的需要

置业公司对轨道交通站点一体化商业资源的开发,坚持利国利民原则,体现了国有企业社会责任管理创新。项目开发初始即为便民设施,根本目的是为地铁乘客和周边市民提供便利超市、品牌快餐和生活配套等便民服务。

轨道交通站点一体化商业资源投入使用后,进一步增加了轨道交通疏散面积、疏散宽度,降低了客流密度,不仅为乘客和周边市民提供了便利的服务,改善了出行体验,缓解了城市交通、行车等困难,同时为社会提供了上千个直接就业岗位,全面提高了轨道交通服务水平,体现了置业公司作为市属国有企业下设自持物业专业经营管理平台的国企担当。

（三）增加轨道交通企业资源经营收益的需要

2016年4月20日，北京市交通委员会代表北京市政府同京投公司签订了北京市轨道交通授权经营协议，对京投公司采取授权（Authorize）-建设（Build）-运营（Operate）的ABO模式，充分授权京投公司开展北京市轨道交通各相关工作。目前，在北京市轨道交通多运营商的环境下，政府部门已对运营管理有着严格的规定，而相对于增值的站内非票业务基本由各运营商自行开展。京投公司作为轨道交通业主单位仅收取一定比例的资源占用费，但在ABO大盘子下各委托运营线路的政府补贴也从中列支，京投公司所取得的资源占用费及经营收益均要反哺轨道交通建设及运营工作。现按照ABO协议中的测算，京投公司每年需通过土地资源开发、多种经营收益筹集资金30亿元。

置业公司作为京投公司下辖专业自持物业经营管理团队，充分结合轨道交通沿线资源、良好的经营管理经验，利用轨道交通站点所带来的地价上升及客流优势，对相关区域进行充分的综合性开发，将物业开发运营的收益反哺地铁建设运营资金，从而全力支持京投公司统筹提升北京市轨道交通自持物业资源开发工作，减轻北京市政府对地铁建设运营的投资负担，为北京市民、地铁乘客提供更为便捷、舒适、科技、高效的交通及便民服务，更为北京市建设成为国际一流和谐之都保驾护航。

二、主要内涵

为贯彻中央和北京市政府关于加强交通用地的集约节约利用政策精神，置业公司坚持“地铁运营安全优先、便民利民为主导”的原则，以“资源筛查、业态定位、运营安全、规划设计、政策突破、工程实施、商业运营”为核心要素，结合轨道交通便民服务的特点，致力于打造一批“城市-商业区-地铁”一体化站点空间，针对轨道交通沿线闲置或可利用区域物业资源，结合便民服务功能需求进行了全面开发，逐步摸索出一条适合北京实际情况的轨道交通站点一体化商业资源开发的实现路径，实现了轨道交通与城市功能的有机融合，建成了一批附属空间、地下空间、织补项目，集约利用站点衍生空间资源，满足乘客高品质出行和生活需求，促进商业项目与微区域、车站与商业项目的融合，推动北京轨道交通高质量发展。

（一）工作目标

通过研究轨道交通站点一体化商业资源的特点，置业公司确定了资源开发目标：一是满足地铁乘客和周边市民进出地铁更加安全、方便、快捷的需求；二是满足乘客和周边市民的生活需求，丰富地铁的服务功能，提供更加全面的便民服务；三是实施效果上，在获得显著社会效益的同时，开拓新的利润增长点；四是摸索北京市轨道交通站点一体化商业资源开发的路径，为后续线路商业资源开发提供范例。

（二）工作内容

轨道交通站点一体化商业资源以资源集约利用的方式构建附属空间、地下空间、织补项目等便民服务设施，更以利国利民为开发原则，推动政府政策创新支持并形成审批流程，以保障轨道交通运营优先为思路，通过商业运作和工程实施等实践，全面开发利用轨道交通站点一体化商业资源，方便市民，提高轨道交通的吸引力、凝聚力，提高城市公共出行便捷性，提升城市微循环效率，确保政府、企业、市民等多方受益，构建北京市和谐发展、绿色发展之都。

三、主要做法

（一）开展资源筛查，确定商业资源类别层级

北京市轨道交通一体化便民服务功能中主要包括自持物业类与多种经营类。置业公司作为自持物业类项目专业经营管理平台，主要包括商业资源开发、办公资源开发、住宅资源开发。其中，置业公司对轨道交通一体化站点商业资源开发梳理筛查资源后进一步针对沿线资源特点按照区域位置、站点关系、项目规模、商业价值、服务对象进行了综合分类分级。

截至2019年底，北京市轨道交通运营线路达到23条，运营里程达到699.3公里，涉及车站405座，其中换乘站62座。“十三五”期间，在紧密跟踪轨道交通二期线网建设进度的基础上，置业公司积极开

展站点一体化资源筛查,深入挖掘站点一体化项目机会,优化完善一体化项目规划设计方案,研究新线站点一体化项目操作模式,累计跟进或主导前期工作的站点一体化项目共 40 个,涉及 7 号线东延、机场线西延、12 号线及 16 号线等 13 条线路。

截至 2020 年 10 月,置业公司在管地下空间项目 4 个,分别为:动物园便民服务地下空间项目(图 4)、公益西便民服务地下空间项目、西四便民服务地下空间项目、高米店南便民服务地下空间项目,总建筑规模约 1.5 万平方米。

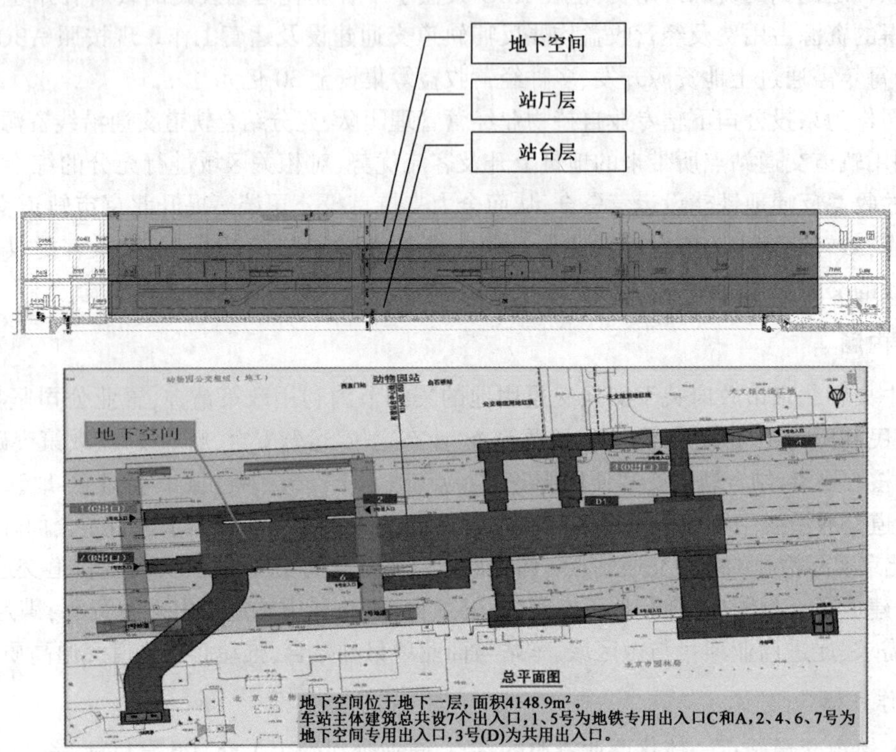

图 4　动物园地下空间项目示意图

截至 2020 年 10 月,置业公司在管附属项目 4 个,分别为:西直门附属空间项目、西直门夹角附属空间项目、生物医药基地附属空间项目、环球度假区附属空间项目,总建筑规模约 1 万平方米。生物医药基地站附属空间项目示意图及其周边关系图见图 5、图 6。

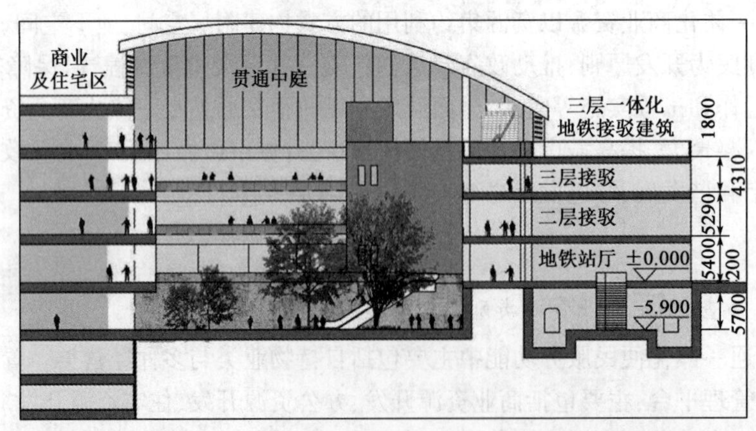

图 5　生物医药基地站附属空间项目示意图

截至 2020 年 10 月,置业公司在管织补项目 2 个,分别为:东城织补及西四织补项目,总用地规模约 3.2 万平方米。东城织补项目实景见图 7。

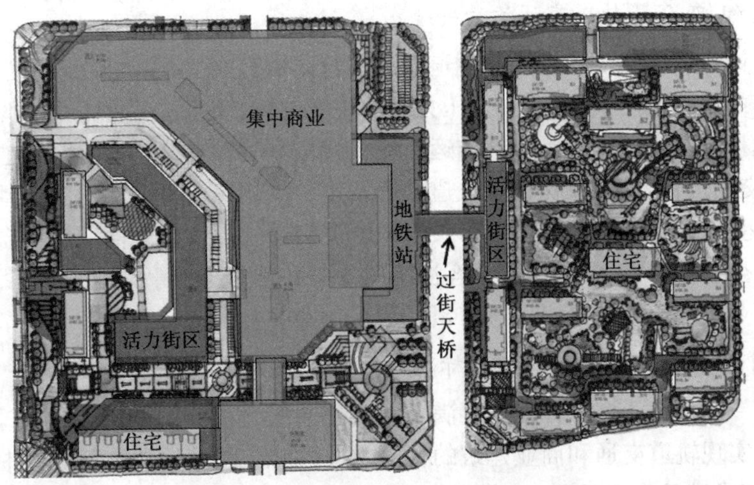

图6 生物医药基地站附属空间周边关系图

图7 东城织补项目实景图

(二)明确业态定位,明确便民设施开发原则

1. 统一规划,统筹兼顾

按照北京市发展需求和轨道交通客流实际情况,轨道交通站点一体化商业在北京市规划和自然资源委员会指导下,实行线路统一规划、统筹安排。

2. 合理布局,便民利民

轨道交通站点一体化商业原则上以服务轨道交通乘客为主,根据站点不同功能合理确定服务辐射半径,进一步考虑服务周边市民。一是在简单便捷的出行环境下,满足乘客日常生活基本服务需求;二是在基本需求基础上,结合车站类型及实际情况,为丰富业态进行补充设置。

3. 因站制宜,差别配置

从实际出发,不同区域的轨道交通车站,按其客流、乘客结构及车站区域内已有公共服务设施的不同情况,实行差别化配置,积极引入贴合站点周边文化、体验等消费业态,具体业态将根据区域功能、乘客市民需求进行调整,全面满足乘客市民对轨道交通便民服务设施需求,建立差异化的轨道交通站点一体化商业服务体系。

4. 形式多样,资源共享

轨道交通站点一体化商业服务配置坚持突出重点,解决便利型需求。通过新建、改建等多种形式,挖掘利用车站资源,推进轨道交通站点一体化商业服务设施建设。

(三)协调运营组织,保障轨道交通运营安全

针对轨道交通站点一体化商业资源与轨道交通运营区域直接关联、人流流线接驳交叉的特点,以及北京市轨道交通车站客流量巨大、运营安全压力大的现实要求,置业公司积极协调轨道交通运营单位,综合考虑了业态选择、内部动线设计、外部与运营流线接驳和客流组织等因素,构建了交通管理互动模式,既保证了轨道交通运营安全,又保证了轨道交通站点一体化商业资源相对独立性。

同时,为确保运营安全优先,置业公司牵头组织轨道交通站点一体化商业资源合作单位与轨道交通运营单位签订了安全管理协议,严格制定了客流组织方案和紧急突发事件应急预案,进一步保证了轨道交通站点一体化商业资源空间安全、高效运转。

(四)优化规划设计,建立商业设置类别标准

轨道交通站点一体化商业资源开发既要满足轨道交通配套设施的相关规范要求,也要满足商业建筑的规范要求。为实现轨道交通和商业建筑的合理、有效结合,在设计和施工过程中深入研讨并提出了"以轨道交通的高标准满足安全需要,以商业建筑的机电设备设施标准满足舒适、人性化服务需要"的地铁商业建设标准,在最大程度上保障了商业经营安全,同时也满足了轨道交通便民、利民的特点。

按照轨道交通站点一体化商业资源建筑规模,主要分为:建筑面积大于5000平方米的大型商业、建筑面积大于2000平方米小于或等于5000平方米的中型商业、建筑面积大于500平方米小于或等于2000平方米的小型商业以及建筑面积小于或等于500平方米的微型商业。

同时,就轨道交通站点一体化商业资源不同规模设置不同资源匹配类型,包括零售类、餐饮类、乘客服务类等基本配套便民类型和文化艺术服务、特色定制服务等类别,具体配置见表1。

轨道交通站点一体化商业资源规模配置表　　表1

服务设施类别			轨道交通一体化商业资源类别				
			微型	小型	中型	大型	备注
基本配套便民设施	零售类	菜市场	○	○	○	●	
		鲜花绿植	○	○	○	●	
		便利超市	●	●	●	●	
		服装鞋帽	●	●	●	●	
	餐饮类	快餐店	●	●	●	●	
		西点店	○	○	●	●	
		咖啡馆	○	●	●	●	
		水吧	●	●	●	●	
	乘客服务类	自助缴费点	○	○	○	●	充值缴费服务,可结合便利店设置
		照相冲印店	○	○	○	●	
		自助寄存	○	○	○	●	应设置在安检区
		AI自助服务	○	●	●	●	路线查询、地点查询等
		再生资源回收站	○	○	○	○	废旧衣物、书刊报纸等
		药店	○	○	○	●	常见日用药等非处方药品、口罩
		美发美甲	○	●	●	●	
文化艺术服务设施		书店	○	○	○	●	
		图文店	○	○	○	○	提供传真、打印、复印等服务
特色定制服务设施		托管服务室	○	○	○	○	提供托老、托幼等服务
		旅游休闲服务中心	○	○	○	○	旅游景点介绍、门票及纪念物购买等
		非地铁票务服务	○	○	○	○	提供航空、铁路及文化娱乐活动等服务

注:●表示配备,○表示未配备。

（五）破解政策难题，全面推进项目审批路径

相较于传统商业地产项目，轨道交通站点一体化商业在地方配套法律法规方面仍不健全。以地下空间类项目为例，住房和城乡建设部修订过的《城市地下空间开发利用管理规定》，虽涉及地下空间规划、地下工程建设和管理等方面，但缺乏对实践的指导意义。《中华人民共和国人民防空法》也仅涉及人防工程建设与管理。国内尚无专门的法律和行政法规来规范地下空间权的有偿使用，地下工程产权的取得、转让、租赁、抵押等。国内部分省份出台了地下空间开发利用的管理制度，但是也只限于本地区使用，缺乏普适性。而北京轨道交通地下空间开发利用由于没有相应的法规和管理体制体系支持，其规划、地下空间权的使用、投融资、前期手续审批、建设管理等诸方面都没有具体规定。缺乏相应的政策和制度，使轨道交通地下空间开发利用缺乏依据，阻碍了地下空间资源的开发利用。

置业公司将轨道交通站点一体化商业资源以地铁配套便民设施为突破口，积极与政府相关委办局沟通，从规划性质、消防设计、交通评估等多个方面开展工作，在政府行政报批方面没有现成案例可供参考的情况下使相关部门认同轨道沿线商业资源开发利用的理念，并给予理解和支持；积极对接规划、国资委、消防、工商等政府审批主管部门，通过各项目的开发推进初步形成了有效的项目手续办理路径。

一是轨道交通地下空间规划手续包含在地铁全线或某个地铁车站中。地下空间在规划性质上定性为交通设施，但这些地下空间又不是作为交通设施功能设计的，只能视为轨道交通的配套设施，在开发利用用途上存在诸多限制。在地下空间开发前期，置业公司向北京市规划主管部门请示报告地下空间资源开发利用的情况，并取得理解和支持。以便民配套设施的角度推进轨道交通站点一体化商业规划工作，在新线建设前期将轨道交通站点一体化商业相关规划手续包含在地铁全线或某个地铁车站中，并取得了便民服务设施的规划立项。

二是轨道交通车站作为重要的交通枢纽，不但自身要承担轨道交通客流的组织和疏散功能，同时还要兼顾周边公交客流的分配。而轨道交通地下空间作为轨道交通车站的附属结构，通常位于车站的站厅层或是负一层，因此对地下空间的开发利用必须充分考虑开发利用后客流对周边交通情况尤其是车站的交通组织影响。在地下空间开发前期，向轨道交通运营主管部门请示报告地下空间资源开发利用情况，并按照要求开展了交通影响评估及交通组织方案制定等工作，并获得批复。

三是积极同市国资委沟通请示，从既有线路盘活闲置国有资产、提升轨道交通接驳服务水平的角度取得了市国资委关于相关物业区域的经营批复，为后续商业手续办理奠定基础。

四是对接市监局及各属地市场监督管理部门，因轨道交通建设本身的特殊性，往往不动产权属手续后置，通过相关规划、经营批复手续进一步取得了市场监督管理部门的认可支持。

五是轨道交通地下空间因其毗邻轨道交通车站且通常位于地下的特点，在开发利用过程中，消防设计、建审批复、消防施工及验收要求非常严格，消防审批手续办理也是最为困难的一个环节。置业公司以轨道交通消防建审要求为标准，严格设置轨道交通站点一体化商业项目的消防设备设施，并制定了车站应急联动方案，签订安全管理协议，确保消防安全管理平稳有序。

置业公司就此积极对接规划、国资委、消防、市监等政府审批主管部门，通过各项目的开发推进，初步形成了有效的项目手续办理路径。以地下空间中北京地铁4号线动物园站地下空间便民服务设施为例，该项目位于地下一层，总建筑面积5037平方米，现有商户58家，于2009年6月启动，2011年3月29日开工，2011年12月27日开始营业。项目一开业就吸引了诸多知名品牌进驻，商业环境与顾客体验较好，取得了良好的社会效益和经济效益。在动物园站地下空间资源开发项目的推进过程中，主要完成工作如下：一是推动地下空间规划工作。因轨道交通地下空间规划手续包含在地铁全线或某个地铁车站中，在开发利用用途上存在诸多限制。因此在地下空间开发前期，置业公司向北京市规划主管部门请示报告地下空间资源开发利用的情况，并取得理解和支持。二是推动交通评估工作。轨道交通车站作为重要的交通枢纽，不但自身要承担轨道交通客流的组织和疏散功能，同时还要兼顾周边公交客流的分配。而轨道交通地下空间作为轨道交通车站的附属结构，通常位于车站的站厅层或是负一层，因此对地下空间的开发利用必须充分考虑开发利用后客流对周边交通情况尤其是车站的交通组织影响。在地下

空间开发前期,向轨道交通运营主管部门请示报告地下空间资源开发利用情况,并按照要求开展了交通影响评估及交通组织方案制定等工作,并取得批复。三是推动消防审批工作。轨道交通地下空间因其毗邻轨道交通车站且通常位于地下的特点,在开发利用过程中,消防设计、建审批复、消防施工及验收要求非常严格,消防审批手续办理也是最为困难的一个环节。该项目的成功开业也为北京轨道交通地下空间资源开发提供了可推广的实施路径,积累了宝贵的经验。

(六)结合线路建设,紧盯工程实施关键环节

轨道交通建设工程本身具备特殊性,相对于传统商业地产项目,轨道交通站点一体化商业资源开发难度更大、工程要求更高,在充分结合轨道交通线路的基础上开展工程实施,其设施建设不可逆、安全要求较高,一旦发生安全事故,危害性大、处理难度也大。同时,轨道交通线路本身土建造价较高,相应机电设备、消防工程、外电源工程等各专业系统技术要求较其他建筑明显偏高,线路运营成本也较高,而轨道交通站点一体化商业项目因与轨道交通车站在土建结构、各专业系统均有一定的联系,使得项目开发不同于一般商业项目,其安全和功能技术要求更加严格,导致开发利用的难度增加,也提高了商业开发投资成本。

置业公司就轨道交通站点一体化商业项目建设工程逐步摸索出一套实施办法,项目开发中主要涉及既有区域的改造工作,包括机电工程、消防工程、外电源工程及装修工程等专业系统,其中外电源和消防工程是项目的重点难点,置业公司严格比选专业咨询机构进行咨询和委托。通过消防咨询公司,确定消防手续的办理程序及费用,并委托消防评估。通过与外电源咨询公司确定外接电源报装程序,确定外接电源设计及路由。对于机电工程设计单位,置业公司同轨道交通车站原设计单位进行深入对接,在轨道交通站点一体化商业项目设计上继续采用原设计院,避免后期引入其他单位对前期情况不明而产生问题;采用公开招投标形式选取有相应资质、地铁施工经验丰富的工程总承包施工单位,依据轨道交通建设工程相关管理办法严格执行建设标准。

同时,对于新建线路,置业公司充分对接建设单位,将轨道交通站点一体化商业项目的土建结构与地铁结构同期设计完成,进而完善商业机电设备设施设置,在轨道交通站点一体化商业与轨道交通站台层站厅层充分结合而又完全独立的基础上,随着轨道交通建设一并报送规划、交通、消防等政府审批部门,将主体结构或附属结构(出入口或风道等)结合轨道交通规划、设计和建设阶段获得规划批复,确保项目合法合规性。另外,随着轨道交通车站的竣工验收(人防、消防、安全等方面验收),轨道交通站点一体化商业也作为站体的一部分通过验收取得工程质量的保证,并在设计和建设阶段尽可能预留防火报警系统(FAS)、环境与设备监控系统(BAS)、通风空调系统、给排水及消防系统等各专业系统的接口条件,从而减少后期投资、降低后期施工难度。

以附属空间项目中北京地铁大兴线生物医药基地站附属空间便民服务设施为例。项目位于车站地上一、二、三层部分区域,土建工程在地铁车站建设时同步完成,项目建筑面积为5710平方米。项目西侧毗邻龙湖天街项目,置业公司积极协调龙湖集团将站点东西两侧地块进行全盘规划设计,以生物医药基地站作为交通接驳的核心主体与东西侧的商业、住宅地块进行了有机结合。项目设计之初,已将TOD(以公共交通为导向的开发)理念融入项目本身,除土建结构之外,将消防系统、空调系统等机电系统纳入龙湖天街项目,确保项目设备设施后期接入和运营维护便利并大幅节约了项目投资,为后续类似项目的开展奠定了坚实基础。

(七)创新商管模式,打造轨道商业运营理念

置业公司通过轨道交通站点一体化商业资源的多模式成功运作,不但盘活了国有资产、开拓了新的利润增长点,更针对不同项目创新了不同的盈利模式,有效规避了项目运营风险,确保国有资产资源开发收益最大化。置业公司充分考虑到轨道交通站点一体化商业资源开发的意义,首先将项目定位于注重商业经营品牌化和连锁化。同时,鉴于不同项目的不同规模、价值及类型,置业公司选择性开展整租模式、自营模式及整租加自营模式等经营方式。根据不同项目分类分级建立运营管理理念,通过日常运

营建立品牌商户数据库(客流量、销售流水、工程条件等),针对特殊项目开展特色运营管理服务并制定专项运营管理方案,例如:动物园站地下空间主要服务旅游人群,公益西桥地下空间主要服务周边居民,生物医药基地附属空间主要服务龙湖天街衍生集聚客流,西直门附属空间主要服务周边办公人群。

1. 整租模式

整租模式下,项目日常经营管理由外委合作单位负责,置业公司从产权方角度负责监督管理及资产大修。通过竞争性谈判招商委托经营模式,选择有经验、有实力、有资源的合作单位进行经营。通过这种运作方式,既有效降低了商业价值相对较低项目的经营风险,又提高了项目运作的可靠性和专业性,同时在经营过程中注重培养锻炼自有经营管理团队、研究制定商业运营管理办法规范制度,为自营模式积攒经营管理经验。

2. 自营模式

自营模式下,项目完全由置业公司自主经营,自行开展规划设计、策划招商、运营管理。通过遴选规划设计相对规范且区域商业价值较高的资源,以自有规划设计、策划招商、运营管理团队进行开发运作,保证了对轨道交通核心资源经营管理的全面管控,进而有效保证了轨道交通站点一体化商业资源收益最大化。

自营模式中,置业公司首先考虑轨道交通站点一体化商业项目定位需充分结合本站周边文化氛围及市民乘客需求,引入品牌需经过市场验证,坚决杜绝"作坊式""夫妻店"等小散乱商户,确保入驻品牌均为连锁品牌,且对核心重点区域进一步要求连锁品牌直营,不接受加盟商,全面服务于轨道交通公用行业定位,切实体现市属国有企业职责担当。同时,分别针对地下空间、附属空间、织补项目制定差异化的经营管理策略,确保项目安全管理,稳步推进精细化标准化管理,做好大客户、连锁品牌沟通服务。

3. 整租加自营模式

整租加自营模式下,置业公司对项目核心区域独立招商运营,合作单位负责项目大物业管理及剩余区域招商运营。对项目管理难度大、商业价值一般的项目进行统筹考虑,由整租合作单位负责项目的大物业管理,承担设备中小修运维责任及对外协调,并对项目内位置较为偏僻的区域进行招商运营;项目内位置处于客流主动线由置业公司独立招商运营,其间积极做好整租单位与直营商户间的沟通协调工作,有效规避项目管理风险,并通过合作单位整体项目运维降低项目管理成本。

整租模式及整租加自营模式在合作单位招商方案的选择上,由于轨道交通站点一体化商业项目存在产权手续滞后的特殊性,在项目经营之初不具备公开招标的条件,且公开招标和邀请招标均是一次性报价,业主方收益风险较大。因此,置业公司多采用竞争性谈判方式选取合作单位,并运用谈判技巧,既使置业公司经济收益最大化,又在最大程度上在很多细节方面注重落实地下空间的战略定位,注意规避风险,保证了兼顾项目的安全与效益最大化需求。同时,为确保合作单位招商的品牌符合轨道交通整体定位要求,一是置业公司有权审核合作单位引进的品牌,对不符合公司整体定位要求的品牌合作单位不得引入;二是要求商业装修要有一定的档次和一定的投入,装修风格与选材应与相应的地铁车站风格保持一致,且装修方案须报置业公司审核,并待租期届满后,装修归置业公司所有;三是要求合作单位如确需将地下空间整体转租给第三方,应保证该第三方只可自行整体经营,不得再次转租,整体转租地下空间的转租对象及其经营内容需得到置业公司批准,同时承担全部管理责任,另要求合作单位预收第三方租金时间最长不得超过3年。

四、实施效果

(一)社会效益

1. 集约利用空间,盘活存量资源

置业公司在京投公司的统一指导下,对轨道交通站点一体化商业资源的开发符合国家集约利用土地资源的要求,体现了集约利用空间资源和"以人为本"的理念,不仅满足了乘客的生活需求、提供了更加全面的增值服务,而且有利于促进市民出行观念的转变,充分响应国家“绿色出行”的号召,全面践行“人文交通”理念,开启了地铁周边居民及乘客的全新生活方式。

轨道交通站点一体化商业资源开发对完善轨道交通基础设施、实现地下空间资源的集约化利用、提高轨道交通便民功能和城市土地利用率,进一步加速北京“世界城市”建设步伐,具有强烈的现实意义。截至2020年10月,置业公司在管商业项目12个,总建筑面积约13万平方米;通过初步梳理沿线可利用开发资源,已确定跟踪项目中切实可开展商业项目26个,总建筑面积约10.9万平方米;合计可实现轨道交通站点一体化商业项目40个以上,其中涉及附属空间、地下空间、织补项目等总建筑面积17.8万平方米的轨道交通站点一体化商业项目。

2. 方便居民出行,提高服务水平

置业公司全面结合北京市新版总规提出“发展一站式便民服务综合体,实现一刻钟社区服务80%覆盖率”要求以及北京市“疏解整治促提升”及相关配套政策,开发轨道交通站点一体化商业项目。

轨道交通站点一体化商业项目开发后在一定程度上增加了轨道交通疏散面积、增加了疏散宽度、降低了客流密度,在车站现状运行基础上相当于增加了客流的步行区域面积,为车站客流增加了一个缓冲地带和出入口,降低了乘客密度。且随着商业空间与车站站厅连接出入口的启用进一步方便了乘客进出车站,结合城市区域功能完善需求点,充分发挥轨道交通站点商业物业“网格化、辐射性强”的优势,合理布局商业业态,全面提升了轨道交通运营服务水平。

3. 改善区域环境,建设宜居城市

轨道交通站点一体化商业资源多位于商业需求较为旺盛的地段,随着轨道交通的快速发展和线路网络化的形成,在综合开发利用上具备较好的市场条件,更可以给轨道交通沿线居民乘客提供最为需要的生活配套服务。主要服务项目有便利店、品牌快餐、美容美发、服装零售等,不仅方便了周边市民和地铁乘客的生活需求,也部分解决了车站站务人员吃饭的难题,很大程度上节省了区域范围内的工作时间和成本。不但为市民乘客提供了休息、娱乐的空间,更减缓了城市运转压力,提供了更加全面的城市综合服务。

置业公司围绕轨道交通车站和车辆段实施的一体化开发和上盖开发形成的综合性物业资源,具备形成以TOD为主的城市微中心的基础条件,既保证地铁客流的正常乘坐需求,又很好地将地铁客流引入商业项目。运营管理好此类物业资源形成的城市微中心,不但能使城市资源增值,还能提升城市公共服务水平、激活区域经济、改善居民生活品质,更好地配合政府解决城市发展问题。

(二)经济效益

1. 利用既有空间,节约投资成本

一是降低地铁站体工程投资。以地下空间类中动物园地下空间项目为例,作为北京市首个轨道交通地下空间项目,其工程开发均在摸索中前进。因4号线动物园站车站埋深较深,设计和施工采用了明挖的施工工法,以构筑混凝土空间结构的方式代替回填土的施工方案,在车站站厅的上方开辟了地下一层地下空间。这种方式突破常规,不仅大幅度减少了车站回填土方量,节省了回填土方的工程成本,还有效降低了地面沉降塌陷风险,降低了站厅结构的施工难度及工程投资。同时,还构建了轨道交通地下空间资源,提高了土地的使用效率,实现了地下空间资源的集约化利用。

二是减少开业前的物业条件改造成本。从地下空间各专业系统接口预留条件看,在设计和建设阶段尽可能预留防火报警系统(FAS)、环境与设备监控系统(BAS)、通风空调系统、给排水及消防系统等各专业系统的接口条件,从而减少后期投资、降低后期改造难度。仅动物园站地下空间单个项目,即可节省改造类及经营期运维成本2000万元以上。

三是通过创新经营模式节省机电设备设施投资成本。以生物医药基地项目为例,不同于以往商业项目机电设备由京投公司或置业公司投资的经营模式,生物医药基地项目采用一体化理念,相关投资与后期管理费用与龙湖天街项目相联系,其中机电系统原计划直接投资约2000万元,现因接入龙湖天街项目仅需投资800万元，节省投资约60%；外市政水、电接入龙湖天街项目，节省投资100余万元；项目运营后纳入龙湖天街项目进行整体物业管理，每年可节省物业成本100万余元，合约期内累计减少支出约3300万元。

2. 带来良好收益，增加利润贡献

置业公司存量商业项目合同总金额5亿元以上，已落实收入6000余万元，其中以动物园地下空间项目为例，累计收取租金约1900万元，未来可落实租金收入约4300万元。随着后续轨道交通站点一体化商业的开发利用，置业公司年均收益可超过亿元，将为京投公司贡献稳定持续的现金流，全面支持京投公司轨道交通建设及运营补贴工作，全面践行习近平总书记视察北京时提出的“四个中心”功能定位，努力配合北京市政府把北京建设成为国际一流的和谐宜居之都。

高速公路运营区域化整合管理创新实践

中交资产管理有限公司

成果主要创造人:冯锡荣　刘萍芳

成果参与创造人:郑　凯　张迎辉　刘继灵　刘一新　王建志　卫　东
马　东　纳守勇

中交资产管理有限公司(简称"中交资管"),成立于2015年5月7日,注册资本金234.57亿元,是世界500强企业——中国交通建设股份有限公司(简称"中交集团")按照"统一运营管理、大力开展资本运营"战略部署,为进一步推进金融战略和投资战略的实施而设立的专业化平台公司。

中交资管主要经营范围聚焦于资产管理、项目投资、投资管理、投资咨询、企业管理及财务咨询。当前,中交资管主要以高速公路的统一运营管理为主业,经过5年的快速发展,至2020年,运营项目已遍及海内外达到30个,管理资产2224亿元,里程规模2324公里,主要分布在贵州、重庆、云南、湖北、广东、广西、山西、陕西等省份以及塞内加尔等国。

立在当下,谋求未来。中交资管将继续践行中交集团的整体战略发展部署,围绕"建设具有全球竞争力的世界一流资产管理公司"发展目标,按照"专业的资产管理者"(中交转型发展成果的守护者、产融结合的实践者、资产价值的放大者)的定位,以资本运营为核心业务,以运营管理和产业投资为基础业务,努力打造"万亿资产、千亿营业额、百亿经营性净现金流"企业。

一、实施背景

习近平总书记指出,当今世界正处于百年未有之大变局。从国内外形势看,世界经济增速持续放缓,全球动荡源和风险点显著增多,世界经济深度调整仍将继续。中美经贸摩擦的未来走向仍充满着不确定性,全球产业竞争格局将持续调整。从国家到企业,在未来较长时期内均面临错综复杂的国际环境。而我国经济稳中向好、长期向好的基本趋势没有变,国家制度和国家治理体系优势显著,我国发展仍处于并将长期处于重要战略机遇期。但我们也必须清醒认识到,我国正处在转变发展方式、优化经济结构、转换增长动力的攻关期,结构性、体制性、周期性问题相互交织,"三期叠加"影响持续深化,经济下行压力加大,不稳定、不确定性因素依然很多。

从行业发展看,交通强国战略的提出为交通行业指明了方向,进一步深化交通运输供给侧结构性改革,深化收费公路制度改革、投融资改革、体制机制改革等交通运输重点改革是行业发展重要任务。加快提升行业治理体系和治理能力现代化水平,聚焦行业突出问题,完善行业制度体系,大力推动智慧绿色交通发展,努力开创交通运输开放合作新局面,是行业发展重要目标。

从集团要求看,面对国内外环境和行业发展新趋势,集团对改革发展提出了新要求,一是要充分认清资本时代已到来,需要加大借力资本市场,助推企业发展。二是要充分认清中交转型发展的必然性。传统产业增量放缓,新型产业尚未形成有效支撑,抗风险能力不强,加快转型仍是中交集团发展的大势所趋。三是要充分认清创新发展的必要性和重要性。抓创新就是抓发展,谋创新就是谋未来。唯有不断创新,才能抢占未来发展的制高点。

从自身需求看,中交资管成立以后,在开展高速公路的统一运营管理初期,按照"一路一司"(即每条路段一个法人单位、一套完整的运营管理团队,下同)模式进行管理,过程中发现了较多问题,影响中交资管持续稳定发展，主要表现在运营资源过于分散，区域内资源投入重复浪费、难以形成共享；运营管理结构相对简单，管理链条多，运营效率低；人员配置不够优化，区域内同类型管理人员较多，人力成本大；规章制度标准不统一，制度执行成效不佳，专业化水平不高；行业话语权不够强，区域内影响力小等。

如上所述，面对复杂的国内外环境，中交资管需要深入把握世界经济调整的大方向，坚持稳中求进，全面贯彻新发展理念，加大创新力度，提高质量效益和核心竞争力；面对行业发展大势，中交资管作为交通运输行业的重要参与者，应紧跟行业要求，集中资源以践行交通强国战略为目标，提升智慧运营服务水平；面对集团新要求，中交资管作为中交金融战略转型的平台公司，需要在理解集团发展要求的基础上提升改革创新认识，加快管理创新步伐；面对自身发展困境，中交资管急需开展管理创新，改善自身发展面临的问题，实现作为世界一流资产管理公司的伟大目标。因此从多个层面分析，中交资管迫切需要加快创新力度，立足自身业务发展需要，通过运营整合实行区域化管理，优化运营资源，提升管理效率，实现提质增效、降本减亏，提升区域影响力，增大行业声誉。

二、内涵和主要做法

（一）管理创新内涵

中交资管所辖高速公路分布全国各地，路与路之间基本不相连。随着管理规模的扩大，管理链条变多，管理效率不够高，因此开展区域化整合管理创新是解决当前以及未来运营管理项目发展的必要手段。其内涵是以省（自治区、直辖市）为范围对区域内各高速公路项目进行集中统一，改进分散管理、各自一体的管理模式，以统筹统管方式实现资源集中、人员降低，进而达到完善区域管控能力、降低运营成本及运营风险的目的。从具体措施来看，进行区域化整合既要构建高效的组织机构，也要开展人员整合、设施设备共享，同时设定新的工作要求，引入新的管理技术等。通过整合，对区域内项目进行集约化管理，实现了资源配置效率、品牌影响力、专业化和标准化水平的提升，消除了原"一路一司"分而管之局面的弊端和不适应性，有效落实了中交集团"统一运营管理"战略，推动了中交资管高质量发展。

（二）管理创新主要做法

1. 调整运营组织结构，专业化管理提高效率

"一路一司"模式下，组织结构通常按照"四部一中心"设置，即收费管理部、养护管理部、财务资金部、综合管理部和监控中心。各部门包含的管理内容较多，专业能力及人才难以凸显出来，造成"专业不专、尖子不尖"，如养护管理部既包含土建养护业务，也包含机电维护业务，同时兼具路产管理、巡查救援等职务；综合管理部更是兼有党纪工团管理、人力资源管理、后勤管理、档案管理等诸多业务。

区域化整合是以专业化、职业化为目标，通过重新设计区域管理总部运营组织架构，按照重要职能业务必须独立、重要专业业务必须独立，以及区域化管理高效、层级简单为原则，建立起统一、规范、有序的组织机构体系，提高运行管理效率。

按照区域化整合目标及原则，区域化管理总部将"一路一司"运营结构下的综合管理部拆分为5个部门，分别是办公室、党群工作部、纪检工作部、人力资源部、信息化管理部，以满足区域内多项目管理对职能业务的专业化需求；养护管理部拆分为4个部门，分别是路产维护部、机电装备部、安全监督管理部、风险管控部，以加强土建维护、机电维护、安全管理及风险防控等方面的专业化管理能力；收费管理部更名为收费稽核部，通过加强稽核业务以适应新时期收费管理新要求；财务资金部保持不变（但引入财务共享中心），新设业务发展部用于提升区域内市场经营活力，提升路域资源开发及市场开拓能力。区域化管理组织架构共设置12个部门，其中党群工作部、纪检工作部、风险管控部进行合署办公，信息化管理部、机电装备部合署办公。区域化整合后运营管理组织结构调整，让专业职能更加明确，业务界面更加清晰，有利于提升区域化管理专业能力及运营管理效率。

2. 共享运营管理资源，集约化管理降本减亏

"一路一司"运营管理模式下，资源较为分散，在运营管理各项工作中投入巨大，但利用率不高，如

机电维护作业中的高空作业车辆,购买后使用率不高但维护保养费用不低;还有大型救援车辆(50 吨平板拖车、大型吊车等)、路面清扫车等特种设备需求与配置不等价,以及包括人员招聘培训、物资采购等均存在资源难共享、各项目重复投入等现象。

针对资源配置不均、利用率不高等问题,根据区域内运营管理总体需求及发展需要,通过资源识别、再分配,优先进行设施设备资源共享、共用,再通过配置新的资源,并采用集中招聘、培训以及物资集采等方式实现资源最大化利用。

区域化整合后以资源配置合理、调度方便及集约降本为目标,通过规范区域内作业流程、集中开展相关业务,实现最大化资源利用。以物资采购为例,原各路段采购物资时因采购量小,导致议价能力弱,采购成本偏高;区域化管理后增加了物资采购量,通过集采的方式不仅让采购更加规范,也提升了议价空间,降低总体采购成本,同时有利于中交资管掌握供应链,与优质供应商形成战略合作关系。再以重庆区域高空作业车调度使用为例,原"一路一司"中仅忠万高速公路有一辆自用,而涪丰石、永江、铜合三条高速公路则在需求发生时通过外租或采购的方式实现高空作业。区域化管理后不仅可以协调高空作业先后顺序,也能灵活调度车辆于各个作业面参加工作,大大提高了作业车辆的使用效率,降低空置成本。如此,通过区域化资源整合,实现运营管理降本减亏。

3. 精简优化人才队伍,合理配置人力资源

"一路一司"模式下,各运营项目开通运营时均已建立完整的人才队伍,人员结构基本按照领导班子、中层干部(部门经理、副经理、经理助理)、骨干成员(主管、主办、技术能手等)以及一线生产人员等进行配置,从区域管理维度来看,路段越多,在区域内同岗位管理人员越多,所需的人力成本越大。且因不同项目管理方式的不同在生产人员的配备上也存在差异,有的路段生产人员配置丰厚、有的路段生产人员配置紧凑。

针对人员配置不够优化、不够均衡的问题,区域化整合后取消路段一级部门设置及管理人员配置,依托组织机构的重新设计,按照部门重新分配管理人员,实现对区域内各路段的高效管理。对一线生产人员的配置制定统一标准,合理安排人员上班模式及控制上班时间,保障一线人员劳动时间符合劳动法要求且工作强度适当。

人员优化配置过程中,领导班子成员依靠中交资管机关人力资源部统一调整,相较于"一路一司"人数减少约 1/4,人员更加精简;中层干部及骨干成员通过分流、转岗及外调等方式达到组织结构设计需求,人员进一步优化;一线生产人员参照地方行业与中交资管管理实际,通过创新上班模式达到减人员而不影响生产工作的目的。以重庆区域化整合后采用"1 + 1"站级管理模式为例,按照两个站配置 1 个站长的方式予以管理,直接减少约 1/2 的站长数量,人力成本降低的同时有效解决了三方面的问题:一是改善站级管理固化思维,原有方式各收费站之间管理相对独立,站与站间交互往来少,"自扫门前雪"思想容易滋生,尤其是流量小的站点易忽视提升对突发事件的应急处置能力;二是改善缺岗调配难协调问题,收费人员的病假、事假或突然离职造成缺岗时,跨站高效调配不影响收费工作开展;三是改善业务水平差异问题,一个站长管理下,两个收费站的业务水平将得到进一步均衡,减少执行差异达到以高带低的效果。如此,通过整合实行区域化管理,在达到降低人力成本的同时也将进一步增加管理效率。

4. 统一规章制度体系,实行区域标准化管理

"一路一司"模式下,各路段公司虽然均建立有保障自身运行的规章制度,但在实际运行过程中效率有高有低,且在执行监督上存在差异,最终体现在管理效果上尤其在地区路网各运营管理单位评比中名次不高,没有体现专业化水平。

针对制度执行差异问题,区域化整合后通过构建标准化制度体系,以落实中交资管工作任务及地方行业主管管理要求为目标,通过制定完善的制度保障体系、制度执行监督管控措施及考核评价办法,多重监督保障制度执行质量,提升业务管理水平,拉升地区内运营管理评比名次。

标准化规章制度体系建立过程中，按照比较、学习、编制、宣贯执行、反馈、修订完善等步骤开展工作，确保制度具有实用性、先进性。具体做法是首先对区域内各路段制度及执行情况进行调研、分析，“取其精华、去其糟粕”，同时参考行业及地方主管部门相关要求，制定完整的标准化制度；其次统一实施、推广，业务由主管部门予以宣贯、培训并指导执行，同时收集意见、建议，并及时修订完善；然后监督执行、考核评价，针对各业务分别建立考核评价指标，通过路段自查、区域互查及第三方评价等方式对制度执行情况进行检验，同时按照周、月、季、年度等进行周期性检查；最后开展业务对标，向行业内排名靠前的运营管理单位开展学习，参与行业组织的检查，以保障制度标准的先进性。标准统一的规章制度有利于横向比较区域内各运营项目业务执行水平，统一的管理组织有利于监督制度执行达到既定目标。优秀的制度执行力，将进一步提升区域内专业化水平，提升运营管理评比名次，扩大区域影响力。

5. 深挖路域资源潜力，最大化市场经营效益

“一路一司”模式下，市场经营开发工作不仅难度大而且存在较多局限性，主要问题有：一是资源不够集中，易被逐个突破（如通信管道租赁）；二是附属资源开发面向的对象少，谈判较为弱势，独立开发难度大，经营价值挖掘小；三是难以摆脱高速公路内资源进行开发，难以形成有规模的开发能力；四是开发独立性不够，组织结构中专业人才缺失、经验获取少。

针对市场经营开发难的问题，区域化整合后确立了扩大经营范围、提升经营能力的目标，通过提升市场经营工作权限，整合各类资源并加以分析研究，分别确定开发思路，同时眼光向外积极参与外部市场竞争，获取更广阔的市场和更大的经营收益。

区域化整合后，组织结构设计中新增业务发展部，统筹区域内市场经营开发工作。通过整合将附属资源统一起来，如服务区、广告牌、通信管道、闲置土地等进行统一规划设计，进行针对性招商，不仅能够吸引优质的客户，还能有效将闲置资源变现增加经营收益。同时，通过选拔、招录专业市场开发人才以及建立市场开发激励制度进一步提升市场经营开发能力；另外，在整合后依靠行业地位的提升与面向客户群体的变化，市场经营工作也逐步由高速公路内向高速公路外开展。以重庆区域为例，2020 年度市场经营工作在多个方面创新实践，比如重庆区域积极接洽车联网研究企业共同开展车路协同示范项目，为未来智慧高速公路建设、改造探索路径；积极参与重庆市隧道照明提质改造工程，与能源开发企业探索合同能源管理，为中交资管各项目打开思路；与重庆高速公路集团有限公司开展运营管理业务整合探讨，以轻资产模式运营提升服务质量与水平；与石化企业开展合作探索闲置土地用于共同开发加油、加气及充电站等。运营整合后，市场经营工作得到充分调动，未来经营价值将逐步显现。

6. 大力发展线上办公，信息化促沟通提效率

“一路一司”模式下，信息化价值未得到充分利用，随着运营管理项目增加，中交资管管理链条变多，导致上下沟通交流频率变少，“下不明上意、上不知下情”，信息难以快速传递，任务下发后造成理解偏差，反馈结果参差不齐，反复沟通造成时间浪费，工作效率变低，沟通成本加大。

针对管理链条多、信息沟通不畅等问题，区域化整合后通过加大信息化、数字化创新投入，研发办公协作系统、业务信息管理系统等工具，推广使用提升信息获取速度，同时改进信息流通路径，中交资管对接区域管理总部，提升信息交互效率。

通过区域化整合，中交资管办公协作沟通路径由路段上升到区域管理总部，相关通知文件的信息终点也变为了区域管理总部，极大地提高了沟通及信息交互效率，在工作开展方面更加直接，命令下达与反馈更加顺畅，问题发现与修正更加及时。根据实际需求开发业务信息管理系统，如资产管理平台（一种集合收费管理、安全监督、发票管理、资产信息管理等功能的信息管理系统），通过该平台将各区域各路段有效联系起来，利用生产单位（如收费站、监控中心、路段管理中心）对道路相关信息的及时录入，实现在平台上实时动态了解各项生产数据，如交通量、通行费收入以及交通事故、养护情况、路况、救援情况等。另外，正投资开发的养护管理系统将进一步发挥信息化工具作用，实现养护作业信息的在线化管理。如此，通过信息化将进一步促进数字化、智慧化运营管理的实现。

7. 搭建财务共享中心,提升财务管理效率

"一路一司"模式下,区域内不同项目财务管理相对独立,上级公司对于各项目财务情况的了解需通过汇报、询调和财务审计等方式,财务管理效率不高,财务信息具有滞后性,难以及时发现财务报销中存在的违规情况。且各路段公司相关账务各自自行归集、调配和使用,难以发挥大额资金规模化优势。

区域化整合后通过搭建财务共享中心,规范财务资金管理流程,施行信息化操作,集中管理区域内资金,增加资金风险防范能力,同时降低管理成本、提高流转效率。

按照搭建财务共享中心思路,将财务管理集中在信息系统中进行,各财务人员按照规范流程开展财务工作,降低基础业务耗时。通过利用财务共享系统将区域内各路段的通行费收入、衍生业务收入及其他收入统一归集,实现大额资金的规模化存储,增加资金沉淀利息,同时对资金的调配、使用更加透明、更加规范。另外,在财务共享系统中构建规范化的费用报销流程,通过培训、宣贯,统一各岗位人员报销行为,避免不合规报销单据的发生,提高工作效率。财务共享后不仅有利于审计机构的检查,还有利于区域内各路段付息还本费用的归集,有利于通行费资金划拨、流转的及时性和流程化。

8. 增强区域内行业地位,有效提升行业话语权

"一路一司"模式下,各路段仅作为高速公路网的成员之一,独立存在、分割管理,在地区高速公路运营管理决策中也仅代表自己发声,相对于区域内高速公路交投企业(如重庆高速公路集团有限公司、贵州高速公路集团有限公司)所占比例小,在路网内的重大决策事件中影响较小,往往只能被动接受执行政策,区域内地位不高、名声不响、话语权弱。

针对该问题,通过区域化整合后,统一思想以中交资管在区域内的整体利益为出发点,以代表中交资管的名义,在路网内的重大决策事项发表意见。同时与地区内主管部门及相关企业增加合作、交流机会,提升行业影响力。

谚语说"一根筷子易折断,十根筷子硬如铁",进行区域化整合后管理思路、决策一致,在路网内重要事项商议过程中代表区域内各路段统一发声,能有效提升中交资管在地区行业平等交流的机会。同时,中交资管长期与交通运输部保持良好关系,也参与政策、标准的研讨、制定,对重大决策的解读有相当的认知。如2019年取消省界收费站改造工程中,中交资管以自身利益出发,坚持自行开展相关工程改造,在实施效果中工程施工进度管控得当受到交通运输部的点名表扬,成本费用控制精确,以重庆区域的工程改造为例,较预算节约21%的费用,且获得了重庆市交通局的政策补贴。如此,在行业和地区获得了前所未有的声誉。

中交资管通过对分散项目进行区域化整合,有效提升区域内运营管理效率、节约有限资源、降低运营成本,并实现各区域长期稳定发展。除上述管理创新工作以外,中交资管还在各区域内开展了许许多多管理创新活动,如以党建带团建促企业发展的创新管理活动、"百日创优"收费服务活动、打造特色收费站、创建"安、畅、舒、美"高速公路品牌、"平安交通"主题活动等活动,大大增加了区域内企业文化内涵,也推动了中交资管区域内凝聚力、向心力、号召力与影响力的快速提升。

三、实施效果

中交资管在2017年至2019年期间,先后完成湖北、重庆、贵州、云南四个省(市)的分散项目区域化整合,按照先行试点、稳步推进、全面推广三个阶段,从实施效果来看已圆满完成了既定目标,2020年既是管理成果的展示年,也是区域化整合管理创新实施效果的检验年。从各区域的运营管理情况来看,取得了比较显著的效果。

(一)切实节约运营成本,提高运营经济效益

一是节约运营管理费用。实现区域内共有管理费用的节约,其中薪酬、福利、管理费用节省效果最为明显。湖北区域管理总部每年管理费用可节约1000万元,通过区域内集合资源联动营销,对"引车上路"较以往效果明显。重庆区域管理总部集中技术人员自主实施多项改造工程,年节约运营成本350

万元。

二是节省基础设施、设备投资。湖北区域管理总部取消嘉通监控中心,并对办公楼、管理人员宿舍、员工宿舍规模等进行调整,管理费用节省600万元/年,各类设备资源通过共享节省112万元。重庆区域管理总部拟设立集中式监控中心,未来可减少新开路段监控中心及相应管理人员办公和宿舍的建设费用。

三是节省管理人员。各区域所有原路段公司的部门、岗位进行结构化调整后,相关管理人员大幅减少,人力成本大幅降低。

四是降低交易成本,提高对外谈判议价能力。借助规模化、集约化经营,降低了交易成本,提高了企业对外谈判议价能力,在购置设备、物资、服装、道路养护绿化等方面批量采购获得了一定的优惠。如重庆区域管理总部成立至2020年10月,完成了70余项集采工作,采购预算金额近5000万元,实际中标合同签订金额不足4000万元,节省资金超过1000万元,费用节约20%左右;湖北区域管理总部2019年充分发挥投保效能,保险理赔超过100万元,各路段平均赔付率200%。

(二)规范统一服务标准,打造专业化管理团队

区域化整合后通过规范运营管理标准,逐步提升了专业化、职业化运营能力,在区域内取得了显著效果,提高了"中交资管、中交高速"的品牌影响力。

一是湖北区域管理总部张公收费站2019年荣获"全国交通运输文化建设优秀单位"荣誉称号;重庆区域管理总部成立以来创建了三星级收费站10个,四星级、三星级服务区各1对。在2019年度重庆高速公路第三方满意度调查中,各路段综合排名全部位列重庆全路网26家成员单位前十名,树立了良好的"中交高速"品牌形象。

二是2019年湖北省联网中心将"咸通路段"作为全省示范点打造标杆;2020年2月至6月,重庆区域管理总部所辖5条路段在重庆地区26家运营单位中脱颖而出——硬核夺下重庆高速公路路网考核"五连冠",运营专业化取得高质量发展,为"中交高速"品牌赢得了良好的口碑和声誉。

三是重庆区域管理总部成功创建重庆市青年文明号、重庆市工人先锋号;还荣获重庆市交通系统先进集体;员工也摘得中国公路协会第五届、第六届"最美路姐"称号。

四是重庆区域通过多种措施促进专业化、职业化能力大幅提升。成立以来共有高级技术职称11人,中级技术职称22人,初级技术职称10人;安全监督序列人员15人均取得相关管理部门认证的安全管理资格证书;从事特种作业人员15人,均取得相关资格证书。

(三)统筹整合运营资源,管理效率进一步提升

一是减少路段运营协调,有利于数据信息共享。消除区域内路段特别是相邻路段的运营协调障碍,有利于路政、道路清障、救援的及时处理,从而更高效地开展工作和为出行人员服务。

二是实现资源优化配置,有利于效率、效益提高。区域内进行运营设备设施优化配置,提高设备资源利用率,节省购买设备支出。针对车流高峰的机动收费人员实现了集中调配,提高人力资源利用效率,也减少了车流高峰期人员长期加班现象,保证了收费通道的畅顺。

三是实行区域集中管理,有利于企业文化建设。区域内人员交流频次增加,规模相对集中,有利于企业文化培养和文体活动开展,为员工展现才华、提高能力等提供了更大更好的施展平台,有利于员工更快发展成长。

四是提升绩效管理质量,有利于消除分配公平。统一了各路段公司的生产人员薪酬,消除员工不公平性,减少了同一区域内因路段公司经营状况不一致导致的跨路段人员流动频繁现象。

五是提供才华发挥空间,有利于引进高水平人才。区域化整合后人员统一集中办公,增加了相互交流学习的机会,扩大后的管理平台有利于人才更好地发挥实力,同时经营管理范围的增加以及区域内影响力的提升有利于吸引更高水平的人才为区域化建设服务。

(四)创新开拓业务市场,突破经营收益多元化

区域化整合后,市场经营开发效率逐步加快,市场进一步放大,经营收益也随业务范围快速增加。

一是重庆区域管理总部在2019和2020年通过创新采用“原经营商出资并承担升级改造工作+重庆总部统一管理+限定原经营商经营业态”的合作方式,实现了服务区的升级改造和统一管理,为公司节约了改造费近2000万元,创收了部分业态租赁合同额400万元/年,争取到了重庆市交通局品质提升专项补贴款250万元。同时在广告租赁合同数量及合同额上屡创新高,还成功与国家电网签订了多个服务区的充电桩租赁合同,增加了通行费收入以外的经营收益。

二是以“中交黑科技”为品牌的机电设施设备产品销售额逐步突破,2020年度成功中标济泰高速公路、广东开春高速公路和重庆高速公路隧道提质改造等项目,产品销售额突破1900万元,其中集团外单位合同额560余万元,集团内部单位合同额约1368万元。

三是完成“中交黑科技”智能照明灯具、网络准入控制系统等产品在交建云商上线,品牌涉及上海三思和成都兴诚,逐步推动和实现“中交黑科技”产品落地。

四是注重产品研发,以高速公路应用为场景,立足运营管理需求适应性开发机电系统类产品,至2020年10月,正在开发的有“视频上云平台”、车流自适应隧道调光系统、隧道无线应急电话。

四、改进优化

中交资管通过对高速公路运营区域化整合管理进行创新实践,虽然解决了部分快速发展的管理难题,取得了一定的管理成效,但面对复杂多变的国内外形势,以及行业、集团和自身发展的需要,在坚持区域化管理的基础上,还应加大创新力度,不断改进优化,力争实现区域内经营的最大化效益。改进优化方向包括:一是继续完善区域化管理体制机制;二是继续优化区域内资源配置,完善分配与调度;三是继续加大人才培养及实行“高、精、尖”配置;四是加大市场经营开发力度,加强能力建设;五是继续加大业务专业化、人员职业化培训;六是继续加大信息化及智慧运营研究与投入;七是继续扩大区域内行业影响力,擦亮“中交资管、中交高速”品牌。

项目施工全周期创新型管理形式的构建与实施

中交一公局第五工程有限公司

成果主要创造人:晏　军　汪　洋

成果参与创造人:任伟涛　常婧美　薛　平　吴汉武　李　旺　黄雪峰
刘　波　张志强　张　帅　刘　恒

中交一公局第五工程有限公司(简称"中交一公局五公司")始建于1987年10月,为世界500强企业——中国交通建设股份有限公司(简称"中交集团")三级全资子公司,隶属于中交第一公路工程局有限公司。

中交一公局五公司是一家集公路、桥梁、隧道、铁路、市政公用工程、房建、管廊及汽车试验场工程的设计、施工、咨询等业务为一体的大型综合国有施工企业,注册资本为10.0008亿元,拥有公路工程、市政公用工程施工总承包一级和公路路基、路面、桥梁、隧道工程4个专业一级资质,并顺利通过了质量、环境和职业健康安全一体化管理体系认证。

中交一公局五公司秉承"诚信履约,用心灌注您的满意"的服务文化,从事相关业务几十年来,产品和服务遍布国内20多个省(自治区、直辖市),优质高效地完成了多项技术含量高、施工难度大、工艺结构复杂的全国重点工程。

功崇惟志,业广惟勤。中交一公局五公司将秉承"固基修道、履方致远"的职业使命,坚守"交融天下、建者无疆"的企业精神,自强奋进,永争第一,持续拓宽经营领域和提升核心竞争力,努力实现公司持续、快速、健康、和谐发展,携手各界同仁共筑梦想、共创价值、共享成就,为国家基础设施建设事业作出更大的贡献。

一、构建背景

(一)构建需求

1.社会背景

G312是苏州市重要的东西向国道,也是苏州联系上海的主要通道之一(图1)。G312苏州东段改扩建工程实施后可实现G312线位的外迁,释放古城路压力,分流过境交通车辆,减少重载车等货运交通对昆山西部核心片区的影响,助推昆曲小镇建设,带动沿线高新区、巴城产业快速发展。

2.企业文化背景

中交一公局五公司是世界500强企业中交集团下属的骨干成员企业中交一公局的子公司。自中交一公局五公司从2009年提出"一年求生存,两年促发展,三年上台阶"的"三年三步走"发展战略,企业发展进入全新阶段。公司在长期发展过程中秉承了"重质量,讲诚信,争第一,能吃苦、善拼搏、打硬仗"的优良传统,一直以"自强奋进,永争第一"为企业精神,多次获得"全国质量诚信企业""全国优秀施工企业"称号,并获中国建筑业协会颁发的"企业信用等级AAA证书"。

3.工程简介

昆山市位于中国江苏省东部、上海和苏州之间,隶属于地级苏州市,是世界遗产昆曲的发源地。旅游资源丰富的昆山，风景秀丽，景色宜人。秀丽的自然风光和具有深厚文化内涵的历史人文景观，构成了丰富的旅游资源，且项目被确定为打造江苏省“品质工程”示范项目，管理要求高。项目地处昆山，建设标准高、管理难度大。如何适应新形势下项目管理新要求，有效做好项目管理，做到安全、质量、进度协调管理，通过技术创新、管理创新的方式助力品质工程建设，打造精品工程，是本项目开展的一项重点工作。

图1　G312 地理位置示意图

中交一公局五公司承建的苏州东段改扩建工程昆山段 KS1 标（图 2）由 G312 主线、古城路主线及互通匝道组成，标段内共有桩基 2356 根、承台 423 个、台帽盖梁 44 个、墩柱 450 个、预制空心板 177 片、钢箱梁 4 联、现浇箱梁 105 联，合同额 12.38 亿元，合同工期 2018 年 12 月 20 日至 2022 年 9 月 30 日，共 45 个月，实际开工日期为 2019 年 9 月 29 日。

图2　G312 苏州东段改扩建工程昆山段 KS1 标项目设计图

（二）构建面临的挑战

1. 工程特点

（1）工程规模大

本项目有主线桥 2 座、匝道桥 10 座、地面中小桥 2 座、涵洞 1 道、简易立交 1 处、互通式立交 1 处、平面交叉 7 处，工程规模较大，施工组织难度大。

（2）施工安全管理难度大

项目现浇箱梁体量大，支架搭设风险高；涉及高空作业、钢箱梁吊装等高危作业工作量大，同时项目整个施工期间必须保证交通正常通行，并且古城路作为城市连接线主要沟通通道，交通车流量大，施工期交通组织实施难度大。

(3)管理特殊

本项目被确定为打造省级“品质工程”示范项目,对场站建设、人员设备投入、管理行为、工艺细节等各个方面均提出了更高的要求。

(4)环境保护要求高

项目属于市政高架工程(公路业绩),文明施工及标准化施工要求比较严格。

2.工程难点

(1)施工方面

施工组织管理难度大。本项目工期紧,工程量大,桥梁数量较多,施工内容众多,单位时间内投入资源庞杂。

(2)征迁协调方面

桩号K61+400右侧道路有加油站1座,增加项目交通导改、区域封闭工作难度。区域内绿化、管线、高压拆迁量大,征拆协调压力大。

(3)技术安全方面

古城互通B、D、E、G横跨古城路设计为钢箱梁,施工组织及安全质量控制非常重要。

(4)成本控制方面

①标准化建设要求高。标准化建设、新设备、新工艺要求标准高,要求重点工程便道全部采用混凝土路面;由于项目地处江苏省昆山市,安全文明标准化施工力度空前,尤其是扬尘管控方面。

②本地区环境保护要求高,环保措施费用高。根据目前文明施工要求,承台开发土方基本无法现场存放,开挖后必须外运,路基施工时必须倒运进场且线路区位于江苏省昆山市,路基填料需要外购。

③现浇匝道施工涉及水系施工较多,支架地基处理费用较大。

3.工程重点

①做好项目施工组织,控制施工进度和成本。

②做好便道及场站的优化及建设工作。本项目地处河网平原区的城市化高度发达区域,沿线地产筑路材料较缺乏。

③古城路互通及G312主线施工进度是本标段重点。墩柱高度较高,结构形式较多,环保要求严格,不利于施工组织。

④桥梁施工方案优化是此标段的重点。此标段桥梁占比大,结构形式多,部分桥梁跨河,混凝土钢筋用量大,桥梁施工方案经过技术经济比选,要通过工艺优化减少措施费,通过配合比优化节约直接费,达到降本增效的目的。

⑤根据江苏省交通运输厅《江苏省公路水运品质工程创建行动计划》《省交通运输厅关于在公路水运品质工程创建行动中加强科技创新工作的通知》等文件精神,到2020年创建一批体现标准化、信息化和绿色化的公路水运品质工程示范项目。本项目为《苏州市公路水运品质工程市级创建项目名单》中16个项目之一。为贯彻落实交通强国、质量强国战略,依据《苏州市公路水运品质工程创建实施计划》,本项目在工程管理的创新、工程质量的提升、科技创新、绿色环保、安全保障等方面工作要求高,标准化、信息化和绿色化品质工程创建为项目重点。

⑥本工程施工管理需使用项目软件管理系统统一管理,项目管理过程中贯穿使用BIM(建筑信息模型)技术跟踪管理,搭建BIM技术管理平台,完成工程BIM全信息模型创建,信息化应用为项目重点及难点。

二、基本内涵和主要做法

(一)标准化引领,信息化管控

1. 标准化建设

项目根据《标准化施工图集》《中国交建视觉识别系统规范手册》《公路工程技术标准》等标准,从驻地建设标准化、施工场所标准化、制度建设标准化、班组作业标准化、绿色施工标准化等方面规范整体建设,细化场地部署,创造项目模块化建设标准,树立项目形象标杆。

2. 信息化管控

在现场质量管控中,严格“三检制”,各个工区统一标准,强推甲丁系统,所有工序报检工作均由甲丁线上完成,并配合制定的工序验收流程,配合实时影像资料,在保证影像资料收集及时性的同时,保证各道工序报检验收的及时性,其他监控部门亦能从系统实施监管。

甲丁智慧云平台,是基于移动互联网、物联网、云计算、大数据、区块链、AI 及 BIM 等先进技术,为工程建设领域提供核心价值和系统解决方案而打造的安全、智能、高效的实时穿透式智慧工地一体化管控平台,助力工程建设进入智慧建造时期!

通过甲丁平台的建筑工程视图与 GPS 可以实时定位人员位置与工作详情,做到人员在对的时间出现在对的地点履行对的职责。

在施工生产过程中,甲丁平台通过规范的施工流程专业化管控施工过程的每一个步骤,按照相应工序流程为相应人员配置相应任务,做到任务配置化管理,提高现场任务执行效率,提升管理效率。

在混凝土生产及运输中,通过平台完成混凝土申报、配送,实现混凝土“订单”式申报、“外卖”式配送,方便现场人员管理,达到信息化渗透管理的目标。

(二)BIM 技术推广应用,优化项目综合管理系统

项目引进 BIM 协同管理平台,通过 BIM 建模技术,做到工前进行图纸会审、碰撞检查、方案模拟优化和三维技术交底等技术,避免施工方案不合理导致二次修改而造成的人员物资等的浪费。

1. 优化方案设计方面

在钢筋笼加工及现场安装方面,通过三维模型对钢筋笼加工及安装方案进行论证,解决各种长度钢筋笼下料方案,协调解决钢筋笼后场加工及前场安装的实际问题,同时优化钢筋下料方案,减少钢筋废料产生。

在设计方面,本工程桥梁雨水管预埋于墩柱内,在施工过程中会存在墩柱钢筋与落水管碰撞的问题,根据设计图纸,搭建墩柱钢筋模型,使用三维模型进行可视化安全技术交底,使现场施工人员更加直观了解施工质量控制难点,提高工程施工质量。

项目利用千方平台、甲丁系统平台,以视频监控系统为载体,实时把握工序质量节点、安全风险及人员动态信息,实现穿透式实时管理,打造智慧工地。

2. 工程进度管控

将计划进度导入 BIM 平台,通过进度计划与工程构件绑定,在施工过程中将实际工程进度数据录入 BIM 平台中的对应构件,通过进度模拟分析,将计划进度与实际进度进行对比,实现可视化工程进度管控,对比计划完工量,更客观、更高效,从而分析工程进度提前还是滞后,确保项目按时竣工。

3. 质量安全管理

在质量安全巡查过程中,利用 BIM 手机端的质量安全问题整改闭合功能,发现问题,拍摄照片,进行问题描述,发送相关责任人进行整改,线上跟踪问题整改闭合情况。质量安全问题线上整改流程绑定构件可供后期追溯。同时 BIM 后台能对一定时间段内的质量安全问题进行统计分析。

（三）打造产业工人基地，培育新时代产业工人

根据中共中央、国务院印发的《新时期产业工人队伍建设改革方案》，培养一支“有理想、守信念、懂技术、会创新、敢担当、讲奉献”的产业工人队伍，走出一条产业工人培训的创新之路，项目打造了“产业工人基地”，秉承“一站式管理、体验式培训、实操性考核、社区式生活”的管理理念，走出一条具有中交特色的工人管理模式，跳出建筑施工领域传统模式，全面提高产业工人队伍素质。

1. 模块建设

基地分为培训区、体验区、生活区3个功能模块，下设35个模块单元，围绕一站式管理、体验式培训、实操性考核、社区式生活的管理理念，由项目的党员志愿者和青年志愿者负责日常运营维护工作。

（1）培训区

培训区包括理论培训区和实操培训区，利用多媒体教室、会议室开展理论培训，包括工人岗前安全教育、安全技术交底、劳务合同用工细则解读和各工种理论知识培训，由浅入深，构建起工人的知识框架。项目合理利用资源，按照“一门两牌”原则，将培训基地优化分工，将功能区模块化，提升培训质量与资源利用率，分别设立各工种的理论培训区与实操培训区。

实操培训区包括不同工种的实操培训区、VR教育培训区、质量教育培训区。基地通过引入智能化VR技术与“互联网+”手段，分别设立了安全隐患游戏排查、VR安全体验、安全标志识别、安全知识抢答、劳保用品体验、应急救援实操体验、综合用电体验、火灾VR交互体验8个体验项目，以身临其境式的体验和互动性交流代替以前相对枯燥的理论教学，提高工人的安全意识。质量教育培训区以标准化施工构件模型为例，针对施工工艺、技术指标、外观质量、质量通病及其控制措施开展针对性培训，为工人建立质量标准，增强质量意识。

（2）体验区

为规范工人施工行为，提高自我保护意识，在体验区分别设立了洞口坠落体验、安全帽冲击体验、护栏倾倒体验、安全带体验项目，以基础保安全，通过亲自感受、亲身体验，让高标准、严要求成为每名工人的行为习惯。通过现场安全教育，将培训内容与生产实践相结合，使技能水平与综合素质均得到显著提升。

（3）生活区

为增强产业工人获得感、幸福感，基地配置了功能齐全、设施完善的工人生活区，集住宿、休闲、购物、生活于一体，为工人提供安全舒适的生活环境。

工人超市位于宿舍楼下，主要提供基本生活用品、方便速食等，方便工人日常生活。在工人休闲区配置了乒乓球台、台球桌、羽毛球场等，且不定期在项目部篮球场举办工区篮球友谊赛，丰富工人日常生活。

2. 建设愿景

项目在现有资源的基础上，建立产业工人培训基地，针对具备条件的人员有选择性地进行培训，培育既能胜任岗位又具备从业资格的产业工人。通过不断扩大影响力，吸纳其他项目人员，将产业工人影响力从项目扩展至全线，从全线扩展至整个昆山交通领域，将产业工人培训基地向商业化方向发展，打造昆山交通产业工人培训产业链系统。

昆山G312项目产业工人园建成后已取得阶段性成效，所有功能完善在2020年12月底实现。项目坚持让生活更美好、让城市更宜居、让世界更通畅的企业愿景，为培养新时代产业工人提供更多助力，为昆山交通系统工人培养做出自己的努力！

（四）科技创新驱动，推动品质工程创建

1. 明确创建目标，夯实创建基础

根据合同文件要求及项目实际，明确品质工程创建目标，优选专业能力强、技术水平高的参建单位，

并围绕品质工程建设成立专业团队,将品质工程创建内容纳入施工组织设计、施工方案、编制品质工程创建专项方案,对创建内容提前规划。

秉持"以现场保市场"管理理念,以施工场所标准化、工艺流程标准化等多渠道标准化建设及品质工程创建经验,吸引政府单位及区域其他单位多次参加现场观摩会及交流会,经验共享,提升品质工程创建经验与企业品牌影响力。

2. 科技创新引领,全面提升工程管理水平

充分发挥项目重要载体作用,抓好技术创新落地的"最后一公里",抓住重点项目,通过典型示范和重点实施,不断总结归纳和改进提升,形成让创新成果进项目、以项目促创新的有效循环。项目成立创新工作室,并组建创新工作小组,定期召开小组讨论会,以提高技术水平、工程质量为目标,形成以专利、论文、工法、QC、课题研发、"四新"技术为主要攻关类型的技术创新点,提升项目形象,增强市场竞争力。截至2020年9月,已形成2项QC成果与2项实用新型专利,多项"四新"技术成果总结,为项目技术攻关打下良好基础。

3. 区域管控模式,扩大营销网络

为进一步提升项目管理水平,在管控过程中下放管理权限,提高工作效率,重视区域化管控,项目建立项目群管理模式,在区域管理群中使技术力量形成联动,促进技术交流、管理经验、材料资源的及时共享,多模块标准化复制推广,推动区域技术质量管理水平整体提升。秉持"以现场保市场"管理理念,以依托项目创建品质工程、优质工程为抓手,紧盯现有市场,辐射周边,扩大营销网络,实现了以昆山KS1标项目为依托,先后中标南湖路1标、吴江605省道、常熟高新区互通等多个项目,实现区域内项目滚动发展。

在项目群管理过程中,建立一个领导班子,通过建立区域管控组织机构,编制区域管控方案,规范管理结构,建立资源与资本的合理流动机制,可以实现两个理论,即规模效益理论和协同效益理论。

①规模效益理论:截至2020年9月,项目群总共包括6个项目,随着项目群规模的不断扩大,可以更好地进行物资设备统一集中采购、施工方案统一推广和生产线的复制等,有效降低成本,实现了规模效益。

②协同效益理论:项目群管理运营以后,可以实现项目形象协同提升,项目各职能部门协同运行,产生合力,使集团、公司、项目群三个管控层级形象协同提升。

4. 知识型人才培养

自项目进场以来,在团队整体建设及管理思路上进行提前谋划,通过建立岗位责任制、绩效考核制、新员工进场实行导师带徒制等措施,充分发挥部门职能,注重员工素质提升,通过组织培训、劳动竞赛、技能比武等活动激发员工的学习热情,夯实专业基础,培养技术型人才。为进一步完善团队建设,项目不断吸纳新员工,注入新鲜血液,开展新员工座谈会、岗位交流会,组织开展团建活动等,提高团队团结凝聚力,使团队始终保持积极向上的精神风貌,体现中交青年精神风采。

大力弘扬工匠精神,厚植工匠文化,恪尽职业操守,崇尚精益求精,培育众多"中国工匠",打造"企业品牌",借助信息化手段,推动产业工人的培养,充分发挥培养技能人才的主体功能,提供技能人才学习、实践、创新、成果转化的平台,提升一线施工人员整体素质水平与业务能力,推动企业高质量发展。

三、项目效果和评价

(一)社会效益

本项目管理成效获得业主及当地政府单位的一致好评,多次在履约考核中获得优异成绩,项目争创江苏省品质工程示范项目,多次承办品质工程观摩活动、劳动竞赛开幕仪式、中交一公局实验技能竞赛活动等大型赛事活动,为提升项目形象、树立企业影响力打下良好基础。项目产业工人基地获得由昆山市总工会授予的"工匠学院"称号,致力于打造昆山市交通产业工人培训产业链,助力昆山交通建设

发展。

（二）获得荣誉

项目部在2019年度全市交通建设重点工程劳动竞赛中，荣获昆山市总工会颁发的“施工单位匠心精品奖”。

项目部荣获由昆山交通发展控股集团有限公司颁发的2019年度“优秀项目部”称号。

2020年，项目部由中交一公局五公司工会授予“合格职工小家”称号。

在2019年度交发集团第七届“平安乐驾杯”职工运动会上荣获“砥砺奋进奖”。

项目部荣获中交一公局五公司“2020年一季度运营质量优胜项目”。

项目部在2020年6月5日防汛抢险工作中表现优异，获昆山交通发展控股集团有限公司通报表扬。

项目QC课题捍路者QC小组《提高钢筋笼焊接一次验收合格率》获得2020年北京市建筑业联合会一等奖、北京市政工程协会一等奖、全国市政工程建设优秀质量管理小组一等奖；步步高QC小组《研制折叠式基坑施工爬梯》获得2020年北京市建筑业联合会一等奖、中国施工企业管理协会二等奖。

项目党支部被中交一公局五公司授予“2019—2020年度先进党支部”荣誉称号。

项目部在自2020年3月起质量监督站组织的全市交通建设工程节后复工质量随机督察中获通报表扬。

项目部在昆山交通发展控股集团有限公司开展的2020年公路建设工程第一次综合大检查中获通报表扬。

项目部在2020年第一、第二季度从业单位施工项目履约考核中获得苏州市第一名。

四、项目实施体会

立足现有资源，创新管理体系，项目正是在信息化、智能化技术辅助下，不断优化管理流程、创新管理机制，才能成为在质量管理、安全管理、环境保护与文明施工管理、进度管理上形成有可借鉴经验的工程示范项目。发扬精益求精的工匠精神，注重工程细节，追求完美极致。通过打造“品质工程”“平安工地”，着重从工程全过程入手，以科技成果推广应用的方式全面提升工程的内在质地和外在品位，推动工程建设质量和安全管理迈上新台阶。

基于磁浮车辆维护管理的"精益修"管理体系的构建与实施

湖南磁浮交通发展股份有限公司

成果主要创造人:周晓明　张劲夫

成果参与创造人:黄海涛　张晓凤　李　铭　乔林真　黄始强　白　帆
唐　飞　龚剑波　李　蝶　陈　岑

湖南磁浮交通发展股份有限公司成立于2014年,注册资金12.8亿元,承担磁浮交通项目的投资、建设、经营、运营、开发管理等。长沙磁浮快线项目连接高铁与航空,线路全长18.55公里,设磁浮高铁站、磁浮㮾梨站、磁浮机场站共3座车站及车辆段综合基地1处。

长沙磁浮工程是湖南省构建国家中部空铁一体化综合交通枢纽、促进世界磁浮技术发展和实现磁浮技术工程化、产业化的重大自主创新项目,也是我国首条完全拥有自主知识产权的磁浮商业运营示范项目。长沙磁浮快线是国内首条投入商业运营的中低速磁浮运营线,在没有成熟的经验可供参考、没有现成的模式可以套用、没有资深的运营团队可以聘用的背景下,湖南磁浮交通发展股份有限公司参照轨道交通运营体系,结合磁浮交通特点,在运营体系、检修作业、技术改造等方面不断探索,提高系统可用度和运营效率。通过长沙磁浮工程设计施工及建设管理的经验积累,湖南磁浮交通发展股份有限公司参与到科学技术部国家"十三五"重点研发计划"中速磁浮交通系统关键技术研究"项目、湖南省科技重大专项"中低速磁浮列车成套技术工程化与高可靠性运营示范"、湖南省战略性新型产业与新型工业化专项新增长点项目"中低速磁浮交通技术攻关"和"中低速磁浮设计施工技术研究"等多项科研中。

长沙磁浮快线自2016年5月6日开通试运营以来,被各界评价为建设美丽幸福新湖南的"超级工程"和空铁联运的"超级枢纽";接待了多位中央领导考察调研及国内外各界人士来访交流;在联合国、国家博物馆等重要场合展露身影、绽放光彩;获得了"中国运输领袖品牌""第十六届中国土木工程詹天佑奖""2018—2019年度国家优质工程金奖""庆祝中华人民共和国成立70周年经典工程""首届湖南省科技创新奖""2018年度省科技进步一等奖"等奖项。

一、项目构建背景

2016年5月6日,我国首条中低速磁浮商业运营示范线,也是世界上最长的中低速磁浮商业运营线——长沙磁浮快线正式试运营。中低速磁浮列车系统具有安全性高、选线灵活、噪声低、造价和运营成本低等优势,是现有轨道交通的一种重要补充。经过多年的科研积累,我国中低速磁浮交通系统已基本实现100%国产化。在我国轨道交通需求日益增长的背景下,中低速磁浮交通系统如能得到广泛应用,除了能产生良好的经济效益和社会效益外,还将形成一个新的产业链,给国民经济带来新的增长点。

城市轨道交通的可持续发展必然是以资源开发和降低企业运营成本为导向,磁浮交通的发展也基本类似。中低速磁浮交通系统中磁浮车辆属于机电一体化产品,在整个磁浮交通系统设备中占据重要的地位,是磁浮交通系统中最核心最复杂的设备之一,约占到机电系统投资的50%,全寿命的维护成本占据45%左右,也是专业综合性比较强的产品,涉及机械、电气、计算机应用、自动控制、材料等多个领域。虽然中低速磁浮技术在我国已研究了30多年,达到了成套工程商业化的要求。但是作为我国第一条中低速磁浮商业运营线，没有可以参照的成功案例。如何结合现有国际惯例的轨道交通车辆维护管理模式，针对磁浮运营线路运作及磁浮车辆的特点“量身定做”好的维护管理模式，建立切实可行和经济合理的维护制度，对减少运营维护（含人工）成本、提高车辆上线运用率、延长车辆的寿命、确保车辆安全运行显得尤为重要。

磁浮车辆的运用和维护管理工作是磁浮交通系统运营的重要组成部分，这就要求磁浮车辆的运用和检修工作必须建立适应其特点的维护管理体制，实现设备资源和人力资源的统一管理、综合利用。采用集约化、规模化、规范化的管理手段，提高车辆维护质量和维护效率，保证车辆高投运率及安全可靠运行，从而获得最佳运营经济效益和社会效益，这也是中低速磁浮交通系统车辆维护模式管理研究的需要。

二、理论内涵

（一）维护模式发展

1. 人员技能欠缺及车辆可靠性低适宜的维护模式

国内外轨道交通的维护方式不尽相同，但大体一致。通过对轨道交通维护模式及车辆运用特点的研究发现，地铁车辆可以动态选择维护模式。运营初期，投入运营线网较少、人员技能不均衡时，车辆状态不稳定，可选择维护方式分为以下几类：

①自主修：通过轨道交通公司自身的能力来完成。如转向架、车钩、控制单元等部件可通过自修完成。

②合作修：需要厂家的培训和技术支持，由于车型不同，维护要求不同，对某些系统需要一定的培训和技术支持来开展。

③委外修：根据确定的委托外单位的维护原则，对已经产生故障或异常的系统、设备以及需耗费大量耗材的高级修程，按照签订的委托外单位维护合同开展相应的工作。

自主修与委外修各有其利弊，关键是各轨道交通运营单位根据实际情况进行综合比选后，确定最适合自己的管理模式。但是运营单位自身的维护人员培养也极其重要，应具备自主维护的能力，这样才能有效地控制委托外单位维护中可能出现的风险。

2. 人员技能较高及车辆性能稳定适宜的维护模式

在运营线路趋于成熟后，由于目前城市轨道交通车辆的性能较好，车辆各系统都采用了世界上较为先进的现代化技术，车辆故障诊断和状态检测都处于较高水平，也使车辆状态修具备了可实施的条件。因此，根据车辆可靠性和故障率分析车辆状态检测以及车辆的实际运用情况，维护模式可采用计划维护、状态临修、均衡修和部件计划修相结合的模式。

①计划维护：完成车辆日检、月检和年检等内容的常规检查和日常故障的处理，在形成系统化的车辆状态临修和部件计划修模式后，可以适当缩减车辆定期检查内容，延长检查周期。

②状态临修：对一些故障后不影响车辆运营或仅造成晚点的故障部件，可开展状态临修。如空调、PIS、车体、自动车钩等，状态临修可以减少维护次数、减少车辆检修停时、减少维护工作量和人工成本、降低车辆设备人为拆卸造成的损坏故障，优化了维护计划。

③均衡修：在车辆非运营时间和非高峰时间利用车辆运行停运窗口，将车辆检修内容分散在几个时段和几个不同场合，通过驻站维护和轮值维护进行较小修程的计划维护，使维护工作分散而均匀，确保轨道交通车辆的技术状态良好和正常运营。

④部件计划修：对一些故障后可能造成清客或救援以及对车辆运行存在大的安全隐患的车辆部件、易磨耗的机械部件，根据不同部件的可靠性和故障率分析，可按不同的维护周期开展计划普修和计划大修，如电磁铁、悬浮架、直线电机等。

3. 维护模式发展现状

国内外轨道交通车辆的维护制度各有不同，但是通常包含类似定期维护的“计划维护”和发生故障以后的“故障维护”模式。其中“计划维护”具有预防的目的,因此有时候也会被称为预防性维护。长沙磁浮快线开通运营初期和国内绝大多数城市轨道交通线路一样,都是按预防性维护的原则从车辆的技术水平出发,综合考虑车辆各部件维护周期、寿命周期制定车辆检修修程,并针对车辆的各级修程制定车辆检修规程及部件检修工艺。按照车辆运行里程和运行周期“先至先执”的原则,根据车辆检修规程和车辆部件检修工艺的要求,对车辆进行检查和维护,这也是普遍施行的城市轨道交通车辆检修制度。

(二)精益生产理论(LP)

精益生产(Lean Production,LP),是一种以客户需求为拉动,以消灭浪费为核心目标,通过不断改善使企业以最少的投入获取成本和运作效益显著进步的一种全新的生产管理模式。精益生产起源于日本丰田汽车公司。第二次世界大战过后,社会市场的需求发生变化,相应的工业产品需求开始向多品种、小批量变化,传统的单品种、大规模生产的福特流水线生产方式的弱点日渐明显。在这样的时代背景下,日本丰田汽车公司为了顺应市场变化需求,经过不断探索研究,终于创建了一套适合多品种、小批量的生产方式,即丰田生产方式(简称 TPS)。1985 年美国麻省理工学院确定了一个名叫“国际汽车计划”的研究项目并组织了 53 名专家及学者,用了 5 年时间进行研究,通过对西方福特大规模流水线生产方式与日本丰田生产方式进行对比分析,于 1990 年撰写了《改变世界的机器》一书。在书中,第一次把丰田生产方式定名为 Lean Production,即精益生产方式(James P. Woraack, Daniel T. Jones, Daniel Roos, 1990)。在随后的几十年时间里,丰田生产方式历经不断的改善归纳,形成了一套综合的管理理论,并在全球各地的推广实践中取得了卓越绩效。精益生产思想的核心目标为:彻底消除各种浪费。通过消除浪费,实现成本降低,提高品质,并创造出充分发挥员工能动性的工作环境以及适应市场快速变化的生产方式。依照精益思想归纳,生产加工过程中存在以下七大浪费:①过多制造的浪费;②等待的浪费;③搬运的浪费;④加工本身的浪费;⑤库存的浪费;⑥动作的浪费;⑦制造不合格产品的浪费。

具体到本文而言,就是通过对长沙中低速磁浮车辆维护流程的分析,确定符合维护需求的时间节拍。通过对流程中各个维护环节的时间、消耗物资等方面的分析,结合精益生产的理论,分析长沙中低速磁浮车辆在运营初期的维护模式中存在的浪费现象。在这些研究的基础上,针对这些已经存在的浪费现象,提出改进和优化的思路,并付诸实践。同时结合精益生产的理念,在长沙中低速磁浮车辆维护过程优化中的实践,提出了“精益修”的理念。所谓“精益修”,就是通过深入分析与广泛的调研,设计出一套专属于磁浮车辆的维护模式。就是把以车辆作为检修对象转换为以车辆各系统设备、零部件作为检修对象,并将检修任务控制在车辆运行窗口范围内的时间完成,就可以利用车辆运行窗口时间将原车辆的检查内容分散在几个时段及不同场合进行,对检查后需要进行维护的零部件采用互换修的方式,就可以使车辆的检修维护工作分散而均衡,这种维护方式就称之为“精益修”。

(三)全员生产维护(TPM)

全员生产维护(Total Productive Maintenance,TPM)是日本人在 20 世纪 70 年代提出的,是一种全员参加的预防保养活动。其主要点就在“生产维护”及“全员参与”上。通过建立一个全系统员工参与的生产维护活动,使设备性能达到最优。TPM 的首要目的就是要事先预防,并消除设备故障所造成的七大损失:准备调整、器具调整、加速老化、检查停机、速度下降和生产不良品。做到零故障、零不良、零浪费和零灾害,在保证生产效益最大化的同时,实现费用消耗的合理化。它重点强调人的制造导向思想,强调“可以做”和“持续改善”理念,强调生产和维护员工一同工作。

TPM 的内容主要是:想要通过对人和设备的体质改善,就要改善企业体质。以前设备发生故障的时候都是交给设备维护人员修理,但是现在要建立起“自己的设备自己来维护”这样一种观念。当然,操作设备的人(Operator)也必须掌握设备保养的技术。拥有“设备是自己的设备”这一意识,包含对设备进行自主保养、5S 管理、微小的改善等自主保养。

全员生产维护在本文中的应用主要体现在对长沙中低速磁浮车辆的精益化维护改造中。在设计长沙中低速磁浮车辆“精益修”方案时,基于全员生产维护的事先预防、持续改善等理念,对维护过程中的各个环节进行优化,达到降低浪费和减少故障的目的。

三、实施策略

(一)精益生产视角下长沙磁浮车辆维护存在的问题

结合全员生产维护理论,长沙中低速磁浮车辆在保证生产效益最大化的同时,应该实现费用消耗的合理化。结合这一理论,通过分析发现当前长沙磁浮车辆的维护模式同国内大多同行类似,依照铁路机车车辆的维护经验采用按运营里程和运营时间进行预防性“计划维护”和车辆发生故障的事后“故障维护”,对车辆设备进行定期的预防性维护,包括日检、双周检、三月检、年检等。各个级别的维护作业内容繁杂,并且日常维护只能在车辆退出运营后进行,维护作业过程占用过多的运营时间,导致车辆利用率低,同时随着磁浮每日客流大小的变化,暴露出以下几个方面的问题。

1. 磁浮车辆及人员利用率低,即等待浪费

长沙磁浮现有6列磁浮车辆,根据车辆运行图,需5列车作为运营车辆,扣修1列车,车辆利用率仅为5/6×100% =83.3%。其中作为“计划维护”及“故障维护”而扣车维修的车辆,在当前的维护模式中,没有利用起来,这样就导致了浪费。磁浮车辆计划维护每年需扣修216天,因此在一年中存在部分时间无实际生产作业,导致倾向性人员闲置的现象,存在极大的不合理之处。并且,白天车辆均在正线参与载客运营,检修班组白班期间任务较少,处于待命或闲置的状态,这就造成了人力资源的等待浪费。

这种时间上的等待浪费正是精益生产理念中要避免和解决的,而这个浪费甚至可能是由于长沙磁浮车辆维护模式的不合理造成的。如果采用精益生产的理念,通过对当前维护模式的优化,是可以减少或者降低上述车辆及人员的等待浪费的,因此针对当前维护管理模式的优化就显得非常必要。

2. 作业内容交叉、维护规程不合理,即动作浪费

长沙磁浮现有的维护模式需扣车集中检修,由于磁浮车辆结构复杂、系统繁多,同时参与的作业人数多,作业内容各不相同,极易存在相互冲突,存在一定的安全隐患,小则损坏设备,大则造成人员伤亡事故。这种作业内容交叉的现象导致维护浪费现象的存在。另外,磁浮车辆维护规程及维护制度属于传统的计划预防体制,检修规程内容由供货商提供,编制时间较早,常会出现检修规程的检修周期与设备实际维护需求不匹配现象,如某些关键设备存在维护过剩或维护不足等现象。由于设备故障规律呈多样性,设备使用寿命也逐渐延长,这些维护制度并没有随着实际情况的变化而变化,就导致难以适应长沙中低速磁浮车辆当前维护的需要。这种传统的维护模式不能很好地满足现有设备的实际维护需要,就导致了过度维护浪费现象的存在,不符合精益生产的理念。因此针对这种浪费现象,可以结合精益生产的理念,优化维护模式的同时对现有的不合理的规章制度进行优化,构建科学合理的维护制度,并且随着实际情况的变化要及时更新,消除过度维护浪费的现象。

3. 信息化管理系统不科学,即技术浪费

目前计算机应用已得到迅猛发展,大数据技术在各行各业都得到了广泛应用,甚至在相同领域的城市轨道交通运营单位已经开始着手利用人工智能(AI)等技术辅助企业的运营管理。长沙磁浮开通试运营初期依靠传统方式进行人员卡控流程、填写台账、安排生产计划也是一个摸索的过程,但是在信息化技术应用方面,长沙磁浮快线不会止步不前,迫切需要尽快启动开发一套适用于中低速磁浮车辆维护管理的信息化平台,有利于简化工作流程、储存大数据、提高工作效率,体现出中低速磁浮作为一个新型产业的优势。当前,长沙中低速磁浮车辆信息化管理系统比较滞后,对于传统管理方式的依赖,不仅导致人力资源的浪费,同时存在技术浪费的现象。在当前的技术条件下,通过对管理系统的信息化升级,可以有效提高工作的效率和质量,消除人力资源和技术浪费的现象,这也是符合精益生产理念的。

(二)设计

通过对国内维护经验的分析发现,其维护发展都是通过改革维护管理模式,达到节约成本、提高管理效率的目的。而磁浮交通系统作为一个国家重点发展的新兴产业,也必须要相应匹配一套适合的维

护管理模式,更好地促进磁浮产业的发展。基于精益生产的思路,结合全员生产维护的理念,对维护过程中存在的浪费现象进行科学分析,查找维护过程中的瓶颈,同时设计出符合长沙中低速磁浮车辆发展的设计方案,进而促使设备性能达到最优,我们将这种新的维护模式称为"精益修"。

精益修是指车辆的年度维护总量不变,将原本传统计划维护规程内容划分为若干修程,使原本集中检修的模式转换为分散的模式,充分利用车辆运营回库的窗口时间完成维护作业内容的一种创新的维护模式。通过对作业流程、工器具材料、人员组织等方面进行相应调整优化,打造全方位高效率的新维护体系。精益修设计不仅仅是处理复杂维护系统的一种直观简化方法,而是以模块为基础,再对一定范围内的维护及管理内容进行分析,划分并设计出一系列涵盖全部维护内容和维护管理环节的通用模块,并且综合考虑各个模块之间的关联性以及模块本身的维护特性、维护条件要求等。以追求维护效益最佳为目标进行模块重组修程优化。因此,它也是优化维护体系、建立维护管理考核体系的有效手段。精益修模块化设计基本思路可归纳为:以可靠性为中心,分析车辆现有技术状态,利用统计系统各部件的故障率,明确车辆实际维护需求,梳理核定每个系统的每项作业需要的工时,从而更新现有的维护内容。在此基础上,按照一定的模块划分原则,进行拆分维护内容,对既定的维护模块进行优化组合。检讨研究将现有的双周检、三月检、年检等进行模块化拆分维护,同时在模块化管理制度上也相应进行调整更新,根据维护模块进行维护资源配置优化,最终实现全方面的最佳效益。基于以上的设计思路,确定精益修模块化设计技术路线(图1)。

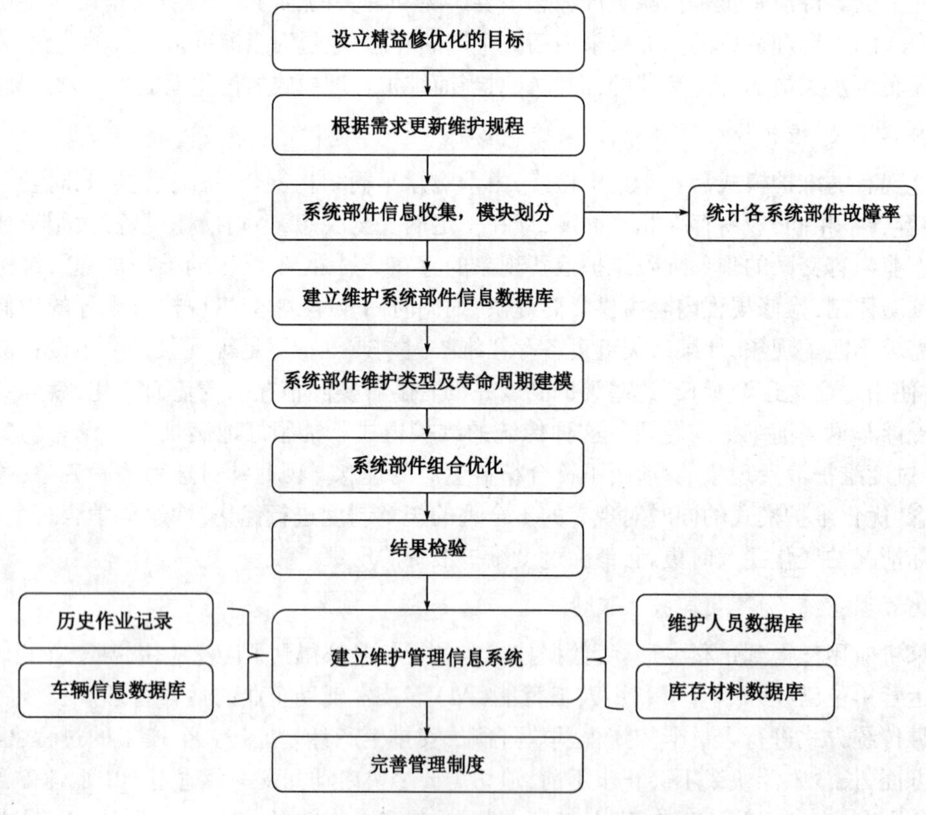

图1　精益修模块化设计技术路线

①根据现有的维护模式,核定维护人员对各部件、各模块在不同的修程中单独维护的刚性工时。通过工时统计分析后,以便在制定精益修作业指导书中均匀分配检修项目,确保各作业之间不冲突、不干扰,保证工作效率。

②对现有磁浮车辆的技术状态进行分析,确定实际维护需求,进行维护规程的更新,这是模块化设计的前提。模块化首先要保证模块所覆盖的维护内容的全面性与合理性,而原有的维护规程不一定适用于现有车辆技术状态,一味地按照原规程划分模块可能存在过度维护或者维护不足等情况,使得精益

修无法达到应有的成效。因此,需要借助科学的手段更新现有的维护规程。在本项目中,依托系统各部件的故障数据,对重要的关键部件进行分析,确定相应的实际维护需求,更新原有维护内容。

③确定模块划分的范围和原则,并依此合理地划分维护模块。模块的划分范围首先可以分为电气部分和机械部分,其次再详细可以分为车顶和车下模块等,如此进行细分。模块范围定义过大将起不到模块化应有的作用,而划分得过细,则维护管理的模块也就越多,管理也就越烦琐。因此,需找到合理的模块界定范围,划分出合理的维护模块。

④调查收集模块附属信息,包括模块名称、模块内容、相应维护作业标准、模块作业所需人员数量、人员应具备技能、必备工器具名称及其数量、消耗维护备件名称和数量、作业所需时间、模块所属级别及上一层次名称(车顶/车下等)、维护类型(有电/无电以及是否标准模块)、模块维护风险程度、模块维护方式及其维护周期要求等。

⑤对于关键的模块,要建立相应的详细数据分析以确定相应的维护方式和寿命周期。因此,与该模块相关的历史故障数据及相关技术文件的收集整理显得特别重要。

⑥模块优化重组及分析,在一定的约束条件下以追求模块化维护效益最佳为目标建立模块组合规划,并求解最佳的修程组合。对求解的结果需要进行实际检验分析。

⑦将所有的模块及精益修规程进行相应的编号,建立模块信息数据库、维护资源信息库、车辆信息以及维护历史记录数据库等,构建精益修模块化维护管理信息系统,实现维护信息化处理。

(三)体系构建

1. 优化精益修维护组织架构

要对磁浮车辆进行精益修,就必须建立精益修组织系统。生产系统的组织设计是维护生产准备过程的重要内容,组织设计的任务就是根据磁浮维护主要职责和生产特点建立符合实际需要的维护生产系统。包括组织架构设计、职责界定和劳动定员安排。

(1)技术管理及职能部门

按照“持续优化管理,提升效率效益”的原则,对湖南磁浮交通发展股份有限公司组织机构进行调整,先后将工程与技术等职责合并减少公司部门设置,进一步理顺机构管控的职责边界,落实“精干职能、聚焦生产、加强服务”的要求。湖南磁浮交通发展股份有限公司根据机构管理的整体布局,重构了制度、流程和指标的一体化编码体系,对近200个项目制度实施了业务部门、优化小组两级诊断和规范优化。

(2)生产部门

由于长沙磁浮快线具有无早晚高峰期的特点,因此只能在每天晚上非运营时间完成精益修作业。根据精益修的时间安排,对相应维修班组的人员进行调整,以适应精益修的计划需求,调整后的组织架构见图2。

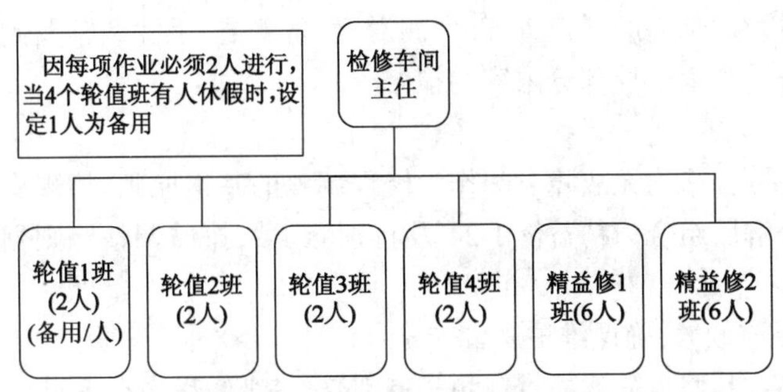

图2 精益修实施后维护组织架构

其生产管理人员也调整相应的排班制度,夜间进行精益修指导、质量检查、验收等工作,全面保障维护工作的正常进行。执行精益修扣车试修期,做好车辆检修模块之间的匹配,确保同一个精益修修程里各模块检修作业之间无冲突,关注车辆状态,统计故障率,发现问题及时改进精益修修程的内容,将制定好的维护规程逐步规范化。

2. 科学界定精益修时间节拍

(1)核定工时,分配精益修

工时核定是实施精益修的基础,是制定精益修每个修程工作量的重要参考依据。因此要制定实施精益修工作,首先要掌握磁浮车辆各模块、各部件在不同修程的维护时间,通过核定现有维护模式的工时进行均匀分配,根据设定的精益修计划,在维护内容及工时不变的情况下,将原修程分为 24 个精益修,每个修程扣车时间为 6 小时,特别修分为 2 个,其中特别修 1 扣车时间为 6 小时,特别修 2 扣车时间为 2 天。每年每列车需要完成 1 轮精益修与特别修,在每日晚上非运营时间安排 1 列车进行精益修。

(2)分析各系统平均无故障时间

平均故障间隔时间是指产品相邻两次故障间的工作时间,是产品与维护密切相关的重要可靠性指标之一。产品另一个与维护密切相关的重要可靠性指标是故障率,即工作到某时刻 t 时尚未发生故障的产品,在该时刻以后的下一个单位时间内发生故障的概率。故障率的观测值即为在某时刻 t 以后的下一个单位时间内发生故障的产品数与工作到该时刻尚未发生故障的产品数之比。当产品数一定时,产品故障率的观测值也可用故障次数表示。

对长沙磁浮车辆而言,车门系统、传感器、悬浮架构架等的故障间隔时间、故障率各不相同。车辆控制系统、牵引系统、车载网络系统等的故障可通过车辆故障监控系统记录和统计,得到相应的平均故障间隔时间和故障率,这样就有利于在精益修规程制定时确定检修周期,合理分配每个精益修的内容。

3. 完善精益修修程制度

根据全员生产维护的理论,在开展生产维护的时候,要消除设备故障所造成的损失。因此通过完善精益修修程制度,从制定合理的维护周期、编制工艺文件、引进信息技术提前预警等方面入手,构建科学的维护制度,降低过程中的浪费,进而确保维护质量。而精益修是车辆可靠度和零部件故障周期基础上的一种修程制度,它通过调整车辆检修修程来创造合适的维护条件,在管理上发挥最大效能,从而缩短车辆维护停运时间、提高车辆的利用率和运行可靠性,具体精益修项目制定如下。

(1)分析部件工作状态,制定合理的维护周期

根据维护手册、部件故障规律,将部件分为时间负荷型与走行公里负荷型,分别制定维护周期。例如,走行部是典型的走行公里负荷型,车体、空气管路、橡胶件、电子板件是典型的时间负荷型。当然,在车辆充裕的情况下,生产调度可以通过合理地安排车辆上线频度控制车辆走行公里数,从而使得所有车辆的维护周期尽量按时间负荷型来进行。

通过合理计算每个修程的工时,对每一级精益修内容重新重组,将停时较长的年检、三月检拆分,减少车辆的维护停时。将拆分后的维护项目科学合理地组成 24 个精益修和 2 个特别修,每个级别的维护内容不同。从部件外观检查、部件磨耗检查、部件润滑、设备清洁、尺寸调整及测量、部件更换等方面合理分配检修时机,从检修手法上卡控部分内容的检修。

(2)工艺文件编制

根据磁浮车辆维护手册、平均无故障时间作为修程调整的基本原则,将现有规程中的双周检、三月检、年检按照系统合理分解后组合为精益修 1-24 及特别修 1-2,按照调整原则划分为五个阶段,具体流程见图 3。

(3)引进信息技术提前预警,确保维护质量

在精益修规程制定后,其修程分日检、精益修、特别修,各级修程均有不同的要求。在维护计划编排上如采用人工编排显得效率极低,且检修周期快到时没有提前预警,生产调度也不能提前做好供车的安排,造成一定的被动。通过调研,上海地铁在严格要求员工带单作业的基础上,已率先使用以可靠性为中心的维护 MMS 系统,深圳地铁也使用基于 EAM 系统打造的维护管理系统,香港地铁也开发了 MMIS

维护管理系统。因此,为了提升维护效率及维护管理,长沙磁浮快线经过大量的分析工作,决定基于EAM系统开发一款能适用于中低速磁浮车辆维护的信息化管理系统,致力于提高工作效率。

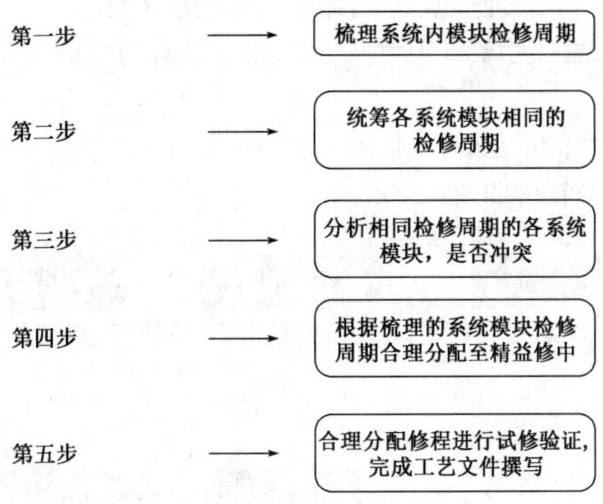
第一步
梳理系统内模块检修周期
第二步
统筹各系统模块相同的检修周期
第三步
分析相同检修周期的各系统模块,是否冲突
第四步
根据梳理的系统模块检修周期合理分配至精益修中
第五步
合理分配修程进行试修验证,完成工艺文件撰写

图3 工艺文件编制流程图

4.构建精益修检查制度

任何一种机制、措施,在实施的过程中都难免会存在问题,需采用PDCA闭环的方式去监督、检查,从而再进行完善。对此有以下几个方式对精益修机制进行监督、检查。通过构建精益修检查制度,在保证生产效益最大化的同时,达到费用消耗的合理化。

①现场检查。技术管理人员在现场结合各作业小组的学习情况进行检查,对作业的要点提出专业的意见,促进现场作业质量的提高。

②设置、假设故障。目前在检修过程中检查作业质量的最直接的方式是设置假设故障,由此,在精益修车辆中设置假设故障进行检查是直接有效的检查方式。

③工艺检查控制。现场作业人员对于标准化作业工艺流程、技术通知单的掌握情况是关系检修作业质量好与坏的重要前提,所以,技术管理人员对班组人员进行工艺纪律检查是完善该种机制的重要一环。同时为防止在生产组织过程中出现修程的遗漏,故将精益修机制纳入EAM系统管理中,要求根据实际生产进行计划的提报、工单的释放、录入与关闭等。

(四)信息化构建

1.信息化系统构建

全员生产维护的内容主要是:想要改善人和设备的体质,就要改善企业体质,而对长沙中低速磁浮车辆精益修体系的信息化改造,就是通过改善企业体质的行为,实现人和设备体质的优化和改善。长沙磁浮快线作为一个典型的资产密集型企业,车辆的维护保养水平、设备的状态将是企业持续经营的生命线,磁浮车辆维护中的物资较多,包括各类设备、零部件及维护工具,也是影响维护模式的一项重要因素。在维护模式构建的过程中,需要明确物资管理的内容,进而制定物资管理的体系,严格记录物资采购到使用的信息,强调物资管理在维护模式构建中的重要性,进而发挥物资管理体系的积极作用。基于满足维护管理"过程精细化、记录信息化"的要求,长沙磁浮拟借助信息化手段,为车辆精益修工作在基于EAM系统的基础上搭建高效应用的技术平台及MMS系统,使维护业务"管理有标准,操作有指引;计划有统筹,执行有监控;事后可追溯,数据可分析"的精细化管理目标得以实现。

通过MMS维护管理系统,建立起一个囊括运行维护管理各个方面的综合管理信息,包括模块数据、系统,把核心的运行维护管理工作纳入规范化管理渠道,将运行维护业务处理、物资管理、物资存货、财务核算与维护成本管理及相关信息查询报告统计等功能有机结合起来,达到以下效果:

①可以有效地汇总、保存及分析利用运行维护相关数据,为领导进行科学决策提供相关信息。

②有助于实现运行维护管理、物资管理工作的标准化、规范化。

③提高运行维护与物资管理的工作效率。

④支持运行维护数据与物资管理数据、运行维护资料的电子化。

⑤满足磁浮公司在运行维护、物资管理、物资存货财务核算与维护成本管理等方面的查询报表统计需求。

⑥体现长沙中低速磁浮线的示范效应:技术一流,管理一流。

系统的主要功能结构与数据流如图4所示。

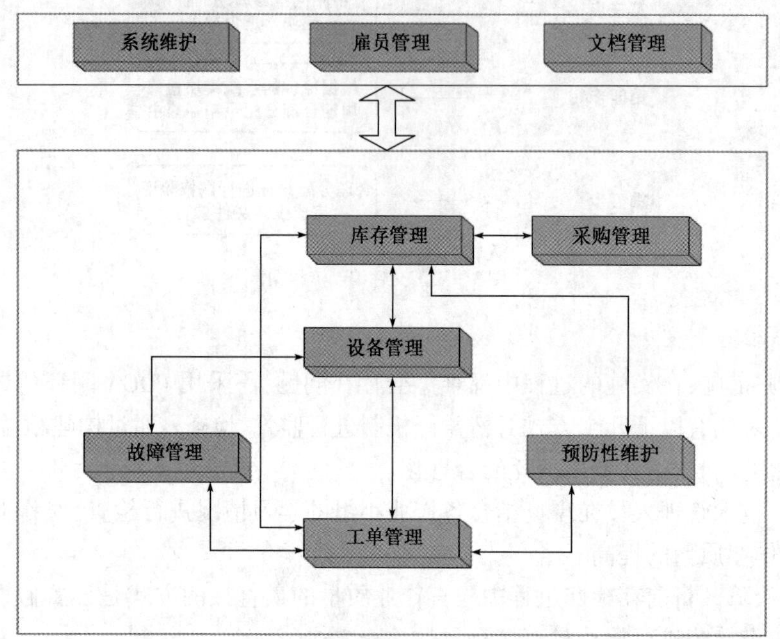

图4　系统的主要功能结构与数据流

系统包括的功能主要有设备管理、工单管理、预防性维护、故障管理、系统管理等。

2. 信息化系统应用总结

长沙中低速磁浮车辆精益修方案的设计,是结合精益生产和全员生产维护的理念,对维护过程中存在的浪费现象进行科学分析,在车辆的年度维护总量不变的前提下,通过优化检修模式、时间安排、组织架构等方式,构建了高效率的维护体系。精益修充分利用车辆运行窗口时间将原车辆的检查内容分散在几个时段及不同场合进行,对检查后需要进行维护的零部件采用互换修的方式,就可以使车辆的检修维护工作分散而均衡。通过优化精益修维护组织架构、核定现有修程工时分配精益修工时、分析各系统平均无故障时间的方式界定精益修时间节拍,在优化组织架构的同时,有效缩减和优化了维修工时。通过完善精益修修程制度,从制定合理的维护周期、编制工艺文件、引进信息技术提前预警等方面入手,构建了科学的维护制度,降低了维护过程中的浪费。同时根据信息化系统的使用情况,维护、大数据统计及分析效率大大提高,实现了精细化、规范化的管理。

四、实施效果

(一)维护管理模式评估的基本指标

1. 车辆利用率(%)

车辆利用率(%)=最高运营车辆数与配属车辆之比:最高运营列数/配属车辆数×100%。

指标意义:配属车辆=运用车辆+备用车辆+检修车辆。车辆利用率高,说明车辆质量稳定,需要的备用车辆少,车辆检修停运时间少,车辆的检修质量和效率高。车辆利用率指标反映了对车辆的检修水平和车辆运营的成本水平。

2. 维护停时(小时)

是指从车辆计划修开始起到作业完毕,经质量检验验收合格可投入运营所经过的全部时间。在做好计划修前各项准备工作的情况下,车辆停机时间的长短主要取决于车辆检修人员的作业时间。

指标意义:维护停时是衡量车辆利用率的指标之一,也是反映检修效率及人员利用率的重要指标,维护停时越少,车辆的利用率越高,检修效率越高,人员的利用率越高。

3. 人员利用率(%)

是指制度工作时间的实际利用程度。它可以反映劳动者劳动时间的利用情况,并可通过对缺勤工时、停工工时、非生产工时等的分析,有针对性地解决影响工时利用率的主要问题,不断提高工时利用率。

工时利用率=[(实际工作工时-加班工时)/制度工作工时]×100%。

(二)提高车辆利用率,消除等待浪费

1. 车辆利用率提高

在车辆利用率方面,由于一般城市轨道交通会扣留1列车大修、3列车常规维护,例如某条地铁线车辆共计20列车,车辆利用率为(20-4)/20×100%=80%,而长沙磁浮车辆共计6列车,在未推行精益修之前车辆利用率(6-1)/6×100%=83%。通过精益修的推行,所有维护可以晚上进行,完全可以满足早晚高峰间不扣车进行,即在运营期间,所有车辆具备上线运营条件,理论实现车辆利用率100%,见图5。

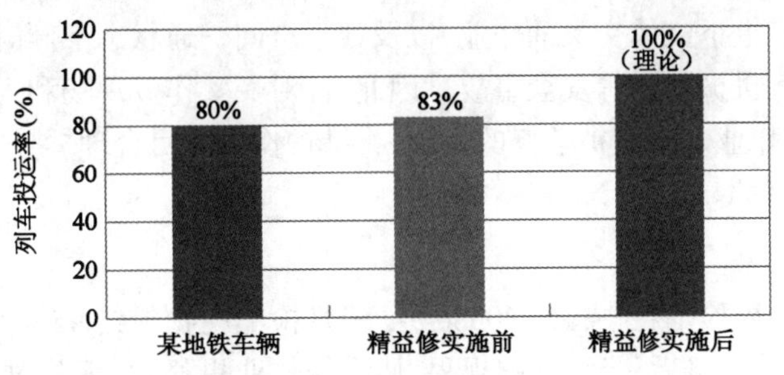

图5 精益修实施前后车辆利用率对比图

2. 客运能力提高

根据统计,长沙磁浮快线进行维护改革后,磁浮车辆利用率提升到100%,延误次数、下线率、抽线率不断降低,直接提高了长沙磁浮快线的运能,原有的4+1运营模式,即4列运营列车、1列库备列车,精益维护模式下可调整为5+1,即5列运营列车、1列库备列车,其运能提升了25%,具体如图6所示。

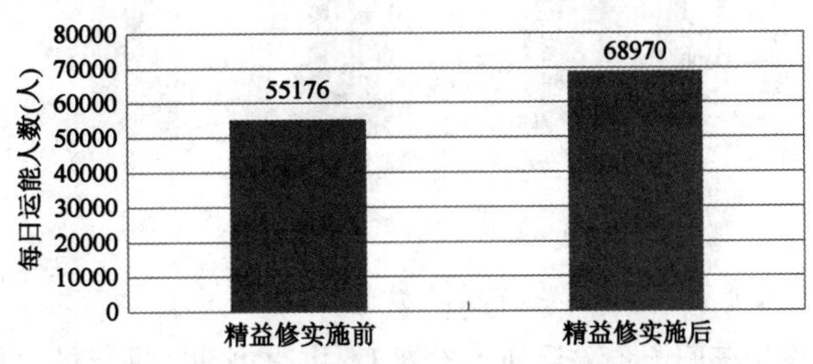

图6 精益修实施前后日运能人数对比图

3. 减少维护停时

双周检维护时长为8小时,实际需扣车维护停时为1天,三月检作业需扣车维护停时为3天,年检扣车维护停时为7天,将原修程调整为24个精益修、2个特别修后,由于精益修扣车时间短,均在夜间停运时间进行,且平均每个精益修综合作业时长约6小时,维护结束后列车可全部正常上线运营,故维护时不影响列车上线运营,其实际影响运营的扣车维护停时为0。

根据调整前的维护计划,每列车每年进行扣车维护停时为36天,调整后的24级精益修修程,每级修程停时6小时,2级特别修,维修停时分别为6小时和16小时。根据维护计划每年安排精益修共1轮、特别修1轮,全部利用晚上窗口时间作业,不占用运营时间。实施前后的扣车维护停时对比见图7。

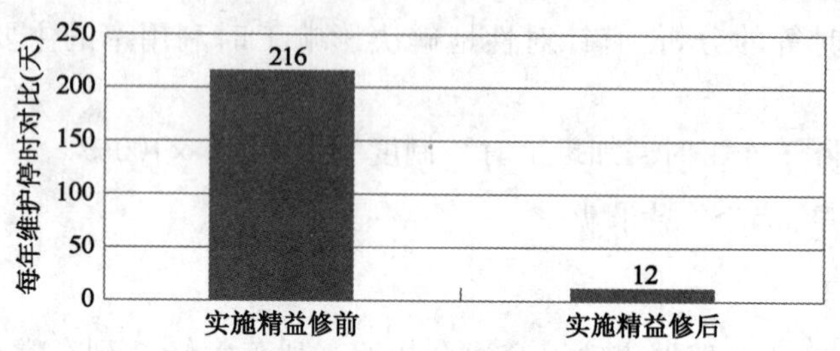

图7　精益修实施前后扣车维护停时对比图

(三)避免过度维护及交叉作业,消除动作浪费

1. 安全生产更有保障

交叉作业是在同一工作面进行不同的作业,或者是在同一立体空间不同的作业面进行不同或相同的作业。施工现场经常有上下立体交叉的作业,以及处于空间贯通状态下同时进行的高处作业,且极易发生坠物伤人、高处坠落、机械打击等安全事故。因此,针对交叉作业现场和人员,在遵守安全要求的基础上,还应尽量规避交叉作业。通过精益修的实施,将维护作业项目合理拆分,完全规避了交叉作业,消除了动作浪费,保障了安全生产。

2. 降低维修成本

原修程全年每列车双周检消耗物料约20580元,三月检消耗物料约9564元,年检消耗物料约4273元,共计34420元。推行精益修后,修订维护规程,使维修作业更科学,消除过度维修与交叉作业,平均每列车每次约消耗462元维护用品,共计约27745元。精益修维护消耗费用为地铁的80%左右,对比未改革前的维护模式,物资消耗总费用缩减19.5%。磁浮车辆维护模式改革前后,维护费用统计对比情况如图8所示。

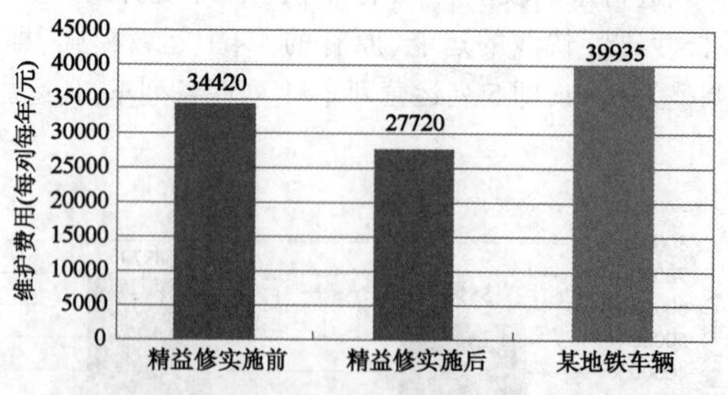

图8　精益修实施前后及与地铁维护费用对比图

(四)信息化系统改善人员利用率,消除技术浪费

维护模式未改革前,检修车间配备磁浮列车检修工,共计28人,进行精益修后,通过搭建相应的信息化技术的配套使用,调整组织结构,将人员减少到21人,降低25%的人数。

根据上述分析，未进行维护改革前，采用的维护模式6列车需要停时共计216天，每年工作日按250天计算总工作时间为2000小时，实际每天作业时间除去中途休息时间不足6.5小时，计算人员利用率为70%。而根据上述分析，改革后采用精益修模式，其维护停时等于纯作业时间，即人员利用率理论上为100%。根据计算，6列车每年需要扣修216天，除去节假日后还有部分空闲时间班组无生产作业，这也是直接导致人员利用率不高的一个重要因素。

(五)总结

长沙磁浮在修程的整合优化中，将精益修进行合理的模块化分解并组合，利用精益修代替原有的双周检、三月检、年检等车辆修程，与原有维护模式相比体现出以下优点：①车辆检修停时调整到晚上非运营时间，提高运营时段车辆利用率；②人工利用率大幅提升，人数需求降低，避免了交叉作业造成安全隐患；③维护变得更加合理、科学，物资消耗减少，降低了维护成本；④采用信息化技术作为辅助，提高了工作效率。

精益修实施以来取得了非常好的社会效益和经济效益，为正线磁浮车辆可靠运行提供了保障，同时大大减少了运营成本，在中低速磁浮交通发展中起到了引领示范作用。

高速公路固定资产全生命周期管理

江苏京沪高速公路有限公司

成果主要创造人:黄　铭　赵　博

成果参与创造人:程银全　汪曙光　钱新宇　韩栓宝

江苏京沪高速公路有限公司(简称"京沪公司")成立于2000年6月15日,经营的高速公路总里程约395.37公里。其中:京沪高速公路(编号G2)沂淮江段全长261.5公里,启扬高速公路扬州西北绕城段全长35公里,沪陕高速公路宁扬段全长76.1公里,宿扬高速公路扬州段全长约22.77公里。京沪公司的固定资产具有典型的线长点多、种类庞杂、覆盖面广、总盘子大、价值高,部分资产更新换代频繁等特征。至2020年9月,京沪公司共有资产24000多件,价值约162亿元,分布在395.37公里高速公路沿线及42个站区,管理难度极大。

一、研究目的

本文研究的目的是对江苏高速公路运营企业固定资产进行程序化、规范化和体系化管理,在企业内部围绕从计划、购建、安装调试、运行管理到报废处置的固定资产管理过程中,运用现代信息技术手段达到提高资产的运行可靠性与使用价值,从而降低维护与维修成本,提升企业资产管理水平,提高固定资产的管理效益。

二、固定资产分类及实施背景

(一)固定资产分类

根据当前江苏省高速公路运营的需要和管理实践,高速公路运营企业的固定资产可以划分为九大类,通过有效分类,统一确定资产所属范围和种类,便于纳入分类和编码目录管理,为固定资产的数字化、体系化管理创造条件。

①公路及构筑物:包括路基、路面、桥梁、排水及挡防构筑物、隧道等。

②房屋及建筑物:包括企业办公房屋、服务区及收费站房屋、养护中心、清排障大队、管理控制中心、道班房、车库、油库、广告牌、围墙、场地及其简易建筑等。

③安全设施:包括防护工程、标志、标线、护栏、灯杆等。

④三大系统设备:包括收费设备(收费站设备、车道设备等)、通信及监控设备(数据传输设备、业务电话系统、电话系统、紧急电话系统、电缆光缆外线路系统、外场监控设备、控制中心设备等)和其他系统设备(称重系统、车牌系别系统、调度指挥系统等)。

⑤机器设备:包括清障车、压路机、洒水车、摊铺机、路缘机、起重机、扫路机、工程抢险车、电力设备、排污设备、消防设备、中央空调等。

⑥电子设备:包括计算机、打印机、照相机、摄像机、传真机、移动电话、交换机、空调(不含中央空调)等。

⑦运输设备:包括公务用车、生产用车等。

⑧家具:包括办公、生活家具及服务区客房(酒店)家具。

⑨其他:包括文艺体育设备、图书及陈列品等。

(二)固定资产特征

高速公路运营企业的固定资产总体特征表现为:线长、点多、面广、量大、更新快,在管理中表现为:使用部门多、分类复杂、统筹管理难度大,动态管理时效性低下。

1. 公路及构筑物实行建管分离

为了解决高速公路建设资金的难题,按照《收费公路管理条例》,各地采取了多种投融资模式。江苏省内高速公路基本都采用建管分离的模式,即高速公路项目立项后的拆迁征地、道路修建以及收费、通信等系统的招标安装由交建局完成,在高速公路具备开通运营条件时,交由高速公路企业进行营运管理。部分高速公路,是以 BOT[1] 形式取得公路特许经营权,事实上也属于建管分离。但极少数高速公路企业,也以自建形式取得公路及构筑物。

2. 来源渠道多

由于江苏省高速公路的建设多为建管分离的模式,造成高速公路固定资产来源渠道较多,有的是施工单位建设的,有的是建设单位代建代购的,有的为后期企业自建自购的。

3. 高速公路运营企业线长点多,固定资产使用地点分散

每条建成的高速公路里程数在几十到几百公里,固定资产分散在高速公路各个收费站、服务区、清障大队、养护中心和沿线道路。

4. 数量多、种类繁杂

所谓"麻雀虽小,五脏俱全",为保证高速公路的正常运营,高速公路沿线的每个收费站、服务区等都基本包含了固定资产的九大分类。

5. 价值高、更新快

固定资产中的三大系统设备包含监控、通信、收费等电子技术类运营设施,资产价值高,有的资产的一个集成模块价值就高达几万甚至几十万,同时这些资产需保持长期不间断工作,导致故障率和更换频率相对较高;且电子类设备的三大系统设备,技术升级频率较快,导致固定资产更新换代快,更新周期具有不确定性。

(三)实施背景

高速公路运营企业的资产规模庞大,随着企业的发展,每年的基本建设投资规模较大,加之高速公路运营企业固定资产固有的特征,导致增量加大的固定资产和传统的管理体制之间存在的矛盾日益突出。

1. 会计核算和实物管理未有机衔接

高速公路运营企业固定资产管理网络不健全,职能部门职责不明晰,在工作中易出现脱节现象。财务部门负责固定资产的会计核算,实物管理部门负责固定资产的日常管理。两个部门按照各自工作职责对固定资产进行管理,但缺乏沟通及信息实时传递,造成固定资产实物管理与财务管理脱节,资产管理常陷入混乱不清的局面。

2. 固定资产管理体系未有效建立

一是组织管理网络不健全,职责不清晰,资产管理的组织保障不得力;二是管理制度不完善,制度建设滞后,无法覆盖从采购到处置的全过程;三是管理流程不规范,过程与环节不清晰,难以适应资产日常动态管理的需要。

---

[1] BOT(build-operate-transfer)即建设-经营-转让,是指政府通过契约授予私营企业(包括外国企业)以一定期限的特许专营权,许可其融资建设和经营特定的公用基础设施,并准许其通过向用户收取费用或出售产品以清偿贷款,回收投资并赚取利润;特许权期限届满时,该基础设施无偿移交给政府。

3. 固定资产信息化管理水平较低

大部分高速公路运营企业还没有建立起真正意义的固定资产信息管理网络,主要仍以传统的人工管理模式为主。企业对资产的品种、数量、价值、运行情况等基础信息采集和记录不够详细。资产管理的统计分析相对薄弱,资料归档不及时,无法提供固定资产利用率、维护费用预算等经营管理决策所需的重要数据信息;财务数据难以与实物资产变动保持实时更新。

4. 固定资产管理绩效评价未有效开展

大部分高速公路运营企业对固定资产使用效益重视不够,未能有效开展资产管理绩效评价,考核奖惩制度不健全,导致部分单位资产无专人负责。有的基层单位往往从自身的利益出发,片面追求单位占用资产最新、最优。有的资产还可以正常使用但一到会计折旧年限就将其报废更新。资产总体的利用率水平较低,造成资源的浪费。

三、总体设计

(一)总体目标

运用先进的经营管理理念,结合计算机、网络、通信等现代信息技术,建立以价值链为主线,以预算管理为核心,财务信息与资产信息高度融合,财务部门和实物管理部门信息同步,实现固定资产信息共享,对企业所拥有的固定资产进行合理有效的配置、管理、控制和优化,提高企业的精细化管理水平,实现企业价值的最大化。

(二)总体思路

①构建固定资产管理体制,完善资产三级管理体系。

②优化资产实物动态管理流程,达到资产全过程闭环管理。

③加强各部门之间联动协调,改变固定资产实物管理与价值管理脱节的状况。

四、应用过程

(一)建立管理网络

公司资产管理按照“集中领导,归口管理”的原则以固定资产的类别实行分工管理。成立固定资产领导小组,下设两个管理办公室:实物管理办公室和核算管理办公室。使各部门分工明确,责任清晰。公司固定资产实物管理实行分类和分级管理相结合的方式,采取“三级管理”模式,建立实物管理网络,确立固定资产组织管理体系,明确各部门、各单位在固定资产管理中的职责。

实物管理办公室负责资产实物的动态管理工作,由公司的综合部门牵头,各业务部门联合成立实物管理小组,负责资产的实物动态管理工作:资产购置、验收交接、调拨划转、清查盘点、使用管理、维护保养、评估处置,建账建卡并根据资产的动态变化及时更新。

核算管理办公室负责固定资产价值核算工作,由公司的财务部门负责,具体负责企业资产的增减变动、调出调入、盘盈盘亏、折旧计提核算;参加固定资产报废的鉴定与评估,参加基建、改造工程竣工验收;审核编制固定资产购置预算;审核固定资产购建、调拨划转、处置申请与报告;拟订固定资产清查方案,审核固定资产清查报告。

京沪公司根据管理模式采取“三级核算”方式:财务部负责组织和监督整个公司固定资产的核算;管理处负责本部以及收费站、养护中心和清障大队的固定资产核算工作;服务区作为三级单位,负责本级固定资产的核算工作。

(二)建立制度体系

固定资产管理的体系化离不开刚性的制度作为支撑和保证。公司适应新的管理需求,结合内部资产配置和运行管理的实际需要,持续改进,细化完善,逐步建立健全固定资产管理制度。

修订《资产管理制度》。规范资产的申请、采购、维护、盘点、调拨、处置等一系列程序，明确各责任部门的职责和权限，细化资产全过程管理条款。

修订《固定资产管理办法》。在理顺关系、清产核资、建立实物账和卡片账、有效进行责任落实的基础上，京沪公司修订完善了《固定资产管理办法》，对固定资产统一领导、分类管理、分级核算的管理模式进一步细化；对固定资产的预算、更新、维护、调拨、清查、处置进行了规范；进一步完善资产管理过程中的各关键环节，建立实物流转和会计核算衔接一致的机制。

制定《固定资产实物管理系统管理办法》。明确实物管理系统各级岗位职责，明确京沪公司、二级单位、三级单位系统管理人员设置要求；固定资产条形码使用及管理规范；对日常操作使用流程、各类数据录入的具体要求、系统维护与安全管理等方面进行统一规范。

颁布《固定资产报废处置管理办法》。明确固定资产报废条件，成立固定资产鉴定委员会，规范固定资产报废及处置程序。需报废的固定资产，是指已丧失使用价值，或虽有使用价值但不能为公司带来经济效益的资产。

颁布《固定资产管理绩效评价办法》。实行日常管理评价和管理绩效评价，对固定资产管理情况进行考核，不断提升固定资产管理精细化水平。

(三)建设固定资产管理系统

京沪公司组织人员通过对资产实物管理的流程环节进行充分的梳理和分析，深入攻关，以搭建分级管理框架和提高数据安全性为问题导向，将包括资产的基础信息管理、日常动态管理、资产维护保养、资产状况评价、账实及账账盘点、报废处置、角色权限管理、台账分类汇总统计、部位卡片自动生成等囊括在系统内，覆盖资产管理全生命周期各环节，真正实现对固定资产管理的全方位动态化监管。固定资产管理系统模块架构如图1所示。

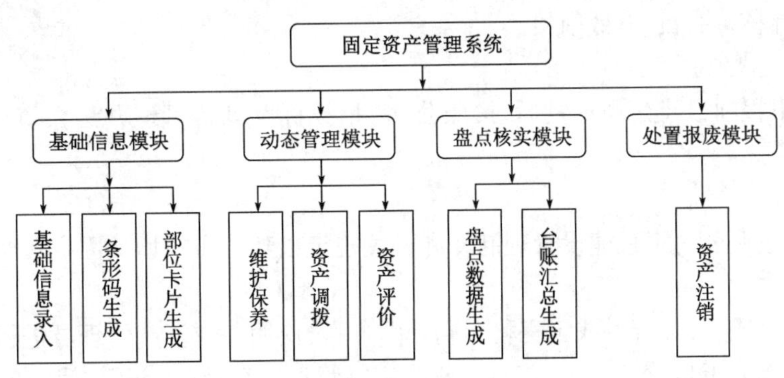

图1　固定资产管理系统模块架构

(四)具体应用流程

针对固定资产各生命周期特点，将固定资产分为固定资产形成期、使用期和处置期三个层级(图2)。

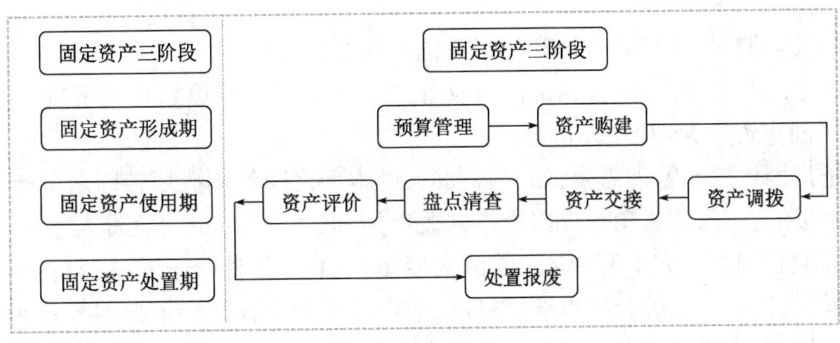

图2　固定资产三阶段框架图

1. 预算管理

规范固定资产购建制度,从资产源头介入,实施对固定资产的事前预算控制。固定资产使用单位在年度预算时提出购建申请,经有关职能部门审核,提交公司办公会议集体讨论。

(1)预算编制

管理处资产实物管理小组按照公司《固定资产管理办法》等相关制度和要求,本着确需、实用的原则,结合资产实物使用状况,在充分调研和论证的基础上,编制固定资产购置、建造预算。经处长办公会审议后,交财务科统一汇总编制管理处固定资产购置预算,上报公司。

(2)预算申报

在年度固定资产预算计划内,资产实物管理小组根据生产营运需要,按照轻重缓急,制订购建计划,分步提出购建申请,对照已列入年度预算的项目,以文件或签报方式说明理由,提出申请,财务科审核后统一申报。

2. 资产购建

固定资产购置过程必须严格按照公司招投标管理、比价采购有关制度规定的要求,按规定程序进行采购。固定资产使用单位以建造方式增加固定资产时,要按照公司工程建设管理制度和有关规定的要求,做好立项、设计、工程概预算编制、招投标、合同签订等前期工作,工程造价应该控制在年度固定资产预算对于该项目所确定的总额范围内。

固定资产购建完成后,采购人员、单位或部门应会同使用人员、单位或部门及相关职能部门进行验收交接,并填制《固定资产验收交接单》。验收不合格的,不得交付使用,不得办理结算手续,并按照合同或协议及时向责任方提出退货或索赔。

资产从购建到验收,必须遵循规定的程序,采购部门、使用部门和财务部门之间必须相互协作,确保资产实物管理与会计核算有机、有效衔接。

(1)购置

固定资产预算申报项目经公司批复后,按照公司《招投标及询价管理办法》,资产使用单位参与共同组织购置。

(2)建造

由工程科负责,按照公司工程建设管理制度和相关规定以建造方式增加固定资产。

(3)验收

资产购置、建造完成后,综合科或工程科会同处财务科、使用单位资产管理员进行验收交接,并填制《固定资产验收交接单》,验收交接单一式三份,资产实物管理小组、财务部门、使用单位各执一份,列明资产名称、型号、单价、数量。报销结算时,管理处资产实物管理小组将该明细清单连同发票交予财务部门进行会计核算并登记卡片。没有验收手续视同验收不合格,验收不合格的,不得交付使用,财务部门不得办理结算手续。使用单位验收无误后,做好资产实物台账登记和分配使用工作。

3. 资产调拨

资产调拨分为公司调拨、管理处调拨和使用单位内部调拨三种。

公司调拨是因生产和管理需要,公司部门以及各二级单位之间调拨划转固定资产。资产发生公司调拨事项,按公司《固定资产管理办法》执行。

管理处调拨是指因生产和管理需要,站、区、大队、处本部之间的调拨划转固定资产。在管理处范围内进行资产外部调拨的,应由调入单位提出资产调拨申请,调入、调出单位负责人签字,综合科审核后,由处长审批。经批准后调拨双方填写《资产调拨交接单》,详细列明资产清单,包括卡片编号、资产名称、原值、存放位置、责任人。由综合科审核、财务科会审后作为验收交接依据,《资产调拨交接单》一式四份,综合科、财务科、调入单位和调出单位各执一份。财务部门进行资产账务处理,综合科、调入单位、调出单位的资产管理员据此变更资产卡片与台账。程序与手续不全的,不予调拨。

使用单位内部调拨是指因生产和管理需要，在收费站、服务区、清障大队、处本部进行内部固定资产调拨。内部调拨资产时，需由资产使用人双方共同填写《资产调拨交接单》，由资产管理员审核，经负责人批准后，进行资产调拨调整，同时由资产管理员变更资产卡片。

4. 资产交接

固定资产使用人员变动，应在资产管理人员监督下办理资产交接手续，填制资产交接单。固定资产管理责任人岗位变动时，应在其单位负责人与资产处综合科的监督下，办理资产管理交接手续。资产交接后，资产使用人、所在单位资产管理责任人、资产实物管理小组相应的责任人逐级做好资产管理台账及卡片的变动工作。

5. 盘点清查

完善企业固定资产清查制度，建立固定资产常态化管理机制，实行全过程监督，定期进行资产清查，对达到使用年限的资产及时组织鉴定，定期对固定资产进行清理和报废，实时监控资产动态。各基层单位至少每半年盘点一次固定资产，对发现的盘点差异，查找原因并及时处理，保证固定资产账实相符。

6. 资产评价

各单位至少每半年进行一次资产评价，主要用于真实反映资产现实的运行状况。资产评价信息作为资产是否更新的重要依据，反映了本单位资产质量管理的整体水平。评价共分好、中、差三个等级，其中对资产进行中差评时，需填写详细的评语用以描述资产实际运行状况，具体标准如下。

(1)中评标准

①因性能差异，使用过程中出现运行不稳定等情况，经维修后恢复正常的未逾龄资产。

②已超过折旧年限的逾龄资产。

③因使用环境等因素，资产外观及内部出现不同程度损伤但基本不影响使用的资产。

④差评资产经过维修后恢复正常使用且未逾龄的资产。

(2)差评标准

①发生过1次以上维修的逾龄资产。

②折旧年限未满，但已发生的相关维修费用占资产原值50%以上的资产。

③因不可抗力因素影响导致的资产损失，严重影响其性能。

④因使用环境特殊或使用频率较高，虽未达折旧年限，但性能大幅下降影响正常生产生活的资产。

该界定范围所适用的固定资产类别为办公生活类资产、辅助生产类资产。对于房屋建筑物、路桥、三大系统设备、车辆等资产的评价标准，参照公司固定资产管理办法及上级部门相关规定执行。

7. 报废处置

处置是指公司对其拥有的财产进行转让、出售、置换、报废等行为。报废工作按照处置权限和程序操作。

(1)报废处置原则

①已提足折旧且到规定使用年限，已失去使用功能的固定资产。

②未到规定使用年限，非正常损毁的固定资产。

(2)报废处置程序

①使用单位提出报废申请，填制《固定资产报废申请单》，报废申请应详细说明的内容：固定资产情况(包括数量、种类、型号、存放地点、目前状况等)、固定资产成本、已提折旧、资产净值以及报废原因等。

②技术鉴定小组对申请报废的固定资产，依据固定资产报废条件和实物管理系统对其性能的评价，深入现场逐一核实资产的性能及工作状况，进行技术鉴定，提出处置意见：

a. 已到规定使用年限且无修复价值的，列入年度报废计划。

b. 已到规定使用年限且使用功能良好的，不予报废。

c. 对非正常损毁的,要查清原因,追究责任后,方可列入报废计划。

③二级单位将技术鉴定小组初步同意报废资产进行汇总,以签报的方式向公司固定资产鉴定委员会提出资产报废申请。

④公司固定资产鉴定委员会通过固定资产实物管理系统了解拟报废资产状况,指派鉴定小组成员到现场对资产进行评估,签署是否同意报废意见,同时确认报废资产价值。

⑤财务部门根据资产鉴定委员会鉴定评估意见,按江苏交通控股有限公司固定资产报废处置规定、京沪公司固定资产报废处置办法等制度规范,履行相关审批手续:

a. 固定资产原值在50万元以下且净值占原值比例在20%以下的,由京沪公司总经理办公会议(或授权)审批核销。

b. 固定资产原值在50万元以上500万元以下且净值占原值比例在20%以下的,或者固定资产原值在50万元以下且净值占原值比例在20%以上的,报京沪公司董事会审议核销。

c. 固定资产原值在500万元以上的,或者固定资产原值在50万元以上500万元以下且净值占原值比例在20%以上的,报江苏交通控股有限公司审核同意后,报京沪公司董事会审议核销。

⑥综合科根据京沪公司批复,采取招标或比价、议价的方式,对报废资产进行集中或分散处置。

⑦处置结束后,综合科应提交处置报告,内容包含处置资产明细清单、资产处置收入、处置过程中发生的费用、处置中的损失等,经处长批准后连同收入、公司批文交财务部门进行账务处理。报废资产所涉及的单位资产管理人员根据报废处置清单做好实物台账变动、登记等相关工作。

五、取得成效

通过固定资产信息化系统的应用,树立了资产全过程管理的理念,向前延伸到固定资产的投资预算和项目开工(或购建),向后延伸到资产的报废处置,实现了从投资预算、项目开工、工程竣工、运行验收、资产入账、资产运行、资产变动到资产报废的全过程管理,加强了对固定资产的事前、事中及事后控制,同时也推进了整个企业的全面预算管理。尤其是加入了资产管理绩效评价机制,进一步提高了员工参与资产管理的积极性,转变了资产到期即换的固有观念,大大提高了企业资产的有效利用率,降低了企业的生产成本,优化了企业对固定资产资源的配置。

基于云端标准化清障管理体系构建及实施

江苏京沪高速公路有限公司

成果主要创造人:黄 铭 赵 博

成果参与创造人:莫远春 张世川 汪祝青 曹广斌 宋晓荣 张 娜

江苏京沪高速公路有限公司(简称"京沪公司")是经江苏省人民政府批准成立的大型国有企业,主要营业范围为高速公路建设、管理、养护及按章对通行车辆收费,仓储,百货、文教用品销售,高等级公路管理、技术咨询,设计、制作、发布印刷品广告及路牌、灯箱、户外广告,普通货运,商品的网上销售,旅游信息、物流信息、交通信息咨询等。

京沪公司设有股东会、董事会、监事会,内部实行三级管理体制,本部设7个部门和调度中心;有二级单位6个,下辖徐宿、淮安、扬州、宁扬4个管理处和和泰经管、和泰置业2个二级法人公司;有三级单位47个,包括32个收费站、9对服务区、1个网上商城、5个清障大队。至2019年,有员工2500余名。

至2019年底,京沪公司经营管理的高速公路里程共396公里。其中:①京沪高速公路(编号G2)沂淮江段261.5公里,于2000年12月15日开通运营;②启扬高速公路(编号S28)扬州西北绕城段35公里,于2004年10月12日开通运营;③沪陕高速公路(编号G40)宁扬段76.1公里,于2012年12月8日开通运营;④宿扬高速公路扬州段(编号S49)22.77公里,于2017年12月28日通车运营。截至2019年末,京沪公司营收总额29.94亿元,资产负债率37.15%。京沪公司通过AAA信用评级,先后荣获"全国先进基层党组织""全国交通运输系统先进集体""江苏省精神文明建设先进单位""江苏省五一劳动奖状"等省部级以上荣誉100余项。

为顺应时代发展变革,实现高速公路安全、快捷通行效果,京沪公司对清障管理体系进行总体战略布局,并倾力从多方位打造标准化清障管理体系。当前,清障管理中涵盖清障作业、清障安全、清障服务、设备管理、基础管理和内务管理等工作均已纳入标准化管理,实现对清障日常工作及现场作业的有效监管。同时取消纸质台账,实现所有工作日志上云,大大提高了清障管理效率。清障队伍中组建的创新创效团队,发明的车载多功能警示装置、作业现场声光电主动预警系统等10余项创新创效成果获得国家实用新型专利授权,清障便携式声光电警示装置等多项QC成果在国内多个省份推广,是京沪高速公路运营管理中的保畅利器。

展望未来,京沪公司将牢牢把握"全国一流,控股领先"的战略定位,坚定信心信念,坚守主业主责,坚持深化改革,依据《交通强国江苏方案》积极探索新的管理模式,整合内外资源,强化内部管控,持续提升企业核心竞争力,实现高质量发展,将京沪公司打造成国内一流的高速公路运营管理企业。

一、实施背景

交通建设是国家的基础产业和经济发展的先行行业。高速公路建设改善了我国高速公路网结构,促进了区际和区域各地区的经济联系,有效拉动内需,刺激高速公路附近地区的经济繁荣和发展,对区域经济发展和空间格局演化具有重要作用。随着我国经济的快速增长,国内汽车保有量持续攀升。随之而来的道路拥堵现象时有发生,尤其是道路事故、施工、节假日、政治保障任务等复杂路况期间。

高速公路清障施救是道路运行中保障人民群众生命财产安全的重要服务内容。大流量复杂路况条件下的高速公路,与在一般运行状态下交通组织、特情处理、路网联动等道路交通特性上有着较大差异,交通延误、饱和度、平均车速和交通密度会有明显不同,而所引起的交通拥挤更严重,交通冲突更多。

在国家层面,2018 年,李克强总理在国务院常务会议上,明确为全面深化供给侧结构性改革,便利群众出行,提高运输效率,力争在年底前基本取消高速公路省界收费站。

2019 年,中共中央、国务院印发《交通强国建设纲要》,提出了"坚持以人民为中心的发展思想,牢牢把握交通'先行官'定位,适度超前,进一步解放思想、开拓进取,推动交通发展由追求速度规模向更加注重质量效益转变,由各种交通方式相对独立发展向更加注重一体化融合发展转变,由依靠传统要素驱动向更加注重创新驱动转变,构建安全、便捷、高效、绿色、经济的现代化综合交通体系"的总体要求。

2020 年 1 月 1 日,全国高速公路并网运行,从此车主走高速公路出省,只需要"一脚油门"轻松过。深化收费公路制度改革,是党中央和国务院作出的重大决策部署,有助于更好地发挥高速公路便捷优势,加快消除高速公路主动脉上的瓶颈阻碍、堵点痛点。对于江苏来说,将优化区域交通网络,整合交通资源,加速推进长三角一体化。

基于以上背景,需要建立一种新型的道路救援体系,从全域路网交通管理的角度,合理布点、创新方案、事件快处、路段协调、路网联动,实现清障救援快速、安全、可控,同时对道路通行影响最小。而应用标准化清障管理体系正是一种有效手段。

标准化清障管理体系,主要是运用现有信息化手段,结合工作实际,制定一套简单易操作、科学易推广的标准规范,实现高速公路清障管理中安全、快捷、可控的效果。同时达到提高清障救援效率、提升安全管理水平、树立文明服务形象、夯实内部管理基础、打造优质员工队伍的道路救援目标。

二、成果内涵和主要做法

成果内涵:基于云端标准化清障管理体系构建及实施是贯彻落实《交通强国江苏方案》中"交通客货运输高效连接全国、全球,构建高品质出行圈,基本实现一日联通全球,半日通达全国,2 小时畅行江苏全省,各设区市 1.5 小时抵达南京"新要求,转换高速公路道路清障救援理念的模式创新。在原有传统的道路清障救援基础上,加大道路救援创新创效投入,同时在救援机制上进行创新,并利用大数据、云计算等新兴技术搭建多方联动的调度救援协同平台,从而构建基于云端的标准化清障管理体系。本成果的顺利实施是对《交通强国江苏方案》的有效回应,对于推动全国高速公路标准化清障体系的构建和提高道路安全保通能力具有重大的现实意义。

本成果的主要做法是通过构建基于全局的标准化清障大队布局、研发科学实用的清排障标准化管理系统、研发行业示范的多功能警示安全装置、搭建新形势下警民共建平台等方面进行的。

(一)构建基于全局的标准化清障大队布局

京沪公司总结提炼成立 20 年来的清障管理工作经验,面对新的形势和挑战,不断探索标准化清障大队的建设进程。通过对管理制度、设施功能、工作流程、考核标准、内业资料的系统整合、优化、提升,逐步形成一套统一规范、完整实用、科学长效的标准化工作体系,实现清障救援"快速准确的事件响应、合理高效的现场作业、及时流畅的信息传递"。

1. 标准化清障大队建设背景

标准化清障大队,是对清障管理工作进行的新探索,以更加规范的管理,促使清障人员提高清障技能,保障设备完好,规范操作规程,实现"安全清障、主动清障、快速清障、文明清障"的总体目标。标准化建设是清障大队在管理和服务中的一个目标,也是追求更高工作标准、更高服务水平、更高品牌形象的管理理念和工作态度。

京沪公司开展的标准化清障大队创建工作,是为了更好地适应公司发展需要、道路保畅需要和维护公司形象需要而衍生的一项创新活动,也是进一步推进营运管理提升的重要举措。

2016 年,京沪公司依据江苏交通控股有限公司(简称"江苏交控")"十三五"规划的总部署,面对新形势、站在新高度、迎接新挑战,京沪公司总结提炼清排障工作经验,结合十几年来清排障工作特点,依据《江苏交通控股系统高速公路清障工作管理办法》《江苏交通控股系统高速公路清排障安全作业指导意见》《江苏京沪高速公路有限公司清障救援现场安全管理规定》《江苏京沪高速公路有限公司清障管理规定》《江苏京沪高速公路有限公司员工岗位技能培训考核办法》《江苏京沪高速公路有限公司文明服务管理办法》等相关文件，从清障工作基础管理、设备管理、清障作业管理、内务管理、安全管理、服务管理六方面着手，积极探索标准化清障大队建设。通过对管理制度、设施功能、工作流程、考核标准、内页资料进行系统整合、优化、提升，逐步形成一套统一规范、完整实用、科学长效的工作体系，推动清排障作业安全保障水平和整体清障效率再上新台阶。

2. 标准化清障大队建设过程

清障大队的标准化创建，主要是制定一套简单易操作、科学易推广的标准规范，以达到提高清障救援效率、提升安全管理水平、树立文明服务形象、夯实内部管理基础、打造优质员工队伍的创建工作目标，最终形成"让标准成为习惯、让习惯符合标准"的工作理念。

在标准化清障大队建设实践中，公司广泛调研，征求各单位建议和意见，紧紧围绕当前工作实际，以"实践 + 经验"为基础，以"制度 + 流程"为框架，针对高速公路清障作业和日常基础管理在发展中不断出现的新情况、新问题，紧扣车辆、道路、驾乘人员和员工队伍四大高速公路管理要素，经过多次讨论，反复修改，最终形成了以现场作业、安全生产、设备保养、清障服务、基础管理、内务管理为主要内容的 6 项工作标准。

一是清障作业标准化。高速公路清障工作作为一项全天候的高速公路救援服务，要求清障员必须 24 小时在岗在位。作业标准化重点就值班、交接班、接出警、清障作业程序和清障时间跟踪等方面进行标准规范，涵盖了清障作业的整个流程，对清障作业全程化管理进行跟踪管理。

二是清障安全标准化。安全生产是清障大队工作的重中之重。鉴于清障大队作业安全的风险性和特殊性，清障安全标准化重点就清障作业安全配置、出警行车安全、安全作业区设置、作业现场安全管控和清障拖车安全等方面进行规范，对清障安全形成全程跟踪和闭环管理。

三是清障服务标准化。推行温馨服务是保障大众出行的着力点，也是展示京沪公司良好社会形象的核心。清障服务标准化重点就清障人员着装、仪容仪表、文明用语、服务行为和清障服务费收取、便民服务、服务评价进行规范，明确服务行为和便民服务标准，完善服务监督手段，确保文明服务水平达到优质服务、温馨服务的标准。

四是设备管理标准化。清障车辆设备是保证清障救援顺利开展的根本保障。设备管理标准化重点就清障设备使用、检查、保养维修和设备操作规程进行标准规范，形成标准化管理，确保设备运行完好。

五是基础管理标准化。基础管理是综合管理能力水平最直接的体现。通过加强清障队伍建设，落实员工培训考核，规范内业管理，促进清障基础管理水平不断提升。基础管理标准化重点就清障岗位流程、中队管理、员工考核、岗位培训、仓库管理、工作台账等方面进行标准规范，达到清障整体队伍素质提升的目的。

六是内务管理标准化。整洁舒适的工作、生活环境，是大队工作是否标准化的直观表现。内务管理标准化重点就环境卫生保洁、考核和物品定置进行标准规范，确保内务环境整洁、整齐、优美。

3. 标准化清障大队建设成效

京沪公司自启动标准化清障大队创建工作以来，清障作业流程、文明服务、业务管理等方面工作有了更明确的规范，清障管理更加标准化、规范化、科学化、信息化。在持续改进的过程中，逐步形成一套统一规范、完整实用、科学长效的工作体系。

（二）研发科学实用的清排障标准化管理系统

京沪公司以打造一流的管理品牌为目标，以实施标准化的工作流程、内部管控、现场管理为依托，研发清排障标准化管理系统并投入使用。系统基于 B/S 技术构架，支持云计算和高兼容的要求，分为六大板块，即清障作业、清障安全、清障服务、设备管理、基础管理和内务管理。通过信息化手段，基于云端对清排障人员、车辆、清障过程实现在线痕迹化管理，打通多系统间的数据壁垒，进行清障作业录入、汇总、上报以及流程审批、管理查询、量化考核工作等。

1. 清排障标准化管理系统研发背景

京沪公司通过开展清障大队标准化建设,对管理制度、设施功能、工作流程、考核标准、内业资料进行系统的整合、优化、提升,在持续改进的过程中,逐步形成一套统一规范、完整实用、科学长效的工作体系,使清障救援做到"快速准确的事件响应、合理高效的现场作业、及时流畅的信息传递"。随着计算机技术的普及和广泛应用,许多管理软件已成为科研生产及管理工作必不可少的工具。在科研管理方面利用计算机技术,实现办公自动化,节约人力、财力,提高管理效率,高质量高速度地实现管理目标,正是实现科学技术现代化的先决条件。而标准化管理是现代化管理的基础和支柱,计算机应用则是现代化管理的重要标志。因此,利用计算机这一现代化工具,辅助标准化的管理工作,不断使人的部分活动物化于人以外的设备中,并由人与设备构成服务于标准化工作的人机处理系统,其目的是从管理、研制、使用等方面提高标准化工作的效率,使其规范化、程序化,以达到标准化的最终要求,从而尽可能充分利用各种信息资源和辅助手段,快捷地为清障工作服务。

此外,交通运输部明确指出要大力发展智慧交通,全面实施"互联网 +"战略,积极推进物联网、云计算、大数据、人工智能、深度学习等现代信息技术与交通运输全领域全过程的深度融合。京沪公司深化信息技术在清障业务、服务、管理各环节的应用,促进流程再造和模式转型,形成业务和服务"云 + 端"模式,加快清障业务数字化和系统智能化改造,推广基础资源集约化、业务系统智能化、服务产品精准化的新型业务模式。深入对接清障标准化内容,构建统管共用、普惠众创的新一代清排障标准化管理系统,提供更加精细化的清障管理需求,为发展"智慧清障"提供支撑。

为了使标准化清障大队建设规范的管理要求能够得到长效落实,京沪公司以打造一流的管理品牌为目标,以实施标准化的工作流程、内部管控、现场管理为依托,研发清排障标准化管理系统。该软件于 2018 年初开始研发,历经一年半时间研发成功。京沪公司成立了专门班子,联合软件开发商,深入基层一线,发挥广大清障员工智慧,全方位分析标准化清障大队管理需求,整合清障管理系统、交通调度系统,开发了标准化清障大队管理考核软件,利用移动网络终端实现对清障大队营运管理的实时指导、管理、评价与考核,实现了清障工作信息化管理、智能化考核,构建了清障管理新体系、新模式。

2. 清排障标准化管理系统需求分析

根据京沪公司管理需求和标准化清障大队考核标准落实需要,通过调研,结合 PDCA(计划 Plan、实施 Do、检查 Check、行动 Action)的管理原理,统计了实际需求。

①克服清障管理工作中的痛点、难点问题,提高管理绩效,减少纸质台账数量,最终实现办公无纸化。

②实现管理信息实时收集,有利于全面掌握实时动态。

③信息化手段与标准化业务紧密关联,切合标准化清障大队考核标准。

④借助信息化手段实现数据统计、汇总、分析、指导、评价作用,对全部清障业务进行全流程无死角的管理与监督。

⑤根据实际情况的升级完善,必须实现拓展功能,能够与高速公路已有的安标系统、江苏交控系统相兼容,实现数据互通,使系统功能更为全面。

⑥标准化清障大队管理考核系统针对建设中标准与施行措施存在断层的痛点,借助信息化系统,提供模块化的功能,帮助清障管理实现制度、标准从"墙上、手册上走下来",真正成为清障大队生产力效率提升的工具之一。

⑦要围绕角色分类,优化标准化清障大队考核量化方法;设计电子台账实现方案;设计软硬件系统架构;设计软件交互方式、界面;设计数据流转方式;设计与既有系统数据安全交互方式等。

3. 清排障标准化管理系统主要功能

清排障标准化管理系统以清排障标准化具体内容为基础,基于 B/S 技术构架,支持云计算和高兼容的要求,分为六大板块,即清障作业、清障安全、清障服务、设备管理、基础管理和内务管理。通过信息化手段,基于云端对清排障人员、车辆和清障过程实现在线痕迹化管理,打通多系统间的数据壁垒,进行清障作业录入、汇总、上报以及流程审批、管理查询、量化考核工作等。该软件获得由国家版权局颁发的计算机软件著作权登记证书,表明清排障标准化管理软件专业水平得到权威部门的肯定,标志着清障管理朝着标准化、规范化、科学化、信息化的方向发展。

图1所示为京沪高速公路清排障标准化管理系统登录界面。

图1　京沪高速公路清排障标准化管理系统登录界面

该系统主要功能包括:一是利用信息化管理,对清排障人员、车辆和清障过程实现在线痕迹化管理,促进清排障服务规范化管理;二是打通多系统间的数据壁垒,融合江苏交控系统,实现对清障作业的录入、汇总、上报,以及流程审批、管理查询和量化考核等;三是实现纸质台账电子化,形成符合京沪高速公路特点的清排障管理模式。

图2所示为京沪高速公路清排障标准化管理系统操作界面。

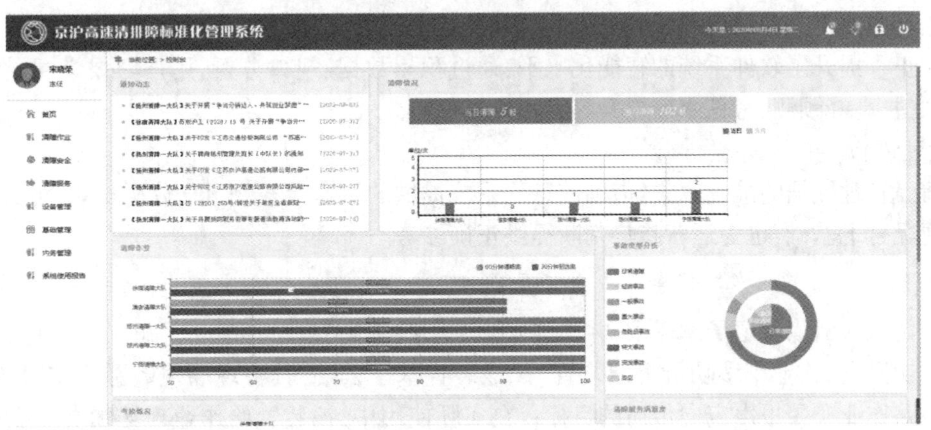

图2　京沪高速公路清排障标准化管理系统操作界面

4. 清排障标准化管理系统系统构架

(1)硬件环境

①服务器类别:青云。

②服务器内存容量:16GB。

③服务器标配硬盘容量:500G。

(2)软件环境

①项目使用B/S架构,编程语言为Java,可使用谷歌浏览器、火狐浏览器、IE浏览器(8.0以上)。

②项目运行基础环境:

Web 容器:apache-tomcat-8.0,Nginx1.6。

数据库:mySql 5.7。

Java 版本:JDK1.8。

操作系统:Centos 7.5。

消息队列:Kafka。

(3)技术原则

①确定清排障标准化管理系统管理内容,应使其与所建软件系统的模型以及该模型特点所确定的权利和义务相适应。

②确定管理人员权利和义务的范围。为了维护系统的完备性与可靠性,保证系统正常运行,针对不同用户设置了系统权限,以维护系统的安全。

③由系统管理人员对系统进行管理和维护,提高系统的应用效率,防止和减少不确定因素造成的系统错误和数据损失。

(4)源程序量

源程序量为 12 万行。

5. 清排障标准化管理系统主要创新点

自 2019 年 6 月在清障大队试用以来,清排障标准化管理系统获得了使用者和管理者的一致好评。所辖各清障大队、管理处均已将其作为日常工作主要工具之一,管理效能提升明显。清障员工可以从以前繁杂的纸质台账中解脱出来,鼠标一点或者手指一划即可完成以前需要多道工序才能完成的工作;管理者足不出户就可对全部清障业务进行全流程、无死角的管理与监督。

(1)业务创新

建立清障大队标准化、模块化的指导、评价、管理、考核体系,与基于移动互联技术的信息化系统相结合,让清障大队标准化真正意义地实现了落地。

(2)技术创新

日常生产中的信息获取、台账记录实现电子化,数据流转更及时,工作中发现的问题、缺陷可得到及时反馈和改正。提升了软件系统的智能化水平,通过积累数据、规律分析、用户习惯学习,在智能提醒、潜在故障预报、高峰预测、考核水准提升等方面发挥优势。

(3)管理创新

实现清障管理数据的准确收集,借助信息化系统提供的快速检索、汇总、分析功能,为真实评价清障大队管理情况打下基础,也为运营趋势判断提供正确参考。

(三)研制行业示范的多功能警示安全装置

京沪公司深入清障基层了解需求,并与淮安师范学院等高校取得联系,了解最前沿的科技进展,历时 5 个月成功研发“作业车多功能警示装置”。该装置基于云端,具备现场视频影像实时传输功能,可实现高速公路作业车警报声定向传播的目标。在实际使用中,该装置给作业现场加装了一道安全防护锁,实现了“警示更远、声光更强、安全保障更高”的目标,有效保障清障作业现场人员及设备的安全。

1. 多功能警示安全装置研发背景

为进一步提升清障作业现场安全警示效能,保障作业现场作业安全,京沪公司针对“便携式声光电警示装置”在使用过程中存在的不足,在“清障作业现场第二代声光电警示装置”基础上,结合江苏交控部分路公司的使用需求,京沪公司于 2018 年底对作业警示装置进行整合升级,开展了高速公路作业车多功能警示装置研发工作。当前高速公路清障作业现场采取锥桶引导、专人指挥等方式保障现场操作人员的安全,但对于复杂多变的作业现场来说,警示提醒功能仍然显得单一。各高速公路公司分别研制的“警示装置”虽然起到一定效果,但还存在几点不足:一是装置功能单一,不能提供多种警示预警信号;二是装置在使用中,占用空间较多,影响其他作业工具的装载;三是装置的专用性较强,不利于普遍推广使用。

2. 多功能警示安全装置研发思路

在符合安全规范及清障作业各项安全要求的前提下，对现有的二代声光电警示装置进行升级改进，研制出高速公路作业车多功能警示装置，适用安装于封闭式车厢的工具车车顶。使装置最终达到模块化、通用化、体积小、重量轻、警报声定向传播、多功能扩展的目标，并能适用于多种类型车顶安装，便于更好地将该装置在江苏交控系统内推广使用。

3. 多功能警示安全装置简介及特点介绍

高速公路作业车多功能警示装置（图3），为原有声光电警示装置升级改进版本，由自动升降平台、红蓝爆闪警灯、LED警示板、定向声波警示器以及夜间照明灯组成，具有声光警示、字幕提醒、夜间照明等功能，可实现高速公路作业车警示装置模块化、体积小、重量轻、警报声定向传播的目标，并能适用于多种类型车顶安装。此外，该装置具有多功能扩展接口，可加装远程监控、气候传感器等附件。

图3 高速公路作业车多功能警示装置

自动升降平台由12伏电动伸缩推杆驱动、剪叉式连杆升降机构组成，平台上搭载红蓝爆闪警灯、LED警示板、定向声波警示器和夜间照明灯。通过遥控或手动操作升高，最大起升行程可达2米左右高度，有效避免了警示灯被过往货车遮挡的问题。

37厘米×110厘米的可翻转LED警示板可显示"前方清障""注意安全"等警示文字和导向标志，LED警示板上部配合红蓝光爆闪警灯，警示效果更加有效。定向声波警示器可确保警报声具有明确的指向性，即使在车辆行驶并车窗紧闭状态下，0～200米范围内也能清晰听到警报声，而且在车辆逐渐靠近作业现场时音量随之不断增大。平台搭载的可旋转照明灯，辐射面达300米，可以作为夜间补充照明。此外，升降平台的功能扩展空间大，并预留扩展接口，可加装远程监控、气候传感器等附件。实时传输作业现场作业及环境情况，并且当监测到风力大于装置设计安全数值时，自动控制升降平台下降，有效保护装置安全。

4G监控及GPS定位系统：可变焦30倍，可视距离白天1～600米、夜晚1～150米；4G监控摄像双向对讲一体机。

多功能警示安全装置性能指标见表1。

多功能警示安全装置性能指标 表1

项 目	车载机性能指标
系统	操作语言：中文/英文
	操作界面：图形化菜单操作界面（OSD菜单）
	密码安全：用户密码、管理员密码两级管理

续上表

项　目	车载机性能指标
视频	支持 4 路 CIF/HD1/D1/960H/720P/1080P AHD 摄像头同时录像与回放
	显示：支持 1～4 画面显示
	标准：PAL 制式、NTSC 制式
音频	音频输入：4 路音频输入
	录音方式：声音与视频同步录制
图像处理及存储	图像格式：CIF/HD1/D1/960H/720P/1080P
	视频流标准：ISO14496-10
	音频码率：40Kbps
	数据存储：最大 256G 容量 SD 卡
无线通信	内置 4G 通信模块（FDD-LTE/TDD-LTE）
GPS	支持内置 GPS 模块，地理坐标、速度等可写入编码码流，同时可以无线上传
传感器	内置加速度传感器 G-Sensor
配套软件	PC 端回放分析：在 PC 端回放视频文件，同时对文件中的车辆信息进行分析
	CMS 管理软件：通过无线网络实现视频预览、GPS 上传、报警上传及中心命令下发、参数配置等功能
软件升级	支持 SD 卡接口和远程 CMS 平台升级；支持 USB2.0 接口和远程 CMS 平台升级

4. 多功能警示安全装置工作原理

装置电源由汽车蓄电池供电，警示屏翻转、垂直升降机构分别由电动丝杠导轨和电动推杆机作为主动力构成。常态时显示屏水平状态收拢，不影响车辆的正常行驶；需要发出警示信息时，通过翻转机构电动丝杠导轨使显示屏翻转竖立，再通过垂直电动推杆使显示屏升高，通过显示屏发出文字警示信息。

现场：使用遥控手柄对升降警示屏、开关警示爆闪灯及警报、开关照明灯进行启动、停止操作。

后台：通过手机或电脑安装远程监控程序（CMSV7），登录账号和服务器端口后，实现调度中心与作业车之间的互联，实现定位查看、现场影像查看和语音对讲。

5. 多功能警示安全装置产品优势

通过综合比较，多功能警示安全装置具有以下几点优势：

①通用化。实现在不同作业车型上使用，装置可收缩，便于车辆通过地下通道。

②节省空间。装置安装在车辆顶部，不占用车辆其他位置，有效节省空间。

③用电安全。装置依靠车载电源供电，各电器部件使用低功率部件，确保符合安全规范要求。

④易操作。装置一键操作，简单易学，下一步将持续研发通过无线网连接手机操作。

⑤多种警示方式。装置搭配红蓝光爆闪警灯、LED 显示屏、导向箭头提醒、夜间照明等多种警示方式。

⑥高度合理。通过遥控或手动操作翻转与升降，装置自身升高最大行程可达 2 米左右高度，加装在清障作业车车顶，整体高度可达 3.75 米左右，有效解决了长期以来高速公路作业车辆警示灯被过往货车遮挡的问题。

⑦抗风性强。装置结构合理，抗风性强，经测试可在 10 级（含 10 级）以下风力下作业。

⑧模块化，可扩展。装置采用模块化设计，可增加视频采集、气象采集等功能。装置上已安装有 3 个视频摄像头，可对作业车内作业人员、作业车前方、后方情况进行 4G 传输和保存，并可实现调度室与作业人员的实时语音对讲，便于调度人员及时了解作业现场情况。

6. 多功能警示安全装置应用前景

“高速公路作业车多功能警示装置”采用模块化、通用化设计，扩展性好、互换性强、警示效果明显，适用于清障作业现场、施工作业现场、临时管制现场等场所，在实际使用中给作业现场加装了一道安全防护锁，实现了“警示更远、声光更强、安全保障更高”的目标，有效保障了清障作业现场人员和设备的安全。

（四）搭建新形势下警民共建平台

京沪公司积极搭建新形势下交警、交通执法、经营管理单位等“一路三方”警民共建平台，在改扩建施工中保障故障车和事故车的救援排障，快速、妥善处置道路突发事件。结合道路改扩建实际情况，根据车辆行驶路径，进一步优化清障驻点布置，构建循环救援新思路。以辖区施工路段的收费站、服务区为一个闭环，形成逆时针救援协调循环体，弥补清障多点力量分散不足的缺点，强化救援力量。同时，加强与其他路网单位及相邻省份的沟通协调，营造整体联动的良好协作氛围。

1.机制创新、协调融合，共建基础持续巩固

省交警总队、道路执法局、京沪公司定期组织召开警民共建联席会议，明确工作分工，总结共建成果，分析存在问题，研究和部署下一阶段的工作重点，不断推进共建工作稳步发展。遇重大节假日、重大演练、重要路段施工等重要节点，由管理处牵头召开专题警民共建联席会，制定工作预案，完善联动处置。警民共建联席会议的定期召开不仅搭建了双方定期交流的平台，更为实际工作中统一思想、求同存异、达成共识营造了良好氛围。

2.科技创新、防范风险，特殊情况处置效能显著提升

在历次突发事件处置过程中，共建各方坚持信息互通、协调联动、资源共享，坚持把开展演练活动当作提高处置突发事件能力的重要手段，形成了交警、交通执法、清障等部门快速反应、联动响应、迅速出击、灵活处置的良好工作机制。“一路三方”创新保畅救援方法，建立“清障＋数据、清障＋快处、清障＋外协、清障＋施工”的“4＋”工作法，探索出了改扩建期间道路保畅的“新方案”。推行“486”交通管控工作法，一旦发现堵车4公里时出车警戒，6公里时准备管制，8公里时实施分流、截流等管制措施，有效防范长时间、大范围交通拥堵发生。

3.聚力创新、增进情感，警民共建活力持续增强

在新常态下，“一路三方”创新工作思路，丰富共建形式，发挥各自特点和优势，不断扩展警民共建内涵，拓展警民共建活动外延，促进共建水平再提升。共建各方定期组织开展趣味运动会等丰富多彩的活动，增进彼此友谊，融洽警民关系；每年组织一次学习考察活动，积极开展对标找差，提升工作质量；结合改扩建、道路保畅、压降事故的发生等开展主题征文活动，征集警民共建新思路、好做法，推动工作更好开展；开展以改扩建施工交通组织、高速公路消堵工程、事故压降为主题的安全保畅论坛活动，汇聚各方智慧，提升管理水平；以管理处为单位，开展共建各方联合参与的突发事件专项演练活动，提高突发事件的应急处置能力。

三、实施效果

自2016年提出“标准化清障大队”建设以来，经过4年多的研究实践，京沪公司成功构建了一套完备的标准化清障大队管理体系，同时也取得了一定的成效。目前，整套体系的实施效果明显，具有显著的经济效益、管理效益和社会效益。

（一）经济效益

与传统的清障管理体系相比，标准化清障管理体系实施后，可有效减少人力资源成本，降低纸张等物料消耗，降低已消耗清障作业防护设施投入，节省费用支出。其主要经济效益体现在以下两方面：

在节省人力资源成本方面，标准化清障大队管理体系实施后，大队取消纸质台账，实现清障数据上云，极大降低人力资源及物料成本。据测算，自2018年清排障标准化管理系统实施后，减少相关费用支出40余万元。

在设备投入方面，自主研制安全防护警示装置投入使用后，有效节约设备已消耗的道路清障作业安

全防护设施投入。自标准化清障管理体系实施后,节约临时防护设施费用60余万元。

(二)管理效益

标准化清障管理体系实施后,在日常管理效能提升的基础上,实现了事件跟踪、清障轨迹实时监控、清障时间节点自动统计、事态评估、预案推送等功能,清障数据的自动生成,从时间分布、空间分布、结构分布等多维度直观地展示了辖区内事故、清障高发路段,为道路救援增设清障点、人员及设施投入提供数据支撑。

至2020年,京沪公司辖区道路清障30分钟到达率及1小时畅通率均达90%以上,处置重、特大事故能力显著增强,各项管理水平均得到明显提升。

(三)社会效益

标准化清障管理体系实施后,在助推行业发展及提升道路运行效能两方面起到了重大作用。

助推行业发展方面:京沪公司注重清障创新创效投入,标准化清障管理体系实施以来,车载多功能警示装置、作业现场声光电主动预警系统等10余项创新创效成果获得国家实用新型专利授权,清障便携式声光电警示装置等多项QC成果在国内多个省份推广,为助推高速公路道路清障发展贡献力量。

提升道路运行效能方面:标准化清障管理体系实施以来,有助于更好地发挥高速公路便捷优势,高速公路主动脉上的瓶颈阻碍、堵点痛点处置效能大幅提升,保障了高速公路运行的安全畅通。

超饱和流量高速公路保畅模式创新与实践

江苏宁沪高速公路股份有限公司

成果主要创造人：孙悉斌　杨登松

成果参与创造人：余　满　孙　露　林　欣　平　成　丁志伟

江苏宁沪高速公路股份有限公司（简称"宁沪公司"）于1992年8月1日在江苏省注册成立，注册资本50.38亿元，是江苏省唯一的交通基建类上市公司。作为江苏交通控股有限公司（简称"江苏交控"）重要成员，宁沪公司隶属于江苏省国资委，拥有员工4100余名（至2019年底），主要从事投资、建设、经营和管理沪宁高速公路及本集团拥有或参股的江苏省境内的收费公路，并发展该等公路沿线的客运及其他辅助服务业（包括加油、餐饮、购物、汽车维修、广告及住宿等）。宁沪公司的核心业务是收费路桥的投资、建设、营运和管理。除沪宁高速公路外，宁沪公司还拥有宁连公路南京段、锡澄高速公路、广靖高速公路、江阴长江公路大桥以及苏嘉杭高速公路等位于江苏省内的收费路桥全部或部分权益。

截至2019年12月31日，宁沪公司直接参与经营和投资的路桥项目达到17个，直接或间接拥有的已开通公路里程已超过840公里。近年来，宁沪公司还积极从事房地产开发和金融、类金融及实业方面的投资。2019年，宁沪公司营收超100亿元，营收贡献率、利润贡献率均位居江苏交控第一。宁沪公司在全国21家收费路桥上市公司中，总营收、总市值均位于前列，连续多年入围中国上市公司百强，2018年荣获《证券时报》"金翼奖"。

宁沪公司积极致力于企业文化建设，企业的愿景是成为一家优秀的现代服务业公司，企业的使命是为公众享受美好生活提供更优质的服务，企业的精神是敬业、诚信、合作、卓越，核心价值观是尽责高效、勇于担当、以人为本。

一、实施背景

沪宁高速公路主线全长248.21公里，是江苏省第一条高速公路，东起苏沪交界安亭，西止南京马群，串联起苏州、无锡、常州、镇江4座中大型城市，是国内最繁忙的高速公路之一。自2006年1月扩建为双向8车道通车以来，沪宁高速公路车流量呈现井喷式增长，其中有"沪宁高速公路瓶颈"之称的无锡段（沪宁高速公路超饱和流量保畅模式创新与实践的主体），受太湖区位制约，京沪高速公路（G2）、沪蓉高速公路（G42）两条国家高速公路在无锡东段交汇，主线仅45公里的无锡段还交汇了沪宜、通锡等5条省级高速公路，苏南高速路网在此处呈"哑铃状"瓶颈收缩。统计数据显示，无锡段日均车流量15万辆，峰值流量已突破24万辆，远超11.5万辆的8车道设计标准，实际承担了苏南高速路网约67%的东西交通量，路段经常处于六级服务水平，超饱和流量保畅的压力巨大。主要体现在三个方面：

（一）超大流量蔓延

作为G2、G42重合段的无锡枢纽以东路段，流量常年保持在18万辆左右的高位运行。无锡枢纽以西路段日均断面流量也由原先的不足10万辆攀升至13万辆，超饱和流量已蔓延至无锡段全境。苏锡常南部通道等替代性、完善性高速公路预计2021年底才能建成通车，近期无法分担无锡段通行流量。交通运输部路网中心数次发布数据：沪宁高速公路无锡段流量位居全国前列。

（二）交通事故频发

由于互通密度大、超高段落多、机动车保有量迅速增长等原因，近年来无锡段交通事故发生量呈现快速增长趋势。交通运输管理部门数据显示,无锡段仅 2016 年就发生各类事故 7000 余起,日均近 20 起。按照平均处置 20 分钟测算,每起事故将会造成车辆积压 5 ~ 10 公里,严重影响社会公众的出行服务体验。

(三)安全风险加大

受流量攀升、事故频发、路况衰减等因素影响,超饱和流量路段清障救援和养护任务日益繁重。无锡段仅 2016 年就执行清障任务 6565 起、养护施工 1647 起,清障救援强度是江苏高速公路路网平均水平的 6 倍。高频率的生产作业,进一步加大了自有及外协人员道路作业风险,"刀尖上的行走"增加了道路运营管理工作的不确定性。

社会公众对便捷、安全、舒适的高速公路出行服务需求与无锡段既有通行服务供给体系之间的矛盾日益凸显,这一突出矛盾也与江苏省委、省政府提出的交通强省战略定位格格不入。

二、创新举措

宁沪公司在交通强国战略的指引下,牢固树立"以人民为中心"的道路运营管理理念,坚持问题导向、目标导向、结果导向相结合,注重创新实践,于 2017 年在以沪宁高速公路无锡段为代表的超饱和流量路段启动了畅通示范路三年创建进程,深入推进通行服务供给侧结构性改革,闯出了一条超饱和流量高速公路保畅的特色之路。

(一)以快保畅,缩短应急半径

据估算,沪宁高速公路无锡段若发生事故,救援力量每晚到现场 1 分钟,道路拥堵就会加剧 1 公里。先前,为了提高救援效率,通常会安排清障救援人员在主线随车驻点。救援速度是提高了,但是一呆就是 10 多个小时,救援人员普遍反映"吃不消",同时也带来了严重的驻车值守安全风险。

如何平衡效率与安全?受启发于古代的驿站,宁沪公司无锡管理处通过废旧集装箱再利用,自主设计、建造了全国首个主线救援驿站。相较于主线驻车值守,救援驿站优点尽显:①救援更加高效。单个救援驿站日均使用约 4 人次,可以快速处置事故、故障车约 10 辆次。发生特情时,救援人员最快能在 1 分钟内到达现场,让"应急救援零距离"不再是一句空洞的口号。②值守更加安全。救援驿站选址在超饱和流量路段减速加宽车道旁或连续式救援港湾内,通过加固防撞护栏、安装顶端警灯、装配防溅石金刚网、漆划路面警示标识等十余项主动防护举措,安全保障系数明显提升。③建设更加经济。救援驿站选择废旧集装箱进行改造,造价约 12 万元,仅为港湾式驻点建设费用的 1/40,且建设周期短,后期可以根据流量变化情况,进行移动、重复使用。④运行更加环保。按照主线清障驻点一大一小两台设备 8 小时怠速测算,使用救援驿站可以年均节约燃油费约 16.8 万元,减少二氧化碳排放 73.8 吨。⑤环境更加宜人。救援驿站占地约 14.4 平方米,内部增置了高质量保温层,选用双层中空隔音窗,办公用具、空调、饮水机以及水电设施等一应俱全,预置了多个电源插座、网络端口,噪声也从 91 分贝下降至 58 分贝,大大提升了值守人员备勤舒适度。

截至 2020 年 9 月,沪宁高速公路超饱和流量路段已设置 4 座救援驿站,10 分钟救援到达率由 36% 提升至 80% 以上,在全国同类高速公路中遥遥领先。全国首创主线救援驿站的做法,先后被国务院国资委网站及《新华日报》《扬子晚报》等 10 余家媒体刊登或转载,并成功申请国家专利,已在江苏扬子江高速通道管理有限公司等业内同行推广使用。

(二)空地联动,构建立体救援

近年来,为提高应急救援效率,宁沪公司无锡管理处坚持内部挖潜,强化清障队伍技能训练,开展季度案例研判,编制特殊清障案例。同时还引入了社会化清障力量,作为自有清障力量的有效补充。探索"高速 + 高速""高速 + 地方"的联动救援模式,增加地方快速路等交通资源以及消防、安监等专业救援资源的有效供给,打造"以通保通"命运共同体,救援效率稳居江苏高速公路路网前列。

然而,若遇事故当事人重伤,则必须等待专业救护力量。但救护车从急救中心赶赴最近的现场至少用时30分钟以上,极大影响了事故处置和伤员救治效率。国外盛行的直升机应急救援,在沪宁高速公路超饱和流量路段是否可行?

抱着试试看的态度,时任宁沪公司无锡管理处负责人杨登松前往无锡市卫计委了解市区直升机应急救援相关情况。没想到双方一拍即合,通过与直升机提供方上海金汇通航有限公司近1个月的紧张筹备,2017年9月23日,江苏省内首次高速公路直升机应急救援演练在无锡北收费站举行。演练模拟沪宁高速公路无锡段发生多车追尾事故,有人员颅内重伤,亟需直升机送医救治的情景。在属地卫计委、安监局、急救中心、交警支队、交通运输执法等多部门联合参与下,演练取得圆满成功,为公众开辟了一条生命救援空中绿色通道,掀开了江苏高速公路空地一体救援的新篇章。此后,在无锡管理处的推动下,宁沪公司先后完成了5个标准停机坪、41处起降点布设与试降,成为全国首条直升机起降点站区全覆盖的高速公路。江苏交控也与江苏省公安厅交警总队、交通运输厅执法监督局、上海金汇通航有限公司联合签署了《陆空一体航空应急救援战略合作协议》。至此,江苏高速公路应急救援的"空中走廊"真正落地落实。

(三)巧借车道,提高通行效率

《中华人民共和国道路交通安全法》规定:高速公路应急车道非紧急情况下严禁占用。近年来,随着宣传的普及和处罚力度的加大,车主都对应急车道"避而远之"。因此,沪宁高速公路超饱和流量路段高峰时间或节假日经常形成"行车道满当当、应急道空荡荡"的巨大落差,道路通行资源未被充分有效利用。

一边是行政法规红线,一边是不断攀升的车流量,宁沪公司无锡管理处陷入了两难境地。经过激烈的思想斗争,他们毅然决定做第一个"吃螃蟹"的人。通过多轮的"唇枪舌剑",道路交通管理部门终于松口:在左侧行车道发生长时间占道事故或施工等情形下,允许社会车辆临时借用应急车道,通行应急车道被抓拍的记录由交通运输管理部门依照程序予以剔除,以此提高道路通行效率。

2018年8月,地方新建道路上跨沪宁高速公路无锡段,封闭双向1车道施工,令原本超饱和运行的道路"不堪重负"。宁沪公司无锡管理处通过协调各方,决定将该施工作为应急车道临时开放的第一块试验田。在长达1个月的施工期内,得益于应急车道的临时性开放,施工段落通行秩序良好,原本预计双向拥堵超10公里的担忧没有发生,最长拥堵距离没有超过2公里,道路通行效率提高50%以上。在沪宁高速公路无锡段车流量最大的硕放枢纽至东桥枢纽段封闭双向1车道施工,这在之前想都不敢想。但是他们做到了,既满足了地方发展建设需要,又不对辖段车辆通行造成较大影响,属地政府部门对此赞赏有加。从那以后,无锡段应急车道临时借用"屡试不爽",在春运、重大节假日期间大大增加了车辆通过数量。

目前,京沪、沪宜等高速公路纷纷效仿,在流量高峰时段,开启局部路段应急车道,有效增强社会公众出行的幸福感、获得感。

(四)集约养护,主动让路于民

随着沪宁高速公路通车年限的增加,路面抗滑、车辙、平整度等相关技术指标逐年衰减,养护频次日益提高。据统计,沪宁高速公路无锡段每年组织养护施工约1500次,引发的车辆拥堵次数约占拥堵总数的1/4(图1),这是摆在宁沪公司无锡管理处超饱和流量保畅工作面前的又一道拦路虎。

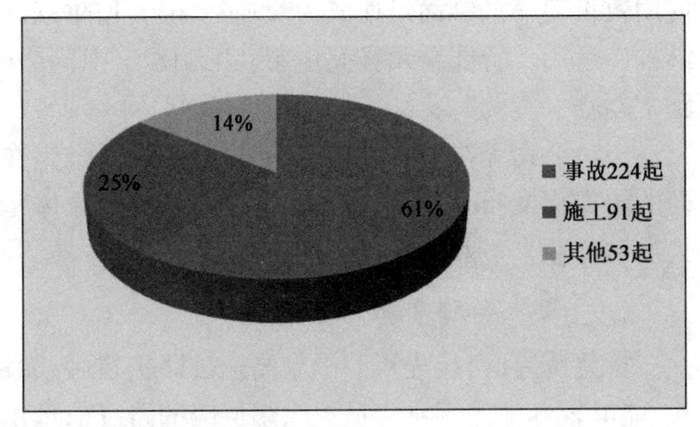

图1 沪宁高速公路无锡段2016年度2公里以上拥堵案例成因分析

宁沪公司无锡管理处认真梳理了辖段各类养护作业特性,业内率先出台了集约化养护作业指导书。该作业指导书参考了《公路养护安全作业规程》《江苏省高速公路养护工程施工安全技术规程》《江苏高速公路日常养护标准》等国家、省和企业三级标准,适用对象为施工作业区域完全重合或部分重合的不同作业内容的占道施工,适用区域为1车道或1、2车道封闭作业。可分为一家单位多项作业内容施工或多家单位同一路段施工,但原则上施工单位不超过3家。通过该作业指导书的有效践行,可以将坑塘维修、绿化养护、路面清扫、护栏维修等作业计划集中编排、统一送审、避峰组织。同时在养护合同中引入车道占用率考核指标,鼓励施工单位集约施工、错峰养护,大大降低了不同养护作业重复封道对道路通行的影响。对于路面大修、桥梁伸缩缝混凝土修复等需长时间占道施工的项目,统一调整到夜间开展,充分释放白天道路通行的“黄金效应”。

统计数据显示,2017年以来,沪宁高速公路无锡段年均开展集约化养护施工近1000次,约占全部施工的82%,年均节约白天道路通行时间约1200小时。养护车道占用率稳定在0.2%以下,养护施工引发的拥堵占比由25%下降至12%。受益于及时性、预防性养护的有效开展,路域病害48小时修复率保持100%,遏制了路况技术指标逐年衰减的趋势,公路技术状况指数(MQI)、路面使用性能指数(PQI)均保持在96以上,一、二类桥梁占比100%。宁沪公司无锡管理处最大限度“让路于民”的做法也得到了日本同行专家的高度赞誉。

(五)智能锥桶,升级防护水平

一直以来,社会车辆误闯作业区造成作业人员伤亡的事故在全国各地高速公路时常出现,高频率作业与高风险隐患相生相伴,始终困扰着高速公路经营管理单位。为提高安全生产绩效,实现本质安全,宁沪公司无锡管理处与主流导航深度合作,引入物联网智能警示锥桶。

宁沪公司无锡管理处通过对反光锥桶等传统交通安全设施进行物联网化改造,研制出智能警示锥筒。该警示锥筒由江苏交控“云调度”平台、北斗高精定位系统、主流导航App、数据管理集成平台组成。相比传统锥桶,智能警示锥桶具有操作简单、突破时空、高精定位、智能感知、精准发布等优点。针对每一起道路事件,利用江苏交控“云调度”平台指挥相关人员到达现场,救援人员现场一键开启“智慧锥桶”单兵设备完成上报,基于北斗高精度定位的事件信息,通过物联网模块传输至主流导航App,广大驾车用户秒级获取事件信息并合理减速避让,管理者事后通过集成管理平台实现数据自动化管理分析,实现了道路施工、事故和封闭管制信息的米级定位和秒级发布。道路使用者通过主流导航的语音推送了解占道信息,及时作出准确避让,极大提升驾乘人员对道路状况的感知速度和能力,实现道路作业安全由被动应对向主动管控的革命性转变。

物联网智能警示锥筒于2018年8月下旬在宁沪公司无锡管理处完成全国首发仪式,江苏卫视、《新华日报》《江南晚报》等10余家媒体受邀参加发布。首发仪式后,智能警示锥筒全面投入使用,在沪宁高速公路无锡段实现了养护、救援等现场全覆盖,应用规模居全国之首。道路使用者对路况的整体感知率提升了39%,追尾事故占比由81%下降至69%,二次事故发生率同比下降34%,得到了公安部交通科研所专家的充分肯定。江苏卫视的江苏新时空栏目在《无锡转型发展迈向智慧名城,当好高质量发展领跑者》专题报道中,首条播报了物联网智慧警示锥筒在沪宁高速公路的率先落地与成效。良好的使用效果使得该锥筒迅速成为交通运输行业的“宠儿”,北京、上海、广东、江苏、浙江等10余个省份相继推广运用。智能警示锥筒也荣获“2018年中国(小谷围)‘互联网+交通运输’创新创业大赛智慧公路主题赛一等奖”。

宁沪公司无锡管理处与主流导航深入合作,正在研发新一代车载警示系统,探讨预警信息在用户界面的图像化发布,将占道特殊情况发布精确到具体车道,给予用户准确的避让方向,全面提升出行驾乘人员和作业人员双向安全防护等级。

(六)智慧路况,高效诱导驾乘

智慧诱导,科技先行。沪宁高速公路扩建后,无锡段主线设置了门架式情报板19块、F杆情报板15块,能够较好地为驾乘人员提供多层级的路况信息诱导。但是诱导的信息以文字为主,形式较为传统,驾乘人员满意度不高。

2017年下半年,宁沪公司积极顺应科技发展潮流,为无锡段升级改造现有的部分情报板,深入推进交通信息智慧发布系统建设。该系统以江苏交控指挥调度云平台为核心,主动运用互联网、物联网、车联网三大资源,建立数据分析、数据挖掘、图像识别、人工智能四大模块,融合机电系统数据、地理信息系统(GIS)数据、事故养护数据、视频数据、周边道路数据和互联网数据等6项数据,通过合理解析和建模运算,利用"图形+文字"的形式,实现路况自动化实时更新推送和交通智能化预测诱导。

该系统以新型交通态势情报板为展现载体,依托指挥调度云平台的后台管理,同步主流导航系统,配合智能警示锥桶,一键传送施工、事故信息,实时更新发布区段通行时间,并对路况进行绿色(畅通)、黄色(缓行)、红色(拥堵)的"可视读"发布,路况的实时更新频率达到20秒/次,未来有望突破10秒/次,甚至更快。至2020年初,沪宁高速公路无锡段共设置7套智慧发布系统,分布在收费广场、枢纽互通、城市道路出入口等区域,路况的窗口日均问询次数从151次下降到73次,同比降低51.7%,驾乘人员满意度高达98.3%。常年往返沪宁城市间的驾驶员陈师傅说:"每次看到情报板上的路况颜色和通行时间,心里就有底了。就算偶尔看到红色拥堵,也会有红马甲、红帽子志愿者主动上前提供绕行信息。和之前相比,现在的出行真是太便捷了!"

(七)匝道管控,优化通行秩序

长期以来,枢纽匝道都是高速公路节假日的一大常规堵点。沪宁高速公路无锡段8个枢纽、互通的车流源源不断地汇入主线,造成汇入车流的无序交织,既会影响主线车辆通行速度,又会扰乱行车秩序,还容易引发争道碰擦事故,对道路通行的影响极大。

为消除这一顽疾,宁沪公司无锡管理处会同道路交通管理部门采取"N+1"物理管控模式,减少匝道汇入车流的影响,即利用圆锥筒等设施对匝道车流进行隔离疏导,确保只有一股车流平稳汇入主线,成效显著。但相对费时又费力,还存在一定的人工作业风险。

面对困境和挑战,宁沪公司无锡管理处坚持问题导向,主动对标国际,积极借鉴国外高速公路管理经验,结合国情路情,率先研发、建设匝道信号灯智能控制系统,并于2019年"五一"期间在沪宁高速公路无锡北枢纽投用。该系统由毫米波雷达、计算及控制设备、车道信号灯、LED提示屏和电子警察抓拍设备等多部分组成,并辅助路侧指示牌以及高德地图语音植入提示。这一开创国内高速公路先河的举措,实现了数据采集、路况感知、流量预警、后台管控、信息提示的智能化和自动化。通过毫米波雷达对沪宁高速公路主线车流的动态感知,实现对匝道汇入车流的智能预警和信号灯调控,做到间歇性、拉链式交替通行,有效减少无序交织带来的拥堵和安全隐患,促进沪宁高速公路主线交通流的最大化。由于该系统操作简便,年均使用超1000小时,管控匝道汇入车辆约120万辆,效果显著。至2020年初,沪宁高速公路超大流量路段已有4个枢纽匝道安装了智能管控系统,基本具备了大流量时间段枢纽匝道汇入车流的协同管控能力。

(八)智慧扩容,激发通行潜能

众所周知,缓解道路拥堵的最直接、最有效的办法是物理扩容,可以将沪宁高速公路双向8车道扩展为10车道或12车道,做到一劳永逸。但是在寸土寸金的苏锡常地区,这一办法显然是行不通的。据专家测算,仅扩建沪宁高速公路无锡枢纽以东路段20公里就需投入资金约70亿元,且建设周期长,投入产出比一般。为此,宁沪公司积极会同江苏省交通运输厅及相关科研院所,全力开展专题科研攻关,准备投入不到1/20的改扩建资金用于改造相关设施设备,实现道路通行能力智慧扩容20%以上,达到与70亿元改扩建大致相当的"助通"效果。

智慧扩容的主体工程是超饱和流量路段车道管控系统,即利用应急车道开放技术与可变限速控制技术,在不改动现有路基横断面的情况下,通过可变信息情报板、信号灯、标志、标线、监控摄像、毫米波雷达等智能化、精细化交通管控技术,构建"动态应急车道"管理理念,实现对每个车道驾驶车辆的精准引导和实时管控,较大程度提升超饱和流量路段通行能力水平。例如,1车道发生交通事故,系统自动感知事件,及时关闭1车道,并通过配套的车道诱导提示,将原来的应急车道作为行车道向社会车辆开放,确保道路通行能力不因事故而降低。而且,在雨雾冰雪等恶劣天气或重大节假日大流量时段,可以通过动态调整各个车道的行驶速度,减少事故发生,促进道路通行能力最大化。

智慧扩容系统自2019年国庆节投入使用以来,沪宁高速公路无锡段高峰流量时段通行效率提升了12%,通行速度提升15%,交通事故率降低17%,拥堵次数降低65%,拥堵时长降低33%。鉴于其良好的使用效果,宁沪公司将该系统东扩至沪宁高速公路苏州新区互通,西延至无锡枢纽,形成双向各30公里的庞大管控矩阵,智慧扩容功效正在逐步释放。

为确保沪宁高速公路超饱和流量路段车道管控系统设计功能的完全实现,宁沪公司还积极采用新技术、新工艺,配套优化了沿线标志标线,减少信息过载,提升指示效果。并在硕放枢纽至东桥枢纽路段试点建设了连续式港湾群,4公里范围内双向各增设3个港湾式应急救援点,长度共1670米,设置密度全国最大,进一步推动应急响应"零距离",努力为化解超饱和流量路段拥堵难题提供系统化解决方案。

(九)联勤联动,凝聚保畅合力

宁沪公司无锡管理处充分发挥省内首个"一路三方"基层联合平台优势,积极践行"资源共享、信息高效、责任共担"宗旨,系统梳理畅通示范路创建过程中联勤联动好的经验做法,一共编制了12项联勤联动制度。

联合指挥调度方面:"一路三方"实行24小时联合值守,根据各自工作流程和信息平台做好相关记录和指令发布,合理调配力量,确保辖段安全畅通。

联合值班带班方面:每日更新指挥大厅各方值班领导和值班人员信息,值班领导和值班人员实时了解掌握道路运行状况,指导和抽查现场作业安全和事件处置情况。重大节假日和重大事件时,值班领导坐镇指挥、及时会商。

联合隐患巡查方面:每季度各方轮流牵头开展一次路面交通安全隐患排查和治理,重大节假日前开展专项隐患排查,发现隐患后落实责任,明确整改期限。隐患整改完成后联合进行验收,实现道路交通安全管理闭环。

季度联席会议方面:每季度轮流召集一次交通安全联席会议,通报联动工作开展情况,针对存在的问题提出改进措施和建议,研究部署下一阶段的道路交通安全管理重点。

重点工作会商方面:重要节假日、重大活动、警卫任务、特殊事件和恶劣天气等重要节点前后,开展专题会商,及时研判,部署落实道路交通安全保畅措施,事后及时进行回顾总结。

联合事件管理方面:加强交通事故、道路拥堵处置和施工路段监管,发现问题及时督促整改。因事故、施工等原因造成道路交通拥堵的,各方遵循"先到先处"的原则进行处置疏导。重大节假日期间,根据重点工作会商确立的"力量布置图"和方案开展工作。

联合突发处置方面:遇雾、冰、雪等恶劣天气,需要在主线或收费站进行分流车辆、压速带道等管制的,以交警为主,另外两方做好护尾和预警工作;需在主线进行扫雪除冰等作业时,交警、路政做好护尾预警防护工作。每年组织应急预案演练,内容涵盖恶劣天气、危化品运输应急处置等方面,必要时交警牵头联合地方行业主管部门进行综合演练。

联合施工管理方面:督促外协单位按程序履行施工手续报批报备,每季度组织外协单位安全教育与培训,联合对施工作业区域进行监管,发现不符合规范的行为及时通报业务主管部门进行整改。

联合案例研判方面:每季度召开案例研判分析会,各方选取一个典型案例通过多媒体演示形式进行剖析,固化成功做法,改进问题不足。

联合交通治理方面:联合开展桥下堆积物整治、服务区上下客、收费站凌晨2时至5时大客车管控、高速公路违停大客车治理、三超车辆检查等工作,营造安全有序的通行环境。

联合宣传发布方面:成立宣传报道及媒体应对小组,积极开展交通安全宣传。遇重大节假日、恶劣天气、重大活动、事故特情等,统一口径向媒体发布。

联合跨区处置方面:定期召开跨区联席会议,建立跨区联动协调机制,整合市域路网、相邻路段资源和力量,塑造路网安全保畅"一盘棋"格局。

12 项联勤联动制度的有效践行，较好地提升了超饱和流量路段保畅效率，“一路三方”规定时间内特殊情况现场到达合格率由 45% 提升至 95%。该套制度 2019 年初也被江苏省交警总队在全省高速公路交警系统中推广，多地交警前来学习交流。

三、实施效果和后期展望

沪宁高速公路超饱和流量路段畅通示范路建设 3 年来，克服了超大流量蔓延、交通事故频发、安全风险加大等三大困难，强化了指挥调度、应急救援、养护施工、运营设施、交通秩序、安全生产等六项管理，改善了救援各方综合到达合格率、事故主动发现率、违法行为发生率等九大指数，在没有大规模扩建车道的情况下，实现了道路智慧扩容 16%。在全国最繁忙高速公路路段之一的无锡段，构建了平安、舒适、畅行的通行环境，驾乘人员出行的安全感、幸福感、获得感得到极大提升，“黄金通道”的“黄金效应”展现无遗。无锡段也从未被列入交通运输部路网中心定期统计发布的全国十大拥堵路段名单，畅通示范路建设实现了社会效应与经济效益双赢。

（一）安全系数变优

通过“一路多方”的共同努力，沪宁高速公路无锡段行车秩序明显好转，驾乘人员对道路指示标志、标线、告示语的遵从度大幅提升，随意变道、违法占道等违法驾驶行为由 0.2% 下降至 0.02%，一般事故同比下降 6%，重特大事故同比下降 27%。事故的有效压降换来了安全有序的涉路作业环境，近年来沪宁高速公路无锡段未发生自有及外协作业人员重大伤亡事故，宁沪公司无锡管理处也连续三年被江苏省总工会评为“安康杯”竞赛优胜单位。

（二）救援效率变高

通过智能感知、视频巡查等措施，沪宁高速公路无锡段事故主动发现率由 65% 提升至 80% 以上。事故发生后，流量最大的硕放枢纽至东桥枢纽段 10 分钟到达率高达 83%，在全国同类高速公路中遥遥领先。事故平均处置时间由 25 分钟下降到 11 分钟，1 小时交通疏通率也由 96% 提升至 98% 以上，应急救援驾乘满意度保持 100%。

（三）道路运行变畅

沪宁高速公路无锡段养护占道施工保持年均 10% 以上的增速，得益于集约化养护、错峰施工的开展，辖段养护车道占用率由 0.4% 下降至 0.12%。另外，超饱和流量路段车道管控系统的常态化启用，也极大地优化了行车秩序，车辆 30 分钟通过无锡段的比例也由 45% 提升至 51%。

（四）示范作用变强

近年来，80 余批次近 1000 人次全国同行先后到访无锡段参观交流，主线救援驿站、应急车道临时借用等一批创新举措相继在江阴长江公路大桥、广靖锡澄高速公路、沿江高速公路、苏通长江公路大桥等江苏多个大流量路段中推广使用，据反馈：相关成果贴合高速公路运营管理实际，对于破解超饱和流量保畅难题具有较高的借鉴、示范意义。央视、国务院国资委官网、东方卫视、江苏卫视、《新华日报》《中国高速公路》等媒体或行业杂志采访报道近 60 篇次，“畅通沪宁”品牌在行业内传开。

（五）经济效益变好

随着保畅体系建设的不断深化与完善，沪宁高速公路超饱和流量路段将逐步实现智能扩容 20% 的目标。按照目前日均断面流量 15 万辆测算，预计每年可增加车辆通过超 1000 万辆，增加通行费收益近 2 亿元，能够较好地反哺道路运营管理成本，从而可以为道路使用者提供更为优质的通行服务。

交通流量在增长，宁沪公司关于超饱和流量保畅的探索也将持续。宁沪公司将以锐意创新的拼劲、愚公移山的韧劲、敢为人先的闯劲，持续深化道路通行服务供给侧结构性改革，努力形成更多可复制、可推广的大流量保畅经验，竭力为公众提供更高质量的高速公路通行服务体验，不断提升“苏高速 · 茉莉花”营运管理品牌美誉度和影响力，为打造交通运输部交通强国战略长三角高速公路示范工程贡献智慧和力量。

基于取消省界新收费形势的“全领域全流程”运维监测体系的构建与实施

江苏宁靖盐高速公路有限公司

成果主要创造人:许良浩　王开然

成果参与创造人:董益东　佘兆宇　蔡华西　马文静　李　阜　刘　华　张　昊　赵仕伟　于爱军

江苏宁靖盐高速公路有限公司(简称“宁靖盐公司”)成立于1999年2月,负责经营管理G1515盐靖高速公路、S28启扬高速公路江都至海安段和S75兴泰高速公路,管辖里程304公里。宁靖盐公司本部设有综合管理部、人力资源部、营运安全部、经营开发部、党群工作部、工程养护部、财务审计部7个部门,下设收费站、服务区、排障大队、养护巡检大队、调度指挥中心、机电维护中心共计39个基层单位。其中,收费站21个、服务区6对、排障大队6个、养护巡检大队4个、调度指挥中心1个、机电维护中心1个,有员工960余名。

在全国高速公路快速发展的新兴格局下,监控运维系统的地位日趋显著。为加强运维平台日常管控,宁靖盐公司专门成立电力监控管理班组,机电中心定期召开平台故障问题处置会议,及时部署各项处置工作,明确工作要求,夯实管理责任。在做好日常监控运维工作的前提下,重点加大对日常故障全周期的排查,确保门架及收费站数据及时、准确、完整。在领导的统筹安排下,多层次、各单位凝聚合力,落实平台监测日常故障处置要求,推进数据上传各项工作稳步进行。

门架及收费数据采集和传输出现异常,将影响省、部乃至全国收费业务的开展。宁靖盐公司各单位及时跟进,密切配合、互通信息,积极做好故障异常处置、问题原因分析、数据上传错误纠正等工作。运维人员创新工作方式,深入现场,同时安排专人紧盯运维平台,随时了解数据变化,及时解决突发问题。通过平台运维数据查询、统计等工作,机电中心对软件进行分析,全面检查平台工作状态,针对性开展对问题门架、收费站问题车道的全面巡检、重点排查等措施,实时查看机电设备运行状态、监测门架实时数据、比对上传数据,按日公布数据质量和治理进度,高效推进故障处置工作。

针对个别门架存在数据传输不及时问题,宁靖盐公司营运安全部组织软件开发与驻点维护单位至现场进行专题调研,召开现场处置会,压实各方责任,指出问题节点,查明原因,分清责任,把脉开方,攻坚突破治理难题。通过扩充服务器存储、更换交换机等硬件设备、优化完善系统软件程序、强化维护规范化操作等方式,从源头上解决数据问题,确保门架及收费站数据高效准确地传输到省、部级收费系统。

一、成果构建背景

(一)取消省界收费站工程的实施

党中央、国务院高度重视深化收费公路制度改革、取消高速公路省界收费站工作。2018年5月16日,国务院常务会议提出推动取消高速公路省界收费站。交通运输部会同有关方面坚决贯彻落实党中央、国务院决策部署,成立了专项工作组,按照“试点先行、稳妥有序”的原则,确定了试点省份,印发了试点技术方案、工程实施方案、测试方案及关键技术要求,开展了大量基础性测试以及部省两级系统建设改造等工作,并于2018年12月28日试点取消了江苏、山东、重庆和四川的15个高速公路省界收费站。省界收费站取消后,省界收费站交通拥堵现象得以解决,取得了良好的社会效益,积累了宝贵经验。

2018 年 12 月,中央经济工作会议上要求,要提高综合交通运输网络效率,降低高速公路、机场、港口、铁路等收费,降低物流成本。国务院总理李克强在 2019 年《政府工作报告》中提出:"深化收费公路制度改革,推动降低过路过桥费用,治理对客货运车辆不合理审批和乱收费、乱罚款。两年内基本取消全国高速公路省界收费站,实现不停车快捷收费,减少拥堵、便利群众。"2019 年 3 月 15 日上午十三届全国人大二次会议闭幕后,李克强总理在答记者问中,要求要确保两年内基本取消省界高速公路收费站,并力争提前实现。

为贯彻落实党中央、国务院的决策部署,交通运输部对取消全国高速公路省界收费站工作已有明确要求。按照方案要求及江苏省整体要求,宁靖盐公司结合自身实际情况,实施了取消省界收费站工程,实现了 ETC 自由流收费。新的收费形势给运维工作带来了新的要求。

(二)设备增加、分散化部署给运维监测体系带来挑战

宁靖盐公司取消省界收费站工程中建设了 80 套 ETC 门架系统,对 164 条车道进行了 ETC、混合车道改造,对 61 条入口车道安装了拒超设施。大量的机电设备、分散化的部署、孤岛式的门架设备,都给目前的运维监测体系带来了巨大的压力和挑战。

(三)ETC 门架通行流量"卡口"效应凸显

以 2019 年 9 月江苏高速公路断面小时流量前十的为例。前十断面,小时合计流量为 61385 辆,小时平均流量为 6138 辆。排名前三的断面流量分别为:"硕放枢纽至东桥枢纽"断面 7327 辆、"无锡机场至硕放枢纽"断面 6698 辆、"苏州东至苏州枢纽"断面 6429 辆。

关键"卡口"ETC 门架的收费运维保障能力在巨大的流量面前显得无比艰难,故障被动发现的滞后性,可能导致大量通行费的漏征,以及巨量的后期追缴工作。

(四)收费运营模式变化

取消高速公路省界收费站后,收费模式将转变为自由流收费,收费站趋于无人化管理,车辆能够实现一网通行,跨省交费车辆将大幅增多。因此,设备的可靠性对收费运营的保障至关重要。

以无人化管理为例,宁靖盐公司在 2018 年实施了集中值机管理,集中值机主要是在路段中心或者在公司设置集中值机室,对所辖路段的收费业务及特情事件进行统一处置,原有收费站的值机人员进行分流或转岗,这就带来了站区故障发现能力弱化、故障处理能力不足的风险。

(五)故障类型统计

根据对 2020 年 7 月江苏全省软硬件故障的汇总与分析,8 月故障中硬件占比 47%,软件占比 51%,其他故障占比 2%。硬件故障中,排名前三的分别是车道机、卡机故障(14%),栏杆机故障(9%),ETC 天线故障(9%)。软件故障中,排名前三的分别是收费数据审计问题(32%)、统计报表问题(21%)、绿优无线问题(9%)。

通过分析可知:与收费相关的软硬件故障占比相对较高,而硬件故障存在赶往现场耗时长、维护时间长、维护质量不可控的潜在风险,且 ETC 门架属于孤岛式布设,维护难度相对较大。

(六)小结

通过上述分析,宁靖盐公司认识到取消省界收费站实施以后,可能会出现以下隐患或风险:

①各单元设备、系统分散孤立,缺乏标准化管理,部分单元还没有实现台账电子化。

②不同品牌的同类型设备,运维接口千差万别,缺乏统一的标准和规范。

③设备故障的发现依赖现场收费人员人工发现再进行提报,存在一定的滞后性。

④故障原因的判别,依赖维护人员的主观经验进行,存在一定的差异性。

⑤软硬件故障缺乏分级标准,故障的上报和处置存在一定的主观性。

针对这些隐患,宁靖盐公司在实施省界收费站撤销工程建设的同时,考虑到"一张网"运营后机电系统的稳定运行将面临巨大压力,提前思考,积极探索。从自身需求出发,结合日常运维监测工作中的

实际问题和经验,经过大量的调研、分析、总结,同步组织研发了宁靖盐公司机电系统智能运维平台,对机电系统的正常运营发挥了较好的保障作用。

二、建设思路

宁靖盐公司针对省界收费站撤除后如何保障系统的稳定运行和如何防止偷逃费问题,瞄准管理难点,通过思考、总结,提炼出以下几点思路:

①设备运维监控呈孤岛化→大数据汇集→运维监控一体化。

②设备运维接口千差万别→标准化对接→运维接口标准化。

③故障分级缺乏统一标准→标准化分级→故障分级标准化。

④设备运维缺乏统一考核→标准化评分→系统健康指数化。

⑤设备问题依赖人为发现→大数据挖掘→故障预警智能化。

⑥维护状态无法实时监测→全流程监测→故障维护流程化。

⑦故障无法及时定位元因→智能化分析→故障定位自动化。

⑧故障处理操作标准不一→故障预案库→故障处理规范化。

三、主要做法

在宁靖盐公司各级领导的高度关注和大力支持下,有关部门组织形成专业的研发团队,从宁靖盐公司的实际需求出发,设计开发宁靖盐智能运维监测系统。

宁靖盐公司机电系统智能运维平台主要包括以下 8 个系统:实时监控系统、智能报警系统、远程控制系统、参数管理系统、故障预警系统、设备全生命周期管理系统、备品备件管理系统、资源管理系统。

(一)实时监控系统

对高速公路路段中各运行设备进行运行状态的实时监测,是智能运维平台最基本也是最重要的一个功能。智能运维平台可以对高速公路路段内站区、道口、门架和外场的设备进行全方位实时检测,确保路段内的设备都在良好的工作状态下运行,保障高速公路收费工作正常运转。

实时监控系统主要是对全线机电系统的运行情况进行监测和控制,该系统涵了软硬件两个方面,其中软件主要包括:ETC 门架前后端软件、车道收费软件、计费服务软件、黑名单服务软件等,以及相关软件的运行指标参数。硬件主要包括:ETC 门架终端设备、智能机柜,通信光缆及设备,收费站服务器、不间断电源(UPS)、车道机及相关外设,电力设施。

按照监测的分类,可以分为 ETC 门架、实体车道、电力设施、外场设施、通信设施等单元。

ETC 门架的监控,包含对门架工控机、服务器、门架软件运行状况、ETC 门架天线、牌识设备、PSAM 卡运行状况及路侧机柜进行监控。路侧机柜中,运维系统对门架机柜中放置的 UPS、烟雾报警、空调、现场温湿度等多项指标进行了监控,确保路段内 ETC 门架能够正常运行。

实体车道的监控,主要对车道工控机、天线、栏杆机、信号灯、光栅线圈及称台进行监控。对车道工控机的监控包含对工控机内硬盘、内存运行状况等运行指标的实时监控。

电力设施的监测,涵盖对路段内站级部署的 UPS 的监测,运维系统可以对站端 UPS 当前状态、使用状况、运行参数进行监控。监测系统也可以对配电房内的用电情况与工作参数进行监控。

站区设施的监测,涵盖目前路段内站区中从收费服务器到管理机以及站区机房温湿度等的监测。

网络设施的监控,包含了站区当前路段内交换机、路由器等网络设备等运行状况的监控,也包含了对当前路段内各设备的网络联通状况及联通质量的监控。

外场设施的监测,涵盖当前路段内外场监控摄像头及部署在路段各处的情报板。对情报板的监测可以做到对软件故障、硬件故障、显示模组故障、显示模组电源故障、单像素管故障、检测系统故障、输入 220 伏交流电故障、防雷器故障、光敏部件故障、温度异常故障等具体的故障详情进行监控,视频能够做到对画面是否冻结、图片是否拉扯、颜色是否异常、画面是否位移、画面有无滚纹、画面有无滚屏、画面是否有过曝光、视频未聚焦等故障进行详细监控。

运维平台使用者可以通过主页上的柱状图和地图中标记的图示了解当前路段各设备目前的运行工作状况，当设备工作状况异常，相关信息会在主页通过图标显示、文字显示、声音告警等方式提醒使用者。

运维平台使用者也可以通过点击具体的门架、收费站以及情报板标识，了解当前设备的资源情况及实时运行状况、路段门架小时通信流量、收费金额、车牌识别、门架交易成功率等信息，从而做到对路段信息的实时监控，对高速收费运行情况进行掌握。

（二）智能报警系统

当路段中设备产生错误时，需要对相关问题进行告警从而让路段工作人员及时对相应错误进行处理。相比于老式人工提报故障报警，智能运维平台能够在对路段设备进行实时监控的同时，发现相关设备存在的故障及问题，第一时间在平台中告警，从而及时处理相关问题，降低设备故障对高速公路收费工作产生的影响。

智能报警系统主要负责对路段中的各设备进行实时监控，对各项监控数据进行分析，判断各设备当前运行状况。当设备出现故障时，平台将会与关联数据进行辅助验证。当确认故障真实存在后，平台将通过语音和页面提示的方式告知运维人员，工作人员及时组织维护人员前往处置。排查完故障，维护人员可以在确定具体情况后将问题标记为已处理或标记为误报，运维平台将会对本次报警数据进行存档分析，以完善平台报警误判的排查，确保故障定位的准确性。

智能报警系统还有一个最大的优势，即能够精准判断网络故障节点、情报板故障模组，极大地提高相关硬件的抢修效率。

实际工作中，路段中机房和路段门架的 UPS 是在断电时保持相关设备正常工作的重要设备，对 UPS 的监控就显得极其重要。当路段中门架及收费站 UPS 状态出现问题时，营运维护系统会第一时间提报相关问题，管理者可以通过相关信息第一时间联系路段维护人员，在相关问题所造成影响进一步扩大之前排除故障，为路段挽回相应损失。

以门架监测为例，2020 年 6 月 12 日下午 3 时，智能报警系统监测到盐靖高速公路 K222 + 100 处 ETC 门架路侧机柜烟感探测告警。工作人员接到告警后，通过门架球机远程观察，发现烟雾来自附近农田的秸秆焚烧，排除险情。

以光缆监测为例，2020 年 6 月 28 日上午 11 时 30 分，智能报警系统监测到青墩收费站与特庸枢纽间光缆通信中断，系统精准定位光缆断点在距青墩收费站 2306 米处。工作人员接到告警后联系维护人员前往现场紧急抢修，于 12 时 22 分修复因施工挖断的光缆。

以 UPS 监测为例，2020 年 7 月 15 日凌晨 4 点，智能报警系统监测到海安西收费站市电异常，UPS 后备电源开始供电。工作人员接到告警后，第一时刻联系站区电力维护人员前往现场处置，经排除故障后，收费系统供电恢复正常。

（三）远程控制系统

高速公路上收费设备分布分散，维护人员驱车前往也需要花费大量时间。因此，对非核心设备实现远程控制具有很强的现实意义。使用远程控制排除相关故障可以大幅减少维护人员的工作量，提升运维的工作效率，降低故障对收费工作的影响。

远程控制系统主要负责对运行过程中出现运行效率故障的硬件设备进行远程控制，将其重新启动或设置调整对应的参数，主要包括视频服务器、智能机柜、黑名单服务器等相关设备。

对于核心收费设备，如计费服务器等，为了避免出现不必要的问题，需要维护人员前往现场处理。

（四）参数管理系统

在日常运营过程中，门架及收费数据采集和传输出现异常，将影响省、部乃至全国收费业务的开展。宁靖盐公司各单位及时跟进，密切配合，在运维监测平台中加入了收费参数指标监测模块。机电中心对系统进行分析,针对性开展对问题门架、收费站问题车道的全面巡检、重点排查等,按日公布数据质量和治理进度,高效推进故障处置工作。

同时,ETC门架、收费车道、收费站各项收费参数对高速公路的日常收费也至关重要。收费参数作为收费系统的底层资源,决定了高速公路收费系统运行的正确性。对收费参数进行实时监控,为高速公路日常正常收费提供了重要的保障。

智能运维平台能够对当前收费站站端黑名单服务器以及车道接收的包含计费服务版本、黑名单版本、信息编码表、预约车数据表等在内的各项参数版本进行实时检测,将站级与车道目前在用的各项参数版本与中心最新下发版本进行实时比对,确保各项参数更新及时,确保收费站车道收费的正常运转。

当有站端服务器或者收费车道相关收费关联参数长时间未更新时,参数管理系统会第一时间进行报警,管理者可以通过相关信息同收费站进行核对并联系维护人员及时处理相关问题,从而减少因参数未及时更新而导致的收费问题,尽可能减少相关投诉事件的发生。

参数管理系统除了涵盖收费的各项参数,同时还包含了门架及收费站的流量、收费金额、门架交易成功率、车牌识别成功率、门架小时收费指标等路段收费指标数据。当收费站或门架收费指标异常时,宁靖盐公司积极做好故障异常处置、问题原因分析、数据上传错误纠正等工作,针对个别门架存在数据传输不及时问题,公司营运安全部组织软件开发与驻点维护单位至现场进行专题调研,召开现场处置会,攻坚突破治理难题。通过更换交换机等硬件设备、优化完善系统软件程序、强化维护规范化操作等方式,从源头上解决数据问题,确保门架及收费站数据高效准确地传输到省、部级收费系统,保障高速公路收费运营工作正确、顺畅地运行。

(五)故障预警系统

相较于对设备已经存在的问题进行处理,能够对系统中潜在的问题进行排查,在问题及故障显现前便将隐患排除,对于日常运维工作明显是更为重要的。智能运维平台中故障预警系统可以对系统中潜在的问题进行排查,将相关监测信息定期推送给维护人员,帮助维护人员排查相关隐患,保证收费工作顺利进行。

故障预警系统主要是对智能运维平台监测到的运行数据进行综合统计和分析,对存在故障风险的硬件设备提出预警信号,方便维护人员提前进行更换和调整,降低硬件产生故障后带来的损失。该预警系统包括所有监测的软硬件。

智能监测系统提供页面、声音、远程声音、邮件、脚本、微信、移动端等多种方式及时发出警报。可以及时通知运维管理人员发现、定位和处理故障,让系统的管理从被动变为主动,可有效预防故障发生,也可在故障发生时快速进行定位,对故障进行及时处理。

在故障预警系统实际运行中,系统发现戴南出口3号车道工控机,从2020年初开始长时间处于CPU高耗能状态,平台及时发出预警提醒维护人员对工控机进行了更换处置,规避了设备故障给正常收费带来的影响。

(六)设备全生命周期管理系统

设备全生命周期管理系统负责机电设备从采购到报废的整个使用和运转过程管理。包括设备的采购、入库、出库、使用、巡检、维护及报废。

设备全生命周期管理系统数据来源于运营平台的监测数据和维护人员的采集数据,系统通过以上数据建立起相关设备的终端档案。

在以往传统的管理模式下,路段中使用设备的工作时长,预计到期年限往往模糊不清,当设备超期以致故障前维护人员往往无从知晓。

全生命周期管理系统将会对设备从出库、使用、日常巡检到最终报废出库进行全方位的管理。日常使用期间保障设备以最佳工作状态工作,而当设备临近使用年限时,也会提供相关指引为管理者对相关设备的淘汰更换提供数据支撑。

(七)备品备件管理系统

高速公路机电设备种类繁多,品牌不一,采购年限也不尽相同,依靠人为管理,可能会出现设备损坏后无法及时更换或者设备超期使用的问题。为了实现对备品备件的电子化管理,宁靖盐公司开发了适合高速公路特殊情况的备品备件管理功能。

备品备件管理系统包括备品备件的管理和采购管理。备品备件管理是对已有库存备品备件进行数字化管理,实现备品备件种类、库存清晰直观,设备流转记录一目了然,使管理者对备品备件的具体情况全方位掌握。

备品备件管理系统通过对现有设备运行状况的数据进行分析,结合设备生命周期的管理,可以分析预测出设备在未来3个月、半年乃至一年的备品备件的预计需求量,给相关人员提供采购计划和采购数量要求。也可对不同品牌的硬件的故障情况进行分析,提交品牌、型号采购推荐,保证路段备品采购的效益与设备运行效能的最大化。

同时,系统也可以根据季节、所在地气候状况、交通负荷及往年设备同时段故障量等信息对备品备件采购量进行修正,为备品备件管理提供重要依据。

(八)资源管理系统

高速公路在营运管理过程中,存在着大量的改造、运维等机电施工和土建施工。随着高速公路建成运营的时间推移,材料逐渐不清晰化。为了提高施工管理的效率,不产生其他影响,需要对高速公路管理的相关资源,尤其是机电设备进行电子化管理。

路公司对路段内各设备、光电缆及管线资源的掌握可以帮助路段维护者更好地了解当前路段各项设备资源的储备情况,使得在路段的日常运行维护中,由于对当前路段所有资源都已经有全面且细致的掌握,使得相关运行维护工作可以有条不紊地展开。

资源管理系统主要对道路沿线的资源进行电子化管理,提供高效便捷的查询和更改功能,系统主要包括高速公路的管道资源、光纤资源、电力资源、机电资源等。

以光缆资源管理为例,系统支持以地图形式显示每根光缆在高速公路上的具体位置和走向,同时精确管理每根光缆及其内部光纤的用途、启用时间、变更等情况。

以道路沿线管道管理为例,系统支持道路沿线的管道及管道内管线的电子化管理,可以精准定位,电子化台账可以记录管道及其内部管线的用途、位置、启用时间、变更等情况。

资源管理系统通过对宁靖盐高速公路所属路段的电缆、光缆、机房电力、管线管道以及备品备件、设备生命周期等各子系统进行统一集成化管理,通过对各子系统的数据进行整合,打通各系统之间的壁垒,实现系统之间的互联互通。同时通过对运维监测的颗粒化,进而实现自由流收费运营的可靠、安全运行。

四、实施效果

(一)高速公路行业运维管理示范作用初步显现

宁靖盐公司立足高速公路管理实际需要和管理难点,本着借鉴、吸收、创新、融合的原则,在认真调研、科学规划的基础上,经过积极探索、创新和实践,形成了一套适应撤销省界收费站新收费形势的新型运维管理思路和管理模式。由于国家和地方均未有明确的规范高速公路行业运维管理的细则和标准,因而宁靖盐公司构建的基于取消省界新收费形势的"全领域全流程"运维监测体系具有较强的示范意义,对我国高速公路行业的运维管理实践也具有明显的参考及借鉴价值。

(二)收费保畅能力进一步提升

通过构建与实施基于取消省界新收费形势的"全领域全流程"运维监测体系,不仅有力增强了宁靖盐公司运维管理和收费保畅能力,有效保障了ETC门架、收费车道、站区等收费区域的收费运行安全,实现了预防故障、夯实收费生产的目的,而且全面提升了宁靖盐公司机电系统的信息化水平,同时也为广大驾乘人员提供了畅安舒美的行车环境,使高速公路作为公益型基础设施的功能和作用得到充分体现,为地方社会经济发展作出了积极贡献。基于取消省界新收费形势的"全领域全流程"运维监测体系实施以来,宁靖盐公司所辖高速公路未发生因设备或系统原因导致影响收费的事故,很好地践行了"收费保畅、方便群众"的企业宗旨,"宁靖盐高速"品牌形象和影响力得到全面增强。

(三)公司运维管理水平全面提高

基于取消省界新收费形势的"全领域全流程"运维监测体系构建与实施工作,为宁靖盐公司机电系统运维管理工作明确了理念导向,理清了思路和目标,通过借鉴科学的管理理论和方法,逐步建立起覆盖高速公路机电系统全业务链的运维管理体系和健全的运维管理网络,形成了系统科学的运维管理长效机制,有力地夯实了企业收费生产的基础,促进了运维管理整体水平的提高。

五、成果总结

(一)在实践探索中创新

在宁靖盐公司运维监测体系构建和实施过程中,组织团队遇到了各种各样前所未有的问题和挑战,但在宁靖盐公司各级领导的支持、鼓励和指导下,组织团队克服自身局限,从实际出发,发扬踏实苦干的实干作风,在实践期间积极探索新理念、新技术、新思想,发扬宁靖盐公司的创新精神,解决了体系建设中遇到的问题,组织团队也获得了极大的成长。同时,组织团队通过本次实践,领悟到了以下精神:

在实践中不断探索创新,必须进一步解放思想,与时俱进,坚持从实践中来、到实践中去。要在继承以往行之有效的制度的基础上,认真总结和提炼长效机制建设实践中的宝贵经验,积极探索新收费形势下运维监测管理工作的新办法和新途径,建设基于取消省界新收费形势的"全领域全流程"运维监测体系。

在实践中不断探索创新,要坚持从实际出发、实事求是的原则,切实解决新收费形势下出现的新的隐患和问题;要充分尊重基层群众的首创精神,及时发现和总结在先进性运维活动中形成的好做法、好经验,不断总结完善、健全提高,并用制度固定下来、长期坚持下去。

在实践中不断探索创新,必须突出重点,力求实效。要针对新收费形势下存在的突出问题和薄弱环节,以强化运维能力、建设运维监测体系为重点,进一步健全完善基于取消省界新收费形势的"全领域全流程"运维监测体系。

(二)智能运维展望

智慧运维的前方是无止尽的,宁靖盐高速公路运维需要紧随潮流,在智能化、标准化方面进行更加深入彻底的研究与分析。

关于智能运维的发展,通过分析、总结,运维体系接下来有4个方向,分别是:设备运维接口标准化、大数据进一步挖掘、运维自动化修复机制、机器学习与人工智能的介入。

设备运维接口标准化,主要是指设备出厂提供标准化智能运维接口。通过接口获取设备状态、设备故障及硬件寿命可用周期,并通过相关标准化接口对问题进行处理,以提升运维效率及运维规范性。

大数据进一步挖掘,是对一段时间的积存数据进行进一步大数据挖掘,分析故障的趋势以及故障内在的联系,以提升潜在故障长周期预警能力。

运维自动化修复机制,根据运维经验,对故障进行分析研究,制定自动化处理策略。在平台自动定位到故障时,使用自动化修复策略解决问题。在出现临界或潜在故障趋势时,提前进行改善或处理。

机器学习与人工智能的介入,引入ML/AI对运维模式和运维策略进行智能化升级,自我更新迭代产生出更智慧、更高效的应对方案。

(三)踔厉奋发、笃行致远

基于取消省界新收费形势的"全领域全流程"运维监测体系的建设只是宁靖盐公司运维管理工作的起点,随着自由流收费的进一步发展,宁靖盐收费保畅面临着越来越大的压力,同时运维工作也面临新的挑战,无论是运维监测的能力还是运维人员工作技能,都将向宁靖盐公司机电系统运维管理工作提出更高的要求。

面对新形势带来的新问题与新挑战,宁靖盐公司将以踏实苦干、开拓进取的精神,进一步探索完善机电系统智能运维平台,不断提高运行管理水平,保障系统高效稳定运行。

施工企业工程项目共生体班组建设与管理

中交第一公路工程局有限公司 G25 德清至 G60 桐乡高速联络线
湖州段工程第 LTJ02

成果主要创造人:董耀文　兰胜强

成果参与创造人:丁延书　白　英　董悦英　梁　伟　王一霏　王　青
张　进　杨瑞刚　赵亚京

中交一公局第二工程有限公司是中国交通建设股份有限公司下属中交第一公路工程局有限公司的子公司。公司成立于 1996 年,是以承建国内高等级公路、桥梁、隧道、市政工程为主、具有施工总承包一级资质的企业。

公司自成立以来,始终坚持以人为本,管理创新,技术突破,全面发展,在工程质量和生产经营方面都得到了长足的发展,公司社会资信不断提升。多年来,中交一公局第二工程有限公司施工足迹遍布江苏、浙江、上海、四川、湖北、湖南、江西、贵州、山东、西藏等国内 16 个省(自治区、直辖市)。施工范围扩大的同时,施工难度与技术也在不断革新.公司承建了沪宁高速公路、同三高速公路、苏州京沪高铁、沪昆客专、拉萨纳金大桥、温州瓯江特大桥、乐清湾大桥等一大批"高、大、难、新、尖"的国家级和省部级重点精品工程,并多次荣获中国土木工程詹天佑奖、中国建设工程鲁班奖(国家优质工程)、省部级优质工程等殊荣,在行业内树立了良好的品牌形象。中交一公局第二工程有限公司曾荣获全国优秀施工企业、全国 AAA 诚信企业、江苏省建筑业"竞争力百强企业"、江苏省"信用管理示范建筑业企业"等荣誉,以诚信、务实、高质量的产品赢得广大客户的认同。

本文以中交一公局第二工程有限公司杭州绕城高速公路西复线湖州段联络线段 2 标(简称"杭州二绕德清项目")共生体班组建设为例展开研究,就构建与协作队伍共生的新型合作关系进行研究。

杭州绕城高速公路西复线湖州段是杭州都市经济圈环线。中交一公局第二工程有限公司承建的杭州二绕德清项目全长 11.67 公里,造价约 15.1 亿元,主要含路基、桥涵、互通、枢纽式立交、平面交叉工程等施工内容,采用双向六车道高速公路标准,设计速度为 100 公里/小时。项目具有点多、线长、工期紧、交叉作业等特点,2019 年更是压力巨大,每月面临着完成 1 个亿的繁重产值任务,通过共生体班组的建设,项目完成了产值目标,为公司打开浙江湖州市场作出了积极贡献。项目的建成,将进一步加强长三角地区以及杭州都市经济圈的交通联系,促进沿线经济社会发展,对加速形成周边省市主要城市"一小时交通圈"具有重要意义。共生体班组建设的提出,从构建与协作队伍班组的新型合作关系入手,为项目生产经营"赋能"。

一、成果实施背景

(一)施工企业工程项目未与施工班组建立真正的"命运共同体"

共生体班组的提出来源于习近平总书记提出的"命运共同体"。人类命运共同体,顾名思义就是每个民族、每个国家的前途命运都紧紧联系在一起,应该风雨同舟,荣辱与共。共生体班组就是建立项目与协作队伍之间共生、共赢、共利的新型合作关系。

项目经理部对施工班组的管理没有真正达到穿透式管理的效果,都在探索如何深入到班组管理中,但当前仍然处于摸索阶段。首先,项目经理部的核心层与真正施工的一线工人之间仍然夹杂着班组管理者、项目一线管理人员等人员,无法在施工生产方面达到项目、班组两级驱动的理想效果。其次,项目与班组两级的利益代表者不同,项目管理过程当中很有可能因为过度管理而而造成上下指令执行不一致,同样,班组因不完全了解项目管理的相关要求而导致工效降低或者返工的事情也时有发生。如何让项目与班组两级真正保持核心利益一致,保持服务的顾客一致(业主),就需要真正地使项目与班组之间建立共生关系,同呼吸共命运。

(二)命运共同体是落实中国交建"334"工程以及中交一公局集团"2019年提能增效年主题活动"的前提

2019年,中国交建通过"三基""三全""四化"和目标管理全面系统提升管理品质,固本强基,提质增效,努力实现一年补短板,两年见成效,三年大提升。中交一公局集团提出"提能增效"主题年活动,将"提能增效"作为管理工作的着力点,全面掀起全员提能强素、提质增效的热潮。

进入21世纪后,我国加入世界贸易组织(WTO)后相关行业市场壁垒的逐步解除,但基建市场"僧多粥少"的局面没有缓解。施工企业管理最基本的特征就是重细节、重过程、重基础、重具体、重落实、重质量、重效果,讲究专注地做好每一件事,在每一个细节上精益求精、力争最佳,其核心就是培育专业化施工能力、落实项目标准化管理和责任成本管理。只有当施工企业与协作班组之间成为命运共同体后,方可落实"抓基层、夯基础、苦练基本功"的"三基"要求,也促使双方为落实各自的增效而想方设法进行提能。

(三)"四化建设"是当前工程施工行业与班组共生的基础条件

在竞争激烈的今天,市场准入制门槛越来越高。随着劳动力结构老化加深,工程质量、安全、进度要求越来越严,坚持"四化建设"(机械化、自动化、信息化、智能化),打造品质工程,做优做强企业,增强班组人员"降本增效"理念,是当前工程施工行业与班组共生的基础条件。但我们不得不承认的一点是,过度的"四化"建设投入又会增加施工企业与班组两级的施工成本。为此,在当前环境下以最经济的投入完成性价比最高的产出,是施工企业与班组两级共同思考的问题。

(四)施工企业劳务分包价格透明,提升班组管理水平是降低成本的唯一出路

当前施工企业劳务分包价格透明,低价中标已成为施工企业不得不选择的竞争手段。在这种薄利甚至微利的市场竞争环境中,我们已经认识到,班组是施工企业的细胞,是最基础的单元,只有细胞健康,才能保障整个肌体的健康。但我们不得不承认,目前施工企业班组管理仍旧存在一些问题,如班组管理制度不完善,民主决策不到位,培训缺乏针对性,班组交流较匮乏等。因此,培育知识型班组成员,完善作业人员"共生体"意识,增强班组人员"降本增效"理念,调动班组成员主观能动性,才能提高效率降低成本。只有把管理的触角深入到每一个班组,不断提高班组管理水平,才能从根本上提高企业的管理水平。

二、成果内涵和主要做法

施工企业工程项目共生体班组管理的内涵,是施工企业以施工项目部为管理责任主体,以施工班组为管理直接对象,以作业人员为管理控制核心,引进系统化的安全、质量、进度教育培训观念,结合项目的实际情况和班组管理的现状,在班组作业标准化、班组6S管理的基础之上,以人性化的质安管理为理念,弘扬并创新企业优良的质安文化,强化一线作业人员的主人翁意识,转变一线作业人员的被动作业观念,打造高素质质安文明施工作业团队。为此,项目提炼总结并推出了"1356"共生体班组建设实施架构,即一个目标、三项基本原则、五大体系建设、六重实施保障。

(一)"1356"共生体班组建设实施架构介绍

1. 一个目标

打造以价值创造为核心的班组建设理论体系,以价值需求为导向,以价值创造为核心,以价值评估

为抓手,打造高绩效班组;让班组实现价值,让客户增加价值,为企业创造价值,为社会奉献价值。

2. 三项基本原则

三项基本原则,即:坚持以人为本理念提升一线作业人员获得感,坚持信息技术应用优化项目管理组织机构,坚持人机共生全面强化施工作业机械化水平。

3. 五大体系建设

五大体系为班组教育培训体系、施工进度计划执行评价体系、实体结构物分级评价体系、安全隐患排查治理体系、班组考核评价体系。

4. 六重实施保障

六重实施保障为:组织保障(双腿/是前进的动能)、党建引领保障(氛围/是前进的轨道)、数据技术保障(眼睛/大脑)、创新机制保障(手段/措施/技术创新和管理创新是左膀右臂)、班组文化保障(价值观)、资金投入保障(血液)。

(二)"1356"共生体班组建设实施组织机构

为了更大限度地发挥班组长的主观能动性,改变以往项目管理人员冲在前班组跟在后的传统施工组织模式,让班组长成为生产经营的真正核心,项目各级管理人员以"服务管控"为核心抓落实,积极引导班组长使其与项目共生、共赢、共利。同时为加强党建引领的作用,各级共生体班组均配备监察员,监察员由项目党员担任,主要工作职责为确保共生体班组管理体系运行正常,党建引领统一思想。

建立以项目经理为核心、以大班组长为组员的一级共生体班组(项目经理 + 项目书记 + 队伍负责人),建立以大班组长为核心、以副经理为指导员的二级共生体班组(生产副经理 + 大班组长 + 指导员),建立以小班组长为核心、以工区负责人为指导员的三级共生体班组(工区负责人 + 小班组长)。

(三)"1356"共生体班组建设实施管理体系

项目研发了"小班长"班组管理系统,以 App 为载体助力共生体班组建设的落地,"小班长"班组管理 App 涵盖安全巡查、质量管理、进度管理、工人管理、班组排名、周考核数据、智慧物联等模块,全方位助力共生体班组建设,用数据进行班组考核,让数据成为项目管理的"天气预报",成为班组建设的"档案库",基于各模块信息的数据更新,形成了项目完善高效的管理体系。

1. 3315 班组教育培训体系

项目内部培训建立起"三企"合作(警企合作、政企合作、企企合作),进一步深化警企合作保平安、政企合作兴平安、企企合作建平安活动,以警企合作为基狠抓特种作业人员持证和班组违法施工,以政企合作为基助推项目人员取证和教育培训,以企企合作为基全面落实安全隐患排查治理,进一步营造严肃的安管氛围,最终形成企企合作培训抓合规、警企合作培训抓合法、政企合作培训抓提升的良好质安文化培育氛围。

同时项目建立"315 培训体系","315"即三基一档五进阶。"三基":工序施工培训(入场安全教育、工艺施工基础)、标准化施工培训(工点标准化、工序标准化)、质量通病培训(质量通病分析、工艺技术重点培训)。"一档":建立"电子档案",共生体架构全面展示,班组人员信息集成,落实中交一公局领导在 2019 年工作会议上的讲话精神,将"小班长"班组管理系统为切实落实人的不安全行为而形成的"电子安全护照"(每位进场的工人都拥有一张属于自己的"电子护照")与小班长班组管理 App 后台捆绑,作为班组积分的"电子身份证"和培训考试成绩的"档案卡"。"五进阶":质量进阶,实体构建物展示,点明质量底线,提高质量价值观;安全进阶,虚拟现实(VR)综合体验,模拟安全事故,提升应急能力;进度进阶,数字化监控,数据可视化,提升进度意识;创新进阶,红黑榜和四新五小创新展示,激励先进,鞭策后进;技能进阶,培训闭环,考核排名,提升工人技能。

以上每项培训都具有其特定功能,既是项目特色品牌——"共生体"班组打造的重要举措,也是项目质安文化与质安价值观培育的重要基地。

2. 施工进度计划执行评价体系

以三级共生体班组为单位每月下发生产任务计划，分A、B、C三个等级，完成比例85%以上为A级，完成比例为70%～85%为B级，完成比例为60%～70%为C级，完成比例低于60%为不合格，完成比例100%～120%乘以1.2的系数，完成比例超过120%为不合格。以进度分等级的形式确保项目生产按照生产计划执行，使项目生产始终处于可控状态。

3. 实体结构物分级评价体系

以实体结构物为单元，以三级共生体班组为单位进行结构物保护层、外观等的分级评价，以实现"优质优价"的总体目标。为实现这一目标，项目建立健全实体结构物分级评价体系，严格落实工序精细化、标准化；强化原材料及半成品管理、验收；夯实试验基础工作管理，加强混凝土施工控制；强化实体质量检测及预警，建立梁板质量分级评价标准，根据成品梁缺陷，分A、B、C三个等级，做到"事后有评价，分类有依据"。

4. 安全隐患排查治理体系

以人为单位的不安全行为考评与以班组为单位的物的不安全状态，对班组安全管理现状进行考核评价。项目对班组安全管理现状进行考核评价，每月至少开展一次项目经理带队的"安全质量大检查"。最终通过每周共生体班组进度考核评比进行班组排名考核通报，以达到奖励先进、鞭策后进的作用。

5. 班组考核评价体系

项目班组考核采用以周保月、以月保季的方式，通过对施工进度计划执行情况、实体结构物评价情况以及施工过程中安全隐患排查的治理情况对三级共生体班组进行考核评比。将综合考评结果分成A(奖励)、B(不奖不罚)、C(进入黑榜，再教育)三类。

班组总分值为100分，其中施工进度计划执行权重30%，实体结构物外观评价权重30%，安全隐患排查治理权重30%，班组创新10%(一个创新点为1分，最高10分)。

(四)"1356"共生体班组建设实施支撑保障

1. 组织保障

项目将施工进度计划、实体结构物分级、安全隐患排查、班组考核评价等各项工作开展责任到人，充分发挥指导员、检察员、培训员、技术员的主观能动性，由专人进行专职考核工作，明确项目经理为第一责任人，确保共生体班组组织实施有保障。

2. 党建引领保障

由项目书记牵头对各级班组长、指导员以及监察员进行定期的党建思想教育，统一认识，造就一支有理想守信念、懂技术会创新、敢担当讲奉献的共生体班组团队。

创建共生体班组周刊，主要按照四个版面设置，第一个版面增强政治味道，贴近国家，每期都含有习近平总书记重大活动新闻；第二个版面增强学习味道，主要摘取指挥部、项目部或者其他项目、公司等各方面关于质量、安全方面做得比较好的方面，达到让班组共同学习提高的目标，其次摘取局、公司、业主讲话精神并进行针对性的学习；第三个版面主要对各班组的进度、结构、安全隐患排查以及考核情况进行公示；第四个版面增强文化味道，贴近职工，主要展现班组五小创新、施工亮点展示、班组风采、劳动立功竞赛、班组关怀等。

策划组织劳动立功竞赛活动，通过六比六赛，即比安全、比进度、比管理、比创新、比廉洁等，勇立潮头争创一流工程，让所有建设者不只是埋头苦干，更有梦可圆。

3. 数据技术保障

对"小班长"班组管理App后台数据实时录入，并对项目进度、质量、安全数据库进行定期更新、汇总,为项目共生体班组提供坚实有效的数据技术保证。

项目将WPS形式"管理任务清单库"作为项目目标落地的基本保障,清单库内容实时调整、任务明确并由办公室跟踪过程记录及闭合材料审核,形成项目工作落实跟踪的"大表单"。既实现了目标过程的点滴记录,又推动了项目基础工作的全面落地。

4. 创新机制保障

引导一线建设者以"四新五小"作为保持班组活力、提高班组施工效率、降低班组施工成本的最简单有效的办法。积极开展"四新五小"创新创效活动,调动班组作业人员创新创效积极性。

5. 班组文化保障

培育班组精益求精的工匠精神,通过开展技能比武等活动,使之努力达到项目要求的各类质量目标。现在的建筑工人多为新生代进城务工人员,外出就业动机已从改善生活向体验生活、追求梦想转变,他们同样注重自我价值的实现。很多企业认为对待协作队伍要"狠",这是对人的极端不尊重,用在新生代进城务工人员身上也不会有效果。项目在协作队伍中开展共生体班组建设,以更好地发现工匠、争当工匠,提升作业人员获得感就是很好的激励方式。同时积极培育班组成员的归属感、获得感,开展与班组协作队伍之间的拔河比赛、象棋比赛等活动以提升团队意识,项目工会深入班组"食堂",带着蛋糕与班组成员过集体生日会,在温馨愉悦的氛围里,拉近彼此之间的距离。

6. 资金注入保障

项目以公司班组作业标准化考核基金和指挥部劳动立功竞赛奖励作为共生体班组专项活动基金,这也是共生体班组考核奖励的资金来源。

三、实施效果

以前都是单方面讲项目部服务班组,造成班组"坐、等、靠",而共生体班组的提出,意在让专业化极强的班组要有极强的意识去服务项目部,管理型的项目部在劳务资源、机械设备等方面的劣势恰恰是专业化班组的强项,战略上项目部服务班组,战术执行上专业化班组服务项目部,同呼吸共命运,打造项目、班组命运共同体。

(一)以班组为单位的施工工效明显提升

项目工程全线(包含匝道)桥梁12.26公里,路基16.17公里,共计28.43公里,所有桥梁均被路基分隔开来,沿线村镇众多,点多线长,这就造成整个前后场生产调配难度大,施工组织难。同时上跨3处航道、多处国省道,船只、车流量大,水路、陆路施工安全风险高。加之软基处理是浙江省的一大难题,桥头跳车迟迟得不到解决,本项目所有路基均需要软基处理,一旦过度沉降或者滑移,后果不堪设想。在公司及项目全体管理人员的共同努力下,工程施工质安管理逐步系统化、规范化,有效规范了分包单位施工作业行为,施工现场安全隐患及作业人员不安全行为明显减少。

在安全管理薄弱环节,通过AI+安全帽佩戴识别系统、"小班长"班组管理App、质量体验培训等管理方式的开发研究,项目部逐渐完成了从薄弱环节到优势力量的转变,另一方面,结合班组作业标准化的推行,不仅提升了现场质安管理水平,打造了一批批"最美"建设者,更塑造了良好的施工形象,得到了外界的一致好评。通过全体参建人员的努力,项目荣获浙江省优秀质量管理小组QC成果二等奖、中交一公局优质混凝土奖、2018年浙江省"优秀项目部"、2019年浙江省合同履约和分包管理专项检查"优秀标段"、2018—2019年连续两年荣获浙江省"平安工地"等多项省市级称号,取得了良好的经济效益和社会效益。

(二)管理成本明显下降,班组效益明显提升

随着工程施工共生体班组建设的逐步推进,共生体企业文化在劳务分包单位及各班组中得到广泛好评。通过全面实施工程施工共生体班组建设,作业人员从入场开始便踏入规范化的质安教育培训系统中,质安生产知识及质安操作技能得到有效"渗入"。同时通过一系列人性化管理措施的实行、同呼

吸共命运文化的"植入"、优良质安文化的传播，整个施工过程质安氛围浓郁，班组作业人员安全素养和意识明显提高，质量、安全逐渐成为每个人的保护罩，真正将"要我安全"的观念转变为"我要安全"，有效提升了从业人员的质安素质，打造出一批批崇尚安全生产、严格质量管理的"新"生代进城务工人员。

协作班组献言献策，最终发明波纹管定位胎架，在后场采用卡槽焊接定位筋的方式，消除人为定位误差，安装精度在 ±5 毫米以内，功效提高 70%。剪力筋定位小车的采用有效地提高了剪力筋的线形及安装精度。通过采用刚度大、可无线操控的整体式液压模板，结合底腹板附着式振捣器的使用，大大提升了梁板浇筑的施工质量及功效。使用内模拉杆代替传统压杠防止内模上浮，节约空间，省时省力。

项目共计桩基 2421 根，通过开展"三互三比"活动，严格要求各工区技术员及协作班组浇筑临近终盘时，认真计算量测浇筑高度，控制好桩头的预留高度，紧紧围绕"责任成本中桩头预留高度不得超过 80 厘米"这一目标，转变了现场管理方式，增强了参建人员自主创新能力。活动开展以来，桩头预留高度 80 厘米以内达 83%，取得明显效果。

混凝土浇筑施工过程中，项目泵车润管采用润管剂代替砂浆，每次混凝土浇筑需用砂浆 1 立方米，单价 504 元。如果用润管剂代替砂浆，每次混凝土浇筑需用润管剂 2 包，8 元/包，每次就可节约成本 512 元。对于 15 亿元的工程体量而言，"8 元钱"不太起眼，可正因为如此，聚沙成塔、积少成多，为项目节约成本找到了思路。

（三）劳务作业人员的社会归属感明显增强

共生体班组的提出，从构建新型的协作队伍关系入手，加大考核奖惩，用数据进行班组动态排名，不仅提高了作业人员的紧迫感，提升了作业人员安全质量意识，而且增加了班组人员的荣誉感和竞争意识。

随着共生体班组建设的实施，协作队伍"赶超比拼"氛围浓厚，全线 700 多名参建人员，各个争当"尖兵"。拿项目预制 1 班班组长欧阳淯念为例，在共生体班组建设的引领下，他所在的班组在全线 4 个标段近 20 多个预制班组中脱颖而出，获得制梁比武第一名的好成绩。同时，他个人也光荣地加入中国共产党，并考取了成人本科，在工人队伍中起到了很好的带头作用。

项目京杭运河桥挂篮班组成员吴曲积极作为，做共生体班组建设的领头人，严格施工过程管控，在项目部月度考核中多次获奖，最终接过项目"工人先锋号"的大旗，得到了上级单位的一致好评。

第十八届全国交通企业管理现代化创新成果集

（下册）

中 国 交 通 企 业 管 理 协 会
交通行业优秀企业管理成果评审委员会 编
国 联 资 源 网

人民交通出版社股份有限公司
北京

内 容 提 要

本书汇集了荣获第十八届全国交通企业管理现代化创新成果的309项交通企业管理创新实践，涵盖了战略转型与新业态新模式培育、“智能+”与数字化发展、复工复产与稳定劳动关系、国有企业改革与混合所有制发展、集团管控与组织变革、精益管理与标准化建设、质量提升与品牌建设、设备智能运维、财务管理与风险控制、“一带一路”建设与国际化经营、人力资源管理与激励机制、绿色发展与社会责任管理、技术改造与自主创新、协同管理与共享发展、提质增效与转型升级、安全管理创新体系等方面内容。这些成果源于企业实践，可操作性强，既是企业经营管理人员学习、实践和了解其他企业管理创新成功经验的重要参考，也是从事企业经营管理教学、研究等方面人员不可多得的典型案例。

图书在版编目(CIP)数据

第十八届全国交通企业管理现代化创新成果集 ：上中下册 / 中国交通企业管理协会，交通行业优秀企业管理成果评审委员会，国联资源网编. — 北京 ：人民交通出版社股份有限公司，2022.7

ISBN 978-7-114-18044-6

Ⅰ.①第… Ⅱ.①中…②交…③国… Ⅲ.①交通运输企业—企业管理—现代化管理—创新管理—成果—汇编—中国 Ⅳ.①F512.6

中国版本图书馆CIP数据核字(2022)第107221号

Di-Shiba Jie Quanguo Jiaotong Qiye Guanli Xiandaihua Chuangxin Chengguoji (Xiace)

书　　名：第十八届全国交通企业管理现代化创新成果集(下册)
著 作 者：中国交通企业管理协会
交通行业优秀企业管理成果评审委员会
国联资源网
责任编辑：张征宇　齐黄柏盈
责任校对：席少楠　宋佳时　魏佳宁　卢　弦　刘　璇　刘　芹
责任印制：刘高彤
出版发行：人民交通出版社股份有限公司
地　　址：(100011)北京市朝阳区安定门外外馆斜街3号
网　　址：http://www.ccpcl.com.cn
销售电话：(010)59757973
总 经 销：人民交通出版社股份有限公司发行部
经　　销：各地新华书店
印　　刷：北京交通印务有限公司
开　　本：889×1194　1/16
印　　张：190.75
字　　数：5571千
版　　次：2022年7月　第1版
印　　次：2022年7月　第1次印刷
书　　号：ISBN 978-7-114-18044-6
定　　价：398.00元(含上、中、下册)

第十八届全国交通企业管理现代化创新成果集

中车唐山机车车辆有限公司

中交第二公路勘察设计研究院有限公司

中交第二航务工程局有限公司

中交上海航道局有限公司

中交路桥华北工程有限公司

邢台路桥建设集团有限公司

河北省交通规划设计院

唐山港集团股份有限公司

国能黄骅港务有限责任公司

山东高速股份有限公司临沂运管中心

山西路桥智慧交通信息科技有限公司

中华人民共和国上海海事局

上海地铁维护保障有限公司

浙江交工集团股份有限公司

浙江沪杭甬高速公路股份有限公司

杭州交投建管建设集团有限公司

江苏通行宝智慧交通科技股份有限公司

江苏金马云物流科技有限公司

徐州久通公路建材有限公司

株洲国创轨道科技有限公司

广深珠高速公路有限公司

广东省公路建设有限公司南环段分公司

珠海国际货柜码头(高栏)有限公司

深圳鹏程电动集团有限公司

广西交通实业有限公司

广西路建工程集团有限公司

广西北投公路建设投资集团有限公司

广西北部湾投资集团有限公司钦北高速公路改扩建工程建设指挥部

云南机场集团有限责任公司

贵州桥梁建设集团有限责任公司

新疆交通建设集团股份有限公司

本 册 目 录

三 等 成 果

三等成果

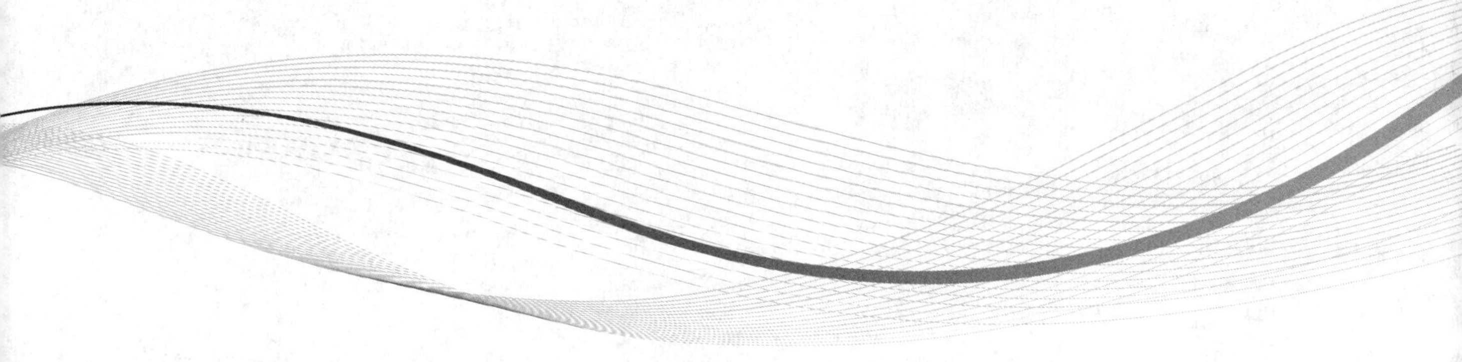

基于多维度与全过程的长大隧道施工管理技术探索与创新

河北省高速公路延崇筹建处

成果主要创造人:于建游　马印怀

成果参与创造人:刘贤鹏　张志刚　奚文彬　刘志忠　韩秀杰　马占海　张国祥　高伟杰　郭玉伟　曾　斌

河北省高速公路延崇筹建处(简称"筹建处")是延崇高速公路河北段的建设单位,负责延崇高速公路的建设管理工作,该处设工程养护科、计划科、办公室、党办室、收费科、财务科、人事科、安全科、信息中心、稽查科、冬奥办、崇礼分部共12个科室,筹建处管理人员共60余人,处属收费人员190余人。延崇高速公路河北段是北京—张家口联合举办冬奥会中连接延庆赛区和张家口赛区的主要公路通道,位于张家口市东北部,由主线、延伸工程和赤城支线三部分组成,全长113.684公里,总投资228.28亿元,双向四车道。其中,项目起自怀来县京冀界松山特长隧道,与北京段相连,主线途经怀来县、赤城县和崇礼区太子城赛区,通过延伸线与张承高速公路相接,通过韩庄互通引出赤城支线与赤城县城相连。

作为一条典型的山区高速公路,全线桥隧比达到24%,隧道占比为32%,全线设特大桥9108米/7座,大桥12986米/34座;特长隧道34946.398米/7座,中短隧道2125米/4座;互通立交7处、服务区3处、收费站7处。筹建处组织框架图如图1所示。

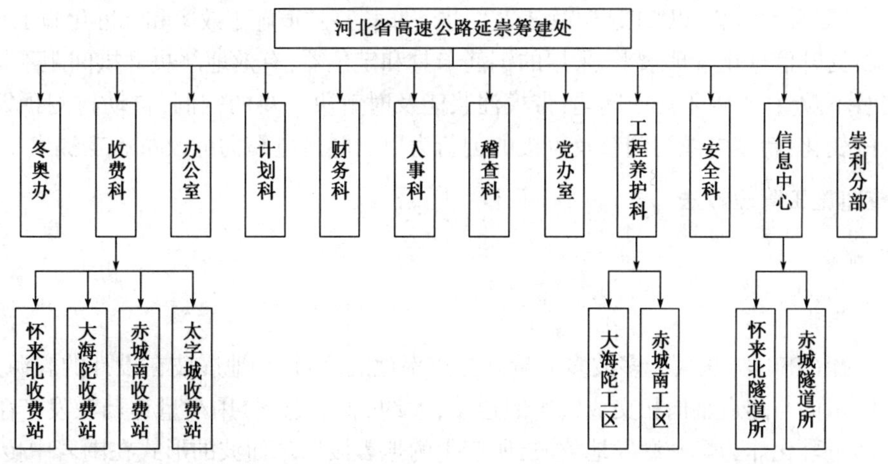

图1　筹建处组织框架图

一、长大隧道施工管理背景

延庆至崇礼高速公路是北京2022年冬奥会重大交通保障项目,是交通运输部第一批绿色公路建设典型示范工程和河北省交通运输厅品质示范工程,为落实"创新、协调、绿色、共享、开放"五大发展理念和"综合、智慧、绿色、平安"四个交通发展要求,把延崇高速公路河北段建设成为"国际一流、国内第一"

的“资源节约、生态环保、节能高效、服务提升”的绿色公路典型示范工程和“优质耐久、安全舒适、经济环保、社会认可”的“内在质量与外在品位相统一”的品质示范工程。

①工程意义强:延崇高速公路是冬奥会延庆赛场与张家口崇礼赛场的直达高速通道,承担冬奥会期间人员转场功能。被列入交通运输部首批绿色公路典型示范工程、新一代国家交通控制网和智慧公路试点;同时将着力打造科技示范和品质工程。

②社会关注度高:隧道通则延崇通,从交通运输部到省委省政府相关部门非常关注,经常莅临施工现场,部分相关人员常驻现场进行技术指导,全国多个隧道知名专家给提出宝贵的建议,也对隧道的施工质量提出更高的要求。

③施工难度大:延崇高速地处崇山峻岭、深沟险壑,穿越两大断裂带,地质情况复杂、涌水、突泥、流沙现象时有发生。全线特长隧道7座,其中主线特长隧道5座,施工时间短,2017年8月开工,2019年底要进行通车。

④施工条件差:全线最大海拔高差近千米,冬季寒冷漫长,最低温度 -28.2 摄氏度,降雪早,全年积雪1.5米左右,存雪期为5个月,无霜期145天。

⑤需要创新点多:在短短时间内如何把延崇高速公路打造成品质工程,隧道开挖、支护、二衬、防排水等方方面面都需要进行探索,找出一些新的措施,既要能加快施工进度,又需要保证施工质量。

二、成果内涵

为确保延崇高速公路主体工程2019年底顺利通车,面对隧道长、地质差、时间短、施工条件差等不利因素,筹建处在加强施工管理的同时,必须采用新的测量技术,应用新的作业机械,加强隧道技术创新,把延崇高速公路建成精品工程、样板工程、平安工程。

延崇高速隧道采用的是TSP200隧道地质超前预报系统,可预报隧道掌子面前方0~150米范围的地层状况,施工前掌握前方的岩土体结构、性质、状态,以及地下水、瓦斯等的赋存情况、地应力情况等地质信息。在测量方面,延崇高速公路采用了陀螺全站仪三角高程测量方法,其观测结果已经达到了二等水准测量精度的要求。陀螺全站仪具有全天候、快速高效独立的特点,在隧道测量中发挥着不可替代的作用。

施工过程中大力推广九台套(二机一桥六台车,即多臂凿岩机、湿喷机械手、自行式移动栈桥、电缆沟槽台车、多功能立拱台车、多功能防水卷材台车、新型二衬台车、二衬预检台车、二衬养护台车)隧道系施工装备,以“机械化”促“标准化”,以“工装”保“工艺”,进一步提高隧道施工效率和标准化施工水平。

以科技创新提升信息化管理水平,采用的钢筋卡具和定位器,有效地解决仰拱间距不均及纵向中埋钢边止水带安装不顺直、上下不居中问题;带模注浆能及时解决二衬的空洞;自动检测预警系统能随时动态掌握二衬的变化;新型电缆沟侧壁及盖板的创新为以后隧道电缆沟的改革施工提供了可靠的依据。

三、长大隧道施工管理做法

(一)隧道测量

1. 超前地质预报

隧道地震勘探(TSP)方法属于多波多分量高分辨率地震反射法,地震波在设计的震源点(通常布置在地层或构造的走向与隧道轴向相交成锐角的边墙,大约24个炮点)用小量炸药激发产生。在各激发孔内分别用小药量乳化炸药爆破激发地震波,所产生的地震波以球面波的形式在围岩中传播,由于波的传播是一个球面扩散过程,地震波遇到岩石波阻抗差异界面(如断层、破碎带和岩性变化等)时,一部分地震信号被反射回来,一部分信号透射进入前方介质。波将依次传递下去,能量足够小不能被接受为止,通常两侧介质的波阻抗差异越大,反射回来的能量越强,探测效果越好,如图2和图3所示。

反射的地震信号将被高灵敏度的加速度地震传感器接收并以数字形式记录下来。采集数据通过Amberg TSP Plus专用软件进行3D处理,便可了解隧道工作面前方地质体的性质(软弱岩带、破碎带、断层、含水岩层等)和位置及规模。

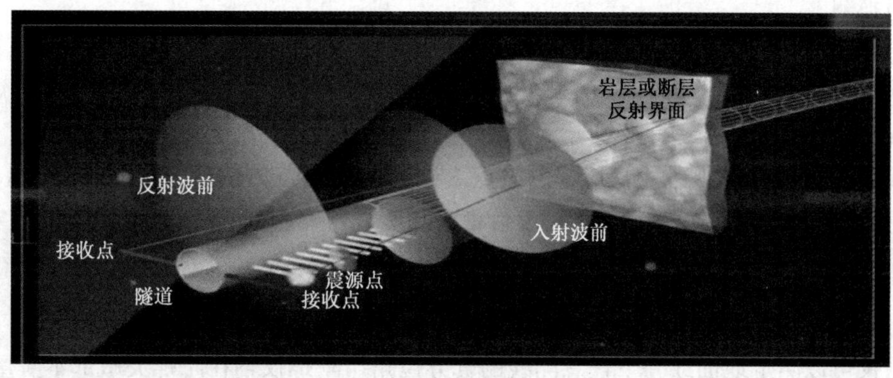

图2 TSP 系统示意图

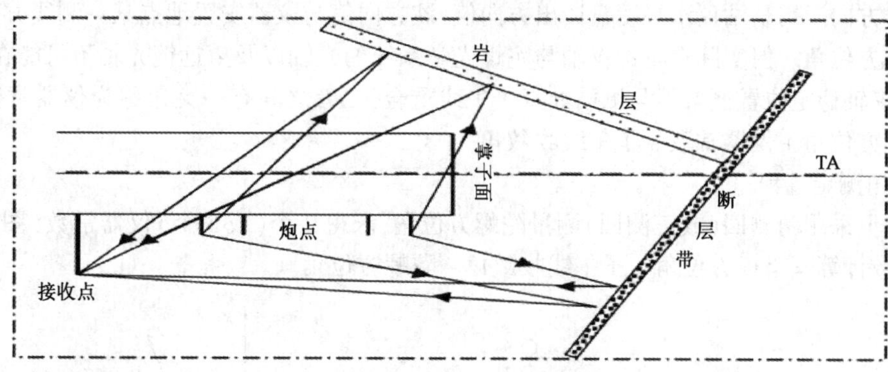

图3 TSP 系统原理图

2. 精密三角高程测量技术

(1)测量原理

特长隧道测量采用高低双棱镜对向观测法，是通过把改装后的高低双棱镜固定在自动照准全站仪的把手上，利用这样的两台全站仪进行同时段偶数边测回法的对向观测。其中，起、末点采用高度一致的对中杆，迁站时前站仪器固定不动，迁站后站仪器变前站，类似于水准测量的作业程序，把各测站所得高差进行累加，从而计算出起始水准点 A 到终点水准点 B 的高差(图4)。

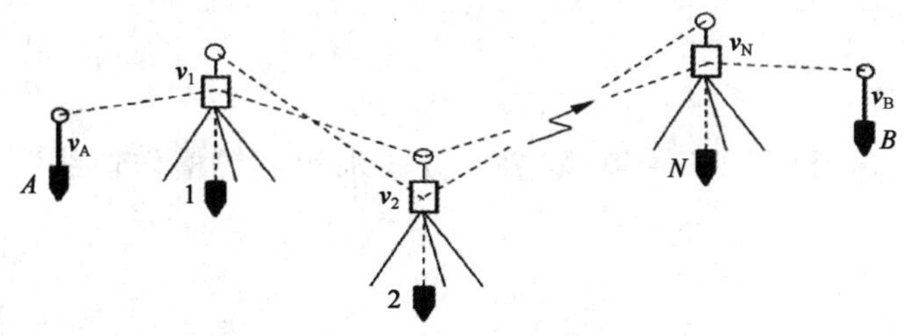

图4 观测路线图

(2)测量流程

①在起始水准点上架设棱镜杆，并在其附近(20 米之内)的站点 1 上架设全站仪，测量温度和气压，并输入到全站仪中，随后对起始水准点上的棱镜杆进行距离和竖直角的观测。

②站点 1 上的全站仪保持不动，在测量路线前进方向的站点 2 上架设另一台全站仪，测定各站点上的温度及气压并进行相应的改正，然后采用测回法(如低棱镜两侧回，高棱镜两侧回)同时进行站点 1 和 2 间的对向观测。

③站点 1 上的全站仪保持不动，在测量路线前进方向的站点 2 上架设另一台全站仪，测定各站点上的温度及气压并进行相应的改正，然后采用测回法(如低棱镜两侧回，高棱镜两侧回)同时进行站点 1

和2间的对向观测。

④观测边1-2结束后,前测站2的仪器不动,为下条边的后站,原后测站1的仪器迁至前面,为下条边的前测站3,观测边2-3与观测边1-2之间的距离要大致相等,重复步骤②③,依次类推到达偶数边的测站 N 上(图5)。

⑤测站 N 到终点水准点 B 的距离应与测站点1到起始水准点 A 的距离大致相等,起、末点的棱镜高要一致(可为同一根杆),然后参照步骤①进行距离和竖直角的观测。

3. 陀螺全站仪测量技术

(1)方位角测定原理

陀螺全站仪可以测定地面或井下任意测线的真方位角。陀螺仪轴在陀螺灵敏部本身重力和地球自转的作用下,在子午面附近做衰减的简谐摆动,在不考虑其他情况下,其摆动的平衡位置即为仪器安地点的真子午线方向。用全站仪水平度盘读出方向值,该方向值与仪器安置地点某一测线方向值之差,即为该测线的真方位角。但实际上陀螺仪轴与陀螺光学系统的光轴以及望远镜光轴不可能在同一竖直面内,所以陀螺仪轴稳定位置通常不与测站处真子午线重合,二者之间有一夹角称为仪器常数,井下坐标方位角=陀螺方位角+仪器常数-子午线收敛角。

(2)方位角测定过程

在已知边上采用两测回(或三测回)测量陀螺方位角,求得2个(或3个)仪器常数(图6)。具体公式为:仪器常数计算=坐标方位角+子午线收敛角-陀螺方位角。

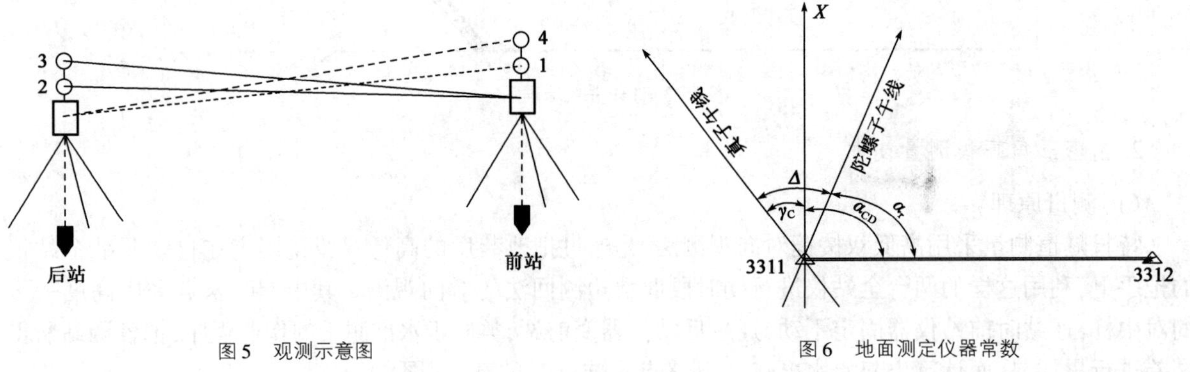

图5　观测示意图　　　　图6　地面测定仪器常数

(二)隧道施工机械化

1. 自行式水沟电缆槽

延崇高速公路全线隧道研制了一套"隧道自行式水沟电缆槽作业线",该套作业线如图7～图9所示。

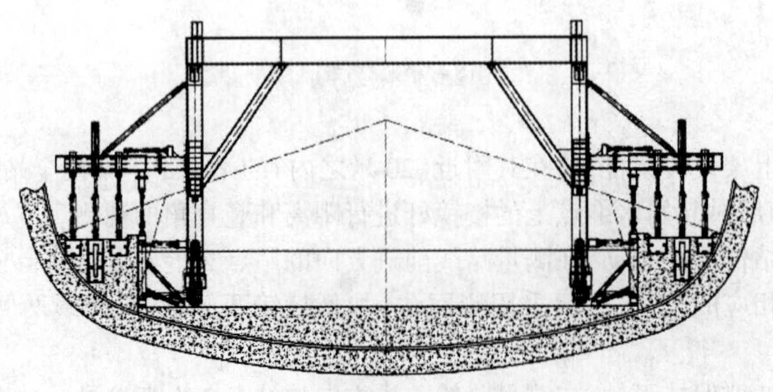

图7　水沟电缆槽作业线设计图

图8 作业线3D仿真图

图9 现场作业线

施工方法如下。

(1)测量放线

为保证结构尺寸符合设计要求,测量组根据设计图与施工技术交底要求,放样电缆槽、水沟平面定位基准线和高程基准线,并采用现场交底形式将有关资料和测量点位交与现场技术人员和带班人员。

(2)凿毛

两侧二衬矮边墙与电缆槽结合面、沟槽身与底座结合面,采用电镐既有混凝土结合面凿毛,才能保证后施工的电缆槽壁与矮边墙黏结牢固,不产生裂缝或脱落。

(3)基底清理、冲洗

结合面凿毛后,将水沟和电缆槽基底的松碴、杂物淤泥清理,并用高压水将凿毛面与底部冲洗干净,清除存积水。

(4)钢筋绑扎

水沟、电缆槽仅有靠路面侧壁配有钢筋,钢筋为单层,竖向主筋为$\phi12$钢筋,间距25厘米,上下端设为弯钩状。纵向分布筋为$\phi10$钢筋,间距25厘米。由于钢筋为单层钢筋,不易定位和固定,需在浇注电缆槽底混凝土时插入定位钢筋或在浇筑铺底混凝土时直接埋入,以保证已绑扎钢筋在施工过程中的稳定。

(5)模板安装

根据测量放线,放出模板定位安装边线,然后安装模板,模板必须垂直,模板与模板之间的缝隙要控制在2毫米以内,基底不平整部位在关好模板后用砂浆封堵,防止浇筑混凝土时漏浆,模板与模板之间不能有错台。模板每次使用前必须清理干净,涂抹脱模剂。模板在搬运过程中要轻拿轻放,防止模板变形。

(6)混凝土施工

水沟电缆槽身混凝土强度等级为C25,混凝土在洞外拌和站集中拌制,由混凝土搅拌运输车运至洞内。混凝土要分层浇筑,采用捣固棒振捣或采用$\phi25$钢筋插捣密实。并用木板轻轻敲打模板,使附着在木板上的气泡逸出,保证混凝土外观质量平整,无气泡和蜂窝麻面产生。

2. 自动防水板铺设台车

防水板铺设采用3D激光定位仪进行热熔衬垫定位,防水板台车一次性铺挂土工布与防水板并采用超声波焊机,大幅提升防水板铺设功效与质量,隧道内的实车如图10所示。防水板台车铺挂土工布示意图如图11所示。

图10 隧道内防水板铺设台车

(1)激光定位仪

3D激光定位仪是针对大型设备的安装、维修、检测而研究设计的专用高精度基准测量仪器。3D激光定位仪的光靶可以吸附在被测物体上,以便用户完成检测、加工、安装等需要,可安装在机械设备垂直或水平面,激光线在三维空间可任意微调。3D激光定位仪发出的光线清晰、明亮、线条均匀,用其进行热熔衬砌定位准直度高、直观实用、稳定性好、操作简便(图12)。

图11 防水板台车铺挂土工布示意图

图12 3D激光定位

(2)施工工艺流程

防水板超声波焊接施工工艺流程图如图13所示。

3. 二衬螺旋输送分层逐窗入模浇筑

在二衬采用滑槽逐窗入模分层浇筑过程中,现场采用泵送入模,在第一排窗口可以完成滑槽逐窗入模分层浇筑,拱顶预留3个混凝土浇筑孔,可实现由小里程至大里程方向的逐窗浇筑。在二衬台车第二排窗,由于输料管坡度较小,浇筑混凝土黏稠度较大,混凝土流入第二排浇筑窗的速度较第一排窗慢。二衬混凝土分层逐窗入模浇筑示意图如图14所示。

台车设计每排有8个浇筑窗,第一排分层逐窗浇筑能实现8窗浇筑,第二排只能同时浇筑6窗口(两窗口被台车撑架阻挡不能连接滑槽),第三排未分层浇筑。台车自带附着式振捣器,采用插入式振捣器人工振捣与附着式振捣相结合(图15),振捣效果好,未出现衬砌面蜂窝麻面现象;当出现堵管时,人工清理堵管时间较长,会出现施工冷缝。

浇筑完成一板混凝土时间为12~14小时,对混凝土坍落度要求较高,现场二衬混凝土坍落度控制在185~200毫米,浇筑时间较以前增加3小时左右。

4. 液压自行式栈桥技术

栈桥由主桥、前坡桥、后坡桥、桥墩(支腿)、驱动行走装置、液压升降顶升装置、走台、栏杆等部件组成,如图 16 所示。可实现纵向移动作业。主体结构为模块化拼装形式,方便运输、快速拼装等特点。施工现场的栈桥如图 17 所示。

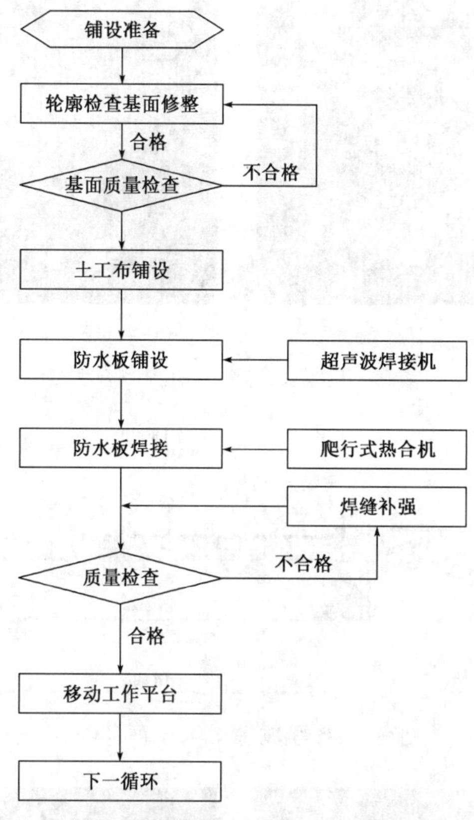

图 13　防水板超声波焊接施工工艺流程图

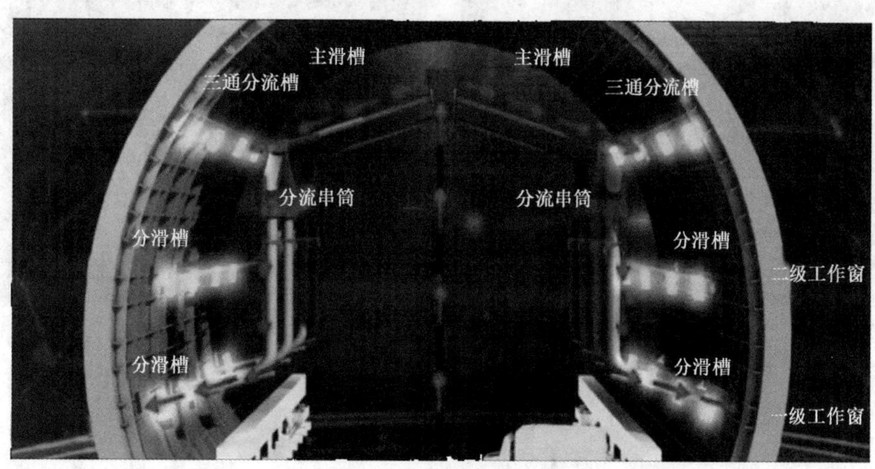

图 14　混凝土分层逐窗入模浇筑示意图

作业程序如下(图 18)。

①栈桥安装就绪后。前后顶升油缸工作,使前、后车轮离开钢轨约 50 毫米,且前后支腿着地。

②检查前、后坡桥、过渡桥板是否垫实。允许各种车辆通行,准备桥下仰拱作业。

③仰拱与回填施工结束,通过提升倒链葫芦,提起前后坡桥。

④前后顶升油缸工作,使前、后车轮支撑于钢轨、前后支柱离地不小于 100 毫米。

⑤检查电器系统是否完好,启动行走电机,带动栈桥向前移动到下一工位。

⑥检查各部无误后,完成栈桥准备工作。

⑦允许车辆通行。作业流程转入下一个工作循环。

a)人工振捣

b)附着式振捣

图15　人工振捣、附着式振捣相结合技术

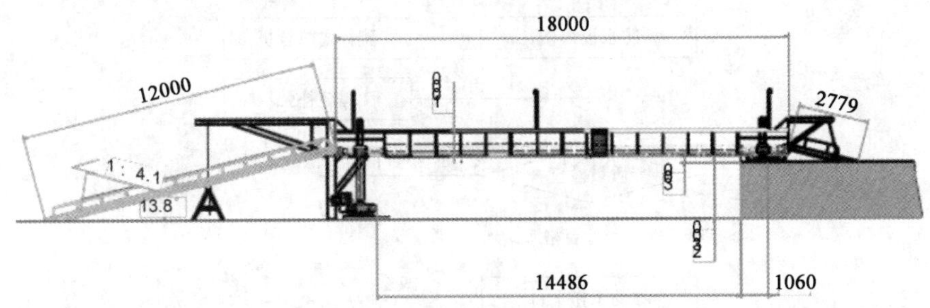

图16　栈桥结构示意图(尺寸单位:毫米)

图17　隧道施工现场栈桥

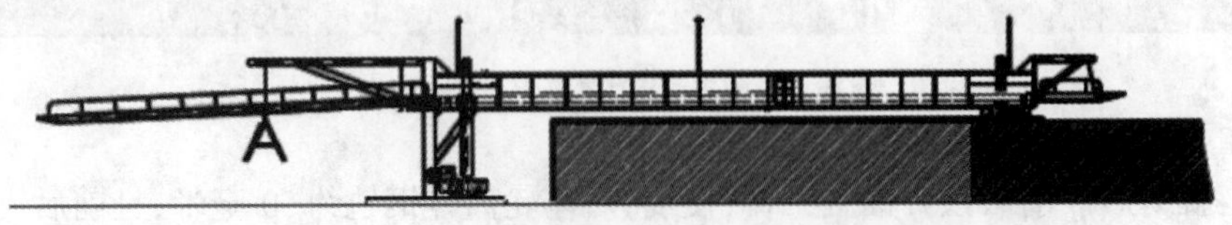

图18　栈桥作业示意图

5. 三臂式凿岩台车

延崇高速公路松山隧道、金家庄及棋盘梁隧道特长隧道均采用了三臂凿岩台车,施工现场三臂凿岩台车如图19所示。

图19 隧道施工现场三臂凿岩台车

(1)适用范围及工艺原理

凿岩台车在实际应用过程中,其光爆效果显著,但总体来说其适用范围更加倾向于Ⅱ、Ⅲ级围岩的无拱架的全断面或台阶法开挖。根据新奥法施工原理,采用两台 Atlascopco. XL3D 三臂凿岩台车进行隧道开挖掘进,利用光面爆破一次性开挖作业,尽量减少对周边围岩的扰动。可采用全断面或台阶法施工,并对不同地质条件的围岩分别进行针对性的光面爆破施工参数及调整措施,控制凿岩台车保证开挖整体成型效果最优,进尺最大化,达到隧道施工光面爆破高效应用。

(2)施工工艺流程

三臂式凿岩台车施工工艺流程如图20所示。

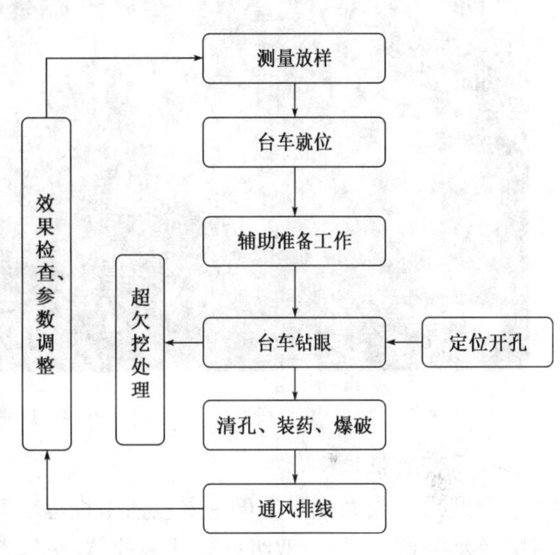

图20 施工工艺流程图

6. 冬季养护台车

在隧道的施工过程中,需要在初期支护完成之后进而施作二次衬砌。二次衬砌结构是一种作为安全储备的结构措施,不仅需要保证其强度和刚度,而且还要保证其耐久性,对隧道整体结构的重要性不言而喻。而养护工作对隧道衬砌的强度和耐久性有着很大的影响,是一项至关重要的工作。

为保证质量,筹建处联合相关单位研发了一种适用于隧道衬砌冬季养护的智能养护台车(图21),包括主门架、行走机构、喷雾系统、喷雾控制系统以及行走控制系统;行走机构置于主门架底部;喷雾系统、喷雾控制系统以及行走控制系统分别设置在主门架上;主门架整体呈梯形门架式结构;喷雾系统设置在主门架的顶部;喷雾控制系统与喷雾系统相连并驱动喷雾系统工作;行走控制系统与行走机构相连并驱动行走机构移动。该新型养护台车提供了一种适应性更强、更加智能化以及能够保证隧道衬砌养护质量的隧道衬砌智能养护方法。其运行示意图如图22所示。

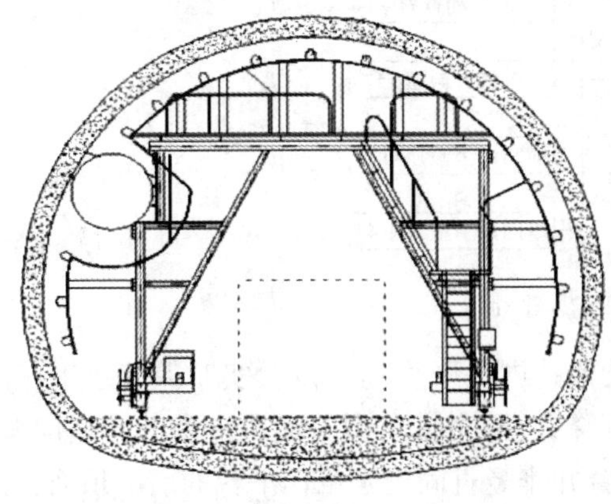

图21 冬季养护台车结构示意图

图22 智能养护台车运行示意图

7.拱架台车

延崇高速公路使用的新型隧道拱架安装机械手及隧道拱架安装台车(图23)。该种新型隧道拱架安装机械手包括拱架抓取组件,还包括带动拱架抓取组件移动至拱架放置位置或拱架安装位置的升降组件、带动拱架抓取组件转动至靠近或远离拱架放置平面的铰接组件,以及实现拱架抓取组件多方向旋转的多向回转组件,多向回转组件包括两相互垂直的回转式减速器,铰接组件的两端分别与升降组件及其中一回转式减速器连接,另一回转式减速器与拱架抓取组件连接。隧道拱架安装台车包括台车本体及上述的隧道拱架安装机械手,隧道拱架安装机械手安装于台车主体上。该新型拱架台车具有实现拱架自动抓取、摆正及安装,且结构紧凑、安全可靠性高等优点。其隧道内施工现场如图24所示。

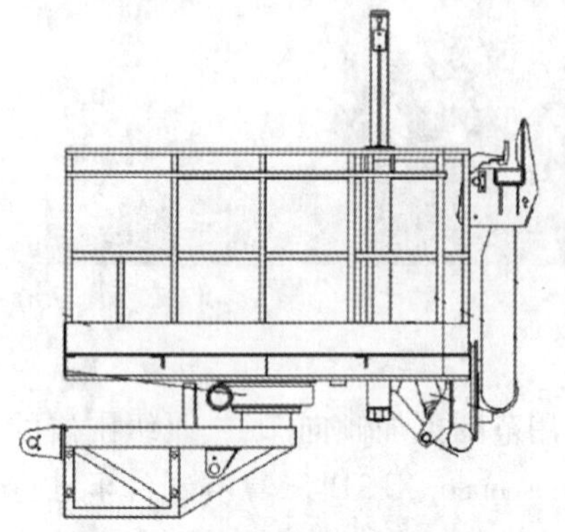

图23　拱架安装台车结构示意图

图24　拱架安装台车隧道内施工

8.二衬成型检测台车

新型二衬成型检测台车主要包括工程运输车和检测系统,工程运输车设有工作平台;检测系统包括高度及水平调节平台,双级回转式减速器,三级起重臂,浮动臂,曲面自适应机构,以及雷达天线夹持机构;高度及水平调节平台包括一级平台、二级平台、一级升降臂、纵向调节液压缸、二级升降臂和横向调节液压缸,工程运输车为轨行式轮胎运输车(图25)。该新型二衬检测台车结构简单、设计科学合理,使用方便,检测效率高、检测结果精准。

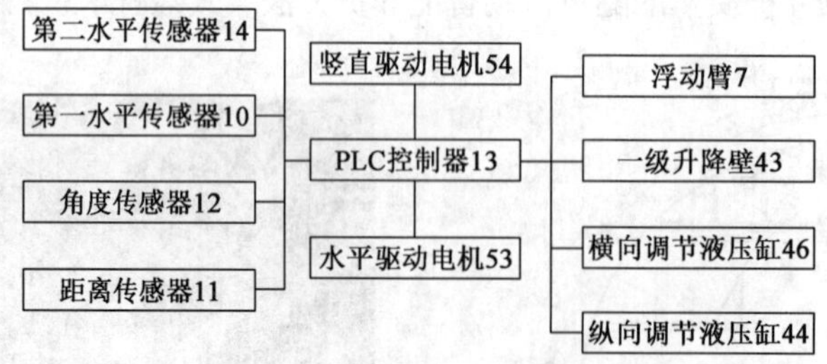

图25　二衬成型检测台车工作原理图

高度及水平调节平台的顶面在工程运输车走行时持续保持同一竖直高度以及实时保持水平状态,高度及水平调节平台包括一级平台、二级平台、两个一级升降臂、两个纵向调节液压缸和三个横向调节液压缸。一级平台位于工作平台的正上方,两个一级升降臂并排竖直固定于工作平台的前部顶面,且顶端分别与一级平台的前端底面两侧相铰接,两个纵向调节液压缸并排铰接于工作平台的后部顶面,且顶端分别与一级平台的后端底面两侧相铰接，两个一级升降臂和两个纵向调节液压缸共同作用以支撑和调节一级平台的高度和水平状态；二级平台位于一级平台的正上方且两者的一侧相互铰接，三个横向调节液压缸并排铰接于一级平台的顶面另一侧，且顶端分别与二级平台的底面另一侧相铰接，三个横向调节液压缸与一级平台共同作用以支撑和调节二级平台的高度和水平状态。其工作示意图如图 26 所示。

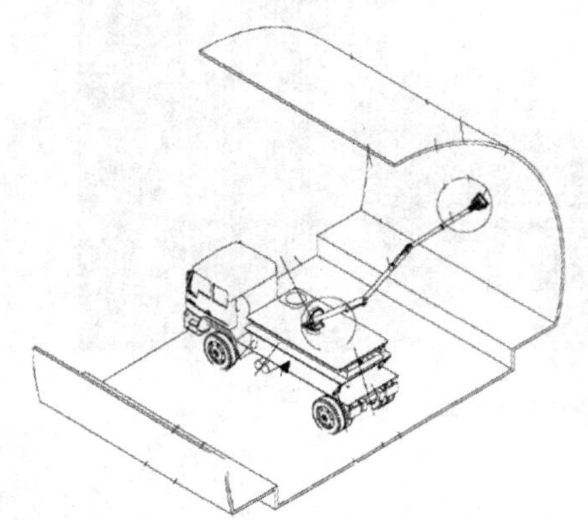

图 26　二衬成型检测台车工作示意图

（三）科技创新

1. 仰拱钢筋和止水带定位器

隧道仰拱边墙中埋钢边止水带和仰拱钢筋的定位装置，如图 27 所示，包括紧线器、中埋钢边止水带和 Z 形定位卡，紧线器固定中埋钢边止水带的端头，中埋钢边止水带的两侧通过螺栓固定有角钢，Z 形定位卡设有卡紧角钢的卡紧挡和活动卡板，Z 形定位卡上还设有调节活动卡板的旋转螺栓；Z 形定位卡的上边缘开有分别卡紧第一定位卡主筋和第二定位卡主筋的仰拱外层钢筋定位卡槽和仰拱内层钢筋定位卡槽，Z 形定位卡的底部设有固定螺栓。该新型定位装置可同时将仰拱边墙中埋钢边止水带及仰拱钢筋层间距一次性进行控制定位，使用安装简单便捷，定位效果较好，提高了工作效率。隧道施工现场中的止水带和仰拱钢筋定位器如图 28 所示。

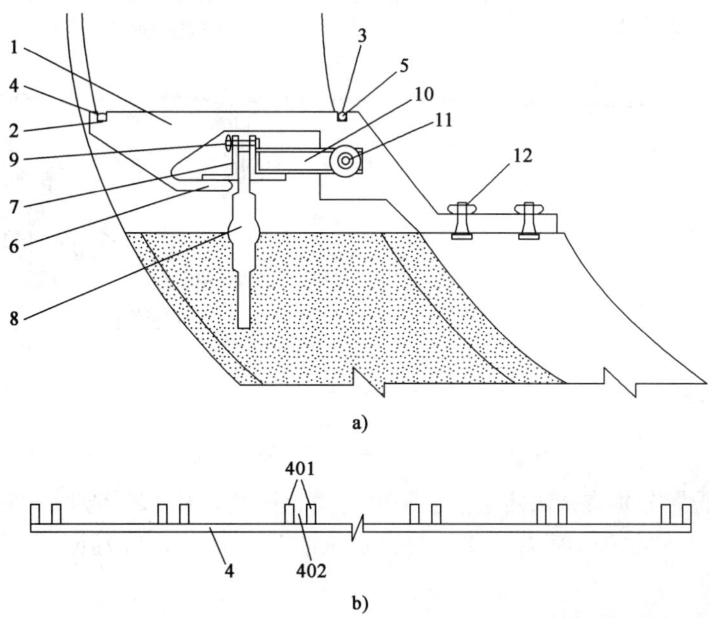

图 27　隧道仰拱边墙中埋钢边止水带和仰拱钢筋的定位装置结构示意图

1-Z 形定位卡；2-仰拱外层钢筋定位卡槽；3-仰拱内层钢筋定位卡槽；4-第一定位卡主筋；401-短钢筋对；402-仰拱钢筋卡槽；5-第二定位卡主筋；6-卡紧挡；7-角钢；8-中埋钢边止水带；9-螺栓；10-活动卡板；11-旋转螺栓；12-固定螺栓

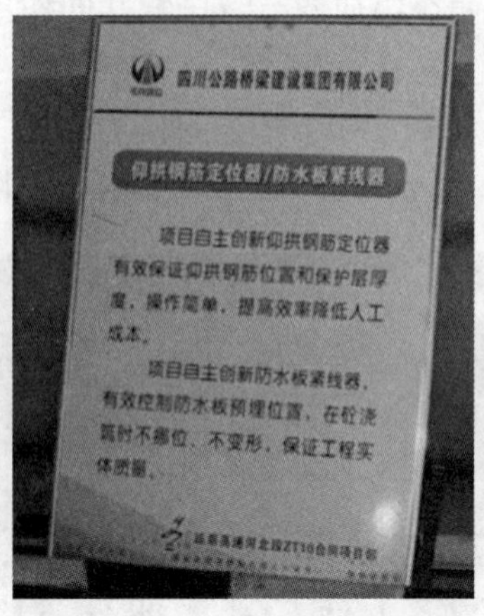

图 28　施工现场止水带和仰拱钢筋定位器

2. 二衬带模注浆

(1)施工原理

主要是通过对二衬台车的改造,在衬砌台车模板中心线位置沿台车纵向设置一定数量的注浆孔,并安装注浆用固定法兰,在混凝土浇筑前预埋活性粉末混凝土(简称“RPC”)注浆管,使用拱顶带模注浆一体机实现对二衬拱顶脱空带模注浆。

(2)安装施工步骤

①通过对衬砌台车拱顶开孔,在衬砌台车拱顶中心线位置沿台车纵向方向设置 4 个注浆孔。分布规律为:1 号孔(上循环二次衬砌)离端模 0.6 ~ 0.8 米,4 号孔离端头模板 1 ~ 1.2 米,中间两个孔均匀分布(图 29)。

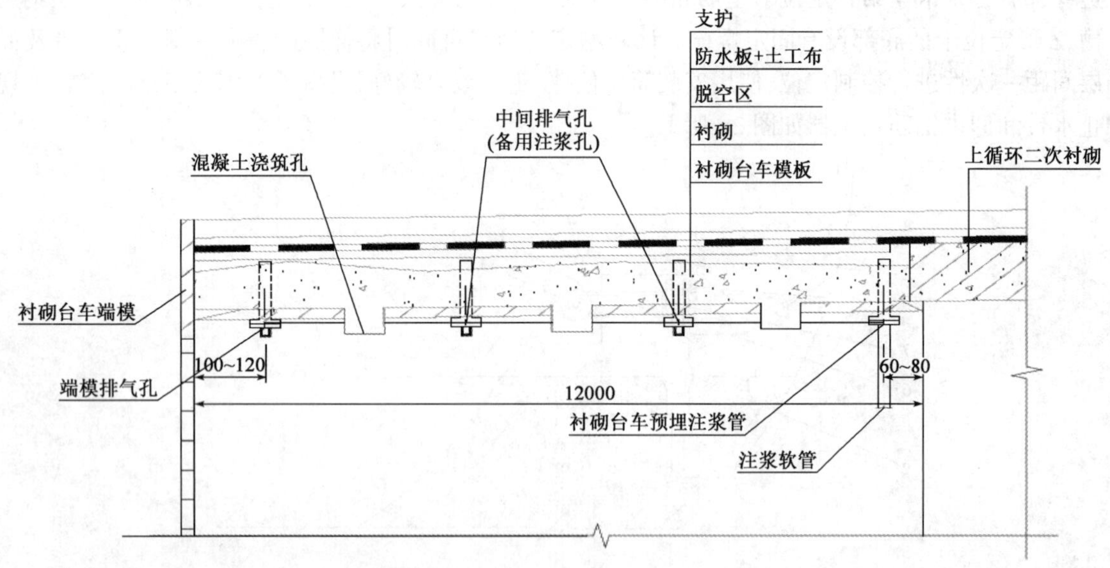

图 29　注浆开孔示意图(尺寸单位:毫米)

②在台车已开孔位置分别焊接固定法兰(图 30),固定法兰外径 120 毫米,内径 40 毫米,用来固定 RPC 注浆管及定位法兰,法兰采用满焊连接。并在定位法兰中插入 RPC 注浆管,安装完成后与隧道带模注浆一体机连接。

③拱顶混凝土灌注预警器安装。

二衬拱顶混凝土灌注预警器(图 31)结合带模注浆技术,以 RPC 注浆管为辅助,作为传感器载体,可重复使用、操作方便。当混凝土浇筑到位时,报警灯变亮,起到提示作用。

图30 现场开孔图

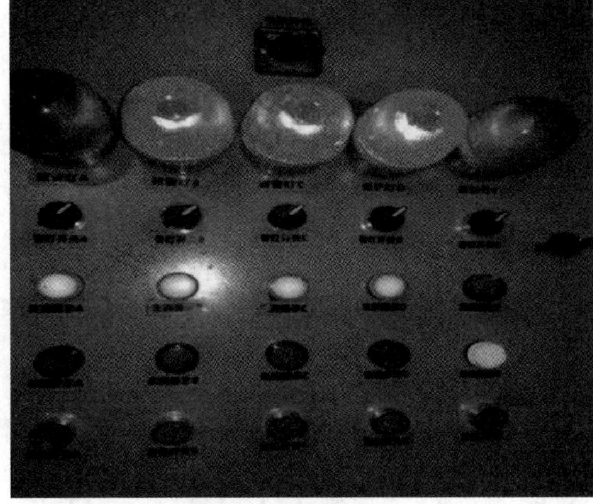
图31 预警指示器图

a. 电源开关——防空洞预警装置的总电源,闭合时装置才能正常工作。

b. 报警灯——当混凝土浇筑到位时报警灯变亮,同时发出蜂鸣声,起到提示作用。

c. 警灯开关——当作业人员发现浇筑到位时,可以通过报警灯开关关闭,避免警灯一直报警。

d. 注满提示(红灯)——当浇筑到位时,注满提示灯变亮,显示浇筑到位。

e. 未满提示(绿灯)——当混凝土未浇筑到位,灯处于在亮状态,提示可以继续浇筑。

④RPC 注浆管探头安装,基于带模技术上,在预埋 RPC 管同时安装探头,如图 32 所示。

⑤拱顶带模注浆。

在安装完成 RPC 注浆管后,安装 RPC 注浆管固定管,固定管底部链接拱顶带模注浆一体机(图 33)。注浆结束标志以排气孔和端头模板流出浓浆即为结束注浆。拱顶带模注浆包括预埋 RPC 注浆管、注浆结合料、制注浆一体机。

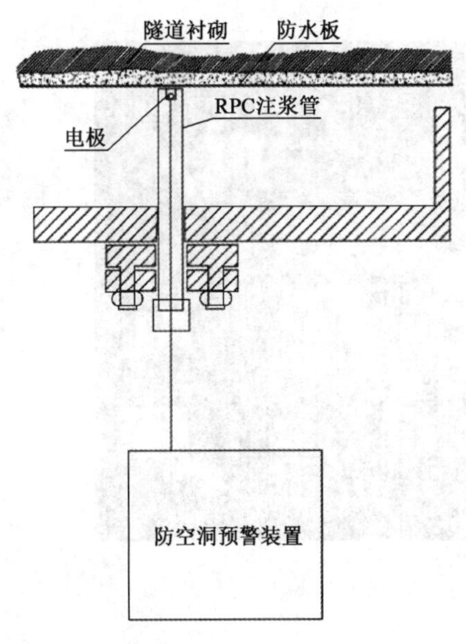

图32 RPC 注浆管安装示意图

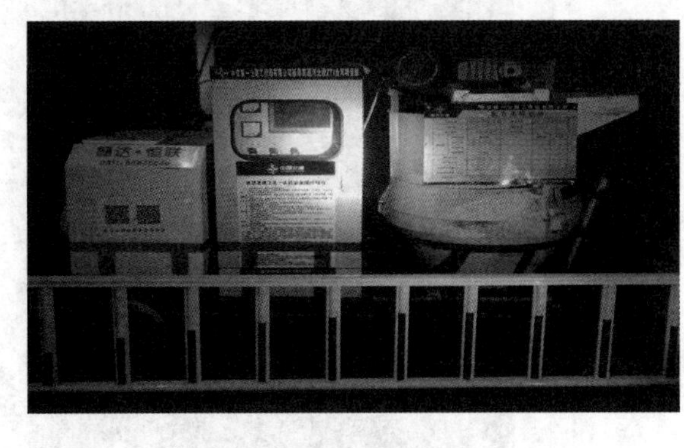
图33 注浆一体机

3. 隧道自动监测预警系统

为了能够及时准确的监测隧道的变化,达到动态观测的效果,筹建处带领相关部门研发了采用激光测距仪、倾斜仪连续不间断的监测方法。

(1)监测方案设计与布置

为了对隧道进行动态高频的监测,做到及时发现问题,在隧道中间位置设置倾斜仪、激光测距仪等设备,不间断的采集隧道变化的数据。

①隧道墙体的相对位移监测。

隧道墙体的相对位移监测布设的原理示意图如图34所示。

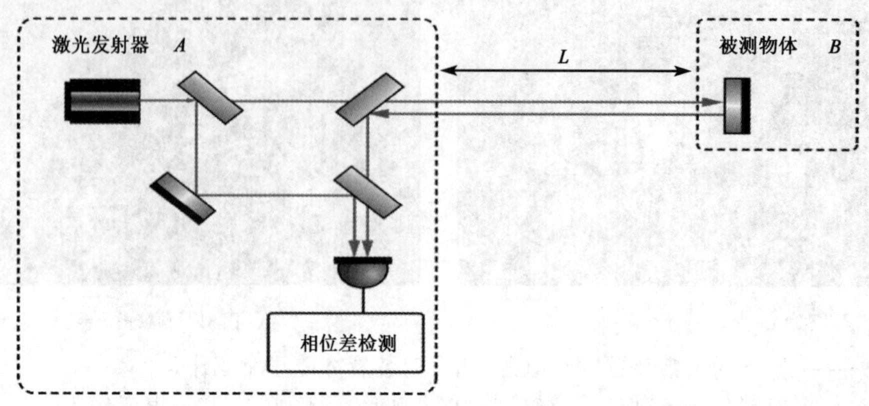

图34　激光测距仪工作原理

激光发射器发射的激光被分为两部分:其中一部分经过距离 L 以被测物体被反射回来,进入相位差检测器;另一部分直接进入相位差检测器。相位差检测器测量两部分激光的相位差,并根据相位差值计算出激光发射器与实测物体之间的距离 L。

激光测距仪直接使用膨胀螺丝固定在隧道内。

②隧道变形监测。

倾角传感器又称作倾斜仪、测斜仪、水平仪、倾角计,经常用于系统的水平角度变化测量,倾角传感器把MCU,MEMS加速度计,模数转换电路,通信单元全都集成在一块非常小的电路板上面,直接输出角度等倾斜数据。具体激光测距仪及倾斜仪布设图见图35,共布设2个激光测距仪,4个倾斜仪。

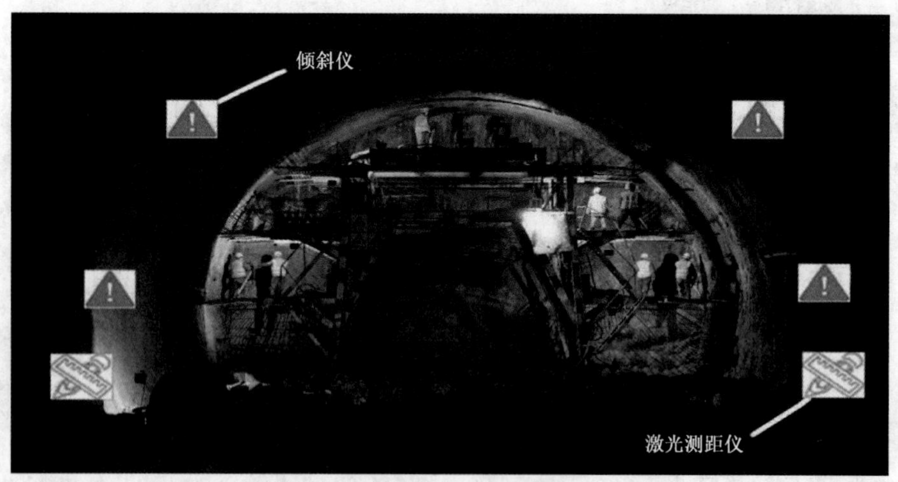

图35　设备布置图

(2)布线及数据采集方案

将激光测距仪和倾斜仪连接到中央控制模块,所采集到的数据通过光纤传输至洞口的4G信号转换模块,将数据通过4G信号实时上传至云端服务器;或是将光纤直接连接至洞口指挥部的路由器,使用智能台车监测App查看监测数据。激光测距仪、倾斜仪、和中央控制模块均直接从隧道内取电。

4.新型装配式电缆沟

金家庄螺旋隧道采用了一种“新型装配式电缆沟”。该电缆沟采用了多功能柔性复合盖板与侧板，这种绿色新型材料具有以下特点：

①不吸湿、不霉变、耐寒、耐高温、耐酸耐碱、阻燃、不开裂、板幅大，可加工成任何长度等，特别适合地下和潮湿环境中使用。

②强度高、韧性好、弹性强、耐冲击、耐磨损、使用寿命长。

③质量小、搬运操作劳动强度低、施工效率高。

④可加工性好，可刨、可锯、可钉、可与其他类型盖板同时并用。

⑤可大大提高高速公路隧道工程的建设质量。

⑥损坏或者超过服役年限的盖板材料可全部回收再生，节约成本，零排放。

这种新型装配式电缆沟包括盖板、长侧壁、短侧壁、底板和预留孔，短侧壁包括一个与隧道边墙形状吻合的侧面和一个竖直侧面，长侧壁也包括正对短侧壁的一竖直侧面，构成电缆沟的内腔，盖板覆盖在电缆沟内腔上部且侧面设有凹槽，底板为楔形结构且底部与隧道底部形状吻合，一竖直侧面紧贴在长侧壁的竖直侧面，预留孔与隧道横向排水管和中央排水管连通。盖板安装示意图与立体效果图如图36a)所示，依据侧板性能要求，以力学模型计算，最终确定L形复合侧板结构，由注塑成型的L形主体结构复合挤出成型的侧板两部分组合而成，如图35b)所示。这种新型装配式电缆沟结构示意图如图37所示。

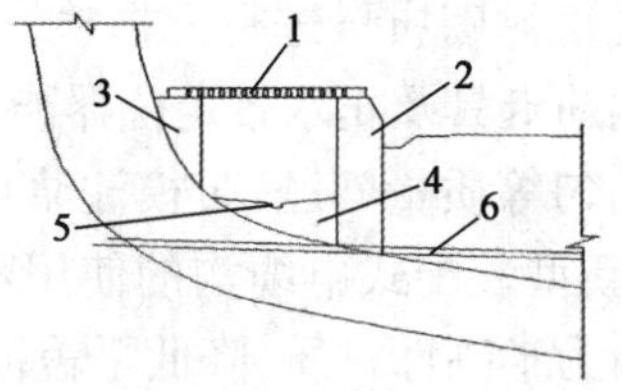

a)电缆沟结构主视图

b)电缆沟结构俯视图

图36 盖板安装示意图与侧板安装示意图

1-盖板；2-长侧壁；3-短侧壁；4-底板；5-排水槽；6-预留孔；7-螺栓插孔

图37 新型装配式电缆沟结构示意图

四、长大隧道实施成果

延崇高速公路针对隧道工程建设管理所采取的一系列措施，极大保证了隧道建设的安全与质量，施工效率大大提高，现代化设备与机械在隧道中起到了人工无法替代的作用，确保了主线工程在2019年底顺利通车。

（一）测量准确度明显提高

延崇高速公路采用的是TSP200隧道地质超前预报系统，可预报隧道掌子面前地层状况，及时前掌握围岩情况，对下一步支护参数提供可靠的依据，避免出现坍塌，造成人员伤亡和财产损失。引入精密三角高程测量技术、陀螺全站仪测量技术等测量新技术,能快速完成隧道外高程控制网复测、隧道内高程控制网联测复核以及隧道内平面控制网联测复核,保证隧道贯通高程误差和平面误差满足规范要求,避免隧道出现穿袖现象。

(二)施工进度明显加快

三臂式凿岩台车从隧道实际每开一循环的开挖进尺上要比人工开挖短,时间节约,功效可提高20%左右,同时节省大量机械使用费、人工费、办公费等,且可大大减少电能源;沟槽施工采用沟槽衬砌台车,提高功效,确保沟槽一次成型;液压自行式栈桥技术可以实现整幅仰拱一次施工完毕,不影响前方施工工序,大大提高施工效率;拱架台车可实现任意位置的抓取作业,减少施工人员,加快施工进度,使得隧道拱架的安装无法实现全程自动化。

(三)质量方面明显可控

三臂式臂台车具备全方位平行保持功能和精确的直接定位技术,超欠挖控制可以达到 11 ~ 15 厘米,使其光爆效果远高于人工开挖,能严格控制开挖质量,大大降低了喷射混凝土用量;整体式沟槽台车使用能保证仰拱、填充、拱墙和沟槽施工缝四缝对齐,避免产生混凝土裂纹;新型混凝土螺旋输送分层逐窗入模浇筑技术,解决了混凝土离析现象,保证连续灌注,同时采用人工振捣与平板振动器相结合的振捣方式,保证混凝土密实可靠;新型智能养护台车可实现台车 24 小时全自动无人往返行走洒水养护作业。在不影响隧道前方施工的条件下,极大地减少了人工作业量,保证隧道衬砌的养护条件,提高了隧道衬砌的养护质量;二衬检测台车可实时快速、准确对隧道衬砌质量进行无损检测,保证了检测人员的人身安全,大幅度提高了检测效率和检测结果的精度;钢筋卡具及止水带定位器能有效解决纵向中埋钢边止水带安装不顺直、上下不居中,仰拱钢筋层间距不均匀等质量问题;带模注浆可及时对缺陷部分注浆填满,使浆体与混凝土结合完整,衬砌结构整体性好;新型装配式电缆沟的使用不仅解决了积水影响电缆使用寿命的问题,同时,高分子合成材料盖板及侧墙为半刚性材质,降低了盖板的重量,同时使盖板具备一定的可塑性,能分解部分外界冲击力。

创新预算管理工具,收付联动提升经营质效

中交第二公路勘察设计研究院有限公司

成果主要创造人:吴山青　周　露

成果参与创造人:熊　露　张思斯　彭小年

中交第二公路勘察设计研究院有限公司(简称"中交二公院")始建于1964年,是《财富》杂志2019年世界500强排名第78位的中国交通建设股份有限公司的全资子公司。

中交二公院主要从事公路、市政、轨道、环境生态勘察设计及工程总包工作,具有工程勘察综合甲级、工程设计综合甲级、咨询、监理、测绘、招标代理、水土保持、地质灾害防治(勘察、设计、监理、施工)等国家甲级资质,具有高速公路、各种复杂结构桥梁、隧道、交通工程、市政工程、轨道工程、建筑工程的勘察设计、项目管理、工程总承包以及项目规划、设计、投资、建设、运营管理的能力,具有编制行业技术标准、规范、手册、指南的技术实力,多次承担国家和交通运输部重点攻关课题及交通运输部行业标准规范编制,100余项科研成果获国家和省部级科技进步奖,其中荣膺国家科学技术进步奖8项。通过科技研发和工程创新,中交二公院建立了一整套以现代数字信息技术为核心的公路勘察设计新体系,是我国公路勘察设计行业综合实力最强的企业之一。中交二公院连年入榜"中国工程设计企业60强"和"武汉市百强企业",2008年被认定为"国家高新技术企业"。

中交二公院有在册职工近2000人,下属设有26家分、子公司,注册资金8.7亿元,总资产55亿元。2019年度,公司实现营业额34亿元,利润总额6.38亿元。

一、实施背景

(一)资金管控的必然选择

受自营产能的约束,中交二公院分包成本随规模扩大快速攀升。分包成本及分包款的支付金额越来越大,占比越来越高(图1),分包款支付占当年经营现金的流出总额的比例在2011年为38%,在2015年达到67%。

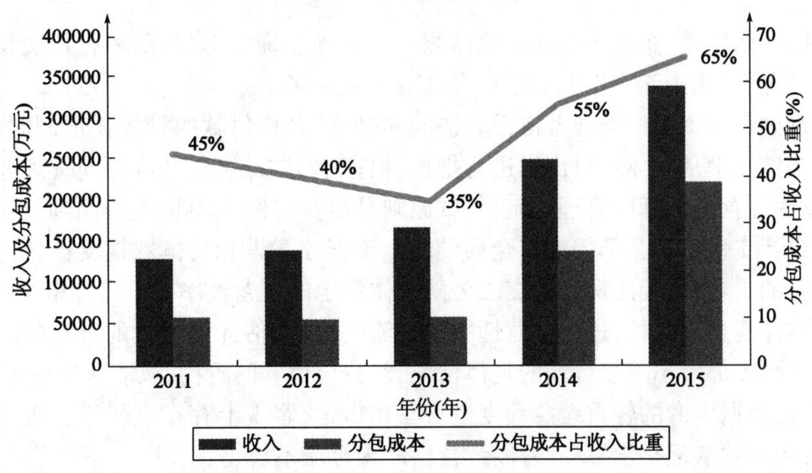

图1　2011—2015年收入、分包成本变动图

日常分包付款由经营主管部门进行管理,在主合同到款比例内,根据分包合同约定条款进行支付,年中年末根据盈余现金保障倍数等指标由财务部门进行整体调控。

2013—2015年,月分包付款占收款比例变动较大,导致经营性净现金流处于波动的状态,在个别月份,分包付款金额高于收款金额。由于分包付款缺乏科学筹划,在分包付款占收款比例不断攀升的同时,月度经营性净现金流不稳定,曾出现多个月份经营性净现金流为负数的现象,阶段性净现金流量不能满足要求。

分包付款作为重大资金支出项,是资金预算的管控重点。2015年,公司分包支付占了经营性资金流出的67%,因此要对分包付款进行筹划,预算管理工具就是很好的选择。安排好分包款的支付,资金必须遵循"以收定支、量入为出"的原则,因此使用收付款联动预算工具非常有必要。

(二)业务链与资金链协同管理的需求

中交二公院收款预算由企业发展部制定总目标,通过绩效考核强调合同收款的重要性,有关收款的绝对指标和相对指标是主体单位和经营主管部门业绩考核的关键指标(百分制考核权重超过20,主要指标包括收款额、营业额到账率、合同款到账率、盈余现金保障倍数等),经营质量、经营成果保障处于较好水平。

2015年,公司营业额达34亿元,是2011年的2.9倍,年均增长率达30%;2015年,公司收款总额为32.2亿元,是2011年的3.2倍,营业额到账率(收款/营业收入)处于较高水平,年度经营质量较好(图2)。

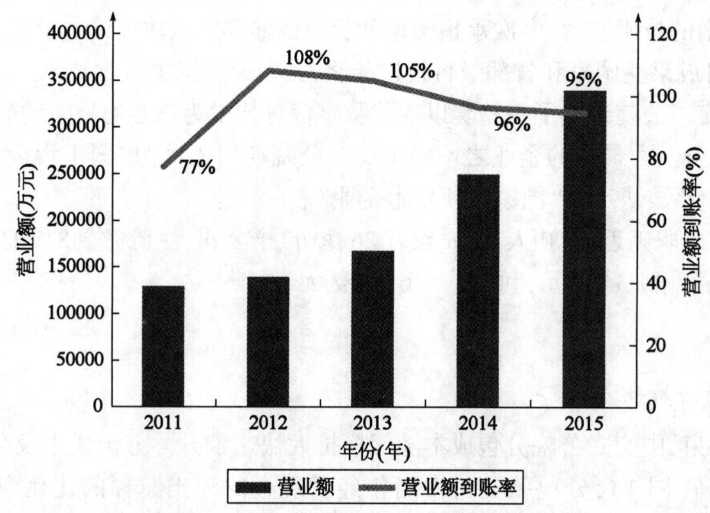

图2 2011—2015年收入、收款变动图

收款预算面临的问题是,企业发展部在总体测算的基础上确定总目标,根据历史情况预测,年度预算数据在估算的情况下"由上至下"进行强压,精细化程度不够。

分包付款管理则存在资金链与业务链没有协同和融合,分包付款的管控无法同时满足财务和业务需求的问题。业务链管理从具体项目出发进行把控,根据中交二公院《经济合同管理办法》等制度的相关规定,分包付款由经营主管部门管理控制,付款原则是尽量控制在项目主合同到款比例内,根据合同规定的支付条款进行支付。业务部门没有全局的现金流管控意识和具体数据支撑,分包付款的业务审批能满足生产经营的需求,但无法保证中交二公院整体稳定的经营性净现金流和资金存量。

财务部门从整体现金流把控,进行经营性净现金流的测算,估计可支付的分包付款,然后在额度内进行支付。但由于财务部门不了解合同的具体情况,对分包付款的管控,只能保证稳定的经营性净现金流和资金存量,无法根据生产的轻重缓急程度进行具体审定,客观上存在支付不合理、影响生产进度的现象,因此导致分包付款缺乏科学筹划,月度经营性净现金流不稳定。

收款滚动预算为推行分包付款联动式预算提供了基础。收款给资金流入提供了保障,分包付款与收款的合同生产进度、账款进度息息相关,收款滚动预算及执行结果可作为分包付款联动式预算管理的基础数据,因而以收款滚动预算为基础实施分包付款联动式预算管理就变得切实可行。

(三)为实现业财一体化精细化管理的目标

尽管分包付款的经营主管部门其业务审批流程与收款一致,但收款预算数据与分包付款之间没有直接联系,收款预算管理与分包付款之间联动性不强,"以收定支"未能有效落地。

实现业财一体化精细化的预算管理。业务部门在财务资金总控预算的基础上,对分包付款实施管控,实现业财一体化,将"以收定支、量入为出"有效落实,强调责任主体的同一性,强化收款滚动预算管理质量,实现经营性净现金流的提升与均衡。

二、成果内涵和主要做法

创新预算管理工具,收付联动提升经营质效的内涵是:为了提升企业经营及资产质量,更好完成两金压降、盈余现金保障倍数的目标,推出以每月为起点、年末为固定终点的收款滚动预算,创新提出并运用基于收款滚动预算的分包付款联动式预算管理,以分包付款占收款比例为基础来控制分包付款额度,按项目类别横向分类,纵向分经营主管部门,以合同为单元,运用信息化工具,采用"上下结合、分级编制、逐级汇总"的编制方式,以收款、分包付款占收款比例为基础明确分包付款额度,实现"三横七纵"(横向分投资-施工、其他-施工、设计合同,纵向分 7 个经营主管部门:5 个区域事业部、投资事业部、国际工程公司)管控。分包付款预算数据由主体单位以收款滚动预算编制及执行效果为基础自下而上按年、月预计,财务部门汇总分包付款预算数据后,分年、月对各经营主管部门下达分包付款额度,经营主管部门在额度内分配落实到具体项目和主体单位执行分包付款,根据实际到款情况动态支付,从业务链实现分包付款管控。

通过付款预算与收款预算联动,完善绩效管理链条,促进收款滚动预算提质增效,运用预算管理手段将业务流程、财务资金流程、管理流程有机结合起来,业财融合构建资金纵向到底的管理,实现了管理会计侧重创造价值,渗透企业管理全过程的功能。

(一)内外部环境和条件

1. 管理会计和业财一体化的关系

管理会计,是从传统会计中分离出来、与财务会计并列的、着重为企业改善经营管理、提高经济效益服务的,通过一系列专门方法,利用财务会计提供的资料及其他资料进行加工、整理和报告,使企业各级管理人员能据以对日常发生的各项经济活动进行规划与控制,并帮助决策者作出各种专门决策的一个会计分支,它包括成本会计和管理控制系统两大组成部分。

从 2014 年起,我国的管理会计迎来了"春天",政府出台了一系列的政策和措施来促进管理会计的发展,财政部也将管理会计列入今后会计改革的重要方向。

管理会计涉及的工具和方法很多,每种方法在不同企业的应用又各具特色。管理会计是企业战略、业务、财务一体化的最有效工具,是企业管理的热门趋势,也是国务院国有资产监督管理委员会对开展预算管理工作倡导的目标性任务之一。

业财一体化,是指在包括网络、数据库、管理软件平台等要素的互联网技术环境下,将企业经营中的三大主要流程(业务流程、财务资金流程、管理流程)有机融合,建立基于业务事件驱动的财务一体化信息处理流程,使财务数据和业务融为一体,最大限度地实现数据共享,实时控制经济业务,真正将会计控制职能发挥出来。通过预算管理手段将三大流程有机结合起来是业财一体化的有效实践。

2. 预算的一般编制和控制方法

传统的预算编制方法有:固定预算、弹性预算,增量预算、零基预算,定期预算、滚动预算,更具体实际的还有概率预算、定额预算等。但这些预算编制方法大都是对某项目内容进行估计,预算编制和确定的实际操作大都"自下而上,上级决定,自上而下、目标下达",人为因素和痕迹较为明显。

3. 收款滚动预算管理

滚动预算又称连续预算或永续预算,是指在编制预算时,将预算期与会计年度脱离开,随着预算的执行不断根据新情况进行调整,逐期向后滚动,使预算期始终保持为一个固定期间的一种预算编制方法。实际应用中一般采取以 12 个月为一期,逐月滚动。滚动预算最大的优点是由于不断地修正,使预算更符合客观实际,从动态预算中了解企业的未来。滚动预算的分期结果一般不会作为更新考核指标的依据,滚动预算的目的不是不断地修改目标,而是不断地修改预测的结果,以指导最新的决策。滚动预算的主要缺点是自动延期编制麻烦、耗时、代价大,管理者对超过 1 个会计分期的部分难以重视。

中交二公院在滚动预算理论上结合实际需求,开展创新型收款滚动预算管理:以每月为预算滚动起点,年末为预算固定终点的收款滚动预算。

年初梳理在建项目情况(累计收款、预算年末收款节点),清理具体项目当年收款总额,根据当年新签合同额预算按预计贡献率计算出新签合同额当年到款额,预计贡献率根据历史水平计算确定;每月更新实际收款情况、预计年末收款节点,同时更新全年收款预算数据,实现收款预算数据逐渐向收款实际数据无限接近。其主要运用方法可以概括为零基预算 + 定额预算。

将收款指标纳入各单位和经营主管部门业绩考核的同时推行年底加密的收款滚动预算,年度内不再展期编制,一定程度上克服了烦琐、耗时的弊端。“自下而上,由上至下”收款滚动预算的持续开展,解决了前面提到的收款管控的相关问题,管理精细化程度有效提升,收款年年创新高,历年积累了较为丰富的经营性净现金流(图 3),但与分包付款联动性不强。

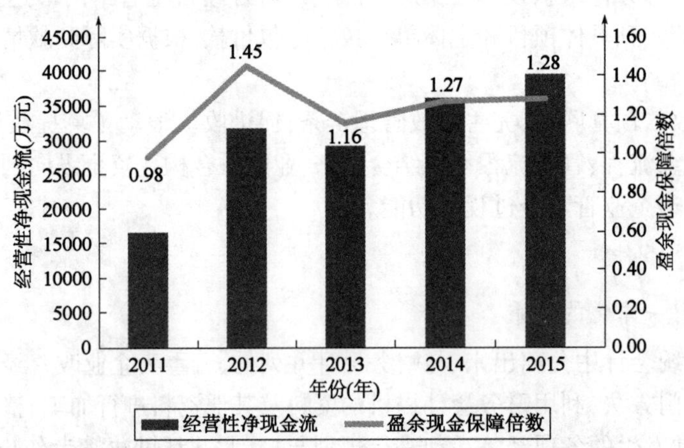

图 3　2011—2015 年经营性净现金流、盈余保障倍数变动图

4. 联动式预算管理

联动式预算一般选两个或两个以上相互关联的指标联动编制,其中一个或一个以上因素的变动会影响编制指标的预算数据。联动式预算的两个或两个以上的指标都是预算管理工作中需要重点管控的事项或指标。

实施联动式预算管控在指标的选择上应遵循的一般原则是选取相互制衡事务,体现为:一个指标的良性差异,会影响联动指标的非良性差异,比如收入与成本联动、收款与付款联动等相互对立的事项进行,如果不是制衡关系可选择弹性预算。

实施联动式预算管控在选择编制和控制主体上要求在一个责任主体上体现,这样能形成自我制约、相互促进、良性闭合的循环。

联动式预算管控应解决的关键问题是如何联动。联动方法要遵循事物发展变化的客观规律,符合外部环境、内部机制的要求,研究方法要科学合理,实际联动形式要形象直观、易于操作。

联动式预算是区别传统预算方法的创新式预算方法,基本方法与弹性预算相近,但不同的是,弹性预算一般不强调关联客体是重点,也不强调关联客体是否是实施预算重点管控的事物或指标,也不关心关联客体的矛盾性(如合同额与营业收入)。

联动式预算管控因涉及两个或两个以上指标的互动,加强信息互通、强化反馈机制、实施动态管控效果更好,因此实施信息化是必由之路。

(二)整体思路

基于中交二公院现有的收款滚动预算管理,为解决中交二公院现有资金管理的问题,结合组织管控形式、专业生产及业务审批流程特点,运用滚动预算和信息化工具,确定联动控制方法,实现分包付款与收款预算联动与滚动调整,从业务管控层面具体安排项目分包资金,实现业务链与资金链的融合,达成目标。

(三)目标

综合考虑生产进度管控、营业收入资金回流、支付分包合理有效等因素,使业务流、资金流和管理链条紧密衔接,"以收定支、量入为出",精细安排分包合同的资金支付,实现业财一体化,收付管理相互促进,提高经营与生产管理质量,均衡和保障中交二公院充裕的经营净资金流,是分包付款联动式预算管理的总体目标。

1. 延展目标链条业财融合管控

年度财务资金目标依赖于年度内不同时点目标的完成,同时对于不同层面管理点的分项目标也要求同步于统一目标,各业务层面的各项工作是相互影响的,目标时空的相互链接保障了总体目标的实现。因此,必须从业务链前端着手环环紧扣,直达财务资金管理的末端,实现业财融合和一体化管控。

2. 强化过程控制均衡现金流量

依据收款滚动预算的管控,在保证项目工期、进度、生产协调等经营生产需要的前提下,合理设计分包付款额度。通过具体项目的收付管控,维持月度、季度和年度经营性净现金流的稳定性。

(四)创新与提升

1. 收付预算联动完善业绩管理

目前中交二公院绩效考核管理指标中,上有收款指标(收款额、合同款到账率、营业额到账率),下有经营性净现金流指标(盈余现金保障倍数),以保障资金管理环节的前端——收款和后端——经营性净现金流结果,中间付款环节无具体有效管理手段。在此前提下,推进分包付款与收款滚动预算的联动式管理,能完善整个管理链条,将资金管理全部环节纳入预算管理。

2. 项目资金管理深度业财一体

资金是维持正常的生产经营活动的有效保障,同时中交二公院的生产经营活动效率对资金数量和资金运行速度会产生影响。分包付款联动式预算管理以宏观调控为主,付款额度自上而下下达,财务部门从中交二公院层面核定整体分包付款额度,然后对经营主管部门下达部门额度;经营主管部门根据主体单位上报数据,将部门额度拆分至主体单位;主体单位根据轻重缓急程度和生产实际进度,再分配额度至具体分包项目上,实现了对项目资金纵向到底的管理,使常规性重大资金管理不仅局限于财务部门,还综合考虑生产进度管控、营业收入资金回流、支付分包合理有效等因素,实现了生产经营的有效控制。业财深度融合使业务流、资金流和管理流程紧密衔接。

3. 推动收款滚动预算提质增效

在中交二公院目前实施的收款滚动预算工作中,收款滚动预算由于指标考核等因素,预算数据在上报环节较为保守。以收款滚动预算为基础推进分包付款联动式预算管理,一方面将合同收付款之间的联系在数据中得以体现,用收款测算分包付款额度;另一方面,推进分包付款联动式预算管理之后,分包付款额度与收款紧密相连,从付款环节刺激和促进了收款滚动预算管理的积极性,"以收定支"深入经营生产管理各级层面,使收款滚动预算数据更接近实际情况,提升了收款滚动预算的质量和效果。

(五)内容实施

1. 加强宣传,建立机制,有效推进收付款联动预算管理工作

收付款联动管理涉及主体单位(分、子公司)、经营主管部门,涵盖各生产合同,在推进预算时,会触及经营生产领域现有体系的变革,在实施过程中通过培训、调研等多种方式加强宣传,并制定收付款预算管理办法等制度,让经营和业务人员充分理解预算目的及控制方法,认同管理手段,各部门有效协同与配合,将"以收定支""量入为出"的口号落到实处,使工作有效推进。

2. 建立高效的组织机构,保障收付款联动预算实施

中交二公院内设企业发展部(预算绩效)、财务部(管理会计、财务资金)等10个职能管理部门和6个国内事业部,下辖子、分公司等24个主体单位(图4),投资事业部具有投资-施工项目的经营及管控职能,分公司——国际工程公司具有海外项目的经营及管控职能。

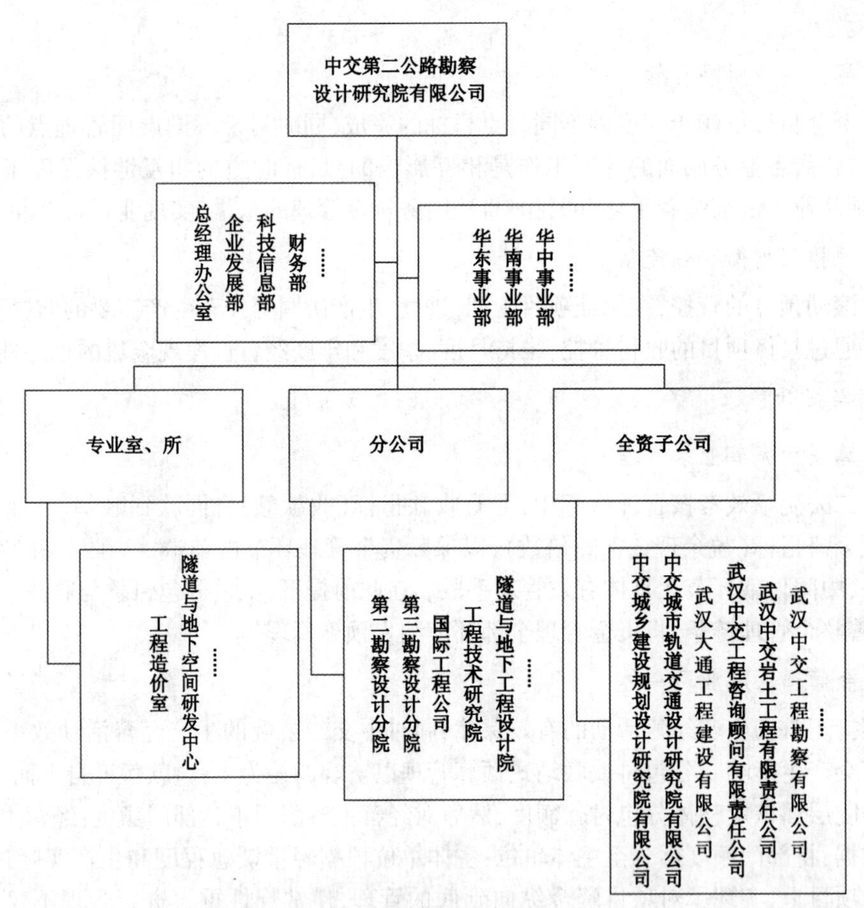

图4　中交二公院组织架构

收付款联动预算参与的部门有:企业发展部、财务部、事业部、国际工程公司及各分、子公司(图5)。企业发展部主管收款滚动预算,财务部主管分包付款联动式预算,对经营主管部门下达目标、额度;分析预算执行情况。各事业部、国际工程公司为经营主管部门,负责调整和审定合同、收付款金额并报送预算数据。各分、子公司为合同主体单位,负责编制收付款联动预算。

建立高效的组织机构并赋予其相应管控职能是实施分包付款联动式预算管理的基本保障。中交二公院结合自身经营生产特色,搭建了多层级的推进机构,并明确了相应的职责,全力推进收付款联动预算管理。

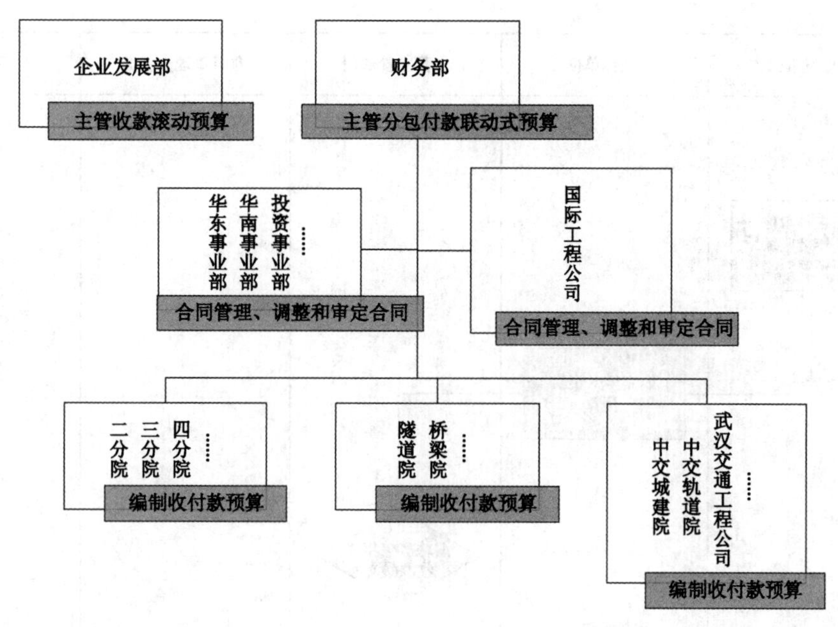

图5 收付款联动预算参与的部门

3. 配备人员信息化资源,支撑收付款联动预算管理体系

由中交二公院总会计师牵头主管管理会计运用,为收付款联动预算管理方法的推行提供了组织和知识保障。各级经营主管部门和主体单位配备熟悉项目合同管理、进行相关操作的各级经营管理人员。

公司建立了以项目合同为主的经营生产管理信息系统,有清晰规范的相关管控流程。为方便系统互联取数,在经营管理或收款预算管理系统中,嵌入日常分包付款预算以期实现与收款预算的联动,通过预算管理来管控分包付款的执行情况,实现财务业务管控一体化,提高信息化水平和系统运行效率。

4. 收付款预算流程衔接,重塑分包付款流程

(1)收款滚动预算应用流程

中交二公院现行的是年度收款预算和月度收款滚动预算并行的模式。其中,月度收款滚动预算是在年度收款预算的基础上编制的。

①年度收款预算流程。年度收款预算编制流程如图6所示。

主要流程描述为:

a. 每年初由各主体单位编制年度收款预算。

b. 经营主管部门审核汇总年度收款预算。

c. 企业发展部汇总收款预算并进行验算审定。

d. 经预算管理委员会审定、中交二公院董事会批准,下达收款预算指标。

②月度收款预算编制流程。月度收款预算编制流程如图7所示。

主要流程描述为:

a. 各主体单位在每月初,针对具体项目,在经营管理信息系统中填写月度收款进度并对年末收款进度进行审核调整,系统自动计算成为收款滚动预算。

b. 经营主管部门审核完毕后,形成收款滚动预算汇总于企业发展部并抄送财务部,作为分包付款联动式预算的数据基础。

(2)分包付款联动式预算应用流程

①年度分包付款联动式预算编制流程。年度分包付款联动式预算编制流程如图8所示。

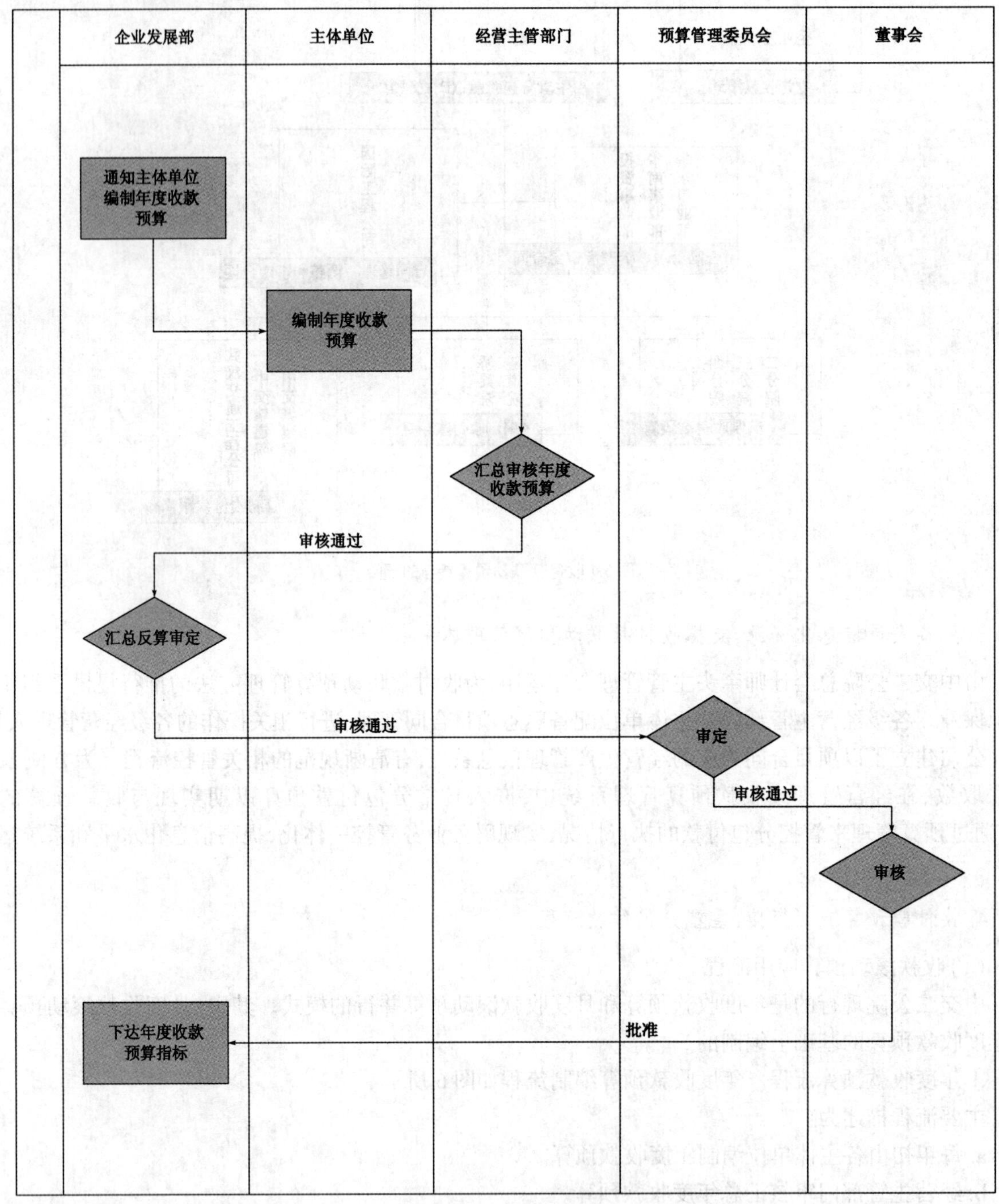

图6 年度收款预算编制流程

主要流程描述为:

a. 每年初,财务部根据收款预算数据、各部门、子公司年度分包付款占收款比例,下达各经营主管部门、子公司年度分包付款预算额度。

b. 年度分包付款预算额度作为当年分包付款的参考标准,在额度内执行分包付款,实际收款与预算数有差异时,年度分包付款预算额度随比例联动调整。

②月度分包付款联动式预算编制流程。月度分包付款联动式预算编制流程如图9所示。

主要流程描述为:

a. 主体单位每月初编制月度分包付款预算,其中月收款预算取自收款滚动预算数据。

b. 各经营主管部门根据月度分包付款预算额度(与收款预算联动),调整分包付款预算数据,在额度内确定合同及付款金额。

c. 财务部汇总分包付款预算数据,根据各经营主管部门月度实际收款和付款比例,月底下达月度分包付款实际控制额度(与实际收款联动)。

d. 月度实际收款与预算收款有差异时,月度分包付款实际控制额度相应调整;当月未用完额度,顺延至下月,设计合同、投资-施工合同年底额度结清。

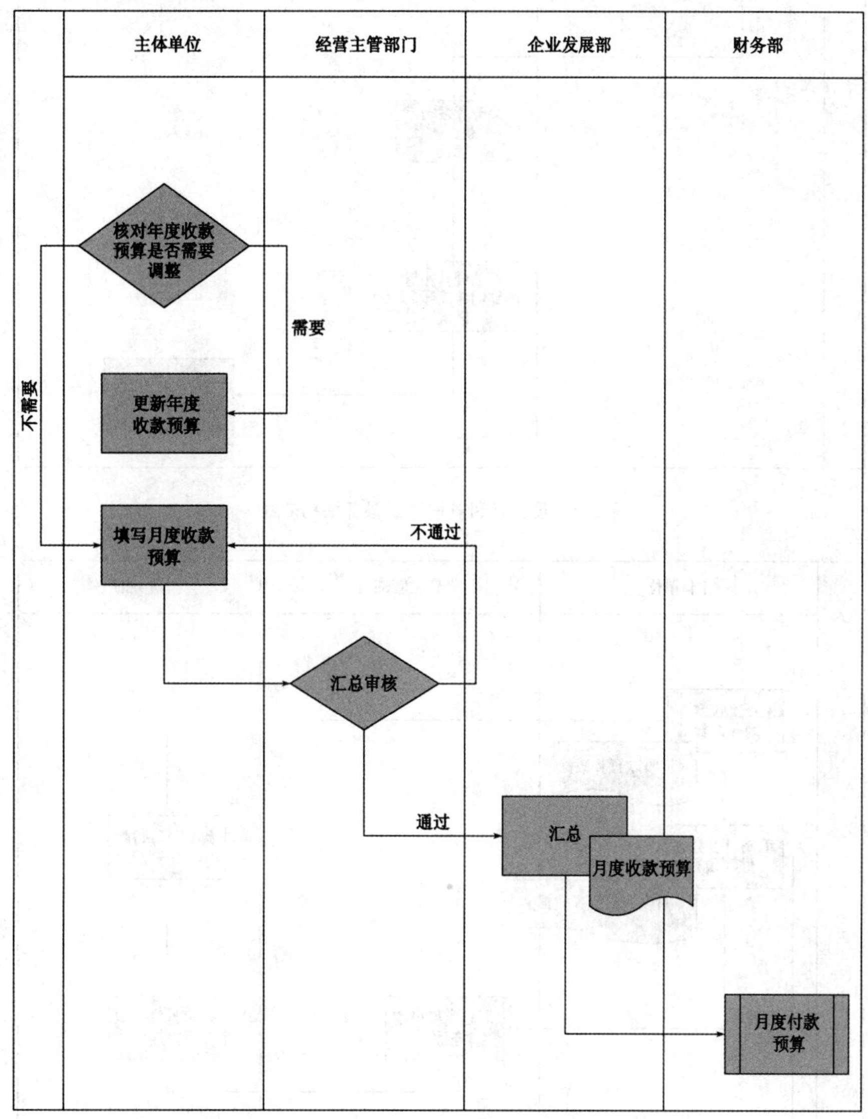

图7 月度收款预算编制流程

(3)分包付款流程改造描述

原分包付款流程为:主体单位申请付款→经营主管部门按规定(分包合同付款比例不高于主体合同到款比例)审定→财务部根据当月现金流情况审定付款→当月末现金流不满足需求时不得支付,审定单据留存在财务部(图10)。

现分包付款流程为:财务部根据月度收款预算给经营主管部门下达付款预算额度→经营主管部门分解落实到具体区域项目→各主体单位申请动态支付→月末与收款实际联动确定付款实际额度,未使用额度顺延下月(图11)。

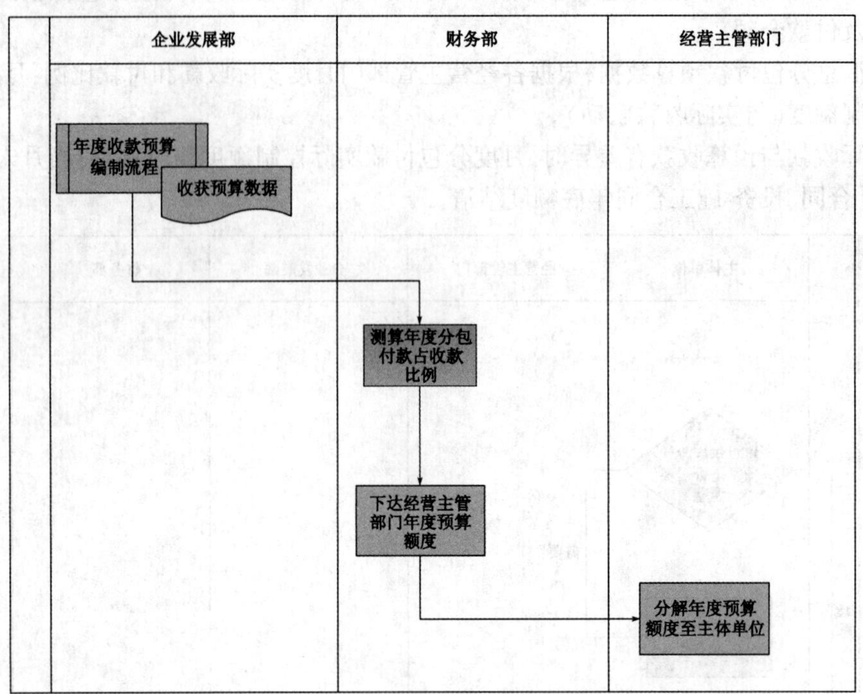

图8 年度分包付款联动式预算编制流程

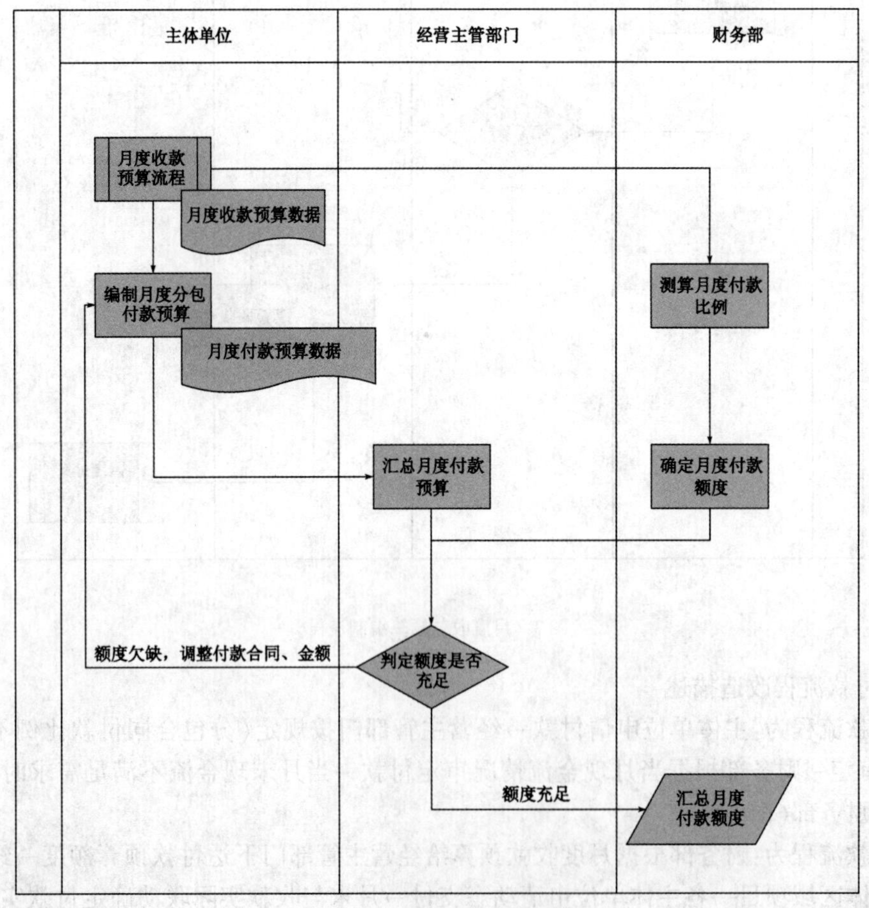

图9 月度分包付款联动式预算编制流程

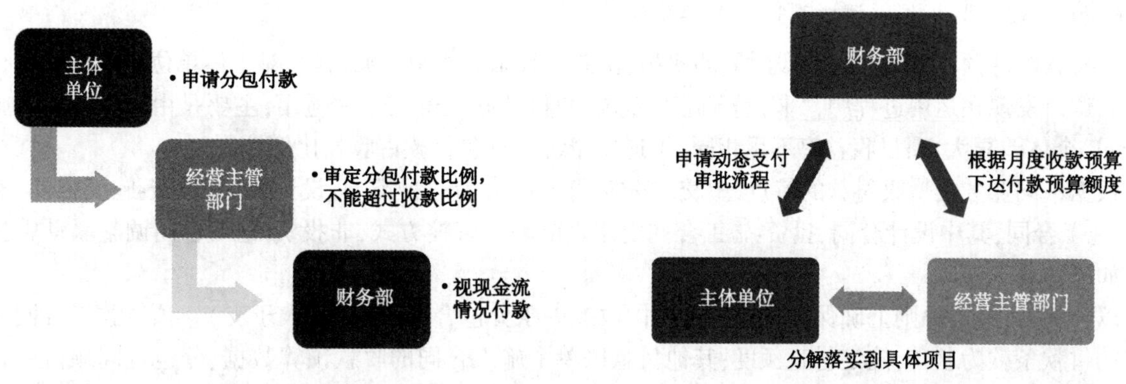

图10 实施分包付款预算前分包付款流程

图11 实施分包付款预算后分包付款流程

5. 以收定支为基础,建立收付款联动预算管控方法

分包付款与收款联动有两层意义:一是预算与预算联动,二是实际与实际联动。如何建立这种联动关系,需要重点研究。

从历史情况来看,在原有的管控措施下,中交二公院收款多集中在第四季度,年度末经营性净现金流和盈余保障倍数均能完成目标,但月度和季度经营性净现金流不均衡,所以月度分包付款管控采用月度和年度分包付款占收款比例孰小的方法来确定具有可控性、谨慎性、有效性。

以经营主管部门为单位,根据收款预算数据、分包付款占收款比例,确定分包付款额度。

(1)年度分包付款预算(实际)额度控制

年度分包付款预算(实际)额度按下式计算:

$$\mathrm{DY} = G \times \alpha \tag{1}$$

式中:DY——年度分包付款预算(实际)额度;

G——年度收款预算(实际)数;

α——额定比例——前三年分包付款占收款比例加权平均数(权重构成为0.8、0.1、0.1)。

(2)月度分包付款预算(实际)额度控制

月度分包付款预算(实际)额度按以下公式计算:

$$\mathrm{DM}_n = A_n - \mathrm{LP}_{n-1} \tag{2}$$

$$A_n = \min(\mathrm{LM}_{n-1} + M_n, Y_n) \tag{3}$$

$$M_n = G_n \times \beta_n \tag{4}$$

$$Y_n = (\mathrm{LG}_{n-1} + G_n) \times \alpha \tag{5}$$

式中:n——月份,$n \in [1,12]$;

DM_n——月度分包付款预算(实际)额度;

A_n——截至当月累计分包付款预算(实际)额度;

LP_{n-1}——截至上月累计预算内已支付分包款;

LM_{n-1}——截至上月累计分包付款实际额度;

M_n——根据月度收款预算(实际)按上年当月分包付款占收款比例计算可支付分包款;

Y_n——按年度分包付款占收款比例计算累计可支付分包款;

LG_{n-1}——截至上月累计实际收款;

G_n——当月收款预算(实际)数;

β_n——上年当月分包付款占收款比例,$\beta = 0$ 时,$\beta = \alpha$;

α——前三年分包付款占收款比例加权平均数(权重构成为0.8、0.1、0.1),单个经营主管部门$\alpha =$ 0 时,取中交二公院整体 α 值。

6. 加强沟通调研,按合同类型进行差异化联动

收付款联动预算管理经过一段时间的实施,由总会计师牵头组成调研组,对主体单位使用情况进行调研。调研发现在运用过程中,"非投资-施工合同"的付款联动管控不太适用,主要是由于"非投资-施工合同"个体差异大,项目收益率不尽相同,不适用于统一分包付款占收款比例控制。

根据不同业务类型收付款的特点,中交二公院将合同分为三种类型:设计合同、投资-施工合同、非投资-施工合同,其中设计合同、投资-施工合同沿用之前联动管控方式,非投资-施工合同调整联动管控方法如下:

以合同为单位,原则上确保单个合同主合同收款大于分包合同付款(收大于支)。预付款以合同中约定的付款条款为基础,确定付款额度;其他付款以单个施工合同的收款预算数据、分包合同额占主合同额比例为基础,主要根据中期支付证书等证明材料,确定付款额度。

(1)预付款

以合同中约定的付款条款为基础,原则上确保单个合同收大于支,确定付款额度。

(2)其他付款

每次付款均需提供中期支付证书等证明材料,额度控制公式如下:

$$DM_n = (LG_{n-1} + G_n) \times \gamma_c - LP_{n-1} \tag{6}$$

式中:DM_n——年(月)分包付款预算(实际)额度;

LG_{n-1}——累计已收款;

G_n——当年(月)收款预算(实际)数;

γ_c——分包合同占主合同比例;

LP_{n-1}——累计已支付分包款。

7. 加大信息化开发力度,提高收付款联动预算效率

每年编制一次年度收付款联动预算,每月编制一次月度收付款联动预算预算,对于项目较多主体单位编制的工作量较大。分包付款预算通过 Excel 表进行填报,填报人员需要人工查验合同信息,且Excel 报无法自动取得收款滚动预算数据,对于填报人员和汇总人员工作量都很大。

推进分包付款联动式预算编制系统信息化开发工作,主要开发功能包含:①实现与收款滚动预算数据的对接,实时展示出各经营主管部门的分包付款预算额度,以供经营主管部门调整分配;②设计预算执行情况表,抓取经营主管部门收款、分包付款的预算数和实际数,掌握收付款动态;③将分包付款预算额度嵌入付款申请中,预算额度内的付款走正常审批流程,预算额度外的付款可暂停支付或选择走预算外审批流程,分包付款预算管控环节前置。通过信息化手段减轻预算编制人员工作量,实现及时联动以期提高效率。

8. 实施过程中运用的相关表格

(1)年度收款、分包付款预算编制表格

设计、投资-施工合同收款、分包付款预算表见表1。

设计、投资-施工合同收款、分包付款预算表(单位:万元) 表1

部门: 年度:

年度收款预算明细:

序号	主合同编号	对方单位	合同名称	年度收款预算(G)
1				
2				
……				
收款合计				

非投资-施工合同收款、分包付款预算表见表2。

非投资-施工合同收款、分包付款预算表(单位:万元) 表2

部门: 年度:

序号	主合同编号(c)	对方单位	主合同名称	主合同金额 ①	分包合同合计金额 ②	分包合同占主合同比例(γ) ③=②/①	主合同累计已收款(G_{c1}) ④	主合同年度收款预算(G_{c2}) ⑤	分包合同累计已付款(P_c) ⑥	年分包付款预算额度(L_c) ⑦=(④+⑤)×③-⑥
1										
2										
3										
4										
5										
6										
……										
合计										

(2)月度收款、分包付款预算编制表格

设计、投资-施工合同收款、分包付款预算表见表3。

设计、投资-施工合同收款、分包付款预算表(单位:万元) 表3

部门: 月份(n):

年实际收款:

月 份	金 额
1月(G_1)	
2月(G_2)	
$n-1$月(G_{n-1})	

月收款预算(G_n):

序 号	主合同编号	对 方 单 位	合 同 名 称	月收款预算
1				
2				
……				
收款合计				

设计、投资-施工合同分包付款预算(单位:万元)

预算内已付款:

月 份	金 额
1月(P_1)	
$n-1$月(P_{n-1})	

月分包付款预算额度:

序 号	分包合同编号	单 位	合 同 名 称	月分包付款预算
1				
2				
……				
分包付款合计				

非投资-施工合同收款、分包付款预算表见表4。

非投资-施工合同收款、分包付款预算表(单位:万元) 表4

部门: 月份:

序号	主合同编号(c)	对方单位	主合同名称	主合同金额①	分包合同合计金额②	分包合同占主合同比例(γ)③=②/①	主合同累计已收款(G_{c1})④	主合同月收款预算(G_{c2})⑤	分包合同累计已付款(P_c)⑥	月分包付款预算额度(L_c)⑦=(④+⑤)×③-⑥	月付款预算
1											
2											
……											
合计											

非投资-施工合同收款、预付款预算表见表5。

非投资-施工合同收款、预付款预算表(单位:万元) 表5

部门: 月份:

序号	分包合同编号	对方单位	合同名称	合同金额	主合同累计已收款(G_{c1})①	主合同月收款预算(G_{c2})②	分包合同累计已付款(P_c)③	合同约定预付款支付条款	月分包付款预算额度(L_c)④=①+②-③	月付款预算
1										
2										
……										
合计										

三、实施效果

(一)经营性净现金流充裕

2015年经营性净现金流情况如图12所示。可以看出,1、2、4、5月均为负数,由于分包付款无对应管理手段,月度经营性净现金流无法保障。

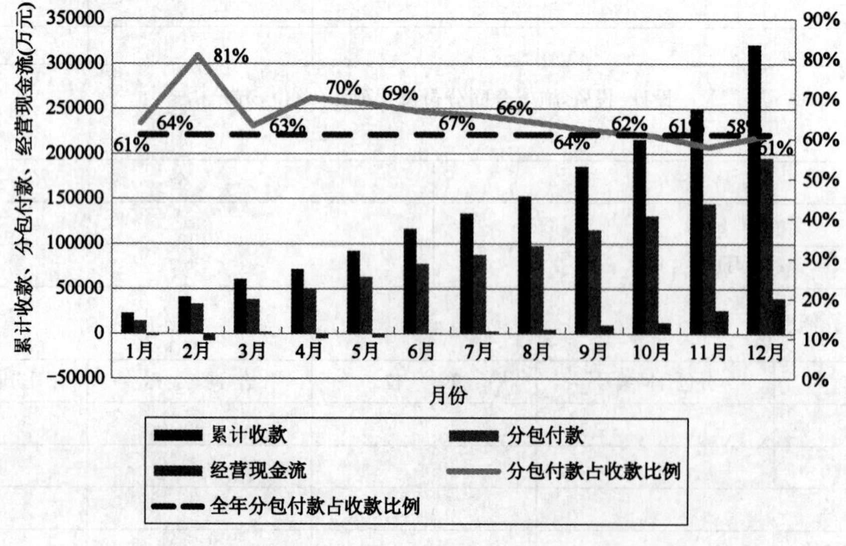

图12 2015年累计收款、分包付款、经营现金流变化情况

如图13所示,2016年经营性净现金流每月均为正数,稳步增长,达到历史新高73413万元。如图14、图15所示,2017年、2018年由于收款同比减少,月度经营性净现金流出现波动,年度经营性现金流分别为72412元、69622元。经营性净现金流得以保障,为中交二公院合理安排生产经营、支撑投资平台提供了较为充裕的现金。

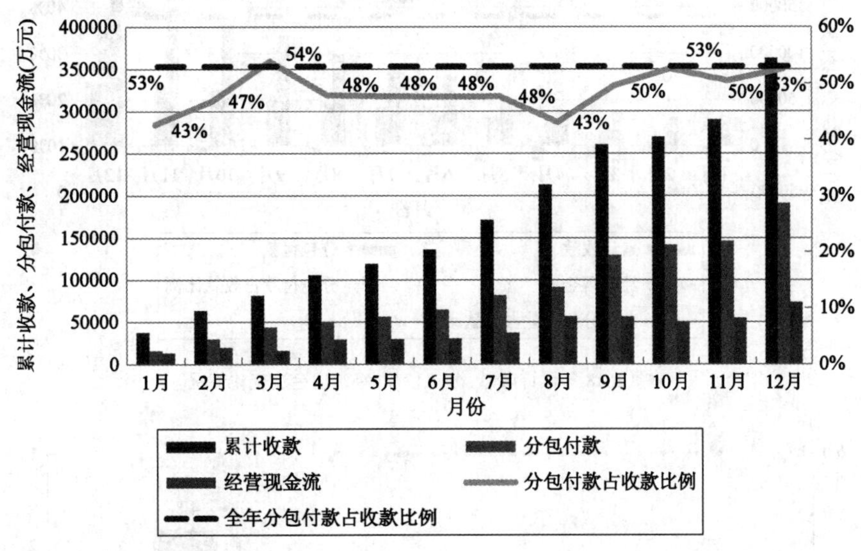

图13　2016年累计收款、分包付款、经营现金流变化情况

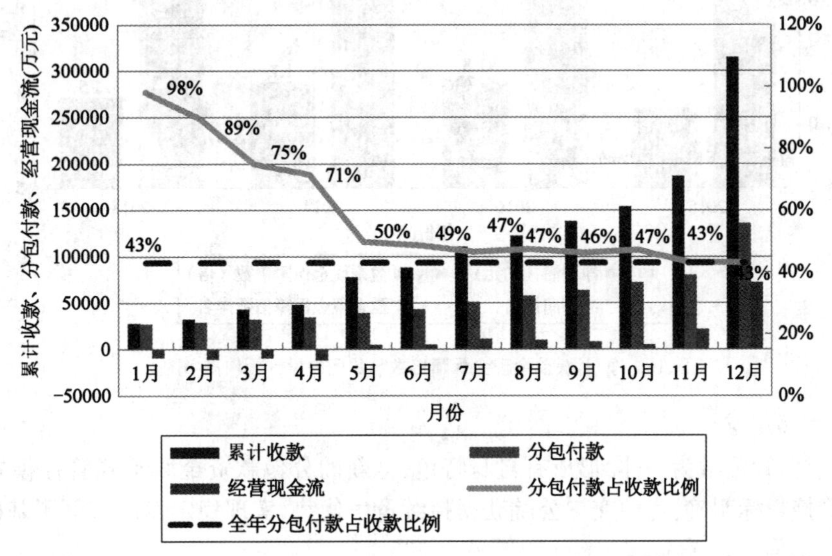

图14　2017年累计收款、分包付款、经营现金流变化情况

(二)保障有关绩效指标优秀完成

公司推行收付款联动预算管理已有三年并实现了信息化,坚持每月编制一次,年底加密执行,强化了过程管理,优异地完成了上级下达的相关目标,提升了公司经营质量(图16)。

(三)分包付款管理科学可控

分包付款管理经过额度内筹划——由主体经营单位编制、经营主管部门决策用在急需的项目上,先总后分、先财后业,解决了财务部门因项目信息的不对称而存在资金使用的盲点问题,管理手段的科学合理与精细,使资源调配更为合理,分包付款处于有序、可控的状态。

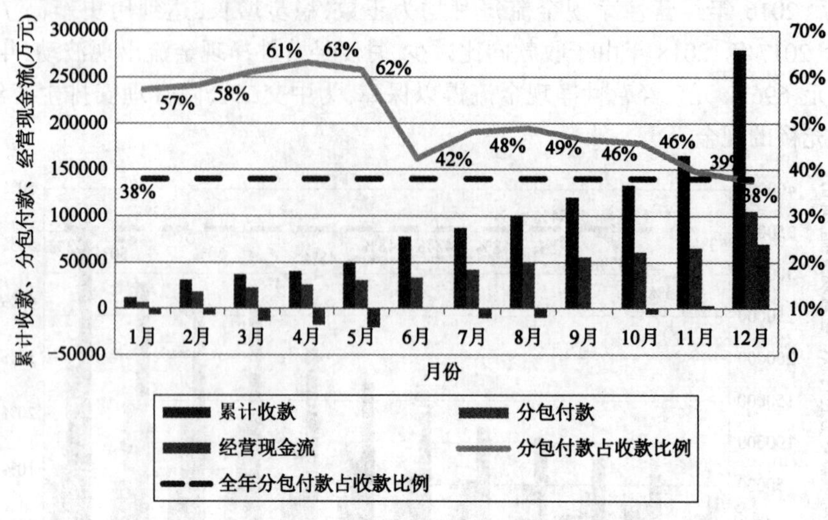

图15　2018年累计收款、分包付款、经营现金流变化情况

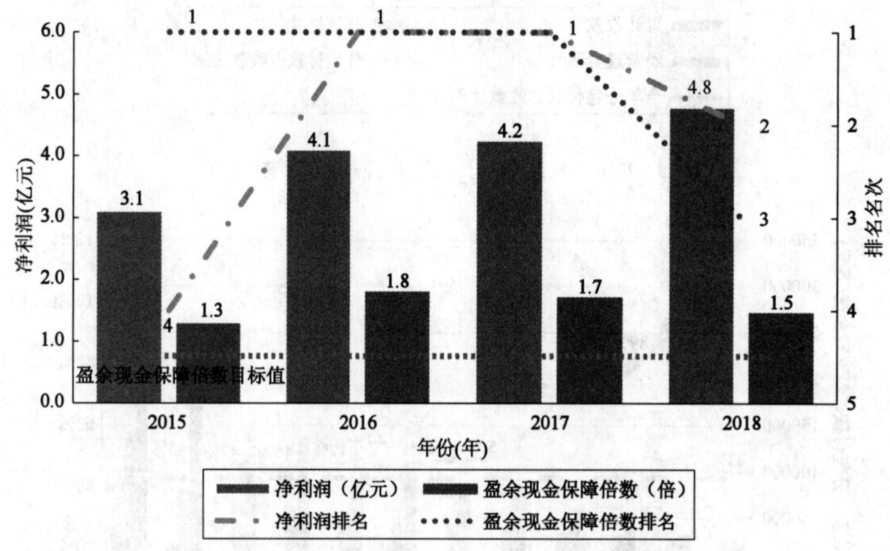

图16　净利润、盈余现金保障倍数与集团内设计板块排名图

(四)实现了业财融合

资金管理和经营管理融为一体,形成有自身特色、全新的分包款资金联动式管控模式,流程清晰透明,业财一体化管控目标明确,为中交二公院获得持续竞争优势、实现稳定发展打下了基础。

(五)收支联动,提高经营业绩水平

以收款滚动预算为基础的分包付款联动式预算管理,对收款预算提出了更高的要求,使经营预测不再流于形式,经营预测工具得以深入应用,提高了收款滚动预算的管理水平和执行效果。

通过企业发展部、财务部对预算差异合理性的审核,主体单位和经营主管部门重视程度提高,预算准确度持续提升。

通过对经营主管部门下达额度,月度实时监控预算执行情况并按年度对经营主管部门进行绩效考核、同比分析,提高了经营收款业绩水平。

高海拔特长瓦斯隧道安全管理与瓦斯防治研究

四川川交路桥有限责任公司

成果主要创造人:袁　凯　章继文

成果参与创造人:毛建军　雷东风　邓锦阳　李枝文　许仕鹏　罗兴伟　杨绪林　秦　智　范子仪

四川川交路桥有限责任公司(简称"川交路桥公司")是从事交通基础设施建设的骨干企业。川交路桥公司注册资本12.2亿元,总资产约62亿元,拥有国家公路工程施工总承包特级资质和公路行业甲级设计资质。川交路桥公司现有职工1700余人,其中专业技术管理人员近1000人。川交路桥公司源于1950年成立的专业交通建设队伍,组建之初便参与了成阿、川藏、成渝、川陕、川鄂等重要干线公路建设和成昆等铁路建设。川交路桥公司几乎参与了四川省内所有高速公路施工建设,参与了湖南、湖北、重庆、西藏、新疆、青海、内蒙古、吉林、河北、河南、山西、陕西等二十余省(自治区、直辖市)的重点工程建设,先后到中东、南亚、非洲等十余个国家和地区参与道路、桥梁、机场等工程建设,施工的项目普遍受到业主和社会各界的赞誉。先后多次荣获了中国建筑工程鲁班奖、中国土木工程詹天佑奖、国家"公路交通优质工程一等奖"、交通运输部"示范样板工程"、"天府杯"金奖和"第三批全国建筑业绿色施工示范工程"等荣誉称号,获得国家专利34项。川交路桥公司不忘初心,充分发挥专业优势,致力于将路面、桥梁、隧道、市政打造为精品,不断提升川交路桥公司在行业内外的知名度。现今,川交路桥公司年施工能力达100亿元以上,承建的巴陕高速公路米仓山特长公路隧道、山西晋蒙黄河大桥、河南郑州机西高速公路二期、河北延崇高速公路第10合同段在业内外产生了较强的影响力。

勇担社会责任,彰显国企本色。川交路桥公司积极为国家分忧,为人民解难,员工们临危不惧,积极参与2008年"5·12"汶川特大地震、2013年"4·20"芦山强烈地震、2017年"8·8"九寨沟7.0级地震等抢通保通和救援战斗,抢险员工受到党和国家领导人的接见,川交路桥公司先后获得了四川省"抗震救灾先进基层党组织""抗震救灾模范集体"等荣誉称号。在九寨沟地震抢险救灾中,时任四川省委书记王东明赞誉川交路桥救援队为应急抢险的"王牌"、抗震救灾的"铁军"。

一、项目背景

(一)隧道建设背景

我国是一个多山的国家,75%左右的国土是山地或重丘,随着国家加大基础设施建设,隧道工程越来越多,不可避免地要穿越煤系地层和赋存瓦斯的地区。在建设穿越煤层的公路、铁路隧道工程中,瓦斯爆炸仍是安全生产的最大威胁。例如,都汶高速公路紫坪铺隧道(原名董家山隧道)瓦斯爆炸是我国迄今为止最严重的隧道瓦斯爆炸事故,2015年2月24日龙泉驿五洛路1号公路隧道发生瓦斯爆炸,2019年4月1日宜毕高速公路扎西隧道在建工程发生瓦斯爆炸事故。接连发生的隧道瓦斯爆炸事故触目惊心,这些事故都为瓦斯隧道安全施工敲响了警钟。同时由于公路隧道断面大、无轨运输,在瓦斯等级划分指标、瓦斯检测、施工通风要求等方面与煤矿巷道、铁路隧道有很大差异不同。为规范川交路桥公司公路瓦斯隧道施工安全管理,保障公路瓦斯隧道施工安全,从集团公司到项目部都高度重视安全生产问题,本着"生命至上,安全为天"的安全理念,项目经理部决定将小高山隧道瓦斯安全风险作为重点管控对象,设置领导层专门分管瓦斯安全,确保现场不发生一起与瓦斯相关的安全事故。同时借鉴铁路和煤矿行业的相关规定,制订瓦斯爆炸防治的相关技术措施,以指导本隧道安全、经济、快速地穿过含瓦斯的地层,提升公司隧道施工瓦斯防治与控制技术水平,保障隧道工程施工建设与运营安全。

(二)隧道建设概况

G348 线(原 S307)盐源平川至卫城段长 44.81 公里,是泸州至盐源的省道干线公路,是四川凉山州州府西昌通往盐源、木里两县的唯一通道,是凉山州重要经济干线公路,也是四川通往被称为东方女儿国——泸沽湖的唯一通道。交通环境的好坏直接影响区域经济发展,直接影响四川省西南片区旅游、矿产及水能源等资源开发。四川省政府、州政府及盐源木里两县政府十分重视 G348 线的建设。该工程作为省重点工程,是"三区三州"深度贫困地区脱贫攻坚的骨干支撑项目,其建设对于推动凉山州资源优势转化为经济优势、助力凉山贫困地区脱贫攻坚具有重大意义。

G348 线盐源平川至卫城段长 44.81 公里,原为四级公路,小高山山岭高程 3507 米,凉风垭口山脊处的高程约 3202 米,为山区鸡爪地形,地貌复杂,山高坡陡,通行条件差,特别是小高山越岭路段海拔高,冬天下雪之后必须封路,直接导致盐源县与外界通行中断,极大地妨碍了盐源人民的正常生产生活。

小高山隧道穿越段属含煤地层,具备煤层瓦斯来源。设计上属于低瓦斯隧道,但由于该段受邻近小高山断层影响岩体复式褶曲发育、节理裂隙发育、岩层破碎,为瓦斯赋存提供了空间。加上岩性差异岩体中瓦斯赋存、富集程度也会不尽相同,瓦斯的分布具有不均衡的特点,因此在相对富集地段一经揭露就可能有异常涌出的可能,故应严格按瓦斯隧道进行设计和施工。

小高山隧道是 G348 线项目工期卡控的重点工程,瓦斯风险也是全线重大危险源,工期压力大、安全风险高,工期与安全的合理安排是本项目的难点和重点。历观以往瓦斯隧道事故,隧道工程如果发生瓦斯爆炸事故,往往带来灾难性损失,影响极为恶劣。

为了确保工程安全、质量受控、技术手段和管理措施到位,借鉴类似项目管理经验,结合本项目实际,完成项目经理部组建后(图 1)引进了具有相应资质的专业第三方瓦斯监测单位(中煤科工集团重庆研究院有限公司)对全隧道进行瓦斯防治技术服务,主要为现场提供瓦斯人工检测与自动监测、瓦斯安全技术培训、揭煤防突、煤系地层施工建议、防爆电气设备安装与维护等服务。

图 1　小高山隧道项目驻地

二、成果内涵

充分贯彻"安全第一,预防为主,综合治理"的安全生产方针,做到专项方案适用,操作合规,施工现场人人讲安全,建立标准化、专业化、规范化管理体系。按照瓦斯隧道施工"强通风、弱爆破、超前探、绝火源、勤监测、防爆佳"的指导方针,落实对瓦斯隧道施工过程中瓦斯、通风、机电、揭煤防突等方面的专业技术研究,开展了集瓦斯治理技术、瓦检设备及工程实施专业化的流程,为公司建立一套符合现场实际条件的综合瓦斯治理技术体系。根据施工现场地质、生产、通风和瓦斯实际情况,对隧道进行瓦斯治理工作评估,提出了隧道在瓦斯治理方面存在的问题及解决方案。针对施工现场需要解决的瓦斯治理难题,为项目部提供瓦斯治理技术及管理人员培训、瓦斯治理管理制度的建立等专业化成套技术服务工作。充分利用专业单位的装备优势与技术优势,降低了项目瓦斯安全风险。公司根据项目实际,建立了瓦斯隧道施工的瓦斯防治管理架构,经现场实践证明能满足工程实际需要,并促进了安全管理整体水平的提高。

小高山瓦斯安全防控管理体系如图 2 所示。

三、主要做法

第三方瓦斯监测单位,其主要工作是在公司的统一领导和指挥下,独立开展以技术咨询、指导、检查为主,规范标段项目部及协作队伍瓦斯防控相关工作,通过监督、巡视检查等多种方式进行全方位、多层次的监管,实现标准化、规范化、专业化管理。公司与具备瓦斯防治资质的企业签订合作协议,建立第三方瓦斯防控组。其组织架构如图3所示。

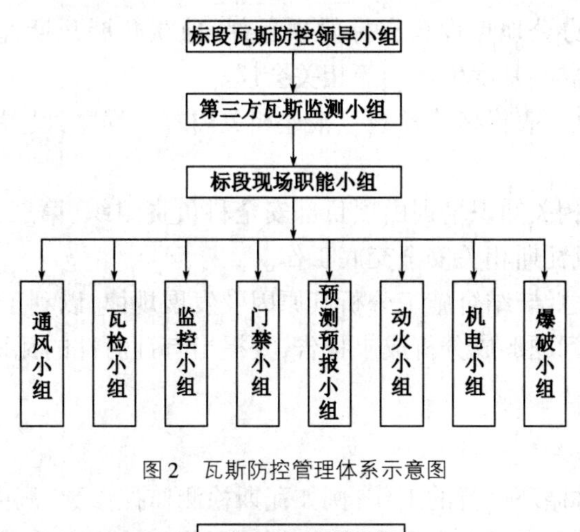

图2 瓦斯防控管理体系示意图

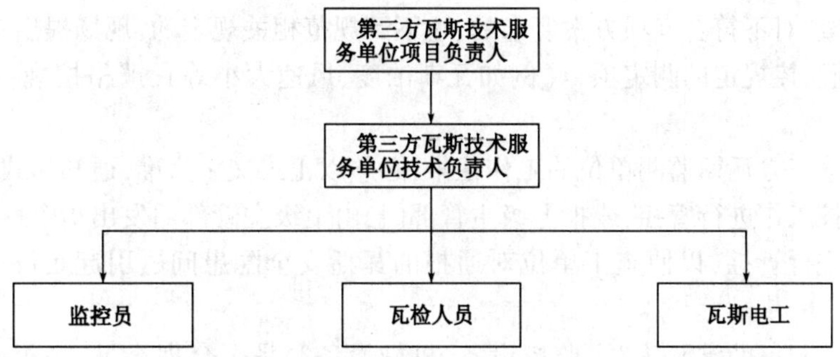

图3 第三方瓦斯防控组织架构示意图

(一)工作职责

1. 隧道瓦斯检测

完成合同规定的瓦斯相关专项方案,参与瓦斯专项方案评审,并完善方案内容。配置满足现场工作要求的专业技术人员,以方案为指导开展现场工作,确保现场瓦斯防控体系运作正常。完善瓦斯相关内业资料(包括瓦斯检查记录板、原始记录、台账等资料);严格按规范要求开展现场瓦斯检测工作,重点工序及关键部位加强检测。

2. 通风系统检测

完成隧道通风专项方案,检查现场通风是否按照既定方案实施;按要求对风量进行实测,并形成测风报表;检查通风管理制度,安全教育培训落实情况。

3. 安全监控系统检查

完成隧道安全监控方案;检查现场监控系统安装、运行情况;确保现场台账记录齐全、真实、符合规范要求;对安全监控人员进行安全培训教育及交底。

4. 电气设备安全检查

完成隧道供电设计方案;检查洞内机电设备及供电方案实施情况;检查洞内机电设备防爆性能、防护性能情况。

5. 超前地质预报检测

超前地质预报包括超前物探和超前钻探,因超前钻探过程中可能会出现瓦斯异常涌出的情况,第三方瓦斯监测单位瓦检人员对钻探过程进行全程瓦斯检测,并记录瓦斯浓度信息,对前方瓦斯情况提供一定的预判资料。

(二)工作机制

①第三方瓦斯监测单位办公地点设置在标段项目部,独立开展瓦斯监测工作,但须按时参加指挥部、监理及项目部召开的周例会、月度生产会等相关会议。

②建立日报制度,按照统一表格格式及规范报送相关内容和程序,设置专人负责报表的收集、整理、传递等主要工作。

③小高山隧道瓦斯安全相关知识培训由项目部安全科负责组织、第三方瓦斯技术服务单位负责编制培训内容进行培训,并完成瓦斯相关安全交底工作。

④对检测数据进行归纳总结,结合施工分析其原因及发展规律,以利于采取进一步措施。

⑤针对现场检测存在的问题形成分析成果报告,并提出有针对性的瓦斯防控建议措施,指导现场安全施工。

(三)工作方法及控制措施

①巡视:对施工单位日常循环进行的工作,例如瓦斯检测监控参数、洞内电器防爆设备状况、通风设备设施状况进行巡查,对不符合专项方案要求的、达不到规范相关规定的,现场提出整改要求。

②检测:对瓦斯防控规定的测定项目(例如瓦斯浓度、风速大小等),严格按规范要求检测,达到监督管控的目的。

③施工单位与第三方瓦斯监测单位的工作往来,必须以正式文字为准,通知形式以书面指令和文字对施工单位瓦斯防控工作进行管控,或报上级主管部门,由上级主管部门发出指令性文件和文字对施工单位瓦斯防控工作进行管控,以便施工单位对通报的瓦斯安全隐患问题引起足够的重视并着力进行整改。

④审查施工单位配备的涉瓦人员、监控设备、机械设备等是否合理充足,是否满足瓦斯隧道施工要求。

⑤确保现场涉瓦的瓦斯检测与监测、施工通风、施工用电等专项方案编制完善,具备现场可实施性,并需完成专家评审流程,确定最终的实施方案。

⑥确保进场人员资质符合要求,满足现场工作需求,特别是瓦检员、爆破员、安全员等特殊工种必须持证上岗,且证件必须有效。

⑦确保施工过程中的瓦斯防控、瓦斯积聚、瞎炮处理等工作严格按专项方案执行。

(四)检查制度

①日常巡视检查:按照制订的瓦斯检测与监测专项方案开展工作,对发现的瓦斯防控方面安全隐患,向施工单位提出整改意见,及时下发限期整改通知书或报上级主管部门。

②重点工序着重检查:对施工现场存在潜在危险性较大瓦斯防控方面的分部项工程(例如物探钻探、爆破施工过程等)重点监控。

③针对安全技术措施落实情况,不定期召集相关方组织瓦斯防控专项检查,对现场存在的问题召开专题会,落实隐患问题整改要求。

④根据有关部门的相关文件不定期进行或配合有关部门进行安全专项检查。

⑤施工单位对瓦斯防控组提出的重大安全隐患拒不整改、或限期内未完成整改,又存在潜在安全风险的,要及时向项目部主管领导报告。

⑥上级行政主管部门到现场安全检查,下发瓦斯防控方面安全隐患整改通知单,督促现场及时整改,并形成书面整改材料。

⑦出现重大瓦斯安全事故要第一时间上报项目部。

⑧按时参加指挥部、监理、项目部组织的安全会议,汇报当前施工现场瓦斯防控安全生产状况,提出

提升瓦斯防控管理水平的建议。

⑨按时参加本单位召开的安全会议,汲取会议精神,落实到瓦斯防控安全监管项目上,做好施工现场瓦斯防控安全生产工作。

⑩第三方瓦斯监测单位全体成员每月召开一次例会,由项目负责人召集并主持会议,总结本月现场瓦斯防控管理经验,不断提升现场管理水平,并提出下月瓦斯防控工作计划。

⑪每月向项目部汇报第三方瓦斯监测单位瓦斯防控管理工作。

四、瓦斯隧道安全管理技术措施

(一)通风系统管理

项目部成立通风小组,负责日常的风量测定及风筒维护工作,确保洞内风速满足瓦斯隧道施工要求(图4)。

图4　现场测风

经计算小高山隧道进出口各采用两台 2×132 千瓦矿用防爆压入式对旋变频调速轴流通风机(图5),其中一台作为备用风机,通风机设在距洞口大于 30 米的位置。压入式通风管选用螺旋连接通风筒,风筒直径 1.5 米,具有高强度、抗静电、阻燃柔性能。在施工时为防止局部瓦斯积聚,在二衬台车、防水板台车、开挖台车、停车加宽段等局部瓦斯易积聚处加 5.5 千瓦矿用防爆对旋轴流局部通风机。

图5　双风机及防爆局扇

通风系统与供电系统、瓦斯监控系统与供电系统相互联锁,做到风机停止运转洞内自动断电(风电闭锁),瓦斯浓度超限洞内自动断电(瓦斯电闭锁),即“两闭锁”。隧道内 24 小时不间断通风,必须停风时严格执行停风审批制度。

(二)电气设备及作业设备管理

1. 双电源设置

小高山隧道主供电配置两套电源,隧道内采用双电源线路,其电源线上不得分接隧道以外的任何负载。为保证隧道通风、照明及监测系统等一级负荷供电,在公用电网停电10分钟内,启动发电机组供给一级负荷用电。为了保证在电网停电时,轴流通风机能正常运行往洞内通风,在洞外配电房进出口各安装一台800千瓦内燃发电机组,供给轴流通风机。在配电屏的输出端各安装一把倒向刀闸,保证在用内燃发电机供电时与当地电网隔离,避免发生事故。

2. 电气设备

因普通电气设备容易产生电火花,可能引发瓦斯爆炸,小高山瓦斯隧道的电气设备全部使用矿用一般型,电缆与电器设备连接,必须使用与电气设备的防爆性能相符合的接线盒,可以有效杜绝因电火花引发的瓦斯事故。

3. 作业设备

微瓦斯工区的电气设备和作业机械可使用非防爆型,低瓦斯工区的电气设备应使用矿用防爆型,作业机械可使用非防爆型,但应配备便携式甲烷检测报警仪,当瓦斯浓度超过0.5%时,应停止作业机械运行。高瓦斯和瓦斯突出工区电气设备和作业机械设备必须是防爆型,作业机械防爆改装必须委托有资质的单位实施防爆改装或采取安全措施,改装后必须进行防爆试验和验收,符合防爆电器的防爆等级要求后方可使用。挖掘机、装载机、出渣运输车等作业机车的尾气排放口距离顶、底板及两侧煤层距离应大于0.5米。机电设备和电缆检查周期详见表1。

机电设备和电缆的检查周期　　表1

序号	检查项目	周期	备注
1	使用中的防爆机电设备的防爆性能	每月一次	专职电工每日检查外部一次
2	配电系统继电保护装置检查、整定	半年一次	负荷变化应及时调整
3	高压电缆的泄漏和耐压试验	每年一次	
4	主要机电设备绝缘电阻检查	每月一次	
5	固定敷设电缆的绝缘和外部检查	每季一次	外观和悬挂情况由专职电工每周检查一次
6	移动式机电设备的橡胶电缆绝缘检查	每月一次	由专职电工每班检查一次外表有无破损
7	接地网接地电阻测定	每季一次	
8	新安装的机电设备绝缘电阻和接地		投入运行前测定

(三)瓦斯安全监控信息化系统

小高山隧道是煤系地层隧道,地质灾害隐患大,因此,必须加强施工过程中的瓦斯检测与监控,保证施工安全。

瓦斯爆炸是施工中最大的安全隐患。瓦斯爆炸的三个必要条件为:一是瓦斯浓度高于一定值(主要为CH_4);二是有火源;三是有足够的氧气。要达到安全生产的目的,就必须从瓦斯浓度监控、通风、设备防爆等综合预防措施下手,杜绝洞内同时具备瓦斯爆炸的三个必要条件。通过对瓦斯的实时监测,控制和防止瓦斯浓度超限,是防止瓦斯爆炸发生的关键。

为了安全起见,小高山隧道施工期间瓦斯监测采取人工与自动相结合的监测方式,两者监测的数值相印证,避免误报现象。

瓦斯自动监控系统与人工瓦斯检测共同构成了完整的瓦斯监测体系,自动监控能24小时不间断监测,弥补人工检测可能存在的真空期;人工瓦斯检测能更真实地反映现场的瓦斯浓度,校核可能存在的误差,二者相互补充,对施工现场瓦斯浓度的控制意义重大。管理人员及其他特殊工种人员携带便携式甲烷检测报警仪检查瓦斯作为补充。

检测监控目的具体为:

①通过对掌子面24小时实时监测,及时掌握隧道掘进造成的瓦斯涌入而导致的瓦斯超标,及时报警,保证人员安全撤离,避免瓦斯爆炸等重大灾害。

②通过对隧道中段的监测,及时了解因隧道通风不良而导致的隧道局部瓦斯富集,消除隐患,保证施工正常进行。

③通过隧道洞内风速监测,及时掌握隧道通风情况,结合瓦斯浓度监测结果,对隧道内瓦斯含量进行主动干预与控制。

④通过设备瓦斯闭锁装置,及时停止瓦斯含量超标状态下设备的运转,排除引起瓦斯爆炸的隐患,实施安全控制。

1. 瓦斯自动监控系统

根据小高山隧道瓦斯自动监控需求,采用KJ90X瓦斯自动监控系统,该系统技术成熟,设备运行稳定,广泛应用于煤矿环境中,完全符合小高山瓦斯自动检测需求。KJ90X自动监控系统采用分部式网络化结构,一体化嵌入式设计,具有红外遥控设置,独特的三级断电控制和超强异地交叉断电能力,可实现计算机远程多级联网集中控制和安全生产管理。在检测到瓦斯浓度超过标准限值时采取自动措施(如报警、切断电源实施瓦电闭锁),并在洞口瓦斯监控室内实时显示数据(图6)。

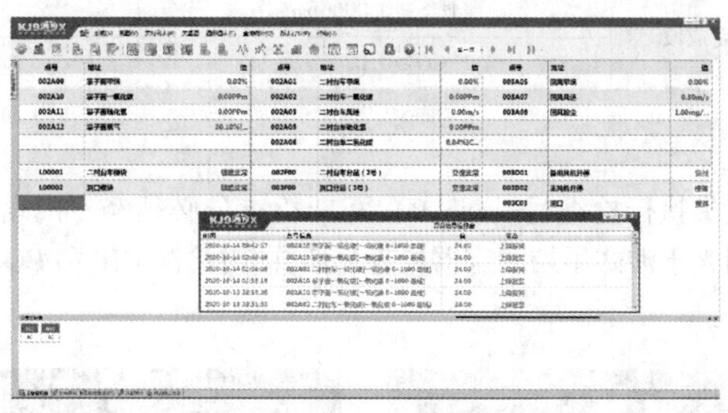

图6 瓦斯监控数据实时显示

隧道内综合参数监控设置按每个工作面进行配置,小高山隧道进口工区工作面安装三组传感器。在开挖掌子面安装一组传感器,在二衬台车上安装一组传感器,在距离回风流中一定距离安装一组传感器,根据掌子面进尺可移动或调整传感器的位置。三组传感器布置位置及种类如图7所示。

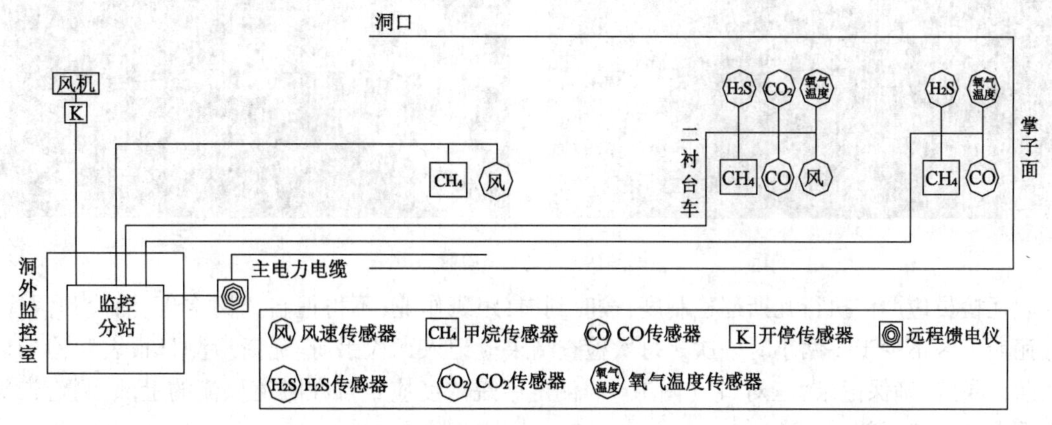

图7 传感器布置示意图

断电仪断电范围布置图如图8所示。其中,断电浓度为:$T_1 \geqslant 1.0\%$;$T_2 \geqslant 1.0\%$;$T_3 \geqslant 1.0\%$;断电范围为:T_1:开挖工作面及其附近20米内全部电气设备;T_2:衬砌台车附近20米范围内所有的用电设备;T_3:回风流中的全部电气设备。

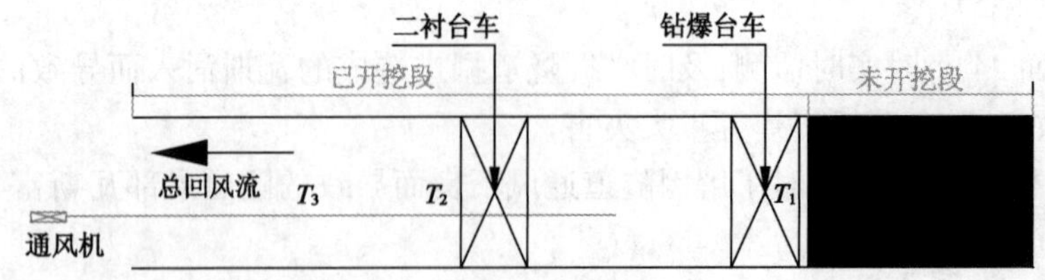

图8　压入式通风瓦斯自动监测断电控制范围布置图

严格按规范要求设置各类传感器的报警点。部分传感器预警范围表如表2和表3所示。

甲烷传感器预警范围表　表2

甲烷传感器设置地点	报警浓度	断电浓度	复电浓度	断电范围
掌子面	$\geqslant 0.5\% CH_4$	$\geqslant 1\% CH_4$	$< 0.5\% CH_4$	隧道内全部非本质安全型电气设备
二衬台车	$\geqslant 0.5\% CH_4$	$\geqslant 1\% CH_4$	$< 0.5\% CH_4$	隧道内全部非本质安全型电气设备
洞口回风处	$\geqslant 0.5\% CH_4$	$\geqslant 1\% CH_4$	$< 0.5\% CH_4$	隧道内全部非本质安全型电气设备

硫化氢、一氧化碳传感器预警设置表　表3

硫化氢、一氧化碳设置地点	报警浓度	采取措施
掌子面、二衬台车、开挖施工完成段	$H_2S \geqslant 0.0066‰$	加强通风,停工、撤人
	$CO \geqslant 0.024‰$	加强通风,停工、撤人

2. 瓦斯人工检测

人工检测由瓦斯检查员执行检查瓦斯(图9),瓦斯检查员必须经专门培训,考试合格,持证上岗。专职瓦斯检查员必须使用光干涉式甲烷测定器检查瓦斯,同时检测 CH_4 和 CO_2 两种气体浓度,用便携式仪器测定 H_2S 和 CO 浓度。

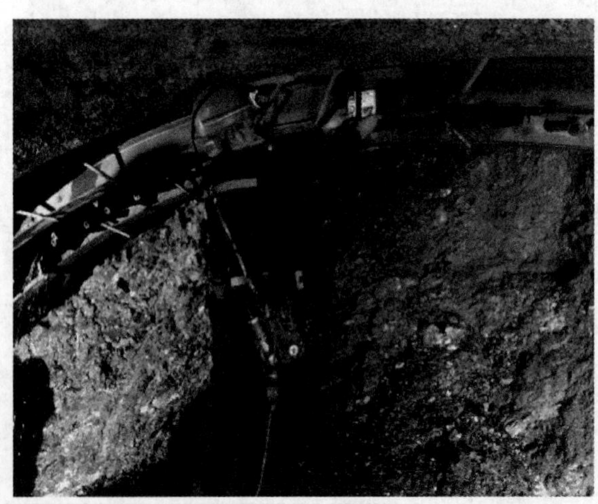

图9　现场瓦斯检测

专职瓦检员应严格执行瓦斯巡检制度,按时到岗,跟班作业,不得擅自离岗空班、漏检和假检,检测频次低瓦斯工区不少于每两小时一次。每次检查结果应记入瓦检手册、瓦斯检测日报表和检测位置悬挂的瓦斯记录牌,确保记录"三对口"(图10)。测定甲烷浓度应重点在隧道风流的上部,测定二氧化碳浓度应重点在风流下部。

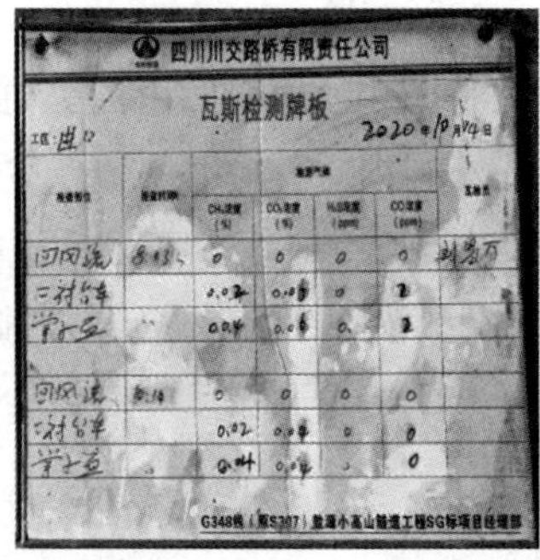

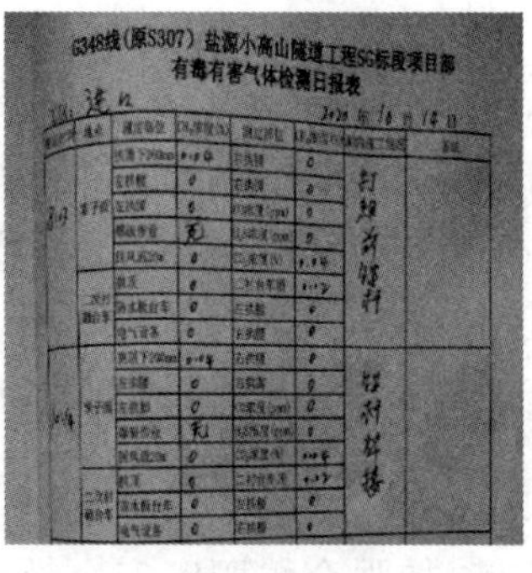

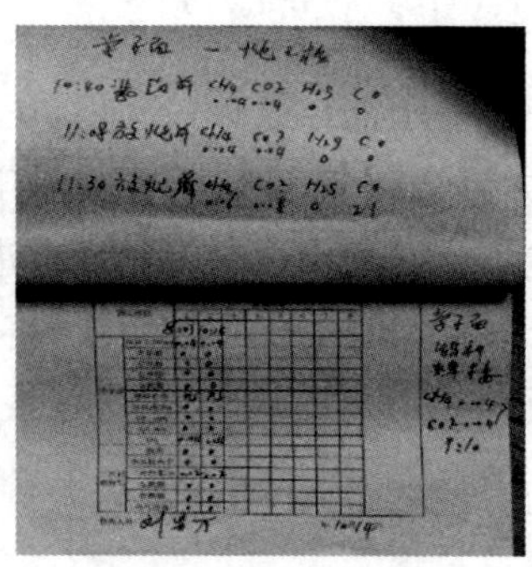

图10 瓦斯检测"三对口"

适当增加对洞内死角,尤其是隧道上部、坍塌洞穴、避人(车)洞等各个凹陷处通风不良、瓦斯易积聚的地点的增加检测频率;对各种通风死角每班进洞检测一次,对瓦斯浓度超过0.3%的地段,必须加强检测,在瓦斯浓度超过1%时,应立即采取措施处理,断电、撤人。瓦斯工区钻爆作业(钻眼、装药、放炮前、放炮后)、瓦斯超前探测钻孔、焊接动火、塌腔及采空区处理等作业时瓦检员跟班进行检测瓦斯。

3."一炮三检"三人连锁

爆破开挖容易引起瓦斯异常涌出的情况,所以爆破开挖装药前、装药后及爆破后应严格执行瓦斯检测程序,即"一炮三检"(图11)。瓦斯检测人员接到安全员通知后,进洞检测瓦斯等气体浓度,合格后,通知爆破工装药;爆破前检查瓦斯浓度,合格后告知爆破工爆破;爆破通风后首先进洞检查瓦斯浓度,瓦斯浓度不超标后其余人员方可进洞施工。

4.视频监控、人员定位系统

在洞内掌子面、二衬台车、洞口等位置安设摄像头,对进洞作业人员进行的作业行为及施工工序进行不间断监控,同时视频上传到项目部视频监控中心及手机端,可供领导随时线上安全检查。

进洞人员佩戴人员定位识别卡,人员定位识别卡具有双向通信功能,当作业人员遇险时,可触发"求救"按钮,地面需要隧道内某个人员其回电话时,可在地面发送"呼叫"信号。人员定位系统可对隧道内人员可实时跟踪监测,位置自动显示,能准确地统计全隧道及某个区域的人员数量。

5.动火作业管理

瓦斯工区进行动火作业必须严格执行动火审批制度(图12),动火作业时,瓦检员必须跟班作业,随时检测动火点前后20米范围内的瓦斯浓度,确保动火作业区域瓦斯浓度小于0.5%。瓦斯浓度大于0.5%时,严禁隧道内一切动火作业。对于瓦斯突出工区,在未消除瓦斯突出危险期内,严禁隧道内一切动火作业。动火点附近还应采取消防措施。动火作业完成后由专人检查,确认无残火后方可结束作业。

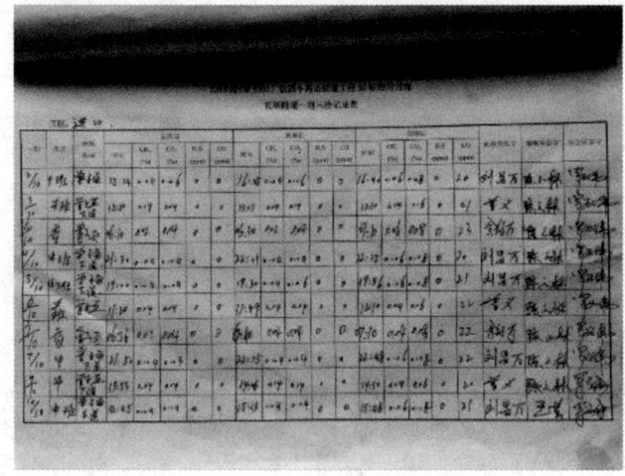

图11 "一炮三检"记录

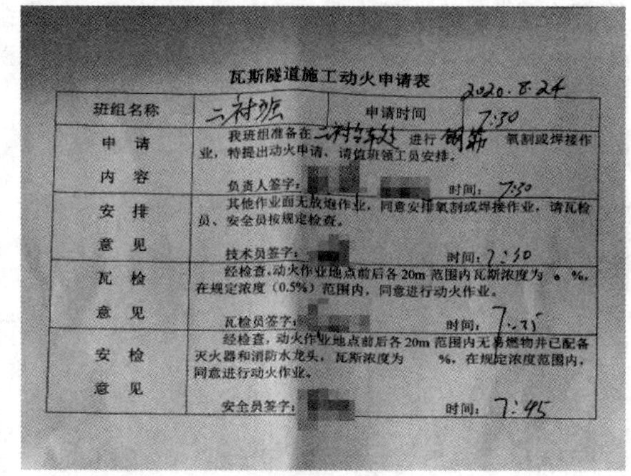

瓦斯隧道施工动火申请表 2020.8.24

班组名称	二衬班	申请时间	7:30
申请内容	我班组准备在二衬台车处进行钢筋氧割或焊接作业,特提出动火申请,请值班领工员安排。 负责人签字: 时间:7:30		
安排意见	其他作业面无放炮作业,同意安排氧割或焊接作业,请瓦检员、安全员按规定检查。 技术员签字: 时间:7:30		
瓦检意见	经检查,动火作业地点前后各20m范围内瓦斯浓度为 0 %,在规定浓度(0.5%)范围内,同意进行动火作业。 瓦检员签字: 时间:7:35		
安检意见	经检查,动火作业地点前后各20m范围内无易燃物并已配备灭火器和消防水龙头,瓦斯浓度为 %,在规定浓度范围内,同意进行动火作业。 安全员签字: 时间:7:45		

图12 动火申请表

(四)门禁系统

小高山隧道洞口设置安检值班室,人员必须经安检室,严禁携带火种进洞,登记后由门禁通道进入洞内,进入隧道时采用人车分离,施工机械由安检室旁施工机械通道进入洞内。

进洞人员必须由道闸门禁刷卡进入。人员电子门禁管理系统主要由电子IC卡感应器、LED电子显示屏、读卡芯片、计算机系统组成,将进出洞人员数量、工种、时间、洞内分部位置及洞内各工序施工情况等信息反映在电子屏幕上,计算机系统能对人员信息进行存储备查。

五、瓦斯隧道相关安全培训

为贯彻“安全第一、预防为主”的方针,加强全体职工安全教育与培训工作,提高职工安全素质,提升企业安全管理水平,增强职工的安全意识和安全防护能力,减少安全事故的发生,全体职工必须定期接受安全教育与培训,坚持“先培训、后上岗”的制度。

1. 总体要求

瓦斯隧道施工前必须对员工进行安全教育培训,保证从业人员具备必要的瓦斯隧道安全生产知识,熟悉瓦斯隧道安全生产规章制度和各工种安全操作规程,掌握本岗位安全操作技能,未经瓦斯隧道安全技术培训,不得从事与隧道有关的上岗作业。全体人员每年必须接受一次专门的安全培训。

2. 培训要求

(1)领导层

必须提高瓦斯防控的意识,保证资源、资金的投入。学习有关瓦斯隧道施工安全技术理论知识和安全生产规章制度,并应掌握瓦斯突出的规律、预防措施及险情处理方法。

(2)管理层

能够识别瓦斯隧道施工风险,了解施工技术作业规程、操作规程、施工现场环境、工种特点及可能存在的不安全因素等。

(3)作业层

必须学习瓦斯隧道施工的安全技术基础知识和与本工种有关的安全操作规程、事故案例剖析、劳动纪律和岗位讲评等,并应了解瓦斯泄露突出的预兆和应急处理方法。

3. 安全培训的实施与管理

小高山隧道瓦斯安全相关知识培训由项目部安全科负责组织、第三方瓦斯监测单位负责编制培训内容进行培训(图13),并完成瓦斯相关安全交底工作。有针对性地开展瓦斯、机电、通风安全专项培训教育,普及瓦斯隧道施工安全思想,加强现场人员安全意识,保证施工安全有序进行。参加人员有项目部管理人员、工区管理人员、瓦检、电工、监测、各班组长、新入场员工等。

图13　瓦斯安全培训

项目部安全科必须建立职工安全教育与培训档案，没有按有关规定定期参加安全教育与培训的职工，不得在工作现场从事作业或者管理活动。

4. 瓦斯安全专项检查

不定期组织业主、监理等相关方对施工现场进行瓦斯安全专项检查，对检查出的问题现场提出整改意见，出具限期整改通知单，整改完成后进行复查，实行安全隐患整改闭环管理。

针对施工现场出现的重大瓦斯安全隐患及瓦斯浓度异常情况，及时组织各方召开专题会，由专业的第三方瓦斯监测单位从安全技术措施及安全防护措施方面提出可行性建议，确保现场瓦斯安全。

六、瓦斯隧道各项安全生产管理制度

严格执行各项安全生产管理制度是预防和治理瓦斯灾害的关键，因此各部门必须制订各项规章制度和岗位职责。

1. 瓦斯自动检测监控管理制度

①瓦斯检测人员持证上岗作业，必须严格遵守瓦斯检测的操作规程，熟悉瓦斯检测设备的性能，随时注意各类瓦检设备的运行状态。

②瓦斯自动监控系统必须经过验收合格后方可投入使用，运行期间加强巡视和维护工作，保证系统各项性能、技术指标达到设计要求。

③瓦斯监控中心必须实行24小时不间断值班制度，严禁擅离职守、脱岗、离岗现象发生。

④根据各类瓦斯检测仪的检定周期，提前做好计划，按规定周期检定。

⑤严禁随意更改甲烷传感器参数的设定，发现各类传感器数据显示异常时，应及时通过检测设备进行校核检测，同时报告安全科和主管负责人进行处理。

2. 瓦斯人工检测制度

①瓦斯人工检测实行三班倒24小时连续检测，确保掌子面、施工完成段等瓦斯易聚集处检测到位。

②瓦检员如检测发现瓦斯浓度超过规定限制时，应立即报警，并有权停止超标区所有工作，组织超标区域人员撤出，切断电源，立即通知监控室，加强通风，待该区域瓦斯浓度降低到标准以下时，方可恢复正常施工。

3. 瓦斯浓度检测告知签认制度

瓦检员每次检测后必须将检测结果及时告知工作面带班人员或工班长，制作告知记录，并由现场安全员对检测结果每班进行一次确认。

4. 瓦斯浓度检测逐级签认制度

瓦检员每班检测后必须实行检测结果逐级签认制度，即按照瓦检员、安全员、值班领导的顺序逐级签认，形成上报资料。

5. 瓦斯浓度检测校核签认制度

每班人工瓦斯检测结果必须交瓦斯监控中心，由监控中心人员与自动监控系统相应的位置、时间的自动监控记录进行对比，确认后按照要求分级签认、由安质部存档。

6. 瓦斯浓度检测异常报告制度

①当班瓦检员发现瓦斯异常情况，应立即采取果断措施（先组织撤离人员，立即断电停止作业，命令加强通风），并向上级汇报。在瓦斯浓度小于规定限制时，CO_2 浓度小于1.5%，解除警戒后，工作人员方可进入开挖工作面工作。

②洞内安全员要将当日瓦斯最高浓度记录通知现场负责人和分管领导，对瓦斯浓度超过0.5%以上的瓦检记录情况应立即报告现场负责人、安全总监和项目经理。

7. 瓦斯检测定期报告制度

项目部每月25日将瓦斯隧道检测报表上报项目公司及监理部。

8. 瓦斯自动监控系统定期检查制度

自动监控系统的各类传感器及传输线路,项目部每10天检查一次,现场管理人员每天做例行检查。监控中心人员必须做好日常巡查。

9. 瓦斯监控检测档案管理制度

①瓦斯监控档案必须保持连续性,分类建档,专人负责。

②自动监控系统运行管理档案包括各种检查记录、调试记录、测量记录、运行记录、维护记录等,自动监控记录必须备份。

③监控中心值班人员每天对自动监控系统运行情况进行记录,现场负责人每天、分管领导每周分别对运行记录予以审核、签认。

④当班瓦检员进洞前必须将所有计时工具与瓦斯自动监控系统同步,人工检测结果经与自动监控系统相应数据校核签认后,与每日瓦斯浓度检测记录表一并交安质部归档。

10. 瓦斯监控检测交接班制度

瓦检员、监控中心工作人员必须建立交接班制度,必须由交接双方签字认可,对上一班存在的问题、隐患、需注意事项、仪表设备状态等必须交接清楚。

11. 信息沟通制度

瓦检班组、通风班组、机械设备班组、电气班组、施工作业班组应每天及时沟通相关信息,确保生产安全、有序进行。

七、瓦斯隧道特殊地址应急管理措施

1. 揭煤防突设计

瓦斯隧道在开挖过程中不排除穿越的煤层具有突出危险性,因揭煤防突作业危险性高,专业性强,隧道在穿越煤层若需进行揭煤,将由本项目聘请的具有相关资质的专业第三方瓦斯监测单位(例如本项目为中煤科工集团重庆研究院有限公司)实施揭煤施工,确保安全穿越煤层。

由第三方瓦斯监测单位指导超前钻孔施工。对探测出的煤层,现场测定隧道内所揭0.3米以上厚度煤层的瓦斯突出危险性预测指标。编制隧道揭煤专项设计、揭煤措施、方案等防治隧道瓦斯超限措施,且揭煤专项方案必须经过专家评审通过后方可实施现场施工。揭煤期间第三方单位全程跟踪技术指导。指导施工预测孔、措施孔、效果检验孔等,并测定瓦斯参数。指导瓦斯抽放作业、揭煤作业。

2. 瓦斯隧道采空区防治

按照设计及规范要求,采空区处理应遵循"先探明、后通过"的原则。

小高山隧道在进口端设计可能存在穿越采空区的现象,接近采空区必须进行超前地质预报,探明采空区水、瓦斯等情况,并进行危险性分析。过采空区期间还需开展专项瓦斯、涌水及围岩监测等工作,并采取抽排、封堵等措施处置瓦斯,确保施工安全。

小高山隧道采取物探与钻探相结合的地质预报手段对采空区进行预测,采用地震波探测法对前方100米范围内地质情况进行初探,并使用地质雷达进行精细化扫描探测,雷达扫描探测要布置多条测线;针对物探探测结果,使用防爆液压钻机进行钻探,地质异常段要加密钻孔,必要时进行取芯。钻探过程中瓦检员全程检测瓦斯,详细记录钻孔瓦斯情况,地质工程师进行地质编录。地质工程师还要每开挖循环对掌子面进行地质素描,结合钻探结果及时修正地质预报报告,在出现涌水、涌泥等征兆时要及时上报,瓦检发现瓦斯浓度明显异常时要及时上报,以便及时采取相应处置措施。

3. 应急措施

为防患于未然,有效保障职工生命财产安全,给职工的工作和施工场区周围居民提供更好更安全的环境,做到在瓦斯安全事故出现时能迅速、有效、有序地实施应急救援,保证各种应急资源处于良好的备战状态,指导应急行动按计划有序进行,防止因应急行动组织不力或现场救援工作的无序和混乱而延误事故的应急救援,有效避免或降低人员伤亡和财产损失,严防次生灾害的发生,编制了小高山隧道瓦斯事故专项应急预案,预案通过评审后组织项目的全体人员进行学习。同时不定期进行隧道瓦斯突出事故安全应急演练,提高员工正确、准确、迅速处理突发事件和迅速有效应急逃生的能力。针对施工的变化及预案中暴露的缺陷,不断更新完善和改进应急预案。

八、高海拔瓦斯隧道安全管理成效

(一)瓦斯隧道安全管理示范作用初步显现

公司立足瓦斯隧道管理实际需要和管理难点,本着借鉴、吸收、创新、融合的原则,在认真调研、科学规划的基础上,经过企业积极探索、创新和实践,形成了一套适应瓦斯隧道特点的新型安全管理思路和管理模式。小高山隧道瓦斯自动监控系统使用的各类设备均具有矿用产品安全标志证书及防爆合格证,为本质安全型设备,完全适用于爆炸性气体环境中。另外配置设计要求之外的其他传感器,对洞内的 H_2S、O_2、CO 等气体浓度进行在线监测,考虑到作业工人职业健康的问题,也对洞内温度及洞内粉尘浓度进行在线监测,通过监测数据的反馈,及时控制风机的运行状态。瓦斯自动监控系统在监测到瓦斯浓度超标后,会自动报警,同时切断洞内的动力电源,实现"瓦斯电闭锁",使洞内施工人员及时撤出危险区域,避免了人员和财产的损失。通过现场实际应用,得出瓦斯监控系统对指导瓦斯隧道安全施工具有重要意义。

(二)公司安全管理水平显著提高

虽然在修建的过程中积累了一定的瓦斯隧道施工安全管理经验,但广大干部职工和一线操作管理人员对瓦斯隧道的认识仍然比较肤浅,对瓦斯隧道安全操作规程的熟悉和掌握还远远不够,对瓦斯隧道的安全管理认知还不够重视。通过小高山隧道瓦斯安全管理体系的构建与实施工作,提高了广大一线管理人员对瓦斯隧道的认知,提升了瓦斯隧道施工安全管理水平,快速掌握了瓦斯隧道施工安全技术管理的方法。为公司安全管理工作明确了理念导向,厘清了思路和目标,借鉴科学的管理理论和方法,逐步建立起覆盖瓦斯隧道安全管理全业务链的安全管理体系和健全的安全管理网络,形成了系统科学的安全管控长效机制,有力地夯实了企业安全生产的基础,促进了安全管理整体水平的提高。

(三)社会效益显著

1. 促进行业技术进步

本项目的研究成果为瓦斯隧道建设提供了安全管理方面的指导,在瓦斯隧道施工工程中,通过"强通风、绝火源、勤监测、防爆佳"等多方面安全措施管理共同作用,有效提升高海拔瓦斯隧道施工安全指标及质量指标,安全管理体系能满足施工需求,降低施工风险和难度,为高海拔瓦斯隧道的建设、推广提供技术支撑,从而提升整体行业技术水平。

2. 加快脱贫致富路的修建

本项目是四川省三区三州深度贫困地区脱贫攻坚的骨干支撑项目,"要想富,先修路",贫困地区要脱贫致富,改善交通环境很重要。特别是在四川山区公路的建设中,越来越多需要采用隧道的地形,瓦斯隧道占比逐渐增大,本项目瓦斯隧道施工安全管理通过引进第三方安全技术监管单位,充分利用专业单位技术及管理优势,有力提高了标段项目部安全监管能力,降低了项目安全风险,保障了项目安全管理,对今后瓦斯隧道施工安全管理具有重要的借鉴意义。

公路废旧资源循环利用助力企业绿色高质量发展

新疆交通建设集团股份有限公司

成果主要创造人:沈金生　马莲霞

成果参与创造人:黄　勇　王　成　余红印　陈　伟　仲小玲　何　蓉
杨秋菊　郭海鹏　陈　芳　骆丽珍

新疆交通建设集团股份有限公司(简称“新疆交建集团”)是新疆维吾尔自治区国资委直接监管的重点骨干企业,成立于1999年,2009年由新疆维吾尔自治区国资委直接监管,于2018年11月28日在深圳证券交易所成功上市交易,证券简称为“新疆交建”,证券代码为“002941”,企业资产总额111.20亿元,注册资本金6.45亿元。新疆交建集团主要从事公路、桥梁、水利、铁路、隧道、市政等基础设施的勘察、设计、建设与运营,交通基础设施建设材料的加工制造、仓储物流,以及交通基础设施投资、公路相关产业的开发等。2017年获批公路工程施工总承包特级,现有公路行业设计甲级资质,市政工程总承包一级,桥梁、路面、路基一级,水利水电工程二级,铁路工程三级及公路试验检测综合乙级资质和国际对外承包工程经营资格证书。同时,新疆交建集团也在由传统行业向综合型企业发展,现已迈入桥梁隧道、地铁市政、科技养护、交通工程、智能交通、工程造价、机械租赁、设计咨询、铁路工程、水利水电工程等多个领域,并围绕工程建设、投资运营、现代物流三大主业进行产业链的纵向延伸,上游向项目融(投)资、科研、设计、咨询等业务拓展,下游向科技养护、设施制造、材料加工、仓储物流等领域延伸,构建起了三大主业与关联产业协同发展的格局,是新疆维吾尔自治区交通基础设施建设领域领军企业和自治区百家“优强企业”。

在“一带一路”倡议下,新疆交建集团与丝绸之路沿线国家开展项目合作,利用地理优势先后与乌克兰等欧洲国家,喀麦隆、南苏丹等非洲国家,哈萨克斯坦、塔吉克斯坦等中亚国家,南亚国家,蒙古国及俄罗斯进行行业交流,并成立海外事业部,现已在多个国家开展交通基础设施建设,产品质量得到业主好评,诚信履约的形象被市场和业主认可。

新疆交建集团一直注重企业科研实力的提升,经过多年的发展,集团企业技术中心被认定为“国家级企业技术中心”,“自治区级博士后工作站”升级为“国家级博士后科研工作站”,同时依托企业科研实力搭建了“交通运输行业西部地区特殊环境下公路养护技术协同创新平台”(交通运输部授牌协同创新平台)与“干旱荒漠区交融建设与养护技术国家地方联合工程研究中心”(国家级工程中心)等国家级平台。新疆交建集团近年来实施了各级各类科研课题百余项,其中省部级项目40余项、地区级项目30余项,并先后获得国家级工法4项、自治区级工法30项、公路工程工法5项。集团现有授权发明专利5项、实用新型专利68项、软件著作49项,作为主编单位参与编制国家及交通行业标准3项,主编地方标准4项(2项在编),中国工程建设标准化协会标准2项(1项已报批、1项立项)。获得省政府科技进步一等奖2项、二等奖1项、三等奖1项,其他平台各类奖项14项,科研工作硕果累累。

多年来,新疆交建集团先后荣获“中国AAA级诚信企业”“全国交通行业质量管理小组活动优秀企业”“全国交通企业管理现代化创新成果一等奖单位”“中国公路学会科学技术奖”“自治区模范劳动关系和谐企业”“自治区开发建设奖状”“自治区精神文明先进单位”“自治区交通运输工作先进集体”“自治区公路建设筑路质量先锋杯”“全国市政金杯示范工程”等称号，已发展成为新疆维吾尔自治区内路桥施工行业的领军骨干力量。

近年来，新疆交建集团先后参与了乌奎高速公路、吐乌大高速公路、机场高速公路、赛果高速公路等项目建设，同时也承建了自治区内国道、省道诸多建设任务，以及克拉玛依外环路、伊犁过境路、乌市及周边等市政工程（地铁、高架）建设，大小工程共计上百项，施工总里程3000余公里，累计完成工业总产值200多亿元。工程合格率100%，优良率达85%以上，未发生过重大安全事故，多个项目被评为自治区优良工程，在国内同行业中也享有一定的知名度。此外，新疆交建集团还在河北、陕西、山西、甘肃、四川、湖南、广西、西藏等地承揽了多项公路工程项目，并在中亚、非洲等地区承建了多项国际设计施工总承包工程。长期以来，新疆交建集团在工程建设中以自身实践贯彻落实“绿水青山就是金山银山”的环保理念，积极投身推动交通运输转型升级，以可持续发展、绿色、低碳、经济、生态环保技术作为“提质增效”和企业高质量发展的根本，实现发展与环境保护的共同进步。

一、实施背景

（一）所处环境

新疆交建集团迅猛发展，截至2020年1月，全区高速大通道公路通车里程达4500公里，基本形成以乌鲁木齐为中心、以干线公路为骨架，环绕两大盆地、沟通天山南北，东连内地、西出中亚、通达全疆的公路交通大通道主骨架。“十三五”期间，随着“一带一路”核心区建设，新疆交通建设进入又一个加速发展的重要时期，与此同时，新疆交通科技发展也面临着严峻挑战：一是在新疆特殊气候、特殊环境和特殊地质条件下，交通基础设施建设中如何落实“绿水青山就是金山银山”的环保理念的技术难题亟须破解，如绿色、低碳、经济的公路废旧资源循环利用；二是公路工程施工的精细化、标准化和经济化，在公路建设过程中既要有质量，又要有效益，在传统方法中进行科技创新，降低工程建设成本；三是寻找一条资源节约和环境友好的交通发展之路，以满足资源、环境对交通发展越来越高的要求。新疆交建集团作为新疆交通建设的龙头企业，必须提高自身企业管理水平，提高企业科研的创新能力，才能适应现时环境，才能实现企业的长远发展。

（二）管理创新的必要性

公路交通建设对我国政治、经济、文化的发展与交流起到了积极的推动作用，尤其是对缩短东西部地区的差异、实现经济协调发展具有非常重要的现实意义。随着科技的迅猛发展和经济的日益繁荣，交通建设正在以前所未有的速度向前推进，大规模的交通建设、使用和维护，必然会产生大量的废旧材料。随着世界资源的逐渐枯竭、环境的逐渐恶化，对公路废旧材料的循环利用将越来越凸显出很强的必要性。同时，行业上、下游产业优势互补，加强行业合作，促进行业循环发展。本着资源综合利用的思路，集成推广公路废旧材料的循环利用成套技术，对于推动交通运输转型升级，乃至全社会低碳循环可持续发展具有重要作用。

①资源化利用。将沥青铣刨料、废旧轮胎和矿山固体废弃物等废旧资源在公路工程建设中循环应用，是公路材料循环利用中的重要组成部分，也有助于真正实现资源节约化与绿色交通低碳环保。

②标准化。将已有的研究成果产业化，提升总结制定相关新技术、新材料行业标准及与之匹配的高性能路基路面及设计、施工、质检验收技术指南。建立西部地区公路废旧资源循环利用成套技术，为西北地区高速公路养护技术探索新思路、新技术及新方法等，这对于公路建设管理有着重要的现实指导意义。

③全寿命周期经济化。针对广大西部地区建立公路废旧资源循环利用技术和管理模式，提高公路养护质量，减少公路的养护维修费用。公路废旧资源循环利用成套技术将促进我国广大西部地区交通科技又快又好地发展。

(三)管理创新的现实意义

随着目前我国公路建设的不断发展,国家不但加强了对新公路的建设工作,而且还格外注重对旧路的改造工程。在旧路改造的过程中,不可避免地会出现大量的废弃材料,这些废弃材料不仅造成了资源上的极度浪费,同时也会对环境造成不同程度的污染。因此,对公路建设中材料的全方位循环利用越来越重要。实现材料的循环利用,不仅是实现低污染、低耗能、低排放及高效益等问题的关键,同时也是在公路建设过程中实现可持续发展与资源节约型社会的重要标准,是坚持科学发展观和环境保护的必然要求,推动企业提质增效、实现可持续发展,对新疆公路建设行业具有重要现实意义。

1. 西部地区经济需求

相对而言西部地区是技术、经济实力较弱的地区,在公路建设中,同样会出现原材料价格高、运距远的问题,不仅对经济相对落后的西部地区是雪上加霜,而且对我国西部大开发战略的实施有严重的不良影响,严重制约着国家公路网络化的形成。研究现有的公路废旧资源并进行循环利用,有利于保持公路良好的使用状态和服务水平,有利于向使用者提供安全、快捷、舒适、经济、优美的行车环境,有利于树立公路的对外形象,最终提高公路的经济效益和社会效益。

2. 公路废旧资源循环利用成套技术推广为我国公路建设养护发展助一臂之力

公路废旧资源循环利用成套技术,采取先进的废物循环利用技术,寻求保护环境和经济效益最大化的施工管理措施是当前西北地区高速公路发展亟待解决的重要问题。虽然我国逐渐在公路施工中采用一些废旧资源,但是与欧美等发达国家相比,我国的废旧资源循环利用技术起步晚,涉及公路交通运输转型升级、全社会低碳循环可持续发展的理念时间较晚。而早期修建的公路在2000年左右已开始进入大修或改(扩)建阶段,积累了一些公路废旧资源循环利用的成功经验。

目前以新疆为典型代表的广大西部地区的公路废旧资源循环利用理念和技术相对落后。由于受复杂的地质、地貌、环境等综合因素影响,加之高速公路建设周期相对滞后,导致相关公路建设方面缺乏理论基础和实践经验,还没有形成规范的管理模式,缺乏科学的管理制度。因此,针对广大西部地区建立公路废旧资源循环利用技术和管理模式,以保证公路畅通无阻,提高公路养护质量,减少公路的养护维修费用就显得尤为重要。建立西部地区公路废旧资源循环利用成套技术,为西北地区高速公路养护技术探索新思路、新技术及新方法等,对于公路建设管理有着重要的现实指导意义。

3. 公路废旧资源循环利用成套技术促进我国西部及"一带一路"交通科技又快又好发展,同时也是企业社会责任管理的一部分

在我国的国情下,道路的建设使用维护所产生的废旧材料种类和数目十分庞大。随着世界资源的渐渐枯竭和环境的逐渐恶化,对公路废旧材料的循环利用愈发重要。构建良好的公路废旧材料的循环利用技术迫在眉睫,因此迫切需要寻找一条资源节约和环境友好的交通发展之路,来满足资源、环境对交通发展越来越高的要求。近年来,新疆交建集团开发的公路废旧资源循环利用成套技术稳定性和可靠性强,施工技术日趋完善和成熟。后续可推广至"一带一路"沿线巴基斯坦、蒙古、哈萨克斯坦、吉尔吉斯斯坦等国家,助力"一带一路"交通基础设施建设。

同时,企业跨行业融合合作,自筹科研经费千余万元,践行"绿水青山就是金山银山"的可持续发展理念,积极投身交通运输行业绿色发展,带动和辐射相邻周边地域共同解决公路废旧资源浪费和水土环境污染问题,减少大量矿山开采,最大限度保护我们赖以生存的生态环境,把保护环境和企业经济发展同安排、同部署、同落实,真正实现人与自然和谐共生。

此外,将技术成果紧盯南疆贫困地区脱贫攻坚中的短板弱项,精准施策,为当地产业发展注入创新驱动,按照"科技—产业—就业—增收"的思路,逐步形成生产基地带动发展,技术团队引领示范,实施重点科技产业扶贫项目,注入科技元素扶贫产业蓬勃发展,充分彰显企业的担当和社会责任。

二、成果内涵和主要做法

(一)成果内涵

针对绿色发展要求,公路废旧资源循环利用技术得到了交通运输部的大力支持,以科技示范项目开展了"旧沥青路面再生利用技术——低温环境下大比例掺量废旧沥青混合料厂拌热再生技术推广与应用""废胎胶粉路用技术——橡胶沥青技术在新疆沥青路面中的推广与应用""矿山固体废弃物筑路技术——废旧钢渣(水泥)砾石水稳基层推广及应用""沥青路面低碳建造技术——沥青路面混合料直投式温拌改性剂推广与应用"4 项技术的规模化示范推广应用,总示范里程达到上百公里,形成相关公路废旧资源循环利用成套技术、新材料工业化生产及相关西部地区复杂自然环境条件下公路建设大规模废旧资源的循环利用。同时,提升总结并制定了相关新技术、新材料行业标准及与之匹配的高性能路基路面及设计、施工、质检验收技术指南;建立西部地区公路废旧资源循环利用成套技术,为西部地区高速公路养护技术探索新思路、新技术及新方法等,对于公路建设管理有着重要的现实指导意义。针对广大西部地区建立的公路废旧资源循环利用技术和管理模式,有助于提高公路养护质量,减少公路的养护维修费用。

(二)主要做法

公路废旧资源循环利用技术"旧沥青路面再生利用技术——低温环境下大比例掺量废旧沥青混合料厂拌热再生技术推广与应用""废胎胶粉路用技术——橡胶沥青技术在新疆沥青路面中的推广与应用""矿山固体废弃物筑路技术——废旧钢渣(水泥)砾石水稳基层推广及应用""沥青路面低碳建造技术——沥青路面混合料直投式温拌改性剂推广与应用"成套技术在实际工程中成功应用,将集成创新、自主创新和已有的科技成果消化吸收,加快科技成果的推广作用,充分发挥科技穿行对交通建设的引领和支撑作用。

初步形成相关技术的标准规范。同时,提升工程建设管理水平,材料循环利用降低综合成本,达到科技创新、节能减排和生态环保的目的。实现公路交通发展向建设资源节约型和环境友好型转变,用新理念、新技术推进公路交通建设工作。

1. 旧沥青路面再生利用技术

通过资料收集与调研、理论分析、试验研究、设备改造、工程应用验证和归纳总结的研究途径,在G30 小草湖至乌鲁木齐段改(扩)建项目第五合同段、乌鲁木齐至奎屯改(扩)建项目第一合同段、G30乌苏至赛里木湖项目 WS-2 和 WS-1 等多个高等级公路进行规模化应用,在新疆交通行业内起到示范效应,被行业部门、施工企业广泛认可。累计应用里程已达数百公里,使用沥青铣刨料百万余吨,节约直接效益达上千万元,CO_2减排量共计达数千吨。

2. 废胎胶粉路用技术

结合新疆地区特殊的气候环境与地理条件,深入分析橡胶沥青、集料和橡胶沥青混合料的各项试验数据,因地制宜地按照本地区条件,提出适合新疆地区橡胶沥青配合比。根据橡胶沥青混合料的特殊性质制定适合橡胶沥青混合料的摊铺温度、压实温度和碾压遍数。经综合测算,双向四车道高等级公路应用橡胶沥青每公里节省成本约为 13 万元,并且橡胶属于弹性体,可有效降低轮胎与路面的噪声 3~8 分贝,增加行车舒适性。大量使用废旧轮胎,既节约了资源,也有利于环境保护。

3. 矿山固体废弃物筑路技术

通过对钢渣进行物理和化学分析、浸水膨胀率等试验,得到钢渣物理、化学参数对水泥稳定钢渣砾石基层配合比设计中力学参数的关联性,并经过干缩试验得到钢渣的掺入对水稳基层干缩性能有一定的补偿作用的结论。通过科技示范工程,形成跨行业合作,企业自筹科研经费 300 余万元,落实"绿水青山就是金山银山"的发展理念,带动相邻项目应用钢渣 35 万吨,实现新疆八一钢铁厂钢渣的工程化应用,解决钢渣长期堆存带来的资源浪费和水土环境污染问题,促进了行业互惠互利,共同发展,也更加彰显了国企担当。

此外,绿色环保高性能水泥是近年来研发的重点新材料之一。鉴于混凝土工程中原材料的含泥量约束了建材选取范围,同时含泥量对混凝土性能有重要影响。在此基础上,研发一种高含泥量、宽级配集料的胶凝材料,实现天然砂砾或建筑废料(包括建筑垃圾、废弃渣土、工业废渣等)的直接利用(就地取材),进行混凝土拌制,变废为宝。同时,将研究成果管理应用于"科技精准扶贫"项目中,带动农村基础设施建设中以农民为主体的就业创业,为脱贫攻坚工作献计献策,体现国企责任与社会担当。

4. 沥青路面低碳建造技术

以废旧塑料为载体,结合新疆地区气候特征、集料、沥青等特点,利用材料复合、流变技术原理,引入大分子链或活性官能团到聚乙烯分子链,通过共聚改性方法对废旧塑料进行复合改性,开发出沥青路面混合料高性能直投式改性剂,重在解决农用及其他废旧塑料的循环利用及提高沥青路面使用性能,改变改性沥青路面施工工艺,通过直投方式实现沥青混合料在拌和过程中改性。这种再生利用方法不仅能充分发挥废旧资源综合利用的优势,变"废"为"宝",保护生态环境,而且废旧塑料共聚反应引入的大分子链可以提高沥青材料的耐高温性能,活性官能团在紫外线照射下可发生聚合反应,进一步提升沥青材料的耐久性。同时,直投式工艺创新、复合技术的应用,可大幅提高沥青路面的综合路用性能、延长道路的使用寿命、降低道路建设及养护成本、提升施工效率、节约社会资源,满足了国家绿色交通政策要求(减少硫、氮化物、二氧化碳的排放)及新疆地区高寒、强紫外线辐射、大温差及重载交通作用环境下苛刻的道路功能需求。

(三)支撑保障

1. 技术支持

公路废旧资源循环利用技术集成了沥青废旧铣刨料、橡胶沥青、矿山固体废弃物(钢渣)和沥青路面低碳建造技术,其经过新疆交建集团多年项目研究开发、工程实践应用,结合新疆气候环境、地质条件,总结凝练出适合新疆本土公路行业推广的新材料、新技术。通过"低温环境下大比例掺量废旧沥青混合料再生技术""橡胶沥青技术在新疆沥青路面中的推广与应用""工业钢渣在水稳基层及沥青面层中的应用研究""沥青路面混合料高性能改性剂开发与示范"等一系列科研项目的研究,形成了较为成熟可靠的应用基础,在工程化应用方面初步得到验证,并总结形成相关标准和指南,为公路废旧资源循环利用技术规模化推广应用打下坚实基础。同时,技术研究过程中得到交通运输部、新疆维吾尔自治区交通运输厅、新疆维吾尔自治区科技厅等众多行业部门的支持。

2. 依托工程项目

公路废旧资源循环利用科技示范项目依托工程以高等级公路和精准扶贫项目为主,在项目实施过程中将经济效益最大化,推动行业及基础设施建设良性发展。规模化应用项目有:G30 小草湖至乌鲁木齐段改(扩)建项目第五合同段、乌鲁木齐至奎屯改(扩)建项目第一合同段、G30 乌苏至赛里木湖项目 WS-2 和 WS-1、省道 116 线 G30 乌拉泊南立交至乌鲁木齐县公路工程第一合同段、G3012 墨玉至和田高速公路建设项目第一合同段和阿克陶县 2019 年村级道路建设项目(脱贫攻坚项目)。上述项目结合实际情况,有计划地对"低温环境下大比例掺量废旧沥青混合料厂拌热再生技术推广与应用""橡胶沥青技术在新疆沥青路面中的推广与应用""矿山固体废弃物筑路技术——废旧钢渣(水泥)砾石水稳基层推广及应用""沥青路面低碳建造技术——沥青路面混合料直投式温拌改性剂推广与应用"成套技术进行规模化应用,建设里程达到上百公里,效果良好。

3. 财务保障

公路废旧资源循环利用科技示范在实施过程中企业自筹资金约 300 万元,获批交通运输部财政补助 110 万元,确保项目顺利完成。在项目完成后推广的过程中带来可观的经济效益,使企业累计减少成本达上千万元,示范作用显著。

（四）创新管理

1. 注重企业创新能力

新疆交建集团一直将“创新求发展、创新求突破”作为企业的改革改制的理念和思路，在传统行业中发掘和应用新技术、新产品、新材料，在集团领导带领及国家级企业技术中心、国家级博士后科研工作站、交通运输行业西部地区特殊环境下公路养护技术协同创新平台、干旱荒漠区交融建设与养护技术国家地方联合工程研究中心等国家级平台的支撑下，广泛吸纳高校和科研机构科研工作者，合作方式多样，互通互联，结合企业自身开展新材料、新技术、新设备的技术研发和规模化工程应用，实现产、学、研、用的四位一体。在知识产权获取方面，出台一系列科技管理办法，鼓励员工积极参与，凝聚企业智慧，解决企业生产中的实际技术问题。

同时，新疆交建集团设有独立的技术研发部门，以企业为主体、以市场为导向、产学研相结合的技术创新体系，优化企业科技资源配置，提升企业自主创新能力。截至2020年6月，集团公司有提高待遇高级工程师5人、高级工程师120人、工程师243人、助理工程师436人、博士7人、硕士31人。有科技研发人员72人（含兼职、流动专家），其中教授级高工33人、高级工程师55人、工程师32人、助理工程师2人。技术研发部门有博士7人、硕士15人，94%以上人员具有大学本科学历。

技术研发部的职能有：

①负责技术成果的转化工作。做好企业工法、企业专利、课题项目的申报；积极参与国家和行业标准的制定和修订；科技进步奖、技术发明奖等反映集团技术实力的各项奖项的申报工作。

②从事较为长远的、具有发展前景的新材料开发，新工艺、新工法的研究。

③引进各种新技术的消化、吸收与创新，特别是对已有科技成果的综合集成及二次开发。

④注重知识产权的保护和各种科技发明和技术专利的申报，负责集团企业所有“科技四新”技术的保密工作。

正是由于独立研发部门的存在，使得新疆交建集团先后承担实施了新工艺、新材料、新技术的科技研发等重点科研项目20余项，每年投入科研经费超过千万元，有效解决了行业中在工程建设、施工管理、机械设备、路面养护中的关键技术问题。近年来，新疆交建集团主要从事公路领域的地质灾害预警及防治、公路废旧资源循环利用、信息化、无人机等新技术、新材料、新设备方面的研究，具有多年的科研工作和实践作积累。同时，新疆交建集团交建集团积极承担国家、地方的科研项目，组织技术攻关、新技术推广应用，开展技术交流与技术合作，成为集团实施产学研合作的主要载体，带动企业的技术进步。集团不但在财力物力上给研发部门大力支持，而且更加重视每一次的科研机会，也正是由于集团注重科技的创新，才能使集团成功地完成了《公路废旧资源循环利用科技示范》的课题研究，并规模化应用到工程建设当中。

2. 标准化管理

新疆交建集团在“提质增效”工作中鼓励生产建设项目积极应用新技术、新材料，并将此作为项目创新工作进行考核。项目应用过程中及时反馈实施效果，促进技术的再升级和改进，同时结合工程应用开发与此技术相关的一系列知识产权（如专利、标准、工法等），加大规模化推广力度。公路废旧资源循环利用科技示范工程化推广应用中，为了保证工程质量，针对四项技术分别编制相关标准或指南，指导示范技术的科学应用。其中，地方标准2项（颁布实施1项，在编1项）、中国工程建设标准化协会标准2项（1项已报批即将颁布实施、1项立项）、指南2项、工法3项、发明专利1项，极大促进了相关技术规范化、标准化的转化和应用，做到科学合理、质量有保障。

三、实施效果

新疆交建集团近年来实施了各级各类科研课题百余项，其中省部级项目40余项、地区级项目30余项，每年投入科研经费超过千万元。在项目研究过程中，正是由于集团注重管理制度的创新，注重对企业"人、财、物"的创新管理,才会有行业专家、专业博士、资深工程师为集团科技创新指明研究方向,才会有充足的科研经费为集团的创新能力保驾护航,才会有科研设备的及时到位,为集团随时随地进行科研实验提供有力保障。长期以来,新疆交建集团积极响应国家号召,以身作则,肩负社会责任,通过践行"绿水青山就是金山银山"的环保理念,积极投身推动交通运输转型升级,大幅度降低工程造价的同时,创新实践中节约大量宝贵土地资源及水资源,减少大量矿山开采,最大限度保护了我们赖以生存的自然环境。以可持续发展、绿色、低碳、经济、生态环保技术作为创新发展的根本,实现发展与环境保护的共同进步,充分体现"中国智慧",彰显"中国制造"价值。

(一)技术成果

科技示范项目的实施,有效地促进了公路交通科技创新成果在新疆高速公路建设和运营过程中的应用,提升了工程建设项目的科技含量和技术水平,提高了新疆高速公路的建设和管理水平。同时,该科技示范项目也展示了近年来公路交通行业在废旧资源循环利用方面的科技创新成果和各项新技术、新材料和新工艺所取得的技术攻关,起到很好的示范作用。通过推广项目的实施积累了宝贵的经验,同时为加快科技成果转化为生产力,促进新疆公路交通又好又快发展提供了必要的技术支持和支撑。示范成果已成功推广上百公里,在国内外期刊发表论文14篇(EI一篇);获得国家发明专利1项、制定地方标准2项(颁布实施1项,在编1项)、中国工程建设标准化协会标准2项(1项已报批即将颁布实施、1项立项)、指南2项、工法3项,累计组织和参加现场技术交流观摩会9次,培训相关建设与运营管理人员200多人次,培养硕士及以上学位人才8人,培养高、中级职称人才20人以上,并培养了一批少数民族科技骨干技术人员,带动一大批当地劳动力就业。

(二)经济、社会与环境效益

公路废旧资源循环利用科技示范项目的实施,实现了公路废旧材料的循环利用,不仅是实现低污染、低耗能、低排放以及高效益等问题的关键,同时也是在公路建设过程中可持续发展以及资源节约型社会的重要标准,是坚持科学发展观和环境保护的必然要求。将废旧轮胎和矿山固体废弃物等废旧资源在公路工程建设中循环应用,是公路材料循环利用中的重要组成部分,也有助于真正实现资源节约化与绿色交通低碳环保。研究现有的公路废旧资源并进行循环利用,有利于保持公路良好的使用状态和服务水平,有利于向使用者提供安全、快捷、舒适、经济、优美的行车环境,有利于树立公路的对外形象,最终提高公路的经济效益和社会效益。

1.旧沥青路面再生利用技术

低温环境下大比例废旧料的掺配技术在G30乌奎改(扩)建项目以及G30小草湖至乌鲁木齐段改(扩)建项目进行推广与应用,铺筑的路段路面通过现场检测,各项指标均符合要求,当前未出现任何路面病害,路用性能良好。项目累计铺筑50余公里,根据示范项目实施情况,下面层配合比为20~28毫米碎石:16~20毫米:11~16毫米:6~11毫米:3~6毫米:0~3毫米:矿粉=8:22:17:15:3:31:4,油石比为3.7%,按此配比以生产1000吨沥青混合料计算,各材料用量见表1。

普通沥青混合料各砂石料用量　表1

项目名称	拌和量	沥青用量(吨)	水洗砂用量(吨)	3~6毫米碎石(吨)	6~11毫米碎石(吨)	11~16毫米碎石(吨)	16~20毫米碎石(吨)	20~28毫米碎石(吨)	矿粉(吨)
配合比		油石比3.7%	31	3	15	17	22	8	4
各材料用量	1000	36	299	29	145	164	212	77	38
损耗		1.03	1.02	1.02	1.02	1.02	1.02	1.02	1.03
合计	1019	37	305	29	148	167	216	78	39

热再生技术主要是对废旧回收料的再利用,而回收料当中以不同规格的碎石为主,伴有少量沥青,在利用过程中需重新加入沥青和矿粉,且油石比可降低0.2%,减少用量最多的仅是新添加的集料。经

计算,每生产1000吨热再生沥青混合料可直接节约材料成本10.08万元,示范工程累计应用8万余吨,节约材料费10.08万元/千吨×8万吨=806.4万元。以G30乌奎改(扩)建项目双向八车道计算,每公里可节约成本37万元,具有显著经济效益。

旧沥青路面再生利用技术的实施既保证了施工进度,又降低施工成本。技术本身对环境没有任何影响,还能减少废旧沥青混合料对环境的污染。参考《综合能耗计算通则》(GB/T 2589—2008)的相关转换系数,每吨石料折算成一次能源标准煤的能耗为2.543千克标准煤/吨,二氧化碳(CO_2)的排放系数(吨/吨标煤)为:0.67×3.6667=2.4567,若以利用8万吨石料计算,可减少碳排放量为2.543千克标准煤/吨×80000吨×2.4567=499791千克CO_2/吨(即减少499.8吨碳排放)。以G30乌奎改(扩)建项目双向八车道计算,每公里可减少碳排放22.9吨,具有显著社会环境效益。

2.废胎胶粉路用技术

以省道116线乌拉泊南立交—乌鲁木齐县公路工程项目为例,橡胶沥青中橡胶粉掺量为基质沥青的20%,橡胶沥青混合料毛体积密度为2.510克/立方厘米,油石比为5.4%,则每公里使用的橡胶粉为1000米×12米×2(双幅)×0.05米×2510千克/立方米×5.4%×20%=32.5吨,每吨橡胶粉为1300元。示范项目改性沥青油石比为4.6%,橡胶沥青混合料在相同密度下有效沥青含量比改性沥青少5%左右,橡胶沥青混合料油石比为5.4%(掺20%橡胶粉),有效基质沥青含量为4.3%,90号基质沥青价格为4700元/吨,改性沥青一般为基质沥青价格的1.15~1.3倍,即4700元/吨×1.2=5640元/吨,则每公里不同沥青用量为:

改性沥青1000米×12米×2(双幅)×0.05米×2510千克/立方米×4.6%=138.6吨。

橡胶沥青中的基质沥青1000米×12米×2(双幅)×0.05米×2510千克/立方米×4.3%=129.5吨。

省道116线乌拉泊南立交—乌鲁木齐县公路工程项目中橡胶沥青每公里节省成本为138.6吨×5640元/吨-129.5吨×4700元/吨-32.5吨×1300元/吨=13.08万元。

该示范项目中累计使用橡胶胎粉263吨,相当于22000多条废旧轮胎,很好地解决了废旧轮胎长期堆置处理的问题。同时,橡胶中的炭黑能够使路面黑色长期保存,与标线的对比度高,提高了道路的安全性。由于橡胶属于弹性体,可有效降低轮胎与路面的噪声3~8分贝,增加行车舒适性。

3.矿山固体废弃物筑路技术

根据我国相关法规规定,针对大宗型固体废弃物以堆放方式处置的,需缴纳25元/吨的污染排放税。示范工程中,应用废旧钢渣3.1万吨(带动其他项目应用钢渣35万吨),为企业减少纳税31000吨×25元/吨=775000元。同时,钢渣应用可替代部分砾石,根据配合比替代30%的砾石,通过换算可得到节省砾石8215吨。砾石价格以50元/吨计算,则节省直接工程成本410750元(即每使用1吨钢渣,可节省成本13.3元),累计减少集团工程成本1185750元。在使用钢渣的同时,应符合国家鼓励对大宗型固体废弃物循环利用的政策,还可享受一定的税收效益,具有良好的经济效益。同时,减少砾石开采及多次加工倒运的中间环节,间接地减少了碳排放,也具有良好的环境效益。一直以来,钢厂采用的方法则是堆积陈化处理,这种方式占用了大量的土地,污染了地下水分,钢渣中的某些重金属流入土地,使土地重金属化严重,严重地污染了生态环境。在经济又快又好发展的同时,把钢渣应用到公路建设当中,不仅解决了钢渣污染环境的问题,同时也能降低工程施工成本。参考热旧沥青路面再生利用技术计算方法,利用废旧钢渣可减少碳排放量为2.543千克标准煤/吨×8215吨×2.4567=51322.3千克CO_2/吨(即减少碳排放51.3吨)。

绿色环保高性能水泥是对原材料技术要求有所降低,如混凝土中含泥量指标适当提高、级配宽泛等,但实体工程强度完全依据设计要求执行。在此,最大环境效益体现在减少人为山体破坏开采砂石料和原材料的二次加工(如再破碎、水洗等工序)。利用绿色环保高性能水泥即可进行天然沙砾的规模化应用,同时也是降低原材料在加工过程中的碳排放。参考《综合能耗计算通则》(GB/T 2589—2008)的相关转换系数,每吨石料折算成一次能源标准煤的能耗为2.543千克标准煤/吨,二氧化碳(CO_2)的排放系数(吨/吨标煤)为:0.67×3.6667=2.4567,若以利用1000吨天然沙砾计算,可减少碳排放量为2.543千克标准煤/吨×1000吨×2.4567=6250千克CO_2/吨。由此可以看出,绿色环保高性能水泥对减少碳排放具有较大贡献。

4.沥青路面低碳建造技术

直投式环保型沥青混合料改性剂在沥青混合料拌和过程中直接投放,具有增黏、加筋、填充、弹性恢复、改性等多重作用,大幅提高了沥青混合料的高温抗车辙性能,并有效改善了沥青混合料的模量等特点。工程实例表明,采用环保型—沥青改性技术可灵活调整生产进度,可大幅提高施工效率,缩短工期。工程不受改性沥青加工、生产、运输环节的制约,只需将直投式改性剂按比例加入沥青拌和站拌锅中即可。同时,避免了改性沥青在运输中离析、老化等问题。此外,由于使用的是基质沥青,拌和站各项环节加热温度与改性沥青相比可降低,为项目节约大量能源消耗。根据统计计算,中面层中每使用1吨SBS改性沥青生产过程中所需消耗12升柴油,20千瓦时电,消耗热量为536兆焦,折算到每吨改性沥青混合料(油石比按4.2%计算)消耗热量为22.5兆焦。而拌和站生产每吨改性沥青混合料比直投式沥青混合料改性增加的热量,按出厂温度提高15℃计算,增加热量为17.5兆焦。将上述两部分热量消耗换算成标准煤即为(22.5兆焦+17.5兆焦)/7兆焦/千克=5.71千克,使用每吨改性沥青混合料比直投式沥青混合料多用5.71千克标准煤。为了便于计算说明,以建设100公里直投式改性剂路面进行标准煤消耗计算,即23米×100公里×0.05米×2.42立方米/吨×5.71千克=1589吨标准煤。以"一吨标准煤排放二氧化碳为2.6~2.7吨,二氧化硫8.5千克,氮氧化物7.4千克"(来自中国碳排放交易网)计算,则每百公里就可减少CO_2排放量1589×2.7=4290吨,减少SO_2排放量1589×8.5=1.35吨,减少NO_x排放量1589×7.4=1.17吨。

而利用废旧地膜或滴灌带回收制成改性剂后加入沥青中,可改善沥青的综合性能,显著提高沥青的耐候性,使之专门用于高等级路面。改性后的沥青作为一种新型的铺装材料,用于铺筑路面,具有良好的耐久性、耐磨性,高温抗软化,低温抗开裂,可延长路面使用寿命。它把污染环境的废料混合到沥青中,可以节约能源,保护环境,同时解决了废旧地膜或滴灌带回收利用和沥青性能达不到实际应用要求的问题。结合示范应用根据数据统计,每修筑1公里长,23米宽,10厘米厚的高性能沥青路面可循环利用约10吨农用难降解残留物,节约59500平方米。

公路废旧资源循环利用技术经济、社会、环境效益一览见表2。

公路废旧资源循环利用技术经济、社会、环境效益一览表 表2

推广技术	科技示范项目	效益说明
旧沥青路面再生利用技术	G30小草湖至乌鲁木齐段改(扩)建项目第五合同段	每公里可节约成本37万元,每公里可减少碳排放22.9吨
	乌鲁木齐至奎屯改(扩)建项目第一合同段	
	G30乌苏至赛里木湖项目WS-2和WS-1	
废胎胶粉路用技术	省道116线G30乌拉泊南立交至乌鲁木齐县公路工程第一合同段	每公里节约成本13.08万元,可有效降低轮胎与路面的噪声3~8分贝
	苍山东路道路工程(一期)	
矿山固体废弃物筑路技术	乌鲁木齐至奎屯改(扩)建项目第一合同段	每使用1吨钢渣,可节省成本13.3元,具有废物利用、节能减排的作用
	阿克陶项目	
	乌鲁木齐市政项目	
沥青路面低碳建造技术	G3012墨玉至和田高速公路建设项目第一合同段	每公里就可减少CO_2排放42.9吨,每公里可利用10吨农用难降解残留物

轨道交通接触网集中修作业模式的探索及应用

上海地铁维护保障有限公司供电分公司

成果主要创造人:张凌翔　郭德龙

成果参与创造人:沈建强　郭　志　吴　捷　张华英　赵　越　王　伟
汤塞舟　王祖春　卞建峰

上海地铁经过近30年时间的建设和发展,已形成了上海轨道交通运行网络。据统计,截至2019年底,上海轨道交通运行线路共计16条线(含磁浮线),路网运营线路总长达705公里,内环内轨道交通车站600米面积,覆盖率已达71%。在轨道交通运营网络逐渐完善,逐渐覆盖所有上海市城区的同时,轨道交通也成了上海市民出行首选地公共交通工具。2019年,上海地铁平均单日客流量已超过1050万人次,而在2019年最高峰时,上海地铁单日客流量达到1329.4万人次。根据上海地铁"十三五"规划,届时上海轨道交通将达26条运营线路,线路总长超过1000公里,投用车站将超过600座,届时将对城市出行结构形成更加显著的改变。2019年,上海轨道交通共有26个维护基地,用于轨道交通设施设备的停放、维护和保养。

上海地铁维护保障有限公司,原名上海轨道交通维护保障中心,成立于2008年4月8日,是轨道交通专业设备维护保障的骨干企业,现有员工8511人,负责上海地铁所有线路以及各个基地的车辆、通信、信号、供电、线路五大主体专业的维护保障工作。维保公司着力构建"体制架构扁平开放、资源非支统筹集约、线网联动职责分明、应急保障快速反应、管理手段科学先进"的网络化运营管理体系。

上海地铁维护保障有限公司主要担负着车辆、通信、信号、供电、桥隧、轨道线路等为主体的运营网络化设施设备的整体系统保障工作,包括完成物流从采购配送到物资报废全过程控制管理及计量器具标准化、规范化检测、检修管理的全网络覆盖,以其科学先进的管理手段和创新高效的管理理念来实现资源统筹集约、专业精细规范、运转可靠畅通、管理扁平高效,与运营相互制衡又相互促进的科学保障管理体系。根据上海轨道交通专业分工,上海地铁维护保障有限公司供电分公司负责800多个变电所以及近2000条公里接触网的日常维修和保养、更换和大修工作,供电分公司共有员工1731人,其中一线维修人员约1454人,占全体供电分公司员工的84%。

由于上海轨道交通的超常规发展,上海地铁运能和运量的矛盾近年来日益突出,由于受到资金短缺和采购周期的限制而无法大量投入运能的情况下,如何内部挖掘潜能以满足日常运营的需求成为上海地铁的重大课题。

一、实施背景

轨道交通接触网(图1)是沿地铁线路上空架设的向电力机车供电的特殊形式的输电线路,是供电系统中唯一无备用的子系统。城轨交通接触网的形式多样,主要有户外段柔性接触网、隧道段柔性接触网、隧道段刚性接触网以及接触轨形式等。上海地铁接触网现有检修模式为周期修,是根据接触网不同的设备,制订相应的检修内容、要求和周期。各生产部门根据"接触网维修规程",编制年度、季度、月度生产计划,由各班组根据计划申请要点。在一个作业点中,对单项或多项设备进行检调。以单条线为例,检修任务分摊至12个月实施,参照既有《接触网检修规程》分为定位装置检修、支持装置检修、接触悬挂检修等。轨道交通柔性接触网如图2所示。

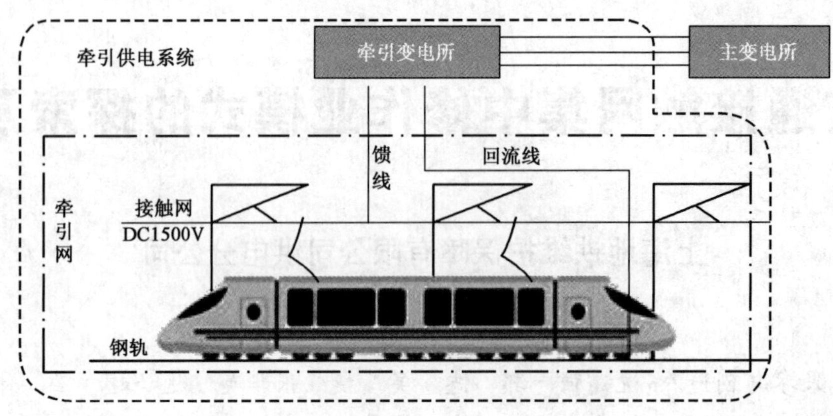

图1 供电接触网示意图

a)柔性接触网反定位

b)柔性接触网正定位

图2 轨道交通柔性接触网

(一)优化轨道交通接触网维护方式的需求

上海地铁接触网结构形式多样且复杂,而相对于电气化铁路来说,接触悬挂形式更多,结构更复杂。接触网设备沿地铁线路布置,设备数量庞大,但又无法设置安全冗余,一旦其发生故障,容易造成线路运营晚点甚至线路部分区段的运营中断的情况。如何有效地保障接触网的安全可靠运营,提高接触网系统的运营可靠度,给设备维护单位提出了严峻的挑战。

公司认识到,想要破解接触网运营维护质量的难题,降低其所带来的潜在风险,需要针对城轨交通接触网的自身特点,积极探索优化现有接触网维护检修模式,使公司接触网检修岗位的流程和标准更加规范,分工更为明确,配合更加流畅,使接触网设备的检修质量符合维修规程的要求,更科学、高效地完成接触网检修工作,从而全面提高接触网检修质量和效率。

(二)实现公司持续健康发展的需求

随着上海地铁运营线路的不断延伸,接触网设备维护管理需求也不断增加,不仅需要更多高技术检修人员,来保证零部件得到可靠的维护,还需要更多的检修资源,来确保每个设备都得到充足的检修时间。但是,随着城轨交通运营密度的不断增加,多条线路开展增能项目,列车最小运营间隔已达两分钟左右一列次,弓架次多,运营压力巨大。又逢上海地铁线路运营时间延长,接触网夜间检修时间正在不断地被压缩,从而导致运营需求与维护需求之间的“运修”矛盾日益凸显。

公司发现,以设备维护的需求为基础,针对接触网系统的维护模式进行积极探索和优化,改进和创新既有维护方式,从技术上深入挖掘接触网系统的运行状态数据,总结接触网设备的动态变化规律,从管理上平衡作业资源,从而最大程度地从维护中延长接触网设备的使用寿命,全面加强对接触网设备安全的把控力度,才能为企业的可持续健康发展打下扎实的基础。

二、成果内涵

(一)集中修定义

接触网集中修作业模式是指通过对接触网设备状态的现场全面调查、分析的基础上,依照设备的状态,集中作业人员、材料和施工机具对接触网设备进行的全面检查、维护、更换或整治的一种作业模式。接触网集中修的作业模式依赖于对运维管理模式的突破和创新,包括线路制作业指导书的编制、配套检修工艺的优化、智能化工具的应用等方面优化。公司首创了具有上海地铁特色、高效、灵活的城市轨道交通接触网集中修作业模式,现已在上海地铁全路网推广应用,取得了积极的社会效应和经济效益,同时也在城市轨道交通接触网维护作业中取得了示范引领作用。

(二)集中修试点

为了熟悉集中修作业模式,于2017年首先在上海地铁11号线南翔站展开了一次大规模、全范围的集中修试点作业,共计参与技术人员40余人,车梯组14辆,作业人员超70人,如图3和图4所示。作业内容共计35处柔性户外段定位点,涵盖了接触网柔性户外段具有代表性的悬挂形式,有站台处的正、反定位悬挂;门形梁结构悬挂;柔性正、反定位悬挂。除此之外还包含了柔性分段绝缘器、线岔、隔离开关、中心锚结、内置式下锚、避雷器、吊弦、横向电连接等重点接触网设备。

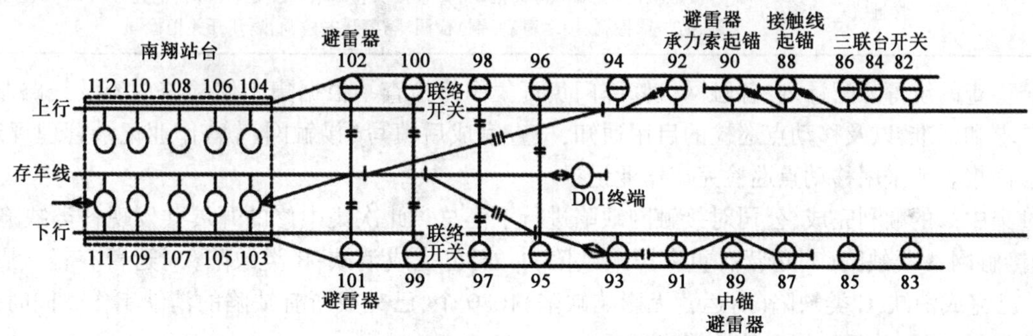

图3　2017年集中修试点区段接触网平面图

通过此次试点,公司充分排摸了各种柔性户外悬挂形式;对全线路集中修工作量、车梯组单作业点作业能力、各部门平均作业能力等作业关键信息进行了细致地梳理和核算;集中修的作业范围、内容以及要求进行了规定和试点。同时也发现和解决了诸如:人员组织,工器具、车梯调配,安全、技术交底,质量把控等诸多重点问题。公司从此次集中修试点中吸取了宝贵的经验,并为之后顺利开展2019年集中修作业奠定了坚实的基础。

图4　集中修试点

三、主要做法

上海城市轨道交通接触网设备部件修转变成集中修是一项设备检修模式的创新,通过接触网集中修的探索及应用,全面排查了接触网“松、脱、卡、磨、断、裂、锈”等一系列严重影响运营安全的部件隐患。通过在运营线路上采用集中修作业模式后,全路网运营过程中未发生5分钟及以上因接触网设备故障影响运营的故障,有效提升了接触网设备可靠性,保障了线路的安全可靠运营。而通过集中修作业使得生产作业供电设备停电和操作次数降低了降低40%,实现了接触网系统设备、部件的100%覆盖率,消除了日常检查中的难点和盲点。接触网集中修也在城市轨道交通接触网维护作业中取得了示范引领作用,现已在上海地铁全路网推广应用,取得了积极的社会效应和经济效益。而总结接触网集中修的模式。

(一)突破接触网维修固有格局,提出维修新策略

考虑到接触网设备运行状态逐渐下滑,设备隐患逐渐增多,公司于2019年3月起组织各接触网生产部门开展了为期7个月的接触网集中修作业,旨在对公司接触网设备状态进行全面梳理,同时对接触网的维修理念进行全面的梳理和优化。

本次集中修作业共出动车梯数4618辆,出动维修人员超过23000人次,对户外段柔性接触网、隧道段柔性接触网、隧道段刚性接触网、接触轨进行全面检查,检查内容见表1。

集中修检修内容表　表1

序号	接触网类型	作业内容
1	户外段柔性接触网	接触悬挂、定位装置、支持装置、锚段关节、中心锚结、下锚补偿、接地系统、分段绝缘器、隔离开关、线岔、防雷装置及附属设备
2	隧道段柔性接触网	接触悬挂、定位装置、支持装置、锚段关节、中心锚结、下锚补偿、接地系统、分段绝缘器、隔离开关、线岔及附属设备
3	隧道段刚性接触网	接触线、汇流排、定位装置、中心锚结、锚段关节、接地系统、线岔、隔离开关、分段绝缘器、刚柔过渡及附属设备
4	接触轨	接触轨检调、端部弯头检调、膨胀接头检调、绝缘支架检调、电连接检调、中心锚结检调、防护罩检调、接地扁铝(铜)检调、隔离开关检调、隔开开关柜检调

依照检查的统筹分配计划,各触网检修部门负责集中修检查。根据集中修检修内容及线路制作指导书的要求和标准,以及移动点巡检的启用通知,检查完成后填写《接触网(轨)作业记录管理规定》中对应的检修报表或采用移动点巡检完成作业记录。

通过集中修的顺利完成,公司对接触网缺陷进行了汇总。此次集中修的开展共发现各类缺陷1090处,其中接触网A类缺陷(对运营有重大影响缺陷)1处,已完成消缺;B类缺陷(对运营有轻微影响缺陷)9处,已完成消缺;C类缺陷(对运营无影响缺陷)1080个,已完成所有缺陷的消缺工作。同时,发现设备共性问题4项,并逐一拟定整治策略。

(二)完善组织结构,落实责任,保障集中修顺利开展

1. 组建集中修作业团队,保障集中修顺利执行

为保障集中修计划的顺利推进,各项管理制度的充分落实,公司专门成立集中修工作小组(图5),由公司总经理亲自担任小组组长,肩负起集中修开展的领导责任;副组长由分管副总经理担任,组员分别由各参与的职能部门和生产部门经理担任;生产管理部门确保集中修组织协调,保证计划的顺利执行;技术管理部门保证各项规章制度的有效性和可行性,以及各类隐患得到有效解决;质量安全部门对集中修作业负有监督管理职责,严格落实质量考评工作。

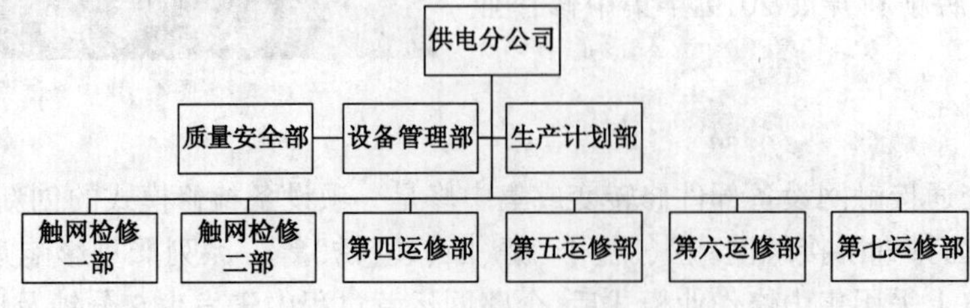

图5　接触网集中修工作组织结构图

集中修作业队伍由各生产部门管理人员及检修人员组成。触网检修一部、触网检修二部、第四运修部、第五运修部、第六运修部、第七运修部6个部门各派集中修分管领导1人，技术员2人，班组长2人，设备管理部、生产计划部、质量安全部各派专业主管2人，共计30人作为集中修管理人员；另外各部门选取中坚技术力量作为集中修检修队伍，共计458人。

2. 强化管理队伍职责，保证作业质量稳定可控

公司选用质量意识强，领导水平高、作业经验丰富、职业素质好的人员担任集中修作业管理人员，负责集中修作业的施工，有效组织人力、设备等资源，保证作业质量达到检修标准。每次集中修作业，各生产部门安排班组长和技术员到现场进行质量、安全把控，实现简单问题现场解决，疑难问题立即确定有效解决方案，将技术攻关前移到现场第一线，将设备隐患、故障消灭在萌芽中。

3. 严格执行集中修培训，打造可靠的现场执行队伍

对集中修全体作业人员的质量意识和技术能力的培训教育贯穿于集中修作业的全过程。由集中修管理人员按照《接触网集中修作业指导书》编制培训教材，分层次、分职责、分岗位组织全员认真学习集中修的目标、标准、作业程序，贯彻集中修的精髓。使员工在作业前就知道"何处设备是检查重点，何处又难点"，作业中能更为有效地对设施设备薄弱环节进行细致的维修，从而保证作业指导书能够在现场得到有效落实，有效保障了集中修人员的技能满足集中修开展的需求，从技能方面保证了检修员工不会出现"漏检、漏修"的情况。

（三）借助精益化管理的思路，提升设备维护管理策略的适应性

想要改进传统的接触网周期性检修和检调过程中存在的固有短板，优化接触网维护策略，就需要根据实际管理需要，引入多种科学的有针对性的管理工具对现有检修形式进行全面、系统的评估，寻找有效解决方案。为贯彻维保公司提出"精检细修、安全可靠，为通向都市新生活保驾护航"的维护保障使命，公司借助"精益化"管理思路，大量运用管理工具和模型，从根源开始逐层剖析，积极探索建立起一套全面、完善且适合城市轨道交通接触网专业的维护管理策略。

1. 依托科学分析，突破传统检修模式限制，优化接触网设备维护战略规划

为有效解决公司接触网维修质量参差不齐，维修覆盖范围存在漏洞等难题，探索最适合的接触网检修模式，公司采用SWOT分析法（图6）等"精益化"管理工具，对公司接触网专业现行状态了全面且系统的分析，使接触网专业的内部优势和劣势以及外部机遇和风险得以清晰的呈现；同时通过对QFD模型、KANO模型等管理模型的运用，以及结合现场实际情况，对接触网维修策略进行全面优化和升级，形成了更为科学、全面、规范的"接触网集中修"的检修模式，内容包括职责规定、规章制度、执行标准、缺陷管理等，涵盖了技术标准、生产流程、质量控制、装备定制等多个环节，内容全面、相辅相成，有效解决了组织职能不清、环节缺失、监控不足等时机问题。为形成接触网集中修检修模式提供了向好的战略层面的保障。

图6　供电分公司接触网SWOT分析图

2. 通过采用 MFMEA 失效模式与后果分析、RAMS 指标监控，来寻找设备薄弱点和风险点

公司通过 MFMEA 失效模式与后果分析寻找到了可能出现的潜在风险因素(图 7)。并通过以往 RAMS(设备可靠性分析)数据进行对照和验证，通过各技术骨干的讨论寻找出接触网检修要求的重点、难点以及盲点，并制定出详细且完善的检修对策和要求。

接触网设备潜在失效模式及后果分析（MFMEA）

NO	设备组成/功能	要求	潜在失效模式	失效的模式潜在后果	失效潜在的失效原因	严重度S	分类	现行过程控制				风险顺序数RPN	建议措施	措施结果				
								控制预防	发生率O	控制探测	探测度（检测难易程度）D			采取的措施	严重度S	发生率O	探测度D	风险顺序数RPN
1	线岔	线夹安装牢固、固定部位无开裂现象	固定部件失去水平或因外界因素造成破损和弯曲	接触网零部件损坏		7	A	定期检查	2	人工仔细查看	7	112	更换零部件	加强检查频次	7	2	7	112
2	线岔	线岔限制管不应有变形及卡滞接触线的现象	限制管定位线夹偏斜	侵限事故		8	A	定期检查	2	人工仔细查看	7	112	调整复位	加强检查频次	8	2	7	112
3	线岔	线岔始触点处两接触线不应有侧磨现象。	线岔限制管未调整到位	磨耗异常		8	A	定期检查	3	通过其他设备间接检查	6	144	调整复位	加强检查频次	8	2	6	96
4	线岔	线岔处电连接器状态良好	电连接松动或线夹偏斜	受电弓与线岔发生碰撞，进而刮坏线岔		7	A	定期检查	3	人工仔细查看	6	126	调整复位或更换备件	加强检查频次	7	3	6	126
5	分段绝缘器	连接稳固，绝缘有效，过渡平顺	分段绝缘器消弧棒断裂	分段绝缘器损坏，影响受电弓平滑过渡		7	B	定期检查	2	人工查看可轻易看到	6	84	更换备件	加强检查频次	7	1	6	42
6	分段绝缘器	连接稳固，绝缘有效，过渡平顺	严重拉弧	造成分段绝缘器和接触线烧伤		5	B	定期检查	3	人工可远看检出	6	90	调整复位或更换备件	加强检查频次	5	2	6	60

图 7　MFMEA 分析表示意图(截取)

针对问题，公司对重点、难点设备的检修周期、检修方式以及检修标准都进行了相应的调整，并纳入《集中修检修作业规程》中。在日常维护作业的基础上，按照设备状态评估结果，形成集中修模式的工作任务分解，实现以设备状态调整维修需求、以运行结果评价维修结果，改进传统的接触网周期性检修和检调过程中存在的固有短板，提升公司对风险点的把控力度。

(四)探索接触网设备维修顶层规划，实现接触网设备维修规程的系统整合

在上海地铁多样、复杂的接触网结构形式中，还需要确保接触网维修规则对作业内容的全系统覆盖，并且符合接触网集中修作业需求，原有的设备类作业指导书在针对不同工况、不同状态以及不同的数据等方面中存在着诸多不足之处。

公司意识到想要破解上述难题，就需要从指导书本身出发，寻找突破口。故在接触网集中修作业实施过程中，公司针对接触网系统维修的指导书结构进行了深入探索，根据不同线路、不同设备的特点和风险点，有针对性地整合设备的维修规程，通过组织技术人员进行不断的修订及验证，最终形成 14 本线路作业指导书，并且对柔性隧道定位点检调作业内容进行了修订，增加了 7 项量化指标，另对于 4 项不具备实际操作的检修内容进行了合理化改进，使检修作业更加细致、到位。确保作业指导书更加贴合实际的作业，检查内容数据化，对检查的要求做了进一步的提升。形成了针对线路维修的可操作、易量化的作业文件，确保维修规程和作业现场、作业内容以及作业规范的深度融合。

根据现场作业需要及检修质量要求，公司还通过在"线路作业指导书"中明确人员作业分工、优化检修步骤及要求、固化标准作业时间、细化工器具、备品备件的携带与分配，形成接触网维修的"单元三定检修法"，即固定人员、固定检修区域、固定工具；现场作业分工分区，专人专区作业，利用车梯平台和登杆作业同步实施作业检修，保证员工在作业时，互相独立，同时又互相协作、互相监督，形成良好的车梯配合关系。

(五)建立差异化检修作业规范，形成状态驱动的设备风险卡控

考虑到接触网设备客观运行条件千差万别，不同工况对接触网设备产生的影响存在着巨大的差异。公司通过挖掘接触网设备履历的动态分析和维修数据的横向挖掘，利用智能生产管控平台和接触网在线监控装置对接触网设备的状态进行全面监控和系统评估。寻找出影响接触网设备的客观条件，通过对此类特殊位置、关键节点的接触网设备的集中检修作业内容进行调整和强化，优化检修的作业清单。根据设备的实际状态，提出维护内容的差异化调整，并融合至集中修作业内容中，确实形成以接触网设备状态驱动的设备差异化维修，使接触网零部件在出现衰减前得到有效的维修，切实、有效的卡控接触

网设备的安全风险管理,确保接触网集中修的人力资源得到了更加高效的运用。

1. 调整检修频次,应对高风险设备

曲率半径小于500米的区段、隧道段—户外段连接处、安装有加强线夹的区段、接触网导高小于3980毫米的定位点区段相对设备风险较大,为保证设备安全可靠,相对应检修频次由一/半年一次缩短至半年/三个月一次,强化风险位置设备把控力度。

2. 调整检修周期,迎合实际运维需求

经运营情况观察,各线路部分设备的运营情况都较为稳定,故障率较少,故适当减少检修频次,降低出工成本。隔离开关检调因周期频率由每动作30次进行检修改为每动作50次或6个月进行一次检修。视频监视由每周进行一次查看录像改为每三天查看一次录像。联络线处、以及使用频率低的分段绝缘器将检修频率由3个月一次改为6个月一次,使用频率高的折返线维持3个月一次的检修频率。隧道段柔性悬挂步行巡视隧道段的周期由原来的3个月一次改为6个月一次,户外段周期不变。刚性锚段关节检修由6个月一次改为12个月一次。

(六)以行业标准为基础,形成城市轨道交通接触网系统关键部件寿命的周期管理

1. 规范零部件检测,搭建接触网零部件寿命模型

为了对接触网关键零部件进行长期有效的跟踪,公司参照电气化铁路相关接触网检设备测相关标准中的检测方法和标准,建立了针对城轨交通接触网零部件检测的管理办法,并进行了全线路接触网零部件的抽检,总计抽取全线路满足要求零部件267件。其中金具类171件,线索类28件,绝缘子类68件。对检测中不合格件进行加倍抽检复测,共抽取零部件34件,其中线索类4件,绝缘子类30件。通过精准的检测数据对各线路设备状态进行把控,对可能存在的隐患进行及时分析及时拿出处理方案。

通过对全路网运行达到相应年限的接触网零部件进行抽样检测,并考虑抽检零部件线路环境、投用时间等不同客观条件的影响,将接触网关键设备、核心部件的寿命衰减曲线通过统计、计算进行数据化和图表化,最终形成规范的接触网零部件寿命衰减模型。在该模型的支持下,各线路的接触网零部件状态可以通过定期的设备检测得到有效评估,从而以点破面,掌握全线路接触网设备健康情况,使各线路接触网零部件的可靠性和可用性得到有效的监控,为制订后续的维修策略的措施提供可靠的数据支撑,达到接触网设备全寿命管理的最终目的。

2. 严抓零小部件管理,确保接触网关键设备安全可靠

公司通过统计历年接触网发生的故障和隐患,整理和汇总出接触网易缺失和易损的关键零小部件,形成《零小部件管理办法》,共计收录了10大类、67件超、93种型号的接触网零部件。通过该办法的规定与实施,公司对接触网关键零小部件的技术参数、检修工艺、使用寿命及故障现象、照片等信息进行详细罗列,并按照管理办法对这些部件进行台账整理和重点检查关注,将关键部件缺损情况降至最低,提高接触网设备的整体可靠性,保证零部件正常运行。

(七)提炼总结维修作业工法,提升现场检修作业的标准化、规范化

公司为保证集中修作业质量的有序可控,从"规范施工流程""落实检修质量""缺陷管理"。从流程把控、质量把控等多个方面对集中修质量进行层层监控,确保接触网集中修做到"眼到、手到、口道"。

1. 作业流程细致分解,形成标准化组织管理流程

参照集团《轨行区作业管理规定》,公司结合现场实际情况,对集中修作业的作业流程进行了全面的细化,从计划申请到作业前人员、工器具准备再到施工作业中贯彻"三到检修法"以及最后完工后的报表填写、缺陷等级均有清晰的图示和详细的措施要求。通过作业流程的分解,规范员工在集中修作业的各项行为,从组织管理中杜绝作业违章、隐患遗漏等危险因素的发生,集中修施工流程图如图8所示。

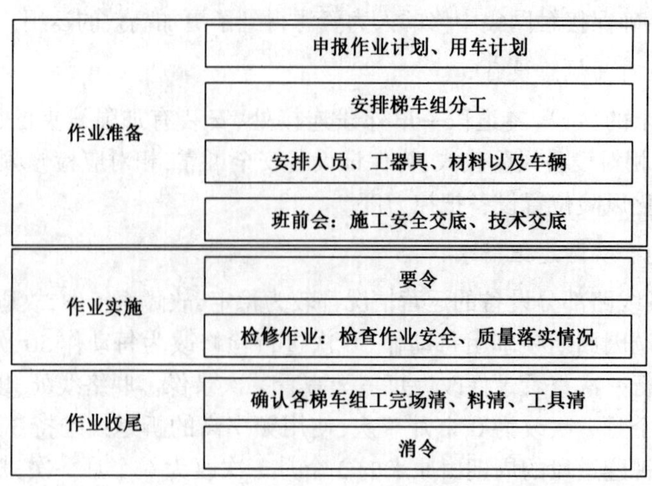

图8 集中修施工流程图

2.质量控制手段规范化,确保接触网设备状态可控

为确保集中修检修质量达到"作业指导书"中的相应要求,公司结合现场实际情况,在维修质量卡控环节建立以"自检、抽检、互检"三级检查制度为主,制度、技术检测手段并行的作业质量评价体系,确保作业过程的标准化执行,作业质量验收的规范化评价。

(1)建立"自检、抽检、互检"三级检查制度,多级防范质量缺陷

"自检、抽检、互检"三级检查制度即是在接触网检修作业后的不同阶段,由同车梯组其他组员、集中修管理人员,以及线路的管辖部门,以作业区间为单位按相应检查比例对接触网设备检修质量进行再次的全方位检查和评估。通过集中修各级参与员工的互相监督和督促,形成多次抽查机制,以增加少量的人力资源为代价,极大概率的寻找和发现隐藏的缺陷和隐患,保证了检修质量得到很好的贯彻;同时,提供一种作业复查机制,让检修员工产生危机意识,从侧面督促员工提高自身的责任心,保证集中修检修质量的有效、可控,保证其实际操作规范与精细。

(2)落实实名制检修,增强检修员工责任意识

本着"谁检修,谁负责"的原则,公司要求车梯组人员完成检修后,必须在相应记录表格进行签字确认,同时要负责该设备在一个检修周期内的安全运行,不发生设备故障。通过责任落地,让员工意识到检修质量的重要性,才会使其认真、负责的完成每一次的检修工作,从源头把好集中修的质量关。

(3)引入视频监测装置,从人防向技防发展

检验集中修质量好坏的最直接措施,即是检查接触网设备的实际运营效果。公司为确定集中修的检修质量,使用现有车载在线监测设备,由专人3天一次对全路网正线区段及出入段弓网配合情况进行观察,并对视频中拉弧、导高、拉出值突变、异物侵限、设备损坏情况做好记录并及时处理。已运行状态确定维护结果,从根本上判断接触网设备的维护质量。

公司对现有弓网在线监测设备进行升级,引入视频分析软件,识别接触网缺陷情况及位置,同时研制一套可安装于运行列车的红外热感应设备,监控接触网带电时绝缘部件、零小部件以及列车升工状态下与接触网接触位置的电流致热情况,做到实时报警和传输故障信息。新增功能使接触网设备上的部分隐蔽缺陷得以被发现,大大降低了这些缺陷和隐患所可能带来的潜在风险,提高了接触网设备的可靠性。

3.规范集中修缺陷处理机制,寻找共性缺陷,制定整治方案

公司本着关口前移,重心下移的思想,为确保接触网集中修检修模式在上海地铁得以按要求顺利开展,公司根据设备缺陷对城轨交通运营的影响程度不同,对接触网集中修过程中发现的一些设备隐患进行系统分类,并结合分类拟定出不同的缺陷处理机制。组织员工对缺陷分类、处理机制进行认真学习,

作业过程中严格执行,做到缺陷不遗漏,处理不拖延。

通过各类缺陷的排查和分析,公司发现接触网诸多缺陷存在共性问题,根据严重程度、涉及范围等客观因素,依次进行问题分析和制定详尽的解决方案,并按计划进行统一整治处理。

(八)研发集中修配套的新型装备,提升检修作业的效率,实现作业过程的信息管理

在实施接触网集中修作业中,研发应用了一批智能化的维修和检测装备,如:弓网监测设备、手推式检测小车、作业记录仪、360 度视频探测装置、高空巡检仪等,通过这些新型作业装备的现场应用,提高了检修作业的效率,实现了作业过程的信息化动态管理,有效地扫除了检修中的盲点,实现维修作业过程的数据、信息的可视化,提升维修作业数据的平台管理水平。

1. 手推式接触网数据测量装置(图 9)

针对接触网定位点多,导高、拉出值测量工作量大的现状,公司联合设备供应商,共同开发了轨旁扫描检测装置,通过激光雷达、计算机视觉技术,利用手推式接触网数据测量装置的高效测量方式,实时跟踪记录接触线的高度、拉出值变化,检测发现异常情况后及时报警,具有检测数据全覆盖、检测效率高、精度准等特点。

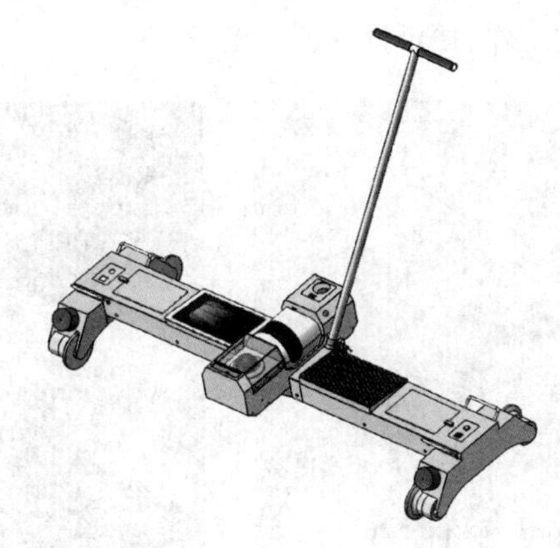

图 9　手推式接触网数据测量装置使用情况

2. 弓网在线监控装置(图 10)

弓网在线监测装置是安装在运营地铁车辆上,可以做到实时地监控弓网关系、燃弧、触网设备温度变化等状态。同时对于超限的指标及时预警,实现地铁弓网状态的全覆盖、全天候地动态监控。

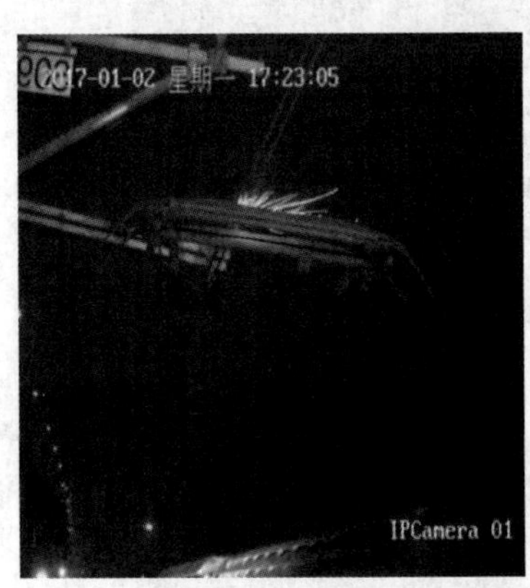

图 10　弓网在线监控装置使用情况

3. 记录仪(图 11)

在检修作业中,配置实时记录仪,安装在作业人员安全帽上,对整个作业过程进行记录,便于事后分

析、规范作业流程;对设备的安装情况也可以进行查看。

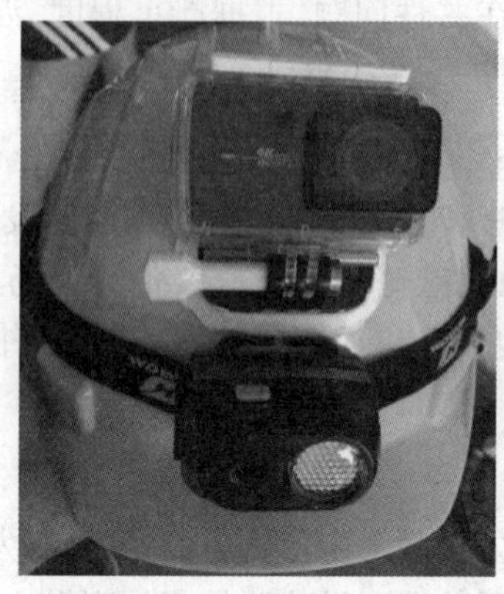
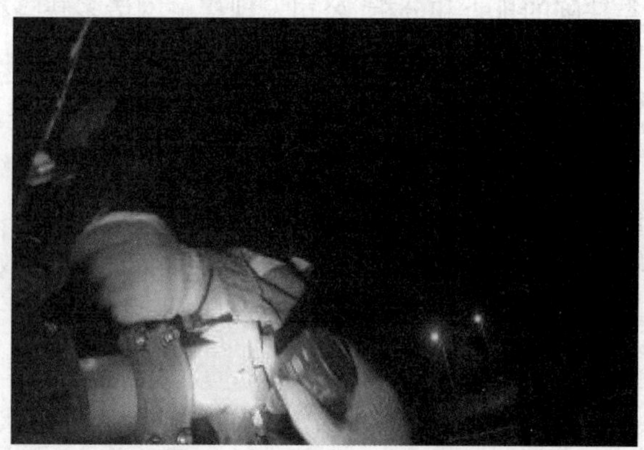

图11　实时记录仪的照片

4. 标记膏(图12)

对螺栓紧固后使用标记膏对紧固件划线标记,便于后期的检查;为全面开展的生产计划中螺栓的紧固做好前期的工作,便于提高检修效率。

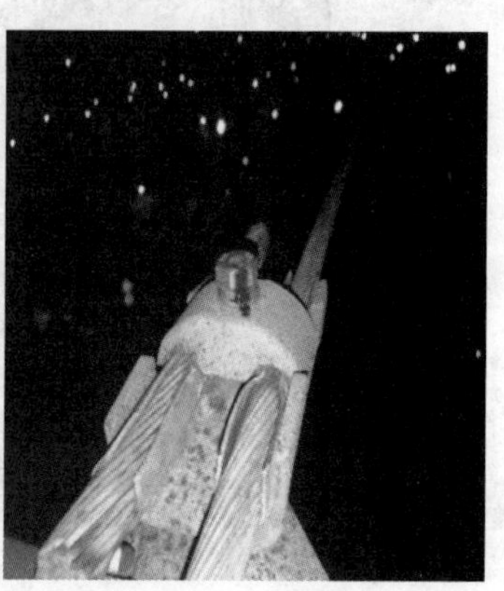

图12　标记膏的使用情况

5. 内窥镜(图13)

针对内置式下锚等不便于检修的盲点,采用了内窥镜检测设备,为集中修作业人员扫除检修盲点。

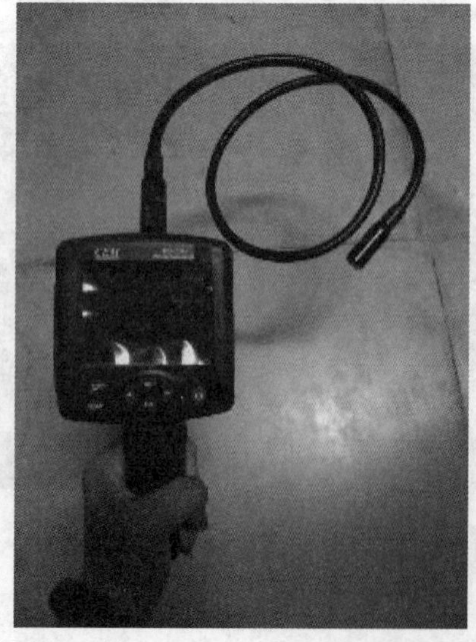
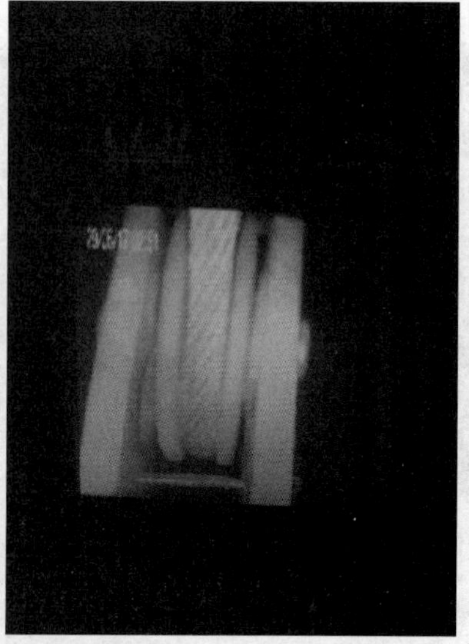

图13　内窥镜使用情况

6.高空巡检仪(图 14)

用巡检仪查看支柱上部地线及跳线本体各连接部件状态,是否有螺母缺失的情况,线路外侧的电连接线、联络电缆及线夹是否有断股、散股、锈蚀、未加绝缘护套等情况的设备进行查看,不留死角。

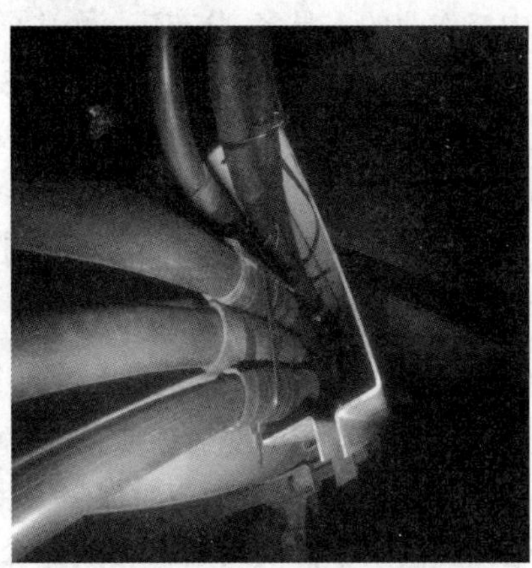

图 14 高空巡检仪的使用情况

四、实施效果

(一)接触网设备状态有序可控,地铁运行质量得以保障

夏冬两季一直以来是触网设备故障高发的季节。通过集中修的检查,对设备缺陷统计及消缺,消除了直接影响运营的缺陷隐患,集中解决了设备上存在的共性问题,彻底排查了接触网"松、脱、卡、磨、断、裂、锈"等一系列问题。并通过检查对各线路设备进行了整体的评估,为来年的专项整改及补短板项目提供了依据。通过 2016—2019 年的故障统计情况(图 15),接触网引起的运营质量事件的事故明显降低(15 分钟晚点和 5 分钟晚点)。

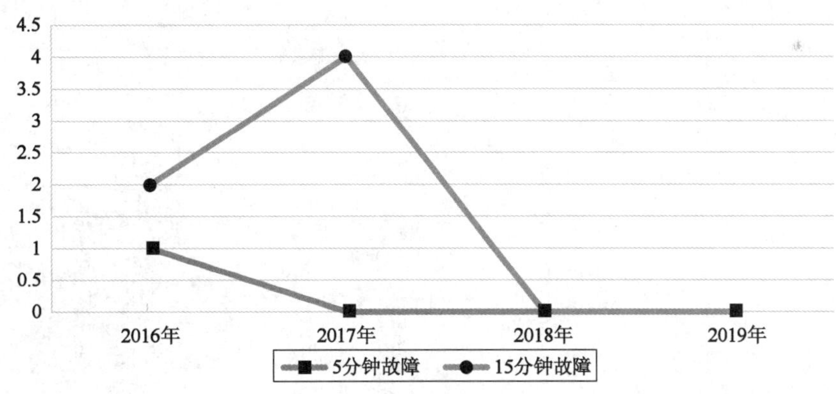

图 15 5 分钟、15 分钟晚点运营事故趋势图

(二)充分利用施工资源,维护成本得到有效控制

随着集中修作业的开展,单个作业区域内检修人员投入增加,各线路供电设备停电和操作次数减少,提高了使用寿命。以柔性隧道段为例,部件修模式下一个供电臂内触网设备检修需要停电次数约为 10 次,集中修模式下需要停电次数约为 6 次,节省 40%。虽然集中修单车梯人数有所增加,主修手从 2 人增加到 3 人,但由于集中修对主修手的分工更加得当,时间分配更加合理,集中修单车梯组所完成的工作量可达到原有工作量的 135%。

集中修作业是集中作业人员、材料和施工机具对接触网设备进行的全面检查、维护,原先采用普通计划修进行维修需反复多次进入一个区间,需要浪费较多的在前期准备和区间通行时间,而通过集中修作业对设备检修时,仅需要单个点同时多组人进入区间,通过实际验证,完成同等工作量集中修作业可节约15%的人工成本。

(三)充分锻炼检修团队,打造技术过硬的铁军团队

本次参与集中修作业的人员多,分布广,涵盖了公司所有接触网检修部门及委外单位。由于检修人员实际检修能力不同,且管辖设备存在一定差异,在集中修开展前,公司统一进行了集中修作业前培训。参与集中修的员工,通过全程参与、共同作业、深入交流,系统掌握了集中修作业组织、计划编制、质量标准、安全控制等关键环节工作要求,逐步树立了标准化作业的检修规范,个人技能水平得到提高。通过将集中修作业与实操训练有机融合,既完成了日常的生产任务,又提升了培训效率及质量,为上海地铁打造了一批技术过硬的检修队伍。

五、结语

城市轨道交通可以改善城市的交通环境,提高居民的生活水平,对于经济的建设与社会的发展都有非常重要的作用,城市轨道交通安全运行对保障人民群众生命财产安全、维护社会安全稳定具有重要意义。城市轨道交通接触网集中修模式是解决线路公里数增长和设备检修之间矛盾的一种新型检修模式,将成为今后城市轨道交通接触网检修的方向及趋势。通过对现有检修模式的调整优化,改革生产机构,发挥管理人员、作业人员、材料机具的集中优势,强化了作业组织,充分有效地发挥了作业人员的工时效率,及时消除了线路上存在的设备隐患。在提高了接触网设备可靠性的同时,也很好地保证了全市每日千万人次出行的安全、舒适和便捷。上海地铁将一如既往地自觉践行"人民城市人民建,人民城市为人民"重要理念,为上海超大规模轨道交通网络的安全运营保驾护航。

基于 BIM +3DGIS 管理平台的服务区域建设管理

河北省高速公路延崇筹建处
贵州桥梁建设集团有限责任公司延崇高速河北段 FJ9 合同项目经理部

成果主要创造人:王非洲　张　欣
成果参与创造人:张志刚　韩新文　苏继刚　李　振　杜涵林　何　勇
刘志忠　许致芳　张鹏阳　暴一铭

河北省高速公路延崇筹建处(简称"筹建处")于 2017 年组建,主要负责北京 2022 年冬奥会重要交通保障主通道项目的延庆至崇礼高速公路的建设、运行、养护和管理,下设冬奥办、计划科、沿线设施科、财务科、安全科、办公室、信息中心、收费科、人事科、工程养护科、崇礼分部和党办室 12 个科室,地处张家口市怀来县,人员 200 余人。

筹建处负责的延庆至崇礼高速公路全长 112.8 公里,其中:主线工程起自张家口市怀来县金家口村东的京冀界,与延崇高速公路北京段顺接终于崇礼区棋盘梁村北的太子城互通,路线长约 81.2 公里;延伸线路起自棋盘梁村北的太子城互通与主线路顺接,终于崇礼区白旗乡南与张承高速公路相接,路线长约 16.2 公里;赤城支线起自主线韩庄枢纽互通,终于赤城县城西南,与国道 G239 顺接,路线长约 15.4 公里。目前主线和支线均已开通;怀来北收费站、大海陀收费站、赤城南收费站、太子城收费站已在收费科的管理下投入运营;大海陀工区和赤城南工区已开启高速公路的养护工作;怀来北和赤城隧道所信息中心设施已经完善。

贵州桥梁建设集团有限责任公司(简称"贵州桥梁")成立于 1959 年 11 月,注册资本 25 亿元,总资产 400 余亿元,年生产能力达 150 亿元以上。贵州桥梁是贵州省首家拥有国家公路工程施工总承包特级资质的大型国有企业,同时具有建筑工程施工总承包一级,公路路基、桥梁、隧道、路面、交通、机电专业承包一级,市政公用工程施工总承包二级以及地质灾害施工甲级等资质。业务范围覆盖交通建管养全产业链,兼营大型土建、建筑幕墙、地质灾害治理等工程以及试验检测,同时涉足市政建设、房地产、物业管理、汽车检测、酒店经营、物资贸易、酿酒业等领域。

贵州桥梁人先后参与修建了 155 条高速公路,代表工程有松柏山大桥、回龙大桥、江界河大桥、丫髻沙大桥、新光大桥、坝陵河大桥、雪峰山隧道、贵惠高速公路、平塘特大桥以及延崇高速公路等,在世界前 100 名高桥中,有 17 座为贵州桥梁造,为解决峡谷桥梁、大跨径钢结构桥梁和深水基础等行业技术难题贡献了贵州桥梁智慧和贵州桥梁方案。贵州桥梁先后荣获中国建筑工程最高奖鲁班奖 2 项、中国土木工程詹天佑奖 3 项、李春奖 2 项、中国市政工程金杯奖 2 项、中国钢结构金奖 1 项和贵州省黄果树杯优质施工工程奖 13 项。

一、实施背景

位于延崇高速公路尾端的太子城服务区是服务于北京 2022 年冬奥会的奥运工程,深受河北省委和省政府的重视,省领导不仅多次就项目的设计方案提出建设性意见,还对施工质量和安全作出重要指示,要把该项目打造成闻名全球的品质工程。

在建筑市场竞争日益激烈的环境下,承建该项目的桥梁集团为了更好地可持续发展和发挥竞争优势,提升企业的管理水平和核心竞争能力,提出了不断地进行技术创新与管理创新的理念,加强施工过程中的信息化管理,从而引进了建筑信息模型(BIM)技术,结合传统管理方法,这样大大提高公司精细化管理水平及协同效率。以河北太子城项目为载体,加快推进 BIM 建设,通过 BIM 技术实现价值创造,实现 BIM 技术在施工领域的全面应用。同时,深化 BIM 技术在工程管理上的综合应用,提高项目管理效益,促进桥梁集团发展向数字化、智能化转型。以信息化建设为基础,逐步提升管理智能化水平,大力提升"产品"附加值,丰富高质量发展内涵。逐步推进 BIM 技术及信息化管理技术在施工中的应用。为确保本项目创"安济杯"争"国优奖",本项目采用 BIM + 3DGIS 管理平台应用贯穿整个施工阶段,对施工现场安全、质量进行精细化管理,及时反馈异常数据,做到快速响应,确保施工质量,提高项目部管理水平和工作效率,为项目决策和创优打下坚实基础。

(一)河北段太子城服务区项目概况

延崇高速公路河北段太子城服务区位于张家口市崇礼区,占地面积约 140567 平方米,总建筑面积 15000 平方米,包括综合服务楼、汽车旅馆、露营房、隧道管理中心、宿办楼、观景台及其他附属工程。服务区共有车位 140 个,其中小型车位 124 个、大型车位 16 个,总投资约 1.3 亿元,建成后将是我国首个线外开放式智慧服务区,该工程于 2020 年 7 月正式开工建设,计划 2021 年 6 月底完工交付使用,完工后将为广大驾乘人员提供加油、加氢和充电能源补给,并为北京 2022 年冬奥会期间提供应急救援与备选保障。

(二)河北段太子城服务区项目地理及环境分析

施工现场周均为高边坡,建筑与场地形成北高南低、西高东低,可利用的施工作业面有限。河北省地处中国东部沿海,所属气候属于温带大陆性季风气候,四季分明。全年平均气温介于 -0.5℃至 14.2℃之间,年极端最高气温多出现在 6 月、7 月。长城是河北省气温分布的重要界限,长城以北地区年平均气温低于 10℃,长城以南高于 10℃,中南部地区年平均气温在 12℃以上。河北省热源充沛,年日照时数在 2355 ~ 3062 小时,坝上及北部山区和渤海沿岸,是河北省稳定的多日照区。年无霜期 120 ~ 240 天,年均降水量 300 ~ 800 毫米,主要集中在 7、8 月。天气环境受限,全年施工阶段 4—11 月,整个施工过程处于赶工期。地处中纬度欧亚大陆东缘,属于暖温带大陆性季风气候。夏季、秋季气温变率小,冬季气温变化幅度最大。年气温和四季气温线性上升趋势显著,春季、冬季升温最明显,近 55 年气候变暖主要是春季和冬季气温升高造成的。年降水量和四季降水量不存在线性变化趋势。四季气温和年气温变化的周期性不明显,而降水量变化存在周期性。石家庄四季气温和年气温在 20 世纪 80 年代末和 90 年代初发生了明显的气候突变,而四季降水量和年降水量变化没有发生明显的气候突变。年总日照时数为 1916.4 ~ 2571.2 小时,其中春夏日照充足,秋冬日照偏少。

(三)BIM 与 GIS 技术分析

BIM 技术有其自身的特点。BIM 模型的三维数据集成方式,可以使建筑信息以模型形式呈现,所有数据联动处理。直观的 3D 可视化效果,相对于 2D 的平面地图,更容易展现管控信息。特别是有造型的太子城服务区工程,需要通过 BIM 模型了解结构的构造角度、建筑材料,以便于控制建筑结构的合理受力,保证建筑物稳定。BIM 模型具备碰撞检查的功能,碰撞检查可以发现构件之间的冲突,降低重复修改,工程返工以及成本超支的风险。BIM 关键节点施工模拟可以对太子城服务区工程施工过程进行模拟。由于太子城服务区建筑房屋较为密集,施工中多采用塔式起重机对多种建筑材料进行吊装,稍有失误,容易造成安全隐患。采用 BIM 技术,对施工组织设计中关键的节点,难于施工部分,通过 BIM 模型进行三维展示,在施工前召集业主、施工、设计等相关单位进行三维交底,明确施工步骤与分工,对于易出现问题的节点加以着重说明,设置施工预案,从而保证施工的顺利进行。BIM 的三维数据可以提供各个结构的几何信息,高精度的可算性使得 BIM 模型为服务区的工程量高速直接运算提供可能。

GIS技术有其自身的特点。GIS技术作为重要的空间信息系统,可以集成地图视觉效果与地理信息的分析,对地理分布数据进行一系列的数字化统计管理和处理。在空间管理上已发展成熟,可以进行建设工程的统筹管控。关键的节点,难于施工部分,通过BIM模型进行三维展果,补充服务区的地质分析、淹没分析、日照分析等建筑物外部空间分析。GIS目前标准化和数字化程度高,比较成熟,可以进行图形数据的输入和输出,便于进行社会经济、自然资源环境等要素间的相关性分析。因此,GIS可以辅助BIM模型搭建周边地理环境的大场景,提高BIM模型的建筑性能信息完备性。

二、成果内涵和主要做法

(一)成果内涵

BIM+3DGIS的技术结合有其优势。BIM技术在地理位置精确、空间地理信息分析和构筑物周边环境整体展示上,都有很大的缺陷。而3DGIS可以完成构筑物的地理位置定位和其空间分析,更能完善大场景展示,确保信息的完整性,使得浏览信息更全面。3DGIS对太子城服务区本身的模型精度不够,无法实现建筑单体内部的碰撞和工程量分析。而BIM模型是太子城服务区三维空间信息和建筑性能的集成,有助于服务区建点。因此,BIM与3DGIS均存在优势与不足,将BIM和3DGIS的进行优势互补,融合BIM技术和3DGIS技术进行太子城服务区建设。BIM主要用于建筑物内部信息的分析和管理,对后期运维和资产管理提供基本的模型和信息资料;3DGIS主要用于管理区域空间,分析空间地理信息数据。通过BIM+3DGIS模式,以服务器端满足管理者对工程的远程控制。

(二)BIM+3DGIS技术相结合的主要做法

1. BIM+3DGIS全专业信息搭建

太子城项目在施工准备阶段期间,根据图纸进行全专业BIM+3DGI模型创建。并在项目建设过程中逐步深化模型信息,为最后的竣工模型交付做准备。它可以使整个服务区项目可视化,可视化即“所见所得”的形式,对于建筑行业来说,可视化的真正运用在建筑业的作用是非常大的,例如经常拿到的施工图纸,只是各个构件的信息在图纸上的采用线条绘制表达,但是其真正的构造形式就需要建筑业参与人员去自行想象了。以BIM+3DGIS管理平台为基础的模型的建立,使抽象想象的东西实体化,建筑物建成之前实体化,不仅可以优化施工方案,还可以作技术交底,减少施工过程中出现的错误,提高施工效率,保证施工工期。

2. 基于BIM+3DGIS施工组织协调管理

这个方面是建筑业中的重点内容,不管是施工单位还是业主及设计单位,无不在做着协调及相配合的工作。一旦项目的实施过程中遇到了问题,就要将各有关人士组织起来开协调会,找各施工问题发生的原因,及解决办法,然后做出变更,做相应补救措施等以解决问题。BIM+3DGIS管理平台可以充分发挥自身的优势,模型建成之后就可以在施工之前,召集设计单位和施工单位进行方案探讨,简化优化设计方案,使各专业施工图更协调,避免或者减少由于设计施工图的原因造成的返工,对工程造成不必要的经济和工期损失。

BIM+3DGIS模型对协调施工现场也起着极为重要的作用,通过已完成的BIM+3DGIS模型更直观反映出的各楼栋的排布情况,制订出施工顺序,根据施工顺序合理安排施工场地平面布置,减少调整现场临水、临电、加工区、物料堆场等临时设施转移次数,反馈至现场管理人员,从而有效地提高施工现场平面动态管理水平,实现现场资源的合理利用,保证现场的安全文明。

3. 设计与施工模型共享

各个参与单位实行协同工作,确保资料互通,模型共用。实时动态进度管理。三维渲染动画,给人以真实感和直接的视觉冲击。建好的BIM+3DGIS模型可以作为二次渲染开发的模型基础,大大提高三维渲染效果的精度与效率,给业主更为直观的宣传介绍,提升中标率。参数化建模指的是通过参数而不是数字建立和分析模型,简单地改变模型中的参数值就能建立和分析新的模型。BIM+3DGIS中图元是以构件的形式出现,这些构件之间的不同,是通过参数的调整反映出来的,参数保存了图元作为数字化建筑构件的所有信息。信息完备性体现在 BIM +3DGIS 技术可对工程对象进行 3D 几何信息和拓扑关系的描述以及完整的工程信息描述。

4. 施工模拟

三维可视化功能再加上时间维度,可以进行虚拟施工。随时随地直观快速地将施工计划与实际进展进行对比,同时进行有效协同,施工方、监理方,甚至非工程行业出身的业主领导都可对工程项目的各种问题和情况了如指掌。这样通过 BIM 技术结合施工方案、施工模拟和现场视频监测,大大减少建筑质量问题、安全问题,减少返工和整改。

施工模拟并不是只能模拟设计出的建筑物模型,BIM +3DGIS 模型还可以模拟不能够在真实世界中进行操作的事物。基于精细施工 BIM +3DGIS 模型的 4D 施工模拟,能够直观展示重点建设工程的施工流程,从而辅助该类工程的进度管理与控制。施工模拟还能对整个建筑周期做优化,事实上整个设计、施工、运营的过程就是一个不断优化的过程,当然优化和 BIM +3DGIS 也不存在实质性的必然联系,但在 BIM +3DGIS 的基础上可以做更好的优化。基于 BIM +3DGIS 技术可进行从设计到施工再到运营,贯穿了工程项目的全生命周期的一体化管理。BIM +3DGIS 的技术核心是一个由计算机三维模型所形成的数据库,不仅包含了建筑的设计信息,而且可以容纳从设计到建成使用,甚至是使用周期终结的全过程信息。本项目智慧工地平台集成了视频监控、塔式起重机监测系统、环境监测系统、劳务管理系统、安全管理系统、质量管理系统等,通过智慧工地平台实施,最终打造平安工地、优质工地、数字工地以及绿色工地。

BIM +3DGIS 技术还可以结合智慧工地平台,借助此平台加强项目部各部门联系,更清晰地落实施工安全、质量责任人,通过汇总的大量数据提前安排工作。

将智慧工地平台(图 1)和 BIM 技术的结合应用,使项目的进展进行了共享,信息实时更新打破了传统的项目管理模式,解决了项目信息不能及时共享的问题,各个部门配合高效地完成各部门工作内容。

图 1 智慧工地平台

5. 安全、质量与生产管理

将生产任务与模型挂接,将进度任务指定到人、责任落实到人,实现进度精细化管理,避免施工任务不清晰、生产管理混乱等现象发生。结合"三管三控一协调",做到"事前控制、事中控制、事后控制"。通过已完成的 BIM +3DGIS 模型更直观反映出的各楼栋的排布情况,制订出 2 号楼 ~6 号楼→中庭→联楼由外而内的施工顺序,根据施工顺序合理安排施工场地平面布置,减少调整现场临水、临电、加工区、物料堆场等临时设施转移次数,反馈至现场管理人员,从而有效地提高施工现场平面动态管理水平,实现现场资源的合理利用,保证现场的生产。项目管理人员还可以依据 BIM +3DGIS 模型排查出需要防护的临边和洞口,根据安全规范要求针对制订防护方案,由安全科负责防护方案落实,通过 BIM +3DGIS 模型提取各防护类型的工程量,做好防护材料使用计划,保障防护和安全台账的及时性。例如,BIM +3DGIS 模型可以直观分析出高大模板的区域,模型结合第三方软件编制相应支撑方案并验算,对制订相关的高大模板方案提供可视性(图 2)的交底,提高方案的可理解程度,便于现场的管控。截至 2020 年,太子城服务区未出现任何安全问题,保障了施工人员的生命安全,无形中给项目部带来了极大的经济效益。

图 2　高支模区效果图

太子城服务区是北京 2022 年冬奥会服务工程,深受河北省政府的高度重视,省领导亲自对设计方案提出指导性意见,在 2020 年 7 月 1 日才正式复工,结合当地恶劣的气候条件,有效的施工工期仅有 6 个月,工期紧任务重压力大。BIM +3DGIS 技术相结合的管理平台极大地解决了赶工期的过程中保证工程质量的问题。利用 BIM +3DGIS 模型进行三维可视化技术交底,三维可视化技术交底主要用于样板工程可视化、复杂机电管线碰撞检查的可视化、幕墙施工工艺可视化,为施工现场技术问题提供有力保障,做到方案先行,从而充分体现施工过程工序交接、施工定位、施工关键点等问题,逼真地演示施工方案的动态过程,施工方案三维可视化技术交底对于施工单位提高工程质量和保障施工安全及工期方面起到了重要作用。例如,屋面工程各个工序使用 BIM +3DGIS 模型首件制模拟施工交底,不仅提高排砖效率,优化屋面构件的布设使其更加直观清晰,既保障了外观质量,又杜绝质量通病的发生(图 3)。

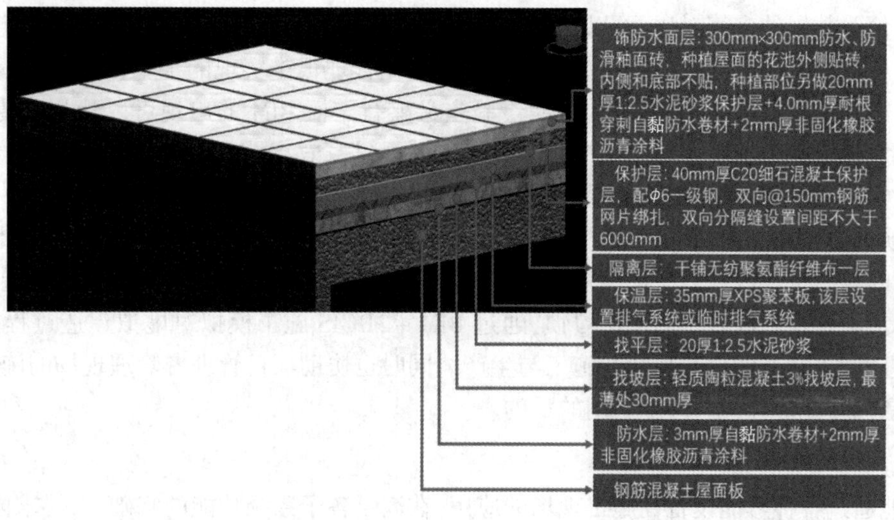

图 3　屋面细部做法

通过 BIM +3DGIS 管理平台,对项目过程进行生产管理,对施工现场安全、质量进行精细化管理;BIM +3DGIS 管理平台有效地进行数据统一汇总,及时反馈异常数据,做到快速响应,确保施工质量。BIM 数据库中的数据具有可量化的特点,大量工程相关的信息可以为工程提供数据后台的巨大支撑。BIM 中的项目基础数据可以在各管理部门进行协同和共享,工程量信息可以根据时空维度、构件类型等进行汇总、拆分、对比分析等,保证工程基础数据及时、准确地提供,为决策者制订工程造价项目群管理、进度款管理、安全与质量管理等方面的决策提供依据。将 BIM +3DGIS 模型轻量化展示,进度与模型关联,形成 3D 作战地图进行进度查看,系统自动生产周报作为生产例会使用,通过生产管理系统对项目进行进度管控。施工现场人员利用手机 App 和移动端在 BIM +3DGIS 项目管理平台下的生产管理系统进行人、材、机数据填报,与传统的生产例会相比大大节约了工作时间(图 4)。

计划名称: 2019.11.28~12.04　设置　周期: 2019/11/28 - 2019/12/04　编辑　表头设置　展示人材机　仅自己　生成报表　打印　按部位展示　按责任单位展示

序号	名称	偏差天数	前置任务	计划工期	计划开始	计划完成	创建人	责任人	参与人	分包单位	实际工期	实际开始	实际完成
1	-1F~1F-土建-5、6#楼过街												
2	过街楼负一层砌体搭设完成80%	0		7	2019-11-28 上午	2019-12-04 下午	×××	×××	××	四川展祥建筑劳务有限公司	6.5	2019-11-28 下午	2019-12-04 下午
3	2#-土建-第15层-F15												
4	梁板模板铺设完成	0		2	2019-11-28 上午	2019-11-29 下午	×××	×××		贵州文平渝黔建筑工程劳务有限公司	2	2019-11-28 上午	2019-11-29 下午
5	梁板钢筋绑扎完成	1		4	2019-11-29 上午	2019-12-02 下午	×××	×××		贵州文平渝黔建筑工程劳务有限公司	6	2019-11-29 上午	2019-12-03 下午
6	混凝土浇筑完成	1		1	2019-12-03 上午	2019-12-03 下午	×××	×××		贵州文平渝黔建筑工程劳务有限公司	1	2019-12-04 上午	2019-12-04 下午
7	满堂脚手架搭设验收完成			2	2019-12-01 上午	2019-12-02 下午	×××	×××		贵州文平渝黔建筑工程劳务有限公司			
8	2#-土建-第16层-F16												
9	测量放线施工完成			1	2019-12-04 上午	2019-12-04 下午	×××	×××		贵州文平渝黔建筑工程劳务有限公司			
10	3#-土建-F14-F14												
11	主楼61.35层柱墙模板安装加固完成100%	0		3	2019-11-28 上午	2019-11-30 下午	×××	×××			3	2019-11-28 上午	2019-11-30 下午
12	主楼61.35层梁板钢筋绑扎验收完成100%	-0.5		4	2019-11-29 上午	2019-12-02 下午	×××	×××			3.5	2019-11-29 上午	2019-12-02 上午
13	主楼61.35层柱墙梁板混凝土浇筑完成100%	0		1.5	2019-12-02 下午	2019-12-03 下午	×××	×××			1.5	2019-12-02 下午	2019-12-03 下午
14	主楼65.15层测量放线完成100%	0		1	2019-12-03 下午	2019-12-04 上午	×××	×××			1	2019-12-03 下午	2019-12-04 上午

图 4　BIM +3DGIS 模型任务关联

6. 项目资料及成本管理

本项目通过 BIM +3DGIS 管理平台对项目图纸变更资料进行管理,实现各部门协同办公;直接上传需报审的模型及方案进行线上报审流程,显著提高工作效率。BIM 数据库的创建,通过建立 5D 关联数据库,可以准确快速计算工程量,提升施工预算的精度与效率。由于 BIM 数据库的数据粒度达到构件级,可以快速提供支撑项目各条线管理所需的数据信息,有效提升施工管理效率。BIM 技术能自动计算工程实物量,这个属于较传统的算量软件的功能,在国内此项应用案例非常多。管理的支撑是数据,项目管理的基础就是工程基础数据的管理,及时、准确地获取相关工程数据就是项目管理的核心竞争力。BIM 数据库可以实现任意时点上工程基础信息的快速获取,通过合同、计划与实际施工的消耗量、分项单价、分项合价等数据的多算对比,可以有效了解项目运营盈亏,消耗量有无超标,进货分包单价有无失控等,实现对项目成本风险的有效管控。施工企业精细化管理很难实现的根本原因在于海量的工程数据,无法快速准确获取以支持资源计划,致使经验主义盛行。而 BIM 的出现可以让相关管理快速准确地获得工程基础数据,为施工企业制定精确人材机计划提供有效支撑,大大减少了资源、物流和仓储环节的浪费,为实现限额领料、消耗控制提供技术支撑。

太子城项目通过施工模拟视频(图 5)展示预先演示施工现场的现有条件、施工顺序、重点工艺以及难点,并与时间与施工进度计划所使用资源、设备、人力、产品关联起来,自动产生虚拟建造流程,面向对象所见即所得,更符合人性直觉的使用习惯,通过 BIM +3DGIS 施工模拟对虚拟建造过程的分析,合理的调整施工进度,更精准的控制现场的施工与生产。同时也协助项目管理者管理现场的施工进度控制、施工质量控制,达到节约成本、减少工期的目的。

7. BIM +3DGIS 与智慧工地应用

智慧工地通过各种智能设备在施工现场的应用,在满足各子系统功能的基础上,寻求内部各子系统之间、与外部其他智能化系统之间的完美结合;对施工现场进行劳务人员、生产管理、质量安全管理、

BIM +3DGIS 模型管理。项目通过 BIM +3DGIS 与智慧工地先进信息化技术的综合应用,实现施工现场关键要素的实时、全面、重点的监督和管理,提高了项目交互的明确性、效率灵活性和响应速度。

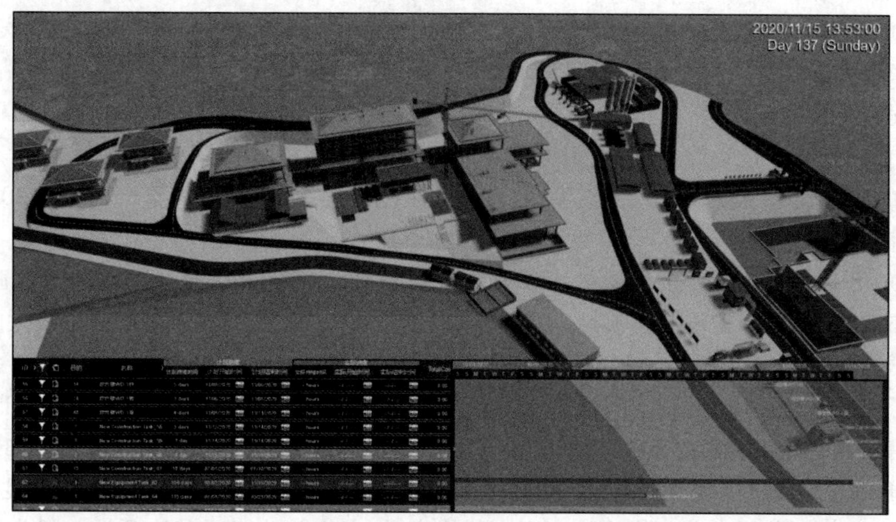

图5 施工模拟

8. 施工图审查

施工图审查流程,首先将二维施工图纸基于 Revit 进行 BIM +3DGIS 模型创建和各专业审查,其次通过建立的 BIM +3DGIS 模型发现施工图纸问题,并提出设计变更,最后设计签字确认并出图。

9. 碰撞检查

通过 BIM +3DGIS 模型对施工阶段的构件和管线、建筑与结构、结构与管线等等进行碰撞检查、施工模拟等优化,对施工中机械位置、物料摆放进行合理规划,在施工前尽早地发现未来将会面对的问题及矛盾,寻找出施工中不合理的地方及时进行调整,或者商讨出最佳施工方案与解决办法,降低传统 2D 模式的错、漏、碰、缺等现象的出现。通过应用 BIM +3DGIS 技术进行碰撞检查,优化管线排布,降低设计疏漏,减少现场重复拆装,提高了建造效率。BIM 最直观的特点在于三维可视化,利用 BIM 的三维技术在前期可以进行碰撞检查,优化工程设计,减少在建筑施工阶段可能存在的错误损失和返工的可能性,而且优化净空和管线排布方案。最后施工人员可以利用碰撞优化后的三维管线方案,进行施工交底、施工模拟,提高施工质量,同时也提高了与业主沟通的能力。

10. 净高分析

净高分析是通过 BIM +3DGIS 模拟与建造,可以形象、直观、准确地表现出每个区域的净高,根据各区域净高要求及管线排布方案进行净高分析,提前发现不满足净高要求、功能和美观需求的部位,并和设计方进行沟通做出相应调整,避免后期设计变更,从而缩短工期、节约成本。

11. 孔洞预留

施工之前通过对机电和建筑专业的模型整合,进行预留孔洞的操作,对模型墙洞进行平、立、剖面尺寸标注和墙洞编号,通过 BIM +3DGIS 模型导出施工图;将所有墙洞图纸打印装册下发,提供到施工现场,指导施工现场墙洞预留,目的是利用可视化手段进行三维交底,指导现场施工,确保墙洞预留的准确性。

12. BIM +3DGIS 出图

BIM +3DGIS 技术将各专业模型进行整合,BIM +3DGIS 模型直接用于出图;如果还是靠二维的作图方式,工作效率很难有大的提高。BIM +3DGIS 三维出图其实就是 CAD 的 3D 版而已,但其中应用价值完全不一样,BIM +3DGIS 三维出图所带来的好处不仅仅体现在画图上,更主要是对三维空间的一个分析,通过三维可视化直观地反映问题,可快速的优化及修改,提高了整个施工效率。

三、实施成果

BIM+3DGIS技术相结合在太子城服务区工程施工中取得显著成果,对工程的质量、安全、工期、经济等方面带来极大的收益。在工程赶工期间未发生一件质量通病事件,得到监理和质监站的充分认定和好评。工程施工期间未发生一起安全事故,既保证了工人的生命安全,又激发了工人施工的积极性。BIM+3DGIS技术相结合指导施工,使施工流程更加流畅,施工工序的衔接更加紧凑,在原本工期紧、任务重、压力大的施工任务中极大地节约了工期,使施工工期前提了2个月,为整个项目在2021年6月底竣工提供了有力保障。

BIM+3DGIS技术相结合使工程清单计算更加快速精确,人材机计划更加有效,大大减少了资源、物流和仓储环节的浪费,为实现限额领料、消耗控制提供技术支撑,给工程建设带来了极大的经济效益。

利用太子城服务区BIM模型,可以实现服务区建设的精细化施工管理。借助3DGIS系统,为服务区建设提供了空间地理环境分析、空间地理信息支持以及大场景印染环境。BIM与3DGIS的融合,是服务区建设信息化智能化的必要条件,3DGIS技术在服务区建设中的应用已经非常成熟,BIM技术尚在起步阶段。BIM+3DGIS平台需要加强标准化、协同化的操作。目前,BIM模型转换速度虽然已经优化,但是还有待提速。服务区BIM模型精度还有待提高,许多相关功能还有待开发。因此,提高服务区建设信息化程度,需要促进BIM+3DGIS的融合,最终提高服务区建设的施工安全质量和整个铁路线路的信息化管理水平。在模型标准通用性更好的将来,实现全面的BIM+3DGIS模型应用,以网络化和服务化的方式支持未来的服务区工程管理活动,是研究重点和方向。

公路工程安全防护设施构件创新

山西路桥智慧交通信息科技有限公司

成果主要创造人:白永胜 陶 锋

成果参与创造人:郭 鑫 赵海元 程晶晶 姚锐霞 郭 帅 陈 明 邵 梁 原帅康 熊晋华 王 敏

山西路桥建设集团有限公司(简称"山西路桥集团"),是山西省人民政府出资设立的国有独资公司,注册资本70亿元,资产总额831亿元,员工总数1.9万名。主要从事交通基础设施的投资、建设、施工和房地产开发,以及与之密切相关的上下游业务。在山西省委、省政府、省国资委、山西交通控股集团有限公司(简称"交控集团")的坚强领导下,山西路桥集团紧抓国家交通基础设施供给侧结构性改革的历史机遇,坚持新发展理念和高质量发展要求,高效推进"投资·建设·施工·融资"一体化经营、协同化发展,走出了一条现代交通企业做强做优的新路子。

山西路桥智慧交通信息科技有限公司(简称"智慧交通公司")于2018年12月14日正式成立,注册资金5000万元,是山西路桥集团全资子公司。以公路建筑信息模型(BIM)建模、无人机航测及数据处理、BIM平台建设、BIM应用培训、BIM咨询策划为主营业务,将BIM技术向设计、建设、施工、运维等公路全生命周期管理推广应用,建设具有路桥自主核心知识产权、达到国内先进水平的BIM平台,培养高素质的"BIM+"复合型管理人才队伍,从服务山西路桥集团以及山西交控集团的相关产业链开始,逐步拓展到全国公路行业BIM应用市场。

智慧交通公司成立一年来即已取得软件著作权8项,实用性型专利1项,正在申报中的实用新型专利7项,为做好知识产权管理与保护工作,公司组织申报了"知识产权管理体系认证",于2019年12月通过认证。

2019年7月,智慧交通公司与太原东二环高速公路项目联合参加中国图学学会与人力资源和社会保障部培训中心组织的"龙图杯"第八届BIM大赛,获得施工组三等奖。

2019年11月,智慧交通公司协助浙江322景宁段项目参加浙江省交通运输厅组织的全省BIM大赛,获得施工组铜奖。

太原二环高速公路凌井店至龙白段(东二环)项目是山西省高速公路网"三纵十二横十二环"规划中太原二环高速公路的重要组成部分。项目途经太原阳曲县、晋中寿阳县、榆次区2市3县27个自然村,全长33.199公里,概算总投资39.098亿元,建设工期3年,2020年建成通车。智慧交通公司持续深化品质工程、绿色公路示范关键工作,大力推进数字公路BIM的实践应用,全力打造东二环品质工程,打响山西路桥特色品牌。

山西路桥集团依托所属项目,扎实开展工程施工安全防护设施标准专题研究。经过所属投资建设的长临高速公路、阳蟒高速公路、东二环高速公路等项目实践论证,同时吸纳同行业先进技术经验基础上,形成了标准统一、材质统一、设施统一、可操作性与可行性强的《公路工程安全防护设施构件创新》。

山西路桥集团本着目标导向、问题导向和结果导向,对安全防护设施标准化实施过程中的突出和共性问题积极探讨,拓宽和完善思路,从适用范围、材料要求、配置要求、验收标准等方面结合施工现场实际,以图文形式编写《公路工程安全防护设施构件创新》,更加准确直观地体现安全防护设施的标准要求。该《公路工程安全防护设施构件创新》共分为上下两篇,上篇为《安全防护设施构件标准》,下篇为《施工现场防护设置标准》。

一、实施背景

(一)研究的必要性

"十三五"是交通基础设施转型发展和服务水平提高的黄金时期。我国进入加快建设交通强国的新时代,生产建设企业应牢固树立安全发展理念,深化平安交通建设,推动改革创新,健全安全体系,强化安全生产长远规划和顶层设计,着力破解安全生产领域存在的深层次问题和瓶颈制约,为加快建设交通强国提供坚实可靠的安全保障。

2016 年 12 月,《中共中央　国务院关于推进安全生产领域改革发展的意见》中提出:大力推进企业安全生产标准化建设,实现安全管理、操作行为、设备设施和作业环境的标准化。

2020 年 4 月国务院安全生产委员会印发的文件《全国安全生产专项整治三年行动计划》中要求:大力开展安全生产标准化规范建设,分行业领域明确 3 年建设任务,突出企业安全生产工作的日常化、显性化,建立自我约束、持续改进的内生机制,实现安全生产现场管理、操作行为、设备设施和作业环境的规范化。

从大力推进到大力开展,国家在不断强化要求。可以看出,标准化建设对于预防生产安全事故,夯实安全生产基础,提升企业安全生产管理水平,具有十分重要意义。

安全生产标准化建设是我们现阶段加强安全生产工作的一项基础工程、生命工程和效益工程。开展安全防护设施标准化建设,对于进一步加强安全生产规范化建设,预防生产安全事故,夯实安全生产基础,提升企业安全生产管理水平,促进安全生产形势稳定,建立自我约束、持续改进的安全生产长效机制,具有十分重要意义。

大力推进工程施工标准化建设,建立统一规范安全防护设施构件标准、设置标准,全面推进精细化管理和精品建造,持续深化标准化管理和技术创新,有力促进公路工程建设的管理水平。

(二)国内外研究概况

随着安全生产标准化工作全面深入推进,安全生产领域的一些基础性的、共性的、深层问题日益暴露。一是一些企业安全生产整体水平不高、工艺技术落后、安全生产设备设施薄弱、安全生产管理不力等问题没有根本解决。二是一些企业安全标准意识淡漠,不了解标准,或有标不循,"三违"现象突出。三是推进标准化工作的相关制度、配套政策措施有待进一步加强完善等。这些企业常见的问题严重阻碍了安全生产标准化工作的开展,致使不遵循安全标准的施工活动大量存在,生产安全事故常有发生。加强安全生产标准化建设是强化企业自控、行业监管,防范生产安全事故,促进企业安全生产形势稳定好转的重要举措。

2013 年,交通运输部工程质量监督局组织福建、湖南等地编写了《公路水运工程施工安全标准化指南》,充分吸收、总结各地区的成熟经验,图文并茂、形象生动地解析了施工安全标准化在基础管理、场地布设和施工防护等方面的具体要求。

2017 年 1 月,广东省交通运输厅组织广东省交通集团有限公司等单位,编写广东省高速公路工程施工安全标准化指南系列《公路工程施工安全防护设施技术指南》,主要突出安全防护设施的功能定位。

山西路桥集团致力创建品质工程、平安工地,在实践中打造具有科学性、前瞻性、创新性的公路建设品牌。坚持安全第一,夯实安全基础,把项目建成优良工程。近年来,山西路桥集团大力开展"平安工地"建设活动,成为山西交通基础设施投资建设施工的骨干和主力军。为了进一步规范路桥集团所属项目安全施工,促进项目安全管理的科学化、规范化,体现"安全第一、预防为主、综合治理"的方针,山西路桥集团积极开拓创新,在总结各地经验的基础上,提出了安全标准化的理念,并组织相关专业人员研究调研。在深入研究《公路水运工程施工安全标准化指南》的基础上,立足于责任与制度落实、风险辨识与评价、隐患预防与治理的思想,充分研究安全与效益、安全与环境、安全与发展之间的内在联系,构思《公路工程安全防护设施构件创新》整体编制工作。

二、成果内涵和主要做法

(一)主要研究内容

为深入贯彻党的十九大精神,认真落实党中央、国务院关于安全生产工作的决策部署,牢固树立安全发展理念,弘扬生命至上、安全第一的思想,坚守发展绝不能以牺牲安全为代价这条不可逾越的红线。山西路桥集团立足现实、着眼长远,深化"平安百年品质工程"建设,大力推进安全生产标准化建设,统一企业安全形象,统一设施标准,统一计量标准要求,规范设施管理权限,有力提升山西路桥集团工程建设管理水平。

依托山西路桥集团路桥公路建设项目,扎实开展工程施工安全防护设施标准专题研究,在安全可靠、经济适用的基础上,着力解决安全防护设施通用性、便利性和循环利用问题,实现通用、关键安全防护设施构件化、装配化、工厂化发展。

针对公路工程施工安全防护设施无统一的技术标准、设置要求、寿命周期等问题,研究其功能划分和分类方法,明确安全防护设施构件标准、现场防护设置标准,做到"安全设施构件化、安全设施标准化、安全设施系统化"。

山西路桥集团本着目标导向、问题导向和结果导向,对安全防护设施标准化实施过程中的突出和共性问题积极探讨,拓宽和完善思路,从适用范围、材料要求、配置要求、验收标准等方面结合施工现场实际,以图文形式编写《公路工程安全防护设施构件创新》,更加准确直观的体现安全防护设施的标准要求。该《公路工程安全防护设施构件创新》共分为上下两篇,上篇为《安全防护设施构件标准》,重点对安全防护设施构件依据标准、内容、形状、尺寸、颜色、材质、属性、周转等内容进行要求。下篇为《施工现场防护设置标准》,重点对路基、桥梁、隧道、路面等工程现场的防护要求、设施种类、设置要求、管理责任等内容进行规范。

1. 上篇《安全防护设施构件标准》

安全防护设施分类,主要参考《山西省公路工程安全生产费用管理办法》中的安全设施类别;将防护设施分为六大章节:安全防护设施(图1)、应急设施、作业人员安全防护用品、安全生产宣传教育培训、监控监测设施设备、其他安全专用设施设备(与安全费用类目相结合,方便对应入账计量)。

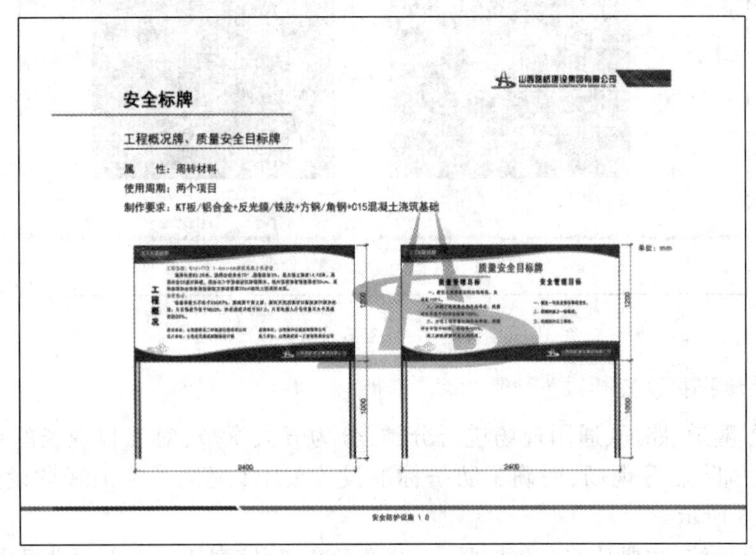

图1　安全防护设施——安全标牌设计标准

《安全防护设施构件标准》从依据标准、一般规定、技术要求、制作规范四个方面进行详细要求;依据标准,主要是现行的法律法规、行业技术规范等;一般规定,主要从设施的内容分类、用途等方面提出要求;技术要求,主要从设施的设置位置、固定方式、相关规定等方面进行规范;制作规范主要从形状、尺寸、颜色、材质、属性、周转等方面进行了要求(实现形象外观统一、质量标准统一,与集团VIS相结合统一,打造独具路桥文化的标准化)。安全通道设置标准如图2、图3所示。

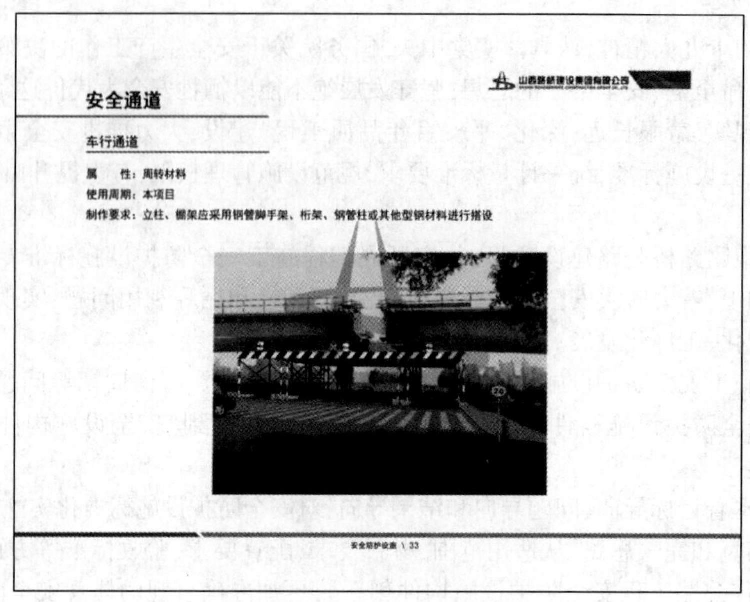

图2　安全通道——车行通道设置标准

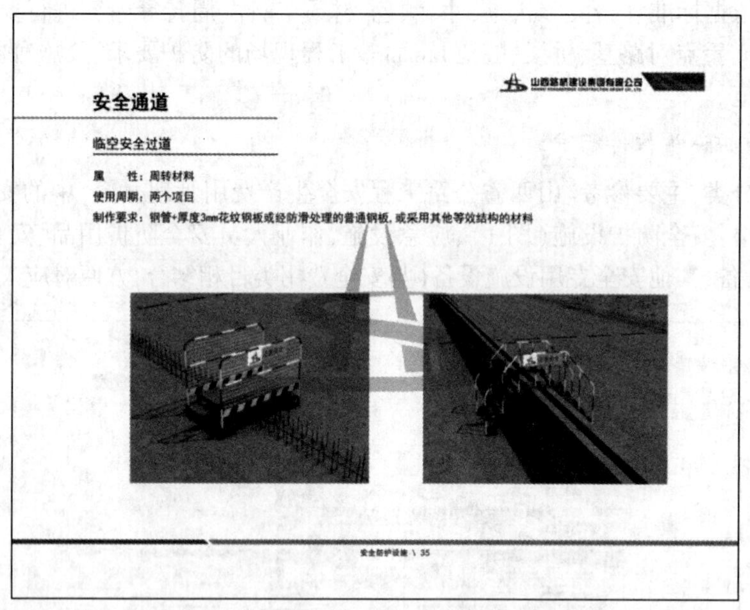

图3　安全通道——临空安全过道设置标准

2. 下篇《施工现场防护设置标准》

按照路基、桥梁、隧道、路面、通用现场进行分类,分为五大章节,对工程现场的重点部位、关键工序、薄弱环节、易发风险点等现场,明确了防护标准设置要求(规范了施工现场设置标准,安全防护全覆盖),如图4、图5所示。

施工现场的安全设施,主要从安全防护要求、设置标准、管控责任三个方面进行要求。防护要求,主要指对人、机、料、法、环等生产要素的安全管理规定。设置标准,主要指上篇中的安全防护设施构件在施工现场的布设位置要求。(解决乱摆乱放、防护失效等问题)管控责任,主要是明确安全防护设施从采购、发放、安装、维护、周转等环节的责任部门及责任人(明确每道工序施工现场,安全设施管控责任人)。

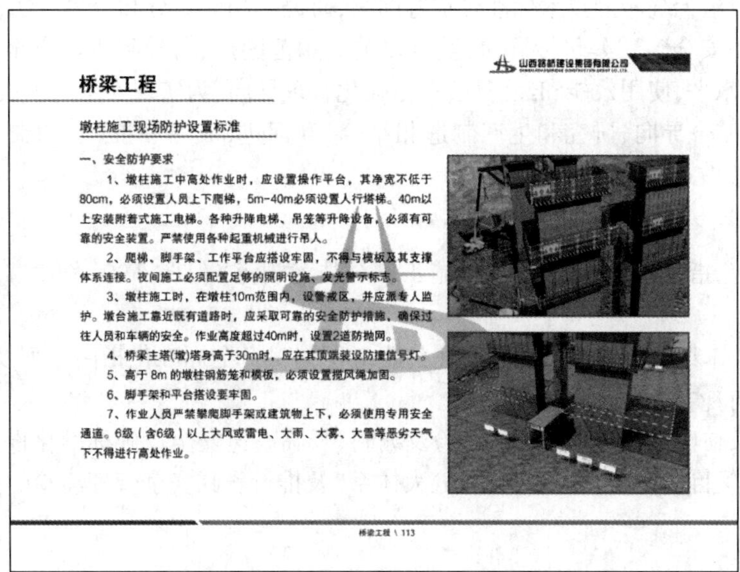

图4　桥梁工程——墩柱施工现场防护设置标准

图5　桥梁工程——桥面安全防护

3. 安全防护设施属性、使用周期要求

2020年5月，交通运输部下发《公路工程建设项目安全生产费用清单计量规范(征求意见稿)》，提出按照资产的使用年限每年或每次分摊购置成本。规范中特指安全生产费用计量过程中，对能周转使用的安全生产材料、机械、设备、设施等，按照其购置成本和使用时间计算出的单位时间平均费用。

周转使用的安全生产材料、机械、设备、设施等，按照其摊销年限和在项目中的实际使用时间计算摊销费用。无法核实其摊销年限的，可按照国家规定的最低折旧年限计算摊销年限；无法核实其原值的，可采用市场询价方式按照市场平均租赁价格计算摊销费用。达到规范项目安全生产费用计量行为，提升安全生产费用管理水平，促进市场环境下的投资控制与造价行为标准化、规范化。

(二)创新点及主要依据标准

1. 创新点

坚持以人为本，以构建新时代公路工程施工安全防护体系、降低施工安全风险、预防和减少生产安全事故为目标，注重四个导向：一是问题导向，通过广泛调研安全防护设施的制造、使用情况，针对公路工程施工安全防护设施无统一的技术标准要求等问题,研究其功能划分和分类方法,明确其通用技术要求,防止"安全设施不安全";二是目标导向,重点攻关应用范围广、易导致生产安全事故的安全防护设施,着力提升其安全水平、使用效能和经济性;三是强化管理导向,为实现安全防护设施的全过程管理提供参考;四是产研用结合导向,研究和生产制造相结合、互促进,成熟一批(套),制造、试用、推广一批(套),及时反馈,持续改进。

2. 主要依据标准

①国家相关规范、指南,例如,《公路工程施工安全技术规范》(JTG F90—2015)、《公路水运工程施工安全标准化指南》。

②同行业先进技术经验,例如,广东省高速公路工程施工安全标准化指南系列及《公路工程施工安全防护设施技术指南》。

③路桥集团在长临项目安全生产管理经验及编制《长临高速安全设施标准化设计图》实践经验,以及在阳蟒、东二环等项目构建安全生产管理"五大体系"及推行长临安全管理经验的积累提升经验。

三、实施效果

(一)研究进度完成情况

①2020 年 4 月 1 日—2020 年 4 月 30 日:调研需求,确定研发方案,组建了项目研发团队,确定研发任务。

②2020 年 5 月 1 日—2020 年 6 月 30 日:进行数据收集,确定产品参数,初稿编制完成。

③2020 年 7 月 1 日—2020 年 8 月 20 日:对产品进行修订完善最终印刷发放。

④2020 年 8 月 27 日:山西路桥集团行文下发,要求所属单位全面贯彻执行,提升现场安全防护水平,全力推动具有路桥特色的安全标准化建设工作。

(二)应用前景

①安全设施标准化直达施工一线,是项目安全管理能力的直观反映,是工作好坏的窗口,推动安全设施标准化落实落地,可促进安全生产管理水平提升。

②安全设施标准化建设充分考虑了安全的各项要素,突出综合治理理念,注重了管理的科学性、规范性和系统性,促进资源的有效整合和安全管理体系的形成。

③安全设施标准化建设为施工现场各项控制指标予以设定,并细化为更具可操作的构件标准、设置要求,促进安全生产管理更加精细化。

④安全设施标准化涵盖施工各工序环节,改变传统安全管理的模糊定性认识,准确定量标准方法,促进项目安全管理步入现代化轨道。

(三)主要技术经济指标

《公路工程安全防护设施构件创新》编制旨在提高工程施工"本质安全"水平,降低施工风险,提升安全管理实效。

预计项目实现经济指标:统一安全防护设施构件标准,明确安全防护设施使用寿命及重复利用周期,保证安全生产费用有效投入,预计项目实施后可节约企业安全设施更新投入 40%。且《公路工程安全防护设施构件创新》与安全生产设施验收制进行结合,做到先安全设施验收、后施工、再计量,做到安全生产施工条件与工程实际进度同步、与质检资料同步、与工程计量同步,促进了标准化建设、规范化施工,确保施工安全。

《公路工程安全防护设施构件创新》充分吸收、总结以往项目的成熟经验,图文并茂、形象生动地解析了施工安全防护设施等方面的具体要求,具有较强的针对性。在安全可靠、经济适用的基础上,实现了安全防护设施通用性、便利性和循环利用,实现了通用、关键安全防护设施构件化、装配化、工厂化发展,提高了工程施工"本质安全"水平,降低了施工风险,提升了安全管理实效。

公路工程从业人员多，人员素质参差不齐，生产环节流动性大，安全风险管控难度大。据大量公路工程安全事故分析统计表明，施工现场的安全防护设施不规范、安全防护措施不到位，是导致事故发生的主要原因之一。《公路工程安全防护设施构件创新》为安全防护设施设备、生产作业环境等方面提供了统一标准，是一项长期的、基础性的系统工程，有利于全面促进企业安全生产保障水平的提高。

安全防护设施构件化配置与施工工序相结合，从标准、质量、外观实现统一规范，探索安全设施定额化，为安全生产费计量提供依据，使项目建设单位、监理单位、施工项目部及施工母体公司及其安全、工程、招采、资产等部门实现多层次、多部门共建、共享与管理，实现管理的系统化、规范化、精细化和全员化，从传统的低效率、高耗能的管理模式向高效能、集约化管理模式转变，提高工程施工"本质安全"管理水平。

以"移动 U 站"为载体提升出租汽车服务质量的创新实践

深圳鹏程电动集团有限公司

成果主要创造人:林锐斌　林文涛

成果参与创造人:邓坤贤　吴淑红　何竞东　郝晓丹　任寰宇　胡叶青　邱惠娴

深圳鹏程电动集团有限公司(简称"鹏程电动公司")成立于 2010 年 2 月,是全球首家规模化商业化运作的纯电动出租汽车企业,是国家新能源战略的先行者与推广者。截至 2019 年 12 月,鹏程电动公司拥有总资产 5.1 亿元,管辖员工约 4000 人,纯电动出租汽车规模为 2364 台。鹏程电动公司致力于打造全球最好的环保出租汽车品牌,全心全意为市民提供安全、便捷、环保、舒适的出行服务。"鹏电模式"市场化运作和"产业基地 + 智能互联"创新转型模式,吸引了各级领导和社会各界的高度关注。

鹏程电动公司一直以来充分发挥国企模范带头作用,先后多次出色完成世界大运会、国际植物学大会、"春运"等重要活动和节假日的运力保障任务,平均每次服务乘客近 20000 人次;积极响应行业"提升服务质量,重塑行业辉煌"号召,每年涌现好人好事达 2000 余次,其中受媒体报道达百余次。2002 年成立的"爱心车队"每年坚持开展雷锋月、爱心送考等志愿服务,累计组织爱心公益活动达 100 多场次,年度好人好事超过千次,累计帮助市民超过万人次。

随着企业规模扩大和品牌影响力的提升,绿色出行理念和爱心传承文化,受到了党和国家领导人以及国家有关部委、省(区、市)、市领导的高度肯定,也吸引了中央电视台、新华社、美联社、日本 NHK 电视台、瑞士电视台、凤凰卫视等主流媒体的高度关注,向世界展示我国新能源汽车发展与推广的杰出成果。同时,积极推动了国内各大城市全面推广新能源出租汽车,输出了管理经验。鹏程电动公司成为"广东省最佳自主品牌"及"深圳国资十大品牌"。

在此背景下,全面提升鹏程电动公司的品牌价值,提升顾客的认同度,提升驾驶员的归属感、责任感和获得感,打造以出租汽车为载体,树立"每一台车辆即为一个独立的经济体"的新经营观念,成为鹏程电动公司的创新动力。重塑每一辆出租汽车的形象和提升每一位驾驶员的素质,成为体系的重要支撑,"移动 U 站"项目因此而生。

一、实施背景

在鹏程电动公司"移动 U 站"成立之前,出租汽车行业和社会志愿服务的关联并不多,部分出租汽车公司虽然设立了爱心车队,但也仅仅限于在特定的节日进行爱心志愿活动,缺乏把志愿服务常态化、制度化的举措。因此,建立一支将爱心文化贯穿于日常工作中的志愿者服务团队,不仅标志着"U 站"大家庭里又增添了一个创新成果,也标志着它将共同参与到交通治理与城市文明水平建设、优化城市公共服务、促进社会基层治理创新等着眼于提升城市文化软实力的"志愿者之城"升级版的建设当中,意义深远:

1. 打造巡游出租汽车安全出行的新形象

市民对出行安全的保障一直是集中的关注焦点,"移动 U 站"主动亮身份,让市民安心选择,让市民享受到更贴心的服务,是鹏程电动公司一直致力实现的目标。以"移动 U 站"为平台,提高乘客对企业的认同度。

2. 重塑巡游出租汽车贴心服务的新形象

巡游出租汽车作为城市的名片，服务水平参差，容易引起乘客对品牌的认知和误解，以新形象、新标准定义的“移动U站”，对重塑行业形象将起到积极的作用。

3. 让移动的志愿服务行走在深圳的大街小巷

目前深圳市有超过350个志愿U站，遍布于深圳各个角落，近两年除了传统服务与城市街道与社区的U站以外，还增添了许多特色U站，如：健康主题U站、旅游U站、法律U站等。但所有传统U站基本都以岗亭式展现，在志愿服务辐射范围上受到地域限制，在一些应急活动上也欠缺及时性。“移动U站”的出现将首次以出租汽车为载体，将志愿服务的能量传递得更远、更广，让移动的志愿服务的品牌价值得到更大的提升。

4. 让志愿者服务的效能更高

以驾驶员服务团队联动的方式，可以减少信息失真的现象，避免志愿服务短缺或者浪费，并且形成一定的志愿服务组织规范，帮助社会甄别志愿服务组织。同时，建立规范的爱心服务管理，对行善的驾驶员予以保障与激励，可以培养驾驶员规范服务、安全驾驶、热心助力的良好习惯，让更多的驾驶员从志愿服务中升华思想，迸发更高的工作热情，达到工作愉快、收入提高、爱心传递的良性循环。

5. 让志愿者服务的影响更加深远

在“十三五”规划中，深圳巴士集团股份有限公司（简称“深圳巴士集团”）提出了“1+4”的发展战略，实现传统公交企业由劳动密集型向技术密集型、资源密集型转变，做大做强主业，致力为深圳市民提供优质贴心的公共交通服务。深圳巴士集团拥有志愿者持证员工2315人，开展公益活动服务人次达到2万多人次，这次鹏程电动公司“移动U站”的投入使用，正是深圳巴士集团的平安、绿色、智慧、文化、幸福五个发展理念的一次创新融合，标志着巴士集团乃至整个深圳交通行业的志愿服务上升到一个新的阶段，出租汽车行业志愿者们有了更灵活、更广泛、更贴合实际的志愿服务载体，真正做到“聚是一团火、散是满天星”。

鹏程电动公司“移动U站”的驾驶员们，在尽职尽责做好营运服务、志愿服务的同时，也肩负着“宣传深圳、展示深圳”的光荣职责，充分体现了深圳出租汽车人自觉担当、主动作为、践行志愿精神，弘扬社会正能量的精神风貌和奋发状态，清晰显现了深圳交通行业志愿者高度的社会责任感和中国特色社会主义新时代中的使命感。

鹏程电动公司“移动U站”的建设，将为深圳志愿服务品牌和深圳出租汽车品牌，添上亮丽的一笔，引领更多的志愿者参与“致力让城市出行变得更美好，让公共交通服务变得有色彩有温度”的工作中去。

二、主要做法

（一）实施阶段

1. 启动阶段

2017年初，鹏程电动公司与共青团深圳市委员会深入探讨特色U站的建设，并得到深圳市交通运输委员会和深圳市义工联合会等单位认可和支持。2017年3月，“移动U站”项目借助“学雷锋月”活动，参考城市志愿者服务站内容，挑选鹏程电动公司资深爱心车队成员作为代表，正式启动第一阶段，反响热烈。

“移动U站”外观设计图见图1。

2. 拓展阶段

2018年5月21日，“移动U站”项目以设计独特的车身标识、丰富多样的服务标准、温馨贴心的服务口号进入第二阶段，向全行业和社会公开展示。至2019年底，“移动U站”规模扩展至50个。一座座移动式的志愿服务站，将不再受地理位置限制，服务于城市的每个角落，帮助更多有需要的人群。

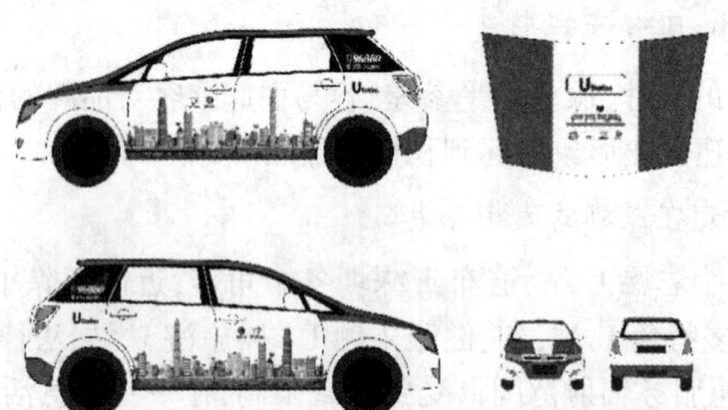

图1　鹏程电动城市志愿服务"移动U站"外观设计图

鹏程电动公司城市志愿服务"移动U站"风采见图2。

图2　鹏程电动公司城市志愿服务"移动U站"风采

(二)核心内容

深圳是全国志愿服务的发源地之一,自1989年在全国率先推进志愿服务工作以来,一直保持全国志愿服务工作的领先地位,成为深圳人文社会领域在全国的一张响亮名片。截至2019年底,深圳市共有注册志愿者158万人,志愿服务组织1.1万个,同时从2018年开始深圳明确了打造"志愿者之城"3.0的工作思路:以制度化、专业化为引领,推动志愿服务从提供社会服务,向参与社会治理、凝聚社会共识跨越。

深圳市深入推进专业志愿服务参与社会治理行动,开展了以志愿服务助力交通安全文明为代表的系列工作。例如,组织志愿者开展交通文明劝导活动,探索建立"志愿者路长"制,与交通部门建立联动机制,等等。

鹏程电动公司的"移动U站"通过挑选、培训和调整等阶段,选取入围志愿者,将"爱心应急、主题活动、交警联动、日常咨询、文化宣传"这五大志愿服务功能与出租汽车特色相融合,让U站志愿服务在城市中流动起来,谱写一段段感人的"城市的爱心轨迹"。

1. 爱心服务

①每一辆“移动U站”的志愿者都是经验丰富的出租汽车驾驶员，他们熟悉深圳道路，了解深圳医院、景点等公众地点，能给市民及游客提供日常咨询服务。

②车厢内提供爱心伞、饮用水、手机充电器、城市地图等物资，为有需要的市民提供相应服务。

2. 特殊服务

①为三类特殊人士（临产孕妇、严重外伤者、突发病病人）提供爱心应急免费送医服务。

②配备爱心急救箱，为有需要的乘客提供应急救助。

③遇见走失的孩童或老人，协助报警救助，送达安全地方，协助寻找家人。

④“移动U站”车后风窗玻璃位置安装的投影仪，可及时发布重要信息，提供及时、必要的帮助。

⑤车内摄像头与智能管理中心实时全程监控，可协助警方查询，提供有价值的信息。

3. 主题志愿服务

在特殊日子，开展“爱心送考”“重阳敬老”“关爱儿童”等主题志愿服务，为有需要的人士提供免费出行与陪伴。

4. 交通联动服务

在遇上群死群伤恶性交通事故及突发事件时，积极配合交警现场交通指挥，保证救援通道畅通，并参与伤员抢救、送医、灭火等紧急措施的志愿运输工作。

5. 自动体外除颤器（AED）推广试点

随车的移动U站志愿者持有由深圳市急救中心颁发的“现场医疗急救初级救护员”资格证件，具备基础的急救知识与技能，车内计划配备除颤仪设备，为需要急救的人士进行或协助施救。

6. 文化宣传

以移动U站为载体，弘扬志愿服务、乐于奉献、文明助人、绿色出行等观念，全面推进文化创新，在文化强企建设上实现新突破，为外地旅客展示深圳志愿服务的发展成果。

（三）实施过程

1. 精心挑选人员，打造优秀团队

核查所有驾驶员在岗期间的行为规范，以“无违法、违章、事故、服务投诉”为准入标准，以“党员先锋示范岗”“青年文明号”和“工人先锋号”代表为优先，再拓展至新晋爱心车队驾驶员，精心挑选。其中的“兄弟爱心车、父子爱心车和夫妻爱心车”成为突出的亮点。

2. 专业培训，提升志愿者素质能力

志愿服务培训目标首先定位于满足对志愿者服务能力的要求，制订周密的培训计划和实施方案，主要包括：

(1)基础知识培训

提高志愿者的服务意识、服务能力及服务水平。正因为志愿者们来自各个地方，有着不同的文化水平、能力素质，因此在从事志愿服务的时候，尤其是那些较为特殊的志愿服务，往往就需要通过严格的培训，这也是做好志愿服务的前提条件。

(2)联动爱心企业助力城市志愿服务

以鹏程电动公司“移动U站”作为先锋，用自己的实际行动传播社会正能量、弘扬公益精神，倡议更多企业加入爱心志愿服务团队，帮助有需要人群，为构建和谐社会发挥积极作用。

三、实施效果

（一）健全激励机制，提升行业服务品质

随着社会的发展和进步，深圳市民对出行服务品质的要求越来越高。同时，由于网约车等新兴出行方式的出现,加剧出租汽车市场竞争,出租汽车行业的供求关系发生了根本性的变化,传统出租汽车市场份额日益萎缩。以轨道交通和地面公交为主的公共交通网络保障也趋于完善,定制巴士和共享单车等互联网+交通出行新业态蓬勃兴起,以高额双向补贴"烧钱"的方式,强势进入抢占出行市场,导致出租汽车驾驶员收入和服务品质下降,单班车数增加、部分车辆停产、驾驶员招聘难等困扰行业的健康发展。一方面企业通过制定优惠政策从物质上激励,与驾驶员共克时艰;另一方面从精神层面激励,提升大众对驾驶员的职业认同,"移动U站"的创新推广就是一个很好的切入点,也是鹏程电动公司持续保持行业服务品质领先的有力保障。

"移动U站"推广以来,各项量化考评指标远远优于行业水平,在2017年度深圳市巡游出租汽车企业经营服务量化考评中,"鹏程""鹏程电动"和"龙汽"均超过110分,以历史最高成绩连续两年位居84家参评企业前三位,再次取得骄人成绩。

(二)榜样传承发扬,助推深圳全面电动化

深圳市作为新能源汽车"十城千辆"工程示范城市之一,自2009年先后出台《深圳新能源产业振兴发展规划(2009—2015年)》《深圳新能源产业振兴发展政策》《深圳市节能与新能源汽车示范推广实施方案(2009—2012年)、《深圳市节能与新能源汽车示范推广实施方案》(2012—2015年)》、"深圳蓝"可持续行动计划等一系列政策,对新能源产业发展做出全面部署。2015年,深圳市结合"十三五"规划中新能源汽车产业发展要求与公共交通优先的总体思路,具有前瞻性地提出深圳市"打造新能源汽车全国龙头"的产业发展目标,到2020年完成深圳市出租汽车全面电动化,总量超过2万辆。

从国家到地方,政府明确新能源汽车是今后发展的重要方向,深圳出租汽车也将在2020年实现全面电动化的计划提前至2018年底完成。由于奖励指标增量因素中吸引新人入职是一个重要任务,移动U站志愿者的爱心和贡献产生的正能量,吸引更多的人参与新能源推广,从事纯电动出租汽车驾驶员职业。鹏程电动公司在新能源汽车推广应用进程中,借助团队力量,在先进模范(移动U站)的引领下,实现了"最早投放、最快完成"的预期目标,鹏程电动公司成为出租汽车驾驶员从业者的首选。

(三)品牌价值提升,助力公司规模化拓展

在深圳市委市政府推进同质化国企整合、深化出租汽车行业改革、搭建出租汽车专业化管理运营平台的背景下,以深圳巴士集团为主体,通过市场化收购的方式整合深圳全部市属国有出租汽车企业。截至目前,市属出租汽车企业整合工作已完美收官,目前深圳巴士集团旗下出租汽车企业共有8家,使得深圳巴士集团下属的出租汽车数量接近全市的1/5(全市21645台)。其中,由鹏程团队管理的出租汽车企业共有6家,车辆2364台,从业人员近4000人,规模化效应初步形成。

随着鹏程电动公司车辆数、驾驶员人数成倍数增加,规模不断发展壮大,给管理带来不少困境,传统的"人盯人"的管理手段不但耗费大量的人力物力,而且无法满足目前鹏程电动公司规模的管理需求。一方面通过智能化辅助管理,提升效率;另一方面通过品牌效应,提升驾驶员的自律性和荣誉感,借助深圳巴士集团发展的大好时机,借力发力,加强队伍精神文明建设。

鹏程电动公司城市志愿服务"移动U站"爱心活动现场如图3所示。

(四)三级服务联动,爱心传导由内至外

如厕难、就餐难、停车难等问题一直困扰出租车驾驶员,引起了政府部门与广大市民的高度关注。随着出租汽车全面电动化,行业还面临着充电难、维修难、休息难的"新三难"问题。由于出租汽车营运分散、流动性大等特性,标准化的综合型场站始终较为匮乏。针对出租汽车"油换电"的后管理时代发展需求与驾驶员工作需求,鹏程电动公司充分考虑员工需求,着手建立全国首个纯电动出租汽车产业创新示范基地。

同时,鹏程电动公司在没有任何借鉴经验情况下,探索出"运营管理专业化、充电管理科学化、维保管理标准化、员工管理人性化"为企业核心竞争力的"鹏电模式",为驾驶员提供全方位的服务链,爱心从企业和驾驶员内心出发,最终在乘客心里落地扎根。

图3　鹏程电动公司城市志愿服务"移动 U 站"爱心活动现场

(五)事迹感动鹏程,好人好事处处显现

鹏程电动公司"默默奉献、助人为乐"的爱心车队早已深入人心。成立以来,连续十多年组织开展"扶弱济困、敬老助残、抢险救灾、捐资助学、爱心送考"等系列志愿服务活动。

爱心文化的正能量,壮大了队伍,提升了价值。"移动 U 站"项目启动以后,爱心应急救援连续涌现。

2018 年 5 月 27 日,龙华车队车号为粤 BD03295 的苏高勇师傅就帮助了一名遇到突发情况、需要紧急送医的市民。当时苏师傅发现有市民敲车门求助,作为专业的驾驶员同时又是鹏程电动公司"移动 U 站"的一员,接受过专业急救训练的苏师傅从经验判断他们需要帮助,赶紧摇下车窗询问情况,征得车上乘客同意后,苏师傅第一时间把她们送往龙华人民医院救治并没有收取车费,留下叮嘱抢救要紧。

六月一日国际儿童节,鹏程电动公司"移动 U 站"成员连同党员先锋岗、爱心车队、青年文明号、入党积极分子、团员驾驶员到儿童医院献爱心,开展志愿服务活动,免费接送病患儿童回家。志愿者们给就诊完及出院的小朋友们送上了一份特殊的儿童节礼物,给生病的儿童及其家人带来贴心的温暖(图 4)。

牵动人心的高考日,"移动 U 站"志愿者用自己的实际行动——爱心送考,助力深圳学子高考,为学子们加油打气(图 5、图 6)。

图4　鹏程电动公司城市志愿服务"移动 U 站"关爱儿童活动现场

图5　鹏程电动公司城市志愿服务"移动 U 站"爱心送考活动现场(1)

鹏程电动公司"移动 U 站"的落地运营不是最终目的,而是进一步提升深圳市文明发展水平、促进品质服务工作更上新台阶的重要契机。以"移动 U 站"的成立作为新的起点,结合互联网发展,继续在突出交通行业志愿服务特色上下功夫,多措并举,深入推进志愿服务制度化、规范化、常态化,用行动来回报这座暖心之城,擦亮国内公共交通品牌、志愿服务品牌。

图6　鹏程电动公司城市志愿服务“移动 U 站”爱心送考活动现场(2)

基于高速公路大流量下的区域联动立体保畅管理体系的构建与实施

广东省公路建设有限公司南环段分公司

成果主要创造人:游小聪 伍尚干

成果参与创造人:周穗京 高严广 吕 莉 陈少峰 杨少城 黄晓红 徐先蔚 杨伟强 陈兆健 叶沛枝

广东省公路建设有限公司南环段分公司(简称“南环段分公司”)由原广东省公路建设有限公司西二环南分公司和原广东省公路建设有限公司南环段分公司于2012年1月1日合并而成,是广东省公路建设有限公司全资子公司,主要负责珠江三角洲世界级桥梁工程——南沙大桥以及广州绕城高速西二环南段、南二环段的经营管理,经营路段均处于粤港澳大湾区核心地区,营运总里程达103.75公里,下设9个收费站、2对服务区,2019年日均车流量达45万辆。

南环段分公司紧密围绕“阳光服务欢畅同道”营运品牌,致力于为广大驾乘人员提供“安全、畅通、舒适、高效”的服务。

一、实施背景

(一)推动交通强国建设行稳致远

交通强国建设是全面建成社会主义现代化强国、实现中华民族伟大复兴梦的坚强支撑。为统筹推进交通强国建设,中共中央、国务院于2019年9月印发了《交通强国建设纲要》,建设的总目标是“人民满意、保障有力、世界前列”,三者相辅相成,缺一不可,它是建设现代化经济体系的先行领域,是全面建成社会主义现代化强国的重要支撑,是新时代做好交通工作的总抓手。

《交通强国建设纲要》的核心思想重点是“五个坚持”“三个转变”。“五个坚持”是坚持稳中求进工作总基调,坚持新发展理念,坚持推动高质量发展,坚持以供给侧结构性改革为主线,坚持以人民为中心的发展思想。“三个转变”是推动交通发展从追求速度和规模向更加注重质量和效益转变,由各种交通方式相对独立发展向综合交通发展转变,由依靠传统的要素驱动向更加注重创新驱动转变。稳是远的重要前提,南沙大桥作为珠江两岸的重要过江通道,其政治地位、经济地位不言而喻,如何保障过江车流的稳定、畅通,是南沙大桥经营方——南环段分公司亟须解决的问题,这也与稳中求进的工作总基调相符合。

(二)促进区域发展的沟通与双赢

南沙大桥位于珠江三角洲中部核心区域,是粤港澳大湾区的新动脉,是广东省重点建设的一项民生工程,它的正式通车标志着粤港澳大湾区快速交通网络正在加快形成。粤港澳大湾区包括香港特别行政区、澳门特别行政区和珠三角九市,是我国开放程度最高、经济活力最强的区域之一,在国家发展大局中具有重要战略地位。

南沙大桥的开通给粤港澳大湾区的旅游业发展带来了更多的机遇,然而交通状况的畅通与否会关系到地区旅游业的发展前景,因此加快南沙大桥的立体保畅工作意义重大。驾乘人员通过南沙大桥是否快速舒适会影响到人们出行的愿望,人们出行率的高低又会影响区域的经济和文化发展。为了加强粤港澳大湾区地区间的沟通和联系,实现经济和文化发展双赢这一良性循环目标,南沙大桥必须要改善交通条件,减少路面拥堵。

粤港澳大湾区区位优势明显,交通条件便利,合作基础良好,国际化水平领先。南沙大桥更为整个粤港澳大湾区的战略功能提供了一个支撑作用,其安全、畅通的通行环境有利于货运物流降本增效,助力粤港澳大湾区的经济发展。

(三)应对大流量造成的交通压力

从全省路网性能来看,高速公路网存在区域交通流量分配不均问题。尤其是珠江口东西两岸,由"三桥八路"(南沙大桥、虎门大桥、黄埔大桥、广深高速公路、番莞高速公路、广深沿江高速公路、广珠北高速公路、广珠东高速公路、南二环高速公路、广珠西高速公路、中江高速公路)形成的珠江口高速公路环网面临的交通压力日趋增大。

南沙大桥尚未开通前,虎门大桥的拥堵状况十分严重,2017 年国庆中秋假期车流量更是刷新了历史纪录。虎门大桥所在的莞佛高速公路东莞段是粤东与粤西地区联系的咽喉通道,多条高速公路上的大量车辆都在虎门汇集,加上虎门渡轮耗时长,运载能力低,以致虎门大桥严重拥堵,缓解虎门区域的拥堵成为南沙大桥开通后的迫切需求。

自南沙大桥开通以来,日均过江车流占比由初期的 38%、2019 年 8 月 2 日虎门大桥限货后的 45%,直至 2020 年防疫免费期的 55%。从以上数据可以直观得知,南沙大桥所承受的交通压力呈现出日益增长的态势。至 2020 年 9 月,每日通行横跨珠江的三座大桥的车流量高达 20 余万辆,南沙大桥开通后过江总车流整体增长了约 20%,其中通行南沙大桥车流占总车流量 50% 以上,已经远超大桥设计标准流量。

南沙大桥交通压力大,车主压力也大,一旦出现拥堵的情况,就会延伸出更多的情况。作为一条大流量的高速路段,南沙大桥的事故发生率相对来说也会比较高,路面异常事件也比较多。每一宗交通事件的发生都会影响到南沙大桥的通行效率,给本来压力就大的南沙大桥造成更大的压力。

二、成果内涵

南沙大桥自 2019 年开通以来就一直受到社会的高度关注,针对南沙大桥车流量大这一具体情况,南环段分公司始终密切关注、高度重视。通过不断的探索与创新,南环段分公司逐步构建并实施了"一化三改"的区域联动立体保畅管理体系,着力解决包括南沙大桥在内的区域交通拥堵问题,实现了保道路安全畅通的目标。

区域联动立体保畅管理体系中的"一化",即管理技术科技化,这是管理体系中的重中之重,重点在于优化管理手段,提升整体工作效率。"三改"即工作机制的改变、监督管理的改变以及运作模式的改变,这是管理体系对相关工作落实情况的具体安排,重点在于为路段管理提供坚强的制度和人员保障,使得区域联动工作机制更加完善,监督管理更加规范,运作模式更加优化。同时紧密围绕"欢畅同道"这一营运品牌,南环段分公司以监控中心为中枢,构建覆盖路网监测、出行服务管理、交通拯救管理等全域业务监控网络,不断优化"三桥八路"监测指挥调度机制,推进各类信息实时共享,妥善处理各类突发事件,通过扎实的工作,让区域联动立体保畅管理体系发挥其最大的作用,切实让人民群众更加强烈感受到道路畅通。

创新区域联动立体保畅管理体系,是一项系统工程,也是南环段分公司提高经营管理水平的迫切需要。南环段分公司本着"安全、畅通、舒适、高效"的要求,致力于高品质服务和高质量发展,依据道路监控的现实需求,结合实际管理需求、运营需求,构建并实施了"一化三改"的区域联动立体保畅管理体系。

(一)科技助力提升工作效率

1.5G 网络的使用让传输更高速

随着现代经济的飞速发展,汽车成为越来越多人出行所选择的重要交通工具,汽车保有量的不断增加,公路通行压力日益增长,尤其是珠江三角洲发达地区,人流、物流转运速度更高,给珠江口高速公路环网交通增添压力的同时也给监控系统带来了巨大的压力。监控系统的信息传递效率必须跟上车流的变化速度才能够及时发现问题并进行处理,5G 网络信息技术的使用恰好弥补了以往 4G 网络传输速度不够快、不够稳定的遗憾,且让传输更加的高清和高频。

考虑到 5G 网络拥有传输速度快、稳定性强、更高频的优势,南环段分公司作为南沙大桥的运营方,在南沙大桥建设初期就提出建设 5G 基站的设想,这为南沙大桥正式通车营运的安全保畅和应急救援提供全面技术支撑。南沙大桥全桥设置了 5G 宏基站 7 座、微基站 36 个,5G 的大带宽特性可以实现单用户 1.8Gbps 的峰值速率,为 4K 高清视频通过无线回传提供了有利的支撑。同时,5G 的低时延技术,可以实现 VR 视频效果,有效满足实时监控视频传输的需求,提高了工作效率,彻底解决了路政巡查视频上传容量大、回传慢的通病。至 2020 年 9 月,南环段分公司已实现路政车实时回传高清视频到省交通集团监控中心,这也为 AR/VR、无人机智能巡检、车路协同等应用奠定了使用基础,大桥的安全保畅能力和应急救援能力又迈向了一个新台阶。

2. 智慧系统的引进让监控更加高效

南沙大桥作为《粤港澳大湾区发展规划纲要》发布后首个投入使用的“超级工程”“民生工程”,社会各界人士对其关注度极高。它的车流量大、行车道多,桥面事故发生后若不能得到及时处理,则会对道路的畅通产生较大的影响。为了能够及时、准确地获知南沙大桥的路面情况,让监控管理更加高效,南环段分公司在南沙大桥营运筹备期间就与利通科技公司共同研发了“智慧高速营运管理一体化平台”,主动推进高速公路智慧化建设,以“智慧高速营运管理一体化平台”实现对南沙大桥的可视化管理,“智慧高速营运管理一体化平台”具备“一体六化”功能。“一体”是集信息化处理与人性化管理于一体,通过综合营运可视化、指挥调度可视化、预警预测可视化、保畅作战可视化、路段运行可视化、VR 全景可视化“六化”窗口,实现机电养护与设备报障、联网视频与视频储存、交通事件与应急指挥等项目的环闭管理,使决策更科学、管理更高效、信息更流畅。

“智慧高速营运管理一体化平台”在业务应用层分 PC 端、移动端和大屏端,集营运一体化、微信企业号、可视化指挥平台,通过交通摄像枪、车载移动视频和监控一体化可用数据资源,实时交通动态监测和布控主线、桥梁、站场。发生突发事件时,按照“最近调度”的原则实现电子化、流程化快速处理,是名副其实的“最强大脑”。监控中心通过智慧平台可以快速、准确地获知南沙大桥的路面状况,及时发现路面交通事故,实时记录、分项汇总。监控中心通过系统整合、减少系统冗余填报和记录,实现了“单点填报、多点校核、实时记录、分项汇总”,大幅提升了整体的工作效率。

西二环南和南二环高速 90.9 公里除了广场、车道、桥下通航监控摄像枪外,还安装布设了 86 支路面摄像枪,南沙大桥 12.9 公里安装布设了 35 支摄像枪,人工巡查情况下容易发生上一秒轮巡过的区间,下一秒就发生异常事件,错失了自主发现、及早借入处理的黄金时间。且随着运营需要,视频监控点还将增加,现行依赖人工的路况信息获取方式,无法满足实时感知的要求,使得事件响应、处置的速度滞后,最终导致安全保畅能力不能有效提升。

因此,南环段分公司除了研发“智慧高速营运管理一体化平台”以外,还在 2020 年初通过与重庆同枥信息技术有限公司深度合作,引进了“高速公路事件检测系统”,实现了对路面异常车辆、行人、非机动车的自动化、高效化检测,“高速公路事件检测系统”的事件检出率 95%、事件准确率 94%、剖面流量流速测量误差不超过 5%,基本满足了路况实时感知的需求,异常事件的快速检测能够确保快速发现异常事件并介入处置,监控中心对路面交通事故第一时间发现率达到 76%,路面异常事件的第一时间发现率达到了 88%,为路政、拯救快速到场、快速处理奠定良好基础。“高速公路事件检测系统”的引进为监控人员提供了极大的便利,它成为监控中心快速发现路面事件的一大智能助手,使情况判断更加快速、准确。

3. 无人机的应用让路网监测与事故处置得到强化

南沙大桥路面车流量大是常态,受空间的限制路政车无法及时赶赴现场的情况就有不少,节假日更多。为争取在最短的时间内顺利完成对交通的疏导和拯救,南环段分公司应用无人机这一新科技对拥堵路段进行有效的监控和处置。2020年春运期间,路政人员利用无人机搭载喊话器顺利完成了对南沙大桥交通的疏导和指挥,也充分发挥了无人机信息传达的重要作用,进一步凸显南环段分公司在路面应急保畅方面快速、高效的处置能力。

经实践反馈,无人机确实能有效地强化路网监测和事故处置,让工作不再受时空限制。为培养一支拥有高业务水平的无人机应用队伍,2020年8月,南环段分公司再次举行了无人机培训,致力于路政人员业务水平的提升。无人机的应用既节约了人力成本,也让路网监测与事故处置得到了强化,路政员的工作也更加高效。

(二)机制建立实现区域联动

1. 预案制定保障路网畅通

路网是在一定区域内,由各种道路组成的相互联络、交织成网状分布的道路系统。粤港澳大湾区的道路网十分的复杂,为在突发事件来临时能协调统一并及时给出明确而又清晰的指示和安排,南环段分公司结合实际情况制定了《虎门区域跨江大桥应急保畅通联动预案》,为路网保畅提供一个强有力的保障。南环段分公司通过提前与相邻高速公路、辖区交警部门、拯救单位等取得联系,针对南环段可能发生的交通拥堵情况,制定区域联动工作机制,提前完善疏导预案和应急预案,充分发挥与两桥直接相邻路段所起的车流调节作用。《虎门区域跨江大桥应急保畅通联动预案》对级别的判定条件及应对措施进行了细分,明确具体的分流点位置、保畅力量部署。当区域内路段发生突发情况造成主线行车缓慢或交通拥堵时,以南环段分公司监控中心作为总应急指挥中心,及时启动,各部门按照预案分步实施,实现多部门、跨单位协作联动,保障路网畅通。

2. 机制建立实现信息沟通

沟通是信息输出和接收的重要"桥梁"。南环段分公司通过建立机制,实现了信息的有效沟通。对于联动区域内的路段而言,信息沟通不及时是导致工作无法及时到位,拉低整体工作效率的主要原因。为解决日常工作中沟通缺乏制度化、规范化的问题,南环段分公司建立了完善的信息沟通机制。为确保各单位快速执行《虎门区域跨江大桥应急保畅通联动预案》,南环段分公司通过微信联动、信息沟通、电话沟通、系统推送等方式及时通报相关预案启动、终止情况、处置措施及处置进展反馈,并严格按照预案落实相应措施,确实提升区域间各单位的信息沟通能力。

于社会公众驾乘人员而言,能否多渠道地获知高速公路路况是其能否舒适出行的重要影响因素。南环段分公司通过高速通、情报板、高德地图、交通电台、微信推文等信息发布渠道,向社会公众及时发布临时交通管制信息、交通流预判和分流绕行预案出行指引、人车安全提示、拥堵疏导指引、交通事故处理指引等,提醒出行者优化行车路线。从以前的单一渠道到现在的多渠道,南环段分公司与驾乘人员的沟通更加便捷,也更加密切了。

3. 制度的建立健全促进深层合作

南沙大桥保畅通工作绝不是一朝一夕、隔空谈话就能够完成的,了解和合作不够深入是影响工作效率和结果的重要因素。在联席制度尚未建立健全之时,路政与交警、相邻高速的工作难以得到高效的配合。为了促进更深层次的合作,南环段分公司建立并健全了联席制度,保持与上级单位、相邻高速、辖区交警的良好沟通关系,重大节假日前夕召开联席会议,研究保畅力量的部署分布,互相通报辖区情况,总结联动处置工作经验及薄弱环节,解决存在的问题,进一步提高响应速度和处理速度。由交警、路政、消防、拯救、交通行政执法、养护等单位联合共建的保畅工作平台互相配合,紧密协作,为保障南沙大桥路面畅通提供了充足的人力资源保障。通过共建活动的开展,各单位之间的交流得到了进一步的加强,合作更深层次,凝聚起了更强大的保畅力量。

(三)规范管理督促工作落实

1. 监督协调提高现场清障率

要保障南沙大桥通行畅顺,那就要求异常交通事件发生后拯救人员能快速到场并提高清障效率。

南环段分公司要求路政拯救单位在枢纽互通、服务区、收费站合理布设车辆备勤点、增加拯救物资投入，同时根据节假日大交通车流需要，在南沙大桥上、中、下段灵活增加备勤点，以提高拯救人员到场速度与清障效率，南沙大桥通车营运后，事故拯救到场时间均控制在5分钟以内，在行业内处于遥遥领先的水平，有效保障了主线通行畅顺。

2. 监督协调提高现场事故处置效率

高速公路四通八达，不同的高速公路连成一张巨大的交通网。各地方部门之间积极协调，共同发力，才能够更好地提高事故处置效率。事故处置效率提高了，南沙大桥的通行效率自然也会提高。自南沙大桥通车以来，南环段分公司积极协调广州、东莞、佛山三地交警部门，推进警企联勤、快处快撤，致力于实现1+1>2的效果。对主线发生的无人员伤亡、财产损失轻微及责任明确，当事人无争议的轻微事故，应用"广东事故e处理"辅警版App，实施快处快撤，其他一般事故尽快将事故车辆移至路肩或收费广场，等待交警处理，以减少交通事故车辆对道路通行通力的影响，避免"二次事故"发生。2018年1月至2020年7月，共协助辖区交警处理轻微交通事故约2000宗，占事故总量约35%，切实缓解交通拥堵现象。

(四)改革模式提高资源配置效用

南环段分公司各路段的长度、路况及人员配置都不一样，机械化的旧巡控模式没有灵活性，工作效果也不显著。随着虎门区域车流量的日益增长，旧的巡控模式已经不能适应现实工作的需求。因此南环段分公司需要开创路政、监控巡控新模式，科学排班，提高资源配置效用。

南环段分公司在现有路政人员资源的基础上，充分考虑路政工作的内容、人力、时间等因素，编制出系统、科学的排班方案，提高其工作效率和质量。实施"驻点+轮巡+机动穿插"、错峰交接班模式，沿线设置路政常态驻勤点7个、备用驻勤点9个，节假日启动全部驻勤点达16个，保畅力量向易堵枢纽互通区间侧重倾斜，车流高峰期时段，实行现场无缝交接班。以此实现路面警灯常亮，提高事故到场率，实现了南沙大桥路政事故到场平均时长为5分钟，南二环为10分钟内，西二环为15分钟内，路政事故到场时间在广东省高速公路行业处于领先水平。监控中心在积极引用新科技的前提下也进行了优化排班，不断提高应急处置效率，持续发挥监控中心的调度作用。

三、实施成效

南沙大桥开通前，虎门大桥承载巨大的过江车流量，从早8点到晚8点，拥堵是虎门大桥的常态，自2020年4月2日南沙大桥开通后，随着番莞高速公路的路网完善、虎门大桥全天禁止货车及40座以上客车通行以来，南沙大桥过江黄金通道的地位日益凸显，虎门大桥约有30%的车流分流至南沙大桥。南沙大桥也从开通首月，日均车流6.6万辆，约占总过江车流的30%，到番莞高速公路通车接入广深高速公路和虎门大桥限货，日均车流增长到约12万辆，占过江通的总车流的50%。现如今，虎门大桥的通行效率已得到了较大的提高，南沙大桥的拥堵状况也得到了有效的缓解，道路保畅效果日渐显著。通过开展南沙大桥保畅工作，南环段分公司在管理水平、社会效益、经济效益、生态效益上也都取得了可喜的成效。

(一)管理水平

南沙大桥保畅工作是南环段分公司多个部门齐心协力、相互沟通、共同献策才得以顺利完成的一项重要任务。在工作的开展过程当中，各部门领导及工作人员都保持高度重视、严谨细致的工作态度，每一个部门工作人员都能够牢固树立团队意识，这为部门的管理工作提供了便利，也使得各部门的管理变得更加有序。

其次，南环段分公司的管理变得更加科学、合理。通过开展南沙大桥保畅工作，相关部门及其工作人员得以发现以往工作中存在的不足与短板，从而更好地进行修改和完善。各部门工作人员的分工也更加明确，工作安排更加的人性化和合理化。通过优化整合保畅力量，各部门工作人员的执行能力都得到了明显提升,保畅效率显著提速。员工对分公司管理的满意程度也在逐步提升,显示出分公司日益提升的优质管理水平。

再者,南环段分公司的管理变得更加规范。每项工作都要求做到有始有终,有据查询。严格要求,定期考核,极大地激发了员工的工作积极性。从公司级到部门级再到班组级,每一项工作的安排与落实都有一个清晰而严谨的要求,公司的管理日渐规范化,为南沙大桥保畅工作的顺利开展提供了强有力的支撑。

(二)社会效益

南环段分公司积极响应交通强国战略,致力于建设人民满意的交通。南沙大桥与人们的出行密切相关,区域联动立体保畅管理体系的构建与实施就是为了让人们在出行时能走上一条安全畅通的道路。公司努力打造"欢畅同道"的营运品牌,其中道路是否快速、通畅就是人们重点关注的一点。通过管理创新,南沙大桥路面交通事故的处理变得更加高效,出行者的救援需求也得到了更快的回应。2019 年,在全线营运里程增加、车流量大幅增长情况下实现了全线伤亡人数下降 54%。区域联动立体保畅管理体系的实施有效地保障了车辆在南沙大桥的通畅行驶,同时也擦亮了南环段分公司这一重要"品牌",使得"产品"为人民大众乐于接受。服务就是南环段分公司的"产品",南环段分公司凭借着优质的服务赢到了人民的肯定与信赖,人民对南沙大桥的满意度不断地提升,幸福感也越来越强。

南沙大桥正式通车后,以前天天严重拥堵的虎门大桥变畅顺了,据不完全统计,南沙大桥通车后,分流了虎门大桥约 30% 以上的车流,虎门大桥路面拥堵时长由此下降约 90%,为虎门大桥的减负作出了自己应有的贡献。南沙大桥不仅是单一的"跨江通道",更是为粤港澳大湾区的城市群打开了新的发展空间,促进了广、佛、莞、深等多个城市的互联互通,诱增了约 20% 的过江车流,为大湾区开辟了一条新的快速通道,起到 $1+1>2$ 的作用。

(三)经济效益

高速公路首先要取得良好的社会效益,才会有更好的经济效益。南环段分公司研发中的"车路协同"模块通过路侧基站和车载终端推送个性化诱导管控信息,提前判别行车安全隐患,并通过"高速通"App、交通电台、情报板发布实施路况信息,让人、车、基础设施等进入数据共享、共融的状态,给出行者更多出行自主权,让服务变得更高效、安全、便利和人性化。虽然南沙大桥现如今仍因为大流量而承受着巨大的交通压力,但是人们对南沙大桥的社会评价度正逐步提高,这恰好证明了南环段分公司的管理创新是有成效的。司机能顺心满意地缴纳路费,从而能吸引众多的车辆上路,给南沙大桥带来更好的经济效益。南沙大桥交通运输的效率越来越高,分公司的经济收益也就越来越多,最终实现了经济收益的最大化。于粤港澳大湾区而言,南沙大桥连通了珠江口东西两岸,给两岸经济的发展注入了新的动力和活力,为我国建设社会主义现代化国家作出了粤港澳大湾区应有的贡献。

(四)生态效益

南沙大桥全长 12.886 公里,设计速度是 100 公里/小时,一辆正常货车(长度为 6.8 米,排量是 7 升)通行桥梁的时间约为 8 分钟,倘若南沙大桥发生拥堵,该车在桥上每停留 1 分钟,按转速 1000 转/秒计算,1 分钟的排量 $=7\times1000\times60=420000$ 升,每分钟就燃放就多排放 420000 升废气。南沙大桥在建设期就已实现关键技术的突破,在平衡经济效益、海陆生态环境保护、通行通航安全保障三者间提供了良好范本。南沙大桥为悬索桥,它使用比较少的物质来跨越比较长的距离,减少了对建筑材料的能源消耗。智能监测系统的投入使用极大地方便了工作人员对桥梁的监测,减少出行。

南沙大桥运营方——南环段分公司多方面引进先进科技做好南沙大桥的营运管理,不仅减少车辆流动带来的能源消耗,一定程度上保护了生态环境的平衡,且提高了路面保畅的效率和质量,赢得"双赢"局面。

构建高铁制造文化体系
打造国际化人才队伍

中车长春轨道客车股份有限公司

成果主要创造人:郭宏伟　宋　楠

成果参与创造人:王　亮　刘树刚　孔羽姝　王文静　张立清　张丽丽　远　迪　任修臣　王大勇　罗添元

中车长春轨道客车股份有限公司(简称“中车长客”)是我国知名的轨道客车研发、制造、检修及出口企业,是中国地铁、动车组的摇篮。公司经营业务主要由研发试验、轨道客车新造、检修及运维服务三大部分组成。前身长春客车厂始建于1954年,是国家“一五”期间重点建设项目之一。2002年3月改制为股份公司,现注册资本(总股本)为58亿元(股),中国中车持股93.54%。现有员工18000人,厂区占地面积490万平方米。拥有24家子公司(全资及控股15家),其中境外子公司8家(全资及控股4家)。年销售收入超过300亿元。

高速动车组制造中心(简称“高速中心”)是以承担动车组新造为主、兼顾检修和部分城铁车生产的关键制造单位,是目前世界上规模最大、设施最先进的专业化动车组制造和检修基地。图1为高速中心全貌。

图1　高速中心全貌

高速中心以打造中国高铁“国际化制造、全球化服务”基地为定位,根据客户的实际需求量身打造,输出具有国际竞争力的动车组产品、生产管理运行体系、造修服务模式;是推动中车长客践行“一带一路”倡议和“走出去”战略,担负起“领头羊”使命的重要组成。

高速中心以实现“四个一工程”为管理目标,即:打造一支高技能、高素养、高境界、高团结的干部职工队伍;固化一种通用规则与专有特点相结合的工作运营与评价模式;建立一种有效结合岗位特点的激励机制;营造一种用户为先、奋斗为本、自我评判、持续改善的法治工业文化。持续开展五维度重点工作,不断创新完善高铁造修运行管理体系,促进公司高质量发展,为中国高铁“走出去”储备管理运行模板。

一、实施背景

目前,我国已经形成了完备先进的高速铁路技术体系和以复兴号为代表的具有世界领先水平的高速动车组产品,在工程建造、列车控制、牵引供电、系统集成、运营管理、风险防控等各个技术领域均达到世界先进水平。"复兴号"CR400系列动车组的成功研制和投入运用,对我国全面系统掌握高铁核心技术、加快高铁"走出去"具有重要战略意义。

"复兴号"要走出去,不只是产品、技术和服务走出去,更需要一套完备的高铁制造文化体系加以支撑。中车长客高速中心结合产品的生产制造过程,创新固化的一整套文化体系正是为此量身打造。

"构建高铁制造文化体系、打造国际化人才队伍"是中车长客践行国家"一带一路"倡议和"走出去"战略,担负起"领头羊"使命的积极响应。高速中心始终将"培育全员工匠文化,提升企业工业品质"作为中心核心工作,将文化陶冶与管理约束进行有效融合,逐步把员工对工匠文化的认同转化为员工对产品工业品质的自觉追求和具体实践,并通过开展"万万千"党建品牌活动,筑牢员工工匠精神思想根基,持续抓好"一口清",强化员工规范操作惯性,有效夯实高铁工匠队伍和高技能人才队伍建设,发挥"大工匠"领军效应,通过创新推进"智慧高速"信息化、智能化建设,为"培育全员工匠文化　提升企业工业品质"、进一步弘扬公司"科学、严谨、精准、法治"的中车长客工业文化提供软件和硬件支持。

二、成果内涵

基于高速中心党建品牌活动,发挥党建工作引领作用,进一步深化高铁制造文化对生产经营工作的正向激励作用,依托党建品牌"万万千"大数据的应用,进一步提高工作效率、效益,提升工业品质。持续开展月度评价、现场表彰、生产立功竞赛、"万万千"等活动,充分发挥党员的磁场作用、脊梁作用和代言人作用,树立"匠心",引导广大职工争做工匠精神代言人。坚持开展"339工程""发现'工业之美'""发现'不规之范'"等活动,对优秀人员、成果进行表彰鼓励,激发员工尚美唯美的追求。通过"六面体"立体式、全方位的教育模式,将高铁制造文化渗透理念包裹在核心位置,使得员工的教育更为直观、更易接受、更有效果,为企业工业文化落实提供了有效支撑,进而促进工业品质全面提升。

通过推进"领军人才定制式培养、技能人才模型化培育"培养策略,充分发挥新时代高铁先锋训练营、青年夜校、大师工作站等平台、载体的作用,建立"类别化多边式"人才培养模式,明确具体培养途径和手段,建立人才培养途径矩阵图,实现人才的高效培养。建立多层级、多维度的人才评价管理体系,建立个人业绩评价档案,从履职尽责、工作业绩、能力素质、创新能力等维度明确工作标准与评价标准,进行定期评价与排序,作为职级晋升、评优评先、人员选拔的重要依据。坚持国际化意识与能力培育,打造满足跨国经营需求的高铁工人队伍,为公司输出具备全球竞争力、建设世界一流企业的国际化人才,参见图2。

三、主要做法

(一)"六面体"立体式文化教育

高速中心成立以来,总结提炼出了"用户为先、奋斗为本、自我评判、持续改善"的高铁文化内涵。为使这一文化体现到中心生产经营全过程的每个细节和渗透到每一位员工的工作行为,高速中心建立了"六面体"立体式文化渗透机制。实际工作中把"六面体"立体式教育作为一个载体,紧紧地将文化渗透理念包裹在核心位置,通过多点位、全视角、无盲区的方式,构建更为直观、更易接受、更有效果的全方位教育模式。

"六面体"立体式教育涵盖安全、质量、设备、能源等生产经营活动各个方面,下面以安全"六面体"立体式教育作为范例进行说明。

图2　人才培养体系

1. 绘制立体展示图(图3)和分级展示图(图4)

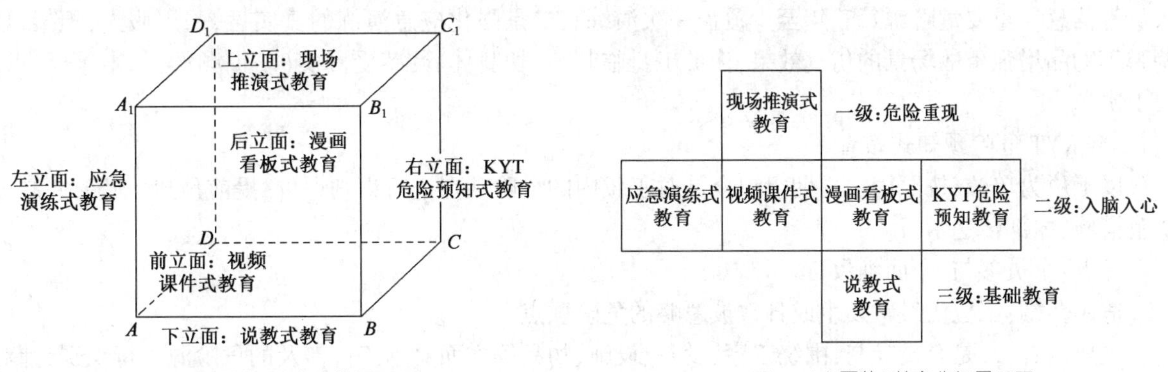

图3　“六面体”教育立体展示图

图4　“六面体”教育分级展示图

2. 明确各教育方式的适用范围

(1)说教式教育

通过口述安全管理规定、特殊管理要求、事故案例的方式对员工进行告知和教育。

优点:操作方便、痕迹化强。

适用范围:新员工、出差人员、外来人员等日常涉及频次较高的教育;传达国家、省市、中车集团、公司相关文件制度;日常检查中造成安全风险较小的问题及隐患。

主要内容:一是要对安全培训资料、素材进行细致梳理和适当精简,并实时更新,保证针对性强、适用性强,确保被教育人易于接受和理解(培训频次:实时)。二是对安全操作规程“一口清”内容进行细致研讨,编制出指导性强、朗朗上口的精简版作业文件,便于员工背诵和学习(培训频次:每半年1次)。

(2)视频课件式教育

通过观看视频课件,以图文并茂的方式对员工进行告知和教育。

优点:形象生动、通俗易懂。

适用范围:本单位涉及的重要危险源项点。

主要内容:一是对本单位的重要危险源项点进行梳理统计,制定计划,并制作安全教育视频课件材料,保证内容形象生动、通俗易懂。二是利用投影仪、电视机等设施在本单位门卫处进行循环播放,时刻提醒进入的人员注意安全,同时定期组织重点岗位人员(包括业务外包人员)观看视频课件材料(培训频次:每季度1次)。

(3)漫画看板式教育

通过观看和学习安全漫画、警示标语、微信文章等形式传递安全正能量,为员工传输"我要安全"的文化理念。

优点:形式新颖、引人眼球。

适用范围:本单位涉及的所有风险及隐患。

主要内容:一是通过漫画的形式为员工展示遵守安全生产规定避除的隐患,违反安全生产规定造成的伤害,以及日常需要知晓的安全要求等,用新颖的画面教育员工遵章守纪。二是收集安全名言警句,例如"你的亲人在等着你回家""生命只有一次"等,并利用安全看板、微信文章等方式进行展示,提升员工的自我保护意识。三是各单位在明显的公共区域设置安全展示看板,漫画、安全警句要在各单位的展示看板中进行体现,营造安全生产氛围,时刻提示员工注意安全。

(4)应急演练式教育

通过模拟事故场景、事故状态的方式为员工展现安全风险,让员工在处置、逃生、自救的过程中感受危机,从而提高员工的应急处置能力。

优点:身临其境、触手可及。

适用范围:本单位涉及的重要危险源项点。

主要内容:一是围绕本单位的重要危险源及隐患编制演练计划,并策划出演练步骤、操作细节、参与人员等信息。重要危险源每三年至少覆盖一次演练。二是强化应急演练的真实性,采用假人、担架、烟幕弹等物品增强事故场景的仿真效果,让员工身临其境,切身体验,感受真实(培训频次:每半年至少开展1次)。

(5)KYT危险预知式教育

以工位为单位,按照固定周期组织全员对工位内的危险项点进行识别评价,提前预知、预警,并制定防范措施,内部传达学习。

优点:全员参与、全面细致。

适用范围:工位内经常发生或日常被忽略的危险项点。

主要内容:一是全员参与,围绕工序、设备、设施、物品等方面对本工位涉及的危险源进行识别,针对识别的危险源要做好记录(培训频次:每半月1次)。二是工位长组织全员对识别出的危险源及避除措施进行学习,学习完成后按照要求在KYT危险预知训练记录上进行相应的记录和签字(培训频次:每半月1次)。

(6)现场推演式教育

通过日常暴露的隐患问题识别风险,从而反推隐患失控诱发的事故,现场实施情景再现。

优点:实效性强、针对性强。

适用范围:日常施工作业中极易造成人身伤害、车辆伤害的问题及隐患。

主要内容:一是对现场检查中出现的问题进行分析比对,识别出能够造成人身伤害、车辆伤害的隐患问题,对失控诱发的事故后果进行推理、预判(培训频次:发生时)。二是组织作业中涉及此类隐患的人员进行观摩学习,现场观看推演过程和听取事故造成的影响,以现身说法的方式教育他人(培训频次:发生时)。

自2019年中心执行"六面体"立体式安全教育模式以来,通过预防、警示、推演的方式持续强化提升本质安全。截至2020年6月,中心共计完成说教式教育316次、视频课件式教育61次、漫画看板式教育45次、应急演练式教育22次、KYT危险预知式教育598次、现场推演式教育113次。立体式安全教育模式在中心内的有效运行,切实提升了员工对危险的预知和认知能力,提高了员工的应急处置和自救能力,强化了员工“我要安全”的主动意识。

(二)“万万千”品牌活动

“万万千”是长客股份党委委贯彻“服务中心、引领发展、创新求变有作为,发挥不可替代作用”的工作思路。作为高铁生产企业,在复习号动车组制造的平台上,操作文化主要体现在贯彻“坚持一次性把事情做好,并能够长期坚持下去”“一点都不能差、差一点也不行”“与高铁事业同步发展、同享发展”的理念,通过青年员工在每个岗位、每个工种“量的累积”,根据每一组正确操作的累积,获取相应物质与精神层面的激励,真正实现“干得越多,干得越好,得到越多”的优质优价分配制度。将神圣的高铁事业外化到员工的每一次施工作业中,实现个人发展与高铁事业的“同频共振”。通过开展“万万千”(十万个螺栓无松动、万根线束无差错、千米焊缝无缺陷)岗位技能竞赛、青年人才培养等活动载体,深化操作文化内涵,营造良好的“磁场”环,实现引导和鼓励员工立足岗位做好工作,为企业发展做出积极贡献。

(三)“339工程”创新改善

“339工程”,即在未来三年时间内,在制度、标准、制造三个环节,中心内90%的员工至少要完成一项创新改善项目。“339工程”是“585全员自主创新改善活动”的延续和细化,是将工业文化深度融入中心管理、制造、创新的一种有效载体。通过激发员工的创新能力和开拓精神,逐步提高员工的创新能力,总结固化创新成果,不断地自我改善、自我创新和自我提高,在管理、安全、质量、生产、技术等方面的工作质量稳步提升。

1.“339工程”成果申报

中心各车间高技能人才工作站和部室专业组长每月依据创新改善成果经济性、创新性、实用性等情况,对本班组员工上报的职业创新改善成果进行初审和排序,对于确实在原有基础上有改进或创新的成果,组织员工填报《“339”工程优秀成果申报表》,并将初审通过的纸介版申报表和电子版汇总表提供给评审部门进行评审。

2.“339工程”成果审批

中心各部室主管职业创新负责人要对各单位上报的职业创新改善成果进行评审,对成果给出专业评语、固化或推广计划,见表1。

“339工程”优秀成果申报表 表1

编号:ZZ-LE-HJ-0001

基础信息		
车间:铝车体二车间	工位:侧墙附件组焊	成果名称:侧墙门立柱反变形控制装置
改善前情况说明及原因分析		改善人简介
门立柱在没有约束力的情况下焊接后,门立柱垂直度与平面度往往会超差,最大可达10毫米左右,这种情况下只有进行调修处理,先进行门立柱预热,然后对变形侧墙门立柱反反复进行锤击,操作者劳动大并且伴随巨大的噪声,由于锤击面只有8毫米,锤击时易发生偏移,容易伤害操作者和母材,很难保证产品质量,工件容易出现裂纹,影响产品质量		周晶辉,铝车体二车间铆工,从铝合金车体生产20多年,对焊接变形控制与调修有丰富的经验,工作期间解决生产难题上千项
成果展示		改善措施及效果介绍

续上表

<table>
<tr><td colspan="6">基础信息</td></tr>
<tr><td colspan="3">
改善前

改善后</td><td colspan="3">制作侧墙门立柱反变形工装，组对焊接前做4毫米反变形，焊接完毕后待温度冷却，卸掉反变形工装，就能达到合格尺寸，不用反复进行锤击，操作简单，方法灵活，移动方便，避免在锤击过程中带来的巨大噪声和锤击偏移时对操作者的伤害，减轻操作者劳动强度，有效地减少了工件的裂纹，提升产品质量和生产效率</td></tr>
<tr><td colspan="6">经济性分析(单车)</td></tr>
<tr><td colspan="6">定量分析：节约人员<u> 1 </u>人　节省工时<u> 60 </u>分钟　节约成本<u> 1000 </u>元
定性分析：☐提高安全性　☐改善人机环境　☑降低劳动强度　☐目视化改善　☑提升产品质量　☐其他</td></tr>
<tr><td colspan="6">审批流程</td></tr>
<tr><td>类别</td><td>☐制度类
☐标准类
☐制造类</td><td>固化形式</td><td>☐不固化、自固化
☐固化到管理规范、文件
☐制作实物推广使用</td><td>固化部门
及时间</td><td></td></tr>
<tr><td rowspan="2">工作站
初评</td><td rowspan="2"></td><td rowspan="2">部室意见</td><td>☐不通过</td><td colspan="2" rowspan="2"></td></tr>
<tr><td>☐通过
☐申报工业之美
☐推荐创新奖
☐申报专利
☐发表论文
☐申报五小成果
☐申报优秀操作法</td></tr>
</table>

3."339工程"成果固化推广

对于审核认定的可以固化推广的创新改善成果，审核部室认定的固化部门应牵头组织以制作实物样品、升级相关文件或制度等方式进行固化和推广。固化或推广后，审核部门应跟踪推广实施效果，经验证推广效果不理想的，要及时终止推广并做出必要的调整。

截至2020年6月，中心63%的员工已至少完成了一项创新改善项目，共归纳总结出1304项创新改善成果，有效提升了产品质量和管理水平，全面强化了员工创新能力和职业素养，并从深层次激发和激活员工创新、创造的内驱力，使人才队伍充满进取力、创造力，用充满正能量的团队推进机体持续进步、持续发展，见图5。

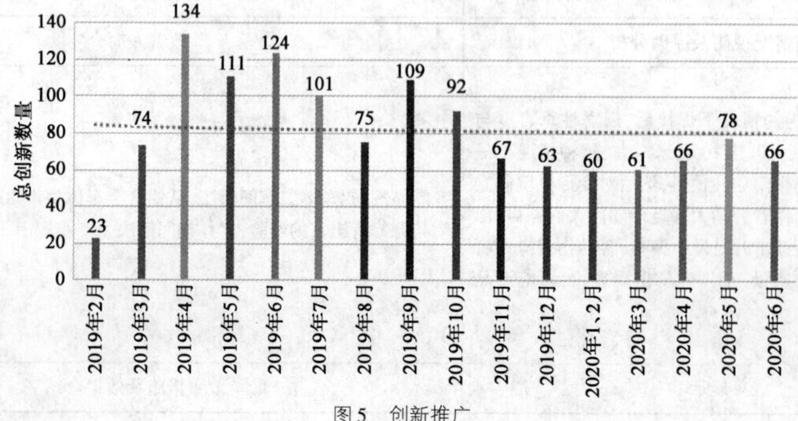

图5　创新推广

（四）"发现'工业之美'"品牌活动

"发现'工业之美'"是对公司工业文化的分解与落实，是对工匠精神的践行与弘扬，是建设以工业品质为核心的工业文化的具体措施。"工业之美"是指制造过程中"美"的制造、"美"的品质、"美"的成果，包括我们的技艺之美、态度之美、心灵之美和奉献之美，要求我们没有借口去执行、追求一次做对求完美、创新永恒谋发展、做到极致当典范、奋斗幸福作贡献。

"发现'工业之美'"就是将"美"进行有效的记录、展示和分享，以工业品质的视角，实现过程一致性与结果的一致性。对这些成果实现的过程进行有效的分析、提炼和总结，固化实现的方法和要领，通过过程的一致性推广实现"美"的一致性，打造以工业品质为核心的工业文化。

1."发现'工业之美'"成果申报

申报单位自主发现申报或依据各部室推荐的能够体现"工业之美"的优秀成果，填写《"工业之美"优秀成果申报表》后进行初评，审核重点为成果的真实性、全面性、申报材料的规范性。初审通过后，由申报单位统一将纸介版申报表提供给评审部门进行评审。

2."发现'工业之美'"成果审批

中心各部室评审人员应依据提报成果在本领域的工业品质所达到的"美"的程度以及后续示范效应大小，确定是否通过审批。审批通过后，由审批人员呈报中心主管副总经理确认后生效，参见表2。

"工业之美"优秀成果申报表

表2

编号：BZ-LY-HJ-0001

<table>
<tr><td colspan="7">基 础 信 息</td></tr>
<tr><td colspan="3">车间：铝车体二车间</td><td colspan="1">工位：总组成附件工位</td><td colspan="3">成果名称：门立柱焊接</td></tr>
<tr><td colspan="4">制造人简介</td><td colspan="3">制造难点及提升措施</td></tr>
<tr><td colspan="4">吕明，铝车体二车间焊工，从事电焊作业10年，对焊接质量成型有着丰富的经验，获得五小成果6项，立项攻关8项，解决生产难题20多项，对狭小空间焊接有丰富的经验</td><td colspan="3" rowspan="5">该工位大部分焊接位置为薄厚板角接焊缝，最大薄厚差为7毫米(3+10)，焊缝焊接时视线受阻，难点在于焊接时如何达到薄板不烧穿的同时使厚板达到熔深标准。
①打底焊
对焊缝两侧50毫米区域进行预热，使用测温仪监测加热温度。当温度降低到90℃，采用停顿式焊接手法进行平角焊焊缝焊接。在转换到立焊位置时，将电流调整至180安，其他参数及焊接手法保持不变。在转换到横焊位置时，将电流调整至140安，采用上停下带式焊接手法进行焊接，其他参数保持不变。
②填充焊
焊接时起弧位置与打底焊不同，应在未清根位置处起弧。当温度降低到100℃，采用停顿式焊接手法进行平角焊焊缝焊接。在转换到立焊位置时，将电流调整至180安，采用左右摆动式手法进行焊接，其他参数保持不变。在转换到横焊位置时，将电流调整至150安，采用上停下带式手法进行焊接，其他参数保持不变。
③盖面焊
当温度降低到100℃，采用停顿式焊接手法进行平角焊缝的焊接。在转换到立焊位置时，将电流调整至170安，采用左右摆动式手法进行焊接，其他参数保持不变。焊接过程中应注意立焊左右摆动时电弧停留的时间，中间顺势带过，两侧停留约0.7秒。在转换横焊位置时，采用上停下带式手法进行焊接，将电流调整至160安，其他参数保持不变</td></tr>
<tr><td colspan="4">工业之美</td></tr>
<tr><td colspan="4"></td></tr>
<tr><td colspan="4">美之解读</td></tr>
<tr><td colspan="4">1.左图分别为8+10毫米、3+10毫米、3+8毫米组合焊缝，焊接期间不停弧，整条焊缝无接头，成型美观。
2.右图为平角焊到横角焊再到立焊的组合焊缝，焊接时视线受阻，不易观察熔池，属于半盲焊，焊接期间不停弧。
3.在狭小空间以及视线受阻的情况下焊接，操作者能够将焊缝焊纹间距、熔池宽度保持基本一致，焊缝余高达到工艺要求，薄厚板熔合良好，焊缝成型美观，无焊接缺陷</td></tr>
<tr><td colspan="7">审批流程</td></tr>
<tr><td>工作站初评</td><td></td><td>部室意见</td><td>□不满足基本要求
□满足文件要求
□满足精品要求</td><td></td><td>中心领导审批</td><td></td></tr>
</table>

3."发现'工业之美'"成果固化推广

对于审核认定的"工业之美"成果,提报部门需要在"工业之美"中提炼出的好的方法、途径和要领进行总结,并以培训、交流、竞赛、网络宣传等形式进行推广,提升整个工作团体尚美、唯美的境界。

自"发现'工业之美'"活动启动以来,中心各单位结合生产实际,广泛发动各岗位职工,积极参与到文化品牌建设活动之中。经过细致严格的评判,截至 2020 年 6 月,在涉及车辆关键、安全、美观等性能共计 216 道工序中有 67 项成果被评为"发现'工业之美'"的样板典范,累计培训 3600 余人次。通过发现、总结、固化、推广的过程实现全员技艺水平和产品质量的整体提升,实现工业文化的有效落地。

(五)"发现'不规之范'"品牌活动

开展"发现'不规之范'"活动的目的是培育工匠精神和根植工业文化,提升员工发现问题能力、解决问题能力,体现工业产品制造过程的规范性与对标性,强化现代产业工人职业素养和职业操守的专项活动。

"发现'不规之范'"旨在提升人人发现问题和解决问题的能力,提升管理水平,实现标准一致、过程一致、结果一致,促使人人认真严谨,尽责自律,为高铁"金名片"增光添色。以活动为契机,进一步践行高铁工人精神和弘扬工匠文化,持续提升员工发现问题、解决问题的能力,深耕"科学、严谨、精准、法治"的工业文化,落实公司"提质提能提水平"总要求,提升工业品质,开展"发现'不规之范'"活动。

1. 活动内容

在中心属地化管理范围内所有人员工作过程中,在技术技能、质量管控、工装工具、安全管理、设备设施、物料使用、行为纪律等方面存在的"不规之范"问题,人人发现,人人提报,人人尽责,落实"提质提能提水平"总要求。主要表现为以下方面:

(1)在技术、质量管控方面

重点识别缺少操作依据、违反操作规范、操作规范不适用、技能资质欠缺、产品防护不到位、物料使用不到位等方面的问题。

(2)在工装工具管理方面

重点识别工装工具使用不规范、工装工具检验不规范、工装工具管理不规范、工装工具报废不规范等问题。

(3)在设备设施管理方面

重点识别设备管理不规范、设备操作不规范、设备保养不规范、基建设施使用不规范、能源使用不规范、设备配件更换不规范等问题。

(4)在生产物流管理方面

重点识别缺少物料需求计划依据、工程变更无法执行、实物现场管理不规范、生产报工不规范、生产剩余回退无法执行、在制品管理不规范等问题。

(5)在安全管控方面

重点识别培训教育不到位、记录填写不规范、施工作业不规范、监督检查不到位、整改落实不到位等问题

(6)在劳动纪律方面

重点识别行为纪律不规范、劳动纪律不规范等问题。

表 3 为发现"不规之范"要素分解表。

发现"不规之范"要素分解表 表3

问题信息				审核管理		改善要素					
管理维度	问题分类	问题现象	潜在风险	负责部室	负责人	人	机	料	法	环	测
质量管控	缺少操作依据	缺少图纸、文件等技术资料	员工无施工依据,凭经验施工会带来质量隐患	技术部	岳彩月、贾伟男、徐强、侯炙禹	•			•		
		缺少技术方案	员工随意施工有操作安全风险,产品有质量风险,工具准备不充分影响生产进度						•		
		缺少产品过程和完工标准	产品无检测标准会引起质量一致性差						•		•
		缺少质量工作流程	引起业务流程混乱,造成责任判定不清			•			•		
	生产操作不规范	不按图纸技术规范进行施工	员工不按技术要求生产会引起质量隐患		岳彩月、贾伟男、徐强、侯炙禹	•			•	•	
		不按工艺规程要求施工	员工不按规程操作会有安全风险，产品质量有风险			•			•	•	
		违反相关法规、制度要求	违规操作有极大的安全风险			•			•	•	
		违章指挥作业	违规指挥会有极大的安全风险			•			•	•	
	操作规范不适用	图纸要求难以实现	引起质量风险、引起操作安全风险		岳彩月、贾伟男、徐强、侯炙禹				•	•	•
		文件要求无法达到	造成无法施工						•	•	•
		图纸文件错误	影响产品质量						•	•	•
		规定规范无法执行	员工无法依规施工,会弱化员工规矩意识						•	•	•
		规范不唯一不统一	员工无法依规施工,会弱化员工规矩意识						•	•	•
	物料防护不规范	未按文件要求进行物料的防护	防护不到位易造成物料损坏		岳彩月、贾伟男、徐强、侯炙禹	•		•	•	•	
		防护起不到应有的效果	防护不到位易造成物料损坏			•		•	•	•	
		重要物料缺少防护要求	关键物料无防护要求易造成物料损坏						•		•
	物料使用不规范	原材使用不正确	引起上车物料质量问题		岳彩月、贾伟男、徐强、侯炙禹	•	•	•	•		
		辅材使用不正确	导致资源浪费、丧失原有功能			•	•	•	•		•
		原、辅材使用缺少使用标准	导致资源浪费						•		•
	技能资质欠缺	操作者缺少必要的资质	引起产品质量风险,认证审核不通过		岳彩月、贾伟男、徐强、侯炙禹	•			•		
		操作者专业理论知识欠缺	员工无法理解施工目的			•			•		
		操作者专业技能水平欠缺	引起产品质量不合格、引起效率低下			•			•		
工装工具	工装工具使用不规范	工具选用错误	引起操作安全风险,引起产品质量问题	技术部	张宛强	•	•		•		
		工具配件选用错误	引起产品质量不合格		张宛强	•	•				
		贵重和精密的工装工具未按照要求进行定期清洁、保养、文明使用	影响工装工具使用寿命		张宛强、刘子煦	•	•		•		
		工装、工具损坏没有及时报修	影响工装工具使用寿命		张宛强、刘子煦	•	•				
	工装工具报废不规范	工装工具未按标准进行报废	造成资源浪费		张宛强、刘子煦	•	•		•		•
		工装工具无报废标准	造成资源浪费		张宛强、刘子煦	•	•		•		•
	工装工具检验不规范	未按照定检期进行检验	引起产品质量不合格		张宛强、刘子煦		•				
		使用检验不合格或超过定检期的工具	引起产品质量不合格		张宛强、刘子煦		•				
	工装工具管理不规范	工装工具账物不符	造成资产管理混乱		张宛强、刘子煦						
		自购工具没有管理	无法对工具的状态进行有效监管，影响产品质量和安全		张宛强、刘子煦		•				

续上表

问题信息				审核管理		改善要素					
管理维度	问题分类	问题现象	潜在风险	负责部室	负责人	人	机	料	法	环	测
设备设施	设备管理不规范	资产管理相关指导性文件、制度、流程培训未按照要求开展或记录不全面不规范	违规操作有极大的安全风险	设备部	刘万会、何军、刘斌、潘孝龙、代笠、陶继双	•	•		•		
		车间设备现查检查未执行,未填写记录	设备状态不掌握,存在设备故障停台的风险		刘万会、何军、刘斌、潘孝龙、代笠、陶继双	•			•		
		资产管理标识、设备铭牌等标识丢失、破损、模糊不清、信息不准确、更新不及时的	资产标识不准确体系认证审核不通过		刘万会、何军、刘斌、潘孝龙、代笠、陶继双	•	•		•		
		设备现场管理看板或TPM文件夹管理不规范的	现场精益管理不规范,影响中车精益审核		杭洋	•	•		•		
	设备操作不规范	未对设备进行点检或清洁紧固,记录卡未填写	设备状态不掌握,存在带病作业风险		刘万会、何军、刘斌、潘孝龙、代笠、陶继双	•	•		•		
		未按照标准对设备点检或清洁紧固的,只填写记录	存在小故障发展为大故障的风险			•	•		•		
		无证操作设备	引起设备和人员的安全风险,认证审核不通过			•	•		•		
		违反操作规程操作设备	员工不按规程操作对设备或人员会有安全风险,产品质			•	•		•		
		设备交接班记录填写不规范	无法真实有效反应设备运行状态和运行时间			•	•		•		
	设备保养不规范	设备零部件、线路、管道等缺失、破损、不完整	设备零部件损坏无法使用		刘万会、何军、刘斌、潘孝龙、代笠、陶继双	•	•		•		
		设备维护保养没有记录	无法反映设备维护保养情况,影响体系认证			•	•		•		
		未按标准润滑的导致设备损坏	设备润滑不充分易导致设备故障			•	•		•		
	配件更换不规范	更换的设备配件未达到报废标准	造成资源浪费		刘万会、何军、刘斌、潘孝龙、代笠、陶继双	•	•				
		设备配件缺少更换标准	造成资源浪费				•		•		•
	基建设施使用不规范	基础设施没有落实负责人或负责人未进行日常检查、维护	基建设施状态不掌握		黄海	•	•		•		
		墙面抹灰及涂料人为污染或硬伤损坏	影响中心整体形象		黄海	•	•		•		
		门锁及门窗把手无损伤、遗失或闭门器损坏	门窗损坏无法使用		黄海	•	•		•		
		浴室、卫生间下水、水龙头、手盆等设施使用不当导致损坏	资产设施无法使用		黄海	•	•		•		
	能源使用不规范	未进行能源日常体系检查	能源管理体系运行状态不掌握,影响能源体系认真		于鹏	•	•		•		
		供暖期间未及时关闭门窗、开启大门未启动热风幕	造成能源浪费		于鹏	•	•		•		
		存在违规使用电能、压缩风、水等能源现象	造成能源浪费		于鹏	•	•		•		
生产物流	缺少物料需求计划依据	缺少已生效BOM	体外应急提报需求,易造成实物、成本管理混乱	生产部	刘甠宁			•	•		
		缺少工艺流程	串、并行工序不清晰,需求提报凭借经验,缺料停工依据不明确,造成现场物料滞留积压		刘甠宁			•	•		
	工程变更无法执行	工程变更未明确WBS元素、执行列分等要素	造成物料需求提报、成本归结无依据		刘甠宁			•	•		
		工程变更执行列分与实际生产计划及完工情况脱节	造成工程变更执行列分重新明确,物料需求、实物配发已完成,物料退料、转运等非增值动作发生		刘甠宁			•	•		
	实物现场管理不规范	物料分区标识不清晰	造成现场物料管理混乱,实物混放问题		刘甠宁	•		•			
		物料"三定"标准不执行	工位物料超储、滞留,易造成质量、生产损失隐患		刘甠宁	•		•			
		在制品管理不规范	产品的防护不当、检查不到位会引产品质量风险		刘甠宁	•	•	•	•		

续上表

问题信息				审核管理		改善要素					
管理维度	问题分类	问题现象	潜在风险	负责部室	负责人	人	机	料	法	环	测
生产物流	生产报工不规范	报工不及时	反冲物料占用资金过大,KPI指标无法达成	生产部	刘甡宁			•	•		
		操作不当	1.违规使用co12对订单批量报工，造成出现错误的物料货物移动，导致问题数据的产生，影响成本归集 2.直接导致系统无需求的物料及生产订单（20、26例外信息）的产生，可能会导致已完成的料件成为废品，形成损失。也可能导致系统与实际不符，影响成本归集		李玉龙	•	•	•			
		报工错误	造成前、后工位报工逻辑报错；报工数量错误等问题发生，导致技术性完成错误		刘甡宁			•	•		
	生产剩余回退无法执行	剩余原因不明确	易造成生产剩余物资无法归类处理,无明确的牵头单位解决		刘甡宁	•		•	•		
		缺少工作流程(无残值、玻璃制品、电池等)	造成生产剩余物资无法回退，无牵头部门解决，滞留现场		刘甡宁			•	•		
安全管控	培训教育不到位	对管理规定内容掌握不够	在安全管理、安全操作层面做出了错误的判断和处理方式，从而诱发安全事故	生产部	田洪源、刘强	•			•		
		对安全操作内容掌握不够	违章指挥、违章作业诱发安全事故			•			•		
		对应急预案内容掌握不够	缺少应急逃生自救能力,造成人身伤害及财产损失			•			•		
		对经验教训的重视程度不够	安全事故、隐患重复发生，造成人身伤害及财产损失			•			•		
	记录填写不规范	教育培训记录填写不及时,信息录入不准确	若后续出现问题,不便于追溯记录进行查阅确认		田洪源、刘强	•			•		
		工作记录填写不及时,信息录入不准确	若后续出现问题,不便于追溯记录进行查阅确认			•			•		
		点检记录填写不及时,信息录入不准确	若后续出现问题,不便于追溯记录进行查阅确认			•			•		
		日常检查记录填写不及时,信息录入不准确	若后续出现问题,不便于追溯记录进行查阅确认			•			•		
		整改记录填写不及时,信息录入不准确	若后续出现问题,不便于追溯记录进行查阅确认			•			•		
	施工作业不规范	违章指挥	触发安全隐患,造成人身伤害及财产损失		田洪源、刘强	•			•	•	
		违章作业	触发安全隐患,造成人身伤害及财产损失			•			•	•	
		野蛮施工	忽视安全管理规定要求,诱发安全事故			•			•	•	
		工作态度不认真	忽视安全管理要求,诱发安全事故			•			•	•	
	监督检查不到位	日常检查不细致、不认真	未能发现现场中的隐患问题，隐患长期暴露		田洪源、刘强	•	•	•	•	•	•
		专项检查不细致、不认真	重点区域、重点设施、重要危险源等项点管控失效，诱发安全事故			•	•	•	•	•	•
		季节性检查不细致、不认真	防风、防火、防雷、防汛等季节性隐患排查处置不到位，造成人身伤害及财产损失			•	•	•	•	•	•
	整改落实不到位	整改措施、整改责任人、整改时限不明确	隐患整改不利,隐患长期暴露，无人监管		田洪源、刘强	•			•		•
		隐患问题未闭环	隐患整改管控失效,长期暴露诱发安全事故			•			•		•
		隐患整改无记录	若后续出现问题,不便于追溯记录进行查阅确认			•			•		•
劳动纪律	行为纪律不规范	厂区不按一米线内行走,生产场地不按照车间设置的路线行走	影响中心文明形象	综合部	张成、张金玲	•			•		
		生产场地劳保穿戴不整齐	影响中心文明形象		张成、张金玲	•			•		
		在办公区域大声喧哗	影响中心文明形象		张成、张金玲	•			•		
	劳动纪律不规范	不按照公司“四整点”要求上下班	违反劳动纪律,降低工作效率		张成、张金玲	•			•		
		不及时履行假别手续	违反考勤制度,造成人员失控，存在安全隐患		张成、张金玲	•			•		
		工作时间玩手机、睡觉等做一些与工作无关的事项	违反劳动纪律,降低工作效率		张成、张金玲	•			•		

2. 活动形式

(1)人人"随手拍"

属地化所有员工,利用小程序把发现身边的"不规之范"的问题,即时拍照并上传到"不规之范"数据系统(图6)。

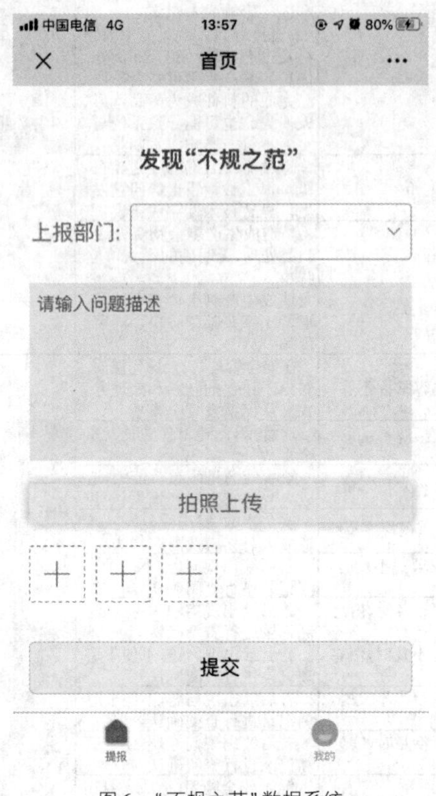

图6　"不规之范"数据系统

(2)部室"定期查"

中心技术部、生产部、综合部、设备部在日常检查时,识别出"不规之范"问题,由检查人员拍照并上传到"不规之范"数据系统。

(3)人人"即时纠"

属地化所有人员不仅要即时拍照上传发现的"不规之范",而且要及时制止、监督纠正和上报,尤其是涉及安全、关键质量方面的问题,必须予以及时制止和纠错。

"发现'不规之范'"活动,体现和彰显高铁工人的责任感和使命感,新一代高铁工人要提升发现问题、解决问题的能力,不负时代重托;是进一步体现高铁工人的时代担当,是践行工业文化,提升工作品质的有效载体,要以"发现'不规之范'"问题为荣,解决"不规之范"问题为荣,营造人人敢于负责,勇于担当的文化氛围,为企业发展助力。

(六)"一口清"品牌活动

2015年4月10日,李克强总理走进中车长客,工人孙立贵用"一口清"汇报起了他的工作流程,总理赞扬只有这样掌握工艺流程和操作规范,产品质量才能有保障。2015年7月17日,习近平总书记在对长客股份参观调研时,高速中心青年职工姚智慧为总书记展示了"端子排接线工艺文件一口清",得到了习近平总书记的肯定。在复兴号各工位的制造过程中,持续贯彻落实"一口清"党建品牌活动,将"工艺文件一口清、质量标准一口清、行为规范一口清、安全操规一口清"作为员工上岗的"经"来强力推行,将"一口清"固化到复兴号操作者培训大纲中,通过持续推行"一口清"培养员工对规范、标准的敬畏和尊崇,达到外化于行、内化于心的管理效果,最终作用于产品实物质量,实现了复兴号动车组生产制造

“零缺陷、零误差、零隐患”。

(七)推行“首见负责制”

“首见负责制”是指在本单位所管辖区域内,第一位发现生产、现场、安全、综合管理等各类异常情况的员工,有责任、有义务进行恰当、合理的处理,并第一时间向上级汇报,确保异常情况得到及时有效控制、处理的管理措施。推行“首见负责制”,有效延伸管理幅度和管理触角,将“管理对象”转化为“管理者”,激发每名员工主动管理、主动作为的主人翁意识,从而达到有效控制产品质量、现场规范、安全生产等目的。在打造高铁文化的具体实践中看,长客以“首见负责制”为导向,有效强化员工主人翁意识和责任感;将把推行“首见负责制”作为提升员工职业素养,强化员工主人翁意识的创新举措。长客高速中心铝车体一车间在全员推行“首见负责制”的基础上,将班组长、车间骨干等作为第一批次“首见负责人”,为其佩戴醒目标识,实现车间第一工序“第一速度”;装配一车间广泛开展“5米经理”活动,车间作业场地内每名员工都是以自己为圆心,1.2米为半径的区域内(面积约等于5平方米)的“经理”,要求每名“5米经理”自觉发挥主观能动性,履行好监督现场卫生、料件摆放、作业质量、劳保穿戴等责任,车间通过为其颁发“卓越卡”和“提示卡”给予正负激励,持续增强员工自主管理、持续改善的意识。

四、实施效果

(一)固化形成一种具有鲜明特色的高铁文化精神

1. 以“万万千”品牌活动为根基

目前中心有“万万千技能大师”18人,“万万千”活动五星明星标兵32人,四星明星标兵174人,三星明星标兵318人,二星明星标兵453人,一星明星标兵752人,累计表彰1791人次。在“万万千”活动中,装配二车间朱峰已累计完成831670米窗打胶无缺陷、铝车体二车间臧铁军已累计完成232450米焊缝无缺陷、装配一车间丁洪柱已累计完成57710根管路安装无差错等,“万万千”数据的一次又一次刷新纪录,正是用实际行动践行“产业报国、勇于创新,为中国梦提速”高铁文化精神的具体体现。

2. 以“六面体”立体式文化教育为动力

在“六面体”立体式文化渗透机制的作用发挥下,建立了浓厚工匠精神的工作信念,激发了员工的内生动力,高铁团队展现出“用户为先、奋斗为本、自我评判、持续改善”的高铁文化气息。

以安防管理“六面体”立体式教育模式为例,

一是2016—2019四年内共出现工伤事故1起(轻伤),远远低于公司轻伤事故每年平均<2‰起的指标数值。

二是实现五个百分百目标,即全年环保隐患和问题整改及时率100%、安全生产上报及时率100%、安全环保规章制度执行率100%、各单位现场巡查覆盖率100%、日常周检查和专项检查兑现率100%。

三是有效传播安全文化理念,化解不安定因素。2019年,中心紧紧围绕安全生产目标,结合“六面体”立体式安全教育模式,不断优化工作方法、细化工作措施、创新安全活动,为员工树立了“安全就是生命、安全就是效益”的安全经营理念和“注重安全就是对生命爱惜、对亲人爱护、对家庭保护”的安全责任理念,员工的安全文化意识得到了有效提升。

(二)输出一批彰显工业品质的高铁文化成果

中心在万万千基础上,开展了“339工程”“发现‘工业之美’”等品牌活动,各单位主动参与、高效组织,在创先改善方面取得了可喜可贺的成绩,截至6月份,中心累计审核通过创新成果1304项,职工全员参与率达到了62.2%,超既定45%的工作目标17.2个百分点;发现、总结、推广、固化“工业之美”67项,进一步营造了“尚美、唯美”的工作氛围;优秀创新成果在公司全员自主改善成果评奖中获奖达44项,在公司全员自主改善成果中占比25.8%。技术攻关700余项,申报专利60余项,撰写论文600余篇,编制教材50余册,现场设备自主维修率达到70%,现场技术服务完成率达到85%。在2019年吉林省创新方法大赛中,共计提报参赛项目162项,斩获了特等奖2项(共5项)、一等奖8项(共25项)、二等奖 14 项、三等奖 33 项,并荣获优秀组织奖。在 2019 年中国创新方法大赛全国总决赛中,中心 6 支参赛队伍全部获奖,其中一等奖 1 项、二等奖 3 项、三等奖 1 项、优秀奖 1 项,进一步落实了公司"科学、严谨、精准、法治"的工业文化要求。

(三)打造出一支具有国际化视野的高铁人才队伍

多年来,高速中心先后建立了 7 个高技能人才工作站,其中 2 个为国家级大师工作站、3 个为首席操作师工作站、1 个为一级操作师工作站,生产现场同时配套配备了 7 个高铁先锋训练营用于实操培训。培养中车首席技能专家 2 人、资深技能专家 6 人、技能专家 16 人;技师职称以上人员 528 人,其中技师 431 人、高级技师 107 人、占人员总比率的 26%;高级工占比达到 95% 以上。培养出以罗昭强、周晶辉、胡俊祥等大师为代表的领军人才,人才培养体系已经形成阶梯式良性发展。

轨道交通客运装备售后服务过程中的质量管控模式探索与研究

中车长春轨道客车股份有限公司

成果主要创造人:王 锋 孙晓琨

成果参与创造人:唐 默 姜中宇 钱志博 杨 帆 李 强 李 皓 吴东昇 岳晓峰 刘 壮 高 宇

中车长春轨道客车股份有限公司(简称“中车长客”)前身长春客车厂始建于1954年,是国家“一五”期间重点建设项目之一。

中车长客是我国知名的轨道客车研发、制造、检修及出口基地,是中国地铁、动车组的摇篮。现有员工18000多人,总部有新老两个整车制造厂区,总占地面积450多万平方米。中车长客拥有24家子公司(全资及控股15家),其中境外子公司8家(全资及控股4家)。中车长客是中车集团的龙头企业,更是中车集团海外业务的标杆企业。

中车长客经营业务主要由研发试验、轨道客车新造、检修及运维服务三大部分组成。目前具备年产180~200列动车组、4000辆城铁车、600辆普通铁路客车和检修300列动车组及1000辆普通铁路客车的能力。

中车长客在管理体系上实现了与国际标准接轨,在国内同行业中率先通过了IRIS国际铁路行业管理体系、ISO 9001质量体系、ISO 14001环境管理体系、OHSMS职业安全健康管理体系、DIN6700质量体系等认证。

中车长客是国内行业中出口最早、出口数量最多的企业。产品已出口到美国、澳大利亚、巴西、泰国、沙特阿拉伯、新加坡、新西兰、阿根廷、埃塞俄比亚、中国香港等20多个国家和地区,出口车数量累计超过8900辆,签约额超过120亿美元。

一、实施背景

我国铁路的发展一直走在时代发展的前沿。自1949年新中国成立以来,在党的领导下中国经济快速发展,至今在多个领域取得了举世瞩目的成就,在铁路运输领域也取得了十分优秀的成绩。铁路运输是基础性、战略性产业,是我国经济发展的重要支撑和坚强基石。铁路从新中国成立到现在,尤其近几年的飞速发展,在世界铁路发展历程上开创了“中国速度”的奇迹。

1949年底我国铁路营业里程仅2.181万公里,到2018年底,全国铁路营业里程达到13.1万公里以上,其中高铁2.9万公里,铁路运营里程增长600.6%;国家铁路旅客发送量由改革开放初期的8.07亿人增长到33.17亿人,增长311%。

2008年,我国第一条高速铁路——京津城际铁路开通运营。截至2018年底,全国铁路“四纵四横”高铁主通道全部贯通运营,高铁覆盖65%以上的百万人口城市,形成了世界上最现代化的铁路网和最发达的高铁网,值得一提的是,我国高铁更是从无到有,实现了跨越式的增长。

铁路运输安全是铁路运输最重要、最核心的部分,所有旅客的运输安全都取决于行车安全。这对铁路运输设备质量、管理水平、人员素质提出了较高的要求。必须重视铁路运输安全,坚决杜绝重大铁路运输事故的发生,要通过改善技术设备、加强管理和健全法治来保证铁路运输安全。

近年来,国内外铁路车辆安全事故频发,轻则造成线路运营车辆晚点,重则发生脱轨、火灾、爆炸等严重事故,给乘客生命和财产安全带来严重侵害,同时也给铁路运输部门、车辆生产制造商带来很大经济赔偿负担,造成事故发生的直接责任人和管理责任人也会面临惩处,甚至涉及犯罪被移送司法机关处理审判。售后服务是轨道交通客运装备产品出厂后的最后一道质量保障,在质保期内全面检查、发现、整治车辆存在的安全隐患问题十分重要,这就需要建立一套基于标准化售后服务体系框架下的售后服务质量管控模式,从而避免因人员、物料、工具、方案、环境、测试等可控因素发生重大质量安全事故。

二、成果内涵

中车长客建立的"轨道交通客运装备售后服务过程中的质量管控模式","正向设计"售后服务过程中的质量管控方法,创新地解决了传统售后服务过程中质量管控项点分散的问题。售后服务的定位是产品技术检验和验证场所、公司质量管理评判地、检修运维服务用户现场发源地、供应商管理课题出处、客户沟通纽带和桥梁。本成果以该定位为出发点,营造了"人人重视质量、人人敬畏质量"的质量氛围,让员工知道质量是公司赖以生存的生命线。

轨道交通客运装备售后服务过程中的质量管控模式是基于标准化售后服务体系当中的质量管理分支建立,包含质量目标、质量方针、质量管理原则、质量管理组织机构、质量体系文件、质量管理平台、质量控制、质量保证、质量改进等项点,成体系的正向设计质量管理方法,对照国际通用质量管理标准和中车集团企业质量标准,建立的行业领先售后业务质量管控模式。可应用于轨道交通车辆售后服务过程中的故障问题处理、技术变更、加改执行等全部用户现场施工作业环节,有效降低出厂产品因可控要素发生安全事故的概率,也降低了用户投诉,在一定程度上提高了顾客满意程度,为中车长客兑现车辆运营指标奠定基础,为争取后续市场订单提供了保障。

三、主要做法

(一)设置质量管理组织机构

要想做好公司出厂产品的售后服务工作,首先要设置对应的管理机构,中车长客设立了3个售后服务部,分别是铁路客车业务部售后服务部、城铁客车业务部售后服务部、海外业务部售后服务部,分别负责国内高铁、国内城铁、海外项目车辆质保期售后服务工作。截至2020年6月,在国内外设立了28个高铁售后服务站、77个城铁售后服务站,在国外设立了17个海外售后服务站,合计承担公司约4169列车的质保期售后服务工作。

3个售后服务部具有质量管理职责,对自身和供应商人员在用户现场施工情况负有质量管理和监督责任,是中车长客质量保证部管理业务的承接部门之一,承接质量保证部分解的质量指标,包括用户现场施工作业质量、车辆运用故障率、质量损失金额、顾客满意度、体系审核不符合项数等。虽然3个售后服务部按照负责的产品类别和执行区域进行了划分,但是其质量管理模式相同,均适用于本课题的质量管理要素。

(二)明确质量目标、质量方针和质量管理原则

要想做好售后服务过程中的质量管理,必须首先明确售后服务部门的定位、功能和职责。依据中车长客战略分解,售后服务部门制订了具体的战略举措,包括以下三个方面:

①按照售后服务的产品服务、信息平台、客户纽带、对外窗口、文化传播等功能,确立售后服务的职责。

②继续推进售后服务标准化建站工作,完善车辆运营数据收集平台及远程技术支持平台建设。

③推进售后服务人力资源的市场化和本地化,稳定售后服务队伍。

为了兑现公司的战略目标,结合轨道交通客运装备售后服务产品技术复杂、涉及业主用户数量多、服务车组数多、售后服务人员多且分散的特点,要想做好质量管控,所有人员必须有统一的质量目标,主管部门要设置统一的管理方针、制定统一的管理原则。对此,中车长客售后服务部门设立了如下的质量

目标、质量方针和质量管理原则:

(1)质量目标:车辆安全平稳运营
质量领先顾客满意

(2)质量方针:自主施工零差错
监控执行不放松

(3)质量原则:预防为主、正向设计、充分策划
问题必究、三不放过、双五归零

(三)建立售后服务质量管控体系文件

质量管控重点在前期策划,质量管理体系文件是质量策划的重中之重。项目投标阶段客户就要听取投标方的质量管控方案,这不仅是车辆在厂内生产制造阶段的质量管控,而是产品全寿命周期链条的质量管控。车辆到达用户现场之后,售后服务人员作业后的车辆直接上线载客运营,这直接关系着乘客的生命财产安全,因此编制一套完整、严谨的售后服务阶段工作流程、规范显得至关重要。

中车长客2017年开始"管理再造"工作,路径是战略、矩阵式管理、体系化、流程化、信息化。依据公司战略,各系统部门结合公司矩阵式管理结构特点(以承载职能的"系统"为单元构成的"直线职能制"框架,与以客户需求这一"事项"为线索的"项目管理"相结合而形成的组织管理模式),绘制自己部门业务流程,并固化到ARIS系统当中。

中车长客3个售后服务部依据部门定位和功能(售后服务布局、售后日常维修、售后故障和问题处理、售后技术通知执行、售后预防检查、售后现场协调和技术服务、供应商现场管理、用户现场车辆和售后物资管理、部门综合管理),编制了工作任务分解表,绘制了76个业务流程(包括售后服务前期准备、服务站建立、现场车辆整备、售后服务质保、撤站等售后服务各阶段),明确了输入输出接口关系,制订了规范统一的管理表单,尤其是《车辆运用问题分析与处理流程》详细描述了售后现场车辆发生问题之后的处理步骤,编制专项作业指导书或操作文件,对关键动作制定表单,进行质量项点卡控,记录相关作业执行人员、复检人员、最终确认人员,方便后续质量问题追溯,参见图1~图5。

(四)建立售后服务工作信息化平台

轨道交通客运装备售后服务过程中的质量管理,不仅包含产品实物质量,还包括技术、管理人员的工作质量。拥有创新的、先进的信息化平台,是职能人员工作质量管控、车辆问题数据积累、分析和应用的根本保障。

1.建立售后服务工作网站

售后服务网站包括技术、质量、信息、物料、工具、安全、培训、人事、费用、综合等多功能板块,售后服务部全体员工在线上办公,下发工作任务通知,显示工作执行进展,网站线上反馈执行结果,全部过程实现智能提醒、痕迹管理。达到了技术准备标准化、通知执行规范化、物流管理清晰化、信息反馈实时化、员工培训制度化、现场服务正规化、平台考核透明化的"七化"目标。售后服务部工作网站部分板块功能(质量管控相关)简介如下。

(1)故障发布

当现场车辆出现A类故障(A类故障包括事故、救援、清客、掉线)时,售后服务部通过"部门网站故障发布模块"对A类故障的处理过程进行有效记载,同时依据《事故及A类故障管理流程及其规范办法》执行相应反馈、分析、处理、验证直至关闭的相关工作。

(2)预防性维修

各售后服务站每日填写《预防性维修故障信息统计表》,以系统、子系统、设备、部件、零件为拆分级别;以运营里程、运行环境、运营模式为发现时机,全面、详细地记录车辆在检修、维护、运营等各阶段的故障信息。通过与业主沟通,统一故障率统计方式,按故障类别、责任单位等维度形成数据报单及故障图示,定期反馈责任单位,责成整改,以确保现场车辆运营平稳、提升后续产品质量。

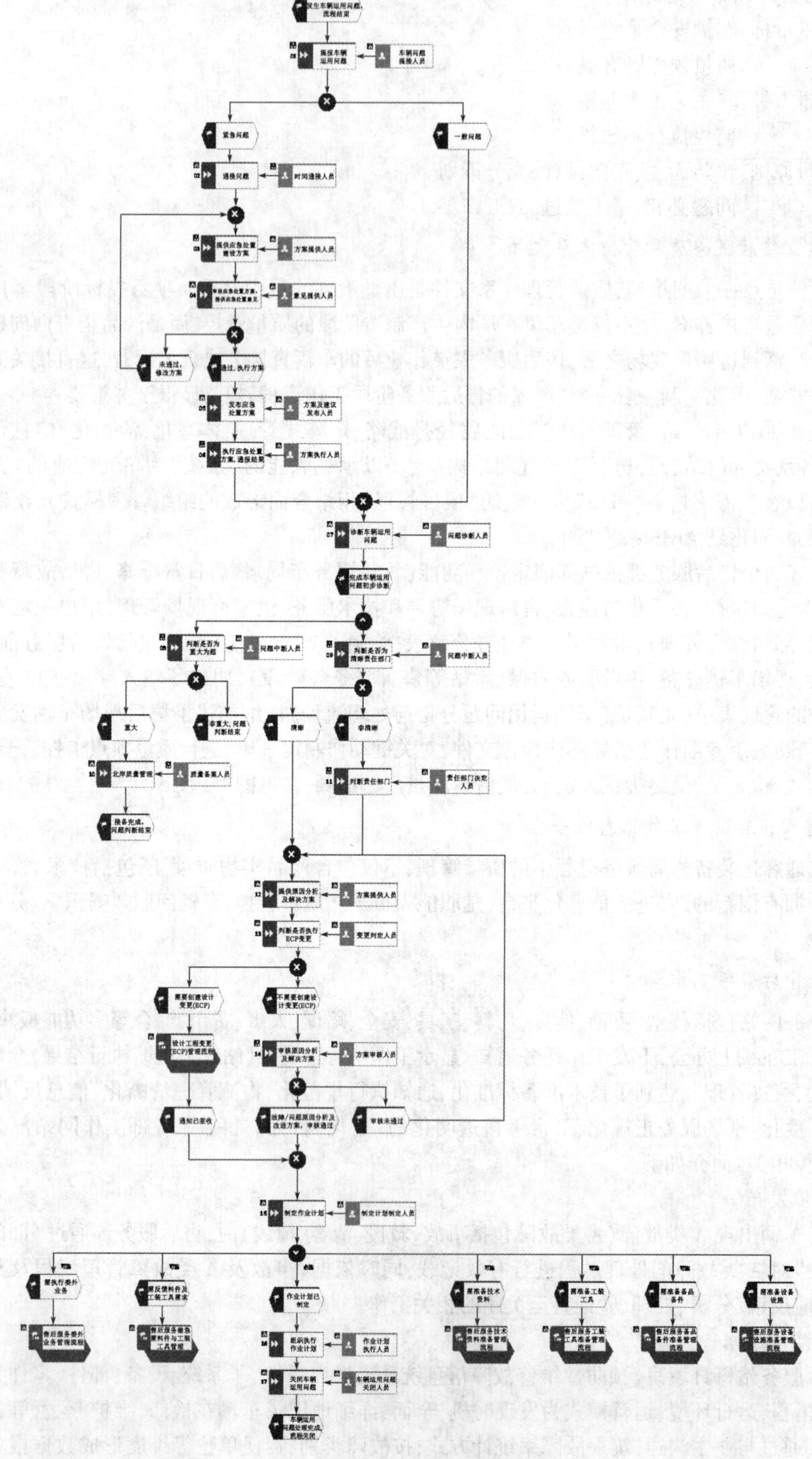

图1 车辆运用问题分析与处理流程

工作资源清单

个人防护用品

A 一设备工装及样板		B 一工具清单		C 一工艺辅材		D 一引用文件	
序号		序号		序号		序号	
1		1	橡胶锤	1		1	
2		2	手电	2		2	
3		3		3		3	
4		4		4		4	
5		5		5		5	
6		6		6		6	
7		7		7		7	
8		8		8		8	

图2　售后服务站作业指导书部分项点

监控普查作业记录单

				编制：李杰
项目名称	XX项目	执行服务站	XX服务站	
监控普查标题	各项目轴箱簧下压盖螺栓状态普查			
普查设备/部位	轴箱下压盖螺栓	所属系统	转向架系统	
执行台份	1-10			
车组号	执行情况	执行时间	执行人	确认人
TS1	完成	2016/5/1	XX	XX
TS2				
TS3				
TS				
TS				
TS				
TS				
站主任/现场负责人				
注：完工后本表同技术通知一起由售后服务站存档管理				

图3　售后服务站作业记录单

(3)RAMS信息收集

依据公司《PLM-230RAMS工程平台考核管理办法》以及售后服务部《RAMS信息统计管理流程》，各现场服务站应用“RAMS工程平台”对RAMS上线项目进行信息录入工作，售后服务现场人员会按照公司和部门要求定期将车辆的故障信息和运营信息汇总上传到公司RAMS系统中，完成第一手的RAMS信息收集，为公司技术部门后续的RAMS分析及提升产品RAMS表现提供数据支持。伴随全球轨道交通行业的快速发展，RAMS相关的车辆运营表现要求也越来越多地体现在车辆技术合同文件中，个别项目中的RAMS要求甚至成为售后服务质保期是否完成的考核标准，为此，售后服务部对于RAMS的相关管理要求和实际应用也不断增加，见图6。

中国中车 CRRC　**监控普查发布记录台账**　版本号：V1.0

更新日期：2016年5月30日

序号	监控普查通知号	监控普查标题	普查设备/部位	执行项目城铁/铁路	通知下发日期	普查完成时间	是否触发整改	整改内容（如适用）	整改技术通知号（如适用）	备注
1	编号：IBAS-03-JKPC-2016-0001	各项目轴箱盖下压盖螺栓状态普查	轴箱下压盖螺栓	城铁	2016/4/29	2016/5/5	否	NA	NA	南港岛项目发现问题
2										
3										
4										
5										
6										

图4　售后服务站作业记录登记为电子台账

图5　售后服务部工作网站

	A	B	C	D	E	F	G	H	I	J	K	L	M	N	O	P	Q	R	S	T	U	V	W
1	C-train FRACAS Log																						
2	Failure No.	Date of Failure	Time of Failure	MTR Work Order No.	EMU Train NO.	EMU Car No.	Incident Location	Changeover / Withdrawn / Pure Delay / Cancellation	Initial Delay	Accumulative Delay	Description of Failure	Description of Failure Cause	Repair Action taken	Root Cause	Time when train available for follow up	Time to attend the failure	Time to restore for service	W.O. Status	Name of Replaced Part	Part Number	Serial Number	System Name / Code	Sub-System, Component Name or Code
3	1	08/08/2012	17:56	W23536114	TS10	A369	KBD	Nil	Nil	Nil	D1B RHS CORNER SPEAKER COVER GAP TOO BIG		A369 D1B R.H.S corner speaker cover had been reinstalled ok.			8/8/2012 20:30	8/8/2012 22:00	Closed				内装	
4	2	10/08/2012	20:30	W23539980	TS10	A370	KBD	Nil	Nil	Nil	D2A SALOON LIGHT OUT		A370 D2A Saloon Light A.C Supplied Electronic Ballast was Faulty,and had been replaced.A370 D2A Saloon Light checked OK.			8/11/2012 1:00	8/11/2012 1:30	Closed				内装	客室灯具
5	3	10/08/2012	23:30	W23540221	TS10	A370	NTK-KOB/D	Nil	Nil	Nil	NTK-KOB/D TMS:EDD TRANSMISSION ERROR		Investigation revealed that A370 EDD a plug for power supply was loosened and had been re-tightened securely.A370 EDD functional test was conducted with satisfactory result.			8/11/2012 3:45	8/11/2012 4:15	Closed				通讯系统	PIS
6	4	11/08/2012	21:20	W23541193	TS10	C370	KBD	Nil	Nil	Nil	SMOKE DETECTION FAULT		出车前已经处理，reset ok，在C370烟感主机上复位后ok			8/11/2012 21:00	8/11/2012 21:30	Closed				空调系统	空调机组
7	5	12/08/2012	0:41	W23541324	TS10	A369	YAT/D	Nil	Nil	Nil	YAT/D ACB369/BCA370 ECU PWM brake demand outrange,self reset after a few seconds		上车检查，已经复位，brake test OK			8/12/2012 1:00	8/12/2012 1:30	Closed				制动系统	制动控制装置

图6　RAMS 数据收集模板

(4)检修维护业务支持

随着国际轨道交通行业的快速发展以及公司国际化市场的不断拓展,运维检修的业务需求也在不断增加,而公司承接的车辆检修维护业务也在不断增加,特别是现场部分的工作,而相应工作将按照《现场作业计划编制与执行管理流程及其规范办法》实施和执行。为进一步拓展售后服务业务,尝试现场服务的多样性,售后服务部还将不断加强检修维护相关的管理要求和业务提升。

(5)故障加改

售后服务保障期间,故障加改是现场的主要工作内容。售后服务现场处理每笔故障均要求按相关工艺规程实施,并在执行后进行功能验证,工作互检以及用户确认,相关工作需依据《故障处理管理流程及其规范办法》《故障信息反馈管理流程及其规范办法》《事故及A类故障管理流程及其规范办法》《现场作业计划编制与执行管理流程及其规范办法》的相关要求执行。同时,现场人员执行具体工作之前以及完成工作以后,都需要在《故障处理作业单》中签字,而站主任或现场负责人也需要在检查确认工作无误后在《故障处理作业单》中签字,并存档、备案。

售后服务部根据配置管理的管理要求,同时建立了《大部件更换记录台账》及《软件更新台账》,要求各现场对大部件的更换(序列号部件)、软件版本升级进行管控,确保《车辆履历》与现车状态的一致性,同时也保障了现场工作的可追溯性。

对于售后服务现场暂时无法整改或处理的故障,包括A类故障、客户投诉问题、重大质量问题以及惯性质量问题,服务部将依据信息管理相应要求实施信息反馈、问题推进和方案制定等相关工作,并要求现场按《故障信息反馈管理流程及规范办法》来执行相关问题的反馈、分析、推进及处理等工作。

针对现场车辆在售后服务过程中出现的问题,售后服务部在执行信息管理和技术管理相关工作的同时,还会将典型问题汇编至《质量及重大质量问题反馈单》内,在上报公司技术副总工程师、质量总监审批后(必要时上报总经理、主管副总经理),下达至公司各相关单位,要求各相关单位彻查彻究,提供后续管控方案,并在售后服务例会中向公司领导汇报落实进度,从而不断完善公司产品质量。

(6)工程变更

售后服务部依据《技术通知/PP/ECP编制与下发管理流程及其规范办法》《技术通知分析与传达管理流程及其规范办法》《技术通知执行与指导管理流程及其规范办法》《技术通知执行记录管理流程及其规范办法》来执行技术通知起草、下达、会签、签收、下发、整改、验证等工作。

应用"售后服务部子网站技术通知管理模块"对技术通知从分解、下发、执行、关闭的全过程进行监控。而为了保障工作的可追溯性,所有现场完成的技术通知都需要将经站主任或现场负责人签字确认后的《技术通知执行作业记录单》上传到服务部子站平台上。

(7)运营保障

售后服务部结合各售后服务现场的实际情况,针对特殊事件及重大节日,会组织各现场及项目团队编制《售后服务保障计划》,设定保障架构、明确保障职责和具体执行方案。如有需要,售后服务部还将有针对性地编制《应急预案》以尽可能降低或排除突发事件对车辆运营造成的影响。

(8)监控普查

按售后服务部《监控普查管理流程》要求,当各售后服务现场出现A类故障时或发现重大隐患时,售后服务部将自动触发监控普查工作,服务部将结合现场实际情况,由服务部技术组编制监控普查作业指导书及监控普查作业记录单,之后下发监控普查通知,明确普查项点、普查标准,并组织问题反馈、问题整改,以避免类似、关联或重大故障的重复发生。同时应用"售后服务部子网站监控普查模块"对整个普查过程进行管控,最后,当所有现场的监控普查按要求完成后,服务部还将下发监控普查执行情况通报,明确各现场执行情况。

(9)重点部位、关键项点检查

为了将故障隐患提前排除,确保车辆正常运营,售后服务部在进行车辆故障处理的同时,还将依据《重点部位与关键项点定检管理流程》定期开展车辆重点部位、关键项点的检查工作,并制订标准检查清单要求各现场定期反馈检查记录,以确保提前排除隐形故障,保障行车安全。目前的普查内容涵盖空调、车门、贯通道、构架、车钩等17个系统,共计52个项点。

(10)物料工具和设备管理

轨道车辆质保期售后服务过程中,物料、工具和设备的管理至关重要,直接关系着售后服务人员作业质量。如果将故障备件当作质量可靠的新备件装上车,不仅不能解决故障问题本身,还有可能因故障连锁反应造成更严重的灾害。如果使用了未经校核的工具进行施工作业,比如未经校核的力矩扳手,那么作业完成后的螺栓就达不到紧固状态,车辆运行一段时间后就会发生螺栓脱落的重大问题。如果售后服务现场的设备未及时保养维护,使用其整改后的车辆将带有严重的安全隐患,例如车辆制动液压油过滤设备,如果不能过滤掉油中的杂质,轻则造成制动阀体堵塞,重则会令车辆失去制动功能发生严重事故。

对此,售后服务部门在部门网站上设置了物料、工具、设备管理模块,物资在提报、领取、分发、接收、校核、保管保养等方面进行详细管理,明确责任人和时间,确保新旧物资分区存储登记管理,确保计量器具在检验有效期内使用。智能化的物资管理平台,能够杜绝人为管理不善造成的质量安全事故。

2. 建立车辆问题档案管理信息平台

为实现现场信息反馈及时、准确,公司各相关部门反应快速、有效,中车长客售后服务部特搭建了"城铁车辆问题档案管理信息平台",通过网络手段来收集、记录、监控、跟进、汇总现场反馈的信息。依据《城铁车辆问题档案平台应用管理流程及其规范办法》《故障信息反馈管理流程及其规范办法》《故障处理管理流程及其规范办法》对执行要求、执行标准、考核项点进行明确,确保现场问题高效落实。

同时,为保证售后项目中的重大质量问题、惯性质量问题、源头质量问题可以得到有效管控,售后服务部门还搭建了"车辆问题档案管理信息平台重大质量问题模块"(图7),对相应问题自信息反馈、问题分析、调查取证、责任判定、处理整改直至关闭确认等各环节进行了有效记录与管控。《重大技术及质量问题管理流程及其规范办法》《源头质量问题管理流程及其规范办法》作为管控法则,对重大质量问题、惯性质量问题和源头质量问题的处理要求、执行程序、考核依据进行了详尽地明确。

图7　城铁车辆问题档案管理信息平台

另外,依据车型不同,建立了“动车组运维服务管理平台”(图8),该平台详细记录车辆问题发生至问题处理关闭的处理过程,售后服务部门调动公司全部资源解决用户现场车辆问题,平台的应用使问题处理方案制定、整改过程质量管控得到充分的审核与保障,实现信息共享和存储。平台具备工作任务下发、物料消耗关联车辆故障信息、任务完成报工反馈、生成表单报告等功能,是售后服务过程中质量管控最重要的手段之一。

图8 动车组运维服务管理平台

(五)建立组织绩效考核和员工绩效考核方案

为推动公司高质量经营发展,实现质量评价体系与公司经营体系相融合,通过在全价值链、全寿命周期业务实现过程中,建立运营工作质量评价体系,并在信息化平台高效运行,进一步提升公司运行效率,打造世界一流品牌,为公司跨国经营提供源动力。中车长客组织实施了质量绩效评价制度。

绩效考核的应用对提高组织和员工个人工作质量、产品质量有直接的影响。针对公司平台部门应用组织绩效考核,如发生不满足规章制度或用户合同框架下合理需求的事件,则要给予相应的扣分和扣款。针对员工个人,设定指标,建立质量档案,如因工作失职导致产品质量事故,则要按照职工奖惩管理制度给予处罚,与评先评优和职业晋升进行挂钩。

公司每月发布“组织绩效考核简报”,对质量问题责任单位和个人进行考核情况通报,起到了极大的警示教育作用。当发生严重质量问题时,一人犯错,所在组织全员受罚,质量奖得到扣除或者暂缓发放。当员工利益与质量真正实现挂钩时,工作质量才能够得到提高,产品质量才能够得到保证。

(六)建立质量问题专题会议制度

中车长客在月度中干例会上由质量总监介绍全公司的质量管理情况,进行质量问题讲评,通报典型质量问题,介绍公司质量指标完成情况,部署下一步重点工作等。

售后服务部门在公司质量讲评会的基础上,部门每月召开质量问题会议,组织公司设计、工艺、质量、物资、生产等系统部门参会,逐项落实售后服务阶段发生的质量问题责任和下一步工作计划,为分析问题原因、推动问题处理建立了会议制度保障措施。

售后服务站每天早站会由售后服务站负责人讲解质量风险点和公司、部门最新质量管理相关要求或活动安排,对本服务站质量风险点进行通报,如发生质量问题进行反思,对质量问题进行点评,对相关责任人进行约谈、考核。

通过质量会议,营造了“人人重视质量、人人敬畏质量”的质量氛围,让员工知道质量是公司赖以生存的生命线。

(七)建立集团化管控下区域经营售后管控模式

中车长客执行集团化管控下的区域经营模式,同一区域下的各子公司、各售后服务站有相似的产品、相似或相同的用户、相似的文化特点。对此，将售后服务工作划分为若干区域进行管控，有利于资源的集中配置和优化，可针对相似产品选派对应专业特长的售后服务人员，可针对相似或相同的用户建立持久的合作关系，可针对相似的区域文化建立文化融合方案和品牌推广策略，从而通过文化的建立促进售后服务质量管控的提升。

以海外项目执行为例介绍区域经营售后服务管控，共划分为北美、南美、欧洲、大洋洲、东南亚五个区域。北美区域由美国子公司为主体，负责美国、加拿大区域管控。南美区域由巴西子公司为主体，负责巴西、阿根廷、哥伦比亚区域管控。欧洲区域由以色列子公司为主体，负责以色列、塞尔维亚、乌克兰、哈萨克斯坦、俄罗斯、土耳其区域管控。大洋洲区域由墨尔本子公司为主体，负责澳大利亚、新西兰区域管控。部分子公司承接车辆生产制造、区域售后服务工作。长春本部售后服务部依据公司集团化管控要求，对区域经营内各子公司售后服务业务进行指导、管控，从而确保子公司售后业务顺利开展，同时保证作业质量。对此，母公司对子公司进行流程制度和表单输出、母公司对子公司业务和操作人员进行管理和技能培训、母公司对子公司设立年度经营指标、母公司对子公司进行季度和年度考核评价。

为了提升区域经营内子公司售后服务质量，对子公司的售后服务工作形成有效管控，区域质量管控能够达到预期效果，母公司对各子公司提出了具体的要求，主要包括：

①子公司要成立专门的售后服务组织架构，明确工作分工职责。

②子公司要建立健全的售后服务管理制度，加强售后服务管控。

③子公司要在服务快速响应、信息汇总传递及现场管理工作等方面制定相应规章制度，确保售后服务质量。

④子公司要加强对供应商的管控，明确供应商的工作职责及现场一体化作业要求，并实施考核制度。

⑤子公司要加强现场服务人员的统一管理，包括服务水平、作息时间及日常着装等方面。

（八）建立售后服务人员培训制度

为提高售后服务人员技能水平和质量管理知识、质量意识，定期开展质量管理体系制度文件培训，以及车辆装配、调试技能培训，编制了部门应知应会学习手册，建立了部门专业知识题库包含 800 道试题。培训工作由本部门培训干事牵头，高技能人才具体负责组织落实，按照逐级培训的开展方法，将员工培训取得成果、带徒弟数量作为师傅的工作业绩，从而营造良好的学习氛围，让售后服务团队崇尚工匠精神，形成工匠文化，体现公司产品的工业品质。

针对新项目、新产品，售后服务部还将拟执行本项目的售后服务人员派往车间实地了解车辆生产制造过程，知晓生产制造阶段多发的问题，并邀请本项目专业设计师、专业工艺师为售后服务人员进行授课，形成常态化的知识传承培训制度，在售后服务人员抵达用户现场之前“充足电”，练好基本功。

（九）建立供应商管控方案

针对供应商管理，售后服务部特编制了《供应商管理流程及其规范办法》，明确了供应商在用户现场执行售后服务工作中人、机、料、法、环各个环节上的管控项点及考核依据。例如，针对供应商上车作业的管理，要求其必须按要求填写《故障作业处理记录单》，而在其工作完成后，需经现场负责人确认后，再由站主任或现场负责人签字确认后方可关闭，售后服务现场存档、备案。通过上述方案可提高供应商现场施工作业质量，同时，如供应商原因发生质量问题，则中车长客对其进行考核或索赔，进一步约束提升供应商质量管理水平。

四、实施效果

（一）车辆故障率下降

通过售后服务过程中质量管控模式的建立，中车长客质保期运营车辆救援、清客、掉线故障次数明显降低，从 2017 年每百列 2. 54 起降低至 2018 年每百列 1. 2 起，从 2018 年每百列 1. 2 起降低至 2019 年每百列 0. 96 起。车辆运用可靠性明显提高，以香港项目为例，近年收到用户可靠性奖励约 3000 万港元。

（二）重大活动车辆运营保障

通过售后服务过程中质量管控模式的建立，中车长客售后服务部门完成多起重大节日或活动期间车辆运营保障工作。包括：新中国成立 70 周年大庆期间车辆运营保障；历年春运保障；埃塞俄比亚斯亚贝巴轻轨和亚吉铁路车辆接受了全国人大常委会委员长栗战书和国务院国资委主任肖亚庆试乘考察；沙特麦加轻轨自 2010 年以来完成多年朝觐运营任务保障；巴西地铁服务 2014 年世界杯和 2016 年奥运会；阿根廷售后服务团队保障 G20 峰会期间车辆运行；泰国售后团队在皇家葬礼期间值守车站；马来西亚和中国香港等项目在新线开通运营期间保障产品运营安全。

（三）车辆实现验收

通过售后服务过程中质量管控模式的建立，大大降低了产品质量问题发生的概率，提高了问题处理的效率。车辆实物问题的关闭，是车辆能够顺利进入预验收和完成终验收、出质保的卡控项点之一，关系项目里程碑回款和保函释放。最近 4 年，公司多个项目较好的完成车辆验收，尤其是执行难度较大的海外项目，泰国绿线、马来西亚机场线、中国香港沙中线、悉尼双客、美国“橙线”、阿根廷 105 辆车项目、亚吉铁路实现车辆预验收；泰国 SRT115 项目、中国香港西港岛线、巴西地铁 1A 线、伊朗 50 辆车项目、伊朗 64 辆车项目实现车辆终验收；实现了巴基斯坦、中国香港西港岛、泰国铁路客车、伊朗马沙德售后服务站撤销工作。

（四）顾客满意度提升

通过售后服务过程中质量管控模式的建立，中车长客每年均收到用户感谢信，对售后服务工作给予高度认可和评价。顾客满意度调查分数逐年上升，2018 年，顾客对响应速度、备件提供、技术支持、故障处理能力均提出了建议。2019 年，顾客满意度调查客观问题调查结果均为很满意或者满意，主观问题无投诉类事项。

中车长客是一家以“改善人们出行条件”为初心，以“打造中国制造亮丽名片”为使命，以“成为受人尊敬的世界级企业”为目标的轨道交通装备制造企业。公司确立了“自主创新、深度掌控、正向设计、根在长客”的发展路线，确立了集团化管控、区域化经营的运行模式，未来还将继续做好产品全寿命周期服务业务，着力将售后服务平台打造成“能力中心”“创效中心”及“验证中心”，强化服务过程中的质量管控模式应用，从而保障车辆安全平稳运营和旅客生命财产安全，为实现“连接世界、造福人类”的使命不懈努力奋斗！

构建集团化管控模式下高铁生产制造体系，打造中国高铁“国际化制造、全球化服务”基地

中车长春轨道客车股份有限公司

成果主要创造人：曲　双　黄　明

成果参与创造人：刘青春　杨　丰　唐洪图　王　雷　沈志超　李祥东　程兆忠　王继刚　滕海柱　刘　旭

中车长春轨道客车股份有限公司(简称“中车长客”)是我国知名的轨道客车研发、制造、检修及出口企业，是中国地铁、动车组的摇篮。公司经营业务主要由研发试验、轨道客车新造、检修及运维服务三大部分组成。前身长春客车厂始建于1954年，是国家“一五”期间重点建设项目之一。2002年3月改制为股份公司，现注册资本(总股本)为58亿元(股)，中国中车股份有限公司持股93.54%。现有员工18000人，厂区占地面积490万平方米。拥有24家子公司(全资及控股15家)，其中境外子公司8家(全资及控股4家)。目前具备年产180～200列动车组、4000辆城铁车、600辆普通铁路客车的能力。检修及运维服务业务具备年检修300列动车组及1000辆普通铁路客车的能力，并正在积极拓展城铁车检修及运维服务业务。中车长客年销售收入超过300亿元。

高速动车组制造中心(简称“高速中心”)位于中车长客高速车制造基地(简称“高速基地”)，是以承担动车组新造为主、兼顾检修和部分城铁车生产的关键制造单位，是目前世界上规模最大、设施最先进的专业化动车组制造和检修基地。图1为高速中心全貌。

图1　高速中心全貌

高速中心以打造中国高铁“国际化制造、全球化服务”基地为定位，根据客户的实际需求量身打造，输出具有国际竞争力的动车组产品、生产管理运行体系、造修服务模式；是推动中车长客践行“一带一路”倡议和“走出去”战略，担负起“领头羊”使命的重要组成。“国际化制造”含义：产品国际化，即产品满足世界各国制造标准；人才国际化，即员工队伍要具备国际化素养与能力；管理国际化，即要建立集团化管控架构下的跨国经营模式；文化多元化，不断吸纳和融合世界各国目标市场的文化。“全球化服务”含义：基于中车长客全球资源高效配置和产品全寿命周期经营活动体系，向全球客户提供全寿命周期服务。

高速中心以实现“四个一工程”为管理目标，即：打造一支高技能、高素养、高境界、高团结的干部职工队伍；固化一种通用规则与专有特点相结合的工作运营与评价模式；建立一种有效结合岗位特点的激励机制；营造一种用户为先、奋斗为本、自我评判、持续改善的法治工业文化。持续开展五维度重点工作，

不断创新完善高铁造修运行管理体系，促进公司高质量发展，为中国高铁“走出去”储备管理运行模板。

一、实施背景

目前，我国已经形成了完备先进的高速铁路技术体系和以“复兴号”为代表的具有世界领先水平的高速动车组产品，在工程建造、列车控制、牵引供电、系统集成、运营管理、风险防控等各个技术领域均达到世界先进水平。“复兴号”CR400 系列动车组的成功研制和投入运用，对我国全面系统掌握高铁核心技术、加快高铁“走出去”具有重要战略意义。

“复兴号”要走出去，不只是产品、技术和服务“走出去”，更需要一套完善的管理体系加以支撑。高速中心结合“复兴号”生产制造过程，创新固化的一整套管理体系正是为此量身打造。

构建集团化管控模式下高铁生产制造体系，是中车长客践行国家“一带一路”倡议和“走出去”战略，担负起“领头羊”使命的积极响应。习近平总书记在中车长客考察时强调，高铁动车体现了中国装备制造业水平，在“走出去”“一带一路”建设方面也是“抢手货”，是一张亮丽的名片；并希望高铁建设再接再厉、创新驱动，继续领跑、勇攀高峰，带动整个装备制造业形成比学赶帮超的局面。李克强总理也勉励“要打造永不褪色的金名片”。这就给中车长客赋予了使命、明确了定位，中车长客承担起了这个使命，并且做出了积极的响应。中车长客在“十三五”期间提出了“三步走”发展战略，即 2017 年具备全球市场准入资质，实现国际市场全覆盖；2020 年实现集团化管控架构下的全球销售向跨国经营转变；2025 年成为品牌享誉全球、具备全球资源整合及配置能力的轨道交通装备世界级企业。目前已基本实现了前两步战略目标，正向着第三步战略目标昂首迈进。高速中心作为中车长客动车组造修基地，责无旁贷地要承担起构建与中国高铁“走出去”相配套的国际化制造、全球化服务体系，为中国高铁造修管理“走出去”做好准备。

二、成果内涵

基于高速中心高铁新造、高铁检修和城铁新造的业务构成，“国际化制造、全球化服务”基地的定位功能，以及“四个一工程”的管理目标，策划、构建集团化管控模式下高铁生产制造体系。核心内容包括：“三位一体”智能化工作运行体系、“四线合一”工位制精益生产经营模式、“造修一体”柔性化资源配置平台、“定制式模型化”国际化人才培养策略、“六面体”立体式文化渗透机制等五维度内容，五维度重点工作并不是孤立的个体，它们互为支撑、密不可分。经过实际运行与验证，中车长客集团化管控模式下高铁生产制造体系为中国高铁“走出去”输出了管理运行模板，为实现企业高质量发展和践行国家“一带一路”倡议奠定了坚实的基础。中车长客集团化管控模式下的高铁生产制造体系运行模式图如图 2 所示。

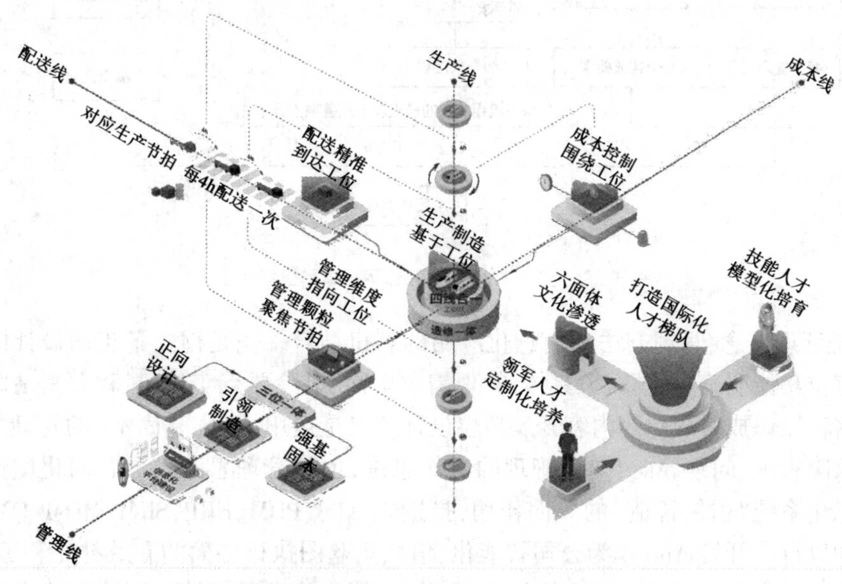

图 2　集团化管控模式下的高铁生产制造体系运行模式图

三、主要做法

(一)构建"三位一体"智能化工作运行体系

为改变工作开展重结果轻过程、各项管理工作实施路径不统一、信息化融合度不高等问题，建立了"三位一体"智能化工作运行体系。通过"十化"工作实施路径梳理、借助智能化和信息化手段，约束各项工作的开展过程，实现工作实施过程的一致性。通过过程管控实现结果管控，实现精准到位的结果一致性，提升管理的法治化、工业化水平。图3为"三位一体"智能化工作运行体系在高铁制造体系中的含义和体现。

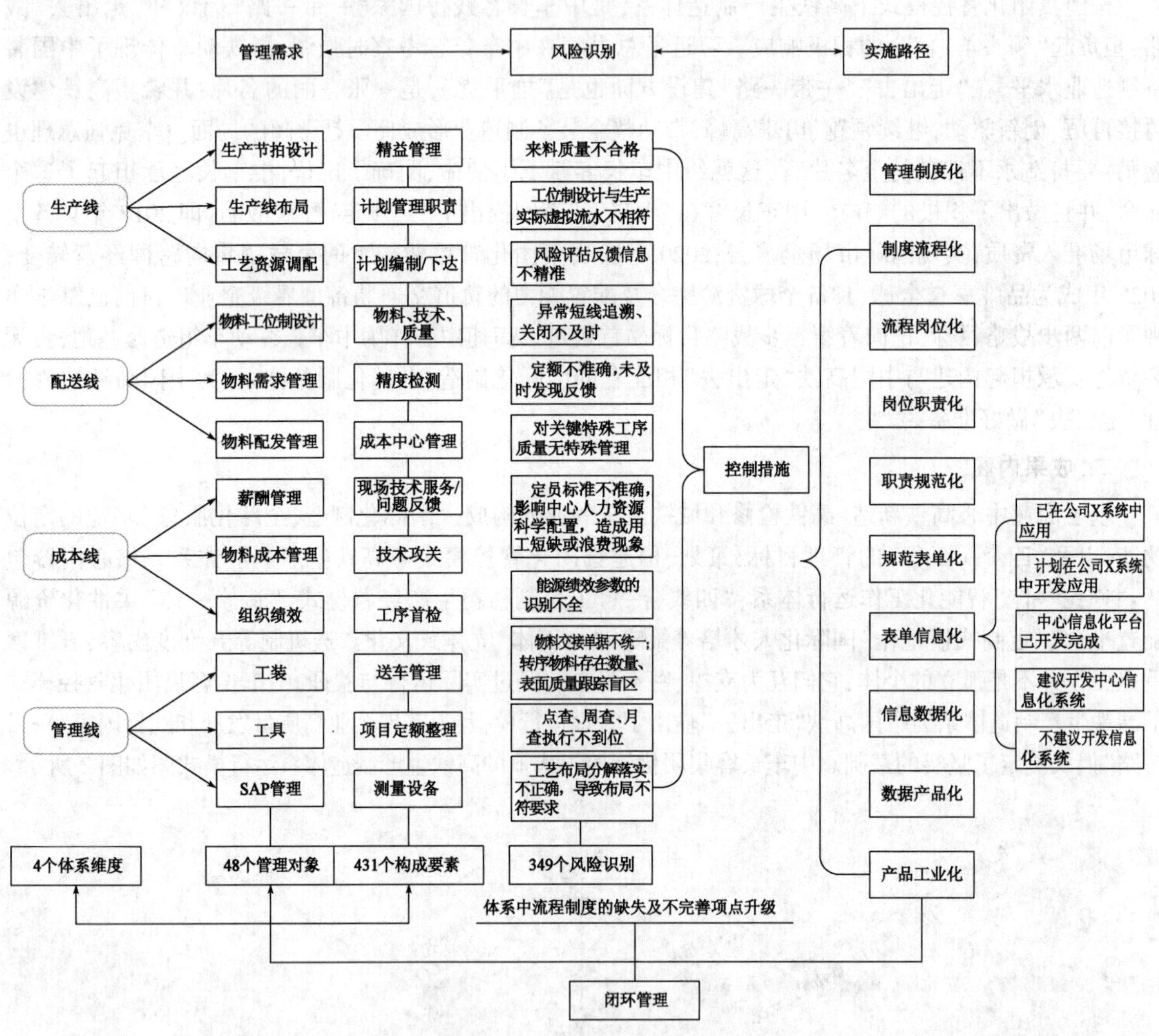

图3 "三位一体"智能化工作运行体系模型

"三位一体"是管理理念、管理方法和信息化应用的有机结合。一是树立了正向设计的管理理念，各业务管理针对定位功能明确、管理对象具体、管理需求全面、风险要点辨析、过程要素清晰、管理指标量化、验证手段完备、知识成果固化等内容开展顶层设计。二是运用了"强基固本"的管理方法，即需求管理、目标管理、风险管理、问题导向、知识管理的工作思维，创新管理思路，总结、固化优秀管理经验。三是充分发挥信息化系统"引领智造"的导向作用，打造以APS、PDM、ERP、SRM、MOM、QMS系统为主体业务应用平台和以自主开发App作为公司智能化、信息化蓝图执行层面的有效补充和延展细化的数字化制造中心。实现人力调配、生产组织、物料状态、质量管控、安防管理、资产管理、成本监控、绩效分配、人事定额、办公管理、培训管理等各业务的执行全过程做到输入充分、目标量化、数据驱动、过程受控、反馈动态、趋势分析、结果应用的一体化管控。

各项业务管理过程按照管理制度化、制度流程化、流程岗位化、岗位职责化、职责规范化、规范表单化、表单信息化、信息数据化、数据产品化、产品工业化的“十化”原则进行梳理，强化对各项业务管理过程的管控。具体做法如下：

①完善管理体系。梳理了生产线、配送线、成本线和管理线4个体系维度、48个管理对象，共431个构成要素，根据各管理流程制度中的缺失和不完善项点，升级制度7项，新编制度9项。

②进行各管理要素的信息化匹配。2019年完成31项管理流程的信息化上线工作，针对构成高铁造修运行管理体系的所有管理行为，匹配信息化系统功能。

③进行多软件间的互联与整合。结合公司MOM系统上线契机，提出85项系统功能需求，在已有软件平台的基础上，实现各类信息化系统间的整合和数据共享。

(二)搭建“四线合一”工位制精益生产运营模式

高速中心以构建精益生产管理体系为载体，以工位制节拍化为基准，通过推进生产线、配送线、成本线、管理线的高度统一，实现生产制造基于工位、配送精准到达工位、成本控制围绕工位、管理维度指向工位、管理颗粒度聚焦节拍的管理目标。

图4为“四线合一”工位制精益生产运营模式的具体内涵，以工位为基础，全面实施运营模式的建设。

图4 “四线合一”工位制精益生产运营模式

此模式把管理的策划单元定位于工位和节拍，把工位制节拍化生产线运行的各项指标作为管理目标，应用持续改善的管理理念，梳理改善各工位在生产运行、物料配送、成本管控和基础管理方面存在的问题。以问题为导向，制订改善措施及改善计划，完成了管理体系从班组和工序管控向工位和节拍管控的转变，实现从工位到生产线再到车间的全面精益化管理。

1. 梳理生产线工位设置情况

规范生产线工位设置布局、统一工位命名原则，按照“4小时节拍”全面梳理“复兴号”动车组生产线的工位设置情况，实现MBOM与工位、节拍对应一致，作业人员、工艺资源与工位匹配，理清了中心各车间工位设置情况和改进目标。

2. 实现全线生产节拍均衡

将涂装和列调单元原有8小时生产节拍细化至4小时，完成了4小时工作包的切割，实现MBOM物料包的划分与节拍匹配、工位作业人员等资源配备与节拍匹配。经过试运行，高铁造修全线实现了均衡的4小时生产节拍划分和工位设置。

3.推进物料定点、定量、定时的精准配送

通过投入储运一体化工装、按生产节拍提报物料需求信息、优化物料配送的最小单元等方式,实现了按照生产节拍和工位的精准配送模式。

4.加强工位成本精确控制

将工位作为成本管控的最小单元,核定各工位技术工时、材料定额、消耗工具、能源使用、质量损失等信息,提高工位成本计算的精确性。

5.推进工位制管理模式落地

把工位作为管理和评价的基础单元,通过指向工位的各维度管理落地,实现由"班组管理"向"工位管理"的转变。建立工位组织机构,确立工位全能工鉴定标准,以工位为单位配置生产、生活资源。

(三)打造"造修一体"柔性化资源配置平台

为建立高铁造修平台化生产管理模式,满足中车长客未来小批量、多品种、多批次的生产经营形势需要,解决高铁生产线快速换型响应能力不足问题,高速中心依托既有资源,优化生产管理模式,打造集高铁新造、高铁检修、城铁新造为一体的"造修一体"柔性化资源配置平台。

此项工作遵循工艺装备通用、工艺流程一致、生产节拍均衡、管理模式统一4项基本原则推进开展。

1.工艺装备通用

结合各平台项目对工艺装备的特定需求及既有工艺装备的功能,分析高铁新造项目、高铁检修项目、城铁新造项目生产所需使用的工装、设备差异,优化工艺装备功能。实现用最少的工艺装备投入满足各项目需求,降低工艺装备成本投入,减少工艺装备维护保养和存放压力,实现高铁造修与城铁新造各项目工艺装备的通用。

2.工艺流程一致

结合高速中心工艺布局、工位节拍、资源配置情况,分析高铁新造项目、高铁检修项目、城铁新造项目的工艺流程差异,针对工序差异进行工艺流程优化调整,保证高铁新造与高铁检修及城铁新造工艺流程一致。同时,分析各项目中技术加改情况,将影响生产周期的重大加改纳入工艺流程中,确保各生产单位执行通知与工艺流程一致、工艺周期与生产周期一致。

3.生产节拍均衡

生产节拍均衡工作依托于"四线合一"工位制精益生产作业模式建设,以"4小时节拍"为基准,对车间工位建设进行统一策划。分析高铁检修项目任务清单,识别任务清单对应的工序周期及物料配送未实现4小时节拍的情况,通过对任务清单进行拆分,共计将135道工序均匀分配至21个工位当中,使其适用于以"4小时节拍"为基准的工位制精益生产模式,实现高铁新造检修可按同节拍并线生产,有利于能力和资源的高效匹配。

4.管理模式统一

针对高铁造修、城铁新造差异性,从工作维度确定、接口关系识别、流程制度支撑、工作表单输出等6个方面,累计识别接口关系197个、明确工作维度137项、制度优化升级11个、输出表单88份,实现造修生产管理模式的统一。

(四)确立"定制式模型化"国际化人才培养策略

为建立一支适应国际化企业发展需求的人才队伍,高速中心以需求为纲为人才培养导向,围绕一线高技能操作人员、核心技管人员和中层管理人员3支核心队伍,以"领军人才定制式培养,技能人才模型化培育"为人才培养策略,以培育精技术、会管理、通商务、懂外语、知法规、融文化的实用性生产管理与实践人才为人才培养目标,营造"用户为先、奋斗为本、自我评判、持续改善"的人才育成文化(图5)。

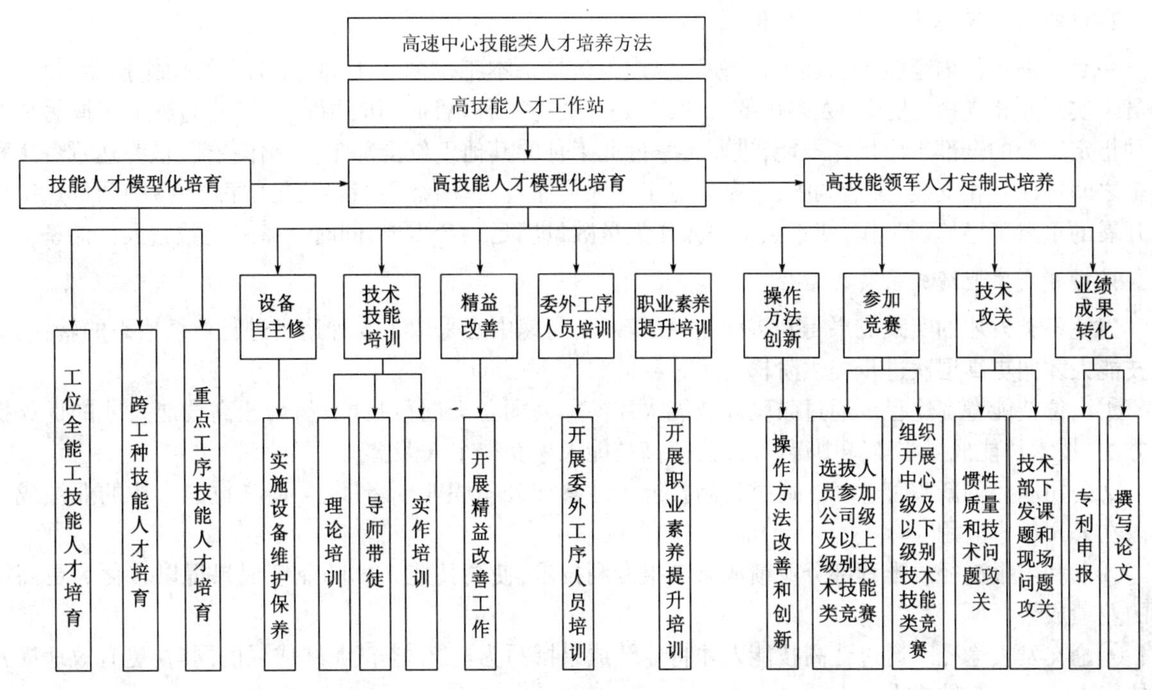

图5 "定制式模型化"国际化人才培养策略

1. 领军人才定制式培养的主要做法

(1)全面进行人才盘点

一是对一线操作人员从职业素养、技术技能水平、日常工作业绩、技术成果、荣誉获得情况、创新能力、综合发展潜力等方面进行全面盘点;二是对核心技管人员、中层领导干部职业素养、业务水平、业绩成果、创新能力、所得荣誉、发展潜力等方面有针对性地开展盘点。

(2)建立两级领军型人才库

根据人才盘点结果,结合实际情况、人才培养目标等进行评价,建立部门级领军人才库梯队。各部门级领军人才库第一梯队,结合工种均衡分布原则,考虑发展潜力,综合遴选出建议名单,经中心党委会讨论后确定。

(3)制订个性化培养方案

针对领军人才库成员,有针对性地规划员工最佳成长路径和培养方案,最大限度地为不同的人才提供个性化的成长机会,制订具体计划、指标、步骤、达成标准,提高人才成长效率。以高技能人才加油站为主体,将中心人才培养总体规划、指标分解落实到位。为领军人才搭建参加相应行业论坛、专业展览等机会,开拓视野、增长见闻;为员工制订语言、专业技术、成果总结、论文撰写等方面的培训课程,提高其理论能力。

(4)重视能力发挥,实现技能提升

在中心全面开展导师带徒活动的基础上,推进人才定制培养工作。一是定向攻关,中心将工作中遇到的难题组织领军人才进行立项攻关。二是通过持续开展技术服务、技术创新、自主维修等工作,为各级人才发挥效能提供平台。三是强化高技能人才现场服务职能,从技术培训、试制支持、技术问题攻关、质量控制4个方面拓展现场服务工作范围。

(5)过程管控、定期评价

每季度根据计划兑现情况、技能人才加油站的评价结果、领军人才日常业绩表现,对领军人才个人进行综合评价、排序。每年末,根据全年考核情况,依据优者上劣者下的原则,进行动态调整。对各部门围绕人岗匹配程度、分配机制与业绩挂钩程度、人才评价体系健全程度、人才流动合理程度、基础管理规范程度、人才梯队建设程度等评价维度进行总体评价,确保中心级人才培养工作有序开展。

2. 技能人才模型化培育的主要做法

一是开展工位内全能工培训工作,使工位内人员具备本工位内各工种、各工序的操作技能,使工位内员工实现互相支援,达到一人多用的目的;二是开展跨工种培训工作,指一个工种的员工掌握另一个工种指定工位的全部工序操作技能,进而再掌握此工种的其他工位全部工序操作技能,最终达到各工种员工之间可以互相支援、灵活调配;三是重点工序人员储备,指围绕《关键特殊工序清单》所列重点工序而开展的重点工序培训工作,使重点工序操作人员数量满足生产需要,同时具备一定数量人员储备。

3. 搭建人才业绩成果转化路径

为使各类人才的实践成果得到多种途径的转化,高速中心采取了6种途径进行业绩成果的转化,为高技能人才向更高层次进步提供阶梯。

①岗位技能竞赛途径。通过鼓励高技能人才参加公司各类岗位技能竞赛,让高技能人才的优秀操作方法、技术技能成果在竞赛中得以展现,使高技能人才获得个人荣誉。

②公司职业创新改善途径。通过让高技能人才参加公司职业创新改善,使高技能人才的业绩成果得以在公司推广应用。

③专利申报途径。推荐部分业绩成果申报专利技术,使高技能人才的业绩成果得以转化为更高层次的业绩成果。

④论文发表途径。通过让高技能人才将业绩成果撰写为论文、丰富业绩成果的同时,更有效地提升高技能人才总结归纳能力。

⑤党员"双培"创优活动途径。通过让高技能人才参加公司"双培"活动,使党员培养成骨干、骨干培养成党员。

⑥全国创新大赛途径。通过让高技能人才参加全国创新方法大赛的方式,使高技能人才的业绩成果得以转化为国家级荣誉成果。

四、实施效果

(一)建成以法治管理为核心的适应集团化管控模式下的高铁生产制造管理体系

1. 实现了管理理念与工作逻辑的根本转变

通过"正向设计"管理思维的导入与实施,以往的重结果轻过程管理理念转变为实施过程一致性、保障结果一致性的管理理念;各项管理工作实现进度受控、痕迹可查、标准统一、数据可视,有力提高了高速中心工作运行体系的法治化水平;实现了各管理要素的过程一致性与产品一致性,为中心建立科学、严谨、精准、法治的工业文化打下了夯实的基础。

2. 实现了管理体系对高速中心生产经营活动全过程全覆盖

围绕生产线、配送线、成本线和管理线4个体系维度,对标ISO/TS 22163质量体系,识别管理对象48个,构成要素431个,针对体系流程制度中的缺失和不完善内容,升级流程制度7项、新编9项,构成全方位支撑高速中心生产经营活动的工作运行体系。

3. 实现了高速中心管理体系和信息化建设的有效融合

完成了高速中心信息化水平现状调研和后续信息化建设规划设计。通过对各管理要素开展信息化应用可行性评估,共确定30项信息化开发需求,其中13项已完成开发和应用工作。实现功能31项,主要包括工装点检、设备点检、自互检管理、备品管理、外来人员管理、涂装安防系统远程监控等功能,同时还上线了现场支持系统、考勤系统、党支部评价系统、高技能人才加油站信息化管理系统、安全管理系统等,显著加快了数字化、信息化制造中心的建设步伐。

(二)构建起具备工业化时代特征的生产经营模式

实现了制造环节中生产线、配送线、成本线、管理线的高度统一。生产组织更加有序,异常处置能力不断提高,浪费现象极大减小,产品质量更加稳定。一次交检合格率、节拍兑现率、异常处理时间缩短率、现场5S工位达标率、劳动效率提升率等精益指标不断提高，切实实现了生产制造基于工位、配送精准到达工位、成本控制围绕工位、管理维度指向工位、管理颗粒度聚焦节拍的管理目标，在打造科学、严谨、精准、法治工业文化的道路上迈出了坚实的一步。据统计，"四线合一"工位制精益生产作业建立至2021年6月，累计提高"复兴号"整条生产线作业效率30%，降低制造成本5%。

（三）确立了基于工位制节拍化造修一体生产线的建立原则

通过对高铁造修、城铁新造平台的工艺资源通用化改造，工艺流程一致性优化，生产节拍均衡化设定，并按照"一项制度支撑新造和检修两个平台"的原则，实现了高铁新造、高铁检修和城铁新造等不同平台管控模式统一、生产资源配置柔性化适用性广的目标，为打造中国高铁"国际化制造、全球化服务"基地和推进中国高铁"走出去"确立了造修一体、具有快速响应能力的柔性化生产线建立原则。

（四）培育出一支层级清晰、结构合理的国际化高铁人才队伍

1. 人才培养方面

多年来，高速中心先后培养中车首席技能专家2人、资深技能专家6人、技能专家16人；技师职称以上人员538人，其中技师431人、高级技师107人，占人员总比率的26%；高级工占比达到95%以上。培养出以罗昭强、胡俊祥、周晶辉等大师为代表的领军人才，人才培养体系已经形成阶梯式良性发展。

2. 业绩成果方面

共获得各级职业创新改善成果3000余项，技术攻关500余项，申报专利40余项，撰写论文500余篇，编制教材50余种，现场设备自主维修率达到70%，现场技术服务完成率达到85%。在2019年中国创新方法大赛中，荣获国家一等奖1项、二等奖3项、三等奖1项，获得吉林省特等奖2项（共5项）、一等奖8项（共25项）、二等奖14项、三等奖33项。

3. 平台建立方面

建立了7个高技能人才工作站，其中2个为国家级大师工作站、3个为首席操作师工作站、1个为一级操作师工作站，生产现场同时配套配备了7个高铁先锋训练营用于实作培训。

（五）固化形成了具有鲜明特色的高铁文化精神

在"六面体"立体式文化渗透机制的作用发挥下，建立了具有浓厚工匠精神的工作信念，激发了员工的内生动力，高铁团队展现出"用户为先、奋斗为本、自我评判、持续改善"的高铁文化气息。

仍以安防管理"六面体"立体式教育模式为例：

一是2016—2019年4年内共出现工伤事故1起（轻伤），远远低于中车长客轻伤事故每年平均 < 2‰起的指标数值。

二是实现5个百分百目标，即全年环保隐患和问题整改及时率100%、安全生产上报及时率100%、安全环保规章制度执行率100%、各单位现场巡查覆盖率100%、日常周检查和专项检查兑现率100%。

三是有效传播安全文化理念，化解不安定因素。2019年，高速中心紧紧围绕安全生产目标，结合"六面体"立体式安全教育模式，不断优化工作方法、细化工作措施、创新安全活动，为员工树立了"安全就是生命、安全就是效益"的安全经营理念和"注重安全就是对生命爱惜、对亲人爱护、对家庭保护"的安全责任理念，员工的安全文化意识得到了有效提升。

（六）显著推动"走出去"战略和"一带一路"倡议实施

中车长客高速中心作为中国高铁制造产业的核心力量，是"复兴号"高铁的制造基地，也是中国高铁"走出去"的桥头堡。创新高铁运行管理体系，建立生产经营、资源配置、人才培养和文化品牌标准体系，提供高铁造修业务区域化运行模板，将有力推动中国经济活动融入全球经济大循环进程。中车长客将始终以"改善人们出行条件，实现国有资产保值增值，为全体员工创造美好生活"为初心，以"打造中国装备制造业的亮丽名片，成为'走出去'和践行国家'一带一路'倡议的领军企业，担负起'领头羊'"为使命，为世界提供中国高铁制造和管理系统解决方案。

建筑工业化基地打造与区域市场协同管理探索实践

浙江交工集团股份有限公司

成果主要创造人:邵文年　申屠德进

成果参与创造人:邵德良　黄晓伟　何智钢　李　果　白　健

作为国民经济支柱产业之一的建筑业,改革开放40年来实现了快速发展,但存在着管理粗放、效率低下、浪费较大、能耗过高、科技创新不足、技术和管理手段落后等问题。传统的建造模式已经不再符合可持续发展的要求,迫切需要实现中国建筑产业转型升级与高质量发展,改变传统粗放型发展模式,顺应建筑工业化发展趋势已作为转型发展的主流方向。浙江交工集团股份有限公司(简称"浙江交工")作为浙江省交通施工龙头企业和首家公路工程施工总承包特级资质企业,不仅兼有设计、市政、港航等多个行业专项资质,而且具有较为齐备的产业链整合能力,并初步形成路桥、地下、水上工程总承包能力,并率先在浙江省启动建筑工业化基地建设,初步形成省内主要地市覆盖、全国重要省份有序布点、海外基地落地并逐步拓展的网络化构建格局。主要创新成果包括:通过与区域市场合资方式进行建筑工业化布点布局,着力发展装配式建筑以及主营业务上游的原材料产业;创新市场开发模式,探索建筑工业化公司与区域市场协同发展;推进建筑工业产业化,探索预制构件商品化管理路径等。通过进一步探索实践,旨在进一步培育工程总承包能力,以创新为驱动推进建筑工业化产业升级,多措并举,实现建筑业持续健康发展。

一、实施背景

建筑工业化转型及装配式建筑发展趋势

相对于国民经济其他产业,建筑业生产力的提升明显落后于科学技术的进步。我国的建筑业尽管经历多年发展,取得了举世瞩目的成就,但在管理、效能、技术等多方面的短板以及传统建造模式的天然局限性都制约着建筑业向高端产业发展。中国建筑产业转型升级与跨越式发展亟待破局,改变传统粗放型发展模式,向建筑工业化方向转型已是大势所趋。

1.装配式建筑的趋势和优势

(1)主要趋势

从未来发展看,装配式建筑是建筑工业化的重要工具和手段,建筑工业化必然对传统建筑业的生产方式进行更新、改造和升级,推动建筑业转变发展方式、提升管理水平和核心竞争力。因此,建筑工业化的整体发展方向是推广装配式建筑,这是工程建造方式的一次重大变革,旨在通过产业升级实现节约资源能源、减少施工污染、提升劳动生产效率和质量安全水平。因此,以建筑设计标准化、部品生产工厂化、现场施工装配化、结构装修一体化、过程管理信息化为特征的建筑工业化已成为建筑业改革发展的必然趋势。

(2)主要优势

与传统施工方法相比,作为新型优质装配式建筑,是用预制品部件在工地装配而成的建筑,能在不同自然环境、气候条件中便捷建造,适用范围广,可实现节能、节水、节材、节时、节省人工、大幅减少建筑垃圾和扬尘、环保的目的。发展装配式建筑是建筑业绿色发展、循环发展、低碳发展的主要内容,是稳增长、促改革、调结构的重要手段,已在国内外多个地区得到成功实践,在全面推进生态文明建设和加快推进新型城镇化进程中,意义重大而深远。

2. 发展装配式建筑的政策引导

(1)政策酝酿阶段

实际上,装配式建筑进入公众视野时间并不长。从最早2012年财政部、住建部提出力争2020年绿色建筑占新建建筑比例超过30%,到2015年住建部发布《工业化建筑评价标准》和《建筑产业现代化发展纲要》,决定从2016年开始全面推广装配式建筑,并要求取得突破性进展,计划到2020年装配式建筑占新建建筑的比例20%以上,到2025年装配式建筑占新建筑的比例50%以上。

(2)政策主导确定阶段

进入2016年以后,装配式建筑在全国各地出现了快速发展的局面。2016年2月,国务院发布《关于进一步加强城市规划建设管理工作的若干意见》,明确提出,要"大力推广装配式建筑",要"建设国家级装配式建筑生产基地。加大政策支持力度,力争用10年左右时间,使装配式建筑占新建建筑的比例达到30%。积极稳妥推广钢结构建筑"。3月,装配式建筑首次出现在《政府工作报告》中,明确要求"大力发展钢结构和装配式建筑,提高建筑工程标准和质量"。9月,李克强总理召开国务院常务会议,决定大力发展装配式建筑,推动产业结构调整升级。随即,国务院办公厅印发《关于大力发展装配式建筑的指导意见》,明确了大力发展装配式建筑的目标及八项任务。11月,住建部在上海召开全国装配式建筑现场会,提出"大力发展装配式建筑,促进建筑业转型升级",并明确了发展装配式建筑必须抓好的七项工作。

(3)政策系统完善阶段

2017年是真正落实装配式建筑系统规划和实施行动之年。2月,国务院办公厅发布《关于促进建筑业持续健康发展的意见》,再次重申"推动建造方式创新,大力发展装配式混凝土和钢结构建筑",要求"力争用10年左右的时间,使装配式建筑占新建建筑面积的比例达到30%"。3月,住建部印发《"十三五"装配式建筑行动方案》,明确了"十三五"期间的工作目标、重点任务、保障措施,为未来一段时间装配式建筑的发展指明了方向。随后,关于装配式建筑的技术标准密集出台。11月,住建部公布了首批30个装配式建筑示范城市,分布在我国东、中、西部,装配式建筑发展出现地域性特点;公布了195个装配式建筑产业基地,涉及27个省(区、市)和部分央企,产业类型涵盖设计、生产、施工、装备制造、运行维护和科技研发等全产业链。

(4)政策配套落实阶段

2018年是中央推进装配式建筑配套政策指导及地方密集出台配套举措的重要阶段。中央方面,分别出台国家标准《装配式建筑评价标准》和《建筑工人实名制管理办法(征求意见稿)》。地方方面,据不完全统计,2018年绝大部分省份就装配式建筑的发展给出了相关的指导意见和配套的措施,其中22个省份均已制定装配式建筑规模阶段性目标,并陆续出台具体细化的地方性装配式建筑政策扶持行业发展。

3. 装配式建筑市场预期

我国装配式建筑机关仍处于发展阶段,部分地区甚至徘徊在起步阶段。但是随着中央和地方加大推广绿色建筑和装配式建筑的力度,随着未来经济的快速发展和建筑业态的不断变化,加上劳动力成本的上升,预制构件加工精度与质量、装配式建筑施工技术和管理水平的提高等因素的推动,预制装配式建筑必将持续升温,并呈现快速发展的态势,未来发展前景可期。

(1)全国建筑市场空间预测

根据要求,到2020年,全国装配式建筑占新建建筑的比例达到15%以上,全国划分为"重点推进、积极推进、鼓励推进"三类地区有重点地"自上而下"逐步推进。重点推进地区包括京津冀、长三角、珠三角三大城市群,装配式建筑占新建建筑的比例须达20%;积极推进地区包括常住人口超过300万的其他城市,装配式建筑占新建建筑的比例须达15%;鼓励推进地区包括其余城市,装配式建筑占新建建筑的比例须达10%。自2015年起,以10年为周期,装配式建筑占新建建筑面积比例每年增加3%,至2025年达30%,以2017年装配式建筑行业规模2573亿元推算,2020年装配式建筑市场规模将达6982亿元,2025年将达到14389亿元。可以看出,全国装配式建筑市场分散度高,未来行业增量空间较大。

(2)浙江建筑市场空间推测

浙江省政府办公厅也出台了《关于加快建筑业改革与发展的实施意见》,指出建筑工业化是我省建筑业转型升级的创新路径,要深化建筑业"放管服"改革,加快推进建筑业转型升级,大力推广装配式建筑。为鼓励我省开展建筑工业化实践和管理创新,进一步强化建筑工业化推进工作,杭州、宁波、绍兴即将先行先试建筑工业化,目标是到2020年,浙江省装配式建筑占新建建筑的比例达到30%。另外,1类项目全部采用装配式建筑模式,对于装配式建筑项目,施工企业缴纳的质量保证金以合同总价扣除预制构件总价作为基数乘以2%费率计取,建设单位缴纳的住宅物业保修金以物业建筑安装总造价扣除预制构件总价作为基数乘以2%费率计取,并实施容积率奖励等措施。可以预见,装配式建筑将在浙江省建筑业市场前景不可估量。

(3)浙江交工目标市场预期

在交通建筑领域,浙江省在2018年2月发布的《浙江省综合交通产业发展规划》中,已将"推动交通建筑工业化发展"列为省综合交通发展重点领域的主要任务,并正在起草《浙江省交通建筑工业化发展指导意见》。当前,各级政府和主管单位对交通建筑工业化的发展越来越重视,行业发展的路径也越来越清晰,参与投资建设的氛围越来越浓厚。因此,装配式建筑是未来浙江交通工程建设的主要方向,未来随着环保、土地利用、建设工期、质量安全等方面的要求越来越高,建筑工业化的布局将成为交通建设领域的战略性、垄断性资源,必将成为施工企业的核心竞争力,后续市场预期比较乐观。

二、成果内涵和主要做法

(一)成立事业部统筹推进建筑工业化

1. 事业部基本情况

浙江交工建筑业工业化事业部(简称"事业部")是浙江交工所属专业化事业部,于2017年成立。事业部是浙江交工在"十三五"期间顺应建筑业态的发展和市场变化而成立的垂直化管理部门,旨在打造一支致力于交通产业链升级的重要力量,塑造成为交通构件工业化基地建设和运营,交通、建筑产品的再生利用和绿色交通产品全产业链的提供者,承担浙江交工构件及材料的产业化生产和专业化管理任务,对内开展项目批量构件预制和配送服务,对外提供构配件销售、安装及相关材料的销售业务。

事业部基本建立了以本部、基地和项目预制构建厂为基础的组织机构,并形成了以"标准化设计、工厂化生产、装配化施工"为导向的管理创新模式,初步打造了一个中等规模的专业管理团队和生产技术队伍,拥有中坚管理人员和熟练产业工人共计500多人,而且队伍还在不断壮大中。

2. 事业部发展现状及规划

当前,事业部借助全省综合交通产业发展和省交通集团构建设计施工一体化平台的契机,结合浙江交工建筑工业化布局,正在推动建筑工业化基地在全省的布点。通过与地市县各级政府和行业主管部门沟通,借助地方城投、交投等有影响力的企业合作,依托各地在建或拟建的重大工程项目,以临永结合的方式,推动装配式基地的建设,在浙江省内运营或在建的永久基地有舟山基地、绍兴基地、富阳、衢州、义乌、德清等基地;省外建筑工业化基地将协同主业发展,加强与地方政府合作,目前湖北基地已完成报批,广西南宁基地已经投入生产;海外基地实现突破,赞比亚基地顺利投产,将作为浙江交工拓展"一带一路"业务和"争做世界一流企业"的平台。

事业部参与舟山鱼山大桥世界联长最长的混凝土预制梁厂和杭州绕城西复线EPC项目省内首个

交通工程装配式涵洞预制场,分别从"高大全"和"精工细"升级引领业界潮流,让浙江交工建筑工业化及装配式生产广受肯定和备受赞誉。

(二)推动建筑工业化布局

"十三五"期间,浙江交工将通过建筑工业化事业部,紧跟国家产业发展战略政策,抢抓发展机遇,致力于打造综合交通基础设施领域的建筑工业化领军企业。建筑工业化事业部将成为浙江交工由传统施工企业向现代化施工企业转变、占据产业链高端市场的重要平台。所以,打造绿色节能、低碳环保的现代交通建筑工业化基地,掌握装配式建筑发展趋势主动权也就意味着掌握浙江交工自身未来的发展方向,交工发展装配式建筑工业化是一个大趋势、大概率,应该始终贯彻这一发展思路不动摇,在研发、设计、生产、创新和服务等方面形成可复制的全产业链,以实际行动助推浙江省交通建筑行业创新、绿色、协调发展,并为浙江交工的跨越发展、产业升级、持续稳定夯实基础。

1. 推动政策产业研究

装配式建筑作为建造方式的重大变革,不仅涉及建筑项目从设计、生产、运输、安装到运行维护等全生命周期内实施方式的调整改变,而且还牵涉行业技术标准体系的配套完善,政府主管单位监管程序、竣工验收方法等各个环节的技术业务和工作流程再造,需要解决政策和产业问题十分繁杂,需要行业管理理念、行业管理政策和行业技术体系的全面升级。为此,事业部一方面与浙江省交通规划设计研究院共同成立浙江省桥隧工业化研究中心,加强对行业政策和产业的学习和研究,培养全省布局工作的主动性和先导性。另一方面,积极参与各种推动活动,主动适应政策和产业发展的趋势和潮流,以参与者甚至推动者的姿态介入业态发展的各种行动当中,努力推动交通建筑工业化发展。一是积极围绕构件工业化的实施方案与省综交办、"四大"办沟通,参加《浙江省交通建筑工业化发展指导意见》编制座谈会,从基地规划、产业扶持政策、土地配套、考核激励等方面,为《指导意见》的编制提出具体的意见建议。二是加强与省交通集团沟通,全力争取政策的支持和引导,参加交投举办的构建设计施工一体化平台方案研讨会,结合前提研究和实践,从组织和管理创新、设计施工主导核心、科学标准制定等方面,就一体化平台打造提出意见和建议。三是积极加强与地方政府、行业主管部门沟通,参与装配式基地规划研讨,探索基地与项目主体工程同步规划用地,推进装配式基地建设一体化实施。四是通过大型现场会、观摩会及各种参观、交流和学习促进业界共同关注并推进建筑工业化进程,形成良好的发展氛围。截至2020年8月,已经承办或协办大型现场会、观摩会或汇报会10余次,接待全国甚至海外共200多个代表团参观。

2. 加快基地化建设

围绕市场调研和需求,按照"资源共享、优势互补、合作共赢"的原则,积极与地市政府及政府投资平台洽谈,争取省交投、省综交办和地方政府的精准扶持,努力从土地、项目、税收等方面挖潜,尝试以股份制等合作方式推进,排除一切阻力,全力推进基地的落地,确保形成事业部的第一生产力。一方面,依托在建或拟建重大工程项目,以临永结合的方式,推动装配式基地的匹配性、持续性建设。一是舟山基地,占地面积450亩,是依托鱼山大桥、宁波—舟山港主通道项目建设运营较为成功的基地。该基地依托大型跨海大桥项目需求设立,已于2018年完成投资1.16亿元,主要用于购买305亩土地,随着两大工程的结束,基地将继续保留,并作为舟山区域永久性工业化生产基地。二是富阳基地,占地面积73亩,2018年已经完成施工和监理招标,取得施工许可证并投入使用,2018年内启动基地主体工程施工。该基地自营生产,统一配送,形成混凝土制品、锚杆、波纹管等材料搭配的供给线和生产线,在保证质量的前提下,满足项目的生产需要,不断探索高效、节能、环保一体化生产的路子。另一方面,通过与地方城投、交投等有影响力的企业合作,整合各方优势资源,创新基地建设运营模式,加快基地布局落地。一是绍兴基地,占地面积250亩,位于杭州湾南岸曹娥江口绍兴滨海新城工业园区,土地所有权归属绍兴城投,2018年7月底开工建设,12月设计产能达到50%,近期为绍兴三条城市快速路(240亿元)服务,年生产混凝土20万立方米以上,年产值4.375亿元以上,浙江交工、绍兴城投、上海城建共同按照约定的股份比例共同投资,采用公司化运作,生产运营工作正在按计划推进,预计年底投入使用,将投入250人的队伍,目前管理运营团队已进驻。该基地是目前结合市场最好的模式,合作方主要是绍兴城投,对方既是业主,又履行政府管理职责,具备深度合作的基础和条件。绍兴基地未来前景美好,因为绍兴建筑工业化需求旺盛,市场预期很大,与杭州将无缝对接,最大便利是土地由绍兴城投提供,地上地下都可控,基本上可以"拎包入住"。后续将有4000亿元的资金撬动,这种经营模式很有价值,通过深度合作站稳脚跟后,就能够借助基地将工业化生产能力辐射到整个区域市场,基本上能够形成独占的稀缺资源,未来会具有独特优势和核心竞争力,浙江交工也有更对机会向建设单位展现能力,形成以基地为导向的市场引导机制。二是衢州基地,占地174亩,位于衢州市柯城区航埠镇万川村,原与资源公司合作,现引入衢州交投入股,浙江交工、衢州交投、资源公司按照约定比例出资,并由衢州交投并表。完成公司注册后,启动土地摘牌等工作,以项目、河道疏浚、矿产资源等为合作切入点。建设内容为"一站一厂一中心":年产30万吨的环保型沥青混凝土搅拌站;年产15万立方米混凝土的绿色交通标准构件产品生产工厂(包括年加工5万吨钢筋产品的生产线),产品主要包括T梁等桥梁预制构件、预制通道涵以及其他小型预制构件;打造一座新型交通建筑材料技术研发中心。打造一个绿色交通建筑工业化基地,为浙江交工在衢江一带培植市场纵深发展"前哨",近期可服务G351工程、衢州美丽沿江通道工程和杭金衢养护工程等项目,远期可服务衢州"十三五"期间800亿元交通基础设施投资项目及未来的交通项目。

3. 做好基地发展规划

努力做好义乌基地建设构想,事业部与义乌交投进行了多次对接,就合作事宜达成一定的共识,并初步确定了基地选址意向的准备工作,旨在通过小商品之都的带动,接轨欧洲,提前谋划好"十四五"期间的设想。同时加强与湖州、天台、上虞等地的交投、城投及南方水泥等知名企业合作,以股份制合作形式推进基地扩展,探索矿产开发等方面合作,不断延伸产业链。未来基地的布局布点和产业延伸工作都会根据实际情况做好可行性分析,从方便土地资源取得、降低资本投入和企业负债率多方面进行综合考量,谋划比较好的基地投资回收期一般在3~4年,其他基地投资回收期可以考虑5~7年,土地摊销费用可以暂不考虑,因为基地总体而言是一种长期性战略投入,现在考虑的是运营模式,以最少的投入撬动最大的市场。有形的是推动项目落地,无形的是服务工程总承包模式。

4. 做好产业配套工作

通过科技公司的整合发展,以优质保障项目材料供应为目标,积极谋划收购或入股上游材料供应企业,完善浙江交工产业链。具体包括:与兰溪混凝土外加剂生产厂、中天集团绿色建筑工业化事业部共同注册成立混凝土外加剂生产厂,满足浙江交工在建项目生产所需;与天台交投合作,洽谈玄武岩矿的开发与利用;在衢江、江西赣江及长江沿线等地收集考察天然砂资源,建设天然砂供应基地。

(三)推进建筑工业化与工程总承包以及区域市场协同发展

1. 以装配式基地为切入点探索工程总承包

(1)装配式基地能够成为工程总承包的切入点

装配式基地解决了传统建造方式下技术与管理不融合的问题,形成了一条稳定的建筑工业化的流水线,改变了传统施工多专业无序交叉、相互限制、互为影响的杂乱现象。据了解,装配式生产方式比传统现浇方式节约50%以上的现场建设时间,比传统的设计施工分离的建设方式节省成本7%以上,同时保障了工程整体质量水平。所以,基地的存在无疑就是先发优势,如何成功嵌入有待探索,但是总体预期还是会朝着这个方向走。从政府角度分析,未来总的趋势还是会更加有作为,基于地区发展和行业趋势,一定会推动构件融合工程总承包模式当中,以设计优化带动建筑工业化的发展,真正体现当前政府和行业"敢于担当、善于担当、可以担当"的作风。

(2)工程总承包是装配式基地的推动力

在装配式建筑真正标准化、商品化之前,通过工程总承包模式(如EPC),有利于加快推进装配式建筑研发和在工程中运用,成功带动了产业转型升级。工程总承包可以加强工程设计与施工资源深度融合,促进与提升工程设计与施工技术水平创新,加快装配式建筑的研发进程,发挥设计引领优势,推动设计的标准化。工程总承包可以最大限度地发挥装配式基地的能动性和创造力,推进装配式生产规模化、工厂化、标准化的后场建设,依托“专业化施工平台”打造,实现构件的批量生产、规范控制和准确交付,而且可以加速装配式建筑专业管理人才和产业工人的培养,促进产先进设备的应用和工艺技术的创新,实现生产效率和经济效益双提升。

(3)打造适应三个总承包平台系统化需求的装配式基地

事业部重点在布局的基地基本上是与公路工程项目配套,将在浙江交工路桥工程总承包平台打造中发挥积极作用。在基地布局方面,着重考虑浙江交工三个工程总承包平台打造的前瞻性需求。一方面,基地布局一般尽可能靠近水系区域,因此布局水上是必然的。港航建设一定也会走工业化道路,因为,水上施工涉及的堤岸加固、码头建设、河道治理都需要大量的混凝土预制构件,未来工厂化生产、装配化配送会成为一种趋势;另一方面,地下工程都是经济较为发达的区域,目前基地布局也在这些区域,未来箱涵节段、地铁管片市场很大,至2020年8月,仅杭州地区具有备案条件的只有5家,另外2家是挂靠省外资质,所以容量还是有的。未来大湾区建设的宁波、温州等地也要考虑布点,因为2020年后杭州地铁建设将会告一段落,从长远来看,环杭州湾的工业化需求才是重中之重,尤其是桥隧工业化趋势锐不可当。

2.建筑工业化与区域市场协同推进

浙江交工自2017年以来大力发展建筑工业化,产业规模效应初显,产业链在不断完善,一方面以“标准化设计、工厂化生产、装配化施工、信息化管理”为导向打造现代交通建筑工业化基地,另一方面推动砂石料加工、码头等上下游延伸产业。同时,建筑工业化这种新的模式正在引发一系列变革,基地所在地的原有的工程项目和办事机构的管理组织模式、与设计部门的合作、沟通模式都在发生不同程度的转变。建筑工业化基地与所在区域市场如何协同发展,形成基地和区域市场有效联动,高效推动建筑工业化产业链拓展,成为事业部近几年不断深耕的领域之一。

(1)以基地拓展带动项目合作

浙江交工以基地合作为切入点,深化与区域市场合资公司的合作关系,在区域市场中通过品质工程创建、良好的履约保障等扩大浙江交工品牌影响力,推动合作方区域市场内的EPC、总承包项目落地,最大程度实现和基座双方利益最大化。现今,事业部通过建筑工业化公司与广西交投、南宁城投达成合作,通过基地合作成功进入广西市场,并对周围城市形成辐射;配合港航分公司加强与金华交投对接,成功承接水上施工项目,为更好地开拓新兴市场提供有力支撑。

(2)以基地建设带动产业发展

事业部充分用地方政府平台公司的优势,拓展上下游产业链,与德清交水集团参与地方尾矿治理,以及城际铁路材料供应;与衢州、金华、丽水、义乌等地方平台公司共同经营沥青和水泥混凝土拌和站;与上虞交投等单位共同开展钢筋加工配送;与上虞龙头企业开拓建材码头市场。

3.探索预制构件商品化实施路径

建筑工业化以“设计标准化、生产工厂化、施工装配化、管理信息化、产品商品化”为特征,其中商品化进程作为预制构件产推广应用的最后一环,在现有管理体制下的进程非常缓慢。随着建筑工业化的发展,原有属于建筑企业内部的工艺过程逐步发展成为独立行业,如混凝土生产、防水施工等原有工序会逐渐衍生成独立产业。可以预见未来,地铁管片、桥梁构件、小型桥梁等可能会像传统水泥、砂石、钢筋等原材料一样作为商品进入市场。浙江交工已经现已就预制构件商品化展开研究课题立项,积极对标法国、瑞典、丹麦、德国、日本等国家建筑工业化发展模式,结合企业自身实际,探索预制构件商品化组织经营模式;另一方面积极与有关部门协商,在传统的招投标模式上、质量监管、技术标准、产品定价等方面创新管理模式,为预制构件商品化实施构建可实施的路径。

(四)建筑工业化成长策略

1.以前瞻性理念引导和保障未来发展

新业务创造新价值,未来装配式建筑发展的程度,不仅取决于政策的引导、标准的完善、技术的进步、管理的创新,更取决于整个建筑行业以什么样的价值观引导装配式建筑,还取决于全社会对装配式建筑保持怎样的标准和品质要求。所以,在浙江交工"十三五"规划中勾画的"新业务"蓝图已初见雏形的情况下,对"新业务"应该予以资源倾斜,重点培育,加快模式熟化,提升业务规模,为基地布局布点提供有效支撑。事业部在坚持自身发展目标的同时,也要坚持"国际化视野"与"本土化发展"相结合的理念,尊重科学、尊重市场,着力研究未来建筑业改革发展、推进新型建造方式与产业现代化的转变,引导和创造工业化政策的支持,并提出政策建议与工作思路,为政府建设主管部门、行业协会和企业制定中长期规划提供参考。比如,通过努力,强化工业化用地指标保障,强化项目规划的工业化引导,强化工业化项目的财税等金融制度支持,强化交通建筑工业化运输等瓶颈的政策保障,让未来装配式建设发展真正与经济、社会、环境发展相协调。

2.以管理创新和技术研发带动自身发展

发展装配式建筑本身是一个系统性工程,相较于传统现浇结构体系,装配式建筑带来了包括结构体系、生产方式和商业模式在内的一系列变化,要求企业开发、设计、设计和运营管理等整个产业链条必须都是完整的,这对于目前很多企业来说依然是一个不小的挑战。事业部要以装配式超低能耗、高品质、绿色建筑为方向,以创新为动力,在管理创新、技术创新、政策创新、队伍建设创新、商务模式创新、融资模式创新和区域合作创新等方面进一步探索,持续在技术研发上投入,不断在工程实践中攻关,全面推动产学研相结合的开放型自主创新,建立浙江交工装配式建筑品牌,确保设计优化、建材开发、施工技术改良和创新等方面已达到业界领先水平。

3.以基地化平台加快人才队伍建设

据测算,1亿元的土地投资,需求是50个管理人员,加上350个工人,形成400人的团队,这是基地化平台的基本需求。建筑工业化的成长要求尽快落实人才队伍建设,为高技能人才提供良好的展示平台。要制定"走出去"和"引进来"的计划,采用双向学习取经的方式,不断弥补自身知识和技术方面的空缺,鼓励广大一线操作人员立足本职岗位,刻苦钻研专业技术,充分发扬精益求精的匠人精神,助推浙江交工培养造就一个以现场技术骨干、中层管理团队为核心的技术管理骨干团队,打造一支素质优良、技艺精湛的建筑产业队伍。装配式建筑人才的培养必须与产业深度融合,深度对接行业、企业的新方向、新技术,建立产教融合的人才培养模式,当前正在布局"6+X"的模式,充分发挥集团层面的教育资源优势,结合基地生产实际,着力打造职业教育、实训、定向培养为一体的优质平台,逐步建立装配式建筑人才培养标准体系、职业技能标准、职业培训认证体系、职业发展保障体系,为装配式建筑人才培养夯实基础。

4.以数字化手段推进工业化智能运用

在当前"互联网+"影响下,建筑工业化要不断适应互联网的思维,充分发挥大数据在商业模式、生产方式、组织管控、发展理念方面的辅助作用,全面提升数字化在基地投资决策、管控高效运行、生产精细控制和构建产品精准服务中的系统功能,以关键领域、重点地区、重要工程的大数据应用为引导,全面推动装配式建筑深度变革,开展装配式建筑BIM技术应用,推动建筑全生命期信息化、智慧化发展,积极探索建筑数字化技术向建筑产业的拓展应用,加强装配式基地数字能力建设,整体提升装配式建筑产业发展水平,以寻求交通建筑业发展水平的突破,需要进行不断地进行思考和实践。

三、主要创新成果总结

事业部以基地运营合作助力市场拓展,以基地拓展带动延伸产业发展,实现建筑工业化产业"省内成网出效益、省外海外布点促市场、产业协同促转型",至此,在事业部的统筹与合作方的支持下,建筑工业化已取得初步的经济效益和良好的社会效益。一是基地建设进展显著：截至2019年，11个已落地基地占地面积2255亩，将建11预制构件厂、5个沥青搅拌站、11个水泥混凝土拌和站等生产线，16家战略合作的地方政府平台公司固定资产5203亿元，“十四五”总投资3656亿元；绍兴基地已经投产，2019年签订合同额10.3亿元，2020上半年完成产值3.3亿元。二是市场拓展成效明显：多个基地完成内部报批，其中，金华、衢州、丽水、德清、上虞、义乌基地在2019年完成合资公司注册；同时加强与湖北十堰、宁波、台州等地交投、城投和兄弟公司的对接与协同，探索基地建设、矿产开发、码头经营等方面的合作，配套杭绍甬智慧高速、杭甬复线PPP项目的矿山、码头项目有望快速落地；2020年广西基地中标2.8亿元预制标，在基地推广EPC模式。三是产品、产业创新加速：新材料公司立足填补部分产业链空白、降低生产成本，积极开展产品标准化、体系化建设，持续提升研发力、创新力，新增配电箱、灌浆套筒等业务，2020上半年完成营收6772.25万元；产业创新加速，截至2020年8月，建筑工业化上虞建材码头已完成试上料13000吨黄砂，绍兴基地获得商品混凝土供应资质，事业部正积极拓展上下游产业链，与地方国企司洽谈尾矿治理及城际铁路材料、沥青和水泥混凝土拌和站、机制砂、钢筋加工配送等合作。

浙江交工自启动建筑工业化已逾三年，始终重视顶层设计，着力打造建筑工业化产业品牌，充分发挥基地与区域市场的黏性，通过基地的反哺协同效应，逐步实现区域化、属地化、产业化；大力推进设计标准化与建筑工业化的融合，积极探索设计资源与建筑工业化的协同发展，推动产业可持续发展；坚持做强建筑工业化相关产业链，不断拓展自营生产业务、开拓建材码头市场、参与矿产资源开发，延伸建筑工业化产业链；不断探索实践，培育工程总承包能力。建筑工业进程的有效推进，不仅为浙江交工生产组织模式变革、创新建筑业发展、完善产业链等注入新的活力，而且也为加快政企合作、产企融合和多方协同提供实践机会和平台，为经济高质量发展和行业一体化整合提供探索创新的成果和经验。

大型混合连续刚构桥节段安装施工技术的研究与应用

浙江交工集团股份有限公司

成果主要创造人:李春生 梁赟赟

成果参与创造人:周 锋 叶以挺 王再荣 许国泰 李胜辉 阳海燕
李博学 王玉飞 杨 峰 刘嘉欣

浙江交工集团股份有限公司(简称"浙江交工")前身是1953年5月成立的华东第二公路工程纵队及机构改革形成的浙江省交通厅公路局所属工程队,2001年11月成为浙江省交通投资集团有限公司下属子公司,2017年11月成功实现重组上市,是一家具有国家公路工程施工总承包特级资质,公路行业设计甲级资质,市政公用工程施工总承包一级,港口与航道工程施工总承包二级,公路路面、桥梁、隧道工程专业承包一级,工程咨询乙级,试验检测乙级,以及城市轨道交通工程、交通安全设施、高等级公路养护等专业承包资质的综合交通工程施工企业。

浙江交工的主要经营范围为:道路、桥梁、隧道、港口、航道、船闸、机场、市政、铁路、城市轨道及地下管廊等交通工程施工、设计、技术服务;材料试验;商品混凝土、建筑材料的销售;工程机械的修造和租赁;交通基础设施投资、工程项目管理;开展对外经济技术合作业务,经营出口业务。

"浙江交工"品牌遍布省内、省外及国外,多项工程获鲁班奖、詹天佑奖、李春奖、国家优质工程奖、公路交通优质工程奖、华东地区优质工程奖、全国科学大会奖、浙江省科学技术奖、天府杯、白玉兰杯、钱江杯优质工程奖、浙江省市政金奖等奖项。浙江交工也先后获得浙江省重点建设先进集体、浙江省先进建筑施工企业、浙江省先进模范集体、全国交通系统先进集体、黑龙江省公路建设三年决战先进集体、江西"十一五"重点工程建设先进施工单位、公路建设行业优秀企业、全国建筑业先进企业、全国优秀施工企业、全国交通企业百强、中国建筑业竞争力百强企业、中国承包商80强、全球最大国际承包商250强等荣誉称号,连续几届被浙江省工商局评为信用AAA级"守合同重信用"单位。

一、创新与应用背景

预制节段拼装是将梁体分为若干节段,在工厂预制后运至桥位进行组拼,通过施加预应力将节段整体拼装成桥的施工方法。其施工工艺流程包括预制场建设、预制、运输、架桥、拼装等。由于其具有施工速度快、质量好及环境影响小等优点,预制节段施工方法近年来得到越来越广泛的应用。

在公路和市政领域,福州洪塘大桥(预制节段逐跨拼装施工)、广州城市轨道交通4号线和厦门BRT(Bus Rapid Transit,快速公交系统)较大规模采用了该技术;在铁路领域,灵武杨家滩黄河特大桥(专用移动支架造桥机、短线法预制逐跨拼装)、嘉绍跨海大桥、乐清湾跨海大桥等采用了该技术。

节段拼装施工方法对于跨海长桥施工具有较强优势,不仅可以保证海上混凝土工程的施工质量,提高结构耐久性,还可以提高桥梁建造效率、节约成本,同时可以减少混凝土海上施工对海洋环境的影响。

当大跨度混凝土桥梁在桥下交通或者通航条件受限的情况下,在跨中部位可采用钢箱梁的形式,从而形成了钢—混凝土混合结构体系。一般情况下,跨中钢箱梁也采用分段吊装或者整体吊装的施工方式,可以有效地提高施工效率。

对于预制节段拼装桥梁施工，线形控制是关键难题，其中包括预制线形控制和拼装过程线形控制；对于钢箱梁整体吊装施工，如何保证钢箱梁端部与结合段光滑过渡是其施工难点。在大型混合连续梁或者连续刚构桥施工过程中，这两类施工难题同时存在。

本研究依托鱼山大桥，针对目前施工控制方法中存在的缺陷以及实际施工中所涉及的关键技术，分别展开节段预制混凝土梁悬臂拼装和大节段钢箱梁整体吊装施工工艺和质量控制研究，形成大型混合连续刚构桥节段安装施工成套关键技术，相关成果可为今后类似工程提供技术指导。

二、成果内涵和主要做法

(一)研究与创新的整体思路

目前，国内外桥梁施工正朝着工厂化、装配化和标准化等方向发展。由于短线节段预制拼装桥梁施工方法具有施工占地少、工期短、标准化程度高、对现有交通影响小、环境污染少等优点，其在我国应用逐渐增多。为了使传统的刚构桥更加适应于跨江、跨海大桥，进一步增大其经济跨度和通航能力，可将连续刚构桥主跨跨中的一段混凝土箱梁替换成钢箱梁，使得钢箱梁和混凝土梁在结构层次上连接在一起，共同构成连续刚构桥的主梁部分。对于桥梁混凝土部分，可以采用短线预制法施工；对于钢结构部分，则可以采用大节段吊装方法。因此，有必要针对大型混合连续刚构桥的施工方法进行系统的研究，以达到安全施工及运营管理的目的，并为后续类似工程提供参考。

(二)创新目标及主要创新点

1. 创新目标

通过关键施工工艺、结构有限元分析以及预制线形与拼装线形误差估计与控制等技术，形成一套适合连续刚构桥梁预制节段施工的施工线形控制技术与施工工艺。

2. 主要创新点

①针对超大跨度、超高节段预制拼装的线形误差累积导致合龙误差过大的难题，主要从前期分析、梁段预制和梁段拼装三个阶段分别进行控制，以几何控制为主，以内力控制为辅，建立了精细化的短线法施工全过程数字化几何控制体系。

②提出了剪力钉荷载滑移曲线模型，结合 PBL 剪力键荷载-滑移曲线，对钢—混凝土接合段进行了三维精细有限元分析。

③根据超高变截面节段的特点，对短线匹配法预制线形误差因素进行了详细分析，并针对各误差因素，提出了测量定位精度控制、基础沉降控制、模板变形和安装精度控制等一套超高变截面节段预制精度控制技术。

④针对大跨度钢—混凝土混合连续钢构桥采用节段预制拼装的特点，对混凝土节段箱梁采用悬臂拼装和钢箱梁采用整体吊装的施工线形影响因素进行了研究，提出了基准块与现浇大体积墩顶块湿接缝连接等精确定位，钢—混凝土接合段与已完成悬臂拼装节段之间采用了湿接缝的连接方式，钢箱梁合龙口采用后焊嵌补段方式等一套大跨度钢—混凝土混合连续钢构桥预制拼装精度控制技术。

3. 创新研究内容

根据依托项工程建设的目标要求，结合我国类似工程实践经验，针对大型混合梁连续刚构桥混凝土箱梁部分采用节段预制悬臂拼装和钢箱梁采用大节段整体预制吊装施工工艺和质量控制中的几个关键技术问题开展研究。

(1)大型混合梁连续刚构桥节段预制拼装施工过程分析

以有限元数值模拟手段，采用梁、板壳、实体等多尺度单元建立结构施工阶段和成桥阶段的全桥三维模型，研究施工过程各工况下和成桥后正常使用阶段的受力机理，重点研究钢—混凝土连续钢构桥结合段的受力性能。

(2)大型混合梁连续刚构桥节段预制拼装施工技术研究

通过调研类似结构工程实践经验和类似施工工艺,基于项目依托工程的大型混合连续刚构桥特点,研究采用短线法预制超高变截面节段梁的高精度控制技术、超高节段海上安全运输技术、大悬臂安全施工技术以及合龙施工措施、钢—混凝土结合段预制安装质量控制技术以及钢箱梁大节段整体制作吊装技术等施工关键技术。

(3)大型混合梁连续刚构桥节段预制拼装线形控制研究

采用自适应线形控制理论和数值模拟方法,考虑到连续刚构桥的结构特点,对梁段自重、梁段刚度、预制梁段存梁时间、温度变化和施工临时荷载分布形式等参数进行敏感性分析,并提出各敏感因素相对应的预制安装精度控制技术。

4. 创新组织和支撑保障等

本创新组织由浙江交工与浙江大学城市学院组成,分工明确、优势互补、联合攻关,基于浙江省交通运输厅科技项目"大型混合连续刚构桥节段安装施工关键技术研究"(编号:2018043),针对目前跨海大型连续刚构桥施工环境复杂、施工风险大、限制多的实际情况,通过理论分析、现场实测、工程验证等手段,对大型混合连续刚构桥关键施工技术进行了系统的研究。

成果主要创造人李春生为大桥分公司总工程师、叶以挺为大桥分公司常务副总经理,二人均为高级工程师,负责设计及制订研究方案,协调课题组,组织、管理并指导研究等工作,全面统筹项目开展。成果参与创造人周锋、王海峰、梁赟赟、王再荣、李胜辉、阳海燕、邹文才、李王亮,主要负责项目具体实施工作。

浙江大学城市学院魏新江等教授为本创新小组技术顾问,协助制订了课题具体的实施计划。

5. 解决的主要问题

根据超高变截面节段的特点,对短线匹配法预制线形误差因素进行了详细分析,并针对各误差因素,提出了测量定位精度控制、基础沉降控制、模板变形和安装精度控制等一套超高变截面节段预制精度控制技术。

针对大跨度钢—混凝土混合连续钢构桥采用节段预制拼装的特点,对混凝土节段箱梁采用悬臂拼装和钢箱梁采用整体吊装的施工线形影响因素进行了研究,提出了基准块与现浇大体积墩顶块湿接缝连接等精确定位,钢—混凝土接合段与已完成悬臂拼装节段之间采用了湿接缝的连接方式,钢箱梁合龙口采用后焊嵌补段方式等一套大跨度钢—混凝土混合连续钢构桥预制拼装精度控制技术。

针对超大跨度、超高节段预制拼装的线形误差累积导致合龙误差过大的难题,主要从前期分析、梁段预制和梁段拼装三个阶段分别进行控制,以几何控制为主,以内力控制为辅,建立了精细化的短线法施工全过程数字化几何控制体系。

6. 创新研究技术路线

本项目的技术路线如图1所示。

三、应用效果

本项目研究成果创新点较多,实用性强,攻克了大型混合连续刚构桥节段安装的施工难题,提高了施工质量和施工效率,节约了施工工期和资源投入,项目成果成功应用于宁波舟山港主通道项目工程鱼山大桥施工中,产生了显著的经济效益和社会效益。

本项目预制梁段过程中采用台座预压、全过程沉降监测、BIM(Building Information Modeling,建筑信息模型)技术等质量保证措施将节段预制成品精度控制在±1毫米范围内,质量偏差控制在±1%范围内。通过改进加工设备和检测设备等手段,将本项目节段梁的钢筋保护层合格率控制在95%以上水平。通过研发一套体外束预埋件专用定位胎具,将以往的拉线定位等"柔性"定位法,转换成为"刚性"定位,从而将体外预应力钢束定位精度偏差控制在3毫米以内;在大节段钢箱梁吊装施工中,从船舶抛锚定位、吊具安装、钢箱梁吊装和环缝连接几个方面研究了钢箱梁桥位吊装施工,并提出了大节段钢箱梁环口匹配出现误差时的调整策略,大大提高了施工效率和施工安全性,取得了良好的社会效益和经济效益。

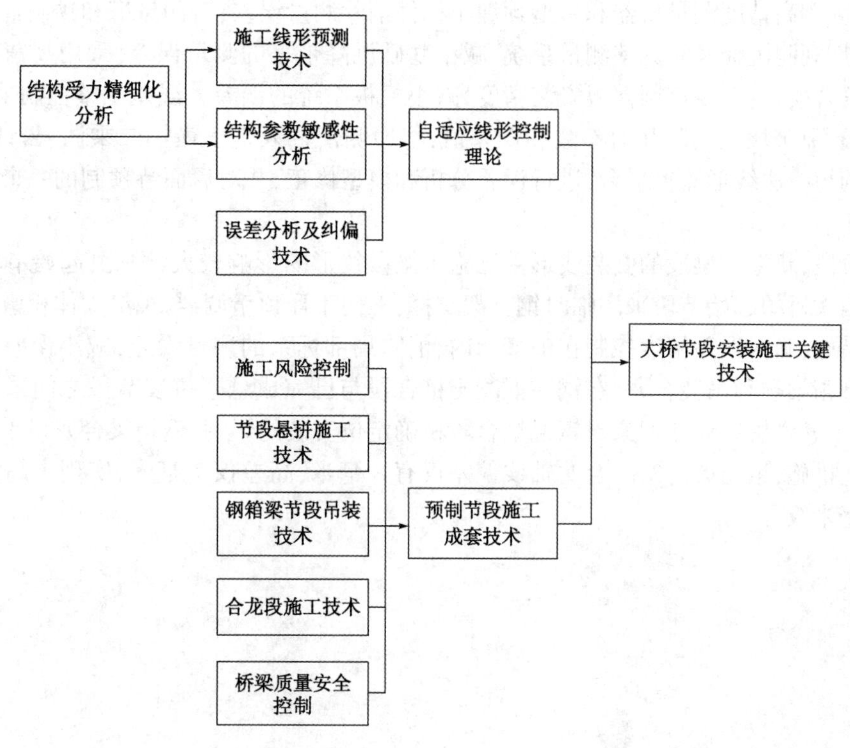

图1　项目技术路线

四、研究应用结论

本研究以大型混合连续刚构桥——鱼山大桥为研究背景,针对预制节段制造及安装、大节段钢箱梁吊装等关键问题开展相关研究工作,取得了以下研究成果:

鱼山大桥主桥超大跨径钢—混凝土组合连续钢构桥,采用了混凝土箱梁短线法节段预制拼装和钢箱梁整体吊装的施工工艺。超大跨度、超高节段预制拼装线形误差控制的技术难度较高,线形失控风险一方面来自匹配预制阶段的各项误差或错误,另一方面来自架设阶段的放样误差以及变形误差。在预制拼装结构中,这些误差或者错误将随着跨度的增大而逐渐被放大,不仅影响桥梁最后的合龙施工,也会导致桥梁成桥后与理想线形之间产生过大偏离。

前期分析阶段,利用桥梁结构专用软件建立空间杆三维模型,应用理想前进分析法模拟主桥结构在每个施工阶段、运营期活载和考虑混凝土收缩徐变设置的预拱度,得到每个施工阶段的理想状态,保证结构成桥后达到目标成桥线形;再应用理想后退法计算构件无应力状态的几何构型,即无应力预制线形。参数敏感性分析表明,混凝土主梁容重是引起主梁线形变化的主要因素,施工过程中需予以重点识别;混凝土主梁弹模对主梁线形的影响较小;主梁预应力筋磨阻系数对主梁线形的影响更小。

通过总结剪力钉在弹性阶段受力特点和受力特征,得到了剪力钉的有效高度与剪力钉和混凝土变形能之间的关系。根据剪力钉和混凝土在弹塑性阶段的受力特点和力学特征,推导出剪力钉荷载滑移曲线弹塑性阶段模型,分别描述了剪力钉在屈服阶段和塑性强化阶段刚度变化。对施工过程钢—混凝土接合段的精细受力分析表明,结合段钢箱梁最大 Mises 应力为 94.2 兆帕,小于 Q345 钢材是强度设计值;钢—混凝土接合段混凝土主梁纵桥向正应力为 −9.8 ~ −2.0 兆帕,全断面受压;横桥向正应力为 −1.5 ~0.8 兆帕,由于悬挑翼缘板的作用,在腹板位置梁顶会出现 0.8 兆帕的拉应力;混凝土主梁的第 1 主应力为 −0.6 ~1.0 兆帕,最大主应力出现在钢混结合面位置;混凝土主梁的第 3 主应力为 −9.9 ~ −2.6 兆帕。

节段预制过程中,各种误差的积累效应显著,前期一个小的误差可能对后期的结构产生不可忽视的影响。为避免各种误差的积累效应,采用测量定位精度控制和误差调整方法控制几何线形精度。测量定位精度控制,采用高精度测量仪器和新型预埋小构件消除测量误差;对测量塔和预制台座基础进行加固和预压,并定期观测沉降及时调整测量系统,减小基础沉降带来的测量误差;采用高精度、大刚度、全液压式不锈钢复合模板,严格控制模板安装精度,减小模板系统的误差。误差调整控制采用"六点测量法"回测采集已预制节段的实际几何参数和误差值,将回测值输入基于最小二乘法、云计算、大数据分析等技术架构的短线法线形监控平台,进行误差分析和模型修正,并对后面待预制的一个或几个节段匹配进行误差纠正。

悬臂拼装阶段,新施工梁段的安装线形受已施工梁段线形的影响较大,因此,起始节段的精度控制最为关键。鱼山大桥的起始节段采用临时钢支架支撑,三向千斤顶精调,与现浇大体积墩顶块湿接缝连接等精确定位措施,确保误差精度控制在 1 毫米内,消除局部标系的测量误差,减小误差放大效应。为保证主跨跨中钢箱梁顺利吊装合龙,在钢—混凝土接合段与已完成悬臂拼装节段之间采用了湿接缝的连接方式,消除了悬臂拼装误差积累对钢混结合段精确定位安装的影响,钢箱梁合龙口采用后焊嵌补段方式。通过上述措施,钢箱梁的实际合龙轴线偏差仅有 8 毫米,高差仅 7 毫米,实现了超大跨径节段预制拼装箱梁的毫米级合龙。

超大直径钢管复合桩施工技术在海洋环境下的创新应用

浙江交工集团股份有限公司

成果主要创造人：周　锋　梁赟赟

成果参与创造人：李春生　叶以挺　王再荣　叶卫东　姚德贵　钱来平
张　瑜　刘　川　姚立波　刘嘉欣

浙江交工集团股份有限公司（简称“浙江交工”）前身是1953年5月成立的华东第二公路工程纵队及机构改革形成的浙江省交通厅公路局所属工程队，2001年11月成为浙江省交通投资集团有限公司下属子公司，2017年11月成功实现重组上市，是一家具有国家公路工程施工总承包特级资质，公路行业设计甲级资质，市政公用工程施工总承包一级，港口与航道工程施工总承包二级，公路路面、桥梁、隧道工程专业承包一级，工程咨询乙级，试验检测乙级，以及城市轨道交通工程、交通安全设施、高等级公路养护等专业承包资质的综合交通工程施工企业。

浙江交工的主要经营范围是：道路、桥梁、隧道、港口、航道、船闸、机场、市政、铁路、城市轨道及地下管廊等交通工程施工、设计、技术服务；材料试验；商品混凝土、建筑材料的销售；工程机械的修造和租赁；交通基础设施投资、工程项目管理；开展对外经济技术合作业务，经营出口业务。

“浙江交工”品牌遍布省内、省外及国外，多项工程获鲁班奖、詹天佑奖、李春奖、国家优质工程奖、公路交通优质工程奖、华东地区优质工程奖、全国科学大会奖、浙江省科学技术奖、天府杯、白玉兰杯、钱江杯优质工程奖、浙江省市政金奖等奖项。浙江交工也先后获得浙江省重点建设先进集体、浙江省先进建筑施工企业、浙江省先进模范集体、全国交通系统先进集体、黑龙江省公路建设三年决战先进集体、江西“十一五”重点工程建设先进施工单位、公路建设行业优秀企业、全国建筑业先进企业、全国优秀施工企业、全国交通企业百强、中国建筑业竞争力百强企业、中国承包商80强、全球最大国际承包商250强等荣誉称号，连续几届均被浙江省工商局评为信用AAA级“守合同重信用”单位。

一、应用背景

“钢管复合桩”定名在港珠澳大桥中被首次提出。类似叫法有钢管混凝土桩、钢管混凝土管桩等。钢管复合桩是钢管+泥皮/防腐层/剪力环+核心钢筋混凝土桩作为共同存在的复合桩体，是钢管与混凝土的一种新型组合形式。这种组合形式是在受荷载过程中能充分弥补两种材料自身存在的不足，既可以发挥混凝土较高的抗压强度，也可以发挥钢材良好的延性及韧性等优点，从而使钢管复合桩具有良好的力学特性和经济性。因此，钢管复合桩组合结构具有较高的抗压能力、良好的抗弯能力和变形性能。近年来，随着我国钢产量的增加，以及新材料和钢材料防腐技术的发展，大直径钢管复合桩以其高承载力和优越力学性能越来越受到工程界的重视和青睐，已经广泛应用于高层和超高层建筑、大型深水港口码头和跨海大桥工程等结构中。

鱼山大桥全长7781.75米，桥跨布置为（70+140+180+260+180+140+70）米，全桥采用大直径变径钻孔灌注桩或钢管复合桩（分单桩独柱和群桩基础），桩径2.2~5米，桩长15~148.2米，均为嵌岩桩，桩径、桩长均创国内之最。根据设计，单桩钢筋笼最大质量达241.3吨，单桩永久钢护筒最大质量

297.1吨,单桩混凝土最大灌注土方量1943.2立方米。大直径桩基面临的施工难题主要有:一是海上施工条件恶劣,桥址处地质条件复杂,有淤泥、淤泥质土、黏性土、粉砂、细砂、中砂、砂砾、圆砾,局部夹卵石、下伏基岩岩面起伏变化大、岩性多变、软硬不一。成孔过程极易出现坍孔、漏浆、缩径、孔底沉淀过大等质量隐患和嵌岩难题。二是超长超大直径钢管复合桩的钢管和钢筋笼外形尺寸庞大、单根质量大,加工、运输、吊装、定位、沉放等环节存在诸多困难。近年来,随着嘉绍跨海大桥、平潭海峡大桥和港珠澳大桥等工程陆续建成,研究人员在超大直径桩基方面积累了宝贵经验,但针对本工程5米超大直径超深变截面钢管复合桩施工关键技术的研究较为罕见,国内外也鲜有相似的工程和经验可以直接应用参考。

创新管理团队深入开展海洋环境下超长超大直径变截面钢管复合桩施工关键技术研究,采用现场试验、数值模拟和理论分析方法,对超大直径超长、超重钢管、钢筋笼在制作安装、运输起吊、对接、沉放等方面难题提出有效措施,并从经济、进度和安全等进行综合评价;对受海洋潮汐和风浪影响的超长大直径桩基成孔方法和嵌岩技术展开研究,同时展开超大直径变截面钢管混凝土桩在复杂受力条件下的竖向承载力与变形特性的现场试验和分析,为钢管复合桩设计提供试验和理论依据。

二、内涵和主要做法

(一)当前存在的问题

在外海自然条件非常恶劣的深水区域下大规模建设跨海大桥工程,由于地质条件复杂、施工条件恶劣,故超长、超大直径变截面钻孔灌注桩施工仍存在较多的技术难题有待深入研究,主要体现在:①超长超大直径永久钢护筒的精确定位技术需要进一步研究;②复杂海洋环境下施工栈桥、钻孔平台有待创新设计和深入研究;③复杂海洋环境超长超大直径变径桩基成孔易出现塌孔、漏浆、缩颈、孔底沉淀大等质量隐患和钻进嵌岩难度大以及变截面处的钻孔处理等问题,需要通过技术改进来解决;④超长、超大直径桩基钢筋笼尺寸大、质量大,加工、运输、吊装、定位和沉放等环节均存在诸多困难,需要进行相关新技术开发和研究相应的质量控制措施;⑤超长、超大直径桩基的海工混凝土配制技术,大土方量水下混凝土快速连续灌注技术以及成桩质量检测技术等还需进一步研究;⑥超长、超大直径钢管复合桩的承载力发挥特性及钢管、混凝土、剪力环等协同作用机理尚不清楚,压弯剪复杂荷载作用下钢管与混凝土受力性能等需要深入研究。

鉴于此,本项目拟开展复杂海洋环境下新型施工栈桥、钻孔平台技术、杂海洋环境超大直径超长桩基成孔与质量控制技术、超长超大直径钢管复合桩的钢管和钢筋笼变形与施工质量控制技术、超长超大直径钢管复合桩的检测与监测技术和超长超大直径钢管复合桩的承载特性研究,形成海洋环境下超长超大直径变截面钢管复合桩成套施工关键技术,并在实际工程中进行应用。

(二)创新目的及主要内容

1.创新目的

以岱山县鱼山大桥工程为依托,根据实际工程需求,针对超长、超大直径变截面钢管复合桩施工将面临的技术难题,在借鉴现有工程实践经验基础上,展开超长、超大直径钢管复合桩施工工艺及施工质量控制技术研究,包括施工栈桥、钻孔平台、新型钻机选型、超大直径钢管和钢筋笼的加工、运输、沉放技术以及超长深超大直径灌注桩嵌岩技术。同时,开展超大直径变截面钢管混凝土桩在复杂受力条件下的竖向承载力与变形特性的现场试验并进行理论分析,最终形成超长、超大直径变截面钢管复合桩成套关键技术,直接指导施工实践。我国海岸线长,沿海众多岛屿具有开发价值,在沿海修建更大规模的海上桥梁势在必行。我国正在规划实施中的跨海大桥还有:旅顺至蓬莱的渤海湾大桥(总长约120公里)和琼州海峡跨海大桥(总长约31.6公里)、六横跨海大桥、南京长江五桥、舟山北向跨海通道、杭州湾第二大桥、深中通道等,本超长、超大直径变截面钢管复合桩施工关键技术研究,将为背景工程及后续跨海大桥建设累积技术经验和提供技术指导。

2.创新内容

根据依托工程建设的目标要求,结合我国此类工程的实践经验,针对海洋环境下超长、超大直径钢管复合桩施工工艺和质量控制中的几个关键技术问题开展研究。通过施工组织设计方法研究海洋环境下超长、超大直径钢管复合桩施工所需配套的海上栈桥和施工平台的功能规划，提出相应的结构设计和施工方法。通过调研大直径灌注桩工程实践经验，基于超长、超大直径钢管复合桩的钢护筒和钢筋笼直径大、长度大、质量大、孔径大和变直径，以及水下混凝土方量大等特点带来的施工工艺和质量控制技术难点分析，研究永久钢护筒在不同水深区域的打设方法及相应的高精度定位技术，超大直径变径嵌岩桩的钻孔工艺和成孔质量控制技术，超长超大直径钢筋笼长线法胎模制作工艺、起吊防变形措施以及海上对接安装方法及质量控制技术，超大土方量水下混凝土灌注快速施工技术，以及超长超大直径桩基成桩质量检测技术。采用有限元软件 ABAQUS 建立大直径嵌岩钢管复合桩的数值模型，依据已有试验成果进行数值模拟，并通过试验数据进行模型验证，在验证后的模型基础上建立依托工程桩基的数值模型，根据实际工况施加压弯剪荷载研究桩基在复杂荷载作用下的受力和变形规律。结合实际工程，通过有限元法模拟超长超大直径钢管复合桩在墩柱、桥梁、通车荷载、波浪荷载、冲刷作用等共同作用下桩基的受力变形特性，并通过有限元法预测桩基的竖向承载力和水平承载力，分析其桩侧摩阻力、桩端阻力、桩身轴力、桩身弯矩等发挥特性。

3. 创新整体思路

依托鱼山大桥工程，深入开展海洋环境下超长超大直径变截面钢管复合桩施工关键技术研究，采用现场试验、数值模拟和理论分析方法，对超大直径超长、超重钢管、钢筋笼在制作安装、运输起吊、对接、沉放等方面的难题提出有效措施，对受海洋潮汐和风浪影响的超长大直径桩基成孔方法、超大土方量海工混凝土灌注技术展开研究，同时开展超大直径变截面钢管混凝土桩在复杂受力条件下的承载力与变形特性的现场试验和数值分析，为钢管复合桩设计和施工提供试验和理论依据。

4. 重点创新内容的基本做法

①研究了超长、超大直径变截面钢管复合桩的复合作用机理，通过数值分析得到了变截面位置、钢管壁厚、剪力环间距等参数对变截面钢管复合桩受力性桩的影响规律，以及压弯剪扭复杂荷载作用下大直径变截面钢管复合桩的工作特性。

②开发了海上超长超大直径永久钢护筒打设定位导向装置与测量方法，以及超长、超大直径变径桩基钻孔与防塌孔控制技术。

③开发了超长、超大直径钢筋笼安装起吊悬挂系统与履带吊转浮吊海上超大钢筋笼安装技术，以及超长、超大直径桩基混凝土灌注技术。

④开发了海洋环境下超长、超大直径钢管复合桩分布式光纤安装与测试技术，以及利用墩柱和箱梁自重作为分级压载的超长、超大桩基受力性状光纤监测方法。

5. 创新组织和支撑保障

创新组织由浙江交工牵头，联合浙江大学城市学院和依托工程业主单位宁波—舟山港主通道项目工程建设指挥部组成，小组成员分工明确、优势互补、联合攻关，基于浙江省交通运输厅科技项目“海洋环境下超长超大直径钢管复合桩施工关键技术研究”（编号:2018021），以鱼山大桥工程为依托，根据实际工程需求，针对超长、超大直径变截面钢管复合桩施工将面临的技术难题，在借鉴现有工程实践经验基础上，开展超长、超大直径钢管复合桩受力特性和施工关键技术研究。

成果主要创造人王海峰为浙江交工大桥分公司总经理兼总书记，具有教授级高级工程师职称，为依托工程的总负责人，全面负责整个项目的研究设计、组织和控制。成果参与创造人周锋、李春生、王再荣、叶以挺等主要研究人员，负责项目具体实施工作，保证了项目的顺利进行，结合依托工程进行了上超长、超大直径永久钢护筒高精度定位技术研究，超长、超大直径变径桩钻孔技术研究，超长、超大直径桩基钢筋笼预制安装技术研究，超长、超大直径桩基混凝土灌注技术研究，开发了相关工法和专利技术。

浙江大学城市学院的魏新江、周联英、崔允亮、范兴朗等教授，结合依托工程研究了超长、超大直径变截面钢管复合桩承载特性，进行了复合作用机理和受力变形特性等理论研究，开发了大直径钢管复合桩分布式光纤监测技术并依托实际工程进行了现场试验。

宁波—舟山港主通道项目工程建设指挥部依托工程管理人员吴天真、谭昱等为项目研究提供了试验条件和技术指导,参与了技术研发与应用,对桩基进行了承载力检测试验。

6. 主要技术难点

①在海洋复杂环境下,超长、超大直径永久钢护筒如何高精度定位。

②超长、超大直径变径桩如何进行钻孔平台设计,钻孔设备选型和变径桩钻孔工艺。

③超长、超大直径超大质量的钢筋笼如何预制和安装、控制变形等。

④超长、超大直径桩基混凝土如何进行配置和灌注。

⑤超长、超大直径桩基承载力如何进行承载力检测和监测。

7. 实施过程

第一阶段,进行国内外研究情况调研和资料收集工作,进行了栈桥、施工平台设计验算,理论研究钢管复合桩工作特性,超大直径钢护筒、钢筋笼加工运输吊装下沉技术研究和钻孔成孔工艺研究。

第二阶段,进行了超大直径钢护筒、钢筋笼家工运输吊装下沉和钻孔成孔现场试验和工艺改进,提出一整套适合海洋复杂环境的超长、超大直径钢管复合桩基施工方法。

第三阶段,利用桩身分布式光纤量测桩身应变,研究桩基的承载特性及荷载传递规律,得到超大直径钢管复合桩承载特性和荷载传递机理。

第四阶段,采用有限元模拟各影响因素规律研究,得到超长、超大直径钢管复合桩在复杂荷载下的受力变形规律,进行成果总结报告撰写。

第五阶段,进行中期评审、结题及总结。

三、应用效果

(一)经济效益分析

与传统的钢管桩导向架相比,采用沉管导向架定位方法,减少了钢管桩的打设根数,简化了平台搭设工序;采用"T 形定位法",与沉管导向架定位方法相比,减少了沉管导向架的打设和拔出工序。两种定位方法都加快了机械设备周转速度,提高了施工效率,缩短了施工工期,从而减少了打桩船的租赁费、燃料动力费和人工费。

以鱼山大桥主体工程钢管复合桩桩基为例,本项目 13 ~ 111 号、112 号为钢管复合桩,13 ~ 26 号浅水区的钢护筒采用浮吊施打,利用施工平台安装导向架进行精确定位,27 ~ 30 号、100 ~ 109 号等深水区 13 根钢护筒采用"雄程 1"号打桩船施打,沉管导向架进行精确定位,31 ~ 99 号等深水区 107 根钢护筒采用"雄程 1"号打桩船施打、"T 形定位法"进行精确定位控制。

采用沉管导向架进行精确定位,与传统的钢管桩导向架定位方法相比,减少了钢管桩的打设次数和平台的搭设时间以及拆除时间。海上 4 根钢管桩搭设平台需 1.5 天,拆除需要 1 天,共需要 2.5 天时间,沉管导向架打设 2 小时,拔出 2 小时,共需 0.5 天(每天按 8 小时计算),每根钢护筒打设可节约 1 天施工时间。鱼山大桥共有 13 根桩基的钢护筒采用导向钢护筒定位方法,共可节约 13 天工期,相应的机械设备租费及人工费用可节约 46.8 万元,其节约的效益分析见表 1。

沉管导向架定位法与常规的钢管桩导向架定位法节约成本分析表 表 1

序号	项　目	单　价	天　数	总　价
1	雄程 1 号打桩船	3 万元/天	13	3 × 13 = 39 万元
2	人工费(20 人)	0.6 万元/天	13	0.6 × 13 = 7.8 万元
合计				46.8 万元

采用"T 形定位法",与沉管导向架定位方法相比,减少了沉管导向架的打设和拔出时间,每根钢护筒打设可节约 0.5 天(每天按 8 小时计算)施工时间。鱼山大桥共有 107 根桩基的钢护筒采用导向钢护

筒定位方法,共可节约 107 ×0.5 = 53.5 天工期,相应的机械设备租费及人工费用可节约 192.6 万元,其节约的效益分析见表 2。与传统的钢管桩导向架定位方法相比,每根钢护筒打设可节约 1.5 天,107 根桩基的钢护筒打设共节约 107 ×1.5 = 160.5 天工期。相应的机械设备租费及人工费用可节约 577.8 万元,其节约的效益分析见表 3。

"T 形定位法"定位法与沉管导向架定位法节约成本分析表 表 2

序号	项　目	单　价	天　数	总　价
1	雄程 1 号打桩船	3 万元/天	53.5	3 ×53.5 = 160.5 万元
2	人工费(20 人)	0.6 万元/天	53.5	0.6 ×53.5 = 32.1 万元
合计				192.6 万元

"T 形定位法"定位法与常规的钢管桩导向架定位法节约成本分析表 表 3

序号	项　目	单　价	天　数	总　价
1	雄程 1 号打桩船	3 万元/天	160.5	3 ×160.5 = 481.5 万元
2	人工费(20 人)	0.6 万元/天	160.5	0.6 ×160.5 = 96.3 万元
合计				577.8 万元

该研究提出深水区超长超大直径钢筋笼采用履带吊起吊单节对接,再转用浮吊整节起吊下放的施工方法,相比于常规的门式起重机安装方法,减小了施工平台的面积,从而减少搭设和拆除施工平台的材料、人员以及设备投入,提高了施工效率,缩短了时间,从而提高了机械设备的利用率,减少了设备的租赁费、燃料动力费和人工费。

以鱼山大桥主体工程为例,本项目通航孔桥采用群桩基础形式,施工平台较大,安装了门式起重机进行钻机转移安装,以及钢筋笼安装。非通航孔桥为单桩基础形式,桩径 2.2 ~5 米不等,最大直径 5 米,桩长为 15 ~148.2 米不等,最长桩长 148.2 米,桩位在深水区域,单桩钢筋笼采用双层钢筋,最大质量为 241.3 吨。根据起重设备的起重能力,按照 12 米单节长度进行分节预制安装,大多数桩基钢筋笼分为 9 ~13 节,单节接头高达 140 个。17 ~47 号、56 ~110 号共 86 根的钢筋笼采用履带式起重机转浮式起重机安装方法。若采用常规的门式起重机安装,门式起重机需要 300 吨起吊能力,所需施工平台的承载能力比普通的钻孔平台高 1 倍,平台材料需要多投入 1 倍,搭设和拆除时间增加 1 倍。由于门式起重机的安装和拆除时间长、周转慢,为了满足工期要求,需要投入至少 4 台 200 吨门式起重机和 4 台 300 吨门式起重机,以及 4 台 60 吨履带式起重机,设备和人员投入较大。采用履带式起重机转浮吊安装方法,普通钻孔平台即可满足 60 吨履带式起重机,由于浮式起重机和履带式起重机移动效率高、周转快,只需要 4 台 600 吨浮式起重机和 4 台 60 吨履带式起重机即可满足施工工期安排,显著地节约了施工成本。

(二)社会效益分析

本项目研究成果创新点较多,实用性强,攻克了海洋环境超长超大直径钢管复合桩的施工难题,通过本课题技术应用保障了施工安全和工程安全,提高了施工质量和施工效率,节约了施工工期和资源投入,项目成果成功应用于宁波—舟山港主通道项目工程鱼山大桥桩基施工中,显著缩短了施工工期,保障了鱼山大桥顺利通车,得到了社会各界的广泛好评,安全性能高、技术含量高、减能降耗效果好,环境保护效益好,可在跨海工程建设中应用推广。

四、结论与展望

(一)主要研究结论

依托鱼山大桥桩基工程,研发了一套海洋环境超长超大直径钢管复合桩施工关键技术并在工程中应用,结合现场试验研究了超长超大直径钢管复合桩的承载特性,得到如下结论:

①研制了一种带有定位装置的沉管导向架和提出了一种"T 形定位法"测量方法,提高了钢护筒打

设精度,精简了工作流程,加快了施工进度,加快了机械设备周转速度,提高了施工效率,缩短了施工工期,从而减少了打桩船的租赁费、燃料动力费和人工费,取得了良好的经济效益和社会效益。

②研究了单桩基础和群桩基础的钻孔平台结构布置形式、计算理论以及施工技术,研究了超长、超大直径变径桩的钻孔设备选择,钻孔工艺以及成孔质量的检测技术。

③研制了一种轻型钢劲性骨架加强圈;为能满足起吊和悬挂大吨位钢筋笼,根据桩基直径大小,研制了一套专用的吊具和悬挂环;针对深水区超长、超大直径钢筋笼安装问题,提出采用一种履带式起重机起吊单节进行对接,再转用浮吊整节起吊下放的施工工法,并研制了一种履带式起重机转换浮吊的吊具,提升了钢筋笼对接质量和对接速度,有效地保证了施工的安全性,提高了施工效率,显著地缩短了施工工期,减少了施工设备和人员投入,节约了施工成本,取得了良好的社会效益和经济效益。

④研究了海工混凝土的配制技术,开发了超大直径桩基水下混凝土浇筑技术以及成桩质量检测技术。

⑤对鱼山大桥工程 37 号、53 号、82 号、106 号桩开展自平衡试验,得到了其荷载与桩身位移的关系。利用墩身、箱梁自重为上部荷载,在 45 号桩钢筋笼上绑扎光纤以监测其桩身应变,针对海洋条件下大直径变截面钢管复合桩监测难题,开发了基于分布式光纤的钢管复合桩应力和变形监测技术,开发了相应的光纤安装工艺和监测方法,具有施工方便、数据准确、适应复杂环境等优点。

⑥采用有限元模型对大直径钢管变截面钢管复合桩分别在墩身和箱梁荷载作用下的竖向承载特性进行了有限元分析,光纤监测结果与有限元分析结果较为吻合,分析得到了桩身轴力分布规律和桩侧摩阻力传递规律,研究表明桩身变截面处桩身轴力和桩侧摩阻力发生突变,由此产生应力集中现象,工程设计中应做好变截面的过渡和加固处理。

⑦考虑海床冲刷效果,在墩顶施加成桥后风力、波流力、制动力等因素综合作用产生的压弯剪扭荷载,分析了大直径钢管复合桩在复杂荷载作用下的承载特性,分析得到了钢管、钢环、混凝土应力分布规律,以及桩身位移规律。分析结果表明:桩身位移和应力满足设计要求和材料强度指标,钢管、钢环和混凝土能够发挥协同作用,钢管和钢环对核心混凝土起到较好的约束作用,使桩身受力更加合理。

⑧通过改变变截面位置、钢管厚度及剪力环间距等桩身自身参数,采用有限元分析得到了桩体设计参数对桩基承载性能的影响,得到了钢管、钢环和混凝土复合作用规律。

(二)主要创新点

①针对海上深水域超大直径钢管复合桩的永久钢护筒采用打桩船打设的水平高精度定位问题,研制了一种带有定位装置的沉管导向架。针对海上深水域超大直径钢管复合桩的永久钢护筒采用打桩船打设,在有测量平台条件下的水平高精度定位问题,提出了一种"T 形定位法"测量方法。

②针对防止钢筋笼在运输、吊装过程中发生变形,研制了一种轻型钢劲性骨架加强圈。为能满足起吊和悬挂大吨位钢筋笼,根据桩基直径大小,研制了一套专用的吊具和悬挂环。针对深水区超长超大直径钢筋笼安装问题,提出采用一种履带式起重机起吊单节进行对接,再转用浮吊整节起吊下放的施工工法,并研制了一种履带式起重机转换浮吊的吊具。

③开发了利用墩柱和箱梁自重作为分级压载的超长超大变截面钢管复合桩受力性状光纤监测方法,并基于数值分析和现场试验得到了压弯剪扭复杂荷载作用下大直径变截面钢管复合桩的工作特性。

(三)进一步研究展望

本项目在以下几个方面有待进一步研究:

①超长、超大直径钢管复合桩承载力预测方法有待研究和验证,可从考虑钢管作用的桩身材料破坏角度以及从桩侧桩端土体破坏角度进行深入研究。

②可进一步研究变截面对桩基承载力的影响,开发新的变截面桩施工技术,包括变截面桩钻孔技术和变截面钢筋笼制作技术,结合变截面桩试验成果建立变截面桩承载力及承载力时间-效应理论。

大型多跑道机场同向区域停放航空器绿色共享运行创新实践发展

云南机场集团有限责任公司

成果主要创造人:黄　鑑　李　姜

成果参与创造人:郄建昆　范立伟　尹立荣　孙　涛　刘斌彬　董伟民
马琳昌　张一龙　兰群英　魏　伶

昆明长水国际机场(简称"昆明机场")是中国十大机场之一、国际航空枢纽。2019年以来,随着云南民航强省建设和昆明国际航空枢纽建设稳步推进,作为国际枢纽建设的基础和不可或缺的重要一环,机场改扩建及其相应配套设施等资源能力建设也加大了推进力度。面对航班量快速增长和机场改扩建带来的双重压力,昆明机场以"建设进度不迟缓、安全运行要确保、运行效率不降低"为最终目标,在全国首创并实践同向区域停放航空器绿色共享运行创新模式。

一、背景

近年来,随着民航强国建设的不断推进,全国各大机场改扩建及其相应配套设施等资源能力建设也加大了推进力度。如何确保不停航施工期间机场运行安全,稳定不停航施工期间机场运行效率,实现机场建设和机场运营的协调发展,成为全国民航发展必须面对也将长期面对的挑战和难题。昆明国际枢纽建设不停航施工特别是R/Q滑行道下穿隧道关闭施工及R/Q滑行道关闭启用M/N滑行道对机场安全运行影响为研究背景,实践同方向区域停放航空器绿色共享运行创新模式,提高机场地面运行效率。

二、同向区域运行基本情况浅析

(一)实践基本概念

昆明机场践行智慧机场建设思路,深化改革创新,全面开放合作共享,深入推进民航信息化运用,打造机场智慧运行、管理体系建设,自2014年昆明机场A-CDM系统率先投入使用以来逐渐总结形成了适合发展情况的A-CDM机场协同决策理论,及机场通过A-CDM承担地面运行效率的领导责任。通过多年的A-CDM系统运行,运行数据逐步积累以及精细化运行管理,2019年3月起,昆明机场采取"东进东出东停,西进西出西停"的同向区域停放航空器绿色运行模式,即同向停靠SD2(Same-direction flights station at the same direction in the terminal),主要是根据进离场程序、空中航路航线分布及使用东西跑道起降大数据统计,研究分析主要航线航班使用东西跑道起飞规律。华南、华东方向航班起飞使用东跑道(绿色航线),华北、西北方向航班起飞使用西跑道(橙色航线)。同向停靠SD2就是按照东跑道起飞航班停东机坪,西跑道起飞航班停西机坪模式运行,主要目的是减少航空器穿越R、Q垂直滑行道次数,缩短航空器地面滑行距离和滑行时间,同时也可以较好地解决施工建设与机场正常运行的冲突矛盾问题(建设卫星厅而相继关闭下穿服务车道、关闭双向垂直滑行道施工)。

鉴于此,无论地面停机位资源分配如何变化,"同向区域停放"运行模式并不干扰空中进港飞机的使用跑道选择,塔台、进近管制员仍然按原来的最小空中飞行冲突方法,进行安全指挥调配,不需顾虑航空器就近起降问题。

同向区域停放航空器绿色共享运行创新模式的核心要义在于打破常规、开拓创新,充分优化停机位资源分配,减少离港航空器地面滑行时间,使用就近跑道起飞,在空中顺向转弯加入离场航线,无须进入另一条跑道的起飞离场区域;同理,进港航空器可以使用靠近进场航线的跑道,无须穿越另一跑道五边,落地后停靠于跑道就近的停机位,缩短了滑行时间。通过机场、空管、航空公司及其他地面保障单位的协同努力,共享资源,实现安全、效率双丰收,形成加强绿色机场建设,降低管制工作负荷,缓解空中飞行矛盾,节约航空公司运行成本,提升旅客乘机体验等多方共赢的局面。

(二)实践主要特点

1. 平安

通过有效缓解航空器和保障车辆在东西、南北区域交汇点产生的冲突,同时减少机组通话波道转接频率,将航空器与车辆运行引起的各类不安全风险降低到最小,进一步夯实平安运行基础。

2. 绿色

地面滑行时间较长是国外大型枢纽机场普遍存在的问题。同向区域停放航空器绿色共享运行创新模式,旨在有效缩短航空器地面滑行距离,降低航空器滑行油耗,减少二氧化碳排放,起到节能降耗的作用。

3. 智慧

以智慧创新为动力引擎,利用信息共享平台获取到的综合航迹与场监雷达数据支持机坪指挥调度,通过系统平台优化,完善 A-CDM 数据的交互集成,积极整合场面车辆、ADS-B、ACARS 数据,实现航空器、车辆全面定位预警,大力提升智慧化管理水平。

4. 人文

以人文精神为价值取向,高度重视旅客出行体验和驻场单位利益诉求,以提高航班正常性为抓手,搭建协同作战、紧密合作的运行管理体系,实现地面保障设施设备统筹共享,达到旅客出行便捷顺畅、保障单位降本增效双赢目标,充分体现人文机场深刻内涵。

三、同向区域运行实践思路产生背景

当前,不停航施工已成为影响昆明机场安全运行的最大难点。根据《昆明国际航空枢纽战略规划》,2018 年以来,昆明机场区域内先后开展着若干项不停航施工建设,航站区改扩建、公务机专机坪及附属设施建设项目、S1 卫星厅等建设项目正在开展,国际航空枢纽战略规划中的 T2 航站楼、东次跑道等建设项目也将在未来逐步铺开。以 2019 年为例,昆明机场不停航施工关键线路就有两条:一是 T1 航站楼周边区域不停航施工,延伸至 T1 与塔台间汽车通道关闭改造,并在西侧新建下穿隧道;二是 Q 滑行道以北区域不停航施工,施工重点同样为汽车通道关闭改造,并在西侧新建下穿隧道(详见图 1、图 2)。

此次改扩建工程带来的不停航施工可以用四个“非常”来形容,一是建设任务非常繁重。围绕 T1 航站楼周边及 Q 滑行道以北区域展开作业,明年还将拓展到相关区域作业,工期紧张,任务艰巨。二是影响范围非常广泛。涉及 T1 周边多个停机位的关闭和相关区域使用受限,特别是 R/Q 滑行道下穿隧道的关闭施工,将造成大量保障车辆需平面穿行 R/Q 滑行道,东西运行的航空器和南北保障车辆交汇冲突于一点,R/Q 以北 82 个停机位航空器保障困难。据初步统计,10:00 以前每 3 分钟就有一架航空器贯穿东西,每分钟就有 5 辆车辆跨越南北。以现行日航班数和始发航班数初步统计,如不果断采取措施,将造成昆明机场始发航班正常率下降 42% 的影响,机场放行正常率下降 27% 的影响。每天至少一半始发航班延误,全天三分之一航班延误必成定局。三是安全风险非常巨大。可以说是施工安全和运行安全双重压力并存。四是持续时间非常漫长,未来三年乃至更长时间,昆明机场和云南民航各单位都将面临不停航施工的巨大压力。不难看出,随着不停航施工的推进,昆明机场已经迎来继“1 · 03”事件后的又一重大考验,而且是必须破解的难题。即:一方面运营必须主动配合机场工程改扩建工作;另一方面,要想方设法打破瓶颈,积极为运营工作创造条件,确保安全,提升效率,做到建设运营协调发展。面对不停航施工和生产运营如此巨大的压力,为了机场安全高效的运行,国内个别大型枢纽机场采取了削减航班的方法来缓解压力。诚然,削减航班的实质是减少流量,看似是一个行之有效的办法,短时间内它能大大缓解建设、安全、运行各个环节的保障压力。但从长远看这样为了绝对的稳定放弃发展的做法确有失偏颇,和云南民航强省、枢纽建设和机场管理型转型升级的方向也背道而驰。为此,昆明机场战略性地提出了"安全运行要确保,建设进度不迟缓,运行效率不降低"的具体思路,在此指引下,同向区域停放航空器绿色共享运行创新模式应运而生。

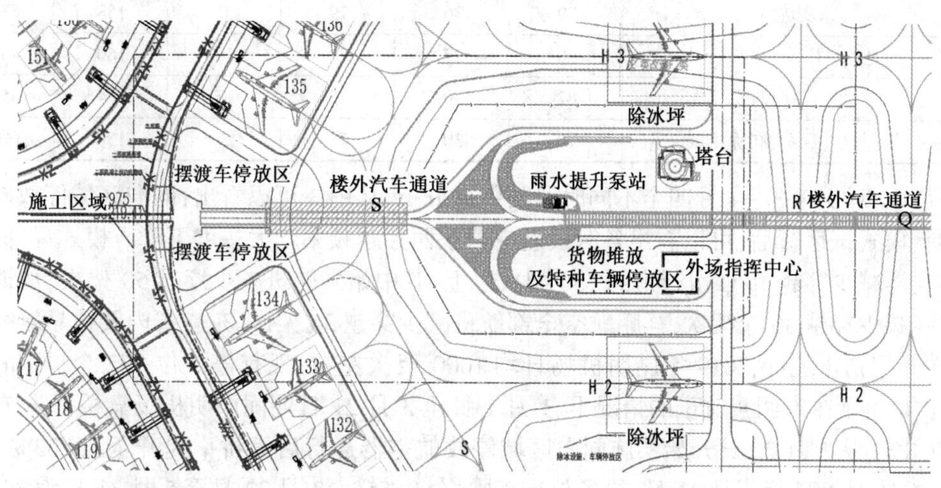

图1 南侧不停航施工范围平面示意图

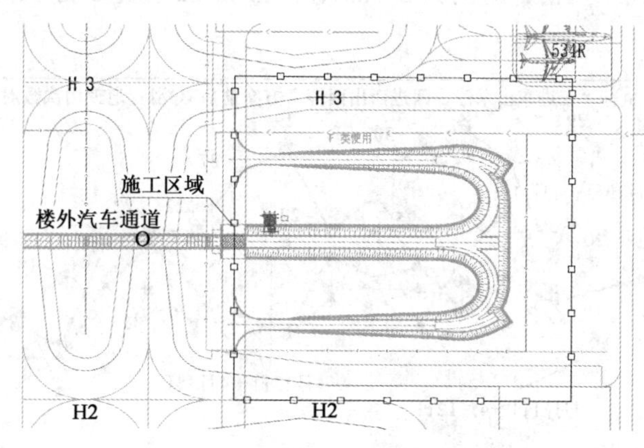

图2 北侧不停航施工范围平面示意图

四、同向区域运行思路实践应用

同向区域停放航空器运行模式的总体原则就是在不影响本场飞行程序和空管既有工作方式方法的前提下,只改变本场停机位的分配模式,使航空器就近跑道起降,减少保障车辆平穿R、Q次数,提高机场地面滑行效率及资源使用率。新运行模式下机位分配规则分四个阶段实施,具体如下。

第一阶段:北京、西安、重庆、广州、虹桥、浦东六条航线东西就近停放

2019年3月22日开始,将北京、西安、重庆、广州、虹桥、浦东6条航线为主,其中出港飞往北京、西安、重庆航线的航班停放西边区域,出港飞往广州、虹桥、浦东航线的航班停放东边区域,使得出港航班就近停放区域的跑道起飞,降低航空器穿越R、Q的次数。

表1是模式试运行情况表,从表1不难看出,6条航线出港航班在实施试运行后,航班东西穿越次数明显减少,从原来未执行时的67次减少至33次,减少比例到达50%。出港穿越减少尤为明显,从31次直接减少至3次;同期,逐步将昆明机场始发航班按目的地机场使用跑道方向就近停放安排停机位,航班就近跑道起飞;航空公司在编排航班计划时,采取同向起飞、落地机场安排同一航空器大幅度减少航班东西穿越滑行道。

模式试运行情况表 表1

日期	实施航线	六条航线进港航班数	进港穿越数	六条航线出港航班数	出港穿越数	六条航线总航班数	总穿越占比
3.15	未实施	79	36	79	31	158	67(42.4%)
3.22	昆明—广州、北京	80	27	80	19	160	46(28.8%)
3.29	昆明—广州、北京、西安、虹桥	82	30	82	15	164	45(27.4%)
4.12	昆明—广州、北京、西安、虹桥、浦东、重庆	78	30	78	3	156	33(21.15%)

图3是截取2019年3—4月四个不同时段的数据分析,从图3可以看出,同向区域停放航空器绿色共享运行创新模式试运行后,可以看出各时段航空器东西穿越频率均大幅度下降。模式局部运行以来,平均每天航空器减少穿越R/Q滑行道约150架次以上,其中始发航班减少穿越50架次,往返至北、上、广等6条航线减少穿越30余架次,祥鹏航空全部航班减少穿越30架次,东航省内及精品航线航班减少穿越40架次。据初步统计,2019年昆明机场日均1000架次左右,现有停机位172个,廊桥停机位68个,廊桥占比40%。在未调减航班的情况下,1月1日至3月21日期间昆明机场靠桥率为75.36%,过站靠桥率89.8%,从3月22日开始实施同向区域停放航空器运行后靠桥率提升至76.33%,过站航班靠桥率91.4%;1月1日至3月21日,机场放行正常率89.55%,3月22日至5月31日为89.85%。尤其值得关注的是,同向区域停放模式试运行后,由于航空器东西穿越频率的降低,大大降低了地面滑行时间,1月1日至3月21日,平均滑行时间为25.05分钟,3月22日至5月31日为23.62分钟,地面效率的提升极为明显。

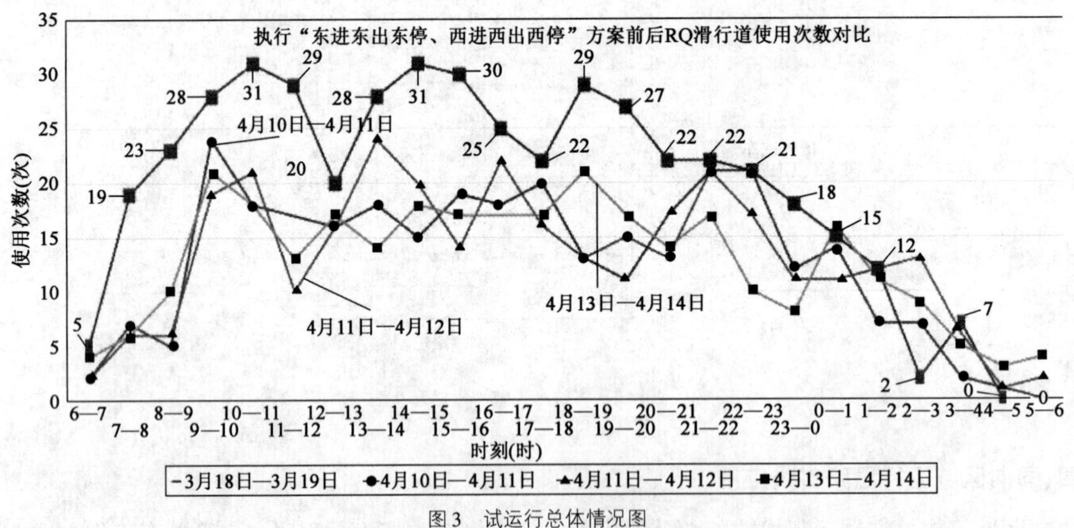

图3 试运行总体情况图

第二阶段:始发航班实施同向区域停放和祥鹏航空全天航班按同向停放

从2019年4月9日开始,在第一阶段基础上,将昆明机场次日始发航班以及祥鹏航空全天航班按东西同向同向区域停放。

第三阶段:昆明机场逐步将所有航班按同向区域模式停放

2019年5月开始,在第一、二阶段试安全运行近三个月后,将昆明机场所有国内航班按同向区域模式停放。6月12日所有保障车辆全天24小时平面穿越R/Q滑行道。

第四阶段:航空公司按同向区域模式编排航班计划

在昆明机场实施同向停靠SD2绿色运行模式后,航空公司也积极响应,在编排航班计划时将使用同跑道航线的航班尽量安排由同一航空器执行,即同一个航空器一日内所执行的多段航班均使用停机位同一侧的跑道起降。

受疫情影响,实际运行中会出现有部分航空器停场多日后方才执行航班,停机位与运行跑道距离较远的情况,航空公司会综合考虑机型、航空器停场实际情况,将航班换至就近跑道起飞航空器执行。以东航为例,过站航班同向编排比例已到达95%以上,每天始发航班换飞机在2~3架次左右。通过换飞机执行航班以减少地面航空器滑行时间,是航空公司协同深化同向停靠SD2的有效策略。

可以看出"同向区域停放"模式的初步落地,能有效地缓解不停航施工给昆明机场带来的不利影响,初步实现施工和运行的协调发展,这是局方领导下各驻场单位共同努力的结晶。换个角度看,不停航施工的巨大压力,也为昆明机场带来了提升保障能力的难得契机。根据实际运行数据统计,自2019年3月份机场实施同向区域模式后,航空器地面滑行穿越机场R、Q垂直滑行道比例大幅减少,从实施前的41%降至实施后的26%,日均穿越垂滑航空器减少150架次左右。

2020年1月受疫情影响,空管分局调整跑道运行模式,受单跑道运行影响,航空器地面穿行RQ滑行道架次增加,昆明机场及时调整同向区域停放模式的运用,随着机场、航司运行策略的深化,到6月航空器穿行架次降到历史最低24.9%。由于昆明机场改扩建影响,7月14日开始关闭东西跑道间的两条垂直滑行道R、Q,同时在S1卫星厅以北修建两条新的机坪滑行道M、N进行替代,由于M、N滑行道比起R、Q滑行道距离候机楼更远,导致部分航空器地面滑行时间增长。比如向北运行时,西机坪(M滑以南)使用东跑道起飞或东机坪(M滑以南)使用西跑道起飞的航空器,地面滑行时间预计增长约2分钟,如航空器地面滑行需要穿越MN滑行道,滑行时间将较之前增加至少两分钟。同向区域模式在昆明机场地面运行效率提升作用将更为突出。

五、基于同向区域模式运行效果

(一)航空器地面平均滑行时间

根据民航局航班统计系统数据,昆明机场2019年实施同向区域航空器停放模式后,航空器地面滑出时间有明显降低,2019年1—3月未实施同向模式之前,昆明机场平均地面滑行时间在24.91分钟左右,4—12月实施后,地面滑行时间平均23.61分。

2020年1—6月,受疫情影响,航班量大幅减少,昆明机场根据空管跑道运行实际情况及时调整地面运行策略,航空器地面平均滑行时间进一步降低至21.51分钟,地面滑行效率得到提升。

(二)机场始发正常率及放行正常率

协同运行的关键在于空地协同,空地协同的核心在于协同放行。自2019年3月开始实施同向区域停放航空器绿色共享运行创新模式,结合空地协同运行,至2020年6月,昆明机场始发正常率89.36%,同比增长2.37%;机场放行正常率90.85%,同比增长1.63%。

(三)垂滑穿越次数

如图4所示,2019年3月昆明机场实施同向停靠SD2绿色运行模式后,航空器穿越机场R、Q垂直滑行道比例大幅减少,从实施前的41%降至实施后的26%,日均减少150架次左右。

2020年3月,随着机场、航司运行策略的深化,航空器全天地面穿越R、Q垂直滑行道概率降至31.5%,6月份更是降至24.9%。昆明机场、航司根据空管跑道运行模式调整地面运行协同策略对地面运行效率提升有非常积极的作用。

(四)空地协同融合运行效率

协同运行的关键在于空地协同,空地协同的核心在于协同放行。自2019年3月开始实施同向区域停放模式,至2020年4月,昆明机场共保障航班178624架次,机场始发正常率88.49%,同比增长

1.65%;机场放行正常率90.29%,同比增长0.95%。2020年5月,根据飞常准全球机场出港准点率报告中数据显示,昆明机场以95.81%的准点率排在全球大型机场和中国3000万级以上机场出港准点率的首位,起飞平均延误时长9.08分钟,成为全球最准点的大型机场。

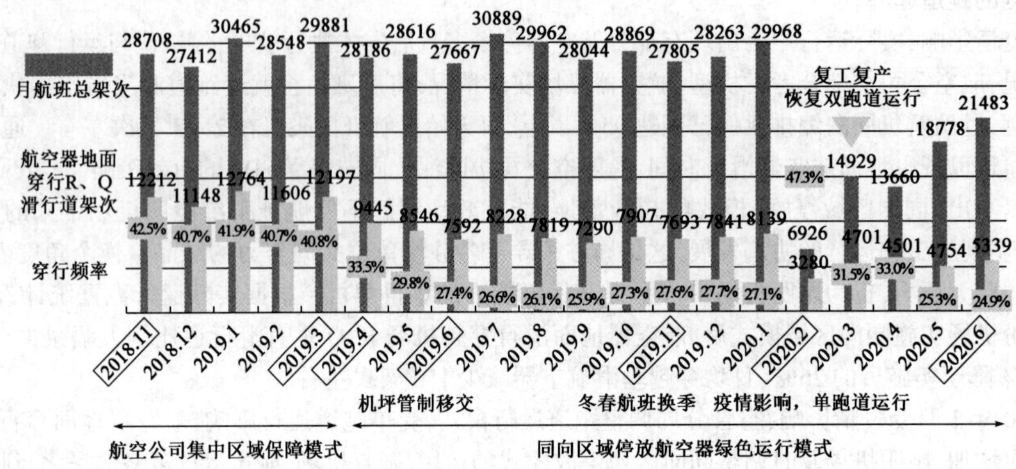

图4 昆明机场运行模式变化分析

六、同向区域运行实践应用优化举措

通过前面三部分的分析不难看出,同向区域停放航空器绿色共享运行创新模式是昆明机场面临不停航施工建设进度加快、机场放行正常率增速减缓双重压力下的破冰之举,是缓解机场保障资源不足、确保运行工作稳固有序的长远举措和有益尝试,然而,该模式也存在一些不足,仍有很大的提升空间。

(一)登机口管控方面

同向区域停放模式改变了传统旅客候机区域,全面推广势必会造成大量同一方向,不同公司的旅客聚集在一个相对固定的候机区域,登机口的进一步科学分配和管控更显得至关重要。例如航班延误时不同航空公司同一目的地航班登机口的错位分配,很大程度上能缓解旅客焦躁不安情绪。

(二)资源能力共享方面

共享是同向区域停放模式顺利实施的关键所在。硬件方面,保障主体繁多,总部授权有限,例如目前昆明机场飞行区维修梯等基础设施共享力度仍然不足,候机楼候机区域部分设施共享仍有壁垒……特别是软件方面,地服人员的人力资源合作仍拘泥于传统模式,同一航空公司候机区域的分散,势必导致服务人力资源成本的增加,如不采取不同保障主体的合作新模式,将大大增加地服人力成本,从根本上难以维持同向区域停放模式的顺利推广,成为必须攻克的难题。

(三)信息服务支撑方面

同向区域停放模式,旅客及各保障主体更需要信息的及时、精准传递。航显、互联网等媒介信息畅通是模式成功落地的重要因素。目前,昆明机场航显模式较为传统,重点信息突出不够,离新模式运行时旅客的需求仍有差距。在"互联网+"方面,航站区5G网络和飞行区Wi-fi建设力度仍然不够。

(四)纠错防错机制方面

同向区域停放模式在昆明机场的落地推广实属首创,并无成功经验可以借鉴。特别是在运行初期,出现各种差错概率大大加强,例如同一公司停机区域相对分散导致机务接机滞后概率增强,机场和各保障单位纠错防错机制仍不完善,值得研究和深思。

当前,多跑道、多航站楼运行已是大势所趋,运行保障模式的与时俱进已成为全国各大枢纽机场必须面临的难题。通过此次运行模式的创新实践,能够洞察到,未来,以安全更可靠、运行更高效、服务更周到、生产更环保、投资多回报为基本要求的建设目标已成为我们转型升级的努力方向。结合昆明机场实际,同向区域停放模式取得了微不足道的一点成绩,尚未经历航班大面积延误的考验。应加强“四个协同”来优化、完善同向区域停放模式。即指挥协同,通过同向区域停放模式的完善,优化连接保障链条,及时传递至机场运行指挥大平台,让机场有效调动和整合地面保障资源,加快相关航班保障进度,提升航空公司旅客服务体验。空地协同,机场在积极主动接受空管信息链的基础上,将航班保障进度、航班保障异常情况等反馈至管制链条中,发挥空管和机场的协同能力,提升管制服务品质,加快航班流量,提升机场运行效率。信息协同,着力加强机场监视系统、全景视频监控系统等新技术运用和交汇道口信号灯建设,特别是机场通过引入进离港排序(AMAN/DMAN)理念,对航班自动排序,减少飞机盘旋和跑道等待,合理调配机场资源。服务协同,即以同向区域停放为触点,飞行区各航班保障主体资源共享为依托,逐步实现实现跨部门、跨区域、跨主体的服务协同联动。

当前,国内许多机场正处于运量持续放大,运行环境日益复杂,改扩建工程加快实施的关键时期,实现高质量发展,更需要以新技术的研发应用为抓手,突破固有思维定式,激发和凝聚创新创造合力,通过科技手段和大数据运用提升机场智慧能力,力促机场转型升级,实现创新推动变革、智慧引领未来、人文共筑和谐、绿色提升品质、平安保障发展的奋斗目标。

创新驱动提效增益智能电力监控系统运用

广深珠高速公路有限公司

成果主要创造人:万敏达　唐宽厚

成果参与创造人:高　武　冯泽玲　林　斌　王昌伟　李程远　张志明　王子健

广深珠高速公路有限公司(简称"广深高速公司")是连接广州、东莞、深圳三地的交通大动脉。广深珠高速公路于1994年试通车,1997年正式通车,是全国最早开通的高速公路之一,断面车流量及路费收入居各高速公路前列,在全国高速公路中具有较高影响力。因广深珠高速公路地处珠三角大湾区腹地,附件工厂及居民区林立,成为附件工厂物流、居民出行的必经之路。广深珠高速公路收费站一旦停电,将直接导致高速公路主线拥堵,造成非常不良的社会影响与经济损失,故对广深珠高速公路的供电保障要求极高。对一个已经运行超过20年的高速公路供电系统来说,这是一个危机,也是一个挑战。

广深高速公司依靠科技创新,遵循万物互联的科技发展脉络,思考将整个机电系统整合成为一个互联互通、数据共享、统一控制的高速公路新机电系统。在这种指导思想的引领下,实施了广深珠高速公路沿线配电房电力监控改造工程,将广深珠高速公路沿线17个10千伏高压配电房和4个0.4千伏低压配电房内的所有高低压设备进行更新改造并使之互联互通、具有"三遥"(遥信、遥测、遥控)功能,实现了配电房的无人值守,创造了良好的经济效益和社会效益。

广深珠高速公路将沿线配电房电力监控改造作为万物互联的高速公路新机电系统的试点,取得了成功。广深珠高速公路正准备逐步推进,一步一个脚印,计划继续整合高速公路机电各个分系统,例如路灯互联、收费站配电箱互联、UPS(不间断电源)互联等工作,不断充实和扩充内涵,为高速公路新机电系统的整合做探索、出经验。

一、实施背景

广深珠高速公路的供电系统与其他高速公路供电系统相比,非常独特。广深珠高速公路沿线配置122公里10千伏高压专线形成高压双回路联网供电,每一公里设置一台箱式变电站为全线路灯照明、主线ETC、摄像枪等机电设备供电。沿线每个立交都有10千伏高压配电房,共17个,4个0.4千伏低压配电房,7个地方10千伏专线电源接入点,每个10千伏高压配电房都可以南北双方向或本地10千伏供电,从而组成对每个配电房的10千伏高压双回路联网供电系统。而且整个供电系统是由广深珠高速公路自己维护自己管理,而非地方供电局代管,这种供电系统和管理模式在全国高速公路系统中是绝无仅有、独树一帜的。

(一)必要性

广深珠高速公路自1994年试通车至今已经超过20年,供电系统虽然经过小修小补,勉力支撑,但整个供电系统已经到了设备寿命末期。供电系统设备老化、故障率高、隐形故障排查困难、维护维修成本高等问题也随之浮现,对广深珠高速公路沿线配电房高低压设备进行技术创新改造就成为必然。

(二)所要达到的目标

要在保持高速公路正常供电的情况下对配电房高低压设备进行技术改造,无异于在瓷器店里抓老鼠,要异常小心谨慎,不能出一丁点差错,这对广深珠高速公路的决策者和工程技术人员提出了很高的要求。经过慎重思考,广深珠高速公路提出供电系统改造的具体要求:技术要先进、系统要稳定、成本要节省、效益要体现、效果要出来。

经过论证、方案对比筛选,广深高速公司在2018年组织实施了广深珠高速公路沿线配电房电力监控改造工程,并于2019年完成该项工程。

二、项目内涵

改造比新建要困难十倍。新建可以说是在白纸上画画,没有条条框框的限制,可以自由发挥,但在现有基础上利旧新改就要考虑很多具体的现实问题。例如如何最大限度地利用旧有设备,新系统如何与旧系统对接,如何在改造施工中保持机电设备正常供电但又能方便施工等,千头万绪。旧改比新建一套高速公路供电系统的难度大多了。

(一)基本内容

广深珠高速公路沿线配电房电力监控改造的目标是通过技术创新,实现技术升级,一方面解决供电设备老化故障率高的实际问题,另一方面实现配电房的无人值守,从而节省人工成本,达到比较高的投入产出比。

广深珠高速公路沿线配电房电力监控改造工作的主要内容有:

①低压0.4千伏配电系统采用利旧开关加电动操作机构实现"三遥"。

②高压10千伏供电系统更换高压继电保护、更换高压智能触臂、更换高压电动接地开关(其他部件利旧),并通过电动操作控制器实现"三遥"。

③利用广深珠高速公路原有光纤资源将广深珠高速公路沿线17个10千伏高压配电房和4个0.4千伏低压配电房联网并独立组网,新建电力监控中心,对全线17个高压配电房和4个低压配电房进行"三遥"。

④每个配电房内外安装安防设备并进行视频监控。

(二)特色

通过改造,广深珠高速公路沿线配电房可以实现无人值守,配电房内的高低压设备可以在电力监控中心远程控制,从而节省人工成本;高低压供电设备经过改造,可以提升系统稳定性,减少维修维护成本。整个工程具有良好的经济效益和社会效益。

广深珠高速公路沿线配电房电力监控改造作为广深珠高速公路万物互联新机电系统的试点工程,为今后高速公路新机电系统的发展提供了一个新的思路,是对高速公路新机电管理模式的有益探索。

三、主要做法

(一)旧改高低压供电配电设备,使之具备"三遥"功能

1.旧改广深珠高速公路沿线配电房10千伏高压系统,使之达到"三遥"功能

广深珠高速公路10千伏高压供电系统已经使用超过20年,其间虽然经过多次的小修小补,更换了一批老化严重、存在严重安全隐患的零部件,整个供电设计和功能仍处在20世纪90年代的水平,已不能满足21世纪供电设计规范和实际使用需求。

针对广深珠高速公路10千伏高压供电系统的实际情况,从投入产出比、全寿命周期成本分析等综合考虑,结合广深珠高速公路20多年来的10千伏高压系统运行、调度使用习惯,对广深珠高速公路沿线配电房10千伏高压供电系统旧改提出了3个方案,具体如下。

方案一:推倒重来方案。将旧的10千伏高压供电系统全部报废,重新设计、安装一套10千伏高压供电系统。这个方案优点和缺点都很明显。优点是所有设备都是新的,羁绊少,设计施工都容易,设备使用年限较长。缺点是投入较多,投入产出比低,对一些可以利旧的设备没有充分使用,浪费资源。

方案二:只监不控方案。通过更换10千伏高压柜上的高压继电保护装置,实现"三遥"功能中的遥

测、遥信功能,但遥控功能只能部分实现。这个方案优点和缺点也很明显。优点是节省投资,用较少的资金基本实现目标。缺点是10千伏线路检修时仍需要技术员到配电房现场合接地刀闸,保护线路上作业人员安全;已到使用寿命且经常出现故障的高压触臂等零部件没有更换,仍存在安全隐患。

方案三:可监可控方案。更换10千伏高压开关柜上的高压继电保护装置实现"三遥"功能;更换10千伏高压开关柜上的接地刀闸为电动刀闸,实现远程合闸/分闸功能;更换10千伏高压开关柜小车触臂为可感知温度并高温报警的智能触臂;10千伏高压开关柜增加电动操作控制器;保留10千伏高压柜内的高压小车(只更换小车触臂)、保留高压直流屏系统、保留10千伏高压开关柜柜体、保留10千伏高压开关柜间铜母排、保留原有各高压柜之间的联锁、报警等功能。这个方案既能最大限度地利用旧有可用零部件,又能实现"三遥"功能,特别是实现遥控功能,为今后实现沿线配电房的无人值守奠定基础。

经过方案比选、投入回报分析、专家论证等步骤,广深高速公司决定选用方案三,并且在方案三的基础上,在一个配电房内试点高压开关柜内安装视频,通过视频比对高压触头闭合是否与电力监控中心信号一致,从而达到减少误报警和误操作、增加冗余的目的。

广深珠高速公路配电房10千伏高压系统的旧改,一方面充分利用了旧件,减少投资,另一方面又大胆利用国内外先进技术,实现"三遥"功能。这种10千伏高压"三遥"功能在全国的高速公路系统中基本没有过,广深珠高速公路是头一个"吃螃蟹"的路段,没有经验可以遵循,只能摸着石头过河。国家电网系统内部,能实现"三遥"功能的多数在380千伏及以上电压等级以上配电房,10千伏配电房很少有"三遥"功能。

2. 旧改配电房0.4千伏低压配电系统,使之达到"三遥"功能

相比较配电房10千伏高压供电系统,配电房0.4千伏低压配电系统的旧改就少了很多争议,原因是0.4千伏低压配电系统使用超过20年且其间较少小修小补,系统太旧太老;相比10千伏高压系统,0.4千伏低压系统旧改投入的费用较少,本着抓大放小的原则,0.4千伏低压配电系统的旧改方案很顺利地确定下来;低压屏馈线柜更换为带电动操作机构的抽屉式馈线柜;低压进线柜和发电机进线柜更换为带电动操作机构的进线柜;大修原有柴油发电机并更换柴油发电机控制屏,使之达到可远程启停;保留原有低压电容柜。

0.4千伏低压配电系统旧改方案顺利确定下来,但施工存在很大的问题,原因是既要确保收费站的正常供电,又要保障施工安全,施工期间需要停电施工。两方面需求存在矛盾之处,如何解决,广深珠高速公路发挥了聪明智慧,实行分片施工。例如,在低压进线柜左侧施工时,将原有左侧接线移接到右侧接线上,这样低压进线柜左侧就可以停电施工,在收费站重要负荷上,广深珠高速公路还预备着移动式柴油发电机,有特殊情况时可以应急发电;在低压进线柜右侧施工也可以反之进行。通过与收费站的密切配合,0.4千伏低压配电系统的旧改施工顺利实施,完满完成。

(二)新建供电光纤通信联网系统,使之具备万物互联的基础

如果说对广深珠高速公路沿线配电房高低压设备进行旧改,使之具备"三遥"功能是治病救人,将一个机能退化的病人重新焕发活力的话,那么供电光纤通信联网系统的构建,就是让这个病人换了头脑,获得新生。在信息技术深刻改变人类生活和思维方式的情况下,万物互联成为今后科技发展的主线。广深珠高速公路沿线配电房电力监控改造工程究其实质也是万物互联的一小部分,其只是将广深珠高速公路沿线配电房内的高低压设备的实时信息上传至新建的电力监控中心,监控中心远程操作、控制沿线配电房内的高低压设备。

广深珠高速公路沿线配电房电力监控改造工程只是广深珠高速公路未来万物互联新机电系统的试点。未来可以将收费站里的供电设备,例如UPS(不间断电源)、配电箱、控制箱、高杆灯、主线路灯、箱式变压器、高压环网柜、机电设备等联网,构筑一个大的万物互联平台,通过电力监控中心就可以监视、控制整条高速公路的机电设备运行,达到高度的集中控制和快速反应,减少运行维护成本,节省人力成

本。新建广深珠高速公路供电光纤通信联网系统则是将机电万物互联的信息高速公路搭建起来。

为节省成本,利用广深珠高速公路原有的主干光缆分出来的一芯光纤作为主纤。新建沿线各个配电房到相邻收费站之间的光缆路径,通过在沿线各个配电房内设置通信管理机、光端机等设备,将配电房内高低压设备的电信号转化为光信号,传至收费站通信机房内的光端机,再由利旧的一芯光纤传至电力监控中心。

为防止主干光缆被破坏,光纤断网的情况下,无法对配电房内高低压设备进行远程控制,广深珠高速公路还构建了无线版“三遥”,即通过4G 物联网专用电话卡组网实现无线“三遥”,通过无线信号远程控制配电房内高低压设备。为网络安全着想,还与电信运营商合作,对广深珠高速公路采购的4G 物联网专用电话卡进行单独组网,只有组网内部的 IP 能互相访问和控制,不接受非组网其他 IP 的访问和控制,实现了较高的网络安全等级。

广深珠高速公路沿线配电房电力监控改造高低压设备的“三遥”功能具有有线、无线双备份,配电房内高低压设备远程控制的通信保障性非常高。但广深珠高速公路仍不满足,计划在未来一两年再利旧原有主干光缆,再分出多一芯光纤出来,构建广深珠高速公路供电光纤通信联网的双环网通信联网系统,解决现在的“手牵手”联网存在的不足。例如,一旦有一个配电房/收费站的通信出现问题,离电力监控中心更远的出问题配电房/收费站以后的各个配电房/收费站的光纤通信就没有了,只能靠无线“三遥”,但无线“三遥”的遥控反应时长太长(3 ~5 分钟),且配电房内的安防信号、视频无法通过无线上传至电力监控中心,存在一定的安全隐患。

如果实现了双环网通信联网系统,则可以在一个配电房/收费站通信出现问题时,只影响这个配电房,不会影响到其他没有问题的配电房,从而将影响范围缩小。

(三)新建电力监控中心,使之具备头脑和灵魂

如果说广深珠高速公路沿线的各个配电房高低压设备是人的肌体,广深珠高速公路供电光纤通信联网系统是人的神经,广深珠高速公路电力监控中心则是人的大脑,负责统一监视、控制、指挥沿线各配电房内高低压设备。电力监控中心设在广深珠高速公路太平管理中心内,24 小时有专业监控员值班。通过一套专业开发的电力监控系统软件,将配电房内的10 千伏高压供电设备、0.4 千伏低压配电设备、通信系统等实时信息进行监控。如设备实时信息值超过预设值,则自动报警,由监控员进行应急处理。

电力监控系统软件功能强大,不仅能监控处理广深珠高速公路沿线各配电房内高低压设备出现的故障,还有自动的报表功能。例如,以前每个配电房要安排值班员,值班员除了处理紧急故障,还要求每两个小时记录配电房内高低压设备运行数值,每月记录每个负荷用电情况;电力监控系统软件就可以实时记录配电房内所有高低压设备运行数值,一键生成相关报表,省时省力,节省成本。

(四)建立高压线路智能选跳系统,实现高压停电的智能辨识,即时反应,缩小故障范围

广深珠高速公路沿线 122 公里都设有 10 千伏高压架空线/高压电缆,共有 17 个 10 千伏高压配电房,典型的点多线长面广,一旦某一个点 10 千伏高压架空线/高压电缆或者高压设备出现故障,就会跳闸,正常时只影响单个设备或附近的设备,但有时候会越级跳闸,影响面扩大。如果只是广深珠高速公路内部越过一个配电房,引起 3 ~5 个配电房跳闸还好处理,一旦越级跳闸至地方供电局 110 千伏变电站就会非常麻烦,可能会引起一整片地区突然停电,供电局的各种检查、整改、处罚就会接踵而至,严重影响正常营运。

广深珠高速公路 10 千伏高压线路智能选跳系统可以通过高压继电保护装置上的反应时间设定,配合 10 千伏高压开关柜智能触臂的快速动作,在相邻几个配电房通过光纤信号进行差动配合、比对,就可以在高压停电时,对故障类型、故障地点进行智能辨识,即时反应,通过各个配电房 10 千伏高压开关柜及时合闸、分闸操作,将故障范围缩小,防止越级跳闸。

缩短故障维修时间。以前广深珠高速公路 10 千伏高压线路跳闸,可能影响几个收费站/配电房,需要不断地试合闸,试验是哪一段 10 千伏高压线路出现故障,故障修复时间长,且需要多次试送电,对 10

千伏高压设备耐压要求很高,具有一定风险性。10 千伏高压线路智能选跳系统的使用,能将故障范围缩小至某一个点或段,没有越级跳闸,广深珠高速公路的抢修队伍能较快速地锁定故障范围,极大缩短维修抢修时间,使供电保障性大幅度提高。

(五)创新广深珠高速公路供电巡检/抢修模式

广深珠高速公路沿线配电房电力监控改造之前,每个配电房配置 2 个值班员 24 小时值班(规范要求电工一人操作一人监护),17 个配电房需要配置 34 名值班员,且还要考虑轮休,人员成本高居不下。广深珠高速公路沿线配电房电力监控改造工程实施,对沿线配电房内高低压设备实现"三遥"功能后,具备了撤离配电房值班员的条件,实现配电房的无人值守。与配电房无人值守相配合,广深珠高速公路加强了广州、东莞、深圳 3 个电力维修分中心的人员配备,让电力维修分中心的职责由以前的只对沿线 10 千伏线路、箱式变电站、高压环网柜的巡检维修,增加了对沿线配电房内高压、低压设备的巡检、维护和配电房至收费站光缆的巡检维修工作。组建了抢修队,由专业技术过硬的技术人员经过培训,负责抢修电力维修分中心无法处理的特殊故障。组建电力监控中心和培训监控员。

广深珠高速公路沿线配电房电力监控改造是对广深珠高速公路供电运行维护模式的颠覆性改变。不仅改变了广深珠高速公路沿线配电房内的高压、低压设备,还改变了运行和维护的模式,这些事项没有其他高速公路这样做过,没有模式可以遵循,没有方案可以借鉴,一切都要从头开始,摸着石头过河。通过一段时间的运行,广深珠高速公路现行的这种运行维护模式与设备的运行管理相匹配,效果良好,广深珠高速公路计划在 2021 年继续优化巡检人员,节省人力成本,达到更好的减员增效目的。

(六)沿线配电房加装安防系统,用技术取代人

广深珠高速公路沿线配电房虽然都设置在立交范围内,但都与收费站不相连,相对偏僻,以前都是安排有值班员值守保护配电房内高低压设备安全,被盗严重的配电房还配置了狼狗,用最原始的人防加狗防的模式。在沿线配电房实现"三遥"功能、实现无人值守配电房后,配电房的安全和防盗问题就成为突出问题。广深珠高速公路的思路是:先不让偷盗者知道配电房没有人,就算知道配电房无人值守,增加偷盗者进入配电房的难度,就算偷盗者进入配电房,电力监控中心也能快速感知,快速反应,快速派人到现场。

广深珠高速公路根据综合防盗的思路,首先在配电房四周加装了路灯,天黑自动亮灯,给人感觉配电房长期有人居住;其次,在配电房围墙上加高护栏并且加装铁刺,增加攀爬难度;再次,配电房围墙四周安装有摄像枪,并且有人影晃动报警功能,能及时通知电力监控中心监控员现场有人闯入;再对配电房的各个门从门背后反锁并加固,除一扇门外,其他门都不可以从外边打开,再次增加进入的难度;最后在配电房的各扇门上加装红外报警器,一旦有人闯入,马上通知电力监控中心监控员,电力监控中心马上安排巡检人员到现场驱赶偷盗者。通过以上各层次的防盗安排,系统运行一年多以来,成功抵御多次偷盗者来访,效果良好。

为更好地保护配电房,广深珠高速公路还加装了水浸报警器,在南方雨水多且来势猛的情况下,能及时报警,及时处理水浸风险;加装了温度感应器和烟雾感应器,对变压器、柴油发电机等做重点监护。

广深珠高速公路沿线配电房通过技术升级,不但实现了配电房的无人值守,还用技防取代了人防加狗防,取得了非常好的效果。

四、实施效果

广深珠高速公路沿线配电房电力监控改造对广深珠高速公路供电系统带来了前所未有的变化,管理模式、设备构成、人员架构、可持续发展等方面都发生了革命性的变革,也给广深珠高速公路带来了显著变化。

(一)管理水平提高

广深珠高速公路沿线配电房电力监控改造实施后,沿线配电房高低压设备实现了"三遥"功能,沿线配电房实现了无人值守,其安防系统由原来的人防加狗防模式全面改变为技术防范。广深珠高速公路供电系统经过升级改造,整体技术水平位于国内高速公路先进行列。

供电系统的"硬件"设备通过技术改进,性能得到提升,如何发挥"硬件"的性能,达到设计的初衷,就需要"软件"与"硬件"相配合、相磨合。磨合分为两个方面,一方面是电力监控系统软件与配电房内高低压设备等硬件的磨合,硬件需对软件系统指令的接受及反馈的磨合,"硬件"完全服从"软件"的指挥,即调试合格;更重要的磨合是管理制度这个"软件"与广深珠高速公路新的供电系统之间的磨合。

广深珠高速公路新的供电系统需要编制一套全线的、完善的、可执行的管理制度。广深珠高速公路沿线配电房电力监控改造前后的供电系统运行模式截然不同,差别极大。且没有历史经验可循,也没有模板可借鉴,一切都要摸着石头过河,经过不断的试错、磨合、修改、再试错、再磨合、再修改,才能达到符合实际情况的最优状态,这是考验"内功"的时候。将电力监控改造工程实施完是及格,将电力监控系统平台用好是良好,将整个供电系统连团队带设备管理好才是优秀。

通过一年多的摸索和实践,广深珠高速公路新的供电系统管理也逐渐完善,广深珠高速公路专门为新的供电系统修改、制定了一系列的操作规程、管理制度,并切实执行。对比旧的供电系统,新的供电系统设备故障率呈现大幅度下降趋势,设备的故障修复时间则大幅度缩短,人员大量精简,管理水平有较大提高。

(二)经济效益提升

广深珠高速公路沿线配电房电力监控改造不仅升级改造了广深珠高速公路的供电系统,还优化了人员结构。广深珠高速公路沿线配电房电力监控改造前每个配电房配置 2 个值班员,且要考虑轮休顶班人员。配电房的值班人员需要 24 小时在配电房内待命,需要同时具有安监部门颁发的电工证和高压电工进网操作证,在珠三角生活成本高的情况下,需要较高的用工成本才能留住配电房值班员,而且配电房值班员的流动性也很强,培训合格了,有点经验了就离职了,因此项目的人员成本居高不下。按照 7 万元/年 · 人计算,配电房值班员的人工成本为 7 万元/年 · 人 ×34 人 =238 万元/年(没有考虑轮休顶班人员)。

沿线配电房电力监控改造后,经过人员优化,共核减 34 名配电房值班员,核增 4 名电力监控中心监控员,核增 7 名沿线电力巡检员(计划 2021 年可核减 3 名),总共核减人员 23 名,节省人工成本 7 万元/年 · 人 ×23 人 =161 万元/年。广深珠高速公路沿线配电房电力监控改造工程合同金额 20917358. 59 元,仅人工成本节省的费用,投资回报率为 161 万元/2091. 74 万元 ×100% =7. 35% ,13. 6 年收回投资成本。

而且这个投资回报没有计算经过沿线配电房电力监控改造工程后 3 ~5 年将节省大量的维修维护费用,以前配电房的小修小补每年都需要上百万元,今后一段长的时间内,这笔小修小补的费用可以节省或大幅度减少。从投资的角度出发,广深珠高速公路沿线配电房电力监控改造具有较高的投资回报率和良好的经济效益。

(三)社会效益良好

广深珠高速公路沿线配电房电力监控改造创造了良好的社会效益。通过改造,广深珠高速公路供电系统得以升级,高低压设备故障率大幅度下降,故障修复时间大幅度减少,直接的影响就是主线路灯的亮灯率上升、收费站的停电次数减少、停电时长减少,社会好感度增强。

五、结语

广深珠高速公路沿线配电房电力监控改造工程实施后,广深珠高速公路供电系统故障率呈现大幅度下降趋势,供电设备的故障修复时间大幅度缩短,供电系统维护管理人员大量精简,供电系统管理水平有较大提高,具有良好的经济效益和社会效益。

广深珠高速公路沿线配电房电力监控改造工程作为广深珠高速公路万物互联新机电系统的试点,取得了成功。但这只是万里长征的第一步,今后会有更多的机电系统进行互联互通,会开发更多的大数据应用。可以想象一下:广深珠高速公路内部的机电系统互联互通后,广东省内的高速公路路段也会进行互联互通,随后全国的高速公路进行互联互通,全国的交通系统进行互联互通,全国的各个系统进行互联互通……

高速公路智能监控分析系统应用与实践

广深珠高速公路有限公司

成果主要创造人:万敏达　杨继青

成果参与创造人:高　武　王昌伟　冯泽玲　林　斌　樊竞洋　刘　伟　简瑞东

广深高速公路是联系广州、东莞、深圳特区、香港的重要通道。于1992年2月动工,1994年7月28日完成主线并试通车,1997年7月1日正式通车。由广东省公路建设有限公司与香港合和中国发展(高速公路)有限公司合作组建,总投资129.06亿元,全程122.8公里。广深高速公路起于广州市天河区小新塘,止于深圳市皇岗口岸,全程122.8公里,双向六车道,沿线共设有19个收费站、3个路政所,截至2020年9月23日共有476条车道,其中专用ETC车道151条、混合车道197条、人工车道128条。

一、实施背景

公路在我国交通运输体系中占有主导地位,与国民经济发展水平密切相关。截至2019年末,我国公路总里程已达484.65万公里,其中高速公路总里程已突破14.26万公里,居世界第一。但是由于高速公路上行车条件好,多数车辆行驶速度快,其车流量也较大,这样在高速公路上高速行驶的条件下发生的交通事故,则更容易产生重特大交通事故,且事故容易殃及其他车辆,造成二次连锁事故,每年我国因高速公路交通事故丧生的人员高达数千人。2018年全国共发生道路交通事故244937起,造成63194人死亡,直接经济损失138455.9万元。其中高速公路事故频发,尤其是油罐车和危化品车辆在存储、运输过程中发生的事故造成不同程度人员伤亡和财产损失。从事故形态上看,主要有5种事故形态:尾随相撞、侧翻、正面碰撞、撞固定物和其他,其中尾随相撞和侧翻是最常见形态,而这些事故往往是由于逆行、违停、超速等违法驾驶行为造成的。此外一些行人和非机动车上高速,也给高速公路的安全运行也带来了不小的影响。因此,公路违规行为已经成为制约公路运营的重要因素,同时也给国家与个人带来巨大的经济损失,威胁广大群众生命安全。

因此为了加强安全管理,视频监控系统已经广泛应用于公路交通系统,用以实时记录道路行驶安全的情况。但是传统的视频监控主要存在以下几个问题:

(1)资源利用率不足

由于安全事故的偶发性,传统视频监控系统往往只在事故发生后用于录像的调阅,以查明事故情况。在绝大部分的时间里,监控系统处于鲜有人问津、长期闲置的状态。这种被动防守式的视频监控方式,对于风险管控的作用非常有限。

(2)人工监看存在局限性

尤其是近年来高清监控的大量使用,通过实时查看相关监控,及时发现交通阻塞路段、违章车辆,及时给予引导,保证高速公路的安全通畅以及对海量的非结构化历史视频数据依靠人工来分析和判读需要巨大的人力物力,已经变为事实上不可能的事情了。

(3)海量存储的问题

为了方便事后的调阅,监控系统往往对近3个月的视频记录进行硬盘文件存储。但是随着摄像机数量的增加和高清化的推广,每天新增的海量数据大大增加了存储系统的压力。

20世纪80年代末至90年代初出现了智能交通系统,许多发达国家和发展中国家相继提出各自的发展战略,并试图通过发展ITS带动本国基于车辆、通信、电子、计算机以及网络等高新技术的经济大发展,但是受困于技术的限制,这些智能交通系统的表现差强人意,受限于传统机器学习、计算机视觉技术的局限,这些系统的性能难以达到理想效果,而且大多数系统模型鲁棒性较差,难以普遍适用于各种环境。

庆幸的是,随着近年来深度学习算法的逐步演进,人工智能关键技术得到长足发展,在计算机视觉及视频结构化等领域,深度学习带来了前所未有的性能提升,在多个单一视觉任务,如视频分类,人脸匹配等,已经取得了超越人类的判别能力。新技术的革新,也带来了新的应用可能性。本系统正是在这一时代背景中应运而生,其他行业一样,以深度学习为基础的人工智能技术有能力解决传统智能交通系统的困境,能够为公路行业的安全保驾护航,为人民群众的生命财产安全提供保障,推进国民经济建设与发展。

广深高速公路目前共有主线120路图像、广场138路图像,监控中心日常巡查及事件发现的工作难度较大。为了提高交通监控管理效率,对交通安全因素提前预警,加强车流管控手段,按照公司新建扩建及大中修改善工程项目计划,拟在广深监控中心安装高速公路视频智能分析系统设备,实现以下功能的检测:实现对收费广场事件的自动检测功能:分析是否存在拥堵、是否有行人和非机动车辆入侵、是否为"危化品车辆",检测到异常情况的同时实现报警。实现对主线事件的自动检测功能:交通拥堵、行人和非机动车辆入侵、车辆逆行以及倒车、"危化品车辆"等异常情况,以及对断面车流量进行统计,检测到异常情况的同时实现报警。

二、系统内容和创新成果

(一)系统部署方案

广深高速公路智能分析系统部署方式如图1所示。根据不同平台架构的特点,我们的智能系统采用RPCICE远程架构体系,它采用C/S框架,可以在不同机器之间进行通信,且可以实现快速传输、跨语言通信、高速访问底层设备等诸多功能。流媒体服务器接收到各路摄像机的实时视频流,然后由广深智能监控分析服务器是对视频流进行检测。检测的结果可以通过监控大屏实时显示,如果检测到异常事件就会弹窗报警、声光报警、语音报警,对应的图像以及视频通过数据库服务进行存储。此外,电脑等客户端可以通过Web服务访问到智能分析系统的Web页面,页面可以实时显示各路视频的检测结果以及相应的一些数据统计表。

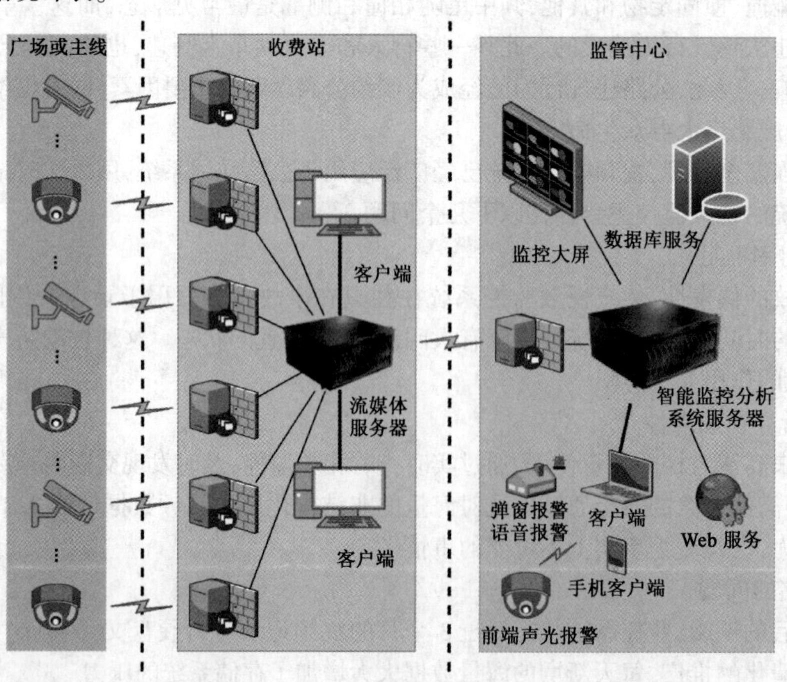

图1 系统部署方案

(二)平台功能结构

高速智能交通分析系统基于智能视频平台,实现对各种场景视频、图形的对接,基于自主开发的引擎,建立模型库、特征库和信息库,为客户提供定制化的功能。平台功能结构如图2所示。

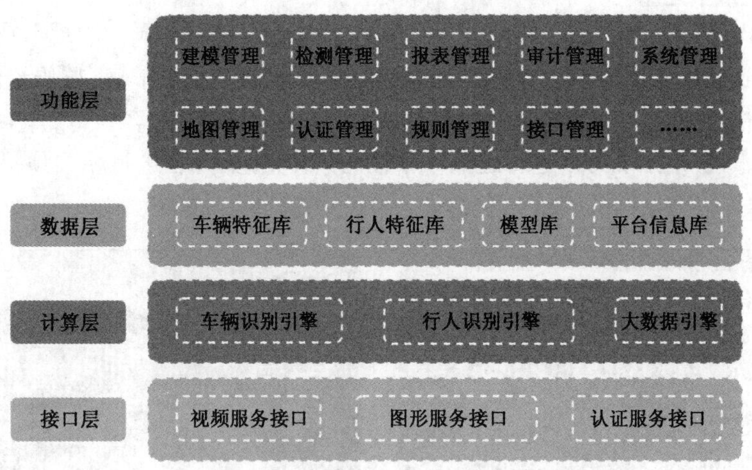

图2　平台功能结构图

1. 功能层

提供Web登录页面,可以实时查看各路监控视频的运行状态。发生报警事件,可产生实时弹窗提醒。事件发生的图片和对应的视频记录也可以通过该Web端进行查询和调取。同时对计算层产生的检测结果以及数据层统计的数据结果,可以查阅和生成统计报告。

2. 数据层

将视频分析后的数据存入数据库当中,包括车辆的检测结果、路面天气、发生行人和非机动车入侵的视频和对应的图像等。大数据分析在经营分析方面有巨大的应用前景,系统充分利用大数据分析技术分析数据,提供决策依据,完成实时高效、智能灵活的管控分析任务。

3. 计算层

计算模块主要运行在含有GPU的服务器上,能够接收来自客户端的图像信息,解码为所需格式。针对待检测的图像信息,服务端利用数字图像处理技术对齐进行多种预处理操作,以便进行深度网络分析。服务端模块集成了人工智能领域最先进的目标检测、目标追踪、图像分类算法,并针对高速公路场景对其进行了创新,使其更加契合实际应用;系统采用了深度学习中最受瞩目的行为分析技术,针对高速公路内车辆、人员的行为进行智能分析,为客户端提供管控依据。

4. 接口层

对于与外部设备结合较紧密、需要应用底层设备访问技术、需进行海量数字化加工、图像处理及远程通信传输的监控视频采集、编解码、远程通信传输、检测结果显示等功能模块,采用基于RPCIce的智能分析云平台客户端体系结构,提高系统运行效率,实现快速采集数据进行处理、快速传输至云平台获取检测结果并在GUI界面显示,保证整个检测过程的实时性。在Windows操作系统上,它具备快速提取监控摄像头监控视频并进行编解码、数字图像处理、向远程服务器传输图像数据并获取检测结果、在GUI界面显示检测信息、反馈管控信息等。

(三)系统核心功能和Web页面

本系统具备采集处理监控视频数据、道路交通异常检测、交通数据检测等功能。具体实现的功能如下:

1."两客一危"车辆检测

危化品车具有重大的安全影响,一旦出现事故容易对人民群众的生命财产安全造成重大威胁;客车因为载客量多、车型大不易驾驶等原因使得其安全重要性不亚于危化品车。在智能交通系统中"两客一危"车辆检测都是重中之重。

本系统利用深度学习目标检测模型可以实时检测监控视频中的车辆,并且创新性地利用细粒度分类神经网络对检测到的车辆进行细分类,可以准确识别出"两客一危"车辆,与传统的识别技术以及现存的卷积神经网络相比,本系统误检、漏检率更低,且可以实时监测"两客一危"车辆的具体信息,若高速公路中出现相关车辆,则系统可以进行返回该车辆的具体信息,并且进行相关预警。具体检测结果实例如图3a)、b)所示。

a)危化品车检测

b)公交检测

图3　"两客一危"车辆检测

2.道路缓行和拥堵事件检测

当交通事故发生、恶劣天气(大雾)出现、车流量较大时往往会出现拥堵现象,高速公路缺少交通指挥人员,一旦发生拥堵往往因为得不到及时疏导而使得拥堵更加严重,因此利用监控技术实时检测拥堵事件并及时通知管理人员安排交警等进行疏导,有利于减轻道路通行压力。

系统基于深度学习目标追踪技术可以对监控视频内检测到的车辆进行追踪,并计算车辆行驶速度,统计监控视频内的车辆数目。因此当道路上车辆数量较多,车速较慢时,系统可以根据追踪结果自动计算一段时间内的车流量,并与操作人员自己设定的报警阈值进行实时比对。若某一时刻,道路上的车流量超过了上限,则系统自动进行报警,以便于及时进行车辆分流以及车辆安全状况监测。具体检测情况如图4所示。

3.车辆逆行/违停检测

在高速公路上,总有部分驾驶员因为缺乏安全意识或者贪图方便等做出逆行、违停等违法驾驶行为。而高速公路车速较快,车辆的逆行、违停都给后行车辆带来了巨大的安全隐患,此外由于缺乏有效的监控手段,部分驾驶员存有逃避监控的侥幸心理,本系统将提供实时、高效的车辆逆行/违停事件监测,杜绝上述现象。

本系统结合深度学习目标检测、目标追踪技术,可以对检测到的车辆进行多物体追踪,结合LSTM循环记忆网络等技术根据车辆的运动特征准确识别出监控视频内车辆的运动信息,可以对车辆逆行和违停事件进行实时检测,并返回相关车辆的具体信息,通过相关设备进行预警。具体实例如图5所示。

4.行人和非机动车入侵自动检测报警

对于高速公路交通场景来说,行人和非机动车入侵的现象屡见不鲜,行人的入侵会对来往车辆和行人本身产生巨大的安全隐患。因此本系统通过运用人工智能运动目标检测模型,结合高速公路监控视频实时检测出现在高速公路内的人员,准确定位人员位置,利用深度卷积神经网络提取视频帧中人员的特征搭建行人特征库并训练分类器,经过分类器识别出工作人员(施工人员、清洁人员)与入侵人员,针对入侵人员报警并及时通知相关工作人员。

a)道路缓行检测

b)道路拥堵检测

图4 道路缓行/拥堵检测

a)逆行检测实例

b)违停检测实例

图5 逆行/违停检测

若路面上出现人员,系统可以实时监控,对出现的人员加以定位并识别是否为行人和非机动车入侵或者驾驶人员下车,并及时通知相关管理人员,缩短救援时间。图6是行人入侵异常事件检测实例。

Web页面主要是提供一个可视化的平台,方便工作人员实时查看各路的检测情况,此外对数据统计结果自主构建高速公路大数据平台,提供基于海量监控数据的可靠数据分析结果。广深高速公路智能监控分析系统平台架构主要分为登录页面、主页、实时监控、历史查询、数据统计5个模块。以下截图均以广深高速公路智能监控分析系统为例进行具体说明。

5. Web 主页和实时监控

管理员通过登录页面进行身份验证,验证成功后进入主页面,主要显示摄像头部署的位置,以及事件报警的记录。

实时监控模块如图7所示,能智能监控高速公路路段中各条道路的交通状况,显示画面中的拥堵状况、天气状况、是否出现行人和非机动车入侵、是否出现停车、平均车速等的识别结果,帮助监控道路交通的行车规范以及各场景的安全性,并显示不规范的行为和事件的报警信息。

图6　行人入侵检测实例

a)多路视频实时显示

b)单路视频实时显示

图7　实时监控页面

6. 历史事件查询页面

历史查询模块根据路段道路、报警事件的类型及报警日期可查询对应的事件报警信息,展示报警事件截图、报警时间、报警路段、报警类型和对应的图、视频详情，如图8所示。

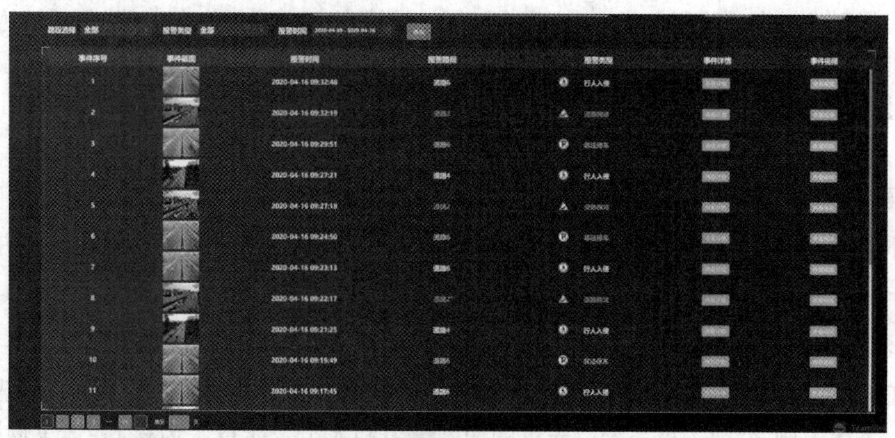

图8 历史事件查询页面

7. 数据统计页面

数据统计工作界面，主要对不同道路的各种统计数据进行显示和记录。该界面从行人和非机动车入侵、违规停车、车辆拥堵、上下行车流量、车辆拥堵、车辆慢行、危化车流量等方面对高速公路路段中的不同道路进行统计，通过选项卡可以分别查看“本日”“近七天”和“近一月”的数据。如图9所示为部分数据结果的统计展示。

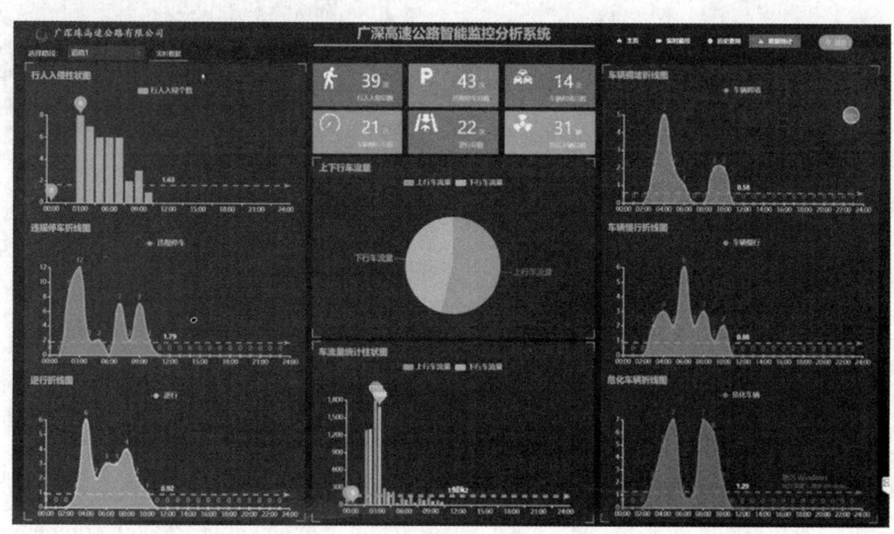

图9 数据统计页面

（四）系统优势

1. 大的兼容性

拥有强大的兼容能力，支持高清和标清视频，兼容各种主流码流，主流厂商。此外还拥有良好的集成能力，可作为模块和各种系统进行集成，不需部署专门摄像头，基于现存道路摄像头的高清或标清视频数据即可进行检测和分析。

2. 实时性和鲁棒性好

系统基于深度学习和人工智能技术，精确率>95%，对道路异常事件可以进行实时检测，包括拥堵、“两客一危”等车辆的进出/停止/逆行等。

3. 功能丰富

此外可根据需求对车型进行分类,如小汽车、SUV、油罐车、工程车、公交车等,包括城市交通实施车型分类的行业标准以及公安部实施车型分类的国家标准。可检测车辆或人的行为进行跟踪,如道路上油罐车停止、行人和非机动车入侵等。异常报警:当交通出现指定交通事件,将向用户发出报警信息。

4. 可扩展性强

单 GPU 同时支持 4 ~ 8 路高清视频识别;增加 GPU 卡情况下可支持更多视频路数。并且可根据用户需求进行定制开发。系统安装简易、维护方便、适用性高。

三、实施效果

随着人工智能、大数据等先进技术的发展,对于交通系统的建设有了新的要求。本报告以广深高速公路智能监控系统为例,介绍了该系统以先进的深度学习和人工智能技术为核心,集车辆跟踪、轨迹跟踪、目标识别等多项业界领先技术于一体,实现广域和局部场景下的交通信息采集和交通事件监测,对影响道路通行能力的各种交通事件进行分类、记录和报警。且该系统不需部署专门摄像头,基于现有道路摄像头反馈的视频数据即可进行检测和分析。适用于高速公路、快速路、互通立交、桥梁、交通事故多发路段的交通车辆和异常事件的检测,自动报警通知相关人员,并能采集多种交通参数,为道路运营管理者提供道路交通状态、交通运输安全控制以及交通诱导等实时数据信息,有效提升道路交通智能监控能力和综合管理水平。

广西二级公路安全生产信息化创新管理应用

广西北投公路建设投资集团有限公司

成果主要创造人：张　云　吕良珍

成果参与创造人：黎兆联　石志海　杨荣波　黄　华　胥旭波　潘　馨　赵千顺　农基武　何雨佳

公路安全生产管理与公路工程建设质量和效益息息相关，随着公路工程建设数量的不断增多，安全问题尤为引人关注。并且随着经济社会发展和各地联系增强，对公路工程施工安全提出了更高要求。在公路工程施工中，加强安全生产管理是非常重要的内容，不仅可以有效预防生产安全事故的发生，还能保证施工现场良好秩序，有利于施工任务严格按照进度计划完成，防止延误工期情况发生。同时还能保证现场施工有效开展，保障施工人员安全，避免安全事故发生而带来不必要的损失，提高资金利用效率，确保公路工程建设效益。

广西北投公路建设投资集团有限公司（简称"北投公路集团"）是广西北部湾投资集团有限公司的全资子公司，成立于2011年9月，注册资本金6000万元。截至2020年6月，公司总资产达194.62亿元。

北投公路集团主要从事工程建设管理、工程代建、工程项目总承包、工程监理、技术咨询、政府招标代理、工程招标代理、土地及房地产开发等业务。北投公路集团履行广西壮族自治区人民政府、交通运输厅授权的广西65个国省干线公路项目建设管理法人职责，项目总里程超过4447公里，投资总额超470亿元。

北投公路集团总部设11个职能部门，下设2个全资子公司（广西强路工程咨询有限责任公司、广西鹏路建设工程有限公司）和58个公路建设管理机构。公司现有职工309人，其中，博士学历2人，研究生学历25人，本科学历202人，大专学历52人，大专以下28人；高级技术职称50人，中级技术职称70人。

北投公路集团积极践行"翔路，你回家的路"庄严承诺，致力于推动路网事业高质量发展，坚决打通交通脱贫"最后一公里"，着力推动企业多元化改革发展，在市场竞争中做实做优做强，打造拥有良好形象、核心品牌的创新型企业，努力实现"人企合一、持续发展"翔路梦。

目前，北投公路集团已提前建成那坡至平孟口岸公路、田林至隆林（腊仁）公路、都安至武鸣公路、田东至天等公路、三江林溪（桂湘界）至古宜公路、大化至巴马公路、钦州久隆经大垌至大寺公路、巴马至平果坡造公路、桂林永福苏桥至鹿寨公路、南丹吾隘至东兰公路长乐连接线、来宾寺山至贵港公路、南宁大塘至渠黎公路那蒙至渠黎段、百色至泮水公路（一期）、北流文城至六靖公路、巴马燕洞至田东公路、良口至梅林公路工程（一期）、梧州苍梧经大坡至新地公路、瑶山至南丹公路（一期）等18个路网项目，通车里程超过1200公里，充分体现了公司雄厚的技术实力和良好的项目建设管理水平，赢得社会各界广泛好评。

一、实施背景

G357罗城四把至环江公路（简称"罗环路"）是广西壮族自治区人民政府"十三五"规划的水运公路建设工程项目，为自治区层面统筹推进的重大项目之一，是横贯广西北部县市的重要通道，是贯通广西壮族自治区东西的运输通道，也是广西壮族自治区北部向东通往湖南省、向西连接云南省、向北连通贵州省的重要横向通道之一。

罗环路的建设对完善和建设广西壮族自治区普通公路省道网系统，提升现有国省道公路等级及通行能力，全面提高普通国省道等级公路的通达里程和覆盖范围，加快促进项目沿线区域村屯、乡镇与大中城市之间的交通联系,实现区域经济和社会的持续稳定发展具有十分重要的意义。项目路线位于广西壮族自治区河池市罗城县和环江县境内,属滇黔桂石漠化扶贫片区,主线起点接 G357 融水至四把段、G242 宜州至罗城段,途经四把镇、天河镇、怀群镇、兼爱乡、长美乡、大安乡、环江县等乡镇县,终点相接 S211 德胜至洛阳段,顺接环江至河池一级公路,路线全长 101.163 公里。

路线起讫桩号 K0 +000 ~ K101 +145.661,全长 101.167 公里,项目总投资 12.589 亿元,于 2019 年 3 月 28 日正式开工建设,合同工期为 24 个月。其中环江县境内路线全长约 43 公里,环江段总投资额约 5.76 亿元;罗城县境内路线全长约 58.163 公里,罗城段总投资额约 6.83 亿元。路线内设置有 2 个养护站及服务区、5 个观景平台、50 个便民候车亭。

罗环路主线按二级公路标准建设,根据线路走廊的地形地貌、设计交通流量及远景发展规划分两种技术等级建设:K0 +000 ~ K86 +785.163 段,设计速度为 40 公里/小时,路基宽度 8.5 米;K86 +785.163 ~ K101 +145.661 段,设计速度为 60 公里/小时,路基宽度 10.0 米。

主要工程量如下:

土石方:挖石方 465 万立方米,挖土方 153 万立方米,填方 398 万立方米。

涵洞工程:管涵 3646 米/265 道、盖板涵 2080 米/96 道。

桥梁工程:大桥 884 米/6 座,中桥 192/4 座。

路面工程:路面结构类型为沥青混凝土路面,其中路面碎石垫层 101 万平方米;4% 水泥稳定碎石底基层 83 万平方米;5% 水泥稳定碎石基层 89 万平方米;沥青混凝土面层(厚 9 厘米)82 万平方米。

二、广西二级公路安全生产信息化创新管理应用

(一)"互联网 + VR(虚拟现实)"智能安全体验馆

1. 实施背景

为响应国家互联网发展战略,罗环路积极采用"互联网 + VR"的模式,在工程行业中,一旦违章操作,造成的损失是极其巨大的。单纯的安全教育,不能给予深刻的触动,从而引起违章作业、违章指挥。众多事故案例证明,传统的培训已经达不到当前安全生产高标准的要求,需要创新安全培训的方式,才能够有效提高安全意识。通过 360 实景体验技术,能够深入体验违章作业带来的严重后果。VR 是利用电脑模拟产生一个三维空间的虚拟世界,提供使用者关于视觉、听觉、触觉等感官的模拟,让使用者如同身临其境一般,可以及时、没有限制地观察三维空间内的事物。当戴上 VR 眼镜后,整个工程形象逼真地展示在眼前,似乎触手可及。

2. "互联网 + VR"智能安全体验馆的应用场景(图 1)

全景模拟,虚拟元素与现实世界自由转换,寓教于乐,代入感强,体验逼真;场景丰富,可随意定制和拓展,随需升级。项目充分考量临时用电、桥梁施工、高边坡及深基坑、消防安全等安全隐患,以三维动态的形式模拟真实场景,实现安全教育的最终目标。罗环路 VR 智能安全体验馆的应用场景有:

虚拟仿真灭火区。虚拟仿真模拟灭火体验系统,主要用于消防安全教育,通过虚拟实操方式体验灭火器的使用。模拟灭火体验系统中包含 4 个基本场景:工人宿舍、油库、配电箱、办公室。针对各场景的特点,设置了不同类型的火灾模拟现场,提供干粉、二氧化碳、泡沫、水基型 4 种灭火器进行选择,选择过程中进行灭火器的选择与使用指导。通过虚拟灭火的操作,可以使作业人员根据不同的着火场景选择不同的灭火器,熟知使用灭火器进行灭火的步骤。系统对火灾与灭火器的类型、灭火器的用量与使用时间、起火点的判定等数据进行了完全仿真化处理。体验者只要按步骤认真学习并操作模拟灭火体验系统,就可以学会并掌握灭火器的正确选择与使用方式。

高空坠落、边坡坍塌等体验区。通过虚拟现实事故发生的瞬间,让体验人员体验事故发生时的切实感受。当屏幕上显示塔吊运输的建筑用品从高处降落,正好"砸"在头上时,体验人员忍不住惊呼出声,手也不由自主地抬高试图遮挡躲闪。"刚才钢筋掉下来的时候,我心都慌了,不自觉就喊出来了。"体验

过后,摘下 VR 眼镜,似乎仍心有余悸,“确实触目惊心,通过这次体验,以后干活的时候一定要提高安全意识。”这是体验人员发自内心的诉说。坍塌事故模拟场景里,正在施工的土石方突然坍塌,当黄褐色的沙土向眼前冲来时,有一种瞬间喘不过气的窒息感,身体也不由自主地后仰。高空坠落体验震撼,坠落的瞬间只感觉天旋地转,大脑一片空白。还可通过不同的体验模式,选择相应的防具和防范技能,与之前的事故体验产生巨大的反差效果。目的在于在处于类似危险情况下,提高人员的安全防范意识和技能。

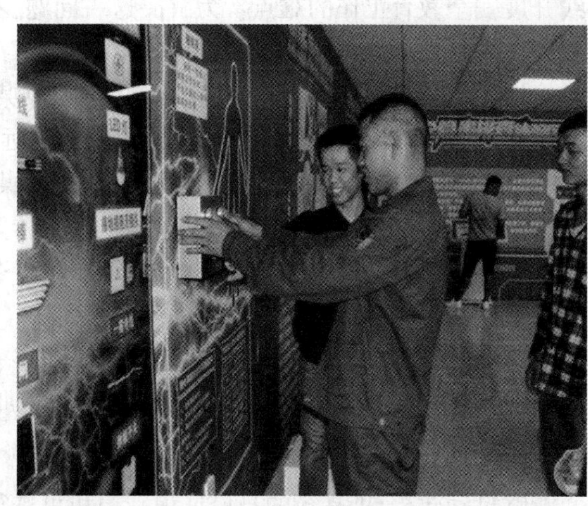

图1 “互联网 + VR”智能安全体验馆

触电体验区。对不按规范用电产生的漏电事故,让体验者亲身感受电流通过人体带来的刺激感和痛苦,了解触电后的自救和救援技能。目的在于使操作人员规范临时用电,提高临时用电安全意识。

安全标志识别体验区。系统根据《安全标志及其使用导则》,将安全标志区分为禁止标志、警告标志、指令标志、提示标志 4 类,每类标志选择了常见的 6 个标志,共 24 个安全标志。学习培训采取新颖的互动形式,体验者触摸安全标志牌,安全标志牌即亮起,同时电视播放该标志的含义和用途,互动效果可以更深刻地使体验者了解每种消防标示图标。加强对新员工进行入场安全教育,让新员工了解并记住各标志的含义,提示警告新员工提高注意力,加强自我保护,避免事故发生。

互动游戏体验区。“安全隐患排查”互动游戏包含了建筑行业主要工种,以虚拟现实技术为依托,结合在实际操作过程中极易出现的隐患,通过“找隐患”游戏闯关方式学习安全操作规程。每个工种场景设置游戏关卡,让体验者可以通过游戏闯关的方式,查找安全隐患,提升了一线人员的安全意识与防范技能。

“安培在线”学习区。“安培在线”学习区旨在系统性地提升学员安全知识技能,主要有在线学习、在线练习与考试、App 移动学习、多媒体课程中心、安全培训管理五大核心功能。“安培在线”学习区的应用,助力于罗环路安全培训的科学化、制度化、体系化建设,大大增强了学习的生动性和实用性,满足了公路建设的各种安全培训需求,进而提升安全培训效果。

3.“互联网 + VR”智能安全体验馆实施成效

通过 VR 技术及互联网 IT 技术,能够模拟出各种高仿真施工场景,多维度还原伤害发生过程,针对容易出现安全问题的地方进行模拟演示。体验人员通过模拟系统进行亲身参与,不再进行“纸上谈兵”的安全教育,告别说教,通过亲身体验各种作业过程中出现危险瞬间,让体验者从视觉、听觉、触觉深刻体验各类危险伤害给人带来的痛苦,切实增强施工人员在遭受危险时的切身感受,对工人产生持久震慑力,让“安全第一、以人为本、预防为主”理念深入人心,让作业人员从心灵深处感受到安全生产的重要性。通过体验安全培训,让施工一线作业人员亲身感受违规操作带来的危害,强化安全防范意识,熟练掌握部分安全操作技能,减少施工生产意外事故的发生,促进项目安全生产管理。

(二)采用多媒体安全培训教育工具箱

1. 实施背景

安全教育培训始终是学习安全知识、提高作业人员安全防范意识、掌握安全技能、培养安全素质的有效途径,但作业人员信息的庞杂与变动频繁,以往教育培训形式单一及枯燥乏味等情况,都成为施工一线开展安全教育工作的难点。为解决这一问题,罗环路项目部引进了多媒体安全培训教育工具箱对作业人员进行安全培训教育。多媒体安全培训教育工具箱跟以往的常规培训不一样,它可根据培训需求对培训课程进行自由组合,是集实名制考勤、多媒体培训、无纸化考试、自动生成档案于一体的培训工具,配合网上安全培训管理平台 App,实现大数据远程监控、作业信息二维码快速查询,从而形成线下移动、线上集中管理、现场实时查询的新型移动式多媒体培训模式;工具箱内置符合国家法规、标准的专业安全培训资源,且内容可进一步开发拓展。多媒体安全培训教育工具箱的使用,使得培训形式生动趣味化、培训地点灵活化、培训监管规范化、培训服务专业化。通过使用多媒体安全培训教育工具箱,解决了工人对培训内容不感兴趣或听不懂的问题。解决了传统安全培训课程不全面、不系统的问题,解决了项目安全培训监管不连续的问题,解决了工人不识字、无法进行有效考核的问题,解决了安全培训档案不规范、记录不全的问题,解决了项目部开展安全培训工作量大的问题。

2. 多媒体安全培训教育工具箱功能模块

能够自动建档:工具箱的身份证识别模块可进行身份证扫描,系统读取信息登记参加培训人员的信息,自动建立培训管理档案。

简单集中培训:通过放映多媒体培训课件,组织工人观看外接的投影屏幕即可完成教育培训,或在生活区、主入口等人员较多的部位设置大屏幕,循环播放视频进行培训。

自动出题考试:可针对培训内容自动生成考试题,可通过打印纸质试卷或播放多媒体试题通过无线答题器答题,完成考试,无线答题后系统能自动阅卷评分,并实时显示考试成绩,进行存档备份。

培训大数据功能:可将采用工具箱培训的数据上传至管理后台存档,便于管理。培训箱可通过互联网实现数据共享,通过该平台监管后台,可以调取查看所有人员培训信息记录,方便随时、快速查询,方便施工单位及各参建单位了解项目部安全教育培训情况。通过对后台大数据的统计分析,便于制定有针对性的管理措施。

3. 多媒体培训工具箱的优势

手段便捷。不需要专业培训教室和烦琐的备课等准备工作,将工具箱开机进行选择即可便捷地完成所需要的培训,满足现场分散培训、临时培训多且重复进行的实际需求。

资源丰富多彩。工具箱涵盖大量专业的项目安全培训资源,通过大后台数据更新下载支持,满足施工现场各类安全培训的需要,并且培训资源可根据需求进一步开发定制。

培训形式新颖生动。培训资源全部采用多媒体动画视频形式,使培训过程生动有趣,能充分提升作业人员的学习兴趣,增强培训效果。

培训信息实时记录。工具箱培训信息可以通过互联网同步至平台,公司及分公司可实现对下属单位安全培训情况的动态化管理。

培训课件可持续开发、更新。通过软件公司专业的服务团队,对培训资源提供持续的更新服务,定期免费升级课件,可提供云端课件定制服务,为平台的运营、维护提供持续的技术支持。

4. 多媒体安全培训教育工具箱实施成效

提升全员安全素质。覆盖项目的全体管理人员、劳务作业人员及各类来访人员,实现全员的安全教育,提升全员安全素质,最终提高各项目的安全管理水平。

提高安全培训管理效率。通过标准模块化和先进教学手段的应用,方便现场安全培训的开展、建档、统计,极大地节约了现场安全管理人员的时间。

创新安全培训模式。使用一体化工具式便捷动画式培训、流程化管理及丰富多样培训素材，提高培训的趣味性，易懂、易记、便于操作，提高了培训效果。

罗环路通过使用多媒体教育培训工具箱（图2），提高了安全培训管理效率，规范各类培训记录档案；增强了建筑施工企业管理人员、作业人员的安全意识、安全技术和操作技能，大大减少了违章指挥、违章作业行为，改善了安全生产状况，有效控制了伤亡事故的发生，有力提高了项目安全管理水平。

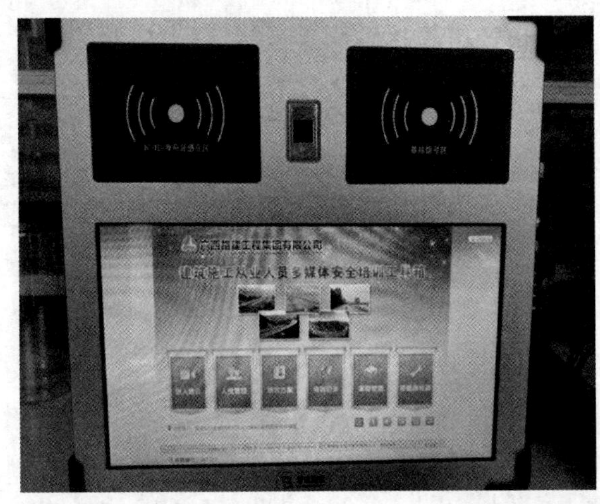

图2 多媒体安全培训教育工具箱

（三）智慧路网平台的应用

1. 实施背景

在工程项目建设过程中，安全管理始终遵循“以人为本、安全第一、预防为主、综合治理”的安全生产方针，保障人身、设备、设施安全，预防生产安全事故发生，规范工程施工安全管理和施工作业行为，实现安全生产管理标准化。在项目过程中，由于工程项目过程文件材料管理的工作量太大，参建单位的业务水平参差不齐，“手工管理”模式越来越不适应工程项目建设管理的需要，在安全生产管理文件资料形成过程中出现资料填写不规范、收集管理困难、文件材料收集归档与工程进度不同步、文件材料收集归档范围及文档立卷规则不统一、文档编制时间长、效率低、费用高，以及文档检索利用效率低下、工程建设项目文档过程控制及检查手段落后、工作强度大、效率低等诸多问题。在这样的背景下，信息化的管理方式应运而生。为提高项目安全生产管理水平、推进安全管理标准化，构建“平安工地”的安全管理机制，强化安全监管的实效，在北投公路集团的指导下，罗环路引进智慧平台安全管理系统（图3）。

2. 智慧平台实施成效

建立安全生产管理控制体系。通过信息化手段，在智慧平台上建立各项安全管理规章制度及各项操作规程，如安全管理制度、安全生产教育培训制度、安全检查制度、安全生产费用保障制度、安全事故应急救援制度和安全事故报告制度等。使用者可以在智慧平台电脑版、手机端随时随地查看了解安全管理制度等相关文件，加强对规范和制度的熟悉和理解程度，发挥制度管理的引领作用，让制度管理落到实处。

规范安全材料报送审查制度。各项目部编写安全专项施工方案、安全专项活动等资料经由智慧平台系统进行报送，监理工程师应对专项施工方案、安全专项活动等资料在智慧平台进行线上审查，总监办审查通过后报建设办进行审核后实施，形成快速、直观、规范的安全方案的审查流程制度。

提高现场施工安全隐患管控效率。智慧平台系统规范了施工安全隐患排查治理。各参建单位在日常、专项安全检查过程中，对检查出的安全隐患通过智慧平台进行上传，并明确整改责任人、制定整改措施、确定整改时间，施工单位负责对安全隐患进行整改，总监办负责跟踪落实，建设办负责隐患整改情况的核实。后期通过手机App端，可以随见随拍随上传，能有效提高安全隐患整改效率，确保安全隐患早发现、早消除，给现场安全施工创造良好环境。

图3　智慧路网平台安全管理系统

建立安全管理文件立卷归档管理系统。通过使用智慧平台，实现了安全生产管理文件基本信息的自动采集，达到建设项目文件的无纸化自动归档，保证档案编制的规范和准确，提高竣工档案的编制效率，减少竣工验收阶段文件归档工作量，大大缩短竣工档案的编制时间。

（四）建立微信管理平台

1. 实施背景

安全管理工作重在防范，不仅要提前做好预知、预设，更不能等隐患、事故发生后才去采取行动解决问题，对时间性的把握才是安全管理的关键。一条管理决策、一项工作任务，从上级部门传至建设办、再到项目部亲自落实，在时间上往往存在很长的滞后性，特别对于安全管理的各项问题，时间就是金钱、时间就是生命。为了解决项目安全管理工作存在迟滞性的问题，罗环路建立了微信管理平台。

2. 罗环路微信管理平台实施成效

建设办领导干部带头，各参建单位全员参与，实现了走动式管理。罗环路建设办建立以建设办主任为核心，以生产合同部部长、总监理工程师、项目经理为核心骨干，以各参建单位专（兼）职安全员为脉络支撑的微信管理平台，每位参与者都可以随时随地利用微信对上级部门的安全管理工作进行部署、跟踪工作进展情况，并通过反馈图片了解现场工作质量；建设办领导干部在日常的现场办公中，可以将看到的、听到的、碰到的现象通过微信平台进行及时发布，并进行现场调度，凡是加入微信平台的人员都会在第一时间内看到通知，与以往面对面的工作部署、调度相比大大节省了工作时间，提高了工作效率，真正实现了走动式安全管理。

鼓励各参建单位同事加入微信平台实现全员安全管理。随着科技的发展,智能手机的普及度越来越高,建设办要求各参建单位全员加入微信平台,一是通过微信平台能够在第一时间内得到其他员工发布的安全隐患消息,避免因未及时得到隐患通知造成意外伤害。二是员工自身能够及时地将自己看见的隐患、不安全问题以及合理化建议发布到微信平台上,不安全问题的整改情况利用微信图片进行反馈,问题透明化、反馈图文化,实现闭环管理;也可将项目安全质量亮点发布至微信平台进行分享。给项目的安全管理工作提供了很大帮助,让员工参与到安全管理工作中来,解决员工身边的安全隐患,真正实现了一岗双责,起到了相互监督、相互学习作用。

提高工作透明度,实现安全工作闭环管理。对于项目建设来说,安全隐患一直以来都是难以避免的难题,现场安全管理再到位,也会多多少少存在些问题。为了最大限度消除现场安全隐患,发挥一岗双责、人人有责的作用,建设办制定了《微信平台管理制度》,要求各参建单位所有管理人员在日常检查中及时将发现的安全隐患通过微信平台进行发布,并要求项目部对安全隐患的整改情况利用微信图片进行反馈,问题透明化、反馈图文化,实现闭环管理。

自微信平台建立以来,解决现场安全隐患问题、工程质量问题、标准化建设问题300余件,对项目现场的安全防护设施落实、标准化提升、现场隐患治理等重点工作起到了积极作用。微信平台实行图文反馈管理,每项整改工作都必须公示整改后照片,避免出现整改工作敷衍了事现象,在提高了工作效率的同时,也提高了安全工作质量。有效地解决了安全隐患整治的及时性,同时起到相互监督、自我排查的效果,大大提高了安全管理工作的效率。

(五)智慧型工地应用无人机保障施工安全

随着科技高速发展,无人机已经被应用到各行业领域。它小型轻便、低噪节能,可以多角度拍摄,且影像清晰。在项目管理中,它可以协助监测现场安全防护、高处作业、施工进度等,为施工管理提供准确、实时的信息支撑。

1.无人机在现场管理上的应用

如何做好施工工地的现场管理是目前公路建设行业面临的一大难题。建筑从业人员的素质和文化程度普遍偏低,人员较为复杂,消极怠工现象普遍存在,因缺乏安全意识导致的安全事故时有发生。利用无人机搭载高清视频设备进行现场巡视,可以对施工人员的行为进行有效监控,尤其是对桥梁高空作业、高边坡施工现场来说,这一应用尤为重要。无人机可从不同高度、不同角度对现场进行航拍,把视频和图像资料实时回传给操作人员,通过软件的收录和分析,从而将整个施工现场的全貌展现在管理人员的面前,便于管理者及时开展现场管理,并根据施工情况及时调整工程策略,从而优化整个施工流程。此外,无人机还可以近距离接触施工现场,能够及时发现施工中存在的质量问题和安全隐患,便于管理者开展隐患排查和工程质量检查工作。代替人工巡检,省时又省力。以往,施工现场检查主要采用人工巡检方式,现场查一圈下来,最短也需要半个小时,甚至一个小时乃至更长时间。现在,利用无人机巡查现场(图4),短则几分钟,长则半个小时即可完成,大大缩短了时间,节约了人力成本,提高了工作效率。罗环路项目建设内容包括桥梁、高边坡、钢筋加工厂、拌和厂及预制厂等,项目呈线状,重点作业区域较为分散,项目组建期间便引进航拍无人机,原本由人力一个半小时才能完成的现场巡检工作,现在仅需半个小时即可完成。扩大巡查范围,确保不留死角。由于无人机小型轻便,可以从空中巡视施工盲区、死角等人力不及之处,直观反映施工动态,为项目提供更高效、直观的决策信息,有效促进了项目现场管理。项目桥梁施工滑模模具及平台拆除属"超危大工程",作业高度超过30米,危险系数大、拆除周期长,仅依靠人力很难做到全方位的安全隐患排查。项目使用无人机对作业人员的施工行为进行监督,比如是否正确佩戴安全带、是否按照规范操作等,并检查仓壁顶部是否存在混凝土碎块残留等情况,及时消除物体打击安全隐患。实时监督,让隐患无处"藏身"。利用无人机对桥梁滑模施工及模板拆除、高处作业、建筑起重机械等进行巡查,对施工现场安全实时监督。项目部采取无人机与人工相结合的方式,对所有在用塔吊限位、安全装置等进行检查,有效解决了顶升高度、位置分散造成的巡查耗时费力这一难题。

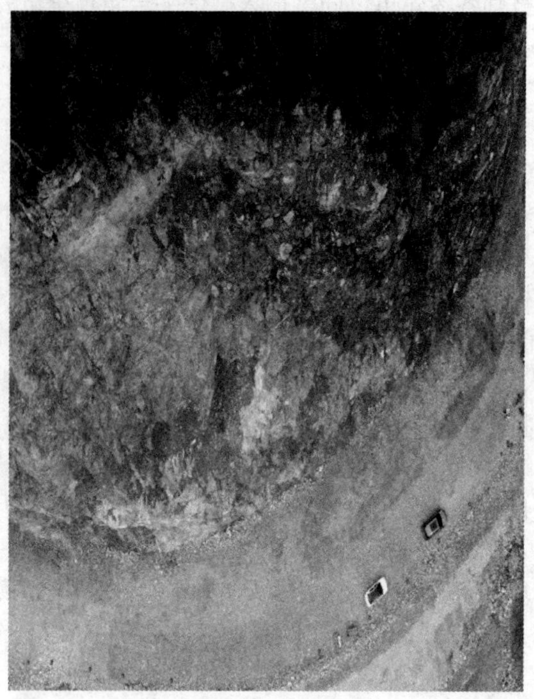

图4　无人机巡查

2. 无人机在绿色施工上的应用

在有效开展建筑工地的现场监控和管理工作的同时,无人机还可以进行施工现场的环境监测和数据采集工作。目前,越来越多的公路建设企业开始注重施工过程中的环境保护工作,因此,使用无人机进行现场环境监测就变得尤为重要。

无人机可搭载高清视频设备和数据采集装置,能够有效监测施工现场的空气质量,采集粉尘、PM10和PM2.5数据值。同时,无人机还可以获得施工现场的全方位图像,有助于管理者合理安排现场布置,为施工人员营造安全、文明的工作环境,推动绿色施工和文明施工。

3. 无人机在质量检测上的应用

在施工中,还通过无人机多角度、多部位对不同施工阶段实时记录影像,留存原始资料,为以后项目验收结算提供依据;监督混凝土表面是否出现蜂窝、麻面、漏筋、孔洞等通病,发现问题及时整改,促进工程质量提升。

在施工和使用过程中,可能由于地基沉降不均、恶劣天气影响等原因,导致结构物整体结构产生变化,以及由于施工质量等原因使结构物表面产生裂缝、麻孔等质量问题,施工方会针对这些质量问题进行质量检测。传统的检测手段通常是使用专业设备对结构和主体部位进行力学性能检测,以及采用显微镜、望远镜等设备对结构物表面进行外观检测。对于建筑结构复杂的结构物和高空作业来说,使用人工检测难度非常大,也较为耗时,存在一定危险性。此时若使用无人机搭载专业检测设备,围绕结构物进行飞行拍摄,并将拍摄图像传回地面,由质检人员进行实时检测分析,不但可以节省大量的人力物力,还能有效避免安全事故的发生,使建筑物质量检测手段更加安全、高效和智能化,在一定程度上加快了施工的进度。

三、结语

安全是人与生俱来的追求,是人民群众安居乐业的前提,是维持社会稳定和经济发展的保障。“安全第一”是对人最基本的道德情感关怀,是对人生存权利的尊重,体现了生命至上的道德法则。安全是企业的生命线,面对越来越严峻的安全生产形势,企业应知晓责任、履行职责,时刻警惕、安全第一,提高能力、防范风险。在大力弘扬社会主义法治精神,运用法治思维和法治方式深化安全生产监管执法体制改革的大背景下,北投公路集团今后将适用的安全生产和职业健康法律法规、标准规范的相关要求及时转化为本单位的规章制度、操作规程,并及时传达给从业人员,确保相关要求落实到位。

本项成果对广西二级公路安全生产信息化创新工作有着积极的参考意义,是广西二级公路建设行业的一次创新探索实践,为本行业安全管理工作提供了宝贵的经验,采用"互联网 + VR"智能安全体验馆、多媒体安全培训教育工具箱、智慧路网平台、建立微信管理平台、应用无人机保障施工安全等设施设备,实现科学管理的目标,有效证明"二级公路安全生产信息化"创新管理具有学习与参考价值。

"警路企"联盟协同管理体系创新

广西北部湾投资集团有限公司钦北高速公路改扩建工程建设指挥部

成果主要创造人:陈开群　杨凯吕

成果参与创造人:王泽能　罗　凯　李　活　谢树志　赖增伟　李用鹏
谭泽文　蒋珍平　张杜锋　王金华

广西北部湾投资集团有限公司(简称"北投集团")成立于2007年,2018年9月与广西新发展交通集团有限公司实施战略性重组,组建了新的广西北部湾投资集团有限公司,形成了以交通基础设施建设投资、产城投资、水务环保、边贸物流和金融业务五大板块为主的千亿元级国有独资企业。重组后的北投集团包含2级子公司33家、3级子公司79家、4级子公司9家,具备多行业的基础设施投资、设计、建设、科研、运营及养护等全产业链优势。作为广西北部湾经济区基础设施建设主力军和排头兵,北投集团将积极带动北部湾经济区产业与城市的融合发展,为北部湾经济区的开放开发、产业发展、经济起飞夯实基础,完成自治区党委政府赋予的重要任务和历史使命。

一、"警路企"联盟实施背景

(一)工程背景

钦北高速公路位于广西壮族自治区钦州市及北海市境内,分主线兰海高速钦州至山口段、北海支线两段。根据《国家公路网规划(2013年—2030年)》,主线钦山段是国家高速公路网"7射、11纵、18横"主干线中兰州至海口高速公路(G75)的重要组成部分,北海支线是泉南高速的联络线柳北高速公路(G7212)的重要组成部分。钦北高速公路是广西壮族自治区北部湾经济区的骨架公路,在国家高速公路网中具有十分重要的地位和作用。

钦北改扩建工程是国家深入推进"西部陆海新通道"建设背景下实施的项目,工程全长139.836公里。其中,钦州至山口段路线采用双向八车道高速公路标准,设计速度为120公里/小时,路基宽42米;北海支线路线采用双向六车道高速公路标准,设计速度为120公里/小时,路基宽33.5米。整个改扩建项目含桥梁60座,共8316.13米,其中特大桥1座,大桥10座,中桥18座,小桥8座,主线上跨的分离式立交桥10座,桥式通道13座,路线桥梁比6.2%;有涵洞296道,通道206道,主线下穿的分离式立交及天桥53座;有互通式立交8处,服务区4处,管理处1个,养护工区3处,铁山港特大桥养护站1处、收费站8处。钦北改扩建项目总投资140.8亿元,建设工期4年,计划于2019年开工,2022年竣工。

兰州至海口高速公路广西钦州至北海段改扩建工程(简称"钦北改扩建")是广西北部湾投资集团重点打造的广西高速公路骨干品质工程项目,目前已列入2020年交通运输部科技示范工程拟实施项目名单。整个项目以"畅通钦北路,乐游北部湾"为建设理念,以实现"建设一条畅通无阻的公路,建设一条高度信息化的公路,建设一条全产业链模式的示范公路,建设一条创新高质量发展的公路,建设一支有理想能战斗的队伍"的"五个一"建设目标为基本方向,打造一条具有"科技+""公路+"特点的绿色、品质、信息化高速公路。

(二)钦北改扩建"警路企"联盟必要性

钦北改扩建路段的管理单位和施工单位主要有交警、路政、企业(北投集团运营公司、建设单位、监理单位、设计施工总承包单位),这些单位的一个共同职责是"保安全、保畅通、促建设"。为进一步整合资源,有效加强工程建设期间生产安全管理,秉持"共商、共建、共享"的原则,充分发挥各单位优势,实现资源共享、信息互通、团结协作、建设品牌工程的工作目标。

"警路企"各方统一思想认识,确立"建设一条安全畅通的公路"为共同目标。从规划设计、施工方案、交通组织、投资概算等方面统一规划好,强化服务管理意识,搭建有效沟通平台,畅所欲言,达成共识,确保施工期间道路畅通,确保项目建设期间不降低现有道路通行能力,确保节假日期间不发生大面积拥堵。

二、成果内涵和主要做法

(一)成果内涵

"警路企"联盟以"无感化施工、高品质扩容、智慧化保障"为建设理念,以"畅通钦北路、乐游北部湾"为建设愿景,以"建设一条安全畅通的公路"为目标,围绕"保安全、保畅通、促建设"中心工作,通过持续开展"警路企"协作,构建"警路企"一体化交通安全保畅管理体系,搭建联合办公平台,建立改扩建施工路段多功能视频监控中心,保障钦北改扩建工程的通行服务水平,提高钦北改扩建工程的应急保畅通能力,营造钦北改扩建工程"三无"(无重大交通安全责任事故、无长时间交通拥堵、无社会负面影响)涉路施工交通安全环境,确保涉路施工交通安全;打造"引领广西、示范全国"的高速公路改扩建工程;同时助力广西壮族自治区试点交通强国建设任务顺利完成,为建成人民满意、保障有力、世界前列的交通强国以及"走出去"战略作出积极贡献。

(二)主要做法

1."警路企"联盟协同管理创新

1)联盟组织机构及职责

(1)成立协作领导小组

①为更好对接日常业务工作,明确"警路企"监管各方的生产安全职责,成立钦北改扩建工程"警路企"协作领导小组。

组长:广西交警总队高速公路支队负责人

副组长:交警支队分管人员、高速公路发展中心(路政)人员、建设指挥部人员、运营公司负责人

领导小组职责:按照国家法律法规、方针政策及规章制度,不定期负责检查指导钦北改扩建工程"警路企"协作机制下各单位业务工作;负责协调指导各单位工作;负责指导督促制定完善涉路施工安全管理相关制度、标准及流程,并组织落实等。

②领导小组下设联合办公室,办公地点设在交警部门办公区,成员如下:

办 公 室 主 任:辖区交警大队负责人

办公室副主任:辖区交警大队分管路面秩序人员、路政大队负责人、建设指挥部交通管理部负责人、运营公司管理处负责人

办 公 室 成 员:辖区交警大队分管路面秩序、事故业务人员
辖区路政大队业务人员
建设指挥部业务人员
运营公司管理处业务人员
总监办人员

办公室具体职责:负责协调、沟通、反馈各单位工作开展情况;制定完善钦北改扩建工程涉路施工安全管理相关制度、标准及流程,并组织落实;每季度阶段性总结工作中的问题并部署工作;负责"警路企"协作机制的品牌推广及宣传工作;负责统筹节假日、重大区域性活动等交通安全保畅工作;负责实

施领导小组交办的工作。

办公室办公机制:原则上每季度召开"警路企"工作总结部署会议,不定期组织涉路施工安全管理相关制度、标准及流程讨论会,不定期组织"警路企"协作机制的品牌推广及宣传工作会议;负责组织节假日、重大区域性活动等交通安全保畅工作会议;统筹指挥重大突发事件等。

③根据各单位(交警、路政、运营公司)业务管辖区域及施工路段(施工合同段)实际情况,办公室下设2个"警路企"业务工作小组:

第一组:

组　长:辖区交警大队领导

副组长:辖区交警、路政、运营公司、建设指挥部、总监办业务人员

第二组:

组　长:辖区交警大队领导

副组长:辖区交警、路政、运营公司、建设指挥部、总监办业务人员

"警路企"业务工作小组职责:负责审核施工单位交通组织方案及交通管制措施;协调、沟通、反馈各单位工作开展情况;制定完善钦北改扩建工程涉路施工安全管理相关制度、标准及流程,并组织落实;总结上周工作中的问题并讨论安排本周工作;负责实施领导小组交办的各项工作。

业务工作小组办公机制:原则上固定每周二(一次)召开碰头会,如有办公室成员提出,经办公室主任同意可临时召开碰头会讨论。

(2)明确各方职责

①交警部门:及时对施工路段的交通安全管制方案进行审批,协助施工单位推进施工进度;周期性开展交通安全检查、交通安全宣传、交通安全培训工作,及时通报安全隐患和整改要求;加大对高速公路交通事故的处置速度,确保高速公路安全畅通;维护施工总包单位国有资产临时交通安全防护的赔补偿工作。

②路政部门:对行政许可内容进行监督检查和对涉路施工项目进行审批,参与工程交工、竣工验收;对施工路段的施工组织方案、应急预案进行审核,对辖区施工区域进行周期性安全检查,通报安全隐患和整改意见;维护施工总包单位国有资产临时交通安全防护的赔补偿工作。

③运营公司:审核辖区内对交通安全有较大影响的施工组织方案(高边坡开挖、交通封闭、交通导改、临时施工道口等),最大限度减少施工造成的交通安全影响,确保高速公路安全运营及畅通。开展辖区路段内的施工区域及临时施工道口安全检查,通报安全隐患点和整改要求、整改措施。

④改扩建指挥部、总监办:负责落实安全生产管理各项制度要求,制定标准化施工方案;组织建立联合办公机制;协调各单位开展安全检查;改扩建指挥部每年对"警路企"协作成绩突出的单位和个人进行表彰。总监办督促施工单位落实安全生产各项制度、标准、要求及检查安全隐患落实整改情况。

⑤施工单位(含设计):要组织专职人员进行日查夜巡;加强涉路施工路段交通安全管理;组织交通协管队伍参加交通安全培训;根据标段任务要求,适时开展安全生产自查、整改安全隐患;根据施工现场实际及时修编交通组织设计;制定并落实安全生产方案、施工交通组织方案;在确保高速公路安全有序运营、安全畅通的前提下开展施工。

(3)及时沟通协作

对联盟协同工作中出现的问题,各方本着服务钦北改扩建工程的目的,主动协调,对各方提出的意见建议及时进行相互沟通、尽快解决,及时推进工作。

2)联盟协同管理措施

秉持"共商、共建、共享"的原则,"警路企"联盟以"建设一条安全畅通的公路"为目标,采取有效管理措施,为钦北改扩建路段的交通安全畅通保驾护航。

(1)统一标准、联合检查

①统一交通组织标准。由"警路企"各方联合、指挥部组织编制《兰州至海口高速公路广西钦州至北海段改扩建工程交通组织安全标准化细则》,装订成册分发给相关单位并进行宣贯,通过组织学习、培训、考试等方式,加强对施工单位及施工人员标准化施工的宣贯落地工作。各总监办定期做好施工单位安全技术交底,同时督促施工单位做好特殊路段涉路施工点的交通组织方案并审核。各施工单位按要求对每个进场施工队伍及施工人员在进场前进行涉路施工安全交底培训,使交通安全设施设置维护人员(交通协管员)熟练掌握《公路养护安全作业规程》(JTG H30—2015)行业标准及《道路交通标志和标线》(GB 5768.4—2017)第4部分。交通组织安全管理人员、交通协管员熟悉改扩建涉路施工管理相关制度、标准及流程,掌握涉路施工涉诉案件事前预防、事中应急、事后处置相关工作。

②开展涉路施工联合检查。交警、路政、企业三方在依据各自职责履行涉路施工监管检查的基础上,每月开展1次联合督查。联合督查按照统一的安全检查标准及流程,明确检查时间、检查内容、参加人员、检查流程,图1和图2为"警路企"联合检查。

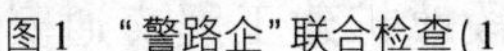

图1 "警路企"联合检查(1)

图2 "警路企"联合检查(2)

③统一检查结果标准。对检查中发现的问题,由各总监办汇总通报,通报内容包括:检查基本情况、工作亮点、存在问题、整改要求(并附安全隐患整改清单、图片等),形成检查通报及时反馈施工单位,由指挥部根据合同要求处理,并将每次联合检查结果作为钦北改扩建工程月度、季度和年度相关考评的依据资料。

(2)统一审批、联合办公

①明确统一审批范畴。依据法律法规和指挥部相关管理办法,由各方联合、指挥部组织制定审批(报备)事项清单、审批(报备)流程及表格,施工单位对涉及跨越、平交于接入式涉路施工;需改线、改道或者重大节假日占用原有路面不能撤离的涉路施工;交通安全设施的拆除与临时设施安装;需要占用硬路肩或短期封闭单侧一条行车道的小型涉路施工等涉路施工点,要按照"先申请(报备)后施工,先防护(封闭)后施工,标志标识、护栏要先安装后拆除,施工队伍要先培训后进场"的原则,合理布设规划涉路施工点并制定《施工交通组织方案》集中会审。

②固定联合办公。在高支九大队设置联合办公室,由办公室组织及时协调、沟通、反馈"警路企"协作工作处理情况;对各施工单位提出的需求、交通组织方案同步报相关单位,各相关单位限时提出意见,由交警、路政部门负责汇总审核,进行"一站式审核办结",提高办公效率,在确保高速公路安全畅通前提下助推施工进度,图3为"警路企"联合办公开展审查会。

③定期召开联席会议。每季度由交警部门提议、指挥部组织各方召开1次以上"警路企"协作联席会议,总结前阶段工作落实情况、通报存在问题、部署下一步工作,指挥部汇总形成会议纪要,图4为"警路企"协作联席会议。

图3　“警路企”联合办公开展审查会

图4　“警路企”协作联席会议

(3)统一指挥、联合应急

①建立统一应急指挥机制。依据相关法律法规和各方正在执行的本单位应急预案,各方联合、指挥部组织制定《钦北改扩建工程交通安全保畅联动应急预案》。为确保节假日及特殊时段、工点,重难点工程施工交通安全,施工单位要把应急队伍、应急物资(机械、设备)清单报管辖交警、路政、运营等单位,服从统一指挥。为方便统筹指挥,在交警办公区域建设应急指挥中心,依托多功能视频监控、QQ、微信、高德地图、对讲机、无人机等与交警值班室、运营公司信息中心联动,指挥值班人员、调度应急机械设备,图5为钦北改扩建工程“警路企”应急指挥中心挂牌成立。

图5　钦北改扩建工程应急指挥中心挂牌成立

②联合开展应急培训。将《兰州至海口高速公路广西钦州至北海段改扩建工程交通安全保畅联动应急预案》装订成册,分发给各相关单位并进行宣贯。交警、路政、运营各管理单位按行业管理职责和安全管理需要,定期或不定期对施工单位施工人员开展有针对性的应急保畅学习培训。施工单位根据实际情况修订完善交通安全保畅应急体系,并组织相关人员学习、培训,图6为施工单位在进行交通安全培训。

图6　交通安全培训

③定期开展应急演练。指挥部每年组织开展1次预案级别为二级响应以上的专项预案演练,施工单位每年开展1次预案级别为三级响应以上的专项预案演练;总监办做好各施工单位应急体系检查及应急演练落实监督工作;交警、路政、运营各管理单位对应急预案演练工作进行技术指导并积极参与,图7为应急救援演练。

④统一交通协管人员着装规定和施工巡查车辆标识,定期开展巡查工作。“警路企”联合规定,为

加强改扩建工程项目交通安全组织保障工作,一是增加交通协管员辅助交通管理员进行路面安全管理工作;二是购置施工巡查车辆加强对高速公路施工路段的巡查力度,及时处理安全隐患,确保施工路段行车安全;三是对交通协管人员进行统一管理统一标识,统一服装,统一佩戴个人防护用具,施工巡查车辆统一标识,确保交通协管人员安全作业,图 8 和图 9 分别为交通协管人员服装和巡查车辆。

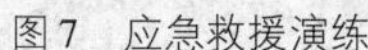
图 7　应急救援演练

图 8　交通协管人员统一着装

(4)资源共享、信息互通

"警路企"各方以现有硬件资源共享、业务资源拓展为方向,整合(含跨省界)涉及钦北改扩建工程的交通安全维护、防护设施、道口公共安全、信息发布、应急救援、科技信息、手续办理等资源。

①整合现有资源,巩固现场管理水平。将各方现有人员、监控视频、应急物资(含机械、设备、车辆)、信息发布渠道(含宣传)、场地、通信等资源整合,通过资源共享,实现安全齐抓高效管理,图 10 为对沿线施工路段视频监控、车流检测。

图 9　交通安全保畅巡查车辆

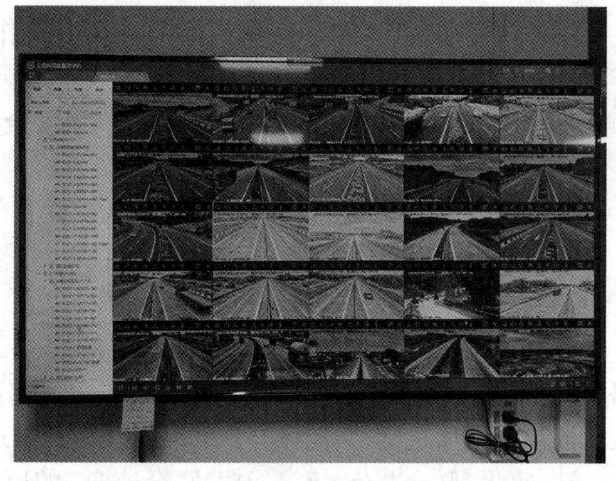
图 10　对沿线施工路段视频监控、车流检测

②施工道口车辆进出实行视频共享管理。施工道口通过视频监控以及有效管理措施,"警路企"可以通过电脑、手机视频系统随时查看进出车辆情况,杜绝外来车辆。一是在施工开口处设立好值班用活动岗亭、监控设施和防护设施。要求对过往车辆进行监控、录像,录像至少保存 3 个月备查,24 小时有人值班看守并登记进出相关车辆,施工车辆需配备道口通行证(卡),道口通行证(卡)须注明车牌号、使用期限、编号,并盖有项目经理部公章方能有效,且要统一样式。二是车辆在进出道口过程中,须注意高速公路过往车辆。未出示或无通行证(卡)的车辆一律不准进出开设的临时道口。三是进出高速公路的施工运输车辆必须按照要求,不得超高超限拉运,必须把装载的材料盖(捆)好,防止沿途洒落,不符合要求的运输车辆严禁进入高速公路;土石方车辆装载要符合路政、交警部门规定,且须经交警路政部门审批同意方可通行高速公路。四是驾驶员与施工车辆必须符合国家驾驶员和车辆管理规定,进场施

工车辆必须证照齐全;施工单位负责收集施工许可通行证号、车辆牌号、行驶证以及驾驶员驾驶证复印件等相关信息,形成台账并盖有施工单位公章送至交警、路政、运营公司指定收费站、总监办、指挥部交通管理部备案。五是施工运输车辆须保持车况良好,车尾双闪灯工作正常,并在车厢后挡板悬挂有明显反光效果的施工标志和警示标志,粘贴反光膜。六是施工车辆车尾粘贴的施工标志和警示标志须采用荧光黄绿钻石级反光材料,荧光黄绿和钻石级反光材料应采用满足Ⅴ类要求的大角度钻石级反光膜。七是严禁"三无"车辆、报废车辆及带病机械设备进入施工现场,图11为值班用活动岗亭。

图11　值班用活动岗亭

③业务拓展延伸,增强资源融入。各方可将对外业务整合投入钦北改扩建工程使用的资源共享系统。

2."警路企"党建联盟新模式

钦北改扩建工程"警路企"党建联盟把党建工作融入施工管理工作各个环节,发挥党组织战斗堡垒作用,凸显党建效应,由点及面,不断扩大影响力,顺利推动施工管理工作,党建引领项目建设,助力工程顺利推进。"警路企"党建联盟引领"建设一条安全畅通的公路"的理念,创建党建工作新模式。

"警路企"党建联盟参加单位:

施工路段辖区交警大队党支部、路政大队党支部、运营公司管理处党支部、建设指挥部党支部、总监办党支部、项目部党支部。

1)召开启动大会,掀起大干快干新高潮

钦北改扩建工程"警路企"党建联盟在指挥部召开启动大会,各方领导代表为钦北改扩建工程"警路企"应急指挥中心、党建联盟基地、联合办公室揭牌,对活动开展作出具体安排和部署。"警路企"党建联盟形成框架机制,共同做好钦北改扩建工程交通安全管理、应急保畅工作,按照"统一标准、联合检查,统一审批、联合办公,统一指挥、联合应急"的原则,认真履行各自职责开展相关工作。同时要求参建各方通过多种形式进行宣传,切实提高"警路企"党员干部的思想认识,增强广大党员干部参与活动的积极性,掀起项目参建单位大干快干新高潮,图12为召开"警路企"党建联盟启动大会。

2)组织丰富活动,助力工程顺利推进

(1)政治活动类

①落实"三会一课"制度。由钦北改扩建指挥部本部党支部牵头,各项目党支部协助,开展党组织活动、党员教育。原则上每季度开展一次,结合施工实际任务,有针对性地选择一个支部,深入开展相关活动。

②开展联合主题党日活动。选取重要时间节点,特别是"五四""七一"等开展创建活动,例如参观红色革命基地、举办党员培训班等,加强各党支部党员思想教育,深化各党支部的交流联系,为"警路企"党建联盟的发展奠定基础。

③开展结对共建,夯实党建基础设施。结合各单位党组织实际,开展结对共建活动,帮助完善党员活动阵地基础设施,力所能及地改善基层党员工作活动场所,帮助解决反映的热点难点问题,营造良好的党建活动氛围,促进项目建设。

(2)文体活动类

①开展球类、棋牌类等文娱活动。结合实际开展文体类活动,如篮球、排球、游园活动等,丰富党员、职工业余生活,以此为契机,加深加强监管部门、参建单位的沟通交流,图13为"警路企"体育联谊活动。

②知识竞赛。举办知识竞赛,提高施工交通安全意识,丰富文化生活。以有奖竞答的形式,融入安全生产、交通安全保畅、应急响应等内容,提高党员、职工安全生产意识。

图12 召开"警路企"党建联盟启动大会

图13 "警路企"体育联谊活动

(3)宣传活动类

①关爱孩子成长,提高师生的交通安全意识。进校园宣传交通安全知识,为学校捐赠党建、交通安全、科普读物等书籍,深化与师生的交流,扩大党建联盟的影响力,图14为"警路企"暑期交通安全进校园活动。

图14 "警路企"暑期交通安全进校园

②交通安全宣传,服务司乘人员安全出行。在收费站、服务区设置服务台,帮助司乘人员解决交通安全法规、出行疑惑相关问题。以此为契机,发放宣传单,宣传改扩建路段安全驾驶注意事项,降低事故率,提高"警路企"党建联盟社会影响力。

(4)安全和灾后重建类

①增强安全意识,安全教育进场入站。选择施工人员较为集中的场站及驻地,组织党员干部、施工人员观看施工安全教育专题片、上施工安全教育课,全面宣贯沿线施工安全隐患相关知识,提高施工人员安全意识,做到"人人学安全、人人懂安全、人人都安全"。

②争分夺秒,灾后重建。沿海地区台风、雨水等灾害天气频发,需要我们迅速应对,党员发挥模范带头作用,抢险救灾、保通保畅,在人力、物力、财力等方面积极应对,协助交通主管部门做好相关工作。同时,各施工点要迅速组织,清扫路障、排水抢修等,以最快速度恢复施工生产。

3)树立先进典型,推动活动取得实效

为全面总结创建活动的特点、做法、成效和经验,结合"警路企"各单位施工交通安全保畅工作职责以及"警路企"协作机制,定期进行考核,对活动中涌现出的先进集体和优秀共产党员,分别评出"先进集体”“先进个人”等,对获奖的单位和个人给予精神奖励和奖金。并运用地方媒体、集团网站、微信公众号等平台,加强正面宣传和舆论引导,营造良好的舆论导向,树立先进典型,弘扬先进事迹,推动活动深入人心,取得实效。

钦北改扩建项目“警路企”党建联盟,正形成一个互信互助的大家庭,一个强强联合、共同奋斗的战斗堡垒,一个协力合作的工作平台。在思想上,各单位发挥各党支部战斗堡垒作用,统一思想、步调一致,坚持以党建引领,发挥党员模范作用,把钦北改扩建工程共同打造成为党建引领的大基地、新高地;在业务上,参加“警路企”联盟的各单位,明确大目标,做好小目标,以“共商、共建、共享”为原则,打造具有钦北改扩建特色的交通安全一体化体系,实现资源共享,发挥各单位的能动性,积极为钦北改扩建项目添砖加瓦;通过“警路企”党建联盟,把党建工作融入施工管理工作各个环节,以党建促建设,以党建融管理,以党建求实效。钦北改扩建工程在“警路企”党建联盟合作推动下,努力实现交通安全、工作有序、道路畅通,树立起“警路企”合作的标杆,共同为建设广西“交通强国”示范区作出新的贡献。

三、实施效果

1. 建立“警路企”联盟平台

钦北改扩建工程“警路企”成立应急指挥中心、党建联盟基地、联合办公室。在党建联盟这个平台上,各参建单位进一步深化合作,保畅通保安全,实现共商共建、资源共享、信息互通、团结协作,营造钦北改扩建工程的“三无”(无重大交通安全责任事故、无长时间交通拥堵、无社会负面影响)涉路施工环境。

2. 进一步完善联动应急机制

①建立完善《兰州至海口高速公路广西钦州至北海段改扩建工程交通安全保畅联动应急预案》和确定改扩建涉路施工保畅标准及应急管理工作机制,并组织落实。

②“警路企”各方通过联合办公、联席会议对协作监管模式进行理性分析,对各单位的监管职责、审批流程全面总结,寻找存在的不足,优化协作监管模式。

③每年底“警路企”各方对协作进行全面总结,进一步优化“警路企”联盟协作机制。

3. 宣传推广、打造品牌

①宣传推广“警路企”一体化交通安全保畅管理体系。对协作机制讨论建立、过程实施、亮点工程等通过媒体推广给社会公众,展现钦北改扩建工程建设理念、建设愿景。

②打造交通安全保畅通服务品牌。将“警路企”协作打造成钦北改扩建交通安全保畅通的名片,让“警路企”服务深入人心,让途经施工路段的社会公众感受交通安全、畅通氛围。

四、成果评价及下阶段计划

1. 成果客观评价

钦北改扩建指挥部推出的“警路企”联盟协同管理体系已得到广西高速公路交警、广西高速公路发展中心(路政部门)、沿海高速公路分公司、当地政府及广大人民群众的认可,“警路企”联盟在多年的广西高速公路改扩建项目实践中得到了检验,联盟协作快速处理交通事故服务人民群众的事迹多次被广西新闻媒体报道。

“警路企”联盟的有效实施,进一步为社会公众出行提供了安全、畅通、文明、舒适的通行环境,真正为人民群众出行打通回家“最后一公里”。

2. 下阶段工作计划

①推进落实《兰州至海口高速公路广西钦州至北海段改扩建工程交通组织安全标准化细则》,通过

起草、内审、征求意见、审查、批准等程序,出台印发、宣贯培训、落实执行,推进工程标准化建设。

②制订完善钦北改扩建工程涉路施工管理工作流程:a. 钦北改扩建工程施工审批及报备工作流程;b. 钦北改扩建工程涉路施工联合安全检查工作流程。

③推进落实《兰州至海口高速公路广西钦州至北海段改扩建工程联合应急预案》,联合高效应对突发事件。

④品牌推广,扩大影响:a. 总结"警路企"工作经验,打造协作品牌;b. 加大宣传,成为过往驾乘人员带走的名片。

港口集装箱装卸设备安全标准化管理实践

天津港欧亚国际集装箱码头有限公司

成果主要创造人:曲　明　张建国

成果参与创造人:王明轩　石正雄　张　珂　王　辉　王璐琪　李辉辉

张　凯　周　东　马建强　高玉朋

天津港欧亚国际集装箱码头有限公司(简称"欧亚国际公司")成立于2007年9月4日,是由天津港(集团)有限公司、天津港股份有限公司、中远码头(天津北港池)有限公司及APM TERMINALS TIANJIN COMPANY LIMITED(马士基)共同投资组建的专业集装箱码头经营公司,注册资本为人民币12.6亿元。欧亚国际公司码头自2007年7月20日开工建设,2009年7月1日开始试运行,2010年7月1日正式进入生产经营期。

欧亚国际公司码头位于天津港北疆港区北港池西侧,码头岸线长度为1100米,建有2个10万吨和1个7万吨集装箱泊位,码头前沿水深-18米,陆域纵深约752米,年设计吞吐能力170万TEU,具备全天候接卸最大集装箱船舶的能力。码头总占地面积82万平方米,一次性可堆存75000TEU,其中重箱一次性堆存能力达60000TEU、空箱一次性堆存能力15000TEU。

欧亚国际公司共有11台岸边集装箱起重机(岸桥),编号为Q101~Q111,额定起质量为65吨,外伸距为66米,配备双20英尺[1]集装箱吊具,可装卸20英尺、40英尺、45英尺国际标准集装箱。公司共有33台轮胎式集装箱门式起重机(场桥),编号为R201~R222、R301~R311,其中R201~R222额定起质量为61吨,R301~R311额定起质量为41吨。

一、成果实施背景

2019年1月,习近平总书记在视察天津港时强调,经济要发展,国家要强大,交通特别是海运首先要强起来。要志在万里,努力打造世界一流的智慧港口、绿色港口,更好服务京津冀协同发展和共建"一带一路"。[2] 习总书记的嘱托为天津港今后的工作指明了方向,就是主动对标"交通先行、世界领先、智慧港口、绿色港口"重要要求,加快建设世界一流智慧绿色枢纽港口。

欧亚国际公司深入学习贯彻习近平总书记视察天津港时的重要指示精神,加快推进智慧港口、绿色港口建设,努力实现更高质量、更可持续、更加安全的发展。公司牢固树立"隐患就是事故、事故就要处理"的发展理念,按照"四铁三严"的标准,依法依规严格落实企业安全生产主体责任,深入开展隐患排查治理,深入推进安全生产领域改革发展,创新推动港口企业安全生产新方法、新技术、新科技的研究应用和实践转化,构建长效机制,纵深推进本质安全体系建设。

欧亚国际公司的主营业务是集装箱的装卸。港口集装箱装卸设备主要包括岸边集装箱起重机(简称"岸桥")、轮胎式门式起重机(简称"RTG"或"场桥"),是港口用于装卸作业的主要设备。设备的完好状态和可靠性是港口设备管理的重要评价指标。随着港口集装箱物流业的发展,以及集装箱船舶大

---

[1] 1英寸约合0.30米。

[2] 源自《人民日报》2019年1月19日报道《习近平:稳扎稳打勇于担当敢于创新善作善成　推动京津冀协同发展取得新的更大进展》。

型化,港口集装箱装卸设备的机构速度、尺寸、复杂程度以及自动化程度都不断提高,对于设备安全管理的要求更加严格。设备安全管理工作是设备管理的最重要一环,欧亚国际公司对设备安全标准化管理的方案进行了探索和实践,通过应用实践提升了设备安全性、可靠性,对于港口设备的安全标准化管理方法具有一定的创新性。

二、基本内涵

在新的形势下,做好港口集装箱装卸设备的安全管理,标准化工作显得尤其重要。设备的安全标准化管理,即设备在全寿命周期内按照共同需要遵守的准则进行安全管理,实现设备的安全性、可靠性最优。除了贯彻执行国家标准、行业标准等之外,还要把企业在设备安全管理中好的经验和做法,按照科学管理的客观要求,制定工作流程和方法,作为安全管理的依据。

欧亚国际公司从设备安全管理制度建设体系化、维修过程管理规范化、设备安全标志标准化、设备安全装置管理专业化、隐患排查治理清单化、大型机械防风管理标准化、大型机械灭火系统自动化 7 个方面着手,全面实施设备的安全标准化管理,取得了较好的效果。

三、主要做法及创新点

(一)设备安全管理制度建设体系化

成体系的规章制度能够保障设备管理有序化、规范化地进行,最大限度提高工作效率,提升设备管理各项指标和设备的安全性。设备管理制度应全面覆盖装卸生产设备、交通车辆、供配电设备、计量设备、辅助设备等各类设备,同时也要覆盖设备全寿命周期的管理过程。

欧亚国际公司为不断提高综合管理水平,持续改进公司的质量、环境、职业健康安全管理,依据《质量管理体系 要求》(GB/T 19001—2016)、《环境管理体系 要求及使用指南》(GB/T 24001—2016)、《职业健康安全管理体系 要求》(GB/T 28001—2015)标准要求和相关法律法规并结合公司实际,编制了公司《管理手册》、程序文件、作业指导书等各层级体系文件。在设备管理方面,建立了由 3 个程序文件、58 个作业指导书组成的文件体系(表 1),覆盖了设备管理工作的各个方面,可以对设备管理各个过程进行有效控制。

设备管理体系文件清单 表 1

序号	文件名称	文件编号
1	监视和测量设备管理控制程序	JSB/QEH/CX-01
2	设备设施管理控制程序	JSB/QEH/CX-02
3	节能降耗管理控制程序	JSB/QEH/CX-03
4	岸桥月检作业指导书	JSB/QEH/ZYD-1
5	岸桥抽检作业指导书	JSB/QEH/ZYD-2
6	岸桥技术专项检查作业指导书	JSB/QEH/ZYD-3
7	岸桥安全专项检查作业指导书	JSB/QEH/ZYD-4
8	场桥月检作业指导书	JSB/QEH/ZYD-5
9	场桥抽检作业指导书	JSB/QEH/ZYD-6
10	场桥技术专项检查作业指导书	JSB/QEH/ZYD-7
11	场桥安全专项检查作业指导书	JSB/QEH/ZYD-8
12	吊具月检作业指导书	JSB/QEH/ZYD-9
13	吊具抽检作业指导书	JSB/QEH/ZYD-10
14	吊具技术专项检查作业指导书	JSB/QEH/ZYD-11
15	吊具安全专项检查作业指导书	JSB/QEH/ZYD-12
16	正面吊技术专项检查作业指导书	JSB/QEH/ZYD-16

续上表

序号	文件名称	文件编号
17	流机检查作业指导书	JSB/QEH/ZYD-17
18	无线设备巡检作业指导书	JSB/QEH/ZYD-20
19	风速仪、高杆灯远程控制系统安全专项检查作业指导书	JSB/QEH/ZYD-21
20	辅助设备安全专项检查作业指导书	JSB/QEH/ZYD-22
21	岸桥保养作业指导书	JSB/QEH/ZYD-23
22	场桥保养作业指导书	JSB/QEH/ZYD-24
23	吊具一级保养作业指导书	JSB/QEH/ZYD-25
24	吊具强制保养作业指导书	JSB/QEH/ZYD-26
25	辅助设备保养作业指导书	JSB/QEH/ZYD-28
26	岸桥计划修作业指导书	JSB/QEH/ZYD-29
27	岸桥项修作业指导书	JSB/QEH/ZYD-30
28	岸桥委外维修作业指导书	JSB/QEH/ZYD-31
29	场桥计划修作业指导书	JSB/QEH/ZYD-32
30	场桥项修作业指导书	JSB/QEH/ZYD-33
31	场桥委外维修作业指导书	JSB/QEH/ZYD-34
32	吊具计划修作业指导书	JSB/QEH/ZYD-35
33	吊具项修作业指导书	JSB/QEH/ZYD-36
34	吊具委外维修作业指导书	JSB/QEH/ZYD-37
35	吊具更换作业指导书	JSB/QEH/ZYD-38
36	流机、车辆维修保养作业指导书	JSB/QEH/ZYD-40
37	无线设备委外维修作业指导书	JSB/QEH/ZYD-41
38	辅助设备计划修作业指导书	JSB/QEH/ZYD-43
39	辅助设备零修作业指导书	JSB/QEH/ZYD-44
40	辅助设备委外维修作业指导书	JSB/QEH/ZYD-45
41	岸桥机损处理作业指导书	JSB/QEH/ZYD-46
42	场桥机损处理作业指导书	JSB/QEH/ZYD-47
43	吊具机损处理作业指导书	JSB/QEH/ZYD-48
44	流机(租赁)机损作业指导书	JSB/QEH/ZYD-49
45	流机(自有)机损作业指导书	JSB/QEH/ZYD-50
46	辅助设备机损处理作业指导书	JSB/QEH/ZYD-51
47	设备、设施故障处理作业指导书	JSB/QEH/ZYD-52
48	车辆检查作业指导书	JSB/QEH/ZYD-56
49	特种设备、计量设备定检作业指导书	JSB/QEH/ZYD-57
50	辅助设备巡检作业指导书	JSB/QEH/ZYD-58
51	设施年检作业指导书	JSB/QEH/ZYD-59
52	设施月度安全检查作业指导书	JSB/QEH/ZYD-60
53	设施巡检作业指导书	JSB/QEH/ZYD-61
54	设施专项检查作业指导书	JSB/QEH/ZYD-62
55	设施检测作业指导书	JSB/QEH/ZYD-63
56	设施计划维修保养作业指导书	JSB/QEH/ZYD-64

续上表

序号	文件名称	文件编号
57	设施零修作业指导书	JSB/QEH/ZYD-65
58	仓库巡检作业指导书	JSB/QEH/ZYD-66
59	工具材料库物资验收作业指导书	JSB/QEH/ZYD-67
60	工具材料库物资使用(借用)作业指导书	JSB/QEH/ZYD-68
61	工程技术部档案归档作业指导书	JSB/QEH/ZYD-70

(二)维修过程管理规范化

当前,港口设备的维修模式包括了全外包模式、部分外包模式和全内修模式。其中,全内修模式由于人员长期固定,人员安全管理较全外包模式容易管理。但是,随着设备部分机构、零部件种类增多,维修专业性也越来越强,港口内部维修人员以及无法满足需求,港口设备的维修模式向着外包模式发展已是必然。根据属地原则,公司外来人员仍需负管理责任。因此,对于委外人员在公司现场开展维保活动,更需加强管理、规范管理。

1. 委外维修流程规范化

在外修模式中,由于外部人员对码头现场的情况不熟悉,必须要制定一套规范的、标准化的工作流程,以确保人员和设备的安全。一般情况下,外修包括了服务采购、选择供应商方式(招投标或比价等)、合同签订(包括主合同、安全协议、环保协议等)、现场施工前安全及技术交底、现场施工监控、现场施工验收、付款等环节。从维修服务采购到付款,欧亚国际公司建立了一套标准化的流程并指导实施。在现场施工前安全及技术交底、现场施工、验收等环节,需要管理人员介入,确保维修施工达到相应的安全、技术、环保要求。这就是所谓的"三单"式管理,在派工前,通过信息化管理平台自动生成相关的派工单,同时现场监控可以引入视频监控提高管理效率(图1)。

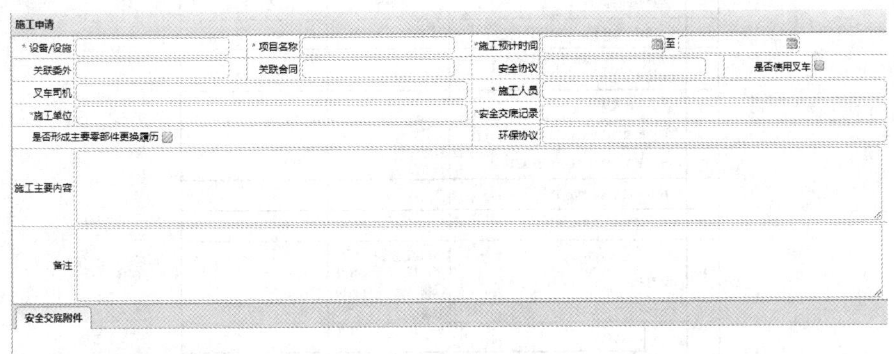

图1 委外维修施工单

2. 安全交底事项规范化

对于安全交底事项,根据常见的维修项目,总结出所需交底的事项,形成标准化的安全交底模板(图2)。派工时,可根据项目内容直接进行选择,避免了交底事项的遗漏。交底时,要求全体施工人员签字确认,并指定施工现场负责人,对施工现场安全、质量、环保工作负责。

3. 现场安全巡查规范化

规范现场安全巡查的内容,着重对动火作业、高空作业、受限空间作业、起重吊装作业、临时用电等特种作业项目的安全防范措施进行检查,对于现场实施的委外维修项目,每日安排专人进行检查并记录(图3)。

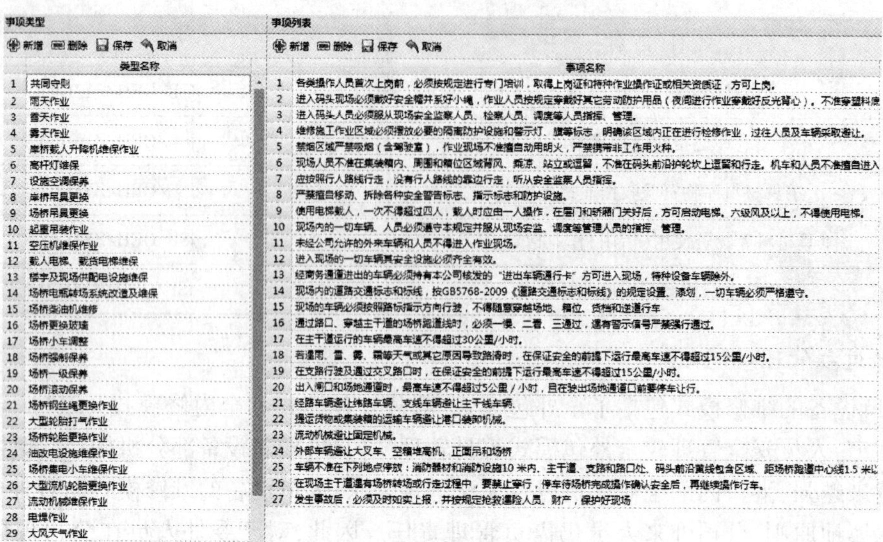

事项类型

新增　删除　保存　取消

	类型名称
1	共同守则
2	雨天作业
3	雪天作业
4	雾天作业
5	岸桥载人升降机维保作业
6	高杆灯维保
7	设施空调保养
8	岸桥吊具更换
9	场桥吊具更换
10	起重吊装作业
11	空压机维保作业
12	载人电梯、载货电梯维保
13	楼宇及现场供配电设施维保
14	场桥电瓶转场系统改造及维保
15	场桥柴油机维修
16	场桥更换玻璃
17	场桥小车调整
18	场桥强制保养
19	场桥一级保养
20	场桥滚动保养
21	场桥钢丝绳更换作业
22	大型轮胎打气作业
23	场桥轮胎更换作业
24	油改电设施维保作业
25	场桥集电小车维保作业
26	大型流机轮胎更换作业
27	流动机械维保作业
28	电焊作业
29	大风天气作业

事项列表

新增　删除　保存　取消

	事项名称
1	各类操作人员首次上岗前，必须按规定进行专门培训，取得上岗证和特种作业操作证或相关资质证，方可上岗。
2	进入码头现场必须戴好安全帽并系好小绳，作业人员按规定穿戴好其它劳动防护用品（夜间进行作业穿戴好反光背心）。不准穿塑料底
3	进入码头人员必须服从现场安全监察人员、检察人员、调度等人员指挥、管理。
4	维修施工作业区域必须摆放必要的隔离防护设施和警示灯、旗等标志，明确该区域内正在进行检修作业，过往人员及车辆采取避让。
5	禁烟区域严禁吸烟（含鞠驶室），作业现场不准擅自动用明火，严禁携带非工作用火种。
6	现场人员不准在集装箱内、周围和箱位区域背风、乘凉、站立或逗留，不准在码头前沿护轮坎上逗留和行走。机车和人员不准擅自进入
7	应按照行人路线行走，没有行人路线的靠边行走，听从安全监察人员指挥。
8	严禁擅自移动、拆除各种安全警告标志、指示标志和防护设施。
9	使用电梯载人，一次不得超过四人，载人时应由一人操作，在层门和轿厢门关好后，方可启动电梯。六级风及以上，不得使用电梯。
10	现场内的一切车辆、人员必须遵守本规定并服从现场安监、调度等管理人员的指挥、管理。
11	未经公司允许的外来车辆和人员不得进入作业现场。
12	进入现场的一切车辆其安全设施必须齐全有效。
13	经商务通道进出的车辆必须持有本公司核发的“进出车辆通行卡”方可进入现场，特种设备车辆除外。
14	现场内的道路交通标志和标线，按GB5768-2009《道路交通标志和标线》的规定设置、漆划，一切车辆必须严格遵守。
15	现场的车辆必须按照路标指示方向行驶，不得随意穿越场地、箱位、货档和逆道行车
16	通过路口、穿越主干道的场桥跑道线时，必须一慢、二看、三通过，遇有警示信号严禁强行通过。
17	在主干道运行的车辆最高车速不得超过30公里/小时。
18	若遇雨、雪、雾、霜等天气或其它原因导致路滑时，在保证安全的前提下运行最高车速不得超过15公里/小时。
19	在支路行驶及通过交叉路口时，在保证安全的前提下运行最高车速不得超过15公里/小时。
20	出入闸口和场地通道时，最高车速不得超过5公里 / 小时，且在驶出场地通道口前要停车让行。
21	经路车辆避让纬路车辆、支线车辆避让主干线车辆、
22	提运货物或集装箱的运输车辆避让港口装卸机械。
23	流动机械避让固定机械。
24	外部车辆避让大叉车、空箱堆高机、正面吊和场桥
25	车辆不准在下列地点停放：消防器材和消防设施10 米内、主干道、支路和路口处、码头前沿黄线包含区域、距场桥跑道中心线1.5 米以
26	在现场主干道遇有场桥转场或行走过程中，要禁止穿行，停车待场桥完成操作确认安全后，再继续操作行车。
27	发生事故后，必须及时如实上报，并按规定抢救遇险人员、财产，保护好现场

图2　安全交底模板

工程技术部现场安全巡查记录

项目名称：________________　巡查日期：________

施工单位：________________　巡查人：________

序	巡查主要内容	巡查结果	整改结果日期	整改人
1	工作人员劳保用品穿戴情况			
2	施工区围挡情况			
3	消防设施			
4	高空作业的防护			
5	施工现场环境维护、垃圾清理			
6	地下管网、电气闸箱及电线敷设等安全规定落实情况			
7	现场人员持证情况			
8	使用中的电焊机及电动工具检查情况			
9	吊装作业现场检查与安全防护情况			
10	现场临时用电规范情况			
11	受限空间作业各类防护情况			
12	有无明火作业	无，在□划“×”；有，划“√”，并填写下方“明火作业巡查要求”。		
明火作业巡查要求	办理动火证			
	动火区域隔离			
	配备完整有效灭火器具			
	氧气瓶与乙炔气瓶间距 大于5米			
	动火作业地点与瓶体间距大于10米			
	遇高温、风天气防范措施			
	其他注意事项			

说明：“巡查结果”需要整改的，必须填写整改结果。

图3　现场安全巡查记录

4. 推广实行“SOP”工作法

SOP，即为Standard Operating Procedure三个单词中首字母的大写，指标准作业程序，将某一事件的标准操作步骤和要求以统一的格式描述出来，用于指导和规范日常的工作。公司针对现场日常工作，梳理工作流程及风险点，制定了相应的作业指导书（图4）。

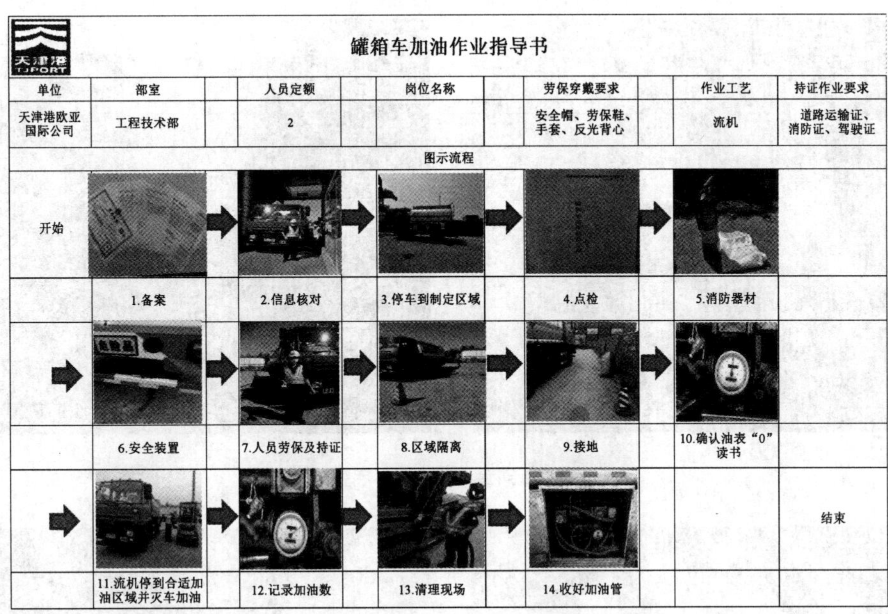

罐箱车加油作业指导书

单位	部室	人员定额	岗位名称	劳保穿戴要求	作业工艺	持证作业要求
天津港欧亚国际公司	工程技术部	2		安全帽、劳保鞋、手套、反光背心	流机	道路运输证、消防证、驾驶证

图示流程

开始						
	1.备案	2.信息核对	3.停车到制定区域	4.点检	5.消防器材	
	6.安全装置	7.人员劳保及持证	8.区域隔离	9.接地	10.确认油表“0”读书	
						结束
	11.流机停到合适加油区域并灭车加油	12.记录加油数	13.清理现场	14.收好加油管		

图4 SOP作业指导书样例

(三)设备安全标志标准化

为进一步规范港口设备现场管理目视化、标准化的要求，公司按照《安全色》(GB 2893—2008)、《安全标志及其使用导则》(GB 2894—2008)、《起重机安全标志和危险图形符号总则》(GB 15052—2010)、《消防安全标志》(GB 13495—2015)等标准，在设备上、维修区域、停机区域设置了相应的安全色、安全标志、安全风险提示、隔离护栏、安全操作规程等，以提高人员的防范能力，减少或避免事故的发生。

1. 安全色

①安全色是指传递安全信息的红、黄、蓝、绿四种颜色。红色传递禁止、停止、危险或提示消防防备、设施的信息；黄色传递注意、警告的信息；蓝色传递必须遵守规定的指令性信息；绿色传递安全的提示性信息。

②为使安全色更加醒目，可与黑、白两种对比色搭配使用，其中红白相间条纹表示禁止或提示消防设备、设施位置的安全标记；黄黑相间条纹表示危险位置的安全标记。

③安全色与对比色相间的条纹宽度应相等，即各占50%，斜度与基准面成45度，宽度一般为10厘米，但可根据实际情况采取不同的宽度，在较小的面积上适当缩小宽度，每种颜色不能少于两条。

④安全色在岸桥上的应用：红色应用于各种禁止标志、消防设备标志、机械的停止按钮等；黄色应用于各种警告标志、标线等；蓝色应用于各种指令标志等；绿色应用于各种提示标志、机械启动按钮、安全通道、疏散通道等；黄黑条纹应用于提醒注意地面凸起物、空中易碰撞处、吊钩、护栏、孔洞、危险区域、扶梯踏步上下沿等。

安全色在实际应用中的示例如图5～图7所示。

2. 安全标志

(1)安全标志的种类

禁止标志：禁止人们不安全行为的图形标志。禁止标志的几何图形是带斜杠的圆环，其中圆环与斜杠相连，用红色表示；图形符号用黑色，背景用白色表示。

警告标志：提醒人们对周围环境引起注意，以避免可能发生危险的图形标志。警告标志的几何图形是黑色的正三角形、黑色符号和黄色背景。

指令标志：强制人们必须做出某种动作或采取防范措施的图形标志。指令标志的几何图形是圆形，为蓝色背景，使用白色图形符号。

图5　安全通道中的标志色

图6　地面凸起物中的标志色

图7　大型车辆防撞护栏中的标志色

提示标志:向人们提供某种信息(如标明安全设施或场所等)的图形标志。提示标志的几何图形是方形,使用绿、红色背景,白色图形符号及文字。

文字辅助标志:是对前述四种标志的补充说明,以防误解。用于禁止标志的为红底白字,用于警告标志的为黄底黑字,用于指令标志的为蓝底白字。文字辅助标志中的文字字体均为黑体。

几种常见的安全标志如图8所示。

图8　安全标志

(2)安全标志牌的设置规则

多个标志牌在一起设置时,应按警告、禁止、指令、提示类型的顺序,先左后右、先上后下地排列。标志牌设置的高度,应尽量与人眼的视线高度相一致。局部信息标志的设置高度应视具体情况确定。标志牌的平面与视线夹角应接近90度,观察者位于最大观察距离时,最小夹角不小于75度。标志牌应设在与安全有关的醒目地方,并使大家看见后,有足够的时间来注意它所表示的内容。环境信息标志宜设在有关场所的入口处和醒目处;局部信息标志应设在所涉及的相应危险地点或设备(部件)附近的醒目处。标志牌应设置在明亮的环境中。对于那些所显示的信息已经无用的安全标志,应立即由设置处卸下,这样做对于警示特殊的临时性危险的标志尤其重要,否则会导致观察者对其他有用标志产生忽视与干扰。已安装好的标志不应被任意移动,除非位置的变化有益于标志的警示作用。标志牌不应设在门、窗、架等可移动的物体上,以免这些物体位置移动后,看不见安全标志。标志牌前不得放置妨碍认读的障碍物。

(3)安全标志牌的尺寸、材质及安装固定

安全标志牌的宽度和高度一般按3:4(或4:3)的比例设置,常用尺寸有600毫米×800毫米、450毫米×600毫米、300毫米×400毫米、150毫米×200毫米等。如采用300毫米×400毫米尺寸,安全标志图标大小为240毫米,其他按比例缩放。安全标志牌应采用坚固耐用的材料制作,户外打孔固定的推荐采用1毫米厚304不锈钢材质,粘贴固定的材料推荐采用1毫米厚铝合金材质。安全标志应被牢固地安装,栏杆处宜采用卡箍或不锈钢拉铆钉固定,墙面及钢结构表面可采用不锈钢拉铆钉或粘贴方式固定。户外安全标志牌推荐采用蚀刻烤漆的表面处理工艺,以延长使用寿命。

(4)岸桥安全标志牌的设置

岸桥大车部位设置"当心落物""当心车辆""禁止烟火""必须戴安全帽"等安全标志牌。驾驶室内部应设置"当心触电""禁止吸烟""必须按规程操作""严格执行检查"等安全标志牌。机房内部应设置"当心触电""禁止吸烟""必须按规程操作""严格执行检查""注意安全""当心滑倒""当心自动启动""当心机械伤人"等安全标志牌。

岸桥安全标志牌的设置如图9~图12所示。

图9　大车部位安全标志牌

图10　驾驶室安全标志牌

图11　机房内安全标志牌

图12　机房外安全标志牌

(5)岸桥其他标志牌的设置

在岸桥高压检修操作、天车操作、俯仰手动操作、使用旁路开关操作等安全风险较高的操作点位应设置相应安全操作提示牌,提示的内容应简化、流程化,具有针对性。岸桥高压滑环箱处应设置“岸桥高压滑环箱检修操作规程”提示牌。岸桥机房高压柜处应设置“岸桥主辅变高压柜跳闸处理流程”提示牌。岸桥机房天车处应设置“岸桥机房天车操作规程”提示牌。岸桥俯仰室应设置“岸桥俯仰机构手动操作流程”提示牌。岸桥驾驶室、电气室、大型车辆地面操作站等部位设置了若干旁路开关,这些旁路开关仅在特殊操作时使用,且使用时将丧失某些保护功能,因此应谨慎使用。在这些旁路开关的附近,还应设置相应的使用方法提示牌。应在岸桥上机显著位置设置全车的灭火器(图13)、紧急停止按钮布置图。应在岸桥升降机内外设置安全操作规程(图14)、使用注意事项、紧急联系电话、紧急出口等安全使用提示。

3.隔离护栏

(1)隔离护栏的技术要求

在机房卷筒、高压区域等部位应设置隔离护栏,防止人员误入。隔离护栏应参照《固定式钢梯及平台安全要求　第3部分:工业防护栏杆及钢平台》(GB 4053.3—2016)中的材料、尺寸和结构要求设置。

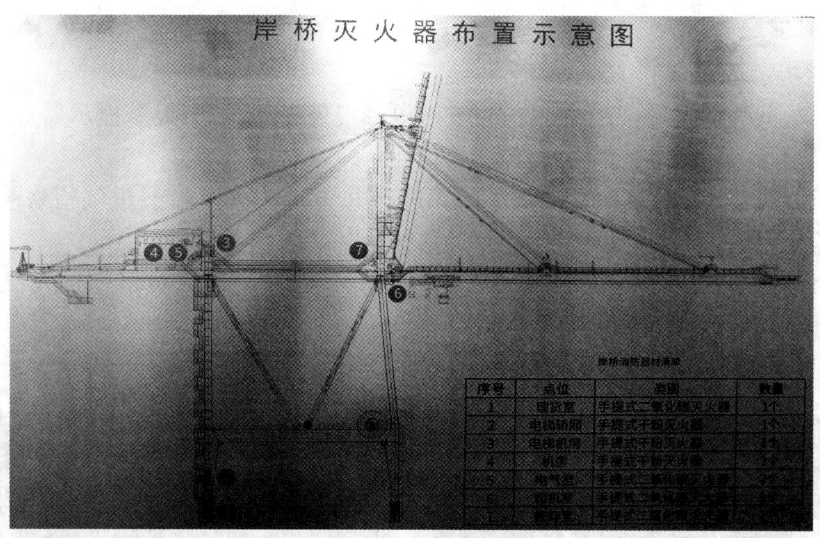

图13　灭火器布置图

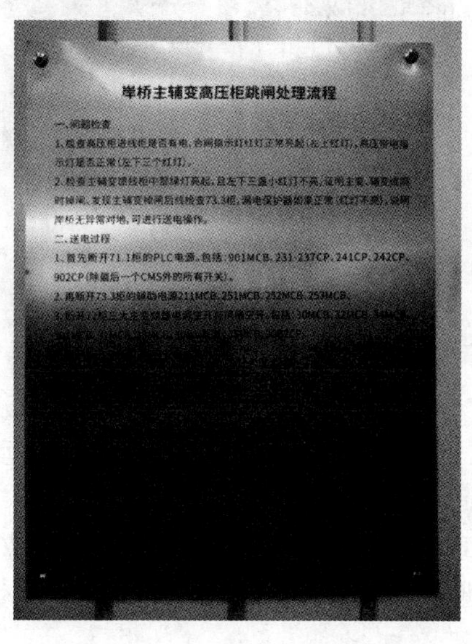

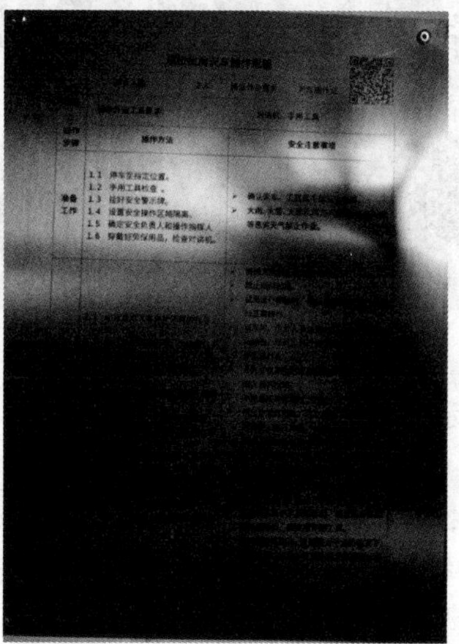

图14　安全操作规程

(2)岸桥隔离护栏的设置

隔离护栏方面，应在机房高压系统、大型车辆电缆卷盘部位设置隔离护栏，防止人员误入(图15、图16)。

图15　高压柜区域隔离护栏的设置

图16　高压卷盘滑环箱隔离护栏的设置

4. 多媒体器材的应用

(1)语音报警提示器的应用

在上机斜梯口、电气室门口、高压柜前方可安装语音报警提示器,当报警提示器红外探头感应到人员接近时,播报提前录好的相应提示内容,提醒人员注意。

电气室门口语音报警提示内容可参考设置为"进出电气室请随手关门;电气检修前先断电,悬挂停电维修警示牌,检修完毕送电前沟通确认,保持通信畅通"。

高压柜前方语音报警提示内容可参考设置为"高压区域,非授权人员请勿进入;检修人员持证上岗,保持通信畅通,严格遵守安全操作规程"。

语音报警装置如图17所示。

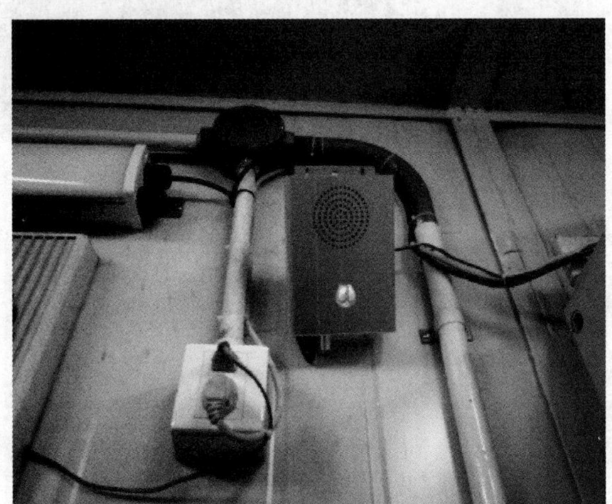

图17　语音报警装置

(2)LED显示屏的应用

上机斜梯口可安装LED(Light Emitted Diode,发光二极管)显示屏(图18),通过手动切换"作业/停机维保"显示状态。

可在大型车辆陆侧下横梁适当位置处安装云管理智能显示屏,用以显示文字、图像、视频信息。信息可多屏滚动播放,及通过云平台远程自动更新时间、天气、安全提示等显示内容或手动更新相关内容(图19)。

图18　机车状态LED显示屏

图19　云管理智能显示屏

(四)设备安全装置管理专业化

随着港口设备大型化、复杂化的发展,设备配置的安全装置也较多,比如:防风装置、紧停装置、制动器、缓冲器、保护限位、行程限位等。如何将安全装置纳入设备整体的标准化管理中呢？针对设备配置的安全装置,应结合设备危险源辨识结果,对于应发生危险的机构、零部件制定专项技术措施,定期开展设备的安全隐患排查，确保设备正常运行。

岸桥安全装置检查表见表2。

岸桥安全装置检查表 表2

岸桥专项检查表（安全装置） JSB/QEH/ZYD-4-JL2

设备编号： 检查日期：

检查人员： 队站长验收：

安全注意事项：上机抓稳扶牢，选择安全站位，防止运动部件伤害					
类别	项目	方法	标准	检查情况	备注
紧停装置	紧停按钮	测试	各紧停开关齐全、有效		
凸轮限位及编码器	起升机构	检查测试	硬件和软件减速、停止位置准确		
	小车机构	检查测试			
	俯仰机构	检查测试			
制动器	起升机构	检查测试	齐全完好，工作正常，制动可靠		
	小车机构	检查测试			
	俯仰机构	检查测试			
	大车机构	检查测试			
缓冲器	小车缓冲器及止挡	检查	齐全完好		
	俯仰及安全钩缓冲器	检查			
	大车缓冲器及止挡	检查			
保护限位	上架连接销及限位	检查	齐全完好，工作可靠		
	小车通道门限位	检查测试			
行程限位	起升机构	检查测试	齐全完好，工作可靠		
	小车机构	检查测试			
	俯仰机构	检查测试			
	大车机构	检查测试			
防风装置	夹轮器	目检	齐全完好，工作可靠		
	锚定装置	目检			
	大车铁楔	目检			
	防风拉索	目检			
其他	大车声光报警灯	检查测试	四个灯，声、光报警正常		

（五）隐患排查治理清单化

欧亚国际公司配置65吨-66米岸桥11台，电缆卷盘式轮胎场桥33台，在推进设备安全管理标准化建设过程中，坚持用策划、实施、检查、改进的PDCA闭环管理思路，积极地探索和实践，构建了设备风险分级管控和隐患排查治理“双控体系”，形成了设备安全管理标准化基本框架。

公司坚持预防为主，进行危险源辨识、风险评价和风险控制的策划，建立具体的管理方案，有效地实施过程控制，对可能出现的各种安全和装卸服务质量事故以及安全质量隐患进行提前预控、事前管理，进而防止安全、质量事故或事件的发生。公司全面系统地识别、评价和控制职业安全健康方面的风险，推行安全标准化管理，建立安全生产长效机制。坚持安全优先原则，加大安全投入积极采用先进的安全生产技术，制定有效的应急措施。坚持对危险源、危险部位进行系统全面检查，及时整改隐患，杜绝违章作业，防止各类事故的发生。

危险源辨识、风险评价和控制措施的确定是体系建立和运行中的一项基础性工作，要求全员参与并持续不断地进行。危险源辨识、风险评价和控制措施范围一定要充分，要覆盖体系的所有部门、活动场所、所有人员、所有设施及源于组织外部对其产生不利影响的危险源和在工作场所附近,由组织控制下的工作相关活动所产生的危险源,同时还要考虑在职业健康安全方面应遵守的法律法规要求。

危险源辨识、风险评价和控制措施策划要根据风险范围、性质和时限性主动进行,要考虑过去、现在和将来三种时态及正常、异常和紧急三种状态,同时考虑人的不安全行为因素、物的不安全状态因素、环境因素、管理因素等方面。风险评价时要规定风险级别,以便于分级控制,确定公司可接受及不可接受的风险,必要时将不可接受风险纳入目标管理和管理方案进行消除或控制。

在确定风险的控制措施或考虑变更现有的控制措施时,要从根本上消除危险源、考虑替代措施、设立防护措施、进行区域安全管制和配置劳动保护用品方面进行考虑,以降低风险。

危险源辨识、风险评价和控制措施策划要考虑公司技术、资金状况和以往管理经验,危险源辨识、风险评价和控制措施结果要作为确定培训需求、提供职业健康安全设施和运行控制的依据。对危险源辨识、风险评价和控制措施策划进行监视,以确保及时有效地进行。

危险源识别范围应包括:常规活动和非常规活动;所有进入工作场所的所有人员(包括第三方人员)的活动;人的行为、能力和其他人的因素;已识别的源于工作场所外,能够对工作场所内组织控制下的人员的健康安全产生不利影响的危险源;在工作场所附近,由组织控制下的工作相关活动所产生的危险源;由本组织或外界所提供的工作场所的基础设施、设备和材料;组织及其活动、材料的变更;职业健康安全管理要求的变更(包括临时性变更)及其对运行和活动的影响;对工作区域、过程、装置、机器和(或)设备、操作程序和工作组织的设计,包括其对人的能力的适应性。

风险评价时,主要依据《重点危险源评价标准》进行打分评价。辅助性的依据可采用是非判断法(国际公约、法律法规、标准规范中有要求的;如果控制不善容易造成职业病、人员伤害的)来确定危险源等级。在最终《危险源控制清单》汇总评价时,再进行适应性调整。

重点危险源评价标准如下:

$$D = L \times E \times C \tag{1}$$

式中:D——风险等级;

L——发生事故的可能性大小;

E——人体暴露于危险环境的频繁程度;

C——一旦发生事故会造成的损失后果。

重点危险源的确定:①不符合法律、法规的情况视为重点危险源;②风险等级 $D>25$ 时为重点危险源;$D\leqslant 25$ 时为一般危险源;③曾经发生过事故仍未采取有效控制措施;④相关方有关合理未达标要求;⑤直接观察到可能导致事故的危险。

设备风险主要包括了设备本身的风险和在设备管理过程中出现的"维修""保养""检查"等一系列活动产生的风险。通过科学的方法进行风险识别,识别现场设备以及管理活动中存在的危险源,按照LSR评价法(风险等级评价法)对危险源进行评价,根据最终的评价结果制订相应的控制措施,确保将危害影响降至最低。以岸桥为例,共识别出岸桥维保过程中的危险源133项,并分别制订了预防措施。岸桥危险源识别评价表(部分)见表3。

岸桥危险源识别评价表(部分)　　表3

序号	区域	作业活动	危害因素	事故类型	描述	危险源类型	可能导致的结果	风险评估					现有控制措施
								评价			风险等级	颜色标识	
								L	S	R			
1	岸桥	高压保养	人的不安全行为	触电伤害	打开滑环箱,未使用高压验电器效验确认并封挂好接地线,导致触电或感应电伤	行为因素	人身伤害	3	3	9	一般	黄	①使用合格的验电设备进行验电。②确认无电后,再封挂地线。③《电气技工安全操作规程》第13条

续上表

序号	区域	作业活动	危害因素	事故类型	描述	危险源类型	可能导致的结果	风险评估					现有控制措施
								评价			风险等级	颜色标识	
								L	S	R			
2	岸桥	高压保养	物的不安全状态	触电伤害	未检查高压绝缘靴、高压手套、高压验电器、接地线安全有效性，导致人员触电	物理因素	人身伤害	2	2	4	一般	黄	①负责人作业前检查劳保用品。 ②对人员进行安全交底。 ③《电气技工安全操作规程》第11.7条
3	岸桥	高压保养	人的不安全行为	触电伤害	未合格穿戴劳保用品，导致感应电伤	行为因素	人身伤害	2	2	4	一般	黄	①开工前安全交底。 ②负责人过程中检查劳动防护用品穿戴。 ③《电气技工安全操作规程》第2.5条
4	岸桥	高压保养	管理缺陷	触电伤害	未设立安全操作指挥人，导致停送电过程中，人员触电	行为因素	人身伤害	3	3	9	一般	黄	设置专门停送电协调人员

对设备安全隐患进行排查不仅是设备管理人员的职责，更是设备驾驶员、维修人员等涉及设备安全使用的所有人员的职责。因此，设备的隐患排查，应从公司角度出发，按照公司安全生产责任制，结合岗位职责，定制隐患排查治理清单，要实现识别出的危险源全覆盖，并且网格化、清单化。对于设备维修人员，还应从专业角度对设备定期开展隐患排查。以场桥为例，隐患清单内容应包括各个主要的零部件，结合设备管理信息化系统，定期自动生成隐患排查任务，并对结果进行跟踪、统计、分析。

场桥隐患排查单见表4。

场桥隐患排查单 表4

序号	设备	功能部分	子功能部分	部件	检查内容、标准、方法	违反标准产生的风险	隐患等级（集团公司级/公司级）	建议排查频次				检查结果
					①检查内容：从设备危险源辨识信息中，查找通过现场检查可以发现的、可能导致事故的物的不安全状态（现场检查发现后，可以整改的）。 ②检查标准：针对检查内容，要尽可能形成具体量化的检查标准。 ③检查方法：听、看、触、嗅			隐患排查频次取决于以下因素： ①部件出现故障对事故发生的作用程度大小。 ②部件故障率大小。 ③部件故障导致事故后果的严重程度				
								日检	周检	月检	其他	
1	场桥（61t双箱）	起升机构	驱动装置	起升电机	①电机表面是否有异常温升（烫手感觉）、异常声响、电机地脚螺丝无松动。	电机烧毁、发生触电事故	公司级	√				
					②端子紧固、无毛刺、缺相（根据变频器故障显示，三相是否平衡、是否对地通过万用表检查、扳手紧固检查）。				√			
					③通过加油嘴查看内部润滑情况。					√		
					④电机风扇运转、风机电动机有无异响（一般有较大的金属摩擦声音，有可能是电动机轴承损坏）；风扇护罩无松脱、固定螺丝连接紧固、无缺；风机滤网积灰状况。			√				
					⑤电机接地连接线是否紧固				√			

续上表

序号	设备	功能部分	子功能部分	部件	检查内容、标准、方法	违反标准产生的风险	隐患等级(集团公司级/公司级)	建议排查频次				检查结果
					①检查内容:从设备危险源辨识信息中,查找通过现场检查可以发现的、可能导致事故的物的不安全状态(现场检查发现后,可以整改的)。 ②检查标准:针对检查内容,要尽可能形成具体量化的检查标准。 ③检查方法:听、看、触、嗅			隐患排查频次取决于以下因素: ①部件出现故障对事故发生的作用程度大小。 ②部件故障率大小。 ③部件故障导致事故后果的严重程度				
								日检	周检	月检	其他	
2	场桥(61t双箱)	起升机构	驱动装置	起升制动器(液力推杆)	①制动器底座无裂纹,固定螺栓、螺母无松动(敲试观察)。	卷扬总制动力矩减小,可能无法抱死闸,严重时候导致摔箱事故	集团公司	√				
					②打开接线箱盒查看内部是否有油液(如果有,可能是油缸内漏,需要进一步检查);查看油缸外围是否有油液,判断是否出现外漏状况。			√				
					③液力推杆试动作检查有无动作,液力推杆无动作时候,万用表检测相应电路的短路、断路状况。				√			
					④制动器有异常声响;制动盘表面温升异常(烫手),制动盘表面是否有异常损伤(特别是细小裂纹),油是否附壁,制动盘磨损低于原厚度的4%(《场桥使用说明书及维护手册(机械部分)》),表面凹凸平面度小于1.5毫米(1~2毫米进行刨平)。				√			
					⑤通过检视口查看弹簧的排布状况,判断是否存在弹力不足、塑形变形的情形。				√			
					⑥检查制动片是否完全贴合制动盘,制动器间隙是否在正常范围(0.75~1毫米)(塞尺测量)。				√			
					⑦目测,制动片是否出现偏磨以及磨损是否达到原尺寸的1/3或磨损到离定位螺钉1毫米止。					√		
					⑧调整制动器间隙在0.75~1毫米之间,弹簧力矩调整在其总行程的60%~80%(通过弹簧刻度查看调整),通过检视口观察弹簧排布、断裂、变形状况。					√		
					⑨检查轴磨损状况、销轴是否出现卡滞(轴及轴孔直径磨损达到原厚度5%,应更换或重新钻孔,若磨损过大可焊补平后重新钻孔、配销轴)。				√			
					⑩特种设备监督检验所定期(2年)对场桥整体进行一次法定检验,并出具《桥(门)式起重机定期检验报告》,其中包括有对制动器的检测						2年	

(六)大型机械防风标准化

大型机械防风工作是港口设备安全重点工作之一。欧亚国际公司始终将大型机械防风工作放在设备安全管理的首要位置,通过加强队伍培训培养、提升维护保养质量和标准,设备防风能力定期测试、突发天气防风实操和日常应急演练等一系列措施,持续完善大型机械防风制度和流程、细化责任分工、强化责任落实,保证防风装置齐全有效、防风措施落实到位,应急响应准确快速。

1. 完善防风应急制度和流程

大型机械防风管理制度有《大型机械防风管理规定》《大型机械防风应急预案》,形成了大型机械防风工作职责、应急响应责任清单、大机防风标准、应急响应流程等。

大型机械防风流程包括预警信息传递流程(图20)、应急指令发布流程(图21)、应急培训和演练流程(图22)、应急信息传递流程(图23)和现场操作流程(图24)。

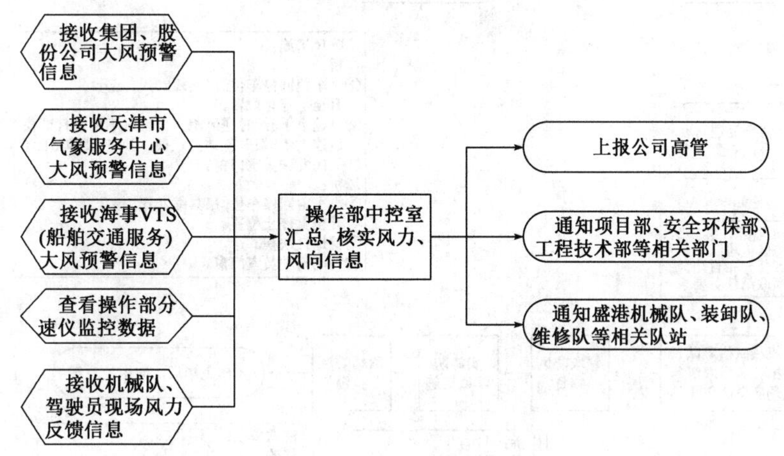

图20 大型机械防风预警信息传递流程

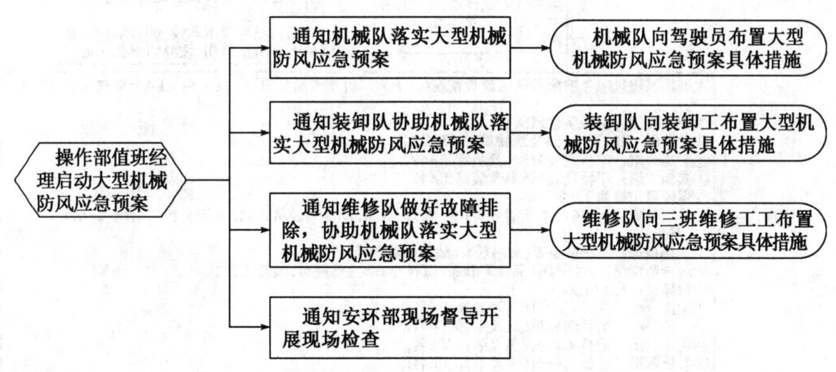

图21 大型机械防风应急指令发布流程

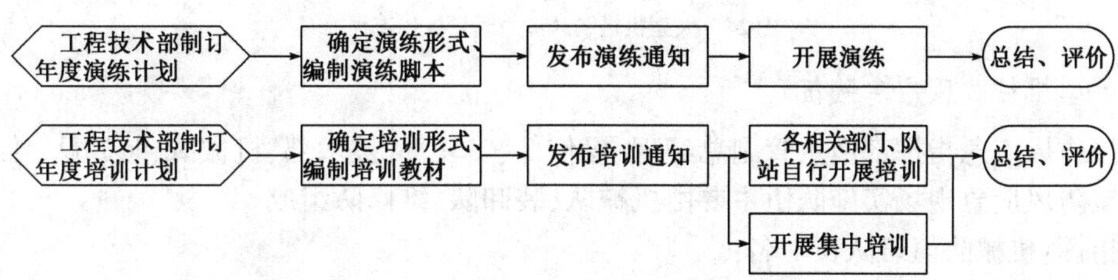

图22 大型机械防风应急培训和演练流程

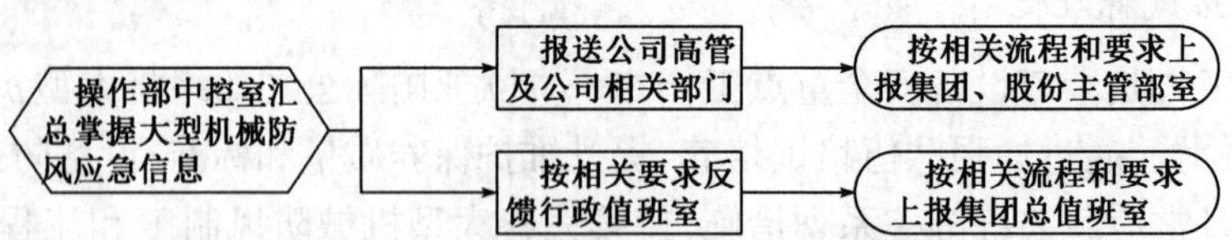

图23　大型机械防风应急信息传递流程

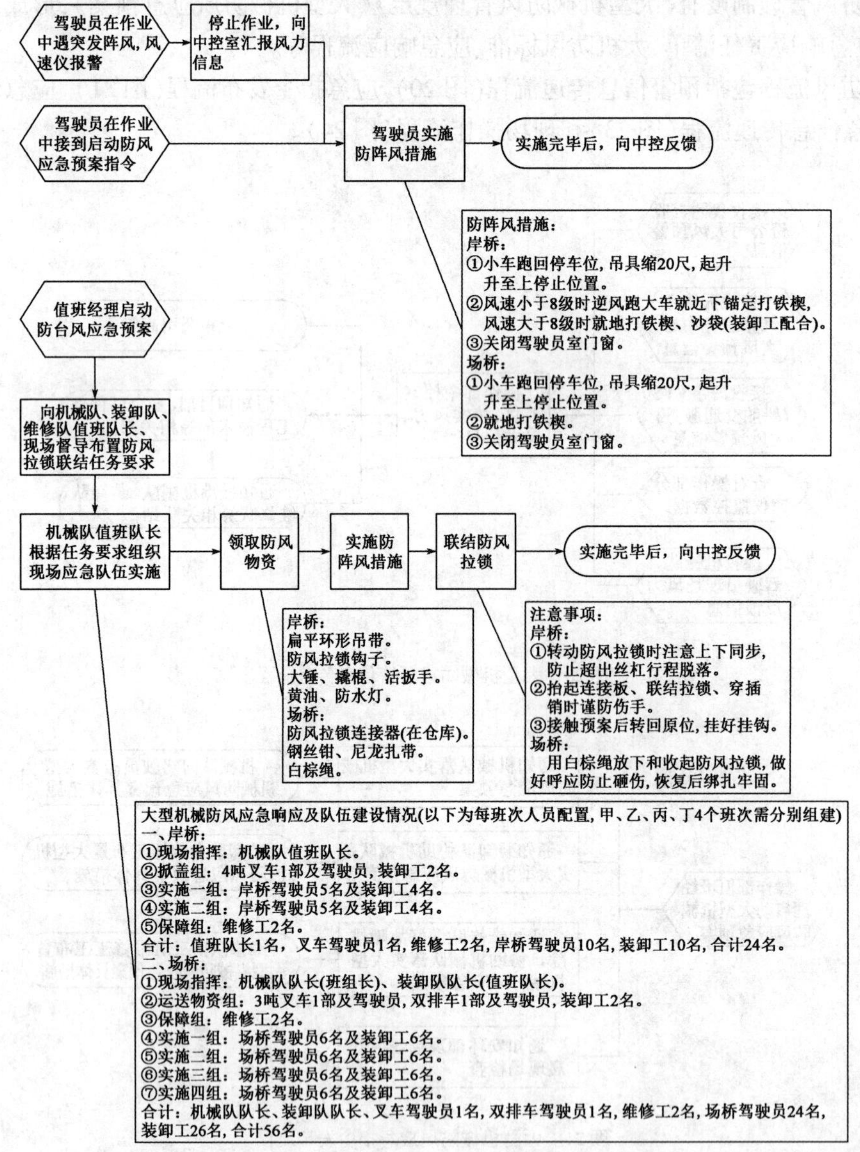

图24　大型机械防风应急现场操作流程

2. 组建大型机械防风应急队伍

大型机械防风应急指挥部由主管副总经理、操作部、安环部、技术部、机械队、装卸队、维修队组成。大型机械防风应急现场实施队伍主要由机械队、装卸队、维修队组成。

①现场指挥:机械队值班队长1名;

②掀盖组:3吨叉车1部及驾驶员1名,装卸工2名,负责打开防风拉索坑盖板;

③实施一组:岸桥驾驶员5名及装卸工4名,将岸桥停放至防风拉索位,连接防风拉索;

④实施二组:岸桥驾驶员 5 名及装卸工 4 名,将岸桥停放至防风拉索位,连接防风拉索;

⑤保障组:维修工 2 名,维修保障。

合计:值班队长 1 名,叉车驾驶员 1 名,维修工 2 名,岸桥驾驶员 10 名,装卸工 10 名,合计 24 名。

针对大型机械防风应急教育和培训,制订了公司、队站、班组三级培训体系,包括每年 4 月的全员培训和日常专项培训,主要宣贯上级及公司大型机械防风相关标准规范、规章制度、管理要求、操作流程等;大风多发季节,各班组在交接班时针对大型机械防风工作进行专门布置,明确当班应急响应队伍,提醒落实防风措施。为加强培训效果,今年还编制了 SOP 作业指导书(图 25),指导现场操作人员安全快速完成防风拉索连接工作。

岸桥防风拉索连接作业指导书							
单位	部室	人员定额	岗位名称	劳保穿戴要求	作业工艺	使用工具设备	持证作业要求
天津港欧亚国际公司	工程技术部	3	岸桥驾驶员、装卸工	安全帽、劳保鞋、手套、反光背心	岸桥防风拉索连接	防风拉索钩子	无
图示流程							
开始	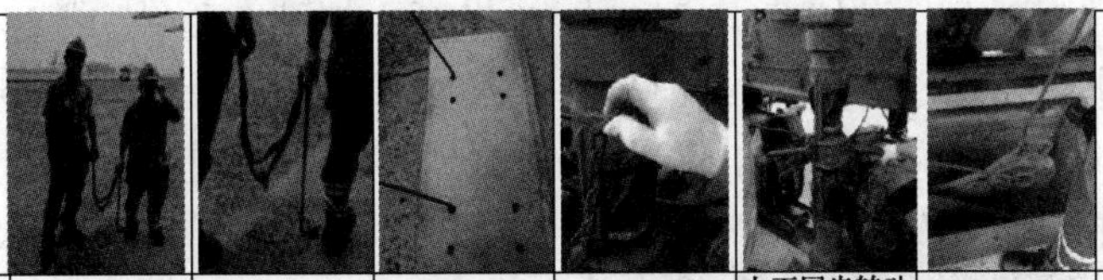						
	规范穿戴好劳保用品	领取防风拉索钩子	打开防风拉索坑盖板	摘掉防坠链	上下同步转动防风拉索手柄向下放(防止掉落)	拉起防风拉索耳板	
	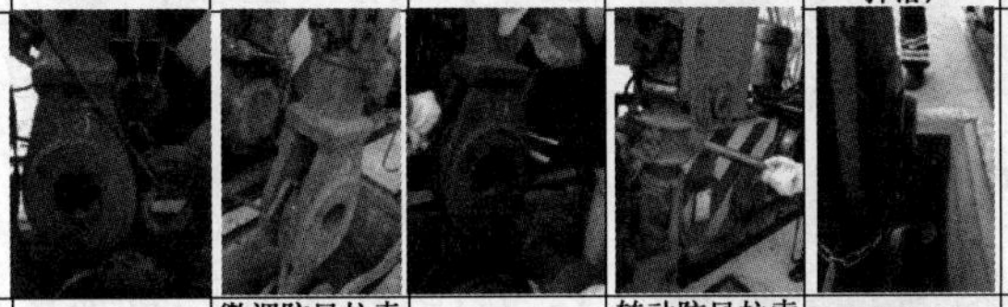					结束	
	对接耳板	微调防风拉索手柄对齐销孔	插入销轴	转动防风拉索手柄收紧	卡主插销		

图 25　岸桥防风拉索连接作业指导书

3. 规范防风装置的维护保养

大型机械防风专项检查:防风装置列为驾驶员交接班检查、设备周检和月检项目;每季度组织防风装置专项检查和突发异常天气前的专项检查等。

防风装置的维护保养:每月开展例行的防风装置专项检查;每年上半年和下半年分别进行走行机构和俯仰机构的润滑保养、制动器和夹轮器的检查调整、限位和应急装置的测试、防风拉索坑预埋件润滑和防腐等防风装置的综合维护保养工作。

风速仪日常检查和定期检测:将风速仪纳入设备安全装置管理,列入驾驶员交接班检查项目;按期进行风速仪检测,定期委托风速仪鉴定单位进行性能鉴定,取得鉴定合格证书,确保风速仪计量准确、合法合规。

4. 大型机械防风应急演练和拉力测试

每年 5 月和 10 月,组织大型机械防风现场实操应急演练,确保应急人员全覆盖;适时组织预警天气大型机械防风现场实操演练;严格执行演练总结,持续提升改进,从而不断提升应急队伍意识和操作技能,强化人员操作配合和现场应急处置能力。

收到预警信息后,实现 5 分钟内完成预警信息传递和应急指令发布、10 分钟内防风应急队伍到达现场、30 分钟内完成大型设备现场防风操作(岸桥)。

每年 4 月,开展岸桥的大型机械防风拉力测试(图 26),检验不同防风装置能力和整机防风能力,检验是否能够满足设备工作状态和应急状态的要求。

岸桥大型机械防风应急演练如图 27 所示。

图 26　岸桥大型机械防风拉力测试

图 27　岸桥大型机械防风应急演练

5. 突发阵风或预警天气大型机械防风应急措施

当设备风速仪出现 13.8 米/秒(持续 10 秒)或 17 米/秒(持续 5 秒钟)或 20 米/秒(瞬时风速)报警时,驾驶员要迅速停止作业,上报报警信息,并采取相应的防风措施。调度部门应立即了解周边风速信息,组织开展防风装置的检查和应急准备工作;根据周边风速信息和现场风力情况,适时下达停工指令,并按照风力情况启动响应级别的防风应急响应。

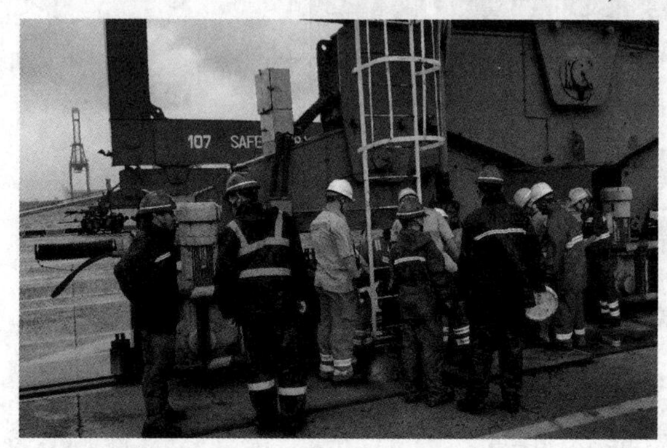
图 28　岸桥大型机械防风应急预案实施

收到预警信息后,应立即组织大型机械防风装置专项检查和应急准备工作;大风黄色及以下预警时,待机设备停放在锚定位,确保设备防滑移装置处于有效状态,现场风力达到停机标准应立即停止作业,并启动防风应急预案;大风橙色预警时,待机设备停放在锚定位,确保设备防滑移装置和防倾覆装置处于有效状态,现场风力达到停机标准应立即停止作业,并启动防风应急预案;大风红色预警时,应立即停止作业,并启动防风应急预案(图 28)。

(七)大型机械灭火系统自动化

欧亚国际公司岸桥、场桥以前使用的火灾报警装置为传统的“声光报警 + 灭火器”,电气房无人值守,单个电气柜发生火灾不能及时处理控制火情,因而会造成更大损失。另外,电气房位置较高,即使发生火灾报警后,消防车也不能及时到达该位置高度进行灭火,设备受火灾损失无可估量。火灾事故应在火灾初期给予消除掉,这样才能有效地减少火灾造成的损失,尤其是电气房等重要电气部件,一个电控柜的损失就在 20 万元以上,因此安装自动灭火装置,减少设备火灾造成的重大损失,是很有必要的。

1. 岸桥、场桥电气房自动灭火系统

自动灭火方式采用局部直接全淹没,当发生火灾时,距离最近部分的探火管在设计温度下爆破,从而引发装置启动并释放灭火介质到保护区域,达到自动探火、灭火的目的,安装控制报警装置。在火灾发生后,先通过声光报警提示人员撤离。

七氟丙烷探火管感温自启动灭火系统在安装完成后应能实现对岸桥、场桥的电气室内的配电柜实施近距离点对点的灭火。七氟丙烷探火管感温自启动灭火系统采用柔性可弯曲的探火管作为火灾的探测报警部件,同时这种探火管还可以兼作灭火剂的输送及喷放管道。柔性的探火管可以很方便地布置到每一个潜在的着火源的最近处,一旦发生火灾,探火管受热破裂,立即释放灭火剂灭火。

七氟丙烷探火管感温自启动灭火系统的特点如下:第一,不需要电源以及传统的火灾报警控制部件,从而降低了成本及安装难度,也大大提高了灭火装置的可靠性,避免了电控报警部件的误动作。第二,传统气体灭火系统只对整体防护空间进行火灾探测,不论火的大小对整个空间实施灭火,从而造成探测响应时间慢，灭火剂大量浪费的情况。探火管可以铺设到可能着火的设备、仪器内部，可以最快时间探测火灾，以最快速度对只着火的部位实施点对点灭火，从而响应时间更快、灭火用量更省。七氟丙烷探火管感温自启动灭火系统还配备有远程监控系统，可以实时监测到灭火设备的工作状态。

每台岸桥电气室内分为 4 个体防护区，并配置 4 套独立的七氟丙烷感温自启动灭火装置。每台场桥的主电气室内分为 2 个气体防护区，并配置 2 套独立的七氟丙烷感温自启动灭火装置。每台场桥的辅助电气室内至少分为 1 个气体防护区，并配置 1 套独立的七氟丙烷感温自启动灭火装置(图 29)。

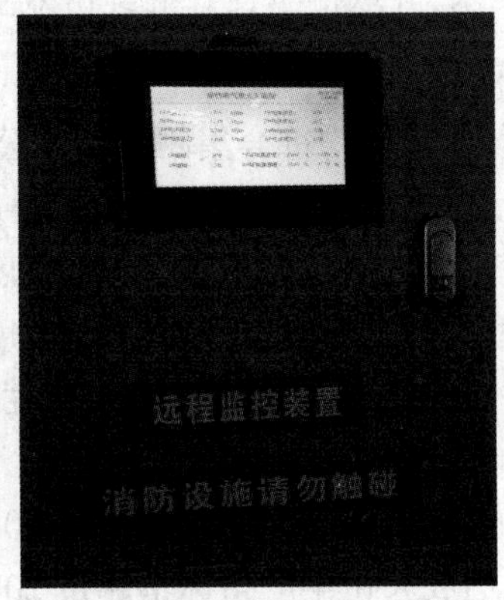

图 29　岸桥电气房自动灭火装置

2. 岸桥、场桥电气室消防远程监控系统

岸桥、场桥的主辅电气室内分别设置感烟探测器、温度和湿度探测器、声光报警器、七氟丙烷探火管感温自启动灭火装置，并配置一套远程火警报警监控系统防护。每台岸桥、场桥电气房配置 1 套远程火警报警监控系统[配置单独的 UPS(Uninterruptible Power Supply，不间断电源)，实现实时监测到灭火设备的工作状态，主辅电器房烟雾浓度的识别以及室内温度和湿度的采集]。

电气室配电柜内部探火管的布置安装需科学合理、安全可靠，岸桥、场桥电气室每套感温自启动灭火装置探火管需间隔在配电柜走线。每套感温自启动灭火装置的启动信号与感烟探测器报警信号传输到远程火警报警监控系统，并将信号传输到岸桥、场桥设备 PLC(Programmable Logic Controller，可编程逻辑控制器)系统并能通过声光警报系统进行火警提示。当电气室出现火警时，能够及时切断场桥各机构联锁，避免出现设备失控现象。远程火警报警监控系统可通过互联网、手机远程访问，并可存储 30 天的历史记录。

岸桥电气房自动灭火装置远程监控如图 30 所示。

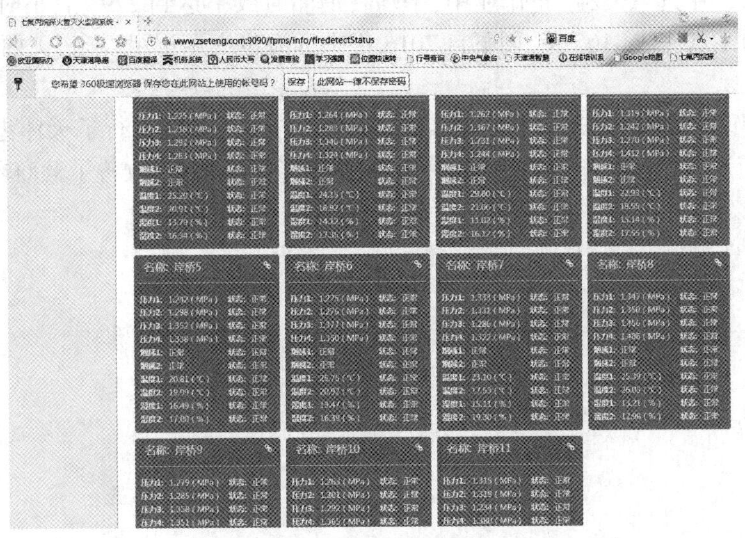

图 30　岸桥电气房自动灭火装置远程监控

四、实施效果

通过实施港口集装箱装卸设备安全标准化管理,欧亚国际公司不断完善设备安全管理制度体系,规范管理维修过程,推行设备安全标志标准化和设备安全装置管理专业化,开展设备隐患排查治理,落实大型机械防风管理标准化,建成自动化灭火系统,欧亚国际公司设备安全管理水平和设备本质安全水平得到了显著提高,岸桥、场桥等装卸设备运行状况良好,满足了公司生产需求,各项指标完成情况均大幅优于集团和公司考核要求,并取得了良好的经济效益和社会效益。

(一)设备管理指标完成情况

2019 年设备管理各项指标均符合集团公司和公司考核要求,完成情况如下:

①安全指标:全年无重大机(电)损事故和安全责任事故。

②设备综合完好率:98.18%,达成集团公司年度指标不低于 96% 的要求。

③设备综合利用率:58.86%,达成集团公司年度指标不低于 30% 的要求。

④设备在线故障率:0.29%,达成集团公司年度指标不超过 0.8% 的要求。

⑤设备故障平均维修时间(MTTR):

岸桥:16.18 分钟,达成公司年度指标不超过 20 分钟的要求;

场桥:14.10 分钟,达成公司年度指标不超过 20 分钟的要求。

⑥平均故障间隔箱量(MMBF):

岸桥:4078.19 箱;场桥:5136.98 箱。

⑦千箱故障次数:0.28 次,达成公司年度指标不超过 0.8 次的要求。

(二)经济效益

2019 年,欧亚国际公司完成集装箱吞吐量 286 万 TEU,设备维修成本为 1157.81 万元,材料费成本为 1027.81 万元;由于实施了港口集装箱装卸设备安全标准化管理,2019 年设备维护总成本较年度预算下降了 10.84%,节约资金约 266 万元,取得了良好的经济效益。

(三)社会效益

实施了港口集装箱装卸设备安全标准化管理后,欧亚国际公司设备安全状态大幅提升,更好地保障了生产作业的顺利进行,作业效率显著提升。2020 年上半年,欧亚国际公司共接卸集装箱船舶 483 艘次,船舶动态兑现率 100%;平均总体直靠率 97%,同比提升 14.12%;平均在泊船时效率 93.34 箱/小时,同比提升 17.1%;平均单桥效率 32.13 自然箱/小时,同比提升 25.25%;3 月 24 日,公司在精品航线——中远海美西线“中远意大利”轮作业中,平均在泊船时效率达到 279 箱/小时,平均单桥效率 33 箱/小时,首 12 小时工班完成 4105 箱,创下自 2016 年中远海运集运重组以来,美西线全球作业码头的最高纪录。

欧亚国际公司作业效率的提升带来了顾客满意度的提升,更好地践行了天津港“人为本,质为先,客为尊”的核心价值观,提升了“津港效率”品牌形象,提升了服务质量,改善了营商环境。

高速公路养护物资智慧管理平台的研发与实践运用

福建省三顺交通工程有限公司
福建省高速公路集团有限公司漳州管理分公司养护中心

成果主要创造人:李永坤　林　雷
成果参与创造人:刘毅辉　魏建林　杨晨曲　黄毅鹏　张怡衍　林志阳
洪月华　林丽蓉　陈惠玲　许德妹

福建省高速公路集团有限公司漳州管理分公司养护中心(简称“养护中心”)是福建省高速公路集团有限公司漳州管理分公司的下属单位,因养护体制改革,于2015年1月成立,与福建省三顺交通工程有限公司合署办公(简称“三顺公司”)。养护中心主要承担着漳州高速公路境内约700公里的日常养护生产和应急保畅通抢险救灾任务;三顺公司拥有养护一类、二类甲级、三类甲级养护施工资质以及公路工程施工总承包三级资质,以独立的法人身份,承揽漳州境内高速公路建设尾工、施工缺陷及参与市场竞争。

三顺公司设有综合部、工程经营部、机材部3个职能部门,下辖3个一级养护站、1个大桥养护站、11个生产站和1个电力消防班。

养护中心以“科学养护、保障畅通”为工作目标,坚持发展有新思路、改革有新突破、工作有新举措,为实现高速公路养护事业又好又快发展而奋斗。

三顺公司以“立足养护、服务社会”为工作目标,坚持以“高度的思想准备、高超的施工技术、高效的管理水平、高级的施工质量、高尚的精神风貌”为经营理念,积极进取,努力开拓,积极参与道路养护工程市场竞争,为社会提供专业化的道路养护服务。

福建省高速公路集团有限公司及漳州管理分公司(简称“漳州公司”)领导层高度重视养护生产物资现代化管理,在漳州公司党委的关心和支持下,在上级养护管理部门的指导下,在养护中心全体人员的努力下,经过三个多月的调研、分析、摸索,养护中心与厦门路桥信息科技有限公司共同开发的“漳州公司养护中心物资管理平台”终于成功开发,已投入实际试应用,这标志着漳州公司养护生产物资管理终于达成现代化。

养护中心物资管理平台利用信息化技术,实现养护物资从“需求购置计划、物资采购、物资入库、物资出库、物资使用、物资回收处置”全过程可追溯的闭环式管理,同时引进互联网通信技术、AI(Artificial Intelligence,人工智能)图像识别技术和监理仓库云控平台,实时记录各仓库目前状态、出入库信息,提供现场视频调阅和视频审片,实现对仓库可追溯的远程监管。通过对智慧仓库管理平台的建设,极大提升了仓库物资管理的便捷性和高效性,提高了养护生产现代化管理水平,实现了养护物资拿过程闭环管理,有效管控了廉政风险,同时节约了仓库物资管理成本、节省了养护物资采购资金成本,利用或处置回收物资节约了养护成本,实现了仓库物资“经济效益”和“社会效益”的双效益提升。

一、实施背景

(一)提升养护物资管理现代化水平势在必行

养护物资管理是养护生产管理的基础环节和主要环节。俗话说“兵马未动,粮草先行”,养护物资充足与否直接关系着养护生产能否按时、顺利地完成。由于养护中心与三顺公司的养护生产物资多达700多种，养护生产物资存在种类繁多、材料复杂、库存分布分散、采购领用使用回收等周转环节频繁、资金成本管控要求不能过多库存、养护作业经常出现应急采购等问题，而养护生产的及时性、连续性要求物资必须及时快速满足生产需要，同时廉政风险防控又要求养护生产物资必须流转去向可追溯，这给养护生产物资管理带来了巨大的困难与挑战。养护生产实践经验表明，提升养护物资管理水平，是提高养护生产效率，实现养护生产提质增效、降本增效的根本途径，也是唯一途径。

（二）打造养护物资现代化管理平台刻不容缓

福建省高速公路养护工程有限公司在十几年前开发了“福建省高速公路养护工程有限公司机材管理系统”，养护生产物资实现了信息化管理，但该系统建成之后，一直未再结合养护生产的实际需要进行改进和完善，特别是2015年养护体制改革之后，养护生产物资管理信息化和现代化水平基本处于停滞状态，管理水平没有得到提升，已跟不上养护生产发展要求。目前公司还在沿用的养护生产机材管理系统存在以下几个主要问题：一是生产物资没有明确的购置计划。全年日常养护生产物资没有科学合理的购置计划，系统未根据全年的物资需求量科学量化安排购置、合理量化配备库存，物资购置比较随意，造成部分物资库存过多，浪费财务成本及管理成本。二是生产物资采购供应经常性滞后影响养护生产进度。系统库存数量没有直接关联需求数量为采购提供决策依据，养护生产物资需求数量基本上都是等生产站发现库存没有了，再以生产站名义上报采购需求，再层层审核、审批启动采购程序，因此经常出现物资供应与生产需求脱节、采购不及时影响养护生产效率的问题。三是部分物资未能及时登记入库导致库存管理混乱。由于系统设置物资登记入库必须与财务入账关联，因此在部分物资即使到货使用但发票仍未交付的情况下，系统也不能进行登记入库和领用，部分物资已使用完毕但系统却没有领用记录，等发票交付入账后系统已无法补填领用登记，给生产站的库存及领用管理带来困难和问题。四是废旧物资回收处置系统管理缺失。由于系统未将废旧物资回收处置纳入管理，因此对于实际由废旧物资回收直接利用或废旧物资回收经校正利用进入周转库的物资，系统未纳入管理不能登记领用，这种实际有周转物资但周转库却未纳入系统管理，也给生产站的库存及领用管理带来困难和问题。五是系统未设置物资领用与维修记录闭合。由于系统未设置物资领用与维修记录自动关联，自动进行核对闭合，造成人工一一核对工作量大。

现有的养护生产机材管理系统用了十几年，存在以上五大结构性问题，一直没有人再去改进和完善，养护生产物资管理水平的落后已严重制约着养护生产水平。目前由上级养护管理部门牵头的日常养护管理系统改进，增设了养护生产物资仓库管理模块，但是仓库管理只是养护生产物资管理其中的一块而已。因此，自主和软件开发单位共同开发更为完善的养护生产物资信息化管理平台，提升工作管理水平，提高工作效率，节约管理成本与生产成本，真正实现养护生产物资管理现代化势在必行。

（三）福建省高速公路集团有限公司高度重视实物资产管理

福建省高速公路集团有限公司高度重视实物资产管理，通过并印发了《关于开展深化实物资产管理课题调研的通知》（办公〔2019〕8号），明确将开展深化实物资产管理课题研究工作作为年度重点工作。文件摘要如下：

根据集团党委确定的2019年度12项重点工作研究课题，由集团办公室牵头开展深化实物资产管理课题研究工作，结合2019年度资产管理工作要点，为使该课题能够紧密联系运营管理实际，研究成果更具实用性和可操作性，拟在全系统范围内开展课题调研活动，具体事项通知如下。

1. 调研内容

深化实物资产管理课题调研内容要结合日常资产管理所涉业务实际，聚焦难点痛点问题深入开展调研分析，为深化实物资产管理做更多更有效的工作探索和管理支撑。经过初步筛选，梳理了5个方面的调研方向供各单位参考，各单位应结合工作实际，确定不少于2项的调研主题：

实物精细化管理。结合各自业务特点探索办公、生产设施设备等资产配置、使用标准；探索如何规范存货、备品备件的管理，提出实施细则的修订完善建议；优化设备维护与管理，探索“修旧利废”资产再利用的方法途径。

漳州公司迅速落实根据省高速集团《关于开展深化实物资产管理课题调研的通知》(办公〔2019〕8号)文件要求，由办公室牵头开展深化实物资产管理课题研究工作，结合2019年度资产管理工作重点，为使课题能够紧密联系运营管理实际，研究成果更具实用性和可操作性，拟在全司范围内开展课题调研活动，具体方案如下：

2. 成立调研工作组

组　长：李文海

副组长：吴　铠　钟建荣　徐建德

成　员：林长平　黄金贤　蒋　巍　陈志清　李贵英　林毓毅

李铁城　李永坤　郑松彬　林鸿华　李进菊

调研工作组分为3个小组，分别负责3个课题的调研并形成调研成果。

第1小组课题：存货、备品备件的规范管理

组　长：吴　铠

副组长：陈志清　李进菊　林　雷　黄爱金

成　员：魏建林　朱烨豪　游杰超　黄良芬

调研内容：探索现代化的存货、备品备件的管理，实现仓库库容标准化、物料标识数字化、物料存取可视化、存取记录自动化、库存查询信息化、采购需求智能化，使仓库建设及管理达到现代化水平，并形成完整的存货和备品备件管理实施细则。

福建省高速公路集团有限公司及漳州公司领导层高度重视养护生产物资现代化管理，漳州公司党委书记多次带领领导班子深入调研养护生产物资管理问题，并把养护生产物资现代化管理列为年度管理课题。

二、成果内涵和主要做法

(一)成果内涵

1. 仓库监控网络建设

漳州公司养护中心养护物资智慧管理平台是通过建设无死角全覆盖的网络监控环境，实现对养护物资仓库现场实时监控、视频回溯。在全公司各养护站的仓库均安装视频监控，实现仓库内所有物资皆可通过系统实现后台可视，物资进出库都有视频记录，储存的图像可供查询、调取核对。

2. 仓库云控平台建设

养护生产物资仓库监控上云台，建设仓库云控平台，通过仓库云控平台，利用视频监控技术、AI视频图像识别技术、AI智能技术等先进技术，智能截取人员出入库期间的视频信息，同时抓取入库人员的照片，通过仓库云控平台与智慧仓库管理平台的对接，实现养护生产物资仓库实物盘点不需要现场操作，直接通过仓库云控平台后台操作。当仓库实物盘点有疑义时，可通过调取视频回溯核对，提高养护生产物资仓库实物盘点效率；同时通过AI识别技术，对陌生人出入仓库时进行实时预警，提高仓库安全管理等级。

3. 物资全过程管理平台建设

漳州公司养护中心(三顺公司)为贯彻执行《福建省高速公路运营管理公司土建养护物资管理工作指引(修改稿)》关于养护物资的管理要求，全力探索利用物联化、信息化、智能化等现代化科学技术，全面实现养护物资管理工作指引的管理要求，对仓库物资“购置需求—物资采购—入库验收—出库领用—归还回收—回收处置”等流通周转环节实行全生命周期的管理。

4. 物资管理智能化建设

漳州公司养护中心养护物资智慧管理平台对物资采购、回收处置等管理决策赋予智能化。利用大数据技术,结合管养的高速公路养护资产数据,建立基于历年物资消耗数据养护物资采购模型,在保证养护物资储备充足性的同时,减少养护物资的储备的过量,提高养护物资采购的合理性、科学性,提高养护物资资源利用性,节约养护成本,提高经济效益。

(二)主要做法

1. 仓库云平台介绍

通过仓库云控平台,实现仓库监控视频与智慧仓库管理平台的对接,建立仓库监控摄像头与对应仓库的一一对应关系,实现快速调阅仓库监控实时视频(图1、图2)。

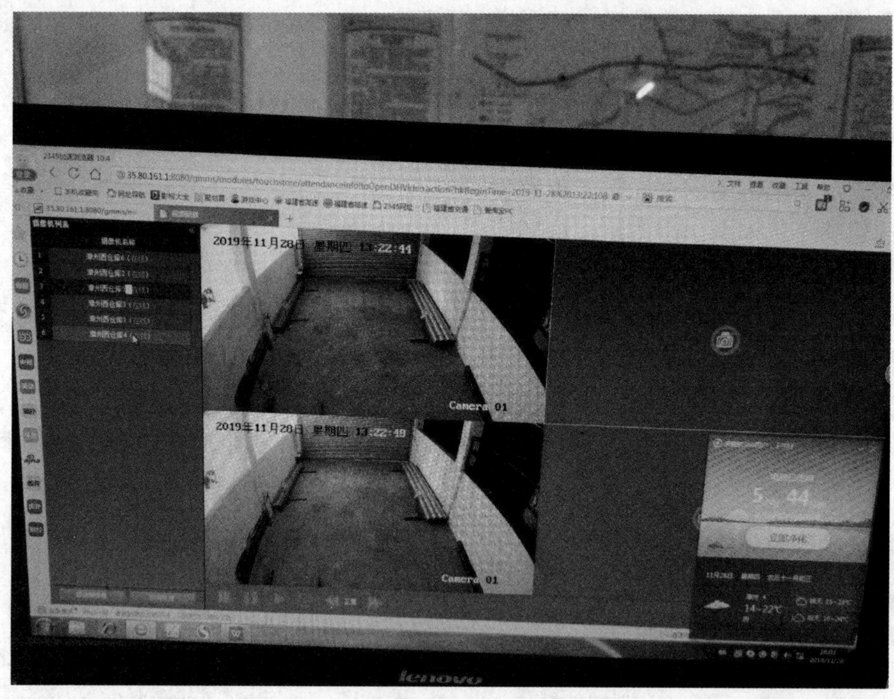

图1 快速调阅仓库监控实时视频

图2 仓库监控

2. 物资全过程管理平台介绍

漳州公司养护中心养护物资智慧管理平台由购置计划管理、采购管理、仓库管理、回收处置管理四个管理模块组成。在完善仓库管理模块的基础上,增设物资购置计划管理、物资采购管理和回收处置管理三个管理模块的功能,从而形成全过程管理的养护物资管理平台,养护物资从“需求购置计划—物资采购—物资入库—物资出库—物资使用—物资回收处置”实现全过程可追溯的闭环式管理。四个管理模块将养护生产物资年度购置计划—采购工作—验收入库—领用出库—使用记录—剩余回收—废旧处置—库存盘点等工作全过程管理信息化,全过程管理实现无纸化办公(不包含纸质存档),工作流程通过软件系统采用电子文档、信息传递方式处理办公。

(1)物资购置计划管理

各养护班站根据各自的仓库的库存信息以及物资使用的情况,提前申请养护物资购置计划,确保养护物资充足(图3)。

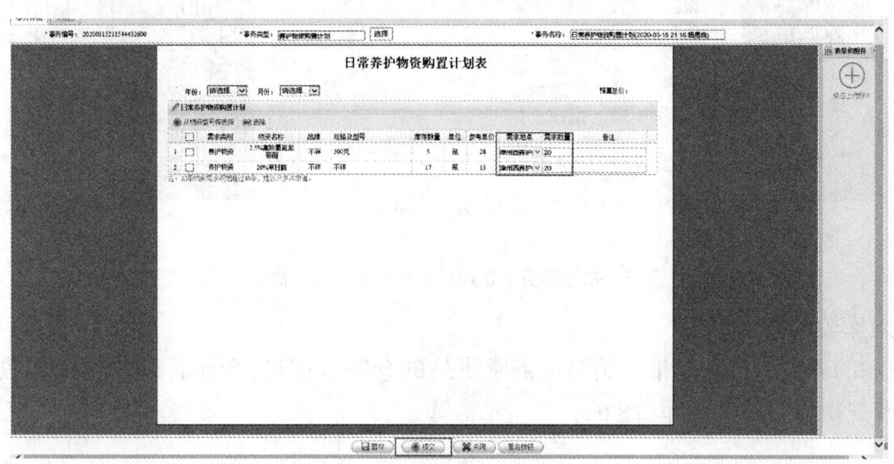

图3 养护物资购置计划申请

(2)物资购置计划汇总

根据各养护班站提交的物资购置计划表,自动汇总成物资购置计划汇总表,机材管理人员根据物资购置计划汇总表,提请养护中心的物资购置计划申请(图4)。

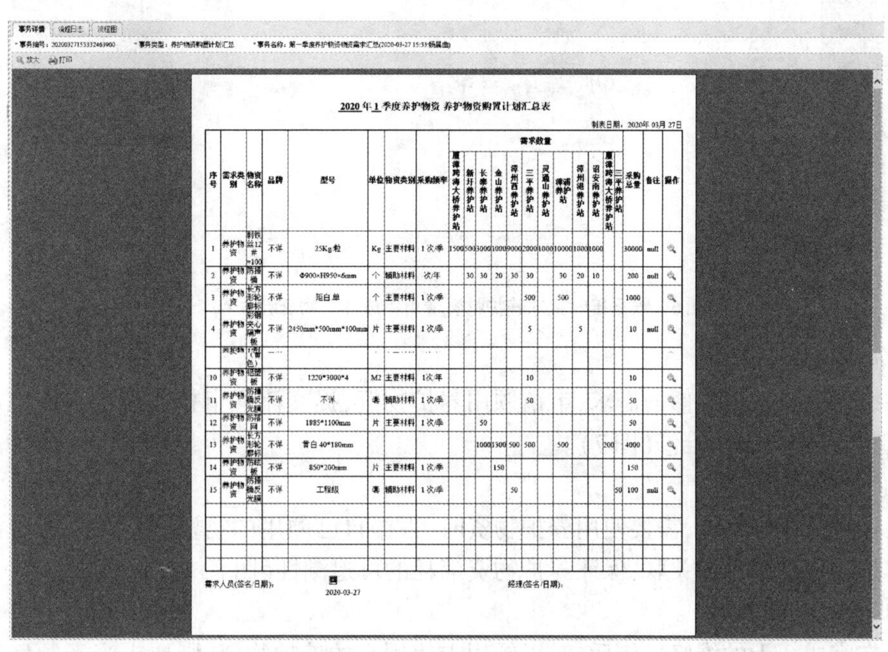

2020年1季度养护物资 养护物资购置计划汇总表

制表日期：2020年03月27日

序号	需求类别	物资名称	品牌	型号	单位	物资类别	采购频率	需求数量												采购总量	备注	操作
								厦漳跨海大桥养护站	新圩养护站	长泰养护站	金山养护站	漳州西养护站	三平养护站	灵通山养护站	漳浦养护站	漳州港养护站	诏安南养护站	厦漳跨海大桥养护站	三平养护站			
1	养护物资	刺铁丝12#=100	不详	25Kg/粒	Kg	主要材料	1次/季	1500	500	3000	1000	9000	2000	1000	10000	1000	1000			30000	null	
2	养护物资	防撞桶	不详	Φ900×H950×6mm	个	辅助材料	次/年		30	30	20	30	30		30	20	10			200	null	
3	养护物资	长方形轮廓标	不详	矩白单	个	主要材料	1次/季						500		500					1000		
4	养护物资	彩钢夹心隔声板	不详	2450mm*500mm*100mm	片	主要材料	1次/季						5			5				10	null	
	养护物	T型(黄色)																				
10	养护物资	铝塑板	不详	1220*3000*4	M2	主要材料	1次/年						10							10		
11	养护物资	防撞桶反光膜	不详	不详	套	辅助材料	1次/季						50							50		
12	养护物资	防落网	不详	1885*1100mm	片	主要材料	1次/季			50										50		
13	养护物资	长方形轮廓标	不详	黄白 40*180mm						1000	1300	500	500		500			200		4000		
14	养护物资	防眩板	不详	850*200mm	片	主要材料	1次/季				150									150		
15	养护物资	防撞桶反光膜	不详	工程级	套	辅助材料	1次/季					50							50	100	null	

需求人员(签名/日期)：2020-03-27　　经理(签名/日期)：

图4 物资购置计划汇总表

(3)物资采购管理

将审批通过的物资购置计划汇总表自动推送到养护物资采购管理，机材管理人员根据审批通过的物资购置计划，选择需要采购的物资，提交物资采购审核流程(图5)。

图5　根据物资购置计划选择需要采购的物资

(4)物资入库验收管理

将完成采购的养护物资自动推送给对应需求班站的仓库管理员，仓库管理员根据接收到的养护物资清单，完成养护物资的验收入库(图6)。

图6　根据接收到的养护物资清单完成养护物资验收入库

(5)物资领用出库管理

养护班站维修人员根据维修的需求，申请领用养护物资，提交流程审核。流程审核通过后，仓管员出库养护物资，维修人员领用维修(图7)。

(6)物资使用管理

维修人员在进行病害维修，需要使用养护物资时，根据自己领用的物资选择消耗的养护物资，实现维修记录与养护物资出库单的关联，保证养护物资消耗的可追溯性(图8)。

(7)物资归还回收管理

维修人员在完成一天的维修工作后，对于领用未使用完的养护物资，则要求当天领用当天归还，同时对于维修时拆卸下来的旧物资，需要做回收入库(图9)。

图 7　申请领用养护物资

图 8　根据自己领用的物资选择消耗的养护物资

收料单管理 NO:YHGHRK20200824002

日期 2020-8-24　入库类型 养护归还入库　仓库名称 漳州港养护站B类库

本单金额: 11.00 元

物料编号	物品名称	型号规格	物资类型	单位	单价	入库数量	金额	项目名称
068206849400002	柱帽	140	主要材料	个	5.5	2	11.00	护栏维修
068207531800001	螺栓	m45	主要材料	个	0	24	0.00	护栏维修

显示第 1 到第 2 条记录，总共 2 条记录

收料单管理 NO:YHHSRK20200904001

日期 2020-9-4　入库类型 养护回收入库　仓库名称 灵通山养护站回收库

本单金额: 0.00 元

物料编号	物品名称	型号规格	物资类型	单位	单价	入库数量	金额
068206863700103	双波护栏板	4320*310*85*4	主要材料	片	0	6	0.00
068207062400028	立柱	140*2020*4.5	主要材料	根	0	2	0.00
068208028900104	二波防阻块	196*178*200*4.5	主要材料	个	0	3	0.00
068206863700102	双波护栏板	4320*310*85*4	主要材料	片	0	3	0.00
068208028900103	二波防阻块	196*178*200*4.5	主要材料	个	0	2	0.00

显示第 1 到第 5 条记录，总共 5 条记录

图 9　回收入库记录

(8)回收物资处置管理

将维修过程中回收的养护物资，根据回收的物资情况，进行回收处置，提请回收处置流程。处置方式分为矫正再利用和物资报废，以提高养护物资的利用率，减少维护成本（图 10）。

图 10　回收物资处置清单

3. 物资管理智能化建设介绍

漳州公司养护中心养护物资智慧管理平台对物资采购、回收处置等管理决策赋予智能化。利用大数据技术,结合管养的高速公路养护资产数据,建立基于历年物资消耗数据养护物资采购模型,在保证养护物资储备充足性的同时,减少养护物资的储备的过量,提高养护物资采购的合理性、科学性,提高养护物资资源利用性,节约养护成本,提高经济效益。系统提供仓库库存物资阈值设置功能,可实现对每一类物资设置库存阈值,当仓库中库存值达到库存阈值时,提醒仓管员该物资库存不足,需及时安排物资采购。通过大数据分析,自动根据历年的各类养护物资使用情况,分析各类物资的消耗情况,结合漳州公司的管理需求,建立养护物资采购决策模型,自动生成各类物资所需要的采购计划清单,作为物资采购计划编制的依据,提高物资采购计划编制的科学性、合理性。

(1)物资库存阈值管理

系统提供仓库库存物资阈值设置功能,可实现对每一类物资设置库存阈值,当仓库中库存值达到库存阈值时,提醒仓管员该物资库存不足,需及时安排物资采购(图 11)。

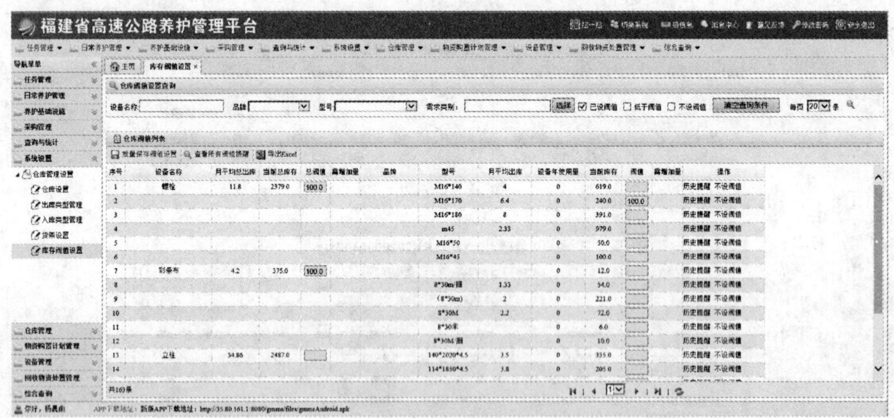

图 11　库存物资阈值设置界面

(2)养护物资采购科学决策管理

通过大数据分析,自动根据历年的各类养护物资使用情况,分析各类物资的消耗情况,结合漳州公司的管理需求,建立养护物资采购决策模型,自动生成各类物资所需要的采购计划清单,作为物资采购计划编制的依据,提高物资采购计划编制的科学性、合理性。

三、实施效果

(一)经济效益

1. 节约仓库物资管理成本

未设置云监控平台之前，养护中心每个月对每个养护站进行一次实物盘点，11 个养护班站加上养护中心仓库，共有 12 个养护物资仓库，盘点频率为 12 个 ×12 次 =144 次/年。因设置了云监控平台，可以通过远程视频审片完成账实不符物资的盘点，以每一次去一个站点往返成本(人工、车辆及油费)为 500 元计算，则一年可以节约管理成本 144 ×500 =7.2 万元。

2. 节省养护物资采购资金成本

通过大数据分析，结合历年养护物资消耗数量、所辖区域增长的车流量以及养护里程信息，自动分析预测来年各类物资所需要采购的数量，使物资采购有据可依，提高物资采购精准度，避免盲目采购，每年节省采购资金成本约 3.6 万元。

3. 利用或处置回收物资节约养护成本

通过物资回收处置管理，将维修过程中回收的养护物资，根据回收的物资情况，进行回收处置。处置方式分为矫正再利用和物资报废，以提高养护物资的利用率，每年节约及回收养护成本约 32 万元。

(二)社会效益

1. 实现养护物资拿过程闭环管理，有效管控廉政风险

在仓库管理系统的基础上，引进物资购置计划管理、物资采购管理和物资回收处置管理的功能，形成全过程管理的养护物资管理平台，养护物资“需求购置计划—物资采购—物资入库—物资出库—物资使用—物资回收处置”全过程可追溯的闭环式管理，有效管控廉政风险。

2. 提高养护物资汇总工作效率

通过系统完成养护物资需求上报及汇总，各养护班站根据需要上报物资需求清单及数量，系统自动汇总，减少了人工统计汇总的工作量，规避人工统计可能出现的错误，同时减少因为需求计划数量调整需要重新统计汇总的工作量，提高工作效率。

3. 提高养护物资采购及时性

通过仓库库存阈值设置，当库存达到阈值时，自动提醒仓库管理员及时采购物资，补充库存，避免因库存不足影响养护工作的开展。

4. 提高养护生产现代化管理水平

养护物资智慧管理平台的建设，实现养护物资的全生命周期管理，提高了养护物资管理的可追溯性。通过平台的建设，实现养护物资管理向智能化、科学化发展，有效地减少了仓库管理人员的工作量，同时提高了养护物资储备的及时性、科学性，保障了高速公路养护工作的顺利开展，避免因为物资储备问题影响养护病害的维修，提高了病害维修及时性，提升了高速公路养护水平，提升了高速公路的行车安全性，以及社会公众满意度。

浮式储存气化装置创新监管体系研究

中华人民共和国南疆海事局

成果主要创造人:王和平　雷松虎

成果参与创造人:高利军　皇华伟　陈建辉　梅凤涛　齐剑虎　程　思

楚振嘉　马海鲲　李世晌

中华人民共和国南疆海事局是交通运输部海事局直属天津海事局的下属海事局,是国家行政执法机构,其主要职责是贯彻执行国家海洋管理、环境保护、水上交通安全、航海保障、船舶和水上设施检验等方面的法律、法规、规章、标准和规范性文件,对辖区船舶开展执法检查活动,维护辖区水域安全稳定,维护辖区水域清洁等。

机构下属4个海巡执法大队、政务中心、指挥中心、危防中心、执法督察处、综合业务处、政治处、办公室等11个部门和处室。全局编制数为150人,在编104人,其中40岁及以下的青年职工占74%,本科及以上学历占97.5%,其中研究生学历占28%。科级领导干部23人,其中正科级8人,副科级15人。

南疆港区主要货物以煤炭、石油及其成品油制品和金属矿石等能源资源型货物为主,包括干散货作业区、石化作业区、原油及LNG(Liquefied Natural Gas,液化天然气)码头区、支持系统区四大作业区。

目前,南疆港区共有64个泊位,其中渤海石油工作船泊位21个、散货泊位16个、液货泊位15个、公务船泊位5个、其他泊位7个(包括各种工作船码头、多用途码头、构件及重大件码头)。辖区已建成的液货储罐共358个,在建75个,在用液货储罐仓储能力达到375万余立方米。辖区码头涵盖液化天然气、原油、散矿、煤炭、航空煤油、燃料油以及1000余种化学品。原油码头拥有华北地区重要的国家储备油库,LNG码头的运营直接关系着华为地区的天然气供应和供暖季保供工作,中航油码头直接关系着北京大兴国际机场的航空煤油供应。

港区年船舶进出港艘次以及年货物吞吐量均占到全天津港的1/3以上,是整个辖区业务量最大的分支局。以2019年为例,辖区全年船舶进出港3.8万艘次,货物吞吐量2亿吨;累计征收油污基金844万元,代收港建费8.9亿元,占天津辖区总征收额的55%。全年开展船舶安全检查256艘次,开展现场监督400艘次,完成行政处罚案件87起、98件次,罚款金额82.32万元。完成防污染现场检查920艘次,全年查处防污染类案件总数在全局排名第一。综合来讲,在天津海事局下属7个分支局中,南疆海事局业务量占其接近1/3。南疆海事局在天津港的水上安全生产监管中占有举足轻重的地位。

一、实施背景

党的十八届五中全会提出了以“创新、协调、绿色、开放、共享”为发展理念的“十三五”规划建议。同时,随着“京津冀一体化”及“美丽天津”建设发展战略的实施,天津作为四大直辖市之一、环渤海经济圈的中心,如何实现环境与经济的协调发展,加大清洁能源在经济建设中的比重,成为亟待解决的问题。在此情况下,中海油天津液化天然气有限责任公司(简称“LNG码头”)浮式LNG项目应运而生。

天津南疆浮式LNG项目是国家能源局试点项目、天津市十大重点工程,在国内首次采用了浮式储存气化装置(floating storage and regasification unit,FSRU)代替常规LNG接收站,以实现码头工程的快速投产和天然气的快速供应。该项目自2010年立项至2013年11月投产运营,码头工程建设实际所用时间仅2年,其在站址吹填、码头主体工程、建设工期等方面创造了多个国内第一。

众多的第一背后需要各单位部门的协同支持。南疆海事局在项目建设之初就成立专项课题组,从水上水下施工许可到港口通航论证,项目风险评估到项目监管立法等,均提前介入,主动服务,为码头的施工建设提供绿色通道。

项目投产后,面对国内首例FSRU项目,国内针对其相关的法规和监管制度仍处于空白。如何保障FSRU长期停靠码头期间的作业安全,成为南疆海事局面临的新课题。

目前,在国际上针对FSRU的安全要求,大体上与LNG运输船相同。各个国家及各大航运公司针对LNG运输船和FSRU的作业要求稍有不同,但是基本上都是在国际液化气体船及码头经营者协会(SIGTTO)通过的《船岸液化气装卸作业指南》的基础上来进行操作。各个港口国对LNG运输船和FSRU的安全检查也都是在MAPPOL 73/78、SOLAS、STCW、IGC等国际公约的基础上,根据各个国家的国情所制定的一些法规来进行检查。比如,美国要求外国液化气体船舶进入美国水域前需获得USCG(美国海岸警卫队)颁发的《符合证明》,日本要求靠泊日本港口的液化天然气船舶均受日本港口管理法的制约等。

国内针对液化气体船舶的最早的相关要求是1998年通过的《液化气体船水上过驳作业安全准则》(GB 17422—1998),2010年在此基础上进行了修订,即《液化气体船舶安全作业要求》(GB 18180—2010)。其他的相关要求有《液化天然气设备与安装　船岸界面》(GB/T 24963—2019),《液化气码头设计规范》(JTS 165-5—2016)等。而随着LNG行业的快速发展,特别近几年新兴起的FSRU,国内的相关法规及监管制度已无法满足国内行业快速发展的需要。因此,有必要针对FSRU建立起有效的监管制度体系,完善FSRU的作业标准。

为解决FSRU安全监管问题,南疆海事局实施了"三步走"战略:一是逐步建立起FSRU监管制度,二是建立FSRU安全作业标准,三是持续培养监管人才。

二、成果内涵和主要做法

(一)建立FSRU监管制度

1. 监管难点

监管难点主要分为两个方面。一是FSRU船舶相较于传统LNG船舶增加了气化装置和单点系泊❶系统,以及其他相关辅助设备。目前国际上关于LNG船舶及FSRU的一些关键技术都掌握在法国、德国、日本等国家手中,而世界上绝大部分的LNG船舶造船订单均被韩国占有,国内仅有上海江南造船厂等个别船厂有建造能力。国内相关研究资料的缺乏和技术壁垒,极大地增加了在对船舶检查过程中的难度。二是不同于国外FSRU项目采用单点系泊方式的作业形式。天津南疆浮式LNG项目采用FSRU靠泊码头的形式,具有船-船、船-岸、船-岸-船、岸-船接卸过驳及气化外输等多种作业方式,作业方式的不同,在运行过程的安全要求也不相同,对其安全监管的方法也不同:

①气化外输作业。FSRU长期停靠于码头或系泊点进行气化外输作业,极大地增加了码头的安全隐患,特别是在气化外输过程中同时进行货物过驳、加水、加油、物料接收、残油接收等各种作业以及恶劣天气情况下都必须有严格的要求。

②装卸作业。FSRU在气化外输作业的同时,还要进行船-船过驳、船-岸储罐接卸、船-岸管线-船过驳、岸储罐-船装货等多种装卸货物作业。相较于传统的装卸作业,作业方由两方增加为三方,操作流程增多,多种作业方式并存、安全风险增大,安全监管要求高;单点系泊情况下采取船到船的装卸货方式,受天气、风浪等条件影响,同样属于临界操作,操作要求高,监管难度大。

---

❶ 单点系泊是指船舶通过单点形式系泊在另一个固定式或浮式结构物上,船舶围绕该结构物可以随风浪流作360度回转,从而不断处于风、浪、流和阻力最小位置的系泊设施。

2. 逐步建立管理制度

(1)制订管理方案

2013 年,FSRU“安海角”轮进港前,南疆海事局协助天津海事局制订了《南疆南 LNG 船舶进出港服务协调方案》,确保 FSRU 及 LNG 船舶的安全进出港靠泊。南疆海事局为了保障 FSRU 及 LNG 船舶的安全接卸,依据国际公约、相关法律、法规、标准,制订了《南疆海事局 LNG 码头及船舶安全监管方案》和《南疆海事局 LNG 码头及船舶现场监管安全检查单》,以上两个制度和一项检查单确保了 FSRU“安海角”轮的安全进出港和接卸作业。

(2)形成管理制度

2014 年,随着执法人员监管经验的积累和质量体系文件的改版,并参照《南疆海事局 LNG 码头及船舶安全监管方案》,南疆海事局制定了《南疆海事局 LNG 船舶和码头现场安全监管工作须知》,并于 2015 年 1 月 9 日发布实施,初步形成了从国际公约、国内法、地方法规、行业标准到局内管理措施一整套的管理制度。

2016 年 5 月,随着质量体系文件的改版,南疆海事局再次对《南疆海事局 LNG 船舶和码头现场安全监管工作须知》进行了修订,形成了《南疆海事局 FSRU、LNG 船舶和码头现场安全监管工作须知》。新修订的《南疆海事局 FSRU、LNG 船舶和码头现场安全监管工作须知》中明确了对 LNG 码头和船舶的监管要求,并规定定期对 FSRU 船舶进行现场检查;包含了《LNG 码头现场安全监管检查单》《FSRU 现场安全监管检查单》《LNG 船舶现场安全监管检查单》和《安全告知书》,三张检查单分别有 46 项、50 项、54 项检查项目,涵盖了通航、危防、船舶三大分类项目。

2018 年 7 月,南疆海事局完成了《散装运输液化天然气船舶装卸作业现场监督检查程序指导手册》。手册内容主要包括目的、适用范围、定义、法律法规(国内法律法规、国内规章、海事管理部门规范性文件、国内相关标准和规范、国际公约和规则、通用指南和建议性文件)、执法程序、执法内容(船舶证书文书检查、申报情况现场复核、船员证书管理及岗位职责检查、设施设备检查、装卸作业现场管理)、执法记录、常见问题及处理建议、检查评估及检查过程等内容,涵盖了海事执法部门在对 FSRU 及 LNG 船舶进行现场检查时的法律依据、执法流程、检查内容、问题处理等各个方面。

2020 年 4 月,南疆海事局建立了《南疆海事局 LNG 船舶泄漏风险综合管控预案》。该预案对南疆 LNG 码头在生产运营过程中可能出现的风险进行了风险辨识和风险分析,并对风险进行了风险评估,确定了风险等级,以此制订了风险防控措施,明确了在 LNG 船舶出现事故泄漏风险是各部门的岗位职责,有效提高了南疆海事局应对 LNG 船舶突发事故的应对能力。

3. 建立监管流程

在监管过程中,通过对船舶进出港作业、装卸作业等作业过程的分析,以及对经验的总结,逐步建立起科学化的监管流程。

①主动服务,提前了解码头进船计划。

②提前组织货主、LNG 码头、代理公司、轮驳公司、引航中心、船舶护航等相关单位召开 LNG 船舶进出港安全保障船前会,在船舶进港前,协调并解决各方存在的问题,保证沟通联系畅通,确保进出港作业和装卸作业顺利进行,并形成会议纪要。

③船舶抵达天津港前 48 小时、24 小时,按照《天津海事局船舶交通管理系统安全监督管理规则》的规定,将船舶预计抵达时间、船名、国籍、呼号和 IMO 编号、吃水、船舶种类、船舶尺度、载货情况、驶来(往)港等情况书面向主管机关报告其航行动态。

④船舶或其代理人应当在进出港口之前 24 小时(航程不足 24 小时的,在驶离上一港口前)向主管机关所属辖区海事管理机构申请办理船舶载运危险货物/污染危害性货物申报手续。

散装液化天然气的托运人、收货人或其代理人应当在船舶办理申报手续前向辖区海事管理机构申请办理危险货物/污染危害性货物适运申报手续。

⑤载运散装液化天然气的船舶进出港口期间,设立移动安全区。航道以外水域移动安全区的范围不得小于船首前方1海里至船尾后方1海里、船舶左右各500米的区域;航道以内水域移动安全区的范围不得小于船首前方1海里至船尾后方0.5海里、船舶左右各150米的区域。与载运散装液化天然气船舶进出港口无关的船舶,不得穿越移动安全区。

载运散装液化天然气的船舶靠泊期间,设立停泊安全区。停泊安全区的范围不得小于船舶外舷200米的水域范围。与载运散装液化天然气船舶靠离泊及装卸作业无关的船舶,不得进入停泊安全区。

⑥载运散装液化天然气的船舶进出港口和靠离泊应当落实特殊保护措施。载运散装液化天然气船舶进出港期间,按照移动安全区的限定要求,在液化天然气船舶前方及左右两侧各配备一艘警戒船舶,后方配备一艘消拖两用船舶。载运散装液化天然气船舶靠离泊作业期间,应当配备足够的拖轮协助,且拖轮单船最小功率不得小于3000千瓦。载运散装液化天然气船舶停靠期间,应当配备一艘警戒船舶和一艘消拖两用船舶进行值守。

⑦载运散装液化天然气的船舶在航道上航行时,航速不得高于10节,富裕水深不得小于2.68米。载运散装液化天然气的船舶在航道内单向航行,不得追越船舶。

⑧载运散装液化天然气的船舶靠泊码头、装卸站和设施,在装卸、储存、气化等作业活动期间,其船首应当朝向出港方向,备妥应急拖缆,并保持船舶备车状态。

码头管理单位在船舶靠离码头时应安排经过培训的专门人员系泊、带缆;码头前沿输气臂等可能妨碍船舶操纵的设施按引航员要求避让,确保船舶安全靠离泊。

⑨散装液化天然气船舶的货物装卸和运输应当符合《经修正的国际散装液化气体船舶构造和设备规则》的规定,货物维护与操作应当按照《货物操作手册》的要求进行。

⑩船舶的惰性气体系统应当保持良好的状态,能满足其服务处所的惰化要求。船舶的货舱监视系统、可燃气体探测系统应当始终处于开启状态并保持有效的监控。船舶的驾驶台和货物控制室应当保持对货舱绝热状况、屏蔽空间压力、温度和可燃气体浓度等的连续监控。

船舶应当按照货物操作手册的相关程序进行应急切断装置的功能测试,记录测试情况并留船备查。

⑪载运散装液化天然气船舶停靠码头、装卸站和设施装卸货物期间,船舶应当与码头、装卸站和设施建立船岸安全检查制度。

船舶的船长或其指定的船员和码头代表应当按照《船岸安全检查表》的要求逐项进行检查,落实各项安全措施,并按要求进行签署。

⑫船舶装卸货期间,在货物总管连接处下方应当设置接液装置,或使用水膜保护,并保持甲板排水畅通。码头、装卸站和设施应当具备船舶应急切断装置控制点。

⑬船岸遇有船舶液货舱或岸上液货罐异常、管线泄漏、雷电天气发生在作业区域附近且对作业可能产生影响;风速/波高/流速等天气海况条件超出《液化天然气码头设计规程》的规定、码头周围发生可能影响作业安全的火警、其他危及安全的情况下应当立即停止作业,同时通知对方并采取相应的安全措施。

⑭浮舱及浮式储存气化装置等载运散装液化天然气船舶装卸货物、浮式储存气化装置电气化生产作业及向陆上输送天然气作业期间,不得进行下列活动:影响船舶动力和操控的检修作业;热工作业和明火作业;影响货物安全操作的检修;拷铲油漆作业。

载运散装液化天然气的船舶在装卸货物期间,不得进行加油、加水和船舶污染物排放作业。

⑮浮式储存气化装置在港内停泊期间,应当设立停泊安全区并采取警戒措施。在没有载运散装液化天然气船舶靠泊时,从事警戒的船舶应当包括一艘警戒船舶和一艘消拖两用船舶。

⑯散装液化天然气船舶的所有人或经营人应将船舶应急计划报送主管机关备案,应急计划中应包含紧急离港限制条件及引航员应急值守要求。

⑰CCTV(Closed Circuit Television,闭路电视)远程监控。

⑱离港保障。

4. 码头及船舶现场监管

南疆海事局从通航、船舶、危管防污以及特殊情况下等几方面全力做好 LNG 码头、FSRU 及 LNG 船舶的现场监管工作。

针对码头的现场监管,主要是码头防污染溢油以及应急设备和应急措施方面的监管。南疆海事局同 LNG 码头共同签发了《保障 LNG 项目安全运营合作协调会议纪要》,明确了建立定期会商机制、信息通报机制、协调联络机制、资源共享和人才交流培训机制,打破主管机关同企业之间的隔阂,沟通零待时,问题不遮掩,以全力保障船舶和码头作业安全为目标。协助 LNG 码头建立并完善了《中海油天津液化天然气有限责任公司码头船舶溢油防污染应急预案》,在完成监管的同时,有效地提高了 LNG 码头的溢油防污染应急能力。

对 FSRU 及 LNG 船舶的现场监管主要分为两个方面:一是针对 FSRU 长期在港停泊作业的长线监管,二是针对 LNG 船舶短期靠泊装卸作业的短线监管。在长线监管过程中,着重加强 FSRU 加油作业、防污染作业、物料伙食供给作业、明火作业、恶劣天气等重点环节的现场保障,同时在定期检查中,针对船舶在港检修、压载水操作、在港蒸发气的处理、船舶演习、船员值班等方面进行抽查。针对 LNG 船舶的现场监管,主要是靠离泊作业、装卸作业,着重检查《船岸安全检查表》落实情况、防污染措施的落实情况等。

通过"长线"和"短线"监管,涵盖了 FSRU 和 LNG 船舶进出港作业、靠离泊作业、船船过驳作业、船岸过驳作业、气化外输作业、物料供应、淡水加注以及污染物接收作业等各个方面。同时,通过同 LNG 码头建立起的合作互信,为 FSRU 和 LNG 船舶在港期间的安全作业提供了支撑和保障。

(二)建立 FSRU 安全作业标准

为了解决 FSRU 气化外输作业、单点系泊作业等课题难点,填补国内监管制度空白,南疆海事局按照"三步走"战略,开展了《浮式储存气化装置安全作业要求》行业标准课题的研究。

《浮式储存气化装置安全作业要求》行业标准课题于 2014 年 5 月起草;2015 年纳入交通运输部 2015 年度重点科技项目;2016 年 3 月,通过了由交通运输航海安全标准化技术委员会组织召开的"《浮式储存气化装置安全作业要求》标准审查会"的评审验收。2018 年 5 月 22 日,交通运输部发布《交通运输部关于〈商品车多式联运滚装操作规程〉等 42 项交通运输行业标准的公告》(交通运输部公告第 52 号),行业标准《浮式储存气化装置安全作业要求》(JT/T 1200—2018)列为第 9 项一同发布,并于同年 8 月 1 日起生效实施。

行业标准《浮式储存气化装置安全作业要求》(JT/T 1200—2018)共包含 11 个章节和 3 个附录,分别是:范围、规范性引用文件、术语和定义、信息交流内容、基本要求、装卸作业要求、气化外输作业要求、在港期间要求、单点系泊作业要求、应急要求、其他作业要求,以及附录 A 船/岸安全检查表、附录 B 船/船安全检查表、附录 C 船/岸安全巡查表。标准重点解决了 FSRU 气化外输、货物过驳和单点系泊作业、长期在港期间的要求等课题难点,弥补了国内 FSRU 船舶安全作业要求的空白。

(三)持续培养监管人才

1. 完成教材编写

为了解决 FSRU 及 LNG 船舶现场作业海事监管人才培养问题,2015 年南疆海事局在前期工作的基础上开展了《浮式储存气化装置(FSRU)安全管理》教材编写的研究工作。

《浮式储存气化装置(FSRU)安全管理》一书为面向专业人员的教材,该课题被列为天津海事局 2015 年度重点科技项目,2015 年底通过了天津海事局科技信息处的项目验收。2017 年 2 月由人民交通出版社股份有限公司正式出版发行。

该教材共计七章,内容包括 LNG 船舶及 FSRU 概况介绍、LNG 的理化性质及用途、LNG 船舶和 FSRU 的区别及各自的特点;FSRU 的船舶结构、FSRU 的历史、FSRU 的操作系统简介;天津南疆 FSRU 项目、天津南疆 FSRU 项目介绍、天津南疆 FSRU 项目运行操作;FSRU 的操作作业、FSRU 的货物操作系统及设备、FSRU 的装卸货作业、FSRU 的气化外输作业；FSRU 作业风险分析、LNG 船舶及 FSRU 的危险源辨识、FSRU 的风险评价、FSRU 的风险控制；FSRU 船舶安全监督管理、FSRU 安全监督管理、FSRU 的安全检查；FSRU 应急措施、天然气火灾/爆炸事故应急预案、LNG 泄漏事故应急预案、自然灾害引发的安全事故应急预案以及三个附录等，全面总结了南疆海事局多年来在 LNG 船舶和 FSRU 的监管过程中积累的大量资料和宝贵经验，为实现南疆海事局"基础学习、师傅带领、现场实践"的三位一体人才培养体系奠定了基础。

2. 建立培训课程体系

2018 年，南疆海事局在前期专项工作组的基础上，成立了"F·S·R·U 工作室"，工作室秉承"F(fast，迅捷)、S(service，服务)、R(reliance，信赖)、U(unity，协作)"的工作理念，深入开展 FSRU 及 LNG 船舶的安全监管研究。"F·S·R·U 工作室"建立了以青年技术骨干为主体的人才队伍，组建了五个业务研究小组，分别为：LNG 船舶监督、履约专题、平安港区、绿色港区和执法标准，定期开展业务研讨和制度研究，积极投身 FSRU 监管体系的研究建立以及 LNG 项目的安全保障等工作。

2019 年，南疆海事局完成了 FSRU 安全监管课程体系的建设。在《浮式储存气化装置(FSRU)安全管理》一书及《散装运输液化天然气船舶装卸作业现场监督检查程序指导手册》的基础上，逐步完成了《LNG 船舶安全监管基础》《FSRU 安全监管基础》《LNG 船舶装卸作业船岸安全检查指南》《FSRU 气化外输作业船岸安全检查指南》四门教学课程内容的编制工作。其中《FSRU 安全监管基础》教学视频，在天津海事局教育培训网络课件评选活动中荣获二等奖。

多年的孵化培养，打造了一支优秀的 FSRU 监管团队。团队共有 10 名成员，带头人为王和平，现任危防中心主任兼任指挥中心主任，为 2020 年交通运输系统优秀共产党员、交通运输部直属海事系统优秀青年，荣获"天津海事局表现突出的共产党员"荣誉称号。团队成员平均年龄为 34.5 岁，具有较强的创新意识和实践能力，多名成员具有 A 类安检员证书和验船师证书。

2013 年，前期监管团队荣获天津市"青年安全生产示范岗"荣誉称号。

2016 年 11 月，团队所开展的"浮式储存气化装置(FSRU)创新监管体系的研究"在天津海事局青年岗位创新大赛中获得"十佳创新成果奖"。

团队人员荣获"十佳海事执法标兵"荣誉称号 3 人次；荣获"天津海事局优秀青年"荣誉称号 5 人次；荣获天津海事局"蓝海廉洁之星"3 人次；荣获"天津海事局国际会议组织保障工作表现突出的个人"表彰 1 人次；荣获"2019 年天津海事局国际海事履约英文演讲比赛"三等奖；荣获三等功 2 人次。

(四)形成"一标二保三举措"创新监管体系

通过多年的研究和实践，南疆海事局对积累的经验和资料进行了总结，形成了"一标二保三举措"的 FSRU&LNG 创新监管体系。

"一"即"一个标准"：完成了行业标准《浮式储存气化装置安全作业要求》，弥补了国内 FSRU 船舶安全作业要求的空白。

"二"即"两个保障"：即 FSRU 及 LNG 海事管理的监管制度保障和人才发展保障。一是形成了《南疆海事局 FSRU、LNG 船舶和码头现场安全监管工作须知》质量体系文件，使得对 LNG 的海事监管项目全部按照程序来执行，确保监管"不越位、不缺项、可复制"；二是完成了《浮式储存气化装置(FSRU)安全管理》教材以及 FSRU 及 LNG 船舶监管知识课程培训体系，为实现人才培养的可持续发展奠定了基础。

"三"即"三项举措"：逐步形成了"节点服务、线性管理、全面覆盖"的 FSRU 及 LNG 船舶现场监管举措。

"节点服务"即按照检查单重点加强对 FSRU 及 LNG 船舶靠泊前、作业中、离泊、重新供气、恶劣天气、加装燃油、残油垃圾接收等重点环节的现场监管，确保重点环节作业安全。

"线性管理"分为"短线"和"长线"管理："短线"管理即 LNG 船舶靠泊作业至离泊期间的接卸货作

业现场检查监管;"长线"管理即针对 FSRU 长期靠泊和 LNG 码头的定期现场监管,通过双线管理保障 LNG 船舶短期作业和 FSRU 长期停靠的两方面的作业安全。

"全面覆盖"即通过与 LNG 项目公司签订的《保障 LNG 项目安全运营合作协调会议纪要》,南疆海事局可以达到对 LNG 码头和船舶运行情况的及时了解,特别是通过沟通协调机制和资源共享机制,以及 CCTV 远程现场监控系统,切实实现了对 LNG 码头和 FSRU 的全时段监管,以及对 LNG 码头的海事监管全面覆盖。

"一标二保三举措"创新监管体系的形成,从侧面证实了南疆海事局提出的"三步走"战略的成功,达到了预期的建设目标。它覆盖了从监管制度到行业标准,再到现场安全监管,以及人才培养等各个方面。

通过"一个标准",解决了 FSRU 船-船、船-岸、船-岸-船、岸-船接卸过驳及气化外输等多种作业方式安全要求问题,使得实际操作及安全监管有据可依,避免了作业过程可能发生的风险事故。

通过"两个保障",解决监管过程中面临的监管制度空白和人才短缺问题。

通过"三项举措",解决了 FSRU 长期停靠于码头进行气化外输作业期间,所进行货物过驳、加水、加油、物料接收、残油接收等各种关键作业的安全监管问题,既保障了日常的作业安全,又突出了重点环节。

三、实施效果

在"一标二保三举措"的 FSRU 及 LNG 创新监管体系的有效实施下,南疆海事局有效地保障了 FSRU 长期在泊期间及 LNG 船舶在港装卸作业的安全运行。特别是在 2017 年冬天华北地区面临"气荒"时,作为当时天津地区唯一的 LNG 码头,其保供压力巨大。一边是冬季大雾大风等恶劣天气影响作业安全,一边是 1400 万天津居民的供热用气问题。如何保障 FSRU 持续进行气化外输作业,保障 LNG 船舶按期进港,海事监管部门压力巨大。按照《液化天然气码头设计规范》(JTS 165-5—2016)要求,当风力达到 20 米/秒时,LNG 船舶应提前离港。为了保持 FSRU 气化外输作业的持续性,南疆海事局会同 LNG 码头进行分析研究,一方面加强码头附近水域气象信息的准确性和更新率,另一方面布置应急拖轮在附近待命,在瞬时风力过大时,对 FSRU 进行辅助顶推作业,以避免瞬时的风力超过限制要求,而采取不必要的撤离作业,进而影响天然气的供气。针对 LNG 船舶不能按时进港问题,南疆海事局会同 LNG 码头协调各相关作业方,抓住短暂的进港窗口期,优先保障 LNG 船舶的进港装卸作业,保障气源的不间断供应。

码头自 2013 年至 2020 年 9 月,船舶进出港艘次及吞吐量见表 1。

LNG 码头船舶进出港艘次及吞吐量　表 1

年份(年)	艘　次	吞吐量(万吨)
2013	1	5.9
2014	4	21.07
2015	9	57.8
2016	17	106.9
2017	36	219
2018	57	353.38
2019	52	336.77
2020(1—8 月)	42	264
合计	218	1364.82

由表 1 可以看出,码头进船艘次及吞吐量逐年快速上升,其中 2018 年达到峰值。码头 2020 年计划吞吐量将达到 450 万吨(截至 2020 年 9 月数据)。

在 FSRU 创新监管体系的保障下,FSRU 在港安全作业 2200 余天,保障进港 LNG 船舶安全装卸作业 218 艘次,总卸货量达 1364.82 万吨,折合天然气约 194.5 亿立方米。

1 亿立方米天然气较燃用同等热值褐煤,可减排二氧化碳 15 万吨、一氧化碳 3200 万吨、氮氧化物 90 吨、二氧化硫 2268 吨。截至 2020 年 8 月,天津南疆 LNG 码头累计向华北地区供应的天然气,较燃用同等热值褐煤,可减排二氧化碳 2917 万吨、一氧化碳 62.24 亿吨、氮氧化物 17505 吨、二氧化硫 44.1 万吨,其减排二氧化碳、二氧化硫、氮氧化物和烟尘的贡献相当于植树 1.1 亿棵。

我国是天然气进口大国,随着全社会对空气问题日益关注,以及国家能源结构改革的快速推进,对 LNG 接收终端的需求十分迫切。受国内电厂"煤改气"和西沙等岛屿供气发电需求影响,同时,鉴于北方季节性供暖和南方夏季台风天气多发,建造陆上 LNG 接收终端资金需求大、建造周期长且审批复杂,FSRU 在经济、快速地填补国内 LNG 需求的同时,可以满足南北方的季节调峰需求。可以预见,未来 FSRU 作为浮式接收终端将在天然气进口贸易中发挥越来越重要的作用。目前,河北、香港等地区已经开始着手开展 FSRU 项目建设的可行性研究,而 FSRU 创新监管体系必将会成为国内新建 FSRU 项目的重要参考,对 FSRU 的快速发展起到积极的推动作用。

党建统领+连队化管理在重点项目中的探索实践

中交一公局重庆万州高速公路有限公司

成果主要创造人:胡风明 陈洪胜

成果参与创造人:王程武 赵 强 姬广有 胡 华 曲振宇 曹 峰 陈 敏 杨益波 张玉佰 李 进

2017年2月,中交一公局集团有限公司(简称"中交一公局集团")与重庆市交通局签订万州环线高速公路南段工程投资协议,由中交一公局集团独资控股组建"中交一公局重庆万州高速公路有限公司"(注册资本金1亿元,简称"万州公司"),负责项目的资金筹措、建设实施、运营管理、养护维修、债务偿还和资产管理。万州公司坚定不移贯彻执行具有自身发展特色的"1234+1"[1]发展总体思路、战略路径,争当一公局集团改革重组发展、践行强好优战略新格局的"排头兵",高水平建设引领行业发展的品牌工程,高质量建成深度融入区域的属地公司,以一流业绩助力重庆建设成为交通强国试点地区,助推中国交通建设股份有限公司(简称"中国交建")建设成为具有全球竞争力的世界一流企业。

万州环线高速公路南段,全长23.077公里,概算批复50.14亿元,采用BOT(Build-Operate-Transfer,建设-经营-转让)+EPC(Engineering Procurement Construction,设计采购施工)模式实施,桥隧比为48.95%;主跨为1020米的新田长江大桥一跨过江,是重庆市在建跨径最大的桥梁工程。项目对于深入贯彻实施西部大开发和长江经济带发展等国家战略,完善国家和区域高速公路网布局,优化长江过江通道布局,改善长江港口集疏运条件,促进沿线经济社会协调发展等均具有重要意义。

一、实施背景

为全面加强国有企业党建和积极投身国有企业改革行动,深入贯彻中国交建"五商中交"和中交一公局集团"强好优"战略,助力交通强国重庆试点和万达开川渝统筹发展示范区建设,万州公司创新传承中交一公局集团前身——中国人民解放军公路一师的红色基因,以国家高速公路网——G5012恩广高速公路万州环线项目新田至高峰段为依托,以争创引领行业发展、服务区域品牌工程为目标,坚持"支部建在连上"重要原则,创新实施党建统领+连队化管理,深度融合"6S"管理,系统推进"334工程"[2]建设,将项目部变成连队、一线职工和产业工人变成军人、驻地工点变成营区、生产管理变成"打仗",传承中交一公局集团红色基因,弘扬战斗精神作风,激发中交蓝色力量,担当强企兴企重任,助力新时期产业工人队伍体系建设,为实现项目高质量生产经营建设和融入三峡库区属地发展,提供政治保

---

[1] 一个发展方针:和谐、求变、纠偏、效益。两个发展目标:塑造有品质行业领先的品牌工程,实现属地化高度融合的活力公司。突出三个关键:突出三个创新(管理、技术、微创新),突出文化培育,突出价值创造。实施四项保障措施:以新格局下的党建属地化管理促进公司党的政治建设,"连长+指导员"班组管理体系,强化全要素精益化经营管理,借助全生命周期"BIM+"(Building Information Model,建筑信息模型)技术,结合大数据、云计算、智能应用全面打造"智慧"工地。一个三年发展规划:2018年为夯实基础阶段,2019年为全面提升阶段,2020年为决战目标阶段。

[2] "334工程"由中国交建提出,即"三基""三全""四化"。三基:基层、基础、基本功;三全:全面预算管理、全面成本核算、全面考核管理;四化:专业化、标准化、数字化、精细化。

证效能支撑,以一流业绩为一公局集团“双千亿、500强”战略目标赋能助力。

二、重要内涵

依据《中国共产党章程》《中国共产党党员教育管理工作条例》《中国共产党国有企业基层组织工作条例》和中交一公局集团党委《党支部建设标准化工作手册》,参照部队条令条例和连队化建设体系标准,结合现代企业制度,从顶层设计精准谋划部署、从制度建设精确实施推动、从跟踪问效精细整改提升,坚持一揽子计划、一体化推进,打造过硬团队,铸就一流工程,彰显央企品质。主要实现两大目标任务:

大党建体系落实,党支部战斗堡垒作用突出。全面落实从严治党责任,依据中国交建打造基层党建示范点要求,按规定参与企业重大问题的决策,服务改革发展、凝聚职工群众、建设企业文化,创造一流业绩;努力实现组织建设标准化、组织生活标准化、党员管理标准化、活动阵地标准化和基础保障标准化的要求;达到基本组织健全,基本队伍过硬、基本制度落实;党支部战斗堡垒作用突出,党员骨干先锋模范作用明显,党建工作在生产经营中的领航作用发挥充分。

大管理体系落实,标准化管理水平明显提升。深化大管理体系建设,实施高效的连队化管理模式,促进标准化管理水平的提升。一是建成像营区样子的工区。各级岗位职责明晰,运行顺畅良好;连队各级关系融洽,员工之间相处和谐;连队化管理制度落实,工作、生活、秩序正规;事事有规矩,处处整齐划一,施工标准化。二是培养像军人样子的员工。连队各级“军容”严整,礼节周到热情,行为举止规范得体;队列动作正规、队列队形整齐;指挥员程序正确,员工“军姿”良好、“军容”严整、动作协调一致。三是养成纪律严明的作风。组织纪律严格,行动一致、一往无前;具备来之能战、战则必胜的军人气概;奖惩实施正确,连队集中统一,令行禁止;安全管理到位,安全基础牢固;坚决实现“零死亡、零伤害”的安全管控目标。

三、主要做法

在组织人员到部队参观见学、邀请转业军人进工地宣贯,加强军事管理政治理论培训、调查研究论证、普及推广试行的基础上,项目从筹建规划进入实质性施工阶段起,至万州环线项目建设任务完成,全程组织实施。

(一)定岗定位学规章

1. 建立健全组织

万州公司党总支下达连长、指导员,副指导员和排长的任职任命。各支部根据明确的党内职务和行政职务,依据《党建统领+连队化管理组织机构图》,建立健全各类组织,及时下达班长的任职命令(报上级备案)。项目部党支部要与项目同步设置组建(进场一个月内完成),机构组成需经过公司党总支的批复。

2. 学规章明职责

组织全体党员原原本本学习《中国共产党章程》《决胜全面建成小康社会　夺取新时代中国特色社会主义伟大胜利》《党支部建设标准化手册》和《中国共产党党员教育管理工作条例》等内容,增强党支部务党抓教能力,增强“四个意识”、坚定“四个自信”、坚决做到“两个维护”。分层组织相关人员学习本方案所明确的组织和个人职责,理清各级抓建职责和连队化管理责任。相关人员要找准自身角色定位,迅速进入情况,尽快掌握岗位工作的流程和标准。根据党支部建设的重点任务和项目进展情况,坚持集中培训制度,有计划地组织党员参加集中轮训培训、党内集中学习教育,使党员接受日常教育全覆盖、有保证、见实效。党内学习要认真记录,个人笔记及时完善。

3. 加强党员管理教育

全面从严治党要向施工一线延伸,坚持融入日常、抓在经常,坚持从基础工作抓起、从基本制度严起。一是用好党的组织生活这一经常性手段,落实“三会一课”、组织生活会、民主评议党员、谈心谈话等基本制度,组织党员定期参加支部主题党日、按期交纳党费,加强党员党性锻炼。二是组织引导党员发挥先锋模范作用,党支部要在项目一线设立党员示范岗、党员责任区,开展设岗定责、承诺践诺,引导党员参与志愿服务,充分调动广大党员积极性主动性创造性。三是坚持从严教育管理和热情关心爱护相统一,从政治、思想、工作、生活上激励关怀帮扶党员,落实对老党员等重点对象的服务措施,增强党员荣誉感归属感使命感,激励党员新时代新担当新作为。

4. 强化党支部自身建设

以政治建设为统领,坚持抓班子带队伍,打造“四讲四重”的班子团队。严格组织运行规矩,党支部正副书记要以身作则,带头做到下级服从上级,带头做到对上级高度负责。深化“网格化”管理,每排要指定党员负责思想政治教育等党建工作具体落实。党员在日常生活中需佩戴党徽,亮明身份、接受监督。加强宣传报道工作,以项目为载体,以新时代产业工人的“工匠精神”为主线,以技术创新、经营管理、品牌建设为抓手,选准突破口、把握关注点,有效运用各种载体,提高新田长江大桥的知名度,提升万州公司美誉度。此项工作不设时限,要长期坚持、长期落实。

(二)着力培养军人样子的员工

1. 严格着装要求

工作期间所有人员均要配套穿着工作服,佩戴标识,统一规范;进入施工生产区域,必须统一佩戴岗位安全防护用品;利用班前教育之际,进行安全防护用品的两人相互整理、检查。休息时间可着便装,但不得着奇装异服;在非洗漱时间不得穿着短裤、拖鞋,严禁赤身在室外活动。

2. 严整仪容举止

万州公司各级人员要精神振作、举止端正、谈吐文明。男同志不得留怪异发型,不得蓄胡须、留长指甲;不得边走边吸烟、吃东西、扇扇子;不得搭肩挽臂,严禁对女同志开玩笑。女同志不得浓妆艳抹、衣着暴露。各级要不定时派出人员,及时发现、纠正仪容举止中存在的突出问题。

3. 规范礼节称谓

万州公司各级人员政治上一律平等,依职务高低构成上级与下级、领导和部属的关系。为体现相互尊重,相互之间必须有礼节。下级遇见上级和领导时要主动问好,上级和领导要回问或致谢;在狭小空间相遇时,应当礼让上级通过。上级领导进入室内时,在场人员应当起立问好。下级听到上级呼喊时应当面向上级立正、答“到”(施工一线人员正在进行不宜立正的作业时,可边答“到”边作业)。项目部人员相互之间的称谓,明确连队职务的统一为:姓+连队职务(如:张连长、李排长);没有明确连队职务的技术和管理人员统一为:姓+技术(管理)职务(如:周工程师、王主管)。

4. 严格请销假制度

各级人员要逐级请销假,经批准后方可外出;归队后必须销假,杜绝有请假无销假的现象;请假人原则上持书面请假条当面报批。严格请销假的审批权限,战士请假的审批权限为排长;班长、排长的审批权限为连长、指导员双人审批。请假一日以上或在外过夜的要向批准单位呈交安全承诺书,请假条和承诺书要在班组存档备查。

(三)着力建设连队样子的营区

1. 规范办公区秩序

连队干部办公室内张贴(悬挂)相应职责牌,室内的设置严格按照万州公司《标准化管理手册》和“6S”管理执行。项目部驻地和工区办公室的办公用品、文书档案和设施设备,做到“三定”(定人、定位、定责),随时保持清爽、整洁、安全,技术状态良好。进入上级办公室必须敲门,适当音量喊“报告”,经允许后方可进入。办公区域内严禁嬉笑打闹、大声喧哗。公共区域卫生必须每天清扫,不得有杂物、尘土和泥水,随时保持干净、整洁。具体落实办法以项目部为单位进行统一。

2. 规范生活区秩序

生活区要紧密结合地形和现有设施进行统一规范,做到整齐划一,方便工作、生产和生活。各功能库室要设置相应门牌,指定专人管理,随时锁闭,防止失窃;室内设施设备摆放整齐,运行良好、清洁卫生。员工宿舍每日清扫,物品摆放整齐、达到全项目部统一。床上被子两周参照部队标准折叠一次,遇有重要活动必须高标准折叠整齐。对生活区秩序要坚持定期检查和随机抽查相结合的督导机制,每天对公共区域(含库室)覆盖检查一遍,并抽查不少于30%的班宿舍。检查、抽查中发现的问题,必须在次日前得到整改。每周组织一次生活区内务卫生和秩序量化评比。

3. 规范营院秩序

营院标语的设置主要突出一公局集团和万州公司的企业文化,原则上不少于两幅。设置主、副标语时,要以效果图的形式报上级单位批准。门牌应统一规范、污损老化时要及时更换。营院绿化要及时维护、整理,不得种植名贵花木;院内乔木不得有枯枝败叶,灌木要适当造型,草坪要修剪整齐;院内无杂草、无乱堆乱放。营院内外划定停车区域,内部车辆停放整齐,外来车辆不得进入院内,需要进入院内的外部车辆必须保持车容整洁。每月组织一次卫生运动,做到院内无卫生死角,无传染病,无大规模蚊蝇、蟑螂、老鼠。

4. 规范作业区秩序

现场刀旗、标识标牌要严格按照标准化实施办法制作。作业区物品放置规范有序、做到横平竖直、成行成线、整齐划一。配有门卫的部位,值班人员必须保持在职在位,听招呼、守规矩,认真履行出入人员、车辆的登记手续,保证营院的绝对安全,树好万州公司良好形象。门卫室内要设置必要的桌、椅、床等工作和生活用品,保持室内整洁。

(四)全力打造作风严谨的团队

1. 规范集合整队

就餐、开会、学习、上工前后必须集合。集合由各级值班员组织实施,按照“发出号令—列队—清点人数—整理着装—报告”的顺序进行。列队根据人数多少确定适当队形,带入、带出产业园和作业区必须以纵队整齐行进。集合地点要明确、固定,原则上就近选择,周边无安全隐患。

2. 规范就餐秩序

早饭、午饭、晚饭前,准时发出开饭哨音;列队完毕后,按值班员宣布的秩序进入餐厅(家属适当提前,连队首长最后就餐),餐后自行离开。就餐时间原则上控制在30分钟以内,进入餐厅不得高声喧哗,饭后清洁餐具不得发出声音。人员较多或劳作时间相对不固定的单位,可分班(组)错峰集合开饭,但开饭前必须集合。

3. 规范升旗仪式

坚持每周组织一次,逢法定节假日后上班和项目开工、复工时必须组织。升旗仪式前,在位人员均要统一着装,整齐列队;队列人员要唱国歌。为增强仪式感和荣誉感,举行升旗仪式时可安排先进班(组)在前排列队,旗手由先进班(组)中的优秀员工担任。

4. 严格组织早操

早操原则上在升旗仪式结束后进行,每周组织一次(遇有恶劣天气时及时调整)。早操时间通常不超过20分钟,主要进行队列、队形、器械、体能等,以及其他具有连队属性的实用性训练。

5. 严肃队列生活纪律

要按照规定的位置列队,集中精力听指挥,动作迅速、准确、协调一致;坚决执行命令,做到令行禁止;姿态端正,军容严整,精神振作,严肃认真。保持队列整齐,出、入列要报告并经允许。

6. 强化安全质量管理

一是要结合实施“平安工地”“品质工程”“绿色公路”等创建活动,坚持落实岗前培训、班前教育、安全巡查和智慧工地等制度,确保安全“抓手”牢固可靠;班前教育时要组织诵读安全警语,营造“我的安全我负责,他人安全我有责”的安全氛围。二是要落实标准化管理和视觉识别系统规范要求,在工区设置安全文化宣传栏,在作业险点位置要设置安全标语和安全警示牌;关系到员工切身安全的防护用品检验必须合格;医疗和救生设备的配备要紧密结合实际,够用、管用、可靠。三是要充分设想各种可能遇到的安全险情,周密制定各类防控预案;以安全逃生、紧急避险、抢险救援为主要内容,严密组织项目部指挥、协同、配合演习演练,确保遇有情况忙而不乱。组织演练(拉练)原则上每月不少于一次,特殊时期或安全形势严峻时随时组织。组织演练时要视情向上级和友邻通报,避免引起误会,造成不良影响。

(五)检查、考评和奖惩制度

1. 检查

对落实方案情况,万州公司将实施常态化、不间断的检查指导。方案中有明确时限要求的,将按时间节点组织专项检查;节点过后转入常态化,将采取不打招呼的方式进行突击检查。对发现的典型和倾向性问题在万州公司内部讲评通报,并抄送相关单位。

2. 考评

把党建和连队化管理工作情况,作为评价单位全面建设和个人绩效的重要指标,严格组织考评。考核主要构成为党建部分(占比40%)、连队化管理部分(占比30%)和“6S”管理部分(占比30%)。

3. 奖惩

对抓党建工作成绩突出的单位和个人,积极推荐到上级党组织表彰。万州公司每年“七一”前评选一次“优秀共产党员”;年终评选2名“优秀连长(指导员)”、3名优秀排长,给予物质奖励。项目部每年评选1次“优秀班长”和“优秀士兵”(各占其所在层级的25%)。对党建工作重视不够,不担当、不负责的党组织,对连队化管理落实不力,见效不大的单位,要严肃追究单位正、副书记的责任。对宗旨意识弱化、自身要求不严、表率作用差的党员,要及时给予组织处理。

(六)增强政治自觉,扎实作风建设

1. 提高政治站位,强化思想认识

加强万州公司党建工作,是落实全面从严治党和党管企业的需要;实行连队化管理,有利于增强团队的执行力和创造力,打造过硬团队。万州公司要求全体员工必须提高政治站位,把思想统一到万州公司的决策部署上来,克服意义不大、与己无关、老一套等错误思想,自觉把自己摆进去、自觉参与其中,为实现“六大定位目标”❶而积极努力。

2. 扎实工作作风,形成工作合力

万州公司要求了各基层党支部要以提升组织力为重点,突出政治功能,健全组织,优化设置,准确把握项目部党建工作的环境、对象、方式的深刻变化,走出一条新形势下党建工作的新路子。细化连队化管理奖惩措施,将其纳入排班个人综合考评体系,作为重要指标,增强抓落实的主动性。做到善于依靠群众、发动群众,齐抓共管,形成工作合力,确保工作实效。

3. 加强工作统筹,严格落实责任

要求万州公司各基层党支部要密切联系实际,用好辩证法,加强工作统筹,确保各项工作相互促进,共同提高。各级领导以身作则、以上率下,敢于较真碰硬、层层传导压力,让失责必问、问责必严成为常

❶ 六大定位目标:一是引领一公局集团悬索桥发展,“创部优、争国优”;二是打造中交集团“示范项目”;三是争做行业标杆,强化模式创新、争当行业引领者;四是打造“绿色公路”;五是打造“品质工程”;六是打造“平安工地”。

态。要求言出纪随,抓住典型问题,勇于铁面问责,发挥震慑警示效应,激发担当精神。

四、实施效果

"品牌工程的全面建设、整体优化上,首先必须着力提升人员的政治素养作风和专业技能水平。一线职工和产业工人是突击队、主力军,必须激发他们主动融入项目大局、体现使命责任担当、勇于展现自身价值的积极性、创造性。党建统领+连队化管理是重要抓手、有效路径,必须树立团队'军人品质、部队作风'形象,加强组织建设,优化结构配置,亮出标准内容,狠抓制度建设,激发管理效能!"万州公司坚持把党建统领+连队化管理作为打造品牌工程、实现高质量发展的出发点、落脚点,作为加强一线职工团队建设和产业工人队伍体系建设的基础性、战略性工程,以党建为核心,工建、融建、优建为支撑,教育引领全体人员牢记中交一公局集团赋予万州环线项目的"六大定位目标",为培育一支对党忠诚、勇于创新、作风顽强、兴企有为、清正廉洁的一线职工队伍,锻造一个有理想守信念、懂技术会创新、敢担当讲奉献的产业工人团队,提供坚强政治保证、高效体系保护和发展动能保障,激励一线职工和广大产业工人始终发扬中国交建"交融天下、建者无疆"和中交一公局集团"自强奋进、永争第一"的企业精神,使"让世界更畅通、让城市更宜居、让生活更美好"的企业愿景,在党建统领+连队化管理的过程中、逐梦路上赢得获得感、幸福感、安全感。

(一)党建引领让一线职工和产业工人有军人的样子

1. 与"334 工程"建设深度融合发展

党建是"生命线",必须将一线职工和产业工人政治建设做实走心。以抓基层、打基础、苦练基本功等重点内容的"334 工程"建设,是中国交建近年来加强基层项目建设所推行的战略工程,万州公司通过党建统领+连队化管理,为"334 工程"建设提供政治作风纪律保证。通过参照部队三大条令条例,组织开展具有中交一公局集团公司特色、环线项目特点的党建品牌主题文化活动,将所属项目部按照建制连队的管理体系,确定连队化机构,明确职责职能。根据生产任务实际编组定岗,达到齐装满员。聘请复转军人进工地,加强党建推动实施半军事化管理一日生活制度常态化制度化,让"职工和产业工人有军人的样子、项目部和工地有营区的样子、生产管理和运营有打仗的样子",以半军事化管理提高标准化、专业化、精细化、工厂化水平,引领基层项目干部职工坚持党建政治引领,不断提升品牌工程建设的战略谋划力战术执行力,时刻想着"练兵备战打仗"。通过党建思想政治教育、列队出操升旗、队列比武考核等手段,教育全员牢记"军人"身份,绷紧"战斗"意识,不断夯实连队化项目部的建设根基让"沉浸式"连队化管理成为常态、成为标准。

2. 与基层组织建设相互促进提升

生产建设的重点在哪里,党建统领+连队化管理的触角就延伸到哪里,基层党组织的战斗堡垒作用就发挥在哪里。万州公司坚持把项目部变成连队,广泛开展"党员身边无事故""党员文明示范岗"创建等活动,激励广大党员勇于比作风、比业绩,主动上一线、打头阵,不断实现创新突破。班子成员长期深入基层,重心下移,扑下身子,分类指导,率先垂范,带领广大产业工人连续作战,出色完成阶段性建设任务,受到前往工地检查调研指导的重庆市、万州区和中国交建等各级领导一致认可,充分展现了中交一公局在三峡库区引领行业发展、打造品牌工程的良好形象。2020 年 4 月 2 日,新田长江大桥南北两岸主塔全部实现封顶。百米高塔之上,标有"党员示范岗""党员先锋队"等字样的鲜红旗帜迎空飘扬,取得施工大捷的欢呼声久久在上空回荡。

3. 与流动党员榜样产生化学反应

流动党员组织是堡垒,党员做榜样,工人有力量。装载机手李发祥是一名"流动党员"、退伍军人,曾辗转于多个项目,有时忘记了自己的"特殊身份"。时任三分部党支部书记陈安信主动与李发祥千里之外的老家河南漯河取得联系,证实了他的党员身份。通过谈心谈话鼓励他亮身份、亮承诺、亮作为,自觉参与到项目连队化管理中,让他找到原先在部队"当兵训练"的影子。在施工大战中,李发祥处处发挥共产党员干在实处、走在前列和军人上一线、打头阵的作用,在"党员身边无事故"创建活动中多次创造佳绩。在春节休假疫情防控期间主动在村支部值守一线,回到工地后影响和带动着身边工友处处争先、冲锋陷阵,提前圆满完成新田长江大桥北岸主塔封顶和锚碇浇筑施工任务。榜样的力量是无穷的。项目全线1000多名产业工人团结在各党支部周围,坚定不移听党话,矢志不渝跟党走,以政治自觉提升作风素养,以百倍干劲投身火热建设,展现出了"不一样"的精神面貌与建设格局。

(二)"工建"聚力,"家园化"浸润让大家有体面的生活

1. 多措并举营造新家园

工会是"娘家人",必须作为党建统领+连队化管理的重要力量,为一线职工和产业工人干事创业赋能鼓劲。在项目前期策划阶段,万州公司根据《住房和城乡建设部等部门关于培育新时期建筑产业工人队伍的指导意见》(建市〔2020〕105号),为万州环线项目"量身定制"《新时期产业工人队伍体系建设实施方案》,从组织、设施、技能、权益、产品五个板块,精心绘制体系建设思维导图,为打造讲政治、善管理、勇担当的一线职工团队积厚成势,为广大农民工向产业工人"华丽转身"夯基垒台。"视工人为兄弟,把驻地当故乡。让一线职工、产业工人来了不想走,干得好,在项目营造出家的温暖!"万州公司以管理人性化、生活舒适化为遵循,把"匠心"产业园的规划建设作为先手棋,从衣食住行予以"谋篇布局",让一线职工和产业工人在工地上有家的感觉,更体面舒适地生产生活。万州公司实行进场全员教育培训制度,推行信息化考勤,保证时间、内容、效果"三落实"。

2. 因地制宜实现新转型

教学培训区、安全体验区、办公运动区、技术试验区、住宿卫生区和餐饮生活区层次分明、井然有序,是加强党建统领+连队化管理的硬件基础。多媒体多功能学习教育室,让大家在结束一天的户外劳作之后,有一个可以静下心来学习思考的空间。模拟高空坠落的安全体验馆,令人身临其境,对生命至上的安全敬畏感油然而生。不用出院子,就可以到"生活超市"任意购买生活必需用品。洗衣房洗澡间生活服务设施,一应俱全,"夫妻间"增添到别样的家庭温暖。"这是我们重庆市建筑行业第一个真正意义上的产业园,你们的确把维护一线职工和产业工人的权益,放在心里、落在实处!"一些前来产业园观摩的业内人士,纷纷予以高度认可。今年42岁的重庆籍钢筋加工班班长秦青平打了十几年工,以前总是住在简易木板房、工棚中,2019年4月,他有生以来第一次和150多名工友搬进了产业园,心里甭提多高兴了。他时常与亲友微信视频,让他们放心,还骄傲地说"现在住在产业园,吃得好、住得好、干得好!"和秦青平同样拥有强烈有获得感的还有产业工人秦小华,2019年底,他被万州公司评为十大优秀产业工人后,万州公司专门派车送他回家探亲,并在家人和当地社区工作人员见证下,送喜报、发放慰问金,增强光荣感和自豪感。

3. 以人为本加速新质变

建好、用好产业园是加强党建统领+连队化管理的基础性保障工作,努力提高一线职工管理水平和产业工人技能技术更是核心工程,这也是对产业工人劳动权益、幸福生活最大的呵护和抚慰。在重庆市、万州区两级总工会的悉心指导下,万州公司充分发挥劳动竞赛"传家宝"的品牌优势,积极参与重庆市"巴渝工匠杯"等劳动技能竞赛,以赛促学树标杆,以学提能强素质。主动承办万州区"庆五一、劳动美""承匠心、立新功"等劳动技能竞赛,锤炼队伍技能,展示央企风采。2019年底,万州公司在全市1000多家单位中脱颖而出,荣获重庆市网上劳动技能竞赛一等奖,7人荣膺月度之星,1人荣获万州区"优秀产业工人"。2020年4月,万州公司党总支书记、总经理胡风明荣获"重庆五一劳动奖章"。疫情防控是责任,生产是使命。在疫情防控最吃劲、复工复产最迫切的关键阶段,万州公司工会与万州区总工会在施工现场共同设置疫情防控安全培训中心,联合开展送一次理发、举办一次法律维权讲堂等"六个一"主题服务,让一线职工和广大产业工人"理出精气神、干出加速度"。近年来,万州公司积极构建和谐劳动关系,协同开展"春送岗位、夏送清凉、秋送助学、冬送温暖"活动,委托专业教育培训机构对有成才渴望、进步需求的一线职工和产业工人,采取"一对一、点对点"服务,从专业资格证书升级、学历文

凭“提档”等方面精准提升。尤其是吸收当地贫困家庭具有生产劳动能力的群众进入工地,加强针对性的实践培训,实现在家门口就近就业,助力稳岗增收脱贫。

(三)“融建”共情,“属地化”扎根让全员有深耕的壮志

1. 紧紧依靠战略认同的群众力量

融合是“长远计”,必须把引导一线职工和产业工人融入地方建功立业,作为加强党建统领 + 连队化管理的拴心留人工程。“一线职工和产业工人是推动企业改革发展、完成重大攻坚任务的基础性力量、根本性保证、长远性依托。无论时代怎么发展,项目建设始终需要一线职工和产业工人助力,企业壮大需要产业工人赋能。”作为中国交建、中交一公局集团与万州区深度融合发展建设的执行团队,万州公司坚持从全局谋一域,从一域服务全局,锚定地方发展所需、人民生活所盼,坚守区域交通高质量发展的赤诚初心,担当企地融合属地化发展的战略使命,团结带领一线职工和产业工人增强区域发展战略认同,在万州大地深耕细作、落地生根,共同构建起民族复兴追梦路上的“命运共同体”。

2. 牢牢夯实属地发展的群众根基

“‘九带头’让我们知道在哪些方面要以身作则,作出表率,和产业工人同学习、同劳动”,一张精心制作的“九带头”内容卡片,在万州公司党员中间引发思想风暴。“带头讲政治、带头挑重担、带头强服务……”这份党建学习专题内容,是万州公司党总支与万州区交通局党委党建共抓、资源共享、融合共进的实践成果,也是深化党建统领 + 连队化管理的一项重要内容。2020 年“七一”前夕,万州公司党总支与万州区总工会党总支一起走进白公馆、渣滓洞,联合开展党员党性教育,教育引导大家发扬红岩精神、争创一流业绩。万州地处三峡库区腹地,层峦叠嶂,沟壑纵横。由于年久失修,万州长江二桥存在一些安全隐患,亟待整治。万州公司主动请缨受领长江二桥桥面缺陷修复整治任务。第一时间组织党员骨干、技术工人积极进行技术论证和方案编制,一举填补该施工领域的空白,架起一座企业与驻地的“放心桥”,体现了党建统领 + 连队化管理的创建效应。2020 年 7 月 16 日,万州遭遇当年以来最强暴雨突袭,一时间山洪暴发,万州机场路段发生多处山体滑坡,公路完全中断。接到险情,万州公司立即组织两支党员突击队,带领 40 多名产业工人赶赴现场,携带大型装备设备积极参与机场路的抢险救灾行动,出动机械车辆 53 台次、清理土石方 2000 余立方米,先后奋战 12 小时,顺利疏通机场路,彰显了能打仗、打胜仗的作战能力和素养,被誉为党委和政府放心、社会和人民满意的过硬团队。

3. 大大激发精神契合的群众共鸣

既要打造地企“发展共同体”,也要打造职工“命运共同体”。项目 1000 多名职工和产业工人来自五湖四海,同为建设品牌工程目标而来。万州公司工会坚持抱薪取暖、抱团作战、融合发展战略思维,利用晚上、下雨天停工时段开展“见缝插针式”教育,举办“工会大讲堂”“工地夜校”主题活动,为党建统领 + 连队化管理提供思想动能。针对性开展法律咨询、权益维护工作,联动万州公司财务部门监督一线职工、产业工人工资及时发放,加强大家情感认同、实践自觉、团队融合,构成最大公约数,画出最大同心圆。仅 2020 年 4 月,就先后举办 4 期“春季夜校”,期期精彩,不仅让大家补了大脑,而且明了耳目,有效引导一线职工和产业工人增强“项目给我平台,我为企业担当”的大局观念,与企业荣辱与共,唇齿相依,在和衷共济、融合发展中一同培育属地化发展的新增长极。

(四)“优建”誉名,“品牌化”奋进让团队有追梦的速度

1. 品牌体系既要有面子,更要有里子

品牌是“风向标”,必须使一线职工和产业工人“脱胎换骨”加速奔跑,为党建统领 + 连队化管理提供人才支撑和能力支持。新时代,普通职工向品牌员工转变,农民工向产业工人转变,需要改变的不只是身份属性,还有思维观念层次、生产方式手段和管理标准格局。如何让过去粗放式、常规施工模式向精细化、品牌工程格局转变,成为万州公司时刻放在心里、抓在实处的一项重点工作。万州公司把党建统领 + 连队化管理深度嵌入具有自身特色的“1234 + 1”发展总体思路中,坚持“颜值”与“气质”并重,

从工点工厂化、施组流程化、实操标准化、仓储超市化等多个维度,科学布阵“内外兼修”,亮出一线职工和产业工人队伍体系建设应有的规范标准样子,晒出品牌工程美好的发展愿景底子,让大家思想发生“颠覆性”改变,勇于自我革命,敢于改变固化的,乐于形成新常态。

2. 品牌工程既要干得了,又要干得好

品牌工程绝不是轻轻松松就能实现。对标一流,破立并举,改变不适应的,构建最高效的,才能为党建统领+连队化管理指明方向、绘好蓝图、亮出标准。主跨1020米的新田长江大桥一跨过江,是中交一公局集团继驸马长江大桥后在三峡库区接连修建的第二座千米级大桥。建设团队中有很大一部分一线职工和产业工人接力参与,却感受到前所未有的本领恐慌和能力危机。发生这样的改变,主要在于胡风明最初带来的思想风暴、品牌革命。“一仗接着一仗打,绝不是简单的复制与粘贴,要干就干最好,从零开始!”三年前,胡风明带领团队将浙江乐清湾大桥打造成为全国交通首批品质工程的建设示范项目。如今,把新田长江大桥打造成为“品质工程”3.0升级版,早已是他内心深处的决心和梦想。项目超前谋划构建我国山区首座全生命周期BIM+技术应用体系,系统建立万州环线BIM+综合协同与指挥调度平台,以大数据、智能分析预警去应对施工技术难题。在“不忘初心、牢记使命”主题教育中,引领产业工人投身“品质提升、品牌打造”活动,积极参与“四新”“五小”活动,为品牌工程赋能助力。混凝土外观质量提升,是推进品牌工程建设征程上重点突破的技术难题之一。胡风明带领项目部,指导施工班组从严格控制砂石含泥量、大小粒径的级配要素入手,组织工友对每一斗料石、每一根钢筋,采取“出厂合格证制”。“千米级大桥、毫米管控”建设理念标准,成为凝心聚力的思想法宝,一线职工和广大产业工人用钢筋定位尺精准检测钢筋间距,高度保证钢筋保护层厚度在品牌工程技术范围内,确保抗拉能力和耐久性。2020年7月5日,项目职工与产业工人并肩创新奋战,采用无人机技术不到五分钟便顺利实现新田长江大桥先导索牵引过江。2020年9月24日,新田长江大桥主缆开始架设,施工进度和质量水准远远超过预期。

3. 品牌团队既要彰显实力,更要讲好故事

走在前列,干在实处,勇立潮头。在胡风明劳模创新工作室里,一群群年轻的一线职工和产业工人兄弟姐妹激情碰撞,研讨技术细节,编制施工方案,推进成果转化,在夜以继日的奋斗中共同书写“只争朝夕、不负韶华”的青春华章。新理念、新方案、新设备、新材料的系统应用,改变的不仅是一线职工和产业工人的传统施工方式手段,还有他们职业生涯的长度和宽度。《奋斗之树绽放幸福之花》《重庆万州环线项目上的父子兵》《夫妻桩携手为新田长江大桥挖桩基》等反映一线职工和产业工人风采与担当的40多篇纪实文章,先后在人民网、新华社、学习强国、工人日报、重庆日报等主流媒体刊发。

以“政治上保证、制度上落实、素质上提高、权益上维护”为重要遵循,把“党建统领+连队化管理”紧紧抓在手上,落在实处,聚焦生产经营大局、服务基层一线、助力建设管理,多出讲政治重品性的实招硬招,多做接地气暖人心的实事好事,为一线职工产业工人追求美好生活铺路搭桥、添砖加瓦。“中国有梦,中交有责,一局铁军,南征北战,建功四方……”蜿蜒起伏的山区高速公路建设一线,万州公司职工原创歌曲《筑梦天地间》广为传唱。激昂的旋律、深情的音符,激励一批又一批新时代基层项目职工、产业工人筚路蓝缕心向党,乘风破浪再远航。

构建供应链管理思维下多方协同采购策略

中交一公局第三工程有限公司

成果主要创造人:刘海生　李　乐

成果参与创造人:董晓亚　纪大新　程怡东　张　宁　祁鹏飞

一、成果创建背景

在中交一公局集团"物资集中采购＋限价采购"双模采购思想的指引下,近年来中交一公局第三工程有限公司(简称"中交一公局三公司")在物资采购管理方面不断加强,物资采购质量逐年改善和提升,2018 年公司物资电子化集中采购金额突破 3.196 亿元,中标价较市场价节约 4364.55 万元,电子化采购率 90% 以上,降本增效率为 1.37%,较大地降低了施工总成本。

随着物资集中招标采购的不断深化实施,物资采购水平逐渐趋于稳定,单纯通过供应商之间竞争已经无法实现采购成本最优化。此外,从企业发展进程看,为实现建设具有全球竞争力世界一流企业的发展目标,在中交集团"五商中交"战略的引领下,中交一公局三公司一直稳健发展。产业链的延伸和价值链的提升,对公司供应链管理能力提出了更高的要求,从而倒逼公司整合外部供应商资源与企业内部的资源,促进供应链上下环节深度融合、达成共识、高效协作,寻求供应链管理成本的最优化。面向未来,企业的竞争不是公司与公司直接的竞争,而是供应链与供应链之间的竞争。

然而,作为综合性建筑企业,产品结构的多样性和复杂性决定了构建完整的供应链体系绝非朝夕之事。尽管很难做到打通整个供应链体系环路,但却可先从局部供应链体系和供应链上下游企业建设上寻找突破口。通过对供应链采购管理环节的体系建设,在质量、成本、交货期与服务上进行了改善和提升,从而实现供需双方或供需多方协同采购模式,降低供应链采购下供需双方的综合成本,实现多赢和可持续发展。

二、成果研究的主要内容和创建过程

"采购"是公司能"挣钱"的部门,据中国传统制造业行业协会统计,采购成本降低 1%,企业利润将提升 5% ~10%,这一结果在目前平均利润率不足 2% 的建筑行业同样适用。因此,要做好采购工作,就要管理好供应链。

供应链管理模型如图 1 所示。

1. 成果研究的顶层设计

以中交一公局三公司核心产品(道路、桥梁及隧道施工)为重点,重塑采购供应链条,整合采购供应环节资源,基本实现采购的"五个合适"目标,向采购链条上游要效益,探索供应链思维下采购链条的整体增值。

2. 成果研究的主要内容

①研究出一套适应于建筑企业工程主要物资采购的模式或模型。

②对中交一公局三公司现有采购供应渠道进行梳理,优化采购链条,实现多方协同采购模式。

③针对不同物资特性,对供应市场进行调查与分析,优化采购供应链上下游资源配置,实现新一轮的降本增效。

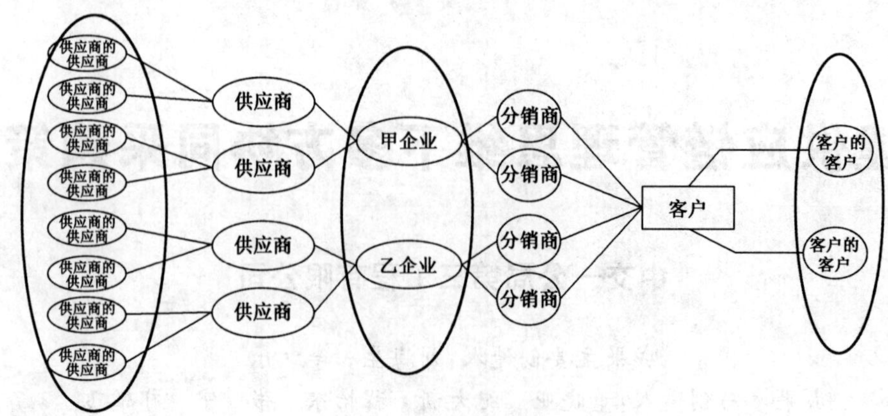

图1　供应链管理模型

④以优质供应商资源为依托,建立战略和框架协议供应商名录,与供应商建立长期稳定、互利共赢的合作关系。

⑤打破组织职能的限制,提升供需双方合作层次,实现采购链条的整体增值,服务于企业的发展。

⑥深化"管信结合",利用信息化手段实现统一管理,依托物资采购管理信息系统提升采购工作效率和数据整合分析能力。

3.成果研究的创建过程

成果研究的创建流程为:梳理采购流程、采购标准及评价方法→收集汇总公司物资采购需求→按区域建立主要物资集中采购计划数据库→对采购物资进行定位分析,区别重点、一般→供应源的搜寻与供应市场分析→制订采购实施方案→采购供应组织实施→实施效果分析与采购绩效评估→优化采购模式、整合采购链资源→再总结效果、复制经验→形成创新成果。

成果研究的关键点是:以采购供应市场为基础,对采购物资需求与市场供应情况进行准确匹配,把不同物资采购的重要程度(或成本占比)和供应市场的复杂程度(或风险)结合起来,将"供应链中心环节"由"供应方"转移到"采购方",发挥"采购方"在供应链环节资源配置的主导地位优势。

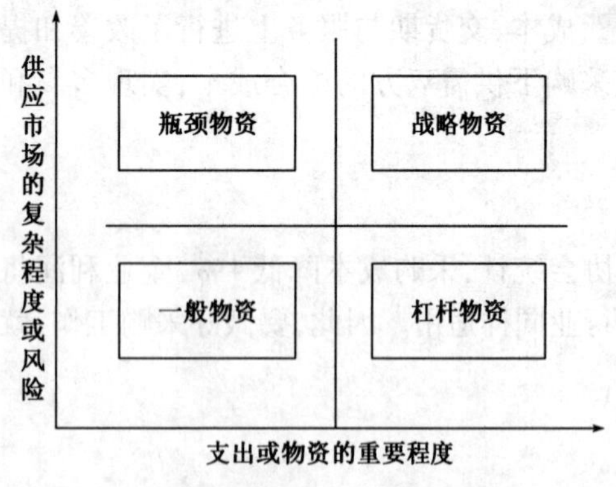

图2　卡拉杰克模型(采购物资定位)

(1)采购物资定位与供应市场分析

采购物资定位可基于卡拉杰克模型(图2)进行合理分析。在此模型下,工程主要物资可分为一般物资、杠杆物资、战略物资、瓶颈物资四类,如战略物资的特点为供应市场少、采购方处于被动地位、采购金额大同时对采购方影响较大,这类工程物资主要包括碎石、砂、水稳、沥青混凝土、商品混凝土等地方性材料。采购方应结合实际市场供应环境进行具体分析,对采购物资的定位分析力求准确。

(2)市场调查与供应源的搜寻

市场调查与供应源的搜寻是为了摸清采购成本和识别潜在供应商,应对采购需求地周边供应源进行实地调查、走访,并通过供应商资源库、互联网采购信息平台、专业性采购期刊等扩大潜在供应商的来源范围。

(3)制定采购实施方案或策略

以"采购方"为主导中心环节,针对不同的采购物资类型和市场供应环境,制定合理的采购策略,从而优化采购供应链上下游资源配置,实现供应链采购管理成本的最优解。

本创新成果建立在公司持续多年推行大宗物资集中采购的思想上,通过收集整理历史来的采购数据,分类汇总进行分析、总结和提炼,逐步掌握了主要工程物资的市场定价依据和价格波动规律,基本摸清了采购链条中各级供应商的真实成本数据,同时获取和培养了一批优质的供应商资源。

中交一公局三公司持续优化采购链条,提升采购集中度,在钢材、水泥、沥青等物资采购中将采购链条压缩到采购方、一级中间商、厂家三级中,在地材、专用材料(外加剂、锚具、波纹管、支座、土工止排水、伸缩缝)等物资采购上尽量面向厂家进行源头采购,将采购链条压缩到采购方和厂家二级中。采购链条重塑后,有利于改善供需双方的沟通,利用互补的资源和能力,提高采购价值,实现多方协同采购模式。

三、成果实践应用

1.管理成果的创新性

(1)重塑采购链条,创新物资采购模式

随着物资集中采购的深入实施,公司逐步加强了对上游资源的获取能力和管控力度,以公司主营业务为核心,持续对采购链条进行优化、升级和重塑。结合采购物资需求类别和供应市场情况,分别构建了“采购方-中间商-厂家”“采购方-厂家”“采购方-合作方”3种协同采购模式,物资采购模式的创新提升了各供需层级节点的深度合作,稳定了供需关系,形成了上下游“抱团发展”的模式,提高了企业的竞争力。

(2)借助供应链金融,创新资金支付模式

作为建筑企业,高负债、现金流差是公司长期存在的问题,因此在物资采购中很难做到预付款或现结款的支付模式。这就使得物资采购逐步演变成了一个融资性的业务,供方不仅要提供产品,还要提供垫资账期服务。然而常规企业14%以上年化融资成本(民营企业甚至在20%以上)决定了势必会大幅度增加需方的采购成本。为此,公司以自身国有企业的融资优势,通过供应链金融引入了年化6%左右的银行票据,创新了物资采购中资金支付模式,降低了采购链的融资成本。

(3)依托优质供应商资源库,创新战略合作伙伴关系的打造方式

公司采购链条的优化和升级,需要以高质量的供应资源作为支撑。以中交集团战略供应商和中交一公局集团框架协议供应商为基础,公司建立了钢材战略供应商49家、水泥战略供应商41家、钢绞线战略供应商10家、沥青战略供应商11家、锚具战略供应商9家、桥梁支座战略供应商17家、伸缩缝战略供应商12家、外加剂框架协议供应商20家、土工材料框架协议供应商18家以及地材自加工框架协议供应商40家。优质资源的引入,促使公司采购质量和效率不断提升。

(4)深入“管信结合”,创新采购管理电子化的应用

电子化采购就是运用互联网信息技术进行与采购相关的规划与作业,公司电子化采购的实施主要依托“中国交建物资采购管理信息系统”和“中交云电商平台”,采购管理电子化后,采购的效率和绩效显著提升,与传统采购相比具有明显的优越性,主要表现为一是电子化采购提供了一个全天候超时空的采购环境,在电子化采购过程中,任何时间、任何地点都可以实施采购行为;二是降低了采购费用,减少了交通差旅费、采购资料印刷费、开标会议费、人工沟通成本费等;三是提高了采购效率,提高了与供应商的交互效率,加速了比价、议价过程;四是提高了采购透明度,实现了阳光采购,通过平台能够将计划、采购、审批、交易、付款、监督等各个主体职能进行有效分离,采购交易数据公开、透明及可追溯,降低了采购廉洁风险;五是采购原始数据存储安全、提取便捷、真实性高,决策层能够从多个维度对数据进行查询、统计、分析,能够获得第一手真实可靠的采购数据。

2.管理成果的实践性

供应链管理思维下多方协同采购策略其实质是团结采购链条各方的力量,合理匹配和整合优质资源,通过供应链上下游优势互补,提升供需双方的合作层次,促进供需双方的协同、可持续发展,从而寻求将合适的产品(质量、数量)在合适的时间,以合适的价格送到合适的地点为目标。

通过近年来的实践运用,公司在多方协同采购策略上取得了一定的突破,下面以近一年完成采购实

践的部分案例进行说明。

①郑州S312项目桥梁钢板采购策略。通过以采购方、一级中间商、钢厂构建了三方协同采购模式,通过使用银行票据,由中间商贴息转化为现金与钢厂直接合作的模式。

②湖南澧乐项目沥青采购、青海西互项目钢材采购策略。通过前期市场调查和供应源搜寻,引进项目所在地具备资源优势的供应商,并进行公开招标报价,达到较好的采购效果。

③容易线项目钢材采购策略。容易线公路一期工程项目是雄安新区建设的主要材料通道,也是中交一公局三公司在雄安新区的第一个项目,具有重大的战略意义。该项目工期紧、任务重,物资的采购与供应面临极大的挑战。在钢材采购策略上,公司依托战略供应商资源,形成了"采购方、战略供应商、厂家"三点一线的采购链条,在满足采购合规性的同时,兼顾了采购质量、成本、交货期等各种因素。

④连云港南疏港公路项目钢材采购、信阳大别山景区项目钢材及水泥采购策略。由于上述两个项目的资金状况较差,无法做到合理的账期支付,依据前期与供应商进行意向性谈判的情况,将招标支付条款设置为月结票据支付的方式,通过减少供应商的垫资周期,来降低采购成本。

⑤湖南澧乐项目水泥采购策略。该项目水泥采购后,我方对供应市场进行了再调查、分析,通过整合优势资源,我方积极与中标供应商共享上游水泥厂家资源,从而进一步降低供应链整体采购成本。

⑥青海河鄂2标项目、加西3标项目地材采购策略。随着国家环保要求日益提升,各地砂石料采购成本"节节攀升",市场倒逼公司与地材加工商深化合作,以隧道或挖石方弃渣作为母材,实现地材(碎石、机制砂)的自加工模式,从而打破地材垄断、平抑市场价格。

⑦北京大兴国际机场高速公路六标项目伸缩缝策略。该项目的桥梁伸缩缝原设计图纸存在专利,根据市场询价,专利厂家的报价明显偏高。为此,公司通过让优势供应商早期参与进来,变更设计图纸,突破专利垄断,实现了采购链条的增值。

3. 管理成果的效益性

(1)经济效益

①在郑州S312项目桥梁钢板采购策略中,通过前期策划,项目钢箱梁用桥梁钢板可以通过专业分包采购、物资招标采购以及从钢厂源头采购三种模式。

方案1:通过专业分包由队伍采购的方式,桥梁钢板的采购单价为5308元/吨(损耗率为10%),付款方式为预付现金。

方案2:通过面向市场招标采购的方式,桥梁钢板的采购单价为5210元/吨(损耗率为14%),付款方式为次月付款。

方案3:通过使用银行票据,由中间商贴息转化为现金与钢厂直接合作,采购单价为4967元/吨(损耗率为8%),付款方式为预付6个月的建行e信通。

最终通过以采购方、一级中间商、钢厂构建的三方协同采购模式,桥梁钢板采购成本较专业分包供应节约成本27万元,较市场招标采购节约成本29万元。三种采购类型的基本情况对比见表1。

三种采购类型的基本情况对比 表1

序号	采购类型	设计数量(吨)	实际采购数量(吨)	单价(元/吨)	财务费用(元/吨)	综合单价(元/吨)	总价(万元)
1	专业分包采购	412	453.2	5308	159	5467	248
2	市场招标采购	412	469.68	5210	104	5314	250
3	三方协同采购	412	444.96	4967	0	4967	221

②在湖南澧乐项目沥青采购、青海西互项目钢材采购策略中,引进的项目所在地具备资源优势的供应商,沥青采购通过公开招标报价,较集团战略供应商投标报价降低了350元/吨,实际使用量4400吨,节约沥青采购成本154万元;钢材采购较同标段的其他项目节约采购成本55元/吨,按设计用量2万吨计算,节约成本110万元。

③在容易线项目钢材采购策略中,中交一公局三公司依托战略供应商资源,面向中间商进行充分竞争,挑选出性价比最高的中间商,钢筋的中标单价为“网价 +75 元/吨”较市场行情价“网价 +130 元/吨”节约了 55 元/吨,按 8000 吨的总量估算,预计节约总成本为 44 万元。

④在连云港南疏港公路项目钢材采购、信阳大别山景区项目钢材及水泥采购策略中,连云港项目钢材采购单价较同地区同类项目降低了 130 元/吨,节约采购成本 80 万元;信阳项目钢筋采购单价较中标单价下降了 113 元/吨,水泥下降了 27 元/吨,按照剩余工程量计算节约采购成本达 110 万元。

⑤在湖南滩乐项目水泥采购策略中,通过市场调查整合优势资源,与中标供应商共享上游资源,水泥采购成本降低了 22 元/吨,实际使用量 1.5 万吨,节约水泥采购成本 33 万元。

⑥在北京大兴国际机场高速公路六标项目伸缩缝策略中,以原图纸招标的中标金额为 287.79 万元,通过让供应商早期参与进来变更优化设计图纸,最终以优化后的图纸招标的中标金额为 211.63 万元,降低成本超过 76 万元。

(2)安全效益

多方协同采购策略加强了采购链的把控力度,提高了供货响应能力,能够快速适应公司市场业务转型需求,满足实现“由单一采购、物流职能向行业集成采购商、服务商转型”战略目标和企业价值最大化,提升了公司整体竞争力,确保公司的发展战略安全;同时,能够有效管控供应风险源,避免“西安奥凯电缆事件”的重演,保证了供应质量安全。

(3)社会效益

在地材加工合作开发模式上,中交一公局三公司利用隧道(或挖石方)弃渣进行加工生产,实现了将建筑固废垃圾“变废为宝”,走低碳可持续发展之路,创造了良好的社会效益。

四、结语

构建供应链管理思维下多方协同采购是一项系统工程,需要各业务部门和下属项目的积极参与和配合。现阶段,本成果在公司应用的广度和深度还不够,纵深推进的效果不明显,采购链条把控力不强。

下步结合实际情况进行分步实施,先简单后复杂、先重点后一般,保持战略定力,以问题为导向并借助信息化手段不断优化提升。

未来,公司对某些重点或战略物资的采购,会从“单一采购”转移到“资源获取”,由“资源开发”上升为“产业经营”,采购链条的增值将为公司的发展注入新的动力。

基于5G的智慧公交车载客流采集实时分析平台

武汉小码联城科技有限公司

成果主要创造人:王仁明 卢祖传

成果参与创造人:代建风 毛怿安 刘晓彬 赵玉龙

武汉小码联城科技有限公司(简称"小码联城")成立于2017年5月5日,注册资本1.1亿元,公司选址武汉,将武汉作为智慧出行总部,成立3个月即获蚂蚁金服2亿元天使轮投资。同年,小码联城与武汉公交集团合作,率先在全国发放首款使用"双离线二维码"技术的电子公交卡,随即在全市完成587条公交线路、10000辆公交车及轮渡刷卡设备改造,届时武汉市公交车全部实现手机移动支付。在这三年经营过程中,小码联城已服务包括武汉、西安、石家庄、天津、乌鲁木齐、西宁等87个城市,其中省会(自治区首府)城市15个、地级市48个、区县级城市24个。签约机具设备达15万台,在全国8万辆公交车上实现刷码乘车,在全国市场占有率超过70%,成为全国智慧出行的"领头羊"。截至2020年8月,全国领卡用户数达10127万,累计交易笔数33.37亿元,日交易均值640万元。

此外,小码联城还在西安上线了全国首个地铁"刷码乘车"业务,并已成功与马来西亚地铁完成合作协议。武汉经验代表中国的新四大发明"移动支付"向海外输出,助力"一带一路",输出中国与武汉力量。以移动支付为切入口,以互联网创新驱动深度融入公共交通行业。小码联城依据国家规范的出行码发码标准,累计帮助全国近百个公交机构实现公交移动支付,同时在创新型公交运营、公交业主服务平台和城市出行一体化平台上持续发力。2019年,小码陆续在成都、上海、天津、西安、南昌、南宁、厦门等13多个城市推出"小码直达号"定制公交服务。在安徽淮北、泰安等地,小码联城最新上线SaaS(Software as a Service,软件即服务)、ERP(Enterprise Resource Planning,企业资源计划)等项目,帮助传统公交业主解决日常派单、记账等需求,促进公交业主低碳办公提升效率。2019年9月,小码联城成功中标合肥公交集团"互联网+公交出行"软件开发及运营服务项目,开启城市出行一码通平台建设。2019年10月,小码联城与上海强生控股、上海久事公交合资成立互联网运营公司,利用互联网技术提升传统运力的资源利用率,以强生出行为运营主体打造MaaS(出行即服务)服务平台。

2020年,小码联城的业务不停歇,先后中标"太原公交"App系统升级及集成服务采购项目;与常州公交集团签订战略合作协议;与西宁公交集团开展深度合作,上线"西宁优巴士"智能公交服务。

一、项目实施背景

(一)国内外研究现状

为不断完善、提升公交乘客的乘车体验、候车体验、整体满意度,公交公司需要不断完善自身服务水平,实现科学高效的优化公交线路车辆调度,进而优化线路运力水平,提高运营效率。

为科学、高效应对政府相关部门不断提出的监管需求,提升乘客出行满意度,公交公司需要不断提升基于数据做决策的水平,开展精准化运营管理,不断提高公交企业管理水平。

为解决城市拥堵问题,政府鼓励公众乘坐公交出行,大力发展都市公交,并逐年加大财政补贴投入,从而提升公交的乘坐环境,提升公交分担率,体现公交企业的重要价值,不断提高社会效益。

客流是公交调度运营和规划的重要依据。公交线路客流的基本特征在于其空间和时间分布的不均匀性,客流特征不仅影响到城市公共汽车客运的行车组织,而且还影响到其长远的客运规划,因而研究并充分掌握其规律是十分重要的。而及时准确地对公交运行路况进行分析评估,是关系车辆运行效率提升、调度方案和线网规划合理性的重要影响因素。

基于客流的分析能为公交系统的规划管理、运营调度提供科学的依据,使之更加合理,提高公交公司效益,改善公交的服务质量,提高乘客的满意度。

公交客流信息采集技术与车辆定位、无线信息传输等技术相配合,可完成公交车辆的乘客上下车人数、上下车时间、相应站点等数据统计,真实地记录各时间、各区段的上下客流情况,实时或准实时地把信息传输到公交调度中心,获得随时间变化的客流、公交OD(起讫点)、断面通过量、满载率、平均运距等一系列指标数据,为科学合理地安排调度车辆、优化公交线路、辅助完成客流调查提供第一手资料,还可以全面如实地反映出公交车辆的实际载客人数,方便与钱箱收入之间的核对。

(二)公交客流信息采集方法

1. 公交客流人工调查

组织大量人员随车进行客流调查、通过问卷进行调查。人工调查的优点在于:不需要进行信息采集设备的投资;调查资料比较全面、灵活。但公交客流调查是一项非常烦琐和耗费人力、财力的工作,在实际操作过程中,做到经常性、系统性非常困难。人工调查也不能为调度中心随时提供实时数据。在调查准备阶段,需对调查人员等做大量的组织工作。公交客流人工调查后,资料整理的工作量也很大,人工调查的数据在使用之前必须经过编辑整理、数据提炼等过程。在费用一定的情况下,人工调查难以保证数据质量。

2. 利用公交IC卡进行公交客流调查

公交IC卡(Integrated Circuit Card,集成电路卡)的应用,为客流调查提供一种新的手段。通过对IC卡数据接口的系统设计,可获取乘客上下车的时间、相应站点等数据,也可以通过数据分析得到乘客出行基本信息:平均出行次数、起始点分布、平均换乘次数、出行耗时、出行距离等。由于一般实行上车刷卡,下车不二次刷卡,所以下车人数、起始点分布等信息需要根据IC卡获取的乘客出行信息进行推测。这种调查方法的突出特点是技术简单可靠,成本较低,它的缺点在于无法对不使用IC卡的乘客进行统计。

3. 基于图像处理的公交客流调查

基于图像处理的公交客流调查的工作原理是:在上下车门口安装摄像机获取视频图像,通过软件对连续图像进行分析处理,识别乘客及其运动从而自动对上下车人数及方向进行计数。这种方法的计数精度在很大程度上取决于图像分析软件的设计水平。系统易受振动、光线、温度的影响,图像质量的好坏影响软件分析结果的精度。由于需要高质量的摄像器件、很强的图像处理能力,这就使得系统成本较高,一般可用于检验人工调查及自动乘客计数系统的计数精度。

4. 自动乘客计数系统

自动乘客计数是自动收集乘客上下车时间和地点的方法,结合车辆自动定位、无线信息传输等技术,可以实时传送客流信息;通过数据管理系统和地理信息系统,经过数据统计和空间分析可以得到运营所需的多样、广泛的数据资料。相对于人工调查,这一系统可以用较合理的成本不间断地实时获取大量较高准确度(约95%)的数据资料,与统计分析软件相结合自动产生公交系统运营管理所需的各种报表。由于这一系统需要与其他系统共同协调使用,故成本及运营环境要求较高。

5. 自动乘客计数技术的分类及特点

(1)压力板式自动乘客计数

压力板客流统计仪安装在车辆的前后门踏板上,乘客上下车时触发压力传感器,数据就会被自动记录下来。压力板式客流统计仪除了用于乘客计数外,还可以在乘客上下车时防止车门关闭。这种计数技术不判别上下车方向,要求乘客必须前门上车、后门下车。当乘客上下车秩序较差时或客流量大难以保证前门上车、后门下车时就不适用了。压力传感器件在没有台阶的公交车辆上使用时,计数不可靠。另外,其系统部件易损坏、可维护性差,由于设备合适的安装位置对于准确计数至关重要,所以安装调试费用也较高。

(2)被动红外式自动乘客计数

被动红外式自动乘客计数技术由于采用合适的热释红外线探头,只能检测到人体发出的信号,这就避免了其他物体的干扰。当上下乘客时,红外传感器探测人体红外光谱所造成的变化,即得到乘客上下车的过程,通过信号处理可以判别上下车方向和上下车人数。虽然人体温度相对稳定,但红外传感器的探测信号会受到乘客着装的影响。这种技术的固有缺点在于:如果环境温度与人体温度相接近,则传感器就不能有效探测乘客上下车过程;此外,其对于环境温度快速变化和强烈日光照射也比较敏感。

(3)主动红外式自动乘客计数

主动红外式计数系统安装在车门附近特定的高度外,通过发射定制波长的红外线覆盖一定的区域,并通过传感器检测从乘客身上反射回来的光线,从而自动识别乘客上下车方向及人数。由于采用自身光源,故不易受外界环境温度、光线状况的影响,但缺点是无法识别用户的唯一性。

(4)复合系统自动乘客计数

被动红外式自动乘客计数与主动式红外计数同时采用,构成复合系统以弥补被动红外式计数的误差。复合系统的成本较高,当两种传感器同时被激发时,还需要解决重复计数问题。

(三)公交客流信息采集对比

公交客流信息采集方式的特点见表1。

公交客流信息采集方式的特点 表1

客流采集方式	特　点
人工调查	调查周期长,数据分析复杂,无法提供实时数据
公交IC卡	实时性不足,无法解决下车不二次刷卡的问题。目前除了北京其他城市都不满足
图像处理	数据处理量大,动态分辨处理不够及时,易受公交车光线、波动等影响,车载终端及数据传输实时性受限
自动乘客计数	压力板计数,不能判别上下车方向
被动红外计数	易受外界环境温度、光线影响
主动红外式计数	无法唯一识别
称重计数	不判别上下车方向,计数不准确

二、成果内涵和主要做法

(一)成果内涵

本项目运用GPS(Global Positioning System,全球定位系统)、手机频段无线嗅探技术、5G公用移动通信网、GIS(Geographic Information System,地理信息系统)、云计算、互联网等技术科学集成在一起等多项国内领先和国际先进技术,创新地开展项目研究工作,针对公交车载客流采集器、5G通信网搭建及传输、车载GPS定位实时传输、公交泛数据融合、大数据智能分析等方面创新性开展工作,特别是将以上各项技术整合并运用到智慧公交车载客流采集实时分析平台中,起到了很好填补国内空白的作用。项目的实施将进一步鼓励研究人员加大科技投入力度、持续钻研、强化科技创新。产业化的前期研发投入是我们每个企业转型自主研发的根本,同时也是最艰难的一个时期,政府对科技创新资金的支持能帮助我们企业在财力和资源上丰富、宽裕起来,使得企业有信心渡过难关,取得更长远的发展。

(二)创新做法

本项目科技研究,主要在公交以下几方面进行创新:

①建立公交客流数据的自动采集和公交客流的监测和分析系统,实现公交客流的准确监测和数据统计,为公交集团智能调度、编制行车作业计划等提供科学的决策和分析依据。

②结合交通路网和线路数据的分析和应用,为公交集团对于公交线路的布设、调整和优化,以及公交站点设计等相关的规划和设计工作提供参考数据,支撑线网中心以及相关交通道路规划部门工作的科学开展。

③通过基于精确客流的智能化调度和线路开设、调整的科学规划和设计,促进公交集团制定公交企业长期的发展规划,使公交企业及公共交通管理部门的工作变得更加有的放矢,同时在降低城市交通量、控制阻塞、环保减排,提高民生智慧出行服务、增加社会和经济效益等方面发挥积极作用。

④利用充足的历史客流数据,分析预测未来客流规律,在非常规公交大站快线、高峰直达、定制公行等方面更合理地制订排班计划、发车间隔、人员调配方案等。

三、项目实施对推动企业发展的作用

(一)引领行业技术,提高行业整体水平,领导行业标准

客运行业整体市场还处于早期萌芽阶段,国内公交还无实施先列。5G智能网关、车载客流采集器等相关技术,特别是手机频段无线嗅探技术在公交出行行业无实施案例,通过此项目的孵化,形成产业标准,领导行业标准。一项具有自主知识产权的先进标准,可以催生产业形成、引领产业发展、提升产业竞争力。以标准引领行业技术创新和质量提升、塑造良好的形象,提升影响力,这是企业开展标准化工作的主要目的。未来,用标准化思维管理企业,是世界级优秀企业竞争能力的重要体现。中国企业要在世界舞台上赢得一片天地,必须要有标准方面的重点考虑和深入思考。

(二)提高了品牌的影响力,为公司持续的创造现金流业务

使用5G的智慧公交车载客流采集实时分析平台,通过5G智能网关、车载客流采集器等,对客流等数据进行实时采集,在公交智能排班、辅助常规公交开线,公交经营效率提升、成本节约等方面带来明显的效果。预计项目完成后1~2年内可实现年销售收入5000万元,年实现利润约1000万元,上缴税金约400万元。

该系统专业用于城市公共交通出行行业,适用范围广泛,技术成熟,必然会带动产业发展,也会带动相关产业链发展,产业化发展前景巨大。另外,该项目对公司而言是一种无形资产,通过对外宣传,可提高公司在行业内的地位和品牌的影响力。

(三)提高民生智慧出行服务

建立公交客流数据的自动采集和公交客流的监测和分析系统,实现公交客流的准确监测和数据统计,为民众出行提供便捷的查询方式,避开拥堵,节约时间,同时在降低城市交通量、控制阻塞、环保减排,提高民生智慧出行服务、增加社会和经济效益等方面发挥积极作用。

四、项目主要实施内容

(一)项目工作基础

①公司利用已有硬件和平台,在为公交行业提供服务的过程中积累了大量的数据,基本涵盖公交企业的各方面。数据呈多样性,包括承建实时公交产品,获取定位类数据;提供电子二维码支付系统,获取消费类数据(包含二维码、通卡等数据);提供资产管理工具ERP,获取经营类数据;提供App(应用程序)开发及代运营服务,获取运营类数据;提供电子卡实名登记领卡系统,获取乘客实名类数据。

②依托于二维码移动支付系统,小码联程在云计算构建起技术能力,云计算组件包括云服务器ECS、负载均衡、云数据库RDS、对象存储OSS、云数据库Redis、云客服、分布式关系型数据库服务DRDS、短信服务、消息队列、DataV数据可视化、数据管理-企业版、日志服务、阿里云Elasticsearch、NAT带宽包、弹性公网IP、内容安全、VPN网关、堡垒机、内容分发网络CDN、NAT网关等,目前系统支撑每日

交易700万笔,交易额1400万元。在大数据方面,实时交通产品已接入20个城市,各公交GPS定位车载器上传频率为15秒,接收海量位置数据,搭建小码联程大数据平台,在数据采集、数据治理、数据中台、智能算法(BP、SVM、DT、深度学习)等方面已构建起能力。

③客流硬件采集器在浮动车(常规公交车、定制公交、地铁接驳、微循环等)信号采集频段、准确性、采集周期、安装位置、数据上传延迟等方面进行可行性调研,主要是针对"5G""大数据""云计算"等方面开展应用研究。

(二)项目实施内容

本项目主要采用5G通信、大数据、云计算、手机信号嗅探、GPS定位等关键技术,对城市公交客流采集分析、智能排班、大站快线、高峰直达、定制公交等业务进行研究,搭建了"智慧公交车载客流采集实时分析"平台,解决了传统公交客流采集硬件数据不精准不及时、无法使用大数据模式分析客流分析、靠经验人工进行公交排班;线网开线优化等模型等无法可视化,靠人工经验,无法跟上城市化发展进展的问题。项目主要包括国内外城市公交客流采集分析与智能排班等业务研究、5G在公交行业落地可行性研究、车载客流采集器研究、构建智慧公交车载客流采集实时分析平台研究等几部分。

1.进行国内外城市公交客流采集分析与智能排班等业务研究

综合国内外城市公交客流分析、智能排班、大站快线、高峰直达、定制公交等公交业务现状调研形成调研报告:对国内外公交客流采集硬件对比、大数据客流分析模式、公交排班、线网优化模式等存在的主要问题、数据分析方法、公交信息化建设、市场可接受度等案例进行分析,并针对主要解决方法开展系统调研。

2.5G在公交行业落地可行性研究

对国内在公交行业内,5G技术已落地或试点的相关产品、方案厂家、影响力及技术实施可行性分析。对客流采集器硬件市场分布情况、主攻行业、方案厂家影响力以及依赖公交场景技术具备条件进行研究及可行性分析。

3.车载客流采集器研究

车载客流采集器在公交车上进行调研,重点在于信号覆盖率、手机识别率、数据获取及硬件组装厂家选择等。后续工作还包括:硬件方案选择、公交车安装位置、样机开模、软硬接口联调等。

4.构建"智慧公交车载客流采集实时分析平台"

实现客流采集实时分析平台功能,主要是针对数据治理、数据中台、应用平台三部分进行建设,业务包含:

①数据治理,包括资产管理、质量管理、主数据管理、元数据管理、ETL管理等。

②数据中台,包括hadoop数据平台、数据平台管理、数据服务组件、OD计算模型、线网优化模型和智能排班调度模型。

③应用平台,包括客流分析系统、数据大屏、智能排班调度系统等。

(三)项目技术路线

1.5G技术在公交行业落地研究

5G承载网络是为5G无线接入网和核心网提供网络连接的基础网络,它不仅为这些网络连接提供灵活调度、组网保护和管理控制等功能,还要提供带宽、时延、同步和可靠性等方面的性能保障。满足5G承载需求的5G承载网络总体架构,主要包括转发平面、协同管控、5G同步网三部分,在此架构下同时支持差异化的网络切片服务能力。5G网络切片涉及终端、无线、承载和核心网,需要实现端到端协同管控。

不同于前几代通信协议,5G的意义不仅限于提升速率,同时也将丰富网络场景应用,实现万物智联。5G技术具有超大带宽(增强移动宽带eMBB)、超大连接低功耗(海量机器类通信mMTC)、超低时延高可靠(超高可靠低超低时延高可靠)等技术特性。5G技术主要解决网络通信三个问题:容量不足、能耗高和用户体验不佳,5G技术产生颠覆性技术的五个方向为:频谱利用、无线接入、无线传输、无线组网、业务与终端。

2. 车载客流采集器

4G微功率DZWL产品由前端采集设备以及后台管理软件两部分组成,前端采集设备由一体化主机以及相关配件组成。

(1)一体化主机

一体化主机如图1所示。

图1 一体化主机

(2)4G微功率DZWL通用技术参数

4G微功率DZWL通用技术参数见表2。

4G微功率DZWL通用技术参数 表2

产品名称	功能	技术参数
4G微功率DZWL	工作频段	B1/3/38/39/40/41,5G:N41(2515~2675兆赫兹)
	工作方式	多频点发射,TDD-LTE和FDD-LTE
	发射功率	每个频点,最大0.25瓦(可调)
	接收灵敏度	-110分贝毫瓦
	天线及接口	全向/定向(可选)
	数据传输	3G EVDO网络/网线(可选)
	采集速度	4G>1500个/分钟,与环境有关
	采集率	99%(目标速度低于40千米/时)
	系统干扰	对待机状态下的移动终端正常通信的影响时间小于2秒
	发射功率	0.25瓦(可调)
	覆盖范围	30~60兆(与无线环境有关)
	天线	天线内置
	使用方式	固定安装/车载式移动/便携式移动
	电源特性	220伏
	最大功耗	不超过100瓦(单站)
	防护等级	防水、防尘、防护等级IP54
	外形尺寸	280毫米×255毫米×90毫米
	主机质量	不超过3千克
	外部接口	1个10/100兆以太网口、AV220伏电源接口、射频天线接口

(3)客流采信器硬件核心优势

客流采信器硬件具有以下核心优势:

①零影响。不影响手机的通话、网络等正常使用,乘客无感知。

②支持全自动配置。

③覆盖范围大约半径10米,可自由调节范围。

④全覆盖。可以探测三大运营商的所有4G手机,TDD(时分双工)/FDD(频分双工)全制式4G覆盖。

⑤支持5G NSA模式(非独立部署模式)特征码采集。

⑥结合后端的大数据,可以进行多种分析,包括人员识别、客流分析、车辆调度等。

⑦拥有自主客流量统计算法,平均人数统计精度达95%以上,误检率小于5%,漏检率小于5%。

⑧可在一般环境下准确识别客流情况,不受服装颜色、头发颜色、戴帽子、光头、背包、戴口罩、行李、光照等因素的影响。

⑨嗅探设备小巧便于安装,乘客无感,无须驾驶证做任何操作,只需公交车或站台提供一个电源接口即可。

⑩单台设备支持双向客流统计,可自动分别上下车人数,实现数据自动汇总。

⑪客流量统计终端设备与后台服务器进行实时数据通信,精确显示上车、下车人数,后台统计各站点的客流量。

⑫具备GPS站点定位匹配功能,基站辅助定位,将位置信息与客流数据结合,为公交车运营机构提供乘车人数变化量,合理安排调度车辆。

⑬人数或车辆超出预设界限值时,系统可自动预警,提示用户启动应急预案(如超载、拥挤、踩踏)。

⑭提供多种数据分析模式,同时提供开放式接口,可根据特殊需求定制开发。

⑮可自动区分双卡双待乘客。

⑯相比摄像头统计设备,此系统能更准确地跟踪某个乘客的上下车站点,实时高速统计车内或站台乘客数量,结合运营商的数据可精确分析乘客属性(需运营商支持)。

(4)客流采集器规格要求

客流采集器规格要求见表3。

(5)客流硬件通信图

客流硬件通信图如图2所示。

客流采集器规格要求　　表3

序号	类　别	项　目	指标参数
1	设备属性	尺寸	长+宽+高不超过70厘米
2		材质	阻燃PVC(聚氯乙烯)或合金,结构耐冲击不易破碎变形
3		工作环境温度	-20~80摄氏度,车辆在室外,适应高低温
4		工作环境湿度	10%~95%适应干燥、潮湿天气
5		天线结构	探测天线结构与主机一体(GPS天线外置),便于安装及保护
6	安全	防盗	固定位防盗锁
7		防水	密封,防雨水、液体撒泼
8		接口护板	所有接口均有防护
9	电路	电源	宽电压设计直流12~60伏,车载电源直流12/24伏
10		供电保护	选取车辆空位保险后取电,配置设备独立电源保护模块。模块可以应对供电不稳、瞬间断电及欠压保护;过压过流保护断开电源,防雷击保护
11		平均功耗	低功耗,低于50瓦
12		干扰	具有EMC电磁兼容性,防止电磁干扰,不干扰其他电子设备,不被其他设备干扰
13		元件及电路板	抗震、抗冲击

续上表

序号	类别	项目	指标参数
14	功能模块	通信模块	4G全网通,支持WLAN TCP/IP协议
15		GPS模块	GPS用于设备定位及业务辅助,内置静态漂移抑制算法(GPS天线需要外置)
16		探测天线模块	覆盖半径15米
17	数据	信号捕捉	全网(联通、电信、移动),全频段
18		记录和采集	日志本地存储一个月,可使用U盘下载
19		保存	掉电保护

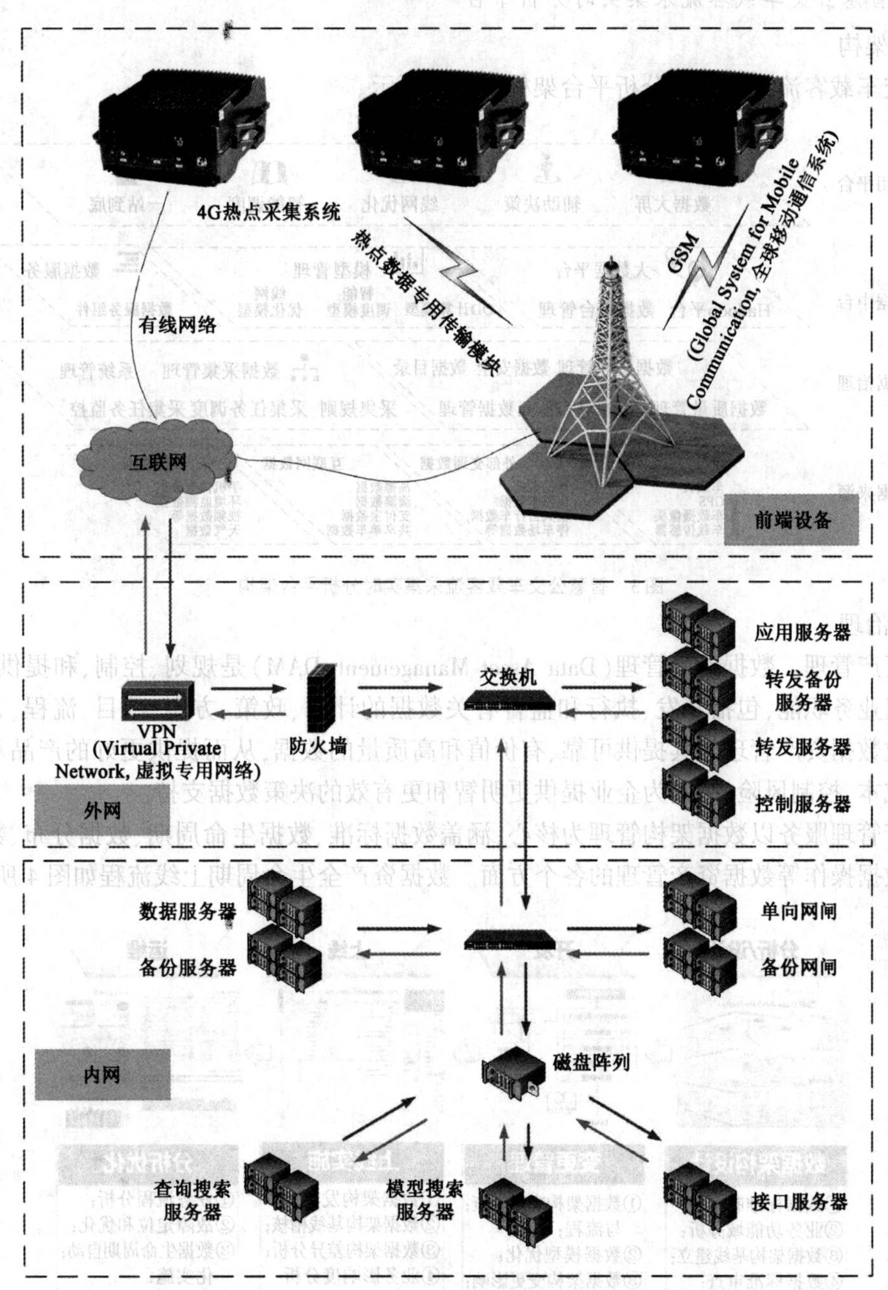

图2 客流硬件通信图

(6)设备管理

后台软件应具有对前端设备的资产信息进行管理的功能,至少包括点位名称、设备编号、设备在线状态、设备工作状态、设备网络制式、IP 地址和厂商编号。

应具有对设备功能进行远程配置的功能,至少包括捕获开关、远程重启、功率设置、位置区码配置、小区配置、频点配置和设备软件升级。后台软件应具有检测设备资源的功能,如使用告警、故障告警等,并以友好的方式展示。

(7)系统管理

后台软件应具备系统管理功能,至少包括用户管理、管理域管理。管理系统中的用户,包括用户名、真实姓名、性别、手机、电子邮箱、备注。管理域以树形方式呈现出地域的层级信息,可对地域节点进行添加、编辑、删除。管理域是实现轨迹分析、伴随分析、碰撞分析的基础。

3. 构建"智慧公交车载客流采集实时分析平台"

(1)总体架构

智慧公交车载客流采集实时分析平台架构如图 3 所示。

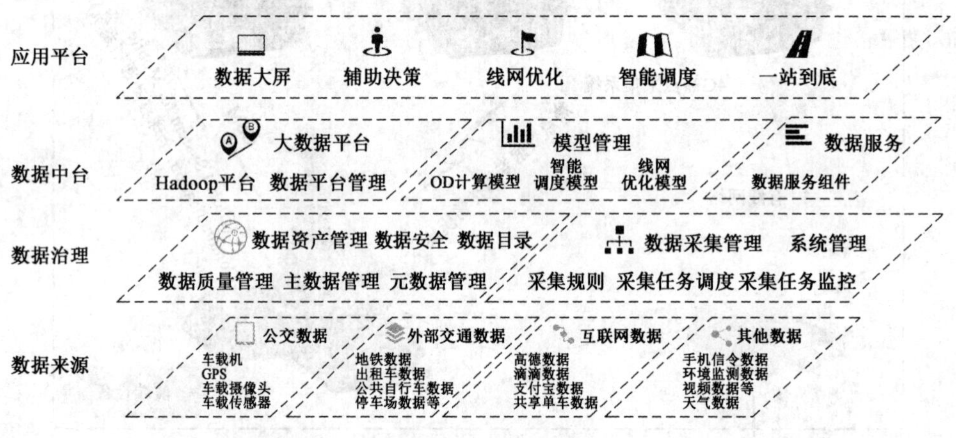

图 3　智慧公交车载客流采集实时分析平台架构

(2)数据治理

①数据资产管理。数据资产管理(Data Asset Management,DAM)是规划、控制、和提供数据这种企业资产的一组业务职能,包括开发、执行和监督有关数据的计划、政策、方案、项目、流程、方案和程序。企业依赖有效数据资产管理为其提供可靠、有价值和高质量的数据,从而提供更好的产品和服务,降低开发和运维成本,控制风险,以及为企业提供更明智和更有效的决策数据支持。

数据资产管理服务以数据架构管理为核心,涵盖数据标准、数据生命周期、数据分布、数据质量、数据安全以及数据操作等数据资产管理的各个方面。数据资产全生命周期上线流程如图 4 所示。

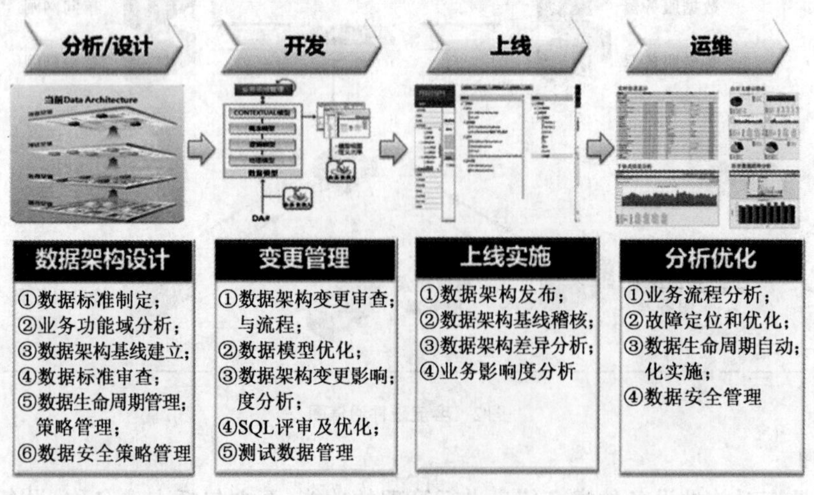

图 4　数据资产全生命周期上线流程

②数据质量管理。配置的数据质量监控规则,监控数据从计划、获取、存储、共享、维护、应用、消亡生命周期的每个阶段里可能引发的各类数据质量问题,并进行管理、定位,可在初期接入数据源进行数据控查以及后期的数据质量实时监控。

数据工作流质量管理,涉及数据工作流的各个环节。

对数据系统进行实时监控,监测数据工作环境的服务器软硬件运行状态、性能、磁盘空间、数据库事务、锁、缓冲、会话量、备份等一系列指标,实施预警机制,并监测一些异常情况的发生。

对数据进行定期校验,除对数据系统进行实时监控外,还需要对数据进行校验,包括日常校验、数据抽检、全面校验等。

审核制度也是保证质量的一个重要措施,特别是对于敏感数据和敏感操作。建立数据变更时候的分级审核制度,尤其是一些影响较大或者权限较高的操作。建立审批制度,对于数据的读取,如果涉及敏感数据,必要时也需要数据审批或数据脱敏。

③主数据管理。通过元数据管理,企业数据资产进行标准化;对各企业的数据接入、数据分析进行标准化,达到统一标准化管理,形成所有的数据、模型及应用可复制的 SaaS 体系。

公交元数据包括组织机构、企业员工信息、公交线路信息(常规线路、通勤线路、专线、包车等)、公交站点信息、车辆信息、班次信息、司机信息、场站信息、IC 卡信息、电子卡信息和订单信息。

(3)数据平台

①hadoop 数据平台。

hadoop 数据平台技术架构如图 5 所示。

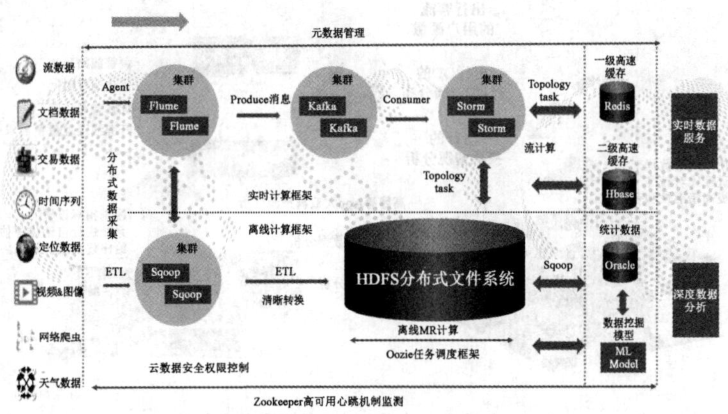

图 5 hadoop 数据平台架构图

前置服务(flume + kafka):用于接收及转发实时数据。

底层存储服务:包括离线存储层(Hadoop HDFS)及在线存储层(HBASE)。

离线存储层:基于 hadoop 环境存储 3 年及以上历史数据,以 hdfs 格式进行存储。通过离线 ETL 生成各类历史数据分析报表。

在线存储层:在线存储层划分为海量查询及统计分析模块。

海量查询基于 hbase 环境存储近 3 个月在线数据,通过 Key 格式加载至 hdfs,方便大数据量的在线数据查询及索引。

统计分析模块基于 mysql/oracle,通过 RDBMS 关系型格式存储,结合 BI 工具链接传统的统计报表。

内存数据服务(Redis):用于在线数据实时响应,对当天各类突发临时性数据提供查询服务;基于内存数据库 redis 进行双机互备,存储当天数据。

实时计算服务(storm):用于提供在线流式实时计算,提供需要进行实时运算的数据服务。

数据挖掘服务(ML MODEL):利用机器学习算法,运行建立的辅助调度模型及辅助线网模型。

②OD 计算模型。OD 计算模型可结合 GPS 到离站和刷卡数据,对乘客上下车地点进行算法推导。

OD 计算模型如图 6 所示。

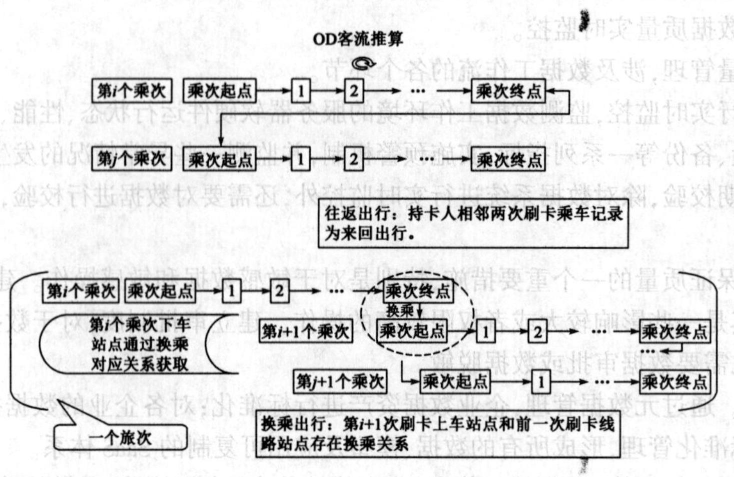

图 6　OD 计算模型

③线网优化模型。线网优化模型基于大数据及线网优化算法,辅助人工对线路的走向、站点设置、运行时间进行优化(图 7)。

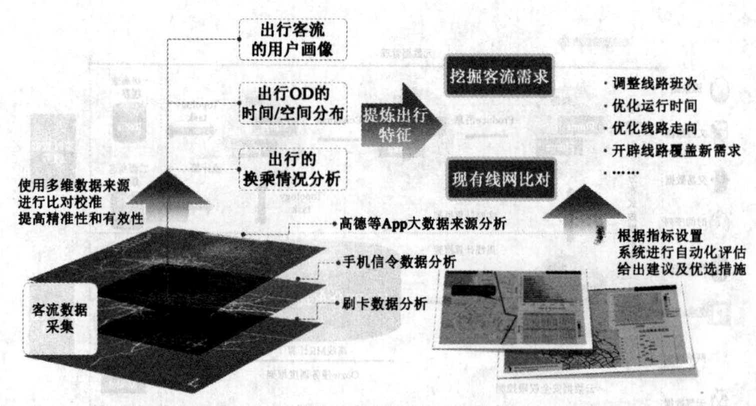

图 7　多维度大数据 OD 结合挖掘客流需求

④智能排班调度模型。建立智能排班调度模型,辅助调度人员进行排班设置。基于遗传算法模型解决智能调度的基本思路如图 8 所示。

(4)应用平台

①数据大屏。针对 B 端目前的线路、客流、里程、收入等运营情况,进行实时可视化分析及运营监控,如图 9 所示。

a. 实时动态数据。此模块位于大屏上方,主要展示实时收入、实时里程、实时客流。

b. 实时统计数据。此模块位于大屏左侧,主要展示线路客流量排序、站点客流量排序、场站发车班次排序。

c. 指标数据。此模块位于大屏右侧,主要展示运营车辆总数、当前运营车数、公交站点总数、线路总数、工作车率、里程完成率、总线长、发车趟次、平均线长、报警车辆及正常车辆。

d. 大屏地图。实时获取各线路走向、各车辆位置,及各个公交站点的上下车客流情况。

e. 道路拥堵。基于车速推出拥堵情况/道路静态数据。

f. 客流分布。以区域为基础的人流热力数据和热力分布。

②客流分析系统。

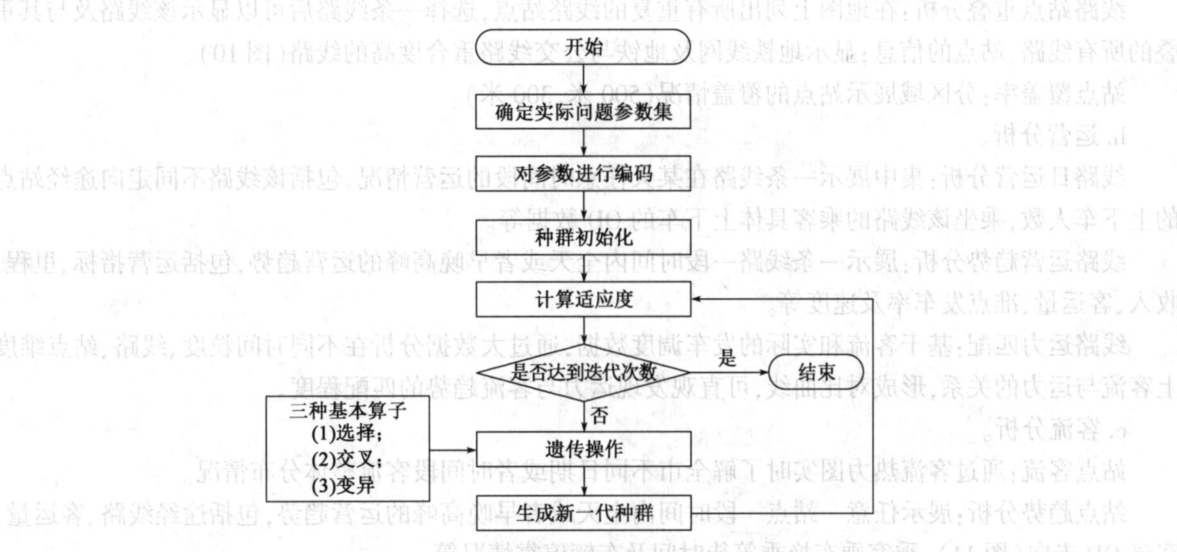

图8 基于遗传算法模型解决智能调度的基本思路

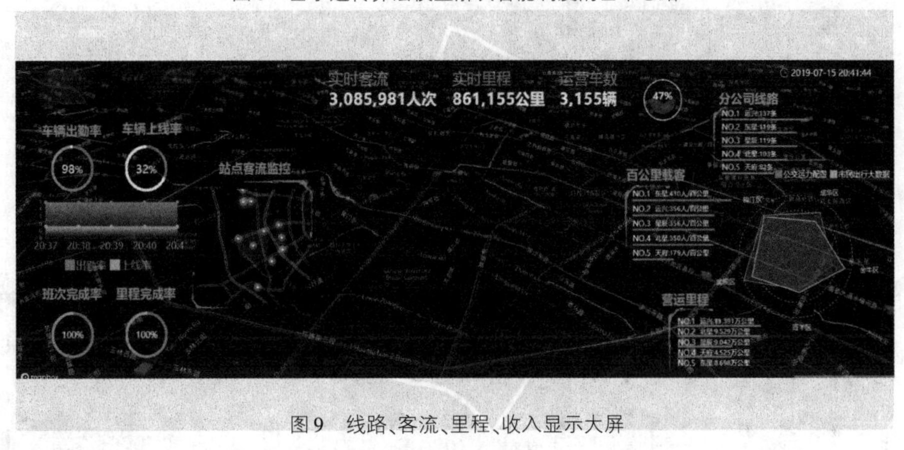

图9 线路、客流、里程、收入显示大屏

B 端企业营运深度数据分析，辅助 B 端进行运营数据多维度分析。

a. 线网分析。

线网分布：实时把握城市线网分布状况和重叠情况，了解线网运行指标。

站点分布：显示城市线网所有站点的分布情况。

线路图：选择任意一条或者多条线路，在地图上展示线路的走向和分布，每条线路选择后可以查看线路的相关技术指标，能够直观把握道路、区域及线路的分布情况(图10)。

图10 客流分析系统线路分布图

线路站点重叠分析:在地图上列出所有重复的线路站点,选择一条线路后可以显示该线路及与其重叠的所有线路、站点的信息;显示地铁线网及地铁与公交线路重合度高的线路(图 10)。

站点覆盖率:分区域展示站点的覆盖情况(500 米、300 米)。

b. 运营分析。

线路日运营分析:集中展示一条线路在某天任意时间段的运营情况,包括该线路不同走向途经站点的上下车人数,乘坐该线路的乘客具体上下车的 OD 数据等。

线路运营趋势分析:展示一条线路一段时间内全天或者早晚高峰的运营趋势,包括运营指标、里程、收入、客运量、准点发车率及速度等。

线路运力匹配:基于客流和实际的发车调度数据,通过大数据分析在不同时间粒度、线路、站点维度上客流与运力的关系,形成对比曲线,可直观发现运力与客流趋势的匹配程度。

c. 客流分析。

站点客流:通过客流热力图实时了解全市不同日期或者时间段客流整体分布情况。

站点趋势分析:展示任意一站点一段时间内全天或者早晚高峰的运营趋势,包括途经线路、客运量、客流 OD 走向(图 11)、乘客乘车换乘等待时间及车辆停靠情况等。

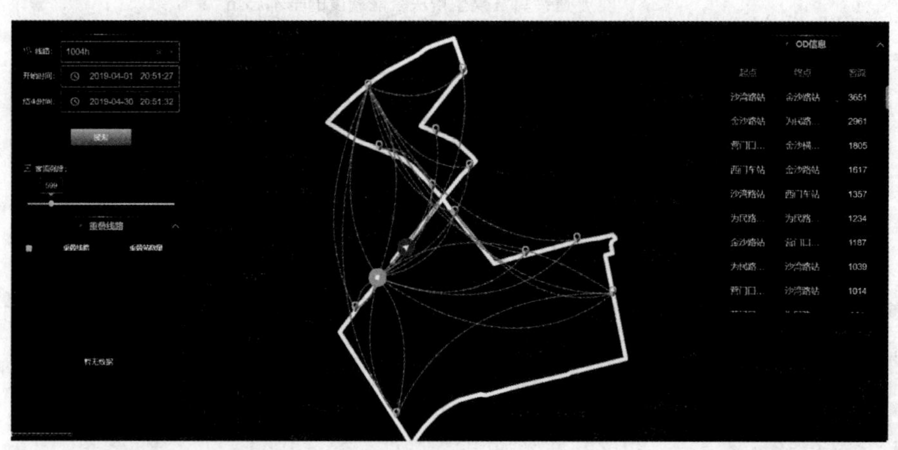

图 11 客流 OD 流向

客流流向:通过使用自定义的标签,可以实时掌握用户关心的站点、位置、区域的客流流向。

职住分布:展示乘客职住分布情况。

乘客出行分析:在提供海量历史客流 OD 数据存储和查询功能的基础上,通过大数据、人工智能算法进行公共交通出行链特征提取,针对个体的完整出行过程,匹配计算出行时间、出行距离、出行模式、换乘时间、换乘次数等核心特征指标。

③智能排班调度系统。

基于调度机器学习算法,自动生成建议的排班计划及实时调整班次。

a. 运力细化到每条线路:运力 = 车辆核定载客人数 × 一定系数,实时监控客流和运力的比值,按公司、车队、线路匹配。

b. 公交线网实时道路状况(每一段路的平均速度、速度低于一定速度的提示路堵报警并产生建议绕行方案、对新开线路进行周转时间预测、车辆通过路口车速显示,并可与交管局红绿灯联动信号优先、显示实时堵点)。

c. 对客流满载超过核定标准的车辆和线路进行报警(对这些数据进行统计形成报表)。

d. 对各条线路不同时间段需采用的车型进行算法匹配。

e. 自动产生每条线路的建议发车频率。

f. 地图上显示所有车辆,点击车辆显示所有信息(如载客人次、速度、驾驶员、车内视频等)。

g. 各种类型班次的实时情况和计划比较情况(班次、塌班)。

h. 各种车辆实时状态分布情况。

i. 实时客流出行的时间和 OD 分布。

j. 纯电动汽车里程实时展示。

k. 各种车辆运营和非运营里程的统计、日统计里程和月统计里程。

打造"弯道先锋哨" 推进"党建+业务"融合

中华人民共和国荆州海事局石首海事处

成果主要创造人:张　雄　徐　涛

成果参与创造人:李家红　杜金逵　王　平　朱能华　曾　希　彭文兵

肖　翔　赵炳夏

石首海事处为中华人民共和国荆州海事局下属副处级派出机构,于1988年5月23日在湖北省石首市正式成立,始称交通部长江航政管理局石首监督站;1989年7月18日,更名为沙市长江港航监督处石首站;2003年1月,更名为中华人民共和国荆州海事局石首站;2004年10月28日,正式命名为中华人民共和国石首海事处(副处级),内设海事监管科、综合办公室两个科室,下设绣林、调关两个执法大队。全处共有海事执法人员26人、海巡艇船员10人,党支部下设3个党小组,有共产党员13人。

石首海事处管辖长江干线柳口至茅林口81公里长江干线,跨两县一市(公安县、监利县、石首市),共有8个水道、4个横驶区、8条渡运线、7个取水口、1座工业码头、1座在建大桥、48处航道整治建筑物等,安全监管呈"点多线长"和弯道通航突出特点。

一、建设背景

长江中游"九曲十八弯"的荆江河段,素以河道弯多势急、滩险水急而著称,石首海事处辖区管段为长江中游茅林口至五马口81公里长江干线,呈"W"形蜿蜒东去,洪水来势猛、枯水周期长、河势常变迁、恶劣天气频,诸多自然因素叠加,更以石首弯道、调关弯道而"恶名远扬"。船舶航行至两个弯道,很容易发生船舶碰撞、"落弯"扫岸等危及航行安全的水上交通事故,并且石首海事处辖区是长江上有名的"雾区",每年因大雾发布预警就达30余次,恶劣天气等因素叠加更是加大了辖区两个弯道的监管难度。2005年12月25日,在石首弯道水域就曾发生3人死亡、8人失踪的重大事故。

同时,石首海事处是荆州海事局离中心城区最偏远的海事处,也是管段最长的海事处(占全局管段47%),镇守"东大门"的调关执法大队队员返回市区需4小时车程。石首海事处36名职工90%属于异地工作,交通不便、环境不佳,单调枯燥的生活、沉重的监管压力、家庭责任的缺位、个人进步的担忧等诸多叠加,使得混日子、走过场、镀镀金等"临时工"思想严重,职工队伍极不稳定,影响水上安全监管工作高质高效开展。

对于如何走出发展中困境,石首海事处党支部坚持以问题为导向,以加强基层党组织建设为突破口,积极落实全面从严治党要求,按照"围绕中心抓党建,抓好党建促中心"的总思路,积极探索"党建+业务"融合,创新"一线工作法",开展"弯道先锋哨"党建文化建设,充分发挥支部堡垒和党员先锋作用,组织引领全处职工,立足弯道自我超越、奋勇争先。

二、成果内涵及主要做法

石首海事处党支部推行党建文化建设"五责管理",即"科学定责、认真履责、强力督责、严格考责、严肃追责",突出"机制、人才、资金"三个保障,将党建文化建设纳入方针目标管理考核,并与中心工作同步部署、同步考核,做到总体有规划、年度有计划、工作有目标、实施有措施、考核有标准的"五有"。石首海事处党支部推行党建文件建设技术路线图如图1所示。

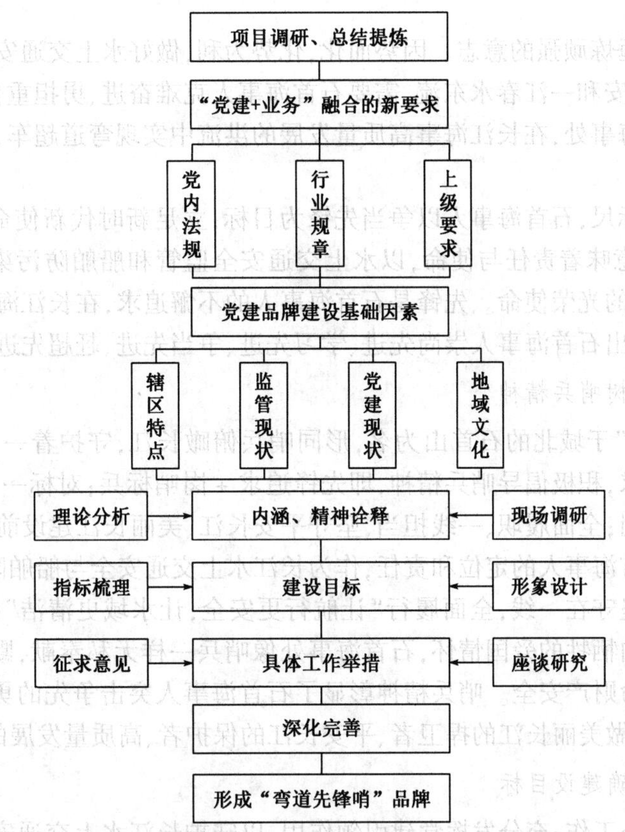

图1 石首海事处党支部推行党建文件建设技术路线图

(一)探索"党建+业务"融合,搭建平台实现同频共振

石首海事处党支部立足形式上新、层次上深、标准上严、效果上实,按照"党建+业务"的构想,以党建是引领、安全是中心、队伍是基础、作风是保障、纪律是红线的总体思路,体现业务中心工作特征,提炼总结了"弯道先锋哨"党建文化品牌内涵;体现海事监管一线工作特点,培树"先锋追求+岗哨标兵"的"哨兵"精神;体现海事行政执法特质,明确"三线警戒"党建文化建设目标;体现石首海事实际工作特色,实施安全前卫哨、作风防卫哨、青年护卫哨、廉政警卫哨、和谐保卫哨"五哨守护"的"533"创建举措,实现党建引领和业务推进在理念、目标、措施上"兼顾互融"。

1.体现监管特征,提炼总结"弯道先锋哨"品牌内涵

石首海事处辖区是典型的蜿蜒型河道,所在江段素有"九曲回肠"之称,弯曲处有边滩、心滩出露,"一弯弯、弯弯变",每年枯水期、洪水期航道都会出现一定程度的变化,航道狭窄、弯曲,部分水域有乱石堆、浅区等,航道及水域环境复杂,尤以石首弯道、调关弯道为最,这两处弯道也是石首海事现场监管的重中之重。弯曲航段航行条件差有目共睹,船舶航行至两个弯道,如果盲目追越会船、对水势估计不足、疏于瞭望等,则很容易发生船舶碰撞、"落弯"扫岸等危及航行安全的水上交通事故。在石首弯道,水势猛、弯急、船多,三义寺汽渡、祥运客渡的渡船斑马线汇聚于此,船舶上、下水交通流交汇,通航环境复杂,船舶操纵难度大,恶劣天气时视野受限,增加了驾驶操作的复杂性;在调关弯道,每年一到汛期,受弯道影响,除水急、弯急外,调关弯道季家咀水域受弯道影响出现横流水,上水船舶航行至该水域,极易受横流水影响发生船舶搁浅事故。

恶劣天气等因素叠加更是加大了辖区两个弯道的监管难度。石首海事处辖区是长江上有名的"雾区",据不完全统计,每年因大雾发布预警就达30余次,预警预控难度大,现场监管要求高,石首弯道、调关弯道成了事故险情重点防范区。2005年12月25日,在石首弯道附近水域就曾发生惨烈的水上交通事故。事故当日大雾弥漫,冒险航行的"鄂荆州渡5002"号与货船发生碰撞,最终造成3人死亡、8人

失踪。

在困境中战斗才能锤炼顽强的意志。因势而化,化势为利,做好水上交通安全监管和船舶防污染管理,守护长江石首弯道平安和一江春水东流,需要石首海事人克难奋进、勇担重任;追求梦想,超越自我,建设一流强局中的一流海事处,在长江海事高质量发展的洪流中实现弯道超车,更需要石首海事人激流勇进,砥柱中流。

先锋既是目标也是标尺,石首海事人以争当先锋为目标,立足新时代新使命新要求,时刻以先锋的标尺"丈量"自己。先锋意味着责任与使命,以水上交通安全监管和船舶防污染为中心,勤于履职勇于争先,积极践行长江海事的光荣使命。先锋是石首海事人的不懈追求,在长江海事一流强局建设和长江航运高质量发展中,体现出石首海事人崇尚先进、学习先进、争当先进、赶超先进的决心与勇气。

2. 体现一线特点,培树哨兵精神

石首市以"有石孤立"于城北的石首山为名,形同哨兵俯瞰长江,守护着一江春水浩荡东流。结合一线监管特征和履职要求,积极倡导哨兵精神,即先锋追求 + 岗哨标兵:对标一流、精实担纲,争做长江海事高质量发展的先锋岗;全面履职、一线担当,坚守平安长江、美丽长江建设前沿哨。

哨兵精神彰显了石首海事人的定位和责任,作为长江水上交通安全与船舶防污染的基层执法单位,石首海事人像哨兵一样坚守在一线,全面履行"让航行更安全,让水域更清洁"的神圣使命。哨兵精神彰显了石首海事人的不怕牺牲的爱国情怀,石首海事处像哨兵一样无私奉献,默默守卫一方,换来船舶一路畅行和人民群众生命财产安全。哨兵精神彰显了石首海事人突击争先的勇气和担当,石首海事人像哨兵一样敢于亮剑,争做美丽长江的捍卫者、平安长江的保护者、高质量发展的践行者。

3. 体现海事特质,明确建设目标

石首海事人围绕中心工作,充分发挥党建引领作用,以守护长江水上交通安全和水域清洁为己任,以"筑牢防线、守住红线、提高标线"的三线警戒为建设目标(图2),全力推动实现长江航运高质量发展的弯道超车。引用船舶载重线标志,入脑入心建起"三线警戒",即筑牢安全管理与船舶防污染监管防线,实现辖区安全指标低位运行,确保不发生海事责任的水上交通安全事故和船舶污染水域事故。守住纪律与道德红线,确保不发生违法违纪案件和违规行为,政风满意度保持高位。提高依法行政与海事管理工作标线,争创长江海事、长江航运乃至全国交通运输系统荣誉集体,培树行业系统及省部级先进个人和标兵。

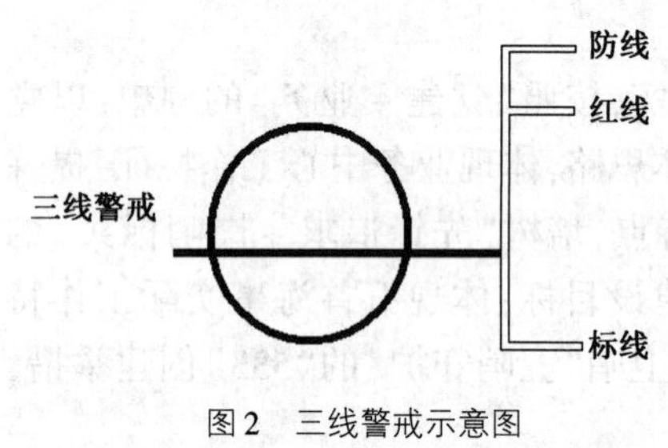

图2　三线警戒示意图

4. 体现工作特色,实施"533"创建举措

打造"五哨守护",即筑牢安全前卫哨、竖起作风防卫哨、吹响青年护卫哨、打造廉政警卫哨、营造和谐保卫哨。

(1)筑牢安全前卫哨

重点抓住"事事做到领导率先、时刻做到党员示范、持续做好职工发动"三级引领,即处领导工作重心向一线前移,重点时段、重点任务、重点工作身先士卒、靠前指挥,党员擦亮身份,戴徽上岗,带头示范、带头作为,依靠群众、发动群众、引领群众,同心勠力构筑石首弯道水上监管严密防线;夯实"把握一个监管规律、建设一个基础数据库、制作一张辖区监管示意图"三个基础,即摸清底数和现状,找准监管重点、难点,针对制定解决措施,使安全监管有的放矢;攻坚"渡船监管、弯道通航管理、美丽长江建设"三个难点,探索建立符合石首辖区特色的监管机制。

(2)竖起作风防卫哨

"逆水行舟用力撑,一篙松劲退千寻",将作风建设作为一项长期工作来抓,以处本部、执法大队为载体,严格工作纪律,文明执法提升群众满意度。重点严格"执行纪律点评制、优化一日工作制、实行当天考勤制"三项工作纪律,抓住"执法全过程记录、着装规范、服务对象评价"文明执法三个重点,借助学习强国、网络学堂、岗位练兵三个平台倡导优良学风。

(3)吹响青年护卫哨

石首海事处青年人数多,现有40岁以下青年16人,占全处职工的61.6%。面对复杂的监管环境和日益增长的安全与防污染监管压力,如何发动青年、培养青年是处党支部的一项重要工作。重点在防汛、战枯、重大任务三个时段发挥青年突击队的作用,引领其在"重、难、特"任务中奋勇当先、攻坚克难,展海事风采,抒青年朝气;内培外考相结合引导青年加强业务知识学习,开展青年QC小组(质量小组)攻关、专题讨论、业务交流,结合青年个人特长、履职要求探索推进"私人定制"培养计划,打造新时代"学习型、创新型、实战型"青年群体;培树优秀青年组织、青年业务骨干、青年标兵三级青年标杆。

(4)打造廉政警卫哨

保持政治定力,坚定立场方向,时刻绷紧"廉政弦"。重点强化执法大队创廉洁、廉政党课、廉政承诺内部三型教育,接受执法公示、政风回访、行风评议外部三种监督,推进"家属廉政群、廉政公开信、家风家教"家庭三方助廉。

(5)营造和谐保卫哨

重点打造弯道平安路、生态航路、一衣带水路"三路"实现人水和谐,开展"'健康、文化发展、留住英才'三行"实现人文和谐,打赢扶贫攻坚战、创卫大会战、综治持久战"三战",实现社会和谐。

(二)找准"重点＋难点"切入点,彰显党建举旗定向作用

把融合点变成解决工作难点、打通业务堵点、消除发展痛点的切入点、创新点,推试点、固经验、创品牌,通过融合相互促进、相互提升。针对辖区渡船多、弯道通航秩序管控难、船舶防污染基础弱等安全监管特点、难点,成立创新工作室,通过聚智计划、课题小组、论文征集等平台,组织技术攻关、专题研讨、学术交流、调查研究,逐步形成了渡船监管、弯道通航管理、美丽长江建设三个工作机制,并总结监管规律、建设基础数据库、制作辖区监管示意图,有力提升了科学监管水平。针对渡船船员安全意识、法纪意识淡漠、抵触海事监管等老大难问题,从党建找突破口,创新性开展了"共产党员示范渡"品牌创建,以点带面,逐步建立了渡船渡口组织、文明共建工作机制,成为党建促进中心的成功典范。为充分发挥党员先锋和青年生力军在中心工作作用,实施党员戴徽上岗,设立党员先锋岗,成立党员、青年突击队,做到平时亮明身份、关键突击在前。组建"蒲公英"志愿者队伍,上渡口、上码头、进学校,开展水上安全知识进课堂、船员流动课堂、普法宣传、环保清江等多种形式的"青春守护生命"志愿者活动。

(三)突出"思想＋能力"建设,围绕中心强化人才支持保障

注重职工思想共鸣、行动同心,石首海事处党支部结合一线监管特征和履职要求,博引地域文化,积极倡导哨兵精神,用哨兵精神强化思想引领,以"弯道先锋哨"激励石首海事人克难奋进、勇担重任、激流勇进。以学习型组织建设为抓手,开展"不忘初心、牢记使命"主题教育,坚持月度政治、业务学习,通过学习宣贯,扎实做好党员教育和群众发动。开展半年一次职工思想动态分析,切实做好"六必访六必谈",全面掌握职工思想动态,及时化解矛盾、解决问题,保持内部和谐稳定。

针对青年职工比例大、基础好特点,以青年队伍建设为突破口,学习上以新带老,实践上以老带新,打造新时代学习型、创新型、实战型青年队伍,成立青年创新工作室、开设青年课堂、实施青年聚智计划和青年引航工程,以荆州安检技能大赛、长江局技能大赛为载体,鼓励青年苦练业务技能,深钻业务知识,内强理论、外练实战,培养青年人迅速成长为实战能力强的基层业务骨干,培树了以杜金逵同志为代表的一批青年才俊,并成为工作一线的主力军。

(四)筑牢"廉政＋作风"防线,打造忠诚干净担当的纪律铁军

严格落实党中央关于"全面从严治党向基层延伸、党的一切工作到支部"的精神和要求,开展了多种形式的创廉工作。以在执法过程全记录、廉政公开信、政务公开、政风走访、聘请行风监督员等形式接受广泛的外部监督,深化执法大队创廉洁,开展支部书记、委员、大队队长三级廉政党课和执法人员"1＋N"廉政微课堂活动,开展党旗下的廉政宣誓、签订廉政承诺书、建立家属廉政监督群、廉政家书、家风

家教走访等自我承诺和家属促廉活动,实现廉政教育见本人、进家庭。

持续改进工作作风,从工作纪律细微处切入,严格执行纪律点评制、一日工作制、当天考勤制,严肃工作、劳动纪律。推进执法文明,严格落实双人执法、执法全过程记录、处罚结果公开等制度,强化办公场所、现场执法着装统一规范,开展政风走访、社会评议、服务对象评价工作。倡导优良学风,加强学习强国、网络学堂学习和岗位练兵,扎实开展调查研究,实行学分考核制,用成果检验学习成效。

(五)加强"组织+阵地"建设,营造旗帜鲜明的党建文化氛围

大力推进基层党支部规范化建设,建立一个党支部、三个党小组和一个团支部、一个工会支会的组织体系,确保组织建设全覆盖。实施党建、廉政责任清单和工作清单"两张清单",规范党内活动和记录台账。严肃党内政治生活,按要求组织开展主题党日、"三会一课"、党员民主评议、组织生活会等。落实民主集中制,业务工作重要事项、重大行政处罚等实行支委会集体决策,严格落实党务公开。

加强党员活动室、党支部宣传栏、网络、职工之家四个阵地建设,在处本部、执法大队建设了党员活动室、职工之家、读书角,建成了执法大队党建文化长廊和处本部党建文化上墙展示,内网开辟党建文化专栏,设计形成了"弯道先锋哨"形象 Logo 标识,借鉴船舶载重线标志形成建设目标形象化标识,确保党建文化入脑入心。

三、典型做法和案例

以点带面、以新代旧,石首海事处党支部"弯道先锋哨"党建文化建设注重品牌效应,从细环节、小格局、微平台做起,将党建文化活动渗透到具体工作、体现到解决具体问题中,取得部分成功经验。

(一)共产党员示范渡

石首海事处管辖渡运线 8 条,其中客渡船 10 艘,是旅客过江的重要交通工具,也是发生群死群伤重要危险源。为了长江沿线两岸人民安全便捷出行,打造安全畅通的辖区通航环境,石首海事处党支部紧贴中心、服务中心,面对着渡船老旧、船员安全意识不强、偏远地方渡口监管难度大的现状,选择柳口至章华港渡运线作为突破口,打造共产党员示范渡,发挥示范渡的模范作用,以点带面提升渡口渡船安全监管工作。

柳口渡口位于湘鄂两省交界处,监利、华容、石首三县(市)相邻,是一处历史渡口。渡口老渡工李新发,是辖区客渡船船主中唯一的党员。他精通驾驶技术,安全意识较强,一心扑在渡口工作上,但也存在盲目自信、冒险航行行为。石首海事处党支部主动上门结对共建,突出党性教育,开展党内同志般谈心、邀请其参加党内活动、聘请其为廉政监督员等,强化其党员身份意识,一对一讲授安全渡运知识,对渡船更新改造进行资金帮扶,赠送救生消防设备等,积极帮助李新发这位老党员剔除陈旧的思想观念。交往深了,教育多了,李新发也充分认识到冒险航行的危险性,渐渐地做到了主动汇报,自觉遵纪守法,冒险航行的现象也杜绝了。2010 年 11 月 9 日,荆州海事局和监利县人民大院农场共同授予柳口渡口新发1 号为"共产党员安全文明示范渡"。十年了,李新发已 62 岁,但依然活跃在渡口,实现十年渡人岁岁安。

通过培树典型、榜样示范,并深化"共产党员示范渡",开展创先争优示范渡、优秀渡船、新农村示范渡、渡口安全文明共建等创建工作,辖区客渡船纷纷学习取经先进经验,3 年内完成了所有渡船更新改造,船员安全意识普遍提升,形成了人人争当先进的氛围,石首海事处也实现了连续 175 个月零伤亡的佳绩。共产党员示范渡被各级宣传表彰,"共产党员示范渡"被荆州海事局在全局推广,成为"党员共建荆江放心渡",并获得2013 年长江航务局优秀党建品牌,长江海事局第一批六大命名党建品牌。直至今天,它作为"弯道先锋哨"党建文化的重要载体,一直在坚持、发扬、丰富。

(二)"金哨"创新工作室

杜金逵,现任石首海事处副处长,该同志爱钻研、勤思考、专业知识扎实、业务能力强,入选长江海事"百人领航"计划,是船舶防污青年专家型人才,获得过交通运输部海事局"优秀青年"等十余项荣誉,主笔撰写科技论文 12 篇。

为提高青年创新积极性、引导青年学习钻研业务，发挥杜金逵同志“领军”作用，石首海事处党支部于2015年成立青年课题小组，2016年成立“金哨”创新工作室，依托青年群体，开展课题攻关、青年“聚智”项目、科技论文撰写等活动，并利用该平台，开展学术研讨、业务交流、青年讲堂、知识测试等活动。五年来，工作室成员发表论文21篇，近10余篇在《交通信息与安全》《内河海事》等期刊上发表，获得长江海事局科技论文一等奖1次、三等奖1次、优秀奖10次；入选长江海事局“聚智”计划5次，一等奖1次、二等奖和三等奖各1次；3篇论文入选国际海事委员会危防分委会华东片区研讨文集，2篇被评为优秀论文。

“金”取自领军人杜金逵同志姓名，也寓意长江黄金水道，“哨”呼应“弯道先锋哨”党建文化，“金哨”更象征执法公正、永争第一的追求。“金哨”创新工作室已成为石首海事处青年锻炼的平台、成长的摇篮、展示的舞台，涌现出周满堂（长江局第11届技能大赛驾驶一等奖、长江局十佳青年执法标兵、湖北省行业技术能手）、占新华（长江局第12届技能大赛驾驶一等奖、长航局“技术能手”）、郑忠伟（长江局第13届技能大赛团体一等奖）等多名青年标兵。

（三）一线工作法

石首海事处党支部坚持“围绕中心抓党建、抓好党建促中心”的工作定位，以“突出一线组织建设、强化一线廉政建设、加强一线人才建设、探索一线品牌建设、注重一线效能建设”的“一线”工作为手段，以基层党建为载体，有机融入中心工作并延伸到辖区港航企业及船员流动党员，有效发挥基层党支部战斗堡垒和党员先锋模范作用。

一是突出一线组织建设。严格按照基层党建规范化要求，成立3个党小组，克服人员分散不易集中等困难，重点加强党小组活动，确保党的建设扎根一线；开展联学联做，与辖区三义寺、小河汽渡所开展党组织共建，联合辖区航运企业开展主题教育活动，重点强化党员在海事监管的实干和作用，将党员教育延伸覆盖辖区航运企业；在执法大队政务窗口设立流动党员学习区，配齐资料，定期安排党员进行现场辅导。

二是强化一线廉政建设。制定廉政责任清单和工作清单，坚持全员签订廉政承诺书，落实“两个责任”和“一岗双责”；开展“廉政教育月”、廉政文化活动；严格电子监察系统使用，每月对电子监察系统使用情况进行检查并通报。

三是加强一线人才建设。制订学习计划，安排职工参加各级各类培训；加强法律法规知识学习，采取督促学习与检查通报相结合；团支部制订青年培养计划，明确青年培养措施，组织一线青年职工开展月度业务水平测试、月度青年人人上讲台等活动；坚持正面引导，坚持交心谈心，坚持职工思想动态分析，采取针对性强思想政治工作。

四是探索一线品牌建设。结合石首海事处辖区实际，确定“弯道先锋哨”党建文化建设，并围绕安全中心工作，开展青年创新工作室、共产党员示范渡、执法大队创廉洁、“蒲公英”志愿者服务队等党建工作品牌建设。

五是注重一线效能建设。推行清单工作制，梳理重点、结合实际、突出落实，明确责任、程序、规范、要求和方式，制定了党建、廉政建设、执法大队创廉洁三个工作清单，建立渡船监管、弯道通航管理、危管防污三个特色工作机制，实行月检查、季总结、年评估，强化督办、闭环执行，提高工作效率及质量。

将党建阵地前移，活动紧贴一线，有效解决了党建与业务脱节问题，充分体现了党建引领作用。“一线工作法”也于2017年入选长航系统“万里长江党旗红”党建创新工程。

四、建设成效

通过“弯道先锋哨”党建文化建设，坚守、奉献的核心价值观的哨兵精神已深入人心，激励石首海事干部职工奋勇争先，在全处干部职工参与的党建文化知识测试和问卷调查中，认同率达到100%，满意率达95%。同时，“弯道先锋哨”党建文化建设在完善安全监管机制、改进作风、廉洁从政及人才队伍建设方面进行了积极探索实践，并形成了特色的工作体系。随着不断深化完善，真正把“党建+业务”融合落到实处,探索出加强基层党组织建设、激发组织活力的有效途径。

四年来,石首海事处深化“精实＋弯道先锋哨”党建文化建设,全力履职,筑基础、严执法、强监管、抓廉政,通过全处广大职工的共同努力,辖区未发生一般及以上等级事故和负有海事监管责任的船舶污染事故,海事内部风清气正,未发生干部职工违法违纪案件,政风满意度保持高位运行。

四年来,石首海事处先后获得长江海事局文明集体、荆州海事局先进集体、长江海事依法行政先进集体等荣誉称号。58人次获各级表彰,选派2名青年代表长江海事局参加部局层面业务技能大赛取得较好成绩,选派2名海事青年代表荆州海事局参加两届长江海事局综合技能大赛均获得驾驶组个人第一名,组队勇夺2017年荆州海事局“精实杯”船舶安检暨防污染技能大赛团体第一名。党的建设也硕果累累,石首海事处党支部先后荣获2017年、2019年全国交通运输系统先进基层党组织,2017年、2019年长航系统、长江海事局先进基层党组织,2018年长航局百佳党支部;“一线工作法”也于2017年入选长航系统“万里长江党旗红”党建创新工程;两个海巡执法大队被长江海事局授予创廉洁示范大队称号。

搭建"义乌好运"城市配送平台，打通短驳物流"最后一公里"

义乌市国际陆港集团有限公司

成果主要创造人：王建伟　张　浪

成果参与创造人：吴建民　毛国升　李惠娟　冯翊超　毛鹏飞

义乌市是现代物流创新示范城市、供应链创新与应用城市，支撑着打造世界小商品之都和建设国际陆港城市的目标，逐步形成"海陆空、铁邮网、义新欧、义甬舟"多位一体的综合物流体系。为继续深入促进市内物流小循环，做强全国物流大循环，义乌市国际陆港集团有限公司（简称"义乌陆港集团"）在市场发展委等部门大力支持下，创新建设"义乌好运"城市配送平台，助力广大物流企业打通短驳物流"最后一公里"，既创造了可喜的经济社会效益，同时也进一步加快构建高效的义乌交通生态。

义乌陆港集团为义乌市属国有企业，注册资金2亿元，总资产120亿元，现有员工400余人，是中国物流与采购联合会评定的中国物流AAAAA企业，被人力资源和社会保障部及中国物流与采购联合会评为全国物流先进集体。2014年，伴随着义乌国际贸易综合改革试点的深入推进，义乌陆港集团改制设立，肩负着国内物流园区、保税物流园区、铁路口岸、陆港电商小镇等产业项目的投资、建设、管理，并负责陆港新区约32.14平方公里的基础设施配套工程（道路、综合管线、园林绿化）的投资与建设。

新冠肺炎疫情发生以来，防疫物资运输需求日益增大。为积极战疫情，盘活和提高疫情期间物流运输效率，最大限度为广大物流企业降低成本，助力完成"六稳"工作落实"六保"任务，释放和保护市场主体活力，义乌陆港集团经过深入调研，首发廉价高效的"义乌好运"城市配送平台，为城市抗疫"两手抓、两战赢"赢得宝贵的时间。

一、实施背景

（一）发展现状

1.义乌物流体量规模庞大

义乌已发展成为全球小商品市场，商贸流通非常发达，物流需求总量庞大，涵盖公路、海运、铁路专线、航空运输、保税物流、电商物流等领域。全市A级物流企业达86家，其中AAAAA级2家，AAAA级28家，规模质量提升显著。2019年，全市商贸货运量8216万吨，同比增长11.9%。其中，公路货运量7969.2万吨，同比增长11.5%；义乌西站货物到发量244.64万吨，同比增长26.7%；义乌机场货邮吞吐量22575.42吨，同比增长14%。快递业务量从2014年的3.6亿件快速增长至2019年的49.9亿件，全国占比从1/40提升至1/13，跃居全国城市排名第2位。

2.义乌物流辐射面广

义乌市社会物流综合成本低于浙江省平均水平，形成优势明显的"价格洼地"，吸引了宁波、杭州、温州等周边区域，乃至上海、江西、福建、广东等外省份货物中转。义乌作为全球小商品采购与流通中心，在浙江省乃至长三角地区的物流枢纽地位稳步提升，已成为全省主要的内陆港和全国最大的零担货物配载中心。

3. 物流布局科学高效

目前,由义乌陆港集团建设的四大物流园区——国内公路港物流中心、江北下朱物流场站、青口物流中心、福田物流中心相继投入使用,与义乌铁路口岸形成进出口联动的物流布局,能牢牢把握稳内需与扩出口并重的战略基点,为促进义乌市场繁荣提供强有力的物流支撑。

(二)制约瓶颈

1. 信息化水平低,缺乏行业标准

行业存在"低、小、散"的现象,同城配送企业和团队信息化程度不高,甚至没有任何信息系统支持,通过线下运作完成整个作业流程。服务不规范,货运过程没有统一的编码、符号、标志、名称和作业流程。传统的配送方式已不能适应城市商贸经济发展的需要,成为影响城市物流发展的瓶颈。

2. 散货配送成本较高,影响产品价格优势

内销利润相对高于外贸,多数生产经营企业在外贸同时有意愿拓展国内市场。由于大多国内订单的货量较小,散货配送成本相对较高,导致部分产品在国内市场的竞争优势不明显。部分企业为了降低成本,尽量不接小单,或者等发货量拼满一车后,统一送到拖运处发货,影响企业拓展内销市场。

3. 同城短驳业态复杂多样,难以精准适配

义乌物流因小商品贸易而发展,义乌的同城短驳业态对比国内其他城市业务需求更为复杂多样,呈现低、小、散的特点。当前,义乌市内曾经试水或现存的几家同城配送企业都仅切入某一细分领域提供服务,没有一家企业的运营模式能够全程适配义乌商贸物流同城配送的需求。

4. 缺乏行业标准和管理措施

目前,针对义乌市城市配送行业,缺乏行业标准与准入条件,各种形态的城市配送处于自然无序状态。没有配套交通管理措施,小型货车随意在城市道路行驶、停车装卸货等,影响城市交通与城市品位。

二、成果内涵和主要做法

(一)成果内涵

"义乌好运"城市配送平台立足于义乌市城市配送公共信息服务平台,以降本增效、服务民生为使命,致力于构建"绿色、高效、集约"的商贸物流同城配送服务体系。系统通过区块链、人工智能、大数据、云计算等先进技术,将闲置的货源、同城运力以及干线物流等物流资源进行整合,实现车货匹配、智能调度、动态集拼等智能化功能,提升货物物流效率,降低城市拥堵状况。突出全智能化流程管理。商户在"义乌好运"手机端下单,收件员手机收到消息后即刻上门取件,货物快速到达中转站,随后,由平台智能派单,海量订单一键导入系统,选择所需车辆,按区域分派配送任务,一秒完成车辆和订单的最优匹配。系统派单后,驾驶员手机端即可接单、抢单,还可以实现在途拼单,所有订单以总里程最短计算,瞬间完成拼单,系统自动为驾驶员规划卸货顺序,配送任务一键发送至驾驶员手机端。驾驶员在途运输、沿途送货,由系统全程监管,商户手机端也可以查看物流轨迹,客户体验大幅提升。

(二)实施管理创新目标

义乌市是我国"一带一路"窗口城市,被誉为世界小商品之都,建立和完善城市配送平台意义重大。义乌陆港集团深入把握智慧物流发展趋势,构建交通物流产业新经济的形态,以全新管理模式推动物流行业向精细化、科学化、高效化变革,理清城短驳物流配送业务形态。加强互联网、区块链、人工智能的技术,推动产品服务模式业态的创新,推动一批智慧物流项目落地生根,开花散叶。致力构建完善的智慧交通体系,"智能的路+聪明的车",实现交通流量的全局均衡,让交通状况变得更安全、有序、畅通,同时,以智慧物流、智慧交通为切入点,全力打造全球智慧城市样板,实现"绿色、高效、畅通、有序"的城市环境。

1. 突出市场导向，全面满足物流需求

以市场需求为导向，将义乌市各个物流节点有机并联。平台运营公司结合社会化资本，采用市场化运营机制，以"智能 + 物流"模式进行运营，进一步提升城市短驳物流的公众普惠化水平与服务水平。在前期调研国际商贸城、工业园区及各大物流市场的基础上，对市场需求和运力进行统筹。义乌陆港集团目前已开通商贸城一区集货点和商贸城四区集货点、北下朱物流园集货点；往返商贸城、公路港、青口物流园、北下朱物流园、福田物流园等的线路，主要提供城配专线、集拼、整车三大服务，服务区域覆盖商贸区、工业区和各物流园区，未来根据市场需求在全市陆续开通更多服务。

义乌国际商贸城（图1）配套设施完善、环境优美、服务功能强大，是一个集现代化、国际化、信息化于一体的商品交易市场。自开业以来，实现了由传统贸易向以商品展示、洽谈、接单和电子商务为主的现代化经营方式的转变，被国内外客商誉为"永不落幕的博览会"，城市配送物流需求极大。

图1 义乌国际商贸城

2. 抢占智能前沿，促进资源集约利用

依托信息平台优势，发展互联网模式同城配送。以前沿科技赋能物流，采用区块链、人工智能、物联网、大数据、云计算等新技术，对车辆、货物、道路、驾驶员、商家、物流园区等业务要素进行数字化赋能，将发货需求、社会运力、运输线路等情况进行实时智能化分析与匹配，实现智能调度、订单分单等功能，进一步提升物流智能化服务水平。将传统零散的发货时间、发货地点、物流运力等元素进行聚合，实现车货实时动态匹配，一键智能拼单、在途拼单等功能，加强短驳物流业务车、货、路的集约化管理，进一步提升城市短驳物流的效率。

3. 倡导绿色物流，构建和谐交通生态

大力发展绿色物流，推进仓储、运输与配送领域的节能环保工作刻不容缓，是推动新时代经济绿色发展的重要举措。义乌陆港集团积极响应国家关于绿色城配的政策部署与决定，制定相关平台政策，在线下运力组织中鼓励并推广新能源商用车的使用，进一步提升城市综合环境治理水平。大力发展共同配送，优化车辆装载，同等业务量情况下大力减少配送次数是实现节能减排的有效手段。共同配送有统仓统配、集货共配、循环取货共配、智慧共配等多种先进的模式。以循环取货共配方式为例，"循环取货"是指在一定的距离内，一辆货车按照优化的路线，到多个供货商处依次循环装载货物并进行共配的模式。相比以前采用一辆货车仅从一家供货商处取货的方式，这种方式全面提高了车辆装载效率，缩短了行驶距离，因而减少了货车能耗及二氧化碳排放量。

4. 明晰定位基点，做精做深细分市场

基于中转仓运作优势，切入同城配送细分领域。提供专业仓储物流、同城物流、国内异地运输物流、精细加工等一站式供应链管理解决方案。针对同城配送需求多样性，即干线运输"前后一公里"、生产企业收发货、市场经营户发货、产品分销配送、家居建材配送、生鲜配送等，义乌陆港集团重点整合 B2B（Business to Business，企业对企业）商贸物流同城货运资源，也就是市场、物流园区、工业园区、仓库之间的配送需求。通过运用云计算、大数据、物联网、传感网等最新技术,为货运企业提供领先的物流信息化、金融科技及智能硬件专业解决方案。拥有灵活下单、就近派单、智能配载、路径优化、支持派单、抢单模式等功能,智能配载可以实现车辆装载率达95%以上。

(三)主要做法

1. 加快基础设施建设,实现城市配送增容扩能

义乌陆港集团紧紧围绕"物流出城、高效循环"目标,国内物流、城市配送同步推进,以时不我待的紧迫感,把物流基础设施建设当成"一号工程"来抓,白加黑、"5+2"式苦干、实干、巧干、快干,一方面优化建设工艺流程,改串联施工为并联推进;另一方面狠抓工程质量。在全市范围内,物流业以作为战略产业加以重视、培育和发展,通过加快基础设施建设,把"义乌好运"城市配送增容扩能做到极致,力求突破城市物流瓶颈制约,构建高效物流新格局。

义乌公路港(图2)总用地面积约49.6万平方米,总建筑面积达69万平方米,投资约28亿元,其中一期总占地约为37.1万平方米,并于2019年4月30日正式投用;二期目前正在筹建中,预计于2021年4月完工。义乌国内公路港物流中心集专线运输、城市配送、集货中转、供应链中心等物流业态于一体,是国内干线物流集疏运中心,是义乌市实现国内物流转型升级和物流出城最主要的承载主体,也是全国单体面积最大物流枢纽项目。截至2020年底,义乌公路港已吸纳245家干线企业共423个档口入驻经营,直达全国499个大中小城市,物流"神经末梢"基本遍及全国各地。2020年7月,义乌公路港被评为浙江省级物流示范园区。

图2　义乌公路港

江北下朱货运场(图3)位于310省道与城北路交叉口以东、义乌江以北,占地13.3万余平方米,总投资3000余万元。江北下朱货运场建筑面积2.7万余平方米,有经营用房465间,于2009年7月12日投入运营。江北下朱货运场是义乌国内物流的重要临时站场,现有经营户157家,其中托运处152家、卸货点5家。货运网络齐全,专线达140多条。

图3　江北下朱货运场

青口物流中心(图4)位于义乌市阳光大道与涌金高速交叉处西侧白莲塘和观音塘地块,总用地规模约20.7万平方米,其中北侧地块约8.1万平方米,南侧地块约12.6万平方米,总建筑面积约为10.8万平方米,包含集货中转区、零担快运区、辅助及管理用房等。有经营用房约231间,共招入物流企业221家,其中零担快运区211家(南侧137家、北侧74家)、卸货点10家。南侧区块设有零担快运区8栋共140间,北侧区块设有零担快运区5栋共76间,卸货点1栋共15间,还设有2层集货中转区,一楼可用于集货中转,二楼可用于仓储。

图4 青口物流中心

福田物流中心(图5)位于义乌市阳光大道东侧、天宝路南侧地块,规划总用地约11.8万平方米,计划总投资1.5亿元,总建筑面积约5.68万平方米,经营用房137间(零担快运区共10栋118间,卸货点1栋共19间)。共招入物流企业126家,其中零担快运区115家、卸货点11家。

图5 福田物流中心

青口物流中心南北两侧和福田物流中心分别设有2栋辅助用房作为配套服务区,主要功能包括办公、商业服务(超市、餐厅)、汽车服务、客户服务中心,面向园区物流企业提供办公、餐饮、汽修汽配等一站式服务。

2. 创新商业运营模式,推进城市配送行稳致远

聚焦义乌城市货运配送市场,义乌陆港集团整合商城集团、市场集团等优质资源,借力政府扶持政策和专项资金补助,以城内集货点—物流园区的短驳货运需求为切入点开展业务,后期实行完全市场化运作,该阶段可引入更多合作者和战略投资,共同拓展干线落地配、城际配送等业务,打造"义乌模式"。创新以"非标货物的集货配"为切入点,后期通过打通干仓配全流程,形成可持续可循环的物流供应链,并将商贸同城配送模式复制输出。完善市场、园区配套资源配备,包括专用集货点场地、集货点物流车充电桩建设、专用线路规划、信息平台协助推广等。实施仓配一体化战略,在项目平台成熟运营时,打通

同城配送业务与集团自身或其他渠道获取的仓储资源,积极向物流供应链上下游拓展业务。

义乌市城市货运配送业务规划"三步走"战略如下:

第一步,开发信息平台,逐步满足基础业务上线;建设物流园集散点示范点,上线货物分拆集拼业务;建设商贸城/工业园区集散点示范点,上线货物集货分发业务;组建落地配示范车队,上线落地配业务。

第二步,在市场经营户、生产企业的集中区域和工业园区,合理规划新建公共仓或者为其中一部分集货点配备公共仓,开展仓配一体化业务。

第三步,开发镇街、周边城市加盟商,建设镇街、周边城市的短途接驳加盟集散点,开展城际配送业务。

义乌市城市货运配送业务规划"三步走"战略示意图如图6所示。

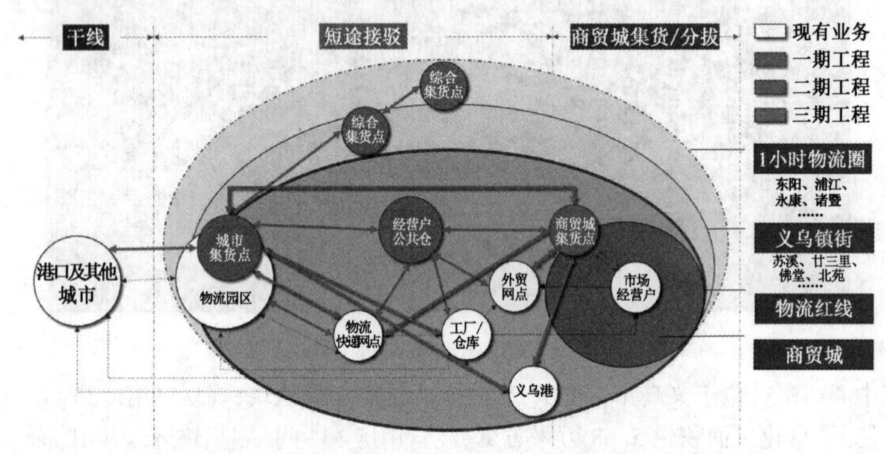

图6　义乌市城市货运配送业务规划"三步走"战略示意图

3.科学布局干线运输,实现以点带面全覆盖

市场及市场货仓集中区域的"非标集货点"设置。与商城集团、市场集团及相关街道社区进行衔接,在国际商贸城、农贸市场及各大专业街建立数十个规模不等的集货点,提供揽收、装卸、配送等功能。满载即开,到点即开,实现全天候运行。继续保留"个体揽货"的市场空间,与其共赢合作,市场内的商铺上门揽货仍由其负责,平台提供货到集货点后到物流档口的车辆配送。以及时、便捷、优惠价格、标准化服务为优势,吸引市场商户和个体揽货者上信息平台。

物流园区集货点设置。义乌陆港集团管理着全市大部分国内物流园区,集聚了大量的干线运输经营户与卸货点,拥有庞大的"前后一公里"配送需求。在公路港、青口物流中心、福田物流中心内设置集货点,一方面实现集货分拨的功能,将从商贸市场、工厂等货主企业的"前一公里"货进行集聚、分拨再转干线;另一方面实现干线转城市落地配送的功能。

工业园区内集货点设置。在生产企业密集的工业园区设置集货点及公共仓,实现仓配一体化。与较大规模的生产企业达成长期合作,负责其城市配送物流服务,逐渐形成稳定的客户群与货源。这类货源是平台货源的主力。

(1)商贸城集货点/工业园区集货点至物流园区业务

目的:提高短驳车辆计划性、满载率,从而改善园区周边交通状况,降低短驳物流成本。

方法:整合进城货物分拆和出城货物集拼,优化配送路径和算法,提高各个环节效率。

商贸城集货点/工业园区集货点至物流园区业务路径如图7所示。

(2)城市集拼点对点业务

目的:提高短途接驳车辆计划性、满载率,降低短途接驳物流成本。

方法:平台接单后,利用系统完成货物拼载,完成揽收、派送路径优化,提高运力使用效率。

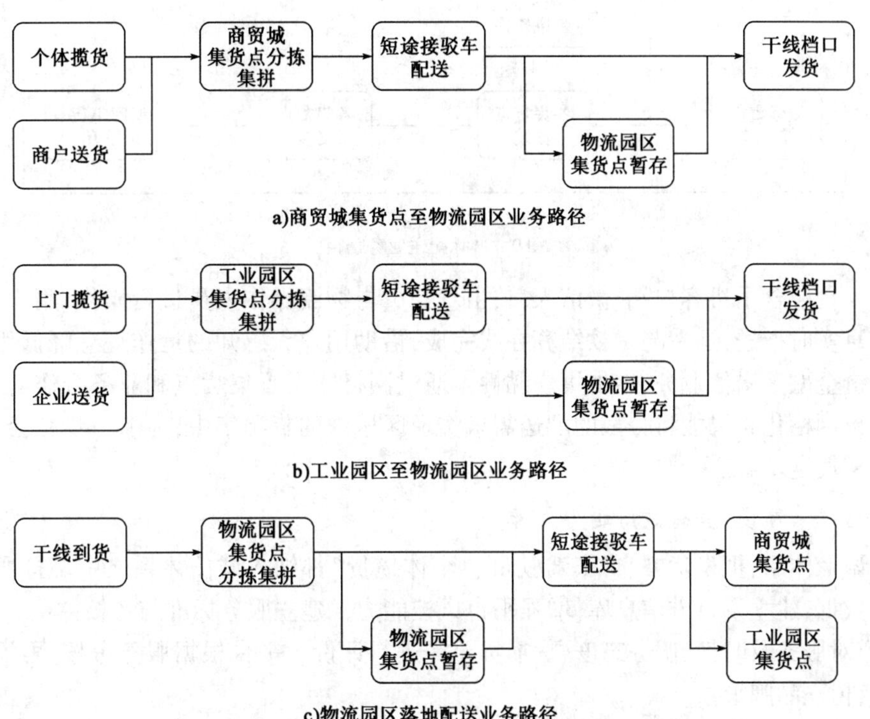

图7 物流园区←→商贸城集货点/工业园区集货点业务路径

城市集拼点对点业务路径如图8所示。

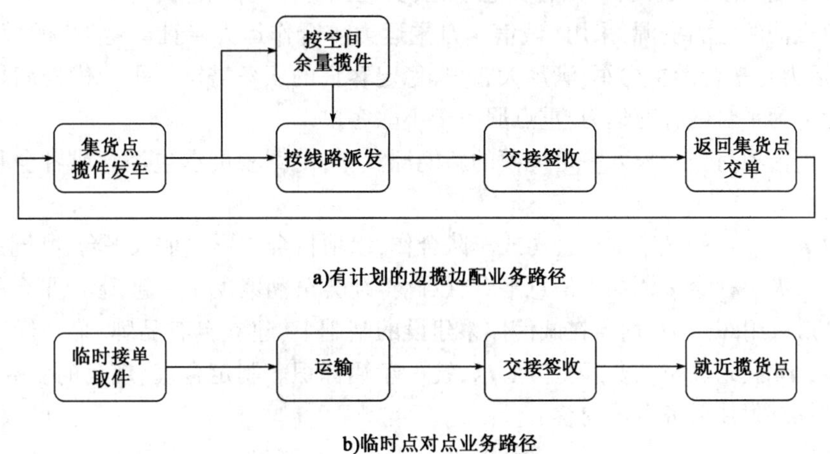

图8 城市集拼点对点业务路径

(3)城际配送

目的:用加盟赋能边远镇街、周边城市,从而加大服务范围和规模优势。

方法:将成功的"集货点+落地配"的短驳模式复制出去,让更多周边城市的物流企业加盟,从而打破城市边界,形成1小时短途接驳网络。

城市配送业务路径如图9所示。

4. 完善信息技术平台,强化"一键+"平台功能

建立并完善信息平台,实现线下业务线上操作,把发货、集货、配送、收货等业务环节无缝整合,其中涉及货主、收货中介、收货网点、驾驶员、落货专线等多个角色的协同作业。通过平台实现计价规范、运力安排、货物全程溯源、路线规划,智能拼载,做到人车货全在线管理,提升运营效率和运营质量,有效降低物流成本。

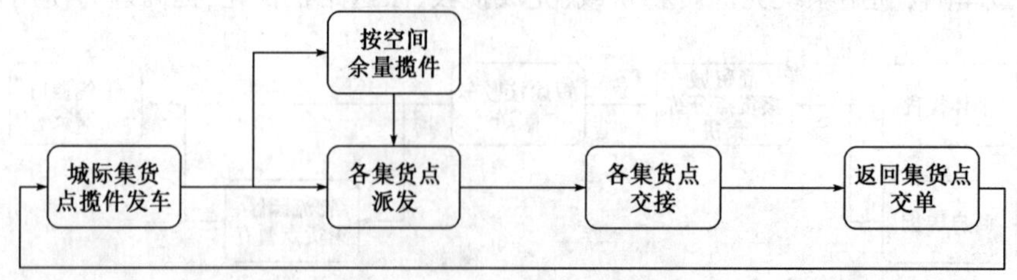

图9　城际配送业务路径

信息技术平台包含手机客户端、微信入口,由驾驶员与物流操作人员进行操作,用户端无须操作即可做到货运信息实时推送,运费与货款结算在线完成,借助用户无感知的运作理念降低用户使用成本。同时考虑供应链金融等增值业务,增加用户黏性。通过网格化设置集货点和业务合作的形式获得稳定城市配送货源。网格化布局能将分散的配送需求实现区域内的货源集中,为下一步社会运力集约化配送提升配送效率奠定基础。

5. 引入诚信体系建设,坚持做好运力保障

建设平台诚信体系,把发货方、货车驾驶员、"个体揽货"都纳入诚信体系之中。打通工商、税务等政府公信平台数据,建立发货方信息库,增强平台风控能力。建立服务标准与考核体系。客户可通过线上、线下的渠道对服务及时性、服务态度、货损货差等进行评价。平台根据服务考核,再配合奖罚措施,保障服务质量,树立品牌形象。

驾驶员及"个体揽货"的分级评价。严格驾驶员考核制度,采用服务等级划分、星级管理等方式进行管理,保证城配服务效率与质量。在平台运营实现运力诚信体系数据积累后,建立金牌驾驶员服务队伍,实现对"个体揽货"的分级评价。结合奖惩措施,实现该群体的优胜劣汰。

利用义乌市充沛的运力资源,采用"诚信 + 自主运力 + 合作运力 + 社会运力"的模式建立运力池。自主运力、合作运力是平台的主力军,满足大客户、稳定客户的服务需求。平台优先满足这类运力的业务需求。社会运力为平台的补充运力,重点服务于小散客户。

①自主运力。由项目公司投入一定规模的新能源汽车,由驾驶员承包经营或者全职雇用的方式组建自有车队。

②合作运力。与专业的城市配送公司或车队合作,以项目合作形式加入平台,共同运营城配业务。

③社会运力。吸引社会车辆加入信息平台,以此将社会车辆聚拢在一起,形成平台的社会运力。

无论以何种形式组织运力,均需在诚信体系建设的基础上,建立自有品牌,统一标识、价格、服务标准等。制定车型、车况、驾驶员从业经验等要求,统一车辆标识。制定合理、规范的服务价格,比如起步价、每公里加价标准、附加服务费等内容。

6. 完善平台功能服务,编织线下配送网络

以"便捷、快速、安全"为原则,对平台用户注册、订单任务处理以及运力动态监管等方面进一步优化与完善。在平台用户注册方面,一方面简化注册流程,降低使用门槛;另一方面对驾驶员注册的居住地、健康状况等信息进行严格审核,做到"宽进严管"。在配送任务分派方面,提升物流数据的采集与分析能力,实现智能调度、智能排线等功能,提升订单处理时效,做到"快速"。在运力动态监管方面,实时采集车辆出发地、配送路径、配送时效、接收地等信息,实现车辆在线监管与物资的溯源管理,做到"安全配送、放心配送"。

根据义乌市同城短驳物流的实际情况,分级分层逐步推动线下配送网络的建设。在义乌市南向与北向分别设立2个市级货物分拨中心,在公路港、青口、江北下朱等主要物流园区5个点位设立城配服务站,2020年内在各市场、街镇、工业园区等重点地区设立约20个揽货点。在揽货点与城配服务站间、城配服务站与城配服务站间、城配服务站与分拨中心间开通城配专线和即时送达服务,以"站点 + 专

线”的模式逐步建立一张覆盖全市的同城短驳物流配送骨干网络。

三、实施效果

(一)经济效益

1.为夺取疫情防控和降本增效双胜利奠定基础

2020年春季，面对突如其来的新冠肺炎疫情，全城戒严，城市间抗疫物资、生活用品等货物运输需求极大。义乌陆港集团因势利导，上线了“义乌好运”城市配送服务平台。在抗击疫情过程中，物流组织方式从模块化管理进入流程化管理，协同性明显增强，不仅有力破解了义乌物流行业信息化水平低、散货配送成本较高、同城短驳业态复杂多样等难题，而且疫情防控取得阶段性成果，更好地满足了经济社会发展的需要，为义乌市国际贸易改革发展提供了有力保障。

2.为广大物流从业人员增加收入

得益于平台精准高效的资源、运力、干线匹配，避免企业的半数车次“零效率”出车的现象，企业无须承担“往和返”两个车次的人力使用成本和车辆损耗费用。驾驶员根据零担物流特点运输，增加了运营收入。至2020年底，“义乌好运”日均订单突破1300单，并呈现不断增长态势，大批物流业从业人员从中收益。

(二)社会效益

1.助力完成“六稳”“六保”工作任务

物流、商流犹如车之双轮、鸟之双翼，共同驱动义乌经济社会发展。“义乌好运”城市配送服务平台的成功建设，为全市提供了上千个就业岗位，为广大经营户提供了廉价高效的物流服务，对促进保居民就业、保基本民生、保市场主体发挥了举足轻重的作用。2020年1—7月，义乌国内公路港、青口、福田和江北下朱物流园货物吞吐量达701万吨，其中5—7月货物吞吐量达324.78万吨，比2—4月增长57.57%。

2.缓解交通压力

“义乌好运”城市配送服务平台成立之前，众多货车处于空车上路的状态，给原本就较为密集的城市交通增加了较大负担。该平台投入使用后，只要派出两个车次，就能按照合理路线给客户接送所有货物，大大缓解了义乌市交通压力，交通生态环境质量大幅提升，全面助力了全国文明城市创建。

船舶水动力节能装置的应用降低企业成本提升企业管理能力

浙江新一海海运有限公司

成果主要创造人:孙恒敏　杨伟东

成果参与创造人:吴其汉　戴科磊　胡　刚　周建冬　翁航军　夏舟栋
张水信　严周广　周桂华　傅世军

浙江新一海海运有限公司(简称“新一海公司”)位于浙江省舟山市定海港务码头,隶属舟山交通投资集团,曾先后荣获舟山市文明单位、中国 AAA 诚信企业等称号。

新一海公司拥有子分公司3家,分别为浙江新一海化学品运输有限公司、舟山市万里船员管理服务有限公司和香港舟山一海海运有限公司。新一海公司总船舶数27艘,总运力超83万吨。其中,国内、国际化学品运输船舶8艘,运力近8万吨,具备一定的规模,内贸化学品运力现为全省首位、全国第六位。

公司的国内散货运输业务以电煤为主,矿砂、粮食为辅,主要承载浙江省内、长江中下游各电厂以及多家国内大型煤炭运输业务,散货运输业务稳定。2018年,国内首艘2万吨级江海直达船型“江海直达1”号正式投入运营,为助推江海联运服务中心建设作出了积极贡献。国际散货运输业务开辟有东南亚、西非、中东、欧洲、南美等多条航线,货种包括煤炭、镍矿、钢材、设备等。国内化学品运输以天津到大连的短航线及华北到华东的长航线为主,货种主要为对二甲苯、二甲苯、甲醇;国际化学品运输主要经营东亚、东南亚、中东、地中海、欧洲各航线,货种涵盖植物油、棕榈油、磷酸、烧碱、甲醇、硫酸、乙二醇等。

一、实施背景

(一)国外、内部环境

1. 政策环境

随着温室气体的排放导致全球气候变暖的危害不断显现,国际社会开始共同应对气候变化。船舶航运是交通运输行业重要的组成部分,在减少碳排放方面有着巨大的空间和潜力。为控制航运业 CO_2 排放对气候的影响,国际海事组织(IMO)在 MAPOL 公约框架内增加了船舶能效规则,旨在通过技术能效(EEDI)和营运能效(EEOI)来提高船舶能效降低排放,并通过不断修订完善提高能效要求,欧盟、政府主管机关和行业组织也不断出台措施,对航运排放进行控制。

国际海事组织海洋环境保护委员会(MEPC)在2011年召开的第62次会议上,首次以《国际防止船舶造成污染公约》(MARPOL)附则六修正案的形式,通过了国际航行船舶温室气体减排的强制性措施。该修正案将 EEDI 作为衡量新建船舶能效设计性能的指标,并针对不同类型、吨位的船舶需要达到的能效水平给出了强制性规定。2015年7月1日及以后交船的新建造船舶,在设计阶段就进行了优化,基本上都能满足能效设计指数的要求。

欧洲议会及欧盟理事会通过了关于对海运产生 CO_2 排放进行监控、报告和验证(MRV)的第2015/757号法规(EU),于2015年7月1日生效。该法规规定了关于监控、报告和验证抵达、位于或驶离欧盟成员国管辖内港口的 5000 总吨及以上商船的 CO_2 排放和其他信息的规则，作为达成减排目标所采取的阶段措施的第一步，以促进经济有效地进行海运 CO_2 减排。

国际海事组织海洋环境保护委员会(MEPC)在 2016 年召开的第 70 次会议上，通过了《国际防止船舶造成污染公约》(MARPOL)附则六修正案，增加了船舶 CO_2 排放、监测、验证和发证的要求，适用于所有 5000 总吨及以上的从事国际运营的商船。要求船舶能效管理计划(SEEMP)应包含所使用的数据收集方法和数据报告过程的描述，并应在实施前获得主管机关或其认可组织的符合性确认。

2018 年 11 月 8 日，中华人民共和国海事局印发《船舶能耗数据收集管理办法》(海危防〔2018〕476 号)，2019 年 1 月 1 日生效。《船舶能耗数据收集管理办法》规定，进出我国港口的 400 总吨及以上或者主推进动力装置 750 千瓦及以上的船舶都应收集和报告能耗数据。

日趋严厉的政策、法规和法令要求，使航运业的现有船舶(指相对按照公约要求建造的新船而言)面临节能减排的巨大压力，减少有害气体排放、减少船舶主机燃油消耗成为必然选择，否则在即将到来的碳排放市场交易中陷入被动境地。

2. 市场环境

自 2008 年金融危机以来，全球经济持续低迷，再加上后来爆发的欧债危机，增加了世界经济走势的不确定性，因此导致全球范围内海运输贸易量急剧减少，致使近年来国际航运业一直处在低迷阶段，经济危机发生之前的船舶建造订单，成了不少航运企业的巨大债务，一方面航运运价受经济危机影响不断走低；另一方面，新建造的船舶却陆续交付，造成航运运力严重过剩，在整个市场供需失衡的前提下，航运市场显得举步维艰。2016 年 2 月，波罗的海干散货运价指数创历史新低，国内外航运企业破产、重组不断，海运行业竞争格局快速变化。为了对抗风险，很多航运巨头“抱团取暖”，以争取航运市场更多的份额和话语权。

受贸易保护主义影响，我国的进出口贸易减少，对航运业也有一定影响。当前我国经济重心已转向拉动内需，基础设施建设和结构性改革进一步增加，这对国内航运企业来说是一个新的机遇和挑战。从总体来说，国内航运企业中大部分航企船队规模偏小、船型单一、货运种类单一，且船龄偏老。因此，只有降低油耗和减少排放、减少运营成本才能在国内竞争激烈的航运市场中生存下来。近几年来，很多航运企业联合国内科研院校，开始摸索在建造和旧船改造中加入节能、环保方面的元素，通过节能环保赢得市场的竞争。

(二)新一海公司船舶现状

新一海公司所属的内贸散货船共有 11 艘，平均船龄都超过 10 年；外贸散货船共计 8 艘，平均船龄 8 年；内贸化学品运输船舶共计 6 艘，平均船龄 8 年；外贸化学品运输船舶共计 2 艘，平均船龄 18 年；在建船舶 1 艘。其中内贸散货运输船大都在 2008 年前后几年的造船高峰期建造，当时航运市场火爆，船企大批量订购货船。受市场行情影响，船舶设计时未重视船体线型优化，未充分考虑船机桨匹配。而船厂一味追求交船速度，缩短建造周期，螺旋桨加工质量粗糙。新一海公司所属的“新一海 2”“新一海 3”“新一海 5”“新一海 6”“远大之星”“新一海 16”轮就是在这样的行业大环境下建造出厂的。运营 10 年多，出现如下问题：①主机油耗高，如“新一海 2”轮平均主机转速 450 转/分，平均航速 11.4 节，定速日油耗 13.9 吨、航次平均日油耗约 12.6 吨，而市场上新造同类型散货船的油耗约为 11 吨左右。②主机负荷偏重、主机排温偏高，转速提升不上去，主机故障率偏高。如“新一海 2”轮平均主机转速 450 转/分，主机排温 470℃左右，一旦到夏季炎热天气，排温更高，导致转速受限，航速无法提高。③船舶在前进或者倒退挡时，主机震动明显，生活区噪声较大。

公司内贸散货船的高油耗、低航速，导致企业支出成本比同类企业高出不少，在当前的国内散货运输市场竞争中面临巨大的压力，能耗数据不理想，也与国家节能减排的方针政策不符，如果不改变局面，将会被越来越激烈的市场竞争淘汰。面对如此严峻的形势，新一海公司审时度势，打破自身思维定式，决定自主走出节能减排创新路，将水动力节能装置的应用作为突破口，利用新技术、新方法建立船舶优势。

二、成果内涵和主要做法

(一)船舶水动力节能装置应用的内涵

新一海公司紧紧围绕合理降低船舶能源消耗、提高能源利用率、降低 CO_2 排放的总方针,把主力船型纳入实施水动力节能装置改造范围,创建组合水动力节能装置有效匹配,建立船机桨舵最佳配合,提高螺旋桨推进效率,达到最佳节能效果。同时,新一海公司本着相互学习、技术共享的原则,与国内有经验、有实力、权威的专业公司合作,进一步对组合水动力节能装置应用关键技术进行深入研究,确保各项技术实用可行,节能装置安全可靠;项目实施优质、经济地完成,真正做到"节能、降耗、减排、绿色"。

(二)主要做法

1.船舶水动力节能装置应用的整体思路

围绕水动力节能装置应用进行相关技术研究,对水动力节能装置涉及的前置导轮、消涡鳍、高效螺旋桨进行系统研究,同时对各类型船舶运营现状展开充分调研。统筹考虑现有船舶结构特征、船体线型、舵叶形式、主机功率、运营航线等情况,分别制订单船改装方案。

分期分批实施水动力节能装置技术改造,第一期完成2万~3万载重吨单桨单舵散货船("新一海2"轮和"新一海3"轮)节能技术改造,通过技改后的实船验证效果,酌情调整水动力节能装置组合应用方案;第二期完成2万~3万载重吨单/双桨单/双舵散货船("新一海5"轮、"新一海6"轮和"远大之星"轮)和5万~6万载重吨单桨单舵散货船("新一海16"轮和"seacon8"轮)技术改造;第三期完成5000~6000载重吨化学品船("彩虹岛1"轮)技术改造。同时,对在建、未建的新船舶,从设计源头落实船舶型线和水动力装置综合优化配置,实现新旧船舶两手抓。水动力节能装置技术改造从2017年12月开始筹划,截至2020年6月,已经完成了内、外贸共计7艘散货船实施应用,后期重点将水动力节能装置推广应用至6万载重吨以上外贸散货船和6000载重吨化学品船上。

2.船舶水动力节能装置的应用目标和原则

水动力节能装置技术改造计划投入1000余万元,主要用于设计、设备采购及安装、试航等。现有船舶遵循原型设计和技术改装结合,以船舶进坞修理期不影响正常运营,水动力节能装置选型需满足结构可靠、性价比高、便于安装、节能效果好,较改造之前提高至少5%的基本原则。

水动力节能装置技术一期、二期改造项目设计及设备改造费用表分别见表1、表2。

一期改造项目设计及设备改造费用表 表1

序号	项目名称	单价(万元)	数量	金额(万元)	备注
1	设计及评估	8	2	16	
2	施工图制作	0.5	2	1	
3	前置导轮	45	2	90	
4	高效螺旋桨	60	2	120	
5	消涡鳍	20	2	40	
6	艉轴及不锈钢套	10	2	20	
7	加工费	3	2	6	含加工及套合和锥部拂配
8	安装及试航	18	2	36	
9	船厂基本服务费	9	2	18	含船坞、拖轮、靠泊等
10	螺旋桨、艉轴拆旧换新	3	2	6	
11	舵系拆装	1	2	2	
12	系泊试验	0.5	2	1	
13	出海试航费	4.5	2	9	
14	合计			325	

二期改造项目设计及设备改造费用表　　表2

序号	改 造 时 间	单价(万元)	数量	金额(万元)	备　　注
1	2019.10—2019.11	140	1	140	设计费、设备费、安装费等
2	2020.03—2020.06	140	4	560	设计费、设备费、安装费等

通过船舶水动力节能装置的应用,从根本上降低企业成本、提升管理能力,打造节能环保的绿色船舶,最终实现企业经济效益和社会效益双赢,为浙江省内航运业企业可持续发展起到了带头示范作用。

3.构建项目管理组织与组织实施体系

2017年10月,新一海公司与浙江欣海船舶设计研究院、中船重工(上海)节能技术发展有限公司合作,开始推进船舶节能技术改造工作,建立与水动力节能装置技术改装相适宜的管理组织与组织实施体系。成立了以新一海公司法人代表为组长的节能减排项目组,组员由新一海公司和两方合作单位技术人员共同组成。以单船为项目,实行单船项目负责制,新一海公司主要负责节能技术改造的前期准备、项目顺利实施、后期运营监测等工作,以及制订《水动力节能技术改造总体推进方案》。中船重工(上海)节能技术发展有限公司技术人员负责应用CFD(Computational Fluid Dynamics,计算流体动力学)技术对节能方案进行节能效果的数值模拟和评估。浙江欣海船舶设计研究院技术人员主要负责新造船舶型线和水动力装置应用综合优化。完善的组织架构、合理的管理人员资源配备,都为水动力节能装置顺利实施提供了组织机构保障。

4.水动力节能装置方案的设计、性能评估与实施

水动力节能装置的基本设计流程为:基于计算流体力学分析软件输入船型参数进行尾流场CFD评估,根据评估效果对独立的节能装置选型,再综合各种独立的节能装置和组合节能装置进行评估,选取最佳节能方案,然后经过试验验证和产品加工,最后实施产品安装。

在开展船舶水动力节能装置效果的CFD评估时,采用了将在相同航速下船舶螺旋桨实际收到功率相对比较的方法,计算中可不考虑实际航行过程的船舶兴波阻力的影响,并且认为节能装置对船舶的兴波和兴波阻力的影响可忽略不计。在节能装置效果的数值评估过程中,采用了船模进行船体+螺旋桨+节能装置的周围流动和水动力性能的数值预报和分析的方法。

节能装置效果的评估以船体+舵+螺旋桨的CFD数值计算得到的螺旋桨收到功率为基础,如果在相同航速下加装节能装置后螺旋桨收到的功率小于原型,则该节能装置具有节能效果。

节能装置效果的数值评估以模型试验的自航点为计算比较点,首先进行自航点处的船体+舵+螺旋桨的周围流场、船体阻力和螺旋桨的水动力性能的数值计算,由此可得到不带待评估节能装置时的船模自航点处的船体阻力、螺旋桨水动力性能和螺旋桨的收到功率;然后以相同的方法计算不同螺旋桨转速下的带节能装置的船体阻力和螺旋桨推力得到新的平衡点,并得到带该装置后的船模自航点处的船体阻力、螺旋桨水动力和螺旋桨收到功率。

在进行带与不带节能装置的船模自航点计算时,均进行了相同的船模速度和不同螺旋桨转速下的船体+节能装置的阻力和螺旋桨水动力的CFD计算,然后根据由计算得到计算工况下带与不带该节能装置的自航点处的强制力(Z)值,得到带与不带节能装置的船模自航平衡点处的船体阻力、螺旋桨水动力和螺旋桨收到功率,并进行比较和分析。

其CFD模拟及节能效果评估的流程主要如下:

首先,进行带与不带节能装置时的船体阻力及流场计算分析,然后进行带与不带节能装置时的船舶自航性能计算分析;接着,在设计航速下,通过改变螺旋桨转速进行一系列的船舶自航计算,并通过比较不同螺旋桨转速下的船体阻力和螺旋桨推力得到新的平衡点,从而内插得到船模自航点处的船体阻力、螺旋桨水动力和螺旋桨收到功率;最后,通过比较带与不带节能装置时的螺旋桨收到功率,评判节能装置的节能效果。

(1)水动力节能装置 CFD 计算模型建立

水动力节能装置应用需根据特定航线、特定船型进行多个独立的节能装置和组合节能装置的评估、选型、试验,确定最优节能改装方案。进行节能评估首先要建立 CFD 计算模型。船体、节能装置、螺旋桨及其周围计算区域的几何建模在 UG 软件中完成,计算网格在 Gambit 软件中划分,网格数量达到几百万左右。计算区域采用了分区结构化网格和非结构网格相结合的混合网格,其中船体艏部表面以四边形划分,周围体网格为六面体,可提高 RANS 方程在壁面附近边界层内的流动和摩擦阻力的计算精度,并减少计算网格的数量;节能装置、舵及船体尾部的小部分表面以三角形划分,周围区域为四面体网格,以适应节能装置、船体尾部及舵之间的复杂几何关系,同时船后的螺旋桨、桨毂表面及其周围流域也分别以三角形和四面体的非结构网格划分(图 1、图 2)。

图 1　CFD 计算域及网格分布　　　图 2　船体表面网格分布

由于周向旋转的螺旋桨前方进流和后方去流由不能旋转的前方船体及周围区域提供,因此船体螺旋桨周围流场和节能装置的水动力性能计算中就不能采用周向平均的交接面进行螺旋桨进流和去流条件的简化,而是采用基于多参考系的交接面方法来处理螺旋桨旋转和静止船体及周围计算区域之间的物理量交换。

实施水动力节能装置技术改造典型船舶的三维效果图如图 3 所示,其主要参数见表 3 ~ 表 5。

图 3　水动力节能装置技术改造典型船舶三维效果图

"新一海 3"轮 23000DWT 散货船主要参数　　表 3

总长 L_{OA}	159.88 米	主机功率	4440 千瓦 ×173 转/分
垂线间长 L_{PP}	149.80 米	螺旋桨直径 D	4.25 米
水线长 L_{WL}	154.00 米	螺旋桨叶数 Z	4
型宽 B	24.40 米	盘面比 A_E/A_O	0.485
型深 Depth	14.00 米	平均螺距比(P/D)	0.628
设计吃水 T_D	9.80 米	螺旋桨类型 Prop. Type	MAU 图谱桨
方形系数 C_b	0.8098	旋向 Direction	右旋 Right-handed

"新一海 5"轮 23000DWT 散货船主要参数 表 4

总长 L_{OA}	158.80 米	主机功率	2206 千瓦 ×525 转/分
垂线间长 L_{PP}	148.00 米	螺旋桨直径 D	4.396 米
水线长 L_{WL}	152.13 米	螺旋桨叶数 Z	4
型宽 B	24.40 米	盘面比 A_E/A_O	0.345
型深 Depth	13.200 米	平均螺距比(P/D)	0.7060
设计吃水 T_D	9.50 米	螺旋桨类型 Prop. Type	定距桨 FPP
方形系数 C_b	0.8346	旋向 Direction	左右旋 Left, Right

"新一海 16"轮 57000DWT 散货船主要参数 表 5

总长 L_{OA}	190.026 米	主机功率	9480 千瓦 ×127 转/分
垂线间长 L_{PP}	185.016 米	螺旋桨直径 D	6.000 米
型宽 B	32.26 米	螺旋桨叶数 Z	4
型深 Depth	18.00 米	盘面比 A_E/A_O	0.545
设计吃水 T_D	11.3 米	螺旋桨类型 Prop. Type	高效桨
方形系数 C_b	0.8203	旋向 Direction	右旋 Right-handed

(2)船体水动力性能 CFD 分析(无节能装置)

水动力装置设计评估一般采用的模型缩比方式,通过模型计算得到不带节能装置时光船体的阻力,再进行不带节能装置的船体 + 螺旋桨的自航计算。以"新一海 3"轮为例,该轮模型缩比为 $\lambda = 1:22$,进行不带节能装置的船体 + 螺旋桨的自航计算时,分别取两个螺旋桨转速(10.5 转/分、11 转/分)计算,通过船模在设计航速下的自航点,以及自航点处的螺旋桨推力、扭矩和螺旋桨转速。计算获得船舶模型在航速 $V_m = 1.3709$ 米/秒时(对应实船航速 $V_s = 12.5$ 节)的船后螺旋桨收到功率,计算结果见表 6。

未加装前置导轮时的船体自航性能分析 表 6

V_m	N	船舶阻力(考虑螺旋桨抽吸)(N)			强制力	螺旋桨水动力性能		P_{D0}
(米/秒)	(转/秒)	船体自身阻力	节能装置阻力	总阻力	Z(N)	T(N)	Q(N·m)	(W)
1.3709	10.673	55.942	0	55.942	12.053	43.889	0.9788	65.639

(3)前置导轮设计与效果评估

结合公司自身船队的实际情况,现有船舶大部分为方形系数较大、尾部较丰满的单桨和双桨船舶。航行中尾部会出现水流分离现象,同时产生旋涡,旋转的水流导致能量流失,降低螺旋桨推进效率。对独立的前置导轮节能装置进行评估、试验,确定其安全性、节能减排效果。

图 4 所示为前置导轮设计方案。前置导轮应用是在螺旋桨桨轴前上方安装两个戴机翼剖面的半环型导管,由于兴波阻力及黏性阻力的作用,船体尾部水流会产生轴向、径向及周向诱导加速度,造成船体尾流紊乱,紊乱的水流经过前置导轮后变得相对平稳,螺旋桨桨前的来流得到改善,从而使推进效率提高;水流在前置导轮的作用下不再出现分离现象,集中且有序地流向螺旋桨,提高推进效率。

采用基于 CFD 性能预报的优选设计方法对"新一海 3"轮进行了前置预旋导轮 PSV 优化设计和节能效果评估。首先,对前置预旋导轮 PSV 进行了阻力性能计算分析,计算结果见表 7。从表 7 中可以看出,加装前置预旋导轮设计方案后船舶总阻力(包含船体、舵、节能装置)与不加装节能装置时的船舶总阻力相比均略有增加,增加值约占总阻力的 0.23%。

对船体 + 螺旋桨 + 舵与船体 + 前置导轮 + 螺旋桨 + 舵系统进行了自航状态的 CFD 计算对比分析,对比计算结果可分析得到前置预旋导轮方案节能效果的评估结果,见表 8。从表 8 中的计算结果可以看出,加装前置预旋导轮后,船舶收到功率降低了 4.8%,即在设计状态下预计加装前置预旋导轮可节能约 4.8%。

图4　前置导轮设计方案

加装前置导轮方案前后船体阻力性能比较分析　　表7

V_s = 12.5 节	V_m (米/秒)	船体阻力(N)			增加的百分比
		节能装置阻力	船体自身阻力	总阻力	
无节能装置	1.3709	0	42.9581	42.9581	—
加装 PSV		0.1103	42.9452	43.0555	0.23%

加装前置导轮时船体自航性能分析　　表8

V_s = 12.5 节	V_m	N	阻力(N)			强制力	螺旋桨水动力性能		
	(米/秒)	(转/秒)	船体	PSV	总体	Z(N)	T(N)	Q(Nom)	P_D(W)
无节能装置	1.3709	10.673	55.942	0	55.942	12.053	43.889	0.9788	65.639
加装 PSV	1.3709	10.443	55.018	0.0128	55.031	12.053	42.978	0.9519	62.452
		节能效果($1-P_{D1}/P_{D0}$)					4.8%		

(4)消涡鳍设计与效果评估

在不改变船舶主体结构、船舶线型和推进装置的前提下,通过新增节能装置消涡鳍来达到增加推进效率的目标,并进行节能效果评估。

消涡鳍是安装在螺旋桨尾端面的一种节能产品,消涡鳍上有一组小叶片,小叶片的数量与螺旋桨数量相同。消涡鳍的小叶片能将螺旋桨根部旋转的尾流打散,同时使螺旋桨根部附近的流场速度下降,减小尾流切向速度,从而削弱桨毂涡流,回收螺旋桨尾流能量。

消涡鳍安装在螺旋桨后方,跟随螺旋桨旋转,是螺旋桨推进系统的一部分。消涡鳍的设计与螺旋桨相关,设定主机在设计功率和转速下运转,消涡鳍采用升力线理论与 CFD 流场分析相结合的黏势耦合的设计方法,其主要设计流程如图 5 所示。应用 CFD 软件进行消涡鳍节能效果的评估,通过对均匀来流条件下螺旋桨 + 常规将军帽与螺旋桨 + 消涡鳍模型的水动力对比计算分析获得消涡鳍的节能效果。

先应用 UG 软件建立三维模型,再应用 Gambit 软件对模型周围划分流域和网格,最后应用 Fluent 软件进行水动力计算评估。CFD 计算所采用的计算流域和网格的划分情况如图 6 所示。

"新一海 3"轮螺旋桨加装常规浆、消涡鳍的效果图如图 7 所示。取设计点附近的进速系数 J_0 = 0.40进行 CFD 评估,结果见表 9。由表 9 中数据可知,安装消涡鳍后螺旋桨推力提高了 1.1%,扭矩降低了 1.0%,螺旋桨的效率增加了 2.1%。

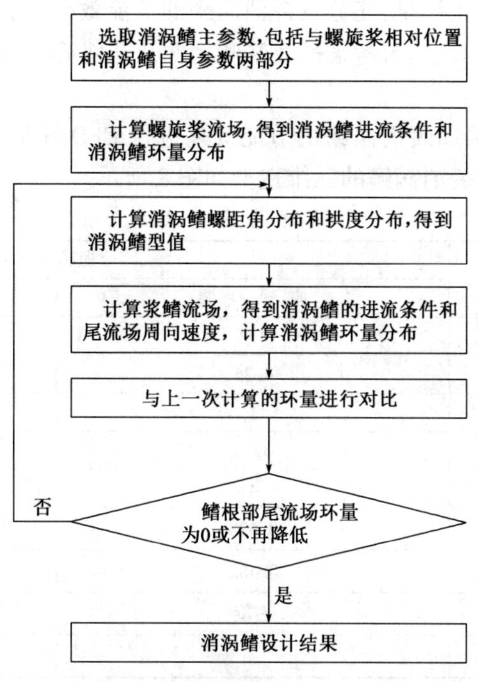

图5　消涡鳍设计流程

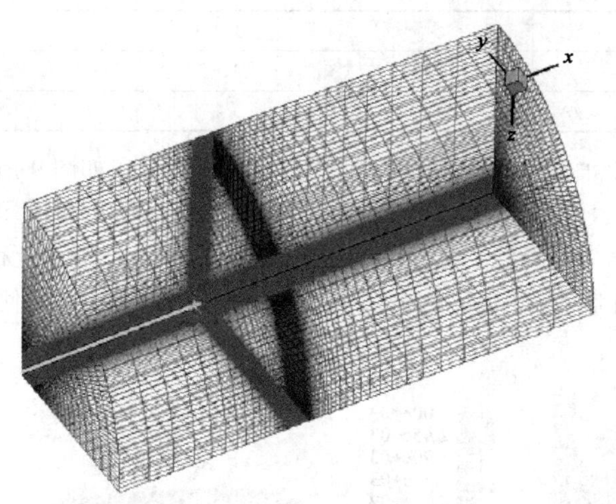

图6　计算流域网格划分情况

图7　螺旋桨安装消涡鳍效果图

原螺旋桨带消涡鳍增效效果评估表　　表9

J_0	螺旋桨推力 $K_{t\delta}$	扭矩 $K_{q\delta}$	螺旋桨效率 η_δ
0.40	1.011	0.99	1.021

(5)高效螺旋桨和消涡鳍一体化设计及效果评估

对船舶的现有螺旋桨和高效桨分别加装消涡鳍的节能效果进行 CFD 评估，根据评估结果选取节能方案。

高效螺旋桨基于普通图谱螺旋桨，但在结构上增加了导流板，具有引导水流的作用；高效螺旋桨排出的水流，更趋向圆柱状，而现有的螺旋桨排出的水流是呈圆锥状的。

高效螺旋桨和消涡鳍一体化设计需要获取船体在螺旋桨处的伴流场，作为理论设计的输入条件。采用最先进的黏/势耦合的推进器设计理论进行高效螺旋桨和消涡鳍的一体化设计。该方法首先根据所提供的船体型值，基于 CFD 方法对该船螺旋桨盘面处的伴流场进行了分析计算，将 CFD 计算得到的船体伴流场作为高效螺旋桨和消涡鳍理论设计的来流条件。在理论设计过程中，采取考虑消涡鳍的最佳环量分布,适当提高螺旋桨根部环量,充分发挥消涡鳍的节能效果,通过桨鳍之间的相互诱导速度来考虑螺旋桨和消涡鳍的相互影响。同时考虑高效桨叶剖面及适伴流的最佳侧斜和纵倾分布设计以达到最佳效率。

下面对"新一海 3"轮高效桨加装消涡鳍的节能效果进行 CFD 评估。设计的高效桨和消涡鳍主参数分别见表 10、表 11,高效桨加装消涡鳍的三维造型如图 8 所示。

螺旋桨主参数 表 10

项　目	螺旋桨类型	
	原螺旋桨	高效桨
叶型	MAU	侧斜桨
实桨直径 D_s(m)	4.25	4.25
桨个数	1	1
毂径比	0.18	0.18
叶数 Z	4	4
$(P/D)_{0.7R}$	0.628	0.618
盘面比 A_e/A_0	0.485	0.45
旋向	右旋	右旋
侧斜角(度)	—	24.5

消涡鳍主参数 表 11

鳍桨直径比	0.278
消涡鳍直径(m)	1.18
叶数 Z	4

取进速系数 $J_0=0.40$ 进行 CFD 分析。带消涡鳍时毂帽(侧视图)表面的压力分布如图 9 所示。可以直观地看出消涡鳍所产生的效果。图中所示为右旋桨,由消涡鳍所诱导的由高压区指向低压区的压力方向与螺旋桨消涡鳍旋转方向相同,因此消涡鳍降低了螺旋桨的扭矩。如图 10 所示,从有/无消涡鳍时毂帽(后视图)表面的压力分布对比可以清晰地看出,带消涡鳍后端面压力得到恢复,从而使得螺旋桨推力有所增加。

图 8　高效桨 + 消涡鳍三维造型

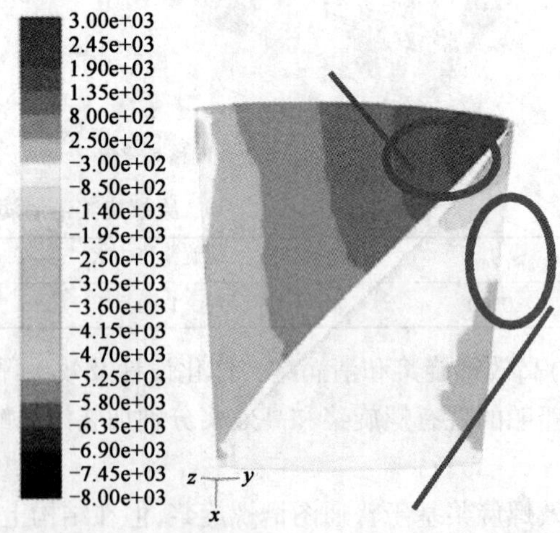

图 9　带消涡鳍时毂帽(侧视图)表面的压力分布

如图 11 所示,从高效桨带与不带消涡鳍情况下螺旋桨螺旋桨尾流场周向平均切向速度的径向分布对比结果可以看出,消涡鳍可有效降低螺旋桨根部尾流场的切向速度,从而减少了螺旋桨尾流中的旋转能量损耗,取得了节能效果。

综合节能效果评估,高效桨加装消涡鳍一体化设计节能效果优于普通图谱桨加装消涡鳍设计。

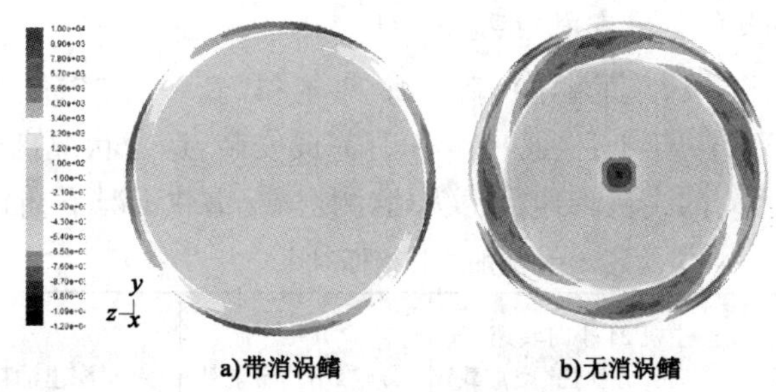

图10　有/无消涡鳍时毂帽(后视图)表面压力分布的比较

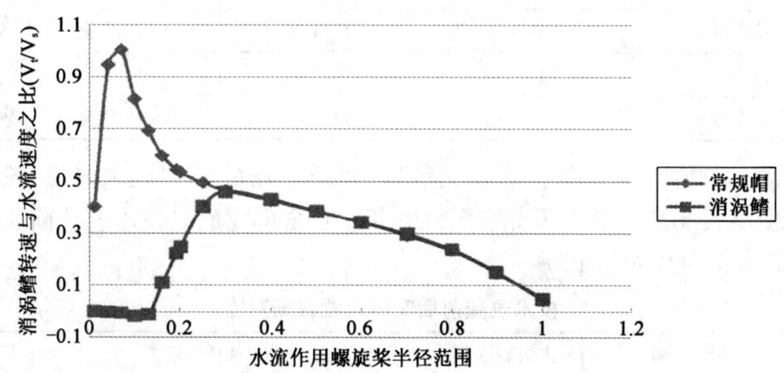

图11　有/无消涡鳍时螺旋桨尾流场周向平均切向速度

(6)水动力节能装置应用方案选型

综上所述,前置导轮+高效桨+效涡鳍节能效果最佳,考虑到新一海公司内贸船舶主要航行于近海航区及长江口,航区内渔船较多,前置导轮及易挂上渔网,存在渔网搅进螺旋桨的不利影响,因此确定在第一期和第二期项目船舶实施中仅进行高效桨和消涡鳍一体化设计改装。新设计的螺旋桨基于原桨设计,严格控制质量和惯性矩,保持与原桨相近或者略小,确保轴系校中和扭振计算无影响。典型船舶节能方案见表12~表14。

"新一海3"轮节能方案表　　表12

方　案	前置预旋导轮	消涡鳍	割桨	前置导轮+消涡鳍	高效桨	高效桨+消涡鳍	前置导轮+高效桨+消涡鳍
节能效果(%)	4.80	2.10	1.60	5.90	3.60	6.30	9.50
日节省油耗(吨)	0.65	0.29	0.21	0.80	0.49	0.86	1.29
年节省油耗(吨)	105.0	46.0	35.0	129.1	78.8	137.9	208.0

注:选用方案:高效桨+消涡鳍。

"新一海5"轮节能方案表　　表13

方　案	消涡鳍×2	割　桨	高消桨×2	(高效桨+消涡鳍)×2
节能效果(%)	2.30	1.40	3.50	6.20
日节省油耗(吨)	0.30	0.18	0.46	0.81
年节省油耗(吨)	54.2	33.0	82.5	146.2

注:选用方案:高效桨+消涡鳍。

"新一海16"轮节能方案表　　表14

方　案	前置导轮	消　涡　鳍	割　桨	割桨+消涡鳍
节能效果(%)	4.80	2.50	1.70	6.30
日节省油耗(吨)	1.11	0.58	0.39	1.46
年节省油耗(吨)	200.4	104.4	71.0	263.1

注:选用方案:割桨+消涡鳍。

5. 现有船舶实施水动力节能装置应用的实船验证

第一期实施水动力节能装置改装的船舶"新一海 2"轮和"新一海 3"轮,按新的高效螺旋桨和消涡鳍设计图纸制造产品分别于 2019 年 1 月、2019 年 3 月完成安装,运营状况良好,主机工况明显改善,船体震动、噪声明显减小。在相同的主机转速下、实船监测空载/重载工况下,船舶油耗指标对比见表 15。

船舶油耗指标对比　表 15

船　舶	指　标	主机 24 小时转速 450 转/分油耗(空重载平均值)	单航次平均日油耗	每海里油耗	节　油　量
"新一海 2"轮	技术改造前	13.9 吨	12.6 吨	0.054 千克	日节油量 1.5 吨,节油效果达 12.69%
	技术改造后	12.5 吨	11.1 吨	0.049 千克	
"新一海 3"轮	技术改造前	13.55 吨	13.0 吨	0.056 千克	日节油量 1.5 吨,节油效果达 11.54%
	技术改造后	11.8 吨	11.5 吨	0.049 千克	

第二期实施水动力节能改装的船舶"新一海 5"轮、"新一海 6"轮、"远大之星"轮、"新一海 16"轮和"seacon8"轮,项目改装从 2020 年 3 月开始,于 2020 年 6 月全部完成。技术改造前后实船运营数据对比见表 16,技术改造后实拍照片如图 12 所示。

技术改造前后实船运营数据对比　表 16

船　舶	指　标	主机转速(转/分)	单航次平均日油耗(吨)	节　油　量
"新一海 5"轮	技术改造前	460	13.1	日节油量 2.1 吨,节油效果达 16%
	技术改造后	480	11	
"新一海 6"轮	技术改造前	142	13.1	日节油量 1.3 吨,节油效果达 9.9%
	技术改造后	145	11.8	
"新一海 16"轮	技术改造前	96	19.5	日节油量 2.5 吨,节油效果达 12.8%
	技术改造后	96	17	
"远大之星"轮	技术改造前	142	13.1	日节油量 2.1 吨,节油效果达 16%
	技术改造后	145	11	
"Seacon8"轮	技术改造前	105	25.5	日节油量 0.5 吨,节油效果约 2%
	技术改造后	105	25.0	

图 12　改造后实拍照片

6. 实施新造船产品"绿色"设计,船舶线型和水动力装置综合优化

2017 年 4 月,新一海公司"江海直达"船开始建造,该船主要行驶于宁波舟山港—马鞍山、芜湖特定

航线，设计上在满足浅吃水航行要求下，通过优化船体线型，达到船机桨最佳匹配，结合水动力节能装置应用，提高螺旋桨的推进效率，致力打造绿色环保新船型。

(1)船体线型优化

线型优化主要包括船艏优化、尾部线型优化及整船阻力性能优化。首部线型优化，将原型船的球鼻艏改为直柱船艏，开展优化线型在波浪中的航速评估，在典型海况下船舶航速大于静水中的航速，表明首部线型改为直柱型船艏，能在风浪中达到更高的航速，提高风浪中航行的安全性和经济性。

在船体艉部，优化线型将尾封板高度下压，4 米水线以下的线型均往里收缩，另外对艉部设计水线附近的线型也进行了优化，以改善尾部兴波和压力分布。

通过对初始线型和优化线型阻力性能数值评估，得到静水总阻力系数结果(表 17)和自由面云图(图 13)。由计算结果可以看出，优化线型 1 的模型总阻力系数较初始线型降低约 4.224%，优化线型 2 的模型总阻力系数较初始线型降低约 6.357%，即该船阻力。初始线型匹配高效桨，在螺旋桨盘面伴流不佳，特别是在艉轴侧上方伴流过大，不利于螺旋桨推进，并且容易产生激振。反复调整尾部线型后，与初始线型对比，使伴流在桨盘面的周向分布更加均匀，改善船体压力流场分布，实现减阻效果，提高了螺旋桨推进效率。优化后采用直柱型船首和球尾等低阻力线型，实现船机桨最佳匹配。

模型总阻力系数 CFD 计算结果比较 表 17

方　案	$C_{tm}(\times10^{-3})$	$C_{tm}/C_{tm0}-1$
初始线型	3.6712	—
优化线型 1	3.5161	-4.224%
优化线型 2	3.4378	-6.357%

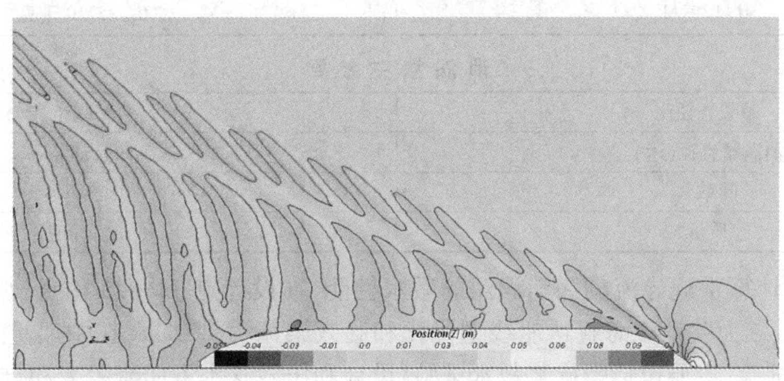

a)初始线型

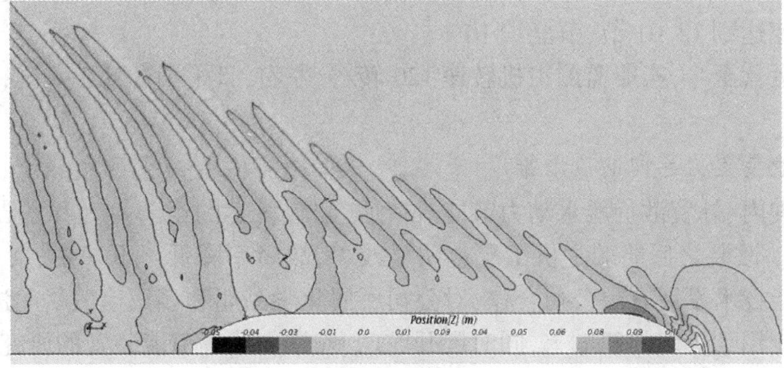

b)优化线型1

图 13

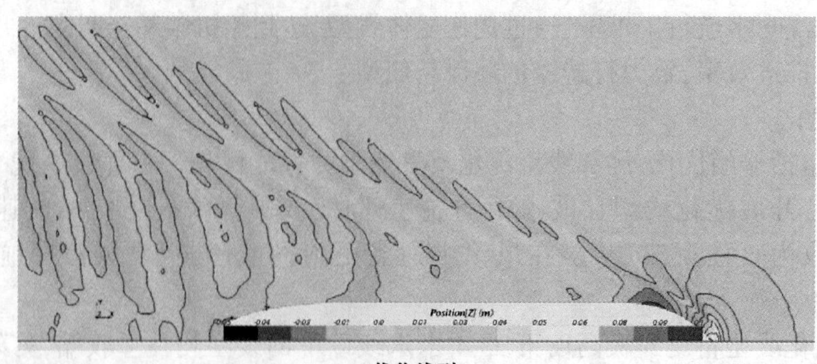

c)优化线型2

图13　初始线型与优化线型自由面云图对比

(2)配备高效推进系统，加装水动力节能装置

为进一步提高该船的能效指标，在船型优化的基础上，采用了高效螺旋桨和节能消涡鳍一体化设计。高效桨采用最先进的黏/势耦合理论方法设计，采用黏流 CFD 计算得到的船尾伴流场作为螺旋桨势流设计的进流输入。通过最佳环量分布及高效桨叶剖面设计以达到最佳效率。设计得到的高效螺旋桨主参数见表18，消涡鳍主参数见表19。

高效螺旋桨主参数　　表18

参　　数	高　效　桨
实桨直径 D_s（米）	4.5
毂径比	1.5
叶数 Z	4
侧斜角（度）	24.5
盘面比 A_e/A_0	0.45
旋向	右
材料/质量	C_{U3}/5710 千克

消 涡 鳍 主 参 数　　表19

鳍桨直径比	0.2756
消涡鳍直径（米）	1.240
叶数 Z	4
质量	345 千克

利用 CFD 技术计算常规导流帽和消涡鳍的敞水性能，在设计点 $J=0.5$ 附近，加装消涡鳍后，敞水效率可提高约2.6%。为验证江海直达船线型优化和高效桨鳍设计结果，在中船重工702所拖曳水池开展了快速性模型试验，主要包括螺旋桨敞水试验、设计和压载吃水下船摩阻力和自航试验。经模型试验验证，在螺旋桨收到功率为2680千瓦时，最终优化线型在设计吃水下，裸船体的航速达到11.91节，加装节能装置后航速达到12.01节，节能约10%。

该轮建造完工运营至今，实船监测主机转速120转/分左右，日平均油耗7.8吨，跟同类型海船相比可节油5%以上。

7. 以水动力节能装置为导向的应用推广

新一海公司7艘内、外贸散货船水动力节能改造后，配合科学的运营管理和培训，实船应用实践表明平均节能约10%。改装之后船舶主机工况也明显改善，故障率降低。下一步，新一海公司将继续和中船重工702所节能技术发展有限公司合作，对公司所属化学品船和多用途散货船进行评估研究，将水动力节能装置推广应用到更多的船舶上，同时展开舵球、舵推力鳍等节能装置的研究应用，多措并举，全力推进公司运输船舶节能减排工作。

2019年，应舟山港航局和浙江省造船协会邀请，组织舟山各船厂和航运企业，结合新一海公司已改造船舶，对“水动力节能装置”做技术交流和应用推广。

三、实施效果

(一)经济效益

实施水动力节能改装的船舶实际投入成本840万元,改装前主机年耗油21578吨,改装之后实现年节油量达1700吨,年节约运营成本约800万元。改装之后主机故障率降低,初步统计每年可节约主机维护、保养成本约50万元。

公司化学品船和外贸多用途散货船实施水动力节能改装后,总计年节油量达2500吨,节约运营成本约1175万元。

(二)社会效益

本项目的社会效益首先体现在能够大大减少船舶燃油燃烧释放硫氧化物、碳氧化物和颗粒物等大气污染物排放。其次,减弱船舶主机振动、噪声等物理污染,改善船员工作、生活环境。

新一海公司船舶有小型内贸船和大型远洋运输船,以22800载重吨、主机功率4400千瓦的内贸散货船为例,根据国家发展和改革委员会发布的《温室气体排放核算方法和报告指南》,消耗1千克燃油排放二氧化碳3.04千克,本项目实施后,该轮每年减少燃油消耗275吨,减少二氧化碳排放836吨;以56700载重吨、主机功率9480千瓦的远洋运输船舶为例,根据IMO发布的《2012年船舶能效设计指数计算导则》,消耗1千克燃油排放二氧化碳3.114千克,该轮每年减少燃油消耗100吨,减少二氧化碳排放311.4吨。本项目实施的后每年可减少2500吨燃油燃烧,减少二氧化碳排放7653吨。

四、结语

通过本项目的实施,对船舶水动力节能装置项目进行了深入的研究,探索出一套适合于现有船舶的节能改造方案,通过改造一批、验证一批的模式,不断推进节能技术的发展,提高公司管理水平。完成改造的船舶投入运营后,达到了预期目标,减少了燃油消耗,降低了二氧化碳排放,降低了船舶主机故障率,减少了船舶噪声和振动,改善了船员生活环境;公司运营成本明显降低,提高了现有船舶的市场竞争能力;建立了安全可靠的节能减排新思路。

随着国家对环保重视程度的增加,日趋严厉的政策、法规相继出台,减少有害气体排放、减少船舶主机燃油消耗成为必然选择。水动力节能装置是一种提高各类型船舶能效的安全可靠的技术,具有较高的性价比,是构建"绿色船舶"的重要措施,如本项目可在浙江省乃至全国航运企业进行推广应用,将对降低能源消耗、减少污染排放产生更巨大的经济效益和社会效益。

城市公交营运车辆的能源精细化管理

杭州市公共交通集团有限公司第五汽车分公司

成果主要创造人:颜国维 黄 盛

成果参与创造人:宣云波 俞志平 郭俊华 姚冬祥 何小勇 单佳怡 祝明旭

2019 年是新中国成立 70 周年,也是全面深化企业改革、实现创新创优发展、决战"十三五"发展战略目标的重要之年。要始终坚持以习近平新时代中国特色社会主义思想和党的十九大精神为指引,自觉践行"干在实处永无止境、走在前列要谋新篇、勇立潮头方显担当"的新要求,增强"四个意识"、坚定"四个自信"、做到"两个维护"。深入贯彻"以人民为中心"的发展思想,认真按照杭州市委、市政府"干好一一六、当好排头兵"的决策部署,为加快建设城市公共交通标杆企业建设迈出实质性步伐。

杭州市公共交通集团有限公司第五汽车分公司(简称"杭州公交五公司")现位于杭州市江干区九和路 400 号,场区总面积约 13 万平方米,于 2019 年 7 月从石桥华丰公交停车场搬迁至此。作为杭州市公共交通集团有限公司的全资子公司,目前拥有公交运营车辆 812 辆,在册员工 1801 名,运营线路 63 条。组织机构设有经理室、"五科三办"(即安全生产科、客运科、人力资源科、企管科、计财科、工会办、党办、经理办)及 7 个车队。2019 年,杭州公交五公司总运营里程达到 5598.4 万公里,总客运量达到 15220.56万人次。

杭州公交五公司秉承"公交优先,必须优秀"的经营理念,努力为市民提供文明、便捷、安全、舒适的乘车环境。公司以创优为目标,大力开展职业道德和交通法规教育,开展技术比武和安全行车竞赛,开展"人性化三秒"起步操作法、人行横道文明礼让操作法的培训,为安全行车、优质服务奠定了基础。坚持严格执行中央八项规定及实施细则精神、集团管理人员"五条禁令",深入开展"三查三改""查漏洞、补短板、促发展""三张清单"及金点子等活动,推进公司从严治党向纵深发展,将党风廉政建设引向深入,助推企业健康稳定高质量发展。公司自成立以来先后被授予多项先进荣誉,如"杭州市文明单位""市平安示范企业""市平安示范线路""市社会责任建设先进企业"等;公司 K807 路还被授予"全国质量信得过班组""全国城市公共交通行业节能减排达标竞赛先进集体"、浙江省"百佳安全文明驾驶班组"、杭州市"工人先锋号";公司五车队被授予"浙江省质量管理信得过班组"等荣誉称号。

一、项目实施背景

随着杭州市政府对环保、节能工作的重视,降能耗、促环保成了公交的首要大事。节能降耗是公司控制成本的重要环节,为进一步做好车辆降耗节能的管理工作,小组各成员在组长的带领下,在实践中不断学习总结,充分发挥大家的特长。为切实加强能源管理,提高行车人员的节能意识,努力降低油料消耗,减少车辆的尾气排放,努力创建资源节约型和环境良好型企业,确保公司持续、健康、快速发展,杭州公交五公司制订了关于开展"节能源,减排放,控成本,升质量"竞赛活动的实施细则。

二、创新方案和实施过程

截至 2019 年底,杭州公交五公司运营车辆 812 辆,其中纯电动汽车 405 辆,品牌已达到 4 种(比亚迪、万向、吉利、金旅),天然气车辆 264 辆,混合动力电动汽车 143 辆。纯电动车辆占车辆总数的 50%。为此,如何节能降耗是公司一个新的课题。

（一）创新方案

杭州公交五公司紧紧围绕年度"增收节支"目标，强化预算管理，加强降耗节支工作的组织领导，增强全员"增收节支"的责任意识，制定下发降耗节支目标责任书，层层分解落实目标任务，规范操作流程，加大技术创新，推广新技术新方法，确保公司降耗节支全年目标任务的顺利实现。为确保年度车辆每百公里综合能耗完成率较去年同比下降1.0%以上目标的实现，主要做法如下。

1. 推行科学、合理、可操作的节能操作方法

每月召开驾驶员节能经验交流专题会以及机务、能源管理例会，进一步扩大影响，努力营造人人要节能的氛围。按照杭州市委、市政府"蓝天保卫战"行动计划，推进"绿色公交"体系建设。随着近年来公司纯电动汽车的大量投入运营，为公司的节能管理工作带来新的挑战，在纯电动汽车使用的线路上，发掘节能高手进行相互交流、总结，整理出一套纯电动汽车的节能操作法，制作卡片、操作视频，在各车队进行播放、交流推广，以此来促进公司全体一线驾驶员的节油意识和氛围，使公司的降耗节支工作更上一层楼。

2. 强化车队节能降耗管理的执行力度，提高节能氛围

每月根据实际能耗情况，进行部分线路、车辆的能耗定额微调，确保车队各线路的平衡性，提高驾驶员的节能积极性，鼓励节能管理创新。杭州公交五公司以深入车队为切入点，进行线路现场调查、现场帮教，开动脑筋，群策群力，依托公司班组建设工作中的规范化班组创建平台，推进各车队开展群众性的班组活动，推出新举措来解决一些高耗线路的疑难问题。加强与修理工段的联系沟通，加大对部分高能耗线路车辆的管理和治理力度，结合非正常高能耗车辆预警机制的建立，及时发现及查找非正常高能耗车辆的原因，对症下药及时进行整治，争取整治率达到100%。

3. 发挥"高能耗车招标"活动的作用

做好"高能耗车招标""一对一结对子帮教"等行之有效的工作。"高能耗车招标"工作要扩大战果，对顽固型的高能耗线路提出需求，杭州公交五公司企管科组织各车队的节能标兵进行重点整治，并开展数据跟踪分析，确保整治成功率。根据实际情况，针对不同线路、不同车型，进行有机结合、合理分配、适时调节。同时，做好线路、车型的最佳搭配，最大限度地发挥车辆的使用效率，降低车辆的能源消耗。

4. 运用有效的激励机制

在能耗考核上，发挥班组作用，采用公布"节能排行榜"等形式，每周公布线路节能排名。继续通过推行年度节能标兵、节能"进步奖"等评比活动载体，在表彰先进的同时，鼓励进步驾驶员，进一步营造"节能光荣、浪费可耻"的企业文化，促进一线驾驶员自觉参与节能降耗活动，确保全年度公司节能目标——车辆每百公里综合能耗定额完成率与去年同比下降1.0%以上，切实提高公交运营车辆的尾气排放水平，为"绿色公交"建设作出积极贡献。

（二）方案实施

1. 方案实施要求

①车队要在思想上、认识上高度重视，要做好宣传、发动工作，做到人人参与，在行动上要有目标、有计划、有措施，努力营造良好的节能氛围，确保能耗管理工作上取得新成效。

②车队每月20日前要及时做好次月各车型、线路能耗定额指标的合理调整工作，报公司企管科备案，由计财科核定下发。

③客运科要加强运营车辆"三定"工作和运营线路车辆车型的一致性管理，每月25日前次月运营车辆"三定"月报发企管科。

④企管科每月联合修理单位召开一次关于运营车辆能源消耗情况分析例会，做到有记录、有分析、有措施。

⑤车队要加强相互学习交流,提高驾驶员的节能操作水平,每季度定期召开一次驾驶员节能经验交流会(会议日期报企管科)。

⑥车队要高度重视驾驶员的车辆例保工作,加强检查,要关注驾驶员车辆故障报修工作,做到有修必报,提高车辆故障报修准确率,杜绝人为故障和有责机械事故的发生。

⑦车队要不断提高车辆机务状况管控能力,要根据季节、路况和车型等因素变化情况,通过合理调节车队各线路的车型及能耗指标,控制高能耗车比例。

2. 方案实施措施

①车队要不断完善各类基础台账报表,做到报表规范、及时、准确上报,通过报表分析查找问题,制订整治措施。

②车队要教育驾驶员严格执行运营车辆首末站停站熄火制度,落实车辆使用空调时非上客车辆停站超过 3 分钟或不使用空调时停站超过 2 分钟必须熄火的规定,积极推广发动机经济转速运行等节能降耗新经验。

③企管科要制订和实施运营车辆高能耗车驾驶员的再培训制度,定期组织高能耗车驾驶员的操作技能培训。认真做好对高能耗车驾驶员在节能操作上的指导和培训工作,同时建立完善操作技能培训台账。

④车队要根据不同车型能耗指标、线路(道路和客流)特点、驾驶员综合操作技能,科学合理地配置线路车型,确保线路车型一致性达到 80% 以上,同时做到线路车型不超过 2 种。

⑤各车队要加强对线路无固定驾驶员运营车辆("百搭车")的管理,积极采用各种行之有效的措施,最大限度减少"百搭车"的数量,确保"百搭车"数量不超过总运营车辆数的 3%,有条件的线路实行一人一车制。

⑥由企管科负责,组织各车队开展一次年度节能操作技术练兵(节能大赛)活动,营造良好的节能氛围,提高驾驶员的节能操作水平,并对车队、驾驶员在节能大赛中获得优异成绩的予以表彰和奖励。

⑦各车队要加强对高能耗重点线路的整治工作,每月要对高能耗重点线路进行原因分析,制订下一步整治措施,对整治效果进行跟踪,重点线路整治成功率必须达到 100%,确保车队分解指标的完成。企管科负责成立由各车队节能标兵组成的高能耗车招标整治小组,由企管科统一调派,集中力量解决各车队中一直无法彻底解决的顽固型高能耗线路(重点线路)的高能耗难题。

⑧企管科对能耗管理相对薄弱的车队,要开展"一对一"能耗管理结对子帮教活动,企管科结对子成员要按照协议要求做好车队机务、能耗管理的帮教工作,确保车队能耗管理取得新成效。

⑨企管科要根据《运营线路高耗车招标实施办法》,落实对高能耗车的预警、申报、跟踪、考核等标准实施,加强高能耗车整治管理,确保整治有效率达到 90% 以上。各车队必须加强对高能耗车"招标"整治的宣传工作,让更多的驾驶员参与到高能耗车"招标"整治活动中来,特别是对连续 3 个月(含)以上的高能耗车辆,车队必须做好招标、整治工作,有效遏制车辆连续高能耗情况,确保高能耗车辆数控制在 5% 以内。

⑩车队每月要召开节能工作例会、每季度组织经验交流会,做好季度活动总结工作,查找问题,落实措施。要创新管理、提高成效,使节能降耗工作每季度都有新的突破。

⑪企管科要在新能源车辆投入使用的线路上,发掘节能高手进行相互交流、总结,整理新能源车辆的节能操作法,并进行推广,增强驾驶员节能意识,提高节能降耗工作水平。

3. 方案实施过程

为确保措施的顺利实施,公司在内部建立公司—车队—驾驶员的三级节能降耗管理架构。

1)公司层面实施过程

(1)开展宣传培训

①邀请纯电动汽车的厂家技术人员分别对车队机务管理人员及纯电动汽车驾驶员进行理论技术培

训,讲解纯电动汽车机务常识及动能回收系统的操作特性,通过培训使机务管理员及驾驶员更多地了解了纯电动汽车的特性,使驾驶员更规范地操作;对操作纯电动汽车驾驶员实行上车实际操作培训并现场进行考试打分:由培训老师、企管科车辆管理员对驾驶员进行实际场地操作考试,经过考试及时发现驾驶员不规范的操作及不良习惯并即时纠正。

根据车队管理和行车人员需求,结合纯电动汽车的特性,公司于2019年先后举办12场次理论技术培训,参加人数达600余人,并印发《纯电动车操作常识》《纯电动车规范操作小卡片》等操作手册,为行车人员的规范操作提供了技术支持,指导驾驶员正确开展工作。

②将考试不达标的驾驶员列入月度奖励考核,从而提高驾驶员的节能操作意识。

根据公司运营驾驶员绩效奖励考核标准中有发生操作培训不达标的驾驶员当月每次少奖30元的规定,调动驾驶员的积极性和主动性。

(2)完善的能耗管理制度

"制度是真正的管理者,一流制度造就一流的执行力"。为了更好地实现公交线路的能耗管理,相关的制度保障必不可少。

①公司发文开展"节能降耗"竞赛活动,每月在车队之间开展评比,宣传到位,知晓率达到100%,全面落实集团公司降耗节支各项工作任务,实现公司"节、减、控、创"预期目标。

②公司制订针对驾驶员的能耗奖惩条例,对机务例保不合格、培训不合格、亏(油电)的驾驶员给予少奖,对节(油电)的驾驶员给予奖励,严肃奖罚管理制度。

③公司根据全年节能降耗工作的计划制定各线路、各车型和各月的能耗定额,任务层层分解,责任落实(表1)。

第三车队2019年10月各线路车辆能耗定额调整 表1

自编号	报表车型	线路	配车数	全年定额	道路系数	当月系数	油耗定额	当月		
				升/百公里				上调	下调	执行定额
8-9001~8-9010	WXB6860GEV(万向)8米	320	10	78.0	0.975	0.97	73.8			73.8
8-9536~8-9538	CK6120LGEV2(K9A)		3	128.0	0.975	0.97	121.1			121.1
8-9561、8-9562 8-9586~8-9590	CK6120LGEV2		7	113.0	0.975	0.97	106.9			106.9
8-9774~8-9777	XML6125JEVY0C1(K)	85	4	113.0	1.025	0.97	112.4			112.4
8-7977~8-7996	XML6125JHEV88C		20	36.5	1.025	0.97	36.3			36.3
8-7363	JNP6105GC(LNG)		1	33.5	1.025	0.97	33.3			33.3
8-7995、8-7997、8-7999	XML6125JHEV88C	81	3	36.5	1.025	0.97	36.3			36.3
8-9821	XML6125JEVJ0C3		1	118.0	1.025	0.97	117.3			117.3
8-7714、8-7738、8-7740	XML6125J15CN(LNG)		3	35.5	1.025	0.97	35.3	1.2		36.5
8-7713~8-7719、8-7733~8-7745、8-7754			18	35.5	1.025	0.97	35.3		0.3	35.0
8-9539~8-9545	CK6120LGEV2(K9A)		7	128.0	1.025	0.97	127.3			127.3
8-9705、8-9719~8-9723	BYD6650HZEV1(6米)		6	68	1.025	0.97	67.6			67.6
8-7315	XMQ6105G3(LNG)(K)		1	33.8	1.025	0.97	33.6			33.6

续上表

自编号	报表车型	线路	配车数	全年定额	道路系数	当月系数	当月			
				升/百公里			油耗定额	上调	下调	执行定额
8-9052～8-9070	BYD6101LGEV4(10米)	99	19	98.0	1.050	0.97	99.8			99.8
8-7667、8-7705	ZK6105HNG2(LNG)	95	2	33.5	1.025	0.97	33.3			33.3
8-7360、8-7363	JNP6105GC(LNG)		2	33.5	1.025	0.97	33.3	1.00		34.3
8-7354～8-7364			9	33.5	1.025	0.97	33.3		0.2	33.1
8-7344、8-7346	JNP6105GC(LNG)		2	33.5	1.025	0.97	33.3			33.3
8-2984～8-2988	KLQ6895GQC5(LNG)	1902	5	31.5	1.000	0.97	30.6	0.50		31.1
8-7314、8-7317、8-7318、8-7320、8-7321、8-7323、8-7326	XMQ6105G3(LNG)(K)	7105	7	33.8	1.025	0.97	33.6		0.2	33.4

④根据重点线路、车辆能耗实际消耗,制订《运营线路高耗车辆降耗招标实施办法》,解决节能降耗的热点难点问题(图1)。

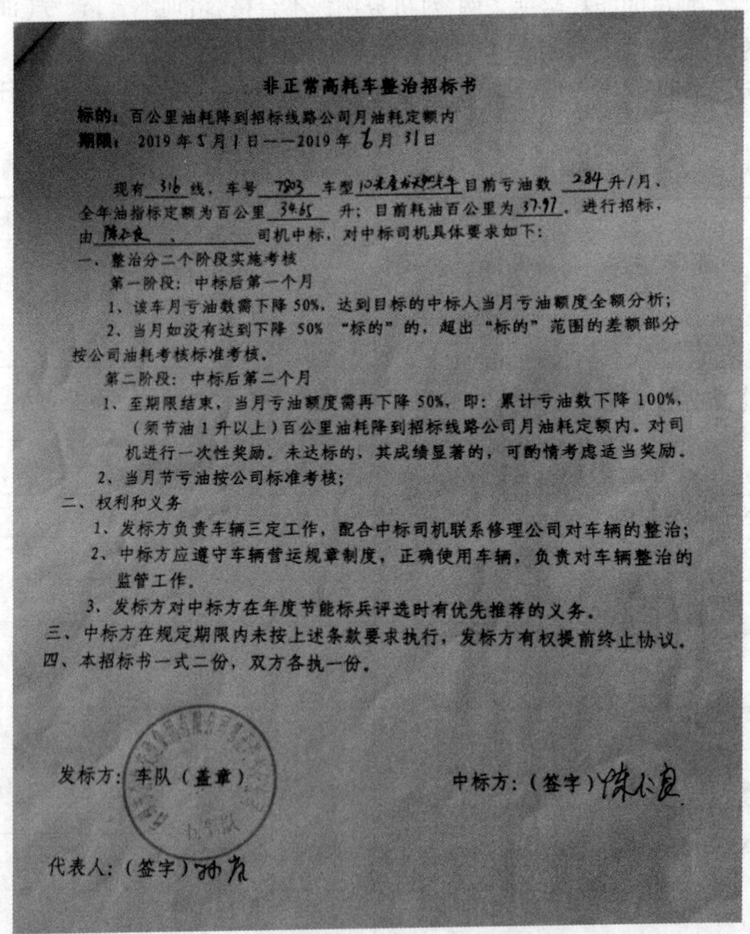

非正常高耗车整治招标书

标的:百公里油耗降到招标线路公司月油耗定额内

期限: 2019年5月1日——2019年6月31日

现有316线,车号7803车型[illegible]目前亏油数284升/月,全年油指标定额为百公里34.65升;目前耗油百公里为37.97,进行招标,由[illegible]、　　司机中标,对中标司机具体要求如下:

一、整治分二个阶段实施考核

第一阶段:中标后第一个月

1、该车月亏油数需下降50%,达到目标的中标人当月亏油额度全额分析;

2、当月如没有达到下降50%"标的"的,超出"标的"范围的差额部分按公司油耗考核标准考核。

第二阶段:中标后第二个月

1、至期限结束,当月亏油额度需再下降50%,即:累计亏油数下降100%,(须节油1升以上)百公里油耗降到招标线路公司月油耗定额内。对司机进行一次性奖励。未达标的,其成绩显著的,可酌情考虑适当奖励。

2、当月节亏油按公司标准考核;

二、权利和义务

1、发标方负责车辆三定工作,配合中标司机联系修理公司对车辆的整治;

2、中标方应遵守车辆营运规章制度,正确使用车辆,负责对车辆整治的监管工作。

3、发标方对中标方在年度节能标兵评选时有优先推荐的义务。

三、中标方在规定期限内未按上述条款要求执行,发标方有权提前终止协议。

四、本招标书一式二份,双方各执一份。

发标方:车队(盖章)　　中标方:(签字)[illegible]

代表人:(签字)[illegible]

图1　非正常高耗车整治招标书

(3)营造节能氛围

①每月召开节能降耗专题例会,做到有记录、有分析,下一步工作有措施;在会议上,各车队对能耗较高线路、车辆等信息进行梳理,着重对能耗亏损严重的线路进行整理,排出整治计划,开展高能耗招标活动。

②车队每季度开展一次“节能降耗”经验交流活动，加强相互学习交流，提高驾驶员的节能操作水平（图2）。

③公司举办节能大赛（图3），把节能先进聚集在一起，对车辆节能（油、电）的操作经验做交流，做好传、帮、带，“以点带面”，不断扩大节能氛围。

图2 纯电动汽车节能操作经验交流会

图3 公司举办节能大赛

2）车队层面实施过程

（1）宣传及营造节能（油、电）氛围

①车队在每月的例会、小班化会议传达公司开展“节能降耗”竞赛活动的通知，使活动知晓率达到100%。

②车队每日将车辆（油、电）的消耗指标张贴于站房，车队管理员第一时间知晓车辆（油、电）的消耗情况，同时也告知驾驶员用（油、电）情况。

③车队每月选评出“节能之星”一名张贴于站房墙壁上，营造节能氛围，使驾驶员们形成你赶我超的节能氛围。

（2）操作检查及维修跟踪

①车队在每日能耗报表形成后，以数据依据，对能耗（油、电）超出核定指标的车辆，首先安排人员跳车检查驾驶员的操作，查看驾驶员操作是否规范，对不规范驾驶员由线路节能标兵对其进行节能操作的一对一帮教，提高驾驶员操作水平。同时，排查车辆的机务状况，对车辆存在故障的联系修理工段修复并跟踪维修质量。

②在日常管理中，对车辆能耗使用情况进行排查，分析车辆能耗超标原因，制订整改措施，排除故障原因。

车队每月根据公司计财科的车辆油耗月报表，梳理出各线路存在的高能耗车辆及车队的高能耗重点线路，然后由车队机务队长进行甄别、确定确需招标的高能耗车辆、线路；在每月25日前向公司企管科申报下月的高能耗车招标车辆、高能耗重点线路及有意向投标的驾驶员，由企管科进行审核；经企管科同意后，由车队与意向投标驾驶员签订高耗车招标协议，明确奖罚条例，共同解决车辆高能耗难题。

3）驾驶员层面实施过程

（1）提高例行维护质量

在运营生产过程中，驾驶员每日从出车前、行驶中和收车后做好车辆例行维护工作，发现异常及时整改修复，确保车辆完好。

驾驶员例行维护的自查率必须大于或等于100%，高度重视车辆的例行维护工作，严格按照集团公司下发的运营车辆驾驶员例行维护、车容车貌新十一条规定及《车辆例行维护作业流程》要求，做好出场前、接班前和进场后的车辆例行维护工作，同时规范例行维护台账，严格执行例行维护台账的规范填写。

(2)规范纯电动汽车节能操作

在车辆节能降耗工作中,驾驶员起关键作用。做到规范操作,要注意以下几点:

①轻踩加速踏板,平稳起步。纯电动汽车为无级变速,减少了变速传动环节,起步与提速可一气呵成,因此应尽量做到缓起步、缓踩加速踏板,把加速踏板开度控制在30% ~40%(因起步提速时的耗电量较大,用电量与加速性成正比,加速踏板开度越大提速越快,但电量的消耗也越大,反之加速踏板开度小且缓时,虽然提速相对较慢,但电量消耗要少得多),避免出现纯电动汽车起步过猛的现象。

②行驶要均匀。完成起步提速以后,应根据道路行驶条件把电机转速控制在1250转/分左右,用加速踏板柔和地使车辆行驶,而不是让加速踏板始终“推”着车跑。让车辆保持一个高车速、低转速、动力平衡匀速的行驶状态,以达到最佳的节电效果。

③预判路况温柔踩踏制动踏板。行车时遇到交通信号灯、路口或复杂路况时提前轻踩制动踏板,轻踩制动踏板时主要是电制动起作用,能将整车制动能量回收进入电池,从而达到大幅节能的效果。要避免在交通信号灯或路口前猛踩加速踏板、接近前车时又紧急踩踏制动踏板,激烈驾驶会大大增加整车能耗,而平缓驾驶能提高约20%的能耗经济性。

④空调的使用方法。夏季空调设置温度不要低于26℃,可将温度保持在26~28℃。而在冬天,寒冷的气温也会直接影响电池的性能,为了保证电动汽车在续驶里程、动力性能上的可靠性,应该主动避免急加速和高速行驶等较多地消耗车辆电量的行为。同时,也要尽量使用车辆具有的动能回收系统,通过减少踩制动踏板的次数,帮助车辆回收更多的能量。

(3)奖罚考核机制

根据公司司机绩效考核管理规定,对规范操作使车辆节油(电)的驾驶员给予奖励,对亏油(电)的驾驶员给予少奖机制,使驾驶员养成良好的节油(电)习惯。

三、实施效果

(一)经济效益

2019年,杭州公交五公司运营线路实际运营公里数为4521.6公里,纯电动汽车全年节电567134千瓦·时,按照大工业电价均价0.46元/(千瓦·时)计算,节省费用26.1万元;若按照柴油价格4.4元/升计算,全年节油197297升,柴油节约86.8万元。共计降低能耗成本为112.9余万元。

(二)社会效益

提高了车辆的稳定性,为乘客提供更舒适平稳的乘车环境,乘客对公交的满意度也大大提高,同时也为杭州市创建“绿色环保城市”奉献了一份力量。

四、项目的创新成效

本项目实现了社会效益和经济效益的双丰收。

相比2018年同期,杭州公交五公司2019年纯电动汽车百公里耗电量由123.6千瓦·时下降到109.9千瓦·时,完成了节能降耗目标。

五、后期展望

公司将继续贯彻落实习近平生态文明思想和党的十九大提出的“坚持全民共治、源头防治,持续实施大气污染防治行动,打赢蓝天保卫战”的明确要求,按照“五位一体”总体布局和“四个全面”战略布局,坚持创新、协调、绿色、开放、共享的新发展理念。根据全国、全省、全市生态环境保护大会精神和市第十二次党代会提出的建设全市域大气“清洁排放区”的目标要求,践行“八八战略”,实施“拥江发展”,推进杭州市“美丽中国”样本建设,加快城市国际化,建设独特韵味别样精彩世界名城。截至2020年7月31日,杭州公交五公司纯电动汽车已达566辆,且纯电动汽车还在持续投放中,今后将会给企业、社会、环境带来更大的经济效益、社会效益和生态效益,为2022年圆满举办亚运会奠定坚实的环境基础。

智能化系统在公交行业的创新应用

永城市公交集团有限公司

成果主要创造人:肖庆超　郑　凯

成果参与创造人:鲁　芒　彭自永　曹殿旺　刘　坤　张海玲

近年来,永城市公交集团有限公司(简称"永城公交")积极落实国家"互联网+"行动计划,推进供给侧结构性改革,强化科技支撑,以信息科技应用引领企业发展,努力将公司打造成智能化、信息化公共交通企业,以信息化推动公交管理现代化,在公交服务、运行、管理方面取得显著成果。

永城公交成立于1998年,是以经营城市客运为主的国有公益性企业,现有职工近500人,隶属永城市交通运输局,拥有3个子公司和2个运营分公司;运营车辆221辆,公交场站5个,总面积81333平方米;运营线路13条,线路总长度280公里,线路覆盖永城市东西城区及部分乡镇;年客运量达1500万人次。

近年来,永城公交投入大量人力、物力和资金,更新了大批新能源车辆,使绿色公交特色显现,新能源、清洁能源车辆占比达65%。同时,永城公交不断创新举措,强化科技支撑,以信息科技应用引领企业发展,努力将公司打造成智能化、信息化公共交通企业,不断提高科技便民服务水平,在公交服务、运行、管理方面取得显著成果。

截至2019年底,永城公交固定资产达1亿元,圆满完成各项生产经营指标和社会效益指标,乘客抽样调查满意率达95%以上,城区公交站牌500米覆盖率达89%。公司积极开展各种精神文明创建活动,使"两个文明"建设不断迈上新台阶,公交窗口形象得到不断改善,相继荣获了全国"绿色出行宣传月和公交出行宣传周先进集体""'情满旅途'活动突出集体""河南省'公交优先'示范市创建城市""河南省交通劳动奖状""河南省十佳企业""河南省公共交通行业优秀企业""河南省公共交通行业示范性运营线路""省级卫生先进单位""青年文明号",以及商丘市"五一巾帼奖状""工人先锋号",永城市"五一巾帼奖状""巾帼文明岗""先进基层党组织"等荣誉称号。

一、实施背景

(一)企业面临的外部环境

1.政策环境

(1)顶层设计不断加强

中共中央、国务院于2019年9月印发实施的《交通强国建设纲要》,是以习近平同志为核心的党中央立足国情、着眼全局、面向未来作出的重大战略决策,是建设现代化经济体系的先行领域,是新时代做好交通工作的总抓手,其中明确指出要推动交通发展由追求速度规模向更加注重质量效益转变,由各种交通方式相对独立发展向更加注重一体化融合发展转变,由依靠传统要素驱动向更加注重创新驱动转变,构建安全、便捷、高效、绿色、经济的现代化综合交通体系。同时大力发展智慧交通,推动大数据、互联网、人工智能、区块链、超级计算等新技术与交通行业深度融合。推进数据资源赋能交通发展,加速交通基础设施网、运输服务网、能源网与信息网络融合发展,构建泛在先进的交通信息基础设施。构建综合交通大数据中心体系,深化交通公共服务和电子政务发展。推进北斗卫星导航系统应用。

(2)公交优先不断推进

近年来,国家、及各省份高度重视公共交通发展,先后出台了《国务院关于城市优先发展公共交通的指导意见》(国发〔2012〕64 号)、《交通运输部关于贯彻落实〈国务院关于城市优先发展公共交通的指导意见〉的实施意见》(交运发〔2013〕368 号)、《河南省人民政府关于城市优先发展公共交通的实施意见》(豫政〔2014〕66 号)、《永城市人民政府关于优先发展城市公共交通的实施意见》(永政〔2017〕33 号)等政策文件,2018 年 9 月,永城市被确定为河南省第二批"公交优先"示范城市创建城市,为城市公交发展带来了不可复制的历史机遇。永城市政府要求进一步完善公共交通基础设施,优化运营结构,推动智能公共交通系统发展,利用高新技术改造传统的公共交通系统,以信息化为基础,促进乘客、车辆、场站设施以及交通环境等要素之间的良性互动,推动智能公共交通系统建设。建设公共交通线路运行显示系统、多媒体综合查询系统、乘服务信息系统,使广大乘容能够方便地了解公共交通信息,合理安排出行。充分运用信息技术,建立电脑运营管理系统和连接各停车场站的智能终端信息网络,加强对运营车辆的指挥调度,提高运营效率。

(3)规划体系不断完善

由上海同济城市规划设计研究院编制的《永城市城乡总体规划(2015—2030)》(简称《规划》)现已通过专家评审、网上公示等环节,该规划中明确了公共交通的主导地位。结合《规划》,永城市政府编制了《永城市"十三五"城市公共交通发展规划》,明确了"十三五"期间城市公共交通发展总体思路及目标。2017 年由河南省城乡规划设计研究总院有限公司编制了《永城市中心城区公共交通专项规划(2017—2030 年)》,该专项规划的编制将为今后公交线网布设、场站建设、智能公交的可持续发展提供切实的指导。2017 年 11 月,永城市人民政府出台了《关于城市优先发展公共交通的实施意见》(永政〔2017〕33 号),为永城公共交通基础设施建设、智慧调度、服务提升等工作提出了具体的指导意见。规划体系的不断完善,为大力发展城市公共交通提供了必要的条件。

2. 发展形势

(1)深化供给侧结构性改革的需求

城市的经济发展、城镇化进程的不断加快和城市机动化水平的快速提升,在给城市发展带来活力的同时还使城市面临着可持续发展的挑战,如:道路供需矛盾日益突出、城市交通拥堵不断加剧、环境污染形势日渐严峻,交通功能与城市发展互为因果,私人交通工具与公共交通工具竞争激烈,互相促进。城市公共交通作为党和政府为民服务的重要领域,是与群众生产生活息息相关的城市重要基础设施,是城市文明的重要窗口。发展城市公共交通应找准群众需求、满足群众需求为方向,不断深化公交供给侧结构性改革,努力增强城市公交的吸引力,提升城市形象。

(2)公交行业发展的需要

公交信息化和智能化的发展,必将与智慧交通和智慧城市结合起来,为市民提供更为丰富的服务内容。但是,长期以来,公交行业整体管理方式落后、技术手段缺乏,急需通过信息化和智能化建设,进一步提升管理水平和服务质量,因此,公交信息化和智能化的发展是必然的,也是非常必要的。智慧公交是运用当下最先进的 GPS(全球定位系统)/北斗定位技术、4G/5G 通信技术、GIS(地理信息系统)技术,结合公交车辆的运行特点,建设公交智能调度系统,对线路、车辆进行规划调度,实现智能排班,以提高公交车辆的利用率。同时,通过建设完善的视频监控系统实现对公交车内、站点及站场的监控管理。智慧公交是未来公共交通发展的必然模式,对缓减日益严重的交通拥堵问题有着重大的意义。

(二)企业内部条件

1. 基础设施建设有力推进

在东西城区建成大型公交充电站 2 处,建设公交首末站 1 处、公交枢纽充电站 1 处和停车场 1 处,满足车辆停放、充电、调度需求,公交车进场率达到 100%,投资近 3000 余万元新建及改(扩)建现代化及仿古式、港湾式等新式公交候车亭 446 座,设置有候车亭、座椅、站牌信息等,站牌信息包含详细的线路站点、收发车时间、线路走向等内容，城区公交站牌500米覆盖率达89%，进一步提升了永城市整体形象及公交影响力。

2.运输保障能力大幅提升

永城公交先后购置新能源纯电动公交车141辆，绿色公交建设大幅推进，与此同时按照绿色交通发展要求，不断淘汰老旧燃油车。截至2020年，永城公交有公交车辆221辆，其中新能源公交车141辆，新能源车辆占比64%，在为永城市居民提供绿色舒适的公交运输服务的同时，有效助力了节能减排及环境污染防治工作。

3.智慧公交建设不断发展

为了更好地服务居民公交出行，永城公交智慧调度中心建成并投入使用；公司所属公交车辆全部安装了4G监控设备，对公交车的运行动态、服务行为进行实时监控；积极融入"互联网+公交"趋势，建立掌上出行公交App(应用程序)系统，让乘客实时了解公交车辆的运行动态；实现了现金、刷卡、移动支付为一体的多形式支付功能，乘客可通过银联、微信和支付宝进行电子移动支付；实施了全国交通一卡通工程，实现了永城市公交IC卡(集成电路卡)与全国其他城市的互联互通。公交智能化建设的不断发展，进一步提高了管理效率，为科学管理提供了保障。

4.公交队伍素质全面提高

完善了公交企业各项规章制度，制定了系统规范的《管理制度汇编》，建立绩效考核制度，加强从业人员培训，对公交企业及个人工作的实施进展情况进行有效的跟进和调控，对线路、车辆、人员、服务等方面进行全面考核，提升从业人员的素质能力。同时加强理念宣传，不断树立"人才资源是第一资源"的价值观。科学规划公交人才结构，建立适合公交系统发展的人才队伍。根据用人部门需求进行合理的员工招聘，不断吸纳各方面人才，优化公交人才结构，保障公交企业的正常运作和长远发展。

二、成果内涵和主要做法

(一)成果内涵

1.公交运营效率提升

2013年4月，公交智能调度综合平台建成投入使用，彻底改变了人工调度模式，在节省人工管理成本的同时，降低了事故发生概率。该平台为永城公交13条线路、221辆公交车辆上线运营提供实时监控和调度，在安全管理、服务管理、应急处置等方面发挥出应有的效果。依托智能调度平台开发的掌上公交App随之上线，该App通过公众出行用户云数据为市民提供附近站点和线路信息查询、车辆到站距离和进站时间查询、线路换乘查询、到站时间以及到站提醒等功能，真正实现了"卡点等公交"，特别受到年轻乘客的青睐。

2.运营流程自动化

运营数据采集分析平台建设是永城公交信息化建设的一个关键项目，是打造智慧公交的核心基础。经过多次对接、修改完善，具有永城公交特色的数据采集分析平台上线，有效地解决了数据孤岛、业务无法协同等问题，实现了各部门之间的数据交换与信息共享。同时，数据信息汇总利于财务部门对生产运营实时监控，从而为每年财政运营补贴提供翔实准确依据，更为公司领导、业务监管和公共服务提供强有力的信息支持。打开后台，人员档案、工资核算、收入管理、考勤管理等15个模块清晰可见，运营公司在使用了充电里程模块后，相比较之前数据上传、备份等变得简单，并最大限度实现了数据共享；维修部则将库管记录、车辆维修记录进行电子化整合，车辆何时需要维护、哪一部件需要更换等，系统均会自动发出提醒。如今，公司各部门平台使用实现全覆盖，操作更加便捷高效，工作效率也大幅提高。

3.移动智能支付高效化

当今社会已快速进入信息化时代，移动支付的智能化水平随之发展，永城公交也紧随时代步伐迈向信息化和智能化。永城公交自2017年启动了移动支付便民项目后,先后开通了银联云闪付、微信支付宝扫码乘公交功能。智慧公交建设,让出行更便捷。微信支付功能的上线,更进一步健全了永城公交的多元服务体系,有效提升了公司的服务品质。

(二)主要做法

1.打造智能化公交系统

(1)智能调度管理系统

永城公交自2013年3月起开始建设公交智能调度管理系统(图1),经过不断升级改造,系统功能不断完善,公交运营线路及车辆已经全部使用该系统。该系统通过安装在车上的车载终端,获取车辆的动态,调度人员可以根据客流情况、道路情况、车辆运行情况,通过该系统与运营车辆取得及时联系,采取调度措施,保证线路畅通,并确保车辆的合理运行,从而达到公交运力与客运资源的最优化配置。在新冠肺炎疫情防控期间,永城公交通过该数据平台分析功能,科学合理对线路班次、发车间隔等进行调整,最大限度满足复工市民的公交出行需求。

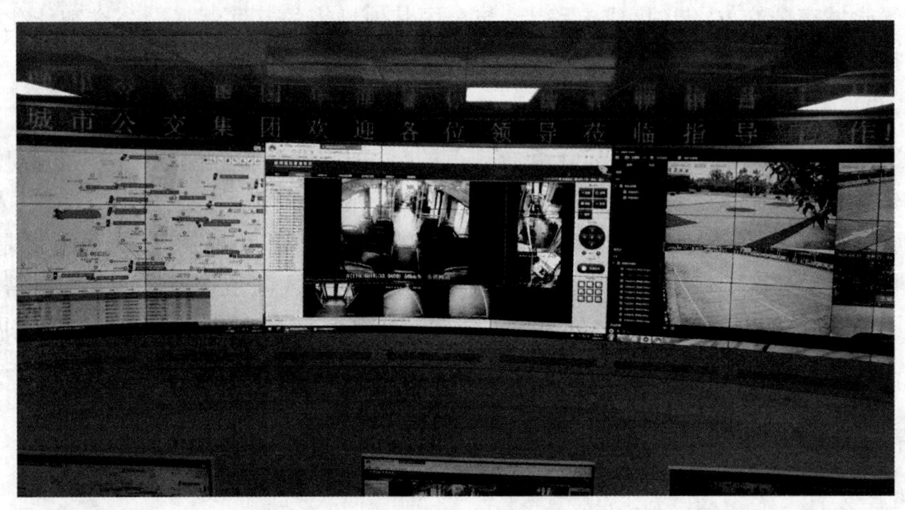

图1 智能调度管理系统

智能调度管理系统中的公交线路采用的是GPS(全球定位系统)、监控系统、传感器反馈技术,可通过调度中心大屏幕显示的公交车运行状况,中心调度人员可实时监视所有受控公交车的具体运行位置、运行轨迹、行进速度及方向等有效信息。根据定时从GPS获取到的定位数据,与数据库中的站点的基本信息进行对比,计算车辆位置和车辆要到站时间。如果车辆接近站点,并且开始减速,系统可自动报进站;当车离开站点,并且速度增加时,自动播报离站信息;设立更新报站的标志,以免在接近站点时重复报站。通过智能调度管理系统,指挥中心可以在电子地图上清晰地看到各车辆的运行情况,如果哪里出现拥堵,可以及时通知总站调整发车的间隔。周边地区公交线路的调整、车辆增补等情况一目了然,能够大大提高公共交通出行的效率。

系统可提供车辆实时位置信息,所以可以实现实时的监控和调度。比如,车上的监控报警系统可与调度中心系统形成网络,就像银行报警系统一样,一旦发现车上有抢劫、打架斗殴情况,驾驶员可以悄悄按下报警按钮,即时报警。而调度中心则可以立即对这辆车进行监控,通过“车载定位系统”马上追踪到出事车辆,迅速报警,对犯罪分子依法进行制裁。同时,通过红外技术还可进行每站上、下客流的统计,精确度高于80%,并随同车辆状态信息上报中心。车厢内的显示屏将同语音播报、同步播放公交行业服务用语,同时将有计划地播放公益性广告。

智能调度管理系统整合监控系统作为一个整体,所属公交车辆全部安装了4G监控设备,每辆车装有3~5个摄像头,分别对车内驾驶员、乘客乘车情况和前方路况进行监控和录像,监控调度指挥业务完成现场的车辆运行状况的监控,并根据现场的复杂多变的情况实时调整车辆运行指标,提高运行计划的完成率，避免因事后调度而导致的生产效率低下。

监控调度可以通过两种方法实现：一是通过 GPS 终端采集数据，将 GPS 产生的路面车辆行驶数据，结合调度算法，产生实时调度计划，并通过车载终端通知路面车辆采取对应行驶计划；二是采用人工干预的方式，利用路面司机报告的情况，总调度实时在调度系统采取人工调度。公司将上述两种方式相结合，可以利用有限的资金收到较好的调度效果，提高运力，降低车辆行驶成本。

智能调度管理系统的车载系统实现了无须驾驶员操作的自动报站，减轻了驾驶员的工作强度；系统具备较强的诊断功能，如车载系统的故障诊断功能；对公交调度管理中的集中调度模式、分散调度模式业务进行了抽象，并将业务模块化，简化了系统的二次开发；监控系统采用了简易图的方式，在信息展示达到了同类产品不能比拟的效果，使监控指挥的可操作性发挥到极致；系统充分考虑了公交现有系统同新系统集成的问题，采用了透明的系统接口，能提供二次开发能力，便于多系统的集成；完成全线路、全车辆的可视实时智能化调度系统建设，提高了劳动生产率。

(2)智能场站系统

永城公交目前共建设 2 座大型充电站及 1 座小型充电站，充电规模在县级市中达到全省前列。公司充电站均为公交新能源智能充电站(图 2)，集公交车充电、停车、车辆运营功能于一体。

充电站采用国内最先进的“电动汽车群智能充电系统”(图 3)，通过电脑终端、手机终端，智能分配充电车辆输出功率，随时监控充电电压、电流、充电时间、电量等，极大简化充电流程，降低人力成本。充电方式可选择按时间充电、按电量充电和自动充满功能。同时实现场站、办公区域智能监控全覆盖，实现对公交场站进出车辆和人员的智能化管控和记录。系统规范了车辆进出站秩序，进一步完善公交场站安全信息化防范体系，配套完善的后台数据监控系统和安全预警系统，有效保障了充电站运维的工作效率和安全性。

图 2　公交新能源智能充电站

图 3　电动汽车群智能充电系统

永城公交拥有纯电动公交车 141 辆，使市城区新能源公交车达到全覆盖。公交新能源充电站的投用，为整个地区新能源汽车充电站基础设施建设提供了样板和示范引领作用，有效促进了永城“绿色交通”事业的快速发展，对于改善和提升城市公交形象、推进交通运输领域节能减排、让市民真正实现“绿色出行”具有十分重要的意义。同时，永城公交新投用的公交新能源智能充电站未来将会面向社会开放新能源汽车充电服务，可有效缓解城市新能源汽车快速发展所面临的充电难问题。

(3)企业 ERP 系统

建立企业 ERP(企业资源计划)系统、管理工作平台、库管平台、电子显示屏信息发布和安全行车管理系统，完善日常统计平台，达到所有已建、在建系统的无缝耦合，完成历史数据库的积累、生成智能化的数学调度模型，优化公交系统。同时有利于拓展公交信息增值服务，实现公交信息服务多样化，提高公交的服务水平。建设完成财务管理系统、薪资管理系统、办公自动化系统、人力资源系统、收银核算系统、线路管理系统、车辆管理系统、物资管理系统、档案管理系统、包车管理系统、智能调度与 ERP 数据对接系统、标准化服务管理系统、内网安全管理系统等,此类系统的实施,提高了企业管理水平,提升了工作效率。

(4)掌上公交系统

随着国家大力倡导低碳经济、绿色出行等理念,绿色公共交通成为各级政府努力发展的方向,同时,随着移动互联网技术的发展,以及手机等终端的普及,使得通过以手机为主要载体的掌上公交来提升市民的日常出行体验成为可能。从2016年7月开始,永城公交着手掌上公交系统建设并进行数据测试,通过一年的系统测试改进,2017年5月掌上公交系统正式对外公布使用。截至2020年,掌上公交系统可查询运营线路13条,常规运营线路的车辆实时信息查询率达100%(图4),拥有12万用户,并且系统用户数在不断增加中。

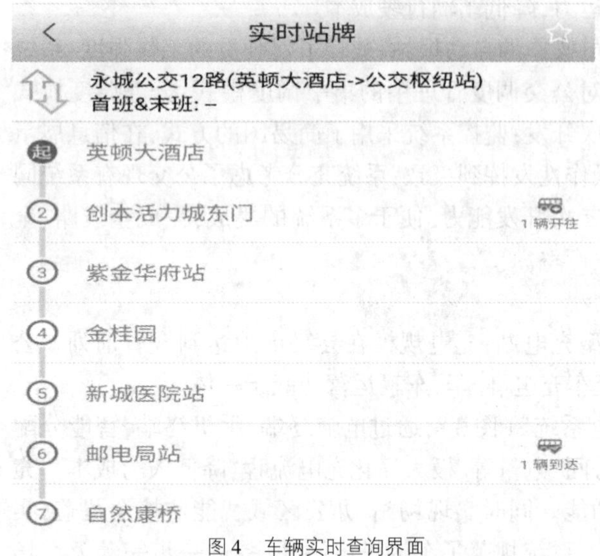

图4　车辆实时查询界面

掌上公交系统的实施,进一步提高了公共交通的便捷性,为市民低碳环保出行营造了良好的环境。一是有助于减少市民对驾驶员的抱怨。由于公交车途经的线路都很长,导致有些车辆并未能按照平时到站的时间到达车站,如此将延长市民在车站等车的时间。等待的时间越长,市民的抱怨就越多,如果市民在等车的时候习惯性地使用掌上公交观察目标车辆的运行状态,便可减少等不到车的焦虑情绪。二是有助于树立良好的企业形象。近年来,永城公交在便民服务方面加大了投入,成为各地最好的服务窗口单位之一。车辆干净整洁,同时公交在传递城市文明,带动全市民尊老爱幼方面起到模范作用。信息化建设有利于公交公司对车辆进行信息化管理,科学安排车辆的行驶路线及时间以及对驾驶员进行管理。掌上公交系统的实施,等同于公交公司把管理信息向市民开放,让市民共享其先进的资源,为广大市民出行提供更优质的服务,树立行业先锋。对市民而言,掌上公交让市民随时随地掌握公交车辆的实时信息,为市民的出行带来极大的方便。三是可合理安排出行的时间、选择恰当的出行路线。市民可用自己的手机随时随地查询目标车辆实时位置、离自己的实时距离及公交线路等信息。如此,就可以在外出办事之前将行程、路线及时间安排妥当,节约时间。同时,如发现自己的目标车辆与自己的距离较远,又可调整出行计划,改乘其他交通工具。四是可以在室内轻松地等待公交车到来。市民外出前使用本系统对目标车辆进行查询,设定车辆在与等车站距离一定的范围(如1公里或3站等)后响铃提醒。如此,就不用到车站等待,减少车站等车的人数。同时又可减少在车站风吹日晒的时间,尤其在天气寒冷的冬天、赤日炎炎的夏天、狂风暴雨的日子,在这样的天气里,在室内一样可以等待公交车辆的到来。

掌上公交系统的建设将公交调度系统从管理手段延伸到服务上,让市民进一步感受到公交信息化带来的好处,充分发挥了公交信息化的作用,提升了公交服务的科技含量及用户体验,扩大了服务范围,树立了良好的公交形象。

(5)公交支付系统

智能公交是未来公共交通发展的必然模式,对缓减日益严重的城市交通拥堵有着重大的意义,而如何让民众更便捷地乘车,一直是智能公交优化的重点。公交作为城市公共交通的重要组成部分,其智能化改造尤为重要。随着移动互联网、物联网等技术快速发展,城市公共领域在运营管理以及公众服务层面的智能化程度上有了大幅提升。为满足市民多样化的支付需求,切实增强公交吸引力,实行微信、支付宝、银联卡等电子移动支付,实现了现金、公交IC、移动支付为一体的多种形式支付功能,市民乘车更加高效便捷,同时也解决了乘客找零难及残破假币等情况的出现。永城公交IC卡已实现全国互联互通,市民可使用的移动支付乘车方式有微信、支付宝、银联云闪付、电子公交卡4种(图5)。永城公交智慧支付的打造,很大程度上便捷了市民的出行,乘客利用智能手机或银行卡通过公交车载支付终端即可实现公交上车快速支付功能,加快了公交乘客上车速度,减缓了上车的拥挤程度。同时,乘客与零钱彻底说“再见”,为口袋进一步“减压”提供了方便。

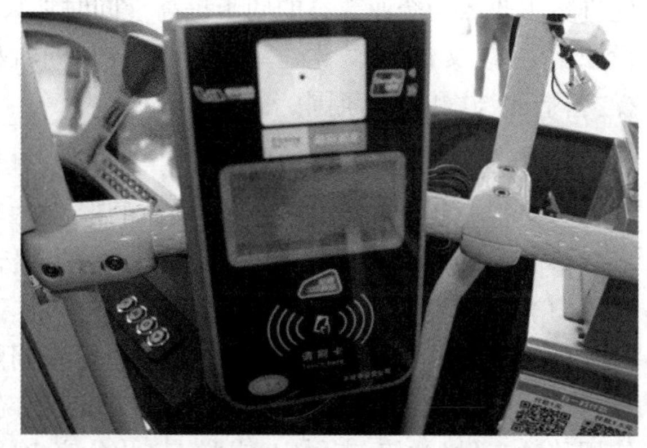

图5　多种支付方式支持付费

如今,大家乘坐公交车时已对“刷码成功”的提示音习以为常。永城市扫码乘车比例已接近50%,而且日均使用量较为稳定,并且稳步增长,这说明乘客在逐渐习惯使用二维码进行公交支付。下一步,永城公交将利用手机NFC(近距离无线通信技术)功能实现空中开卡空中充值,利用大数据分析联合公安部门实现刷脸乘车的方式,助力智慧公交发展,方便市民出行。

2. 完善企业管理体系

(1)健全成本规制办法

永城公交制定了《永城市公共汽电车企业成本规制实施办法》。根据合理性、适度激励、精细化管理等基本原则,合理界定公共汽电车企业成本范围,细化公共交通运营成本项目,制定科学、合理的成本测算方法,规范永城市公交企业运营成本预算与核定,保障公共交通运营服务质量,激励公交企业节约运营成本,提高运营效率。

(2)加强人才队伍建设

永城公交将人才资源发展纳入城市公交发展战略之中,科学制定了与公司发展相匹配、相适应的人才战略。理性设计,改革人事制度,用人事制度改革的红利来支撑公交交通的发展。同时加强宣传理念,不断树立“人才资源是第一资源”的价值观,科学规划公交人才结构,建立适合公交系统发展的人才队伍。根据用人部门需求进行合理的员工招聘,不断吸纳各类人才,优化公交人才结构,保障了企业的正常运作和长远发展。

(3)完善各项规章制度

永城公交逐步完善了公交企业各项规章制度,制定了系统规范的《管理制度汇编》,内容包括企业文化、政策制度、岗位职责和规范、运营管理办法、公交服务质量稽查管理规定、车长星级服务评审管理办法等方面。制定和执行了《永城市公交企业运营服务规范》《永城市公交企业安全生产标准化管理标准》等各项规章制度;出台了《永城市公交驾驶员星级服务管理办法》,由公交企业各部门负责具体考核,采用明查、暗查、互查、自查、抽查的形式,对线路、车辆、人员、服务等各个方面进行全面考核。

(4)建立绩效考核制度

永城公交对公交企业及个人工作的实施进展情况进行了有效的跟进和调控,从而发现优秀人才,加强沟通与激励,提高公司整体工作效率。制定了《公交职工绩效考核办法》,每月对企业管理层、基层员工进行考核,将考核结果与绩效工资挂钩。

(5)加强从业人员培训

永城公交建立了设施先进、功能完善的培训基地,选拔素质较好的师资力量,制订系统的培训计划,通过专项培训、短期培训、定期学习等多种方式,以岗位职责和技能培训为重点,对车长和管理人员等进行分批培训,全面提升从业人员的素质能力。与此同时,在满足全员培训需求的基础上,重点针对公交驾驶员紧缺的现状,加大大型客车驾驶员培养力度,积极拓宽大型客车驾驶招生范围和渠道。

(6)改善员工福利待遇

严格按照《中华人民共和国劳动法》《中华人民共和国劳动合同法》等劳动法律法规,规范劳动用工制度,依法落实各项劳动保护和劳动保险工作,维护企业和劳动者双方的合法权益。按照“效率优先、按劳分配、兼顾公平”的原则,深化薪酬和绩效考核制度改革,充分发挥薪酬与绩效考核激励导向作用,促进员工收入与企业效益的同步提高。同时加大文化设施和阵地建设,增加对企业文化的硬件投入,建设职工书屋、文化走廊、党建室供职工学习,同时积极组织开展丰富多彩的员工文化活动,陶冶员工情操,营造团结、和谐的氛围。

3. 打造公交服务品牌

公交行业代表着政府的形象、城市的形象。多年来,永城公交在抓精神文明建设的同时注重抓好服务质量的提升,坚持"乘客至上,服务为本"的宗旨,打造公交服务品牌。

(1)以服务为根本,以质量求生存

公司采取了开通夜间公交班线、缩短行车间隔的办法,使市民乘车更加方便、快捷;依托微信公众号、美篇等,大力宣传公交优先,介绍公交发展动态和公交线路的最新情况,形成了服务市民的新窗口;使用移动支付(微信、支付宝、银联卡)及公交 IC 卡乘车时票价全部调整为 1 元;实行老年人、儿童、现役军人、伤残军人、盲人等特殊群体的免费乘车政策;为普通市民、学生办理优惠乘车卡等,最大限度惠及群众、让利于民;加强行风建设,通过公交热线、服务问卷、人大建议和政协提案办理等渠道,重视乘客对服务质量的评价,听取市民的批评和建议,促进服务质量。

(2)以规范化、特色化服务打造优质服务品牌

对运营、安全、服务制订考核机制,定期开展以职业道德、服务意识和服务技能为主要内容的培训教育,提高了驾乘人员的修养和素质;通过实施"美化亮化公交工程",打造文明示范公交线路和特色文化车厢,把党建、国学、汉文化和地方文化元素融入公交车厢文化建设中,让公交成为城市"流动的风景线"和"文明的窗口";在站亭、站牌布展创文、百城提质等公益广告,传播文明理念,倡导文明行为;开展"情满公交"志愿服务活动,在人流量大的公交站台开展服务活动,接受市民咨询,助老助残,为广大公交乘客带来温情暖心的周到服务;在运营公司开展争创"先进路队"活动,打造公交服务品牌,持续培育"共产党员专线""巾帼女子线路"和"示范运营线路",通过热情文明的服务、规范的运营,全力提升公交整体服务质量,树立公交行业崭新的形象。

(3)以党建和企业文化建设推进企业精神文明建设

永城公交通过开展"不忘初心、牢记使命"主题教育、党员志愿者服务、"我为党旗添光彩"等系列活动,将党的建设融入公交发展,充分发挥党建引领作用,引导干部党员职工自觉按照"四讲四有"要求,立足本职、真抓实干,扎实做好各项工作,切实维护群众利益,公司因此荣获了永城市"先进基层党组织"称号。同时,公司专门成立了企业文化建设机构,精心提炼企业精神和管理理念,进一步提升了企业的文化内涵,树立了崭新的社会形象,有力地推动了企业精神文明建设,干部党员职工的职业道德素质和文化素质得到了极大提高,大局意识和政治意识普遍增强。

三、实施效果

(一)惠民便民,社会效益不断提升

引进低能耗、大容量、高性能的纯电动公交车。纯电动公交车具有起步及行驶过程平稳,车内噪声小、空气好、乘坐舒适度高等特点。永城公交最大限度让利于民,落实惠民政策,如:使用移动支付(微信、支付宝、银联卡及公交 IC 卡乘车)时票价全部为 1 元;实行老年人、儿童、现役军人、伤残军人、盲人等特殊群体的免费乘车政策,为普通市民、学生办理优惠乘车卡等,最大限度惠及群众、让利于民,使市民的拥有感、获得感、幸福感不断增强,公交的民生保障作用日益增强。

(二)低碳环保,生态效益不断增强

当前,永城公交均采用纯电动车辆,单车日均行驶里程为 135 公里,相较于柴油车每日减少二氧化碳排放 19.52 千克,2019 年 141 辆纯电动公交车辆共实际减少二氧化碳排放量为 14079 吨,有效降低了私人小汽车出行比例,提高了城市公共交通出行分担率,减轻道路资源压力,一定程度上缓解了交通拥堵。

(三)细化市场,公交广度不断深化

通过搭建智能调度平台,企业运营管理效率不断提高,为推动城市公共交通线路向城市周边延伸、扩大城市公共交通服务广度提供了基础。同时,推出企业定制公交、夜间专线,助力企业复工复产,以此为基础可进一步细分城市公共交通出行市场,针对不同群体提供多样化公交服务,建立多层次公交服务体系,助力公交都市建设。

四、未来展望

永城公交正推进城乡一体化建设,更多的新能源公交车正逐步投入使用,将会给企业、社会、环境带来更大的经济效益、社会效益和生态效益。永城公交以创新的思维、敏捷的行动抢占了先机、找准了位置,如今永城公交已初步形成"互联网+全域公交"的战略布局,公交服务水平不断提高,企业核心竞争力不断增强。

下一步,永城公交将按照"使广大群众愿意乘公交、更多乘公交"的要求,丰富公共交通服务模式,进一步完善由大容量快速公交系统、普通公交、城乡公交组成的多层次城市公共交通网络体系,提升公共交通运能及服务水平,以创新的思维,构建多层次、多样化的公交服务体系,圆满完成"公交优先示范市"的建设工作。

关于建设高水平城乡全域公交的实施方略

绍兴市公共交通集团第二有限公司

成果主要创造人:尉丽君

成果参与创造人:杨 平 诸永忠 章 嫓 孙雪峰 单国权 陈 芳

绍兴市公共交通集团第二有限公司(简称“绍兴公交二公司”)于2018年8月11日正式揭牌成立,为绍兴市公共交通集团全资并注册在绍兴市柯桥区具有独立法人资格的公交运营子公司。其前身为绍兴市公共交通集团柯桥有限公司(即原绍兴市柯桥区城乡公共交通发展有限公司),成立于2013年8月,于2014年11月完成对柯桥区内原三家民营公交企业的国有化收购。2017年初,根据绍兴市委、市政府关于三区公交融合的部署要求,进行股权结构和体制调整,调整为绍兴市公交集团控股与柯桥区属地管理模式。

2018年,为进一步推进深度融合,在前一轮整合的基础上,根据绍兴市政府市区公交一体化实施方案,重新组建绍兴市公共交通集团第二有限公司,继续履行原柯桥区范围公交运营职责,划归绍兴市交投集团统一管理。绍兴公交二公司目前有运营线路103条(不含学生通勤公交64条),线网长度2502.4公里,公交车辆743辆(其中新能源公交677辆),公交从业人员1216人,公交年运营里程近4700万公里,年客流量近5500万人次。

近年来,柯桥区深入推进城市公交融合和城乡公交一体化、服务均等化发展模式,累计投入公交专项资金10多亿元。通过优化完善公交网络,完善基础设施建设,加快车辆提档升级,提升公交服务品质等重要举措,展现了“规划高起点、设施高标准、服务高品质”的城乡公交全域发展新模式。绍兴公交二公司也因此被浙江省道路运输管理局列为全省县区级公交的先进标杆,浙江省副省长高兴夫对柯桥区公交城乡一体化工作给予了肯定。同时,凭借在新能源车辆推广使用上的管理优势,绍兴公交二公司还被授予全国“新能源公交创新突破企业”称号。

一、实施背景

2002年,绍兴县在全省乃至全国率先实施城乡客运公交化改造,公交紧随县城新建,从“无城、无公交”一步跨入城乡公交化,并于当年实现“镇镇通公交”。2004年又率先实现“村村通公交”,城乡公交模式一度领跑国内同行。在2014年之前,柯桥区域城乡公交由三家民营企业按区域划分经营。

民营体制下,公交区块分割、无序竞争、利益至上的弊端越来越明显,偏离公益属性,整体城乡公交发展呈现出后劲不足的状态,公交服务性与百姓之间的距离越来越远。

2013年初,柯桥区委、区政府审时度势,作出对公交实施国有化收购的重大决策,通过国进民退对公交进行供给侧结构性改革,投入2.85亿元资金,收购车辆504辆,接收人员1176人,至2014年11月基本完成对原三家民营公交企业的收购。

2015年,柯桥区委、区政府相继印发《关于加快推进公交事业优先发展的意见》《政府购买公交服务实施办法》《柯桥区公共交通三年提升计划(2015—2017)》,确立争取达到“全国县(区)级一流公交”的发展目标,制订提升发展的八大工程行动计划表,时间、任务、目标全部量化清晰。同时,连续多年将公交发展列为当年的十大民生实事工程之一,为践行公交优先发展理念提供了方向和政策保障。

二、成果内涵和主要做法

(一)成果内涵

“全域公交”是新时代构建城乡一体公共出行服务体系的重要举措,通过公交一体化改造,致力实现“村村通公交”500 米全覆盖、城乡公交一票制全覆盖、智能调度监管全覆盖、移动支付全覆盖、手机查询公交出行服务信息全覆盖、镇街运输服务站全覆盖、城镇新能源公交车和夜公交全覆盖,让百姓出门有车坐、镇镇有站场、村村有站点、监管有平台、服务有标准,让公交运行进入良性发展的快车道上。

目前,绍兴公交二公司发展有六“多”:城乡公交线路多、公交运营车辆多、服务运输站场多、公交候车亭多、新能源公交车辆多、安全运营措施多。这六“多”均围绕一个体系,即“全域公交”。

(二)建设高水平城乡全域公交的主要做法

1. 城乡统筹,建设“惠民公交”

2015 年 7 月,柯桥区域内所有公交线路完成无人售票改造,普通公交全部实施 1 ~ 2 元一票制低票价,公交领域真正实现城乡统筹发展。无人售票、低票价的全覆盖,使离城区较远的乡镇居民进一步享受到城乡一体的惠民政策,低票价改造让人民群众实实在在享受到了公交改革的成果。同时,还继续坚持实施普通 IC 卡(集成电路卡)刷卡 8 折、学生卡 4 折、60 ~ 70 岁老年卡 5 折、70 岁以上老年卡免费、残疾人爱心卡免费、1 小时内换乘再减 0.5 元等各类公交惠民优惠措施。

2. 优化线网,建设“便捷公交”

(1)加强公交通勤保障

新辟跨区潮汐通勤专线公交,解决上下班高峰期潮汐客流问题。

(2)拓宽夜班公交辐射范围

针对原民营公交收班早、夜班少的情况,逐步延长公交运营时间,865 路夜班公交正式开通,标志着柯桥全区 16 个镇(街)夜公交实现区属街道全覆盖,城乡之间的时空距离越来越短,城乡公交发展差异化也越来越小。

(3)优化公交薄弱区域的通达水平

加强周边镇街与中心城区的公交覆盖,填补学校、景区、新建道路等的公交空缺。

(4)调整优化公交线网

通过“加、减、延、联”的方式,按照“通行高效、换乘便捷、服务更优”的原则,加大重点区域、重点路段的公交密度,优化撤并走向重叠度高、客流较少的公交线路,填补延伸城乡、村居公交“盲点”。发展跨杭公交,在提升公交便捷度的基础上,也进一步紧密杭绍都市圈的联系。

(5)打造“村村通公交”升级版

2017 年,绍兴公交二公司积极响应绍兴市“村村通公交”三年行动计划,通过延伸(新增)线路、调整站点等措施,使 10 个建制村“村村通公交”距离村委会或文化礼堂 500 米,率先完成“村村通公交”改造提升任务,全区 251 个行政村距离村委或文化礼堂 500 米内的公交站点覆盖率达 100%。

(6)开通学生通勤公交

在惠民服务上,绍兴公交二公司积极探索群众新需求,针对学生出行问题在钱清镇展开试点,通过新开 3 条线路、优化调整 6 条线路,串联起该区域内 6 所主要中小学,惠及数千余名中小学生出行。截至 2020 年 8 月,共开通学生通勤公交 64 条,为全区 8000 余名中小学生上下学乘车提供便利。

3. 完善设施,建设“绿色公交”

绿色出行引领公交发展。发展“绿色公交”是贯彻落实科学发展观、推进社会综合配套改革的重要组成部分,也是提高城市交通资源利用率、有效缓解城市交通拥堵的重要手段。“绿色公交”的“绿”主要体现在“节能”“环保”“降本”“增效”4 个方面,而绍兴公交二公司的“绿”则体现在以下两点。

(1)提高新能源车辆占比

近年来,绍兴公交二公司持续深化城市绿色发展理念,坚持把"低碳""环保"作为企业发展的重要支撑,自2015年起,全面淘汰能耗高、污染大的老旧"黄标车"。通过政府购买、融资租赁等方式推进车辆绿色升级,一方面在节能性、稳定性、操作便捷性、安全性上比传统车表现更优异,整体运营成本较之前得到明显降低;另一方面车辆采用无级变速,在有效降低驾驶员劳动强度的基础上,也大幅提升了乘客乘坐的舒适度。截至2020年8月,绍兴公交二公司新能源车辆已达677辆,占比超过全部车辆的90%以上,2018年在交通运输部主办的"我的公交我的城"全国新能源公交推选宣传展示活动中,荣获全国"新能源公交创新突破企业"称号。

(2)完善公交配套基础设施建设

近年来,绍兴公交二公司通过新建、扩建、改造公交站场实现各镇(街道、开发区)公交场站全覆盖,同时还配套完成4个天然气加气站、7处公交充电桩建设。完善的配套设施,使公交线网布局更加从容,车辆回场、加气、修理等空驶里程大幅减少,在提高运营效率的同时,安全行驶间接风险也进一步降低。

4. 创新思维,建设"智慧公交"

未来城乡公交发展方向是什么?智能化和信息化无疑是其中的重要保证,是破解交通运输发展难题、促进运营模式转变和提升综合管理能力及服务水平的行动抓手。为逐步实现传统公交向"两化"推进,绍兴公交二公司致力从两大方向加速迈进。

(1)练好智慧内功

于2016年底建成启用集智能调度、智能监控、智能统计分析及智能信息发布于一体的公交智能监控调度系统,其硬件设施可实现车辆智能调度监控一体机全覆盖,全面强化对车辆、站场、人员全方位、可视化的动态监管,并深入对调度系统开展综合应用,在实现路单无纸化操作的基础上,完成公安、交通、第三方服务平台的数据共享与对接。

(2)拓展智慧服务

绍兴公交二公司不仅实现公交车移动支付全覆盖,还实现公交站点二维码实时查询全覆盖,市民可直接通过手机查询到公交实时信息,"扫码候车、扫码乘车",让传统公交"插上智慧的翅膀"。与此同时,不断丰富移动查询载体,不仅完善微信公众号公交实时查询功能,还优化发展第三方公众查询服务,"高德地图""车来了""绍兴出行"等App(应用程序)均能实现实时对接;通过拓宽移动支付渠道,在支持支付宝、银联支付的基础上,新增云闪付、美团支付功能,为乘客带来了实实在在的便利,非现金支付比例已稳定在70%以上。

(3)依托大数据分析

随着智能调度系统的深入应用,在运营上开始实施"大数据"分析,实施线网结构优化。通过利用和发挥公交大数据对线网调整的支撑作用,在对乘客出行规律有较准确把握的基础上,积极推动互联网思维与公交的结合,科学组织、精准运营,不断提升整体运营效能,促进运营生产安排合理化,使公交在节能降本的同时,还能更加贴近乘客出行需求,让乘客获得更好的公交体验感。

5. 多措并举,建设"文明公交"

精神文明建设是公交企业展示形象、提升服务的重要抓手,也是提高乘客满意度的其中一项重要指标。近年来,绍兴公交二公司在持续提供高质量服务的同时,还通过一系列手段强化公交精神文明建设。

(1)助力文明城市、卫生城市创建

绍兴公交二公司结合自身实际,借助城市创建这一契机,着力构建城市文明流动风景线,通过持续深化开展规范行车、规范停靠站、车容车貌、站容站貌等整治提升活动,直面痛点、不留盲点、克服难点,同时在17个有条件的站场配置自动洗车机,随时满足车辆全天的清洁需求,力争让市民出行更舒心、让城市环境更美好。

(2)统一公交驾驶员工作服

为树立企业形象,提高服务质量,以整洁的仪表妆容展示公交职工的精神风貌,统一着装、规范着装是绍兴公交二公司“树形象、展文明、提服务”工作的又一大举措,用统一着装推动服务升级,全面提升服务社会认可度。

(3)深入开展创先争优系列活动

以创建公交文明示范线(岗)为依托,成立创建活动领导小组,细化文明示范线路考核标准及相关要求,对已命名线路(岗)进行持续管理,对新参与创建线路(岗)进行争创管理,做优升级老字号、培育壮大新字号。之后又推出党员示范线、巾帼文明线创建以及“最美公交司机”评选等活动,以点带面,示范引领,营造积极向上的争创氛围。

(4)以“礼让斑马线”促文明提升

以落实宣传教育引导、强化科技监管、完善管理机制等措施为抓手,联合柯桥广播电视总台开展公交车礼让斑马线专项行动,持续深化驾驶员斑马线前礼让行人的文明意识,带头营造良好的公共交通秩序,促进服务质量提升,用最高要求、最严措施基本实现100%礼让率目标。

(5)搭建乘客诉求连心桥

长期以来,乘客与公交企业存在沟通隔阂,服务与被服务者存在理想差距,两者之间引发矛盾也屡见不鲜。绍兴公交二公司通过开通24小时公交服务咨询热线、建立乘客委员会信息收集渠道、参与区内行风广播对话等方式,在乘客与公交之间架起一座又一座连心桥,建立诉求沟通交流机制,收集建议意见,加强对违章和投诉的查处力度。

(6)完善驾驶员星级考评

为进一步加强驾驶员队伍建设,提高驾驶员安全行车和优质服务水平,规范操作程序,绍兴公交二公司对驾驶员星级服务考核办法进行了再完善,新的星级考核由月考核和季度审核评定相结合,采用扣分、扣奖并处的方式,根据驾驶员日常工作表现,经考评小组确认后对其进行升级或降级处理。

(7)开展安全文明专项培训

定期开展公交从业人员安全行车、服务质量、文明礼仪等专项培训,全方位加强一线驾驶员职业素质提升,强化驾驶员安全意识、责任意识、法制意识和服务意识,不断提高驾驶员安全操作技能和文明服务水平,做到以乘客满意为中心,热情待客、规范服务、文明礼貌、安全驾驶员,从而逐步向零事故、零投诉、零违纪的工作目标靠拢,实现“公交优秀”。

6. 夯实管理,建设“和谐公交”

(1)强化内部安全管理

以加强日常行车安全监管及重大节会安保两方面为工作重心,创新推出驾驶员动态分级管理,对公交车辆实施“以点为界,分段限速”措施,研发智慧岗前自助服务系统,实现驾驶员驾驶行为精细化管控。同时丰富智能化监管平台的安全监管功能,24小时全天候对运营车辆进行实时监控,对相关违章违规行为实行每日通报,做好公交控违查违工作。实现车辆主动安全防御系统即“安全卫士”全覆盖,系统可在行车中自动识别和分析驾驶行为,发生陋习立即后台远程自动预警并提醒驾驶员,为驾驶员规范操作、安全行驶添上一把“安全锁”。

(2)优化从业人员队伍结构

通过58同城、绍兴E网、柯桥传媒、公司微信公众号以及网站等媒介平台发布驾驶员招聘信息,或到市区人才市场现场招聘,多渠道吸引外地或本地驾驶员。截至2020年8月,绍兴公交二公司驾驶员占比已从国有化初期的50%提高到75%以上,整体队伍结构得到进一步优化,基本满足现阶段公交运营需求。此外,为进一步深化公交一体化,理顺管理体系,提高管理效能,以“坚持精简高效,坚持平稳有序,坚持纪律规矩,统一构架、规范设置、因事设岗、人事相宜”为原则,出台“三定”方案机构改革机制,对行政、后勤等管理岗位进行定员、定岗、定编,实现业务流程高效,部门职责明确。

(3)建立健全内部管理体系

结合各职能部门实际工作开展情况,统一出台岗位目标责任制考核办法,理顺管理职责,明确管理边界,建立各负其责、协调运作的工作机制和管理体系。责任制的编制是绍兴公交二公司建章立制的一项重要举措,为进一步推进以制管企、科学治企奠定基础。同时在逐年提高员工工作待遇、为员工缴纳"五险一金"的基础上,又推出重大利好——企业年金,一方面有助于改善员工薪酬结构和退休后的收入水平,另一方面也为公交"留住人"、增强凝聚力提供了良好保障。

(4)完善后勤保障工作

在下属有条件的站场增设7个员工食堂,实施工作餐免费计划,为1200余名公交员工提供免费午餐,为100余名晚班驾驶员提供免费晚餐。坚持开展高温、节日、生病住院慰问,为每位生日的员工送上蛋糕卡,定期组织全面体检、女职工妇检,同时每年组织一线员工进行疗(休)养。做好外来员工的帮扶工作,增设职工宿舍为他们提供便利。

(5)强化企业文化建设

2016年,绍兴公交二公司正式创办公交内刊、建立微信公众号和网站平台,作为公司对外宣传的窗口。截至2020年8月,微信公众号总用户数已达8万余人,网站访问量已达20余万人次,《公交简讯》作为企业内刊,自创办以来,广大职工喜闻乐见,充分展示了公司的良好形象,成为宣传公司文化的载体、沟通民意的桥梁。近年来,绍兴公交二公司更是多次举办摄影比赛、趣味运动会、爬山比赛等一系列健康有益的文体活动,营造出浓厚的企业文化建设氛围,提高职工的文化知识和理论素养,凝聚职工队伍,调动职工的积极性,从而把企业文化渗入职工和广大乘客的心中。

三、实施效果

1. 社会效益

绍兴公交二公司致力于城乡公交一体化发展,围绕建设高水平的全域公交,走过了企业发展史上"投资规模最大,建设任务最重、推进速度最快、改革力度最强、惠民举措最多、综合效果最好"的5年。在这段时间内,实现了"村村通公交"500米全覆盖、城乡公交一票制低票价全覆盖、移动支付全覆盖、智能调度监管全覆盖、移动支付全覆盖、手机查询公交服务全覆盖、镇街公交场站全覆盖、城乡新能源公交车全覆盖、夜公交全覆盖8个全覆盖,让城乡百姓出门有车坐、镇镇有站场、村村有站点、监管有平台、服务有标准、答疑有渠道。

实施城乡一体化运作,改革完善了传统公交管理模式,整合3家民营公交资源,完善运行机制,实现城乡公交相互衔接、资源共享、布局合理、方便快捷、畅通有序、协调发展、统一票价。建立健全调度运行机制和诚信经营考核机制,一方面有利于公交企业集约化经营,员工规范化管理,规范和做强做大客运市场秩序,提供公交竞争力,打响公交品牌;另一方面也大大提高了公交出行的便捷性和舒适性,使公交出行逐步成为市民的首选方式。

2. 经济效益

公交一体化带来的经济效益更多体现在让利于民上,从根本上改变了乘客需要多次换乘才能到达目的地,或是换乘时间信息不对称,或是需要步行很长一段路程才能换乘的历史。公交系统形成无缝衔接后,协调了公交网络各环节的衔接以尽量减少线路重复和换乘次数,运营排班计划也为可以统一地、尽可能贴近乘客出行时间作整体的统筹规划部署,避免造成乘客无车可坐的问题,同时对于部分以往冷僻、车次较少的线路,也通过合理优化、布局线路,以便满足周边乘客的乘车需求,并缩短了换乘时间。

与此同时,票价的设定和支付方式也逐步向乘客利益最大化的根本目标靠拢。绍兴公交二公司自国有一体化后,积极探索建立以适应成本变动为基础,兼顾社会承受能力的价格形成模式,完善公交运营成本核算模块和核定程序,制订出更符合社会公益性服务及乘客利益的低票价模式。自2015年7月起,稳步推进城区1元、跨区2元、定制3元的低廉票价,原先一条从南部山区王坛镇到柯桥区城区的公交线路全长61.7公里,是柯桥区最长的公交线路,全程票价为10.5元,随着低票价的实施,现在最多只需3元,让乘客切实享受到公交出行的实惠。70周岁以上老人及残疾人免费、60~69周岁老人五折优惠、学生四折优惠、普通公交IC卡八折优惠和1小时内换乘IC卡减免0.5元等惠民政策的连续推出,也为选择公交出行的乘客着实省下了一笔出行费用。

四、未来展望

在公交优先发展理念形成的共识下,绍兴公交二公司供给侧改革初见成效。但公交发展不进则退,现有成绩仅能代表过去,绍兴公交二公司清醒地认识到,目前仍存在着一些亟待解决的问题及较大的提升空间。

1. 拉近公交服务优质性及便捷性与群众不断提升的对美好生活的向往之间的差距

随着生活水平的不断提高,市民对物质世界和精神世界的追求也在不断增加,对公共交通出行的要求也随之发生变化。为更好地满足人民群众对美好出行的向往,绍兴公交二公司将继续紧紧围绕持续推进公交高质量发展这一中心思想,系统总结交通发展和公交都市建设经验,深入研判新时代公交发展面临的新形势新要求,研究部署未来一段时期内的重点工作,凝心聚力,善谋实干,加快构建以乘客体验为先导、乘客满意为目标的公交出行服务体系,保障广大人民群众安全、便捷、经济、高效的出行需求。

2. 深化安全生产风险分级管控与隐患排查治理两大体系建设

随着近年来公交运营里程迅速增加、线网规模不断扩大,道路通行环境趋向复杂,公交安全运行的压力也日趋加大,安全生产风险与隐患还时刻处于高危状态。开展风险分级管控与隐患排查治理体系建设是实现事故的双重预防性工作机制,也是“基于风险”过程安全管理理念的具体实践,是实现事故“纵深预防”和“关口前移”的有效手段,继续在原有基础上,深化教育、培训、督导、检查、奖惩等措施,积极引导和督促实现风险自辨自控、隐患自查自治,建立起全员负责、全过程控制、持续改进提升的双重预防体系,牢牢构筑“管控源头风险、治理事故隐患”双重安全防线,预防各类事故发生。

3. 拥抱互联网,提升公交出行的吸引力

随着生活水平的提高和消费意识的增强,乘客对公交服务的要求日益多样性和个性化,而当前的公交服务质量无法最大限度地满足乘客的需求,这也是虽然公交自认对重要事项已投入大量财力、物力,但收效甚微的原因所在。公交出行速度慢、等候时间不稳定、服务态度欠友善等都是阻碍公众选择公交出行的实际弊端。吸引客流,即要解决“快”+“准”问题,首先持续推进公交专用道建设让公交快起来;其次,在公交一体化后,传统公交要服务转型,拥抱互联网是必然趋势,通过网络让公交“运行状态透明化”“服务提供应需化”“出行场景互交化”,进一步探索新的公交升级模式,打造“智慧型”的公交服务。

4. 大力推进公交基础设施建设

站场建设作为公交基础建设核心,在未来公交发展中占据十分重要的位置,站场建设的滞后,会严重制约公交企业的发展。在目前土地资源越来越紧缺的现实条件下,绍兴公交二公司需要在属地政府的配合下探索一条公交站场建设的新路子,将站场规划融入城市总体规划之中,与中心区、商业文化和体育设施、大型住宅区等结合配套规划,一方面可以提高土地利用率、防止资源的闲置浪费,另一方面能够充分发挥公交站场的附加值,提高集约效益,有效利用,合理配置,发挥出站场的最大效率和效益。

5. 继续加快公交信息化、智能化建设

继续以现代信息技术为支撑,以打造“智慧公交”为目标,以建设公众出行信息系统为重点,不断提高公交的服务能力和服务品质,争取进一步改进公交行业运行监管方式,完善公交运行状态与数据采集体系,提高公交动态监测、指挥协调、服务监管、异常预警和辅助决策效能。改进公交乘车出行信息服务方式,构建内容丰富、形式多样、及时可靠的公交出行信息服务体系。改进公交数据资源共享方式、促进公交与不同客运方式间、行业管理部门间的业务协同联动效率。高效的公交信息化智能化对缓解交通压力、降低运营成本、方便市民出行、减轻大气污染、提升城市形象都有着非常重要的意义。

基于BIM技术在新型波形钢腹板桥梁中的创新管理与应用

甘肃博睿交通重型装备制造有限公司

成果主要创造人:姜　红　袁文金

成果参与创造人:赵小钢　崔文科　笪玉涛　李伟鹏　瓦强林　安珠尼玛
赵小东　赵思同　韩耀祥　王卫强

甘肃博睿交通重型装备制造有限公司(简称"博睿重装")于2017年8月24日注册成立,注册资本金3.45亿元。公司位于兰州新区,是甘肃省高新技术企业,由甘肃路桥建设集团有限公司、甘肃省交通规划勘察设计院股份有限公司、中铁宝桥集团有限公司、甘肃兴陇先进装备制造创业投资基金有限公司合资组建。公司共有正式职工134人,其中本科及以上学历78人,占比59%,专业技术人员102人,占比76%;高、中级职称30人,初级职称40人;高层领导8人,中层管理人员13人;持有造价工程师、一级建造师、二级建造师、初级会计师等职业资格证书人员15人。博睿重装现有甘肃博睿重装钢桥梁有限公司等2个全资子公司。其中,甘肃博睿重装钢桥梁有限公司拥有钢结构工程专业承包一级资质。博睿重装拥有甘肃省装配式钢结构桥梁工程研究中心、甘肃省桥梁装配式钢结构产业技术创新联盟2个省部级创新平台,并与中国公路学会、中国钢结构协会建立了技术创新交流通道,与长安大学、重庆大学、兰州交通大学、兰州理工大学开展校企合作,打造了产学研用一体化基地。博睿重装业务涉及钢桥梁产品的设计、生产、销售、安装、改造、维护、维修及相关技术咨询,筑养路机械设备的研发制造,精密模具的研发制造,工程机械、起重机械的生产制造、销售、安装维修和改造等领域。至2020年,博睿重装联合其他单位甘肃省科技厅立项2019年重大科技专项项目一项;2020年联合其他单位在甘肃省交通运输厅立项科研项目3项,依托甘肃省装配式钢结构桥梁工程研究中心立项4项,有多项科技项目在审核中;博睿重装现有专利16项,多项专利正在申请中。

博睿重装自成立以来,参与了景中高速公路项目、甜永项目、敦当项目、张扁项目、静庄项目、彭大项目、临大项目、中通道项目、中黄项目、兰临长下坡项目、天定维修项目,临园维修改造、西岔等省内装配式钢结构桥梁和高等级公路钢结构桥梁项目。博睿重装精密数控自动化波形钢腹板组合箱梁生产线正在筹建中,可以高效完成钢箱梁机器人焊接、打砂和涂装等工作,预计2021年下半年具备生产条件,自动化生产线与智能制造和信息化深度融合,极力打造智能制造和"互联网+两化"融合的制造企业,实现"波形腹板全国第一,其他结构形式全国领先"的钢桥梁及重型装备现代制造业企业愿景。

一、成果构建背景

随着钢铁产能的提高和钢结构桥梁建设技术的进步,我国已经具备推广钢结构桥梁的物质基础和技术条件。当前,钢铁产能过剩,是推进钢结构桥梁建设、提升公路桥梁建设品质的良好契机,同时也是落实《国务院关于钢铁行业化解过剩产能实现脱困发展的意见》(国发〔2016〕6号)要求,促进钢铁行业转型升级的重要举措。如今,在公路行业内外对推广钢结构桥梁呼声很高,一些省份已经开始试点工作,并取得了较好的效果。据测算,对中小跨径桥梁,混凝土结构建造成本相对较低;但随着桥梁跨径的增大,钢结构桥梁的造价优势开始显现。从全生命周期看,钢结构桥梁的造价和耐久性优势更为突出。

交通运输部于 2016 年发布了《关于推进公路钢结构桥梁建设的指导意见》(交公路发〔2016〕115 号),决定推进钢箱梁、钢桁梁、钢混组合梁等公路钢结构桥梁建设。推进公路钢结构桥梁建设,是落实绿色发展理念,实现现代工程管理人本化、专业化、标准化、信息化、精细化的重要抓手,可以有效提升公路桥梁的建设品质,提高结构安全耐久性,降低全寿命周期成本,促进公路建设的转型升级、提质增效。钢结构桥梁适宜工厂化制造、工业化生产、装配式施工,符合现代桥梁建设发展趋势。通过结构标准化、加工智能化,能够更好地提升钢结构桥梁建造品质,降低建设成本,提高生产效率。目前,我国钢结构桥梁的应用发展与当前综合国力、发展方针及我国的钢铁、钢结构产业的发展状况极不适应,适时地发展钢结构桥梁势在必行。

为了适应新形势下现代交通行业建设需要,以创新、协调、绿色、开放、共享五大发展理念为引领,以建设综合交通、智慧交通、绿色交通、平安交通为目标,《甘肃省"十三五"交通运输发展规划》明确提出"以现代交通运输发展战略需求为导向,以科技进步和信息化为引领,以发展绿色低碳交通运输体系为重点,强化科技创新,转变发展方式"。同时,为了全面提升全省交通运输科技创新能力,充分发挥创新驱动在加快转变行业发展方式的支撑引领作用,甘肃省交通运输厅结合实际,提出了 2017—2020 年交通运输科技创新思路,要求以服务全省经济社会发展和行业转型升级为出发点,充分发挥 BIM(Building Information Modeling,建筑信息模型)的科技创新服务平台作用,坚持由企业牵头、政府引导、联合高等院校和科研机构,围绕支撑重大工程建设和提升运输服务品质,推动基础性、前瞻性和共性关键技术研发实现突破,形成涵盖基础和应用研究、关键技术研发、应用转化示范的科技研发服务体系。加强科技创新人才培养,推进科技成果"进标准、进工程、进市场",增强科技创新的开放性和协同性,提高自主创新和集成创新水平。为了响应甘肃省委、省政府确定的十大绿色生态产业,尽快实施以"智能桥梁"为主题的"中国制造 2025"的科技计划,打造适应甘肃省桥梁可持续发展的技术体系和产业链,博睿重装实力雄厚、业务精湛、资源充足、经验丰富、需求急切,由其组建"BIM"专业组,作为甘肃省从事钢结构桥梁技术创新开发的专业机构,可以进一步发挥行业的人才技术优势,借助高等院校、科研机构和施工企业承建的施工项目,采用"产学研用"一体化模式,重点在"钢结构桥梁智能建设技术""钢结构桥梁健康评估与养护技术""钢结构桥梁 BIM 智能辅助建造技术"和"'四新'技术在绿色公路建设中的推广应用技术"等领域开展基础研究和技术创新,坚持问题导向和需求导向,实现技术转化利用、人才引进培养和成果转让推广,进一步提高甘肃省桥梁建设创新和施工技术水平,推动和支持钢结构桥梁工程产业转型升级发展。

BIM 基于工程项目的各项数据信息进行模型建立,并通过数字信息仿真建筑的真实信息。通过 BIM 技术的应用,不仅可以提高桥梁的信息化程度,使项目参与各方能够很好地交流,实现协同工作,提高工作效率,而且 BIM 技术对于桥梁设计和施工阶段的技术支撑,可以有效控制设计缺陷和施工风险,使桥梁工程的质量、进度及成本等方面都能够显著提高和控制。波形钢腹板叠合梁,兼具混凝土桥梁的抗弯性能和波形钢腹板桥梁的抗剪性能,可以从根本上避免混凝土箱梁腹板开裂的通病,同时提高了整桥的受力状态和使用寿命。

本创新成果以钢桥梁工程为依托,提出采用波形钢腹板钢箱梁改造的设计方案,基于 BIM 技术对主桥结构和桥面板的受力特性进行计算分析,验证波形钢腹板在老桥改造工程的应用效果。计算结果表明,波形钢腹板主梁结构能够满足桥梁结构设计的要求,在老桥改造工程中具有较大的优越性,值得推广应用。

BIM 技术作为一种新型技术产生于 20 世纪 70 年代。目前,在欧美等发达国家已经得到了很好的应用和推广。但我国对 BIM 技术的应用起步较晚,人们对 BIM 技术的了解程度还不够深入,虽然近年来我国也进行了一定的应用并取得了一些成绩,但仍处在摸索阶段,对于在桥梁工程项目上的应用更是少之又少,需要我国桥梁建筑行业不断推广应用,以使我国的桥梁建筑工程行业获得更好的发展。

二、成果内涵

BIM 技术对于桥梁设计的管理与应用主要以绿色和可持续发展理念为导向,突出桥梁建、管、养、运的全生命周期理念。结合钢结构桥梁的使用现状,充分应用理论支撑、技术开发、产业推广的全产业链供给体系,把建设成果融入以"生态环保、信息共享、智能便捷、服务提升"为特征的绿色公路建设,服务建成优质耐久、促进交旅融合、安全舒适、经济环保、社会认可的公路基础设施。

近年来,科学技术的进步和国家经济的快速发展,带动了我国建筑业的飞速发展,工程建设的规模不断增加,新型的建筑结构体系和个性化的建筑外形如雨后春笋般出现在人们视野中,这类建筑通常成为各个城市的标志性建筑。结构形式的创新必然会给建筑结构施工提出新的技术难题,从而促使施工手段和方法的变革。过去简单的结构形式下,结构施工通常是建立在经验的基础之上,面对复杂的结构施工,施工方案的确定需要通过大量的计算分析加以论证,此时经验所起的作用无法有效地解决问题,对于较大型复杂的工程而言,较为详细施工方案的论证在项目投标阶段就要落实。大型项目的投标过程涉及的专业面广、人员多,施工方案以及优化工作很难直观地展现,相关数据未必完善,使得工作效率低下,更为严重的是可能对方案的合理性和施工安全性产生影响。

建筑施工是将建筑结构平面二维图纸的表达转换成实际建筑的过程,具有不可重复性。在当今建筑业发展的环境下,伴随 BIM 技术的发展应用,包含 BIM 在内的虚拟施工技术实现了建筑施工过程的直观表达,将是解决复杂钢结构施工问题的主要技术手段。该技术的使用能够提前发现施工过程中存在的问题,调整制订合理的施工方案加以解决,极大提高建筑施工的效率,同时能够有效地避免工程事故的发生。复杂结构设计使用时的受力状态并未考虑施工过程的影响,通常结构的施工是按照一定的步骤由局部到整体进行,不同的施工工序会对结构的受力状态产生影响,导致结构的边界和荷载条件发生变化。建筑结构在不同的工序之间一般会出现短暂的平衡状态,随着工序的进行受力状态发生改变,结构的内力和变形会重新分配达到另一种平衡状态,直到结构施工完成。在整个施工过程中,不同的工序造成结构内力和变形逐渐积累,形成了结构最终的状态,不同的施工方法和施工过程都会导致结构最终状态的不同。实际工程建设中,由于未考虑结构施工过程的受力状态造成的工程事故给人以惨痛教训,因此,依靠传统的施工手段已无法满足人们当前对桥梁的高标准要求和期望,信息化技术的应用日渐迫切与必要。

桥梁工程是一项规模相对较大、工程较为复杂,并且需要结合地理环境以及实际制造生产因素而进行综合性建设工程,其主要表现在以下几个方面。

(1)结构相对复杂

桥梁建设工程项目中的结构构件相对较多,且结构相对复杂,特别是很多连接部位,从而导致波形钢腹板桥梁工程制造需要考虑的因素也较多,否则,就会出现各种场内制造、现场架设问题,如连接件错误、通孔率低等。传统的二维设计图纸主要依靠设计人员进行图纸校对,但因检测方法的局限性,导致很多设计问题未及时发现,对于后续施工造成较大的困难,质量不合格返工及工期滞后等现象频繁发生。即便对于已经发现的设计问题,因二维设计技术的局限性也造成图纸修改的效率及准确性不高。因此 BIM 技术在桥梁工程深化设计节段能够很好地解决由于结构复杂造成图纸质量低下的问题。

(2)钢箱梁构件数量庞大以及算量不够精准

桥梁工程中涉及的构件在数量、体积以及质量上都相对较大,在二次深化时,必须结合施工环境、运输能力、现场起吊设备条件、施工工艺要求以及结构受力分析等多方面的因素综合进行深化。若因构件设计不合理,在施工现场发现构件尺寸或结构形式不正确,就必然进行图纸修改,或者对构件进行修改。如此一来,不仅影响施工进度,增加生产成本,对施工质量也有一定的影响。BIM 技术已解决桥梁工程中统计构件数量、统计材质质量等问题,利用 BIM 仿真技术模拟波形钢腹板桥梁的运输、吊装等工况,可对钢桥梁制造成本控制及合理的施工起到决策性作用。

(3)施工环境相对复杂

和其他建筑工程类相比,桥梁工程的施工环境相对复杂,常常都面临着跨河、跨山谷甚至跨海等情况。为保证桥梁工程顺利推进和施工安全,必须在工程实际制造架设之前针对实际环境制订相应的施工方案和具体措施。然而,复杂的施工环境难以保证施工方案可行有效,这对于施工过程的顺利进行以及生产进度、质量、安全及成本等方面都有较大的影响。

三、主要做法

BIM技术对于桥梁设计的管理与应用主要以结合具体工程实践,制订保障质量的技术标准,形成系统化波形钢腹板桥梁技术体系;完善创新科技管理体系,培育集成BIM在钢桥梁科技创新领域政、产、学、研、用一体化技术创新的管理和制度机制,实现优势资源共享、节约高效、绿色环保、可持续发展的行业闭环管理制度;通过科技创新,产学研用相结合,学院理论与企业工程实践紧密联系,资源贡献、优势互补,培养符合钢结构桥梁设计、施工、养护和管理等要求的人才梯队,采用内部发掘和外部引进并重的人才培养方式,建设高效的企业人才知识库,探索人才培养新思路为目标。

BIM技术对于桥梁设计的管理与应用的主要做法表现在模型建立、碰撞检查、出具施工图纸、模拟施工以及数据监测等多个方面。

(一)以企业提质增效为目标,充分发展BIM技术应用

1.模型建立

桥梁BIM的模型建立,需要结合桥梁结构形式以及施工过程的各种因素,通过建模软件Tekla Structures搭建波形钢腹板桥梁模型,制订相关的视图及明细表样板,并根据地质测绘基础数据和参数化建立桥梁的BIM模型。另外,建模人员可以利用建模软件的二次开发桥梁各部分的模块,这对于制造图的生成、单元件数量计算以及实体明细表的统计都具有指导意义。

2.冲突检查

在桥梁工程项目的深化阶段,利用BIM模型可以很好地进行设计校对、冲突检查以及工程量统计等。传统的二维制图模式不但不直观,且因为涉及的专业较多等因素,还会造成设计的不协调。但设计的任何一点疏漏都会直接造成工程施工的困难,BIM技术的应用,使工程在建模的过程中可以及时发现施工图纸是否存在错误和不合理,提高了设计的准确率。同时,应用BIM技术可以自动生成工程的材料清单,检查材料以及工程量的正确性。

3.安全技术交底、方案评审

在桥梁工程项目的加工制造阶段,BIM模型能够很直观地表达结构构造,从而进行施工方案的评审、工人技术交底等。传统的二维制图模式相对不直观,对于结构不熟悉、识图能力有限的人员,BIM技术的应用,使得在施工制造之前便很好地解决了安全交底,在安全文明施工控制中起到指导性作用。

4.生成制造施工图纸

通过BIM技术的应用,可以使桥梁工程利用三维BIM模型生成施工图纸,在模型建立的基础上出具图纸,对于图纸的准确性、合理性等都有很好的帮助。虽然建模时间相对较长,影响工作效率,但施工图纸的质量提高对于后期施工进度质量等都有很好的保障。

5.施工过程模拟

由于桥梁工程项目因规模庞大、环境复杂以及涉及专业较多,因此在施工设计及施工过程中必须评估好各专业间的影响,合理制订施工计划,才能保证整个工程的顺利完成。通过BIM技术的实际应用,可以实现施工过程的模拟。通过在Autodesk Navis Works中导入不同专业的三维模型和施工计划,系统可自动模拟各专业的施工进度,并可以分析各专业相互的配合是否协调、工程施工进度是否合理。通过BIM技术对整个施工规程进行模拟,对桥梁工程项目的质量进度安全等各个方面都有很大作用。

6.数据监测

利用桥梁工程建立的BIM模型,并将桥梁运行阶段的监测数据导入软件,可以对桥梁的运行安全状况的各项数据进行监测分析。在桥梁运行过程中的各项数据发生异常时,BIM模型都可以实时进行监控并给出提示。按照BIM提示的数据分析原因,可以及时采取相应措施保证桥梁的运行安全。

(二)积极组织技术创新管理平台,建设完善技术创新体系

由博睿重装牵头,联合23家高等院校、科研机构组建甘肃省桥梁装配式钢结构产业技术创新联盟和甘肃省装配式钢结构桥梁工程研究中心获上级主管部门的批复。产业技术创新联盟和技术工程研究中心常设机构在博睿重装。两个平台以鼓励企业技术进步和产品优化升级为中心任务,以BIM技术应用、发展清洁生产、先进制造、数据信息等十大生态产业为重点方向,不断激发企业和科研机构的创新活力。通过企业与高等院校和科研机构的密切融合,加强和创新产学研用的结合方式,深刻把握产业发展趋势,开展技术攻关与合作,着力突破产业核心关键技术,形成重要的产业技术标准;促进公共技术服务平台建设,实现创新资源的有效分工与合理衔接,实行知识产权共享;实施技术转移,加快科技成果向现实生产力转化,提升产业发展技术水平和企业竞争能力,为实现转型跨越发展发挥支撑和引领作用。

通过平台建设,BIM在新型波形钢腹板桥梁中的创新管理与应用体现如下:

①依托示范性项目开展BIM推广。通过公司承建的波形钢腹板钢结构桥梁等技术含量较高的项目,结合"引入"和"合作"的模式,研究复杂桥梁的关键设计技术和施工技术,深入开展技术总结创新提升和实用新型改造,从工程实际中设立项目研究课题形成成果转化,逐步形成BIM自主创新的施工技术和工法。

②将BIM推广到公司运营层面。运行卓越绩效管理模式,辅助信息化手段,通过持续的测量、分析和改进,提高BIM创新管理工作的系统化、程序化,提升项目技术管理效能。

③BIM技术延伸。钢结构桥梁定额关键技术研究。通过钢结构桥梁定额的测定填补交通运输部发布的《公路工程预算定额》(JTG/T 3832—2018)中关于钢桥梁部分的定额,完成材料定额、工时定额,补充完善定额子目,编写钢结构桥梁企业定额,形成地方行业标准。

④钢结构桥梁施工关键技术、安全保障技术及装备。针对目前钢结构桥梁施工技术存在粗放、不精细、安全系数低等问题,开展技术创新、工艺优化、设备改进研究等。

(三)推进公司科研项目立项

至2020年,博睿重装开展的科技创新项目共计15个,其中"公路新型钢混组合桥梁建造成套技术研究及产业化""甘肃省钢结构桥梁涂装防护关键技术与应用研究""甘肃省公路工程波形腹板钢混组合梁定额编制研究""钢结构桥梁全流程智能制造项目""钢箱及波形钢腹板梁BIM及通用深化图软件定制开发"5个项目获省厅批复立项;正在申报省科技厅"新型装配式钢结构桥梁自动化生产线建设""钢结构涂层材料长效防护机理研究及产业化应用"重大科技专项,省工业和信息化厅"新型组合梁自动化生产线建设项目",甘肃省公路交通建设集团"2020年甘肃省绿色化信息化智能化改造推进传统产业转型升级项目""先进钢桥制造业及延伸产业链实施计划";内部储备项目有"钢桥梁喷涂抗滑移涂料的质量控制与栓接面抗松弛性能的研究""U肋熔透焊工艺的联合开发""U肋弯曲工艺研究""依托桑园子大桥"项目的三维模拟试装项目及"耐候钢"地方标准编制。

(四)实业产业两手抓

博睿重装按照"实业化、产业化、差异化"发展要求,响应甘肃省公路交通建设集团"双促双带"专项行动,根据生产经营需要,积极引进急需的各类人才。至今,公司从市场上陆续引进多名技术、技能性人才,分别在技术设计部、市场经营部、公司车间等部门重要岗位从事管理、市场经营、技术、技能性等工作。同时制定《师带徒实施细则》,外部引进、内部培养,打造自己的工匠队伍,为博睿重装的实业化发展起到了关键的推动作用。

(五)助推新型组合梁智能制造自动化生产线建设

该智能自动化生产线主要包括钢梁智能防腐涂装线及波形钢腹板梁智能制造自动化生产线,整线主要针对波形钢腹板钢混组合梁规划设计,实现波形钢腹板梁年产量4万吨的高质量制造,整体产线建设从零件精密下料、板单元智能组装焊接、波形钢腹板梁整体组焊、焊接矫正、剪力钉施焊、钢梁智能打砂、喷涂,整线物流衔接流畅,厂内生产指导数字化管理,中枢系统监管3万平方米厂区任一焊机焊接作

业动态,实现钢梁流水节拍式加工制造。

与常规生产工艺相比,自动化生产线较大地提升了生产作业效率,尤其在波形钢腹板与顶底板主焊缝焊接作业过程中,常规作业工艺采用的碳弧气刨清根确保主缝熔透,效率低施焊质量差,自动化生产线采用最新的深熔焊技术,无须清根作业,运用角缝单面焊双面成型技术,节省了主缝施焊时间,节约了焊接材料,焊缝质量得到了有效保证,整线机器人施焊,钢梁焊缝外观成型质量较好。

智能制造自动化生产线的建造,符合行业智能制造的要求,为钢桥梁的推广应用奠定了坚实的基础。

(六)探索BIM技术在新型波形钢腹板桥梁正向设计中的创新

1. BIM正向设计现状

当前,设计阶段这种BIM工作的模式,只是给工程建设带来了点状的价值,并没发挥BIM的面状价值,BIM强大的数字化能力也没有得到有效地发挥,BIM对设计来说仅起到最简单的辅助作用。BIM强大的专业协同能力,可视化能力,平立剖、三维的同步修改能力,设计数据的管理能力,这些对设计比较重要的方面并没有在设计中得到应用,因此BIM的价值并未在设计中凸显出来。要让BIM技术在设计阶段发挥出应有的价值,需要逐渐改变翻模BIM的模式,将BIM技术与设计紧密结合,通过以BIM技术作为设计工具来进行设计(可以称之为基于BIM技术的正向设计,也可以简称为BIM正向设计)。设计企业基于BIM技术的正向设计有探索应用,有项目实践,也有企业形成设计标准和组织标准,但实际上并没有得到进一步的推广。

2. BIM正向设计展望

虽然推进基于BIM技术的正向设计困难重重,但是也在不断前进。BIM技术的应用,在未来一定会为工程建设产生更多的价值。未来是数据驱动的时代,数据核心、工程建设数据的源头在设计。基于BIM技术的正向设计就是从源头采集BIM数据信息同时提升设计质量,所以未来的设计必然是基于BIM技术的正向设计,也必然在所有的设计企业中进行全面推广。当然,也需要工程建设的各参与方能够正确地理解BIM技术对自身带来的价值,不断进行BIM的技术积累,同时需要BIM各平台、各软件的服务商将自己的产品不断优化,不断提升软件的专业能力以及使用效率。希望各方能够共同努力,让基于BIM技术的正向设计能尽快地全面推进。

四、实施效果

BIM技术在新型波形钢腹板桥梁中的创新管理与应用,将引发新一代信息技术与现代制造业、生产性服务业融合创新的产业变革,解决制约目前桥梁发展的设计技术瓶颈和工程施工难点,提升装配式钢结构桥梁技术创新能力和水平,打造适应钢结构桥梁可持续发展的技术体系和产业链,促使企业取得显著成绩。

(一)改革迈出重要步伐

为积极响应甘肃省公路交通建设集团"改革执行年"活动,公司召开会议制订了"十大行动",确定了目标,落实了责任人。一是支部党建行动,夯实改革发展根基;二是建章立制行动,逐步建立公司内控体系,完善法人治理结构;三是机构改革行动,建立合理高效的内部组织机构;四是公司产业拓展行动,逐步形成主业突出、产业多元化的发展模式;五是狠抓项目生产管理行动,完成年度目标;六是公司资质晋升行动,增加博睿市场准入证;七是科研创新行动,打造高端制造业;八是智能化(自动化)生产线建造行动,打造先进制造业;九是实业化、产业化行动,打造博睿制造产业队伍;十是深化企业混改,经理人任期制、契约化改革全面落地实施,树立改革标杆。现各项工作均在扎实有效地推进。

(二)公司整体基础管理水平快速提升

1. 将"产学研用"作为工作重点方向

为实现"BIM"新型波形钢腹板桥梁设计建造过程中的支撑作用,整合行业优势资源,博睿重装搭建了与甘肃交通规划设计院、长安大学、兰州交通大学等科研机构的产学研用一体化合作平台。在实践中,以企业经营战略为导向,以满足市场需求和行业发展趋势为目标,以技术创新为核心,利用BIM技术特点,整合各种创新要素进行技术创新,逐渐形成良性互动、协同匹配、全员参与的高效技术创新体系。

2. 重视BIM技术人才的培养

根据不同研究方向,建立BIM内部技术攻关和技术研发团队,组建内部专家小组,营造良好的技术、学术氛围,积极倡导技术创新,努力推进技术成果转化。与高校、科研院所、相关企业建立良好的研究开发合作机制,共同推进技术提升和工艺、工法改良。

(三)企业科技创新能力迅速提升

1. 加强科研突破,助力BIM应用

依托公司将实施的"兰州兰临高速公路长下坡路段改造处治工程"项目开展科研课题,在项目管理过程中,通过机器人焊接和涂装,实现自动化智能建造。秉承"精品钢构,博睿制造"的理念,以厚德文化为灵魂,以诚信经营为基础,以品质工程为名片,以创新创造为动力,以产业报国为责任,持续打造BIM钢结构桥梁品牌建设,做甘肃省钢结构桥梁工程技术研究领域的领军者。

2. 拟进行技术突破的方向

BIM将以自主创新、主攻核心技术为主要工作方向,发挥施工企业"人才物"品牌优势,从解决工程技术难题入手,依托工程项目,开展装配式钢结构桥梁建造技术创新,通过与科研院所、高校及企业相结合,搭建"产学研用"一体化研究平台,以工程问题和需求为导向实施项目课题研究,就地实现成果转化,加速企业技术升级,同时加大对钢结构桥梁新技术、新工艺、新材料、新设备的研发力度,充分发挥BIM在行业科技进步的带头作用,做钢结构桥梁工程技术行业的领头人。拟从装配式钢结构桥梁制造技术、装配式钢结构桥梁工业化技术、装配式钢结构桥梁信息化建造技术、钢结构桥梁新型涂装材料及涂装工艺、装配式钢结构桥梁耐久性5个方面展开技术突破的方向。

(四)实现智能制造,全面提升钢结构桥梁建造效率及质量

1. "数字双胞胎"在钢结构桥梁上的应用

随着钢桥梁行业自动化建设、信息化建设的发展,钢结构桥梁行业由弱到强,建立了比较完整的工业体系,实现了厂内预装配规模化生产。面对钢桥梁行业转型发展、柔性制造和智能化,须建立一条完整的数字化工厂生产线,利用数字化工厂的模拟仿真结果知道实际生产过程,从而形成一整套"仿真+生产"的闭环系统,以解决当前钢桥梁行业数字化痛点,促进行业发展,加快实现工业4.0。

2. 基于大数据、物联网、AI(人工智能)和BIM技术的钢结构桥梁工程全寿命周期信息管理平台搭建

受我国社会、经济和服务水平的限制,现有钢结构桥梁工程全寿命周期管理研究主要集中在钢桥梁工程全寿命周期设计方案优化、全寿命周期成本分析等方面,而针对全寿命周期的质量管理、运营期安全监测、相关运养方案优化、环境影响评价等方面的研究较少。因此,需要与国内高新技术院所、高校和企业合作,开发研究适用于钢结构桥梁的国产化软件,结合大数据、物联网、AI和BIM技术,搭建钢结构桥梁工程全寿命周期信息管理平台。

3. 施工方案更为合理

BIM技术应用于桥梁工程项目后,可以实现对于工程施工制造方案的可视化交流。业主方、建设方以及施工方等不同人员通过可行性交流,将各自的合理性建议以及在各自领域存在的困难都能够及时得到反馈,各方的优秀建议在拟设计方案中得以体现,对各自存在的困难和问题通过相互协商沟通,在设计方案中采取有效控制措施得以平衡和解决,从而确保设计方案的科学合理。

4. 便于施工技术交底

利用BIM技术可以生成桥梁工程各结构单元的三维模型,这有利于将施工中出现的技术难点以及

关键控制部位都能够更加直观地展现出来。通过对整个施工过程进行模拟,可使相关人员掌握施工节点以及各专业施工中需要相互协调的问题。BIM技术的实际应用,对于施工技术交底的全面性和便捷性都有了很大的提高。

5.施工图质量进一步提高

桥梁工程项目应用BIM技术后,设计人员通过建立模型,可以更加直观地对施工方案进行科学规划,不同专业的技术难题以及相互冲突都可以通过BIM模型得以体现,在建模中解决出现的问题。同时,出图模式的转变,使得工程施工的图纸由BIM模型直接生成,对图纸的精细化程度进一步提高。同时,BIM技术的应用可使材料统计等各个方面更加精准,有效减少了设计问题,提高了设计质量。

通过BIM技术在桥梁工程项目上的应用,可以使桥梁的各个构件在设计以及施工等环节更加准确,可以根据桥梁工程的特点,对共性的结构构件进行批量生产,构件在专业生产单位生产,保证其质量;同时,通过构件采购的方式取代现场制作,对工程进度有较大的推动作用。

(五)降低企业生产制造成本,实现项目的全过程管理,提高企业经济效益

①BIM技术的应用,使整个工程在计划安排上更加合理,这对于施工人员在不同时间节点的投入更加清晰;图纸设计质量的提高,可有效减少施工规程中的返工问题以及构件错误等问题,从而降低生产成本。同时,设计材料清单的准确性使材料的规划更加科学合理。工程整个施工过程的工料计算相对二维图纸更加准确,为决策方在成本控制方面提供了更精确的参考。

②实现项目的全过程管理。BIM技术的应用,不但对于桥梁工程的前期规划设计和施工过程管理有着明显的作用,同时,在桥梁运行期间通过适时的数据监控也可更好地保证桥梁运行的安全性能。这不但能大幅提升桥梁设计的效率和质量,同时,也能进一步提高投资方、建设方等服务质量。BIM技术实现了项目全方位全过程的服务咨询价值。

③从老桥改造的设计原则和要求来看,波形钢腹板箱梁的经济性高、运营期养护费用低,具有较大的工程应用优势。

博睿重装以现有的钢结构桥梁施工技术、设备材料为基础,充分应用BIM技术特点和公路桥梁建设市场需求,积极研究和开发满足钢结构桥梁建造需要的“新材料、新技术、新工艺、新设备”,为甘肃省钢结构桥梁建设市场提供新产品研发、新工艺开发、新成果转让和新技术咨询等服务。博睿重装将采取合作开发、委托开发、成果转让等多种形式与高校科研院所和产业链相关企业开展广泛合作,加速新产品开发和优秀成果落地,通过实现科技创新成果和技术咨询服务的工程化、产业化转化,获得稳定高效的经济收益。自2017年8月成立以来,博睿重装不断优化管理制度创新体系,内容覆盖公司主营业务、各部门和各工程项目,形成了一套科学合理、操作性较强的内控体系。目前博睿重装改革迈出重要步伐,通过深化企业混合所有制改革,采用经理人任期制和契约化管理,改革全面落地实施,为行业树立了企业混合所有制改革标杆。总投资约1亿元的自动化生产线(两跨24×310米车间,建筑总面积14880平方米)稳步推进;高新技术企业认定“甘肃省工程研究中心”和“产业技术创新联盟”获批;牵头编制《甘肃省波形腹板钢混组合梁定额》;立项3项钢结构桥梁省级课题研究项目;经营完成敦当高速公路和西岔项目等省级重点高速公路和市政装配式结合钢桥梁项目,合同额达到11.75亿元,完成制造加工7.7万吨,产值8.6亿元。截至2020年6月,博睿重装实际累计实现营业收入9262万元,累计营业总成本8787万元。以上成果进一步验证了BIM技术在钢结构桥梁创新管理与应用中的突出成效,以带动产业发展获得高收益,再以高收益推动公司科研工作的进一步发展的方式,可以使公司不断积累、发展和壮大,实现发展的良性循环。

发挥微创团队活力,促进企业提质增效

——以在传统工程咨询企业中建立 BIM + 无人机创新团队为例

甘肃省交通科学研究院集团有限公司

成果主要创造人:陈宏斌　刘颖才

成果参与创造人:李哲人　史　杰　俞祯源　张　瑜　曹铭钧　刘彦君　祁璐帆

甘肃省交通科学院集团有限公司(简称"甘肃交科集团")是致力于服务交通运输行业的创新型交通科技企业,也是甘肃省高新技术企业。甘肃交科集团目前有在册员工 400 余人,其中硕士及以上学历 127 人,高级职称 106 人,持有注册类职业资格证书人员 300 余人,拥有甘肃省领军人才 2 人。甘肃交科集团业务涉及交通科技研发、公路工程试验检测、公路工程设计咨询、公路工程监理、公路工程桥隧加固、交通环境监测等领域。甘肃交科集团依托甘肃省公路试验检测创新服务平台等 4 个省部级创新平台,先后主持完成 96 项课题研究和推广应用工作,获得厅级以上科技奖励 20 多项,主编和参编行业标准 3 部,主编地方标准 4 部。在"季节冻土区黄土路基湿陷防治技术研究""废旧沥青冷再生""橡胶沥青路面铺筑"等领域取得一批科技创新成果并成功推广应用,解决了交通建设中存在的一些技术难题。

近年来,甘肃交科集团共完成高速公路质量检测评价 5000 多公里、大中型桥梁健康诊断 1000 多座,高等级公路质量养护检测 8000 多公里、桥梁 9000 多座,二级以上公路工可研 1000 多公里、公路工程设计 600 多公里、养护维修设计 500 多公里,高速公路施工监理 1800 多公里,代建项目 5 个,为甘肃省乃至西北地区的交通建设作出了积极贡献。

一、实施背景

(一)日益严峻的竞争环境需要

随着工程建设领域的市场开放程度越来越高,市场化规律的主导在工程建设市场中愈加明显。在竞争日益激烈的市场中,创新能力较差的企业会逐渐被市场淘汰。通过建立小微创新团队,引进 BIM(Building Information Modeling,建筑信息模型)技术和无人机技术,实现提质增效,将逐步带动公司综合实力的提升,以应对日趋严峻的市场竞争环境。

(二)客户对更高质量服务的需求

随着竞争的日益激烈化,咨询类企业所服务的客户在面临更多灵活选择时,不可避免地会对咨询单位服务质量提出更高要求。无论是成果文件的质量,还是服务水平、服务意识的提升,都需要更上一个台阶才能留住客户,争取更多的市场份额。

(三)新技术环境下企业转型升级的需要

在数字化和新工业化时代,BIM 技术和无人机技术为传统交通基础设施的信息化转型升级提供了最佳解决方案。BIM 技术三维工作平台及三维信息传递方式可以为甘肃交科集团勘察设计工作目前存在的协调性差、整体性不强等弊端提供较好的解决思路和技术平台。BIM 技术在三维漫游展示和方案比选方面的优势会为甘肃交科集团在招投标、方案规划阶段占得先机。通过研究无人机技术在公路工程领域的应用,开展路产管理、养护巡查、试验检测和应急抢险等业务,拓展集团业务转型,服务交通建设事业。

二、成果内涵

(一)基本内容

甘肃交科集团在原有的勘察设计和试验检测相关业务部门中,选拔创新能力突出、业务水平扎实的人员组建 BIM 中心,打造企业小微创新团队。

在具体工作中,充分发挥小微创新团队的创新性、灵活性和高效性,开展 BIM 技术和无人机技术在公路工程咨询工作中的应用研究和推广工作,利用新的管理理念实施和先进技术的引进,助力甘肃交科集团实现提质增效。

(二)主要特色

新成立的 BIM 中心作为企业小微创新团队,主要有以下特点。

1. 灵活性

小微创新团队人员较少、思想高度统一、学术研究思路转化灵活,在面向企业和市场需求的创新能力培养工作上,表现出较强的适应性和灵活性,能够迅速将企业需要的科研成果形成与实际业务的结合转化。

2. 创造性

小微团队中的成员可按照集团的发展规划进行有针对性研究,大家各抒己见,团队成员相互认可,使科研任务能顺利完成。在促进形成团队精神和团队整体竞争能力的同时,个人素质和能力也能有效地、最大限度地发挥出来。

3. 稳定性

小微团队能够保证团队稳定,形成优势互补的创新条件。BIM 中心以为数不多的稳定核心成员为基础,在研究工作中与具体业务部门优秀成员精诚合作,对已有科研成果和共有资源具有较高的利用率,有助于人才的持续培养。

三、主要做法

(一)创新的整体思路

建立具有共同规范的科研攻关群体,发挥技术人员主观能动性,形成技能互补、愿意为共同创新目标和工作方法而相互依赖、相互承担责任的小规模科研人员团队。紧跟时代步伐,积极开展新技术、新理念的引进、吸收和转化工作,大力开展 BIM 技术、无人机技术在工程咨询领域的应用研究工作。

(二)创新的目标和原则

取得 BIM 技术在互通立交等关键工点快速建模中的成功应用;实现无人机技术与传统基建行业的有机结合,有效提升试验检测和勘察设计工作效率和工作质量。

(三)重点创新内容的实施

1. 针对竞争环境日益激烈、经营工作举步维艰的解决思路

小微创新团队利用 BIM 中心无人机检测新手段和 BIM 技术在成果展示方面的独特优势,与甘肃交科集团各部门紧密合作,服务甘肃交科集团招投标工作,提升甘肃交科集团市场竞争力。

具体案例:在甘肃交科集团永大高速公路工程可行性研究报告编制工作中,BIM 中心利用无人机对沿线地形进行了航拍并制作了漫游视频,利用 BIM 技术真实全面的展示设计成果,颠覆了以往 PPT(演示文稿) + 挂图的成果展示方法。BIM 技术的可视化特点在本次方案比选中得到很好的利用,通过漫

游展示和360度无死角的细节展示,为互通立交的布设选择提供身临其境的直观体验,让专家和领导足不出户即可全方位了解现场实际状况,为最终方案的确定提供直观准确的依据(图1)。

图1 利用BIM技术全方位展示设计成果

2. 针对勘察设计服务质量不高、工作效率提升缓慢问题的解决思路

深入研究BIM技术在公路工程设计、施工等全过程领域的应用工作。加强项目信息全过程整合,实现公路工程全生命周期管理信息畅通传递,促进相关工作的协调发展,提升服务质量和公司效益。开展BIM中心与设计部门的深度合作,利用BIM技术对设计成果进行碰撞检查,提升成果文件质量。通过运用BIM技术参与设计建模工作,提前发现设计工作中的错、漏、碰、缺等情况。

具体案例:碰撞检查是BIM技术在协同设计领域的重大优势。在BIM设计中,任何一个专业和分项的设计都会与其他专业进行关联和互相影响。各专业和分项之间的设计问题可以在出图阶段之前就得以及时发现和解决,从而有效避免因为碰撞而造成的设计工期延长,也可以防止在施工阶段才发现碰撞问题从而造成返工,对于建设周期的缩短和建设成本的节约都具有良好的指导作用。

视距是公路工程建设标准强制性指标,也是公路行车安全的重要保证。视距安全分析是道路安全保障技术的重要组成部分,目的是发现项目潜在的视距不足路段和消除由此引起的安全隐患。互通式立体交叉结构复杂,空间层次多,可能成为高速公路视距问题的多发地,因此互通式立体交叉的视距检查尤为重要。

BIM模型由于其三维信息的完整和可视化等特点,在视距检查中具有先天性的优势,我们可以利用BIM模型对每条匝道进行逐条视距分析。通过对模型曲面、视线位置、视线高度、目标位置和目标高度等参数的曲面顶端代码进行捕捉和分析,确定视距是否符合设计规范的要求。

BIM中心在临大高速公路互通式立体交叉模型校核中,及时发现了挖方过大等设计缺陷,有效避免了由返工引起的二次资源消耗(图2)。同时,利用INFRAWORKS软件,基于三维模型可提供非常便捷的三角测量手段,利用该手段可直观便捷地对每一处桥梁跨线位置和标志标牌等构造物进行净空核查,确保行车安全性。

3. 针对互通立交等复杂结构建模效率较低的问题的解决方案

引入国内先进BIM企业"从对象创建路线"的建模思路,自主研发参数化桥梁快速建模技术,提升建模效率。

具体案例1:在甘肃交科集团承担的临大高速公路设计工作中,BIM中心利用AUTODESK旗下软件对多个互通立交进行了模型建立和渲染(图3)。利用"从对象创建路线"的建模思路开展互通立交建模,圆满解决了主流BIM软件无法直接进行互通立交匝道等复杂曲线设计建模的难题,同时实现了三维环境下的设计方案比选、相邻构件在三维空间的碰撞检查等功能的实践运用,对于互通式立体交叉的建模工作具有一定指导作用。

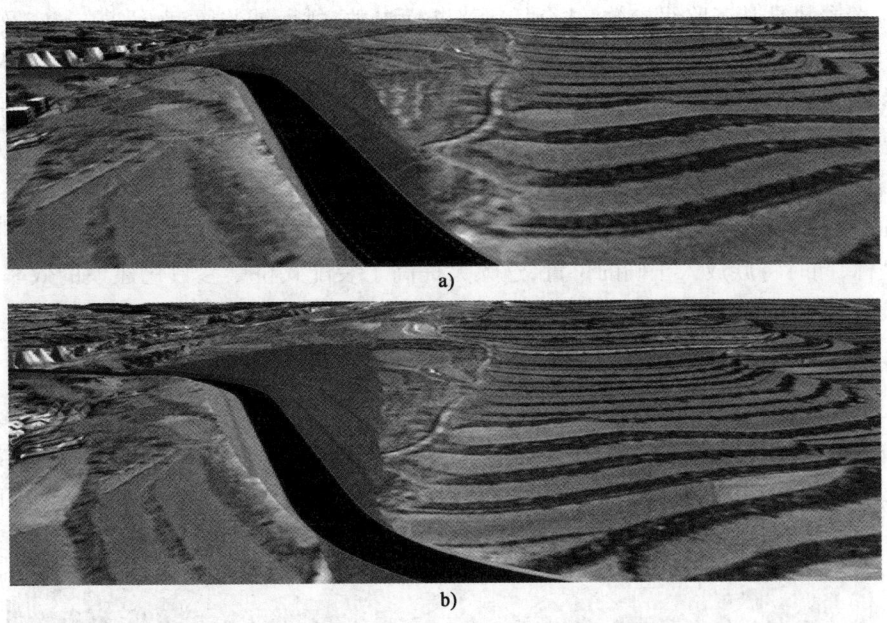

a)

b)

图2 利用BIM技术及时发现挖方过大的不合理方案

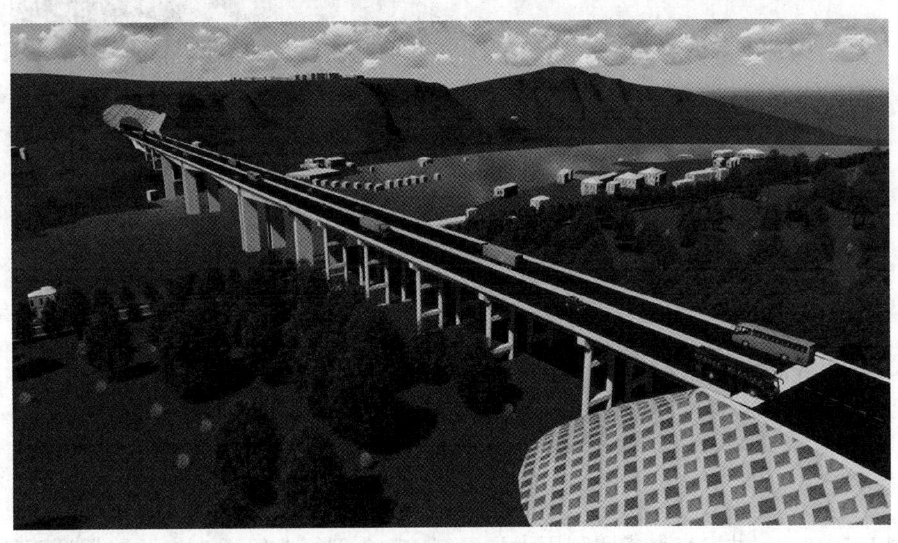

图3 临大高速公路大河家黄河大桥建模及渲染成果

具体案例2:利用可视化编程软件Dynamo将重复性的结构族放置工作和基于路线平、纵、横的设计流程编写成程序,解决影响了桥梁参数化建模的瓶颈,提高了建模效率,将装配式桥梁参数化建模从“翻模”阶段提升到了正向设计阶段。

BIM技术的核心是通过数字化实现信息的集成与传递,提供与实际情况一致的信息库。参数化的本质是大量数据的集成与共享。实现模型的参数化是实现桥梁正向设计的基础,是BIM技术应用中首先要解决的问题。

Dynamo是一款基于Revit的可视化编程插件,它的程序语言是由一系列代码块相互连接组成的,这一点不同于文本式的程序语言。Dynamo通过在不同的代码块中传递、处理数据对象(如数值、列表、点、线、面、族等),可以轻松实现Revit难以达到的很多功能。程序在正确无误运行完成后,几何模型的变化随即相应显示。在装配式桥梁参数化建模中使用的代码块主要涉及文件读取、列表操作、几何对象操作和Revit族操作4个方面。

本次基于DANAMO的装配式桥梁模型的参数化体现在3个层面:路线信息参数化、族位置参数化和族属性参数化。其中,路线参数是进行设计的起点,通过Excel文件作为中间格式使路线信息流向

Dynamo。族位置参数是基于路线参数,结合桥梁横断面参数、桥面铺装厚度、梁高、支座及垫石高度,通过 Dynamo 程序计算得到的。族属性参数化则是在 Revit 中完成的,即通过对关键尺寸添加标注并设置标签可以给 Revit 族添加参数。这种参数化架构极大地发挥了数据集成和共享得优势。后期路线方案改变时,只需要在 Excel 文件中更新路线信息即可自动完成桥梁方案的修改。同样,其他方面的修改都可以在 Excel 中完成。例如,在修改平面线曲线半径后,需在 Excel 文件中更新路线桩号与坐标信息。此时,在 Dynamo 程序可以自动读取,重新计算,进行平面布梁,确定主梁轴线段起终点和下部结构族插入点的位置坐标,同时将族放入正确的位置,这大大提高了装配式桥梁参数化建模的效率,明显提高数据的集成、传递、共享效率。

4. 针对传统桥梁检测手段局限性较大、检测速度较慢问题的解决思路

利用无人机开展桥梁外观检测工作,提升工作效率。利用无人机在空中任意位置实现精准悬停,解决传统桥梁检测手段在桥梁高墩柱检测工作中的局限。在悬索桥、斜拉桥等复杂结构桥梁的试验检测工作中,利用无人机技术填补人工观测的盲区,及时发现桥梁病害,为桥梁安全性能评估工作提供支持(图 4)。

图 4　利用无人机检测桥梁外观

具体案例 1:2019 年,甘肃交科集团利用大疆经纬 M210 型行业级无人机开展渭源至武都高速公路陇南段桥梁交工验收外观检测工作,共完成 68 座高净空桥梁的外观快速筛查工作,大大降低了成本。

在检测过程中,综合考虑了安全性和摄像头的拍摄效果,选择最佳观测位置,在距离支座 15 ~ 20 米、距离梁底 2 米左右处,在无人机悬停姿态稳定的情况下,利用摄像头的光学变焦功能放大 15 ~ 20 倍,可清晰观测到支座当前的外观状态。在观测梁底时控制无人机距离梁底 5 米左右,通过前后左右平移和摄像头的旋转和变焦,从不同角度观测底板、腹板等部位。在桥梁墩柱外观检测时,控制无人机与墩柱和其他障碍物的距离在 4 米开外绕墩柱做环绕飞行观测,避免由于飞行时的气动干扰导致飞机姿态不稳定,引发撞击或者炸机风险。

具体案例 2:甘肃交科集团在 2020 年度桥梁养护检测工作中启用无人机作为主要工作手段。本次无人机桥梁检测工作共调用无人机检测编队桥梁检测专用无人机 2 台、无人机飞手 3 名,对庆阳、平凉地区共 40 余座高净空桥梁开展了无人机桥梁检测。同时对无人机检测编队新购无人机的性能进行了进一步测试,与原有桥检无人机进行了横向对比,为无人机在桥梁检测方面的应用提供了宝贵的第一手研究资料。甘肃交科集团新购无人机搭载了 3600 万像素索尼单反相机,成像质量明显优于原有无人机,达到国内先进水平。经过现场测试可知:在距离被测构件 3 米以内拍摄的图片上,可清晰识别 0.1

毫米级别的裂缝;同时结合第三方开发的裂缝识别系统,可快速识别裂缝病害并予以自动标注,同步输出裂缝长度、裂缝宽度和单条裂缝不同宽度区间的数据统计结果。本次甘肃交科集团无人机桥梁检测工作的实施,避免了运用桥梁检测车开展检测作业时对庆阳、平凉地区国省干道车辆通行的影响,为甜永、二车等公路建设项目的实施提供了间接保障。

5. 针对应急抢险工作中地质情况调查困难的问题的解决思路

利用无人机进行高空航拍和三维模型建立,协助调查人员快速获取地形数据。

具体案例 1:受甘肃省陇南公路局委托,甘肃交科集团承担陇南地区 G75 兰海高速公路武罐段、G7011 十天高速公路陇南段、G8513 平绵高速公路成武段三条高速公路以及国道 212 线陇南段部分国道水毁恢复重建工程设计工作。由于陇南地区高速公路水毁调查受地形、地质等条件限制,以及往来车流量较大等因素影响,甘肃交科集团利用无人机对高速公路水毁项目组进行现场协助,助力陇南地区灾后恢复重建。

在本次灾后恢复重建中,无人机技术对调查工作起到了十分重要的作用,利用无人机可以到达滑塌面、孤石危岩顶面等人员无法到达路段进行现场影像传输,对水毁病害全面细致准确研判起到了积极作用。同时,甘肃交科集团新购无人机搭载了最新一代 RTK(Real-time Kinematic,实时差分定位)模块,在 GNSS(Global Nanigation Satellite System,全球导航卫星系统)信号稳定的情况下,利用无人机免相控建模技术可对较大面积水毁工点进行三维建模和地形图采集,为后期设计工作提供了极大的便利,不仅有效减轻了设计工作压力,还确保了现场调查人员的作业安全。无人机技术在小工点地质调绘中的应用,使设计人员能够快速直观地了解工点地形地貌特征,缩短外业工作的时间,提高勘察设计精度,提高工作效率。利用无人机对局部工点开展实景建模如图 5 所示。

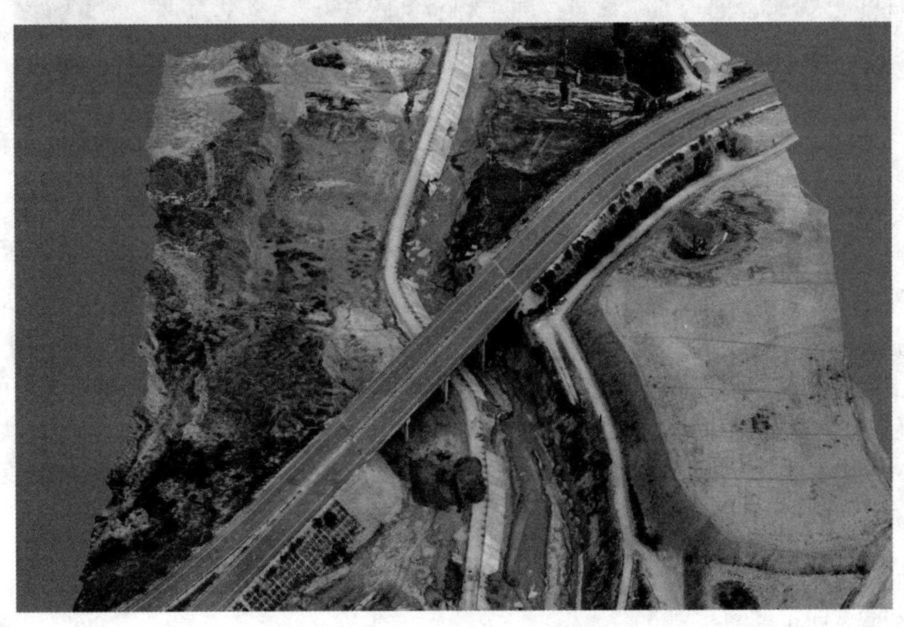

图 5　利用无人机对局部工点开展实景建模

利用无人机在桥梁应急抢险工作中对受损情况进行快速调查,确定辅助加固方案,并在维修施工过程中,采用无人机和无线图像传输技术对维修过程进行安全监控,及时发出预警,保证了桥梁维修工作的安全顺利实施。

具体案例 2:利用无人机在汛期来临前对公路在建项目进行汛期隐患排查,对清水驿至傅家窑建设项目第四、第五、第六共 3 个路基施工合同段进行了防汛无人机巡检,对各合同段项目管理部所在地、隧道进出口、人员临时居住区、构件加工区等重点部位沿线地质情况进行了航拍巡检,为防汛工作提供辅助性资料。

6. 针对科研工作内容单一、社会效益与生态效益不佳的问题解决方案

积极开展跨界合作研究,利用现代融媒体技术提升社会和生态效益。

具体案例:开展"一带一路"背景下秦直道(甘肃段)的历史价值及对现代交通发展的启示研究,利用无人机技术、GIS(Geographic Information System,地理信息系统)技术等先进手段,开展实地调查,服务交通建设和旅游规划。依托课题研究工作,利用无人机高空视角拍摄宣传主题,采用现代多媒体手段形成宣传视频,利用互联网进行传播,提高宣传工作的普及性。秦直道是中华文明的伟大遗产,宣传视频从秦直道甘肃段的起源与考证、历史意义、修筑技术等方面对秦直道甘肃段进行了全面的介绍;结合文献和考察资料,从军事、交通、经济、文化等方面,介绍了秦直道在当时历史条件下的价值和意义;运用现代交通区位理论及系统工程学等相关理论和方法,对秦直道及古代道路修筑技术作出客观分析与评价。秦直道航拍画面如图6所示。

图6　秦直道航拍画面

(四)创新组织和支持保障

甘肃交科集团将原来的勘察设计研究所和试验检测中心两个部门进行了拆分重组和人员扩充。勘察设计板块重新设立了第一、第二勘察设计研究所。试验检测板块建立了以试验检测中心有限公司为经纪人组织,道路工程、岩土工程、材料工程、桥梁工程和智能交通研究所5个研究所并立的管理模式。BIM中心作为小微创新团队,负责向设计板块和试验检测板块提供技术服务,同时两大板块的相关技术人员作为BIM中心的有效支撑。在制度改革方面,自主建立符合集团实际的质量管理制度和科研管理制度,确保改组重建后实现提质增效。

四、实施效果

1. 管理水平的提升

通过此次改革,有效提升了企业管理水平,实现了甘肃交科集团产值收入和服务质量的大幅提高。

(1)经营工作效果显著

借助BIM技术在项目成果展示方面的颠覆性体验,以及无人机检测技术的先进优势,助力招投标工作的顺利开展。截至2020年6月,甘肃交科集团经营工作连续数年稳中有升,业务覆盖范围进一步扩大,成功拓展了河北、四川、新疆、青海等省外市场。

(2)服务质量控制工作进一步加强

通过推行自主建设的质量管理体系,有效落实部门间交叉审核,并积极推广BIM技术等新兴技术在成果文件审查中的应用,甘肃交科集团成果文件质量得到了进一步提升,设计文件和试验检测报告中

的错、漏、缺等现象明显减少，客户满意度较高。

(3)工作效率显著提升

通过运用 BIM 技术参与设计建模工作，提前发现设计工作中的错、漏、碰、缺等情况，大幅减少了返工情况的发生，提升了整体效率。

通过运用无人机开展桥梁外观检测工作，相比传统的检测车 + 人工检测方式，大大提升了工作效率。无人机检测与传统检测的工作特点对比见表 1。

无人机检测与传统检测的工作特点对比　表 1

检 测 手 段	对 比 项 目					
	准备时间	每跨桥梁检测时间	单座桥梁外观检测时间②	无人机效率提升率③	使用成本	安全风险
无人机检测	组装 5 分钟	5 分钟	45 分钟	夏季 73.5% 冬季 76.3%	低	低
传统检测	夏季 10 分钟 冬季 30 分钟①	20 分钟	夏季 170 分钟 冬季 190 分钟		高	高

注：①由于液压系统冬季需要预热，故冬季桥检车的准备时间更长。

②以 8 跨普通箱梁桥为计算基准，单座桥梁外观检测时间 = 准备时间 + 每跨桥梁检测时间 × 8。

③无人机效率提升率 = (桥检车单座桥梁外观检测时间 − 无人机单座桥梁外观检测时间)/桥检车单座桥梁外观检测时间 × 100%。

2. 经济效益的提高

通过对一年来相关经济指标的统计可知，在实行管理模式创新后，团队的经济效益显著、投入产出率较好。截至 2019 年 12 月，团队在申报前一年的效益贡献率为 6.2%，成果实施后的累计效益额为 142.8 万元，团队人均年劳动生产率 47.6 万元，超出甘肃交科集团全员劳动生产率 53.5%。

3. 社会效益的提高

①结合文献资料和考察资料，从军事、交通、经济、文化交流、民族融合等方面，研究古丝绸之路产生、繁荣、衰落的历程，深入研究秦直道在当时历史条件下的价值和意义。运用现代交通区位理论及系统工程学等相关理论和方法，对秦直道及古代道路修筑技术作出客观分析与评价，结合现代交通建设和甘肃省交通发展的现状，得出秦直道对现代交通建设的启示和借鉴作用。结合"一带一路"倡议的具体内容和甘肃省的定位，科学分析现代交通在"一带一路"倡议中的定位与作用。

②充分调动 BIM 中心及甘肃交科集团内部优秀员工的主观能动性，利用新兴技术手段和传播媒介，积极参与公路科普宣传工作。BIM 中心制作的《穿越子午——秦直道甘肃段简介》获得中国公路学会 2019 年公路科普作品三等奖(图 7)，并成功登录主流媒体网站和自媒体平台；撰写的《BIM 技术在临夏至大河家高速公路乩藏立交施工图设计中的应用实践》一文获得 2019 年中国公路学会工程设计分会学术年会优秀论文(图 8)。以上活动为科学技术的普及工作作出了一定贡献，有效提升了企业社会影响力。

③积极开展无人机技术在公路隐患排查、应急抢险等领域的应用。2019 年甘肃省张掖市肃南县 4.8级地震后，张肃二级公路沿线存在多处安全隐患。接到安全隐患排查任务后，甘肃交科集团立即组织 BIM 中心和设计二所技术人员连夜奔赴现场开展安全隐患排查工作。通过利用无人机高空全景航拍等方式，结合传统测绘手段，圆满完成了安全隐患排查阶段任务，及时提供隐患排查和治理措施建议(图 9)。在天水市国道 G310 线龙凤二桥撞击事故后，利用无人机辅助完成加固方案的确定。以上工作对稳定社会情绪、保障当地交通运输安全作出了贡献。

4. 生态效益的提高

实地调查甘肃省秦直道沿线区域的历史文化遗迹、红色遗迹、自然风光等旅游资源，利用 GIS、计算机三维合成等技术，绘制甘肃省秦直道沿线区域旅游资源分布图，在此基础上制订甘肃省秦直道沿线区域的旅游公路规划,制订甘肃省秦直道遗迹的保护策略和宣传开发策略。仔细研究、参考国内外其他古道路(如茶马古道)旅游开发的成功实例,结合甘肃省秦直道沿线区域旅游资源分布图,制订了甘肃省秦直道文化的旅游开发方案,为保护秦直道历史遗迹、开发秦直道旅游资源作出了一定贡献。

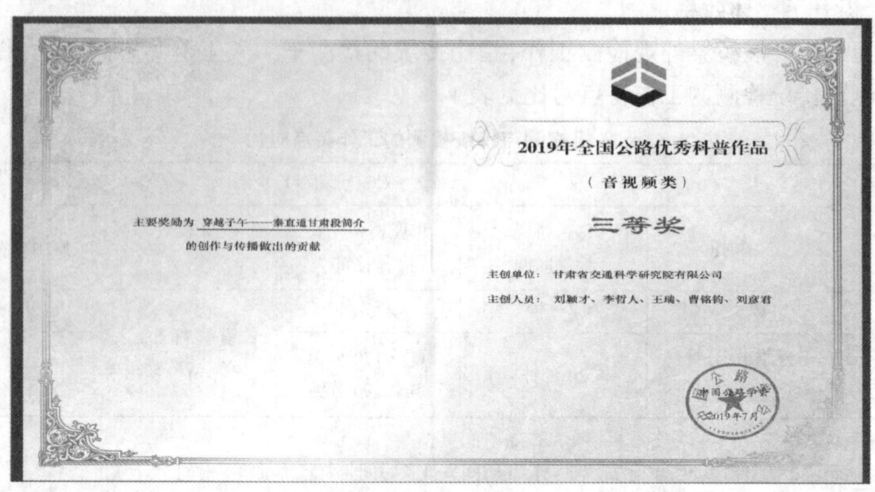

2019年全国公路优秀科普作品

（音视频类）

三等奖

主要奖励为 穿越千年——秦直道甘肃段简介

的创作与传播做出的贡献

主创单位：甘肃省交通科学研究院有限公司

主创人员：刘颖才、李哲人、王瑞、曹铭钧、刘彦君

2019年7月

图7　部分获奖证书

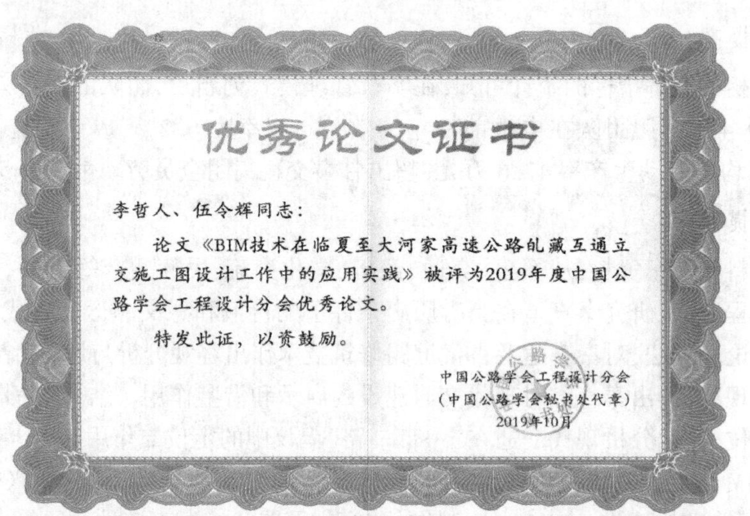

优秀论文证书

李哲人、伍令辉同志：

论文《BIM技术在临夏至大河家高速公路航藏互通立交施工图设计工作中的应用实践》被评为2019年度中国公路学会工程设计分会优秀论文。

特发此证，以资鼓励。

中国公路学会工程设计分会

（中国公路学会秘书处代章）

2019年10月

图8　优秀论文证书

图9　张肃二级公路局部滑坡体调查

新型波形钢腹板组合梁全产业链发展体系构建

甘肃省交通规划勘察设计院股份有限公司

成果主要创造人:武维宏　樊　江

成果参与创造人:马胜午　胡焱文　李熙同　钱　慧　王志贤　薛亚飞　王龙飞　李光明　石　聪　张春明

甘肃省交通规划勘察设计院股份有限公司(简称"甘肃交设股份")始建于1952年,经过60多年的发展,已成为甘肃省内最大的公路工程勘察设计类高新技术企业。2018年3月在全国中小企业股份转让系统挂牌。

甘肃交设股份现持有公路行业设计甲级,市政行业(道路工程、桥梁工程)专业甲级,工程勘察、咨询、测绘、监理、试验检测、风景园林设计专项等16项甲级资质及无人飞行器航摄等4项乙级资质,具有交通工程机电综合施工资质、对外承包工程资格和节能减排第三方审核资质。"十三五"以来,4年来累计完成高速公路、一级公路初步设计41项2315.4公里,施工图设计35项1406.8公里;完成二级及以下公路初步设计24项1411.9公里,施工图设计71项3597.5公里。

甘肃交设股份大力实施创新驱动发展战略,不断加强行业前沿技术研究,在钢结构桥梁标准化设计、BIM技术、养护维修材料及设备等领域取得一大批领先成果,并得到推广应用,为持续发展提供了新动能。创建"甘肃省综合交通大数据应用工程研究中心"等6个省级创新平台和1个"博士后科研工作站"。4年来共完成甘肃省重大科技专项1项、甘肃省自然科学基金项目1项、省交通运输厅科技项目32项,研究成果先后获BIM应用技术创新奖5项、省部级科技进步奖7项。

一、成果构建背景

(一)产业结构升级的需要

混凝土和钢材是现代土木工程结构两大最主要的材料。混凝土结构具有就地取材、造价相对较低、对施工设备要求不高等优点,长期以来在公路桥梁建设中被广泛应用。钢结构具有自重轻、材质均匀、质量稳定、易于工厂化制造、施工工期短、便于加固改造和回收利用等优点,为世界桥梁界所推崇。钢结构桥梁和混凝土桥梁是现代桥梁结构的两种基本结构形式。法国、日本、美国等国家的钢结构桥梁占比分别为85%、41%和35%,我国受经济社会发展水平和钢材产能制约,钢结构桥梁主要用于大跨径桥梁。截至2015年底,我国公路钢结构桥梁占比还不足1%。

随着钢铁产能的提高和钢结构桥梁建设技术的进步,我国已经具备推广钢结构桥梁的物质基础和技术条件。2016年,国务院印发了《关于钢铁行业化解过剩产能实现脱困发展的意见》(国发〔2016〕6号),把化解钢铁等产能过剩矛盾作为推进产业结构优化的工作重点。为推进钢结构桥梁建设,交通运输部于2016年7月1日印发了《关于推进公路钢结构桥梁建设的指导意见》(交公路发〔2016〕115号),对公路行业推广应用钢结构桥梁提出了政策指导。

推进公路钢结构桥梁的建设,是顺应交通行业发展趋势的迫切要求,也是企业自身发展的客观需要。

(二)绿色公路建设和提升桥梁品质的需要

绿色公路建设,是在低碳理念的指导下,以碳平衡为基本原则,综合运用各种绿色技术与环保措施,在公路决策、设计、施工、运营、管理整个生命周期里都能达到经济效益和环境效益可持续发展。

交通运输部于2016年先后印发了《关于实施绿色公路建设的指导意见》(交办公路〔2016〕93号)、《关于进一步做好实施绿色公路建设和推进公路钢结构桥梁建设相关工作的通知》(交公便字〔2016〕167号),明确了绿色公路的发展思路和建设目标,为公路行业推广应用钢结构桥梁提出了政策指导。2019年9月,中共中央、国务院印发《交通强国建设纲要》,要求构建"安全、便捷、高效、绿色、经济"的现代化综合交通体系,绿色公路建设是践行生态文明思想、深化绿色发展理念、助力美丽中国建设的必然要求,也是支撑交通强国建设、实现行业转型升级的关键举措,具有十分重要的意义。

钢结构桥梁对环境不利影响小、大部分材料可回收利用,符合高效、节能、环保和可持续发展的理念,同时可以提升公路桥梁品质和耐久性,降低全寿命周期成本,符合绿色公路建设的理念和要求。

(三)以钢结构桥梁应用创新驱动区域发展的需要

甘肃省大部位于高地震和湿陷性黄土区,结构需要轻型化,且气候干旱,空气湿度相对较低,钢材腐蚀也相对轻微,地质和气候环境都适宜钢结构桥梁建设。甘肃省计划在"十四五"期间,新建特大桥梁基本为钢结构桥梁,高速公路、一级公路常规桥梁以钢结构桥梁为主,其他等级公路钢结构桥梁得到广泛应用,公路改(扩)建工程逐步推行钢结构桥梁代替混凝土结构桥梁。基于对钢结构桥梁的大力推广应用,有必要整合和建立钢结构桥梁规模化、标准化、体系化的产业链,做到钢结构桥梁设计、原材料研发、制造、施工、养护技术成熟,技术标准体系完备,专业化队伍和技术装备满足钢结构桥梁建设管养需要,促进省内钢铁行业良性发展,推动循环经济和绿色交通发展。

二、成果内涵

新型波形钢腹板组合梁全产业链发展体系是集设计、原材料研发、生产、施工、管养和技术支持为一体的全产业链发展业态,旨在推动钢结构桥梁实现"标准化设计、工厂化生产、装配化施工、信息化管理、智能化应用"。

①编制新型波形钢腹板组合梁通用图,实现标准化设计。

②已研发出部分适宜甘肃省桥梁建设的高性能钢和耐候钢。

③建立新型波形钢腹板组合梁制造厂,实现"设计、制造与安装"一体化,保证建设质量,提升建设品质。制造厂由设计、制造、施工单位共同成立,扬长避短,有效利用资源,发挥规模效益作用,减少工作环节,提升效率,直接解决许多影响桥梁质量的因素,达到"合理设计、精细制造、精确安装"的要求。

④与现有架桥设备和施工技术无缝连接,破解钢结构桥梁"好但贵"的难题。先期组合既满足了架桥机过孔、运梁的需要,降低了新技术的配套成本,也实现了材料的更高效利用,有效降低用钢量,取得高性能和经济性的平衡。

⑤形成新型波形钢腹板组合梁智能信息管养体系。利用建筑信息模型(BIM)技术和钢结构桥梁健康监测系统,将新型波形钢腹板组合梁在运营阶段的管理和养护进行信息化、智能化升级。

⑥培养新型波形钢腹板组合梁全产业链人才队伍和创新团队。

三、成果构建过程

(一)项目筹备与市场现状

在公路建设中推广使用钢结构桥梁,是解决钢材产能过剩、拉动国家经济发展的需要,顺应我国产业的发展方向。为贯彻执行《关于钢铁行业化解过剩产能实现脱困发展的意见》(国发〔2016〕6号)和《关于推进公路钢结构桥梁建设的指导意见》(交公路发〔2016〕115号)的有关要求,计划在甘肃省公路桥梁上推广使用钢—混凝土组合结构。首先,需要进行钢—混凝土组合梁桥通用图的编制,并针对通用图技术问题开展相关科学研究。2016 年 3 月，甘肃省交通运输厅率先行动，成立了推进公路钢结构桥梁建设领导小组，甘肃交设股份为牵头单位，会同相关企业、高校和科研院所，开展了钢结构桥梁推广应用的研究和项目筹备。

甘肃交设股份作为项目总体单位，为保证项目的顺利实施，项目组先后在项目合作单位进行了技术交流和考察，并对相关产业市场现状和发展趋势进行了分析和研判，提出了以科研作为支撑，做好钢桥通用图编制工作，将钢—混凝土组合结构通用图作为钢结构桥梁推广应用的基础工作，并以通用图应用为切入点，全面推广钢桥的全产业链发展体系。

通过市场调研，我国结构用钢量仅占全国钢产量比例的 4%（桥梁结构用钢仅占钢产量的 0.5%）。而发达国家钢结构用钢量一般占钢材产量的 10% 左右，按此比例，我国钢结构年产量应达 8000 万吨以上，桥梁钢结构全国年用量应达 1000 万吨（也仅 1.25%）。桥梁工程作为交通基础设施建设的重要方面，是行业产业结构中最具影响力的基础性工程，而桥梁工程更换难度大、费用高，延长使用寿命可有效节约全寿命周期成本。钢结构桥梁的发展可落实绿色发展理念，有效提升公路桥梁的建设品质，为建设安全、绿色交通服务。同时，钢结构桥梁大大降低了结构的自重，减轻了结构的地震反应和传递给基础的荷载，因此更适合应用于高烈度地震区和地质条件较差地区。甘肃省大部位于高地震和湿陷性黄土区，且气候干旱，空气湿度相对较低，钢材腐蚀也相对轻微，地质和气候环境均适宜钢结构桥梁的建设。

（二）钢结构桥梁选型与结构方案比选

推进钢结构桥梁建设不是排斥混凝土结构桥梁，而是要在适当的情况下选择适当的桥型结构，发挥结构各自的长处，达到降低工程全寿命周期成本、提高工程品质的目的。在推进公路钢结构桥梁建设中，一定要强调桥梁方案的比选工作。钢结构桥梁上部结构主要包括钢桁梁、钢箱梁和钢混组合梁三大类。钢桁梁是传统的钢结构形式，适应性强、结构受力明确、易于检查维修，长期占据着特大跨径桥梁的优势地位，但其用钢量较高，造价相对较高。钢箱梁结构自重相对较轻，但用钢量大，箱梁内部检测、维修难度较大，养护费用相对较高，钢桥面板疲劳问题仍需要进一步研究改进。钢—混凝土组合梁结构发挥了混凝土材料的抗压性能和钢材的抗拉性能，回避了钢桥面铺装的疲劳问题，但由于结构自重较大，限制了其在特大跨径桥梁的应用，在中等跨径桥梁中优势明显。每一类结构，根据细部结构差异又可以分为多种结构类型，每种结构有其各自的特点和适用范围。合理的选型，对更好地适应桥梁结构所处自然环境，提高结构的安全耐久性，降低全寿命周期成本影响重大。在具体工作中，应结合项目的实际情况，选择最适合的桥梁结构，充分发挥结构特性，扬长避短，取得最佳效果。

经过对各种结构类型的钢结构桥梁综合对比分析，项目决定采用新型波形钢腹板组合梁作为标准化应用的优选结构形式。本项目采用的新型波形钢腹板组合梁将传统波形钢腹板组合箱梁的混凝土底板改进为平钢底板，使结构自重进一步减轻，不仅能最大限度发挥不同材料的优势，也有利于结构的模块化设计和标准化制造，具有鲜明的技术特点和广阔的应用前景。

（三）新型波形钢腹板组合梁通用图编制

公路中普通跨径桥梁占据整个桥梁的绝大多数，所以相同结构和相近结构桥梁相当多，如果没有通用图，每个工程项目，每个桥梁的设计可能都有所不同，不仅设计非常烦琐，而且重复工作也会相当多，也不便于结构加工制造和施工建设。另外，由于设计单位和人员的不同，设计中也会存在设计文件质量参差不齐、勘察深度不同、差错漏碰现象等较多问题。因此，对新型波形钢腹板组合梁桥进行通用图设计研究，可将设计中的一些难点问题和共性问题统一解决，使甘肃省高速公路组合梁实现结构统一设计，省去了单独设计的工作量，大幅提高设计工作效率，也会统一提高设计质量水平。

新型波形钢腹板组合梁通用图设计研究从安全、耐久、有利施工等方面优化构造尺寸、配筋及材料要求，避免不同的设计者在设计参数选择上的随意性，统一公路工程构件的设计、模板、工艺及材料要求，有效减少人工用量，提高施工效率、节约施工成本，简化施工管理，保证施工质量，能够形成施工组织的规范化、施工工人的专业化、施工设备的集成化、工序控制的程序化、试验检测的熟练化,有利于工程质量的提高,也可有效控制工程变更与工程投资。通用图也使新型波形钢腹板组合梁桥具有更便于养护的标准化材料、设备,能够降低养护成本,缩短维修时间,有利于构件寿终时的更换和养护。因此,通用图的编制使工程质量更容易保证,更便于控制全寿命周期内桥梁的工程成本。

甘肃交设股份于2016年开始新型波形钢腹板组合梁通用图的编制工作。2016年5月10日,甘肃省交通运输厅组织召开了《全省公路钢结构桥梁建设推进会暨钢—混凝土组合梁桥通用图(初步设计)评审会》,会议邀请了国内数十家设计单位及建设单位的相关专家,对《钢—混凝土组合梁桥通用图初步设计》进行了评审并顺利通过。甘肃交设股份牵头编制的《钢—混凝土组合梁桥通用图施工图设计》经过中交第一公路勘察设计研究院有限公司、中铁大桥勘测设计院集团有限公司的审查,于2017年2月23日通过了甘肃省交通运输厅组织的评审。在通用图编制的同时,联合清华大学、长安大学、兰州交通大学做了配套的科研工作。

新型波形钢腹板组合梁充分利用钢材和混凝土各自的性能优势,提高了桥梁结构抗震性能和抗地基湿陷不均匀沉降的能力,以及结构的安全可靠性,同时也符合国际桥梁发展趋势和国家绿色环保发展理念,可加快国家、甘肃省钢材行业产能的合理消化,促进社会经济的稳定发展。本项目能通过大量应用的普通跨径新型波形钢腹板组合梁通用图设计研究,为在甘肃省高速公路广泛应用各类钢—混凝土组合梁结构提供安全保障,也大幅提高了相应桥梁的设计效率和设计质量水平,便于高速公路组合结构的统一施工和运营管理,降低工程造价,具有重要的现实价值。

新型波形钢腹板组合梁采用一幅两片箱梁的结构形式,施工时可采用架桥机架设的方式进行桥梁施工,对于连续桥梁可采用先简支后连续的桥梁形式,根据结构特点及通用架桥机吊装能力,该桥型最适用于30~50米跨径桥梁。本项目利用有限元分析模拟计算方法,对各种跨径、各种斜交角度和弯曲角度的组合梁桥的受力特性进行计算分析研究,形成桥梁设计方法,并根据结构研究成果和相应桥梁设计规范要求,设计编制新型波形钢腹板组合梁通用图。通过与高校和科研机构合作,本项目组开展了以下与通用图编制相关的科研攻关,在保证编制的通用图安全可靠,经济适用的同时,旨在为系列通用图注入最新研究成果和先进技术。

(1)简支新型波形钢腹板组合梁

利用有限元模拟计算各种跨径整体桥梁结构进行分析,研究新型波形钢腹板组合梁在荷载作用下的空间效应及结构横向分布系数计算方法;研究组合梁桥面板在各种荷载作用下的剪力滞效应;研究组合梁的变形规律和挠度简化计算方法;研究组合梁温度、收缩和徐变作用效应,并研究部分简支梁桥的正弯矩区预应力布置方法。

(2)连续新型波形钢腹板组合梁

根据先简支后连续新型波形钢腹板组合梁桥的结构特点,考虑结构施工过程,研究组合梁桥的空间效应及连续梁结构横向分布系数计算方法;研究负弯矩区预应力设置方法和正负弯矩区预应力组合设置方法;研究负弯矩区新型波形钢腹板组合梁结构的连接方式;研究收缩、徐变和温度作用对先简支后连续梁桥的内力、变形的影响规律。

(3)斜、弯新型波形钢腹板组合梁

普通桥梁的斜交角一般在10~30度,研究该角度区间内新型波形钢腹板组合梁简支、连续结构受力特性及简化计算方法,研究不同角度横隔板设置方式及其对内力的影响规律。研究连续梁桥一联夹角在0~30度结构的内力分布规律,并研究结构在空间荷载作用下的内力影响规律,研究支座的受力变化及稳定性特点。

根据新型波形钢腹板组合梁桥设计关键技术研究成果,结合相应桥梁设计规范,对该型组合梁的构件材料、截面和构造进行详细设计,形成新型波形钢腹板组合梁的简支、连续和相应斜桥的组合梁通用图,具体设计编制通用图内容见表1。新型波形钢腹板组合梁典型横断面及一般构造分别如图1、图2所示。

新型波形钢腹板组合梁系列通用图设计编制主要内容 表1

结构类型		主要技术指标	通用图规模
新型波形钢腹板组合梁	简支结构 连续结构	桥宽:12.5 米、12.75 米 跨径:30 米、40 米、50 米 斜交角:0 度、10 度、20 度、30 度 荷载:公路—Ⅰ级	48 种组合

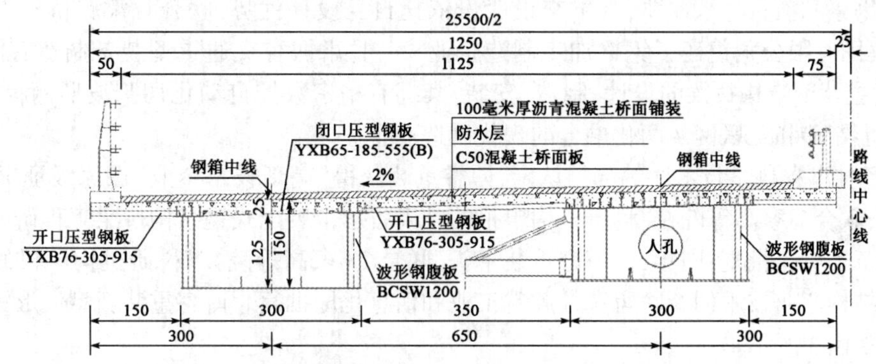

图1 新型波形钢腹板组合梁典型横断面(尺寸单位:毫米)

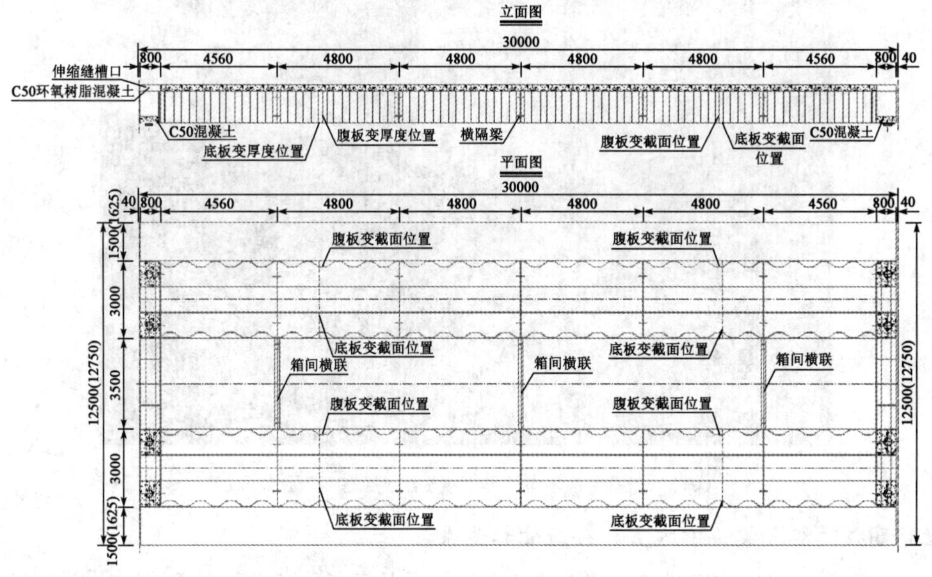

图2 新型波形钢腹板组合梁一般构造(尺寸单位:毫米)

(四)设计施工制造企业联合建立钢梁加工制造企业

在我国,钢结构企业市场化程度较高,市场竞争较为激烈。但在区域分布上,规模较大的钢结构企业大多集中在上海、浙江、安徽、江苏等长三角地区以及天津、北京等地区,广大的中西部地区处于起步阶段。近年来,随着国家中部崛起、西部大开发与“一带一路”倡议、供给侧结构性改革的实施,对中西部地区投入逐步加大,为钢结构企业提供了广阔的市场空间,西北地区正逐步成为钢结构行业发展的新兴区域。

目前,国内钢结构加工制造企业主要有“设计、制造与安装”一体化和“纯加工”两种业务模式。前者是国内高端钢结构企业的主要经营模式,也是钢结构企业的发展方向,应作为拟建厂的业务模式。另外桥梁钢结构进入门槛较高、知名度高、品牌优势明显的企业在市场上占优,而一个知名品牌的建立是一个长期过程,应采用联合建厂的模式,直接引进专业品牌企业联合建厂。

建立钢梁加工制造企业具有以下优势:一是“设计、制造与安装”一体化,可保证建设质量,提升建设品质。联合企业由设计、制造、施工单位共同成立,能扬长避短,有效利用资源,发挥规模效益作用。工作中可减少不必要环节,提升工作效率,直接解决许多影响桥梁质量的因素,达到“合理设计,精细制造、精确安装”的要求。二是形成良性竞争格局,有利于钢结构桥梁的推广。投资建厂可解决区域桥梁结构钢产能不足和因运输成本高造成产品价格偏高的问题,更能同已有钢结构企业形成良性竞争,发挥市场调节作用,保证质量、工期,促进价格合理,对提升区域公路钢桥建设水平和推广均有重大作用。

综合市场因素和项目体系需要,甘肃交设股份依托自身设计优势,联合甘肃路桥建设集团有限公司、中铁宝桥集团有限公司组建了钢梁加工制造企业——甘肃博睿交通重型装备制造有限公司(简称“博睿重装”),主营钢结构桥梁的设计、制造、安装,其拥有精密数控自动化切割波形钢腹板的生产线,致力于打造智能制造和互联网+两化融合的现代制造业企业。

2019 年,经甘肃省科学技术厅等部门认定,博睿重装获得“高新技术企业”国家级证书;2020 年,由博睿重装牵头,联合 7 家高等院校、科研机构申报的甘肃省首个装配式钢结构桥梁工程研究中心获得甘肃省发展和改革委员会批复;同年,由博睿重装牵头,联合 23 家高等院校、科研机构申报的甘肃省首家桥梁装配式钢结构产业技术创新联盟获甘肃省工业和信息化厅批复。博睿重装新型波形钢腹板组合梁加工制造工厂如图 3 所示。

图 3　博睿重装新型波形钢腹板组合梁加工制造工厂

(五)绿色高效的组合梁施工方法和智能管养体系

为适应和满足山区和城市区域桥梁快速架设,优化结构受力,提高材料利用率,并保证施工的便利性和大量减少现场施工工作量,甘肃交设股份采用差异化的新型波形钢腹板组合梁施工技术。当新型波形钢腹板组合梁跨度较小时,为充分发挥组合结构作用,钢梁在桥位拼装场拼装成整孔,拼装接头采用焊接。为施工便利,设置了压型钢板浇筑一、二期混凝土。一期混凝土(箱梁顶混凝土桥面板)需在钢梁吊装前浇筑,在架设前形成组合结构。整孔安装后,再浇筑二期混凝土(梁间和悬臂桥面板)。当新型波形钢腹板组合梁跨度超过 50 米时,为减少吊重,钢梁采用设置临时支墩分段安装的方案,钢梁拼装接头采用螺栓连接。为了利用结构体系转换充分发挥组合结构作用,临时支墩需在桥面板混凝土浇筑完成后再拆除。为使结构受力明确,对临时支墩反力提出了明确要求,施工时需进行监控,利用千斤顶进行调整(调整需在桥面板未形成强度之前分阶段进行)。对位于小半径曲线上的组合梁,为便于安装,钢梁采用分段安装的方案,钢梁拼装接头采用螺栓连接。但为减少混凝土桥面板承受复杂的应力,临时支墩需要在桥面板混凝土浇筑前拆除。桥面板采用现浇板,现浇板处线形复杂,考虑到压型钢板不易布置,施工时需采用立模浇筑,因此在钢梁制造时设置临时支撑连接部件。

新型波形钢腹板组合梁运输、架设如图 4 所示。

图 4　新型波形钢腹板组合梁运输、架设

通过编制新型波形钢腹板组合梁管理养护指南、手册,完善钢结构桥梁养护规章制度等形成完善的现代化管养体系。研发形成了适宜的检查、维修等设备,结合施工临时需要、后期养护等在设计阶段考虑完善的管养设施。在设计时充分考虑了后期管理养护的功能性需要,完善检修构造措施,做到了可达、可检、可修、可换,大大提高了日常检查维修工作便利性、安全性。桥梁长度大于 500 米的桥梁设置专用检查车等检修、养护设施;除检修便利,可确定在后期也无须设检查车等专用检修设施的桥梁外,在设计时预留了设置检查车的条件。另外,利用 BIM 技术和钢结构桥梁健康监测系统,将新型波形钢腹板组合梁在运营阶段的管理和养护进行信息化、智能化升级。新型波形钢腹板组合梁养护检查设备如图 5 所示。

(六)重点创新内容

1. 采用新型波形钢腹板组合梁作为标准化应用的结构形式(图 6)

新型波形钢腹板组合梁原设想是彻底解决混凝土箱梁桥因腹板开裂和后期下挠较大的问题。在大跨变截面连续梁桥中因顶底板可调整腹板安装误差,施工工艺与非常成熟的 PC 连续梁(预应力混凝土连续梁)桥基本相同而得到了广泛应用。但在中小跨桥梁中,由于腹板高度较低,仅采用波形钢腹板未能充分发挥组合结构的优势。本项目中采用改进型新型波形钢腹板组合梁,即用钢底板代替传统的混凝土底板,并开展了系列研究试验,与传统波形钢腹板组合梁进行了类比,发现传统波形钢腹板箱梁桥为提高扭转刚度,设有较多横隔板,已形成了类似桁架的结构体系,在提高预应力导入度方面效果明显,但在降低混凝土收缩、徐变、局部温差等引起的附加应力方面效果甚微。采用钢底板后波形钢腹板"褶皱"效益更能得到充分发挥,结构性能明显,可容易解决负弯矩区防裂问题。

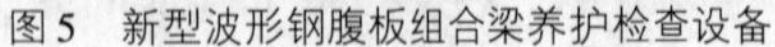

图5　新型波形钢腹板组合梁养护检查设备

图6　采用钢底板的新型波形钢腹板组合梁

2. 以标准化应用为目标形成了完善的通用图体系

根据桥梁跨越要求和技术经济比选,形成了丰富的新型波形钢腹板组合梁结构体系,以适应不同的建设条件,更好地发挥通用图在推广中的基础性作用。甘肃省地貌复杂多样,山区桥梁建设仍为重中之重,也是制约建设进度的主要因素,结合区域特点和发展需要,甘肃交设股份也依此编制了中小跨径的新型波形钢腹板组合梁通用图。该系列通用图编制之前,本项目组开展了多项与通用图编制相关的科研任务,在保证编制的通用图安全可靠、经济适用的同时,旨在为系列通用图注入最新研究成果和先进技术。另外,通用图的编制综合考虑了桥梁全寿命周期成本、工程实施风险、项目环境条件、安全耐久、管理养护等方面的因素,大大提高了筑路材料的利用效率和管养维护的便捷性,为绿色交通的推广和规模化可持续利用奠定了基础。

3. 实现了钢结构桥梁工业化、标准化、智能化建造

新型波形钢腹板组合梁通用图的形成,为组合梁标准化制造创造了条件,但是钢结构桥梁构造设计较为复杂,本项目利用 BIM 技术,为新型波形钢腹板组合梁的制造提供全过程信息模型支持,为大量复杂构件的规模化生产提供了信息化保障。在推行工业化和智能化制造的同时,也提高了钢结构桥梁的质量保证率,利用先进的波形钢腹板模压技术、自动化焊接技术、等离子切割技术、智能打砂涂装设备以及质量检测技术等,提升新型波形钢腹板组合梁的智能化制造水平。

4. 建立了设计、原材料研发、制造、施工、管养为一体的全产业链发展模式

为大力推进钢结构桥梁标准化设计、工业化生产、装配化施工,提升桥梁工程的品质,以甘肃交设股份为牵头单位,建立了集设计、原材料研发、制造、施工、管养为一体的发展产业链,形成了以新型波形钢腹板组合梁为主体的良好发展局面。以设计院的技术和人才优势组成设计团队,并与高校合作将科研作为保障,联合行业优势企业组建新型波形钢腹板组合梁生产企业,使新型波形钢腹板组合梁设计与制造有机结合,形成相互推动的良性发展局面,并在交付使用后用智能化和信息化的技术手段为业主提供管养措施。在一项工程从规划设计到建成交付的过程中,企业以不同方式参与了全过程管理,使各阶段无缝衔接,在提升工程质量的同时,为后期运营和维护提供了技术支撑。

四、实施效果

(一)提升企业品牌价值

通过本项目管理创新成果的实施和应用,使甘肃省钢桥的标准化应用走在了全国前列,在具体项目实施后,得到了业界的充分认可,一些工程案例成为钢桥应用典范,在全国钢结构桥梁推广应用中具备了一定的影响力,形成了企业钢桥品牌。另外,本项目实施以来,企业核心竞争力明显提升,并通过自主知识产权的应用,申报了一批国内国际专利,具有了一定的行业话语权。2019 年,经甘肃省科学技术厅等部门认定,博睿重装获得“高新技术企业”国家级证书。

（二）社会经济效益评价

本项目管理创新成果将打破以往标准跨径桥梁仅为混凝土梁的局面，将新型波形钢腹板组合梁首次引入标准跨径桥梁设计中，解决混凝土标准跨径桥梁吊重大、运输困难而使其跨度受到限制的问题。项目研究形成新型波形钢腹板组合梁设计、施工和养护成套技术，将非常适合于甘肃省高烈度区和湿陷性黄土地区的桥梁设计，可加快桥梁施工速度，综合降低桥梁造价，提高桥梁的安全性。项目研究成果推广应用，必将产生巨大的社会经济效益。

新型波形钢腹板组合梁全产业链发展体系的构建，是钢桥结构设计、制造、施工和养护技术的融合和提升。项目实施以来，为甘肃省标准跨径钢—混凝土组合桥的开拓性发展奠定坚实的理论基础，也为全国钢—混凝土组合结构桥梁的应用及规范修订提供了理论基础和实践经验，进一步促进了我国桥梁建设跟上国际发展趋势，加快了桥梁技术水平的发展，为我国发展成为桥梁强国贡献了一份力量。

新型波形钢腹板组合梁全产业链发展体系实施应用以来，大量取代了混凝土结构的普通桥梁。由于钢—混凝土组合结构桥梁安全性高、环境不利影响小、大部分材料可回收利用，结构符合高效、节能、环保和可持续发展理念；同时结构施工质量容易保证，施工干扰少，因此，新型波形钢腹板组合梁的全产业链发展，很好地体现了国家发展战略，也体现了企业作为经济发展主体，以绿色、可持续发展为首要目标的责任担当。

新型波形钢腹板组合梁全产业链发展体系的构建，促进了原材料供应产业的发展，酒泉钢铁（集团）有限责任公司与兰州理工大学、甘肃交设股份、中铁宝桥集团有限公司联合，已研究出部分适宜于甘肃省桥梁建设的高性能钢和耐候钢。

由于近年来我国经济发展速度的放缓，钢材产能过剩问题日趋严重，为了保证经济的平稳向好，国家提出了钢材行业去产能计划。本管理创新成果推广应用后，可促进钢材在桥梁中的高效、合理应用，同时可促进钢材加工、养护技术的发展，培育先进的钢桥加工产业，高质量地支持国家去产能政策的实施，产生良好的社会效益。

（三）创建钢结构桥梁工程研究中心

在甘肃交设股份大力实施创新驱动发展战略的引领下，2020 年，由博睿重装牵头，联合 7 家高等院校、科研机构申报的甘肃省装配式钢结构桥梁工程研究中心获得甘肃省发展和改革委员会批复。该工程研究中心是甘肃省发展和改革委员会授予的甘肃省第一个钢桥梁领域的工程研究中心，也是行业打造智能制造研究及产业化相关的第一个省级科技创新平台。该平台的建设，一是实现新型钢结构桥梁先进制造，支撑甘肃省钢结构桥梁走在全国前例的需要；二是突破关键技术，构建产学研用深度融合，实现跨越发展的需要；三是实现设计、制造、安装一体化，提高钢结构桥梁建设水平的需要；四是培养人才，弥补人才不足短板，走人才引领发展道路的需求。

（四）创建钢结构产业技术创新联盟

得益于甘肃交设股份管理创新成果的引领作用，2020 年，由博睿重装牵头，联合 23 家高等院校、科研机构申报的首家甘肃省桥梁装配式钢结构产业技术创新联盟获甘肃省工业和信息化厅批复。产业联盟常设机构在博睿重装。该联盟以鼓励企业技术进步和产品优化升级为中心任务，以发展清洁生产、先进制造、数据信息等十大生态产业为重点方向，不断激发企业和科研机构的创新活力。通过企业与高等院校和科研机构的密切融合，加强和创新产学研用的结合方式，深刻把握产业发展趋势，开展技术攻关与合作，着力突破产业核心关键技术，形成重要的产业技术标准；促进公共技术服务平台建设，实现创新资源的有效分工与合理衔接，实行知识产权共享；实施技术转移，加快科技成果向现实生产力转化，提升产业发展技术水平和企业竞争能力，为实现转型跨越发展发挥支撑和引领作用。

该联盟的成立将为甘肃省推进钢结构桥梁发展提供产业依托，推动甘肃省钢结构桥梁实现“标准化设计、工厂化生产、装配化施工、信息化管理、智能化应用”。联盟定位为全产业链的供给者、标准规范的提升者、机制创新的推动者、迈向高端的引领者，将为实现“绿色发展、循环发展、低碳发展、高端发展”而努力。

五、结语

本项目管理创新成果现已在甘肃交设股份获得全面应用,在引领钢桥标准化建设,促进产业结构改革,构建综合交通、智慧交通、绿色交通、平安交通的发展道路上,以及推动产业升级、创造经济效益等方面取得了显著效果,具体情况如下:

①兰州中川机场进出口立交改建工程为甘肃省钢结构桥梁推广应用的试点工程,也是交通运输部第一批9个公路钢结构桥梁典型示范工程之一。项目于2019年建成通车,钢梁全部采用新型波形钢腹板组合梁,桥梁面积约3万平方米,用钢量约1万吨,由于立交桥梁较为复杂,根据结构受力,采用了多种结构形式。该项目的应用使新型波形钢腹板组合梁产业链体系得以建立和推广,为之后项目的管理创新积累了大量经验,也成为该项目管理创新体系的代表成果。

②本项目实施以来,对促进区域原材料和钢结构加工产业发展具有积极意义,项目产业链中钢桥加工制造企业博睿重装年用钢量约7万吨,为地区钢材产能消耗作出了重大贡献。2021年,博睿重装将建成我国最先进、最完整的钢箱梁智能化生产线,预计将达到年产5万吨的智能制造能力,这也将推动钢桥制造由传统制造业向先进制造业转型。同时,博睿重装以装配式钢结构桥梁工程研究中心和产业技术创新联盟为依托,在桥梁新技术、新材料、新结构、新工艺的应用研究中取得多项成果,搭建了企业核心技术知识产权体系,对行业和地方标准的制(修)订工作以及改善和加强行业管理作出了积极贡献,推动和支撑着行业转型升级发展。

③本项目实施的近几年,甘肃交设股份作为项目主体,在钢桥应用项目中的业务范围及业务量逐年增长,同时也取得了较大的利润增长,仅新型波形钢腹板组合梁设计版块2017年新增利润1200万元,2018年新增利润1500万元、2019年新增利润1800万元,总计新增利润约4500万元,为甘肃交设股份的发展注入了新的动力和效益提升空间。

④本项目实施以来,已先后应用于敦当高速公路、G309高速公路、G30高速公路、G312高速公路、G109高速公路、中川机场连接线、T3机场航站楼连接线等项目中,目前已累计设计了30余万吨新型波形钢腹板组合梁,应用新型波形钢腹板组合梁全产业链发展体系成果,节约用钢量约6000吨,节省材料造价约9000万元。另外,本项目体系在结构构造改进过程中,优化了制造安装工艺,累计节省人工费约180万元、施工机械费约120万元;合计节省制造、安装费用约300万元。在优化桥梁的维护频率和投入方面,按照每座桥减少动力检测维修次数1次计算,已累计节省约1020万元。

沥青指纹识别技术在沥青路面质量监察中的应用

甘肃畅陇公路养护技术研究院有限公司

成果主要创造人:李晓民　张富奎

成果参与创造人:赵静卓　徐慧宁　魏定邦　张国宏　魏　强　王学娟
王　晖　武　旭

甘肃畅陇公路养护技术研究院有限公司(甘肃省交通规划勘察设计院股份有限公司试验中心,以下简称"畅陇养护")成立于2008年3月,为甘肃省交通规划勘察设计院有限责任公司的全资子公司,是甘肃省目前唯一一家专业从事公路养护产、学、研一体的科研机构,主要从事公路工程设计研究、养护维修工程设计、技术咨询、试验检测、桥隧健康检测与加固设计、新材料研发等工作。

畅陇养护现有职工90人,其中博士5名,硕士研究生18名;高级工程师18人,持交通运输部检测证48人,持证上岗率100%。畅陇养护主要开展养护维修设计,立足于路面病害问题的处治,提出了适合于西部地区的预防性养护与创新路面结构设计方案;再生配方设计、施工和技术服务;研发了沥青指纹识别快速检测技术,用于快速识别沥青,在西北五省份已经大面积推广应用。同时,作为公路快速养护技术的领导着,畅陇养护在公路工程养护与桥梁隧道加固领域,已研制出一系列不封闭交通的新型快速养护材料,填补了省内外养护市场"不封闭交通养护"的空白。

畅陇养护具有交通运输部公路水运工程试验检测机构公路工程综合甲级和公路工程桥梁隧道工程专项等级证书,并获批"甘肃省复杂地质气候条件下公路养护技术研发中心""甘肃省公路养护工程研究中心"和"甘肃省路面材料循环利用技术工程实验室"3个省级重点实验室,是一家集公路养护产、学、研为一体的国有企业。目前拥有贝克曼梁弯沉仪、摆式摩擦系数仪、最大理论密度仪、布氏黏度计、旋转薄膜烘箱、沥青混合料全自动抽提仪、胶体磨、旋转压实仪、土工击实仪、Sans微机控制电子万能试验机、FTIR红外光谱仪、气相色谱仪等设备,总投入约为1500万元。

一、实施背景

沥青是道路材料中的胶结料,其质量的好坏直接影响路面质量,所以,对沥青的质量的评价是多年以来各国研究的重点。正是由于沥青对道路质量的影响巨大,评价沥青性能的好坏至关重要。据调查,我国沥青市场仍存在不合格的沥青产品,使用假冒伪劣沥青的现象时有发生。识别冒牌沥青,传统的简单物性检测方法不仅耗时耗力,且易受改性剂和稳定剂等添加剂的影响,致使试验结果失真。由于沥青化学性质的复杂性,沥青规范开发了针对物理特性试验,采用诸如针入度、软化点、延度等试验,这些物理特性试验在标准测试温度下进行,测试结果被用来确定材料是否满足规范的标准。三大指标是评判沥青性能的传统检测方法,其简单的操作是其他方法不可取代的,至今也是公路行业检测沥青的主要方法。但这些测试方法有很多局限性,并不能完全识别鉴定、全面反映沥青的性能以及其在路面的表现,主要存在以下一些问题:

①三大指标虽然操作简单,但是沥青要预先溶化,从成模、养生到测试的时间长达4~5个小时,耗时较长。

②有许多试验是经验性的,也就是说,在试验得到有意义的信息之前先要有现场经验,如针入度试验,针入度体现了沥青的稠度,但是任何沥青针入度同性能之间的关系,必须通过经验获得。

③针入度和黏度、软化点等指标只能反映特定温度、特定荷载作用条件下的情况,而对于其他条件下沥青的性能差异很难体现出来,有可能会把不同的沥青归类为相同等级,而实际上,这些沥青可能在不同的温度条件下,性能特性完全不同,有可能不适合铺筑道路或当地气候,从而导致路面病害的发生,如图1~图3所示。

图1 沥青高温性能差导致的路面车辙

图2 沥青低温性能差导致的路面龟(网)裂

图3 沥青黏附性差导致的面层集料剥落

④在沥青的运输和使用过程中,都会出现不同程度的老化,在传统的评价体系中,无法体现老化对沥青性能的影响。

1993年,美国联邦公路局完成了SHRP计划,其重要研究成果就是Superpave。在Superpave中,建立了新的沥青评价体系,新的指标通过工程学原理测量物理性质,并同现场性能直接联系在一起,能够更全面地反映沥青的路用性能。但是在现场施工过程中,由于沥青质量良莠不齐,传统检测方法不够全面,而SHRP检测指标费时费力,且设备昂贵,所以,建立一种快速、有效判定沥青质量的方法为当务之急。

所谓的沥青指纹识别技术是指通过红外光谱仪和气相色谱仪,分析沥青中极性组分的分子组成,形成指纹状的谱图信息。通过将已知沥青建立的标准谱图与施工现场使用沥青的两种指纹图信息认真对比,即可得知现场使用的沥青种类。红外光谱仪操作简单,最主要的是测试一个样只需要1~2分钟,而且准确率高、数据可靠,是最快速判定沥青质量的有效方法。由于沥青的化学组成基本相同,有些沥青(比如西石化和塔河的沥青)所提炼的原油相同,含量的细微变化通过红外光谱不能直观判断。为了区分每种沥青组分含量的不同,本课题对基质沥青采用高温气相色谱模拟蒸馏方法测试每种沥青不同沸点区间的组分含量,进一步区别沥青。

二、成果实施内涵

针对甘肃省在建项目存在的沥青混兑调和、以次充好问题，畅陇养护开发了沥青指纹识别技术：

①结合红外光谱技术和高温气相色谱模拟蒸馏技术，研究沥青组分含量和路用性能的关系。

②通过对比不同品牌沥青的红外光谱特征吸收峰，以及模拟蒸馏的初沸点和沸程分布曲线，建立快速鉴定沥青品牌标准测试方法。

③开发沥青指纹识别快速系统，测试沥青上传与数据库中的标样沥青谱图对比，即可快速确定沥青品牌，筛选混兑掺假沥青，测定 SBS 改性沥青改性剂含量。

沥青指纹识别快速检测技术，建立甘肃省内沥青指纹识别数据库和沥青判定信息数据库，建立沥青快速识别、判定评价体系，重点解决省内公路建设中原材料沥青的质量控制问题，确保稳定的沥青供应，严格控制施工质量及路面质量，同时，可以克服三大指标体系评价不准的缺点和 SHRP 评价体系昂贵且费时费力的缺点，对甘肃省公路建设和养护具有积极的意义。

三、主要做法

（一）总体思路

近年来，随着甘肃省道路建设规模不断扩大，进入甘肃省公路建设市场的沥青供应商不断增多，造成沥青来源不清、沥青质量参差不齐，一些不法供应商对不合格沥青混兑调和改性后冒充品牌沥青。沥青质量控制中存在以下问题：①传统的沥青三大指标评价体系操作简单，但是全套指标耗时长，只反映特定条件下沥青性能，且易受改性剂和稳定剂等添加剂的影响，试验结果容易失真；②甘肃省沥青市场普遍存在将不合格沥青混兑调和后满足国标要求，冒充品牌沥青的现场，采用传统检测方法，无法鉴别；③SHRP 检测指标虽能全面反映沥青的路用性能，但设备昂贵、操作复杂，均不能够及时有效地判定沥青质量。基于以上原因，导致部分假冒伪劣沥青进入甘肃省公路建设市场，给公路建设质量留下隐患。

针对沥青的评价研究除了传统的物理指标检测外，美国开发了沥青的全套 SHPR 指标，能够更加全面地反映沥青的高低温性能。在 SHRP 计划中，由于沥青组分复杂，红外光谱技术仅被用来研究沥青的老化和相关性能，高温气相色谱模拟蒸馏也被广泛地用于研究原油生产过程。

通过沥青红外光谱结合高温气相色谱模拟蒸馏技术的研究，可以将沥青的组分和沥青使用性能有效结合起来，通过建立标样沥青数据库，开发沥青指纹识别快速检测系统，在施工现场快速鉴别沥青，达到从源头上加强沥青管理，杜绝混兑调和、以次充好沥青，严格控制沥青质量的目的。

针对现有沥青质量评价体系存在的问题，以及施工现场快速鉴定沥青质量、问题沥青及时溯源的需求，研究通过化学组成结合沥青物理指标快速鉴别沥青的方法。该方法旨在运用红外光谱技术结合高温气相模拟蒸馏技术，建立各个品牌沥青数据库，并与沥青油源产地、沥青品牌和物理指标建立相关系，致力于形成一整套的沥青指纹识别快速检测系统平台，现场测试沥青上传系统平台，即可实现数据分析和结果反馈，对问题沥青即时预警。该方法的技术路线图如图 4 所示。

（二）技术方案

1. 分析确定沥青质量快速鉴别试验方法

考察了包括红外光谱分析法、紫外光谱分析法、气相色谱法、凝胶渗透色谱法等沥青化学组成分析方法，以及差示扫描量热法、热重分析法等沥青热稳定性分析方法，最终确定采用数据重复性好、操作简便并且在石油行业应用相对成熟的红外光谱分析和高温气相色谱模拟蒸馏技术快速鉴别沥青质量。

2. 建立沥青红外光谱分析和高温气相模拟蒸馏测试沥青的标准方法

在筛选各种红外测试方法和样品处理方式的基础上，确定了采用多次全衰减反射法测试沥青红外谱图的标准方法(图5);优化色谱系统条件(图6),首次采用高温气相模拟蒸馏技术测试了沥青不同温度区间组分含量,测得不同品牌沥青不同温度区间的回收率,如图7所示。

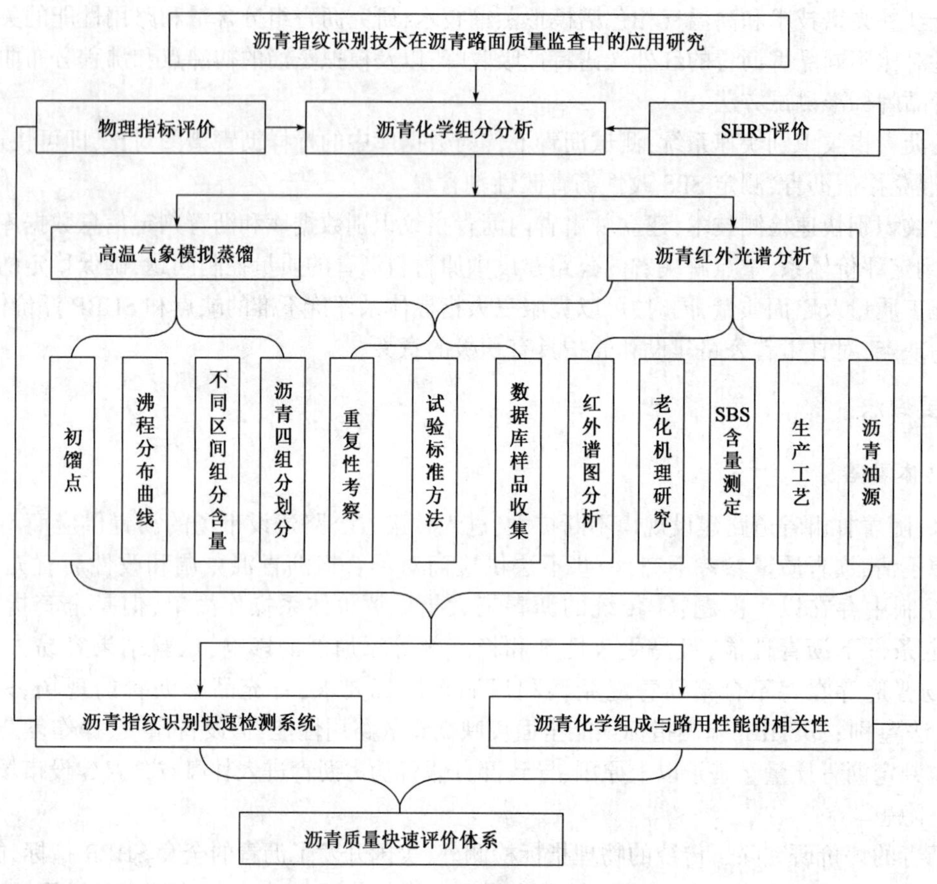

图4 技术线路图

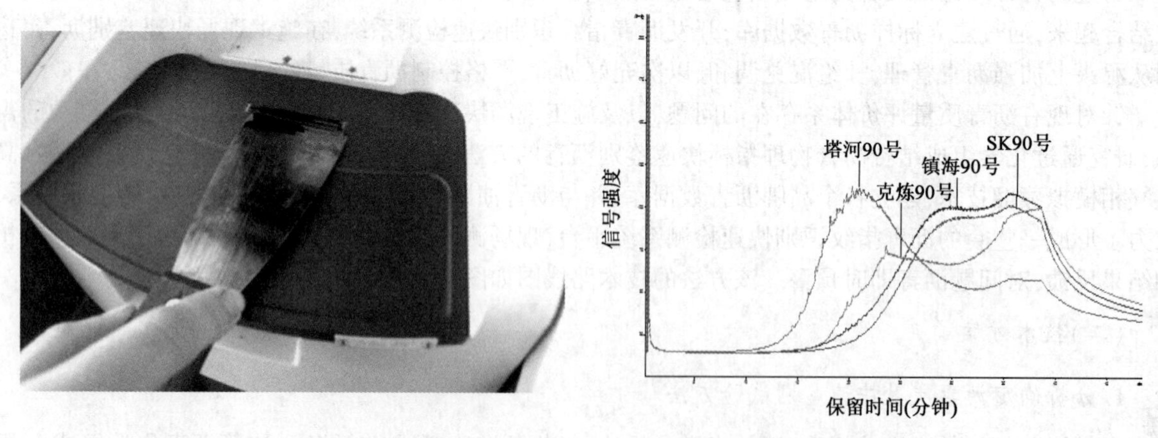

图5 衰减全反射法测试沥青

图6 不同品牌沥青气相色谱比对图

3. 沥青质量快速评价分析

建立各种品牌沥青红外谱图—物理指标—路用性能数据库,以达到利用红外谱图直接分析沥青性能的目的,缩短传统检测方法检测周期,快速筛选混兑调和沥青,该方法形成了甘肃省地方标准。图8所示为克炼90号沥青实验结果图,克炼90号A级沥青国标检测数据见表1。

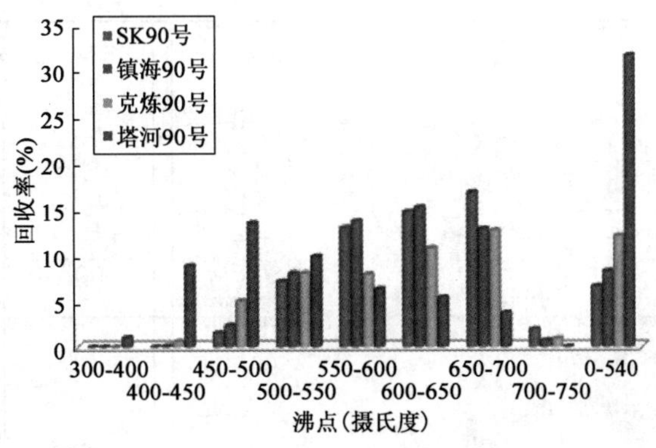

图7 不同品牌沥青不同温度区间的回收率

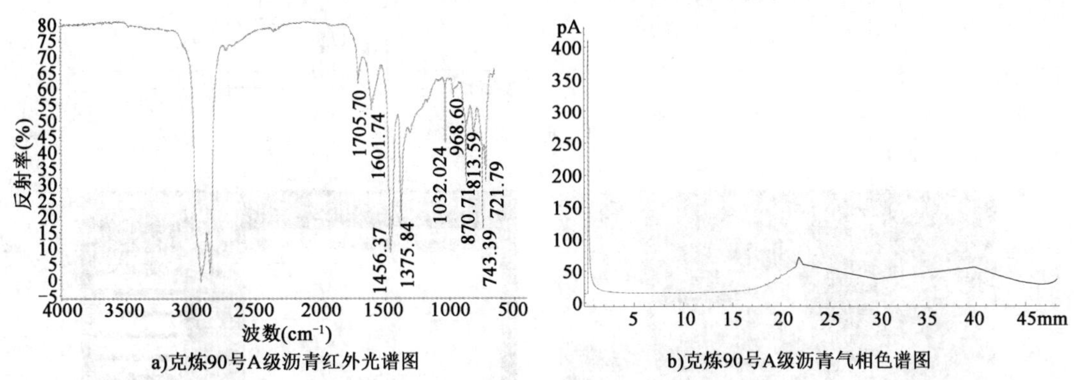

图8 克炼90号A级沥青实验结果图

克炼90号A级沥青国标检测数据 表1

样品信息	检测项目	针入度(25℃)	软化点	延度(15℃)	黏度(60℃)	质量损失(%)	残留针入度比(25℃)	残留延度(10℃)
克炼90号A	实测值	90	47	>100	270	0.00	71	15
	标准	80~100	≥44	≥100	≥140	±0.8	≥57	≥8
	分项评定	合格	合格	合格	合格	合格	合格	合格

4.对沥青的老化和改性进行分析,从而达到筛选沥青的目的

如图9所示,室内研究根据沥青老化吸收峰变化,利用红外光谱技术分析沥青老化和改性机理,判断沥青老化程度,从而推测道路回收沥青老化程度,评价路面耐久性性能。

根据朗伯比尔定律,改性沥青中SBS的特征吸收峰与SBS的含量成正比,通过建立SBS含量和特征吸收峰面标准曲线,可快速测定改性沥青SBS含量。

5.开发沥青指纹识别快速检测系统,快速判定沥青品牌和SBS含量

通过研究,开发了沥青指纹识别快速检测系统(图10)。在施工现场,便携式红外光谱仪配套客户端测试软件测试数据,通过网络实时传输到系统服务器,与数据库中标样沥青对比,即可输出结果,通过登录后台管理界面,直接实现数据库管理和更新,异常沥青信息通过预警短信,立刻反馈给监管部门。

(三)沥青质量快速检测监控系统简介

沥青指纹识别快速检测系统,由便携式沥青指纹识别仪(简称"识别仪")、沥青指纹识别快速检测软件、系统服务器和预警系统4部分组成。在施工现场,识别仪采集的数据经过软件分析后,数据和分析结果通过网络实时传输到系统服务器,可在网站上直接对沥青进行分析监控,若某项目沥青测结果异常,通过预警短信,立刻反馈给监管部门。

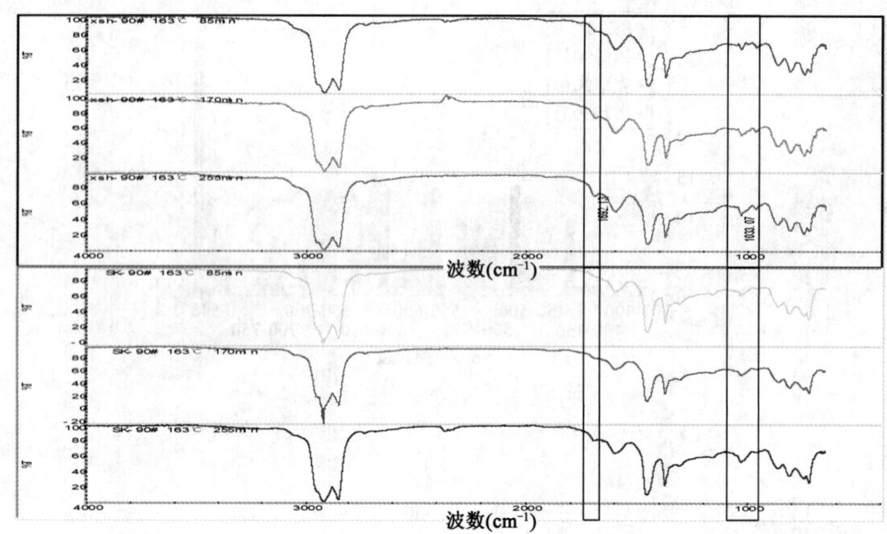

图9 老化沥青红外光谱图

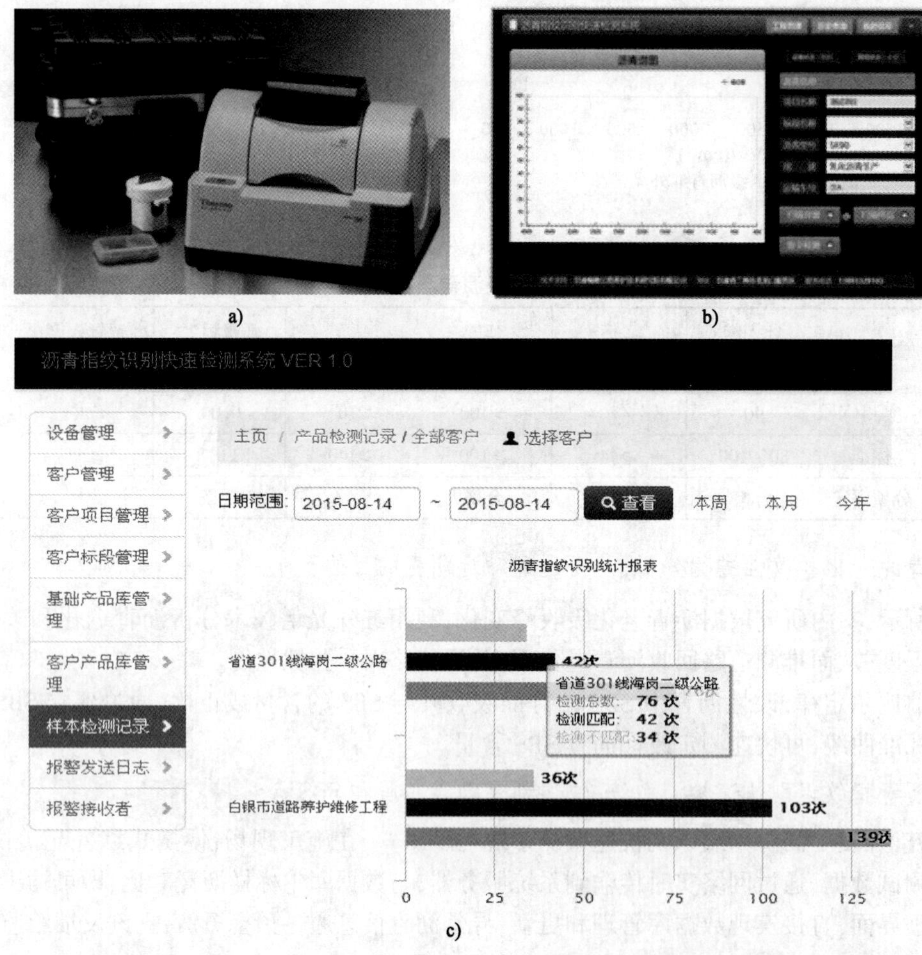

图10 沥青指纹识别快速检测系统

1. 沥青质量快速检测监控系统的构成

(1)识别仪

识别仪将红外光谱分析技术引入沥青鉴定中，红外光谱分析方法根据沥青红外谱图的红外特征吸收峰的位置、数目、相对强度和形状等参数，可以推断沥青的组成和各组成的含量。根据不同品牌沥青由于油源和生产工艺不同、组成和组分含量存在差异的特点，达到判定沥青品牌、沥青是否有混兑掺假的目的。

（2）沥青指纹识别快速检测软件

在采集了数千个沥青的红外谱图基础上，建立标准谱图数据库，研发了沥青指纹识别快速检测软件，将甘肃省市场中使用的所有品牌沥青数据库导入软件，用户只需在软件中选定对应品牌的沥青数据库，点击确定后软件会将待测谱图与相应谱图库中已有的标准沥青谱进行对比，并在用户界面显示结果，操作简单。

（3）系统服务器

作为系统的数据库服务器，承担着数据测试、远程传输、执行大量匹配算法等工作，同时又为 Web 管理端和项目客户端提供网络服务，可以使系统管理员远程在线管理、更新沥青光谱库、远程维护系统，同时各项目的测试数据通过检测直接上传到服务器上。

（4）预警系统

预警系统使用户可以在手机上查询沥青库、检测数据、统计数据，服务器识别的预警信息也会及时发送到监控客户端，可以使质量监管人员随时随地对沥青进行质量监控。

2. 沥青质量快速检测监控系统技术优势

①采用红外光谱分析技术，从沥青的微观化学组成入手，通过特定官能团的特征吸收峰确定、辨别和区分沥青，数据真实可靠。

②识别仪轻巧灵活，便于携带，适合在移动实验室和现场使用测样；使用 ATR 附件，沥青无须加热溶化，从测试到分析一个样品只需 1 分钟，而沥青的国标全套数据测试耗时 6 小时以上，特别适合在施工现场及时、有效地监控沥青质量。

③仪器和软件操作简便，测试人员只需经过简单培训就可掌握该系统的相关操作。

④建立沥青指纹数据库，对进场的每车沥青检测其红外光谱，可以快速、及时地在 2 分钟内判定沥青品牌，筛选混兑调和沥青，提高沥青路面质量，提高管理效率，节约建设成本。

⑤测试数据通过数据远程传输，让管理者实时监控并评价每一车沥青的质量情况，并为现场沥青处理提供问题解决方案，从而实现由效率低的事后检测向实时动态监控的转变，为项目管理者及时发现问题并进行决策提供可靠、有效的数据。

⑥分析异常沥青并进行异常报警，并通过短信通知管理者，实时发现并解决问题。

3. 沥青质量快速检测监控系统控制目标

沥青指纹识别快速检测系统，通过建立沥青指纹识别数据库，分析未知沥青红外光谱图。在施工现场，快速地检测和分析沥青质量，做到了沥青车车抽检，重点解决了甘肃省内公路建设中原材料沥青的质量控制问题，确保稳定的沥青供应，克服了三大指标体系评价不准的缺点和 SHRP 评价体系昂贵且费时费力的缺点，实现了由效率低的事后检测向实时监控的转变。该系统能帮助建设单位提高施工效率，保障路面质量，具有广泛的社会和经济效益。

（四）沥青质量快速检测监控系统技术方案

沥青是沥青路面的关键材料，针对建设项目发现的问题，为了快速、及时地控制全省二级公路建设项目沥青质量，制订以下沥青质量控制方案。

1. 建立沥青快速检测监控系统

（1）在建项目配备人员

要求每个项目办抽调专人，配备异常预警手机，与监管单位、技术服务部门联络，负责现场沥青指纹识别数据的监控，按照监管单位意见对异常沥青进行处治，并将处治结果报送监管单位。

（2）送检标样沥青，确定使用沥青品牌

沥青厂家提供中标沥青的质量检验单，由项目建设单位、监理单位、施工单位和沥青供应商共同见证取样，技术服务单位检测沥青全套物理指标，采集沥青红外光谱图，国标数据无异常，与该品牌沥青指纹数据库谱图相符后，确定进场使用。

（3）建设项目安装沥青指纹快速识别系统

为建设项目中心试验室安装红外光谱仪，对测试人员培训，包括仪器和附件的安装、沥青的测试和分析软件的使用、仪器的注意事项和常见故障处理，以及安装项目用户端使用品牌的沥青数据库。

（4）部署系统数据库服务器，实现数据远程传输监控

技术服务单位负责建立如图11所示的沥青快速检测监控平台，部署服务器端，服务器端主要承担着数据在线远程传输、执行大量匹配算法等工作，同时又为Web管理端和项目用户端提供网络服务，使每个客户端的检测数据能够实时传输到服务器端，Web管理端为技术服务单位，可以在线查看检测数据和统计数据，服务器端数据库更新即可完成所有用户需要的更新，可以实现远程管理沥青光谱库、远程维护系统。

图11　沥青快速检测监控平台示意图

监管用户为业主或者检测结构，可以在手机上查询沥青库、检测数据、统计数据，服务器识别的预警信息也会及时发送到监管用户端。监管用户端可以使质量监管人员随时随地对沥青进行质量监控。

2. 沥青质量快速检测监控系统的运营和管理

沥青快速检测系统有三类用户，设置三个端口，分别为项目用户端、监管用户端和服务器端。项目用户端为建设项目实验室或者施工单位操作人员，负责沥青指纹数据的采集；服务器端为技术服务单位，负责对远程传输的数据进行汇总和分析，向监管用户发送沥青异常预警信息以及处理建议；监管用户端可分为两级监管，二级为项目办，一级对项目监管单位。可以在手机上实时查询检测数据、统计数据，服务器识别的预警信息也会及时发送到监管客户端。

3. 异常沥青的反馈和处理

（1）异常沥青预警反馈过程

项目用户测试显示沥青谱图与数据库不符后，应立即禁止该车沥青卸车；技术服务单位收到沥青测试数据与数据库不匹配的预警信息后，应立即从服务器端口分析沥青谱图异常原因，将分析原因和处治建议发送给监管单位；一级监管单位确认沥青异常原因后，确定处治意见，下达至二级监管单位；二级监

管单位应在现场监督建设项目对沥青进行处治,将处治结果上报一级监管单位。

(2)异常沥青处治措施

通过指纹识别与数据库不匹配的沥青,由指纹识别技术服务单位负责异常沥青的谱图分析,处理措施有以下两种:

①对于混兑假冒和品牌调换沥青直接清场,不做物理指标检测。

②对于谱图分析为相应品牌的沥青,若是由于生产厂家的组分轻微调整导致其谱图与数据库中原有标准谱不匹配,经物理指标验证沥青合格后,可由指纹识别技术单位负责对数据库进行更新。

4. 施工现场沥青检测

(1)沥青指纹识别流程

对应项目建立沥青数据库,对每车沥青逐车测试。对品牌相符的沥青按一定频率抽检,合格沥青入罐,不合格沥青清退;对于品牌不符的沥青,由技术单位进行谱图分析,按照异常沥青处治措施处治。沥青指纹识别流程如图 12 所示。

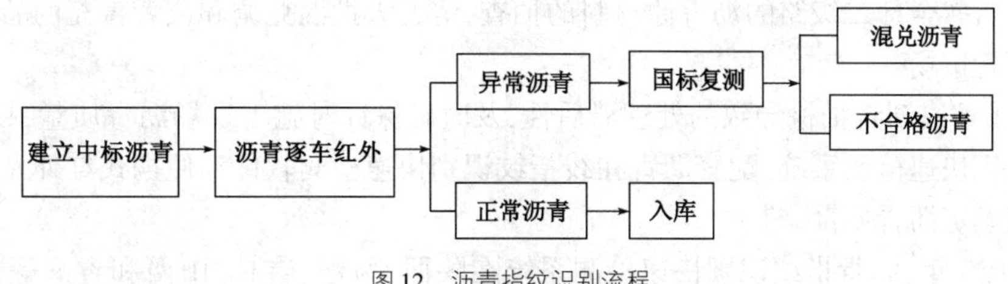

图 12 沥青指纹识别流程

(2)中心实验室抽检

建议对进场沥青进行红外光谱分析。使用的品牌沥青,由于加工工艺的变动或者是长途运输的老化,会出现物理检测指标不合格的现象,中心实验室应对进场谱图相符沥青,按项目要求的一定频率抽检,做沥青老化前后性能指标检测,避免不合格沥青进场。

(3)技术服务单位抽检

技术服务单位按照 1% 的频率不定期对沥青进行抽检,抽检项目包括国标检测和红外谱图复测,保证建设项目对每车沥青做指纹识别。

四、实施效果

1. 经济与社会效益

通过研究,形成了采用红外光谱分析和高温气相色谱模拟蒸馏鉴定沥青品牌的标准实验方法,在此基础上,开发了沥青指纹识别快速检测系统,配套美国进口便携式红外光谱仪,可以在施工现场快速确定沥青品牌,测试改性沥青 SBS 含量。自 2014 年以来,建立了甘肃省建设项目进场沥青质量快速监控平台,甘肃省国、省道建设项目全面投入使用,在陕西、山西、青海、新疆等省、自治区也大规模投入使用。截至 2020 年 6 月,沥青指纹识别快速检测系统累计销售 50 多套,在全国 60 多个项目中使用,清退混兑或品牌替换沥青 1000 余吨,对于规范沥青市场,肃清混兑调和沥青起到了积极作用,实现产值 2000 余万元,创造利润 800 万元以上。

2. 与当前国内外同类技术主要参数、效益、市场竞争力的比较

长期以来,世界各国普遍采用按针入度或黏度对道路沥青进行分级的质量评价体系,比如我国就采用针入度体系,主要是在经验的基础上对沥青的性能进行评价。甘肃省沥青市场普遍存在将不合格沥青混兑调和后满足国标要求,冒充品牌沥青的现场,采用传统检测方法,无法鉴别。美国 SHRP 提出的 Superpave"按性能分级的沥青胶结料规范",采用了一些新的与沥青的路用性能相关性更好的流变学评价方法,首次按实际应用时的环境条件对道路沥青进行分级,更确切地反映了沥青的黏弹特性和真实的路用性能,但测试体系费时费力,且设备昂贵,均不能够及时有效地判定沥青质量。

许多化学测试方法,比如红外光谱技术、电喷雾傅立叶变换离子回旋共振质谱技术、气相色谱技术、

气质联用技术等,都被用来分析沥青组分,进一步从化学组分来鉴别沥青质量。这些方法的重点应用领域为区分石油沥青、天然沥青与煤沥青区别鉴定,或者是研究沥青的老化机理,以及改性沥青 SBS 含量。由于电喷雾傅立叶变换离子回旋共振质谱仪、气质联用仪等设备价格较高,样品前处理复杂,同时仪器容易被污染,维修成本较高,故不适合用于沥青品牌、质量的快速鉴别。

红外光谱技术普遍用于有机物的结构、组分的定性和定量分析,操作简便,测试快捷。高温气相模拟蒸馏仪为气相色谱仪配套自动进样器、高温模拟蒸馏软件,按照不同沸点区间沥青组分的含量鉴别沥青。畅陇养护首次将红外光谱和高温模拟蒸馏技术用于鉴别沥青品牌,判定沥青质量,编写了红外指纹识别和高温气相模拟蒸馏测试沥青的标准方法,建立了沥青快速识别、判定评价体系。以上研究国内外未见报道,达到国内先进水平,同时基于以上研究成果,畅陇养护首次开发了沥青指纹识别快速检测系统,实现了施工现场沥青远程监控。

3. 应用情况

自 2013 年以来,畅陇养护负责甘肃省在建高速项目沥青原材料抽检,受甘肃省公路管理局委托采用该技术负责甘肃省全部二级路的沥青原材料的抽查,清退大批混兑调和或者冒充的品牌沥青,肃清和规范了甘肃省沥青市场。

2014 年,为了解决沥青抽检导致的处理滞后性,及时确保针对施工现场沥青质量,畅陇养护自主研发了沥青指纹识别快速检测系统,配套沥青在线指纹识别快速检测软件和便携式红外光谱仪,可以在施工现场逐车快速确定沥青质量。

2015 年至 2020 年,沥青指纹识别快速检测系统在陕西、新疆、吉林、山西和青海等省、自治区的在建项目中推广使用,帮助在建项目及时、有效地控制了沥青质量。累计销量 55 台。至今,沥青指纹识别仪在西北地区全面推广使用,反应良好。

沥青指纹识别仪购置情况见表 2,公司提供的技术服务基本情况见表 3。

沥青指纹识别仪购置情况 表 2

购置单位名称	应用开始时间	购置数量
定西公路勘察设计院	2014.05	1 台
天水通科工程试验检测有限公司	2014.07	1 台
甘肃省甘南公路管理局	2014.07	1 台
甘肃省金昌公路总段试验室	2014.08	1 台
甘肃智通科技工程检测有限公司	2014.10	2 台
甘肃省酒泉公路总段勘察设计中心	2015.01	1 台
甘肃源蔚项目管理有限公司	2015.01	1 台
陕西高速公路工程检测有限公司	2015.04	1 台
中交二公局第三工程有限公司	2015.02	2 台
陕西路桥集团有限公司渭南至玉山高速公路 WY-M01 合同段项目经理部	2015.02	1 台
庆阳市环宇路业有限公司	2015.02	1 台
兰州市交通运输局	2015.03	1 台
陇南公路总段路桥设计所	2015.03	1 台
白银新世纪路业公司	2015.05	1 台
青海省交通科学研究院	2015.08	2 台
甘肃兴陇工程监理咨询有限公司	2015.08	1 台
兰州公路管理局检测技术服务中心	2015.11	1 台
甘肃福安公路养护工程有限公司	2015.11	1 台
山西省交通科学研究院	2016.03	1 台
甘肃恒达路桥工程集团有限公司中心试验室	2016.03	1 台
甘肃路桥建设集团养护科技有限责任公司	2016.03	2 台

续上表

购置单位名称	应用开始时间	购 置 数 量
中交三公局工程试验检测有限公司	2016.09	1台
济南欣悦天润科学仪器有限公司	2016.10	1台
武威公路管理局	2016.09	1台
甘肃科盾建筑器材有限公司	2016.09	1台
张掖交通建设投资有限责任公司	2016.09	1台
天水市交通建设工程质量检测中心	2017.02	1台
新疆交通科学研究院	2017.03	6台
苏交科集团股份有限公司	2017.03	2台
中交第四公路工程局	2017.06	1台
中交第一公路工程局	2017.06	1台
中交路桥建设公司	2017.06	1台

公司提供技术服务基本情况　表3

应用单位名称	应 用 技 术	应用的起止时间	应 用 情 况
国道G312线平凉西至界石铺段维修改造工程中心实验室	国道G312线平凉西至界石铺段维修改造工程路面沥青质量控制	2015.03—2016.03	沥青品牌鉴定,效果良好
湖南联智桥隧技术有限公司	青海省花石峡至久治段公路工程沥青质量控制	2016.02至今	沥青品牌鉴定,效果良好
甘肃恒达路桥工程集团有限公司中心试验室	技术服务	2016.03至今	沥青品牌鉴定,效果良好
四川攀峰路桥建设集团有限公司	省道S314线瓜州至敦煌公路改建工程路面1合同段	2014.04至今	沥青品牌鉴定,效果良好
中交二公局第三工程有限公司	省道S314线瓜州至敦煌公路改建工程路面2合同段	2014.04至今	沥青品牌鉴定,效果良好
中铁五局集团机械化工程有限责任公司	省道S314线瓜州至敦煌公路改建工程路面支线项目	2014.04至今	沥青品牌鉴定,效果良好
成县至武都高速公路路面中心试验室	平凉至绵阳国家高速公路成县至武都建设项目	2014.04至今	沥青品牌鉴定,效果良好
中交第一公路工程局折达公路ZD2合同段项目部	刘家峡黄河大桥钢桥面铺装结构研究	2013.04至今	沥青品牌鉴定,效果良好
马云公路MY1合同段项目经理部	马云公路MY1合同段原材料控制	2013.10至今	沥青品牌鉴定,效果良好
西安长大公路工程检测中心	十天高速公路路面第一中心试验室沥青质量控制	2014.11—2015.12	沥青品牌鉴定,效果良好
甘肃长达路业有限责任公司	平凉至绵阳国家高速公路成县至武都建设项目	2014.04至今	沥青品牌鉴定,效果良好
中铁七局集团有限公司	明水(甘新界)至哈密段高速公路建设工程	2016.11至今	沥青品牌鉴定,效果良好
中铁一局集团有限公司明水(甘新界)至哈密公路工程第MH-7合同段项目部	明水(甘新界)至哈密公路工程建设项目	2016.11至今	沥青品牌鉴定,效果良好

4. 解决案例

在各个项目应用过程中,通过红外谱图的对比分析,成功解决了甘肃省基质沥青使用中存在6个问题(这些问题沥青的技术指标大部分合格,很难用简单的物理指标检测区分)。

(1)不同品牌沥青冒充

甘肃省沥青市场上发现用西石化和塔河沥青挂牌冒充克炼和SK等品牌沥青。如图13所示,只需做沥青指纹识别,通过谱图分析,就可将该种沥青检测出来。

(2)国标指标不合格沥青

同一品牌沥青由于加工工艺的变化或者长途运输过程中成分发生变化,可能导致沥青指标不合格。如图14所示,由于上述因素影响,其红外谱图会有细微变化,通过指纹识别技术可将此类沥青区分出来。

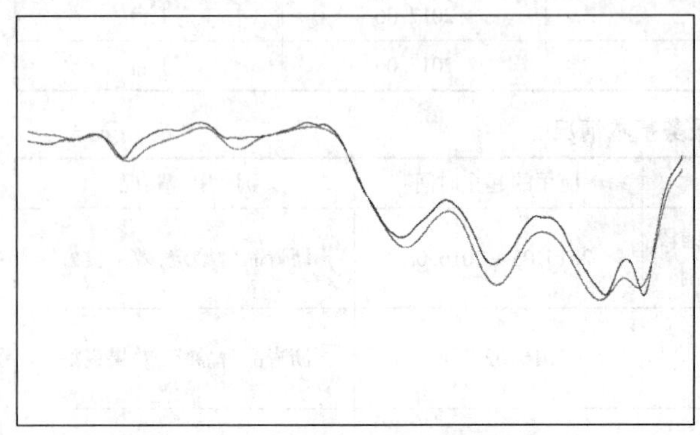

图13 合格与不合格沥青谱图

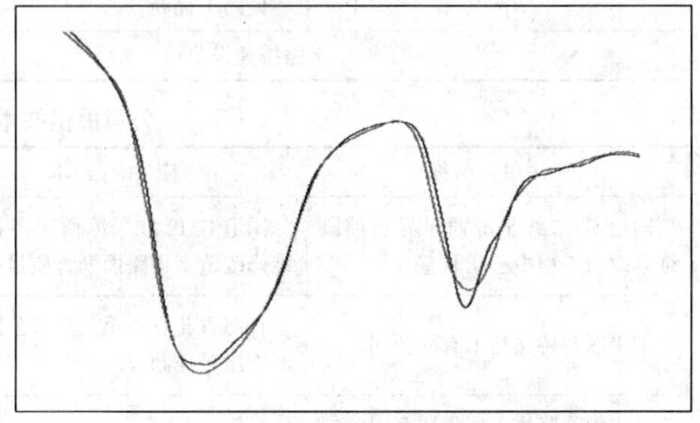

图14 同一品牌沥青红外谱图存在差异

(3)混兑调和沥青冒充合格品牌沥青

如图15所示,与正常状态的沥青相比,混兑调和假冒该品牌的沥青,明显为轻质油调和沥青,对应的国标数据也不合格。

(4)不合格沥青调和改性

如图16所示,指标不达标清退的SK70号沥青,经过改性调和后,所有国标检测合格,通过沥青指纹系统,判定为调和改性沥青。

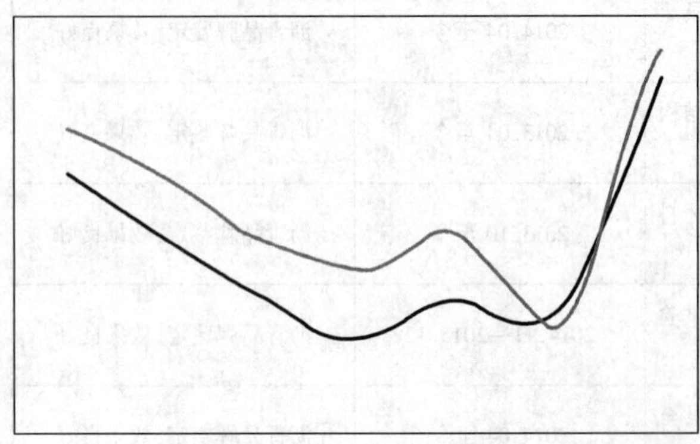

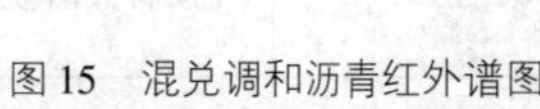

图15 混兑调和沥青红外谱图

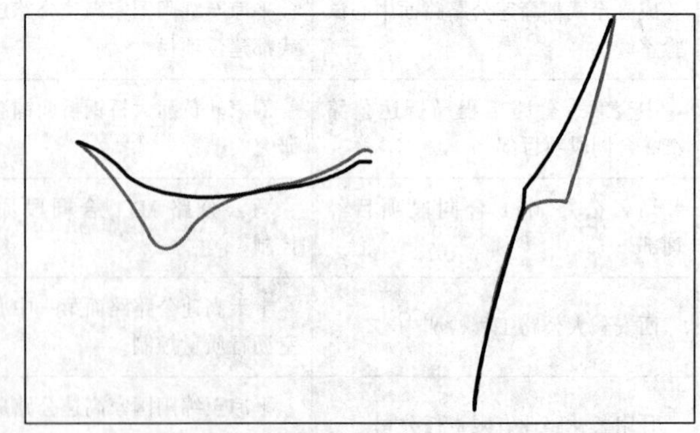

图16 经改性调和的SK70号沥青红外图谱

(5)沥青品牌调换

沥青代理商在沥青供应过程中,由于某种品牌沥青货源不足,采用其他品牌沥青替换原有品牌,虽然国标数据差异不大,但是严重影响沥青混合料的级配性能。这种情况下,沥青的红外谱图有显著差异,通过沥青指纹识别系统可以快速区分两种品牌的沥青。

(6)两种品牌沥青混兑

图17所示为项目中系统识别出由于运输车辆混装,导致的SK沥青中混有克炼沥青的混合沥青,该沥青所有的国标数据都优良,通过沥青指纹识别系统可以快速检测出该种混兑沥青。

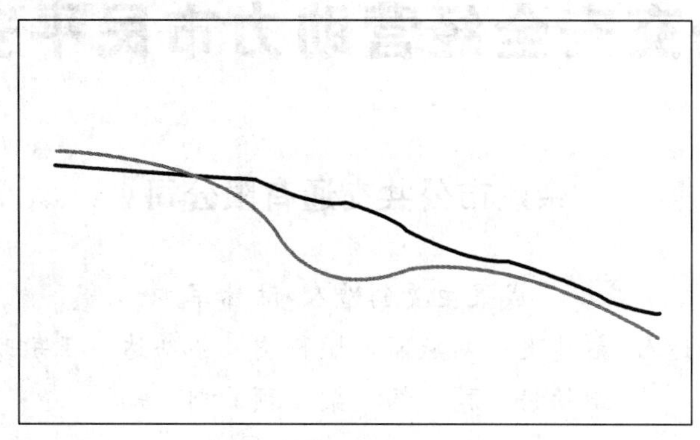

图17 混兑沥青红外谱图

五、结语

(1)基于红外光谱分析和高温模拟蒸馏的沥青质量快速鉴别技术的提出

在考察多个化学组成分析方法,测试和比对11个沥青品牌、3000个沥青样品红外光谱和高温模拟蒸馏数据基础上,提出红外光谱和高温气相模拟蒸馏技术测试沥青的标准试验方法,建立了标样沥青指纹识别数据库,可快速鉴别沥青品牌,筛选混兑调和沥青。

(2)建立了沥青及沥青混合料性能快速评价体系

采用红外光谱和高温模拟蒸馏技术确定沥青油源和生产工艺,研究了不同油源和生产工艺沥青的路用性能,建立了沥青红外谱图—沥青性能指标—沥青路用性能快速评价体系。通过研究沥青老化过程中组分变化,揭示了沥青老化和再生机理,提出了沥青中不同组分对于沥青和沥青混合料性能的影响。

(3)聚合物改性沥青SBS含量和质量稳定性快速检测方法的提出

研究了不同基质沥青、改性剂、稳定剂等原材料和生产工艺对红外光谱测试改性沥青改性剂含量和质量稳定性的影响,确定了红外光谱法测试改性沥青SBS含量和稳定性的方法。

(4)开发了沥青指纹识别快速检测系统

在建立标样沥青红外光谱数据库的基础上,开发了沥青指纹识别快速检测系统,系统由便携式红外光谱仪、数据库服务器、预警系统三部分构成,数据提交即可计算机自动比对弹出结果,对异常沥青即可发送预警短信,目前已在全国60多个项目中应用。

余姚公交安全经营助力市民平安出行

余姚市公共交通有限公司

成果主要创造人:陆林军

成果参与创造人:赵建飞　刘燕丽　姚科明　施易达　王敏映　刘志芳

鲍钦科　蔡　炀　梁　颖　刘　舫

为认真贯彻落实党中央、国务院关于安全生产工作的各项决策部署,牢固树立安全发展理念,余姚市公共交通有限公司(简称"余姚公交公司")以贯彻落实《中共中央　国务院关于推进安全生产领域改革发展的意见》为抓手,以有效防范和坚决遏制重特大事故为重点,夯实安全生产基础,全面提升安全生产水平,实现事故死亡人数、较大事故和重特大事故进一步下降,为决胜全面建成小康社会提供有力的安全生产保障。余姚公交公司加快脚步,提高安全运营水平,助力市民平安出行。

余姚公交公司始建于1990年,前身是余姚市公共汽车服务站,2001年4月,改制为余姚市公共交通有限公司,国有控股51%。2007年8月,余姚公交公司整体由建设局划转至交通局。2009年6月,余姚公交公司改制为国有独资,由余姚市交通投资有限公司控股。2018年,余姚公交公司整体由交通运输局划归宁波舜通集团有限公司管理。如今余姚公交公司已逐渐形成了较为完善的城市公共交通客运体系,2019年底固定资产为1.45亿元,已发展成为同行业中较具规模的公交客运企业。

目前,余姚公交公司内设综合办公室、计划财务科、安全机务科、运营管理科、站场后勤服务保障科、科技信息科、稽查科和7个车队等职能机构,健全党、政、工、团等组织网络机构。现拥有15个公交站场,306台公交运营车辆,24条公交线路,线路营运里程达370.5公里,在职员工503人,年平均客运总量达2761万人次左右。

余姚公交公司立足于抓安全、促服务、增效益三大理念,为打造一流公交品牌,积极弘扬"热爱公交,自觉奉献;乘客至上,服务为本"的企业精神,坚持以"微笑服务",带给乘客更优质、更安心的出行方式。在全体职工的努力下,近年来,余姚公交公司先后获得了浙江省文明单位、浙江省"安康杯"竞赛先进集体、宁波市交通运输系统创建"群众满意基层站所(服务窗口)"先进单位、宁波市先进公交客运企业、宁波市创建学习型企业达标单位、余姚市志愿者服务先进集体、余姚市级青年文明号等荣誉,为余姚市在提升城市品质、创建美丽县城的道路上作出较大贡献。

一、实施背景

(一)市场环境

随着国家城市公共交通优先发展战略的进一步推进,城市公共交通事业得到了空前的发展,在一个城市的经济建设和市民的工作和生活中的地位越来越凸显。政府和市民对城市公共交通的安全服务管理工作提出了更高的要求。公交作为一个城市的形象和民生"产品",在城市发展规划中显得尤为重要。

公交运营,是公共交通部门根据旅客流量、流向、流时确定客运线路和班次,并应保持相对稳定。根据确定的线路、班次、车辆保有量及完好率、平均车日行程,考虑临时班次、包车的需要,编制月度单车和综合调度命令,保证运行作业计划的执行和完成。要求客车班车应正点发车,正点到达。只有优先发展公共交通事业,优化公交资源配置,提高城市公共交通资源利用效率,理顺公交营运体制、夯实公交发展基础、提升公交服务水平、增强公交可持续发展能力,才能不断满足人民群众日益增长的公交服务需求。这就需要我们进一步提高思想认识,牢固树立大局意识、责任意识和发展意识,坚持公共利益优先、发展统筹规划、经营安全有序、服务质量高效、政策保障有力的原则,齐心协力,密切配合,共同推动改革工作顺利进行,确保城市公共交通可持续发展的必要方式。

公交安全是公交运营的第一要素。交通文化的核心是“安全”,加强公交安全管理,确保安全运营是公交行业面临的重要问题,也是维护社会和谐稳定的重要因素。只有安全的车辆才能最大限度地保护驾乘人员的健康和生命,只有安全的车辆才能为“公交优先”政策的实施奠定坚实基础。安全就是公交的核心价值,而切实加强客车交通安全管理、预防和减少重特大交通事故、维护道路交通秩序和社会稳定、保护国家和人民群众生命与财产安全、促进经济社会发展是公交安全的主要表现形式。要加大公交车辆的更新和维护力度,确保车辆达到安全运行条件,为人民群众提供安全、舒适的乘车环境。“安全是天,安全是企业生产的命脉。”加强安全运营是我们目前面临的一项重要工作,也是我们每个人需要共同探讨的一个重要课题。

(二)政策环境

以习近平同志为核心的党中央高度重视安全生产工作。党的十八大以来,习近平总书记就安全生产工作作出一系列重要指示批示。2019 年 11 月 29 日,中共中央政治局就我国应急管理体系和能力建设进行第十九次集体学习,习近平总书记发表重要讲话并再次强调了要加强安全生产监管执法工作,要普及安全知识,培育安全文化。习近平总书记关于安全生产的重要论述思想深邃、内涵丰富,系统回答如何认识安全生产工作、如何做好安全生产工作等的重大理论和现实问题,是安全生产经验教训的科学总结,是我们开展工作的根本遵循和行动指南。要深刻领会习近平总书记的重要论述,增强“四个意识”、坚定“四个自信”、坚决做到“两个维护”,以守初心担使命的政治自觉,针对余姚市安全生产实际,扎实抓好专项整治工作。

(1)发展决不能以牺牲人的生命为代价,这必须作为一条不可逾越的红线。

(2)大力实施安全发展战略。主要包括:①强化红线意识,实施安全发展战略;②建立完善安全生产责任体系;③严格落实企业主体责任;④加强安全监管方面改革创新;⑤全面构建安全生产长效机制;⑥领导干部要敢于担当、勇于负责。

(3)牢固树立切实落实安全发展理念,确保广大人民群众生命财产安全。公共安全连着千家万户,确保公共安全事关人员群众生命财产安全,事关改革发展稳定大局。要牢固树立安全发展理念,自觉把维护公共安全放在维护最广大人民根本利益中来认识,扎实做好公共安全工作,努力为人民安居乐业、社会安定有序、国家长治久安编织全方位、立体化的公共安全网:①公共安全是社会安定、社会秩序良好的重要体现,是人民安居乐业的重要保障;②要补齐短板、堵塞漏洞、消除隐患;③坚持系统治理、依法治理、综合治理、源头治理;④加快健全公共安全体系;⑤应重心下移、力量下沉、保障下倾;⑥坚持群众观点和群众路线。

二、成果内涵和主要做法

(一)成果内涵

安全经营的意义在于可有效地预防和减少事故发生,提升风险的控制能力,减少财产损失和人员伤亡与伤害。“安全第一,预防为主”是我国安全生产经营的基本方针,注重安全经营有助于提高余姚公交公司的安全管理水平,从而提升余姚公交公司服务质量和经济效益,通过不断改进和更新安全经营模式,为余姚市民营造舒心和放心的出行环境,促进社会的稳定发展。

(二)安全生产运营的主要做法

安全运营项目是加强公交行业社会综治工作的重要举措,是促进全市经济社会加快发展的保障工程,是维护人民群众根本利益的民心工程,是提高公交安全运营管理水平的基础工程。余姚公交公司为认真做好安全生产运营建设工作,强化从业人员安全防范意识,切实加强安全管理,进一步预防和遏制交通事故发生,全力确保群众安全出行,营造良好的公共安全环境,根据《国务院安全委员会关于加强公交车行驶安全和桥梁防护工作的意见》(安委〔2018〕6号)、《浙江省人民政府办公厅关于进一步加强单位治安保卫工作的意见》文件精神,结合余姚公交公司实际,开展安全运营项目建设活动工作,主要做了以下几方面工作。

1. 强化组织领导,落实管理措施

(1)领导重视,层层动员

余姚公交公司对安全运营高度重视,从责任体系、工作职责、治理内容、工作要求和具体措施5个方面落实维稳防恐工作,同时还制订修改并实施《反恐安保专项工作方案》《公交驾驶员服务考核管理办法》,把反恐防暴列入重要考核内容,加大奖惩力度。召开动员会议,做到层层动员部署,明确责任分工,狠抓责任落实,并多次邀请宁波市公安局、余姚市公安局公交派出所、余姚市交通运输管理所领导对余姚公交公司安全生产运营进行检查指导,为安全运营的开展奠定了坚实的组织保障。

(2)建立健全安全管理体系,落实安全责任

①分级监督、逐级问责,活动推进有实效。

按照上级各部门及安全生产标准化建设要求,制订安全生产方针,建立健全安全生产管理机构和人员、管理制度、岗位安全操作规程、管理措施和安全生产管理计划,并每月对安全生产情况进行考核。认真落实"一岗双责"和责任追究制度,明确总经理是安全生产第一责任人,从总经理到一线驾驶员层层签订安全生产责任书,共签订责任书512份,签订率达到100%。落实重大节假日的安全工作部署,积极开展"安全生产规范年""安全生产月""安全生产隐患大检查""平安交通"等活动,在各次安全活动中,真正做到管理上不挂空挡、整治上不留死角、落实上不打折扣。

②加强隐患排查治理,抓好源头管理。

余姚公交公司始终坚持把安全生产隐患排查整治作为安全生产工作的重点来抓。通过开展定期不定期的安全生产大检查工作,对重点管控和治理各领域内的安全隐患进行排查整治,有效防范各类事故发生。坚持车辆日常"三检"和车辆技术隐患排查相结合的车辆维护管理原则,按时进行车辆一、二级维护,所有隐患均由专人负责、及时修复,较好地保证了公司运营车辆的技术状况,杜绝了因管理不到位引发的安全机械事故。同时,按时进行车辆检测和车辆技术等级评定,并按标准化要求进一步完善车辆的"一车一档"管理档案。

③成立安全防范保卫机构,建立健全重点部位及重点人员安全管理机制,确保群众安全出行。

为进一步加强城市公交安全防范工作,保障员工生命财产安全和公司财产安全,维护公司的生产和运营工作秩序,全力确保群众安全出行,营造良好的公共乘车环境,根据上级部门相关要求,余姚公交公司成立安全防范保卫机构,制订《站场安全管理制度》《结算小组安全管理制度》《车辆安全管理制度》《站场管理员管理制度》《安全员管理制度》《驾驶员管理制度》等重点部位、重点人员安全管理制度,严密人防、物防、技防相结合的防范措施,加强了对重点岗位人员的日常管理,及时审查不符合重点岗位的工作人员。截至2019年12月,余姚公交公司共调整不适合驾驶公交车辆人员15人,辞退5人。

(3)安全标准化达标取得的成绩

余姚公交公司在安全标准化达标过程中,认真制定工作目标,明确安全生产标准化工作,分解落实安全标准化工作责任,建立公司安全生产标准化工作网络,完善公司安全标准化建设考核机制,最终经过公司领导及员工的共同努力,达到了安全标准化达标三级企业。

2. 时刻紧绷安全这根弦,做实做细安全生产基础管理工作

(1)加大硬件设施投入,为安全生产夯实基础

①在公交车驾驶区域设置安全防护隔离设施。

近几年,公交驾驶员在行驶中被殴打、拉扯等事件频发,给行车安全带来了极大影响。为防止在行驶过程中驾驶员被乘客殴打、拉扯、抢夺转向盘等事件的发生,余姚公交公司在原有67辆安装有安全防护隔离设施的基础上,更新采购的92辆公交车上也都安装了安全防护隔离设施,安装安全防护隔离设施的公交车辆达到159辆,安装率达到60%。下一步计划逐步在未达到报废年限的车内安装安全防护隔离设施,于2020年底前完成,安装率达到100%,有效确保驾驶员安全驾驶。

②张贴警示标语,确保行车安全。

为确保乘客的日常出行安全,余姚公交公司在每一辆公交车醒目处张贴了"请勿与驾驶员闲谈""民警提示:为了乘客的安全,妨碍驾驶员正常行驶的行为,都将受到法律严惩""守护驾驶员的安全就是守护全车乘客的安全""严禁携带易燃易爆危险品"等警示标语。

③加大科技投入,使安全管理跟上时代步伐。

余姚公交公司使用的智能公交调度系统建设于2013年,该系统是基于全球定位技术(GPS)、无线通信技术、地理信息技术等技术的综合运用于一体的智能调度平台,它集中了公交车辆的定位、线路跟踪、自动语音报站、实时视频监控、车辆调度管理、调度排班、驾驶员管理、油耗管理及一键报警等功能,实现对公交线路的调配和服务、区域人员集中管理、计划统一编制、调度统一指挥,人力、运力资源在更大的范围内的动态优化和配置等管理要素,大大降低公交运营成本,提高了调度应变能力和乘客服务水平。车上配备的自动报站器还预留有一键报警功能,该功能可与智能调度中心和市公交派出所网络系统对接。车上如若发生险情,驾驶员可按键进行一键报警,智能调度中心收到报警信息可通过实时监控查看车内现场动态,同一时间公安系统也会收到公交车的求助信息。

在驾驶员又是安检员的双重职责基础上,借用科技力量,巩固反恐防暴,加大车厢安全力度。余姚公交公司与市公安局联手合作,在102线路、201线路50辆公交车上安装了"天眼"人脸识别系统。这套移动感知系统采用人脸采集与对比方式,实现交通出行中对驾驶员与乘客的管控。通过车内部署人脸抓拍摄像机及车载设备,实时采集上车乘客、驾驶员人脸图片,并上传至中心分析平台进行黑名单对比。同时采集公交车内乘客的MAC信息,实现人脸与MAC信息的关联。系统支持GPS信息的实时上报,确保掌握公交车的位置信息与轨迹路线。有效地保证了驾驶员及出行乘客的人身财产安全,从而提升了整体道路运输的安全性。据悉,该项系统已成功帮助公安抓获逃犯。余姚公交公司将继续与市公安局沟通,逐步在全市公交中安装推行。

④在各公交首末站场、公交车内安装视频监控,加强安全守护力度。

为确保场站安全工作无死角、无盲区、无漏洞,余姚公交公司在所属各大首末场站的公共区域内装有高清摄像探头,全天候、无死角实时监控场站,并24小时不间断录制。汽车南站公共区域有视频监控13个,文山站有10个,兰江站有4个,汽车西站有2个,伊顿国际站有5个,火车站有4个,河姆渡站有5个。此外,每辆公交车内安装有4个监控摄像头,一号监控摄像头监控车辆前方行驶路面情况;二号监控摄像头监控驾驶员、乘客投币情况、上客门情况;三号监控摄像头监控整个车厢情况;四号监控摄像头监控车辆下客门情况。4个监控摄像头监控区域覆盖车辆前方行驶路面及整个车厢,无盲区,实现从乘客上车到下车实时全方位监控。通过智能调度系统平台,还可以实时查看车内的动态,时刻关注车厢内的情况及驾驶员的操作情况,并能通过车头摄像头了解运营车辆所处道路交通情况。另外,新更新的车辆还在车辆外侧增加了监控,用于监控车辆周边情况。安排专人对视频监控设备进行日常管理与维护,以便及时发现存在问题,及时整修。

⑤完善公交首末站安全设施设备。

为了更好地服务乘客,确保乘客安心、放心乘坐公交车,公交首末站场内共配有90余个消防灭火器。一旦出现火情,站场管理人员可第一时间进行有效的控制和扑灭,最大限度地减少财产损失。每月安排工作人员对消防设备进行隐患排查,确保设备完好有效。同时各站场内配有4台手持安检仪,能对危险品进行更彻底、更直观的清查,为站场管理人员查验危险品提供支持。如遇可疑行李,管理人员对乘客携带的一切物品进行开包检查,防止危险品进站上车,确保"三危品"查堵万无一失。并配备有12

把叉腰式防暴叉、6块防爆盾、8双防撕手套，放置专用柜。通过防爆器具的配备，切实增强了站场反恐防暴应急装备建设，也极大提升了站场管理人员处置突发事件的能力和保障自身安全的水平，一旦发现问题，能够妥善处理，最大限度地减少伤害。

(2)加强安全软实力，为安全生产提供有力保障

①足额提取安全生产费用，改善安全生产环境。

根据上一年工作情况，编制好当年安全措施计划，按文件规定足额提取安全生产费用。重点落实安全防护用品和安全设施，配齐配足应急救援器材。每辆公交车配有5~8个安全锤和2只灭火器；按月、季、年发放劳动保护用品；每个车队配有防滑链、三角木、草包、工业盐等安全保障设备。

②加强公交首末站现场管理工作。

针对站场内人流、车流较集中的问题，余姚公交公司对站场进行合理的区域划分，对车辆与人流进行分离，杜绝人、车交叉抢道。根据站场大小配备站场管理人员，文山站设置安保人员4人、南站6人、兰江站4人等，并成立最小作战单元，明确分工。在日常站场管理中，站场管理人员严格实行“三不进站”的安全管理制度，规范非运营车辆进出场站，确保运营车辆进出道口畅通无阻，保证站内正常运营秩序。高峰时段及节假日，余姚公交公司组织志愿赴主要站点及站场进行维稳疏导，努力营造和谐、有序的乘车氛围，保障乘客出行安全。

③加强易燃、易爆品、危险品、违禁物品的查处工作。

公共交通工具搭载危险品，是一个极为关键但容易被忽视的问题。余姚公交公司制订违禁物品处置流程，将查危工作纳入公交驾驶员、站场管理员的考核中，直接与月安全奖及年终奖挂钩，确保处置工作及时有效。

3. 完善各类应急预案、开展应急演练，确保驾驶员能妥善应对各类突发情况

(1)不断完善制订各类应急预案，组织应急演练

①为做好公司突发事件应急工作，指导和应对可能发生的公交安全事故，及时、有序、高效地开展事故抢险救援工作，保障群众出行畅通，最大限度地减少事故可能造成的损失，保护人民生命财产安全，维护社会稳定，保障经济发展，余姚公交公司制订了节假日应急预案、应急疏运应急预案、消防应急预案、突发事故应急预案、三防应急预案、反恐应急处置预案等，并编制成手册发放给每一位职工。

②定期开展应急演练活动。

余姚公交公司为切实做好应急管理和安全生产工作，同时为进一步提高公司从业人员应急处置能力，有效预防、及时控制和最大限度减少突发事件(事故)造成的危害，定期开展各类应急演练活动。

2019年6月，余姚公交公司组织全体行政人员、7个车队的车队长、安全员、驾驶员在舜鸿驾校开展了“安全生产月”公交驾驶员技能比武暨应急演练活动。市交通运输管理局行业科及运管所相关领导到现场进行了观摩。此次演练比武主要内容包括“三检查”(出车前检查)、上车后及行驶中操作规范、遇突发火灾时紧急停靠、消防水带灭火四块项目。此次演练比试的主要目的在于检验驾驶员在日常行驶中的操作规范及在遇到火灾的突发情况下的应急处置能力。比赛时，参赛车队成员之间分工明确、配合默契，仔细检查、规范操作、合力灭火，每个步骤、每个项目都有条不紊地进行。

2019年7月，余姚公交公司以“防风险、除隐患、遏事故”为主题，开展了“余姚市公共交通有限公司2019年纯电动车辆综合应急演练”活动。此次演练内容为：因乘客与驾驶员发生纠纷并殴打驾驶员，致公交车辆与障碍物发生碰撞，驾驶员立即拉好手刹，按下一键报警装置，及时安抚车内受伤和受惊乘客，组织他们迅速到达安全地带；之间碰撞的车辆已经起火，驾驶员立即回去取灭火器进行灭火，此时救援车辆陆续到达事故地点，将受伤乘客送往医院，并集中力量将火情扑灭，也控制住了闹事乘客。至此，演练圆满结束，此次演练有效检验了市公交公司应急救援队伍的能力，也教育了广大公交车驾驶员遇到突发事件时的应急处置步骤，有效地保障广大乘客的生命与财产安全。

(2)成立应急小组，开展定期培训

①为了建立统一、高效、规范的应急指挥、保障和防备处置体系，余姚公交公司成立以总经理为组

长、副总经理为副组长、各部门负责人为成员的应急领导小组,下设应急抢险组、运营保障组、后勤保障组,配备 16 辆应急救援车辆,由专人负责。

②积极开展各类培训。一是每年 5 月委托宁波公交培训学校,着重对应急小组人员、安全管理员、驾驶员进行“反恐防暴”特训,仔细辨别暴恐分子,阻止一切可疑人员和危险品上车,必要时报警求助。二是邀请专家一年两次进行消防灭火知识的培训,使员工进一步掌握灭火器的正确使用方法。三是邀请宁波资深心理专家为全体安检员及驾驶员开展心理辅导课。四是选派有经验的老驾驶员讲述和传授如雨、雪、雾等极端天气情况下车辆安全行驶的技术经验,并组织全体驾乘人员集中讨论分析,总结不同天气情况下安全行车的技能技巧。五是通过观看事故警示片,对事故进行分析,使广大驾驶员更加认识到安全行车的重要性,从而在工作中遵章驾驶,安全行车。六是通过开展以安全驾驶、“反恐”、消防、机械故障应对等方面的安全知识为重点内容的安全培训班,进一步提高驾乘人员行车安全意识和技能。七是每年开展重点车辆安全教育培训两次以上,全员培训一年一次,安全员复训一年一次,开展红十字紧急救护、消防安全等各类安全培训,加强驾驶员安全防范意识和紧急事态应对意识。参与人员培训率达到 100%。

(3)制订驾驶员处置突发情况工作规范、操作流程

余姚公交公司不断完善应急处置规范,明确紧急情况时必须立即靠边停车、及时报警等操作流程,规范驾驶员安全驾驶行为,切实提高驾驶员安全应对处置突发情况的技能素质。并总结出“沉着冷静、停车熄火、疏散乘客、处置报警”十六字处置方法,要求全体职工牢记于心。

4. 创新工作机制、深入主题宣传

(1)创新智能防控新模式、开发主动安全防范系统

为了第一时间掌握车辆行驶的状态,对驾驶员不安全驾驶行为自动预警、提醒,强化对车辆驾驶员的安全管理,舜通集团研发了主动安全报警系统。该系统主要有两大类功能:一是不安全驾驶行为预警。主要针对驾驶员的生理疲劳、开车打电话、玩手机等现象,只要驾驶员有疲劳驾驶员症状或在行驶中长时间打电话玩手机,都会语音报警提示,并将信息抓捕上传至后台。二是不规范行驶行为预警。主要针对驾驶员驾车注意力不集中,若驾驶员在车辆行驶过程中,终端检测到驾驶员异常时,对驾驶员进行预警提示,在行驶过程中出现违规绕道,或与前车跟车过近都会向驾驶员发出预警提示,并将信息抓捕上传至后台。主动安全报警系统的应用将有效减少驾驶员因不安全驾驶行为发生道路运输事故,帮助企业完善管理制度,降低事故发生率,从而提高道路运输安全生产管理水平。该系统已在部分线路车辆上实施应用,2019 年底前将会应用到所有公交车辆上,将与公安系统完成对接,实行联网。

(2)充分发挥社会力量参与公交安全防范工作

①设立守护员专座,保障驾驶员安全。2018 年 12 月,由余姚市文明办、共青团余姚市委、余姚市交通运输局主办的“人人争做公交车守护员”公益行动在公司汽车南站举行,这个活动由余姚市志愿服务指导中心、余姚市海燕公益服务中心及余姚公交公司联合承办,并得到了余姚人民广播电台 FM96.6 的大力支持。本次活动倡导乘客参与维护公交安全,人人争做公交车守护员,不做“旁观者”,做文明的引领人,不做“冷漠人”,做正义的守护者。本次活动在公交车设立了爱心专座、孕妇专座的基础上,再设立“守护员专座”。“守护员专座”是离驾驶员最近的位置,活动目的是向公众宣传倡导“保护驾驶员安全,就是保护全车人安全”的理念,时刻提醒车上每位乘客,当发现乘客与驾驶员起争执时,要立即给予劝导或制止,当一个人能力有限时,尽量带动其他乘客一起做好劝导和制止工作,保障驾驶员安全。

②践行雷锋精神,倡导安全文明出行。2019 年 3 月 5 日,余姚公交公司志愿者在市委宣传部、市文明办、市住建局、市交通运输局等单位的组织下,广泛开展“人人讲文明,个个守秩序”青年志愿者服务活动。大家以雷锋同志为榜样,用自己的实际行动践行雷锋精神,为广大市民提供切实有效的服务。志愿者通过分发“安全文明出行”倡议书、公交线路图和公交逃生手册等宣传资料 400 多份,开展业务咨询,现场办理 IC 卡充值等向广大市民宣传安全绿色出行理念,鼓励大家选择公共交通出行,加强安全逃生意识。

③从小培养安全意识,学习如何公交逃生。2019年6月,余姚公交公司联谊蚂蚁公益志愿服务队,邀请蚂蚁公益小志愿者——市东风小学605班的学生走进站场、走进车厢,学习发生险情时如何逃生。此次活动的开展在有效提高学生安全意识的同时,培养了学生"平安出行、平安乘车"的行为习惯。

④志愿者活动常态化发展。每逢节假期"公交红帽"总会出现在城市公交站场、主要路口候车亭等处指挥车辆、引导乘客有序乘坐。如春运期间在汽车南站、文山站等首末站场开展以清理站场卫生、为车厢内老弱病残幼提供服务等"情满旅途"的志愿者活动;在新建公园开展"车厢安全事关你我,公共安全从我做起"的安全宣传活动;开展中、高考接送"公交红帽"维序指引活动;每年参加市交通运输局组织的中国城市无车日宣传等。并根据市要求组织做好候车亭清洁志愿者活动,为文明城市创建出一份力。

(3)建立安全防范宣传工作机制

为了提高市民反恐防范、自救、逃生和应急处置能力,余姚公交公司制订安全防范宣传工作机制,组织员工开展反恐防范工作宣传教育,普及反恐防范知识,并利用《余姚公交报》、公司微博、微信公众号、悬挂横幅、车载视频等形式提醒市民防扒、防盗、反恐防暴、文明有序乘车,营造"平安公交"创建浓厚氛围。同时通过组织志愿者活动、发放倡议书等形式激发和调动工作人员参与平安建设的积极性,动员全员参与、形成创建合力、营造创建氛围。同时,严格执行安全管理工作制度化、规范化。通过召开安全会议、驾驶员全员安全培训、反恐防暴培训、重点驾驶人约谈等一系列安全培训教育活动,进一步提升安全管理人员的专业知识和管理能力,提高安全管理人员及驾驶员的防恐反恐应急处置能力。

5. 亮点工作

(1)城管执法进驻文山站,提升公交车进出站安全系数

由于文山站门口小贩随意摆摊、私家车沿街随意停车,严重影响公交车辆进出站,经余姚公交公司与城管协商,在文山公交首末站增加了城管执法点,有力打击了此种现象,有效提升了公交车进出站的安全系数,开城管执法进驻公交首末站的先河。

(2)市公安局授权安保权利,佩戴安检员袖标

由市公安局授权,余姚公交公司公交驾驶员、站场管理员佩戴安检员袖标,行使乘客箱包检查权利,并将检查纳入考核,培养员工自觉养成对上车乘客携带物品要多看、多问、多闻的作业习惯。

(3)落实"第一面"工作,疏导驾驶员情绪

为确保车辆运营安全和驾驶员队伍的稳定工作,车队充分发挥情绪管理的重要作用,余姚公交公司要求车队管理人员每天必须提前15分钟到岗,做好"第一面"工作,通过对照人脸晴雨表进行预防、识别、干预,及时与驾驶员沟通,有效疏导驾驶员不良情绪,并视情况安排运营工作,为每个车队配备酒精测试仪及血压仪。车队的"第一面"工作通过对驾驶员上岗前的身体状况、心理动态进行观察沟通,可以及时发现驾驶员在工作中和生活中的难题,及时跟进、处理、解决,稳定驾驶员情绪,减轻驾驶员的心理压力,确保驾驶员有一个良好的心态投入到工作中去。

(4)整合道路事故黑点,悉心定制事故黑点宣传牌

根据往年事故统计数据,交通事故发生比率有所攀升,加之越来越复杂的路况和新驾驶员对路面情况的不熟悉,驾驶员事故频出。在此情况下,2019年12月,余姚公交公司要求各车队负责人将事故黑点上报,由职能科室对事故多发路口及路段进行汇总整合,做成宣传牌分发至公司各车队线路,上挂至墙,敦促各车队路遇事故黑点谨慎驾驶。

(5)开展各项争先创优活动,促进余姚公交公司和谐发展

积极开展"平安公交""百日竞赛""公交都市杯""平安杯""安全生产月"等各项年度性或阶段性活动,并将这些活动与余姚公交公司推出的各类活动相结合。余姚公交公司荣获浙江省文明单位、浙江省"安康杯"竞赛优胜单位、全省公交行业春运工作先进单位、浙江省公交行业信息通联先进单位、浙江省公交行业"不忘初心　服务出行——四十年改革之路"宣传活动优秀组织单位、宁波市统计诚信示范企业(单位)、宁波市"公交都市杯"创建竞赛活动客运经营、安全生产管理先进集体、宁波市公共交通客运

行业应急处置技能比武大赛优胜单位、余姚市先进团组织、余姚市统计诚信示范单位、市党建工作基础台账三等奖、余姚市客运企业服务质量优秀单位、市道路运输企业信用考核AAA级、余姚市客运企业服务质量优秀单位、五星级基层党组织。

三、实施效果

2019年余姚公交公司在上级主管部门领导下,坚持“安全第一、预防为主、综合治理”的安全生产工作方针,加强隐患排查整治。以预防事故发生为目标,牢固树立以人为本,安全为首的理念。紧紧围绕今年安全生产工作目标,进一步完善了公司安全生产管理机制。积极开展“春运”“安全生产月”等各项活动,通过活动的开展,余姚公交公司的安全工作进一步加强,安全生产责任进一步落实。在公司经理室的正确领导下,通过广大员工共同努力,良好完成了上级主管部门交给公司的安全生产任务。

(一)提高安全意识,落实生产责任

余姚公交公司现有306辆公交车,共有驾驶员359名,其中228名驾驶员被评为安全驾驶员,其中8年内无安全事故发生10人;7年内无安全事故发生9人;6年内无安全事故发生13人;5年内无安全事故发生24人;4年内无安全事故发生23人;3年内无安全事故发生29人;2年内无安全事故发生50人;1年内无安全事故发生70人。但是有56名驾驶员发生事故,其中4名驾驶员发生2起有责事故。

(二)加强内部管理,提高服务水平

余姚公交公司对驾驶员规范操作检查22次,检查驾驶员1371人次,检查情况良好;对文明礼让斑马线检查22次,检查驾驶员1384人次,检查情况良好;对车内设施、车辆卫生检查19次,检查车辆1077辆次,发现情况1起(电视机黑屏、蓝屏)。节前检查27次,检查驾驶员1231人、车辆819辆,发现情况4起(电视机黑屏、蓝屏;未着工作服);专项检查4次,检查车辆373辆,发现情况11起(电视机蓝屏;部分车辆标贴缺失、车后门踏板脏、副驾椅脚坏;抽查中发现多数车辆存在轮毂脏等问题)。

开展正风肃纪稽查活动,对各部门分16次进行检查,发现情况2起(早查中西站调度未提前到岗;兰江站调度员上班时间睡觉);对在检查中发现违规的驾驶员进行了批评教育,并扣除服务质量分处理,车内的标贴缺失,及时通知车队全部整改到位。

完善服务质量考核细则,完成三季度驾驶员服务质量考核并公示。截至2019年12月,来电来信表扬12起,余姚报表扬2起、余姚电视台表扬1起、余姚论坛表扬3起,锦旗表扬6起,拾到手机310只、笔记本电脑3台,现金56170元和100美元。

四、未来展望

通过安全运营项目的不断开展,余姚公交公司不仅提高了安全管理能力,加强了队伍建设,进一步提高了安全管理的有效性;此外,项目的有序开展,也提高了公交应急救援能力及反恐防暴思维,促使余姚公交公司加快应急救援队伍的建设,充实应急救援,反恐防暴力量,落实应急物资,完善应急预案,做好应对各种突发事件的应急准备工作;再者,项目的开展提高了余姚公交公司安全技术保障能力,使公司能大力实施安全技术改造,提高安全生产技术保障水平。

今后,余姚公交公司将进一步明确目标,深化各项工作措施,以创建考核办法为工作指引,在内保机构、教育培训、公交维稳等方面狠下功夫,自查整改,不断总结,扎实有效开展安全生产经营工作,为姚城公交的安全和谐发展作出新的贡献,推动公司更好更快发展,使群众平安出行、满意出行。

驾驶员培训创新模式
——最美课堂

乐清市畅达机动车驾驶员培训有限公司

成果主要创造人:金良春　颜建平

成果参与创造人:叶佳蓓　谢　立　胡其飞　金朋敏　林建秋　虞建琴
虞直绿　卢芹慧　潘晓洁　曹乐静

近年来,越来越多的人参加驾考,驾校市场十分火爆,温州地区驾校充分利用"互联网+"技术,增加了微信、网银、支付宝等付费方式,采用表格化网络评价和智能化结业考核办法,促进了"互联网+驾培"新模式的稳步推广。"互联网+"将会更加规范、更加专业、更加具有信息化,学员只负责学习和考试,教练学习自律公约,提高专业知识和服务态度,教学质量和学员的驾考效率也得到了保障。

在驾培市场竞争加剧的格局下,先培训后付费的新模式是吸引学员的重要手段。先培训后付费要求各驾校教练员不断改进执教水平、提高服务意识,才能赢得更多生源,这同时也为驾校提高自身知名度、提升品牌价值。在服务观念不断加强的市场条件下,驾校只有狠抓管理、不断创新,才能赢得市场的青睐,获得消费者的认可。

一、前言

乐清市畅达机动车驾驶员培训有限公司(简称"畅达驾校")成立于2012年12月20日,坐落在乐清市新塘工业区,总用地面积128500.8平方米,共有4个场地,即新塘主训练场、西门训练场、柳市训练场、虹桥训练场。现拥有全新教练车302辆(A1、A3、B2、C1、C2),教练员302人,拥有安全科、教学科、办公室、财务室、继续教育、设备科、招生大厅、车辆维修科和结业管理科等多个科室,并配备先进的多媒体教学软件、理论模拟考试计算机、模拟机等现代化教学设备。畅达驾校是目前温州市驾培行业中科室全、规模大、设施先进、师资力量雄厚的一家综合性一级交通驾培机构,是网约车、客货从业资格及驾驶员从业资格继续教育指定培训单位;先后被评为"市文明示范驾校""省文明示范驾校",同时也获得浙江省道路运输行业"最美驾校"等荣誉称号;是温州市"先培训、后付费"指定单位,系浙江省驾培协会常务理事单位。

畅达驾校自办校以来,通过严谨的管理、优质的服务,以"培养安全驾驶、文明行车的高素质驾驶员"为核心,致力于打造一个集智能、休闲、娱乐于一体的花园式驾校。在发展过程中,畅达驾校不断提高教练员的教学水平,努力创建创新高科技、高效的现代化文明驾校。在训练场内设置模拟隧道、ID智能道闸、红绿灯、模拟雨雾天气、模拟湿滑路面、夜间灯光模拟训练等设施,模拟真实的驾驶环境,让所有在畅达驾校培训的学员身临其境体验各种情况下的驾驶环境,帮助学员真正掌握驾驶技能、提高安全意识。训练场内均安装了全球眼和平面监控系统,及时掌握场内动态。还有免费手机充电、免费量身高、测体重、测血压等多项特色服务,并在不断扩展教学设施、设备,创新、提升管理理念,优化服务内容。

2013年12月,畅达驾校在温州市道路运输管理局年度综合排名第二;2014年1月,驾考合格率在温州61所驾校中名列第三,用优质的培训质量取得了学员的信任和政府部门的认可。畅达驾校在不断发展壮大的同时,狠抓教职工的队伍建设,不断加强对教练员的职业道德培训、安全例会学习教育,开展教练员的驾驶技能互学互比活动,不断增强教练员的服务意识,进一步提高教练员的教学水平,努力创建创新、高效的现代文明驾校。

2014 年 2 月，畅达驾校被浙江省、温州市主管部门确定为“先培训、后付费”试点单位，通过不断努力、创新，推动新模式的发展，使新模式更适合温州地区驾培模式。在新模式试行工作中总结经验，将新模式汇报制成 PPT，由校长演讲授课，在全国各地大力推行新模式培训以及创新的管理思维，获得广泛认同和赞誉。除此之外，温州电视台、温州商报、温州晚报、乐清日报等，均对畅达驾校的创新驱动发展的新模式进行采访报道。值得一提的是，2014 年 3 月 31 日，中央电视台在《新闻直播间》栏目中，播放了畅达驾校的专题采访报道，主要讲述新教学大纲实施一年间，新驾驶人驾驶技能提升和违法数下降相关内容。2015 年 12 月 10 日，《新闻直播间》播放了新驾考的信息，对畅达驾校场地设施、运营模式、驾考一体化等进行拍摄采访。

畅达驾校拥有高端的学员休息区、户外健身器材、智能身高血压测量仪、智能按摩椅、绿色休憩区等，组成了“不一样的学习课堂”，创造出丰富多元化的体验，满足大家的文娱所需。除了在培训方面不断创新，畅达驾校同样注重企业文化的建设，培训场地内建立交通安全警示教育基地，开展无偿献血、“爱心助考”为高考学子送爱心，倡导“诚信经营，文明行车”等一系列服务社会的主题活动。组织举办增加企业凝聚力和向心力的教练员比武大赛、行业核心价值观大讨论、员工教练员年会表演等活动。同时积极参加省市教练员技能竞赛取得优异的成绩筹备省市“最美驾校”“文明示范驾校”“运输服务榜样品牌”等活动，并成功评选。

二、实施背景

温州市每年有 10 多万人报名考驾照，但传统驾培模式存在流程烦琐、收费不规范等现象，使学员缺乏自主性。

据了解，温州市 2014 年有 64 所驾校，4721 辆教练车，5000 多名教练，2013 年培训驾驶员 13.36 万人次，2014 年以来已经培训驾驶员 8 万多人次。按照传统的驾培模式，学员一报名，就要缴纳所有学习费用，无法自主选择教练，而且是多人一起学习。在培训过程中，即使碰到诸如教练私自收费、对教练教学不满意等情况，也难以保障自身利益，显得很被动。新模式通过先学后付、按时收费、自主选择、服务评价等环节设置，实时监督驾校和教练，提升服务质量。畅达驾校率全省之先试行“先培训、后付费”的全新驾培模式。根据新的驾培模式，学员报名时，只需要先交科目一的理论培训费，然后可以自主选择科目二和科目三的教练，一人一车，每个阶段按照学时，先上车学习，对教练的教学满意后再付费。

在乐清市道路运输管理局与市交警支队的大力支持下，开通“温州驾培公共服务网”（www.wzjpxh.org），并率全省之先推出“先培训后付费”驾驶培训新模式，以突破传统驾培模式的弊端。

（一）“计时培训，先培后付”概念的提出及实施目标

1.“计时培训，先培后付”概念的提出

2015 年 11 月，国务院办公厅转发公安部、交通运输部《关于推进机动车驾驶人培训考试制度改革意见的通知》（国办发〔2015〕88 号），首次提到实行“计时培训，先培后付”。

“计时培训，先培后付”的培训模式是改变驾驶培训机构一次性预收全部培训费用的新模式，推行计时培训计时收费、先培训后付费的服务措施。实行学员自主预约培训时段、自主选择教练员、自主选择缴费方式；学员每次课时培训结束后对施教的教练员进行评价，完成后支付单次培训费用。

2. 推行“计时培训，先培后付”工作的实施目标

2016 年 1 月，交通运输部、公安部联合印发了《关于做好机动车驾驶人培训考试制度改革工作的通知》（公交管〔2016〕50 号），文件中要求驾培机构要改变一次性预收全部培训费用的模式，实行计时培训计时收费、先培训后付费的收费方式，并提供现金、银行卡和网上支付等多种支付方式，供学员自主选择，要求在 2016 年底推行先培后付服务模式的驾驶培训机构覆盖率达 50% 以上。

2016 年 6 月，浙江省公安厅、交通运输厅发布了《全省机动车驾驶人培训考试制度改革工作意见》，文件中明确要求：2016 年底，每个市应当有 80% 以上的驾培机构具备计时培训、计时收费、先培训后付

费服务能力,50%以上的驾培机构实施计时培训、计时收费、先培训后付费服务。

2017年,交通运输部印发《交通运输部关于印发2017年工作要点和更贴近民生实事的通知》(交办发〔2017〕1号),要求在2017年底驾培机构先培后付服务模式覆盖率达80%以上,到2018年实现覆盖率100%。

(二)推进驾培"计时培训,先培后付"必须多措并举

认真研究推进"计时培训,先培后付"模式的工作措施,总结经验,加大推广宣传的力度,让"计时培训,先培后付"模式得到市场的认可,引导驾校更新观念,积极推广新的培训模式,发挥示范驾校的引领作用,真正让率先实施"计时培训,先培后付"的驾校脱颖而出,占领行业的制高点,助推整个行业的转型升级。

1. 尽早实现交通、公安两部门的学时无缝对接

学时对接是驾培行业规范化管理的基石。学时不对接会导致驾校追求应试教育,学员训练学时不达标等情况的发生。建议由省级道路运输管理机构牵头,与公安交管部门沟通协调,建立交通运输、公安两部门培训与考试预约衔接机制,实现培训和考试预约信息共享。驾校在履行完培训合同的约定后,学员便可参加自主约考,对于未能完成学时或者学时造假的学员,不可以在12123系统上预约考试,此举将避免驾校通过降低培训学时来获取利益,促进驾校按教学大纲教学,保证学员培训学时,实现由应试教育向素质教育的转变。

2. 清理驾校挂靠车辆,实行公司化经营

要着力规范驾培市场行为,引导驾校采取措施取缔挂靠的教练车,鼓励驾校实行公司化经营管理方式,便于教练车有统一调配使用,促进"计时培训、先培后付"模式的推广。督促驾校依法与教练员及管理人员签订劳动合同,与学员签订培训合同,努力提高企业经营管理水平。

3. 大力实施"互联网+驾培",运用信息化、智能化手段推动"计时培训,先培后付"

一是要认真研究"先培训后付费"模式如何更好地结合学员需求,开发或引入切合当地培训考试实际的平台,实现与运管监管系统、公安考试系统对接共享,将驾校基本信息、教练员基本信息、教练车基本信息、各项目收费标准、学员满意度评价、培训考试各阶段流程、学员实时信息推送、学员多形式支付费用、投诉受理与公开、考试结果状态等内容在平台公开公布,为学员提供公开透明、信息共享的学车体验。二是为了方便学员学驾付费,完善移动支付功能,学员可通过预约自助机、移动终端等轻松实现自主报名、预约、支付的全部操作。三是借助科技手段,对驾培智能化系统定期升级,推广使用人脸拍照识别系统,从源头上杜绝培训学时造假问题。

4. 引入第三方资金托管,维护学员的权益

进一步拓展"互联网+"在"计时培训,先培后付"模式中的应用,依托金融机构平台和技术支持,引导驾培机构对"计时培训,先培后付"的学驾人员实行第三方网上支付的新型服务模式,让驾校学员的学费由第三方监管,有效维护学员的权益。在传统模式中,学员学车前需先向驾校缴纳全部学费,然后才能进行培训学习,学员处于弱势。不少驾校重收益、轻管理,当学员与校方发生矛盾纠纷时,难以维护学员权益。温州市曾经发生过个别教练员卷款消失的现象。学费先存至银行,银行按学时付费,由第三方监管学费。有了第三方监管学费,且分期支付,消除学员和驾校的担忧。在一定程度上规范驾驶员培训管理流程,节约驾校相关财务成本,控制相关培训风险,不断提升学员的满意度。

5. 加大"计时培训、先培后付"工作推广宣传

认真研究制订新培训模式实施方案,通过新闻媒体、网络平台宣传"计时培训,先培后付"模式,分别从行业管理部门、驾校、教练员、学员四个层面采访对实施"计时培训,先培后付"工作好的经验与体会,让"计时培训,先培后付"模式得到学员及市场的认可,引导驾校从求生存、谋发展的高度,更新束缚行业发展的传统观念,积极推广新的培训模式,让学员自主选择,满足学员不同层次需求,通过学员口口

相传,提升驾校软实力。

6. 将“预约培训、先培后付”推进工作纳入驾培行业信用管理体系

深化驾培行业信用管理,在现有的经营资质、安全生产、教学培训、服务质量、违法违章、举报投诉等各项信用指标的基础上,把先培训后付费服务模式、培训学时的记录报送等内容纳入信用评价,强化对失信行为的监督。充分应用信用考核结果,提高信用良好的驾培机构及其教练员的社会认可度,引导驾校实行“计时培训、按学时收费、先培训后付费”培训新模式,建立学员评价为主服务质量监督和评价体系,促进行业诚信规范,健康发展。

7. 发挥桥梁纽带作用,制订行业公约,推动驾校实施“计时培训,先培后付”

认真加快研究当前驾培行业面临的形势,带领各驾校加快推进转型升级,拓展“互联网+”在“计时培训,先培后付”模式中的应用,积极与银行金融机构协调,引导驾培机构对“计时收费、先培后付”的学驾人员实行第三方网上支付的新型服务模式,为行业可持续发展注入新的活力。通过制订行业公约,将驾校实施“计时培训,先培后付”模式列入重点工作。

三、成果内涵和主要做法

(一)“计时培训,先培后付”的优势及作用

1. 便于开展定制驾培服务

推行“计时培训,先培后付”服务模式,可以使收费更加透明,也便于驾培机构开展差异化培训服务,为学员提供多种学车模式,可以根据学员的要求进行定制培训班,定制早晚班、夫妻班等个性化模式。学员可以根据自己学车过程中的短板,通过网上预约课程,反复训练,提高驾驶水平。甚至已经取得驾驶证的学员,可以根据自己某一科目的弱项,通过网上预约课程,提高驾驶水平。

2. 便于学员随时学车

该服务模式解决了学员训练时间不足,等待时间长的弊端。传统模式学车是一个教练对多个学员,学员学车练习时间短,等待时间远远大于学车时间,浪费宝贵时间。使用“计时培训,先培后付”模式学车,学员可以自由安排自己的学车时间,充分利用工作之余的时间。

3. 便于维护学员权益

增强学员在培训过程中的话语权,学员可以自主选择教练,先学满意后付费,有效解决教练员“吃、拿、卡、要”“红包”、教学不规范、服务意识不强等问题。同时,也能保障学员学车资金安全,减少学员投诉驾校服务及退费问题。

4. 便于学员规范学车

以往传统模式教学,学员学车只能听从教练安排,教学内容完全由教练员掌控。使用“计时培训,先培后付”教学模式,学员可以通过网上预约课程,清楚地知道根据教学大纲应该学习的课程,从而可以通过网络预约完成培训。这将会从源头上控制驾校学时造假问题,倒逼驾培机构按照教学大纲完成学员培训学时。

5. 便于扭转驾校招生由教练主导型向市场主导型转变

现在多数驾校是依靠教练员招生,招生价格紊乱,普遍打价格战,前期依靠低价招收学员,后期以考试费、复训费再次收费导致驾校投诉不断。教练员随意倒卖学员,导致驾校对教练员难管理、管理不到的现象。随着先培后付培训模式的推广,可以把驾校招生由教练员主导转向由市场主导,让学员自主选择驾培机构、选择教练员,也就不存在乱收费多次收费的情况。

为了支持新的驾培模式,运管部门专门建设了有关公众服务网站,除了直接联系学校报名,学员还可以通过手机或计算机,上网查看有关资料,挑选自己满意的教练,确定适合自己的学习时间。另外,和新的驾培模式相配套,运管部门还制订了一系列的监管措施。引导驾校推行“先培训、后付费”的驾培

模式,为的是规范驾校管理。接下来,将根据自愿原则,引导其他驾校开展新的驾培模式,让每位学员享受到一流的驾培服务。

温州驾培公共服务网(www.wzjpxh.org)正式开通,从报名到学车到付费,驾培新模式完全颠覆了传统模式,这一模式因其人性化服务和便民措施而受到学员热捧。2015年,为了方便学员就近体验新模式学车,根据政府引导、协会组织、驾校自愿的方式逐步开展新驾培模式。

开通"温州驾培公共服务网",引导开展"先培训后付费"驾培创新模式,主要目的是为市民创造一个便捷、公开透明的平台和提供多种学驾方式,促进温州市驾培行业转型发展。

(二)主要做法

1."先学车、后付费",自主选教练

"学车前只交了科目一理论学费,学科目二与科目三时不用提前交学费,完成几个学时的训练就交几个学时的学费",并且"学员可以自主选着教练",这正是畅达驾校正在实施的"先培后付"新模式。

全国驾培行业面临着巨大挑战,传统驾培行业势必要完成互联网+驾校的转型升级。乐清市早在2017年全面完成"先培后付"新模式的覆盖,成为浙江省首个全面覆盖"先培后付"的地区,走在全省的前列。新模式要求每家驾校、每位教练员一定要不折不扣实行"一人一车,计时收费"。

畅达驾校对"自学直考"政策和"先培后付"的驾培模式有着更深刻的理解,对服务做到极致即为品牌的理念有了更直接的体会,对开展行业自律共同促进全行业健康发展有了更紧迫的认识。

畅达驾校秉承着"教练员是驾校培训质量安全的第一道防线",在做服务的基础上,做好教练员素质培训工作。而教练员意识也在不断提高,现在已不再是师傅带徒弟的老模式,要不断学习与时俱进跟上时代的步伐,做好以学员为中心的培训、服务工作,提升安全意识,为学员创造优质的驾驶体验。

2.刷脸打卡,保证真材实料

"学员在签到和签退时都要进行刷脸认证。学车过程中,摄像头每隔10分钟会实时抓拍学员照片进行人脸对比,一旦发现'脸不对版',系统将自动停止计时。发现用照片打卡等情况,学时将被作废。"这也是畅达驾校保证学员权益的一大举措,以遏制计时学员和实际学员不符的学时造假行为。

温州市已完成驾培机构计时培训系统终端的设备升级、App最新人脸图片采集、计时培训系统与监管服务平台的数据对接等工作,使"刷脸打卡"识别系统更加具有真实性和准确性。

畅达驾校坚持"热情、诚信、规范、严谨"的办学理念,不断扩展教学设施设备,提升管理理念,优化服务,创新培训模式,加强教职工队伍建设,使学员学的扎实、学的放心,成为一名合格的优秀驾驶员,获得业内的广泛认同。

3.学员评价教练,参与驾培管理

学员学完车后可以对教练员进行评价,这是"先培后付"模式的重要一环,也是畅达驾校进行对教练员管理的重要依据。

学员可通过手机App对教练员进行评价,为避免教练员干扰评价,特设置了"学车结束1小时后才能评价"的机制。利用第三方机构对驾校学员进行电话回访与网络问卷调查,并将评价结果纳入教练员信用考核体系,定期公布考核名单,使学员在学车前能够获得更多的相关信息,为驾校管理教练员和学员选择教练提供重要依据。

畅达驾校通过驾校公众平台为学员提供网上报名和预约、教学视频、学员评价等服务。畅达驾校还编写了文明规范执教歌曲,歌词中涵盖了"学时要真实、训练守岗位、诚信执教"等"三大规矩八项自律",将教练员管理融入平时工作,以服务诚信经营驾校。

畅达驾校作为"先培训、后付费"试点单位,学员可以先学车、后付费,自主选教练;上车训练"刷脸打卡",避免学时造假;训练场内设置模拟隧道、雨雾天气、夜间灯光等场景的训练设施,让学员身临其境,学习不同驾驶环境的不同驾驶技巧;培训结束,学员通过手机App对教练员进行评价,督促教练员提高服务水平。

这就是畅达驾校,以培养安全驾驶、文明行车的高素质驾驶员为核心,开展驾驶员培训、客货从业资格培训和网约车、出租车资格证培训。用科技手段,让驾驶培训更为规范、更为高效;以创新的培训模式与管理思维,让畅达驾校的驾培模式走出温州。

着眼驾培行业的未来发展,畅达驾校在不断推进驾培融合一体化进程,加强工作规范化建设,做好省文明示范驾校标杆,为驾培事业的健康发展和文明交通作出贡献。“没有最好,只有更好,畅达驾校‘不一样的课堂’不断擦亮驾培服务‘最美’品牌。”

总而言之,“计时培训,先培后付”是一项教学服务模式的创新举措,大部分驾培同仁也已经认识到了其优势和好处。然而,此项模式要想在驾培行业落地生根,需要各方面的力量相向而行。任何新生事物从“想到”到“做到”需要协同行动,更需要坚持不懈,“计时培训,先培后付”的成功实施普及亦不例外。

四、实施效果

新驾培模式更注重安全文明驾驶理念和良好操作习惯的培养。曾经有人把驾驶新手称为“马路杀手”。在这次的驾培新模式中,温州市道路运输管理局提出“安全文明驾驶始于驾校、良好操作习惯源于教练”的理念,在注重驾驶考试通过率的同时,更注重安全习惯和理念的培养。试点新模式的畅达驾校,就把智能刷卡、红绿灯、雾中驾驶、模拟隧道等多项涉及安全文明驾驶的设施设备建设在驾校场地上,让学员在学习中实地模拟练习。

新驾培模式很注重服务学员的理念,畅达驾校根据社会的不同需求定制不同的学习套餐,比如学员对教练性别有要求时,在学校可满足的情况下尽量安排。根据学员学车的个体差异,在不违反教学大纲的前提下调整实车训练的教学顺序。对来校不方便的学员提供免费接送服务。对工学矛盾突出的学员,在时间安排上,进行个人定制,开办夜间班和周末班。除此之外,在学车预约方式上,畅达驾校先后开通了网络、微信、电话和手机短信等多项预约功能;在付费方式上采用现金、POS 机刷卡,网银支付等付款形式,为学员提供尽可能多的便利。

新驾培模式规范教练教学活动,畅达驾校已安排全球眼监控设备,并在场地、学校、运管部门开通视频、音频功能,对场地的车辆训练实况,不仅场地监控室非常清楚,学校、运管部门监控室也一目了然。三方可以利用音频设备进行同时对讲,达到互相交流的目的。在服务评价方面,畅达驾校对服务评价内容进行细化,以百分制形式对教练进行细化评价,同时在网络上让每个学员观看细化内容,方便学员在服务评价中打分,从而提升教练员服务意识。值得一提的是,学员的评价,教练是看不到的,这样做就是为了促进教练在每个教学细节上真正做到更加规范、到位。

畅达驾校还为教练员制作统一服装,邀请浙江工贸学院礼仪老师,对教练员们进行服务礼仪的培训,同时还分别配备两辆配置 GPS 差分技术的考试用车,提供驾校内部使用,主要是对科目二、科目三实车训练后学员预考试进行把关。

新模式不仅提高了教练员的教学质量,也提高了学员学车的自主性,让学员从以前“徒弟”的身份,真正的向“消费者”开始转变,同时新模式也给驾校提供了更好的平台,能够为教练员和学员提供更好的服务。

“先培后付”的新模式,是未来市场发展的趋势,在未来的市场上,只有真正转变从“教授技能到提供服务”的想法才能更受市场的喜爱。畅达驾校将不断进步,加大“先培后付”新模式教练员的数量以满足市场的需求,加强驾校管理,为广大市民提供更好的服务。

作为驾校,校长要转变驾校管理思维,强化以学员为中心的发展理念,提供多元化、个性化服务,而教练员是驾校培训质量安全的第一道防线,管理层更要引导教练员转变固有模式和思想态度,转型做好服务,提升学员的学车体验。各驾校之间要拒绝价格战,统一战线和谐发展,提升自身口碑和品牌实力,提高学员满意度,打造驾校品牌,良性竞争才能提高驾校的后续生存能力。

五、未来展望

2013 年 5 月 22 日,交通运输部印发《加快推进绿色循环低碳交通运输发展指导意见》(交政法发〔2013〕323 号),提出大力推进低碳交通运输体系建设,努力建设资源节约型、环境友好型交通运输行业,促进交通运输绿色发展、循环发展、低碳发展。

2016 年 3 月 5 日,国务院总理李克强在第十二届全国人民代表大会第四次会议上作《政府工作报告》,提出要大力发展绿色低碳循环经济,推进经济增长方式由粗放型向集约型转变,降低资源消耗强度。

2019 年,畅达驾校积极响应国家节能减排、绿色环保的号召引进了新能源电动绿色环保教练车。新能源教练车在外观、结构和操作方法上,与传统教练车相比并无太大差别;新能源教练车是在原有普通教练车的基础上,把燃油的发动机改为电力驱动,除了替代燃油的发动机外,车辆的其他部分完全一样,在驾驶操作与驾驶感觉上电动教练车优于同车型燃油教练车。投入使用新能源教练车有环保、噪声小、节约培训成本等优点,新能源教练车同样能取得较好的培训效果,还能大幅度地降低传统教练车在燃料和维护等方面的成本,更有利于传统驾培行业升级改造,应该大力推广。新能源教练车的出现标志着驾培行业开启低碳学车的新时代,对减少环境污染、助推驾培行业升级改造起引导和促进作用。

在未来,畅达驾校计划试行专人专管的机器人教学活动,不断提升服务能力,为学员提供优质的智能化管理服务。更好地树立驾校品牌形象,提供更好更优质的服务,加快全市驾培行业集约化、规模化发展,进一步将乐清市驾培行业打造成考培系统一体化、管理信息化、运营公司化、服务品牌化,成为全省的示范试点。

高速公路机电设备远程监测系统

浙江嘉兴高速公路有限责任公司

成果主要创造人:徐刘松　陈建新

成果参与创造人:石洪升　杜建平　李　明　季文秀　严　磊　俞　峰　金　律

浙江嘉兴高速公路有限责任公司(简称“嘉兴公司”)成立于1998年,隶属于浙江沪杭甬高速公路股份有限公司,负责沪杭高速公路和S2杭甬高速公路(部分路段)的营运养护管理。全线设管理处1个,管理处本部设营运科、安全科、养护科、设备科、综合科、运行分中心,共5科1分中心,下设大云、嘉兴东、王店、桐乡、长安5个收费管理所,管辖嘉善、嘉兴东、王店、桐乡、屠甸、长安、许村7个收费站。

沪杭高速公路地处我国东南沿海长三角南翼的杭嘉湖平原,是连接上海、杭州中心城市的“黄金通道”,与多条高速公路接轨。沪杭高速公路全长88.2公里,其中桥梁150座,分离式立交12座、互通立交7座,各类通道155处、涵洞90道。多年来,在浙江省交通集团有限公司和浙江沪杭甬高速公路股份有限公司的正确领导下,嘉兴管理处按照“安全畅通,优质高效”的质量方针,建立起各项生产管理制度,强化管理,确保了沪杭高速公路的安全畅通。

一、实施背景

(一)国外现状

国外部分发达国家已广泛应用了CMMS(设备维护管理软件),并融入了物联网技术和大数据分析技术,实现了设备监管、维护、维修的智慧化。设备维护管理的智慧化能帮助企业每年节约设备维护成本40%~55%,其带来的经济收益相当可观。

(二)国内现状

国内由于早年的技术制约,设备管理信息化仍处于初级阶段,仅仅实现了设备台账的电子化,部分企业还在通过纸质记录进行管理,无法达到设备监测无人化、故障维修自动化、设备维护科学化。

(三)设备管理难点

①设备管理仍处于台账式,并未解放管理人员。

②设备维护仍依靠人工,存在诸多隐患。

③设备故障报警信息传递滞后,故障维修派单过于粗放。

④浙江省交通集团有限公司所辖其他路公司(简称“各路公司”)的设备管理并未统一,仍存在孤岛现象。

二、建设目标

设备远程监测系统是通过平台对接、现场控制单元(FSU)采集、协议解析三种方式实时采集前端设备的运行数据,实现设备远程监控的大型监测平台。该平台作为设备管理系统在感知层面上的补充,通过与设备管理系统间的设备台账和故障维修信息的交换共享,实现了日常运行监测、故障维修、日常维护、生命周期分析一体化的设备管理。设备远程监测系统规划实现目标如下:

1.设备远程监测规范化

通过系统试运行阶段的积累,逐步形成一套规范的制度标准,指导设备远程监测系统的使用及设备报警规则的设置。

2. 数据分析智慧化

通过 FSU 获取收费站的电力监控数据,并进行一定的统计分析,形成关于收费站电力方面的能耗可视化分析,实现电力的远程抄表,减少人工抄表的人力消耗。

3. 设备接入类型完整化

通过隧道可编程逻辑控制器,实现对隧道内机电设备运行状态的实时采集,完善目前系统的设备监测类型,提高设备远程监测系统的使用价值。

4. 现场监控可视化

通过公司海康视频平台实现机房、配电房、发电机房实时视频信息的接入,用户可通过实时视频了解设备故障现场情况,第一时间判断事件的真实性,并制订高效的处理方案。

三、主要做法

(一)监控对象及内容

设备远程监测系统的监控对象包括 UPS、电池、变压器、交流配电箱、发电机、情报板、二义性标识设备、ETC 天线、栏杆机等设备,以及机房的环境量、空调、门禁。监控对象及监控内容如表 1 所示。

监控对象及监控内容一览表

表 1

序号	设备分类	对接方式	对接内容			实时性要求
			设备名称	基本属性	运行属性	
1	主线设备	FSU	情报板	设备编码;设备名称;设备生产厂家;地理位置;IP 地址;端口号;串口号;连接类型;连接模式	亮度传感器故障;控制器故障告警;显示模组故障告警;单像素管故障;检测系统故障;防雷器故障;光敏部件故障;温度异常故障;网络状态	每 10 秒更新一次
2	主线设备	FSU	微波车检器	同上	网络状态	同上
3	主线设备	SDK 和 FSU	摄像机	同上	网络状态;磁盘总容量;磁盘剩余容量;磁盘工作状态;录像状态;视频质量;对比度异常;亮度异常;模糊;图像过暗;画面冻结;视频抖动;云台失控;视频信号丢失;雪花点干扰;条纹干扰;黑白图像;视频剧变;视频遮挡;场景变换	同上
4	主线设备	FSU	高清口	同上	过车记录;网络状态	同上
5	收费设备	接口对接	低速动态称重平台	同上	主称台故障告警;称台传感器故障告警;上称轮轴识别器故障告警;下称轮轴识别器故障告警;内部通信故障告警;缓存溢出告警;收费机故障通信告警;网络状态	同上
6	收费设备	接口对接	车辆分离器	同上	光栅故障告警;辅助车辆分离器故障告警;网络状态	同上
7	收费设备	接口对接	轮胎识别器	同上	轮胎识别器故障告警;网络状态	同上
8	收费设备	FSU	自动发卡机	同上		同上

续上表

序号	设备分类	对接方式	对接内容			实时性要求
			设备名称	基本属性	运行属性	
9	隧道设备	直连	PLC	同上	网络状态;车道线圈车检器开关状态;车道线圈车检器开关状态;CO/VI 检测仪开关状态;车道指示器开关状态;风速仪开关状态;可变限速标志开关状态;亮度仪开关状态;照度仪开关状态;防火卷帘门开关状态;射流风机开关状态	同上
10	隧道设备	直连	火灾报警器	同上	烟感;温感;光栅;手报;故障信号;网络状态	同上
11	隧道设备	直连	隧道广播	同上	网络状态	同上
12	隧道设备	直连	紧急电话	同上	状态信息(摘机,挂机);网络状态	同上
13	通信设备	软件平台对接	交换机	同上		同上
14	主线设备	FSU	二义性	同上	RSIU 工作模式;发射功率;433MHz 通信信号检测状态;路径标识码;RSIU 信号质量;射频开关;供电类型;主机或备机工作;天线数量;PSAM 状态;主 RF 模块状态;从 RF 模块状态;射频功率射频信号;主要电源电压;备用电源电压;网络状态	同上
15	供配电设备	FSU	柴油发电机	同上	转速;油压;油温;水温;燃油余量;启动电池电压;输出线电压、相电压、相电流、有功功率、总功率、功率因数、频率;市电线电压、相电压、频率;累计运行时间;本次运行时间;启动次数;启动失败故障告警;充电器故障告警;进排风风门告警;发电机启动;冷却剂泄漏停机告警;发电机不在自动状态告警;水温传感器开路预报警;市电故障告警状态;发电机供电告警状态	同上
16	供配电设备	FSU	高压柜	同上	线电压、相电流、零序电流、有功功率、无功功率、功率因数、频率、正向有功电能、正向无功电能;失压跳闸告警;绝缘下降告警;保护电流Ⅰ段跳闸告警;保护电流Ⅱ段跳闸告警	同上
17	供配电设备	软件平台对接	低压柜	同上	线电压、相电压、相电流、有功功率、无功功率、功率因数、频率、输出分路、相电流、正向有功电能;正向无功电能;零线电力;有功电度;总电度;交流输入停电告警;万能断路器合闸状态;缺相告警	同上

续上表

序号	设备分类	对接方式	对接内容			实时性要求
			设备名称	基本属性	运行属性	
18	机房设备	直连	UPS	同上	输入视在功率、输入正向有功电能;输入正向无功电能;输出、视在功率、旁路、线电压、旁路、相电流、输入线电压、输入相电压 U、输入相电流、输入频率;旁路 A 相电压; 输出线电压、输出相电压、输出相电流、输出频率; A 相输出百分比;B 相输出百分比;C 相输出百分比;环境温度;蓄电池温度;正电池电压;负电池电压;正电池电流;负电池电流;模块、输出相电流; 模块,温度;网络状态;负载总电流;额定功率;负载功率百分比;负载视在功率百分比;最大线电压;最小线电压;UPS 内部温度;电池组容量;电池单元总数; 电池单元故障总数;过载无法切换到保护加载 UPS 故障;主继电器故障;旁路不可用告警;风扇故障告警;熔丝故障告警; 电池供电告警;系统异常告警;电池电压低告警;温度过高告警;即将停机告警; 温感器故障告警;传感器故障告警;并机系统故障告警;电池组××接触器故障告警;电池组××充电器故障告警;开关断开/闭合告警	同上
19	机房设备	直连	FSU	同上	CPU 利用率;内存利用率;设备系统时间;环境扩展版本;辅扩展板接入状态;TF 卡是否在位或故障;设备注册状态;上网卡信号强度;网络状态;前端所连设备信息	同上
20	机房设备	FSU	门禁	同上	刷卡卡号;刷卡日期(年月日时分秒); 门禁日期(年月日时分秒);非法出入告警;长时间门开告警;设备故障告警;门磁开关状态;门锁开关状态;网络状态	同上
21	机房设备	FSU	空调	同上	普通空调工作电流;回风温度;回风湿度;压缩机运行时间;压缩机工作电流;A 相电流;B 相电流;C 相电流;工作异常告警;压缩机电流异常告警;交流输入异常告警;水浸告警;工作状态;压缩机状态;空调运行模式;网络状态	同上
22	机房设备	FSU	烟感	同上	烟雾告警;网络状态	同上
23	机房设备	FSU	温度,湿度	同上	环境温度;环境湿度;网络状态	同上
24	机房设备	FSU	水浸传感器	同上	水浸告警;网络状态	同上
25	机房设备	FSU	红外传感器	同上	红外告警;网络状态	同上

(二)系统结构和组成

通过建设高速公路机电设备远程监测系统,打破当前各路公司管理处(监控中心)、收费站、隧道所等地点的设备监控分散独立、不统一的信息化格局,降低设备运维所投入的人力物力成本,形成集团统一标准的高性能设备监测系统。具体实现目标如下:

1. 形成感知层网络

利用传感器、智能串口等方式采集各类设备的运行数据及相关故障代码,并通过智能物联网网关统一通信协议,保证数据能成功写入系统数据库,实现远程监控的目的,并从一定程度上实现部分设备的远程重启。通过隧道PLC,实现对隧道内机电设备运行状态的实时采集,完善目前系统的设备监测类型,提高设备远程监测系统的使用价值。

2. 设备监控信息共享

系统采集独立的设备运行信息和相关的故障代码,整合到统一平台上,达到集团设备监控信息共享,各路公司管理处(监控中心)、收费站、隧道所等地点的设备监控不再是信息孤岛。

3. 报警事件联动、可视化

通过对设备的实时监控,对阈值超限、设备关闭、设备故障等事件进行实时报警,并第一时间自动采取联动措施,对部分设备进行重启服务以进行故障修复,最大限度降低事件带来的损失。并通过省级视频软平台实现机房、配电房、发电机房实时视频信息的接入,用户可通过实时视频了解设备故障现场情况,第一时间判断事件的真实性,并制订高效的处理方案。

4. 设备报警维修一体化

通过与早期建设的设备管理系统进行数据交换,实现高速公路机电设备远程监测系统的报警信息能及时传递至设备管理系统,并由设备管理系统自动派单进行故障维修及对维修过程进行跟踪,从根本上实现设备故障到维修结束的自动化、一体化。

5. 监控数据分析

以长期积累的设备运行监控数据为基础,通过统计分析各路公司设备的监测数据及报警事件数据,得出设备的损耗情况及各设备故障多发情况,为设备的改造提高坚实的数据支撑。通过FSU获取收费站的电力监控数据,并进行一定的统计分析,形成关于收费站电力方面的能耗可视化分析,实现电力的远程抄表,减少人工抄表的人力消耗。

6. 统一相关标准

通过高速公路机电设备远程监测系统的建设,可以统一网络传输标准、统一数据交换接口标准、统一监控业务标准等一系列的标准,为设备管理系统的远期发展奠定坚实的基础。

7. 设备远程监测规范化

通过系统试运行阶段的积累,逐步形成一套规范制度标准,指导设备远程监测系统的使用及设备报警规则的设置。

(三)标准或规范

软件系统采用分层的模块化结构,便于系统功能的扩充、使用和维护等。

监控中心(SC)的计算机系统所采用的操作系统、数据库管理系统、网络通信协议和程序设计语言等采用国际上通用的系统,便于监控网络的统一规划、管理。

系统软件提供符合本技术要求的C接口,以满足省监控中心(PSC)或监控中心(SC)之间,或不同监控系统之间互联;提供符合本技术要求的D接口,以满足省监控中心(PSC)或监控中心(SC)与上级其他网管之间的互联要求。

系统具有方便二次开发功能,即监控系统开放必要接口,使用户或第三方能将其满足A接口的监控模块(SM)接入现有监控系统。

(四)整体要求

通过高速公路机电设备远程监测系统的建设,实现对高速公路各类营运设备的统计和梳理,收集设备状态检测的故障信息,提供实时报警,从而提高营运设备完好率,真正发挥设备效能。同时针对高速公路主线设备维护安全难题,利用物联网技术通过远程控制单元对营运设备进行远程控制,智能分析故障原因,运用智能化平台对设备进行有效管控,系统角色描述如表2所示。

系统角色功能说明 表2

角色	功能说明
管理处值班人员	所辖管理处设备权限范围内的GIS设备监测、设备实时监控的查看(不具备设备阈值的配置和远程控制功能),及报警事件的确认和处置、总结
管理处维修人员	所辖管理处设备权限范围内的移动端的设备监测(移动端)
管理处管理人员	全部系统功能模块(所辖管理处设备)
管理处领导	GIS设备监测、设备实时监测、报警列表、报表中心及可视化分析的查看(所辖管理处设备)
各路公司管理人员	全部系统功能模块(所辖路公司设备)
各路公司领导	GIS设备监测、设备实时监测、报警列表、报表中心及可视化分析的查看(所辖路公司设备)
集团管理人员	全部系统功能模块(集团内设备)
集团领导	GIS设备监测、设备实时监测、报警列表、报表中心及可视化分析的查看(集团内设备)
系统管理员	全功能配置及操作

(五)功能性要求

1.设备采集与控制服务

数据采集要求采集设备的基础属性数据为整个系统的数据展现做基础支撑。采集的内容主要包括设备的运行状态,故障代码,通信状态,设备环境状态等。

数据采集是监测系统中最重要的业务功能之一,但由于监测系统需要接入的设备厂家众多,无法统一设备协议,所有设备的状态属性采集都要求由数据采集功能来完成。

2.GIS设备监测

GIS设备监测是在地图上直观地展示各类机电设备的运维信息。

系统需实现精确定位、实时查看:在地图上能够精确定位到某个设备站点或独立的机电设备,查看其所处的位置;点击"独立的机电设备"可查看该设备当前的运行状态及信息档案;点击"设备站点",则左侧弹出菜单可实时查看该站点的机电设备的相关信息,并对部分设备进行遥控,如复位、停机、重启等操作,帮助故障设备恢复正常运行(表3)。

功能要求 表3

序号	功能名称	功能描述
1	地图显示	显示高速公路路网全貌以及独立的机电设备和设备站点的图标、桩号、数据和状态等信息
2	地图操作	地图放大、缩小、平移、全图、刷新、指北针与比例尺显示
3	图层控制	自由选择需要加载的图层(设备及设备站点),图层以分组方式显示,用户可以自由设置地图上需要显示或隐藏的设备和设备站点图层
4	点聚合	提供点聚合功能进行设备、设备站点展示
5	设备导航	显示设备列表,并提供按设备名称、桩号快速查找、导航。查找完成的设备在地图上动态显示
6	设备站点导航	显示设备站点列表,并提供按设备站点名称、桩号快速查找、导航。查找完成的设备站点在地图上动态显示

续上表

序号	功能名称	功能描述
7	设备基本信息	包括:编号、名称、桩号、所属机构、状态、历史报警信息、当前维修进度
8	设备站点基本信息	包括:编号、名称、桩号、所属机构、包含设备种类及数量。可以选择单个设备进行设备基本信息查看
9	设备控制	系统可对部分设备进行远程控制,具体包括复位、停机、重启等操作

3. 多维设备监控

多维设备监控是以二维或三维等模型来模拟设备工作环境,较为真实地还原设备工作环境,实现设备管理更直观、更形象的功能模块,其中包含了对隧道、配电室、机房、车道、网络通信等方面的设备监控(表4)。

功能要求 表4

序号	功能名称	功能描述
1	主线监控	可在二维模块中查看道路设备的基础信息、遥信及遥测信息、故障代码信息,并支持对FSU所连接的设备的开关
2	隧道监控	可在二维模块中查看隧道设备的基础信息、遥信及遥测信息、故障代码信息,并支持对FSU所连接的设备的开关
3	车道监控	可在二维模块中查看车道设备的基础信息、遥信及遥测信息、故障代码信息,并支持对FSU所连接的设备的开关
4	电力监控	可在相应电路图中查看电力设备的基础信息、遥信及遥测信息、故障代码信息,并支持对空调的远程开关,远程模式、运行温度、风扇转速的设定,柴油发电机的远程停机、起动、复位及对FSU设备上各端口连接的前端设备的远程开关
5	网络通信	以拓扑图的形式展示整体高速上的网络通断情况,并可查看单一交换机的运行数据,包括各端口的网络通断情况
6	机房	可在机房的二维模型中查看机房设备的基础信息、遥信及遥测信息、故障代码信息,并支持对空调的远程开关,远程模式、运行温度、风扇转速的设定,对FSU设备上各端口连接的前端设备的远程开关

4. 设备实时监控

设备实时监控是设备远程监测系统的核心模块,负责对前端设备上传的数据进行处理展示,并对相应设备进行报警阈值配置,并匹配对应的FSU,通过对FSU的开关控制实现前端设备的重启。该模块需支持查看设备的当前运行状态、历史报警信息及设备故障维修进度(表5)。

功能要求 表5

功能名称	功能细化	功能描述
设备树状图	设备分类	获取设备台账中已经匹配IP地址和端口号的设备,并按照设备管理系统中的设备分类方式及所属机构进行分类,依次可分为各路公司—管理处—站所/科室—安装位置—设备名称
	设备搜索	要求通过设备编码对设备进行精确搜索
	设备状态	前端各种设备的正常或故障将以不同的形式进行区分并展示在树状图中
设备详情	设备基础信息	展示设备管理系统中设备的基础信息,以及在本系统所补充的IP地址、端口号、连接类型、连接模式
	遥信信息	展示遥信所获取到的设备运行数据,包括通电状态、网络状态、下连设备开关状态等
	遥测信息	展示遥测所获取到的设备运行数据,包括温度、湿度、转速等,并依据配置好的阈值区分展示当前的值是大于阈值、小于阈值还是在阈值范围内
	故障代码信息	展示带有故障代码的设备的故障代码清单,正常情况下各条故障代码均为“正常”,发生设备故障时,相应故障代码显示“故障”
	历史报警信息	以报警时间为条件,按由近及远的顺序对历史报警事件进行排列,并提供事件详情查看入口和报警时间为条件的查询功能

续上表

功能名称	功能细化	功能描述
设备详情	故障维修进度	获取设备管理系统中故障维修部分的信息,并进行展示
	设备定位	通过结合 GIS 地图,单独展示该设备所在的地理位置
	列表刷新	设备详情 5 分钟刷新一次,设备详情展示最新的设备运行状况
	FSU	FSU 各个端口所对应的设备的远程开关
	空调	对空调的远程开关,远程模式、运行温度、风扇转速的设定
	柴油发电机	对柴油发电机的远程停机、起动、复位
阈值配置	阈值保存	针对各个设备遥测所获取的运行数据,可对数据报警上下限进行设置,并设置相应的超限报警时间,减少短时间超限带来的误报,点击"保存",完成阈值配置
	阈值重置	清空当前该设备的阈值配置

5. 报警中心

通过对前端感知设备或智能设备所采集的数据进行分析,判断事件发生的类别,并根据相应的预案采取对应的处置措施,以保证机电设备及时恢复正常工作。

报警事件大类总体分为三类,分别为电力监测、通信监测和设备监测,大类下又可具体细分为不同小类。

通过报警规则自动生成报警事件,用户可对报警事件进行短信通知、设备联动、工单联动、事件结束等操作(表6)。

功能要求　表6

序号	功能名称	功能描述
1	报警事件列表	报警列表显示报警时间、报警事件类型(大类、小类)、报警设备、设备类型、安装路段、安装位置、具体位置、报警等级、报警描述、处置状态(待确认、处置中、已消除、已报修、已结束)、持续时间、处置人、消除时间
2	查看报警事件信息	报警事件内容包括报警时间、报警事件类型(大类、小类)、报警设备、设备类型、安装路段、安装位置、具体位置、报警等级、报警描述、处置状态(待确认、处置中、已消除、已报修、已结束)、报警明细(包括重复报警次数、历史报警时间)、持续时间、处置人、消除时间
3	新事件报警	对于新产生的报警,系统全局范围内应及时弹出提示报警窗口,显示报警信息简报。所有报警均可设置为可视、可闻的声、光、语音等方式提醒或通知;对于不同级别的报警可以发出不同的声、光提示
4	报警事件合并	同一个设备报警(已发生报警并未修复)可进行报警事件合并,报警等级以子事件最高级为准,报警时间以最早发生的子事件最准,处置时长以最早发生的子事件至当前时间为准。报警优先级:电力故障 > 通信状况 > 设备故障
5	事件报警确认	用户针对获取的报警信息,通过视频联动、现场勘查等手段确认事件真实性,并从 PC 端或移动端进行事件报警确认。报警确认为确认、误报,确认后进出事件处置,记录事件报警确认时间(无论是确认还是误报)
6	事件超时未确认	如果在规定时限内未确认,可根据设定条件,通过短信或蓝信方式通知相关人员
7	报警事件查询	可以根据事件类型、设备类型、报警设备名称、安装路段、安装位置、处置状态等进行报警事件查询
8	报警事件处置	报警确认后,值班人员进行报警处置,根据预案联动,判断是否需要对设备进行远程控制,如果需要则首先尝试远程控制,如果远程控制失败或者无须远程控制,则生成故障单传给设备管理系统进行后续维修处理 故障单内容包括: ①故障来源:默认为"设备远程监测系统"; ②故障现象:默认显示报警告知的故障现象,并且可以查看故障报警前设备远程监测系统获取到的采集信息,以便处理人进行后续故障原因分析

续上表

序号	功能名称	功能描述
9	报警事件消除	对于未经确认、报警已经消除的,系统应自动清除报警窗内的显示,消除声、光报警,但应保存完整的报警记录。对于已确认报警事件,在设备恢复正常或被替换后,事件自动消除,但应具有完整的确认记录和报警发生、消除记录
10	事件总结	事件结束后,处置人需对本次报警事件进行总结录入
11	报警暂停	如果以提交故障单给设备管理系统处理,报警处置状态改为"已报修",则该设备的后续报警暂停,直到设备管理系统有反馈最近进展过来

6.通用阈值配置

通用阈值配置主要是针对现有在监控范围内的设备,设置其在运行时相关参数的正常区间。一旦设备相关参数脱离正常区间达到一定时间,系统需自动产生报警事件,通知相应人员进行相关处置(表7)。

功能描述 表7

序号	功能名称	功能描述
1	通用阈值设置	针对各类设备遥测所获取的运行数据,可对数据报警上下限进行设置,并设置相应的超限报警时间,减少短时间超限带来的误报,点击"保存",完成阈值配置
2	阈值重置	点击"重置",清空当前该类设备的阈值配置

7.可视化分析

可视化分析功能是基于数据采集的基础上,根据智能算法,触发相应功能,以直观、清晰的交互方式,为管理提供自动化的控制手段,同时为后期辅助决策系统提供参考和依据。

8.报表中心

系统报表可对报警信息、供电信息、工单联动信息、设备信息、火灾信息、门禁信息、日志信息等数据进行查询统计,并对各类数据进行历史趋势分析,形成各种报表,并可生成和打印报表、图表(表8)。

功能描述 表8

序号	功能名称	功能描述
1	故障汇总表	统计各个板块各管理处设备故障情况,按月进行统计,统计故障设备所对应的使用部门、发生日期、故障现象及原因、故障处理人、处理结果、处理完成日期、故障时长
2	设备完好率月报表	统计各版块设备完好率情况,按月进行统计,统计对应设备类别的运营设备数量、故障次数、单个设备故障修复最长时长、设备故障时长、设备运行时长、当月完好率
3	节能减排月度报表	读取所有管理处和收费站的月度用电量,并与上月进行环节计算增减
4	自发电附表	读取所有配有发电机房的站点的每月发电机运行次数及运行时间
5	系统日志表	系统对所有数据相关操作都进行操作日志记录。管理人员通过系统日志查询可进行设备阈值的设置、设备的重启等操作的过程情况跟踪查看。 系统日志查询可根据操作人员、操作时间、操作类型等条件进行检索,检索出的日志信息可进行相应设备操作信息的关联操作

9.系统管理

系统管理的基础功能用于在业务支撑网环境中,将系统中的用户信息、机构信息、设备档案信息、区域信息、角色信息、字典信息、日志信息、菜单信息进行一体化管理(表9)。

功能描述　表9

序号	功能名称	功能描述
1	机构管理	对系统内组织机构进行管理操作
2	设备档案管理	对系统内各设备档案进行管理操作
3	用户管理	对用户进行管理操作
4	区域管理	对区域设置进行管理操作
5	角色管理	对系统角色进行管理操作
6	日志管理	包括操作日志及设备日志等
7	菜单管理	对系统菜单信息(菜单的名称、图标、颜色、排序、上级菜单、链接、目标窗口、是否可见、权限标识、备注)进行管理操作
8	基础信息管理	系统隧道、配电所、机房的基础信息,包括机构类型,所属管理,机构名称,所属路段,所在桩号,值班电话,经纬度等管理操作

10. 与设备管理系统对接

集团设备管理系统已有全集团完整的设备台账信息,以及完善的故障管理流程,因此要求高速公路机电设备远程监测系统和集团设备管理系统对接。

11. 台账信息同步

集团设备管理系统的台账已经比较完整,数据信息也相对比较丰富,因此,高速公路设备远程监测系统相关的设备台账信息可从集团设备管理系统中获取。

①高速公路设备远程监测系统中的设备台账基础信息来源于集团设备管理系统中。

②高速公路设备远程监测系统特有的设备信息,比如IP地址等参数则在监测系统中录入,并同步到集团设备管理系统中。

③集团设备管理系统的设备台账会有醒目提醒,告知访问用户此设备已经纳入实时监测中。

④集团设备管理系统一旦对设备台账进行变更后,也会同步推送一条信息给到高速公路设备远程监测系统,进行两边的数据信息同步。

12. 故障自动派单

在设备远程监测系统中,当有事件报警经人工确认后将形成故障单发送至高速公路设备管理系统进行后续的维修流转。

①设备远程监测系统发现设备出现故障后,相关管理处值班人员进行故障确认,确认是故障并需要维修后进行工单关联操作,把故障报警信息和设备采集信息发送给高速公路设备管理系统中进行故障登记。

②高速公路设备管理系统根据设备的相关基本信息以及故障现象、故障来源等自动生成一张设备故障单,并把此故障单自动派送给目前管理处系统员进行后续处理。

a. 故障来源:默认为“设备远程监测系统”。

b. 故障现象:默认显示设备远程监测系统告知的故障现象,并且可以查看故障报警前设备远程监测系统获取到的采集信息,以便处理人进行后续故障原因分析。

c. 故障原因分析:高速公路设备管理系统会根据本次故障现象以及其他维度匹配历史数据,找出相似度较高的历史故障,对故障登记人(处理人)填写故障原因、故障定性定位以及预估维修费用起到参考作用。

高速公路设备管理系统中,故障单的重要节点(比如计划维修、设备已封存、设备已报废、设备已转让等维修方式审核通过后的状态,故障处理过程,维修确认结果等)状态同步回传给高速公路设备远程监测系统。

③集团设备管理系统确认该设备修复完成后，推送处理完成相关信息到高速公路设备远程监测系统，作为此次设备修复完成的依据。

设备远程监测系统发现设备故障后的维修流程如图1所示。

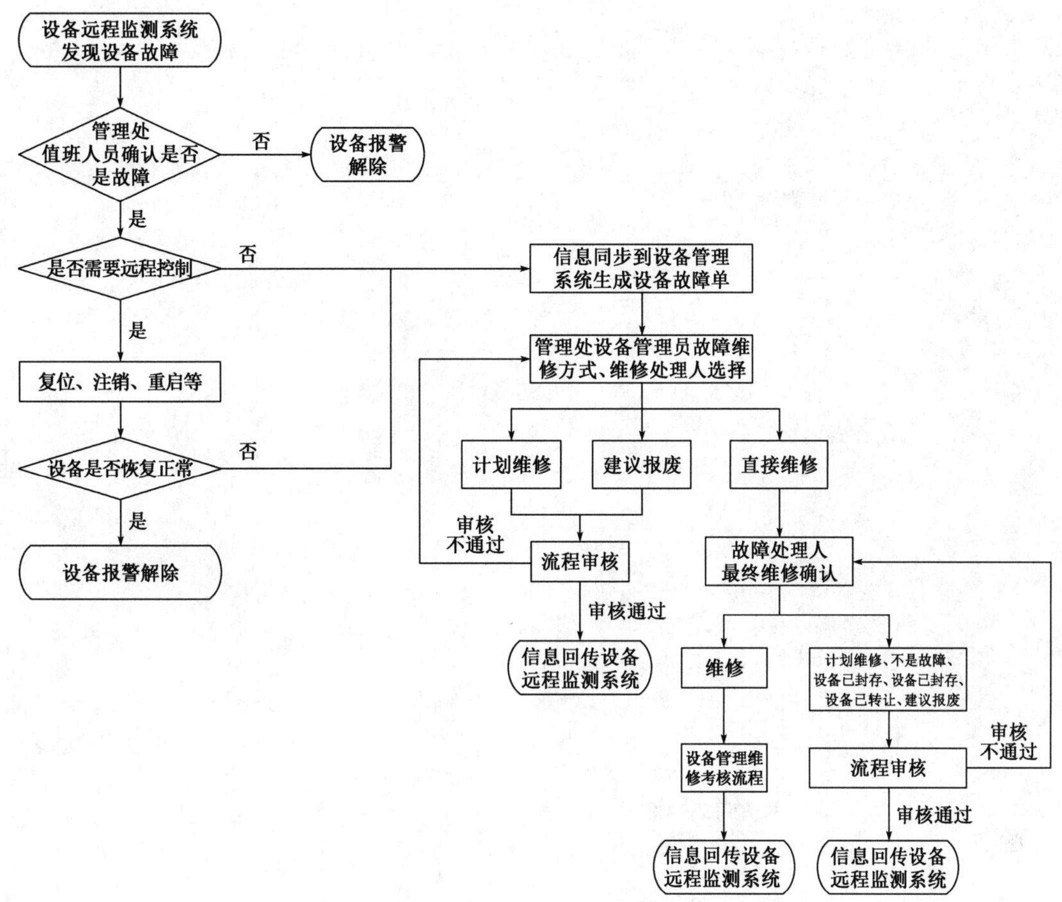

图1 设备远程监测系统发现设备故障后维修流程

13. 维护任务自动派单

高速公路机电设备远程监测系统监控的设备一旦出现多次报警(比如超过预设阈值等)，但还未出现设备故障时，需要给设备相关负责人进行相应的提醒，并在设备管理系统中自动生成针对此设备的维护任务单，以便维护人员能尽快对此设备进行维护排查，降低设备发生故障的概率。

14. 基础数据同步

为保证高速公路设备远程监测系统和集团设备管理系统数据的一致性，考虑把集团设备管理系统的用户信息、机构信息、设备类型等基础数据同步到高速公路设备远程监测系统，同时方便业务数据的展示以及同步。

四、实施效果

通过本项目的建设，改变了现有的设备维护巡检机制，借助设备状态实时检测、故障精确定位、自动派单等，代替原有的人工巡检，简化故障维修流程，对不同的故障进行合理派单，一定程度上降低了设备运维上的人力投入，提高了故障维修的效率，减少了时间成本，并为设备运维大数据分析提供了数据基础，提高了企业的整体经济效益。

同时连通各路公司的设备运行维护体系，实现设备运维信息共享，打破现有的“信息孤岛”现象。

通过物联网、互联网技术的引入,可大幅度提高故障维修的效率,节约维修时间 20% ~30%,进一步降低了设备故障所带来的影响,保证高速公路日常运营的正常运作,为公众提供了安全、高效的高速公路运营环境。

日常监控和设备故障维修所留存的数据信息作为设备的全生命周期分析的数据来源,还可帮助企业改善设备运维机制,实现设备运维体制的最优化。

高标准"品质工程"　助力企业高质量发展

山西路桥建设集团有限公司

成果主要创造人:杨志贵　杨建红

成果参与创造人:杨海龙　崔君毅　李殿勤　荆冰寅　李贵龙　杨嵩桥

李林林　冀晓梅　白万玉　白建宝

山西路桥建设集团有限公司(简称"山西路桥集团")组建于2001年5月,是山西省人民政府批准设立的大型国有企业。注册资本72.15亿元,主要从事交通基础设施的投资、建设、施工、运营和房地产开发,以及与之密切相关的设计、咨询、检测、机电、绿化、交通安全设施、交通物流、智慧交通等上下游关联产业。市场足迹遍布全国各地和津巴布韦、博茨瓦纳、柬埔寨、蒙古国、也门等国家。

山西路桥集团现有一家A股上市公司(山西路桥,股票代码:000755)。拥有一个国家公路工程施工总承包特级资质、一个公路行业设计甲级资质、九个公路工程施工总承包一级资质、一个市政公用工程施工总承包一级资质;两个融资租赁牌照,一个商业保理牌照;以及公路机电、检测、养护、交通安全设施、园林绿化、环保、地基、钢结构、消防设施、特种工程、房地产开发等三十余项专业资质,同时具有对外经营权。

山西路桥集团先后两次入选中国企业500强,五次荣获国家优质工程鲁班奖,八次荣获国家优质工程银质奖,多次荣获全国交通系统先进集体、全国优秀施工企业、山西省建筑工程汾水杯质量奖、山西省五一劳动奖。

一、实施背景

在全面拓展交通强国建设的新时代背景下,山西路桥集团深入贯彻落实交通运输部、山西省交通运输厅、山西交通控股集团有限公司有关"品质工程"创建的部署内容,坚持新发展理念和高质量发展要求,改革创新,对标提升,努力发挥项目带动、投资驱动、产业联动作用,以大项目完善产业体系,以好项目支撑高质量发展,逐步形成了具有山西特色、交控特质、路桥特点的高标准"品质工程"创建体系,通过高标准"品质工程",助力企业高质量发展。

二、成果内涵

打造"品质工程"是公路水运工程建设贯彻落实新发展理念和建设"四个交通"的重要载体,是深化交通运输基础设施供给侧结构性改革的重要举措,是今后一个时期推动公路水运工程质量和安全水平全面提升的有效途径,是推进实施现代工程管理和技术创新升级的不竭动力,对进一步推动我国交通运输基础设施建设向强国迈进具有重要意义。

"品质工程"是践行现代工程管理发展的新要求,追求工程内在质量和外在品位的有机统一,以优质耐久、安全舒适、经济环保、社会认可为建设目标的公路水运工程建设成果。

"品质工程"具体内涵是建设理念体现以人为本、本质安全、全寿命周期管理、价值工程等;管理举措体现精益建造导向,突出责任落实和诚信塑造,深化人本化、专业化、标准化、信息化和精细化;技术进步展现科技创新与突破,先进技术理论和方法得以推广运用,包括先进适用的新技术、新工艺、新材料、新装备和新标准的探索与完善;质量管理以保障工程耐久性为基础,体现建设与运营维护相协调、工程与自然人文相和谐,工程实体质量、功能质量、外观质量和服务质量均衡发展;安全管理以追求工程本质安全和风险可控为目标,促进工程结构安全、施工安全和使用安全协调发展;工程建设坚持可持续发展,体现在生态环保、资源节约和节能减排等方面取得明显成效。

山西路桥集团作为山西省交通基础设施投资建设施工的骨干和主力军,近年来,坚持"优质耐久、安全舒适、经济环保、社会认可"的"品质工程"创建要求,先后在省内外投资建设公路工程项目30余个,不断寻求"品质工程"建设与现代企业管理有效融合。

三、主要做法

(一)贯彻"品质工程"要求,高质量建成一批项目

长临高速公路项目作为山西路桥集团第一个BT项目,2015年开工建设,2018年建成通车。建设期间,长临高速公路项目严格落实交通运输部"四个交通"的发展要求,树立"品质工程"创建理念,创建"项目建设企业化运作"管理模式。坚持"项目就是产品",确定全寿命周期成本和"三十年质保期"的建设原则,构建"现代企业法人治理体系",创新管理,提升工程建设理念、从业人员综合素质、精神文明建设水平。铸造"企业管理和项目建设"两大品牌,确立了以创建"品质工程"为中心,打造"品质+"素质、文化、安心、廉洁的五大工程目标,通过实施路基"无沉陷"、桥梁"无病害"、隧道"无隐患"、防护排水"无损毁"、路面"无缺陷"等13项专项提升行动,实现了"质"与"品"的有机融合。全力打造"实体优、绿化美、效益高、行车舒"的"长临·品质工程",助力企业高质量发展。2017年7月,承办了全省公路"品质工程"示范创建活动动员暨现场会活动。

运宝黄河大桥项目,作为打通山西与河南联通的重要通道和山西省属国有企业自主投资在黄河上建设的第一座黄河大桥,2015年开工建设,2019年建成通车。该桥全长1690米,宽32米,设计速度80公里/小时,双向六车道,大桥分引桥、主桥、副桥三部分,引桥采用4×40米预应力T梁,主桥采用110米+2×200米+110米波形钢腹板单索面矮塔斜拉桥,副桥采用48米+9×90米+48米波形钢腹板刚构—连续组合体系梁桥。主桥主跨200米,是目前世界最大跨度的波形钢腹板中央单索面矮塔斜拉桥。大桥结构新颖、工艺复杂、技术含量高。主桥为单箱五室箱梁结构,采用波形钢腹板与混凝土腹板混用的截面形式,为世界首例波形钢腹板与混凝土腹板混用桥梁构造。波形钢腹板和钢横梁全部裸用Q345耐候钢,为国内公路桥梁首次大规模裸用耐候钢。主桥边腹板及副桥腹板与混凝土底板连接,全部采用外包式连接构造,为国内首次在钢混组合结构中采用外包式连接构造。该项目连年被评为"平安文明工地",被推荐为部级"品质工程"示范创建项目、国家住房和城乡建设部绿色施工科技示范工程和山西省住房和城乡建设厅第四批建筑业绿色施工示范工程,获批省级工法13项,国家级及省部级优秀QC(质量控制)成果14项,实用新型专利7项,省"五小"竞赛成果2项,地标2项,《多跨波形钢腹板刚构—连续梁桥上部结构施工关键技术研究》获中国公路学会科学技术三等奖,2019年被评为"山西省建筑业新技术应用示范工程",并荣获中国建筑金属结构协会颁发的"中国钢结构金奖",此奖项是中国建筑钢结构行业工程质量的最高荣誉奖,评选对象的工程质量均达到国内领先水平。

(二)强化"品质工程"理念,高标准实施一批项目

阳蟒高速公路项目作为山西路桥集团BOT投资项目,2016年开工建设,2020年建成通车。该项目作为交通运输部第三批绿色公路创建示范项目、山西省首个创建"绿色公路"典型示范工程项目,建设期间,始终坚持"品质为基、绿色先行"建设理念,大力学习和弘扬右玉精神,围绕"高起点谋划、高站位担当、高层次保护、高标准实施、高技术创新、高质量打造、高要求保障、高境界融合"的八高内容,持续推进"品质工程"建设,为山西省"绿色公路"与"品质工程"深度融合创建蹚出一条新路,为企业的高质量发展走出一个新方向。2019年9月,承办了第五届全国绿色公路技术交流大会。

太原东二环高速公路项目作为山西路桥集团BOT投资项目,2018年开工建设,2020年建成通车。作为山西省"品质工程"示范创建项目,建设期间,以《品质工程评价标准》为纲领,实施"BIM技术与项目管理深度融合"的管控模式,以全寿命周期为核心理念,开发构建了以"品质工程"分值为考核内容的

评价体系软件系统,统筹设计、施工、质量、安全、环保等项目建设管理的核心要素,全面推行标准化、精细化、信息化管理,并作为山西省品质攻关项目开展了“BIM 技术应用”和“一室二区三场”标准化建设活动。2018 年 10 月,承办了全省高速公路“品质工程”深化创建工作推进暨现场会活动。

(三)深化“品质工程”创建,高起点建设一批项目

山西路桥集团作为山西省属大型国有企业,在承担社会责任、履行社会义务、深化社会效益方面,严格落实习近平总书记“精准扶贫”和建设“四好农村路”有关要求,积极主动承揽建设“四好农村路”1370 公里,投资金额 22.4 亿元。晋城太行一号国家风景道、忻州偏关三大板块旅游公路等项目,深入贯彻时任山西省委书记楼阳生在黄河一号、长城一号旅游公路建设现场推进会讲话精神,切实结合旅游公路“交通扶贫”“旅游扶贫”的重要政治内涵,在质量、绿色、景观等方面狠下功夫,实施生态环境“影响最小、协调最好”的管理思路,实现绿化彩化一体、乔灌木草一体的生态效果,变“旅游公路”为“公路旅游”,在旅游公路建设中创建了路桥品质,发掘了路桥管理模式。

隰吉、离隰高速公路项目作为山西路桥集团 PPP 投资建设项目,在努力践行现代工程管理发展新要求和山西路桥集团高质量发展规划的同时,严格落实和深化探索新时代“品质工程”建设理念,积极推行工厂化生产、机械化加工、超市化配送、信息化管理,将智慧工地建设与“环境保护、生态修复、污染治理”理念相结合,入选交通运输部“交通强国建设山西试点项目”和“黄河流域绿色工程示范项目”。

四、实施效果

近年来山西路桥集团主动适应行业发展形势,严格落实“品质工程”创建要求,全面推动施工工艺标准化、管理模式体系化、场站建设规范化等,通过不懈努力和探索,在“品质工程”建设和管理方面取得了一定成效和成果,进一步夯实“品质工程”创建工作的同时,助力了企业高质量发展。

(一)在管理上实现新提升

管理是实现“品质工程”的根本。山西路桥集团紧紧围绕“人是打造品质工程的第一要素”的基本原则,在投资建设项目中构建“责任 + 防控 + 保障”三大体系,推行人员、材料、工艺、设备、临建五大准入机制,不断摸索新形势下建设项目管理模式。

长临高速公路在安全管控中实施了“19 + 1”层级全员安全生产责任体系,在全国交通运输安全生产风险管理试点现场会上做了经验交流,并入选“平安交通”安全创新典型案例;成立督导组,聘请第三方,按照“监理是主体、督导组是行政辅助、第三方是技术支持”的理念,探索提出了“督导组 + 监理 + 第三方”的大监理模式。同时,在关键工序、工艺、隐蔽工程上,“监理 + 督导组”共同旁站,实现质量控制“双保险”,强化了监理作用在“品质工程”建设中的充分发挥和进一步融入建设项目管理的新方式。

东二环高速公路项目通过编制标准工序库,拆分全线工序数量 88468 道,在明确建设、施工、监理单位各方的责任和目标的同时,构建了完善的工序拆分与管理体系,创建“2158”建设管理体系和“1026”工作运行机制,提高企业管理能力与整体执行力。其中,“2158”指:“2”为“李春奖”和“鲁班奖”两个建设目标;“1”为一个品质工程价值理念,即创新、创先、创优,精心、精细、精准;“5”为五种思维,即战略思维、系统思维、法治思维、底线思维、品牌思维;“8”为八大工程,即先锋工程、平安工程、百年工程、精品工程、绿色工程、智慧工程、示范工程、品牌工程。全体参建人员认真落实“2158”建设管理体系,围绕东二环高速公路项目建设总体框架思路,以创建品质工程为主线,以评价标准为准则,以十项攻关为重点,以“班组建设、首件产品、工序管理”为抓手,通过信息化和 BIM 技术应用,全面提升项目管理水平,努力打造品质工程,促进企业高质量发展。“1026”指:“1”即要常态化,每周召开 1 次工作例会;“0”即抓落实,所有工作计划、批办事项、会议安排事项跟踪落实、销号清零;“2”即促提升,每晚组织员工学习 2 个小时;“6”即重实效,每周工作天数明确为 6 天。“1026”工作运行机制的实施,优化了运行管理机制,强化了各项工作的计划管理和统筹安排,提升了公司员工综合业务素质,促进了整体工作的高效运转。

隰吉高速公路、国道 207 左涉等项目在劳务协作队伍管理方面,设立工人产业园区,实现了劳务协作队伍的集中管理、集中培训、集中生活,充分实现人本化管理。

（二）在标准上实现新突破

2017年以来，山西路桥集团不断完善顶层设计，加强制度支撑，先后参与编写了交通运输部《公路黄土隧道技术规范》《公路水毁防治技术规范（征求意见稿）》《公路工程质量检测和评定资料管理标准》；编制发布了《公路工程施工项目部管理指南》（DB 14/T 1723—2018）、《公路工程绿色施工评价标准》（DB 14/T 1724—2018）、《耐候钢桥梁技术规程》（DB 14/T 1864—2019）等6项省级地方标准指南；编制执行《公路绿化常用苗木育苗技术手册》《高速公路分布式光伏电站运维技术规范》《绿色公路施工技术指南》等12项企业标准。全方位、全角度、全过程推行标准化管理，促进"品质工程"建设有效落地，项目管理水平有效提升。

隰吉高速公路、国道209、国道207等项目，通过开展工程质量安全技术"微创新"、施工现场安全防护设施标准化、施工班组规范化等管理攻关行动，在"一室两区三厂"方面创新管理，深入推进工程建设向产业化、工厂化、装配化、集约化发展，在全省公路建设领域率先探索建立项目标准化建设管理体系。其中，国道209项目的小型预制构件在实现集中加工的同时，依托山西路桥集团省内交通基础设施投资建设施工全省布局的优势，可区域性辐射到离隰高速公路、汾石高速公路和地方市政等项目，实现了一厂多用、临时变永久的管理目标。

（三）在技术上实现新高度

技术引领发展，始终是项目建设与施工的核心。山西路桥集团将技术放在战略层面、核心位置，陆续出台了多项技术政策，招录、选拔、培养了一批技术人才，进一步激发技术人员活力，确保"技术引领施工、技术指导生产"的根本，大力度推动企业"科技创新、管理创效、人人创造"。

最重要的是，解决关键性技术难题。例如，隧道掘进中超挖现象普遍，造成湿喷回填量增大、成本增加。山西路桥集团就此进行了研究分析，确定主要原因在于爆破技术。2020年以来，山西路桥集团加大对隧道爆破掘进研究探讨，向院校专家学习、同专业公司合作，不断培养路桥自有专业爆破技术人员，从根本上解决隧道成本高的难题。截至2020年，累计组织开展隧道爆破技术、混凝土双掺技术、机制砂制配技术等16次专项技术培训，培训人员6870人次。2020年，专门组织召开了BIM中心首次调度会，举办了BIM大讲堂，把BIM技术与品质工程创建深度融合，有效提升了工程技术人员执业能力、技术水平和综合素质。最大力度实现技术助力品质、品质提升技术，技术支撑企业。

同时，针对山西省存在大量工业固废材料的实际状况，山西路桥集团深耕省内固废利用市场，主动承担社会责任，履行社会义务，大力探索绿色发展，联合武汉理工大学、长安大学等国内知名高校深入研究，强化固废在公路建设中的资源化、规模化利用，将汽化炉渣、煤矸石、铁尾矿、硼尾矿、CFB灰渣、钢渣及粉煤灰等工业固废科学应用于公路工程建设，科学合理替代水稳碎石、水泥混凝土中的粗细集料，节约了大量砂、石等建筑原材消耗，避免了砂石过度开采对当地环境造成的破坏，减少了固废堆放，节约了土地资源。2019年，山西路桥集团固废利用总量达245万吨，技术改进混凝土31万立方米，实现利润8000多万元。2020年，在建项目累计使用固废376.66万吨。截至2020年，已发布《工业固废CFB灰渣注浆充填采空区施工技术指南》（DB 14/T 2120—2020）、《工业固废煤气化炉渣路面基层施工技术指南》（DB 14/T 2121—2020）两项地方标准，实现了固废利用从量到质的转变，在全省范围内起到了引领表率作用，受到山西省委省政府的充分认可和高度肯定。

阳蟒高速公路项目在建设过程中，创新废弃石方利用管理模式，开展"二次经营"，通过一级筛选形状规则的巨石，打造路域景观；二级筛选合适粒径的片石，用于砌体防护排水工程；三级筛选优质石渣，自加工成碎石、机制砂及矿粉，用于混凝土集料、路面混合料；四级筛选符合路堤填料要求的石渣，填筑路基；五级筛选不易加工应用的石渣，填沟造地。废弃石方的"五级"筛选模式，实现了变废为宝，资源的合理利用。

太原东二环高速公路项目利用BIM技术，将信息化贯穿设计优化、前期策划、建设管理、施工应用全过程，打造价值落地的BIM应用。例如：应用BIM信息化集合手段，在路面施工中实现了原材料检测、混合料拌和、运输、现场摊铺碾压的全过程监控,有效控制施工质量。为此,山西路桥集团专门成立了山西路桥 BIM 中心,依托太原东二环高速公路、隰吉高速公路等项目载体,加快 BIM 技术在项目全寿命周期的应用;搭建"山西省公路建设智慧监管指挥调度平台"和山西路桥集团智慧管理平台;上线了山西路桥集团 BIM 云族库。获得山西公路行业唯一的"全国 BIM 等级考试"考点授权,2020 年 11 月承办全国第六届 BIM 学术交流大会。

(四)在安全质量环保上再上新台阶

山西路桥集团坚持"质量安全环保"为创建品质的基础保障原则,以构建管控体系为抓手,全面落实全员责任、提升风险管控、夯实基础工作,确保了质量安全环保措施有效落地,管理能力大幅提升,全力保障了"品质工程"建设,实现了安全质量环保再上新台阶。

1. 安全管理方面

积极构建"风险分级管控和隐患排查治理"双重预防机制,强化风险源头管控,建立五级风险管控体系,实现风险管控科学、合理、有效;全面推行安管人员激励机制,遵循"向安全风险高者倾斜,向工作难度大者倾斜,向安全管理一线倾斜"的原则,在全省同行业率先实施安全管理人员激励机制,以此调动了安全管理人员工作的主动性、积极性和创造性;推广了"互联网 + 安全"管理模式,研发应用了"平安交通"安全管理系统,结合安全监督视频报告、智能安全监测硬件终端,实现"一张图"掌握动态,多视角展示态势、全方位保障安全。

2. 质量管理方面

在落实质量责任全员登记的基础上,建立"项目 + 标段 + 班组"的"三级"首件产品认证机制,积极推行班组管理标准化,实行"7S"标准化管理,优化施工组织模式,实行月度考核奖励,做到分工明确、责权清晰,达到政令畅通、奖罚分明,切实了打通项目管理的最后一公里;建立了全集团范围内的质量巡查机制,对重点单位工程、重要部位、薄弱环节、关键工序等易发质量通病的方面进行巡查,确保隐患问题发现及时、整改及时,确保工程建设质量始终处于受控状态。

3. 环保管理方面

开展了环保标准化助力创建工作,用《公路工程环保管理标准化指南》,实现环保管理程序化、标准化、规范化;强化了工地现场"六个百分百",即做到"施工重点区域全围挡、物料堆放全覆盖、施工道路全硬化、运输车辆全封闭、土方开挖全部湿法作业、出入现场机械全清洗";统筹开展"线路设计优化",科学优化线路,避免高路堤、深路堑,避免大规模弃方,做到"零弃方、少弃方",保护土地资源;统筹规划"临时设施",保证资源最大利用,本着"少建设、多利用"的原则,做到"临时建筑与现有建筑,临时便道与乡村道路,临时用电与永久用电"三结合。阳蟒高速公路在临时道路建设方面,坚持"利用现有道路为主,结合当地规划改建、新建为辅"的原则,统筹规划临时便道,减少占地约 867100 平方米,有效降低了施工成本,提高了项目利润。

"品质工程"的创建工作,给山西路桥集团项目建设与管理带来了"质"的变化。山西路桥集团将继续围绕"品质工程"深化创建的有关要求,坚持"项目为王",坚持问题导向、目标导向、结果导向,在山西省交通运输厅、山西交通控股集团有限公司的坚强领导下、把"管理科学、经济坚实、文化先进、职工幸福"的企业理念与"品质工程"内涵深度融合,凝聚山西路桥人的智慧和力量,挥洒山西路桥人的聪明和才干,积极探索适合富有路桥特色的"品质工程"创建高质量发展新道路、新模式、新方法,以"新时代勇立潮头、锐意开拓的奋进姿态",强化责任担当和使命意识,把"品质工程"建设的各项工作再做实、再做细,不断通过"品质工程"建设,有效助力企业高质量发展,为山西省交通事业高质量发展贡献路桥力量,为交通强国建设贡献山西力量!

建立 VTS 用户指南模板

中华人民共和国吴淞海事局

成果主要创造人:黄建伟　刘　伟

成果参与创造人:金胜利　姜海燕　陈亚楠　胡圆明　代玉强　周国祥

中华人民共和国吴淞海事局是中华人民共和国上海海事局下属分支机构,前身为吴淞监督站,成立于1956年,正处级单位。2013年7月,经机构改革后,正式更名为中华人民共和国吴淞海事局。

中华人民共和国吴淞海事局位于黄浦江与蕰藻浜口,毗邻吴淞客运中心。管辖区域有外港包括长江上海段吴淞口以下主航道及北侧小型船舶航道、主要锚地和长江口水域,里港包括黄浦江101灯浮至107灯浮约4.7海里[1]水域。上海海事局的管辖重点"两口一线"——长江口、吴淞口和深水航道,均位于吴淞海事局辖区,其中全长39.66海里的长江口深水航道素有"黄金水道""水上高速"之称,是关系整个长江航运经济发展的水上生命线。

针对辖区通航环境复杂、船舶流量大、重点工程多、集装箱航线和班轮多、恶劣天气频繁、过境船舶多等特点,吴淞海事局致力于加强自身建设,不断提升服务和监管能力与水平,担负着水域巡逻、通航秩序维护、施工作业监管、船舶安全检查、水域防污染、组织搜寻救助及处置突发性水上安全事件等职责,全力促进辖区通航安全和通航效率协调发展。

一、背景介绍

从1948年英国在利物浦港建设雷达站,并利用雷达和无线电话引导船舶雾中进港开始,船舶交通服务(VTS)在保障船舶和人命安全,提高船舶通行效率和保护海洋环境方面发挥的作用越来越被重视。很多国家和地区先后加入了建设VTS的行列。截至2018年底,全球有超过500个VTS中心在运行。自1978年中国在宁波港建设第一套VTS系统以来,到2018年末,我国海事局先后组织建成了55个VTS中心(其中长江14个、其他沿海港口41个),VTS基本覆盖了中国沿海主要港口、航道和长江干线水域。

VTS在国内外的高速发展除了得益于技术进步以外,国际规范的建立也发挥了重要作用,具有标志性意义的是1997年通过的IMOA.857(20)决议《船舶交通服务指南》,该决议作为全球VTS运行管理的基础文件,对VTS运行的一般原则、缔约国政府和VTS中心的职责以及VTS人员的培训等方面进行了系统的阐述。20多年来,随着VTS技术和管理实践的发展,该决议很多内容已经不能适应当前的形势和未来的发展。国际航标协会(IALA)牵头向IMO提出对该决议进行修订。中国作为联合提案国,在决议的修订研究过程中,发现建立"VTS用户指南模板"符合A.857(20)决议的修订原则,即"提供一个清晰、简洁的框架,在全球范围内提供统一、协调的VTS服务"。模板的建立可以为全球各VTS中心在编制用户指南时提供标准格式和内容参考,提高航海者使用VTS的效率和准确性。

经过深入的调查研究后,中国海事局原计划将"VTS用户指南模板"作为附件加入修订后的A857(20)决议中。但在后续讨论中,各国达成共识,在新决议中不再设立附件,但又认为该内容十分重要,应当单独制定一个指南。因此,我国按照程序提出立项申请,经过IALA第67次理事会批准后列入

[1] 1海里=1.825公里。

“VTS 委员会 2018—2022 工作计划”中。中国海事局就本议题相继提交五份输入文件，经过两次 VTS 委员会的集中工作以及会间大量的资料搜集和意见征询，在坚持标准科学性和广泛适用性原则的基础上，“向航海者发布 VTS 要求的指南——VTS 用户指南模板”草案获得 VTS46 次委员会审议通过。该草案将提交 IALA 第 69 次理事会审议。通过后，该指南将成为首个由我国在 IALA 提出立项建议、以中国经验为基础、由中国主持起草的 IALA 标准，也是我国将提案变成方案，发出中国声音，分享中国经验，提高我国在规则制定话语权方面的成功实践。

二、法律框架

VTS 用户指南及其相关文件旨在向航海者提供 VTS 概况、加入要求及其他必要信息，以畅通 VTS 中心和用户之间的沟通联系，是船舶使用 VTS 的基本文件。国际公约和标准以及国内法规对于 VTS 向航海者发布相关信息都有相应要求。

①IMOA. 857(20)决议中，及时向航海者提供在 VTS 区域内需要达到的要求和遵循的程序的详细资料。该信息应包括要求或希望参加 VTS 服务的船舶种类；用于报告的无线电频率；适用区域；提交报告的时间和地理位置；要求的报告格式和内容；负责运行该服务的 VTS 当局；向参加船舶提供的任何信息、建议或指令；可用的服务类型和等级。这些信息应在相应的航海出版物和《世界 VTS 指南》中公布。

②IALA1089 指南——“VTS 服务的提供(信息服务、交通组织服务和助航服务)”中，VTS 对海员提供的服务应在《世界 VTS 指南》和国内出版的用户指南或手册等适当的国际认可的航海出版物上公布。公布的内容应包括详细的 VTS 区域、功能、提供的服务类型、规章、制度、要求和程序。这些对外公布的信息应每年审查一次并在需要时进行更新。

③IALA《VTS2016 手册》(第六版)第 14 章“VTS 信息发布”中，罗列了 VTS 信息发布的要求和主要内容。

可以看出虽然国际上对 VTS 信息发布的内容和范围提出了一些要求，但是对于具体的条款、格式、文件边界等并没有做进一步的阐述。

参照国际组织的相关要求，很多国家也出台了相应的国内法来规范 VTS 运行以及信息发布，例如美国的《港口和航道安全法》和联邦法规 33 章第 21 款“船舶交通管理”都提到了 VTS 运行和信息发布的相关要求。我国于 1997 年出台《中华人民共和国船舶交通管理系统安全监督管理规则》，要求“船舶在 VTS 区域内航行、停泊和作业时，必须按主管机关颁发的《VTS 用户指南》所明确的报告程序和内容，通过甚高频无线电话或其他有效手段向 VTS 中心进行船舶动态报告”。在后续的多部 VTS 法规和管理文件中也明确强调了 VTS 信息发布的相关要求，2012 年出台的《直属海事系统船舶交通管理系统内部管理办法》中，将“VTS 用户指南”的发布作为 VTS 系统正式对外开通运行的前置条件，2016 年出台的《交通运输部海事局关于进一步规范船舶交通管理服务指南的通知》提供了用户指南的通用格式。

三、必要性分析

(一)各国 VTS 用户指南对比分析

为了能够更好地掌握全球范围内不同国家和地区 VTS 信息发布的情况，在相关 IALA 成员方的帮助下，笔者选择了涵盖不同 VTS 类型(近岸型、沿海型、港口/河口型、内河型)和港口、水道特点的 63 个 VTS 中心(附件 2)的用户指南或者其他信息发布文件进行分析，就这些文件包含的内容进行比对，结果如图 1 所示。

从图 1 中可以看出，大部分 VTS 中心都按照 A. 857(20)决议的相关要求对外发布了 VTS 相关信息。例如，所有的文件都涉及“VHF 频道”和“报告程序”这两个部分，对 VTS 不同分区的 VHF 频道使用要求以及船舶报告的类型、内容和要求做了较为详细的阐述。超过 8 成的 VTS 中心也对 VTS 概况，包括 VTS 的名称、主管机关、工作时间和系统建设情况等进行介绍，对于法定适用 VTS 的船舶吨位、类型等进行描述，也乐于通过示意图的方式去直观地介绍 VTS 的相关要求。约有一半的 VTS 中心对于其覆盖水域内的航行注意事项、引航、锚地进行了描述,也对船舶在 VTS 水域内违反相关规定的责任条款进行了说明。个别 VTS 中心对于拖轮、港口设施、联合服务情况和地方规则进行了介绍。

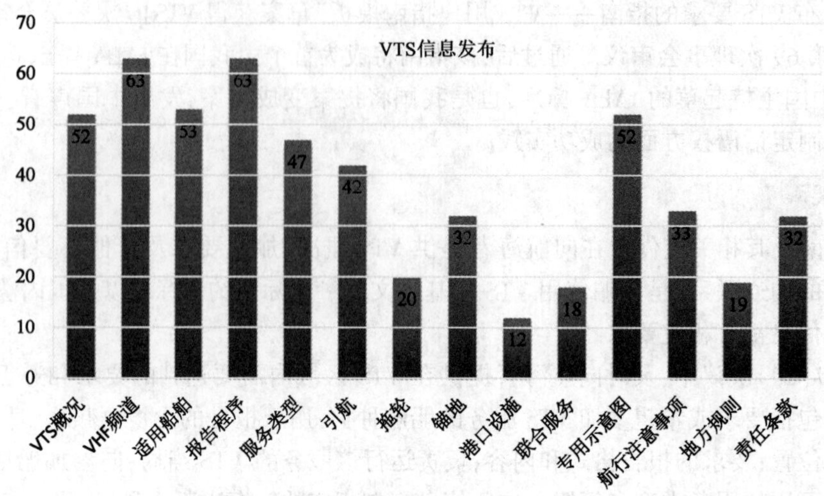

图1　不同地区 VTS 信息发布内容对比图

除上述分析以外,63 个样本 VTS 中心的信息发布文件在内容、篇幅和结构方面仍存在一些明显的差异:

①内容存在差异。有的 VTS 用户指南中会将一些特有的信息纳入进来。例如,美国西雅图的“PUGET SOUND VTS”将船舶安保的相关要求作为单独一章进行说明,在其他国家的 VTS 用户指南中并未发现。

②篇幅长短不一。例如美国路易斯安那州的“BERWICK BAY VTS”的用户指南一共多达 94 页,除了对 VTS 的概况、VHF 频道划分、报告程序等内容的介绍外,还单独用一章来介绍交通管理和应急程序、船舶违规、人员伤亡、搜救支援等内容。相比而言,瑞典的 SOUND VTS 仅用 2 页篇幅对 VHF 工作程序、辖区示意图、联系方式等基本信息进行说明。

③结构各不相同。相似的内容在不同地区的 VTS 用户指南可能被划归到不同的章节和分类中。例如,澳大利亚的大堡礁 VTS 用户指南将“VTS 通信”这一部分内容放在倒数第二部分——第十章进行介绍,这与包括我国在内的大部分 VTS 用户指南在比较靠前的位置介绍“VTS 通信”不同。

④文件名称和发布方式多样。大部分的 VTS 中心通过编制专门的“VTS 用户指南/手册”发布 VTS 信息。澳大利亚悉尼 VTS 中心是将相关信息写入“进港指南”中。新加坡和马来西亚 VTS 中心则是通过“船舶报告制系统”发布 VTS 信息。瑞典的 SOUND VTS 没有专门的出版物,仅在官网上对外发布信息。多渠道的获取信息应该得到鼓励,但是由于缺乏统一的标准,不同渠道发布的信息内容也不尽相同,给航海者带来了一定的困扰。

(二)VTS 用户指南不统一带来的问题

各个国家和地区“VTS 用户指南”存在的差异性对于使用 VTS 的船舶在一定程度上造成了困扰。中国海事局对全国各主要港口进行了面对面的问卷调查工作,1229 名来自世界各地的船长和其他 VTS 用户参与了此次调查,结果显示:31% 的 VTS 用户认为这些差异性对于使用 VTS 的船舶在一定程度上造成了困扰,87% 的 VTS 用户认为需要建立统一的“VTS 用户指南”来提高航海者使用 VTS 的效率和准确度。综合各方意见,“VTS 用户指南”的不统一带来了以下问题:

①内容和结构的不一致,影响用户获取必要信息的效率。例如,上文中提到的“BERWICK BAY VTS 用户指南”,由于篇幅较长,涉及内容较多,船员在使用 VTS 用户指南时,容易混淆重点,难以在第一时间获取最有用的信息。同样,结构的不一致也会增加航海者使用不同 VTS 用户指南时的工作负担。

②专业性不强,与其他航海图书资料之间的关系没有厘清。例如,一些 VTS 用户指南用了很大的篇幅去说明航行规则、引航、拖轮、收费标准、气象概况、航路、航法等内容。这在提供更多信息的同时,

也相应地模糊了 VTS 的专业性,而这些相关信息很多可以在《航路指南》等航海出版物中找到,是不是一定要写进"VTS 用户指南"值得商榷。

③缺少一些重要的辅助信息,指南的可用性受到影响。在所选取的样本中,一些指南缺少"VTS 示意图",还有的示意图信息不全,如美国西雅图 PUGET SOUND VTS 中的示意图仅是在海图上 VTS 区域大概圈出,而大部分 VTS 用户指南中编制了标注有船舶报告线,分区和 VHF 频道等信息的"VTS 区域专用示意图",这些辅助信息使 VTS 用户可以更加直观的了解 VTS 辖区基本情况,更加便捷的使用 VTS。

④相邻或者相近 VTS 中心用户指南的不统一会加重以上问题。当船舶航行于相邻或者相近的两个 VTS 区域,特别当他们隶属于不同的主管机关时,航海者需要快速变换 VTS 报告和工作程序,使得船岸双方的工作量都在增加,甚至会带来航行风险。

四、可行性分析

以 IALA 指南的方式推广"VTS 用户指南模板"与 A. 857(20)决议"在全球范围内提供规范、统一、协调的 VTS 服务"的修订原则是一致的,经过综合分析,该议题的可行性主要体现在:

1. 模板的建立有公约框架和实践基础

IMO A. 857(20)决议、IALA 1089 指南和 VTS2016 手册(第六版)都提及 VTS 向航海者发布信息的内容和要求,虽然对于具体的内容、结构和格式等方面缺乏明确的界定,但通过图 1 也可以看出,不同国家和地区的 VTS 用户指南具有一定的相通之处,这使得在全球范围内建立规范、统一的"VTS 用户指南模板"具有可行性。

2. 模板的使用有利于降低风险,保障安全

作为船舶和其他用户使用 VTS 的基础文件,规范、统一的 VTS 用户指南可以有效减少航海者获取 VTS 信息的负担,有助于船舶更快捷、清晰地从 VTS 用户指南中获取需要的信息,将船舶航行于不同 VTS 区域间的困惑降至最低,减少由于使用不同的 VTS 程序而导致的风险,保障船舶航行安全,提高航行效率。

3. 模板的使用可以促进 VTS 服务的统一、协调

由于 VTS 用户指南中涉及的都是 VTS 的关键信息,这些信息的统一、协调,也在一定程度上要求各 VTS 中心提供统一、协调的 VTS 服务,更好地服务于航海者,符合 VTS 的发展趋势。

4. 模板的应用不会增加财政负担

因为各 VTS 中心在现有公约框架下已经建立了各自的用户指南和相关文件,提供统一的模板让各 VTS 中心参照更新自己的"VTS 用户指南",并不需要去收集新的资料和信息,只是对现有内容的重新组织,不会增加各 VTS 中心的财政负担。

五、编制原则

"VTS 用户指南模板"的编制应该充分考虑到科学性和普遍适用性的统一,并符合 VTS 的发展趋势。凝结了全球 VTS 专家的共同智慧,经 IALA VTS46 次委员会最终通过了"VTS 用户指南模板"(附件 1),其主要编制原则如下:

1. 简洁实用的原则

在 IALA 向 IMO MSC99 次会议提交的关于修订 A. 857(20)决议的联合提案中多次提到,修订的目标是提供一个清晰、简明的框架以确保用统一、协调的方式在全球范围内实施和运行 VTS。模板的编制也遵循类似的原则,因此选择通过表格这种直观的方式来编辑模板,并且只保留法律框架中要求的航海者必须掌握的信息,将其他没有直接的部分,如雷达站的配置等,从模板中移除。

2. 适应当下的原则

截至 2018 年底,A857(20)决议仍在修订中,预计提交 2020 年 IMO NCSR 第 7 次会议审议,虽然还

没有最终定稿,但是对于一些已经达成明确共识的部分,如由于信息服务、助航服务和交通组织服务的界限和定义不明而导致的困惑和混淆,将在新决议中予以删除,因此在模板中也将“VTS 服务类型”这一部分删除。

3. 普遍适用的原则

全球各 VTS 中心的类型和通航环境、交通流情况均不相同,为提高模板的适用性,一方面通过分析找出各“VTS 用户指南”中共性的部分,如考虑到大多数 VTS 覆盖水域都建立了船舶报告制度,因此在船舶报告部分,提出按照 IMO A. 851(20)决议的要求去描述;另一方面提供一个宏观的框架让各 VTS 中心自行选择,如最后一部分的“其他信息”,只保留了框架,具体的内容,如引航、参考文献、港口服务、航行要点等信息,各 VTS 中心可以根据情况自行编辑。

六、创新和展望

待 2019 年 6 月 IALA 第 68 届理事会批准后,“向航海者发布 VTS 要求的指南——VTS 用户指南模板”将成为正式的 IALA 指南,为了让其在全球范围内推动提供统一、协调的 VTS 服务方面发挥更大作用,仍有一些工作需要开展:

①“VTS 用户指南”的发布方式和有效性的维持有待进一步研究。本指南统一了“VTS 用户指南”的格式和内容,虽然在正文中提到了通过常用的航海图书资料,如进港指南、无线电信号表,以及网站等发布“VTS 用户指南”,但具体的操作方法以及如何在全球范围内保持其有效性还需要进一步的研究。

②将“VTS 用户指南”数字化并纳入电子海图显示与信息系统(ECDIS)意思重大。IALA 正在加紧推进易航海(E—NAV)、海事服务集(MSP)的相关工作,同时随着水面自主船、人工智能、大数据的发展,VTS 服务的数字化成为必然趋势。通过与 IHO 的合作,在 ECDIS 中直接显示 VTS 用户指南信息将会给船长使用 VTS 带来极大的便利,因此 VTS46 次会议报告中提出“在该指南被批准后,请求理事会将相关信息通报 IHO,以谋求进一步的合作”。

③推动数据库建设,为全球 VTS 的引领发展作出贡献。在不改变现有图书资料运行方式的情况下,建立独立的网络数据库中心,为航海者和其他 VTS 用户提供统一的查询服务,将得到各国的普遍欢迎。如果我国能够承建和运营这样一个数据库,就可以以“VTS 用户指南”为基础,通过配合 IALA 的工作,逐步纳入更多的数据信息,不断提高国际影响力。

④因地制宜、实事求是地做好成果转化工作。在“VTS 用户指南模板”向国内规则转化的过程中,应该在符合其要求的基础上,考虑我国 VTS 运行管理的实际情况,将相关内容进一步研究优化后再进行推广,不断提高我国 VTS 的管理能力和服务水平。

附件 1　VTS 用户指南模板

Note-Examples are provided in *italics*.　　附件 1

		VTS Identifier Users Guide
1. Summary	1.1　VTS Identifier	Refer to Guideline 1083—Standard Nomenclature to identify and refer to VTScanters. Dalian VTS
	1.2　Coverage of VTS area	Describe the VTS area as outlined in item 6
	1.3　Servicetime	24hours/7days Between 06:00 and 18:00 Monday to Friday (Local Time)
2. Ships required to participate	2.1　Mandatory	1. All ships of 50m or greater in overall length; 2. All ships, regardless of length, carrying in bulk hazardous and/or potentially polluting cargo, in accordance with the definitions at resolution MSC. 433(98)
	2.2　Non-Mandatory	Is voluntary participation accepted/encouraged? Yes/No

续上表

<table>
<tr><td colspan="4">VTS Identifier Users Guide</td></tr>
<tr><td rowspan="4">3. VHF Working Channels(refer to the chartlet in part6)</td><td>Area</td><td>Callsign</td><td>VHF Channel</td></tr>
<tr><td>Medway light buoy area</td><td>Medway VTS</td><td>74</td></tr>
<tr><td>Dolphin Sector</td><td>London VTS</td><td>14</td></tr>
<tr><td>…</td><td>…</td><td>…</td></tr>
<tr><td rowspan="2">4. Reporting Requirements (reports may be supplemented by other means, e. g. AIS, email, etc. .)</td><td>Type of Report</td><td colspan="2">Information Required</td></tr>
<tr><td>Sailing plan
Position report
Deviation report
Final report
Dangerous goods report
Harmful substances report
Marine pollutants report
Any other report</td><td colspan="2">A, B, C … using telegraphy as per appendix to A. 851(20)</td></tr>
<tr><td>5. Additional information the VTS promulgates (if any)</td><td colspan="3">…</td></tr>
<tr><td colspan="4">6. Chartlet for […] VTS area
The chartlet may include VTS area, sectors, if any, reporting lines/points, VHF channels, etc.
If a chartlet is unavailable, a description should be provided</td></tr>
</table>

63 个样本 VTS 中心列表 附件 2

<table>
<tr><td colspan="3">亚洲(30 VTS CENTRES)</td></tr>
<tr><td>1</td><td>中国</td><td>HONG KONG VTC</td></tr>
<tr><td>2</td><td>日本</td><td>1) TOKYO MARTIS VTS; 2) BISAN MARTIS VTS; 3) KANMON MARTIS VTS; 4) KURUSHIMA MARTIS VTS; 5) OSAKAWAN VTS; 6) ISEWAN MARTIS VTS; 7) NAGOYA-KO VTS</td></tr>
<tr><td>3</td><td>韩国</td><td>1) YEOSU VTS; 2) ULSAN VTS; 3) MASAN VTS; 4) INCHEON VTS; 5) PYEONGTAEK VTS; 6) DAESAN VTS; 7) BUSAN VTS; 8) DONGHAE VTS; 9) GUNSAN VTS; 10) OKPO VTS; 11) JEJU VTS; 12) WANDO VTS; 13) BUSAN NEW PORT VTS; 14) JINDOCOASTAL VTS; 15) GYEOGIN VTS; 16) GYEOGIN COASTAL VTS; 17) YEOSU COASTAL VTS; 18) TONGYOUNG VTS; 19) TONGYOUNG COASTAL VTS; 20) SAMCHEONPO VTS</td></tr>
<tr><td>4</td><td>新加坡</td><td>Singapore VTS</td></tr>
<tr><td>5</td><td>马来西亚</td><td>1) KLANG VTS; 2) JOHOR VTS</td></tr>
<tr><td colspan="3">欧洲(16 VTS CENTRES)</td></tr>
<tr><td>6</td><td>土耳其</td><td>TURKISH STRAITS VTS</td></tr>
<tr><td>7</td><td>比利时</td><td>SCHELDT VTS</td></tr>
<tr><td>8</td><td>英国</td><td>1) PORT OF LONDON VTS; 2) BELFAST HARBOUR VTS</td></tr>
<tr><td>9</td><td>德国</td><td>1) PORT OF BREMRRHAVEN VTS; 2) GERMEN BIGHT VTS</td></tr>
<tr><td>10</td><td>法国</td><td>PORT OF ROUENVTS</td></tr>
<tr><td>11</td><td>芬兰</td><td>1) PORT OFHELSINKI VTS; 2) HANKO VTS</td></tr>
<tr><td>12</td><td>罗马尼亚</td><td>PORT OF CONSTANCA VTS</td></tr>
<tr><td>13</td><td>意大利</td><td>TARANTO VTS</td></tr>
<tr><td>14</td><td>俄罗斯</td><td>PETERSBURG VTS</td></tr>
</table>

续上表

欧洲(16 VTS CENTRES)		
15	荷兰	1)AMSTERDAM VTS;2)ROTTERDAM VTS
16	芬兰—爱沙尼亚	GOFREP VTS
17	丹麦—瑞士	SOUND VTS
大洋洲(2 VTS CENTRES)		
18	澳大利亚	1)SYDNEY PORTS VTS;2)GREAT BARRIER REEF AND TORRES STRAIT VTS
非洲		
19	南非	PORT OF CAPE TOWN VTS
北美洲(13 VTS CENTRES)		
20	加拿大	PRINCE RUPERT VTS
21	美国	1)LOS ANGELES-LONG BEACH VTS;2) BERWICK BAY VTS;3) HOUSTON-GALVESTON VTS;4)LOUISVILLE VTS;5) LOWER MISSISSIPPI RIVER VTS;6) NEW YORK VTS;7) PORT OF ARTHUR VTS;8) PRINCE WILLIAM SOUND VTS;9) PUGET SOUND VTS;10) SAN FRANCISCO VTS;11) ST. MARYS RIVER VTS;12) HOUSTON-GALVESTON VTS
南美洲		
22	巴西	PORT OF Açu VTS

空陆联程运输助力企业腾飞

冀运集团股份有限公司

成果主要创造人：曹向欣　韩　波

成果参与创造人：王晓燕　刘庆斌　田金生　李福利　于长安　董　雅

高　昆　张　莹　孙晓飞　王栓锋

冀运集团股份有限公司（简称“冀运集团”）前身是由河北省交通运输厅注资控股的河北省高速公路客运有限公司（简称“河北高客”）。河北高客成立于1997年6月28日，2005年12月完成企业改制，2009年4月28日增资重组成立冀运集团。冀运集团注册资本1亿元，在省内各地市设有分子公司18家，员工总数500余人，是一家集公路客运、旅游、现代物流、汽车服务、电子商务、信息技术为一体的跨区域、跨行业、跨所有制的现代综合运业集团。

客运业具有国家二级经营资质，主要经营高速班线、通勤班车、包车客运、机场直通车、机场巴士、商务快线等业务。目前，拥有沃尔沃、凯斯鲍尔、青年、宇通、金旅等多种品牌豪华客车300余部，运营线路70余条，已形成了以省会为中心，覆盖全省、通达全国16个省（自治区、直辖市）的客运及小件快递综合运输网络。冀运集团长期秉承“安全、诚信、高效、温馨”的服务宗旨，坚持“乘坐冀运高客，尽享一路温馨”的服务理念，打造了冀运“高客”知名品牌，受到广大乘客的赞誉，被誉为“流动的星级宾馆”。机场直通车与机场巴士的开通，为构建航空和高速铁路的立体交通体系搭起了道路运输的桥梁，实现了空、港、地“无缝衔接和零距离换乘”，已成为全国交通系统“空陆联程运输”的典范。

一、实施背景

（一）河北民航业的大发展开启联程运输发展

石家庄正定国际机场自1995年2月通航以来，旅客吞吐量逐年递增，特别近十年来，步入发展的快车道，紧紧围绕区域航空枢纽的国家定位，发挥石家庄正定国际机场“全服务航空+低成本航空协调发展”独特优势，通过开展大众化服务，打造“从家飞”“环京飞”“空铁联运”“机场直通车”等联程运输业务、服务品牌，构建起区域枢纽和“无缝隙衔接、零距离换乘”综合交通体系，旅客吞吐量一年增长一个新台阶。

2010年，河北省为推进河北民航业跨越式发展，省政府总体布局并出台了《关于加快民航业发展的意见》。为落实省政府支持河北民航发展的决策，河北省交通运输厅出台了《关于支持石家庄正定国际机场发展加快城市候机楼布局建设意见》，按照河北省民航发展建设办公室、省交通运输厅的总体布局，作为拥有“河北高客”服务品牌的冀运集团，在省交通运输厅、省道路运输管理局的大力支持下，与河北机场管理集团有限公司实施战略合作，由河北机场管理集团有限公司以石家庄正定国际机场为中心，遵照“依托交通枢纽、方便旅客零距离换乘”的原则，在石家庄正定国际机场周边设区市及部分人口稠密、商贸发达的县（市）布局建设城市候机楼，周边城市（候机楼）到石家庄正定国际机场乘机旅客运输由冀运集团负责承运，开启了联程运输业务发展。

（二）国家及行业发展迫切需要

交通运输业发展至“十一五”期间为结构调整阶段；“十二五”期间为转型升级期，是向现代道路运输业迈进的新阶段;"十三五"末,要基本建成安全、可靠、经济、高效、衔接畅通、服务优质的道路客运服务体系,推动交通运输实现更高质量、更有效率、更加公平、更可持续的发展。

在这样的大背景下,冀运集团在董事长的战略布局下进行了调整、转型升级。面对长途班线逐步萎缩的客运市场,以及高速铁路、民航的致命冲击,冀运集团心存壮士断腕之豪气,跳出传统思维,突破行业陈规,加快转型步伐,在机场地面运输服务及科技开发方面取得了明显的成效。

二、成果内涵

"空陆联程运输"是冀运集团按照河北省发展建设办公室、省交通运输厅的总体布局,遵照"依托交通枢纽、方便旅客零距离换乘"的原则,在石家庄正定国际机场周边设区市及部分人口稠密、商贸发达的县(市)布局建设城市候机楼,周边城市(候机楼)到石家庄正定国际机场乘机旅客运输由冀运集团负责承运的道路运输业务。

空陆联程运输开辟了河北省机场地面运输服务模式,为机场旅客吞吐量的快速增长作出了重要贡献,对打造"零距离换乘、无缝隙衔接"的综合交通运输体系起到了积极的推动作用。

现该业务基本形成了石家庄正定国际机场便捷的交通运输网络,实现了空铁联运、公铁联运、零换乘接驳运输,打造了"空巴联程""机场巴士"品牌。近十年来,石家庄正定国际机场由 2010 年的年旅客吞吐量 272.3 万人次,增长至 2019 年的 1300 万人次。冀运集团先后投资近 1 亿元,不断优化机场旅客直通车运行网络,加大营运车辆购置、售票网点布局和保障基地建设,为机场的快速健康发展打下了良好基础。

"空陆联程运输"业务始终坚持"高客"服务模式,为旅客提供优质服务。并不断学习航空服务精髓,与高客服务模式进行融合,丰富服务的实质及内涵,倡导主动服务、用心服务及标准化服务。对驾乘人员的服务标准、服务内容提出严格要求,以便于为创建服务品牌的相关安排提供有力支撑,不断提升服务,丰富服务内容,形成空地一体化服务模式,让石家庄正定国际机场的地面服务品牌享誉交通行业并争取在民航系统树立服务品牌,使石家庄正定国际机场的服务工作得到更多旅客的满意。

三、主要做法

(一)综合管理思路

冀运集团在河北机场管理集团有限公司的领导、监督下,做好地面客运服务和安全保障任务。运营期间,遵守河北机场管理集团有限公司的各项规章制度,落实安全管理、服务质量、反恐应对、消防等标准要求,接受河北机场管理集团有限公司及有关部门的监督检查,不从事非法营运,不做有违河北机场管理集团有限公司的行为,积极维护河北机场管理集团有限公司的对外形象。

1. 安全管理

(1)坚持安全第一、预防为主、综合治理的方针

坚持安全第一、预防为主、综合治理的方针,严格遵守安全生产、道路运输安全和运输管理等有关法律、法规和标准,落实《道路运输企业安全管理规范》要求,制订安全生产责任和安全生产管理制度,完善生产条件,严格执行安全生产操作规程,加强运营车辆技术管理和驾驶员等从业人员管理,保障旅客运输安全。

(2)成立安全管理领导小组应急救援小组

成立安全管理领导小组及应急救援小组,成员由企业主要负责人(法人)、运输经营、安全管理、车辆技术管理、从业人员管理和动态监控等业务负责人组成,紧紧围绕"平安型机场"建设目标,开展日常机场巴士安全管理、应急救援及宣传教育工作,全面落实企业安全生产管理主体责任。

(3)建立机场巴士安全运营调度指挥中心,打造"智慧机场巴士"

在冀运集团总部(石家庄西二环南路 186 号)车辆调度指挥监控中心的基础上,投资 20 万元在石家庄正定国际机场巴士驻地投资建设集车辆运营调度、车辆视频监控于一体的"智慧机场巴士"运营调

度指挥中心，对市区班车、直通车、高铁摆渡车、员工通勤车和航班备降应急车辆进行调度、监管，并预留与石家庄正定国际机场监管平台接口，助力"智慧型机场"建设。

(4)做好从业人员的安全教育培训工作

严把驾驶员、售票员、管服人员的入司关，并做好上岗前的安全生产教育；严格执行机场巴士驾驶员发车前叮嘱，按期组织召开半月安全例会、季度安全专项培训，做好半年安全运行演练等安全教育培训活动；严格安全考核，对机场巴士驾驶员、售票员、管服人员每年12月底进行考试考核，不合格的进行岗位调整或淘汰。

(5)做好机场巴士安全运营风险因素辨识管控和隐患排查治理"双控"机制建设

按照《河北省政府安全生产风险管控与隐患治理规定》，落实主体责任，建立"双控"机制，明确风险辨识等级和管控工作，做好隐患排查治理，健全"一个台账、三个清单"，确保旅客的生命财产安全。

(6)提高运营车辆智能防御能力

每部机场巴士上安装有车载全球定位系统(GPS)行车管理系统(车门位置、驾驶员位置、车厢内等至少3路)，2019年又投资50万元安装智能监控报警系统，对驾驶员驾驶行为进行全程实时监控，切实纠正驾驶员疲劳驾驶、行车接打电话等安全隐患行为，有效遏制交通事故的发生。

(7)提高企业承担安全事故风险能力

冀运集团参与石家庄正定国际机场地面运输保障的机场巴士，全部投保了交强险、第三责任保险、不计免赔、承运人责任险，为全体员工办理了工伤保险；按行业最高标准，旅客承运人责任险每个座位保额100万元，第三责任保险100万元，达到行业最高，确保事故足额赔付，降低企业风险和提高车上旅客安全保障等级；承保公司由中国人民保险集团有限公司、中华人民财产保险股份有限公司两家国有独资的保险公司承保，具备雄厚的赔付能力。

(8)做好车辆保养、维修保障

发挥自有大型客车维修场地、团队、技术优势，确保车辆及时维修保养，保证车辆完好。

2. 运营管理

(1)评估运营线路

对石家庄正定国际机场的市区班线、直通车班线、高铁摆渡班线、员工通勤班线的交通状况、限度情况、气候条件、沿线安全隐患路段情况等信息建立信息台账，并形成运营评估报告，对信息台账进行定期更新，提供给驾驶员。

(2)科学匹配运力

按照地面运输任务，在市区班车、直通车、高铁站摆渡车、员工班车投放足够运力，备降航班储备足够运力，合法取得道路旅客运输营运证。在现有机场巴士运力的基础上，更新、选购清洁能源车辆，为"绿色机场"建设做出努力。

(3)科学配备从业人员

按照地面运输任务和运力匹配，配备客车驾驶员、售票员、指挥调度人员，完成运输任务。配备的驾驶员取得从业资格证时间全部三年以上。

(4)制订严谨的运输计划

严格遵守通行道路限度、限行时间、驾驶员连续驾驶时间要求，以及石家庄正定国际机场航班起降情况，合理制订发车时间、运行时间、班次数量和驾驶员休息时间。在执行现有市区班车、直通车、高铁摆渡车、员工通勤车的运行计划的基础上，按照河北机场管理集团有限公司的要求，增开通新班线，并确定行车线路、发车时刻及旅客候车站点运行；确需增减班次、调整线路、调整站点，提前经过河北机场管理集团有限公司审批同意后实施。

(5)严格执行驾驶员行车日志制度

督导机场巴士驾驶员如实填写行车，包括驾驶员姓名、车辆牌照号、运营起讫地点及中途站点、车辆技术状况检查(车辆故障)、驾驶员停车休息情况，以及车辆安全事故等，行车日志当班结束保管三年。

安管人员负责对驾驶员每趟次填写的行车日志进行审核、检查,发现问题及时纠正。

(6)严格实施安全告知制度

安管人员向发车前的驾驶员进行安全运营叮嘱和告知、告诫,驾驶员和售票员在发车前向乘车旅客进行安全乘车知识告知,或者播放安全告知、安全带宣传等影像资料,驾驶员和售票员在发车前提醒乘客系好安全带。

(7)实行方便、快捷的网上购票

冀运集团自主研发了"河北快线"微信售票平台,系统稳定,实现乘车旅客网上实名制购票、退票、改签、咨询等服务,给广大旅客提供"风雨无阻、全程守护"的贴心乘车服务。票价按河北省物价部门许可的金额收取。

(8)创造良好的运营秩序

做好候机楼发车现场的运营秩序维护、员工服务管理工作;严禁驾驶员和工作人员不在机场范围内违规拦截、招揽旅客,绝不私自发车,不在运行途中站点范围之外揽客;市区班线在发车站点设立售票处及站牌,配备售票人员,以方便旅客乘车;在每辆车内显著位置设置服务投诉电话,接受社会监督,向社会公布服务质量责任人。

(9)发挥高效科学的调度指挥功能

发挥高效科学的调度指挥功能,积极与石家庄正定国际机场的运行系统无缝衔接,及时交流沟通,做到科学高效运行。遇到有车辆发生途中故障等问题时,及时调用其他车辆及时运送旅客,确保运行时间及运输质量;通过大数据分析,提升管理效能,为"智慧机场"建设发挥保障作用。

3. 应急管理

①遇有大面积不正常航班时,服从河北机场管理集团有限公司地面服务部的指挥,并随时沟通协调,提前准备好充足车辆,高效运行,及时疏散旅客。

②遇有突发事件时,冀运集团应急救援小组第一时间出动,积极处理突发事件,并响应石家庄正定国际机场运行控制部门的指挥,启动应急预案,按照预案及时解决突发事件,将事件影响降到最低。

③遇有恶劣天气高速公路封路,影响车辆运行时,周边地市直通车将旅客送达当地火车站,保证旅客及时搭乘火车前往石家庄正定国际机场,以免耽误旅客行程;石家庄市区旅客班车,凭民航车辆特别通行证通行高速公路,听从交通警察指挥,将旅客安全运达石家庄正定国际机场。

4. 服务管理

①严格执行道路旅客运输服务质量相关规定。

②以旅客为中心,结合民航关于真情服务及首见、首问负责制的总体要求,推行机场巴士"首问负责制",真情服务工作,体现机场的人文关怀,为"人文机场"建设作贡献。

③加强服务人员的培训工作,逐步提升服务质量。

④加强监督考核,对服务现场进行定期检查,对违反工作程序,服务不到位服务人员进行处罚,并督促其提升服务水平。

⑤创建服务品牌。在"空陆联程运输"服务品牌的基础上,继续创新"空陆联程运输"服务内涵,发挥"凌燕班组"服务、"工人先锋号"服务、"机场商务快线"等新品牌服务的作用。

(二)服务定位

1. 对标民航

以道路旅客运输服务规范及民航系统真情服务为总要求;以首见及首问负责制为基本准则;以满足旅客的需求,达到旅客满意为最终目标,为石家庄正定国际机场乘机旅客提供周到满意的服务。

2. 真情服务

服务人员穿着制式服装,统一形象,为旅客提供售票、检票、导乘、咨询等服务,并为有困难的旅客提供帮助,以实际行动维护石家庄正定国际机场良好的服务形象,实践真情服务,展现冀运集团良好的对外形象。

3. 正班、正点

车辆正点、正班发车,对确因冀运集团自身原因造成的服务质量问题,有赔偿旅客的义务。

(三)管理目标

①安全责任事故为0。

②巴士正班率达到99.9%以上。

③发车正点率达到98%以上。

④旅客正运率达到99.5%以上。

⑤行包正运率达到99.9%以上。

⑥售票差错率达到0.5‰以下。

⑦旅客满意率达到98%以上。

⑧旅客意见处理率达到100%。

(四)项目管理组织机构设置

为保证"空陆联程运输"服务工作正常有序进行,合理配备车辆及人员,科学安排班次的衔接,提高工作效率,完成河北机场管理集团有限公司下达的各项工作任务,成立了专门组织机构。

1. 组织机构图(图1)

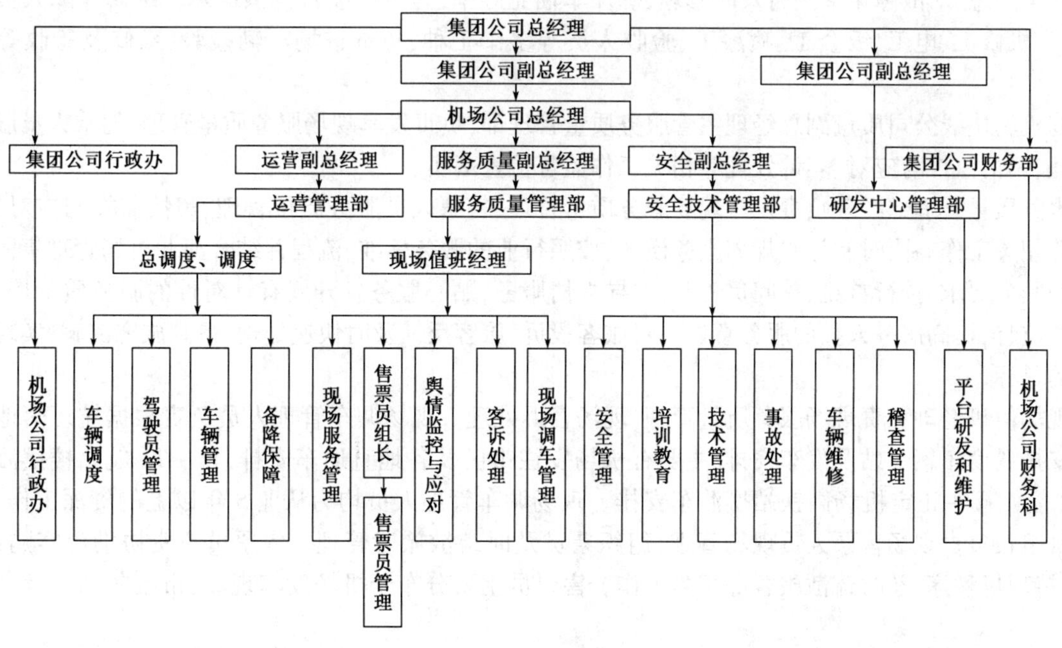

图1 组织机构图

2. 组织机构人员职责

①集团公司总经理每月到现场不少于两次,督导现场服务、安全管理情况。

②集团公司副总经理负责机场所有相关业务协调管理,包括运营管理、服务质量管理、安全管理等。每月到现场不少于四次,监督检查机场冀运集团巴士运营、服务质量、安全等管理措施工作落实情况。特殊时间段,每天到现场进行管理。

③机场快线公司总经理负责机场所有相关业务落实管理,包括运营管理、服务质量管理、安全管理等。每日现场巡查,监督检查运营、服务质量、安全等管理措施落实情况。

④机场快线公司运营副总经理主管运营管理部,负责车辆运营调度管理、驾驶员管理、备降保障等相关工作的监督检查落实。

运营管理部经理主要负责车辆运营调度管理、驾驶员管理、备降保障等相关工作;运营管理部调度主要负责为全天24小时值班,车辆发车时间安排、车辆运营调度管理、驾驶员管理、不正常航班旅客疏散的车辆及人员安排、备降保障等相关工作;运营管理部后勤保障人员主要负责车辆出场前安全叮嘱、点检检查、车辆内外部卫生等检查工作;售票平台调度员主要负责售票平台日常管理与系统维护;为保证地面运输服务工作正常有序进行,冀运集团按照车辆与人员配比要求足额配备了相应的驾驶员。

⑤机场快线公司安全副总经理主管安全技术管理部,负责全员安全例会、培训会、事故处理、车辆维修、稽查管理、安全、技术管理等相关工作监督检查落实。

冀运集团在机场和市区均设有运行基地,建有大型客运车辆专业修理厂,保障所有机场旅客班车的维修、保养工作。

安全技术管理部经理主要负责全员安全例会、培训会、事故处理、车辆维修、稽查管理、安全技术管理等相关工作监督检查落实。同时执行国家安全法规、上级安全管理部门的安全管理规章,按照集团冀运集团及河北机场管理集团有限公司有关的安全管理规定及要求开展各项工作。组织并开展安全管理培训,深入学习河北机场管理集团有限公司关于航班保障的各类应急预案、保障预案,开展有针对性的应急演练,制订各项安全隐患排查计划并认真实施,消除各项安全隐患,确保行车安全。安全管理人员负责车辆安全相关工作。技术管理人员负责车辆技术相关工作。动态监控管理人员负责车辆动态监控管理工作。维修站负责建立所有车辆的维修档案。车辆的日常维护和保养、定期进行隐患排查及治理、消除安全隐患,对故障车辆进行及时修理,确保车辆完好率,为生产经营提供保障。维修保障人员包括检车工、机修工、电工、钣金工、喷漆工、验收人员等多个工种,负责进场车辆检验、维修及验收等相关工作。

⑥机场快线公司质量副总经理主管服务质量管理部,负责发车现场服务质量管理、驾乘人员服务质量管理、舆情监控与应对、客诉处理等相关工作监督检查落实。

服务质量管理部经理负责发车现场服务质量管理、售票人员服务质量管理、舆情监控与应对、客诉处理等相关工作。同时制订并规划服务模式,按照行业的服务标准、流程并结合河北机场管理集团有限公司的服务要求,推行首见、首问负责制,倡导真情服务,贴心服务。开展有针对性的服务质量培训,加强服务监督,提高服务人员的服务意识。对旅客投诉、旅客反馈及时快速处理,得到旅客谅解,实现旅客满意的目标。

现场值班经理负责现场服务质量管理、现场客诉处理。现场调车管理人员负责根据航班落地时间统筹安排调度车辆上站及发车安排,主要有机场发往市区及各地直通车安排,T1—T2航站楼摆渡车安排,T2航站楼—正定机场高铁站摆渡车安排。现场调车管理人员均为从业5年以上的资深工作人员。售票班组长负责现场售票人员现场管理,组织票员及时疏散旅客管理。售票员负责协助旅客购票、检票、维持现场秩序、及时疏散旅客等相关工作。售票员主要分布于机场发车现场、市区各站点及各地候机楼。

为保证进港旅客能够及时返回各地,冀运集团在机场发车现场设立售票班组4组,每个班组9人。全天候为进港旅客提供不间断服务。票务人员分布于发往市区各线路的发车站点、发往各地直通车的发车站点、进港大厅服务柜台(旅客咨询、现金售票等)、进港大厅内进行导乘等9个岗位。其工作职责为协助旅客购票、检票、维持现场秩序、及时疏散旅客等相关工作。

为保证市区乘客能够及时快速地乘车到达机场,冀运集团在市区各大商圈、星级宾馆、酒店、火车站等重要交通枢纽共建立了16个售票网点,投入售票员20余人,在火车站东西两个出站口分别设立服务柜台,同时在东西广场设立发车站点和摆渡车为旅客出行提供服务。

为保证各地乘客能够方便快捷地乘坐直通车到达机场,冀运集团在各地城市候机楼安排6名票务人员协助旅客购票、检票、维持现场秩序等相关工作,为旅客出行提供服务。

⑦研发中心副总经理主管售票平台的研发和后期维护管理工作。

研发中心管理部经理负责售票平台的研发、后期维护管理及客票动态监控管理工作。部门配有IOS工程师、PHP工程师、Android工程师、SQL数据库工程师、WEB工程师、前后端视觉传达工程师、数据库开发工程师、系统分析设计工程师等25人。

⑧机场快线公司财务科隶属于冀运集团财务部管理,负责对运量、收入、利润等各种数据进行统计分析,为生产经营决策提供参考。

⑨机场快线公司行政办隶属于冀运集团公司行政办管理,负责文件上传下达、资料管理、人力资源管理、后勤管理等相关工作。

(五)综合管理服务具体方案

按照河北机场管理集团有限公司“1-1-3-9”总体工作思路,结合石家庄正定国际机场地面运输业务时间,制订综合管理方案:

1.机场直通车

石家庄正定国际机场直通车,现已开通了保定、雄安(白沟)、高阳、定州(安国)、正定、鹿泉、邢台、邯郸、衡水、安平(深州)、辛集、沧州、阳泉、德州等17条班线,运行多年来,方便了周边地市旅客到石家庄正定国际机场乘机。冀运集团将继续加强与石家庄正定国际机场各城市候机楼的协调配合,全力做好车辆及人员调配,按照承诺的时间发车,保证发车频次,提高班车正点率、安全服务水平,为乘机出行旅客提供更加便利的出行服务。

未来将在现有直通车班线的基础上,继续扩大机场直通车的覆盖范围,为强化集疏体系做好保障。根据石家庄正定国际机场的总体规划,需要逐步开通周边150公里辐射范围内各发达县市的旅客直通车。目前未开通直通车的发达县市有宁晋、清河、南宫、平山、井陉等。计划再购进20~50辆车辆,与石家庄正定国际机场一起建设“零距离换乘、无缝隙衔接”的公共交通运输体系,进一步打造“空陆联程运输”服务品牌。

2.石家庄市区旅客班车

现有石家庄市区4条旅客班车线路,市区至机场的旅客班车发车时间每半小时一班;机场至石家庄市区的旅客班车从上午8点半开始至航班结束,每40分钟一班。冀运集团在石家庄市区有成熟的班车发车网点及售票网络和班车停靠站点及站牌,在石家庄火车站地面及地下东西方向均有服务柜台,每辆班车均有民航特别通行证,会更加高效优质地为广大旅客提供往返石家庄市区及石家庄正定国际机场的班车服务。

石家庄市区现有班线,主要覆盖中心城区及重要的公路客运枢纽、火车站、商业聚集区等区域。下一步,为方便市区旅客乘车,冀运集团将逐步完善石家庄市区的旅客班车覆盖,未来继续开通西二环区域、石家庄市东南及西北的旅客班车,为石家庄市民提供更加便捷、高效的乘机出行服务。

3.正定机场高铁站旅客摆渡车

2018年石家庄正定国际机场空铁联运旅客达到了113万人次,占到了当年旅客吞吐量的10%。冀运集团服务空铁联运旅客运输已达五个年头,始终全力配合河北机场管理集团有限公司地面服务部,做好空铁联运旅客运送。随着石家庄正定国际机场空铁联运旅客的不断增长,冀运集团不断补充车辆,保证T2航站楼—正定机场高铁站每半小时一班,全天安排备用车辆,前车客满,后车补上,不让一名旅客滞留;正定机场高铁站安排足够的车次,旅客随到随走,将旅客送达机场候机楼。

4.不正常航班旅客车辆保障

冀运集团全力保障不正常航班的用车任务。在石家庄正定国际机场下达了大面积航班延误或备降预警时,冀运集团立即启动不正常航班旅客车辆保障预案,指挥调度中心开始统筹安排车辆,第一时间提供10~20辆车辆参与旅客运输,2小时内再安排20辆车辆运送旅客。如发生特殊情况,再根据实际情况调度运营车辆进行运输保障。

5. 职工班车服务

冀运集团根据石家庄正定国际机场的职工班车运行要求,为全体乘车员工办理优惠乘车证,安排足够的车辆,按照每条职工班车线路的发车时间及频次为石家庄正定国际机场的干部职工做好通勤服务,做到正班、正点。并不断优化职工班车线路,让各位员工尽量就近上车,就近回家,体现"人文关怀"。

6. 开通定制班车

为认真贯彻国家"十三五"现代综合交通运输体系发展规划,落实河北省道路运输管理局"定制客运"的总体要求,积极响应河北机场管理集团有限公司关于"定制客运"工作的部署要求,以满足机场旅客多样化出行需求为目标,充分发挥冀运集团道路客运比较优势,致力于推进石家庄正定国际机场"定制客运"业务开展。拟定投入 50 辆左右商务车,开通至石家庄市区、周边地市、发达县市的"门到门"定制直达客运服务,让旅客有更大的选择空间,更加人性化、更加方便、快捷。

7. 开通景区直通车,助力石家庄正定国际机场"航空 + 旅游"服务

"航空 + 旅游"是石家庄正定国际机场作为区域航空枢纽、差异化发展、实现"十四五"规划目标的"新引擎"。为此,利用石家庄周边西柏坡红色旅游,赵县、正定、定州的古迹游,雄安、保定、衡水等自然环境及生态游等资源,经河北机场管理集团有限公司批准,与文旅部门、景区合作,开发石家庄正定国际机场至周边 200 公里内景区的旅游直通车专线,打造"航空 + 旅游"便捷通道;与石家庄正定国际机场驻场航空冀运集团进一步合作,为通达全国及境外旅游城市目的地组织游客,提高石家庄正定国际机场的旅游集散能力,助力文化旅游业成为石家庄正定国际机场的新支柱产业,将石家庄正定国际机场打造成为京津冀航空旅游重要门户。

8. 投资建设机场客运枢纽站

2018 年石家庄正定国际机场年吞吐量已经突破 1100 万人次,2020 年将达到年吞吐量 1350 万人次,"十四五"规划力争实现年吞吐量 2000 万人次目标,这就需要建设与之配套、规范运作的客运场站设施。为实现这一目标,冀运集团将积极协调河北省交通运输厅民航发展建设办公室、规划处,以及市交通运输局规划处等,促进机场公路客运枢纽站项目规划进度,推进项目建设,方便京津冀旅客安全、快捷、有序进出石家庄正定国际机场。

(六)严格旅客投诉(反馈)处理流程

1. 总体要求

在处理涉及机场巴士投诉时,服务质量管理人员坚决执行首见或首问负责制,积极维护河北机场管理集团有限公司服务质量和声誉,提高思想站位,以强烈的责任感做好服务质量投诉处理工作,将处理过程作为服务案例,让从业人员学习借鉴,防止出现类似问题。

2. 投诉处理工作流程

(1)第一时间与旅客沟通

接到投诉信息后,服务质量管理人员要第一时间与旅客取得联系,诚恳向旅客致歉,做好安抚解释,并及时开展调查处置工作。针对旅客的要求,采取相应措施,取得旅客谅解。

(2)汇报制度

与旅客沟通了解情况后,服务质量管理人员要向主管领导进行汇报,研究解决措施,尽快与旅客达成处理意向。

(3)处理时限

一般投诉一个工作日内回复;需要调查处理的,先与旅客沟通,了解旅客的诉求后,两个工作日内答复旅客;重大投诉要第一时间与旅客取得联系,了解情况,评估投诉的性质及复杂程度,向主管领导汇报,组成调查处理小组,制订处理方案,48 小时内处理完毕。投诉处理的过程和结果填写在《投诉处理

记录单》上,并在第一时间上报河北机场管理集团有限公司安质部、集团冀运集团服务质量主管领导。

(4)建立投诉台账

建立投诉台账,并定期对投诉事件统计分析,举一反三,查找服务短板,适时修改工作程序及服务流程,防止再次出现类似问题。

3. 加强舆情监控

服务管理部门通过网络、微信、微博、报纸、广播电视等渠道积极收集、整理旅客有关服务方面的反馈意见及建议,并记录相关信息,做好机场巴士服务质量舆情监控工作。对收集到的信息进行调查分析,查找服务工作的不足,分析原因,采取措施,整改提高,将服务工作提升到一个新的高度。

(七)服务质量控制方案

1. 制订及执行服务质量标准

按照河北机场管理集团有限公司《服务管理手册》标准,起草服务质量规划方案,制订各岗位的服务标准及流程、车辆运行规则及要求。标准的制订要紧紧把握旅客的需求,顺应时代发展的要求,不断满足旅客的需求及期望,创建石家庄正定国际机场地面客运运输服务品牌。

2. 开展服务质量培训教育

根据服务质量的现状,定期邀请河北机场管理集团有限公司质量安全部及候机楼服务的专家对各岗位人员开展多种形式的服务培训,提高各岗位人员的服务技能及操作水平,提高服务意识。

3. 开展监督检查及考核

在机场巴士上公布冀运集团24小时服务监督电话,与石家庄正定国际机场服务热线96360对接,实现多层次管理,接受旅客监督并重点关注收集旅客的反馈意见,不断改进。实施服务跟车明查、社会监督员暗查制度,对中途服务及行车安全等进行监督,对违反工作流程的人员进行考核处罚,不断提高服务意识及操作水平,不断丰富"空陆联程运输"服务品牌内涵。

4. 与河北机场管理集团有限公司服务管理部门建立沟通机制

按照石家庄正定国际机场旅客服务质量促进委员会的要求,与河北机场管理集团有限公司质量安全部建立服务质量日常沟通和定期会商机制,一是建立月度、季度分析制度,定期召开服务质量分析会,查找服务管理的不足,并予以整改,安排下一个阶段服务质量管控和提升重点工作;二是服务质量主要负责人与机场服务管理部门进行不定期会商,协调解决现场服务质量相关问题;三是坚决落实驻场单位"一个理念、一套标准、一致行动"的服务承诺要求,为打造石家庄正定国际机场河北服务标杆贡献力量。

四、实施效果

近十年来,石家庄正定国际机场由2010年的年旅客吞吐量272.3万人次,增长到2019年的1300万人次。冀运集团投入的机场巴士由初期的3部增加到现在的140余辆,日发班次由6个增加到200多个,年运送旅客由5万次增到现在的200余万人次,安全运行60多万个班次无重大责任事故,旅客满意率达98%以上,民航系统服务质量抽查达标,先后有50余名驾驶员、30余名售票员因优质服务和拾金不昧等感人事迹收到乘客的感谢信和锦旗,冀运机场巴士得到了广大乘客和机场集团的认可,取得了良好的社会效益和经济效益,空港运输业务成为冀运集团的支柱产业,"空陆联程运输"被河北省交通企业协会(现河北省交通运输协会)评为2017年、2019年省级"服务品牌"。

历史的车轮滚滚向前,跟不上的人必将成为落伍者,必将被历史所淘汰。历史只会眷顾坚定者、奋进者、搏击者,而不会等待犹豫者、懈怠者、畏难者。未来,冀运集团将依托"空陆联程运输"业务优势,积极整合各方资源,从项目、人才、投资等多角度服务于实体经济、服务于交通产业,最终达成科技服务于交通产业,交通产业作用于科技进步的双赢局面,形成科技、交通共同发展的良性生态,以建设多支柱产业支撑、科技型现代产业集团为目标,实现冀运集团的新腾飞。

开拓新兴业务助推大型设计院转型发展

中铁第五勘察设计院集团有限公司

成果主要创造人:汤友富　黄　超

成果参与创造人:王　智　王　月　李　博　卢　岛　桂　婞　黄　俊　赵　汉

中铁第五勘察设计院集团有限公司(简称"中铁五院")是世界500强中国铁建股份有限公司(简称"中国铁建")的核心子公司,是全国勘察设计收入50强企业、"ENR/建筑时报"中国设计60强企业、国家认定企业技术中心、北京市首批高新技术企业和全国文明单位。中铁五院拥有国家颁发的工程勘察综合甲级、工程设计综合甲级、工程咨询资信甲级、工程监理甲级、设备监理甲级、造价咨询甲级、地质灾害危险性评估甲级、测绘甲级、环评甲级等各类甲级资质20余项,持有商务部对外承包工程经营资格证书,通过了质量、环境、职业健康与安全管理三体系认证。

中铁五院拥有一支专业齐全的从事规划、咨询、勘察、设计、工程监理、工程施工、工程检测、项目管理及设备研发的成熟技术团队和管理团队。各类员工超过8000名,其中核心骨干员工超过2000名;高级工程师及以上资深专业技术人员超过1000名;国家各类注册工程师超过1000名;铁路工程勘察设计行业内有影响力的专家众多,获得过国家科技进步奖、勘察设计大师、国务院特殊津贴、鲁班奖、詹天佑奖、茅以升奖等奖励或荣誉的个人超过100人。具有为国家综合交通和城镇化建设提供全产业链服务的能力。

一、实施背景

(一)设计行业、企业的生存发展环境发生重大变化

《"十三五"国家战略性新兴产业发展规划》中提出:战略性新兴产业代表新一轮科技革命和产业变革的方向,是培育发展新动能、获取未来竞争新优势的关键领域。"十三五"时期,要把战略性新兴产业摆在经济社会发展更加突出的位置,大力构建现代产业新体系,推动经济社会持续健康发展。

近几年,勘察设计行业发展呈现以下趋势:一是行业发展受外部周期性影响,呈现波动变化态势,增长集中现象明显;二是传统的勘察设计领域比重逐年下滑,业务集中在施工以及其他方面;三是企业呈现理想化发展态势,发展竞争要素更加多元化。设计企业面对行业、产业所发生的变化,更深层次的问题在于,发展思维方式及逻辑不适应、新旧业务不平衡、业务与资源不匹配、能力体系建设落后、企业文化不适应、领导力不足等。

设计企业发展应该聚焦以下重点问题。第一,如何适应新环境发展。面对游戏规则改变,何去何从;自身创新发展的道路,如何去走;管理当中的两难问题,如何权衡;面对行业外的竞争,有何应对之策。第二,如何有效转型探索。业务如何取舍,即新旧业务平衡、全或精的抉择;资源的有效识别与整合利用;转型中对于人的管理逻辑的应对策略;企业价值诉求与不同层次人的价值诉求如何有效契合。

(二)国有企业在发展新兴产业中扮演重要角色

新兴产业毕竟是尚未成熟的产业,许多发达国家也纷纷进行大规模的投入,美国明确将清洁能源、医疗健康、生物工程、纳米技术、先进汽车、航空等产业,作为未来20年的重点发展领域,并出台系列政策法规及专项行动计划,从资金投入、市场培育、国际发展、人才培养等方面提供保障。欧盟、日本、韩国

等也将太阳能、创新药物、机器人等新兴产业作为发展重点。所以，国有企业必须大力发展新兴产业，不能输在起跑线上。国有企业发展新兴产业具有抢占新兴技术高地、制订技术标准等重大意义，能够把自己从当前技术跟随者角色转换为新技术领导者。当前发展新兴产业的另一个重要意义在于新兴产业市场潜力巨大，可望成为拉动国有企业经济增长、扩大就业的重要引力。

中铁五院作为大型国有设计院，在发展新兴产业中也扮演着重要角色。必须大力发展新兴产业，才能赢在起跑线上。

（三）落实中国铁建发展战略的需要

中国铁建“十三五”规划明确提出：新兴产业发展要积极探索新型轨道交通、建筑工业化、新材料、新能源、水资源水生态水环境治理、垃圾处理等新业务领域。坚持“立足主业、相关多元、适度超前、务求实效”的原则发展新兴产业、新兴业务。并陆续出台了“1个指导意见+6个产业发展意见+3个会议纪要”的制度文件，即《关于加快培育和发展新兴产业指导意见》《关于加快发展装配式建筑产业、生态环保产业、运营维管业务、养老业务、砂石集料产业的意见》等，要把既定部署落到实处，有序推进新兴产业和新兴业务的发展。

中铁五院新兴产业发展呈现迅猛增长态势，运营维管、装配式建筑业务发展态势较好，特别是生态环保业务实现跨越式增长。同时，也存在一些问题。一是新兴产业整体规模偏小，对结构优化、产业升级的带动作用不够，还未形成有效支撑。二是企业自主创新能力不强，缺乏核心技术和市场竞争力，处于新兴产业链的中低端，附加值低，竞争力弱。三是新兴产业所需专业人才不足，一些高精尖人才、领军人才、产业英才和优秀团队更处于严重缺失状态，严重影响了关键技术的突破。四是新兴产业是高技术、高投资、高风险产业，投资建厂、科研等前期资金投入大，但受限于资金投入的严重短缺，融资渠道也相对单一，因资金缺位，制约了新兴业务的快速发展。

（四）中铁五院增强自身发展活力和核心竞争力的需要

一是调整产业结构转型升级的需要。中铁五院目前的主要业务还仍然集中在传统的铁路、公路勘察设计板块，“两条钢轨”业务占比过高，工程总承包、生态环保、机场设计等业务处于初期发展阶段，一家独大、产业发展不平衡问题依然突出，抵御和化解市场风险的能力有待提升。中铁五院要紧跟国家战略，顺应内外部发展形势，加快推进结构调整和转型升级，不断培育新的经济增长点，向着国内一流、国际知名的工程公司目标迈进。新兴产业板块及有关新兴业务，是中铁五院转型升级的潜力所在，是重要的增长极。二是提升企业核心竞争力的需要。开拓新兴业务，能有效集中和优化资源配置，做好企业发展的顶层设计，统筹推进。充分发挥中铁五院的资源优势、资金优势和技术优势，合理布局新兴产业。通过设立支持新兴产业集聚发展的专项资金，加大对核心技术、高端产品和新型产品的技术攻关和科研开发，有效提升企业科技创新能力和企业核心竞争力，形成结构合理，产业协同的良好发展局面。三是加强专业人才队伍建设的需要。开拓新兴业务，有利于加强对重点业务领域人才资源的统筹配置，强化人才队伍建设，积极引进和培养一批产业发展需要的高精尖专业人才，组建优秀管理团队，对新兴产业、新兴业务、新业态、新模式和企业转型发展进行深入研究，充分利用国家出台相关产业的优惠政策，把握新兴产业发展机遇，做好新兴业务的培育和孵化，加快推动中铁五院创新发展。

二、成果内涵和主要做法

中铁五院要在复杂激烈的市场竞争中保持稳健运行，要坚持横向拓展多种交通基建业务和新兴业务，纵向延伸全产业链、全生命周期的一体化服务，全方位打造市场开发新格局；要在稳固发展铁路、城轨、市政、建筑基础上，深入推动差异化发展和转型升级；要加快突破新兴业务成套关键技术，着重提升新产业、新业务的核心竞争力；要积极参与磁浮、智轨、认证、民航机场、生态环保、装配式建筑等新兴业务技术标准制订，抢占市场先机，增强话语权，打造专业特色品牌。主要做法如下。

(一)战略引领,做好顶层设计

1. 明确设计院转型升级目标

在"十三五"期间力争做到综合实力显著增强,主要经济指标增幅位居行业前列,盈利能力明显提高,产业结构调整取得重大突破,自主创新能力明显提升,海外经营比重有较大幅度增长,体制机制更加完善,员工权益得到切实保障,企业更加和谐稳定,为向国内一流、国际知名的工程公司转型奠定人才、技术、组织和管理基础。

2. 明确技术方向,做好产业选择和产业布局工作

明确技术方向,做好产业选择和产业布局工作实质就是发展什么产业以及产业的空间分布问题。一般来说,新兴产业属于新兴技术产业化发展的潜在形态,其经济效应、市场前景并不十分明朗,尤其是支撑产业的核心技术系统是否具有先导性、战略性,是否有推广应用的可能性更具有相当的不确定性。因此,正确选择产业就成为新兴产业培育壮大的前提。在产业选择方面,国有企业要以敏锐的世界眼光和科学的战略思维深入把握国际技术研发动态、产业发展趋势,严格按照是否有稳定发展前景的市场需求、是否有良好的经济技术效益、是否有很强的产业带动效应等基本原则,在尊重市场选择充分吸取专家意见的基础上作出正确的取舍。在产业布局方面,则要综合分析不同地区的客观实际,明确不同地区的长远功能定位,围绕各地的产业基础、要素聚集能力科学规划产业布局,形成重点突出、产业互补、优势明显、定位明确的产业发展格局。

坚持新兴业务多元发展,拓展培育发展前景良好的新兴市场,获取差异化竞争优势。一是要进一步加大城市水系改造、水污染综合治理、区域性河道整治、矿山修复、土壤污染治理修复、固废危废处理、智慧环境、环保管家、植树造林 EPC 总承包、园林景观设计等新业务的经营力度。做好龙口市全域生态环境综合整治项目、徐州中联水泥窑土壤修复 EPC 项目二期、铁路隔声窗总承包等项目的跟踪开展。二是要以北京、大连、青岛、济南、哈尔滨、长春等城市为重点,加快抢占市场份额。同时要积极跟踪中国铁建参与投资或施工总包的地铁项目,加强与兄弟单位沟通合作,确保获取系统内的人防项目。四是要加强战略合作和经营承揽,积极与贵州航投、川航等航空公司开展合作,进一步扩大市场份额。

(二)多措并举,开拓新兴业务

1. 中国铁建知识产权中心落户中铁五院

为响应国家创新发展战略要求,推动以专利为核心的知识产权运营,为企业提供优质、高效的知识产权全链条服务,提高核心竞争力和市场开发水平,成立中国铁建知识产权中心。作为中国铁建的技术平台,同时也是中国铁建"企业知识产权教育基地"和"国家专利审查员北京实践基地"。其主要职能是:盘活存量专利,提质增量专利,统筹专利代理,依法维护权益,开展专利教育培训和实践,实施专利运营管理。

一是制订建设方案,明确中心职责。为落实中国铁建知识产权规划,开展各项业务,在各级领导、业内专家的指导下,结合中国铁建知识产权工作现状和发展目标,编制了《中国铁建知识产权中心建设方案》,并于 2019 年 1 月 29 日下发。二是组建专业团队,完善制度建设。采取人才引进、内部培养相结合的方式,促进人才培养和综合能力提升,多人具有专利代理人资格证。制订《中国铁建知识产权中心管理办法》《中国铁建知识产权中心部门岗位职责》等,保证中心工作顺利开展和高效运转。三是发挥专业优势,服务重大专项。参与国家重点专项《城市地下大空间安全施工关键技术研究》,参与中国铁建科技重大专项《高速铁路 40m 预应力混凝土简支箱梁运架成套施工设备》《高速铁路接触网系统智能监控技术》《中低速磁浮轨道交通系统成套技术工程化研究》等项目的专利分析和挖掘布局工作,形成了重大专项专利工作"三阶段"模式。第一阶段开展专利检索分析工作,通过技术调研、专利检索分析,避免重复研发,降低侵权风险;第二阶段开展专利挖掘布局工作,结合竞争对手、产品销售提出专利布局方案,形成高质量专利组合;第三阶段专题数据库建设,将检索数据进行分类标引,形成专题数据库,建立

监控机制,实时更新数据及其法律状态,为全系统提供专利信息。四是提升业务能力,承担国家课题。2018年中铁五院知识产权中心共承担3项国家知识产权局课题,分别为《推动中央企业建立知识产权专员管理体系》《中央企业专利运用有关政策分析研究》和《开展磁浮产业专利导航工作》。结合课题研究目标,组织实地调研、收集国内外政策文件、深入研究并撰写报告,其中两项课题已顺利结题。

2. 合资设立公司,拓展人防工程业务

2017年,中铁五院成立了北京铁五院工程设计咨询有限公司(简称"人防公司")。依托中铁五院的技术、人才和资金支持,专职承担人防工程相关业务,现已取得北京市人防办颁发的人防工程设计乙级资质,建筑专业乙级资质正在申报中。目前人防公司设有人防事业部、国防事业部、经营部、办公室、财务部等部门,主要承揽地铁人防总承包项目。

在不到两年的时间里,中铁五院不仅实现了地铁人防项目从无到有、设计管理团队从弱到强的跨越式发展,同时也实现了研制出拥有自主知识产权的新型设备的目标。

3. 依托铁建平台大力发展民航业务

2016年,中铁五院准确把握各类新业务新业态发展动向,先后成立了机场勘察设计院和上海星通机场规划设计分院,是铁路行业6家综合甲级设计院中第一家设立机场院的单位。2019年,中国铁建批复同意将中铁五院二级生产单位机场勘察设计院更名为中国铁建机场设计研究院,满足了中铁五院落实"十三五"规划,对标同行业发展,提高知名度的需要,同时也满足了中国铁建机场设计业务向海外大市场发展的现实需要。

4. 多方施策保障生态环保业务发展

一是成立合资公司。在党和国家积极提倡"两山"理论、大力发展"两山经济"的时代背景下,按照中国铁建2018年9月下发的《中国铁建关于加快生态环保产业发展的意见》,中铁五院与中铁建重庆投资集团有限公司资源互补,迅速在2018年12月17日合资成立了北京中铁生态环境设计院有限公司(简称"生态院"),致力于为中国铁建打造中国铁建集投融资、规划设计、建设管理、装备制造和运营服务为一体的生态环境综合服务商的目标提供前端技术服务。二是引进专业人才。生态环保是技术密集型行业,核心在于引进专业人才,组建专业化团队,形成企业核心竞争力。围绕发展目标,中铁五院将进一步加快复合型高端人才的引进,构成院总技术研发支持+项目属地技术专业服务的专业技术团队,形成更强生产能力。三是搭好经营平台。一方面打造生态环保项目投资、策划团队,响应中国铁建鼓励内部合作的要求,通过规划设计引领,积极配合铁建系统内各大投资平台和各工程局运作PPP和EPC总承包项目,成为牵头方的智囊及依靠,协助推动项目落地。另一方面,在铁建系统外部积极寻求合作,与行业内优势单位如中国环科院等形成合力,重点跟踪长江大保护等热点领域,拓展生产项目经营渠道。四是形成核心技术。一方面加强与生态环境部规划院、中国环科院、中科院等各类科研院所的良好合作,建立自己的专家顾问团队,同时在项目实践中通过自身创新、与业内技术单位的合作储备专业技术,适时引进国外先进技术,逐步形成领先行业的核心技术;另一方面,加快自身技术、质量标准化管理体系建设,以论文、专利、项目经验总结报告等成果输出为导向,培养团队默契,提高团队专业化能力。

(三)拓展市场空间,做好市场培育工作

1. 以资本运作拉动投资体系持续优化

资本运营业务以"依托主业、服务主业"为主线,全力推动企业综合竞争力和核心价值提升,撬动市场经营能力不断提高。通过投资撬动勘察设计和工程总承包业务发展,持续优化了投资体系,补齐了房地产业务板块,为中铁五院新兴产业的发展创造了有利的市场条件。

2. 以科技创新增强核心竞争力引领市场

中铁五院通过不断推进和完善科技创新体系建设,积极探索实践,构建高层次的创新研发平台,注重经营、生产、技术的有机结合,为今后持续推进自主创新、不断增强核心竞争力奠定了坚实的基础。中铁五院以承担和参与各级重大科技专项为重点,不断精进和提升主营业务发展的实力和影响力;以开展地下大空间、北斗应用、超长特大桥、磁浮等为代表的前沿技术研究为抓手,不断造就和提升面向未来发展的核心技术和创新力;以参与川藏铁路国防研究、开展民航业务为契机,不断巩固和提升中铁五院战备科研的水平和能力;以技术创新与勘察设计相结合为目标,促进成果转化,快速形成有形产品,真正发挥科技支撑发展、技术引领市场的作用。

3. 做好在手项目二次经营,保证市场

建立以经济效益为中心的二次经营管理体系,是目前应对日趋激烈的建筑市场竞争、保证市场的重要举措,是企业抓住机遇,干好在建工程,满足市场需求,实现企业效益增长和长远发展的关键,是企业提高核心竞争力的重要手段,同时可为新兴业务发展奠定了市场基础。

认真了解业主诉求,充分发挥集团公司专业齐全、产业链长的优势,想方设法整合资源、帮助业主排忧解难,以高效的服务和优质的“五院方案”赢得业主信赖;认真梳理做过的前期项目,密切接触国铁集团、发展和改革委员会、省铁办和沿线对项目有强烈渴望、资金来源有保障的地方政府,大力推进项目进入实质性阶段,让前期培育开花结果;加强对高端经营后继工作落实的跟踪督办,并将其作为检验各区域指挥部、经营计划部、各驻外经营机构和各单位、各专业经营绩效的重要标准,纳入相关考核,切实通过有效的上下、内外联动提高经营的实效性。

通过强化对中铁五院在手项目的二次经营,深度挖掘中铁五院具备较好政府资源的优势区域和市场。依托与地方优良的合作关系和中铁五院以铁路项目勘察设计为主业的优势,紧抓时机,开拓新兴产业市场。

4. 注重自主经营与中国铁建平台经营的有机结合

进一步认识依托中国铁建资源提升扩大经营业绩的重要性,进一步增强与区域总部、外经平台的联络,建立常态化沟通机制,及时了解区域总部、外经平台的工作重点、跟踪目标,积极从专业角度为其提供技术支持,推动项目落地,赢得中铁五院份额。有效做大市场增量,实现经营承揽高质量的目标,提升企业发展能力和空间,为新兴业务的发展拓展市场空间。

(四)加强创新,提高设计院核心竞争力

1. 加强管理创新,建立现代化企业管理制度

国有设计院具有一定的行政性。设计院在转型发展过程中,应该先改变其管理体系。由于社会经济的高速发展,在建立管理结构时,应把现代化理论和科技化理论注入管理结构中,建立具有信息化的管理结构。国有设计企业要坚持“政府引导、企业自生、典型示范、创新发展”的思路,以设计院为主体,以市场为导向,以改革创新为动力,提高设计院生产经营管理水平,为企业转变发展方式、建立现代产业体系、推动跨越发展奠定坚实的基础。加强设计院内部格局的合理分布,提高企业管理的合理性和科学性。

2. 加强科技创新,提高设计院核心竞争力

随着社会的发展,企业之间的竞争力越来越激烈,优胜劣汰的现象却越来越普遍,如果想要在众多的设计院当中站稳脚跟,发展科技是一个必要的条件。当前我国第一生产力是科技,而科技的创新是提高企业核心竞争力的基础、前提和必要保障。要想提高竞争力,必先提高企业的科技水平。但是就我国目前的形势来看,大多数的设计企业还没有意识到科技创新的重要性。科技发展与经济水平发展相互分离,没有融为一体,这也是经济发展过慢的原因之一。要使设计院成为党和国家可信赖的依靠力量,就必须加强科技创新,促进经济发展,壮大综合国力,同时还要关注民生问题,保障和改善民生。

国有设计院是国民经济的主导力量,它肩负着推动国家科技创新,优化产业结构,带领经济发展的重任。欧美的企业发展迅速,其中的原因和科技的发展分不开,将科技转化为生产效益。所以想要科技创新,就必须制定“走出去”的战略方针,加强与国外企业的交流合作,取长补短,共利互赢。学习新科

技、新技术,使我国的企业能够更快更好的发展。但是实施"走出去"政策的同时,还要坚持自主研发,这就关乎人才的选用。企业要在培养科学技术型人才上加大力度,必要时候实行奖罚制度,提高其科技人员的积极性。科技创新不光可以转化为生产力,还可以降低成本,满足大众需求,但是科技创新的同时,也要绿色环保,节约能源,符合国家标准,避免资源浪费。

3. 加强品牌创新,扩大设计院社会影响力

首先,设计院应当坚持把品牌建设和品牌经营作为推进自主创新的重要环节,积极实施品牌经营战略,大力发展品牌。其次,在突出主业、增强核心竞争力的同时,注重发挥品牌的辐射作用,延伸经营触角,扩大品牌影响力。

4. 加强质量创新,提高产品结构和质量水平

设计院在进行转型发展的同时,还要提高企业所生产出来的产品的质量。设计院在经营中要本着"顾客就是上帝"的经营理念,以高质量的服务征服顾客。在经营时还要加强对顾客体验的调查,不足之处要立刻改正。通过与国内外其他企业的对比,提高企业自身的服务质量和产品质量。

5. 加强文化创新,提高设计院凝聚力

营造良好的企业环境。各级各部门要充分利用各种新闻媒体,加强对设计院的宣传,努力营造良好的设计院管理氛围,积极培育本地设计院管理先进典范。充分发挥行业协会及设计院相关联系协会等社会团体的积极作用,提高设计院自身的凝聚力,加强设计院的文化创新,促使设计院企业间相互学习、相互借鉴,共同推进设计院的转型发展。

(五)健全体制机制,形成有利于新兴产业培育的有效模式

1. 要引导生产要素向新兴产业转移

综合运用产业、税收、财政、金融等手段,促进资金、技术、人才等生产要素向新兴产业转移,鼓励金融资本与产业资本结合。不断形成新兴产业发展的保护性体制机制,强化知识产权保护,严格新兴产业技术标准,保障创新者收益。

2. 要充分发挥价格机制、竞争机制的激励功能

完善政策激励机制,进一步形成有利于引进新兴产业相关人才的分配制度和激励机制。完善平台建设机制,集中力量完善平台载体结构体系建设,不断丰富平台载体建设内涵。创新人才引进机制,推进人才准入制度,实施高标准人口准入的人力资本积累水平标准。与国际标杆产业城市建立紧密的人才交流合作关系。与国内外知名人才中介服务机构和猎头公司签订战略合作协议,面向全球多渠道、多层次招揽高层次人才。健全人才引进培养机制,与国际知名院校、专业培训机构、著名跨国集团与世界知名高校建立联盟关系。创新人才发展体制机制,建立健全以品德、能力、贡献、业绩为导向的人才评价体系,完善人才评价机制。健全完善人才吸引、培养、使用、流动和激励机制,发展人才的公共服务体系。

3. 要防止出现新一轮的产业过剩

当前经济下行压力加大的主要原因之一是,我们处在"旧力渐弱、新力渐生"这样一个过渡期。"旧力",即为传统产业,多数产能过剩,效益下降,推动力日显不足;"新力",即为新兴产业,正在加速发展,而总量占比还比较小。所以,改造提升传统产业,加速培育发展新兴产业,这两个任务要同时发力,不可偏废。习近平总书记所指,要"调整存量、做优增量并举",也是此意。

在"旧力一减,新力一增"之中,有一类现象不可小视,即投资新兴产业喜新厌旧、一哄而上。客观原因为,"两条钢轨"业务占比过高,抵御和化解市场风险的能力有待提升,客户结构优化和产品结构升级仍需努力,使得大力发展战略性新兴产业之时,容易进入若干领域产业链的中低端环节,也就可能出现低端产能过剩的问题。主观原因是,简单地认为转型升级就是要发展新兴产业,"没有培育出几个新兴产业,转型升级就不成功",而不去客观分析各地的资源、环境、市场和产业基础。

转型升级转的是经济、效益的发展方式。发展新兴产业,如果不做好市场分析,没有选择好产业,或

者产业发展过快,导致还没有来得及发展,而热潮已过,白白导致人力、物力资源的浪费,那就不是真正的转型升级。而与此相对应,传统产业如果能在技术和管理等方面进行创新,同样是实现了转型升级因此,转型升级关键是要抓住实现转型升级的实质,切实提高经济发展质量和效益,增强自主创新能力。

(六)严控风险,促进企业持续健康发展

这些年来,中央企业负债率稳定之中有所下降,但由于市场外部环境复杂多变,要防范新的风险出现。

1. 严控设计质量风险

设计质量是设计院的立足之本、生存之本,在发展新兴业务中更是要将其放在首要位置予以重视,质量过硬,用质量说话,才能在发展新兴业务方面走得更远更稳。设计质量风险主要包括违反建设程序的风险、违反国家法律法规的风险、设计错误和疏漏导致的风险、设计深度不足和设计水平不高导致的经营风险。设计质量风险的控制,重点在事前控制、事中控制和事后控制三个方面。

2. 建立完善的法律风险防范体系

一方面,国有企业需要根据自身实际运营特点,对涉及相关法律管理条例以及制度信息进行收集整理,争取提前做好相应的准备工作,进而能够在第一时间制订应对法律风险的相关措施,增强法律风险的防范意识;另一方面,应当对风险信息进行合理预测,总结分析已经出现的各种风险问题,掌握法律风险问题较易产生的方面,预先对相关方面加强重视程度,实现对法律风险问题的有效防范。

3. 做好年度内控评价工作

中铁五院将认真开展年度内控评价工作,遵循由"合规风控"向"管理风控"转变的工作思路,更加突出价值导向,服务企业战略,倡导风险引领,关注实际问题,重视过程控制,强调风险意识培养,强化管理提升要求,注重管理效率和效果,为企业决策服务、有效应对新兴业务发展中面临的各类风险提供支撑。

三、实施效果

(一)企业经营管理不断优化

通过系统化、体系化地发展新兴业务,促进企业发展转型,中铁五院的生产经营能力得到快速升级换代,发展效率显著提升。"双百行动"有序推进,完成了改革综合实施方案的制订,对各项改革工作方案进行细化并制订了具体计划时间表,聘请专业咨询机构为集团公司定制符合自身情况的改革方案,初步建立了管理核心、经营核心、技术核心的员工股权激励制度。战略合作继续开展,与中铁二十局、北京城建等单位签订战略合作协议,与衢州交投共同并购衢州市交通设计有限公司,与十八局合资成立苏州中铁融城地产开发有限公司,与投资集团、十一局、中铁磁浮、中铁建设合资成立西红门项目公司,为企业发展注入新的动力和活力。法律合规体系日臻完善,技术人才队伍日渐强大。连续三年被评为"北京市诚信创建企业",全国勘察设计收入50强企业,连续入围"ENR/建筑时报"中国设计企业60强等。

(二)获得广泛认可,推动社会发展

中铁五院的新兴产业经过近几年的发展,在创造经济效益的同时,也创造了巨大的社会效益。在生态环保方面,中铁五院承担的《北京市房山区史家营乡曹卫煤矿治理区废弃矿山生态修复治理》设计项目,用生动的事实案例诠释了生态修复的重要性,不仅仅是《北京市打赢蓝天保卫战三年行动计划发布》的重要组成部分,更是北京市生态修复和经济转型标杆项目,为后续废弃矿山的生态修复指明方向,为中铁五院在全国范围内开展生态修复项目奠定了基础,有效推行了生态文明建设,获得了巨大的社会效益。在人防工程业务方面,中铁五院承担的北京地铁新机场线一期工程人防工程EPC项目磁各庄站防护单元顺利通过验收,中铁五院针对新机场线及后续地铁人防项目研发了新型防护设备并通过国家防办鉴定,实现了将安全、质量、创新的有机融合;中铁五院特别研发的"Π型刚性接触网授电D型列车地铁区间防护设备”,满足了平战转换时间短等技术要求;新机场线是北京市轨道交通“十三五”规划中的一条骨干线路和落实北京城市总规、促进京津冀协同发展的重要组成部分,也是北京大兴国际机场“五纵两横”配套交通工程中的快速、直达、大运量的公共交通服务专线,对整个北京市交通运输的发展起到了关键作用。

(三)支持企业快速发展,创造显著经济效益

中铁五院开拓新兴业务以来,企业的产业结构得到了优化,促进企业快速发展。转型之前,中铁五院主要业务收入还仍然集中在传统的铁路、公路勘察设计板块;开拓市场,大力发展新兴产业以来,在各个领域,均取得了不俗的成绩。首先是产业结构调整,建立设计咨询为本、全产业链协同、强化前期规划、推进工程总承包、发挥资本效力、创新发展模式、国内海外并举、经营技术生产三位一体的产业结构,成为国内一流的工程公司,为建设成为国际型工程公司夯实基础。

在这个过程中,中铁五院的经济效益也得到了显著提升。2017—2019 年,中铁五院营业收入从 28.7 亿元增长为 37.2 亿元,近三年年均增长 17.89%。合同额从 57.82 亿元增长为 73.25 亿元,近三年年均增长 21.52%。伴随着新兴业务对中铁五院整体产业结构的贡献,中铁五院的整体实力也得到了不断提升。尤其新兴产业承揽项目显著增加,为中铁五院的高质量发展打开局面,也为中铁五院不断提高竞争力打下了坚实的基础。

海事静态业务集约化办理新模式

中华人民共和国曹妃甸海事局

成果主要创造人:李保东

成果参与创造人:牛　阳　郑　旭　刘洁雪　傅天润　李孟弟　刘彩霞　徐　斌

曹妃甸海事局现有干部职工146人,为河北海事局分支机构,是负责曹妃甸水域水上交通安全监督管理的行政主管机关。依据《中华人民共和国海上交通安全法》《中华人民共和国海洋环境保护法》《中华人民共和国行政许可法》等赋予的职权,曹妃甸海事局代表国家履行曹妃甸沿海、港口水上交通安全监督管理、防止船舶污染、船舶及海上设施检验、航海保障、船员证书签发等行政执法职能。曹妃甸海事局辖区北起大清河盐场,与唐山海事局辖区接壤,南终涧河口,与天津海事局为邻,辖区管辖海域面积约2570平方公里。监管区域主要有开通的曹妃甸中区第一和第二港池、东区港池甸前水域及配套航道、锚地水域等港口水域,冀东油田1~4号人工岛,距港口100多公里的惠丰湖以及拟建的丰南港区。曹妃甸辖区的监管特点可总结为"三大、三多、三重":"三大"即码头泊位尺度大,到港船舶船型大,业主企业规模大;"三多"即运输货物种类多,船舶船型种类多,监督管理地域多;"三重"即交通组织任务重,应急处置任务重,服务发展任务重。曹妃甸海事局政务中心主要负责海事行政许可的受理、审批和政务咨询、政务公开等工作,是支持河北沿海经济发展、助力"京津冀一体化"建设和"一带一路"建设的主要窗口。

一、成果实施背景

(一)新形势下国家宏观层面要求政务服务不断创新突破,优化设置

《中共中央关于全面深化改革若干重大问题的决定》一经正式公布,便成为新形势下全面深化改革的纲领性文件,其中就加快转变政府职能有重要论述:必须切实转变政府职能,深化行政体制改革,创新行政管理方式,增强政府公信力和执行力,建设法治政府和服务型政府。

2015年1月7日召开的国务院常务会议进一步提出,推行"一口受理",承担行政审批职能的部门全面实行"一个窗口"对外统一受理,申请量大的要安排专门场所,对每一个审批事项都要编制服务指南,列明申请条件、基本流程、示范文本等,不让地方、企业和群众摸不清门、跑累了腿。曹妃甸海事局海事静态业务集约化办理新变革的实施,是落实国家放管服要求、顺应国家政府职能转变的重要创新举措。

(二)中国(河北)自由贸易试验区曹妃甸片区的设立促进曹妃甸海事政务服务提质增效

2019年8月,中国(河北)自由贸易试验区曹妃甸片区正式挂牌,为曹妃甸港的发展建设又添新助力。曹妃甸海事局作为辖区与港口重要管理机构积极融入服务自贸区航运经济发展大局,先行先试,主动谋划,超前思考,深入研究与自贸区相关的法律法规和国家政策,积极推出海事政务创新性便利举措,为自贸区快速发展吸引更多企业和船舶落户自贸区添能助力。

曹妃甸片区成立后,曹妃甸区积极推进政务服务审批中心建设,将各行政机关的行政审批权集中到政务服务中心,集中对外行使实现"一个部门、一枚公章管审批"。曹妃甸海事局积极献言献策,主动配合入驻相关事宜,对接自贸试验区建设各项要求,加强相互协作,逐步形成"简政创新、服务智能、便利高效、安全可控"的自贸试验区海事监管服务模式。

（三）面对人民群众日益增长的服务需求，海事政务必须走在前、不掉队

当下社会已经全面进入互联网时代，我国网上政务服务平台建设也迈入了新时代。政务服务存在企业和群众日益增长的服务需求和各地政务服务水平不平衡的状况。曹妃甸海事局辖区范围存在地域大、分散零散的现实情况。面对现实困难和人民群众日益增长的服务需求，曹妃甸海事局近几年一直在政务服务创新突破的道路上不畏艰辛砥砺前行。从2016年的大政务模式集中化，到2018年在河北辖区内率先实现行政审批"一站式"办理，曹妃甸海事局以前两项改革为基础探索出海事静态业务集约化办理新模式。

二、成果内涵

面对当下对政务服务越来越高变准、严要求的社会现实，曹妃甸海事局结合辖区实际、创新突破、锐意进取，提出政务服务新改革项目——海事静态业务集约化办理新变革。集约化办理是曹妃甸海事局主动融入中国（河北）自由贸易试验区曹妃甸片区建设大局，深入贯彻落实"放管服"要求，深化海事行政审批制度改革，打造以"人员管理集约化""事项审批集约化""信息传递集约化""政务服务集约化"等为主要内容的海事静态业务办理新模式。集约化办理首次将交通运输部下放的和分散在河北海事局、曹妃甸海事局及下设海事处的海事动态执法之外所有39项静态业务调整到政务中心办理，建成了"全天候运行、全方位覆盖、全过程服务"的海事政务服务体系，实现了曹妃甸海事"一中心对外、一窗口受理、一网通办、一站式服务"，行政相对人通过任意窗口申请即可实现"通受""通办""通取"，企业群众在政务窗口均可享受到高效便捷、流程规范、体验一致的无差别服务。政务服务举措向多元化和人性化的方向发展，通过业务视频远程培训、船舶证书"N合一"并联办理、试行海事政务证明事项告知承诺工作机制、联合中国船级社共同发证、"无纸化"业务办理等多项便民举措，行政审批效率显著提高，平均审批办理时间较改革前缩短了30%以上。

三、主要做法

曹妃甸辖区点多面广，码头泊位数量、种类众多，各海事处在静态值班中投入人员比例和数量较大。海事静态业务集约化办理工作模式的提出，经过曹妃甸海事局领导班子和业务骨干的长期酝酿、深入探讨、反复推敲。曹妃甸海事局精准定位海事政务服务"先行先试"目标，在层级设置和职能整合上寻找突破，在广泛征集辖区相对人意见后，梳理所有海事静态事权清单，将全部海事政务事项100%全部入驻中国（河北）自由贸易试验区曹妃甸片区政务服务大厅，实现集中办公、集约办理。

（一）深入调研，保障集约化办理可行性

在曹妃甸海事局内部，进行精确分析，保障集约化办理地有效、有序推进。经梳理，海事处共有政务办理事项17项，其中政务公开项7项，事权清单规定事项11项，仍需到政务中心大厅办理事项9项，具体情况见表1。

下设海事处行政审批事项列表 表1

序号	项　目	名　　称	河北局权责清单	政务服务指南项	现申报形式	是否移交
1	行政许可	国际航行船舶进出口岸审批	是	是	网上	是
2		船舶载运危险货物和污染危害性货物进出港口审批	是	是	网上	是
3	行政备案	船舶在港区水域内安全作业备案	是	是	大厅	是
4		内河通航水域安全作业备案	是	是	大厅	是
5		船舶污染物的接收和处理情况备案	是	是	网上、大厅	是
6		港口、码头、装卸站及船舶有关作业单位防治船舶及其有关作业活动污染海洋环境应急预案备案	是	是	大厅	是

续上表

序号	项目	名称	河北局权责清单	政务服务指南项	现申报形式	是否移交
7	行政备案	船舶载运固体散装货物(危险货物除外)的适装报告(A/C)	是	—	网上	—
8		船舶进出港报告	是	—	网上	—
9		船舶防污染作业报告	是	—	网上	部分
10	行政征收	船舶油污损害赔偿基金征收	是	—	大厅	是
11	其他事权	船舶文书签注	是	是	大厅	是
12		海事声明签注	—	—	大厅	是
13		危险货物安全适运报告	—	—	网上	是
14		船舶能耗数据报告	—	—	网上	—
15		船舶污染物接收单位进行船舶污染物接收作业报告	—	—	网上	—
16		停航船舶报备	—	—	大厅	是
17		港口建设费征收审核	—	—	大厅	是

按照改革要求、征集的相关部门意见,针对本次政务改革事项共提出三种改革方案,预选方案确定后,曹妃甸海事局开展广泛意见征集工作,对业务办理各航运企业、船员管理公司及个人发放调查问卷70余份,局内职工参与调研20余份,结合三种方案优劣势分析(表2),最终意见汇总选定方案一为改革方案:原下设海事处值班人员暂留5人,既可以满足政务办理工作需求,也能让该局部分未在曹妃甸常驻人员可以乘坐班车进行上下班,减少了交通出行成本。

三种方案的对比优势、劣势分析 表2

名称	优势	劣势
方案一	精简40%静态业务办理人员; 海事处可静态取消24小时值班; 打破了审批事权,部分业务可以与政务中心原有业务并联办理	—
方案二	打破了审批事权,部分业务可以与政务中心原有业务并联办理	仍需大量静态业务办理人员;部分业务与动态结合较紧密,需要大量的动静态信息传递,信息传递的及时性不能保证
方案三	政务中心所需静态值班人员较少; 静态业务信息无须大范围传递,减少的信息传递环节	海事处仍需24小时值班

(二)调配人员,完善制度,实现"人员管理集约化"

在集约化办理实施前,曹妃甸海事局政务中心共有在岗执法工作人员5名,其中主任1人、副主任1人、工作人员3人,下设海事处静态业务受理工作人员共计10名。依据选定方案,精简50%人力资源,将有限的执法力量充实到基层执法第一线,达到人力集中使用、节约使用、高效率使用。以"依岗定员、一人多岗、一专多能"为原则,修订岗位说明书,明确岗位职责、工作标准、适任条件等事项,高效率使用人力资源。同时根据办理权限变化情况,修订《曹妃甸海事局政务大厅制度汇编》,完善政务窗口标准化工作制度,建立涵盖行政许可"全事项、全过程、各环节"相互配套的标准化体系,实现海事政务审批事项的规范、有序和权责清晰,实现了集中办公、集约办理。

(三)调整职责,优化流程,实现"事项审批集约化"

一是以曹妃甸自贸区成立为契机,整合海事静态业务审批管理资源,打破原有区域、功能、模式限制，正式授权政务中心 19 项业务全程办理，实行事项审批集约化，政务事项“一站式办理”稳步推进，截至 2020 年 5 月，曹妃甸海事局 39 项海事事权全部入驻曹妃甸自贸区政务服务中心，行政相对人通过任意窗口申请即可实现“通受”“通办”“通取”；二是根据《海事执法业务流程》《船舶登记操作规程》规定，对部分三级审批事项合并初审复审环节，对部分需经分管领导审批事项进行审批授权，缩减审批流程，提高审批效率；三是根据部局《政务办理规范》规定，将原本需要分批次审批事项，优化设置为并联审批业务，精简材料，缩减流程。

（四）整合资源，打破壁垒，实现“信息传递集约化”

发挥互联网和信息化技术的载体作用，依托部局“一网通办”平台，打造海事静态执法信息交互中心。一是将原本无申报系统的通航管理审批事项与船舶管理、危防管理整合到“一网通办”平台，让自贸区企业通过该平台网上申办、查询相关政务事项，变“纸质申报”为“电子申报”，变“群众跑腿”为“信息跑路”，实现“单点登录、一次认证、全国漫游”。二是海事静态信息“开环传递”变“闭环传递”。政务中心将静态执法信息集中传递至动态执法部门进行事中事后监管，进而核查海事政务办理后现场活动的一致性，有效实现动静态执法数据的精准衔接无缝交互。“信息传递集约化”，实现了动静态执法分离的模式，集中了全辖区的静态业务信息，便于信息的全面汇总收集和分类发布，减少信息孤岛现象。

（五）提升效能，优化环境，实现“政务服务集约化”

强化服务意识，积极推行线上线下双轨融合运行机制，对部分还需提交纸质材料的审批事项实行便利的海事政务线下服务，为服务对象提供便利顺畅的“一体化”线上线下集约化服务；发布“最多跑一次”和“一次不用跑”政务事项清单，其中梳理出全网办理型、网上受理邮寄送达型“一趟不用跑”事项 7 项，即到即办型、现场受理邮寄送达型“最多跑一趟”事项 16 项，占比权责清单事项的 59%；在“最多跑一次”清单的基础上，推出海事政务双向邮寄服务，9 项业务从“最多跑一次”优化为“一次不用跑”；对重点建设工程、电煤运输船、LNG 船舶、40 万吨矿石船舶、原油船舶、安全诚信船舶等符合相关条件的 10 项行政审批申办事项，提供优先办理、缩短办结期限的“绿色通道”服务。在此基础上，曹妃甸海事局加大改革后政策辅助力度，不断推出便民服务“金点子”。

1. 一网通办，全心为民

“互联网 +”自 2012 年 11 月首次被提出，之后迅速成为时代新宠。就政务领域而言，全面推进“互联网 + 政务服务”工作已经成为党中央、国务院作出的重大战略部署，是推进国家治理能力和治理体系现代化的重要组成部分。就在政务服务插上了“互联网 +”的翅膀准备腾飞的那一刻，我国网上政务服务平台建设也迈入了新时代。曹妃甸海事局充分利用互联网 + 政务服务的业务办理理念，共享政务信息系统资源，通过推广海事系统“一网通办”电子政务平台等，推行“网上办”政务服务模式，倡导港航企业按照网上办事指引，上传申请材料，窗口人员利用内网操作系统高效完成受理审核，将“群众跑”转化为“数据跑”，全面实施“不见面”办理。

2.“N 合 1”并联办理，提速利民

曹妃甸海事局充分利用自贸区政策优势，结合集约化办理模式运行，全面梳理船舶登记等业务事项，创造性实施精简材料、简化手续、减少环节等举措，缩短办结时限。将原“4 合一”并联办理拓展为 9 类 17 项船舶登记证书、防污染文书等“N 合一”并联办理，实施同步受理，同时审查。此项便民措施推出后，缩减申请材料数量 50% 以上，缩短船舶办证时间 60% 以上，受到辖区航运公司一致赞誉，为船舶提前投入运行赢得时间，服务企业高质量发展。

3. 告知承诺，贴心暖民

按照河北海事局政务改革实施方案要求，曹妃甸海事局经过调研学习上海、天津等国内先进自贸区建设发展状况，借鉴成熟政务服务理念，结合本辖区特点，制定《曹妃甸海事局告知承诺制度》，从 2020 年 7 月 1 日开始对办理自贸区海事业务的公民、法人和其他组织试行海事政务证明事项告知承诺工作机制。告知承诺制涵盖通航管理、船舶管理等25项海事业务,涉及43项申请材料可以通过承诺替代部分申请材料或免除原件核验。大大提高受理效率,更好地推行"最多跑一次"改革落地生根。

4. 远程校验,彰显便民大智慧

"通过视频就能核验原件,这样办理船舶证书真方便,为曹妃甸海事局政务中心在疫情防控期间推出的便民服务举措点赞!"这是辖区唐山润道港口服务有限公司办事人员打来了感谢电话。

唐山润道港口服务有限公司所属船舶"锦盛拖"轮即将投入运营,着急办理船舶国籍证书和最低安全配员证书,特向曹妃甸海事局提出申请。接到咨询后,曹妃甸海事局政务受理人员思企业所急,供企业所需,根据《交通运输部海事局关于做好疫情防控期间海事监管工作的通知》(海船舶〔2020〕111号)的精神要求,突破现有壁垒,采取视频连线的方式,对申请材料原件进行远程核验,拓宽了"非直接接触式"海事政务办理方式,实现"视频远程、一触即办",打通便民服务的"最后一公里"。

5. 远程课堂,配套服务不掉队

由于疫情影响,曹妃甸海事局政务服务面临着新的考验,政务中心工作人员不断寻求为民服务新点子,通过群众电话咨询等总结群众所思所想所盼,为切实解决群众最关心的热点、难点,为相对人量身订造"翼"学就会网络课堂和"翼"册无忧操作指南。在这里不仅有供最新鲜出炉的政策解读,也会对疫情期间海事各项业务办理进行讲解和交流。

为贯彻落实《曹妃甸海事局政务改革实施方案》要求,该局政务中心继续延伸课堂深度,通过腾讯会议App平台开展船舶载运危险/污染危害性货物进出港审批、危险/污染危害性货物安全适运报告申报业务视频远程培训,进一步规范业务申报,提高审批效率,为申报企业抢时间省成本。

6. 携手船检,构建协同办证新时代

为深化"放管服"改革,深入贯彻落实服务中国(河北)自由贸易试验区曹妃甸区发展和曹妃甸港世界一流综合贸易大港建设要求,有效促进船舶登记、检验由"分头办"向"协同办"转变,以更便捷、更高效的服务,促进航运经济健康发展。2020年7月29日,曹妃甸海事局、中国船级社秦皇岛分社签署《船舶协同办证创新服务机制合作协议》,这标志着河北辖区首次海事、船检协同办证正式启动,曹妃甸自贸区船舶进入"协同办证"新时代。

船舶协同办证创新服务机制实施后,主要针对现有船舶办证流程发生变化,打破了船舶登记证书、检验证书按顺序申请的模式,申办人可申请海事、船检证书协同办理。两单位通过信息共享平台共享船舶信息,实现容缺预审、同步受理、联合出证,简化办证程序,优化办证流程,提高审批效率。

船舶协同办证创新服务机制的签署,是对服务曹妃甸自贸区建设成果的巩固和扩大,也是落实党中央、国务院部署,"减证便民"服务航运业发展的具体举措,同时又是在深化体制机制改革中的一次积极探索,具有十分重要的意义。在以后的工作中,曹妃甸海事局和船检将会进一步强化沟通协作,发挥各自优势,互帮互助,将海事、船检船舶协同办证服务机制打造成服务曹妃甸自贸区建设的一块新"招牌",为自贸区航运业发展释放更多"政策红利"。

7. 疫情防控与政务服务两手抓,业务办理不停摆

隔断的是疫情,隔不断的是曹妃甸海事局政务服务工作人员的为民热忱。为了保障水路运输、保障煤电顺利供应、保障水上交通安全、保障航运事业不断不乱,他们充分发挥起党员先锋模范带头作用,创造性的组建了党员帮办预审服务队——"翼"手帮办,即线上依托政务服务热线、海事政务服务平台、微信群等为群众企业提供可视化咨询、指导、预审服务,为企业群众提供"一对一"专业帮办,实现"多端咨询——预审帮办——网上提交/邮寄递件——线上审批/全程跑办——邮寄送达"的党员全流程"陪办式"服务,助力办事"不用跑",实现"疫期特办、翼企代办、易志帮办、E网通办"。

8. 多措并举,全面助力复工复产

伴随着港航企业逐渐恢复生产秩序,为实现抗击疫情、复工复产"两不误",曹妃甸海事局进一步优

化政务服务，积极推行实施“四个办”措施，为疫情防控垒筑生命安全“防火墙”，全力支持企业复工复产，保障辖区水上安全形势持续稳定。一是政务申请线上办。针对实现全流程办理的业务依托中国海事综合服务平台、海事一网通办平台，提倡港航企业按照网上办事指引，上传申请材料，窗口人员利用内网操作系统高效完成受理审核，实现政务服务“零接触”“不见面”。二是绿色通道及时办。针对企业复工复产后需要办理的急事难事，创新政务服务方式，实行疫期特办，开通绿色通道，深入实行并联审批，为企业提供全流程一对一帮办，极大压缩业务审批时限，确保企业在第一时间合法、合规、有效复产复工。三是网上预审便民办。针对未实现全流程办理的海事业务，安排专人通过“翼”手帮办邮箱对申请材料进行预审，及时反馈预审结果，指导相对人对申请材料进行修正，提高一次性办结成功率。四是双向邮寄贴心办。针对需要提交纸质材料的业务，企业可在群众可通过邮寄方式递交申请材料，审核通过后，业务办理结果也将通过寄递方式发放，有效满足企业和群众在疫情期间，不出家门办成事的现实需求。

(六)监督反馈，总结提升

海事静态业务集约化办理基本实现国务院印发《关于进一步深化“互联网+政务服务”推进政府服务“一网、一门、一次”改革实施方案》中对政务服务“一网通办、只进一扇门、最多跑一次”的要求。在推进过程中，曹妃甸海事局注重倾听群众心声，建立有效的群众参与、监督、反馈渠道，通过监督反馈与自身总结，不断发现不足之处，不断完善集约化办理工作模式，使之成为可借鉴可推广的优良做法。接下来，曹妃甸海事局计划采取如下几项措施，进一步为集约化办理提质提效。

1. 打造海事智慧政务

推进海事静态业务移动办理，应用电子证书，拓展海事规费便捷支付。构建基于桌面、移动 App、微信等多种方式，覆盖业务申报、导助航、风险提示等多种内容的海事综合服务平台。综合应用大数据分析、人工智能、深度学习等技术，实现对风险防控预警防控、深层次的风险关联分析、风险源或政务内容的深度挖掘和提示、提醒，引导海事政务持续优化与调整，打造海事智慧政务。

2. 打造自贸区政务服务集约化平台

深入落实党中央、国务院关于推进“互联网+政务服务”改革的重大决策部署，积极推进智慧海事建设，加强与曹妃甸自贸区政务服务平台协同融合，利用大数据、二维码、人脸识别等技术，不断丰富电子证书、电子取证、非接触式执法等创新举措，为优化自贸区营商环境、曹妃甸自贸区航运经济健康快速发展提供海事服务支撑。

3. 加强与天津海事局政务服务协同发展

加强与天津海事局协同合作，打破行政界限，强化需求导向，整合两地海事信息资源，探索建立两地自贸区海事政务服务统一标准和管理互认机制，推进互联互通和信息共享，逐步实现海事静态信息互换、执法互认、监管互助的一体化、高质量发展，全面营造自贸区快捷高效、一网通办、一次办妥的海事政务服务体系，让自贸区企业和办事群众真切感受到津冀海事协同发展带来的便捷感、获得感。

四、实施效果

(一)职能定位更清晰，业务运行更顺畅

“人员管理集约化”平衡了单人业务工作量，为曹妃甸海事局节约了50%人力，调整出的执法力量充实到其他执法薄弱环节和人员不足的岗位，进一步优化全局执法人员配置。“事项审批集约化”实现海事行政审批、监管、执法监督相分离，推动审批权限扁平化、审批服务集约化、事中事后监管立体化。各项业务交叉管理的内容大大减少，促进了业务审批流程更统一，更透明。有利于各业务部门集中精力开展监督管理性工作和业务指导工作，水上交通安全监管工作得到进一步加强。

(二)信息流转更顺畅，海事监管更高效

“信息传递集约化”实现了动静态执法分离的模式，集中了全辖区的静态业务信息，便于信息的全面汇总收集和分类发布,减少部门间协调事项,尽可能地避免沟通不畅造成信息滞后。审批职责调整减少了单项业务流转涉及的部门数量,避免了审核信息流转造成的误解和延误,便于向行政相对人反馈情况和解答说明。

(三)服务行为更规范、服务标准更统一

海事静态业务集约化办理新模式,打造了整齐划一的政务服务窗口,构建了"横向协同到边、纵向联动到底"的政务服务体系,实现了政务业务"五个统一",即窗口外观形象标识统一、办理标准统一、服务规范统一、服务机制统一、便民措施统一,通过强化标准约束和机制保障,相对人在政务窗口均可享受到高效便捷、流程规范、体验一致的无差别服务。

(四)政务服务更高效、业务办理更便民

"政务服务集约化"形成了集"咨询——办理——反馈"为一体的"闭环式"审批服务体系,真正落实了首问负责制、一次性告知制、倒逼催办制等多项便民利民制度。政务服务举措向多元化和人性化的方向发展,通过绿色通道、并联办理、"无纸化"业务办理等多项便民举措,行政审批效率显著提高,平均审批办理时间较改革前缩短了30%以上。基于"事项审批集约化",船舶证书可实现N证并联办理,申请材料可缩减50%以上,办结时间缩减60%以上;签发的船员服务簿、培训合格证书、适任证书的平均发证时间为3个工作日,4.62个工作日和4.67个工作日,分别为法定时限的60%、30.8%和46.7%。

党建管理信息平台

交通运输部上海打捞局

成果主要创造人:周东荣　蒋　哲

成果参与创造人:张　立　殷卫荣　陈德兴　朱传兵　张栋辉　李鹏飞

交通运输部上海打捞局(简称“上海打捞局”)是交通运输部直属的在沪事业单位,成立于1951年8月,在履行好国家赋予的抢险打捞职责的同时,以经营养打捞,实行事业单位企业化管理。是中国最大的抢险救助打捞专业单位之一。

上海打捞局现拥有各类拖轮和特种船舶50余艘,其中大型救捞工程类船舶8艘,还拥有饱和潜水系统,水下无人遥控潜水器(ROV),水下导向攻泥器设备,海上溢油回收设备,以及打捞浮筒等特种设备,主要用于为海上救助打捞、海洋工程作业、溢油清污作业和各类水下工程提供服务。此外,还正在建造500米饱和潜水工作母船、插桩式抢险打捞船等船舶。

上海打捞局始终坚持以“抢险打捞”为立局之本,积极服务海洋强国、长江经济带发展等国家战略和“一带一路”倡议,坚决履行好各项应急抢险打捞任务,不断提升应急抢险打捞能力,着力保障水上人民生命财产安全、航道畅通和海洋环境清洁。自上海打捞局成立以来,截至2019年,已累计成功救助遇险人员20286名,打捞沉船沉物1104艘(件),救助遇险船舶1980艘,清污油污25046吨。

近年来,上海打捞局在交通运输部党组和部救助打捞局党委的坚强领导下,全面加强从严治党,创新攻克党建难题,各项工作硕果累累。不断夯实基层党建,广大党员理论素养不断提升,各级党组织工作规范运行,党建工作高质量提升,切实增强“四个意识”、坚定“四个自信”、做到“两个维护”。践行社会主义核心价值观成效显著,培养了以全国人大代表金锋同志为代表的20位全国劳动模范和五一劳动奖章获得者,近50位省部级劳动模范;培育了300米饱和潜水团队、“世越”号打捞技术团队等“感动交通”年度人物;“桑吉”轮搜救四勇士荣获“感动交通”特别致敬奖,潜水员胡建荣获“最美搜救人”荣誉称号。打造党建工作特色品牌,持续开展“学先进、立责任、争一流、创品牌”活动,突出抢险履职行业特色,营造了培树标杆、强化责任、争创一流、打造品牌的党建学习氛围。大力发展上海打捞文化,内化于心、外化于行,继承和弘扬“把生的希望送给别人,把死的危险留给自己”的救捞精神,形成了包含理念、视觉、行为系统的文化体系,并荣获交通运输行业文化品牌荣誉称号。树立良好社会形象,央视、央广、东方卫视、文汇报、解放日报等权威媒体,多角度、多层次报道了上海打捞“更深、更远、更强”的优异表现,持续擦亮“COES”品牌国际知名度。

2014年以来各级劳模先进情况罗列如下:

①2014年,全国五一劳动奖章(郭杰、胡建),感动交通十大年度人物(金锋),全国交通运输系统先进生产者(陆红兵)。

②2016年,上海市五一劳动奖章(李尚界)。

③2017年,上海市五一劳动奖章(王伟平、陈世海、龚晓明、徐军林、顾德章、李智)。

④2018年,感动交通特别贡献奖(徐军林、徐震涛、卢平、冯亚军),全国交通运输行业文明单位职工标兵(王金龙)。

⑤2020年,上海市劳动模范(龚晓明),最美搜救人(胡建)。

2014 年以来各级集体荣誉情况罗列如下：

①2014 年，全国交通运输系统先进集体（工程船队）、上海市"工人先锋号"（港作船队）。

②2015 年，全国交通运输文化建设卓越单位（上海打捞局）、全国交通运输系统先进集体（工程船队）。

③2016 年，全国交通运输文化建设卓越单位（上海打捞局）。

④2017 年，上海市五一劳动奖状（工程船队）、感动交通人物（"世越号"打捞技术团队）、上海市工人先锋号（服务中心食堂）。

⑤2018 年，全国交通运输行业文明单位（上海打捞局）、感动交通人物（工程船队潜水队）。

⑥2019 年，上海市文明单位（上海打捞局）、上海市工人先锋号（上海打捞局业务处）。

一、实施背景

认真贯彻落实习近平总书记《贯彻落实新时代党的组织路线　不断把党建设得更加坚强有力》的讲话精神。讲话中指出"中央相关部门、各级党委（党组）要结合实际，把党的组织法规和党中央提出的要求具体化，建立健全包括组织设置、组织生活、组织运行、组织管理、组织监督等在内的完整组织制度体系"[1]的精神，救捞工程船队党委在上海打捞局党委坚强领导下，以及在局党群工作处帮助指导下，紧扣基层党建时代特点和党员思想行为特征开展工作，利用协同办公软件系统，积极探索有利于以党建工作信息化推动基层党建工作标准化、规范化难题的新途径新办法，研究开发了"上海打捞局党建管理信息平台"，实现了基层党支部日常管理工作与信息化技术的深度融合。党建管理信息平台以发展党员模块为建设重点，综合推进"理论学习、组织架构、党员管理、书记例会、监督检查、组织生活"等功能模块。七大功能模块的搭建运行，基本实现基层党支部工作"发展党员标准化、组织管理智能化、党员学习便携化、信息传递及时化"，在极大程度上解决基层党支部工作的突出问题，探索网上"四抓四制"工作机制，使各项工作更好地体现时代性、把握规律性、富于创造性，推动党的建设高质量发展。

当今世界正向以信息技术为核心的知识经济时代发展，信息技术正以其广泛的渗透性和无与伦比的先进性与传统产业相结合。信息化已成为推进国民经济和社会发展的助力器，信息化水平成为一个企业现代化水平和综合实力的重要标志。特别是近年来新型移动办公平台的兴起，对企业管理提供了移动化的支持，我们必须高度重视信息化建设，树立起加强信息化建设的危机感和紧迫感，认真抓好信息化建设，使企业管理与时俱进。党建管理作为企业管理的一个重要部分，也需要进行信息化建设。

当前，随着上海打捞局各项事业快速发展、救助打捞、工程项目领域不断拓宽、海外项目逐渐增多，给党员教育管理和基层党支部建设带来了严峻挑战。发展党员不规范、组织生活不及时、纸质文件烦琐易失、党员流动性大等问题影响了党支部的建设和作用的发挥。针对基层党支部工作的诸多难点、痛点，建设党建管理的信息化平台，顺应基层党支部建设和新技术"融合共生"的趋势，利用互联网、大数据的信息技术拓展基层党支部建设的形式、方法和内容，运用信息渠道的公开化、信息传递的交互性推动党内的民主建设，拓展基层党务工作的视野，增强和改进基层党支部工作是必然选择。

二、成果内涵

在信息化时代发展的驱动下，上海打捞局立足于以党建信息化推动基层党建工作标准化、规范化，研究开发"上海打捞局党建管理信息平台"，实现基层党支部工作与信息化技术的深度融合。党员是党的肌体的细胞和党的活动的主体，发展党员工作是党的建设一项经常性政治工作，是党的建设新的伟大工程的一项基础工程，是党员队伍建设的重要组成部分。党建管理信息平台结合上海打捞局工作实际，以发展党员模块为建设重点，把质量作为发展党员工作的生命线，严格标准、严格程序、严肃纪律，综合推进"理论学习、组织架构、党员管理、书记例会、监督检查、组织生活"等功能模块。七大功能模块的搭

[1] 共产党员网. 习近平：贯彻落实新时代党的组织路线　不断把党建设得更加坚强有力[EB/OL]. (2020-7-31)[2022-5-10]. http://www.12371.cn/2020/07/31/ARTI1596179920315419.html.

建运行,基本实现基层党支部工作“发展党员标准化、组织管理智能化、党员学习便携化、信息传递及时化”。同时,加强了上级党委的监督和指导作用,针对基层党支部工作中存在的问题能够给予及时的指导指正,在极大程度上解决基层党支部工作的突出问题,加强党支部标准化、规范化建设,不断提高党支部建设质量。

通过加强基层党支部信息化平台建设,充分利用信息化技术和互联网平台,改进基层党支部工作的方法,丰富基层党支部思想政治教育的形式和内容,加强基层党支部成员的互动交流,完善上级党委的监督管理,充分发挥基层党支部的政治核心和战斗堡垒作用,为打捞事业的发展提供坚强的组织保障力。

三、主要做法

(一)发展党员模块

新发展党员的质量直接影响党的战斗力,发展党员“入口关”把不住,将会给党员队伍自身建设带来很大隐患。特别是个别党支部党务知识欠缺,对发展党员把关不严,不按照党章规定的标准发展党员,重数量、轻质量,甚至出现“带病入党”的现象,致使一些入党动机不纯的人混入党内,影响党员队伍的生机活力,影响党在人民群众中的形象和威信,这种情况下坚持党员标准,提高发展党员质量,就成为各级党组织始终要重视解决的一个问题。

本模块根据《中国共产党发展党员工作细则》的相关要求,准确对照发展程序来设计发展党员流程。按照“控制总量、优化结构、提高质量、发挥作用”的总要求,坚持入党自愿原则和个别吸收原则,落实从严治党方针,严格把控入党申请、入党积极分子的确定和培养教育、发展对象的确定和考察、预备党员的接收、预备党员的教育考察和转正、培养考察档案移交等关键程序,运用流程“牵引式”和材料模板“嵌入式”的方法来引导基层党支部正确合理地做好发展党员工作,解决基层党支部党务知识不扎实、发展党员不及时、发展流程不准确、档案记录不规范、人员流动量大等突出问题,满足基层党支部发展党员工作需求,切实保障发展党员工作的规范化和党员的发展质量。

1. 入党申请阶段

年满 18 周岁自愿加入中国共产党的申请人,在入党申请模块(图 1)申请入党。在申请前请填写个人资料,若输入提交入党申请书的时间与出生日期产生计算结果不满 18 周岁,将弹出提醒限制,不能继续以下流程。将《入党申请书》上传附件后,按申请入党表单(图 2)发起申请入党流程,党组织(党支部)收到信息提醒时,审看其入党申请书,根据撰写内容看是否满足申请入党条件,并及时派人谈话了解其基本情况,帮助其提高思想觉悟,端正入党动机,1 个月内上传附件《谈话纪实表》,同样,若谈话输入谈话时间与入党申请提交时间计算结果超出 1 个月,将弹出提醒限制,不能继续流程(关于下文出现类似时间限制问题,将不做赘述),最后党支部书记对整个流程进行审批,同时,党组织做好有关纸质材料及时收集,并归入为其建立个人党员发展档案。

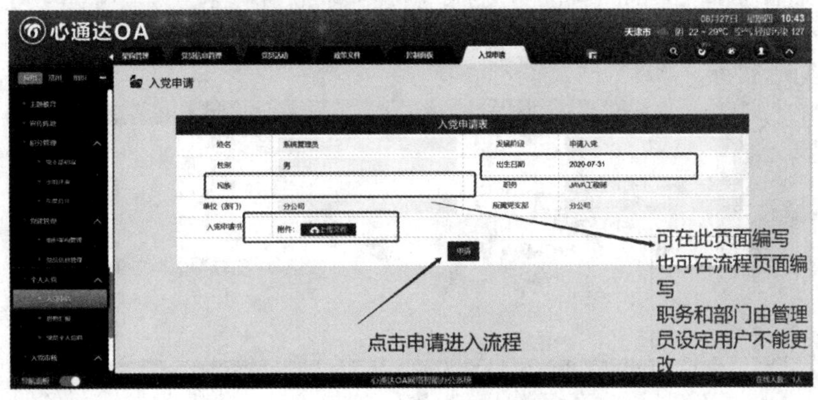

图1　入党申请模块

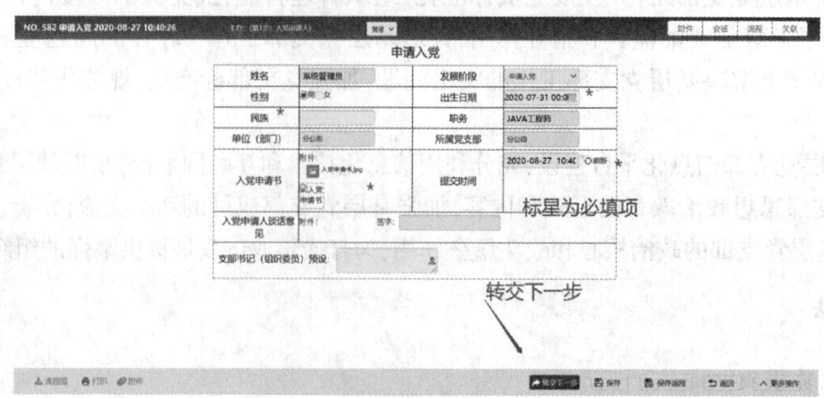

图2 申请入党表单

2. 入党积极分子阶段

党组织(党支部)在入党审核——积极分子流程中审核后提交该名入党申请人,按程序至少满6个月后才能启动(图3)。入党申请人在未确定积极分子前,不强制其定期向党组织汇报思想动态,本阶段可将思想汇报链接窗口设置为可选项,党支部可按此流程完成群团组织推优及党员推荐工作,确定其为入党积极分子,并指定其培养联系人,并报上级党委审批备案,设置培养联系人登记表以及变更登记表,确保培养考察期间衔接连续,积极分子考察期间通过个人账户按期向党组织提交思想汇报(图4),汇报思想和工作情况,支部按时进行考察,完成《积极分子培养考察表》(图5)。

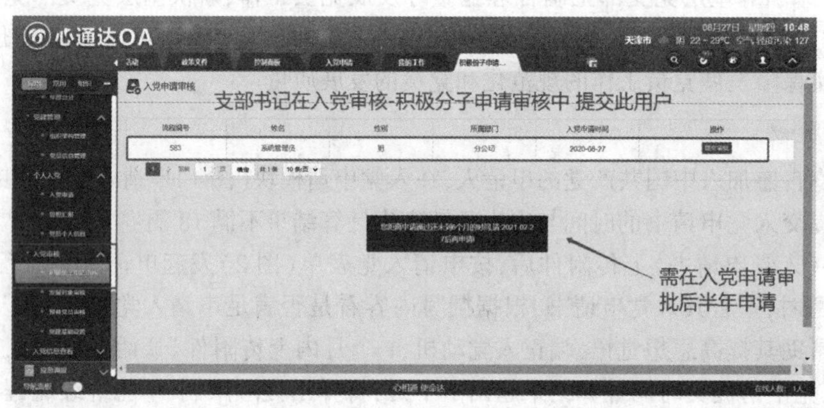

图3 入党审核

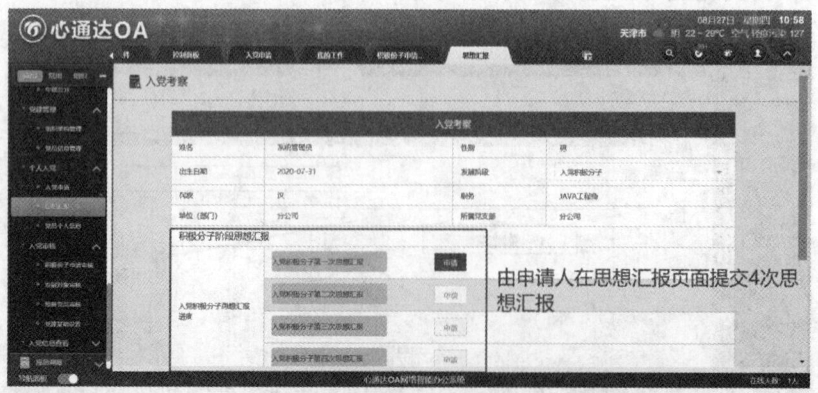

图4 提交思想汇报

第四次思想汇报,会有一项支部书记的预备党员考察记录表

图5　积极分子培养考察表

3. 发展对象考察阶段

发展对象的确认必须在入党积极分子培养考察满一年后启动(图6)。由党支部认真听取培养联系人、党员和群众的意见后,召开支委会审查相关材料并充分讨论研究,确定发展对象人选,指定入党介绍人,并将其发展材料上传附件,提交报上级党委审批备案,完成确定发展对象表单(图7)。并按照流程完成公示和发展对象及其直系亲属和主要社会关系的政审,形成结论性材料归档,公示期间必须严格按照公示中提到的时间进行,一般公示时间为7天,故系统限制提醒在7天内不可形成公示结论。党支部应根据实际情况及时安排发展对象短期集中培训工作,培训成绩合格后再次提交审批上传以上材料方可进入下一步流程。

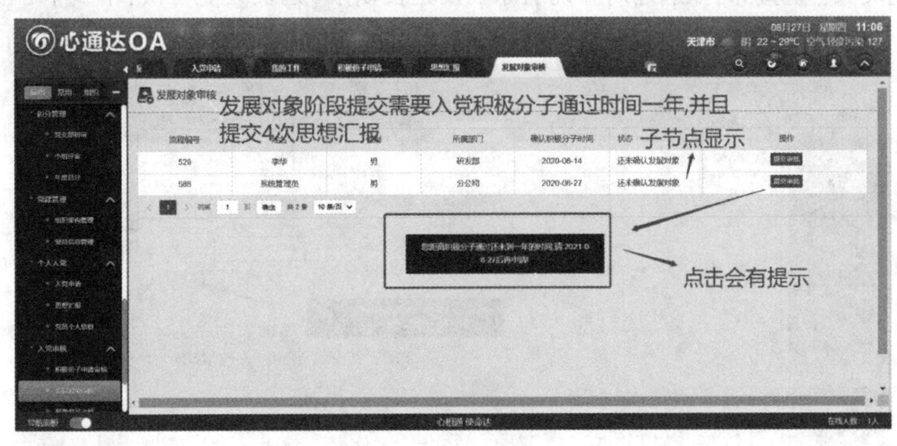

图6　发展对象确认

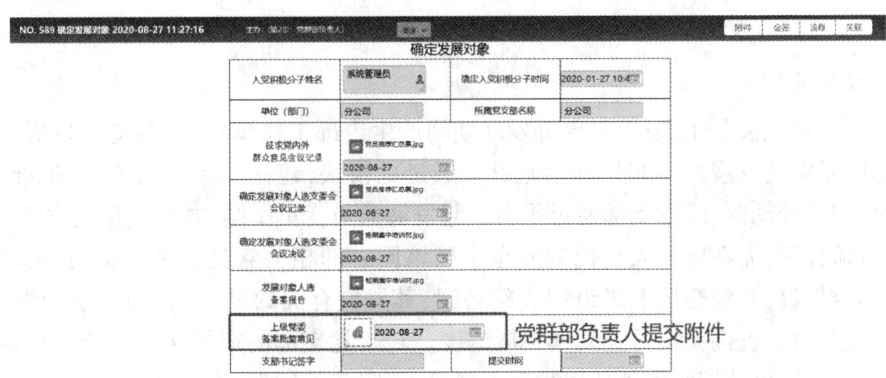

图7　确定发展对象表单

4. 预备党员接收阶段

经支委会广泛征求党员群众意见,认真审查发展对象的情况汇报,集体讨论确定发展对象已具备入党条件,手续完备后,报具有审批权限的基层党委预审,提交下一步转至基层党委。基层党委收到请示后,在1个月内完成预审批复并上传反馈至党支部,其间一并将《入党志愿书》发放至党支部。发展对象收到批复后认真填写《入党志愿书》,并上党支部党员大会讨论入党问题,党支部大会后形成会议记录和决议上传附件后提交下一步至党委审批备案。党委收到请示后,及时指派党委委员或者组织员与其谈话,并在3个月内召开党委会研究并完成审批,在此期间产生的材料一并上传至附件反馈至党支部,及时召开党员大会通报党委批复意见,批复“同意”时,发放预备党员培养教育考察表,并通知其入党介绍人继续预备党员培养考察(如批复“不同意”,及时做好当事人思想教育等工作)。

5. 预备党员的教育、考察和转正

预备党员及时编入党支部或党小组(如有)并及时组织其面向党旗进行入党宣誓仪式,形成入党宣誓活动纪实。预备党员在预备期1年内,及时汇报思想动态,配合党支部及入党介绍人完成考察,预备党员预备期满前1周在系统内主动向所在党支部提交转正申请,同时,将转正书面申请一并提交党支部。因特殊原因,不能按时提出转正申请的,应当在其预备期满后1个月内向党组织提出书面申请(系统按照以上时间会给支部和个人提醒)。党支部收到本人提交的转正申请后,及时召开支委会讨论研究,确定认为可以按期转正是形成拟接收公示(公示时间提醒限制问题同发展对象考察阶段),所有手续完备后召开支部大会讨论预备党员转正事宜(支部大会一般在收到申请后1个月内召开,遇到特殊情况最长不超过3个月),并形成决议将有关材料上传附件提交上级党委审批,党委收到请示后,及时审查其材料,并在3个月内召开党委会讨论审批,并形成批复反馈党支部,党支部收到批复后归档材料,并将结果在党员大会上宣布,如遇延期应说明原因及延长期限(延长只能一次,不少于6个月,不能多于1年,系统产生提醒)。以上材料在转正审批中提交附件,如图8所示。

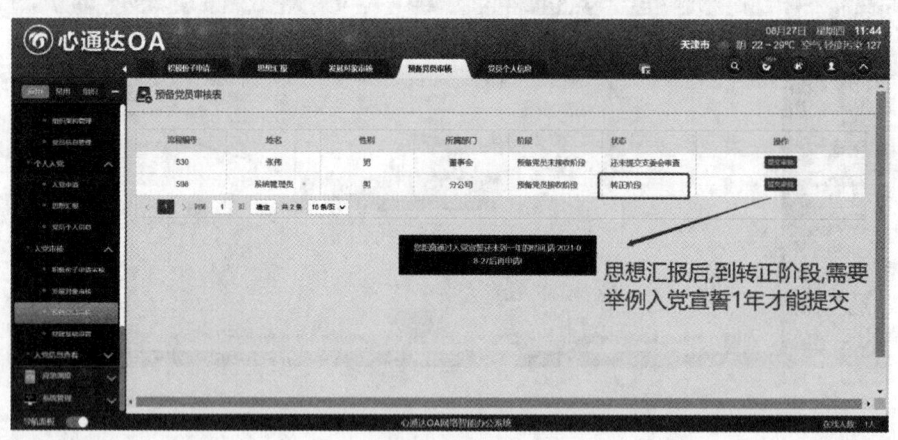

图8　转正审批

6. 培养、考察档案移交

入党申请人、入党积极分子、发展对象等发展期间产生内部工作调动,导致党员发展工作无法继续进行,极大地影响了党员发展的连续性和规范性。通过此模块,建立变更审核流程,把准把牢变动关。当党员发展过程中需变动时,所在支部通过平台发起发展党员变更手续,并提交至接收党支部。转入党支部在收到审批流程后,需在网上人员档案库里审核该同志的相关党员发展档案,在确认其档案完备后,办理流程,同意接收,并转交至上级组织查阅备案,其发展有关的材料(包括电子和纸质)随之送达转入党支部,在党员信息查询模块可查阅其发展进度。转入党支部的审核接收工作一般需在收到转接信息后3~7天内完成,审核期间发现任何材料不规范、不完备等问题,责任依然归属转出党支部,并在3~7天内完善相关材料,所有审核程序结束后确认接收并提交下一步备案。转入党支部要根据转入人员发展情况，及时完成指定新的培养联系人或指定新的入党介绍人，继续完成《入党积极分子培养考察表》或《中共预备党员教育考察表》等工作，并及时上传相关变更材料，不间断地完成党员发展工作。若其是因解离职等原因调出本单位，转接下一步时直接选择党群部，并将发展纸质档案送回，党群部收到其纸质档案后交于人事部门一并同人事档案转出，并通过权限将其个人发展档案材料清楚结束流程。

7. 党员信息查询

为更好地掌握发展党员工作情况，及时了解各个支部发展党员的进程，以便于统计个阶段发展信息，搭建党员信息查询模块。本模块以党员发展流程节点为依据，分为入党申请人、入党积极分子、发展对象阶段、预备党员接收及教育、培养考察阶段以及转为正式党员等各个阶段类别。根据党员发展历程将人员信息准确归档，以实现查询各阶段入党人员进度详情的功能，更及时便捷地了解党员发展总体情况（图9）。个人权限模块也可查询本人的个人进度信息。

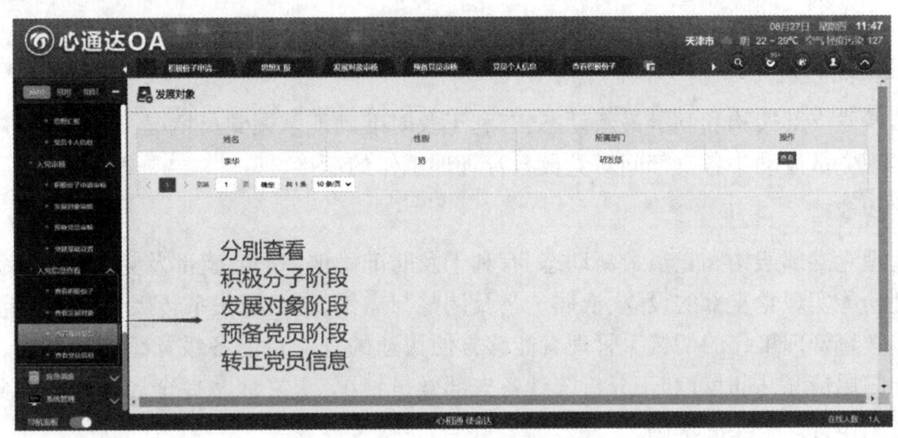

图9　阶段分类

（二）理论学习模块

学习是提高素质、增长才干的重要途径，也是做好工作、干好事业的重要基础。船舶基层单位学习资料及网络条件有限，信息相对闭塞。此平台解决了基层党支部的政策理论学习问题，及时上传发布关于党的最新理论文件和上级的相关工作安排部署、包括会议材料、工作报告、相关会议纪要等，为各基层党支部打造交流学习的平台，有利于基层支部及时了解学习时事政治，准确把握政治方向，筑牢思想之基。

1. 党建活动

党建活动流程致力于更好地服务支部建设、管理支部党员，开展各类活动。党组织利用本流程可发起党建活动，提出活动主题，党员可清晰了解活动的相关情况，及时参与、方便统计；在党建活动举办过程中，党员可通过平台发表自己的想法和感受，增强成员间的互动交流；活动开展的情况和相关报道可及时上传，让更多人及时了解活动情况。党组织所提出的活动主题、参与党员、活动内容、活动记分标准，经党支部初审后，党小组评审打分后，记入党建年度总分，进行党建先进个人，集体等评选参考。

2. 政策文件

致力于学习便携化、简易化，解决基层单位特别是船舶单位学习资源缺少问题，本程序及时上传发布关于党的最新理论文件和上级的相关工作安排部署、包括会议材料、工作报告、相关会议纪要等，让基层党组织能够第一时间了解相关政策，使党员能够快速投入学习，领会相关文件精神，推动相关工作开展。

3.主题教育

突出教育功能,党员在线学习平台、对接机关的党建教育资源,上传党建宣传资料,实现在线教育和学习。党员可进行在线实时浏览和学习,既可随时随地在线自主选择学习,也可按照计划进行学习。

党组织可以不定期邀请有关专家讲课,实时传播到各基层党组织,并且可以进行实时互动交流,强化教学管理,满足基层党员群众的学习需求。

结合在线考试模块,党员可在线测验考试,记录党员的考试成绩和科目学分。并将党员学分、文章撰写等情况实时记入党员基本信息,进行量化管理,全面掌握党员平时的学习情况。

4.宣传阵地

宣传阵地是局对内对外的展示窗口,全方位展现全局的党建质量和建设成果。在宣传中阵地中,能够很好地发布党建动态、通知公告、组织信息、党务公开等内容,加强宣传的广泛性和传播便携性,促使全局职工更好地了解党建工作发展情况,不断凝聚发展合力,加强全局职工的感召力,共同推进打捞事业高质量发展。

(三)组织架构模块

本模块涉及党支部架构和党员最新动态,有利于及时准确地掌握党员情况,通过模块中的党组织关系转接功能实现党员流动中各支部间对党员教育管理工作的衔接。

1.组织架构管理

本模块管理党支部架构和党员最新动态,有利于及时准确地掌握各支部及党员变动情况,此模块中支部构架管理功能实现党支部的设立、换届选举及调整与撤销,党组织关系转接功能实现党员流动中各支部间对党员教育管理工作的衔接。管理者能够方便快速的查阅目前各级党组织的架构,了解各级党组织的数量和归属情况,同时有利于分析统计各支部党员情况,更好地掌握全局党组织及党员的分布,为更好地开展工作打下坚实的基础。

2.组织架构访问

每个党员可以查看局、各级党组织的相关简介和人员情况。各级党组织可以向全局人员展示自己组织的工作特色和活动风采。作为各党组织的宣传窗口,可使党员方便直接地了解党组织情况和设置。

(四)党员管理模块

本模块主要涉及党员民主评议、党员测评、支部书记向支部述职、支等功能,提高效率,促进工作,解决基层党支部纸质材料上传烦琐不及时、党群部门统计任务重等问题。

以身份证号码作为党员身份的唯一凭证,建立党员基础信息数据库,进行党员管理和编辑党员信息(图10)。对党员个人情况、奖励情况、处分情况、党费缴纳、学习培训、组织生活、思想汇报、志愿服务、民主评议等基本信息进行实时动态管理,实现党员基本信息的录入、维护、查询、统计分析、打印等功能。

例1:党员在进行民主评议时,党员个人可以先发起流程,填写个人相关信息,并填写党员民主评议表,对自己一年来的工作进行总结,填写完成后,可以在系统内进行电子签名,并转交下一步。支部书记在收到本支部党员的党员民主平移登记表后,仔细查看相关内容,并同支部委员一同,对党员的一年的工作、学习、思想情况做出综合评价,给出评定等级,完成电子签名并转交下一步。上级党组织在收到党员民主评议表后,对支部提交的相关材料进行审核后,给出相关评定。系统可以自动将党员的民主评议表根据支部进行分类,相关部门可集中归类打印存档,实现工作便携化。

例2:支部书记向支部述职时,可将述职报告通过发起流程上传,并转交下一步,相关部门在接收到述职材料后,可查阅材料,并做出审批;在支部书记测评环节,支部书记发起测评流程,支部各党员能够在系统里查看到相关测评信息,对支部书记作出评价,提交后系统自动统计测评情况,生成汇总信息,便于工作人员统计管理。

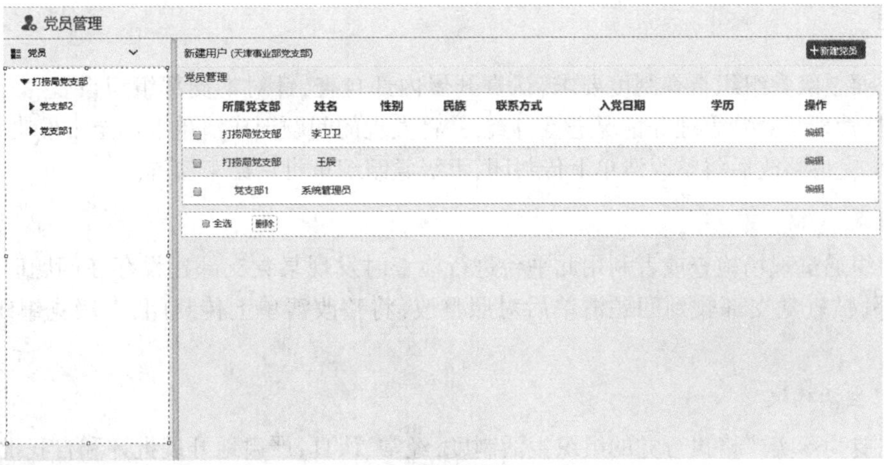

a)党员管理

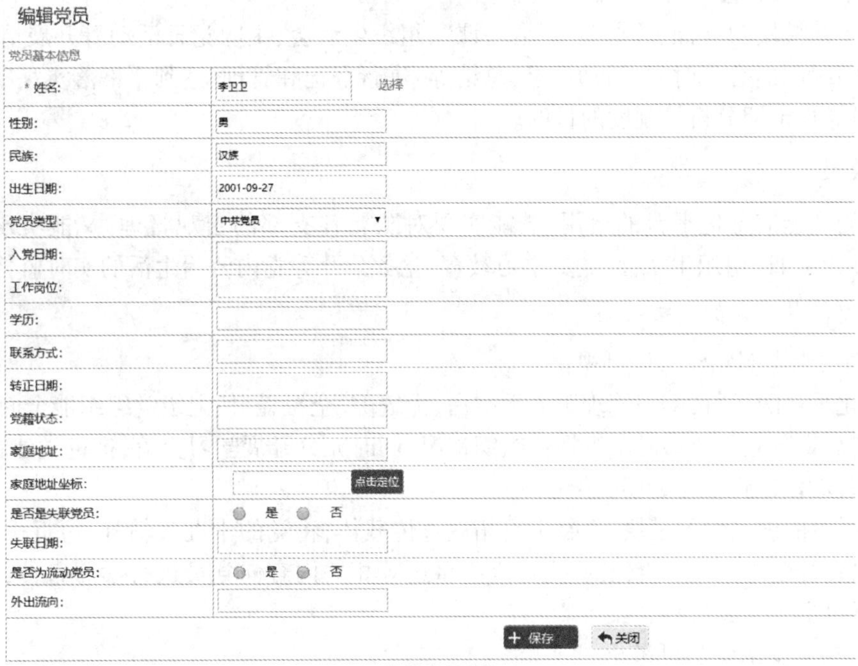

b)编辑党员信息

图10 党员管理模块

(五)书记例会模块

本模块主要解决每季度书记例会的通知、会议材料、工作报告上报、相关会议纪要下发等问题，为各基层党支部打造交流学习的平台，解决工作中遇到的困惑和问题。

会议管理包括会议申请、会议查询、我的会议、会议纪要、会议管理、会议设置管理、会议室管理、管理员设置。会议管理能给政府各部门、企事业单位的管理者提供一个低成本、高效率、易操作的管理平台，在该模块下能够准确、及时、便利地了解会议召开时间、会议主题、地点等。

(六)监督检查模块

采用网络跟踪指导，为基层干部松绑减负。上级监管部门可随时翻阅党员发展进度及规范情况，党员学习情况，"三会一课"开展情况等支部工作，以问题为着力点，在补短板、强弱项上持续用力，以增强精准性、实效性。瞄着问题去、对着问题改，精确指导、精准发力，直到问题彻底解决为止。基层党支部在各类检查中所产生的材料以及整改落实情况，可及时上传封闭，使各项举措在部署上相互配合、在实施中相互促进,让每个支部都成为党旗高高飘扬的战斗堡垒。

1. 内部自查

党支部按照上级党组织自查制度要求,认真开展内部自查,针对本支部组织设置、"三会一课"、组织生活会、党员管理及党费管理等情况进行自查,并将发现的问题形成清单上传至本模块并提交至上级党组织,党支部完成整改后将整改清单上传封闭,上级党组织审批后结束流程。

2. 上级检查

上级党组织通过现场检查或者利用此平台进行检查时发现某党支部建设存在问题时,可将缺陷项开至此党支部,被查党支部收到问题清单后对照整改,将整改清单上传封闭,上级党组织审批后结束流程。

(七)组织生活模块

本模块主要为落实严格执行党的组织生活制度,经常、认真、严肃地开展批评和自我批评,增强党内政治生活的政治性、时代性、原则性、战斗性。

通过组织生活模块功能,记录支部"三会一课"、组织生活会、主题党日活动等开展情况,形成清单,并及时对活动情况(如:会议时间、活动记录、总结等)进行登记和管理,达到严格落实"三会一课"、党员民主评议、党员党性定期分析等制度的目的。

四、实施效果

上海打捞局党建信息化平台的运用,既能实现对队属各支部的宏观管理,又能实现对发展党员、"三会一课"、主题党日、组织生活会、党员学习教育、党务公开等党内政治生活的实时监督管理。

1. 党建管理信息平台的实施效果

(1)实现基层党支部党建工作可视化

通过信息化平台的运行,实现管理服务无空白、无缝隙、全覆盖,使上级党组织能全面了解把握基层党支部党员情况,每名党员能即时了解把握组织情况,同时充分开展学习交流,推进党建新模式建设。

(2)实现基层党支部党建文化可感化

依托信息平台的理论学习模块,不断丰富拓展宣传载体,将党的十九大精神、习近平新时代中国特色社会主义思想、社会主义核心价值观、先进人物事迹等相关内容向党员进行学习宣传,使基层广大党员提升素养、坚定事业发展信心。

(3)实现基层党支部党员可考化

通过组织生活、党员管理等模块,实现党支部日常管理和学习教育的量化,通过信息技术快速考评各支部、各党员情况,激励党员立足抓实干、展现新担当、争创新业绩,有效提升基层组织力。

(4)实现基层党支部发展党员连续化

通过发展党员模块,构建起发展党员的全过程跟踪管理、材料归档等问题,避免发展教育间断,材料遗失等问题,全面提升发展党员质量。

2. 党建管理信息平台开发的意义

(1)基层党支部信息化平台建设是新时代党建工作的必然要求

运用信息化推动党支部标准化、规范化建设,不断提高党支部建设质量是时代发展的必然要求。党支部是党的基础组织,是党组织体系的基本单元,是党的全部工作和战斗力的基础。只有扎牢党支部建设"篱笆",才能激发出党支部的生机与活力,才能适应新时代发展要求。

(2)基层党支部信息化平台建设是提高基层党组织向心力的需要

党组织是事业发展的核心力量,是连接事业和党员的重要桥梁和纽带。随着互联网的迅猛发展,信息传播的日益多元化,信息化的发展对基层党支部工作的理念、方法、对象和环境带来很大影响。基层党支部信息化平台建设既能体现党的先进性,改变党员对于基层党支部工作死板、老套的认知,更好地接受党性教育，又能够有效提高信息传播速度，保证信息的公开性，增强党支部活动及教育的吸引力和渗透力，不断提高基层党支部工作质量，夯实基层党支部战斗堡垒作用。

(3)基层党支部信息化平台建设是为党支部工作减负提效的有效途径

基层党支部都建在救助打捞和工程生产一线，面对繁忙的生产经营任务，信息化平台的建设可以很好地解决基层党支部工作的时效性问题，减少相关材料的烦琐传送，对基层党支部工作减负提效具有重要意义。

(4)基层党支部信息化平台建设是规范发展党员流程的有力抓手

党员是党的肌体的细胞和党的活动的主体。发展党员工作是党的建设一项经常性重要工作，是党的建设新的伟大工程的一项基础工程，是党员队伍建设的重要组成部分。做好发展党员工作，是保持党的先进性纯洁性、落实从严治党方针和凝聚中国力量实现"两个一百年"奋斗目标、实现中华民族伟大复兴中国梦的现实需要。在建设中国特色社会主义事业中，不断涌现出来的认真贯彻执行党的基本路线、献身改革开放和现代化建设事业、诚心诚意为人民谋利益、带领群众为经济进步做出实绩的先进分子，是党组织接收新党员的源泉。党组织只有经常不断地对这些先进分子进行教育和培养，在他们提出入党要求并且具备党员条件时，及时把他们吸收到党内来，才能不断壮大党员队伍，改善党员队伍结构，提高党员队伍素质，保持党员队伍生机活力，担负起新的历史使命。面对新形势下对党员教育管理工作特别是发展党员工作提出的更高要求，针对目前发展党员所遇到的诸多困扰，运用信息化技术加强发展党员的管理工作，将具有重大的研究意义和价值。

铁路货车企业绿色制造体系构建

中车眉山车辆有限公司

成果主要创造人:潘树平　王之成

成果参与创造人:李　涛　汪云鹏　龙　炜　洪　晋　杨　兴　张建新
陈代义　任履建　刘　军　王　玺

中车眉山车辆有限公司(简称"中车眉山公司")始建于1966年,是一家集研发制造轨道交通装备及配件的专业企业,也是典型的三线企业。在中车眉山公司创业发展历程中,其在党的建设、技术创新、管理创效等方面均取得显著成就,连续30年保持"全国思想政治工作优秀企业"称号,先后荣获全国企业管理优秀奖——金马奖、"国家质量奖""国家一级企业""全国五一劳动奖状"等一批国家级荣誉。

中车眉山公司注册资本6.37亿元,占地面积79.34万平方米。自1974年第一批51辆新造铁路货车实现销售开始,中车眉山公司已累计生产铁路货车14万余辆,总收入413亿元,利润总额超过10亿元。中车眉山公司拥有齐全的铁路货车产品设计与生产资质,产品系列齐全,具备年产铁路货车8000辆、铁路车辆制动产品60000套、紧固件4000万套、专用汽车1500辆的生产能力,是国内首家铁路货车整机批量出口企业,也是中国中车股份有限公司(简称"中国中车")选定"走出去"的四家优势货车企业之一。

中车眉山公司始终把创新驱动作为企业发展的根本动力,先后建立起国家企业技术中心、国家博士后科研工作站、国家高新技术企业、中国中车紧固连接技术研发中心等国家、省市、集团级技术创新平台12个,已成为中国铁路货运装备和制动系统主导企业、紧固连接国家标准制定企业、重载与快捷货车的主要研制企业,是中国铁路货车新造重要制造基地。

"十三五"期间,中车眉山公司贯彻落实《中国制造2025》《绿色制造工程实施指南(2016—2020年)》,响应国家提出的"率先打造一批绿色制造先进典型,发挥示范带动作用,引领相关领域工业绿色转型"倡议。中车眉山公司从2017年开始以绿色制造理念为指导,顺应企业自身发展需求,搭建绿色制造体系,为铁路货车新造企业绿色发展做了有益探索。

一、实施背景

随着国家经济快速发展,环境污染问题日益显现,尤其是雾霾、水污染、土地污染等问题给人民群众生产生活带来诸多挑战。在此背景下,习近平总书记反复强调"绿水青山就是金山银山"[1],要把生态环境保护放在更加突出位置,像保护眼睛一样保护生态环境。绿色发展、持续发展已经成为事关企业生存发展的重要因素,特别是作为传统铁路货车制造企业,面临环保欠账多、历史遗留等诸多问题。中车眉山公司作为国有企业,转型升级、绿色发展既是党和国家对国有企业的要求,也是中车眉山公司义不容辞的使命和责任。

(一)落实国家生态文明建设总体要求

党的十八大以来,以习近平同志为核心的党中央高度重视生态文明建设,坚持节约资源的基本国

[1] 习近平在哈萨克斯坦纳扎尔巴耶夫大学发表重要演讲[N].人民日报,2013-09-08(01).

策,全面推进节能减排和低碳发展,把生态文明建设摆在党和国家事业发展全局中的重要位置,绿色制造成为我国经济的核心发展理念,并贯穿于党中央国务院的一系列政策文件中。2017 年 10 月,党的十九大将"增强绿水青山就是金山银山的意识"等内容写入《中国共产党章程》;2018 年 3 月,十三届全国人大一次会议将"生态文明"写入国家宪法,实现了党的主张、国家意志、人民意愿的高度统一。同时,随着《环境空气质量标准》(GB 3095—2012)等有关烟尘、粉尘治理和排放标准的严格实施,四川省、眉山市政府同时加大了区域性环保执法力度,对企业的环保督查成为常态。中车眉山公司作为国有企业,是执行党和国家政策路线的坚定力量,必须坚决响应党和国家号召,把生态文明建设放在重要位置,在推进生态文明建设中发挥典型示范作用,切实履行央企的责任和使命。

(二)适应铁路行业发展趋势的要求

铁路货车制造行业,属于传统工业制造行业,装备相对比较落后,劳动密集、管理粗放,铁路货车制造行业普遍存在环保欠账、投入不足等问题。为打好污染防治攻坚战,中国中车先后制订了《能源管理规定》《环境保护管理规定》《环境保护责任制》《节能减排目标责任制》等相关制度,要求所属各企业大力推行清洁生产,更新淘汰性、高能耗设备,降低原材料和能源消耗,向绿色制造企业转型升级,构建资源节约型和环境友好型企业,实现企业的可持续发展。这就要求各企业改变传统的高投入、高消耗、高污染生产方式,形成节约资源、保护环境的产业结构、生产方式,建立投入低、消耗少、污染轻、产出高、效益好的绿色制造体系,实现生产经营和环境保护平衡发展、互为促进。

(三)实现企业高质量发展的内在要求

国家对绿色发展总体战略和地方政府对企业环保的强力监察,以及客户对绿色产品制造方面要求,给像中车眉山公司这样传统制造业造成较大经营压力,对企业持续发展形成严峻的考验。同时,也为企业转变传统的发展方式,调结构转型升级创造了难得发展机遇。为此,对于以铁路货车制造为主业的中车眉山公司,应针对企业绿色发展、节能减排、低碳环保等方面存在的短板和不足,用科学的管理模式、先进节能环保技术,构建公司绿色制造体系,充分整合利用有限资源,创新驱动,降低能源消耗,提升综合利用率,提升企业市场竞争能力,为客户提供节能、环保、高效的绿色产品。同时,坚持以人为本,承担对员工和社会的责任,满足员工对高质量工作、生活的追求,改善员工生产作业、生活的环境,关注职业健康安全,保证企业发展过程拥有充足人力资源动力,实现员工、企业共赢,促进企业和谐绿色可持续发展。

二、成果内涵和主要做法

内涵:以绿色发展为主线,围绕"补短、升级、协同"三个主题,抓住"节能减排、绿色环保、职业健康"三个重点,以"新技术、新工艺、新装备、新材料""四新"技术为支撑,打造"绿色制造、绿色产品、绿色厂区、绿色供应链"四张名片,助推企业高质量发展。

中车眉山公司绿色制造体系("13344")具体是:

"1"是以绿色发展为主线。把绿色发展理念融入中车眉山公司各项经营管理活动中,并贯穿于企业生产经营全过程。

"3"是补短、升级、协同三大主题。补短:中车眉山公司作为铁路货车制造企业,由于历史原因环保投入不足、环保欠账多,亟待补足环保方面短板。升级:作为传统的劳动密集型制造企业,中车眉山公司面临装备老化、自动化程度不高,效率效益低等问题,亟须在铁路货车企业改革重组过程中,争取政策优势,实现装备升级、效率升级、经营品质升级。协同:绿色制造体系是一项系统工程,在企业内部需要各部门、各单位的紧密协同配合,需要各业务单元相互支持协作。同时要积极争取利用外部资源,加强与地方政府、环保部门的沟通,协同各方资源为绿色制造提供助力。

"3"是节能减排、保护环境、职业健康三个重点。节约能源、减少污染物排放,是企业转型升级、低碳发展的必由之路。保护环境是企业履行央企担当、社会责任的政治必须。保障员工职业健康是员工共享企业改革发展成果的首要前提。

"4"是"四新"技术支撑。新技术、新工艺、新装备、新材料是企业实现绿色制造的支撑和保证,相互关联、缺一不可。

"4"是打造四张绿色名片。即打造绿色制造、绿色产品、绿色厂区、绿色供应链四张绿色名片,争当绿色制造先进典型,打造中车眉山公司绿色制造体系的特色和亮点。绿色制造是绿色制造体系的核心支撑单元,侧重于生产过程的绿色化。绿色产品是绿色制造过程实现产品的最终体现,侧重于产品全生命周期的绿色化。绿色厂区突出环境治理,侧重于厂区绿化美化、基础设施的完善。绿色供应链是将绿色制造理念向上游供应商传递,带动产业链的合作共赢、绿色发展,侧重于央企的绿色示范引领作用发挥。

(一)实施过程绿色再造,打造"绿色制造"名片

在企业生产制造过程,中车眉山公司通过积极应用绿色"四新"技术,创新管理模式、抓好循环利用等方式,全面推进企业制造过程的绿色化。

1. 推广"四新"技术,为构建绿色制造体系提供"硬核"支撑

过去,中车眉山公司作为建企 50 余年的三线企业,当年建企思路、理念与现今不同,企业在发展过程中也更为重视生产经营、效率效益,设备设施普遍老化严重,推广"四新"技术存在重视不够、资金匮乏、专业人才不足等困难。近年来,随着企业逐步摆脱经营困境,加之绿色发展理念深入人心,中车眉山公司投入大量人力物力推广"四新"技术,既满足了企业补短、升级的内在需求,又为绿色制造提供了强有力的支撑。

(1)大力推广引进绿色制造技术

推进智能制造和人机协同工程。近年里,中车眉山公司以"由点及面、聚焦核心"的模式实施了转向架组装生产线、摇枕侧架油漆涂装线、车轴外圆磨床、侧架加工传输线、枕梁自动焊接生产线、侧墙自动上料及上侧梁自动焊改造、4000T 油压机上下料机器人等项目,大力引进先进生产制造技术,大面积实现以智能机械代替人工操作,进一步提升生产制造过程的自动化、智能化水平,既满足了节能减排的要求,又提高了生产制造过程的效率效益和产品质量,为构建绿色制造体系夯实了基础。其中摇枕侧架油漆喷涂线、4000T 油压机上下料装置、枕梁自动焊接生产线、侧墙自动上料及上侧梁自动焊改造四个项目为铁路货车制造行业首次使用,在铁路货车制造行业内处于领先水平,如图 1 所示。

图 1　绿色制造技术

引入环保新技术。针对重工业企业的生产特点、环保难题,中车眉山公司积极引入环保新技术,实施了环保综合整治工程,先后完成了一批焊接烟尘、铸造除尘系统改善项目;建成漆雾净化装置 3 套、UV 光解除臭净化器 5 套、各类除尘装置 23 套、污水处理设施 1 套。另外,还针对生产现场的噪声污染,引进了消声系统若干。

(2)广泛运用绿色制造新工艺

绿色制造工艺能够完善传统制造工艺存在的不足,进而对破坏环境的问题进行有效控制。近年里,中车眉山公司高度重视通过工艺革新促进绿色制造。一是在铸造工艺方面,2016年引进了被称为"铸造工业绿色革命"的消失模铸造工艺,专门用作铸钢中、小件生产。消失模铸造工艺相比传统铸造工艺,具有铸件质量好、成本低,精度高、表面光洁、节省机械加工环节,降低劳动强度、减少能源消耗等优点。二是积极推广水性漆工艺(图2)。根据《中国中车生态保护、污染防治攻坚战三年行动方案》工作部署,中车眉山公司开展了一系列水性漆工艺试验与小批量试用工作,并解决了水性漆推广应用中的关键问题。截至2018年末,C70E、C80B、L70、P70、P80、SQ6、NX70A、P160E等所生产国铁车型上的油漆涂装工艺全部由污染大的溶剂型油漆改进为更加环保的水性漆,涂装质量优异,从根本上解决了涂装行业VOC排放量大的问题。

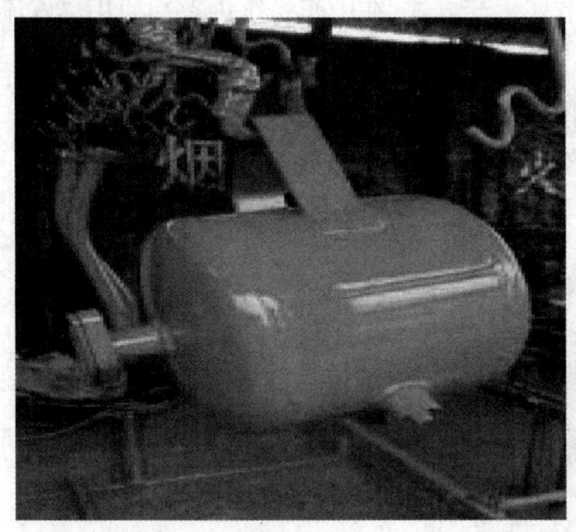

图2 水性漆应用

(3)升级改造绿色节能装备

中车眉山公司作为传统制造行业,装备落后、设备老旧,普遍存在高耗能、效率低的特点。为此,中车眉山公司积极利用货车业务重组、装备补短升级的契机,一方面淘汰落后设备,另一方面实施节能装备升级改造,使企业绿色节能装备更上新台阶。

在淘汰落后设备方面,中车眉山公司根据工业和信息化部发布的《高耗落后机电设备(产品)淘汰目录(第一批、第二批、第三批、第四批)》名录进行了自查,发现尚有95台电机,9台变压器属于目录序列的高耗落后机电设备(产品),根据自身实际情况已经将部分电机作为备用,并制订了详细的淘汰计划,力争在2020年底之前完成所有高耗落后机电设备(产品)的淘汰工作。

在推进节能改造方面。实施110千伏变电站SVC控制系统大修升级改造工程。有效控制炼钢期间的电压波动对公司精密设备的影响,同时保障功率因数0.95以上,年节约电费约72万元;实施部分空压机更新改造,购置6台双极永磁变频空压机,淘汰效能低的7台单级螺杆空压机,总装机容量下降40立方米/分,总功率下降460千瓦。大力推广LED绿色照明改造。投资300万元完成了生产区LED照明改造项目,更换灯具1300余盏,厂房照度由原来的60~70勒克斯增加到200勒克斯以上,总功率减少40多千瓦,提高厂房照度,保障作业安全,改善作业条件。

(4)积极应用绿色新材料

近年里,中车眉山公司积极探索在主产品中大量运用铝合金、不锈钢等材料,以减轻自重、提升产品使用寿命。另外,在零部件新材料替代方面,中车眉山公司还开展了敞车下侧门"双组分聚氨酯复合材料"代替金属材料可行性研究,单个下侧门重量降低约40%,并便利维护和检修。

2. 创新管理模式,持续提升能源管理水平

为转变传统制造企业粗放管理模式,中车眉山公司积极创新管理模式,通过建立能源管理体系,建

成"神经元"能源管控系统,促进能源管理向体系化、精细化方向迈进。

建成能源管理体系。中车眉山公司按照《能源管理体系要求》(GB/T 23331—2012)要求,制订了《能源管理手册》《节能管理制度》等相关制度,建立了公司、车间(子公司)、班组三级节能管理网络。2018年底,中车眉山公司建成了基于生产设备、能源仪表、互联网、面向生产现场,集数据采集、过程监控、超标报警、数据分析统计为一体的先进的能源管理体系,2019年完成了能源管理体系第三方认证。通过管理体系的构建和推进体系的持续有效运营,实现管理水平的持续提升,完善了持续改善机制和体制,为公司构建绿色制造体系创造了有利条件。

依托信息化手段,建成"神经元"能源管控系统(图3)。通过创新能源站房管理模式,实现氧气站、混合气站和空压站的"三站合一",储能—用能—购能信息能够互联互通,而且通过监测实时掌握空压机的运行状态和运行数据,根据用能流量和压力自动调节空压机的运行频率,实现空压机的智能运行,达到用风与产风的自动匹配。针对铁路货车行业离散式生产方式,在中车系统内首次使用热式流量计,彻底解决小流量漏计的难题,平衡率达到90%以上。

图3　"神经元"管控平台控制室

3. 强化废弃能源物资再生利用

一直以来,中车眉山公司十分重视废弃能源物资的再生利用,把数量巨大的各种废旧物资经过回收利用,变废为宝,资源得以延续使用,不仅可以节约大量资源,还可以减少污染物排放、保护环境。具体项目见表1。

废弃能源物资再生利用举措　　　　表1

序号	名　称	举　措	效　果
1	铸钢件铸造废砂湿法再生利用项目	经过充分市场调查、论证,将废砂委托乐山市沙湾区嘉盛造型材料有限公司进行再生利用,并提高铸造用旧砂配比	废砂再生利用率65%左右,既畅通了废砂排放渠道,又节约了生产成本
2	废旧材料处置给建材科技公司作为生产辅助材料	改变炉渣、抛丸废砂、造型吸尘灰、除尘灰、焊渣等工业废弃物排放渠道,以上工业废弃物给华庆公司作为生产辅助材料	大大降低了环保风险,实现了园区循环化利用,协同处置废弃物的目的
3	对包装托盘进行回收使用	对采购物资的包装托盘进行分类回收,作为内部物资配送的托盘货架	仅2019年就回收利用托盘550个,节约价值约6.6万元
4	空压机余热再利用	利用铸铁车间功率为250kW的空压机,把空压机运行中润滑油中的高温热量,通过热交换器加热自来水,供应到铸钢车间浴室的储水箱中,为职工提供洗澡用的热水	空压机达到省电、减排、降低磨损、延长使用寿命、安全可靠的目的。余热回收后,每天可满足铸钢车间600余人次的洗澡用热水
5	通过"订钢网"资源再利用电商平台溢价出售废旧物资	2019年按照中国中车的要求,积极开拓循环物资网上竞价销售业务市场,中国中车资源再利用电商平台——订钢网的应用,在公司本部其各分、子公司范围内已实现全面推广应用。目前,中车眉山公司平台组织处置资源已细化到旧丝带、废泡沫、废塑料薄膜、废纸壳,公司各类循环物资全部实现回收线上交易	截至2019年底,中车眉山公司(含子公司)共计上线61项物资,其中累计成交50项,金额合计340.44万元、溢价148.33万元、平均溢价率43.57%

4. 以人为本,关注员工职业健康安全

员工健康是企业生产的核心驱动力,保护员工职业健康,是企业的责任和义务。近年里,随着企业经营状况的好转,中车眉山公司把保障员工职业健康安全放在重要位置,投入大量资金,开展粉尘、烟尘治理,以及全员职业健康安全体检,改善了员工现场作业环境,加强了对职业病的前期预防检查。

粉尘综合治理方面,2018 年,中车眉山公司在中车集团的大力支持下,筹集改造费用 1035 万元,实施了"电弧炉除尘系统""造型砂处理除尘系统""消失模尾气处理设备""中频炉除尘系统"等系列粉尘治理环保设备设施改造项目(图 4)。并于 2018 年 12 月 11 日至 2019 年 1 月 14 日停产进行环保整治,有效降低了铸钢粉尘的排放量,改善了现场作业环境,提升了对周边环境的保护力度。

图 4 铸钢分公司除尘系统

烟尘治理方面,开展了烟尘治理试验,在货一、铸钢、物流装备引进 6 台焊接烟尘治理一体设备。紧固件公司完成油烟处理设备的安装工作,厂房内油烟味大幅降低。新增 2 套焊接烟尘净化设备(图 5),经第三方检测机构出具的检测报告,公司焊接烟尘有组织排放达到国家环保标准,工作环境得到极大改善,提升了烟尘治理水平。

图 5 焊接烟尘净化设备

实施全员职业健康安全体检。每年,组织开展一次全体员工普通体检,体检对象为公司在岗全体员工(图 6)。同时,每年开组织开展一次职业健康体检,体检对象为公司接触高温、噪声、粉尘、电焊烟尘等职业危害作业人员。每年,还组织公司员工中的职业病患者,开展一次健康疗养,把组织对员工的关爱落到实处。

(二)满足客户和社会需求,打造"绿色产品"名片

1. 源头设计引入绿色环保理念

中车眉山公司已建成以铁路货车车辆为核心,以制动类、紧固件及铸造件为支撑的产品体系,编制

了《生态设计规划报告》,制定了到2025年“同类产品降重2.5%,车辆涂装VOC排放达到行业先进水平,铸造再利用率达到70%,结构防错率提高10%”的战略目标。围绕“智能化、轻量化、绿色环保”三个重点方向,中车眉山公司参照《铁路主要技术政策》,引入生态设计理念,制定了“中车眉山公司节能、环保产品技术路线图”,在产品设计时考虑环保、生态、健康相关因素。

图6　员工参加全员普通体检

2. 加强产品智能化、轻量化、环保化“三化”研究

产品智能化方面:以制动类、紧固件产品为突破口,研究、推广智能铆接工具(机器人)、智能化制动系统,开展了轴端发电、5G远程监测等智能货车技术研究,积极为市场提供智能化产品,保障铁路货车安全运行。

产品轻量化方面:从产品源头设计、原材料选择、生产工艺等方面入手,结合仿真设计、试验验证手段,全力减轻产品自重,提高车辆载重,为客户创造更大的运输经济效益,并通过轻量化方法,减少材料消耗、降低材料成本。

产品环保化方面:研究提高产品设计对环保材料的选择比例,加大环保材料在零件使用中的占比;在产品喷涂、焊接、上下料等有毒、有害或需繁重体力劳动的生产环节,使用机器人代替人工作业,保护员工身体健康,降低劳动强度。

3. 推出系列绿色产品

向客户和社会推出绿色环保产品,减少产品使用过程中的资源消耗,既是履行央企的环保社会责任,也是满足用户环保需求,扩大产品市场占有率的有效途径。近年来,中车眉山公司经过深入市场调研、技术研发,向市场推出了一系列的绿色产品(表2),收到了良好的社会效益和市场效益。

中车眉山公司推出的绿色产品　　表2

产品名称	优　点	图　片
公铁两用驮背运输车	实现“门到门”运输的需要,减少了公路、铁路两种不同运输方式的装卸转运环节,提升了运输效率效能	

续上表

产品名称	优点	图片
轨道交通应急综合保障车	具有清淤作业、水电保障、消防等综合性功能,实现了“节约资源、一车多用”。2019 年 7 月,参与了四川凉山地区山洪、泥石流灾害抢险救灾工作。铁路部门领导对该车表现非常满意	
城市环保渣土运输车	主要用于含液体量低的渣土、砂石、水泥、煤炭、垃圾等货物城区内运输。眉山市经信委主任现场考察该车后,要求城市管理部门牵头制定《眉山市渣土运输管理办法》,尽快推广使用城市环保渣土运输	
以铆代焊、高强度环槽铆钉及配套铆接产品	解决过去现场施焊、会产生焊接气体和弧光污染的问题,以及螺栓易松动、脱落的问题	安装前 安装后

(三)实施专项整治,打造“绿色厂区”名片

1. 实施厂区环境整治

2018 年实施了厂区环境专项整治项目,完成货二片区工艺布局调整、无用辅助用房拆除、建筑物外墙粉刷、厂房内部环境整治等工作,打造整洁、亮丽现场工作环境。同时,注重厂区绿化,实施厂区道路和绿化改造,完成铸钢分公司冷芯铁厂房段、南门公厕边、备料车间预处理铁道段、实验室周边段、巴铁厂房门前支道、轮轴库周边,新建餐厅后区域等地改造、新增绿地 19 个项目。完成公司总部及各分子公司职工小家整改维修工程;厂区南门外围墙美化及新做企业文化宣传标识工程,厂区被建设成为绿树成荫、鸟语花香的“花园式工厂”(图 7)。

图 7 环境整治

2. 开展生产现场环境保护专项整治

畅通造型废砂、炉渣、抛丸废砂、造型吸尘灰、除尘灰、焊渣等工业废弃物排放渠道,极大降低了环保风险。新建规范的危险废物储存现场,做到分类回收、标识明确,防治措施可靠,有效控制了危险废物的产生量和危害性。针对过去雨水和污水混用下水道,造成污水处理量大、处理不彻底的现象,实施了雨污分流改造工程,雨水直接排放,而来自办公楼、浴室、食堂及厕所的生活污水,全部废水经处理达标后,送至中车眉山公司污水处理站,经处理后用于农田灌溉。

3. 加强企地协同,解决历史遗留问题

2018 年,为解决修文、崇仁两个垃圾堆场的历史遗留问题,通过所在产业园区牵头协调,在修文、崇仁地方镇政府的配合下,积极推进垃圾堆场治理。全年完成治理方案研究论证、村镇工作协调、项目招投标准备工作和堆场平整、修建防洪沟渠、整体覆膜、污水治理工程建设,以及堆场土壤、地下水环境取样监测等环境风险评估工作。当前,已完成堆场第一阶段治理工作既定计划,堆场现状大幅改善,有效遏制了环境污染风险,如图 8 所示。

图 8　垃圾堆场治理

(四)协同引领供应商,打造"绿色供应链"名片

1. 强化供应商安全环保资质管理

为履行央企的职责,向上游供应厂家传递绿色环保压力,打造绿色供应链。组织修订完善并实施《供方管理控制程序》《供方管理办法》《供方质量索赔管理办法》《供方质量考核管理办法》四个管理制度及流程,加强了对供应商质量管理体系、职业健康安全管理体系等方面的资质审查,并在相关制度中明确了对来料物资的环保要求。组织修订完善《采购产品检验作业指导书》,增加实物取样等破坏性检验项目,加大抽样频次及抽样数量,有效防御因采购产品质量环保不达标给公司带来的经营风险。

2. 实施去包装化裸送和储运一体化

为减少采购物资的包装成本,2019 年中车眉山公司开始实施去包装化裸送和储运一体化,针对 87 种专用物料,新制联运料箱、料架 32 种 276 个;针对通用物料新制联运料箱 6 种 132 个、小型塑料周转箱 3 种 320 个。目前,除焊材类、管接头、法兰体等异型件外,生产物料全部实现去包装、裸送工作,裸送率达到 99% 以上,既减少了供货商包装资源浪费,又节约了公司自身采购成本。

三、实施效果

(一)绿色制造体系有效运行

中车眉山公司通过构建以"13344"为主要内容的绿色制造体系,紧紧把握"绿色发展"这条主线,围绕"补短、升级、协同"三个主题,抓住"节能减排、绿色环保、职业健康"三个重点,以"新技术、新工艺、新装备、新材料""四新"技术为支撑,打造"绿色制造、绿色产品、绿色厂区、绿色供应链"四张名片,初步构建起铁路货车企业绿色制造体系,从经营理念到工装设备,从技术升级到市场突破,绿色发展理念早已深入到了企业发展的方方面面,根植在全体员工心中。同时,中车眉山公司各级组织、各单位围绕绿色制造紧密协同配合,相互支持协作,确保了绿色制造体系的正常运行。

(二)"节能降耗"成效逐步显现

1. 能源节约效果良好

2019 年,中车眉山公司新造货车 5713 辆,实现增加值 84026 万元,综合能源消耗 12155.26 吨标准煤,万元工业增加值耗能 0.1447 吨标准煤/万元;集团考核中车眉山公司的 5 项重点单耗指标,其中有

2项达到二级(铸钢件综合能耗、火焰热处理能耗);3项达到三级(炼钢电弧炉耗电、电热处理炉能耗、空压站耗能),详见表3。

2018—2019年产值及增加值能耗指标完成情况 表3

指标种类		单位	集团下达年度计划指标	实际年度完成值	增减比例
2018年	单位工业产值能耗	吨标准煤/万元	0.048	0.042	-12.50%
	单位工业增加值能耗	吨标准煤/万元	0.18	0.1462	-18.78%
2019年	单位工业产值能耗	吨标准煤/万元	0.048	0.043	-10.42%
	单位工业增加值能耗	吨标准煤/万元	0.15	0.1447	-3.53%

2.温室气体排放可控

根据《中国机械设备制造企业温室气体排放核算方法与报告指南(试行)》要求,中车眉山公司聘请第三方资质机构出具《企业温室气体排放报告》,2019年度温室气体(二氧化碳)排放总量为45394.98tCO_2e,达到行业先进水平。

3.污染物排放达标(表4)

中车眉山公司主要污染物排放指标完成情况统计 表4

污染物排放种类		单位	集团下达年度计划指标	实际年度完成值	增减比例
2018年	二氧化硫排放量	吨	5	4.928	-1.44%
	COD排放量	吨	6	5.622	-6.30%
	氮氧化物排放量	吨	8	7.236	-9.55%
	氨氮排放量	吨	6	4.869	-18.85%
2019年	二氧化硫排放量	吨	5	4.877	-2.46%
	COD排放里量	吨	6	5.5	-8.33%
	氮氧化物排放量	吨	8	7.781	-2.74%
	氨氮排放量	吨	5	1.513	-69.74%

中车眉山公司年减少VOC排放近300吨、年危险废物排放减少约150吨、年废物处置成本节约70万元。

(三)发挥央企示范效应,实现良好的社会效益

厂区作业环境有效改善,维护了员工职业健康安全,周边的生态环境得到根本保护,实现了经济效益、社会效益、环境效益的共赢,企业树立了良好的社会形象,体现了国有企业的社会责任和政治担当,在省、市范围内起到了优良的示范效益,得到了当地政府高度认可,2018年中车眉山公司入选四川省首批省级绿色工厂。目前,中车眉山公司正在积极创建"国家级绿色工厂"和"中车绿色工厂"。

基于人脸和指纹识别的海事移动执法系统

中华人民共和国秦皇岛海事局

成果主要创造人:张海勇

成果参与创造人:石莉坡　秦粮朋　曹国华　韩　峰　朱　峰

中华人民共和国秦皇岛海事局成立于2001年5月22日,为河北海事局下设分支机构。局设有10个内设机构、5个派出机构。全局干部职工273人,持有执法证人员210名,占全局总人数的76.92%,其中,执法岗位194人,非执法岗位16人。

秦皇岛海事局辖区岸线从环海寺地嘴灯塔到滦河口,总长约162.7公里,辖区海域面积约5127平方公里。年均货物吞吐量近2.5亿吨,年均海上游客约150万人次。目前,辖区港口泊位109个,锚地5个,航道11条。辖区内有河北远洋、秦皇岛港股份有限公司、山船重工集团、哈动力集团秦皇岛公司、一航局航务五公司、中燃河北公司等港航企业,是我国重要的战略性能源下水港;并有山海关、北戴河、南戴河等综合旅游景区,是驰名中外的旅游胜地。

一、实施背景

据统计,人为因素导致的海事事故占海事事故总数的80%以上,因此船舶配员检查一直都是海事安全监管的重中之重。由于船员数量巨大,航运公司、安全管理公司等海事安全相关方安全意识参差不齐,特别是大量的小型公司及船员安全意识淡薄,突破安全红线,不按照最低配员要求配备合格船员,给水上交通安全和安全监管带来诸多严峻的安全挑战和压力。同时,海事执法领域长期存在证据固化"发现难、取证难、效率低"等诸多问题,影响行政效能。突出体现在船舶配员方面存在人员流动性大、面目特征变化大、身份甄别困难等情况。此外,目前船舶配员检查仍停留在肉眼核实人证相符性的阶段,准备工作较为烦琐和复杂,且工作量大、效率低。传统的执法方式已经不能适应新的执法环境和需求。为贯彻落实"生命至上、安全第一"的安全发展理念,服务国家"放管服"改革需要,有效应对水上交通复杂的安全监管挑战,解决船舶配员海事现场监管"确证难""耗时长"等突出问题,秦皇岛海事局在广泛调研和深入分析论证海事监管信息化建设需求的基础上,研发了"基于人脸和指纹识别的海事移动执法系统"。

(一)立项背景

1.海事安全监管面临前所未有的监管压力

随着经济社会的快速发展,安全监管形势愈加复杂。当前海事监督面临着监管种类多,船舶数量多,船员人数多、变化大等特点,而现有的海事执法资源比较有限,有效供给依靠传统增加人力、物力的方式难以为继。以秦皇岛海事局辖区为例,当前面临的监管压力主要有三个方面。一是商船到港艘次多,监管工作量巨大。辖区拥有泊位109个,年均进出港商船3万艘次,按每艘船舶的最低配员计算,每年进出港船员粗略估计为40余万人次,仅船舶配员一项安全监管的工作强度也是相当高的。二是监管类型多样,任务繁重。拥有秦皇岛兴荣海事中等职业技术学校,招生量逐年增长,年招生量已经突破万人;拥有船舶配员服务机构23家,年均配备船员近万人;河北远洋、秦皇岛港务集团等30余家港航企业,年均办理各类船员业务近两万人次。三是旅游船艇配员情况复杂。辖区拥有300余艘经营性旅游船艇,大部分都存在船员混用、更换频繁的情况,单纯依靠传统低效率的目视直观辨别船员身份比较困难,对保障船员适任、为每年上百万的游客提供安全舒适的水上出游带来极大的安全挑战。2019 年,全国海事安全监管形势严峻,全国进出港船舶近 218 万艘次,粗略估计进出港船员 2200 万人次,秦皇岛海事局的现状仅仅是全国海事现状的缩影。因此,需要有效提高监管效能,缓解巨大的安全监管压力,适应并满足当前的安全监管需求。

2. 较低层次安全意识带来严峻的安全挑战

"要我安全"和"我要安全",在安全意识上是两个不同的层次。在"要我安全"阶段,安全红线会被利益、安全知识缺乏轻易突破。当前,"我要安全"的理念依然未能深入人心,船员依然处于"要我安全"的较低层次,"有证无人""有人无证""小证大用"等诸多人证不符的情况多发,给航运带来很多不稳定因素,安全监管形势依然严峻。例如,2020 年 1 月某船舶在东海海域发生沉船事故,船员 10 人,全部遇险,最终死亡 1 人,失踪 1 人。据事故调查,死亡 1 人为大厨,无基本安全培训证书,不掌握基本的救生技能,更没有基本的船员证书,但公司、船舶、个人擅自登轮,最终在大风浪中被吞噬,而其他人员均按照有效的训练路线和个人技能幸存。因此,在当前依然有大量船东船员处于较低安全意识层次的情况下,如何强化安全监管,最大限度阻断或隔绝不安全因素对航行安全的影响,是我们面临的重要挑战。

3. 海事行政处罚证据固化难度大、效率低

依法开展行政处罚是海事工作有效开展,维护水上交通安全的重要举措之一。但船舶航行存在船期紧、码头港口比较偏远的现实情况,而海事行政处罚额度较大,一般不适用快速处罚,因此在海事执法领域长期存在证据固化"发现难、取证难、效率低"等诸多问题,始终困扰着海事行政工作的效能。特别是在船舶配员监督方面,还存在人员流动性大、面目特征变化大、身份甄别困难等情况,一方面如果不能快速有效地证据固化而出现影响船期情况,将大大增大海事行政部门诉讼风险;另一方面,如果因为船期紧张而被迫允许船舶违法行为,可能存在船舶"带病航行",船方也可能因侥幸而屡次犯险,带来更大的安全风险。因此在缺少合法有效强制手段情况下,如何提高海事执法领域证据固化效率是摆在我们面前的一个重要课题。

4. 传统监管手段难以胜任安全监管需求

随着国家"放管服"和海事转型升级的深入推进,海事执法重心逐步转移到事中事后监管。传统上需要在前期耗费大量时间准备足够的资料数据,发现问题现场难以核实需要返回单位获取更多后台资源进一步查证等执法模式已经难以满足当前的监管需求。例如,在公司安全管理体系审核中,需要对公司某一艘船舶配员情况进行核实,需要提前在单位的内网环境下获取船舶配员信息,打印出来后到公司通过检查船员调配记录进行验证,而往往在准备的过程中,船舶的配员情况已经发生变化,或者公司的船员调配记录存在伪造行为,那么这所有的准备工作仅仅是提供了一个深入查证线索,却不能实现即时查证。而最直接的方式是直接获取即时船员信息,和船舶船员进行验证,再和公司配员记录进行比较。显然,传统的执法方式已经不能适应新的执法环境和需求,强化事中事后监管,亟须通过实现执法信息的实时调用和传输的信息化手段来改进传统执法模式。

5. 现代科技的发展为海事安全监管提供新的支撑

人脸识别技术和指纹识别技术是较为成熟的身份识别技术。两种识别技术使用方便,样本容易获取,硬件成本低。人脸和指纹与人体的其他生物特征(虹膜等)一样与生俱来,它的唯一性和不易被复制的良好特性为身份鉴别提供了必要的前提。这两种技术在许多特殊领域已经得到一定程度的应用和检验,基于人脸和指纹识别的海事移动执法系统就是将两种技术结合起来应用,进而对船员身份进行核验,有效地提高核验的准确度。

(二)项目必要性

基于人脸和指纹识别的海事移动执法系统的开发应用是贯彻落实习近平总书记关于安全生产重要

论述的必然要求,推进海事"放管服"改革和海事转型升级,进一步正视"人的因素"影响的有益探索和实践。

1. 新时代安全发展理念的必然要求

习近平总书记强调,"人命关天,发展决不能以牺牲人的生命为代价。这必须作为一条不可逾越的红线。"❶弘扬"生命至上,安全第一"的安全理念,坚持以人民为中心的发展思想,切实把安全发展理念落实到经济社会发展的全领域、全阶段、全过程。通过科技手段来保障法律法规的有效实施,从而有效隔绝不安全因素,保障船员的生命安全是航运健康发展的题中之义。基于人脸和指纹识别的海事移动执法系统也是海事部门落实习近平总书记关于安全生产重要论述的重要探索。船舶配员的有效检查,既能够保障船舶船员的安全,也能够避免不具备基本技能的人员处于不安全的环境,避免更严重的不安全事故的发生。

2. 降低海事事故中"人的因素"的影响的必然要求

首先,随着航运经济的发展,船舶作为全世界最主要、最环保的大宗货物运输工具,越来越普遍。在人—机—环境—管理的基本要素关系中,人的理念是第一驱动力,船舶的配员是否符合最低配员证书要求,对于航行安全起到基础性保障作用。其次,人的因素在所有涉及海事事故的原因分析中占比超过80%,是最主要的事故影响因素。因此,船员的质量,特别是培训质量和技能素养在很大程度上决定着船员的综合素养,船舶所配备的船员质量是否符合要求,也直接决定着船舶的航行安全。譬如2018年1月6日,巴拿马籍油船"桑吉(SANCHI)"轮与香港籍散货轮"长峰水晶(CF CRYSTAL)"发生碰撞后起火;经过8天的爆燃,"桑吉"轮最终沉没,3名船员遇难,29名船员失踪,全球震惊。而根据事故报告,这是一起典型的"人的疏忽"造成的事故,3名驾驶员均没有有效履行各自职责,忽视一系列法规规则,完全不具备基本的职业素养。

3. 推进海事"放管服"改革和转型升级的必然要求

当前,国家积极推动"放管服"改革,海事部门也在积极推进海事执法转型升级。"放管服"中的"管"就是要求政府部门要创新和加强监管职能,利用新技术新体制加强监管体制创新。2019年,船舶配员检查是海事部门对船舶安全营运的检查重点,以核实船舶实际配员和船员任职资格。当前船舶配员检查仍停留在目视直观核实人证相符性的阶段,如凭借目视直观对船员身份进行甄别,效率低、效果差。同时,传统的执法模式也难以胜任新的事中事后监管的新环境。基于人脸和指纹识别的海事移动执法系统的开发,就是海事部门响应"放管服"改革的积极尝试,也是海事转型升级发展的必然要求。

4. 适应水上交通安全监管需求的必然要求

全国水上交通安全监管面临严峻形势,面临着以下三大方面的现实需求:一是提高基础执法效能,以便有效应对商船到港艘次多、待监管船员人数众多带来的巨大监管压力,应对辖区旅游船艇船员更换频繁、目视直观识别难度大的安全监管课题,应对当前依然有大量船东船员处于较低安全意识层次的情况下,最大限度阻断或隔绝不安全因素对航行安全的影响的重要挑战。二是需要改进传统执法模式,当前监管形势复杂多样,执法应用环境变化大,事中事后监管的需求多样。三是现有固化执法证据的手段单一。在缺少合法有效强制手段情况下,急需一种能够快速有效固化行政执法证据手段,以便降低海事行政部门诉讼风险和安全风险。因此,开发一种能够实时更新船员数据、即时获取船员任解职信息、提供固化证据的新应用,以实现更便捷的船舶配员动态的监控,建立新的执法模式已经成为全国海事监管履职尽责的必要选择。

(三)安全目标

着眼于海事监管现实需求和水上安全监管的未来,实现快速高效的船舶配员检查,解决海事执法领

❶ 习近平:始终把人民生命安全放在首位[N].人民日报:2013-06-08(001).

域长期存在证据固化“发现难、取证难、效率低”等诸多问题，优化传统的执法方式，提高海事执法效能，提升海事监管信息化水平，强化事中事后监管，形成执法威慑，促进公司及船员安全意识提高，促进水上交通和人命财产的安全。

二、成果内涵和主要做法

（一）成果内涵

1. 创新的基本内容

在广泛调研和深入分析论证海事监管信息化建设需求的基础上，以解决船舶配员海事现场监管“确证难”“耗时长”等突出问题为导向，首次将“人脸 + 指纹”计算机生物特征识别技术应用于海事现场移动执法终端，通过将多数据库融合算法、移动互联网技术的应用延伸至海事执法最前沿，建立了跨多海事数据库信息交叉确证和协同检查系统（基于人脸和指纹识别的海事移动执法系统），提高了船舶配员监管与船员身份甄别的可靠性和准确度。利用互联网 Web 服务调用新方法，解决了跨多海事数据库信息融合共享难题。保障了船舶配员与实际任职资格的一致性，提供了行政执法确证的现代科技信息化手段，创新、优化了海事监管模式，提高了海事现场执法效能，引领了海事创新发展方向，提升了海事治理体系和治理能力现代化水平，对保障海上人命和财产安全具有重要意义。

2. 成果特色

①首次将“人脸 + 指纹”计算机生物特征识别技术应用于海事现场移动执法终端，建立了跨多海事数据库信息交叉确证和协同检查系统，提高了船舶配员监管与船员身份甄别的可靠性和准确度。摒弃了传统目视观察判断的检查模式，提供了海事现场执法的现代化手段，通过关联多数据库信息，避免船员的刻意顶替，确保船员实际在船。两种识别技术的叠加实现了“1 + 1 > 2”的技术优势，解决了在执法现场即时做出准确判断的难题，避免了船员职业生涯中因面部变化引起的误差，进一步提高了该系统的可靠性和准确性，促进了海事治理体系和治理能力的现代化。

②利用互联网 Web 服务调用新方法，解决了跨多海事数据库信息融合共享难题。通过实时连接不同的物理数据库综合关联运用多个数据源，融合运用了当前国内海事系统最完整的数据，确保该执法系统的功能性和客观性，在海事执法系统数据融合应用中仍属先例。为确保该项目多数据库融合的稳定性，专门研发了一项发明专利（一种服务调用方法、装置及系统），确保了系统的稳定运行。

③创新了海事安全监管领域船舶配员及身份甄别的执法检查新模式。该系统的应用填补了海事调查、安全管理体系审核等多执法领域即时查证船舶配员情况的技术空白，提高了海事执法效能。

④创新了多工况的网络环境的使用。开发了在港口、船舶等网络环境波动较大甚至恶劣的网络环境下，开展船舶配员和船员身份甄别的协同检查的信息化软件（App），在海事现场执法首次以信息化手段实现了船舶安全配员的即时监管。

（二）主要做法

1. 创新的整体思路

贯彻落实“生命至上、安全第一”的安全发展理念，围绕交通海事“让航行更安全，让海洋更清洁”的愿景，推进海事“放管服”改革和海事转型升级，进一步降低航行安全中“人的因素”的负面影响，将“人脸 + 指纹”计算机生物特征识别技术应用于海事现场移动执法终端，通过将多数据库融合算法、移动互联网技术的应用延伸至海事执法最前沿，建立了跨多海事数据库信息交叉确证和协同检查系统，实现船舶配员及船员身份的快速有效甄别，形成监管威慑，从而减少船舶配员不足、船员人证不符、不适任等违法行为的发生；通过信息化手段，创新、优化海事监管模式，扩大执法适用范围，同时提供辅助的证据固定手段，改变了以往证据的固定单纯依靠拍照或做笔录的单一方式，提高海事行政执法效能，为海事事中事后监管提供了信息化手段和技术基础。进而推动海事监管与服务在新时代转型升级，提升海事治理体系和治理能力的现代化水平，保障海上人命和财产安全。

2. 安全目标和功能实现

基于人脸和指纹识别的海事移动执法系统的开发和使用,致力于能够有效促进愿景和安全目标的达成。该系统努力实现以下安全目标和功能:

(1)安全目标

一是降低人的因素在海事事故中的负面影响。该系统的应用降低了不合格船员和非持证船员上岗的概率,确保了船员人证相符,减少人的因素造成事故的风险,进而保证船舶的安全营运。

二是优化执法模式,提高海事行政执法效能。该系统的应用实现以信息化手段改变了传统人工判断、直观比对照片和人脸的工作模式,通过人脸和指纹的分级甄别,减少了大量的前期检查准备工作内容和流程,有效提高了海事执法人员的检查速度、效率和准确度,节约了有限的执法资源,提高了海事执法效能。

三是强化事中事后监管,提升海事综合执法能力。该系统的应用领域可拓展至任一需要进行船舶配员和船员适任的海事执法中,如航运公司安全监管,航运公司、船舶安全管理体系审核发证,海事调查等,优化执法模式,有效提升了海事综合执法能力。

四是改善行政执法"发现线索难、固定证据难"的困境。该系统的应用能够提供其所采集数据和信息,将数据比较结果输出作为佐证,直观地展示和收集证据。更加方便了证据的固定,提供了辅助的证据手段,改变了以往证据的固定单纯依靠拍照或做笔录的单一方式,在船舶配员监督方面有效解决了"发现线索难、固定证据难"的难题。

(2)功能实现

功能定位:该系统是由海事执法人员随身佩带,以在线或离线模式对目标船舶及人员进行船舶配员检查、身份甄别等工作,满足多种海事执法环境需求的软硬件系统。具体实现人脸识别、指纹识别、证书核验、即时获取船舶配员情况及船员信息等核心功能。

一是人脸识别的功能应用。人脸识别是基于人的脸部特征信息进行身份识别的一种生物识别技术。基于人脸和指纹识别的海事移动执法系统是利用神思设备的摄像头采集含有船员人脸的图像或视频流,并自动在图像中检测和跟踪人脸,进而对检测到的人脸进行脸部识别的一系列相关技术,比对船员数据信息,快速识别船员身份。

二是指纹识别的功能应用。指纹识别是利用指纹的终身不变性、唯一性和方便性的特征,获取手指末端纹线的技术。基于人脸和指纹识别的海事移动执法系统是利用神思设备的电容按压式指纹收集器进行指纹获取,通过与系统中的指纹数据利用算法进行分析比对,从而实现快速识别船员的目的。

3. 重点创新内容的实施(基本做法)

为了达成上述安全目标和使用功能的实现,按照整体工作思路,经过研发队伍的不懈努力,实现以下创新工作。

(1)首次将"人脸+指纹"计算机生物特征识别技术应用于海事现场移动执法终端

通过建立跨多海事数据库信息交叉确证和协同检查系统,利用生物识别技术,提高了船舶配员监管与船员身份甄别的可靠性和准确度。摒弃了传统通过直观的观察判断得出结果的检查模式,提供了海事现场执法的现代化手段,通过关联多数据库信息,避免船员的刻意顶替,确保船员实际在船,两种生物识别技术(指纹识别和人脸识别技术)的叠加实现了"1+1>2"的技术优势,解决了在执法现场即时做出准确判断的难题。其中人脸识别技术的优化算法,有效解决了船员职业生涯中因面部生物特征的变化引起的误差,进一步提高了该系统的可靠性和准确性,为促进海事治理体系和治理能力现代化做出了有益的探索。系统部署架构及功能模块如图1、图2所示。

(2)首次协同调用多海事数据库信息,实现数据的共享

利用互联网Web服务调用新方法,解决了跨多海事数据库信息融合共享难题。调用的多海事数据库包括船员管理系统、船员考试发证、船员基本信息采集、船舶安全监督、船舶自动识别系统(AIS)、船

舶进出港数据等多个数据库,通过实时连接不同的物理数据库,综合关联运用多个数据源,实时比对关键信息,确保该执法系统的功能性和客观性,在海事执法系统数据融合应用中仍属先例。为确保该项目多数据库融合的稳定性,经精准攻关,专门研发了一项发明专利(一种服务调用方法、装置及系统),确保了多数据库调用的稳定运行,该专利已于2019年3月15日获取中华人民共和国国家知识产权局的发明专利证书。

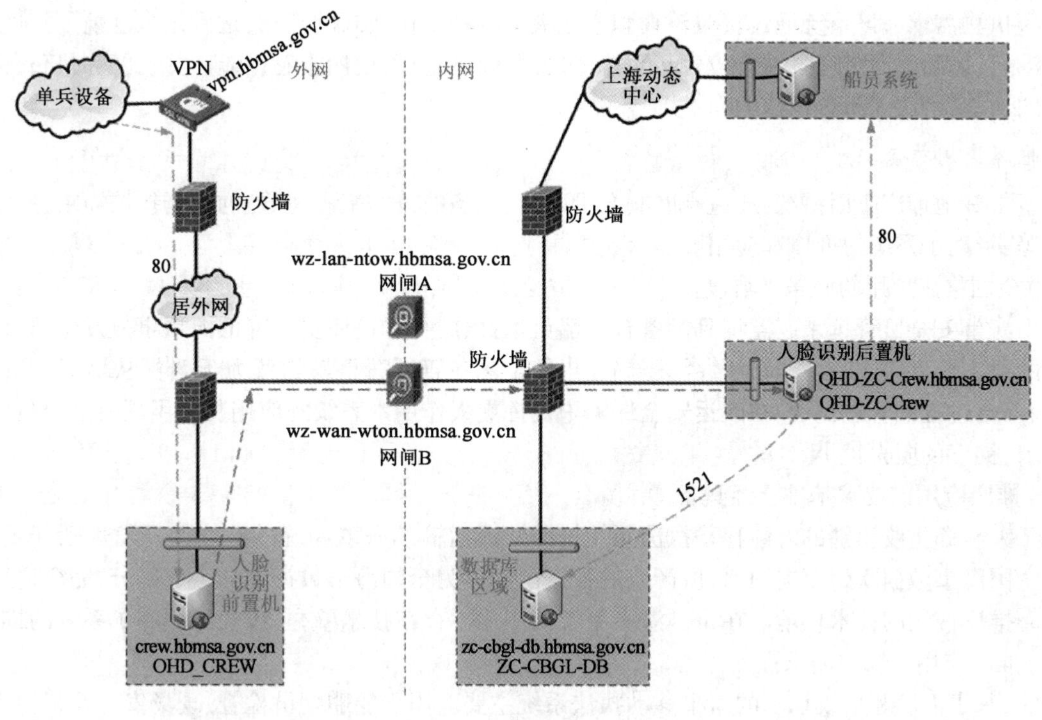

图1 系统部署架构图

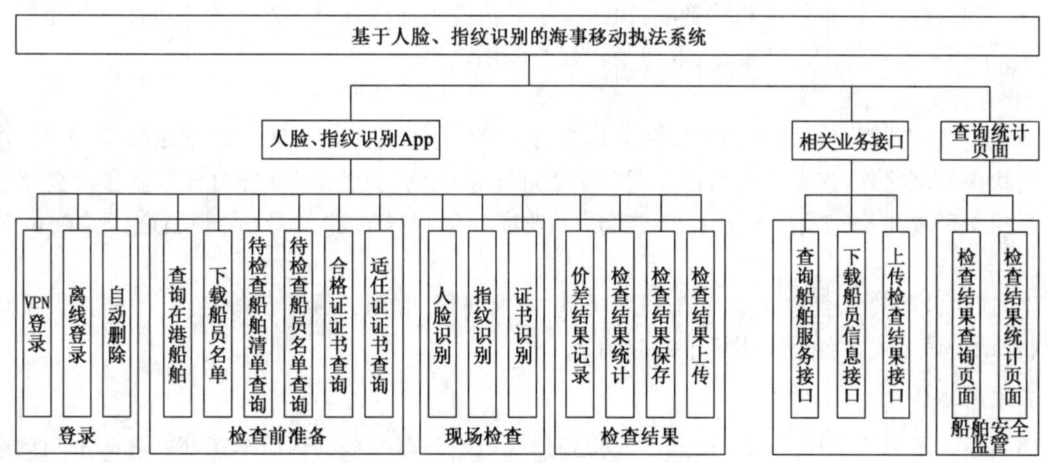

图2 应用系统模型图

(3)完善证据采集,创新了海事执法证据确证手段

现有客观证据的确证特别是完整证据链的采集是行政处罚的基础和必要条件,而举证困难、证据认定过程烦琐的情况在海事行政执法领域长期存在。该系统可直接将对比结果进行上传和整理,可作为辅助证据,通过云端证据的保存和获取,创新传统海事执法领域证据确证的电子化辅助手段,有效震慑了船舶涉及不依法配备合格船员方面的违法行为。

(4)创新了海事安全监管领域新模式,填补了执法空白

船舶配员及身份甄别的执法检查一直以来都是船舶安全监督检查的重点内容,传统检查存在手段

单一、效率低等缺点。该系统的应用，创新了船舶配员的执法检查新模式，实现“一扫一验”即可甄别船员身份，极大地便利了海事执法。此外，该系统的应用还填补了海事调查、安全管理体系审核等多执法领域即时查证船舶配员情况的技术空白，提高了海事执法效能。

(5)多应用场景使用，创新了多工况的网络环境的使用

港口、船舶本身就存在着网络环境波动大等特点，执法人员面临的环境多样，单纯的实时核查不能满足海事执法需求。该系统通过实时核查和本地核查两种工作模式的应用，达到了多环境下的使用，解决了在港口、船舶等网络环境波动较大甚至恶劣的网络环境下的使用难题，实现了既能实时核查又能本地核查的功能，解决了海事执法的痛点。

4. 推广应用措施

为了更好地推广应用系统，通过高度契合的政策、完备的技术基础、强烈的现场执法需求、广泛的应用领域等，带动了系统的推广和应用。

(1)全国推广应用的政策契合度高

国内海事安全监管越来越意识到配备合格船员、有效履行船员职责是降低海事事故发生率、保障航行安全的最主要方向之一。包括河北海事局在内的全国各直属海事局均致力于船员从培训、发证到适任、考核等全过程的管理，从而在航运安全保障中发挥更大作用。系统的应用契合了现有的船员监管的政策要求，推广的阻力较小。

(2)推广应用的技术基础已经具备

基于人脸和指纹识别的海事移动执法系统按照交通运输部海事局统一的软件开发规则开发，已经建立与全国海事数据库的双向通道，所产生的数据已经成为全国海事数据库的组成部分，完全适用当前全国海事推广使用的技术环境。在全国海事系统的应用不存在技术壁垒，极大地便利了系统的推广。

(3)推广应用的执法需求强烈

当前，基于人脸和指纹识别的海事移动执法系统主要应用于船舶配员检查、现场安全监督检查等多种执法场景中，实现了对船员身份的实时甄别，快速固定证据等功能。该系统的应用降低了海事执法人员的检查时间，提高了检查效率和准确度，执法一线人员应用需求强烈。2019 年期间，应友邻单位的申请，已进行了相关设备的配发和推广，取得了较好的应用效果。

(4)推广应用的领域广泛

该系统的应用范围已从最初的船舶配员检查，逐步扩大了使用的领域。截至 2020 年 3 月，在面对面接触的执法领域之外，该系统在航运公司安全管理体系审核、船舶审核、公司日常监督检查及船舶搜救等多个执法环境中都进行了应用推广，实现了现场和远程核查船员身份、船舶适任及配员情况的功能。

综上，通过政策契合度高、技术基础成熟、执法需求强烈、应用领域广泛等特点，不断扩大系统的应用外延，带动了该系统在各个应用场景的应用。

5. 应用基本情况

2018 年 3 月 5 日至 2020 年 3 月，基于人脸和指纹识别的海事移动执法系统在河北海事局全面推广应用。现场监督检查、船舶安全检查、船员专项检查、安全管理体系审核中，共查验船舶 11394 艘，核验船员 78817 名，其中人脸识别核查 78817 名，指纹识别 21873 名，综合核查准确率达到 100%，共发现问题船舶 1112 艘、问题船员 1401 名；利用人脸和指纹识别系统，辅助实施行政处罚 991 例，罚款金额 1164.42 万元，处罚航运公司 145 家，处罚船员 981 名，进行船员扣分处理 768 名，共扣 2304 分，有效提高了船舶配员检查的效率，对人证不符等违法行为起到了震慑作用，得到了现场执法人员的一致好评，也得到了行政相对人的高度认可。

三、实施效果

作为公共执法部门，社会效益和安全效益是海事部门从国家赋予的水上交通安全监管职责出发，着

眼于提升行政执法效能、政务服务水平、降低行政费用,实现安全监管的第一出发点。基于人脸和指纹识别的海事移动执法系统,主要是服务于行业安全管理,具有自身鲜明的行业特点和安全需求,因此产生的效益主要为社会效益和安全效益。

(一)社会效益

1. 顺应了"放管服"改革趋势,提升海事治理现代化水平

经过该系统的实践检验,在船舶配员检查的整体时间从1小时缩短至10分钟,效率提高至原有效率的6倍,准备环节时间由40分钟缩短为5分钟,检查环节由20分钟缩短为5分钟(图3)。系统的应用极大提高了执法效能,使得有限的人力物力可以更高效地运转,从而为事中事后有效监管提供了条件,实现了推动基层海事执法改革和升级。

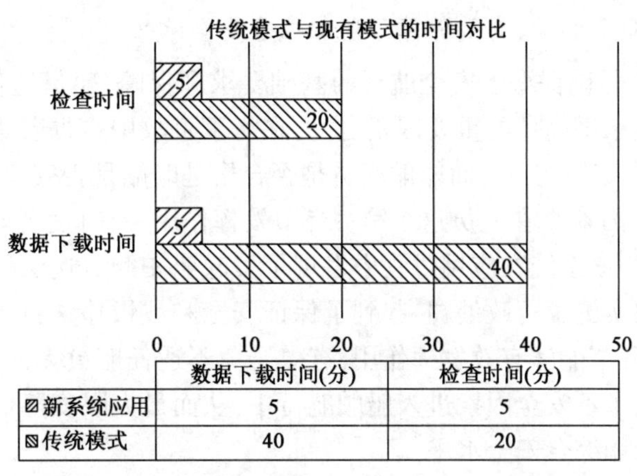

图3 传统模式与现行模式时间对比图

2. 新增海事监管高科技手段,提高了海事安全监管效能

行政处罚是海事进行安全监管的重要手段。但其涉及的证据采集要求相对一般行政处罚更高,"发现线索难、固定证据难"等问题始终在一定程度上困扰着海事执法领域。在应用过程中实施的行政处罚中,该系统在发现线索和固化证据方面起到了不可替代的作用,违法行为人在系统应用过程中失去了实施狡辩或欺骗的空间和时间,简化了办案难度,缩短了处置时间,提高了处罚效率,进而减少了船舶滞留时间,提高了船舶周转效率。特别是在船舶配员检查的执法领域强化了监管手段,丰富了监管载体,提升了海事监管效能。

利用生物识别特征等高科技手段实现了海事监管科技化,船舶配员检查覆盖率由原来的3%提高到5%,而详细检查率从81.5%提高到95.8%,综合核验准确率达到了100%,分别提高了67%和17.5%,极大地增强了监管威慑。

3. 优化传统执法模式,填补了多海事执法领域即时查验船舶配员的空白

因为船员的基础性作用和船舶配员在海事监管中的重要核心地位,船舶配员检查和船员身份甄别在诸多海事执法环境中均需要进行。因此,基于人脸和指纹识别的海事移动执法系统也相应地可以拓展到任一需要进行船舶配员检查和船员身份甄别的执法领域中,如航运公司安全管理体系审核、海事事故调查、船舶配员机构检查等。

4. 完善了海事监管大数据的信息收集功能,夯实科学决策基础

作为水上安全监管的重要一方,构筑现代化的海事监管体系是交通强国建设的重要组成部分,也是海事"三化"建设工作的基本要求。基于人脸和指纹识别的海事移动执法系统正是出于这种需要开展了有益的探索。海事各项业务系统逐步整合,业务数据最终实现全面EDI(电子数据交换)已是大势所

趋。本系统的开发与应用,为现场监督提供信息支持平台的同时,作为终端收集现场执法过程中关于船员监督部分的实时信息,完善了海事信息系统中物联网终端的信息收集功能,不断丰富海事信息化建设工作数据库,形成宝贵的数据财富,为今后的海事监管决策提供重要依据。

5. 促进海事公共管理的公正性和公平性,提升政府形象

系统的应用从检查的效率和准确度两个维度极大地提高了工作效能,因此能够通过更高更有效的运转效率扩大海事行政检查的广度。从效率来说,有效提升抽查比率,提高行政处罚的效率,违法行为将会更快得到纠正,在更大范围内增强对违法行为的威慑,从而促进了公共服务的质量和公平性。从准确度来说,则保证了海事公共服务的公正性,提升了政府形象,带来显著的社会正面效应和服务效益。

(二)安全效益

1. 降低了人为因素的负面影响,有效保障了船舶综合安全水平

"船舶适航、船员适任"是确保海上安全航行的基础要求和保障,船员适任作为"人为因素"的主要内容,是决定船舶综合安全水平高低的重要因素之一,在海事事故中占据着重要地位。数据统计显示,海事事故中80%是由于人为因素引起,而船舶配员是否合格是船舶是否安全的第一关。该系统的开发应用着眼于有效控制"人为因素",在配员这个第一环节发挥作用,及时发现船员配员问题,从源头上减少船员不适任情况的发生。该系统在应用过程中发现了多起船舶配员违法行为,并根据发现的违法线索和固化的违法证据,依法实施了行政处罚,起到了保证安全和威慑违法行为的效果。实际表明,该系统在船舶配员检查的第一环节能够有效发挥作用,有效避免不适任船员无证上岗或顶替冒用他人身份从事船舶操作的行为,阻断了不安全因素进入船舶航行中,从而最大限度降低人为因素的负面影响,降低船舶事故风险,保障了船舶综合安全水平。

2. 提高了现场人员核查覆盖率,提升海事安全监管威慑

河北辖区港口每天到港船舶在300艘次以上,传统的检查方式主要靠执法人员对照船员证书目视直观识别,效率、准确度低,可靠性不佳,部分航运公司趁机在船舶配员方面弄虚作假,配员不足、人证不符、无证上岗等违法行为时有发生。

基于人脸和指纹识别的海事移动执法系统的使用丰富了海事现场执法手段,节约了执法资源,大大提高了海事现场执法人员的检查效率,扩大了核查覆盖率。据测算,该系统投入使用后,河北辖区船舶配员检查覆盖率可以从原来的3%提高到5%,而详细检查率将从81.5%提高到95.8%,其普及使用将形成较强的威慑力,增加违法行为被查处的可能性,消除船舶配员违法的侥幸心理,倒逼航运公司为船舶配备合格适任的船员,从而大大降低由船员不适任因素导致的水上交通安全风险。

3. 降低了不合格船员和非持证船员上岗的概率,减少了船员不适任的概率

针对船舶配员的检查,传统的检查方式是执法人员登轮后将船舶证书与在船船员进行目视直观对照识别,效率低;受船员照片信息时效性影响,对照检查准确性不高。使用基于人脸和指纹识别的海事移动执法系统,执法人员可以提前准确掌握在船服务人员的基本信息,登轮检查时通过执法终端进行现场面部识别,即可迅速准确地对比出船员持证和服务情况;对于未持证人员,系统将会识别为未在此船人员。

通过系统应用,现场执法人员可以更直观地检查船上工作人员的持证情况、人证符合情况,使无证上船工作、持他人证书上船工作变为不可能,大大降低了不合格船员和非持证人员上船工作的概率,减少了船员不适任的概率。

2018年5月16日,执法人员通过基于人脸和指纹识别的海事移动执法系统对秦皇岛西港10号泊位"益××号"轮检查时,发现该轮大厨沈某某未持有相应船员证书,经调查,沈某某于2017年12月21日在舟山定海上"益××号"轮担任大厨,但其未取得合格的船员证书,属于无证上船任职违法行为。对此,秦皇岛海事局依法对其进行了行政处罚。

2020 年 3 月 30 日,执法人员对靠泊国投码头 203 泊位的“新××6”进行现场监督检查时,通过人脸和指纹识别系统,发现该船船员程某未持有有效的培训合格证书和船员服务簿,擅自上船服务,遂依照相关法律对该名船员进行了行政处罚。凡此种种,依靠基于人脸和指纹识别的海事移动执法系统的案例不胜枚举,该系统的应用极大地降低了船员未持证上船的概率。

4. 有效增强了辖区航运公司和船舶配员服务机构的安全意识和安全水平

在海事执法实践中,航运公司作为所有人或经营人,需要承担公司、船舶安全管理的主体责任,由于安全管理意识的薄弱、安全管理水平的低下以及逐利心态、侥幸心理的驱使,往往会铤而走险降低船舶配员水平,从而在最基础、最重要的安全管理中埋下极大的隐患。但这种行为因为船舶、船员的极大流动性,往往难以及时发现,综合来看违法成本相对较低。在该辖区应用人脸和指纹识别系统之前,船舶配员的即时检查难度很大,公司不掌握配员或船舶配员不符合要求情况时有发生,有限的执法资源投入难以降低这一风险。在开发应用这一系统后,秦皇岛海事局在航运公司安全管理体系审核、日常监督检查和船舶配员服务机构的检查中,均有效利用系统进行随机抽查,并对违法行为进行处理,有效地震慑了有关公司和机构的逐利心态和侥幸心理,减少了此类现象的发生,促进了辖区水上安全水平的提高。

海事船舶应急指挥系统平台

中华人民共和国沧州海事局

成果主要创造人:佟海森　郭洪驹

成果参与创造人:刘凤良　张　胜　王耀磊

沧州海事局成立于2000年12月,正处级建制,是交通运输部派驻河北的直属单位。承担着沧州海域水上交通安全和防治船舶污染海洋环境行政管理职能;作为沧州市海上搜救中心和沧州市船舶污染事故应急指挥部的日常办公机构,代沧州市人民政府履行海上搜救和溢油应急反应职能,是辖区水运经济发展的基础性、服务性部门,是重要的海上执法力量之一。现有正式职工153人,局内设机构10个,处室办事机构3个,均为正科级。下辖沧州大港海事处、沧州综合港海事处2个派出机构,均为副处级派出机构。现有业务办公用房5314.77平方米。海巡执法船3艘,岸线长90米的工作船码头1座(1艘45米级巡逻船,1艘30米级巡逻船,1艘30米级以下巡逻船)。目前,沧州船舶交通管理系统(VTS)为"两站一中心"模式,"两站"分别设在黄骅港煤炭港区、南排河海上石油平台。截至2020年,正加快推进"四站一中心"建设,计划在综合港区和河口港区各增设雷达站1座。沧州海事局所辖水域北起歧口,南至大口河,辖区水域面积2476平方公里,岸线126公里。主要包括黄骅港煤炭港区、综合港区、散货港区、河口港区和南排河水域。

一、实施背景

沧州沿海海上运输、港口建设、渔业生产、滨海旅游等海洋经济快速发展。随着20万吨级重载船舶的通航,黄骅港正式迈入深水大港的行列,港口船舶类型呈多样化趋势,港口通航密度不断加大,发生事故的概率随之增加;部分渔业船舶从业人员安全意识不强,易发生船舶事故;随着人民生活水平的提高,沧州海域船艇观光旅游等海上休闲娱乐活动迅速发展,加大了发生海上险情事故的可能性。

(一)黄骅港通航环境概况

1.港口概况

黄骅港包括黄骅港、南排河水域、南大港水库和杨埕水库四部分。人们所指的黄骅港是指由煤炭港区、综合港区、散货港区和河口港区四个港区所组成的港口区域;南排河水域覆盖了赵东油田、歧口油田(沧州海事局辖区部分)等水域;南大港水库位于河北沧州市东北部,东临渤海,北靠京津,地处东经117°25′45″至117°36′02″,北纬38°26′30″至38°33′44″之间,是由芦苇沼泽、盐地碱蓬沼泽、开阔水域等构成的天然湿地类型自然保护区,是全国176个重点保护湿地之一;杨埕水库位于海兴县东偏北15公里,宣惠河以南,北距黄骅港15公里左右。

截至2020年,黄骅港建成各类生产性泊位40个(不含旅游浮码头),其中万吨级以上泊位35个,码头岸线总长度为8732.55米,最大泊位吨级为20万吨,设计年吞吐量2.4505亿吨。现有航道4条,其中综合港区、散货港区航道为20万吨级航道。截至2020年,黄骅港有4个港区,煤炭港区是神华集团自主经营的港口,港口生产以煤炭运输为主,设计年吞吐量18615万吨;综合港区、散货港区以铁矿、集装箱等货物为主,设计年吞吐量5609万吨,港口属业主码头,有沧州黄骅港钢铁物流有限公司、河北冀海港务有限公司等5家单位经营;河口港区是船舶乘潮进出的河口港,以煤炭、矿石、钢材、油品砂石料等货物为主,设计年吞吐量281万吨属沧州港务集团有限公司经营。

南排河水域的海上生产主要是海上石油勘探开发和原油运输。赵东油田海上钻井平台有赵东ZD平台和C4平台。其中,赵东油田是中国石油天然气股份有限公司和洛克石油(渤海)公司共同投资开发的项目。

黄骅港海域为渤海主要渔业生产海域,辖区歧口、南排河和宣惠河三条河道内均设有渔港码头。歧口渔港码头地理坐标为38°36′58″N/117°33′08″E,1986年初建,经过几次扩建,现码头岸线总长328米。渔港低潮时水深0.5米,高潮时3.5米。南排河渔港码头地理坐标为38°29′14″N/117°37′23″E,1973年初建,经过几次扩建,现码头岸线总长752.8米。渔港低潮时水深0.5米,高潮时3.0米。宣惠河渔港码头于1993年1月投入使用,位于黄骅港3000吨级码头以西、宣惠河的中段北岸、新村村南,地理坐标为38°15′42.36″N/117°46′15.0″E。水泥码头长100米,前沿平均水深2.8米。

2.航道情况

黄骅港有2条狭长人工航道,煤炭港区航道总长43.5公里,已经全线疏浚到-14.0米,航道底宽为270米,航道边坡比为1:5,可满足5万吨级船舶双向重载航行(兼顾7万、10万吨级散货船舶乘潮单向)。航道分内航道和外航道,外航道指的是自航道入口处A11号灯浮至防波堤老口门43号灯浮之间的航道,长度约为41.0公里;内航道N1+000至W0+000(自老口门至47号浮筒),长度约为2.5公里。A11号浮筒至39号浮筒航道走向为059.5°~239.5°;39号浮筒(转向点)至47号浮筒航道走向为055°~235°。综合港区10万吨级航道和综合港区(散货港区)20万吨级航道共用一条航道。

黄骅港综合港区10万吨级航道(0+000~44+000),总长44公里,边坡比为1:5,走向为239.5°~059.5°,设计水深-14.5米(包含0.6米的备淤),有效宽度(通航底宽)210米,满足10万吨级散货船乘潮满载航行。综合港区(散货港区)20万吨级航道总长56.8公里(里程3+700~60+500)。航道边坡比为1:5,航道有效宽度为250米,设计底高程-18.3米,并将防波堤口门(245号浮标)附近(里程19+500~22+500)航道有效宽度加宽至280米,设计底高程加深至-18.5米,延伸至天然水深-18.3米,折线段轴线方位角为226.5°~46.5°。航道转角处采用切角法加宽,转弯半径为3120米。可满足20万吨级散货船舶单向满载乘潮通航需要。

3.水文气象情况

黄骅港潮汐性质属于不规则半日潮型。张潮流流向为SW,平均流速为0.45节,最大不超过1.0节;落潮流流向为ENE,平均流速为0.4节,最大不超过0.8节。黄骅港地区流速不大,但是由于人工航道的开挖和防沙堤的建设,导致在防沙堤口门处出现较强的堤头紊流,船舶在此处稍有不慎就会发生搁浅事故,因此船舶在进出港时应对其足够的重视,保持一定的航速以满足舵效的需要。

黄骅市属河北省范围内大风较多的地区之一,影响黄骅市大风的天气系统主要为寒潮和台风、龙卷风。据《黄骅气象志》记载,全年平均大风历时累计327.7小时。尤其是在秋冬季节的偏北寒潮大风给航行安全带来严重影响。该地自20世纪60年代以来因龙卷风造成灾难性损失的事故达6次之多,台风亦有发生,但相对较少。

黄骅港是河北海事局辖区内冰情最为严重的港口,大面积的冰区导致浮标移位、效能降低甚至失效,降低船舶的操纵性能,从而影响到船舶的航行安全。2010年1月、2月,黄骅港遭遇了30年来最严重的冰情,冰层向渤海延伸大约20公里,冰层厚度约15~30厘米,对船舶航行的影响很大。在煤炭港区新口门附近(即28号浮标至22号浮标)出现叠冰聚集,叠冰厚度最大达到70厘米。浮冰对船舶安全航行作业产生的影响主要有:船舶靠泊码头时浮冰夹在中间,不易靠泊;在浮冰聚积的水域船舶降速严重;口门处横流带来的大块浮冰影响船舶航行,船舶稍有不慎极易被压出航道;部分航标受损或被浮冰压在下面,给船舶航行带来困难;小型船舶在冰情严重水域航行发生受流冰挤压、无法自控的险情。

值得注意的是,港内潮流对海冰的影响十分突出。浮冰随涨落潮运动时,多堆积于新口门附近,造成即使港池内浮冰情况不严重时,口门附近也存在大量浮冰的现象。在严重冰期,新口门附近经常出现范围约3～4公里的浮冰,即使大船在有拖轮协助的情况下也出现进港困难现象。此次海冰灾害持续至2010年2月下旬才逐渐缓解,并最终于2月底才消失。2010—2011年以来,黄骅港港池、航道内没有再出现面积较大的海冰,只有少量不对通航造成影响的浮冰出现,且浮冰冰量较2009年冬季明显减少,浮冰冰层厚度在10厘米左右。黄骅港外围附近海域由于水深较浅往往会出现相对复杂的海上冰情,浮冰厚度甚至达到了30厘米。通过一系列破冰助航工作,冰情并未对港口作业产生实质性影响。

4. 防波堤情况

黄骅港现有水工防护设施包括煤炭港区和综合港区两部分防波堤及防沙堤,其中煤炭港区北防沙堤与综合港区南防沙堤相接。

煤炭港区防波堤及防沙堤。黄骅港一期工程相应建设的水工防护建筑物包括防波堤约9.2公里,隔堤2公里,以及港内护岸、施工围埝等,南北防波堤堤头位于-2.5米水深处,形成了一个泊稳条件良好的港池水域。航道建有南、北两座防波堤,总长度达到21632.4米,其中南防沙堤10727.2米,北防沙堤10905.2米,起点位于已建南、北防波堤堤头,终点位于W10+500处,口门宽度1000米。防沙堤采用抛石斜坡堤结构,W0+0～W8+0堤顶高程3.5米,W10+500堤顶高程为-1.0米,W8+0～W10+500之间坡度约为0.18%。工程于2005年9月竣工。防沙堤建成之后,经实践检验,减淤效果明显,有效缓解了骤淤对外航道的危害,掩护段淤积物可挖性也得到改善。

综合港区防波堤及防沙堤。20万吨级航道南侧围堰二期工程(对应本工程位置为外航道W2+750～W9+915)于2012年实施完成;另外,2013年底,综合港区、散货港区20万吨级航道北侧新建北防沙堤8.8公里(对应本工程位置为外航道W9+915～W18+715),北防沙堤南侧对称布置有南防沙堤,预计2020年底完工。初步判断,随着本工程周边设施的实施完成,将使本工程口门处横流有所改善。黄骅港综合港区北围堰、防波堤、北防沙堤、北防沙潜堤、南防沙堤、码头吹填围堰等6项工程已于2009年11月底全部完成。这些前期工程的完工,使黄骅港综合港区港池、在建码头和内航道具备了良好的掩护条件。

5. 锚地情况

根据《黄骅港总体规划》,黄骅港目前规划6处锚地(表3.1),其中位于煤炭港区航道南侧的1～3号锚地为煤炭港区现有锚地;位于综合港区航道北侧的4～6号锚地为综合港区规划锚地,平行于航道布置,最近位置距离综合港区20万吨级航道底边线约1400米。截至2020年,5号锚地尚未投入使用。

6. 交通流特点

黄骅港水域交通流大致可以分为进出港流向和穿越航道流向两大类,其中进出港流向相对集中,主要是因为狭长人工航道一定程度上限制了交通流向,至于穿越航道流向主要是港区航道疏浚船舶的交通流向,呈现错综复杂的态势。因两港区各自有自己的进出港航道,则进出港区的船舶交通流相对比较单一,主要为NE～SW方向的沿主航道分布的流向。其次,部分吃水较小的船舶在自然水深满足要求的航道部位提前"下线"(出港船)或拖后"上线"(进港船)。航道疏浚船舶交通流向与煤炭港区航道和综合港区航道的疏浚施工位置有关,具有临时性和不确定性的特点,煤炭港区航道施工期间的疏浚船将穿越综合港区航道。

(二)海事监管手段

通过多年来的不断发展,VTS以其现代化的监管能力和手段,逐步成为海事系统实现科学化监管的重要抓手。在国际航标协会(IALA)《VTS手册》中这样定义VTS:由主管机关实施的,用于提高船舶交通安全和效率及保护环境的服务。在VTS覆盖水域内,这种服务应能与交通相互作用并对交通形势变化做出反应。在国际海事组织(IMO)《指南》中是定义VTS:VTS是一种增进船舶交通安全,提高水上交通效率和保护水上环境的设施。《中华人民共和国船舶交通管理系统安全监督管理规则》对VTS的定义是:为保障船舶交通安全,提高船舶交通效率,保护水域环境,由主管机关设置的对船舶实施交通管制并提供咨询服务系统。从上述的三个关于 VTS 的定义可以看出,VTS 主要功能是提供公共服务,在服务的同时也不排除管制的功能。

沧州 VTS 正式对外运行始于 2002 年 5 月,至 2020 年,规模为“2 站 1 中心”,正在建设当中的黄骅港综合港区雷达站建成后,将实现“3 站 1 中心”。至 2020 年,沧州 VTS 中心设有值班工作台 2 个(1 个值班长工作台,1 个值班员工作台),实行“五班三轮转”值班模式。VTS 系统在黄骅港自运行以来,在船舶进出港航行安全保障,提高港口生产效率,特别是在保障长航道畅通,促进黄骅港发展,支持港口生产和建设等方面,发挥了重要的安全保障作用。

沧州 VTS 系统服务范围是以黄骅港煤炭港区防沙堤堤头灯(配备雷达应答器 38°20′24.559″N,117°55′22.647″E)为圆心,28 海里为半径的一个扇形水域。

沧州 VTS 系统设备配置,经过多次的改造扩建,沧州 VTS 系统目前拥有两个雷达站,煤炭港区雷达站采用的是 ATLAS 公司的雷达设备,南排河石油平台雷达站采用的是 TERMA 公司的固态雷达设备,系统集成商为 SINGNALIS 公司,石油平台搭建雷达站在国内属于首创,很好地解决了陆域雷达站探测距离和定位精度的不足问题,大大提高了 VTS 系统的监视效果。

但是基础设施方面雷达站点的配置已经无法满足港口发展的需求,虽然已经告别了单一雷达站的历史,由于黄骅港特有的狭长人工航道、船舶大型化(20 万吨级船舶进港接近常态)、石油平台监管等多重因素的叠加,对沧州 VTS 设备的效能提出了越来越高的要求,目前两个雷达站的覆盖范围无法满足监管需求。甚高频(VHF)设备同样存在类似问题,不能简单化地放大功率来解决,因为功率的放大势必会导致与其他 VTS 的干扰,不利于 VTS 正常工作。

从以上资料可以看出,黄骅港拥有全国沿海最长的人工航道,这两条挖入式长航道平行且相距仅为 3.6 公里,由于航道狭长,受现有雷达等系统技术限制,沧州海事局在船舶交通管理中出现辖区(长直航道)远端监控盲区。如果在长直航道远端出现海上搜救或防污染应急事件,用传统的通信手段,不能立即获得现场执法和应急情况的音视频信号图像,现场监管和应急存在较大盲区,给指挥人员科学决策带来了很大困难。同时考虑小型运输船舶、渔船穿越航道的情况时有发生,易发生碰撞、搁浅事故,现有动态监控手段不足,监管难度不断增大。

随着中央简政放权和政府职能转变的不断深化,交通运输部海事局提出以改革促发展、促转型,转变海事监管模式,促进海事由静态监管向动态监管,由事前监管向事中、事后监管的转变。海事工作未来需要强化船舶现场监督检查和船舶动态全程监控,综合运用诚信管理、事中事后监管和开放式管理理念,实现从主要依靠人力监管到监管智慧化、系统化、综合化的转变,依靠科技信息化提高海事综合监管效能。

沧州海事局积极顺应河北海事局规划的发展蓝图,以“三化建设”为指导,推动信息化监管建设,以信息化驱动海事服务的便捷性和智能性,全面支撑和保障海事业务开展,实现海事综合监管效能和海事信息化服务水平的提升。为了使海事局的巡逻船在海域内正常执勤巡逻、应急预案处理、海上搜救等工作中,能够把现场的情况及时汇报,做到指挥中心能够对巡逻船“听得到、看得到、指挥得到”,计划采用船载卫星通信方式,建立起高效、稳定的海上移动式船载图像传输网络,搭建沧州海事局船舶紧急指挥平台,实现辖区海上通航环境、海上船舶动态的现场视频监控,确实做到海上船舶监控和事故险情状况实施在线,为紧急预案、海上搜救、海上环境污染、海上航道安全提供现场视频服务。

2017 年初,沧州海事局开始筹划船舶应急指挥系统平台建设工作。该平台通过采用卫星宽带通信技术,建立起一套高效、稳定的海上无线移动图像传输网络,可以实现海巡船前端视频实时传输和实时语音通话。

该平台分为两期进行投资建设,一期着重建立信号传输通道,采用海上通信方式的卫星宽带,实现远程高清视频语音数据单向实时传输,实现船岸的数据通信,保证陆岸管理人员可以随时随地查看船舶航行状态和应急搜救现场情况。二期增加双向视频语音通信和图像稳定系统,利用原有卫星通信网络建立双向的视频会议系统,从而实现海巡船与指挥中心即时且互动的沟通。

二、成果内涵和主要做法

(一)传输方式比选

建设船舶应急指挥系统平台,首先需要解决的一大难题是如何实现传输。通过与网络运营商、卫星宽带运营商、微波厂商进行沟通,咨询无线电管理机构等单位,确定了三种信号传输方式并开展实际测试,测试结果为:4G 信号覆盖范围小(主要是近岸水域,视运营商基站情况不同)且不稳定,主要优势是费用低;微波传输距离有限(约 35 公里)且受信号干扰严重,主要优势是后期费用低;卫星宽带传输,主要优势是传输活动范围大,覆盖国内近海海域,可以实现辖区全天候、全方位覆盖,不足是后期费用比微波使用费用高。

通过现场三种方案的设备测试,并反复比对、研讨、论证,结合沧州海事局实际情况,综合考虑最终选择信号保障的卫星宽带作为传输方式。

(二)系统平台建设及功能

1. 项目建设进程

(1)项目一期建设进程

2017 年 11 月与有关公司签订了《沧州海事局应急指挥统一通信平台系统合同》。随即该公司开始进行货物产品的准备,11 月 25 日,完成了应急指挥统一通信平台系统供货工作并正式进场部署。12 月 5 日完成了本项目部署、调试工作,并进入系统试运行阶段,等待验收。试运行过程中,对系统各项功能进行了现场测试,经测试各项功能达到设计方案要求。系统从安装完成到试运行阶段,各项功能运行达到系统设计要求,无重大事故发生。

(2)项目二期建设进程

2017 年 12 月 8 日,组织国内公开招标,12 月 14 日和有关公司签订了《沧州海事局船舶应急指挥视频展现系统合同》。该公司于 12 月 15 日开始进行货物产品的准备,12 月 18 日,完成了供货并正式进场部署,12 月 25 日完成了本项目部署、调试工作,并进入系统试运行阶段,等待验收。试运行过程中,对系统各项功能进行了现场测试,经测试各项功能达到设计方案要求。系统从安装完成到试运行阶段,各项功能运行达到系统设计要求,无重大事故发生。

经过为期 6 个月时间准备、施工、建设,2017 年 12 月 27 日,沧州海事局船舶应急指挥系统平台正式验收并投入使用。至此,标志着沧州海事局船舶应急指挥系统平台建设工作全面完成,成功的以卫星宽带通信技术为基础,建立起一套高效、稳定的海上无线移动图像传输网络,可以实现海巡船前端视频实时传输和实时语音通话。通过该系统的应用,可随时监控和指挥海巡船动向和执法情况,使海巡船在海域内正常执勤巡逻、应急预案处理、海上搜救等工作中,能够把现场的情况及时汇报,做到指挥中心能够对巡逻船"听得到、看得到、指挥得到"。巡逻船与指挥中心实时相连,并通过实时视频传输和语音通话,进一步提高海上巡航执法的科学性、针对性。

2. 平台系统介绍

船舶应急指挥系统平台包括卫星宽带通信系统、船岸电话通信系统、船载闭路电视(CCTV)视频监控系统、船舶远程视频处理系统、船上互联网应用、视频会议系统、稳像系统。船载 CCTV 视频监控系统、视频会议系统、语音系统等通过统一通信平台软件实时交互,经卫星传输,接入卫星数据中心,实现数据交互展现和综合管控。具体功能如下:

(1)卫星宽带通信系统

船上可实现最高上行 1Mbps、下行 4Mbps 的卫星宽带通信应用,卫星通信系统将给提供标准 TCP/IP 通信接口,海上通信设备只需配上相应的 IP 地址信息,即可接入海上卫星宽带链路,实现船岸的数据通信。

(2)船岸电话通信系统

在海上配备了专用卫星网络语音通信电话机,话机配置固定电话号码,届时船岸之间的语音通信就如陆岸固话通信,使用方式完全一致。

(3)船载 CCTV 视频监控系统

船载 CCTV 视频监控系统可实现在岸端搜救中心电视墙或其他任意一台计算机或手机等实时监控船上 CCTV 视频,甚至远程控制船上摄像头动作,如云台转向、焦距拉近拉远等。相关功能通过接入华融船舶远程视频处理系统实现。

(4)华融船舶远程视频处理系统

该系统专门针对卫星传输特性(延时大、带宽窄、资源昂贵)而开发,它采用先进的压缩技术,可将视频流大大地进行压缩,压缩后的视频仅为原来视频流的 1/3 ~ 1/5 大小,这样就可很大程度地节省卫星带宽资源。视频压缩测试记录数据见表 1。

视频压缩测试记录数据 表 1

分辨率	平均速度	帧数	码流	常态画面(累计 1 分钟)	动态画面(累计 1 分钟)
720p	70KB/S	25	64KB/S	4.33M	6.2M
D1	45KB/S	25	64KB/S	4M	4.5M
CIF	35KB/S	8	8KB/S	1.5M	1.95M

岸端通过计算机远程监控船上视频画面如图 1 所示。

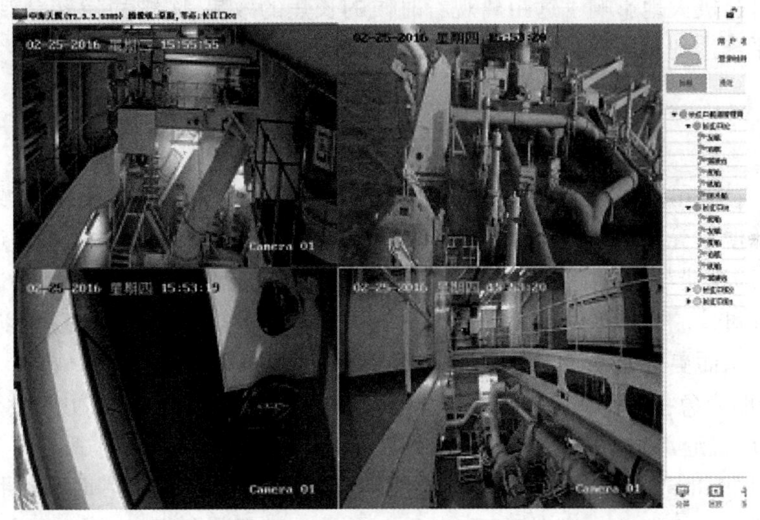

图 1 计算机端画面

岸端通过智能手机监控船上视频画面如图 2 所示。

(5)船上互联网应用

卫星宽带可接入船上局域网,这样,部署有局域网的船舱就可通过有线网络应用宽带互联网,同时在公共生活区部署无线网络覆盖,可通过手机使用网络。

(6)视频会议系统

船载视频会议系统可通过卫星通道传输音视频数据,与指挥中心实现双向音视频互联互通。使海事应急指挥系统平台的各级领导第一时间对现场进行决策、处置突发紧急事件、远程指挥,为应急处置赢得最快响应时间。

船载视频会议系统分别部署在巡逻船、指挥中心。一套用于船上,接入船载所有视频音频数据,通过卫星传输接入卫星地面站。一套部署在指挥中心,实现交互式视频会议与远程应急指挥。

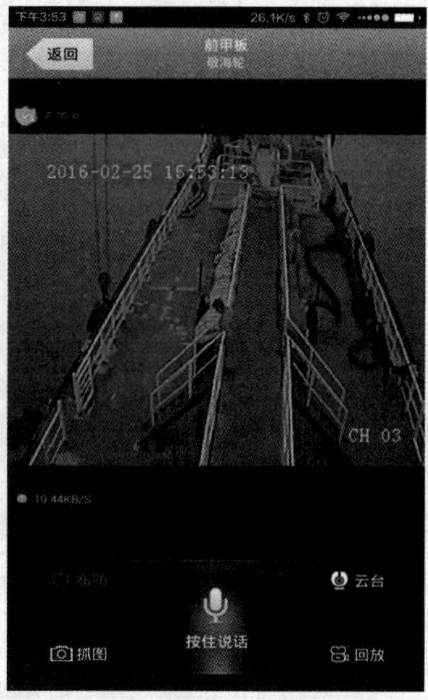

图2　手机端画面

(7)稳像系统

稳像系统采用陀螺稳像,稳定度不超过±0.5°,确保长焦图像不因为船体晃动引起图像晃动。舰船在水上的晃动和摇摆,极大地影响了远距离观看时候的长焦的效果,陀螺稳像转台观看系统,机械采用高精度加工工艺,系统达到无回差,云台内采用高精度的陀螺稳像和编码系统,能够实现图像在舰船上的稳定处理。

三、成果成效

通过该系统的应用,可随时监控和指挥海巡船动向和执法情况,使海巡船在海域内正常执勤巡逻、应急预案处理、海上搜救等工作中,能够及时汇报现场的情况,做到指挥中心能够对巡逻船"听得到、看得到、指挥得到"。巡逻船与指挥中心实时相连,并通过实时视频传输和语音通话,进一步提高海上巡航执法的科学性、针对性。由于该卫星宽带传输系统可安装计算机或手机终端,可以通过计算机、手机实时看到前端视频,从而更方便领导了解现场情况,实现科学决策。

沧州海事局船舶应急指挥系统平台试运行后,多次组织应急预演,达到初期设想效果。2018年5月17日,河北海事局就沧州海事局船舶应急指挥系统进行了跨区域应急测试工作。应急测试中,"海巡0471"就位于唐山海事局辖区,应要求与沧州海事局船舶应急指挥中心实时连线指挥,针对前端"海巡0471"交互式视频会议和CCTV实时画面,应急中心实时远程应急指挥,第一时间对现场进行决策、处置突发紧急案件,为海事执法和海上搜救赢得最快响应时间,充分测试系统平台的稳定性和覆盖性。

2018年8月21日,渤西三地海上搜救暨溢油应急联合演习在黄骅港举行,船舶应急指挥系统平台发挥优势,使大家可以通过计算机、手机实时观看演习情况,实现全程直播。沧州海事局率先在河北沿海实现音视频监控海域全覆盖。同时,在2018年暑期保障工作中,通过该系统圆满完成了交通运输部党组书记杨传堂与海上值守现场的实时连线。

通过一段时间的使用,在以下几个方面效果较好:一是极大地方便了海上应急事件的处置。沧州海事局在辖区某海域模拟海上突发事件处置,海巡船艇到达指定位置后与指挥中心的视频语音通话正常,对现场情况能基本掌握。二是对海上巡航起到了很好的辅助作用。由于船载摄像头为高清摄像头,船舶巡航过程中,扩大了巡航半径。三是极大方便海巡船员通信。海巡船在巡航执法过程中,到达离岸较远的地方,没有手机信号,通信很不方便。一期工程就已经安装卫星电话,可以随时实现船岸通信;还可以利用卫星信号,建立WI-FI热点,手机可以利用此信号借助微信等软件,实现船员之间或与他人通信联系。

四、存在的问题及下一步工作计划

为保障该系统平台稳定运行，充分发挥效能，在今后工作中要加强系统监控，关注系统运行情况，发现问题要及时与施工单位沟通，后续将继续做好系统使用培训工作，确保 VTS 值班员对系统平台操作和维护保养程序能够熟练掌握，随时能够完成应急指挥工作。与施工单位一起编制使用操作手册，明确设备使用、运行管理，建立管理维护机制。做好后期系统平台运行维护经费测算和上报工作，主要包含日常维护费、故障维修费、通信租赁费等。

(一)平台采用卫星传输方式存在的问题

卫星宽带传输虽然具有传输活动范围大、覆盖国内近海海域、可以实现辖区全天候、全方位覆盖的优势，但在使用过程中也具有一定的不足。通过实际使用，发现卫星天线差过程中容易受到近距离高的设施设备遮挡，从而会影响信号传输；其次，信号传输过程中受卫星接地站控制，若基站出现故障了，从而会影响卫星传输的实时使用；再次，卫星传输收发设备属高端设备，专业性较强，故障解决对厂家的依赖性较强，且维护成本较高。

(二)海事船舶应急指挥平台功能拓展暨三期建设展望

为进一步完善由 VTS、巡逻船艇、卫星相结合的陆海空立体监管系统，提高海事巡航、救助效率，增强海上快速反应能力，在一、二期工程顺利完成并达到预定目标的基础上，目前正在开展船舶应急指挥系统平台三期工程，在海巡船上配备无人机，通过地面站将音视频信号，通过数据转换接入船载卫星设备，将视频信号传送至指挥中心，将无人机技术和卫星通信技术相结合，从而实现海上巡逻执法、调查取证和应急反应、海上搜寻和救助、海上船舶溢油、排污监视、航标巡检等动态监管。三期工程可进一步增大海上巡航有效覆盖面积，节省人力、物力。建立海上监控“俯视”视角，弥补海巡船艇平面监控不足，在海域污染观测等应急事件处置上，提供更加多视角资料，为科学决策奠定基础。

飞行器动态监管巡航系统主要由行业级飞行器、陀螺云台、高清低照度摄像机、数传与图传单元、地面站等设备构成。另外，飞行器可加载其他可选功能组件，如红外热成像单元、机载信号中继单元、喊话扩音单元、探照灯、抛投器、气体探测器等。在今后研究过程中需要确认飞行器信号传输方式和效果、配备电池、飞行具体时间和半径、续航概念、第三方责任险内容、坠海等保修情况明细、微波频段使用情况等。

五、平台应用推广

沧州海事局此项创新得到了河北海事局的高度重视，在河北海事局其他分支机构进行了全面推广，现在均已安装完毕。同时，正在各海事局海巡船系统中推广，截至 2020 年，该系统已在山东海事局 5 艘海巡船艇上安装，在天津海事局 1 艘海巡船艇上安装。

高端装备制造业应用型人才培养机制创新与实践

中车永济电机有限公司

成果主要创造人:肖安华　郭湘云

成果参与创造人:焦宏奎　付　坤　李　辉

中车永济电机有限公司(简称"永济公司"),成立于1969年,隶属于中国中车股份有限公司,是专业研制电气传动和新能源动力产品、为全球用户提供电传动系统解决方案的国家级创新型企业,产品出口五大洲,覆盖美国、英国、俄罗斯、印度、南非等近50个国家和地区。永济公司作为我国最大和最重要的机车、动车牵引电传动系统研制基地,为中国铁路六次大提速提供了电机及变流装置,牵引电传动系统产品覆盖中国铁路15种型号高速动车组、11种型号大功率电力机车和内燃机车;风电产品分布在全国1100多个风场,占当前在运行风力发电机总量的23%,直驱永磁风力发电机占国内市场份额近40%。

永济公司具备了集器件、电机、变流器、电传动系统集成技术为一体的自主创新技术体系,共获授权专利1009项,制修订国家和行业标准115项,国际标准2项。年产轨道交通和能源装备领域电机22000台,变流装置产能为2000台/年,绝缘栅双极型晶体管(IGBT)封装能力为20万只/年,年销售收入超过85亿元。员工总量超过5000人,其中外籍员工70余人。截至2020年,在岗员工中,享受国务院政府特殊津贴专家6人,全国劳动模范3人,全国技术能手4人,茅以升铁道工程师奖4人。

永济公司是国家认定企业技术中心、全国优秀高新技术企业、国家级创新型企业、博士后科研工作站设站单位,全国质量先进单位、全国文明单位、全国文明诚信示范单位、国家出口免检企业、全国实施卓越绩效模式先进企业、全国践行社会主义核心价值观企业文化建设模范单位,2019年中国专利500强企业。

永济公司深入贯彻落实习近平新时代中国特色社会主义思想,以"成为具有国际竞争力的电传动系统解决方案提供商"为目标,正确把握员工成长进步与企业经营发展共生互利的辩证关系,提出"尽最大努力帮助员工成长成才,尽最大努力激励员工创造价值,尽最大努力引领员工推动发展"的人才工作理念,深入实施"人才强企"工程,以高素质专业化人才队伍推动中国轨道交通装备和新能源领域动力装备技术持续进步,为中国经济建设作出了应有的贡献。

一、实施背景

(一)落实国家重大发展战略的需求

中国中车集团有限公司(简称"中国中车集团")的成立是国家应对全球竞争、加快高端装备走出去的重大战略部署。中国中车集团既是落实国家制造强国战略、交通强国战略的重要建设单位,也是国务院国有资产监督管理委员会确立的创建具有全球竞争力的世界一流企业的示范单位。习近平总书记三次视察中国中车集团,都殷切希望中国中车集团持续领先领跑,继续做强做优做大,永远掌握主动权。中国中车集团肩负着重大政治责任和国家战略使命。培育具有全球竞争力的世界一流企业,打造受人尊敬的国际化企业,必须要拥有世界一流的人才,以人才驱动技术进步,以创新驱动发展。永济公司是中国中车集团一级骨干企业，是轨道交通和风力发电产业板块的重要组成部分，必须服从中国中车集团总体部署，坚定贯彻落实国家战略，以高素质专业化人才践行产业报国的使命。

(二)应对主营产业行业变化的要求

铁路产品和风力发电机产品是永济公司两大主业。从市场角度分析，国内高速铁路新造市场逐步饱和，高速铁路“走出去”既是市场本身发展的必然趋势，也是中国“一带一路”倡议的“名片”产品；国内风电市场也加速从陆上向海上、海外两大市场转移，两大主业均迎来“走出去”的发展契机。从技术角度分析，高铁牵引系统技术朝着轻量化、更高速度、更高效率发展；风力发电技术朝着海上更大功率、更大体积、更恶劣运行环境发展。从陆地到海上，从国内到国外，无论高速铁路还是风电，都不是市场的简单延伸，而是技术创新实力的竞争，谁牢牢掌握产品核心技术，谁就抢占了市场先机。永济公司要把握国内外高铁及风电产业发展的新形势，就必须培育更优秀的人才，以人才引领发展进步。

(三)是响应企业员工成长进步的要求

永济公司经营效益的提升保障了员工收入稳定增长，员工在物质层面的诉求得到充分满足，转而更加关注职业上的成就感和获得感。从发展的角度看，企业的发展必然带动员工对自我价值实现的认识提升，员工在追求自我价值实现的过程中又必然推动企业持续进步，员工成长进步与企业经营发展共生互利。所以，充分认识并正确把握二者的辩证关系，通过积极有效的人才工作，可以显著提升员工的职业成就感与获得感，进而对永济公司践行国家战略，应对产业发展新形势，推动技术升级和“走出去”战略提供强大的人才支持和智力保障。

二、成果内涵

永济公司以成为“具有国际竞争力的电传动系统解决方案提供商”为自身发展目标，以高质量发展为主题，以增强技术创新能力和国际化市场开拓能力为重点，以人才优先发展为策略，紧紧围绕应用型人才培养这个课题进行创新、探索和完善，解决企业长期存在的人才培养软肋，建立起一套更加有利于人才成长进步，高效促进人才能力提升，显著增强人才职业成就感和获得感的常态化工作机制。

永济公司主要通过建立人才优先发展的组织保障体系，确定人才培养的总体规划、建立人才培养的能力模型、制订人才培养实施方案、实施应用型人才培养、实施人才能力评价和通过校企联合培训为人才深度赋能等一系列组合拳和扎实举措，形成了适应新形势需求的，具有永济公司特色的高端装备制造业应用型人才培养的新模式新机制，取得了显著的成效。

三、主要做法

(一)建立高端装备制造业应用型人才培养的保障体系

永济公司地处县级城市的区位劣势造成的区域封闭，以及特种产品行业单一的上下游客户造成的行业封闭，使得企业对人才培养的认识长期滞后于企业的发展速度。所以实施“人才优先发展”策略需循序渐进，靶向发力。

1. 通过学习研讨凝聚“人才优先发展”的战略共识

从传统的管理视角看，员工通常被视为企业的劳动成本。而实施“人才优先发展”又需注入管理资源和资金成本。所以，实施“人才优先发展”要优先凝聚企业高管层的战略共识。永济公司党委在党委中心组学习中，有意识地突出对习近平总书记关于人才工作重要论述的学习，通过研讨加深体会，使得高管层充分认识到永济公司实施“人才优先发展”的必要性和重要意义，为开展工作奠定了良好基础。

2. 成立领导机构建立“人才优先发展”的保障体系

为推动“人才优先发展”坚定执行，永济公司党委书记、董事长亲自挂帅工作组组长，副组长为分管人力、研发、市场、制造的副总经理，办公室设在人力资源部。公司高管层作为领导组负责做好宏观政策指导，把握工作大局；人力资源部负责实施方案，确定工作任务和目标并组织实施；各用人单位作为主体责任部门具体落实工作任务。三级责任主体在纵向上共同形成实施“人才优先发展”的组织保障体系。同时设立季度工作推进会制度和年度考核机制。季度工作推进会制度主要是通报工作推进情况,开展经验交流和成果展示,进行工作指导和任务校正。年度考核机制是将人才工作作为中层管理人员业绩考核项点以推动责任落实。工作推进会制度及考核机制使永济公司各单位在横向协同上形成合力。

(二)确定高端装备制造业应用型人才培养的总体规划

永济公司依靠央企的品牌和资源优势获得了快速成长,但长期以来经营的视角聚焦于市场,对经营人才缺乏思考,所以对如何实施“人才优先发展”,开展应用型人才的培养需精准诊断,合理规划。

1. 通过问题诊断确定“人才优先发展”的总体思路

实施“人才优先发展”关键在找准工作的切入点。永济公司系统衡量企业人才管理工作中出现的问题,并针对问题梳理根源,认为目前的员工成长完全依靠自身工作经验的自然积累,企业有组织的管理与赋能严重缺位,这种松散的管理模式造成人才队伍缺乏规划,人才培养效率不高,质量不好,能力水平参差不齐。通过问题诊断,永济公司提出实施“人才优先发展”就是要重塑人才管理的理念与人才培养的业务形态,将企业有组织的人才规模化培养作为课题研究的方向。

2. 通过会议研讨明确“人才优先发展”的主要任务

“人才优先发展”具体做哪些事情、如何做、做到什么程度、达到一个什么样的效果,这是课题研究的主要内容。永济公司组织开展了多轮研讨会,在广泛征询建议的基础上,逐步明确了重点任务。一是要依据公司对人才能力的需求定义人才的能力等级,制订人才能力标准;二是规划人才培养的路径,确定人才培养的具体目标;三是以员工职业发展管理为方式,建立人才规模化培养的新业务形态;四是以人才能力评审为方式,检验人才培养成效;五是以定制化培养为方式,为人才能力提升深度赋能;六是建立市场化分配的激励机制,强力激发员工内生动力,显现人才价值。上述任务基本构成了人才内部培养、使用的闭环管理。

(三)建立高端装备制造业应用型人才培养的能力模型

永济公司实施“人才优先发展”,必须要清晰地建立起人才能力与工作绩效之间的价值衡量标准,即建立起人才成长与企业发展的价值桥梁。

1. 建立人才成长梯度

永济公司实施“人才优先发展”,重心在增强人才队伍的技术创新能力和国际化市场开拓能力,目标是技术人才和国际化人才的培养,而国际化人才又是在技术人才和管理人才培养的基础上,对国际化知识与素养的复合型学习。所以,明确技术人才和管理人才的能力梯度,提取能力要素,定义能力标准,是实施高端装备制造业应用型人才培养的基础工作。划分能力梯度,永济公司采取了行业通用的员工职业生涯发展通道模型,自低向高划分为十个等级,具体标识为 Level 10 ~ Level 1(简称“L 等级”)。

除定义能力梯度外,还同步定义各等级的角色定位,其中 L1 为本专业领军人物,具体指掌控本专业领域的发展方向,引领技术进步;带领团队创造性地解决本专业领域的核心创新或攻关项目;熟知本专业前沿技术,对公司技术发展目标的实现承担主要责任。L2 为本专业学科带头人、L3 为本专业领跑人员、L4 为本专业核心人员、L5 为本专业关键人员、L6 为本专业重点骨干、L7 为本专业业务骨干、L8 为本专业业务人员、L9 和 L10 为本专业入职人员。定义各等级的角色主要是凸显对高等级专家人才的职业成就激励。

2. 提取关键能力要素

在能力要素提取上,主要思路是员工的关键业绩反映其能力水平,所以采用关键业绩举证法,以具体可量化的业绩作为员工能力水平的判定依据。

技术人才的能力要素主要分为四类,一是衡量技术人才的核心科研能力,以承担科研项目、技术攻关的级别和数量进行能力标定;二是衡量科研项目的含金量和水平,以科研项目成果鉴定等级进行能力标定;三是衡量技术人才的知识管理能力,以授权专利和论文发表进行能力标定;四是衡量技术人才的行业影响力,以行业标准起草进行能力标定。所选取的能力要素完整体现了企业对技术创新工作的要求。

管理人才的能力要素主要分为5类,一是衡量管理人才的专业管理能力,以管理创新成果作为能力标定的依据;二是衡量管理人才的领导力,以管理类专业获奖作为领导力标定的依据;三是衡量管理人才对业务的洞察力,以永定公司可采纳的管理建议书进行能力标定;四是衡量管理人才的知识总结能力,以公开发表的论文为能力标定的依据;五是衡量管理人才的团队影响力,以培训授课进行能力标定。

3. 制定能力素质模型

矩阵式能力素质模型就是将人才能力标定的要素与人才能力梯度进行关联,形成每一个能力层级的具体评价标准。具体操作方法是首先确定最高等级(即L1)的能力标准,然后逐级降低,依次形成L1~L10的能力标准体系。以工程技术人才L1等级为例,能力标准细分为五项,一是获得国家科学技术奖二等奖或省部级一等奖以上(排名前3名),或集团公司一等奖以上(排名第1)项目奖励;二是主持制定国际标准一项以上,并颁布实施;三是作为主要技术负责人(排名第1),主持承担1项以上集团公司重大科研项目,实现预期目标;四是获授权发明专利2项以上(均排名第1),应用后取得显著经济效益;五是以第一作者在国内外核心期刊发表本专业论文3篇以上。

工程技术人员L1~L10等级能力要素细分标准涵盖科技成果、承担项目、标准起草、授权专利、论文发表以及技术攻关、精益改善7类,国际、国家、行业、公司、部门5个级别的业绩应用,共计纵、横关联的50多项细分能力标准。管理人才L1~L10等级能力标准涵盖管理创新成果、专业类获奖、制度建设、调研报告、精益改善、论文发表以及培训授课七类,国家、行业、公司、部门4个级别的业绩应用,共计纵、横关联的50多项细分能力标准。

(四)制定并实施高端装备制造业应用型人才培养方案

高端装备制造业应用型人才培养的实施方案是永济公司基于问题诊断分析,解决人才培养松散问题,提高人才培养效率,打造企业内部人才培养从"散养"向"牧羊"模式转变的关键性制度设计。

1. 规划人才总体培养方式

为提高人才培养的精准性和实施成效,按照"二八法则"的原理,永济公司将人才培养的视角优先投放到企业最优秀的员工群体。在具体策略上,将中层管理人员、中层后备干部、海外派驻技术管理人员、高级以上职称人员、硕士以上学历人员、公司劳动模范6类人员作为优先培养的群体,经培养后可跃级从L4层级起评;其余人员由各单位负责实施培养,但需从L10层级逐级起评,并以公司党委正式文件下发执行。

该培养方式主要考虑3个因素,一是对优秀员工负责,通过有组织的培养,进入职业成长的快车道,提高培养的效率,缩短人才出库的时间。二是形成榜样引领作用,营造比学赶帮的氛围,鼓励后进者自觉跟进企业的人才制度化设计轨道。三是通过差异化培养策略将不同能力水平的员工按照其能力梯度合理归位,在尊重历史、承认贡献的基础上体现制度设计的公正性。

为便于识别和管理人才梯队,永济公司又具体划分了4个梯队,其中L1、L2层级的专家人才梯队定义为"领英人才"计划,L3、L4层级的专家人才梯队定义为"卓英人才"计划,由人力资源部直接负责实施;L5、L6层级的骨干人才梯队定义为"菁英人才"计划,L7~L10层级的员工梯队定义为"启英人才"计划,由各单位负责实施,这体现了对不同能力水平的员工进行差异化培养的理念。取名"领英""卓英""菁英""启英"是赋予不同能力水平的人才以特有的荣誉标签,进一步满足员工的职业成就感。

2. 确定人才阶段培养目标

"人才优先发展"是永济公司为更好地践行国家战略,应对产业发展新形势,实施技术升级和市场"走出去"战略而确立的战略举措,必然成为永济公司未来成长的一种企业形态。对人才的需求是既是紧迫的更是常态化的。紧迫性体现在关键人才要更快地跟上永济公司已经提出的战略规划,常态化体现在要有源源不断的后备队跟上永济公司不断变化的经营环境,人才规模要与企业发展形成良性互动和适时互动。永济公司提出2018—2020年首期人才培养计划,目标是领英人才超过20人,卓英人才超过150人,菁英人才超过300人,启英人才不做总量规划,重在筑底。国际化人才专项培养不少于100人,满足永济公司对关键岗位专业人才和国际化业务拓展短缺人才的使用需求。

3. 锚定人才优先培养对象

锚定人才优先培养对象,是为了识别首期培养对象。具体操作方法分为两步,第一步是通过人才评估精准筛选优先培养对象,人才评估工作由各单位党政正职共同负责,主要从员工工作业绩、专业能力、职业精神、发展潜质4个维度进行评估,按评估分为杰出、优秀、良好、一般4个等级,对排序杰出、优秀的两类人员推荐为建议培养对象,建立一级人才池。第二步是对人才池中的人员开展业绩盘点,对照领英、卓英人才的能力素质模型进行业绩对标,进一步清晰每一个个体所处的能力梯度线,明确短板弱项,确定下一步成长需求,由此形成领英、卓英人才培养数据库即二级人才池。其余员工则对照菁英、启英人才能力素质模型进行业绩对标,形成菁英、启英人才培养数据库。首期领英、卓英人才培养计划入库永济公司下属7个事业部和全部管理部室185名优秀工程技术人才和专业管理人才。通过人才层层甄选,将目标员工从全公司缩小为六类群体,又从六类群体精准到185人,提高人才培养的精准性。

4. 建立人才发展管理机制

职业发展管理机制是抓好人才培育的关键举措。永济公司对上述185人,按照其能力水平就近归位或向高一等级能力晋级的原则,制订个人职业发展计划,明确达成目标能力等级应实现的工作任务、输出物,提出达成任务的资源需求(指必须依赖组织提供资源的业绩)。在工程技术人员方面,永济公司以文件形式明确由科技管理部在承担重大项目、提供标准起草机会上向领英、卓英人才进行资源倾斜。在管理人才方面,由运营管理部在管理创新成果申报上给予专业辅导,形成专项工作机制。人力资源部在相关费用支持上留足预算,同时也通过专项奖励办法,对标准起草、授权专利、科技成果、管理创新成果、专业获奖等给予单项奖励,以资金投入保障员工参与能力提升工作的积极性。

除了这些需要组织提供的资源支持外,专利、论文、成果申报等则由专人负责督导,突出专人负责、统一管理、全程跟踪,以目标达成为导向的职业发展管理机制,强调组织的管理效能。在具体的管理举措上,人力资源部统一组织,专人负责,分别在各个培养点确定了联系人,由联系人具体承担所在单位领英、卓英人才的日常管理。由联系人根据员工职业发展计划,定期、逐层、逐人盘点发展现状,更新数据信息,人力资源部跟踪并实施督导管理,并反馈联系点党政正职具体发挥资源支持和职业辅导职责,形成上下两层三点闭环督导管理模式。通过专人负责制,确保人才培养的任务部署得到全面贯彻落地,达成组织预期。

(五)建立人才能力评审制度,验证人才培养工作成效

专业能力评审是验证人才培养成效的重要方式。永济公司规定每年组织一次定期评审,全员参与,以业绩评定能力等级。评审由人力资源部组织,主要程序为组织参评—所在单位初审—人力资源部复核—评审委员会评审—总经理办公会批准。其中,评审专家由公司技术专家委员会、人力资源专家委员会委员抽取组成,提升评审工作的专业性与权威性。评审委员会评审建议经总经理办公室批准后,由人力资源部以人事命令方式进行聘任,同时体现能力成长价值。L1层级专家待遇比照公司副总经理年薪确定,L2层级专家待遇比照公司副总工程师年薪确定,L3层级专家年薪按照企业平均工资的2倍进行确定,L4及以下人员不划定年收入水平,按实际工作绩效支付待遇。与此同时,永济公司还选拔业绩最优的科技人员,推荐参加行业、省市等上级机构组织的享受政府特殊津贴专家、百千万人才、茅以升铁道工程师奖等各类评审,进一步让拔尖的科技人才亮起来,增加职业成就感。

(六)通过高校定制课程培训,加快人才知识能力提升

定制化培养目的是为人才成长深度赋能,联合培养主要是借助名校名师的资源优势,培养进一步掌握前沿科技知识的工程技术专家人才和熟谙海外市场开拓的国际化人才。

工程技术人才主要在领英、卓英人才群体中进行选拔，主要对象是年龄在40周岁以下的专家人才，具有相当的专业能力，又具有一定的学习精力，且有在名校学习的动力和补充前沿知识的需求。合作院校主要是清华大学、西安交通大学、西南交通大学等知名院校。培训专业选择的是永济公司产业主专业电气工程专业。培养项目以永济公司科技项目为依托，通过定制化学习和导师项目合作，实现与行业最前沿科学理论研究的同步，提升专家人才的专业能力。培训期满由永济公司安排高级别专家与学院教授共同实施学业期满考核答辩，确保学习效果。2018年西安交通大学、西南交通大学班分别培养40人；2020年清华大学班计划送培25～30人。

国际化人才主要在卓英、菁英人才群体中进行选拔，培训对象涵盖工程技术人才和专业管理两类人才，年龄在35周岁以下，具有良好的专业能力和较好的外语功底。合作院校主要是借助中车培训资源，通过北京外国语大学、中南大学、宁波诺丁汉大学、西交利物浦大学分别进行初、中、高级国际化人才专项培训，高级班还安排1个月的出国交流学习。主要学习内容是英语口语训练、跨文化沟通与管理、国际化商务礼仪、海外业务履职能力、涉外风险管控、国际化财务与会计、销售管理、商业战略和国际化并购与重组、营销创新等，属于典型的复合型知识学习。学习以学分方式呈现，由学校负责实施考核。永济公司2018年、2019年累计培养国际化人才98人。其中21人在欧洲风电项目组和印度风电项目组工作，专职从事风电国际化业务开拓；35人在海外事业部工作，主要从事轨道交通海外市场开拓，5人已升职为事业部中层管理人员。同时，永济公司还分别开办了西安交通大学发展领导力培训和北京大学优秀领导力培训班，对优秀管理人才进行深度赋能培养。

四、实施效果

（一）人力资源管理水平显著提升，队伍综合实力增强

永济公司聚焦永济公司人才工作的短板问题，通过科学的制度设计和坚定的业务执行，实现了人才培养从“散养”向“牧羊”模式的根本性转变。员工职业生涯发展通道、能力素质模型、职业发展计划管理、能力评价机制、薪酬激励机制、培训提升等一系列常态化工作制度的建立，使得永济公司基于业务需求的应用型人才培养体系从无到有，更加科学、有序和系统化。2018年以来，永济公司培养L1等级领军人才3人，L2等级学科带头人19人，L3等级学科领跑专家114人，L4等级核心人才208人，茅以升铁道工程师奖2人，享受国务院政府特殊津贴专家1人，全国技术能手2人。2018、2019年永济公司连续夺得中国中车集团“五星HR”单位最高荣誉称号，工作成效得到中国中车集团高度认可。高端装备制造业应用型人才培养机制创新课题研究与实践为企业构建制度软实力和培育人才队伍硬实力发挥了重要作用。

（二）企业发展质量明显提高，海外市场效益初步显现

永济公司依靠优秀的科技人才队伍和国际化人才队伍加快了海外市场的拓展步伐。在轨道交通市场方面，永济公司2018年在印度成立合资公司并投产，在南非成立独资公司，2019年在俄罗斯成立办事处，取得了国际化经营的重大突破；在风力发电领域，2019年永济公司先后成为欧洲最大的风电制造商 Vestas Wind System AIS集团的中国首家合格供应商；通过欧盟CE认证进入欧盟市场；通过GE公司技术审核取得GE风电产品供货资格。2019年，成立德国汉堡欧洲办事处，建立起与汉堡经济部、德国商会、汉堡经济促进局、全球风能协会以及中国驻汉堡领馆的合作关系和联系机制。多地多点的战略支点为永济公司进一步建设国际化产业链、推进产业模式转变、完善国际化业务布局奠定了基础。

（三）技术创新能力提升，积极支持国家重大战略落地

目前永济公司两大主业持续保持技术引领。在高速铁路技术上，参加了时速350公里、250公里、160公里全部速度等级“复兴号”动车组牵引系统研发制造工作，实现装车运行。“复兴号”具有完全自主知识产权，代表了中华民族文化自信的底气，其商业运营使经济圈范围由一城一市向更广阔的天地迈进，为国家制造强国、交通强国战略提供了硬核支持。同时，高速铁路“走出去”也成为国家“一带一路”

倡议的一张靓丽名片。在风力发电技术上,国内首台 3.0 兆瓦集中绕组模块化直驱永磁风力发电机、4.5 兆瓦大功率直驱永磁同步风力发电机、首台海上 6.0 兆瓦永磁直驱风力发电机、亚洲最大功率 7.6 兆瓦海上半直驱永磁风力发电机、亚洲最大 10 兆瓦海上半直驱永磁风力发电机相继下线,不断刷新风力发电机的技术高度,始终居于行业领先水平,风电产品运营在国内 1100 多个风电场,为我国能源结构调整做出了重要贡献,也为"一带一路"海上风电国际合作提供了过硬的技术保障,彰显了高素质专业化人才队伍引领企业高质量发展的突出成效。

创新开展网络货运新业务
打造优秀物流企业

河北快运集团有限公司

成果主要创造人：暴　枫　王向伟

成果参与创造人：王文清　王建军　李　栋　米兴霞　赵述杰　卜明轩

河北快运集团有限公司（简称"河北快运"）创建于1997年，主要经营普通货运、专用运输、汽车销售等业务，同时提供运输、仓储、配送、供应链一体化等三方物流服务。河北快运立足河北，依托京津经济圈，辐射全国，几年来河北快运凭借优良的品质，合理的价格，完善的服务，诚信的行为，铸就了快运人自己的品牌，在全国各主要城市设有分公司和联络处，形成了适合快运发展的网络布局。河北快运总部位于石家庄，在河北省内11个地市及北京、上海、天津、成都等城市设有分公司和联络处；河北快运拥有国内一流的各种吨位厢式车、集装厢车400多部，发展联营车辆1200余部，仓储面积达11万多平方米。

河北快运以"做强主业、扩大规模、打造品牌、争创一流"为指导，以提高核心竞争能力为基础，以开发"好客户、大客户，拓展好网络、大网络"为途径，走系统化，集团化、多元化发展之路。逐步使河北快运成为区域性货运龙头企业集团，全国知名物流企业，促进了河北省货运业、物流业的全面发展。河北快运成立至今始终秉承"诚信和让利于客户，坚持用自己的服务去打动客户"的服务理念，先后获得"国家AAAA级物流企业""全国物流先进企业""中国物流百强企业"等荣誉称号。

一、实施背景

河北快运作为成立二十余年的传统物流企业，自2018年起已清醒认识到与现代化物流企业之间仍然存在着巨大差距，具体问题和不足是：一是新客户开发、老客户挖潜力度不够大、步伐不够快，小打小闹的多，支撑性的大客户少，业务种类单一，抵御市场风险的能力不足；二是全面扭亏虽取得阶段性进展，但仍有个别单位亏损或盈利能力低，有些单位虽然扭亏，还有返亏的风险，尚不具备可持续增效能力；有些单位靠其他业务实现了扭亏但主营业务仍然亏损，一旦出现政策性变化，很可能二次返亏；三是部分单位对网络货运认识还不到位，没有将其当作增效项目，安排此项工作有应付的心理，开发进度慢，增效作用还未显现；四是零担业务有所提升，但网络班线整体还处于亏损状态，打造大网络、好网络依然任重道远；五是人才短缺是制约快运发展的最大问题，经营人才、管理人才、物流专业人才严重短缺，已经成为河北快运发展的一大瓶颈。快运员工整体上创新意识不强，市场上新理念、新业态已经形成，新技术、新设备已经逐步推广应用，但快运的员工却缺乏学习，对物流行业新知识还不甚了解，业务发展模式还不适应经济新常态下的市场变化，需要痛下决心立刻整改。

河北快运坚持以党的十九大和十九届二中、三中、四中全会为指导，"不忘初心、牢记使命"，围绕"两大两好"总体发展思路，探索开展新兴业务，团结带领全体员工，克服困难，迎接挑战，拼搏进取，奋发作为，企业取得稳步发展，经营效益持续增长。但进入2020年，受突如其来的新型冠状病毒肺炎疫情影响，河北快运各经营单位停业或半停业两个多月，物流园区封闭，营运车辆停驶，造成了较大损失，给公司发展带来极大困难。河北快运面对新情况、迎战新挑战，紧紧把握疫情过后，国家刺激经济恢复性增长的政策和市场机遇，尽快走出困境，重新驶上健康发展快车道，推进快运持续快速发展是当前全体快运人的第一要务。

尽管市场不确定因素长期存在,尤其是新型冠状病毒肺炎疫情对经济发展造成巨大冲击,但我国宏观经济形势稳中向好的态势不会变,国内经济正由高速增长逐步转向高质量发展。2019 年,国务院批准了涵盖雄安、正定、大兴机场和曹妃甸四个片区的河北自贸试验区的设立,河北省现代物流业领导小组进一步明确提出了河北省物流业将以强化国家级物流枢纽建设为抓手,着力构建"通道 + 枢纽 + 网络"的物流运行体系,深化物流业供给侧结构性改革,推动物流降本增效提质,构建联通全球、面向全国、服务京津、带动周边、发展自己的现代商贸物流服务网络的总体构想,同河北快运立足河北,服务京津,辐射全国,打造京津冀区域知名优秀物流企业的总体发展思路高度契合,也为河北快运实现跨越式发展带来了强大的发展机遇。

二、成果内涵和主要做法

(一)成果内涵

河北快运是 2016 年底交通运输部确定的全国无车承运人试点企业首批入围企业之一,河北快运在 2019 年成立了新业务发展部,目的是推动快运集团车货匹配、网络货运新业务发展。其作用体现在:一是通过车辆落户、电子不停车收费系统(ETC)办理、油卡的推广来降低税负,增加效益;二是加大网络货运平台建设,利用互联网,为社会运输人员、车辆提供增值服务,真正实现线上运营。紧跟市场,开拓创新,动员各单位力量,责任到人,规范新业务运作,对接大宗货物集散地,寻找新的客户,充分利用好"E 运宝"自有网络货运平台,实现线上、线下同时进行,确保车货匹配、网络货运新业务正常开展。

同时在河北快运所属各公司成立项目小组,通过七大重点措施重点做好新业务开发工作、网络货运平台建设工作。一是深入推进平台建设;二是巩固现有业务,大力开发新客户,增加业务收入;三是加强汽贸合作,增加落户车辆;四是积极推进 ETC、加油卡办理;五是整合社会资源,实现互利共赢;六是盯紧目标客户,实现持续增长;七是做好账务处理工作,规避税务风险。最终实现快运集团效益最大化。

随着试点结束,从 2020 年 1 月 1 日开始,全面进入网络货运时代,互联网平台型企业快速向传统企业渗透,各传统物流企业目前正处于转型发展的关键时期,只有强化务实创新意识,借鉴互联网企业发展模式,在互联网 + 物流深入行业纵深之际,大力度开展车货匹配、网络货运新业务,实行实体业务与网络货运、线上业务与线下业务深度融合,向集约化商业模式要效益,才能突破困境,实现物流企业的平稳健康发展。

(二)主要做法

河北快运的基本发展思路是:以打造优秀物流企业为统领,坚定"两大两好"发展思路不动摇,大力发展实体运输业务,积极探索"互联网 + 物流"发展模式,搭建自有网络货运平台,做大网络货运业务,打造平台型物流企业,线上线下同步发展,把河北快运尽快做成小而美、小而优的区域知名品牌和优秀物流企业。

2019—2020 年,河北快运坚持以市场为导向,以客户为中心,围绕"两大两好"总体发展思路,探索开展新兴业务,审时度势、抢抓机遇、齐心协力、开拓创新,企业实现了稳步发展:

1. 通过深度挖潜优质老客户、精准开发新客户,实现创收增效

招投标进展基本顺利,2020 年投标 155 个项目,中标 57 个,中标率 36.8%。新客户开发计划实现收入 5100 万元,实际完成 7909 万元,完成计划的 155%。老客户挖潜计划收入 2200 万元,实际完成 2895 万元,完成计划的 131.6%。

老客户挖潜方面:张家口分公司、石家庄公司、承德分公司和邯郸分公司等单位较好地巩固了河北中烟项目。中烟项目的运作过程,也是河北快运不断完善自我,积累经验的过程,针对项目运作过程中出现的问题,通过召开专题会,分析原因、查找漏洞、总结经验,维护了河北中烟的长期稳定。尽管这几年参与投标的公司越来越多、竞争越来越激烈,但其凭借丰富运作经验、扎实企业功底和良好的口碑,一

次次中标该业务,实现了河北中烟项目多地、常青发展。除了烟草业务,石家庄公司的中邮项目,不但在石家庄、廊坊、保定成功中标,还在江苏、浙江等省份有所斩获。可口可乐项目新增石家庄—邯郸线路;衡水分公司顾家家居新增深州—黑龙江、吉林等省份线路;廊坊分公司烟草新能源车租赁业务等,与客户维持了稳定的关系,业务开展顺利。

新客户开发方面:邯郸分公司、石家庄分公司和天津分公司等不断拓展发展空间。邯郸分公司在承接湖南中车业务基础上,开发了河北工程大学的搬迁项目,成功中标行政部门和教育技术中心两个标的。战高温、斗酷暑、保进度,加班加点,比计划提前一周完成任务,快运的服务质量和运输时效得到校方一致好评,积累了搬迁项目的运作经验,为开发搬迁业务奠定了基础。贝因美项目的中标与石家庄分公司的优质服务密不可分。在之前与贝因美石家庄中心库的合作中,石家庄分公司时刻站在客户角度去解决运输难题,尽最大力量配合客户,急客户之所急,赢得了良好信誉。杭州工厂招标时,河北快运在19家物流承运商中突出重围,一举中标杭州工厂对全国所有分仓的发运任务和现场原辅料装卸业务。这些就是对平时提供优质服务,加深客户黏度,形成相互依存战略合作关系的回馈。天津分公司承接北京中转平台功能以来,先后开发了吉利配件、仁和医药、宗厚奥利奥、安得剑南春、飞鹤奶粉和中储李锦记等多项业务,运作顺畅,为后续发展打开了局面。

2. 查找亏损根源采取针对性措施,基层单位整体实现良性发展

实现基层单位整体扭亏是快运重点工作。邢台分公司通过开展车货匹配业务,实现扭亏增效,2019年创利11万元;北京物流分公司经营场地被政府规划为湿地公园,去年5月份将中转、分拨功能迁往天津后,人员进行分流,补偿资金到位后,将会弥补前期亏损;沧州分公司努力开发网络货运和零担客户,扭亏工作也取得进展。

对其他亏损单位分别采取不同措施,确保止亏扭亏。总部各部室对口帮扶亏困单位,通过多方想办法,集思广益,共同破解亏损难题。廊坊分公司积极开发烟草电动车租赁业务和零担业务,顺利扭亏;天津分公司承接北京物流平台中转功能后,利用物流园区优势,积极开发新业务,平台业务量提升70%以上,确保了9条班线顺畅运行,并在石家庄—天津班线尝试甩挂运输,提升了运输时效。为提高天津中转平台整体效益,分管领导及分包部室每周视频连线督导,帮助会诊解决生产难题,加强监管,大力开发主业和平台客户,运营效益有了很大改善。针对武汉分公司逾亏逾重状况,调整了公司领导班子,通过改变工作思路、降低成本费用、开发新业务、加强对长城项目外包公司的管控等措施,止住了亏损,实现良性稳定发展。为解决西安分公司亏损状况,根据保定公司承运陕汽业务在西安有项目组的状况,避免机构重复设置,将西安分公司划归保定公司进行管理,达到了消灭亏损目的。

3. 加强运营管理,提升网络班线运营能力

通过定期内部培训,强化全员服务意识,提高业务能力。运营部根据运行情况和实际需求,开展相关培训,组织各单位业务经理、业务科长、客服、业务员等开展了服务话术、G7监控系统使用以及如何开发零担业务的培训,对培训效果进行跟踪检查,使培训真正落地,有效提升了全员服务水平。

通过优化班线、开发支线和网点建设,拓展业务辐射范围。班线优化升级上,实现了天津—石家庄班线对发,安排专人对天津市区配送价格进行调研,重新确定配送费用,在确保时效同时,使价格更贴近市场;为解决石家庄—沧州班线脱班严重问题,通过G7电子围栏方式及时跟踪车辆运营,督导规范操作,提高了运营时效,保证了正班正点;为解决天津—北京班线甩货问题,将该班线进行加密,由每周六班调整为七班;支线网络开发上,通过市场调研,陆续开发了石家庄—高邑(赞皇)、晋州、赵县、行唐以及唐山—乐亭、玉田、迁安、唐海等支线,进一步拓展了辖县网络。网点建设方面,在天津西青区、廊坊文安县建立加盟网点。班线优化调整与网点布局,有效扩大了业务辐射范围,方便了货物受理和中转,保证了配送时效和业务增量。

快运服务水平和服务质量的提升,为提高客户忠诚度、建立战略合作伙伴关系奠定了基础。石家庄分公司在提供优质服务方面为兄弟公司树立了榜样。天津分公司的雀巢项目,按照商家规定,一家承运

商不能连续运作两个周期,天津分公司承运合同到期后,客观上濒临丢失,由于石家庄分公司承担该项目的末端配送,石家庄分公司的优质服务得到了末端客户高度认可,下游客户向雀巢高层反映,一致要求继续与河北快运合作,使得天津分公司打破了商家惯例顺利与雀巢公司续约,石家庄分公司不仅成功破解了"最后一公里"的瓶颈,也成功协助兄弟公司挽回该项目。这件事启发河北快运,不仅要努力提高业务水平,更要对工作中每一个环节进行严格管理,从各个方面体现河北快运的优质服务和企业形象,一切以服务好客户为出发点,客户的满意就是快运的追求。

高效优质的服务措施,为业务受理增量提供了良好的基础和环境,零担业务取得新突破。2019—2020年零担业务收入环比增长5.2%,年均实现7680多万元。

4. 完善远程监控、搭建网络货运平台,信息化水平进一步提高

借助信息技术提升运营管理水平是物流业强化管理的有效手段。为实时掌握运输过程车辆、货物运行状况,对京津冀各公司库房、车辆监控联网情况进行完善升级。收集各公司需求信息,低成本集中采购相关设备及辅料,安排专人进行安装和维护。全球定位系统(GPS)设备累计安装88台,车载视频设备累计安装15套。京津冀区域各公司全部联网,便于对生产作业全流程进行监控,督导班线正班正点、规范库区生产行为,一旦发生货损货差,可追溯原因,落实责任。通过提升远程管控能力,有效提高了生产管理水平。

业务开发方式的转变对信息化水平提出了更高要求。针对交通运输部无车承运人试点转变为网络货运的新情况,在认真研究政策基础上,河北快运注册了五维科技公司,与上海达牛科技公司签订平台合作协议,搭建快运自己的网络货运平台,制定了网络货运平台建设方案,并加紧实施。完成ICP许可证的申报和三级等保,2019年8月,河北快运自建的网络货运"E运宝"平台正式上线运行,为更好开展业务,充分发挥平台作用,多次组织平台技能培训,安排与"网络货运业务、整车外包项目"相关的业务骨干和财务管理人员参加培训,要求业务相关人员"人人懂系统,人人会操作"。网络货运平台的上线运行,为快运实现线上、线下同步发展奠定了基础,为开拓新业务、探索新模式,适应物流业发展新趋势,打造平台型物流企业迈出了坚实一步。

5. 网络货运业务全面启动,开辟创收增效新途径

为使网络货运业务迅速开展,河北快运专门成立了新业务发展部,负责新业务的开发。每月生产调度会动员各单位主动收集当地财政、税收等优惠政策,寻找有运输需求的企业,宣传推广该业务。邢台分公司,在物流主业亏损的情况下,积极开发网络货运业务,在较短时间内就实现了扭亏。北京分公司这两年经营出现了较大困难,通过大力开发网络货运业务,第一个将开票业务单月突破了千万。为帮助大家提高思想认识,在发展物流主业同时,河北快运利用不同场合多次进行宣贯,要求各单位精准发力快速切入网络货运业务。集团安排业务部室深入到基层进行培训督导,要求自上而下"人人懂",责成各单位专人专管,鼓励各单位出台激励办法,尽快消灭该业务的空白点。同时采取每周进行公布排名晒业绩比比看,网络货运业务取得突破性进展,业务量明显提升。

6. 寻找代理品牌,提高营销能力,万邦汽贸发展取得新突破

随着市场竞争的加剧,商用车利润点持续降低,万邦汽贸面临赔本赚吆喝的尴尬局面,单一的综合销售无法维系后期的持续发展。为破解这一难题,经综合考量决定引进一个品牌做代理。作为一家刚成立三年的小汽贸公司,由于投资、规模和人员的限制,通过对商用车品牌进行反复比较,最终选择了门槛相对较低的东风集团旗下子品牌东风柳汽,该品牌既有东风的品质,又有政策灵活、紧贴市场的特性,可利用东风的网络和影响力占领市场。为更好掌握品牌特点,经过赴厂家了解东风柳汽乘龙重卡的生产工艺、产品性能、管理模式等情况,与厂家高层进行深入交流,最终签订合作协议,并完成东财厂家金融业务申请,确定了合作关系。

代理东风柳汽品牌是河北快运汽贸业务发展的一次新突破。万邦汽贸积极组织业务骨干参加培训,提高业务技能,宣传推广东风柳汽品牌。学习活动推广办法、意见领袖管理办法,参加厂家培训考

试、模压训练,通过一系列培训学习,受训员工取得厂家中级市场经理认证资格。开展义务贡献半小时活动,每天下班后利用半小时时间互相交流销售经验,分享销售技巧,营造出互助和谐的浓厚氛围。业务技能的提升,营销力度的加大,在销售业绩上得到体现,2019 年汽贸计划销售 120 台,实际销售 204 台,完成计划的 170%;计划挂靠 100 台,实际挂靠 139 台,完成计划的 139%。

7. 完善安全管理制度,有序开展安全生产,保障企业稳定发展

安全是企业生产的保障线。2019—2020 年,快运安全工作抓得紧、抓得实,也抓出了成效。在集团领导和部门强有力的督导下,各单位安全管理措施贯彻落实快,全员安全生产意识明显增强,事故同比减少,保证了公司安全平稳运行。集团修订出台了《安全生产管理制度》《岗位安全生产责任制》《三项预案》等安全制度。对安全生产组织架构进行重新构建,调整了安委会成员,基层经营者和总部部室负责人均纳入安全生产责任范畴,保证了安全生产全覆盖、无盲区,责任到人。组织基层单位积极学习"风险管控""双控"及安全专刊等学习资料,将安全意识融合到日常工作中,落实到具体的作业流程中,全员落实一岗双责。分管领导带领安技部人员不定期对基层单位安全情况进行抽查督导,既发现亮点也查找安全隐患。对亮点进行宣传推广,相互学习借鉴;对存在的隐患提出整改意见,要求限期消除,并对整改情况进行复查。每月召开安全生产视频会,定期召开安全例会,对车队调度和驾驶员进行安全教育培训,及时了解驾驶员工作状态,避免情绪化驾驶,重点检查库房和车辆隐患排查工作,确保安全生产和运输。通过微信、钉钉、公众号等新媒介及时发布安全事故警示教育片,做到警钟长鸣;在五一、国庆等车辆出行高峰时段和敏感时期制订安全生产应急预案,启动安全生产应急管理机制,要求各单位加强受理货物、作业流程和运输的安全性。为保证公司车辆正常运行,及时督导各单位对车辆进行年检和续保工作,注册了公安网企业违章查询 App,录入集团名下所有车辆信息,提高了查询违章的效率,便于督导和协助车辆处理违章。安全四率指标全部达标,安全工作常抓不懈,保证了生产、车辆和运输的安全。

8. 实施财务共享、强化清欠及合理筹融资,保证资金正常周转

一是积极推进财务共享,明确共享中心工作职责、岗位设置、票据传递流程,制订了财务共享相关制度,按共享中心验收标准和要求,顺利通过验收;二是加大应收账款回收调度,每月召开专题调度会,逐笔核对确定责任人,跟踪回收进度,减少资金占用,加快资金周转速度,避免形成呆坏账,防范资金风险;三是强化内部定期对账督导,按时结算,逐步形成了良性循环;四是主动与银行沟通,积极公关,增加授信额度,降低贷款利率,还续贷进展顺利,筹集充足资金,为业务开展提供资金保证;五是适时调整集资利息,降低财务费用;六是利用建行资金池资金,合理安排各单位支付外包费用,工资错时发放等保证了集团资金正常周转,为快运健康发展保驾护航。

9. 有重点分阶段开展审计工作,强化审计监督,风险管控水平不断提高

审计部门充分发挥"查错纠弊,防范风险,提高管理"的职能作用,有重点、分阶段对基层单位开展审计工作,发现问题提出整改意见,监督整改进度。一是年度审计严格标准,发现需整改问题,责成专人限期整改到位;二是每年抽出三个单位的重点业务进行专项审计,帮助相关单位捋顺流程,规范账务;三是按季度收集各单位风险事项,分类整理,根据风险概率予以评级,做到重视事前防范,规范生产经营;四是严格执行离任审计,核对、调整相关账务,核实任期内资产变动情况,利润完成情况等,出具离任审计报告,并依此督导落实执行,做到了账清、物清。通过开展审计工作,及时发现问题,强化整改要求并督导落实,进一步规范财务核算流程,强化基层单位风险管控意识,提升了快运防控风险的水平。

10. 调整机构设置,正负激励结合,提升组织运行效率和绩效管理水平

为适应物流市场变化,使运行更加顺畅,根据发展需要及时对组织机构进行调整。定期对人员信息进行盘点与核实,保证了信息的准确性、完整性和真实性,方便了对员工实行动态管理,为人员晋升、调动等人事变动提供了参考依据,为加强人才梯队建设、做好人员储备提供真实可靠信息。

为充分调动经营者积极性,号召各单位向张家口和石家庄分公司等优秀单位学习争做创新创效功臣。为激发亏损单位经营者扭亏积极性,出台了红黄牌管理办法。正负激励同步推进,亏损单位通过拓

展工作思路、开发大客户、挖潜老客户等减少亏损,力争实现扭亏为盈,各单位以优秀单位为榜样,积极寻找新项目,力争多创效、创长效。正负激励的实施,既为各单位提供了学习标杆,又制定了鞭策方案,让基层单位既有学习目标,也有任务压力,充分调动了大家见贤思齐、赶超先进、努力工作、减亏扭亏的工作积极性,取得了一定的效果。

三、实施效果

河北快运 2018 年实现总收入 3.03 亿元,利润总额 205.8 万元;2019 年实现总收入 4.41 亿元,利润总额 302.6 万元。邢台分公司,在物流主业亏损的情况下,积极开发网络货运业务,在较短时间内就实现了扭亏。北京分公司这两年经营出现了较大困难,通过大力开发网络货运业务,第一个将开票业务单月突破了千万。一方面河北快运主业得到了夯实,另一方面网络货运业务也取得了可喜成绩,说明资源实现了进一步的有效利用,这将对降低区域内物流成本、缓解城市道路交通压力,以及缓解商贸市场周边道路交通状况和由于频繁收发货给周边居民带来困扰都有积极的意义。

基于传统物流与网络货运业务之间有效衔接和互补在业内的大面积推广,对整个物流行业和商贸流通企业作业水平的提升和新运营商业模式的改进有着积极的意义;基于线下与线上车货匹配,探讨建设企业共用循环系统及配套管理平台,从而提高整体配送效率,如及时总结推广,可支持政府城市道路运输管控和大数据收集,进而建立区域物流运营标准和配套标准化改造路径。

海上交通安全风险防控机制

中华人民共和国曹妃甸海事局

成果主要创造人:李保东

成果参与创造人:张建国　张轶清　齐正胶　吕巍巍　贾永彬　陈奇奇
邱　军　王志新　王志胜　刘　勇

曹妃甸海事局现有干部职工146人,为河北海事局分支机构,是负责曹妃甸水域水上交通安全监督管理的行政主管机关。依据《中华人民共和国海上交通安全法》《中华人民共和国海洋环境保护法》等法律法规赋予的职权,代表国家履行曹妃甸沿海、港口水上交通安全监督管理、防止船舶污染、船舶及海上设施检验和航海保障等行政执法职能。曹妃甸海事局辖区北起大清河盐场,与唐山海事局辖区接壤,南终涧河口与天津海事局为邻,辖区管辖海域面积约2570平方公里。监管区域主要有开通的曹妃甸中区第一和第二港池、东区港池甸前水域和及配套航道、锚地水域等港口水域,冀东油田1~4号人工岛,距港口100多公里左右的惠丰湖以及拟建的丰南港区。曹妃甸辖区的监管特点可总结为“三大、三多、三重”,“三大”即码头泊位尺度大,到港船舶船型大,业主企业规模大;“三多”即运输货物种类多,船舶船型种类多,监督管理地域多;“三重”即交通组织任务重,应急处置任务重,服务发展任务重。

一、实施背景

曹妃甸海事局监管水域既有世界发展最为迅速的曹妃甸港,又有“渤海湾交通枢纽”之称的曹妃甸船舶定线制水域,通航环境复杂,到港船舶众多,涉及散货船、杂货船、油船、液化天然气(LNG)运输船、客滚船、木材船、大件运输船、施工船等各类船舶。小到几十吨的交通艇,大到40万吨级的超级矿石船,辖区船舶种类多样,吨级跨越大。

重大风险源防控机制研究工作经历了理念提出、深入调研、谋划构建、初步成型四个阶段,梳理出曹妃甸水域的安全风险源,构建了风险评价和预警防控数学模型,形成了水上交通安全风险辨识与评估工作指南、水上交通安全风险等级划分标准、水上交通安全风险管理工作制度、对辖区相关企业安全生产风险管理工作的监督管理制度、恶劣天气条件下水上交通安全风险管控制度、水上交通安全风险管理体系及防控措施研究报告等成果。

党的十八大以来,曹妃甸海事局在“底线思维”思想引领下,针对辖区海域和船舶监管特点,主动出击防范化解重大风险,建立起了完备的海上交通安全风险防控机制。曹妃甸海事局立足本职工作,注重提升防范化解重大风险的能力,牢牢把握工作主动权,探索建立海上交通安全风险防控机制。

从2014年理念提出、深入调研、谋划构建,到2016年开始成型推广,曹妃甸海事局逐步建立了风险源辨识与评价体系、全过程风险源防控运行体系、全方位风险源防控保障体系三大体系和配套的风险源防控机制,实现了辖区水上交通安全风险状态的量化评估、风险防控规律的定期评价、风险管控策略的精准调整,切实提高了水上交通风险的预判、预警、预控、应对能力,有效解决了水上交通安全监管中“认不清、想不到、管不住”的问题,强力消除了安全隐患,避免了事故发生,提高了水上交通安全监管的能力和水平。

二、成果内涵

为及时消除安全隐患,避免事故发生,实现事故发生后被动整治向风险防控管理转变,曹妃甸海事局经过精心研究,提出了“集中三年时间探索建立曹妃甸水域重大风险源防控机制”的工作目标并着手研究。2015年2月,交通运输部指定河北海事局作为海上交通安全生产方面的试点管理单位,河北海事局将曹妃甸海事局列为辖区试点单位。长期以来,曹妃甸海事局深入聚焦海上交通安全风险,始终坚持“底线思维”,通过实施曹妃甸海域海上交通安全风险防控体系,建立了风险源辨识与评价体系、全过程风险源防控机制运行体系、全方位风险源防控机制保障体系三大体系,构建了风险评价和预警防控数学模型,建立了风险预警和防控措施应急响应机制。该局以重大风险源防控机制建设为核心,以风险源排查管控为着力点,抓住“预控”和“动态”两个关键点,把安全管理的关口前移,变“被动专项整治”为“主动风险防控”,建立相关机制,使安全管理工作重点致力于消除辖区水上交通安全隐患,积极防范化解重大海上交通安全风险。

三、主要做法

(一)建立风险源辨识与评价体系

1.建立风险源辨识、上报工作机制

建立风险源辨识、上报工作指南。以综合安全评估(FSA)评价方式为理论基础,运用模糊数学和头脑风暴法等研究方法,紧紧抓住曹妃甸水域特点,统筹考虑到港船舶类型、活动的范围和作业的特点,强调对船舶进入曹妃甸港至离开曹妃甸港的全过程控制,定期对辖区水上交通安全各类风险进行排查、梳理与确认,形成影响辖区水上交通安全的疑似重大风险源清单,并及时通报指挥中心。

(1)识别方法

过程分析法:从船舶进入辖区到船舶离开辖区,认真分析船舶整个的活动过程,识别出可能存在风险的环节。

头脑风暴法:课题领导小组确定工作思路,课题组集中办公,凭借自身海事知识和经验,充分发表意见,提出想法,最后对所形成的所有材料进行分析梳理,得出最终的结果。

事故树分析法:认真分析导致事故发生的原因,找出可能导致事故发生的危险源。

后果分析法:针对每个事件或过程,分析可能产生的后果,针对后果危害情况确定该事件或过程是否为危险源。

(2)海上交通安全风险源的分类

分类原则:全覆盖原则,即涵盖辖区与海事职责相关的各方面的风险源,以满足交通安全生产风险管理部门的履职要求;相似性原则,即按照对象、状态、行为以及风险管理需求进行聚类;便于管控原则,即在实际工作中,可以根据管控效果,自由分类,最终目的是便于管控。

分类方法:按照海事不同部门的职责划分,即以海事管理机构的内部设置为基础,按照不同单位或部门的职责,对风险源进行相应的分类。这种分类方法的优点是风险管控自主运行,各单位或部门负责其各自范围内的风险源,不容易出现推诿扯皮的现象;按照船舶活动的区域划分,即根据船舶活动的公共水域、锚地、航道、码头等区域对风险源进行分类,优点是可以清晰直观地看出某一区域(网格)的风险等级,以便重点管控;按照船舶的行为划分,即按照船舶的状态(在航、锚泊、系岸或搁浅)或船舶的作业行为(加油、装卸货等)对风险源进行分类,优点是相同类型的状态或作业,风险管控措施大致相同,管控方便。

(3)唐山港曹妃甸港区海上交通安全风险源的辨识过程

各职能部门、海事处按照上述风险源辨识方法和分类方法,针对曹妃甸水域特点,统筹考虑到港船舶类型、活动的范围和作业的特点,填写《曹妃甸海事局风险源信息上报表》,对辖区风险源开展辨识和上报。

2.辨识、量化风险源影响因素

从人、船、环境、管理四个方面入手,通过梳理、分析、总结,找出了影响曹妃甸水域海上安全的因素,

并按照自然环境因素、地理环境因素、交通环境因素、管理因素、船舶因素和人员因素分成了六大类,见表1。

风险源影响因素 表1

风险源影响因素	子影响因素
人员	对通航环境熟悉程度
	船艺业务能力
	瞭望
	积载过程人员值班
	应急能力
	责任心
	违规航行
	配员情况
	船员证书是否有效
	船员证书是否满足船舶要求
	是否人证不符
船舶	选船指数
	钢材类型
	风雨密
	是否超载
	船舶是否偏载(侧倾)
	船舶载态
	船舶稳性
	自动识别系统(AIS)配备
	进出港货物种类
	拖轮使用情况
	交通流数量及交叉程度
交通环境	警戒区
	禁航区
	渔业活动

风险源影响因素	子影响因素
交通环境	环境敏感区
	上水下活动
	导助航标志
	船舶通航密度水
地理环境	航道宽度
	转向点个数
	单向通航或双向通航
	航道长度
	航道深度
	航道轴线、交叉与弯曲角度
	工程地质条件
	水下碍航物、浅滩与禁航区
	码头结构
	码头轴线与主流向夹角
自然环境	风力
	风向
	能见度
	波浪
	冰情
	海流
	雷电
	潮汐
	季节
管理	监管设备设施覆盖情况、执法站点及人员配备、法律法规完善情况、应急力量
	公司规模、公司监控频次、绑扎程序、大风浪航行程序
	港口与引航管理

3. 海上交通安全风险源评估

风险评估就是在充分掌握资料的基础上,采用合适的方法对已识别风险进行系统分析和研究,评估风险发生的可能性(概率)、造成损失的范围和严重程度,为接下来选择适当的风险处理方法提供依据。

1)风险评估方法

(1)专家调查法

在风险识别的基础上,请专家对风险因素的发生概率和影响程度进行评价,再综合整体风险水平进行评价。该方法简单易行,节约成本和时间。

(2)模糊综合评价法

模糊理论是美国加州大学伯克利分校卢菲特泽德教授于1965年首先提出的一种定量表达工具,用来表达某些无法明确定义的模糊性概念。事物的某些状态或属性(例如,性别),可以明确区分,但是带有主管意识的属性(例如漂亮或不漂亮),则很难以明确的标准加以区分,模糊理论接受自然界模糊性现象存在的事实,并将其量化,进行相关研究。

风险也具有模糊性,主要表现为风险模糊的强度或大小很难进行明确的界定。综合评价法将项目风险大小用模糊子集进行表达,利用隶属度及模糊推理的概念对风险因素进行排序,以改进的模糊综合评价法为基础,采用层次分析法(AHP)构建风险递阶层次结构,采用专家调查法确定各层次内的风险因素指标权重,逐级进行模糊运算,直至总目标层,最终获得项目各个层级以及整体的风险评估结果。该方法将风险的定性和定量分析相结合,对于难以量化的风险因素也能进行有效分析,不依赖绝对指标,避免标准不合理导致的偏差。

2)海上交通安全风险源评估的原则

(1)客观性

风险评估应建立在对大量的材料进行科学研究和分析的基础之上,评估人员必须以宏观地理解和掌握相关的科学知识为前提,客观公正地评价和处理评估中的每一个细节。

(2)科学性

使用科学方法,注意全面调查与重点核查相结合,定量分析与定性分析相结合,经验总结与科学预测相结合,以保证相关数据的客观性、使用方法的科学性和评估结论的正确性。

3)建立风险源指数等级评价数学模型

对于某一风险源,其风险值的大小受其风险源的风险值直接影响,则为了评估某一风险源的风险值大小,选择以下整体模型对风险源的风险值大小进行评价。

$$R = \sum_{n=1}^{8} R_{\mathrm{n}} \tag{1}$$

式中:R——某一风险源的风险值大小;

R_{n}——某一风险源的危害后果风险值大小,根据前述危害后果的识别和分析,曹妃甸港区每个风险源的危害后果有8个,即$R_1 \sim R_8$分别代表该风险源的危害后果中的碰撞、搁浅、触礁、浪损、火灾(爆炸)、风灾、自沉、操作性污染风险值大小。

(1)危害后果风险值计算模型

对于任意风险源的危害后果,用式(2)进行计算:

$$R_{\mathrm{n}} = f(S_{\mathrm{n}}, C_{\mathrm{n}}) = S_{\mathrm{n}} \times C_{\mathrm{n}} \times Y_{\mathrm{n}} \tag{2}$$

式中:S_{n}——危害后果等级,$n = 1 \sim 8$;

C_{n}——危害后果发生概率,$n = 1 \sim 8$;

Y_{n}——危害后果判断系数,$n = 1 \sim 8$,$Y_{\mathrm{n}} = 1$时,发生该危害后果,$Y_{\mathrm{n}} = 0$时,不发生该危害后果;为了保证数学模型的整体性和通用性,对于个别风险源,不产生某个或某些危害后果时,判断系数为0。

(2)危害后果等级的确定

对于各风险源的危害后果而言,每一种危害后果发生后,都会对曹妃甸水域的通航安全带来较大的不利影响,不同风险源的危害后果等级不同,如大型船舶自沉的危害后果等级应大于渔船自沉的危害后果等级。是指危害后果发生后,对人员、海洋、船舶、环境等方面出现的损失程度,产生的各种后果的大小;如碰撞发生后,可能出现船舶进水、沉没、人员伤亡、航道堵塞等方面的危害。

对于各危害后果的风险后果等级,本项目拟采用专家问卷调查的方法直接得出,每种子风险源按照后果的大小分为4个等级,即为1~4,数值越大,危害后果越严重;

(3)危害后果发生概率数学模型

对于危害后果发生概率的大小,应首先分析影响该危害后果的因素,危害后果发生的概率和影响因素有直接关系。

$$C'_n = W_n \times M_n \tag{3}$$

式中:W_n——第 n 个危害后果的影响因素权重集,为 1×6 的矩阵;

M_n——第 n 个危害后果的影响因素隶属度集,为 6×5 的矩阵。

由于 C'_n的计算结果为 1×5 的矩阵,为了计算其确切值,采用重心法对其进行反模糊化,评价矩阵为 $B=(1,2,3,4,5)=$(很少发生,偶尔发生,一般,经常发生,频繁发生)。

$$C_n = \frac{\sum_{i=1}^{5} C'_{ni} \times B_i}{\sum_{i=1}^{5} B_i} \tag{4}$$

(4)影响因素权重 W_n

在建立的影响因素体系里,影响因素影响评价目标程度有轻有重,按重要程度区分开各因素有益于我们把握主要因素,使得可以取得更准确的评价结果。目前国内外应用模糊综合评价,最常用的方法仍然依靠专家调查法来计算权重。专家调查法指的是,由被调查专家根据其多年的实践和工作经验在确定评价指标的基础上,两两比较对其提供的各个指标的重要程度,之后可利用层次分析法的数学方法处理结果,计算得出各指标相关权重。

对于某个风险源的危害后果,设计影响因素权重的评价,得出的数字组成一个评价矩阵 X。该判断矩阵 $X=(x_{ij})$。具有如下性质:

$$x_{ij} > 0; x_{ij} = \frac{1}{a_{ji}}; x_{ii} = 1 \qquad (i,j = 1,2,\cdots,6) \tag{5}$$

式(5)中 x_{ij}代表元素 U_i 和 U_j 之间的重要性。一般对重要性程度赋值,采用 1 ~ 9 比例标度。判断矩阵的标度和含义见表 2。

判断矩阵评分标准 表 2

值	含 义
1	代表两元素相比,前者与后者同等重要
3	代表两元素相比,前者与后者稍微重要
5	代表两元素相比,前者与后者明显重要
7	代表两元素相比,前者与后者非常重要
9	代表两元素相比,前者与后者特别重要
2,4,6,8	代表处于上述相两邻判断的中间值

(5)影响因素隶属度 M_n

在进行模糊评价时,影响因素的隶属度受其子影响因素的隶属度控制,如自然环境的隶属度与风、能见度等的隶属度有关,则在确定影响因素的隶属度时,需分析子影响因素的隶属度。

$$M_n = [W_{n1} \cdot M_{n1}, W_{n2} \cdot M_{n2}, W_{n3} \cdot M_{n3}, W_{n4} \cdot M_{n4}, W_{n5} \cdot M_{n5}, W_{n6} \cdot M_{n6}]^T \tag{6}$$

式中:W_{nm}——$m=1\sim6$,表示第 m 个子影响因素权重集;

M_{nm}——$m=1\sim6$,表示第 m 个子影响因素隶属度集;$M_{nm}=[M_{nm1},M_{nm2},\cdots,M_{nmp}]^T$。

每一子影响因素按其导致危害后果发生的概率分为 5 个等级,并用集合表示,称为影响因素隶属度集,如第 n 危害后果的第 m 个影响因素的第 p 个子影响因素(任意子影响因素)。

$$M_{nmp} = (b_1, b_2, b_3, b_4, b_5) = (\text{很小,较小,一般,较大,很大})$$

4. 基于数学模型的常态风险评估和动态风险评估

动态风险评价模型和常态风险评价模型中的风险源和危害后果均相同,因此两个评价模型也基本相同,不同之处在于常态风险评价模型是反映某一区域或某种活动一段时间内的风险大小,而动态风险评价模型是反映某一区域或某一活动的瞬时风险大小。因此,两者的区别仅在子影响因素的隶属度取值不同,常态风险评价模型中的子影响因素隶属度是该地区或该活动中子影响因素长期状态的总结,如每年中港区能见度小于1000米的天数,而动态风险评价模型中的子影响因素隶属度是该地区或该活动中子影响因素当时状态的反映,如当时的具体能见度是多少米。

各风险源按照动态风险值和常态风险值分别计算风险值的大小,鉴于各风险源的动态风险值时危害后果的影响因素权重和常态风险值时危害后果的影响因素权重一致(如不论是计算动态风险值,还是计算常态风险值,碰撞的影响因素权重是一致的),则动态风险值和常态风险值仅危害后果发生概率等级不同。

例如,对于风险源"船舶运输钢材类货物"的危害后果"碰撞"风险的影响因素"自然环境"的子影响因素"能见度",在计算其常态风险值时,其子影响因素隶属度见表3。

常态风险评价"能见度"隶属度　表3

小于1000米天数	"能见度"隶属度				
	很　小	较　小	一　般	较　大	很　大
1天以下	0.8	0.2	0	0	0
1~5天	0.2	0.6	0.2	0	0
6~10天	0	0.2	0.6	0.2	0
11~15天	0	0	0.2	0.6	0.2
16天以上	0	0	0	0.2	0.8

若曹妃甸甸头区域的能见度小于1000米的天数为8天,则危害后果"碰撞"的影响因素"自然条件"的子影响因素"能见度"的子影响因素隶属度为=(0,0.2,0.6,0.2,0)。

在计算其动态风险值时,其子影响因素隶属度见表4。

动态风险评估"能见度"隶属度　表4

能见度海里数	"能见度"隶属度				
	很　小	较　小	一　般	较　大	很　大
≥10NM	0.8	0.2	0	0	0
≥6NM	0.2	0.6	0.2	0	0
≥3NM	0	0.2	0.6	0.2	0
≥1NM	0	0	0.2	0.6	0.2
<1NM	0	0	0	0.2	0.8

如当时的能见度为2海里,则危害后果"碰撞"的影响因素"自然条件"的子影响因素"能见度"的子影响因素隶属度为$M_{112}=(0,0,0.2,0.6,0.2)$。

鉴于风险管理人员各个岗位对数学模型掌握熟练要求的不同,同时常态风险评估季度评估与动态风险评估日评估的工作制度不同,为保障各职能部门、各海事处"指定人员"便捷使用,特结合常态评估出的每项风险源的特点,将动态风险评估数学模型简化为表格清单格式。

5. 此评估模型的优点与缺点

优点:①便于实现风险评估信息化,指标可实时获取并录入时,可是实现自动的风险实时评估。②最大程度上减少了人为因素对计算结果的影响,科学性较强。

缺点:①未实现信息化时,单个风险评价的计算量较大。②不利于现场监管部门开展实时评估。

6. 常态风险评价分值累加的评估方法

为了便于现场监管单位或部门开展实时评估,对上述评价方法进行了优化。即某个风险源的风险评价值可以分成两个部分，即基于数学模型的常态风险评价分值和动态风险评价累加分值。

7. 建立区域性网格风险源评价机制

将风险源的线（点）性评价和风险源的区域网格评价相结合，开展风险源区域累加理论研究与实践。将辖区细分若干网格，使每项风险源涉及的生产活动区域对应分布到相应的网格中。累加每个网格内的单一风险评价指标后综合评价网格区域的风险评价指标，建立四级区域风险评价机制。累加辖区每个网格区域的风险评价指标形成全辖区的整体风险评价指标。单一、区域、整体各层次风险评价指标对应不同的风险管控措施，为防控管用的风险源防控措施的制定和实施奠定基础。

（二）建立风险源防控机制运行体系

1. 制定优化风险源防控措施

系统评估分析每项风险源产生的深层次原因，研究制订消除安全隐患的针对性措施，同时，结合每项风险源及风险网格可能产生的风险等级变化，制订四个等级的风险防控措施。各职能部门、各海事处及执法大队应根据每项风险源等级对应的防控措施，确定日常监管重点，确定不同的执法检查频次和内容等，实行差异化、精准化动态监管。

2. 建立风险源防控常态、动态预警监控制度

按照风险源辨识与评价体系对辖区内风险源实施常态和动态监控。通航管理科负责辖区所有风险源季度的常态监控，负责通航管理方面的风险源日常的动态监控。其他职能部门、各海事处、执法大队负责职责范围内的风险源日常的动态监控。各职能部门与各海事处、执法大队应结合本部门职能、本辖区涉及风险源的动态评价状况及时发布预警信息，调整监管措施，做到科学合理监管。

3. 建立风险源防控应急演练制度

建立涵盖辖区所有风险源的应急演练工作指南，以演促考、以演促评。每季度从风险源清单中抽选3~5项风险源实施演练，通过人工修改风险源影响因素指标，演练风险源等级变化后各职能部门、海事处、执法大队紧急应对能力。

4. 建立风险源防控信息化系统

优化影响海上交通安全的因素集合，风险源评价与评估数学模型，整合各项工作制度，开发“曹妃甸海域海上交通安全风险源安全管理系统”。实现风险源影响因素输入的部分自动化，风险源等级评估与调整的智能化，风险预警信息发布的自动化，现场监管措施建议的智能化。

（三）建立风险源防控机制保障体系

1. 建立风险源防控机制运行保障制度

制订辖区风险源防控体系运行保障指南，建立辖区风险源防控体系框架，明确风险源防控体系运行工作程序及工作须知；建立季度安全形势分析会，定期辖区海上安全形势研判与工作部署会。

2. 建立风险防控后评估制度

制订科学的风险防控后评估指南，定期对风险防控体系建立及运行情况进行评估，对于发现体系不健全或运行不畅的情况及时进行完善；定期对影响辖区海上交通安全的因素集合进行梳理，及时添加新发现的影响因素；定期对风险评价与评估数学模型进行评估，针对辖区通航环境、国家对安全生产的新要求和新梳理出的影响海上交通安全的因素及时新增、调整相关参数与修正系数；定期对风险防控的效果进行评估，对防控措施的适应性和有效性进行分析，剔除不适用或效果不明显的措施，增加新的防控措施。

3. 建立风险管理专业人才管理制度

实施专人负责制，各职能部门、各海事处、执法大队应安排专人作为“指定人员”负责本部门风险管理，负责定期的常态、动态风险评估与风险预警监控工作。加强风险管理专业人才管理，建立专门人才

交流与培训管理办法,明确"指定人员"相关技术要求,建立相对稳定的风险管理团队。

四、实施效果

自2016年曹妃甸海域海上交通安全风险防控体系运行以来,曹妃甸海域安全形势一片向好。2016—2019年,曹妃甸港吞吐量连年上涨,累计完成货物吞吐量12.99亿吨。在港口货物吞吐量连续增长,辖区交通流持续增加同时,曹妃甸海事局辖区未发生等级水上交通事故,未发生人员死亡(失踪)数事故,未发生负有海事监管责任的事故,事故经济损失数逐年同比分别下降42%、38.4%、20.6%和73%,取得了"四零四降"的好成绩,海上交通安全形势持续稳定改善,海上交通风险防范化解效果取得了令人瞩目的成绩。

在风险源防控机制的指导下,对于交通运输部近几年海上交通安全治理的顽疾——内河船舶参与海上运输问题,在曹妃甸海事局监管水域已得到有效治理。

2016—2019年,曹妃甸海事局通过制定《内河船舶海事监管现场执法工作指南》《主要违法移送案件法律法规汇编及理解》《无证驾驶船舶海事移送公安边防工作指南》等规范性文件,联合地方政府及相关职能部门开展联合执法等方式,先后查处内河船舶参与海上运输33艘,清理非法营运码头20多处。4年来,辖区水域未发生任何内河船舶事故,内河船舶治理工作得到河北海事局和地方政府的高度肯定,连续被地方政府评为安全生产工作优秀单位。

同时,针对京津冀地区特别是北京的天然气调峰和保供工作,曹妃甸海事局运用风险源防控体系研究成果,制定实施了7项LNG船舶海事服务保障措施,实现了保供期间"零事故、零延误"的目标。

2018—2019年度冬季天然气保供期间,在海事局的全方位保障下,公司共接卸船舶36艘次,同比增加12.5%,安全接卸天然气296.1万吨,同比增加8.3%,刷新了连续2个月每月接卸11艘LNG船、高峰期平均每3天接卸2船的新纪录,创下连续21天4000万立方米高外输量运行、4000万立方米高压外输达35天、日均外输量3000万立方米以上达80天等新纪录,2019年至2020年度冬季天然气保供期间,共保障安全靠泊LNG船舶30艘次,安全接卸天然气260.3万吨,LNG船舶到港直靠率达到56.7%;历年保供工程中,没有因大风大雾等恶劣天气造成天然气供应紧张的情况发生,没有发生LNG船舶水上交通事故和船舶污染事故。

此外,在风险源防控机制的指导下,曹妃甸海事局建成了完全拥有知识产权的船舶交通智能服务系统。实现了船舶碰撞、搁浅、误闯养殖区预警,船舶抵港锚位自动推荐,船舶进出港计划自动排序与公开,船舶进出港航路智能监控,船舶进出港自动导航,船舶离港信息自动筛选等43项先进实用功能,实时评估船舶安全态势,畅通船舶信息流转渠道,实现船舶进出港无缝监控,高效融合多源时空信息,能够给VTS中心船舶交通组织、助航服务、信息服务等方面带来极大便利。该系统2018年获得了交通运输部安全委会"平安交通"安全创新案例征集评选活动优秀案例和中交企协第十七届全国交通企业管理现代化创新成果一等奖,部安委会和中交企业分别印发文件要求宣传推广。

根据风险源防控机制的风险防控建议,曹妃甸海事局推动地方政府开展了曹妃甸港第三港池应急避险区(待泊区)建设,于2018年建成;推动地方政府开展了曹妃甸港东锚地优化调整和东侧锚地扩容工作。届时,曹妃甸海区通航环境将进一步得到优化,进出港区船舶将获得更加安全、高效、快捷的体验。

根据风险源防控机制理论,曹妃甸海事局紧抓风险防控,制定重大风险防控目标措施责任清单和2020年风险源关键影响因素目录清单。建立实施了涵盖救援人员、受到突发事件危害的人员及救援物资、设备、工具运输船舶进出港"3210"海事监管服务机制。创建"钢铁卫士"安全监管品牌及"1223"工作机制。

在新型冠状病毒肺炎疫情防控期,曹妃甸海事局以风险源防控机制理论为指导,制订措施,严格口岸疫情防控。联合口岸单位建立"外防输入"联防联控机制,通报各类信息1042次,开展联合行动41次,参与口岸突发新冠肺炎应急处置演习1次,参与船员转运21次;严格执行抵港48小时之前船员健康申报、到港船舶“四问询、四要求”、高风险区域到港船舶重点监控等工作机制；办理船员任、解职921人次，未发生通过国际航行船舶输入疫情情况；落实“一断、三不断”要求，出台以保安全、保畅通、保服务、促生产为基调的6大类15项举措，支援和帮扶15项涉水工程项目、21家涉水工程施工单位复产复工，保障了21.8万吨防疫物资“零延误”到港。

推进企业创新管理　提升科技创新水平

河北交科材料科技有限公司

成果主要创造人:朱冀军　赵金龙

成果参与创造人:蔡　斌　程同华　张金柱　张紫恒　武文秀　陈向阳　尹　祯　马　强　王国兵　马红亮

河北交科材料科技有限公司(简称"交科公司")成立于2016年3月30日,国有企业,注册资金5000万元,坐落于河北省石家庄市桥西区,占地面积575平方米。同期建设定州分公司(生产基地),位于定州市沙河经济开发区北方循环经济示范园区,占地约40亩[1],项目总投资1.4亿元,总建筑面积约1.8万平方米,主要建设两条胶粉改性沥青生产线、试验研发楼及配套设施,沥青储存能力1.5万吨。此外,交科公司在沧州沧县建有一条移动连续式生产线。公司现共有员工33人,所属行业为制造业。

交科公司主要从事胶粉改性沥青的研发与生产销售。截至2020年,交科公司生产销售胶粉改性沥青210418吨,为保沧、曲港、涞曲、西阜等高速公路铺设沥青路面共计1166公里,以20%胶粉掺量替代沥青测算,每年可消耗废旧轮胎至少100万条,节约沥青4万吨,废旧资源循环利用率高,节能环保,经济社会效益显著。同时交科公司积极研发和推广其他新型路用材料,逐步拓宽产品经营范围,主导省内路用材料的应用推广。交科公司成立以来,相继通过了高新技术企业、河北省科技型中小企业、质量、环境、职业健康安全管理体系的认证,累计承担省级课题5项,此外还取得专利、发表论文、制定标准等知识产权20余项。截至2020年,交科公司总资产达12429万元,营业收入30521万元,净利润1029.9万元。

一、实施背景

(一)必要性

《中华人民共和国国民经济和社会发展第十三个五年规划纲要》提出了"创新、协调、绿色、开放、共享"的新发展理念。材料产业根据新时代生态文明建设要求,积极推动废旧路面、沥青等材料再生利用,提升基础设施的品质和耐久性,降低全寿命周期成本。

河北省交通运输厅将耐用、环保、绿色交通材料作为"十三五"交通行业重点发展方向,加快科技创新步伐,推动交通运输绿色发展;河北交通投资集团公司以"主业优强、多元发展、创新合作、富员强企"为总体战略,提出构建"一体四翼"业务布局,积极开拓科技创新思路,注重科研成果产业化,大力推进绿色交通建筑材料发展。

根据河北省交通运输厅政策要求和河北交投集团产业规划,河北省交通规划设计院提出"一主、两翼、三延、四拓"的发展思路,构建路用材料产学研创新基地,积极开展科研成果转化推广工作,有效延伸产业链,推动企业向多元化发展。于2016年3月全额出资成立交科公司,注册资本5000万元。

交科公司积极贯彻落实上述发展理念,立足于市场现状及产业需求,以胶粉改性沥青材料作为主打产品。胶粉改性沥青是将胶粉及其他助剂按照一定顺序、一定比例加入基质沥青中,经搅拌剪切后与混

---

[1] 1亩≈666.6平方米。

合料拌和使用。胶结料中的橡胶粉不仅能改善路面性能，又可为废旧轮胎的处理提供了一条好途径。据统计，全球每年报废轮胎约 20 亿条，我国年产生废旧轮胎约 6500 万条，且随着我国汽车工业的迅猛发展，汽车保有量逐年增加。2007 年时，我国废旧轮胎产生量已仅次于美国，位居世界第二位。废橡胶长期露天堆放，不仅占有大量土地，而且极易滋生蚊虫，引发火灾，形成"黑色污染"，严重威胁着我们的生存环境。废旧轮胎的回收利用既能有效地消除黑色污染，又能节约资源，符合我国现阶段提出的建设"资源节约型、环境友好型"社会，大力发展循环经济和可持续发展的要求。废旧轮胎中含有大量的丁苯橡胶、天然橡胶等多种高分子聚合物，以及炭黑、抗氧化剂、填料、处理油、各种助剂等许多有益于改善沥青性能的材料。因此，将废旧轮胎应用在公路工程中已成为近年来解决其回收问题的最有效方式之一。

综上可见，废旧橡胶轮胎改性沥青应用于路面建设既可以解决日益严重的资源危机问题，又能在一定程度上减少橡胶材料对环境的污染，同时废旧橡胶粉改性沥青路面的路用性能较普通沥青路面有很大程度的提高，采用废旧轮胎橡胶粉制备胶粉改性沥青，不仅可有效减少其对环境的污染及实现资源的再利用，而且可显著提高沥青路面力学特性，如改善路面抗车辙、反射裂缝、水稳定性和降低疲劳开裂等性能，路面使用寿命及耐久性延长，噪声污染降低，路面破坏现象得到改善。现阶段在全国范围内应用的常规胶粉改性沥青中胶粉掺量一般为 20%，胶粉回收量有限，且材料路用性能差。因此，研究性能优质的常规胶粉改性沥青和大掺量胶粉改性沥青，进一步提高废旧轮胎的回收利用率，并提高路面耐久性即符合两型社会及可持续发展的需求，同时也符合"绿色交通"的发展趋势，对提高我国道路的科技和服务水平都具有重要意义。

与此同时，交科公司的管理制度也伴随着科研成果产业化的到来逐步得到完善，在企业运行过程中，对公司内部科研管理、生产管理、安全管理进行了系统化的研究，逐步建立了《科研项目立项、验收管理制度》《研发投入核算管理制度》《项目成本核算办法》《员工工作行为准则》《安全生产管理规定》等多项制度，实现现代化、制度化、规范化、精细化的管理，保障了公司产品的生产效率，提高了产品质量。

（二）目标

对现有路用性能优良的常规胶粉改性沥青（20% 胶粉掺量）进行配方工艺的优化升级，在保证路用性能优良的前提下，降低成本；对大掺量胶粉改性沥青材料进行优化升级，应用连续式胶粉改性沥青设备进行生产，提高生产效率，降低能耗，节约成本，增大辐射范围；丰富公司现有产品，研发不同功能型胶粉改性沥青系列产品，研发高软化点胶粉改性沥青、净味型胶粉改性沥青，并拥有产业化条件，同时保持前瞻目光，积极掌握市场动态，立足市场需求，积极推动其他路用材料的研发与产业化。

在研发管理上，加强对研发项目的管理，同时不断完善创新管理制度，使制度规定逐步与实际研发相统一，增强实践性，研发经费实现精细化管理，财政拨款专款专用。

在生产管理上，积极吸纳人才，完善组织架构，同时修订完善各项规章制度，并加大产品的宣传力度，积极推动产品向省外发展，并注册产品商标，努力打造一流产品、一流企业。

在安全管理上，根据政策要求，并立足交科公司需求，完善安全制度，加强隐患排查及治理，积极组织应急救援演练及各项安全培训，并完成风险管控与隐患排查治理体系的建设，为交科公司安全生产提供有效保障。

二、成果内涵

胶粉改性沥青材料作为交科公司的主打产品，自企业成立以来不断进行配方优化升级，并积极拓展材料领域，推进企业创新管理，提升科技创新水平，本项成果创新的基本内容和特点如下：

在 20% 掺量胶粉改性沥青方面，交科公司不同于传统胶粉改性沥青以简单搅拌为主的生产工艺，而是将胶粉及改性剂按一定顺序和剂量添加到基质沥青中，通过搅拌、剪切等方式让胶粉及改性剂在沥青中均匀分散，其成品分散均匀，路用性能好。

在常规胶粉改性沥青的基础上,应用预处理技术提高胶粉掺量,并采用连续式胶粉改性沥青移动设备进行大掺量胶粉改性沥青材料的生产,效率高,产品路用性能好,《大掺量胶粉改性沥青技术研究》成果鉴定为国际先进。

连续式胶粉改性沥青移动设备集沥青加温、计量上料、搅拌剪切、废气处理为一体,有效解决了生产指标不稳定、设备体量大、能耗高、辐射范围受限、产量低等诸多问题。

不同功能型胶粉改性沥青的研发,旨在解决常规胶粉改性沥青在特殊地区不适用的问题,提高废旧轮胎的利用率,拓宽产品应用面,扩大产品覆盖范围。

三、主要做法

(一)整体思路

河北省《关于推动全省交通运输科技创新驱动发展的意见》中把"长寿命耐久性筑路材料、废旧材料综合利用技术、新一代沥青路面材料及建造技术"作为重点发展与创新领域。胶粉改性沥青及其混合料技术是目前公认的符合"资源节约型、环境友好型"社会发展理念的沥青路面技术,也是现阶段国内外公路交通技术研究的重要方向。但现有的实体工程或研究中,常规胶粉改性沥青材料(20%胶粉掺量)稳定性差其路用性能有待提高,且20%的胶粉掺量相对较低,加之这种掺量是否达到可胶粉改性沥青的最佳效果也需进一步证实,因此进行高性能的常规胶粉改性沥青材料及大掺量胶粉改性沥青材料的研究就成为必然,大掺量胶粉改性沥青技术一方面能够更大限度地提高废旧胶粉的回收利用率,另一方面能够提高沥青路面的综合路用性能。

胶粉改性沥青材料的研究不仅仅是对原材料的选取,还有生产工艺的优化以及生产装备的革新。基于此,交科公司进行了胶粉改性沥青材料、生产工艺及装备的研究。

(二)目标或原则

对常规胶粉改性沥青及大掺量胶粉改性沥青材料进行优化升级,在保证材料性能的基础上节约成本,增加产能,并追踪混合料铺筑后的使用性能,旨在增加路面寿命,降低全寿命周期成本。通过应用移动连续式胶粉改性沥青移动设备进行生产,将交科公司研制的性能优良的胶粉改性沥青材料推广至省外,为祖国的交通事业贡献力量。

多功能型胶粉改性沥青的研发,满足不同地域要求,扩大产品应用范围。

尽可能多的进行废旧轮胎的回收利用,减少黑色污染,提高生活品质,低碳、绿色、环保。

(三)基本做法

1. 科研方面

(1)常规胶粉改性沥青(20%胶粉掺量)

目前行业内在胶粉改性沥青的配方研究以及加工时的工艺参数和流程对沥青性能的影响研究不够深入,影响到胶粉改性沥青的生产及其应用效果。因此,如何生产及制备性能优良的胶粉改性沥青,探索不同原材料、不同反应条件下沥青性能变化以及提高沥青的储存稳定性,成为解决胶粉改性沥青的主要技术难题。基于此,交科公司研究人员针对胶粉改性沥青的生产和指标,进行最优配方的选取,对胶粉改性沥青在生产制备时的反应参数及条件影响进行研究,同时对胶粉改性沥青反应过程中的微观变化进行定量分析,从而为胶粉改性沥青产业化生产提供一定的理论支持,同时进一步揭示不同条件下胶粉改性沥青微观反应机理,为胶粉改性沥青工程应用时提供直观而定量的理论与实验依据。

(2)大掺量胶粉改性沥青(30%、40%、50%胶粉掺量)

胶粉改性沥青在路面建设中的应用越来越普遍,但各个厂家生产的胶粉改性沥青都在一定程度上存在下列问题:①胶粉与沥青加热过程中没有良好的融合,只是通过机械作用产生的物理溶胀反应。②胶粉对沥青的改性效果明显,但由于各方面因素的制约性,胶粉的掺入量过低,只有20%左右。③胶粉改性沥青的黏度过大,生产温度相对偏高,生产及施工过程难度大。④胶粉改性沥青无法长期存储,作为胶结料往往油石比过高，增加了路面建造成本。除此之外，此类胶粉改性沥青对路面的低温性能的提升幅度有限。总之，这类胶粉改性沥青性价比较低，不利于大范围推广应用。

基于此，交科公司进行大掺量胶粉改性沥青的研究，制订出一套大掺量胶粉改性沥青技术指标控制体系，并且根据其胶粉改性沥青的技术特点，推荐并拓展产品应用范围。根据胶粉与沥青的反应机理运用物理化学等手段，在沥青载体中快速定量降解胶粉，实现大掺量胶粉的添加。在原有胶粉改性沥青制备基础上进一步提升胶粉掺量，降低反应温度，缩短溶胀时间，提高产品高温稳定性，使积存的废胶粉得到最大程度的利用，经济社会效益显著。具体实施方法如下：

①胶粉改性沥青原材料技术指标分析。橡胶沥青的主要是由基质沥青和胶粉组成，因此，这两种材料的技术性能必然会对胶粉改性沥青的性能产生重要影响。沥青技术指标包括分类、组成、性能及特点，胶粉技术指标主要包括生产加工方式、来源、粒径、化学成分等。根据原材料的技术指标和橡胶沥青的组成特点确定合适的沥青与胶粉组合。

②胶粉改性沥青改性机理研究。胶粉沥青改性是一个复杂的物理化学变化过程，既包括沥青成分、性质的改变也包括胶粉的活化和降解，从物理及化学作用两方面对胶粉改性沥青生产过程中胶粉对沥青的影响以及沥青对胶粉的影响进行分析，并总结分析现有胶粉改性沥青生产工艺所采用的机理及其效果，尤其是其不足之处，以确定本项目所采用的改性机理，同时为下一步胶粉活化技术的选择提供依据。

③大掺量胶粉改性沥青胶粉活化技术及制备工艺研究。胶粉是废旧橡胶经粉碎产生的颗粒，其表面呈惰性，胶粉的活化方式是影响胶粉改性沥青中胶粉掺量的关键因素，现有的胶粉活化技术同样包括物理及化学两种，物理法是利用活化能破坏胶粉交联的三维网络结构，形成具有一定活性的改性胶粉；化学法是利用化学助剂降低硫化交联键的键能，借助于机械作用，打断硫交联键，使废胶粉恢复部分生胶的性能。通过对现有活化技术的深入分析，选择更加适合胶粉改性沥青的活化工艺。

④大掺量胶粉改性沥青性能研究与分析。在确定原材料及工艺的基础上，制备各种工艺和原材料组合的大掺量胶粉改性沥青，对其各项与路用性能及施工相关的技术指标进行试验研究与分析，最终提出适用于大掺量胶粉改性沥青的原材料技术指标及其加工工艺。

(3)其他功能型胶粉改性沥青

①高软化点型胶粉改性沥青：我国南方地区属于湿热性气候，雨水多，气温高，高温天气持续时间长，夏季最高气温达40℃，有些地区甚至高达43℃以上，对应的路表温度更高达70℃以上。受雨水、温度的耦合作用的影响，沥青混合料软化、松散，造成抗车辙能力降低，产生流动形变，在交通流量不断增大的南方地区高速公路沥青路面，随着重载车辆的增加和高压轮胎的使用，高温车辙已成为路面主要病害之一，越来越受到人们的关注。虽然目前对胶粉改性沥青的研究已有一定基础，但目前针对高温地区胶粉改性沥青材料的应用研究相对缺乏针对性。因此该项目通过研究不同掺量高软化点胶粉改性沥青基础配方、工艺参数以及高软化点胶粉改性沥青的混合料性能，确定高软化点胶粉改性沥青技术指标控制范围，旨在拓宽材料在高温地区的应用领域。

②净味环保型胶粉改性沥青：胶粉改性沥青生产过程中会挥发大量沥青烟，其不仅具有强烈的刺激性气味，还含有苯并芘类、蒽类等致癌物质，严重危害大气、动物和植物等。加之目前我国越来越重视环境问题，提倡生态、经济的可持续发展。因此胶粉改性沥青路面建设除了满足耐久性、安全性、舒适性、可持续发展等基本性能要求外，还必须满足绿色、环保等更高的要求。而目前大多数此类研究都是以基质沥青为基础进行的研究，缺乏针对胶粉改性沥青抑烟净味剂的研发，且检测指标大多采用重量法，检测方式单一。本项目在对胶粉改性沥青烟雾成分分析的基础上，进行胶粉改性沥青用抑烟净味剂的研发，并综合分析抑烟净味剂的抑烟净味效果、对沥青胶结料及混合料性能的影响以及材料成本，最终推荐出不同型号、不同排放标准的胶粉改性沥青用抑烟净味剂，为胶粉改性沥青生产施工中环保问题的解决提供必要的技术支撑。

③高延度胶粉改性沥青：目前，低温延度是我国现行改性沥青技术规范中唯一的低温性能指标。所以提高胶粉改性沥青低温延展性和柔韧性是胶粉改性沥青迫切需要研发的，基质沥青加入胶粉后，不仅

增加了沥青胶体结构的复杂性,而且很大程度上改变了原有流变特性,如何提高低温环境下胶粉改性沥青的延展性和柔韧性性能,成为胶粉改性沥青的研究重点。本项目制订出一套高延度胶粉改性沥青技术指标控制体系,高延度胶粉改性沥青不仅延度大,抗裂性好,使用温度范围宽,还具有良好的储存稳定性,可以明显提高路面的低温开裂和抗疲劳性能,扩大应用范围,利于改善沥青的工业化生产。

2. 生产方面

受公路建设速度及施工季节的限制,胶粉改性沥青往往要求在短期内能集中大量供货,并满足较高性能指标要求,这就需要使用的生产装备具有较大的生产能力,而过去国产和进口的生产设备多是每小时 5 ~ 12 吨的生产量,在施工旺季,这种生产速度显然无法满足施工的需要;除此之外,我国除部分胶粉改性沥青生产厂是整体新建外,大部分胶粉改性沥青厂是在原有的沥青库基础上建立起来的,这种情况下,用来安装胶粉改性沥青站及相应配套设施空间小,不仅生产量小,给胶粉改性沥青生产带来很多不便;其次这种沥青厂生产的成品只适应于周围短距离输送,对于远距离的需求单位达不到供货要求,限制了胶粉改性沥青的辐射范围。

基于此,交科公司研究人员通过市场调研并结合院研发中心相关技术参数确定初步方案,再通过改性沥青生产设备行业专家论证,最后通过定州基地对研发设备主体部分的现场验证,最终确定出连续式胶粉改性沥青移动设备的整体方案。该设备由 4 个模块组成:基质沥青换热系统、管式混料系统、导热油辅热系统、连续式胶粉改性沥青移动设备组装及控制系统。

基质沥青换热器采用阶梯式连续升温法,用 4 台 100 万大卡换热器串联,将炉内导热油盘管替换为基质沥青盘管,利用天然气火管直烧的方式给沥青快速加热,生产完毕后,将残余的基质沥青排出盘管。管式混料系统采用自研发管式混料器代替传统的立式反应釜,边上料边生产,节省了中间的等待环节,节能高效。导热油辅热系统是集燃烧器、焚烧炉、余热炉为一体,是一种高效、节能、环保的辅助热设备。设备组装及控制系统是在基质沥青进入换热器后,使胶粉及改性剂的喂入量、混料螺旋的转速及各阀门的开闭实现远程操控,效果如图 1 ~ 图 5 所示。

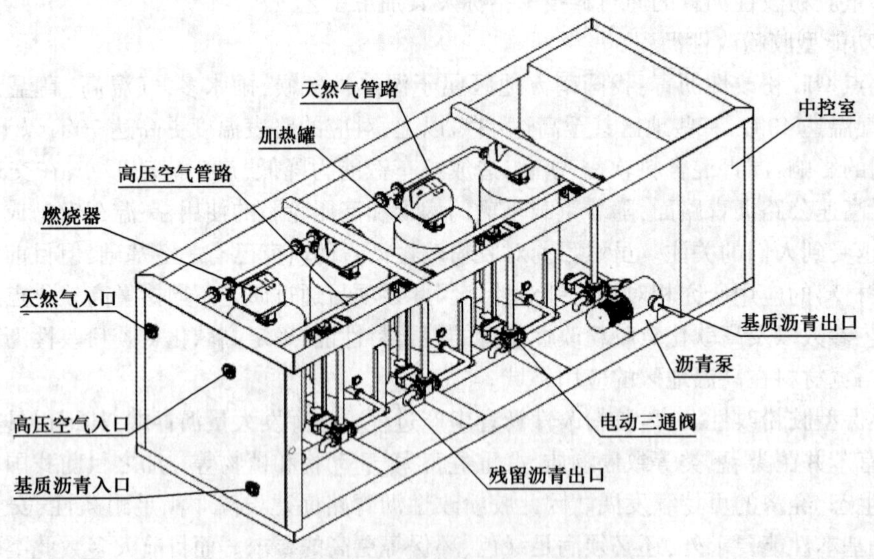

图 1　沥青高速换热器

该生产设备体量小,设计车载式胶粉改性沥青生产设备,克服地域限制,增大产品辐射范围。基于导热油锅炉加热原理,通过直烧的方式使基质沥青快速升温,节能降耗。基于螺旋搅拌推送原理,应用管式混料器实现连续化生产,节能高效。该设备是一套集沥青加温、计量上料、搅拌剪切、废气处理为一体的连续式胶粉改性沥青移动设备,有效解决生产指标不稳定、设备体量大、能耗高、产量低辐射面受限等诸多问题,对胶粉改性沥青生产及应用起到积极的推动作用,与传统设备的对比见表 1,生产对比工艺图如图 6 和图 7 所示。

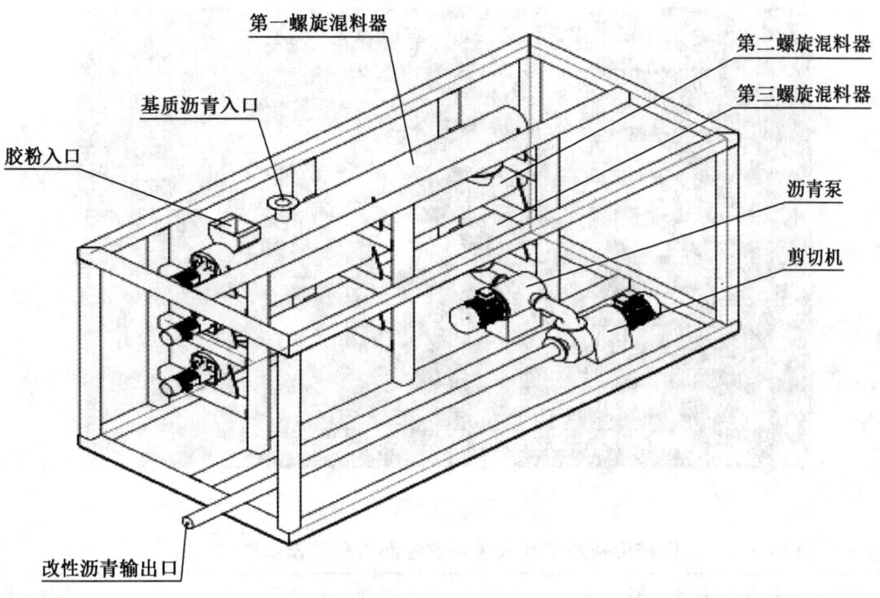

图2　管式沥青混料器

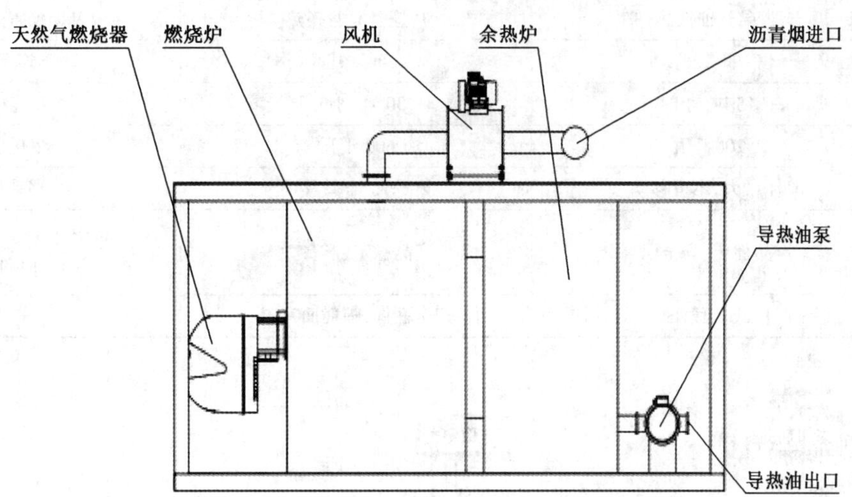

图3　导热油辅热设备

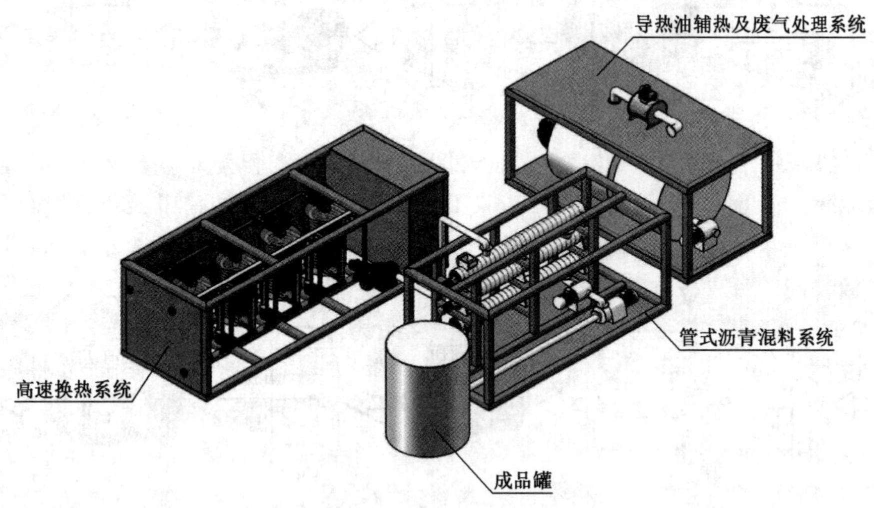

图4　设备效果图

图5　设备图

传统设备与连续式胶粉改性沥青移动设备对比　　表1

项　目	传 统 设 备	定州基地设备	新研发设备
搅拌方式	20 吨立式反应釜,8 组	6 吨立式反应釜,8 组	管式混料器
换热方式	导热油换热	反应釜火管换热	基质沥青火管换热
生产方式	间歇式	间歇式	连续式
生产效率	15 吨/小时	30 吨/小时	30 吨/小时
整机功率	200 千瓦	600 千瓦	200 千瓦
设备体量	体量大,不可移动	体量大,不易移动	移动设备
设备优点	产品稳定、安全性高	产品稳定、产量大	产品稳定、安全性高、产量大、可随项目移动
设备缺点	产量低、辐射面有限	安全性低、辐射面有限	

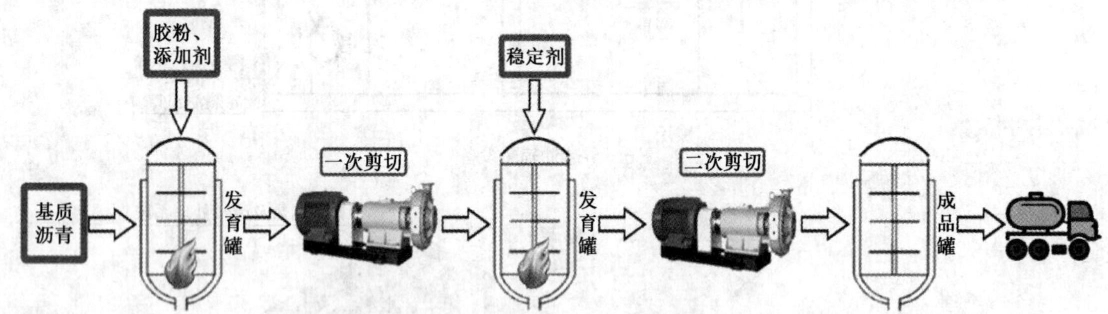

图6　传统设备生产工艺图

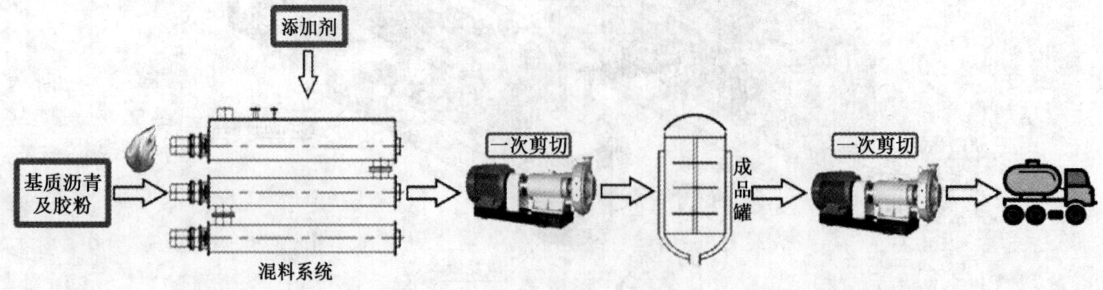

图7　连续式胶粉改性沥青移动设备生产工艺图

3. 安全方面

环保风管改造：2019 年技改以前由于设备缺陷发育罐和环保风管经常失火，技术改进以后避免了失火现象。技术改进前环保风管采用直抽沥青烟气入环保设备，过程中会产生很大油泥，遇高温和明火就会发生火灾。通过技术人员的创新改造，采用在环保风管里加装水循环和水喷淋，在环保风管里形成多个水幕墙，烟气入环保设备前遇水冷却形成油水并且把多余的油污带到环保水池，避免火灾形成。

生产线反应釜改造：2019 年技术改进以前由于反应釜内沥青加热火管高度过高，导致在为生产添加胶粉时，胶粉直接接触火管容易引起火灾发生，生产大掺量胶粉改性沥青的时候，基质沥青用量较少，胶粉也容易直接接触火管导致火灾。通过技术人员的创新改造，使反应釜内火管高度下调，大掺量胶粉改性沥青生产时基质沥青也能没过火管，胶粉加入顺畅，极大降低的火灾发生隐患。

(四)创新组织

加快企业创新发展步伐，推进胶粉改性沥青材料的研发推广应用工作，交科公司成立了由总经理任组长的创新发展推动小组，负责组织制定交科公司创新发展制度及实施方案，协调解决研发、生产、经营等环节各项问题，对各项工作进行指导、监督和检查，推动科研成果转化进度，保障交科公司创新发展水平。

小组以技术创新、安全生产、全员经营、降本增效为原则，提高企业创新发展水平。小组所做出的各项任务决定，由全体成员商讨共同决定可行性。小组定期组织会议，探讨研究目前胶粉改性沥青配方及生产工艺存在的问题，加快形成稳定的配方及生产工艺体系，制定相应的企业生产标准。同时加快移动式胶粉改性沥青设备、胶粉预处理技术配方和装备的研发，掌握胶粉改性沥青净味技术，解决生产和工程环保问题。除此之外，小组人员积极调查研究，丰富公司材料产品种类、加快企业多元发展，推进胶粉改性沥青衍生产品及其他相关产品的研发。小组成员需积极参与、按时参加小组会议，不能无故缺席，因故不能参加者应提前通知小组秘书并向负责人请假，并表明原因；会上各成员需积极踊跃发言。在会议召开期间，由小组秘书监督各成员是否对上次会议安排内容进行了认真思考及任务跟进，是否认真听取会议问题，是否认真记录会议问题等。在会议召开后，由小组秘书实时跟踪、监督组内各成员对上次会议安排任务的落实情况，并适当提醒进度较慢的成员加紧落实。除会议沟通之外，各成员以微信群形式进行队员之间的有效沟通，如有需要，还可以增加其他形式的沟通渠道。每次小组活动要求各成员积极参与，不得无故缺席。对于小组的各项培训，各成员全心投入其中，保质保量完成。

(五)支撑保障

1. 投入经费

交科公司注重安全管理，于 2019 年投入安全经费 60 余万元，并多次发放职工劳动保护用品，对生产设备及时维修，并邀请专业人士进行安全技术服务，保障公司安全生产。

交科公司于 2018 年成功认定为高新技术企业及河北省科技型中小企业，于 2018 年投入科研经费 551.78 万元，2019 年投入研发经费 586.7 万元。

2. 组织机构

交科公司于 2019 年 2 月成立质量安全部，结合定州生产基地安全部共同完善管理制度，定期进行隐患排查，并限期整改，积极组织应急救援演练及各项安全培训，并完成风险管控与隐患排查治理体系的建设，为公司安全生产提供有效保障。

于 2019 年 3 月成立创新发展推动小组，加快企业创新发展步伐，推进胶粉改性沥青及其他路用材料的研发推广应用工作。

四、实施效果

(一)管理水平

通过推进企业创新管理，提升科技创新水平目标的构建与实施，交科公司从技术、安全管理等方面取得了质的飞跃与提升。

技术管理方面:交科公司成立创新发展推动小组,并定期召开会议,针对发展方向、技术创新、设备创新等方面进行商讨决议,公司领导层直接对技术人员的工作进行安排部署,确保技术的创新的连贯性及稳定型。

安全管理创新:交科公司通过对制度更新、设备改造、体系建立等方法确保安全生产。严格依法认定、适度从严的原则,从实际出发,适应我国当前安全管理的体制机制,保护事故伤亡人员及其亲属的合法权益,维护社会稳定,加强安全生产监管职责的落实,消灭监管"盲点",促进安全生产形势的稳定好转。

2020年交科公司对"双控"机制建设进行了统一的安排部署,通过全员培训、集中隐患排查等方式方法,提高了职工的安全分析判断能力和应变能力,使全员预防预控能力和综合技能得到了切实的提高,各种安全活动处于科学运行的状态,促进了员工安全思想从感性层次到理性层次的提升,且使职工明确了设备操作流程,规范了各类安全作业现场,界定了各方安全管理职责,形成了有针对性的目标化控制更提高了企业安全生产管理水平,形成了系统科学的安全管控长效机制,提高了企业安全生产的基础,促进了安全管理整体水平的提高。双控机制建设开展以来,公司保持了安全稳定的良好发展态势,未有安全生产责任事故发生。

(二)经济效益

①随着经济的快速增长,道路工程建养材料的需求也大幅度增加。目前,SBS改性沥青的单价在12000元/吨左右,而普通胶粉改性沥青的单价却只有2000元/吨左右。在性能不相上下的前提下,胶粉改性沥青较SBS改性沥青相比,胶粉改性沥青价格低廉,可节约造价11%左右,且胶粉沥青中胶粉掺量越高,成本越低,假如每年修建高速公路用100万吨胶粉改性沥青替代SBS改性沥青,可降低成本至少5.1亿元,通过回收废旧轮胎来变废为宝生产出来的胶粉改性沥青,每年都可以为国家节省大量的资金。

②胶粉沥青路面的使用,降低了运输成本,有利于改善道路服务能力,增加路面使用寿命,行车舒适,提高使用者效率,从而间接产生更大的经济效益。

③移动连续式胶粉改性沥青生产设备,有效解决生产指标不稳定、设备体量大、能耗高、产量低等诸多问题,同时达到相比类似改性沥青生产设备能耗下降20%,废气处理运行成本下降50%,提高胶粉改性沥青产量,节能减排,克服地域限制,进一步实现降本增效的目标,为提高市场竞争力起到举足轻重的作用

④2019年,交科公司生产销售胶粉改性沥青5.8万吨,收入8493万元,缴税288万元,对促进社会经济的健康发展做出较大贡献。

(三)社会效益

①胶粉改性沥青路面可以带动宏观经济的增长,利用地方闲置劳动力增加就业机会和收入,并能在一定时期内带动地方经济的发展,增加地方人民收入。

②胶粉改性沥青铺设的路面具备良好的高温稳定型和低温抗裂性可以节约时间成本和运输成本,减少交通事故,提高行车舒适性,也可以对极端天气地区的路面进行铺设,改善交通条件,提升旅游景区质量,有效促进沿线旅游业的快速发展。

③胶粉改性沥青路面的路用性能较普通沥青路面有很大程度的提高,延长路面使用寿命及耐久性,降低噪声污染,路面破坏现象得到改善。

④胶粉改性沥青面层铺筑厚度比其他沥青路面可减少30%以上,而寿命可达到10年以上,相当于普通沥青路面的两倍,且路面黏附性强,可极大程度上避免行车过程中集料飞散现象。

(四)生态效益

①胶粉改性沥青的应用对生态环境起到了巨大的改善作用,胶粉是废旧轮胎粉碎而成,不仅价格低

康，且实现了橡胶资源的再生和利用，避免了处理橡胶时对环境造成的污染，节约废旧轮胎的占地面积，为废旧橡胶资源回收再利用及保护环境方面作出极大贡献。

②交科公司针对胶粉改性沥青在生产和铺筑过程中气味较大问题，研发出胶粉改性沥青净味剂，胶粉改性沥青净味剂抑烟净味效果明显，对胶粉改性沥青的生产铺筑过程起到明显效果，通过对胶粉改性沥青净味剂的应用，交科公司研发推荐出不同型号、不同排放标准的胶粉改性沥青用抑烟净味剂并提出胶粉改性沥青用废气排放的地方标准，对环境保护方面作出了极大贡献。

③废旧橡胶轮胎属于工业固体废料的一大类。橡胶属于大分子聚合物，分解需长达数百年的时间，破坏植被的生长，且易滋生蚊虫，危害人类健康，危及生态环境。处理废旧橡胶轮胎成为我国解决环境污染的有效途径之一。将废旧轮胎制成橡胶粉用于沥青路面，保护了人类赖以生存的自然环境，因而废旧轮胎胶粉改性沥青具有很大的市场潜力。

大力拓展公铁联运
实现物流运输企业可持续发展

河北万合物流股份有限公司邯郸华通分公司

成果主要创造人:李　卫　孔国强

成果参与创造人:张　磊　郝　栋　郑子广　宋志君

河北万合物流股份有限公司是万合集团股份有限公司(原邯郸交通运输集团)下属控股子公司,由万合集团整合物流业务组建而成。公司注册资本1亿元,现下辖10个分、子公司及冀南公铁港综合物流中心。公司拥有各类货运车辆6600余部,天车、吊车、铲车和叉车等专用物流设备200余台,标准仓储库、海关保税监管库和堆场面积达到11万余平方米,物流业务辐射全国20多个省市。公司被评为5A级综合物流企业、交通运输部重点联系道路运输企业、中国物流实验基地、交通运输部和国家发展和改革委员会确定的甩挂运输试点企业,被中国交通企业管理协会评为全国交通运输行业重点联系物流园区,公司通过了ISO9001质量管理体系审核认证。

华通分公司是河北万合物流股份有限公司下辖分公司,主营业务包含:①公路运输业务。公司本着"快捷、高效、安全、经济"的原则,利用雄厚的车辆资源、完备的物流网络、高效的管理体系和专业的服务团队,为钢铁、电力、水泥、煤化工等生产制造企业提供原材料及产成品的大宗散货公路运输服务。主要客户有:河北钢铁、邯峰电厂、冀中能源、金隅水泥等大型企业。②商品贸易业务。公司结合大宗散货公路运输业务,延伸服务链条,拓展物流服务内容,开展煤炭贸易业务,建有6个储煤基地,形成了经销、加工、运输一体化服务。③"一站式"综合物流服务。依托物流公司下属的冀南公铁港综合物流中心紧邻京广铁路、京珠高速和107国道,公铁港内拥有一条铁路专用线,联接邯长、邯黄铁路,直通黄骅、天津、青岛等港口,可为客户提供多式联运服务、陆路口岸服务,以及仓储配送、流通加工、商务信息等多功能一站式服务。④物流金融服务。依托良好的企业信誉,与银行等金融部门开展合作,为客户提供便捷、安全的质押监管物流金融服务,并逐步渗入客户原材料和产品的采购、运输、销售环节,以整合社会资源,实现向供应链管理转型。

一、实施背景

随着大气污染问题的日益严峻,发展低碳经济已得到国际社会的普遍重视。对我国而言,为响应国际社会的号召,并推进我国经济、社会可持续发展,国家对治理大气污染、降低碳排放给予了高度重视。在众多的碳排放来源中,交通运输行业是比重相对较大的一个。因此发展低碳运输是促进节能减排的重要手段。

随着当前产业政策的调整和政府环保力度的不断加大,《交通强国建设纲要》明确提出推进大宗货物及中长距离货物运输向铁路和水运有序转移。国家明确指出要减少公路货运,鼓励发展铁路运输。限行限超、提升油价等因素增加了煤炭贸易企业的运营成本,以公路为运输方式的煤炭贸易已经显露出诸多弊端。与公路相比,铁路具有运量大、排放少的优点,因此,面对新政策,煤炭贸易企业应该顺应政策导向,由公路运输逐步转向以铁路为主的运输方式,从而实现物流运输企业可持续递增发展。提高整个运输行业中铁路的运量比重将是优化交通运输结构、发展低碳运输的有效措施。增加铁路运输量,减少公路运输量也体现了交通运输业向着更加专业化的目标协同发展，同时，对于实现交通运输业的环保目标、缓解道路交通压力都大有裨益。但受运输装备、运输服务的限制，铁路运输在煤炭运输市场中的作用尚未得到充分发挥，目前煤炭运输仍以中长距离运输为主，铁路运输在煤炭运输市场中具有很大的发展空间。华通分公司清楚地意识到了这一点，积极探索公铁联运创新发展的可能，在工作中实践铁路运输，实现企业的可持续发展。

二、成果内涵

从2018年煤炭贸易业务以来，华通分公司的公路运输全年煤炭贸易量达到15万吨。2018年11月开始着手运作铁路贸易，前期做了大量准备工作，逐步尝试一些小规模的铁路贸易发运。进入2019年，受国家政策调整，公路煤炭运输全面停止，为使煤炭贸易不受影响，华通分公司正式启动铁路发运。2019年全年铁路发运量达到40万吨。因当前公路运输严重萎缩，铁路发运量已大大超过了公路发运量，铁路贸易为华通分公司长远发展打下良好的基础，成为煤炭贸易的主要运输方式。正当华通分公司逐渐完成煤炭贸易公转铁运输方式过程中，主要下游终端客户已不再采购公路运输的市场煤炭，这也印证了前期的预判。

通过一年的实践验证，华通分公司积累了一定的铁路贸易经验，建立了比较成熟的铁路运作流程，逐步发挥出铁路贸易运输的优势，最终形成了一套适应铁路煤炭贸易的新运作模式，并且培养了一批头脑灵活、踏实吃苦、有创新实干精神的业务人员。接下来，华通分公司紧跟政策，不断完善新运作模式，不断总结经验，打造一支更具创新力和战斗力的专职铁运业务团队。

三、主要做法

（一）破解物流运输发展困局，提出物流运输新思路

华通分公司的基本发展思路是：本着“快捷、高效、安全、经济”的原则，利用雄厚的车辆资源、完备的物流网络、高效的管理体系和专业的服务团队，为钢铁、电力、水泥、煤化工等生产制造企业提供原料与产成品的大宗散货运输服务，实施货物全程运输管理，有效降低客户物流成本，提高运营效率。以打造优秀物流企业为统领，坚定可持续发展不动摇，积极探索“公铁联运”发展模式，把华通分公司做成区域性知名品牌的优秀物流企业。

2018—2019年，华通分公司坚持以市场为导向，以客户为中心的发展思路，探索开展新兴业务，审时度势、抢抓机遇、齐心协力、开拓创新，企业实现了稳步发展。

（二）分析市场需求，通过深度挖潜优质老客户实现创收增效

煤炭招投标进展基本顺利，累计投标50个项目，中标率100%。2018年运量25万吨，2019年运量达到了40万吨。

较好地巩固了河北钢铁集团峰峰发电项目。河北钢铁集团这些年运作过程，也是华通分公司不断完善自我、积累经验的过程，针对项目运作过程中出现的问题，通过召开专题会，分析原因、查找漏洞、总结经验，维护了河北钢铁集团业务的长期稳定。尽管这几年参与投标的公司越来越多、竞争越来越激烈，但其凭借丰富运作经验、扎实企业功底和良好的口碑，一次次中标该业务，实现了河北钢铁集团多个项目的业务合作，实施了铁精粉和喷吹煤的运输业务，河北邯峰发电有限责任公司的煤炭贸易与运输业务等，较好地与客户维持了稳定的关系，业务开展顺利。

（三）完善远程监控，搭建网络货运平台，信息化水平进一步提高

借助信息技术提升运营管理水平是物流业强化管理的有效手段。为实时掌握运输过程车辆、货物的状况，万合物流研发运营了信息管理平台、车祸对接平台和调度监控平台实现了海关库监管、仓单质押、仓储管理、车辆监控调度、车货信息发布查询、运输管理、车辆增值保证登全方位物流信息服务，并对运输车辆监控联网情况进行完善升级。收集企业需求的信息，低成本集中采购相关设备及辅料，并安排专人进行安装和维护。全球定位系统（GPS）设备累计安装42台。所有货运车辆全部联网，便于对运输

全流程进行监控,督导路线正班正点、规范库区生产行为,一旦发生货损货差,可追溯源头,落实责任。通过提升远程管控能力,有效提高了运营管理水平。

为更好开展业务,充分发挥网络货运平台作用,多次组织技能培训,安排与“网络货运业务”相关的业务骨干参加培训,要求业务相关人员“人人懂系统,人人会操作”。网络货运平台的上线运行,为华通分公司实现线上、线下同步发展奠定了基础,为开拓新业务、探索新模式,适应物流业发展新趋势,打造网络货运平台型物流企业迈出了坚实一步。

物流业务开发方式的转变对信息化水平提出了更高要求。针对公铁联运的新情况,在认真研究政策基础上,华通分公司与北京铁路局和太原铁路局签订合作协议,搭建铁路货运平台,制订了铁路运输方案并加紧实施,依托先进的铁路信息管理系统,提高运输途中的可控度与透明度,逐步实现公铁联运,降低成本费用,增加企业的可持续发展能力。

(四)实现公转铁,打造公铁联运,为公司持续发展取得新突破

1. 正确认识公、铁运输的特征及优缺点

(1)公路运输的优缺点

公路运输机动灵活、简捷方便、应急性强,能深入到其他运输工具到达不了的地方。且公路货运适应点多、面广、季节性强的货物,除此之外,公路货运是空运班机、船舶、铁路衔接运输不可缺少的运输形式。随着公路建设的现代化以及运输车辆装备的大型化,公路运输是实现集装箱在一定距离内“门到门”运输最好的运输方式。

但是公路货运存在的问题也不少,比起铁路货运来,公路运输的运输单位小,运输量和汽车台数与操作人员数成正比,产生不了大批量输送的效果。在涉及大宗货物的运输方面,动力费和劳务费成本较高,特别是在货物的长距离输送中,这种缺点更为突出。

(2)铁路运输的优缺点

铁路是国民经济的大动脉,铁路运输是现代化运输业的主要运输方式之一,拥有其他运输方式不可比拟的优势:

铁路输送能力强。一列货物列车一般能运送 3000 ~ 5000 吨货物,远远高于汽车运输的 30 吨。从 2020 年开始,公路运输每年 12 万吨,铁运输运量达到每年至少 60 万吨。

铁路运输成本更低。铁路运输费用仅为汽车运输费用的几分之一到十几分之一,运输油耗约是公路运输的 1/20。在严格的环境政策下,国Ⅲ标准的货车被取缔,由于车辆的减少和更换货运车辆的费用增加,公路运输成本相比较以前更高。

铁路运输准确性和连续性更强。较少受天气、季节等自然条件的影响,能够保证运行的经常性和持续性。身处北方,冬天强降雪天气封路是较常见,严重影响到正常货物供应。

铁路是互相衔接的整体,便于统一指挥和管理,计划性强,时间准确性比较高。且铁路运输速度越来越快,每个昼夜可达几百公里,一般货车可达 100 公里/小时,远远高于公路运输。北京铁路局和太原铁路局承运,相比较公路承运更加有保障。

铁路运输规避了公路运输的风险,安全程度更高。公路运输交通事故的发生率比较高,经常会导致货物损失,而铁路运输这方面的安全隐患比较小,发生安全事故的概率远远小于公路运输。

铁路货物运输固然有其优势,但其特点也决定了其必然存在弊端:由于在专线上行驶,而且车站之间距离比较远,缺乏机动性,此外,运输起点和终点常常需要汽车进行运转接驳,增加了货物的搬运次数,同时也增加了堆场仓储等费用。

2. 积极推进公铁联运,打造高效统一、安全简便的货运方式

公铁联运就是充分发挥铁路骨干运输的优势,充分发挥公路灵活多变、快速的特点,为客户提供一票式门到门的运输服务。这种运输方式的优点在于:运输高效、手续简便、责任统一。

在公铁联运方式下,所有运输事项均由联运承运人负责办理。而货主只需办理一次托运、订立一份

运输合同、支付一次运费、办理一次保险，并取得一份联运提单，与各运输方式相关的单证和手续上的麻烦被减少到最低限度。发货人只需与联运经营人进行交涉。由于责任统一，一旦在运输过程中发生货物灭失或损坏时，由多式联运经营人对全程运输负责，减少运输过程中的时间损失，使货物运输更快捷，更安全。

公铁联运能减少在运转地的时间损失和货物灭失、损坏、被盗的风险。企业通过联络和协调，在运转地各种运输方式的交接可连续进行，加快货物的运输速度，从而弥补了与市场距离远和资金积压的缺陷，节省了运杂费用，降低了运输成本。公铁联运还可以提高运输的组织水平，实现货物的连续运输，可以把货物从发货人的工厂或仓库运到收货人的仓库或工厂，做到了门到门的运输，使合理运输成为现实。

通过公铁联运，加大了铁路运输的运量，充分发挥铁路运输的优势，2019 年全年铁路发运量达到 40 万吨，2020 年预计突破 70 万吨。因当前公路运输严重萎缩，铁路发运量已大大超过了公路发运量，铁路贸易为企业长远发展打下良好的基础，成为公司煤炭贸易的主要运输方式。

（五）采取自有车队和短运外包，实现公铁联运的无缝对接

过去铁路运输到站后，“站到门”“门到站”都是货主自行联系短倒，从业人员素质良莠不齐，市场价格混乱，没有统一标准。一方面货主苦不堪言，另一方面利润白白流失，这与现代化物流服务理念是不相符的。只有将各个环节都做好，而不是简单的中间运输或“最后一百米”运输，才能做好“门到门”运输。

近年来，公司运营管理车辆 42 辆，通过和其他运输企业合作等多种方式，通过站到门、门到站短途运输把铁路和公路运输对接起来，利用精细化管理理念和现代物流科技成果加强对车队的统一管理。一是统一标识，统一了公司车辆的外观形象。二是统一工作标准，对所有驾驶员定期进行培训，内容包括安全、服务等各个方面，提高服务质量。三是统一收费标准，杜绝运价的随意性。四是加强管理，加大科技投入，每台车辆都装有追踪定位系统，固定运输线路，加强运输车辆的人员、成本控制。通过这些举措，有效地延长了铁路运输的服务链条，实现了公铁联运对接。

（六）实施财务共享、强化清欠，降低贸易风险

资金管理是企业发展过程中的重点工作，有效的资金管理可以在很大程度上提升资金利用率，避免出现资金风险。同时也可以增强企业在社会市场中的竞争地位，实现企业可持续发展。

1. 财务共享的特征及优点

财务共享服务的核心理念是以技术手段替代人工财务会计过程，促使基层财务人员的服务转型升级，提供财务分析、风险控制、价值创造方面的增值服务，从而达到不断优化企业运营流程和提升资源使用效率的目的。

①财务共享可以为企业节省更多人工成本，在传统企业的发展中，财务部门会应用超过百分之八十的人力资源，展开简单的财务记录工作以及活动控制工作，这是对人力资源的浪费。在实行财务共享后，能够将工作人员安置在适应其发展的工作岗位中，防止重复工作与重复岗位情况产生。

②财务共享还可以节省更多管理成本，能够对相应业务流程与准则进行规划与完善，使得多余、重复工作和岗位被取消。

2. 财务共享的运行效果

积极推进财务共享，会计核算和财务控制集中化，公司的财务部门只需要将凭证按照规章制度发送给共享中心的工作人员，各项业务就会按照统一的标准流程进行财务处理；业务流程标准化，一方面统一了账务处理，以提高财务人员的工作效率；另一方面其完善了企业的财务制度，增强了对现金流入、费用支出的管理和控制，同时也进一步增强了集团公司对子公司和分公司的决策权。明确共享中心工作职责、岗位设置、票据传递流程，制订了财务共享相关制度，按共享中心流程标准和审批要求，顺利通过审核后，方可付款，保障公司资金的安全性。

3. 强化清欠,保障资金安全

加大应收账款回收力度,每周召开专题调度会,逐笔核对确定责任人,跟踪账款回收进度,减少资金占用,加快资金周转速度,避免形成呆坏账,防范资金风险。除此之外,在煤炭贸易中采用分次付款方式,煤炭到厂化验合格后,付给煤矿 70% 资金,月底全部完成计划贸易量,且各项指标均达到合格后,支付剩余的款项,通过这样的结算模式,规避了煤炭贸易的风险,降低财务费用。对内强化定期督导,按时结算,逐步形成了良性循环,降低财务费用。保障公司资金科学合理使用。

(七)调整机构设置,提升组织运行效率和绩效考核水平

当前社会经济的快速发展,对企业的运行管理产生了重要影响,企业的管理服务内容、管理方式等方面都发生了重大变化,企业要想获得长远发展,就要制订科学合理的绩效考核管理制度,加强内部管理,这就要求企业要根据发展战略,调整机构设置,进一步创新、丰富管理理念,优化管理模式,为公司的持续发展提供基本保障。

1. 绩效考核管理体制的优点

完善的企业绩效考核管理体制,可以有效提高企业管理的水平,确保生产经营活动的正常有序开展,同时还能更加公正、客观地对企业内部员工进行业务能力的评价,充分发挥人力资源的价值,更加深入地挖掘员工的内在潜能,帮助企业创造更多的效益及价值,促进企业的持续发展,促进企业核心竞争力不断提升。绩效考核管理不仅可以对企业的业务人员与工作落实情况进行监督考核,也可以促进企业不断优化运行管理模式,对企业的长远发展具有积极意义。

2. 开展绩效考核管理过程中的问题

(1)没有认识到绩效考核管理的重要性

传统的管理是利用企业内部的规章制度来约束员工的言行,让员工根据目标规范来开展工作。为了确保具有不同职业素养的员工在工作中保持一定的协调性,管理层只能对全体员工加强管控。但是在企业管理日渐规范,员工素质水平不断提高的今天,企业高强度的管控只能让员工产生反感、抵触的情绪,员工无法积极主动地开展本职工作。因此必须要调整管理理念,将管理的重心从传统的"管",转向现代化的"理",利用绩效考核的方式,使员工的个人所得与自身在岗位中的劳动成果直接挂钩,让员工感受到多劳多得的成就感和荣誉感,通过自身努力工作,不只是为了企业,更是为了充分发挥自己的价值。基于此,员工的心结被"理"顺之后,将进一步体现自身的潜力和价值。

(2)绩效考核管理体系缺乏科学性

对于绩效考核管理体系的制定,要系统性规划,结合企业自身实际情况进行设计,不能只是参照其他大企业制定或执行,对考核目标进行简单的设定,导致考核分配方式比较单一,同时绩效考核管理的公平性难以得到保障,员工之间存在很大的分配差距,这就会引起员工对现行的分配制度不满意。此外,还要注意分配与个人实际绩效不相符的问题,有些员工是利用公共资源而取得较高的业绩,而不是通过个人能力实现,这就说明在绩效考核体系在设计上不科学,漏洞明显,绩效考核的目标将无法达成。

(3)绩效考核的结果没有得到充分利用

开展绩效考核,就是为了运用考核结果来开展更有效的管理。充分利用考核结果,才会让员工重视考核工作,继而在工作中激发创新能力,提高工作积极性,保证工作效率,使企业管理有效开展。有些企业在实行绩效考核管理后,发现部分员工收益过高,便会发生不兑现考核政策的情况;有些企业会对绩效考核实施人为干预,考核结果的公平性、真实性大打折扣;有些企业只开展考核环节,而没有考核结果的公布。企业中能力业绩突出的人才得不到应有的重视,人才流失现象严重,而企业中能力不足员工的待遇与表现优秀的员工的待遇基本相同,这对于企业发展十分不利。

3. 提升绩效考核管理的有效措施

(1)认识到绩效管理的重要性

首先,领导层要调整管理理念,运用绩效考核管理来引导员工积极工作,还要提高自身对绩效考核的理解与认识,明确掌握绩效考核实施的目的及模式,充分发挥绩效考核管理的引导作用,促使员工保持与企业一致的发展目标。

其次,绩效考核的目标要明确。在结合自身发展实际的基础上,对绩效考核的目标进行设定,为其他管理措施的实施提供保障。

再次,将绩效考核与企业发展战略进行关联,绩效考核要和企业的发展同步,这样才能确保绩效考核实施的长期性、延续性。

(2)建立科学的绩效考核管理体系

首先,科学的绩效考核管理体系可以有效吸引优秀人才的加入,同时也能激发现有员工的工作热情。利用信息技术来优化设计绩效考核管理体系,借助高科技管理手段来对绩效考核的相关数据进行测算,使绩效考核的科学性大大提升。

其次,在分配比例上要确保科学性,企业内部根据不同的职业级别或岗位设置,设定更具针对性的考核指标和分配系数。

(3)重视并运用考核结果

企业实施绩效考核,就要有公平公正、科学合理的考核结果,并根据考核结果制订奖惩措施,否则绩效考核的开展将失去意义。

在绩效考核开始前要制订完善的考核方案,并保证员工熟知考核内容,掌握考核的流程与标准,减少人为干预。考核过程中要及时沟通,方便及时发现考核中出现的问题,为考核工作的优化收集更多信息。考核结束后要公示考核结果,收集结果反馈意见。

考核审核机制也是必不可少的,以便对考核结果存在异议的员工进行复核,对结果有误的及时进行更正。除此之外,要及时兑现与员工薪资相关的制度条款。对于考核中表现优异的员工,还要进行重点培养,并将考核结果作为员工晋升职级的依据,确保考核结果得到充分应用,进而更好地激励员工开展工作,提升员工工作积极性,使全体员工对绩效考核加以重视。

4. 提升组织运行效率的其他措施

定期对人员信息进行核实,保证了信息的准确性、完整性和真实性,方便了对员工实行动态管理,为员工晋升、调动等人事变动提供了参考依据,为加强人才梯队建设、做好人员储备提供真实可靠信息。

为充分调动各业务部门的积极性,号召人员积极学习,争做创新创效工作,出台了相应的管理办法,积极推进公司业务发展。除此之外,通过拓展工作思路、开发大客户、挖潜老客户千方百计想办法增加利润点,力争实现效益年年增长;以优秀部门为榜样,积极寻找新项目,力争多创效、创长效。激励办法的实施,既提供了学习标杆,又制订了鞭策方案,让各部门既有学习目标,也有经营压力,充分调动了大家见贤思齐、赶超先进、努力工作的积极性,取得了一定的效果。

(八)成立创新小组,打造高效运输团队

"康泰之树,出自茂林,树出茂林,风必折之。"在一个企业里,由于大家的心态、观念、能力的不一致,难以高效地完成组织目标,导致很多工作进展缓慢。管理学大师彼得·德鲁克强调,企业的关键是"让员工众志成城,调动员工的积极性与潜能,为企业创造绩效",因此,建设高效团队尤其显得重要。

首先要具备快速行动能力,如果一个团队做事犹豫,这样的团队肯定没有竞争力,也没有战斗力。其次还要有适当的压力,有压力才能有动力,如果员工没有压力,工作就不会有主动性;同理,如果一个团队没有压力,那么整个团队的成员都会懒懒散散,人浮于事,无法出成绩。给团队适当的加压,才能激起成员的昂扬斗志,才能够让成员有危机感。领导必须检查工作结果,这样员工在做工作的时候才能认真地去做,一旦检查出问题就严格考核,这样员工才能重视起来。

建设高效团队,每一位团队成员要自我的深入认识,明确各自具有的优势和劣势、对工作的喜好、处理问题的解决方式、基本价值观差异等,通过这些分析,最后获得在团队成员之间形成共同的信念和一致的对团队目的的看法,以建立起团队运行的游戏规则;每一个团队都有其优势和弱点,找出团队目前的综合能力对要达到的团队目的之间的差距,以明确团队如何发挥优势、回避威胁、提高迎接挑战的能力;每一个团队成员还要有明确的目标和方向,为了能够激发团队成员的激情,应树立阶段性里程碑,使每一位员工对任务目标看得见、摸得着。

除此之外,在团队遇到困难或障碍时,如何握时机来进行分析与解决,以及面对内、外部冲突时应在什么时机进行舒缓或消除,或者在何时何地取得相应的资源支持等,都必须心中有数。团队内部各个成员之间应有明确的岗位职责描述和说明,以建立团队成员的工作标准。

团队要高效运作,必须要让团队成员清楚地知道为什么要加入这个团队,这个团队运行成功与失败对他们带来的正面和负面影响是什么?以增强团队成员的责任感和使命感。这是很多企业团队建设中都容易忽视的问题,可能也是导致团队运行效率低下的原因之一。将激励机制引入团队建设,可以使团队荣誉、薪酬或福利增加、以及职位的晋升等,增强团队成员的责任感和使命感,打造高效运输团队。

四、实施效果

(一)社会效益

公铁联运模式用实际的行动响应了建设美丽中国的号召,践行了绿水青山就是金山银山的理念。减少公路货运量,改为更加节能环保的铁路货运,用有效的举措还大自然一个碧水蓝天。仅唐呼线铁路,就相当于每天在京津冀区域内缓解并减少3506辆重载卡车对道路交通和空气污染的影响,污染物排放仅为公路的8%。公铁联运模式不仅仅减少了诸如京津冀等城市的拥堵,还减少了公路运输汽车尾气的排放量,更节省了非可再生石油资源的消耗。截至2020年6月,火车站台已经实现棚化,减少了装卸过程中的粉尘污染,更加环保。绿色环保的铁路运输社会效益,让现代物流可持续发展成为砥砺前行的勿忘初心。

邯郸作为一个地处交通重要枢纽的城市,从事煤炭贸易业务有着天然的优势。万合物流在邯郸地区是传统的老牌公路运输物流企业,在当地具有较强的实力。大力发展铁路煤炭贸易这一创新点,改变以往公路为主的传统运输模式,积极探索,开创适应现代经济发展和政策导向的贸易方式,更好地适应和引领当地的经济形势,提升万合集团的社会影响力。

(二)风险控制

铁路运输对于时间的把握更精准,且发生交通事故的风险更低。在发展初期为了降低运输风险,须根据实际情况,制订相应的工作制度和风险防范措施。尤其对远程货物运输,由于运送时间长,发生不可控风险可能性更大,需要特别注意。因为铁路运输不能够做到门对门服务,因此需要注意铁路运输的时效性,对货物的转乘制定严格的措施,以保证货物的安全,提高效率,降低运输风险。

(三)经济效益

公铁联运模式经得起市场经济的检验。火车一响,黄金万两,这是社会对铁路运输拉动区域经济发展最大的褒奖。相对于公路运输,铁路运输因为其运量大、运输成本低、安全稳定性高等等因素,一直成为物流市场大宗货物的运输选择。拿关乎于切身利益的货物运输价格为例,铁路单位货运周转量的能耗仅为公路的15%,相同的货物选择公路与铁路不同的运输方式,所付出的物流成本是截然不同的两个版本。特别是在现代物流格局下,唯有通过不断压缩中间物流运输成本,把物美价廉的商品反哺于客户,这才是企业立足市场、尊重市场、赢得市场的核心竞争力。公铁联运模式不仅对社会综合交通运输体系中公路与铁路运输结构进行了调整,而且还优化和整合了现代物流资源,让绿色、节能、高效的现代物流运输可持续发展成为共识。同时解决了铁路运输不能门到门、户到户的弊端,打通社会综合交通运输体系互联互通的"最后一公里",把铁路运输改革与发展取得的殷实红利释放于物流市场,谱写现代物流运输新篇章。

根据现有的铁路贸易量初步估算,大力发展铁路贸易运输,每年可多产生120万元的利润。随着公改铁项目的发展成熟,华通分公司在原有基础上开拓下游终端新业务客户,承接各类大宗散货,与铁路贸易运输需求的客户合作,进一步提升盈利空间。

探索搭建新时代党建信息化管理新途径

中车眉山车辆有限公司

成果主要创造人:吴晓东　潘树平

成果参与创造人:王云东　徐天鹏　陈俊义　周　锐　朱晓峰　高月琴
黄　盼　姚　煜

中车眉山车辆有限公司(简称"眉山公司")隶属于中国中车长江集团,位于四川省眉山市东坡区崇仁镇,始建于1966年,是响应国家大三线建设的大型国有企业之一。经一代又一代眉山公司人的艰苦创业、开拓奋进与创新发展,现已逐步形成"奋进自强、争创一流"的红色文化和企业精神,是我国铁路货车新造的主导企业之一,也是新型大轴重货车的主要研制企业,更是轨道车辆制动系统的主导企业和紧固件行业标准制定企业,位居行业三强。公司的主营业务是铁路货车、制动系统、紧固连接系统和物流装备。具备年产铁路货车8000辆,铁路车辆制动产品60000套,紧固件4000万套,专用汽车1500辆的能力,是国内首家铁路货车整机批量出口的企业。

眉山公司党委始终深入贯彻落实党的十九大精神和全国国有企业党的建设工作会议精神,坚持以习近平新时代中国特色社会主义思想为指导,坚决贯彻新时代党的建设总要求,紧紧围绕公司改革发展实际,以打造中车党建"金名片"为主线,深入推进公司党建信息化管理体系建设,创新党建工作方式方法,以一流党建引领高质量发展。公司现有员工2800名(在岗2553人),党员1340名,设置基层党组织42个,党小组176个。

一、成果实施背景

(一)实施信息化管理是加强党的建设的重要举措

习近平总书记在十九大报告中明确提出,增强改革创新本领,保持锐意进取的精神风貌,善于结合实际创造性推动工作,善于运用互联网技术和信息化手段开展工作。中国特色社会主义事业是改革创新的事业,党要站在时代前列带领人民不断开创事业发展新局面,必须以改革创新精神加强自身建设,始终成为中国特色社会主义事业的坚强领导核心。进入新时代,信息化是一个显著特征,深刻地改变着党的工作要求和发展环境,给党的工作带来了新的考验。眉山公司必须适应新时代的新要求,广泛运用信息网络技术创新党建方式方法,进一步提高党建工作效率,进一步提升党组织的凝聚力和战斗力。

(二)实施信息化管理是落实全面从严治党要求的重要支撑

习近平总书记在全国组织工作会议上指出,加强党的基层组织建设,关键是从严抓好落实;同时指出,要探索加强新兴业态和互联网党建工作,扩大党在新兴领域的号召力和凝聚力。落实全面从严治党要求是各级党组织的重要职责,必须覆盖到各党组织层面、全体党员层面,针对当前党员队伍中出现的人员分散、流动党员等现实问题,通过现代信息技术从全方位立体地加强对党员和党组织的管理,进一步创新活动方式,扩大基层党的组织和工作全覆盖,有利于把全面从严治党的要求真正落到实处。

(三)实施信息化管理是加强党员教育管理的新途径

党员队伍建设是党的建设的基础,习近平总书记在十九大报告中强调,党支部要担负好直接教育党员、管理党员、监督党员和组织群众、宣传群众、凝聚群众、服务群众的职责,引导广大党员发挥先锋模范作用。进入新时代,互联网、手机等新兴媒介成为思想交锋、舆论争夺的重要阵地,同时也为党员教育管理工作开辟了新的领域,带来了新的机遇和挑战。针对现阶段党员教育管理中的一些问题和不足,如党员教育制度落实不力,少数党员学习自觉性不够;教育方式比较单一,缺乏吸引力;内容比较传统,未能跟上时代发展步伐等问题,必须不断探索加强和改善党员教育管理工作的着力点,以更加积极有效、更具针对性和吸引力的方式方法、内容载体开展党员教育管理工作,实现党员有效接受教育并学以致用,在实际工作中切实发挥作用。

(四)实施信息化管理是打造中国中车党建"金名片"的新探索

2018 年,中国中车股份有限公司(简称"中国中车")启动实施了新时代高铁先锋工程,着力打造党建"金名片"。打造党建"金名片"是中国中车贯彻落实习近平新时代中国特色社会主义思想的要求,是贯彻落实制造强国战略、践行产业报国使命的要求,更是中国中车打造受人尊敬的国际化公司的要求,是党建工作提质换挡上水平的要求。打造党建"金名片"是一个系统工程,眉山公司作为子公司,作为中国中车的基层党组织,必须按照集团统一部署,步调一致,继承创新,打造具有企业特色、代表性强的党建品牌。眉山公司以"九个一"工程中的信息化建设入手,充分运用现代化信息技术整合党建工作信息资源,创新党建模式、载体与手段,增强党建工作的吸引力、感染力、传播力和时代性、参与性、开放性,创新打造具有眉山公司特色的党建品牌,对于完成集团党委的厚爱和重托,对于促进企业新时期的发展,对于凝聚广大党员和员工队伍,具有深远而现实的意义。

二、成果核心内涵和主要做法

(一)核心内涵

眉山公司探索实施新时代党建信息化管理,创新搭建"先锋 e + 6"平台(图 1),其核心内涵主要体现在"先锋""e + ""6"三个关键词上。

图 1 举办"先锋 e + 6"平台发布会及 Logo

先锋:眉山公司坚持把提高企业发展质量和效益作为党建工作出发点和落脚点,以打造中国中车党建"金名片"为目标,以实施新时代高铁先锋工程为主线,坚持唱响"先锋"主题,通过党建信息化平台,向社会展示先锋队的形象、先锋队的精神、先锋队的担当,既要做行业典范,更要做时代先锋。各级党组织、广大党员和全体员工应时刻做到干在实处、走在前列,务实担当表率、履职尽责争当先锋、争当排头兵。

e + :体现着"互联网 + "思维的实践成果,充分发挥互联网优势,把握机遇,增强信心,积极探索与实践,加快推进"互联网 + 党建工作"的深度融合,切实有效整合党建资源,重塑创新体系、激发创新活力,构建提高参与性、民主性、实效性、政治性、功能性的新型互联网党建管理模式。

6:体现着眉山公司党建"六字"品牌建设,按照"强、严、能、众、惠、活"党建六字要求,引导和激励各级党组织立足实际探索实践,逐步构建一套规范、高效、科学的党建工作体系,形成有特色、有影响、可复制、能推广的党建特色品牌和管理模式。切实构建政治引领"强"、纪检作风"严"、干部人才"能"、思想宣传“众”、工会作用“惠”、青年工作“活”的先锋党组织。

(二)主要做法

“先锋 e+6”平台的总体构建思路是“11568”:基于一个体系,坚持一套标准,搭建五大平台,塑造六字品牌,实现八种应用。

1. 以安全保密为前提,基于一个体系,实现个性化定制

“一个体系”即“先锋 e+6”平台的支撑系统,是整个平台的技术核心,是一套可定制的开发体系。具有多单位组织模型、统一分级的权限、多样的门户空间、表单和业务生成等基础功能,能够实现门户、信息、公文交换、档案、表单、流程、报表等集成拓展。可基于企业发展阶段和管理要求进行个性化定制,并随着企业管理的不断完善发展进行后台管理修改,将企业特色深刻融入党建管理,满足党建“金名片”的高期许、高标准。以自有部署和开发为主,充分考虑产品的安全性,通过数据层保密协议、数据完整性校验、统一身份认证校验、访问控制、抗抵赖性等方式,提升平台安全性。党建管理的高度基于国家政策的推动会逐步发展,“先锋 e+6”平台的底层具有灵活扩展功能,能够做到与时俱进、与党建理论体系发展同步。

2. 以“先锋”为引领,坚持一套标准,构建先锋指数

根据中车与清华大学人文学院、中国教育发展战略学会联手构建的新时代党建先锋指数,主要针对目前党建工作中存在现状不清、缺少数据支撑,短板不明、缺少客观依据,进展不详、缺少判断标准等难题,通过引入大数据与互联网技术,构建中国中车党建先锋指数体系,使中车党建目标由“软指标”向“硬任务”转变,使中车党建考核由“定性”向“定量”转变,使管党治党由“宽松软”向“严实硬”转变,让党建“先锋指数”成为党建工作的“晴雨表”“温度计”和“化验单”,让党建工作做到有据可依、有数可查,让党建考核充分体现专业性、科学性和针对性。

眉山公司基于对先锋指数“定量”硬指标的深刻理解,根据公司各单位、各层级的业务特点,进行了深入分析,提炼出党支部 200 个项点共计 1000 分、党小组 10 个项点 100 分、党员 10 个项点 10 分的管理考核体系,并落实每个项点指标到考评要素、细项分值、评分标准、支撑材料、适用党组织和考核单位。通过先锋指数的构建,能够实现目标编制、分解、分单位下达和考核,直接定量数据与日常基础管理模块进行关联数据的对接,间接定量数据可以通过设置流程节点进行导入或输入,支持线上自动计算最终分数,并能进行多维度的分数统计,最终进行报表呈现,利于线下进行每个考核周期的分析总结,持续提升党组织和党员个体的先锋指数。

3. 以“e+”为手段,搭建五大平台,实现党建立体管理

(1)一体化党建宣传平台

坚持正确舆论导向,坚持以习近平新时代中国特色社会主义思想为指导,把握正确的政治方向,坚持团结稳定、正面宣传为主的方针,围绕生产经营创新活动载体,丰富活动内容,筑牢堡垒、建好阵地、树好旗帜,实施新时代高铁先锋工程,进一步搭建党员互动新途径,宣传党员模范正能量。重点聚集学习党的十九大精神、“两学一做”“三会一课”、党务公开、基层党建、党风廉政建设等重点工作落实宣贯;围绕企业重大荣誉、重点工程、重要活动、先进典型以及企业党建成就、企业文化成果等及时宣传,弘扬正能量,守好思想舆论主阵地,为企业持续健康发展凝聚力量;通过大数据的统计和分析,实时更新党建责任制指标完成情况,针对性地开展工作,提前谋划,统筹安排。推进党建“品牌化”创建工程,推动党建工作与生产经营深度融合,深化党建创新实践,形成每个基层党组织的特色品牌。

(2)个性化党员教育平台

党员的学习教育离不开良好的学习阵地,通过“先锋 e+6”平台的建设,充分利用新媒体广泛性、便捷性优势,借助互联网技术搭建起“互联网+”学习教育平台。充分运用网络媒体宣传党的路线方针政策,开展党员教育,让党员随时随地都能参与到学习教育中来,突破地域及时间的限制,通过丰富的学习内容,形式多样的学习方式(视频、音频、文档、考试、心得……),有效的考核、激励机制,保证党员随处

可学习、随时受教育,实现学习教育的“零距离”服务,充分激发党员的学习积极性,由“被动学”变“主动学”。

(3)精益化党建绩效平台

充分运用考核这个“指挥棒”,督促基层党组织守好主业,精耕责任田。推进党建“品牌化”创建工程,推动党建工作与生产经营深度融合,深化党建创新实践,形成每个基层党组织的特色品牌。深入研究考核评价标准,以“强、严、能、众、惠、活”六大类别细化考核评价指标,把党建工作的“弹性要求”转化为“量化指标”,通过“先锋 e+6”平台,将考核评价体系进行固化,把党组织的党内工作目标与企业发展和生产经营目标有机结合,把党组织对党员的党内要求与企业对员工的岗位要求有机结合。充分利用系统数据统计,提炼指标,强化激励导向,改变浅层次检查,每月下发考评通报,指出基层党组织存在的问题和整改的方向,坚持把考核结果作为党组织推优评先的重要依据,实现党建工作效率和效果的双提升。“先锋 e+6”平台实现实时分析、动态掌握基层党组织和党员队伍的现状、趋势。通过平台自动打分,激励和促进基层党建工作和培养先锋党员,不断提升党组织的凝聚力和战斗力,积极引导基层党组织向标杆看齐,向先锋学习,形成创先争优的良好工作氛围。

(4)便捷化推动指导平台

落实“三基建设”,推进党组织“标准化”建设,实现党内竞赛活动、党内民主建设、党小组队伍建设、党员队伍建设等工作的线上运行与动态管理。以党建“六字”品牌为载体,强化融入中心意识,全面统筹安排党建和经营工作,将党建工作与推进精益生产、精益管理相结合,使党组织真正有为、有位。系统透明开放的特点,使公司党委更加直观的了解和掌握基层党组织开展工作的情况,有针对性地进行指导和评价。在内部管理机制的保障下,将基层党建工作实现月度考评,形成先锋指数,作为评选先进党组织和先锋党员的依据,确保每一项任务在考核中有体现、有监督、有落实、有考核、有反馈。依托该系统,工作清单更加明确,工作流程更加清晰,工作督办更加及时,工作考核更加公正。

(5)立体化服务交流平台

践行为民宗旨,坚持党的群众路线,贴近群众、关注基层,坚持以服务党员群众、服务基层组织为出发点和落脚点,重心下沉、力量下倾、视觉下移,利用互联网沟通便捷的特性,让党员和群众随时能够参与到互动交流当中,帮助党组织及时地掌握党员群众的思想动态与面临的实际问题。“先锋 e+6”平台将上级单位党建精神、各基层单位先进事迹和学习材料定期上传,实现了上级精神及时了解、上级新闻及时推送,内部新闻及时更新,学习心得及时分享,打造功能实用、内容丰富、员工喜爱的党建工作新阵地。摒弃现有的外网交流工作群,利用基于企业内部平台沟通模块,搭建党支部、党员互动交流、学习的新平台。

4. 以“6”为载体,形成六字品牌,塑造眉山公司党建“金名片”

为深入贯彻落实全国国有企业党的建设工作会议精神,推进落实中国中车党委《关于实施新时代高铁先锋工程打造中国中车党建“金名片”的指导意见》和《关于打造中国中车党建“金名片”创建党建品牌的实施方案》的部署要求,眉山公司坚持以习近平新时代中国特色社会主义思想和党的十九大精神为指导,以新时代党的建设总要求为指引,以加强党的执政能力建设和先进性建设为根本,以提升企业发展质量和效益为中心,以金名片建设“九个一”工程为主线,按照“发挥特色优势、培育党建品牌、促进提质换挡、推动企业发展”工作理念,坚持“优化—深化—固化”的原则,深入开展“强、严、能、众、惠、活”六字品牌建设,以党建工作带动群团工作,发挥“六字”品牌示范效应,为推动集团“双打造一培育”,实现公司高质量发展,争当长江集团排头兵提供坚强保证。“六字”品牌核心内容包含:

(1)政治引领“强”

强理想抓教育,坚持一个统领确保政治素质“强”,打牢信念根基;建机制抓落实,坚持两个完善确保引领发展“强”,筑牢企业根魂;定标准抓管理,坚持四个推进确保战斗堡垒“强”,夯实基层组织;成体系抓培育,坚持四个培养确保先锋队伍“强”,打造先锋模范;聚中心显价值,坚持五个活动确保攻坚克难“强”,提升推动发展优势。

(2)纪检作风“严”

完善一个体系抓大局治腐败,健全两个机制抓核心重实施,落实三个转变抓纪律强队伍,搭建四个平台抓协调促保障。

(3)干部人才“能”

坚持政治引领,提升领导干部“能力”;坚持人才引领,打造人才队伍“能人”;坚持专业引领,增强改革发展“动能”;坚持价值引领,彰显人才资源“效能”。

(4)思想宣传“众”

抓同频共振,聚众志,宣传思想接受者众;抓故事传播,汇众识,文化理念认同者众;抓对外推广,集众慧,企业形象赞誉者众。

(5)工会作用“惠”

“惠”经营发展,建“有为工会”;“惠”权益保障,建“维权工会”;“惠”员工福祉,建“温馨工会”;“惠”形象提升,建“活力工会”;“惠”奋进自强,建“创新工会”。

(6)青年工作“活”

思想引领内容“活”,主动作为动力“活”,服务青年形式“活”,自身建设阵地“活”。

5.以贴近党员为根本,实现八种应用,服务基层党组织和党员群众

(1)党建门户

党建管理信息化平台的基础用户是广大党员、入党积极分子等,党员的年龄、职务、工种、学历差异大,情况千差万别。“先锋 e+6”平台能为党员提供个性化服务,解决党员面临的各种问题,改变以往逐级奔波、层层转接的传统工作模式。并根据党的组织原则与各级党务工作者的不同,依角色严格划分业务内容、管理范围、管理权限和内容,成为党委书记的智慧抓手、支部书记的工作推手、党务工作者的工作帮手、广大党员的工作学习助手、党员和群众的咨询交流传手。

(2)网上党校

一是系统资源中心,用于党建工作流程归档、文件资料归档、查询、共享、借阅,实现共建共享在线资料库。二是学习教育中心,具有在线学习、学习记录和进度查询、在线考试、考试成绩查询和打印、发表评论学习心得、分类制订学习计划、记录学习时长、查看学习积分,管理员可在线设置题库、批改试卷、成绩归档、查看党员积分。

(3)党员互动

组织生活分类管理,“三会一课”过程可视、实时统计查询。支部动态实时更新,自动汇聚展示支部党员基本情况,支部组织生活轨迹,使支部的工作更加规范化,监督考核更加公正化。建立互动群组,分类党员同志圈,具有分享心得体会、互动点赞、积累积分等功能。方便学习、沟通、讨论、请示、思想汇报、工作建议等活动,促进党建工作有效沟通,铸就信息透明、流程可视、痕迹可寻、限时督办的党务管理工作利器,党委规范化动作一键传达基层支部。

(4)党务管理

建立健全党员管理信息库,可实现组织关系转接、党员变动管理、流动党员管理、困难党员管理、入党申请管理、党员发展管理、党费缴纳登记等。党组织管理,包含党组织信息录入、党组织信息修改、党组织迁移申请、发起民主评议、党组织换届管理等功能。党群活动管理,包含活动申请、经费报批、活动记录、活动反馈等功能。评先评优管理,建立各类评先评优管理数据库,可进行评先评优信息录入、修改、查询功能,方便各级组织、党务工作者、党员、群团组织的评先评优管理。党委公文管理,具有签报管理功能,实现公文完整流转,能够处理请假、报销、工作报告等工作,实现刚性控制与柔性管理的结合,具有高度保密性与安全性。

(5)信息直通车

聚集最新党建要闻、党务公开、党建专题、通知公告、领导讲话、“两学一做”“三会一课”、学习习近平总书记重要讲话精神、政策法规、理论期刊、党风廉政、党务督办、党建数据等重要内容快速更新与

传达。

(6)绩效考核

根据各组织的权责范围,对绩效目标进行详细提炼,协同精益化管理平台和数字化辅政平台设置多级绩效管理组织结构,明确党建绩效考核的审批权限和流程,自动匹配条件分支,预定义消息提醒设置,建立健全绩效指标库,促进绩效考核的线上管理和便捷管理。

(7)统计查询

"先锋 e+6"平台通过统计组织基本信息、工作办理情况、组织活动情况、党费收缴情况、学习教育情况、绩效考核情况、平台使用情况等大数据,智能分析各党组织建设、党员积分排名、课程热度、新闻热度、绩效考核排名等情况。

(8)掌上党建

"掌上党建"是新时代党的自我建设发展的新趋势,是党抓住机遇、及时推进改革的智慧选择。"先锋 e+6"平台的移动端功能可覆盖 PC 端 95% 以上功能,无须单独建设,可达到同步操作、同步建设的目的,实现掌上党建目标。

三、实施成效

通过进一步探索和实践,搭建"先锋 e+6"信息化平台,融入数字化党建理念,利用便捷操作功能,使党员服务更人性、网络环境更安全、工作流程更规范、党务管理更高效。进一步打破了时空隔离,推动党建工作从封闭向开放转变;进一步实现了主动管理,推动党建工作由单边向互动转变;进一步规范了基层工作,推动党建工作由传统向现代转变;进一步提高了党建效率,推动党建工作由低效向高效转变;进一步提升了党员意识,推动党建工作由被动向主动转变;进一步提高了服务水平,推动党建工作由管理向服务转变。真正构建起开发、便捷、灵活、高效的党建工作新模式。公司"先锋 e+6"信息化平台已获国家版权局授权(图 2),并经两年的运行,取得了一定成效。

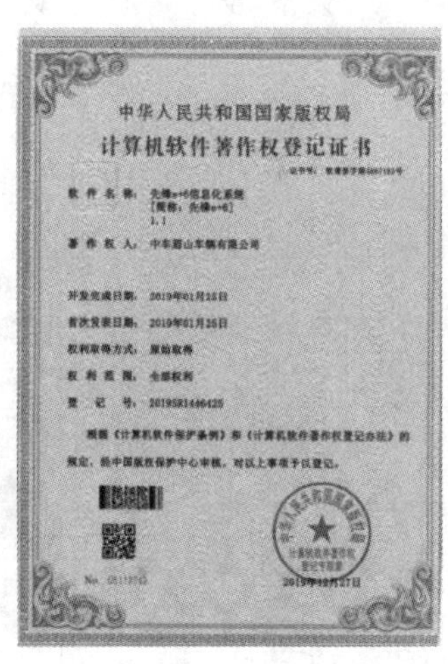

图 2 "先锋 e+6"获得专利

(一)实现党员学习教育全覆盖

自系统上线以来,用户访问数据情况较为良好,访问积极性较为活跃,实现了党员学习教育全覆盖。截至 2020 年 8 月,总访问量 868921 次,其中,2019 年 9 月访问量达 74719 次,日访问达 2490 次(表 1、图 3)。

系统总访问量(单位:次) 表 1

系统访问量分析(2019 年 5 月 1 日—2020 年 8 月 27 日)	
总访问量	868921
总计天数	485 天
月平均访问月数	57928
日平均访问量	1791

(二)五大平台发挥作用

1. 先锋风采宣传平台

持续宣传公司方针、展示员工风采、弘扬党员模范正能量、搭建党员互动新途径。截至 2020 年 8 月份,共发布稿件 135 篇,弘扬了正能量,守好了思想舆论主阵地(图 4)。

2. 先锋之钙学习平台

截至 2020 年 8 月,共发布学习课程 81 节,最高的课程访问量达 20276 次。进一步激发党员的学习积极性,由"被动学"转为"主动学"。

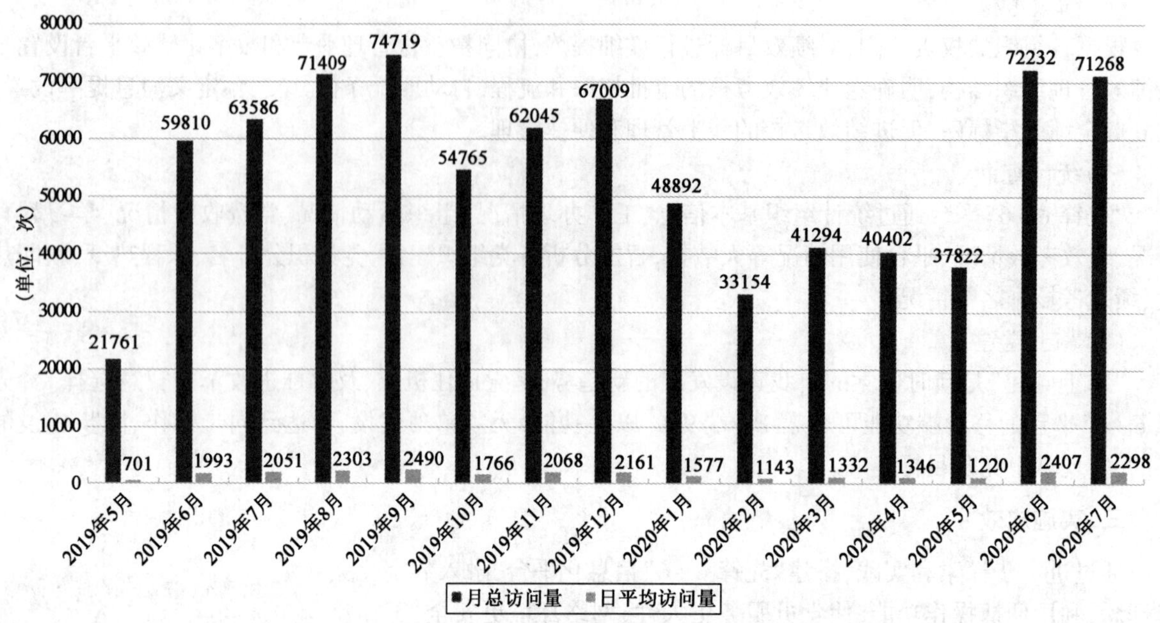

图3　用户访问月度和日均访问量(2019 年 5 月—2020 年 7 月)

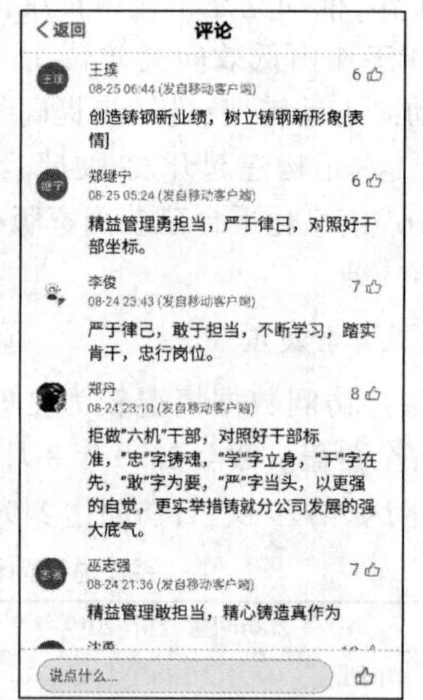

图4　先锋风采宣传平台

3. 先锋阵地工作推动平台

党员本人、所在党小组、所在党支部的上月先锋指数实现目视化,能轻松组织各类会议,清晰掌握与会情况。先锋指数实现线上考核,考核部门由党委工作部、生产管理部、质量管理部、安全管理部等 13 个部门组成,通过"自评 + 点检 + 审核"的考核模式,当月形成月度考评结果,年度自动生成考核报表,作为评优评先的重要支撑(图5)。

4. "先锋 e +6"沟通平台

"先锋 e +6"与 HCM 系统集成,实现组织与人员信息自动同步。通过手机 App 使党员交流由微信群进入内部服务器,达到了加强意识形态管控和安全保密的要求(图6)。

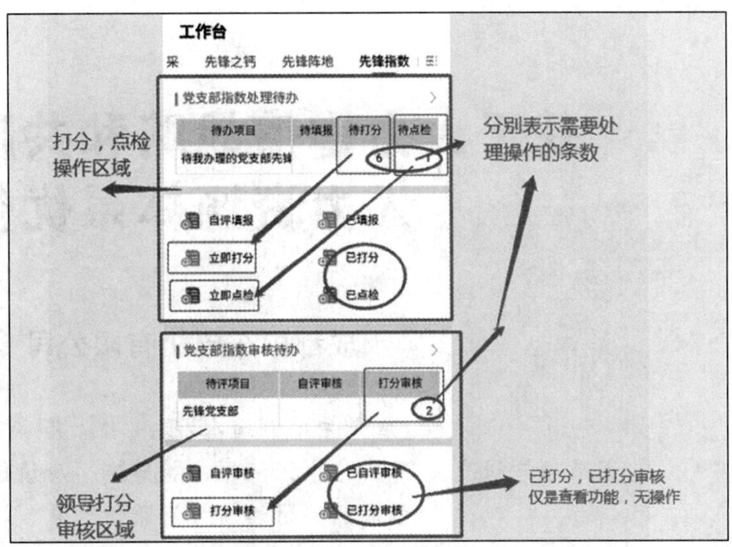

图5 先锋阵地工作推动平台

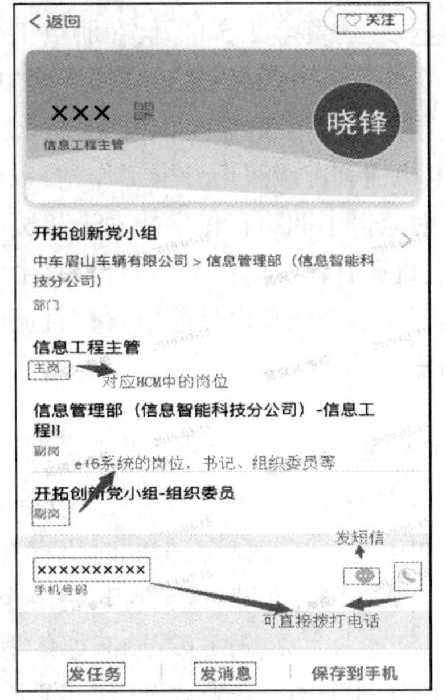

图6 “先锋 e+6”沟通平台先锋群

5.“先锋 e+6”系统信息门户

充分利用“先锋 e+6”平台建立工作群，及时传达工作要求，交换意见，提高工作效率。所有聊天消息、待办审批、任务等都可在消息中心查看，避免工作遗漏。数据可穿透查询，查询到最原始基础数据，展现形式多样。

（三）“先锋 e+6”后续发展思考

持续优化现有板块的应用，让“先锋 e+6”真正成为党建工作的有力支撑。加强先锋群的使用和普及，进一步提高信息安全，加强网络监管。使党建六字品的“强、严、能、众、惠、活”六个字在平台上专栏化、动态化，使“六字”品牌深入人心。实现党建信息化动态化管理，大力推广应用“先锋 e+6”系统，提高信息平台的知名度。充分运营信息技术，持续创新党建工作模式，提高信息平台的价值创造能力。

基于人力增值战略和共赢战略的人力资源体系优化

成都中车电机有限公司

成果主要创造人:项　永　郭　峰

成果参与创造人:陈　伦　张海军　曾静娴　唐倩倩　黄　潇　魏永江
张晶萍　付娜娜　肖雅倩　袁　辉

成都中车电机有限公司(简称"成都中车电机")成立于2014年7月18日,位于四川省成都市新都现代交通产业功能区,占地12.37万平方米,是中国中车集团西南地区电机专业研制单位。

成都中车电机注册资金2.5亿元,在册员工总数550名,拥有各类机械设备341余台(套),主要从事电机研制和造、修业务,产品以轨道交通配套电机为主,涵盖机车、能源开采、通用机械、风力发电等领域,产品覆盖全国并出口至30余个国家和地区。

成都中车电机拥有市级院士专家工作站、省级技术中心,被评为国家高新技术企业、成都市高端装备制造企业,同时获得了四川省科学技术进步奖、中国铁道科技奖等荣誉称号。

成都中车电机拥有较强的技术实力,具有牵引电机设计、主发电机设计、外转子电机设计、励磁机电磁设计、电磁仿真与结构仿真设计能力及交直流电机、辅助类电机例行试验及试验能力。

一、实施背景

(一)适应大环境下的新型产业格局变革

《关于深化国有企业改革的指导意见》中指出,改革开放以来,国有企业改革发展不断取得重大进展,总体上已经同市场经济相融合,但同时仍存在一些亟待解决的突出矛盾和问题,如何在企业内部推动三项制度改革、减轻国有企业社会负担、解决企业历史遗留问题成为国有企业面临的一个重要问题。企业要认真贯彻落实党中央、国务院战略决策,按照"四个全面"战略布局的要求,以经济建设为中心,坚持问题导向,继续推进国有企业改革,切实破除体制机制障碍,坚定不移做强做优做大国有企业。

(二)改变现有状况是企业变革的必然结果

随着现代人才竞争的日趋激烈,现代人力资源管理取代传统的人事管理,对企业的发展有着重要的作用。现有的人力资源管理模式下,组织结构冗余、人员结构、人才梯度未搭建,岗位编制缺失、以人设岗、岗位职责设置重叠与交叉、人岗不匹配现象严重,导致公司整体结构的混乱;现有激励和考核机制并未完全体现,绩效管理形同虚设,对完成企业目标未起到促进和改进的作用。这一系列问题导致人才闲置、浪费、流失,改变国有企业现状迫在眉睫。

(三)人力资源体系优化是企业发展中的必要过程

近年来,成都中车电机出现了较大变化,2014年从机车板块剥离出来,并入电机板块,经过几年的发展,构建了以轨道交通、风电市场为主体,新能源市场领域为辅的新型产业格局。在新型产业格局下人力资源问题没有随着公司的发展而解决,相反随着人力资源相关问题的暴露,导致公司管理效率低下。为了有效支撑公司发展和战略的实施,公司从2019年起开始进行基于人力增值战略和共赢战略的人力资源体系优化。

二、成果内涵和主要做法

通过人力资源体系优化，实现公司的战略发展目标。人力资源多维度的发展变革主要是包括以下举措：人才培训队伍提升与管理、定岗定编、搭建薪酬体系与绩效管理、岗位价值体系的桥梁。

定岗定编将通过内部运营效率最大化与人力资源支出最小化相结合，优化企业管理水平，解决内部人员冗余、岗位混乱的问题。它涉及企业业务目标的落实、员工能力和数量的匹配，从而影响到企业运营成本的降低和效率的提高。定岗定编的目的是实现“人、岗、事”三者之间的合理匹配，以达到“人尽其才、才尽其用”的目标。

薪酬结构变革将原有单一以岗位定薪的薪酬体系进行升级，与市场和能力相结合，调动劳动者积极性和创造性，从而达到衡量标准的多元化，体现公平公正。

培训体系优化以原有培训体系为基础，以多种培训类型为措施，完善培训体系建设，创新培养模式，培育核心人才提升员工综合素质。

（一）加强人才培训队伍提升与管理，组建专业人才队伍

人力资源开发将紧密围绕战略经营目标，以持续深化学习型组织建设、强化职业化团队建设为目标，推进人力资源能力建设项目，以“改革、创新、提质”为核心，贯彻“学习工作化、工作学习化”理念，创新人才培养模式，提升人才培养效果；以“有效性、实用性，市场化、项目制”为重点，系统性推进人才培养和能力提升项目，提升企业核心竞争力，为公司“三创三化”目标实现和“双百行动”改革提供强大的能力保障。

1. 完善培训体系建设，创新人才培养模式，提升人才培养效能

建立以战略为导向，以专业管理为基础，多种培训类型和培训方式的人力资源培训体系。优化培训管理流程及内容，增加培训类型及培训方式，为员工岗位职务的晋升或职业发展储备职业能力提供方式。完善培训课程体系建设，通过多种形式开展课程梳理，充实课程体系，形成公司知识库，为公司培训工作奠定扎实基础。

2. 完善赋能管理，创新培养模式，提升人才培养效能

遵从“721”学习法则（70%来源于工作实践，20%来源于与他人的交流与互动、吸收团队成员分享的信息，10%来源于课堂培训），以培训有效性为重点，探索人才培训新形势，不断拓展培训业务广度。完善“师带徒”人才培养机制，强化知识、技能和素质传承，搭建人才梯队建设新模式。推进混合式学习模式创新，根据培养目的和受训人员特征，开发集合课堂学习、在线学习、行动学习等形式于一体的企业学习方式，打造“线上”与“线下”相结合，“学”与“习”相融合，“学习”与“工作”相混合的人才培养新模式。

3. 集中核心资源，关注核心人才，培育核心人才

集中资源投入推动能力进阶，通过“靶向”培训开展，凝聚破除企业发展瓶颈的核心动力。

（1）持续推进“领航战略”，打造战略领导干部队伍

领导力是中车战略目标实现的关键引擎之一，领导力的开发是打造中车人才高地的重要任务。以跨文化管理的中车领导力模型为指引，围绕“责任 · 担当”核心，通过“大视野、强聚合、超价值”三大维度分层搭建领导干部培育体系。依托集团及总部资源，开展领导力培养，提升公司领导干部的责任担当意识，全面提升履职能力。开展以“启迪智慧、服务大局、洞察预见、团队融合”为指导思想，聚焦“改革突破、全球布局、能力提升、管理提质、文化强核”五大任务，全面规划高中层主题学习日活动，提升高中层管理者职业素养和专业能力，基于能力提升和行为改善为目标，采取实践项目与培训课题相结合的方式，努力打造一支敢打硬仗、能打硬仗、打好硬仗的领导干部队伍。

（2）自学与实践相结合，充实国际化人才储备

聚焦集团国际化发展战略，以培养精通国际规则、具有跨文化管理和语言交流能力为目标，紧密围

绕"全球布局"对于国际化人才能力的要求,创新推进国际化培养项目。一是借助中国中车国际化人才培养"631 工程",组织核心骨干队伍参加专业集训和境外企业实践,通过整合利用国内外知名高校和国外公司等优势资源,通过理论系统学习、现场工作体验、本土文化交流、情景模拟、问题研讨、随岗实践等多种举措,有效加速国际化人才成长,培育国际化储备"战斗员";二是创新国际化基础能力培育形式,通过资质认证和专项奖励的形式,激发员工自主学习动力,拓展公司国际化基础能力群体,迅速练就出一批国际化实战队伍。

(3)突出活力激发,锻造精益求精工匠能力

聚焦中车高端装备制造平台打造,围绕推动技术创新、实现科技成果转化和提升产品制造能力的目标,实施依托金蓝领工作室和班组长协会平台,以技师、班组长队伍建设为抓手,调动技术工人队伍工作激情。一是结合"精益化、数字化、智能化"需要,针对技师队伍,开展知识、技能、创新综合能力培养,打造适应智能制造生产的复合型高技能人才队伍。二是推动公司基层管理能力提升,针对班组长队伍,通过课堂授课、分享交流、团队共创和境外对标等培训活动,强化班组长做管理、带队伍能力,推动技能人才队伍效能发挥。三是持续完善金蓝领创新工作室、班组长平台建设,促进平台作用发挥,推动技能人才技能创新和能力发展。四是开展多技能员工培养,建立培训取证奖励机制,鼓励员工参与第二技能培训,真正实现一岗多能,有力保障公司生产需求。

(二)基于"三项制度建设"的人员编制改进,提升管理水平

人力资源定岗定编定员的目的是使企业"人、事、岗"三者之间的分配合理,并且使企业达到"人尽其才,才尽其用"的目标,尽最大可能减小人才使用成本,使人员的作用得到充分的发挥,最终形成科学、合理、高效的内部运行机制,以获得企业经济效益最大化。

1.人力资源定岗定编定员工作中的总体方针

(1)明确企业发展目标和科学定岗

人力资源管理工作最基础的工作就是定岗,其效绩指标和岗位职责是验证人力资源管理工作是否达到目标的依据。在企业实际运行中,由于没有对各个岗位职责的清晰划分,工作人员或管理部门在理解上存在偏差,或者工作人员或管理部门在实际执行中存在外延和扩大的问题。由于没有把研究解决新问题、新情况的责任明确到具体部门,工作人员或管理部门在履行各自职责时产生了分歧,出现了不同的意见.最终导致企业频繁出现遇到事时"你不管,我也不管,无人管""你管,我也管,不知该谁管"的现象。

(2)确定岗位职责,贯彻权责一致性

权和责是相对统一的,这是运用权力的基本要求。拥有什么样的权力,就应该承担什么样的责任,拥有的权力越大承担的责任也就越大;反之,只有承担大责任,才能赋予高权力。在企业运行中,要贯彻责权统一、责权对等的方针,在确定部门或岗位权力的同时也需要确定他们必须承担相应的责任,把责权一致落实到位。

(3)使编定配置达到最优化,坚持统一、精简的效能原则

各部门工作的效果以及高效、有序的运行和合理科学的设置和企业内部机构有直接的联系。企业内部机构的名称和数量要以单位管理责任为依据,对现在企业岗位状况进行重新评估和梳理,然后再对企业人员编制的科学性和合理性做出新的判断,最后结合人力资源的成本控制和企业的发展,对企业人员的编制方案进行改革,以确保企业正常、高效的运行。

(4)科学定员,做好职责任务分析工作

要认真做好分析和研究岗位人员职务和职责的内容、性质的工作,以获得准确的相关信息,从而对企业内部岗位的性质、内外部环境、名称、程序、条件内容、任务等做出系统、科学的描述,并使之更加规范化。在对定员描述时,要明确所设岗位人员的职权、职责、工作目的、技术能力、所需职称、上下级关系等条件说明和任职资格,从而确保合理、科学地引进和使用人才。

2.定岗定编具体流程

成都电机公司基于总体方针和组织分析法、劳动效率法进行定岗定编。为了有效控制公司的人员

总量、科学地核定各部门人员编制标准，促进人力资源合理配置，有效挖掘员工潜力，提高用人效率，成都电机公司基于因事设岗、最少岗位数、规范化、客户导向等原则，采用组织分析法，首先从整个公司的愿景和使命出发，设计一个基本的组织模型，然后根据现有组织机构状况及各组织机构职能职责到各组织机构具体的业务流程需要，依照以往和行业标杆企业设计不同的岗位；基于业务优先、效率优先、数量与质量并重、比例匹配等原则，采用劳动效率法，根据工作量和劳动定额计算出员工数量，最后通过访谈法调研公司内部管理者及外部专家，对员工数量进行个别调整。将形成的定岗定编规划初稿下发各部门讨论，并集中高层进行讨论，修改完成后定稿，最后将定岗定编工作及经验以《定岗定编管理办法》进行固化下来。

在实际使用组织分析法进行定岗时，成都电机公司使用调查表法制作了《工作分析调查表》，在公司内部进行调研，以调研工作描述、日工作负荷、工作质量、工作权限、工作环境、工作联系、工作管理、工作影响、培训、工作评价为主要内容编制《工作分析调查表》；工作流程主要是对公司各组织机构进行《工作分析调查表》填写培训、工作分析计划与准备、工作分析实施、工作分析结果及总结；根据工作分析结果及总结，结合公司现有组织机构状况及各组织机构职能职责到各组织机构具体的业务流程需要，依照以往和行业标杆企业设计不同的岗位；经由各组织机构成员及公司中高层讨论后确定公司各岗位及岗位职责。

在实际使用劳动效率法进行定岗时，基于《工作分析调查表》中的各项内容，特别是根据工作描述、日工作负荷、工作质量、工作权限、工作环境的统计数据来进行初步的人员岗位定编；基于《工作分析调查表》与初步人员岗位定编进行后续的工作流程，主要为定岗定编规划初稿、定岗定编规划各部门讨论、定岗定编规划高层讨论、定岗定编规划修改及定稿、定岗定编管理办法编写及定稿、定岗定编及管理法审批及发布。

3. 岗位说明书编写

成都中车电机结合《工作分析调查表》与定岗定编的基础数据组织公司各组织机构岗位进行岗位说明书的编制，岗位说明书工作的流程主要为各组织机构《岗位说明书》(图 1)编制培训、各组织机构岗位说明书编写、岗位说明书一至二轮审稿、岗位说明书修改与定稿。

制度体系专员岗位说明书					
岗位基本信息					
岗位名称	制度体系专员	直接上级	/	直接下属	/
岗位编制	1	岗位层级	/	编写日期	/
岗位职责概述	根据公司战略发展及运营管理的需要，及时组织实施公司组织机构及各单位职能职责的调整，完善各类规章制度、业务流程，确保各类管理体系/资质持续有效，以支撑公司整体运营目标的达成。				
职能分类（按职能进行划分）		主要内容（工作行动+目标与要求）		输出文件	完成时间
组织管理	1.组织机构管理	1.1 对组织机构存在的问题及现状进行调研。 根据企业发展战略，诊断公司业务发展瓶颈现状和组织机构中存在的问题，通过参加企业战略发展类培训，学习行业先进管理理念，以及研析参考集团、总部及先进企业的组织机构设置，发掘突破口，形成组织机构调研报告。		《调研报告》	根据公司实际需要
		1.2 制定组织结构优化方案及审核。 根据调研报告，编制公司组织机构的调整优化方案（包含各部门的主要核心职能），绘制组织机构图，并经分管领导审核通过。		《公司组织机构调整优化方案》《组织机构图》	调研报告输出后 5 个工作日
		1.3 组织机构优化方案审批及发布。 （1）按照公司内部管理流程，将组织机构调整优化方案形成会议议题，提交公司总经理办公会或党委会审批； （2）按照总部管理流程，将组织机构调整优化方案走 OA“行政上行文”流程提交总部审批报备； （3）通过总部审批报备后，走 OA“行政下行文”流程发布公司组织机构调整的通知。		（1）《会议议题》 （2）《关于提报组织机构优化调整的请示》 （3）《关于下发公司组织机构调整的通知》	（1）根据公司实际需要 （2）上会审批后 2 个工作日 （3）通过总部审批报备后 1 个工作日

管理类项目	立项审核	组织公司内部管理创新、精益改善项目以外的管理类项目《立项审批表》初审，重点关注“项目基本情况与客户要求、项目订单价格与成本测算、项目预期收益目标”情况。	立项审批表	根据工作需要
	立项评审	组织项目评审会，输出评审意见，确定项目等级，明确项目关键节点等。	评审意见	立项初审后 3 个工作日
临时工作	领导交办的其他工作	完成领导交办的其他临时工作。	/	按领导要求
关键绩效指标	名称	计算公式	数据来源	
	体系资质证书有效性	通过业务所需体系资质认证的数量/业务所需的认证资质数量总数	年度指标	
	制度的完整性	公司业务流程的数量/SAP 系统业务流程数量	SAP 系统	
工作权限				
业务类	制定个人工作计划及工作总结			
	有权拒绝不符合要求的制度初稿			
	有合理化建议权			
财务类	提报月度预算			
运营类	组织机构调整建议权			
	制度下发			
	体系符合性审查			
	管理创新立项			
工作关系				
内部工作关系	沟通	各业务部门体系、制度、管理创新工作		
	汇报	综合管理部经理		
	督导	各业务单位体系、制度、管理创新工作		
外部工作关系	与各管理体系认证机构沟通体系外审事宜； 与总部对标，学习体系、制度、管理创新相关流程。			
任职资格				
教育背景	学历	本科及以上学历		
	专业	公共管理、企业管理、审计、文学等相关专业。		
	专业职称	初级经济师或以上。		

内部工作关系	汇报	综合管理部经理
	督导	各业务单位体系、制度、管理创新工作
外部工作关系	与各管理体系认证机构沟通体系外审事宜； 与总部对标，学习体系、制度、管理创新相关流程。	
任职资格		
教育背景	学历	本科及以上学历
	专业	公共管理、企业管理、审计、文学等相关专业。
	专业职称	初级经济师或以上。
	培训经历	管理体系标准、内审员培训；企业战略发展培训；公文写作培训；公司产品、规章制度等培训。
	专业知识与技能	熟悉质量体系、环境/职业健康管理体系、两化融合体系、知识产权管理体系、测量管理体系标准； 基本掌握质量体系、环境/职业健康管理体系、两化融合体系、知识产权管理体系、测量管理体系管理手册、程序文件等管理过程；具备较强语言组织能力和写作能力。
	计算机	能够熟练使用 Microsoft Office（Word、Excel、PowerPoint、Visio）办公软件；能熟练操作 OA、BPM 系统；了解 SAP 系统流程。
	语言（外语）	英语四级/六级
职业资格		质量体系内审员/国家注册审核员、环境/职业健康管理体系内审员/国家注册审核员、两化融合体系内审员/国家注册审核员、知识产权管理体系内审员/国家注册审核员、测量管理体系内审员/国家注册审核员。
工作经验		具有 3 年及以上工作经验，基本熟悉公司各类业务流程； 参加过质量体系、环境/职业健康管理体系、两化融合体系、知识产权管理体系、测量管理体系标准培训。
职业素养		组织协调能力、沟通能力、学习能力、创新能力
工作特性	使用工具	计算机、打印机、复印机、传真机、电话机等
	工作环境	办公室，基本无职业病危害。
	工作时间	正常 8 小时工作制，专项工作需要偶尔加班
	工作强度	无体力劳动
	身体条件	健康

图 1 《岗位说明书》示例

4. 岗位价值评估

成都电机公司岗位说明书工作的流程主要为：岗位价值评估计划及准备、岗位价值评估委员会组成、《岗位价值评估》培训、岗位价值评估实施、岗位价值评估结果分析与汇总。

成都电机公司将所有岗位按照知识和技能要求、岗位贡献和影响力、岗位责任和独立性、岗位监督职责和管理幅度、岗位沟通需要、岗位解决问题的复杂性和创造性、岗位工作环境七个要素对岗位价值进行评估。

(1)岗位知识和技能要求

岗位知识和技能要求是衡量任职者能够胜任该岗位所需要具备的知识、技能和经验的水平,同时包含求职者获得这些知识技能所需要对应的教育水平,对应数据见表1。

岗位知识技能要求对照表 表1

教育水平	初学者	能够掌握并应用	掌握基本知识	熟练掌握知识	掌握原理	熟悉原理并能指导他人	解决问题的专家
	无经验常人1周内可掌握岗位工作要求	需要1周到3个月的培训或工作经验可掌握工作要求	需要掌握并能够简单应用单一专业领域的知识	需要应用几个专业领域的知识并能够熟练应用某一个专业领域的知识	除应用外,还掌握该专业领域的原理,能够完成复杂、多样的工作,具备一定开发能力	熟练掌握一个或几个专业领域更深层的原理和方法,能够解决问题并传授指导他人	拥有某一个或几个领域最前沿的知识技能、策略或方法,在国内或国际有一定声誉
高中以下	10	20	30	50	60	80	100
中专	20	30	50	60	80	100	120
专科	30	40	60	80	100	120	140
本科	50	60	80	100	120	140	160
硕士研究生	60	80	100	120	140	160	180
博士研究生	80	100	120	140	160	180	200

注:任职者的情况不等于岗位需要。评估时应考虑岗位的需要而不是任职者个人的实际情况。

(2)岗位贡献和影响力

岗位贡献和影响力是评估该岗位的工作对组织的贡献度和影响力的水平,是从岗位对组织的影响程度和贡献程度两个维度确定评分,对应数据见表2。

岗位贡献和影响力对照表 表2

贡献	对组织整体运行只有很小的影响	能够影响3项以内工作的正常运转	能够影响部门整体绩效	能够影响其他部门绩效	能够影响组织整体绩效
支持型作用	10	20	40	60	80
间接影响组织绩效	20	40	60	80	100
直接影响组织绩效	40	60	80	100	120
对组织绩效有直接深远的影响	60	80	100	120	150

(3)岗位责任和独立性

岗位责任和独立性是考察岗位需要承担工作的受控程度和承担责任的水平,是从岗位承担责任和完成工作的独立性两个维度确定评分,具体数据见表3。

岗位责任和独立性对照表 表3

独立性	简单重复性劳动	承担某项工作的责任	承担整个部门的责任	承担某个职能或业务领域的责任	承担多个职能或业务领域的责任	承担一个业务单元或战略机构的责任	承担多个业务单元或战略机构的责任
任务明确,随时受上级指挥	10	20	40	60	80	100	120
在一定职责范围内开展工作,受程序监控	20	40	60	80	100	120	140
在职能或制度框架下工作,独立分析和判断	40	60	80	100	120	140	160
在组织战略目标指导下开展工作,受总裁控制	60	80	100	120	140	160	180
根据董事会的决议和目标开展工作,由集团董事会控制	80	100	120	140	160	180	200

注:工作中接触到某类职能,不等于从事该职能;从事某类职能,也不等于需要为这类职能负责。

(4)岗位监督职责和管理幅度

岗位监督职责和管理幅度是衡量岗位对于监督和管理下属员工需要付出的责任,是从岗位的监督职责和管理幅度两个维度确定评分,具体数据见表4。

岗位监督职责和管理幅度对照表 表4

管理幅度(人)	不需要监督或管理他人	负责监督和检查别人的工作	需要计划、监控、检查和管理他人的工作	管理基层管理者,管理一个或多个职能	管理中层管理者,管理一个业务单元或战略机构	全面管理多个业务单元或战略机构
0	10	20	40	60	80	100
1~5	20	30	50	70	90	110
6~15	30	40	60	80	100	120
16~25	40	50	70	90	110	130
26~50	50	60	80	100	120	140
51~100	60	80	100	120	140	160
101~300	80	100	120	140	160	180
301以上	100	120	140	160	180	200

注:表中管理幅度包括所有的直接下级和间接下级。

(5)岗位沟通需要

岗位沟通的需要是评估岗位任职者如果胜任工作,需要与他人沟通的方式、程度、层次,可以从岗位的沟通目的、沟通频率和沟通范围三个维度确定评分,具体数据见表5。

岗位沟通需要对照表 表5

沟通频率	一般常规礼节性的要求,沟通的目的是传达或获取信息		沟通的目的是影响他人,寻求他人做出某类行为或寻求合作,比如销售行为、采购谈判		对组织发展有深远影响的领导沟通过程以及谈判与决策	
	组织内部	组织外部	组织内部	组织外部	组织内部	组织外部
需要定期、少量、难度较低的沟通	10	30	40	60	80	100
需要定期或不定期地进行有一定难度沟通	20	40	50	70	90	110
需要长期、广泛、深入的沟通	30	50	60	80	100	120

(6)岗位解决问题的复杂性和创新性

岗位解决问题的复杂性和创新性是考察岗位要求任职者在开展工作时将会面临问题的数量、多样性和复杂程度,以及分析和解决问题的困难程度和创新性的要求,具体数据见表6。

岗位解决问题的复杂性和创新性对照表 表6

创新性	工作内容单一,变化性很少	完成任务需要基于知识和经验做简单的判断,问题具备一定的规律性	完成任务需要做分析、推理或较复杂的判断,无直接现成做法可参考	问题较为复杂,需要广泛细致的数据和调查分析	问题独特而复杂,企业内外部都无先例,需要大量的信息和复杂的调研做决策
不需任何创新	10	20	30	60	100
需要一般改进	20	30	50	80	120
改进技术或流程	40	50	70	100	140
创立新的技术、流程、方法,影响组织局部	60	70	90	120	160

续上表

创 新 性	工作内容单一,变化性很少	完成任务需要基于知识和经验做简单的判断,问题具备一定的规律性	完成任务需要做分析、推理或较复杂的判断,无直接现成做法可参考	问题较为复杂,需要广泛细致的数据和调查分析	问题独特而复杂,企业内外部都无先例,需要大量的信息和复杂的调研做决策
创立新的、复杂的技术、流程或方法,对组织产生广泛影响	80	90	110	140	180
创立前所未有的新发明、新流程、新方法,对组织乃至整个产业产生深远影响	100	110	130	160	200

注:复杂性问题通常会随着岗位负责的范围和规模的增加而增加,但创新性的问题却不一定。

(7)岗位工作环境

岗位工作环境是评估岗位的工作环境对任职者身体或心理所造成的影响程度,从环境危害、出差频率、加班频率三个维度确定评分,具体数据见表7。

岗位工作环境对照表　　表7

加 班 频 率	每月出差不超过3天			每月出差3~10天			每月出差10天以上		
	无危害	中等危害	严重危害	无危害	中等危害	严重危害	无危害	中等危害	严重危害
平均每天不足1小时	10	20	30	20	30	40	30	40	50
平均每天大于1小时,不足2小时	20	30	40	30	40	50	40	50	60
平均每天大于2小时	30	40	50	40	50	60	50	60	70

(8)岗位评估计分

对于某一岗位,将七项要素评分整理后形成统计结果,记录在表8中。

岗 位 评 估 表　　表8

所属公司		所属部门	
岗位名称		岗位编号	
岗位评估结果			
要素	子要素	对应情况描述	对应分值
1.岗位知识和技能要求	知识技能		
	教育水平		
2.岗位贡献和影响力	影响程度		
	贡献程度		
3.岗位责任和独立性	承担责任		
	独立性		
4.岗位监督职责和管理幅度	监督职责		
	管理幅度		
5.岗位沟通需要	沟通目的		
	沟通范围		
	沟通频率		
6.岗位解决问题的复杂性和创新性	复杂性		
	创造性		
7.岗位工作环境	出差频率		
	环境危害		
	加班频率		

将所有岗位的各项要素分数整理后,可以形成表9,用于各岗位之间及各要素之间的比较。

岗位评估汇总表 表9

序号	岗位编号	岗位名称	1.岗位知识和技能要求得分	2.岗位贡献和影响力得分	3.岗位责任和独立性得分	4.岗位监督职责和管理幅度得分	5.岗位沟通需要得分	6.岗位解决问题的复杂性和创新性得分	7.岗位工作环境得分	总得分
1										
2										
3										
4										

通过横向和纵向的分数比较,审视和检查评估的过程和结果。成都中车电机构建员工退出机制。完善劳动合同管理规章制度,明确劳动合同签订、变更、续签、解除和终止等环节的管理要求。同时,全面运用全员绩效考核结果,开展劳动合同履约评价及胜任力综合考评,对经培训或岗位调整后仍不能胜任岗位任职要求的员工,坚决依法终止、解除劳动合同,畅通员工退出渠道。

实施"高绩效、高能力"员工发展计划(IDP)。通过人才盘点,充分关注关键岗位、人才匹配和持续供给情况,对于绩效、能力未达到岗位标准的,于同年协同各单位制订个人专项发展计划。

通过各组织机构轮岗交流和岗位调动等措施,每年安排不少20人次的岗位交流,帮助员工快速提升岗位适应能力。

(三)科学构建全员绩效管理体系

员工绩效考核结果和累计绩效等级积分还与人才选拔、升迁竞聘、评优评先、职称评定、技能鉴定、教育培训、薪酬调整等挂钩。

1.员工绩效存在的问题

(1)绩效考核缺乏对员工能力方面的关注

成都中车电机公司之前的绩效管理,更多地关注员工工作业绩的考核,忽视了绩效反馈与沟通,对个人能力培养没有具体的方案和指标,绩效的激励作用不明显。绩效管理的目的应是以考核作为手段,有针对性地提出员工发展计划,提高员工个体素质及能力,从而实现企业的目标。

(2)绩效考核结果的应用存在局限性

成都中车电机公司之前在应用绩效结果时,与员工薪酬待遇、岗位晋升、教育培训及个人发展联系不大,使得不少员工认为"干多干少都一样",绩效考核流于形式,没有真正发挥绩效管理的激励作用。

2.全面构建全员绩效管理体系

(1)明确全员绩效管理体系职责

成都中车电机公司设立绩效管理委员会,总经理任主任,成员由分管领导、副总师、各单位(含职能部门)主要负责人组成。主要负责制订本单位全员绩效管理制度、方案;落实、分解上级下达的年度业绩考核指标和年度重点工作任务,并组织相关部门实施。绩效管理委员会办公室设在人力资源部门,负责全员绩效管理的日常管理工作。组织绩效管理办公室设在运营部门,负责各单位的综合业绩考核工作;各事业部也同步成立绩效管理委员会(或领导小组),主要负责分解落实上级下达的年度业绩考核指标和年度重点工作任务并组织实施;提出本专业考核指标、考核评价标准、考核目标值建议,跟踪分析指标完成情况,配合人资部门与运营部门开展绩效管理工作;制定并落实管辖机构、员工的绩效考核实施细则,开展相关绩效考核工作。

(2)明确全员绩效管理体系主要内容

①组织绩效管理工作内容。

第一,组织绩效考核流程环节。工作成效和质量考评:每个季度末,根据本部门承担的指标及工作任务,按照季度指标分析会议、季度工作总结会议结果及总部公司评价等进行考评。领导考评:党政主要领导和分管领导分别对职能部门工作进行考评,主要评价部门创新能力和执行力。互相评价:职能部门根据考核细则,对业务支撑机构生产经营情况进行评价,部门之间重点对配合与协作工作完成情况进行互评。同时业务支撑机构对职能部门的管理能力、管理效果和工作作风进行评价。反馈与应用:考评结束后,考核结果反馈被考核单位,肯定成绩、指出问题、交流意见,同时提交人资管理部门应用。

第二,组织绩效考核项目及权重。职能部门考核项目包含业绩指标及同业对标管理评价、协作精神评价、党群工作评价、领导考评、业务支撑机构评价、总部公司评价6项内容,满分100分。支撑机构考核项目包含安全管理评价、生产经营管理评价、党群工作管理评价和综合管理评价四项内容,满分100分。

第三,荣誉奖项加分。省级荣誉加0.5分,国家级荣誉加1分。省级典型经验入选、省级管理创新、集团管理创新获三等奖及以上、省级QC成果发布二等奖及以上、省级科技进步二等奖及以上、省级专业试点通过验收等。获奖单位评获奖文件或证书申请加分,加分值使用1个季度,特殊情况经委员会审定。

②员工绩效管理工作内容。

第一,企业负责人绩效考核。公司及事业部负责人绩效考核,按照总部关于企业负责人年度业绩考核管理办法执行。各基层单位主要负责人与领导层副职签订绩效合约并考核,考核结果按领导干部管理权限逐级上报。

第二,管理机关绩效考核。管理机关采取月度监控、季度考核预兑现、年度考核总兑现的方式。管理机关绩效考核是指对管理部门和员工的考核。其中,部门主要负责人与所在部门一并考核。管理机关原则上实行定量考核和定性评价相结合的方式(即"目标任务制"),考核内容包括目标任务指标(80分)、综合评价(20分)两部分。其中,目标任务指标包括关键业绩指标和重点工作任务指标,综合评价包括劳动纪律、工作态度、工作能力、创新精神等内容。部门负责人由公司领导班子进行考核,并与部门组织绩效考核结果挂钩;部门员工由部门负责人(绩效经理人)组织进行考核。

第三,一线员工绩效考核。一线员工绩效考核采取月度考核预兑现(依据员工月度工作积分计发)、年度考核总兑现的方式。一线员工绩效考核是指对各单位从事一线工作的班组长和员工的考核。其中,班组长与所在班组一并考核。一线员工考核内容包括工作任务指标(80分)、劳动纪律指标(20分)两部分。一线员工绩效考核可实行"工作积分制"。班组长由所在班组的上级负责人考核;班组成员由班组长(绩效经理人)考核。

③全员绩效管理的沟通和辅导。

第一,各级绩效经理人(部门负责人)全程追踪绩效计划的完成情况,开展绩效监控辅导,及时纠正员工行为与工作目标之间可能出现的偏差,寻找问题与原因,探求提高绩效的方法,并对员工进行必要的辅导,促进绩效计划的实现。第二,沟通和辅导的主要内容:工作进展情况及需要提供的帮助、影响绩效目标的相关信息、工作偏离目标或进度迟缓时需改进的方面、调整绩效目标的方案、年度和月度绩效考评的结果。第三,绩效考核评价完成之后,绩效经理人与员工进行面谈沟通,将考核结果反馈给被考核者。绩效反馈和沟通的目的在于肯定成绩、指出问题、交流意见,共同分析期望与结果之间存在差异的原因、成绩和不足,制订相应的改进措施,提出绩效改进计划。绩效面谈与沟通可采取工作会、个别谈心等多种形式。年度绩效面谈采用正规方式,做好面谈记录,面谈结果须由双方签字认可。

(3)全员绩效管理考评结果的应用(取得的效果)

企业负责人年度业绩考核结果,既与被考核单位领导班子薪酬总额挂钩,也与被考核单位工资总额挂钩。部门组织绩效考核结果应用在相应单位负责人和员工的绩效考核中,同时应用在本单位绩效薪金测算总额中。员工月度绩效考核结果折算成绩效系数应用在月度绩效奖金分配中,基层单位也可直接采用绩效得分作为绩效系数。员工绩效考核结果和累计绩效等级积分还与人才选拔、升迁竞聘、评优评先、职称评定、技能鉴定、教育培训、薪酬调整等挂钩。

(4)全员绩效管理考评中需要注意的问题

①组织保障。建立全员绩效考核组织体系,选择适应企业现状的绩效管理工具。但无论选择哪种绩效管理工具,对企业而言都是管理模式的重大变革,需要高层管理团队的推进和积极参与,并有专门的机构来推动。

②绩效回顾。在实现目标的工作进行过程中,定期回顾与总结,及时纠偏,找到距离目标实现的差距,发现问题并积极寻找解决办法,从而有效解决问题,保障目标的实现。

③全程沟通。在最初的战略目标、绩效指标的设定上,无论是企业本部部门还是基层,都要采取集体讨论的方式,通过相互沟通对绩效目标达成共识;在绩效回顾的过程中,汇报者和监管者双方进行深入讨论和分析,及时纠正偏差,落实改进措施,并把解决措施落实到下期绩效目标中,以此形成闭环管理,形成完整的绩效管理过程。

④系统支持。建立较为完备的信息管理系统,充分发挥信息系统的优势,将全员绩效管理的流程固化在信息系统中,及时提醒相关部门完成全员绩效管理的相关工作,并达到有效地储存、分析绩效数据的目的,提高工作效率,实现绩效信息化的管理。

(四)改善薪酬结构,搭建薪酬体系与绩效、岗位价值体系的桥梁

在现有薪酬体系中,内部模式固定,与市场化结合程度不高,未建立以客户价值、市场、企业效益为导向的薪酬分配体系。薪酬激励形式单一,缺乏中长期薪酬激励措施,内生动力不足。工资总额与企业效益挂钩较弱,未完全实现工资总额与企业效益同步增减。企业薪酬结构体系单一,成都中车电机长期以入职岗位及年限来核定其工资水平的高低,忽略了员工自身能力提升、员工绩效、岗位本身带来的价值,导致员工收入结构不合理,固定部分占比较重,岗位价值导向不突出,薪酬水平与市场不适应。

因此,在现代化的薪酬结构体系和满足于“两低于”和“双控”的前提下,成都中车电机形成了以岗位价值为核心、员工绩效为依据、能力水平为基础,与市场情况、企业运营相结合,同时延续了工作年限、学历等相关指标,领导干部与经营业绩挂钩的现代化薪酬结构。首先对员工的岗位进行评定,确定该岗位价值对于公司的贡献,其次评定其能力水平,以员工每月的能力表现转化为当月绩效指标,判定员工的工作效率,从而在薪酬中进行体现。同时,成都中车电机还形成了以提成工资、项目工资、奖励工资以及其他津贴等其他福利性支出,形成了薪酬体系的多元化,大大调动了员工的积极性和创造性,贯彻了人才衡量标准多元化,公平公正的原则和理念,极大地促进了公司的良好发展。

(五)四大薪酬结构体系搭建模块

1. 营销薪酬结构搭建——销售激励

现有国有企业运营模式与市场相结合,收入和利润直接来源于相关业务的获取,营销部门相关人员薪酬也以基本工资和营销提成为主要组成部分,提成的多少与业绩挂钩,弹性较大。但长期看来,成都中车电机存在以下问题;营销内部薪酬结构差异性不大,部门内部人员与业务人员工资结构相似,对于业务人员的激励作用较小,较大程度影响了业务人员的积极性,滋生懒散,使员工对工资认可满意度降低。针对此问题,优化现有薪酬模式,主要是将内部管理人员绩效提升与业务人员销售激励相结合,加大新产业薪酬体系建设,更大效能的调动营销类人员的积极性,具体运用模式如下:

营销管理人员工资 = 基本工资 + 绩效工资 + 提成工资

营销业务人员工资 = 基本工资 + 系数 × 绩效工资 + 提成工资

两者区别在于内部管理人员更加注重绩效工资,轻提成工资;业务人员更加注重提成工资,轻绩效,更好地将薪酬划分与岗位价值相结合,更能体现在各岗位薪酬结构下岗位价值的差异性,激发员工积极性。

2. 技术薪酬结构搭建——项目奖金

长期以来成都中车电机衡量技术型人才薪酬以技术本身的含量为主,而忽视了技术性人员投入贡

献值的高低,尤其是企业对于技术性工作的认知性较低,平均主义现象较为严重,对薪酬评定的公正性有偏差。基于此种偏差,成都中车电机公司在固有模式下,搭建了一套以项目工资为提升的薪酬体系,具体运作模式如下:技术性人员工资 = 基本工资 + 系数 × 绩效工资 + 项目工资。

通过搭建此模式,公司内部开始搭建研发通道,优化研发岗位价值,由管理通道向专业通道转变,其次建立项目制工资,以各项目的开发情况以及市场投入情况制定总额,按项目进度进行核发,并且满足专业化个性需求,将短期激励与长期激励相结合,关注员工的发展,激发员工热情。

3. 管理类薪酬结构搭建

管理人员多数从事基础管理工作,在公司起着承上启下的作用,也是处于特殊位置,企业对于管理人员的划分差异化严重,如何在公司内部建立以业绩和能力为导向的人员薪酬激励机制、人才评价与考核机制是一个很大的难题。回顾以往,基层管理人员工作的开展方式对员工积极性、团队性和员工整体效益影响较大,所以搭建基本薪酬 + 绩效薪酬的模式,对于管理人员薪酬比例的均衡、稳定管理人员有着极大的影响作用。

管理人员的薪酬要将能力等级、管理难度、管理业绩、管理职责的相结合,发挥员工绩效激励和奖励激励的作用,进一步提升员工能力水平,将部门绩效与各部门业绩完成情况挂钩,保障员工基本待遇的同时,增加员工的稳定感,有利于稳定员工,降低人员流失,通过岗位工资双向灵活调整,适应市场需求,结合三项制度改革“收入能增能减”的市场机制,激发员工岗位荣誉感的提升有着很大的作用。

4. 技能类薪酬结构搭建

技能人员薪酬体系主要以产品生产产量或者完成合格产品质量作为依据,形成以计件方式为主的一种薪酬发放形式。本着多劳多得,展现员工个人技术水平以及劳动熟练程度为主的工资制形式,长久以来以产品产量为主的计件工资以固定的工时数据为依据,员工针对高工时的产品投入较大积极性,而忽略了原本产品质量,单方面从件数作为衡量标准,以质量工资为主的计件部分被完全忽略。成都中车电机针对此问题,加大对原本工时进行重新写实,与市场产品进行对标,于是市场情况相接轨,同时设定《质量工资》管理办法,将计件产量与产品质量相结合,在各班组中进行落实,在保证产品产量的同时将质量进行提升,加大对技能人员奖惩,形成计件 + 质量相结合的新型计件工资模式。

三、实施效果

通过人力资源体系优化,实现了公司的战略发展目标。通过岗位价值评估,重新设计和测算薪酬结构、调薪机制和晋升通道,重视员工培训提升,建立全面绩效管理,挖掘并激发出员工的活力,实现人力增值和人企共赢。公司百元人工成本呈下降趋势,且达到制造行业的中上水平,员工薪酬每年得以增长。

(一)优化培训体系建设,培养核心人才

通过优化培训管理流程及内容,增加培训类型及培训方式,完善培训课程体系建设,重点打造领导干部、国际化人才、核心技能人才培养项目。近两年共开展领导干部培训、国际化人才培训、班组长培训、第二技能培训五十余项,打造长远发展的核心梯队。

(二)薪酬管理的创新改革,取得成效

基于三项制度改革要求下实现根本性突破,形成管理人员能上能下、员工能进能出、收入能增能减的市场化机制,健全激励约束机制方面率先突破,真正建立起与劳动力市场基本适应、将企业经营效益与薪酬发放强挂钩的薪酬机制,与市场接轨,构建工资收入市场化对标体系,严格按照绩效考核结果落实收入能升能降的“强激励、硬约束”机制。最终建立与行业竞争性人才薪酬水平相匹配,以业绩成果评价为基础的特殊人才协议工资制度,增强领军人才和高端人才的引进力度,提升企业人才竞争力。

(三)优化公司岗位结构,固化人力资源体系

为了有效控制公司的人员总量、科学核定各部门人员编制标准,促进公司人力资源合理配置,有效

挖掘员工潜力,提高用人效率,公司基于因事设岗、最少岗位数、规范化、客户导向等原则,采用组织分析法,首先从整个公司的远景和使命出发,设计一个基本的组织模型,然后根据具体的业务流程需要,设计不同的岗位;公司基于业务优先、效率优先、数量与质量并重、比例匹配等原则,采用劳动效率法,根据工作量和劳动定额计算出员工数量,最后通过访谈法调研公司内部管理者及外部专家,对员工数量进行个别调整。将形成的定岗定编规划初稿下发各部门讨论,并集中高层进行讨论,修改完成后定稿,最后将定岗定编工作及经验以《定岗定编管理办法》进行固化下来。实现"人、岗、事"三者之间的合理匹配,以达到"人尽其才、才尽其用"的目标。

基于“流程管控+组织管控+绩效管控”三要素管控模型的企业运营管理体系优化

成都中车电机有限公司

成果主要创造人:董　兵　郭　峰

成果参与创造人:陈　伦　张海军　魏永江　张晶萍　付娜娜　曾静娴
唐倩倩　黄　潇　肖雅倩　刘踣起

成都中车电机有限公司(简称“成都公司”)是中车株洲电机公司的全资子公司,企业注册成立于2014年7月18日,前身为中车成都机车车辆有限公司电机造修板块,是一家专注于电机的研发、生产、修造和销售的高新技术企业。企业注册资金2.5亿元,有从业人员700余人,年营业收入近10亿元,主要从事电机研制和造、修业务,产品以轨道交通配套电机为主,涵盖地铁、能源采集、新能源汽车、通用工业机械、分布式发电、风力发电、环保设备等领域,产品覆盖全国,并出口至30余个国家和地区。

成都公司现位于四川省成都市新都现代交通产业功能区,新基地占地12.37万平方米。拥有各类机械设备360余台(套),其中大型关键精密设备38台(套)。企业拥有市级院士专家工作站、省级技术中心,被评为成都市高端装备制造企业,同时企业获得了四川省科学技术进步奖、中国铁道科技奖等荣誉称号。企业自主研发的CDJD113交牵电机、CDJF212主发电机获得省科技进步二等奖,被列入成都市名优产品目录。

成都公司致力成为中国最主要的内燃机车配套出口电机研制基地,西南地区大功率机车、动车、城轨电机检修基地,西南地区高效节能电机重要造修企业。

一、实施背景

(一)深化国有企业转型升级的需要

根据铁路车辆规定的修程要求,国铁、国贸、地铁等维保市场需求日益增大,国家推行的“互联互通”和“一带一路”倡议的构想,也为我们开拓国际市场带来了源源不断的机遇。同时我们也意识到,近年来面对铁路企业内燃、电力机车市场的需求调整,整个内燃铁路市场需求呈现下行趋势,成都公司作为内燃机车配套的主要企业,面临着严峻的生存考验。目前内燃机车主要面向国际市场,国际市场业务开展中受制于购置国政策影响,执行中有很多不确定因素,不足以支撑成都公司的业务发展;成都公司原承担的电机及主变压器的修理业务大幅减少,新市场尚未形成批量,在开展HXN5型机车配套电机修理过程中,主机企业具备电机检修车间,投入技术及设备获得电机修理能力,使得主机企业与配套企业存在竞争。若长此以往,不求突破,势必会造成技术的止步不前、产品质量下降等一系列问题,进而影响企业业务的可持续发展。为摆脱既有产业萎缩的困境,成都公司积极投入资源开拓能源开采驱动业务、风力发电业务和新能源汽车业务等新产业新市场,为有效支撑企业新业务的顺利开展,同时也为完成成都公司内部管理变革提升,结合企业运营工作实际情况,组织开展企业“以市场为导向,以客户为中心,以效益为目标”的组织管控、流程管控、绩效管控的优化工作,有效支持成都公司转型升级。

(二)落实国务院国有资产监督管理委员会“双百行动”改革的需要

根据国务院国有资产监督管理委员会《关于印发〈国企改革“双百行动”工作方案〉的通知》(国资

发研究〔2018〕70号）、中国中车集团“双百行动”国企改革工作推进总体方案等系列文件精神，要求企业以深化供给侧结构性改革为主线，全面落实国有企业改革“1+N”政策体系和中国中车深化改革“1+19”文件体系的要求，按照中国中车“双打造、一培育”总体目标，坚持社会主义市场化改革方向，深入推进实施综合性改革，在“五突破、一加强”改革重点领域和关键环节上率先取得突破，有效提升企业发展的内生动力和发展能力，实现发展方式、业务结构、发展动力的转变。然而梳理成都公司的现状，在制度流程上仍然存在流程理念不够深入人心，流程长效机制有待健全，流程体系科学性不够，流程生命周期管理缺失，文件执行“两张皮”，流程断点多，部门壁垒等现象。在组织结构上仍存在部门与部门间职责边界不够清晰合理，在绩效管理上仍存在为了考核而考核的现象。为高效推进“双百行动”各项工作，健全和完善法人治理结构、激励约束机制、市场化经营机制等，需要企业从组织管控、流程管控和绩效管控进行优化，实现“双百行动”改革工作的落地。

（三）实现企业“十四五”发展战略的需要

成都公司“十四五”发展目标是在持续发展传统优势产业的同时，加快培育孵化新兴业务，通过商业模式创新、产融结合、资本运作等方式，不断优化业务结构，提升综合竞争力，形成系统、完善的产业格局，力争到“十四五”末期，实现营业收入25亿元（其中外部收入12亿元）、净利润1亿元的战略发展目标，努力成为西南地区通用机电设备的旗舰企业，争当经营形态领先的行业先行者，打造工作高效、产品优质、口碑良好、员工幸福的企业特色，实现企业的高质量发展。自成立以来，企业的组织管理、制度流程、绩效管理实现了从无到有、从粗到细、从宽泛到严格、从局部到全面的发展过程。虽然企业的管理基础已经搭建完成，但是管理框架未能充分发挥其效能，在内部管理方面“内功”练得仍不足，存在部门与部门之间责权关系不清晰、不合理的现象，流程制度的适宜性和核心过程贯彻不够，难以作为指导工作或绩效考核的依据，绩效考核也存在流于形式的现象。为充分体现价值导向，成都公司需要从组织管控、流程管控和绩效管控进行优化，支撑企业快速响应市场需求、快速孵化新兴业务，最终实现企业“十四五”发展战略目标。

二、成果内涵和主要做法

企业内部运营管理问题主要包括组织管控问题、流程管控问题和绩效管控问题。基于三要素管控模型的运营管理体系（图1），优化主要包括组织结构优化、制度流程优化和绩效管理优化。组织结构优化是指根据企业发展战略，重新设计组织结构，明晰授权关系、责权关系和工作接口关系，解决组织结构与经营管理过程不匹配的问题；流程体系优化是指转变传统的职能管理方式，基于企业“价值主线”从上而下进行流程体系构建，并遵循流程简约化、指引精细化、模板标准化的原则；绩效管理优化是指根据战略目标和业务重点，将指标体系全面反映部门的绩效水平和核心过程的执行效果。三要素管控之间是相互匹配的，做好“三要素”管控是企业高效运营的必要前提。基于三要素管控模型的运营管理体系优化的目的是落实成都公司发展战略，让国有企业改革及双百行动改革有效落地，提升企业经营品质，增加企业盈利水平，最终兑现组织承诺，让员工得到福祉。

（一）开创持续优化组织管控新局面

1.明确企业发展战略，确立组织结构优化的原则与思路

战略决定组织，不同的战略需要不同的组织配套。同时，能够驾驭多大的资源和机会往往取决于企业有多大的组织能力。因此，组织反过来也影响战略，成就或阻碍战略的实现。成都公司深入分析轨道交通行业的发展趋势，充分考虑自身在轨道交通行业的战略地位，结合企业在其他行业的探索，提出了围绕“2+2+X”的产业布局，即不断扩展、优化轨道交通和风力发电两大板块，做大做强能源开采和伺服驱动两大板块，积极培育其他新兴产业，成为西南地区通用机电设备的旗舰企业的战略布局。基于成都公司的发展战略，确定了组织结构变革的原则，即能适应企业外部环境的变化，快速响应市场客户需求，以项目管理模式推动管理升级，紧密结合集团发展战略，有针对性地解决目前管理工作中存在的突

出问题与薄弱环节,并需要适合企业的特点,精简高效、简便易行,尽量避免组织变革的负面影响。

图1　基于三要素管控模型的运营管理体系优化

成都企业采取的组织变革的思路是决策与执行、监督分设,加强过程管控与信息流转,统一指挥与权责对等。围绕"建设一个以奋斗者为本,主业突出、治理良好、管理高效、信息流转更加充分、能够适应市场化、国际化运作,具有可持续发展竞争能力的企业"的发展目标,通过对标一流企业的先进管理理念,研析参考中车集团和总部及其他先进企业的组织机构设置模式,根据企业发展战略,诊断企业业务发展瓶颈现状,重点结合流程体系运行情况,不断优化职责分工,实现对企业各部门职责的准确定位,解决组织结构与经营管理过程不匹配的问题,提升组织效能,支撑保障企业战略目标的实施,实现企业高品质发展。开展业务板块职能职责实施情况的定期调研,完善职能履行监督、评价机制,确保企业管理体系的有效运转。成都企业组织变革的驱动因素如图2所示。

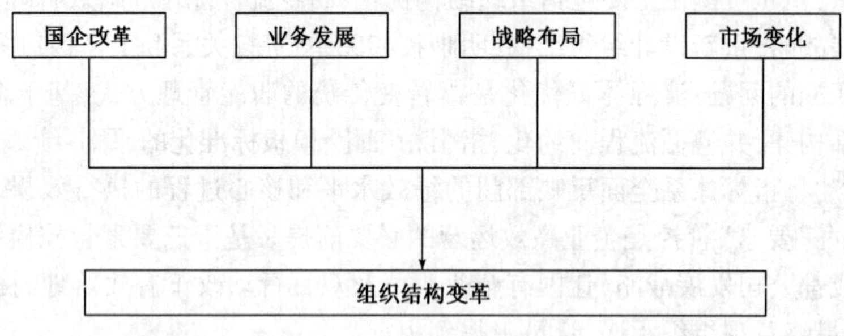

图2　组织变革的驱动因素

2. 明确企业关键价值活动,确立组织结构优化重点

价值创造(图3)是指企业生产、供应满足目标客户需要的产品或服务的一系列业务活动及其成本结构。成都公司是一家以电机生产为主的制造型企业,在综合顾客与其他相关方的需求之后,基于价值创造的原则,确立出了电机研发设计、供应链采购、生产制造、市场拓展与销售四个主要价值创造过程,同时也确立出人力资源管理、设备管理、财务管理、质量管理、信息管理五个关键支持过程。

电机研发设计是企业核心竞争力的重要组成部分,以产品规划、设计、研究与开发为根本,重点把控产品研发成本和周期,并建立起为营销、制造、工艺等提供技术支持与协助的工作机制,努力满足客户技术需求,为企业的新产业发展提供技术支撑。供应链采购是影响产品竞争力的重要环节,成都公司

99%以上的物料是由供方提供，物料成本占到产品总成本的70%以上，外供物料质量决定了产品的质量，供方交付及时性影响到产品的客户最终交付，规划、制订和实施物资采购和物流配送策略，建设和运行高效供应链管理体系和相关支持系统，实现采购管理活动运行高效、业务规范、服务到位。生产制造是实现产品的增值过程，在物料的基础上，凝聚员工的劳动和智慧，把控质量、安全、周期、成本等要素，把物料整合变成产品兑现客户。市场拓展与销售将产品转化为资金，实现资本的循环和增值，通过新市场的开拓将更多的企业产品推向市场，重点需要关注回款和售后服务。人力资源管理重点发挥员工的招聘、培训、开发和激励等价值活动，设备管理、财务管理、质量管理和信息管理等价值活动是企业基础设施。

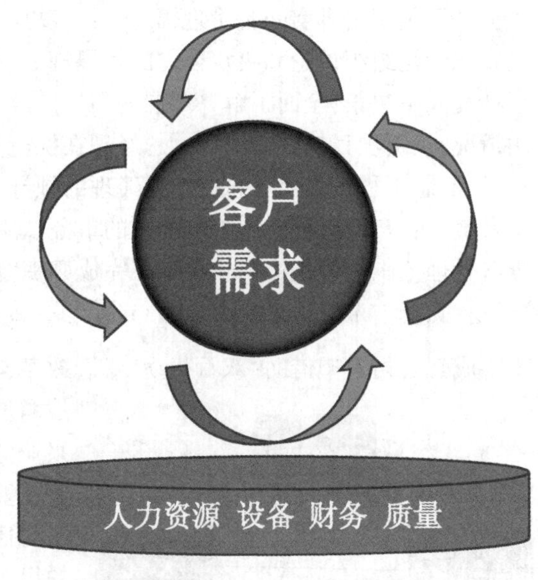

图3 成都公司主要价值创造与支持活动

围绕主价值创造过程，突出组织变革中决策与执行分设、成果输出以及项目管理模式推动的重点。决策与执行分设可以更好地明确政策的制订与执行的责任主体，在一定程度上改变“拍脑袋决策”的方式，也可以减少权力寻租的机会。此外，决策与执行分离可以满足企业对于政策制订和执行的专业化要求，责任主体更加明确，这也是组织变革遵循的主要思路。强调成果输出是组织变革的主要目的。成果输出的关键在于过程管理，通过整合人、机、料、法、环及检测资源转化为具有增值意义的输出成果。因此，本次组织变革方案考虑了决策与执行分设，通过调整，对于决策与执行部门在过程策划、过程实施、过程监测、过程改进方面有新的要求，即强调企业经营目标，通过识别业务过程，以资源整合与信息管理思路来运用计划、控制以及绩效管理等工具确保经营目标的达成。以战略项目管理模式推动企业管理升级是成都电机近年来的工作重点。为进一步夯实项目管理的基础，从源头对项目管理的权限、职责、资源整合、管理流程等方面进行梳理与调整，这也是组织变革考虑的重要因素。

3. 设计基于员工晋升空间及管理幅度的职位层级(图4)

层级	管理职能部门	现场部门
高层管理	执行董事：1人	
	总经理：1人	
	副总经理/总工程师/财务总监：5人	
中层管理	副总师/经理/主任/事业部总经理 ： 18人	
基层管理（属于员工级）	主管	主管
	组长（营销、研发、工艺）	班组长（线长）
员工	员工	操作工

图4 成都公司职层设计

基于员工晋升空间及管理幅度,设计高层、中层、基层、员工四个层级。执行董事作为企业的法人,主要职责是组织讨论和决定公司的发展规划、经营方针、投资方向、年度计划及日常经营工作中的重大事项和人事决策,全面了解并掌握公司生产经营情况,监督和检查年度经营计划完成情况,资金计划使用情况,投资项目执行情况等。总经理在执行董事的领导下开展工作,全面负责公司生产经营工作。副总经理、总工程师和财务总监在总经理的领导下在各自风管的营销、研发、工艺等开展工作。中层管理主要负责各自部门职能职责范围内的事务。主管的职责是在本单位分管中层管理者的领导下,负责在分派管理范围内组织协调相关员工完成职责范围内和领导交办的各项工作任务。

4. 构建1个平台4大中心的"职能+事业部"混合型组织模式(图5)

成都公司希望借助"双百行动"综合改革与国企改革三年行动的契机,全面布局企业"十四五"发展战略愿景,在持续发展传统优势产业的同时,加快培育孵化新兴业务,通过商业模式创新、产融结合、资本运作等方式,不断优化业务结构,提升综合竞争力,形成系统、完善的产业格局。在对比分析了直线职能制、事业部制和职能+事业部(混合制)的组织结构优化方案后,最终形成"1个平台、4大中心"的"职能+事业部"混合型组织模式,1个平台是职能管理平台;4大中心是营销中心、技术中心、项目中心、产业发展中心。职能管理平台涵盖了运营管理、人力资源管理、战略投资、审计法务、行政管理、企业文化、党建管理、财务管理、安全环境管理等职能;4大中心作为企业核心价值链,其中产业发展中心以企业主营产业模块进行设置,5个事业部作为各产业利润中心,配置营销管理、工艺技术、质量控制、生产管理、售后执行、综合管理6大职能,以确保产业发展各板块需要。有利于采用专业化设备,并能使个人的技术和专业化知识得到最大限度的发挥;每一个产品部都是一个利润中心,部门经理承担利润责任,这有利于总经理评价各部门的政绩;在同一产品部门内有关的职能活动协调比较容易,比完全采用职能部门管理来得更有弹性;容易适应企业的扩展与业务多元化要求。

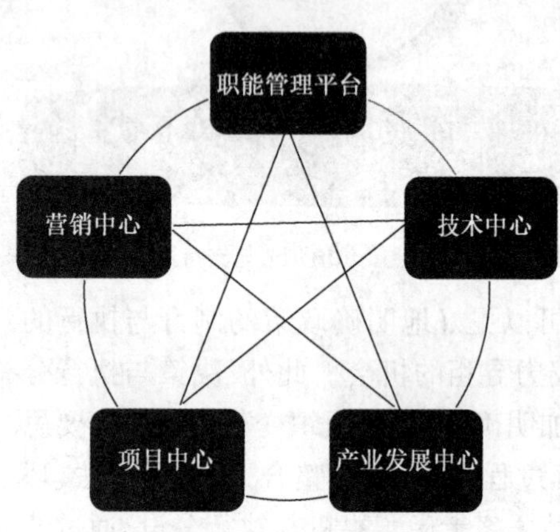

图5 成都公司新的组织架构示意图

5. 重新调整各部门的业务范围

随着1个平台4大中心的"职能+事业部"混合型组织构建完成后,成都公司总共形成了16个部门。公司办公室、综合管理部、财务管理部、安全与环保部、质量管理部、采购物流部、工艺设备部构成了职能管理平台,科技信息部、电机研发部构成了技术中心,轨道业务营销独立为营销中心,项目管理+生产制造独立为项目中心。风力发电、能源开采等事业部构成产业发展中心。重构后的组织结构,各业务范围进行了重新划分。将原项目管理的成本核算职能归入财务管理部,将原项目管理的采购价格管理归入采购物流部,将原项目管理的销售价格管理归入营销部,将原项目管理的其他项目管理职能和制造部门合并为新的项目管理部。将综合管理部精益管理(精益办)归入新项目管理部,将综合管理部的各体系业务管理责任归入各专业部门,保留体系归口管理(文件制度等)职责。采购部和物流管理部合并采购物流部,负责全品类采购与物流(异地除外)统一管理,并强化供应商管理与帮扶职能。电机研发部强化研发职能,负责全品类产品研发,提升自主研发能力技术管理归入电机研发部,并设立专家组。各事业部下设自己的销售、技术(工艺)、质量、生产、综合等职能,并随着业务拓展,逐步增加职能和岗位。

(二)基于"价值主线"的流程体系优化

1. 基于"价值主线"的流程体系优化思路

成都公司在进行流程体系优化时引入了"价值主线"的概念。"价值主线"是比迈克尔波特的"价值链"稍简单的概念,"价值链"指的是整个企业,"价值主线"则是实现同一目的而走的不同路径,不同的"价值主线"侧重的管理活动不一样,但目的是一样的,都是为了让企业实现价值增值的过程。流程体系优化服务于企业的价值主线,而价值主线以用户满意为目的,从而保证了整个企业可以快速反应、盈利性得满足顾客需求。梳理企业价值体系,形成三条价值主线,如图6所示。

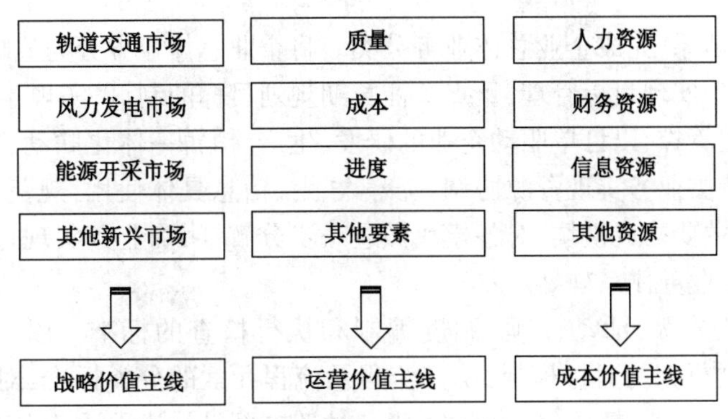

图6 成都公司价值实现的三条主线

围绕战略价值主线在战略层面细分市场,形成差异化管理,满足不同客户群体的需求,实现企业在不同市场的战略利润;围绕运营价值主线在运营层面对不同产品实行差异化管理,通过项目管理聚焦质量、成本、安全、进度等要素,满足客户对不同产品价值的需求,同时实现企业的运营利润;围绕成本价值主线,以资源配置为核心,对人、财、信息等资源统筹配置,提升管理效率和效益,加强成本管控,满足企业利润实现需求。其中,战略价值主线是导向,运营价值主线是主价值链,成本价值链为支撑链。对三条价值主线的总体要求是全面把握客户需求,应对市场变化,提升企业盈利能力。

2.设计基于"价值主线"的流程体系构建路径(图7)

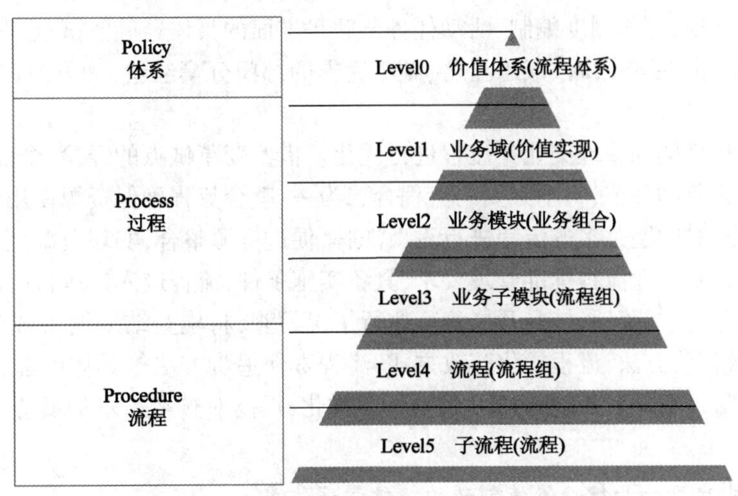

图7 成都公司流程体系设计路径

L1级为公司业务域,在价值体系基础上划分,宏观上展示公司价值实现的过程;L2级为公司主要业务模块,通过分解各业务领域生成,展示公司价值实现的具体环节;L3级为业务子模块,是业务模块的进一步细分,形成流程组,流程组下含若干主流程;L4级为公司主要业务,对应具体流程;当业务较复杂时,需至L4级才可形成流程组;L5级为子流程,是对主流程的支撑;当业务较复杂时,需至L5级才可形成主流程。

按照企业价值实现方式,分阶段对各价值主线上的业务领域开展优化工作,使业务流程全面覆盖各项业务,实现标准化管理。实现流程体系和质量管理、安全环境管理、风险管控、两化融合等管理体系互补和支持,让各体系满足专业管理和流程管理双方面的要求。在流程优化和体系融合工作基础上,结合信息化需求,完善流程标准,规范表单设计,开展软件开发,在规划期内,完成流程信息化体系的雏形搭建,为全面开展流程信息化工作打好基础。

3. 构建基于"价值主线"的流程体系

一是按照企业价值体系,完成企业总体业务分类。将企业总体业务分为战略类、运营类和管理支持类三个类别。战略类业务实现目标管理,重点关注长期规划目标的制订,实现年度目标和战略目标的衔接;运营类业务实现过程管控,以订单驱动企业的研发、生产、销售一体化联动,并建设精益供应链系统作为联动载体;管理支持类业务实现资源协调,统筹人、财、信息具体使用,规范质量、安全、风险等管理活动。识别各类业务的主要构成模块,对各模块做进一步分解,明确业务实现过程的关键环节,形成企业业务总览表,完成企业业务体系规划。

二是制定流程分类分级、活动立项、制度编制和执行检查的标准。以美国生产力与质量中心(APQC)发布的流程分类框架为对标模板,确定流程及流程元素的分类标准,对应分类标准,确定企业流程分级标准。从流程合法性、精益化、增值性、唯一性四方面设计流程活动立项评价标准,确定流程新增、修订、取消等活动的决策规范。明确流程和制度的关系,规范流程编制和制度撰写过程,确保流程制度文件格式的统一。规范流程执行检查方式和执行情况判定标准,确保流程落地。

三是以宣传培训和试点开展完成全面推进企业业务流程优化的准备工作。推行流程管理体系优化,建立起"以制度管人,按流程办事"的执行力文化,"扩大例行管理、减少例外管理",提高效率,堵塞漏洞。组织召开流程体系建设工作启动会,宣贯《流程体系建设规划》,总体安排流程体系建设工作;并通过加强宣传报道,促进全员认识该项工作的重要意义,在企业范围内形成良好氛围。以卓越流程体系规划和流程设计为主题,对企业流程专员进行提升性培训。培训内容包括了流程建设前期准备,跨部门流程梳理,流程设计和企业流程标准等。以战略类流程中的经营计划管理和运营类流程中的产品交付管理为试点开展流程优化工作。研究两类流程优化的具体方法,积累在跨部门流程梳理、分类分级、流程责任人设定、流程立项、流程制度编制、活动任务分解等方面的具体经验。试点工作结束后,组织企业流程优化经验交流会,由在试点阶段成果显著、做法优秀的部门分享经验,为下阶段全面开展工作提供指导。

四是对运营类、战略类和管理类业务流程进行优化。借鉴变革试点的经验,全面推进企业业务流程优化,撤销流程中不必要的环节、将不必要的流程合二为一、整合流程确保资源使用的有效性、对流程中欠缺的环节进行补充、对问题过多的流程进行重新洗牌,促进资源整合,实现资源优化配置与优化再生。该阶段结束后,流程达到企业流程标准管理要求,具备实施条件,流程进入试运行阶段,相关业务按照新流程进行管理。为促进执行落地,按月开展流程执行情况检查,将检查结果纳入各单位月度组织绩效。并积极探索流程绩效评价方法,流程优化整改方式,流程责任追责方法等具体问题,逐步向流程绩效过渡。逐步建立起"以制度管人,按流程办事"的执行力文化,提高对顾客需求的反应速度与效率,快速适应市场变化发展。

(三)建立基于战略目标和核心价值创造的绩效管理体系

为建立科学规范的绩效管理体系,客观评价公司各类组织经营绩效,强化公司战略目标及各项经营指标的达成,帮助提高组织执行力,促进管理改善,确保组织绩效评价工作有效开展,成都公司对绩效管理体系进行了优化。

1. 确定企业绩效管理体系优化的思路

公司组织绩效管理坚持战略导向,体现战略落实;坚持市场导向,体现客户价值;坚持业绩导向,体现公司价值;坚持责权利结合,体现公平公正;坚持激励约束并举,体现科学合理;坚持持续改善,体现管理提升。

围绕企业组织管控关键职能和运营管理的关键流程,将企业战略目标进行分解,结合年度经营目标责任状、年度经营指标、年度重点工作进行科学指标体系设置;建立适应市场化竞争的,增强企业竞争意识、成本意识、服务意识的指标体系。充分挖掘企业"冰山"价值,梳理企业核心价值创造过程,真正发挥绩效管理的竞争和激励作用,充分认识到绩效考核只是绩效管理的环节之一,减少业绩实效考核的偏差和副作用,完善绩效考评制度作为引导和指示员工行为的标尺,使绩效管理效果落到实处。

2. 完善企业绩效管理体系的组织结构

成立组织绩效管理委员会,由总经理担任主任,分管组织绩效工作的副总经理担任副主任,其他高层领导为核心成员。主要责任是根据公司发展战略,提出公司组织绩效管理的指导思想;审定组织绩效管理体系;负责对组织绩效管理工作定期进行评价;负责对绩效考核、申诉以及绩效结果的应用过程中出现的重大争议问题进行裁决,负责审批组织绩效评价结果。

成立组织绩效管理工作组,综合管理部经理担任组长,财务管理部经理担任副组长,公司绩效管理专员及各单位第一负责人为组员。主要负责编制、修订组织绩效管理体系文件并督促其执行;负责组织绩效管理沟通;协助绩效管理委员会调查落实相关绩效考核事件。

综合管理部负责组织业绩指标收集、下发、统计、分析、考核、总结;负责对组织绩效运行情况进行跟踪监督;组织绩效体系运行结果发布;公司(党委)办公室负责重点工作指标(GS)的制订,对重点工作完成情况实施监督,并根据指标要求对各单位实施绩效考核;公司各单位负责制定所分管业务绩效指标,对其执行情况实施监督,并根据指标要求提供评价信息;负责根据本组织绩效考核结果,制订改善计划。

3. 构建基于战略目标(表1)和核心价值创造的指标体系(表2)

基于战略目标的指标体系构建 表1

战略	主要要求	测量方法	绩效指标	指标值	归口部门
确保国内内燃机车业务领域的领先地位	产品质量得到控制	质量损失核算	控制产品质量损失在目标范围内	××万元	质量管理部
	产品成本得到控制	成本核算	台车物耗	××万元	项目管理部
	取得新的业务资质	获得证书	完成新造修业务取证	完成	营销部
	营业收入增长	收入核算	营业收入不低于上年	××万元	营销部
	海外收入增长	收入核算	海外收入不低于上年	××万元	营销部
	加快现金回款	回款核算	现金回款比例(%)	≥55%	营销部
做优风力发电业务	产品合格率要高	合格率统计	产品一次交检合格率	99.5%	风电事业部
	营业收入快速增长	收入核算	营业收入	××万元	风电事业部
	综合盈利能力提升	综合核算	边际贡献率	××%	风电事业部
	无厂内外批量、重大质量故障	次数统计	厂内外批量、重大质量故障次数	0次	风电事业部
	保证新业务订单及时兑现	产品交付速度	兑现率	100%	风电事业部
积极培育新兴产业	增加合同新签	金额核算	新签合同金额	≥××万元	新产业部门
	加快新客户开发	数量统计	新签客户数	≥2个	新产业部门
	策划新市场进入	数量统计	新市场进入策划成功次数	≥1次	新产业部门
	推动"双百行动"	工作推进	混改项目落地	完成	新产业部门

基于核心价值创造的指标体系构建 表2

战　略	主要要求	测量方法	绩效指标	指标值	归口部门
电机研发设计	加大研发投入	费用核算	研发费用占收入比	≥X%	科技信息部
	提高过程监控	动态监控	科研项目过程管控有效性	有效	科技信息部
	设计降成本	成本核算	设计成本目标达成率	100%	电机研发部
	产品研发速度	完成统计	产品研发项目完成率	100%	电机研发部
	设计经济有效	收入核算	新产品市场转化率	100%	电机研发部
供应链采购	物料质量	合格率统计	来料合格率	98%	采购物流部
	供应商开发能力	数量统计	外供物料批量不合格次数	0次	采购物流部
	快速响应能力	供货周期统计	物料采购及时率	100%	采购物流部
	低成本采购	成本核算	采购降成本	0次	采购物流部
生产制造	准时生产	按时完成率统计	订单兑现率	100%	项目管理部
	产品质量	产品合格统计	产品一次交验合格率	100%	项目管理部
	提高劳动生产率	生产率统计	人工成本产值率	不高于上年同期数	项目管理部
	减少生产浪费	成本核算	制造降成本	××万元	项目管理部
市场拓展与销售	客户满意	打分	客户满意度	不低于上年同期	营销部
	海外收入增长	收入核算	海外收入不低于上年	××万元	营销部
	增加合同新签	金额核算	新签合同金额	≥××万元	新产业部门
	加快新客户开发	数量统计	新签客户数	≥2个	新产业部门
	策划新市场进入	数量统计	新市场进入策划成功次数	≥1次	新产业部门

公司战略目标的落地需要借助组织绩效指标来支撑实现。成都公司的战略目标是围绕“2+2+X”的产业布局,不断扩展、优化轨道交通、风力发电两大板块,借助国企改革机遇持续推进战略性新兴产业的落地,把握“一带一路”倡议,在做好主机厂配套业务的同时,持续拓展海外市场。围绕每一个战略目标的落地设计了正对性的指标,设置产品质量、成本、新业务资质、海外收入以及现金回款等指标,控制产品质量、成本,取得新的业务资质,加快海外收入开拓,加快现金回款,确保在国内内燃机车业务领域的领先地位。设置产品一次交检合格率、营业收入、边际贡献率、厂内外批量、重大质量故障次数和产品兑现率等指标,侧重保订单保交付的前提下,加大综合盈利能力的考量,在降低成本上下功夫,做优风力发电业务。设置新签客户数、新市场进入策划成功次数以及混改项目落地等指标,是希望新产业部门积极开拓市场,将市场化机制引入企业,进而激发企业的活力与竞争力。

为保障企业核心价值创造过程真正创造效益,针对每个核心过程设计了对应的指标,并由各部门进行完成。为加大研发投入,提高过程监控、减低设计成本,加快产品研发速度和提高市场转化能力,对电机研发设计过程设置了研发费用占收入比、科研项目过程管控有效性、设计成本目标达成率、产品研发项目完成率以及新产品市场转化率等指标。为保障物料采购质量、快速响应能力,减低采购成本,对供应链采购过程设置了来料合格率、外供物料批量不合格次数、物料采购及时率及采购降成本等指标,保障该过程执行有效。为能按时保质保量低成本的完成产品生产,为生产制造过程设置了订单兑现率、产品一次交验合格率、人工成本产值率及制造降成本等指标。为提高客户满意度,加大市场开拓力度,为市场拓展与销售过程设置了客户满意度、海外收入不低于上年、新签合同金额、新签客户数、新市场进入策划成功次数等指标,保障该过程完成价值创造。

此外,辅助过程虽不比核心价值创造过程重要,但也是企业不可或缺的一部分,也参照基于核心价值创造的指标体系构建方式进行构建。最后，根据与经营相关性给部分职能部门增设经营业绩印证性指标（季度或年度 PKI），例如：“收入指标达成率”“百元营业收入人工成本”→综合管理部，“利润指标达成率”“两金”→财务管理部，“采购成本”→采购物流部。

4. 开展基于 PDCA 的组织绩效改善

组织绩效改善是组织绩效管理 PDCA 最重要的环节，也是绩效管理的最终目的。成都公司从改善经营业绩指标或改善经营过程中产生的问题为出发点，深入分析现状、挖掘产生问题的根源，并制订了切实可行的改善计划予以实施，起到改善公司管理，提高管理效率、增加管理效益、提升产品质量等成效。

明确组织绩效改善的范围，将组织绩效改善分为四类。一是焦点改善，是指对当前公司经营中的难点痛点进行的改善；二是考核改善，是指对当期绩效考核问题的关闭与改善，使之不再发生；三是自主改善，是指由各单位主动提出的能够促进自身业务发展和管理能力提升的改善举措；五是关联改善，是指由各单位对上下游相关联的单位提出的能够促进关联单位业务发展和管理能力提升的改善建议和意见。并要求各单位提出的组织绩效改善不得与公司精益改善提案、管理创新、学习型试验课题等其他类别的管理项目重复。

确定组织绩效改善的方式。焦点改善由各部门提出，公司办公室和综合管理部协助，每季度进行收集和评价。考核改善在每月绩效发布会上进行汇报，说明存在的问题和改进措施，综合管理部在下个月绩效发布会召开前对上月考核改善进行点检并通报。自主改善由各部门自行组织，按月或季度进行收集、跟踪和评价。关联改善提出单位在每月将组织绩效改善建议提交至综合管理部，经综合管理部审核后通知责任单位，责任单位在接到关联改善任务后 3 个工作日内制订响应计划和措施，并提交综合管理部。

三、实施效果

成都公司开展基于“组织管控＋流程管控＋绩效管控”三要素管控模型的企业运营管理体系优化工作后，在企业上下得到了有效落实。建立起了“以制度管人，按流程办事”的执行力文化，搭建起了支持企业转型升级、“双百行动”改革和新产业发展战略的组织结构，并建立起了贯穿企业价值链核心过程和各部门战略目标的组织绩效。

企业运营管理体系优化后，对于企业的盈利性以及价值会有重大影响，尤其是在提高商务效率、改善管理沟通、降低成本和提高质量等方面。在质量管理方面，企业质量得到改善，产品交付质量故障率维持在 1% 左右，运行产品质量故障率呈逐年下降趋势，2019 年客户满意度较上年同期提升了 1%。在市场开拓方面，企业 2019 年完成了 9 个客户开发并形成了批量订单（5 台或 100 万元以上），新产品市场转化率达到 100%，新签订的销售合同比上年增加 15%，海外收入占比同比上年提升 43.6%。在运营能力方面，企业存货周转天数比上年下降 5%，应收账款周转天数比上年下降 34%，同类产品交付周期比上年同比缩短 10%。

成都公司 2019 年实现销售收入 10.45 亿元，比 2018 年增长了 20%，营业利润率由 2018 年的 0.06% 提升到 4.78%，人均营业收入达到了创纪录的 186 万元。其中风力发电、能源开采和新能源汽车等新产业销售收入达到了 8.16 亿元，企业运营管理体系优化支撑了企业新产业的发展。

轨道交通设备设施春秋检提高设备稳定运行效率

乌鲁木齐城市轨道集团有限公司运营分公司

成果主要创造人:徐　平　惠鹏程

成果参与创造人:马　慧　孙延忠　程豆豆　惠东旭　哈继龙　刘　宇
赵　凯　刘　敬　吉力·阿不都　焦　琨

乌鲁木齐是丝绸之路经济带重要节点之一,交通领域区位重点突出,是我国连接中西南亚地区乃至欧洲的交通枢纽,连接多条国家级高速公路及国道干线,是我国国家高速公路网中的重要节点,是西北地区重要的铁路枢纽,新疆铁路的总枢纽。乌鲁木齐地属中温带大陆性干旱气候,最低温度可达−28℃,冬季寒冷而漫长,每年从10月持续到次年4月,长达半年之久。夏季高温可达40℃左右,且昼夜温差较大,气候干燥,风沙较多。

乌鲁木齐城市轨道集团有限公司运营分公司于2016年5月25日批准成立,现有职工2000余人。主营业务是乌鲁木齐市轨道交通的运营维护、票务收益、系统设备的维修管理以及新线运营筹备等工作,运营业务涉及专业有车辆运输、客运组织、行车调度、供电、通信信号、机电和线路等。

乌鲁木齐轨道交通1号线工程(三屯碑站—国际机场站)正线长27.615公里,共设车站21座,平均站间距1.34公里,均为地下线,线路南高北低,高差约200米。全线设燕儿窝停车场一座,设百园路车辆段综合维修基地一处,设主变电站两座,全线网设控制中心一座,设置备用控制中心一座。

乌鲁木齐轨道交通1号线工程是乌鲁木齐市轨道交通线网体系实施的第一条线路,是贯通市内南北向的骨干线,大大缓解了城市中心区的交通压力,起到了调整城市空间布局、促进城市经济综合发展的引导作用,对城市发展战略目标的实现有着极其重要的意义。1号线分南北两段开通试运营,北段工程于2018年10月25日开通试运营,南段工程于2019年6月28日开通试运营,使得乌鲁木齐成为西北第2个、全国第30个开通轨道交通的城市。

一、实施背景

(一)提高设备设施季节性稳定运行的需要

城市轨道交通设备设施种类繁多,包含16种设备专业,尤其是室外设备,由于本地特有的季节特点,设备使用功效随着季节的变化可能会产生很大的差异,例如夏天的降温空调负荷较大,用电量也较大,容易发生故障,夏季环境温度也较高,设备散热较困难。冬季供暖管道和设备全力运行,车站给排水管道必须注意防冻保温,热风幕等取暖设备指标要求较高。这些都给设备设施的季节性运行稳定带来了挑战,为了应对这种风险,在入夏、入冬前提前做好春检、秋检,提前应对严峻的季节性考验。

(二)提高人员工作效率的需要

交通设备设施检修维护按周期划分有日检、周检、月检等不同的制式。一线工作人员数量有限、精力有限,且已全部分布到日常的各种检修,按部就班的流程很难会有很高的效率。为了应对季节性挑战,将有限的人力短期内投入到春检、秋检中,将大大提高人员工作效率。

二、成果内涵和主要做法

(一)改进管理组织

根据“统一领导、分级管理、逐级负责”的原则,春秋检工作创立公司、部门、车间三级管理。组织成立春秋检工作领导小组,明确组长、成员,设立工作办公室,组长为公司总经理,成员为各部门负责人。设立联合检查小组,主要职责是负责春秋检工作的协调、检查、监督、指导,负责对各部门(车间)开展的检查工作进行检查与评价、监督各单位对查出安全隐患的整改落实。

(二)春秋检制度

1. 制定制度

制定了《运营分公司设备设施春秋检管理办法》,结合当前生产及劳动安全专项整治工作,制定当年春检、秋检方案。明确春检、秋检范围,主要涉及轨道交通 1 号线场段及正线所辖办公区域、生产区域。

2. 目标分解

一般情况春检、秋检工作分阶段实施,主要包括准备阶段、实施阶段、验收总结阶段,持续时间 2 个月左右。准备阶段需编制完成春检、秋检工作推进计划表及秋检工作分工表。秋检实施阶段根据春检、秋检方案及春检、秋检工作推进计划展开设备设施的春检、秋检工作,并对已检查出的问题进行集中整治。验收总结阶段对秋检工作进行总结,形成总结报告,设备部各专业主管对本次秋检工作开展全范围抽查,设备设施部做总体总结。

春检、秋检工作推进计划表需包含各专业工作所覆盖的各项检查项点及时间安排,如有集中整修,需附集中整修计划。

按照时间节点对照检查各项工作的完成情况进行每周总结及验收阶段总结,对进段滞后的工作要分析原因,设备设施部做好总体分析和总结。

3. 管控措施

各单位负责人及相关主管亲自上手、主动参与,并对春检、秋检工作进行细致合理安排,责任到人。

各单位及时将已审核确认的工作要求和计划层层传达到班组,并留有相关宣贯培训记录。

各专业主管每周应进行不少于一次检查秋检工作开展情况,统计各类问题,按期检查工作量完成情况,并对检查中发现的问题进行记录。

专业主管每周不少于一次检查秋检工作开展情况,并参与公司联合检查小组的秋检联合检查工作,将抽查工作贯穿秋检各阶段。

各车间要把设备秋检工作与重点工作专项整治、惯性故障治理、隐患排查治理等相结合,并合理安排时间和人员。

各车间班组在组织秋检工作中,严格执行各项安全措施,应对秋检工作进行现场记录并留痕,对存在问题进行分析并制订措施,与其他专业有交集的问题,及时上报设备部进行协调解决。

(三)季节性故障及隐患检查

1. 供电设备

(1)高温情况

第一种情况:车辆段接触线的局部弛度可能会过大,如果出现接触线弛度过大,要立即申请作业点进行测量,如果测量结果远远超出设计标准,要立即进行调整;在调整时,可以通过调节螺栓进行调节,但在调节时要注意各个定位点弹性吊索及腕臂的活动情况以及线岔的偏移情况。

第二种情况:补偿装置受到温度的影响,可能会导致 b 值过小,影响导线的伸缩。如果影响过大,可以将紧线器挂在补偿绳上部,手拉葫芦挂在上部的紧线器上;再用紧线器卡在坠砣杆上,手拉葫芦的吊钩挂在下部的紧线器上,然后用手拉葫芦将坠砣拉起致不受力状态,再调整补偿绳的长度,从而达到技术标准。

第三种情况:钢柱受到温度及受力方向的影响,可能会向受力方向发生弹性变形,经过长时间的弹性变形,很可能会使钢柱材质老化而变成塑性变形。此情况应注意巡视,发现弹性变形时及时调整。

(2)低温情况

第一种情况:车辆段软横跨的上下部固定绳可能会因气温的降低而收缩,从而使上、下部固定绳绷得过紧,将上、下部固定绳拉断;如果下部固定绳绷断,可用双钩紧线器将下部固定绳连接拉起,原来的定位点处接触线用临时吊弦吊起,适当调整相邻定位点的拉出值和导高。如果是上部固定绳绷断,可用紧线器将上部固定绳连接拉起,对接触悬挂可不做调整。

第二种情况:由于温度过低,导线会向中心锚结方向收缩,使补偿装置的棘轮向下锚方向运动,这就可能会导致补偿装置的 a 值不够,影响导线的伸缩。如果影响过大,可以将手扳葫芦的拉线一端挂在下锚绝缘子端部的杵环杆上,再用拉力带将滑轮挂在支柱上,手拉葫芦的拉线通过滑轮作为支点,拉线另一端则通过拉力带挂在坠砣上,然后用手拉葫芦将坠砣拉起至不受力状态,再调整补偿绳的长度,从而达到技术标准。

第三种情况:在新疆的冬季,如遇雪天,接触线上可能会结冰,使接触线的张力增大,从而导致毫米断线事故的发生。按照设计标准,接触线的最大允许覆冰厚度为 5 毫米。此情况应注意巡视,如发现覆冰应及时清除。

2. 轨道线路

高温季节不应安排综合维修和影响线路稳定性的作业。如必须进行综合维修或成段保养时,应有计划地先放散后作业,以后要在设计锁定轨温范围内,重新做好放散和锁定线路工作。其他保养和临时补修,可采用调整作业时间的办法进行。高温季节可安排矫直钢轨硬弯、钢轨打磨、焊补等作业。在较低温度下,如需更换钢轨或夹板时,可采用钢轨拉伸器进行。

进行无缝线路维修作业,必须掌握实际锁定轨温,观察钢轨位移,分析锁定轨温变化,按实际锁定轨温,根据作业轨温条件进行作业,严格执行"维修作业每班一清,临时补修作业一撬一清"和"作业前、作业中、作业后测量轨温,作业不超温、扒砟不超长、起道不超高、拨道不超量"制度。

每年春、秋季应在容许作业轨温范围内逐段整修扣件及接头螺栓,整修不良绝缘接头,对接头螺栓及扣件进行除垢涂油,并复紧使其达到规定标准。使用长效油脂时,按油脂实际有效期安排除垢涂油工作。

无缝线路应力放散可根据具体条件采用滚筒配合撞轨法,或滚筒结合拉伸配合撞轨法。总放散量要达到计算数值,沿钢轨全长放散量要均匀,确定锁定轨温要准确。

放散应力时,应每隔 50 ~ 100 米设一位移观测点观测钢轨位移量,及时排除影响放散的障碍,达到放散均匀。

无缝线路应力放散和调整后,应按实际锁定轨温及时修改有关技术资料和位移观测标记。

无缝线路应根据季节特点、锁定轨温和线路状态,合理安排全年维修计划。一般在气温较低的季节,安排锁定轨温较低或薄弱地段进行综合维修;气温较高的季节,安排锁定轨温较高地段进行综合维修。

3. 房建结构

结构设备检查重点是区间隧道结构、变形缝、区间风井、联络通道、地面风亭、变电站主体结构、场段各大库顶棚、综合楼屋面、各单体建筑排水、防水设施、出入口屋面、地铁保护区。

惯性故障及隐患点:道床隆起段(中小区间、南门岔区),区间拱顶结构掉块,盾构区间螺栓帽掉落,保护区施工,变电所廊道。

针对区间隧道检查重点为结构渗漏水、结构掉块、变形缝及特殊变形缝设施;联络通道防火门是否可以正常启闭、固件紧固；盾构区间相邻接缝处有无渗漏水、管片螺栓孔填充物及螺帽有无脱落现象，配件是否齐全。

对地铁保护区地下车站与隧道结构外边线外侧50米范围内；车站及区间结构外边线外侧30米范围内；出入口、通风亭、变电站等建筑物、构筑物外边线外侧10米范围内进行检查，检查保护区内有无敷设管线、挖掘、爆破、地基加固、打井等，各项施工都应做好记录。

对场段各大单体建筑屋顶排水、防水设施；车站出入口屋面防水，雨落管；各大库钢结构、混合结构主体建筑物进行全面检查；对场段路基本体、围墙、护坡、路肩、排水设施进行检查并做好记录。对车站检查项目主要为变形缝掉块及车站主体漏水检查，车站侧墙离壁沟检查，疏散通道结构，设备区风道、风室、预留结构部分进行检查。

4. 信号系统

设备检查范围：燕儿窝停车场、百园路车辆段室外全部设备；道岔。

(1)道岔检查、整治项目

道岔安装装置绝缘进行逐组测试、检查，发现绝缘不良的必须进行分解检查、处理，防止安装装置绝缘不良造成的轨道电路故障。道岔竖切不良、密贴间隙大、轨枕磨卡杆件的问题进行整治，确保道岔动作灵活。转辙机内部更换油脂；道岔转辙机碳刷分解检查、清扫；故障电流调整。转辙机的外锁闭装置进行全面的检查、清扫和注油；电机等动作状况检查；道岔的转换锁闭、电动转辙机拉力等进行检查、不良整治。转辙机内部清扫，转辙机机盖密封检查调整、整治，确保密封良好。

(2)轨道电路检查、整治项目

各种连接杆、轨距杆、各部绝缘测试，确保轨道绝缘无破损、轨缝合适，钢轨无肥边、扣件不碰鱼尾板。

轨道电路各种连接线进行检查、整治，各连接线不得埋在道砟中，及时对锈蚀的连接线进行除锈处理，防止连接线进一步锈蚀造成断股。

(3)信号机检查、整治项目

信号机机构、机柱、遮光板、遮沿紧固良好，无歪斜、侵限。LED发光盘信号机进行报警试验，确保报警电路良好；灯丝继电器电流进行全面测试，对不达标的进行标调，并做好记录。各信号机灯位显示良好且显示距离达标(特殊地点做好记录)。

(4)光电缆线路检查、整治项目

徒步巡视检查光电缆径路，检查光电缆径路是否清晰，培土是否良好，光电缆埋设标和警示牌是否齐全。

电缆箱盒开盖检查、整修箱盒内部配线，无压线皮和芯线外露过长现象，检查防尘、防潮作用良好。

(5)计轴、应答器设备检查、整治项目

终端盒开盖检查、整修箱盒内部配线，无压线皮和芯线外露过长现象，检查防尘、防潮作用良好。

(6)信号设备电气特性检查、整治项目

电缆全程对地绝缘、漏流、防雷元件、地线等进行测试检查分析，并做好检查、试验、解决记录。

5. 通信系统

(1)检查重点主要是针对春季天气及环境等因素对燕儿窝停车场、百园路车辆段主变室外设备

室外设备天馈系统线缆检查，对电缆接头防水及绝缘进行检查测试；无线综合系统(正线)设备天馈系统线缆检查，对电缆接头防水及绝缘进行检查测试。室外视频监视系统终端设备进行牢固度检查及外观清洁，对终端的运行状态进行检查，对需要紧固维修的故障终端进行维修更换。对场段技防系统前端设备、探测器柱、张力围栏机械端子及线缆牢固度进行检查。对场/段内的楼宇电缆引入口(井)等处的渗(漏)水情况进行检查并处理。光电缆状态检查，检查人(手)孔及线路附属设备，检查区间光缆及其托板托架、吊(支)架上有无异状和外界影响。对管内全部房屋、建筑物设备、供暖设备、电照设备，

对有倒塌危险、严重漏雨、严重腐蚀破裂变形、潮湿等病害的房屋进行重点检查和填报。

(2)车载通信设备检查、整治项目

检查司机室主机、客室分机各线缆插头的紧固,摄像头、液晶显示器(LCD)屏紧固。对车载乘客信息系统(PIS)设备进行一次功能试验:紧急消息下发、主备机切换、闭路电视(CCTV)紧急联动试验。试验车载台通话功能,尤其是车地应急通话组。对每台车载跟踪区(TAU)进行登录,检查相关参数是否在正常范围之内。

6. 机电设备

(1)直接蒸发冷却设备

直接蒸发冷却是夏季降温的重要设备。直接蒸发冷却是利用空气与雾化的水直接接触进行热湿交换蒸发吸热来冷却空气的空气处理方式。直接蒸发冷却机组通过新风量和循环水量的控制达到车站公共区域舒适度要求。

水泵的维护和保养:更换水泵电机的润滑油脂;盘车无卡阻现象。检查管路、喷嘴是否有堵塞现象,如有堵塞进行清洗或更换。检查清洁填料、滤网、过滤器、集水池中杂物和灰尘。

检查闭合控制柜总闸,闭合水泵、风机电机空气开关,用万用表或试电笔检查电压。

检查水处理设备:检查微晶水处理器设备外观是否有损坏、运行水处理量是否达到设计要求。钠离子交换器设备外观是否有损坏,检查盐罐内盐量是否充足,如有盐料出现不足或变质需要及时更换。

清洗后试运转:按下水泵启动按钮,观察水泵正常运行;2 分钟后,按下风机启动按钮,观察风机运行;变频运行稳定在 45 赫兹。循环水水质达到设计标准。

(2)空气幕设备

空气幕是冬天保温不可或缺的手段。空气幕属于空气调节末端设备,需要安装在隔绝空气交换的门洞处,通过风机的送风,在设备出风口处形成具有一定风速的风帘,从而隔绝内外空气的交换及阻挡灰尘、不洁气体、蚊蝇等进入,起到"无形之门"的作用。另外在温度低的时候使用电加热型空气幕,通过设备内部的电加热器对空气进行加热,还具有对周围环境进行补充加热的功能。

检查设备:热风幕、空气预热器本体是否完好,功能是否正常。如遇异常,应先关闭设备,切断电源进行故障排查,并清扫设备、紧固接线端子或更换相关配件。设备吊架是否有松动、脱落。

7. 车辆

(1)电客车

电客车春检主要针对车门、空调等项目开展。对车下走行部重要箱体及零部件检查、除尘,确保各部件状态正常。客室侧门检修;空调检查,更换、清洗滤棉滤网;受电弓检查,检查受电弓状态、清洁;车内电气屏柜除尘。

(2)工程车

对驾驶员室内空调制冷功能进行测试;柴油机、变扭箱、空压机、制动设备进行检查,确保各设备状态正常;对门、窗密封条及百叶窗进行检查;对车内/外水管路、油管路跑冒滴漏进行检查;对电气系统检查各电气柜内所有接线良好,继电器、接触器良好,各部件状态良好;对走行部、车钩、转向架、车轮踏面进行检查工作。

(3)场段工艺设备

检修库、运用库三层作业平台上下水管路进行检查,电动翻板转动情况进行检查;洗车库洗车机春季对库外设备进行清洁;移动式驾车机润滑系统,电路系统,设备外部清洁;检修库、运用库出入库电动大门螺杆进行润滑、更换适合春夏季节的油脂;内燃叉车更换夏季机油;固定式驾车机润滑系统、液压系统、电路系统;吹扫除尘设备各风管管路检查。

停暖后进行锅炉集中修的相关工作,重点对锅炉燃烧机、鼓风机、水处理设备进行细致全面的检查。对各供暖管道连接件、阀门进行检测及保养。

8.段场内风水电暖设施

百园路车辆段、燕儿窝停车场各单体建筑内的配电箱接线进行全面检查,防止出现导线虚接、裸露等现象。

百园路车辆段、燕儿窝停车场所有区域给排水管网、消防管网等进行全面检查。

检修库、运用库出入库大门冬季防寒处理。

百园路车辆段、燕儿窝停车场各引井做冬季防寒处理。

三、实施效果

(一)生产组织方式得到优化

设备设施春秋检工作,在日检、周检和月检的基础上,弥补了旬施工、临时生产任务、旬计表维修计划的不足之处。人员配置和物资配备使用得到了很大的提升,设备设施检修区域划分愈加明显。推进了定人、定设备、定区域和作业制度化、质量标准化、检修工艺化、检修器具和检测手段现代化的“三定四化”普及率。

春检、秋检以区域包保为原则,在将设备设施按重要程度 ABC 分类的同时,以工区为单位,将设备春检、秋检责任包干到人,根据设备的关键程度、重要程度来定设备、定人,提高了人员的积极性和责任心,设备检修质量阶段性提高。工程车辆检修图如图 1 所示。

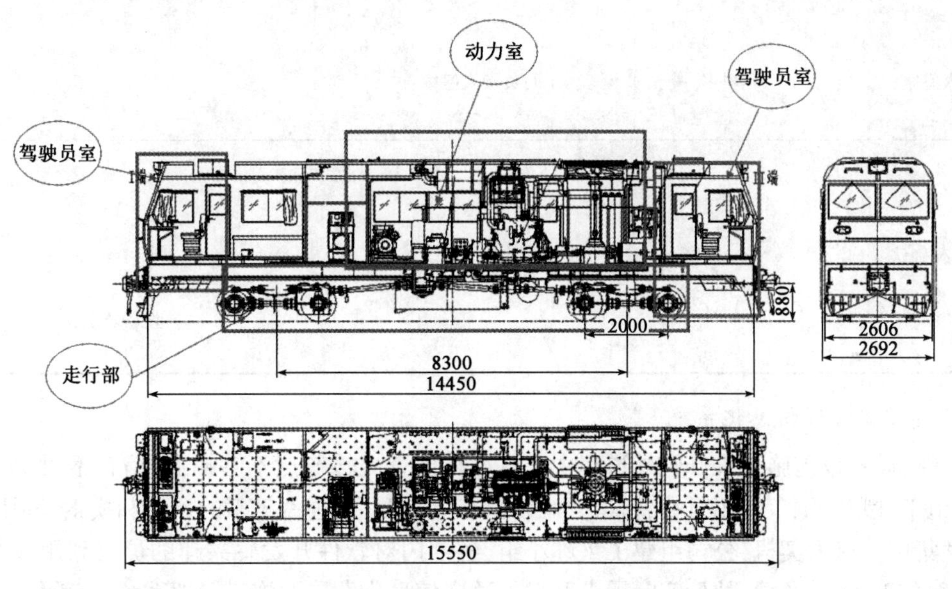

图1　工程车辆检修图(尺寸单位:毫米)

(二)设备隐患得到有效治理

与安全生产隐患排查及风险分级管控工作相结合,春检、秋检期间,基本按照边检查边整改的方式,对照检查标准,对管理设备及现场完成了全面的排查和整治,针对排查出的问题,建立问题台账进行汇总,明确整改责任人,规定整改时间,制定整改计划,逐步完成了整改。问题台账样式如表 1 所示。

故 障 问 题 台 账　　表1

填报单位:　　　　填报时间:

序号	故障位置/设备	问题故障描述	分类类别	故障次数	原因分析	整改措施	整改情况	专业主管签字

同时,大胆尝试将PDCA循环管理应用于设备设施季节性管理中,制订了问题库汇总跟进机制,2020年秋检目前共发现各类问题1214项,已全部完成整改,公司各生产职能部室组成联合检查小组,对检查问题台账及整改落实情况进行了检查复核,跟进问题的销号进度。同时,完成春检、秋检工作情况的阶段总结,为未来持续推进春检、秋检制度提供可参考的样板和经验。工作总结样式如表2所示。

设备春秋季专项排查工作报告(参考)　　表2

<table>
<tr><td colspan="2">单位：　　排查周期：

排查情况反馈

排查存在问题及整改措施

排查负责人签字：　　车间负责人签字：</td></tr>
<tr><td>整改情况确认</td><td>设备负责人签字：</td></tr>
</table>

(三)搭建施工管理信息化系统

作为新线,设备设施施工维修管理过程中一直存在信息流转节点不够畅通、信息不对等、未完全共享和透明、施工计划人工审批用时长,错误率难以清零等问题,通过一年多的调研和摸索,利用开展设备设施季节性集中检修为契机,公司组建了兴趣小组,各部门对软件开发感兴趣的员工利用业余时间,集思广益,明确分工,结合春检、秋检实际需求开发了适应信息化发展的施工管理系统,有效解决信息传递过程中的断点问题,理顺信息不流畅的环节,构建了生产调度和各专业检修人员的信息流转的工作流架构,提高了检修信息传递的稳健性和安全性。通过半年多的试用,各部门相关人员均一致表示采用该系统有效减少各环节在数据采录和信息传递方面的重复劳动,缩短设备维修时间,提高工作效率,为发现设备故障规律提供有益参考。

同时,该系统的搭建以1号线生产类规章制度为理论背景,结合《乌鲁木齐轨道交通1号线生产调度管理规则》等规章,对各车间的施工计划提报习惯进行定制,车间级权限实现施工计划信息的记录、查询、上传等操作,车站级权限实现对当日计划进行查询和销记工作,服务器端权限可以对车间提报的计划进行审核,批复完成的计划可以直接显示到车站级,满足车站—车间—调度中心期间的计划无缝传输。该系统可以更好地开展施工管理工作,对实际施工过程发现的问题,积极协调、统筹计划、合理安排,在确保施工安全的前提下,高效完成施工生产任务的兑现,解决当下施工作业存在的新问题、新矛盾。施工管理系统下设子系统:行车通告、作业信息、方案管理、动火令台账、工作票台账、统计分析、在线学习。界面如图2所示。

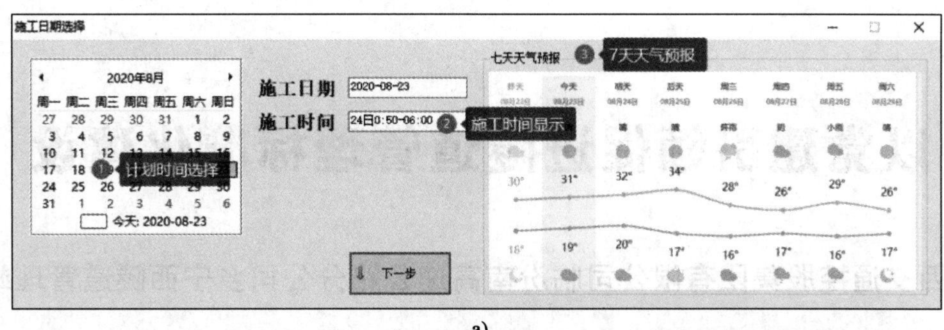

a)

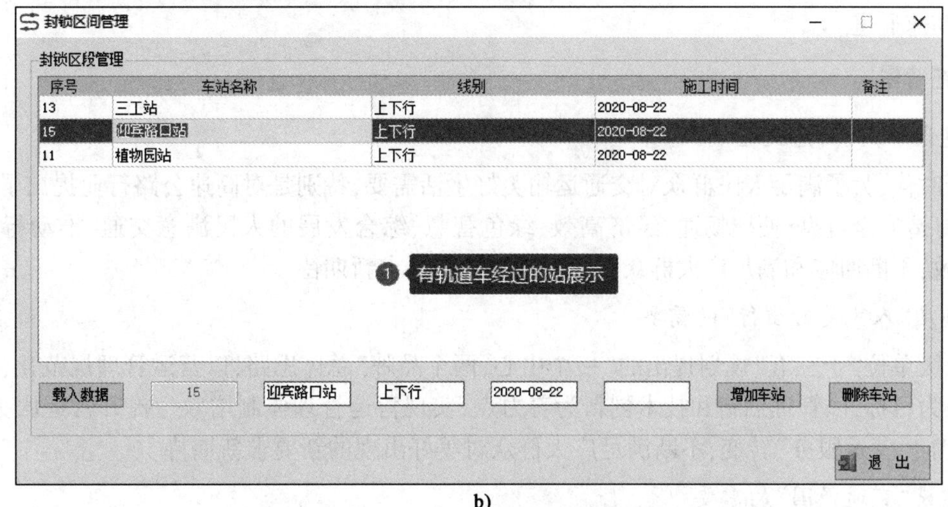

b)

图2　施工管理系统界面

1 号线初期运营以来,经过两年的发展,不断通过设备春秋检等修程修制的完善优化措施,促进了员工在日常工作中的主动思考,也解决了因思想认识、人员组织、物资供应等原因导致的问题。春检、秋检工作已走上了每年两季开展的正轨,培养了一批熟悉设备特性,经验丰富的技术人员,同时在运营生产中取得良好的经济效益。

以党建引领促进隧道管理标准化建设

山西交通控股集团有限公司临汾南高速公路分公司乡宁西隧道管理站

成果主要创造人:李克军　崔　亮

成果参与创造人:卢　怡　刘　静　张　雳　王　帅　杨　可　毛春晖
李国杰　史大利　郑林林

临汾南高速公路分公司(简称"临汾南公司")是山西交通控股集团有限公司(简称"集团公司")所属16个高速管理公司之一,担负着G22青兰高速公路临汾至吉县段、G59呼北高速公路吉县至河津段、G22青兰高速公路长冶至临汾段共计279.5公里的经营管理任务,路线途经临汾和运城两市的安泽、古县、洪洞、尧都、襄汾、乡宁、吉县、稷山、河津9县(市、区)。沿线共有桥梁359座、隧道28座,其中特大桥6座,特长隧道4座。临汾南公司目前共设有10个部室、3个直属单位,30个基层单位,职工900余人。乡宁西隧道管理站是临汾南公司所属30个基层单位之一,位于青兰高速公路与京昆高速公路的连接枢纽处,东临长治,西濒黄河,南通秦蜀,北达幽并,是通往河津、吉县等县级的主要通道。所辖3座隧道,分别为北乐原特长隧道、乔原长隧道、蒿地岭长隧道。运营以来一直执行半军事化管理,职工平均年龄25岁,是一支思想开放、纪律严明、作风优良、工作高效、能干事的年轻隧管队伍。

在临汾南公司党委的正确领导下,践行集团公司"务实、担当、融合、创新"的企业核心价值观,以隧道管理工作为中心,以服务大局为原则,以建家兴站为主线,以切实维护员工利益为目标,紧紧围绕"全年安全稳定"的工作目标,深入践行"爱岗敬业　服务公众"的核心价值观,为社会提供安全、畅通、便捷、经济的高速通道。

一、实施背景

(一)建设"人民满意交通"的需要

进入新时代,为了满足人民群众对交通运输美好生活需要,特别是对高速公路行业提出了更高的需求,为着力打造安全可靠、便捷畅通、经济高效、绿色智慧、综合发展的人民满意交通,推动行业转型升级、提质增效,不断回应和满足广大群众对交通运输的新要求新期待。

(二)满足"人民美好出行"的需要

落实上级单位"十三五"规划提出的"一个中心,两个品牌"总体思路,以营运管理规范化,标准化和专业化发展为目标,以管理创新和技术创新为着力点,实现营运管理体制增效。提升营运服务质量,从"营运管理"向"营运服务"转变,不断满足广大群众对美好出现的新要求新期待。

(三)建设"交通强国"的需要

建设交通强国是以习近平同志为核心的党中央立足国情、着眼全局、面向未来作出的重大战略决策,是新时代做好交通工作的总抓手。为落实党中央提出的建设交通强国,把准交通"先行官"定位,完善内部管理,提升服务品质,强化创新引领,提高安全保障水平,构建安全、便捷、高效、绿色、经济的高速通道。

(四)建设"营运品牌"的需要

通过开展"路畅人和"营运品牌建设活动,实现乡宁西隧道管理站"内强基础、外树形象",实现营运品牌整体形象标识,打造具有乡宁西隧道管理站特色的"路畅人和"营运品牌为主品牌的关联品牌体系。

(五)运营"管理规范"的需要

隧道大多地处山脉纵横、丘陵沟壑的区域,在相对狭窄的空间,公路质量、车载可燃物等因素决定了高速公路隧道发生消防安全、交通事故的多样性和不确定性。而隧道管理站是高速公路基层单位,一是沿线分布具有分散的特点,使得管理的幅度和层次复杂,各隧管站的开通时间不同,第一个隧管站和最后一个隧管站开通相差了近十年时间;二是各隧管站地理位置和辖区分布差异大,各隧管站车流结构差异大。因此,隧管站在日常管理中为提高效率和规范管理,需要对隧管站的管理业务进行标准化,同时,高速公路隧管站的通行服务含有劳动密集型的特点,又涉及高新技术(如机电设备管理、信息监控等),因此,高速公路隧管站管理需要建化一套规范化、流程化、标准化的通行服务管理体系,以实现对高速公路运营的有效管理。

隧管站标准化建设的本质是统一。在管理上要实现统一资源配置、统一服务标准、统一工作程序、统一考核标准。效能上则要在内部管理基础上建立一套规范化、流程化、标准化的服务管理体系,实现资源配置合理化、行为规范化、日常管理程序化、业绩考核标准化、服务形象优质化,以达到基层单位的自我约束、自我管理、自我教育、自我服务。2018 年 1 月,乡宁西隧道管理站决定开展以党建引领促进隧道管理标准化建设活动,通过近三年的活动开展,规范了隧管站职责、设施、操作规程、安全和班组管理等方面内容。对外展示优质服务形象,对内提高隧管站管理水平,增强员工凝聚力,取得了一定的阶段性成效。

二、成果内涵

在"标准化隧管站"创建过程中,从班组建设层面和业务管理层面丰富项目的内涵。

(一)打造团队精神实现班组标准化管理

隧管站分为监控班组和应急班组,乡宁西隧道管理站以精神文明建设为核心,根据公司企业文化建设的需求,打造了"猎鹰班组"(监控)和"疾风班组"(应急)。

"猎鹰"精神包含了团队精神、求实精神、自律精神和奉献精神。"猎鹰"目光尖锐更能贴切地体现隧管站监控员工作的特征,"猎鹰"的行为特征为隧管站监控员的形象和团队精神提供了依据,借助生动的"猎鹰"形象使员工深刻领会猎鹰精神,促使监控班组学习猎鹰锐利的眼睛、长远的目光,建立齐心协力、精诚合作、吃苦耐劳的可贵精神。

"疾风"精神包含了团队精神、自律精神和奉献精神,"疾风"形容动作反应很快,更能贴切地体现了隧管站应急抢修工作的特征,"疾风"的精神内涵为隧管站应急人员的形象和团队精神提供了依据,借助生动的"疾风"形象使员工深刻领会"疾风"精神,要像"疾风"一样快速、有力量,力争在最短时间内赶到救援现场,勤奋刻苦努力训练。

(二)业务层面以管理标准化规范管理活动

标准化的基本原理包含以下要点:统一原理、简化原理、协调原理和优化原理。管理标准化是标准化的一个重要领域,是以管理领域中的重复性事物为对象而开展的有组织的制订、发布和实施标准的活动,其目的是促进企业生产经营管理的程序化、规范化,确保技术标准的实施,实行现代化管理。

乡宁西隧道管理站在创建标准化隧管站过程中,应用了管理标准化原理,规范了隧管站岗位职责、隧管站绩效考核管理办法、隧道机电系统养护管理办法、隧道监控工作管理办法、隧道应急工作管理办法和隧道养护工程管理办法等,以及交通事故现场处置方案、食物中毒现场处置等 12 项现场处置方案及突发事件信息报送应急预案、乡宁西隧管站防汛抢险应急预案等 13 项应急预案。

三、主要做法

乡宁西隧道管理站关于项目的整体思路和目标依据相关的法规制度,根据集团公司和临汾南公司的管理要求,为进一步提升员工素质、提高基层管理水平,开展了“以党建引领促进隧道管理标准化建设”工作,标准隧管站建设围绕安全生产、应急救援两大工作重点,使隧管站管理优化、秩序优良、服务优质。同时,引导员工学习齐心协力,精诚合作、吃苦耐劳、忘我劳作的可贵精神,打造一支走在前列、干在实处的隧管站团队。

(一)规范明确隧管站岗位职责

做好本职工作的同时,承担起隧道管理安全生产责任,始终贯彻“安全第一,预防为主,综合治理”的方针,为隧道管理安全生产工作的顺利开展提供组织保障。

结合工作实际,制定了《乡宁西隧道管理站规章制度》。规范明确了隧管站各岗位职责,包括隧道管理站职责、站长岗位职责、副站长岗位职责、综合协调岗岗位职责、消防应急抢修岗岗位职责、监控岗岗位职责。此外,还制定了监控室工作纪律、监控室工作制度、监控员岗位安全操作规程、消防应急抢修岗安全操作规程、高空作业车安全操作规程、电工安全操作规程、隧道突发应急事件处置流程,并通过检查执行情况,有效地规范了员工的行为,纠正不符合规范要求的现象。

(二)规范党支部标准化建设

党支部是党的全部工作和战斗力的基础,肩负着直接教育党员、管理党员、监督党员和组织群众、凝聚群众、服务群众的职责,把服务中心和建设队伍相结合,充分发挥党支部的战斗堡垒作用和党员的先锋模范作用,促进党建工作和中心工作双提升。

①明确了党支部各委员职责。包括党支部工作职责、支部书记工作职责、支部委员会及各支委工作职责。

②制定了党支部各项规章制度。包括党支部党员学习教育制度、党支部“三会一课”制度、党支部民主监督制度、党支部组织生活会制度、党支部民主评议党员制度、党支部谈心谈话制度、主题党日制度、党支部党费收缴制度、党支部党员活动室管理制度,并在此基础上,认真梳理日常工作,完善优化。

③制定了党支部组织生活标准。包括党支部“三会一课”工作标准、党支部组织生活会标准、民主评议党员标准、主题党日活动、精神文明建设标准、党建带工建带团建工作标准和文化品牌的宣贯工作标准等。

④梳理了党支部基础资料标准。包括名册类、文件类、记录类、计划总结类及其他资料类。

(三)制订隧道标准化管理

对隧道管理现有的管理、工作、技术等标准进行了摸底、梳理、收集对涉及的工作职责、工作流程及标准、规章制度、业务表单等内容,对照国家、行业、地方有关标准,对标全省一流企业标准化管理成果,进行完善和修订操作规程开展工作。

①规范了隧道机电系统养护管理办法、隧道监控工作管理办法、隧道应急工作管理办法和隧道养护工程管理办法等。

②规范了隧道内物品摆放,包括交通安全设施、灭火器、标示标牌上墙的位置等。

③规范了办公区域张贴横幅、标语方式,包括青年文明号、安全生产示范岗等。

④规范了站房区域布设,包括站房外设置、办公区规范、二级应急物资库、仓库、车库及其他区域宣传栏、物品维护目录表等。

(四)救援服务水平管理标准化

明确救援服务水平管理工作基本要求,服务规程和工作内容,为进一步规范公司的救援文明服务,调动员工工作积极性和主动性,在隧管站内部形成比、学、赶、帮、超的良性竞争氛围,提高救援服务水平,最大限度提升广大驾乘人员的满意度,采取了以下措施。

①制定办法。从2018年开始制定了《乡宁西隧道管理站星级监控员考核评比办法》和《乡宁西隧道管理站星级应急员考核评比办法》,设置三星级、四星级和五星级员工的奖项,奖励覆盖面达到50%。

②设定目标。“面对面”培训、引导的工服务理念,营造良好的工作氛围;每季度进行评比,并在公示栏进行公开,进一步落实各项工作。

③建立班组。建立隧管站、信息中心、安全应急部和考核评比小组四个维度的综合考评机制，强化监督水平。

经过两年多的实施，救援水平大幅提高，进一步提升了公司服务形象和品牌荣誉度。

（五）规范员工行为规范标准化

员工行为规范是员工在职业活动过程中，为了实现企业目标、维护企业利益、履行企业职责、严守职业道德，从思想认识到日常行为应遵守的职业纪律。

①规范了员工礼仪规范。包括了仪表礼仪、用语礼仪、通话礼仪、乘车驾车礼仪、会议礼仪、会面礼仪、参观接待礼仪、接待来访礼仪、访问他人礼仪、引导礼仪、宴请礼仪、洽谈礼仪、握手礼仪、食堂就餐礼仪、上网礼仪等。

②制定了岗位行为规范。包括站长行为规范、副站长行为规范、办公员行为规范、监控员行为规范、安全员行为规范、应急员行为规范等。

（六）开展技能培训和岗位练兵

为夯实基础工作，检验和提高乡宁西隧道管理站应急救援处置能力，锻炼队伍，完善应急机制，开展了应急救援演练活动、桌面应急演练活动。在演练过程中，充分调动职工工作热情，全体职工积极参与演练的每一个环节，不断调整、优化应急救援处置工作流程，细化责任分工，切实提高监控人员和应急救援分队之间的协同联动效率。

①根据公司安全应急部要求，乡宁西隧道管理站每个季度至少开展一次应急演练，通过提升突发事件的处理能力来不断检验应急预案的可行性。

②应急演练分为实际演练和桌面演练。

桌面演练首先由应急指挥小组提出模拟的突发事件发生，呈现模拟应急事件场景。随后根据应急预案，各个应急部门小组立即响应，在演练过程中，各个小组互相讨论，协调配合，完善应急预案的缺陷，提高应急预案实用性，熟练应急预案流程。

实际演练是以实际现场为演练场所，各个应急小组人员参与实战检验。在模拟的时间环境中，应急演练人员行动起来，实际操作，实际配合，按应急预案步骤进行营救、疏散、处理应急时间。检验应急组织全体人员的实战能力，增强应急小组应急响应熟练程度，提高应急救援能力。

（七）隧管站安全管理标准化

科学完善的安全生产管理制度是员工的生命安全的重要保障，是高速公路事业健康发展的基础。为了切实做好安全生产工作，注意整体效果，统一思想，提高认识，强化管理，狠抓落实，实行全员、全过程、全方位的安全管理，在标准隧管站建设中，乡宁西隧道管理站主要实施了以下几项内容。

1.建立“三零”班组管理制度

以下面四项为管理目标：

①零违规：员工心怀安全，严格遵守安全生产规章制度及操作规程，消除违规操作的现象。

②零缺陷：各类设备、设施及劳保防护用品处于安全状态。

③零隐患：及时排查安全隐患，确保工作场所内各类隐患得到及时发现，及时处置。

④零事故：通过对人、物及环境等就危险因素的综合预防管理，使工作场所内不发生安全生产责任事故。

2.以“七三”安全管理法为具体操作方法，实现“三零”班组的目标

“七三”班组安全管理法主要是把“预防为主”的理念，贯穿于隧管站安全的每个环节中，针对隧管站的危险因素，采取具体的方法进行安全管理，管理法覆盖了隧管站岗前预防教育、岗中监督和岗后总结，提高安全生产管理全过程，以达到有效降低隧管站场安全风险，有效提高员工安全意识，风险防范技能及应急处置能力的目的。

3.完善多项交通安全设施

具体包括：在隧道洞内增设反光标志，雾区引导灯、规范隧道洞口反光锥的固定位置，安全行走路线

与安全标语等,在回转车道护栏粘贴安全标语,在安全通道设置语音提示器等提高员工安全意识,设置了限高杆与限高牌,对于客车道规范使用限高杆和限高牌,拆除多余的标牌,避免驾驶员产生视觉错乱,增加岗位标示牌,在通往隧道内的安全通道处设置岗前提示牌,如:安全行走路线图、安全消防物品摆放位置及安全风险告知牌等,统一规范隧道内消防栓的位置。

(八)促进党群团共建

将党支部活动与职工群众密切联系起来,与其他争先创优活动联合起来,取长补短,增强全体职工的责任感和使命感,形成奋发向上的凝聚力和向心力,使职工群众参与率、满意率达100%。

①将支部开展的主题党日活动、党课等活动与群众活动密切联系起来,切实增强党组织凝聚力。

②切实发挥团支部青年团员作用,开展青年志愿服务活动,在奉献社会、服务群众、引导风气、促进文明等方面形成浓厚的志愿服务氛围。

(九)隧管站班组管理标准化

隧管站是高速公路运营管理的基层单位,而隧管班组又是隧管站工作落实执行的最基层的业务细胞。“上有千条线,下穿一根针”形象地描述了隧管班组在高速公路营运公司中的地位。隧管班组管理的水平直接影响高速公路营运公司的对外形象。因此,做好班组管理,充分发挥班组的作用是标准隧管站建设的有力保障,乡宁西隧道管理站近几年的班组建设标准化主要体现在以下几方面。

1. 开展班组创建活动

从2018年开始,乡宁西隧道管理站决定围绕安全生产、文明服务两大工作重点开展班组创建活动。

①确定创建主题为:愉快工作,快乐生活。

②明确创建目的为:培育礼仪员工,打造安全文明团队。

③明确创建班组为:“猎鹰班组”“疾风班组”。

同时成立了创建工作小组,深化班组目标,班组每一位成员都清楚各班组建设的要求,提高员工自律性、主动性,引导每一位员工把要求变成习惯,爱岗敬业、团结协作、细致认真,监控班组要像猎鹰一样,有锐利的眼睛、长远的目光,建立齐心协力、精诚合作、吃苦耐劳的可贵精神,应急班组要像疾风一样快速、有力量,力争在最短时间内赶到救援现场,勤奋刻苦努力训练。

2. 加强班务管理

班组长是一个班组的直接管理者,班务管理是一项既重要又繁余的工作,一个好的团队形成,要有一套好的管理制度。一个好的管理团队和严格的纪律。所谓“无规矩不成方圆”,没有制度的约束,班组将成为一盘散沙,在“以党建引领促进隧道管理标准化建设”中,为切实发挥党员先锋模范带头作用,将党员任命为各班组的组长。班组通过定期组织班组会议、员工岗前培训管理、半军事化管理模式等方法,不断提高班组执行力和凝聚力。

3. 做好指标控制工作

①完成隧道管理站业务指标,根据公司党委及集团公司有关要求,全面做好业务指标控制,保证员工业务水平和工作效率,隧管站从严管理、从严控制。机电外包养护单位管理考评率达100%,隧道机电系统的日常巡查频率及检修频率达100%,隧道机电设施设备完好率达99%,视频监控完好率达99%。实行隧道监控24小时无缝隙值班,应急抢险出勤率达100%。

②严格执行业务操作标准,按公司营运管理规程做好应急救援、视频监控等工作,隧管站对业务指标进行量化考核,每人必须对业务操作做到应知应会,建立考核机制,每个月进行考核;班组班长对当班期间的工作全面负责,对员工当班工作进行指导、监督和检查,做好当班运作的指挥、调度,及时妥善处理各类突发异常事件,确保隧道安全畅通。各班组成员协助班长,妥善处理各类突发事件,熟知本岗位业务操作,并严格遵守。

③做好文明服务规范,按照公司的《星级考核评比办法》的要求,根据隧管站员工岗位考核细则中

规定的管理人员考核细则、岗位日常考核细则、业务能力考核细则及活动参与度,做好隧管服务工作。

④严格执行工作纪律,在隧管站的工作人员实行半军事化管理,需按规范着装,禁止携带非工作物品上岗,遵守各项操作程序及规程,爱护公物,按规定使用有关设施设备,加强隧道巡查频率。

4. 加强员工培训学习

为了提高员工的综合素质水平,乡宁西隧道管理站不断加强员工的培训,鼓励员工提升后续学历,组织员工积极参与各种竞赛,在班组之间形成"比学赶帮超"的良好局面,增强班组的凝聚力、执行力和战斗力。

①坚持业务学习。为提高隧道管理和业务水平,各班组长积极开展交流学习,对已学过的技能进行复习,认真归纳梳理,深入剖析根源,对发现的问题及时整改,遏制员工"懒散慢、生冷硬"现象。所谓"温故而知新",并在其中获得新领悟,对下一步即将要学习的业务知识进行探讨。

②力争晋升学习。班长积极鼓励员工报考学历晋升,考驾照,岗位晋升等。提高员工的学习能力和知识水平,提升员工职业生涯规划发展能力,为个人进步和发展创造良好环境和条件。

③积极开展竞赛活动。开展消防应急演练、隧道管理技能比武等活动,促进班组建设全面发展,为提高员工的职业素质和业务技能,对先进班组实行精神鼓励和物质奖励相结合的政策,充分调动员工的积极性、主动性,激励员工的工作热情和争优创优意识,展现出精湛的业务和灵敏的反应能力。

(十)隧管站班组考核管理标准

公平合理地评价隧管站员工的工作成果,通过合理有效的绩效考核激励手段,调动各班组成员开展创建活动的工作积极性和流动性,促进提高隧管站文明服务和安全管理水平,营造"愉快工作、快乐生活"的氛围。

1. 隧道管理站消防应急抢修岗位考核细则(表1)

隧道管理站消防应急抢修岗位考核细则 表1

工作内容	岗位考核细则	分值(分)
站长(10分)	根据日常工作情况、临时性任务工作情况、节假日在岗情况、生产经营管理突出表现情况、工作思路工作方法上的创新情况、干事创业担当精神方面、求真务实讲党性方面、广大干部职工认可程度方面以及上级单位工作认可情况,综合考虑。对听汇报、调研、跟踪工作任务完成时限和问题解决能力进行评价	10
消防应急抢修岗位日常考核细则(20分)	1. 严格履行交接班手续,每发现一次不符合要求扣2分;交班时间按站内规定时间执行,不得出现迟到、早退,每发现一次不符合要求扣2分	10
	2. 上班期间,在工作区域利用电脑、手机玩游戏、购物、吃零食、看小说、杂志(党政时事类书刊除外)等做与工作无关的事情,发现一次扣3分,并在本单位内部进行通报;若发现两次以上屡教不改,当月绩效薪酬按最低档执行	5
	3. 工作人员下班离开办公室时应及时关闭门、窗,关闭各类设备电源。未关闭门、窗及各类设备电源的发现一次扣2分,造成物品丢失、损坏的,按原价给予赔偿,扣5分	5
消防应急抢修岗位业务能力考核细则(70分)	1. 所有上路人员,必须穿养护作业服,发现一次不符合要求扣2分	15
	2. 按时填报隧道土建结构和机电设施的日常巡查、经常性检查及保洁记录表;发现一次未记录或记录不详细扣1分	15
	3. 负责隧道内机电设施和设备的运行管理及故障的应急处理,对消防设施进行经常性检查及维护保养。故障设施未处理,发现一次扣3分	15
	4. 消防应急抢险人员实行24小时待岗,不得脱岗和串岗,且待岗期间严禁饮酒。发现一项不符合要求扣2分	10
	5. 养护作业现场必须按规定摆放安全设施。如发现安全设施摆放不规范,当班相关人员每人扣3分	15
加分项(2分)	特殊贡献是指员工在集团公司及分公司发展、降本增效、科技创新、业务经营等方面做出重大、积极、具有特殊意义的成果,受到集团公司认可、通报学习、嘉奖的活动任务,经分公司确认可作为加分项	2
合计		102

2. 隧道管理站监控岗位考核细则(表2)

隧道管理站监控岗位考核细则　表2

工作内容	岗位考核细则	分值
站长(10分)	根据日常工作情况、临时性任务工作情况、节假日在岗情况、生产经营管理突出表现情况、工作思路工作方法上的创新情况、干事创业担当精神方面、求真务实讲党性方面、广大干部职工认可程度方面以及上级单位工作认可情况,综合考虑。对听汇报、调研、跟踪工作任务完成时限和问题解决能力进行评价	10
监控岗位日常考核细则(20分)	1. 严格履行交接班手续,每发现一次不符合要求扣2分;交班时间按站内规定时间执行,不得出现迟到、早退,每发现一次不符合要求扣2分	10
	2. 上班期间,在工作区域利用电脑、手机玩游戏、购物、吃零食、看小说、杂志(党政时事类书刊除外)等做与工作无关的事情,发现一次扣3分,并在本单位内部进行通报;若发现两次以上屡教不改,当月绩效薪酬按最低档执行	5
	3. 工作人员下班离开办公室时应及时关闭门、窗,关闭各类设备电源。未关闭门、窗及各类设备电源的发现一次扣2分,造成物品丢失、损坏的,按原价给予赔偿,扣5分	5
监控岗位业务能力考核细则(70分)	1. 严格履行交接班手续,认真填写值班记录。发现一次不符合要求扣2分	10
	2. 隧道监控员应准确、熟练操作广播、车指、限速、通风、照明、消防、视频监控等系统远程和手动控制流程。如有操作错误或未及时更改设备,发现一次扣2分	10
	3. 监控员应严密监视隧道通风、照明、交通信号等设备系统的运行情况,发现故障及时通知有关人员进行处理。若因监控员未发现故障设备造成工作延误的,发现一次扣3分	10
	4. 当班监控员应对隧道内的故障车辆和事故车辆进行适时监控,并上报信息中心,同时做好资料录像。监控员未发现或未及时通知信息中心,一次扣5分	10
	5. 当班隧道监控员在信息报送方面出现漏报、错报等现象,发现一次扣5分;一个月内发生两次或两次以上,当月绩效薪酬按最低档执行	10
	6. 隧道监控员在当班期间一律统一着工作制服上岗,穿便服上岗者,发现一次扣2分	10
	7. 严禁当班的两个隧道监控员同时离岗,一经发现每人扣3分	10
加分项(2分)	特殊贡献是指员工在集团公司及分公司发展、降本增效、科技创新、业务经营等方面做出重大、积极、具有特殊意义的成果,受到集团公司认可、通报学习、嘉奖的活动任务,经分公司确认可作为加分项	2
合计		102

一是绩效考核按时间顺序分为月绩效考核、半年绩效考核、年绩效考核。月绩效考核:由办公室人员每月对各岗位员工出勤情况、工作态度进行考评,考勤结果作为月绩效工资发放依据之一。

二是监控人员、应急人员月绩效考核、半年绩效、年绩效评价标准包括:本单位所有岗位人员对照本单位工作目标和履行岗位职责全过程中的工作能力、工作态度和完成工作任务所产生的效果;生产岗员工所在本单位半年的综合得分结果。

四、实施效果

(一)企业效益

乡宁西隧道管理站开展"以党建引领促进隧道管理标准化建设"创建工作以来,各项控制指标完成情况良好,在内部形成了"比、学、赶、帮、超"的工作氛围,安全生产和文明服务等业务水平不断提高。近年来,隧管站安全责任事故为0,应急抢险出勤率达100%。在"猎鹰精神"和"疾风精神"的引领下,2020年4月荣获集团公司"青年安全生产示范岗"、2020年5月荣获共青团临汾市委"2019年度青年文明号"。

"以党建引领促进隧道管理标准化建设"的创建,提升了高速公路救援水平,为广大驾乘人员提供"安全、顺畅、便捷、经济"的服务,企业经济成效明显,提升了员工的文明形象、个人素质,进一步增强了员工的归属感、幸福感。真正体现了"驾乘、员工、公司、社会"四方共赢经营理念。

(二)社会效益和经济效益

隧管站标准化水平的提高,吸引了更多驾乘人员选择高速路线,促进了沿线周边旅游资源,交通的便利,带动路段沿线镇区经济的迅速发展,在创造良好社会效益的同时,公司的企业经营业绩也得到大幅度提升。

五、结语

乡宁西隧道管理站将根据高速公路发展的需要,以"路畅人和"服务品牌为依托,不断完善高速公路服务标准化体系。为使驾乘人员获得更好的"安全、畅通、便捷、经济"服务体验,希望通过高速公路隧管站标准化的探索和实施,为高速公路行业标准化制定奠定基础,努力争做高速公路服务的引领者。

邮储银行以活跃用户为核心的线上金融服务生态圈构建

中国邮政储蓄银行股份有限公司四川省分行

成果主要创造人:孙江涛　刘　强

成果参与创造人:张耕华　邹　杨　张　蕾　任　屹　何　锐　彭昭华
冯海峰　谢菲菲　尹盛澜　宾　望

中国邮政储蓄银行四川省分行(简称"四川分行")下辖21个市(州)分行和1个直属支行、140个一级支行、33个代理县、3037个网点(自营534个、代理2503个)。省分行本部内设21个一级部(业务部门8个,风险相关部门5个,支撑部门8个)、8个二级部、1个省分行营运中心。全行共有员工9556人,平均年龄36岁,大专及以上学历占比达97.7%。全省邮银营业网点3090个,服务个人客户超过4000万户,资产规模达6256亿元,列全国第4位。

在集体公司和总行的正确领导下,四川分行认真落实集团、总行工作会议和监管相关要求,围绕集团"12345"方针,以"不忘初心、牢记使命"主题教育为契机,坚持稳中求进工作总基调,坚持新发展理念,坚定信心、全力推进"五化"转型,各项指标稳步提升,保持了良好的发展态势。先后获得"全国文明单位""四川省五一劳动奖状""银行业年度特别大奖"和"四川省总工会2019年全省普惠型服务工作先进集体"等荣誉。

一、成果构建背景

(一)金融科技疾速发展,MAU❶牵引数字化转型

随着Fintech的快速普及发展与科技巨头跨界金融的渗入,银行的传统业务早已不能满足客户当前的金融新需求,各大商业银行均面临着严峻的挑战。同时伴随着智能手机的普及应用,各大商业银行均推出了各自的线上产品,通过"线上银行"实现触客与精准营销,其不仅承载着数字化获客、经营的主要任务,也被视为数字化转型的主战场。各大商业银行积极构建全方位线上场景,打造线上银行,以大数据、云计算等前沿技术为客户提供产品金融服务。

伴随着银行转型发展的激烈竞争,银行的线上客户中也出现越来越多的低频无效客户,如何让用户使用并提升使用频率成为各大商业银行共同面临的难题。对于大多数银行而言,通过线上方式引导客户成功办理几次业务,并不意味着就拥有和占有了该客户,只有当客户形成一定忠诚度,频繁使用银行的产品,并对银行有所贡献时,才能从真正意义上说拥有了该名客户。于此,各大商业银行开始更加注重客户体验、注重运营客户,部分银行提出将MAU作为零售业务发展的"北极星"指标,牵引整个银行零售业务的发展理念向数字化转型发展。银行不再是金融服务链条的核心,具备行业优势的银行必须从客户立场出发,设身处地感知客户体验,并改变产品逻辑、服务方式和交互设计,重新定义服务对象和经营思维。未来,市场竞争将把用户体验工作上升到前所未有的高度。

❶ MAU:月活跃用户人数。

（二）数据整合能力欠佳，客户活跃度提升缓慢

"无现钞"支付"忽如一夜春风来"，当前以微信、支付宝为代表的电子支付无处不在，传统的现金流通正逐步被电子货币流通所替代，未来的零售业务是与场景融合、与平台对接，是基于大数据分析、交叉销售、客户深度挖掘、综合服务的新零售。然而，从目前省内实际情况反映出邮储银行客户信息缺乏整合、大数据应用能力弱、流程繁杂、客户体验差、交叉销售不足、客户维护意识不足、客户挖掘严重缺失等现象。同时，四川分行地处中西部地区，展现出与其他国有大行不同的区域布局，由于中西部地区投资渠道有限，线上金融发展相较于发达地区较为滞后，导致线上客户活跃度不高。

对比同业，邮储银行线上客户的转化率也还有待提升，最先提出 MAU 概念的招商银行，其高端客户平均使用其6.5 个产品，近 80% 的消费信贷客户来源于网上和手机端；建设银行在"B 端赋能、C 端突围、G 端连接"模式下，线上客户转化率得到提升，新增小微企业贷款 82% 来自线上。相比之下，邮储银行客户活跃度提升较为缓慢，且对业务贡献度不高。

（三）深挖各大客群需求，探索线上金融新模式

2019 年，邮储银行已正式进入国有大行的行列，成为"六大行"之一，对邮储银行在品牌与市场影响力上意义重大。四川分行拥有千万客户规模，通过对客户群体、行业类别等多方位开展调研摸排，认真分析市场情况，分别找到了 B、C、G、F 端（Business 企业，Customer 消费者，Government 政府，Finance 金融）的痛点。如 B 端资金集中程度不高，经营报表分析维度较少，运营模式未实现线上化等；C 端在日常生活中依赖于现金或传统线下扫码场景较多，未对其提供多方位的远程金融服务；G 端在对社会提供政务服务时，线上化程度较低，大多是集中的大厅式服务；F 端同业金融服务水平参差不齐。

基于以上情况，四川分行明确自身定位，按照董事长刘爱力提出的"用户引流、客户深耕、价值挖掘"三位一体的"新零售"发展模式，联动行内各业务条线制定了综合金融服务管理方案，并明确各业务部门的服务重心与方向，以一户一策的形式，确定发展思路，并充分贯彻普惠金融的服务理念，坚持"以客户为中心"的营销策略，将"线上金融生态圈"构建作为转型战略之一。同时，依托网点布局优势，建立省、市、县三级机构管理模式，各级机构整合辖内金融市场、金融产品要素、金融环境以及参与各类金融产业链的实体企业、政府、个人资源，为行业客户搭平台、建场景、获新客，提升服务质量，加快办事效率，提高客户活跃度。另一方面，在充分挖掘行内资源的情况下，积极与科技公司开展技术合作，依托移动互联网，发挥 Fintech 优势，延伸金融服务辐射半径，突破金融服务"最后一公里"制约，进一步拓展金融服务在衣食住行、医疗教育、电子商务等方面应用场景，努力实现各大领域金融服务广覆盖，客户通过一个平台入口即可享受增值服务，提升客户活跃度及贡献价值。

二、成果内涵和主要做法

在总行网络金融部的鼎力支持与悉心帮助下，四川分行顺应 Fintech 发展浪潮，紧紧围绕"提升客户体验、提高业务效能、提升精细化管理水平"，在"人员落实到位、条线联动营销到位、绩效考核到位、系统功能配备到位"上狠下功夫，大力运用金融科技，提高管理服务能力，积极探索新零售转型发展方向。秉持互联网产业生态共赢的开放性思路，全面整合行内条线产品资源、优质客户上下游资源及社会公共资源，构筑以"对公 + 储蓄 + 支付结算 + 普惠小微信贷 + 消费信贷 + 信用卡 + 投资理财"金融服务以及涵盖"教育 + 交通 + 医疗 + 便民服务"非金融权益为核心的生态圈，把 MAU 作为零售业务发展的转型指标，牵引零售业务向线上转型，应用金融科技提升获客能力、提高服务的精准度、客户转化率，以公司反哺零售的新模式，打造邮储零售金融第二曲线。

通过跨界竞合的互联网合作，积极创新管理模式，以线上金融生态圈打造有效解决物理获客局限、营销不精准等方面的诸多限制性问题，把散落在各地的小微企业、个体工商户和个人客户聚集起来，抓住"金融长尾"，形成了集群式客户快速扩张效应。具体做法如下：

（一）完善管理方案，确定线上生态圈构建基本思路

坚持"精准定位、功能创新、定制服务"的原则。四川分行构建以提升 MAU 为核心的金融服务管理

模式,一是要客户细分、精准营销。对存量客户和潜在客户进行科学的市场细分,确定各项功能或需求的目标客户群体,了解客户属性和客户行为,从而使营销和激活更为精准和高效。四川分行在对辖内客户群体调研基础上,对客户的年龄(组织)结构、企业规模、分布区域、运营能力、行为偏好、个性化需求进行科学的分析和准确的判断,实行差别化的服务策略,以全面优质的服务挖掘新客户、服务老客户。二是产品功能要创新,为了吸引客户,四川分行除了提供更多的"常规"服务外,各条线也不断推出个性化服务来吸引客户。一类是为方便客户办理业务,一类是提供特殊的增值服务。其大部分功能是对传统业务的线上移植,力争在众多的银行中脱颖而出,增大对客户的吸引力。三是坚持定制化服务,以特色功能、特色理念为营销重点,有效促进线上客户的新增与交易。在特色功能的开发中,四川分行从实用性、稀缺性等方面入手,通过优化管理模式,提升线上金融服务质量,提高客户的活跃度与黏度,在无形中赢得客户的信赖,从而影响其身边的亲朋好友,创造邮储品牌的口碑效应,从而形成一个培育客户、留存客户的良性循环过程。

(二)高度重视,科学部署绘就新蓝图

线上金融生态圈建设项目是一项系统工程,需要四川分行内部不同部门间分工协作、共同推进。

1. 组建领导小组及办公室

组建四川省分行党委负责的省、市、县三级专项工作领导小组,由孙江涛行长任组长、刘强副行长任副组长。省分行专门成立项目工作办公室,省分行相关部门参与。工作组由领导小组直接领导,负责统筹推进线上金融生态圈建设的各项工作。辖内各分支行参照省分行分工,成立以一把手为组长的领导小组,上下联动共同推进金融生态圈建设。

2. 确定具体工作目标

以MAU为核心,依托多场景、聚人气的线上金融综合型平台,联动个人、信贷、公司等多条线协同配合,从B、C、G、F多端发力,从人员管理、绩效激励、营销指引、科技创新等方面探索线上金融管理新模式,着力提升获客能力和活客能力。工作目标为:全年净增集团客户有突破,联动资金存款余额需达标,2020年末获客达到500万~800万人次,其中MAU客户达到80万人次。

3. 明确各单位工作职责

领导小组下设办公室为省分行网络金融部。办公室分设5个工作组,分别负责营销推广、产品创新、资源保障、技术支撑和风险管理工作。

营销推广组职责:负责组织商户的拓展、产品推广、营销活动策划、丰富支付场景,以及开展条线间的交叉销售工作。

产品创新组职责:负责统筹规划平台系统功能,整合存量商户资源,完善平台系统功能,评估平台产品风险,研究设计新的应用场景,评价创新产品的使用效果。

资源保障组职责:负责辖内收入成本核算、设备采购、财务成本、业务奖励等政策支持,设备、系统和服务的采购管理。

技术支撑组职责:搭建平台业务系统,设计风险预警和风险控制模型;分析客户和商户行为数据,为业务条线提供数据分析。

风险管理组职责:政策研究、制度培训、制定现场检查方案、进行现场检查等。

4. 部署推进方案

在营销推广方面:根据辖内业务资源分布情况,确定了省分行直属支行作为项目首家试点机构,省、市、县上下联动成立联合营销组,行领导亲自带队,多次拜访客户,充分挖掘公司客户产业链各个环节的金融服务需求,帮助客户梳理分析业务痛点,为客户量身定制解决方案。支行基于对企业一直以来的维护和了解,制定了一揽子金融服务方案,与客户逐个进行沟通交流,找到进一步合作的契合点。同时,辖内各分行积极响应,定期不定期组织开展主题营销宣传权益活动,在商务洽谈、系统开发、营销推广等方面积极配合支撑,上下联动,通过满减、折扣、随机立减等方式开展丰富多样的营销活动,赋予平台自然吸粉能力、拉动邮储客户增长、增加客户黏性,极大地提升了四川分行的市场认知度。在管理支撑上,采用分层级管理,各市州根据辖内实际情况制定业务发展方案,以片区督导形式,不定期走访客户调研行业发展情况,及时解决业务发展过程中遇到的难题;着力提升人员的营销能力和综合业务素养,打造一支懂业务、能力强、素质高的营销队伍,提高拓展客户、维护客户的市场竞争力;不定期回访客户,解决客户实际使用过程中遇到的操作困难,指导客户使用。

在运营保障方面:为及时听取分支机构及客户的反馈意见,成立了项目团队,并对团队人员工作进行了划分,分为项目管理、运营维护、资金清分和风控管理等职能。项目管理主要负责客户发展平台建设过程中,辖内分支行遇到的创新项目指导,寻求与行方业务的合作点;运营维护主要负责平台日常的答疑和系统的维护,确保客户经理及客户反馈的问题,第一时间能得到解决;资金清分主要负责商户交易资金的划拨;风控管理主要负责平台交易行为及资金问题排查,各成员各司其职,小分工大协作,保障了平台的正常运行发展。同时,为保障沟通的及时和高效性,建立扁平化管理模式,建立全省推广QQ群、全省经验分享交流微信群等,不定期将好的活动经验、推广方法在全省交流分享,同时收集基层意见并及时反馈互动,为全省客户发展平台持续高速发展保驾护航。

在风险控制方面:一是积极与监管机构、总行及外部协会建立良好沟通汇报机制,为业务发展明确政策方向;二是强化系统安全维护,通过稳定的安全加固及实名认证等多种形式强化平台资金、用户信息、平台系统等多方面的安全性;三是严控客户入驻平台审核,在源头上把控风险;四是加强对客户的日常交易监控,组织客户经理做好一对一客户维护,采取有力措施防范风险。

(三)围绕MAU,推进线上金融管理综合化

1.确保"人员到位",夯实线上金融管理队伍基础

一是增配金融IT人员百余人,制定线上金融管理转型方案,着力线上平台搭建和创新项目推广工作;二是通过开展后台管理人员"三定"工作,累计优化近千人,补充至营销团队;三是完成客户经理下沉,下沉人员达数百人,网均人员大幅提升;四是增配理财经理,配备率达88%;五是增配大堂经理,制定大堂引导员外包政策,引入大堂引导员数百名。

2.确保"条线联动营销到位",开展板块间综合营销

按照零售业务转型提出的"全员转介、重点营销"思路,分行开展横跨个金、信贷、网金、公司、信用卡、小企业等多条线综合营销,提炼数十项联动指标,并将联动指标完成情况纳入二级分行经营绩效考核。

3.确保"绩效考核到位",制定转型综合考评体系

一是对条线联动营销指标设置高额积分,各项指标按实际完成率获得相应积分;二是根据各二级分行及支行条线联动指标完成情况所得积分进行高低排名,对排名靠前的分行及支行奖励相应人工成本。

4.确保"系统功能配备到位",大力推行客户发展平台运用

客户发展平台以优友宝交易数据库为支撑,根据客户需求及金融偏好制定包含客户管理、订单管理和产品管理等系统功能,通过该平台,还可实现报表管理、数据管理、权限管理、风控中心、对账中心、运营中心等功能。同时通过智能路由器可对接微信、支付宝、手机银行等多渠道,为客户提供多元服务场景,实现交易资金实时归集,贷款申请实时审批,用户权益实时享受,将金融服务精准融入应用场景之中,有效实现了批量获客、精准获客、快速获客。

(四)加强多端融合,确保线上金融生态圈管理效果

1.打造综合平台,解决B端痛点,实现零售+公司的深度融合

针对当前B端客户多有上下游资金归集管理和监控痛点,四川分行以MAU为核心,融合公司、信贷、个金等多条线产品,打造线上服务方案,解决客户综合金融需求。

以新希望六和股份有限公司（简称“新希望六和”）平台合作为例：新希望六和是四川省现代农业的龙头企业，其控股股东新希望集团有限公司为邮储银行总行级战略客户。新希望六和下辖200多家饲料经销商，生产销售覆盖了25个省（自治区、直辖市），2018年实现销售收入691亿元。

一是深度挖掘公司客户资源，实现条线联动发展。新希望六和一直与四川分行保持良好的对公业务合作关系，客户对公授信风险限额20亿元，对公存款量也较大。在领导小组的统一部署下，营销推广组切实加强条线联动，筛选优质对公客户进行深度挖掘，了解新希望六和旗下饲料经销商销售结算方式主要以POS交易模式为主，存在较大的盗刷风险，在资金归集的及时性、准确性、安全性方面存在诸多隐患，不便于总公司进行管理和监控。为解决客户痛点和诉求，产品创新组、技术支撑组、资源保障组和风险管理组经过反复研讨，制定了线上平台服务方案，将客户转化到邮储银行客户发展平台上，实现零售＋公司的深度融合。

二是加强平台搭建，引导客户实现线上金融交易。通过对系统改造，产品创新组为客户开发了“料你富”购销平台，用于上下游经销商及用户通过线上实现饲料购销，将其结算模式更新升级为手机银行线上支付模式，既有效解决了POS交易带来的银行卡盗刷风险，保障了客户资金安全，又解决了资金管理分散、归集不及时的问题，提高了资金流转效率，降低合作方管理风险。服务产品“好养宝”，为产业链下游的种养殖户、家庭农场主提供在线实时融资服务，也可为经销商提供在线实时结算服务。另外，为满足下游客户融资需求，邮储银行借助平台优势，推出了“好养贷”专属线上小额贷款产品，在满足老客户资金使用需求的便捷性和时效性的同时，挖掘和吸引同行业的新客资源。

以新希望六和为代表的线上平台搭建，是四川分行线上管理模式探索的试点与突破。此项目以公司业务合作为基础，以“一点做全国”为线上支付金融圈的打造创造了“零售＋公司”的新模式，并促进了个金业务、公司业务和信贷业务在其旗下分子公司的链式营销开发。

该项目充分运用线上金融管理模式，依托客户发展平台定制化开发，满足企业线上金融服务需求，以此拉动公司、信贷、个金等多项业务流程式联动发展，构造“上中下”游金融生态产业链。在上游服务方面，四川支行承接了新希望及其分子公司的信贷、公司、结算以及金融同业服务；在中游服务方面，以支付结算服务为切入点，为旗下经销公司提供资金清分、归集服务；在下游服务方面，开发了线上小额产品，为产业链末端的种养殖户购买饲料提供资金支持，为核心企业引流客户，通过平台资源实现了批量精准获客，形成了“长尾效应”。保守估计，上游商户全部入驻可达百余家，平台交易量可达25亿元，公司存款年日均余额可达1亿元，实现收益可达数百万元；线上服务可实现引流小额客户千余人，合作放款额度可达20亿元，实现收入上千万。同时又促进了银行与农业产业链的深度融合，强化了邮储品牌效应，构建了新希望六和、邮储银行、种养殖户三方共赢的生态圈模式。

该项目成功上线，不仅为邮储银行带来企业客户百余户，还为邮储银行引流农户上万户，实现公司客户资源和个人客户资源的进一步扩充，并培养客户使用邮储银行线上金融产品的习惯，将客户牢牢锁定邮储银行，有效提升月活客户质量。

2. 搭建线上场景，提供G端增值服务，创新银政合作新模式

当前全国各地各部门正积极探索政务服务新模式，依托现代信息技术加快推进“互联网＋政务服务”，深化“放管服”改革。四川分行紧抓政务线上化改革契机，加大与政务部门沟通对接，利用平台提供“金融＋”线上服务。

都江堰市教育局以“名师名校聚集，优质高位均衡”为目标，以“打造大成都区域性教育高地”为方向，全面深化教育改革，不断促进教育服务水平提升。目前，市辖区有中小学、幼儿园、普通高校、中职类学校及其他教育机构共计135所，在线学生累计7.8万余人。

营销推广组秉承联动发展的营销思路，梳理优质代收付客户名单，精准开发政务类客户。在了解到都江堰市教育局一直采用传统的现金学校缴费模式，在现金管理、资金对账、账务管理等方面存在一定困难时，营销推广组积极与客户沟通，成功与都江堰市教育局达成线上支付合作意向。技术支撑组利用邮储银行客户发展平台优势，通过个性化API接口对接方案与App直连，实现邮储银行在全国首个市

政App银联线上支付业务场景落地。邮储银行通过向学校方提供"金融+服务"等增值服务,解决学校收缴现金、对账、账务管理等烦恼,得到了都江堰市政府、教育局及社会公众的一致肯定。

四川分行一直着力综合金融服务管理,坚持发挥条线联动合力,利用线上金融生态圈深度融合个金与网金产品,通过线上教育缴费支付场景搭建,为政务机构积极提供"金融+",创新了银政合作新模式。该项目于2019年9月3日成功落地,截至2020年6月末,累计交易笔数达10万笔,缴费金额超1亿元。联动发展ETC、信用卡、快捷绑卡、手机银行等客户上千户,带动资金沉淀日均达数百万元。预计到2020年末,都江堰市教育局进一步深化与四川分行合作,线上缴费模式在学校中不断推广,预计交易笔数将达20万笔,交易金额将达2亿元。同时该项目上线为四川分行储备了近10万个适龄优质客户,为提升客户活跃度、改善客户结构提供了庞大资源。

3. 加速渠道互联,便利C端日常生活需求,为获客活客提供有力支撑

互联网的发展促进了多行业现代化转型,也推动居民生活智能化、线上化、一体化进程。四川分行按照线上金融管理指引,以MAU为核心,以客户发展平台为基础,全力打通特定集群客户服务通道。

新华文轩出版传媒股份有限公司(简称"新华文轩")为国内首家"A+H"出版传媒企业,旗下有10家图书及音像电子出版单位,依托全省200余家实体书店和覆盖30个省(自治区、直辖市)的专业商超书店,构建了纵贯省、市、县、社区的阅读服务网络体系,为全国广大群众提供服务。同时,新华文轩也是四川省内主要的教材教辅出版发行机构,每年春、秋开学季期间,部分小学至高中的学生都要通过新华文轩"优学优教"线上缴费平台购买教辅。据了解,2019年秋季共有185万余名学生家长使用该系统线上缴费,资金结算量超过2.5亿元。经四川分行项目领导小组多次与客户沟通,最终达成合作意向,通过与客户发展平台进行对接,实现渠道互联,以手机端微信公众号线上缴费模式替代传统的学生教育教材现金现场缴费方式,满足新华文轩线上支付需求,同时四川分行为新华文轩下辖114家分公司定制化开发总分管理模式,实现总部统一管理、分公司独立对账、查询交易、经营分析的功能,开创了"一点做全省"的收单业务新模式,得到了商户和市民的一致认可。同时支行以此为切入口与新华文轩就公司账户资金归集、信用卡线上发卡、信用卡优惠活动及一揽子非金融服务方面达成全面合作,在此基础上联合开展了"欢乐谷门票"优惠购、"五月花"培训体验和报名优惠、优享四川华西医院专家挂号服务、新华文轩门店及"文轩网"购书优惠等为使用平台的客户提供便捷和优惠。2020年春节期间,新冠肺炎疫情暴发,该项目的上线,打破了传统现场支付结算模式,满足了特殊时期公众线上缴费需求。

截至2020年6月末,新华文轩线上教辅收单项目累计交易笔数超100万笔,累计交易金额达1.6亿元,日均资金沉淀达数千万元。预计到2020年末,"优学优教"系统将在全省推广运营,预计交易笔数将达200万笔,交易金额将达4亿元。同时四川分行还将信用卡线上申请入口加载到"优学优教"平台,并开展了一系列优惠活动,以此帮助支行导流信用卡客户,引流信用卡新增客户预计可达5万户,带动信用消费1亿元。

此项目运用线上金融生态圈构建及管理模式,以客户发展平台为基础,结合企业、用户双方需求及邮储银行各业务条线产品功能,打通了特定集群客户服务通道。一方面通过手续费让利,降低了合作企业以及商户的资金成本;另一方面,个人客户的信贷、投资理财、出国留学等金融需求和投资教育、亲子娱乐等非金融需求可以直达邮储银行,为银行新增客户和活跃客户提供有力支撑,形成企业、银行、用户三方共赢的线上金融生态圈。

4. 探索线上公益,助力F端多方效益提升,展现邮储大行担当与责任

2020年1月以来,新冠肺炎疫情在全国暴发,全国上下众志成城,共同抗击病毒侵害。在疫情影响下,线下的现金支付模式受到限制,公募慈善机构亟须移动支付方式,满足广大群众的募捐需求。随着疫情发展逐步加重,公募慈善机构丰富捐款渠道的需求在时间上显得更为迫切。

为了贯彻银保监局《关于全力支持新型冠状病毒防控金融服务工作的指导意见》、落实总行《关于进一步做好医院、慈善类商户金融服务工作的通知》的相关要求,营销推广组积极与中国红十字会等公

募慈善机构进行联系沟通,针对公募慈善机构特需商户,利用客户发展平台开辟绿色通道,由风险管理组对公募慈善机构商户加急审批及调整交易限额,用以满足市民募捐需求,提升便民支付能力,展现邮储大行担当和社会责任。疫情期间,四川分行先后为什邡市慈善会、米易县慈善会、南充市慈善总会提供线上支付服务,截至 2020 年 2 月 26 日,累计实现捐款近 4000 笔,合计金额达 60 万元,得到政府和社会大众的广泛认可,进一步提升了邮储银行品牌形象。

以 MAU 为核心的线上综合金融服务管理方案,直击零售业务的痛点,突破了省、市、县、区等层级限制,真正以客户为中心,实现客户需求的快速响应和金融服务的高效落地。在项目领导小组的部署安排下,各小组分工协作,将邮储银行产品整合分类,完善产品体系,提升服务水平,实现盈利能力的大幅提升。

三、管理成效

(一)解决多端痛点,满足客户需求,社会效益显著

通过"综合金融服务管理方案"构建的线上金融生态圈,依托客户发展平台,将辖内金融市场、金融产品、金融环境以及金融生态链上的企业、政府、个人高度融合,以客户需求为出发点,打造线上获客活客新模式。该合作模式使得四川分行服务半径跳出网点局限,在各行业、各条线业务的融合下,实现了金融与互联网的深度结合,加快了"金融 + 互联网"发展,为客户搭建了"身边的银行",足不出户即可享受便捷的金融服务,通过金融科技实现服务线上化,客户通过平台入口即可获取多类型金融服务,既解决了行业痛点和困境,也提升客户体验和服务时效,有效降低了服务成本,提高了服务效率,极大增强了四川分行普惠金融的服务能力,社会效益日益凸显。

一是提升社会服务能力。四川省已打通政务、医疗、教育、交通等多行业渠道,通过个性化 API 接口对接方案,与省内各级行政机构、医疗机构、教育机构和多家学校等共计 10 余家企事业机构成功开展线上合作,依托客户发展平台,累计为 200 万余人次提供"金融 + 服务"等增值服务,丰富了四川分行线上服务能力,树立了社会品牌效应,提升了社会服务能力。二是增强普惠金融力度。四川省高度重视民生行业和高频消费场景打造,践行"百姓银行"初心与使命,与民为便、为民谋利。例如 2020 年初新冠肺炎疫情暴发期间,新华文轩线上教辅费项目、都江堰市教育局缴费等项目,以手机端微信公众号线上缴费模式充分满足公众在特殊时期线上缴费需求,累计 60 万余人次通过四川分行通道进行缴费;南充、攀枝花、什邡红十字会等公益机构线上入驻,为广大民众募捐提供便捷通道;省内多家医疗机构线上缴费,方便居民就医问诊,真正让客户体验到"金融 + 支付"便捷性。三是助力企业生产经营。四川分行积极对接省内各辖区行业龙头企业和知名企业,根据企业需求,量身定制专属解决方案,通过省、市、县等三级联动,执行专人项目负责制,为其提供线上金融服务,如新希望六和网上商城合作,为旗下 500 余家分公司和经销商购销饲料提供线上渠道,不仅为其提供便捷购销渠道,也为四川分行带来可观的资金沉淀。

(二)深化条线联动,推动零售业务转型,企业运营效益提升

线上金融生态圈构建管理实践是实现金融数字化、智能化、精准化的核心路径,为提升 MAU 提供多条线资源,符合客户线上金融需求,通过"金融 + 增值服务"模式,为四川省开发维系客户提供了综合化、常态化、低成本、可复制的新模式,推动了零售业务转型,带动了客户新增和存量活跃,降低了营销成本和维护成本,有效提升了四川分行品牌影响力,为客户创造了一项极具吸引力的增值服务,大力提升了企业运营效益。

一方面挖掘行内现有资源,各条线间交叉营销。围绕综合金融服务,聚集信贷、存款、理财、基金、保险、信用卡办理及分期等业务,为零售和公司业务的深入融合提供了较好的切入点,在满足客户需求过程中运用产品组合策略,实施交叉销售,加强全行业务在营销过程中联动,提高四川分行其他金融产品在"三农"、消费信贷、公司业务、小企业业务中的渗透率、资金归行率。截至 2019 年末,数十项联动指标中,近半数的指标有大幅度提升,其中"三农"条线结存客户联动收单商户完成率达到 300% 以上;网

金条线收单 B 端客群联动商贷通完成率达到 200% 以上；大零售各条线业务得到了快速融合发展，全省零售资源得到了有效整合利用。同时基于生态圈内相关数据的分析，为深度分析了解客户投资偏好、资金流向、支付习惯、消费侧重等提供有力数据支撑，实现数据反哺和客户画像，也为下一步客户细化和精准营销提供有力抓手，为探索建立线上金融服务链、综合圈创造条件。另一方面，引流他行客户，增强获客竞争力。客户通过线上金融生态圈可获得多类型金融产品，也可获取餐饮娱乐、医疗教育、交通出行等丰富的非金融服务，成为拉客获客、引流他行客户的吸引点，为邮储银行最大限度争取他行客户提供有力抓手。

（三）强化 MAU 核心，完善生态圈构建，实现多方共赢

互联网金融快速普及发展，科技推动能量聚集，金融服务正向线上化、数字化、精准化、综合化快速转化。依托客户发展平台，线上金融生态圈的管理实践已成为强化 MAU 核心、提高月活客户的有力抓手，也是四川分行转型战略的重要一步。利用大数据可更快地进入到客户背后隐藏的生活生态圈，触及客户在金融和非金融方面的需求，从而利用金融产品与丰富的社会资源主动为客户提供个性化服务。邮储银行将持续升级优化管理模式，提升管理效率，丰富线上金融生态圈系统功能，嵌入包含存款理财、基金、信用卡、消费信贷、公司业务等多条线金融服务模块，以及餐饮、医疗、交通、商超、公共缴费等高频消费非金融场景，不断完善线上金融生态圈，以此带动客户多频次使用邮储银行四川分行产品，带动客户规模新增和活跃度提高，实现企业、消费者、政府、金融的高度融合。

建立以客户为中心的金融服务体系是银行生存之本、发展之路。以 MAU 为核心进行线上金融生态圈构建管理实践，能更加精准地识别和匹配客户需求，提升客户体验，瞄准源头客户，突破地域和人力限制，实现了集群市场的挖掘。当平台用户超过一定的数量时，网络效应会自发地增加使用该产品的用户数量，最终形成市场的高度集中，以此带动活跃客户的激增和长存。这既是四川分行线上生态金融圈构建的目标，也是新零售转型的重要途径。下一步，四川分行将继续探索、加强管理，以效能提升、场景丰富、功能突出为突破口，全力提升线上金融生态圈聚合力，强化 MAU 核心目标，实现多方共赢。

疫情防控和复工复产措施在港口企业生产经营中的应用实践

沧州黄骅港钢铁物流有限公司

成果主要创造人:邱战震　张小五

成果参与创造人:裴凤玉　戴玮序　韩义民　魏新章　乔　铮　郑伟栋　董　彬

沧州黄骅港钢铁物流有限公司(简称"河钢物流黄骅港公司")成立于2012年3月5日,隶属于河北钢铁集团国际物流公司,为国有企业控股所属的港口企业,是河钢集团"十三五"期间建设黄骅港综合物流园区、打造河北省南部"出海口"的系统工程,也是打通辐射雄安新区和中原内陆腹地、链接南方港口和海外市场物流链条和对外交流的重要枢纽。河钢物流黄骅港公司位于河北省沧州市渤海新区一港池西侧,主要从事码头运营、货物装卸、仓储运输,拥有10万吨级通用散杂货泊位4个,可减载靠泊17.5万吨Cape级通用散货船舶。码头后方陆域共约91万平方米,拥有3条1047米铁路专用线,相应的港口物流及辅助配套设施设备齐全。企业主营业务包括:普通货运;一般货物仓储(货物堆场);货物进出口业务;矿石、焦炭、合金、废钢铁、冶金备品备件、冶金产成品销售;货物装卸;港口(含港口配套设施)及铁路、附属设施,以及临港相关设施的开发建筑;国内劳务派遣;设备安装与检修;并可为客户提供物流总包、外贸保税库、国际信用证等特色增值服务。

河钢物流黄骅港公司码头自开港以来,通过高效的生产组织和深入的经营市场开发,码头吞吐量、营业收入、作业效率等生产经营指标不断提升,已经超过设计通过能力,并已成为渤海新区高效便捷的港口集疏运体系重要组成部分,成为渤海新区港口行业高质量发展的重要稳固支撑。

一、实施背景

面对来势凶猛的新冠肺炎疫情,作为港口物流企业,同时作为具备口岸开放资质、能够进行国际贸易的企业,不仅要内防国内疫情蔓延,也要防控国外疫情的输入。港口企业不同于其他的生产企业,人员流动性大,外贸和内贸业务面积广,接触人员区域广且分散,病毒传播渠道较多,防疫工作难点较多。

(一)规范企业人员流动性,杜绝疫情的需要

河钢物流黄骅港公司现有正式员工176人,在厂的协力单位员工统计324人。包括因与港口生产相关的引航、船舶拖带、理货、驳运、仓储、船货代理等在内的港口服务业务往来的、外地运输车辆驾驶员和外籍船员等人员,流动人员数量较多且来源地域复杂,行动轨迹短时间内无法确定。随着外贸和内贸业务量增大,船舶靠泊数量增加,船舶作业人员的数量也在不断增加,加上倒运车辆及火车运输等集输港量的上升,在岗人员流动性加强。因此,需要采取相应的防疫措施,规范人员在一定范围内的流动性,把人员之间的传播隐患降到最低。

(二)防止境外疫情输入的需要

随着港口业务复杂化和企业发展国际化,以港口服务为中心进行相关多元化产业快速扩张,逐步形成了较为庞大的港口产业链条。经统计,2019年以来,河钢物流黄骅港公司外贸业务年吞吐量占比已超过70%,外籍船舶作业过程中,涉及船舶代理、引航、船员、码头作业人员等,因业务洽谈和作业协调

等实际需要造成人员接触较多。鉴于国外新冠肺炎疫情形势日益严峻,已大大超过我国疫情蔓延趋势,输入性感染需要特别引起重视。除新冠肺炎疫情外,还伴发有埃博拉、出血热等其他疫情输入可能性的存在。因此需要采取针对外轮靠泊作业的防疫措施。

(三)企业自身发展的需要

新冠肺炎疫情暴发后,将在厂所有人员进行控制和管理,严禁随意外出,实施封闭管理。由于疫情控制需要的周期时间较长,公司人员长时间处于全封闭式集中管理过程中,心理压力大,特别是部分因工作原因导致需要单独隔离的职工,需要时刻关注在厂人员的情绪起伏情况,及时进行疏导和调解,防止出现私自逃出甚至聚众闹事的现象。

面对如此严峻的新冠肺炎疫情形势,尤其是在 1 月 23 日,河钢物流黄骅港公司所处的沧州地区首次出现 1 例新冠肺炎死亡病例、2 例新冠肺炎感染确诊病例,因此急需采取有效安全的应对措施。此次疫情对国内国际经济所带来的影响冲击,尤其是对流动性特点突出的交通运输业,都是极为严重的,因此为减小企业受到的波及,避免造成无法预估的损失,以保产增效为目标,急需根据当前市场形势和疫情传播特点对企业生产作业流程和管理模式进行创新,采取更有效、更安全的生产经营管理措施。只有不断创新改革,才能提升管理效能,才能有效克服因疫情导致的经济下行和市场波动压力,使生产经营逆势而动。创新改革生产管理组织,不断优化、提升生产效率,才能确保吞吐量、外贸业务量和利润水平等关键指标呈现爆发式增长态势,实现疫情防控和生产经营的"双胜利"。

二、成果内涵

面对突如其来的新冠肺炎疫情,认真了解关于新冠肺炎传播的途径、特点,深刻认识当前新冠肺炎疫情蔓延的严峻形势,及早预判,重点调度,认真学习贯彻落实党中央、集团和各级政府关于疫情防控工作的要求,对疫情防控工作进行安排部署,确保疫情防控工作扎实推进。同时,将防疫措施结合港口水运行业的特色和企业自身管理模式的特点,创新改革原生产经营模式,进一步提升当前生产经营的精细化管理水平,提升企业整体运转效率,确保吞吐量和利润指标的完成。

为将疫情蔓延对市场造成的冲击影响降到最低,以提前完成时间、生产经营任务"双过半"为目标,提前预估新冠肺炎疫情对经营市场造成的冲击,根据市场形势变化,有针对性调整经营结构和客户结构,开发绿色新兴能源市场,发展多式联运业务,带动港口物流和贸易水平升级;优化生产组织流程,以监测点构建整个厂区生产架构,将整个厂区控制防线和流程收缩、精简,做到集中控制管理,尤其是对码头前沿大型外贸船舶靠泊作业、外来货物汽运过磅集输港等重要生产环节,通过提升信息化水平,既实现了降低新冠肺炎感染概率,又提升了整体生产效率,为企业能够保产增效奠定基础。最终,确保生产经营过程中完全实现了"零输入、零感染、零传播"的疫情防控目标,吞吐量、时间任务"双过半"提前 16 天完成,取得疫情防控和复工复产的"双胜利"。

三、港口疫情防控的创新举措

(一)强化重点生产区域管控

1. 以监测点构建疫情生产防控架构

根据当前生产组织流程和操作特点,将原先的生产组织范畴和管理范围进行收缩,在厂区内设立 8 个流动性集中点作为疫情防控监测点,对公司 6 个进出口和 4 个泊位的全部下船口进行严格把控,对所有进出入外来人员实施 100% 体温检测和出入登记制度,确保减少感染途径,达到集中控制的目的。同时组织全体员工和所有在厂区的人员学习《新型冠状病毒肺炎预防手册》,并组织专人将其制作成 PPT 和视频短片,利用公司 LED 大屏和微信群、朋友圈等途径大力宣传疫情防控知识,强化宣传教育,号召干部职工不搞聚会、不聚餐,食堂实行错峰用餐,针对重点区域、关键部位加大消毒频率,做到公司全覆盖、防疫无盲区、消毒无死角。

2. 紧急采购防疫物资

根据新冠肺炎的传染特点和途径,紧急采购5000个口罩、200余瓶消毒水、消毒酒精、防护服、护目镜、额温枪、医用手套等防疫物资,配备给疫情防控监测点的站岗员工,并要求换岗过程中做好员工监测和消毒工作,降低感染概率。同时,立即对厂区实行封闭式管理,不再安排倒班人员回家休假,不在港人员暂时在家进行隔离,未经公司通知不得擅自回港。在后续生产防疫管理过程中,与防疫物资供应厂商建立联系和采购渠道,保障防疫物资供应及时、充足。

3. 建立"六类人员"的"一人一档"制度

为进一步减少人员流动和加强在厂人员的行为管理,对现有企业生产管理制度进行修改和创新,制定、完善和发布《关于加强员工出入管理的通知》等一系列企业管理制度,补充和完善生产应急管理制度,要求在岗职工严禁私自离开公司区域,建立因公外出备案制度,做好外出疫情风险评估,实时汇报外出轨迹。加大疫情防控宣传报道,突出防疫一线先进典型的引领作用,引导干部职工科学正确抗击疫情,凝聚疫情防控强大的党群合力,坚决打赢疫情防控阻击战。

(二)结合港口水运行业特征,制定科学合理的群防群控体系

1. 布置实施"二防三区四套五化"防控方案

针对厂区管理分布面积大、外来人员流动性大等港口企业特点,制定了有针对性的"二防三区四套五化"防控方案。"二防"即以部门人员监测形成的人防和以厂区视频实时监控定位的技防;"三区"即码头前沿作业区域、库场铁路区域和综合公辅区域进行排查登记和体温监测;"四套"即登记表、测温枪、防护服、护目镜四套设备;"五化"即党员干部下沉一线化、防控责任区域化、外来人员排查标准化、环境清洁灭菌标准化、应急隔离服务标准化。严格按照检查程序执行,提高安全卫生标准化管理,加强区域管控,减少接触概率和途径,确保了员工的人身健康安全。

2. 严格防控码头作业船舶

新冠肺炎疫情在全球传播范围广,传播途径较复杂,不同人员携带病毒感染症状不同,需要进一步降低人员接触机会。从事经营港口水运的企业,主营业务为码头货物装卸,需对外贸船舶和内贸船舶靠泊作业流程进一步精细化管理,对现有生产作业模式进行创新。码头作业累计对225艘过港船舶的所有登船作业人员和上岸船员实行体表消毒、体温检测和上下船登记制度,密切排查外籍和有与疫情地区和疫区人员接触史的船员和船货代人员,加强对门机、缆桩、船梯等重点部位的消毒。针对外贸业务比重已经占到80%的情况,严格履行外贸船舶检查的相关程序,联合检验检疫和边防部门加大疫情隐患排查力度,每天防疫情况上报海事局,确保船港界面无任何疫情传播隐患。

3. 收缩库场和铁路作业区域的集疏港防控警戒线,增强管控强度

除码头生产作业加强管理,对后方堆场集疏港的管理同样不能放松,后方堆场火车与集输港汽车流量大,外来人员接触概率同样较高,需要对现有生产作业模式做进一步提升,收缩后方库场和铁路作业区域的集疏港防控警戒线。因此在疫情防控方面,一是对往来车辆和人员进行无差别登记测温,非作业车辆一律严禁驶入作业区域,对铲车驾驶员和大车驾驶员进行隔离,加大对港作机械特别是操作部位的消毒频率,实时监控现场作业人员体温和身体情况,降低新冠病毒感染概率。二是降低汽车运输比例,加大铁路运输力度,对火车作业中容易引起交叉感染的部位部件进行消毒,做好职工健康防护,上半年累计完成火车作业1033列,完成集疏港量325.53万吨。三是采用远程沟通方式开展业务往来,重点做好战略型高端客户群体的关系维护和高效服务,做到既要防范疫情又要确保装卸船、集疏港少受影响。

4. 办公生活管理加强

大部分员工均为异地工作,且在厂区集中居住,针对此项情况,一是实行最严格的出入管制,实行全封闭式管理,出入厂区要提前请示,并执行严格的行程报备制度,任何在岗人员严禁私自离开黄骅港地区。二是停止所有人员休假,倒班人员采取"三班倒替、一班防疫"方式,强化防疫人员力量。三是根据

各部门的工作属性分时段限时用餐,用餐时采取一桌一人、分散用餐方式,减少面对面接触,降低新冠病毒感染概率。河钢物流黄骅港公司立即召开紧急会议,制定《新型冠状病毒肺炎疫情应急防控工作方案》,取消除夕职工聚餐,系统摸排评估公司全部176名正式员工、324名协力、保安、保洁和食堂人员以及6家驻港客户的行动轨迹和感染风险。

(三)发挥党委领导核心作用,做好疫情防控和生产经营的组织保障

1."战疫情、党旗红"主题实践活动

疫情防控阻击战打响以来,公司党委在全公司范围内大力开展"战疫情、党旗红"主题实践活动,吹响战"疫"冲锋号。制订科学防疫党员值班计划,强化党员一线应急值守。充分发挥党支部战斗堡垒作用,以支部为单位成立3支党员先锋突击队。公司全部67名党员递交请战书,主动投身到疫情防控和复工复产第一线。

2.严格"三亮五强一突出"党员标准

在公司8个疫情防控监测点设置共产党员先锋岗,严格先锋岗党员"三亮五强一突出"标准,亮身份、亮职责、亮承诺,党性觉悟强、宗旨观念强、服务意识强、纪律作风强、业务能力强和工作成绩突出,强化党员先锋岗作用,树立示范榜样,激发党员同志"争先创优"热情和抗"疫"必胜决心,确保疫情防控工作有序有力、节节取胜。

3.夯实舆论阵地,强化宣传引导

加强对疫情防控和复工复产中涌现出的优秀典型和先进经验的宣传报道,先后有27篇次关于河钢物流黄骅港公司疫情防控和保产达效的新闻报道刊发在《河北日报》《沧州日报》《中国冶金报》《现代物流报》《河钢报》以及新华社、河北新闻联播等集团和外部主流媒体刊物,为公司抗击疫情和保产达效营造了良好的舆论氛围,树立了良好的业界形象。

四、港口复工复产和保产创效的创新举措

(一)抓好市场开拓,加快抢占产业新兴需求市场

1.推进"国际化"战略,提升外贸业务占比

河钢物流黄骅港公司积极融入国家"一带一路"倡议纵深推进,以外贸业务增量为杠杆撬动港口经营结构再优化,推动外贸吞吐量上量,使外贸业务成为创效"主力军",连横进出口终端用户,合纵贸易中间商,实现供需源头"两手抓",不断激发市场活力,2020年上半年外贸过港量591.43万吨,占比高达71.1%,创开港以来最好水平。6月份更是创造了外贸业务占比87%、外贸过港量142万吨的单月历史新高(图1),其中外贸兰炭成为黄骅港地区唯一批量出口货种。

2.优化产品和客户结构,提升高附加值货种占比

推进"两个结构"再优化,巩固经营改革成果。受地理位置和航道影响,河钢物流黄骅港公司码头泊位仅能承载12.5万吨级船舶,和其他深水港口相比,市场和物流成本均不具备优势。为提升市场竞争力,通过强化市场开发调研、调整经营结构、优化品种结构、推行"差异化"市场策略、采取"个性化"营销方式,形成特色市场和稳固的战略高端客户群。河钢物流黄骅港公司在深度分析市场和自身条件后,根据码头能力船型选择,最终确定了进口铁矿、外贸铝矾土和铁运煤炭等货种为公司主营板块,并推动砂石料等低货值品种去库存,大幅增加高货值货种比例,上半年高附加值货种占比已经高达95.6%。

3.持续深化"大客户战略",抢占绿色新兴能源市场

着力在高端客户和绿色清洁能源市场上开辟"蓝海",继续深化"大客户战略",中铝、宝钢、首钢、国电投、冀中能源等长期型战略高端客户过港量占比达68%。强化市场调剂力度,加快抢占绿色清洁能源市场,新开发中电投先融、山西晋燃、经纬博汇、中远海运、山钢集团、五矿物流等战略高端客户客户22家,新增外贸兰炭、内贸兰炭、外贸出口煤炭、内贸焦炭、外贸钢材、内贸石油焦6个高附加值新型货

种,有效提升公司主营板块和外贸业务过港创效能力,打造了区位优势明显、抗市场波动能力强的"拳头型"货种,并成为黄骅港地区首家实现汽运焦炭、兰炭集港的港口企业。

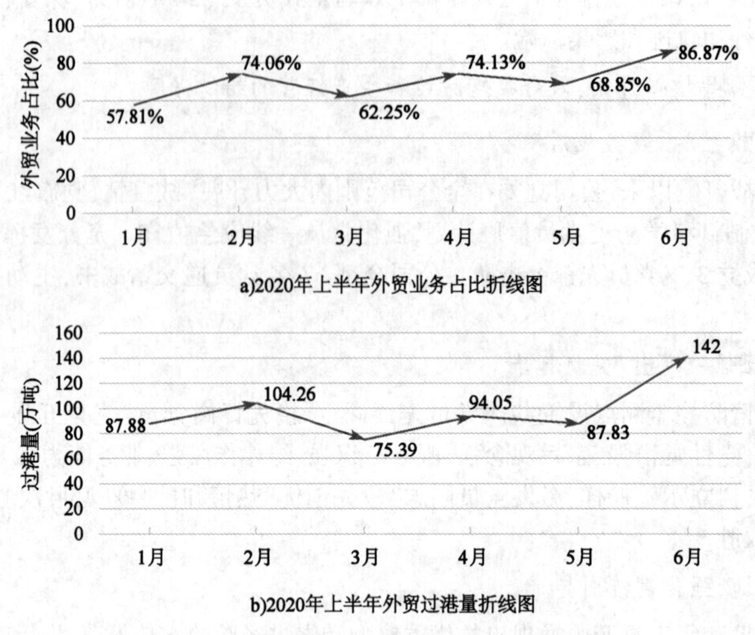

图1　2020 年上半年外贸业务占比及过港量折线图

4. 厚植"差异化竞争"优势,打造港口核心竞争力

通过直击供给侧源头市场,厚植"差异化竞争"品种结构和客户服务优势,打造集团码头核心竞争力,树立河钢物流黄骅港公司独树一帜的品牌形象。通过开通西非、南欧等铝矾土海外货源地直达河钢物流黄骅港公司码头的国际航线,打造铝矾土国际化物流中心,巩固在环渤海湾第二大铝矾土现货基地地位。经统计,2020 年度上半年累计完成吞吐量 286 万吨,其中外贸铝矾土吞吐量到达 215 万吨,占总量的 75%。

结合内陆冶金企业生产经营市场和过港运输需求,依托河钢集团内部市场资源和社会市场资源基础,整合和深入开发冶金企业原材料市场,根据市场波动情况和需求,不断开发新的货种市场,力争打造环渤海港口群最大的小品种矿现货市场。据统计,2020 年上半年累计完成小品种矿石吞吐量 390 万吨,构建了环渤海湾最大的小品种外矿现货交易市场。目前,外贸铝矾土、小品种矿和以焦炭、兰炭为主的绿色清洁能源已经成为助推河钢物流黄骅港公司高质量发展的稳固"三角"支撑。数据显示,2020 年上半年,河钢物流黄骅港公司累计完成吞吐量 831.8 万吨,比 2019 年度同期增长 47.7%。

5. 发展多式联运业务,带动港口物流和临港贸易水平升级

积极响应国家的政策和规定,加快企业"公转铁"物流转型步伐,抢抓京津冀"公转铁"环保政策机遇期,精准把握国家对物流行业的扶植政策,开发确保铁路具备重去重回资源运力的喷吹煤、焦炭、兰炭、石油焦、沥青焦等高附加值绿色新型货种,全力提升河钢物流黄骅港公司主营板块和外贸业务过港创效能力,打造区位优势明显、抗市场波动能力强的"拳头型"货种。2020 年上半年,火车煤炭发运累计达到 336 列,合计 98.12 万吨,已成为黄骅港地区首家实现汽运焦炭、兰炭集港的港口企业。同时,利用与北京铁路局、太原铁路局战略合作的优势契机,直击产业链供给侧市场需求,增加矿石、铝矾土运量,发展煤炭、集装箱货物铁运业务,铁路运量占比由 2019 年的不足 5% 猛增到 2020 年的 45%,为货物吞吐量提高创造新的台阶,奠定更高的基础。

不断契合"大物流体系"综合化发展趋势,持续加大多式联运物流的咬合深度和咬合总量,紧密聚焦内陆企业疫情后复工复产冶金用料需求,不断创新和拓展新型的过港业务,打造个性化综合化多式联

运组合,开通了西非、南欧等铝矾土产地和东欧、南亚矿石的海外货源地直达河钢物流黄骅港公司码头国际航线,满足不同客户差异化需求,持续做好高端客户群体的维护和拓展,提升企业综合服务水平。

并以国际信用证、货物物流总包、"水转水"、供应链临港贸易等增值服务破除产业供应链堵点,不断增加客户黏性,有效释放港口创效潜能,为河钢物流黄骅港公司高质量稳定发展提供可靠的资源保障。经统计,完成货物物流总包业务累计承接4艘次,完成运输量21.72万吨,公路运输费用合计1865.3万元。

(二)优化生产组织,加快运转效率

1.优化生产组织流程创新

通过压实主体管理责任,优化生产组织流程,重点保障人员机具和环保设备配置;开展生产组织的"效能革命",持续提高单机作业效率;通过强化与当地港航局、海事部门和一关三检等部门的沟通协调,有效把握船舶大型化带来的发展红利,及时破解泊位紧张和海关监管区库容高压等生产难点。经统计,2020年度上半年累计完成船舶装卸225艘次,其中外贸船舶装卸103艘次,并创造了外贸铝矾土船舶单机作业效率达到430吨/小时的历史纪录。河钢物流黄骅港公司2020年上半年主要货种船舶单机作业效率如图2所示。

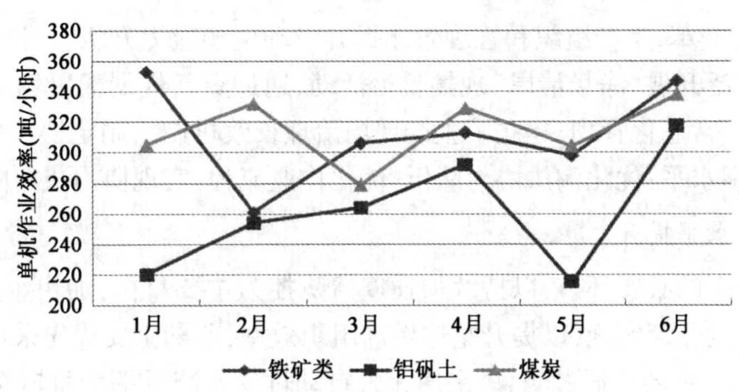

图2 2020年上半年主要货种船舶单机作业效率折线图

2.大型船舶生产效率提升

充分利用船舶大型化发展趋势,持续提升公司码头综合承载能力。自具备大型Cape级船舶减载靠泊能力以来,充分对大型船舶市场进行调研,利用集团内部战略资源作依靠,深挖大型船舶市场,持续开展大型船舶靠泊的经营业务。经统计,2020年上半年累计完成Cape级船舶减载靠泊5艘次,合计完成吞吐量36.84万吨,并实现了4个泊位靠泊5艘船舶同时作业的景象,充分达到4个泊位的整体利用率,有效缓解锚地计划船舶压港的情况。2020年度上半年泊位利用率已高达91%,单船承载量达到3.7万吨,创历史最好水平。

3.陆域集输港模式升级

针对货物装车质量、集疏港交通组织效率、铁路运力资源等客户重点关注问题,强调以制度化、规范化作业流程严格规范和控制装卸车作业标准,不断压缩标准作业时长,提升货物运输车辆和铁路运输装卸的准确率。结合市场形势和后续过港资源,统筹规划场地使用,加大货物到泊位的直提力度,降低后方堆场满负荷运作的情况,提升厂内道路交通管制,提升场内货物汽运集疏港能力和效率,组织车辆"错峰"集疏港,加快场地周转频率。

强化与铁路部门协调力度,根据火车装卸效率、机械利用率、人员设备数量等实际情况,周密安排火车计划,提升铁路计划准确率,重点保障焦煤、兰炭和集装箱货种铁运集港,大力开展铁路"重去重回"的钟摆式业务。措施实施以来,铁运资源不足导致的"压站"的煤炭资源得到了有效缓解,推动了铁路集疏港放量,使库场总库容始终维持在科学合理的可控区间。2020年上半年数据显示,河钢物流黄骅港公司累计实现铁路集疏港1041列,集疏港量326.23万吨,其中"重去重回"火车达到287对,已超过

2019 年度全年铁路发运水平;还创造了单周综合集疏港达到 40 万吨、周铁路作业达到 53 列合计 18.3 万吨、单日汽运疏港 1537 车次、综合集疏港量 7.05 万吨/日等多项历史纪录。河钢物流黄骅港公司 2020 年上半年铁路集疏港情况如图 3 所示。

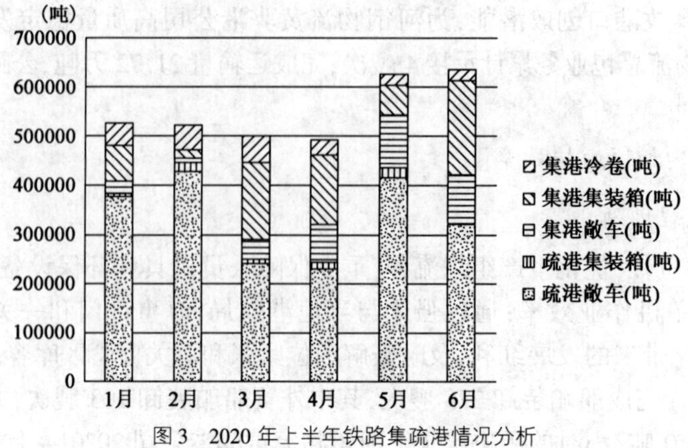

图 3　2020 年上半年铁路集疏港情况分析

4. 生产管理"扁平化"变革

深化"扁平化"管理变革,生产组织和管理效能提升带动生产能力升级,特别是基层一线战斗力、执行力得到明显增强。广泛开展"净场清岸"现场整治活动,通过重新规划配置场地,修订作业制式标准,形成了厂区环境高标准、常态化管理,建立了生产现场治理长效机制。制定协力队伍"四定"管理制度,强化作业管控,提升管理水平;优化淘汰协力队伍,优化作业流程,实现协力成本降本增效。

5. 生产管理信息化水平提升

对于生产经营流程中的必要环节,以持续加强疫情防控为主要目标,加快企业信息化进程为契机,优化生产操作系统。通过分期实施,以提升整体生产组织效率,前期主要优先采用无人自动过磅系统和手机 App 办理集输港车辆进场。通过测算,采用无人自动过磅系统后平均每辆车每次缩短 3 分钟操作时间,为提高整体生产效率提供技术支持和依据,而且严禁集输港车辆驾驶员下车,进一步减小人员接触感染概率。后期将继续开发后方堆场的货物电子围栏、人员定位和作业车辆定位等系统,同时加强生产作业现场的可视化管理,进一步优化创新生产管理模式,提高港口水运企业的电子信息技术应用率,提高指挥调度生产的科学性和时效性。

(三)推进智慧港口建设,促进综合管理创新

办公区根据日常经营业务、生产管理和日常办公等流程,因业务的需求,无法避免与外界交流及内部之间的接触,因此需将日常管理模式做进一步升级,树立现代化的管理理念,提升管理信息化水平,推动办公室行政管理工作方式的转变与升级,从而优化企业整体管理职能,提高工作效率和工作质量。

当前的办公环境利用河钢数字信息平台、集团物流供应链平台、OA 办公系统等软件逐步向无纸化、无接触办公靠拢,各项审批流程、日常考勤管理等方面利用信息化手段不断得到应用,以企业员工建立数据库为基础,根据日常生产、经营、办公的实际需求,设计完善后台审批程序,缩短日常审批的时限,不仅将人与人、人与物的接触概率进一步降低,更是提高整体办公效率。

生产运营过程中产生的需要存储的档案,通过逐步建立电子版管理档案,利用网络信息存储功能提高信息传输与管理的效率。虽然办公整体自动化程度有所提高,但仍然存在一定的创新空间。可以建立更高效的远程终端、视频操作、无人自动化操作等形式高效地处理工作任务,避免传统单一化管理带来的时空局限性。不同管理层的工作人员都可以利用网络终端设备第一时间获得自己管理范畴的工作内容,这在一定程度上也降低了管理工作的运营成本。目前整体管理体系运作较流畅,突出了运营、管控、考核全流程管理,强化风险管控,深度推进双控机制建设,为建设最具竞争力绿色智慧型现代港口企业夯实管理基础。

五、实施效果

面对突如其来的新冠肺炎疫情，其蔓延的严峻形势远超预想情况。以当前的国内和国际疫情实际情况和病毒本身传播特点为依据，河钢物流黄骅港公司以科学的眼光看问题，从企业发展大局出发，坚定不移按照河钢集团和各级政府的统一部署执行，坚持一手抓疫情防控不放松，一手抓复工稳产保顺行。坚持新冠肺炎疫情和复工复产问题导向，提前预估此次疫情对企业发展带来的巨大冲击程度，审视企业自身在供应链、产业链等方面的短板和不足，加以改进提升创新管理。

根据不同时期疫情防控要求，采取"差异化"疫情防控措施，进行有针对性的重点防控，外部严防输入，重点是大量外贸船舶和长途运输车辆，继续实行船员禁止下船和大车驾驶员电子签票，彻底切断病毒输入途径，内部持续完善联防联控机制建设，确保实现疫情防控"零输入、零传播、零感染"的总体目标。

坚定高附加值货种和高端客户开发方向不动摇，推行"差异化"营销策略，形成了"河钢港口"市场竞争优势。增加外贸业务带动了综合吞吐量提升，重点开发内陆铁路沿线煤炭资源，有效拓展了铁路钟摆式"重去重回"业务。打通的数条海、铁、陆多式联运通道，以及利用铁路互联互通优势，持续降低物流成本，提升了客户满意度，增加了客户忠诚度。强调新品种开发，巩固铝矾土、小品种矿石过港资源，重点发展兰炭、焦炭等新型绿色清洁能源出口业务，持续强化集装箱散货运输业务，提升高附加值货种占比。

推进与市场化改革相适应的生产管理模式，提供"差异化"客户服务，打造集团港口品牌服务优势。针对客户船舶集中到达和个性化作业需求等新问题、新挑战，在做好船期编排的同时，集中优势力量，加班加点打歼灭战，持续提高船舶作业效率，有效强化集疏港环节过程管控，有力提升铁路和汽运装卸车质量和效率，降低停时。通过调整运输方式，优化物流结构，强化"公转铁"政策落实，加大铁运集疏港比例，发展海、铁、陆多式联运，有效打通了港铁、海陆联运"最后一公里"。持续加快"智慧港口"信息化建设，强化库场管理，优化场地使用，合理去库存，构建更优更便捷的港口物流组织模式，确保生产经营稳定运行，多措并举，取得了疫情防控和保产创效"双丰收"。

1. 疫情防控扎实有效

自新冠肺炎疫情暴发以来，河钢物流黄骅港公司已将疫情常态化防控切实融入日常生产经营中，至2020年7月，未发生一起疫情和疑似病例报告，全部实现"零输入、零感染、零传播"的总体目标。

2. 复工复产成效显著

2020年上半年，河钢物流黄骅港公司累计完成吞吐量831.8万吨，其中外贸过港量已达到591.43万吨，占比高达71.1%，高附加值货种占比达到95.6%，创造了货种港杂费平均收入、单货种创效能力等多项生产经营指标破历史新高的纪录，并提前16天完成生产经营和时间任务"双过半"目标。

3. 多项生产经营指标连创历史新高

各项纪录连续被刷新。创造了货物单月综合吞吐量达到163万吨、单月外贸业务量达到142万吨、外贸业务量占比86.54%等多项历史纪录，获得渤海新区疫情防控和复工复产先进单位，并作为复工复产先进典型在地区政府工作会议上做经验介绍，为持续构建平安港口、效益港口、绿色港口、智慧港口、幸福港口的"五个一流港口"建设奠定了坚实的基础。

行动学习在基层国企的探索应用

广西交通投资集团钦州高速公路运营有限公司

成果主要创造人:任健翔　卢　军

成果参与创造人:韦克昌　黎小鹏　谢国鹏

广西交通投资集团钦州高速公路运营有限公司(简称"钦州运营公司")于2010年6月11日注册成立,是广西交通投资集团有限公司全资子公司。公司的经营范围是:高速公路养护、公路绿化、信息网络工程、房地产开发经营、汽车修理与维护、广告牌租赁、场地出租、光缆管道租赁等。主要管辖六景至钦州港、钦州至崇左两条高速公路,六景至钦州港高速公路是广西壮族自治区第一条引入海洋文化主题的高速公路,对完善西南地区出海通道网络,提升广西出海出边国际大通道地位,发挥北部湾经济区连接多区域重要通道、交流桥梁和合作平台作用,促进北部湾经济区开放开发具有重要而深远的意义;钦州至崇左高速公路是国内首条引入东盟文化元素的风情路,是中国-东盟陆路通道沿海公路的重要路段,连通了广西出边大通道与出海大通道,对改善区域交通运输条件、促进沿线经济社会发展、完善广西高速公路网络布局、构筑中国-东盟国际大通道具有十分重要意义。

一、成果实施背景

(一)行动学习在钦州运营公司有历史基础

2012年,钦州运营公司在筹备时候就承接了广西交投集团"建管养一体化"的课题,并将课题付诸实践,形成了可复制、可推广的经验,助推"建管养扶贫一体化"新课题的形成。2013年,公司刚刚运营不久,就开展行动学习。2016年,趁着公司"二次创业"的契机,行动学习在公司的推广应用又迎来了春风,行动学习在公司的各个工作领域全面铺开,广大干部职工在行动中学习、在学习中行动。自觉在工作中运用行动学习成为公司的一大特色。钦州运营公司行动学习包含四个维度,其一是组织变革导向,其二是业绩导向,其三是领导力导向,其四是战略执行导向。无论是哪种导向,归根结底,就是以问题为导向。如在解决中马园区收费站集装箱车辆通行拥堵问题的行动学习过程中,通过组建课题小组,查摆症状、明确问题并确定目标,群策群力,讨论原因,寻求解决方案。对解决问题的过程进行系统反思、评估并确定解决方案,制订行动计划,最终研发了集装箱智能抓拍系统,使每辆集装箱车辆的通行效率提高300%。

(二)行动学习迎来新的发展机遇

2018年,中共中央印发《2018—2022年全国干部教育培训规划》,将"行动学习"作为培训方式方法创新的重要内容写入其中。2019年,广西壮族自治区党委印发《关于进一步解放思想改革创新扩大开放担当实干加快建设壮美广西共圆复兴梦想的决定》,明确提出"实施行动学习推广应用计划,增强各级干部推进实际工作的能力"。同年,广西交通投资集团有限公司在年度党建工作会议上,提出要将集团公司打造成为行动学习在企业推广的旗舰单位。中央、自治区、集团公司要推广应用行动学习,给了钦州运营公司很大的鼓舞,加上被授予"广西行动学习推广应用基地"称号,行动学习在钦州运营公司的发展已经进入新阶段。

（三）实现公司高质量发展的需要

党的十九大之后，高质量发展成为发展主题，钦州运营公司作为高速公路运营主体，应努力提升运营管理水平和服务水平，不断满足人民群众对美好生活的向往。但是在当时组织力、创新力和担当作为达不到推动高质量发展所需要的思维基础、作风基础。经过几年的发展，公司进入平稳发展期，干部队伍的思维模式逐渐固化，处理问题矛盾容易采用老方式旧办法，不重视学习、不及时补充知识等，这些都阻碍公司高质量发展。公司深刻意识到，只有从员工个体入手，培养积极解决难题的氛围，才能释放推进高质量发展的动力，而行动学习是一个有过成功经验的方法。通过坚持问题导向，挖掘员工潜力，营造"问题—团队—学习—行动"的良性生态，实现了干成事、培育人、提升组织力三重目标。

二、行动学习的内涵和要点

（一）行动学习的起源

行动学习法是英国管理学思想家雷吉·雷文斯教授提出的。行动学习法培训是学习知识、分享经验、创造性地提出与解决问题和实际行动四元一体的培训方法。雷吉·雷文斯使用了一个简单的方程式说明行动学习法，即：L = P + Q。行动学习法中的学习（L）是掌握相关专业知识（P）与提出深刻问题能力（Q）的结合。

根据美国培训认证协会（AACTP）的定义：行动学习是一个团队在解决实际问题中边干边学的过程。

（二）行动学习的过程

行动学习的过程有两种交替进行的活动：一是集中的专题研讨会，参与者在研讨会上得到促人警醒、发人深思的观点和信息，学习工作方法；二是分散的实地活动，包括行动学习小组为解决实际的项目问题去实地搜集资料、研究问题的活动，也包括辅助性的团队建设活动。通过历时数星期乃至数个月的几聚几散，参与者的领导能力和解决问题能力得以提高，组织的问题得以解决。

（三）行动学习的关键

实际的问题是行动学习的关键。那么如何才能找到实际的问题呢？一是问题来源于行动学习成员。学习小组成员直接提出在自己实际工作中需要解决的难题，之后在促进师的引导下逐步发现根本问题，最终找到的问题都是小组成员在互相信任的气氛中创造性思考的结果。二是围绕问题设计方案。一旦确定了问题，就要开始设计解决方案，设计出的方案会吸取小组成员的各种建议和思想。当方案再返回到各参与机构实施时，研究和学习的过程就变成了一个思想与实际操作互动的过程。三是坚持不断地获得经验并在下一次小组活动中提出修正方案再实施，这样循环往复，直到问题得到更好的解决。

三、从改变心智模式促进组织力提升的主要做法

（一）领导率先垂范，积极推进行动学习

一是理念先行，唤醒企业集体共识。在实际工作上，公司主要领导及领导层率先垂范，在组织的各个层级推动行动学习文化，创造出新的组织气氛，发挥催化作用。例如在组织公司重大会议时，公司领导会主动选择行动学习模式组织召开，在管理工作时，会发现问题，并找准主要矛盾通过培训和言传身教相结合的方式，帮助对行动学习感到陌生、不愿付出时间精力参与行动学习文化的管理者，使其认识到组织文化与战略发展方向的关联性，促使他们主动参与。2017 年，公司组织开展专题培训班，2018 年，在公司全面开展行动学习推广应用，2019 年再次举办 2 期专题培训和 4 期一般培训导入理念，让员工加深对行动学习的认识，强化员工科学高效思维和管理能力，把行动学习作为提高个人素质、提升公司基础管理水平的"工具箱"。

二是战略引领，营造边干边学生态。编制印发《钦州高速公路运营有限公司行动学习三年行动规

划》《钦州高速公路运营有限公司"行动学习·品质钦州"实施方案》,真正将行动学习纳入公司制度和公司重大事项日程。

三是铸魂育人,潜移默化改变心智。在推进共同事业方面,不断导入行动学习文化,并培养一批行动学习人才,结合工作板块组建多个行动学习团队,公司领导、中层及一般管理人员中共有6人是广西行动学习研究会会员,积极参与广西行动学习促进师资质认证工作。在营造共同语言方面,编制行动学习简报,梳理从2013年以来运用行动学习的标志性案例,共编制简报12期;撰写行动学习使用心得,专门制作心得撰写本,供员工每次开展行动学习后记录心得;设置行动学习宣传专栏,在公司微信公众号平台设置专栏,发布行动学习动态。在倡导共同行为方面,行动学习是通过团队群策群力的方法,找寻核心问题,形成解决共识并付诸行动,其过程民主氛围突出,在实际工作上,公司积极倡导团队意识、开放意识和民主意识,降低行政级别带来的无形阻碍,倡导"知无不言"。同时,倡导"理论—实践—再理论—再实践"的工作方法和学习方法,注重复盘反思,不断积累创造经验,高质量解决问题。在凝聚共同感觉方面,在开展行动学习过程中,我们做好角色分工,落实促进师、记录员和参与者的任务,约定研讨规则,过程各司其职,不打断、不质疑。在行动学习的功效上,通过采用行动学习研讨的问题,更容易形成共识,使后续行动有了共同的方向和愿望。

(二)基于行动学习基本原理,严格应用规范

一是采纳行动学习六要素。团队、质疑、反思、行动、学习、促进师是行动学习六要素,在实际应用过程中我们尊重每个要素的规则要求和操作要求,严格按照行动学习的方式方法进行。

①团队——能让每个人有机会发挥其独特的价值。行动学习团队是同一团体或不同团体组成的5~10人的一个小组。小组成员的背景、专业、视野、阅历各不相同,对要解决的问题必须有一定程度的认识,对解决问题能够有所贡献。常常采用的方法有团队列名法、头脑风暴法,这种参与式的团队与传统团队在成员主动性上有巨大区别(表1)。

参与式团队与传统团队的区别 表1

参与式团队	传统团队
每个人都参与,而不只限于少数几位善于表达的成员	脑筋动得最快、最能言善道的人拥有最多发言的机会
大家给予彼此思考和尽情表达想法的空间	大家经常打断彼此的发言
不同观点可以共处一室	视不同意见为冲突,必须尽快遏制或是化解
以类似"你是这个意思吗?"的支持性问题,相互引导他们充分表达想法	发问通常被视为挑战,好像被问的人犯了什么错似的
大家能倾听彼此的想法,因为大家知道自己的想法也会被倾听	不太能听别人的想法,因为大家都在忙着准备自己要说的话
每位成员对富有争议性的议题发表意见,每个人了解其他人的立场	有些成员对争议性问题保持沉默,不是每个人都真正知道其他人的立场
大家不会在背地里表达意见	由于大家觉得不被允许在会议中畅所欲言,所以会在会议场合外背地里表达意见
在每位会受到决策影响的人都了解决策背后的分析思路后,问题才算解决	脑筋动得快的人想到了一个答案,问题就算是解决了,其他人无论是否了解决策的逻辑,都得"从善如流"

②质疑和反思——离本质问题更进一步。小组成员在解决问题过程中,按照一定的程序和框架,对自己及其他成员的经验进行质疑,并在行动的基础上不断反思,从而对问题的本质达到更深入的认识,提出富有创意的解决方案。承认没有绝对的专家,有时幼稚的提问反而能揭示出问题的本质。

③行动——行动学习的第一个闭环。行动学习的成果必须通过行动的过程得到验证,也只有通过行动才能对组织产生实质性的影响。小组成员也只有在行动中,才能进一步反思以加深对问题的认知,行动是行动学习的重要组成部分。

④学习——不同的观点在规则之下和谐共处。行动学习规则为研讨创造了民主的讨论空间,成员

的心态是开放的,视不同观点为学习机会,而非对立;勇于质疑别人,实时引入新的理论,并将集体经验提升为理论。在行动学习中,学习与行动一样重要,个人的学习与发展同问题的解决一样得到关注,行动学习对学习有明确的要求和精心的设计。

⑤促进师——行动学习的设计者。行动学习是一个精心设计和控制的过程,促进师负责整个过程的设计和把控:控制研讨节奏、激发质疑、引导反思、调节氛围,是行动学习中不可或缺的角色。

二是实施和持续运用行动学习的9个步骤。在推广应用行动学习过程中,钦州运营公司逐渐形成自身实施经验,主要包含:

①建立行动学习项目管理团队;

②培养行动学习促进师;

③确定行动学习成员;

④确定行动学习的课题;

⑤重新定义问题、提出高层次目标及制订策略;

⑥提出和展示行动策略;

⑦实施行动学习策略;

⑧评估、获得和转化个人、小组和组织的收获;

⑨使行动学习成为企业文化的组成部分。

三是紧密结合业务会议。行动学习的问题来源于实际,因此像经营班子会、部门业务会议、年度务虚会议等会议都可采用行动学习开展,做到扎扎实实谈工作。行动学习促进师和公司业务团队在一年时间里,并肩战斗、持续辅导,解决具体的战略、战术问题,并用实际行动去验证。

(三)持续积累推广应用经验,打造行动学习文化

广西交通投资集团有限公司领导在钦州运营公司调研中提出的“行动学习　品质钦州”八个字,是对公司长期坚持开展行动学习的一种肯定,也是公司打造文化品牌的决心。总结近年来公司取得的重要成就,例如收费版块实现多次创新发明、养护版块中分绿化带景观提升、安全生产一级化达标等,发现这些成就离不开行动学习理念的运用,行动学习培育了人,也促进人干成了事,在看不见的方面,行动学习理念改变了员工的思维方式,在看得见的方面,我们的员工在找问题想办法时能很快抓住核心,团队在行动时步调一致、行动迅速。

一是强化凝聚人心,创造文化传播原动力。基层团队灵活运用行动学习的工具、方法,充分发挥核心理念作用,做好团队成员的共识汇聚、人心凝聚。例如在六钦党支部开展“微笑服务在这里延伸”主题活动中,服务区的保安、保洁、便利店员工在集体研讨时充分感受到意见和建议被尊重、受认可,凝聚全员共识,有效推动微笑服务向服务区延伸。同时,公司在团队中注重运用好质疑反思,防止团队中一味地“温良恭俭让”,形成红脸不翻脸的团队氛围,使团队有团结、出实效。

二是创新形式,增强文化传播吸引力。行动学习作为一种工具方法,想要很好地融入管理工作的方方面面,需要将创新融入行动学习。在国有企业基层党的建设中,我们将行动学习带进支部,通过行动学习的方法,找准实现标准化规范化的切入点,从而提升组织建设力。例如六钦党支部多次运用行动学习开展主题党日活动,机关党支部开展定级研讨会等;在人才培养工作上,将行动学习纳入干部教育培训体系;在站务管理工作上,积极应用行动学习思维,吸收更多一线职工对站务管理的意见、建议。

三是搭台唱戏,提升文化传播影响力。2019年,钦州运营公司作为分会场承办集团公司党建工作现场办公会,集团内多家兄弟单位共计150余名党建工作人员、企业文化建设人员到公司参观交流行动学习;兄弟单位南宁运营公司作为行动学习推广应用基地多次与钦州运营公司一起组织开展培训交流;另外,公司还与广西行动学习研究会保持密切联系,共同致力于传播推广行动学习。

四是讲好行动学习故事,展示文化品牌形象。做好新媒体形势下的行动学习品牌打造和推广,通过微视频、微电影等形式,将行动学习物化成果制作成系列作品,讲好“交投行动学习”好故事,吸引更多行动学习爱好者、实践者。由公司制作的微视频《行动学习　品质钦州》在光明网、中宣部党建网展示

播放,公司在第九期“企业微党课”上宣讲行动学习推广应用情况,激发在场多家央企和地方国企对行动学习的兴趣,得到中央党校《学习时报》相关负责人的肯定,公司获得中国文化管理协会企业文化管理专业委员会授予的“企业行动学习实践教学站”称号。

五是强化文化融合,丰富企业文化品牌内涵。不断推进“行动学习　品质钦州”企业文化品牌建设,紧密结合公司实际、部门实际、行业实际,带着政治责任学、带着岗位需求学、带着具体问题学,坚持干中学、学中干,做到学用结合、学用相长,营造学以致用、知行合一的行动学习文化氛围。领导班子把散步、即兴聊天、签字当成一次行动学习,使决策的过程更加民主高效。团队工作靶向明确,执行力更强。员工工作的内因调动起来,行动学习的参与度更高。

四、实施效果

(一)员工的心智模式得到明显改善

行动学习是一个动态上升发展的过程,经过“问题—团队—学习—行动”不断循环直到问题解决,员工无形中完成了自我觉察、发现问题、更新信息、检验效果、发现规律、改善行为、养成习惯、内化理念、形成意识的过程。这有效激发了员工自主学习的主体意识和内在动力,员工不仅要动嘴发言,还要动脑思考、动手记录,甚至还要动脚去调研,真正成为学习的主体、实践的主角,员工的能力素质和心智都发生了变化。据统计,自2017年有意识地推广应用行动学习以来,钦州运营公司与外界联系更密切,与地方政府和行业单位联系频次逐年上升,改变了“关起门来自己玩”的困境,表2为2017—2019年钦州运营公司重大活动开展情况。

2017—2019年钦州运营公司重大活动信息统计表　　表2

年份(年)	活动项目内容	年度人员晋升情况	年度获得荣誉数量
2017	由钦州运营公司和中铁集装箱运输有限责任公司南宁分公司共同发起、主办“钦州(中国-东盟)中欧班列暨多式联运产品深度合作业务对接会”	4	5
2018	①运用行动学习,研发出集装箱车辆智能拍照系统,工作效率提高300%; ②微党课作品《践行十九大　拥抱新时代　品质党建助力交通强国梦》作为企业微党课优秀原创作品,在学懂弄通做实党的十九大精神“企业微党课”培训学习实践分享会上展播,并由主创人员作创作经验分享; ③广西行动学习研究会成立,公司作为区内唯一一家企业受邀发言	6	8
2019	①广西行动学习研究会与钦州运营公司共同签订了《行动学习推广应用合作协议》,并为“行动学习推广应用基地”揭牌; ②集装箱车辆智能拍照系统获得国家知识产权局正式授予实用新型专利权; ③广西农垦集团到钦州运营公司开展党建交流活动; ④联合多家兄弟单位共同举办“取消省界收费站工程安全生产行动学习研讨活动”; ⑤《刘工的烦恼》微电影作品,荣获“企业微党课优秀作品”“最美创新之声”荣誉	10	15

(二)运营管理服务水平进一步提升

钦州运营公司始终坚持问题导向,通过抓住关键问题来牵住实际工作的“牛鼻子”,发挥行动学习黏合剂作用,针对年度重点任务和工作难题,组建行动学习攻坚行动小组,推动了公司一批重点、难点问题的解决。仅2019年就有17项小创新、小发明成果落地实施,其中,集装箱车辆智能拍照系统荣获国家实用新型专利,并成功对外销售2套,取得明显的社会效益和经济效益。公司科技研发小组牵头研发的打逃大师,入选广西中央引导地方科技发展专项资金项目,获130万元的科研经费。在取消省界收费站系列工程中，与施工单位联合举办安全施工行动学习研讨会，确保工程施工零事故。为此，施工单位还专门慰问公司基层站队，希望在之后的工作中继续开展联合研讨。

（三）实现组织学习性和行动性双提升

一是组织的适应能力进一步提高。根据相关政策要求，2019 年起，全面实施推进撤销省界收费站工作，这是交通运输行业的一次重大变革，工作时间紧任务重，在没有可借鉴经验的条件下，只能坚持“在干中学，在学中干”，钦州运营公司得益于长期推广应用行动学习，员工能自觉应用行动学习的方式看问题找办法，从而汇聚成取消省界收费站系列工作中的强大合力，出色完成各项任务目标。例如在新冠肺炎疫情防控和复工复产工作期间，行动学习成员特别是担任促进师的员工，能精准找到防控工作中关键节点并付诸行动，找到防疫物资供应渠道，解决了公司防疫物资储备的问题，同时协助集团公司兄弟单位购买防疫口罩近 10 万个。通过上述事例，可见在适应外部不确定性时，员工没有了“等靠要”的思想，而是自主千方百计寻找办法，从而强化了组织应对变化的主动性。

二是组织的共同愿景更加明晰。通过表 1 可以看出参与式团队和传统团队之间的核心区别在于“相互认同”，而前者更容易创造共同愿景。当前，在集团公司“交投先锋 + 攻坚突破”主题活动下，钦州运营公司将“行动学习　品质钦州”行动嵌入到重点工作中，在员工脑袋里刻画“我要创造什么”，把实现高质量发展目标当作追求和信念，这必将成为组织凝聚力、动力和创造力的源泉。

三是组织的开放创新力得到强化。钦州运营公司在集团内 9 家同类单位中所管辖的路段里程和员工数量排名靠后，从体量上看是一家小公司，在经过员工心智改善、提升组织力后，小公司呈现出勃勃生机，实现大作为。钦州运营公司作为“广西行动学习推广应用基地”，总结提炼的钦州模式将会在行动学习推广应用广阔天地中发光发热。目前，公司在新收费模式背景下，主动与行业相关联单位开展合作，不断努力推广服务，多途径实现企业利益。同时，在创新方面已经逐步实现从技术的创新到思维的创新，从点到面的创新意识得到扩展，干事创业活力饱满。

运用"科技治危"手段,实现高速公路运营企业安全管理智能化

广西交通投资集团崇左高速公路运营有限公司

成果主要创造人:胡文学 唐忠国

成果参与创造人:覃光仁 宾海鹰 马超升 李治伟 刘良旭 陈 荣 谭福新 黎振贺 时瑶生 阳敏敏

广西交通投资集团崇左高速公路运营有限公司(简称"崇左运营公司")于2011年12月19日在崇左市挂牌成立,是广西交通投资集团有限公司旗下的全资子公司,负责管辖崇左市区域内运营的高速公路,包括南宁至友谊关高速公路、崇左至靖西高速公路、崇左至水口高速公路,共421公里。目前,公司下设办公室、党群人事部、财务审计部、收费部、稽核中心、养护部、路产管理部、安全管理部、客服中心、经营部10个职能部门及南友、崇靖、崇水3个分公司,下辖23个收费站、6个ETC运营网点、1.5对服务区、6个养护站、5个车辆救助站和3个稽核分中心。依法担负崇左区域高速公路收费、养护、排障、监控、服务区及其附属设施的经营管理工作。

公司自成立以来,充分发挥连接东盟的地域优势,以"南疆国门第一路"品牌为依托,以"国内一流、东盟知名"为目标,重点打造"红木棉"品质党建品牌、"最美高速公路""五心五美"微笑服务、"精管细养 畅舒美洁"品质养护品牌、国门联合执法保畅服务、国门星级服务区服务、智慧高速等运营管理子品牌,充分利用资源优势,提供便捷、高效、优质的服务,不断提高经营和管理水平,创造良好的经济效益和社会效益,确保公司资产的保值增值,为服务东盟,促进崇左市及广西经济发展做应有贡献。自成立以来,公司共获得"全国青年文明号""巾帼文明岗""全国三八红旗集体"等国家级荣誉8项,获"自治区和谐单位""自治区直属企业军(警)民共建先进单位""自治区青年文明号"等省部级荣誉38项。

一、实施背景

当下,我国交通基础设施不断完善,而高速公路作为我国交通基础设施的重要组成部分也得到了快速发展。但是,发展中的高速公路系统也存在极大的安全隐患,为了加强崇左运营公司高速公路的安全运营管理水平,提升对安全现状的把控,及时采取相应的管理措施,进一步降低人民的生命财产损失,公司实施ETC车道安全预警系统、ETC无人值守远程操作系统、基于降雨模型和力学分析的红黏土高边坡稳定监测应用。

二、取得成果

(一)ETC车道安全预警系统

1.实施背景

电子不停车收费系统(ETC)作为高速公路创新收费方式、提升信息化水平的重要举措,有效解决了收费站交通拥堵问题,为广大ETC客户提供了方便、快捷、舒适的出行体验。但与此同时,因ETC车道的车辆无须停车,车辆驶入ETC车道时速度较快,车辆与收费人员之间存在视觉盲区,给现场工作人员

带来了一定的安全隐患,易发生安全事故。近年来,全国各地发生了一些 ETC 车道人员伤亡事故,给 ETC 车道安全管理工作敲响了警钟。

为提高收费站工作人员的工作安全,响应广西交通投资集团有限公司“交投先锋 + 攻坚突破”活动及“运营管理效率创新年”的工作要求,崇左运营公司坚持以问题为导向,聚焦“科技治危”,运用科技的力量攻破运营管理工作中的痛点、难点。

2. 成果内涵和主要做法

(1)现场设备联动工作,规定横穿路线

ETC 安全预警系统,设计时是利用车道上现有的线圈作为车辆检测信号,判断是否有车辆靠近收费站。通过软件系统与语音播报 ETC 门架信息屏、通行灯、LED 显示屏、显示屏终端、栏杆机、通行按钮等硬件进行联动工作,提醒收费员避让车辆或提醒驾乘人员注意行人,整个系统不会对收费人员工作和车辆通行造成干扰。

根据设计需求,方案主要分成有人跨越车道时禁止车辆通行和车道有车辆通过时禁止人通过两部分。

(2)语音播报,收费员、驾乘人员安全双提示

当车辆驶近收费站时,系统随即语音播报“车道有车,请勿在车道停留,注意安全”,显示终端显示“车道有车,禁止通行”,提醒收费员有车通过,注意安全。侧面 LED 显示屏显示绿色“↓”提醒驾乘人员车道可以通行,如图 1 所示。

(3)设定通行时间,语音播报,规范横穿车道路线

在无车情况下,收费员需要通过 ETC 车道时,按下终端过车道按钮(如图 2、图 3 所示),系统则显示通行 15 秒倒计时(时间可以设置),同时语音播报“车道无车,请确认安全后,快速通行”,提醒收费员按规范快速通行;通行灯显示绿灯,提醒收费员可以通行,侧面 LED 显示屏显示“X”,提醒驾驶员注意行人,车道无法通行。

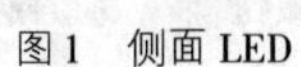

图 1 侧面 LED

图 2 设备正面图

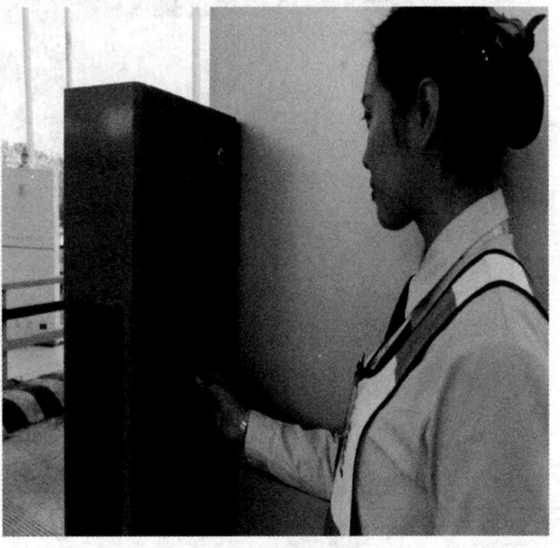

图 3 过车按键

(4)行人通行期间,门架信息屏发布提示信息

在收费员通过 ETC 车道期间,ETC 车道门架显示屏上将发布黄色字体“注意行人! X”,提醒驾乘人员注意 ETC 车道内行人,如图 4 所示。

(5)车道有车,语音播报,车道无法通行

在车道有车的情况下,按终端过车道按钮将失效,并发出“车道有车,请勿在车道停留,注意安全”语音提示信息,防止收费员在危险情况下跨越车道,如图 5 所示。

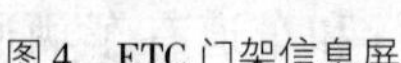

图4　ETC门架信息屏

图5　显示屏有车显示界面

(6)横穿车道,禁止栏杆机动作

若员工通行ETC车道时有车辆误闯进入,栏杆将禁止起杆,阻拦车辆通行,防止车辆碰撞车道内行人。当15秒倒计时结束且收费员已安全通过车道后,ETC车道显示屏则恢复原内容,栏杆机允许动作,显示屏无车显示界面如图6所示,显示屏15秒倒计时界面如图7所示,设备不同状态各部件情况见表1。

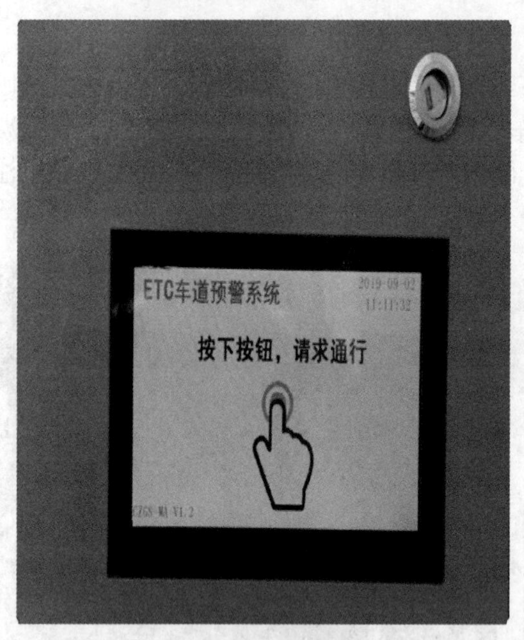

图6　显示屏无车显示界面

图7　显示屏倒计时界面

设备不同状态各部件情况　　表1

不同状态	ETC车道门架信息屏	车道侧面LED显示屏	人员通行提示灯	终端显示屏	语音播报	过车道按钮	是否起杆
车道有车禁止员工通行时	“ETC专用↓”	绿色“↓”	红灯	“车道有车,禁止通行”	“车道有车,请勿在车道停留注意安全!”	失效	允许起杆
车道无车员工可通行时	“注意行人!X”	红色“X”	绿灯	15秒倒计时“请确认安全,快速通行!”	“车道无车,请确认安全后,快速通行!”	有效	禁止起杆

3. 实施效果

ETC 车道安全预警系统产品已在南友高速公路(G7211)、崇靖高速公路(S60)全线推广使用,共计60 余套,使用时间已逾 1 年,使用期间产品有性能可靠稳定、无误报、故障率低等优点,可以有效防止误闯 ETC 车道的车辆碰撞车道内行人,防止收费工作人员在危险情况下跨越车道,提高了高速公路收费站工作人员的安全系数,在安全管理方面,具有很高的推广使用价值。

(二)ETC 无人值守远程操作系统

1. 实施背景

崇左至水口高速公路上金收费站与崇左市龙州县上金乡陆路距离为 40 公里,花山服务区距离上金乡 2 公里(花山服务区所在区域地理条件无法满足设置收费站的需求),花山服务区与上金收费站隔江相望,左江成了上金乡群众快速通达高速公路的屏障,为解决上金乡群众工作生活出行需要,崇左运营公司在花山服务区创新性地设置了 1 进 1 出 ETC 车道,在服务区设置 ETC 出入口是广西服务区建设、运营史的首创,进一步丰富了开放式服务区管理的形式和内容,对探索服务区及周边城镇一体化建设具有积极意义。

花山服务区 ETC 车道定位为无人值守车道,在运营的过程中,发现了一些问题,如通行该出入口的 ETC 车辆或非 ETC 车辆需要人工干预的特殊情况较多,需专人 24 小时在现场处理特殊情况,因此上金收费站每个班次安排 1 名收费员在花山服务区值守,收费员夜间值班及收费人员往返出入口车道处理特殊情况时都存在安全隐患,另外从上金收费站往返花山服务区上下班需由驾驶员接送,无形增加了企业的运营成本。因此,急需一套既能确保服务区 ETC 车道正常运行,又能解决 ETC 车道需要员工值守的问题的系统,ETC 无人值守远程操作系统应运而生。

2. 成果内涵和主要做法

ETC 无人值守远程操作系统由远程控制信号转换模块(工业 PCB 板,如图 8 所示)、串口信号传输模块、现场实时监控系统、现场对讲广播系统组成。其中,远程控制信号转换模块将栏杆机、线圈、IO 板等开关量信号转换成节点信号,实现远距离传输,最终达到将现场各项安全操作转移至监控室进行实时 1∶1 真实画面操作的效果,有效降低 ETC 特情处理安全风险,维护人员还可以通过系统远程诊断设备,具体为:

(1)信号同步传输

系统可以将 ETC 系统天线、费显、读卡器、线圈(光栅)、报警器等信号实时同步传输至监控室,让工作人员实时掌握 ETC 车道运行状态并第一时间发现异常。

(2)远程控制操作

自主研发的栏杆机控制信号转换板(PCB 板)可以实现远程控制,远程操作界面如图 9 所示。现场如遇特殊情况,监控室可以实时接收报警提示信号,监控员结合实时监控画面了解现场情况后,可远程操作收费系统界面,对非 ETC 车辆、摩托车误闯车道、OBU 无法识别等特情进行及时处理。

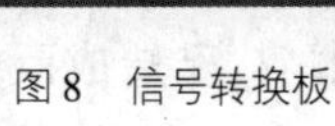
图8 信号转换板

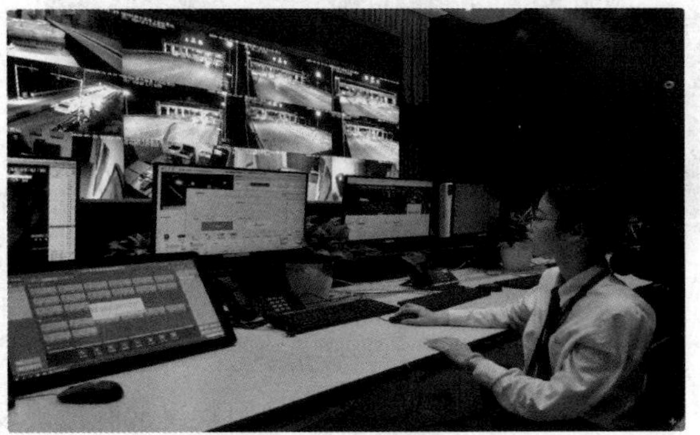

图9 远程操作界面

(3)现场驾乘交流互动

通过增设现场对讲广播系统,实现监控室操作平台与现场驾乘人员对讲沟通,处理驾乘人员现场需求。

(4)远程测试维护

机电技术员可以远程测试设备是否正常运行,并结合传输控制信号状态灯、测试界面快速判断设备故障原因,及时有效处理设备故障,确保车辆无障碍通行车道。

3. 实施效果

(1)改变工作模式,降低安全风险

把现场的操作,通过 ETC 远程操作系统集中到监控室,减少或取消现场工作人员,消除 1 个夜班和收费人员在收费现场来回奔波处理特情时的通行安全风险。

(2)降本增效,提升企业竞争力

解决了 ETC 车道现场值班及收费人员来回接送的问题,释放了人力,降低了企业人力成本及车辆使用成本。

(3)应用新科技,提升运营管理及服务水平

把前端的操作集中到监控室,由监控人员进行处理,维护人员也可以通过该系统远程对设备进行诊断,提高车辆通行效率及服务质量。

无人值守 ETC 远程操作系统的运用解决了无人值守 ETC 运营管理难点、痛点,把 ETC 特情处理等前端现场操作通过系统集成远程传输至监控室,由监控人员在监控室处理,是一种新的 ETC 运营管理思路,有效消除了现场安全隐患,降低企业运营成本,对提升企业管理现代化具有积极意义。

(三)基于降雨模型和力学分析的红黏土高边坡稳定监测应用

1. 实施背景

崇靖高速公路是广西高速公路规划网“六横七纵八支线”中的第六横——合浦至那坡高速公路的重要组成部分,起点与钦州至崇左高速公路元井互通相连,终点与靖西至那坡高速公路旧州互通衔接,途经崇左市江州区、大新县、天等县和百色市靖西市。项目于 2013 年 4 月正式开工,2016 年 5 月 30 日正式通车,主线全长 147.6 公里,连接线合计 60.7 公里,批复概算投资 118.51 亿元。主线采用双向四车道高速公路标准,设计速度 100 公里/小时。全线设元井枢纽互通一处,金龙、崇左北、新和、大新、大新西、天等、德天、通灵、化峒互通式立交(收费站)9 处,新和、大新、通灵服务区 3 处,雷平、福新、化峒停车区 3 处。

图 10　红黏土边坡

边坡位于崇靖高速公路 K272 + 200 附近位置,项目涉及一个红黏土边坡,位于下行线上,本次监测范围为边坡,后期因雨水冲刷及防护等因素造成边坡有一定幅度坍塌,边坡高出路面 20 米左右。准备在边坡上实施自动化监测,现场照片如图 10 所示。

2. 成果内涵和主要做法

(1)边坡安全监测系统的意义

随着经济的快速发展与社会的进步,城市建设获得了迅猛发展,但不可避免地也带来了诸多地质灾害,尤其是丘陵地区和山区的城市建设,由于城市建设的特殊性,深挖路堑在城市中经常出现,一旦城市中的边坡失稳,必定会造成重大人员伤亡及经济损失。

影响城市道路边坡稳定性的因素通常有地层及岩性特征、地质构造特征、地形地貌特征、城市道路边坡结构类型特征、气候水文地质特征等。一些区域发生的边坡失稳事故,已造成巨大的经济损失和不

良的社会影响。分析发现产生这些事故的原因均较为复杂,如边坡受自然力(地震、暴雨等)和人类工程活动的影响导致土体受影响,最终导致失稳;或者已有支护结构老化至不能抵御失稳土体的冲击从而导致灾害发生。如果能对边坡以及支护结构的状态进行监测,从而对边坡以及支护结构的健康状况给出评估,在灾害来临之前发出预警,将会大大降低灾害发生的概率。

边坡安全监测系统是边坡安全掌握及其支护结构维护决策系统的支撑条件之一。建立结构健康监测系统的目的在于确定边坡结构的安全性,监测支护结构的承载能力、运营状态和耐久性能等,以满足安全运营的要求。主要目的为以下几个方面:

对崇靖高速公路边坡稳定性进行有效监控,修正在施工过程中各种影响支护结构的参数误差对支护结构的影响,确保支护结构运营期间满足安全要求。监测数据反映可能导致边坡发生失稳的因素包括降雨量、边坡表面位移等。

通过实时的结构参数监控,对于边坡本体重要参数的长期变化可以有较为详细地掌握,从而及时有效地反馈边坡安全状况。其意义主要有:

①及时把握崇靖高速公路边坡的安全状态,评定边坡的稳定性,并结合支护结构运营阶段的工作状态,识别支护结构的损伤程度并评定支护结构的安全、可靠性与耐久性。

②为崇靖高速公路边坡运营、维护、管理提供决策依据,可以使得既有边坡支护工程的技术改造决策更加科学、改造技术方案的设计更加合理、经济。

③验证边坡支护结构设计建造理论与方法,完善相关设计施工技术规程,提高边坡工程设计水平和安全可靠度,保障结构的使用安全,具有重要的社会意义、经济价值和广泛的应用前景。

④为边坡研究中未知问题的研究提供了新的契机,由边坡活动状态及其环境所得的信息不仅是边坡失稳理论研究和试验室调查的补充,还可以提供有关边坡失稳行为与环境规律的最真实的信息。边坡健康监测不只是传统的边坡检测和安全评估新技术的应用,而且被赋予了监控与评估、验证、研究发展三方面的意义。

⑤进一步分析崇靖高速公路边坡变形特点,掌握边坡受相关工程在实施过程中的影响程度,保证施工安全和施工质量,确保铁路边坡的稳定,验证治理工程的效果,进行必要的边坡监测工作十分重要。除防治工程外,相配套的监测工作也是边坡治理的重要组成部分。

(2)在线监测系统拓扑图

基于无网格分析及 GNSS 形变监测系统的红黏土高边坡失稳机理研究及预测方法:通过实验分析和理论模型建立、计算,得出基于无网格分析的红黏土高边坡失稳及预测方法,从中准确选择边坡失稳机理中关键参数作为监测数据,提出增强红黏土高边坡稳定性及准确预测的措施;从而为边坡设计优化、监测及养护提供参考,监测系统拓扑图如图 11 所示。

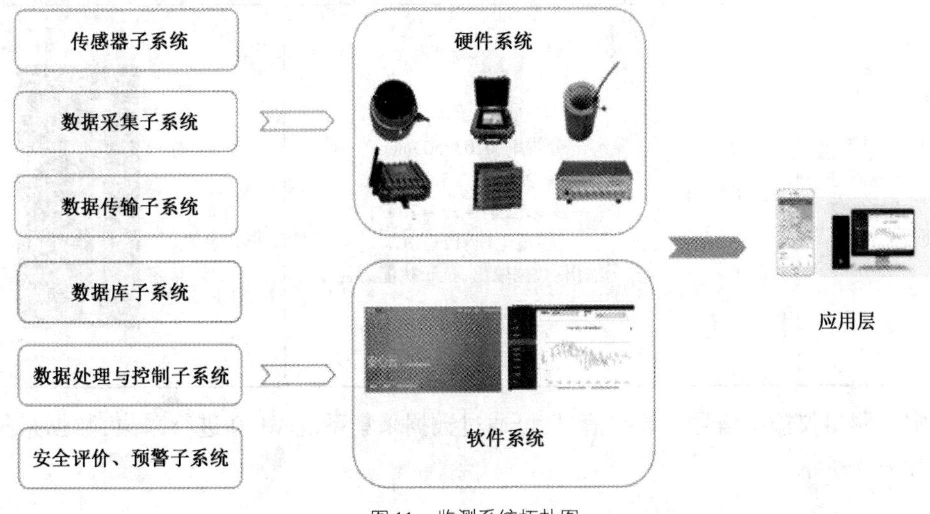

图 11 监测系统拓扑图

(3)内部位移监测

①监测原理。

通过测得监测点的水平位移量,求出位移曲线,便可知道每一位置的水平位移量。

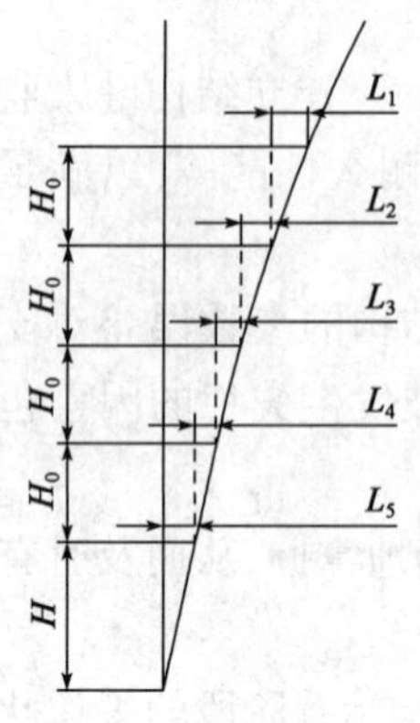

图12　内部位移监测原理

以 H_4 深度为例,L_5 位置处为最底下一个导轮式固定测斜仪距离孔底的高度 H,测得的角度偏移量为 θ,则 $L_5 = H \times \tan\theta$,$L_4$ 位置处测的角度偏移量为 β,则 $L_4 = H_0 \times \tan\beta + L_5$,采用此方法分别计算导轮固定测斜仪位置处的偏移量,拟合曲线,则可计算出任意深度位置处的坡体水平位移,如图12所示。

②监测点位设计。

内部位移监测不仅能够监测边坡内部的位移变化,更重要的是可以确定边坡深部尤其是滑动带的位移情况。

侧斜孔1个布设在边坡一级平台上,2个布设在坡顶位置,一级平台孔深10米,传感器间隔距离由孔顶至孔底为:2米、3米、4米;坡顶布设2个测孔,每个孔深15米,传感器距离由孔顶至孔底为:2米、3米、4米、5米。具体孔位布设示意图如图13、图14所示,具体点位位置可根据现场情况进行调整。

图13　内部位移监测点位布设示意图(1)

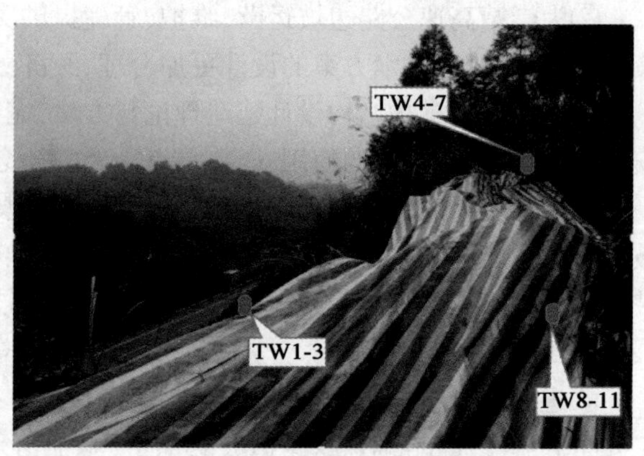

图14　内部位移监测点位布设示意图(2)

③设备选型。

内部位移监测传感器技术指标如表2所示。

内部位移监测传感器技术指标　　表2

监测项	设备名称	设备型号	技术指标	设备图片
土体内部位移监测	导轮固定式测斜仪	FS-GGC01	量程:±30°; 分辨率:0.03/500mm; 系统总精度:±5mm/30m; 温度范围:-25~70℃; 供电电压:12V DC; 输出:数据输出,抗干扰能力强	

导轮固定式测斜仪输出信号为数字信号,可通过数据采集系统V1.0进行采集,数据采集系统V1.0的具体参数如表3所示。

数据采集系统技术指标 表3

监测项	设备名称	设备型号	技术指标	设备图片
土体内部位移监测	数据采集系统 V1.0	FS-D08/16	通道数:8、16 通道	

④施工安装。

a.确定孔位。钻孔前严格控制开孔位置,使开孔位置与设计偏差不超过 ±10 厘米。但是,考虑到施工的可操作性,如果监测点在放样的过程中,受到坡面滚石、陡崖等因素的影响,可以对监测点进行适当移位。

b.孔斜控制。钻具就位后,严格控制钻头垂直度,钻进过程中每进尺一米对钻具垂直度进行一次纠正,钻孔倾斜角与设计倾角误差不超过 ±2°。

c.孔深控制。设计孔深为 10 米、15 米。具体深度根据现场实际地质情况可作相应合理调整。考虑沉渣的影响,为确保测压管和测斜仪设备的安装深度,实际钻孔要大于设计深度 1.0 米。钻进过程中应对每孔地层变化(岩粉情况)、进尺速度(钻速、钻压等)、地下水情况以及一些特殊情况做现场记录。若遇塌孔,应采取跟管钻进。钻孔的直径可以是 100~150 毫米或者更大一些,这取决于钻具。如果在软土中钻孔安装,要求测斜管安装在钢管中,以便于移动。或者测斜管安装在空心钻杆下部的中心位置。

如果孔内回填水泥浆则要足够的用量来向灌浆管提供足够的水泥浆,灌浆管的直径大约在 20 毫米,便于灌浆。

d.灌浆回填。灌浆浆体最好加 10%~15% 的膨胀剂,以保持其松软性,这对产生沉降的地方尤为重要。现场要使用足够的水泥与水,以使水泥浆体容易送至待灌注点。作为可选择回填材料,沙子、沙砾或其他的精细材料也可以对测斜管周围的环形空隙进行填充。将这些材料倒入空隙时要缓慢,使用水及棒子抖动填充物使其更加密实,避免产生空气层。

从测斜管已经安装底塞的一端开始,把灌浆管绑扎到测斜管的外部,端部紧靠底部。可以在靠近端部的灌浆管上开几个有切口的孔。将灌浆管的端部向测斜管一样封堵后,把它下入钻孔中。把测斜管第一段放入钻孔中直到达到一个比较方便的工作高度为止,方向是导槽的定位方向。把测斜管楔牢或采用其他方法固定,防止测斜管滑落钻孔中。用铆钉和填缝带把下一段测斜管连接起来。然后把这两段放入孔中连接第三段管。如果孔内有水,在测斜管内加入清水,克服孔内水的浮力。继续用这种方法直到所有的测斜管全部进入孔中。保持导槽方向一致,避免扭曲测斜管,顺着测斜管向孔内送入灌浆管。如果灌浆管要回收利用,则不要将灌浆管绑扎在测斜管上,除非在底部。当测斜管到达所要求的深度,并坐落到钻孔的底部,对方向做最后的检查。小心拆除任何钢套管或钻具,只能用直拉(不要翘曲)。拆除前,在测斜管内注水或用钢钻杆保持测斜管在适当的位置保持不动。然后根据“灌浆回填要求”的方法在原位向测斜管灌浆,灌浆完成后,拆除灌浆管或将多余的部分切掉。用清水冲洗测斜管内部,清除可能泄漏的水泥浆。

在测斜管顶部孔口盖上管盖,如果管盖设置在容易被人为破坏的地方,应设孔口的保护装置。

(4)地下水位监测

①监测原理。

孔隙水压计主要由透水石、承压膜、钢弦、夹弦器以及线圈组成,其中承压膜与钢弦相连,钢弦上被预加一定张力固定于传感器内。根据经典弦原理,钢弦在弦长及受力一定情况下,其固有频率是固定的。当弦长一定时,钢弦固有频率的平方只同弦的张力成正比关系。当外界水压通过透水石作用于孔隙水压计承压膜上使其发生微小变形，导致与承压膜相连接的钢弦张力发生变化，其固有频率亦随之改变。钢弦固有频率的平方与膜片上水压力成正比关系，通过测量钢弦频率的变化，即可得知被测渗水压力大小，0.01 兆帕相当于 1 米高水柱压强，故通过孔隙水压计可知水位，水压大小计算式表达如下（暂不考虑温度补偿）：

$$\sigma = E \times \varepsilon = 4 \times \rho \times l^2 \times f^2$$

$$\varepsilon = 4 \times \rho \times l^2 \times \Delta f^2 / E = K(f_t^2 - f_o^2)$$

式中：E——弹性模量；

K——灵敏度系数，$K = 4 \times \rho \times l^2 / E$。

②监测点位设计。

地下水位测点布置以经济、适用为原则，在富水位置、地质条件差及鸿沟等处。水位监测点与侧斜孔共用孔位，分别放在测孔 1 与测孔 2 中，宜固定放置在距离孔底 1~2 米位置，侧斜孔开小孔进行水位监测，开孔后，开孔段注意用土工布或者透水网布进行包裹，防止泥土进入管内，具体布设点位可根据现场实际情况进行调整，地下水位监测点位布设示意图如图 15 所示。

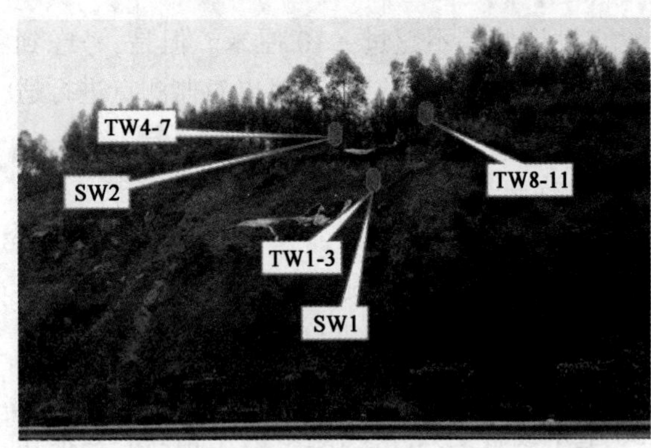

图 15　地下水位监测点位布设示意图

③设备选型。

孔隙水压计技术指标如表 4 所示。

孔隙水压计技术指标　　表 4

监测项	设备名称	设备型号	技术指标	设备图片
地下水位监测	孔隙水压计	FS-KY02	测量范围：0~0.2MPa； 精度：≤0.2%F·S； 测温范围：-20~70℃； 测温精度：±0.5℃	

由于是振弦类产品，故采用多通道振弦采集仪进行采集，具体参数如表 5 所示。

多通道振弦采集仪　　表 5

监测项	设备名称	设备型号	技术指标	设备图片
地下水位监测	多通道振弦采集仪	FS-F08	通道数：8 通道； 分辨率：频率 0.01Hz； 温度：0.01℃； 精度：频率 0.05Hz、温度 ±0.5℃； 采集范围：400~3800Hz	

④施工安装。

a. 安装前，取下仪器端部的透水石，在钢膜片上涂一层黄油或凡士林以防生锈，以避免堵孔。水位计置入由反滤料制成的滤体纱包内，安装前需将仪器在水中浸泡 2 小时以上，使其达到饱和状态。

b. 本方案设计地下水位监测借用测斜孔，减少边坡打孔费用。需注意深部位移监测最下面一节测斜孔需要加工处理。

c. 监测孔内传感器外套柔质护套，护套内加入适量福尔马林的溶液，护套口扎于传感器引线电缆上，将传感器和渗流水彻底隔离，从而达到防止传感器钙化的目的。

d. 将传感器放入测压管中，直至浸入水中，同温两小时后进行测量，每隔五分钟测量一次，连续测量两次测值相同，即仪器与水同温。将传感器提出水面，处于水面位置用读数仪进行测量并记录作为基准值。再将传感器安装至设计位置，记录高程值。

要保证钢丝绳牢固地固定在测管的顶部，否则水位计滑入测井将引起读数的误差。如果在测压管上用了管口塞，要避免管口塞切破电缆的护套，孔隙水压计测压管安装示意图如图16所示。

(5) 土壤湿度监测

①监测原理。

土壤温湿度计测量原理是通过测量土壤的介电常数，直接稳定地反映各种土壤的真实水分含量。标定方式采用比较法，测量与土壤本身的机理无关的土壤水分的体积百分比，同时传感器具有测温功能。通过采集仪连接到平台系统进行数据自动采集。

②监测点位设计。

测点布设在边坡中间高度位置以及坡顶位置测线，每条测线等距离布设5个，边坡布设10个，一级平台测线5个，坡顶布设5个，共10个土壤温湿度传感器，具体布设点位可根据现场情况进行调整，图17为边坡土壤湿度监测点位布设示意图。

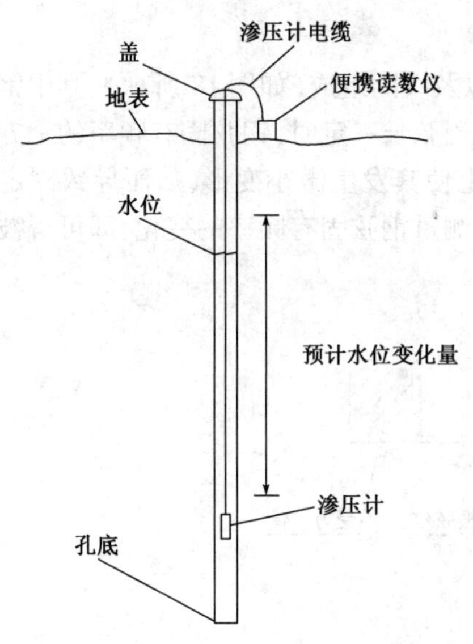

图16 孔隙水压计测压管安装示意图

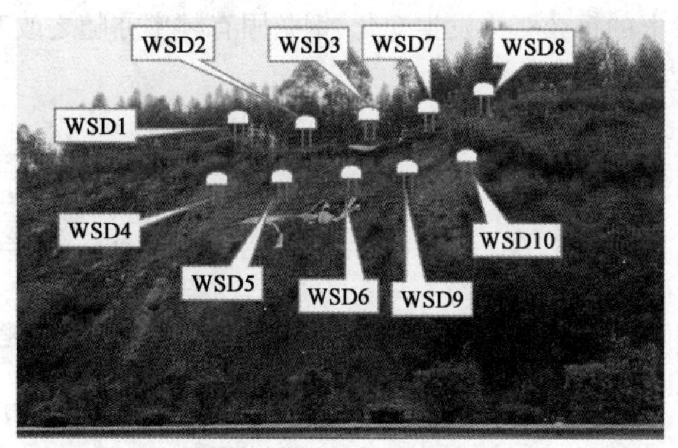

图17 边坡土壤湿度监测点位布设示意图

③设备选型。

边坡土壤湿度监测采用土壤温湿度计进行监测，主要用于测量土壤温度和含水率情况。通常将测得的土壤含水量和温度数据，与其他变形数据（如沉降量、位移量等）一起进行综合性评估分析。主要应用于滑坡、路基、农业、基坑、库区、实验室等应用领域。具体参数指标如表6所示。

土壤温湿度计技术参数 表6

监测项	设备名称	设备型号	技术指标	设备图片
土壤内部湿度监测	土壤温湿度计	FS-TRWSD	湿度测量范围：0～100%； 分辨率：0.01%（m/m^3）； 精度：0～50%（m/m^3）； 范围内为±2%（m/m^3）； 温度测量范围：-40～80℃； 分辨率：0.1℃	

土壤温湿度计输出信号为数字信号，可通过数据采集系统 V1.0 进行采集，数据采集系统 V1.0 的具体参数如表7所示。

数据采集系统技术指标　表7

监测项	设备名称	设备型号	技术指标	设备图片
土壤内部湿度监测	数据采集系统 V1.0	FS-D08	通道数:8 通道	

④施工安装。

用专用荷兰钻在土壤的表层慢慢地往下旋转(或者使用铁锹),旋挖深度 0.5 米深,将钻从土中拨出,并将泥土从管里慢慢取出。

将土壤温湿度计插入已经打出的孔位上,用力下插。如果下插不能到位,可以使用橡皮锤轻击传感器顶部(注意一定要用一块木板支撑,以防破坏顶部结构),或者两人一起按压木板的两端,直到安装深度满足要求。

(6)挡土墙压力监测

①监测原理。

FS-TY 系列振弦式土压力计主要由承压膜、夹弦器、钢弦以及线圈组成(如图 18 所示),其中钢弦被预加一定张力通过夹弦器固定于承压膜上。根据经典弦原理,当弦长一定时,钢弦固有频率的平方同弦的张力成正比关系。当外界土体压力作用于土压力计承压膜上使其发生微小变形,从而导致固定于承压膜上的钢弦张力发生变化,钢弦固有频率亦随之改变。通过测量钢弦固有频率的变化,即可得被测土体应力。

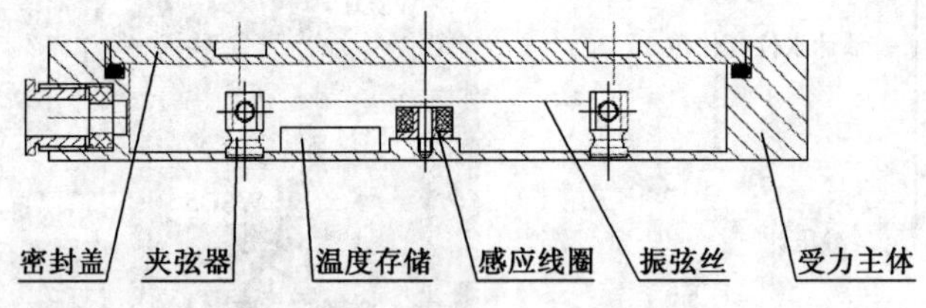

图 18　土压力计构造图

②监测点位设计。

测点布设在边坡一级平台上,布设 3 个测点,1 个测点布设 2 个土压力计,第一个传感器埋深距离地面为 0.5 米,第二个距地面 1.5 米,3 个测点埋设 6 个土压力计。具体布设点位可根据现场情况进行调整,如图 19 所示。

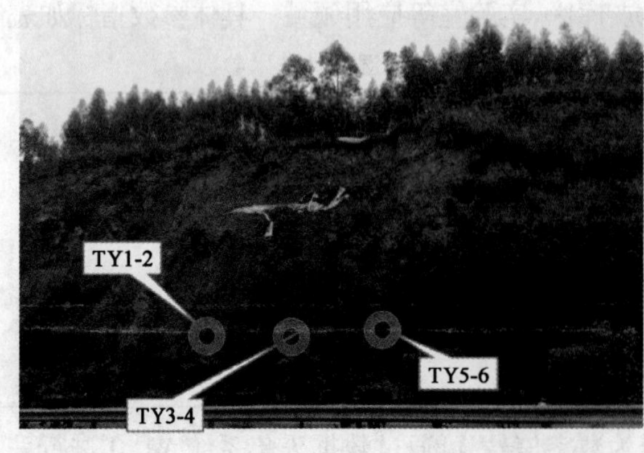

图 19　边坡挡土墙压力监测点位布设示意图

③设备选型。

土压力计技术指标如表 8 所示。

土压力计技术指标　　表 8

监测项	设备名称	设备型号	技 术 指 标	设 备 图 片
挡土墙压力	土压力计	FS-TY04	量程:0.4MPa; 灵敏度:0.004%F·S; 工作温度:-20~70℃	

④施工安装。

a. 安装前检测,验证传感器正常。

b. 根据设计方案确定土压力计测点位置,然后选择对应配线长度的土压力计(安装前准备工作中包含了确认各测点土压力计配合长度),然后利用便携式单通道振弦采集仪采集土压力计数据,共采集 5 组数据,求其平均值作为初始读数。

c. 在测点处挖设一个 700 毫米×700 毫米×700 毫米的方形凹槽,并在凹槽一侧开挖一条 500 毫米×300 毫米(深×宽)走线槽并引至安全点或集线点处(集中走线处)。

d. 用预先制作好带有刻度的 700 毫米长细杆垂直放入方形凹槽内(可贴壁或贴角放置),然后往凹槽底部铺设细沙直至与细杆 200 毫米标记处齐平,然后把土压力计水平放置于细沙表面,土压力计受力面(承压膜)朝上对准土体,其传输导线引至走线槽内并成小幅度 S 形走线,线缆外部穿套 Φ40 毫米碳素波纹管防护。

e. 把水平尺放置于土压力计受力面上,通过微调土压力计安放角度使水平尺上玻璃管内气泡处于中心位置,保证土压力计安装水平度,然后再次敷设细沙直至细杆 400 毫米标记处。凹槽剩余部分及走线槽采用原始土方回填并夯实。

f. 仪器安装完成后,及时记录好土压力计安装信息,如仪器编号、埋设日期、初始读数等,填入《振弦式土压力计埋设考证表》内。

(7)降雨量监测

①监测原理。

数据采集仪用于读取容栅雨量计的降雨量,然后把这个降雨量保存在内部的存储器中。数据发送器还可以把保存在存储器中的雨量数据发送监控中心。

②监测点位设计。

降雨量监测点布置在边坡的挡墙上且无遮挡处,共布设 1 个雨量监测点,具体点位可根据现场情况进行调整,如图 20 所示。

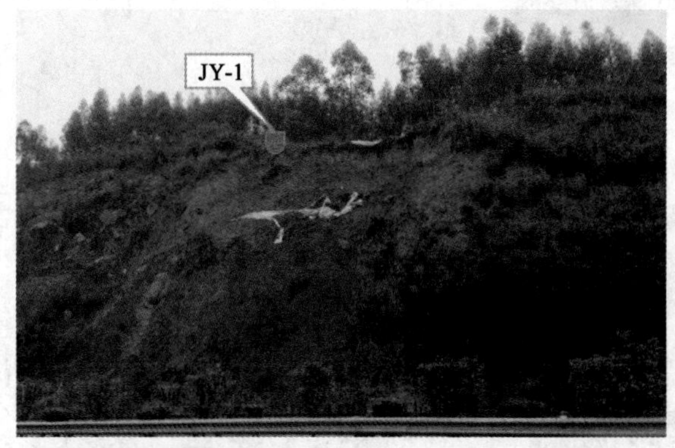

图 20　降雨量监测点位布设示意图

③设备选型。

数字式高精度雨量计技术指标如表 9 所示。

数字式高精度雨量计技术指标　　表 9

监测项	设备名称	设备型号	技术指标	设备图片
降雨量	雨量计	FS-YLJ-Z	分辨率:0.01mm; 电源:DC12V; 降雨强度:范围 0 ~ 9mm/min; 误差小于 ±2% mm; 工作环境温度:0 ~ 60℃; 功耗:静态 0.006W,动态 1.2W	

④施工安装。

按照图 21 所示,固定好雨量计后,就可以进一步连线使用了,使用步骤如下:

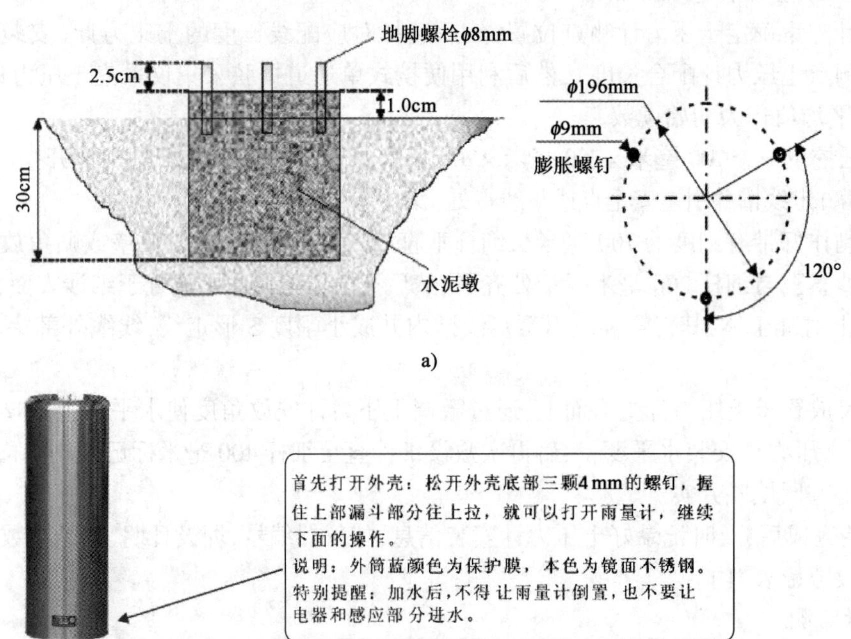

a)

b)

第一步:慢慢松开、并取下塑料旋钮(注意保管好这个旋钮,下次运输时拧回去)。
特别提醒:这步非常重要,不得遗漏,否则加水会导致传感器进水,使得雨量计不能正常工作、甚至损坏。

c)

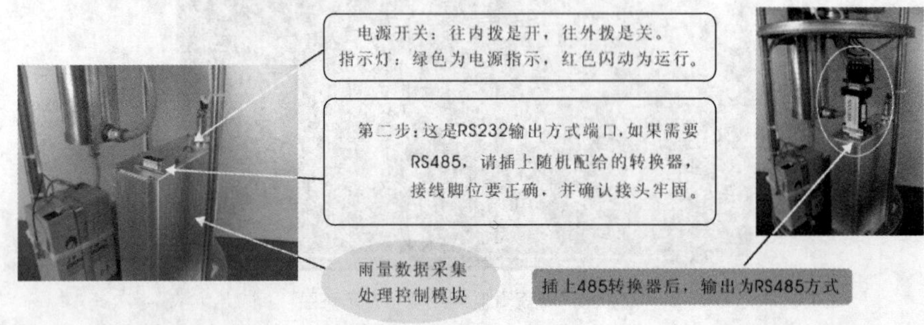

d)

图　21

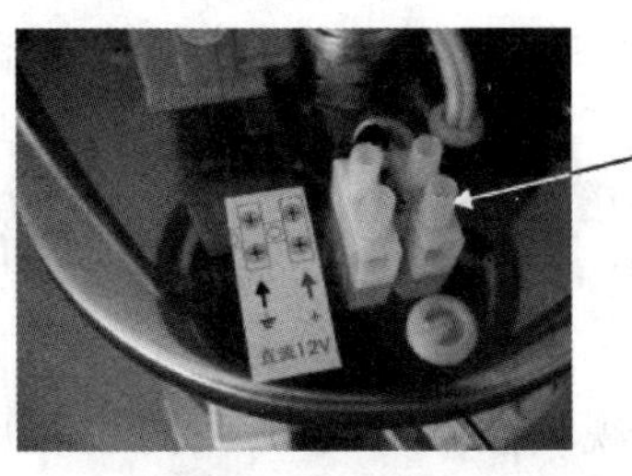

第三步：按照自左到右的顺序，接上直流电源输入线负极、正极(9~24V)。建议用12V直流电供电，否则电耗会增加。接上电瓶插头，打开开关。

注意导线之间不要相碰触，且不可错接，否则将导致雨量计损坏。

e)

第四步：加水试验（在开启外壳时，进水漏斗随之移出了，所以加水试验直接在机器上部的塑料漏斗里进行），慢慢加入10mm的水，从控制盒右侧的小孔内可以看到红灯闪动，说明机器工作正常，用计数器可以记录100个左右的脉冲。雨量计安装成功。

f)

注意：雨量计包装、运输前，要排水和固定滑动标尺。具体做法如下：

① 手动排水，使缸桶里的积水排空。方法是"用小小螺丝刀按住控制盒左边上圆孔内的排水轻触按钮"。

② 固定滑动标尺，使得在运输过程中不会过于晃动。方法是用手旋紧此塑料的固定旋钮。

g)

图21　雨量计安装示意图

(8)视频监控

①监测原理。

对于视频监控系统,根据系统各部分功能的不同,我们将整个视频监控系统划分为七层——表现层、控制层、处理层、传输层、执行层、支撑层、采集层。当然,由于设备集成化越来越高,对于部分系统而言,某些设备可能会同时以多个层的身份存在于系统中。

a. 表现层:表现层是我们最直观感受到的,它展现了整个视频监控系统的品质。如监控电视墙、监视器、高音报警喇叭、报警自动驳接电话等都属于这一层。

b. 控制层:控制层是整个视频监控系统的核心,它是系统科技水平的最明确体现。通常我们的控制方式有两种——模拟控制和数字控制。模拟控制是早期的控制方式,其控制台通常由控制器或者模拟控制矩阵构成,适用于小型局部视频监控系统,这种控制方式成本较低,故障率较小。但对于中大型视频监控系统而言,这种方式就显得操作复杂且无任何价格优势了,这时我们更为明智的选择应该是数字控制。数字控制是将工控计算机作为监控系统的控制核心,它将复杂的模拟控制操作变为简单的鼠标点击操作,将巨大的模拟控制器堆叠缩小为一个工控计算机,将复杂而数量庞大的控制电缆变为一根串行电话线。它将中远程监控变为事实,为 Internet 远程监控提供可能。但数字控制也不是那么十全十美,控制主机的价格昂贵、存在模块浪费的情况、系统可能全线崩溃、控制较为滞后等问题仍然存在。

c. 处理层:处理层或许该称为音视频处理层,它将传输层送过来的音视频信号加以分配、放大、分割等,有机地将表现层与控制层加以连接。音视频分配器、音视频放大器、视频分割器、音视频切换器等设备都属于这一层。

d. 传输层:传输层相当于视频监控系统的血脉。在小型视频监控系统中,我们最常见的传输层设备是视频线、音频线,对于中远程监控系统而言,我们常使用的是射频线、微波,对于远程监控而言,我们通常使用 Internet 这一廉价载体。值得一提的是,新出现的传输层介质——网线/光纤。大多数人在数字安防监控上存在一个误区,他们认为控制层使用的数字控制的视频监控系统就是数字视频监控系统了,其实不然。纯数字视频监控系统的传输介质一定是网线或光纤。信号从采集层出来时,就已经调制成数字信号了,数字信号在目前已趋成熟的网络上跑,理论上是无衰减的,这就保证了远程监控图像的无损失显示,这是模拟传输无法比拟的。当然,高性能的回报也需要高成本的投入,这是纯数字视频监控系统无法普及最重要的原因之一。

e. 执行层:执行层是我们控制指令的命令对象,在某些时候,它和我们后面所说的支撑层、采集层不能截然分开,我们认为受控对象即为执行层设备。比如:云台、镜头、解码器、球等。

f. 支撑层:支撑层,顾名思义,支撑层是用于后端设备的支撑,保护和支撑采集层、执行层设备。它包括支架、防护罩等辅助设备。

g. 采集层:采集层是整个视频监控系统品质好坏的关键因素,也是系统成本开销最大的地方。它包括镜头、监控摄像机、报警传感器等。

各个工作层各司其职,相互配合,层层递进,各自发挥作用,使视频监控系统能够正常运转,发挥监控作用。

②监测点位设计。

视频监控点暂定布设在边坡对侧能照准边坡的位置,具体位置视现场情况而定,如图 22 所示。

图 22　视频监控点位布设示意图

③设备选型。

本系统的视频监控拟采用高清网络球形摄像机,作为视频监控设备,该设备有效像素为 200 万像素,高清网络球形摄像机技术指标如表 10 所示。

④施工安装。

视频立杆应固定于高速公路边侧预设的位置处,同时考虑到安装维护难度问题,立杆采用膨胀螺丝的连接方式。如本项目视频监控球机另设视频立杆。摄像机的安装步骤如下:

高清网络球形摄像机技术指标 表10

监测项	设备名称	设备型号	技术指标	设备图片
视频监测	高清网络球形摄像机	FS-WLQJ-200	有效像素:200万像素; 摄像距离:照射距离大于200m; 图像分辨率:1920×1080; 接口:支持API开发接口,支持GB/T28181、SDK、ONVIF、CGI、PSIA和E家协议接入; 防护等级:IP66	

第一步:拿出支架,准备好工具和零件:涨塞、螺钉、螺丝刀、小锤、电钻等必要工具;按事先确定的安装位置,检查好涨塞和自攻螺钉的大小型号,试一试支架螺钉和摄像机底座的螺纹孔是否合适,管线接口是否处理好,测试电缆是否畅通,就绪后进入安装程序。

第二步:拿出摄像机,按照事先确定的摄像机镜头型号和规格,仔细装上镜头(红外一体式摄像机不需要安装镜头),注意不要用手碰镜头和CCD器件,确认固定牢固后,接通电源,连通主机或现场使用监视器、小型电视机等调整好光圈焦距。

第三步:拿出支架、涨塞、螺丝、螺丝刀、小锤、电钻等工具,按照事先确定的位置,装好支架。检查牢固后,将摄像机按照约定的方向装上。

第四步:如果需要安装护罩,在第二步后,直接从这里开始安装护罩。a.打开护罩上的盖板和后挡板;b.抽出固定金属片,将摄像机固定好;c.将电源适配器装入护罩内;d.复位上盖板和后挡板,理顺电缆,固定好,装到支架上。

第五步:把焊接好的视频电缆BNC插头插入视频电缆的插座内,确认固定牢固。

第六步:将电源适配器的电源输出插头插入监控摄像机的电源插口,并确认牢固度。

第七步:把电缆的另一头接入控制主机或监视器(电视机),确保牢固。

第八步:接通监控主机和摄像机电源,通过监视器调整摄像机角度到预定范围。

安装注意事项:

a.视频安装高度为5~6米,太低影响视野,太高会影响光线的反射率,并采取防雷措施;严禁对准太阳或光源较强的发光物体。

b.摄像机安装一定要牢固,防止监控画面抖动。

c.调试红外线灯必须在夜间进行。在夜间通过成像设备(如监视器等)调整红外光束照明位置,可以有效调整镜头光圈。

d.云台安装须牢固,转动时无晃动,同时检查云台转动角度是否满足要求。

(9)系统防雷

①多重防雷措施并举,包括防直击雷、防感应雷。防直击雷主要采用预放电避雷针及有效接地来实现;防感应雷包括电源防雷,电源防雷主要通过交直流隔离、电源防雷器以及有效接地来实现。

②所有监测点其主机均安装在保护箱内并设置防直击雷避雷针。

③所有监测点主机电源连接电源防雷保护器。

④所有设备及其保护箱都严格接地,接地电阻应满足相关规范。

⑤同一横断面上多个防雷接地点在距离较近时可考虑连接成防雷网。

3.实施效果

(1)系统预警信息

能够24小时实时监测、当结构物出现异常时,系统能够第一时间将预警信息以短信的方式通知相关管理人员,如图23所示。

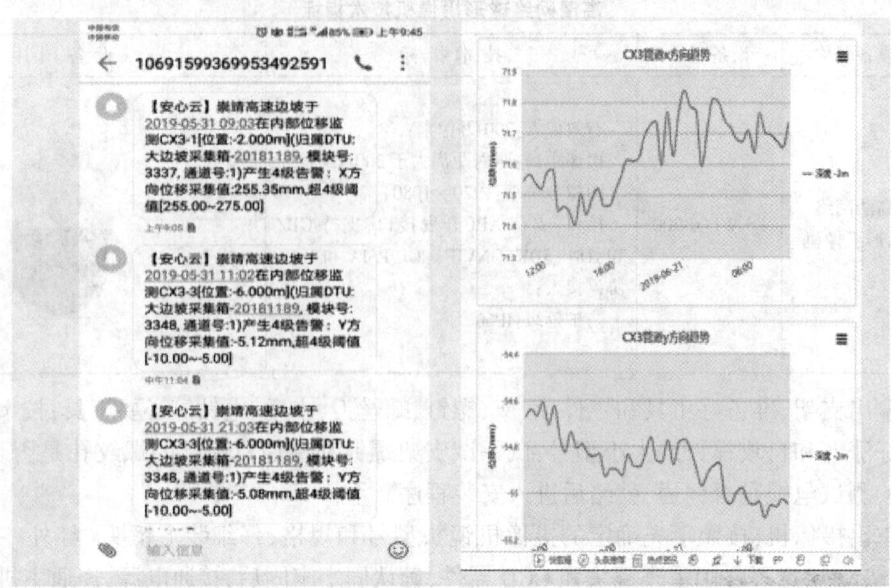

图 23　短信通知预警信息

(2)功效对比

①传统检测面临的困扰。

a. 高风险:检测所处环境复杂险恶,人身安全难以得到保障;

b. 高成本:长期监测等于长期投入,成本较高,难以维系;

c. 低效率:人工检测频率受限,受干扰因素多;

d. 服务差:测试数据难以评估结构健康状况;在特殊情况如极端天气条件下,难以获取有效数据。

②在线健康监测的优点。

在线健康监测技术的发展很好地解决了目前传统人工检测中的不足:

a. 零风险:通过传感设备智能化地感知结构物信息,无须人员在场;

b. 低成本:一次投入,长期监测;

c. 高效率:能够 24 小时实时监测、当结构物出现异常时,系统能够第一时间将预警信息以短信的方式通知相关管理人员;

d. 服务优:可测得连续海量数据,监测结构物长期性能发展,提供任意时段报告,在特殊情况如极端天气条件下,可稳定获取有效的数据。

三、成效

ETC 车道安全预警系统获得国家知识产权局颁发的实用新型专利证书,享有专有人身权、财产权、独占权、许可权、转让权等多项专有权利;任何单位或者个人未经专利权人许可,都不得实施其专利,即不得为生产经营目的制造、使用、许诺销售、销售、进口其专利产品,或者使用其专利方法直接获得的产品。

ETC 无人值守远程操作系统已在收费站进行推广,现在收费站已实现 ETC 车道全覆盖,在 ETC 车道保留原有的控制操作功能的同时,可以把该系统集成在收费现场班长亭,收费人员既可以在车道 ETC 控制系统对特殊情况进行处理,也可以在班长亭对车道进行处置。通过运用该系统可减少收费人员在对 ETC 特殊事件进行处置时穿行车道的频次,降低不断穿行车道带来的通行安全风险。基于降雨模型和力学分析的红黏土高边坡稳定监测应用能及时把握边坡的安全状态,评定边坡的稳定性,并结合支护结构的运营阶段的工作状态,识别支护结构的损伤程度,评定支护结构的安全性、可靠性与耐久性;为边坡运营、维护、管理提供决策依据,可以使得既有边坡支护工程的技术改造决策更加科学、改造技术方案的设计更加合理、经济;验证边坡支护结构设计建造理论与方法,完善相关设计施工技术规程,提高边坡工程设计水平和安全可靠度,保障结构的使用安全,具有重要的社会意义、经济价值和广泛的应用前景;为边坡研究中未知问题的研究提供了新的契机,由边坡活动状态及其环境所得的信息不仅是边坡失稳理论研究和试验室调查的补充,而且可以提供有关边坡失稳行为与环境规律的最真实的信息。边坡健康监测不只是传统的边坡检测和安全评估新技术的应用,而且被赋予了监控与评估、验证和研究发展三方面的意义。

基于多源大数据的高速公路智慧主动管控平台建设

江苏沿江高速公路有限公司

成果主要创造人:张　兵　曹　阳

成果参与创造人:李　宁　徐　明　李　杰　沈正荣　刘　晶

江苏沿江高速公路有限公司(简称"沿江高速公司")于2001年注册登记,2004年组建运营。下设综合管理部、营运安全部、工程养护部、经营开发部、财务管理部、人力资源部、党群工作部、纪检监督室8个部门,下辖1个管理中心、1个指挥调度中心、3个指挥调度分中心、3个养护大队、3个排障大队、26个收费站和4个服务区,共有员工1500余人,现有资产规模115亿元。

公司主要业务是收费路桥的投资、建设、营运和管理,其核心资产包括沿江高速公路(常州至太仓段)、沪苏浙高速公路、太仓港疏港高速公路、张家港疏港高速公路,所辖路段总里程220公里。

公司以"积极进取、稳健经营、务实创新、持续发展"的经营方针,以科学化、规范化、制度化、精细化管理为目标,构建"心齐、劲足、气顺、风正、实干"的企业文化,不断探索创新,用心打造畅行、温馨的高速公路运营管理品牌。

年轻奋进的沿江人用优质的服务赢得了广大驾乘人员的好评和社会的赞誉。公司及站区先后获得江苏省"青年文明号"、"工人先锋号"、"巾帼示范岗"和"全国五星级现场管理奖"等荣誉称号。

一、成果建设背景

随着国民经济的飞速发展和城市群的加速形成,高速公路作为公路交通的主动脉承载着越来越多的出行交通流量,这给高速公路管理带来了较大困难和挑战。以此引发的交通拥堵、交通事故等造成了严重的能源浪费、环境污染和经济损失,也给驾驶员在高速公路上行车带来隐患。

沪苏浙高速公路起于上海市青浦区与江苏省苏州市吴江区的交界处,与上海市沪青平高速公路相接,止于苏州市吴江区与浙江省湖州市的两省交界处,与申苏浙皖高速公路浙江段相接,道路全长49.948公里。沪苏浙高速公路是上海至重庆G50国家重点干线公路的重要路段,沪苏浙目前主要与苏嘉杭高速公路相交于平望枢纽,与常嘉高速公路相交于汾湖枢纽,远期还要与苏绍高速公路实现相交。沪苏浙高速公路主要拥堵点位于平望枢纽和汾湖枢纽,路段整体情况良好,除有事故、道路施工或者受苏嘉杭方面影响外,基本不会出现大的拥堵情况。且沪苏浙高速公路与沿江高速公路相对独立,是进行智慧化、信息化建设的理想地点。2016年沿江高速公司与江苏沪苏浙管理处整合重组,沿江高速公司监控总中心设置于常熟,原沪苏浙监控中心作为沿江高速公路沪苏浙段监控分中心继续对沪苏浙高速公路进行调度指挥,并实现与沿江高速公司监控总中心的互通互联。沪苏浙高速公路的特殊情况,使得沿江高速公司必须进行管理创新,从而最大限度地发挥沪苏浙高速公路的通行功能。

目前沪苏浙管理处的主要智慧感知设备包括监控类摄像机、流量检测器等,这些设备在现行智能化发展时代迫切需要改造升级或换代。现有系统可直接采用的业务数据存在诸多延时甚至缺失等情况。与此同时,信息化建设存在广阔发展空间,需因地制宜地增加新型智慧感知手段,提高道路交通运行状态监测的颗粒度和准确度。考虑到沪苏浙高速公路的各种具体情况,基于多源大数据的高速公路智慧主动管控平台建设应运而生。

二、平台系统架构

(一)逻辑架构

基于多源大数据的高速公路智慧主动管控平台逻辑架构如图1所示。

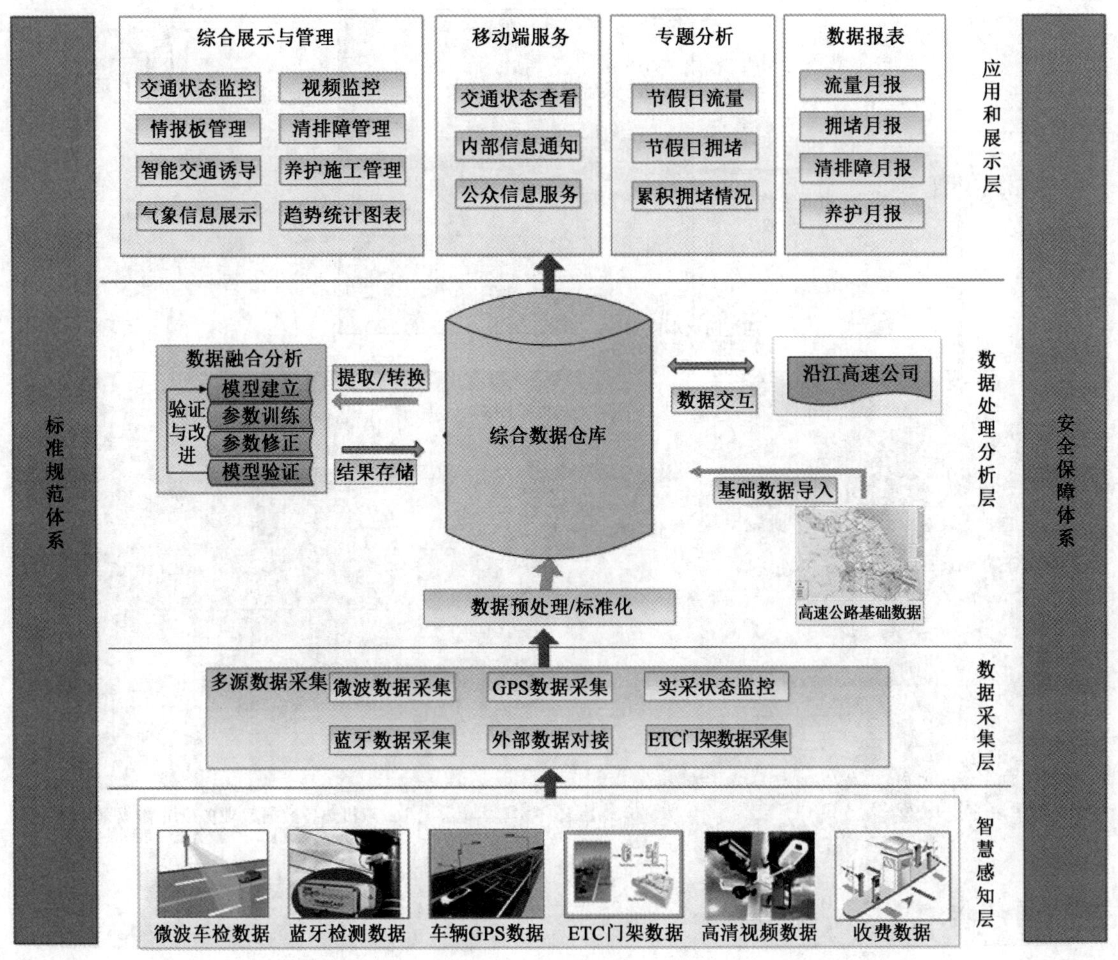

图1 平台逻辑架构图

1. 智慧感知层

数据来源层,主要包括ETC门架、微波雷达、养排车辆GPS、车流检测器等多种智慧感知系统,全方位、多角度获知道路实际情况。

2. 数据采集层

主动管控平台,负责采集汇聚各智慧感知系统的交通数据,以及与沿江高速公司总部和江苏省高速公路联网营运管理中心对接各类相关业务数据。

3. 数据分析处理层

对多源交通数据进行处理和融合分析,支持后续主动管控平台的交通运行状态监控、统计分析和展示等应用。

4. 应用展示层

为高速公路管理者提供路段交通运行状态实时监控、统计分析决策、专题分析、报表管理、手机端综合展示等应用管理。

5. 标准规范体系和安全保障体系

建立数据采集交互标准、安全管理规范体系,保障系统整体稳定运行。

(二)部署架构

基于多源大数据的高速公路智慧主动管控平台物理架构如图2所示。

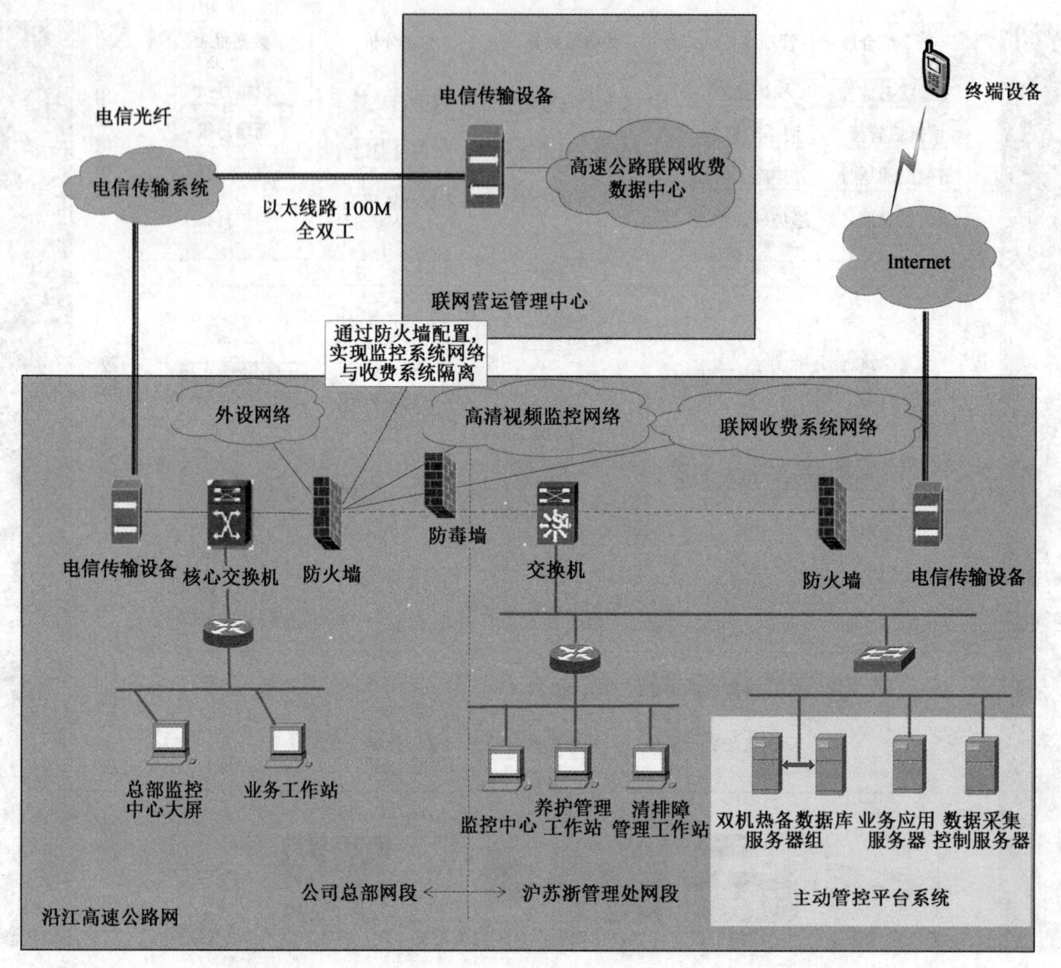

图2　平台部署架构图

三、平台系统组成

(一)多源数据采集

通过对外场智慧感知设备进行检测或通过相应的数据通信接口,采集相应的设备状态信息或数据信息,并将各种数据存储到数据库服务器中。具体包括:多种新型智慧感知数据采集、省内联网业务数据对接、交通基础数据制作、实采数据监控告警。

1. 新型智慧感知手段

(1)ETC门架系统数据采集

作为全国取消高速公路省界收费站技术方案的核心建设部分——ETC门架系统,由车道控制器、RSU(路侧单元)、车牌图像识别设备、高清摄像机、站级服务器、补光灯、通信设备、供电设备、车辆检测器等组成,可对每个ETC车道的通行车辆进行车牌识别,统计ETC车辆数,可精准获取路段断面流量和车辆行驶轨迹。基于ETC门架系统可获取车道流量、断面车速等多种交通参数,根据监测参数,辨识路段交通运行状态。

(2)养排车辆 GPS 数据采集

通过对养排车辆加装 GPS 终端设备,可获取车辆经纬度、时间等信息。由 GPS 定位系统提供 GPS 终端设备的时间和定位信息,按照国内标准对这些信息进行调整,并将调整后的经度、纬度、海拔高度和时间等信息通过指定通信方式输出,最终实现 GPS 数据采集及转换等工作,为养排车辆的定位和轨迹跟踪等提供数据支持,做到对道路养护位置、作业时间的实时监控。

(3)车载蓝牙数据采集

通过检测车辆上配备蓝牙设备的 MAC 地址,获取蓝牙终端设备物理信息,可以辨识每一个车辆。当载有蓝牙设备的车辆通过蓝牙采集设备覆盖区域时,设备自动配对并获取蓝牙终端 MAC 地址等信息,得到断面车辆样本数据。连续通过两个以上蓝牙采集设备覆盖区域,即可根据车载蓝牙终端匹配信息计算监测路段交通速度、流量等状态参数,实现对路段运行状态监控。通过蓝牙检测技术的智慧感知系统可获取的交通信息数据如流量、行程时间、车速、占有率等,根据监测参数,辨识路段交通运行状态。

2. 省内联网业务数据对接

通过开发专用的数据接口,实现数据库服务器与沿江高速公司总部的数据交换或数据共享,接受来自沿江高速公司的业务数据,包括沿江高速公司以及江苏高速公路联网营运中心的手机数据、流量数据、事故事件数据、养护数据等以及第三方 BIM 地图数据。支持主流数据传输方式,包括 FTP 文件传输方式,Webservice 数据接口方式等数据格式,实现相互间的数据共享与交换并确保数据的安全性。省内联网业务数据对接示意图如图 3 所示。

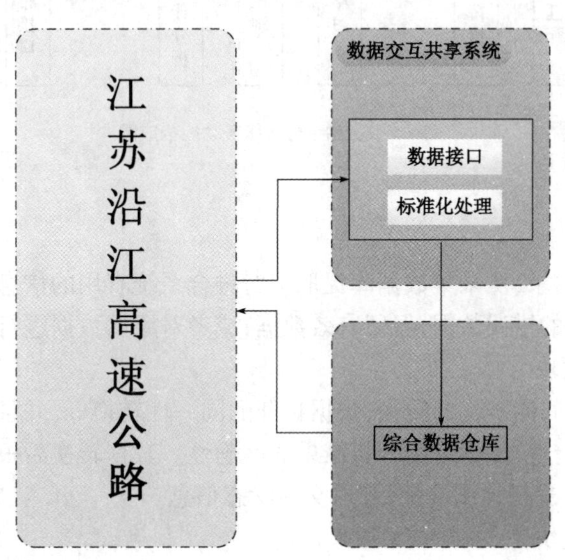

图 3 省内联网业务数据对接示意图

3. 交通基础数据制作

高速公路基础数据可通过页面配置入库,或者批量导入方式入库,用于记录高速公路道路及设施静态基础信息,静态基础数据包括:资产数据、组织结构数据、人员数据、地图数据等,比如道路路段信息、摄像机等设施设备位置信息等。结合沿江高速公司 BIM 项目建设成果,在其基础上展开基于 BIM 的应用管理和展示。

4. 实时采集数据监控告警

系统对各个实时采集模块的运行状态进行监控,出现采集故障时可通过声音、邮件等方式进行告警提醒。在此界面上可以管理各个采集模块,监控、启动、暂停相关采集器,配置采集器的参数,远程下载采集器的日志。

(二)多源数据融合分析

本高速公路主动管控平台的多源数据融合技术是指利用相关手段将调查、分析获取到的所有信息全部综合到一起,并对信息进行统一的评价,最后得到统一信息的技术。该技术研发的意义是可以将各种不同的数据信息进行综合,吸取不同数据源的特点,然后从中提取出统一的、比单一数据更好更丰富的信息,如图4所示。

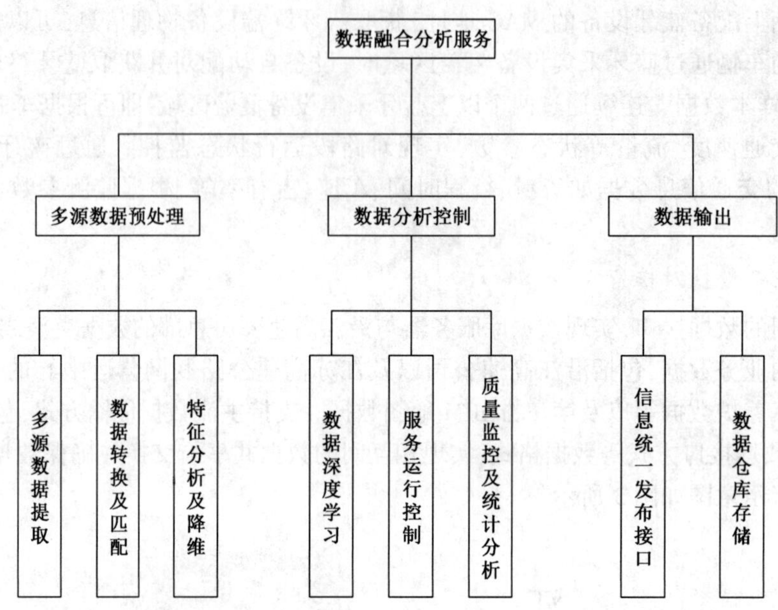

图4　数据融合分析服务功能构成图

1. 多源数据预处理

(1)多源数据提取

根据融合分析服务的需求,从采集数据库提取出对融合系统有用的信息,减少后续工作的数据运算量;初步过滤掉原始数据中的错误数据,保留有效数据;或者对原始数据进行可靠性标记。

(2)数据转换及匹配模块

数据转换包括时间、空间同步化的转换,数据特征的同一性转换等,并且进行数据清洗的工作,根据业务规则对异常数据进行清洗,保证后续分析结果的准确性。数据转换后根据数据融合业务需要,基于沪苏浙高速公路BIM信息,进行地图匹配,获取交通状态信息。

(3)特征分析及降维模块

针对提取转换后的数据进行数据特征分析,主要是检查数据的集中程度、离散程度和分布形状,通过这些统计量可以识别数据集整体上的一些重要性质,保障数据融合的数据质量。并针对上下游数据质量的管理与评价,制定数据质量评价体系,并依据该评价体系作数据评估以及数据特征分析。

同时为了避免数据融合算法面临维数灾难,获取本质特征,节省存储空间,去除无用噪声,实现数据可视化,需对数据进行降维处理。包括特征选择或特征提取两类方法。比如特征选择中,可以对特征加权,特征越重要,所赋予的权值就越大,而不太重要的特征赋予较小的权值,这样即可保留或删除某类特征。

2. 数据分析控制

(1)多源交通数据融合深度学习算法程序

多源交通数据融合深度学习算法程序,核心是多源数据融合的模型建立和模型不断的优化。首先是数据融合模型的建立,并通过真实数据和真实结果,对模型参数进行训练和修正,不断验证和完善数据融合模型；第二步，根据完善后的数据融合模型，对不同数据源的数据进行融合分析，得到融合结果。数据融合涉及决策理论、估计理论、概率统计、计算机等多个学科和多种技术，算法的设计应与应用背景相结合。

本项目选择深度学习神经网络算法作为融合估计方法。神经网络技术可以建立输入与输出之间的匹配关系并进行分类，即在特定输入组合下获得对应的输出。

(2)运行管理控制模块

对融合分析服务的数据提取、数据融合、文件删除服务、日志删除服务等服务运行状态进行控制和管理，并监控系统运行节点的实时状态，展示融合运算情况明细。

(3)数据质量监控及统计分析模块

实时记录和监控多源交通数据分析融合系统提取的原始数据量，并对比分析原始数据与有效数据的同步差异，评估数据质量。此功能是在数据预处理的基础上，通过对处理过的数据二次分析建模，结合大量的实时数据和历史数据，统计计算得出更有价值、更多维度的信息数据。

3. 数据输出

综合数据仓库具体包括：智慧感知系统多源数据的接入；基础地理信息，如路段(桥梁、隧道)基本信息，收费站、服务区等节点信息、路侧监测和发布设施信息、路段 BIM 信息等；经过数据融合子系统处理后的数据；存储平台建设完成后，运行了一定时间的历史数据；根据备份规划的备份数据。

(三)智慧主动管控平台

1. 综合可视化监控

此功能将集中展示系统业务范围内的各类信息，并能实现部分人机交互操作。主要包括：省界视频、枢纽视频、站点视频、日站点流量、日客货流量占比、日交易类型占比、事件动态、事件类型占比、事件周趋势。此功能可展示视频、施工、养排、情报板、门架、事故、气象等具体信息。综合可视化监控界面如图 5 所示。

图 5　综合可视化监控界面

2. 基于 BIM 的高速公路监控展示

项目结合沿江高速公司 BIM 项目建设成果，利用数字化技术，建立虚拟的沪苏浙高速公路三维模型，可提供完整的、与实际情况一致的建筑工程信息库，在其基础上进行基于 BIM 的应用管理和展示，如图 6 所示。

3. 交通状态预测分析

图 7 为沪苏浙高速公路 2020 年 3 月 28 日至 2020 年 4 月 3 日交通流量预测图。

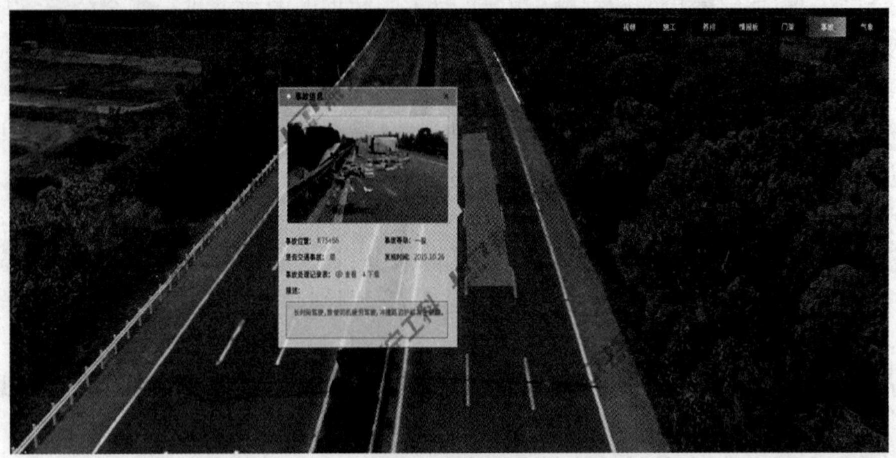

图6　基于BIM的高速公路信息展示

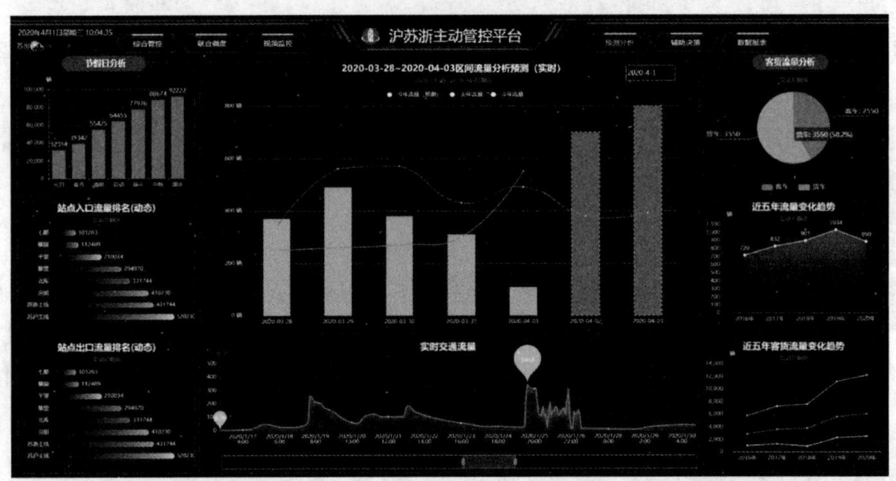

图7　沪苏浙高速公路2020年3月28日至2020年4月3日交通流量预测图

通过收集并整理历年来沪苏浙高速公路的节假日流量数据,并把由于施工、恶劣天气等因素造成流量有较大变化的异常数据排除,对筛选后的流量数据进行统计分析,作为预测分析的基础数据,结合节假日实时数据进行对比,形成专题分析报告,具体包括:节假日车流量情况、节假日交通拥堵情况、月度累计拥堵情况。

4. 管理辅助决策

系统专为调度监控中心提供信息辅助服务,方便调度监控中心人员实时查看交通路况信息和事件事故、管制、气象信息。具体可查看养护时间分析、车辆归属地分析、车流方向分析、客车类型分析、货车类型分析、拥堵原因分析、恶劣天气分析、事故次数以及路网车流量月走势分析等,如图8所示。

5. 数据统计报表

系统提供各路段范围内各类数据报表展示、导出功能,具体包括:实时车流量统计报表、路段平均车速(实时)报表、路段占有率(实时)报表、路段车流量(日、月)报表、路段平均车速(日、月)报表、路段占有率(日、月)报表、跨省界流量月表、事故事件管理月报,如图9所示。

(四)管控平台移动服务

图10为管控平台移动服务功能示意图。

考虑到城市的移动信息化已经是社会各界普遍关注的潮流和趋势,所以本高速公路主动管控平台推出移动服务,可实现交通路况查看、内部信息通知、公众服务信息发布等功能。基于公众号实现在手机、平板等移动平台上查看相应信息的功能。

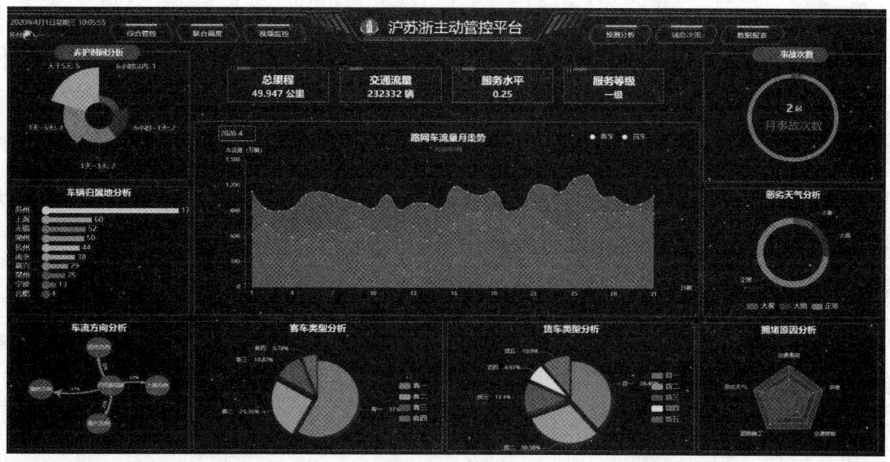

图 8　辅助管理决策模块界面

沪苏浙主动管控平台

综合管控　联合调度　视频监控　预测分析　辅助决策　数据报表

导出EXCEL

路公司	道路编号	时间	路段	收费站点	总流量	操作
江苏沿江高速公路有限公司	G50	2018-02-20 02:46:35	沪苏浙高速公路主线	汾湖	1515	查看详情
江苏沿江高速公路有限公司	G50	2018-02-20 03:46:35	沪苏浙高速公路主线	汾湖	1515	查看详情
江苏沿江高速公路有限公司	G50	2018-02-20 04:46:35	沪苏浙高速公路主线	黎里	1515	查看详情
江苏沿江高速公路有限公司	G50	2018-02-20 05:46:35	沪苏浙高速公路主线	平望	1515,	查看详情
江苏沿江高速公路有限公司	G50	2018-02-20 06:46:35	沪苏浙高速公路主线	黎里	1515	查看详情
江苏沿江高速公路有限公司	G50	2018-02-20 07:46:35	沪苏浙高速公路主线	黎里	1515	查看详情
江苏沿江高速公路有限公司	G50	2018-02-20 08:46:35	沪苏浙高速公路主线	黎里	1515	查看详情
江苏沿江高速公路有限公司	G50	2018-02-20 09:46:35	沪苏浙高速公路主线	苏沪方向	1515	查看详情
江苏沿江高速公路有限公司	G50	2018-02-20 10:46:35	沪苏浙高速公路主线	苏沪方向	1515	查看详情
江苏沿江高速公路有限公司	G50	2018-02-20 11:46:35	沪苏浙高速公路主线	平望	1515	查看详情
江苏沿江高速公路有限公司	G50	2018-02-20 12:46:35	沪苏浙高速公路主线	浙苏方向	1515	查看详情
江苏沿江高速公路有限公司	G50	2018-02-20 13:46:35	沪苏浙高速公路主线	浙苏方向	1515	查看详情
江苏沿江高速公路有限公司	G50	2018-02-20 14:46:35	沪苏浙高速公路主线	浙苏方向	1515	查看详情
江苏沿江高速公路有限公司	G50	2018-02-20 15:46:35	沪苏浙高速公路主线	浙苏方向	1515	查看详情
江苏沿江高速公路有限公司	G50	2018-02-20 16:46:35	沪苏浙高速公路主线	平望	1515	查看详情

共计392条 当前页1 共39页

图 9　数据统计报表模块界面

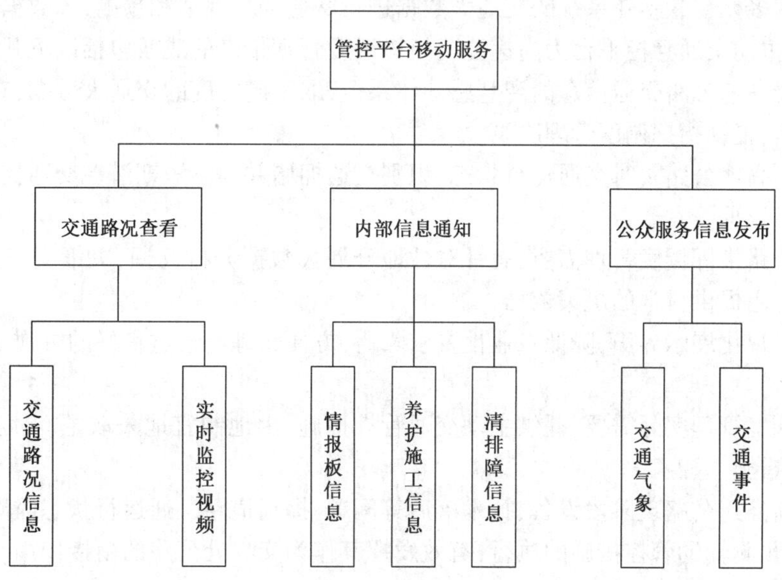

图 10　管控平台移动服务功能示意

（五）系统管理

系统管理是整个主动管控平台的重要组成部分，为其他各子系统提供功能支持，由用户管理、角色管理、权限管理、操作日志管理及查询等模块组成。

1. 用户管理

用户管理提供系统用户信息维护功能，包括增加用户、修改用户属性、删除用户以及为用户设置权限、维护用户状态（正常、冻结）、为用户重置密码等操作。

2. 角色管理

在分配用户具体权限之前先按照角色分类定义好系统角色，每类角色匹配职责范围内的应用权限。主要包括对角色基本信息的增、删、改等日常维护功能。

3. 授权管理

将用户与角色对应，分配各个角色可获取的权限。

授权管理包括：角色权限列表维护、角色与用户相关联维护。

4. 安全管理

通过容灾备份措施，有效提高数据存储的可靠性，在发生异常事件时能够实现恢复和快速切换，实现数据安全保障。

利用操作系统、网络管理系统自身的安全控制机制，来保证系统平台的安全。

5. 操作日志管理

日志分析是对系统运行情况分析的重要途径。通过日志查询模块实现对系统运行日志的查询、统计分析等操作。此外，对系统操作日志也要进行记录、分析统计等相关管理操作。

6. 运维管理

对系统中的各个子系统包括数据采集服务、数据分析处理服务、数据备份服务等服务运行状态进行控制和管理，并监控系统运行节点的实时状态，在发生服务异常时第一时间主动尝试自恢复，并记录信息。必要时，发出系统告警及时通知相关人员进行处理。

四、实施效果

平台系统利用多元智慧感知系统的交通大数据进行交通拥堵评估和预测、大数据分析挖掘、决策支持分析等，并结合主动交通管控平台为高速公路指挥调度管理带来的成效包括以下几个方面：

①进一步完善高速公路交通信息的智慧感知体系，获取不同维度的交通大数据，有力地支撑主动管控平台的智慧分析，辅助指挥调度管理决策。

②准确地评估高速公路实时交通运行状态，识别交通拥堵并预测短期潜在交通拥堵，为后续的主动交通管控提供管控依据。

③围绕高速公路指挥调度管理需要，有针对性地开展大数据分析挖掘、决策支持分析，为后续的主动交通管控平台应用提供科学的决策依据。

④通过综合可视化展示界面，降低专业性要求障碍，方便管理者通过良好的可视化界面快速了解指挥调度管理态势。

⑤结合指挥调度管理实际需要，提供主动交通管控措施，因地制宜地采取主动匝道控制、主线动态限速、货车限制等措施。

⑥解决沪苏浙高速公路现阶段设备、技术落后等问题，提高道路交通运行状态监测的颗粒度和准确度，并进行科学性预测辅助管控措施的执行，有效发挥其作为交界处公路的衔接作用。

高速公路智慧化服务区运营平台构建与管理创新实践

江苏沿江高速公路有限公司

成果主要创造人:伍育钧　吴继森

成果参与创造人:朱　荔　柳诗伟　康　惠　徐　琛

江苏沿江高速公路有限公司(简称"沿江高速公司")于2001年注册登记,2004年组建运营,主要业务是收费路桥的投资、建设、营运和管理,其核心资产包括沿江高速公路(常州至太仓段)、沪苏浙高速公路、太仓港疏港高速公路、张家港疏港高速公路,所辖路段总里程220公里。公司下设综合管理部、营运安全部、工程养护部、经营开发部、财务管理部、人力资源部、党群工作部、纪检监督室8个部门,下辖1个管理中心、1个调度指挥中心、3个调度指挥分中心、3个养护大队、3个排障大队、26个收费站和4个服务区,共有员工1500余人。截至2019年12月底,沿江高速公司全口径总资产116.95亿元,净资产77.43亿元。

沿江高速公司以"积极进取、稳健经营、务实创新、持续发展"的经营方针,以科学化、规范化、制度化、精细化管理为目标,构建"心齐、劲足、气顺、风正、实干"的企业文化,围绕江苏交通控股有限公司(简称"江苏交控")对服务区的双提升要求,不断探索创新,用心打造"布局合理、经济实用、服务规范、安全有序、生态环保、效益良好"的优质高速公路服务区品牌。

一、构建背景

随着经济社会的发展,人们的出行需求不断增长,高速公路服务区服务保障功能的内涵和外延也发生了重大变化。作为高速公路人流、物流和信息流的集结点,服务区的运营和管理也面临着巨大的挑战,如何对服务区进行科学化、系统化的经营及管理,对提升服务区的经济效益和品牌形象至关重要。

(一)提高服务区社会效益和经济效益的需要

2020年,江苏交控提出打造"经营管理更加精细、业态布局更加精致、服务体验更加精美"的三精服务区的目标,而目前沿江高速公司服务区普遍存在以下几个问题:经营管理理念旧,内部管理水平不高,激优罚劣的激励手段严重不足,没有成熟的商业化管理模式;业态布局不科学,服务区外观设计和业态布局高度雷同,没有结合自身条件策划主题,整体业态特色辨识度低;人才队伍不专业,缺乏招商人才和服务区管理骨干,对员工培训较少,忽视人才培养;服务能力有待提高,应对客户需求多样化能力弱,特色服务不明显,便民服务不全面,顾客满意度不高。

沿江高速公司认识到,要实现对服务区进行科学化、系统化的经营及管理,提升服务区的经济效益和社会效益,就需要提升硬件智慧化程度,建立与市场需求相匹配的管理模式,利用智慧化手段解决服务区经营管理中的难点、痛点、堵点,这样不仅可以使服务区经营管理更加科学规范,也可以为高速公路智慧化服务区的建设提供有益的思路和借鉴。

(二)推动高速公路智慧化服务区建设的需要

沿江高速公司通过多次召开内外部研讨会的方式,结合交通强国建设纲要(江苏方案)的要求,分析了服务区经营管理中的难点、痛点、堵点。他们发现,尽管5G、人工智能技术得到了普及和应用,服务区的日常管理依旧需要大量人力完成。因此积极探索物联网、大数据、移动应用、人工智能等技术应用,加大对智慧服务区系统研发投入,通过信息化手段助力提升服务区精细化管理水平和市场经营效益变得尤为重要。

二、主要内涵

(一)高速公路智慧化服务区运营平台的主要内涵

高速公路智慧化服务区运营平台的构建是对服务区智慧化建设的进一步探索,项目为EPC模式,应用地点为沿江高速公路太仓沙溪服务区。该平台涉及范围广、系统多,涵盖从设计到产业再到施工及后期服务的全过程。其中硬件部分包含多个系统,如室外智慧引导+停车、智慧灯杆、智慧安防室内外一体化系统、室内智慧厕所、基于BIM的智慧服务区物联网平台、能耗监测系统、设备管理系统等。软件平台部分主要包含:基于BIM+GIS的三维可视化展示平台、数据综合分析、资产管理、告警管理、运维管理、用户权限管理、管理App等功能,通过对服务区各类数据的综合管理分析,为服务区的智慧运营提供数据支撑。

(二)服务区管理创新实践的主要内涵

太仓沙溪服务区升级改造,以"海派太仓·绿色田园"为主题,围绕"智慧、绿色、文旅"三大亮点,突显智慧、时尚的海派风华与清新、闲逸的田园特色,打造文化商业中心、休闲栖息之所、体验娱乐焦点。服务区主动调整经营业态、提高服务水平,为用户提供更好的服务;同时关注服务区经营成本控制,主动采用集中采购、控制用人成本等方法,创造更多利润;在新机制运行过程中,主动解决遇到的问题,同时就新体系的运行情况提出自己的优化建议,推动激励机制的持续完善,奠定了理念基础、机制基础、团队基础,为未来持续优化做好铺垫。

三、主要做法

(一)高速公路智慧化服务区运营平台建设新理念

沿江高速公司所打造沙溪智慧服务区物联网综合管理平台以BIM模型为载体,融合服务区物联网的实时运行数据,基于BIM模型进行空间与设备运维管理,同时利用大数据分析与人工智能技术实现服务区各项指标数据的深度融合与逻辑关联,为驾乘人员提供更舒适、健康、智能的人性化服务,为服务区运营管理提供数据支撑。

平台集成了智慧引导+灯杆+停车、智慧厕所、能耗监测、智慧安防、设备管理、公共广播、信息发布、商业分析等十余个智能化子系统,图1为智慧服务区物联网综合管理平台界面。

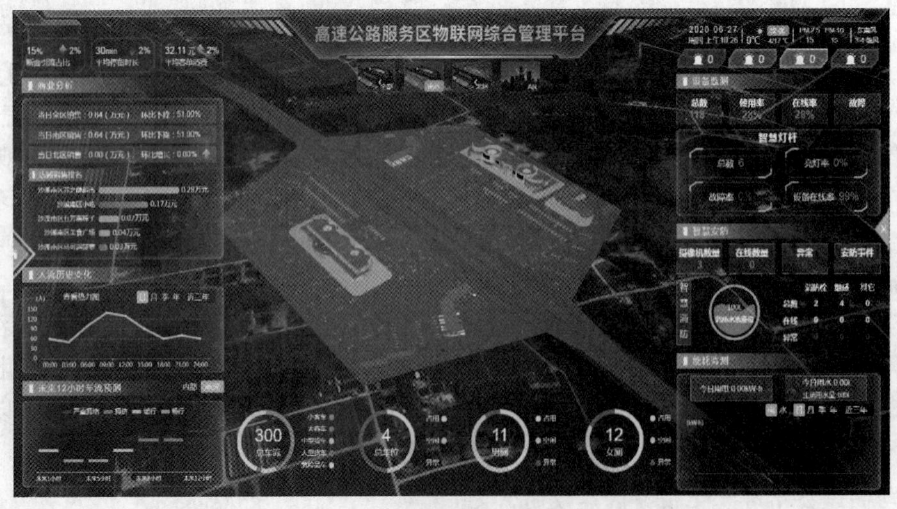

图1　智慧服务区物联网综合管理平台界面

（二）高速公路智慧化服务区运营平台的亮点功能

1. 智慧停车，畅行无阻

沙溪服务区智慧车流引导方案以“车流分流、车位分析、智慧引导、集约建设”作为四大建设核心，即利用广场入口处 LED 大屏显示大、小车停车区域，将不同类型车辆进行初步分流，通过广场上智慧灯杆挂载的监测设备进行车位使用情况分析，通过 BIM 运维管理平台展示服务区车位占用情况，再结合车流疏密度算法、数字化发布手段（引导屏 + 数字灯箱）进行合理引导，为了应对节假日车流量大的情况，沙溪服务区在广场上容易发生拥堵的位置（如入口、车位交叉处等）增设了车辆道闸系统，在车流量高峰时有针对性地进行高精度引流疏导。与此同时，整个智慧停车系统加入了对车流、车型情况的统计分析，根据历史车流数据，通过大数据技术分析预测未来 12 小时服务区车流情况，为服务区的管理提供了依据，图 2 为智慧停车系统界面。

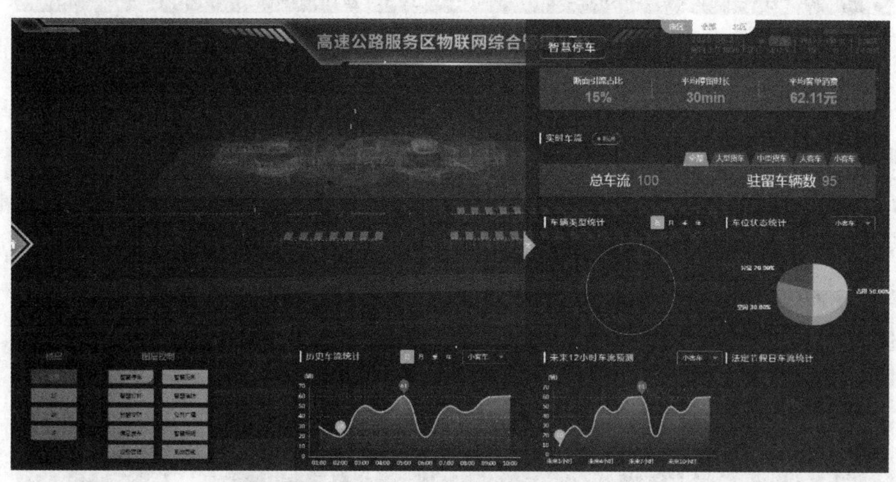

图 2 智慧停车系统界面

2. 智慧厕所，精确引导

通过引导大屏展示厕所实时人流、环境信息、厕位占用情况，引导旅客如厕，解决服务区高峰时期如厕难问题，并通过 BIM 综合运维管理平台展示厕位使用信息统计、厕位占用状态、实时人流、环境信息、满意度等信息，对异常厕位进行告警，实时监控厕所周边情况，辅助服务区管理人员日常工作，图 3、图 4 分别为智慧厕所管理分析界面和引导屏界面。

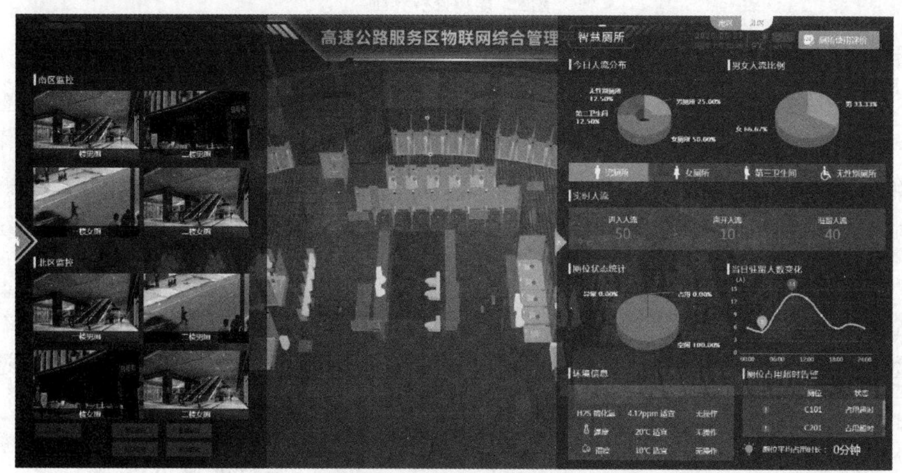

图 3 智慧厕所管理分析界面

图4　智慧厕所引导屏界面

3. 能耗分析,助力节能

实时监测服务区内水、电等能源的使用情况,并对当前总能耗、区域能耗分布情况、各店铺能耗排名、分项用电占比等数据进行分析。从能耗历史趋势、同比分析、环比分析等多角度对比分析,分析诊断出能耗大户以及存在异常能耗的设备,为服务区节能减排管理工作提供助力,图5为能耗分析界面。

图5　能耗分析界面

4. 智慧安防,安全无忧

对服务区场外及综合楼内等区域进行全方位实时监控,广场上架设鹰眼全景摄像机,在管理平台上展现服务区全貌,对服务区动态一览无遗;同时架设行为监测及双光谱等特殊功能摄像机,对打架斗殴、抛撒垃圾、危化车火灾隐患监测等异常事件进行有效识别。通过综合管理平台及时发出报警并通知运维管理人员,有效地避免安全事故的发生,最大限度地保障服务区的运行安全,图6为智慧安防系统界面。

5. 远程监测,高效运维

对服务区机电设备(如风机、空调、电梯等)的运行参数、运行状态、告警信息等数据进行实时监测,并在BIM模型中进行位置定位,使运维人员可在三维场景下模拟现场真实环境进行设备巡检、远程监测等操作,极大地提升运维管理的工作效率,图7为设备管理系统界面。

6. 商业分析,智慧运营

围绕消费升级与技术进步两条主线,从技术到资本,从品牌到设施,全面共享赋能,满足服务区商业管理的需求,为商户提供新零售的营销支撑,图8为商业分析系统界面。

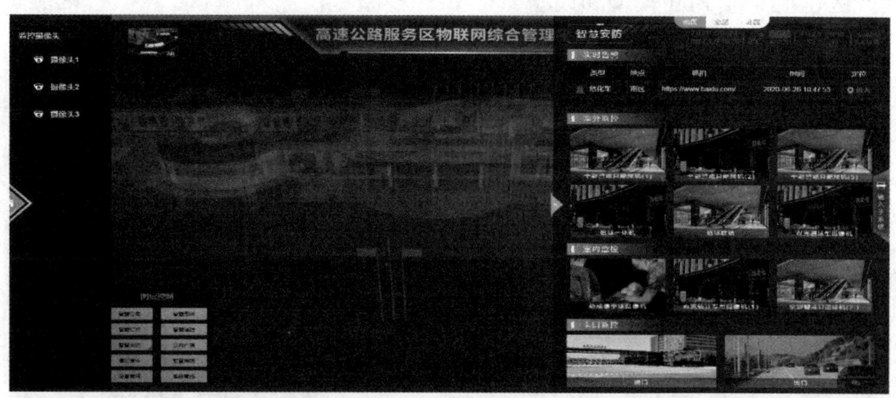

图6　智慧安防系统界面

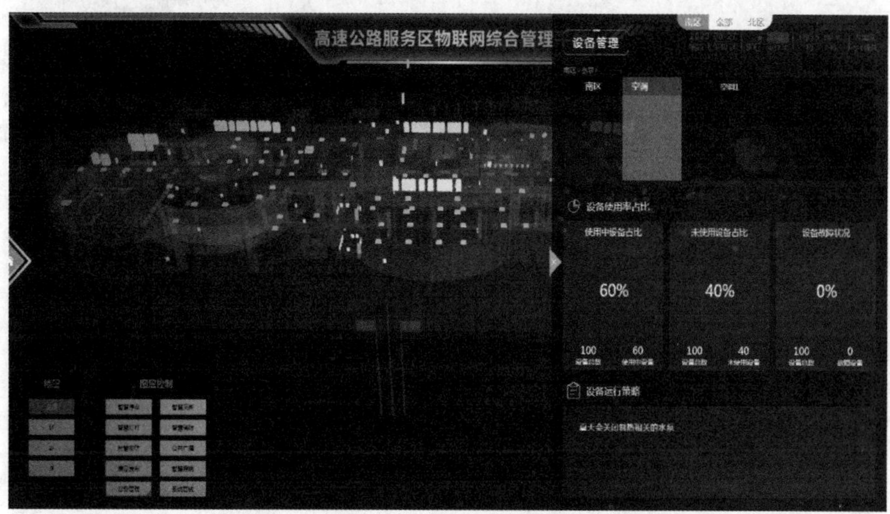

图7　设备管理系统界面

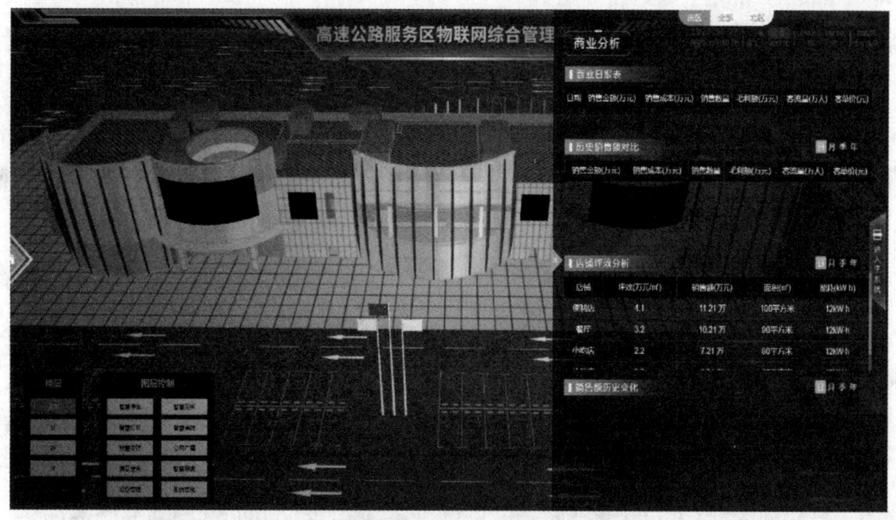

图8　商业分析系统界面

(三)全生命周期的 BIM 技术应用

BIM 三维模型对服务区进行了完整的呈现,项目各参与方基于模型进行项目沟通,交流对接更加直观方便。模型包含了项目设计、施工及运维阶段的信息,数模一体,是实现智慧服务区的基础,图 9、

图 10分别为服务区建筑专业 BIM 模型和设备专业 BIM 模型。

图 9　服务区建筑专业 BIM 模型

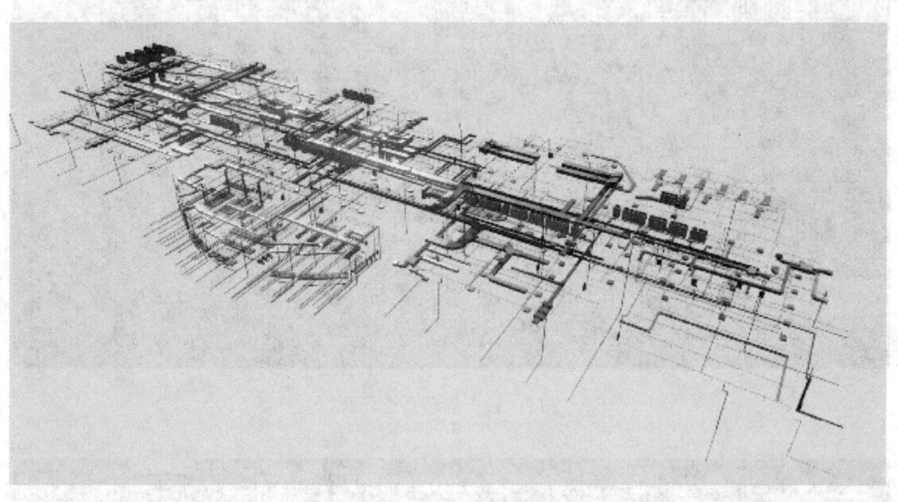

图 10　服务区设备专业 BIM 模型

在设计阶段,利用 BIM 可视化的特点,了解项目完成后的真实场景,提前解决设计不合理、专业间冲突等问题,减少不必要的返工,并利用 BIM 模型进行可视化交底,图 11 为服务区交安 BIM 模型。

图 11　服务区交安 BIM 模型

在施工阶段应用 BIM 建设管理平台。平台以模型构件为管理单元,实现工程业务信息与 BIM 模型的互联互通,完成数据信息的存储与共享、关键节点工作的风险预警与模拟展示。记录工程建设的全过程信息,实现服务区建设过程的精细化管理,图 12 为 BIM 建设管理平台。

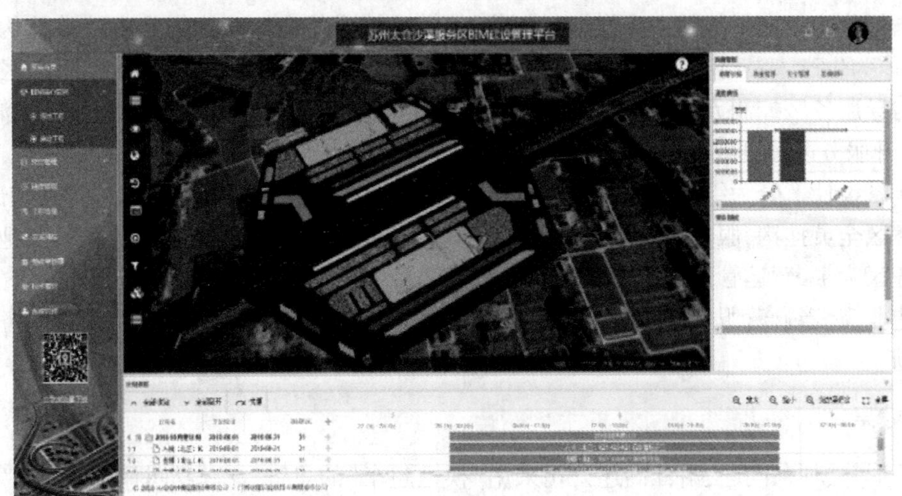

图 12　BIM 建设管理平台

在运维阶段,BIM 模型使繁杂的数据可视化,为综合物联网管理平台奠定基础。

(四)多项绿色科学技术手段的应用

沿江高速公司采用多种清洁能源综合互补系统,为服务区提供一个恒温的舒适空间,打造四季如春的服务区,更为关键的是能降低 50% ~70% 的能耗,在提供更优质体验服务的同时,有效降低运营成本。采取租转售模式,应用清华大学的污水综合循环利用系统,采用 AAO + MBR 工艺,日均污水处理量为 200 吨,满足服务区 8 万人次产生的污水处理需求,同时与清华苏州环境创新研究院签订战略合作协议,共同开展厨余气爆、雨水回用、智慧光伏等后续绿色技术合作,推进绿色服务区建设。

(五)智慧化服务区管理创新实践的主要措施

1. 建立与公司体制和市场相适应的管理标准

走标准化、规范化管理道路,引进专业的咨询机构,将以往做法提炼固化并与专业理念相结合,形成包括招商手册、餐饮管理手册、服务规范手册等在内的标准化管理手册,涵盖了服务区经营管理的方方面面,使任何人加入到经营团队,都能依据手册快速上手,扎实推进服务区标准化运营管理工作。

2. 打造符合市场化经营需求的三支队伍

尝试建立项目职业经理人制度,引进专业经营人才,用专业的人做专业的事,同时,探索市场化运营机制,试点经营人员竞争性薪酬制度,用市场的手段激活服务区经营。一是招商队伍,按照专业招商的要求,在现有人员中整合资源,明确招商经理、招商主管、合同法务、辅助配合等人员,并组织专业培训,同时在招商实践中不断积累总结,打造符合服务区招商专业团队。二是经营队伍,自主培养与市场引进相结合,按照专业化要求,选强配优经营人才、餐饮人才、信息技术人才等专业人才。三是管理队伍,结合省界站撤除人员转岗,在全公司范围内开展选拔,将基础好、懂管理、有激情的优秀骨干配备到新沙溪的管理中。

3. 建立自营中餐品牌文化内涵

“沿之味”是沿江高速公司服务区中餐自营品牌,“沿之味”品牌 LOGO 设计以江南古建特征——“水戗”为中心延展,结合太仓“天下良仓”之美誉,融入“仓”的形态,将长江之水与高速之路深度融合,让归途旅客体验家的温情。通过品牌故事向顾客传递沿江人醇厚的情谊以及热情、用心的服务。

4. 强化效益导向,实施全员绩效考核

绩效管理的目的在于通过管理机制激发员工的工作热情、提高员工的能力和素质,以达到改善公司绩效的效果。服务区不同岗位责任不同,因此在考核内容及结果应用方面进行针对性设计。本次绩效管理将利润指标作为年度考核的主要指标,将利润的完成情况与全体职工的年度绩效挂钩。将营业收入、服务水平作为生产人员、窗口人员的考核重点。将服务水平、成本费用控制作为服务区管理人员的考核重点。引导服务区控制人工成本和管理成本,通过机制引导职工关注营业提升及利润创造,聚焦"双提升",提升服务区经济效益,使服务区扭亏为盈。

在绩效体系设计上分为组织绩效管理和岗位绩效管理,组织绩效管理由公司绩效管理部门负责,考核结果与服务区全员挂钩,服务区主要管理人员的绩效考核由公司绩效管理部门负责,其他岗位人员绩效管理以服务区为主、营运管理部为辅。服务区经营结果主要取决于服务区管理团队的努力,为了激励管理团队创造业绩,当自营服务区超过公司经营管理目标时,公司根据目标完成情况对服务区主要管理人员进行奖励。

四、实施效果

面临多重形势、种种问题,沿江高速公司采用"换道超车"的思维,在总结巩固"双提升"成果的基础上,不断创新思路,优化服务区转型升级理念,在"精、细、美"上下功夫,重点在管理水平提高上、在服务品质提升上、在运用智慧科技手段上。通过构建高速公路智慧化服务区运营平台及一系列管理创新措施的落地,不仅提高了公司服务区社会效益和经济效益,还提升了内部经营管理水平,也是高速公路智慧化服务区建设的一次有益的探索和实践。

(一)经营效益

清洁能源综合互补系统和污水综合循环利用系统的运行,使得水和电的消耗下降了50%,每年节约水电费30多万元。智慧化设备的使用,大幅节省了人力,使得服务区的营业成本较改扩建之前下降了30%。

(二)管理效益

1. 重构了人员队伍

智慧化建设、绿色主题打造及业态创新等,均对传统的服务区管理架构提出了要求。针对新服务区的全新形势,重新调整人员架构,比如建立监管调度班、实行服务领班制等。

2. 转变了管理模式

智慧化服务区的建设,大幅节省了人力,管理流程也要随之改变。统一收银后,集中不是问题,关键在于如何应收尽收,监管制度要跟上;绿色节能系统反哺服务区,均进行了全面梳理。

(三)社会效益

1. 丰富经营业态,满足旅客多样需求

转型升级后的服务区占地面积约285亩,建筑面积约1.8万平方米,拥有超过35种业态,共有停车位将近1000个(客车位680个、货车位300个),按照AAA级旅游厕所标准设置了母婴室、第三卫生间、残疾人卫生间,共有厕位290个。服务区除餐饮、购物、汽修、加油等基本设施外,提供免费Wifi、手机充电、汽车充电站及全区5G信号覆盖等便民服务。

2. 强化服务标准,提高服务保障能力

通过将以往做法提炼固化并与专业理念相结合,形成了标准化管理手册,使得员工在新的形势下,增强了服务意识和水平,客户满意度持续上升。

(四)推广效益

1. 智慧化服务建设经验

沙溪服务区承担着智慧服务区行业标准探索研究的使命,由中国公路学会和江苏交控牵头研究的这个课题,将沙溪服务区智慧化建设的成果,转化为智慧化服务区评价标准。同时积极与江苏交控智慧服务区云平台主动对接,力争在服务区智慧化的实践与探索中作出贡献。

2. 经营管理“沿江模式”

一方面租金模式均采用保底加提成的模式,在保证正常租金收入的同时,与商户形成共同体,分享商户的经营发展成果;另一方面,切实扮演好服务区经营的组织者和商户成长的服务者角色,把商户的经营和发展作为本职工作来抓,引入现代商业营销理念,专门组建营销小组,针对性地策划营销方案,为商户经营创造更好的营商环境,合力争创共赢,提升的经营效益和社会形象。

基于作业效率提升的船舶物料转移装置构建与实施

南通通沙港务有限公司

成果主要创造人:纪　斌

成果参与创造人:顾友林　刘鹏兵　田静超

南通通沙港务有限公司(简称"通沙港务")成立于1999年,隶属于江苏交通控股有限公司(简称"江苏交控"),由江苏通沙汽渡有限公司(简称"通沙汽渡")全资控股。公司拥有通用泊位一座,物流仓储场地近8万平方米,是一个散货、沥青、件杂货等大宗货物装卸、存储的一类对外开放码头。码头前沿水深常年保持在11.5米以上,可满足5万吨级国际远洋船舶靠泊,大宗散货日作业量不低于3万吨,年吞吐量已突破1000万吨。

"十三五"以来,通沙港务总体经营形势持续向好,2016—2019年,通沙港务总体实现产值超2亿元,2019年实现产值6230万元,较2016年上涨68%,人均创产值84万元,每公里码头岸线创营收达3.4亿元,位于全省港口企业前列;总体实现利润额近亿元,2019年实现利润额3208万元,较2016年上升236%,人均创利润额43万元。

通沙港务位于南通市港闸经济开发区,与张家港市隔江相望,地理条件优越,拥有数百米长江黄金岸线,经济腹地广阔,货源充足稳定,交通条件便利,发展空间巨大。

通沙港务连续多年荣获"南通市港口企业安全先进单位""南通市3A级重合同守信用企业""南通海关监管A级企业",2018年被评为"2018年度十佳服务业企业",公司修理班组研究的2项QC课题获得江苏交控、交通企业协会颁发的"交通运输行业2018年质量信得过班组"证书,2019年荣获江苏交控颁发的"先进集体"荣誉称号和交通企业协会颁发的"江苏省交通运输文化先进单位"荣誉称号,有效提升了通沙港务企业文化的凝聚力和影响力。

一、成果构建背景

通沙港务作为一家主要从事散货、沥青、件杂货等大宗货物装卸、存储、中转的企业,保持作业的高效率是提升自身效益的重要方式。通沙港务从经营层开始,始终围绕"改革、创新、开放、实干、发展"的工作主题,本着"安全第一、环保优先、质量保障"的经营理念,凝心聚力、开拓进取、创新管理,不断推进企业品牌优化升级,率先提出"无障碍、高效率"服务口号,承诺做到一站式传达、一站式下达、一站式反馈。在此基础上通沙港务推出"港湾式服务"品牌,并与党建融合,总结提炼"筑红色堡垒,建绿色港湾"作为公司又一个品牌,为南通本地生产型企业乃至长江中上游大型企业提供优质的装卸服务,发挥了巨大作用。

近五年,通沙港务吞吐量总体呈上升趋势,2018年和2019年吞吐量突破千万吨。通沙港务虽然只有通用泊位一座,但凭借"四小"子品牌服务(即"小而快、小而专、小而活、小而美"),在南通本地港口企业中树立了良好的口碑。自成立以来,通沙港务装卸速度快在行业内是公认的,多年来成功打造了一支"能打仗、打胜仗"的经营生产队伍,管理体制较为先进。通沙港务煤炭卸货标准为25000吨/晴天工作日,铁矿卸货标准为28000吨/晴天工作日。然而,外部形势的改变与企业自身硬件短板给可持续高质量发展带来了难题。

（一）浮吊的全面取缔给企业带来一定的困难

浮吊联合作业原先是通沙港务生产经营中的一大特色，是在通过海事专项安全评估后，被允许在通沙港务进行的一种高效作业模式。在日常生产过程中，码头平台4台门座式起重机和一台浮吊同时接卸一艘海轮，可以将装卸效率提高到最大化。但是水上过驳对长江生态环境和水上交通安全的威胁剧增，严重影响长江行洪、船舶通航、生态环境保护和长江饮用水安全。依据政府要求，2020年底长江全面取缔浮吊江面过驳作业。从2018年开始，浮吊开始限制从事长江流域煤炭、铁矿装卸作业。当有大型海轮靠泊时，由于门座式起重机作业范围达不到海轮4、5舱，只能先通过门座式起重机将货物装卸到短驳车，由短驳车将货物运至内档驳船处，再由门座式起重机将短驳车内货物抓取至驳船，操作过程烦琐，不仅减缓了作业速度，还提高了运营成本。

（二）行业竞争对手作业效率提升加速企业创新升级

通沙港务深耕港口行业20余年，所属一线班组从事港口生产作业经验丰富，自主管理能力突出，纪律严明，技术过硬，努力营造了“心齐、气顺、协作、包融”的工作氛围，逐渐形成一支“特别能吃苦、特别能战斗、特别能奉献”的工作队伍，在行业内树有良好口碑。但随着行业内其他港口企业的设备引进、人才引进，作业效率得到大幅度提升，通沙港务在行业内的竞争优势不复存在，这迫使企业在生产管理领域做出改变。

（三）企业硬件制约发展

通沙港务目前5万吨级单泊位、185米岸线、8万平方硬化场地的硬件条件在当前船舶大型化、港口发展规模化的大形势下，产生了匹配性不足的矛盾，这给企业未来发展带来不利影响。尤其是岸线长度偏短，在靠泊大型海轮时，除了门座式起重机无法直接装卸海轮4、5舱，内档也无法靠泊大型驳船，严重制约了企业的发展。

二、成果内涵

（一）基本内容

在2018年之前，长江流域主要进行船与船散货过驳作业的设备为浮吊，作业地点一般在锚地进行，现阶段长江流域已禁止浮吊锚地的过驳作业，部分过驳作业转移至码头进行，但散货码头主要的作业设备为门座式起重机、桥式卸船机及装船机等，还没有专门用于散货过驳作业的设备。为此需要研制一套结构紧凑、空间利用率高、作业效率高效、符合环保要求的散货过驳设备，用以解决通沙港务码头的作业压力问题。

为加快船舶在码头的周转速度，提高作业效率，降低装卸成本，提高生产管理创新能力。2018年，通沙港务经研究决定，通过外出考察、研究论证等方式，借鉴其他码头经验，邀请专家召开专题会论证，最后成立项目小组，规范研制流程，委托外部企业加工，安排专人跟踪，再由技术攻关，最终研制出由进料斗、短距离传送带输送机以及电子秤等构成的基于作业效率提升的船舶物料转移装置，又称桥式卸料机，如图1所示。

（二）特色

桥式卸料机是根据通沙港务实际需求，用于散货过驳作业的卸料设备。该过驳设备充分利用船舶空间，直接放置于船舶舱口上，同时借鉴桥梁框架设计，实现输送机在框内移动，达到调节距离的作用，通过传送带输送机将物料运至另一条船舱内，大大提高了散货过驳效率。

1. 输送结构

输送机构主要由输送机及内部框架组成，是整个卸料机的核心机构，负责将料斗货物输送至驳船内。

图1　桥式卸料机

2. 行走机构

为保证物料能够准确地输送至指定位置,输送机构需进行位置调节,为此,在输送机构底部增加了轨道及三合一驱动减速机,可以有效地控制输送机构合适的出料位置,且保证驳船的平衡装卸。

三、主要做法

(一)破解作业困局,提出创新思路,形成有效行动保障

过驳作业是指在船舶与船舶之间进行货物直接换装的作业(把甲船货物搬卸至乙船)。一般指大船停靠码头、浮筒、装卸平台,或大船在锚地用驳船或其他小船装卸货物。通沙港务由于受码头作业方式的限制,过驳作业效率相对较低,特成立港口桥式卸料机的研制 QC 小组,对门座式起重机过驳作业中单次往返流程所需时间进行统计分析,统计门座式起重机单次往返流程时间平均为 159 秒,为了更好地满足客户对海轮过驳速度的要求,减少门座式起重机单次往返流程时间,提高码头海轮靠泊频次,需研制新型设备提高作业效率。

通过网络检索查新,小组讨论分析,广西金达造船有限公司的《一种船舶用的卸料装置》的工作原理、基本结构具有一定的借鉴意义,该装置是通过料斗及输送机将货物进行过泊作业,但由于输送装置为固定式,无法根据船舶情况进行距离的调节,为了实现距离调节,小组成员提出了创新思路,借鉴桥梁框架设计,实现输送机在框内移动,达到调节距离的作用。通过一系列的现状调查、数据分析以及充分的查新借鉴,最终确定本次研究课题为桥式卸料机的研制。

(二)明确发展目标,提高经营效益,形成有效定位保障

在"十三五"期间,通沙港务在生产管理创新方面重点推进装卸设备、装卸工艺、装卸流程改造。桥式卸料机的研制目标是为了将整体作业效率提高 35% 以上,每年直接创造经济效益 500 万元以上,节约装卸时间 500 小时以上,通过减少工作量、节约电费和人工成本,节约装卸成本 100 万元以上。

（三）完善组织机构，注重目标分析，形成有效组织保障

1. 小组简介（表1）

小组简介　表1

<table>
<tr><td colspan="6">小组名称：通沙港务“匠心”QC 小组</td></tr>
<tr><td colspan="6">课题名称：桥式卸料机研制</td></tr>
<tr><td colspan="4">成立时间：2018 年 4 月</td><td colspan="2">完成时间：2018 年 12 月</td></tr>
<tr><td colspan="4">课题类型：创新型</td><td colspan="2">组员人数：8 人</td></tr>
<tr><td colspan="4">活动次数：12 次</td><td colspan="2">活动参与率：100%</td></tr>
<tr><td>成员</td><td>姓名</td><td>性别</td><td>文化程度</td><td>岗位</td><td>组内分工</td></tr>
<tr><td>组长</td><td>纪斌</td><td>男</td><td>本科</td><td>总经理</td><td>方案策划</td></tr>
<tr><td rowspan="7">组员</td><td>顾友林</td><td>男</td><td>本科</td><td>书记</td><td>方案设计</td></tr>
<tr><td>刘鹏兵</td><td>男</td><td>本科</td><td>副总经理</td><td>方案设计</td></tr>
<tr><td>田静超</td><td>男</td><td>本科</td><td>副总经理</td><td>方案设计</td></tr>
<tr><td>张军</td><td>男</td><td>大专</td><td>部长</td><td>方案实施</td></tr>
<tr><td>李丰</td><td>男</td><td>本科</td><td>部长助理</td><td>对策制定</td></tr>
<tr><td>张红兵</td><td>男</td><td>大专</td><td>班长</td><td>对策制定</td></tr>
<tr><td>刘晓超</td><td>男</td><td>本科</td><td>部长助理</td><td>数据统计</td></tr>
</table>

2. 设定目标

通沙港务将研制桥式卸料机的课题提上议事日程。通过研制桥式卸料机，提高单机作业效率。设定目标值见表2。

设定目标值(单位：秒)　表2

序号	起升时间	回转时间	下降时间	起升时间	回转时间	下降时间	合　计
1	21	45	19	18	34	17	154
2	22	47	19	19	34	18	159
3	22	49	20	19	37	17	164
4	21	45	20	19	36	17	158
5	23	46	20	18	37	18	162
平均	22	46	20	19	36	17	159

表2显示，现阶段单台门座式起重机的单次循环为159秒，桥式卸料机安置于船舱口进行作业，门座式起重机无须进行回转作业，通过桥式卸料机的使用可以减少回转环节，使用桥式卸料机后，理论计算可以得出单台门座式起重机单次循环时间：(159 - 46 - 36)秒 = 77秒，考虑到输送机平行运输时间，门座式起重机单次循环作业时间不大于95秒。

因此活动目标设定为单次循环作业时间≤95秒。

3. 目标可行性分析

(1)借鉴分析

通过询问设备厂家，了解到该设备可以根据现场实际情况，对设备的大小、样式及功率大小进行调整，现有门座式起重机抓斗容积为16立方米，货物质量约为16吨，通沙港务码头靠泊船舶仓口最宽为28米，输送机皮带速度为每分钟160米，20米的距离花费时间为8秒，输送机从斗口至货物下料点运输时间8秒，通过改变料斗斗口大小及输送机功率大小，可以匹配公司现有的门座式起重机，输送机运输货物时间与门座式起重机抓斗上升下降的和为(77 + 8)秒 = 85秒，低于目标值。

(2)资源、能力分析

通沙港务高度重视,给予人力、物力、财力的大力支持,本次研制费用在公司研发创新专项预算(150 万元)中支出,在技术方面,通沙港务邀请了专业学科院校老师作为技术顾问;小组成员 8 人均具备丰富的生产实践经验,其中本科学历有 5 人,专业涉及机械制造、机电一体化及船舶工程等,参加质量管理小组诊断师培训 3 人次,完全具备开展课题研究、自行设计研发设备的能力。

(四)多措并举,打造创新成果,形成有效执行保障

1.提出桥式卸料机结构方案

针对桥式卸料机研制,小组成员运用“头脑风暴法”,最终采用带斗伸缩输送机设备,并对装置结构进行了初步构想,示意图如图 2 所示。

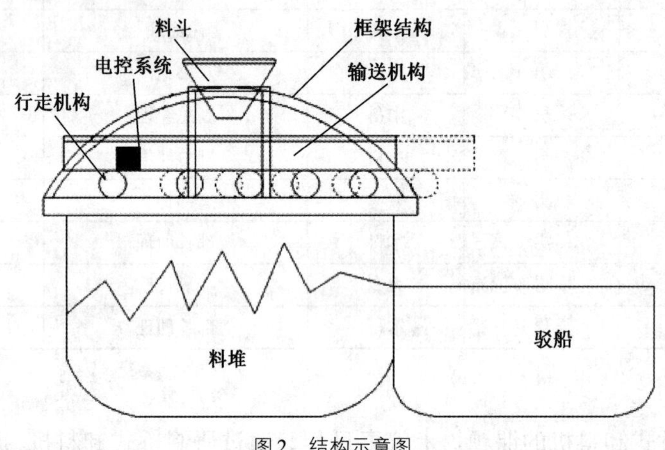

图 2　结构示意图

该设备放置于船舶舱口上,通过门座式起重机将货物抓取至料斗内,料斗内的货物通过可移动的输送机,运至驳船内。主要机构包括:

①输送机构:负责将料斗货物输送至驳船,主要由输送带及内部框架组成。

②行走机构:主要负责将输送机构运送至合适的出料位置,保证驳船的平衡装卸。

③料斗:主要用于将门座式起重机抓取的货物放置其内。

④电控系统:主要负责控制各机构的动作,实现货物过驳的作用。

⑤框架结构:负责整套设备及料斗内货物的承重。

2.确定研发步骤

选定方案后,小组初步确定了桥式卸料机的研制,对各项步骤制订方案并选择。

研制桥式卸料机方案比选图如图 3 所示。

(1)输送机构方案

①电动滚筒及输送带选择计算。输送带在带式输送机中,既是承载构件又是牵引构件,它不仅需要足够的强度,而且还应具有耐磨、耐疲劳的性能并满足其他特殊要求。

设满足设计运输能力的带宽为 B_1,则:

$$B_1 = \sqrt{\frac{Q}{K\gamma v \cdot c}} \tag{1}$$

式中:Q——设计运输能力,t/h;

B_1——满足设计运输能力的输送带宽度,m;

K——物料断面系数;

v——输送带运行速度,m/s;

γ——物料的散状密度,t/m^2;

c——倾角系数。

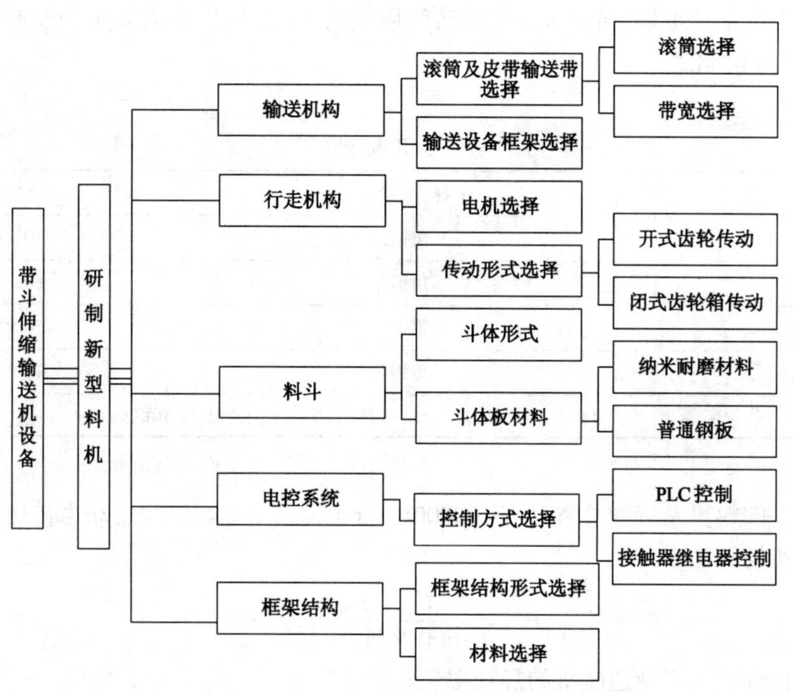

图3 研制桥式卸料机方案比选图

输送倾角与倾角系数之间的关系见表3。

输送倾角与倾角系数之间的关系 表3

输送倾角(°)	0~3	5	10	15	20
倾角系数	1	0.99	0.95	0.89	0.81

$$B_1 = \sqrt{\frac{1360}{385 \times 0.9 \times 4.5 \times 0.94}}\text{mm} = 1005\text{mm}$$

设满足物料块度条件的宽度为 B_2。对于未筛分过的物料

$$B_2 = 2a_{\max} + 200 \tag{2}$$

由公式(1)得 $B_2 = (2 \times 500 + 200)\text{mm} = 1200\text{mm}$。根据上列计算选取带宽 $B = 1400\text{mm}$。

选择电机，由于主轴牵引力为负值，所以电机处于发电状态(传动效率为 $\eta = 1.0$)。

$$N = \frac{F_0 \cdot v}{\eta} \tag{3}$$

由公式(3)得 $N = \frac{F_0 \cdot v}{\eta} = 37\text{kW}$，带式输送机驱动装置最常用的电动机是三相笼型电动机。输送带带宽：1.4m，电动滚筒功率：37kW。

②输送设备框架。在设计输送设备框架时，小组成员既要考虑到整套设备的重量，又要考虑到该框架能够承受电动滚筒、输送带及货物重量。

小组考虑使用矩形桁架结构(图4)，该结构即具有一定稳定性，又能有一定的承重能力。

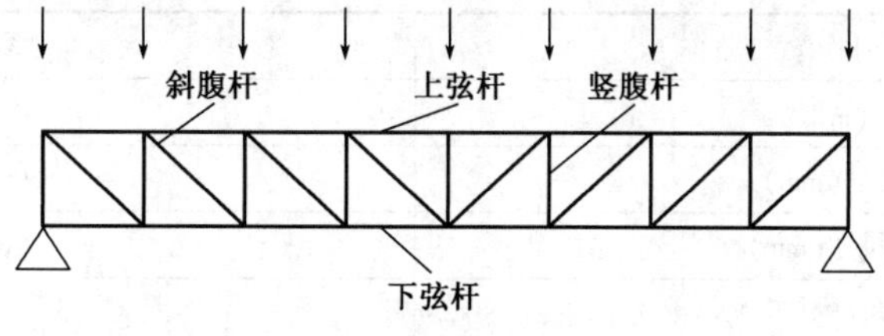

图4 矩形桁架结构

考虑整个输送设备及重量:输送带及电动滚筒质量为 5 吨,货物最大质量为 9 吨,所以框架承受总质量为 5 吨 +9 吨 =14 吨。

采用材料见表 4。

采用材料　　表 4

部位	材料	规格(mm)
上弦杆	角钢	80×80×8
下弦杆	角钢	80×80×8
斜腹杆	角钢	50×50×5
竖腹杆	角钢	70×70×7
时间:2018 年 5 月 10 日　地点:码头平台　责任人:张红兵		

(2)行走机构方案

①电机选择。卸料机及货物总重量为 100000N,行走速度 $v=40\text{m/min}$,动力传递总效率 $\eta=0.8$。卸料机行走所需总功率:

$$P_{\mathrm{w}} = \frac{F_{\mathrm{f.v}}}{1000 \times 60} = 3.5\mathrm{kW}$$

按照满载运行选取所需减速电机的静功率:

$$P_{\mathrm{r}} = P_{\mathrm{w}}/\eta = 3.5/0.8 = 4.4\mathrm{kW}$$

引入功率储备系数 K

$$P = K \times P_{\mathrm{r}} = 1.2 \times 4.4\mathrm{kW} = 5.3\mathrm{kW}$$

②选择调速电机的型号。根据工作条件,选择电动机型号为 YCJ280,额定功率为 5.5kW。

③传动形式选择。传动形式比选表见表 5。

传动形式比选表　　表 5

方案	方案 1:开式齿轮传动	方案 2:闭式齿轮箱传动
分析	齿轮在非密闭空间传动,一般采用脂润滑,齿轮工作环境粉尘较多,一般用于低速环境,精度要求低	齿轮在密闭空间传动,有密闭的箱体、良好的润滑、齿轮工作环境清洁,用于精确的传动要求
优点	成本低(约 500 元),结构简单,维修方便,对环境要求低	良好润滑,传动稳
缺点	精度低,润滑不充分	成本大(约 2000 元),性价比低,对环境要求较高
结论	方案 1 适合本次研制要求,采用	
时间:2018 年 5 月 14 日　地点:码头平台　责任人:刘晓超		

小组成员综合考虑,采用开式齿轮的传动。

(3)料斗方案

①斗体形式。由于通沙港务已有 4 台料斗,在制作料斗时完全可以借鉴已有的料斗形式。小组成员结合卸料机的实际情况对料斗进行初步设计。

根据门座式起重机抓斗打开尺寸及抓斗容积匹配,确定料斗尺寸见表 6,设计图如图 5 所示。

料斗尺寸　　表 6

项目	参数
漏斗容积(m^3)	~20
上部开口尺寸(mm)	6000×6000
下部漏料口尺寸(mm)	1200×1500
漏料倾角(°)	≥50
时间:2018 年 5 月 16 日	责任人:张红兵

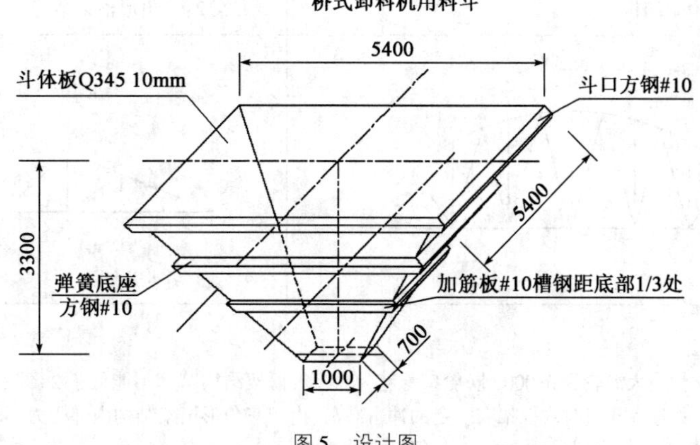

图5 设计图

②斗体板材料。斗体板材料比选表见表7。

斗体板材料比选表 表7

方案	方案1:普通铁板	方案2:纳米耐磨材料
分析	普通铁板为常规斗体板,内部不覆盖任何耐磨材料	高分子量聚乙烯(UHMW-PE)和耐酸碱防腐工业合成塑料,既能保证减少斗体板磨损,又能保证货物滑动流畅
优点	成本低	顺滑,物料不易堆积;耐磨,使用寿命长(可以使用10年以上),是碳钢的6.6倍
缺点	斗体板易磨损,使用时间短(3年左右),且货物滑动不流畅,易堆积堵塞料口	费用高
结论	方案2适合本次研制要求,采用	
时间:2018年5月17日　地点:码头平台　责任人:刘晓超		

小组成员综合考虑,在斗体内部采用纳米耐磨材料。

(4)电控系统

控制方式比选表见表8。

控制方式比选表 表8

方案	方案1:PLC控制	方案2:接触器继电器控制
分析	适用于复杂的电控系统,电控元器件数量较少,可以根据现场情况,实现一定自动化,需要一定编程能力	适用于简单的电控系统,控制方式单一,元器件较多
优点	自动化控制,维修复杂	费用低(400元),维修简便
缺点	成本较高(5000元)	自动化程度低
结论	方案2适合本次研制要求,采用	
时间:2018年5月20日　地点:码头平台　责任人:刘晓超		

小组综合考虑,本设备电控系统简单,均为电机控制,常规接触器及继电器控制完全可以满足设备控制要求。因此小组选择常规的接触器继电器控制方式。

(5)桁架结构方案

①桁架结构选择方案。小组成员利用头脑风暴法,对可能的桁架结构方案进行思考归纳并总结。桁架结构比选表见表9。

桁架结构比选表 表9

方案	方案1:拱形桁架结构	方案2:三角形桁架结构
分析	公司码头现靠泊最大海轮为63000吨,舱口跨度为28米,框架结构跨度不能低于28米,货物及内部设备总质量不低于30吨,且当货物进入斗口时对框架有一定的冲击载荷,由于三角形桁架结构内部受力不均匀,弦杆的内力由中间向两端增大;而拱形桁架结构内部受力较均匀,且能抵消冲击载荷	
优点	内部结构受力均匀,整体受力较好	结构简单,制作成本较低
缺点	结构复杂、制作成本高	动载荷不能太大,内部受力不均,局部易开裂
结论	方案1适合本次研制要求,采用	
时间:2018年5月23日 地点:码头平台 责任人:刘晓超		

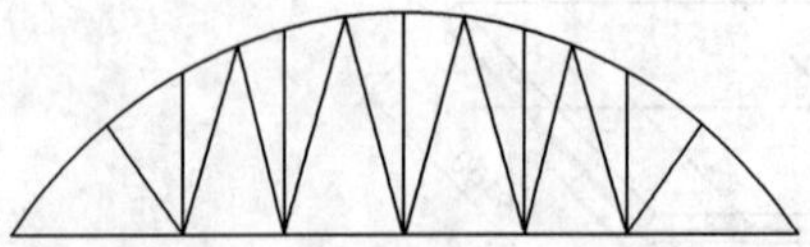

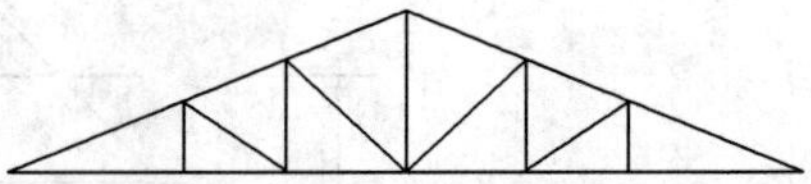

小组确定了拱式桁架结构,对该结构进行受力分析(图6),确定制作该结构材料。

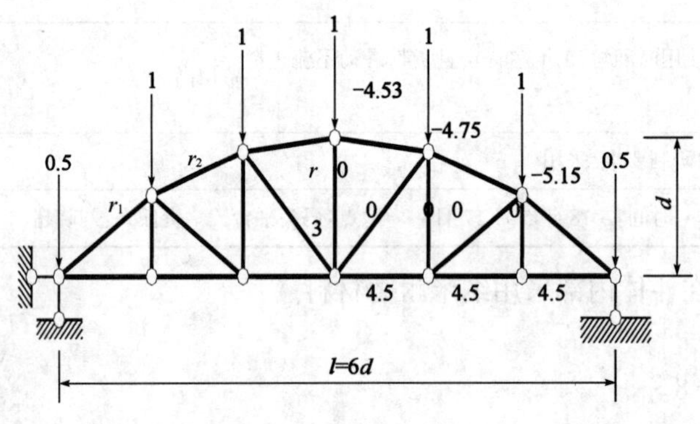

图6 受力分析

②材料选择。小组成员计算该设备的总质量约为20吨,采用材料见表10。

采用材料 表10

部位	材料	规格(mm)
上弦杆	无缝钢管	Ø168 厚度8
下弦杆	角钢	200×200×18
斜腹杆	角钢	80×80×8
竖杆	H型钢	100×100×10
时间:2018年6月2日 地点:码头平台 责任人:张红兵		

小组成员委托第三方设计公司对框架方案进行评估并给出了评估报告(图7)。

③确定最佳方案(图8)。

图7 评估报告

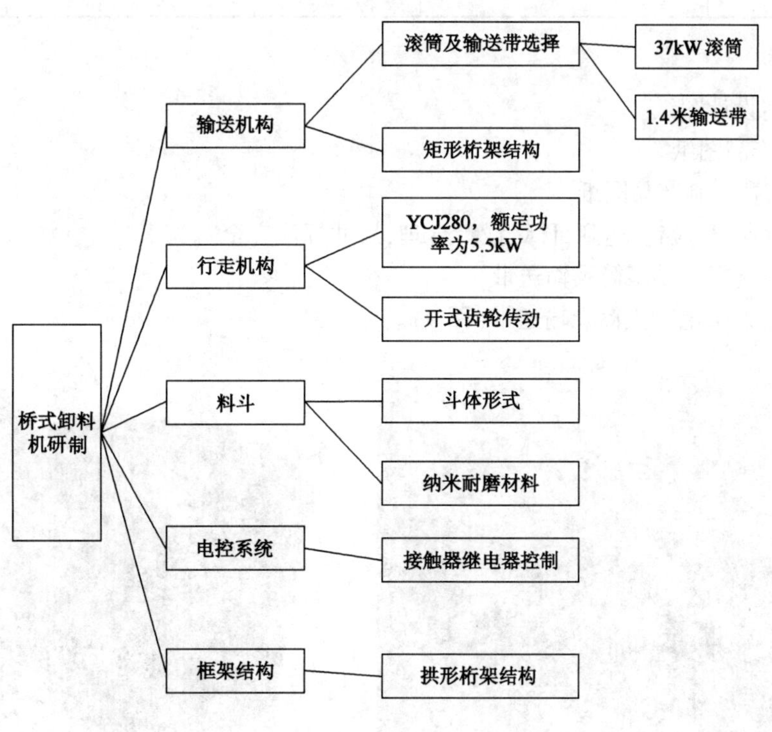

图8 最佳方案

3. 制订对策(表11)

制订对策 表11

序号	对策	目标	措施	地点	负责人	完成日期
1	设计图纸	整体设计,尺寸标注齐全	CAD软件	办公室	刘晓超	2018年7月15日
2	辊筒及输送带	选择的电动辊筒及输送带符合设计要求	①市场采购 ②核对型号	车间	张军	2018年7月21日

续上表

序号	对　策	目　标	措　施	地点	负责人	完成日期
3	制作输送带框架	框架结构尺寸精度≥99%	①委托加工 ②检查验收	委托厂家	李丰	2018 年 7 月 24 日
4	选择行走电机	选择的行走电机符合设计要求	①市场采购 ②核对型号	车间	张军	2018 年 7 月 25 日
5	选择齿轮传动	选择的齿轮传动符合设计要求	①市场采购 ②检查测量	车间	张军	2018 年 7 月 25 日
6	制作料斗	斗容 30 ~ 35m^3,框架结构尺寸满足安装要求	①委托加工 ②检查验收	委托厂家	张红兵	2018 年 8 月 1 日
7	选择耐磨材料	安装平整,耐磨性能达标	市场采购	车间	张红兵	2018 年 8 月 5 日
8	选择电控配件	运转正常可靠	市场采购	委托厂家	刘晓超	2018 年 8 月 10 日
9	制作整体框架	①框架结构尺寸精度≥99% ②焊缝探伤合格≥90%	①委托加工 ②检查验收	委托厂家	刘晓超	2018 年 8 月 30 日
10	整体组装调试	各动作正常有效 符合设计要求	组装,并进行试用	码头平面	张军	2018 年 9 月 15 日

4. 对策实施

(1)实施一:设计图纸

措施:绘制产品图纸。

由刘晓超负责绘制产品图纸。

实施情况检查:经检查,达到目标“设计合理,尺寸标注齐全”。

(2)实施二:选择电动滚筒及输送带

措施 1:市场购买电动滚筒及输送带(图 9)。

图 9　电动滚筒及输送带

措施 2:核对配件型号(图 10)。

输送带型号为 1400t6(6 +3),通过卷尺及游标卡尺测量,宽度为 1400mm,厚度为 9mm。

实施情况检查:经过查阅电动滚筒铭牌,及对输送带技术指标进行测量,符合设计要求。

(3)实施三:制作输送带框架

措施 1:委托厂家制作输送机框架(图 11)。

图 10　核对配件型号

图 11　输送机框架

措施 2:对结构件进行检查,检查工具包括卷尺、游标卡尺等。

实施情况检查:经部分结构抽样检查,框架结构尺寸精度≥99%,符合要求。

(4)实施四:选择行走电机

措施 1:市场购买行走电机(图 12)。

购买市场主流品牌电机。

措施 2:核对电机型号(图 13)。

图 12　行走电机

图 13　核对电机型号

实施情况检查:经过查阅电机铭牌,符合设计要求。

(5)实施五:选择齿轮传动

措施 1:市场购买开式齿轮(图 14)。

市场采购开式齿轮,用于行走轮传动。

措施 2:检查测量齿轮并与电机匹配安装(图 15)。

实施情况检查:与电机匹配安装稳定可靠,符合要求。

图 14　开式齿轮

(6)实施六:制作料斗

措施 1:料斗斗体制作焊接(图 16)。

措施 2:料斗检测验收。

对料斗尺寸进行实地测量,计算料斗容积可以达到 31.5m^3。

实施情况检查:通过测量料斗容积在 30 ~ 35m^{3}之间,符合要求。

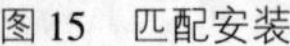

图 15　匹配安装

图 16　料斗斗体制作焊接

(7)实施七:选择耐磨材料

措施 1:市场采购纳米耐磨材料。

采购专业用于煤炭料仓的衬板。

措施 2:与其他材料耐磨性进行对比。

耐磨性检测结果显示纳米耐磨材料耐磨性高于一般的金属塑料产品,是碳钢的 6.6 倍,不锈钢的 5.5 倍,黄铜的 27.3 倍,尼龙的 6 倍,聚四氟的 5 倍。

实施情况检查:通过检测及安装测试,耐磨板安装平整,耐磨性能达标,符合要求。

(8)实施八:选择电控配件

措施 1:市场采购电控配件(图 17)。

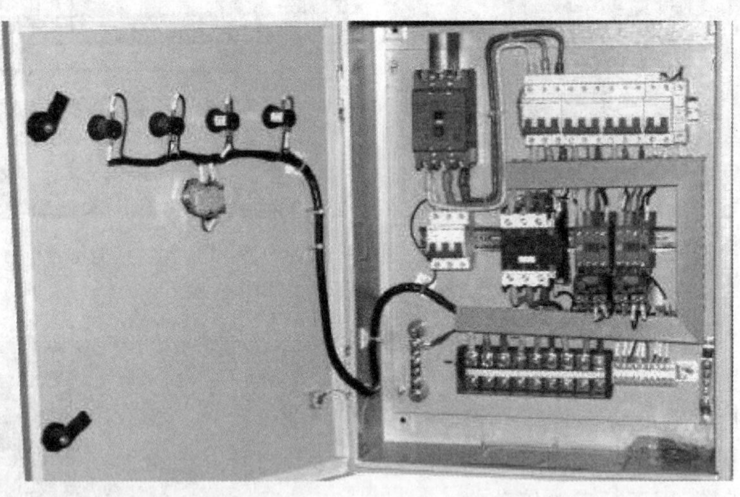

图 17　电控配件

根据要求市场定制电控配电箱。

措施 2:检测电控配件动作情况

模拟工作并检查各电控元件工作情况,检查 5 次,均正常有效。

实施情况检查:通过测试,电控配件均工作正常,符合要求。

(9)实施九:制作整体结构框架

措施 1:委托加工整体框架结构。

措施 2:对框架结构进行检测。焊缝超声波探伤自查报告见表 12。

焊缝超声波探伤自查报告　　表12

工程名称	桥式卸料机			受检部位	对接焊缝
钢材材质	Q345B	厚度	8～14mm	坡口形式	V形
检验等级	二级		执行标准	GB 50205—2001	
仪器型号	CTS-26B	探头型号	K2.5	试块	CSK-IA
耦合剂	化学糨糊	探伤面	水平	探伤方式	
灵敏度	¢3－10dB	表面状态	修整	探伤比例	100%
扫描调节	深度	比例	1∶1	焊接方式	气保焊
检验依据:《钢结构工程施工质量验收规范》(GB 50205—2001)					
检验结论:　合格			日期:2018年8月23日		
检验:张红兵　审核:张军					

措施实施情况检查:对结构件尺寸进行复核,检查所有尺寸并随机对11条焊缝进行检查,均为合格,达到目标要求"①框架结构尺寸精度≥99%;②焊缝探伤合格≥90%"。

(10)实施十:整体组装调试

由张军负责整体组装调试(表13),利用码头门座式起重机配合吊装进行组合,并进行调试,检查动作是否正常。

组装调试　　表13

项　目	数　量	检验结果	检　验
前进	5米	合格	张军
后退	5米	合格	张军
输送带输送	10分钟	合格	张军
结论:动作正常有效,满足要求			

措施实施情况检查:组装调试正常,达到目标要求"各动作正常有效符合设计要求"。完成调试后设备如图18所示。

图18　完成调试后设备

5.效果检查

成功研制出桥式卸料机后,小组成员于2018年9月15日,对桥式卸料机的效率进行测试(表14)。

对桥式卸料机的效率进行测试(单位:秒) 表14

序　号	起升时间	下降时间	起升时间	下降时间	合　计
1	25	24	21	21	91
2	23	23	22	22	90
3	24	21	20	20	85
4	23	21	20	19	83
5	24	21	21	21	87
平均	24	22	21	21	87

结论:由表14可以看出,使用桥式卸料机后,门座式起重机单次作业循环时间为87秒,完全实现了预期的目标。目标完成情况如图19所示。

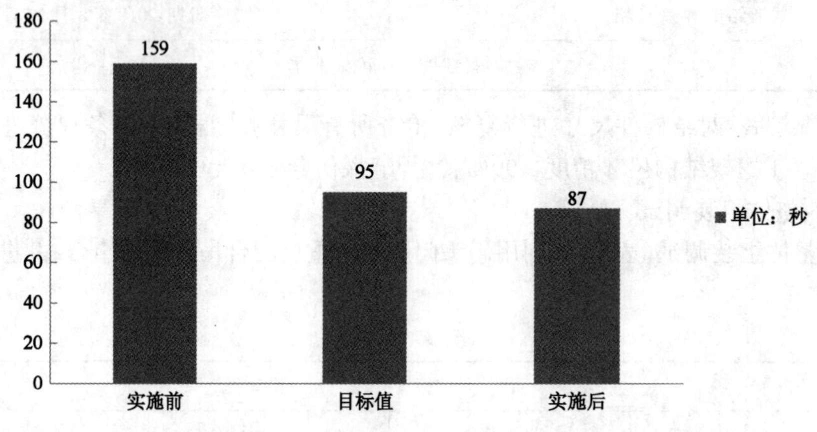

图19　目标完成情况

四、实施效果

通沙港务在进行货物海轮到江船的装卸业务时所使用的桥式卸料机,提高了装卸效率,减少了作业时间,降低了人工成本,是生产管理创新方面的重要突破,主要体现在如下方面。

(一)作业效率提升明显,生产时间进一步缩短

通沙港务未使用桥式卸料机前,全船约20000吨货,需用货车驳运后装船,在此过程中抓斗抓取两次,海轮到江船的装卸业务需要48小时/船,自使用桥式卸料机后,抓取一次直接过驳,只需36小时/船,节约12小时/船。

(二)各项成本持续降低,经营效益进一步提升

以单船为例,使用桥式卸料机能有效减少费用,原需要将海轮部分货物(20000吨/船)通过短驳车运输后装到江船,运输费用10200元,使用桥式卸料机后,可节省该笔短驳车费用。未使用桥式卸料机前海轮到江船作业,需要用货车运输的货物要使用抓斗两次,使用桥式卸料机后只需使用一次抓斗,抓斗两次抓取的电耗费用为4000元。使用桥式卸料机后可减少的人工成本费用为8820元。

桥式卸料机自2018年1月份使用以来,全年成功接卸72条海轮,使码头船到船作业效率提高了40%,合计作业115万吨,直接创造经济效益1225万元,累计节约装卸时间788小时,通过减少工作量、节约电费和人工成本,累计节约装卸成本155.6万元,2018—2020年共创造经营效益5000万元,节约装卸成本超500万元。桥式卸料机未投入使用前,通沙港务人均创收17.88万元,桥式卸料机投入使用后,通沙港务2018年人均创收达37.56万元,经济效益显著提升。

(三)工作环境显著改善,安全环保进一步规范

码头大批量的过驳作业,耗费了人力、物力和财力,以前过驳作业费时费力,而且在作业过程需要大

范围的回转作业，存在一定安全隐患，同时也会造成较为严重的环境污染，桥式卸料机的投入使用，有力保证了员工操作的安全性、可靠性，此外也较大程度改善了环境污染现象，满足了环保作业要求，为今后通沙港务持续实施管理科技创新手段奠定了基础。目前该项装置已经申请发明和实用新型专利，申请号分别为 201810218139.1 和 201820367428.3。实用新型专利已获得授权，授权专利号为 ZL 201820367428.3。

以转型升级为目标的管理与科研体系构建及实施

南通通沙沥青科技有限公司

成果主要创造人:徐　林　陈志林

成果参与创造人:纪晓敏　郭永佳　黄　河　陈金珍　徐建峰　皇甫道来　徐以乾　纪庆林

南通通沙沥青科技有限公司(简称“通沙科技”)是江苏交通控股系统所属全资企业,集各种改性沥青、改性乳化沥青及重交沥青的研发推广、生产销售、中转仓储及技术服务于一体。

通沙科技于2001年正式运营,凭借其科学的管理、先进的技术及诚信的理念,在交通公路领域创造了令人瞩目的业绩。公司产品先后成功用于通启、连盐、淮盐、宁淮、宁宿徐、宁通、沪苏浙、宁杭、苏通大桥等省级大型工程项目,充分展现了强大的品牌、质量和服务优势。

通沙科技配套装备先进齐全,拥有2万吨级船舶沥青专用码头和3万吨沥青库存能力,生产系统完全实现自动化控制。目前改性沥青日产量达1200吨,改性乳化沥青日产量可达300吨。通沙科技建有专门的研发实验室,能精确完成所有沥青指标的检验和检测,具有极强的技术实力和研发能力。通沙科技成功地与各高校和省级研究院合作开发并推广了各类特种改性沥青和特种改性乳化沥青。

2018年3月,在控股公司和技术中心的大力支持下,通沙科技通过与院校合作,“江苏高速公路路面养护专用沥青研发中心”在公司正式挂牌成立。未来“研发中心”将立足于服务江苏高速公路的养护与改扩建工程,重点针对养护中的问题,开展养护专用沥青与新材料的研发及推广,形成具有自主知识产权的核心技术和解决方案,制订相应技术规范和标准,打造江苏省高速公路养护技术的先进平台,推动高速公路养护技术健康快速发展。

一、成果构建背景

交通运输是国民经济中基础性、先导性、战略性产业,是重要的服务性行业。构建现代综合交通运输体系,是适应经济发展新常态,推进供给侧结构性改革,推动国家重大战略实施,支撑全面建成小康社会的客观要求。《“十三五”现代综合交通运输体系发展规划》明确指出:要推动交通行业的节能低碳发展,优化运输结构,推广应用节能低碳技术和产品;将生态环保理念贯穿交通基础设施规划、建设、运营和养护全过程。

开展高速公路养护沥青与新材料的研发及应用研究,对应对高速公路养护新技术的挑战,提升江苏省高速公路的建养护水平具有重要的意义。沥青路面因其有对路基变形沉降适应性强、使行车舒适、噪声小、能快速修复等优点,是高速公路建设中采用的主要路面结构形式。近二十年来,江苏省一直引领着我国高速公路的发展,在我国高速公路基础设施领域率先达到了世界领先水平。截至2017年底,江苏省高速公路通车总里程已突破4688公里,密度规模与建设水平均超过了欧美发达国家,代表了我国道路基础设施建设的最高水平。但作为高速公路发展最早最快的省份,江苏省高速公路网中已有近70%的路面结构使用年限超过10年,预计“十三五”末,该比重将急剧增加至90%,依据我国设计规范中规定的高速公路15年的设计使用年限,“十三五”期间,江苏省高速公路将有大量路段路龄接近或超过设计年限,其安全运营与养护任务极其繁重,同时也对高速公路的养护水平、技术水平提出了更高的要求。

江苏省高速公路管理“十三五”规划明确提出要健全高速公路现代养护体系。江苏省高速公路养护工程与新建公路工程存在很大差异,其主要特点有:养护沥青材料进场后需长期储存、反复加热,若材料耐热性差会直接影响其路用性能;养护材料拌和量较小,施工零散分布,运距长,其养护材料整体用量相对较小,供应商对其质量重视程度不够,质量良莠不齐;养护完成后开放交通时间早,路面内部温度较高,会造成路面车辙等病害。

针对江苏省高速公路养护工程的特点,越来越多的专家学者开始意识到传统沥青产品不能满足养护工程相关的技术要求,传统沥青技术规范已经不能很准确地评价养护工程沥青的路用性能,传统养护技术已经不能满足现代养护工程的需求,为此研发养护工程沥青新材料、建立养护工程沥青新指标、形成养护工程新技术是高速公路养护的大势所趋。

(一)生产设备落后

通沙科技现有改性沥青、乳化沥青生产设备设施,经过十几年使用已趋于老化,产能明显下降,能耗增加,产品质量不稳定。对标同行业沥青加工生产企业,通沙科技生产设施及辅助设备差距较大。随着外部新建沥青加工厂越来越多,沥青市场竞争压力越来越大,公司现处于转型升级的关键阶段,设备技改刻不容缓。

(二)产品结构单一

通沙科技主要产品有进口重交70号、SBS改性沥青、改性乳化沥青、和橡胶沥青,产品种类及原材料来源比较单一,普通道路石油沥青主要为进口重交沥青70号,缺乏国产沥青、低牌号沥青(如30号、50号沥青)、高牌号沥青等一系列产品,无法应对市场产品多样化的需求。

随着江苏高速公路的养护工程量日益增长,对养护材料的需求越来越大,质量要求也越来越高,但通沙科技针对养护材料相关的产品和研发投入严重不足。

(三)研发基础薄弱

1.设施不完善

对企业来说,具有特色鲜明、高水平的研发平台至关重要,而配套齐全的检测设备、小试设备、中试放大装置都是生产及产品研发所必需的。通沙科技的材料研发中心仅能完成沥青材料常规性能检测,缺乏诸多特殊性能指标的检测仪器,同时沥青混合料性能的相关检测设备还有待完善,另外研发场地的严重不足,制约了公司科研水平的提升与发展。

2.机制不健全

研发人才是企业科技创新的驱动力,而目前通沙科技研发中心研发力量严重不足,造成企业自主创新能力不够强,高新技术产品少,高端产品生产技术依赖外界输入。因此,通沙科技急需引进一批硕士研究生、博士研究生等专业技术素质高的人才,加大人才引进力度,健全研发机制与体系。

(四)质量管理不到位

当前客户对产品质量要求越来越高,但是通沙科技产品质量管理机制和制度没有实时跟进,从而导致产品质量问题重复发生,表明通沙科技质量控制体系存在缺陷,既不能满足客户提出的新要求,也不能适应通沙科技新产品的推广。因此,通沙科技迫切需要重新对现有的质量体系进行修改和完善。

二、成果内涵

通沙科技从2017年开始大力推进转型升级,完成三年再造一个通沙的任务。公司改性生产设备更新了一台胶体磨,并且加大了成品罐搅拌功率,实现了产量从20吨/小时到40~60吨/小时的倍增,并且生产时间、发育时间、能耗都大幅下降;乳化生产设备成套更换,优化乳化配料系统、水浴加温、控制系统以及更换乳液罐等,自动化程度大幅提高,实现了产量从8吨/小时到15吨/小时的倍增,配方执行精准,产品质量稳定;构建质量管理信息平台,将生产配方、生产工艺、生产参数、生产过程全纳入系统管理,数据信息纳入中心,进行实时质量把控和统计分析。

通沙科技以科技创新为引领,不断提升产品的核心竞争力,在做精做专现有主导产品的基础上,进一步拓宽视野,瞄准其他应用领域,研发更多产品,占领更多市场份额,提升品牌影响力。同时,通沙科技把技术服务作为产品的延伸,为客户提供配套的技术指导和现场服务。通沙科技加强创新体系和制度化,根据现状和发展目标制订了《技术研发三年规划》,有序推进研发战略,申请专利20余项。通沙科技按项目、区域及重点产品成立专项服务队伍,进驻施工现场,积极配合工地检测机构的检测工作,对技术上遇到的新问题及时进行反馈,调整生产方案和技术革新,做好售后服务工作。

通过转型升级的实施,通沙科技实现了提高经济效益的提质增效目的,同时保障了产品质量,企业品牌影响力进一步提升。

三、主要做法

(一)实施生产技改工作

1. 聚焦创新引领,助力转型升级

创新是引领发展的第一动力,通沙科技以新发展理念引领创新和转型升级。在制订技改前期规划方案时,通沙科技紧盯国外先进生产工艺技术水平,瞄准行业内新技术和新理念,主要做了以下工作:一是进口德国赛弗(siefer)沥青胶体磨,实现改性沥青连续进料、一次过磨生产新工艺,完全满足PG76-22改性沥青生产技术工艺要求,逐步占领省内高品质改性沥青市场,同时实现产能翻一番。二是作为港闸区锅炉低氮改造示范单位,引进意大利FGR烟气外循环燃烧新技术,经过环保部门实测,锅炉氮氧化物只有25毫克/立方米,成为南通首家锅炉超低氮氧化物排放单位。三是开发生产系统温度控制PID运算模块,生产操作人员只需输入生产温度,就能实现系统自动调温、设备精确加温,保证沥青加温过程一直处于恒温、受控状态,避免沥青加温出现老化。

2. 建设数据中心,提升管理质态

沥青生产过程中数据统计分析的工作,原来只能凭管理人员对数据的记忆,也没有生产过程数据的采集功能。生产系统加装温度、压力、流量、电流、频率等参数感应模块后,通过参数收集模块就能自动实时将数据上传至数据中心,及时生成生产报表并自动保存,可以随时调取数据报表检查生产过程工艺执行情况,同时也方便生产过程质量管控和满足研发新产品数据读取需要。

3. 系统结构优化,提升效能管控

一是沥青管线架空管廊布置:改造后沥青管路减少占地面积、各管路间布置明晰,员工操作便捷快速,同时也有效杜绝管路跑、冒、滴、漏;沥青管路实现分区加温、按需加温、精准加温,生产准备加温时间缩短1.5小时,天然气能耗节约15%。二是重新设计优化生产工艺过程:完善设备应急备用功能,确保设备故障维修时沥青生产不停产、不减产。三是沥青发车管路加装流量计:开发沥青装车自动计量模块,沥青装车按照设定数量自动计量、定量控制,技术上已具备沥青无人发车功能;发油鹤管管径改为DN125,沥青装车速度也由原先每小时1.5车,提速至每小时6车,提高了沥青装车效率,加快了改性沥青生产成品罐周转。四是锅炉应用PLC控制系统及PID智能调节:原锅炉只有两种(大、小火)人工转换调温模式,现升级为自动无级(1%~100%)调温模式,能根据设定锅炉出口温度参数,自动调节修正燃烧器燃烧过程,出口温度精准控制在1℃范围以内,实现智能控制、节能恒温。

4. 设备安全升级,操作智能便捷

一是升级锅炉安全联锁功能:锅炉远程监控、报警自动运行,同时生产仓储锅炉重新匹配,生产区锅炉出口温度下降40℃,运行负荷可调、可控。二是重要设施设备(沥青泵、流量计)加装安全泄压装置:有力保证沥青管线始终处于安全可控状态;同时沥青管路增加了压力和温度传感器,生产系统实时监控

沥青生产管路的压力与温度,超压超温时及时报警并停机,从源头消除沥青管线胀管、爆管安全隐患。三是SBS上料机运转就近控制操作:生产控制中心不能直接操作上料机的运转,生产控制中心根据生产工艺需要,实时授权上料机运行权限,上料机由于故障停止时,需控制中心重新授权,确保上料机运行安全可控双保险。

5. 生产装置再完善,产量质量双提升

经过对改性、乳化沥青胶体磨及配套系统升级改造,改性沥青的产能翻了一番,乳化沥青翻两番,但还存在改性沥青胶体磨没有满负荷生产,生产乳化沥青时会干扰改性沥青的生产,以及生产乳化沥青原料时出现指标异常等问题。为解决这些问题,应采取以下措施:一是提升改性沥青生产过程基质沥青输送能力。更换生产区螺旋板式换热器,由两台100平方米更换为两台200平方米,增加生产有效换热器面积,提高热能快速转换。根据生产重新选配两台基质沥青大流量沥青泵,并配置30千瓦变频电机及改造沥青泵电器控制系统。选用美国AB品牌重载变频器控制沥青泵的启停及调速运行,沥青泵可以在0~950转/分范围内任意调速,极大地保障了基质沥青输送能力可调、可控。二是设计制造两台20吨乳化原料发育罐,预留专用沥青输送管线,保证了乳化沥青原料专管、专罐,可以同时生产多品种乳化沥青,解决了乳化原料生产质量难控制、指标体系不匹配、成本偏高的历史性课题,以及乳化原料和改性生产相干扰的问题。

(二)加快研发平台建设

自开展研发平台建设工作以来,经过两年的努力,在硬件设施和软件方面都进行了完善与升级,为通沙科技研发能力的提升打下了坚实的基础。在研发工作方面,通沙科技继续聚焦解决控股系统养护工程材料应用过程中存在的问题,如不黏轮乳化沥青和一体机专用乳化沥青的技术评估、性能提升与标准的编制等工作。

1. 硬件建设

通沙科技对原有场地进行统筹规划、重新布局,继续对研发场地进行功能分区的细化工作,对特种沥青研发室、乳化沥青研发室、新材料研发室、性能评价分析室、微观性能表征室、混合料性能检测室等进行了统筹安排,逐步实现了功能细化,满足了当前产品的研发和检测任务。研发中心场地设置见表1。

研发中心场地设置 表1

序号	名称	数量	楼层
1	混合料室	1间	一楼 重型仪器设备区
2	常规性能评价室	1间	
3	办公室	1间	二楼 研发检测区
4	研究类性能分析室	1间	
5	新材料研发室	1间	
6	会议室、资料室	1间	
7	乳化沥青研发室	1间	乳化中控室
8	样品储藏室	1间	

研究类性能分析室、常规性能评价室、乳化沥青研发室分别如图1~图3所示。

完善的试验设施是新材料研发的前提和基础,通沙科技在现有常规试验设施的基础上,着力优化现有配置,购置急需新仪器。为了满足未来特种乳化沥青研发的需求,公司于2018年底完成了特种乳化沥青中试装置的购置,为了应对基于性能的沥青混合料的设计需求,购置了DSR、BBR、压力老化仪等沥青特殊性能检测装置。以上所有检测设备和室内中试设备均已经于2019年到位并正常运行,这些设备为研发工作和检测工作提供了强有力的保证。PG设备如图4所示。

图1　研究类性能分析室

图2　常规性能评价室

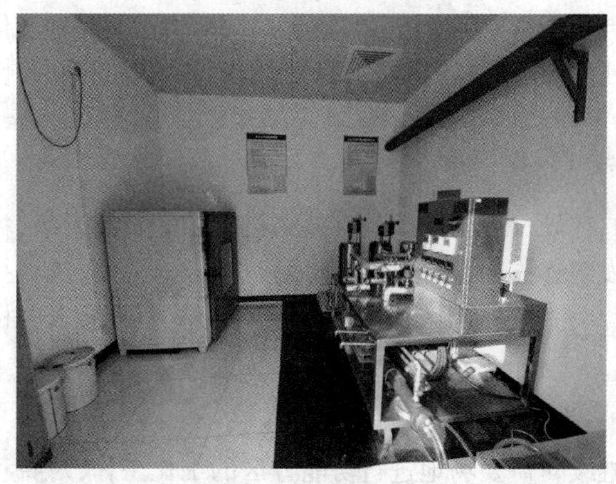
图3　乳化沥青研发室

图4　PG 设备

图5　荧光显微镜设备

此外,为了加强研发能力,满足研发需求,公司购置了荧光显微镜(图5),用以评价 SBS 改性沥青的微观结构,为改性沥青的研发和生产提供了理论指导。

2. 队伍建设

人才团队是新材料和新技术研发的核心,通沙科技在现有多名材料类、工程类研究生专业人才的基础上,继续加大对沥青材料研发型人才的引进,为新材料的研发注入了新的活力。同时,为了进一步加强研发力量,通沙科技对研发人员结构进行优化调整,将现有研发中坚力量和新引进专业技术人员资源整合,成立专门的研发团队,集中力量进行新产品的研发。后期,通沙科技将大力引进更多的专业人才,进一步完善研发团队。在人才培养方面,同时积极支持专业人才参与国内外学术交流,对技术人员制订了完善的培训方案,努力实现技术人才培养有梯度、有分工、成系统。

(三)推进产品研发应用

完善了研发平台建设后,通沙科技以市场需求为导向,为了应对当前江苏高速公路沥青路面养护工程对沥青材料的高要求、高挑战,解决养护沥青材料在生产、存储、施工过程中存在的问题,着眼江苏高速公路路面养护工程全局,搭建了江苏高速公路养护沥青材料体系的框架,为未来几年高速公路养护沥青材料的发展提供了借鉴。同时,考虑到高速公路养护工程与新建工程的区别,且养护工程用 SBS 改性沥青进场后需长期存储反复加热等特点，其性能会存在不同程度的衰减，通沙科技承担了有关养护专用 SBS 改性沥青的性能衰减规律研究、SBS 改性沥青技术标准的研究等科研项目，为后续养护专用 SBS 改性沥青性能提升方法的研究奠定了基础，完善了养护专用 SBS 改性沥青的整体体系。

(四) 完善质量管理体系

针对产品质量管控的不足，通沙科技提出内部"一在线两平台六关口"(一线：自动工艺在线监控；两平台：研发平台和检测平台；六关口：原材料关、产品配方关、工艺控制关、过程检测关、产品放行关、售后跟踪关)质量管理措施，并严格执行。

1. 自动工艺在线监控

通沙科技加强信息化管控服务措施，实时采集生产原料、投料量、生产温度、研磨及发育时间等方面相关数据，同时设定阈值，一旦工艺参数和原材料投放量超过设定值自动启动报警装置，第一时间处理。

2. 研发平台

通沙科技充分利用研发平台的技术支撑，根据不同产品技术特点，有针对性地开展产品配方和工艺的攻关，确保产品质量稳定。

3. 检测平台

通沙科技有全套材料研发设备，能完成各类改性沥青和乳化沥青的研发，也有配套齐全的检测仪器，能完成诸如 PG 检测、60℃动力黏度、针入度、软化点和延度等全套沥青指标检测。未来通沙科技要继续完善检测设备，尤其是混合料相关仪器设备。对于现有的专职质检人员，平时既要提升他们的试验操作水平(尤其是对新设备的使用)，同时也要注重理论知识的培训。

4. 原材料关

规范原材料的采购和检验，所有原材料进库前必须检验合格由研发部确认后方可卸货，基质沥青进库后由生产部安排检测人员两天内对沥青指标进行检测，研发部根据检测结果安排小试，具体流程如图 6 所示。

图6 原材料采购流程

5. 配方关

根据研发部产品技术要求，结合每批原材料情况进行小试，确定合适的生产方案，产品工艺和配方由总经理确认后方可下达生产部；每次更换原材料后均需对配方进行验证，合格后方可用于生产。

6. 工艺控制关

生产部接到生产任务后，严格按照研发部制订的生产工艺指导书下达生产作业单。生产班组按作业单指令组织生产并做好生产记录，详细记载各生产环节的进料、温度控制、搅拌、发育时间以及其他事项。生产过程中出现异常情况要第一时间通知研发部，由研发部确认后制订下一步措施。

7. 过程检测关

改性沥青：改性沥青发育结束后取样检测，对于关键指标(三大指标、黏度、烘后延度、PG)要求每批必检，对于其余指标由研发部确定检测频率。每批产品关键指标检测合格后方可发车，部分产品发车过程中加滤网，如果遇到特殊情况改性沥青储存时间超过 48 小时，发车前必须复检关键指标。

乳化沥青：生产过程中检测中心取样检测油水比情况，生产结束后在乳化成品罐取样检测全套指标，全套指标合格后方可装车，装车过程中加 1.18 毫米滤网，装车结束后，取样检测油水比和筛上剩余量两个指标，合格后打印报告单，由研发部确认签字后方可发车。若乳化沥青在罐中储存超过 48 小时，需重新取样检测，检测合格后方可装车。

8. 产品放行关

营销部通过销售合同订单从计算机开具生产发车通知单(明确提货单位、吨位、品种、规格、车号等要素);所有产品出库前必须由检测中心出具合格证方可出库;为便于追溯,通沙科技出厂磅单上均标上封条号码、发货罐号、发货时间等基本信息,随车检测报告均标明车号、生产时间等关键信息。

9. 售后跟踪关

建立售后技术服务部,对于施工中出现的沥青使用方面的问题,在 6 小时内派技术人员到达施工现场,与施工单位和技术服务单位密切配合,找出问题并及时解决。在施工过程中,定期走访标段,考察施工情况,并根据施工与技术服务方反馈的意见,及时调整产品指标,确保沥青的最佳使用性能。

四、实施效果

(一)优化生产管道,提升生产效率

技改实施后,管道全部采用桥架布局,减少了占地面积;沥青、导热油管道布局清晰、功能齐全;生产区管道加温速度缩短 1.5 小时,沥青和导热油流速稳定;改性沥青发货由 40 分钟缩短至 15 分钟,大大提升了改性沥青成品罐的中转速度。

(二)锅炉安全升级,恒定生产温度

通过锅炉安全升级改造,实现全自动操作;安全系数提升,安全附件全部实现自控联锁,若有一个参数出现异常,锅炉会自动停炉,并声光报警;锅炉出口温度实现恒温,确保生产温度的稳定,保障产品质量;锅炉能耗降低,加温效率提升。利用 PLC 控制,采用 PID 调节方式,根据实际生产工况,控制燃烧器使用百分比调节,取代大小火燃烧,避免过程浪费。

(三)乳化装置升级,产品质量提升

新增立式乳化沥青原料罐取代原卧式储罐,各品种乳化原料可直接在原料罐发育使用;解脱占用反应空间,不耽误改性沥青生产,真正意义上实现乳化沥青单独生产;实现恒温控制,保障乳化沥青原料品质,减少 SBS 参量,降低生产成本。

(四)升级控制系统,精准计量自控

通过升级生产控制系统,生产操作稳定性提升;生产产能可控,仓储区沥青泵采用变频控制,进料沥青流量与生产实际情况相匹配,直接输入变频控制速度;沥青泵安全联锁增强,避免胀管爆管现象;流量计补偿系数通过 PID 调节,生产沥青计量更加精准;实现定量发车,可与地磅实现对比计量,保障货物安全。

(五)优化设备设施,实现提质增效

通过生产区管道改造、设备更新、锅炉安全升级改造以及生产自控升级,生产现场得到很大的改善,在提质增效方面取得显著效果。首先,天然气消耗能耗降低约 15%,每年节约费用 80 余万元;其次,生产区初始加温时间缩短 1.5 小时;生产发车时间由 40 分钟降为 15 分钟,节约电能、气耗;

然后,通过管道改造,实现局部加温,无须整个体系加温,如生产区反应釜不需要再加温生产;最后,"等温度"现象成为过去式,沥青连续进料保证温度恒定,保障产品质量。

通过三年技改,生产产能再上一个台阶,可实现日产量 1500 吨,生产工艺实现精准化控制,质量稳定,达到提质增效的目标。同时,安全联锁实现多方面控制,生产现场环境得到改善。

(六)质量管控效果明显

在产品质量的管理方面,通沙科技从上到下制订了更加规范的管控制度,不断完善生产过程中各个环节的标准化作业。公司对生产中各个环节也加强了监督,同时对于过程中不合格的产品,加强了质量分析,避免不合格产品的再次出现。公司根据生产过程中出现的质量问题,加强分析与改进。保障产品出厂合格率达 100%。

(七)新材料在路面大规模成功应用

研制的高速公路养护快速施工技术用不黏轮特种乳化沥青、排水路面用高黏改性剂、高抗车辙性灌浆材料 3 个新产品进行了大规模的推广应用。其中不黏轮乳化沥青(图 7)在高速公路养护工程中的应用超过 77 万平方米,实际用量近 2000 吨;排水路面用高黏改性剂在宁宿徐、沿江、宁靖盐等高速公路养护工程中应用近 5 万平方米,实际用量 22 吨;高抗车辙性灌浆材料(图 8)在沿江高速养护工程应用近 10000 平方米,实际用量 350 吨,市场应用效果均反馈较好,实现经济效益超百万。

图 7 不黏轮乳化沥青施工现场

图 8 抗车辙路面灌浆施工现场

五、结语

公司通过企业综合管理信息化系统的实施应用,为企业转型升级提供动力,实现了标准化、信息化、流程化的管控模式,解决了以往管控过程中的不足,切实推动了管理,实现了提质增效,由于受企业管理的复杂性、业务的庞杂性、执行人员的业务能力等多种因素影响,仍存在一些不足,通沙科技将在今后的管理中进一步修改完善。

基于安全风险分级管控和隐患排查治理双重预防机制的高速公路安全管理

苏州绕城高速公路有限公司

成果主要创造人:赵志良 叱干春旺

成果参与创造人:潘 潇 张德强 李柳柳 秦王盛 张 茜

苏州绕城高速公路为苏州市域“一纵三横,一环四射”高速公路网中的“一环四射”,是江苏省第一条低路堤,集景观、旅游、生态为一体的双向六车道高速公路。全线分为常嘉高速公路(G1521)、苏台高速公路(S17)、沪宜高速公路(S48)、沪常高速公路(S58)、太仓港南疏港高速公路(S81)五部分,全长为216公里,工程总投资约153亿元。绕城高速全线共设有26个互通、9个枢纽,与沪宁高速公路(G42)、苏嘉杭高速公路(G1522)、沿江高速公路(G15)实现了无障碍互通衔接,苏州全市联网畅通,过境不超过1小时车程,沿线乡镇15分钟就能快速进入高速路网,为城乡沟通提供了便捷交通,为苏州经济社会发展提供了交通支撑。

苏州绕城高速公路有限公司(简称“苏州绕城公司”)是一家按照现代企业制度于2002年10月17日注册成立的国有股份企业。苏州绕城公司实行扁平化管理,下设综合部、人力资源部、计划财务部、营运部、工程部、企业管理部、安全保卫部、党群工作部8个职能部门,设有10个建制收费站(辖26个自然收费站)、2个建制服务区、3个排障大队、3个巡查大队、1个稽查大队。

自2004年10月28日西南段率先通车营运以来,苏州绕城公司紧紧围绕建设“和谐绕城、规范绕城、现代绕城”的目标,秉持“营造安全、畅通、文明的景观大道,追求规范、科学、创新的高效管理”的经营服务理念,以企业文化建设为引领,以“三合一”体系贯标为基石,以6S现场管理为抓手,以“和美绕城”服务品牌打造为追求,扎扎实实打基础,艰苦创业谋发展,各项工作取得了明显的成效。苏州绕城公司先后获得全国巾帼文明岗、全国工人先锋号、全国模范职工小家、江苏省文明样板路、江苏省和谐单位示范基地、江苏省青年文明号等荣誉。

一、成果构建背景

(一)贯彻落实上级安全工作部署要求的需要

为深入贯彻落实党中央、国务院和省委、省政府、省交通运输厅关于安全生产工作的决策部署,加快推进我省高速公路行业安全风险分级管控和隐患排查治理双重预防工作机制建设,《省高速公路管理局关于印发构建高速公路行业安全风险分级管控和隐患排查治理双重预防机制实施方案的通知》(苏交高路网〔2017〕129号)于2017年11月7日正式发布,提出实施高速公路经营管理单位安全风险防控工程、实施高速公路经营管理单位事故隐患排查与治理工程、实施高速公路经营管理单位双重预防体系建设、加强双重预防机制建设的行业指导与监督的重点任务。到2018年底前,通过开展“双重预防机制”建设与示范,初步形成高速公路经营管理单位安全风险自辨自控、隐患自查自治,行业管理机构指导,社会有序参与的工作格局。高速公路行业管理机构要明确重大风险管控及重大隐患排查治理指导性要求:高速公路经营管理单位安全生产标准化达标100%、安全风险辨识评估与分级管控100%、事故隐患分类分级与闭环管理100%。高速公路行业应完成双重预防机制建设,实现重大风险可识、可防和可控,重大事故隐患"五落实",不断提升安全生产整体防控能力,有效防范和遏制重特大事故发生的工作目标。综上可以看出:国家、省、市及其交通行业安全各个条线,已经完成了生产安全风险分级管控与双重预防机制顶层设计,或者说已经设置了安全风险分级管控与双重预防机制责任和义务红线,如何把这种顶层设计及其责任义务无缝落地,这是高速公路行业安全风险控制及其建设迫切需要解决的一道难题。

(二)保障高速公路使用者和从业者安全的需要

随着我国公路建设的快速发展,人们在享受便捷和快速交通出行的同时,也面临着严峻的公路交通事故压力,其中以高速公路行业的安全压力尤其大。从国家通报和媒体公布的公路重特大安全生产事故来看,无论是事故的数量还是事故的性质,无论是事故的公路因素还是事故的公路责任,高速公路远远高于普通公路。特别是 2017 年 8 月 10 日发生在陕西省安康市境内的京昆高速公路秦岭 1 号隧道南口处的大客车碰撞隧道洞口端的特大交通责任事故,国务院批复的事故责任报告认定,该事故属于安全生产责任事故,其中间接事故原因第 1 条就是公路因素。同时,把桥梁路面与隧道之间无过渡段,作为公路的第 2 条原因。通过解读 2014 年修订颁布的《中华人民共和国安全生产法》可认识到:管行业必须管安全,管业务必须管安全,管经营必须管安全,应从法律层面明确高速公路管理机构、业务条线和经营管理的安全责任和义务。综上可以看出,高速公路行业安全具有典型的多层面、多元素、多变数风险特点,使用者及其从业人员需要面临极大的交通安全风险,经营管理机构及其作业人员需要面临极多的安全需求风险,如何消除这些安全风险或者控制在有限范围,这是高速公路行业安全风险控制及其建设迫切需要解决的一个课题。

因此苏州绕城公司认识到,要破解高速公路运营企业安全管理难题,有效控制安全管理风险,需要针对高速公路行业特点,积极探索建立一套系统完善的安全风险分级管控和隐患排查治理双重预防机制,全面落实企业安全主体责任,使企业各个生产岗位、各项工作流程符合安全生产法律法规的要求,继而通过细致严格的管控措施,使每个员工的操作流程都严格按安全生产标准和规范执行,从而全面改进和加强企业的安全管理。这样不仅可以使苏州绕城公司的安全管理更加科学规范,也可以为高速公路行业安全管理的规范化和标准化提供一种有益的思路和借鉴。

(三)深化高速公路行业安全保障与管理的需要

安全工作以高速公路及其设施功能为主体,以安全事故隐患治理为载体,以履行行业安全生产责任为实体,集行政管理、养护保障、应急救援于一体。高速公路作为基础设施有特殊性,因此事故责任认定及其事故因素也有多样性,使道路交通安全设施条件保障很复杂,主要需要面对两个层面的安全事故及其保障需求,第一是来自于贯穿公路建设、养护、收费、服务全过程的生产安全,第二是来自于人为因素的公路、桥梁、隧道及其设施全形态的安全保护,这种情形既浓缩了高速公路行业安全的需求特征,又凸显了高速公路行业安全责任的特性。特别是以道路交通安全事故为主题的风险辨识、评估控制、隐患排查和行业治理,属于本项目"三大"安全之中最为复杂的问题,同样也是控制安全风险和责任风险最难的问题。因此,包括高速公路在内的道路交通事故预防和控制,已经成为国家公路交通行业,特别是经营管理过程必须攻克并解决的重要问题。

(四)实现公司可持续发展的需要

随着苏州绕城公司经营规模的不断扩大,安全风险管控针对性不强、管理标准不统一、流程不规范、环节有缺失等问题和矛盾日益凸显,使得复杂程度不断提高的安全管理难度进一步加大,企业安全生产形势日趋严峻。苏州绕城公司清醒地看到,只有探索建立更为有效的安全管理模式,全面加强对安全风险的管控,实现安全管理的系统化、规范化、标准化,提高全体员工安全素质,达到消除隐患、控制危险源、消灭事故的目的,才能使企业的经济效益和社会效益得到保障,才能为企业的可持续发展打下扎实的基础。

(五)提升全员安全管理参与度的需要

以往在管理者的思维和实际管理工作中,安全工作大多是集中在安全管理部门身上,随着近年"一岗双责"和全员安全生产责任制要求的提出,苏州绕城公司也在逐步建立全员参与的安全管理体系,但是现有的安全管理体系更多的是体现在制度上,未深化成具体的工作要求,人员自认需要履行的日常安全职责还不明晰。因此,公司开展双重预防机制建设,通过座谈、调研等方式辨识出苏州绕城公司日常运营中存在的风险,并按照岗位进行相应风险管控措施的制订,明确各个岗位在风险管控中需要承担的职责,同时结合风险制订日常隐患排查的标准,将排查工作分解到每日、每周、每月开展,充分调动和发挥全体员工遵循安全制度的积极性与创造性,有效控制各种安全风险。只有提高员工安全管理的积极性与创造性,促使员工积极主动地参与苏州绕城公司的安全管理,调动苏州绕城全公司的力量积极防范各项安全风险,才能保障员工的生命安全。

二、成果内涵

如果说"亡羊补牢"指的是传统安全管理模式,那么"未雨绸缪"就是双重预防机制在新时代下的安全管理模式,真正把风险控制在隐患形成之前、把隐患消灭在事故前面,守住事故应急救援的最后一道底线,实现生产安全管理"一张网"。其根本特征是把握安全生产的特点和规律,梳理"预先防范、关口前移"的理念,从各个工作岗位及生产场所的风险辨识作为切入点,将辨识出的风险进行评估并分级防控,同时结合隐患排查,找出在风险管控过程中可能存在的缺陷和不足,及时将隐患进行整改闭合。

同时,公司结合信息化技术的应用,将风险的日常管控和隐患的排查治理全流程可视化,破除了苏州绕城公司安全风险管控针对性不强、安全管理水平不均衡、员工安全意识不足等难题,实现了苏州绕城公司运营安全保障能力、安全管理水平和员工安全素质的全面提升。

三、主要做法

(一)承担全省试点示范,破解安全管理困局

为深入贯彻落实党中央、国务院、交通运输部和省委、省政府、省交通运输厅关于安全生产工作的决策部署,引领和推进我省高速公路行业双重预防机制建设,省交通运输综合行政执法监督局(原省高速公路管理局)组织开展了全省高速公路行业双重预防机制研究与应用试点建设工作,解决了安全风险管控针对性不强、安全管理水平不均衡、员工安全意识不足等问题,同时为全省推进双重预防机制积累了经验,带动了整个行业双重预防机制的建设进程。苏州绕城公司作为试点单位开展了示范研究工作,将试点示范项目作为一项重要工作,形成了主要领导亲自抓、分管领导具体抓、职能部门主动抓、一级抓一级、层层抓落实的良好局面,切实为全省高速公路行业建立双重预防机制发挥了示范引领作用。

(二)建立完善的组织机构,强化组织保障

苏州绕城公司根据安全管理职责要求,按照"管行业必须管安全、管业务必须管安全、管生产经营必须管安全"的原则,将安全管理责任细化分解为领导责任、监管责任和执行责任三个层次:苏州绕城公司主要负责人作为安全生产工作第一责任人,对苏州绕城公司的安全生产工作负有领导责任;安全管理部门对安全生产工作负有监督管理责任;通过各职能部门及全体员工履行各自的执行责任。责任的层层分解使得层级递进的安全责任得到落实。公司结合"双重预防机制"工作建设需要,建立了"双重预防机制"建设领导小组,负责统筹协调建设工作,在此基础上,建立了苏州绕城全公司各职能部门、基层单位安全管理员的"双重预防机制"工作小组,不定期地组织开展"双重预防机制"建设情况的反馈、沟通及意见征询,使构建的双重预防机制贴合企业的经营实际,切实做到将安全管理融入生产经营。

(三)开展双重建设,细化全员风险管控和隐患排查治理职责

1. 辨识评估安全生产风险,加强风险管控

苏州绕城公司依托安全管理人员队伍成立安全生产风险辨识评估小组,划分作业单元,建立风险分

析表。公司针对不同的作业单元,从人、设施、环境、管理等方面进行分析,确定了各作业单元可能发生的风险事件,按照《公路水路行业安全生产风险辨识评估管控基本规范(试行)》要求,采用LC风险法对公路水路交通运输行业安全生产进行风险评估。公司通过分析可能造成最大人员伤亡、经济损失、环境污染、社会影响的事件,综合参考类似事件后果损失,根据后果严重程度判断标准,进行了后果严重程度指标评分,建立了四级风险等级。

2. 制订风险管控措施,防范安全生产事故发生

为防范安全生产事故的发生,苏州绕城公司根据不同作业单元的风险等级,从安全设施、管理制度、应急管理等方面制订了针对性的管控措施,形成了与安全风险目录清单相对应的管控措施目录清单,进一步明确了管控措施落实的责任。苏州绕城公司结合营运业务风险管控需求,以及苏州绕城公司的机构设置情况,按照"分级管理"原则,明确了不同等级风险管控责任分工,细化了岗位职责,将安全生产风险控制在可接受范围之内。

3. 开展事故灾害快速评估,实施现场处置

苏州绕城公司在风险评估的基础上,开展了事故灾害评估,针对灾害类型确定了事故前期应急处置方案,重点岗位制订了应急处置卡。公司从基本情况、事故发生经过、事故原因及性质三个方面对高速公路经营管理单位安全生产事故灾害进行记录分析,本着"以人为本,安全第一;统一领导,分级负责;快速反应,协同应对;预防为主,平战结合;生命第一,科学处置"的原则,对恶劣天气事故、交通事故、以及人员密集场所事故等进行先期应急处置以及现场紧急处置。

4. 构建分类分级的隐患排查机制,明确各岗位排查要点

苏州绕城公司结合运营体系,从职能部门、基层单位、一线岗位等层面构建了三级隐患排查治理机制,共涉及8个职能部门(综合部、营运部、工程部、计划财务部、人力资源部、企管部、党群工作部、安全保卫部)、6个基层单位或班组(服务区、收费站、排障大队、稽查大队、路巡大队、TOCC监控班组)、37个具体设施及基层岗位(配电房、发电机房、水泵房、厨房、UPS机房、路巡员、排障员等)各类检查表,同时确定各岗位不同频次检查内容,形成全员参与的隐患排查体系。

5. 构建全流程治理体系,实施跟进治理进程

苏州绕城公司切实将隐患排查治理职责落实到日常经营中,根据经营职责分类,设计各类隐患的治理流程,形成"岗位排查—基层单位初步治理—职能部门统一消除"的三级管控机制,对于能立即处理的或整改难度较小的,由基层单位自行处理,需要由苏州绕城公司相关部门统一整治的,按流程进行上报,由职能部门安全员统一汇总、指派,并跟踪隐患的治理情况,安全管理机构落实综合监管的职责,定期查看苏州绕城公司隐患排查治理情况,对于长期未得到有效整治的隐患进行统一通报,并分析企业隐患排查治理工作开展情况。

6. 完善标准化体系,夯实安全管理基础

苏州绕城公司以安全生产标准化为依托,实现安全基础管理、现场安全管理、安全警示标志三个"标准化",打造"全流程"安全管理体系,实现部门层面安全风险精准管控。安全管理基础标准化主要是结合双重预防机制对安全规章制度、安全生产责任制、安全组织机构、安全会议、安全检查、安全教育培训、应急管理、人身安全防护、安全档案管理等安全基础管理内容优化完善,实现标准化;现场安全管理标准化是对苏州绕城公司业务范围内的各项现场作业制订全面、系统、规范的作业标准,对各岗位人员的操作进行严格的安全标准化。安全警示标识标准化主要是对苏州绕城公司范围内主要的安全管理部位的安全警示标识进行统一规划,按照国家相关行业标准,结合企业实际以及现场管理需要,按照统一尺寸、统一标识、统一图案、统一规格的原则,对企业范围内的安全警示标示进行规范,实现警示标识的标准化和管理精细化。

(四)做好培训宣贯工作,强化员工安全意识

苏州绕城公司认识到要想把安全风险辨识评估、风险防控、隐患排查清单、隐患治理的研究成果实

际运用到实体工程,首先要做好双重预防机制的培训宣贯工作。为此苏州绕城公司开展了安全风险培训与公告警示,建立完善了隐患排查治理制度,针对场所类隐患如何发现及管理,编制了高速公路经营管理单位基础部位隐患排查演示文稿;针对事故案例中日常工作应该注意的隐患点,编制了道路交通事故、站区事故及作业现场事故三方面演示文稿;针对隐患排查项目的了解、发现、上报等流程问题编制了隐患排查治理体系演示文稿;针对重点岗位、重点部位的隐患,编制了重点部位隐患及防范措施展示板;针对道路交通运输编制了视频,以画面讲解的形式呈现。

(五)强化信息化应用,开展示范建设

苏州绕城公司结合信息化手段,建立了安全生产信息化平台,形成了"风险管理""隐患排查治理"功能模块,通过风险辨识,制订风险分级管控清单汇总表,将其作为"风险数据库"导入系统;建立隐患排查治理清单,作为"隐患数据库"导入系统;运行安全数据信息平台,实施分级管控和隐患排查治理,及时将风险管控和隐患治理情况录入信息平台,明确了各岗位风险点和管控措施,明确了各岗位每日、每周、每月、每年安全隐患排查职责,形成了电子化流转程序,以方便实时查看。目前通过安全生产信息化平台,苏州绕城全公司已经实现了约1200名员工的全覆盖。公司通过制订正向激励措施和风险分级管控、隐患排查机制,确保了全员参与风险管控和隐患排查治理工作。同时,苏州绕城公司安全生产信息化平台具有信息提醒、预警消息提醒、待办提醒,待整改提醒、待审批提醒、待排查提醒等功能。苏州绕城公司利用安全生产信息化平台,充分调动和发挥了全体员工广泛参与安全生产工作的积极性和创造性,实现了员工由"我要安全"到"我会安全"的转变。

四、实施效果

(一)双重预防体系进一步完善

苏州绕城公司通过安全生产信息化平台的"风险管理""隐患排查治理"模块,不仅增强了苏州绕城公司安全风险防控和应对能力,有效保障了人员和营运的安全,实现了预防事故、夯实安全生产基础的目的,而且全面提升了收费、路政、养护、信息等综合服务水平和顾客满意度,使高速公路作为公益型基础设施的功能和作用得到充分体现,为地方社会经济发展做出了积极贡献。该风险防控示范体系进一步完善后,苏州绕城公司所辖高速公路及桥梁未发生因管理原因导致的安全责任事故,很好地践行了"服务大众、奉献社会"的企业宗旨,"苏州绕城高速"品牌的形象和影响力得到全面增强。

(二)信息化与安全管理标准化进一步融合

苏州绕城公司结合智能化手段,根据不同场所、不同领域、不同专业将风险、隐患排查进行分解细化,将成果的模式转换与智能化平台相融合,将风险辨识制订的风险分级管控清单汇总表,导入"风险数据库"系统;将建立的隐患排查治理清单,导入"隐患数据库"系统。公司通过将风险模块与隐患模块相结合建立了智能化管理平台。公司通过运行安全数据信息平台,实施了分级管控和隐患排查治理,并将风险管控和隐患治理情况录入信息平台,可实时查看苏州绕城公司各岗位每日、每周、每月、每年安全风险隐患排查职责,各重大风险隐患的整改落实状况及各岗位安全职责履职情况,进一步实现了企业风险隐患数据共享以及风险隐患实时监控,使得风险隐患处于受控状态,这为基于双重预防机制的安全管理体系的运行打下了良好基础。

(三)公司安全管理水平全面提升

通过安全风险分级管控和隐患排查治理双重预防机制建设与示范工作,苏州绕城公司安全管理工作有了明确的理念导向,理清了思路和目标,在借鉴科学的管理理论和方法的基础上,逐步建立起覆盖高速公路安全管理全业务链的安全管理体系和健全的安全管理网络,形成了系统科学的安全管控长效机制,有力地夯实了企业安全生产的基础,促进了安全管理整体水平的提高。该机制不仅进一步丰富和完善了企业安全文化内涵,提高了企业风险防控和隐患排查治理能力,使苏州绕城公司内的各项安全活动处于科学运行的状态,而且从基础管理、现场管理及安全警示标志三方面入手,建立了企业安全管理全方位的实施标准，完善了各个安全管理环节，明确了各项业务操作流程，界定了各方安全管理职责，形成了有针对性的目标化控制。公司通过建设安全风险分级和隐患排查治理双重预防机制，充分发挥了不同管理体系的功能和作用并形成合力，形成了安全管控长效机制。基于安全风险分级和隐患排查治理双重预防机制的构建与实施工作开展以来，苏州绕城公司保持了安全生产形势持续稳定可控的良好发展态势，未有安全生产责任事故发生。

(四)高速公路行业安全管理示范作用开始显现

苏州绕城公司作为全省高速公路双重预防机制建设的试点示范单位，在前期的研究与应用上已经积累了一定的经验，形成了可在全省进行推广应的模板性材料，也形成了一套适应高速公路行业特点的新型安全管理思路和管理模式。为有效地推广公司的经验，公司联合省交通运输综合行政执法监督局开展了地方标准的申报工作，并且已经被纳入“2019 年度第一批江苏省地方标准项目计划”中，目前标准已经处于后续的完善阶段，下一步将组织开展将地方标准向行业标准升级的准备工作，更好地推广苏州绕城公司基于双重预防机制体系的安全管理建设经验，为高速公路行业安全管理水平的提升贡献力量。

以提升设备管理水平为核心的标准化管理和建设

连云港港口控股集团有限公司

成果主要创造人:丁　锐　孙中华

成果参与创造人:胡永涛　李文豪　郭　勇　尹学成　郑李伟　李　健
徐　进　汪广祥　童　星　张新运

连云港港口控股集团有限公司(简称"连云港控股集团")注册资本为117.5亿元,主要经营范围为港口码头装卸与仓储、港口物流与贸易、港口工程与开发、航运交易与服务、资本运作及口岸信息服务以及市政府授权范围内的国有资本的经营与管理。连云港控股集团总资产527亿元,其中经营性资产464亿元,下属各类企业135家,从业人员近2万人。连云港港开港于1933年,作为中国25个沿海主要港口、12个区域性主枢纽港和长三角港口群主要港口之一,连云港港是陇海兰新沿线地区乃至中亚国家的重要出海口岸和过境运输通道,江苏沿海港口群的核心,上海国际航运中心北翼重要组成部分,中国综合运输体系的重要枢纽。

按照"一城一港""一港五区"总体思路,现已发展形成连云港区、徐圩港区、赣榆港区、灌河港区,进港主航道为25万吨级,以30万吨级矿石码头和第六代集装箱码头为代表的生产性海港泊位60个,综合通过能力达1.4亿吨。陆向形成阿拉山口、霍尔果斯、喀什3个过境通道,开行了10余条集装箱国内班列和至阿拉木图、莫斯科2条集装箱国际班列,布设9个内陆物流场站,口岸区域通关扩大至陆桥沿线15个省区;海向辟有40多条集装箱航线、13条杂货班轮航线和2条中韩客货班轮航线。连云港港是全国首个"绿色港口"和科技示范港、全国铁水联运示范港、全国"三互""三个一"通关试点口岸、8个启运港退税试点口岸之一、江苏首个多式联运海关监管中心。

一、项目开发背景

标准化是企业科学管理的基础。为加强连云港控股集团标准化管理,根据《中华人民共和国标准化法》和《中华人民共和国标准化法实施条例》等法律、法规和控股集团发展战略,制订了连云港控股集团企业标准管理办法。

连云港控股集团标准化工作的基本任务是:贯彻执行国家标准化法律、法规,建立连云港控股集团标准化管理体系,规范企业行为,优化资源配置,强化过程管理,做强、做优港口,促进科技进步,强化安全生产,打造服务品牌,提高连云港控股集团系统管理水平和竞争能力。

连云港控股集团标准化管理体系建设,按照建章立制要求,坚持统筹规划,分步实施;坚持闭环管理,持续改进;坚持以人为本,从目标和需求出发。

机构与职责如下:

(1)连云港控股集团标准化管理工作由工程技术部负责。主要职责:

①贯彻国家标准化法律、法规和方针政策,根据连云港控股集团发展战略,负责制订标准化工作规划和年度计划,统一领导连云港控股集团标准化管理系统的建设和管理。

②负责组织连云港控股集团企业标准制订、复审、修订、废止,国际和国内标准的采集、宣传和贯彻,

标准化审查,标准化科研,标准培训,标准实施,标准实施结果评价和监督考核等。

③负责审批和发布连云港控股集团企业标准。

④负责对连云港控股集团标准化管理工作的监督管理和考核奖惩。

⑤负责建立法规、标准、资料等动态数据库,在连云港控股集团系统内实现标准化管理信息共享。

(2)连云港控股集团各单位、参控股公司、各集体企业分管设备的副总经理是本单位标准化管理的第一负责人,负责领导本单位的标准化管理工作。主要职责:

①贯彻国家标准化法律、法规和连云港控股集团管理制度,执行国家、行业、地方标准和连云港控股集团企业标准。

②确定与本公司发展目标相适应的标准化工作任务。

③在连云港控股集团标准化管理体系的基础上建立、健全本公司标准化管理体系。

④负责所属单位的标准化管理,及时了解并掌握所属单位企业标准化的工作动态和管理信息,为连云港控股集团标准化管理体系动态管理和持续改进提出意见和建议。

(3)连云港控股集团各单位、参控股公司、各集体企业的技术管理部负责日常标准化具体工作。主要职责:

①贯彻国家标准化法律、法规和连云港控股集团管理制度,组织编制本单位标准化工作规划和计划。

②组织制订和修订本企业标准。

③组织实施国家、行业、地方标准和连云港控股集团及本单位标准。

④组织对本单位标准实施情况进行监督检查。

⑤参与本单位新产品研制、改进产品、技术改造和技术引进工作,提出标准化要求,负责标准化审查。

⑥做好标准化效果的评价与计算,总结标准化工作经验。

⑦统一归口管理各类标准,建立档案,搜集国内外标准化信息资料。

⑧对本单位有关人员进行标准化培训,对本企业有关的标准化工作进行指导。

⑨承担连云港控股集团下达的有关标准化的其他任务。

(4)各职能管理部门应设兼职标准化工作人员,负责本部门标准化管理工作。运行和检修班组应设兼职标准化管理员,负责班组的标准化管理工作。

为不断提升总体设备管理水平,实现标准化管理和建设,连云港港于2018年启动了设备方面的标准化建设工作,通过两年多的努力,连云港港设备管理总体水平得到有效提升,这是连云港港当前和今后设备管理的主线工作。

连云港港在电气标准化方面制订了“供电工程公司变电所交接班制度”“供电工程公司变电所巡回检查制度”“供电工程公司变电所设备定期试验切换制度”“供电工程公司变电所缺陷管理制度”“供电工程公司变电所工作票制度”“供电工程公司变电所倒闸操作制度”“供电工程公司变电所防误操作管理规定”“供电工程公司变电所解锁钥匙启用管理办法”“供电工程公司变电所操作票填写标准”“供电工程公司变电所工作票填写标准”十项制度及企业标准;编制并发布了一项中国交通行业标准——“港口防雷与接地技术要求港口装卸区域照明照度及测量方法”。

建设现代化港口需要的不仅是现代化设备,更需要现代化的管理理念,设备的标准化管理对于提高港口企业的装卸效率和效益起着很重要的作用。截至2020年6月,连云港港口控股集团有限公司共有门座式起重机(简称“门机”)145台,最早从1987年开始使用,起重量分为10吨、12吨、16吨、20吨、25吨、40吨,生产厂家包括上海振华、青岛海西、南京港机厂等。门机使用过程中,出现过减速箱高速轴断裂、减速箱齿面磨损严重、金属结构变形等情况,给设备管理带来一定的压力,连云港控股集团领导高度重视。制订标准化管理势在必行,实施标准化管理能使设备运行、维保有标可依,能明确责任主体、管理流程、工作要求、具体办法,并落实到各个岗位,做到“凡事有章可循、凡事有人负责、凡事有人监督、凡事有据可查”。

通过标准化管理手册制订,推行门机标准化操作,加强门机“管、用、养、修”措施,细化门机点检、巡检规范,可提高门机综合性能,降低门机故障率和故障频次,降低门机能耗,提升门机完好率,提高设备综合效率。

二、主要建设内容

(一)标准化手册制订和推广应用

为进一步丰富技术培训手段,锻炼技术队伍,加强各单位及内部技术人员的沟通交流,连云港控股集团于2018年启动了标准化视频、PPT的制作及宣贯工作,主要内容是将设备“管用养修”各个环节的文字规范逐步转换成标准化的视频或PPT,使得规范更加直观,简单易学,特别是使新进港的技术工人更容易上手,对提高技术人员的节能水平有很大帮助。

此外,制作标准化视频的过程也是各单位技术人员集体研究和交流学习的过程,能进一步锻炼技术人员的动手能力。

共已完成标准化视频及PPT等247项(其中操作类113项、维修类53项、保养类45项、安全类25项、其他类11项)。作为各项技术工作的标准化指导性材料,已精选部分通用的标准化视频(图1)放在连云港控股集团云学堂供各单位技术人员下载学习,成效显著。

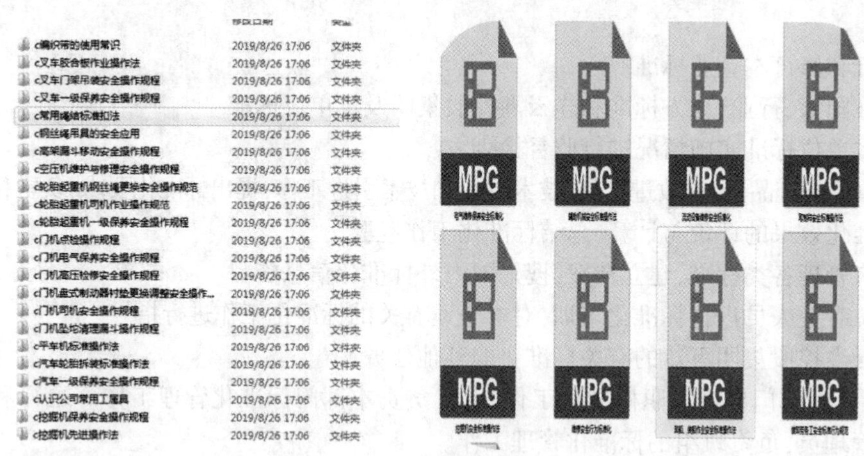

图1　部分通用的标准化视频

一些好的做法如下:

①采用视频、PPT等多种方式,使用图片加文字能清晰、全面、准确地表达各操作规范和流程的关键点和细节,保证了标准化制作的规范、全面。抽调专人根据每个项目的文字材料,对图片、视频进行录制、编辑和配音,并由小组成员对录制效果进行审核,发现问题及时改进。

②成立了由人力资源、安全质量、技术管理组成的检查考核小组,对相关单位的设备标准操作法的培训和执行情况进行检查考核。检查考核小组不定期对员工的岗位实际标准操作法掌握程度进行理论或现场问答考试,并实施考核。

③每月组织召开一次标准化专题会议,有针对性地组织项目负责人参加视频制作软件学习,组建标准化建设队伍。制订下发《设备标准化项目制作规范》,进一步提升公司设备标准化项目建设的统一性和规范性。

④结合连云港控股集团设备定置标准化管理,实施设备标牌统一化。设备标牌的设立,不仅使操作、维修、管理人员对设备简况一目了然,而且责任明确,管理规范。现场同类型设备的标牌都统一高度、统一方位、统一排放,做到整齐规范。

⑤根据装卸设备特点确定相关维修流程,确立了以“人无我有”的维修流程为重点拍摄对象,避免了千篇一律。

⑥以技术检修为突破口,打造机车、信号专业检修系列标准化精品项目,逐步推广至运输管理、安全管理等各岗位工种。

⑦出台了相应的考核评比激励办法,对公司各单位完成上报的可视化安全标准视频制作项目每半年进行一次评比奖励,激励各基层队和广大职工积极参与,共同提高安全化标准视频的制作质量。

(二)电气管理标准化建设

为不断提高连云港港电气技术人员的技术水平和工作标准,全面提升各单位安全供用电、规范供用电、合理供用电、经济供用电的水平,连云港控股集团统筹开展了电气管理标准化试点建设并编制了《连云港港口控股集团有限公司电气管理标准化建设规范》,目前已在全港推广应用。

1.工作启动

组织召开连云港控股集团电气标准化启动会:成立连云港控股集团领导小组和工作小组(抽调相关单位各方面的电气专家组成),明确工作任务以及工作流程,选定试点单位并做好任务分配。召开试点单位工作启动会:宣贯连云港控股集团标准化建设文件精神,明确工作目标,统一思想。成立试点单位标准化建设小组,明确工作分工。

2.设备普查

设备普查情况如图2所示。

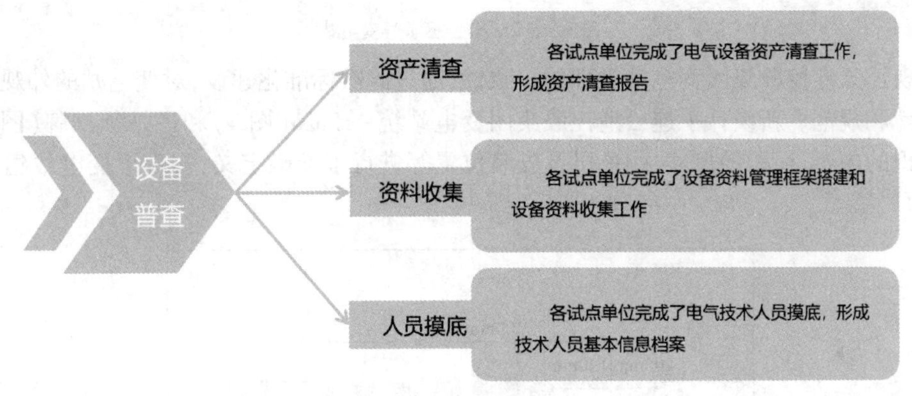

图2 设备普查情况

3.资料收集

集团分类完成了使用说明书、原理图、参数表、配件清单等设备资料收集整理,完善了设备资料管理框架。一试点单位针对大型电动装卸设备拟定专项检查表格共计9项,用于指导大型设备专项活动管理,为现场供电设备绘制供电示意图、系统图共计159张,明确电缆走向、线径、开关容量、控制范围等内容,强化现场用电设备管理。

4.建章立制

集团完成变电站、大型电动装卸设备、系统线、后方场地用电、人员密集场所等区域建设规范的讨论,形成了《集团电气管理标准化建设规范》并下发,用于指导各试点单位标准化建设。

牵头试点单位完成各项电气制度收集、整理、新增等工作,组织制度修改意见讨论,形成电气管理制度汇编,共计26项,并确定了5项连云港控股集团变电站通用性制度。

5.试点建设

试点单位根据连云港控股集团下发标准,提前做好自查自纠工作,并将待讨论、待解决的问题形成问题清单。

连云港控股集团组织专家组先后进驻试点单位,每个试点单位为期一周时间,专家组根据试点单位设备情况分为若干检查小组,系统地对试点单位的电气管理工作进行全方位的检查和评价;汇总各组检查结果,通过图片形式进行展示,由专家组统一制订整改意见;汇总各小组检查结果,召开专家组评审会,逐条制订整改意见,形成意见清单下发至试点单位进行改进,并重点对标识标牌的样式、尺寸进行讨论,形成统一的标准。

变电站试点建设方面选取的试点为墟沟西作业区 1 号变电站(图 3),该变电站距今已有 20 多年时间,虽然设备经历过一次改造,但基础设施陈旧、设备设施配备存在一定不足,建设难度也相对较大。

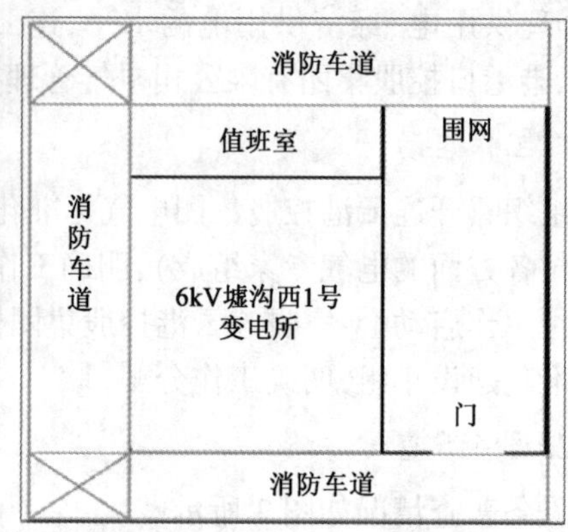

图 3　墟沟西作业区 1 号变电站

为了体现连云港控股集团变电站管理的一致性,通过此次标准化建设,对变电站的外观标识牌进行了统一的设计和规范。新设计了连云港控股集团变电站统一 Logo(图 4)和进站须知牌(图 5),并根据标准对各标识的内容、标识的尺寸、颜色以及安装位置等进行了准确定义,实现了变电站建筑物的规范化管理。

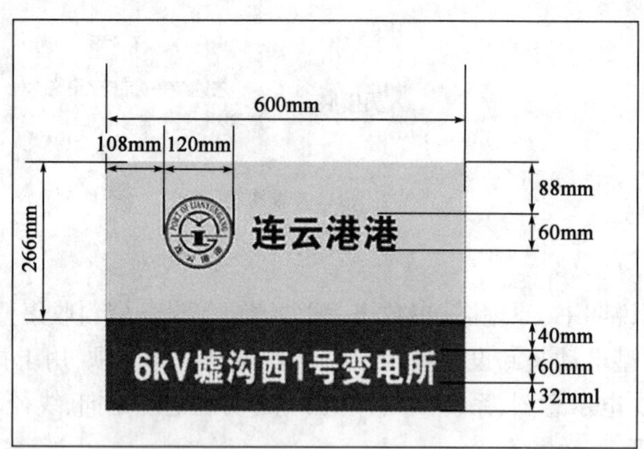

图 4　变电站统一 Logo

为了凸显现场管理的规范性,根据房间内设备类型的情况,在变电站各设备间外门上设置了指示标识(图 6)。并根据标准对指示标识的内容、颜色、功能、材质及安装位置进行了准确定义。

变电站内部要求采用绿色自流坪地面,资料柜、安全器具柜、灭火器等摆放做到定置到位,安全器具柜内的安全用具按类型实现定置摆放,并对绝缘手套实行悬空摆放。摆放要求如图 7 所示。

明确变电站上墙规章制度应包括《变电站巡回检查制度》《变电站交接班制度》《变电站设备定期切换制度》《变电站倒闸操作制度》《变电站缺陷管理制度》5 个规章制度。连云港控股集团内部通过讨论明确了制度的内容,并对尺寸及安装位置给出了建议。

连云港控股集团对高压操作的工作票和操作票的内容进行重新修订,实现连云港控股集团高压操作票据的统一管理。并根据高压操作内容,编制了 14 份标准样票(图 8),制作成《变电站标准样票手册》用于日常值班人员操作参考,实现变电站票据标准化管理。

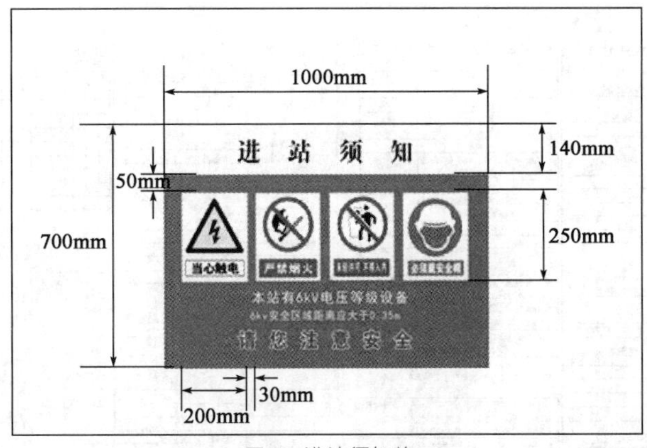

图 5　进站须知牌

图 6　指示标识

图 7　摆放要求

集团根据标准,准确定义了变电站高压柜、低压柜、变压器等主要设备的编号管理(图 9),明确编号的内容、颜色、位置,并统一定义了高压柜接地刀的编号,实现了变电站主要设备的规范管理。

变压器室为变电站安全控制的重点区域,集团根据标准,对变压器室的设备设施进行规范化管理(图 10)。通过此次标准化,明确了通风设备的运行规范,明确了照明灯具的安装标准,明确了变压器围栏的尺寸、颜色及摆放标准。

变电站内应具有运行规程、应急预案、典型操作票、定值单、消防布置图、足够数量的空白“两票”、缺陷记录、修试记录、运行日志、非值班人员登记簿、跳闸记录、停送电申请单等台账。安全工器具柜应至少配置接地线 2 组、高压验电笔 1 支、绝缘手套 2 副、绝缘靴 2 双、标识牌若干等。

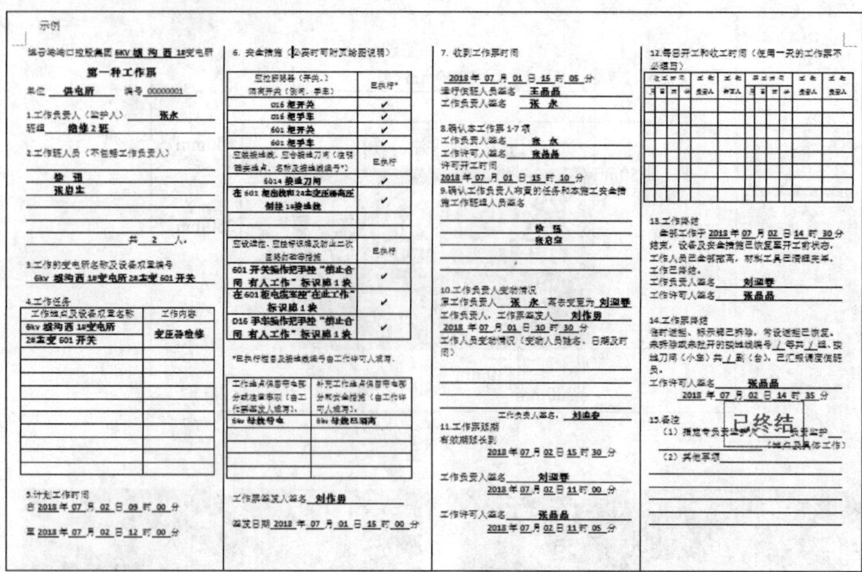

示例

连云港港口控股集团 6KV 墟沟西 1#变电所

第一种工作票

单位 供电所 编号 00000001

1.工作负责人（监护人） 张永
班组 检修2班

2.工作班人员（不包括工作负责人）
徐强
张启生
共 2 人。

3.工作的变电所名称及设备双重编号
6kv 墟沟西 1#变电所 2#主变 601 开关

4.工作任务

工作地点及设备双重名称	工作内容
6kv 墟沟西 1#变电所 2#主变 601 开关	变压器检修

5.计划工作时间
自 2018 年 07 月 02 日 09 时 00 分
至 2018 年 07 月 02 日 12 时 00 分

6. 安全措施（必要时可附页绘图说明）

应拉断路器（开关）、隔离开关（刀闸、手车）	已执行*
016 柜开关	✓
016 柜手车	✓
601 柜开关	✓
601 柜手车	✓
应装接地线、应合接地刀闸（注明确实地点、名称及接地线编号*）	已执行
6014 接地刀闸	✓
在 601 柜出线和 2#主变压器高压侧挂 1#接地线	✓
应设遮拦、应挂标示牌及防止二次回路误碰等措施	已执行
601 开关操作把手挂“禁止合闸 有人工作”标识牌 1 块	✓
在 601 柜电缆室挂“在此工作”标识牌 1 块	✓
D16 手车操作把手挂“禁止合闸 有人工作”标识牌 1 块	✓

*已执行栏目及接地线编号由工作许可人填写。

工作地点保留带电部分或注意事项（由工作票签发人填写）。	补充工作地点保留带电部分和安全措施（由工作许可人填写）。
6kv 母线带电	6kv 母线已隔离

工作票签发人签名 刘作勇
签发日期 2018 年 07 月 01 日 15 时 00 分

7. 收到工作票时间
2018 年 07 月 01 日 15 时 05 分
运行值班人员签名 王晶晶
工作负责人签名 张永

8.确认本工作票 1-7 项
工作负责人签名 张永
工作许可人签名 张晶晶
许可开工时间
2018 年 07 月 01 日 15 时 10 分

9.确认工作负责人布置的任务和本施工安全措施工作班组人员签名
徐强
张启生

10.工作负责人变动情况
原工作负责人 张永 离去变更为 刘迎春 工作负责人。工作票签发人 刘作勇
2018 年 07 月 01 日 10 时 30 分
工作人员变动情况（变动人员姓名、日期及时间）
工作负责人签名： 刘迎春

11.工作票延期
有效期延长到
2018 年 07 月 02 日 15 时 30 分
工作负责人签名 刘迎春
2018 年 07 月 02 日 11 时 00 分
工作许可人签名 张晶晶
2018 年 07 月 02 日 11 时 05 分

12.每日开工和收工时间（使用一天的工作票不必填写）

收工时间				工作负责人	工作许可人	开工时间				工作许可人	工作负责人
月	日	时	分			月	日	时	分		

13.工作终结
全部工作于 2018 年 07 月 02 日 14 时 30 分结束，设备及安全措施已恢复至开工前状态，工作人员已全部撤离，材料工具已清理完毕，工作已终结。
工作负责人签名 刘迎春
工作许可人签名 张晶晶

14.工作票终结
临时遮拦、标示牌已拆除，常设遮拦已恢复。未拆除或未拉开的接地线编号 / 等共 / 组、接地刀闸（小车）共 / 副（台），已汇报调度值班员。
工作许可人签名 张晶晶
2018 年 07 月 02 日 14 时 35 分

15.备注
（1）指定专责监护人 负责监护 （地点及具体工作）
（2）其他事项

已终结

图8　标准样票

图9　编号管理

图10　设备设施规范化管理

在变电站内设置模拟屏、巡视路线图和钥匙管理箱。其中模拟屏电气标识要求与站内设备编号、设备名称做到一一对应，且能够真实反映设备运行状态，设备操作前要求在模拟图屏上进行模拟预演，避

免设备误操作。巡视路线图应涵盖所有日常巡视检查区域,规范检查人员行走路径,避免误入带电区域。应采用钥匙箱保管变电站各区域和设备的钥匙,便于提升应急响应的速度。

后方用电方面,对老旧配电箱和电焊机电缆进行整改或更换,其前后对比图分别如图11和图12所示。

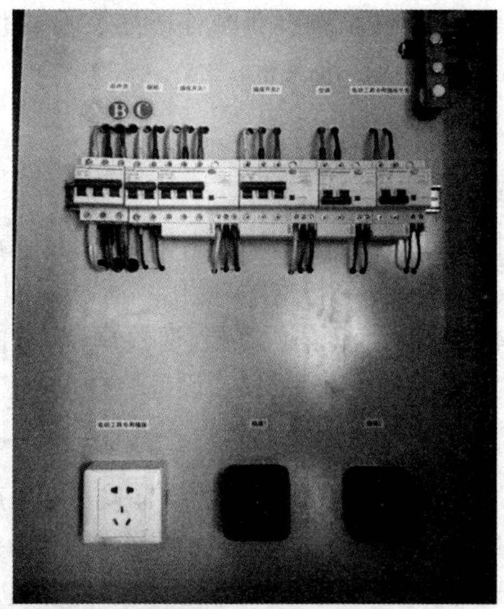

图11 老旧配电箱整改前后对比图

图12 电焊机电缆更换前后对比图

6. 制订标准

集团先后修订完善了变电站标准化建设规范、大型电动装卸设备标准化建设规范、系统线标准化建设规范、场地用电标准化建设规范等内容。针对前期制订的各项电气设备建设规范，组织工作小组逐条讨论，确定最终规范内容，汇集形成连云港控股集团的《电气管理标准化建设规范》，并已作为连云港控股集团2018年度企业标准发布。

（三）门机管理标准化建设

1. 管理目标

构建门机基础管理标准，从管理体系、设备检查、技术培训、定置管理和运行台账五个方面分别制订了管理标准，做到流程规范、数据量化。通过标准化管理手册制订，推行门机标准化操作，加强门机"管、用、养、修"措施，细化门机点检、巡检规范，可提高门机综合性能，降低门机故障率和故障频次，降低门机能耗，提升门机完好率，提高设备综合效率。

2. 管理体系

设备副总经理职责：贯彻执行上级有关安全生产方针、制度和标准。组织制订和完善机电、设备系统有关安全生产管理制度和安全技术操作规程等，并监督落实。

技术管理部门经理职责：贯彻落实精细化管理，确保设备完好率等指标的实现。拟定公司设备更新购置计划，审定重大技术改造项目及设备的调拨与报废。

主管技术员职责：做好设备保障工作，加强设备精细管理，确保设备技术指标达标。

队（所）长职责：全面负责门机队各项工作的组织实施，并做到优质高效服务，对重点工作提出要求和防范措施，确保各项工作顺利进行。

生产队长职责：分管门机队生产运行中的各项工作，严格执行各项规章制度、装卸工艺及安全技术操作规程，督促司机合理规范使用、维护设备。协调管理门机队的安全生产工作，对安全生产负重要管理责任。

技术队（所）长职责：分管门机队技术管理和设备保障中的各项工作，严格执行各项规章制度、修理工艺及安全技术操作规程。协调管理门机队的维修安全工作，开展设备技术攻关活动。

技术人员职责：做好分管设备的保障工作，落实点检管理，负责对反馈的问题进行检查确认。做好设备日常检查，确保设备性能完好。验收设备保修完成情况，积极组织疑难故障、大故障的攻关。

维修人员职责：认真遵守公司、队各项规章制度，严格执行安全操作规程。服从队长、班长分配，按质、按时完成修理任务。

司机职责：服从队长、班长分配和现场指导员、安全员指挥，人机密切配合，完成生产任务。

3. 设备检查

（1）日、周、月查

①日查。包括操作人员交接班检查、作业中检查和各级管理人员现场巡检。日查属于群众性的检查，是确保门机安全的最有效、最基本的检查形式。

操作人员交接班检查应按照门机点检卡进行检查，交班人与接班人应做到交清接明，并共同签字确认。各级管理人员现场巡检，门机管理人员，尤其是使用单位的分管队（所）长、技术员、检验员应对门机的不安全状态和操作人员的不安全行为进行巡回检查，检查记录格式。

②周查。在日查内容的基础上，增加金属结构和各危险源管理点的检查，以及日查的整改落实情况。周查由技术管理部门分管经理组织实施，技术管理部门主管技术员和各单位分管队（所）长、技术员、检验员参加。

③月查。除了检查日查、周查的执行情况外，应重点检查门机安全装置是否齐全、有效，季节性防范措施是否到位，车容车貌及5S管理状况，安全用电的管理是否到位，各项制度执行是否到位。月查由公

司分管领导组织牵头,技术管理部门相关管理人员和各单位队(所)长参加,分组实施现场检查。

(2)专项安全检查

应定期开展季节性安全检查,对重点或关键部位的安全状态、危险源管理点进行检查,有针对性地对某些部位、机构的安全状态进行检查,防止事故发生。应制订专项检查工作计划,平均每两个月开展不少于一项,由技术管理部门分管经理或主管技术员或队(所)长组织实施。

(3)设备季度普查

每季度对门机的性能状况进行全面检查,计算出一类、二类和三类设备的比例,分析评估设备性能状况,拟定设备维修改造更新计划,梳理待报废设备。由技术管理部门各主管技术员组织牵头,各使用单位技术员参与。

(4)专业机构检验

门机的定期检验、较大维修改造检验、金属结构检验,由公司技术管理部门按照《特种设备安全法》要求做好计划,委托具备相应资质的专业机构进行检验。

4. 技术培训交流

①设专人管理,明确责任。年初应制订教育培训计划,每季度至少一个培训课题,培训主要面向于门机各级管理人员、操作人员、维保人员。课题内容包括门机安全管理、司机操作、维修保养、技术培训、应急救援等方面,立项的培训科目按计划实施,必须保证在计划时间完成。相关人员应积极参加集团和培训中心组织的培训学习。

②根据生产情况,具体培训时间和地点由授课人决定,参加培训的人员无故不得缺席。授课方式可以通过文本教材、PPT 等不同形式体现,技术员每年授课次数不得低于 1 次。

③培训结束后,由授课人将本次培训资料(开班报告、课程表、点名簿、成绩单、试卷)汇总存档,对培训效果进行分析。

④应积极开展单位内部门机专题交流活动,参加集团组织的港内外相关技术交流。

⑤应通过各类培训交流,提高门机相关人员综合能力,完善技术技能人员培养体系。

⑥未按计划完成培训任务的,对责任人进行考核,具体考核细则各公司遵循自己的标准执行。

5. 定置管理

(1)机房定置管理规定

①机房内应合理划分物品摆放区,绘制示意图,标明安全通道。

②工具橱应摆放在合理位置,不得干涉设备运行,工具橱应保证清洁卫生,内部物品应摆放整齐。

③机房内应制订消防器材摆放区,消防器材应完好可靠。

④机房内各部件应保证清洁,无油污灰尘,部件铭牌(厂家、参数等)应清晰可见。

⑤相应部位应张贴安全警示牌。

⑥保证机房地面、墙壁清洁无油污。

⑦用于门机清洁润滑的必要易燃物品进入现场时需密封处理,现场实行全面禁烟。

⑧安全通道标示线为黄绿相间,黄色边框宽 100mm、绿色宽 400mm。

⑨机房内严禁摆放无关物品。

⑩运行部件及操作台附近严禁摆放物品。

(2)修理场所定置管理规定

①修理场所应绘制定置管理图,合理划分区位。

②区位划分统一用黄色油漆(宽 100mm)。

③物品按区摆放,保证清洁卫生,无油污。

④工作场所摆放物品应与工作有关,无关物品不得随意摆放。

⑤易燃易爆物品应特别定置,严禁人员在工作场所吸烟。

⑥修理场所行人通道应保持畅通。

⑦修理人员工具柜应经常清理,保证清洁卫生。

⑧修理场所应张贴相关安全操作规程。

(3)驾驶室定置管理规定

①司机操作台和驾驶室电气柜柜顶禁止摆放物品。

②驾驶室地面、墙壁、操作台应整洁,无油污无灰尘。

③司机安全帽以及个人物品不允许放置在地面上,应统一悬挂在墙壁挂钩上或放置在指定位置;驾驶室内如有需要填写的内容或相关的管理规范,比如点检卡、巡检表等,版面要求整洁清晰,悬挂整齐。

(4)门机行走注意安全示意图(尺寸80cm×60cm)(图13)

(5)门机下方禁止停放车辆示意图(尺寸60cm×80cm)(图14)

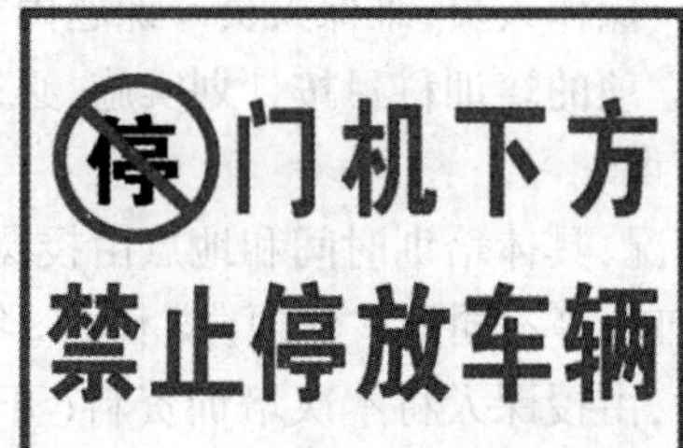

图13 门机行走注意安全示意图(行走部位) 图14 门机下方禁止停放车辆示意图(行走部位)

(6)踩稳抓牢防止滑倒示意图(尺寸40cm×30cm)(图15)

(7)登高请系好安全带示意图(尺寸40cm×30cm)(图16)

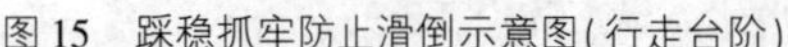

图15 踩稳抓牢防止滑倒示意图(行走台阶) 图16 登高请系好安全带示意图(臂架下方)

(8)当心触电示意图(尺寸40cm×30cm)(图17)

(9)当心电缆示意图(尺寸40cm×30cm)(图18)

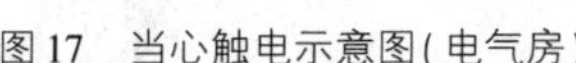

图 17　当心触电示意图(电气房)

图 18　当心电缆示意图(行走电缆部位)

(10)当心机械伤人示意图(尺寸 40cm×30cm)(图 19)

(11)当心挤压示意图(尺寸 40cm×30cm)(图 20)

图 19　当心机械伤人示意图(机械传动部位)

当心挤压

图 20　当心挤压示意图(主臂架根部)

(12)高空危险防止坠落示意图(尺寸 40cm×30cm)(图 21)

(13)高压危险示意图(尺寸 40cm×30cm)(图 22)

图 21　高空危险防止坠落示意图(机房顶、大拉梁根部)

图 22　高压危险示意图(高压室)

(14)火警灭火器示意图(尺寸 40cm × 30cm)(图 23)

(15)禁止触摸示意图(尺寸 40cm × 30cm)(图 24)

图 23　火警灭火器示意图

图 24　禁止触摸示意图

(16)禁止堆放示意图(尺寸 40cm × 30cm)(图 25)

(17)闲人免进示意图(尺寸 40cm × 30cm)(图 26)

图 25　禁止堆放示意图(旋转平台)

图 26　闲人免进示意图(电气房、高压室)

(18)注意旋梯示意图(尺寸 40cm × 30cm)(图 27)

图 27　注意旋梯示意图(定柱旋梯)

6. 运行台账

(1)单机台账

①运行情况:运行台时、起运吨、故障台时、完好率、材耗、能耗。

②保养记录:保养时间、人数、验收结果、验收人、验收时间。

③润滑记录:润滑时间、位置、方式、结果。

④故障记录:故障时间、现象,更换配件型号、数量。

⑤大事记:大故障、设备技术改造、门机大修情况、金属结构检测等。

⑥金属结构检测表:对金属结构容易开焊开裂部位进行检测。

(2)技术台账

技术台账包括门机维修保养手册、整机图纸、技术协议、设计审查资料、整机计算书、厂家制作过程的检验资料等。将各机构总成件的型号、厂家、换代情况统一汇总,便于查阅,具体包括以下机构。

①行走机构:行走电机、行走减速箱、行走制动器、动力电缆。

②旋转机构:旋转电机、旋转减速箱、旋转制动器、极限力矩联轴器、变频器。

③起升机构:起升电机、起升减速箱、起升制动器、钢丝绳型号、变频器。

④变幅机构:变幅电机、变幅减速箱、变幅制动器、变频器。

⑤其他机构:集中润滑系统、整流柜、电抗柜、监控系统。

7. 使用管理

制订门机点检标准及门机操作使用管理规定,加强设备运行的安全控制。

(1)设备日常点检管理

①当班班长负责发放点检表给设备操作人员,设备操作人员按相应设备点检卡内容,对设备进行作业前、作业中、作业后的技术状态检查,以便及时发现隐患和缺陷,采取相应对策和改进措施,保证设备运行正常。

②设备操作人员点检时,须对设备进行必要的清扫、紧固、调整、润滑,保证设备正常运转。

③设备操作人员填写日常点检记录时,要做到字迹工整、记录真实全面。

④点检结果为三类:一类为正常√;二类为异常可用○;三类为异常不可用×。异常可用表示设备有异常现象,但不影响机械性能,可继续使用,但在使用中要继续观察该部位的异常现象是否恶化。异常不可用表示设备有异常现象,已影响到机械安全性能,必须立即停机检修。

⑤交接班时,由当班人员将点检卡交给接班人员,接班人员确认后签字。

⑥点检卡填好后,由当班班长收齐交给队所技术人员,以备核查。

⑦点检时发现的设备异常须及时上报,根据故障的不同情况做出相应处理,故障设备在送修前填好点检表,并在保养与故障处理记录中注明,设备修复后,从修复之日起正常填写。

⑧各班点检表的填写,由班长负责检查确认并签字。队所技术员每天负责整理点检表,并在签署意见,根据点检表内容进行抽查,并做好相关纪录。

(2)设备定期巡检管理

①队、所技术组成员按照相应周期对设备进行巡检,如周巡检、月巡检、季度巡检等,不同的检查周期应制订不同的检查内容,将检查结果分类汇总。

②队、所技术人员及相关设备主管应对巡检中设备的异常现象进行分析和判断,提出修复、预防及改善设备性能的意见。

8. 维保管理

维保管理标准化内容如图 28 所示。

(1)职责划分

①技术管理部门主管技术员:负责对门机定保情况进行监督检查考核。

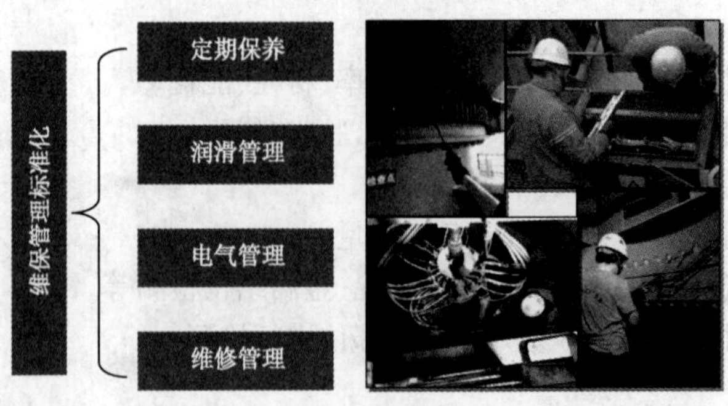

图28　维保管理标准化内容

②设备队(所)长:负责部门定保制度的梳理,及保养工作计划的制订,与生产队长沟通确定定保时间,对定保效果进行检查评估,并向技术主管反馈相关信息。

③生产队长:按照月度定保计划,与生产管理部门沟通确定定保停机时间,向班组相关人员下达定保命令。

④技术人员:负责组织定保会议,对标准进行宣贯培训,对过程进行跟踪,按照相关制度对定保结果进行验收考核,向设备队(所)长反馈信息。

⑤司机(含其他定保实施人员):按照计划和标准,保质保量实施定保工作。

(2)定保实施标准电气部分保养内容

①电线电缆。

a.检查电线电缆绝缘和护套破损情况,并进行处理。

b.检查电线电缆接线端子标号和接线鼻是否完整无缺,并进行处理。

c.检查电线电缆穿线管是否锈蚀破损,并进行处理。

d.检查电线外敷电缆是否绑扎整齐,并进行处理。

e.检查所有主回路螺栓是否紧固到位,并标有清晰标示。

②受电器。

a.检查受电器旋转是否正常、有无卡住现象,清理受电器上的污垢。

b.检查紧固受电器和接线紧固螺栓,要求紧固标识清晰。

c.检查调整电刷与集电环的接触面,检查更换磨损大于原厚度1/2的电刷。

d.检查电刷与刷握间的间隙是否适当,电刷在刷架内应活动自如,无卡住现象。

e.检查刷握卡簧压力是否正常、电刷有无跑偏现象,并进行处理。

③熔断器、报警等保护装置。

a.检查旋紧熔断器,使熔丝与底座接触可靠。

b.检查故障报警器、行走警灯警笛、工作电笛等装置,并使之工作正常。

c.按图纸要求检查调整热继电器、过流继电器整定值。

d.检查相序继电器是否工作正常。

e.检查调整各机构限位机械联锁等安全装置,使之正常工作。

④仪表、载荷检测装置等。

a.检查幅度、重量传感器是否工作正常,传感器有无锈蚀。

b.检查超负荷限制器仪表显示值与实际值,误差应不大于±5%,否则须调整标定。

⑤电缆卷筒磁滞联轴器及电机。检查是否工作正常,电机进线孔密封是否良好。

⑥接触器、继电器。

a.接触器、继电器应完整无损,固定牢固,所有接线应无松动。

b. 灭弧罩应完整无受潮,灭弧栅片应无脱落。
c. 各继电器动作应正常可靠,触头应无明显灼痕、接触良好。
d. 检查接触器辅助触点应正常可靠工作、盖子无破损。
⑦手柄操作灵活,自动回位正常,主令开关动作可靠。
⑧按钮、转换开关等。
a. 按钮按下和释放时无卡住现象,触头接触良好。
b. 带指示灯的按钮开关,接通时指示灯亮。
c. 转换开关应灵活,触头接触良好。
⑨限位开关。
a. 检查紧固各限位开关,确保位置正确无松动。
b. 限位开关进出线孔密封良好,触头无锈蚀。
c. 各限位开关动作可靠,复位正常。
⑩电阻器。
a. 电阻箱与箱架固定牢固、电阻器清洁无锈蚀。
b. 检查拧紧铜棒和接线螺母,所有螺栓、螺母连接均应有防止自松脱措施。
c. 检查电阻片应无灼痕、断裂或显著变形。
d. 检查瓷瓶应无裂纹、无碳化现象。
⑪照明灯、指示灯应表面清洁,接线牢固、灯罩完好,工作正常。
⑫电动机。
a. 检查电动机内外应清洁无垢,铭牌完整。
b. 电动机应运转正常、无噪声,温升正常。
c. 电动机接线应牢固可靠,进线孔密封良好。
d. 检查调整电刷与集电环接触面应大于 2/3,电刷磨损到原厚度 1/2 时应更换。
e. 检查电机外壳及端盖应无影响机械强度的裂痕。
f. 冷却风机应工作正常、无积尘。
g. 编码器接线应可靠、工作正常。
⑬变频器。
a. 确认周围温度、湿度、振动情况是否正常。
b. 确认主电路、控制电路电压是否正常。
c. 框架、面板应无异常声音或振动,螺栓应无松动,无变形损伤,无黏着灰垢。
d. 接线端子应无松动和损伤。
e. 变压器和电抗器应工作正常,无异常的噪声或怪味。
f. 制动单元应工作正常,无发热现象,无异味。
g. 电磁接触器、继电器应工作正常,无振动或噪声。
h. 冷却风扇应工作正常,无异常声音或振动现象。
i. 散热片应无积尘,进气排气口的间隙应无堵塞或附着物。
j. 滤波电容应无漏液、变色、裂纹、膨胀现象。
⑭PLC 应无尘、无垢,接线紧固,工作正常。
⑮空调及其他散热设备。
a. 机房、电控柜内、高压电气房等处轴流风机应转向正确,工作正常。
b. 空调电源线应无破损,插头、插座完好。
c. 清洁空调外表及内部滤网、电路板。
d. 空调制冷效果应良好,温度设定正确。

(3)验收技术要求

①所有电气设备、元器件固定牢固,内外表面无灰尘、污垢、锈蚀。

②电源电缆接线鼻完好,相序标色正确。

③电线、电缆排列整齐,卡箍固定有效;接头及接线端子无松动、锈蚀,线号清晰、无缺;线间及对地绝缘电阻不小于2MΩ。

④置于室外各处的接线盒、电气设备的进出线孔封堵应严密,防雨、防尘效果好。

⑤受电器应无倾斜,旋转正常、无卡住现象;集电环无灼伤,电刷高度不小于原高度的1/2,与集电环接触面不小于有效接触面的80%。

⑥电动机应运转正常、无异响,温升正常。

⑦电阻箱应固定牢固,瓷瓶无裂纹、碳化现象;电阻片、连接铜棒、导线等应紧固无松脱;电阻片应无严重锈蚀、断裂。

⑧熔断器结构应完整,熔体与熔断器座应接触紧密、熔丝规格准确,不得用铜丝短接。

⑨限位开关应固定牢固、位置准确、动作灵活可靠。

⑩仪表、指示灯、故障蜂鸣器等应工作正常、完好无损。

⑪工作警灯、警笛应固定牢固,工作可靠。

⑫主令控制器、按钮、转换开关等应完好无损,动作可靠,可自复位的应能正常复位。

⑬接触器、继电器等应完好无损、固定牢固,触点应无明显灼痕;接触器触头接触面、压力、开距及超程均应符合标准要求。

⑭照明灯具应完好无损、固定牢固、表面清洁,进线孔应密封有效,导线应无老化、龟裂。

⑮PLC与变频器应工作可靠。

⑯超负荷限制器应工作正常,仪表显示值与实际值误差应不大于±5%。

⑰整机电气设备应运行正常,无噪声、无过热、无过流跳闸现象。

9. 安全管理

应建立精准、动态、高效、严格的门机安全生产风险分级管控体系,全面排查、辨识、评估安全风险,落实风险管控责任,采取有效措施控制重大安全风险,对门机安全生产风险实施标准化管控。通过安全管控体系建设能形成安全生产长效机制,严防各类事故发生,确保门机安全生产形势持续稳定向好发展。安全管理标准化内容如图29所示。

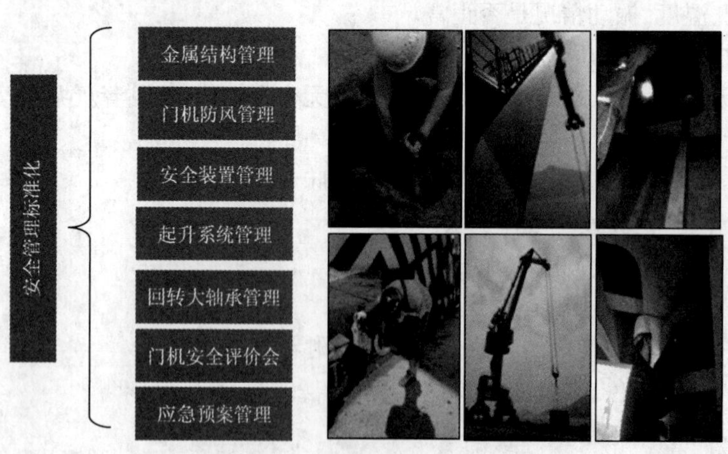

图29 安全管理标准化内容

基于过程管理模式的设备风险管控体系

江苏连云港港口股份有限公司东方港务分公司

成果主要创造人:尹振威　常建兵

成果参与创造人:胡永涛　李文豪　杨祖国　朱亭博　胡　军　尹学成

郑李伟　郭　勇　王　进　郭鸿飞

江苏连云港港口股份有限公司东方港务分公司(简称“东方港务分公司”)位于亚欧大陆桥东桥头堡连云港港主体港区,成立于2018年,是由江苏连云港港口股份有限公司(股票代码:601008)下属的原东联、东源、东泰三家分公司合并重组而成。东方港务分公司是连云港港功能最齐全,设施最完善的港口装卸公司,具备杂货、散货、滚装货、液体货、集装箱等多种货物装卸功能,是全国胶合板出口第一港,氧化铝、有色金属矿接卸主要港,机械设备出口五大基本港,主要作业货种有:有色金属矿、氧化铝、铁矿石、煤炭、焦炭、红土镍矿、铝矾土、化肥、胶合板、工程机械、车辆、设备、纸浆、粮食、化工品等。截至2019年,东方港务分公司总资产达51.02亿元,营业收入10.25亿元。

目前,东方港务分公司拥有30个生产性泊位,最大水深19.2米,满足25万吨级船舶作业,可同时接卸6艘开普船。东方港务分公司堆存面积达260多万平方米,最高堆存量可达860万吨,其中全天候仓库18座,占地面积11.5万平方米;拥有种类齐全的码头装卸设备,各种装卸机械等1058台套(门机最大负荷50吨,吊车最大负荷150吨),500吨桅杆起重机1台,装船机2台,斗轮机6台,卸车机16台,活畜接卸平台1座;拥有铁路专用线34条,铁路、公路、海路、内河运输便捷。东方港务分公司经东疏港通道与保税物流中心(B型)及新云台内河码头相连,海河联运运输成本降至最低,年度吞吐量6000万吨以上;先后开辟了连云港至中东、韩国、东南亚、美洲、欧洲、西非等地的班轮航线。

一、构建背景

(一)规范设备安全风险管理的需要

东方港务分公司拥有1000余台套专业化的港口装卸机械,承担了港口主营货物的码头装卸、运输、仓储等大量的生产作业任务,近一半的设备为特种设备,设备的安全管理要求高,设备的安全风险呈现出多样化:有新设备投用初期的设备磨合阶段;有运行一段时间的在用设备出现常见故障和偶发机损事故的情况;有超龄服役的老旧设备面临重大安全隐患的情况。设备的安全风险时时刻刻地存在于日常的设备管理之中,长期以来,设备发生的故障、设备存在的隐患都是按照常规的设备管理制度进行管理、使用、保养和维修,多是从设备的技术性能劣化程度和功能机理等因素来分析故障和隐患的原因、处置故障和隐患带来的问题,但是设备管理的适宜性和有效性方面考虑不多,特别是设备的安全管理、风险管理方面是薄弱环节。从诸多设备突发故障和隐患中不难发现,在这些故障机理的背后多数都存在着安全风险因素,例如大型港口机械金属结构的焊缝,经过一段时间的交变载荷后,焊缝的缺陷部位会出现裂纹,此时可能更多地考虑了焊缝质量问题,但是从设备管理方面分析,焊缝的形成、质量检测、常规检查、定期探伤等都涉及技术管理,而在这个管理过程中,将焊缝作为安全风险管控点进行辨识和评估,可实现管理过程的可控管理。

港口设备的安全运行,必须坚持“安全第一,预防为主,综合治理”的方针,坚持效率、质量、效益与安全的有机统一。安全第一,是指在考虑问题和处理问题时要将保证安全放在第一位,正确处理安全与经济效益的关系。预防为主,是工作的原则,在事故发生前做好各项安全工作,消除隐患,防止事故发生。综合治理,是工作方法,要求将安全生产作为一个系统工程,通过落实全员安全生产责任制,把各方面、各环节的工作都做好。

港口设备管理的目的,就是在生产过程中要保证劳动者、机械设备和货物的安全。设备管理的方法,是以严格规范的设备管理制度,坚持效益为中心,坚持依靠科技进步,促进生产效率。

(二)实现公司可持续化发展的需要

东方港务分公司自成立以来,生产经营范围不断拓展,形成了多货种、多流程、装卸工艺繁杂、设备种类繁多的作业景象。众多繁杂的生产作业流程和范围导致安全风险日益加大,企业安全生产形势也日趋严峻。东方港务分公司在安全管理方面积极探索先进理念和方法措施,通过采用职业健康安全管理体系和安全生产标准化等多种管理模式提高企业的安全管理水平,特别是对制约公司安全发展的因素进行分析和研讨。东方港务分公司在多年的安全管理方面基于物的安全管理,强调了人的安全意识和安全要求,从安全风险的理念不断地向广大员工传输安全管理的重要性,将风险管理贯穿于整个安全管理之中,积极向广大职工宣传教育安全理念以及安全知识,识别评价不同等级的危险源,分级控制不同等级的安全隐患,促进企业的安全生产可持续发展。

二、成果内涵

设备风险管控的核心就是降低设备损失,即在风险事故发生前防患于未然,在设备管理过程中,引入风险管理要素,预见将来可能发生的损失而事先加以防范,或者预期事故发生后可能造成的损失,事先采取一些解决事故隐患的办法,以降低风险可能造成的损失,即识别风险、衡量风险、控制风险。

建立基于过程管理模式的设备风险管控体系是东方港务分公司多年来潜心研究和推广的一个重要的管理模式,体系的成功建立标志着作为港口设备管理将有明确的安全管理依据和目标,将有力促进设备管理更系统、更实用、更有效,为企业安全生产经营提供设备全面的安全保障,促进企业提高设备管理的整体水平,为企业可持续发展夯实基础。该体系以设备安全风险评价为基本准则,采取预防性管理思路,基于过程管理模式,从增值的角度策划过程及其输出,着力关注过程管理的规范化、精细化,从设备检查、使用、保养、维修、整改、计划、管理绩效评价、风险评估等多方面进行规范和梳理,通过体系的有效实施,延长设备的使用寿命,降低设备的安全运行风险。

三、主要做法

(一)设备风险管控体系的基本原则

基于过程管理模式的设备风险管控体系适用于港口机械设备管理,该体系明确了管理应具备的基本要素,具有系统性、实用性和有效性,能为东方港务分公司安全生产经营提供设备全面保障,促进提高设备管理的整体水平,为东方港务分公司可持续发展夯实基础。该体系的建立为东方港务分公司设备管理标准化提供了专业性的实施指南,是现有设备管理体系的完善和补充。

该体系覆盖了设备管理的全寿命期,整个过程是一个建立标准、实施标准、改进标准的增值活动,过程模式和 PDCA 方法简述如下:

策划(Plan):策划建立公司设备安全风险管理机构、目标及其实现过程,确定实现结果所需的资源及其管控要求。

实施(Do):有效实施设备基础管理和运维管理。

检查(Check):以设备安全风险评价标准为准则对设备的技术性能状态进行检查、识别、评价、报告风险等级、确定重要危险源及管理方案。

处置(Action):根据检查评价的结果,根据管理方案的要求采取措施提高设备的技术性能状态和设备的安全性、可靠性,延长设备的使用寿命。

设备风险管控体系如图 1 所示。

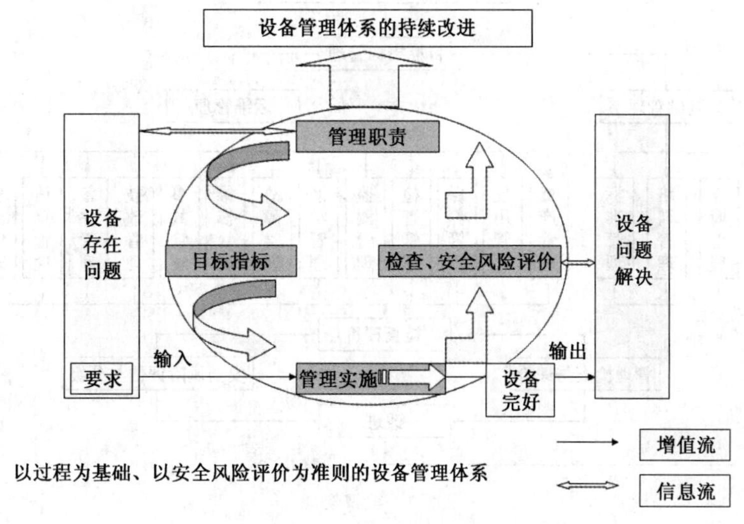

图 1　设备风险管控体系

(二)完善组织架构,明确责任范围,保障体系运行

为确保设备安全风险管理体系工作顺利开展,实现预期的设备管理绩效,在东方港务分公司中设立设备安全风险管理领导小组。由设备副总经理担任组长,设备经理担任副组长,设备主管、基层技术骨干担任组员,保障设备管理安全、有效、经济运行。小组管理职责包括:

①组织制订设备管理动态目标指标,以延长设备寿命期,获得最大的经济效益。

②负责设备管理策划及标准化工作的推进,明确设备相关管理及技术人员的权责和具体分工,根据设备管理的需要,开展培训,不断提高设备标准化管理人员的技术能力和管理能力。

③组织设备相关技术及管理人员编制设备管理制度和技术规范,并定期评审,以确保其适宜性。

④指导、督促设备使用单位按设备管理部门的要求有效开展设备运行管理相关工作。

⑤负责组织相关人员对设备的管理绩效和安全风险进行评价,组织开展设备风险管理方案的实施。

⑥负责设备管理制度和规范执行情况的监督、检查与考核,确保设备管理制度和规范等能得到有效执行。

⑦负责定期对设备管理活动进行评审,并将评审结果进行应用,以确保东方港务分公司设备管理活动持续改进。组织架构如图 2 所示。

(三)体系策划

建立基于过程管理模式的设备风险管控体系,需要做好过程管理的策划活动,保障东方港务分公司安全生产经营,延长设备的安全使用寿命,实现预期的设备管理绩效。从设备全面管理的角度出发,应建立设备安全风险管理的关键性目标指标。首先要建立设备安全风险管理组织机构,配置适合的人员,赋予职责与分配权限。为使设备安全风险管理体系达到预期效果,需要确定所需的过程、资源、准则和方法,以确保这些过程能有效地运行和控制,所需的过程包括组织机构、职责与权限分配、资源提供、基础管理、运维管理(设备使用、保养、检查、润滑、维修、技改、备件管理、设备费用、设备管理信息化、设备安全管理)、安全风险评价(检查、评价、分级、总结、计划、方案、处置)、改进有关的过程。根据设备安全运行条件、故障或失效后果的风险及其影响程度,制订设备安全风险评价准则,通过评价确定设备风险等级。根据评价的风险等级,制订相应的管理方案,通过年度、月度维修整改计划加以贯彻实施。为促进体系得到有效实施,应建立设备安全管理检查与考核制度并实施。

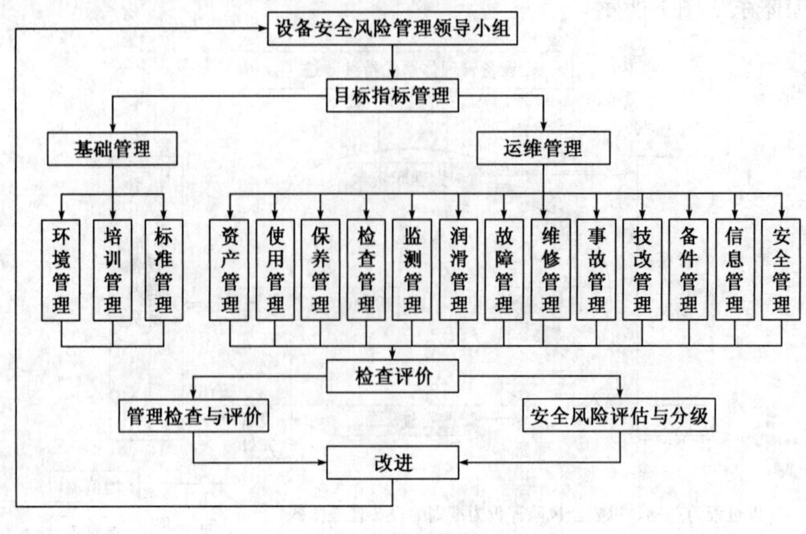

图2　组织架构

(四)基础管理

1. 设备运行环境管理

应确定、提供并维护设备运行所需的环境,采取适用的措施消除或减少环境对设备安全、稳定运行、设备劣化等影响;定期开展设备机容机貌、清扫辅助设施等方面的专项检查,保证设备安全运行环境,延长设备使用寿命,保护作业人员职业健康;有效、持续地开展6S等现场管理活动,建立6S管理的制度和标准,并纳入日常设备检查中,其中,6S是指整理(Seiri)、整顿(Seiton)、清扫(Seiso)、清洁(Seiketsu)、安全(Safety)、素养(Shitsuke);将可视化定置管理技术运用于设备管理和安全风险管理,形成东方港务分公司的可视化定置管理标准,例如将看得见的管理、一目了然的管理纳入可视化管理范畴,将需要管理的对象用一目了然的方式予以体现,如风险告知牌、标线定位、物品分类摆放等。

2. 专业知识培训管理

应确定与设备相关人员在设备方面应具备的能力,进行岗位技能测评,对设备作业人员开展有效的安全风险知识培训,通过编制与设备相关岗位的培训计划,对相关设备人员开展设备知识和安全专业一体化培训。鼓励在设备和安全方面有丰富的知识或经验的在职人员进行知识分享,开展必要的培训师资队伍建设,保障培训效果。

3. 设备标准化管理

应收集、采用适合东方港务分公司的国标、行标、企标、设备技术资料建立基础标准清单,并结合设备安全管理、风险识别和评价等要求,作为设备技术标准的基础(依据或参考)。通过设备安全管理策划输出并确定设备管理所需的管理制度(规定、办法),建立设备安全管理标准的清单,如设备使用与保养管理制度、设备检查管理制度、设备润滑管理制度、设备检查考核办法、设备安全风险评价规范等。根据设备的风险等级、重要度,确定不同种类设备所需的设备技术标准,建立技术标准清单,如设备操作规程、设备保养规程、状态监测标准、设备润滑标准、维修技术标准、设备检查标准、故障处理指南、作业指导书等,技术标准的存在形式可以是标准、规范、规程、守则、操作卡、作业指导书、图纸、数据等。

(五)运维管理

1. 设备资产管理

应明确设备资产管理的流程、权责、制度,建立以设备风险等级为编号的规则,并按规则在设备醒目的位置予以标识;健全设备单机台账,一机一档,确保设备单机台账的信息正确、完备。根据设备管理全过程的需要,明确涵盖适用的设备资产基本信息,包括投资计划、购置合同、安装、验收、入固、使用、检查、保养、润滑、维修、改造、调剂、租赁、闲置、封存、报废等,以及图纸、检验合格证、说明书、技术标准文件等档案资料。

2. 设备使用管理

应建立设备安全操作规程。安全操作规程在确保设备安全使用基本要求的前提下,应根据设备风险不同等级状态深入浅出地编写,便于使用者理解和操作。例如对设备使用者进行识别设备功能、原理概况、操作和异常情况与培养突发故障处置能力的培训。设备使用者及相关人员,在设备使用中发现劣化信息、异常、隐患等问题时,若自己不能处理,则应按规定流程和要求及时通知相关人员处理,应将问题信息及处理情况进行记录。通常将这些信息记录于设备运行记录表、检查记录表、交班记录表或信息化系统内。为确保设备使用者能规范操作设备,应定期对设备的使用情况进行检查与考核;鼓励操作者将个人的操作经验或优秀方法分享给工友,以提升工友的操作技能,并丰富设备安全管理知识内容。

3. 设备保养管理

设备保养,也可理解为“设备维护”。设备保养的核心工作是清洁,如调整、紧固、检查、清理污尘、擦拭、清洗等。建立设备保养规程(标准),通常涵盖(但不限于此):设备名称、分工、周期或时机、部位、内容、标准、方法、手段和工具、保养验收等。应明确设备保养人员的责任,对设备保养人员进行相关技能培训(国家或行业有规定的,应符合相关能力要求),以确保其能安全、正确执行设备保养工作。例如,在建立设备保养计划时,应充分考虑设备各个部位的风险状态,动态管控各级保养要求,设备管理人员应对设备保养的执行情况进行监督检查与考核,以确保设备保养管理的有效性。

4. 设备检查管理

设备检查形式为日常检查、周检、月检、专项检查等。应建立设备检查管理制度,明确设备检查管理要求,例如职责划分、检查流程、检查标准及记录、检查计划与过程管理、检查发现的问题及处理要求、检查考评、总结分析与改进。根据设备管理的需要,应建立相应的检查标准,按照定点、定标、定态、定法、定时、定岗的要求建立检查准则,必要时,应将可视化方法应用于检查。在检查中发现的设备故障隐患、劣化信息、异常信息,须如实记录、及时处理或反馈给有关单位或人员予以处置;因条件限制(时间、备件或其他原因)暂时无法处理的,应采取监护措施,以确保设备安全运行;设备异常的管理应形成闭环。应对检查的数据及相关信息进行分析,以掌握设备状态及劣化发展的趋势,以便对设备进行预防性维修,将设备检查的内容纳入电子数据档案进行有效管理。设备管理人员应对设备检查的情况进行分析和总结,定期对检查管理的绩效进行统计分析,根据设备的使用环境、寿命、风险等级等条件定期对检查标准、方法等进行调整。

5. 设备状态监测管理

东方港务分公司应建立设备状态内部监测和外部监测的机制,其中,内部检测应以文件形式明确设备状态监测的职责及工作流程,确定从事设备状态监测与诊断的人员,根据设备重要度、故障发生率和可诊断性,识别并确定纳入状态监测的设备、监测部位(或点),建立设备状态监测标准,在实施状态监测时,进行数据采集,并进行诊断评价,根据评价的结果,对存在劣化倾向或异常的设备采取措施改善。外部状态监测(检测)由设备管理部门组织开展,提出需要外部状态监测(检测)的设备及监测(检测)项目时,需选择并确定具有国家认可资质的供方,从专业性角度开展设备的检测鉴定工作。应根据外部监测(检测)单位提供的监测(检测)记录及诊断报告,对存在问题的设备采取措施改善,并验证改善效果。

6. 设备润滑管理

应建立设备润滑管理制度,制度内容涵盖设备润滑管理的全过程,包括润滑管理的具体要求和实施方法,以及润滑管理检查与考核要求,以规范设备日常润滑管理工作。应建立可操作性强的润滑可视化标准、油品储存控制规范、油液监测技术规范(检测取样规范)等,按“润滑六定标准”(定点、定质、定量、定时、定法、定岗)的要求建立润滑标准。润滑执行人员,应按润滑管理要求、操作规范、润滑标准等,对设备做好添加、清洁、换油等工作；定期做好油品化验工作，规范润滑日常检查工作。片区设备管理者应定期对片区润滑情况进行监督检查、考核。设备管理部门及使用单位应对设备润滑磨损故障停机时间和原因进行分析与记录，以便改进，同时定期安排润滑管理与实用技术培训、润滑故障诊断等培训活动，以提高润滑人员的专业技能。

7. 设备故障管理

应明确故障管理的流程和要求，管理要求涵盖故障信息来源、传递方式及途径、故障信息及故障处理、故障处理后的统计分析与改进。根据故障的程度及故障后果采取相应的措施消除故障，必要时，对故障后果影响大的设备，进行风险识别与风险控制，将风险控制在可接受的范围。应根据故障分析或改进的结果，改进操作规程、保养规程、维修计划、备件管理、检查管理、润滑管理、周期性维修及换件等。应将典型的故障制做为故障案例，增加故障识别、预防、判断、消除的经验，丰富设备知识管理内容。

8. 设备维修管理

应建立设备维修管理制度，涵盖维修管理的权责、不同的维修方式、内部维修或外委维修所对应的流程和管理要求、设备"修前、修中、修后"的管理要求等，如编制维修技术标准，通常包括设备零部件的性能、维修特性（劣化倾向、异常现象发生状态）、维修周期及内容等。应根据设备关键点设立维修模型，即将维修周期、时间、工序组合、施工日、维修负荷（人数）五要素进行有效组合。可借助外部维修资源，有效开展专业化高难度的维修工作，实现内部维修的有益补充，彻底解决设备存在的重大疑难问题。

东方港务分公司技术和安全管理部门应对涉及重要危险源的维修项目安全性进行联合评审，识别和分析检修工作风险源，编制风险控制措施或专项施工方案，确保参与检修的人员理解完成该工作任务所涉及的活动细节及相应的风险、控制措施和每个人的职责。在开工前应具体落实安全措施，并由维修单位指定人员进行全过程安全监督、检查与考核，并视需要进行检修安全总结与改进。

应根据设备安全管理的需要，从日常使用、保养、润滑、检查、检定、状态监测、周期性维修等方面做好设备预防性维修，编制相应的预防性维修计划，定期检查预防性维修计划的执行情况，研究并探索关键设备状态维修的管理工作，以提高预防性维修的有效性和质量。

9. 设备事故管理

东方港务分公司应建立设备事故管理的组织，规范报告、调查、抢修、调查、分析、处理和防范等程序和过程，设备事故通常分为责任事故、质量事故、自然事故。事故分级应依据国家、行业以及公司对机损事故的分级规定执行，如特大设备事故、重大设备事故、较大事故、一般设备事故以及事故隐患等。发生设备事故后，在组织抢修恢复生产的同时，应及时组织采集现场事故信息，并按照事故级别报告有关管理部门。应及时组织事故分析会，做好事故分析，并重新评价设备风险等级，制订改进措施并落实整改。

10. 设备技改管理

技术改造需明确改造目标，降低设备安全风险等级，考虑安全、生产、质量、环境、节能等的必要性，技术上的可行性和经济上的合理性，应进行必要的论证。在做好技术改造后的总结工作时，应对设备风险等级进行重新识别，验证其与预期目标和要求的符合程度。必要时，应将技术改造结果形成技改案例，并推广或持续改善，扩大技改成果。

11. 设备备件管理

应建立备件管理制度，根据风险管控的不同要求涵盖备件全过程管理。备件管理的目的是在更换、维修设备时，能按时、按质、按量、经济地供给备件。备件可通过采购、外委加工、公司内部调配等方式获得，应以可行、可靠和经济为原则，以提高备件性能、寿命。

12. 设备报废管理

设备报废的依据主要有风险等级属于最高级，设备维修无法恢复其性能，不能满足工艺要求及质量要求，无法修复或修复不符合经济原则，老化、技术性能落后、耗能高、效率低、经济效益差，属于国家法规规定的强制淘汰设备，污染环境，危害人身安全与健康，进行改造又不经济等。凡需报废的设备，应按东方港务分公司的设备报废管理要求和程序进行评估、审批及处置。

13. 设备供方管理

设备供方通常指提供设计规划、设备、日常维护、维修工程、技术改造、技术鉴定、技术咨询、设备状态监测及其他相关技术服务的单位。根据设备采购的重要程度及风险管控的具体要求，应对供方进行业绩评估和管控。

14. 设备管理信息化

应建立设备信息化平台，覆盖全部设备基本信息、故障记录、故障分析和故障维修数据信息，以在设备风险评估中实现设备信息化功能模块，为决策设备整改提供必要的依据。

15. 设备安全管理

应做好设备的风险管理，运用合适的风险评估工具，对设备进行包括全面风险识别、风险分析、风险评价在内的风险评估，根据评估的结果采取风险控制措施，将风险降低到可接受的范围。应根据危害分析或安全分析结果，编制风险控制措施并实施。应按有关规定，委托具有专业资质的检测、检验机构进行定期检测、检验，以确保设备合规合法使用。应建立设备应急预案管理，并根据设备故障或失效后果的风险分析，做好应急演练，通过演练评价，提出整改方案和措施。

（六）检查评价

为确保设备过程管理的有效性，东方港务分公司建立了设备检查管理制度，形成了“策划、实施、问题处理、评价改进”的设备检查闭环工作。应根据设备检查标准及各种设备技术标准文件，实施计划性检查，对设备检查问题进行分类管理，如设备作业规范问题、设备管理问题、设备缺陷问题、设备维保问题、环境（机容机貌）影响问题等。对设备检查发现的严重隐患和重复性问题，设备管理部门应组织相关人员集中讨论，制订对策，必要时应对设备进行技术改造、升级更新、淘汰。

根据设备安全风险评估的规范要求，东方港务分公司组织了由具备不同的专业知识、经验丰富、业务能力强的专业技术人员组成的评估小组，在对设备风险评估时充分了考虑机械设备的危险可能性和评估的目的，风险评估的信息可以通过图表、照片、影像资料、记录等各种各样形式的载体获取。

为了提高设备的安全管理水平，充分发挥设备安全风险评估的作用，降低设备故障，不断提高设备完好率，确保设备的安全运行，最大限度地满足生产要求，应按照计划的时间间隔进行设备安全风险评估与分级。在评估前，应编制设备安全风险评估规范，建立专业化评估小组，编制评估计划。评估小组应按计划要求实施对设备安全风险的评估，并根据评估的结果对老旧设备进行分级。评估小组应根据评估结果，形成老旧设备安全风险评估报告，并对报告提出的整改任务进行安排和部署。

1. 危险识别

危险识别的目的是形成一份危险、危险状态和（或）危险事件的清单，该清单能够描述危险状态可能发生的场合。参考与特定危险或特定类型的机械设备安全有关的标准，对于危险识别、预期保护和（或）采取风险减小措施是很有借鉴意义的。

2. 风险评估

为了支持风险评估过程，应对风险要素在危害发生时的严重程度和发生概率进行量化，以便分析、估计和评级，风险估计方法采用数值评分法。该方法设有三个参数，这些参数被分解为不同的等级数值，这些等级对应的数值复合成一个被估计风险的数值评分。采用数字能够在风险分级方面具有客观性，虽然对每个风险要素打分是高度主观的，但是这种不足可以通过将评分归并成定性的风险等级弥补。

风险值计算公式：

$$D = LEC \tag{1}$$

式中：D——风险值；

L——发生事故的可能性大小；

E——环境对其影响的程度；

C——发生事故产生的后果。

表1～表4为风险等级划分时三个参数对应分值和风险等级对应分值。

事故发生的可能性(L)对应分值　表1

分值	10	6	3	1	0.5	0.2	0.1
事故发生的可能性	完全可以预料	相当可能	可能，但不经常	可能性小，完全意外	很不可能，可以设想	极不可能	实际不可能

环境对其影响的程度(E)对应分值　表2

分值	10	6	3	1	0.5
影响程度	环境恶劣，影响很大	环境影响较大	环境影响一般	环境影响轻微	基本没有影响

发生事故产生的后果(C)对应分值　表3

分值	100	40	15	7	3	1
影响程度	大灾难，造成特大机损事故	灾难，造成重大机损事故	造成集团等级事故	一般影响	轻微影响	基本不发生事故

风险等级划分(D)对应分值　表4

D值	>320	160～320	70～160	20～70	<20
风险程度	极其危险，立即停机	高度危险，立即整改	显著危险，需要整改	一般危险，需要注意	稍有危险，可以接受
风险等级	A	B	C	D	E

例如：对一台设备某个机构进行风险识别，经风险估计，该机构的事故发生的可能性(L)取3分；环境对其影响的程度(E)取3分；发生事故产生的后果(C)取7分，依据计算公式$D=LEC$，计算数值D为63分，经查表，对应的风险D值在20～70区间，风险程度为一般危险，需要注意，风险等级为D级。

为了便于后续审查评估作出决定，以文件形式将风险评估的过程记录下来很重要。其内容包括用于风险评估的方法和工具的描述以及结果，包括危险区域、危险、所采取的保护和(或)风险减小措施的有效信息。

(七)改进

为持续改进设备管理体系的绩效和有效性，应在公司层面建立设备管理改进机制，广泛开展合理化建议、改善提案、金点子、小改小革、QC活动、专题(课题)、科技攻关、标杆比对、专家指导等各项活动。应鼓励采用新技术、新工艺、新材料、新设备、新方法等，以促进公司在设备管理和技术方面的进步。应建立公司设备管理创新成果交流分享的平台，以促进设备管理知识的增值应用。根据改进的结果，应对相关流程、制度、标准、记录等进行修订完善，以巩固改进成果，设备管理部门应对设备管理改进活动进行统计分析和评价，以持续改进设备管理体系的系统性、有效性和适宜性，提高在过程管理层面应对设备安全风险的全面管控能力。

四、实施效果

老旧设备安全风险管控区别于传统的设备管理，主要体现在管理的基本成本和预控成本两部分，其中基本成本包括了故障成本和事故成本(表5)。从传统的管理成本来看，设备故障和安全事故占据了重要的比例,而风险预控成本比例极小。实施风险管控体系后,可通过成本模式图(图3)发现,随着要求的不断提高,故障事故成本在逐次下降,而风险管控成本也随之上升。管理总成本为故障事故曲线和风险管控曲线之和,其最低点 K 值也就是最佳管理成本。

传统的设备管理成本比例构成 表5

成本项目	占总成本的比例(%)
设备故障成本	30~40
安全事故成本	25~55
风险预控成本	0.5~5

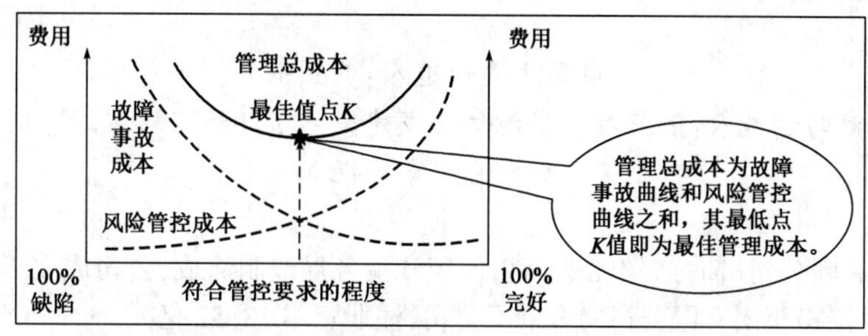

图3 最佳风险管控成本模式图

在社会效益方面,设备安全风险管控体系的成功建立标志着作为港口企业,公司在设备安全风险管理中将有更加明确的依据和目标,将有力促进港口设备管理工作更加规范、更加务实,该体系为全面保障企业安全生产和可持续发展发挥了重要作用!

构建科学的绩效管理体系,提升企业核心竞争力

江苏港口镇江港务集团有限公司

成果主要创造人:黄立平

成果参与创造人:陆卫兵　张旭仁　戎建军　丁邦林　廖文江　刘　瑜
张小芳　邢　月　李　悦

镇江港务集团有限公司(简称"镇江港")由原镇江港务局改制而成,公司成立于2004年5月,2018年12月成为江苏省港口集团有限公司的全资子公司,注册资本18.52亿元。

镇江港码头位于长江和京杭大运河十字交汇处,1987年被列入国家批准的一类对外开放口岸,1993年成为全国43个主枢纽港之一。共有生产性泊位25个,码头总长度5135米,设计通过能力2694万吨。港区腹地有国铁瑞山站。2016年7月,长江12.5米深水航道正式通航以后,镇江港成为海进江开普船靠泊终点港。

镇江港目前共设机关部室9个,下设分子公司13个。截至2020年7月底,在册职工2160人,其中在岗职工1878人。集团共有大专以上学历人员1176人、中高级职称296人、技师159人、高级技师3人、中级工119人、高级工290人。

镇江港的经济腹地为江苏省内部分地区、长江中上游地区、京杭运河沿岸地区及部分铁路沿线地区。镇江港主要提供江海直达、铁水联运、水陆换装、散杂货与集装箱换装、多式联运服务等货物中转装卸服务,也提供船货代理、外轮服务、工程监理等多元服务。镇江港始终秉承"船东至上、客户至上、质量一流、效率一流"的经营理念,已与50个国家和地区的128个港口建立了货物运输往来业务,培植了铁矿石、煤炭、硫黄、元明粉、化肥、集装箱等一批品牌货种。

镇江港加快推进现代化综合港口物流企业建设进程,践行"成就客户、善学善行、责任导向、自我批判、狼性团队"企业价值观,竭力打造功能齐全、精致卓越的区域枢纽港,努力为股东创造价值,为客户提供超值服务,为促进流域经济发展做出贡献。

一、实施背景

作为传统老港,镇江港绩效管理曾长期沿用传统的目标管理考核,管理改进起步较晚。该考核模式在突破计划经济体制束缚中起过阶段性作用,也历经过多次改进,但考核周期长、过程控制缺失,考核不聚焦、欠刚性,干部员工工作积极主动性不足等问题突出。

随着外部环境的变化及内部经营压力的增大,在管理层决策、支持下,2016年始,镇江港导入并执行了以"量、本、利"为核心的KPI(关键业绩指标,Key Performance Indicator)考核管理体系。

经过两年多的考评实践,KPI考核的激励、导向作用十分显著,广大干部员工的绩效意识明显提升,工作的积极主动性得以充分激发。但受KPI考核的局限性等因素影响,镇江港绩效管理工作也存在一些需要高度重视的新问题。

(一)基础管理工作淡化、弱化

KPI考核是通过对组织内部流程的关键参数进行设置、计算,衡量绩效的一种目标式量化管理指标

考核,它关注的是“量、本、利”等一些关键的指标,而对于其他内容缺少应有的评估。镇江港在刚性执行 KPI 考核一段时间后发现:考核导向下,广大干部员工都聚焦于组织及个人考核期的关键业绩,而疏忽了所属组织和岗位的日常管理责任。企业的法务、党建、设备设施管理,产能、文化、信息化建设,员工教育培训等相关基础性管理工作都不同程度地被淡化、弱化。为解决此问题,镇江港也曾尝试执行综合管理“千分制”半年考核,但因难以实现 KPI 量化,且考评周期长而收效甚微。

(二)经营品质及长效管理考核欠缺,易致短期行为

KPI 考核的是短期业绩结果,考核导向易使被考核方片面追求短期效益,易致短期行为。基于 KPI 特性,考核中不可能同时兼顾经营品质、基础管理、过程控制等指标,企业长期与短期业绩考核未有效结合,被考核者往往只顾眼前利益,而放弃长效管理、沉淀蓄势。

(三)职能管理考核短板突出

KPI 考核执行的是少数关键要素考核,并不是适用于所有岗位,尤其不适合对职能性工作进行考核。而机关部室及后勤保障等职能管理部门及岗位多为专业性、事务性工作,其关键绩效指标难以量化,若硬性地从其自身职责上进行量化,逻辑上说不通,不对其量化,又无法进行考核。在职能管理部门及岗位的考核过程中,KPI 考核短板较为突出。

(四)个人绩效管理工作推进乏力

受绩效管理工具特性制约,相关指标难以分解、责任无法压实,组织绩效与个人绩效管理未有效融合,个人绩效体系的构建意识不到位,个人绩效管理工作推而不前。

总而言之,作为“关键业绩指标”考核法的 KPI 考核,是企业绩效考核的方法之一;但若过分地依赖量化考核指标,没有考虑人为因素和弹性因素,弊端也十分突出。因此,如何避免生搬硬套,结合企业实际,构建一套科学、有效的绩效管理体系成为镇江港由劳务密集型向技术密集型、资本密集型转变的重要课题。

二、基本内涵

KPI 和 BSC(平衡记分卡,Balanced Score Card)都是常见的绩效考核方式之一。其中,BSC 理念较新,到 21 世纪初才被企业熟知,但已广泛应用于西方国家。它是从财务、客户、内部运营、学习与成长四个角度,将组织的战略落实为可操作的衡量指标和目标值的一种新型绩效管理体系。BSC 的基本逻辑是:

财务方面:股东希望得到怎么的回报?我们如何呈现我们的财务表现?比如:增加收入、提高利润、提高资产利用率等。

客户层面:股东的回报得以实现,你为客户提供怎样的服务?满足他们哪些价值需求?如:市场份额、客户关系、准时交付等。

内部运营层面:我们擅长什么?为了让客户满意,哪些内部运营流程需要有卓越的表现?如:提升作业效率、设备管理等。

学习与成长层面:我们是在进步吗?我们如何保持持续改进、创新和变革的能力?如:信息技术应用、企业文化建设、员工能力发展等。

通过对上述四个方面相关超期或滞后指标进行平衡,从而较为客观、全面地测评企业战略目标落地执行情况。

平衡计分卡虽被誉为近百年来最伟大的企业管理工具,但也存在实施工作量大、短期难以体现对战略的推动作用、不太适合考核个人等不足之处。

对此,结合企业发展实际和管理现状,经充分研讨,2017 年底,镇江港决定将 KPI 和 BSC 有机结合,构建基于 KPI 的 BSC 绩效考核管理体系。确立从财务、客户、内部运营、学习与成长四个维度对组织绩效进行综合平衡考评;同时,坚持考核关键,将企业的长期战略与组织的短期行为有效导向统一。

与此同时,着力推进个人绩效管理 2.0 版,在层层分解组织绩效考核指标的基础上,执行“一人一岗一表”,做到“人人肩上有财务指标”,不考核不发放,营造“收入凭贡献,绩效论英雄”的企业文化氛围。

三、体系构建完善过程

(一)强化组织领导和制度保障

为确保绩效管理工作有序推进,镇江港成立绩效管理委员会,专门负责绩效管理工作的组织领导、监督检查以及各项重大制度和事项的审定,委员会主任由董事长亲自担任。

与之相对应,各二级公司执行绩效管理"一把手"负责制,构建管理网络、配齐配强管理和执行团队,确保管理思路和规范在落地过程中不变样、不走形。

为保障绩效管理改革各项工作全面开展和有序运行,镇江港加强顶层设计,搭建了以"两大考核体系+四项基本制度+四个考核层级+两个管理例会"为主要内容的"2442"绩效管理体系架构。其中:

两大考核体系:组织绩效考核体系和个人绩效考核体系。

四项基本制度:《组织绩效管理办法》《年度组织绩效考核方案》《两级中层管理人员薪酬分配指导意见》和《员工个人绩效考核指导意见》。

四个考核层级:公司、队部、班组、个人。

两个管理例会:月度考核联席会和综合管理例会。

通过强化组织领导、科学顶层设计,同时加强理念宣贯和专业培训,有力保障了绩效管理改革创新工作平稳、有序推进。

(二)着力管理工具和管理机制创新

1. 绩效管理工具创新

为扎实、有效推进绩效管理工作的改进升级,镇江港人力资源部牵头组建了专门的项目组,对 KPI 和 BSC 各自的特性开展专题研究。力求通过对其管理理念、执行规范及标准的深入研究,分析找准优缺点,理清创新思路,探寻整合路径,实现不同管理工具的兼容互补和有效融合。在绩效管理委员会的直接指导下,经项目组扎实工作,形成了镇江港复合型(基于 KPI 的 BSC)绩效考核指标体系的创新融合建议方案,见表 1。

复合型(基于 KPI 的 BSC)绩效考核指标体系建议方案　表 1

编号	评价项目	KPI	BSC	创新融合建议
1	定义	关键绩效指标:它是通过对组织内部流程的关键参数进行设置、计算,以衡量绩效的一种目标式量化管理指标考核,是企业绩效管理考核的基础方法	平衡计分卡:它是从财务、客户、内部运营、学习与成长四个维度对企业进行全面的测评,使组织的"战略"能够转变为"行动"。是企业进行绩效管理和考核的工具	咬定战略目标,执行四维考评
2	考核完整度	只考核少数关键要素	从财务、客户、内部运营、学习与成长四个维度考核	坚持四维,每维甄选 2～4 个关键指标
3	考核重心	当期关键业绩	企业经营战略兑现	滞后和超期指标并重
4	考核刚性	刚性	刚性	刚性
5	指标组数量	一般为 4～8 个,相对较少	一般为 10～20 个,较多	12～15 个指标
6	考核特性	偏于阶段短期业绩	长短期业绩考核相结合	长短期有效结合
7	主要优点	量化考核、评价标准客观	将企业长期战略与短期行为相结合	定量考核为主(>60%),定性定量相结合
8	缺点或不足	不适合职能性考核,易致机械教条	工作量大,不太适合考核个人	职能性考核应用 KPA(关键绩效行动)指标等级评价,个人考核则以 KPI 为主,KCI(关键绩效能力)指标辅助

续上表

编号	评价项目	KPI	BSC	创新融合建议
9	适用企业类型	适用于成熟型、已有一定绩效管理基础的企业	适用于成熟期、业务比较稳定、管理比较规范的大企业	动态管理、及时调适,推动企业持续、稳定、高质量发展

为做好战略目标分解,提高考核的针对性和指标的关键性,在考核分类中,镇江港将各二级单位按各自功能特性划分为收入中心、利润中心、成本中心三种基本类型,分类有针对性地设置指标组和权重;并在精准预算的基础上,对相关基层单位的核心指标(收入、利润或成本)设定确保、争取和搏击三级目标值,以特别追加奖励的方式,激发被考核单位的争创积极性。

为落实管理责任,镇江港将绩效管理从上到下分为:分子公司、事业部(即分子公司队部)、班组、个人四个层级。其中,总部负责各分子公司组织绩效考核指标体系的构建和日常考核,分子公司负责其各事业部组织绩效考核指标体系的构建和日常考核,分子公司事业部负责其各班组绩效考核指标体系的构建和日常考核,班组长(直线经理)负责对其组员个人绩效的日常考核管理;上一层级对各下层级的组织绩效考核管理工作负督导、检查责任。镇江港考核指标体系部分内容如下:

第四章 考核指标体系

第八条 集团公司执行基于BSC的KPI组织绩效考核体系,从财务、客户、运营管理、学习与成长四个维度综合考评各组织绩效完成情况。

1. 财务维度:主要考评收入、利润、管控成本、经营品质、资金回收等财务类量化指标。

2. 客户维度:可分内、外部客户,主要考评市场占有率、服务承诺兑现率、外部沟通协调及内部协同度等指标。

3. 运营管理维度:主要考评产能、效率、重点工作推进、安健环及要素管理等组织的核心业务和流程建设类指标。

4. 学习与成长维度:主要考评员工素质与技能、学习能力、组织能力及创新能力等指标。

第九条 在第一层级(集团级)组织绩效考核中,分子公司财务维度的核心指标(收入或利润)设定确保、争取、搏击三级目标值,并依据各组织财务核心指标的达标情况确定

2. 执行"一人一岗一表",扎实推进个人绩效管理

理顺指标的分解与支撑逻辑关系,扎实推进个人绩效管理,以点保面,强抓两个体系融合。

总结历史经验,为扎实推进个人绩效管理,对于层级末端的个人绩效管理,镇江港要求员工个体以岗位管理要素为依据,执行"一人一岗一表",并在全面分解组织绩效考核指标的基础上做到"人人肩上有财务指标",实现"从上到下全分解、从下到上有支撑"的个人绩效与组织绩效有效融合。

为增强考核管理的针对性,镇江港将员工个人绩效指标分为三类,即:中层正职、各级党组织书记和中层副职、普通员工,中层正职绩效指标对应所在组织的组织绩效指标,党组织书记和中层副职分别设有专用考核指标模板,普通员工个人绩效考核指标则围绕组织战略和绩效目标、本岗位关键职责,以及上级领导布置的重点工作提取。指标由财务指标、岗位履职指标、学习成长指标和红线底线生命线指标四部分组成,其中,岗位履职指标分设了"实效性"和"创新性"两个分项,给"创新性"指标赋予一定加分权重,以激发员工发挥主观能动性,求新求变、岗位创新。

作为工作履职和考评依据,镇江港要求每个员工编制出岗位履职清单,并按照清单对其每年、每月、每周、每天的工作进行认真梳理、实时记录,做到日事日毕,日清日高。岗位履职清单化的实施让很多平时混日子的员工逐渐浮出水面、无以遁形,为镇江港减员增效、"瘦身健体"工作顺利开展打下坚实基础。图1、图2分别为集团党委直属党组织书记绩效考核表和个人月度KPI绩效考核表。

2020年3月集团党委直属党组织书记绩效考核表

姓名 [illegible] 单位 [illegible]党组织 职务 书记 考核时间 2020年4月6日

编号	指标类别	要素	指标名称	权重	目标值	实际值	系数	计算公式、考评方式	考核原因	数据来源
1	财务	经济指标	利润	50%	[illegible]	[illegible]	[illegible]	实际值/目标值(保底与封顶:0.5-1.2)		财务中心
2	客户	配合协作	工作态度、与相关部门的协调与融合	20%	[illegible]	[illegible]	[illegible]	集团党委分管领导打分考评		党群工作部
3	运营管理	底线、红线指标	安全环保、政治纪律	-	[illegible]	[illegible]	[illegible]	每发生一起等级以上事故视情扣绩效系数0.05及以上		人力资源部、党群工作部、安全监督部
		生态指标	队伍稳定	-	[illegible]	[illegible]	[illegible]	发生一起视情扣绩效系数0.05及以上		人力资源部、党群工作部、办公室
			践行共同价值观	-	[illegible]	[illegible]	[illegible]	发生一起视情扣绩效系数0.05及以上		人力资源部、党群工作部、办公室
		组织建设	党组织规范化建设	30%	[illegible]	[illegible]	[illegible]	月度党建督查打分考评		党群工作部

图1 集团党委直属党组织书记绩效考核表

集团公司个人月度KPI绩效考核表

姓名: [illegible] 单位:东港公司 考核时间:2020年4月6日

序号	要素	指标名称	权重	分项指标	分项权重	目标值	实际值	分值	考评方式或计算方法	数据来源	备注
1	财务指标	收入(万元)	50%		10%	[illegible]	[illegible]	[illegible]	月度完成值/目标值	财务部	
		利润总额(万元)			18%	[illegible]	[illegible]	[illegible]	月度完成值/目标值	财务部	
		吞吐量(万吨)			5%	[illegible]	[illegible]	[illegible]	月度完成值/目标值	生产经营部	
		外付劳务费(元/吞吐吨)			7%	[illegible]	[illegible]	[illegible]	2-月度完成值/目标值	财务部	
		装卸费(元/吞吐吨)			10%	[illegible]	[illegible]	[illegible]	2-月度完成值/目标值	财务部	
2	岗位履职质量	现场安健环质量检查整改率	20%	实效性	80%	[illegible]	[illegible]	[illegible]	现场各类安健环检查整改率100%。整改率每下降10个百分点,项目分值扣10%	总经理	
				创新性	20%	[illegible]	[illegible]	[illegible]	参照评分细则		

图2 集团公司个人月度 KPI 考核表

3. 财务指标网格化管控

虽为滞后指标,但财务指标在绩效考核管理过程中的重要地位不可动摇。为突出财务指标的核心地位,考核管理中,镇江港要求财务指标必须做到按因素(收入、成本、利润)或按数量全面分解,责任落实到人,最终体现在个人绩效考核的"人人肩上有财务指标"上,所有干部个人绩效考核的财务指标权重必须达到50%。

与此同时,镇江港按职能管辖范围将80项财务科目纳入职能归口管控考核,构建出"横向有职能,纵向有主体"的网格化管控体系,如图3所示。

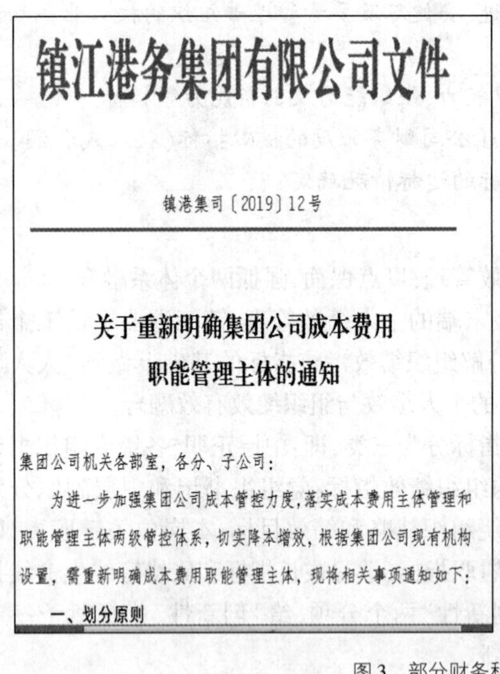

镇江港务集团有限公司文件

镇港集司〔2019〕12号

关于重新明确集团公司成本费用职能管理主体的通知

集团公司机关各部室,各分、子公司:

为进一步加强集团公司成本管控力度,落实成本费用主体管理和职能管理主体两级管控体系,切实降本增效,根据集团公司现有机构设置,需重新明确成本费用职能管理主体,现将相关事项通知如下:

一、划分原则

二、职能管理责任主体及分工

(一)办公室

成本项目	具体内容
办公费	办公用品费、手机通讯费、印刷费(印刷办公用材料)、邮电费、茶叶、其他办公杂费
会议费	参加或主办会议所发生的费用
招待费	餐费、茶叶、接待住宿等费用
董事会会费	组织召开董事会议所发生的费用
咨询费	项目咨询费、信息技术咨询费、银行咨询费、气象咨询、聘请的专业机构发生的咨询费等相关费用
律师费	律师事务所律师费及律师因提供服务发生的相关费用
行业会费	市口岸协会、交通、建设等行业会费
诉讼仲裁费	法院诉讼仲裁费用
其他杂费	净水器滤芯、资料打印费用、水瓶、办公桌椅等杂项费用;低值易耗品(其他办公及日用生活用品等)

(二)党群工作部

成本项目	具体内容
业务宣传费	稿薪、港报印刷、制作费、公司各类宣传活动费用
资料费	党政报纸、期刊费用
广告费	报纸电视广告费、其他广告费

图3 部分财务科目纳入职能归口管控考核

4. 考核管理信息化

BSC考虑的考核要素很完整,尽管进行了KPI特性提炼,但考核管理工作量仍然很大。为此,经技术攻关,镇江港自主研发了绩效管理平台系统,日常的绩效考核管理已逐步实现系统自动化,从而有效降低了绩效管理人员的工作量和手工差错率,减轻绩效全过程操作的工作负荷,提升了绩效管理工作效率和管理体系的可操作性。

强化绩效沟通与反馈、推进绩效考核公开透明化,各级组织采取会议、公示栏以及微信公众号等多种形式对绩效考核结果情况进行公示。其中,个人绩效记录和月度岗位履职清单等考核资料已实行腾讯文档在线授权编辑和信息群内共享,如图4所示。

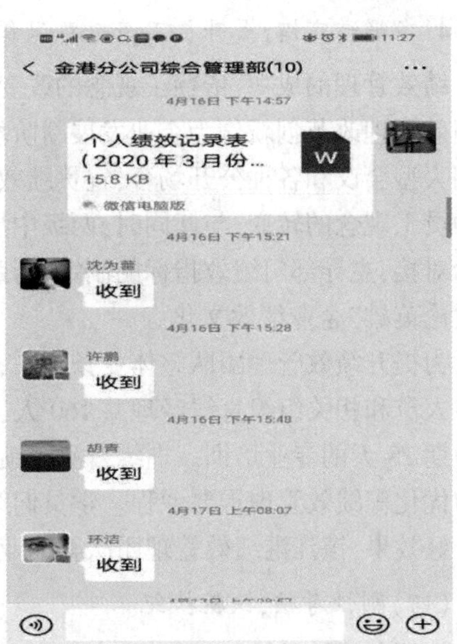

图4　考核管理信息化

(三)持续提升绩效管理内涵

1. 坚持核心、短板考核,实施动态管理

坚持"考核核心、考核短板"原则,对绩效考核实施动态管理,依据阶段性重点工作和管控要求,对绩效指标内容持续进行优化。经营年度内,在保持组织绩效指标体系总体稳定的前提下,镇江港针对生产经营中短期突出问题,调整个别考核指标,使其与经营状况动态匹配。例如:针对生产组织过程中出现散集联运货物流转不畅、货箱滞港的问题,以及重船舶作业效率、轻靠离泊效率现象,对总调度室组织绩效考核调整设置了"单艘海轮靠离泊误时""散集联运滞箱量"等指标;为推进设备设施管理、管理信息化和企业文化建设,对相关基层单位设置了"修理体制改革依从度"考核指标,对安监部门及岗位设置了"安健环平台系统运用"指标考核,对各级工会主席设置了"工会工作"指标考核等。

2. 充分研究、吸收、融合港口行业核心竞争力和高质量发展指标

落实"创新、协调、绿色、开放、共享"理念,推动港口转型升级,提高资源节约和环境友好水平,以"枢纽化、集约化、现代化,绿色型、平安型、智慧型"为导向,由主要依靠资源投入转为更加注重各类创新和提升质量效益和服务水平。2019年第四季度起,镇江港在绩效考核管理中逐步融合港口竞争力和高质量发展指标体系,对相关单位增设了"固定资产利润率""市场占有率""全员劳动生产率""应收账款周转次数""节能减排""文化提升""信息化建设"等品质指标和超期指标,使组织的短期行为和企业的长期战略结合更加紧密。

3. 考核评价方法不断优化

指标类型各异,考评方法也较多。对于定量的KPI指标,用分段法或斜率法就能较好地解决考核评价问题。但对于定性的KPA和KCI指标,要做到较为客观的考核评价相对较难。经过一段时间的实践摸索,镇江港取消了原来各单位之间相互打分评价的方式,采用五级等级评价进行考评。

在考评过程中,对不同绩效等级的标准事先进行比较清晰地定义,五个等级标准是:远远超出绩效期望、达到期望或稍有超越、与绩效期望有一定差距、与绩效期望有明显的差距、不能接受的绩效结果。每个等级里只规定几个评价分数,最小分差限制为5分,这是非常有效的,一方面符合人对差异感知的

基本原理,另一方面也给评价人更少的选择。远远超过绩效期望通常给110、115、120三个分数;达到期望或稍有超越就给95、100、105三个分数,以此类推。

五级等级评价法应用后,定性指标的考评更加规范,考评结果也更趋客观。

4.多渠道宣培,提升员工绩效意识和绩效管理人员业务技能

绩效管理的成功,依赖于观念的改变、高层的决心以及中层的行动。基于此,镇江港高层果断决策把绩效管理改革创新作为企业发展新阶段的重要驱动力,亲自参与到绩效管理顶层结构的设计中来,并利用大型会议和各种公开场合,宣贯绩效管理的理念和重要意义,表达推行绩效管理工具的坚强决心,推动员工观念的转变;与此同时,两级中层立即行动起来,积极梳理管理思想和管理实践,与绩效管理新理念对接,主导部门绩效指标的制定,帮助其他管理者做好员工绩效辅导工作,合力建塑"收入凭贡献,绩效论英雄"企业绩效文化。

为提升绩效管理团队整体业务水平,更好地服务于企业绩效管理工作,镇江港安排了各级绩效管理岗位人员和相关组织直线经理共160人,分批参加专业机构开办的企业绩效管理专家线上训练营,接受了为期28天的专业培训。训练营涵盖绩效管理理念及发展趋势、绩效管理工具应用、绩效管理流程构建与优化等绩效管理重要课程。学员们线上全程参与、踊跃互动,线下认真温习、学以致用,培训活动取得良好效果,镇江港绩效管理团队整体业务水平得到了显著提升。

(四)刚性考核,铁腕执纪

绩效考核结果执行得好坏,直接决定绩效考核的成败。镇江港在推进绩效管理工作中讲原则不讲情面、讲客观不讲主观,每月一考一评,考核结果直接与组织及个人的绩效薪酬挂钩(绩效薪酬占个人月度总收入的50%),所有绩效表现均计入个人档案,并作为员工职务晋升、提拔及推先评优的重要依据。2020年2月,受新冠肺炎疫情影响,有些单位经营业绩完成较差,绩效考核结果兑现后,同级中层管理人员薪酬差距高达7167元。以基于KPI的BSC绩效管理体系为抓手,镇江港各项基础管理工作也得到了有效加强。同为2020年2月,因为新冠肺炎疫情管控履责失职,共有167人被问责考核,考核金额共计16万余元;2020年上半年,因岗位业绩不达标,共有6人接受诫勉谈话,5名中层管理人员被降职、免职。

在铁腕整治下,各级管理人员对条口工作和考核指标如数家珍,普通员工对岗位工作职责也应知尽知,全港广大员工绩效管理红线意识空前增强,管理依从度明显提升。

(五)重视跟踪辅导,定期检查评价

绩效管理是一个非常重视沟通的工作,在整个绩效管理期间,管理者和员工都要进行及时的沟通。绩效辅导是管理者与员工共同讨论相关工作进展情况、潜在的障碍和问题、解决问题的办法和措施以及管理者如何帮助员工的过程。绩效沟通辅导是实现绩效改进和绩效提升的关键,贯穿整个绩效管理过程的始终。镇江港十分重视绩效沟通辅导和绩效面谈效果,利用现行社交软件工具设立组群,构筑各层级组织绩效沟通辅导平台,将日常碎片化的沟通辅导高度集成,形成绩效沟通文化氛围,便于主管部门监督沟通辅导效果。月度绩效考核后的绩效面谈更加侧重员工绩效问题的查找、原因的分析、措施的制定和阶段性绩效改进目标的设立,实现绩效改进的闭环管理,最大限度改进员工绩效,提升绩效水平。

镇江港人力资源部每月定期到各单位指导、检查绩效管理工作推进情况。一方面查找各单位绩效管理推进过程中存在的问题,协助并督促各单位进行问题整改,并严格按相关制度进行考核评价,考核结果与各单位当月组织绩效挂钩;另一方面收集各单位对集团绩效管理工作的反馈意见,必要时进行动态调整或方案优化,以维护绩效管理的公正合理性。这也是PDCA闭环管理、持续改进的重要环节。

四、实施效果

截至2020年,镇江港新绩效管理体系应用已取得阶段性成效。科学而全面的运行机制,纵横密织、脉络清晰、全员覆盖的绩效管理网络体系,浓厚的比学赶超氛围,风清气正的内部生态,均已成为镇江港核心竞争力的动力来源,为镇江港转型升级、一体化高质量发展奠定了良好的基础。

(一)管理基础夯实,发展后劲增强

构建并应用新绩效管理体系,实现了财务与非财务衡量方法之间的平衡,长期目标与短期目标之间的平衡,外部和内部的平衡,结果和过程平衡,管理业绩和经营业绩的平衡等。做到了全面、对称考核,反映出组织综合经营状况,使业绩评价趋于科学,考评更为客观,有利于组织长期发展。

(二)短板逐步补齐,突破管理瓶颈

基于 KPI 的 BSC 绩效管理体系有效融合了组织绩效和个人绩效两个管理体系,从根本上解决了 KPI 不适宜职能性考核、BSC 不适宜个人绩效考核难题,使镇江港两个体系、四级考核融为一体,也使得绩效考核指标“从上到下全分解、从下到上有支撑”成为现实。

(三)助力企业绩效文化建塑

绩效新体系的构建应用是一个繁杂的过程,更是一个学习提升的过程。通过绩效管理新理念的学习、宣贯,实施计划及相关制度的制订,体系的构建、完善、磨合、运行,考核结果的沟通、全员兑现和反馈等活动,全体员工对企业的绩效管理有了一个完整深刻的认识,同时,也是以共同价值观为内核的企业文化建塑的过程。

(四)员工综合素质提高

全员覆盖的绩效管理网络体系,不仅需要高层领导的积极倡导,更需要中层、基层领导的有力执行和基层员工的积极参与,无论是整个过程中员工因学习而成长,还是执行考核后的激励导向作用,员工的综合素质都得到了显著提升。

截至 2020 年,集团已有授权专利 40 项(其中发明专利 3 项)、软件著作权 10 项。2020 年 1—7 月,科技创新项目立项的已有 14 项,群众性“五小”活动累计申报创新成果 103 个,劳模创新工作室累计申报项目 24 个。2 个“劳模、创新工作室”被长航提档命名;1 名职工被评选为镇江市劳模;2 名职工分别荣获“镇江市职工十佳先进操作方法和十佳合理化建议”命名。新增中级职称人员 28 人。

(五)经济效益不断攀升

随着绩效管理工作的不断深入,镇江港经营业绩年年向好,员工收入年年增长。

2019 年,镇江港完成货物吞吐量 9643 万吨,同比增长 13.2%;实现利润 6142 万元,同比增长 168%。

2020 年受新冠肺炎疫情影响,港口行业形势严峻,但镇江港逆势而上. 2020 年 1—8 月,镇江港务集团共完成吞吐量 6949 万吨,同比增长 10.2%,实现利润 6373 万元,完成序时进度的 138.5%。全年吞吐量有望突破 1.1 亿吨。

自 2018 年以来,镇江港的全员劳动生产率提高了 75%。全体员工的收入水平翻了一番,员工的获得感、幸福感、安全感、归属感显著增强。

五、结语

事实证明,因地、因时制宜,构建并实施适用于本企业实际的管理体系,形成企业特有的文化氛围,是提升企业核心竞争力的有效途径。同时,在改革创新过程中,我们只要坚持思想解放、干部率先、全员参与、红利共享,就没有攻克不了的难关。

在优化、固化绩效管理新体系的基础上,进一步深入融合港口竞争力和高质量发展指标体系将是下一步工作的重点。我们相信在管理层的大力支持下,在高素质管理团队努力攻关和广大员工积极参与下,镇江港绩效管理工作必将不断走向新的高度,并取得更好的可持续的经营管理成果。

以成就客户为核心,打造内河港口品牌

镇江金港港务有限公司金港分公司

成果主要创造人:李学洪　仲国荣

成果参与创造人:张延国　王　建　毛超华　卞亚军　吉　淅　严诗涵
吴　越　陈宏亮　陆　振　赵富国

镇江港务集团有限公司由原镇江港务局改制而成,成立于2004年5月,2018年12月成为江苏省港口集团有限公司的全资子公司,注册资本18.52亿元。公司码头位于长江和京杭大运河十字交汇处,1987年被列入国家批准的一类对外开放口岸,1993年成为全国43个主枢纽港之一,历史最高排名第19位。

镇江金港港务有限公司金港分公司(简称"金港分公司")属主营公司之一,于2010年6月1日成立,位于镇江市新区大港,主要经营国家、省、市重点工程——镇江港大港三期工程,公司拥有1个15万吨级(减载)散货专用泊位、2个5万吨级多用途泊位、1个准1万吨级装船泊位,2个港池装船泊位。深水泊位常年水深14.2米以上,5万吨级船舶可常年通航作业,据水位情况可满足减载后15万吨级船舶通航作业,为矿石、煤炭等大宗物资进出口、水运中转、仓储服务、矿石加工的重要物流基地。

金港分公司拥有大型装卸设备18台(套),辅助生产机械111台(套)以及各类专用工属具,堆场面积69.7万平方米,年吞吐能力四千万吨,是长江下游设备先进、能力卓越、功能齐全的散货装卸港区。随着长江南京以下12.5米深水航道开通以及泊位改造升级,航道深水化、泊位专业化、船舶大型化优势将更为明显。

金港分公司着力提供专业化、高标准的港口服务,作为镇江港的开放窗口,金港分公司始终以成就客户为核心,打造品质一流、服务一流的内河港口品牌。

一、实施背景

金港分公司自成立以来取得很大成果,港口散货吞吐量逐年增加。但在取得成果的同时,也面临巨大的压力。长江沿岸港口众多,仅重要港口就有15座,散货码头更是不计其数。各码头之间为争取货源竞争激烈,利润逐年摊薄。如何在众多的港口中生存并谋求更好的发展,如何摆脱压力、提高公司的竞争力是当前以及将来的重要课题。

二、基本内涵

镇江是长江航运开普船能够到达的最远点,这一地理优势,为金港分公司的发展带来了机遇。2018年,金港分公司对三期工程12号泊位进行了改扩建,靠泊能力得到跨越式提升。金港分公司通过创造性思维,借用了13号泊位上游第一、二分段的结构并对其改造。扩建完成后,大大提升了停靠船舶吨位,由原来的靠泊7万吨散货船提高到靠泊15万吨级散货船。金港分公司成了长江内河航运"开普船"终点港。靠泊能力的提升不仅带动了效益的提升,还提升了镇江港在业内的名气和地位。

金港分公司在管理上突破创新,持续提升船时效率。船时效率的提升,带动了顾客效益的提升,继而也扩大了公司知名度、扩大了市场,实现了互利共赢。

三、构建过程

(一)推动设施建设,实现开普船靠泊能力

随着长江经济带的建设以及长江南京以下12.5米深水航道的开通,长江沿线运输船舶趋于大型化,运输货运量迅速增加。镇江港大港港区三期工程泊位及后方堆场能力已不能满足市场需求,金港分公司对12号泊位及其后方陆域进行改扩建,提升码头靠泊能力,提高港口核心竞争力。同时,后方堆场的扩建也为镇江港大港港区码头接卸能力的提升提供了坚强保障。

1.总平面布置

原码头主要包括12号泊位、13号泊位,码头泊位总长度500米。其中原12号泊位为散货卸船泊位,长265米,宽32.5米,码头面标高6.45米(1985国家高程基面,下同),设计船型为7万吨级散货船;原13号泊位为散货装船泊位,长235米,宽28米,码头面标高6.45米,设计船型为5000吨级,可同时靠泊2条5000吨级散货船,结构按靠泊7万吨级散货船设计。码头通过27号及28号引桥与后方陆域相接。

将12号泊位等级由原7万吨级提升为15万吨级散货船(减载)。停靠15万吨级散货船所需泊位长度为349米,12号泊位原长度为265米,须借用13号泊位84米泊位长度,故将12号泊位及13号泊位西侧两分段按靠泊15万吨级散货船(减载)进行改造。

由于受目前航道条件限制,15万吨级散货船目前只能减载进港靠泊,经计算,15万吨级卸船泊位(减载)码头前沿所需设计泥面高程为-12.90米。但由于12号泊位原设计时码头前沿泥面高程按7万吨级散货船满载靠泊确定为-15.10米(未考虑航道限制条件),故码头升级后,12号泊位码头前沿设计泥面高程维持不变,仍为-15.10米。

2.装卸工艺

为了满足15万吨级船舶能够减载靠泊的需求,需要对12号泊位改建,并占用13号泊位84米长度,相应缩短13号装船泊位长度。15万吨级船舶都是隔舱减载,金港分公司与货主协商每次将最后一个舱在前一减载泊位卸空,这样在不考虑检修机位和最后一个舱的情况下,可以不拆除16号转运站,保持12号泊位工艺系统不变,也能满足15万吨级船舶靠泊装卸作业要求。同时将原来13号泊位两台装船机中的一台,调整到其他泊位,保留一台装船机,并能满足一艘1万吨级船舶装船要求,取消BC15A带式输送机,将16号转运站的BC1B带式输送机驱动装置移到1号转运站内,由BC1A带式输送机对BC15B带式输送机直取,出场BC14A、BC14B带式输送机接BC15B带式输送机。

3.水工建筑物

经计算,12号泊位码头结构满足安全和使用要求,13号泊位第一、二分段需要进行改造。在13号泊位第一、二分段每榀排架后沿增加1根ϕ2200毫米大刚度钢管桩(共10根),即在钢管桩内灌钢筋混凝土至泥面下15米,上部新浇筑节点,通过植筋与原码头横梁连成整体。节点之间通过浇筑混凝土面层连成整体。改造后,13号泊位第一、二分段码头宽度为32.5米,与12号泊位一致。

13号泊位部门区域后沿有2号引桥和变电所平台,无法在码头后沿加桩,故在每榀排架靠后处增加2根ϕ1000毫米钢管桩(共4根),横梁局部放大包覆桩基并与原码头横梁连为一体,新老结构间钢筋通过焊接和种植钢筋连接。

项目于2018年3月10日开工,7月13日完工,历时4个月。2018年7月25日通过了镇江市交通工程质量监督站的质量鉴定,工程质量鉴定为合格,同日项目通过交工验收。

(二)优化泊位资源配备,提高开普船卸货能力

为进一步提升开普船装卸作业效率,打造开普船型海轮作业品牌,金港分公司在12号泊位添置1台2500吨/时桥式抓斗卸船机(含2抓斗、配套供电等设施),项目估算投资总额5750万元。

1.项目实施的背景

随着区域港口一体化改革推进和省内部分沿江城市实施退港还城,镇江港大宗散货接卸中转港的地位得到强化,12号泊位改扩建工程完工后,将具备合法合规接卸开普船的条件,长江南京以下12.5米深水航道二期工程于2018年5月8日试运行,镇江港开普船外贸矿石运输货运量将进一步增加。

2.项目实施的必要性

随着长江12.5米深水航道的开通以及公司大船战略的推进,12号泊位靠泊开普船已趋常态化,12号泊位改扩建工程完工后,开普船型海轮接卸数量将会进一步增长。2018年,公司力争将开普船型海轮接卸数量超过100艘次,并进一步提升12号泊位装卸作业能力及效率,打造开普船型海轮作业品牌。

现有1250吨/时卸船机的额定载荷、外伸距、起升高度等技术参数不能最大限度地满足开普船型海轮作业需求,特别是外伸距不足,开普船型海轮船舱外侧1/3物料需要清舱机械转运至卸船机作业范围内,这不仅直接降低了卸船效率,还增加了生产成本。同时,作业开普船型海轮,司机最大限度抓取船舱外侧物料时,存在卸船机和船体碰撞的风险。生产安全和生产成本管控与周边同类型港口相比,处于劣势地位。

现有卸船机于2007年5月投入使用,至今运行超过10年,设备性能下降,已进入故障高发期,影响海轮作业效率现象时有发生,直接影响公司开普船型海轮作业效率和品牌创建。

选择2500吨/时卸船机是弥补生产资源短板、提高市场竞争力的需要。目前,江苏沿江港口作业大宗散货的泊位配置的卸船机效率最大的为4200吨/时,多数是2100吨/时,配置数量一般2~3台。在现有泊位资源受限的情况下,只有提高卸船机能力,才能吸引更多客户和货源。

3.项目实施的可行性

泊位条件满足。12号泊位改扩建为15万吨级工程项目已实施完成,购置1台2500吨/时卸船机能更充分利用泊位资源,适应船舶大型化趋势需要。

布置条件具备。2号泊位卸船机大车轨道长223米,1250吨/时卸船机宽30米,2500吨/时卸船机宽34米,3台卸船机共同作业时的间距满足安全要求。

码头承载条件具备。根据制造商提供的2500吨/时卸船机的轮压和腿压数据,12号泊位改扩建工程(中交第三航务工程勘察设计院有限公司)对码头承载能力进行了复核验算,计算结果表明码头结构满足安全使用要求。

技术成熟。2500吨/时卸船机在其他港口成功应用多年,属成熟产品。

4.项目实施方案

新置的卸船机技术参数见表1。

卸船机技术参数表

表1

参数		2500吨/时卸船机	备注
额定起重量(吨)		62/63	
工作幅度	外伸距(米)	40	
	后伸距(米)	18	
起升高度	轨上(米)	27	
	轨下(米)	22	
工作速度	起升(米/分)	160	带载
	下降(米/分)	210	空载
	小车(米/分)	240	
	大车(米/分)	25	
	司机室(米/分)	20	

续上表

参　　数		2500 吨/时卸船机	备　　注
	俯仰时间(分)	6	单程
轨距(米)	22		
基距(米)	18		
轨道型号	QU120		
供电电源	AC6kV/50Hz		
装机容量(千瓦)	2500		
总重(吨)	1600		
最大轮压(吨)	58		

12 号泊位添置 1 台 2500 吨/时卸船机布置情况如图 1 所示。

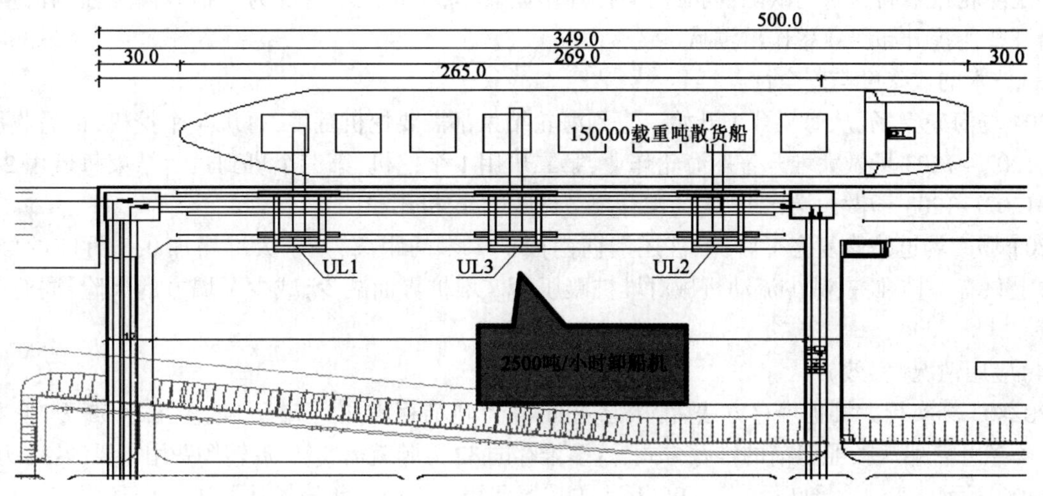

图 1　2500 吨/时卸船机布置情况

金港分公司 12 号泊位 2500 吨/小时桥式抓斗式卸船机的投用，实现了 2 台 1250 吨/小时和 1 台 2500 吨/小时三台卸船机同时开普船作业，每月实现 13 条开普船卸货，产能大大提升。2020 年 6 月新卸船机首次全程参与作业，将载有 72000 吨罗伊山粉的开普船“安娜贝尔”全部卸空，实现开普船 24 小时内靠离泊，新卸船机的平均船时效率达到了 3000 吨/小时。

(三)管理寻求突破，持续提升作业能力

1. 缜密卸载计划

为实现开普船卸载效率的进一步提升，金港分公司提出了“一船一方案，一船一总结”缜密卸载计划。每条开普船卸载前，由运维部结合货物比重及海轮船期兑现要求，倒排海轮卸船效率开展生产组织。计划翔实到目标工班量、每班班长、抓斗测重数据、卸舱顺序，对 AB 双线均衡流量、清仓单斗车、卸船机规范操作、流程监护、班长指挥、机上交接、在线设备完好等，对作业各环节做出了明确要求。为了确保船期兑现，设备运维部相关设备技术员全程值班保障设备运行，确保海轮在线故障率为零。

管理的提升，带来了生产效率的提升。“中海祥和”海轮作业时长 23 小时，卸空 79624 吨纽块，船时效率提升 15.32%。围绕船期，目标一致、协同作战，金港分公司实现了 24 小时开普船效率品牌的新突破。

2. 充分高效利用货物堆场，打通场地存储能力瓶颈

2018 年下半年，开普船作业趋于常态化、密集化，场地不足的矛盾日益加剧。针对这一问题，金港分公司组织业务骨干反复交流、探讨、推算、论证，最终形成“大堆桩”作业方案，并在此基础上，优化生

产工艺,使用挖机进行翻堆加高,堆存能力提升80%,相当于增加了4条开普船的货物容量。

(1)技术原理(解决方案)

原本1202场单堆20万吨,1203场单堆20万吨,合计40万吨。现将原本的1202场和1203场合并堆存,做大堆桩。合并做大堆桩后再安排挖机加高,可实现向空间要场存。合并之后的通道南移至BC8B皮带机护坡北侧,仅保留单车道。

(2)技术的创新性与先进性

堆桩长度减少,宽度小幅增加。原分场地堆放一条开普船物料堆长度约为250米,改进后大堆长度在80~85米,减少了堆桩的四周表面积(原来250米×29米=7250平方米,现在85米×57米=4845平方米),大幅减少了堆与堆之间的空间浪费。

货堆高度增加。将原9~12米的高度提升至13米,高度增加有效增加了堆存量。

宽度增长,可以使用挖机二次加高。原来货堆宽度受限,挖机无法进行二次加高。挖机上顶加高,有效补足斗轮机堆高受限的缺陷;同时还能提升作业效率,斗轮机不需要为了抬升高度控制流量堆高。这也为开普船提升卸船效率作出贡献。

(3)技术的成熟度与安全性

1204场海轮上场,从海轮开工开始一直到海轮结束都需要挖机翻堆,每班4个挖机,最后收尾2个挖机。1202~1203场做大堆开普船海轮作业,第二班用1个挖机,第三个班到最后结束每班用2~3个挖机。1202~1203场做大堆比1204场堆存要节约35%挖机用量。

1203场南场道路修复完工后,堆桩还能向南面扩1米的距离,一个大堆增加0.3万吨的堆存量。通道边上只有一排堆桩,减少流动机械对堆桩碾压面。堆桩界面减少,减少了塌方的风险;同时节约了盖网量。

(4)应用情况(实效)

1202/03场实行大堆桩堆存方法后,从原先的40万吨堆存增加到72万吨,多堆存32万吨,相当于多堆了4条开普船。按照以前的堆存方式,这多堆存的32万吨就需要转场,转场费用需要约:32万吨×3元/吨=96万元。实现大堆转后,省了96万元的转场费用。按照一年该场地每1.5个月周转一次计算,全年该场地周转8次,全年省下来的转堆费用约:8次×(32万吨×3元/吨)=768万元。

节约下来的转场机械就能更好地为其他作业线服务,确保了港区生产资源的充分利用,实现了总产能的再提升。

(四)综合提升,打造内河特色品牌

1.培养专业管理团队

体系。巩固和提高NOSA管理体系、基于BSC的KPI考核体系、班组建设体系等七大管理体系,建立和完善风险控制体系、环保技术管理体系、基建管理体系、招投标体系、价格管理体系等五大管理体系,构建全要素、闭环、完整的体系。

系统。推行战略前瞻、规划先行、论证充分、协同联动和风险防范的系统。

模块。深度调整内部资源组合结构和方式,推广应用管理先进和可复制的模块。

集约。实现技术经济有机统一、效率效能效益有机统一、精致卓越有机统一的集约管理。

2.商事为重,形成氛围

进一步塑造"重商、亲商、扶商"的氛围,让商者受尊重,有荣誉、有地位、有激情、有成就感。以追求利益最大化为目标,尊重市场,敬畏市场,遵循市场规律。紧抓供应和需求、服务和价格这两个要素。研究市场,参与市场。诚信立事,信誉第一。

3.持续提升,持续完善港口功能

2020年新建6号堆取料机流程线已全面启动,新建堆取料机、皮带机、配套设施等,实现智能化、无人化操作。6号线建设充分释放港区院外堆存能力,配套现有流程设备综合作业,解决院内设备老化、

性能下降问题,使公司进入可持续发展阶段。届时港区堆存能力、作业能力及效率将进一步提升。6号堆取料机流程线建设平面布置图如图2所示。

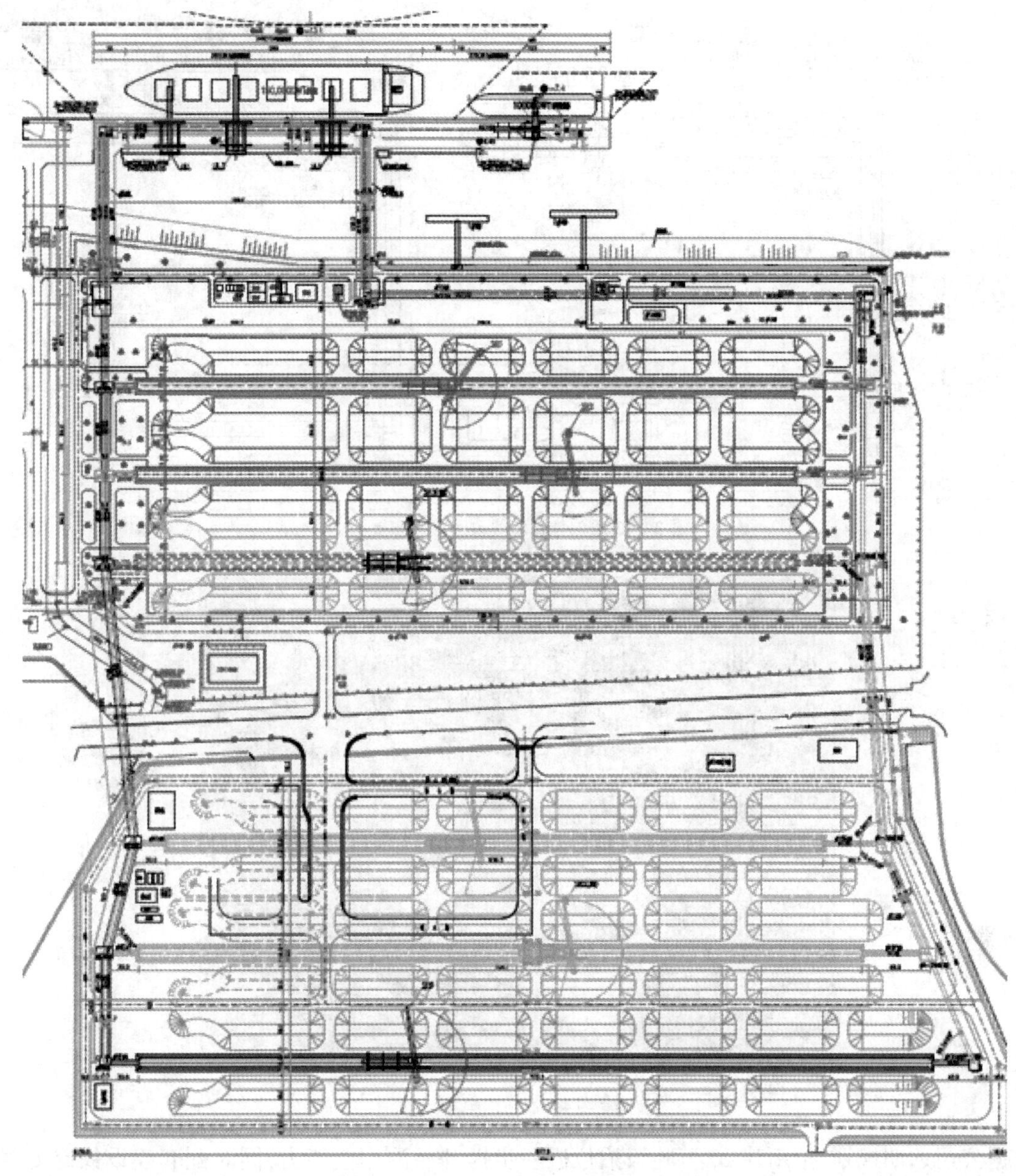

图2 6号堆取料机流程线建设平面布置图

完善13号泊位直取(出运)功能,新添置1台5000吨/时装船机,配套建设地面皮带机,替代现有2500吨/时装船机,解决公司出运效率、能力的瓶颈问题;同时提升海轮作业直取率,降低生产运行成本;结合公司6号堆取料机线建设,助力公司快速发展。13号泊位直取线改造平面布置图如图3所示。

依据国家、地方推广港口岸电系统建设政策及响应大气污染防治和节能减排的要求,金港分公司着力推广船舶岸电建设,2018年2月建成1套高压岸电(国投镇江港大港三期12号泊位岸基供电项目),电压等级为6千伏/6.6千伏,频率为50赫兹/60赫兹,容量为2000千伏安,设置3个充电桩,兼顾11号泊位和12号泊位。该项目于2018年8月初通过市经信委组织的专家验收评审,并于9月初获取市物价局的收费批文。高压岸电房如图4所示。

根据公司"大客户、百万吨、集中度、中心港、一体化、清洁度"和"大船、库房、高价位、直取率"的市场开拓规划,公司陆续建成1003-1、1003-2散货大棚近2.4万平方米,建成高16米挡风抑尘墙2366米,陆续建设4座污水处理站,完善港区雨污水收集、处理系统,为控制粉尘、污水污染,缓解环保作业压力,提升经营品质提供了有力支撑。

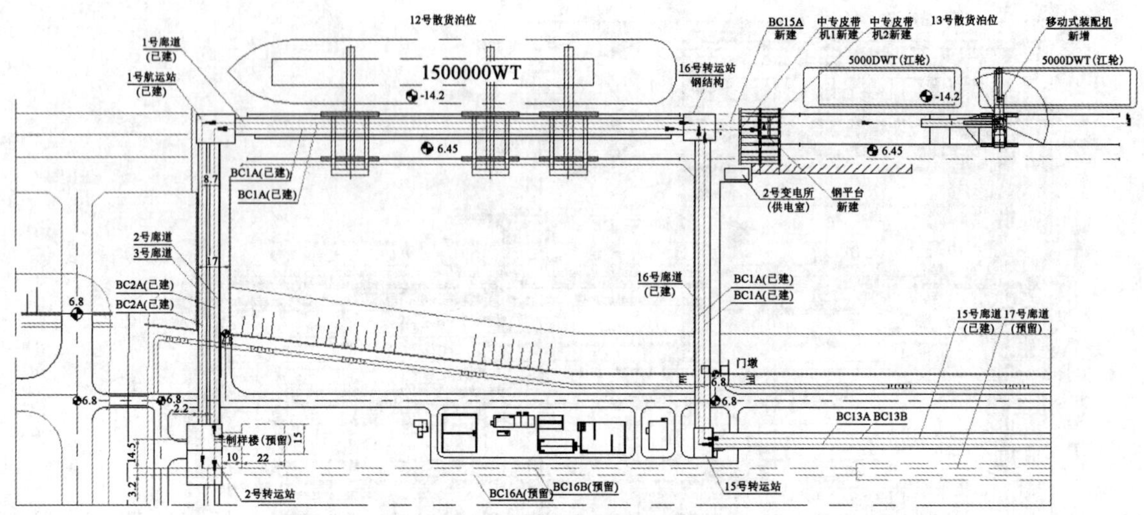

图3　13号泊位直取线改造平面布置图

图4　高压岸电房

根据公司远期规划,拟新建20万吨级泊位进一步提升靠泊作业能力,同时配套建设铁路专线完善集疏运功能,以20万吨级泊位为依托完善流程化、智能化建设,按园林式港口规划建设港区,使园林景观与港口功能融为一体,形成宁镇扬江海河铁公水绿色联运枢纽。

4.设备保障、效率提升

为打造"开普船"作业品牌,金港分公司强力推行以凭证管理、数据管理、定额管理、制度管理、档案管理为基础,以定人定机、点检、维修、全寿命周期为重点实践工作的设备设施5+4管理,以设备在线零故障为管理目标,严格执行作业前专项检查,靠离泊间隙的维保,为开票船作业提供有力保障。

按照水运规律,同等载货量下,溯江上行得越远,越能节约物流成本。采用20万吨级开普船在沿海港口减载后直达镇江港大港港区的运输方式,每吨货物可减少物流成本40~60元。金港分公司作为长江航道开普船溯江上行的终点港,优化资源配置、完善内部管控机制,实现开普船"今天靠、明天离"的服务品牌,为实现客户利益最大化不断做出努力,开普船作业船时效率平均为2731吨/时,最高为3800吨/时。

(五)争得荣誉,彰显公司实力

2020 年 1 月 13 日,江苏省交通运输厅官网公布了第八届江苏交通优质服务品牌,镇江港"开普船绿色 36H"榜上有名,是 2019 年度全省港口行业唯一入选的品牌。

使用"大堆桩"作业方案,充分高效利用货物堆场,打破场地存储能力瓶颈,保障开普船卸货效率。向空间要场存,堆存能力提升 80%,该方案已成功申请国家实用新型专利,同时被评为镇江市职工"十佳先进操作法"。

为保障设备安全、稳定、经济运行,公司先后实施皮带机测速装置研发、钢丝绳卷绕装置研发、卸船机机房托辊改造等项目,先后获得国家实用新型专利 14 项。

四、结语

品牌是一个企业存在与发展的灵魂,没有品牌的企业很难有生命力和延续性。只有重视品牌建设,构筑自身发展的灵魂,企业才能做大做强。品牌代表着企业的竞争力,且是高于价格竞争和质量竞争的更高层次的竞争力。

金港分公司以成就客户为核心,围绕开普船作业打造的内河港口品牌,为企业带来了巨大效益。金港分公司赢得了顾客的认可,成为长江最大的铁矿石中转港,每月卸载近 13 艘开普船,累计作业开普船 200 余艘次,载货量累计近 2000 万吨,节省物流成本近 7 亿元。实施前后,产量增幅 47%,主营收入增幅 42%,员工收入增幅 40.8%。

泰州大桥安全文化示范建设与实践

江苏泰州大桥有限公司

成果主要创造人:徐泽敏　蒋　波

成果参与创造人:王东明　任　芒　周　伟　姜　吉　袁　方　张　庶
朱月光　孙　婷

江苏泰州大桥有限公司(简称"公司")是江苏交通控股有限公司下属的路桥经营管理公司,2008年9月19日注册成立,注册资本为32.76亿元,主要从事泰州大桥及所辖路段的收费、养护以及餐饮、商品零售、广告发布等配套服务业务。公司内设综合管理部、财务管理部、人力资源部、工程养护部、营运安全部、党群工作部、经营开发部和纪检监督室八个职能部门,下辖调度指挥中心、清排障大队、养护大队、机电维护中心、收费站、服务区等15个基层单位。公司现有职工477人,其中研究生11人,本科200人,大专205人,高中及以下学历61人,硕士学位10人,学士学位90人,员工整体文化素质较高。

泰州大桥于2007年12月26日开工建设,2012年11月25日建成通车。泰州大桥及其连接线起于宁通高速公路宣堡枢纽,止于沪宁高速公路罗溪枢纽,全长62.088公里,采用双向六车道高速公路标准。泰州大桥处于长江江苏段的中部,上游距润扬大桥66公里,下游距江阴大桥57公里,主跨采用2×1080米钢箱梁跨越长江,是主跨超千米的三塔两跨悬索桥。

自正式开通运营以来,泰州大桥先后获得英国结构工程师学会"2013年度卓越结构工程大奖"、国际桥协"2014年度杰出结构工程奖"、2014年度全国"安康杯"竞赛活动优胜单位、交通运输部桥梁运营企业安全生产标准化一级试点单位、中国公路学会科学技术奖、全国最美路姐团队、全国优秀服务区、全国交通行业五星级现场以及江苏省科学技术奖、江苏交通行业企业文化先进单位、2013—2015年度江苏省省级文明单位、江苏省巾帼文明岗、江苏省五一巾帼标兵岗、江苏省工人先锋号、江苏省文明平安服务区等30多个国际、国家和省级荣誉。

泰州大桥高度重视安全文化建设工作,始终坚持"安全第一、预防为主、综合治理、全员参与"的安全生产方针,未发生一起重伤、死亡事故。根据路桥管理企业的特点,公司以交通运输部桥梁运营企业安全生产标准化工作为抓手,坚持"以人为本、安全第一"的理念,深入开展安全监督和现场管理活动,狠抓事故隐患的整改治理,加大安全生产考核力度,严格责任追究,狠抓班组安全文化建设,深入开展安全培训活动,实现了近三年无安全生产责任事故,公司保持安全、稳定的发展态势。

一、实施背景

安全文化建设,意在提倡从文化的层面上研究安全规律,加强安全管理,营造浓厚的安全氛围,强化人们的安全价值观,达到预防、避免、控制和消除意外事故和灾害的目的,建立起安全、可靠、和谐、协调的环境和匹配运行的安全体系。对国家来讲,安全生产事关以人为本的执政理念,事关构建新时代特色社会主义;对单位来说,安全生产事关经济效益的提高,事关单位的可持续、健康发展;对职工来说,安全事关生命,是人的第一需求。

近年来,安全生产标准化建设作为国家重点推行的管理方法,受到了各个行业(领域)企业的重视和欢迎。2012年,国务院印发《关于大力推进安全生产文化建设的指导意见》(安委办〔2012〕34号)。在该意见中明确提出大力推进企业安全文化建设,坚持与企业安全生产标准化建设、职业病危害治理工作相结合。2018 年,《2018 年度交通运输安全生产工作要点》(交办安监函〔2018〕281 号)要求强化安全宣传警示教育,开展企业安全文化建设示范工作,组织开展"安全生产月"、"119"消防宣传周、《安全生产法》宣传周、"交通强国"安全创新活动。安全标准化作为一种动态持续改进的系统管理体系,实现企业安全管理工作规范性、系统性、预防性的全过程控制管理,为提升企业本质安全水平提供了基础保障。

员工的安全理念和安全行为是企业安全生产标准化建设的基础性、关键性因素,在改善安全生产标准体系绩效中存在明显滞后的问题。目前,高速公路行业安全生产标准化建设偏重于企业内部安全管理,对高速公路公众出行安全服务较少,尚未形成系统化的公众出行安全服务平台。江苏泰州大桥有限公司在高质量通过一级安全生产标准化试点评审后,经营层深感安全文化建设的重要性与迫切性。因此,2018 年,公司全面启动高速公路运营企业安全文化先行先试研究项目。公司汲取了国内外安全文化领域的创建经验,以"具有国际视野,瞄准国内一流""面向基层,服务公众"为主要目标和思维方向,通过梳理安全文化理论、安全管理理论、人机工程学和安全心理学相关知识,将管理理论与公司现场实际相结合,按照"理论—实践—理论"的技术路线,归纳提炼企业安全理念、安全价值观、安全愿景等,对路桥运营企业安全文化建设开展了探索性研究。公司结合不同行业、不同企业多角度对比分析安全管理理念模式和安全文化因素,将安全工作和安全文化技术研究转换成直观体验式的落地项目,形成一整套路桥企业安全文化建设思路,为路桥企业开展安全文化创建工作提供了有益的探索与借鉴,形成了一套可复制、可推广的高速公路路桥企业安全文化建设体系。

二、成果内涵和主要做法

(一)形成共识注重安全理念渗透

安全理念是安全文化建设的基础和前提。公司坚持"安全理念是安全文化灵魂"的思想,把培育全员安全理念作为推进安全文化建设的"龙头"工程来抓。

提炼安全文化理念就是将企业和员工所向往的,通过实践证明对安全管理行为和员工个体行为具有精神约束力的,对安全工作有益的意愿、目标和理念总结提炼出来,形成大家共同遵守和努力实现的准则和愿望。泰州大桥在安全生产管理和安全文化建设过程中,已逐渐形成了自身独特的安全文化核心理念和一系列安全工作理念。这些理念从不同层面、不同角度反映了员工对安全管理工作的认识水平、理解程度和价值观念,也反映了员工在对待安全问题的思想意识、情感追求和道德观念。

因此公司积极从安全文化理念培植入手,一是以"安全就是生命线"为理念,按照"一个对标,两个结合,三个重点,四个完善"的工作思路,持续深化安全标准化体系建设。将安全文化建设与日常生产管理相结合,把自我梳理完善与专家咨询指导结合起来,相辅相成,促进安全生产管理水平提升。从加强制度建设、完善台账资料及强化现场管理三个重点着手,查漏补缺,归纳总结。持续完善制度规程,统一安全标准;完善应急预案,统一协调指挥;完善隐患排查治理体系,统一隐患分类分级标准;完善设备设施,统一安全标识。提炼出适合公司发展的安全管理理念和要求,修订完善安全管理制度及员工安全行为规范,形成内容完整、直观,明确 3W1H 的《安全管理手册》(内容框架如图 1 所示)。二是采用逆向思维法,从领导寄语、安全理念、安全管理、行为修养、安全活动、应急管理等方面,编制形成《安全文化手册》(内容框架如图 2 所示)。安全文化建设以来,公司面向全体员工广泛征集卡通形象,经过网络票选和专家评选,由公司员工自主设计的"平平、安安"卡通形象从 21 幅作品中脱颖而出。每年举办"茉莉花杯"安全生产辩论赛、安全知识竞赛等活动,通过以赛促学,提高公司全员的安全生产意识。

(二)规范行为推动安全理念落实

泰州大桥经营层认识到只有把安全文化变成员工易于接受、便于执行的要求,让安全理念转变为员工的行为习惯,才能更好地推动安全理念落实。

运营初期编制的《安全操作规程》本身在功能方面存在缺陷,在细节上不具备指导员工实现标准化操作的功能。公司运用前期开展的《长大桥梁运营安全风险防控与示范》项目,通过调查各岗位、各类设施设备事故,从人、设备、管理和环境四个维度分析各类事故原因,梳理各岗位作业基本动作要领,将岗位操作的动作与手势口述配合,建立《安全作业标准卡》,提高全员标准化作业,有效减少人的失误行为和消除"违章"现象,逐步实现岗位流程科学化、岗位操作规范化、现场作业标准化,夯实安全基础。

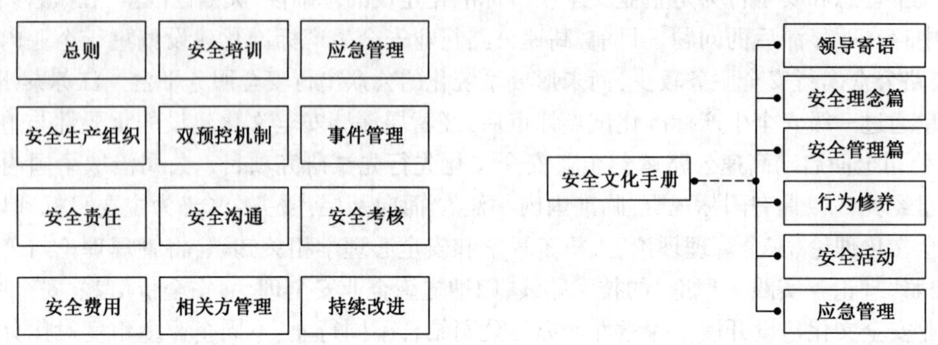

图1 《安全管理手册》内容框架　　图2 《安全文化手册》内容框架

同时为有效解决应急处置"最后一公里"问题,泰州大桥在重点岗位全面推行安全生产应急处置卡工作。根据风险评估确定的防范措施和应急措施,组织编制"应急处置卡",内容包括岗位名称、应急处置方法、注意事项和应急联系方式。编制"应急处置卡"的过程中不断征求相关岗位的员工意见,及时进行修改和完善。同时为保证内容的科学性和可操作性,公司组织专家对各岗位应急处置方法进行论证,根据专家意见进一步进行修改和完善。

"双卡"的推行,明确了各岗位的风险点、操作要求以及发生事故时应急处置措施,有效地提高了现场的操作规范程度与应急处置能力。

高速公路清障救援体系是一个复杂、全面的系统工程。一个快速、安全、高效的高速公路清障体系,必须做到快速准确的事件反应、科学合理的现场清障施救作业和良好完善的信息服务。随着信息化的发展,快速准确的事件反应和良好完善的信息服务已日臻完善,因此科学合理的现场清障施救作业日益成为清障体系中的重点。泰州大桥公司高度重视排障救援人员现场科学施救工作,将与清障相关的业务知识培训作为增强员工安全意识、技能,提高识险、避险能力的重要手段。因此,组织相关人员编制了《清排障培训手册》,包括泰州大桥清排障大队及管辖路段清排障简介、交通事故标准处置流程、清排障设施简介、清排障案例分享和国外高速公路清障管理经验介绍5个章节。真正达到安全工作自律、工作安全自觉,警醒员工做到事前自觉、事中自律、事后自醒的效果。

(三)安全宣传拓展安全理念内涵

目前国内服务区基本以经营、旅游、地方历史、特产等作为服务区主题,公司积极探索高速公路服务区向交通、生态、旅行、消费等复合功能型服务区转型之路,充分运用安全文化建设拓宽"服务区+"融合式发展,走出了一条具有泰州大桥特色的高速公路服务区转型发展之路,为江苏高速服务区的转型升级提供新思路,搭建了公众与高速公路经营管理单位沟通交流的新桥梁。

大泗服务区以《安全生产宣传教育"七进"活动基本规范》为精神要求,以"量体交通安全宣传"为主题,通过调研现状制定《交通安全主题服务区建设实施方案》,主题服务区设置了视频宣传区、展板宣传区、酒驾体验区、交通标识区、知识问答区等区域。一是通过设置交通安全主题服务区卡通标牌,规划室内安全宣传展区,展示公司安全价值观、安全愿景等,增进公众交通安全意识,搭建企业与社会各界沟通的桥梁和纽带。二是利用广场规划酒驾体验区、知识问答区、车祸现场警示区等活动体验区,贯穿始终的互动体验,调动社会公众的参与兴趣。

在服务区入口处,首先映入眼帘的是印有"交通安全宣传主题服务区"字样的提示牌。走进服务区，引人注目的“亮点”更是一个接一个。在“模拟酒驾体验区”，你可以戴上VR眼镜体验一把“酒驾”，亲身感受酒后驾车带来的危害；在交通标识区，最常见的交通指示标志和交通禁令标志组成“交通安全知多少”，正面是标志的图形，背面是所代表的含义，通过趣味的“翻转”游戏直观地传递交通安全知识信息；在服务区广场，“LED”屏幕24小时循环播放交通安全宣传片、事故警示案例等，让顾客利用休息时间，了解交通违法行为的危害、雨雾冰雪等恶劣天气下的安全行车常识、突发紧急状况的应对措施，让整个旅途不虚此行。

大泗服务区通过积极宣传安全出行知识，针对不同人群，宣传出行时应注意的交通安全常识，结合节日期间道路交通安全形势及交通违法行为规律特点，重点讲解疲劳驾驶、超员、超载、酒驾醉驾、无证无牌等严重违法行为的危害和后果，为公众出行增加安全保障，打造高速公路安全出行“信息岛”，图3为安全主题服务区实景图。

图3　安全主题服务区实景图

（四）体验式培训促进理念转变

培训提高素质，实践练就本领。教者“诲人不倦”，为提升员工的素质而教；学者“学而不厌”，为自身的发展而学。一直以来，公司安全教育注重理论学习与实践训练相结合，力求培训的科学性、时效性，使员工更新理念、拓展知识、提升能力，培育知识型、创造型员工，塑造要安全、会安全、能安全的本质型安全人。

近年来，体验式教育已成为一种新式教育形式，扬中收费站作为公司安全教育培训基地，秉承谨慎笃实以人为本的安全理念，围绕“安全第一、预防为主、综合治理、全员参与”的安全目标，致力于打造集知识性、趣味性、专业性于一体的综合性培训基地。

在基地运行方面,一是开辟"安全教育"新阵地,规范江苏泰州大桥有限公司安全教育培训工作,设立提高安全生产管理水平和从业人员安全意识的教育培训基地;二是融合"指尖课堂"新媒体,将网络评分、网上测试等形式融入培训当中;三是拓宽"进阶教育"新路径,培训基地设有专门的培训类别,如收费站、机电维护中心、养护大队、清排障大队等各岗位的安全知识、操作规程、法律法规等安全方面的基础培训,富有侧重点和针对性的专题培训,以及自行报考各类安全资格证或安办邀请有关专家进行专业授课或开设网络授课的专业辅导;四是构建"安全培训"新体系,以传统式培训和体验式培训相结合的方式,采用 PPT 和视频等内容形式来丰富学员的课程内容,使听课的学员能有更好的参与性;五是孕育"安全发展"新思维,建立安全基地的初衷是实现从要我安全、我要安全到我会安全的转变,让安全意识内化于心、外化于行,让员工在思想认识上有所提升。要提高安全意识、丰富安全知识、消灭事故苗头、遏制事故发生,突显出安全基地的重要性。

在基础布局方面,一是设置收费区、排障区、养护区、服务区四个安全操作规程展示区,利用电子信息屏循环播放各岗位安全标准化操作流程、高速公路系统国内外事故案例以及事故预想片等。二是将安全体验室分为安全帽撞击体验区、现场急救体验区、应急疏散体验区、安全标准佩戴展示区、安全标志展示区、安全防护用品展示区等微体验区域。三是根据每个岗位的特点,采用模块化菜单式搭建模式进行沙盘推演,场景的自由切换组合,为各岗位员工量身打造全新的安全体验教育。从做中学,从错误中学,从事故模拟中学,增强员工的安全生产意识,促使员工从"要我安全"向"我要安全"自觉转变,图 4 是安全教育培训基地,图 5 是安全体验室项目。

图4　安全教育培训基地实景图

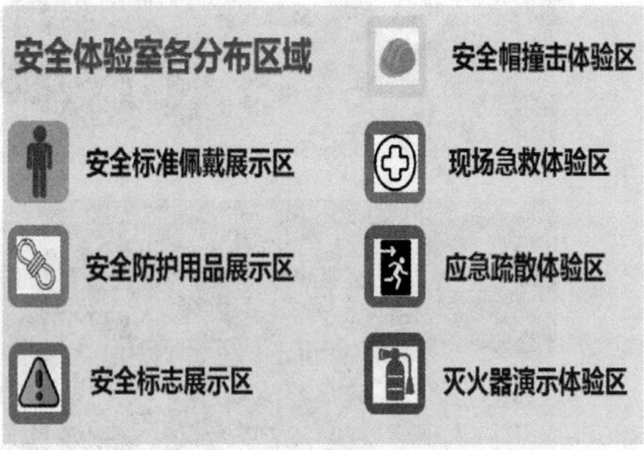

安全体验室各分布区域

安全帽撞击体验区

安全标准佩戴展示区

现场急救体验区

安全防护用品展示区

应急疏散体验区

安全标志展示区

灭火器演示体验区

图5　安全体验室项目

(五)营造氛围加快安全理念融合

长大桥梁均建造于重要水体之上,一旦发生事故,涉及面广、救援难度高、事故危害重。但是目前桥梁风险辨识评估和管理大都针对桥梁设计期和施工期,针对运营期的桥梁风险研究和实践尚属空白。泰州大桥克服了构建运营期长大桥梁安全风险防控体系中面临的困难及核心问题,创新性地提出了长大桥梁运营期安全风险管理的一揽子解决方案,填补了运营安全风险管理在长大桥梁领域的空白,对国内外在役长大桥梁运营安全风险防控具有典型示范作用,图 6 是高港站风险宣传室,图 7 为高港站危险品车辆通行情况图。

项目组制定了《安全风险防控示范站建设实施方案》,选取高港收费站建立"安全风险防控示范站"。设置长大桥梁运营安全风险防控与示范课题简介、站区安全风险应急疏散图、员工穿戴标准图、常见危化品特征及应急措施、危化品预案演练及实战、安全图书角等展示区,构建具有特色的文化站区,营造了浓厚的安全文化氛围。

图6　高港站风险宣传室

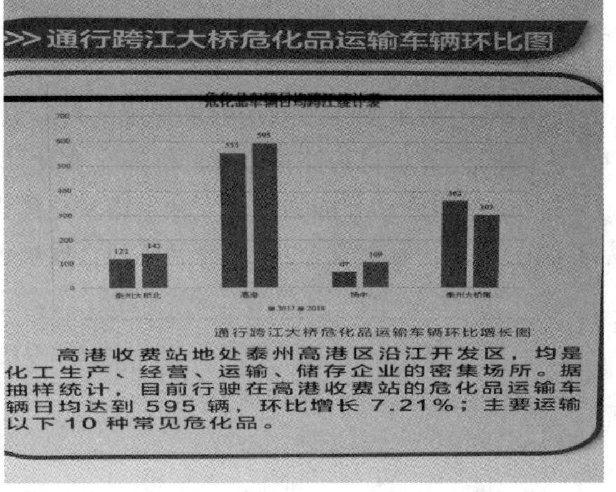

图7　高港站危险品车辆通行情况图

为进一步促进运营安全风险防范与示范项目成果推广转化，努力为社会公众提供高品质的通行环境，提升公司本质安全管理水平。示范站一是根据公司开展的运营安全风险课题，通过对收费现场、办公区域、值机室、食堂等九个区域运营风险进行梳理，建立针对风险事件的严重性等级划分标准，基于风险矩阵理论和风险事件发生可能性开展定量化辨识评估，针对识别出来的22项作业分类、86项作业单元，结合岗位安全操作规程，制定出135项针对性风险防控措施，编制完成《高港收费站安全风险辨识与防控手册》。二是定期组织人员与周边富彤化工、海企港务化工仓储等危化品企业建立应急联络方式，通过电话、微信、QQ等平台加强沟通，了解近阶段危化品运输种类；结合前期危化品安全调查分析工作的顺利开展，统计汇总出49种常见危化品，根据常见危化品的理化参数、燃爆性能、对健康的危害、安全使用储存、泄漏应急处置、急救措施等内容，编制完成《高港收费站常见危险货物说明书(MSDS)》。三是根据收费站日均货车流量占比高、危险运输货物种类多、运营风险大的特点，设置空气流动风向标、消火栓方位指示牌等，结合本单位各级岗位的安全职责，编制形成各岗位突发事件应急处置卡，明确应急组织机构功能、重点岗位人员预警及信息报告、应急响应、后期处置中所采取的行动步骤及措施等，进一步提高应急救援能力。四是依据公司《安全风险辨识与防控手册》对辨识的安全风险从高到低划分为重大风险、较大风险、一般风险和低风险，整合站部平面图、应急疏散图、消防分布图功能，绘制完成高港收费站安全风险防控四色图，设置各部位安全风险告知牌，提高作业现场人员的安全意识。

"清风吹送万木香，桃李不言花自红。"泰州大桥结合实际情况，将安全理念渗透到意识里、落实在行动上、融合到环境中，不断丰富，力求创新，构建了具有特色的安全文化建设体系。

三、实施效果

通过开展安全文化先行先试研究，提高了公司全员的安全意识，营造了良好的安全学习、宣传氛围。

①形成《安全管理手册》《安全文化手册》。让全员在安全理念、价值观、愿景等方面形成共识，极大地提升了安全意识。

②与公众安全互动。通过安全主题服务区建设，搭建与公众安全互动的平台，项目实施以来，进入服务区(东、西区合计)车辆共计2066239辆，参与各类安全活动互动1174569人次，互动率达56.85%，取得了良好的效果。

③建设安全风险防控示范站。将公司《长大桥梁运营安全风险防控与示范课题》进行深度落地，扎扎实实地将安全科技研究与基层应用相结合，提升安全管理水平。

④建设安全示范教育基地。结合科研单位合作开展《岗位人员安全生产教育培训体系》研究工作，在扬中收费站建设安全示范教育基地，将以亲身"体验式"培训，代替传统的读规程制度、看事故视频、签名"老三样"模式。使安全措施从冰冷的文字变成切身真实的感受，提高员工对安全的深刻认识，取

得了良好的培训效果。项目实施以来,累计内部轮训 25 次,参与 954 人次;外部培训 12 次,参与 605 人次。交流学习 40 余次。

⑤建立“安全作业标准卡”“岗位应急处置卡”。明确各岗位的风险点、操作要求以及发生事故时应急处置措施,有效地提高了现场的操作规范与应急处置能力。

综上所述,该项目为路桥企业开展安全文化创建工作提供了有意义的经验,具有一定的可复制、可推广性。进一步推动和加强企业安全生产文化建设,不断强化安全生产的思想基础和文化支撑,让管理成为文化,用文化管理安全,努力为经济社会发展创造持续稳定的安全生产环境。

破解资金难题,开创建设管理新思路

呼和浩特市城市轨道交通建设管理有限责任公司

成果主要创造人:刘占英　朝　鲁

成果参与创造人:章文亮　王继锋　张彩琴　刘少飞　白晓峰　芦　瑞　赵　帅

呼和浩特市城市轨道交通建设管理有限责任公司(简称"轨道交通公司")成立于2014年12月10日,是由呼和浩特市交通投资(集团)有限责任公司(现内蒙古青城国有资本运营有限公司)全额出资组建,是其下设的子公司。2018年5月,根据市委、市政府相关要求,对市交投公司重新定位后,"呼和浩特市交通投资(集团)有限责任公司"变更为"内蒙古青城国有资本运营有限公司",负责全市国有资产运作管理。鉴于内蒙古青城国有资本运营有限公司成立及轨道交通业务要求,市委、市政府须对轨道交通公司重新定义,将市轨道交通公司从青城国有资本运营公司剥离,为市政府直属,比照正处级管理国有企业,承担轨道交通建设、运营及资源开发等工作任务。

轨道交通公司注册资金为7亿元,主要承担呼和浩特市轨道交通项目的融资、建设、运营、管理以及相关轨道交通资源开发等工作任务,下设子公司2户,参股公司6户。轨道交通公司以"五位一体"总体布局、"四个全面"战略布局为指导思想,在地铁建设引资工作中开辟新路,充分体现了创新性、科学性、实践性、效益性、示范性,把呼和浩特市轨道交通事业推上新高度。

一、实施背景

城市轨道交通是城市公共交通的重要组成部分,是一种环境污染小、承载能力大、运送效率高、运输成本低的交通方式。我国把优先发展公共交通作为实施国家节能减排战略,建设资源节约型、环境友好型社会的重要举措。2019年9月中共中央、国务院印发《交通强国建设纲要》,明确提出"加强城市交通拥堵综合治理,优先发展城市公共交通"。

随着呼和浩特市社会经济的发展和城市化进程的加快,城市规模不断扩大,居民出行需求和出行距离呈大幅增长,机动车拥有量及道路交通量急剧增加。同时交通结构也发生了显著变化,表现为机动化出行比例迅速上升,而非机动车出行比例持续下降,从而导致交通拥堵日益严重,环境污染和能源消耗压力不断加剧。

自2002年以来,呼和浩特市经济增幅连续10年保持在13%及以上的水平,GDP由2002年的324.97亿元增长到2013年的2710.39亿元,年均增长率达到15.51%。随着呼和浩特市经济的进一步发展,城市发展进入了加快提升的阶段,对城市基础设施承载能力提出了更高要求。

在此背景下,呼和浩特市于2011年启动了城市轨道交通前期规划工作,2012年初通过公开招标委托中国地铁工程咨询公司编制完成《呼和浩特市轨道交通线网规划》,2012年12月市政府正式批复《呼和浩特市轨道交通线网规划》,2015年4月,《呼和浩特市城市轨道交通近期建设规划(2015~2020年)》获国家发展和改革委员会批复。呼和浩特市规划轨道交通线网由5条线路构成,其中1、2号线是骨干线,3、4、5号线为辅助线。近期建设项目包括1、2号线一期工程,建设时间为2016—2020年,图1为呼和浩特市远景年轨道交通线网规划总图。

呼和浩特市轨道交通1、2号线一期工程总投资额为379亿元,相当于2015年呼和浩特市一般性公共预算收入和支出的1.5倍和1倍,如果采用传统投资方式,一方面,市政府的现有财力很难保障相关资金需求,将承担巨额的短期债务;另一方面,也会挤占其他公共服务领域的资金。因此,推进城市轨道交通建设的首要工作是破解巨额建设资金难题,其次是通过强化管理,高效使用资金、控制工程建设投资,保证项目建设顺利实施,进而助力呼和浩特进入高效、安全、环保的地铁时代。

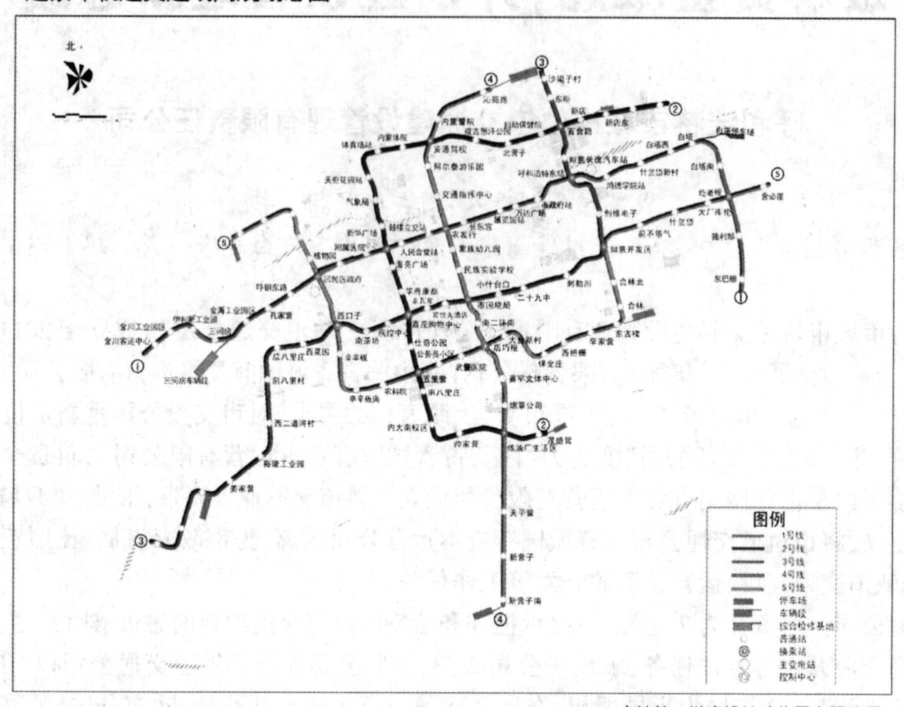

图1 呼和浩特市远景年轨道交通线网规划总图

二、创新引资的内涵和主要做法

(一)创新引资新模式的内涵

轨道交通公司吸取国内外轨道交通领域先进的管理经验,引入PPP模式,打造了以PPP模式为基础,中政企基金和专项债券为辅助的创新引资新模式,破解了资金难题,有效缓解了地方财政压力,确保呼和浩特市轨道交通1、2号线一期工程项目资金链持续不断,能够按时、优质、高效地完成。

(二)创新引资的主要做法

1. PPP模式引资

地铁建设提高了城市公共交通的吸引力、优化了城市居民出行结构,对促进城市社会进步和经济发展起着重要作用,但与此同时,地铁作为一项公共物品,具有投资成本大、建设周期长的特点。呼和浩特市城市轨道交通1、2号线一期工程采用"投资+建设+运营"于一体的全周期PPP模式,是真正意义上的地铁PPP项目,入选财政部第二批PPP示范库。

(1)PPP项目介绍

根据呼和浩特市政府授权,呼和浩特市机铁办为PPP项目实施主体,呼和浩特市轨道交通建设管理有限责任公司为PPP项目的出资人代表,PPP项目公司负责项目建设及运营、移交,接受地方政府及相关部门监管。政府根据项目运营期限和运营效率,综合考虑社会资本方运营合理收益后,给予项目运营补贴。

(2)PPP项目的特点

建设模式新。呼和浩特市城市轨道交通1、2号线一期工程两个项目都采用PPP模式,将施工总承包纳入 PPP 范围同步招标，招标完成后，通过谈判方式由政府及中标的社会资本方共同出资组建 SPV 公司，通过签署合同明确各方权利义务，负责项目合作期限内的投资、建设、运营及维护。政府授予 SPV 公司特许经营权，运营期获取票务收入、非票务收入及政府补贴，社会投资人通过利润分配的方式收回投资成本并获得合理回报，合作期满将项目设施无偿移交给政府指定机构。

管理层级多。合同体系主要包括 PPP 合同、股东协议、施工总包合同，控制中心、换乘站等同期实施总包合同，合同关系复杂；轨道公司与 SPV 公司同期实施工程与主体工程管理界面交织；社会资本方管理层级涉及总承包指挥部、投资集团、股份公司等；政府方管理层级涉及轨道公司、机铁办、市政府相关部门。理顺合同关系、划清管理界面是保证 SPV 公司高效运转的前提。

(3)投融资模式

呼和浩特市城市轨道交通 1、2 号线一期工程采取 A + B 模式建设。A 部分工程主要为征拆、勘察、设计、监理等工作，全部由市政府负责投资建设。B 部分主要为工程主体及管线迁改工程。市政府组建轨道交通公司作为 B 部分工程的出资人代表，同时负责 A 部分建设管理工作和 B 部分工程与政府各部门协调工作。

(4)资金筹措模式

地铁一、二号线 SPV 公司分别在 PPP 招标采购结束，政府与中标社会资本方完成草签合同后成立。SPV 公司成立后与项目实施机构签订正式 PPP 合同。SPV 公司负责 B 部分的融资、建设、管理以及运营、维护、移交工作。特许经营期为 30 年，包括建设期 5 年和运营期 25 年。运营期自全线开通试运营之日起算满 25 年结束。特许经营期满后，SPV 公司向市政府指定机构无偿移交项目。政府根据项目运营期限和运营效率，综合考虑社会资本方运营合理收益后，给予项目运营补贴。B 部分资本金占项目总投资比例为 50%，其中政府出资占资本金比例为 49%，由轨道交通公司负责资本金出资。社会资本方出资占资本金比例为 51%，其余 50% 为债务资金，合作双方按照注册资金比例进行融资。本项目运作结构如图 2 所示。

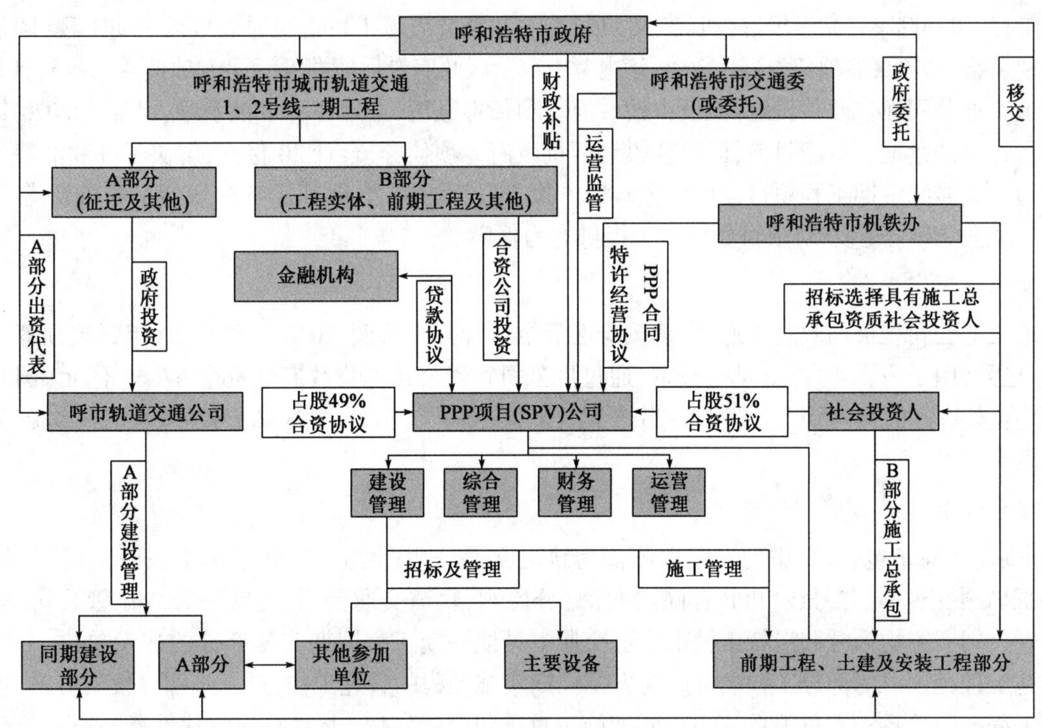

图 2 呼和浩特市城市轨道交通 1、2 号线一期工程 PPP 项目运作结构图

2. 引入中政企基金

虽然呼和浩特市轨道交通建设采用了 PPP 模式，但政府仍面临较大的出资压力，现有财力很难保

障这项工程的资金需求,会承担巨额的短期债务,同时,地铁建设资金的投入也会挤占其他公共服务领域的资金。为切实缓解呼和浩特市轨道交通建设项目资本金压力,使得政府资金能够投入其他市政基础建设,改善民生,轨道交通公司积极拓展资金来源,与中国政企基金公司对接工作,拉开了呼和浩特城市轨道交通2号线一期工程引入中国政企基金的大幕。

2016年7月27日,公司与中国政企基金公司签订《呼和浩特市轨道交通1、2号线一期工程项目合作协议》,使得呼和浩特市轨道交通项目成为中国政企基金公司成立之初第一个签约的项目。经过长达两年的合作洽谈,于2018年4月8日,取得《呼和浩特市人民政府关于地铁一、二号线SPV公司政府方股东轨道公司转让股权行为的批复》文件,2018年8月14日中国政企基金公司完成股权转让摘牌。2018年11月9日,公司与中国政企基金公司就呼和浩特市轨道交通2号线一期工程股权转让的签约仪式在市政府隆重举行。至此,轨道交通公司通过转让地铁二号线SPV公司15%的股权引入中国政企合作基金正式签约落地,也标志着中国PPP基金与内蒙古自治区最大的一项合作项目拉开帷幕。此次合作,解决了呼和浩特市城市轨道交通2号线一期工程项目资本金问题,为呼市基础建设项目融资提供可靠参考实例。

3. 专项债券助力资金链

加快推进呼和浩特市城市轨道交通2号线一期工程进程,不断完善2号线的实施,对支持城市定位与发展目标、疏解城市交通堵状况、构筑以轨道交通为骨干的综合交通体系、降低城市污染、促进内蒙古自治区铁路建设及经济社会不断发展、改善沿线居住区居民出行条件等方面具有十分重要的意义,根据《中华人民共和国预算法》《国务院关于加强地方政府债务管理的意见》(国发〔2014〕43号)、《财政部关于试点发展项目收益与融资自求平衡的地方政府专项债券品种的通知》(财预〔2017〕89号)、《国务院办公厅关于保持基础设施领域补短板力度的指导意见》(国办发〔2018〕101号)、《关于做好地方政府专项债券发行及项目配套融资工作的通知》(国办发〔2019〕33号),呼和浩特市城市轨道交通建设管理有限责任公司作为项目建设牵头单位,向内蒙古自治区财政厅申请将新建呼和浩特市城市轨道交通1号线一期工程[伊利健康谷站至坝堰(机场)站]项目、呼和浩特市城市轨道交通2号线一期工程(阿尔山路站至塔利东路站)项目专项债券列入2020年内蒙古自治区政府专项债券(简称"专项债券")发行计划。

轨道交通公司抓住政策机遇,积极申请政府专项债券额度,办理各种审批手续,保证了2020年专项债券发行计划的落地。截至目前,已陆续收到两批政府专项债券,合计20亿元,解决了呼和浩特市城市轨道交通1、2号线一期工程项目建设资金政府方投入资金的需求,保证了呼和浩特市城市轨道交通1、2号线工程项目顺利建设,对项目如期竣工提供有力保障。

4. 协调政府方资金

轨道交通公司积极与政府沟通,申请政府性资金,经沟通、协调,2018年到2020年财政预算资金到位14.5亿元,用于一、二号线B部分投资;通过母公司青资公司筹集政府性资金67.65亿元(国开基金35亿元、平安基金9.15亿元、中信基金23.5亿元),用于一、二号线A、B部分投资,极大地缓解了政府方投资资金压力。

5. 整合资金

《同期施工总承包合同》中的合同主体仅为轨道交通公司(投资方)和中国中铁股份公司(施工单位),根据轨道交通一、二号线《PPP合同》招标划分原则,轨道交通公司、地铁一号线建管公司、地铁二号线建管公司三方均为呼和浩特市城市轨道交通1号线一期工程同期实施部分的建设单位,分别承担同期实施工程范围内的部分工程投资。为方便同期实施工程的管理工作,进一步明确投资分摊,理顺同期实施工程合同关系和支付关系,在原《同期施工总承包合同》基础上对部分条款进行补充完善而签订了《同期施工总承包补充协议》。

2019年7月,轨道交通公司开展对已支付中铁呼市轨道交通1号线一期工程建设指挥部的同期实施费分摊方式及金额的确认,签订了同期实施四方协议,协议约定由中铁股份公司授权单位中铁呼和浩特市轨道交通1号线一期工程建设指挥部将轨道公司前期已支付的呼和浩特市城市轨道交通1、2号线一期工程同期实施费预付款及计价款3.19亿元返还，四方协议的签订对轨道交通公司国有资产增值保值具有重大意义，不仅极大地缓解了轨道交通公司的建设资金压力，提高了资金的利用率，并且为其挽回已经支付的重复缴纳税金共计1505余万元，避免了预计还将缴纳的重复税金及附加额共计5728余万元。有力地缓解了地铁建设的资金压力，为呼和浩特市城市轨道交通1号线通车提供了有力的资金助力。

三、精细化管理的内涵和主要做法

（一）精细化管理的内涵

精细管理的本质意义就在于它是一种对战略和目标分解细化和落实的过程，是让企业的战略规划能有效贯彻到每个环节并发挥作用的过程，同时也是提升企业整体执行能力的一个重要途径。轨道交通公司在项目建设过程中对管理做到了精细化、创新化，从而达到高效使用资金、控制工程建设投资的目标。

（二）精细化管理的主要做法

1.强化招标管理，从源头上降低建设成本

呼和浩特市地铁作为呼和浩特乃至内蒙古自治区的首条地铁线路，存在着起步较晚、经验不足等诸多不利因素，在此前提下，如何实现降低建设成本、提高投资效益进而打造出精品地铁，无疑是一道难题。俗语道“兵马未动粮草先行”，招标采购便是这场“战役”的“先行粮草”，其重要性可见一斑。

（1）夯实招标文件，确保充分竞争

招标控制价的设定对于一个项目的中标价格有着极其重要的影响。轨道交通1、2号线一期工程招标项目实施前，由轨道公司招标发起部门、造价咨询单位、招标代理单位根据国内其他城市地铁行业中的招标控制价、厂商报价、成交价作为参考，从不同角度提出建议控制价，再由招标领导小组根据上述三家单位的建议控制价结合自身实际情况最终确定项目招标控制价，从而使招标控制价可准确地反映相关项目的社会平均水平价格，不仅有利于招标人有效控制项目投资，防止恶性投标带来的投资风险，同时也有利于引导投标方投标报价，避免投标方无标底情况下的无序竞争。其次通过对相关专业设备厂家的市场排名及其市场占有情况、供货业绩等情况的调研，使得在编制招标文件时，能够合理设置投标单位资格条件，评标方法中商务、技术及报价所占比例，商务评审中业绩分值，报价评审中正负偏离加减分值等条件，进而在确保厂家资信业绩和设备产品质量的同时促使投标单位能够充分竞争。

（2）强化流程控制，实现“阳光交易”

首先，在招标平台的使用方面，进入呼和浩特市公共资源交易中心平台招标的项目，须严格按照市公共资源交易中心的流程实施，可使招标过程受到有效的监督，从而规范招标行为。其次，在评标人员的抽取方面，严格按照公司《外地评标专家管理办法》及《内部招标人代表管理办法》执行，确保评标人员抽取环节依法、规范、高效、保密，同时，从开始抽取评标人员至其进入评标室的整个过程中均由公司指派的廉政监督员全程监督，并采用集中封闭、通信设备统一管理的方式，从而有效地避免了评标人员与投标单位或与其有利益关系的人员串通的行为。

通过交易平台的使用及评标人员的管理，达到了对招标流程的深度控制，从源头上预防和遏制了腐败现象的发生，使项目招标做到了公开、公平、公正，真正实现了“阳光交易”。

（3）制定合同模板，避免经济风险

首先，招标文件中的合同文本必须经过律师事务所的审核和把关后方可实施招标。其次，通过对已招标项目的合同谈判、合同签订以及合同执行过程的深入分析，公司合同预算部就招标文件中的合同文本进行了多次的探讨与研究，并参考律师事务所出具的合同文本法律意见，总结出了一套完善的设备采购合同模板，为后续的设备招标工作标准化、规范化以及高效化的开展奠定了基础，同时，也为避免因合

同纠纷产生的经济风险提供了坚实的保障。

截至2020年8月,轨道交通1、2号线一期工程招标项目共计完成87项,概算金额合计55.67亿元,中标金额合计47.52亿元,结余金额合计9.17亿元,且在合同执行过程中无任何合同纠纷出现。通过上述一系列精细化的管理实现了规范、高效的"阳光交易",并在确保采购到行业领先设备的同时节省了大量国有资金的支出。

2. 优化建设方案,在建设中提高投资效率

项目建设周期的延长,将导致固定资产交付使用率下降,固定资本形成系数降低,也就是说项目建设周期的长短是直接影响投资效率高低的主要因素,要提高投资效率就必须争取缩短项目建设周期。

(1)积极沟通协调,推进前期迁改快速实施

轨道交通公司通过与市委、市政府、各职能部门以及各产权单位的积极沟通沟通,统一思想、集中会战,推进了前期管线迁改进度,这是呼和浩特市城市轨道交通能够快速起步发展的基础优势。施工过程中优化施工组织,有序安排施工工序,有效规避建设风险,确保了地铁建设良好发展的态势。

(2)优化设计方案,使用新技术加快建设进度

通过对其他城市地铁建设企业的调研,深入了解其工作方法与理念,结合呼和浩特市的实际情况,在建设过程中不断优化地铁建设的工法及方案,如换乘站中大规模地使用盖挖逆作法、大跨度桥梁桩基托换、富水地层采用钢套筒盾构始发接收等;在设备上与云平台进行整合,同时将BIM全生命周期应用到地铁建设与运营中。从2016年4月轨道交通1号线开工建设,不到4年的时间实现初期运营,创造了严寒地区全年施工记录,打破了大型基础设施建设周期记录,这在全国轨道交通史上也是一次跨越。

通过加快前期管线迁改进度奠定了轨道交通1、2号线主体工程快速起步的基础优势,同时在建设过程中通过创新建设理念、优化技术方案、强化过程管理,缩短了建设周期,对提高投资效率起到了决定性的作用。

3. 细化造价管理,在过程中控制建设投资

工程建设项目的造价管理因素在建筑工程的实践中具有关键性的作用,合理地考量造价因素,既能够节省建设成本,为经济效益的提升制造空间,还能够促进工程建设的健康稳定发展。

(1)打破传统模式,创新采用全过程造价管理

所谓建设工程全过程造价管理,就是在投资决策阶段、设计阶段、招投标阶段、施工阶段及竣工结算阶段,事先主动进行工程相关经济指标的估算、概算和预算,积极参与项目建设的全过程,正确处理技术先进与经济合理两者间的对立统一关系,把控制工程造价观念渗透到各项设计和施工技术措施之中,为领导层在投资决策、设计和施工等过程中做好经济参谋,保证项目管理目标的实现,提高工程投资效益。

轨道交通公司为保证在项目建设过程中对工程造价有效控制,在项目建设实施之前,采用公开招标方式选取了12家全过程造价咨询单位,分别对轨道交通1、2号线前期管线迁改工程、主体土建工程、机电设备安装工程以及项目招标(控制价的设定)进行全过程造价咨询。从对初步设计概算审查,到按照审批后的初步设计概算指导设计单位进行限额设计;从编制招标控制价,到参与审核由招标代理机构编制的工程招标文件(包括工程量清单)的完整性和合理性;从工程量概算清单编制,到施工图工程量核算以及工程季度计量支付审核;从工程设计变更费用审核,到施工期材料价差调整费用审核;从工程结算造价咨询审核,到配合财政评审机构完成工程结算审计。造价咨询单位从工程建设的各个阶段对工程造价投资进行审核、控制,保证工程建设投资合规、合法、有效控制,开创全过程造价咨询管理新局面。

(2)制定管理制度,严格把控设计变更管理

根据轨道交通1、2号线合同模式以及实际情况,为了规范轨道交通建设项目设计变更管理工作,适应呼和浩特市城市轨道交通基本建设管理需要,加强投资控制,严格变更管理,明确变更的分类、程序、分工及费用处理,并简化设计变更审批手续,保证工程施工质量、进度,严格控制投资规模,依据国家、行业、地方有关规范、规程、规定及PPP合同的约定,研究制定了《设计变更管理办法》。

在设计变更立项审核过程中，公司各部门按照《设计变更管理办法》明确各自职责，按流程及要求严格把关，同时设计变更立项审核根据需要召开专家论证会，最后提请技术委员会研究确定。每一个环节都有专人负责，每一个结论都是根据专业意见研究确定。在设计变更费用审核过程中，根据设计变更立项结果以及工程现场实际情况，委托造价咨询单位对设计变更费用进行审核，最终根据各方核对确认结果确定设计变更投资造价。

4. 加强过程监督，内部审计助力建设管理

轨道交通公司自2018年从青城国有资本运营有限公司剥离时起，便着手组建其内部审计机构，2018年8月内部审计室正式成立。自内部审计机构成立以来，先后对公司内部管理制度的制定及执行情况、建设项目招投标情况、专项资金使用情况、主体工程验工计价情况、施工现场设备及材料的供货及安装情况等24个项目进行了内部审计，对项目建设过程中的各项管理情况进行了实时的监督，做到了及时发现问题、提出建议、跟踪整改、规范管理，切实发挥出了内部“免疫系统”的作用，保障了企业健康稳定的发展。

(1)开展管理制度审计工作，规范管理准绳

通过开展内控制度审计工作，一是可以有效实现企业价值目标，同时内部制度的审计也是公司日常开展内控评价工作和相关措施、建议执行效果的再监督；二是充分有效开展内部制度审计，可促使公司内部对发现的内控缺陷制定具体的改进计划和应对措施，进行及时有效的整改；三是建立健全内部控制制度，规范企业经营行为，可防范经营风险和财务风险，也为下一步有针对性地完善公司内部规章制度、加强内部控制制度建设提供了有力依据。

(2)创新内部审计人员管理，整合内审资源

内部审计工作涉及公司的方方面面，专业涵盖面较广，面对内部审计室各专业技术人员种类较少、数量不足的情况，如何弥补人员的不足，已成为内部审计工作高效开展的瓶颈，为解决此问题，公司对参与内部审计工作的人员进行了调整，组建内部审计工作领导小组，将各部门负责人及专业技术人才编入领导小组，以便内部审计工作开展时进行人员抽调。目前内部审计对于公司人力资源的利用已经不再局限于部门内部，而是扩展到其他部门，只有将各种可利用的人力资源进行合理整合，才能充分发挥内部审计的增值功能。把公司现有的人才资源充分应用到内部审计活动中，不仅有利于减少企业整体资源的消耗，同时也可以提高内部审计的效率和效果，进而最大限度实现内部审计工作价值。

(3)组建高素质的内部审计队伍，提升审计层次

内部审计人员的专业素质是内部审计价值的决定性因素，内部审计人员的专业水平与工作能力，是内部审计增加组织价值的根本保证。内部审计室将通过加强内部审计人员的外部学习培训等措施，建设高素质的内部审计队伍和专业化团队，在提高企业价值的基础上实现自身价值。在组建高素质的内部审计队伍过程中，复合型人才的培养和管理始终处在第一位。结合企业内部实际情况，适应内部审计发展要求，加强工程、技术、财务等专业知识的学习，是提升审计层次的关键。

(4)解决审计结果信息应用不足，保证内部审计服务

内部审计采用“审计—建议—再审计”的循环审计模式，建立严格的后续检查及内部审计明示制度，加强审计信息的整改落实工作。加强审计结果信息应用，这是内部审计实现组织价值增加的保证。内部审计既包括预防、发现及纠正错误和舞弊，也包括监督或检查组织的规章制度和管理指令的执行情况，提供有价值的建议和意见。

通过高效地实施内部审计，及时发现问题纠正错误，堵塞管理漏洞，减少损失。对企业改善管理、挖掘潜力、降低生产成本、提高经济效益等方面起到促进作用。

四、实施效果

呼和浩特市轨道交通1、2号线一期工程项目自2016年启动PPP模式以来，结合项目的自身特点，在融资方面不断学习经验、开拓创新，实现了呼和浩特市轨道交通建设项目的快速稳步发展，积淀了

"内蒙古首条地铁"依靠人民、服务人民的坚实基础。2019年12月30日,1号线一期顺利通车运营,实现了首府市民的"地铁梦"。截至2020年6月,2号线一期工程进入列车试运行阶段,站后装饰装修及设备安装工程全部进场施工。

(一)管理模式方面

首先,按照同工同酬、优劣互补的原则,轨道交通公司与社会资本利用双方人员的各自优势,共同组建SPV公司,经过1~2年的磨合,大幅度提高了团队工作效率,保障了各项工作的高效实施。其次,轨道交通公司拓展思路,引入多元化的融资渠道,从源头上解决了引资困难的问题,同时在整个项目建设过程中严格把控,精细管理,大大提高了资金使用率,进而逐一破解资金难题,确保项目建设顺利进行。最终,1号线一期工程提前一年开通初期运营,2号线一期工程将提前三个月实现初期运营,为后续项目建设积累了宝贵的管理经验,也为轨道公司长期建设发展奠定了坚实的基础。

(二)经济效益方面

呼和浩特市轨道交通1、2号线一期工程项目是吸引社会资本开展深度合作、创新发展的"呼和浩特样本",作为城市轨道交通领域的一次全新的探索,按照"宏观调面,微观调点"的方针继续压降概算成本,对于每项支出,除预算管控外,还定期对SPV公司和被投资单位进行资金的专项监督审查。与此同时,积极探索资金绩效,优化支出结构,大力压缩部门一般性支出,统筹资金用于支持轨道交通项目支出,盘活资金存量,切实发挥专项资金的使用效益,在一定程度上缓解了财政压力,对于轨道交通领域融资模式创新工作具有重要的参考意义。

(三)社会效益方面

"内蒙古首条地铁"承载着300多万首府人民对于更加舒适便捷交通出行的向往,更有助于呼和浩特市城镇化建设发展。一是地铁途径区域迅速升值,成为新的城市中心;二是改善了城市交通拥堵现象,满足居民日益增长的出行需求。

(四)生态效益方面

地铁作为很受欢迎的大众交通运输工具,节省了大量的通勤时间,减少了开车所产生的能源消耗。同时,也减轻了城市交通对于城市生态环境的污染程度,改善了居民的生活环境。

以混改模式组建合资公司实现地铁线网级弱电系统综合维护的创新实践

呼和浩特市城市轨道交通建设管理有限责任公司
内蒙古交控安捷科技有限公司

成果主要创造人:刘占英　王晓东

成果参与创造人:章文亮　郝黎明　张建明　张俊生　徐文升　李诗彬　王　彪

呼和浩特市城市轨道交通建设管理有限责任公司(简称"呼和浩特轨道交通公司")成立于2014年12月,是由呼和浩特市国有资产监督管理委员会全额出资的国有企业,主要负责城市轨道交通项目建设、投融资和项目建成后的运营管理等工作。公司内设7个部门,下设2家全资子公司和4家参股公司,现有直接管理和合资委派人员200余人。公司党委下设1个二级党委和10个直属党支部,现有党员359名。

呼和浩特轨道交通公司始终秉承建设智慧地铁、绿色地铁、人文地铁的先进理念,创新性地将云计算、大数据、物联网、车辆单体空调、信号互联互通、可视化接地等新技术与传统技术深度融合,致力于将呼和浩特轨道交通打造为中国城市轨道交通精品工程。

一、实施背景

(一)呼和浩特地铁背景

呼和浩特轨道交通1、2号线一期工程是全国首个以全投资PPP模式运作的轨道交通项目,列入财政部第二批PPP示范项目库,分别于2016年4月和8月开工建设。其中,1号线一期工程线路东起坝堰(机场)站,西至伊利健康谷站,沿新华大街东西向布置,线路全长约21.7公里,共设车站20座,工程总投资170.57亿元;2号线一期工程线路北起塔利东站,南至阿尔山路站,沿成吉思汗大街、锡林郭勒南路北南向呈L形布设,与1号线在新华广场站十字换乘,线路全长27.3公里,共设车站24座,工程总投资203.04亿元。

自2019年12月30日呼和浩特地铁1号线开通以来,至2020年9月,日均客流量约3万人次;待地铁2号线2020年国庆节前开通后,日均客流量预计将增加至9万人次。呼和浩特市轨道交通1、2号线一期工程线路平面示意图如图1所示。

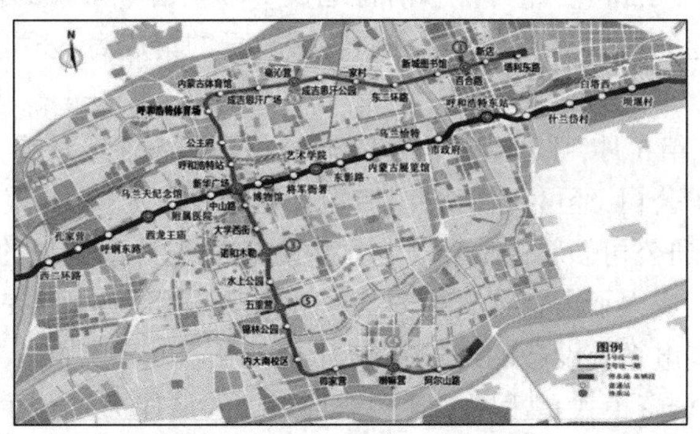

图1　呼和浩特市轨道交通1、2号线一期工程线路平面示意图

(二)呼和浩特地铁弱电系统主要专业

呼和浩特市地铁1、2号线的设备(设施)维护涉及信号、通信、综合监控、城轨云、车辆、土建结构等多个专业系统。其中,信号、通信、综合监控、城轨云作为弱电系统四大主要专业,技术专业性强,设备精密度高,系统间关联性强,直接影响运营安全。这些专业设备的维护质量的高低关系到呼和浩特地铁运营水平的高低,是地铁运营管理的重要环节。特别是"呼和浩特城轨云"作为全球首创线网级、多业务城轨云平台,对维护工作提出了较高的要求。呼和浩特城轨云由安全生产网、内部服务网、外部服务网三张网组成,其中安全生产网搭载了信号ATS系统、综合监控系统、自动售检票系统、乘客信息系统、门禁系统、视频监控系统和公务电话系统七大系统。呼和浩特城轨云基于网间隔离、网内防护的安全体系,为轨道交通从设计、建设、运营全环节搭建智慧云平台,实现信息化业务全覆盖及统一运维管理、安全管控,提升整个平台安全性80%以上,通过主用中心、灾备中心及车站云节点三重保障机制,提升业务服务可靠性50%以上。呼和浩特城轨云的集成商为交控科技股份有限公司,供应商有华为技术有限公司等。

地铁信号系统的第一使命是保障行车安全,是实现行车指挥和列车运行现代化、提高运输效率的关键设备,在地铁运行中起着至关重要的作用。呼和浩特地铁1、2号线均采用CBTC(基于无线通信的列车自动控制)信号系统,CBTC信号系统是保证城市轨道交通正常运行的中枢控制系统,是基于现代控制、计算机和通信技术的大型分布式实时控制系统,堪称城市轨道交通运营的"大脑"和"神经系统"。呼和浩特地铁1号线信号系统厂家为交控科技股份有限公司,地铁2号线信号系统厂家为卡斯柯信号有限公司。

地铁通信系统主要包括专用通信系统、公安通信系统等,其中,专用通信系统包含传输系统、公务电话系统、专用电话系统、视频监视系统、时钟系统等。地铁通信系统是轨道交通控制、联络、监控与运行的重要环节。

地铁综合监控系统是地铁线网当中的一个大系统,主要包含线网中心层、控制中心层、车站层和现场层,主要功能是提高地铁的运营管理水平和服务质量,实现地铁中央调度远程对线路及线网车站中各子系统的集中监视与控制功能。

AFC(自动售检票)系统是融计算机技术、信息收集和处理技术、机械制造于一体的自动化售票、检票系统,具有很强的智能化功能。AFC系统是城市轨道交通系统发展的一个趋势,也是城市信息化建设的一个重要体现。

呼和浩特地铁1号线是内蒙古开通的首条地铁,存在着维护人员缺失、技术力量不足的现状。而地铁弱电系统四大主要专业所需的维护人才培养周期长,且对人员的专业技术有相当的要求,因此,呼和浩特地铁急需一种符合自身特点、科学合理可行、经济效益相对较好的专业维护模式。

(三)内蒙古交控安捷科技有限公司组建背景

交控科技股份有限公司是国内第一家也是全球第四家掌握自主知识产权的CBTC信号系统主要技术并应用到工程实施的高科技公司。作为呼和浩特地铁1号线信号系统的供货商,同时也是呼和浩特地铁1、2号线实现互联互通的技术牵头方和呼和浩特城轨云的集成商,公司整体具有深厚的技术实力,处于行业领先水平。

为实现合作目标,2018年5月,呼和浩特轨道交通公司召开企业洽谈会及党委会,同意与交控科技股份有限公司合资成立维护公司,经可行性研究、专家评审会评审通过,并报呼和浩特市政府、市国资委审批报备,呼和浩特轨道交通公司创新性地通过与国内城轨领域技术领先的交控科技股份有限公司合作,采用合资股份制的形式,成立了内蒙古交控安捷科技有限公司(简称"安捷公司"),专业承接信号、通信、综合监控、城轨云等弱电系统设备的维护工作。

从目前取得的成效看,合资模式是适用于呼和浩特地铁的最佳选择,它能够快速搭建起适应现代轨道交通技术发展需要以及未来可持续发展的维护体系,有利于快速组建起一支技术有力、管理有序且属于呼和浩特地铁自有的维护队伍,风险可控、统筹高效。合资模式在全生命周期成本上具有显著优势,适用于呼和浩特地铁未来可持续发展的目标。该模式既能充分发挥核心技术优势,推动维护工作的实际效果,又可调动交控科技股份有限公司的积极性服务于呼和浩特轨道交通运营维护工作。

二、成果内涵和主要做法

(一)合资维护模式内涵

合资模式的核心理念是运营单位根据设备维护的难易程度、市场成熟度等因素,与成熟技术供货商合作成立合资公司,进行设备运营维护保养工作。

呼和浩特轨道交通公司创新性地引进了国内有经验、有实力、权威专业的技术公司——交控科技股份有限公司作为合资对象,实现"让专业的人做专业的事",开创了国内以混改模式组建合资公司实现地铁线网级弱电系统四大主要专业综合维护的先例。

(二)主要做法

1.合资维护模式创新优势

通过成立合资公司,开展线网级的信号、通信、综合监控、城轨云四大弱电主要专业系统综合维护,在行业内具有得天独厚的优势。

宏观上,混合所有制模式响应了国家政策,符合历史发展潮流。2020年,国企混改进入盛夏之年,内蒙古自治区的混改率已达到60%左右,中央、地方政府的相关扶持政策也越来越密集,顺应历史潮流,合资公司将会获得更多的机遇和挑战。

微观上,依据《关于深化混合所有制改革试点若干政策的意见》(发改经体〔2017〕2057号)指导,合资公司采用混合制企业运营模式,既解决了呼和浩特市地铁运营维护经验较少的问题,又降低了维护成本。选择交控科技股份有限公司作为合资对象,将交控科技的技术力量、人才优势和运维经验带到呼和浩特,在不断为呼和浩特地铁安全运营保驾护航的同时也为本土培养出一批高新技术人才。同时,明确党组织在公司治理结构中的法定地位,进一步发挥党组织的治理作用,为企业经济型治理提供一个纯净的经营环境。

2.合资公司主营业务

随着地铁工程建设的推进,呼和浩特地铁运营公司就地铁1、2号线四大弱电系统进行公开招标,安捷公司积极参与投标,于2019年成功中标,与呼和浩特地铁运营公司签订了《呼和浩特市地铁1、2号线信号、通信、综合监控及云平台系统设备建设期运营筹备维护合同》,2020年中标并签订了《呼和浩特市地铁1、2号线运营期信号、通信、综合监控及云平台系统设备维护项目合同》,服务期至2022年12月31日。

安捷公司目前的主营业务是承担呼和浩特地铁1、2号线信号、通信、综合监控系统、云平台系统设备的维护工作,包括但不限于:设备日常维护保养、定期维修/检修、故障处理/抢修/重要部件轮修、重大节日保障、应急抢险、系统数据维护、系统升级改造配合、维护建议等方面的技术服务工作。

3.成本效益优势

从节约成本的角度分析,经专家评审及可研评估,合资维护模式相较于自维维护、委外维护而言,成本更低,具有更好的经济效益。一是较自维维护来说人力成本低。地铁弱电维护的成本主要来自人力,通过优化组织模式,革新运维技术,可提高运维效率的同时减少人力成本;呼和浩特轨道交通公司通过广泛调研其他省份地铁运营现状了解到,采取自维维护模式的通信、信号、综合监控三专业预计需要维护人员500人,呼和浩特地铁如采取自维维护模式完成地铁弱电综合四大主要专业维护预计需要550人,而采用组建合资公司维护模式约300人即可高质量完成维护工作,节约人力成本约2300万元/年。二是运维成本低。通过推行智能运维技术,利用健康值判断,实现对设备的状态修、改造、报废、更新的全生命周期管理,实现国有资产保值增值。

综上,合资公司既可发挥国有企业在公司治理中"把方向""管大局"的制度优势和管理优势,同时能够借助非公有制经济盘活在市场中的主要竞争力,节约维护成本,加大企业创造力。进一步优化调整国有资本,使其双方相互促进、优势互补、共同发展,实现社会目标和经济目标同时达成的"双赢"。

4. 对合资公司的考核管控措施

考核管理措施主要来自三个方面:

①来自呼和浩特地铁运营公司的考核管控,主要起到过程监督及结果考核的作用。安捷公司目前履约的两份合同约定服务周期跨度为2019年8月至2022年底,地铁运营公司作为地铁运营方,在合同中对通信、信号、综合监控、城轨云四大主要专业设备系统维护工作约定了明确的考评指标,主要包括系统运营指标、生产及质量管理指标、隐患管理指标、安全管理指标、物料管理指标、人员及培训管理指标等,并对安捷公司维护服务项目进行逐项打分考核,实现呼和浩特地铁运营公司对安捷公司维护服务的全程监督、管理、验收、考核。

②来自股东方的监管,督促达成公司战略目标。通过设立股东会、成立董事会,批准公司战略、审批年度预决算、批准投资决策、批准公司运作基本规章制度以及审核重要管理人员异动等方式,实现对合资公司的管控。

③来自安捷公司内部的自控管理运作机制,主要包括组织机制、人才可持续发展机制、安全质量管理机制、维护架构模式及技术保障机制,强化了对维护作业全过程的安全质量管理,助力企业实现可持续发展。

a. 组织机制。将党组织融入治理结构,在公司章程中明确党组织在公司法人治理体系中的地位。以党建促业务发展,增强混合所有制企业发展优势,通过引领战略、助推发展、凝聚力量,有效发挥党组织的领导核心作用和政治引领作用,保证监督党和国家的方针政策在企业的贯彻执行,保护国有资本权益,推动企业利益、股东利益、职工利益和社会利益的有机统一。

b. 人才可持续发展机制。以呼和浩特地铁1、2号线运营维护为中心任务,通过建立内训师制度、岗位练兵、规范取证等手段着力做好业务团队建设和人才培养,实现了"输入高质量人才、培养本地化专业技术人员,输出专精尖人才"的良性人才孵化基地。目前建立了26人的专业内训师队伍,并取得相关证书627项,实现"理论+实操+演练"培训常规化、精细化。

c. 安全质量管理机制。建立了公司级、部门级、工区级三级安全质量监督体系,实施安全目标考核机制,签订了《安全责任书》,明确了各层级安全管理责任权属。成立安委会,发挥安全质量监督网核心作用,"智能维护"平台系统增设"隐患管理模块",实现线上监管。推动设备维护全过程符合国家、省、市有关安全生产、文明生产、环境保护的法规政策要求,确保维护作业、调试检修过程的绝对安全、文明施工及环境保护。确保重大安全事故为零、重大灾害事故为零、重大环境污染为零、重大职业伤害为零。

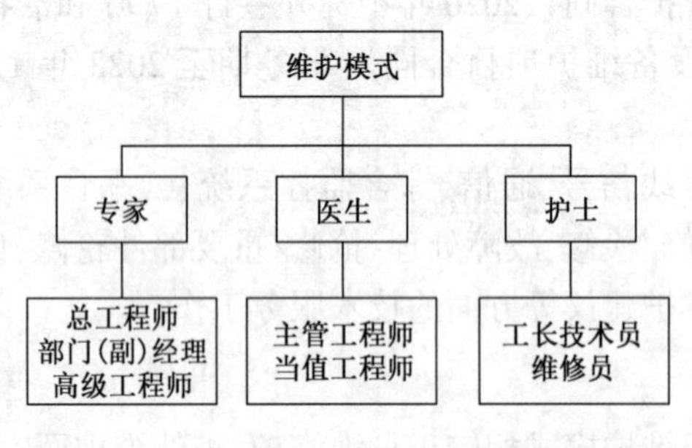

图2　专家-医生-护士维护架构

d. 维护架构。安捷公司根据岗位职责构建"专家-医生-护士"维护架构(图2),按照关键设备、非关键设备、故障应急处置、疑难故障分析4个场景划分专家、医生、护士的不同职责,同时制订人才复用机制,极大地降低维护工作成本,同时也很好地打通了专业技术屏障,使维护工作可以更加精准顺畅地完成。

e. 技术保障机制。安捷公司依托交控科技股份有限公司在设备预防性维护(PM)、纠正性维护(CM)、安全管理、风险管理等方面的成熟运作模式,直接优化运用;借鉴交控科技股份有限公司子公司成熟的维护体系,结合呼和浩特地铁实际情况形成安捷公司自有的维护体系、实用的维护作业指导书、合理的维修策略、标准化的维修流程等,保障维护业务正常开展;依托交控科技股份有限公司的厂家优势,现场出现问题可直接对接研发,快速分析故障原因;不断积累故障处理经验,逐步梳理、分析、形成体系,建立故障库,为维护提供经验保障。通过智能维护系统,针对设备状态建立大数据分析,系统提示自动巡视、分析并提供维护建议。逐渐减少计划修,加大状态修。降低设备故障率,提高故障维修率,确保运营安全;减少人工作业负荷,减少人为影响,提高智能化程度。

5. 合资维护的实践效果

通过组建合资公司实现对呼和浩特地铁线网级弱电系统四大主要专业综合维护,维护作业以合同约定考核指标为最低维护标准,保质甚至超额完成合同约定。合资维护取得了良好的实践效果。

(1)地铁运营安全进一步提高

安捷公司自从承接呼和浩特地铁 1、2 号线四大主要专业系统运营维护以来,按照合同要求、指标逐项落实达标,实现高质量维护。呼和浩特地铁 1 号线信号、通信、综合监控及城轨云系统的故障响应达标率、故障恢复效率、维护工作完成率、报告编制、隐患排查、安全管理等重点考核项均满足考核要求,保障了地铁安全平稳运行。地铁 2 号线筹备高质量推进。对通信、信号、云平台、综合监控及门禁系统的现场施工情况进行平推检查,以高标准要求施工单位进行作业,并对发现的问题协助建设单位进行整改,为 2 号线顺利开通奠定坚实基础。

(2)人员业务能力短时间内提高快

安捷公司坚持高标准、严要求,在合同履约之外参与到地铁 1、2 号线平推检查工作中,参与了监理和建设单位组织的验收配合工作,将发现的问题创建了详细的问题库,提前发现隐患风险。通过问题梳理、分析,逐步形成体系,为其后续承接维护业务提供经验保障。

(3)强大的技术支持保障了核心稳定

安捷公司对标北京地铁、京港地铁、交控科技,依托交控科技积累的丰富技术经验,合理借鉴并创新应用,建立了更加适合呼和浩特地铁本土情况的安全、高效的维护体系。推广使用基于大数据的运营维护调度(BDMS)系统,有效提高了维护工作质量,满足多专业维护管理的要求,并针对设备的可靠性、可维护性进行深入研究,实现设备全生命周期内的安全性和可用性目标;运用"基于 RAMS、风险管理为主要"的维护管理体系,实现对维护质量的有效保障,形成了一套其公司自有的"基于风险管理的维护策略"管控步骤;规范对维护作业文件的验证、优化工作,印发各类管理制度、流程、表单文件 476 份(表 1),用制度规范维护流程,保障维护质量。

安捷公司制度文件汇总表 表 1

序　号	制度类别	数量(份)	备　注
1	维护业务类	143	
2	安全质量管理类	17	
3	综合管理类	44	
4	人力资源管理类	19	
5	财务管理类	8	
6	党工团	7	
7	表单类	238	
合计		476	

(4)推行智能运维系统

利用智能技术深度赋能城市轨道交通维修体系,支撑复杂脑力决策、加强安全和服务风险管理能力、深化全生命周期资产运用水平,满足未来社会和交通形态下的乘客出行需求,已成为我国城市轨道交通行业的发展共识。构建符合我国城市轨道交通建设运营实际需求的智能维修技术体系和发展路线,将智能技术与城市轨道交通维修体系深度融合,是整体转型升级的关键。

根据智能运维分级原则，智能运维等级(Grade of Maintenance，GoM)及典型应用场景总结如图3所示。

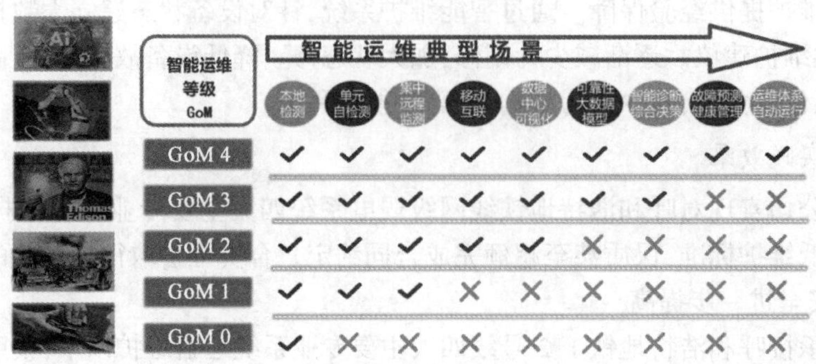

图3　智能运维等级示意图

利用多类传感器技术，至少实现关键设备在线可更换单元工作状态监测功能，将采集到的运行状态及报警数据，通过有线或无线网络，发送到远程服务器进行集中存储和可视化呈现，实现系统远程集中监测，并根据实际需要进行多子系统、多专业、多线路的远程集中监测。图4所示即为智能运维管理平台生产数据监控分析功能。

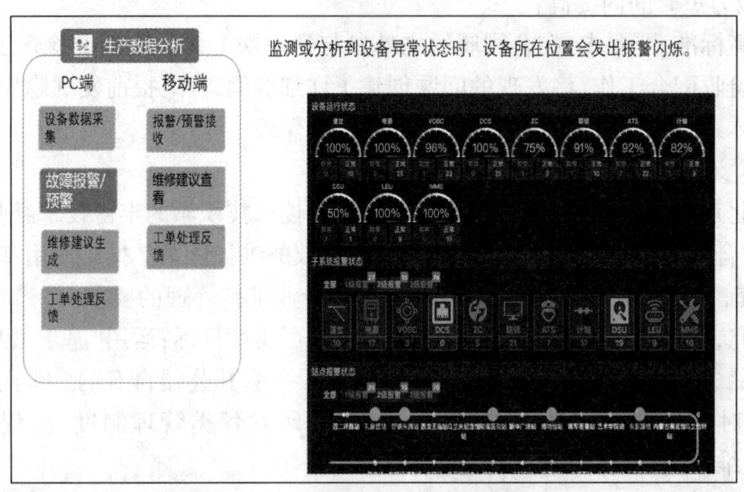

图4　智能运维管理平台——生产数据监控分析

基于RAMS规范，影响故障失效或软件功能异常的可靠性数据模型建立，相应影响因素(如人为因素、设备因素、环境因素、管理因素等)全面数字化、可视化。在设备状态指标发生偏离时，基于可靠性数据模型，可快速分析到与之关联的影响因素，实现故障原因自动诊断。图5所示为智能运维管理平台设备管理平台功能。

(5)打造了全国首家具备维护城轨云系统设备经验的单位

呼和浩特城轨云实现了全网城轨业务应用的统一部署承载，资源按需分配，有助于提升整个城市轨道交通信息化建设水平。安捷公司作为该系统的维护单位，参与了城轨云主备中心、站段云节点项目建设、功能验收，编写完成了城轨云设备维护作业指导书等各类技术指导文件82项，并积极推进移动数据中心城轨云及各业务系统上云测试工作，完成包括ATS、AFC、PIS、CAS、ACS、ISCS、PBE业务系统和城轨云系统的全面测试。图6所示为呼和浩特城轨云三网布局。

(6)呼和浩特、北京两地地铁App实现互联互通

2020年6月5日，呼和浩特市青城地铁App用户可在北京地铁刷二维码乘车，北京市亿通行App用户可在呼和浩特地铁刷二维码乘车(图7)。两市轨道交通实现了互联互通，是“让数据多跑腿”的又一便民举措，更是呼和浩特强化京蒙合作、融入京津冀一体化的重要契机。

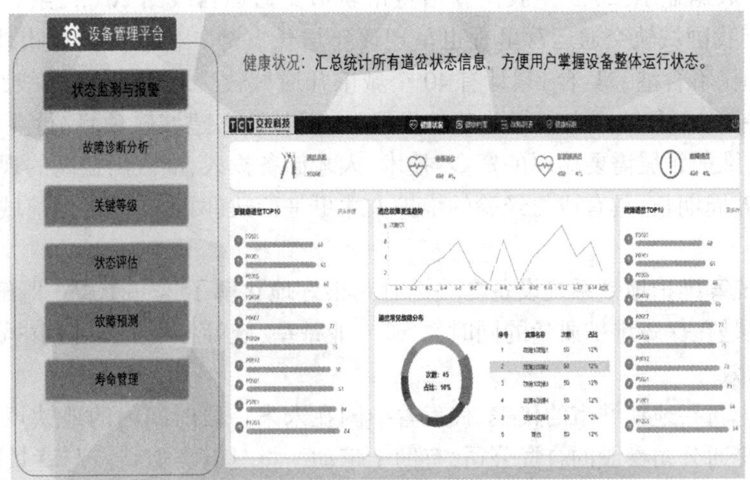

图 5 智能运维管理平台——设备管理平台

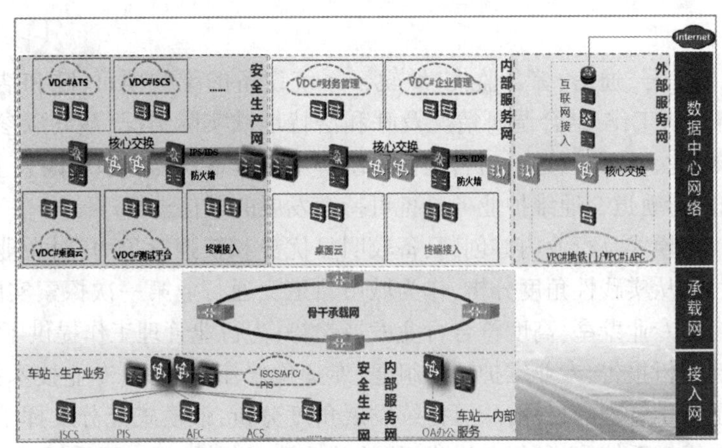

图 6 呼和浩特城轨云三网布局

图 7 京呼两地地铁 App 实现互联互通

6. 合资维护模式的示范性

当前，国内城轨行业进入全面快速发展阶段，根据中国城市轨道交通协会发布的《2019 年中国内地城轨交通线路概况》数据显示,2019 年我国新增城市轨道交通运营线路 26 条,累计达到 211 条。与此同时,2013—2019 年我国城轨交通运营里程也呈现逐年增长态势。根据中国城市轨道交通协会数据,截至 2019 年底,中国(不含港、澳、台)累计有 40 个城市开通城轨交通运营,运营线路达 6730.27 公里,同比增长 16.8%。一方面是轨道交通行业蓬勃发展、全国各地兴建城轨项目、行业发展潜力巨大的现状;另一方面是城轨维护领域需要雄厚的资金、技术、人才储备投入、准入门槛高的现实障碍。而且城轨专业维护人才的培养周期长,具有成熟经验的维护人才更是稀缺,两者构成了当前城轨领域进一步发展的矛盾点。

成立合资公司统筹维护地铁系统设备在关键时刻很好地化解了这一矛盾。既解决了技术短板,又化解了人才难题,更是在保障维护质量的同时,打破专业壁垒,统筹各维护专业间的资源配置,节约维护成本,实现了提质增效。

呼和浩特市作为新兴地铁城市的代表,代表着中国在未来一段时间内的地铁规划典范。安捷公司作为呼和浩特轨道交通公司参股的合资公司,有助于带动一批具有类似特点与背景的城市前往呼和浩特地铁进行参观学习,这种运营模式有利于向各地推广与复制输出,具有示范性,可以走出呼和浩特,通向全国。

三、实施效果

关于呼和浩特地铁信号、通信、综合监控、城轨云系统设备的维护项目,呼和浩特轨道交通公司自 2018 年便启动了前期调研工作,结合调研情况及呼和浩特地铁实际情况,最终以参股的形式与交控科技股份有限公司合作组建合资公司这一新管理模式统筹承担起地铁弱电系统四大主要专业设备的维护工作。这是实现呼和浩特轨道交通维护业务具备可持续发展的最佳选择。

从创新角度分析,该模式是行业内首创,具备较明显优势和较强竞争力,对企业管理现代化创新工作有着积极的参考意义;从实践性角度分析,作为城市轨道交通行业第一次探索实践,可以从根本上解决目前的行业痛点,打通专业壁垒,高度符合行业发展趋势,为行业管理工作提供了宝贵经验;从科学性角度分析,采用可行性分析报告、专业维护团队组建、专业检修流程支撑、专业技术指导提升、专业管理模式控制,真正实现了科学管理的目标;从可持续发展角度分析,该模式充分发挥了股东方在轨道交通领域的优势,发展智能维护系统,引领行业进步;从效益性角度分析,相对于采用自维维护模式和委外维护模式而言,采用该创新模式可以有效降低维护成本,提高维护效果,经济效益与社会效益俱佳,做到提质增效;从示范性角度分析,该项目实施效果及近两年的实践证明,以混改模式组建合资公司实现地铁维护的创新实践值得学习和参考。

基于以上成功项目案例,呼和浩特轨道交通公司及时归纳总结经验,形成可复制、可推广的模式,陆续又在 AFC 系统设备维护、地铁车辆维护等领域成立合资公司。

实现京哈高速公路4D数字化智慧建造的一体化管控

京哈高速公路拉林河（吉黑省界）至哈尔滨段改扩建工程项目办
黑龙江省建设科创投资有限公司

成果主要创造人：王　浩　梁旭源
成果参与创造人：刁万民　谷　寅　亓彦涛　叶　阳　邹璧声　邓卫巍
刘　宇　王奇伟　肖继臣

黑龙江省建设科创投资集团（简称“科创投资集团”）将“4D数字化智慧建造体系”理念运用到公路工程的各个阶段，通过科研平台搭建，对4D数字化智慧建造技术及设备进行研发、推广、应用，切实将4D数字化智慧建造理念和措施真正在京哈高速公路拉林河（吉黑省界）至哈尔滨段改扩建工程项目上落到实处，实现全生命周期管控，最大限度利用资源，提高了工程项目的使用寿命和服务水平。

京哈高速公路拉林河（吉黑省界）至哈尔滨段改扩建工程是黑龙江省百大工程建设项目中的交通重点项目，是黑龙江省首条高速公路“四改八”项目。路线全长70.955公里，计划2021年10月31日交工。为了将该项目打造成龙江高速公路改扩建项目示范工程，在项目管理的全过程实施了以建筑信息模型（BIM）技术为基础的数字化、信息化管理模式，将这条南下大通道建成“品质工程、民心工程、绿色工程”。

科创投资集团系黑龙江省建设投资集团全资子公司，注册资金1亿元。公司以打造国内领先的建筑产业现代化科技集团为发展总目标，以科技研发、成果转化、产业投资、实体运营为发展主线，以产业园区为依托，以科技类生产企业为支撑，深入实施创新驱动发展战略，不断完善科技研发平台、成果转化及双创平台、教育培训平台“三个平台”功能，打造技术体系、产品体系、服务体系“三个体系”，始终坚持以“科技强、企业强”科技理念为引领，勇担“为基础设施、安居民生工程补短板，为产业升级作导向”的企业使命，着力推进科技研发创新引领、成果转化技术应用、产业投资项目布局、企业运营精细管理，努力打造成为黑龙江省建设投资集团引领转型升级的动力引擎和龙江建筑类科技型企业的排头兵。

在科创投资集团整体战略部署下，BIM技术得到快速发展，在基础设施数字化应用领域，具有集软件开发、培训、技术支持、技术服务于一体的多平台、全领域、多专业、全流程、全生命周期的BIM技术服务能力，为4D数字化智慧建造在绿色低碳方面的规划、设计、施工、运维全过程提供支撑，树立典范。截至2020年9月，科创投资集团技术咨询服务项目已遍及北京、四川、湖北、安徽、辽宁、黑龙江等10余省份，并多次获得国内、国际BIM大奖。

展望未来，科创投资集团将以战略统揽，以文化铸魂，坚持生产经营和资本运作“双轮驱动”，发展质量和效益增长“两翼齐飞”，整合内外资源，强化内部管控，持续提升核心竞争力，将科创投资集团打造成具有国际竞争力的一流企业。

目前，科创投资集团为京哈高速公路拉林河（吉黑省界）至哈尔滨段改扩建工程项目全程提供BIM技术应用咨询服务及软件开发工作。

一、实施背景

BIM技术作为信息技术的重要载体,已被广泛认为是21世纪建筑产业创新发展的关键技术,被视为现代和未来行业从业者需要学习和掌握的基本技术技能,备受世界各国重视。住建部于2011年印发《2011—2015年建筑业信息化发展纲要》,虽然我国在BIM技术应用上起步晚,起点较低,但发展速度快,国内大多数大型建筑企业都有非常强烈的应用BIM技术提升生产效率的意识,并逐渐在一些项目上开展了试点应用,各级政府不断推出BIM应用推广的政策,呈现政府和企业双管齐下、多渠道推动的态势。

京哈高速公路拉林河(吉黑省界)至哈尔滨段改扩建工程项目,在项目建设、综合管理上全面使用BIM技术。项目难点:①技术要求高。受气候影响,黑龙江省每年实际有效施工期只有6个月左右。②实施难度大。全面贯彻绿色公路理念,综合运用路基路面桥梁拼宽技术、大跨径钢结构桥梁技术,实现公路交通安全设施和桥梁设计新旧有效衔接。③保通压力大。京哈高速公路拉林河(吉黑省界)至哈尔滨段改扩建工程项目是黑龙江省首条高速公路"四改八"项目,在国内还缺乏高纬度季冻区高速公路改扩建工程项目相关设计、施工及管理等成套技术成功经验。路线终点段位于哈尔滨市出口,设计地征地拆迁工作量大,费用高。④有效工期短。该项目作为黑龙江省6条南下主要通道中最繁忙的一条,需要边施工边保通,并且与其并连的京哈高速公路吉林段、与其平行的京抚公路哈尔滨至双城段也在升级改造,保通方案需要协调一致。因此,应用"4D数字化智慧建造一体化管控"技术正是解决这些问题的有效手段。

二、成果内涵和主要做法

成果内涵:4D数字化智慧建造技术是基于云技术、地理信息系统(GIS)技术、互联网技术及物联网(IoT)技术于一体的BIM综合管理平台,其主要服务对象面向基础设施领域各参建方,构建集团级或项目级平台,以项目为管理单元,以施工工艺为管理核心,设计及施工阶段的模型数据生产通过建模平台协同完成,将管理数据与模型数据通过系统集成实现项目全过程管控及分析,为领导决策提供依据,为终端用户提供强大、智能、高效、精准的管理手段。

4D数字化项目建设管理平台采用全球领先的GIS引擎及BIM平台,打破传统的二维平台构架,提出了BIM + Web + GIS + IoT的创新平台架构。将模型的管理数据与设计属性数据进行系统集成、项目全过程管控及分析,打通各个业务之间、各个参与单位之间数据联系,确保数据唯一性,搭建"数字化智慧工地",实现了项目安全、质量、进度、投资等全生命周期管理。本成果的顺利实施对于推动绿色施工健康协调发展具有重要的社会意义。

"4D数字化项目建设管理平台"创新点主要体现在以下几方面:

①疫情期间实现远程办公,提高时效性。疫情防控期间,通过项目BIM管理云平台,实现非接触式质量报验和验收新模式。同时在安全管理模块中新增了"战'疫'系统",增加了疫情防控期间人员进出场体温健康情况监测和预警功能,有效助力疫情防控和施工生产两不误、两手抓。该成果已在国家版权局取得软件著作权授权。

②模型精度及数量。模型精细度等级达—LOD400、模型几何表达精度达—G4、模型信息深度达—N3。共计完成公路、桥涵、房建、防护排水、道路附属及加固设施六大类多专业30余万个模型构件。

③创新构建了改扩建公路工程编码应用体系。创新地编制了符合高速公路改扩建工程的编码标准,创新开发了EBS编码工具,创新实现了BIM模型与编码属性的高效挂接。该成果已提交申请发明及实用新型专利。

④施工方案优化新模式。创新地将模型编码体系与进度数据匹配,对进度数据赋予逻辑关系,完成项目WBS分解,实现进度预警及纠偏。进度与施工资源绑定,动态分析资源使用计划,降低管理成本。

⑤创新开发项目BIM管理云平台。实现基于BIM+GIS技术在项目质量、进度、安全、成本、智慧监控等方面的全过程数据流转和共享。

⑥项目协同创新管理体系。形成了以BIM编码体系为基础,以BIM模型为信息载体,以质量管控为依托,以计量支付为核心的数字化管理体系。

⑦自动化计量支付体系。创新地搭建了基于清单编码与BIM构件EBS编码分级分类映射机制,与质检流程有效衔接,计量数据自动获取,实现了计量过程和计量成果的可视化。

⑧软件应用创新。创新地应用了利用自定义参数化模板库创建智能化横断面模板的方法,解决了新旧结构拼接形式复杂多变的问题;创新应用BIM软件约束工具灵活创建联动模型。

本成果的主要做法是通过搭建具有行业指导意义的4D数字化项目建设管理平台、对BIM应用技术研究与推广、建立数字化智慧工地、建立健全有效的保障措施等方面而实施的。

(一)创新总体思路

1.编制标准

编制《项目BIM管理云平台使用说明书》《BIM建模及成果交付标准》《施工工艺标准》等文件(图1)。

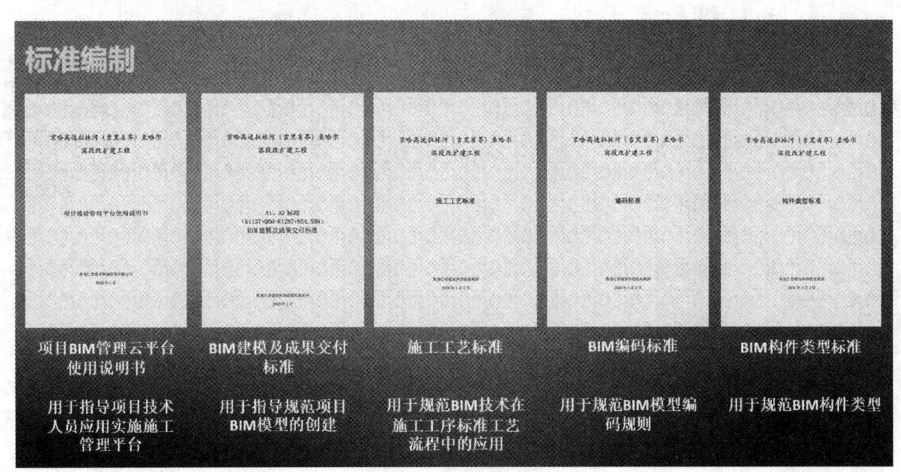

图1 标准编制

2.实施流程

具体实施流程见图2。

(二)创新目标和原则

为了实现项目信息化、数字化总体目标,建立以BIM编码为基础,以BIM模型为信息载体,以质量管控为依托,以计量支付为核心的数字化管理体系,以BIM项目管理云平台为实施手段,达到工程数据流转和共享的关键方案。

质量要求:符合中华人民共和国强制性标准及现行的行业标准、规范,满足项目建设管理的需求。

安全目标:零事故。

监管要求:项目工作在黑龙江省高速公路建设局纪检和行政的监督下进行。

项目管理的目标是实现项目的质量、进度、安全、成本、设计信息、技术文档、施工日志等方面的数字化管理并将以上工程信息数据体现在BIM模型中,做到基于BIM技术的可视化项目建设管理。

(三)制定技术方案

1.4D数字化智慧建造技术方案概述

系统总体架构拟采用C/S+B/S+M/S模式。利用已有的BIM软件,完成建模后可导入该改扩建工程项目的管理系统中。本系统在勘察及深化设计阶段采用 C/S 架构,桌面端以 Autodesk、Bentley 或 Dassault 等主流 BIM 软件为基础,实现勘察、深化设计建模及模型管控,实现施工技术管理应用。施工阶段业务管理采用 B/S + M/S 架构模式,可以在任何地方进行操作而不用安装任何专门的软件,方便客户端在不同的场地、不同的设备上应用,实现零安装、零维护,系统扩展灵活。具体架构如图 3 所示。

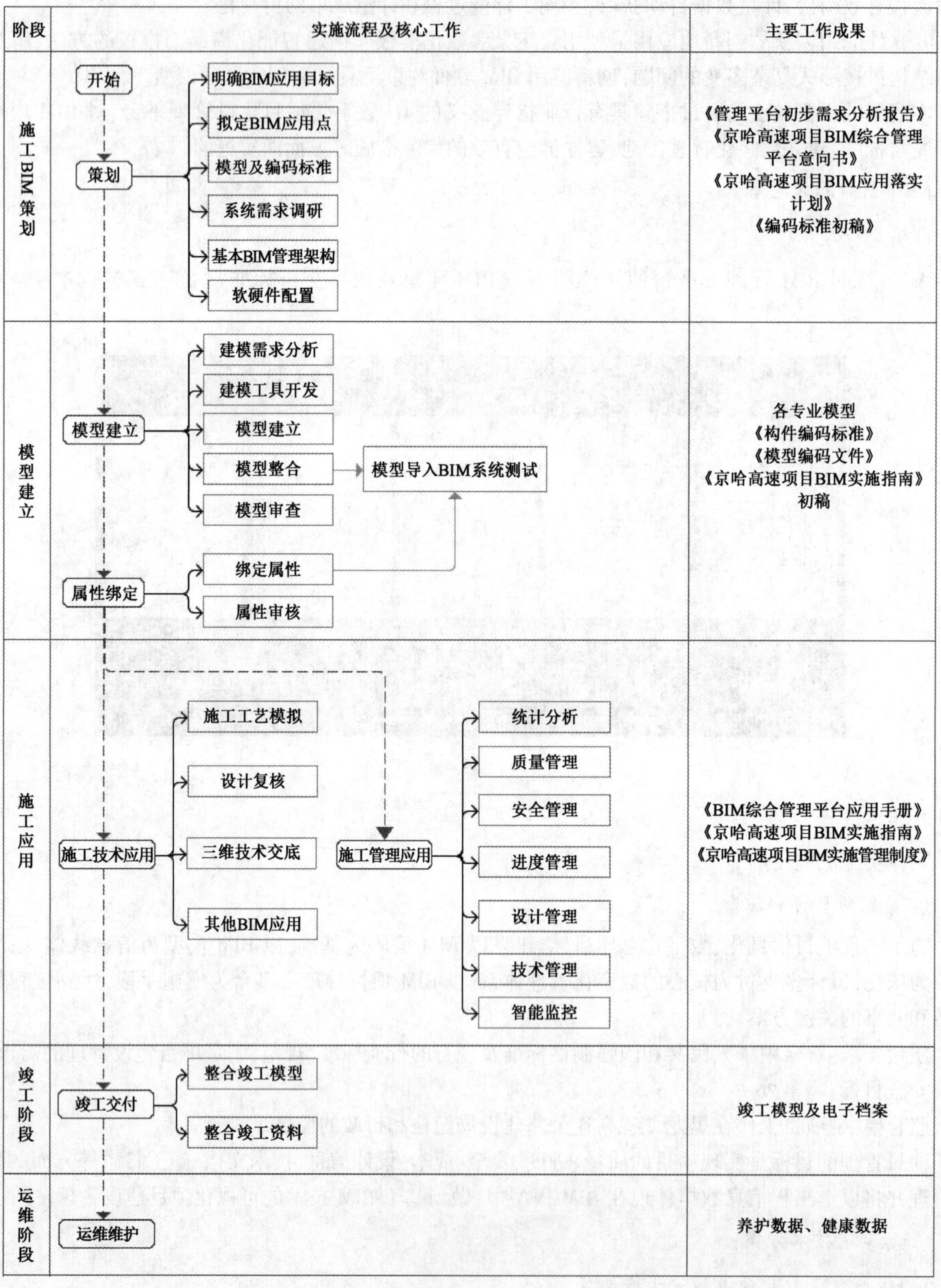

图2 实施流程

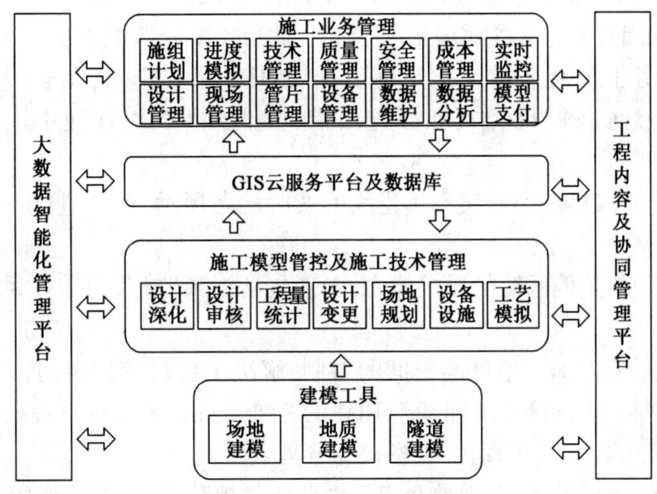

图3 4D数字化智慧建造技术方案具体架构

2. 建模工具

利用Autodesk、Bentley或Dassault等主流的BIM软件,实现场地建模、路基建模、隧道建模等。

3. 施工模型管控及施工技术管理

基于BIM软件平台,可导入Autodesk、Bentley或Dassault等主流的BIM软件创建的BIM模型,实现对设计模型的审核检查、模型按施工分步分项切分、施工构件属性维护、工程量统计等功能。针对施工工艺进行模拟,对施工场地进行规划与建模,提供工具创建施工设施设备模型等。

4. 施工业务管理

实现项目施工过程中相关业务的管控,包括施组计划制订、进度模拟与分析、质量安全管理、施工成本分析与管控、设备监测控制、现场管理、技术管理及数字交付等模块。支持Web端和移动端的应用,通过浏览器端,无须安装,为不同权限用户提供对应工作职责和需求的工作界面。施工及管理人员通过手机等移动设备,可实时查看项目推进情况和各类资料,并可录入现场数据、记录施工情况等。

5. GIS云服务平台及数据库

通过云端GIS平台,可为用户提供BIM模型的轻量化、GIS模型信息管理、显示管理及微服务,数据均存储在云端数据库中。

6. BIM管理系统优势

(1)平台性能优越、支持大体量模型与各类数据的整合

平台集成互联网技术、图形处理平台技术、移动应用技术,采用了业界先进的图形处理平台Bentley平台进行二次开发,能够支撑细致的模型对接;复杂模型、大体量模型数据导入和数据对接能力优秀,结合无人机的倾斜摄影实景模型,整体运行速度流畅,管理环境逼真,为项目分析、决策提供混合现实三维环境。

(2)实现了业务数据的互联互通

BIM的应用不只是体现在模型上,在项目建设阶段更多的体现在业务的数据上。基于协同管理平台,实现了各参建单位、参建人员的各项协同作业,通过在实际生产过程中的全过程数据积累,以标准编码规则为依托,实现了各项业务数据的互联互通,进度、质量、安全、工序、检验批、物料、图纸等各方信息相互联动,各项数据动态生成。

(3)借助 BIM 技术和模型载体,实现项目管理数字化、可视化

针对公路项目建设周期长、项目管理区域狭长、施工区域分散的特点,从管理手段上全面采用数字化管理手段,从业务上围绕质量、安全、进度开展 BIM 深入应用,结合业主及施工单位实际管理需求,在横向范围内从工、料、机、法、环五方面借助综合的 BIM 管理手段进行全环节的数字化管理。

在纵向的深度方面基于进度计划,实现了进度的实时动态展示、实际进度与计划进度的对比、主要构件进度的数量统计等。

同时系统充分考虑了各其他系统的对接能力,未来包括视频监控、门禁等系统,均可以实现一个平台的管理体系。

基于 BIM 的数字化管理突破了空间与时间的限制,解决了项目管理参与方"数据孤岛"问题,使项目管理从落后的二维管理模式直接步入到基于 BIM 的三维可视化云服务管理模式。

(4)业务流程数字化、自动化、可视化,大幅提高管理效率

首先是通过可视化的管理模式,直观地在模型中获取各项数据,在办公场所便可实时动态掌握实际工程的进度、质量、安全等信息。另一方面,进行了大量人性化操作体验的优化,如可以通过手机、模型、二维码等多途径快速调阅图纸和数据。

(5)一切业务数字化,项目业主决策更轻松

所有管理过程实现数字化、结构化存储,具备项目管理数据挖掘和分析能力,如可以通过对质检数据的分析,掌握现场质量波动情况;对安全巡查问题的分类,能够及时发现主要问题并推送问题至责任人进行处理。

(四)搭建系统平台

1. 平台搭建

(1)平台功能体系及总体框架

系统平台功能体系及总体框架如图 4 所示。

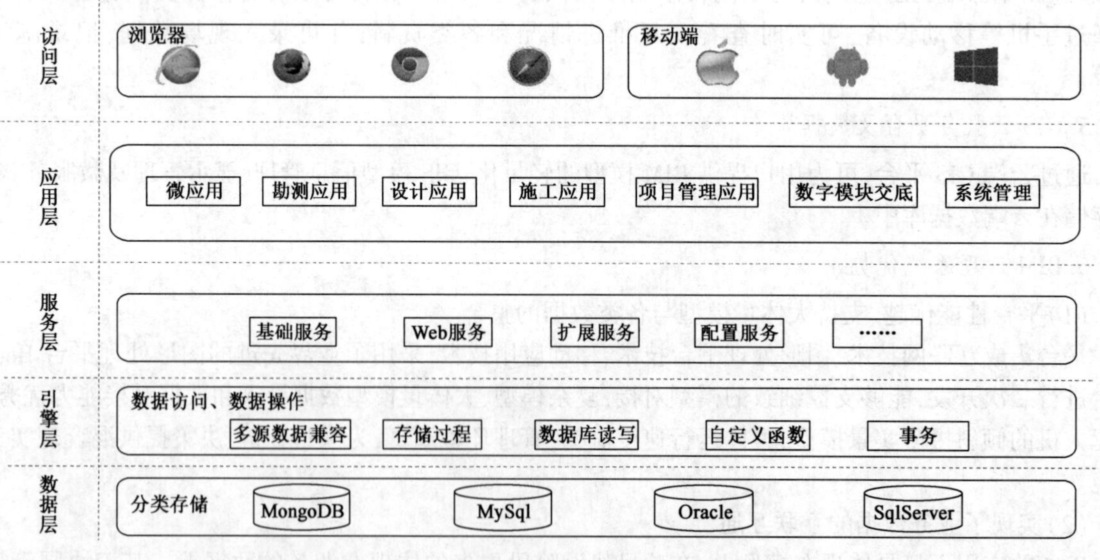

图 4　系统平台功能体系及总体框架

(2)系统业务逻辑

在工程建设过程中,会不断产生海量业务数据,其可大致分为静态数据和动态数据。静态数据包括

模型数据、标准、施工工艺、BIM构件结构树等非实时数据,在系统前期部署阶段生产并导入系统,BIM标准经数字化转换导入系统,构成业务支撑基础数据层。通过电子沙盘桌面端将模型导入到云GIS服务器。在项目建设过程中的业务数据、监控数据、第三方数据实时通过手机App、数据接口、Web端录入到云GIS服务器,服务器在统一进行收集、分类、结构化后进行分析和导出,以输出最终的三维及二维项目管理画像。动态数据展示如图5所示。

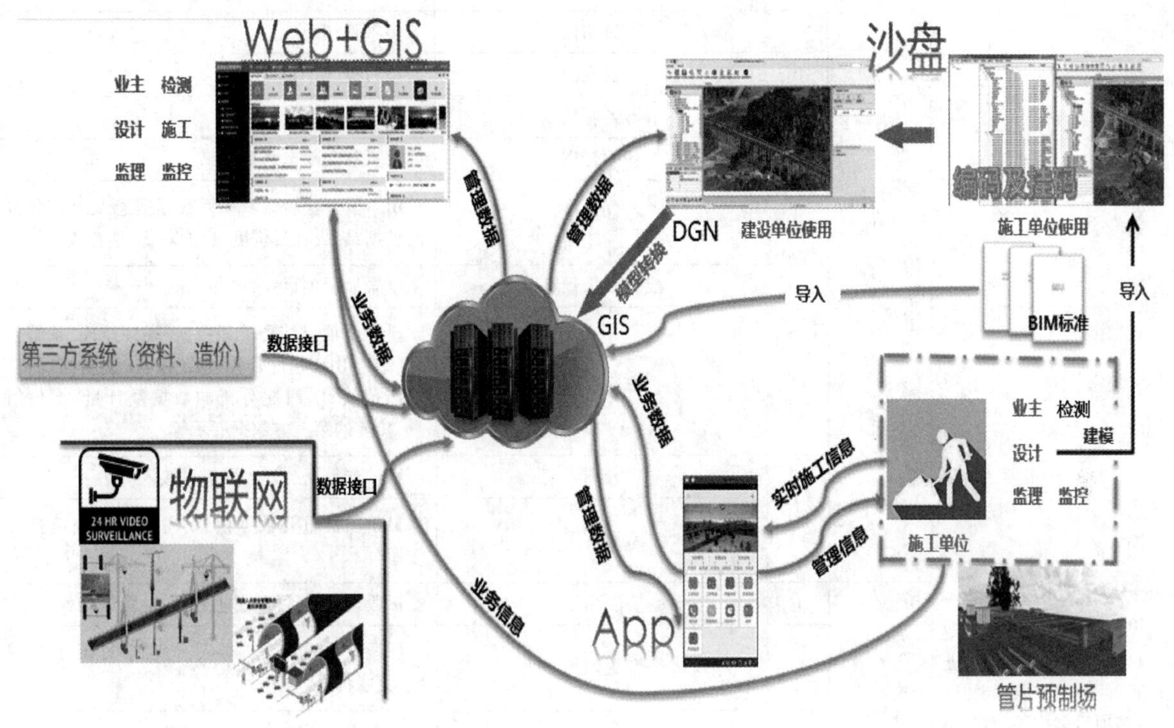

图5 动态数据

2. 功能需求

京哈高速公路拉林河(吉黑省界)至哈尔滨段改扩建工程基于BIM的项目建设综合管理平台,通过与甲方进行多次线下和线上的需求沟通,确认系统功能清单及功能应用方向。基于BIM技术全方位满足京哈项目施工管理的综合性应用,具体功能见表1。

3. BIM管理系统功能介绍

CSC项目综合管理平台主要包括CS端电子沙盘、Web端和移动App端(安卓和IOS)。

桌面(PC):施工电子沙盘(CivilStation Construction/Simulation),作为CSC的子系统,主要为用户提供三维模型的可视化显示和相关操作,包括对构件进行选中、显隐、隔离、提取元素ID、绑定和清除IFC、查看图元、输出obj文件、导出Project可识别的XML文件、一键发布模型等功能。

Web端:项目管理系统(CivilStation Construction/Cloud),基于浏览器BS端的施工BIM管理系统,主要实现系统设置、项目交付预览、项目管理、设计管理、技术管理、质量管理、安全管理、进度管理、投资控制、智慧工地等功能。

App:移动端应用(CivilStation Construction/App),主要用于施工现场数据录入、信息查看等,提供基本的模型操作及施工管理功能。

基于 BIM 的项目建设综合管理平台具体功能　　表 1

客户端	功能模块	序号	功能清单	功能描述
Web 端（基于浏览器，BIM 模型轻量化后转入 GIS 平台，进行施工业务的全面管理，可进行多项目多标段、面向业主或施工单位的管理）	项目管理	1	项目信息维护	维护项目建设单位、规模等信息
		2	项目标段管理	标段配置
		3	模型 GIS 定位	对导入的 GIS 模型重新定位
		4	通讯录	自动导入用户通讯录、App 同步
		5	项目切换	多项目切换
		6	工程概况	项目概况维护
		7	考勤管理	App 考勤管理
		8	新闻管理	首页新闻动态维护
		9	智慧工地	BIM 模型智能显示项目数据信息及统计分析的数据结果、项目进度、进度对比、巡检等属性
		10	成桥效果预览	全景显示项目效果
		11	智能监控中心	显示全项目综合管理数据、视频监控、预警信息，结合 BIM 构件查看人员、设备、进度情况，显示产值统计、对比分析的数据及计量、支付信息，接入的第三方数据展示等
		12	云图	第三方数据统计大屏信息接入
		13	系统首页	显示项目重要数据信息，主要功能快速打开按钮
	设计管理	1	施工图纸	标段设计文件导入、生效管理、关联构件
		2	变更图纸	标段变更设计文件导入，关联原图纸、查看图纸，关联构件
		3	技术图纸	施工单位图纸分解关联构件
		4	图纸统计	自动统计给标段图纸上传情况
		5	变更统计	自动统计变更 EBS 数量
		6	模型管理	模型版本管理，模型上传、下载
	技术管理	1	开工报告	智能清单管理、关联模型构件
		2	施工组织设计	智能清单管理、关联模型构件
		3	专项施工方案	智能清单管理、关联模型构件
		4	作业指导书	指导书附件、关联模型构件
		5	技术交底	技术交底附件、关联模型构件
		6	查询统计	统计开工报告、施工设计组织、施工方案技术资料数量
		7	其他	分类上传其他技术文档，关联模型构件
		8	基础数据维护	维护开工报告、施组等结构树
	进度管理	1	总体进度计划	上传总体进度计划，进行施工模拟
		2	年度进度计划	上传年度进度计划，进行施工模拟
		3	季度进度计划	上传季度进度计划，进行施工模拟
		4	月进度计划	选择结构树构件节点，添加月度计划
		5	查看进度	查看总体计划以甘特图显示的进度统计图，可分标段按天、周、月显示

续上表

客 户 端	功能模块	序号	功 能 清 单	功 能 描 述
Web端 (基于浏览器,BIM模型轻量化后转入GIS平台,进行施工业务的全面管理。可进行多项目多标段、面向业主或施工单位的管理)	进度管理	6	进度对比管理	通过对年度进度计划与实际进度做一个进度对比,分为"正常""延期""提前"3种状态
		7	进度统计配置	对标段构件完成统计模块构件类型进行配置
		8	构件完成统计	按标段工区及构件类型统计构件完成量
	质量管理	1	工区管理	定义结构树工区,便于快速切换自检工区结构树
		2	工程树维护	工程树的上传和删除功能,打印二维码、结构树版本自动对比、结构树源文件附件管理,导入已完成构件,改变结构树构建完成状态。扫描二维码具有构件属性、设备属性、人员信息等内容(导入的进度构件资料可补录,正常资料报验的正常走)
		3	工艺质检	结合构件工艺,上传质检资料,通过监理验收进行质量资料确认
		4	质量巡检	点击查看详情,查询现场发现的质量问题及整改情况
		5	质量巡检统计	巡检数据统计分析
		6	工序基础数据	保存工程部位的维护、施工工艺的维护、工艺流程资料的维护以及施工工艺模板的维护
		7	检试验管理系统	第三方检试验管理系统接入
	安全管理	1	人机管理	录入特种人员、特种设备,提供人机库管理功能及到期自动提醒功能,人员及机械GPS定位展示
		2	视频监控	实时监控施工动态
		3	监控视频配置	维护视频监控接口数据
		4	视频标签管理	在BIM模型上标注视频监控标签与实际位置相同
		5	安全巡检	点击查看详情,查询现场发现的质量问题及整改情况
		6	安全专项施工	分类上传安全专项施工方案文档;关联模型构件
		7	安全技术交底	分类上传安全技术交底文档;关联模型构件
	施工日志	1	电子施工日志	自动统计每日设计、质量、技术、巡检等管理数据,支持打印报表
	投资管理	1	基础数据	合同清单、合同台账、合同分解
		2	产值管理	产值分析、计划产值、实际产值、产值统计、产值报告、实际计量
		3	计量支付	中间计量、计量审批、中间支付,计量支付对比(需重新开发)
		4	清单量推送配置	配置工程部位完成,手动填写并推送工程量的构件

续上表

客　户　端	功能模块	序号	功 能 清 单	功 能 描 述
Web 端 (基于浏览器,BIM 模型轻量化后转入 GIS 平台,进行施工业务的全面管理。可进行多项目多标段、面向业主或施工单位的管理)	投资管理	5	工程部位工程量配置	自动统计工程部位完成的构件,手动填写实际完成工程量
		6	计量调度中心	同意管理手动推动工程量数据,支持推送和撤销,保存推送记录,查看明细
		7	计量支付统计	自动统计计量支付数据,收集整理第三方反馈的数据,自动统计分析
	系统设置	1	权限管理	包括"组织结构""角色管理""用户管理"3 个功能模块
		2	组织结构	参加单位组织结构信息维护的功能
		3	用户管理	添加用户
		4	角色管理	设置系统用户角色及权限
		5	菜单导航	为系统管理员提供菜单及其按钮信息维护的功能
		6	工作流管理	为系统管理员提供工作流配置的功能
		7	按钮管理	为开发人员提供按钮定义及信息维护的功能
		8	日志查询	为系统管理员提供用户登录查询的功能
		9	质检表单时间配置	修改表单上传时间,更新实际表单的上传时间
App (手机 App 应用,目前只支持安卓系统,主要用于施工现场的信息查询、录入、统计等)	现场管理	1	二维码	扫描二维码查看当前二维码代表的构件或设备、人员等属性信息
		2	工艺报验	现场提交工艺报验,工艺为提交项,工艺下面含有质量验收标准(浏览查看),上传质检表单,提交至监理,工艺和表单同时提交
		3	安全/质量巡检	现场安全质量问题上报、整改
		4	通讯录	提供部门人员信息
		5	新闻管理	新闻首页展示及详情查看
		6	项目统计	项目管理数据统计图表
		7	图纸管理	设计图纸查看
		8	技术管理	同步 Web 端技术管理模块,浏览技术文件
		9	登录	App 登录后先显示项目总体汇总统计、产值(实际、计划、对比)、构件完成情况、质量、巡检总信息等,以图表的形式表现
		10	考勤打卡	App 支持打卡定位功能,统计考勤及收集考勤位置,数据同步至 Web 端

(1)桌面端(C/S)

CSC 桌面端内核,以 Bentley 的 MicroStation CE 为平台,MicroStation CE 支持 X64 操作系统,处理大体量模型的能力较强,具有较完善的开发接口,支持.Net 及 C + + 开发,能较方便地实现各种所需功能,利用该平台实现对设计模型的深化处理,实现施工 BIM 模型的生成、属性关联、错误检查等。桌面端的施工沙盘以 MicroStation CE 作为平台。桌面端具体功能如图 6 ~ 图 9 所示。

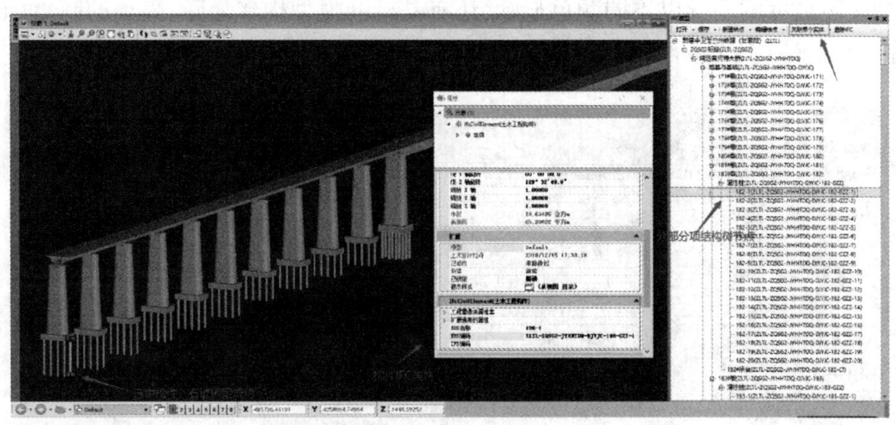

图6　模型构件绑定 IFC 编码

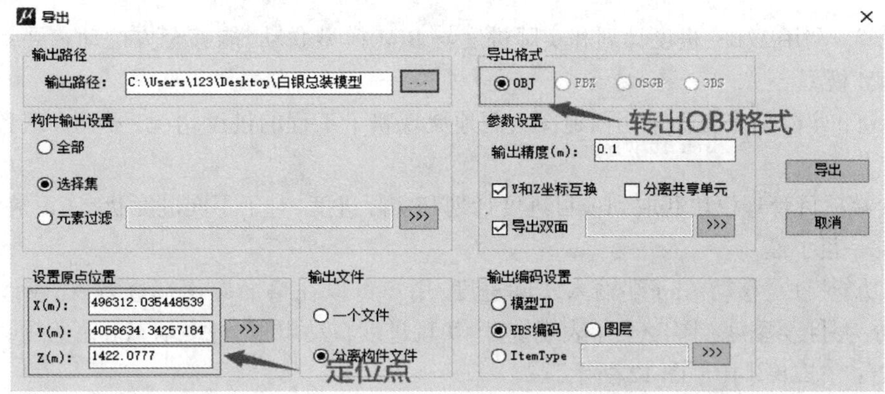

图7　模型轻量化导出 OBJ 功能

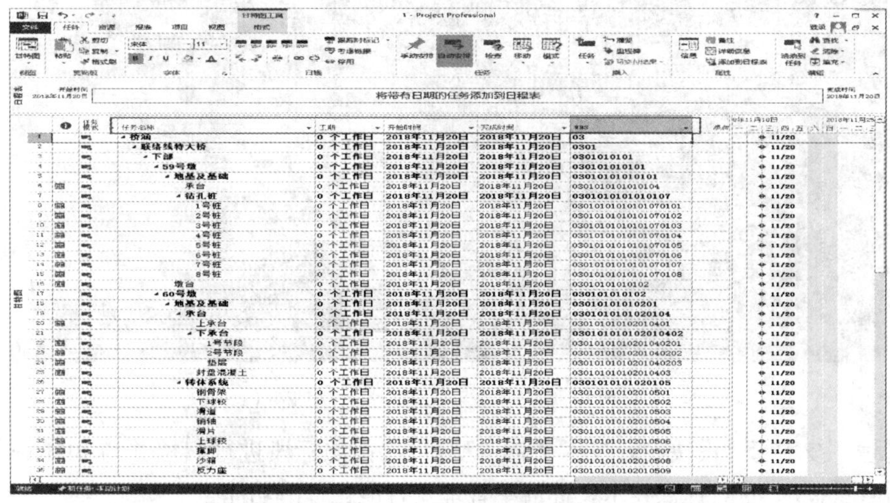

图8　导出 Project 可识别的 Xml 数据文件

(2) Web 端(B/S)

支持来自 Bentley 平台、Autodesk 平台建立的 BIM 模型,实现 BIM 模型在 Web 端和 PC 端的显示、浏览、查询、动画模拟等。利用轻量级的 GIS 平台实现大场景全项目的宏观模型的显示和管理,具体功能如下。

①项目管理。项目管理模块主要帮助用户可以进行项目和标段基础信息维护、切换、在线发布新闻消息,配置 GIS 和 BIM 模型的配置信息,并且可以使用 BIM 模型融合进度管理进行三维可视化进度查

看,对比计划和实际进度的差异以不同颜色显示,还有基础的模型构建显隐、隔离控制、对地形和实景模型显隐控制等。

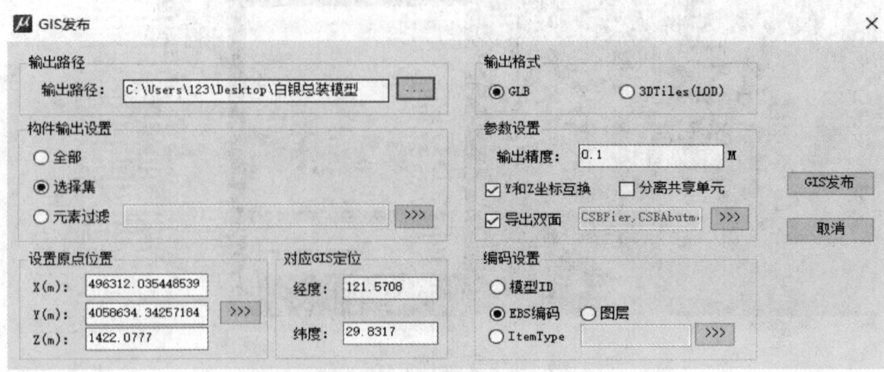

图 9　一键发布到 GIS 平台功能

②进度管理。利用 WBS、进度计划和实际进度与 BIM 模型联动,能够全方位动态展示项目随时间推移的施工 BIM 模型。

能够从计划和实际两个方面采用横道图直观地展现整个工程的进度情况,便于管理者合理制定之后的工作安排。

通过 Web 端项目管理模块获取到项目进度计划和实际进度,对于不同进度状态(正常、滞后、超前)标注不同颜色,一目了然。

实际进度功能模块:移动 App 端输入实际进度,用户可以在桌面应用端查看、比较计划和实际进度,进度报表分为月度/季度/半年/全年表现统计,实现进度自动申报,进度动态表现跨项目统计分析。

Web 端平台功能如图 10 ~ 图 12 所示。

图 10　基于 GIS 平台的三维进度模拟

③技术管理。技术管理模块设置技术文档类型目录,按照标段进行归档并与 BIM 构件进行关联,模型空间随时查看技术文档,提供技术文件清单管理及智能化提醒功能。

项目开始前,梳理项目所需要上报的方案,建立电子清单(图 13),并设置预警阈值,超过计划上报时间系统自动预警提醒建设单位及施工单位上报方案。

④系统设置。系统具有强大的权限自定义配置功能(图 14),满足不同角色用户的访问权限设置,平台也支持建设单位、施工单位、设计单位、监理单位人员按照业务流程,自定义权限和工作流,基础数据配置灵活,可以在线维护 App 的自动更新功能等。

⑤设计管理。设计管理模块设置设计文件及变更文件归档目录,按照标段进行归档并与 BIM 构件进行关联,模型空间随时查看设计文档,手机 App 提供按 BIM 构件浏览图纸功能(图 15)。

图11 基于GIS平台的Web端进度查看

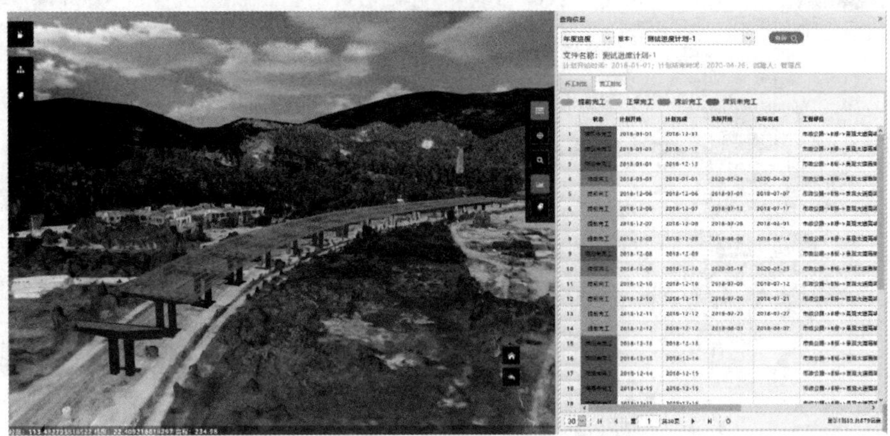

图12 基于GIS平台的Web端计划和实际进度对比查看

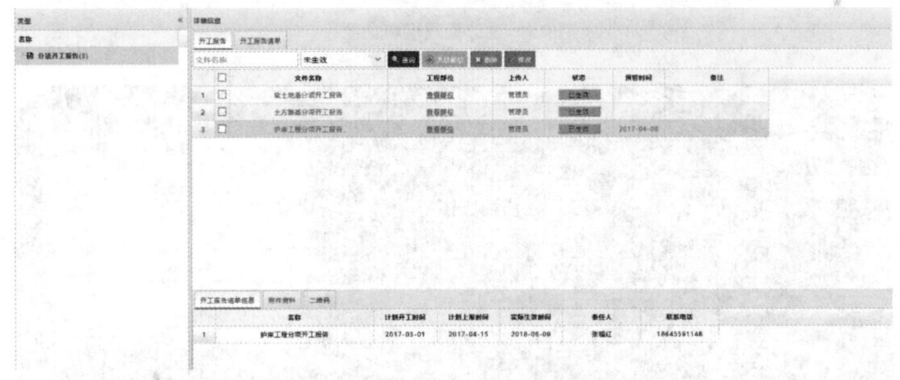

图13 项目方案电子清单

⑥质量管理。借助BIM模型及互联网手段,分部分项构件报验按照工序准备、工序检验的双管控方式实现数字化质检方法。构件相关质量文件、技术交底、专项方案、图纸等技术文件与构件挂接,实现档案数字化、信息化,随时随地方便项目管理人员及监理的查询。

每类构件设置工序流程及质量卡控要点,现场施工人员按照工序流程自检合格后用手机拍照上传现场图片及检查结果,流程流转报给监理,监理通过手机App进行复核;复核结果反馈给施工人员,再进行下一道工序,实现报验信息的全过程跟踪。

质量管理模块功能如图16、图17所示。

质量巡检人员可以通过手机端App对施工现场的隐患问题进行现场拍照和文字记录,并且指派推送给相应人员进行整改,整改完成后拍照上传,将整改结果反馈给巡检人员,由巡检人员复核整改结果,将巡检的问题进行 PDCA 闭环。

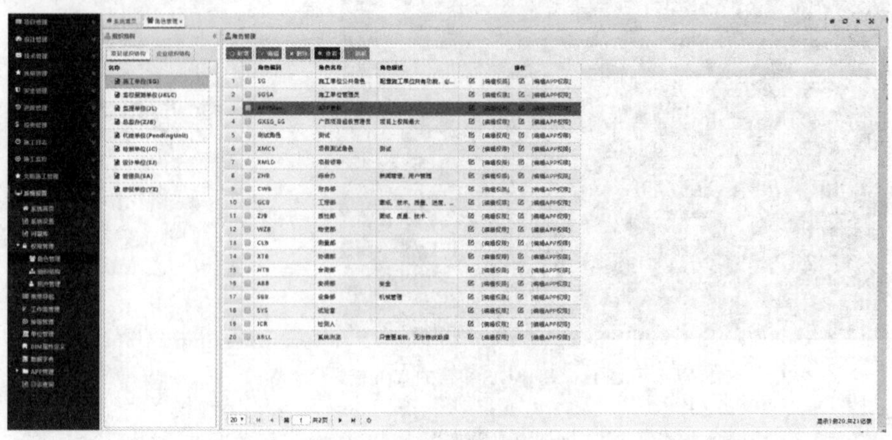

图 14 强大的权限自定义配置功能

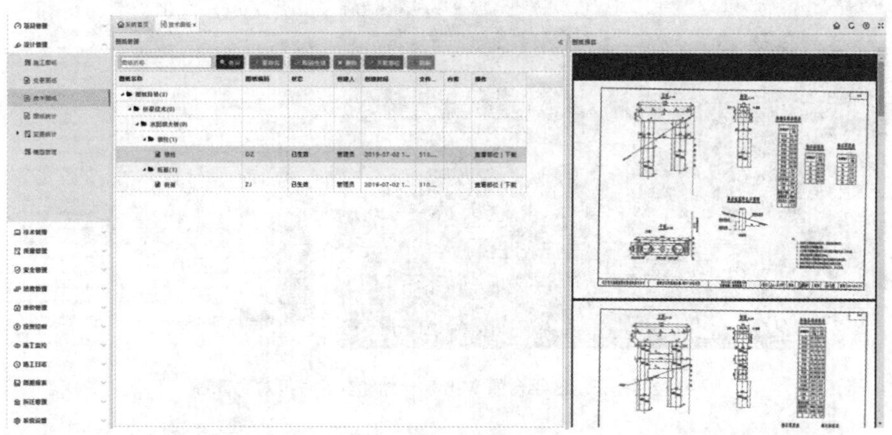

图 15 设计管理模块功能

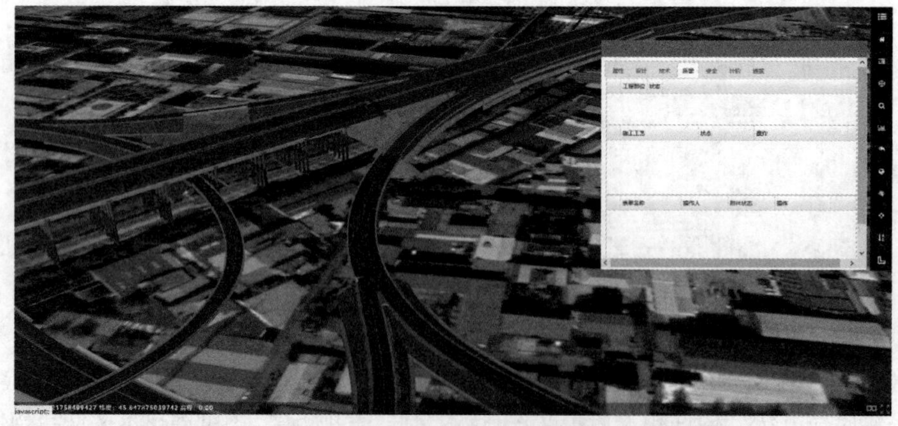

图 16 BIM 模型查看质量文件资料

⑦安全管理。根据项目公司安全生产管理条例,建立安全巡检制度,结合项目建设综合管理平台进行管理,对定期检查的安全生产相关的人员、检查记录、巡检图片等相关信息进行统一维护。

主要功能:手机 App 现场安全隐患排查/问题超期预警(手机端实现现场数据收集、汇报、整改);手机 App 安全日志自动生成与上报;安全问题库(Web 平台维护 + App 推送);安全专项方案及技术交底;安全问题统计报表/分析图表(现场问题汇总、整改记录、审批、存档);按隐患类型统计、隐患趋势分析。

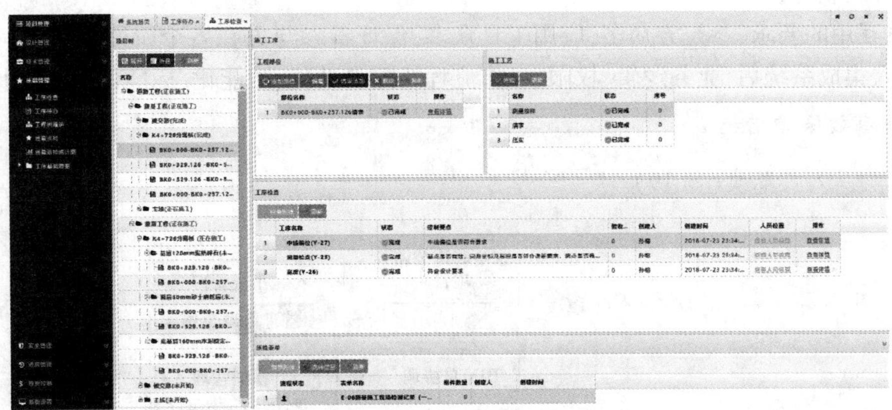

图17 构件工序级质量验收

⑧投资管理。系统支持导入 Excel 合同清单,BIM 模型构件与清单快速批量挂接,录入工程数量台账,与质量管理和进度管理结合,主要对投资活动中计划的产值和实际产值的数据进行管理,质量合格的构件自动推送,统计工程项目产值,并生成产值分析报表。

⑨智慧工地。智慧工地监控系统主要由前端系统、传输网络和监控中心组成,其中工地前端系统主要负责现场数据采集、数据存储、报警接收和发送、其他传感器数据采集和网络传输;传输网络主要在工地和监控中心之间通过专线和互联网实现数据上传;监控中心是执行日常监控、系统管理、应急指挥的"大脑"。

(3)移动端(M/S)

施工现场满足实际录入或查看数据的必要业务模块,与 Web 端配套使用,包含新闻、工艺报验、质量巡检、技术文件、设计文件查看、构件二维码扫描(图18)。

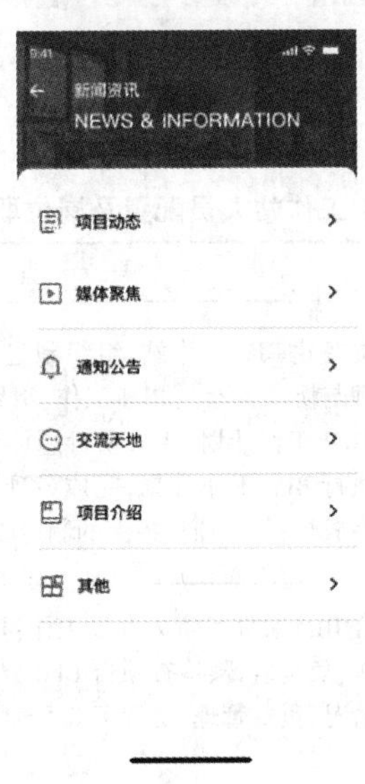

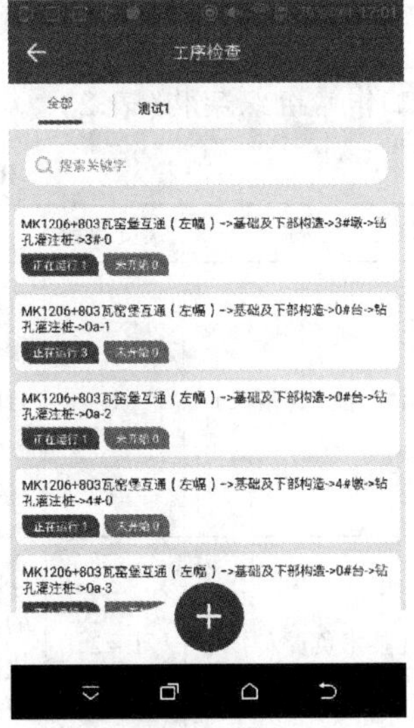

图18 移动端功能

4. 先进性

BIM 解决方案的先进性包括以下几方面:

满足专业建模要求,BIM 设计软件满足各参与方的专业要求,而且满足各个项目阶段的建模要求;建模平台和集成系统桌面端基础平台处于国际领先水平。

满足协同管理要求,保证各专业之间协同工作,保证信息模型在不同的项目阶段和不同参与方之间共享和传递,实现信息的唯一性、一致性、准确性、安全性;Web 端采用国际先进的 WebGL 技术、GIS 底层技术、集成开发软件技术。

满足信息互用的要求,参与方众多,应用工具众多,保证各参与方在各个阶段建立的信息模型能相互兼容,且导入集成系统后,业务逻辑、权限、工作流程匹配自动化、智能化、标准化,处于国内领先水平。

(五)建立有效保障措施

1. 组织架构及人员职责(图 19)

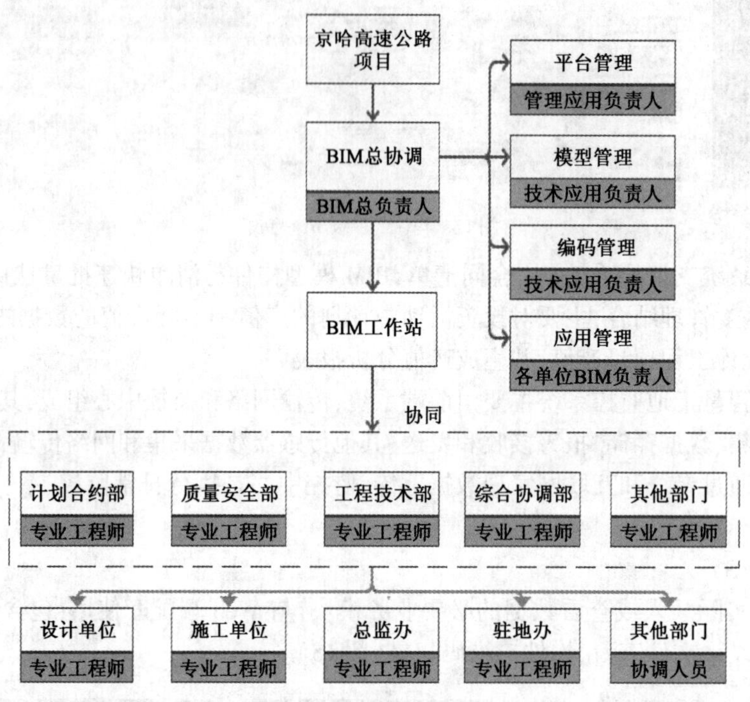

图 19　组织架构及人员职责

2. BIM 工作站组织架构(表 2)

BIM 工作站人员配置及岗位职责　　表 2

序号	岗位名称	人员数量	职　责	备　注
1	BIM 总体负责人(站长)	1	负责搭建 BIM 工作站,组织制定项目 BIM 实施方案;负责管理与协调各专业 BIM 工作,组织项目部各部门制订各自的 BIM 工作计划,并与项目总体 BIM 工作计划相协调;牵头执行 BIM 工作计划,完成各项目标,提交阶段性成果及最终成果;负责项目指南的制定	项目公司指派
2	BIM 技术负责人	1~2	配合 BIM 总体负责人开展工作;指导 BIM 技术应用层面的工作,负责监督、检查项目 BIM 建模进度、技术层面应用执行情况;负责管理、协调资源调配;负责培训组织;负责组织标准制定	项目公司参与 BIM 咨询单位
3	BIM 管理应用负责人	1~2	配合 BIM 总体负责人开展工作;负责与产品经理及开发人员就管理系统需求及实现进行整体把控;协调需求调研工作;负责组织管理系统手册的编制	项目公司指派 BIM 咨询单位
4	BIM 开发负责人	1	负责 BIM 综合管理系统功能开发、调试、部署	BIM 咨询单位
5	专业 BIM 工程师	3~8	负责土建专业的 BIM 管理;负责土建专业各相关工作协调、配合;负责 BIM 工作站的土建模型维护、属性挂接等工作;配合技术负责人确定项目进度和相关技术要求	BIM 咨询单位,各施工单位

续上表

序号	岗位名称	人员数量	职　　责	备　注
6	其他相关业务人员	若干	根据BIM技术应用及管理应用范畴所涉及的各业务人员,全程参与到项目BIM实施	业务相关人员
7	BIM培训讲师	2~3	为项目部及业主、监理提供BIM应用技术支持和相关培训	BIM咨询单位

3.质量保证措施

①组建专门的BIM技术团队,由集团领导任BIM团队负责人。

②根据分级管理的需要,在项目经理建立起主导作用的BIM技术中心,工区建立技术分中心,由工区总工担任BIM技术分中心的负责人。

③组织标准化作业,重点规范各工区的BIM管理机构设置和管理制度的建立。

④定期组织专题会议,系统参与人员全部参加,汇报工作进展情况以及遇到的困难,及时了解设计和工程进展情况。

4.进度保证措施

①聘请有相关工程经验的专业BIM咨询公司,对改扩建工程项目重点难点进行梳理,提出符合改扩建工程项目的BIM应用目标。

②根据改扩建工程项目的目标,制定科学合理的BIM应用技术路线,并认真组织实施。

③成立由集团下属各公司BIM专家组成的项目BIM专家咨询组,对改扩建工程项目BIM应用进行指导。

④聘请外部BIM技术专家到项目进行技术讲座,同时派出团队人员参加全国BIM应用技术研讨会。

⑤项目经理部定期组织项目BIM技术中心与分技术中心有关人员进行BIM技术学习。

5.经济保障体系

①制订合理的资金使用计划,专款专用,为BIM运用提供资金保障。

②规范硬件设备购置、管理、应用、维护、维修及报废等方面的工作;而软件方面则包括系统的采购、权限分配、运行信息系统安全等方面。

③根据BIM规划具体应用需求进行软硬件选型搭配,避免造成资金的浪费。

④开展BIM技能竞赛考核工作,按时组织季度、年度计划和重要里程碑目标考核,重奖重罚,充分调动各工区BIM应用的积极性。

三、实施效果

科创投资集团基于全局协调,对4D数字化智慧建造一体化管控技术进行了全面的构建与实施。本成果实施过程中,建立了一整套完善的4D数字化智慧建造体系,通过对公路项目信息化管理进行深入研究、推广BIM应用,将整个4D数字化智慧建造体系建设成一个符合循环经济模式的产业链。目前,整套体系的实施效果明显,具有显著的经济效益和社会效益。

(一)经济效益

通过BIM技术实现4D数字化智慧建造管理,项目在经济效益上得到了大幅改善与提升。在传统项目管理模式中,预算数据分析需要花费很长时间,而且周期性与维度方面难以满足现在项目需求。运用BIM技术建立数据库关联项目相关数据,实现各管理部门对各项目基础数据的协同和共享,大大加强总部对各项目的掌控能力,为ERP提供准确基础数据,提升ERP系统价值。

除此之外,通过BIM数据库,可以建立与项目成本相关的数据节点,如时间、空间、工序、工法、物料应用状况等,使得数据信息可以细化到建筑构件级,使实际成本数据高效处理分析有了可操作性,大大提升了精细化管理能力,从而有效控制成本,控制物料的输入与输出,限额领料与用料,节省成本,提高经济效益。

近几年,科创投资集团采用4D数字化智慧建造技术在京哈项目进行管理,共计节约投资约4000万元。

(二)社会效益

4D数字化智慧建造技术的建成,可为我国公路行业在绿色环保方面的总体规划提供技术支撑,使绿色环保的理念深入人心。在采用4D数字化智慧建造技术进行施工过程中,可将原先的建筑垃圾变废为宝,减少废料占地,并节省大量的原材料资源,同时,还可降低施工中对原材料的消耗,可有效减少污染物的排放。据计算,近几年科创投资集团采用4D数字化智慧建造技术,共计节约混凝土约3000吨、节约钢筋约2000吨、减少二氧化碳排放约3000吨、减少有害气体排放约82万吨、节省原材料约100万吨。

(三)成果评价

综上所述,4D数字化智慧建造技术以其先进的理念、完善的系统,可实现新技术、新材料、新工艺、新设备的更高层次发展,并将科技成果有效转化,推动绿色环保工程的进一步发展,为公路交通运输行业带来巨大的经济效益和社会效益。因此,4D数字化智慧建造技术在今后的公路项目管理事业中将具有不可比拟的潜力,加强4D数字化智慧建造也势在必行。未来,科创投资集团将以市场需求为导向,以循环经济利用为基础,继续优化管理模式,将4D数字化智慧建造技术打造成国内一流的新型管理模式,为行业的可持续发展作出应有的贡献!

全员营销、转型升级、技术创新,铸造维修行业新标杆

贵州省贵阳汽车客运有限公司

成果主要创造人:马凤萍　王天学

成果参与创造人:刘　媛　付　逸　杨家荣

贵州省贵阳汽车客运有限公司汽车维修分公司(简称“贵客维修”)是贵州省汽车一类维修企业,是目前贵州省大型的维修企业。其前身是贵阳客车站保修厂,为贵州省贵阳汽车客运有限公司全资分公司,企业注册号为91520103573221557D。

贵客维修拥有大型维修厂2个、小型汽车维修连锁企业1家,拥有场地面积2万余平方米,从业人员200余人,中、高级技能的专业技术人员占整体维修从业人员90%以上,年维修车辆达30000余辆次,业务收入达1800余万元。

作为贵州省道路客运车辆维修的标杆企业,下辖的三桥修理厂和金阳修理厂专门从事客车、货车、出租车等车辆的维修工作。

三桥修理厂位于贵阳市云岩区白云大道120号,主要面向国家、社会的企事业单位、旅游客运企业客户,对各种车辆的安全性能检测、一级和二级维护、总成大修、肇事修理、零修作业、配合机加工、外出施救项目提供维修服务。

金阳修理厂位于金阳车站内,紧靠黔运贵龙检测站,主要为各大道路运输企业的营运车辆提供一级和二级维护、总成大修、零修作业等维修服务。

2019年与江苏苏汽集团有限公司合作成立的贵州黔运龙捷汽车服务有限公司位于贵阳市云岩区延安西路老客车站内,拥有场地2800余平方米,是为小型车集维修、洗美、保险代理一站式服务的连锁企业。

贵客维修秉承“安全第一、质量第一、客户至上”的原则,通过精耕细作,不断培育工匠精神,2011年至2020年,连续获得省市质量信誉考核AAA,2013年至2020年中连续4届获得交通运输部和全国总工会颁发的“全国AAA级维修诚信企业”称号,在同行业中赢得了极高的声誉。

一、实施背景

1.客运市场萎缩

贵客维修原来以从事公司内部车辆维修为主,随着高铁、网约车等运输方式和旅客出行方式变化,公司业务车辆从2015年以前的月均1000辆以上缩减到2020年的月均不足300辆,下滑严重,已不能满足为营运客车提供技术保证的贵客维修业务发展的需要。

2.维修行业的进入条件降低

当前,由于国家放开维修从业人员的资质门槛,从业人员不再强制需要上岗资质,国家鼓励从业人员取证但不再强制,造成了维修行业队伍的水平参差不齐,无序竞争严重。同时,行业管理部门对维修企业开业条件由行政许可改为备案制,在放、管、服指导思想尚不能完全执行到位的情况下,给一些不具备一类资质、不能从事客车二级维护的企业开展客车二级维护提供了可能。

3. 贵州作为旅游资源大省,客运旅游市场增长

随着多彩贵州品牌在全国的推广,贵州旅游客运市场逐渐兴盛,旅游客运车辆大幅增加。但是,各旅游企业对车辆技术保障的认知不同、重视程度不同,交通运输部 2016 年 1 号令实施以来,对车辆的技术维护由行业管理部门硬性规定调整为企业制订计划自行组织实施,有的企业在理解上出现偏差,认为可以不做二级维护。企业主体责任落实不到位,没有完善的管理制度,随意性比较大,但总体来说,随着对 1 号令的深入解读,旅游企业的车辆定期维护会逐步规范。

4. 维修企业之间的低价竞争导致市场无序

截至 2018 年底,贵州省有一类汽车维修企业 346 家、二类汽车维修企业 1172 家、三类汽车维修企业 7800 余家,机动车检验检测机构 256 家,机动车维修从业人员超过 7 万人,基本形成了以一类汽车维修企业为骨干,二类汽车维修企业为基础,三类汽车维修企业为补充的多元化、多层次的汽车维修市场。但是在执行贵州省 2002 工时定额和贵阳市维修行业管理处 2018 年 13 号文件上是不到位的,2002 定额规定 19 座以上车辆的工时定额是 912 元,贵阳市维修行业管理处规定不低于 650 元,但在实际执行过程中,部分维修企业为吸引客户,采用低价竞争策略,以低于国家及行业主管部门规定的工时定额价格开展维修业。按《汽车维护、检测、诊断技术规范》(GB/T 18344—2016)规定的车辆二级维护 30 个项目全部检查维护到位,按其收取维修费完全不足以支付作业人员工时费用,只能减少作业项目,或者是对项目进行拆分,单项收费。这就对车辆技术状况恢复良好造成不可逆转的影响,对车辆的安全运行埋下隐患,对维修市场健康发展而言,长此以往就形成了恶性竞争。

二、主要做法

(一)全员营销、强化细节,促进全员服务观念转变赢得客户

细节决定成败、服务赢得客户,贵客维修在服务管理上进行转变,从客户的切身感受抓起,让客户感受到愉悦的享受服务。客户来是为了解决车辆存在的问题,贵客维修从为客户解决好问题出发,通过全员营销,提升服务水平,开展以下几个方面工作。

1. 改变客户的第一印象——环境

维修环境是客户对维修厂的第一客观感知,一个遍地是油污、杂乱无序的现场,下脚到处是油,客户的感受是不好的。贵客维修从 2017 年开始着力开展以 5S 服务标准为抓手,着手以现场的整理、整顿、清扫、清洁为着力点。投入 20 余万元对维修车间场地进行改造,使用新的地面处理工艺,让地面卫生便于保洁,改造后的新场地通过使用验收和保洁效果来达到要求。另一方面就是实行“看板”制度,公布各小组的责任区域,挂牌考核,使场地能够得到有效的保洁,初期技工的惰性比较明显,管与不管是两个情况,通过专人每日进行巡查,反复查、查反复,以半年的考核纠正,技工不好的习惯逐步转变,良好的作业习惯慢慢养成,白色垃圾的乱堆乱甩杜绝,通过责任区的划定,通过技工自身的保洁,形成了爱惜自己的劳动成果的良性循环。

责任制原则:每人都有责任,车间监督考核,主体责任与监督落实并重,场地整理与清洁实施动态化管理。

有效性原则:以客户视觉为有效性,5S 管理以改变客户感官为评价标准。

定标准原则:现场的有效管理以统一指标、统一看板、统一整洁度为标准。

2. 整合业务人员的工作重点

业务人员在服务上的不规范导致有时候客户来了不知道找谁,车间主任代替了业务员的角色,加之业务人员在问题解答知识面的欠缺,造成了问题无法回答客户。贵客维修业务人员实行业务分工,分别侧重在业务数据的处理、单据结算和统计与客户重点接待和跟踪上,同一岗位不同工作重心,现场与业务柜台相融合。并将业务流程细分上墙,便于客户了解和对接,业务接待、派工、班组、检测、客户投诉处理、优惠权限等业务明确到人,留下通信方式,使客户知道找谁。

一个核心:明确岗位职责。

四个关键节点：接待、价格预估、结算、回访。

3. 实行首问责任

不论是何岗位，客户所问不能讲不知道，提出“客户找到我，事事有着落”服务口号，从厂长到维修技工，任何人没有拒绝客户提问的权利，不能回答“不知道”。

一个原则：首问必答。

4. 服务质量纳入班组考核，实行班组长负责制

凡是在客户享受服务过程中发生的不愉快事情，都应实行倒追制度，看哪一个环节出现的问题，通过客户反应对相关人员进行考核。在跟踪服务中，利用维修数据系统跟踪服务板块，对客户不满意的环节人员给予考核。在服务过程中以班组长为主，沟通中发生的问题，班组长解决不了的通过车间主任处理，如果是班组让客户不满意的除考核责任人外对组长同样进行考核，使班组长作为服务责任的主要人员作用充分发挥。

班长负责制：班组长为核心开展维修服务。

以考核为杠杆：通过服务质量考核，促使服务过程、维修质量全程做到最优。

5. 鼓励员工加强与客户沟通，更好地为客户提供服务

贵客维修建立了客户包保制度，每名维修技工必须根据业务量包保客户，实行责任考核，凡是包保客户不满意的通过实行绩效考核、年终考核等经济杠杆对责任人进行处罚，同时对拓展包保的人员给予奖励，促使维修技工主动维护客户，通过建立客户微信群、QQ 群、系统回访等方式与客户强化沟通。通过为客户解答疑难问题，帮助客户解决一些力所能及的事项，提醒客户车辆保养时间等，使客户信任。同时给予员工业务车辆优先维修服务权利，个人维护的客户由其自己开展工作，使其业务有增长，激励员工主动维护客户而不是被动等待客户上门。同时，每年以前一年的完成指标为基础，制订每个岗位的经济指标，按月考核，按年结算，奖惩兑现，以激励员工积极服务，提升质量。

一个中心：以客户为中心。

多种方式：以为客户提供更好服务为出发点，采取多种方式、渠道为客户提供服务。

6. 为客户建立畅通的投诉抱怨机制

通过上墙公示投诉处理机制，让客户不满意意愿在贵客维修得以表达而不是投诉无门，导致不再来维修。对客户的投诉处理及时反馈，让客户满意，强化与客户的良好沟通，使问题解决、误会解除，客户的不满情绪得到倾诉，让客户觉得自己是得到重视的、是第一位的，客户留得住。

建立渠道：通过分层级、分部门、分投诉问题，为客户解答问题，回复客户关注重点。

专人负责原则：每一个投诉明确专人负责，做到细致、耐心、畅通。

7. 抓细节、强培训

贵客维修着力提升维修技工的客户沟通能力和解释水平。维修技工的水平参差不齐，有的服务思想僵化、态度僵硬，认为接待是业务人员的事，自己的本职工作是修车。贵客维修针对技工的不同素质、特点、弱点，进行有针对性的不间断培训，不断向技工灌输服务思想，修理只是服务的一小部分、一个环节，让客户相信“自己”、依赖“自己”是工作开展的最高目标。为客户提供优质服务、让客户享受最好的维修服务，顺便才是收取客户认为值得的报酬的思想，贵客维修通过漫长的过程，把每一个细节抓起，从哪怕是一颗螺丝钉的使用是否得到客户的认可开始，大到客户维修费用计算等沟通，获得客户的认可。

有用原则：建立每一颗螺丝钉都是有用的原则。

为客户着想原则：客户的需求都是必要的，“我”能为客户提供什么？

（二）转型升展，开拓新的业务板块

随着客运市场萎缩，道路客运车辆维修业务下滑，对此，贵客维修紧抓贵州旅游市场蓬勃新机遇拓展外修业务。

1. 拓展客车维修市场,由闭环发展向外辐射

随着多彩贵州品牌在全国的推广,贵州旅游客运市场逐渐兴盛,旅游客运车辆大幅增加。贵客维修充分利用作为贵州大中型客车维修龙头企业的标杆效应,通过拜访、宣传、座谈等形式赢得客户认可,积极引进旅游车辆的维修业务,以三桥修理厂为平台,大力开展以外修车为主的经营板块,以开展合同维修为主体,以提升服务质量、保证维修质量为主线,开展维修转型升级,使维修由技术服务为主向全方位的服务转变,有效提升在维修行业竞争力。

通过集团公司在市场上的知名度、信誉度、美誉度,积极通过公开招标、竞争性谈判等方式,努力引进政府、事业单位、大型国企等企事业单位的交通车、公务车维修保养业务。

2. 拓展新兴业务,进军汽车后市场服务

为开展汽车后市场服务,2018 年公司投入 200 万余元成立了控股子公司贵州黔运贵龙检测站,位于金阳客车站内,为客运、旅游、大型货车、小型客车提供综合性检测服务,是贵阳市的大型综合检测站,拥有大车检测线 1 条、小车检测线 2 条,员工 30 人,日检测车辆 100 ~ 180 辆次。

3. 充分利用国家政策,先行布局业务板块

随着国家对环境保护的进一步推进,贵客维修先行布局,在 2012 年开展了绿色维修项目申报,获得了政府的专项资金扶持。2020 年在贵州省及贵阳市行业管理部门的支持下,按照国家推进汽车尾气治理的 I/M 制度建设要求,投入资金 20 余万元开展了汽车尾气治理治理站(M 站)的建设,7 月 31 日全面建成,与 I 站(检测站)形成闭环后将成为一块重要的业务增长板块。

(三)开展技术创新,校企合作树立行业标杆品牌

维修市场的竞争主要是技术人才的竞争,贵客维修针对目前维修人才队伍水平普遍底下、业务素质参差不齐的现状,与贵州交通职业技术学院开展校企合作。近几年通过引进大中专毕业生充实维修队伍,开展维修技术人员再教育培训,通过订单式培养和技师培养等计划,有效提升了维修人才队伍整体素质。合作开展《客车二级维修视频教学》项目,在全省一类维修企业进行推广,进一步规范维修企业客车二级维护作业,有效保证车辆营运安全。

从 2010 年起实施技术创新活动,其中开展的《解决安全气囊车辆维修过程中倾斜产生的安全隐患》《解决后置式发动机车辆维护过程中产生的安全隐患》《机动车开展绿色维修探索》等技术课题攻关,获贵州省优秀 QC 荣誉。

投入 20 余万元建立维修数据管理系统,建立起车辆维修数据库,通过数据分析,有效为客户尽可能节约车辆运行成本。为车辆维修做到快速诊断、快速检测、快速维修,故障分析提供服务,使维修由粗放型向精准化、集约化转变。

三、实施效果

项目实施以来,贵客维修以全员营销、转型升级、校企合作为切入点,将公司企业文化、奖惩机制、绩效考核全面融入,形成一套高效运行、成本与效益相适应的管理制度。

(一)经济效益

1. 维修客户由单一向多元化转变

通过不懈的努力和沉淀,维修客户由公司内部车辆维修这一单一客户向外部多元化转变,维修外修业务得到长足发展,客户、维修车辆、营业收入增长都突破了传统界限,从量变到质变,2015 年至 2019 年年均增长 20%。截至 2020 年,固定外部大客户 80 余家,业务车辆 3000 余辆,外修业务占总业务量达到 70%。对外业务增长发展如图 1 所示。

转型升级以来,维修业务平稳递增,现将 2018—2019 年业务从营业收入、维修量进行对比,如图 2、表 1 所示。

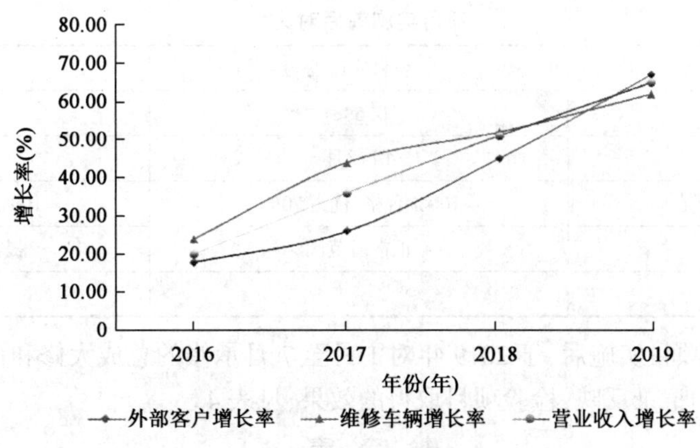

图 1　对外业务增长发展示意图

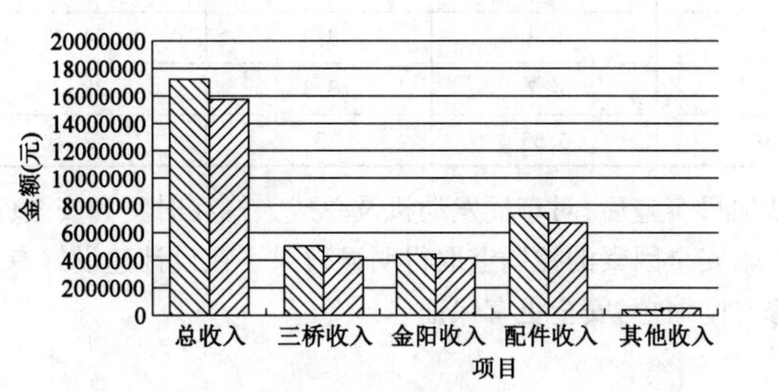

图 2　营业收入对比图

维 修 量 对 比 表 1

年度	项　目							
	总次数	一级维护	二级维护(内)	二级维护(外)	二维(出租汽车)	零修(内)	零修(外)	肇事修理
2019 年	27764	7679	1225	5169	2387	4695	6335	274
2018 年	25705	8433	1459	4773	1514	2245	7094	187

2. 客户认可度提升(表 2)

顾客满意率对比 表 2

年度(年)	顾客投诉率满意度(%)	服务非常满意(%)	服务一般满意(%)	服务不满意(%)	回访率(%)
2017	75	62	32	6	67
2018	94	88	8	3	93
2019	99	95	4.8	0.2	100

3. 实施绿色维修等技术项目创新后经济效益提高

通过对技术的改进，提高对车辆的诊断、维修质量，缩短工期。开展技术改造后，相对过去维修返工率下降了，工作效益提高了，经济收入增长了，见表 3。

项目实施前后对比　　表3

项　　目	项目实施前	项目实施后
维修返工率	0.6%	0.32%
零小修频率	4次/月	2次/月
钣金喷漆质量合格情况	100%合格;优占70%	100%合格;优占95%
易损配件使用寿命	正常值范围	提高5%使用时限
经济收益增长率		15%

在技术取得方面,在项目实施后,于2019年对1月至7月承修的总成大修和作业过程进行抽检,根据现场技术员和作业单的记录反映,检验项目取得的效果,见表4。

抽　查　表　　表4

序号	车　　型	抽查数量(辆)	项目实施前维修平均用时	项目实施后维修平均用时	项目实施前故障判断拆卸率(%)	项目实施后故障判断拆卸率(%)
1	发动机维修	23	6.3	3.5	34	30
2	变速器	18	4.2	3.3	88	75
3	差速器	10	3.35	3	72	64

综上可以看出,在技术创新项目实施后,对车辆发动机及总成大修在时间和安全保障上取得了明显的效果,尤其是在对维修过程中不安全因素的控制上取得明显效果。在设计建设好专用场地后,对后置式发动机、变速器等部位的维修时间缩短,安全更有保证。

(二)社会效益

客运安全形势根本好转和稳定,由于创新主要开展的是客运车辆的一、二级维护和相应的维修业务。对客运市场中运行的车辆的技术有极大的保障,通过不断地提升维修技术力量和技术创新,在降低能耗和节约成本的同时最大限度地保证车辆的运行安全。

通过对废料、废油进行专门处理,建立处理台账,确保了环境不受污染,废料处理率达100%。

大连港大窑湾港区北岸作业区陆域方案优化研究管理与创新

大连港北岸投资开发有限公司

成果主要创造人:赵喜来 戴维斯

成果参与创造人:徐洪海 孙云鹏 谷玉春 王荣鹏

大连港北岸投资开发有限公司位于大连市东北40公里的大窑湾北岸,成立于2013年6月,是辽港集团成员企业,大连港集团有限公司的全资子公司,注册资本为15亿元,是具有综合开发、融资投资、资产运营等功能的区域运营开发商。公司下设综合管理部、计划财务部、开发经营部、工程管理部、规划设计部、企业发展部、招商部、党群工作部八个部门和大连港北岸集装箱码头有限公司、大连港北岸汽车码头两个子公司。

一、研究背景

大连港是国家综合运输体系的重要枢纽和沿海主要港口之一,是大连市、辽宁省全面建成小康社会、率先基本实现现代化的重要依托,是优化区域生产力布局、调整产业结构、振兴东北老工业基地的重要支撑,是大连市、辽宁省和东北地区全面参与经济全球化、进一步提升国际竞争力的重要战略资源,是建设大连东北亚国际航运中心的核心载体。2018年,大连港完成货物吞吐量4.68亿吨,居辽宁沿海港口第一位。大窑湾港区是大连港的核心港区之一,是辽宁沿海集装箱运输枢纽港区,是我国沿海集装箱干线港区。截至2018年底,已建成深水泊位20个,年综合通过能力4640万吨,集装箱通过能力420万TEU,承担辽宁省98%以上的外贸集装箱运输。

2008年交通运输部和辽宁省人民政府联合批复的《大连港总体规划》明确了大连港的功能定位和总体发展格局,确立了大窑湾港区基本规划方案。2013年批复的《大连港大窑湾港区总体规划方案局部优化调整申请报告》重点优化了北岸作业区的平面布置,解决了港口发展面临的实际问题,是目前北岸作业区发展建设所依据的主要规划。

规划实施以来,港口面临的外部宏观环境和自身发展需求发生深刻变化。“一带一路”倡议深入实施,供给侧结构性改革持续推进,东北地区进入全面振兴阶段,辽宁自贸区大连片区批复设立,都对大连港提出了更高要求,推动港口从规模扩张向质量提升转变。同时,港口发展和建设呈现新形势,自动化码头技术不断推广应用,港城继续深度融合,集装箱港区的陆域布置形态和特征出现变化。作为大连东北亚国际航运中心的核心载体,大窑湾港区要主动适应新形势和新要求,优化陆域布置方案,满足港口运输和城市发展要求。

为准确把握大连港集装箱发展规律和趋势,预判集装箱运输需求,优化北岸作业区陆域方案,更好指导港口开发建设,我公司开展了大连港大窑湾港区北岸作业区陆域方案优化研究。

二、研究原则和思路

(一)研究原则

1. 注重港城协调

统筹考虑港口生产和城市发展需求,考虑港城缓冲,合理过渡港城功能,预判资源消耗速度。

2. 保障运输需求

系统研究装卸作业区和物流园区规模,保障港口功能用地需求,为港口发展预留充足空间,保护港口岸线。

3. 适应发展趋势

对标国内外集装箱港区陆域布置发展趋势,合理设置港区及物流园区规模,打造现代化集装箱港区。

(二)研究思路

以当前大窑湾港区的规划方案为基础,分析现状港区的生产运营和土地利用情况,预判北岸作业区运输需求和陆域空间需求,结合国内外主要集装箱港区陆域布置特征的发展趋势,基于规范要求和保障发展的原则,提出北岸作业区陆域空间布置方案。

三、发展现状

(一)大窑湾港区发展现状

1. 功能定位

根据2008年批复的《大连港总体规划》,大连港将形成以大孤山半岛及周边大窑湾、鲇鱼湾、大连湾组成的"一岛三湾"内各港区和长兴岛港区为重点,其他港区(站)为补充的总体发展格局,其中大窑湾港区以集装箱运输为核心,相应发展商品汽车、粮食等运输,通过区港联动、拓展功能,成为国际集装箱干线港、商品汽车转运中心、东北地区的区域物流中心,大型现代化的综合性国际深水港区。

规划大窑湾北岸码头岸线西端点在原方案基础上南移约340米,东端点不变,形成直线型大顺岸布置。其中西段岸线长约925米,可建设3个5万~7万GT的汽车滚装码头,陆域面积115万平方米,规划与湾底汽车码头作业区共同承担商品汽车运输;东段岸线长约5215米,可建设12个15万吨级以上超大型集装箱泊位,陆域面积460万平方米;后方为配套的综合物流园区,港口生产辅助功能等在综合物流园区内统筹考虑。

2. 港区发展现状

截至2018年底,大连港拥有生产性泊位223个,其中万吨级以上泊位104个,年综合通过能力3.06亿吨。完成吞吐量4.68亿吨,其中,汽车滚装、集装箱、石油制品、化工原料、金属矿石、煤炭、钢铁和粮食是八大主要货类,占大连港总吞吐量的90%以上。其中,外贸吞吐量1.6亿吨,占总吞吐量的34.2%。

大窑湾港区是大连港集装箱、商品汽车运输核心港区,同时兼顾部分散粮运输,截至2018年底,共有生产性泊位20个,年综合通过能力4640万吨,其中集装箱专业化泊位14个、年通过能力420万TEU,散粮及件杂泊位3个、年通过能力500万吨,商品汽车滚装泊位3个、年通过能力78万辆。2012年大窑湾港区完成吞吐量8498万吨,占全港总量的22.7%。其中,集装箱、商品汽车及粮食吞吐量分别为806万TEU、22.6万辆和725万吨,分别占大连港的99.2%、100%和47.1%。

3. 土地利用情况

截至2020年,大窑湾南岸码头岸线基本形成,除三期集装箱还有17~19号泊位未完成建设外,其余岸线已全部开发完毕。南岸陆域主要分布有集装箱码头及堆场、保税港区、物流场站和相关企业。湾底是商品汽车码头及部分汽车产业区。北岸已形成部分陆地，但尚需大量围填海，已形成陆地部分布置有汽车产业园，西侧在建5万吨级商品汽车泊位和20万吨级集装箱泊位各1各。

(二)大连港集装箱运输需求分析

1.大连港集装箱吞吐量现状

2018年大连港共完成集装箱吞吐量976.7万TEU，其中，外贸540.1万TEU，内贸436.7万TEU。从2000年的101.0万TEU增加到2013年的1001.5万TEU，年均增速为19%，受市场需求放缓和区域竞争等因素叠加影响。2015年仅完成944.9万TEU，较上一年下降7%，此后略有回升，2018年达到976.7万TEU。其中，大窑湾港区完成集装箱吞吐量963.3万TEU，占全港的98.6%。总体呈现先增长后回调的发展态势，详见图1。

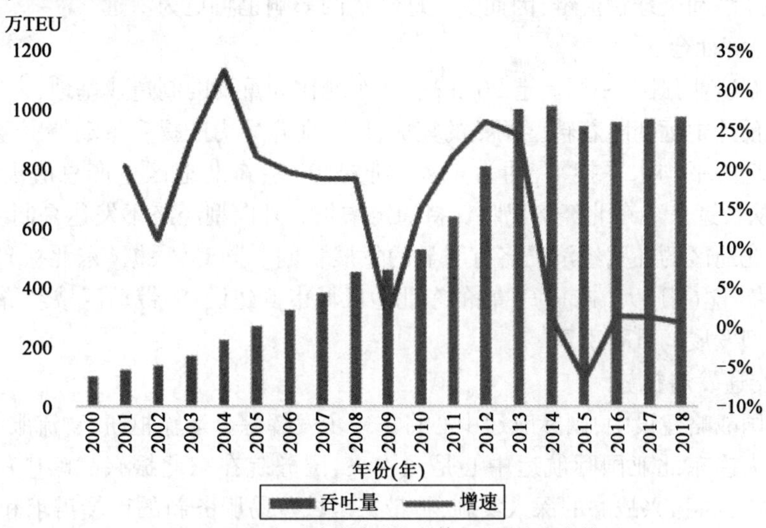

图1 2000年以来大连港集装箱吞吐量发展态势

同时，伴随内贸集装箱业务的快速增长，外贸占比总体呈下降态势，2018年为510.4万TEU，较2004年高峰期占比下降约35个百分点，但总体仍居于主导地位，详见图2。

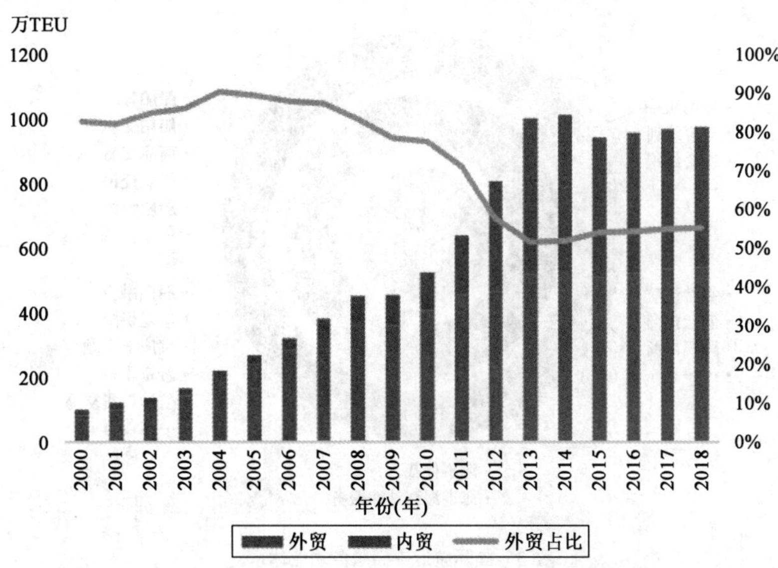

图2 2000年以来大连港内外贸集装箱吞吐量结构

随着东北粮食、钢材、饲料、牛奶等南下货物的装箱运输，以及北上的陶瓷、家具等装箱货的稳步增长，带动了大连港内贸箱的持续快速增长，2018年达到436.7万TEU，占集装箱吞吐量的44.7%，成为推动大连港集装箱吞吐量增长的重要因素。

2. 未来发展面临的外部形势

(1)国内外形势

国外,世界正处于大发展大变革大调整时期,新一轮科技革命和产业变革蓄势待发,在全球贸易保护主义抬头趋势下,将造成全球经济、贸易增速的明显放缓,在相当长时间内均将保持低速增长态势。

国内,我国正处于经济增速转换、发展动力转换的关键阶段,未来将形成节约资源和保护环境的空间格局、产业结构、生产方式和生活方式。同时,新时期国家提出新型城镇化战略,要求统筹考虑人口、产业、资源环境承载力等因素,打造若干集聚效率高、辐射作用大、城镇体系优、功能互补性强的城市群,使之成为支撑全国经济增长、促进区域协调发展、参与国际竞争合作的新战略平台。此外,新型工业化加快转型、消费拉动快速增长的经济增长模式将逐步形成。随着"一带一路"倡议的推进,我国将更加深层次地融入全球经济和全球物流链,因而受全球经济的影响也将更为深远。

(2)东北腹地经济社会

当前我国提出制造业强国、中国制造2025战略,东北作为重要的制造业基地,未来工业仍面临较长的转型发展之路。预计中远期随着转型调整的完成,以产业竞争力的提升带动外贸经济的快速发展,东北地区经济增速与全国平均水平持平,约为4%。到2040年,东北地区生产总值规模达到17.4万亿元,占全国的8%,从长远来看东北经济仍将保持稳定增长。外向型经济不发达是制约东北经济发展的瓶颈之一,未来,东北地区的外贸经济仍将有明显的发展空间。同时,根据《东北振兴"十三五"规划》,通过哈(尔滨)长(春)沈(阳)大(连)为主轴的东北地区城市群建设,将带动区域经济的协调发展,将成为引领东北经济转型发展的重要引擎。

(3)腹地综合交通发展趋势

在未来交通强国战略建设中,国际航运中心将进一步发挥综合运输枢纽、物流服务网络和综合服务平台的作用。建设大连东北亚国际航运中心是党中央、国务院在东北振兴战略中的决策部署,未来,"一带一路"倡议、东北再振兴战略的深入实施,将带来区域贸易服务新的市场需求和服务新业态,辽宁自贸区建设、互联网等新技术的加快应用,将为港航创新服务功能带来发展机遇(图3)。大连国际航运中心将在提升东北老工业基地与全球经贸体系的互联互通水平,引领东北地区实现物流便利化、综合服务便利化、贸易投资便利化等方面发挥更为重要的作用。

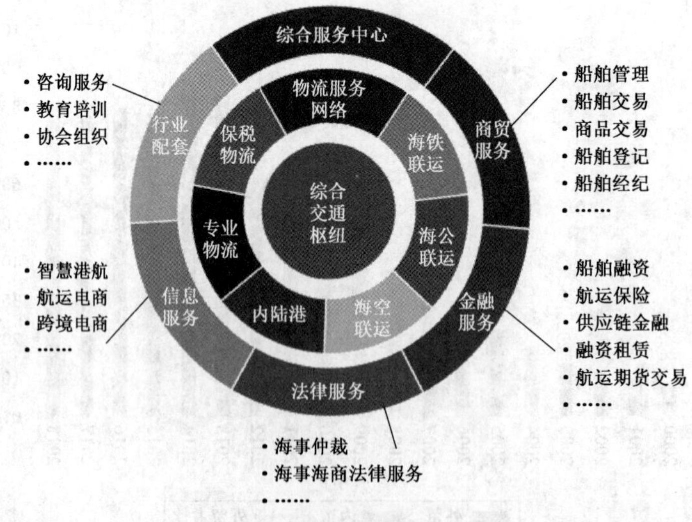

图3 国际航运中心服务功能体系

(三)大连港集装箱吞吐量预测

1. 集装箱吞吐量预测

根据对腹地外贸集装箱生成机制及各影响因素的变化趋势分析,通过采用多因素动态系数法,预测见表1。

大连港集装箱2025年、2035年吞吐量预测汇总表 表1

年　份	腹地外贸集装箱生成量(万TEU)	外贸集装箱吞吐量(万TEU)	内贸集装箱吞吐量(万TEU)	集装箱吞吐量(万TEU)
2025年	690	790	460	1250
2035年	1100	1200	550	1750

2. 分港区吞吐量预测

根据各个港区的功能定位、区位条件、合理的辐射腹地以及集装箱运输的规模优势等情况,各港区2025年、2035年集装箱吞吐量详见表2、表3。

2025年各港区集装箱吞吐量预测汇总表(单位:万TEU) 表2

2025年						
	合计	大窑湾	太平湾	大孤山	长兴岛	庄河
合计	1250	1120	100	10	10	10
国际航线	670	670	0	0	0	0
内支线	120	100	20	0	0	0
内贸航线	460	350	80	10	10	10

2035年各港区集装箱吞吐量预测汇总表(单位:万TEU) 表3

2035年						
	合计	大窑湾	太平湾	大孤山	长兴岛	庄河
合计	1750	1500	200	0	30	20
国际航线	1050	1050	0	0	0	0
内支线	150	100	50	0	0	0
内贸航线	550	350	150	0	30	0

长远来看,随着东北腹地经济的转型升级以及消费能力、消费需求的稳步增长,集装箱运输仍将保持稳步增长态势,大连港作为东北亚国际航运中心的核心,仍将在区域集装箱运输中保持主导地位,预计2050年大连港集装箱吞吐量将达到2300万~2400万TEU,其中大窑湾港区约2000万TEU左右。

四、主要做法

(一)国内外集装箱港区陆域布置模式分析

1. 国外集装箱港口分析

国外成熟的集装箱港口经过多年的发展,在港口布置形态、操作模式、管理体制、集疏运网络建设方面积累了丰富的经验,能够为未来集装箱港口的发展趋势提供有益借鉴。通过分析国外主要的集装箱枢纽港的陆域布置模式,总结提取前瞻性的理念,以在本研究中合理确定大窑湾港区北岸用地需求,见表4。

国外集装箱码头指标统计 表4

港口名称	2018年吞吐量(万TEU)	集装箱泊位(个)	陆域纵深(米)	单泊位码头陆域面积(万平方米)
洛杉矶港	945.9	17	400~1000	30~40
鹿特丹港	1451	19	180~520	25
安特卫普港	1110	36	400~700	10~30

续上表

港口名称	2018年吞吐量(万TEU)	集装箱泊位(个)	陆域纵深(米)	单泊位码头陆域面积(万平方米)
釜山港	2159	44	350~600	10~20
新加坡港	3660	53	400	20
迪拜港	1495	21	400~500	15~20

2. 国内集装箱港口分析(表5)

我国主要集装箱码头指标统计 表5

港口名称	集装箱泊位(个)	陆域纵深(米)	用地面积(万平方米)
深圳盐田一期、二期、三期及扩建工程	15	553	339
上海外高桥港区一期工程	3	533	47.97
上海洋山一期工程	5	700	112
大连港大窑湾一期工程	7	400	85
青岛前湾二期工程	3	910	71.40

3. 集装箱陆域布置总结

分析国内外主要的集装箱港区,陆域纵深和面积受到不同条件限制区别,但是基本都是按照"大顺岸、连片式"的平面布置形态。从布置要求上看,必须保证足够的陆域纵深和堆场面积,实现集装箱泊位能力的充分发挥,对于部分空间资源紧张的地区,都采用了多种方式提高作业效率去弥补空间上的紧张,包括健全集疏运体系、增多堆场作业设备、提升科技水平等。新建港区在规划阶段会充分考虑港区后方配套用地,预留足够的空间资源,注重集疏运体系规划。

(二)港界划定思路

大窑湾港区北岸作业区集装箱作业区是公共服务运输码头,港界范围内除了具备码头生产空间外,尚需具有对港口集疏、仓储。配送等有重大影响的设施用地空间,所以港界划定考虑码头生产区和综合物流园区的功能包括在内。

(三)港口用地功能划分

结合大连港大窑湾港区的性质与功能定位,考虑规划阶段的陆域方案要求,依据功能相近合并、差异区分的原则,本研究将陆域布置按照码头生产区和综合物流园区两大功能进行考虑,并细化综合物流园区功能,各区功能见图4。

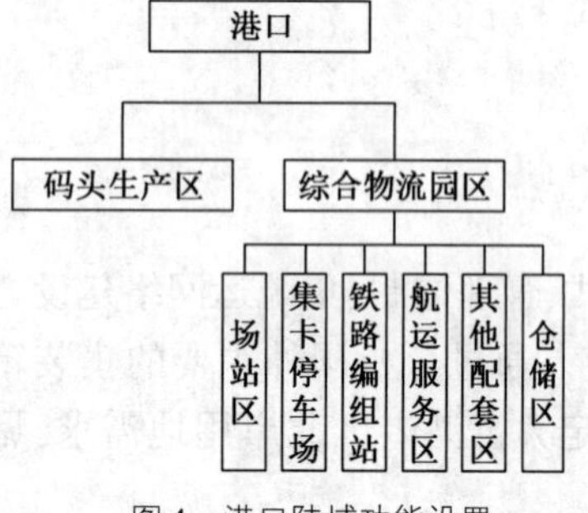

图4 港口陆域功能设置

(四)相关规范要求

集装箱港区陆域纵深受多种因素影响,除港区周围水陆域客观环境条件的限制因素外,还受设计吞吐量、堆场装卸工艺方案、船型与泊位长度、堆场宽度、堆场年作业天数、集装箱在港平均堆存天数、集疏运能力等因素的影响。大窑湾北岸集装箱码头按照设计吞吐量为60万TEU左右考虑,堆场装卸工艺采用轮胎式、轨道式或高架桥式等工艺方案,停靠5万~15万吨级的第4至第6代及以上集装箱船,平均泊位长度300~400米。为合理有效地使用水域岸线,通常集装箱码头陆域宽度与码头岸线长度一致,在规范规定范围内的堆场年作业天数与集装箱在港平均堆存天数一致,且后方的集疏运能力与堆场通过能力相匹配。在上述条件下确定的港区陆域纵深可以代表国内主要集装箱码头的合适陆域纵深。

对于有配套物流园区的集装箱港区,物流园区也需要一定的占地。物流园区的规模基本与港口需求相匹配,与港口的区位特点、功能定位和腹地经济结构等相关。

(五)北岸作业区用地规模

1.码头生产区

(1)堆场用地

码头生产区主要包括码头前沿作业地带、堆场及道路等部分构成。堆场所需容量和平面箱位主要依据港口吞吐量预测。

(2)道路用地

按照《海港总体设计规范(JTS 165—2013)》和《海港集装箱码头建设标准(JTS 196-1—2009)》,集装箱干线港区主干道路面宽度为15~30米,道路面积宜为港区陆域面积的15%~30%。

(3)码头前沿作业地带

结合大窑湾港区建设条件,北岸作业区集装箱码头初步采用满堂式布置形式,如图5所示。

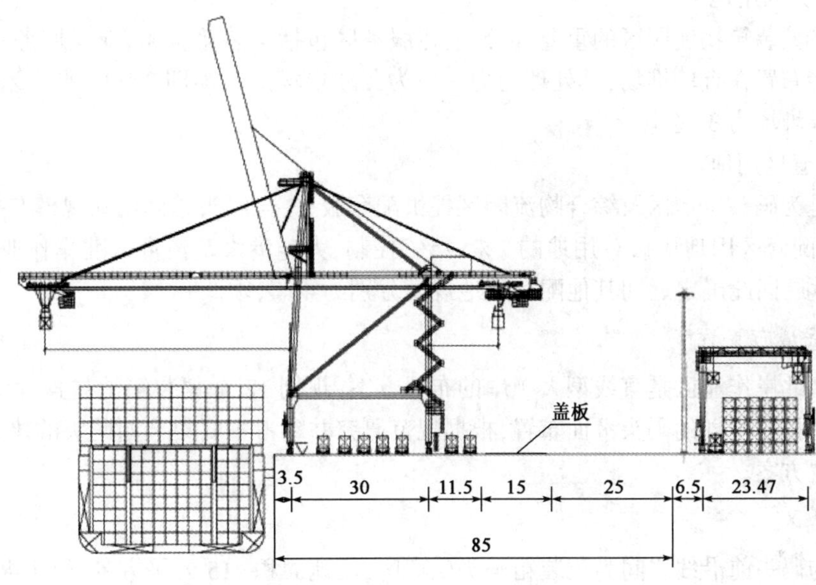

图5 码头前沿作业地带示意(尺寸单位:米)

2.综合物流园区

(1)场站区

目前,大窑湾港区南岸作业区码头后方分布有将近40家公共场站企业,以进出港和拆拼箱为主要业务,年处理量为集装箱吞吐量的约70%。考虑到北岸配置有铁路集装箱进港,集装箱结构与南岸类似,判定北岸集装箱泊位达产后场站区年处理集装箱达到700万TUE。国内同类港口的场站处理效率为250万TEU/100公顷,由于港区集装箱规模化作业影响和场站作业设备的机械效率及集装箱周转效率的提高,同时参考深圳港集装箱场站处理效率已经达到500万TEU/100公顷,大窑湾北岸场站处理能力应能达到400万TEU/100公顷以上。结合场站货运需求,远期大窑湾北岸规划集装箱泊位达产后,后方综合物流园区场站用地规模应不少于175万平方米。

(2)仓储区

集装箱仓储目前在我国尚未发展成熟,对于集装箱仓储区面积的测算,尚未有统一的测算标准。大窑湾南岸后方的储运中心仓库占地面积8832平方米,近3年的最大处理量为8271TEU,年处理效率为0.94TEU/平方米,但尚未达到能力上限。

考虑到大连港集装箱结构特征和仓库使用效率提升,大窑湾北岸集装箱仓储处理能力按1.4TEU/平方米计算,考虑1.5层高。参照国际典型集装箱枢纽港拆拼箱率10%~25%(上海港9%、香港15%、鹿特丹港25%)的水平,预测远期北岸集装箱泊位达产时,仓储区货物处理量为150万TEU。因此,远期大窑湾北岸仓储用地需求达到110公顷。

(3)集卡停车场

集卡停车场主要为入园集装箱卡车临时停放及简单维修使用,依据深圳市集装箱拖车运输协会文件(深集拖协〔2006〕47号),按每台集卡占地100平方米考虑。按照1000万TEU吞吐量、车辆在港2020年、2030年园区停车场面积分别为150公顷、187公顷。

(4)铁路编组区

由于在铁路网容量、设备性能及铁路运营体制方面具有明显差距,国内与国外港口铁路编组站生产效率可比性较低。考虑到铁路建设的周期性及铁路运营体制改革的复杂性,为使规划具有足够的弹性空间,2020年处理能力以1.5TEU/平方米作为深圳港铁路编组站的选择参数,2030年及远期参考国际标准2.3TEU/平方米。

因此2020年、2030年及远期铁路编组站用地规模分别为130公顷、173公顷、217公顷。

(5)航运服务区用地

作为大连港集装箱物流园区的重要部分,航运服务区包括集装箱查验、航运服务和远期商贸功能。集装箱查验功能布置在查验堆场,其处理能力一般为普通堆场的一半即3TEU/平方米,结合查验需求,远期需要的查验堆场为35公顷。

(6)其他配套区用地

此功能区是为码头生产区及综合物流园区提供配套服务,与码头总体用地规模有关,参考国内港口布置参数,其他配套区用地应按总用地的2%～5%控制,大连港大窑湾港区北岸作业区远期总用地总规模约1000公顷,因此确定远期其他配套用地规模分别为40公顷。

(六)北岸陆域布置方案

大窑湾港区北岸作业区是直线型大顺岸的布置方案,规划12个集装箱泊位连片满堂式建设,平面布置较为规整。按照规划的码头平面布置,根据规范研究并参考主要集装箱码头的建设运营经验,进一步优化陆域布置方案。

1.码头生产区

北岸一路与码头前沿线之间为集装箱码头生产区,用地面积415万平方米,码头纵深800米。码头前沿线至集装箱堆场之间85米,往后为集装箱堆场、生产及辅助设施区。

码头生产区800米纵深可形成3线堆场,长度230～310米不等,堆场间道路宽度按照25米考虑,则每线可布置17个堆场。堆场装卸工艺采用轮胎式集装箱龙门起重机,布置形式为"6排+1条车道",即每条作业线跨下布置6列集装箱和1条集卡通道。一线堆场均布置为重箱堆场,堆场纵深300米,每个堆场纵向布置10条ERTG作业线,平均可容纳2400个集装箱箱位,一线堆场可容纳40800个集装箱箱位;二线堆场纵深240米,每个堆场纵向布置8条ERTG作业线,平均可容纳1920个集装箱箱位,布置6个重箱堆场、1个冷藏箱堆场、1个危险品堆场和7个空箱堆场,可容纳11520个普通重箱箱位、1920个冷藏箱箱位、1500个危险品箱箱位和13440个空箱箱位;三线堆场布置结合需求布置相应堆场,并规划生产及辅助设施布置,布置机修设施、集卡停车场、口岸查验设施、港内加油站、消防站和生产生活辅助设施。生产作业区共布置52320个普通重箱箱位、13440个空箱箱位、1920个冷藏箱箱位和1500个危险品箱位,能够满足集装箱堆场测算规模要求。

集装箱堆场共占用面积280万平方米,道路面积83万平方米,生产及辅助设施面积52万平方米。

根据以上分析,码头生产区用地面积为415万平方米,单泊位码头陆域占地面积34.6万平方米,纵深800米,后方布置有物流园区,满足规范关于集装箱干线码头的陆域平面布置要求,与国内外主要集装箱港口陆域布置指标相近。

2.综合物流园区

集装箱码头生产区后方规划为综合物流园区,用地面积390平方米,主要功能包括场站区、仓储区、集卡停车场、铁路编组区、航运服务区及其他配套用地。

五、实施效果

2019 年 6 月完成《大连港大窑湾港区北岸作业区陆域方案优化研究》报告，实施效果如下：

①对比 2013 年交通运输部、辽宁省人民政府联合批复的《大连港大窑湾港区北岸作业区规划调整方案》，通过对北岸作业区陆域方案优化研究，进一步优化存量岸线和土地资源利用，提高港城空间协调水平，保障铁路集疏港运输通道空间，将促进大窑湾港区北岸作业区开发建设，提升大连港在国际集装箱运输体系中的地位和作用。

②调整原铁路编组站位置，优化北岸作业区陆域布局，且调整后的港界已纳入《大连港总体规划(2015—2035 年)》(报批稿)，为北岸港区城市控规调整奠定基础。

③优化铁路编组站位置，调整港界范围，减少港口用地，增加城市开发建设用地，置换高品质用地，释放城市建设用地 287 公顷(德泰项目 32 公顷)，其中可出让用地(居住 + 商业)规模 150.2 公顷，较大连港北岸港区 2016 版保税区审查通过的控规，可出让用地增加了 25 公顷。

根据 2019 年大窑湾北岸的土地评估报告，商服用地 1700 元/平方米、居住用地 2500 元/平方米(楼面价)，测算城市建设用地区域增加收益约 15.59 亿元(居住用地按照平均容积率 2.2，商业用地按照平均容积率 3.0 考虑)；港口物流区域用地增加 47 公顷，根据市场价出让法测算出让单价为 600 元/平方米，增加收益约 2.82 亿元。整体收益增加 18.41 亿元。

大窑湾港区是大连港的核心港区，是大连东北亚国际航运中心的重要载体，是承担东北地区集装箱外贸运输的干线港。大窑湾港区北岸作业区是未来大连港持续发展的依托，是辽宁沿海仅剩的规模化专业化集装箱岸线资源。陆域方案优化符合集装箱港区陆域布置发展趋势和规律，满足东北地区外贸集装箱运输需求，对于保障大连东北亚国际航运中心建设和支撑东北地区全面振兴具有重要意义。

港口综合型智能理货技术管理与实践

广州外轮理货有限公司

成果主要创造人:汪德贵　段远斌

成果参与创造人:余锐中　谢泽彪　谢树鸿　马　燕　陈永忠　李志勇
周永潮　梁万敏　林伟涛　李仙霞

随着我国外贸进出口业务的高速增长,港口业内对集装箱理货的要求愈来愈高,由于大型集装箱码头装卸效率高,仅靠人工难以完成集装箱理货数据的全面采集。迫切需要通过技术创新,以人工智能(AI 自动理货)改变集装箱理货传统模式,从而降低人工成本,实现"优员增效",杜绝安全隐患的目标。

随着"一带一路"建设不断深入推进,港口标准、技术、服务和企业走向世界的步伐也必将进一步加快,广州港在传统的集装箱码头自动化改造也向智能化方向发展,采用自动化、信息化、智能化技术的集装箱码头凭借其高效率、低成本、高可靠性、节能环保等优势成功研发和应用了港口综合型人工智能理货(AI 自动理货)技术,其技术不受作业场景限制,能适应各种岸桥或门机等各种作业设备的 AI 自动理货,具有先进性、稳定性、可复制性。

港口综合型智能理货技术颠覆了传统理货工艺,取消了传统的现场理货员"站位盯箱"的操作模式,实现了在后台智能理货中心"1 对 N 条作业路"方式,并从根本上保证理货一线生产安全,使理货工作更加便捷与顺畅,节约了大量的人力、物力和财力,有效地降低了管理成本,减轻劳动强度,提高理货效率,经济效益显著。尤其是实现了理货现场无人化,在此次抗击新冠肺炎疫情中,有效规避了理货人员与船员的接触,在避免感染风险起到了积极作用。

一、实施背景

港口理货是对外贸易和国际海上货物运输中不可或缺的一项工作,以第三方公正的身份履行判断货物交接数字和外表状况的职能,它包括在港口对货物(集装箱)进行计数、检查货物残损、制作有关交接单证等工作,配合海关、边防等政府机构把守着货物进口第一关和货物出口最后一关。

我国集装箱理货技术是伴随着改革开放的历程而成熟的。目前,国内多数集装箱年吞吐量在千万箱级以上的码头,理货员理箱工艺仍采用劳动密集型方式,即一个桥吊下站一个人,甚至两个人,采用的是人海战术或仍停留在数字化或图形化阶段。进出口货物的数据采集是所有理货工作的前提和基础,但现在最重要的数据采集方式仍然是纯人工,依靠人眼观察,这势必成为理货行业从劳动密集型向技术密集型"转型升级"进程中的绊脚石。如何在集装箱装卸作业中,动态的复杂环境条件下,有效整合现有传统的理货工艺,利用电眼替代人眼,快速、有效、准确地识别集装箱箱号以及自动采集核销相关作业数据成为一个紧迫的研究课题。

传统的理货岗位是在码头前沿,要完成整个集装箱装卸船的理货作业流程,需要按照码头作业计划每台作业门机派出理货员(一对一作业模式)。装船时,理货员站位在船上甲板;卸船时,理货员站位在码头前沿。使用一台手持理货终端、一台高频对讲机、一部数码照相机等设备进行集装箱装、卸船理货。在此过程中不时需要爬高架、下船舱对货物监装监卸。与货物近距离接触,其特性是"爬高架、顶酷暑、战严寒、防事故";码头前沿车辆在身边穿梭过、装卸货物在头上飞,风吹日晒雨淋 24 小时作业,环境比较恶劣,安全隐患大。

为了提高作业效率、降低作业成本及减少作业安全事故;做好节能减排,向绿色港口发展,世界上各个港口都在加紧进行自动化、智能化集装箱码头的规划和建设。在经历半自动化码头快速发展的过渡期后,全自动化码头已成为自动化集装箱码头发展的新趋势,其技术先进性的优势也不断显现。半自动化集装箱码头仅在堆场环节实现自动化,全自动化集装箱码头只在船舶岸边装卸环节保留人工远程操作,水平运输和堆场环节均完全实现自动化作业。

随着经济全球化和区域经济一体化进程的发展,全球集装箱运输能力也逐步提升,集装箱码头面临吞吐量不断增长的巨大压力。现代集装箱船舶的大型化也使港口间的竞争愈加激烈。因此,全国港口企业正努力提高集装箱码头装卸作业效率,提高服务质量和管理水平,降低运营成本。鉴于此,集装箱码头需要更加先进的装备工艺以及更加完善的装卸系统来不断适应船舶大型化带来的挑战,研发具有高效性、高可靠性、高先进性的自动化集装箱码头装卸技术已迫在眉睫。通过理货工艺改革创新,实现集装箱理货从劳动密集型向技术先进型转型升级。通过技术创新,把人工成本降下来,实现靠技术创新达到"优员增效"目的。

港口理货作为外贸进出口货物运输港口供应链中的重要一环,其技术的先进性直接关系到港口生产效率与质量安全保障。港口理货抢抓"一带一路"建设带来的机遇,推动中国交通运输产业发展、基础设施建设和管理转型升级,服务"一带一路"建设。在码头前沿作业区域,自动化集装箱码头主要由岸边集装箱起重机负责集装箱在船舶与水平运输设备之间的转运,其目前技术现状也趋于大型化和高速化。码头前沿装卸设备的优劣直接影响自动化集装箱码头的总体效率。

传统的集装箱理货,需要由在岸桥下工作的理货人员人工记录集装箱号码、箱 ISO 代码、岸桥号、装卸状态、装船贝位、破损情况、铅封状态、运输车辆编号等,并录入系统。存在以下问题和风险因素:

①人工现场作业人力成本高:每台岸桥每个班次均需配置一名理货人员,实行 24 小时三班倒工作制;

②现场作业存在危险:现场理货人员连续工作时间长,作业强度大,容易疲劳,可能存在安全隐患;

③影响效率:现场理货人员的工作可能对集装箱的装卸工作造成干扰,影响集装箱装卸作业效率;

④容易出错:人工记录数据受理货人员熟练度、责任心等因素影响较大,容易出现记录上的遗漏和错误;

⑤追溯、查证困难:作业过程中没有视频记录,导致出现错误后无从查证,发生纠纷时也无法提供有效的证据来证明或澄清。

随着我国外贸进出口业务的高速增长,港口业内对集装箱理货的要求愈来愈高,由于大型集装箱码头装卸效率高,仅靠人工难以完成集装箱理货数据的全面采集。因此,现有的传统方式和视频或 OCR 等方式的理货技术已不能适应大型集装箱码头生产需要,迫切需要通过技术创新,以人工智能(AI 自动理货)改变集装箱理货传统模式,从而降低人工成本,实现"优员增效"的目标。

在经历半自动化码头快速发展的过渡期后,全自动化已成为集装箱码头发展的新趋势,其技术先进性的优势也不断显现。半自动化集装箱码头仅在堆场环节实现自动化,为了提高作业效率、降低作业成本及减少作业安全事故,广州港正加紧进行自动化、智能化集装箱码头的建设。而在自动化作业过程中,综合型人工智能(AI 自动理货)技术必不可少。

为壮大广州港的实力,其业务和技术也趋于大型化和高速化,高科技含量较高,码头前沿装卸设备及技术的优劣直接影响自动化集装箱码头的总体效率。面临新的挑战和机遇并存,不论是从缩小与国内、外同行技术差距来讲,还是从加快落实广州市政府关于加快新城市化建设和港口建设的战略举措来看,我们都应义不容辞地担当起这份光荣的使命。迫切需要在原智能理货(OCR 理货)技术的基础上研发一种基于 AI 技术,适合港口任何装卸机械的综合型自动理货技术研发和应用。广州港研发全方位实现综合型智能化理货是企业优员增效、转型升级的有力措施;完成理货行业从"劳动密集型向知识密集型转型",完成 OCR 理货向综合型 AI 自动理货技术升级,是加快智慧港口和国际航运中心建设的有效手段。

二、目的和意义

随着"一带一路"建设不断深入推进,港口标准、技术、服务和企业走向世界的步伐也必将进一步加快,自动化集装箱码头能实现集装箱装卸智能化实时控制与动态调度,减少车船在港停留时间,有效地提高装卸作业效率。采用自动化、信息化、智能化技术的集装箱码头凭借其高效率、低成本、高可靠性、节能环保等优势将越来越受到市场的认可。

我国外贸进出口业务的稳定增长,对码头集装箱理货的要求越来越高。从20世纪80年代我国引进集装箱运输及理货工艺以来,集装箱理货技术的发展可分为四代:笔与纸、数字化、图形化、智能化。目前,国内多数码头集装箱理货技术仍处在第三代水平。然而,广州港传统集装箱码头的综合型智能理货技术达到第四代水准,也即应具备"智能理货"技术能力,以跟国内外第四代码头建设和理货技术不断发展的步伐。

我国集装箱理货技术是伴随着改革开放的历程而成熟的。目前,国内多数集装箱年吞吐量在千万箱级以上的码头,理货员理箱工艺仍采用劳动密集型方式,即一个桥吊下站一个人,甚至几个人,采用的是人海战术或仍停留在数字化或图形化阶段。广州港综合型智能理货技术具备广阔的应用前景。其最大的特色和创新之处是可实现集装箱理货工艺的"转型升级",完成理货行业从"劳动密集型向知识密集型转型"。实现从"站位盯箱"向"可视化理货",转型升级后的优势是:①降低理货员劳动强度,改善理货员工作环境;②提高理货服务质量,确保理货生产安全;③节省人工成本,提升人员素质。

以智能化理货技术改变集装箱理货传统模式,绝非有完全以设备取代人工之目的,而是让人工掌握更加先进的设备,置于更加舒适的环境,实现更加准确、高效的理货。最终实现降低人工成本,提高人员素质,使企业完成从劳动密集型向知识密集型的转型,真正做到可持续稳定发展。因此,广州外轮理货有限公司在技术上跨进了第四代门槛,为完成从三代向四代转型开了好头。在行业内可起到带头示范作用。

目前,困扰企业的突出矛盾是劳务用工难题。因为,它已严重制约了企业的可持续发展,已到了非解决不可的地步了。解决得好,企业可轻装上阵,实现转型升级,稳步增加收入与利润;解决得不好,将严重影响企业的盈利能力与发展后劲,搞不好还会威胁企业的生存。所以,广州港积极探索出一条具有广州港特色的智能理货技术创新发展之路。通过技术创新,驱动企业发展,可以减少劳务用工数量,提升劳务用工准入门槛,彻底解决劳务用工难题,最终实现广州外理劳务用工模式从劳动密集型向技术密集的转型升级。

三、技术内容

目前,理货员通过智能理货系统可实现在智能理货中心更快捷、更准确地完成岸边理货过程。系统功能可实现实时监控、自动识别、自动匹配、自动放行、遇错拦截等;实现理货数据与码头TOS实时对接,作业理货数据实时与舱单对碰、与码头计划对碰、与码头指令对碰并核销,减少了差错率。综合型智能理货技术最大特色是通过技术对传统理货工艺进行改造,改善理货工作环境,实现本质安全;可改变原有现场理货员"站位盯箱"的操作模式,实现一个理货员"1对N"作业线的突破,使理货企业用工从劳动密集型向技术密集型转型。

综合型智能理货技术应用推广后,现场理货人员的工作岗位由码头前沿转移到智能理货中心,从根本上改善理货员的工作环境,减轻劳动强度,实现本质安全;大幅度提高理货工作效率和数据准确性,使理货服务质量和效率得到双向提升;减少船舶的在港时间、降低港口操作成本、提高海关的监管力度。

设计原则:

(1)标准化

综合型智能理货技术的所有设计和施工方案均遵循有关国际和国家标准进行,在硬件的配置上也都采用标准结构,以使系统有开放性;软件开发上严格按照软件工程设计规范进行。

(2)可靠性

综合型智能理货技术主要采取如下措施保证运行的可靠性:关键部分采用业界成熟的高质量设备;设计施工时,注意各设备之间的接口和匹配,并充分考虑空间距离及环境干扰因素对信号传输质量的影响;在硬件设计和布线施工中采用冗余,备份技术,以保证系统长期可靠运行,缩短平均故障修复时间;充分考虑现场因素和使用条件,在设计制造和安装时均采取一系列有效的防护措施,如防高温、防尘、防震、防盐雾腐蚀、防潮湿等。各个控制系统是相互独立的,某一环节发生了故障,不影响其他道的工作。

(3)可维护性

综合型智能理货技术在运行过程中的维护应尽量做到简单易行。系统投入运行后,维护将是一个长期的工作,本设计充分考虑维护工作的需要,尽量做到通用化、模块化,并提供充分的培训、必要的备件,大大地减少了维护工作量,降低了维护工作的强度和难度。

(4)可扩展性

用户的需要可能在应用实践中会发生变化,在设计中应充分考虑系统扩展和升级、上级系统联网等要求,采取积木式结构设计,使系统容易扩展和实现升级。

(5)经济性

系统的设计要具有先进性和可扩展性,以适应未来发展的需要。因此设计的思路必须超前,选用的系统设备是当前国际上先进的、性能价格比高的。设备的采购在不影响整个项目的先进性、稳定性、可靠性的前提下,将采用部分国内制造的设备,降低成本。

本项目技术内容主要包括前端与后台两个部分:

①前端识别技术,主要是运用安装在集装箱码头岸桥或门机上的视频数据采集设备(视频摄像头、交换机等),岸桥或门机摄像机对现场集装箱装卸作业过程进行实时视频拍摄,由 PLC 联动控制主机负责联动 PLC 控制信号的转换翻译,并将小车及吊具的实时坐标发给抓拍摄像机获取集装箱实时位置,对集装箱的各个面进行精确拍摄(集装箱海陆侧面、集装箱前箱面、集装箱后箱门、箱顶)。由高清抓拍摄像机获取的高清视频上传至识别主机通过视频流分析技术对集装箱号码、箱型尺码、拖车号、压箱位、装船积载位等理货要素进行 AI 识别,识别结果及结构化数据传输至后台进行自动核对、自动放行完成理货操作,理货员只需在后台对整个作业过程进行监控,处理异常和突发情况即可。

前端摄像机均采用带云台的高清球机,识别主机可根据 PLC 信号联动控制所有球机云台对作业集装箱全方位跟踪。识别主机采用 AI 深度学习算法,具备深度学习能力,能够在前端完成采集到的视频和图片的结构化数据处理。系统具备“地空一体化”AI + OCR 识别功能,实现“预识别 + 地面识别 + 空中作业位识别”相结合的功能。

②后台包括理货信息中心系统、计算机、服务器,以及集装箱智能理货操作平台和视频图像监控系统等。集装箱动态识别理货系统平台,通过良好的人机界面,实现用户与交通数据信息的交互操作。实现理货业务高效应用。平台能够实现的功能可以归纳为几大部分:前端数据信息展示、理货数据发送、集装箱箱面疑似残损自动检验、数据信息统计查询等。后台数据通过流媒体转发作业视频到码头或海关,供实时监控。

后台系统实现更快捷、更准确地智能理货,系统功能实现实时监控、自动识别、自动匹配、自动放行、遇错拦截等作业方式。理货数据与码头 TOS 实时对接,作业理货数据实时与舱单对碰、与码头计划对碰、与码头指令对碰并核销,减少了差错率。

综合型智能理货技术功能包括自动跟踪模、PLC 触发联动控制模块、卡车号模块、集装箱尺码类型识别模块、箱号识别模块、集装箱残损自动检测模块组成系统核心,完成系统的集装箱号码识别、集装箱箱型尺码的识别、集装箱验残、集装箱卡车车号识别等功能。系统自动将识别的集装箱信息上传到理货平台,从而达到后台集装箱 AI 自动理货,减少前场作业的理货人员,实现本质安全。

四、技术特点

综合型智能理货技术主要是由布置在岸桥前端的高清球机和边缘节点服务器、数据传输、智能理货平台等组成。由最前端抓拍摄像球机负责作业集装箱视频、图片的采集和智能识别;边缘节点服务器负责联动 PLC 控制信号的转换翻译,并将岸桥驾驶室及吊具的实时坐标发给抓拍球机获取集装箱实时位置,在集装箱装卸过程中触发不同位置球机对集装箱进行跟踪及精确拍摄、录像。由边缘节点服务器获取高清视频进行作业场景视频流分析,对箱号、车号、装船积载位等理货要素自动识别(边缘节点 AI 识别技术),将结构化数据和图片录像通过光纤传输到智能理货中心进行核对。同时后台采用存储系统,针对前端视频及图片数据,实现大容量长期存储。

理货员在智能理货中心通过智能理货平台远程操作,可对箱号、车号、装船积载位等理货要素的识别结果进行查看与核对等;智能理货平台支持一个理货员选择多船、多桥同时作业,满足"一对 N"的作业需求。智能理货系统将比对无误的识别结果自动提交到码头 TOS 系统的指令确认模块,实现与码头 TOS 系统信息互联互通。同时,整个作业过程中还可实现对作业箱进行图片和视频的存档备查。

其特性是:

①采用最新的 AI 识别技术,基于 AI 深度学习方法实现自动理货,在任何作业场景中获取到作业集装箱视频即可实现自动识别和自动理货;具有自主学习能力,与业内传统 OCR 识别技术比较,更快捷、更稳定、更准确、更智能。

②采用基于云边融合的以视频为核心的新一代智能物联网架构,通过边缘节点、边缘域和云计算中心三级有机结合,系统满足"边缘感知、按需汇聚、分级应用、多层认知"的业务需求。

③边缘识别主机对于集装箱号、拖车号、集装箱残损等特征,在前端就可以自动快速识别完成数据结构化处理,对于各种理货的业务场景,集装箱和拖车号的识别实时性和敏捷性要求较高,采用基于 AI 智能球机的前端识别技术,能够更好地满足理货的业务需求。

④云中心业务平台能够弹性分配技术服务器、存储服务器的资源,还能按需调度智能算法和大数据算法,智能算法对来自边缘域的物联数据进行更高层级的感知智能处理。

⑤采用"地空一体化"识别,使识别结果更准确。

⑥采用"预识别 + 地面识别 + 空中作业位识别"相结合,使数据更可靠。

⑦智能理货平台接收前端设备上传的数据信息,在界面做图片和集装箱数据的实时展示。针对每次作业的集装箱图片(含作业集装箱的详细信息)做分布式展示(含作业集装箱的详细信息)。

⑧系统对集装箱装卸的整个作业流程进行监控,装船从桥下到船上,卸船从船上到拖车。

⑨后台理货员对每个作业集装箱都有核对,体现了理货价值,守住了理货底线。

⑩系统是采用"外理"与"内理"结合的作业模式,业务上与码头融合。

⑪系统与码头作业系统有机结合,数据与码头作业系统实时交互。

⑫一对 N 桥的自主选择操作模式,可视业务需求机动灵活应用。

五、实现技术指标

①集装箱号全天候平均识别率≥98%。

②集装箱 ISO 号识别识别率≥98%。

③特殊箱(危品箱/油罐箱/开顶箱/平板箱等)识别≥98%。

④各类尺寸集装箱识别率≥98%。

⑤集装箱箱门方向识别率≥98%。

⑥空重箱识别率≥99%。

⑦铅封识别率≥96%。

⑧集卡车号识别率≥98%。

⑨集装箱双小箱/单小箱压箱位识别率≥99%。

⑩集装箱装船积载位(BAY 位)识别率≥98%。

⑪残损自动检验率≥90%。

⑫集装箱残损图片抓拍率≥99%。

⑬舱盖板识别率≥99%。

⑭作业类型(装/卸/寄桥/翻捣等)识别≥99%。

⑮作业车道识别正确率=100%。

⑯集卡行驶方向识别率≥99%。

⑰图片有效采集率≥99%。

六、获得专利情况

本项目获取1项发明专利和3项实用新型专利:

①发明专利:《港口集装箱全方位图形识别理货信息监测系统及其监测方法》2015101267457。

②实用新型:《一种港口门座式起重机的集装箱智能理货装置》ZL.201721168322.2。

③实用新型:《一种小型网络机柜的恒温监控系统》ZL.201721541099.1。

④实用新型:《一种集装箱装船积载位置监测装置》ZL.201821322313.9。

七、创新点及与国内同行智能理货技术的比较优势

1. AI赋能使系统更具智慧

本项目的所有识别算法,均采用最新人工智能的AI识别技术,具有深度学习能力,与传统OCR识别技术比较,更快捷、更稳定、更准确、更智能。

2. 实现后台自动理货

本项目采用"自动匹配、自动理货、自动放行、遇错拦截"的理货作业方式,后台采用一对N操作模式。系统识别正确且与舱单比对正确的集装箱,系统可无须人工干预自动理货放行,自动发送指令,对系统拦截下来的错箱进行人工核对修改放行。在传统门机上实现自动理货,极大减轻了操作员劳动强度。

3. 首创集卡、集装箱"地面预识别+空中作业位识别"技术

本项目在实现集装箱号、集卡号在作业位识别(地面识别)的前提下,创新性地加入了"地空一体化"集装箱号识别技术,在业内为首创。在集卡和集装箱进入作业位之前,系统通过控制球机位置,可先进行预识别,然后在作业车道进行地面识别,再与空中识别结果比较选优,确保识别率最佳。"地空一体化"识别技术其作用及优势是:①做到三者识别结果相互校验,减少识别错误;②提前预判装船作业队列正确性,缩短作业时间;③预识别是今后码头自动化应用中的一种必备识别方式,是触发自动化桥吊装船作业的必备条件,也是未来传统岸桥自动化改造可以借鉴的成熟经验。

4. 首创AI集装箱残损自动检测与推送功能

本项目利用AI检测技术,已实现按照残损标准自动框出集装箱疑似残损部位,并自动推送后台理货员进行审核的功能,减少理货员现场围绕集装箱拍照操作,极大减轻人工图片验残的劳动强度,且可将高清图片存储被查。突破行业难题,全国首创。

5. 首创集装箱装船积载位(BAY位)自动识别技术

集装箱装船积载位自动识别技术是我司创新研发结果,并获得国家专利。目前在国内外均处领先水平。

6. 首创集卡车号二维码+数字双识别技术互补

实现了对集卡车号以及二维码的双识别功能,通过两个识别结果互补,大大提升了集卡车号识别率,对保障自动化码头卸船集装箱识别技术的先进性、稳定性提供了可靠的技术支撑。

7. 多层机构管理,系统兼容性强

本项目后台有组织机构设置,系统后台支持多层机构管理,实现一个后台可支持多个码头前端的应

用;系统不但可管理黄埔老港码头智能理货,其他码头均可接入后台使用,有效减少二次开发成本。

8. 针对理货操作需求性强,适应多种复杂环境下的作业

该系统可适应多种复杂环境下的作业。例如,在复杂气候条件下的立体装卸作业、多车道集卡并排作业,以及内外贸班轮混杂情况下的系统运行等,识别率不受影响。

9. 理货结果数据与海关实时传输

①现场作业视频通过专线与海关连接,海关可 24 小时对作业现场进行监控;②每作业一个集装箱,箱信息实时发送海关监管系统,助力海关"智慧海关"建设;③每个作业集装箱理货完毕实时发送理货报告到海关,货主可及时清关提货。

10. 系统应用码头无须改变任何作业习惯

本项目的应用,桥吊、集卡及码头各作业环节均无须做任何流程或习惯改变。

11. 系统支持立体装卸作业模式

本项目作业类型识别率高,支持装船、卸船、边装边卸等各种作业模式。

12. 系统满足多种岸桥等装卸机械的应用场景,通用性强

本项目可以满足大型岸桥、小型桥吊、门座式起重机、龙门吊等各种类型装卸集装箱的应用场景,并且不受车道数量限制。

13. 系统具有先进性、稳定性和可复制性

本项目的技术已具备先进性、稳定性和可复制性,技术要求被选入中国港口协会智能理货团体标准。

八、社会效益

人工智能理货技术的应用,能有效提高理货效率,配合港口多装快卸,缩短船期和货物进出口周期,直接为客户带来了时间效益。此外,还可实现 24 小时配合海关等政府机构预防与打击走私等违法犯罪活动,为维护国家经贸安全提供有力保障,从而提升公司在客户心中的地位,社会效益显著。

①改变传统理货工艺,提高科技含量,提升广州港理货技术门槛,通过理货技术应对市场开放带来的竞争。

②加入国内智慧港口行列,形成广州港自己的技术特色,实现码头前沿理货作业无人化,推动企业从劳动密集型向技术密集型的转型升级,配合广州港智慧港口建设。

③安全管理:优化理货工作流程,减少操作环节,取消原有现场理货员"站位盯箱"的操作模式,从源头规避或大大降低集装箱理货生产安全管理面临的风险,从根本上保证理货一线生产安全,使理货工作更加便捷与顺畅。

④成本控制:节约人力资源成本支出。结合现场作业的实际情况,淘汰现有的理货员"一对一"的作业模式,取而代之的是在后台理货信息中心,理货员"一对 N"的作业模式,实现优员增效,节省人工成本约 50% 以上。

⑤改善理货作业环境:用现代化的理货信息中心替代"顶酷暑、战严寒、爬高架"的恶劣现场操作环境。实现从"汗水理货"向智能理货转型。

⑥稳定队伍:提升理货员素质,破解招工荒的难题。

传统集装箱理货流程主要依靠人工验看箱号,与已有资料核对,记录集装箱相关资料,包括尺码、箱型、重量。如果发生理货差错,则需对错发流向的货物运回重新发货,不但延误收货人收货,还产生不必要的物流费用。此模式下的集装箱理货工艺流程,效率低下,人为错误容易发生,影响港口的作业效率和交付质量,间接增大了货物的物流成本。从此项目的成果分析,港口综合型智能理货(AI 自动理货)技术具备广阔的应用前景。其最大的特色和创新之处是可实现集装箱理货工艺的"转型升级",完成理

货行业从“劳动密集型向知识密集型转型”。

我国集装箱理货技术是伴随着改革开放的历程而成熟的。目前,国内多数理货公司仍停留在数字化、图形化或OCR阶段。因此,实现综合型智能理货(AI自动理货),在技术上跨进了自动化门槛,为完成向自动化转型开了好头,在华南地区乃至全国起到带头示范作用。

综合型智能理货(AI自动理货)技术是结合码头多种集装箱装卸场景而研发的,满足大型岸桥、小型桥吊、门座式起重机、龙门吊等各种类型装卸集装箱的应用场景,并且不受车道数量限制,既适合广州港应用也适合各港口的应用,极具推广价值。

港口综合型智能理货技术具备广阔的应用前景。其最大的特色和创新之处是可实现集装箱理货工艺的转型升级,完成理货行业从“劳动密集型向知识密集型转型”升级。实现从“站位盯箱”向“智能化理货”转型升级。实现港口节能减排,推动传统港口向绿色低碳迈进。技术最大特色是通过桥吊、门机等设备安装的摄像机,利用视频流分析技术把箱号、车号等理货要素进行AI识别并传送到后台进行自动理货,改善了码头前沿理货人员上船核对箱号等艰苦的工作环境,实现现场无人化,减少了与船员接触,在此次抗击新冠肺炎疫情中,有效规避了理货人员与船员的接触,在避免感染风险起到了积极作用。

绿通快检系统在高速公路中的创新应用与运营管理

广州市凌特电子有限公司

成果主要创造人:陈小英 孟建川

成果参与创造人:吴淑君 吴瑞东 陈敬锋 陈政英 严家标 黄怡斌 谢房胜 李科盛 吴松明 韦 益

广州市凌特电子有限公司(简称"凌特电子"),成立于2011年7月,是以X光检测技术、产品和解决方案为核心,专注安全检测技术和产品的研发、制造、销售和服务的国家级高新技术企业。凌特电子拥有独立自主知识产权的"凌龍"品牌系列产品,是国内早期进入高速公路绿色通道X光透视检测领域的企业,并成为高速公路绿色通道车辆检测领域的主要合作伙伴。目前凌特电子的绿色通道快检系统设备以约68%的市场占有率位居行业前列,已经在广东、福建、江西、湖南、河北、辽宁、吉林等省的收费站投入使用,有效打击了高速公路偷逃通行费行为,同时提高了通行效率、简化了工作流程,提高了稽查工作的客观性和安全性。客户反响和业界口碑良好,为我国高速公路的智能化管理作出了贡献。

凌特电子LTX型绿色通道快检系统被认定为"广东省高新技术产品",在高速绿色通道车辆透视检测领域具有较强的影响力。2014年11月,凌特电子成为CCTV《影响力对话》栏目的特邀嘉宾和电子行业合作伙伴;"凌龍"品牌荣获"2015中国企业家联合成长计划十大华商品牌";绿色通道快检系统在2017年获得中国创业创新大赛(国赛)电子信息行业总决赛成长组十二强、2017中国(小谷围)"互联网+交通运输"创新创业大赛三等奖。

凌特电子目前与中山大学、中国电子科技集团、中国航天科工集团、公安部第三研究所等单位的科研人员进行深度合作,针对港口、海关、公路、物流园、监狱等应用领域,提供不同的X光检测技术产品和解决方案。

一、实施背景

(一)面临的外部环境

1.政策环境

(1)国家绿色通道(简称"绿通")政策的实施,逃费行为屡屡发生

2005年鲜活农产品流通"绿色通道"优惠政策的出台,加快了全国鲜活农产品生产、运输、销售环节,降低了鲜活农产品的运程周期和成本,提高了农民生产积极性,对促进农村经济发展、增加农民收入、保障城市居民生活、维护社会稳定发挥了巨大作用。然而,由于对绿通车辆的管理存在缺陷和漏洞,缺乏必要的技术手段。因此在方便绿色产品流通的同时,也出现了一些人假冒绿色通道车辆以此来逃漏通行费,这严重影响了"绿色通道"政策的顺利实施。自实行绿色通道政策以来,全国绿色通道每年减免通行费逐年增加,在巨大利益诱惑面前,由于缺乏有效的检测手段,开始有部分运输业户用假冒鲜活农产品车辆偷逃通行费,而且这种现象愈加严重,假冒鲜活农产品车辆如何查处,成为高速公路管理

者们不得不面对的难题。

(2)全国省界收费站的撤销，绿通预约制度的实施

随着取消省界收费站整体工程的逐步完成，建立全国统一的鲜活农产品运输“绿色通道”预约服务制度也正式提上日程。鲜活农产品运输车辆通过网络或客服电话系统提前预约通行，建立鲜活农产品运输信用体系。系统需满足绿通车辆实名预约绿色通道，包括上传驾驶员、车辆、货物等信息。

在ETC“分段式”收费模式下，货车在2020年开始，逐步完成ETC车载单元安装。鲜活农产品运输车辆通过安装ETC车载装置，在高速公路出、入口使用ETC专用通道，实现不停车快捷通行。鲜活农产品运输车辆驶出高速公路出口收费站后，在指定位置申请查验。经查验符合政策规定的，免收车辆通行费；未申请查验的，按规定收取车辆通行费；经查验属于混装、假冒等不符合政策规定的，按规定处理。出口收费站外广场暂不具备查验条件的，可继续在收费车道内实施查验。

(3)“中国制造2025”试点示范城市方案实施

广州市人民政府印发《广州市人民政府关于修订广州市建设“中国制造2025”试点示范城市实施方案的通知》(穗府〔2018〕7号)，支持企业通过技术改造加快提升我市工业高端化、集约化、智能化、绿色化发展水平，支持工业企业积极优化产品结构，采用新技术、新工艺、新设备、新材料对现有设施、工艺条件及生产环境等进行改造，实现提质增效、绿色生产，扩大产品规模、提升产品质量、扩大品牌影响力，实现节能和清洁生产改造，创建绿色工厂，提高装备水平和企业智能化程度，提升安全生产和经营管理水平。

(4)“大众创业，万众创新”的提出

2015年3月5日，李克强总理在全国两会所作的政府工作报告中，提出要推动“大众创业，万众创新”，强调“让人们在创造财富的过程中，更好地实现精神追求和自身价值”，一时间“双创”的热情得到极大激发，中国社会的“双创”热潮迅速兴起。政府工作报告指出，当前我国发展正处于这样一个关键时期，必须培育壮大新动能，加快发展新经济。运用信息网络等现代技术，推动生产、管理和营销模式变革，重塑产业链、供应链、价值链，改造提升传统动能，使之焕发新的生机与活力。

“大众创业，万众创新”不是一句口号，而是党的富民政策，是政府通过一系列制度安排，释放出的新一轮改革红利。

2. 市场环境

目前市场上主流的车辆检验方案除人工开厢检查外，大多采用高能量X射线源和钴60放射源透视技术。

钴60γ放射源属于中、高危险射线装置，属核辐射范畴，其个人年有效剂量是Ⅱ类X射线绿通快检系统的数十倍以上，对人体和鲜活农产品辐射巨大，且会产生残留，发生事故时会对受照人员产生较为严重辐射损伤。主要原因是基于钴60γ成像技术的绿通快检系统所使用的钴60放射源持续性放射出γ射线和β射线，无法终止辐射，一旦屏蔽保护装置意外损坏，泄露的放射性射线会对人员造成辐射伤害，同时会对周边环境造成辐射污染，使用、维护成本极为高昂。目前很多省份已严禁使用，更有不少省份为了安全和环保起见，明确规定严禁引进。由于该类产品的高辐射性和高危险性，市场接受程度逐渐降低，退出市场趋势明显。而高能量X射线绿通检测设备管电压范围在230千伏~450千伏之间，对人体和鲜活农产品辐射较大，容易导致安全责任事故的发生。

虽然以上这两种技术的检测效果不错，但对人体和周边环境影响较大，且存在不安全因素，所以更新技术已经迫在眉睫。

凌特电子自主研发的低能量X射线源类绿通快检系统设备具备“安全性高、绿色环保、运行稳定、成像清晰、安装便捷”等五大优势，产品的市场吸引力大、预期规模非常广阔，未来该产品还可以广泛应用于保税区安检、仓储安检、机场安检、海关港口安检、边防安检和公共安全等各领域，市场容量巨大。无论在技术优势与市场需求上都能很好地契合，拥有着良好的市场发展前景。

(二)企业条件

1. 企业现有技术和研发团队

凌特电子是国内早期进入高速公路绿色通道 X 光透视检测领域的企业，拥有一支由教授、博士、硕士组成的专业研发团队，目前与中国电子科技集团公司、中国航天科工集团公司、中山大学、公安部第三研究所建立了产学研合作关系，致力于建立产、学、研、销为一体的技术成果转化平台。

面对新形势、新挑战，凌特电子立足行业前沿技术的研究与开发，认真总结现有的绿通稽查手段，创新推出了国内首套低能量 X 光车辆透视检测设备，其自主知识产权的低能量高速公路绿通快速自动检测系统是全国首创，该技术填补了国家低能量 X 光检测技术在高速公路领域应用的空白，被多省、市列为重点技术推广产品。

2. 企业内部创新机制的不断完善

自 2015 年政府工作报告中首次提出"大众创业、万众创新"以来，凌特电子积极响应"大众创业、万众创新"精神的号召，适时将"创新"纳入企业核心价值观，在行业内率先进行"大众创业、万众创新"的改革探索。为了提高公司的科技创新能力，促进科技成果转化，激发科技人员的积极性和创造性，根据国家科技成果转化的相关法律法规，凌特电子结合实际情况，制定了《科技成果转化组织实施与激励制度》和《研发人员绩效奖励考核制度》，极大程度上鼓舞了科研人员科技创新的积极性。近三年来，凌特电子围绕智能交通和轨道交通技术开展研发，共计完成科技成果转化 20 项。其中，绿通快检系统在 2017 年获得中国创业创新大赛(国赛)电子信息行业总决赛成长组十二强、2017 中国(小谷围)"互联网 + 交通运输"创新创业大赛三等奖。

二、成果内涵和主要做法

(一)成果内涵

绿通快检系统是采用 X 射线穿透车厢的透视成像技术，对绿通车辆进行不停车的透视检测，检查车厢内部的装载情况，辅助工作人员的检查工作，与现有技术相比，具有以下优势：

①成像清晰，可精准局部图像查验。

②智能控制，不停车快速检测，速度快。

③操作简便，实时显示检测效果。

④X 射线智能控制，穿透距离远。

⑤技术成熟、运行稳定。

⑥设备占地面积小、安装周期短。

⑦环境适应性强、推广性强，适用各类车辆通行环境。

产品以 X 射线成像为技术基础，采用模块化设计理念，保证安全性；成像系统采用先进的数字高清成像技术，大幅提升成像清晰度，并增加图像局部放大功能(高空间丝分辨率)；主控系统预留数据端口，能够实现与高速公路收费管理系统的互联对接；增加车辆识别系统，保证绿通车辆查验数据的完整性。

系统具有以下功能：

①车辆信息采集。保证查验证据的完整性和稽查有据可循。

②查验存储数据库。实现查验档案资料的存储，方便稽核管理。

③车厢装载率计算。为收费人员提供直观的数据依据。

④扫描图像放大。使查验结果更精准，避免误判。

⑤运行状态实时监控。实现高效快速的故障诊断与排除服务，提升售后服务效率与质量。

⑥通道入口车辆实时监控。提前知晓进入车辆类型(货车或客车)，保证操作正确。

⑦与收费系统的网络互联。实时监督检查和数据统计分析，有利于整体收费工作的管理。

⑧全流程自动控制。整个查验操作流程自动完成、快速顺畅，整个过程只需 1 分钟，提高通行效率。

(二)主要做法

凌特电子绿通快检系统从2013年在广东高速公路实施以来,有效打击了高速公路偷逃通行费行为,同时提高了通行效率、简化了工作流程,提高了稽查工作的客观性和安全性,得到了广大高速公路运营管理单位和业主的高度认可,已覆盖广东、湖南、江西、福建、河南、河北、辽宁、吉林等省份高速公路重点收费站推广使用,具有良好的经济效益和社会效益。

而绿通车辆检查创新管理模式的成功开通、运营,需要清晰的创新原则、完善的创新组织、精确的运营管理、坚实的技术支撑、健全的制度保障。具体分析如下:

1. 清晰的创新原则

(1)统一标准原则

绿通快检系统的建设必须统一编码标准、互联标准、数据接入标准、数据通信协议标准、控制协议标准、IP地址规划标准。系统建设在符合国家和行业相关标准及地方标准的建设要求基础上,采用先进的技术手段和系统架构,在同一个标准框架下实现统一部署、资源共享、平台共用,构建一套互联共享的可扩展规模和升级应用的综合管理系统。

(2)先进性原则

采用主流的、先进的、符合发展方向的技术构建系统平台,满足可视化防控需要,具有先进的数字化、自动化和智能化技术水平,使绿通车辆造成的安全隐患及损失得到有效的遏制。

(3)实用性原则

绿通快检系统的建设必须突出应用,在建设中应以现实需求为导向,以有效应用为核心,以技术建设与工作机制的同步协调为保障,确保系统能有效服务于各个业务部门和信息子系统的工作需要,充分利用前端丰富的信息资源,结合各种应用业务,不断提高交通管理的行政执法的水平。

(4)可靠性原则

系统的建设是统一标准构架下的有机组成,系统采用的软硬件根据统一的规范、协议和要求选型,质量达标,性能稳定,能够持续有效运行,满足7×24小时不间断持续运行的需要。

(5)开放性原则

系统采用业界主流的硬件平台、操作系统平台、数据库平台以及标准的协议,保证系统的开放性。而且通过设备厂商提供稳定的SDK,可以兼容主流的前端接入设备。

(6)经济性原则

系统建设以实用、够用为原则,充分评估建设、使用、线路租用、维护费用及升级改造费用,在确保工程建设质量、系统实用性、先进性的前提下,择优选择科学经济的建设方案。

(7)效能和效力原则

系统能丰富绿通车道通行车辆信息采集、管控和决策的手段,战时统一指挥、协同作业、快速援助、精确打击、有效取证之效能,起到高效使用警力、节约政府投资、服务社会安全之效力。

2. 完善的创新组织

创新是企业追求的永恒主题,人才是企业发展的动力。凌特电子有着完善的人力资源管理机制,以推动企业的创新发展。

在创立之初,凌特电子就制订了衡量留住人才的软件和硬件标准;形成严格的分工,部门内部、部门外部工作职责分工明确;合理的薪酬设置,体现人才的价值差别;加强对人才的长期培养意识,通过长期的培养计划,让人才在企业的发展中不断得到提高;修订考核方案,深化人才发展机制,破除制约人才发展的思想、制度、政策,完善人才制度体系;抓企业创新,建立科学合理、务实管用的人才政策体系。在高端人才引进、本地人才培养、科技成果转化、人才服务保障和毕业生就业创业等方面,确立人才政策的比较优势;项目牵动,统筹推进人才的引进培养和使用。以项目为抓手,广泛聚集人才,科学培养人才,用好、用活人才,统筹推进各部门人才队伍建设;环境优化,充分激发人才的活力,在全公司营造尊重人才、勇于进取的浓厚氛围；领导管人才，能者为师、能者多得，在留住人才、用好人才上做足文章，切实把各方人才聚集到推动公司创新发展中来。

3. 精确的运营管理

（1）加强领导，落实责任

省级交通运输、发展改革、财政等主管部门要在省级人民政府统一领导下，严格按照《收费公路管理条例》和本通知要求，制定实施方案，明确责任分工，共同抓好实施工作。

（2）认真清理，全面规范

严格按照全国统一的《鲜活农产品品种目录》，清理规范本地区享受"绿色通道"政策的鲜活农产品品种目录，确保鲜活农产品运输"绿色通道"政策在全国范围的一致性和规范性。除法律、行政法规和国务院另有规定外，各地不得在路面环节增加针对鲜活农产品运输车辆的检查和验证，影响鲜活农产品车辆通行效率。

（3）及时评估，完善措施

深入评估政策实施效果及影响，不断完善配套措施，妥善解决出现的问题；对因优化政策造成收费公路经营单位合法收益损失的，应按照相关法律法规的规定，制定具体方案，予以补偿。

（4）加强宣传，正面引导

通过政府网站、新闻媒体等多种渠道，加强政策宣传解读，使社会公众及时、全面了解优化"绿色通道"政策的必要性、重要性和具体内容，为促进政策顺利实施营造良好的环境。

（5）定期培训，加强指导

大家都知道，收费站的工作人员的水平参差不齐，而绿色通道快速自动检测系统中 X 光的成像需要专业的人员才能识别。针对这种情况，凌特电子有完善的培训体系，针对不同层次的人员制定了相应的培训计划。首先是设备理论基础培训。培训操作人员对系统的结构、性能、特点、工作原理等有一个全面的了解；接着是设备实际操作培训和设备安全维护培训。培训操作人员熟练掌握系统操作流程，减少设备故障的发生，保证设备正常高效运行。同时培训设备使用人员也要掌握日常检测和保养技能，保障设备处于良好的运行状态，以延长设备使用寿命。最后是设备管理培训。培训管理人员对设备运行及检测效果的评判标准，并交流设备应用的经验，通过设备技术和管理方式的结合，实现设备效益的最大化等。

4. 坚实的技术支撑

绿通管理平台包括预约服务、入口数据服务、免收费数据服务、出口数据服务、数据统计服务、稽查分析服务等。

（1）系统整体架构（图 1）

绿通快检系统可分为部联网中心绿通管理平台、绿通预约公众号、绿通入口车道系统、虚拟收费站绿通免费模块、绿通出口车道系统。

部联网中心绿通管理平台实现公众号实名认证服务、实名预约服务；绿通入口车道绿通预约查询服务、绿通车辆通行确认服务；虚拟收费站绿通免费信息上传服务；绿通出口车道绿通信息查询服务、通行确认服务；绿通数据统计服务、稽查分析服务、黑名单管理等功能。

绿通预约公众号实现驾驶员、车辆实名认证，上传车辆车牌、车型、货物名称、车厢照片等信息，预约绿色通道，查询绿通记录等功能。

绿通入口车道系统实现车牌识别、车型识别、长宽高检测、计重、X 射线扫描成像、绿通判断、绿通信息查询、ETC 免费车种信息信息写入、自动放行等功能。

虚拟收费站绿通免费模块实现 ETC 读取车辆绿通免费标志信息，完成绿通免费通行流水生成，上传绿通免费流水信息等功能。

绿通出口车道系统实现 ETC 读取车辆绿通免费信息标志，完成车牌、车型、重量、尺寸、X 射线扫描成像、绿通判断、验证分析、自动放行、稽查处理等功能。

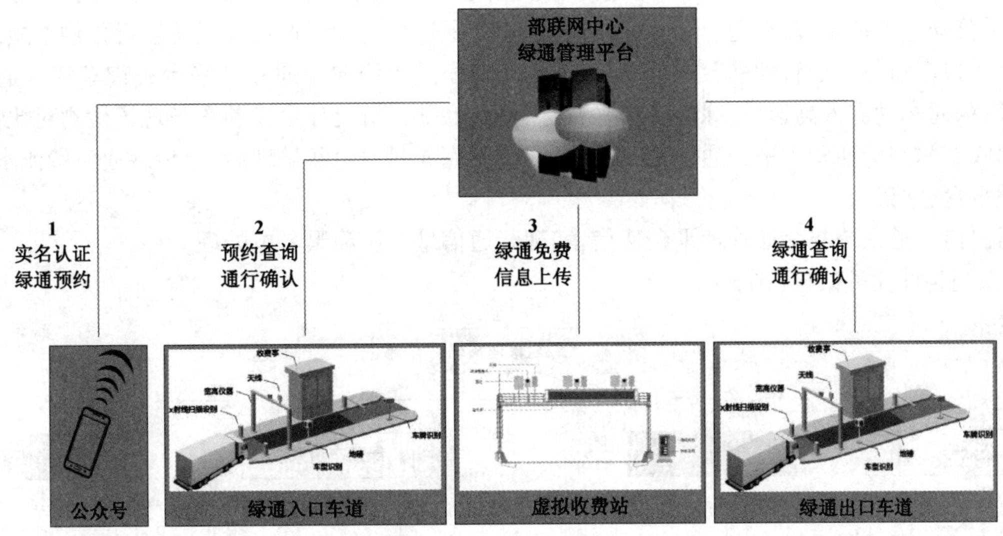

图1 绿通快检系统整体架构图

(2)系统整体流程(图2)

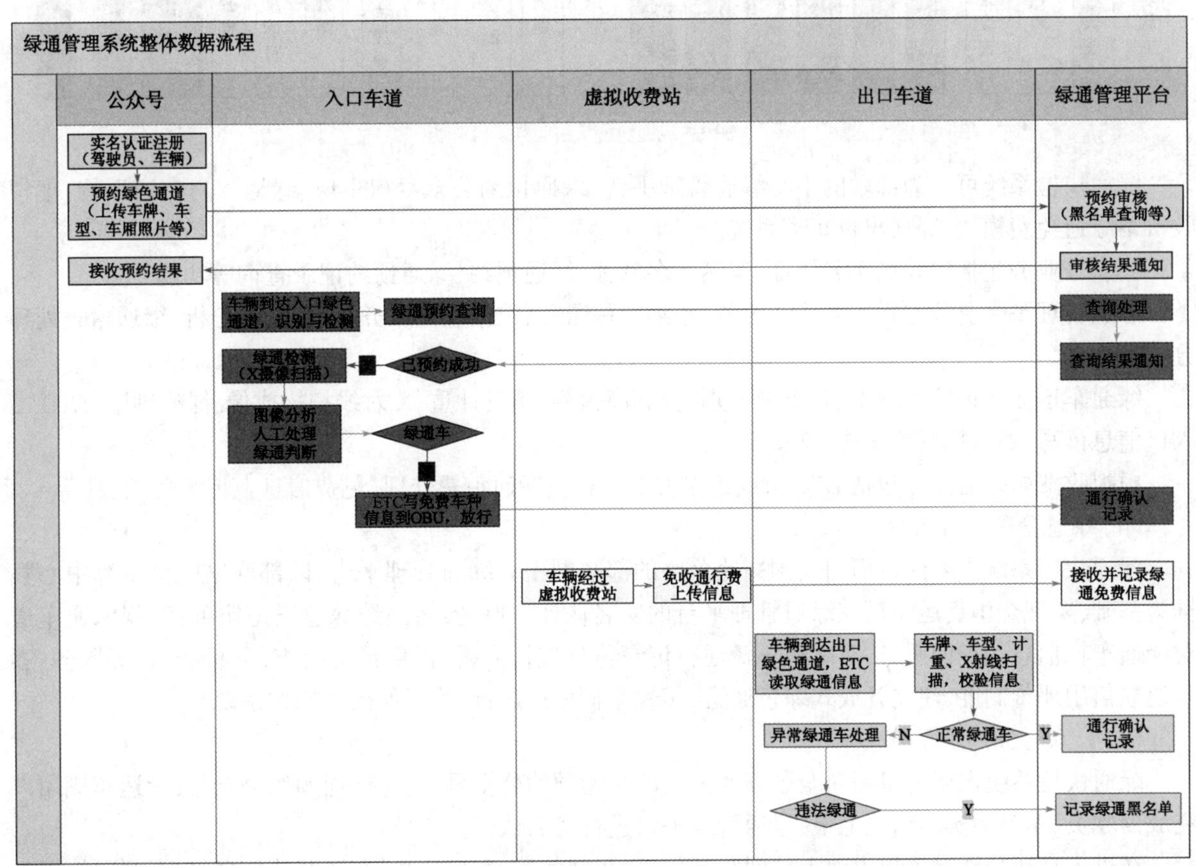

图2 绿通快检系统整体数量流程图

绿通快检系统可分为部联网中心绿通管理平台、绿通预约公众号、绿通入口车道系统、虚拟收费站绿通免费模块、绿通出口车道系统。系统整体数据通信流程可分为公众号与绿通管理平台通信、入口车道系统与绿通管理平台通信、虚拟收费站预绿通管理平台通信、出口车道系统与绿通管理平台通信。

公众号与绿通管理平台通信,实现通过公众号提交驾驶员、车辆实名信息和绿通快检系统进行实名认证,通过公众号上传车牌、车型、车厢照片等信息进行绿通预约和绿通快检系统进行预约审核。

绿通入口车道与绿通管理平台通信,实现绿通入口车道系统向绿通管理平台查询车辆绿通预约信息,车辆以绿通车辆进入高速后,绿通管理平台进行记录,并分析统计绿通预约与现场检测对比情况。

虚拟收费站与绿通管理平台通信,实现虚拟收费站完成绿通免费处理后,上传绿通免费流水记录到绿通管理平台,并记录。

绿通出口车道系统与绿通管理平台通信,实现绿通信息确认和黑名单处理。

(3)系统整体业务架构(图3)

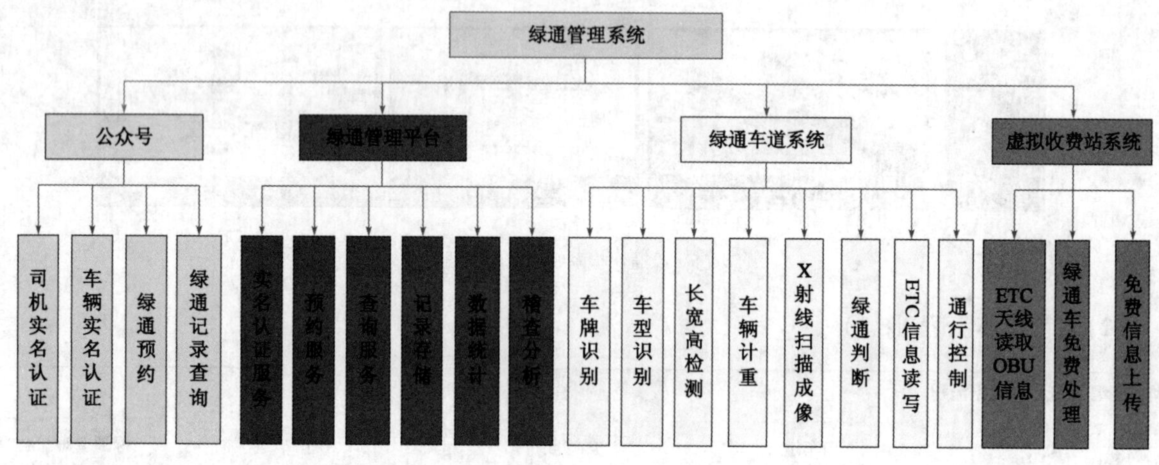

图3 绿通快检系统业务架构

绿通快检系统可分为部联网中心绿通管理平台、绿通预约公众号(图4)、绿通入口车道系统、虚拟收费站绿通免费模块、绿通出口车道系统。

公众号业务包括驾驶员实名认证、车辆实名认证、绿通预约、绿通预约记录查询等功能。

绿通管理平台业务包括实名认证服务、预约审核服务、数据查询服务、数据统计分析、绿通稽查处理分析等功能。

绿通车道业务包括车牌识别、车型识别、长宽高检测、车辆计重、X射线扫描成像、绿通判断、ETC出入口信息读写、通行控制等功能,见图5。

虚拟收费站绿通业务包括ETC天线读取OBU信息、绿通免费处理、免费信息上传等功能。

(4)绿通管理平台系统

绿通快检系统需要建设面向全国高速公路的部联网中心绿通管理平台,以部联网收费结算中心数据为基础,实现全国货运车辆在绿通管理平台的实名认证注册、实名预约绿色通道服务;实现绿通车道对绿通车辆信息的查询服务,对绿通车辆通行记录信息进行分析,提供精准稽查、分析、统计等服务;逐步建立信用评价制度,建立开放式绿色通道,实现车辆快速通行、管理便捷准确的系统。

(5)公众号预约子系统

绿通快检系统需要建设面向全国高速公路的绿通预约公众号,通过绿通预约公众号,货运车辆用户完成驾驶员、车辆的实名信息上报,绿通管理平台进行实名认证。

在进入高速公路绿色通道前上传驾驶员信息、车牌信息、车型信息、车厢照片信息等,向绿通管理平台预约绿通通道通行,绿通管理平台审核预约并返回预约结果。

货运车辆用户可通过绿通公众号查询绿通记录。

绿通公众号管理以驾驶员用户为账户单位,每个绿通账号可以绑定一名实名认证驾驶员和多辆实名认证货运车辆。通过预约出行方式,实现绿通信息的提前上报,后台系统提前分析,现场检测服务提前准备,为绿通车辆在高速公路出入口不停车快捷通行、在ETC收费系统中实现绿通免费做好准备。

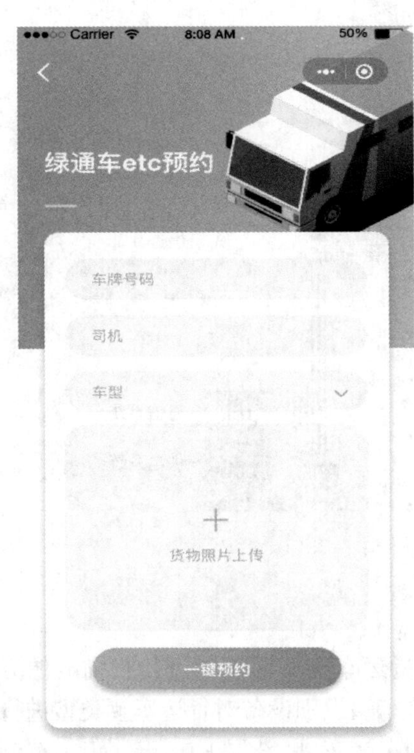

图4 绿通预约示意图

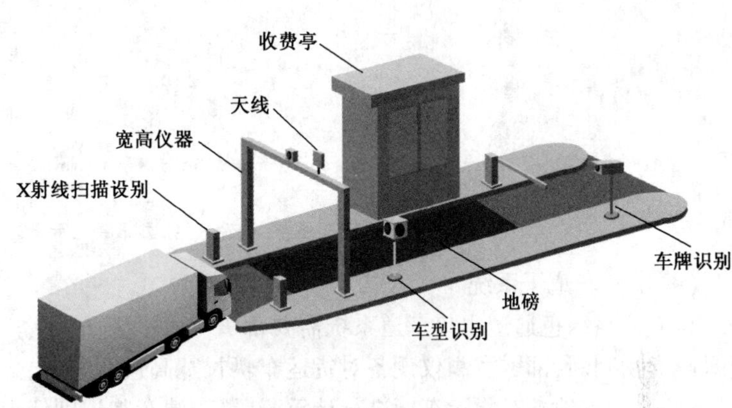

图5 高速公路收费站绿色通道示意图

(6)入口车道子系统

高速公路绿色通道入口车道系统需要部署X射线扫描设备对货运车辆车厢货物进行扫描成像方便绿通货物判断,部署宽高仪设备对货运车辆长宽高进行测量,部署车型识别设备对货运车辆类型进行识别,部署计重地磅对货运车辆进行计重,部署高清车牌识别仪识别车辆车牌,部署ETC天线识别车辆对车辆OBU进行信息读写。

高速公路入口绿色通道处理流程见图6。

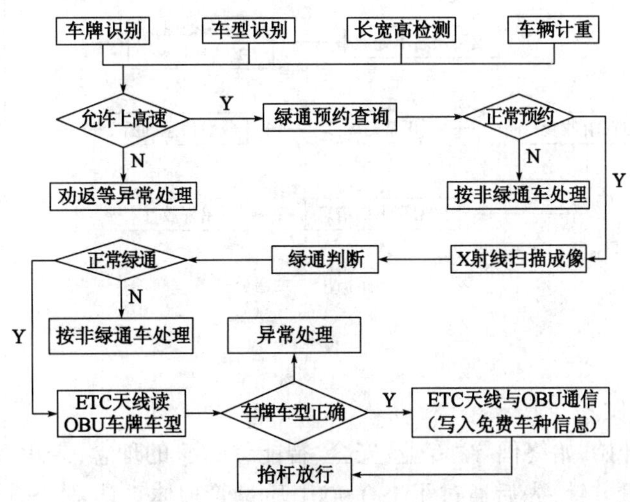

图6 绿色通道入口车道处理流程

(7)虚拟收费站子系统

高速公路虚拟收费站系统主要由ETC收费天线、高清车牌识别仪、高清摄像头、雷达监测、供电系统、通信系统等设备组成。绿通车辆从虚拟收费站龙门架经过,ETC天线读取车辆OBU信息,通过免费车种信息判断该车辆是否是绿通车辆,对于绿通车辆,ETC天线对其进行免费处理,并将车辆免费通行流水记录上传到绿通管理平台进行记录和统计分析(图7)。

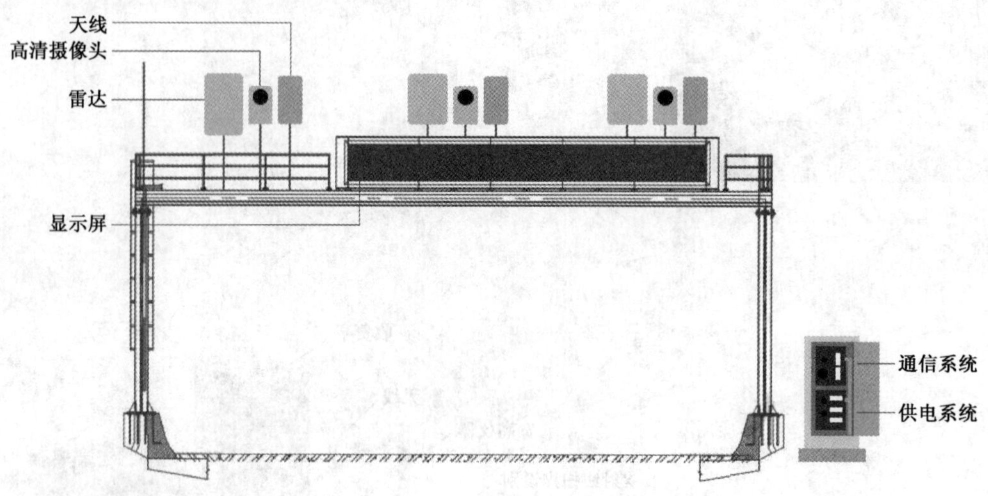

图7　高速公路虚拟收费站示意图

(8)出口车道子系统

高速公路绿色通道出口车道系统需要部署X射线扫描设备对货运车辆车厢货物进行扫描成像方便绿通货物判断,部署宽高仪设备对货运车辆长宽高进行测量,部署车型识别设备对货运车辆类型进行识别,部署计重地磅对货运车辆进行计重,部署高清车牌识别仪识别车辆车牌,部署ETC天线识别车辆对车辆OBU进行信息读写。

高速公路出口绿色通道处理流程见图8。

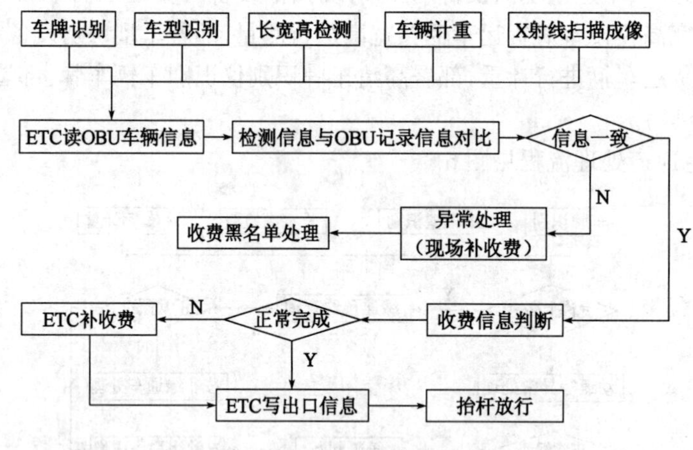

图8　绿色通道出口车道处理流程

5.健全的制度保障

(1)管理保障体系制度

绿通快检系统研发开始,始终倡导"专业、安全、智能、高效"的理念,秉承"科技创新、品质一流、诚信服务、顾客满意"的质量方针,先后通过了ISO 9001质量管理体系认证、ISO 14001环境管理体系认证、OHSAS 18001职业健康安全管理体系认证、知识产权管理体系认证,并将所有体系覆盖公司所有产品系列,在从设计、研发、测试、验收等全过程的各个环节都在严格的质量监控之中,确保质量,以高品质产品满足市场和用户需求。

(2)安全防护管理制度

为了保证绿通快检系统能够在确保工作人员、驾驶员和环境安全的情况下正常使用,凌特电子采取

了以下措施:

①操作人员持证上岗,并严格遵守操作流程。

②定期检查射线装置及防护装置和警示标志的完整性,发现问题及时采取措施,确保射线装置的安全使用。

③设置明显的放射性表示和中文警示说明。

④制定安全管理制度和安全操作制度。

(3)用户培训管理制度

建立了一套完备的、系统化的培训管理体系。主要包括理论培训和实操培训,一般需要先理论培训完成后,安排公司技术人员到现场进行一对一操作培训。确保操作人员能熟练操作控制设备,能对各种不同的车辆进行控制检测,以及辨别图像培训,直到每个操作人员能熟练操作,能通过辨别X光图像进行判别车辆的装载情况。

(4)售后技术服务管理制度

为提供产品的服务水平,提升客户的满意度,凌特电子采取了以下措施:

①全天候模式:售后服务为7×24小时模式。

②壹年质保期:质量保证期内免费维修和维护,质保期满另行签订维护协议,终身维护。

③日常维护:定期巡检和保养设备,保障设备处于良好的运行状态。

三、实施效果

(一)经济效益

1. 稽查成本大幅降低

传统的人工检查一般需配备3~5名稽查人员,绿通检查设备推广使用后,只需配备一名操作人员即可,有效地降低了交通管理部门的人力成本。

2. 通行费收入的增加

据全国收费公路统计公报显示:2013—2018年,在全国和广东省通行费年减免总额分别以平均10%和15%增长的情况下,绿通车辆通行费减免总额却处于平稳增长状态;广东省甚至出现了下降的情况:在2015年和2016年分别下降了7.18%和2.6%;据粤营协会统计,仅2015年下半年绿通快检系统为广东省业主单位挽回通行费损失达2.7亿元。这都与目前在全国范围内大力推广高科技产品绿通检查设备和进行绿通检查密不可分,见图9、图10。

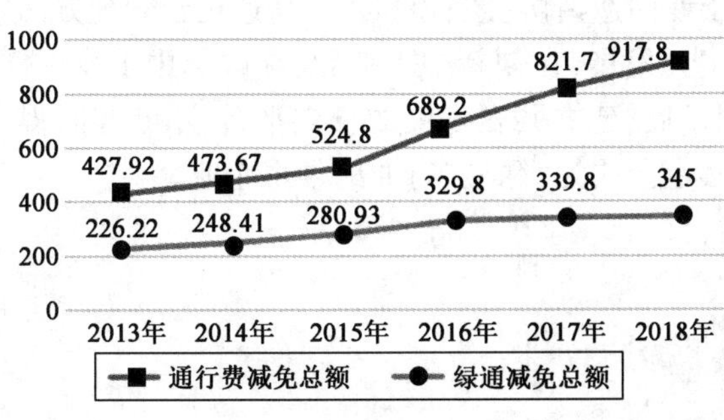

图9 2013—2018年全国通行费减免数据统计(单位:亿元)

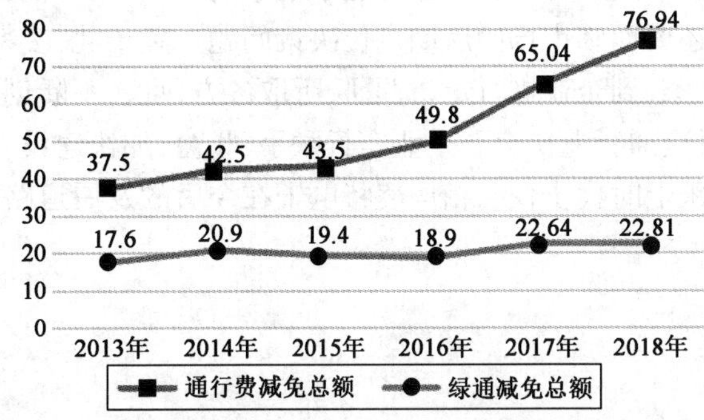

图10 2013—2018年广东省通行费减免数据统计(单位:亿元)

3. 绿通设备营业收入

截至2019年12月,凌特电子绿通产品覆盖广东、福建、江西、河南、河北、辽宁、吉林、甘肃等省的重点收费站,累计销售额已突破1.2亿元。

(二)社会效益

1. 提高通行效率,简化工作流程

该系统设备的推广使用有效解决了目前高速公路绿色通道检测慢、通行效率低、检查流程繁杂等问题,具有较高的社会效益,得到了广大高速公路用户的认可。

2. 减少工作强度,提高检查安全性

整个检查流程只需收费员一键操作,检查速度快,消除了执法人员攀爬车辆检查存在的安全隐患,降低工作强度,提高检查的安全性。另一方面,低辐射 X 射线高清透视成像技术在身体和心理上消除了管理者及现场工作人员关于辐射对人体健康伤害的顾虑,也消除了工作中的安全隐患。

3. 有效规范检查,提高稽查工作的客观性

可以有效判定不合规类混装、夹带、空载等违规车辆,有效打击假冒绿通车,更可直观全面地查验影像证据,减少驾驶员与工作人员的矛盾纠纷,提高稽查工作的客观性。

4. 有效打击不法分子夹装、混装的偷逃行为

能起到强大的威慑作用,可有效打击运输者弄虚作假、蒙混过关的行为。

5. 防止内部管理风险

通过绿通检查系统查验影像、车辆信息等证据,能够整体呈现并有原始备份数据可供核查,防止稽查人员与驾驶员勾结逃费、形式化查验,防止发生腐败、缺少执法证据等内部管理风险。

四、展望未来

凌特电子在为客户提供更安全、更精准、更高性价比的产品和服务的同时,也在把提升国家高速公路智能化水平作出应有的贡献定为未来发展的目标。在高速公路绿色通道车辆快速检测系统行业,凌特电子在国内占据领导地位,技术方面处于国内领先水平。在逐步完善公司的创新机制下,要一直保持技术品质及服务响应的优势,不断提高产品市场份额。凌特电子计划在未来的发展过程中通过扩大优势主导产品的规模、不断完善其功能与设计,进一步扩大市场占有率;加强营销创新,完善营销网络,实施品牌塑造工程,不断提高品牌的市场知名度与美誉度;健全行业资质与产品认证体系;遵循优势互补、核心能力增强的原则,有选择地进行战略性合作,提高市场影响力与占有率。

在当今的市场环境中,企业与企业之间,行业与行业之间都存在着一行激烈的竞争,如何在竞争中处于不败之地,让企业走上可持续发展的道路是非常重要的。凌特电子居安思危,尤其是当前取消高速公路省界收费站后,在这种复杂的市场环境下,不仅要面临前期项目的研发、生产、服务等资金的流动问题,还要面临市场的后期定位决策问题。鉴于此,凌特电子专门邀请协会领导和各省高速运营管理方面的专家,到企业进行走访调研,听取各方建议,不断创新,多元发展,在创新中求变化,在改革中求发展。通过交通行业协会和企业实行联手、联盟,加快建设,抱团发展,建立共赢发展的长效平台,不断与时俱进,跟上时代步伐。相信凌特电子在今后的发展道路上,必定会成为“绿检”行业的领军企业。

基于全网运行模式下高速公路收费业务管理创新研究

中交云南高速公路发展有限公司

成果主要创造人：欧毕华 廖 勇

成果参与创造人：谢 丹 周子杰 李吉飞 廖 镖 施建宇 包 旭 周 君 高 焱

为贯彻落实党中央、国务院决策部署，进一步深化收费公路制度改革，提高综合交通运输网络效率，降低物流成本，实现不停车快捷收费。按照“远近结合、统筹谋划，科学设计、有序推进，安全稳定、提效降费”的原则，明确技术路线，加快工程建设，提升人民群众的获得感、幸福感、安全感。2019 年 5 月 16 日，国务院办公厅印发《深化收费公路制度改革取消高速公路省界收费站实施方案》。

随后，深化收费公路制度改革取消高速公路省界收费站工程建设启动，2019 年 12 月底全国高速公路完成撤站工程建设和并网联调联试。

2020 年 1 月 1 日起，通过在收费公路主线设置车辆信息识别、实时计费的 ETC 门架系统，升级原收费系统软硬件，将货车按计重收费调整为按车型收费，采用全车型分段计费的方式，从而实现撤除高速公路省界收费站，使车辆得以不停车快速通行，实现车辆通行路段的精准识别与精准计费、扣费，同时对收费交易数据进行全网汇聚、全网拆分、全网稽核，由此形成了“全国一张网”的收费网络、“全国一张网”的稽核平台，开启高速公路全网运行收费模式。

一、全网运行模式的变与新

2008 年高速公路联网收费至 2019 年 12 月 31 日，全国运行的收费模式主要是省域内联网收费及拆分，通过省界收费站完成省内交易，主要通行介质为具备读写功能的 IC 卡。其中在 2016 年全国推行 ETC 联网，并实现了 ETC 跨省交易结算，但现金交易依然是省内交易。具体表现为：在取消高速公路省界收费站前，原有高速公路采用封闭式收费制式、部省两级管理，按车型（或计重）、路径和里程收费，一般以最短路径或最小费额收费，再分路段拆账。即：进入高速公路的车辆，在入口领取通行卡（或将入口信息写入 ETC 用户卡），出口交回通行卡（或读取 ETC 用户卡入口信息后）并按其最短路径行驶里程及车型（或计重）一次性支付通行费。

2020 年 1 月 1 日撤站工程建设和并网联调联试完成后，全网运行收费模式较之传统的收费模式而言，变化是巨大的。为实现全网收费模式健康运行，行业主管部门不仅统一推行了 CPC 通行介质的普及使用，还对包括计费、扣费、扣款、清分、拆分等在内的一系列规则做了大幅度修改。

本文认为全网运行模式在路网结构、计费场景、通行介质、货车计费、扣费方式、免费政策等方面较之前的模式存在如下变化：

（1）路网结构的变化

传统收费模式下，各省份通过在省界设置拦截式主线收费站进行收费，高速公路路网仅在各省份内做到畅通无阻。在全网收费模式下，高速公路省界收费站均被拆除，用主线 ETC 门架代替，车辆可以不停车并快速地通过省界进入邻近省份，真正实现了“全国一张网”。

(2)计费场景的变化

以往所有车辆的计费、扣费均在出口收费车道进行,而现在车辆的通行费计算主要发生在高速公路的主线上,车辆边行驶边计费,行驶一段计费一段。

(3)通行介质的变化

主要通行介质也由原来的IC卡转换为采用5.8GHz复合通行卡(CPC卡),实现"分段计费、出口收费"。

(4)货车计费的变化

在确保不增加货车通行费总体负担,确保同一收费车型在标准装载状态下的应交通行费额不大于计重收费时费额的原则下,调整货车通行费计费方式,自2020年1月1日起,统一按车型收费。

最明显的变化就是货车由原来按车货总重量计费调整为按车型计费,即同一车型的货车,空载满载同一个计费标准。这也杜绝了出口收费站因计重引起的收费纠纷,更好地保障了收费的有序性。

(5)扣费方式的变化

原先通过车道收费终端设备内预装的路网费率数据库信息实施本地计费扣费,现在变为由系统根据通行介质内的计费信息进行在线拟合计算后计费、出口车道交费或扣费。

(6)ETC车辆扣费规则的变化

之前按照ETC车辆在车道收费终端扣费后形成一条交易流水向ETC发行服务机构发送申请进行扣款,基本上"扣费即扣款";现在变为ETC车辆出口交易流水与其经过的所有门架交易流水均须ETC发行服务机构校验后扣款,如交易流水未及时上传,则不予扣款,即"扣费不一定扣款"。

同时,随着ETC推广普及,对现有车辆免费安装ETC车载装置,通行高速公路的车辆使用电子不停车快捷交易的比例会高达90%以上。

(7)拆分规则的变化

之前根据收费软件判定的行驶路径按行驶路径拆分,现在变为根据在规定时限内成功上传的门架流水方作为车辆通行费拆分的依据,较之前而言更强调了"服务痕迹化"的重要性。

(8)免费政策的变化

之前各省份根据地方经济发展需要出台地方性通行费减免费政策,全网运行后,将按照相关法律法规和规定进行清理和规范,全网统一。根据《收费公路管理条例》以及国务院的有关规定,只有有七类车辆可以减免车辆通行费,除此之外,其他车辆通行收费公路时,都应按照规定交纳车辆通行费。

(9)机电运维的变化

之前机电运维主要是收费站及收费车道的系统和设备的维护,收费模式转变后更加注重的是门架设备和网络通信设备的维护。同时也对设备的运行监测和维修的时效性有了更高的要求。

(10)网络安全的变化

原先各省一张网,网络传输的渠道和方式及系统都不一致,对网络安全的防护力度也不一样,一家出现问题不会殃及大家,全国联网后对网络安全和网络维护明确职责和要求提出了更高的要求,网络安全等级也相应提高。一点突破,全网遭殃,不容发生。

为实现"全国一张网"运行,较之传统的收费模式而言,新增业务也有其最显著的特点。

在计费系统、治超、免费政策等方面较之传统收费业务新增了确保全网平稳运行的相关业务。其中,入口治超数据成为货车能否驶入高速的重要依据;《收费公路管理条例》明确的免费车辆需通过预约机制才能享受免费政策(过渡期内延续之前的放行方式);主干线路新建的ETC门架系统是全网运行收费模式最重要的收费场景和关键设备;通行高速公路的车辆通行费缴纳状况将纳入信用体系。通过分析,我们认为主要新在以下几个方面:

(1)新增ETC门架系统

门架系统是全网运行收费模式的关键收费场景。高速公路主干线路上设置ETC门架系统,实现对所有车辆(包括ETC车辆和MTC车辆)分段计费。ETC门架系统根据OBU或CPC中写入的入口站信息、上一个门架信息、本门架信息进行路径动态补点拟合和费率计算，并将累计通行费金额写入 OBU 或 CPC，由 OBU 或 CPC 携带至 ETC 出口车道，出口车道读取并显示累计通行费金额，实时记账或计费，完成该次行程的通行费缴纳。此外，ETC 门架系统具备动态拟合补点功能，出口车道仅对出口前一个或多个（原则上不超过 5 个）省内门架进行动态拟合补点，保障计费完整或路径完整，确保实际行程与实际缴纳的通行费一致。

（2）新增入口治超系统

交通运输部于 2019 年 3 月 4 日发布《关于进一步规范高速公路入口治超工作的通知》。到 2020 年年底，全国所有封闭式高速公路收费站入口完成检测设施建设和设备安装，全面实施入口称重检测。

执行全国统一的超限超载认定标准，建立健全高速公路入口检测、出口倒查和责任追究等治超执法联动工作机制。

（3）新增高速公路通行费优惠预约机制

对符合政策规定的鲜活农产品、跨区作业联合收割机（插秧机）和国际标准集装箱运输车辆，通过安装使用 ETC 车载装置、提前预约通行的方式，实现不停车快捷通行并继续享受车辆通行费减免优惠政策。

（4）新增信用管理规则

将所有通行高速公路的车辆作为信用主体，纳入信用管理范围；交通部建立以信用承诺、信用公示为特点的新型监管机制；各省稽核管理单位对本辖区内通行车辆信用信息数据进行归集、汇总、行为分类；最终建立车辆信用记录，开展信用评价，对严重失信行为实施联合惩戒。

二、传统业务管理模式的应对能力分析

（一）传统模式概况

1. 管理架构

在此之前，高速公路经营业主单位往往将收费、机电运维、稽核相对独立开来（图 1），分别设置相应的部门进行业务管理。这样做的好处是，管收费的注重收费站与车道的现场管理，管机电运维的紧盯系统状态，管稽查的着眼于收费秩序的维护和服务质量的监督，职责界面清晰明确。

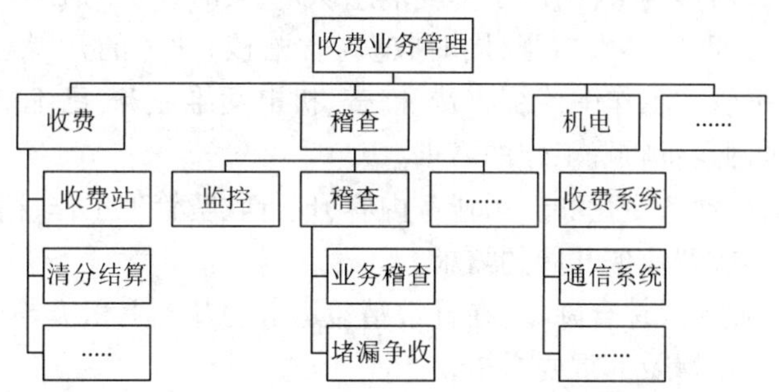

图 1　传统高速公路单位管理架构图

2. 业务弊端

通过长期的业务开展，其弊端逐步显现。正因为各管一摊，互相之间职责交叉不多，业务信息交互的需求不强，久而久之在综合专业能力上形成了明显的壁垒。具体表现为：管收费的不懂机电运维与稽查，管稽查的不懂收费与机电运维，管机电运维的不懂收费与稽查。

其中机电运维工作与收费工作业务壁垒相对较重，从业人员就是纯粹的设备设施运维观念，业务融合及关联意识不强，且考虑到高速公路安全运营问题，更多的精力放在了涉及运营安全的维护项目上。在全网运行收费模式下，收益与安全相辅相成，若不改变机电运维的方式，高速公路运营管理单位通行费收益将受到因收费系统设备设施维护不力而受到影响。

(二)应对能力存在的不足

1.机电运维方面

鉴于目前的收费管理工作及稽核、机电运维现状,我们认为当前全网运行收费模式下的稽核和机电运维工作存在如下应对能力不足的状况:

撤站前,高速公路机电运维主要负责收费系统、监控系统、通信系统、供配电系统、隧道机电系统五大类的设备设施维护工作,且存在以下问题:①机电运维力量薄弱,机电维护人员业务技能参差不齐,基本达不到设备维护需求,更多的是开展保洁保养的工作,设备的日常运维依赖设备供应商;②厂家售后不及时,维护时效性受影响,且无有效约束机制。

2020年1月1日起新的收费方式开始试行,机电运维工作在原有五大系统基础之上新增ETC门架系统及大幅增加ETC车道设备及通信设备。以现有机电维护队伍的维护模式及维护水平难以完成今后的运维需求。按交通部路网中心《收费公路联网收费运营和服务规则》要求,对CPC卡管理、收费业务、结算效果、运营保障、网络安全等均有相应评价标准和考核指标,这些运营要求均离不开机电运维的支撑,其中数据传输也就是网络通信对门架系统扣费、计费尤为重要,可见通信设备设施维护工作是今后机电运维工作的关键。目前机电运维队伍严重缺失网络通信、软件编程的专业人员,势必影响今后的机电运维质量。

2.稽核方面

撤站前高速公路稽查工作主要负责:业务稽查,对工作流程、工作纪律进行监督;打逃工作,对逃缴通行费的行为进行打击,主要方式为现场稽查。2020年1月1日起新的收费方式实行后,稽核业务工作虽然也主要是开展内部稽核和外部稽核,但外部稽核的方式较之前的模式对通行数据的依赖性更大了,可从业人员因为之前模式的因素,对数据应用、分析技能是很薄弱的,势必影响今后稽核业务工作开展的质量和效率,甚至造成通行费收益无法维护。

三、新收费业务管理模式思考

(一)管理理念

在全网运行收费模式的新形势下,因用于车辆信息识别、实时计费的ETC门架系统的设置,使得收费数据极大丰富,交易流水透明度极大增强,同时收费(含稽核)业务的开展对软硬件系统与网络传输的依赖程度更高。收费业务管理工作中传统收费、稽查、机电运维业务,已不能适应今后收费业务管理的高效开展,更不能满足全网运行收费工作的需求。

首先,鉴于全网运行后的业务变化和新增业务内容,现行收费管理工作、稽查工作、机电运维工作各自为政的状况已不满足今后收费业务开展的需求。

其次,采用精细化的作业模式综合降本,在日常精益运营的基础上积极寻求创新手段是高速公路运营管理单位实现进一步的降本增效的重要举措。

最后,通过传统的收费、稽查、运维业务融合,能提高新模式下收费工作管理水平;能不断增强收费数据的价值,为高速公路运营提供可靠的决策数据支持,为高速公路的畅通性和服务性提供保障;强化收费系统数据分析能力,能提高对高速公路路况的管理水平;能不断增强全网运行后的应对能力。

因此,将传统收费、稽查、机电业务进行业务融合、人员融合、资源融合,创新理念,为高速公路运营决策服务并满足维护收费利益目的——“运维即收费、稽核即收费、收费即利益”的收费管理工作理念,将是我们在全网运行收费模式下,应对目前收费业务管理工作中的短板和适应全网运行新形势的重要举措。

(二)管理模式

全网运行收费模式下的收费场景为:ETC收费、门架+CPC收费、稽核系统。紧紧围绕收费业务,对全网运行模式下的收费业务进行全方位梳理,既按照模块化原则进行分类,又按照“应收不漏,服务客户、维护收费利益”的目标进行交互——打造收费业务模块化管理架构。

全网运行收费模式下的收费业务管理内容为:车道业务、稽核业务、机电运维三个模块,由 CPC 和 ETC 交易、现场业务管理、收费系统关键设备维护、系统运行监测等子模块构成。

通过收费业务模块化管理,构建适应现阶段全网运行需求的收费业务管理架构;通过业务融合,实行模块化的管理举措,增强业务板块黏度,使相关业务工作高效运行;通过模块化的业务构成使各业务的价值充分得到发掘和利用,降低人力和物力方面的成本投入;通过建立和完善收费数据库,提高收费数据的利用率。

(三)管理目标

通过业务融合和模块化管理,实现“六化”。从整体上提高速公路运营管理水平,使其服务性能得到充分的发挥,最终实现收益最大化及“为人民群众提供更为高效、便捷、贴心的出行服务,提升公众的获得感和幸福感”。即:

①收费业务可视化,对收费业务运行主要指标数据进行实时监控。

②车辆收费状态链条化,在收费网络运行正常下,以收费车辆计费—扣费—收费链条管理,确保车辆通行在收费场景留下通行记录、收费模块完成收费链条记录,并进行实时监控。

③稽核业务事件化,基于收费场景的数据记录,复核收费模块完成情况,建立车辆事件管理的稽核机制,支撑个性化、智慧化的监控预警和稽核工作。

④失费状态识别与预警一体化。基于大数据等技术实现车辆失费(失去收费的情形,比如:屏蔽 OBU、CPC 卡等其他门架不能正常完成收费链条的情形)状态的提前识别风险和监控预警。

⑤高速公路智慧服务的个性化。以收费收费数据作为有力支撑,并联合服务区业态和路域服务资源,构建基于高速公路个性化的智慧服务。

⑥收费管理应对能力高效化。在“四融合四提升”的工作思路指引下,着力提升收费业务员工的单兵能力,以强的单兵作战能力,构建高效的收费管理应对能力。

四、新业务管理模式应用的案例分析

中交资管云南区域管理总部(简称“云南区域总部”)现行收费、稽查、机电业务相对独立,分别设置相应的部门进行业务管理。在全网运行前,有利于收费站与车道的现场管理,收费秩序的维护和服务质量的监督,职责界面清晰明确。但全网运行收费模式下,其弊端逐步显现,互相之间职责交叉不多,业务信息交互不强,业务管理上形成了明显的壁垒。呈现出管收费的不懂机电运维与稽查、管稽查的不懂收费与机电运维、管机电运维的不懂收费与稽查的状况。

2020 年 1 月 1 日起高速公路进入全网运行收费时代,云南区域总部鉴于现行业务开展的状况,随即开展收费业务管理理念的思考与管理创新的研究。以“机电运维即收费、稽核即收费、车道管理即收费、数据运用即支撑”运营管理理念为指导,紧紧围绕“应收不漏,服务客户,维护收费利益”的工作目标进行业务融合,按照模块化构建收费业务管理体系。

(一)业务融合

1. 工作流程融合

遵照不同类型的交易全过程,并按照每一种交易类型制定工作流程,从收费站入口开始,至拆分结束(如无投诉),对系统运维、常规收费业务开展、平台稽核、拆分验证、投诉处理,进行全链条式融合。

2. 业务信息融合

遵照不同类型的交易流水形成于传送的全过程,对系统运维、常规收费业务开展、平台稽核、拆分验证、投诉处理,进行全链条式融合。

3. 专业能力融合

根据不同类型的交易管理的全过程,对系统运行、常规收费业务开展、平台稽核、拆分验证、投诉处理,进行全业务应知应会的常识交流培训。

(二)管理架构

通过模块化业务构成,搭建适应全网运行收费模式下的收费业务管理架构(图2)。

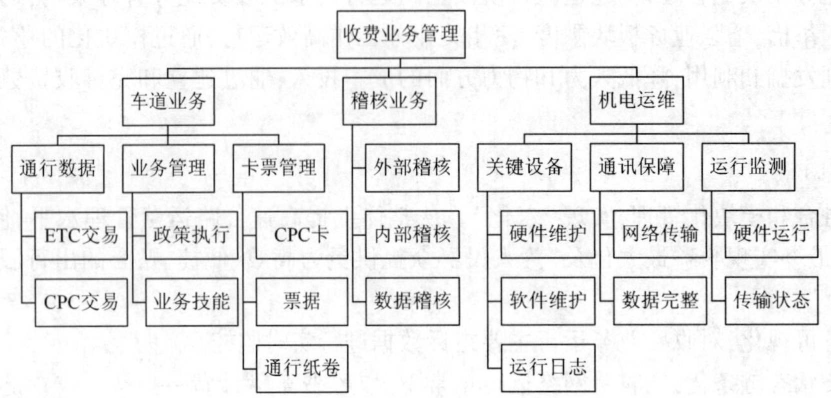

图2　适应全网运行收费模式下的收费业务管理架构

1. 车道业务

主要对通过车道收取通行费的各项活动过程及财务工作的各种要素进行决策、计划、组织、指挥、控制和激励;对收费政策及相关规定落实与分解。

2. 稽核

在保障收费运行秩序稳定的基础上,通过内部、外部、数据等方面对欠费补交、逃费追缴等开展收费稽核工作;内部稽核主要是对收费操作的准确性和规范性、收费政策执行、运营秩序、服务质量、安全生产、设施封闭式管理、收费人员在收费、稽核、追缴、通行秩序引导等工作中的收费行为、运营管理、运营服务等情况进行稽核。外部稽核主要开展是对异常数据分析、欠费补交、逃费追缴、联合稽查等工作。

3. 机电运维

根据各级收费系统运维保障制度,定期对收费系统关键设备,进行巡检、维护、监测,及时对各种故障进行修复,保障各级收费系统运行正常;对门架通行日志、车道通行流水等进行采集。

(三)平台运用

截至2020年,智能运营中心使用平台5个、在研平台1个,分别为稽核平台、机电一体化运维平台、大数据平台、清分结算平台、中交云南智慧大数据平台,以及在研的收费智能管理平台。

①稽核平台主要对通行车辆途径门架、收费站等进行查询,实现对车辆通行链条化的精确判定,同时也能对所发特情进行精确提醒,方便稽核人员及时处理特情。

②大数据平台汇总每日各类收费情况的大量数据,生成各收费情况的报表总结及图表展示。

③清分结算平台主要负责公司及其余业主单位收费金额的清分结算,以方便收费人员进行拆分情况的核对。

④机电一体化平台主要负责对各收费设施及监控中心设备的实时监控,提高收费站及监控中心业务水平,促进机电业务人员更好的应对全网运行模式下的机电运维工作,确保中交资管云南区域管理总部收费系统运行稳定。

⑤中交云南智慧大数据平台主要实现对公司各类收费支出金额进行数据整理及分析,并生成公司运行情况的报告进行可视化展示。

⑥在研的收费智能管理平台主要实现每日各收费数据的上报汇总,并对每日收费数据进行数据整合分析及可视化展示,同时针对各收费站各人员在岗情况进行精确化管理。

智能运营中心通过对以上平台的统筹整合及可视化运用,实现对收费、稽核、机电管理效率的高效提升,从整体上运营管理水平,使其服务性能得到充分的发挥,最终实现收益最大化及高效、便捷、贴心的便民服务,提升公众的获得感和幸福感。

（四）其余业务进行重组

将新模式下的收费业务管理建设成高度专业化的管理平台,使其专精于与收费相关的业务管理,剥离原先在收费、稽核、机电维护业务管理中与收费业务无关的职能。如:外电维护、照明、隧道风机、情报板、消防等与收费系统无关的机电设备维护,道路状况的监控、清障救援的信息报送等。

五、工作开展计划及效益分析

（一）下一步工作开展计划

下一步,中交资管云南区域总部将加快物联网、大数据中心等新型基础设施建设进度。同时紧随“五位一体”总体布局要求,加快交通智能化进程的研究进程。为此我们计划开展如下工作:

1. 加快收费智能运营中心建设

加快收费智能运营中心的建设工作,并在建设过程中具备如下特性:

(1)具备广泛的数据兼容性

充分利用用户现有数据资源,将不同数据格式之间的海量数据进行汇集整合,结合专业的模型算法加以多维度可视分析,有效挖掘数据背后的价值。

(2)实时数据,高效对接响应

具备平台化的数据处理模式,通过配置的形式完成外部接口的接入工作和数据萃取的全部流程,及时反映态势变化。

(3)具备便捷快捷的一体化交互方式

能够通过统一的控制终端,对多屏幕、多系统显示内容进行集中的交互操作,同时能对道路各硬件设施进行综合集中管理和监控,使使用人员获得便捷的使用体验,最大限度提升交互查询效率。

(4)精确实时的可视化大屏展示

在系统融合的基础上,实现可视化系统超高清、无形变、无限分辨率的大屏图像输出,基于三维态势地图技术构建,加载显示高精度地形数据、三维建筑结构数据、车辆、人员、摄像头、基础设施、事件数据等要素信息,完整、详尽地对高速公路运行态势进行全方位复现,实现管辖区域内“人、车、地、事、物”的全面监控。

(5)成熟稳定,便捷实用

选择垂直该领域、技术专业的搭建方,采用成熟的技术,助力公司在更高起点对自身系统进行规划建设;快速构建出效果出众、功能完善的可视化系统,推进收费智能运营中心快速落地。

2. 软件系统和硬件设备的可维护性及升级性

在收费智能运营中心现有的基础上,着重关注软件系统和硬件设备的双重可维护性与后期升级性。使硬件设备支持增量式节点扩充升级,确保系统规模未来可扩展;系统具备平台式软件架构,现有功能模块均可复用可调整,保证系统未来扩展维护的灵活性,满足后期不断演化的使用需求,避免大量的重复建设工作,充分保护公司的已有投资。

（二）项目经济效益分析

通过传统的收费、稽查、运维业务融合,成立智能运营中心,实现精确化计费收费,从而采用精细化的作业模式综合降低运行成本;通过信息可视化展示,提高运行调度及特情反应速度,从而保障收费设施设备平稳运行,提高车辆通行速度,提高收费运行效率同时通过场景可视化更进一步做好文明服务,继而吸引更多车辆通行,从而促进收费额增长;最后,通过收费、稽查、运维业务的相互促进,不断增强收费数据的价值,为高速公路运营提供精确的数据分析、可靠的预测结果,为决策做好数据支持,实现卓越的运营。

(三)项目社会效益分析

云南省作为旅游大省,年旅客接待了达6.64亿人次,本项目的建成及投入使用,能通过传统的收费、稽查、运维业务融合,提高新模式下收费工作管理水平,更进一步做好收费场合文明服务,提高旅客云南旅游品质的提高,有利于云南旅游形象的塑造;通过可视化、场景化以及收费稽核机电三业务的融合提升,实施智慧化管理,实现智慧高速的通行方式,全方位地提高服务质量,高效率地提高车辆通行速度,为驾乘人员创造"和顺、通畅"的出行环境,提高驾乘人员的幸福指数。

六、结语

为实现"机电运维即收费、稽核即收费、车道管理即收费、数据运用即支撑"的收费即利益运行理念,全网运行收费模式下的收费业务管理工作应具备高程度的信息汇集功能,集交易流水数据信息、收费系统运行状态与运维信息、收费车道现场信息、稽核平台等于一体,能做到对数据实时掌握、筛选、分析与锁定,对系统故障实时预警、定位与诊断,对收费现场操作实时了解与监督。收费业务管理应尽可能地提高车道、稽核、机电运维业务高度融合,有效降低对人员配置数量,有效提升从业人员业务能力,使其成为模块化、智能化管理平台。

以实际问题为导向,以目标管理为抓手,以大数据和系统融合为基础,有效连接各收费单元的数据资源,将海量收费信息资源进行整合共享,让高价值情报信息快速传递,并充分融合互联网+、大数据、云计算、可视化等前沿技术应用,将信息、技术、设备与高速公路管理需求有机结合,充分发挥态势监测、应急指挥、展示汇报、流程管理、辅助决策等多重作用,有效提升应急决策和资源协调指挥效率。同时以服务公众美好出行为出发点,探索数据资产向智慧出行服务经营转化的全新商业模式,探索智能载运工具、智能运营控制与管理、高速公路智能监测及预警、安全应急等方面的智能化生态应用场景,推进以数据为核心的"高速公路+数字化"发展新模式,促进数字交通管理与智慧化出行深度融合,实现企业数字化转型升级,形成有中国特色的智慧高速,助推数字经济和交通强国建设。

总而言之,全网运行对与收费相关业务的改变是巨大的,不仅仅只是撤了几个省界主线收费站,增加了几条ETC专用车道,多了几套门架设备这么简单。我们需要根据方方面面的变化,从新模式的需求、管理架构设置与实现方式等方面重新梳理其合理性、科学性,进而实现组织的适应性建设。

基于电子发票实现财务凭证电子化归档的管理创新

中国南方航空股份有限公司

成果主要创造人:袁金涛 陈创希

成果参与创造人:伍 翔 李忠迪 周智远 王富志 毛琳琳 谢 伟 童 珊 陈 悦 莫 丹 张 敏

1991年2月1日,中国南方航空公司成立,与民航广州管理局实行"一套机构、两块牌子"的管理模式。1992年民航体制改革完成,实行政企分离,南航开始市场化独立运营。1997年7月,经股份制改造后,南航分别在纽约、香港两地成功挂牌上市,2003年7月在上海证券交易所挂牌上市。2002年10月11日,南航与北方航空、新疆航空联合重组,成立中国南方航空集团公司,总部设在广州,是中央管理的三大骨干航空集团之一,公司主营航空运输业务,兼营飞机发动机维修、进出口贸易、金融理财、传媒广告、地产等相关产业。2017年11月16日,根据国务院国资委《关于中国南方航空集团公司改制有关事项的批复》(国资改革〔2017〕1082号),南航集团改制为"有限责任公司",公司名称变更为"中国南方航空集团有限公司"(简称"南航集团"),公司类型由"内资企业法人"变更为"有限责任公司(国有独资)"。目前,南航集团拥有员工11万余人,运营总资产达3450亿元人民币,拥有中国南方航空股份有限公司等8家成员企业及中海南航建设开发有限公司等16家参股公司。

中国南方航空股份有限公司(简称"南航股份")是南航集团的航空运输主业公司,也是中国运输飞机最多、航线网络最发达、年客运量最大的航空公司。总部设在广州,在北京、深圳等地有16家分公司,并拥有厦门航空等8家控股航空子公司,在珠海设有南航通航,在杭州、青岛等地设有23个国内营业部,在悉尼、纽约等地设有55个境外营业部。截至2019年底,运营包括波音787、777、747、737系列,空客380、350、330、320系列等型号客货运输飞机862架。

长期以来,南航集团认真履行中央企业社会责任,得到各界广泛认可,先后被授予多项荣誉和奖项。2004年1月,获美国优质服务科学协会授予的全球优质服务荣誉——"五星钻石奖";2012年、2013年连续获评《财富》(中文版)"最受赞赏的中国公司50强""中国年度最佳雇主30强""社会责任百强企业";2014年,南航股份获评美国《环球金融》"中国之星"最佳航空公司,《财富》(中文版)最受赞赏中国公司交通运输及物流行业第一称号;2015年,南航股份获评空客公司"全球空客A330杰出运行航空公司"、TTG"中国最佳航空公司"、中国物流业最高奖项"金飞马奖"和"中国品牌价值百强物流企业奖"等;2016年,南航获评《财富》(中文版)中国企业500强,居交通运输业企业首位。2019年,旅客运输量约1.52亿人次,连续41年居中国各航空公司之首,机队规模和旅客运输量均居亚洲第一、世界第三。保持着中国最好的航空公司安全纪录,2018年6月,南航股份荣获中国民航飞行安全最高奖"飞行安全钻石二星奖",是中国国内安全星级最高的航空公司。

一、实施背景

2019年1月17日,国家档案局、工业和信息化部、国家税务总局货劳司等一行莅临南航调研指导档案数字化建设工作,会上听取了公司档案数字化、电子发票应用和信息化等工作汇报,并参观了南航档案馆,对南航档案管理、数字化创建和基础建设等方面给予充分肯定。

为持续推进电子发票应用和推广实施工作,助力国家数字经济发展,按照国务院有关要求,2019年4月,国家档案局下发通知,确定了中国南方航空集团有限公司在内的7家企业开展电子发票电子化报销、入账、归档试点,旨在探索降低电子发票应用成本的典型经验和做法,并进一步完善数字经济发展所需的制度和标准规范。

根据通知要求,电子发票电子化报销、入账、归档试点工作在2019年6月30日前完成,内容有以下几方面:一是开展电子发票电子化报销入账试点工作,过程符合《企业会计信息化工作规范》有关要求;二是开展电子发票归档试点,即在没有电子档案管理系统情况下,档案部门或档案人员直接从会计核算部门或会计核算系统接收电子发票,并仅以电子形式归档,归档存储格式符合要求,归档过程中电子发票真实性、完整性、可用性、安全性有保障;三是及时总结试点工作,形成可推广、可复制的经验和做法,试点完成后形成试点工作总结报告。

本项目的建设目的是围绕国家试点工作要求,研发出具有南航特色的电子发票电子化全流程闭环管理流程,优化升级财务核算类系统、财务电子凭证系统,打通从发票采集、查验、报销到会计核算、入账、归档的全流程闭环电子化管理,提升报销、审核、归档效率,拓展和推进财务凭证电子化工作,进一步协同规范公司内控管理,提升员工服务体验。

二、成果内涵和主要做法

(一)成果内涵

本项目基于国家电子发票电子化管理的工作要求,结合南航集团实际报销、核算、档案管理业务发展需要,按照《企业会计信息化工作规范》及《国家档案局办公室　财政部办公厅　国家税务总局办公厅关于开展电子发票电子化报销入账归档试点工作的通知》(档办发〔2019〕1号)文件要求,解决南航集团面临的电子发票管理痛点问题,以电子发票为契机,优化财务、档案管理流程,提升财务服务效率,实现财务管理精细化、无纸化、智能化,节约打印、仓储等人工成本。

主要创新成果有以下几点:

①打通从电子发票采集、报销到会计核算、入账、归档的全流程闭环电子化管理,提升报销、审核、归档效率及服务体验。

②拓展和推进财务档案电子化工作,节约仓储、人力等管理成本。

③满足财务精准核算内控管理需求,财务核算工作智能化。

④通过国家试点验收,实现了实物与电子档案统一移交管理,为民航财务档案电子化工作积累了宝贵经验。

⑤电子化报销符合社会倡导的绿色环保理念。

(二)主要做法

1.创新思路及目标

南航集团电子发票的应用一直走在民航业前列:对外提供电子发票方面,南航集团在2016年7月29日,开具了中国民航首张电子发票。2017年9月27日,南航集团面向广大旅客正式推出国内航空旅客运输电子发票服务。目前,通过南航集团直销渠道购买机票的旅客,在行程全部结束后可通过南航集团官网和移动客户端自助申请、查询、下载电子发票用于报销。在接收电子发票方面,实现了南航员工公务出差机票的全线上办理,包括出票、订座、二维码登机、预订酒店、报账、账务、归档等,以电子发票取代纸质行程单,以电子行程数据取代登机牌,电子发票数据便捷匹配报账单。2018年5月18日,对接税务进项系统,通过南航集团办公软件"南航e家"扫一扫电子发票二维码,自动查验发票真伪,获取供应商开给南航的电子发票结构化信息,员工报账时,自动关联电子发票结构化数据,在限制重复报销的同时,减少了报账人输入发票信息的手工工作量,提升了准确性。2018年11月5日,员工公务出差报销业务移交至南航差旅平台系统，由差旅平台推单至报账系统进行财务审批，差旅平台系统建成之初，仍需要报账人打印面单及酒店电子发票，粘贴后至财务扫描岗扫描上传方能进行财务审批。2019 年 4 月上旬，差旅平台接入第三方酒店数据，实现了 23 个分子公司所在城市的 100 多家酒店，员工出差无须垫付酒店费用，无须开发票（对于未入驻协议酒店的情况，仍需要员工按照原流程索取增值税发票及打印报账面单），回程后直接在差旅系统提单报销，推送到报账系统，无须打印面单粘贴发票，直接财审，实现了员工报销全流程凭证无纸化。员工离店后，协议酒店与南航开票月结，由财务接口人统一报销、入账、归档。员工差旅报销业务的无纸化应用为发票电子化报销、入账、归档奠定了基础。

发票联动系统方面，南航报账系统主要负责除成本系统以外的对私和对公的报账业务、付款及相关账务处理，基本资金收支的全电子化过程，目前已经在南航集团与南航股份及下属单位进行日常财务报销使用。电子影像系统、电子凭证系统已经实现了实物凭证的扫描、上传、归档功能，公司档案管理系统已实现了南航集团各单位跨地域、跨全宗、跨类别的档案信息管理和共享查询。

虽然南航电子发票应用走在民航业前列，但在电子发票管理方面也存在众多痛点：

①政策方面，打印电子发票版式文件报销符合政策要求。根据国家税务总局 2015 年第 84 号文件规定，国家正式全面推行增值税电子普通发票（简称“电子发票”），并认可电子发票的法律效力，即“开票方和受票方需要纸质发票的，可以自行打印增值税电子普通发票的版式文件，其法律效力、基本用途、基本使用规定等与税务机关监制的增值税普通发票相同”。南航集团在试点前，采取打印电子发票版式文件的方式进行财务报销，符合政策要求。

②技术方面，打印电子发票版式文件报销，增加财务审核风险。员工存在修改电子发票打印版发票基本信息的可能性，且技术手段比较简单，比如员工可以通过市场上常见的修图软件修改发票图片信息，或通过自制模板套打发票信息，而且如果只是修改其中一部分信息，再通过打印纸质进行报销，很难通过直观审核发现问题，增加财务审核风险。

③内控方面，打印电子发票版式文件报销，受限于纸质文件 OCR 识别问题，难以通过信息化手段设定内控规则。仅保留电子发票版式文件的打印版，而不保留电子发票版式文件原文件，使用普通 A4 纸打印电子发票的版式文件，规格不一，OCR 识别的难度较大、成本高、识别准确性低，难以将打印的电子发票文件转化为结构化数据，进而无法系统自动匹配对比打印的发票数据与税务局底账库电子数据的一致性，存在电子发票重复使用的可能性，较难通过信息化手段设定内控规则，不利于应对可能出现的发票不合规风险。

④服务方面，南航集团实施财务共享，财务报销要求包含纸质报销凭证的，必须要将有关凭证与报销面单一起提交给财务部门扫描单据，员工可能因为增加了电子发票打印文件，而必须前往财务部门送交材料（有些距离较远），降低流转效率，员工服务体验感不佳。

⑤归档方面，增加纸质归档文件数量，占用较多的人力、仓储等成本，随着后续发票全面电子化，纸质文件会越来越少，缺乏电子发票管理手段，不利于档案电子化管理优化提升。

⑥环保方面，对于接收到的电子发票，需要打印电子发票版式文件才能报销，需要额外使用大量 A4 纸，不利于环保。

为解决电子发票管理的痛点问题，结合南航集团电子发票应用现状，确定创新思路及目标如下：

优化提升现有发票报销、归档管理流程，通过发票联动上下游关联系统，打通信息枢纽，辅助财务管理业务，实现财务管理精细化、无纸化、智能化。

根据《关于开展电子发票电子化报销入账归档试点工作的通知》（档办发〔2019〕1 号）试点要求，南航集团入选电子发票电子化报销入账归档试点单位之一，结合试点工作要求及南航集团实际业务开展需要，解决南航集团面临的电子发票管理痛点问题，优化电子发票报销、入账、归档的全流程报销体验，员工报账中包含电子发票的无须再打印电子发票纸质文件进行扫描，支持采集电子发票 PDF 版式文件电子原件形成电子档案数据直接进行报销、入账、归档。整个电子发票全流程中的电子数据，包含电子发票、财务记账凭证等其他纸质凭证电子扫描件统一在电子凭证系统分册入库，按照财务档案管理办法移交至公司档案馆归档。

2. 流程方案

在南航集团原有的公司档案管理系统、财务报账系统、财务电子影像系统、南航 e 家 App(南航内部使用的移动办公 App)等系统的现有功能基础上,新增优化各个系统的功能,设计整体方案,满足电子发票电子化报销、入账、归档的要求,以电子发票为契机,优化财务管理流程,提升财务服务效率,实现财务管理精细化、无纸化、智能化。

整体流程方案如图 1 所示。

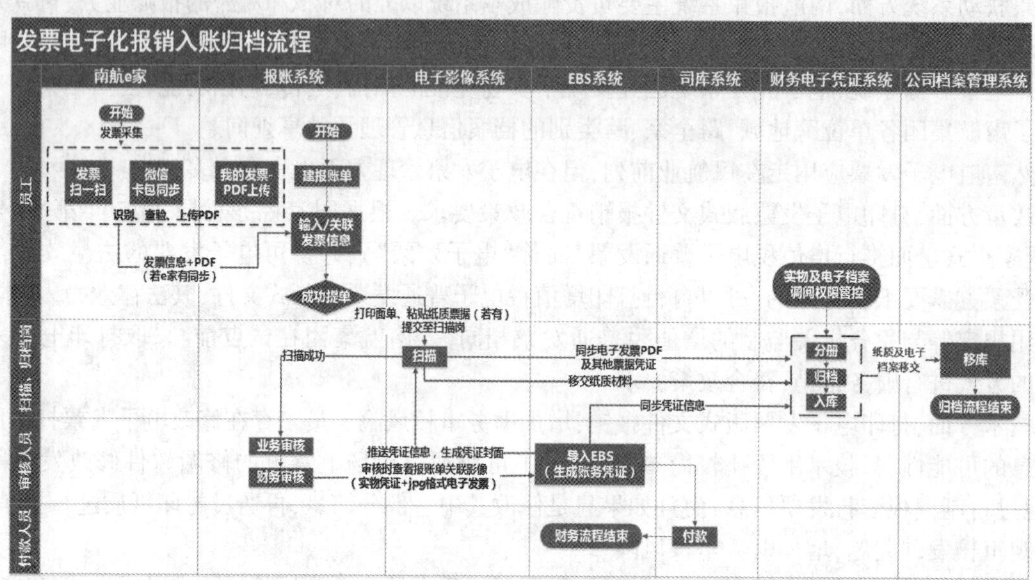

图 1　发票电子化报销入账归档流程

3. 具体做法

流程方案中涉及电子发票采集、报销、入账、归档环节。各环节具体做法说明如下:

(1)报销环节

财务报销环节,主要是解决电子发票的采集及归属问题,如何保证电子发票快速采集,且不会被重复报销,实现电子发票的便捷采集、关联报销单、便捷财务审核等功能。

在防止重复报销方面,系统的发票采集入口有移动端(南航 e 家)、Web 端(报账系统)、发票采集接口(外围系统),每个采集入口均通过南航集团内部 SSO 进行身份验证,可对采集的发票赋予所属人;每张发票在采集阶段校验是否已重复采集,在报销阶段,校验该发票所属人是否报账人,从而避免了发票重复采集与重复使用的问题。

在快速采集方面,系统使用了 PDF 转图片技术、图像识别技术和二维码识别技术,能快速读取纸质发票、电子发票上的二维码,解析出格式化数据,实现电子发票快速便捷采集。

解决发票真伪问题方面,每张发票在采集时,均会自动在后台去国税查验平台进行发票查验,保证发票的合法性。

①南航 e 家 App 移动端采集。

南航 e 家作为移动端发票采集入口,通过南航 e 家“我的发票”—“扫一扫”功能,支持扫描增值税纸质/电子发票上面的二维码,自动采集发票的电子数据信息,进行实时查验与反馈,查验结果与税务总局查验平台结果一致;通过“同步微信发票”操作,实现电子发票 PDF 版式文件的自动下载及发票查验功能(图 2)。

②财务报账系统 PC 端采集。

通过财务报账系统 PC 端“我的发票”功能实现电子发票 PDF 版式文件上传及发票查验功能(图 3),同时系统自动同步南航 e 家 App 及 PC 端采集的发票数据。

图2　南航 e 家移动端采集

图3　财务报账系统 PC 端采集

③报销提单。

提报销单时，员工主要通过南航财务报账系统 PC 端进行提单，并通过“选择发票”功能，实时在线选择员工已通过南航 e 家 App 扫描验真的电子发票数据，然后填写补充其他报销信息，保存后提单（图 4 ~ 图 6）。

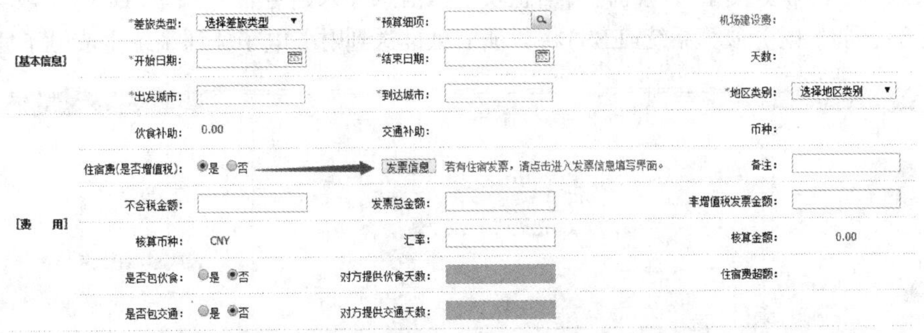

图4　报销提单 1

对于南航员工乘坐南航航班发生的公务差旅业务，在员工完成成行后，系统自动开具电子发票，通过南航集团内部多个系统联动对接，支持员工通过财务报账系统根据乘机人自动获取其公务机票电子发票及相关航班信息，无须提供行程单、登机牌等凭据，无须申请、提交、打印、上传电子发票等操作，极大地提升了员工公务差旅报销体验。

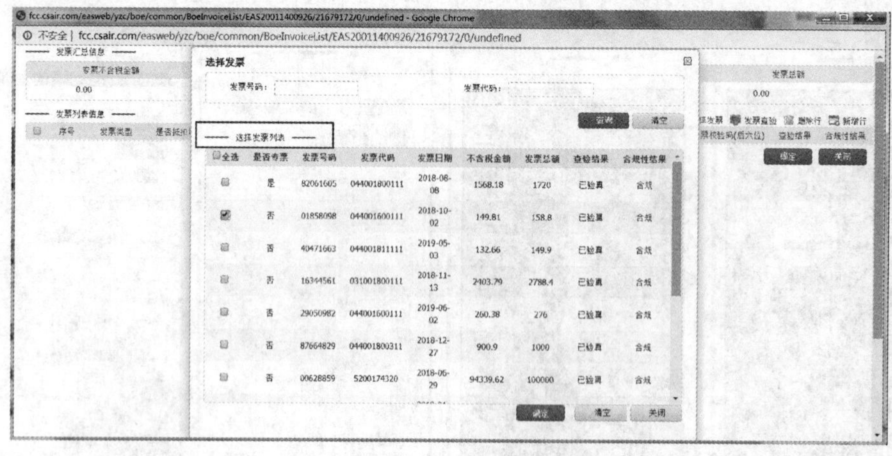

图5 报销提单2

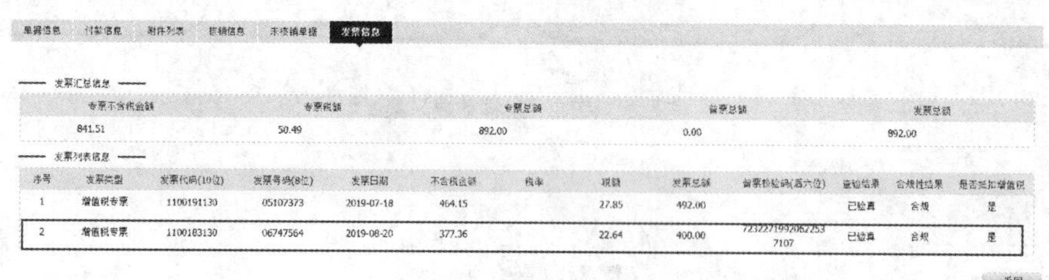

图6 报销提单3

成功提单后系统后台将PDF版式文件上传至财务电子影像系统,为方便财务审核人员同时审核电子发票及其他纸质凭证扫描件,系统将电子发票版式文件转换为JPG格式供财务审核人员集中查看。

(2)入账环节

入账环节,主要是做好财务报销单据与财务核算系统账务的对接,通过自动生成账务,减少人工错漏风险。通过对接财务核算系统,提供财务入账及凭证信息输入接口,实现关联业务单据自动生成账务。

每张发票均是先查验后使用,省去了财务人员手动查验的工作量,发票报销后,系统使用xxl-job定时作业框架,自动将发票传与税务系统进行发票认证,从而形成发票整个闭环,提升财务入账效率。

具体来讲,员工通过财务电子报账系统提交的业务单据,业务审核与财务审核均审核通过后,系统根据财务电子报账系统的业务类型对应的科目信息及单据信息导入财务核算系统(EBS)生成具体账务凭证信息(图7、图8),同时,财务核算系统(EBS)将凭证信息推送到财务电子凭证系统生成电子凭证封面。

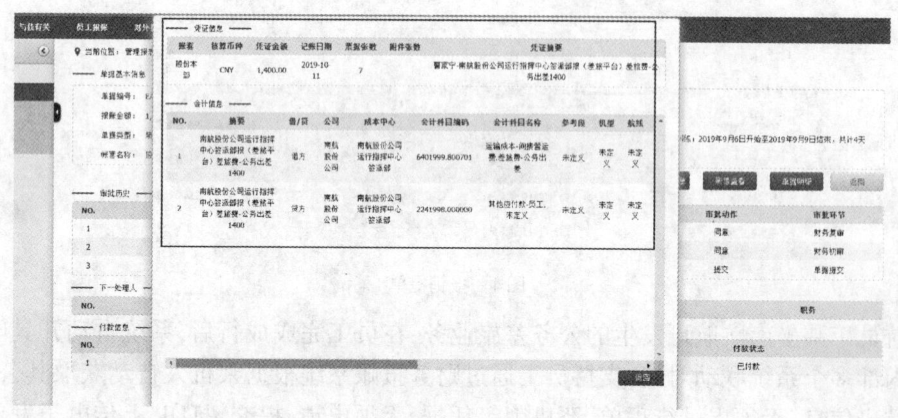

图7 财务记账凭证1

南航股份公司财务账簿

记 账 凭 证

核算单位：股份本部 页码：1/1

批名：FCC20191011232524 2019-10-11 7829948 编号：转账FCC01251

凭证名：EAS19100900336 采购发票 CNY 总帐日期：2019-10-11 币种：CNY

摘要	科目名称	借	贷
南航股份公司运行指挥中心签派部报（差旅平台）差旅费-公务出差1400 EAS19100900336，供应商:	南航本部.南航本部.其他应付款-员工		1,400.00
南航股份公司运行指挥中心签派部报（差旅平台）差旅费-公务出差1400 EAS19100900336，供应商:	南航本部.运行指挥中心.运输成本-间接管理费.差旅费-公务出差	1,400.00	
本行空白			
本行空白			
本行空白			
本行空白			
本行空白			
本行空白			
合计		1,400.00	1,400.00

主管： 出纳： 审核：系统-DATA_TRANSFER, 制单：系统-DATA_TRANSFER, 报销人： 附件：

图8 财务记账凭证2

(3)归档环节

归档环节，主要是做好财务凭证的匹配、分册、入库、移库归档等工作，以及处理好财务归档环节与公司档案归档环节的对接。财务电子凭证系统建设满足财务凭证匹配、分册、入库、归档等要求。根据凭证单据是否包含纸质实物或是否对接电子影像系统形成实物影像两个主要因素，将财务待归档的凭证或单据区分为三类：

①财务报账系统有实物影像单据：数据来源于财务报账系统，存在实物凭证及实物影像（通过影像扫描系统扫描上传）。

②外围系统有实物无影像单据：数据来源于非财务报账系统的外围系统，存在实物，但是没有实物影像。

③无实物纯电子单据：数据来源于报账系统和外围系统，无实物凭证。

其中，影像扫描、凭证匹配和档案分册、入库环节的处理流程如下：

①影像扫描。

将财务报账系统单据对应的纸质凭证扫描成电子影像，利于后续影像审批及管理。外围系统单据和无实物纯电子单据则不需经过扫描岗扫描。电子发票可通过报账系统和南航 e 家导入关联对应报账单，作电子凭证归集。

②凭证匹配。

财务核算系统生成的账务信息和财务电子影像系统生成的影像附件（含电子发票 PDF 及影像）将定期同步至电子凭证系统，电子凭证系统通过报账单号将记账凭证和凭证附件影像进行一一匹配，实现记账凭证、电子发票 PDF 及其他票据凭证的统一归档。

按照凭证类别不同，凭证匹配操作略有区别，具体如下：

财务报账系统有实物影像凭证由系统后台自动匹配；外围系统无实物影像凭证通过批量打印二维码标签，粘贴到对应实物凭证中，实现凭证电子和实物的关联；无实物纯电子凭证通过人员判定，采取“批量赋予无影像文件”的操作，对该类凭证进行标记。

③档案分册、入库。

财务归档岗员工通过扫描枪扫描报账单条形码，将多个财务报销单及其纸质材料分为一册，实现纸质与电子材料（记账凭证、电子发票 PDF 及其他票据凭证）的关联分册。选择多个分册后完成入库操作。

按照凭证的不同，凭证分册、入库操作略有区别，具体如下：

无实物纯电子凭证可自动分至纯电子册中,入库的库位选择电子分册库位;财务报账系统有实物影像凭证和外围系统无实物影像凭证流程相同,通过扫描枪扫描凭证编码进行分册,分册完成后选择对应库位信息完成入库操作。

④移库归档。

入库后电子数据通过"归档入库"操作传输到公司档案管理系统,为实物移交归档做好准备。

档案管理人员按照档案管理要求,将财务实物档案移交给公司档案馆,公司档案系统根据前期传过来的电子数据,按照全宗完成凭证的最终归档操作。档案管理人员可通过实物档案的面单确认是否有对应的电子凭证(面单页显示电子发票信息),若需要查询其对应的电子发票及实物票据张数是否与移交的一致,则可通过单据编号在电子凭证系统进行查询。

(4)技术安全

具体技术实现过程中考虑数据存储、传递、防篡改等安全问题,具体解决方法如下:

①在报账系统采集环节,发票结构化数据通过调用税务局接口进行查验;PDF 文件通过系统自动从微信、进项系统下载,或用户自主上传,用户自主上传时校验 PDF 内容与格式化数据是否一致;在单据审批环节须经财务审批,确保文件内容真实。

②电子影像系统定时通过报账单号进行凭证匹配,将该单所有电子文件进行关联,确保该单电子发票文件完整。

③采集发票的结构化数据和 PDF 文件时,保存文件 MD5 值;上传公司档案系统前,实时读取文件 MD5 值,与数据库中的 MD5 值进行对比校验,确保文件未被篡改。

④使用 ftp 文件传输技术,NAS 存储电子文件,能高速存储,动态扩容,省成本且易保存。使用电子凭证系统对海量会计文件进行管理,易检索。

⑤凭证系统可按条件检索结构化数据与文件,提供在线查看文件功能。

⑥严格按公司档案系统的技术接口要求进行数据传输,上传内容包含每卷文件数量、文件格式化数据及电子文件等。

4. 创新组织

本次管理创新由南航集团财务部税务管理室(负责公司电子发票相关政策制定)牵头,行政管理部档案馆(负责公司档案管理)、财务部综合管理室(负责财务档案管理)、财务共享中心(负责公司财务报销审核)、系统与内控室(统筹财务系统建设)、信息中心等配合共同成立联合专项项目组,专项组责任分工见表 1。

南航集团专项组责任分工表　　表 1

责任单位	工作职责
财务部税务室	负责调研立项、申请政策、制订工作目标和计划
行政管理部档案室	对档案管理标准提出指导性意见、负责公司档案系统和会计凭证系统对接协调
财务部综合管理室	负责梳理政策制度、负责更新《会计档案管理办法》、协助行政管理部档案系统对接事宜
综合保障部财务共享中心	负责梳理业务流程、提出业务需求,协助综合管理室更新管理办法,协助系统与内控室进行电子凭证系统推广与培训
财务部系统与内控室	负责制定业务解决方案,系统推广与培训
信息中心	负责梳理系统需求、制定技术解决方案、技术开发、测试及上线

5. 支撑保障

南航集团电子发票报销、入账、归档工作主要涉及南航 e 家 App、财务报账系统、财务电子影像系统、财务电子凭证系统、EBS 财务系统的建设。

技术上采用南航股份自主研发方式,总体投入研发约 300 人天。主要新增或优化的系统功能如下:

一是财务报账系统新增上传电子发票 PDF 版式文件功能；二是南航 e 家 App 新增同步微信电子发票功能，优化扫描发票二维码功能；三是优化财务核算系统功能；四是全面优化财务电子凭证系统凭证匹配、分册、入库、归档等功能；五是开发接口，实现与公司档案系统对接工作。

三、实施效果

(一)推广应用

电子发票电子采集、报销、入账、归档流程目前已在全南航推广使用，截至 2020 年 7 月，电子发票应用业务类型达 1200 多个，参与人数达 10 万多用户，2019 年上线以来已上传电子发票 PDF 共计 10 万多张，其中已归档 7 万多张。

伴随着该项工作的开展，同步推广了财务记账凭证电子化归档工作，财务记账凭证无须打印装订存储。目前，财务记账凭证电子化已在南航股份推广使用，下阶段将推广至南航集团各分子公司及非航空类子公司。

以电子发票应用为抓手，运用业、财、税一体化理念，从发票大数据中提取业务价值，满足财务精准核算的内控管理需求，使财务核算工作趋向智能化。

(二)管理效益

1. 流程优化、降低风险，提升管理效益

①优化了员工电子发票采集业务处理过程，流程中提供的“微信卡包发票同步”功能为员工提供了便捷的发票采集入口，通过系统化方式直接查验发票真伪，报销时直接关联查验通过的发票，无须员工去税务局网站二次查验发票合规性。

②精简了电子发票报销业务处理流程，报销时，报账人无须打印粘贴发票、递交扫描岗，扫描岗无须扫描纸质材料，财务审核岗直接查看电子发票影像，提升了报销效率，简化了工作流程，降低了沟通成本。

③优化了归档业务处理流程，系统自动完成这类纯电子凭证的分册、入库、归档全过程，无须归档员手动操作，为财务档案全面电子化打下坚实基础。

④有效避免解决打印电子发票带来的员工篡改发票信息报销问题，减轻了财务审核压力。

⑤有效解决电子发票重复报销问题，不必校验原打印电子发票带来的纸质发票与电子发票数据可能不符的问题，通过系统识别电子发票结构化数据，便于核对匹配，支持通过线上设定内控规则方式，提升管理效率，降低发票不合规管理风险。

⑥优化纸质、电子材料混合归档档案管理流程，为财务凭证电子化、专票电子化等业务拓展打下较好基础。

2. 规范工作模式，简化工作过程，降低沟通成本，大幅提升工作效益

①之前通过打印电子发票拿去扫描岗报销的方式，受限于 OCR 识别技术成本高、识别率低等因素，导致扫描岗扫描发票不清晰，出现财审人员二次与扫描岗及员工沟通的情况，导致单据流转时间长，报销效率低。

②发票查验前置在提单环节，其真伪无须等税务认证结果，减少因发票问题导致财审无法审单或退单的情况，极大程度上提升了财审人员工作效率，单据流转时长较以往提升 60%，员工报销时长可减少 4 ~ 5 天。

③电子发票电子化从根本上解决了扫描、审核问题，在规范工作模式的同时，修订了原有电子发票打印纸质方能报销的管理规范，简化了工作过程，降低了沟通成本，大幅提升了工作效益。

(三)经济效益

2019 年 6 月系统上线以来，至 2020 年 7 月，实际归档电子发票共计 7 万余张，每年处理电子发票按照保守估计 10 万张测算(结合纸质发票取消、专票电子化等影响，未来每年处理电子发票预计 40 万张

以上），每年财务报销相关的财务凭证超过 200 万张、电子附件超过 20 万张。通过试点，上述至少每年可有 230 万张文件不必打印（不完全统计，供参考），相关费用节约测算如下：

①纸张费：依据档案局统一报价标准 0.05 元/张，每年节省约 11.50 万元。

②打印耗材费：按照 0.12 元/张测算，每年节省约 27.60 万元。

③保管费：按照 0.125 元/张测算，每年节省约 28.75 万元。

④整理人工费：按照 0.22 元/张测算，每年节省约 50.60 万元。

⑤仓储成本：按照 100 平方米仓储测算，每年节省约 12 万元。

按照上述测算，预计 5 年内可为公司累计节省成本约 650 万元。

（四）社会效益

①电子发票电子化的应用，大大提高了行政管理效率，降低了企业经营成本，完善了国家数字经济发展所需的制度和标准规范。

②电子发票系统化、无纸化，既提升了经济效益，也有利于环保事业的发展。相较于以往通过打印电子发票、打印面单、粘贴发票、税务局网站查验并打印发票查验结果证明进行报销的情况，大大减少了打印、扫描、档案装订的人力、物力和时间，符合绿色环保理念，有利于环保事业的发展。

③满足了电子发票电子化报销入账和电子发票仅以电子形式归档，归档过程电子发票真实性、完整性、可用性、安全性的要求，为民航财务档案电子化工作积累宝贵经验。

④发票电子化应用，为发票开具、收取、报账核算、入账管理提供了有效的凭证数据，未来财务核算 IT 信息化建设，将继续以电子发票应用为抓手，运用业、财、税一体化理念，从发票大数据中提取业务价值，满足财务精准核算的内控管理需求，使财务核算工作趋向智能化。

⑤以电子发票电子化报销、入账、归档试点为契机，为南航集团财务凭证电子化、专票电子化等业务拓展和大数据分析管理打下了较好基础，更是对档案全面电子化的有益尝试。

信息智能化、流程精细化为车企提供集装箱全程供应链服务

辽宁集铁国际物流有限公司

成果主要创造人：孙旭生　金　雷

成果参与创造人：曾　光　许佳宁　张　琦　宋维吉

辽宁集铁国际物流有限公司(简称"辽宁集铁物流")是由辽港集团旗下大连港投资组建的集场站、仓储、货运为一体的综合性物流企业。辽宁集铁物流于2003年7月成立,注册资本1600万元,经营范围主要包括集装箱堆场、仓库仓储、铁路/公路运输、装卸、拆装箱、集装箱修理/清洗、集装箱全程代理及汽车物流等服务。辽宁集铁物流坐落于辽宁沈阳东站东货场,是沈阳乃至东北地区功能完备、设施先进、管理规范的现代化内陆干港(图1)。辽宁集铁物流占地面积达23万平方米,集装箱最大堆存能力7400TEU,场内设海关监管场地约1万平方米,1050米铁路站内线2条,配有集装箱正面吊、空箱堆高机、进箱叉车等作业设备,自有及外包稳定的长短途运输车队,提供24小时高效率作业服务。场站内实行全封闭管理,电子监控系统全方位覆盖,确保客户货物及集装箱的安全。公司现有员工300余人,下设综合财务部、安环技术部、场站业务部、场站操作部和厂内物流部。同时,公司场站是海关批准注册登记的海关监管场地,海关和铁路货运中心在此合署办公。

图1　辽宁集铁物流场地实景

一、实施背景

(一)项目背景

当前,"一带一路"建设、加快东北老工业基地振兴等一系列国家倡议和战略正在加速实施,港口行业面临着前所未有的重大历史机遇。但在国际国内海运需求量保持较低水平,港口发展速度开始放缓的大环境下,经济发展方式发生转变、发展动力转换等因素对港口集约式、创新型发展提出了全新要求。

近年来,伴随着国内汽车产业的逐步发展,汽车物流产业也朝着专业化、集约化方向发展。专业化的第三方物流公司通过资源整合向主机厂提供一体化的物流服务,但缺乏必要的核心资源以能够达成

在物流成本及物流组织上的优势。

2016年,大连港集装箱正式将汽车物流作为转型发展的核心业务之一。为大力推进汽车专业物流发展,辽宁集铁物流立足沈阳,密切关注当地领先车企的产业发展并积极参与其中,大力发展汽车物流业务,向供应链的上下游延伸,打造东北地区领先的综合性汽车物流平台。

(二)发展目标

先期在以辽港集团产业体系核心资源为依托的基础上,以沈阳为核心,开展围绕本地多家全球领先车企的汽车零部件进出口、包装、仓储堆存、整车仓储运输等全程、一站式物流服务。到2020年基本完成辽港集团汽车物流服务平台的创建,服务品牌在市场具备一定影响力,基本形成完善的汽车物流服务功能体系及服务网络。

(三)战略意义

通过发展汽车物流业务,拓展港口服务功能,有效促进港口转型升级发展、增强港口造血能力,增强港口发展动力;进一步实现对货源的掌控,增强港口竞争力。

1.助推港口转型发展、稳固港口内陆发展战略

通过开展相关汽车物流业务,向全程物流、高端供应链管理的专业化物流方向发展,将有助于进一步促进港口由装卸型向物流型转变。

2.带动、整合车企其他业务,拉动港口集装箱吞吐量及海铁联运业务量

通过与该车企合作的深入,带动、整合内贸配件运输模式的转变,由既有的全程陆运模式向集装箱海铁联运模式及全程集装箱班列模式转变,以提升港口吞吐量及辽宁集铁物流班列操作量。

3.打造辽港集团汽车物流服务品牌

通过建立与该全球领先车企的深度合作,将使大连港在业界树立一定的标杆。打造辽港集团汽车物流服务品牌,建立、放大品牌示范效应,带动未来与各大车企主机厂的合作机会,建立以沈阳为核心、辐射东北的汽车物流服务产业体系,对未来大连港集装箱转型升级、实现可持续发展起到促进作用。

二、主要内容

该车企是一家国际知名的中外合资公司,注册资本超过1亿欧元。生产基地位于辽宁沈阳,目前整车生产主要有两大工厂,年产能约60万辆,是中外合资制造企业的典范。

(一)项目开展周期

项目合同期自2017年11月起,为期6年,是该车企的一个工厂进口零部件集装箱唯一的物流服务供应商。

(二)项目操作范围

根据合同内容,辽宁集铁物流将为该全球领先车企提供其进口零部件与设备的集装箱全程供应链外包管理服务。包括服务内容列举如下:

➢ 集装箱从大连海运到港清关

➢ 从大连至沈阳的铁路或者汽运的长途运输

➢ 至辽宁集铁物流沈阳内陆港场站的存储

➢ 按照车企生产需求,将零部件配送至其生产线

➢ 零部件拆箱后,空箱返回大连等

(三)管理措施

项目运行过程中,实行信息智能化、流程精细化管理,具体措施如下:

1. 精益求精，优化流程

（1）管理办法

进出口管理系统操作手册编写及SOP（Standard Operating Procedure，标准操作流程）的制定是对于整个项目平稳运营的标准和执行方案。在以往的业务中，针对该全球领先车企集装箱物流项目，已在2017年5月制定了一套完整的SOP标准业务流程。为应对项目后来的相关变化，更准确高效地完成业务，辽宁集铁物流对SOP标准化业务流程进行更新升级，升级后的SOP将根据当时的业务进行标准流程的细化，同时结合以往的经验，进一步完善相关细节，新增相关截图及特殊情况处理方案等。

辽宁集铁物流业务组、通关组及大连办事处分别按照海运零件/铁路零件/设备到港前准备、清关、运输、到达堆场后的进口操作；物料系统中，修改集装箱状态；账单处理等多项内容总结更新相关流程。

此外，辽宁集铁物流业务部门还对该车企进出口管理系统操作流程进行系统的整理归纳。进出口管理系统是目前针对汽车零部件进出口项目所使用的支持业务流程、存储相关数据的管理系统，将作为统一的报关行系统接口传输报关相关数据。进出口管理系统操作手册的制定将对相关的业务流程进行整理归纳，并加入日常业务操作中的图示、截图，对细节进行量化和规范。

通过SOP的升级与进出口管理系统操作手册制定，辽宁集铁物流将进一步优化完善日常工作的基本流程，保证日常工作的连续性和相关知识的积累，提高整体的工作效率。

（2）取得的成果

通过按照SOP标准作业化流程的操作，2019年共计完成进口集装箱约3.4万TEU，进口货值达到20亿欧元以上，报关单3000余票，无由于操作失误造成的不良影响，为该车企工厂生产提供了有力的保障。同时，项目创造2019年全年收入约4000万元，加速质效提升的步伐。

2. “关检融合”新篇章开启，积极应对报关变化

（1）管理办法

按照海关总署统一部署，2018年8月1日起，海关进出口货物开始实行整合申报。此次整合申报项目将改变企业原有报关流程和作业模式，海关申报系统变化巨大，特别是进出口管理系统出具的报关清表会有很大的调整。

对此，该车企对进出口管理系统进行升级调整，包括与海关新政策相对应的新增集装箱与项号关系报表、报关单表头表体调整等。但系统调整需要时间，而8月1日后海关要求必须以新标准进行申报，与过去相比，报关单填报要求有很大调整，包括10余项新增、修改项目以及填报要求变化。

为此，辽宁集铁物流业务部门集思广益，积极应对。比如在进出口管理系统新功能上线前，针对新增的集装箱商品项号关系一栏，通过讨论确定了利用预归类编号数据库和系统导出的明细表制作商品项对应关系文件的方法，并确定标准操作流程，手动完成项号与集装箱的比对，得出商品项对应关系，完成了报关单填写。

（2）取得的成果

针对项目的调整，辽宁集铁物流采用了不同方法，手动获取了各项目的信息，顺利完成了系统调整期间的海关申报工作。作为该车企工厂清关、运输代理，辽宁集铁物流秉承以客户为核心的服务理念，以满足客户需求为己任，用专业和敬业保障每个环节的准确无误高效运行，为客户提供优质高效、功能齐全的集装箱全程代理及堆场服务。

3. 致力物流服务升级，运输追踪平台正式启用

（1）管理办法

为了对进口集装箱的重要运输节点进行实时跟踪，2018年，辽宁集铁物流开启了DPN口岸物流网、堆场系统与车队GPS卫星追踪平台的整合工作，配合该车企上线的供应链可视化系统平台，致力于为项目提供更优质高效的进出口集装箱物流以及物流信息服务。2018年底，供应链可视化系统平台正式上线，辽宁集铁物流顺利完成与该车企运输追踪系统的对接，并完成了堆场系统的升级。

此次升级后,辽宁集铁物流沈阳内陆堆场系统新增了配车信息管理、绑定与解绑信息、GPS 信息管理、时间节点信息生成与上报等功能,以配合供应链可视化系统平台实现信息流的自动传送。至 2020 年,该系统已经与口岸物流网以及车队对应的 GPS 管理平台连通,已经能够实现公路和铁路集装箱运输状态的实时跟踪,配载、提货、到达等相关时间节点以及公路运输车辆轨迹信息会显示在相应页面,以便于对运输过程进行全方位的跟踪监控。

(2)取得的成果

运输追踪系统的应用使得对物流信息的查询追踪更加便利,有利于跟踪订单执行状态、管理物流在途运输,进行异常监控并及时处理后续问题。作为该车企的合作伙伴,辽宁集铁物流将继续致力于提升服务与质量水平,为该车企及相关企业发展提供高效、便捷的物流服务,打造辽宁集铁物流服务品牌。

4. 增值服务

(1)海关监管场地建设,打造中欧班列操作平台

2018 年 7 月,由辽宁集铁物流投资建设的沈阳内陆港海关监管场地正式通过沈阳海关验收,占地面积 1 万平方米,是沈阳市唯一的陆路标准化集装箱海关监管场地。

该监管场地的建成,为该车企提供了一条从德国经波兰、白俄罗斯、俄罗斯到达满洲里再抵达沈阳内陆港的全新中欧班列物流大通道。行程时间在 20 天左右,比海运方式节省近半个月时间,满足了该车企对于零部件紧急运输的生产需求,2019 年操作运营约 1 万 TEU。

(2)疫情期间特殊保障,助力车企复工复产

2020 年初新冠肺炎疫情席卷而来,该车企生产受阻,大量集装箱库存积压在辽宁集铁物流堆场,存储箱量和翻倒量比平时翻了一倍。一旦集装箱滞留港口,将给客户带来额外的堆存成本,并给复工复产带来不确定性。

为此,辽宁集铁物流在集装箱堆场做了精细规划,释放出大量箱位,并充分发挥港口总部优势,迅速调派一台新的正面吊支持作业。保证了该客户工厂的集装箱在大连港码头无滞留,并且确保了该车企复工复产后的物料供应。

三、对远景的期待

通过进口零部件集装箱全程供应链服务项目的稳定运营,双方合作将不断升级,辽宁集铁物流还将深入开展国产汽车零部件物流以及整车物流等业务,实现汽车企业与物流企业的强强联合、优势互补、共赢发展。同时,还将不断完善沈阳内陆港的枢纽集散功能,打造全供应链物流服务体系,为各大汽车企业发展提供高效、便捷的物流服务保障。

辽宁集铁物流也将充分利用集团优势,发挥以港口为中心的综合运输实力,密切与铁路部门、大型航运企业的合作,加强以大连为出海口的东北集装箱海铁联运体系建设,继续完善沈阳内陆物流中心建设,配合辽港集团努力争取将以大连为出海口的东北集装箱海铁联运体系建设列为国家海铁联运重点示范工程。同时,辽宁集铁物流也将继续致力于开拓更加安全、顺畅的物流通道,不断提升专业化服务与管理水平,为沈阳市乃至辽宁省对外贸易发展、“一带一路”建设贡献力量。

门式起重机作业安全防护管理创新

蛇口集装箱码头有限公司

成果主要创造人：刘　彬　梁锦雄

成果参与创造人：古园坐　李　斌　刘　清　窦　琴　饶广州　龚国兴

杨承福　陈国兴　张志刚　牟　洋

蛇口集装箱码头有限公司位于西部的南头半岛，珠江入海口东岸，距离香港仅20海里，地理位置得天独厚，是连接世界各地与珠江三角洲经济圈乃至中国内陆腹地的“海上门户”。

蛇口集装箱码头有限公司位列深圳港三大集装箱码头之列，经过20多年的发展，蛇口集装箱码头有限公司已经成为一个设施先进，管理完善的国际性专业集装箱码头运营商。其管理的泊位数量共达9个，泊位总长度3883米，可提供365天24小时全天候的优质服务。

得益于中国经济高速稳定的增长以及客户的长期支持，蛇口集装箱码头有限公司已成为华南地区重要的集装箱码头之一。并且已与全球众多船公司建立了长期合作关系，多达160余条的班轮航线覆盖全球各主要地区，其2019年集装箱吞吐量超过565万TEU。

蛇口集装箱码头有限公司与伙伴公司合作，共同开发建立“华南公共驳船快线”网络（原名珠江三角洲驳船快线网络），连接腹地内的许多重要港口、城市。现已开通珠海、中山、顺德、江门、佛山、南海、黄埔、番禺、肇庆、茂名、湛江、防城、北海共13个点位，覆盖整个珠三角地区及广东西部沿海地区，货物可从珠三角及周边地区集运至蛇口，再安全、快捷地分运世界各地，为客户提供庞大、畅通的物流服务。

蛇口集装箱码头有限公司将根据客户需求及不断变革的技术来提升码头的服务质量，秉承“用心服务，因您而变”的服务理念，提供优质专业的服务，在持续繁荣的中国经济环境中与客户共同发展进步。

一、实施背景

起重机装卸作业是集装箱码头的核心工序，也是集装箱码头人机交互及流程交互最为复杂的工序，其执行效率的高低直接决定了集装箱码头的竞争力。但是，随着近年码头生产规模的持续扩大，机械密度、人员密度及集装箱密度均持续提升，装卸作业过程中人、机、物之间相对位置的高频快速切换变得越加复杂，随之伴生了大量事故，具体有装卸设备行驶过程中，装卸设备之间、装卸设备与拖运设备之间及装卸设备与码头设施之间的撞击事故；装卸设备作业过程中，装卸设备与集装箱之间的撞击事故（简称“打保龄”）、装卸设备与拖运设备之间的拖拽及砸压事故以及装卸作业禁行区域侵入事故等。以某海港为例，自2017年至2019年2月期间，共计发生装卸设备行驶过程中撞击类事故48单（含三单装卸设备之间相撞事故）、装卸设备与拖运设备之间的拖拽及砸压事故141单、装卸作业过程中的“打保龄”事故5单、装卸作业禁行区域侵入事故2单，以上事故造成的直接经济损失达120余万元，事故导致的设备停产、人员伤害及社会纠纷所产生的损失更是难以估量。

二、成果内涵

通过构建一套集装箱堆场作业安全防护系统，包括系统控制器和分别与系统控制器连接的激光扫描仪、拖车放行指示灯和作业辅助显示器；所述系统控制器通过以太网与所述激光扫描仪通信，并通过工业控制总线与起重机控制系统通信，所述系统控制器利用起重机、拖车和堆场的基本工况参数、从起重机控制系统获取的实时工况参数和从所述激光扫描仪获取的实时扫描数据,完成复合工况参数及作业辅助数据的计算和作业险情判定,并向起重机控制系统和所述拖车放行指示灯发出险情规避操作指令,同时将大车对位和小车对位的所述作业辅助数据发送给所述作业辅助显示器进行显示。大幅提高了人员和起重机械的作业安全系数、降低重大机损造成的财产损失风险,而且能够提升整体作业效率,有助于港口企业的可持续经营和和谐发展。提高港区起重机设备自动化水平,为实现智慧港区打下坚实基础。起重机安全作业防护系统是对传统码头作业系统安全防护的重大创新,该系统能提供更加立体全面的防护措施,是实现自动化码头、智慧港区的重要技术补充。

三、主要做法

(一)系统总体方案及功能

集装箱堆场的事故高发地有拖车道区域、RTG 及 RMG(以下所述 RTG 包含 RTG 及 RMG)大车行走区域、RTG 起升区域及 RTG 小车行走区域,为了解决在这些区域的拖车挂起、RTG 大车相撞、小车吊具砸车头、堆场打保龄等安全问题,本文基于激光雷达,在场桥建立"大车侧子系统 + 小车顶平台子系统"的双平台方案,在各机构运行区域构建一套立体电子防护网,通过与场桥 PLC 控制系统的联动,实现拖车、集装箱及外部环境等异常情况的高速识别、高速信息处理以及实时的辅助作业,实现场桥的安全、高效的作业。大车侧子系统和小车顶平台子系统均采用平台化理念进行设计,通过集数据采集、处理及数据交互为一体的平台化功能,不仅可以实现与 RTG 机上 PLC 控制系统之间的相对独立运行,以避免系统间的交叉影响,还可以确保系统具有充分的开放性及扩展能力。由于需要承担涉及设备和人身安全的监控工作,系统具备完整的设备故障自检能力,并与 RTG 的 PLC 控制系统相配合,实现了在发生关键设备故障的情况下,各项安全监控功能的导向安全的故障处置。以下对"大车侧子系统 + 小车顶平台子系统"的双平台系统结构和信号传递进行阐述。

1. 大车侧子系统

大车侧子系统的结构和信号传递示意如图 1 所示。该子系统共设计了 3 台激光雷达,分别承担 RTG 大车行走方向及拖车道划定区域内的环境信息(空间位置信息)测量。车道水平扫描激光雷达实现外拖车防挂起、防砸车头及 RTG 作业贝位对位 3 项功能。大车左/右防撞激光雷达实现 RTG 大车防撞功能。图 1 中系统控制器为基于嵌入式技术的核心控制器,其主要功能采集、分析、计算及存储激光雷达测量数据;监控激光雷达运行状态;与 RTG 机上 PLC 控制系统之间的 I/O 数据交互和数据处理及控制等。

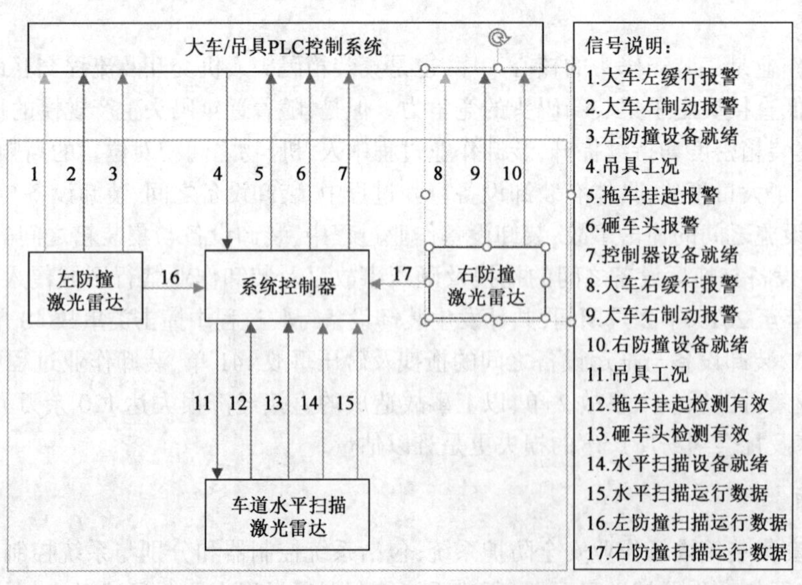

图 1　大车侧子系统结构及信号传递示意图

2. 小车顶平台子系统

小车顶平台子系统的结构和信号传递示意如图2所示。该系统共计设置2台激光雷达,分别承担RTG小车前进方向及后退方向的集装箱堆存轮廓测量。集装箱堆存轮廓包含作业空间轮廓检测、作业空间轮廓信息识别、水平防碰箱和垂直防碰箱四个部分功能,而作业空间轮廓信息识别又包含堆场箱列轮廓合成和作业箱实时工作面识别两个重要的信息识别算法。图2中系统控制器为基于嵌入式技术的中心控制器,完成激光雷达测量数据的采集、分析、计算及存储,激光雷达运行状态的监控及存储,该子系统与RTG机上PLC控制系统之间的I/O数据交互、数据处理和控制等。

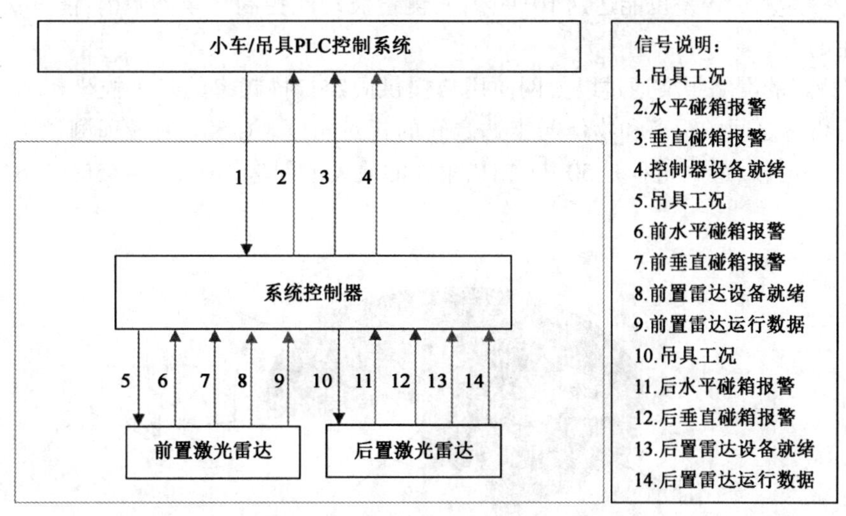

图2 小车顶平台子系统结构和信号传递示意图

该子系统可以实现在发生关键设备故障的情况下,防打保龄功能的导向安全处理。

(二)激光雷达测距仪原理和应用参数

本文选用的激光雷达是北京飞思迈尔光电科技有限公司的产品,型号为C-501。它是一款具有较高空间分辨率的测量型单层2D扫描激光雷达,既支持室内应用,也支持室外应用,对于静态安装条件下的形状识别和体积测量应用具有更好的性能。

1. 激光雷达测距仪原理

C-501的工作原理是通过与一个原始发射光路夹角为45°的反射镜对测距激光脉冲进行90°的偏转,而反射镜被电机带动旋转,这样实际的测距光轴分布在与旋转轴垂直的扫描平面上,且测距方位角与电机旋转方位角相同,从而实现了二维光学扫描,并基于飞行时间测量来实现激光测距,具体原理是:在t时刻激光雷达发射激光脉冲,并测量此脉冲经被测目标表面反射后返回的时间$t+\Delta t$,然后根据公式$d=c\Delta t/2$换算成距离,公式中的c为光速,由此能得到外部环境在测距扫描平面的截面上各点的距离。

同时C-501这款激光雷达也具备多次回波分析能力。多次回波与单次回波的区别在于是否对同一束激光脉冲发生多次反射。多次回波是指激光雷达发射激光脉冲接触到障碍物之后,部分脉冲会反射回雷达并被记录,而剩下的脉冲则会继续传播,当遇到另一个障碍物或者反射到原障碍物的另一部分之后再继续反射,直至脉冲里的能量用完了为止,多次反射使得激光雷达能接收到多个反射信号,这就是多次回波。这种能力保证了它在雨雾、烟尘工作环境下也能很好地工作。

一般来说,物体表面光线不足,激光在物体表面的反射率就不高,尤其是表面坑洼不平的物体,激光雷达对这种物体的距离测量就会有误差,从而不能达到精准定位的效果。激光雷达发射的激光遇到物体的反射时,会在物体上留下一个光斑,激光雷达距离物体越远,光斑就会越大,如果物体的大小小于光斑的直径,光斑不能全部照到物体上,这种情况激光的能量就有一部分会逸散,当激光照射到物体,反射回激光雷达的能量小于激光雷达能接收的最小能量时,激光雷达就无法测量到物体的距离。不过像C-501这种具有多次回波能力的雷达,它会使得激光的能量分散,一部分激光照射到物体表面,一部分照射到物体周边环境,如果从物体表面反射回激光雷达的能量太小,无法测量物体的距离时,就会把物体周边环境的与雷达的距离当成物体的距离。

C-501在25Hz的扫描频率下,能达到0.25°的角度分辨率,其12毫米的基础光斑口径和6毫弧度的光斑发散角保证了一定距离范围内即使是快速运动的细小目标也能够被发现和追踪。而且C-501具有良好的测量精度,在1~20米范围内,其测量误差能达到5厘米内,测量波动也能控制在2厘米内;即使是在20米以外,其测量误差也能达到10厘米内,测量波动能控制在4厘米内,能够满足场景测量和定位引导等应用的需要。

C-501使用特定的网络报文通过以太网向用户提供固定扫描频率的二维极坐标形式的扫描数据,表示的是物体与雷达之间的距离和物体与雷达之间的相对角度。C-501的最远测量距离是100米,在反射率只有10%的时候,最大量程是50米,扫描角度的最大范围是270°,从-45°~225°,如图3所示。

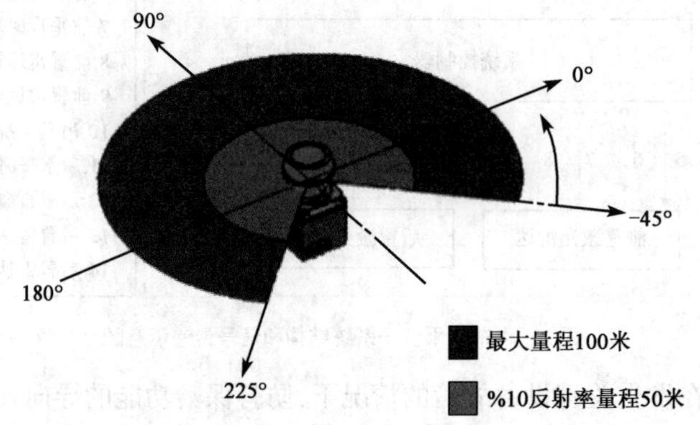

图3 C-501激光雷达的扫描范围

2.激光雷达测距仪应用接口和参数

C-501激光雷达前面板上的指示灯表示目前激光雷达所处的状态,前面板上有四个指示灯,分别为PWR、LNK、ERR、HTR。PWR是电源指示灯,LNK是以太网指示灯,ERR是工作故障指示灯,HTR是正常测量指示灯。每个指示灯的运行情况见表1。如果雷达在以太网有网络连接的正常工作状态下,就会有PWR、LNK、HTR的灯是常亮状态。

激光雷达指示灯说明 表1

指示灯	状态说明
PWR 电源指示灯	常灭:无电源/电源无效
	常亮:电源接通
LNK 以太网指示灯	常灭:无网络连接
	常亮:有网络连接
ERR 工作故障指示灯	启动状态:亮(12秒)
	常灭:无障碍
	常亮:内部故障
	长闪烁(0.5赫兹):高温/低温报警
	短闪烁(1赫兹):透光罩脏污/遮挡
HTR 正常测量指示灯	启动状态:灭
	常灭:设备未开始测量
	常亮:设备正常测量

C-501 的接口图如图 4 所示。

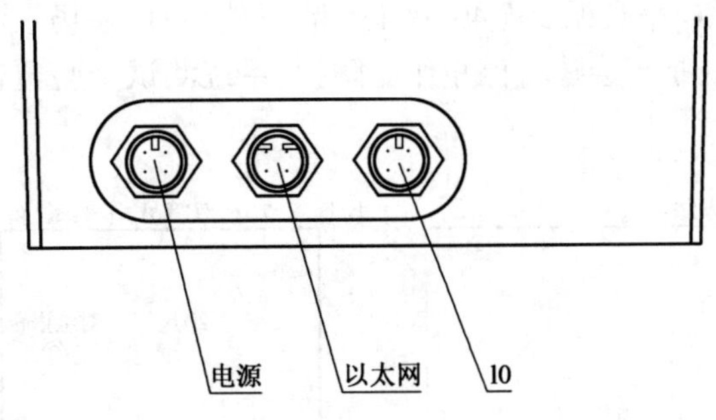

图4　激光雷达的接口图

C-501 激光雷达提供了 3 个接口,均是 M12 型电缆插头,这种插头在工程中是常见的一种方式。电源的接头是 5 芯 M12(B 型)公插头;以太网的接头是 5 芯 M12(A 型)公插头;I/O 口的接口是 8 芯 M12(B 型)公插头。C-501 激光雷达常用的技术参数见表 2。

C-501 激光雷达常用技术参数　　表 2

光源	红外激光(905nm)
外壳防护等级	IP67(GB 4208—2008)
重量	1.5kg
尺寸(L×W×H)	126×126×179(mm)
激光光斑出口口径	12mm
激光光斑发散角	6mrad
扫描角度范围	270°
扫描频率	25Hz
扫描角度分辨率	0.25°
测量范围	0.07m～100m
10%反射率量程	50m
系统误差(典型值)	5cm(1m～20m)/10cm(20m～50m)
工作电压	DC20V～28V
功耗	5W(非加热)/30W(加热)
工作温度范围	-30℃～+50℃

(三)系统测试实验

1.拖车道防挂起

针对不同箱型,分别测试一个锁头或两个锁头(已包含三个锁头或四个锁头均未解锁的情况)未解锁情况下,系统的挂起点识别能力及防护功能执行能力,试验项目覆盖日常作业中的所有 36 种工况,具体测试流程如下:

①吊具着箱闭锁后,根据 PLC 提供的箱型尺寸信息,调取设定的安全防护区域;

②吊具带箱起升 0.9 米,激光雷达水平扫描车架和箱底之间,扫描到障碍物即判断为集装箱和车架钩挂,强制停止继续起升,以防止拖车被吊起。

2. 防砸车头

按不同场景布置场地,RTG 吊具抓 20′、40′及 45′箱,下放吊具,在场景测试点位置使用金属杆模拟车头,验证吊具下降至 10 米处是否会执行停止作业防护,系统测试试验覆盖日常作业中的所有四种场景,具体如图 5 所示。

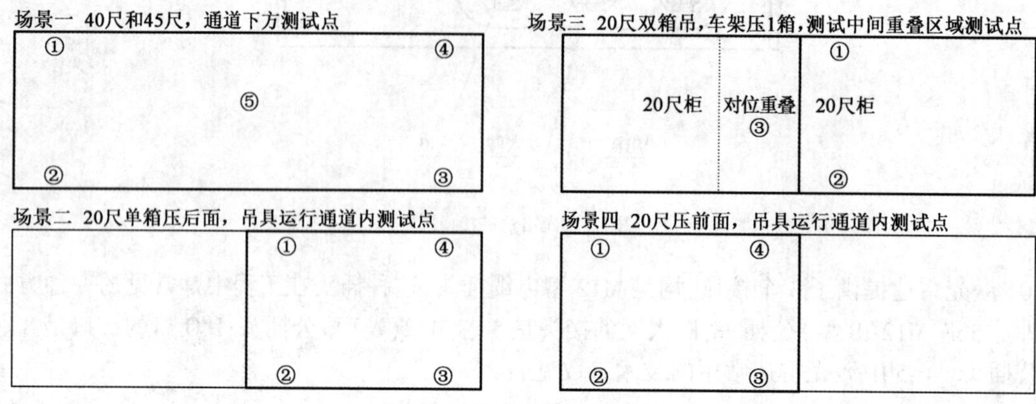

图 5　防砸车头功能测试场景

3. 大车防撞

按两个场景分别测试不同测试点的安全防护情况,测试点使用金属杆模拟,垂直立于地面,RTG 全速跑大车,分别观察大车行驶至距离测试点 10 米时是否启动限速防护(限速至 10%)、大车行驶至距离测试点 5 米时是否会启动大车制动防护,具体场景如图 6 所示(测试点说明:①4 米②8 米③12 米④5 米)。

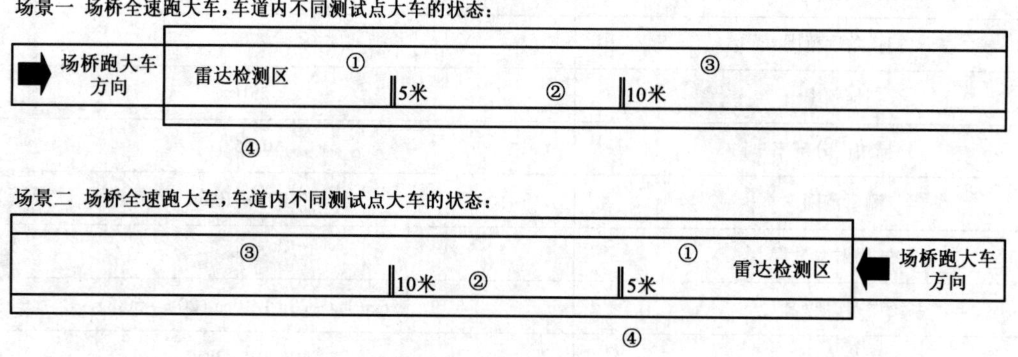

图 6　大车防撞功能测试场景

4. RTG 作业贝位对位

RTG 行走至待作业贝位附近,大车减速运行,激光雷达扫描正前方最近的一列箱,根据吊具尺寸,校准对中偏差,通过场桥驾驶室内显示屏显示偏差数值,指引司机箱区对位。

5. 系统全天候及抗干扰作业能力测试

由于所选用的激光雷达需满足全天候作业的要求,因此设置了系统全天候及抗干扰作业能力测试,具体测试内容及方法如下:

①不同气象条件下系统作业能力测试:分别观察系统在下雨、高温、夜间及白天强光下的运行情况;

②激光雷达测距仪雨水抑制能力测试:系统作业过程中通过人工泼水至激光雷达遮光幕,观察遮光幕水滴挂珠情况及相应的测量数据处理情况;

③激光雷达测距仪强光照射抗干扰能力测试:系统作业过程中人工通过巡逻车强光照射激光雷达设备,观察强光对系统测量数据的影响情况;

④激光雷达测距仪电磁辐射抗干扰能力测试:系统作业过程中通过将对讲机放置在雷达防护罩上并进行呼叫通话,观察电磁辐射对系统测量数据的影响情况。

四、实施效果

门式起重机作业安全防护与辅助作业系统区别于行业同类方案成本高、方案复杂的特点,本系统一方面采用集成式的一体化功能方案,充分发挥设备效用,借助一套系统综合解决多项问题。自2018年初门式起重机作业安全防护与辅助作业系统开始在蛇口集装箱码头有限公司投入使用,该系统运行情况良好,实现预期目的。

(一)管理水平

该系统不仅有效解决了堆场集装箱装卸作业流程中可能出现的大车碰撞、碰砸车头、车道碰箱、拖车吊起、吊具横拉、水平碰箱、垂直碰箱等各种险情,大幅提高了人员和起重机械的作业安全系数、降低重大机损造成的财产损失风险。而且能够提升整体作业的效率,实现安全生产和高效生产高度兼容。对于提升集装箱码头集装箱起重机作业的综合管理质量,对客户的服务质量以及对相关作业人员的安全质量均有显著效果。

在实现集装箱起重机安全生产和高效生产高度兼容的前提下,通过提升集装箱码头作业的综合管理质量,可有效降低集装箱码头整体运营成本,提升集装箱码头的综合竞争力。有利于在激烈的市场环境中获得自身的发展。同时,通过提升对客服的服务质量,客户可在众多的选择中优先选取我司作为优先合作对象,有利于实现客我双方的融合共赢。此外,通过该项目,集装箱起重机作业的安全保障程度有了显著提升,相关集装箱码头作业人员的人身安全保障需求质量亦可获得大幅提升,从而使现场安全管理人员从繁重及琐碎的现场管理中得以释放,有助于港口企业的可持续经营和和谐发展。

(二)经济效益

项目采用的国产自主研发的二维激光测距仪,与同类进口产品相比,成本可降低60%左右,具有较高的性价比,在行业内具有很大的应用及推广前景。具有优越的全天候作业能力及良好的开放性,集装箱码头可以根据生产需要,进行灵活的软硬件搭配,整合实现各种防护功能,具有很强的市场竞争力,为国内外码头同行在生产作业安全防护方面提供更多的技术选择和经验借鉴。

以某海港为例,目前该港有堆场起重机门式起重机+RMG共107台,如果全部设备安装门式起重机作业安全防护系统预计可减少作业事故设备维修直接损失60万元/年(不计保险理赔金额);减少作业事故导致的设备作业效率下降、货物损坏赔偿等经济损失难以估量。按照每单事故处理时间为2~10天计,每年因该类事故造成的门式起重机设备停机时间累积长达300台天以上,间接造成的经济损失高达百万元人民币。

(三)社会效益及市场前景

采用现代高技术手段提高门式起重机安全作业可靠性成为各大港口亟待解决的难题。立足于高效安全生产的需求,站在解决行业普遍问题的高度,通过“产学研”一体化合作的模式,制定系统化解决方案。具有下述社会效益及市场前景。

①提高港区安全生产环境和服务质量,大幅降低人为客观因素或者盲区的安全作业事故;减少事故造成的财产损失、人员伤害,提高港区生产作业效率和服务水平。

②通过技术手段降低因拖车被挂起等事故造成人员伤害及财产损失的概率,避免拖车司机等作业人员频繁因此产生负面情绪,影响社会治安及码头生产。

③提高港区起重机设备自动化水平,为实现智慧港区打下坚实基础。门式起重机安全作业防护系统是对传统码头作业系统安全防护的重大创新,本系统能提供更加立体全面的防护措施,是实现自动化

码头、智慧港区的重要技术补充。

④项目研发的二维激光测距仪质优价廉,性能不输国外品牌的昂贵设备,容易根据生产需要,进行灵活的软硬件搭配,整合实现各种防护功能,具有很强的市场竞争力。本系统有助于打破国外同类产品的技术垄断,促进国产二维激光测距仪产业的发展,为国内外码头同行在生产作业安全防护方面提供更多的技术选择和经验借鉴。

"长水在线"

——在线教育平台创新与实践

昆明长水国际机场有限责任公司

成果主要创造人：黄　鑑　李　姜

成果参与创造人：朱　静　姚志宇　张　瑜　丛　峻　杨文杰　刘　欣
李志强　胡富敏　苏一清　王军剑

昆明长水国际机场(简称"昆明机场")是国家"十一五"期间批准新建的大型门户枢纽机场,是实施中国面向东南亚、南亚国际大通道战略和云南民航强省战略与云南省"面向西南开放桥头堡"战略的标志性工程,同时也是中国民用航空局(简称"民航局")实施绿色机场理念的示范性机场。昆明机场2019年完成旅客吞吐量4807.61万人次,完成航班起降架35.70万架次,完成货邮吞吐量41.59万吨,全国排名第六。《昆明国际航空枢纽战略规划》提出,着力将昆明机场打造成为安全高效、通达通畅、衔接一体、绿色智能的国际航空枢纽。

为贯彻落实习近平总书记2019年9月25日在北京大兴国际机场关于四型机场建设的指示,结合民航局发布的《推进四型机场建设行动纲要(2020—2035年)》要求,昆明机场按照"数字枢纽、智慧机场"的战略部署,分析机场行业数字化发展趋势,大力推进智慧机场建设和企业管理创新。"长水在线"教育平台作为昆明机场企业管理方面的一个创新举措,在实现"智慧培训平台助力生产"的发展目标过程中,作出了积极的贡献。

一、实施背景

随着"大标准、大考核、大培训"工作思路的提出,同时为了实现"安全教育到班组,手册执行到班组,风险防控到班组,技能培训到班组"工作要求,对人才的培养要求已经越来越高。

(一)企业培训中面临的问题

在传统单一的人才培训模式中,存在着一些难点和弊端导致不能满足对人才培养的要求及业务不断拓展的新需要,主要体现在以下几方面:

1.人员分散、职能分散,培训不能及时触达,且培训的标准难以统一

昆明机场由于工种多,保障任务大多为24小时,所以员工排班情况复杂,很多时候无法及时协调所有员工同一时间到指定地点培训。

2.培训资源受限,培训内容开发滞后

传统的培训多半是依靠企业内部的兼职讲师团队完成,这种情况容易造成课程开发滞后,并且局限于某一个圈子内,与外部资源缺乏交流。

3.传统的教学方式已不能满足新生代员工的学习要求

随着社会高速发展,移动设备+应用程序(App)模式已经成为主流,时间碎片化日益严重。传统的"上课式"培训难以激发学员的学习热情,也浪费了很多碎片时间。

基于以上亟须解决的问题,昆明机场需要构建一套具备集中管理功能的在线学习平台,并在此平台

上建设了一套完整的培训管理体系。通过这套体系改善人才培养与培训的被动、僵化局面,有助于逐步将企业建成学习型组织,增强企业竞争力,构造企业培训学习生态圈。

(二)"长水在线"的发展目标

长水在线在建设初期,就充分考虑了涉及民航业内的文件的保密性、考试考核的严肃性及未来智慧机场发展的可扩展性等功能需求,在当前"构建全覆盖全员学习平台载体"的要求下,兼具了标准化学习流程的特色服务功能。同时为后期"长水在线"的建设工作明确了目标:碎片高效化,入口统一化,企业知识化。

1. 碎片高效化

利用"长水在线"平台高效的碎片时间使用率进行跨地域跨时间的培训学习。民航企业由于保障任务不同,员工排班存在差异,使用"长水在线"进行培训可以避免工学矛盾,按时按质按量完成学习任务。

2. 入口统一化

整合其他类似的培训考试系统相关数据,统一学员的培训考核数据,为员工构建一条从入企到退休完整的职业升级链;使得员工从入职培训到升职,都能提供科学的数据统计分析,完成企业员工职业化的闭环管理。

3. 企业知识化

通过"长水在线"平台,串联各单位,形成知识资源的快速共享。可以方便地借助外力、外脑,不断帮助机场提升员工培训的满意度;借助内外部优秀讲师和课程内容,快速提升机场的培训内容质量和管理质量。

二、成果内涵和主要做法

(一)成果内涵

"长水在线"作为一个企业培训软件即服务(SaaS)平台,将互联网教育和移动+培训的理念带入了昆明机场,让小众学习变为了大众学习(将传统的1对多变成了1对N、N对N,无限放大了学习人群边际),让集中学习变为了碎片化学习(有限的物理空间学习,转变为随时随地的学习),为员工提供了更高效的培训与学习平台。

企业管理员将培训课程,如入职培训、技能培训等有利于员工自身能力提高的课程进行在线化。同时,管理员还可以组织在线考试、大讲堂、培训班、直播等作为教学过程的补充。为了更好满足现有的培训情况,"长水在线"也支持线下讲座、公开课等线下培训的场景,实现"学""练""考""评"全过程人才培养模式+互联网数据分析;充分满足了各种企业培训的需求,让企业—员工—讲师之间的管理、学习及互动得到了有效发挥,提高了企业人才管理能力,激发了员工的学习潜力,助力讲师团队的建设。

结合企业人才引入、培养、管理的需求,"长水在线"帮助昆明机场在新员工入职培训中节省了大量的人力、物力,结合线上、线下、直播、录播等混合式培训新模式,满足了员工快速上岗、快捷学习的需要,并且进行智能化考试测评,通过企业培训可以针对性地测验员工学习成果。同时使培训成果可视化,方便企业进行内部知识沉淀与管理,有效解决了单次培训覆盖面小、成本高、时间地点受限等问题,为员工提供多样化的培训体验。

(二)组织和支撑保障

"长水在线"在线教育平台目前取得的运营成果,离不开完善的组织保障和各部门的积极配合(图1)。

昆明机场安全服务管理部、信息中心志宇创新工作室和机场运行指挥中心共同构成了整个"长水在线"的管理运维团队,主要负责"长水在线"在日常运营中的政策条例制定、功能更新迭代与系统日常维护。

在日常业务中,由管理运维团队横向联系人力资源部对讲师团队进行协调,讲师团队主要负责针对培训考核的任务要求和目标进行相应课程和考试的制作。"长水在线"的讲师团队由人力资源部每年在各部门进行培训考核后择优产生。

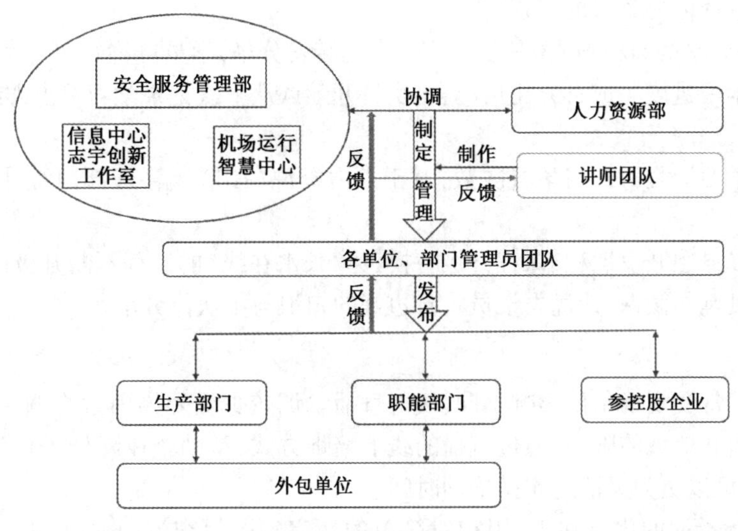

图1 组织流程图

当讲师团队制作课程和考试完毕后，由各单位和部门的管理员团队向各自部门的员工或归口管理的外包团队发布任务。管理员团队通常该由部门的人力资源专员承担。管理员在经过由信息中心组织的专业培训后，日常可以对本部门的人员信息、课程信息、考试信息做一定程度的管理和修改，但超出部门范围的事务则没有查看和修改权限。

各部门完成培训和考核任务后产生的数据，将由管理运维团队进行统一分析统计。当各部门员工在培训考核中存在问题或对“长水在线”的功能有意见建议时，也将通过各自部门管理员进行反馈，分别由讲师团队和管理运维团队接收并进行处理。

（三）主要做法

1. 线上培训

在传统的培训方式中企业课程少，且多采用线下纸质材料进行学习的方式。员工学习也因受时间和地域限制带来不便，导致传统的培训模式教与学的效果不好，效率较低。

线上课程功能（图2）为昆明机场员工提供了一个随时可学习且不受地域限制的平台。学员可在任何时间、空间选择自己需要的线上课程进行学习。随着线上课程的推广使用，在逐步丰富完善企业培训素材的同时，避免了纸质材料的打印浪费。配合培训平台管理体系和内训师团队，建立了内部各专业岗位的课程学习库，逐渐完善各门类的课程资源。

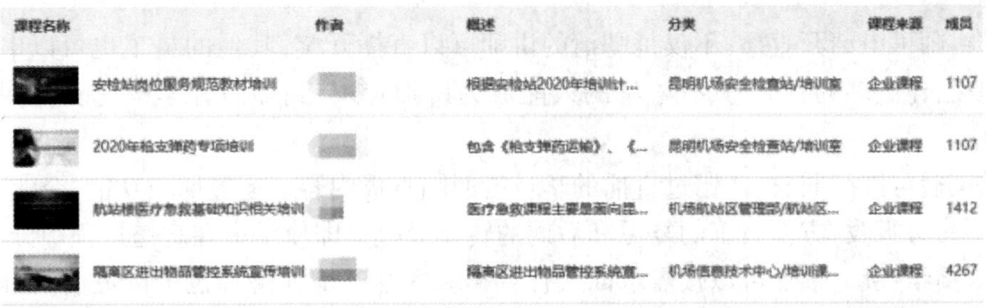

课程名称	作者	概述	分类	课程来源	成员
安检站岗位服务规范教材培训		根据安检站2020年培训计...	昆明机场安全检查站/培训室	企业课程	1107
2020年枪支弹药专项培训		包含《枪支弹药运输》、《...	昆明机场安全检查站/培训室	企业课程	1107
航站楼医疗急救基础知识相关培训		医疗急救课程主要是面向昆...	机场航站区管理部/航站区...	企业课程	1412
隔离区进出物品管控系统宣传培训		隔离区进出物品管控系统宣...	机场信息技术中心/培训课...	企业课程	4267

图2 课程库

利用线上课程解决传统培训方式不足的具体措施如下：

①按照多级分类查看课程，方便了管理员快速查询、筛选课程，提高了使用效率。

②简易的图文课件形式：图片＋文字、视频＋文件、纯图片、纯文字、PDF等多种形式的图文课件，多样的课件形式，丰富了学员的学习选择。

③依据学员身份属性，设置学员的“必修课”；依据学员的申请，为其开通“选修课”；“长水在线”学

员可根据自身情况选择需要学习的课程。

④学员对(允许分享的)课程可做其他社交平台的转发分享,学员可将好课与身边同事分享。

⑤学员可看见学习进度完成百分比情况,再次打开默认从上次记录学习节点继续观看学习,方便了学员碎片化的学习。

⑥可统计学员学习课程时长与学习次数,对于人力资源(HR)或管理部门统计学员学习状况或考核评优提供了依据。

⑦企业内部可以自主开发课程、课程升级替换,让"长水在线"的课程不断升级迭代。

⑧用户可用手机制作微课,让优秀学员将身边好的知识与小伙伴分享。

2. 直播功能

与传统线下培训常受现场条件影响不同,线上直播培训较少受外界因素影响。传统的线下培训容易受到传统培训空间和地域的限制,通过直播的线上培训方式,帮助企业降低了培训教室建设成本,同时也不限培训人数,可以更为灵活地安排培训时间。

"长水在线"直播授课的优点在于,用相对简单的文字和图片交流,直播的互动性更强,直观性更好,能够让枯燥的培训课程更加生动有趣,能有效提高培训质量。

讲师可在线上实时掌握学员的学习动态,获知学员是否上线,何时下线,有什么想法或问题。同时提供互动条件,学员可以在线提出问题,导师在线解答。打破传统培训单向教学的局限,很好实现"教"与"学"相互。不仅可以让内部的讲师或外聘的讲师开启线上直播,学员也可选择参与并与讲师互动,未参与直播的员工也可通过直播回看回顾培训内容。

具体措施如下:

①使用手机、计算机、专业设备3种直播,多样化的直播参与方式让"长水在线"的学员有了更多的选择。

②采用纯视频、纯语音两种方式进行直播。

③直播过程中共享手机内的指定照片投屏,方便讲师与学员分享学习内容。

④直播过程中,共享已发布的图文课程;手动画笔功能,让讲师的直播更丰富,也将教学场景移植到线上。

⑤观众学员进行聊天讨论,赠送虚拟礼物。

⑥观众学员进行提问,讲师主播可选择回答提问,并共享该提问到屏幕,直播过程中有疑问可以提问与解答,让学习过程不再枯燥。

⑦讲师和观众进行视频连线,其他学员可观看双方对话,模拟真实的学习场景,学员能充分参与到讲师直播过程中。

⑧手机端讲师可申请开直播,不仅是聘请的讲师可以直播开奖,其他的员工也可以申请成为讲师,放低开播的门槛,让更多的有能力、有才华的人能成为讲师,参与到知识分享中,提高企业整体的学习氛围。

⑨直播结束后可进行回放,让错过直播的学员能回顾直播内容。通过回放功能,企业直播培训可以反复观看,反复思考吸收,方便员工的复习和后期的转化吸收。即使学员在直播过程中分心或者错过重要的知识点,直播结束后,依然可以按需求回放查看相应内容。培训讲师也可以灵活安排时间,阶段性帮助员工解答课程相关难题。

⑩可自动统计直播的学习数据,为HR或管理部门统计学员学习状况或考核评优提供了依据。

3. 学习项目

企业内针对新员工、干部或某一岗位员工的培训往往是长时间、多形式的方式,而传统的培训方式需要耗费HR大量的时间,来设计培训、处理培训数据,培训效果好坏也无法判定。

学习项目功能(图3)可以为学员提供混合式培训的渠道,企业管理员可以通过设置覆盖线上线下的培训任务,满足不同场景多元化的培训需求,同时数据化跟踪执行,明晰项目内成员进度,项目完成后可获得证书奖励,提升学员积极性。

项目名称	项目时间	概述	分类	成员
2020年8月安全教育培训	2020-08-24 00:00至2020-08-28 23:59	2020年8月安全教育培训	默认分类	140
机电设备中心岗位公共基础	2020-08-04 11:07至2020-08-15 11:07	进一步确保中心新修订的...	机电设备中心	220
服务技巧培训	2020-06-18 11:19至2020-06-24 11:19	正确认识投诉,投诉处理...		220
抓作风强三基守底线规章培训	2020-06-18 11:14至2020-06-24 11:14	民用航空相关安全管理规...	机电设备中心	220

图3　学习项目列表

利用学习项目解决问题的具体措施如下:

①同一个学习项目多阶段学习、多试卷考试。往往企业培训是长期的过程,包含多个阶段的培训内容,学习项目可以灵活配置多个学习阶段,每个学习阶段包含多个任务,满足更多的学习场景与学习需求。

②学员学习完成后可获得自动证书,不仅让学员参与"长水在线"学习能有更多的参与成就,也可以让企业培训有成果体现,提高整个培训的专业度,方便后期员工持证上岗。

③可有序按阶段解锁项目学习内容,闯关式的学习方式让学习增加了更多乐趣,也让整个项目培训更有阶段性和目的性。

④本次学习直接跳到上次学习位置。

⑤可在学习项目内使用语音、文字进行提问、回答、讨论,让所有参与学员能相互互动,共同进步。

⑥管理员可以查看学员完成学习项目的进度情况、分配学习成员人数、实际参加人数(参加率)、实际完成(完成率)、获得证书(获得证书率)的情况,轻松掌握员工详细的学习记录,把握员工课程的参与度,量化培训效果,也为HR或管理部门统计学员学习状况或考核评优提供了依据。

4. 知识库

知识库为员工提供了一个知识共享的平台,可以将组织过程资产转化为各类文档(包括但不限于员工的论文、手册等)与员工分享,员工日常积累的经验也能在论文库中形成文档与其他员工分享。

在企业知识库中,提供了通过"长水在线"App或H5页面两种途径查看自己想要学习的知识。随着长期使用,能为企业积累专属的知识图谱(图4)。

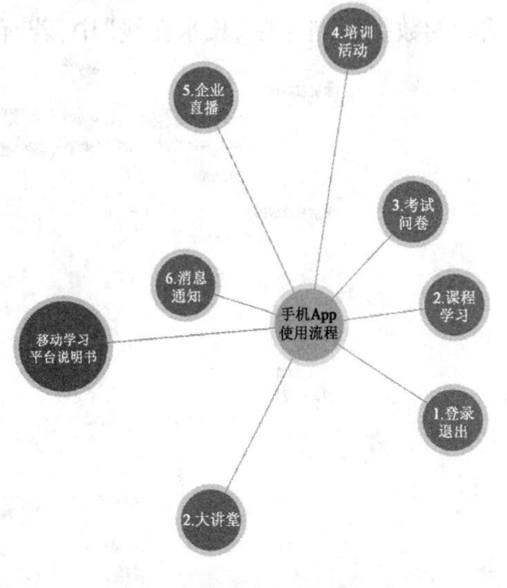

图4　知识图谱

使用知识库的具体措施如下:

①成体系的多媒体电子书,让看书变得随时随地。

②知识库多人讨论,个人也可以向库内贡献自己的力量,帮助知识库更加完善。

③多种格式如PDF、图片、文字在线查看,方便企业沉淀各类型的知识。

④根据现有知识页面自动生成知识图谱。

⑤可对知识页面进行讨论、收藏等操作,让学员更多参与知识的积累。

5. 练习与陪练

通过刷题宝(图5)工具,员工可利用碎片化时间,不受空间限制进行针对性练习。通过做题,加强

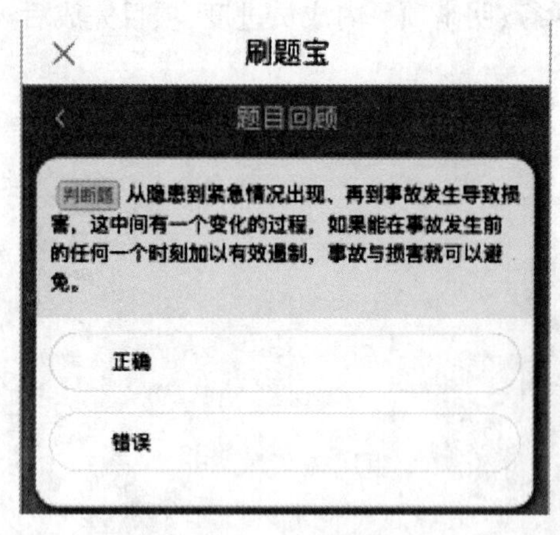

图5　刷题宝界面

记忆深度,扫除知识盲区。通过收集错题二次回顾扫除知识盲点,帮助学员巩固知识,提升学习效率。

使用刷题工具的具体措施如下:

①企业题库快速导入。

②客观题反复刷题。

③错题自动进入错题本,方便学员了解知识漏洞,及时更正。

④利用错题本进行错题回顾、练习,让学员针对自己的薄弱项多加练习。

智能陪练功能是利用人工智能(AI)语音识别功能,管理员在“长水在线”输入相关语料,学员可在App端进行一对一口语练习,以利于标准话术的掌握。

智能陪练的具体措施如下:

①管理员自行录入各类练习语料,让“长水在线”管理员根据不同的培训需求设置不同的练习场景。

②通过AI语音识别功能,实现学员与陪练机器人对话练习,增加了学员练习的趣味性,学员能利用碎片时间进行练习。

③陪练场景下实现了机器人自动纠错功能。

6. 考核考试

传统培训模式中,企业日常的各类考核在考核时间、场地、人员上存在一定困难:一方面倒班的情况下人员很难聚齐,另一方面时间和场地的安排也难以统筹兼顾。此外,考核后的数据管理及培训的效果检验也较为困难。

针对昆明机场的排班制度与不同的考核场景需求,“长水在线”提供了普通考试与严肃考试两大功能。普通考试主要针对日常考核或培训效果检验;而严肃考试则针对月度、季度、年度等相对重要的考核场景,会对考核的过程有更严格的要求,极大降低了员工考试的作弊可能性。同时,所有员工完成考试后的数据均储存在“长水在线”中,若有员工存在舞弊行为,也会记录(图6)。

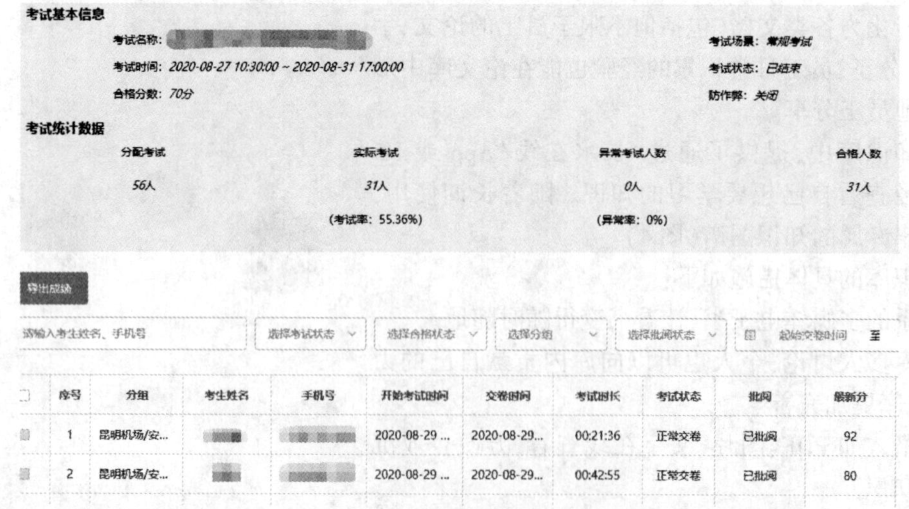

图6　考试列表

使用考试功能的具体措施如下:

①每位考生看到试题或答案顺序不一样的随机组卷在线考试考题。

②可作答完成立即显示成绩,也可选择不发布考试成绩,根据不同的考核场景选择不一样的考核方式。

③可查阅试卷结果和答案。

④多种组卷模式,灵活配置考试题目及分数,根据不同的考核场景选择不一样的考核方式。

⑤显示成绩排名,激励学员更好地参与培训。

⑥自动评分,为管理员减轻管理压力。

⑦可人工评卷,主观题可让管理员人工评分。

⑧支持问卷发布功能,培训后的"复盘"或调研可通过问卷搜集。

⑨可以多重重考,一次、多次或者无次数限制考试,根据不同的考核场景选择不一样的考核方式。

⑩考试分享至微信、朋友圈功能,使用 H5 页面直接考试。

⑪超过规定切屏次数自动交卷。考试更加严谨。

⑫界面超过规定时间无操作则自动强制交卷。

⑬用户上传身份证,自动识别身份证信息,通过人脸视频识别检测,匹配成功才允许开始考试。

7. 岗位地图

企业员工入职后对于本岗位未来的规划、方向往往是模糊的,"长水在线"的岗位地图功能是一种基于各部门岗位的培养模式,通过对岗位任务的分解,找出需要完成任务所需要的知识,再根据任务完成的次序和复杂程度进行赋能,从而加速员工在岗位上的成长,有效提高员工的职业能力。

"长水在线"支持多智能、多岗位提前配置晋升路径及学习任务,让每一个员工的晋升路线一目了然,同时对于每一个岗位所需要学习的任务、考核的任务及能力要求也能提前知晓,实现学习效果最大化。

岗位地图的具体措施如下:

①按照公司学员对应不同岗位标签设置岗位地图,每个标签岗位职级所匹配不同的能力,对应不同难度、不同专业的课程、培训、项目、考核、素质标准等。

②每一位学员匹配最合适岗位标签,学员在线学习对应岗位标签下的内容并完成对应的学习标准、考试考核指标后,晋升到更高层级职级。

8. 权限和安全

企业数据线上化后存在数据外泄或被其他组织窃取使用的风险,各部门各职级间的数据区分存在一定难度。

针对昆明机场的以上问题,通过丰富的权限管理体系,保证了线上培训的进行。同时针对岗位多、职级多、地域分布广的特点,使用严格制定的权限管理策略,各部门间的数据也能相互独立执行。权限管理的具体措施如下。

提供角色管理:可新建、删除、修改角色,可分配系统管理员、管理员、讲师、分组管理员、内容管理员、培训管理员角色。丰富的角色管理方式满足了昆明机场不同的管理需求。

成员导入:可新增、批量新增、邀请加入、审核加入多种成员导入方式。多样的成员导入方式满足了昆明机场的应用场景。

分组权限:可对各分组设置不同管理,并支持多名管理员,同时支持一个成员在多个分组,支持多层级分组(满足至少 6 层级)。多层级多样化的分组权限管理,满足了多岗位、多职级的现状。

角色权限:不同的角色拥有不同的功能权限和操作查看权。

审核权限:开启课程内容审核发布之后,讲师所做课程需审核通过后才能上线。

开放接口:对分组管理和成员开放对应的接口,以便与内部系统进行同步对接。

"长水在线"的组织架构管理可以实现企业的分层式权限控制,子公司、分公司数据相互独立,只有被授权的子管理人员才可以管理相应数据,总公司可以对分公司、子公司和下属部门进行统一管理。

各部门独立维护培训系统:为各部门指定专人负责课程制作上传发布,组织在线考试考核,查看或导出各部门学习、考试数据等。

"长水在线"安全管理的执行,则保证了企业内部数据不外泄或被其他机构所使用。安全管理的具体措施如下:

①移动端查看培训内容时有水印防盗功能。

②学员可以缓存培训内容,仅能在 App 内学习。

③严格控制每一位企业管理员、讲师权限,可在操作日志中查看对应人员创建、编辑、删除、下载等记录。

9. 数据报表

"长水在线"的数据报表模块汇集了所有员工的培训数据,包括部门、员工、课程任务等多维度的数据报表及可视化图表。管理员可以通过挖掘、分析大数据,在页面设置课程推荐,提高课程的点击率,从而提高课程的访问量和员工的自主学习兴趣。

在线学习中课程访问的情况是反映课程受欢迎程度的最直接的要素,员工可以根据课程访问的相关信息(访问量、点赞、收藏、评论等)作为判断依据,来决定自己是否学习该课程,提高员工学习的针对性。

作为平台管理员,可以查看员工整体的学习活跃状态,包括课程的观看情况、考试的完成情况、直播的互动情况等,从多难度观察员工的学习状态,评估学习平台运营的效果。

"长水在线"良好清晰的数据报表体系,有助于企业更好实现自身的企业培训体系,明确了的企业学习方案和可量化的成功目标。在实际实施中通过整合各种学习数据,可以为培训部门对于培训项目结束后的评估提供有力的数据支撑。

数据报表的具体措施如下:

①对学员的学习数据进行查看,按分组、按日期、按序号、按课程、按趋势等维度查看筛选,包括但不仅限于:进行查询查看姓名/账号/当前状态/当前职位/所属部门/注册课程数/学习中课程数/完成课程数/总学习时长/个人学习时间/总课时。

②查看单个成员的所有学习数据,如学习次数、学习时长、学习课数。

③查看所有考试的学员成绩、合格人数、平均分。

④查看课程的学习数据情况、分配分数、完成率等数据。

⑤查看培训活动的反馈、培训得分、意见等数据。

⑥查看学员培训签到参与情况。

⑦以上数据的导出报表功能。

10. 积分激励

对于企业的很多员工来说,参与培训是一件被动的事。最初的认可激励,可能只是管理者对同事或下属的称赞,但这种行为往往是偶发的、随机的,能够实际反馈到员工的心理满足感也有限。

通过积分奖励这一方式,认可激励从线下转为线上,以积分为记录载体,及时对员工的学习行为给予特别关注、认可或奖赏,再结合配套的奖励,形成一套行之有效的管理方法与工具。

"长水在线"针对员工培训的场景实行积分激励的政策,所有参与培训的员工、完成任务的员工或完成指定要求的员工都可以获得积分奖励。通过表彰、勋章和积分排名自动建立员工标杆,可以帮助企业更好地强化企业文化和培训效果。每天登录和学习就可以轻松获得奖励,久而久之,就会让员工养成一种固定学习的习惯。

获得积分的多少不仅对于员工晋升、绩效有影响,同时获得的积分还可以在"长水在线"的积分商城换购商品。积分管理体系可帮助企业充分挖掘自身潜在的隐性资源,也可将其与其他物质兑换方式相结合,以适度的投入获得最大程度的激励效果。

积分激励的具体措施如下:

①完成学习等企业指派学习任务可以获得积分。

②可查看每日可获得积分的任务列表。

③可查看获得、或消耗积分记录。

④可使用积分在积分商城购买积分商品。

三、实施效果

长水在线上线运营已经超过一年,成功解决了业务模式整合问题,打破空间时间限制,节约人力物力,快速开发新功能,提升了企业管理能力。同时在经济效益、社会效益等方面取得了较好的成果。

(一)提升企业管理水平,助力抗疫复工复产

长水在线在2020年春节新冠肺炎疫情暴发后及时上线了关于防疫防护和病毒科普知识的42门免费外部的课程、22门由各部门单位制作的内部课程(其中包含9篇云南省委省政府下发的通知原文),供广大职工学习,为及时消除恐慌情绪,稳定工作状态提供了积极的帮助。同时在疫情最为严重的2—4月,由昆明长水国际机场培训中心、安服部、运行指挥中心、安检站、护卫部、航站区管理部、医疗急救部、地勤部门以及丽江三义机场上线了151门课程,涵盖了岗位技能、应知应会、安全作风建设等多方面(图7)。为处在疫情中且分散于全国各地的广大员工提供了在线学习,巩固各类安全、专业技能知识和岗位复训的途径,做到疫情中不放松、不中断学习,积极提升广大员工安全意识,为复工复产作出了积极的贡献。

课程名称	作者	概述	分类
提醒!使用酒精、免洗洗手液、84		集团内训师作品	新型冠状病毒防疫专题/集...
上班后的防护		集团内训师作品	新型冠状病毒防疫专题/集...
公众如何面对新型冠状病毒肺炎疫		集团内训师作品	新型冠状病毒防疫专题/集...
中共云南省委云南省人民政府应对		领导小组指挥部通告第2号...	新型冠状病毒防疫专题/政...
云南省委省政府应对新型冠状病毒		通告第1号云南省重大突发...	新型冠状病毒防疫专题/政...
预防新型冠状病毒感染的肺炎口罩		使用指南	新型冠状病毒防疫专题/政...

图7 抗疫防疫专题课程

(二)打破时间空间限制,创造优良培训生态

2020年5月,昆明机场安全服务管理部按照民航西南地区管理局的批复,开始开展从2020年4—6月为期两个月的《昆明机场使用手册》培训考核任务,此任务涉及面广,包括昆明机场各部门、航空运输企业(东航、川航等基地航空)及其他运行保障单位(机场公安、昆明海关等)全体员工;参与人数众多达到了29695人(图8)。

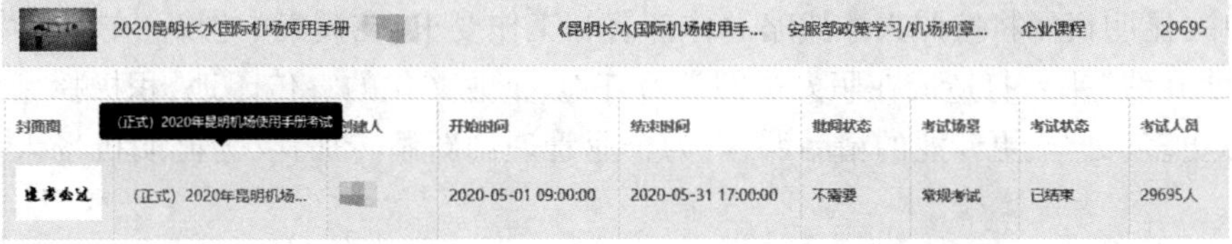

课程名称	作者	概述	分类	课程来源	成员
2020昆明长水国际机场使用手册		《昆明长水国际机场使用手...	安服部政策学习/机场规章...	企业课程	29695

封面图	(正式)2020年昆明机场使用手册考试	创建人	开始时间	结束时间	批阅状态	考试场景	考试状态	考试人员
逢考必过	(正式)2020年昆明机场...		2020-05-01 09:00:00	2020-05-31 17:00:00	不需要	常规考试	已结束	29695人

图8 机场使用手册培训及考试

本次培训考试涉及员工人数多,工种多,排班时间不一致,按照以往培训只能分成多个批次并且由各单位自行管理,但使用了“长水在线”平台后,打破了地域和时间的限制,高效利用了员工的碎片时间进行培训。正式考试时不必再和传统培训一样分成多个批次组织到现场进行考试,而是设置了合理的反作弊措施后由员工自行在手机上利用空余时间完成考试。该次培训考核任务最终圆满完成,同时避免了在新冠肺炎疫情还未完全结束时的大规模人群聚集。

(三)建立学习专区,提升经济效益

2020 年 5 月,为协助飞行区管理部进行机坪车辆准入管理的考核,“长水在线”建立了跨单位、跨地域的飞管准入管理培训考核专区。本专区涉及全机场 78 家保障部门和外包单位,人数达 4229 人(图 9),和以往同类培训相比,本次培训考核专区完全按照专区内部需求灵活定制培训资料和考核目标,满足有同样需求目标人员的培训考核,发布了多套考核模拟题帮助学员进行练习。同时对发布的相关资料文件严格限制了阅读权限,不在专区内的人员无法获得考试练习相关资料。从考核成本上看,由于采用了“长水在线”,同以往传统方式培训相比,节省了组织 78 家单位或部门进行培训考核的时间和人力,同时节约了 4229 人往返昆明机场大约 21 万元的路费。

后续随着每年线上准入考核次数的增加,平台将创造更多的经济效益。

考试名称	结束时间	批阅状态	考试场景	考试状态	考试人员
昆明机场2020年度内场驾...	2020-08-30 23:00:00	不需要	常规考试	已结束	4229人
2020年度内场驾驶员复训...	2020-06-25 00:00:00	不需要	常规考试	已结束	4229人
2020年度内场驾驶员复训...	2020-06-21 23:00:00	不需要	常规考试	已结束	4229人

图 9　机坪车辆准入管理的考试

(四)完善考核制度,赢得社会效益

昆明机场航站区管理部准入培训考试从 2018 年开始,由于面对的考核对象成分复杂,包括了机场工作人员、航空公司人员、航站楼内的商家以及清洁保洁人员等,正常的考试场景模式无法有效解决考试人员文化素养差异和参考人员更新频繁的问题。“长水在线”平台根据实际情况,迅速研发上线“扫码、定位开考”一系列功能。新功能的上线为管理员解决了航站区准入考试面临的困难,减轻了大部分社会人员在昆明机场驻场服务的培训考核负担,赢得了较好的口碑和社会效益。

①让参加准入考试的人员在规定的时间内使用手机 App 在指定地点统一扫码(定位)进行考试,避免了由于考试时间不统一带来的题目泄露或者代考、替考等不良行为。

②每月的准入考试无需对全部人员进行信息录入,仅录入增量人员,可实现全员或部分人员分别进行正常考试和补考,从而大大减轻了管理员的工作负担,提高了工作效率。

③解决人员分组信息混乱冗长的问题,防止成绩统计时发生错误(图 10)。

后续工作中,昆明机场将按照人才战略总体部署和工作要求,在摸索中创新,在积累中完善,在实践中改进,把“长水在线”平台打造成在职人员的学习阵地、企业文化的宣传园地;积极探索创新人才教育培养模式,贡献更多、更全、更专业的精品课程,为企业管理创新添砖加瓦,为昆明机场人才培养提供高效精准的服务。

封面图	考试名称	创建人	开始时间	结束时间	批阅状态
	2020年6月航站区新员工准...		2020-06-05 14:00:00	2020-06-05 15:00:00	不需要
	2020年5月航站区新员工准...		2020-05-15 14:00:00	2020-05-15 15:00:00	不需要
	2020年航站区新进人员准...		2020-03-12 14:00:00	2020-03-12 15:00:00	不需要
	2020年航站区新进人员准...		2020-03-12 14:00:00	2020-03-12 15:00:00	不需要
	航站区准入考试模拟测试		2020-03-06 15:08:00	2020-03-06 15:38:00	不需要
	2019年第十一期航站区新...		2019-12-25 14:05:00	2019-12-27 17:00:00	不需要

图10　航站区准入培训考核

掌上机场,世界可及

——白云机场“机场通”

广州白云国际机场商旅服务有限公司

成果主要创造人:罗安余 刘永强

成果参与创造人:李 娜 江志坚 王小娟 黄香玲 赵 强 李浚菲 潘文瑶 蔡燕珠 曾 谧

2000 年 10 月,广州白云国际机场股份有限公司成立“易登机”项目,在民航业首次提出细分市场的理念,率先推出商务贵宾服务,开创了机场贵宾服务的新模式和中国机场服务的新领域。

2002 年 7 月,项目引入广东华灏集团的民营资本,成立“广州白云国际机场易登机商旅服务有限公司”,自此以独立法人的身份开始运作。

2008 年 5 月,广州白云国际机场股份有限公司进行全面机构改革,广州白云国际机场易登机商旅服务有限公司更名为“广州白云国际机场商旅服务有限公司”(简称“商旅公司”),正式成为股份二级子公司(二级正单位)。

2017 年 10 月,商旅公司股东变更为广州白云国际机场股份有限公司(出资比例 100%),成为广州白云国际机场股份有限公司的全资子公司。商旅公司是白云国际机场贵宾服务的运营主体,位于广州白云国际机场东南工作区横二路股份 A4 综合楼。商旅公司拥有专业的服务团队(在职员工近千人)、先进的服务理念和丰富外包管理经验。同时商旅公司经营业态十分广泛,主要业务包括:高端旅客服务(政要贵宾、商务贵宾、两舱[1]、嘉宾服务)、有偿公共服务、旅游业务、机场通、城市航站楼、文产延伸与酒店运营;还兼顾城市候机楼、“机场通”“一日游”、白云国际机场文创产品等创新重点项目。

一、实施背景

(一)外部机遇分析

1.“一带一路”和旺盛的腹地需求

《中华人民共和国国民经济和社会发展第十三个五年规划纲要》(简称《国家“十三五”规划纲要》)提出以“一带一路”建设为统领,丰富对外开放内涵,提高对外开放水平。“一带一路”倡议为民航发展提供了巨大机遇,使白云国际机场枢纽地位进一步凸显。腹地需求方面,珠三角核心城市产业结构较好,产业升级不断加快,现代服务业、先进制造业和高科技产业发展迅速。2017 年,粤港澳大湾区六大机场(机场所在地分别为香港、澳门、广州、深圳、珠海、惠州)的总体旅客吞吐量超过 2 亿人次,货邮吞吐量近 800 万吨。据预测,到 2025 年,粤港澳大湾区旅客吞吐量将达到 3.5 亿人次,货邮吞吐量接近 1000 万吨,潜在市场需求巨大。面对迅速增长的境内外服务需求,商旅公司作为白云国际机场高端旅客服务运营主体,将在高端旅客服务方面迎来新的拓展机遇,同时也将面临更高的服务水平要求。

2. 居民消费结构升级

随着经济发展进入新常态,消费对拉动经济发展的基础性作用更加凸显。中国居民可支配收入持

[1] 两舱:即头等舱和商务舱(公务舱)。

续增长,旅游、交通、通信类的消费快速上升。同时,与西方发达国家相比,我国的最终消费率仍然偏低,消费进一步增长的潜力巨大,而消费的增长必然会带动服务需求的增长,这将会为服务行业的发展带来新的机遇。

3.旅游需求旺盛

中国是世界上增长速度最快的出境旅游市场和亚洲最大的客源市场。《国家“十三五”规划纲要》提出要大力发展旅游业,深入实施旅游业提质增效工程。旅游业的迅猛发展,以及旅游方式的多样化,为未来的旅游市场提供了更多的可能性。商旅公司应当依托机场资源,把握当前机遇,致力于旅游产品的创新,以适应人们日趋多样化的出行方式。

4.大数据时代来临

大数据与云计算、互联网等新技术相结合,将迅速改变人们的生产生活方式。机场是海量数据资源的汇聚地,商旅公司作为白云国际机场网上机场(机场通)的运营管理公司,大数据的采集、分析与应用具有巨大的发展潜力,为旅客提供更具个性化、精准化的服务产品和服务体验。

(二)外部挑战分析

1.智能自助设施应用日益普及

随着互联网的发展,终端应用技术的提升,旅客消费习惯发生了改变(更多使用智能自助手段),这成为商旅公司服务创新和营销创新的重要考虑因素。

2.珠三角地区机场竞争日益激烈

珠三角地区,白云国际机场客运量受到香港机场、深圳机场及珠海机场的竞争影响。香港机场积极推进三跑道系统建设项目,未来将增加3000万人次/年的吞吐能力。深圳机场T3的启用释放了发展潜力,并积极推动发展机场国际业务。珠海机场借助港珠澳大桥的开通,积极带动机场客流,将成为香港机场另一条跑道,在2020年达到1200万人次的旅客吞吐量。

3.高铁运输分流影响加大

随着高铁运输不断发展,在服务体验、通达程度等方面与民航的差距越来越小,加上高铁对天气变化的适应性强、票价较低等因素,对航空旅客的分流逐步加大。

4.服务需求日趋多样化

服务质量是民航高质量发展的集中体现。随着移动终端、大数据、互联网+、人工智能等技术及理念在行业内大量应用,个性化、多样化服务产品层出不穷,人民群众对民航服务种类、服务范围、服务能力和服务水平的要求越来越高。面对互联网和信息技术的发展,大众消费模式的转变,商旅公司在个性化、差异化、信息化技术发展上与国际先进机场相比还存在一定的差距。

(三)“机场通”项目发展目标

十八大以来,中国民航作为经济社会发展的重要产业,白云国际机场作为国内三大枢纽机场,配合数字化转型,促进民航经济的平稳发展。2019年,中国民用航空局(简称“民航局”)提出要加快推进“平安、绿色、智慧、人文”为核心的四型机场建设,白云国际机场作为国内三大国际枢纽机场之一,带领行业机场先行建设四型机场,打造最佳服务体验的网上机场。“机场通”项目结合民航局真情服务要求,融合旅客进出港、商业、交通等服务资源,提高旅客出行的便捷度和体验度,从而提高白云国际机场核心竞争力,并且创造更多非航收益。

基于上述外部机遇与挑战,商旅公司在战略转型与新业态新模式培育、“智能+”与数字化发展方面做出重要决策——重点发展“机场通”项目。“机场通”平台是商旅公司整体向“互联网+”转型的起点,项目搭建了新型业务贯通的平台,为商旅各业务创造了线上线下接驳的物理环境,能真正实现线下资源及服务产品智能终端化。作为“智慧机场”建设中的重要一环,目前“机场通”面临的压力与挑战是:一是机场行与机场平台带来的压力与挑战;二是定位,服务平台与流量经济的取舍;三是发展规划,国企如何做好做强经济。“机场通”作为商旅公司转型发展的抓手,应落实以下工作:一是继续完善功能建设,凸显平台的专业性和服务性;二是加强跨界合作互通,提高平台的关注度和活跃度;三是实现更多机场的“机场通”上线,增强平台的吸引力和影响力;四是进行网上商城建设,开发平台的裂变式营销价值;五是加快队伍专业化与规范化,提升平台运行效力。

二、成果内涵和主要做法

近几年受携程、滴滴等电子商务巨头的强势挤压,商旅公司的机票、保险、租车及电话卡等业务受到严重影响,由曾经的优势业务变为鸡肋业务。商旅公司作为传统的航旅分销企业,要聚焦渠道管控和获客能力的提升,充分利用“机场通”平台的吸粉拉新能力,利用可支配的合作方客户信息,推进常旅客体系的搭建完善,通过完善及优化“机场通”平台服务产品与平台功能,在民航业“智慧 +”发展趋势当中抢占先机。

总的来说,“机场通”平台的发展目标是建设统一网络平台,成为机场与旅客之间的桥梁,链接线上线下服务,构建旅客出行服务链新业态。同时建设“机场通”常旅客会员体系,为旅客提供积分奖励与优惠折扣信息,增加旅客的归属感与黏合力,有助于提升商旅公司的营收水平,提升白云机场服务水平,扩大白云国际机场非航业务的营收,最终实现依托技术先进的“机场通”系统平台与配套的“机场通”常旅客会员体系,将“机场通”平台与会员体系扩展至全国各机场。

(一)“机场通”平台发展历程

“机场通”平台在机场通平台于 2017 年 9 月正式上线,至今已更新 3 个版本,强化了航班查询、网上商城等功能,并于 2018 年 8 月建立“机场通”会员体系,运行至今两年多,已累计超 170 万会员(参考亚洲航空会员数据:2010 年成立,运作 10 年拥有400 万会员)。

2018 年 10 月开始,广东机场集团下属各机场皆陆续上线“机场通”平台,包括湛江机场、惠州机场、揭阳潮汕机场、梅州机场;未来,将持续加大对外推广力度,争取让更多的机场加入“机场通”平台,共建统一服务平台。

2019 年 6 月,联合光大银行、龙腾出行发展机场通联名信用卡,赋予会员金融属性,提供更加丰富的生活服务权益;2019 年 6 月,首次携手第三方平台,与航班管家会员体系合作,丰富双方会员权益内容。持续与航班管家、飞猪、滴滴、飞常准、同程、国航、亚航、深航等合作,共同打造会员体系,不断优化“机场通”产品,简化操作流程,提升用户体验。2020 年 8 月,上线“机场通”微信小程序。

(二)“机场通”平台运营及发展状况

“机场通”平台由拥有多年移动互联网从业经验专业团队负责运营。该专业团队根据平台各产品的功能及内容灵活运营,输出精准内容,通过与机场线下场景结合、多行业合作、内容运营传播等手段,结合微信、微博、抖音、B 站等新媒体渠道,加大机场通品牌宣传力度,实现平台快速发展。通过功能运营,基于大数据分析与用户需求调研,进行用户画像,设计产品优化迭代计划;持续不断推行线上线下营销推广活动,增进粉丝、会员的互动,加大用户的黏度;结合文化机场建设,在每期会员日活动或微信软文推广粤文化,丰富白云国际机场的文化特性。

“机场通”平台发展三年多以来,策划运营了 60 多场活动,包括“白云机场 29.9 元好好吃”活动,该活动上线一个月,以 10 万人次的关注、拉新会员超过 4 万的成果荣获了民航网颁发的“2018 年年度营销传播案例奖”,得到了行业的认可。“机场通”平台还积极对外拓展,联合银联开展“满 62 元减 20 元”活动,通过在白云国际机场合作商户消费满 62 元,银联在线支付立减 20 元。活动开展半年,超 4 万用户参与,产生超过 2 万个订单。

“机场通”平台持续为旅客推出多种会员福利活动,携手不同业态多个品牌,推出出行优惠、会员权益及互动活动,打破场景限制,为会员推出机场内外多种生活权益。例如结合新冠肺炎疫情,与国家卫健委联合推广“机场通 · 医务守望卡”,增加白云国际机场影响力;为丰富会员权益,与希尔顿、滴滴出行、樊登读书、平安、国航第三方平台合作,为“机场通”会员提供专属福利。

经过长期的微信软文曝光、营销宣传推广与系统不断升级迭代,“机场通”平台运营取得较佳成效,“机场通”平台粉丝累计达325.8万人,会员累计达172.8万人,在行业内取得良好的效果。具体做法有:

1. 白云机场“29.9元好好吃”活动

2018年7月,为了更好在“暑运”小高峰服务出行旅客,白云国际机场通推出首个联动线上线下的活动,利用白云国际机场官方公众号,结合“机场通”与机场内商家,联合举办“29.9元好好吃”活动,并通过多元化的宣传渠道触达用户,达到预期效果,并利用本次活动,活跃机场商业,为白云国际机场带来良好口碑,提升白云国际机场品牌影响力。

服务内容:联合T1、T2航站楼各商家,推出“机场通”会员专属优惠套餐,让旅客在暑期能以优惠价格享受高品质美味,以此增加“机场通”会员注册量,同时促进旅客在机场消费。

服务群体:白云国际机场出发/到达的旅客,注册成为“机场通”会员。

实施路径:线下场景、线上传播。

线下场景:在白云国际机场出发厅、到达厅、候机厅、活动商家多个位置,布设活动宣传场地与物料,形成鲜明活动印象,增加品牌曝光率。

线上传播:①白云国际机场服务号为本活动的主要传播阵地,结合服务号每周一推广的频率,增加商家推广内容,激励商家推广的积极性。②联合“暴走姐妹花”“龙腾出行”等旅游网络达人,在微信平台、一点资讯、腾讯、凤凰等多渠道发布,增加线上曝光率。③商家地推:由于餐饮消费主要发生在机场餐饮商家,因此除机场通品牌宣物料外,针对每一活动商家的套餐,亦同时制作了门店展架、台卡及桌贴,以达到更好的推广效果,帮助商家更好完成现场服务指引。④线上活动专题:用户通过物料吸引扫描二维码,即可进入活动专题;专题按航站楼及安检前后进行区域分类,并通过展示活动商家套餐,让旅客能够轻松领取兑换;通过线上线下结合推广,旅客能在出行前、出行中顺利领取套餐,提升出行及餐饮消费效率,更能通过分享至其他用户,增加社交互动。

2.“机场通·医务守望卡”计划

2020年2月,白云国际机场正处新冠肺炎疫情防控工作期,部署战“疫”与防控一线,全力抗击疫情。抗击疫情在行动,“机场通”平台推出“安全出行指南”服务模块,为出行旅客提供在线健康申报、疫情航班查询、出行提醒、在线值机、易安检等无接触服务。彼时正值各方医务工作者纷纷援鄂战“疫”之际,全国各地出现“最美逆行者”身影。抗疫一线将消耗医务人员大量精力,机场作为为医务人员提供出行保障的重要场所,为医务人员提供安全、舒适的出行保障是应尽之责。因此,为进一步为一线防控工作保驾护航,并为争分夺秒抗击疫情的医务人员提供高效舒适的出行服务,“机场通”面向所有在职医务人员推出“机场通·医务守望卡”,致敬平凡而伟大的医务工作者。医务人员成功申请“守望卡”后,可享受无限次全流程嘉宾服务与免费升级银卡会员权益。

(1)服务权益内容

在活动期间,医务人员成功申请“机场通·医务守望卡”,可享受以下“机场通”专属权益。

尊享“无限次全流程嘉宾服务”:

①专人协助办理乘机手续、托运行李。

②快速安检(T1、T2国内头等舱安检通道)。

③蓄电池车服务(仅T1)。

④国内“两舱”休息室服务。

说明:无限次全流程嘉宾服务有效期截至2020年6月30日。

尊享“机场通”银卡会员权益:

①1.2倍的积分增速权益。

②1张新人专享120元休息室代金券。

③每年 2 张 50 元休息室优惠券。

④“机场通”银卡会员所享受的其他权益。

说明:银卡会员权益有效期为一年,自办卡之日起算。

(2)目标群体

在职医务工作者。

(3)操作方式

①符合条件的医务工作者(简称“申请人”)可通过白云国际机场公众号菜单栏、首关注推送、“机场通”服务申请入口等,在线了解权益计划,并注册升级机场通银卡会员。

②申请人成功注册后,在线填写报名信息并上传相关证件(医院工作证明、执业医师资格证等)。

③报名申请通过审核后 1 个工作日内完成权益发放。

④申请成功后,申请人可通过“机场通”会员中心,查看并使用权益。

(4)媒体传播

①官方渠道发布:通过“白云机场”服务号、“白云机场发布”订阅号以及“白云机场机场通”新浪微博进行发布。

②万企暖医国企先行比赛:3 月 12 日,“机场通 · 医务守望卡”权益计划加入南方 + 暖阳行动进行联合公益推广,通过联合海报、推广文章、公益投票进行宣传。

③南都“疫后 · 暖阳行动”推广:3 月 23 日,“机场通 · 医务守望卡”权益计划加入南都“疫后 · 暖阳行动”进行联合公益推广,通过联合海报、互动 H5、线下公益广告进行传播。

④其他媒体报道:包括信息时报、广州本地宝等对白云国际机场“机场通 · 医务守望卡”进行报道。

(三)打造综合性智慧服务平台,创造平台价值

1. 完善平台基础功能建设

航班查询、在线值机、网上商城、公共交通、航站楼地图导航与会员体系是目前“机场通”平台主要的功能,虽然基本满足了旅客对机场服务的需求,但依旧存在诸如用户界面不友好、操作流程复杂、全平台查询功能缺失、在线商城商品少、在线支付/退款流程不明确、会员无法自动积分等问题,造成用户体验差,无法形成平台优势与积累用户口碑,严重阻碍了“机场通”平台的品牌推广。

“工欲善其事,必先利其器”,只有将“机场通”平台基础服务功能完善后,才能开发该服务功能的延伸商业价值。因此,完善“机场通”平台的功能,将从完善服务运营、增强平台功能、提升会员体验三方面入手。完善服务运营方面,如贵宾接送机、特殊旅客等服务流程优化,实现服务的闭环;增强平台功能方面,例如对接离港数据,为旅客生成值机、安检、购物、休息等场景的导航建议,利用先进导航引擎,实现多终端、多层体块式全局指引、二维/三维(2D/3D)漫步导航等;在提升会员体验方面,“机场通”平台必须结合“场景化营销”的发展趋势,结合白云国际机场线下服务场景,进一步完善平台服务功能,让旅客用最简单的操作步骤达成服务要求,提升用户使用体验。同时要加强对旅客行为数据的收集与分析,通过对旅客进行分类标记,结合旅客行程安排实现精准推广,将用户最需要的服务或产品主动推送给旅客,提高交易促成率。

2. 打造更贴心的场景化服务

什么是“场景化营销”?以打车场景为例,用户拿出手机定下位置,发出打车需求,附近的驾驶员抢单响应需求,然后赶到用户所在位置载上用户抵达目的地,支付完成,这就是最典型的一个场景营销案例。“机场通”平台作为一个旅客出行服务的平台,服务必将涉及旅客出行的方方面面,那么如何打造“机场通”的“场景化营销”?将从用户实际需求出发,集合机场与用户出行的各种场景元素,设计最贴合用户的个性化服务。

市面上出行平台众多,用户的选择途径多样,所选择的服务产品体验感参差不齐。“机场通”平台可利用官方背景、线下服务优势与商业资源支持,将用户出行的机场服务内容前置。例如,用户通过

"机场通"平台选定出行目的地购买机票后,系统自动为其推送附近城市候机楼大巴承运地点与时间,选择"家门口到机舱口服务",为其配送专车免费上门接送服务,提供专门的行李联程服务。将机场内的服务前置,辐射至各城市候机楼,有利于提高机场服务运行效率,提高旅客出行满意度。

3. 发展"线上+线下运营"新模式

京东发布了一系列旨在聚焦赋能、渠道、服务和营销的新举措,包括开放零售运营和服务能力,打通产品"自营+平台"的界限,打破线上与线下的壁垒,把家电销售拓展到任意场景,大幅提升线下专卖店和超级体验店数量,从而提升商业收入。未来,"机场通"将打破产品、服务、数据、内容的边界,提升机场出行的服务供应链效率,加强机场与旅客之间的联系。通过大数据分析,开发"线上+线下运营"新模式,推动营销活动的双线运行,扩大"机场通"平台的宣传渠道,建立"机场通"线下服务网点,及时为旅客解答疑惑,创立"机场通 IP"形象的线下服务网点,在提升机场通品牌宣传的同时,满足消费者的个性化需求。

(四)持续优化常旅客体系,提升机场营收

1. 打造常旅客名片,为平台加分增值

常旅客计划实际上是客户忠诚计划(Loyalty Program),常旅客计划(Frequent Flyer Program)是指航空公司与酒店等行业,为了留住顾客,向使用他们产品的客户推出以里程积累或积分累计奖励里程为主的销售手段,是吸引高端公商务旅客、提高公司竞争力的一种市场手段。数据表明,史基辅机场之前在餐饮类的人均消费约为 11 欧元/人,2017 年与 FILO 平台合作推出会员体系后,旅客人均消费从 11 欧元上升至 32 欧元,增长了近 200%。英国机场集团比史基辅机场更早推行会员体系,目前他们餐饮类人均消费保持在 34 欧元左右。说明机场推行常旅客体系,不仅能增加旅客的认同度,还能提升机场营收能力。

因此,常旅客会员体系作为机场通的重点核心内容,能有效增强白云国际机场自身竞争力;通过整合机场闲置资源,开拓新的服务产品吸引旅客,带来更大客流量;通过旅客行为数据的收集分析,提供更精准服务;通过对旅客价值的挖掘,促进旅客在机场的消费,带来更高商业收益。

那么如何打造常旅客体系?白云国际机场常旅客体系分为 4 个层级,旅客先成为普通会员,通过对白云国际机场的贡献,逐步升级到"银卡会员""金卡会员",最终到最高级的"白金会员"。旅客等级越高,享受的权益越多,获得的折扣越大,会员的价值越高。未来进一步拓展常旅客会员出行权益,增强与外部合作伙伴的沟通,吸引更多机场加入"机场通",实现多地机场共建会员体系,会员权益互通,会员积分共享,打造涵盖旅客航空出行各环节的服务新业态。

2. 充分利用机场闲置资源,实现流量变现

机场服务及资源变现可为"机场通"带来商业价值,其会员体系搭配线下资源与积分的提供,更能使平台商业价值不断提升。搭建会员体系有利于提高会员对产品的使用率,促进会员的二次消费。例如,会员在"机场通"平台购买休息室产品时,可通过积分累计或者返利发放优惠券/满减券的形式,刺激会员在下次出行时再次使用休息室服务。积分获取的方式有三种:行为积分、消费积分与特殊积分。旅客完成专项任务即可获得积分奖励,以增加会员的黏度与活跃度。同时还支持白云国际机场航段累计积分,旅客自白云国际机场出发奖励 600 分/次,到达奖励 300 分/次,吸引旅客多到白云国际机场乘坐飞机。

然而目前"机场通"积分产品兑换价值高,积分产品种类少,吸引力低,无法提供会员差异化的增值服务。因此需不断进行迭代升级,例如针对线下搭配的资源及产品,增加市场上可供兑换的产品资源,从而拓展客户的选择性。针对会员的偏好定制服务,满足个性化需求,提供私人定制的会员体验。根据马斯洛需求模型理论,会员体系积分的权益不仅满足于用户的一项需求,还包括满足生理、社交、尊重、自我实现需求等。因此"机场通"会员体系积分所可以针对顾客的这些不同需求提供线下资源产品。①对于生理需求,会员可以通过积分在休息室提供免费餐饮、沐浴间等,或者为糖尿病旅客提供无糖食

品,为特殊旅客提供隔间无障碍休息室,满足其更多的生理需求。②对于社交与尊重的需求,机场通会员可以享受更贴切用户的出行体验,根据客户需求进行 VIP 智能客服服务,为更高级会员提供专门服务,满足其尊贵身份。

3. 盘活各平台闲置积分,积分通兑赚收益

“机场通”计划与第三方平台合作,在积分商城实现“积分通兑”的服务功能,利用其汇聚第三方平台闲置积分资源,实现旅客“零”元购物,满足旅客将第三方平台的闲置积分转化为“机场通”会员积分,用于兑换或抵扣机场服务或商品;同样,“机场通”会员也可通过“积分通兑”的服务功能,将“机场通”闲置积分转化为“通兑积分”用于兑换或抵扣航空公司、银行金融机构、百货商超等的积分产品。

后续将产品体系多元化,完善“积分通兑”功能,打造移动支付 + 积分兑换双驱动模式,实现在航站楼内消费的支付环境下,可推荐会员使用“机场通”积分进行抵扣消费,对接 POS 系统,自动换算积分价值,刺激会员消费,从而提升机场的辅营收入。

(五)营造机场商业生态环境,增加商业营收

“欲致其高,必丰其基”。良好的商业环境是企业发展的重要基础。打破航站楼内地域限制,为用户提供更多的消费渠道,开辟更广阔的航站楼商业生态圈。创造“机场通”平台的商业价值,一方面通过开通航站楼内线下配送服务,将“机场通”网上商城与 POS 系统对接,实现旅客“线上下单,线下提货”服务,让旅客安坐登机口即可享受到航站楼内的各种美食与商品。在提高服务的同时,增加商业营收。另一方面是在航站楼线下搭建“机场通 IP”服务网点,结合白云国际机场文创产品,融合白云国际机场人文智慧机场建设思路,创立独有特色的“机场通 IP”形象,不仅可以及时为旅客解答疑惑,而且有利于提升“机场通”品牌形象,同时满足消费者的个性化需求。通过线下体验店带动机场通产品、白云国际机场文创产品及白云国际机场其他服务产品的消费,促进非航业务的收入。

(六)跨界与第三方商业平台合作,实现互利共赢

对于企业来说,长期合作伙伴可以建立成功的供应链协作以产生利益关系。资源共享的确定是企业在供应链关系中创建关系利益的关键机制。因此“机场通”平台与第三方平台进行跨业合作,资源的共享促进双方平台流量变现。例如,连通各大国内机场,深圳、郑州、武汉等地的机场商业资源或线下服务,实现各机场之间的服务与商业共享,促进商业发展及非航业务收入;同时开拓更多商业渠道,与机场周边城市的商业、旅游、酒店等联合,建立旅客出行闭环服务,为出行旅客提供出发机场与到达机场点到点的服务新链条。有利于帮助各机场降低开发客户的边际成本,盘活各机场闲置的服务资源,从而提高旅客服务体验与“机场通”价值,实现白云国际机场与其他机场商业生态圈的互利共赢。

另外,跨行业合作包括其他交通行业,例如轻轨、地铁、公交等公共交通运输体系。它们的客流量群体是非常庞大的,增强此类出行旅客与白云国际机场的联系,将此类从地铁到机场,从大巴到机场,从自驾到机场等全方面出行的旅客服务融入至“机场通”平台,加深“机场通”平台跨业合作,实现点与点之间服务融合,使用户可便捷、快速、顺畅地使用服务。同时在各平台提出联合款产品,例如在机场各点位售卖的广州一日游等地铁卡或门票等,可以通过“机场通”平台的会员积分进行兑换,在丰富会员积分商城产品多样性的同时,可提高“机场通”平台收益。

(七)搭建机场通服务大平台,为其增值引资

“机场通”平台作为白云国际机场旗下的官方平台,具有得天独厚的资源与品牌优势,机场可为其提供资金费用、各类线下公共与商业资源、最具官方航班信息数据、旅客出入机场各时段及地点的实时信息,“机场通”平台可利用大数据手段进行商业价值挖掘,开发更多的潜在商业价值。以与“机场通”平台相似的航班管家平台为例,航班管家于 2009 年正式上线,2010 年获得红杉资本 A 轮融资 500 万美元,经过 7 年的发展,C 轮融资达 11.33 亿元。“机场通”平台也可借鉴航班管家的融资模式,为白云国际机场创造平台的商业价值,前期需加大规模进行投入,进行平台功能开发与营销推广。

另外,“机场通”平台可联合其他机场逐渐发展为“机场通服务大平台”,将其运营及管理模式复制

至深圳、郑州、武汉、重庆、新疆等地的机场,逐步扩大“机场通”平台商业价值,同时连通各大机场的商业资源或线下服务,达到各机场之间的资源、服务、商业共享,促进各机场的商业发展及非航业务收入,同时拓展众多的商业渠道和机场周边城市的商业资源,建立成功的商业供应链,并帮助企业降低开发客户的边际成本,提高旅客服务体验与”机场通“价值,实现白云国际机场与其他机场商业生态圈的互利共赢。

(八)平台的多种营销方式或带来更多收益

网络营销模式需依附强大的技术手段,当“机场通”平台愈发成熟时,独自开发更多营销模式,有利于配合线下更多活动开展,优化用户体验,创造更多消费。除了结合会员体系的积分商城,实现积分消耗来刺激用户消费,还可通过积分消耗产生价值。同时在平台开展“分享员”计划,“机场通”会员或机场员工通过分享给各自的亲朋好友并成功注册成为机场通会员,即可赢取奖励积分,在积分商城进行积分兑换,免费换取各种礼品、休息室服务、文创产品。同时还可以利用“朋友圈”来增加会员数量与会员积分,促进会员的二次消费与商业交易。

三、实施效果

2018 年 7 月 27 日—9 月 16 日,与 T1、T2 航站楼联合举办白云机场“29.9 元好好吃”活动。这是“机场通”首个场景营销活动,通过线上活动、线下物料 + 码上机场营销的方式结合,联合商家提供“机场通”会员餐饮特权,既实现了“机场通”会员的增长和活跃,同时也传播白云国际机场“同城同价”的概念。活动总计 50 天,共超 10 万人次访问,有约 4 万人注册会员,转化率达到 32.2%,远高于行业平均水平(8% ~15%),该营销案例荣获 2018 民航传播奖“年度营销传播创新案例”奖。

2020 年 2 月,“机场通 · 医务守望卡”计划推出后,共拉新 5 万会员,医务人员覆盖广东、湖北、上海、哈尔滨等多个地区,此外还受到珠海机场、宁波机场、银川机场的关注,具有一定的社会影响力,它们纷纷上线相应的医务人员专享权益;同时与国家卫健委、丁香医生进行合作,以更加精准地面向医务工作者推出权益服务,进一步提升转化率,同时为“机场通”积累更多精准医疗属性会员,为日后会员分层及精细化运营做好准备。

“机场通”作为白云国际机场旗下的官方平台,具有得天独厚的资源与品牌优势,机场可为其提供资金费用、各类线下公共与商业资源、最具官方航班信息数据、旅客出入机场各时段及地点的实时信息,从而可利用大数据手段进行商业价值挖掘,开发更多的潜在商业价值。未来“机场通”平台的规划与发展趋势是不断完善用户体验和平台功能并提升会员体验,实现白云国际机场商业运营与“机场通”平台对接,完善其线上线下运营模式,构建智慧网上商业平台。其大致表现为根据细分的用户类型及用户需求,不断拓展,满足用户实际使用诉求,不断优化平台功能,打造用户线上线下全流程体验,以打造更好、更全面的智慧化机场。充分利用机场的核心资源,在为会员提供全面的服务同时,拓展本地生活、异地旅行等第三方权益,提升会员价值。设立会员日或营销机制等提高会员参与感及黏性。构建“机场通”平台会员常旅客体系,并搭建“机场通”服务大平台,打通商业之间的壁垒,拓展“机场通”更多的商业渠道,开发其商业价值。

施工企业通用信息报送系统的研发与应用

中交路桥华南工程有限公司

成果主要创造人:李鸿文　姚通向

成果参与创造人:陈勇丰　阳志奇　李海华　王　泽　陈森文　李　闯

中交路桥华南工程有限公司(简称"华南公司"),是中交路桥建设有限公司(简称"中交路建")旗下的子公司,前身为交通部第二公路工程局第二工程处,成立于1963年,于2002年改制成为路桥华南工程有限公司,2012年更名为中交路桥华南工程有限公司。"中交路建"隶属中国交通建设股份有限公司(简称"中国交建",国务院国资委管理的中央企业)。

华南公司具有公路工程施工总承包特级资质和公路行业甲级设计资质,路基、路面、隧道、桥梁工程专业一级资质,市政公用工程施工总承包和建筑工程施工总承包资质,连续13年被认定为国家高新技术企业,通过了质量、环境、职业健康安全管理体系认证。公司注册资本为8.001亿元,现有员工1100余人,各类专业技术人员900余人。

华南公司市场区域分布广泛,国内项目遍及20多个省、自治区、直辖市,修建了数千公里的高等级公路和百余座大型及特大型桥梁。所建工程获詹天佑奖8项、鲁班奖9项、乔治·理查德森奖2项、国家优质工程银质奖9项、改革开放35年百项经典暨精品工程4项、火车头奖2项、省级及以上五一劳动奖状、奖章和工人先锋号10余项。

华南公司有75项发明专利、292项实用新型专利,获得国家级工法8项、省部级工法24项,10余项管理成果获全国工程建设企业管理现代化成果奖。

华南公司目前正处于快速发展时期,业务涉及公路、桥梁、铁路、隧道、轻轨、市政、房建、综合管廊、政府和社会资本合作(PPP)项目、海外工程等领域。年施工生产能力达100多亿元,在国内建筑行业享有很高的声誉。

目前,华南公司作为中国交建的三级子公司,在统筹使用上级单位中国交建、中交路建统建的信息化系统的同时,也根据需要建立相应的自建系统作为有效的补充,形成了较为完备的三级信息化管理体系,交建通即时通信软件、综合项目管理(PM)系统、隧道监控系统、智慧工地系统、财务共享系统、生产经营辅助系统、党建系统、办公自动化(OA)系统、人力资源管理系统、食堂用餐管理系统等,有效促进了企业管理过程的精细化、数字化水平,提高了管理效率,提升了管理效能。

一、实施背景

华南公司作为中国交建的三级子公司,公司在建项目有50多个,加上有多个完工项目,虽然华南公司各类信息化系统非常完备,但是公司总部各部门的管理中仍有信息化系统以外而需要临时手工填报、收集信息的需求。

(一)工作中面临的"痛点"

该课题最初的需求由华南公司财务资金部提出需求。财务相关的各类系统是各类信息化系统中最严谨、逻辑性最强,也是相对较完善的系统,但是对于日常工作中的一些个性化和临时需求,仍需要手工通过邮箱和即时通信软件报送各类数据。比如华南公司财务资金部对各项目部的需求为:每天报送银行存款余额，每月或每个季度要报送的表格有产值营业额对比表、各项目利润情况表、费用统计表、间接费情况分析表、应收账款变动表、半年指标测算、项目成本构成盘点……

使用传统的收集信息方式，大概需要7个步骤，见表1。

财务资金部报送信息的常规工作流程 表1

序号	步　骤	说　明
1	制定表格	财务主办制定一个Excel表格
2	通知人员	通过聊天软件发送到群里，通知各项目人员在群里下载表格填写
3	下载填报	各项目财务人员下载表格填写，通过邮箱或聊天软件发送给财务主办
4	收集整理	财务主办查看QQ、微信、交建通、邮箱，下载几十个项目的Excel表
5	粘贴汇总	财务主办对收到的表格粘贴到一个Excel表格中
6	查漏补缺	没有收到的再单独联系项目财务人员报送
7	催办收集	财务主办再下载、粘贴数据，最后整理汇总完毕

上面的工作流程重复发生的频率非常高，每次要进行重复性的工作，非常浪费时间，一天差不多要用半天时间去接收下载文件、粘贴数据，而且粘贴汇总环节很容易出错，尤其项目部越多越麻烦。财务部门需要统计的信息一般除了在建项目的填报信息，也需要完工项目填报信息，如果一个财务主办一天统计两三个表格，基本没有时间做其他工作，效率非常低。

经过调研，除了财务资金部以外，华南公司的物资装备部、法律合同部、科学技术部、工程管理部等几乎所有部门，工作中也都存在类似的或多或少的重复性工作，浪费了大量的人力成本去收集、整理、汇总这些信息化系统以外的临时信息。

如何优化流程、减少环节、快速布置信息报送任务、快速收集汇总信息、提高工作效率，成为华南公司实际工作中亟须解决的问题。

（二）国内类似的解决方案

国内有一些通用性的可自定义的系统和平台，比如勤哲Excel、简道云等，可以实现自定义程序、图表分析等功能，但是管理端和最终用户使用起来都比较复杂。

经过分析论证，现有的常见解决方案不能较好地满足以下需求：

一是华南公司有了较为完备的各类系统，主要的痛点是系统以外的临时的信息报送、汇总，而不是构建固化业务系统。

二是现有解决方案不方便和已有的组织机构和用户体系进行整合。

三是建立模板速度慢，不具备以发布“作业”任务的思路去收集汇总信息，快速收集汇总信息的效果不理想。

经过以上分析，华南公司信息中心、财务资金部等人员组成了课题组，针对常见的报送任务、需求等进行了深入的讨论、研究和分析，寻求自主研发解决方案。

二、实施思路和主要做法

（一）实施思路

经过课题组多次讨论研究，最终确定的解决思路是对各种信息报送的流程进行优化改进，参考老师给学生“布置作业”这一思路，以信息化软件技术为手段，自主设计开发一款简洁、实用、高效的施工企业通用信息报送系统（简称“信用报送系统”），解决以上需求。

确定了以“作业”任务为驱动后，为了达到快速布置作业，首先需要确定两件事：一是布置什么内容，二是布置给哪些单位、哪些人。本课题确定了另外两个对象：“用户组”和“模板”（图1）。具体的模型如下：

“模板”实现快速自定义比较复杂的信息报送表格样式，定义表头说明和数据类型（文本、整数、小数、日期),支持最多4级标题表头、支持89种Excel公式,可自定义哪些“用户组”的成员有权限使用该“模板”。

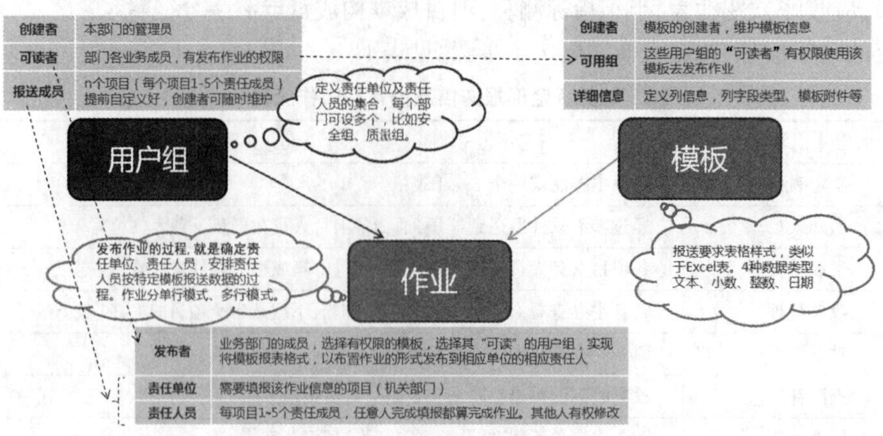

图1 信息报送系统构建的三个核心对象

“用户组”由公司机关各业务部门自定义一个或多个,实现提前定义好责任单位和责任人员(一个责任单位可包含多个责任人员,截止时间前,任一责任人均可填报、修改,过程记入系统日志),可自定义哪些用户可以管理和有权限使用该组。

“作业”根据模板的表格形式形成的信息报送任务,确定责任单位,每个责任单位有1~5个责任人员,对每个单位的作业任务任何一个责任人员均有权限进行填报、修改,信息报送系统将详细记录每次填报的详细信息,具有可追溯性。

本案例实施后信息报送的流程见表2,系统首页见图2。

本案例实施后信息报送的流程 表2

序号	流 程	说 明
1	定义模板发布作业	提前设置报送模板,需要报送信息时,选择相应的模板,把工作任务布置给财务报送组成员(提前定义好)。信息报送系统自动通过交建通发送消息,提醒责任人员在规定的时间内完成作业
2	填写报送完成作业	责任单位的责任人员接到消息提醒后,登陆企业内部即时通信软件交建通,登录信息报送系统,填写作业表格内容,并保存提交
3	导出数据完成汇总	财务主办在管理端,导出汇总的Excel表格。对于超过截止时间没有填写报送,信息报送系统都将记录,多次不按时报送的,由部门行政部门进行督促、惩处

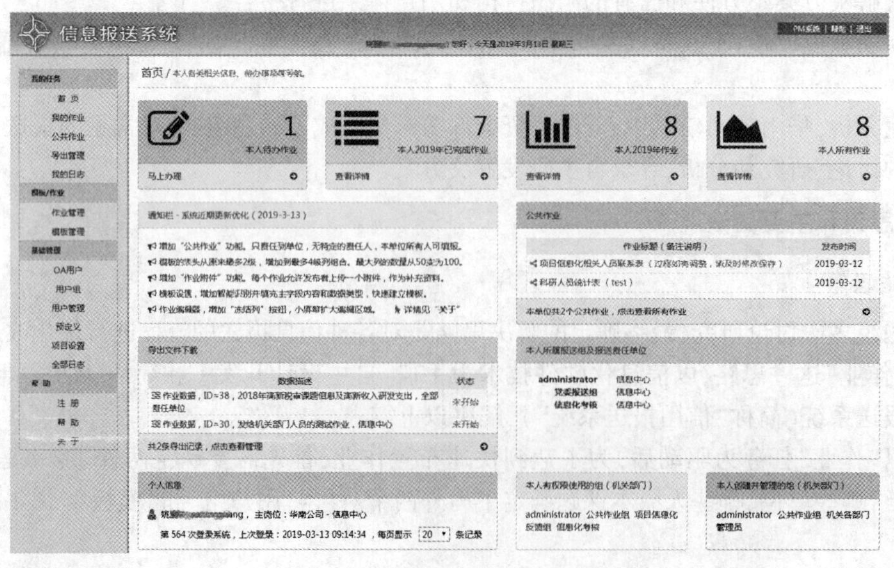

图2 信息报送系统首页

(二)信息报送系统具备的功能模块

1. 模板自定义模块

管理员具备自定义模板的功能,信息报送系统具有良好的可扩展性和通用性,支持常见的 89 种 Excel 公式(表 3)。信息报送系统的数据类型有 4 种:文本、日期、整数、小数,实现日常工作中常见的数据类型的定义。

信息报送系统模板、作业支持的 89 个常见 Excel 个公式　　表 3

ABS、ACOS、AND、ASIN、ATAN、AVERAGE、AVERAGEIF、AVERAGEIFS、CEILING、CHAR、CHOOSE、CODE、COLUMN、COLUMNS、CONCATENATE、COS、COUNT、COUNTA、COUNTBLANK、COUNTIF、COUNTIFS、DATE、DATEDIF、DATEVALUE、DAY、DAYS、DEGREES、EOMONTH、EXP、FIND、FLOOR、HLOOKUP、HOUR、IF、INDEX、INDIRECT、LARGE、LEFT、LEN、LOOKUP、LOWER、MATCH、MAX、MEDIAN、MID、MIN、MODE、MONTH、OR、PI、POWER、PRODUCT、PROPER、RADIANS、RAND、RANK、RATE、REPLACE、REPT、RIGHT、ROUND、ROUNDDOWN、ROUNDUP、ROW、ROWS、SEARCH、SIN、SMALL、SQRT、STDEV、STDEVP、SUBSTITUTE、SUM、SUMIF、SUMIFS、SUMPRODUCT、TAN、TEXT、TIME、TIMEVALUE、TODAY、TRIM、TRUNC、UPPER、VALUE、VAR、VARP、VLOOKUP、YEAR

信息报送系统支持上传一个 Excel 参考模板,与系统模板的表头、格式保持一致,以方便作业填报者填报作业时下载该参考 Excel 文件,可先在计算机端本地填写,支持从 Excel 一次性复制、粘贴数据到信息报送系统填报编辑器的功能。

模板管理如图 3 所示。

图3　模板管理

模板自定义(图4):可以定义 1 ~4 级表头的表格,满足部分比较复杂的填报任务模板模板自定义。根据信息报送系统运行的一年多时间里,4 级表头已经满足了 99% 以上的需求,剩余 1% 超过 4 级表头的,也可以进行优化,调整表格,实现在信息报送系统上自定义。

2. 用户组及用户管理模块

信息报送系统使用华南公司已经广泛使用的综合项目管理(PM)系统的组织机构和用户信息,自动同步组织机构、岗位、用户名等各类相关信息。用户组实现自定义包含的责任单位及单位人员(每个责任单位可自定义 1 ~5 个责任人员),以及可使用该用户组发布作业等功能的具体人员。

用户组报送成员管理如图 5 所示。

3. 作业任务发布和填报

作业管理如图 6 所示。

华南公司机关各部门授权人员,可选择模板,发布作业任务给特定的用户组,首次发布时,信息报送系统将自动拉取该用户组包含的责任单位和责任人员,避免每次重复选择责任单位和责任人。作业填报分为单行填报和多行填报两种模式,满足不同的填报需求。信息报送系统还支持上传填报附件功能。为便于管理,只允许上传一个附件,用户有多个文件时使用打包软件打包上传。管理员端可清晰看到目前作业的填报进度、填报完成责任人、填报时间、附件信息等。

图4 模板自定义

图5 用户组报送成员管理

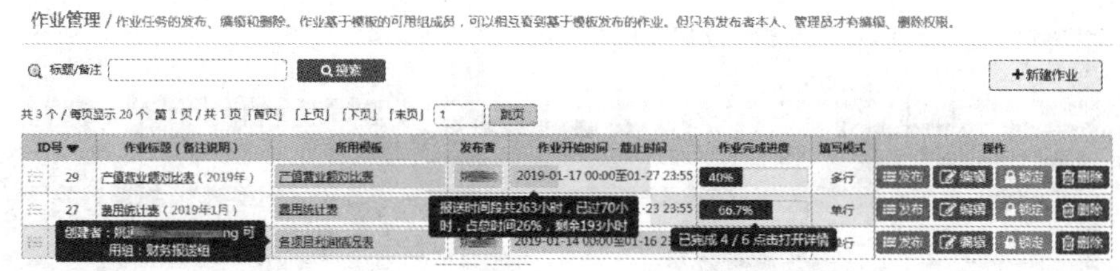

图6 作业管理

作业填报如图7所示。

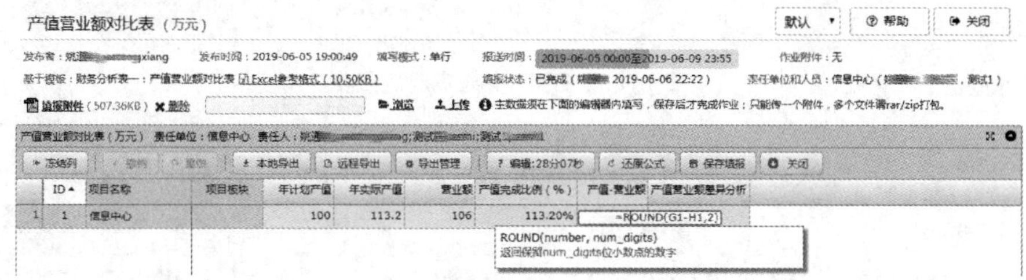

图7 作业填报

信息报送系统引入了“编辑倒计时”和“编辑锁定”的概念,因为同一责任单位可以有多个责任人,为了保持数据一致性,一个人正在编辑时,不允许其他人修改作业数据。填写数据时,如果30分钟内没有“保存”操作,恰好有其他责任人登录编辑,编辑权将需要交给其他人,当前人将无法保存表格界面上更改的结果。

4. 公共作业功能

在使用过程中,根据用户需求,有的填报作业任务,只确定责任单位,不确定责任人,根据这种需求,增加了“公共作业”功能。

“公共作业”只确定责任单位,不确定责任人,主岗位在本单位的任何人均可查看、编辑填报本单位的作业。通过此功能实现本单位多人有权限进行作业任务的填报;系统日志详细记录填报过程,可追溯、可审计。本功能适用于(同时满足以下两个条件):一是填报的内容没有保密的内容,如内容不适宜各填报单位所有员工公开,不宜使用该功能;二是能确定填报单位但填报责任人不是很明确,或希望责任单位的所有员工都有权限查看、填报该作业。

发布作业及填报作业的过程和普通作业一样。公司机关各部门发布作业时,接收组选择“公共作业组”,信息报送系统在首页列出最近2条本单位的公共作业,可直接打开填报,方便用户填报。

5. 作业任务汇总报表模块

作业任务汇总报表模块具有作业任务催办、作业任务汇总(图8)、导出为Excel报表(图9)、下载附件等功能。信息报送系统记录最后保存的用户和时间,对于没有完成的责任单位,管理员可点“发催办消息”按钮,给该责任单位的责任人员发送交建通消息进行提醒。

信息报送系统可以对所有责任单位填报的数据信息,实现自动汇总(图10),一键导出到Excel中,方便进一步进行数据加工和使用。

数据汇总界面,支持分类汇总、过滤搜索、显示后隐藏相关列等功能。

6. 日志记录、项目属性自定义等功能

详细记录管理和填报作业等记录,做到可追溯、可审计。实现对项目是否完工、项目所属区域、项目所属板块等自定义,实现模板和作业中有这些字段时,信息报送系统自动在填报编辑器中填充当前项目的该属性。

属性预定义如图11所示。

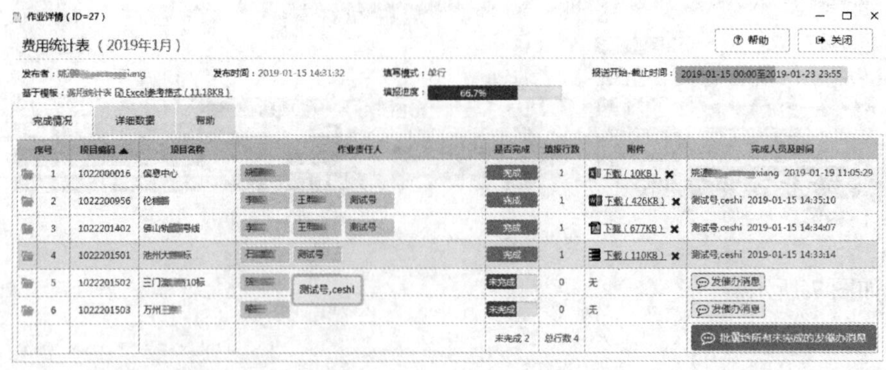

图8　作业各责任单位完成情况

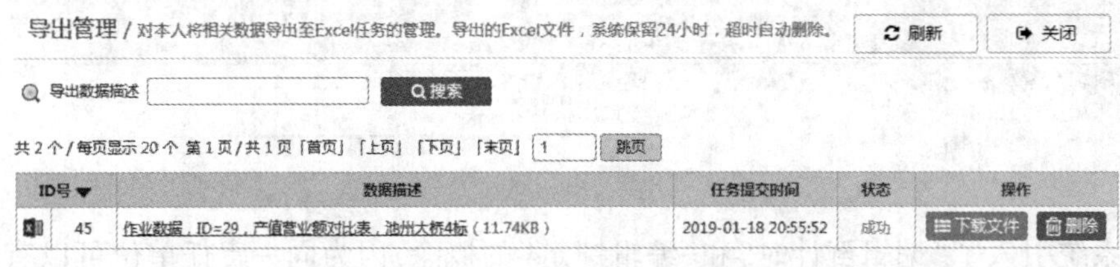

图9　导出数据到 Excel 报表

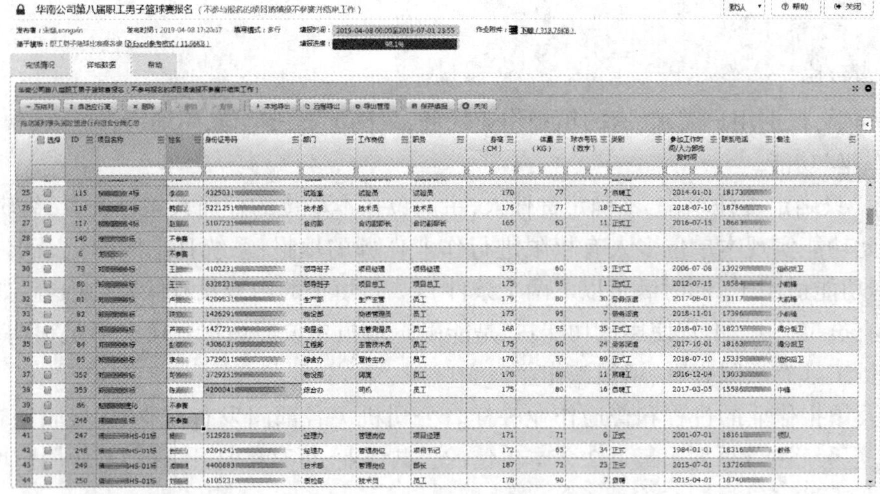

图10　作业各责任单位的详细填报数据汇总

预定义 / 项目常见信息预定义维护，由超级管理员统一设置。模板设置字段的关键字为：项目板块、项目类别、项目是否完工。

◉ 项目板块　○ 项目类别　○ 项目区域　○ 项目是否完工

预定义信息 [　　　] 搜索　　+ 增加信息

共 4 个 / 每页显示 30 个　第 1 页 / 共 1 页「首页」「上页」「下页」「末页」 1 跳页

预定义信息	排序 ▲	操作
T 常规项目	1	编辑 删除
T 铁路项目	2	编辑 删除
T BOT项目	3	编辑 删除
T 海外项目	4	编辑 删除

图11　属性预定义

7. 单点登录、消息提醒等辅助模块

企业内部通信软件交建通可实现单点登录、消息提醒(图 12)、手机和计算机端的兼容及其他的辅助功能。

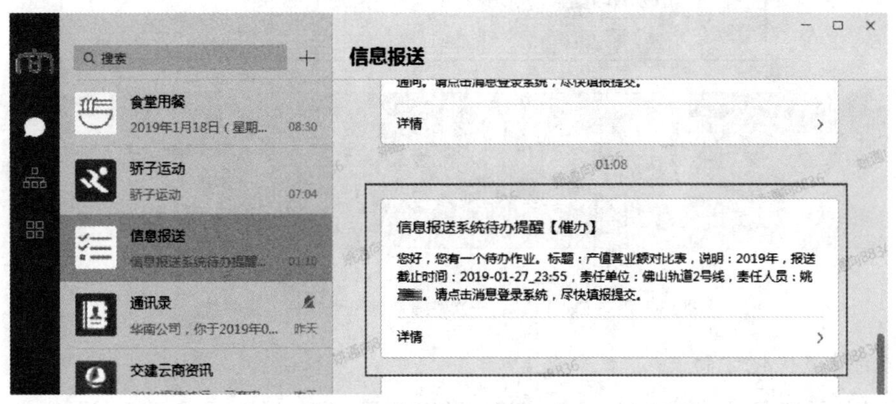

图 12　企业即时通信软件单点登录和消息提醒

新的任务、任务催办等均通过交建通消息提醒发送给用户，用户收到消息后用鼠标点击消息内容，即可通过当前交建通登录用户信息实现权限传递，单点登录到任务填报界面，方便用户快速使用。

三、实施效果

(一)应用后的效果

本课题最终成果为独立研发的、具有自主知识产权的“施工企业通用信息报送系统”。该系统以“作业”任务为驱动，以“模板”“用户组”作为作业的发布基础，实现高效率的信息报送全过程。施工企业总部各部门提前定义好报送模板、报送组责任单位和默认责任人员，实现快速布置信息报送任务到指定的责任单位，责任单位的责任人员快速填写报送，达到总部部门快速、高效、准确收集、催办、汇总信息的效果，减少了传统报送数据环节的发聊天工具、电子邮件、确认是否收到、多个更新版本报送、逐个粘贴汇总等无意义、重复工作环节，大大减少了工作量，报送责任单位的几个责任人之间实现了数据共享和协同办公，避免总部部门粘贴数据出错、漏掉项目等问题，有效提高效率，提升管理效能。

自 2019 年 1 月开始运行使用，截至 2020 年 7 月，信息报送系统在中交路桥华南工程有限公司实际使用中，根据管理需求和用户反馈升级优化 19 次，公司机关共有 12 个职能部门使用该系统，填报各类信息化系统以外的信息和数据，员工中经常使用该系统的用户已达 1000 多人，累计建立模板 136 个，填报作业 390 多个，用户累计填报次数 49000 多次。该平台给华南公司各类信息的报送、收集、汇总提供了非常便捷、高效的平台，大幅提高了机关部门和项目填报人员的工作效率。从机关部门业务主办来看，原来每个作业任务前后需要花费 3 个多小时的时间，使用该平台后前后只需要约 15 分钟即可，大大节省了时间，实现了协同办公和数据共享。

(二)信息报送系统优势

①自动同步现有的综合项目管理(PM)系统的组织机构、账号和企业内部即时通信软件交建通账号，实现无缝整合到交建通平台，方便用户使用。

②模板和用户组可复用，收集信息的流程简单、快速、高效，实现快速收集、汇总各类信息。

③填报信息过程简单高效，支持下载 Excel 模板参考表格，该表格可编辑，可将编辑好的表格，整体粘贴到信息报送系统(图 13)，实现快速完成填报任务。

④信息报送系统采用 B/S 架构设计开发，符合现行标准规范。交互界面简洁友好，各种常见浏览器均能较好运行。

⑤自主研发，方便根据管理需求修改程序，扩充新的功能。

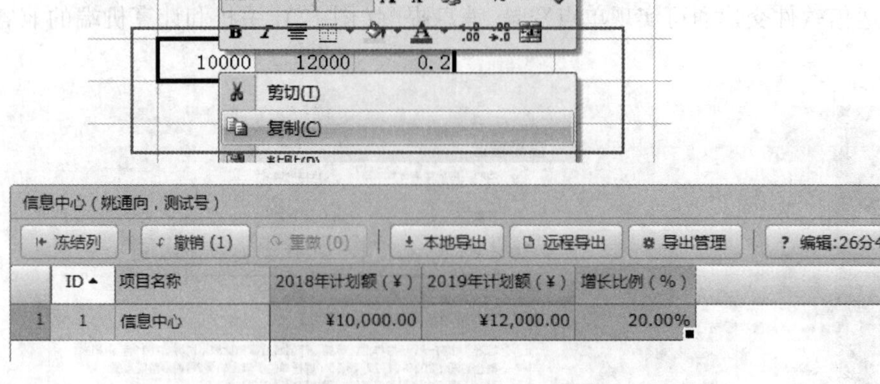

图13　用户Excel填写,一次性复制粘贴到信息报送系统

(三)今后的升级优化方向

根据目前的使用情况,结合华南公司各部门的需求调研,信息报送系统近期需要进行升级优化,主要的目标如下:

一是实现周期性模板的定义。要对模板进行细化,对于要求项目报送的周期性信息,如年度、半年度、季度、月、周、日这几种周期性的任务,在模板上要给予细化设置,以方便对周期性的作业进行聚合显示、查询、统计、图形化展示等。

二是实现定义模板合辑的功能。要继续深挖机关部门和项目的管理需求,对于需要长期固化下来的信息报送任务,在周期性模板的基础上,要支持快速自定义模板合辑的功能,在目前已经支持本作业内公式的基础上,实现支持不同模板之间的关键字段、公式引用,支持更复杂的需求,实现在信息报送系统上自定义简单的业务系统,作为公司现有各类信息化系统的有效补充。

三是增加自定义图形化展示功能。为了方便机关部门对各项目填报的数据,以图形化的统计图表方式展示,满足统计汇总、分析决策的需求,对于周期性的模板发布的作业、模板合辑的作业,要实现针对单独作业的自定义统计图表,另外要支持多个周期的作业的自定义统计图表,以方便进行对比分析。要实现常见的饼图、横向的柱状图、竖向柱状图、折线图、雷达图等图表的展示功能。要支持一个模板自定义不同数据信息、不同尺寸、不同位置、不同类型的图表,形成图形展示的仪表盘。

以上的改进升级计划目前已经在进行中,随着整个平台的不断升级完善后,"施工企业通用信息报送系统"可推广至相关施工企业,尤其对于直接管理几十个项目的较大规模基层施工企业较为适用。

基于技术专家公路工程的项目管理与创新

云南阳光道桥股份有限公司

成果主要创造人:苟家正　秦　权

成果参与创造人:孔垂荣　杨忠艳　杨　林　李　勇　李荣盛　雷晓凌

云南阳光道桥股份有限公司的前身最早为成立于1956年的“云南省交通厅公路管理局工程队”,是云南省最早成立的公路修建队伍之一和第一支铺筑沥青路面的专业队伍;经过多次合并和变更,1982年更名为“云南第五公路工程处”;2001年进行分离式改制,在保留“云南第五公路工程处”事业单位编制的同时,新注册成立了“云南第五公路桥梁工程有限责任公司”。为响应云南省委、省政府的决策部署,根据云南省人民政府批转《省交通厅所属企业移交属地管理的工作意见》的通知(云政发〔2002〕133号),于2002年11月28日由省交通厅移交昆明市属地管理。依据《中共云南省委、云南省人民政府关于深化国有企业改革的若干意见》(云发〔2002〕3号)及《中共昆明市委、昆明市人民政府关于进一步深化国有企业改革的实施意见》(昆发〔2002〕4号)的要求,于2005年3月整体改制为股份制企业“云南阳光道桥股份有限公司”。

经过六十余年的传承和发展,云南阳光道桥股份有限公司(简称“公司”)注册资本金为3.0363亿元,注册地为云南省昆明市官渡区关上街道办事处官南大道1588号,营业期限2001年1月3日至长期,具有独立法人资格;具有公路工程施工总承包一级资质,具有桥梁工程、公路路基工程、公路路面工程专业承包一级、隧道专业承包二级资质,具有建筑工程、铁路工程、水利水电工程、矿山工程、市政公用工程、预拌商品混凝土等专业承包资质以及试验检测乙级资质,拥有对外经济合作业务经营权和完善的标准化管理体系;是云南省第一家同时通过“质量、环境、职业安全卫生管理体系”国际认证的专业施工企业;拥有具有国际先进水平的大中型成套机械设备1100多台套,年施工生产能力达50亿元。

六十余年来,公司秉承“用科技修好路”的使命感,坚持“均匀、平整、密实、优良”的质量方针,已累计完成公路施工里程6000多公里,其中高等级公路2000多公里。本着“立足云南、面向全国、走向世界”的发展理念,公司所承建的工程遍布中国多省(区、市)以及非洲的尼日利亚、埃塞俄比亚、尼日尔和亚洲的老挝、巴基斯坦、缅甸、蒙古等国家。所承建的工程荣获鲁班奖、詹天佑奖、国家优质工程金奖;公司也先后获得“云南外经企业前十名”“全国交通建设质量、安全、信誉AAA级信用施工单位”“全国路桥工程专业承包十佳企业”等荣誉称号,并获得老挝政府授予的三级发展勋章,蒙古议会授予的乌兰巴托市建设“突出贡献奖”。

公司始终秉承“质量是工程的生命,诚信是人生的资本”“尊重人才、尊重知识、尊重科学”“用试验数据指导生产”的理念;员工始终遵循“做人守德,诚信做人;做事守道,踏实做事”“第一次就把事情做好”的行为准则,以“团结、务实、优质、高效、廉洁”的作风,追求卓越,勇于超越。

公司职能组织机构设置为综合部、市场部、财务部、项目管理部、安全生产部、设备物资部、国际事务部、审计部、技术信息部;下设云南阳光钜红工程试验检测有限责任公司、云南阳光荣鑫物业有限公司、云南阳光道桥劳务服务有限公司和13个分公司、多个独立项目经理部。

公司现有职工人数822名,专科以上学历人员583人,正高级职称1人、副高级职称71人、中级职称173人、初级职称247人、技师11人;注册一级建造师38人、二级建造师7人、注册安全工程师10

人、试验检测工程师4人、造价工程师4人。有安全管理三类人员263人,其中企业负责人持A证11人,项目负责人持B证94人,专职安全员持C1证158人,现场专职安全员167人。享受国务院特殊津贴1人,享受省政府津贴1人。总资产175297.41万元。

公司的主营业务范围有公路工程的路基、路面、土石方、桥梁、隧道的施工与沥青改性,专长为沥青路面施工、复合沥青改性及试验检测工作。在云南省内外、老挝、巴基斯坦有多个公路施工建设项目,承担中国援老挝、巴基斯坦公路项目的施工和当地亚洲开发银行、世界银行、双优公路项目,解决了巴基斯坦高温重载抗车辙问题和老挝高温多雨高潮湿重载交通沥青路面问题,深受老挝、巴基斯坦的赞誉。目前正在洽商在柬埔寨建设改性沥青研究加工中心项目工作;2020年1月,公司中标承建近年来中国首个援建缅甸的公路项目"援缅甸滚弄大桥项目";2020年4月中标了蒙古国南戈壁省TT煤矿至东戈壁省杭吉关口岸的煤炭运输通道(TAVANTOLGOI-MANLAI-KHANGI-BOUND)重型公路项目4标段。是云南省走出去较早的企业,在老挝和巴基斯坦道路桥梁行业有较高的知名度。

公司多年来一直致力于新技术、新工艺、新材料、新设备的学习、研究、引进和创新运用,能为客户提供应对不同恶劣自然环境和重载、特重载交通条件下的多种技术先进、经济合理的公路产品和长寿命路面结构方案。公司研发的超厚水泥稳定级配碎石层分层摊铺一次性碾压成型技术,高分子复合改性沥青、新型高模量环氧沥青、抗裂水泥稳定级配碎石层和多碎石沥青混凝土,湿法、干法、湿干法复合改性沥青等技术达到了行业先进水平,这些先进技术在国内首个4F类设计为沥青混凝土柔性跑道的云南昆明长水国际机场,国外极端高温和重载条件下的巴基斯坦国道修复N5公路、高温多雨潮湿重载条件下的老挝13号公路项目上得到了成功运用。

一、实施背景

(一)主动融入"一带一路"和人类命运共同体建设需要

近年来,随着对外开放的扩大和深入中国企业走出去已取得长足发展,特别习近平总书记提出构建人类命运共同体、"一带一路"的倡议后,各国增强了与中国的互通互联,以各种方式加强和促进政府间、企业间、社会间的进一步融合发展,不断增进与中国人民的友谊,规划落实了许多建设人类命运共同体、"一带一路"的项目,如中巴、中老、中缅经济走廊建设。通过项目建设加强了国与国之间的联系和文化、技术的交融,同时通过中国技术、技术规范、项目管理理念的持续转移,帮助"一带一路"沿线国家共建人类命运共同体,不断提高人类生产力与文明、物质生活质量,带动发展中国家共同走向繁荣进步。

(二)主动融入项目所在国文化习俗与政策法规的需要

不同国家和不同民族有着不同的文化习俗与政策法规,走出国门的企业只有主动融入项目所在国的文化习俗与政策法规,才能适应项目所在国的生存环境与工作流程、办事风格,并在项目所在国文化、习俗、法律法规的基础上开拓创新,不断提高企业运行的本土化率,以先进的技术、过硬的质量、科学的管理、优质的服务赢得项目所在国人民、政府、企业的信任,把企业在项目所在国的业务做大做强,持续提高企业在海外的生产效率与经济效益。

(三)项目建设目标实现的需要

1.公路工程项目建设的特点需要

道桥项目建设的特点是点多、线长、面广,规模大、周期长涉及的行业专业多,跨行业、跨人群、跨地域,工艺工序复杂多变,与地理经济环境需要高度吻合,外界条件影响深远,劳动力和特种作业人员需求大,机械设备材料标准多样,环境健康安全质量要求严,受项目所在国家的法律法规红线与当地习俗制约。要实现项目建设目标,必须充分考虑项目的特点和作用因素,进行全方位、全过程的预控、实施、检查、纠偏,依据计划推进,随时分析影响项目的作用因素与可能结果,及时采取相应的办法措施,进行预控和控制,确保项目按既定目标实施。

2. 国内公路工程项目施工组织需要

国内公路工程项目一般包括路基、桥梁、隧道、沥青或水泥混凝土路面、标志标线、房屋建筑、绿化、交通安全设施、机电、收费、通信、监控、大数据、气象、照明、通风、消防、供电、收费站、加油站、服务区、变电设备等,公路工程项目涉及的材料、设备设施、施工机具、特种作业设备、施工与服务人员等。总的来说,国内公路工程项目由不同专业、不同材料、不同设备、不同工艺、不同工序及性能指标各异的材料设备、专业作业人员综合集成,具有专业性强的特点,如此复杂的组成中无论哪个材料、技术、工艺出现性能与质量隐患,必然影响到项目的总体性能及全寿命周期时间及效率。

3. 国外公路工程项目建设组织需要

国外公路工程项目一个合同包均在上百公里长,且国外有着与中国不同的气候、环境、地质、技术习惯、文化、习俗、反恐防恐、安全措施、工作流程与法律法规、税务与职业健康规则、卫生防疫、食品安全,与国内公路工程内容相比,增加了设计、运营、维护、第三国采购、第三国或自由人士报料、参与施工管理的人员涉及项目所在国与第三国,与国内施工有着完全不同的作业环境,干扰因素多且复杂多变,各种影响干扰因素及风险存在于日常管理的方方面面,既有大到影响生产经营与项目目标的因素,又有小到影响员工职业健康和正常工作的风险。国外项目管理的难度和复杂程度,无疑是亟待解决的一个难题。

(四)职工自我素质提高发展的需求

当前公司最缺乏的人员就是专家型复合人才,特别是缺乏精通本专业,又旁通相近和关联专业,能说、能写、能算的人才。职工的价值在于他会做什么,能做什么,能够一次成功、快速、高效、低碳、科学地完成公司业务范围内的一件工作、多项工作,并能牵头带领和影响一批人、培养一批人。通过基于技术专家公路工程的项目管理与创新的实施,能够使职工不会将自己完全桎梏于一个企业,为职工施展潜能提供必需的支持与平台,使职工变被动为主动,发挥职工主观能动性、创造性,高质量服务公司。

(五)公司发展和公路工程项目实施的需要

公司生存和发展离不开工程项目的成功,如何超额达成项目的既定目标,对于复杂、复合、多变、多因素作用干扰的每一个公路工程项目,应减少公路工程实施过程中的失误和隐患,提高项目实施的效率与业绩,在大幅降低管理成本并能保持管理力度的同时,大幅持续提升公司的财务能力水平,对公司公路工程项目的实施和公司可持续发展有着决定性作用。

二、成果内涵和主要做法

(一)成果内涵

1. 成果理论原理

20 世纪 80 年代末到 90 年代初,钱学森依据"两弹一星"和中国航天事业发展成功的经验,先后提出了解决复杂体系问题的"从定性到定量综合集成方法"以及"从定性到定量综合集成研讨厅体系"方法,并把运用这套方法的集体称为总体设计部。其实质是把专家体系、数据和信息体系及计算机体系有机结合起来,构成一个高度智能化的人机结合、人网结合体系。它的成功应用就在于发挥这个体系的综合优势、整体优势和智能优势。它能把人的思维成果、人的经验、知识、智慧以及各种情报、资料和信息统统集成起来,从多方面的定性认识上升华到定量认识,实现复杂系统工程 $1+1>2$ 的飞跃,达到从整体上研究和解决问题的目的。

综合集成方法的运用是专家体系的合作以及专家体系与机器体系合作的研究方式与工作方式,具体地说,是通过定性综合集成到定性、定量相结合综合集成,再到从定性到定量综合集成这样三个步骤来实现的,而且还是通过循环往复、逐次逼近复杂系统与复杂巨系统来解决问题。

2. 研究路线及技术路线

综合集成方法论采取了从上而下和由下而上的路线,从整体到部分再由部分到整体,把宏观和微观研究统一起来,最终是从整体上研究和解决问题。技术路线采取人机结合、人网结合,以人为主的信息、知识和智慧的综合集成。

3. 定性综合集成过程

不同学科、不同专家组成专家体系研究复杂巨系统需要合理的知识结构。每个专家都有自己的科学理论知识、经验知识,这些知识都是对客观世界规律的认识,都能从一个方面或一个角度去研究复杂巨系统问题。把专家和专家们的科学理论、经验知识、智慧结合起来,通过结合、磨合以至融合,从不同层次(自然的、社会的、人文的、技术的、法律的)、不同方面和不同角度去研究同一个复杂巨系统,获得全面的认识。这个过程体现了不同学科、不同领域、不同专业知识的交叉研究。同时通过建立模型和模型体系来描述系统进行系统定量研究。

4. 从定性到定量综合集成

由专家体系对系统仿真和实验结果进行综合集成。通过一些新的信息、知识的综合集成,比经验性判断增加了新的定量信息,使经验性判断上升到了定量结论。进行对执行方案的改进,通过人机交互、反复对比、逐次逼近,直到专家们都认为定量结果可信,完成了从定性到定量的综合集成。

从定性综合集成提出经验性假设和判断的定性描述,到定性、定量相结合综合集成得到定量描述,再到从定性到定量综合集成获得定量的科学结论,这就实现了从经验性的定性认识上升到科学的定量认识。

(二)研发思路

1. 确定研究开发平台和形式

依据从定性到定量综合集成方法原理,结合公路工程的复杂、多变、多学科、多专业、时间跨度长的特点,确定公路工程的项目管理的组织机构,如图1所示。

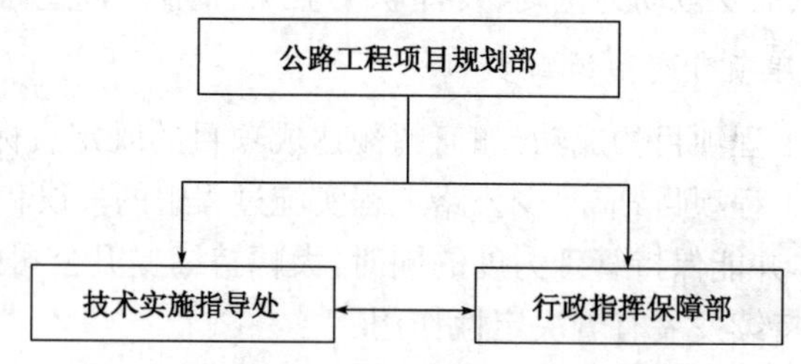

图1　公路工程的项目管理的组织机构

公路工程项目规划部一个合同包或一个独立项目的组织管理机构,对外按习惯称为项目经理部,公路工程项目规划部的职能与传统意义上的职责和任务截然不同,赋予了更多的专家从定性到定量综合集成的职责;技术实施指导处是项目的技术执行与监督管理部门,行政指挥保障处是为实现项目功能与技术质量指标进行人、机、料的组织和执行,并进行协调管理的综合部门,同时技术实施指导处与行政指挥保障处互为协调和促进。

2. 具体实施流程

具体实施流程如图2所示。

公路工程项目规划部实质上就是一个公路工程项目执行实施的决策指挥协调机构。公路工程项目规划部按照合同及业主对项目的具体指标和公司对项目实施确定的目标,按时间节点或项目实施时间过程,以目标、指标、问题为导向提出公路工程项目的各类目标、指标、存在问题、可能问题、实施过程动态指数,依据经验进行假设与判断;然后按照各专业系统分解的技术、质量、安全、时间、成本、水环保、健康等要求建立仿真模型并进行沙盘推演,开展有关试验工作,每次通过人机信息的共同结合对各专业体系进行反复优化、比较并完善修改,通过各专业优化体系进行集成,提出项目总体结论;结论经论证报批后返回至公路工程项目规划部执行实施;专家体系及计算机与信息技术系统在从定性到定量综合集成全过程中参加。

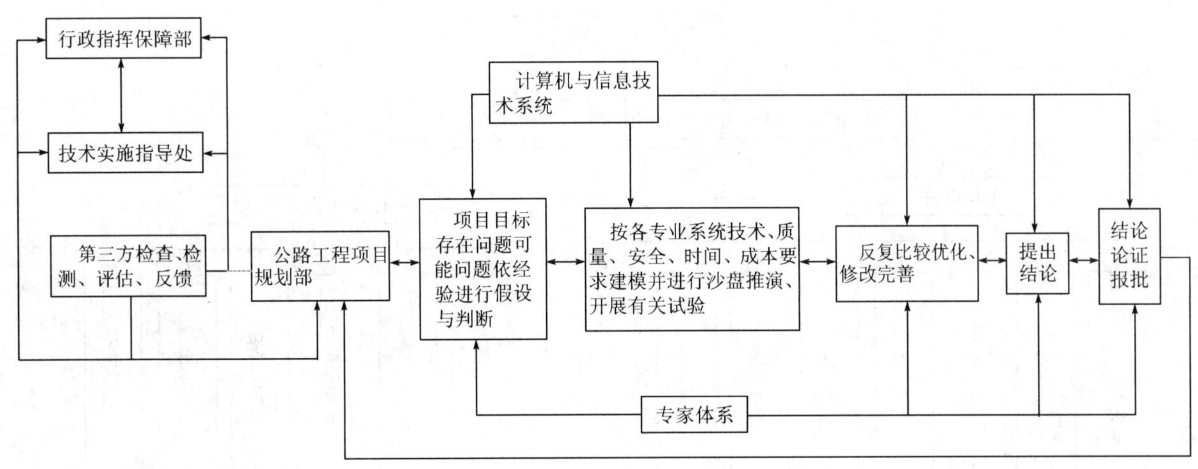

图2　具体实施流程图

各工程行业每个项目规划部在实施和执行过程中均委托第三方对实施过程中的材料、工艺、工序及成品技术质量指标进行复检确认。

3. 公司对公路工程项目规划部的支持与管理

具体实施流程如图3所示。

公司除相关职能部门外，设置专家委员会，对外称为技术信息部。专家委员会高于职能部门，有关专家进行动态管理及聘任，公司并设置项目规划部，对外称为项目管理部，按工程行业分开管理，各工程行业每个项目规划部的动态结论报项目规划部审查并经过公司专家委员会复核论证后，由公司正式批准给各工程行业每个项目规划部执行实施。专家委员会的专家支持和配合各工程行业每个项目规划部的专家体系工作。

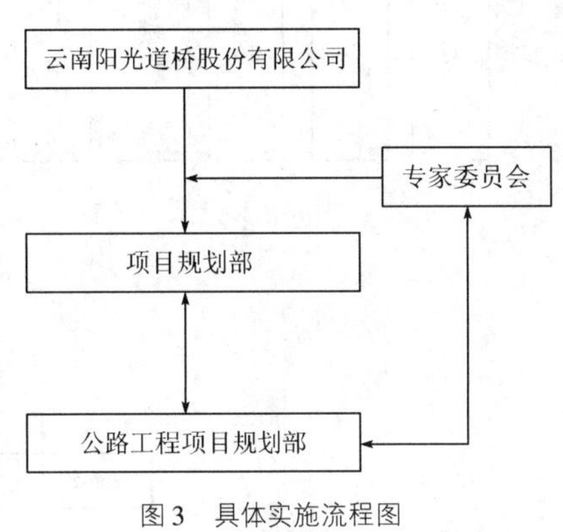

图3　具体实施流程图

(三)主要做法

1. 公路工程项目规划部主要组织机构及职能

公路工程项目规划部主要组织机构设置如图4所示。

公路工程项目规划部主要职能是代表公司全权负责组织实施公路工程项目的建设施工任务，并按业主、公司和公路工程项目规划部的要求，组织技术专家委员会，按本成果的流程开展项目的建设组织，实现项目建设的全部目标任务。

公路工程项目规划部设置技术实施指导处和行政指挥保障处。技术实施指导处设置社会环境健康室、勘察设计室、施工技术室、质量控制室、合同(含进度管理)计量室、试验室、检测室；行政指挥保障处设综合办公室、安全生产室、设备保障室、物资设备室、财务室、法律法规室。施工作业队按公路工程项目内容进行配置与组织。

2. 公路工程项目规划部专家体系设置

公路工程项目规划部专家体系如图5～图8所示。

3. 公路工程项目主要专业体系分类

公路工程项目主要专业体系分类如图9所示。

4. 计算机建模的主要技术体系

计算机建模的主要技术体系如图10所示。

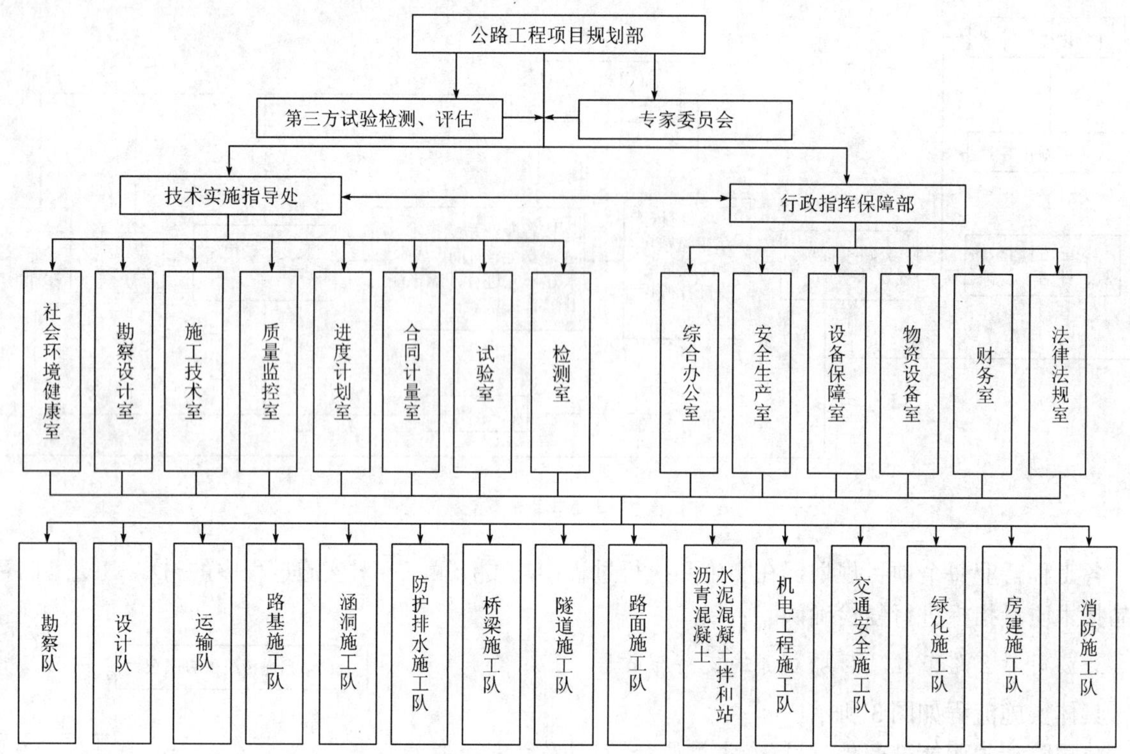

图4　公路工程项目规划部主要组织机构设置

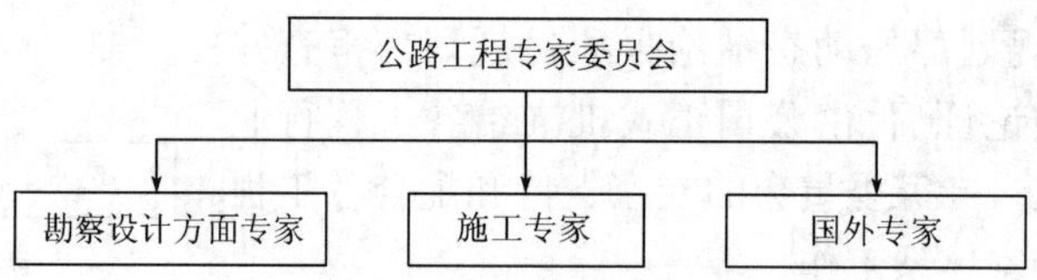

图5　公路工程项目规划部专家体系图(1)

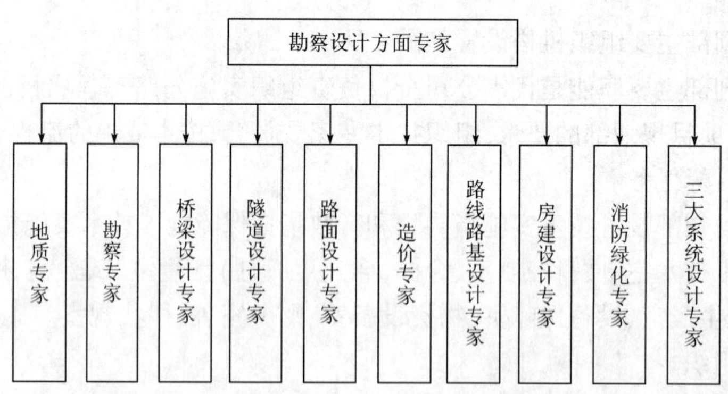

图6　公路工程项目规划部专家体系图(2)

BIM 技术是近几年发展起来的建筑信息模型计算机管理运用系统,可在建设工程及设施规划、设计、施工以及运营维护阶段全寿命周期创建和管理建筑信息的过程,全过程应用三维、实时、动态的模型,可涵盖几何信息、空间信息、地理信息、各种建筑组件的性质信息及工料信息,具有可视化、协调性、模拟性、优化性、可出图性等功能。设计阶段进行可视化设计、协同设计、绿色设计、三维管线综合设计。施工阶段进行施工现场管理、施工进度管理、三维管线综合施工。运营维护阶段进行设备信息系统、管

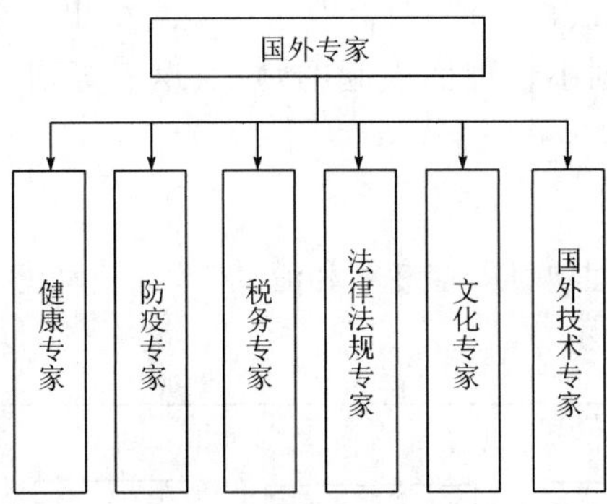

图7 公路工程项目规划部专家体系图(3)

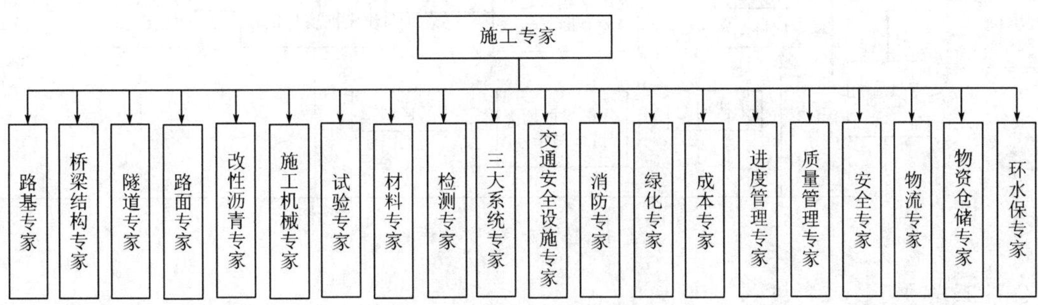

图8 公路工程项目规划部专家体系图(4)

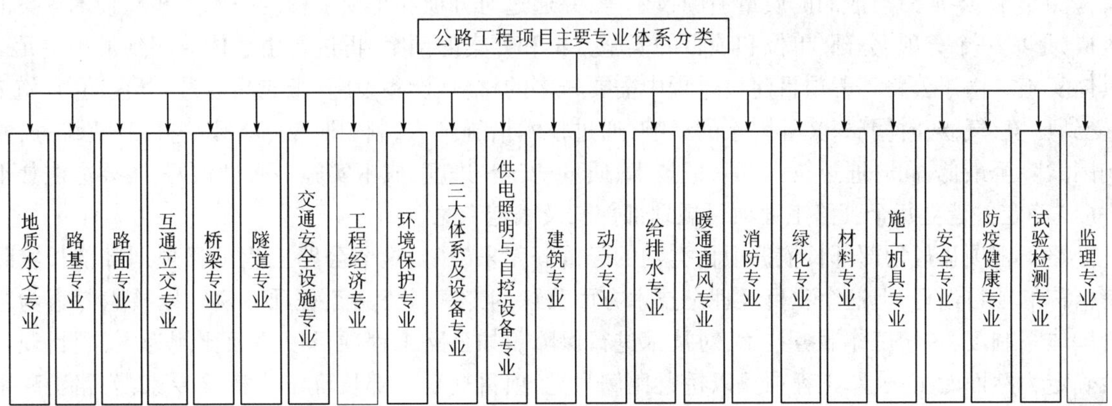

图9 公路工程项目主要专业体系分类图

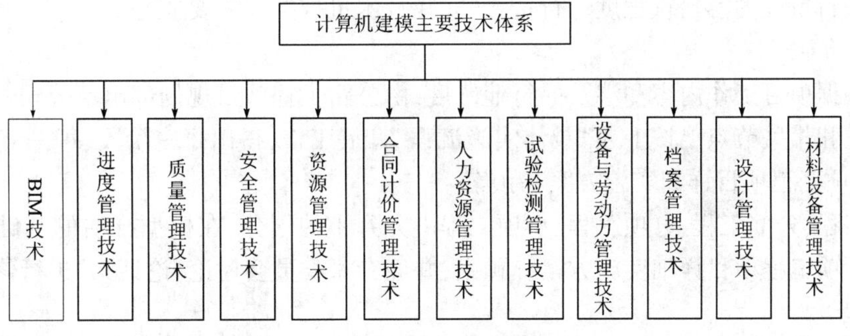

图10 计算机建模的主要技术体系图

理系统、突发事件应急处理,使建筑活动提高效率、节约成本。在进度管理中进行全过程可预演一遍,提前发现进度计划中的问题,修改、再模拟、再修改……最终得出一个科学合理的进度计划并组织施工,避免展开施工时由于进度计划不合理而引起的窝工、返工等现象,从而优化了资源配置,减少了浪费。

5.技术专家工作流程与方法

技术专家分为每一个公路工程项目固定专家和流动专家,流动专家可以是公司其他专家和外聘专家。技术专家工作流程如图11所示。

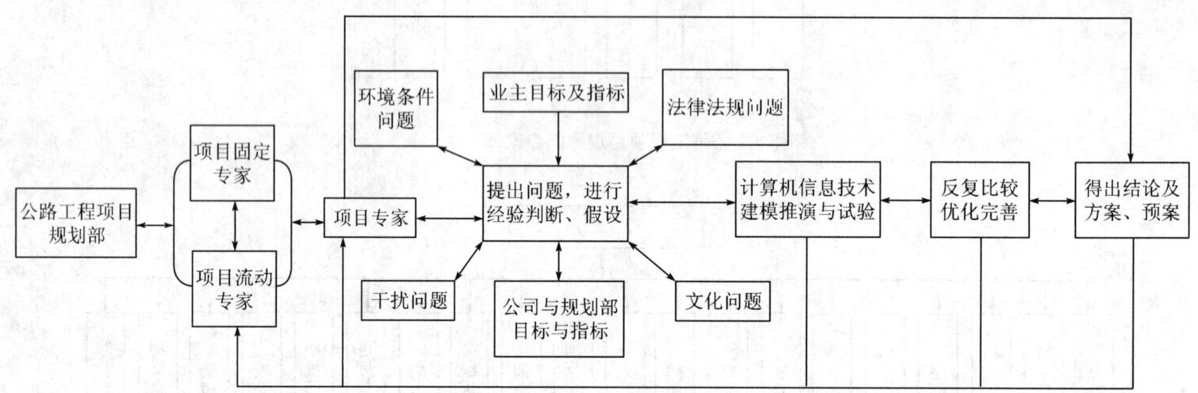

图11 技术专家工作流程图

6.公路工程项目技术实施

公路工程项目技术包括了材料技术、结构技术、工艺工序技术、机械设备技术、操作技术、安全技术、试验检测技术、半成品与成品的质量追溯技术等,并通过对分项和小项工程的技术方案和技术预案的有效集成,形成一个分项、分部、单位和项目的实施方案和方案的预案,再进行由总体分解到最小单元工艺来具体实施。由于公路工程项目建设过程中需要较多的材料、设备设施、半成品通过人员、动力、施工机具,受到环境、气候、时间、人文等因素的影响,通过技术措施把人、料、机、法、环、识进行有机统一,并将影响因素降至最低,同时通过技术专家把技术、质量、安全、进度、成本实施一次性做好,主要方法如下:

(1)确定并建立每个公路工程项目规划部部长及固定专家

公路工程项目规划部部长依据项目类别的轻重程度来确定,这个公路工程项目规划部部长实际上就是俗称的项目经理,但这个项目经理是技术方面公认的专家。公路工程项目实行以技术专家为主线的管理体系制度,一切工作服务技术,对技术进行保障。如公路工程项目以路面比例为主,项目规划部部长确定为路面专家;公路工程项目以桥梁比例为主,项目规划部部长确定为桥梁专家;公路工程项目以隧道比例为主,项目规划部部长确定为隧道专家;公路工程项目以路基比例为主,项目规划部部长确定为路基专家;公路工程项目以交通安全设施比例为主,项目规划部部长确定为交通安全设施专家。其实固定专家按项目工程内容轻重程度进行选择,并在技术机构担任主要职务。

(2)确定流动专家

流动专家依据项目工作内容和涉及的行业维度,由公路工程项目规划部申请公司进行有效配置,并在项目的全过程和相关节点上按上述"具体实施流程"开展工作,得出每一阶段、每一节点的成果结论。

(3)编制小项工程项目详细实施方案和预案

按照单位工程、分部工程、分项工程、小项工程由大到小的划分,在模型推演的基础上,由固定技术专家组织编写小项工程项目详细实施方案和预案,并经专家委员会讨论、论证,并进行修改、补充、完善。

(4)试验检验

依据小项工程所需要的材料、设备、半成品情况,结合技术指标要求,进行试验检验和材料设备的选型。

(5)调整完善小项工程项目详细实施方案和预案

依据小项工程所需要的材料、设备、半成品试验检测的结果数据与设备选型情况,调整完善小项工程项目详细实施方案和预案。

(6)培训交底

按照调整完善小项工程项目详细实施方案和预案,由固定技术专家组织各类人员的培训、交底、考核,使参与人员能完全熟练进行操作作业,同时对不同工艺、工序和小项工程作业间的衔接、碰撞进行说明。

(7)试验工程实施

在编制小项工程项目详细实施方案和预案、原材料及半成品试验和检验验证、标准配合比完成的基础上,对参加试验工程的所有人员进行培训交底后,先行测设标定设备并保证设备性能稳定,选择有代表性或难度最大的小项工程,组织试验工程实施。

①对试验小项工程进行测量施工放样,调试、检验施工设备及性能。

②对原材料进行检验、调整施工配合比,生产半成品并进行检验,专家对半成品工艺进行分析研究,确定半成品生产加工工艺。

③通过试拌和试验工程实施,确定混合料级配、含水率、添加剂的先后次序、最佳的拌和时间、进料速度、混合料的均匀性和拌和产量等。

④依据半成品、设备组合施工工艺,确定试验工程的施工工艺及相关参数等。

⑤确定试验工程工序的不同机械、人员组合及一个工序施工材料、半成品、混合料的层次、松铺系数、机具运行速度、先后顺序与作业数量。

⑥对原材料、半成品、一个工艺的成品按顺序进行检验与测试,确定测试方法与精度,并与标准对照,确定控制技术质量指标。

⑦技术专家对工序施工全过程进行分析研究,确定工序作业标准方法及技术控制程序与指标。

⑧对完成的小项试验工程进行测试检验,并与标准对照,确定完成的小项试验工程性能指标量是否满足合同及规范要求。

⑨技术专家对小项试验工程的全部工艺、工序作业进行分析研究,确定小项试验工程的全部作业标准施工工艺与技术、质量、安全、进度、水环保、健康控制指标、标准施工方法、设备设施组合。

(8)试验工程总结

依据技术专家确定小项试验工程的全部作业标准施工工艺与技术、质量、安全、进度、水环保、健康控制指标、标准施工方法、设备设施组合。组织参与人员和相关有经验的人员进行讨论,对试验工程进行总结。

(9)调整小项工程项目详细实施方案和预案

根据试验工程成功总结经验,调整小项工程项目详细实施方案和预案,作为小项工程的标准作业书进行发布。

(10)全面执行标准作业书和标准作业预案

组织标准作业书和标准作业预案的培训交底,对参加的员工进行测试并颁发项目作业合格证书,推行标准化作业。

(11)工艺工序自检验证

为了确保项目目标的实现,做到工程项目均匀、平整、密实、优良,一次性把事情做好、做对,防止人员松懈,工艺工序技术与质量、工作面实行自检、互检、交接检的三检制度,同量由试验、检测室进行抽样、验证、验收试验及检测工作,全面消除技术、质量、安全、进度过程控制中的隐患。

(12)第三方试验检测机构验证

第三试验检测是对公路工程项目过程和结果实施监控验证的组织行为,用不同方法、不同的测试设备对工程产品质量、性能、技术指标进行测试,并与内控测试结果进行比较,找出差距,调整和验证产品质量与技术指标。

(13)总体施工组织设计计划编制

按照小项工程的标准作业书和小项工程之间的紧前、紧后工作关系,以及周期时间、安全、技术与质测试验检测时间、工艺工序的本身时间、总时间等多维度关系,编制公路工程项目总体施工组织设计计划,并报公司批准后发布实施。

7.公路工程项目行政指挥保障实施

公路工程项目行政指挥保障实施是按照技术专家确定的标准作业书和发布实施的总体施工组织设计计划进行的人力资源、物资设备采购运输仓储及供应、生活防疫保障、资金供应等工作。

8.第三方检查、检测、评估、反馈

第三方检查、检测、评估、反馈是公司和公路工程项目规划部为了客观、公正、公开地对公路工程项目的实施进行监督、鉴定和出具第三方反馈意见的组织行为,同时也是用不同方法、不同的测试设备对工程产品质量、性能、技术指标进行测试的行为,其对产品质量与技术指标进行又一次控制。

三、实施效果

针对公路工程项目建设和施工的复杂、大型、多学科、多专业并与项目所在地的地理经济环境、文化习俗及国外情况,通过实施本成果,提升了公路工程项目建设施工管理服务水平,促进了企业人才培养和成长,转变了传统行业和应用领域工作中人才的使用方式,将技术专家作为公路工程项目建设施工中的第一责任人和管理人,保证技术的全面、准确实施,其他所有活动均为了保证技术进行服务,使公路工程项目的实施做到了绿色、科学、长寿命、高效率、低成本、信息化、标准化、精细化,全面提升了公司的专业化水平与市场竞争力。

(一)促进公司技术专业人才的培养

技术专家是指本国、本省、本地区、本行业、本企业、本部门、本专业公认的顶尖技术人员,熟悉本专业的发展、现状和相关的研究开发进展情况,熟悉本专业材料、设备、施工机具及功能作用,熟悉本专业的工艺达到的精度和工序施工集成方法,熟悉本专业的试验检测方法及使用的手段设备,熟悉本专业的管理流程与价格成本组成,熟悉本专业的监理监督监管及质量、进度、安全、水环保、健康、技术控制方法和本专业的法律法规,具有本专业科技与管理创新的能力和水平,熟悉设计、招标、投标、施工、监理、监督、检测、物流、沟通等管理要求等。技术专家不同于一般的技术管理人员,技术专家是技术核心竞争力的掌握和创造者。企业拥有不同技术专家的层次,决定了企业拥有人才的能力,也决定了企业的价值和在行业中的地位。通过技术专家在公路工程项目中的主导作用,给技术人员提供了更多的成才机会与发展渠道,形成了公司文化,以这种文化,自觉引导公司技术人员学习、实践、再学习、再实践,创新、再创新的氛围,发挥了技术人员自我成才的主观能动性,培养了公司的技术专家,同时通过公司与外部专家的共同交流与工作,提升了公司技术专家的水平。

(二)提高公路工程项目施工效率,降低施工成本

钱学森依据"两弹一星"和中国航天事业发展成功的先进管理经验提炼出解决复杂体系问题的"从定性到定量综合集成方法"以及"从定性到定量综合集成研讨厅体系"方法。本课题从提出目标和任务起,就开始集中涉及的技术专家,提出实现目标存在的问题和解决途径,通过现代计算机与相关软件,建立仿真数学和过程模型进行推演,从整体到细部,再由细部到整体进行全过程、全方位、多因素的反复不断比较优化和开展相关试验检验,得出结论并进行论证后执行。在执行过程中遇到新的维度干扰因素或情况发生了变化,又集中技术专家进行全过程开展以上循环,使整个过程变得清晰明了和可控,实施时按这个过程有序推进,同时对全部小项工程、工艺、工序进行试验工程施工,编制标准化作业书与标准化预案、公路工程项目施工总体设计计划,进行人员培训交底取证,按计划组织人、材、机,全面推行标准化、精细化、程序化、信息化的公路工程建设施工工作。全面纠正"见子打子"、前松后紧、没有预见可控性的做法,杜绝了返工、浪费、待工、闲置和质量、进度、安全、技术、水环保、健康隐患,做到了一次性就把

事情做正确，最大限度压缩了空闲时间，整体提高了公路工程项目建设施工的效率，降低了施工与管理成本，提高了企业的经济效益。

(三)有效控制国外公路工程风险

基于技术专家公路工程的项目管理与创新是建立在复杂、巨系统、多学科、多专业、干扰因素和不确定因素多的情况下实现总体目标管理方法的原理上，对于国外公路工程项目，在专家体系中相应增加国外相关因素的专家，使用本成果可以有效控制国外公路工程风险，确保建设施工目标的实现。

(四)提高了公司的核心竞争力

公司应用了本成果的管理方法，集中了技术专家并通过人机、人网和信息技术的广泛应用，以规划为指导，静动态相结合，由宏观到微观，再由微观到宏观，进行系统分析研究与统筹，通过全面的试验工程实施到出台标准化作业书和编制公路工程项目实施性施工设计组织，使整个项目的工艺、工序、小项工程、分项工程、分部工程、单位工程有序组织实施，达到均衡、科学、合理，全方位提高了公司的核心竞争力。

(五)推动了公路工程施工行业快速发展

科学的管理方法也是生产力的一种，钱学森提出的“从定性到定量综合集成方法”以及“从定性到定量综合集成研讨厅体系”方法，本身就能得到 1 + 1 > 2 的结果，通过本成果，将不同行业、不同地区、不同学科、不同专业、不同阶段的技术专家进行集合，并将其对于公路工程总体的有效技术经验与专业知识进行了集成，以此不断持续推动公路工程施工行业的快速发展。

地面公交区域运营组织管理体系的创新与实践

北京公共交通控股(集团)有限公司第四客运分公司

成果主要创造人:李立峰　陆　江

成果参与创造人:李晓春　王学丰　王启鸣　英　杰　张　鹏　王　宇
章　昱　吴福民　尹　鹏　姜　传

北京公共交通控股(集团)有限公司(简称"北京公交集团"或"集团公司""集团")第四客运分公司(简称"第四客运分公司""分公司")始建于1998年,主要从事城市公共交通客运服务。第四客运分公司所辖25个运营车队,运营线路214条,运营车辆3687部,线路总长度3657.69公里,线路分布涉及东城、西城、朝阳、海淀、丰台、石景山、门头沟、昌平等八个城近郊区。第四客运分公司现有员工10707人,其中驾驶员6523人、乘务员1814人、调度员527人、管理人员399人、生产辅助人员1444人。

第四客运分公司拥有国家级荣誉线路1路、374路、特19路等5条线路,拥有北京市级荣誉线路8条,拥有市级劳动模范41人,先后荣获"全国交通运输行业文明单位""全国职工职业道德建设先进单位""全国五一劳动奖状""全国十佳优质服务线路"等国家级荣誉称号。第四客运分公司所属1路,全线贯穿长安街,以优质的服务赢得广大乘客的赞誉,被誉为"神州第一路",乘客亲切地称之为"大1路",已成为首都公交的一面旗帜。近年来,第四客运分公司以运营服务为中心,探索线路区域运营组织管理,不断调整运营结构,积极推进地面公交的便捷性与准时性,取得显著效果,大幅提高了地面公交系统的吸引力与服务水平。

一、实施背景

(一)是服务首都新功能定位的需要

随着经济快速发展和居民收入水平的提高,北京市的小汽车保有量逐年提升,并达到饱和状态,这就必然带来了城市交通的拥挤、道路交通事故的增多、环境污染和噪声等公害,出现了行车难、乘车难等问题,北京交通问题已经成为日益严重的社会问题。

公交作为城市交通的一个重要组成部分,是解决城市交通拥堵的重要途径,其运行情况的好坏直接影响社会经济生活的运转效率和人们的生活质量。目前我国公交系统的"硬件"逐步得到改善,但与此同时"软件"的发展却不能与之相适应,这已经成为制约我国公交事业发展的瓶颈,也不符合于北京市的"全国政治中心、文化中心、科技创新中心、国际交往中心"的新定位。因此,提高首都地面公交系统的"软件"水平已经成为当务之急,而提高"软件"水平的核心就是确保公交运营调度、规划管理的科学性和准确性。

(二)是应对首都客运市场变化的需要

随着非首都功能的疏解和城市化进程的加快,轨道交通依靠其运营的准时性与快速性正吸引着大量的交通出行者,地面公交由于受交通拥堵等因素影响,运行时间和候车时间难以掌控,客流呈现逐步下滑趋势。同时,首都公共交通运营组织与调度管理系统的现状是以线路为运营组织、调度实体,人员、车辆按线路固定配属,以线路为单位编制运营计划,进行实时调度,资源利用率低,计划编制、部分运营信息的采集、统计、处理还存在采用人工方式,造成调度措施滞后,应变能力相对落后。因此,地面公交企业正在迫切寻求解决自身运营短板,降低成本,提升公共交通出行吸引力的运营组织模式。

(三)是企业健康持续发展的需要

为适应环境的变化,提高企业的市场竞争能力,寻求企业的可持续良性发展,多年来,北京公交集团一直尝试改变目前现行效率低的运营管理体制,借鉴国外先进的运营管理经验,采用以智能交通系统技术为代表的先进技术手段,通过流程再造,优化现有的管理组织和业务流程,建立一个高效、适应市场需求的先进公共交通系统。

为此,借鉴国内外公共交通系统的先进经验和先进管理思想,实施区域运营组织管理,对传统公共交通行业在管理体制、业务流程和技术应用上创新,对未来北京公共交通系统的现代化发展具有理论和现实意义。

二、成果内涵

(一)成果内涵

公交区域运营组织管理是以远程调度指挥车辆运营为基础,将一定区域内公交线路统筹运营组织,依托多线路联合编制行车计划、跨线联运、综合用车等方式,实现区域内人、车、线、站等资源共享,实现企业运营生产效率与社会效益双提升的目标。

公交区域运营组织管理分为集中调度与区域调度两种模式。依托信息化调度系统平台及场站、车载硬件设备,实现调度员的远程指挥,在此基础上分析区域内线路间客流特点,提高车辆、人员等资源的综合利用程度,实现区域内有组织、有计划的运营组织与远程调度。充分体现出"集中分散"控制方式、"扁平式"公交调度管理结构的优势,提高运营调度管理水平、提升资源使用效率、改善运营服务质量的目标。

(二)成果特点

1. 统筹区域分散公交线路管理

具有多首发站的各自独立运营线路,以区域为单位,在多个有限的场站空间、运营车数量与劳动力数量的基础上,通过对交通供给与需求的分析,科学配置线路时刻表,合理分配车辆和劳动力,达到资源的有效配置,以满足区域内断面客流需求和高效运营调度模式。

区域调度模式如图1所示。

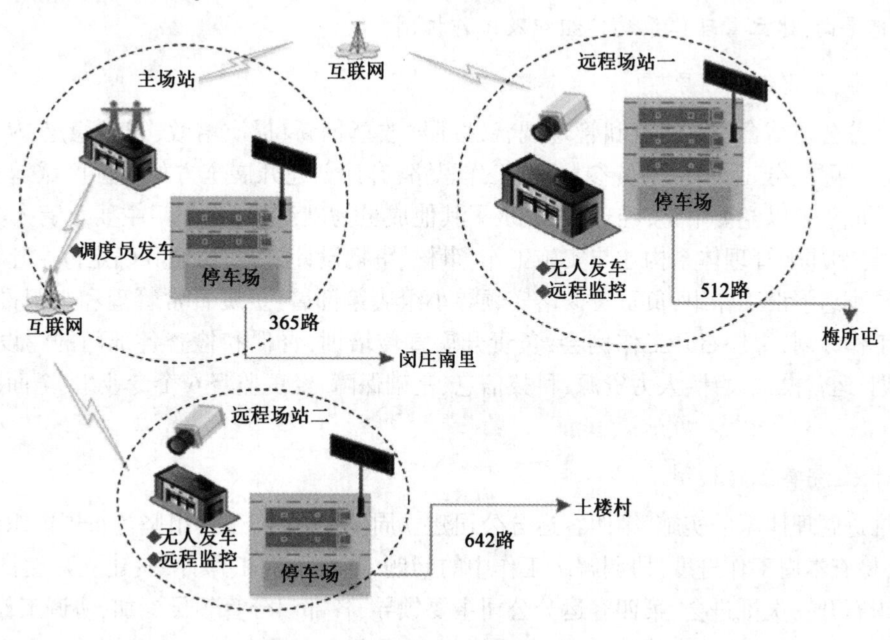

图1 区域调度模式图

2. 统筹区域集中公交线路管理

具有同一首发站的各自独立运营线路,在区域运营组织管理体系下,借助现代信息技术实现调度员远程调度指挥,人员集中管理、车辆集中停放,多条线路资源统一配置、计划统一编制、调度统一指挥,加油、洗车、低保设施及职工的生活设施集中建设、使用,实现资源的有效配置和运营调度的充分利用。

集中调度模式如图2所示。

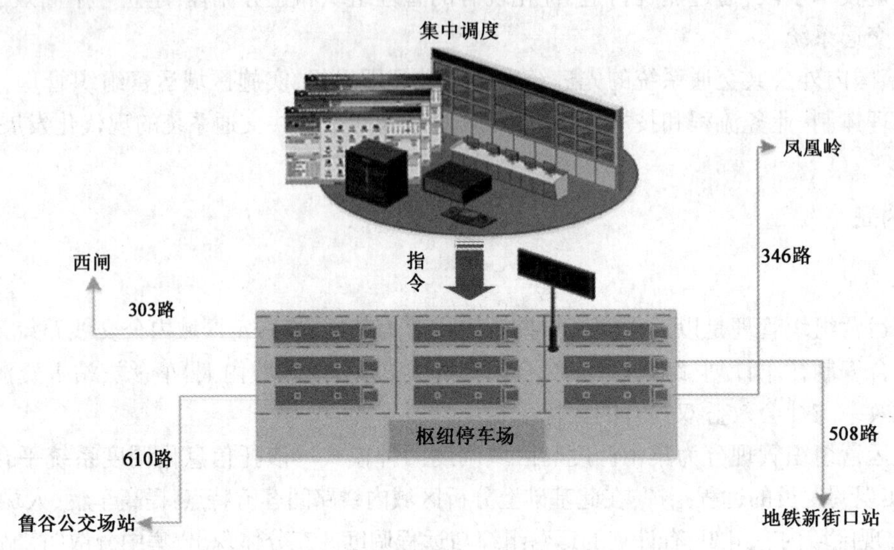

图2　集中调度模式图

三、主要做法

立足于北京公交改革发展的实际状况,通过深入调研国内外公交企业运营组织与调度的经验,以及本企业一线车队信息化及运营组织的实际应用现状,分析北京公交在运营调度方面存在的问题,提出具有本企业特点的公交区域运营组织管理模式,并建立该模式下的信息系统,设计系统物理结构,分析新体系应用的关键技术及步骤,实现运营线路的车辆和劳动力合理使用。

技术路线如图3所示。

(一)目标导向,建立管理体系构建组织及工作机制

1. 明确职责,强化组织领导

第四客运分公司结合企业特点和管理现状,按照"改革创新、提质增效、安全稳定、从严治党"的工作方针和"统一领导、分工负责、全员参与"的工作思路,有计划地开展全方位对标区域运营组织管理体系构建工作。成立了以党委书记、经理组长、班子其他成员为副组长,各部门主要负责人为成员的领导小组,负责领导和部署管理体系构建与实施工作,审核、审批设计方案,协调和确定体系建设过程中的重大事项。领导小组下设工作组,负责贯彻落实领导小组决策部署;负责日常管理和组织推进;负责编制实施方案和工作计划,组织召开工作例会;负责开展宣传培训,督促和检查各部门的建设进度和质量。成立方案策划、运营模式设计、人力资源、科技信息、基础保障、经责监督6个专业组,全面落实管理体系构建工作。

2. 制订计划,完善工作机制

为有序推进管理体系的实施,第四客运分公司建立周例会制度,工作组坚持每周组织各部门召开一次工作例会,检查本周工作进度,协调解决工作中的问题,制订下周工作计划;建立月度推进会制度,工作组每月组织召开一次推进会,第四客运分公司主要领导、各部门分管领导参加,协调工作进度,解决重点和难点问题,制订下一步工作计划;建立考评机制,工作组每月对各部门和基层单位在组织建设、宣传

培训、工作进展、成果质量等方面进行监督考评，确保全方位组织管理体系构建工作稳步推进。

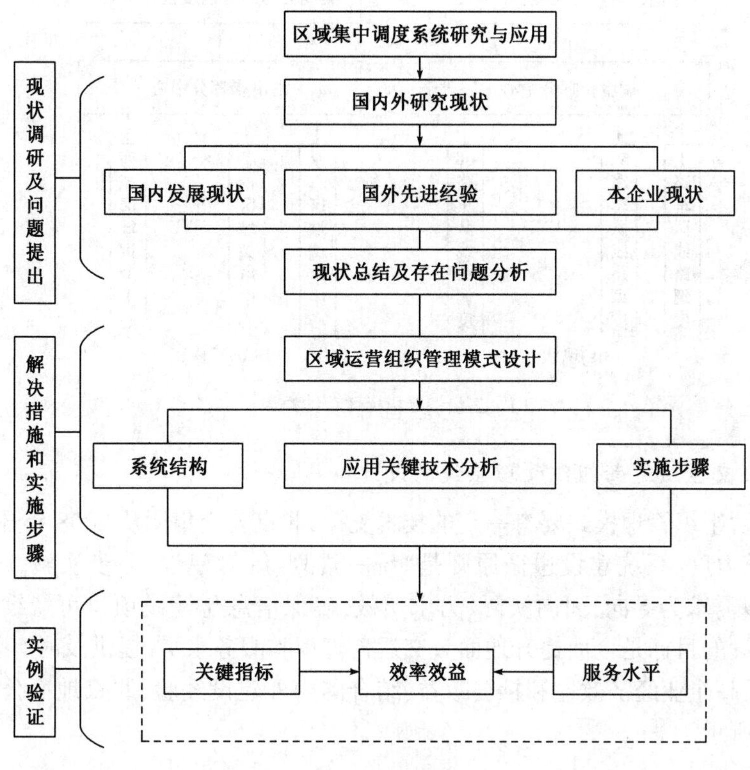

图3 技术路线图

3. 明确目标，细化分工方案

通过调研走访，借鉴国内外公共交通系统的先进经验和先进管理思想，结合对基层车队运营管理及信息化系统的应用摸底，立足于北京公交改革发展的实际状况，第四客运分公司明确了区域运营组织管理体系的实施目标，以乘客出行需求、服务标准为依据，通过区域内运力资源统筹运营组织的方式，提出企业生产效率与乘客服务水平的双提升的目标。基于以上目标，第四客运分公司制定了"区域运营组织管理体系建设方案"，将该方案分解细化为周工作计划，召开启动会议，制定了调研设计、现场实施、试运行、正式运行四个推进阶段，全面部署和分阶段推进区域运营管理体系建设工作。

（二）问题导向，明确管理体系实施的保障体制机制

在当前北京公交基层管理的工作中发现，现行的运营体系还存在运营组织模式单一、以传统的线路车队为运营组织调度实体、人员车辆按线车队固定配属、以线路为单位编制运营计划进行实时调度、无法满足多线路间的综合指挥、不能有效发挥新体系的设计优势，基于此，围绕"放管服"和供给侧结构性调整，提升以运营为龙头的管理体系的效率和效益；以区域调度创新体系的实施为基础，推行第四客运分公司层级统一行车计划编制与集中调度指挥，强化车队资源保障职能，将原有集团运营调度指挥中心、分公司调度指挥分中心、车队线路调度三级指挥体系调整为集团运营调度指挥中心、分公司调度指挥分中心、区域调度中心的新三级调度指挥体系，将单线调度指挥转为多线路综合调度指挥。已实现区域内人—车—站资源共享、线路间综合运输。三级调度指挥体系结构如图4所示。

集团公司调度指挥中心作为一级调度指挥，仍负责对集团整体运营情况的日常监控、调度指挥以及重大活动、突发事件、恶劣天气的决策处置，分公司作为二级调度指挥，负责各区域中心的运营管理、区域专项监控与数据分析，区域调度中心主要负责所辖区域线路现场实时调度工作，负责区域内线路的行车计划编制。区域调度中心具体落实行车计划，并根据线路运行实时情况向线路驾驶员发布调度指令，做好应急突发处置。

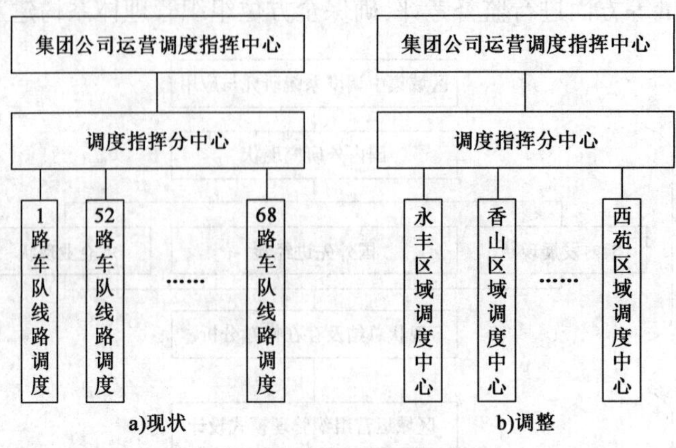

图4 三级调度指挥体系结构图

(三)技术支撑,公交区域运营组织管理系统的设计

实施公交区域运营组织管理模式要有一定的技术支撑,北京公交集团从2008年开始逐步加大了信息化、智能化系统建设力度,系统建设遵循原则是“统一规划、统筹建设、分步实施、归口管理、建管并重”。系统建设必须以需求为导向,面向实际、力求实效,确保信息化建设项目可持续发展。第四客运分公司明确信息化建设的目标是全面提升地面公交运营管理和服务水平,提供及时有效的决策支持,增强企业核心竞争力,提高企业经济效益和社会效益,结合国内外建设经验,北京地面公交区域运营组织管理总体框架如图5所示。

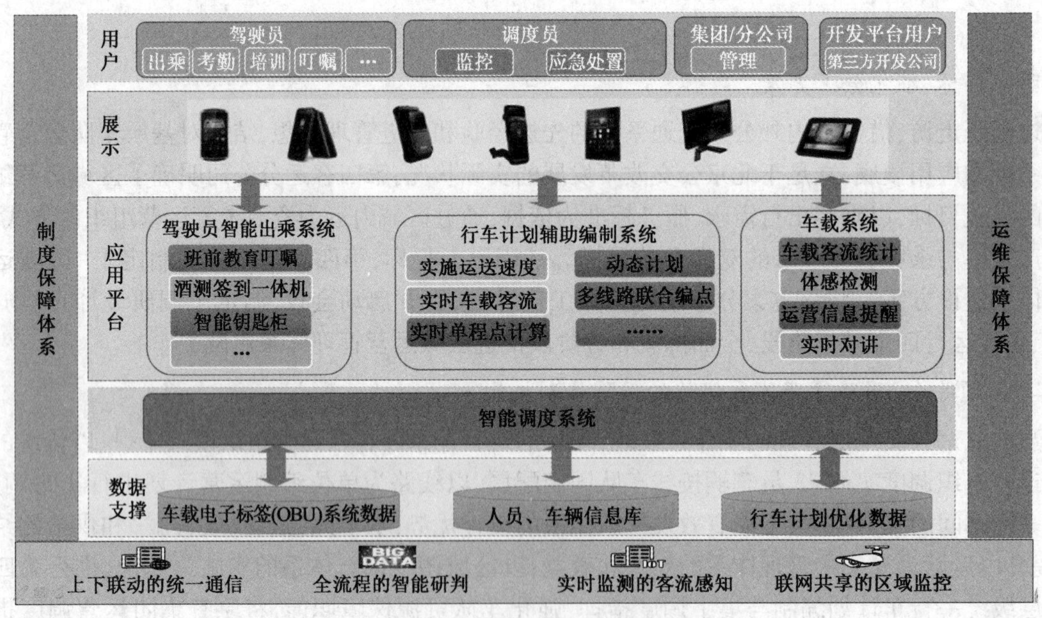

图5 北京地面公交区域运营组织管理总体框架

以运营生产为中心,分别设计驾驶员智能出乘系统、车载系统、行车计划辅助编制系统及公交区域运营组织管理发车优化四个部分。

驾驶员智能出乘系统通过对目前驾驶员各业务流程梳理及现有信息化设备利用,以满足运营生产过程中的查看排班、酒测、签到、钥匙领取、日见面叮嘱、车辆例检、班前宣誓、运营信息、签退等全业务流程一体化,建立酒测考勤叮嘱一体化设备、蜂窝式智能钥匙柜以及通过各设备与智能调度系统组网,实现驾驶员一日智能出乘。

车载系统包括车载客流统计、体感检测(满载率识别)、运营信息提醒、实时对讲四个部分,调度员可以通过车载客流和体感检测实施监控线路满载情况,通过运营信息提醒功能对驾驶员准点走车、末站发车点等信息进行提醒,通过实时对讲功能与调度员沟通进行突发应急事件处置。

行车计划辅助编制系统可以通过车载的实时客流、满载、车速等信息进行实时单程点的调整、行车计划的辅助编制,实现真正的实时客流监控调整。

发车优化是指对"驾驶员准点发出率、中途准点率、到达准点率、车次兑现率、表定准点率"这五率的调整工作。通过对表定准点率、到达准点率、驾驶员准点发出率的调整,实现行车计划与实际走行时间相吻合,驾驶员按照实际走行时间运营,提高准点率,通过对车次兑现率的保障,消灭了无人摆、车辆故障等原因带来的对行车计划执行的干扰,减小调度员对调度系统的干预次数,从而使得调度员的工作由发车调度转为监控和应急处置,实现区域内线路的无人发车、远程监控的运营模式。

1.总体设计原则

公交区域运营组织管理系统采取的技术路线:采用成熟的软、硬件技术,努力建设公交区域运营组织管理系统的新技术。因此系统在保证经济实用、安全可靠的前提下,还要遵循如下原则:

(1)规范性

系统建设中的各环节应遵循相关部门制定的标准或指导性意见。硬件设备和软件支撑平台需采用符合国际标准的主流产品;软件编码应符合国际、国内的编码准则,开发的软、硬件产品要满足相关规范的要求;应采用规范化的数据接口或提出适合交通信息共享的数据接口。

(2)先进性

系统的建设应充分考虑采用先进而成熟的技术[如分布式数据库技术、网络技术、北斗/卫星定位(GPS)技术、地理信息系统(GIS)技术等]、先进的体系结构、先进的软硬件选型,既保证实用成熟,又能够适应未来的业务发展和技术的更新要求。

(3)通用性和可扩展性

智能交通系统(ITS)建设日新月异,总体处于飞速发展状态。公交区域运营组织管理系统必须从系统结构、功能设计及软硬件平台的选型等方面具备可扩展性和兼容性。

(4)安全可靠性

公交区域运营组织管理系统需要保证信息数据存储与访问的安全。采取快速备份与恢复技术,保证数据存储安全。

2.系统物理结构设计

系统物理结构如图6所示。

如图6所示,智能调度系统作为本系统的中心,具有与车载终端、进出场站识别系统、智能钥匙系统、班前教育系统、酒测考勤系统通过4G/5G网络进行无线通信和数据传输与处理功能。智能调度系统通过信号传输模块与车载GPS进行位置信息传输,并且能够通过车载语音设备对公交车驾驶员发出行车指令。

酒测考勤系统将驾驶员的集成电路(IC)卡信息、酒测信息通过无线通信传输给智能钥匙系统和智能调度系统。

班前教育系统包括签注模块、车辆信息采集及通信模块,签注及预案模块具有人像记录、阅读记录功能,车辆信息采集用于自动记录驾驶员对车辆的例检位置,通过有线网络将驾驶员的每日验车信息、阅读记录等传输给智能调度系统。

车载终端将北斗定位系统的实时位置信息、驾驶员的身份标识信息通过通信系统无线传输至智能调度系统。

进出场站识别系统将车辆的每日进出场站实时信息传输给智能调度系统,用于判定车辆是否完成运营任务。

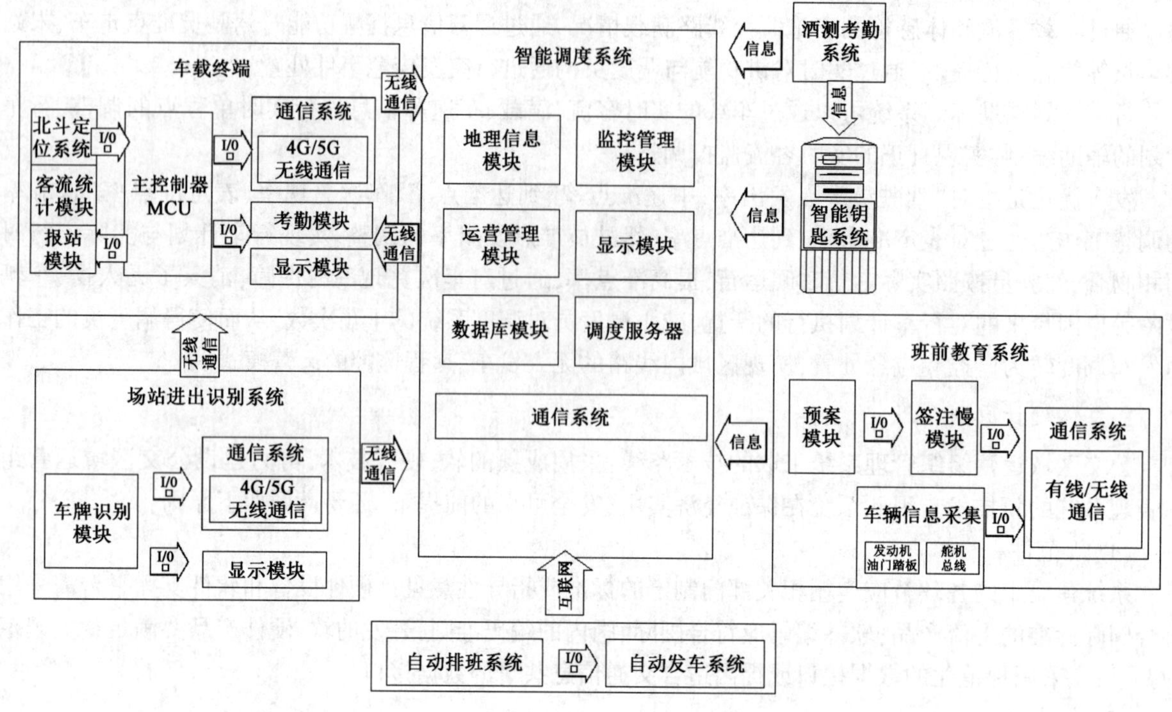

图6　系统物理结构

(1)系统具体工作流程

驾驶员每日通过自助考勤系统进行刷卡登录,通过酒测后,系统发送指令给智能钥匙柜,智能钥匙柜根据指令确定需要开启的钥匙门号,驾驶员取下当日驾驶车辆对应的钥匙,完成车辆进行例检工作后,进入班前智能教育系统,对各专业的每日教育、重点提示等信息进行阅读并签注,同时考勤系统、班前教育系统、智能钥匙系统将驾驶员的整个操作信息发送给智能调度系统,智能调度系统分析驾驶员是否完成出乘流程,完成出乘流程后,驾驶员即可进入公交车辆,将自己的员工卡信息录入考勤模块,开始每日的营运工作,进出场站识别系统将车辆的出站信息、进站信息实施传输给智能调度系统,系统通过以录入的行车计划判断驾驶员的营运趟次是否完成,如完成即可下班,如未完成则根据自动排班系统生成的班次信息继续进行下一趟次的营运工作。

(2)信息化系统具体软硬件配置

为满足以上新体系需求,结合前期充分调研,对车队的"软硬件"系统还需进行如下建设:

①公交区域运营组织管理室硬件设施配置,见表1。

公交区域运营组织管理室硬件设施配置　　表1

序号	设备名称	用途详情
1	调度计算机	日常智能调度系统操作、调度命令的实施、运营数据统计
2	电视墙拼接屏	监控区域内多条线路运营事态
3	双基色发光二极管(LED)电子显示屏	①区域内运营数据; ②天气、值班值守情况; ③调度员岗位职责

②备班室硬件设施配置见表2。

备班室硬件设施配置 表2

序号	设备名称	用途详情
1	人脸识别酒测签到触摸一体机	驾驶员班前酒测、签到
2	车钥匙电子保管箱	实现车钥匙信息化管理
3	移动调度终端	①驾驶员班前教育; ②应急(电力、网络故障)情况发生调度员可使用其发车
4	室内发车显示屏	显示发车信息
5	备班室视频监控系统	监控新设备、驾驶员一日行为规范

③场站硬件设施配置见表3。

场站硬件设施配置 表3

序号	设备名称	用途详情
1	场站进出口识别系统	进出口安装射频识别(RFID)设备,准确判断车辆进出场站时间
2	场院视频图像监控系统	监控永丰场站内车辆、人员情况
3	场站户外大屏	显示发车信息
4	广播系统	场站广播,语音通知驾驶员发车

④车载设施配置见表4。

车载设施配置 表4

序号	设备名称	用途详情
1	车载图像、定位一体机	①车辆定位精准、视频监控清晰实时上传; ②发车时间查看,接收调度命令; ③实时对讲
2	车载单元(OBU)设备	车辆进出场识别

⑤调度室软件设施配置见表5。

调度室软件设施配置 表5

序号	软件名称	用途详情
1	操作系统	调度计算机使用
2	调度系统	①车辆调度发车; ②监控中心站、末站、飞站驾驶员酒测减到情况; ③通过对讲功能突发应急处置,与驾驶员实时通话、提示驾驶员中途准点、末站发车点等信息
3	视频图像监控系统	①监控中心站、末站、飞站视频图像; ②监控车载视频图像
4	电子钥匙系统	中心站、末站、飞站钥匙自动领取,远程监控
5	行车计划辅助系统	通过实时满载、客流、车次等信息辅助编制行车计划
6	电子显示屏编制系统	通过软件使调度中心电子显示屏展示区域内运营数据、天气、值班值守情况、调度员岗位职责等信息

（四）流程再造，优化区域运营组织管理体系各项业务流程

为使新体系得到有效、良性运转，实现生产效率与乘客服务水平的双提升目标，第四客运分公司对运营组织业务流程进行根本性的再思考和设计，追根溯源，从根本上重新梳理经营过程，通过公交调度模式的变革，实现相关业务的流程重组，实现从以职能为中心的形态，转变为以流程为中心的形态。实现调度模式的根本转变。

1. 观念重建

第四客运分公司本着“价值定位、统一规范、实事求是”的原则，对运营业务流程进行了全面梳理，凸显以运营为龙头，以行车计划为业务核心的区域运营组织管理体系的理念，调度指挥队伍从体制机制上与车队剥离，专注于调度指挥，统筹多线路运营组织。车队层面将工作重心放在资源保障方面，确保人力资源调控、人员素质提升、车辆性能完好、场站生活保障、外协单位沟通等相关工作。

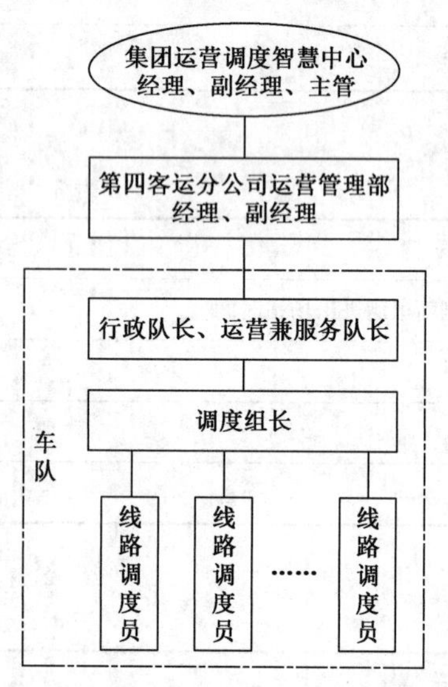

图7　调度指挥体系业务关系图(现状)

2. 业务重组

全面剖析第四客运分公司现行整体管理与业务职能，分级分层详尽列举生产、管理、经营领域中的主要业务及其子业务，针对业务流程中存在冗余、覆盖不完全的情况进行了流程优化，重组了运营业务流程，将车队运营调度指挥职能抽离至分公司，区域调度中心业务归属调度指挥分中心，在每个区域调度中心设置区域线路组织管理人员统筹负责区域调度指挥、行车计划管理。

调度指挥体系业务关系如图7、图8所示。

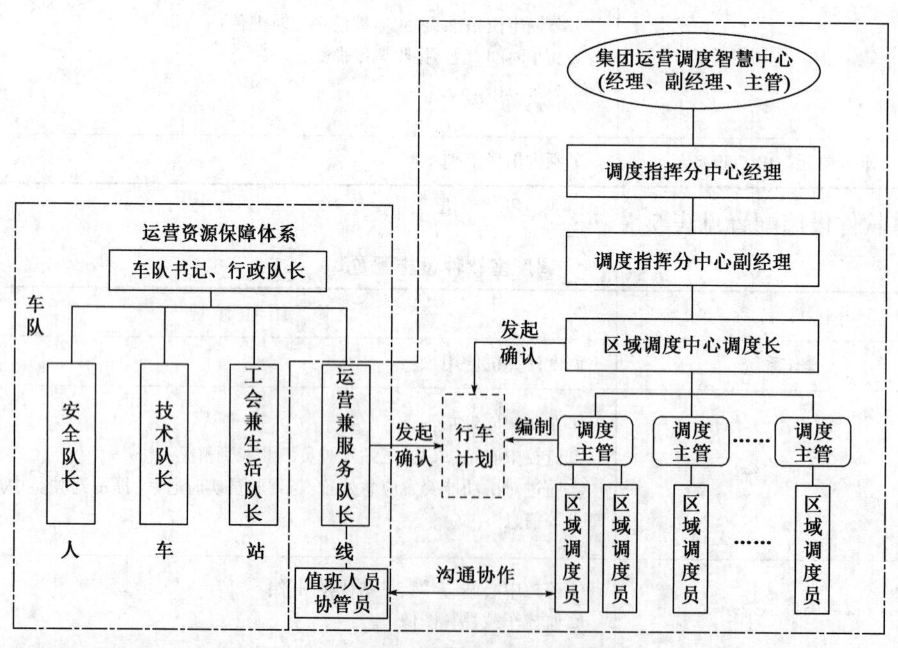

图8　调度指挥体系业务关系图(调整)

明确了流程各环节的管理层级、管理职能、管理权限、管理要求、管理信息等多项管理要素，确保了流程固化和顺畅运行。同时，以流程梳理为牵引，将公司标准体系、风控体系等管理体系有效整合，明确各体系的承接关系，进一步细化部门和岗位职责，从顶层设计的战略角度实现了管理系统化和业务流程化。

（五）公交区域运营组织管理模式实施的步骤

公交区域运营组织管理把公交调度手段由一人一线发展到一人多线，车队合并，人员集中管理，车辆集中停放，达到提高企业经济效益和社会效益的效果。但公交区域运营组织管理的实施需分步骤进行，简单讲大致可分为以下三个步骤。

步骤一：初步实现公交区域运营组织管理模式

完成区域内硬件设施建设、相关配套软件的布设，在区域建立一座主场站，用于区域内多条线路集中发车，同时选择1～2条道路条件好的线路进行远程监控，自动发车，自动发车线路首站设置协管员，同时运用具有可查询、提醒发车时间的手机应用程序（App）系统，用于末站司机发车提醒。

步骤二：研究车辆利用率等问题，实现车辆高效运转

通过步骤一运营积累的经验，研究多线路之间车型混跑、车辆跨线支援、车辆共享，从而大幅减少区域内线路备车数（机动车），实现“车辆”的最高利用率。

步骤三：研究人员利用问题，实现人员高效率工作

研究多线路行车计划的联合编制及驾驶员的培训工作，实现区域内人员套跑，跨线支援，通过对App系统的开发以及信息系统的高度集成，达到减员增效。

四、实施效果分析

公交区域运营组织管理体系要考虑的是多条线路的人员车辆集中管理、资源的综合、动态、优化配置问题，比传统的单条线路的运输组织模式要复杂得多。因此，管理体制研究、多条线路作业计划的集约编制、辅助调度支持系统的智能化、客流采集系统的准确性等问题是任何地点实施区域运营组织与调度都必须解决的问题。同时鉴于公交区域运营组织与调度在国内没有先例，创新点多、技术复杂、不确定因素多、难度大，所以拟先在北京市永丰进行新型模式的试验，目的是解决上述关键问题，待示范成功后，可以很容易地推广到其他地区。

（一）试验区域概况

2019年，我们利用一年的时间，在第四客运分公司进行新体系验证，北京永丰分布两个车队，包括13条线路，配置车辆230部，组建了一个新的区域运营示范实体。

车队基本情况见表6。

永丰区域线路信息统计表 表6

序号	车队	线路	首站	末站	营业时间		线路长度（公里）	单程点	点上车数	全日车次
					首站	末站				
1	2队	专38	东埠头村	前沙涧村	6:00—9:30 16:00—19:30	6:40—10:10 16:40—20:10	15.5	39.5	4	32
2	2队	642	环保科技园	土楼村	5:30—21:30	5:20—21:30	20.5	56	18	170
3	2队	DZ 36001	白家疃	海淀大街西口	7:15		21	70	1	1
4	2队	DZ 36002	海淀大街西口	白家疃	18:25		21	70	1	1
5	21队	365	永丰	闵庄南里	5:30—21:00	6:00—22:00	28.7	96	27	179
6	21队	384	西玉河	中关村一街	5:10—20:50	6:20—22:20	23	78	23	166

续上表

序号	车队	线路	首站	末站	营业时间		线路长度(公里)	单程点	点上车数	全日车次
					首站	末站				
7	21 队	438	永丰	西直门北	5:30—21:00	6:00—22:00	27.02	96	17	127
8	21 队	447	地铁上地站	西玉河	5:40—23:50	5:20—22:00	13.6	48	17	228
9	21 队	449	地铁上地站	永丰站	5:40—22:50	5:30—22:10	12.45	43	11	189
10	21 队	512	梅所屯	永丰	5:00—22:00	6:00—23:10	13.5	44	12	174
11	2 队	543	环保科技园	地铁龙泽站	5:30—21:20	6:10—22:00	15.48	59	26	256
12	21 队	570	永丰	地铁西二旗站	6:00—21:00	6:30—21:30	11	36	13	170
13	21 队	快直 80	永丰	地铁西二旗站	7.15、7.30	18.15、18.30	11.8	30	2	8

线路走向示意图见图 9。

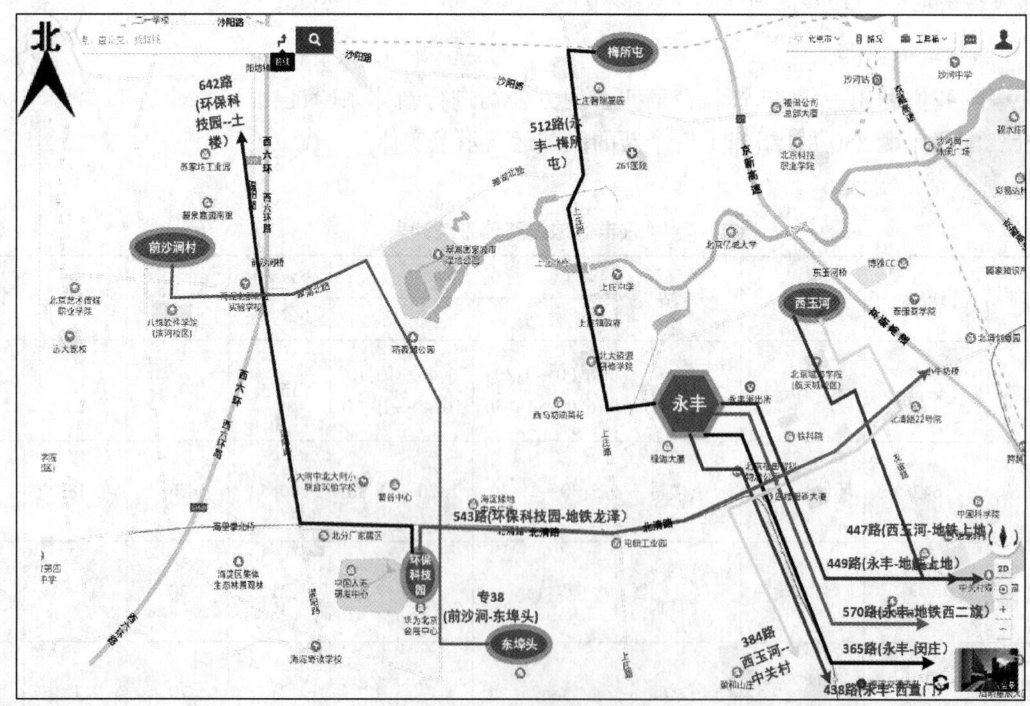

图 9　永丰区域线路走向示意图

(二)实施效果分析

在永丰区域通过引入信息化系统,以及运营模式由单线路调度调整为区域调度后,使人员组成、车

辆利用等方面发生一系列变化,借助信息技术的支持与流程再造,产生了明显的经济效益和社会效益,具体表现为:

1. 行车计划执行效率得到提升

对实施以来2019年的数据与同期2018年永丰区域行车计划执行情况进行对比分析,见表7。

行车计划执行情况统计表 表7

2018年均				2019年均			
线路	表定	准发	准到	线路	表定	准发	准到
365	43.16%	88.01%	26.50%	365	94.36%	100%	80.26%
384	67.48%	81.66%	65.92%	384	93.90%	100%	78.11%
438	68.15%	70.35%	29.54%	438	89.01%	100%	74.52%
447	79.79%	60.88%	38.05%	447	92.76%	100%	82.21%
449	46.19%	69.45%	31.84%	449	93.46%	100%	76.99%
512	87.19%	98.80%	84.02%	512	99.29%	100%	84.28%
543	91.25%	54.54%	29.46%	543	84.01%	100%	76.56%
570	69.36%	72.95%	25.33%	570	93.57%	100%	77.88%
642	94.70%	94.79%	65.67%	642	98.21%	100%	94.29%
专38	99.79%	92.71%	61.46%	专38	99.91%	100%	86.98%
直达80	98.86%	94.29%	53.14%	直达80	100%	100%	82.58%
DZ36001	100%	92.32%	90.90%	DZ36001	100%	100.00%	88.90%
DZ36002	100%	93.41%	90.90%	DZ36002	100%	100.00%	93.45%
合计	73.18%	75.71%	43.72%	合计	95.26%	100.00%	83.37%

通过对以上这3项数据分析,永丰地区线路表定准发率由73.18%,提升至95.26%,同比上升22.08%;驾驶员准发率由75.71%,提升至100%,同比上升24.29%;到达准点率由43.72%提升至83.37%,同比上升39.65%。采用区域运营组织模式后,车辆与人员实现区域共享,调度员能够调动不同线路的人员与车辆,在发生应急突发情况时能够尽早采取措施,提高了调度的灵活性,最终使得行车计划执行效率得到提升。

2. 客运人次有所增加

永丰区域实施后,人员配组284组,全日车次目前1784车次,未因区域调度工作进行加组加车次的调整。在以上数据的基础上,分别截取2019年与同期2018年数据进行对比,结果如表8所示。

运营情况统计表 表8

路别	2018年日均行车公里	实施后日均行车公里	2018年同期日均人次	实施后日均人次	2018年同期日均收入	实施后日均收入	2018年百公里人次	实施后百公里人次
365	4841.48	4928.10	11957.88	12530.75	12499.07	12552.27	247	254
384	4144.14	4094.08	5758.66	7856.28	5870.72	7683.21	139	192
438	3391.10	3406.23	8054.94	7680.22	8639.65	7570.77	238	225
447	2917.99	3097.54	5655.84	8166.09	5548.84	7738.37	194	264
449	2302.59	2327.05	5614.44	5760.81	5765.33	5731.36	244	248

续上表

路别	2018 年日均行车公里	实施后日均行车公里	2018 年同期日均人次	实施后日均人次	2018 年同期日均收入	实施后日均收入	2018 年百公里人次	实施后百公里人次
512	2180.24	2203.45	4911.03	5474.72	4947.11	5046.84	225	248
543	3847.82	4446.07	11927.44	13311.59	13040.29	13386.30	310	299
570	1571.38	1546.45	3587.19	3608.03	4041.49	3927.26	228	233
642	3434.24	3615.03	3290.78	4201.53	3252.00	4188.56	96	116
快专 80	91.50	94.40	110.91	125.32	332.74	366.73	121	133
专 38	517.31	616.89	438.41	620.50	448.11	622.35	85	101
总计	29214.04	30345.79	61276.31	69296.69	64291.77	68699.43	210	228

从表 8 中可以看出,11 条线路均存在普遍上涨情况,行车公里由调整前的日均 29214.04 公里增加至 30345.79 公里,日均增加约 1131 公里,公里兑现率增长 0.37%。在各专业对行车计划的大力保障下,消灭了无人摆,消灭了因加燃影响车次,降低了故障车次,使得车次、行车公里在行车计划没变的前提下有了提高。

日均客运量同比由 61276.31 人次增长至 69296.69 人次,日均增长约 8020.4 人次,增长率达 11.67%,百公里人次由 210 人次增加至 228 人次,增长 19 人次/公里。这表明,通过行车时刻表的与实际走行时间的匹配,以及驾驶员准点走车意识的提高,使得线路吸引力得到增强,客运人次得到了提高。

3. 劳动力得到降低,劳动产出率提高

公交区域运营组织管理实施前,永丰区域 13 条线路由原来的 6 个调度台、17 名调度员,调整为 2 个调度台、8 名调度员(含 1 名替休人员),减少 4 个调度台,节约劳动力 9 名。节减下来的人员分公司就地转为协管员,同时这部分人前期还要保留调度发车的职能,以弥补及职工对新体系的适应期。

劳动力及车次情况、劳动力及车次对比分别见表 9、图 10。

劳动力及车次情况　表 9

序号	调度台	调度员数	队别	线路	始发站	车次	车次合计	高峰小时车次
1	1 号	4	2	365	永丰公交场站	92	602	10
2			21	570	永丰公交场站	85		15
3			21	438	永丰公交场站	63		10
4			21	449	永丰公交场站	94		7
5			21	512	永丰公交场站	79		7
6			21	快直 80	永丰公交场站	8		2
7			2	专 38	东埠头村	16		4
8	2 号	4	21	384	西玉河公交场站	90	651	14
9			21	447	西玉河公交场站	113		9
10			2	543	环保科技园	143		37
11			2	642	环保科技园	88		8
12			2	DZ36	环保科技园	2		1
合计	2 个	8 人		12 条		1253	1253	124

通过图表可以看出,新体系使得调度员工作职责有了较大改变,调度员每日发车次由 200 多次增加至 600 多次,劳动产出率得到极大提升。随着信息化水平的不断提升,调度员的日均发车次还会有较好的提升。

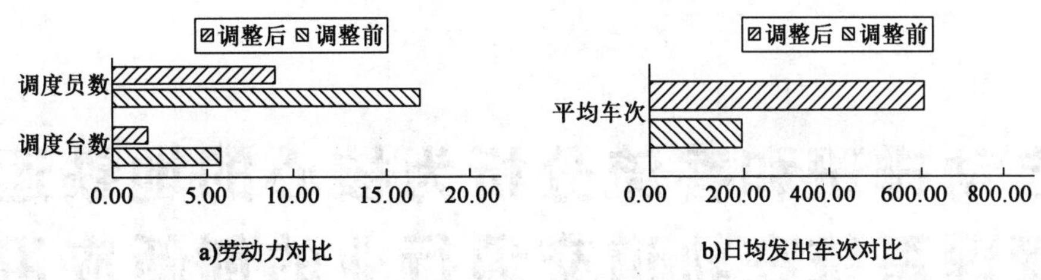

图10 劳动力及车次对比

4. 改变现行落后运营管理和调度模式

变经验调度为动态监控、实时调度,借助车辆动态定位、客流统计、无线通信及电子地图显示技术,实现对线路运营车辆速度、车载客流、满载率的实时监控,从根本上提高调度指挥系统对运营状况的实时掌握能力与应变能力。

5. 提高车辆利用率

利用不同线路最大断面客流同一时段的差异,实现路间运力的互补。客流在方向、时间的不均衡,为不同线路上的运力动态组合提供了可能性。两条以上的线路,当最大客流断面或最大配车数不在同一时段时,共同编制时刻表,有可能实现峰值之间的互补。这只是最简单的组合,实际情况复杂得多。当多条线路组成一个区域共同编制时刻表时,可实现相互间的高低峰车辆调剂,有利于采取跨线调度措施,关键是可以实现运输资源在多条线路之间的优化配置,节约资源。

6. 提高乘客服务水平

利用高度集成的信息化系统,调度员可以实施的监控车载满载率,及时调整发车间隔,同时,新体系下,驾驶员更加重视运营效率,重视准点率,各专业更加重视运营保障,实现服务与质量同步提升。

7. 提升企业管理水平及职工职业自豪感

新体系的建立、调度智能化的建设等工作减轻了人力劳动强度,确保车队工作管理到位、信息传递及时、服务规范,也让职工从心里提升职业自豪感。

以自动排班和客流分析为核心的地铁运营管理系统在轨道交通行业的创新应用

北京京城地铁有限公司

成果主要创造人:郑凤霞　李艳平

成果参与创造人:张勇慧　刘伟力　汪　冲　张　硕　刘　宁　赵晓南
师　楠　赵航星　尹　阳

北京京城地铁有限公司是一家成立于2016年的国有地铁运营公司(简称“京城公司”),目前主要负责首都机场线的运营管理工作。

通常来说,地铁运营企业具有高科技属性,但也属于劳动力密集型企业,运营组织及管理人员数量众多。另外,北京市轨道交通路网规模不断扩大,日均客流已经突破1000万人次。面对众多的运营人员,如何有效对班组人员进行精细化管理,面对日益复杂的线网环境,如何精确计算线路客流分配,成了运营管理的首要任务。

在党的十九大和北京市人民政府国有资产监督管理委员会《“十三五”信息化发展专项规划》的政策指引下,如何有效利用信息化助力地铁运营企业的运营管理智能化,成为京城公司的重点工作内容。

在此背景下,京城公司研发了地铁运营管理系统(OMS),成功实现了地铁运营管理业务的信息化。其中的班组人员自动排班和客流分析功能是该系统的核心。基于自动排班,系统具备了班组人员的动态管理能力;基于客流分析,系统具备了关键客流指标数据的分析能力。由于具备自动排班和客流分析能力,使得地铁运营管理业务的自动化和智能化实现成为可能。

一、应用背景

地铁运营企业的核心业务主要有三块:站务管理、乘务管理和检修管理。

站务管理:主要是确保运营设备状态良好,引导乘客有序购票乘车和提供更好的乘客服务体验。

乘务管理:主要通过公平配置轮乘任务,为乘客提供更安全舒适的客运服务。

检修管理:主要通过车辆实时的故障修,基于状态的预防修和按照修程的计划修来保障列车处于最佳状态。

由于地铁服务行业的时间特殊性,不论是站务、乘务或检修专业,每天都需要多个班组轮班为乘客提供服务。为保障班组人员的服务质量,避免人员疲劳,合理和公平的班组排班尤为重要。

另外,随着路网环境的日益复杂、客流分布千变万化,如何有效利用客流分析数据进行合理的客运和行车组织也相当关键。

为了实现运营管理业务的数据闭环管理,开发一套智能化的地铁运营管理系统势在必行。首先通过自动排班确定班组成员,然后基于实时动态的班组成员完成各类班组活动和运营业务,最终实现运营数据的自动统计分析和可视化展现。

二、OMS的创新内涵

地铁运营企业熟悉运营管理业务,是业务专家。信息系统提供方承接地铁运营企业的信息化建设,是技术专家。通常业务专家和技术专家分离。而京城公司从运营首都机场线的实际需求出发,信息中心作为技术专家同时也是业务专家,自研开发了 OMS,这是一种管理创新。

地铁运营业务班制多样化,尤其是乘务轮乘班组的自动排班,关联因素很多,实现起来很困难。OMS 通过对班组、班次、位置、车次、表号、车号等关键元素的抽象,达到了人、车、图的有机结合,实现了轮乘自动排班。

另外,OMS 通过实时获取自动售检票(AFC)系统的客流数据,创新性采用广度优先的路径搜索算法,并基于实时运营图的车次路径匹配算法,更加科学合理地计算客流指标,为地铁运营企业提供更精确的分析数据,这是一种技术创新。

三、OMS 实现

(一)系统架构

OMS 的系统架构主要包含权限管理、动态班组管理、班组管理、运营图管理、专业管理和移动端应用程序(App)等组成(图 1)。

图 1　系统架构图

权限管理中的操作权限定义用户可以访问系统的哪些功能和相关的操作,数据权限定义用户可以访问系统的哪些数据。另外,系统支持数据版本的无缝切换,当遇到班组班制调整时,基础数据支持版本管理。系统把角色赋予用户,该用户就获取了该角色的操作权限和数据权限。

动态班组管理模块是本系统的核心,通过动态班组管理确定班组人员当班信息,为后续的业务操作过程提供排班数据。

班组活动模块是记录班组日常活动的模块。通过该模块上传下达公司的经营决策和运营管理活动。

运营图管理模块是乘务管理的核心模块。通过该模块确定乘务的运营图计划和出车计划,制订每日的行车调度和司机排车数据。

专业管理模块是地铁运营管理各专业的特殊模块。通过该模块分析处理运营数据,为运营管理提供客流分析指标数据,指导运营决策过程。

移动 App 是运营管理系统的有效补充,可以提高系统的使用效率,促进运营管理扁平化。

(二)系统功能

OMS 的系统功能要能够涵盖地铁运营企业的运营管理业务,运营管理业务的核心主要有站务管理、乘务管理和检修管理。

图 2 表示了 OMS 的业务覆盖范围。

	站务管理	乘务管理	检修管理
自动排班	✓	✓	
请销假管理	✓	✓	
调班与换班	✓	✓	
运营图管理/自动叫班/故障管理		✓	
班组活动/考勤管理/巡检管理	✓	✓	
隐患排查			
客流分析/票务统计	✓		
手机App	✓	✓	

图 2　系统功能覆盖图

从业务角度上看,OMS 具体分为站务管理、乘务管理、检修管理等业务板块。

由于 OMS 可以通过设置操作权限、数据权限的方式划分用户权限,同一种系统功能能够应用于多种业务场景,所以后续将从系统功能的角度介绍 OMS 系统。

(三)班组人员动态管理

由于地铁服务行业的特殊性,多班组班次的轮换使每天的班组人员当班状态是动态变化的。为了满足班组人员动态管理的实际需求,OMS 通过自动排班、请销假和调换班 3 个功能模块(图 3),来实现对班组人员的动态管理。

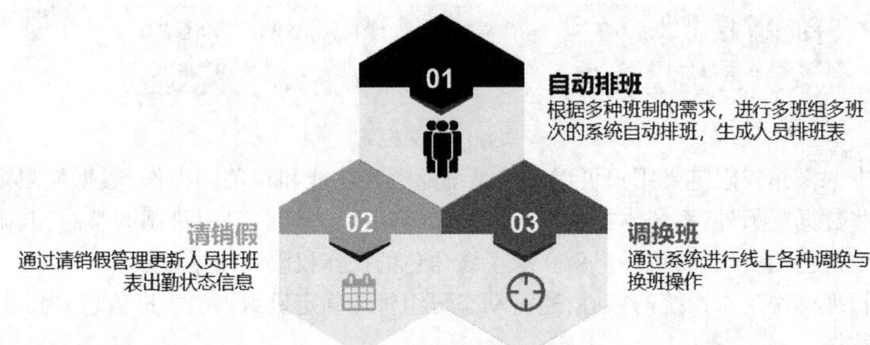

图 3　动态班组管理图

1. 自动排班

自动排班是运营管理系统(OMS)的核心,通过与请销假、调换班等功能相结合,来实现线上和线下班组人员的当班信息同步。自动排班也是运营管理系统的基础,各类运营活动的班组人员数据均来自自动排班。所以自动排班是运营管理系统智能化的首要条件。

在地铁运营企业中,站务排班、乘务排班和检修排班的需求各异,实现方式也不尽相同。

(1)站务排班

首都机场线共有四座车站,每座车站的排班方式相同,共分为甲、乙、丙、丁四个班组,又分为白班、夜班和休班三个班次,俗称“四班三运转”。其中每个班组按照“白,夜,休,休”的固定方式进行轮换,四天一个周期。

OMS 根据站务管理的排班需求实现了自动排班,系统根据排班规则自动生成排班表,系统排班表页面如图 4 所示。

T3航站楼站T3航站楼甲班2020年6月排班表

序号	姓名	编号	岗位	班组	1	2	3	4	5	6	7	8	9	10	11	12	13	14	15	16	17	18	19	20	21	22	23	24	25	26	27	28	29	30
1		21068	站长	T3航站楼甲班		√	O			√	O			√	O			√	O			√	O		√	√	O			√	O			√
2		21067	综控员	T3航站楼甲班		√	O			√	O		√	√	O			√	O			√	O			√	O			√	O			√
3		21149	综控员	T3航站楼甲班		√	O			√	O			√	O			√	O			√	O			√	O		√	√	O			√
4		21140	站务员	T3航站楼甲班	√	√	O			√	O			√	O			√	O		√	√	O			√	O			√	O		√	√
5		21147	站务员	T3航站楼甲班		√	O		√	√	O			√	O			√	O			√	O			√	O		√	√	O			√
6		21167	站务员	T3航站楼甲班		√	O			√	O			√	O		√	√	O			年	年	年		年	O			√	O		√	√

图 4　排班表

(2)乘务排班

首都机场线乘务分为轮乘班、信号楼班和试车转线班。每个班分为甲、乙、丙、丁四个班组,又分为白班、夜班、早班和休班四个班次。其中,信号楼班组和试车转线班组的排班方式和站务排班相同,本文主要介绍的是轮乘站的自动排班,轮乘站除了分为甲、乙、丙、丁 4 个班组之外,每个班组又分为 12 个小组,每个小组 2 ~ 3 名驾驶员,同时驾驶一辆列车。每个班次也分为 12 个位置,分别与 12 个班组小组相对应。

乘务排班关系如图 5 所示。

图 5　乘务排班关系图

其中,每个位置包含的信息有司机的出退勤时间和所需要驾驶列车的车次信息,以及每次的接车时间和交班时间。位置的不同,出退勤时间和所需驾驶列车的数量也不同。为了保证排班的公平性,每个班组在轮换的同时,还需要轮换每个小组,以保证在大的轮换周期里,每个小组都能排到相应位置。

OMS 根据轮乘司机排班的特殊性,实现了复杂的轮乘自动排班。在排班之前,需要调整班组人员信息,确保每个班组成员和班组小组相对应。

在制订完排班计划并核对完每个班组的人员信息后,就可以启动自动排班,系统自动根据排班计划生成排班表,系统生成的轮乘日志界面如图 6 所示。

系统轮乘日志界面保留了乘务的习惯,可以直观查询每组司机的排班情况。

(3)检修排班

首都机场线检修专业包含的班组有列检班、技术组、月修班和修程班。其中,列检班分为甲、乙、丙、丁四个班组,又分为白班、夜班、早班和休班四个班次,排班方式和站务相同。

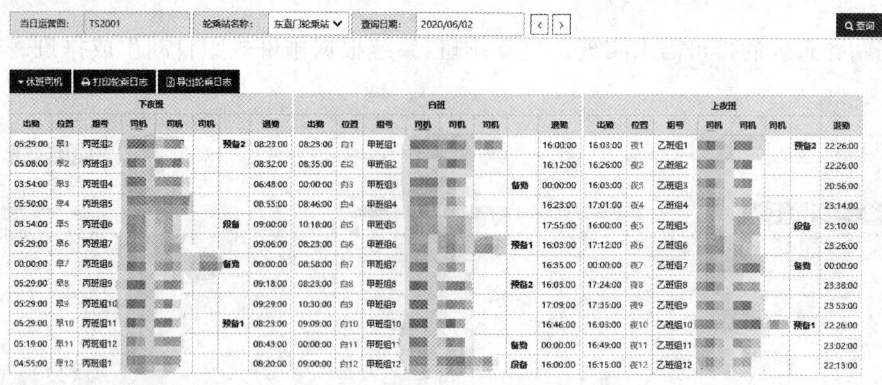

图6 轮乘日志

另外的技术组、月修班和修程班为常白班,周一至周五为正常班,周六日休息,也就是说常白班为固定班制,其轮班制的排班规则不同。OMS根据检修业务排班的不同需求,实现了常白班的排班,在制订完排班计划并核对完每个班组的人员信息后,启动常白班的排班,系统自动根据排班计划生成排班表。检修排班表页面如图7所示。

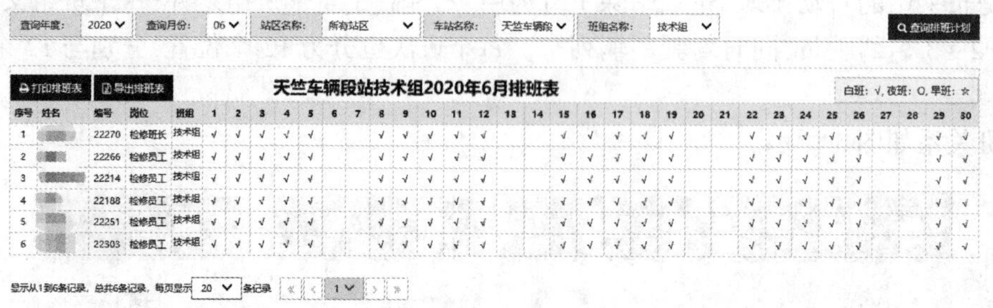

图7 检修排班表

(4)排班总结

通过对站务、乘务和检修的所有班制自动排班,OMS具备了对班组人员的动态管理能力,使地铁运营管理的智能化的实现成为可能。

2. 请销假

请销假管理是OMS班组人员动态管理的一部分,系统通过请销假模块动态更新人员排班表出勤状态标志位。

(1)请假申请

班组人员根据实际情况,合理安排请假时间,然后在OMS中提交请假申请。提交申请后,审批节点可以看到该申请单据。在管理人员审批通过后,系统自动更新排班表的出勤状态标志位,审批通过后的月度排班表如图8所示。

图8 月度排班表

(2)销假管理

遇特殊情况,如"全国两会"等重要会议,原本休假的员工可能会被安排停止休假,OMS提供销假管理功能。

在请销假管理界面的单据列表中，找到需要销假的申请单，如果仍有未休完假的单据，销假按钮会显示可操作状态，在销假完成后，排班表恢复请假前状态，如图 9 所示。

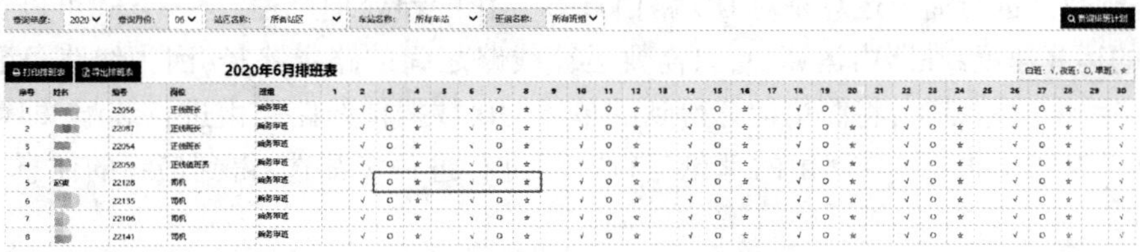

2020年6月排班表

序号	姓名	编号	岗位	班组	1	2	3	4	5	6	7	8	9	10	11	12	13	14	15	16	17	18	19	20	21	22	23	24	25	26	27	28	29	30
1	[illegible]	22056	正线班长	乘务甲班		√	O	☆		√	O	☆		√	O	☆		√	O	☆		√	O	☆		√	O	☆		√	O	☆		√
2	[illegible]	22087	正线班长	乘务甲班		√	O	☆		√	O	☆		√	O	☆		√	O	☆		√	O	☆		√	O	☆		√	O	☆		√
3	[illegible]	22054	正线班长	乘务甲班		√	O	☆		√	O	☆		√	O	☆		√	O	☆		√	O	☆		√	O	☆		√	O	☆		√
4	[illegible]	22059	正线值班员	乘务甲班		√	O	☆		√	O	☆		√	O	☆		√	O	☆		√	O	☆		√	O	☆		√	O	☆		√
5	[illegible]	22128	司机	乘务甲班		√	O	☆		√	O	☆		√	O	☆		√	O	☆		√	O	☆		√	O	☆		√	O	☆		√
6	[illegible]	22135	司机	乘务甲班		√	O	☆		√	O	☆		√	O	☆		√	O	☆		√	O	☆		√	O	☆		√	O	☆		√
7	[illegible]	22106	司机	乘务甲班		√	O	☆		√	O	☆		√	O	☆		√	O	☆		√	O	☆		√	O	☆		√	O	☆		√
8	[illegible]	22141	司机	乘务甲班		√	O	☆		√	O	☆		√	O	☆		√	O	☆		√	O	☆		√	O	☆		√	O	☆		√

图 9　排班表

同时，在该请假单据的销假记录的标签页中可以查看销假记录。

3. 调班与换班

调换班管理也是 OMS 班组人员动态管理的核心内容之一，系统通过调换班模块动态管理班组人员。

根据实际工作需要，班组人员的当班状态可能会发生调整。如休班调白班的，或是夜班调休班的，或是需要站与站之间互相调班的，又或是两个班组人员之间互相换班的，情形多样，不一一枚举。

OMS 通过调换班模块来满足各种实际的调换班情形，并记录班组成员间的各种调换班状态。

（1）调班

整个班组班次的调整过程中只有一方参与的，称之为调班。如员工 A 白班调夜班，或是休班调白班，又或是夜班调休班等，整个调整过程只有员工 A 参与，不和其他员工发生关系的叫调班。调班完成后，在系统的排班表标志位会记录为“调”状态。

（2）换班

班组班次的调整过程中有两方参与的，称之为换班。如员工 A 和员工 B 的班组班次互换，员工 A 去员工 B 所在的班组班次，而员工 B 则替换员工 A 的班组班次，该过程需要两方参与。换班完成后，系统在排班表会记录换班人员的班组班次等信息，在系统排班表的标志位也会记录“换”状态。

至此，班组人员动态管理的三个模块已经全部完成，系统通过这三个模块即可实现线上线下班组人员当班信息的统一。

（四）客流分析系统

OMS 通过实时获取自动售检票系统（AFC）的交易数据，采用了有向图的线路路由算法和路径车次匹配规则，可实时统计乘客进出站量、线路客运量、人均公里数、断面流量、列车满载率、运力运量匹配、高峰时段客流、票种客流分布、销售票款、充值与退卡等指标。根据乘务运营图计划可确定具体车次的客流情况，为轨道交通运营企业的运营管理业务提供了快速、准确的分析数据。

客流分析系统具有如下特点：

1. 实时性

客流分析系统与自动售检票系统（AFC）的多线路共用中心（MLC）对接，利用消息队列机制（MQ）实时获取 AFC 交易数据，并根据客流分析要求对 AFC 多种类型数据进行数据清洗整理，然后格式化入库。

2. 运算速度

采用线路路由算法快速计算某一人次的配套进出站交易（OD）有效路径，对所需计算数据进行预处理，极大提高每日的海量交易数据的计算速度。

（1）线路路由算法

为计算路网 OD 有效路径集，线路路由算法采用如下步骤：首先，将路网基础数据进行简单运算，得到断面、单线 OD、相邻线路等的简单信息；其次，对路网线路进行路由运算（递归运算），得出任意两条线路之间的路由信息;再次,将运算得到的简单信息按线路路由信息进行装配,得出任意两站之间的 OD 路由信息,并进行筛选,得到任意两车站之间的 OD 可选路径。

对路网基础数据进行简单运算是对 OD 路由计算工作的预处理过程,这一方式可以提高整体路网 OD 路径选取的运算速度,在路由运算中,只需要运算线路之间的路由路径,因为线路条数比车站数要少得多,在线路路由的基础上,将简单运算得到的单线 OD 数据按线路路由进行装配,即可得到全路网 OD 的路由,在此基础上根据 OD 路由的理论运行时间进行进一步筛选,得到最终的任意 OD 路由的有效路径。

线路路由算法示意图如图 10 所示。

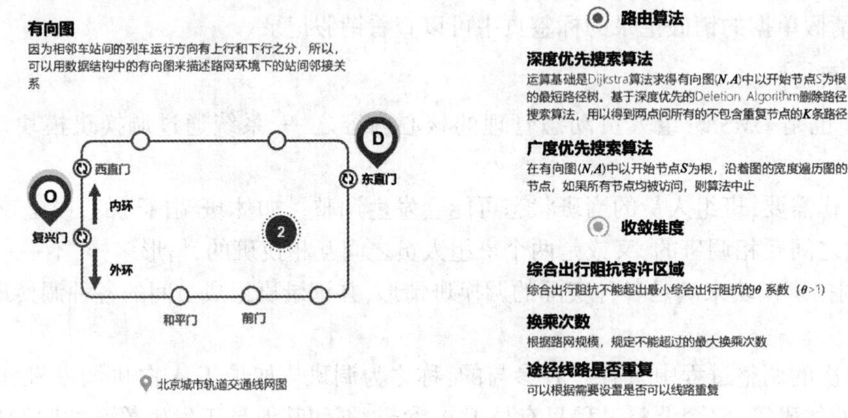

图 10　线路路由算法示意图

(2)计算表

将计算得到的 OD 有效路径进一步分析分解,得到计算客流数据所需的各类计算表,这些计算表包括了计算带方向进出站量、OD 指标、线路客运量、换乘站换乘量(带方向)、断面流量、站数/里程/乘车时间统计量等数据所需的所有预处理计算表,以便于系统在获得实际乘客进出站交易数据后,能迅速快捷地处理相关的数据指标。

一旦路网结构确定,相关的预处理计算表能经一次性运算得出,这样在每天处理实际交易数据时,可以快速计算客流指标数据。

3. 车次匹配

利用列车运行图轮乘数据,进行客流分析计算,将客流数据与车次信息精确匹配,可方便计算运力—运量之间的关系及满载率等。

为了提高交易数据匹配效率、保证性能需求的实现,必须先对列车运行图数据进行一些预处理,将其按车次、按换乘进行组合,同时求出换乘时的富余时间,而不用在每次路径匹配的过程中都重新计算换乘时的富余时间。

计算任意换乘站在线与线之间的车次匹配数据,这些数据计算是对交易路径匹配的预运算。所以,对列车运行图的预处理,实际上是将单次换乘的所有可能的车次匹配及富余时间预先计算出来备用。这些单次换乘信息考虑了所有的换乘走行时间、换乘候车时间、换乘留乘问题及换乘时的富余时间计算,可极大提高对于实际交易中的 OD 数据进行车次选取的效率。

4. 准确性

不同于惯常的以进站交易时间为准进行客流计算,而是以出站交易时间为准进行客流数据倒推。一般乘客出站逗留少,不存在进站或换乘时因人员拥挤而出现多次留乘、挤不上车的情况,以出站时间为准进行客流统计计算,所得到的客流数据更加精确。

(五)运营图管理

运营图是乘务管理的核心。车底交路图、车次时刻表、车底时刻表、车站时刻表、轮乘位置和驾驶模式等都和运营图相关联。

运营图基本元素如图 11 所示。

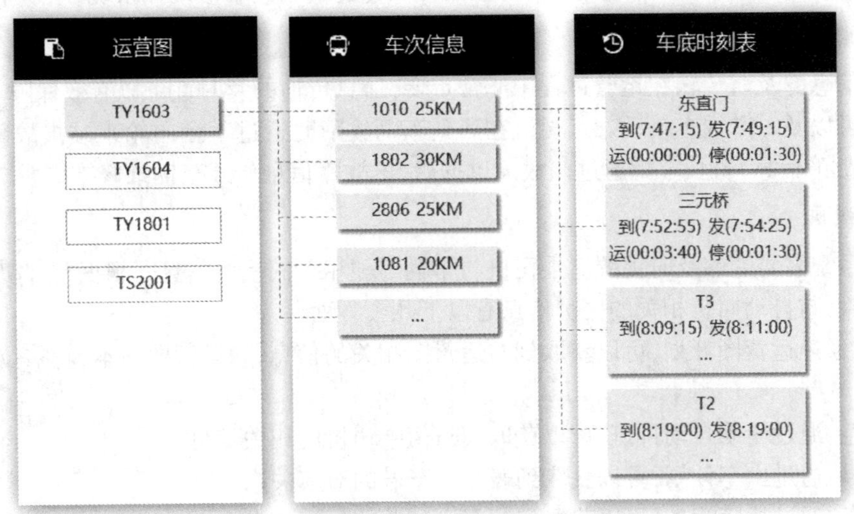

图 11　运营图基础元素

虽然在轮乘排班上可以将司机的班组小组和位置的对应关系确定，但是每个位置里的出退勤时间和车次信息需要通过运营图来确定。因此，为了确定司机轮乘位置的具体出退勤时间和车次信息，还需要制订运营图计划。

1. 轮乘位置

在确定运营图后，轮乘位置的关键信息也就确定了。在轮乘日志界面，点击相应的位置，可以查看具体的位置信息，系统自动生成的位置和运营图的位置关键信息一致，同时也保留了轮乘位置的显示风格，延续了用户的阅读习惯。

2. 司机 KPI

首先在轮乘自动排班完成后，班组小组和轮乘位置建立了对应关系，在制订运营图计划后，即确定了位置内的车次信息，进而建立了班组小组内的司机和车次的关联关系。因此，OMS 系统根据累计位置内相应车次的公里数，就可以自动累计司机的走行公里，根据累计位置内相应车次的运行时间和停站时间，就可以自动累计司机的开车时间和停站时间。

根据以上数据，OMS 系统可以自动统计出司机的走行公里和出车率等关键 KPI 指标。

3. 运营车次调整

在确定运营图后，就确定了每天的运营车次。OMS 系统根据运营图计划自动生成每天的运营车次。运营车次的具体信息可以在 OMS 系统的运营车次调整界面中查询。

如遇到车辆掉线，或需要增开车次的情况，可以在该车次调整界面增加、修改或删除相关车次来实现。

4. 出车计划

在地铁运营日结束后，根据运营图版本和车辆的状况，由检修和乘务共同确定第二天的出车计划。

制订出车计划，实际上是把实际车号和逻辑表号相对应的过程，如遇到段备车出库等情况，需修改相应的段备车和表号的对应关系。

5. 行车数据

在制订完出车计划后，就建立了车号和表号的对应关系，同时也建立了车号和车次号的对应关系。

因此,OMS 系统通过累计相应车次的里程数就可以自动累计相应车辆的走行公里,通过累计相应车次的运行时间,就可以自动累计相应车辆的运行时间。根据以上信息,OMS 系统就可以自动统计出车辆的里程数和运行时间等关键行车数据,该数据可以传递到车辆维修维护系统,用于车辆计划修。

(六)故障管理

车辆故障信息的及时传输在运营过程中非常重要,信息传输的及时性可以有效保障车辆运行安全,使得司乘人员可以及时掌握车辆动态。司机在遇到车辆故障时通过手台向轮乘站报故障,值班员通过 OMS 系统录入故障信息,班长审批通过该故障单据后,该故障信息传入车辆维修维护系统。

(七)自动叫班

自动叫班系统需要能够及时提醒值乘司机与车辆驾驶相关的重要信息。根据首都机场线乘务人员积累的多年经验,与自动叫班相关的关键信息有以下几个方面。

①运营图:通过运营图计划,可以获取到与运营图相关的信息,如运营图版本、轮乘位置、车号车次、接车时间等。

②司机信息:通过轮乘自动排班,可以获取到与值乘司机的相关信息。

③表号车号:通过出车计划,可以获取到表号与车号的对应关系。

④车辆信息:通过故障管理,可以获取到与车辆相关的故障信息。

通过梳理,OMS 系统目前具备了所有与自动叫班系统相关的重要信息。自动叫班系统以 Android 电视为前端,通过固定的频率向 OMS 后台获取数据,并以声音的方式提醒值乘司机所要接车的位置和车次,并显示与车辆相关的车辆状况。

自动叫班电视界面如图 12 所示。

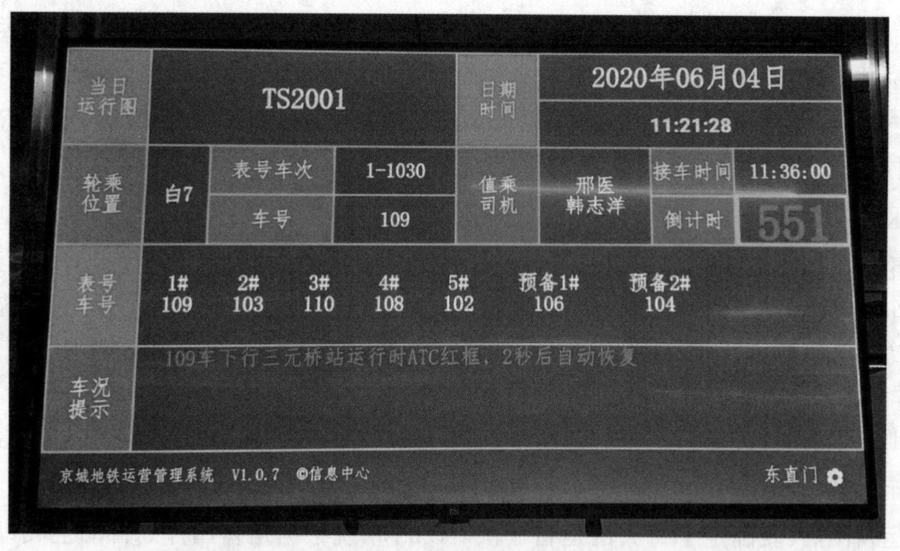

图 12　自动叫班电视界面

(八)考勤管理

OMS 系统具备动态班组人员的管理能力,系统能够获取到实际当班的班组人员和各自的出退勤时间等信息,使考勤具备智能化。例如,白班的出勤时间和前日夜班的退勤时间都在 9:00,系统能够自动区分考勤人员是出勤打卡还是退勤打卡,并自动记录最佳的出退勤时间。

按照规定,司机在上岗前需要进行酒精检测,OMS 系统使用具有人脸识别功能的酒精测试仪进行考勤。上岗前的酒精检测后,数据实时传输到 OMS 系统,在后台可以查询到酒精浓度和测酒状态。

(九)巡检管理

OMS 系统的巡检点采用的是射频识别(RFID)卡,系统通过灵活的基础数据设置,预设巡检路径,采用掌上电脑(PDA)扫描方式规范人员的巡检作业。在PDA端能够下载巡检任务之前,需要在后台服务端设置巡检计划,并通过计划生成巡检任务。使用当班的账号登录PDA就可以下载巡检任务,PDA会自动下载该用户对应班次的巡检任务。

巡检任务类型不同,允许下载的时间段也不同。

①班前巡检:需要在上班的时间点以前下载巡检任务。

②班中巡检:需要在上班期间下载巡检任务。

③交班巡检:需要在下班后下载巡检任务。

在PDA下载完巡检任务后,可以手持PDA进行巡检,如现场遇到异常情况,可以拍摄现场图片,上传到服务器中,供管理人员查看。

(十)隐患管理

隐患排查按照检查周期可以分为日检、周检、月检、季检、年检。如果采用系统自动生成任务的方式,除日检外,其他频次的检查任务不容易平均分配给四个班组,所以,和巡检不同的是,隐患检查任务是由PDA按照检查周期手工创建。

使用有权限的账号登录PDA,新建一种隐患排查类型,PDA会从订单管理系统(OMS)后台获取该类型对应的隐患排查事项,排查人员根据排查项目进行排查,根据实际情况选择"合格"或"不合格"后上传任务。在PDA上传完隐患排查任务后,OMS系统可以在后台查看该任务的检查和整改情况。

(十一)班组活动

班组活动功能模块是记录班组日常活动的模块,班组人员通过考勤机进行活动签到,通过文字、图片、音频和视频的方式记录现场情况。目前的班组活动模块分为四个子模块,如图13所示。

图13 班组活动模块组成图

1.班组教育

班组长把班前教育的内容,通过文字、图片、音频和视频等形式录入系统,参会人员通过人脸识别的方式进行签到。

使用站长、主任的账号登录系统,创建班组教育。

①由于OMS系统具有动态的班组管理能力,系统能自动带出当班班组人员参与班组活动。

②创建班组活动需要在规定时间段内,即班前2小时至班后4小时。

③二维码和本次活动唯一关联,用PDA扫码后上传现场照片、音视频资料。

2.班组学习与演练

为应对各类突发事件,根据公司相关要求组织班组成员进行学习和演练,在系统记录演练现场情况。

3.班组会议

班组会议传达公司指示精神,并将会议过程录入系统,以便后续查询。

4. 事务交接

事务交接模块用于将当班的注意事项和未尽事宜和下一班次交接。使用当班班长的账号登录系统,在规定的时间段内(班前 2 小时至班后 4 小时)创建交班。

①班组、班次、交班人信息由系统自动带出;

②乘务模块值班员采用密码签到方式,允许多人交接。

③接班需要使用下一班次的接班班组账号登录系统。

(十二)移动 App

随着移动互联网的不断发展,移动应用也越来越受欢迎,人们已经习惯于使用移动端开展各类办公业务。

在 OMS 系统的使用过程中,发现有一些系统功能通过计算机不易于实现。如司机岗前考试,多名司机在同一台计算机上参加考试不容易操作,且容易发生舞弊现象。另外,班组人员如果需要查询自己的排班情况、列车时刻表等信息,通过移动端则更容易实现。

目前京城地铁 App 的主要功能如图 14 所示。

图 14　移动 App 功能图

四、实施效果

OMS 运营管理系统的动态班组管理能力实现了运营业务的全覆盖,保证了运营业务数据的完整性,OMS 系统的上线,可以实现管理、经济和社会三个方面的效益。

(一)管理效益

1. 支撑客运组织智能化

OMS 系统提供了全面深入的客流分析数据,有力支撑了客运组织业务的开展,使客运组织智能化。

2. 支撑企业管理智能化

OMS 系统使得获取管理数据更便利,传递管理要求更直接,能为决策层提供精准、有效的决策数据,实现企业管理的智能化。

(二)经济效益

1. 降低人工成本

OMS 系统的智能化,降低了对管理人员的需求,很多的管理工作由系统间接完成,规范了作业标准,同时也降低了管理成本。

2. 降低维修成本

基于精确的车辆走行公里统计,可以更加科学合理地安排车辆维修计划,降低维修成本。

3. 降低时间成本

另外,由于具备完整的数据,原来需要通过手工完成的大量繁重的统计工作都可由系统完成,系统统计不仅准确,而且降低时间成本。

(三)社会效益

1. 行业效益

OMS 系统的智能排班系统,可以推广运用到轨道交通运营行业,进一步推广到公共交通行业。

2. 公众效益

OMS 系统一方面可实现客运组织的智能化,另一方面也能保障业务流程的标准化,从而为乘客提供更便捷、更安全、更美好的服务体验。

基于精准定位系统的城市轨道交通车站导向标志故障维修管理体系构建与实施

北京市地铁运营有限公司运营四分公司

成果主要创造人:李　威　张　晶

成果参与创造人:姜　帆　杨　帆　康　茜　郁　堃　王　刚　牛子辰　任博迪

北京市地铁运营有限公司四分公司(简称"运营四分公司")的前身北京地铁客运段,创建于1978年,是隶属于北京市地下铁道总公司下属的二级单位。2002年企业改制后,公司更名为北京市地铁运营有限公司客运公司,隶属于北京市地铁运营有限公司。2009年根据地铁公司企业发展战略要求,地铁公司对原客运公司、车辆一公司和车辆二公司进行了改组,2009年6月15日成立的运营四分公司是在原客运公司机关、机场线站区和车辆一公司机场线车务中心的基础上组建起来的,重新组建的运营四分公司已成为北京市地铁运营有限公司下属的城市轨道交通运营服务商。

目前,运营四分公司的产品是集行车组织、客运组织、生产指挥、票务管理、车辆管理、车站管理、安全管理、质量管理、营销管理、人力资源管理、物资管理、财务管理、大型设备设施管理、设备设施维修企业内部市场化管理、对外委托管理为一体化综合管理的地铁运营服务。其中,供电、通信、信号、机电、线路、建筑等专业以准市场化方式委托北京市地铁运营有限公司下属的专业维修分公司进行管理。

运营四分公司目前担昌平线和15号线的运营服务管理,管辖32个运营车站,2个车辆段和2个停车场。其中,检修中心、乘务中心和站区为公司下属的基层管理单位。

运营四分公司在三十余年管理历程中秉承"求实奋进、团结创新、争优创先"的精神,强化管理,获得了多项全国性表彰及市级表彰。其中,2004年,四分公司获得中华全国总工会授予的全国五一劳动奖章;2008年,四分公司获得了"全国学习型组织先进单位"奖牌;2019年,四分公司的基于精准定位系统的城市轨道交通车站导向标志故障维修管理体系构建与实施荣获北京市第三十四届企业管理现代化创新成果二等奖。

运营四分公司按照"北京地铁公司新地铁发展战略",以科学发展观为统领,以建设"六型地铁"为根本,以努力打造优秀运营服务商为宗旨,通过安全质量超前控制,为平安高效、准时便捷的北京"新地铁"建设构建坚实、牢靠的支撑平台;通过确立实施运营服务资格标准、优质标准控制,为人文舒心、靓丽温馨的北京"新地铁"知名品牌建设创建特色、精彩的亮丽风景线;通过低成本、高效益精打细算财务控制,为功能完善、低耗环保的节约型北京"新地铁"建设创新科学预算、评估预警的效益闭环控制机制;通过精干高效人力资源开发利用,为员工职业发展建立创新进取、阶梯上升的发展通道;通过营造立人为先、和谐为本、共赢发展的企业文化氛围,打造思想统一、行动统一、目标统一的卓越运营服务团队,为北京市地铁运营有限公司实现国内领先、世界一流的企业愿景不懈努力。

一、基于精准定位系统(PPS)的城市轨道交通车站导向标志故障维修管理体系的构建背景

随着首都北京城市的发展,地铁在公共交通中的地位日趋上升,轨道交通运营里程的不断增长、运送乘客数量的不断攀升,部分线路高峰时段列车满载率已超过150%,站台宣传、换乘疏导、站外限流等成为每日高峰时段的重要工作。随着路网的延伸,地铁运营压力不断加大,易出现安全生产方面的事

故,对安全运营管理提出更高要求。2015 年 12 月 30 日《公共交通客运标志　第 2 部分:轨道交通》(DB11/T 657.2—2015)(以下简称《地标》)发布后,乘客更加关注地铁服务质量是否有相应的提升和改善,促使我们更加关注每一个服务细节。面对严峻的安全形势以及日益增长的乘客服务需求,北京市地铁运营有限公司提出了"真诚服务,让乘客满意出行",要求我们按照"小问题,大影响""想乘客,为乘客"的指导原则,在保证乘客的出行安全、地铁安全运营前提下,车站导向标志管理做到"智能导行、精准运维"。但车站导向标志(例如自动售票导向标志、乘客服务中心导向标志、无障碍设施导向标志、电梯导向标志、自动扶梯导向标志、卫生间导向标志、乘车导向标志、列车运行方向导向标志、出站导向标志、交通枢纽导向标志、指示线等)种类繁杂,所制位置(例如车站站厅层、站台层、出入口及换乘通道等)众多,运维难度很大,呈现出"维修难、统计难、管理难"(三难)情况。多数轨道交通运营企业对于车站导向标志系统单个牌体管理模式,集中在可视完好度和运维成本这两方面,对于车站导向系统,若想把可视完好质量维持在较高的水平,需要投入大量的资源用于日常运维,特别是无法摆脱以往车站导行标志报修维修属地车站管理人员与维修实施者现场确认故障、破损标志情况的做法,不仅增加运维成本,无法实现标志维修及时性,而且非常浪费人力。此外车站导向标志管理台账中信息记录多为复杂、允长文字描述,存在很大的主观性,不便于后期数据汇总分析,对于车站导向标志管理严重缺乏规范性和科学性。因此应构建基于精准定位系统的城市轨道交通车站导向标志故障维修管理体系。该系统核心为:对车站导向牌进行精准智能化编码,以方便城市轨道交通车站内导向标志系统建立者、管理者与维修护实施人员及时准确定位每个标志,切实加强城市轨道交通车站导向标志的日常管理,确保导向标志牌体身份的唯一性和可识别性,真正实现账、标、物及使用人、管理责任人清楚明了、相互对应,便于查询管理、便于维修护定位,最终形成良好的管理信息支持与服务功能,实现精准、高效的导向标志运维作业管理,达到"智能导行、精准运维"。

二、基于 PPS 的城市轨道交通车站导向标志故障维修管理体系的内涵

精准定位系统(Precision Positioning System,PPS)基本定位原理是通过隐性英文字母缩写或数字编码传达自身的参数和位置信息,用户可视到这些信息后,直观判断其三维位置、三维方向及质量信息。

该系统多应用于手持终端设备(PDA)、计算机集成生产管理系统(PPC)等通信移动设备防盗,电子地图,定位系统等。我国现第 5 代移动通信技术(5G)定位系统与北斗卫星定位系统雏形概念设计灵感均来自该理念的外延。

基于 PPS 的城市轨道交通车站导向标志故障维修管理体系主要是指,结合 PPS 理念与技术对车站导向标志(Inside the Station Guide Card,ISGC)进行精准智能化编码,根据单体编码可视识别其所属标志类别与所制位置。

三、主要内容与做法

(一)以轨道交通客运标准为指导,深入挖掘导致"三难"的原因

明确指导思想,在传统车站导向标志报维修方式管理工具基础上,结合所辖车站实际特点进行创造性改进,以解决"三难"问题。充分剖析所面临的困境,认真面对问题,寻找解决途径。按标志类别及位置分别制定解决方法,落实责任人,落实具体措施。一是对《地标》进行学习,包括标志文字、图形、色号、种类和所制位置等进行规范系统化熟记掌握。二是加强督察检查,确保现场车站标志设置均按《地标》要求设置。切实将《地标》标准贯彻到底、执行到位。

(二)科学设置 PPS 导向标志编码,构建 ISGC 故障维修管理体系

对 ISGC 进行精准智能化编码,编码原理主要内容:

1. 编码原则

讲究系统性,确保唯一性,突出实用性,把握及时性。

2. 编码组成

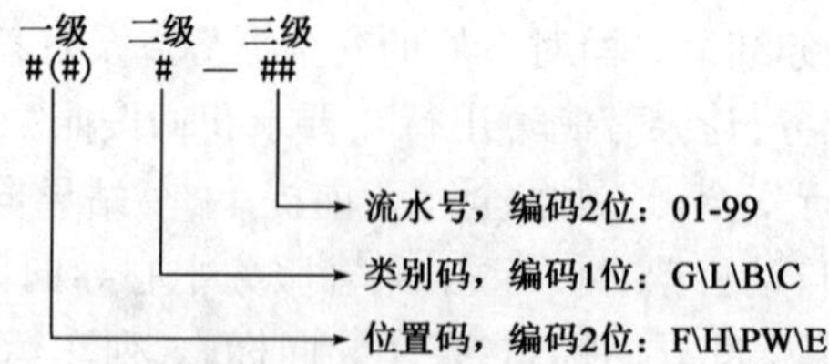

3. 编码说明

(1)第一级(位置码)是标志标识的所在位置。

具体为:“F”表示站台(platform),“H”表示站厅(station hall),“PW”表示通道(passageway),“E”表示出入口(exit)。

站台层:“F”表示站台(platform),“F1”表示站台1,“F2”表示站台2。

站厅层:“HN”表示站厅北面(north),“HE”表示站厅东面(east),“HW”表示站厅西面(west),“HS”表示站厅南面(south)。

出入口:“E”表示出入口(exit),“EA”表示出入A口,“EB”表示出入B口,“EC”表示出入C口,“ED”表示出入D口。

(2)第二级(类别码)是标志标识的总分类代码。

具体为:“G”表示导向标志(guide),“L”表示位置标志(location),“B”表示禁止标志(ban),“C”表示警告标志(caution)。

(3)第三级(流水码)是标志标识的顺序号码。

具体为:以站台(F)、站厅(H)、通道(PW)和出入口(E)为单位,分别从01至99以数学基数累计顺序编写。

例如:

①站厅西面第5个引导标志,其编号为HWG-05。

②通道第17个禁止标志,其编号为PWB-17。

③站台1第8个警告标志,其编号为F1C-08。

北京地铁15号线望京西车站导向标志标号示意图见图1。

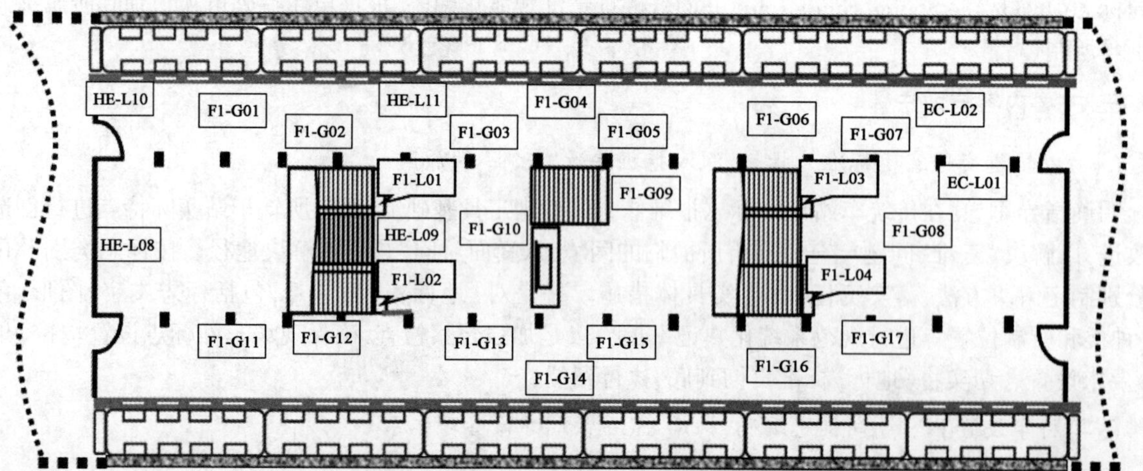

图1　北京地铁15号线望京西车站站台标识牌标号示意图

望京西站站台标识见表1。

望京西站站台标识　表1

序号	编　号	标识信息内容
1	F1-G01	A面:13号线↑｜C、D出 B面:13号线↑｜D出
2	F1-G02	A面:出 B面:卫生间
3	F1-G03	A面:电梯 B面:卫生间
4	F1-G04	A面:13号线↑｜C、D出 B面:13号线↑｜D出
5	F1-G05	A面:电梯 B面:卫生间
6	F1-G06	A面:13号线↑｜C、D出 B面:C出
7	F1-G07	A面:电梯 B面:卫生间
8	F1-G08	A面:开往倖伯 B面:C出
9	F1-G09	单面:13号线↑｜D出

(三)充分利用组织措施,建立高效系统的组织管理模式

针对城市轨道交通车站导向标志维修作业特点,利用组织工具,采取组织措施,确保维修进度目标的实现。在公司级主控部门领导的总体部署下,站区\中心、班组发现标志故障问题后,必须立即向公司级相关部门反馈,填写标志故障记录单(图2),签章确认后按照各自分工,利用组织模式,高效解决“三难”问题。

标志故障记录单

车站:________　　发现故障日期/时间:________

故障标志编号:________

故障修复时间:________

故障修复情况:________

值班站长签字:________　　维修人员签字:________　　(营销部留存)

……………………………………………………………………………………

车站:________　　发现故障日期/时间:________

故障标志编号:________

故障修复时间:________

故障修复情况:________

值班站长签字:________　　维修人员签字:________　　(维修厂家留存)

图2　标志故障记录单

系统内对运营车站内各种标志类服务设施的日常管理采用三级管理,即公司级管理、站区管理、班组管理。

1. 公司级管理

车站内各种标志类服务设施日常管理的主控部门为营销部,其职责如下:

①负责贯彻落实上级有关标志类服务设施政策、管理制度及指示要求。

②负责建立健全公司运营车站内各种标志类服务设施的管理制度。

③负责监督指导上级对各站区各种标志类服务设施的政策、指示和日常管理制度落实情况,对管理不力、不到位的情况,依据《地铁公司运营服务质量考核管理办法》和《公司绩效考核管理办法》向公司绩效考核委员会提出考核处理意见和建议。

④负责车站各种标志类服务设施环境管理制度和标准的制定、修订工作,并对车站各种标志类服务设施环境状况进行监督检查。

⑤对各级巡检中发现的问题,及时做好日常维修、更换工作,做好各种标志类服务设施维修项目的统计工作。

⑥负责收集部门、站区、班组反馈的有关标志破损、缺失等情况。

⑦负责定期对各种标志类服务设施出现的问题进行分析、评价,提出增设、改造、拆移实施方案。

⑧依据增设、改造、拆移标志程序,认真审核各单位提交的增设、改造、拆移申请,提出增设、改造、拆移实施方案,经批准后组织实施。

⑨负责公司各种标志类服务设施有关管理资料的收集、整理、归档工作。

2. 站区管理

站区对本站区所辖各车站内的各种标志类服务设施负有日常管理责任,其职责如下:

①贯彻执行公司有关各种标志类服务设施管理制度,结合本站区实际,建立健全本站区各种标志类服务设施的日常管理规定。

②负责监督检查所属各车站、班组对各种标志类服务设施日常管理制度落实情况。

③依照《车站标志类服务设施日常管理控制标准》,负责对各种标志类服务设施的安全、环境质量及有关信息变化进行定期检查,发现问题按照本办法及时进行整改。

④依照报修程序,得到班组反馈的有关标志报修后 5 日内(涉及标志框架结构的 10 日内)仍未进行修复的报告后,及时向营销部进行反馈。

⑤协助有关单位做好各种标志类服务设施的维修及增设、改造、拆移工作。

3. 班组管理

班组对本车站各种标志类服务设施负有日常检查管理责任,其职责具体如下:

①依照《车站标志类服务设施日常管理控制标准》,负责对本车站各种标志类服务设施的下列情况进行日常检查:外观破损及缺失状况;安全可靠性;内容信息有效性;外观卫生保洁状况。

②日常检查发现问题,依据《车站标志类服务设施日常管理控制标准》和报修程序,及时进行处置,并做好维护、报修记录。

③负责车站各种标志类服务设施维修后的复查签认记录工作。

系统内运营车站导向标志故障报修分为两类管理:无源导向标志与有源导向标志。

1. 无源导向标志报修

(1)站区/中心、班组报修

站区/中心、班组发现问题后,必须立即进行先期处置,后将标志破损、缺失等信息收集汇总,于每月 10 日前反馈至营销部。站区/中心、班组对于可能造成重大安全或服务事件的服务标志故障,应立即反馈营销部。

(2)营销部收集反馈

营销部收集站区/中心、班组的标志破损、缺失等信息,于接报次日或节假日后首个工作日反馈维修厂家。每月20日前将维修更新情况反馈至站区/中心。

2. 有源导向标志报修

①遇车站有源导向标志闪烁、熄灭等故障时,车站班组应通过运营四分公司运营生产管理系统日常巡检管理模块,对问题有源导向标志进行PPS编码录入报修。

②营销部要于72小时内完成因有源灯箱进线端子下方原因造成的故障修复工作,遇有涉及标志框架结构的20个工作日内修复。

四、实施效果

(一)提高城市轨道交通运营企业客运服务水平

2018年,通过基于PPS的城市轨道交通车站导向标志故障维修管理体系的实施,车站导向标志完好率为99.92%,同比提高0.02%。

2018年,运营四分公司完成客运量21727.86万人次,票务收入57315.63亿元,均优于2017年完成情况(表2)。

2017年、2018年指标完成情况

表2

序号	指标名称	单位	完成情况		
			2018年	2017年	同比分析
1	正点运送的乘客占乘客总量的百分比	%	99.99	99.99	—
2	客运量	万人次	21727.86	20550.35	提高5.73%
3	票款收入	万元	57315.63	55275.81	增加3.69%
4	客运标志完好率	%	99.92	99.81	提高0.11%

(二)取得了良好的经济效益、社会效益和环保效益

通过基于PPS的城市轨道交通车站导向标志故障维修管理体系的实施,车站导向标志系统管理更加智能规范,在标志报修及运维实施方面降低人工成本,及时性、完好率提升幅度高,经济效益明显;为保证城市轨道交通车站内的正常运营和管理,向乘客提供准确的导向标志视觉信息和直观效果,为乘客提供必要的走行指引和疏导,最终形成良好的管理信息支持与服务功能,实现精准、高效的导向标志运维作业管理,达到"智能导行、精准运维",社会效益进一步提升;智能及时合理的标志维修,有效减少了因反复确认标志种类、材质和位置产生的多余废料,取得了良好的环保效益。

基于业务模型的高质量培训模式构建与实施

北京市地铁运营有限公司运营四分公司

成果主要创造人:李　威　张　晶

成果参与创造人:姜　帆　杨　帆　康　茜　牛子辰　刘　健　田　婧
李玮华　赵一泽　任博迪

北京市地铁运营有限公司运营四分公司(简称"运营四分公司")的前身北京地铁客运段,创建于1978年,是隶属于北京市地下铁道总公司下属的二级单位。2002年企业改制后,公司更名为北京市地铁运营有限公司客运公司,隶属于北京市地铁运营有限公司(简称"运营公司")。2009年根据地铁公司企业发展战略要求,地铁公司对原客运公司、车辆一公司和车辆二公司进行了改组,2009年6月15日成立的运营四分公司是在原客运公司机关、机场线公司和车辆一公司机场线车务中心的基础上组建起来的,重新组建的运营四分公司已成为北京市地铁运营有限公司下属的城市轨道交通运营服务商。

运营四分公司目前担负着昌平线和15号线的运营服务管理,管辖36个运营车站、3个车辆段和2个停车场。运营四分公司主要负责辖区内各车站的各项运营生产及行政、党群管理工作,并积极组织运营四分公司全体人员完成或超额完成运营公司下达的各项运营生产指标和工作任务,并对所管辖的各车站的运营安全、服务、票务、设施设备状况进行综合管理,确保地铁运营安全和公司员工队伍的稳定。

运营四分公司在三十余年管理历程中秉承"求实奋进、团结创新、争优创先"的精神,强化管理,获得了多项全国性表彰及市级表彰。其中,2004年公司获得中华全国总工会授予的全国五一劳动奖章,2008年公司获得了"全国学习型组织先进单位"奖牌。

一、成果产生背景

员工是公司各项工作目标实现的关键因素,只有员工的综合素质能随同公司的发展而提升,公司在发展的道路上才会稳健而强劲,否则必将成为制约公司和员工个人发展的瓶颈。

自2020年1月至今,受新冠肺炎疫情影响,原有线下业务培育模式无法正常进行。在入职的员工中约有93%的人员未从事过地铁行业相关工作,新员工的"零基础"情况与公司工作快速实施、快速发展、快速完善的严格要求形成了鲜明矛盾,专业知识不清晰、服务意识匮乏、服务意识欠缺、纪律性不强等问题非常突出,加之岗位作业标准不断提升,员工岗位作业能力凸显不足。

如何做好新冠肺炎疫情期间公司员工的培训,使其在工作中更好地服务乘客,达到作业规范化和标准化的要求,成为当前公司工作的重点。随着复产复工后客流量的不断攀升四分公司面临运营压力大、生产任务重的状况,同时四分公司缺乏经验丰富及技术过硬的老员工,为提高新员工业务技能,规范岗位工作标准,运营四分公司进行了大量内容丰富、涵盖面广的培训工作,但是在前期线下培训采取一刀切的方式,缺少培训标准,培训的针对性不强。培训过程中没有配套统一的培训资料,员工只能根据工作规章制度或是兼职导师、小教员的PPT课件进行学习。但兼职导师、教员有自身本职工作,所制作的培训课件无法做到保质保量,存在极大的个人不确定因素。同时课件的制作较为零散,重点突出性不强。

我们清醒认识到，在新冠肺炎疫情防控期间，员工培养提升方面存在培训不能以线下开会集中培训聚集的形式开展，与传统的培训工作模式脱节的问题。运营四分公司必须通过新的模式解决以上问题，使员工有效达到岗位工作标准。因此，自2020年1月起运营四分公司通过开展以基于业务模型的高质量培训，有效提升员工岗位工作的规范性，通过系统研究高质量培训模式并以其为纲要，制作推广高质量视频和票务知识宝典，将传统的培训延伸化，将线下培训转化为线上学习，在运营四分公司内部建立长效学习机制。

微课视频：运营四分公司以各岗位的素质模型为纲要，选用公司业务标兵为人物，将业务技能、防疫知识以视频的形式拍摄出来，让新入职的员工能够更直观、更便捷、更易理解，加深印象。微课视频的内容设计首次采取情景导入的形式，根据模块内容和设计学习情景。业务模块内容基于教学论和方法论的转换后，形成各情景主题，每一个主题都是一个完整的工作过程。

微教材：运营四分公司以售监票岗位的素质模型为纲要，设计并编写了“票务知识宝典”站务篇。该指导书突破以往以基础知识为主的学习教材，而是北京市政交通一卡通、一票通的学习教材。将操作流程与处理问题的关键点有机结合，让员工再也不用有“我该怎么办”的烦恼。

微题库：针对微课和微教材的重点内容，建立微题库。微题库是对员工学习培训效果检验的重要环节。微题库采用模块化机构，各业务模块涵盖单选题、多选题及判断题，并根据认知规律、不同思维水平将试题的难度系数加以区分，试题考核范围广、题量大，确保对各业务模块所属工作事项及业务全覆盖。

二、管理创新的理念及意义

（一）推行“高质量培训模式”的构建理念

员工传统培训采用多次组织线下集中培训的方式，内容涵盖票务规章、设备操作、突发情况应急处置、消防安全等，但在培训过程中发现，员工常觉得培训内容枯燥无味、趣味性不强，缺乏学习积极性。低质量的线下集中培训很难取得持续性效果。一段时间后，员工往往对知识点记忆不牢、操作步骤模糊不清，并产生一定的懈怠思想，从而出现工作效率低、错误率高的情况。为新冠肺炎疫情期间提升员工业务技能水平、提高工作积极性，使培训能够取得长期效果，2020年2月运营四分公司组织经验丰富的老员工和理论知识过硬的技术骨干，针对员工在工作和以往培训中的欠缺，以及员工日常作业中所需要解决的问题和内容进行提炼与深化，并根据运营公司和运营四分公司下发的规章制度、培训材料等进行了文字部分的撰写工作，并由运营四分公司员工自己进行动作示范及视频的拍摄，分门别类展现员工的作业规范、全方位体现作业的规范流程，将短期、突击性的培训内容延伸成为长期、可持续性的视频培训资料及作业指导书。

该高质量培训模式依托岗位业务能力要求，通过制定图文并茂的“票务知识宝典”、生动形象岗位规范作业视频，运用手机运营生产系统和公司信息平台等方式进行推广。同时，运营四分公司将培训效果纳入员工业绩档案和所在班组积分考核体系，形成约束机制，充分调动员工学习的积极性，以及更好保障培训工作的良好循环，从而实现培训管理的科学化，健全员工技能提升管理体系，为四分公司的培训建立了一种高效机制，成为提升员工综合素质的有效途径和优化员工综合素质结构的有效模式。

（二）推行“高质量培训模式”的意义

员工培训作为公司储备人才的一项工作。城市轨道交通人员需求总量巨大，随着公司老员工的调离，人员供需矛盾日益突出，使培训的重要性更日益凸显，如何确立起有效的培训机制，建立起完善的培训制度，调动起全体员工参加培训的积极性，成为四分公司在培训方面所追求并期望达到的目标。但是如何使员工培训时发挥作用，切实收到培训带来的成效，则不是一个简单的问题，要求我们必须对员工培训方式、理念进行有效的管理和不断创新。

三、管理创新的内涵和实施

(一)业务模型内涵

基于业务模型的高质量培训模式以员工技能为研究对象,以提高员工培训质量及效率为目标,系统研究了高效、高质量的员工培训体系,在系统梳理生产岗位作业流程的基础上结合车站防疫工作开发了业务模型的高质量培训模式,包括培训资料、微课程体系及微题库等,形成丰富的培训资料,为公司员工队伍建设提供了有力支撑。

(二)实施

1. 高质量培训模式的制定

为配合新冠肺炎疫情期间培训工作,开发相应的教材配套微课,微课以教学视频为载体,对培训教材进行直观呈现,内容短小精悍,适用于在移动终端上展现。随着复产复工的到来,运营四分公司面临着特殊时期所带来的机遇和挑战,只有做好员工培训工作,提高员工业务技能,才能为企业造就出一支能力强、技术精、素质高的员工队伍,打赢这场疫情狙击长久战,使员工更好发挥聪明才智,为公司的发展做出更大的贡献。

员工入职后,运营四分公司采用传统的培训方式。由于员工的水平和知识接受能力的不同,使公司培训往往不能切合每个员工的特点,由于员工入职后既要完成生产任务,又要兼顾学习提高业务水平,培训工作短期化的问题十分严重,随着培训次数的增加、培训内容的增多,使培训效果产生大幅下降,员工思想意识放松,理论知识模糊,工作效率逐渐降低。尤其是对于刚入职的新员工,由于参加工作时间短,基础知识不牢固,经验不足等原因,在处理服务事件时产生慌乱情绪,在作业规范上出现纰漏,在服务意识上出现欠缺。如果不能加快提升员工综合素质,帮助其迅速适应工作内容、承担岗位责任,就无法保质保量完成各项运营任务。

针对这一现象,运营四分公司设计了多套方案,希望能在短期内解决培训工作中存在的问题。经过合理研讨及预期成果的设想,运营四分公司最终决定针对员工特点,将培训内容精简化、生动化,从而建立一套适应本公司员工的安全知识培训体系,全方位、立体化展现运营四分公司工作内容、规章制度、知识结构等,旨在运营四分公司内部营造良好的学习氛围,帮助新员工迅速适应班组生活,提升业务知识水平,提高服务意识,从而完成员工培训工作从量变到质变的转换。通过"高质量培训视频"的方式,建立疫情期间客运组织、防疫知识课堂、电梯日常管理与突发情况处置、站台门故障处置四套完整的"高质量"培训方式。

经过运营四分公司各专业技术骨干的策划,通过反复斟酌与修改,最终完成了"高质量培训视频"的制作,成为了运营四分公司集中培训、员工自学的重要学习方式,也使员工们逐渐养成自主学习的习惯,在工作中随时随地复习培训内容,自主进行业务学习,加强学习的趣味性,有利于新员工的快速进步。

"高质量培训视频"涵盖了运营工作中的防疫知识、客运组织、突发处置方法等多方面内容。并将内容通过归纳分为疫情期间客运组织、防疫知识课堂、电梯日常管理与突发情况处置等。

"疫情期间客运组织"分别将车站客流分析、车站客流空间分布、风险点分析、限流工作方案细化到每项工作,并指定执行者和执行时间,通过视频的方式进行展示,明确岗位的工作职责。

防疫知识课堂:拍摄的内容包括如何对工作场所进行消毒、处理口罩、处理外套、处理其他物品(包括手机钥匙等)、洗手、84 消毒液的使用等内容进行拍摄。

电梯日常管理与突发情况处置:运营四分公司根据《机电系统设备运行规则》,以及车站实际工作需求,主要针对电梯日常管理、巡视、开关梯的标准操作、钥匙管理、电梯突发情况的应急处置(图 1)进行培训。

图1 电梯日常管理与突发情况处置

2. 站务员票务知识宝典

运营四分公司根据之前工作中处理过的问题,精心编制了"票务知识宝典"(即票务手册),将操作流程与处理问题的关键点完美结合,让员工想到问题随手翻,发现问题随手看,养成随手学习的好习惯。

"票务知识宝典"内容是运营四分公司根据《票务规章》等,以北京市政交通一卡通、一票通、票卡异常处理、支付方式、突发事件应急处置为依据,通过指导书的图形和表格相结合,使学习简单易懂。

3. 高质量培训教材的运用

(1)新员工培训(站务员)

以"票务知识宝典"为例,突出强调了员工一卡通、一票通、互联互通卡、定期票异常情况的处置(图2、表1),车站发生通信终端现场处置预案,通过票务知识宝典中员工展示的形式进行培训,避免员工"死记硬背"《北京地铁公司服务规范》中所要求的内容,直接提供给员工最直接、最明确的岗位要求。运营四分公司培训视频内容精炼,将重点知识逐条列出,为员工学习提供了方便。

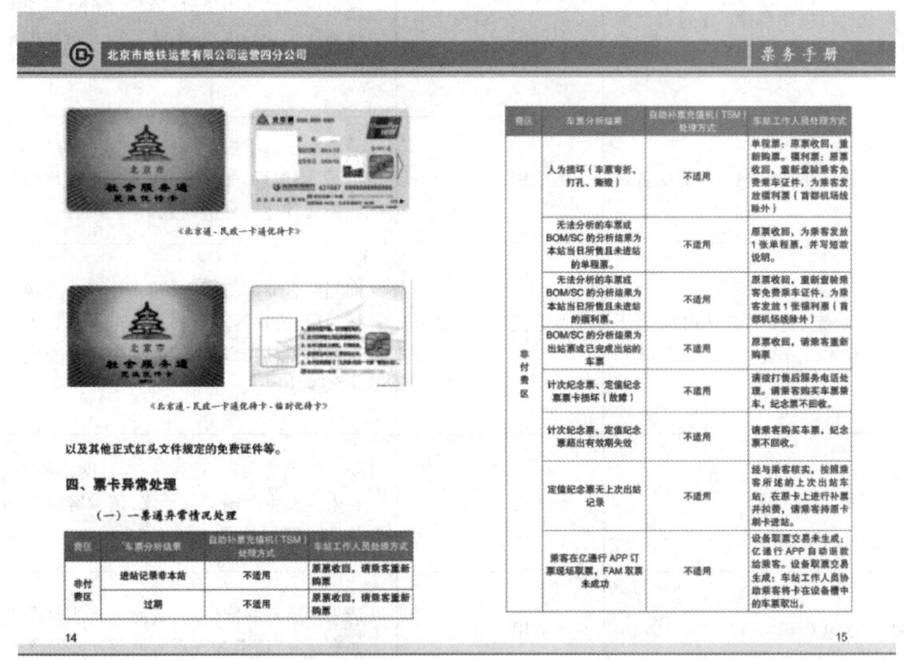

北京市地铁运营有限公司运营四分公司　　票务手册

《北京通-民政一卡通优待卡》

《北京通-民政一卡通优待卡-临时优待卡》

以及其他正式红头文件规定的免费证件等。

四、票卡异常处理

(一)一票通异常情况处理

费区	车票分析结果	自助补票充值机(TSM)处理方式	车站工作人员处理方式
非付费区	进站记录非本站	不适用	原票收回，请乘客重新购票
	过期	不适用	原票收回，请乘客重新购票

14

费区	车票分析结果	自助补票充值机(TSM)处理方式	车站工作人员处理方式
非付费区	人为损坏(车票弯折、打孔、撕毁)	不适用	单程票：原票收回，重新购票。福利票：原票收回，重新查验乘客免费乘车证件，为乘客发放福利票(首都机场线除外)
	无法分析的车票或BOM/SC的分析结果为本站当日所售且未进站的单程票。	不适用	原票收回，为乘客发放1张单程票，并写短款说明。
	无法分析的车票或BOM/SC的分析结果为本站当日所售且未进站的福利票。	不适用	原票收回，重新查验乘客免费乘车证件，为乘客发放1张福利票(首都机场线除外)
	BOM/SC的分析结果为出站票或已完成出站的车票	不适用	原票收回，请乘客重新购票
	计次纪念票、定值纪念票票卡损坏(故障)	不适用	请拨打售后服务电话处理。请乘客购买车票乘车，纪念票不回收。
	计次纪念票、定值纪念票超出有效期失效	不适用	请乘客购买车票，纪念票不回收。
	定值纪念票无上次出站记录	不适用	经与乘客核实，按照乘客所述的上次出站车站，在原卡上进行补票并扣费，请乘客持原卡刷卡进站。
	乘客在亿通行APP订票现场取票，FAM取票未成功	不适用	设备取票交易未生成：亿通行APP自动退款给乘客。设备取票交易生成：车站工作人员协助乘客将卡在设备槽中的车票取出。

15

图2 票务手册

一票通异常情况处理　　表1

费区	车票分析结果	自助补票充值机(TSM)处理方式	车站工作人员处理方式
非付费区	进站记录非本站	不适用	原票收回,请乘客重新购票
	过期	不适用	原票收回,请乘客重新购票
	人为损坏(车票弯折、打孔、撕毁)	不适用	单程票:原票收回,重新购票。福利票:原票收回,重新查验乘客免费乘车证件,为乘客发放福利票(首都机场线除外)
	无法分析的车票或半自动售票机/车站计算机(BOM/SC)的分析结果为本站当日所售且未进站的单程票	不适用	原票收回,为乘客发放1张单程票,并写短款说明
	无法分析的车票或BOM/SC的分析结果为本站当日所售且未进站的福利票	不适用	原票收回,重新查验乘客免费乘车证件,为乘客发放1张福利票(首都机场线除外)
	BOM/SC的分析结果为出站票或已完成出站的车票	不适用	原票收回,请乘客重新购票
	计次纪念票、定值纪念票票卡损坏(故障)	不适用	请拨打售后服务电话处理。请乘客购买车票乘车,纪念票不回收
	计次纪念票、定值纪念票超出有效期失效	不适用	请乘客购买车票,纪念票不回收
	定值纪念票无上次出站记录	不适用	经与乘客核实,按照乘客所述的上次出站车站,在原卡上进行补票并扣费,请乘客持原卡刷卡进站
	乘客在亿通行应用程序(App)订票现场取票,网络取票机(FAM)取票未成功	不适用	设备取票交易未生成:亿通行App自动退款给乘客 设备取票交易生成:车站工作人员协助乘客将卡在设备槽中的车票取出
	乘客持手机二维码刷闸乘车无法进站	不适用	请乘客出示手机乘车行程记录,如在10分钟内有本站进站记录,则放行;如没有,请乘客调整规范扫码姿势再次尝试或购买其他票种进站乘车
	因乘客本站连续扫码进站时间小于10分钟,导致无法进站	不适用	询问乘客原因,确认乘客为一人一码使用,无带人进站等行为后,为乘客放行。 若发生重复扣费情况,请乘客联系所使用的互联网票务App客服处理
	互联网票务App混刷	不适用	同一行程请乘客使用同一互联网票务App乘车。 若乘客发生混刷扣费异议,请乘客联系所使用的互联网票务App客服处理
	网络异常无法生码	不适用	请乘客重新联网生码,或使用其他方式进站。 如有疑问,请乘客联系所使用互联网票务App客服处理

续上表

费区	车票分析结果	自助补票充值机(TSM)处理方式	车站工作人员处理方式
付费区	当日所售无进站信息的车票	不适用	不适用
	定值纪念票无当日进站记录	不适用	询问乘客进站车站,对原票补进站记录后请乘客持原票出站
	定值纪念票非当日进站记录	不适用	①卡内余额足够,首先应询问乘客,按照乘客所述的上次实际出站车站,在原卡上进行补票并扣费,然后再按照乘客所述的本次实际进站车站,在原卡上补进站记录,再请乘客持原卡插卡出站。 ②卡内余额不足,首先应询问乘客,按照乘客所述的上次实际出站车站,在原卡上进行补票并扣费,余额不足的部分作为尾程优惠,不再收取乘客补票费用。然后再发售一张付费出站票,请乘客持出站票出站
	计次纪念票非当日进站记录	不适用	原票不收回,请乘客根据实际行程按照普通单程票票价购买出站票出站
	乘客持手机二维码刷闸乘车无法出站	不适用	请乘客出示手机乘车行程记录,如在10分钟内有本站出站记录,则放行;如没有,请乘客调整规范扫码姿势再次尝试或购买出站票出站,车站工作人员在BOM上打印水单凭证提供给乘客,后续请乘客联系所使用互联网票务App客服处理
	因乘客本站连续扫码出站时间小于10分钟,导致无法出站	不适用	询问乘客原因,确认乘客为一人一码使用,无带人出站等行为后,为乘客放行。 若发生重复扣费情况,请乘客联系所使用互联网票务App客服处理
	出站票已超出规定出站时间	请乘客在TSM上对原票做补票,补路网最低票价,请乘客持原票出站	对原票做补票,补路网最低票价(大兴机场线为大兴机场线普通单程票最低票价),请乘客持原票出站
	非本站发售的出站票	请乘客在TSM上补缴出站票发售站至本站的票价,对原票做补票后持原票出站	根据车票信息补缴出站票发售站至本站的票价,对原票做补票,请乘客持原票出站;或请乘客到出站票发售站出站
	人为损坏(车票弯折、打孔、撕毁)	不适用	单程票:原票收回,为乘客发售1张付费出站票,金额为本站最高票价(大兴机场线为本站普通单程票最高票价,若为商务车厢,则出站票票价为本站商务单程票票价)。 计次纪念票、定值纪念票:为乘客发售1张0元出站票。 出站票:原票收回,为乘客发售1张付费出站票,金额为本站最高票价(大兴机场线为本站普通单程票最高票价,若为商务车厢,则出站票票价为本站商务单程票票价)

续上表

费区	车票分析结果	自助补票充值机(TSM)处理方式	车站工作人员处理方式
付费区	外观完好无法分析的车票	不适用	原票收回,为乘客发放1张0元出站票
	超时有进站记录	请乘客在TSM上补交超时费用,费用为固定值,即路网最低票价,持原票出站	请乘客补交超时费用,费用为固定值,即路网最低票价(大兴机场线为大兴机场线普通单程票最低票价),为乘客补票,乘客持原票出站
	超程	请乘客在TSM上补交超出行程的费用,持原票出站	请乘客补交超出行程的费用,为乘客更新票卡,持原票出站
	超时且超程	请乘客在TSM上补交超时超程费用,持原票出站	乘客补交超时超程费用,持原票出站
	手机没电	不适用	请工作人员先为乘客提供手机充电服务,若乘客手机损坏等异常情况无法出站时,工作人员在BOM上发售一张付费出站票,金额为乘客所述实际行程票价,并在BOM上打印水单凭证提供给乘客,乘客持出站票出站
	手机损坏	不适用	请工作人员在BOM上发售一张付费出站票,金额为乘客所述实际行程票价,并在BOM上打印水单凭证提供给乘客,乘客持出站票出站
	无票	若乘客无有效免费乘车证件,请乘客在TSM上购买1张付费出站票,金额为本站最高票价	询问乘客,若能出示有效免费乘车证件,为乘客发售1张0元出站票;若不能出示,为乘客发售1张付费出站票,金额为本站最高票价
	互联网票务App混刷	不适用	同一行程请乘客使用同一互联网票务App乘车。 若乘客发生混刷扣费异议,请乘客联系所使用的互联网票务App客服处理
	网络异常无法生码	不适用	请乘客重新联网生码。如仍无法生码,请乘客按实际行程补出站票出站并保留好出站凭证,后续在进站时所使用的互联网票务App上进行补票。 如有疑问,请乘客联系所使用互联网票务App客服处理

注:网络取票机(FAM)现已改称互联网自动售票机(ITVM)。

线下培训工作的开展往往受到时间、地点、设备等条件限制,不能建立有效的长效化学习机制。员工培训工作存在短期化、被动化、低效化的问题。"票务知识宝典"建立之后,方便了员工及时学习,对于不熟悉的概念,只要多阅读几遍,便能达到复习目的。因此,"票务知识宝典"是临时培训的延伸化,帮助运营四分公司建立了高质量学习机制。

移动端培训界面见图3。

通过培训内容"高质量"、培训时效"高效化"的展现,在运营四分公司内营造了良好的学习氛围。"票务知识宝典"为员工提供了崭新的学习方式,激发公司员工的学习热情,增强疫情期间员工防疫工作的"责任感"与完成好日常工作的"归属感"。

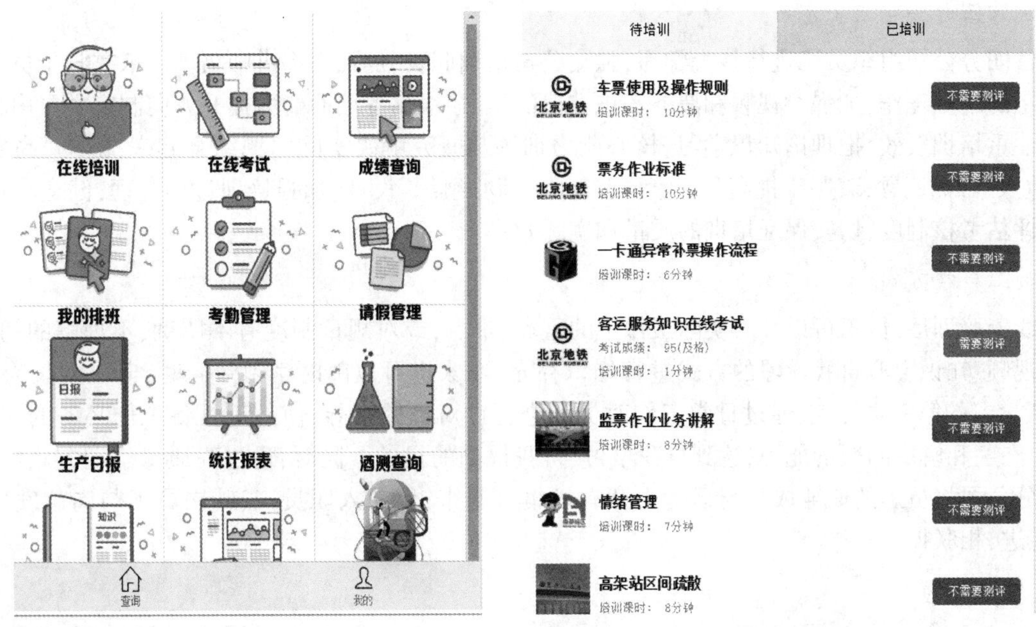

图 3　移动端培训界面

(2)定期持续培训

高质量培训模式作为一种长效线上机制,不仅针对员工的培训,更是运营四分公司人员培训的一项措施。

4. 高质量培训效果检验

高质量培训方式的建立仅仅是第一步,那么如何能确定该方式可实施、有效果呢? 这就需要第二步检验。可通过不同层次、不同方式进行全方位检验。为此,运营四分公司横向通过视频监控系统、运营生产信息化系统进行员工实际值岗情况网络化检验;纵向通过员工业绩档案、员工综合评定分析等,检验高质量培训方式效果。下面简单说明一下具体检验方法。

运用微题库进行在线考试,是检验员工培训效果的重要环节。试题库针对高质量培训中的内容,涵盖单选题、多选题、判断题,试题考核范围广,确保对各知识点所属工作事项及业务技能全覆盖。

组建完成的微题库之后将其导入考试平台,系统根据组成工程自动抽取题目组成考试卷。因此科学合理组卷是重要的保障。试题分为低、中、高 3 个等级,随着等级的增加,试题的平均难度系数也会逐渐增加。专家通过讨论确定员工岗位技能等级所对应的业务模块比重及该业务模块需要掌握的试题难度系数等级,再按每题 3 分对题目赋值,确保不同技能等级要求与组卷试题的内容匹配性较好。

运营四分公司还依托员工业绩档案管理,定期对员工进行综合评定分析,进行针对性培训指导、考评复验和岗位调整。

(三)实施过程

"高质量培训模式"是运营四分公司在线上培训管理创新方面的实践探索。该培训模式实施后,运营四分公司以强化安全意识、服务意识、大局意识为中心,以创建公司各项作业标准化为目的,组织员工进行培训。内容涉及疫情防控、客运组织、突发处置、规范化服务、票务管理等,通过组织专业、系统的培训,使员工进一步明确各项作业流程,进一步深化安全运营、优质服务意识,学以致用,将理论知识与生产运营相结合,为切实落实疫情防控标准化值岗、标准化作业打下良好基础。

在实施过程中采取线上自学和考试相结合。线上培训时,注意引导和激励员工提高主动学习的意识,同时在员工自学过程中,为员工提供学习视频和指导书中所需的相关专业书籍、报刊及音像教材,创造员工自学条件。

1. 运营四分公司线上学习

运营四分公司组织员工进行线上学习,强化公司培训职责,加强内部讲师培训。依靠骨干员工开展一线员工的培训工作,加强对视频和票务知识宝典的学习,根据各层面能力提升方向制定学习内容。集中培训注重培训实效,把理论知识学习、核心能力训练与研究解决实际问题结合起来,围绕"高质量培训"的重点、难点问题,着眼于提高员工素质和能力,精心组织、设计,加强培训过程管理,健全和完善自身培训评估考核制度,切实保证培训的质量和实际效果。

2. 员工自学方式

在线上培训后,员工可以针对实际工作中的重点、难点,或对规章制度有不明确,不理解的问题,通过下载视频、知识宝典自我学习的方式进行知识补充,在家也可以随时学习。同时,值班站长为"高质量培训"学习的第一责任人,通过日常工作对员工进行针对性的指导,使员工具备工作必备的知识、技能、工作态度和解决问题的能力,达到自我学习、自我提高的目的。同时,通过高质量培训方式的运用,运营四分公司将员工的职业成长与运营生产有机集合起来,促使入职员工、转岗员工与岗位发展相融合、相促进、相联控。

四、实施成效

(一)管理效益

"票务知识宝典"的运用使培训时间、培训方式和培训条件变得更加灵活,有效降低了员工理论知识学习的压力,解决了员工实际处置经验不足的问题。在员工中产生了强烈的反响,大家普遍认为分类明确、突出重点、内容广泛是"高质量培训方式"的主要特点。工作之余,员工经常自发对视频内容进行学习、讨论。经过实际运用,新员工们不仅在业务知识上取得了较大进步,同时也提升了学习的积极性,许多员工在学习过程中发生了巨大变化:懈怠思想有所改变,在消防安全、应急处置等工作中积极应对,有效避免了安全隐患的产生;服务意识有所提升,原来不清楚的服务规范已熟记于心,在工作中体现出运营公司"始于主动,寓于真诚,终于满意"的服务理念。"高质量培训模式"在使员工掌握作业规范、作业流程以提高工作效率的同时,也提升了员工的服务意识与安全意识。

"基于业务模型的高质量培训方式"得到了运营四分公司员工高度认可。线上学习建立了明确的岗位能力需求模型,可以根据模型进行针对性的自我学习。高质量培训资料的制定重点突出、贴近实际,各项视频和知识宝典内容具体、形象生动,体现标准化、规范化、持续化。

(二)经济效益

由于行业特点,地铁员工培训不同于传统的安全教育培训。对于传统的安全教育培训,员工无法全部一次性进行培训,而是最少分三批依次分别进行,员工为了参加企业组织的集中现场培训,须驾车或乘车往返,这种方式,会对员工产生较大的直接培训费用及间接的运营损失。员工培训频率为每月1~3次,按最低1次/(月·人),每次培训直接费用平均按500元计算,每位员工参加培训的直接费用6000元/(年·人),每次培训课程约2小时,而员工培训耗时1~3天,按平均2天/次计算,因此传统的安全教育培训模式每名员工将支出约13200元/(年·人)。如采用线上高效培训方式,基于业务模型的高质量培训模式直接费几乎为零。

(三)社会效益

1. 有效解决工学矛盾,确保安全教育培训的实效

由于采用三班次的轮班制,员工很难一起到达企业规定的时间及地点进行现车集中培训,而高质量培训向员工提供按需、自主、随时随地的高质量学习模式,从而有效解决员工的工学矛盾。

提供多种学习模式,满足不同层次员工的学习需求,降低培训成本;全面、权威、生动的内容,确保了培训的质量和效果。

方面员工了解自身学习进度,协调安排学习时间,节约员工到场学习在途时间。

2. 落实公司教育培训工作,降低企业运营风险

采取高质量培训方式,解决了公司教育培训工作组织难、管理难等问题。

高质量培训模式,共享了优质师资资源,提高了教学质量,稳定了培训生源,采用了自主考勤,节约了人力投入。

高速公路车辆稽查系统的构建与实施

北京首创股份有限公司京通快速路管理分公司

成果主要创造人:许　凡　王继民

成果参与创造人:张　松　王思方　赵佳浩　刘　凯　刘　伟　张永超
武岳雄　许静伟　张　华

京通快速路西起朝阳区大望桥,通过四惠桥和远通桥与四环路和五环路相连,东部通过通州区北苑环岛和北关环岛连接103和102国道,是连接北京中心城区和城市副中心的主要交通要道,同时也是北京联系我国东北地区和渤海湾地区交通要道之一。

京通快速路于1995年6月5日开工建设,1995年12月25日竣工,1996年1月5日开始收费,采用开放式收费方式;全长18.6公里,采用全封闭、全立交;全路共建立交桥11座,人行过街天桥9座,地下通道1个,主路双向六车道加连续紧急停车带,两侧设辅路和人行步道;全路收费、监控、通信、照明、绿化、防眩、安全等设施齐全,总投资超过22亿元。2002年12月16日成立北京首创股份有限公司京通快速路管理分公司,全面负责京通快速路的车辆通行收费、道路养护、环卫绿化、安全保卫、救援抢险等工作。

全路现设有西马庄、八里桥、会村、双桥共7个收费站区、35条收费通道。其中,18条混合车道、17条ETC车道,采取开放式收费方式,支持ETC、MTC、移动支付、现金等多种收费模式。

建路以来,京通快速路在运营管理中始终坚持大局观念,积极配合政府部门有关重大工作任务要求,紧紧围绕"人文北京、科技北京、绿色北京"的理念,积极打造"京门第一路",维护高速公路正常的收费秩序,减少各类违规、违纪、违法现象的发生。

一、成果建设背景

近几年来,我国经济高速增长,北京市汽车数量不断增加,汽车保有量截至2019年底已经达到636.5万辆,虽然北京市政府出台了各种限购措施,但汽车保有量增长趋势不减。由于京通快速路是北京东长安街的延长线,是北京主城区与东部地区的主要通道之一(其中四惠桥到大望桥路段为国家迎宾线),特别是五环以内路段按政府要求实行免费通行,近年来车流量增长十分迅速,根据道路设计,至2015年日均流量为8.3万辆,目前日均流量已突破13万辆,最大通行流量甚至达到16万辆。鉴于目前京通快速路的实际运行状况,特别是在全国高速公路联网收费实施之后,车辆的单次通行费变高,从而导致了一些不法的驾驶员或工作人员利用法律、法规漏洞,采用不法手段达到偷逃通行费的目的。

(一)规范高速公路稽查的需要

高速公路稽查主要是依照国家、上级相关政策法规,对收费人员收费工作和通行费缴费人缴费情况的真实性、合法性所进行的核实、检查,并对发现的问题做出相应的处理。稽查包括对内稽查和对外稽查。对内稽查是指现场检查或利用监控设备、数据系统对收费工作人员操作规范、文明服务进行监督,对待特殊情况进行录像稽查;对外稽查是指对偷逃通行费的车辆进行证据采集,如利用监控设备对偷逃车辆通行费的违规违纪行为录像,利用收费系统对收费数据进行分析取证,并配合相关部门进行有效处理。稽查管理在整个高速公路收费工作中的作用举足轻重,其职能主要体现在堵塞收费漏洞,完善监督检查机制,对内杜绝营私舞弊行为,对外避免逃费、漏费现象,在抓好收费队伍建设的同时,最大限度地减少国家通行费收入的流失,确保高速公路收费工作的顺利开展。为此,京通快速路不断加大信息化建设投入,提高道路运营管理的科技含量,创造更加便利、舒适的通行环境,为北京市建设“人文交通、科技交通、绿色交通”做出应有的贡献。

(二)实现公司健康发展的需要

完善收费稽查管理制度,理顺管理层级。对系统内收费稽查监控业务进行监督和检查,实时分析收费工作中的新情况和逃费新手段,查找管理缺陷,逐步推行收费稽查监控标准化管理。同时,利用高速公路车辆稽查系统进一步建立健全打击偷逃通行费工作长效机制,强化落实联勤联动,加强与公安机关的合作。促进了高速公路稽查和技术手段的不断提升,实现了打击偷逃通行费工作的专业化、规范化与信息化管理,促进了京通路稽查管理水平的有效提升,有力保障高速公路通行费的足额收取。

(三)高速公路车辆稽查系统发展的需求

目前,随着京通快速路通行车流量的不断增加,各种逃费车、免费车也逐渐增多,如何使工作人员在第一时间内迅速了解和实时查看事件现场显得尤为重要。构建高速公路车辆稽查系统是有效解决这一问题的捷径,这样不仅使各相关职能部门能更迅速通过系统实时查看事件现场,还能提高工作效率,保证工作效果。

二、成果内涵与目标

高速公路车辆稽查系统结合高速公路目前的收费现状,通过计算机手段实现数据分析处理,实现高速公路收费稽查电子化,达到打击各种偷逃高速公路通行费违法、违规行为。

高速公路车辆稽查系统实现的目标:

①逃费车辆的管理;

②逃费车辆的审核;

③逃费车辆后处理;

④逃费车辆统计分析;

⑤免费车辆的管理。

高速公路车辆稽查系统(图1)是对高速公路收费工作的监控、监督和检查“三合一”的集中管理,其目的是维护高速公路正常的收费秩序,减少各类违规、违纪、违法现象的发生。

图1 高速公路车辆稽查系统主界面

主要特点体现在如下几个方面:

(一)构建京通快速路综合信息库,实现智能化管理

高速公路车辆稽查系统的建设结合了多个外协单位,形成了黑名单、白名单、过往车辆智能识别等数据为核心的京通快速路综合信息库,极大地提高了工作效率,增加了工作针对性,收到明显的工作效

果,为京通快速路做出科学决策、实现科学管理提供了有力支持。

(二)通过车辆识别模块,建立逃费车辆稽查新机制

由于京通快速路采用开放式收费模式,逃费车辆较多,对逃费车辆的稽查完全由巡查人员现场蹲守堵截,不仅人工成本高,而且效果很差,逃费现象一直未得到有效遏制,并呈越演越烈的态势,破坏了道路通行秩序,造成通行费大量流失。为解决这一棘手难题,京通快速路在高速公路车辆稽查系统建设中,增加了车辆识别模块,通过对一定时期内的逃费车辆进行自动化统计记录,建立了京通快速路黑名单数据库,首次实现系统自动识别报警与各收费站区人员查堵联动,为减少通行费流失和保证站区车辆安全有序通行提供有力保障。

三、主要做法

京通快速路设立专项工作小组,由主管领导牵头,设备管理部负责具体实施,对关键设备如车辆抓拍识别设备、信息处理设备的各项技术指标进行集中测试,在符合规范要求后,选择某个点进行实地测试,并对各项技术细节进行集中研究与开发,逐个解决其中的工程应用难题和技术问题,最终形成了一整套技术规范,为后续的系统整合、工程实施提供了依据。

(一)统一技术规格

为确保高速公路车辆稽查系统硬件设施和软件接口的统一、数据格式符合要求,在硬件测试阶段就将数据格式、传输方式、车型分类等与行业部门进行了确认,严格按照北京市统一的技术标准,对工程的关键设备进行实地测试,确保各项技术指标均符合技术标准的要求。

(二)硬件设备安装

结合京通快速路实际运营情况,完成了收费站区监控设备、车牌抓拍识别设备、数据分析设备等硬件设施的安装。共建有35套抓拍设备和专用车道摄像机。

(三)建立分级运行机制

根据部门职责实行三级权限控制:一级是设备管理部,该级别为最高级别,可以对所有模块进行调试,主要为系统维护之用。二级是监控中心,也是高速公路车辆稽查系统使用频率最高的部门,除了不允许进行系统配置以外,可以操作其他的所有应用。通过对以上用户权限的设置,实现高速公路车辆稽查系统的分级管理和流程正常运转。

(四)系统流程

1. 黑名单稽查

由前端抓拍设备对所有通行车辆进行抓拍,通过处理终端将抓拍图片上传到后端服务器,稽查系统实时对车辆进行判别,自动将正常通行车辆进行剔除,稽查员只需对非正常通行车辆予以稽查,如图2所示。

2. 黑名单入库

二次确认的稽查车辆,自动保存录像和抓拍图片,作为证据留存,并自动纳入黑名单数据库。

3. 黑名单车辆通行费追缴

通过在车辆站前方安装抓拍摄像机,自动对黑名单车辆进行报警,站区收费人员、保安、路养巡查人员、值机员进行联动,在站区对黑名单车辆进行拦截,并按国家相关规定追缴通行费。

对拒不缴纳通行费的黑名单车辆,采取上报国家征信系统、报警、起诉等方式处理。

四、实施效果

高速公路稽查工作是收费管理工作的一项主要内容,是促进收费管理工作规范、有序开展的重要保障。随着高速公路电子收费系统的全面普及和车流量的增长,我们必然面对可能出现的各种各样的新

式逃缴费方式，作为高速公路从业者应认真思考总结高速公路逃费现状，并制定应对措施，给予严格治理。

图2　稽查员进行稽查界面

(一)高速公路车辆稽查系统作用初步显现

车牌识别系统的投入使用为实现电子稽查奠定了技术基础。在不改变现有收费系统及后台系统操作流程的前提下，在车牌自动识别技术、数据挖掘技术的基础上，通过对路网海量数据的分析、统计，输出具有逃费嫌疑的车辆数据和对应的证据链。对已经形成证据链的车辆，进入车牌黑名单，通过出口车牌识别装置进行黑名单车辆的自动识别，现场检查出黑名单车辆。同时收费站工作人员可以打印证据链，作为补缴通行款的依据。

稽查员进行审核界面如图3所示。

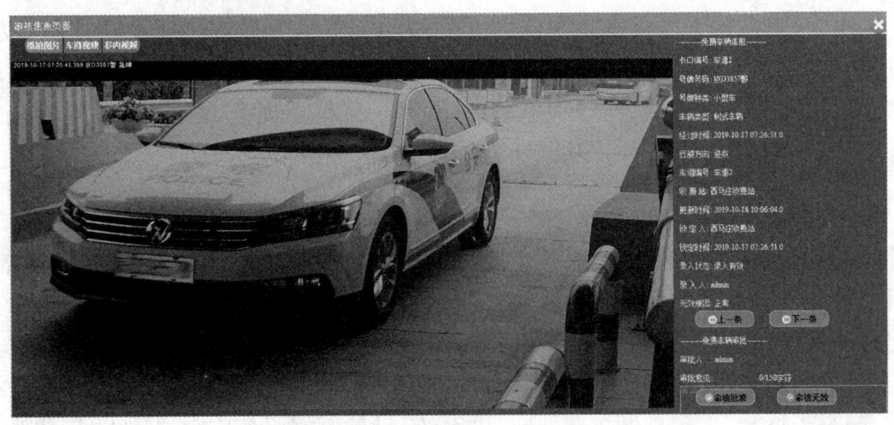

图3　稽查员进行审核界面

(二)安全保障能力进一步提升

通过增加车辆智能识别系统，建立逃费车辆处理机制以及逃费车辆黑名单数据库，利用高速公路车辆稽查系统，实时跟踪、识别通行车辆，并对预设的黑名单车辆进行报警提示，使收费站在第一时间内获取逃费车辆的相关信息，提前安排巡查人员和保安员进入现场堵截，追缴通行费，取得较好的治逃效果，保证了收费站区的通行秩序和车辆的安全通行。

信息化与“互联网 +”在通行安全防控工作中的创新及应用

现代投资股份有限公司潭耒分公司

成果主要创造人:郭 彤 王 力

成果参与创造人:晏风雷 徐剑锋 刘 义 吴二虎 鲍 莎 姚 莎

韩 辉 肖 敏 阳 敏 李思琴

潭耒高速公路是国道主干线京港澳高速公路(G4)湖南境内的重要一段,全长 168.848 公里,路段跨越湘潭、株洲、衡阳三市七县(区),于 2000 年 12 月建成通车。现代投资股份有限公司潭耒分公司(简称“潭耒分公司”)作为潭耒高速公路的运管理单位,始终将道路通行安全摆在安全生产的首位,不断健全安全生产责任体系,强化应急救援能力,全面构建安全管理长效机制。

潭耒分公司监控信息中心是现代投资股份有限公司潭耒分公司下属的二级机构,成立于 2003 年,经过两次重要的管理体制改革,2016 年实现了“一路一监控”监管分离的运营模式,全新的监控信息中心是潭耒高速公路的中枢神经,肩负着施工、救援等服务信息的接转发布,道路收费及路况实时监控,路段通行信息的上传下达,情报板的发布等重要任务。依托数字化通信技术平台,充分发挥集中监控优势,构建了集中、统一、高效的安全保畅指挥调度体系,为保证监控系统在道路运营管理等方面集中指挥调度奠定了基础。“一路一监控”管理模式实现调度指挥集中化,集中监控实现了少层次、扁平式、宽跨度、全天候、多渠道道路管理新模式;在管理上达到标准统一、科学规范、资源整合、优势互补的效果;有利于技术优势整合,筑高科技平台,加强功能研发和业务领域拓展。

一、成果构建背景

近几年,随着我国经济的快速增长,高速公路机电建设事业得到了迅猛发展,包含通信、收费、监控在内的公路机电智能产品及系统应运而生。由于服务公众便捷出行、服务应急协调调度的需求不断提高,也对高速公路运营管理企业提出了更高要求。面对复杂的发展环境和艰巨任务,潭耒分公司监控信息中心在现有的机制、体制下,坚持需求导向和问题导向,通过创新突破传统思维,力克技术瓶颈制约,以信息化共享、融合为抓手,大胆破题攻坚,让机电系统、设备更好服务广大驾乘人员,成为保畅通、保安全、信息采集、资源共享的中坚力量,潭耒分公司监控信息中心就高速公路安全、保畅服务面临的工作难点、疑点进行了深入分析和研判:

一是道路监控手段简单。路面监控视频资源传递渠道单一,各联动单位无法第一时间掌握路段情况,需通过路段监控中心电话或微信沟通、联系。无法实现数据开放、共享资源,无法让各联动单位快速、清晰、明确了解路段通行情况,从而进行科学决策、及时有效处置。

二是不良气候环境影响。冰冻灾害恶劣天气来临时,路段养护单位面临 24 小时的人工路巡和除冰处置任务,造成极大的人力、物力浪费,且达不到很好的处置效果。

三是人为管控难度较大。收费站仅靠收费员人工观察、劝阻步行上高速公路的行人、摩托车,时常因人员少、力量薄弱而无法做到 100% 的管控。

四是突发情况难以避免。在服务区或枢纽互通的入口,车辆因错过入口而逆行、倒退、主线停车,给后方来车造成不小的安全隐患。

五是通行条件有所下降。因所处路段处于京港澳高速湖南省重要一段，车流已经趋于饱和，收费站点建成较早，车道设置过少，单纯依靠人工疏导已经无法完成保畅任务，使一些土建车道少的收费站成为流量井喷状态下的通行瓶颈。

二、成果内涵

高速公路监控信息管理是一个近十多年发展起来的新兴行业，所涉及的科学技术含量高、发展快，运营维护管理体制也在随之不断发生变化。在信息科技手段日新月异的时代，需要高速公路运营管理单位以开放的姿态“走出去”，大力引进高新技术企业的成熟技术，实现以技术创新带动管理创新，从传统型管理走向“信息化与互联网＋高速公路”的智慧型管理。在机电三大系统联网建设和运营维护管理中，很多课题正在逐步解决：利用“互联网＋”思维，构建开放信息网络系统；利用新技术、新产品充分挖掘自身“大数据”潜力价值，提升管理成效；推进技术革新，优化升级自身硬件设施，丰富防拥堵、治拥堵手段；等等。

三、主要创新点

（一）搭建互联网云平台，构建资源共享视频信息系统

在移动互联网及视频技术的大发展背景下，2020 年初，潭耒高速监控信息中心全面推动从“智能”到“智慧”视频云平台搭建，与中国电信公司合作，采用增加一台录像视频服务器的方法，将内外网进行合并，通过在内网部署流媒体服务主动推送视频流到外网平台，改善了所处路段主线监控视频仅能通过内网传播、主线通行情况仅在监控大厅可监测的现状。

该项目于 2020 年 6 月建成使用，对高速公路交警、高速公路路政、养护、施救等各联动单位开放数据端口，使用户可通过计算机客户端、手机客户端（App）等多种方式，同步远程在线查看本路段车辆通行情况。加快了“企业＋高警”深度融合，强化各管理单位对路段突发事件处置的协同性、整体性，真正做到科学决策、快速反应，实现了数据“集中采集、多点利用、综合管控”，充分发挥交通监控的全局路径诱导、多路径交通流量调控、联网调度、应付突发事件及时统一调度的功能，最大限度发挥高速公路的通行能力。

（二）开发冰害预警系统，推进管养设备自动化进程

在冬季低温条件下，高速公路的安全通行受气候影响很大，由于湖南省地理位置的特点，空气含水量大、潮湿，气温达到 0℃以下，在可见潮气（如能见度低于 1.5 公里的雾、雨、雪、雨夹雪、冰晶等），或路面上出现水流、雪水、冰或雪，尤其在桥面这种风速大、温度下降快的特殊环境中，更容易形成路面、桥面结冰的现象。如何高效防范、尽早处置道路与桥梁结冰问题，保障高速公路的安全通行，成为公路运营管理单位每年冬季的防范难点。

潭耒分公司所辖路段多年来的管养方式是靠养护人员 24 小时不间断的人工路面巡查，既费时、费力，还达不到理想效果。2019 年底，潭耒分公司监控信息中心与湖南圣鑫科技有限公司共同开发了一套防冰害预警管理系统，该系统利用温度传感器和光线感应器采集设备，设定路面结冰条件，全天候自动、及时、准确反映出道路结冰位置、结冰程度、路面温湿度，并能在系统地图面板显示相应位置的报警信息。

紧急信号会通过终端设备在监控大厅发出声音和报警弹窗，请求即时处理冰害，保障交通运输安全；还能根据设定规则自动形成预警信息，实时准确检测路面状况，包括积水、积雪、结冰、湿滑程度等。具备高度可扩展性，系统兼容性强；具备历史数据存储功能，通过历史报表，可根据时间段查询历史数据，通过数据分析形象查看各站点位置温湿度变化，为路面养护单位提供实时、准确的决策信息。

（三）研发阻拦预警管控系统，加大安全隐患管控力度

阻拦行人、摩托车上高速公路的阻拦预警管控系统主要是针对所处路段收费站人员编制少、女同志较多、劝阻手段单一的现状而研发出来的管控系统，全力防止意图违法从各收费站入口上高速公路的摩

托车、非机动车及行人,对高速公路平安、畅通、有序、和谐运行起着非常重要的作用。

2019 年 12 月,潭耒分公司监控信息中心研发了这套阻拦行人、摩托车上高速公路的阻拦预警管控系统。该系统建立在视频技术的基础上,由前端采集单元、事件检测单元后端管理单元组成。前端视频采集单元包括模拟(数字)摄像机和编码单元,对通行收费站外广场的人像加以处理,对车辆类型进行采集;事件检测单元是该系统的核心单元,内部装载背景建模算法模块、行为分析算法模块,对视频画面中的事件进行实时分析。当检测到符合设定规则的事件后,系统自动给出声光报警信号,一是可以对违法步行和驶入的行人、摩托车、非机动车起到震慑作用;二是可以提醒收费现场管理人员立即采取有效处置措施。后端管理单元主要是客户端管理软件,可以对视频分析服务器进行远程设置、智能规则设置等操作,能处理各种事件报警、下载服务器数据。使用方可以通过客户端对前端设备及服务器进行管理,设置不同报警类型,具备事后查看报警记录功能,为异常情况发生后复查提供系统证据材料。

(四)布防自动警报系统,及时制止违法交通行为

2019 年之前,潭耒分公司所辖路段路面监控管理均采用视频监控 + 后台人工观察的模式,在服务区、枢纽、收费站等路面出现违停、逆行等安全隐患情况时,只能靠后台人工观察发现,并请求高速公路交警出警处置。由于潭耒分公司所辖路段点多、线长,人工观察的方式达不到全天 24 小时监管,而违停、逆行极易造成事故或车辆长距离缓慢通行、拥堵,严重影响高速公路正常的通行。

本着“科学合理,节约高效”的原则,针对存在的主要问题,2019 年初,潭耒分公司监控信息中心结合实际情况在辖区服务区入口及互通枢纽等重要监控点,在原有视频监控技术的基础上,加入了一套可自动识别异常事件的警报系统。视频监控区域内一旦出现所设定的条件(逆行、违法停车、拥堵发生),前方警报就会开启;后方警报也会同时开启,提醒后方来车注意避让,保持安全距离。同时,检测到的信息也会实时上传潭耒分公司监控信息中心,并在终端设备上弹窗告警,提醒监控人员出现路段异常现象,要求处置。监控人员可根据系统提示的告警事件,辨别事件处置等级,及时向辖区内的高速公路交警报告,为迅速解决拥堵争取时间。该系统具备后台离线运行功能,在保持设备持续供电的情况下可运行 200 天,并具备存储功能,一旦恢复网络,设备存储的检测数据就可传回“监控信息中心”。通过半年多的试运行,该设备已经检测到 20 余条具有通行安全隐患的事件,对降低人工管控成本、提高监控管理效率起到了很大的作用。

(五)科学搭建潮汐车道,缓解收费站点拥堵压力

潭耒分公司所辖收费站建成时间较早,部分小站原设计为两进两出共 4 条车道(其中还有一进一出为电子不停车收费 ETC 车道)。近几年来随着周边经济的发展,车流量不断加大,每逢节假日期间堵车现象严重,车流高峰时期下高速公路车辆甚至排队至主线附近,成为通行瓶颈,给收费站维持正常收费秩序带来了巨大压力,也给潭耒分公司的形象造成不可估量的损失。鉴于此类情况,潭耒分公司监控信息中心借鉴城市交通的管理模式,在出口车流量大于入口流量时,将其中一条入口车道改造成潮汐式可变式车道,即在该车道增设相关的移动收费设备及相关的交通安全设施,在车流高峰时段引导车辆快速通行收费站点,缓解主线通行压力。经过四年多时间的使用和测算,该设备能有效提高收费站现有通行效率 50% ~60%,有效缓解了收费站的通行压力。

四、实施效果

近几年来,潭耒分公司监控信息中心在原有设备基础上加装升级,加大了对主线通行安全的管控力度和安全隐患的排查力度,不断提升服务理念,既达到了降本增效的目的,又为潭耒分公司的运营管理提供了技术保障。近三年来潭耒高速公路日平均流量不断增长,道路事故发生率大幅度下降,这离不开每一位高速公路人的辛勤付出。潭耒分公司监控信息中心将继续努力探索,总结经验教训,不断瞄准行业管理和技术发展的最新动态,充分吸收国内外先进的管理经验,结合潭耒高速公路运营管理的实际情况,努力探索出一条具有潭耒特色的高速公路机电设备、监控管理之路。

高速公路改扩建施工基层路管分中心安全畅通管控机制的构建和实施

山东高速股份有限公司泰安运管中心

成果主要创造人:卢金龙　姜晓广

成果参与创造人:冯仁远　陈　磊

山东高速股份有限公司(简称“山东高速公司”),主要从事对高等级公路、桥梁、隧道、港口等基础设施的投资、建设、管理、养护、咨询服务及批准的收费,救援、清障等业务。

山东高速股份有限公司济宁路管分中心(以下简称“济宁路管分中心”)成立于2000年,承担着京台高速公路K510+723~K575+490养护里程的路政巡查、事案处理、清障救援、养护安全监管等路政管理工作任务。管理辖段全长64.77公里,辖段内有曲阜北收费站、曲阜收费站、邹城收费站、峄山收费站4个收费站和曲阜、邹城2个服务区,辖段所属曲阜市和邹城市为国家重点旅游城市。济宁路管分中心深入汲取曲阜儒学精神内涵和文化精华,根据山东高速公司“畅和”文化为指导,提炼了济宁路管分中心“德畅”子文化,注重员工社会公德、职业道德、家庭美德、个人品德的塑造,倡导君子之风,讲求知行合一。工作中以畅为主题,紧紧围绕提升服务质量、满足顾客需求开展管理创新活动,QC小组被评为“全国交通行业优秀质量管理小组”,致力于“突出交通主业,强化服务,以顾客需求为导向,提供最好最舒适的路和高品质的出行服务”,努力为驾乘人员提供畅、洁、绿、美的平安大道。

一、成果构建背景

(一)社会公众对高速公路安全畅通服务水平的要求更高,主管部门管控要求更严

近年来,随着我国经济持续快速发展、交通强国战略的提出,交通运输行业迎来蓬勃发展。山东省作为交通大省、经济发展大省,提出交通强省的发展目标,高速公路是公路网的重要组成部分,以其安全、舒适、便捷等的强大优势及其灵活性成为公路网的主体,在区域经济的发展中占有十分重要的地位。社会和公众对高速公路提供安全、畅通和优质通行服务的需求越来越大、要求越来越高,大众、媒体对此关注度越来越高。山东省政府和交通主管部门对高速公路路警安全保畅通目标控制提出新要求,山东省在高速公路建设方面取得了越来越多的成就;畅通运营管理优化和升级成为政府和交通主管部门的重点关注工作任务;对高速公路安全畅通目标控制更加具体和严格,要求进一步完善省高速公路交通安全和畅通管理工作,切实提升高速公路交通安全和畅通管理水平;发生高速公路交通堵塞10公里以上,要逐级上报至分管副省长,并落实各级管理责任,实行追责制度,路警部门要针对每一次堵塞超过10公里的情况查找根源,分析原因、追查责任,并及时优化整改。而高速公路的改扩建施工涉及范围广、强度大、工期紧张,施工现场的安全和畅通保障压力大,构建改扩建施工现场安全管控机制变得尤为重要、迫在眉睫。

(二)施工路段事故多发,易引发交通堵塞和恶性交通事故

高速公路直线路段长,环境特点具有很大的单调性和重复性,容易使驾驶员警觉性下降以及产生疲劳、注意力分散、反应迟缓等。而施工路段处需要限制交通,通常利用限速标记、警告性导向标及隔离

墩,将道路一侧的单向通行的双车道变为双向通行。引起施工路段发生的交通事故形式,大部分以追尾、剐擦为主。原因是一旦前方存在施工路段,道路变窄或改道,驾驶员极易因有妨碍安全驾驶行为,如驾驶人超速行驶、疲劳驾驶、雨天路滑未保持必要安全距离等而导致交通事故发生。另一方面,施工方存在施工不规范的情况,占道施工,违反规定放置警示标志,导致追尾事故。

施工路段需要封闭车道,当车辆发生事故占道而未及时采取警示措施或快速清障时,极容易引发二次事故、道路堵塞,甚至引起恶性交通事故。

(三)施工企业安全管理执行力不强

"施工企业的首要任务是保障施工进度,如果施工进度上不去,就不会完成工作任务;工作任务完不成,就会在工作考核中被动,安全畅通管控让位于施工进度",许多施工企业的管理人员都有这种意识。这种意识的存在,导致施工企业忽略了"安全第一"的安全生产方针,形成以"不耽误生产"为前提的安全管理局面,安全管理缩手缩脚,安全管理为施工生产让步。安全管理不负责任,也就形成了安全技术措施落实不到位,管理人员对一些违章、隐患视而不见,造成了安全管理执行力不强的后果,导致了部分违章、隐患屡禁不止,久而久之,升级为"习惯性违章、重复性隐患",形成了安全管理的顽疾,以致发生安全事故。

(四)缺乏完善的管理机制和良好的沟通协调机制

从现阶段高速公路施工来看,相关管理机制仍不够健全,缺乏完善的施工行为规章制度,导致部分管理制度流于形式,无法得到有效落实。施工安全管理力度薄弱、日常管理与监督工作力度不足、管理方式陈旧,导致高速公路施工存在较多的安全隐患。不仅如此,施工人员安全管理与保护意识不强、疲劳操作、不遵守交规等现象屡见不鲜,加大了施工安全管理的难度。

(五)施工作业场地管理不够规范

在高速公路施工过程中,施工作业场地管理规范与否在极大程度上影响高速公路交通运输安全以及施工人员生命安全。但在具体施工过程中,部分施工单位场地管理意识薄弱,施工标志牌设置不够醒目、作业反光标志不合规范、作业材料随意堆放、施工区域随意变更等现象屡见不鲜,不但给施工作业留下严重的安全隐患,而且对正常的高速公路交通运行造成影响。

二、成果内涵

高速改扩建施工进展如火如荼,济宁路管分中心为提升高速公路基层路管分中心对于改扩建施工现场安全畅通管控水平,聚焦"突出交通主业,强化服务,以顾客需求为导向,提供最好最舒适的路和高品质的出行服务"的发展理念,联合高速公路交警、养护等部门,成立改扩建施工安全畅通管控联合工作小组,优化制度流程、精准奖惩考核、畅通信息共享,依据"统一调度、联巡联动、资源共享、相互协作"的原则,努力构建调度、协调、检查、考核、监测、服务"六位一体"安全畅通管控平台,实现"管控最严、协同最优、联动最快、效率最高、资源配置最好、能动性最强"的新型改扩建施工安全畅通管控工作机制。

三、主要做法

(一)构筑施工安全管控路警养护新型高效联动协同机制

济宁路管分中心聚焦"突出交通主业,强化服务,以顾客需求为导向,提供最好最舒适的路和高品质的出行服务。"的发展理念,明确为顾客提供安全、畅通、快捷、优质服务的工作目标,努力构建"管控最严、协同最优、联动最快、效率最高、资源配置最好、能动性最强"的新型改扩建施工安全畅通管控工作机制。

路警养护在同一施工管控辖段内,适用同样的平台,面对共同的客户,职责目标有着最大的相近,"你中有我,我中有你"。济宁路管分中心秉承山东高速公司"真诚互信、携手共赢"的合作理念和"百道千序,万全之安,付出一万,杜绝万一"安全理念,努力构筑"路警养护同心力、施工安畅一盘棋"的团队协作文化，路警养护统一思想、协同共进，努力在施工安全管控上联动协同、提高联动应急处置能力、提升畅通保障水平等方面下功夫，满足人民群众日益增长的高品质出行需求，完成省政府、交通主管部门及山东高速公司对于安全畅通工作任务要求，创建畅、安、舒、美的高速公路通行环境的工作目标。

（二）成立改扩建施工路警、养护、施工安全管控工作小组，汇集人才，加强组织领导

设立改扩建施工安全管控工作小组，由泰安运管中心党委书记、经理为组长，以济宁路管分中心、济宁养护分中心、济宁市公安局高速公路交警支队曲阜大队、项目办单位负责人作为主要成员。以党建“1+5”项目化管理为契机，以泰安运管中心党委为统领，抽调泰安运管中心和济宁路管分中心党员干部骨干，汇集人才优势，强化改扩建施工安全管控的组织领导。

小组工作领导具有长期性、紧密性，突出凝聚力、组织力、领导力、协调力，在改扩建施工路警养护管控工作小组框架内，注重发挥各方权能优势、设备优势、骨干优势、人才特长优势，根据优势特长进行合理分工，努力实现工作效率高、工作效果好。

对施工现场的安全管控，由济宁路管分中心、济宁养护分中心和高速公路交警联合开展，对施工现场各标段进行定期不定期的监督检查，发现问题及时整改。

（三）建立健全高速公路施工安全管理体制

完善的安全管理体制是保证高速公路施工各项工作得以顺利进行的重要保障，其中包括相关制度的建立、施工审批、交通组织方案的审核和实施、工作人员的管理等。

首先，建立施工安全工作标准制度以及安全行为规章制度，让施工人员有章可循、有据可依，将施工安全事故降到最低。其次，应落实施工安全责任制，将具体安全责任层层落实。若在施工过程中出现玩忽职守、违章操作的现象，一律对相关责任人及责任单位进行责任追究，依照相关规章制度对其予以处罚；落实施工人员的上岗培训、安全教育工作；劳动保护措施以及人身安全防护措施落实到位。

建立切实可行的交通组织方案和应急处置方案，充分利用现有交通设施，辅以必要的管理手段，保障在通车条件下施工正常行进；加强与地方政府和交通主管部门协调力度，确保施工扩建期间地方道路交替通行，保障沿线各市施工期间交通顺利运行。

强化对特殊时段、特殊期间、特殊车辆的专项管理控。改扩建施工期间禁止5轴以上货车通知，根据时段严格管控“两客一危”车辆通行；在节假日期间停止一切施工，夜间停止一切路面施工，确保特殊时期和时间节点的安全预防工作。

（四）健全细化考核体系，明确权责目标，强化施工现场安全管控考核

路警和养护部门锚定权责分工、安全操作规程和工作目标，修订完善改扩建施工单位的现场安全考核细则，针对施工现场人员、设备、设施、应急、事案处理等重要工作完成情况进行精准考核，实现考核指标的数据化，推行施工现场安全管理考核百分制，70分、80分、90分分别对应红、黄、蓝三条线，以数据管理和底线思维加强施工现场安全管理，结合立查立改督查机制，发现隐患快速消除和解决。

红、黄、蓝是三条警戒线、安全线，施工现场安全管理的“三线”管理是底线思维的实践和应用。路警、养护等部门通过定期不定期、定时不定时的稽查，对施工现场不安全行为发生情况进行考核扣分，每次扣分必须进行整改，当扣分合计10分达到蓝色线，下达限期整改通知书，责令施工标段进行全面整改；当扣分合计20分达到黄色线时责令施工标段停工整改，安全管理不达标，不准开工；当扣分合计30分达到红色线时通知项目办上报公司进行处理。

在强化外部管理的同时，强化济宁路管分中心的内部稽查和管理，实行济宁路管分中心负责人稽查制度，值班单位负责人定期不定期到施工现场进行专项安全检查，发现问题在扣除施工单位的考核分的同时，对巡查中队未及时发现的问题、检查管理不到位的情况同时计入巡查人员的绩效考核。

通过对施工单位的“三线”安全管理和员工的考核管理，有力推动了施工现场安全管理的量化考核，充分发挥了绩效考核的教育、引导、激励、评价的“指挥棒”的作用，大幅提高了施工单位和济宁路管

分中心工作人员安全管控工作的责任心和积极性。

(五)严格落实高速公路施工人员安全培训工作

施工人员安全培训根据"谁来管、管什么、怎么管、为什么管"四个要素,即根据管理的主体、客体、方法、目的来落实施工人员安全管理,而不是简单进行三级安全培训,而是带着明确的目的,以发现问题的眼睛、思考问题的头脑、解决问题的手来全方位、全时段进行安全培训,不能简单以"一读、一拍、一签"来代替安全培训。

根据实际情况把安全培训分为进场前安全培训、现场问题解决培训、会议研讨培训、施工单位内部培训、路警检查指导培训,全方位、立体化将安全培训工作渗透到施工安全管理各流程、各方面,真正达到"学以致用"的目的。

(六)完善管控制度,优化工作流程,实现关键环节的优化和再造

济宁路管分中心与济宁市公安局高速交警支队共同商议拟定"路警联合巡查信息共享制度""高速公路施工现场红黄蓝'三线'安全检查预警管控制度"2项,修订路警施工现场安全管理、安全检查预警管控等制度6项,形成了科学完善的制度流程体系,为施工现场的安全管控和监督管理打下坚实的基础。

(七)路警、养护、施工方实现快速信息共享和调度

高速交警曲阜大队、济宁路管分中心、济宁养护分中心、施工单位实行信息共享工作模式,及时有效分享信息,开通微信群,进行工作沟通,发布共享信息,通过整合E高速公路平台、路况数据信息采集系统等多方面数据信息,实现信息共享与互通。

遇有异常情况时应及时上报值班领导和调度指挥中心,随时接受值班领导和调度指挥中心指令。

实行高速公路交通管制的主体为高速公路交警部门。路政大队协同收费、信息、养护等部门配合高速公路交警做好高速公路交通管制措施的具体实施工作,及时传达和上报道路通行状况。高速公路实行交通管制均有高速公路交警部门下达的指令(因特殊情况收费站关闭除外),任何单位和个人严禁擅自采取主线关闭、主线分流及变道行驶等交通管制措施。所有交通管制措施发布和解除均应通过"路警联巡联动共享"微信群及时进行信息共享。

四、实施效果

(一)完善了制度流程,形成标准化、规范化的施工现场安全管控机制

拟定完成并推进落实了"高速公路基层路警联巡联动及信息共享制度""高速公路施工现场红黄蓝'三线'安全检查预警管控制度"等2项制度,探索建立了路警联动机制、"三线"安全检查管控机制,推进了改扩建施工现场制度化、标准化、规范化管理的进程。

(二)路警、养护、施工单位信息共享实现信息互通、传递快捷

涉路施工现场交通事故信息共享。路政和交警部门接案后第一时间将案件信息相互通报,共同赶赴现场,两部门协同设置好安全警示标志,维护现场秩序,有效保护现场,为后续勘察工作提供有力保障。

路况信息共享。对于雨、雾等恶劣天气及其他突发事件,与交警部门密切配合,互通有无,互相配合。

有效整合了全程监控平台、E高速公路平台、路况数据信息采集系统等多方面数据,实现路警信息共享与互通。

(三)形成路警、养护、施工单位"三位一体"的安全管理和畅通保障机制

在施工现场安全管理和畅通保障工作中,路警、养护、施工单位凝聚起共同的目标,形成"三位一体"现场安全施工和畅通保障机制。

施工单位内部强化安全管理，在施工现场确保路面安全畅通，确保施工进度；路警、养护部门本身具有施工安全和路面畅通保障职责；在时间、空间和职责划分上，各单位和部门协同配合，最大限度做好施工安全和路面畅通保障工作。

通过对施工现场不安全行为进行管理、检查和整改，最大限度减少施工现场不安全行为的发生次数，最大限度降低引发安全事故、交通事故、堵塞事件的可能性。

高速公路效能化收费内业管理

山东高速股份有限公司夏津运管中心

成果主要创造人:岳福华 孙绪亮

成果参与创造人:常志宏 崔 建 康传刚 李 琰 李 镇 尹鸿鹏
于忠胜 尉 超 张明军 张 凯

山东高速股份有限公司(简称"山东高速公司")夏津运管中心(简称"夏津运管中心")成立于2017年12月,是山东高速股份有限公司所辖的路桥运营管理单位,是由原山东高速集团有限公司青银分公司(2005年12月开通运营)通过机构改革整合的高速公路运营管理单位,主要职责是承担所辖路段的党政工团、队伍建设、安全廉政、信访稳定、管理创新、对内对外协调及运营收费、基建养护、路产保护、清障救援及综合管理、配套服务等工作,下设3个机关科室和9个一线单位(图1),现有员工200人。管辖G20齐河至夏津段105.448公里高速公路,截至2020年8月,累计通行车流量10808.71万辆次。

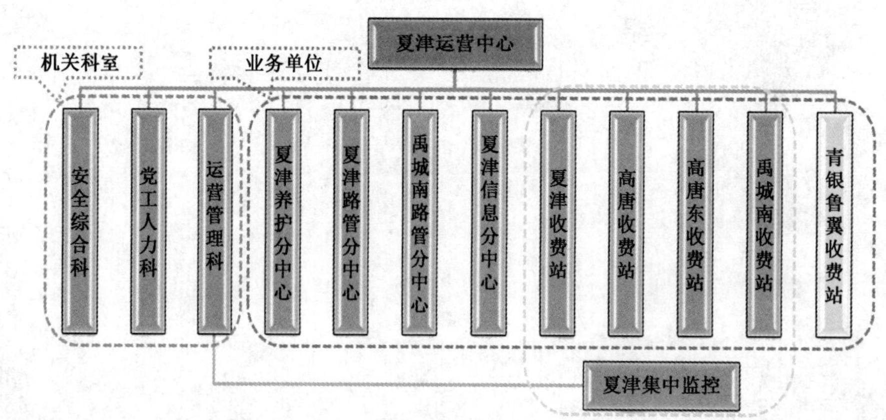

图1 夏津运管中心区域组织机构网络图

一、成果构建背景

(一)满足交通强国战略和全国联网收费全新机遇的需要

自2020年1月1日起,全国29个省份取消了高速公路省界收费站,实行了全国联网收费新模式。收费站实现了不停车收费,原有以全额现金为主的收费方式逐步转变为非现金的无感支付,我国正在从交通大国向交通强国迈进。

夏津运管中心牢牢把握交通"先行官"定位,适度超前,进一步解放思想、开拓进取,以习近平新时代中国特色社会主义思想为指导,深入贯彻党的十九大精神,紧紧围绕统筹推进"五位一体"总体布局和协调推进"四个全面"战略布局,坚持"为公众提供高品质出行服务"的中心发展理念,把收费内业管理向更加注重现场化、规范化和技术化方向发展转变,为全面建成社会主义现代化交通强国、实现中华民族伟大复兴中国梦提供坚强的收费内业支撑。

(二)效能化收费内业管理是高速公路收费运营管理工作的内在需要

全国联网收费以来,收费站担负着本单位党群、收费、畅通、安全、服务、设备、人员、资金、后勤等管理工作,同时还肩负着迎国检以及标准化收费站、青年文明号、巾帼文明岗和星级收费站等创建工作。因此,收费内业档案(图2)在记录收费站成长、开展各项工作以及查询各类数据等工作中起着至关重要的作用。作为一线单位,收费站对接上级党群、人力、综合、安全、企管、财务等管理部门以及运管中心等指导单位,管理面广。全国实现联网收费后,提升一线单位内业档案管理水平成为迫切需要,构建效能化内业档案管理是高速公路运营企业转变发展思路、创新管理模式的内生动力,为高速公路全力推进联网收费管理、促进高速公路收费站发展和进步、进一步提升收费站卓越管理工作能力和水平提供了有力支撑。

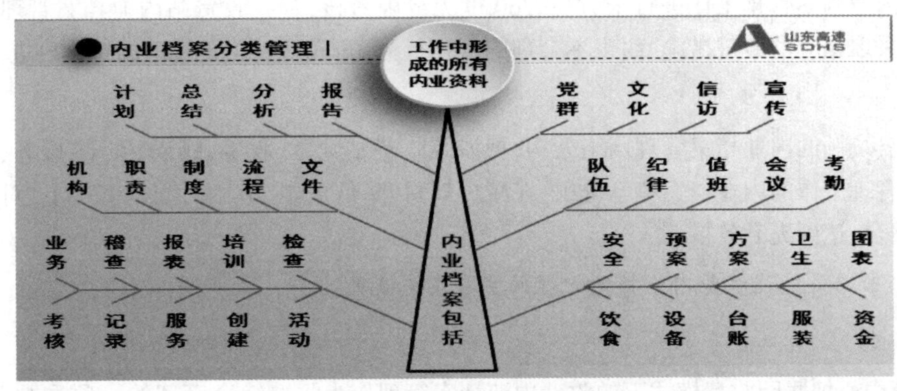

图2　收费站内业档案内容

(三)高速公路效能化收费内业档案管理是高速公路收费运营管理企业发展的必然产物

山东高速公司在20年的发展的历程中,依托高速公路行业优势和资源,坚持以科学发展为主题,以高效能管理为中心,以改革创新为动力,以社会和经济综合效益为目的,着力培植运营管理、经营开发、资本运营、文明创建四个亮点,打造了山东高速公司优质品牌。

在全国联网收费全面推进的大环境下,夏津运管中心在认真分析收费运营管理工作中存在的收费内业管理效率不高、收费内业内容不够"实"等问题后,组织开展了收费内业管理改进,建立了高速公路效能化收费内业管理,克服和解决了自身存在的问题,为创树山东高速公司收费单元运营管理品牌奠定了坚实的基础。

二、成果内涵和主要做法

(一)高速公路效能化收费内业档案管理的实质内涵

夏津运管中心不断探索适合收费的内业资料管理的新思路、新方法,结合积累多年的收费站内业管理成功经验、管理成果,从优化内业管理过程、强化内业管理质量,减少收费站内业整理工作量,保障内外业有效衔接,实现内业档案管理的规范化、统一化、标准化和效能化等实际出发,建立了完善、规范和统一的内业档案管理标准,保障了收费站内业档案管理的高效、高质量运行,促进了高速公路收费站内业管理工作的规范化、标准化、效益化,提升了内在质量,彰显了外在形象(图3)。

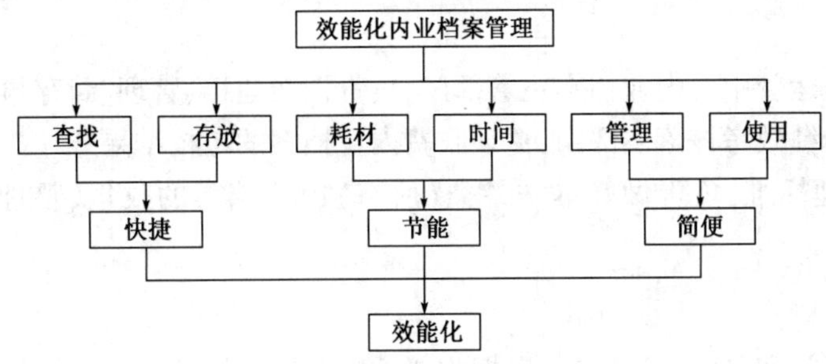

图3　效能化内业档案管理作用机理

1. 提高标准

按照"标准高、工作实、行动快、成效好"的要求,细化内业档案管理环节,完善内业档案管理标准,明确内业档案管理宗旨,建立操作性强、效果明显的收费站内业档案管理模式,实现收费站内业档案管理的明晰化、标准化、统一化,促进收费站内业档案管理质量和管理水平的大幅提升。

2. 强化考核

充分发挥收费站内业档案考核的监督、检查和促进作用,明确内业档案考核内容、清晰内业档案管理目标等,对内业档案管理工作进行全方位、360 度无缝隙考核,查找收费站内业档案管理工作中存在的不足之处,采取相应的改进措施,纠正不合理的管理行为,实现内业档案管理的持续改进。

3. 统一提升

建立规范、统一的内业档案管理网络架构,把涉及收费站党群、收费、畅通、安全、服务、设备、人员、资金、后勤等管理工作的内业档案科学分组,在减少耗材、降低成本、节约时间的基础上,对有关联的内业档案有机整合,达到提升效果。

(二)高速公路效能化收费内业档案管理的主要实施情况

1. 组织保障

夏津运管中心把联网收费模式下的收费内业档案管理作为收费综合管理的一项重要举措,纳入收费站管理创新的规划中,成立了以运管中心主要领导任组长,分管领导为副组长,运营管理科、安全综合科、党工人力科及收费站负责人为成员的成果实施小组,加强了联网收费模式下的收费内业档案管理的组织和领导。并通过横向到边、纵向延伸、稳步推进的方式,大力实施联网收费模式下的收费内业档案管理,形成了上下互动、落实到位、执行有力的良好局面,确保了收费内业档案管理效能的提升。

2. 实施情况

在结合历年收费站内业档案管理经验的基础上,夏津运管中心通过组织相关人员到现场排查、开展档案培训、召开座谈会等方式,对收费内业档案管理效能提升的构建、实施和推广进行了讨论和研究,并采取月度现场检查、日常报送材料核查、专项稽查等有效措施全面推进,确保了收费内业档案管理效能提升的应用效果。

(三)高速公路效能化收费内业档案管理的主要做法

1. 职责规范

以提高收费站内业档案管理效能为前提,对内业档案的管理职责进行划分,并把内业档案管理纳入日常考核管理,强化内业档案的管理责任。

具体职责如下:

①运营管理科作为收费运营管理的业务指导部门,负责收费内业档案的规范、检查、改进、考核和评比工作。

②安全综合科作为运管中心内业档案主管部门,负责档案建档、管理、封存检查指导工作。

③党工人力科作为绩效考核落实部门,兑现收费内业档案的考核结果。

④收费站按照管理标准,负责做好本站各类(所有)内业档案的收集、整理、装订、归档和保管等工作。

2. 分类规范

根据收费站对应部门和单位的工作内容,把收费站内业档案划分为党群管理、业务管理、安全管理、站务管理、文明创建、文明服务、人员管理、设备管理、文件管理、其他等方面。

3. 管理规范

在管理标准方面,主要从 8 个方面入手进行规范。

①档案橱(柜):收费站统一使用立体落地式档案橱。

②档案盒:规定档案盒的组成由盒子、盒签、盒脊三部分组成,外加档案类别的台签。

③企业标识:收费站内业档案盒脊、盒签、资料封皮等统一使用"中文简称标识居中组合"。

④编号:对内业档案进行规范编号。

⑤目录:对卷内文件目录和内业资料目录进行统一。

⑥表格:格式、签章、单位及日期。

⑦公文:格式、版面、层级、字体以及归档。

⑧封皮:封皮的格式、版面及装订。

此外,对档案盒的样式与规格、企业标识的正确使用、盒脊与盒签(图 4)以及台签的设置、内业档案材料的编号确定等进行完善,确保了内业档案的适宜性、可行性。

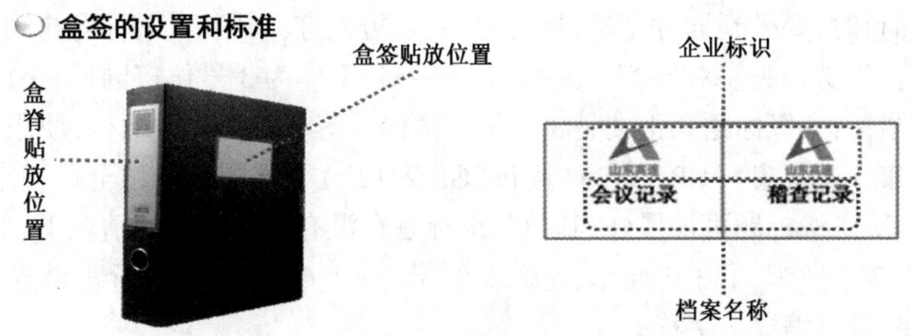

图 4 档案盒、企业标识、盒脊、盒签规范

4. 内业规范

在规范档案盒、企业标识、内业资料编号、卷内文件目录、封皮、表格、盖章、文字材料版面与格式、页面设置、正文层级、附件、计划及总结资料、收费分析资料、收费工作过程记录等 20 项内容的同时,对党群、安全、站务、会议、卫生、信访、食堂、服装、值班、稽查与整改、企业管理、信息宣传、大事记、仓库管理、请示汇报、规章制度、文明创建、文明服务、人员管理、员工考核、设备、文件等 22 项内业档案的内容、格式、留痕等工作进行了规范。

(1) 卷内文件目录

①卷内文件目录填制规范。

对卷内文件目录中的序号、文件编号、责任者、文件材料题名、日期、页次和备注 7 部分的填制进行规范(图 5)。

序号	文件编号	责任者	文件材料题名	日期	页次	备注
1	鲁高夏运综〔2020〕3号	山东高速公司夏津运管中心	关于召开堵漏增收工作现场观摩会的通知	2020 0512	15-30	
阿拉伯数字	发文文号	发文机关发文单位	文件标题文件名字	文件形成日期	该份文件在本卷内的页次	一般不填

左右龟壳型 [ ] 【 】 ✕

图 5 卷内文件目录规范

②文件题名规范。

对题名中出现文号的补充著录、正副标题的标题确定、语句过长标题的主体保留、转发文的题名填写,以及简报、讲话、发言、会议纪要等题名的补充等进行规范。

(2)封皮

针对收费站各部门监控室、票据室在内业档案封皮样式不一、格式不一和装订不一的问题,对内业档案封皮的格式进行设计和规范,确保了封皮的一致性。

(3)表格

规范内业档案表格编号、收费站名称、日期、签名等要素的填制,规定表格编号的位置在页面的右上角。有收费站名称、日期、签字等要求的表格,收费站名称、日期、签名等均需填全、填完整,收费站名填写"××收费站",日期填写"××××年×月×日",例如:2020年5月5日,不可写作"20年5月5日"或"2020年05月05日"或"二零二零年五月五日"等不规范的日期格式。

(4)签章

规范公章加盖,归档表格要及时加盖收费站公章,有"单位"位置的,要在收费站处盖章,无单位填写位置的,在该表格的左上方盖章,章要端正、清晰。

(5)文档格式

①格式:根据公文管理要求,总结、报告、请示等文字性资料,正标题为2号方正小标宋简体,分一行或多行居中排布,回行时,要做到词意完整,排列对称,长短适宜,间距恰当,标题排列应当使用梯形或菱形,与正文间隔一行;正文台头左对齐,正文左空2个字格,字体为3号仿宋国标;一级标题为3号黑体;二级标题3号楷体国标;三级标题和正文是3号仿宋国标。落款与正文空两行,使用3号仿宋[《信息交换用汉字编码字符集　基本集》(GB 2312)(简称"GB 2312")],注明收费站全称,日期用阿拉伯数字格式,右空1个字格。除二级标题可加黑外,其他各级标题在没有特殊要求的情况下,都不加黑、加粗。

②页面设置:上3.7厘米,下3.5厘米,左2.8厘米,右2.6厘米,文档行距设置为固定值30磅,每页22行,每行28字,首行缩进2字符。

③正文层级:如正文有一个层级,直接用汉语数字"一、二、三、四"罗列一级标题,不管是哪一个层级的标题,标题的最后不能使用句号,标题由两句或三句话组成的,中间可以用标点符号。

如正文有两个层级,用汉语数字"一、二、三、四"罗列一级标题,用带()的汉语数字罗列第二级标题;二级标题题号由带()的汉语数字组成,括号外不能加"、",字体是楷体国标(楷体,参考GB 2312);由两句或以上句子组成的标题,中间可用标点符号,标题最后不能用标点符号。

如正文有三个层级,前两个层级标题格式、字体等保持刚才说的不变,三级标题用阿拉伯数字罗列。三级标题题号由阿拉伯数字加顿号"、"组成,字体是仿宋国标(仿宋,参考GB 2312);标题中间及末尾标点符号使用方法与一二级标题一样。

如正文有四个层级,第四级标题用带"()"的阿拉伯数字列出四级标题。

④页码和落款:页码一般用4号半角宋体阿拉伯数字,编排在公文版心下边缘之下,数字左右各放一条一字线;一字线上距版心下边缘7毫米。单页码居右空一字,双页码居左空一字。

两个原则:一是"单字"不成行,需要调整字间距进行调整;二是严禁出现"此页无正文",即单位名称及时间不得单独成页,需调整"段落行距"将单位名称、时间与正文调整到一页。

文档格式规范实例见图6。

(6)附件

附件与正文空一行,附件前方空两个字符(即空两个"字"),附件1后面正确标识为:"附件:1."(附件后有冒号,阿拉伯数字后是一个"圆点",不是顿号),每个附件名称后不加标点符号,落款日期用阿拉伯数字标注年月日,单月、单日不加零,不能出现"2020年01月04日"等错误。

(7)内业档案的完善与补充

根据收费站管理工作实际,对有实际工作内容记录而无具体记录格式要求的内业档案进行补充,设计服装管理、工作计划、月度与季度总结、卫生、考核、党建等方面工作的表格30余个,减少了重复性、循环性的工作内容记录,减少了内业档案整理的时间,实现了内业档案的一目了然。

(8)收费工作过程记录

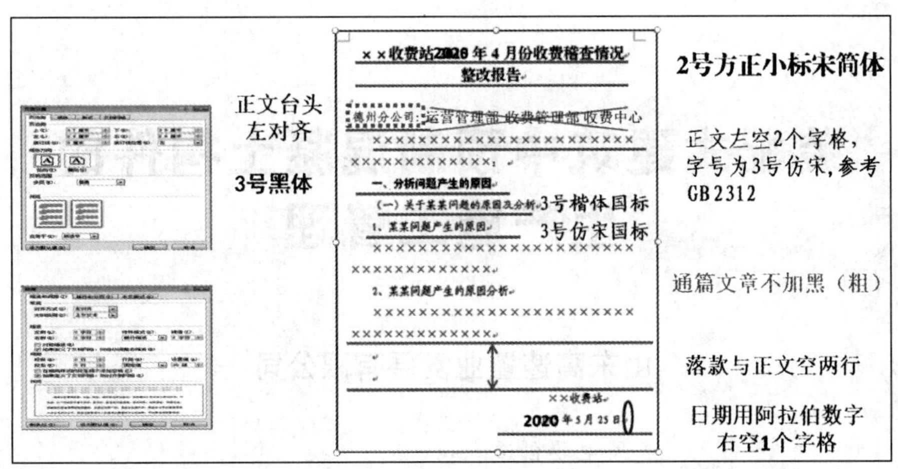

图6　文档格式规范实例

①有关联关系的记录一定要衔接有序(正确)。例如,各岗值班记录与值班安排表对应正确(换班在日志中注明),移交事宜与工作完结相对应,稽查问题与整改相对应等。

②各类记录内容的完整性:当班时间填写完整,班次工作内容记录齐全,稽查频次与时间段符合标准和要求,各类记录确为当事人填写。

③各类表格真实、数据正确、时间段准确性。"特殊业务复核登记表"由值班管理人员复核后填写、签字;应对进入监控室的非监控人员进行"机房出入登记"。

三、实施效果

(一)方法上得到创新

突破了以综合检查为主要措施的惯性管理方式,对收费站各类内业资料的启用、归类、记录、格式、内容、存放、装订与归档进行详细规范,实现了内业档案管理的效能化创新,确保了内业档案的样式统一、格式规范、内容完整。

(二)管理上得到规范

把收费站的收费内业与党群、人力、安全、企业文化、文明创建、业务、设备、资产等多部门内业管理进行有机融合,实现了收费内业资料与相关归口内业资料的有效衔接,达到了收费站内业档案管理的规范化、标准化。

(三)效率和效益得到提升

内业管理人员整理内业档案一目了然,知道如何做、怎样干,提高了收费站内业档案管理效率,减少了不必要的耗材浪费,降低了费用支出。

装配式建筑中预制混凝土构件的生产施工管理

山东高速置业发展有限公司

成果主要创造人:张英亮　姚　飞

成果参与创造人:刘加锋　王英杰　张怀启　田延珂　张景明　孙　莹　陈　超

山东高速置业发展有限公司是经山东省国有资产监督委员会和山东高速集团有限公司于2004年批准成立的国有独资企业,注册资本20000万元,拥有房地产开发二级资质,公司位于济南市历下区,是山东高速资源开发管理集团有限公司全资子公司,山东高速集团公司旗下的国有房地产开发企业。经营范围包括:房地产开发与经营、物业管理,建筑、装饰材料、水暖器材、五金交电销售,房地产中介服务,经济信息咨询服务,工程管理与咨询,室内装潢设计,以自有资金对外投资与资产管理。

一、实施背景

(一)市场背景

2006年以来,我国建筑业增加值占国内生产总值的比重始终保持在5.7%以上。特别是2014年建筑业实现增加值4.47万亿元,占国内生产总值比重达到7.03%,再创新高。2015年全年全社会建筑业实现增加值46456亿元,比上年增长6.8%,建筑业在国民经济中具有重要的支柱产业地位。住房是人民群众最大的民生问题,当前,住宅施工质量通病一直饱受诟病,如屋顶渗漏、门窗密封效果差、保温墙体开裂等。建筑业粗放的生产方式直接导致施工过程随意性大,工程质量无法得到保证。

早在20世纪,装配式建筑已开始盛行于世界各国,美国和加拿大较早地普及装配式预制构件技术,工程实践中大量应用大型预制混凝土构件技术,标准化、产业化、专业化、商品化的建筑构件在公共建筑中投入使用几乎达到100%,充分发挥了装配式建筑的优越性。日本、法国、英国等国家也陆续出台各项政策,大力发展装配式施工,丹麦、瑞典、新加坡等国家都已加入装配式建筑的技术和模式探索中。

我国的装配式建筑市场尚处于初级阶段,装配式建筑占全国新建建筑比例约5%。近年来,我国加大政策扶持力度,发布若干个落实到指标、消耗量定额、质量评价标准和技术细则等操作性强的指导文件。2016年国务院发布《关于进一步加强城市规划建设管理工作的若干意见》,其中明确提出:我国要力争用10年的时间,使装配式建筑占新建筑比例达到30%,国务院发布的《建筑产业化发展纲要》中指出,到2050年这一比例将达到50%,各省市陆续出台地方相关政策及指导意见,配套体系、标准日益完善。我国的政策环境优越,市场空间巨大,根据相关数据预测,到2020年全国装配式建筑市场空间约2万亿,到2025年超6.8万亿元,根据顶层、地方细则和装配式建筑工程消耗量定额,我们测算2018—2020年全国装配式建筑累计市场空间约2万亿元。

(二)政策背景

2013年1月,国务院办公厅将推动建筑工业化被列为十大重要任务之一。2015年11月,住建部印发《建筑产业现代化发展纲要》,其中提出:2020年装配式建筑占新建建筑比例20%以上,到2025年达到50%以上。2016年3月,李克强总理在政府工作报告中提出:大力发展钢结构和装配式建筑,提高建筑工程标准和质量。同年,住建部部长陈政高在十二届全国人大四次会议提出:大力推进工厂式建筑,装配式建筑。国家在2016年相继出台了《关于进一步加强城市规划建设管理工作的若干意见》《关于大力发展装配式建筑的指导意见》等文件。2017年2月,国务院在城市工作会议中提出:力争10年使装配式建筑占新建建筑的比例达到30%。各省市陆续出台地方相关政策及指导意见,配套体系、标准日益完善。济南市政府《关于开展质量提升行动加快质量强市建设的实施方案》提出,严格落实装配式建筑建设要求,到2020年,市内七区装配式建筑占新建建筑比例达到30%以上。烟台市政府《关于加快推进建筑产业现代化的实施意见》《关于进一步推进装配式建筑工作的通知》等文件,要求自2017年5月1日起,对建成区内新出让建设项目全部提出预制率、装配率要求,其中,烟台市区范围内采用装配式建筑面积比例不低于80%,其他县市不低于50%。

截至2018年6月,我国绝大多数省份已针对装配式建筑的发展给出了相关的指导意见及配套措施,其中22个省份均已制定装配式建筑规模阶段性目标,并陆续出台具体细化的地方性装配式建筑政策扶持行业发展。这些国家和地方出台的具有高度政策导向性的文件,对推动装配式建筑产业化发展提出了明确指标和行动步骤,为装配式建筑产业化的发展提供了良好的政策环境和市场环境。

二、成果内涵

(一)基本内容

装配式建筑是指将建筑的构件、部品、材料在工厂预制,然后运输到施工现场,在施工现场通过浆锚或后浇混凝土的方式组装和连接而成的建筑产品。相对于现在仍然在施工当中占主流的现浇建筑来说,就是把一部分原来通过现浇成型的构配件,比如梁、柱、板,拿到工厂去生产,生产之后再运到工地来组装,把它的节点做好,然后采用一部分的现场浇筑将这两部分结合起来,形成一个完整的建筑。根据材料形态的不同,主要可以分为三大类:装配式混凝土结构建筑(Precast Concrete,简称PC)、装配式钢结构建筑和装配式木结构建筑。目前,装配式混凝土结构建筑是中国装配式建筑的主要形式,具有成本相对低、适用范围广等优势,未来将继续占据装配式建筑结构的主导地位。预制混凝土构件可以提高工厂化、机械化施工程度,减少现场湿作业,节约现场用工,克服季节影响,缩短建筑施工周期。

(二)主要特色

①使用预制混凝土构件可以使主体结构工程减少钢筋、混凝土、模板施工工程量,减少模板、木枋等周转材的使用,取代现浇模板,生产效率高,施工进度快。

②使用预制混凝土构件施工装配机械化程度高,减少了传统现浇施工现场大量和泥、抹灰、砌墙等湿作业施工,节省人工,缩短施工时间,降低人工成本。

③在工厂里预制生产大量部品部件,运输到施工现场再组合、连接、安装,工厂的生产效率远高于手工作业。

④工厂生产不受恶劣天气等自然环境的影响,工期可控。

⑤通过生产方式转型升级,减轻劳动强度,提升生产效率,摊薄建造成本。

三、主要做法

(一)工作思路

济南恒大睿城幼儿园项目是一座装配式建筑,采用标准化设计、工厂化生产、装配化施工,建成后将为我国装配式建筑的建设起到很好的借鉴与示范作用。统计数据表明,装配式建筑在质量、安全、成本、效率、节能环保等方面,有很大优越性。本项目装配率为80%左右,总建筑面积3883平方米,结构形式为框架结构,地上四层,局部三层,其中外墙、内墙、楼板、楼梯为预制构件。

(二)具体做法

本项目中的预制混凝土构件——外墙板生产线和内墙板/叠合板生产线均为环形生产线,采用模台移动、作业设备固定、养护窑立体集中养护的生产方式,可实现生产连续流水作业,提高生产效率。

1. 外墙板生产工艺

外墙板生产工艺主要由清理模台、画线、喷脱模剂、安装钢筋笼、固定调整边模、安装底层埋件、一次浇筑振捣、安装上层边模、安装保温板、安装连接件、安装钢筋网片、二次浇筑振捣、刮平、预养护、抹光、码垛、养护、脱模、翻转等工艺组成。具体工艺说明如下所述。

①清理模台:对模台表面进行清理,清除附着在模台表面上的残余混凝土渣,使模台表面整洁干净。

②画线:在模台上划出边模、埋件的安装线。

③喷脱模剂:将脱模剂喷涂在模台表面上,使模台表面形成一层脱模剂油膜,便于之后的拆模。

④安装钢筋笼:将与钢筋笼绑扎的边模整体吊装至模台上。

⑤固定调整边模:根据模台上的画线位置,固定安装相应的边模。

⑥安装埋件:安装套筒、电气盒等相关埋件。

⑦一次浇筑振捣:根据外墙板的混凝土用量,对边模模型的型腔进行浇筑,浇筑完成后将混凝土振捣密实。

⑧安装上层边模:一次浇筑振捣完成后,在底层边模上安装上层边模。

⑨安装保温板:内页墙浇筑完成后,将加工好的保温板按要求铺在内页墙上。

⑩安装连接件:将连接件安插到保温板内,保证安插到位,与混凝土有效接触。

⑪安装钢筋网片:将焊接好的钢筋网片铺在保温板上。

⑫二次浇筑振捣:根据外墙板的混凝土用量,对边模模型的型腔进行浇筑,浇筑完成后将混凝土振捣密实。

⑬刮平:混凝土振捣完成后,根据外墙板的工艺要求,对外墙板的表面进行刮平作业。

⑭预养护:对振捣密实的外墙板进行初次养护,通过控制预养护通道内的温度,提高混凝土初凝速度。

⑮抹光:根据外墙板的工艺要求,对外墙板的表面进行抹光,提高外墙板表面的平整度。

⑯码垛:将外墙板及其模台输送进养护窑中进行养护,将养护好的外墙板及其模台从养护窑中取出。

⑰养护:对养护窑内的叠合板进行养护,使叠合板凝固强度达到要求。采用立体养护窑进行养护,养护控制应采用蒸汽自动温控系统,严格控制构件养护时间,以节约能耗。

⑱脱模:将模台上的边模等模具拆除并放到指定区域,使模台上只放有外墙板成品,并将边模运输到指定区域。

⑲翻转:将载有外墙板成品的模台翻转一定角度,使得外墙板成品可以方便地被起吊设备竖直吊起并运输到指定区域。

2. 内墙板生产工艺

内墙板(包括内承重墙和内隔墙)生产工艺主要由清理模台、画线、喷脱模剂、安装钢筋笼、固定调整边模、安装埋件、浇筑振捣、刮平、预养护、抹光、码垛、养护、脱模、翻模等工艺组成。具体工艺说明如下所述。

①清理模台:对模台表面进行清理,清除附着在模台表面上的残余混凝土渣,使模台表面整洁干净。

②画线:在模台上画出边模、埋件的安装线。

③喷脱模剂:将脱模剂喷涂在模台表面上,使模台表面形成一层脱模剂油膜,便于之后的拆模。

④安装钢筋笼:将与钢筋笼绑扎的边模整体吊装至模台上。

⑤固定调整边模:根据模台上的画线位置,固定安装相应的边模。

⑥安装埋件:安装套筒、电气盒等相关埋件。

⑦浇筑振捣:根据内墙板的混凝土用量,对边模模型的型腔进行浇筑,浇筑完成后将混凝土振捣

密实。

⑧刮平:混凝土振捣完成后,根据内墙板的工艺要求,对内墙板的表面进行刮平作业。

⑨预养护:对振捣密实的内墙板进行初次养护,通过控制预养护通道内的温度,提高混凝土初凝速度。

⑩抹光:根据内墙板的工艺要求,对内墙板的表面进行抹光,提高内墙板的表面的平整度。

⑪码垛:将内墙板及其模台输送进养护窑中进行养护,将养护好的内墙板及其模台从养护窑中取出。

⑫养护:对养护窑内的叠合板进行养护,使叠合板凝固强度达到要求。采用立体养护窑进行养护,养护控制应采用蒸汽自动温控系统,严格控制构件养护时间,以节约能耗。

⑬脱模:将模台上的边模等模具拆除并放到指定区域,使模台上只放内墙板成品,并将边模运输到指定区域。

⑭翻模:将载有内墙板成品的模台翻转一定角度,使得内墙板成品可以方便地被起吊设备竖直吊起并运输到指定区域。

3. 叠合板生产工艺

叠合板生产工艺主要由清理模台、画线、喷脱模剂安装边模、安装钢筋、安装埋件、浇筑振捣、拉毛、静停、码垛、养护、脱模、吊装等工艺组成,具体工艺说明如下所述。

①清理模台:对模台表面进行清理,清除附着在模台表面上的残余混凝土渣,使模台表面整洁干净。

②画线:在模台上画出边模、埋件的安装线。

③喷脱模剂:将脱模剂喷涂在模台表面上,使模台表面形成一层脱模剂油膜,便于之后的拆模。

④安装边模:根据模台上的画线位置,固定安装相应的边模。

⑤安装钢筋:将之前配好的钢筋和钢筋桁架安装在模台上。

⑥安装埋件:安装电气盒等相关埋件。

⑦浇筑振捣:根据叠合板的混凝土用量,对边模模型的型腔进行浇筑,浇筑完成后将混凝土振捣密实。

⑧拉毛:混凝土振捣完成后,根据叠合板的工艺要求,对叠合板的表面进行拉毛作业。

⑨静停:对振捣密实的叠合板进行静停自然养护。

⑩码垛:将叠合板及其模台输送进养护窑中进行养护,将养护好的叠合板及其模台从养护窑中取出。

⑪养护:对养护窑内的叠合板进行养护,使叠合板凝固强度达到要求。采用立体养护窑进行养护,养护控制应采用蒸汽自动温控系统,严格控制构件养护时间,以节约能耗。

⑫脱模:将模台上的边模等模具拆除并放到指定区域,使模台上只放有叠合板成品,并将边模运输到指定区域。

⑬吊装:通过桁车将叠合板水平吊起并运输到指定区域。

4. 施工安装

测量放线→连接件件安装→整体板块吊装准备→整体板块垂直吊运安装→安装后检测。

①在工程主体框架钢梁钢柱安装完毕后进行整体检测,主要检测钢柱垂直度与钢梁翼缘板水平度。垂直度、水平度误差保证在规范允许范围内,超出规范允许范围的可用薄钢板找平。

②在钢梁翼缘板上按照外墙挂板上挂件布置尺寸,计算出与挂板连接件的位置,在翼缘板上标出,将连接件焊接在翼缘板上,焊接完毕检查尺寸是否符合要求。

③在整体板块吊装前,应将板块四周粘接上橡胶(条)垫块,并检查是否粘接牢固(或在板块出厂前将橡胶条粘接上)。停放好汽车起重机,开始准备吊装。将专用吊具在板块上拧紧,检查是否牢固;地面转运组将吊绳挂在吊钩上,吊绳可靠连接板块上的专用吊具后,开始起吊;扶住整体板块转运架,防止

晃动,起重机开始提升,升高0.5米,确认正常后,人员应从起吊点撤离;起重机提速上行,启动时应低速运行,然后逐步加快达到全速。

④待将板块吊至安装位置附近时,调整板块角度,由安装工人在板块两边将板块牵引至安装位置,对准安装挂件,由吊装指挥员指挥缓缓落钩,在即将落至安装位置时,对准安装件上标记的标记线,落钩就位,摘钩,对照图纸进行核对,对板块的水平度、垂直度进行精调,安装板块完毕。

⑤板块安装完毕后,将楼板钢筋与板块上部C型钢外露部分骨架进行可靠焊接,增强板块与混凝土楼板的连接强度。

⑥将板块上的连接件与钢梁翼缘板接触部位进行可靠焊接。

⑦整体板块安装后,对板块高程及缝宽进行检查,相邻二板块高程差<5毫米,缝宽允许±5毫米。

⑧焊缝高度必须达到设计要求,焊角没有咬边现象。检查防锈漆涂刷是否均匀、所用材料是否符合设计要求、加工尺寸与图是否一致。

⑨预设连接件位置偏差过大或未预设连接件时,应制订补救措施或可靠连接方案。

⑩预设连接件偏位应裁割掉重新定位焊接,但施工过程中必须严格按照厂家的标准要求进行施工。

⑪当重新定位焊接施工完毕后,不能立即进行下一步施工,必须进行检查完成无误后方可开始下步施工。

5.安全施工管理

①项目安全管理应严格按照有关法律、法规和标准的安全生产条件,组织预制结构施工。项目管理部应建立安全管理体系,配备专职和兼职安全人员。

②建立健全项目安全生产责任制,组织制定项目现场安全生产规章制度操作规程。组织制定PC结构生产安全事故的应急预案。项目部应对作业人员进行安全生产教育和交底,保证作业人员具备必要的安全生产知识,熟悉有关的安全生产规章制度和安全操作规程,掌握本岗位的安全操作技能。

③做好预制构件安全针对性交底,完善安全教育机制,有交底、有落实、有监控。

④预制构件结构吊装、施工过程中,项目部相关人员应加强动态过程安全管理,及时发现和纠正安全违章和安全隐患。督促、检查施工现场安全生产,保证安全生产投入的有效实施,及时消除生产安全事故隐患。

⑤用于预制构件结构的机械设备、施工机具及配件,必须具有生产(制造)许可证、产品合格证。并在现场使用前进行查验和检测,合格后方可投入使用。机械设备、施工机具及配件必须由专人管理,定期进行检查、维修和保养,建立相应的资料档案。

四、实施效果

(一)经济效益

恒大睿城幼儿园项目,混凝土预制件由甲方供应,山东高速置业发展有限公司负责进行安装施工,按照总工程造价约100万元,安装利润约20%,各分项目取得的经济效益如下:预制铁件加工安装1万元,叠合板安装3万元,聚碳酸酯板(PC板)安装8万元,蒸压轻质混凝土板(ALC板)加工安装4万元,打胶处理3万元,累计取得经济效益19万元。

(二)生态效益

在资源能源消耗和污染排放方面,装配式建筑与现浇建筑相比,建造阶段采用预制混凝土构件,可以大幅减少木材模板、保温材料、抹灰水泥砂浆、施工用水、施工用电的消耗,还能减少碳排放和扬尘、噪声污染。住房和城乡建设部科技与产业化发展中心对13个装配式混凝土建筑项目的跟踪调研和统计分析见表1。

装配式建筑相比传统现浇建筑的节能降耗水平 表1

项　目	节能降耗水平	项　目	节能降耗水平
木材	55.40%	施工用水	24.33%
保温材料	51.85%	施工用电	18.22%
水泥砂浆	55.03%	建筑垃圾	69.09%
碳排放	27.26 千克/平方米	污染	减少扬尘和噪声

（三）社会效益

当前，我国经济增长将从高速转向中高速，经济下行压力加大，建筑业面临改革创新的重大挑战，发展装配式建筑预制混凝土构件正当其时。一是可催生众多新型产业。发展装配式建筑中预制混凝土构件的使用能够为部品部件生产企业、专用设备制造企业、物流产业、信息产业等提供新的市场需求，有利于促进产业再造和增加就业。特别是随着产业链条向纵深和广度发展，更多的相关配套企业应运而生。二是拉动投资。发展装配式建筑预制混凝土构件生产必须投资建厂，建筑装配生产所需要的部品部件，能带动大量社会投资。三是提升消费需求。集成厨房和卫生间、装配式全装修、智能化及新能源的应用等，将促进建筑产品的更新换代，带动居民和社会消费增长。四是带动地方经济发展。从国家住宅产业现代化试点（示范）城市发展经验来看，凭着引入“一批企业”，建设“一批项目”带动“一片区域”，形成“一系列新经济增长点”，发展装配式建筑中预制混凝土构件，能够有效促进区域经济快速增长。

（四）管理效益

从房地产开发总成本来讲，建筑工程中叠合剪力墙、叠合楼板、预制叠合梁、预制楼梯、预制空调板、预制飘窗和阳台这类构件均可在工厂预制完成，然后运至现场进行拼装，设计装配率约80%。与传统施工方式相比，装配式施工技术可以节约30%左右的工期，在装配式现场节省70%的作业人员，减少80%以上的建筑垃圾排放，在节能、节地、节水、节材的同时，减少碳排放和对环境带来的扬尘和噪声污染，有利于改善城市环境，提高建筑综合质量和性能，实现高质量快速建造。

近年来，我国工业化、城镇化快速推进，劳动力减少、高素质建筑工人短缺的问题越来越突出，建筑业发展的“硬约束”加剧：一方面，劳动力价格不断提高；另一方面，建造方式传统粗放，工业化水平不高，技术工人少，劳动效率低下。装配式建筑的预制混凝土构件能够彻底转变以往建造技术水平不高、科技含量较低、单纯拼劳动力成本的竞争模式，将工业化生产和建造过程与信息化紧密结合，应用大量新技术、新材料、新设备，强调科技进步和管理模式创新，注重提升劳动者素质，注重塑造企业品牌和形象，以此形成企业的核心竞争力和先发优势。同时，采用工程总承包方式，重点进行方案策划，在前期阶段介入一体化设计先进理念，促进房地产开发和施工企业转型升级、降本增效。

建筑工程企业机料成本信息化动态管理体系的构建与实施

山东高速畅通路桥工程有限公司

成果主要创造人:侯有为　孙加宝

成果参与创造人:王洪斌　王成琪　刘东美　田志国　尚远红　刘　辉
张长青　王玉星

山东高速畅通路桥工程有限公司(简称"山东高速畅通路桥公司")为山东高速路桥集团股份有限公司(简称"山东高速路桥集团")控股子公司,由山东高速路桥集团与山东畅通集团合资成立,是国有企业混改政策下双方的一次强强合作,公司注册资本5亿元。

山东高速畅通路桥公司经营范围涉及公路工程、市政公用工程、桥梁工程、隧道工程、交通工程、城市轨道交通工程等,具有公路工程施工总承包一级资质、桥梁工程专业承包一级资质、公路路面工程专业承包一级资质、公路路基工程专业承包一级资质、地基基础工程专业承包一级资质、市政公用工程施工总承包二级资质、公路交通工程公路安全设施分项专业承包二级资质、建筑工程施工总承包三级资质。

公司现有员工500余人,其中中级及以上职称78人,一级建造师19人,二级建造师44人。公司拥有机械设备400余台套,沥青混凝土拌和站8处,分别位于临沂兰陵、烟台栖霞、青岛黄岛、潍坊诸城、昌邑、寿光、高密、临朐等地,多数配套沥青热再生副楼和自行设计的地下管廊式上料装置,设施完备,另配有水稳拌和站及商品混凝土拌和站十余套。公司现有资产总额约5亿元,年生产能力达30亿元。

一、成果构建背景

(一)打破传统机料管理对成本管理制约的需要

在项目施工组织过程中,材料、机械费约占到整个项目总成本的60%或更多,机料管理水平的高低直接关系到企业的经济效益,只有对机料管理做到动态控制,才有可能降低工程成本、提高工程质量、增加企业效益。因此做好项目成本控制的重点和难点在于机料管理。

目前很多建筑施工企业仍采用"分散采购、手工记账"等传统式的机料管理模式,但手工管理方式容易出现人为错误,效率低,导致数据汇总和分析困难。另外,项目分散采购由于各自为政,受市场行情信息的欠缺、专业化统筹管理等因素制约,难以保证材料的质量,同时设备材料的闲置余缺也难以调剂,从而导致管理费用增加、资金周转缓慢,难以实现价格的批零差,使企业整体经济效益下降。

传统管理模式的弊端,致使企业的机料管理处于无序状态,无法满足企业对动态数据采集与分析的要求,难以实现对机料的实时、动态控制,影响项目正常运转,造成资金和资源的浪费,项目施工成本增加、利润流失。同时由于公司缺乏对项目的垂直管理和有效监控,无法针对项目实际情况做出迅捷的判断和分析,无法适时调整企业管理策略,有悖于企业的可持续发展的理念,损害企业的外部形象和信誉。

(二)推进公司现代化动态管理的需要

施工项目由于工期长导致影响施工项目成本的不确定性因素较多,需要在项目成本管理的过程中主动控制，对不确定因素提前进行预测和评估，并制定和采取各项预防措施，保证计划目标的实现。在项目工程实施过程中，预想不到的工程变更、市场行情变化等情况使得成本的控制非常困难，这就要求企业在施工过程中必须对施工方案、成本管理及材料设备投入等进行全面的动态控制。动态控制的主要意义在于能够直观表示出各阶段的工程量、工期及资金投入状况，及时高效地对施工计划进行调整，获得适宜的施工方案。

要做到动态控制，很重要的一个因素就在于信息的掌控性，成本差异如不能及时反馈给施控主体，成本控制就无从谈起。如果仅靠人工去完成所要求的基础数据计算、收集和整理，效率非常低，几乎不太可能进行有效的控制，动态管理将公路施工管理的先进方法和理念与计算机信息技术结合，依靠完善的计算机技术提供一个过程清晰、科学的工程项目施工管理系统。通过集成系统对施工过程中数据整理汇总，可清晰反映施工各环节的状况，为决策者提供全面、准确、直观的动态数据信息，及时进行整体分析、控制，实现动态成本管理。

(三)提升企业管理信息化水平的需要

当前我国公路施工机械管理水平不够完善，采用的管理手段和管理系统相对落后，现有一些公路施工工程管理软件通常针对施工过程中的施工质量或施工工艺过程，有些施工中甚至仍然使用纸质化管理方式，这极度落后于当代计算机技术的发展，且数据处理的速度和精度都很难保证，严重阻碍施工进度，虽然也有少量对施工进度和成本进行管理的系统，但是系统过于简单，重管理而并非动态控制，无法根据现有的工程进度和施工成本采取改进措施，来保证施工高效进行。因此，网络信息化集成系统建设和管理应用也将成为建筑施工企业各级资质评审的重要标准。

二、成果内涵

针对目前机料管理存在项目部分散采购、手工管理方式难以适应现代企业发展的要求，以及机料管理人员的素质偏低，材料管理制度不规范等一系列问题，随着山东高速畅通路桥公司的快速成长、规模发展，企业认识到必须积极采用信息技术，改进经营和管理模式。

山东高速畅通路桥公司将计算机技术应用到公路工程施工管理信息系统的开发中，通过网络信息化，建立一个功能齐全、控制良好的系统平台，实现网络资源高度共享和及时处理，使各单位之间信息相互连接，改变业务动作时间差产生的信息不对称的滞后性，实现动态管理，确保整个公路项目管理能够达到对用户信息的可视化和数据更新的同时性，方便项目管理人员利用计算机掌握施工现场项目进展实际状况，并采取适当的处理措施，为管理提供决策，从而实现建筑工程企业机料成本信息化动态管理。

山东高速畅通路桥公司通过机料成本信息化动态管理体系建设达到不断降低工程成本、提高企业的市场竞争能力、提高经济效益的目的，加强建筑企业内部管理信息系统建设，用信息技术提升企业实力，提高管理的现代化水平，提高企业管理水平和市场竞争力，适应国际国内竞争新形势。

三、主要做法

(一)树立动态管理理念，坚持体系建设原则

为有效解决机料成本管理着重管理而忽略动态控制的状况，山东高速畅通路桥公司提出构建建筑工程企业机料成本信息化动态管理体系，旨在对高速路桥现有的机料成本动态管理理念进行革新和发展。为了实现动态对项目成本目标的监控和分析，必须建立起动态的成本管理理念，才能做到对目标的及时纠正。

①建立以人为本的管理理念，通过企业管理人员与员工的面对面会谈，倾听群众意见，充分调动员工积极性，让员工参与到企业发展、项目组织过程中，自发主动为项目施工、公司发展出谋划策。

②通过举办多种内容形式施工组织方案研讨会、项目成本核算通报会、设备节油大赛等，让企业每位员工认识到：动态化机料管理与项目成本控制、企业发展和员工的切身利益息息相关；机料成本管理不仅存在于大的项目施工组织方案，还存在于日常琐碎的施工管理当中。从而转变职工思想观念，树立

动态管控理念。

建立施工企业项目成本管理体系时应遵循以下几个原则：

(1)全面控制的原则

实现全面控制，包括全员控制和全过程控制，各部门的相关岗位都要参与到项目的成本管理中，确保施工项目全过程成本管控效果。

(2)开源节流原则

控制成本的最终目的是用来提高经济效益，主要方法有降低成本支出和增加预算收入两个方面。

(3)"责、权、利"相结合原则

为使成本管理的各种措施都落到实处、产生实效，采用"责、权、利"相结合的方法。

(4)目标管理原则

目标管理就是将设定的目标进行分解、将目标的责任执行到位、对目标的执行结果进行检查、对目标评价与修正。利用目标管理的方法是进行任何一项管理工作的基本方法和手段。

(二)完善组织机构，落实体系建设职责，形成有效组织保障

为了适应以成本驱动为核心的管理体系的建设，需要对企业进行流程重组(BPR)，即对原有组织结构及部门职能进行重新设计，对明确的目标责任进行分解，分解时应从部门及员工的权责出发进行层层分解，每一层都明确自身责任成本范围，建立成本责任目标，并配套奖罚制度，实现成本细分并落实到各岗位人员，以项目成本控制为主轴，在成本控制进程链上的不同节点上使得各项目部及职能部门分别对应，从而解决部门间的工作接口问题，有效建立各部门的协同工作机制。

企业组织机构设计如图1所示。

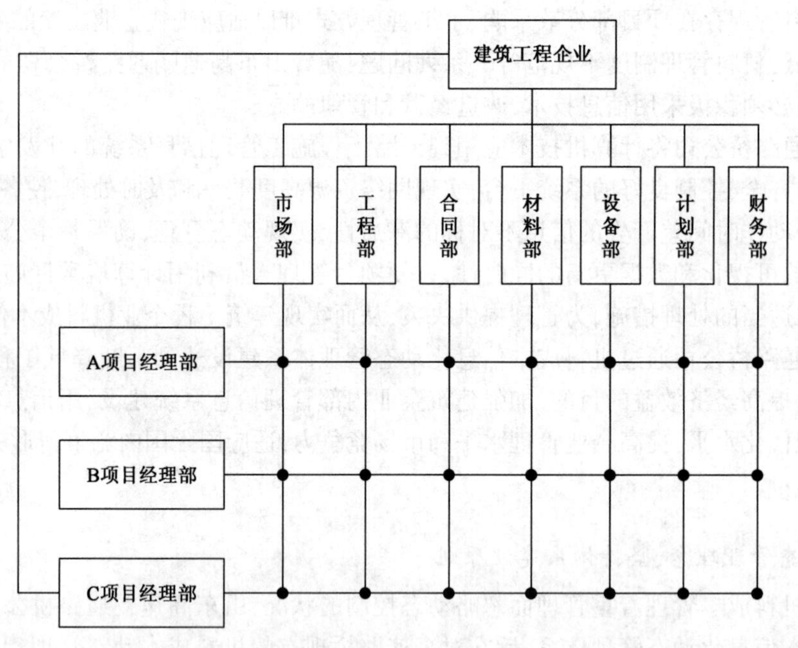

图1　企业组织机构设计

山东高速畅通路桥公司根据成本管理职责要求，为解决部门职能划分不清、管理体系重叠、工作流程交叉等实际问题，开展了管理体系优化和流程再造工作，将成本管理责任细化分解，并确定各工作阶段与相应的配合部门。通过责任的层层分解，形成了层级递进的责任落实链条，将成本控制责任层层传递，落实到每一位员工，并与日常绩效考核相挂钩，保证了责任的明确到位和有效落实。

企业部门职能设计见表1。

企业部门职能设计 表1

序号	部门名称	部门职能	主要协作部门	主要工作阶段
1	市场部	投标申请;获取投标信息、材料价格信息、竞争对手信息、编制投标书;与业主沟通,了解客户需求,优化客户服务;根据多个项目投标报价结果,完善企业定额;项目成本预测和估算	工程部、材料部	投标报价
2	工程部	根据项目条件及资源状况组建项目部、任命项目经理;合格分包商和供应商确定,工程分包;施工组织方案确定;项目资源的优化配置	项目经理部、材料部、设备部	施工准备、施工阶段
3	合同部	合同相关事件申请;合同签订(承揽、分包、采购、设备租赁合同等);预算成本确定;合同变更处理;索赔管理	市场部、工程部、项目经理部、材料部、设备部	投标报价、施工阶段
4	材料部	归集各项目大宗材料采购计划,报计划部门审批;根据确定的材料供应商采购	项目经理部、工程部、计划部	施工阶段
5	设备部	根据项目资源配置计划,进行施工机械的优化调度;对机械设备的状态进行监控	工程部、项目经理部	施工阶段
6	计划部	计划成本确定及分解;材料采购计划等审批;成本差异分析	合同酌、项目经理部、材料郡、工程部	施工准备、施工阶段
7	财务部	项目各款项收入支出处理;成本核算;建立辅助记录,及时向有关人员反映项目财务支出情况	工程部、材料部、项目经理部、计划部	施工、竣工阶段
8	项目经理部	项目制造成本控制;资源消耗控制和其他直接费用控制;现场信息采集	工程部、材料部、设备部、合同部、财务部、计划部	施工准备、施工、竣工阶段

项目成本控制分为决策层、管理层和作业层,与其相对应的组织结构层次为高层管理者、基层管理者和项目部。因此,从成本驱动的角度可以将大型施工企业项目管理信息化分为成本信息采集、成本信息处理分析和成本控制决策三个层次(图2)。

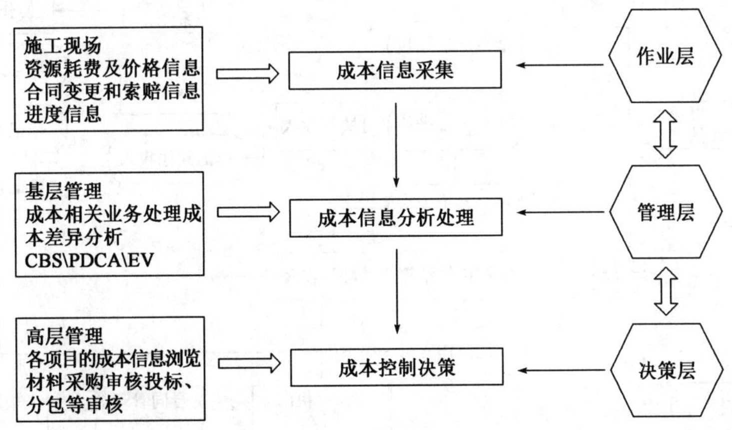

图2 成本驱动大型施工企业项目管理信息化层次及信息传递过程

(三)建立专家小组,对材料、设备组织方案进行综合评议

"兵马未动,粮草先行",组织好材料供应是保证项目施工顺利的前提条件。因此山东高速畅通路桥公司成立由经验丰富、实践能力强的专业人员组成的专家小组,在项目进场前期,向所有专家提出所要估算的工程内容及有关要求,并附上背景材料,然后由专家做书面答复。各位专家根据所收到的材

料,提出自己的估算结果及方案;将各位专家第一次判断意见汇总,列成图表,进行对比再分发给各位专家,让专家比较自己同他人的不同意见,修改自己的结果,得出统一方案。通过对专家的意见进行综合处理,对重大的施工组织设计进行综合审议后选取材料、设备投入少的最优方案,避免盲目投入而增加成本。同时对项目驻地选址、场地建设、物料安放位置、进出路线等统一规划设计,从而方便物料储存和搬运,降低由此增加的设备成本。

(四)全面分析、合理规划,建立动态成本核算框架

在现有的水平和状况下,山东高速畅通路桥公司进行成本管理时主要通过对资源的合理调配并对生产任务的合理安排,将企业各项生产成本和费用控制在预算和计划成本内,在企业下达的管理目标要求下,按照工程总包合同的规定,保证项目的工期、质量、成本的如期完成,推动公司成本动态管理水平的全面提升。

成本核算流程如图3所示。

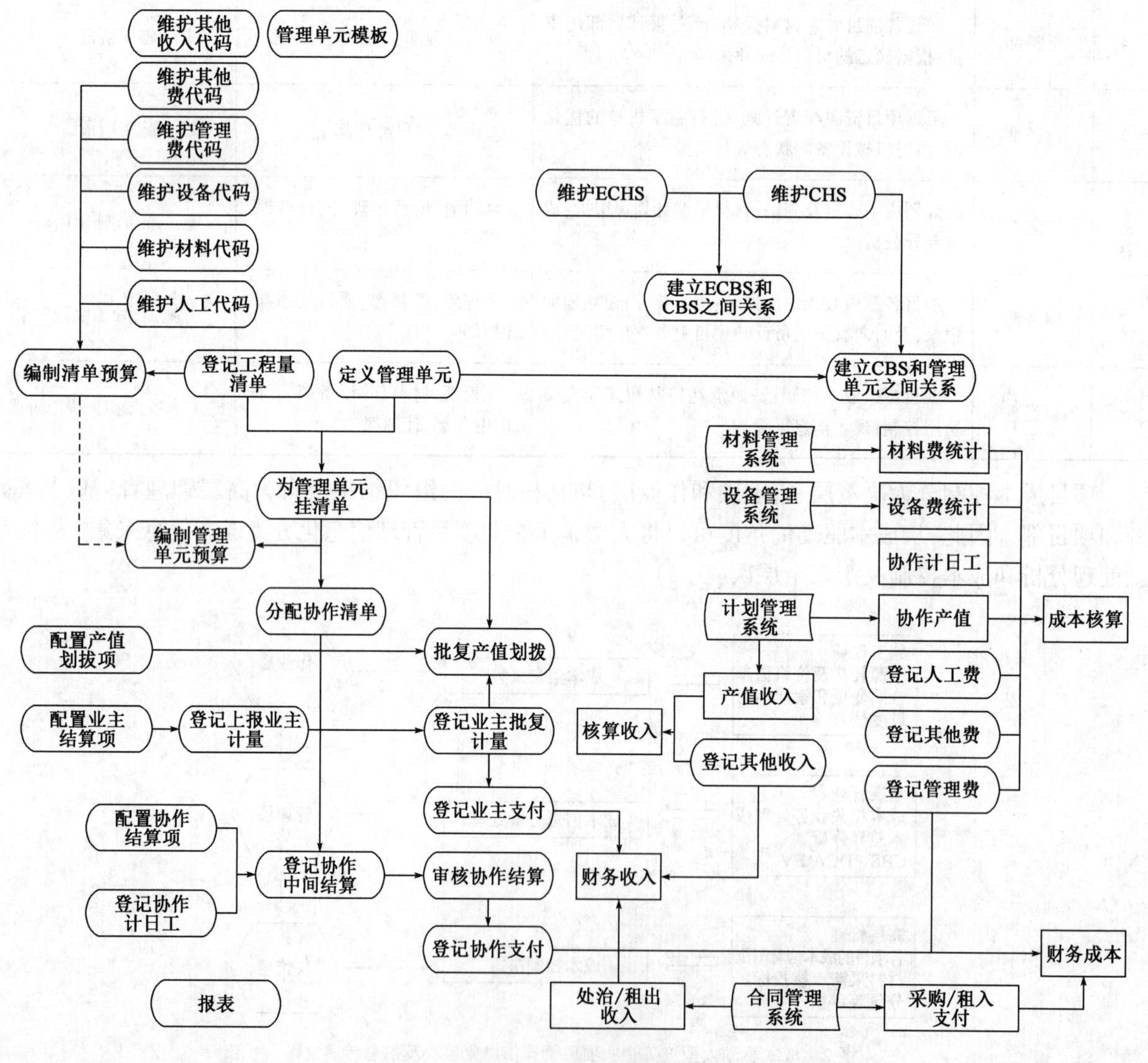

图3　成本核算流程图

1. 建立合格供应商档案,与大型企业等建立战略合作框架

①山东高速畅通路桥公司每年根据本年度与企业有实际发生关系的供应商的信用、供货能力、押款能力等对供应商进行分级评定,并进行动态更新,选取优秀、合格供应商,建立合格供应商档案,以便加

强合作。将信誉差、供货能力低、与公司发生法律纠纷的供应商纳入黑名单，并通报各项目，避免纠纷的发生，有效控制风险。

②与中国石化齐鲁石油化工公司、日照钢铁控股集团有限公司、莱芜钢铁集团有限公司等建立战略合作框架，在材料采购中，享受大客户优惠政策；一方面降低采购单价，减少成本投入；另一方面在国际形势资源紧缺、变动较大的情况下，优先保证供应量，保障项目施工的顺利进行。

2. 对大宗材料、设备租赁进行集中采购

山东高速畅通路桥公司成立材料设备招标小组，根据在建工程的预算计划，结合市场行情，在项目进场初期，对工程施工中所需的钢筋、水泥、沥青等大宗材料和设备租赁进行统一招标、集中采购。通过这种专业化采购模式，有效克服了材料分散采购所带来的弊端，发挥材料整体批量采购的优势和规模化经营优势，确保材料的质量，平衡调配余缺，降低库存，减少积压，合理利用企业资源，加快流动资金的周转，缓解工程资金短缺等困难。

3. 对材料采购、设备租赁单价大幅调差，进行实地调查核算

在全球经济一体化背景下，原材料的价格瞬息万变。特别是受柴油、季节及地方政策影响较大的砂石料、水泥等材料价格更是难以控制，材料采购价格的调差也在所难免。为此，山东高速畅通路桥公司建立了“调差约束”机制，对项目材料采购、设备租赁过程中，价格变幅超过原采购单价10%的，要求项目不得随意调整单价，必须待测算小组进行实地调查核算，寻找最佳货源后方可重新定价。同时要求测算小组对市场行情和地方政策跟踪关注，结合机料管理信息系统对物资采购单价从纵向和内部各项目之间的横向加以比较，掌握一定的市场规律，提前预估评测，避免后期材料上涨、租费提高带来的成本增加。

4. 成立“三算”小组，对项目机料管理全程跟踪核算

根据项目成本核算管理办法，山东高速畅通路桥公司成立了机料管理预算小组、测算小组、核算小组的“三算”小组，通过对项目投标成本、目标成本、实际成本进行成本分析、成本监控，实现对项目初期、中期、终期的机料管理全程动态控制，保证项目毛利率，降低管理费用率。

在项目进场前期，要求预算小组根据项目总包合同签订时确定的投标成本和企业利润指标，编制本项目所需的材料、设备使用计划和总预算。

在项目施工过程中，要求测算小组对项目成本管理体系的运作情况进行监督监控；按照项目季度的生产周期实现成本归集，即每季度项目部组织一次由各生产部门参加的成本分析例会，核算实际成本，对目标成本与实际成本进行对比分析；根据项目工程总量、已完成工程量、未完成工程量、工程变更总量，按生产周期实际发生的成本进行定期核算，对于超耗的机料成本及时分析和反馈，及时纠偏，适时调整施工方案。

在项目即将结束前，成本核算小组对项目进行整体核算，分析评估，计算实际发生成本与项目初期目标成本差异，并分析原因，为公司对本项目总体评价提供依据，实现量价分离管理，制定项目材料、设备退场方案，使项目成本处于受控状态。

材料“三算”管理流程如图4所示。

(五)建立“三线”机料控制体系，分解责任目标

山东高速畅通路桥公司结合行业特点和自身实践经验，制定并建立起了一套完整的材料、设备申请计划“三线”管控体系，即在项目进场期间，根据项目施工组织计划，制订施工所需的材料和设备使用计划，并将其划分为以下三条责任目标线，由不同的管理者层层管控。

1. 基本线

根据原投标和与业主签订的合同，由公司协同项目材料、机料编制。该线为项目机料投入盈亏的水平线，也是公司对项目机料成本管理的底线。因此，在没有大的工程变更和施工方案调整下，基本线不进行任何形式的变化。基本线的调整由预算小组提交变动申报材料，企业负责人审批。

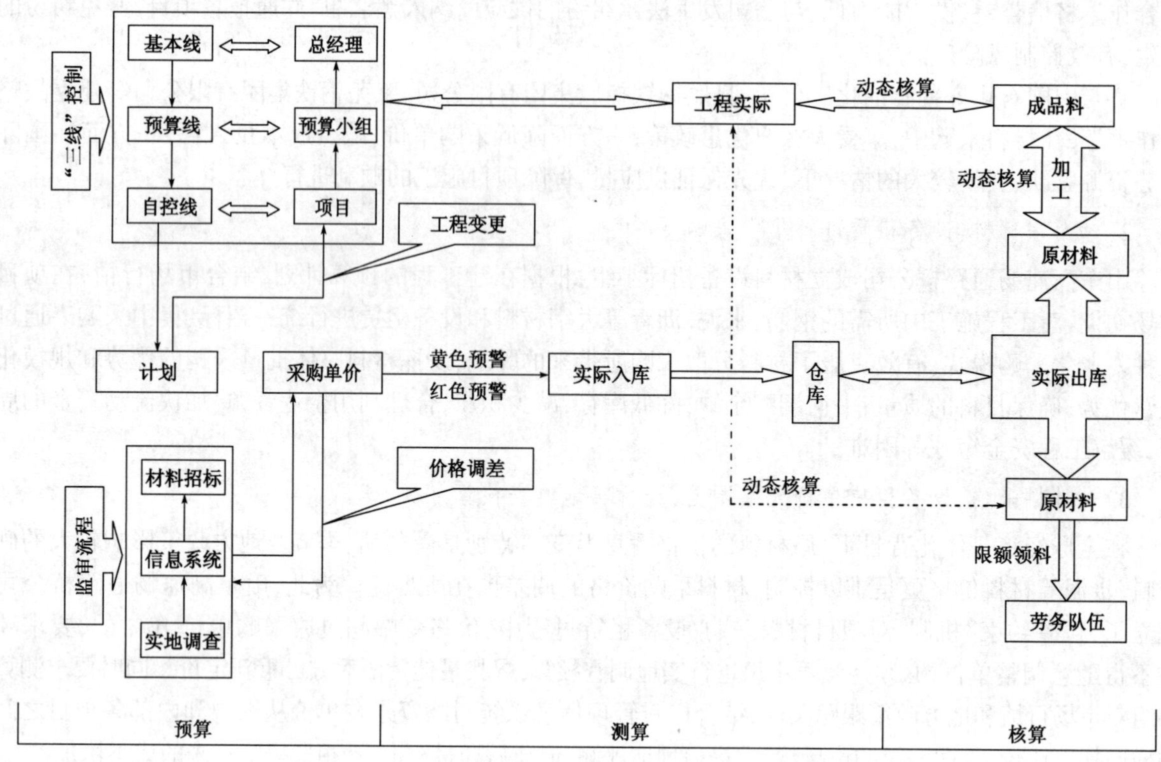

图4 材料"三算"管理流程

2. 预算线

根据项目施工组织编排,由公司委派预算小组进行编制。预算线是项目成本控制的基准线,也是公司对项目机料成本管控的目标线,作为公司与项目签订的材料、设备控制线,项目施工组织方案都要围绕这一目标线制定和调整。预算线的调整由项目提交变动申报材料,预算小组对施工方案进行审议,并调整审批预算线。

3. 自控线

根据预算线,由项目部自己编制控制线,控制线作为项目自我管理的红线。另外项目在管理过程中,还要编制阶段性使用计划和日常的采购计划,自控线的调整由项目经理和机料科长进行审批调整。

通过"三线"机料管理控制体系,要求项目负责人在施工组织过程中,要时刻绷紧机料投入和使用这根自控线,优化施工方案,尽量节省、节约材料的投入和机械的使用,降低施工成本。另外,将机料成本管控层层分解、具体落实到个人,签订机料目标责任书,并通过每月定期测算进行量化,对项目机料目标成本进行监督管控,制定奖惩措施,有效降低机料超耗风险,实现动态化的企业机料管理监控管理。

(六)构建成本动态分析系统,建设机料成本控制信息化平台

1. 建立成本动态分析系统,对项目机料进行成本分析

成本动态分析系统通过各种相关联的信息技术手段,对成本数据进行挖掘统计,将成本最终定量表现出来,为施工成本控制子系统进行成本的事中控制、事后控制提供决策依据。成本动态分析系统主要利用成本计划子系统确定的责任成本和目标成本,与成本核算子系统确认的项目实际成本之间的数据进行对比。

成本动态分析子系统主要包括三个部分:

(1)实时成本分析查询

利用成本计划、成本核算的数据,以及在施工过程中对不断产生累积的成本数据按照需要的规则进行统计,将其结果与目标成本进行对比,动态反映项目实际成本的执行情况,对项目施工过程中的节点

成本测算提供有力参考。

(2)专项成本分析

除了对项目进行开累成本与计划成本之间的对比,有时为了特别管控某项成本,需要进行一些专项的成本分析统计,常见的有质量成本分析、资金使用情况成本分析、工期执行情况成本分析等。

(3)竣工成本的综合分析

当项目施工完成后进行竣工决算,此时进一步明确项目总体收支情况,也是开展项目考核的最佳契机,因此需要对项目总体情况进行一次竣工成本综合分析。这些分析一般会涉及预算成本、计划成本和实际成本之间的"三算"对比,也会包括各种资源的节超情况对比,需要更深入的对比,可以做技术措施经济节约效果的对比分析。

利用信息系统找到降低成本费用的因素,制定相应的措施,借此提高企业的管理水平。对于一些普遍存在的问题,例如常用物资各项目采购价格存在偏差,应该及时对企业内部的定额库进行修订,积累这些原始数据有利于提高今后企业在同类工程中的管理能力,也为企业更精确的考核项目经理部提供了数据支持。

2. 建立成本控制系统,进行事前、事中、事后三步控制

项目的成本控制:通过形成可供控制的响应管理数据,对项目成本形成过程中产生的各类"人、材、机"费用进行及时纠正和监督。

山东高速畅通路桥公司首先建立起最基础的成本计划系统,成熟后逐步建立成本核算系统及成本动态分析系统,最后再建立成本控制系统,实现信息系统辅助进行成本管控,以便于提高项目的成本管控水平。在进行成本管控过程中,需要完成三部分的控制,即成本事前控制、成本事中控制和成本事后控制。以下重点介绍成本事中控制和成本事后控制。

成本事前控制主要是借助成本计划子系统建立成本控制的各层次目标,包括依据总承包合同进行成本的测算和分解确定项目经理部的责任成本,并编制相应的施工成本计划,它是进行下一步事中控制的前提条件。成本事中控制前要建立对各级成本控制的目标,以便于可以实时查看成本数据,将各类成本支出的数据及时录入系统中,借助信息系统反映实际和计划之间的差异,有助于管理层迅速做出相应决策。在这个过程中,可以设定一些限制成本超额的措施,比如增加审批工作流,对于重要成本费用支出的环节必须完成多级审批流程。也可以对一些影响成本的主要材料设定为限额领料,一旦接近目标数量,则要进行额外的申请手续后才可使用等。施工项目的成本借助信息化模式下,管理水平会逐渐固化,固化后的好处可以让项目成本达到一个可控的范畴,从以往依赖人管人逐渐转变成依赖于项目管理制度和整体的管理水平上来。项目结束后,要进行项目的事后控制,对项目发生的各项成本进行最终的测算,其结果可以作为对项目经理部及其个人的奖罚依据。这种模式下奖罚有具体的数据作为支撑,不仅不会引起不必要的利益分配上的冲突,而且还可以增加项目经理部的管理水平,有助于将发现的管理漏洞在下个项目上进行弥补。

3. 引入固定资产管理系统

固定资产管理系统利用信息系统的特点,强化设备管理的力度,降低人工成本,延长设备寿命,从而降低项目的实际成本。

固定资产管理系统通过将所有设备登记信息系统中,并且分配好每个设备的责任人,对各类设备的保养做出规定,由责任人定期保养后将保养记录上传到系统中。项目部依据企业的设备管理制度,坚持执行"定人、定机、定职责"的三定工作,并要求持证上岗。利用设备资产管理系统将管理过程中的各种数据上传,便于分管部门对各种设备的维修保养情况和操作人员岗位证书等情况进行统计和监控,逐步将设备管理从事后控制为主,转到事前控制和事中控制为主的层面上,提高设备使用周转率和运行稳定率,管理人员也可以更好掌握各类设备的运行状态,从而降低项目管理成本,提高经济效益。

山东高速畅通路桥公司机料管理信息系统界面如图5所示。

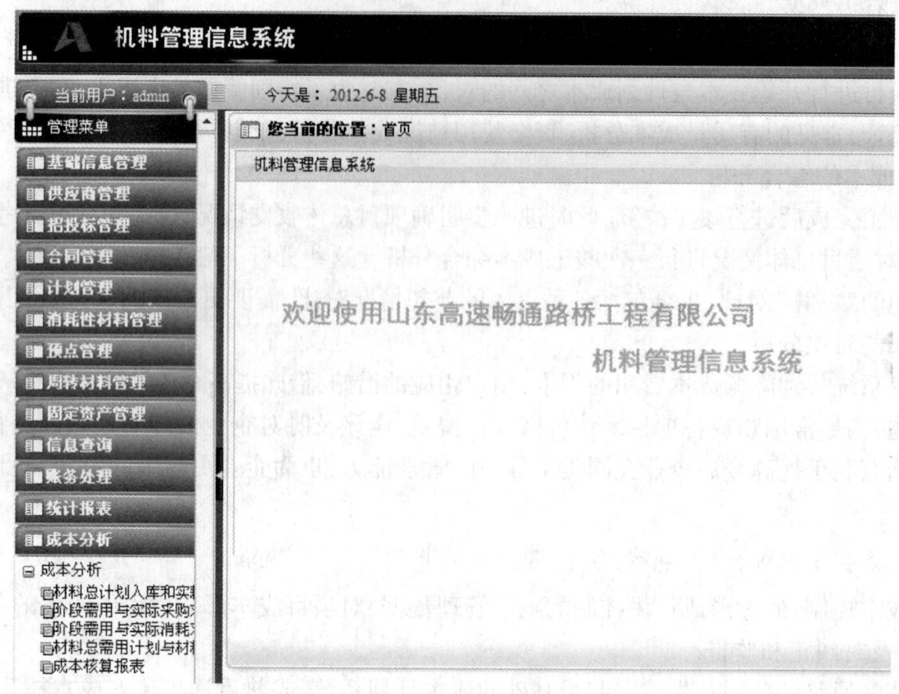

图5　山东高速畅通路桥公司机料管理信息系统界面

4. 建立材料超额入库红、黄预警机制

在建筑业企业施工过程中,随着施工方案和工作内容的调整,工程量不是一成不变的,材料需用计划也时刻变化,因此材料采购计划是项目成本管控的重点,也是工作的难点。

为了便于对材料实际入库和自控线进行比较,方便项目对材料采购中数量上的控制,山东高速畅通路桥公司机料管理信息系统根据机料管理流程和审批权限的不同,在材料入库过程中设定大宗材料的入库黄线比例、红线比例和相应的警示提醒功能。

例如,设定某大宗材料的黄线比例为70%的自控线,即当该材料的实际入库数量超过70%的自控数量时,系统将会给予黄色预警,提醒机料管理人员适时调整管理策略,重新核算材料投入和耗用情况。若超过90%的自控数量时,系统将会对机料管理人员以红色警告,锁定此材料的入库程序,在没有上级权限解除的情况下,机料会计无法入账,从而迫使项目负责人对项目材料投入进行适时调整,避免材料的超计划采购。

5. 设定限制领料机制、油耗定额控制

根据项目工程部门对下个月劳务队伍施工计划工程量,将核定的材料用量录入到系统内,当此劳务队伍实际领料数量超过核定数量时,系统将给予警示,通知机料会计重新审核劳务队伍材料使用情况。

另外根据项目的要求,通过记录设备的历次加油数量和工作量/台班,计算设备的单机油耗。通过对比其他项目设备单机油耗,对单机油耗较高的设备,从运距、工作强度等各方面查找原因,从而避免偷油、浪费等现象。

通过入库和出库的预警和单机油耗分析等,为项目材料管理者提供翔实的材料使用情况,为下一步项目调整管理和施工提供保障。

(七)建立梯队培养模式,强化职业操守和业务能力培训

动态化机料管理工作的落实,不仅需要健全的管理制度规范,还需要专业的管理人员进行具体实施。机料管理人员除了要具有良好的思想道德素质,有责任心,还要熟悉建材市场,灵活运用各种采购方式,具有较高的合同谈判能力和敏锐的市场嗅觉。但现在很多企业面临机料管理人员新老交替,业务能力、管理经验欠缺,加之机料管理过程中的信息不对称性,路桥施工企业施工现场的分散性,工作人员

的随意性，导致工程材料实物与账面不符，材料管理信息失实，无形中提高了工程的总成本。因此，只有建立一支高素质的机料管理人员队伍，才能更好实现机料管理的动态控制。

对此，山东高速畅通路桥公司从两方面选拔优秀的机料管理人员：一方面企业与山东大学、哈尔滨工业大学等多家国内重点院校签订人才培养和联合实习基地协议，建立订单式培养模式，通过安排公司优秀员工亲自授课，与学生进行面对面的沟通和交流，邀请学生到项目工地实习等方式宣传企业，让优秀人才认识了解企业和施工流程，吸纳更多企业技术人员加入，然后根据性格特点和能力安排到适合的岗位，以老带新，培养新人。

另一方面，公司每年定期和不定期进行工作绩效考评，在各项目施工一线内部选拔素质过硬的优秀人才，进行业务技能强化培训，通过梯队模式重点培养，为企业建立一支高素质、业务能力过硬的机料管理队伍。

（八）建立科学化的机料管理制度，鼓励自主创新和技术改造

①明确机料管理人员在成本预测、计划编制、采购计划实施、材料保管、设备使用、废旧材料清理过程中的基本工作程序、方法和责任，完善采购人员、保管人员和机料会计的“三员分开”的岗位责任和以凭证为依据的内部监督控制制度。自 2003 年以来，山东高速畅通路桥公司根据建筑施工企业的行业特点和自身要求，对机料管理制度进行了 37 次修订，现已建立完善的机料成本控制与绩效考核的联动机制。

②山东高速畅通路桥公司鼓励企业员工自己动手进行创新改造，通过校企课题攻关及产、学、研相结合的方式加强企业技术革新，提高工作效率，为企业减支增收提供技术保障。例如，针对青岛海湾大桥现浇箱梁下钢管桩不便拆除的情况，利用动载、静载相结合的技术原理，自己动手制造加工了由 2 个浮箱、120 振动锤、200 千瓦发电机、16 吨随车起重机、大功率卷扬机特种拔管船，拔出、切割埋于海下的钢管桩 964 吨，回收利用材料价值约 260 万元。

③设立维修保养奖惩制度，自己动手维修保养生产设备。截至 2020 年 6 月，公司拥有大型船舶、摊铺机、沥青站等大型生产设备近 1500 台套，多数核心部件为原装进口，维修技术水平要求较高。由于工期紧张，设备出现故障后大多委托售后服务单位进行上门维修，不但配件价格较高，而且服务时间不能满足企业要求，影响项目施工的正常运转。对此山东高速畅通路桥公司在冬歇期委派员工参加设备技术专业培训，制定奖惩制度，鼓励员工自己动手维修保养，及时排除故障。通过这一措施的实施，为企业节省运输费用、维修费用约 193 万元。

四、实施效果

通过项目管理系统的成功实施，对工程项目管理进行了全生命周期管理，实现了对项目成本、进度、安全、质量等方面的有效控制，可以更好从总体上把握项目情况，实现对项目的宏观控制，确保从招投标、项目预算、进度计划到材料采购、施工情况、财务成本等各类数据信息的可靠性、及时性及完整性。

（一）工作简约化、数据直观化、管理规范化

山东高速畅通路桥公司在全国多个省市都有在建项目，通过日常机料管理人员即时录入资料和数据，建立智能化动态管理的机料管理信息系统，对数据进行 ETL［抽取（Extraction）、转换（Transformation）和装载（Load）］处理，建立企业的数据中心或数据仓库。在此基础上利用查询和分析工具、数据局工具、联机分析处理（OLAP）工具对其进行分析和处理，使公司机料管理更加规范化。同时系统可根据企业的要求和方式，分门别类进行查询和统计，如各地市的材料单价、各种地况环境下的设备单机油耗、计划与实际的对比等的查询和统计，从而为项目材料采购、面对各省不同地方政策下的工程投标提供数据参考，也为企业、项目针对各地供应商调整管理策略、面对不同业主和地理环境制定施工方案提供参考依据，为成本管理、工程招投标提供参考依据，改善了传统的项目机料管理过程中材料种类繁多、部分账本和单据出现丢失的情况，可以将此长久保存在计算机内，实现数据随时调取。

（二）有效降低项目成本，促进企业经济效益的提高

通过机料成本信息化管理对项目机料全过程的管理控制和大宗机料的集中采购租赁，2019 年全年，山东高速畅通路桥公司多次进行大宗材料、设备采购招标，采购成本降低约 1%。通过对闲置设备或库存材料的公示，可以降低材料采购和设备租赁单价，实现公司资源共享，使闲置材料和设备得到充分利用和衔接，2019 年全年，山东高速畅通路桥公司项目利用内部自有机械设备 400 余台套，沥青混凝土拌和站 8 处，节约租赁成本，提高自有设备的利用率，实现资源共享，减轻项目成本支出的压力，进一步降低企业成本，增加企业经济效益。

山东高速畅通路桥公司通过实施项目综合管理系统，通过提升企业的内部管理水平，企业规模有了突破性增长，同时也取得了相当可观的经济效益。据统计，公司实施项目综合管理系统后，2019 年全年产值 8 亿元，同比增长 6.67%，利润总额 5386 万元，同比增长 8%。2020 年 6 月，公司已经成功中标并正在施工的项目有潍青高速公路部分工程、S229 沂邳线大中修工程、2020 高密市城区 PPP 工程等，上述工程额约 5 亿元。同时，在产值大幅度上升的同时，公司的管理成本却没有上升，这充分说明公司管理水平的提高。这也从侧面反映出随着项目综合管理系统的应用，企业的核心竞争力得到了大幅提升。

（三）建立完善的项目成本控制体系，实现项目集中、垂直监管

在山东高速畅通路桥公司机料管理信息系统内，不同的管理层有着不同等级审批查验权限，通过"公开化、模式化、约束化"式材料计划的制定、计划与实际入库的对比、领用限制等的工作流程和系统自动汇总的数据对比分析，约束材料管理员业务行为，从管理源头杜绝违规操作和贪污腐败现象的发生；同时公司管理者通过对项目材料采购单价、设备使用等项目施工全部环节进行全面了解，为企业管理者垂直监督、成本动态化管理控制提供保障。

山东高速畅通路桥公司通过加强项目机料"三线""三算"管理，实现公司对项目机料动态化管理和监控，有效降低项目成本，企业效益进一步提高。

作为山东高速路桥集团控股的混改子公司，山东高速畅通路桥公司必将发挥好山东高速路桥集团的资本、管理、技术优势，发挥好山东畅通路桥公司的本地经营优势，将山东高速畅通路桥公司打造成山东半岛地区的行业龙头企业。

山区高速公路绿色照明系统综合应用

贵州中交贵都高速公路建设有限公司

成果主要创造人:郑 鸿 武新超

成果参与创造人:洪 伟 王 星 冯路超 莫炳章 韦祥冲 郎 惠

贵州中交贵都高速公路建设有限公司(简称"贵都高速建设公司")为中国交建旗下中交资产管理有限公司控股子公司。公司因投资建设贵州省贵阳至都匀高速公路,于2007年9月19日在贵州省注册成立,注册资本为261360万元。贵阳至都匀高速公路是贵州省省会贵阳与黔南重镇都匀市之间的快速通道,是厦蓉、兰海、沪昆高速公路等在贵州中部地区的共用路段,是贵州乃至西南地区通往广东及沿海省份的重要通道,是贵州高速公路网的重要组成部分,被贵州省交通运输厅列为重点建设项目。

贵都高速公路起点位于都匀市火石坡,与厦蓉高速公路榕江格龙至都匀段的终点(K206+458)形成对接,终点位于贵阳绕城高速公路西南段K3+475处,在此设置秦棋枢纽互通与贵阳绕城高速公路西南段和进贵阳城区的道路相衔接。途径都匀、贵定、龙里、贵阳四县(市),全长实测里程80.68公里。按照双向四车道高速公路标准建设,路基宽度26米,设计速度100公里/小时。全线设互通式立体交叉4处、分离式立体交叉18处、管理和服务设施7处。全线有隧道36座,单洞全场52公里,于2009年1月全面正式开工建设,2011年3月29日通过交工验收,2011年3月31日通车试运行。

本管理课题围绕"节能减排、降本增效、保障安全"目标,结合贵都高速公路实际情况开展绿色照明系统综合应用,更换能耗较低的LED(发光二极管)灯具,减少隧道照明系统的总功率,通过隧道监控软件,按照天气、时段、车流量实现对单个照明回路的智能化、精细化控制,一方面确保隧道照明亮度符合规范,创造良好行车环境,保证交通安全,另一方面实现企业节能减排的目标。

一、当前遇到的问题和解决思路

(一)课题建设的背景

1.时代背景

随着时代的进步,低碳经济与节能减排成为时代发展主旋律。作为社会、经济发展重要支撑的高速公路,每年其隧道机电电费支出较高,特别是山区公路的隧道照明电费支出,公路隧道照明用电费已成为运营单位的巨大负担。以2015年为例,贵都高速公路全年用电量共计12486035千瓦时,其中隧道设备用电为9937874千瓦时,占总用电量的79.59%,而隧道设备中照明灯具的用电几乎占了90%以上。

2.技术背景

目前公路隧道照明广泛使用的高压钠灯、高压汞灯、卤素灯等传统灯具光效低、启动慢、能耗大,不利于智能控制,使用高压汞灯还会带来汞污染等问题,不符合当前我国建设资源节约型、环境友好型社会的要求。LED灯有能耗低、光指向性好、寿命长、响应快、无汞污染等优点,可作为节能替代光源。

试验证明,LED照明取代传统照明技术方案是成熟、可靠的,比使用传统的高压钠灯可节约电能30%~40%,节能效果显著。LED照明灯具在公路隧道照明领域,具有广阔的应用前景。

3.政策要求

我国政府积极响应国际号召,大力倡导节能减排。在国家相继出台高速公路行业新技术标准及

LED 等照明技术突飞猛进的背景下,如何做好高速公路隧道照明节能减排、降本增效是摆在全体高速公路人面前的一个课题。以高速公路隧道营运高效管理、推进降本增效实践为基础,提出照明节能减排新举措,期望协同推进高速公路隧道节能减排工作。

4. 安全管控

高速公路行业安全管理的基本特点是点多、线长、面广,安全风险点多且分散。点多,指高速公路安全管理重点部位多;线长,指高速公路安全管理战线长,少则几十公里,多则数百公里,且线上作业人员数量众多;面广,指高速公路安全管理涵盖人员、资产、现场、运营管理等全业务链,涉及范围包括消防、卫生防疫、食品安全、高低压用电、特种人员设备、公共安全等行业和领域,存在跨行业、跨人群、跨地域的特点。隧道灯具运行情况,既有大到影响公司生产经营的重大安全隐患,又有小到影响员工职业健康的安全风险。

在建设创新型国家的背景下,随着国家节能减排工作的不断推进,社会对节能减排工作越来越重视,提倡各单位节约能源、降低能耗。贵都高速建设公司紧紧围绕"节能减排、降本增效、保障安全"这一目标,结合贵都高速公路的实际情况,通过开展用电数据分析和现场照度测试工作,狠抓节能减排工作、重点区域的节能管理工作以及隧道安全管控工作。结合贵都高速公路隧道照明灯具的实际情况,贵都高速建设公司在隧道照明控制系统及灯具方面开展改造工作。

(二)隧道照明管理中的主要问题

1. 照明灯具技术标准落后

当前贵都高速公路采用的照明灯具是高压钠灯,已经运行 6 年多,存在光带窄、配光质量下降、光衰严重、光效低、质量稳定性差等问题;高压钠灯采用黄光光源,也导致隧道照明的视觉效果不佳,影响行车安全。因此,采用新型照明灯具和合理的控制系统对保证隧道经济安全运行有着十分重要的意义。

2. 照明系统灯具管理控制策略粗放

当前,对隧道照明灯具管理和控制采用人工控制操作的方式,操作人员通过道路上设置的摄像机观察天气变化情况进行灯具开关,极易出现"应开不开、应关不关"的现象,造成隧道环境"过亮"或者"过暗",无法精准掌握开关灯操作时间,隧道灯具过亮造成用电浪费,增加了运营成本的支出,隧道灯具过暗增加交通事故发生的概率。

(三)主要研究的内容

1. 重新调整规划隧道照明控制系统

按照新的监控 IP 规划要求,结合隧道照明系统的实际情况,对隧道内的 23 台 PLC 主机程序重新编写,对 3 所隧道管理所的上位机系统软件进行重新对点及软件设计编程。利用上位机系统软件(隧道监控软件),一是通过隧道区域系统实现对隧道照明系统的分回路远程控制;二是通过隧道区域系统对现场控制的反馈信号实现现场设备状态监测,进一步了解现场灯具运行情况,实现实时开关控制灯具;三是结合山区隧道的特点,安装照明亮度测试装置,根据照明亮度数值制定照明灯具开关策略,实现照明灯具分天气、时段的智能化、精细化管理。

2. 满足技术规范,合理选择照明灯具

经过全线隧道照明灯具排查和测试,选取隧道照明灯具故障较多、照明较低的隧道进行灯具更换。又结合贵都高速公路处于山区,天气变化异常,秋冬季节易起雾的特点,在隧道进出口选择低功率高光效的高效钠灯。在满足高速公路隧道照明技术规范的基础上,经过缜密测算,选择新场隧道(1800 米)、九条龙隧道(1900 米)、陡坡脚隧道(2500 米)、鸡冠岭隧道(2700 米)、木垴山隧道(1800 米)等隧道进行隧道灯具 LED 灯及高效钠灯的改造工作;同时又对贵都高速建设公司所辖的 3 座收费站区天棚照明、中杆灯照明进行灯具改造,同样天棚照明灯具选择更经济的白色光源 LED 灯具,中杆灯照明灯具选择更适应雾天的黄色光源高效钠灯。

(四)课题节能减排的意义

隧道灯具控制更科学、精准。通过隧道监控软件(图1),按照天气、时段实现对单个照明回路的智能化、精细化控制。结合洞外亮度、车流量等数据,通过精准分回路控制,避免出现隧道行车的白洞效应和黑洞效应,确保了隧道内和隧道外亮度环境平缓过渡,为道路使用者提供了安全、可靠、稳定、舒适的行车环境。

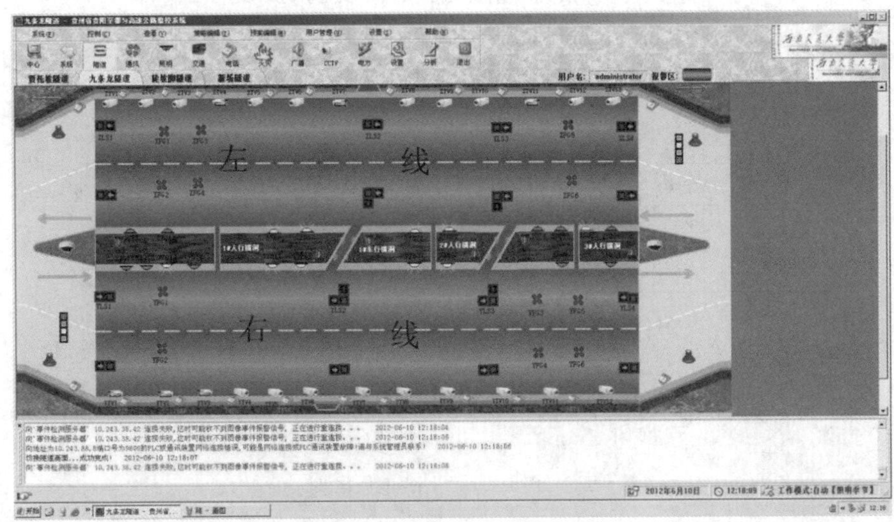

图1 贵都隧道监控软件图

结合实际情况,选择最佳的灯具配置方案。贵都高速公路处于山区,根据这一特点,通过更换能耗较低的LED灯具和透雾性更强的高效钠灯,总体上降低隧道照明设备的总功率,实现企业节能改造的目的。另一方面,在满足隧道照度的同时,降低了隧道照明灯具的用电,实现企业降本增效的管理目标。

项目的实施,改善隧道内视觉享受,减轻道路使用者的视觉疲劳,有利于提高隧道通行能力,保证道路使用者的行车安全。

二、采用的主要技术路线

(一)隧道照明系统节能原理

因贵州山区天气变化无常,通过对隧道照明控制系统的改造,通过隧道监控实现对隧道照明回路的控制后,结合实时的天气情况,如晴天、雨天、阴天、重阴天等实时对入口段加强照明回路进行开关调节;同时根据车流时段的情况进行基本段照明回路的开关操作,实现对隧道照明灯具的智能化、精细化管理;一方面确保了隧道内行车环境,另一方面实现节能的效果。隧道照明回路控制原理如图2所示。

贵都高速公路照明灯具采用LED+高光效钠灯混合方式进行1:1更换,即入口加强段、过渡段及出口加强采用LED+高光效钠灯混合搭配,基本段全部采用LED灯具。将加强照明中400瓦、250瓦的高压钠灯分别换成250瓦、150瓦的高光效钠灯;150瓦的高压钠灯用90瓦的LED灯具替换;100瓦的高压钠灯用60瓦的LED灯具替换;紧急停车带及人行通道、车行通道的荧光灯用30瓦的LED灯具替换。改造后理论功率由909.41千瓦降为542.63千瓦,理论功率下降了366.787千瓦,下降比例为40.33%。

将贵都高速建设公司下辖3个收费站的共计57盏天棚照明灯具由250瓦的高压钠灯更换为60瓦的LED灯具;将3个收费站的共计10座中杆灯30盏400瓦高压钠灯更换为250瓦高效钠灯。

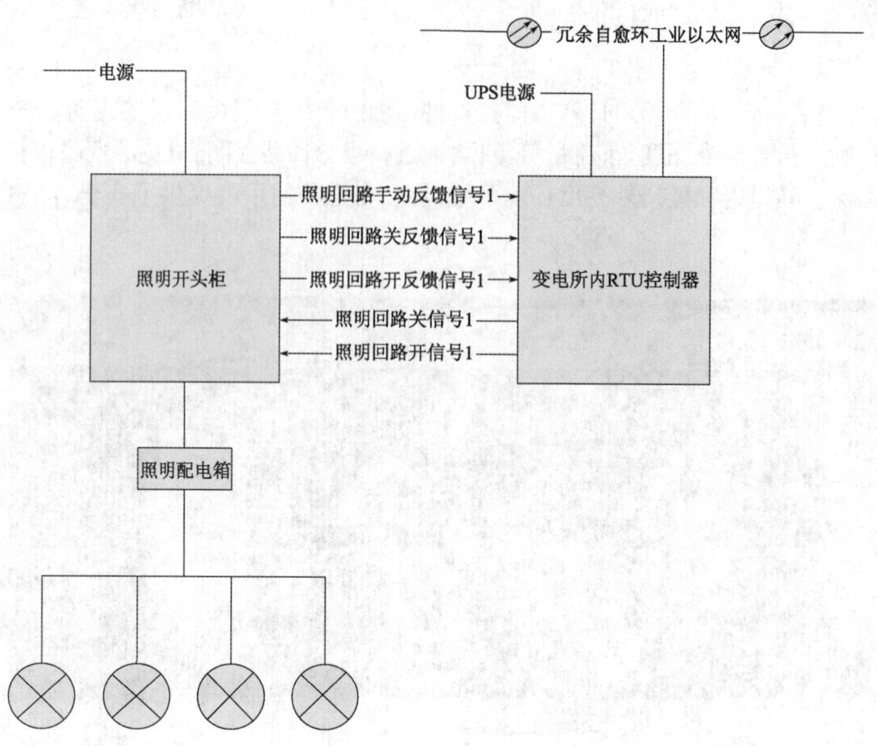

图2 隧道照明回路控制原理图

(二)实施方案

首先,根据省路网中心规划的IP段,贵都高速建设公司组织技术人员对所有PLC系统进行IP重新规划,合理调整隧道计算机网络结构,避免出现重复冲突、网络风暴现象,确保网络系统稳定。其次,技术人员通过现场实际排查,统计需要控制照明回路的数量、点位,在厂家技术人员的指导下,对下位机和上位机的PLC系统进行重新预编程。再次,根据现场实际网络情况,对现有网络结构进行调整。最后,根据最终的IP规划方案及新编写的PLC程序,逐一对现场PLC系统进行重新编程。

灯具改造部分:结合贵都高速公路的实际情况,本次改造采用保留原有的供电线路,灯具部分采用1:1更换,支线部分更换;同时结合山区隧道易起雾的特点,而白光LED穿透性较差,入口加强部分采用高压钠灯与LED灯具混合方案,中间基本段与应急段采用LED灯具的方案。

(三)技术创新点

①根据隧道照明控制系统的特点,重新对现有的PLC系统进行点位校正、控制程序编程,同时通过设置软件控制策略,可满足对隧道灯具的远程开关操作和自动操作,提高了控制的精准性。

②通过本次改造,达到灯具控制系统的预留扩展能力,如通过隧道能见度等参数,对隧道内照明系统进行智能控制。

③洞口加强采用LED+高效钠灯混合搭配,在实现节能目的的同时,也保证了洞口灯具穿透性,一是有效解决入口出现的"黑洞"现象,二是有效解决出口出现的"炫光"现象。

④通过分析电费清单,结合隧道运行的实际情况,查找实际用电过程中的可改进之处。

(四)技术关键点

1.计算机网络的重新规划

对全线隧道机电系统网络结构进行重新调整,重点是隧道机电系统工业以太环网的网络设计、规划及现有网络结构的调整。

2. 隧道 PLC 控制系统的联动控制

本路段隧道现场控制系统由隧道本地控制器和现场控制网络组成。隧道现场控制系统完成隧道交通监控系统、通风照明监控系统、火灾检测报警系统、变电所电力监控系统与隧道监控所之间的控制数据交换。

本路段隧道本地控制器原设计采用 PLC 结构,可以实现隧道交通监控系统、通风照明监控系统、火灾检测报警系统及变电所电力监控系统之间的联动控制。PLC 控制系统通过安装相关的采集、处理、控制等配套软件,以实现系统本地自动控制和联动控制功能。

其中,隧道内 PLC 控制器(下位机)主要是收集、处理和存储各外场设备的检测数据,监视外场设备工作状态,并接收隧道监控所或变电所工作站的命令对外场设备进行控制。变电所(箱式变电站)内 PLC 控制器(上位机)主要负责通风、照明、电力监控的控制及联动控制。

一直以来,PLC 控制系统的维护和管理是机电系统日常维护的痛点和难点。本次因隧道照明系统灯具改造需要同步梳理并实现隧道现场系统的联动控制功能。现场灯具改造回路测试完成后,通过变电所(箱式变电站)内 PLC 控制器(上位机)测试照明系统本地自动控制功能,对部分控制回路或点位无反馈信息的进行问题分解并解决,对原控制回路接线不合理的进行回路优化,同时优化 PLC 系统控制软件,对 PLC 联动控制功能缺失进行完善。

3. 特殊隧道灯具布置方式的施工组织

隧道拱顶灯具布置方式下,照明灯具的拆卸、安装的工序及保畅方案。

4. 隧道照明灯具的二次配光

已通车隧道改变灯具安装位置后照明灯具的二次配光。合理的配光根据不同路况的实地情况进行相应不同的配光设计,以满足与路况相适应的最好的照明效果。LED 灯具有钠灯无可比拟的优势,钠灯无透镜,配光不可根据路况进行相应匹配,路况匹配性差,很大程度达不到合理照明的要求。LED 灯具有"光学透镜",可根据不同的路况来进行配光设计透镜,远灯间距路况就按远配光设计,宽车道路况就按宽配光设计,真正做到根据路况来定制相应匹配的透镜,完全满足不同照明环境的需求。

经核算,本项目灯具的替换功率如下:将加强照明中 400 瓦、250 瓦、100 瓦的高压钠灯分别换成 180 瓦、120 瓦、60 瓦的 LED 灯具;基本段 100 瓦和 150 瓦的高压钠灯用 60 瓦的 LED 灯具替换;紧急停车带及人行通道、车行通道的荧光灯用 30 瓦的 LED 灯具替换。

(1)主洞照明

①加强照明。隧道入口段、过渡段、出口段设置了相应的加强照明,改造设计中采用 180 瓦、120 瓦和 60 瓦的 LED 灯进行照明,安装高度为 5.3 米,隧道两侧对称安装。

②基本照明。隧道基本段灯具采用"拱顶侧偏单光带"布置,灯具直接吊挂在隧道拱顶。选择 60 瓦的 LED 灯作为基本照明灯具,此照明方式除作为白天隧道基本照明外同时可作为隧道夜间照明。

③应急照明。为预防突然停电引起隧道骤暗而影响行车安全,本项目全线设置了应急照明,将基本照明 1/3 的 LED 灯作为应急照明,24 时全亮,设计亮度为基本照明的 1/3。应急照明电源引自应急电源,备用时间为不小于 90 分钟,采用耐火电缆配电至应急灯。

(2)横洞照明

采用 30 瓦的 LED 灯替换荧光灯,灯具布置与现有灯具布置型式一致。

(3)紧急停车带照明

采用 30 瓦的 LED 灯替换荧光灯,灯具布置与现有灯具布置型式一致。

此外,灯具用固定支架安装在隧道拱顶上,其位置应在隧道建筑限界外,加强隧道照明灯光轴正对道路中线处。投光方向可根据具体灯具特点现场调整以达到最佳照明效果。灯具安装附件随灯具统一提供。

三、推广应用条件

现如今,隧道照明技术的不断发展,LED 照明技术日益成熟,可在新建高速公路选择能耗低、亮度强、寿命长的 LED 灯具替代传统照明灯具,结合 LED 灯具可通过分级调光的技术实现对灯具的精细化、智能化管理,达到节能减排的目的。2018 年,贵都高速公路进行了第二次改造,此次改造灯具 2200 多盏,改造后节能效果明显,隧道照度、隧道内路面及隧道视觉环境明显改善。

四、实施效果

(一)节能环保效益

改造前,新场、陡坡脚、九条龙、鸡冠岭、木岗山、猫冲二号等隧道共计 5596 盏高压钠灯,每月耗电 289584.3 度,年耗电 3475011.6 度;收费站区每年耗电 103983 度。项目改造后,11 条隧道每月耗电 202709.01 度,年耗电 2432508.12 度;收费站区每年耗电 43505 度。项目改造前后节电量为:

(3475011.6 + 103983) - (2432508.12 + 43505) = 1102981.48 度,折合 363.98 吨标准煤。

项目改造后,理论功率下降 40.3%,根据隧道灯具实际开启的情况,实际用电量下降了 30.01%;隧道平均照度由原来的 33.62 勒克斯提升到 42.84 勒克斯;收费站区灯具总功率由原来的 26.25 千瓦下降为 10.92 千瓦。

(二)经济效益

更换隧道及收费站区照明灯具的总费用为 415 万元,根据运行的 4 个月来看,每月节约电费约 7.8 万元,每年节约电费约 93.72 万元;且随着对灯具的精细化、智能化管理,节能效果会不断增加,测算 4 年能够回收投资成本,而 LED 灯具质保期为 5 年,使用寿命为 8 年。

(三)社会效益

每节约 1 度电,相当于节省 0.33 千克标准煤和 4 升水,同时可以减少 0.272 千克粉尘、0.997 千克二氧化碳和 0.03 千克二氧化硫的排放。可见,收费广场照明用电量的降低不仅节能而且环保。以此计算,本次改造的隧道及收费站区每年节约用电约 1102980 度,每年相当于节省 363.983 吨标准煤和 4411.92 吨水,同时可以减少约 300 吨粉尘、1099 吨二氧化碳和 33 吨二氧化硫的排放。

隧道绿色照明系统的应用,改善了隧道通行环境,提升隧道照明系统的亮度,为广大驾乘人员提供了安全、舒适的行车环境,有效减少交通事故的发生,同时也实现了企业节能减排目标。

智能+可视化应急调度指挥平台的开发与应用

武汉微诚科技股份有限公司

成果主要创造人:赵晓昌　张　卉

成果参与创造人:李兴东　丁建峰　罗晓方　曹远模

武汉微诚科技股份有限公司(简称"微诚科技")创立于2011年,总部位于武汉,在西安设有研发中心,是致力于自主知识产权信息化产品研发和智能设备技术服务的国家高新技术企业。长期专注于交通、电力、城建等相关领域,提供软件研发、系统集成、工程建设等一体化解决方案。

公司快速发展,逐步成为双软认定企业和湖北省软协会员单位,通过国家高新技术企业认定;拥有国家级AAA企业信用等级、CMMI L5级、机电工程承包三级、安全生产许可、ITSS三级、ISO9001、ISO14001、OHSAS18001、ISO20000、ISO27000、电子智能化二级等资质;取得了22项软件著作权,20项专利获得批准授权。

现阶段,公司以打造"智汇交通"系列综合管控解决方案为重点,将信息化方案和技术扩展到增强现实(AR)、虚拟现实(VR)、地理信息系统(GIS)、应急、调度指挥、安全、作业风险、商务智能(BI)等领域。后期将贯彻落实"物""安""大""智""移"战略发展措施,充分应用物联网、安全、大数据、智能分析、移动互联相关技术,实现信息化应用系统到信息化协同服务的转化。

下面,就相关术语进行简要介绍:

AR(Augmented Reality),即增强现实,是一种将虚拟信息与真实世界巧妙融合的技术,广泛运用了多媒体、三维建模、实时跟踪及注册、智能交互、传感等多种技术手段,将计算机生成的文字、图像、三维模型、音乐、视频等虚拟信息模拟仿真后,应用到真实世界中,两种信息互为补充。

GIS(Geographic Information System),即地理信息系统,有时又被称为"地学信息系统",是一种特定的十分重要的空间信息系统。它是在计算机软硬件系统支持下,对整个或部分地球表层(包括大气层)空间中的有关地理分布数据进行采集、储存、管理、运算、分析、显示和描述的技术系统。

POI(Point of Interest),中文可以翻译为"兴趣点"。在地理信息系统中,一个POI可以是一栋房子、一个商铺、一个邮筒、一个公交站等。本项目是指将业务系统地理位置和空间信息通过图形标注和数据图层叠加的方式在GIS中显示。

BI(Business Intelligence),即商务智能,它是一套完整的解决方案,用来将企业中现有的数据进行有效整合,快速准确地提供报表并提出决策依据。本文的BI是通过数据挖掘、大数据、智能分析、报表、图表等工具技术对数据资源综合应用,最终形成的数据资源可视化平台和其他数据资源决策分析平台。

一、项目背景和目标

(一)背景描述

1.路网庞杂,交通流在社会发展中拥有是否重要角色

我国地大物博,道路交通总里程居世界首位,路网庞杂,道路交通运输亦随之不断快速发展,路网建设也越来越完善。道路交通运输已不仅仅是客流和物流的载体,在现代物流、信息流、商业流、金融流和文化流的高速运行中也拥有十分重要的角色。因此,道路交通运输综合管理水平和应急处置服务能力

的逐步提升变得尤为重要。

2. 交通运输管理体系发展规划要求

信息化、智能化也是时代发展的大趋势,行业信息化面临着互联网与行业特色融合创新发展的新要求,各行各业都将全面步入信息化、智能化时代,交通行业也不例外。2017 年国务院印发《"十三五"现代综合交通运输体系发展规划》通知要求,到 2020 年,基本建成安全、便捷、高效、绿色的现代综合交通运输体系,部分地区和领域率先基本实现交通运输现代化;党的十九大明确提出建设交通强国的宏伟目标,交通运输系统将在新时代奋力开启建设交通强国的新征程;此外,交通运输部明确 2035 年进入世界交通强国行列。

3. 交通应急处置服务和信息化发展

交通运输管理和运营基本实现了信息化,但突发事件、预警报警、事件处置、应急调度指挥、安全隐患管控、安全保畅等业务和信息管理分属多套系统,信息不能实时传递,资源不能及时调配,甚至各个业务板块之间信息无法互通,这些管理或运营缺陷制约了公众安全、便捷出行效能的提升。同时,交通运输总体需求依然旺盛,社会驾乘人员日益增长的多样化需求和传统服务功能供给的不匹配,对高速公路管理和服务水平、服务能力、服务质量提出较高的要求。传统模式的信息管理系统、视频监控系统、平面 GIS、应急管控系统等将不能为运营监管提供更高效的信息化平台支撑。高速公路服务水平必须与人民群众日益提高的生活品质相适应,利用信息化手段,逐步提高高速公路智能化水平,丰富服务方式,整合服务资源,提高个性化、伴随式综合服务能力,为公众提供安全、便捷、畅通的出行服务。

4. 交通运输现代化创新探索与实践

现阶段处于推进交通运输现代化的重要时期,为配合全面落实"综合交通、智慧交通、绿色交通、平安交通"的"四个交通"建设,树立管理创新示范和标杆载体,推动交通运输高质量发展,微诚科技也在不断进行探索和实践,着力于管理创新、科技创新、技术应用创新等创新成果转化,坚持以创新应用为引领,以智慧交通为主攻方向,以多年行业探索和实践经验为基础,整合交通运输管理行业产业链及信息化建设,结合"智能 +"与数字化发展趋势,针对交通运输应急处置服务构建"智能 + 可视化应急调度指挥平台"项目,精益应急处置管理与突发事件处置标准化建设,逐步提升公众服务质量,加强交通运输管理单位品牌建设。

(二)项目目标

"智能 + 可视化应急调度指挥平台"项目目标为:探索与实践"智能 +"信息化解决方案,围绕"上下协同、路地协同、资源协同、公众协同"的协同管控目标,通过产业链协作和网络化整合,实现应急处置与调度指挥领域精益管理和标准化建设,促进"四个交通"战略决策的有序推进,为加快建设交通强国奠定基础。

二、成果内涵

(一)成果概述

在全面贯彻落实"四个交通"战略决策工作中,微诚科技结合"智能 +"和"互联网 +"相关的技术方案,充分运用图形图像、移动互联、GIS、GPS、视频通信、物联网、AR 实景、大数据分析、数据融合等技术,构建了涵盖客服热线、事件监测、预警报警、应急预案、应急资源库、事件处置跟踪、移动单兵、调度指挥、信息报送、处置报告、新冠战"疫"、大数据可视化、AR 实景超融合等功能板块的综合性应急调度指挥平台。同时,平台开放安全可靠的数据接口与业务服务,全面实现与人力资源管理、综合办公(OA)、财报预算、固定资产、车辆、机电设备、路产、养护、路政等业务系统集成对接,为实现智慧交通产业链协作和网络化整合奠定基础,对交通行业应急处置、调度指挥业务实行精益管理与标准化建设,逐步提升公众服务效能。

(二)成果内涵

1."四个交通"战略决策落实与推进

推进"综合交通、智慧交通、绿色交通、平安交通"战略决策落实工作,充分运用智能化设备、智能化技术方案、图像图形化数据展示、移动单兵通信和多媒体相关技术,构建可视化应急处置与调度应用。

2.产业链协作整合和精益化管理

结合交通运输管理行业特点,利用"智能+"相关技术方案,以应急处置和调度指挥为主线,整合人力资源、综合办公(OA)、财报预算、固定资产、车辆、机电设备、路产设施、路政、养护、营运等业务板块,构建综合管控信息平台,实现产业链协作与网络化整合,建立应急处置和调度指挥标准。同时,通过信息系统规范处置流程,建立客服热线库、应急预警预案库、应急处置预案库、应急资源库、信息报送库等,实现精益化管理。

3.综合管控能力和应急处置服务加持

应急调度指挥平台协同各个业务科室和业务系统,实现了人、财、物数据资源的内部共享和外部交换,为提高应急处置能力和沟通效率提供基础支撑平台,为社会各个部门之间应急联动打下坚实基础。内部数据的共享彻底地打通了内部信息流通渠道,减少了不必要的信息阻塞过程,实现了信息的高效流通,从根本上提高了工作效率和沟通效率。外部数据的交换,使得与外界部门(交警、医院、消防、安监等)能够密切配合和协调,对于应急事故的预防和处理都具有非常重大的意义。

4.交通大数据决策分析

采集、挖掘和分析处理应急处置过程中的数据资源,整合企业已有应急资源,从空间、时间等不同纬度对大数据进行分析,建立大数据决策分析模型,通过历年大数据对事故路段、安全隐患、事件类型、事件等级、处置耗时、特勤、节假日、路况、气象等进行全面分析,通过信息系统动态预警、报警,对处置过程实时监控,防微杜渐。结合系统智能化报表、图标及自动化分析结果,快速制定科学、有效的综合管控决策。

5.新冠肺炎协同抗疫

快速响应抗击新冠肺炎疫情业务需求,建立"新冠战'疫'"专题,协同各个路段/站所、信息监控中心、应急办等业务科室,构建战"疫"作业规范和信息系统,通过园区防疫、值勤记录、健康登记、出入记录、访客记录、乘车记录、应急处置等功能板块全面实现协同抗击新冠肺炎疫情。

6.探索与实践创新成果示范

通过"智能+可视化应急调度指挥平台"项目实施,总结了提升交通行业管理创新应用实践水平的经验,在全国交通企业管理现代化创新成果申报和交流,在交通运输行业内加以推广,发挥创新优秀成果示范作用,从而通过最佳实践,推动交通强国建设。

三、主要做法

(一)整体思路

智能+可视化应急调度指挥平台围绕应急突发事件处置过程,构建客服热线、事件监测、预警报警、应急预案、应急资源库、事件处置跟踪、移动单兵调度指挥、信息报送、处置报告、新冠战"疫"、大数据可视化、AR实景超融合、数据资源共享与集成等功能板块,全面实现精细化管控(图1)。

(二)实施原则

项目实施遵循CMMI(Capability Maturity Model Integration,软件能力成熟度模型集成)软件开发过程管理体系标准,极大地提高了软件企业的开发效率和软件产品的质量,从而也逐步提高了软件产品的可靠性和稳定性。

图1 智能+可视化应急调度指挥平台精细化管控

项目设计和开发、实施过程中,充分考虑计算机软件行业标准和软件系统实用性、扩展性,遵循以下原则:

①根据我国交通运输事业发展整体趋势,充分运用数据库、分布式异构交互、移动互联网等现代信息技术开发实施。

②系统设计遵循标准化、规范化原则,根据应用需求不断发展,方便地进行扩展和升级,能够根据部门实际业务的变化做出相应调整,并保证系统正常、可靠运行。

③系统以经济实用为原则,具有较高的性能价格比,确保本工程成为技术先进、可靠实用、经济合理、具有国内领先水平的数字化道路交通。

④具有友好一致的用户界面和良好的易操作性能,满足系统一旦上线就具备有现有手工作业下的同样的环境(如内部调动、员工调出、报表统计分析、相关查询),保证操作简单、直观、灵活,用户易学易用易管理,能够发挥系统的最大效益。

⑤系统采用国际上先进、成熟、实用的技术,既保证系统实现的功能,又保证系统在未来的五年到十年内,其技术仍能满足应用发展的需求。

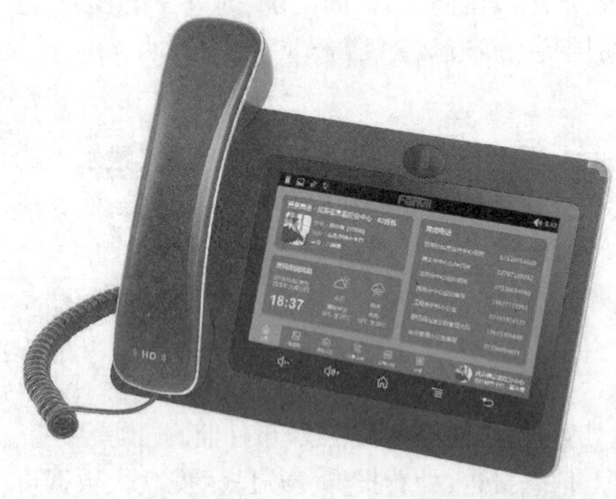

图2 客服热线话机

⑥系统设计和建设过程,应根据企业的基础现状充分考虑系统的稳定运行,降低网路负载、减轻数据传输相关的维护工作量,保证系统在使用过程中的高效可靠。

(三)创新成果内容

1. 客服热线

客服热线(图2、图3)主要功能板块包括Android智能话机、来电弹屏提醒、呼叫等待与转移、自助语音应答、话务坐席分配、远程坐席、接警上报、客服热线记录、客服热线考核等。

2. 事件监测

事件监测主要功能板块包括安全隐患监测、事件检测器监测、气象环境检测、视频监控监测、路况监测、车流量监测、"两客一危"监测、施工路段监测等。

3. 预警报警

预警报警主要功能板块包括安全隐患预警、事件监测预警、预警报警处置、预警报警信息推送等。

图3 客服热线界面显示应急事件

4. 应急资源库

应急资源库主要功能板块包括应急预警预案、应急处置预案、救援单位、应急物资、救援车辆、沿线应急力量等。

5. 事件处置跟踪

突发事件处置及跟踪主要功能板块包括GIS地图及POI标注、先期处置、现场处置、预案实施、事件呈报、处置报告等。

6. 移动单兵调度指挥

移动单兵多媒体调度指挥主要功能板块包括Android单兵设备、GPS定位跟踪、语音呼叫与对讲、视频呼叫与视频会议、执法记录、调度指挥、事件动态报送等,见图4~图6。

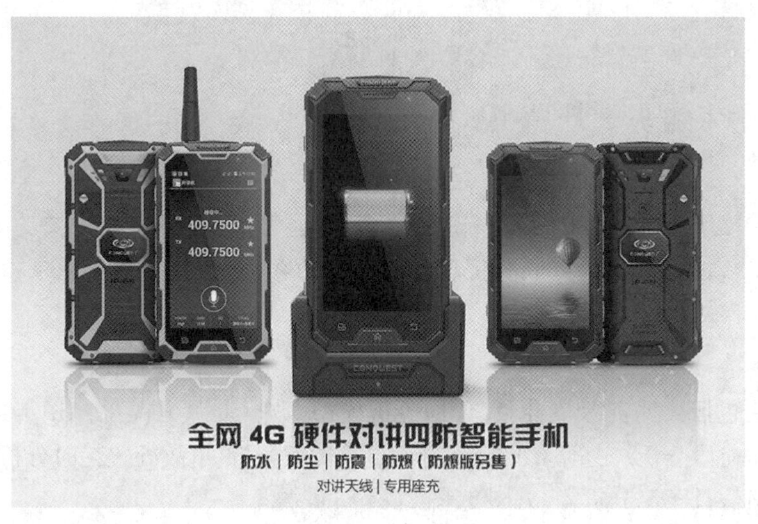

图4 Android单兵设备

7. 信息即时报送

信息即时报送主要功能板块包括信息报送模板、短信报送、微信信息报送、热线电话报送、移动App信息报送等。

图5　移动单兵多媒体调度指挥系统界面

图6　移动单兵多媒体调度指挥系统 App 界面显示示例

8. 新冠战"疫"

为快速响应新冠肺炎疫情防疫工作,在平台中设计开发了"新冠战'疫'"专题板块,主要功能包括疫情动态、疫情处置预案、园区防疫、值勤记录、健康登记、出入记录、访客记录、公务乘车记录、轨迹跟踪、疫情处置等。

9. 大数据可视化

大数据可视化主要功能板块包括数据资源整合、大数据分析模型、数据资源可视化、AR 实景超融合、事故易发路段分析、事故易发时段分析、安全隐患位置分析、事故类型分析、事故处置耗时分析、特勤事件分析、恶劣天气事件分析、节假日车流分析等,见图7、图8。

(四)创新组织和能力保障

微诚科技能力保障团队以研发力量为主,团队成员 80% 以上具备多年行业软/硬件设计、开发和集成经验;团队中坚力量曾多次参与诸如智慧交通、智慧城市、平安城市、高校信息管理系统、企事业单位财务综合管理系统、机电设备标准管理等类型的信息化平台建设。团队秉承专业、年轻、有梦想、高执行的构建理念,勠力齐心,提供服务保障能力。

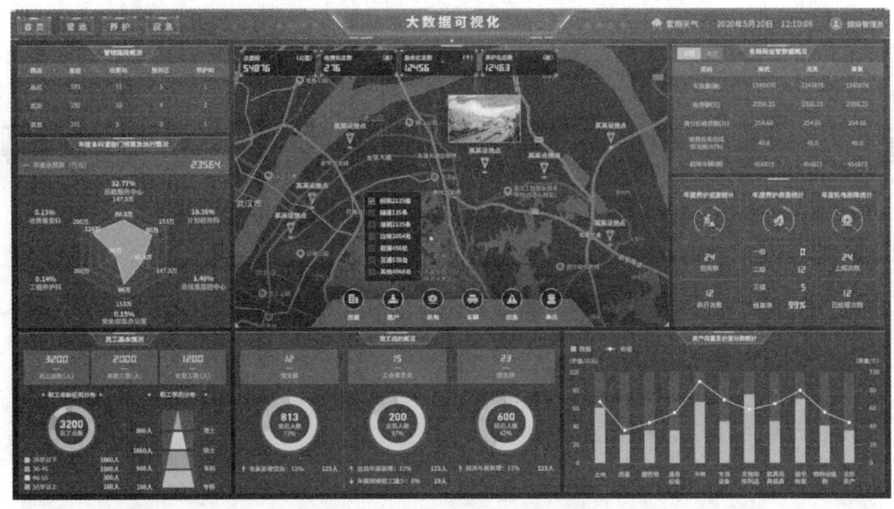

图7　大数据可视化界面

图8　AR实景运营管理系统

同时,微诚科技与武汉理工大学、武汉工程大学长期深入合作,建立良好的校企合作关系,引入高校专家团队,总体技术方案、框架设计及工程可行性分析通过了专家评审。

高速公路运营企业应对突发公共卫生事件“七有”架构体系和实施

江苏京沪高速公路有限公司

成果主要创造人:黄　铭　赵　博

成果参与创造人:莫远春　叶恒红　孔小强　王　峰　陈宪勤　孙飞跃

江苏京沪高速公路有限公司(简称“京沪公司”)是经江苏省人民政府批准成立的大型国有企业,主要营业范围为高速公路建设、管理、养护及按章对通行车辆收费,仓储,百货、文教用品销售,高等级公路管理、技术咨询,设计、制作、发布印刷品广告及路牌、灯箱、户外广告,商品的网上销售,旅游信息、物流信息、交通信息咨询等。

京沪公司经营管理的高速公路里程共396公里。其中:①京沪高速公路(编号G2)沂淮江段261.5公里,于2000年12月15日开通运营;②启扬高速公路(编号S28)扬州西北绕城段35公里,于2004年10月12日开通运营;③沪陕高速公路(编号G40)宁扬段76.1公里,于2012年12月8日开通运营;④宿扬高速公路扬州段(编号S49)22.77公里,于2017年12月28日通车运营。

京沪公司内部实行三级管理体制,本部设7个部门;二级单位7个,本部设综合部、人力资源部、党群工作部、计划财务部、安全营运部、工程技术部、经营开发部及调度中心;有二级单位6个,下辖徐宿、淮安、扬州、宁扬4个管理处和和泰经管、和泰置业2个二级法人公司;有三级单位47个,包括32个收费站、9对服务区、1个网上商城、5个清障大队。至2019年,有员工2500余人。

2019年,京沪公司实现营业收入29.94亿元,利润总额12.3亿元,净利润8.69亿元。公司通过AAA信用评级,先后荣获“全国先进基层党组织”“全国交通运输系统先进集体”“江苏省精神文明建设先进单位”“江苏省五一劳动奖状”等省部级以上荣誉100余项。

一、成果实施背景

新冠肺炎疫情是新中国成立以来发生的传播速度最快、感染范围最广、防控难度最大的一次重大突发公共卫生事件,对中国是一次危机,也是一次大考。对高速公路运营企业来说,疫情之突然,影响之巨大,持续时间之长久,势必面临的压力更大、破局更难,主要体现在以下四个方面。

(一)高速公路通行费收入大幅下降

受新冠肺炎疫情影响,尤其是2020年2月,全国各地分别采取了不同程度的管控措施,控制区域化的人员流动,高速公路通行流量急速下降。随着疫情的变化,交通运输部随时作出政策调整,延长了高速公路免费时段,自1月24日一直持续到了5月5日,是有史以来免费最长时段;同时也扩大了免费的范围,自2月17日至5月5日,所有符合通行高速公路车辆都予以免费。在2020年3月稳定控制疫情的同时,国家出台多项政策加速推进各行业复工复产,一系列的行动,加速了通行高速公路车流量的快速增加,但也造成高速公路通行费收入大幅下降。

从图1可见,2020年1月出入口流量较去年同期稍高,整体形势向好,但疫情突发严重的2月,出入口流量同比下降将近60%;随着复工复产加速推进,继3月开始出入口车流量成倍攀升直至5月恢复收费,车流量逐步趋于稳定。车流量的翻倍式增加,也意味着高速公路通行费收入的翻倍式下降。

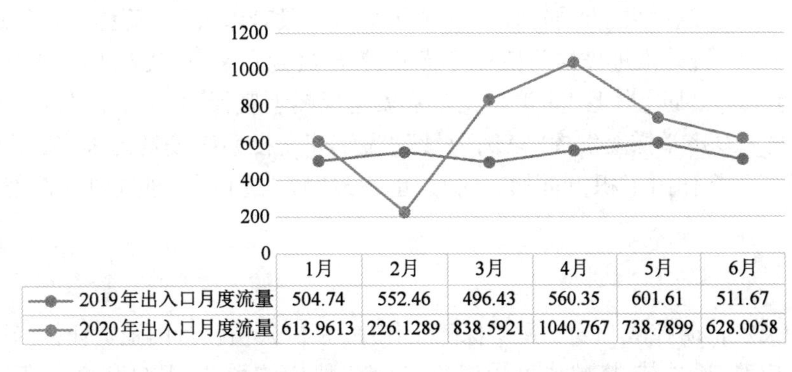

	1月	2月	3月	4月	5月	6月
2019年出入口月度流量	504.74	552.46	496.43	560.35	601.61	511.67
2020年出入口月度流量	613.9613	226.1289	838.5921	1040.767	738.7899	628.0058

图1　京沪公司所属高速公路出入口流量对比图(单位:万辆次)

(二)刚性成本需求加剧

高速公路作为交通运输重要渠道,尤其是要保证春节节日期间大众出行需要,保证疫情期间运输防疫物资车辆、医疗救护、救援车辆等快速通行,并且高速公路具有准公益性、民生工程、基础行业等特征。仍需保持高速公路的正常运行,面临的刚性成本挑战相对更大。

在疫情影响下,无论是防疫工作的需要,还是从促进其他行业复工复产的角度,高速公路始终需要维持正常运营,运营养护成本仍需不断支出。受春节进城务工人员返乡及疫情的影响,高速公路的运营、养护单位成本相较日常势必上升,进一步增加高速公路企业的刚性成本。作为资金密集型行业,债务性支出也是高速公路企业的另一大刚性支出项目。在高速公路免收通行费的政策下,高速公路的营运、养护成本增加,高速公路行业“入不敷出”的矛盾在这一刻更加凸显。

(三)高速公路收费期限被动缩短,对企业造成不利影响

根据我国现行《中华人民共和国收费公路管理条例》,所有高速公路均有固定的收费期限,尤其是经营性高速公路,在收费期到期后需收归国有。因此,因疫情原因导致我国高速公路的收费期限整体性被动缩短。而对于经营经营性高速公路的企业而言,除了通行费收入下降、收费期限缩短外,也将导致政策性风险加大,高速公路企业的竞争力将受到削弱,造成多方面的不利影响。

(四)员工面临感染风险

疫情期间,为保证民生需要,高速公路仍是正常运营,窗口服务的收费一线员工将额外增加感染新型冠状病毒的风险。为此,高速公路运营企业既要承担经营性收入下降的压力,还要额外增加疫情防护投入、员工维稳投入,导致综合成本上升,下降与上升的两极分化现象明显,迫使高速公司营运企业不得不大幅压缩运营成本,开源节流。

综上,突发新冠肺炎疫情给高速公路运营企业带来了前所未有的压力,上述的困难也急需破解,既要承担国企所应承担的社会责任,也要破解因高速公路通行费征收下降给高速公路运营企业的经营发展带来的难题,也为以后高速公路运营企业在应对突发公共卫生事件时提供经验。京沪公司在充分分析面临压力和困难的基础上,贴合实际,完善了基于应对突发公共卫生事件的“七有”架构体系,为破解高速公路运营企业应对公共卫生事件时提供了参考。

二、成果内涵

新冠肺炎疫情爆发后,其传播速度快、传播范围广、影响群众身心健康大,对国家来说,这是一场严重的突发公共卫生事件,对高速公路运营企业而言,所面临的难题也是未曾经历的,承担的压力也是空前的。面对这场全国范围的突发公共卫生事件,没有前例可循,没有经验可依,既要配合地方政府做好进出口车辆疫情管控工作,还要保证高速公路的畅通,为通行车辆做好服务;既要做好员工疫情防护工作,还要内部挖潜、外部开源,应对成本支出与收入不匹配的困难。在参与这场疫情防控战斗过程中,京

沪公司党委坚决贯彻落实党中央、省委省政府及江苏交通控股有限公司(简称"江苏交控")决策部署,发挥党组织的政治优势,统筹推进疫情防控和经营发展,全员凝心聚力,众志成城,构筑起联防联控抵御疫情的严密防线,在稳定大局上体现"京沪站位",在安全保畅上履行"京沪责任",在急难险重任务上彰显"京沪担当",在复工复产举措上发挥"京沪力量",为江苏交控系统疫情防控、实现全员"零感染"目标和促进全社会复工复产作出了积极贡献。同时,也在战"疫"过程中,通过内部挖潜、外部开源,积极寻找破压之道。

三、主要做法

在这场新冠肺炎疫情防控战和复工复产保障工作中,京沪公司践行国企责任担当,在应对突发公共卫生事件过程中边应对、边总结,搭建成型了应急"七有"架构体系,即组织有为、制度有章、保畅有力、宣传有声、维稳有度、防护有底、复产有利,形成了"京沪模式",高效应对新冠肺炎疫情防控工作,实现了全员"零感染",并通过内部挖潜、外部开源,缓解了高速公路通行费征收大幅下降所带来的压力。主要做法如下:

(一)党委组织有为

在应对突发新冠肺炎疫情之际,京沪公司党委班子扛起责任,履行职责,紧盯疫情防控,切实履行国企的责任担当。

1. 发挥党委引领作用

"疫情就是命令、防控就是责任"。京沪公司深入贯彻落实习近平总书记"让党旗在防控疫情斗争第一线高高飘扬"的重要指示精神,针对疫情发展特点部署防控措施,明确分工、压实责任。先后三次召开党委扩大会议,传达贯彻上级会议精神,对疫情防控下公司面临的困难问题进行分析研判,就京沪公司统筹抓好疫情防控、运营管理等重点工作研究对策措施,提出了"思想认识到位、组织领导到位、责任落实到位、方案措施到位、检查督查到位、宣传动员到位、风险防控到位、员工关爱到位、物资储备到位、配合政府到位"的"十到位"的工作要求,逐层逐级压实各级组织疫情防控工作主体责任。党委班子成员多次下基层督查指导疫情防控工作,检查防疫物资储备和使用情况,了解分析疫情防控工作难点,研究应对举措,确保疫情防控持续抓紧抓实抓细、不松懈,真正做到守土有责、守土担责、守土尽责。

2. 发挥支部堡垒作用

在京沪公司党委的指导下,所辖53个党支部成立了党员突击队,386名党员当先锋做表率,1500余名突击队员逆行而上,带头冲锋陷阵,坚决贯彻落实"党旗飘在一线、堡垒筑在一线、党员冲在一线"突击行动,以实际行动践行初心、勇担使命,始终站在疫情防控的第一线。为配合地方政府做好疫情管控,京沪公司党委指导基层单位与地方卫健部门、公安交警、交通执法部门建立"一路四方"联防联控机制,各基层党支部也分别与驻守管控点的单位火线成立一路多方"联合战役""省界联控"等多个临时联合党支部,共同构建起疫情防控"京沪防线"。

3. 发挥党员示范作用

京沪公司党委还引导党员干部充分发挥先锋模范作用,提高政治站位,坚定信心积极应对,超前研判疫情防控形势,用实际行动践行共产党人的初心和使命。京沪公司党委编发了党员倡议书,号召全体党员充分发挥公司"驿路海棠"党建品牌的示范引领作用,在坚决贯彻上级部署、立足岗位履职尽责、面对危险迎难而上、关爱员工做好服务、自觉承担社会责任五个方面走在前、做表率,在艰难险重中体现京沪党员的责任和担当,争做冲在疫情防控最前线的抗"疫"尖兵。

在这场全民抗"疫"战斗中,京沪公司充分发挥党建引领作用,突出党委指导、支部联建、党员冲锋,践行了国企党委的责任担当意识,为全面取得抗"疫"初步胜利奠定了基础、指明了方向、鼓舞了斗志。

(二)防控制度有章

新冠肺炎疫情是突发的公共卫生事件,在以往是没有相关的应对制度和措施的。在应对这次事件中，京沪公司也适时编制了相关的制度，做到有章可循，为以后应对类似事件的应对发挥了较好的指导作用。

1. 明确制度强管理

京沪公司纪委编发了“六个严禁、六个必须”制度，进一步加强疫情管控，即严禁违反政治纪律、政治规矩，必须服从统一指挥；严禁推诿扯皮、消极应付，必须切实履行防控职责；严禁擅离职守、敷衍塞责，必须全面落实防控措施；严禁弄虚作假、瞒报谎报，必须严格执行报告制度；严禁发布谣言、不实言论，必须坚持不传谣不信谣；严禁挪用截留防疫款物，必须保证专款专用、专物专用。京沪公司先后下发了《关于做好新型冠状病毒感染肺炎疫情防控监督工作的通知》《新冠肺炎防疫物资临时管理办法》《关于开展新型冠状病毒感染的肺炎疫情防控措施落实情况专项监管的通知》《关于加强新冠肺炎防疫物资采购合规管理的通知》，进一步明确重点，落实责任，细化措施，以制度推动疫情防控责任的落实。并编制了《防控新型冠状病毒肺炎专项应急预案》，从适用范围、风险分析、监测预警、应急响应、后期处置、应急保障等方面指导各单位做好疫情防控应急处置工作。制定了《防疫物资管理办法》，明确了物资采购管理、物资验收入库管理、物资存储和领用管理、物资调配管理，以及奖惩措施。

2. 细化措施强管控

京沪公司在收费站推行了“三讲三查”工作法，“三讲”即讲解疫情基本常识、讲解疫情防控动态、讲解疫情防护措施，“三查”即检测员工体温情况、检查防护用品穿戴情况、检查设施设备的卫生消毒情况。在清障大队落实了疫情防控“五必须”工作要求，即重点部位必须定时消毒、出警时必须佩戴口罩、清障人员必须测量体温、管理人员和中队长必须每班跟踪、异常情况必须第一时间报告，实现疫情防控网格化闭环管理。在服务区因势施策，压紧了“四项措施”，即：调整营业时间和经营品种，缩短部分业态的经营时间，减少非必需商品品种的供应；调整餐饮销售模式，将服务区餐饮的开放式快餐全部改为盒装快餐，提高了安全系数；非必需业态歇业，按照属地防疫部门的要求以及服务区经营实际，临时关闭9对服务区业态54家；倡导微信、支付宝等电子支付方式，避免交叉感染。

3. 加强纪律强监管

京沪公司纪检监督人员多次实地督查基层单位的疫情防控情况，对员工思想动态、疫情排查、值班值守、物资采购、物资储备、联防联控、疫情台账等进行检查，要求党员干部要增强政治责任感，履职尽责，在疫情防控一线体现责任担当，要关爱员工，注意劳逸结合，保护好自身安全。京沪公司纪委还充分发挥各基层单位纪律监督员作用，以各级单位履职尽责、联防联控机制建设为重点，实施精准监督，做到疫情防控监督工作“全流程、无死角”。

（三）道路保畅有力

2020年新冠肺炎疫情爆发时正值春运期间，由于各地疫情防控需要，高速公路省界主线、匝道收费站出口均设立防疫查控点，部分匝道站采取临时封闭管制措施，特别是常态化免费放行期间，因复工复产的加速推进，车流量急剧攀升，给道路畅通带来了巨大的压力。京沪公司坚持把道路保畅作为疫情防控大局的首要任务抓紧、抓细、抓实。

1. 灵活制定应急方案

根据江苏交控《关于进一步加强和做好道路保畅以及防疫工作的通知》要求，落实人员、设备、后勤等保障，完善道路保畅预案，加强道路巡查，编制收费站防疫保畅工作预案，按照“一站一策”原则，细化制定现场应急处置方案。

2. 合理渠化通行引导

主动加强与公安交警、交通执法、卫健部门对接，科学选址设置查控点，结合收费站广场特点，优化通道设置，开辟货车专用通道，合理划分防疫检测区域、待检区域，避免危险化学品车与客车混行待检。

3. 助力疫情检测管控

在收费站大流量时段,适时增设防疫检测通道,安排收费站人员进行信息登记、待检车辆疏导等辅助工作,加快检测通行速度;加强临时封闭匝道收费站管制区域隔离设施检查,做到封闭不丢责。

4. 优化分流保畅方法

因地制宜,及时总结快速检疫方法,在省级查控点,采取了分设隔离通道方法保障检测有序进行,避免车流量积压;在应对春节返程大流量时,在收费站实行"导向分流法"提高检测效率;在防疫物资运输车辆检验中,总结出细、优、准、快、高的"五字诀"防疫保畅工作法,全力保障车流高峰期间的运输防疫物资车辆快速通行。

2020年上半年,京沪公司共计通行车辆4000万余辆次,未出现车辆长时间积压现象,高效助力了社会稳定和复工复产的加速推进。

(四)正面宣传有声

新冠肺炎疫情发生以来,京沪公司党委充分用好江苏交控党建公众号、"先锋荟"、京沪e家等网络信息宣传平台,积极开展疫情防控知识、疫情防控工作经验和先进典型事迹以及复工复产创新举措的宣传工作,并在"京沪e家"网站开辟【聚焦"疫线"尖兵】你们时刻坚守抗战疫情的样子最美专版,持续报道在一线抗"疫"中涌现出的典型任务和感人事迹,通过正面引导,积极发声,既引导员工正确认识和面对,切实做好个人防护;此外,还通过宣贯平台交流经验性做法,提高保畅效率。

1. 正确舆论引导

为了在新冠肺炎疫情防控工作中切实做好宣传引导,加强有关政策措施的宣传解读,号召广大干部职工在做好自身防护工作的同时积极主动为过往驾乘人员答疑解惑,稳定群众情绪,京沪公司党委结合江苏交控相关要求,印发了《关于在新型冠状病毒感染的肺炎疫情防控工作中切实做好宣传引导工作的通知》,各单位利用道口、广场等位置张贴防疫标语、设置宣传展板,并通过LED屏实时滚动播放疫情相关动态信息。

2. 跟进关注动态

疫情期间,为及时掌握一线员工的抗疫动态,有效了解疫情防控中好的经验和做法,京沪公司利用"京沪e家"黑板报和论坛,全天候推送基层信息。同时严格按照江苏交控投稿要求,做到每两天上报一次稿件,将省界查控点、联合党支部等重要信息及时向江苏交控推送。既做到了疫情可控,还鼓舞了员工战胜疫情的信心和决心。疫情期间,京沪公司共计向江苏交控报送信息35篇,在"先锋荟"平台发稿66篇,"京沪e家"黑板报推送102篇。

3. 依靠群众力量

疫情就是命令,防控就是责任。疫情期间,京沪公司员工顾大体、识大局,坚守岗位、默默奉献。他们舍小家顾大家,连续战斗在防疫一线。他们为购买物资自驾车辆,每日奔波几百公里;他们夫妻分赴不同战场共同抗疫;他们无惧疫情,坚持温馨服务,创造感动服务。他们在不同的岗位上,以勇挑重担、舍我其谁的奉献精神筑起了一道"京沪屏障"。

(五)员工维稳有度

在抗疫过程中,京沪公司党委从关心员工个人防护、关爱员工身心健康出发,采取了心理护航、发放抗疫中药、关爱慰问等措施,打通疫情防控期间员工关爱"最后一公里",为实现全员"零感染"目标奠定了基础。

1. 做好心理疏导

为有效做好员工的心理辅导和思想稳定工作,京沪公司利用"京沪e家"网络平台,推送防疫常识,同时推出"漫宣抗疫"专题,通过漫画解读的方式,使员工更加明确掌握防护重点。各单位通过QQ群、微信群等有效媒介，向员工做好疫情防范措施宣传普及工作，确保每一名员工了解疫情知识、掌握防范措施，引导他们正确认识疫情，不信谣、不传谣，不传播和转发各类不实信息。同时，各单位还定时做好一线在岗员工的体温检测等事宜，及时了解休息在家员工的身体状况，积极做好员工的心理辅导和思想稳定工作。

2. 开展专项慰问

疫情期间，为了让广大干部职工感受到公司的关爱关怀，持续在抗疫斗争中贡献力量，京沪公司为在疫情防控中放弃休息主动加班工作的一线员工、协助单位做好疫情防控药品物资采购以及做好疫情防控期间防控知识宣传等方面有突出表现的一线员工发放专项慰问金。

3. 关爱员工生活

为提高员工免疫力，京沪公司向员工发放抗疫中药5000份。为有效解决员工理发难的问题，京沪公司发动内部有理发特长的员工，开设流动式“暖心发屋”，为全公司有需求的员工和查控点交警等防控人员理发，共有14名员工为200余人理发。

（六）科学防护有底

面对新冠肺炎疫情，京沪公司正确解读防护方法，并想方设法加强防护管控，尽力消除疫情给员工带来的危害。

1. 多措并举科学防护

京沪公司党委班子成员带头走访基层单位，制定了“一副口罩、一副护目镜、一副手套、一瓶消毒液”防护“四个一”标配具体防护措施，提出了“一个目标、两个确保、三个关心、四个管住”的总要求。一个目标，即全员零感染、管理无失责的防控目标；两个确保，即确保员工防疫物资和生产经营物资充足供给；三个关心，即关心员工身体状况、关心员工的工作生活环境，关心员工八小时以外的生活；四个管住，即管住办公楼大门、管住办公室门、管住员工食堂门、管住员工宿舍门。各单位均成立防控物资采购工作小组，千方百计多方筹措，积极购置配足测温计、口罩、防护镜、手套及消毒液等防疫物资，确保相关物资储备满足需求，第一时间配发到基层一线。

2. 联防联动筑牢防线

针对疫情防控工作“外防输入、内防扩散”的关键阶段，京沪公司所有开通站区均进驻了由公安交警、交通执法、卫健等部门联合组成的检疫站点，各相关单位主动和驻点检疫工作人员上下贯通、整体联动，全面构建成“一张网”疫情防控体系，积极配合地方卫健部门医护人员，24小时不间断值守，全力以赴做好疫情检测、排查、预警、报告、宣传、防控等各项工作，严防死守、主动作为，构筑联防联控、群防群控的战“疫”防线。各服务区还成立了防疫应急处置队伍，与当地卫健、高速交警、交通执法等单位建立常态联动机制，对服务区过往驾乘人员进行检查，重点关注长途运输客车的驾乘人员的检查，以便及时掌握疫情动态，最大限度筑牢防控屏障。

3. 精准施策监管督查

面对依然严峻的疫情防控形势以及各地方政府更加严格的管控举措，京沪公司把防疫、保畅措施落实、落地作为重点，坚持抓好跟进、督查。一是明确监管重点，逐条细化《关于开展新型冠状病毒感染的肺炎疫情防控措施落实情况专项监管的通知》中重点措施。二是定时监管与不定时监管相结合，运营管理中心通过“班稽查、日反馈、旬通报”的方式，每日对各基层单位实施疫情防控措施全覆盖远程监管检查，特别是一线人员安全防护情况重点监管，实时提醒、实时纠错，同时公司职能部门不定时进行远程抽查，加强督导，发现问题及时通报相关单位。三是定期发布监管通报，集中通报典型问题，及时督促整改，确保防疫、保畅措施不折不扣执行到位，为实现“零感染”的目标提供了坚强的保障。

（七）复工复产有利

面对疫情防控和免费放行双重压力，京沪公司通过开展“降本增效创新实干”劳动竞赛，以“硬举措”开启降本节支“极简模式”,促进企业提质增效;在服务区启动“集装箱经济”模式,在收费站开设“茉莉花小店”,发挥和泰置业“京沪物业项目”自营优势等,助力企业复工复产,压降疫情影响造成的经营发展损失。

1. 助力服务区商户复工复产

面对疫情防控和经营发展双重任务,作为京沪公司二级法人公司江苏和泰高速公路经营管理有限公司(简称“和泰经管公司”)积极响应江苏交控、京沪公司号召,努力做到疫情防控不放松、解封不解禁,甘当商户的“护航员”,做好商户的“管家婆”,通过“四步走”,助力服务区商户复工复产工作。

一是宣字当头,强意识。和泰经管公司所辖各服务区在商户暂停营业初期,通知各商户建立员工健康档案,每日测温登记,做好活动轨迹跟踪。在具备复工复产条件的情况下,通过《致商户的一封信》的形式,把当前疫情防控工作形势、复工后疫情防控要点以及防控物资准备等向各商户人员进行宣传,强化各商户的疫情防控意识。二是服务到位,提效率。对于前来申请复工复产的商户,和泰经管公司制定了统一的复工复产资料模板,安排专人指导商户对复工材料进行收集整改,并积极做好与上级部门的汇报沟通工作。联系地方疫情防控指挥部门进行再审核、再把关。对于各商户在复工复产过程中遇到的问题,各服务区积极协助解决,确保商户安全、快速复工。三是严格把关,重落实。为确保复工商户人员的健康筛查和健康管理工作全覆盖,服务区建立商户“一人一卡一档”制度,严格把控复工人员疫情防控信息,达成全员严禁“带病”上岗的共识,为商户制作通行证,执行凭证进区制度,规范落实“四个一”防护措施,确保各商户防护措施到位。四是注重检查,促常态。针对复工的商户,服务区利用现场巡查和视频巡查双重手段,对各商户进行实时监管,针对检查发现的问题和不足,要求相关商户立即整改到位,未整改到位的不得经营,形成日检查、日通报、日整改的闭环管理。有效促进各商户疫情防控工作常态化,坚决守住“零感染”这个底线。

2. 启动“集装箱经济”模式

为助力疫情期间服务区经营工作,满足出行驾乘人员就餐需要,和泰经管公司主动作为拓开源,启动“集装箱经济”模式。在充分调研后,克服疫情影响,多方联系,直接与集装箱设计制作方进行洽谈,并在充分考虑客流、车流等因素,因地制宜地选择在高邮、范水、六洞3对服务区进行先行先试,分别制作安装了一批形式风格不一的集装箱,既能为广大出行驾乘人员提供便民适需服务,又能满足大众商品、小吃、快餐等售卖功能,仅用3天时间,完成了集装箱餐厅上线营业和便民服务点的设置工作。3对服务区集装箱餐厅自营业以来,餐饮营收较实施前平均增长了200%。

为充分消除疫情期间顾客对新型销售方式的陌生感,服务区推出“小广播”,录制集装箱餐厅宣传信息、安全防控措施等,利用小广播传播距离远、受众面广的优点,在广而告之的同时传递出服务区餐饮服务保障没有中断的“好声音”,让顾客放心选购。此外,服务区从食材运送、储存、制作、销售、服务应答等环节充分考虑,专门针对集装箱餐厅设计了服务流程,以食品安全为底线,打破传统岗位的禁锢,提升优质服务水平。

为便于销售和顾客用餐,服务区在集装箱餐厅推出了不裸露、便携带的一次性碗装粉丝、面条、炒饭、小吃等方便快捷食品,让顾客随买随走,带走食用,避免集中就餐。并在购买餐饮时,设置了“取餐一米线”“付款一米线”等警告标识,保持有效的安全距离;在室外按间距不少2米分散放置露天餐桌,张贴就餐位标签,每张餐桌只设置一个就餐位,最大限度避免人员聚集。

3. 启动“电子商城”模式

依托服务区19年自主经营积累的经验优势,京沪公司二级法人和泰经管公司依托电商销售新平台,通过专业化管理、市场化运营、网络化销售,实现线上线下融合发展。

自组建“汇苏特商城”电商平台以来,短短几个月时间,商品种类突破万种,涵盖食品饮料、地方特产、居家日用、电脑办公、数码电器、家装建材、生产用品、助农扶贫等8大类64小类。

汇苏特商城也得到了江苏交控的关心和帮助,经过严格审核,2020年4月27日,江苏交控与汇苏特商城签订了框架协议，汇苏特商城正式成为江苏交控系统电商采购平台之一。至2020年9月，系统内已有9家兄弟单位与汇苏特商城开设了对公采购账户。系统外市场也在积极争取，已与江苏省盐业集团签订框架协议，成为该集团电商采购平台；与黑龙江“小康龙江”、江苏悦达集团“悦享购”电商平台进行会员、产品、服务等多方面的深度合作；结合京沪线改扩建项目各合同段单位相距城区比较偏远的特点，汇苏特商城主动上门对接，为各合同段提供商品采购全流程服务，目前已形成销售近100万元。

开展网络直播带货促销售。6月17日，汇苏特商城首次网络直播带货，现场近6万人(次)点赞，半小时内成交1048单，实现营收70473元。如今，每周三19:00网络直播带货已成常态。

4. 启动“茉莉花小店”模式

为方便远离城区在收费站工作的员工购物需求，2020年3月10日开始，京沪公司在所属34个员工食堂开设了“茉莉花小店”，以低于大润发超市5个百分点的售价，打通关爱员工的“最后一百米”。截至2020年6月底，包括江苏高速公路工程养护有限公司、京沪改扩建一标段在内的50家“茉莉花小店”开业。截至2020年9月，“茉莉花小店”在售商品已从开业初期的134种扩充至835种。

在深化开展“茉莉花小店”的基础上，京沪公司还不断拓展业务形式。发掘“网上食堂”业务，借鉴“茉莉花小店”的成功做法，主动对接系统外单位的食堂，把有形的“茉莉花小店”开成无形的“网上食堂”，不断激发“茉莉花小店”的生命力；尝试“京茉莉便利店”业务，出台便利店加盟政策，鼓励员工以停薪留职的形式加盟，依托居民小区开设“京茉莉便利店”，同时与汇苏特商城建立线上融合销售，除售卖产品外，更多地为小区居民提供生活类服务项目，把“京茉莉便利店”开成小区的邻里店、亲情店、管家店以及汇苏特商城的线下体验店。

5. 启动“茉莉花+”模式。

大力开发自主产品，形成自主品牌系列。以汇苏特商城、服务区超市为依托，稳步推进自主品牌产品的开发与销售。主要采取贴牌生产的模式，选择适销对路、质量可靠的产品进行开发，以开发成本低于采购成本为大原则，做好品牌商品开发。2020年6月10日，六洞服务区“京茉莉咖啡店”正式营业，与扬州非物质文化传承企业“淮扬楼”合作开发了“和泰大肉包”“京茉莉糕点”等品牌产品，逐步形成自主品牌系列，全面开展“茉莉花+”新模式。

四、实施效果

2020年的新冠肺炎疫情影响对高速公路经营单位而言是一场紧急应对与经营压力的大考，也为高速公路运营企业在如何应对类似突发事件时起到了很好的借鉴作用。在应对这场大考中，京沪公司外对大考，内强挖潜，迎难而上，较好地应对了这场大考。也在大考中不断开拓新思路、新发展，在应对中取得了一些成效。

在这次新冠肺炎疫情应对工作中，京沪公司清醒认识到疫情带来的影响，公司党委高度重视，勇于担责，明确目标，发挥党建作用，领导全员同心协力，保证了收费站、服务区等正常运行，在助力社会各行业复工复产的加速推进中发挥积极作用，消除了高速公路竞争力影响。通过公司内部健全应急制度和预案，细化防护措施，备足防疫物资，实现了全员“零感染”的目标，为今后应对类似公共突发事件总结了经验。通过内部挖潜，大力开展“降本增效创新实干”劳动竞赛，以“硬举措”开启降本节支“极简模式”；通过外部开源，依托服务区对外销售平台，在服务区启动“集装箱经济”模式，“茉莉花小店”经营模式内外开花，深挖“茉莉花+”经济模式，发挥和泰置业“京沪物业项目”自营优势等，广寻增效之道，广开增收之渠，有效破解了高速公路通行费下降影响。

以目标管理为核心的企业管理机制研究与实践

中交一公局第二工程有限公司

成果主要创造人:孙广滨　王春永

成果参与创造人:彭成炎　丁延书　高　扬　石美婷　严心怡　徐小婷
周晨凯　柯志祥

中交一公局第二工程有限公司(简称"二公司"),是世界500强央企中国交建的三级子公司,隶属于中交一公局集团有限公司。二公司成立于1996年,地处江苏省苏州市,是一家综合建设企业,主要承建高等级公路、大型桥梁、隧道、房建、市政公用工程等工程。多年来,二公司施工足迹遍布江苏、浙江、上海、四川、湖北、湖南、江西、贵州、山东、西藏等国内16个省(自治区、直辖市)。

二公司坚持"经营城市,区域发展"理念,弘扬"创新、执行"特色文化,在新模式市场开发、特大型桥梁建设、新金融手段运用上处于母公司中交一公局集团的领先地位,主要经营指标位列中交一公局集团前列。二公司的BIM技术研发应用水平位于公路行业领先地位,现场班组化管理在全国品质工程乐清湾大桥发起后在行业内全面推广,产业化成果和做法在瓯江北口大桥推行后已在全国多地实现整体输出。承建过一大批"高、大、难、新、尖"的国家级和省部级重点精品工程,并多次荣获中国土木工程詹天佑奖、中国建设工程鲁班奖(国家优质工程),在行业内树立了良好的品牌形象。二公司曾荣获全国优秀施工企业、全国AAA诚信企业、江苏省建筑业"竞争力百强企业"、江苏省"信用管理示范建筑业企业"等荣誉,以诚信、务实、高质量的产品赢得广大客户的认同。

一、成果实施背景

目标是对活动预期结果的主观设想,是在头脑中形成的一种主观意识形态,也是活动的预期目的,为活动指明方向,具有维系组织各个方面关系、构成系统组织方向核心的作用。一个国家的发展离不开它每年的工作目标,一个企业的发展亦是如此,也要紧紧围绕其战略目标和年度目标去展开。在整个工作过程中,中央企业往往会面临纷繁复杂的工作要求,在这种形势下,如何能够抓住重点,抓住主要矛盾而不偏离目标的指引,更高效地完成工作,实现企业的发展目标,是我们当前很重要的一件事情。

目标管理是以目标为导向,以人为中心,以成果为标准,而使组织和个人取得最佳业绩的现代管理方法,也是管理体系标准要求的重要内容之一。当前企业目标管理存在形式化严重、缺乏系统性、虎头蛇尾未形成有效闭合等问题,公司机关职能部门在工作中目标不明确导致工作能效不高;绩效考核与目标实现未结合不能形成强势引导,企业未能真正发挥好目标的领引和导向作用。目标管理在全球众多的公司中已经得到成功运用,在我国如何有效运用已成为企业面临的现实课题。

二公司从2019年初就致力于企业目标管理的创新研究和实践。作为大型综合建设企业,二公司的目标管理内容较为复杂,但通常而言,经营业绩、人才队伍和品牌建设三个方面是组成施工企业目标最基本、最主要的内容,三个方面既相互依存,又相互制约。二公司清醒地认识到,只有建立起以目标为导向的管理长效机制,通过环环相扣、系统完善的目标管理将问题导向和目标导向相统一,实现公司目标管理规范化、制度化,将目标管理工作落到实处,并以此牵引整个企业稳于中心工作不偏离,才能形成强大合力,以更高的效率、更低的成本实现我们的目标。

二、成果内涵

二公司通过目标管理的全过程研究,有效地设立、控制、评价目标管理工作,并将结果与团队绩效有机结合,建立起长效的创新企业管理机制,解决工作目标涣散、管理成效低等问题。该机制紧紧围绕六个部分展开:

坚持目标引领:目标引领二公司全年工作,目标管理是核心。企业管理的各项工作均围绕实现目标而展开。

突出部门主责:目标的精准分解和责任明确是重点。主责部门要对目标的实现负全面责任。

绩效考核联动:目标实现情况决定绩效奖金是关键。对机关各部门实施奖金包干,以部门为单位进行目标考核,部门员工荣辱与共。

充分放权赋能:充分放权激发中层责任与担当。部门经理对员工的绩效奖金分配具有决策权,部门内部自行考核,员工执行力提升。

目标全程跟踪:管理化繁为简保持初心不变。在众多管理要求下,系统整合各项管理工作,一切以目标为中心,目标推进情况的月报、跟踪分析、回头看,随时提醒全员保持初心不变。

排除制约因子:展开机关职能研讨,建立问题库并纳入信息化管理,排除目标阻碍因素,使工作方向更坚定更明确,目标实现更顺畅。

三、主要做法

"以目标管理为核心的企业管理机制研究与实践"课题由二公司党委书记确定方向并全力支持。该课题作为二公司管理创新的重要内容,被纳入二公司重点工作之一。二公司上下均非常重视,成立由二公司总经理为组长,相关部室管理精英为组员的课题研发小组,为成果的研发和全面推进奠定了很好的基础。该成果基于二公司战略和年度目标,得到了机关各部门和各项目的大力配合。经过 1 年的探索、研究和实践,二公司的目标管理长效机制日益成熟。

(一)坚持目标引领,实现全程牵引

根据上级的总要求和二公司的总目标,突出提质增效和解决管理顽疾,由企业规划部牵头制定,与机关各部门共同制定各自战略分解目标、重点突破目标和常规工作目标,并根据项目绩效考核办法,会同经营管理部、各相关部门与各项目制定项目工作目标。

1. 目标和目标管理的定义

二公司目标指的是战略目标及年度重点突破目标;二公司目标管理是指公司各部室,各区域中心、项目(简称""责任主体")以二公司总体战略和年度重点目标任务为导向,确定自身具体的目标任务,通过过程控制确保目标实现的管理方法和管理行为。目标分为督办系统内目标及督办系统外目标两个方面。目标管理根本目的是为了分解任务、压实责任、确保成效,遵循分级分类管理、坚持五大导向、科学评估绩效、严肃追责问责原则。

2. 目标的科学制定

二公司领导班子负责公司年度工作总体目标的制定,分管领导负责分管业务目标的策划和审核批准分管部室的长短期目标,并对部室目标实现情况进行考核。企业规划部牵头二公司目标管理工作,负责二公司战略目标、年度重点突破目标的编制与分解,牵头制定年度目标责任书并对目标实现情况每半年进行一次评估分析并形成报告;综合办公室是目标管理工作的督办部门,负责筛选并向上级单位上报公司重点目标(即督办系统内目标),负责目标的过程跟踪、纠正、实施督办(含目标管理督办系统的上线及管理);人力资源部根据目标完成情况进行绩效考核与兑现。

3. 目标编制主要依据

二公司的目标编制主要依据为:二公司中长期发展战略及年度重点突破目标任务要求、年度重点任

务部署;党委会、董事会、监事会、总经理办公会、专题会议重要议定和部署事项;二公司领导指示批示落实情况(含领导临时交办的重要事项);重要文件精神、二公司制度体系;各责任主体职责及自身环境、资源、能力、价值因素。

(二)目标分解量化,突出主责部门

二公司实行“目标分解、层层落实、责任到人”的策略,将各类目标分解并分配至具体的部门和人员,并保证所有目标均实现量化。目标的精准分解和责任明确是重点。主责部门要对目标的实现负全面责任。

1. 实现目标“穿透”

根据二公司战略目标的分解和上年度实际情况,二公司领导班子于每年年初召开的管理评审会上总结上年度目标完成情况,研究确定二公司本年度各项管理目标。机关各部门、各项目根据制定的目标建立目标锁链与目标体系,逐级分解,切实将目标延伸至每一层级、每一岗位、每一项重点任务。企业规划部负责红文颁布每年度的公司总体管理目标,二公司年度管理目标要在总经理工作报告中体现。

对于二公司所属各项目,则由企管员发起,由项目经理牵头根据项目总体目标,结合项目年度进度计划情况,组织领导班子成员、各部室负责人研究确定项目年度工作目标。年度目标确定后由企管员报公司企业规划部审核汇编。

最终由企业规划部汇总各项目年度目标,与二公司机关各部室的工作目标合并形成二公司《××××年度工作目标》并下发。由综合办公室对公司机关重点目标在中交一公局集团相关网站进行上线及跟踪。

2. 实现目标全量化

不论是战略目标、重点突破目标还是常规工作目标,均应实现完全量化,即达到目标可实现、可衡量、具体化、有期限、相关联。以二公司市场开发部为例,市场开发部根据二公司战略目标和年度工作目标,对部门目标进行分解和细化,制定了战略目标、年度重点突破目标和年度常规工作目标。在2019年末需要实现的战略目标中明确了新签合同额需达到的数额。结合二公司的资质申特、“经营城市、区域发展”、丰富营销模式等战略,对应制定中标不少于10个项目,合同额不少于20亿元,市政、房建占比超过60%,开发1~2个城市综合体项目,跟踪长江大保护及环保水保项目、投资业务占比达到46%以上等具体目标。这种全量化的目标制定,让目标既是员工全年工作的指引又是员工年末绩效考核的依据。

3. 突出部门主责

通常各个部门是纵向链条式的管理,管理的约束力只能在纵向延伸,但在某个目标实现过程中,往往涉及多个部门,容易出现各部门间互相推诿的情况,最终导致目标实现不理想。为此,二公司重点突出主责部门,强化责任担当,打破部门之间的界面管理壁垒,形成以目标为圆心,主责部门统筹全局,横向牵引、联动各职能部门共同发力的同心圆,从而汇聚起实现目标的最佳力量。

(三)目标管理与绩效考核有效联通

党的十九大报告提出,要深化国有企业改革,发展混合所有制经济,培育具有全球竞争力的世界一流企业。目标管理与绩效考核体系在建立世界一流企业中的作用日益显现,“强激励强约束”正日益为人们所接受。二公司也致力于构建以岗位价值为依据、以业绩为导向,使职工工资与其工作业绩和实际贡献紧密挂钩的收入分配新体系——知事识人体系。公司的绩效考核则是知事识人体系中的重要组成部分,以“机关+项目”两条绩效考核主线,全面建立起以价值创造为导向的公司绩效考核激励机制,推动全员岗位创效,打通了目标管理与公司绩效体系衔接通道。

1. 考评对象设置

项目目标又是机关目标的来源,是机关目标的分解与细化,也为机关目标的完成提供支撑。二公司对机关和项目分别开展以目标管理为核心的绩效考核,考评以分级管理、分类考评的模式进行。机关本部考评对象根据被考评人员任职岗位分为 A、B、C 三类进行管理:A 类为二公司总经理助理、副总师、常务安全总监、机关各部室正职(含主持工作的部门副职);B 类为机关各部室副职;C 类为机关普通员工。

二公司所属各项目考评对象 A 类为项目正职(项目经理、项目党支部书记、项目执行经理);B 类为项目副职(含正科级项目总工程师、项目总经济师、项目常务副经理等);C 类为项目副总、项目部长级员工。

分类考评项目书记及项目副职人员按其从事的业务进行梳理归类,按业务类别初步划分为经营/物设/投资、生产、技术、安全、财务/审计、党群/工会 6 个考评系列。

2. 考核方式

机关本部三类人员的年度绩效考核得分作为其知事考核得分。知事考核得分 = 年度绩效考核得分。二公司所属各项目人员的知事考核以项目经营管理考核结果为基础,以业务完成情况为主要考核项。其中,业务完成情况是以完成目标情况作为依据进行评估。

各项目 A 类人员项目正职中的项目经理、项目执行经理知事考核得分 = 项目综合管理考核得分;A 类人员项目正职中的项目党支部书记知事考核得分 = 项目综合管理考核得分 ×30% + 党支部书记工作考核得分 ×70%;B 类人员知事考核得分 = 项目综合管理考核得分 ×30% + 业务完成情况得分 ×70%;C 类人员知事考核得分 = 项目综合管理考核得分 ×30% + 项目考核排名得分 ×70%。其中业务完成情况由各考核责任主体负责考核,并将考核结果报工作小组,由工作小组负责汇总整理知事考核得分情况。公司机关及所属项目知事考核每年进行一次,次年 1 月底前完成考核工作。

(四)充分放权赋能,凸显善治减负

有了自主建设的权力,还要有相应的能力作支撑,把放权和赋能统一起来,实质是一种善治,也是为基层减负的方式。二公司在抓目标管理中注重放权与赋能的统一,不仅让项目经理和部门经理放手干工作,还确保让他们干得明白、干出成效。正如俗语所言:“最长的脚趾最先知道疼。”每个机关部室、每个项目部的情况各不相同,只有各机关部室的部门经理和项目经理最清楚相关的情况,给予他们一定权能,给出平台和空间,能够更好地发挥其能动性。同时,他们对于本部室、本项目部的人员也最能给出客观、公正的评价。

实施权力的主体也是评价考核的责任主体。二公司充分放权激发中层责任与担当。通过层层压实责任、交互考评的机制,形成较为完善的层级管理考核体系网。机关对口部室按考评周期开展相关考核工作,并于次年职代会前将考核结果报至工作小组办公室。人力资源部负责组织机关员工绩效考核工作,其中各个部室普通员工的绩效考核由各部门经理决策决定;各项目部员工考核领导小组负责组织项目经理部员工考核工作。经营管理部负责组织项目经理部经营管理考核工作;党群工作部负责组织基层支部书记考核工作;施工管理部与房建管理部联合负责项目副经理知事考核工作;技术质量部负责组织项目总工程师年度考核管理工作;经营管理部与物资设备部联合负责项目总经济师知事考核工作;财务管理部与审计部联合负责项目总会计师考核管理工作;安全监督部负责组织项目安全总监知事考核工作。

(五)紧盯目标实现,全程跟踪记录

目标管理相当于流程管理,二公司机关通过精细化、精益化的过程管控,确保目标管理真正落地。

1. 明确管理流程

二公司机关各部室紧紧围绕年度目标开展工作:年初完成目标编制,每月在总经理办公会进行目标的研究分析,对于推进不力的目标任务进行一些措施上的调整;每季度将目标完成情况同步上传至二公司信息化管理系统,及时跟踪记录;每半年对机关各部门目标完成情况调研分析,将机关各部门年度目标实现情况收集、整合、验证、评估,并形成分析报告,报告将在二公司的年度年中工作会上对各部室目标的完成情况进行通报,提出预警和纠偏。

全过程的跟踪记录确保了各项目标均可实现。目标管理执行过程中,因不可抗因素致使既定督办系统内目标责任难以完成的,机关各部室、各区域中心及项目要在上述情况发生后5个工作日内,向办公室提出变更或取消原定目标的书面申请,经履行二公司内部审批程序后予以调整或取消。

2. 目标督办管理

目标分为督办系统内目标及督办系统外目标两个方面。督办系统内目标内容分为A、B、C、D四类,即对应为中国交建级、中交一公局集团公司级、公司级、公司各部室级。督办系统外目标为各区域中心及项目目标,二公司年度工作会议召开后15个工作日,由项目经理牵头根据项目总体目标,结合项目本年度施工进展情况,组织领导班子成员、各部门负责人研究确定项目年度工作目标。年度目标确定后报公司企业规划部审核汇编。督办系统外年度工作目标因不可抗因素致使目标责任难以完成的,机关各部室、各区域中心及项目要在上述情况发生后5个工作日内,向企业规划部提出变更或取消原定目标的书面申请,经履行公司内部审批程序后予以调整或取消。

以二公司2019年度工作目标完成情况为例,企业规划部于年初组织机关各部室、各项目编制了《二公司2019年度工作目标》,引导各部室、各项目围绕工作目标开展工作。根据制度要求,企业规划部对机关各部室年度目标实现情况进行收集整合、验证、评估分析。报告重点对战略目标及年度重点突破目标完成情况、机关各部室目标完成情况、主要工作业绩、存在的问题、下半年重点关注目标提示等内容进行分析。在目标完成比例统计中显示,审计部、技术质量部、纪检监察部、财务管理部、党群工作部、法务部、市场开发部、物资设备部、人力资源部、经营管理部、企业规划部、综合办公室、安全监督部、施工管理部的目标完成比例分别为40%、45%、56%、57%、58%、59%、60%、69%、70%、71%、72%、78%、78%、80%。得出以下结论:

一是通过对法务部、审计部、市场开发部年度目标总数最低的三个部室进行分析,三个部室基础工作主要集中在公司层面,与项目联系相对较少,部室工作目标重点明确,工作内容较为单一,是导致目标总数较低的主要原因。

二是通过对年度目标总数最高的人力资源部进行分析,部室为缓解公司三大矛盾之一“企业转型升级发展与人才队伍建设乏力”的问题,大量增加了人员培养工作,力争解决项目缺人现象,是导致目标总数较高的主要原因。

三是通过对已完成目标数及目标完成比例分析,短期目标各部室均完成较好,培训类、会议类、活动类、报表类目标完成度较高,指标类等长期目标因未到年终,现阶段完成度较低。

四是施工管理部年度目标完成度已达到80%,经分析部室常规工作目标中报表类工作占比较高,部室每月完成度较高,导致部室年度工作目标完成率较高,不存在目标定制过低的情况。

五是年度目标的总数并不能反映出部室年度工作量的多少,但通过对目标的分解能够充分反映出部室年度工作重点,企业规划部将结合各部室目标完成情况进行质量及数量的双重审核。

(六)排除制约因子,力保目标实现

问题库销号是防范、控制、化解、处理二公司在复杂多变的经营环境中随时可能发生或出现的问题,确保二公司各项业务和整体经营的持续、稳定、健康发展,更是全面推进目标管理中的重要一环,是促使目标闭合的有效手段。二公司通过展开机关职能研讨,建立问题库并纳入信息化管理,排除目标阻碍因素,使工作方向更坚定更明确,目标实现更顺畅。

1. 组织体系和职责

企业规划部负责二公司问题库的建立、更新、改进措施建议、跟踪,并监督执行情况;负责问题库内本部室业务范围内问题的识别、分析、改进、闭合;负责在本部室日常工作中贯彻问题导向理念,持续发掘问题并改进,不断提升部室管理水平。其他部室根据公司统一部署,负责本部室业务范围内问题的识别、分析、报送;负责问题库内本部室业务范围内问题的改进措施制定、改进过程实施、问题的闭合;负责在本部室日常工作中贯彻问题导向理念,持续发掘问题并改进,不断提升部室管理水平。

2. 工作流程及要点

二公司问题库销号管理工作基本流程主要包括以下几项工作:收集问题初始信息;筛选和评估问题;形成问题库;研究并制定销号策略;提出和实施销号措施;信息沟通与执行;问题库销号的监督与改进。二公司问题库每年更新一次。机关各部室于每年1月上报问题入库。企划部完成上年度问题的收集、筛选、评估、入库、汇总。根据问题解决难易程度及时限要求,企划部将库内问题划分为短期、中期、中长期问题。短期问题为年度内计划完成销号的问题,中期问题为2年内计划完成销号的问题,中长期问题为3年内计划完成销号的问题。各部室要确立各自的问题销号目标,并写入二公司部门年度工作目标中。每年年底将对标年初制定的计划销号目标进行考核。企划部对问题库销号情况进行跟踪,每季度通报一次销号情况。每年年底对问题库的销号进行总结分析,对于职能部门销号困难的问题,提交党委会研究,寻求最佳解决路径。

以二公司2020年年中问题库管理分析为例,企业规划部结合2019年中交一公局集团内审、公司外审、公司内审等多次审核结论,筛选并提炼出入库通病问题63项,组织各部室从公司层面进行深度原因分析,并给出改进建议措施。报告主要对各部室新入库问题数量、类型、当年需销号问题情况、库内问题分类等内容现状和与往年情况进行深入对比和剖析,最终得出结论。

2020年,二公司新入库问题只有体系类和执行类,分别占36.5%和63.5%,2019年二公司库内问题分为三大类:体系类、执行类、其他类(多因素导致,主客观均有)。库内问题三类占比分别38.7%、36%、25.3%。通过入库问题分类的变化,可以明显发现,2020年,二公司各部室均已形成从习惯性找客观原因到逐渐主动从自身发掘问题、积极探寻自身管理水平提升的管理思维转变,这也正是二公司推行问题库销号管理的重要目的之一——全面提升内控管理,形成良好的管理习惯。

此外,2020年问题库更新过程中,还发现部室间的管理联动明显有所增加,比如:财务部周转材摊销问题需要物设部配合改善解决;企划部新入库问题需要公司物设部进行合同模板完善、安监部加强相应监督;经营部前期策划落实问题需要各部室及项目共同协作闭合;等等。这不仅是部室间壁垒逐渐打破的具象体现,更是符合二公司随着规模持续扩大、管理流程不断优化其组织架构模式正由直线职能制逐步向矩阵式过渡的发展规律。

3. 监督与考核

问题库销号管理工作的监督与考核是指对问题库销号管理的效果和效率进行持续监督与考核评价,包括对二公司及所属各单位问题库销号管理工作执行情况进行定期检查,对销号计划完成情况进行考核,并根据监督或考核的结果,对公司各项管理工作进行改进与提升。

企业规划部对二公司问题库销号管理工作的实施及有效性进行监察和评价,及时发现缺陷并督促改进。各部室应定期对问题库销号管理工作进行自查,及时发现缺陷并改进。问题库销号管理目标,作为年度工作目标的一部分,纳入二公司绩效考核体系。

基于企业发展过程中问题存在的客观性、普遍性、长期性考量,二公司将问题库销号文化融于企业文化建设的全过程中,大力培育和塑造良好的管理文化,树立正确的问题销号理念,将问题改进与闭合意识转化为员工的共同认识和自觉行动,促进企业建立系统、规范、高效的管理机制。

四、实施效果

二公司实行创新目标管理体系1年多来,紧紧围绕"双百一特、提质增效"发展目标,聚焦点、夯基础、精管理、提能效,促进组织和个人绩效提升,凝聚最优力量向同一目标发力,圆满完成各项任务目标,成果斐然。

(一)发展态势稳中有进

2019年,二公司实现新签合同额113.71亿元、营业收入79.49亿元、利润1.15亿元,三大经营指标总体完成情况较好,超额完成了中交一公局集团下达的全年目标任务,市场开发连续四年破百亿,保持了强劲发展态势,公司总体发展稳中有进。二公司首获中国管理创新先进单位,第五次获得"江苏省建筑业竞争力百强企业"称号,企业综合实力日益增强。

(二)转型升级持续深化

二公司积极践行"强好优"战略和综合服务商新要求,坚持属地化、差异化发展,坚定"经营城市,区域发展"战略,不断将"城市"产品做大做精做强。加快三级营销体系建设,加大营销人员配置和培育,加强"五网五单"建设,增设杭州、南京等区域营销中心,成立城市房建、公路市政、特大型桥梁等专业营销小组,切实提升区域市场营销力量。2019 年中标的 29 个项目中,传统现汇项目达 27 个,合同额占比达 70.5%,公司苏州、温州、拉萨三大核心城市中标额占比达 68.81%,核心区域市场持续巩固,江西、湖州、常州、渭南、云南、无锡等次新区域市场持续拓展。

加快"三转"和"进城"步伐,二公司三大核心产品公路、市政、房建优势明显,新兴领域持续突破,再度挺进温州城投市场;践行"三者"定位,创新商业模式,二公司首个特大型城市综合体张家港高铁新城项目成功落地,为二公司深耕"城市"发展提供了强大的业绩支撑;二公司首个大型文旅项目赣州七鲤古镇文化旅游 PPP 项目顺利推进实施,实现了二公司"投建运"一体化的转型升级。

(三)发展基础全面夯实

2019 年,二公司紧紧围绕"334"工程建设和"外拓市场、内夯管理"的工作目标,较好地夯实了公司管理基础。全面推进目标管理,健全完善内控制度,规范管理标准流程,强化制度学习宣贯,推进制度执行落地;持续加强机关能力素质建设,强化机关职能发挥,二公司 3 个联合督导组横向联动,每月深入项目帮扶督导,夯实现场基层、基础管理。

强力抓经营系统内控管理,对照"双 18"指标要求,将目标任务分解到项目;成立经营管理"五大中心",客观实际进行项目切块包干,修订项目绩效考核办法,全面建立起以完成切块包干和"价值创造"为导向的绩效考核激励机制。

以"安全质量第一、效益第一、现金流第一"为目标,以"提能增效"活动为抓手,强化各层级职能管控、资源配置、生产组织和成本控制能力建设,确保现场整体安全可控;应收账款催收三级联动,公司全年共收回各类款项 79.23 亿元,有力改善了公司现金流。

(四)品牌创新硕果丰盈

二公司品牌项目打造成效明显,创新活力不断激发。"世界级"桥梁瓯江北口大桥持续创新性探索和实践,项目品质工程创建、产业工人培育、BIM 技术应用在行业内形成了品牌影响,斩获中国最佳管理创新实践成果奖、全国交通企业管理创新一等奖、首届"交通 BIM 工程创新奖"等多项国家级、省部级荣誉;长大隧道上,二公司 2019 年在建单洞 1 公里以上隧道达 20 公里;房建工程体量快速增长,"拉萨第一高楼"万达文华酒店封顶,二公司"六大品牌"打造持续发力。

2019 年,二公司共斩获省部级协会、学会科技奖 9 项,授权专利 38 项,省部级优秀 QC 成果、工法 65 项,由二公司独立申报的《节段梁管道预应力施工方法》荣获第二十一届中国专利奖优秀奖,企业科技实力、品牌实力显著增强。